ISBN 978-0-243-95537-4
PIBN 10728169

Brockhaus'
Konversations-Lexikon.

Vierzehnte vollständig neubearbeitete Auflage.

Fünfter Band.

Deutsche Legion — Elektrodiagnostik.

Brockhaus'
Konversations-Lexikon.

Vierzehnte vollständig neubearbeitete Auflage.

In sechzehn Bänden.

Fünfter Band.

Deutsche Legion — Elektrodiagnostik.

Mit 56 Tafeln, darunter 6 Chromotafeln, 22 Karten und Pläne, und 228 Textabbildungen.

F. A. Brockhaus in Leipzig,
Berlin und Wien.

1892.

LIBRARY
JAN 1 1 2001
UNIVERSITY OF TORONTO

D.

Deutsche Legion nennt man diejenigen Truppen und Offiziere, welche nach der Besetzung Hannovers durch die Franzosen und der Auflösung des hannov. Heers durch die Konvention zu Sulingen (s. d.) 3. Juni 1803 entlassen und sofort von England angeworben wurden. Diese D. L. des Königs unter Befehl des Herzogs von Cambridge bestand fast nur aus Deutschen und zwar meist Hannoveranern; Briten, Franzosen und Italiener durften nicht eingestellt werden. Die Franzosen bedrohten Werber wie Geworbene mit dem Tode und versuchten eine Französisch-Hannoverische Legion zu errichten, doch ohne Erfolg. Die D. L. zählte 1. Sept. 1807 13322 Mann und 3773 Pferde, die in 5 Kavallerieregimenter, 10 Infanteriebataillone und 6 Batterien eingeteilt waren; die in Aussicht genommene Etatsstärke von 18000 Mann ist nie erreicht worden. Als selbständiger Verband trat die Legion nirgends im Felde auf, sie war stets abteilungsweise verschiedenen Unternehmungen auf den verschiedensten Schauplätzen zugeteilt, focht aber überall, besonders im Halbinselkriege und bei Belle-Alliance, mit großer Auszeichnung. Ihre Verdienste wurden durch Tagesbefehle Wellingtons und Gnadenbeweise der Regierung anerkannt, und nach der Schlacht von Salamanca (22. Juli 1812) erhielten alle Offiziere der D. L. bleibenden Rang in der brit. Armee. Am 24. Febr. 1816 wurde sie aufgelöst und als Stammtruppe für das hannov. Heer verwendet. Vgl. Beamisch, Geschichte der königlichen D. L. (Hannov. 1832).

Deutsche Levante-Linie zu Hamburg. Schon längere Zeit war in Hamburg der Gedanke erörtert worden, den Verkehr mit der Levante, insbesondere mit den aufstrebenden Ländern der untern Donau, durch eine direkte Dampfschiffverbindung zu heben; der Plan gewann erst feste Gestalt, als die preuß. Eisenbahnverwaltung sich geneigt zeigte, ihn durch Einführung direkter Eisenbahn- und Seefrachtsätze, unter Gewährung besonderer Ermäßigungen ersterer, zu begünstigen. 1890 wurde die Levante-Linie gegründet, und schon 15. Juni trat der Levantetarif für den Verkehr von Stationen der preuß. und sächs. Staatsbahnen nach dem Peiraieus, Syra, Smyrna, Saloniki, Konstantinopel, Galatz, Küstendje in Kraft. Inzwischen sind andere deutsche Bahnen beigetreten und der Verkehr ist auf die Binnenstationen der bulgar. und orient. Bahnen sowie die ägypt. Häfen ausgedehnt worden. Seitdem die Flotte von 4 auf 7, auch mit erstklassigen Kajüteneinrichtungen versehene Dampfer vermehrt ist, sind an Stelle der anfangs dreiwöchentlichen Fahrten zwei Kurse, nämlich ein vierzehntägiger nach Peiraieus, Syra, Smyrna, Konstantinopel, Varna, Burgas, Braila, und ein dreiwöchiger nach Malta, Alexandrien, Smyrna, Saloniki, Dedeaghatsch eingerichtet. Die bedeutende Entwicklung des Verkehrs Deutschlands mit der Levante in den letzten Jahren ist jedenfalls großenteils auf diese Linie zurückzuführen.

Deutsche Linke, parlamentarische Partei in Österreich, s. Vereinigte Deutsche Linke.

Deutsche Litteratur. Von einer D. L. im engern Sinne, d. h. von schriftlich aufgezeichneten poet. oder prosaischen Schöpfungen in deutscher Sprache, kann füglich erst die Rede sein seit Karl d. Gr. und der Herrschaft des Christentums: die altgerman. Runen (s. d.) dienten vorzugsweise religiösen, nicht litterar. Zwecken. Von Mund zu Mund und im Gedächtnis pflanzte sich die deutsche Dichtung der heidn. Zeit fort; nur sehr wenige Reste, dazu die Ergebnisse der vergleichenden Poetik, der altdeutsche Wortschatz und die Zeugnisse lat. und griech. Autoren gewähren dürftige Einblicke in das poet. Leben der Vorzeit.

I. Vorlitterarische heidnische Periode (bis etwa 750 n. Chr.). Schon aus der indogerman. Gemeinschaft brachten die Germanen gewisse poet. Stoffe (z. B. die Sage von dem nur an einer Stelle verwundbaren Helden: Achilles-Siegfried, von dem Kampf des Vaters und Sohnes: Ödipus und Laios, Hildebrand und Hadubrand, Rostem und Sohrab), Gattungen (religiöse Aufzüge, Rätsel, Zaubersprüche u. a.), Formeln und Formen mit. Die indogerman. Strophe aus zwei Langzeilen (s. d.) wurde germanisch meist verdoppelt, die beiden Hälften der Langzeile durch Alliteration (s. d.) verknüpft. Alliteration durchdringt bald die ganze german. Sprache. Denn der Priester, in ältester Zeit der Hauptträger von Kunst und Wissenschaft, wendet diese poet. Form auf relig., jurist., mediz. Stoffe gleichmäßig an: alle gehobene formelhafte Rede ist damals poetisch. Religiöse und profane Feiern wurden begangen mit Aufführungen, bei denen Tanz, Dichtung und Musik zusammenwirkten (gotisch laiks, hochdeutsch leich). Die wichtigsten Instrumente waren Harfe und Flöte. Einen berufsmäßigen Sängerstand in der Art der kelt. Barden (s. d.), der spätern nordischen Skalden (s. d.), gab es bei den Germanen nicht. Aus Tacitus' «Germania» wissen wir, daß sie damals (um 100 n. Chr.) kosmogonische und mythische Lieder zu Ehren ihres Stammvaters Tuisto und seines Sohnes Mannus sowie des Hercules (Donar?) sangen; ihre Heldenlieder zum Ruhme des Nationalhelden Arminius klangen wahrscheinlich in der Siegfriedsage fort; Gesänge geleiteten sie zu und aus der Schlacht, wenn auch der berühmte barditus (barritus, s. Barden) eher ein Geheul als eine gesungene Dichtung war.

Als in den Stürmen der Völkerwanderung die Kulturvölker des Altertums der jugendlichen Kraft der Germanen erlagen, da erwuchs in diesen nationales Selbstgefühl und histor. Bewußtsein. Den poet. Ertrag dieses german. Heldenzeitalters barg die deutsche Heldensage (s. d.). Sie vertritt bei den Germanen die Geschichte; der Historiker der Goten, Jordanis, der der Langobarden, Paulus Diaconus, der der Franken, Gregor von Tours, schöpften aus Heldenliedern und Heldensage, die ihre erste Blüte bei den **Goten**, dem begabtesten der damaligen deutschen Stämme, erlebte. Got. Fürsten, wie Ermanrich und namentlich Theoderich d. Gr., ihre Freunde und Feinde, wie Attila und Odoaker, traten in den Mittelpunkt der Sage, die durch fahrende Sänger in alle Teile Deutschlands getragen wurde. Die nahe Berührung mit der antiken Kultur verlieh den Goten und den mit Unrecht verrufenen Vandalen eine hohe Bildung; ihre Könige dichteten lateinisch und deutsch; ihre Sänger waren so berühmt, daß der Frankenkönig Chlodwig sich von Theoderich einen got. Sänger erbat. Der Bischof der zum arianischen Christentum übergetretenen Westgoten, Vulfila oder Ulfilas (s. d.), setzte zuerst eine deutsche Schrift an die Stelle der Runen; er übertrug die Bibel ins Gotische und gab damit den Anstoß zu anderu theol. Arbeiten in got. Sprache (skeireins, Kalender). Daß sein Vorgang nicht nachhaltiger wirkte, lag an dem von der orthodoxen röm. Kirche verketzerten Arianismus der Goten, der auch politisch ihr Verhängnis wurde.

Politisch wie geistig erbte ihre führende Stellung der seit Chlodwig (496) orthodox christl. Stamm der **Franken**. Nicht so genial produktiv wie die Goten, besaßen sie mehr die Gabe der Ausgestaltung. Bei ihnen bildete sich um 600 aus dem fränk. Siegfriedmythus durch Verbindung mit der burgund. Gunthersage, mit Elementen der merowing. Geschichte, endlich mit Teilen der got. Sage das bedeutendste Glied der deutschen Heldensage, die **Nibelungensage**, vor der sogar der Sagenkreis Dietrichs von Bern, noch mehr die fränk. Sagen von Hug- und Wolfdietrich, von Walther und Hildegunde und die in den Wikingerzügen des 8. Jahrh. aus alten Mythen herausgebildete **Gudrunsage** zurücktreten. Verbreitet wurden all diese Sagen oder Sagenkomplexe durch strophische Einzellieder; nur ein einziges, das **Hildebrandslied** (s. d.) in seiner erhaltenen Gestalt aus dem Ende des 8. Jahrh., ist bruchstückweise auf uns gekommen. In ein anderes Gebiet der ausgehenden heidn. Dichtung gewähren Einblick die aus dem 8. bis 10. Jahrh. erhaltenen Zaubersprüche und Segen, die teils rein heidnisch sind, wie die Merseburger Sprüche, teils oberflächlich christlich übertüncht. Von all den andern poet. Gattungen der merowing. und früh-karoling. Zeit, von denen Glossen und Zeugnisse melden, den Fest- und Schlacht-, den Braut- und Leichengesängen, den Spott- und Lehrversen, den Rätseln und Gleichnissen, den Hirten- und Schifferliedern, selbst von den gewiß reich vertretenen Liebesliedern (winileot) und Liebesgrüßen ist so gut wie nichts mehr vorhanden, dank dem rücksichtslosen Haß, mit dem die bekehrende christl. Kirche nicht nur alle heidnische, sondern überhaupt alle weltliche Dichtung verfolgte. Sie hat die Sangeslust unsers Volks nicht auf die Dauer hemmen können, aber die Kunde von seiner peet. Vergangenheit hat sie schwer verkümmert.

II. **Althochdeutsche Periode** (etwa 750—1050). Am Beginn steht die gewaltige Herrschergestalt **Karls des Großen**. Nicht mit Unrecht hat man ihn den Vater unserer Litteratur genannt. Drei Richtungen, die sich sonst scharf befehdeten, die christliche, die antike und die nationale, vereinte er in seiner Person. In Italien mit tiefer Bewunderung für die alte Kultur erfüllt, pflegte er an seinem Hofe zu Aachen in einer gelehrten Akademie, der der Angelsachse Alkuin, der Langobarde Paulus Diaconus, der Franke Einhard, der Italiener Petrus von Pisa u. a. angehörten, Kunst und Wissenschaft, zumal lat. Dichtung, und ließ durch Alkuin für die Schulbildung von Laien und Klerus, sogar mit Hilfe des Schulzwangs sorgen. Daneben aber sammelte der german. Volkskönig die alten deutschen Heldenlieder wie die leges barbarorum und arbeitete an einer deutschen Grammatik. Ein frommer Christ, dem die innerliche Bekehrung seines Volks tiefste Herzenssache war, sorgte er durch strenge Erlasse dafür, daß den Deutschen die Hauptlehren des christl. Glaubens auch in deutscher Sprache zugänglich wurden. So veranlaßte er eine nicht unbeträchtliche deutsche Prosalitteratur, deutsche Gebete, Tauf- und Beichtformeln, Katechismusstücke aller Art, aber auch größere theol. Übersetzungen, die zwar meist über schülerhafte Interlinearversionen kaum hinausgingen, aber doch in den sog. Monseer Fragmenten (hg. von Hench, Straßb. 1890), der trefflichen, ursprünglich rheinfränk. Version des Matthäusevangeliums, eines Traktats Isidors von Sevilla und einiger Predigten eine rühmliche Höhe erstiegen. Der Nordwesten Deutschlands, in dem Karl d. Gr. Hof hielt, ist dem Süden damals in freiem, selbständigem Gebrauch der deutschen Prosa entschieden überlegen; auch das im bayr. Kloster Wessobrunn schlecht erhaltene **Wessobrunner Gebet** (s. Wessobrunn), ein halb allitterierendes, halb prosaisches fragmentarisches Gemisch heidnisch-christl. Formeln, weist durch sächs. Sprachformen nach dem Norden hin, der uns damals auch das Hildebrandslied rettete. Dom- und Klosterschulen waren die Heimat dieser frommen Litteratur: damals oder im spätern Mittelalter ragten in der Schweiz St. Gallen und Reichenau, im Elsaß Murbach und Weißenburg, in Bayern Freising, St. Emmeram und Benediktbeuern, in Österreich Monsee, Melk, Vorau und Millstädt, in Mitteldeutschland Fulda, wo Hrabanus Maurus 804—822 lehrte, als Pflegestätten christl. Kultur rühmlich hervor.

Karls mönchischer Sohn und Nachfolger **Ludwig der Fromme** hatte gegenüber den nationalen Bestrebungen des großen Vaters nur bornierten Widerwillen; um so eifriger setzte er sein kirchliches Wirken fort. Unter seiner Regierung wurde es der Geistlichkeit klar, daß der verhaßte heidn.-profane Volksgesang durch bloße Verbote nicht beseitigt werden könne. Sie suchte ihn jetzt durch christl. Dichtung zu verdrängen. So entstand um 830 außer anderm Verlorenen das schöne Gedicht eines talentvollen sächs. Geistlichen, der **Heliand** (s. d.), das sich bewußt und verständnisvoll an den german.-epischen Stil anlehnte und nur statt der gesungenen strophischen Einzellieder ein unstrophisch fortlaufendes recitiertes Epos einführte; so entstand später (um 870) die minder volkstümliche, mit gelehrten Spekulationen und Deutungen überladene Evangelienharmonie unsers ersten mit Namen bekannten Dichters, des Weißenburger Mönches **Otfried** (s. d.), der zuerst in einem größern Werl die Allitteration durch den aus der christl.-lat. Dichtung geläufigen, aber auch in deutschen Gedichten nicht mehr fremden Endreim ersetzte. Dieser wurde schnell die herrschende poet. Form. Zwar ist das unter Ludwig dem

Deutschen (um 880) aufgezeichnete, aber erheblich ältere interessante Gedicht vom Weltuntergang, das **Muspilli** (s. d.), das christl. Anschauungen in vielfach heidnischen, wundervoll epischen Formeln schildert, noch fast ganz stabreimend; jedoch zeigen zahlreiche kleinere geistliche Dichtungen, unter denen das schwungvolle, naiv kräftige **Ludwigslied** (s. d., 881) hervorragt, gereimte Strophen, und spätestens im 10. Jahrh. herrscht der Reim auch im volkstümlich weltlichen Liede, wie St. Galler Verse von einem verwundeten Rieseneber beweisen.

Zu den einseitig und engherzig kirchlichen Bestrebungen Ludwigs des Frommen und seiner Nachfolger bildet einen starken Gegensatz die Litteratur des Zeitalters der **Ottonen**. Den glänzenden polit. Aufschwung begleitet schnelles Wachstum der weltlichen Bildung und fröhliche, üppige Lebenslust. Aber der deutschen Dichtung kam dieser Wandel nur wenig zu gute. Die Sprache der höfischen Dichtung dieser Jahre war ausschließlich lateinisch, und fast nur aus Zeugnissen wissen wir, daß deutscher Volksgesang sich mit den geschichtlichen Ereignissen der Zeit und mit der Heldensage beschäftigte. Immerhin drangen damals die Gestalten Ottos mit dem Barte und Herzog Ernsts in das Interesse des Volks; die aus Italien und dem Orient eingeführten sehr weltlichen Schwänke und Novellen, die an den Höfen, zum Teil in der schwierigen ungleichstrophigen Form der Modi (s. d.), lateinisch gesungen wurden, gingen dem Volke ebensowenig verloren, wie die damals aus Indien und Griechenland über Rom importierten Tierfabeln; andererseits fand in den lat. Hexametern des trotz seiner virgilischen Sprache von echt german. Geiste durchwehten Epos «Waltharius» (s. d.) von dem St. Galler Mönche **Eckehart I.** (925) die Heldensage auch die Teilnahme der Geistlichen. Denn auch sie huldigen dem weltlichen Geiste der Epoche unbedenklich; selbst die knappen lat. Prosadramen der lernhaften Gandersheimer Nonne Roswitha behandeln, obgleich sie als christl. Dichtungen den Heiden Terenz verdrängen sollen, höchst anstößige Themata mit unbefangenem Realismus, und die ganze lachende Lebensfülle der Zeit mit ihrer naiven Freude an Glanz und Stoff faßt zusammen das prächtige, farbenreiche lat. Rittergedicht «Ruodlieb» eines Tegernseer Mönches (um 1025). Im 10. Jahrh. erlebte das Kloster St. Gallen seine höchste Blüte. Von Notker I. Balbulus, dem Geschichtschreiber, Musiker und Sequenzendichter (gest. 912), reicht eine lange Reihe talentvoller lat. Historiker und Dichter, Musiker, Architekten und Maler, Schulmeister und Ärzte bis auf **Notker III.** Labeo oder Teutonicus (gest. 1022), den fruchtbaren und geschickten Übersetzer und Erklärer christl. und antiker Litteratur, den ersten bedeutenden Prosaiker in deutscher Sprache, den einzigen deutschen Schriftsteller seiner Zeit: er hat zuerst die Muttersprache auf wissenschaftliche Dinge angewendet und den Bedürfnissen abstrakter Darstellung angepaßt.

Diesem freien künstlerischen und wissenschaftlichen Leben in den Klöstern der Ottonenzeit machte die cluniacensische Reform (s. Cluny) ein trübseliges Ende. In Haß gegen Bildung und Weltlust, in ascetischer Disciplin erzogen, sucht die Geistlichkeit des 11. Jahrh. auch in den Laien alle Lebensfreude durch finstere Bußpredigt zu ertöten. Um 1050 dichtete nahe bei St. Gallen ein Noker sein düsteres «Memento mori». Wieder war dieses Strebens unüberwindlicher Feind der Volksgesang, der namentlich in Bayern und Niederdeutschland blühte, und wieder suchte man ihn zu bekämpfen durch geistliche Poesie, natürlich in deutscher Sprache; sie war eine wirksame Ergänzung der damals an Bedeutung wachsenden deutschen Predigt.

III. Mittelhochdeutsche Periode (von der Mitte des 11. bis in die Anfänge des 14. Jahrh.). An deren Beginn folgt in Verbindung mit der Litteratur am Ende der zweiten Periode eine lange Zeit fast ausschließlich **geistlicher Dichtung**; neben ihr tritt die spärliche geistliche Prosa weit zurück, die in der stilistisch üppigen allegorischen Paraphrase des Hohen Liedes von dem Ebersberger Abt **Williram** (um 1060) immerhin ein glänzendes Werk aufzuweisen hat, und von weltlicher Poesie ist höchstens das Fragment einer abenteuerlichen poet. Erdbeschreibung, der «Merigarto» (um 1050) zu nennen. Jene geistliche Dichtung, die namentlich in der Vorauer, der Millstädter und der Straßburg-Molsheimer Handschrift erhalten ist oder war, wirkt im großen und ganzen ermüdend und einförmig, wenn auch örtliche und zeitliche Unterschiede nicht fehlen. Österr. Epen, die um 1070 und später Genesis und Exodus schlicht und ursprünglich erzählen, verraten noch Einfluß des Heldensangs. Kärnten erzeugt die anmutige geistliche Allegorie von der «Hochzeit». In Franken gedeihen strophische hymnenartige Gesänge, unter denen Ezzos Lied von dem Anegenge (um 1065) den höchsten Rang einnimmt. Hier und am Niederrhein blüht die Legendendichtung, die auch von Spielleuten geübt (die sog. Ältere Judith u. a.) wurde und in dem fragmentarisch erhaltenen mittelfränk. Legendar um 1125 sogar ein großes Sammelgedicht hervorbrachte. Seit etwa 1100 wirkt die bedeutende franz. Theologie, zumal die Lehren Abälards (s. d.) und die encyklopäd. Arbeiten des Fanatikers Honorius von Autun nach Deutschland herüber, so auf die neutestamentlichen Dichtungen der Frau Ava (gest. 1127) und auf die wüsten Kompilationen des kärnt. Priesters Arnold über die Siebenzahl. Es ist dies die erste Etappe franz. Einflusses auf die mittelhochdeutsche Zeit. Mehr und mehr drängt Sündenklage und Bußpredigt alle andern Stoffe zurück. Sie herrscht in dem «Credo» des Armen Hartmann, zeigt in den socialen Betrachtungen der Dichtung «Vom Rechte» ihre demokratische Seite und gipfelt in dem gewaltigen, derb realistischen Sittengemälde des genialen, rücksichtslos harten Satirikers **Heinrich von Melk** (um 1160). Vgl. Scherer, Geschichte der deutschen Dichtung im 11. und 12. Jahrh. (Straßb. 1875); Piper, Die geistliche Dichtung des Mittelalters (in Kürschners «Nationallitteratur», Bd. 3).

Doch die Freuden der Welt sind stärker als die Drohungen der Kirche, der weltliche Spielmann siegt beim Publikum über den geistlichen Dichter. Die **Kreuzzüge**, anfangs eine starke Waffe in den Händen der Kirche, schaffen ein internationales Rittertum, für das wiederum Frankreich den Ton angab, und dem die Wunder des Orients eine weltliche Abenteuerlust, seine glühenden Farben, seine üppigen Genüsse eine Freude an sinnlicher Pracht einflößten, die von den alten Idealen des Glaubenskampfes weit abführte; auch die Ideale feinster Sitte, die aus Frankreich nach Deutschland drangen, die Pflege höfischen Minnedienstes, die strenge gesellschaftliche Isolierung des Rittertums stimmte wenig zu den Tendenzen der Kirche.

Aber um nicht den Einfluß zu verlieren, machte die Geistlichkeit jeneu weltlichen Neigungen Zugeständnisse. Der Pfaffe **Lamprecht** schilderte nach franz. Quellen die Wunderfahrten Alexanders d. Gr. (um 1125), der Pfaffe **Konrad von Regensburg** übertrug das franz. Nationalepos, das «Rolandslied» (um 1130). Vom Niederrhein wanderten diese Themata nach Bayern, wo der Welfenhof ein litterar. Centrum bildete. Und wie schon im Anfang des Jahrhunderts die Legende vom heil. Anno im mittelfränk. «Annolied» in die Beleuchtung der Welthistorie gerückt war, brachte derselbe Pfaffe Konrad in Bayern auf Grund niederrhein. Vorarbeiten eine große profane Weltgeschichte in Reimen zu stande, die «Kaiserchronik», deren Hauptreiz die novellistischen Episoden waren (um 1150). Umgekehrt verließen die Spielleute die allzu profanen Stoffe des 10. Jahrh., putzten die Heldensage im König Rother, die histor. Sage im Herzog Erust im Zeitgeschmack mit Kreuzzugsabenteuern aus und zogen sogar Legenden, wie die von Orendel und Oswalt (um 1190), ungeniert in ihren verwegen übertreibenden burlesken Spielmannston herab. Ein elsäss. Fahrender, **Heinrich der Gleißner**, brachte die von niederländ. und franz. Geistlichen satirisch ausgebildete Tiersage (s. d.) in seinem «Reinhart» nach franz. Gedichten zuerst in deutsche Verse (um 1175). So nähern sich im Wettbewerb um die Gunst des ritterlichen Publikums die Geistlichen und die Spielleute einander in der Wahl der Stoffe. Vermittelte doch zwischen den feindlichen Parteien eine Zwittergattung, auch aus Frankreich überkommen, die **Vaganten**, verlodderte Studenten der Theologie und mißratene Kleriker, die singend und bettelnd durchs Land zogen und eine köstliche, ausgelassene Wander-, Trink- und Liebeslyrik voll heidn. Weltlust in leichtflüssigem Latein schufen (s. Carmina burana). Diesen Kreisen gehörte der geniale Archipoeta (s. d.) an, ihnen entstammte der oratorienhafte «Ludus de Antichristo», die glänzendste Verherrlichung des hohenstaufischen Kaisertums (etwa 1155).

Aber alle diese, Geistliche, Spielleute und Vaganten, traten zurück, als gegen das Ende des 12. Jahrh. der Adel aufhörte bloß Publikum zu sein, und selbst, die Fürsten nicht ausgeschlossen, mit glänzendem Erfolge der Dichtkunst sich widmete. Auch darin waren die nordfranz. Trouvères, die südfranz. Troubadours (s. Französische Litteratur) mit gutem Beispiel vorangegangen. Das deutsche **Rittertum** stand unter den Staufern auf der Höhe seines Ansehens; dem Kriegsruhm verband sich, ebenso wie in den vorbildlichen franz. Romanen von König Artus (s. d.) und seiner Tafelrunde, elegante gesellschaftliche Bildung und Sitte, deren treueste Wächter, die Frauen, beherrschender Verehrung genossen; die deutsche Dichtung, die sich eine eigene, zwischen den Dialekten vermittelnde Sprache schuf, hat kaum je wieder eine so hohe formelle Vollendung erreicht wie in den Händen dieser Ritter. Freilich, ihr Horizont war eng; nur der ganz konventionelle, aus Frankreich importierte Minnesang (s. d.) und das in erträumten Märchenverhältnissen schwelgende, stilisierte Ritterepos der keltisch-franz. Artusromane galten dem vornehmen Adel als standesgemäß; höchstens verarmte fahrende Adlige, wie Walther von der Vogelweide und Wolfram von Eschenbach, wagten sich an das Lehrgedicht, den polit. Spruch und schilderten das Leben ausnahmsweise auch einmal mit realistischem Humor, wie es war oder doch sein konnte. In unsern Augen bezeichnen diese Männer, die die Bande des Konventionellen brachen, den Höhepunkt der Periode: aber nie wäre ihre künstlerische Höhe möglich gewesen ohne die virtuose Durchbildung von Form und Geschmack, die damals selbst den adligen Durchschnittspoeten eigen war und die in Deutschland stets so selten war.

Sie war nicht mit einem Schlage da. Die Anfänge ritterlicher Dichtung, die entzückenden volksliedartigen Gedichte des ältesten österr. Minnesangs (Kürenberg, Dietmar von Aist) und das prächtige, von gesundem Patriotismus zeugende, mitteldeutsche epische Gedicht vom Grafen Rudolf (um 1170) entbehren ihrer noch, entschädigen freilich durch frische Ursprünglichkeit. Auch der hildesheimische Ministeriale **Eilhart von Oberge**, der zuerst einen franz. Minneroman, das für den höfischen Minnedienst vorbildliche Thema von Tristan und Isolde, verdeutschte, schwankt noch unbeholfen zwischen volkstümlichem und höfischem Stil und ist formell mangelhaft. Als Vater der höfischen Dichtung galt schon seiner Zeit der Mastrichter **Heinrich von Veldeke**, auch er ein Norddeutscher, wie denn der franz. Einfluß am stärksten durch die Niederlande hereinflutete; aus seiner Lyrik übertrug er die Reinheit der Form und die höfische Minnereflexion in sein berühmtes Epos, die «Eneide» (um 1180). Schnell siegt die neue höfische franz. Richtung auf der ganzen Linie: der vornehme Pfälzer **Friedrich von Hausen** (gest. 1190), vor allem der Elsässer **Reinmar der Alte**, der in Wien wirkte, treiben die melancholisch zartfühlende, aller Sinnlichkeit bare Modepoesie des höfischen Minnesangs auf den Gipfel blendender, aber unwahrer Virtuosität, und der feinsinnige, aber leidenschaftslose Schwabe **Hartmann von Aue** übertrug im letzten Jahrzehnt des 12. Jahrh. Artusromane des humorvoll genialen Nordfranzosen Chrétien de Troyes und andere Vorlagen überaus elegant, aber farblos und mit Verwischung alles Charakteristischen in wunderbar glatte Verse, gewählte Worte und durchsichtige Sätze. Das war der Triumph beschränkt höfischer Kunst.

Der Rückschlag blieb nicht aus. Die bis zur Langenweile überfeinerte Reflexionsdichtung seines Lehrers Reinmar überholte der größte mittelhochdeutsche Lyriker, der Österreicher **Walther von der Vogelweide**, dem Anregungen des bei aller höfischen Formvollendung heißblütigen Thüringers Heinrich von Morungen zu gute kamen, durch Liebeslieder, in denen sich die geistige und formale Kunstvollendung des höfischen Sanges mit der Kraft, der Frische und dem Humor des Volksliedes paarte; vom wandernden Spielmann, wie der Bayer Spervogel einer war, entnahm er die bis dahin vom Adel verschmähte lebhafte Spruchpoesie (s. Spruch) und schwang sich in seiner kaisertreuen und papstfeindlichen polit. Dichtung zum machtvollsten oratorischen Pathos auf. Der Bayer **Wolfram von Eschenbach** erhob in seinem «Parzival» eine schwache franz. Vorlage durch allerfreieste Erfindung und Motivierung zu einem grandiosen psychol. Epos, das in seiner Verherrlichung der Ritter des heil. Grals dem konventionell faden und äußerlichen Artusrittertum geradezu den Krieg erklärt und tief sehnsüchtige, selbst ketzerische Mystik mit launiger, naiv rücksichtsloser Ursprünglichkeit der Darstellung vereinigt. Und durch das Verdienst unbekannter Dichter feiert der Heldengesang, der unter der Oberfläche der Litteratur fortgelebt hatte, jetzt eine ruhmvolle Auferstehung in den Epen von den **Nibelungen** und von **Gudrun**, in denen die alten Einzellieder zwar mit Beibehaltung der strophischen Form, aber sonst in freier, dem höfischen Geschmack angepaßter Umdichtung zu einheitlichen Gedichten zusammengefaßt wurden. Die geistigen Mittelpunkte dieser mittelhochdeutschen Blüte waren Walthers Lieblingsaufenthalt, der Hof der Babenberger zu Wien, und der gastfreie Hof Hermanns von Thüringen auf der Wartburg; dem poet. Treiben, das hier herrschte, setzte noch um 1250 ein Festspiel, das sog. Fürstenlob des Wartburgkrieges (s. d.), ein ehrendes Denkmal.

Diese lichteste Höhe der altdeutschen Ritterpoesie fällt ins erste Jahrzehnt des 13. Jahrh. Nur kurze Dauer war ihr beschieden: schon Walther klagt über den Verfall höfischer Zucht und Kunst; diese Klagen nehmen von Jahr zu Jahr zu, und als der vornehme steirische Ministeriale **Ulrich von Liechtenstein** 1255 die Memoiren seines «Frauendienstes» abschloß, da wirkten sie in der veränderten geistigen Atmosphäre schon wie der Traum eines Don Quixote des Minnedienstes. Der Ritterstand verarmt, während die Städte an Macht und Reichtum gewinnen; die ritterlichen Epigonen bleiben weit hinter den klassischen mittelhochdeutschen Dichtern zurück, und es fehlt dem Adel je länger je mehr Lust und Geld, um die Kunst durch freigebige Gönnerschaft zu fördern; selbst der ritterliche Fahrende darf es nicht mehr verschmähen, auf den Geschmack von Bürgern und Bauern Rücksicht zu nehmen, wenn er vom Sange leben will. Und diesem demokratischen Zuge der Zeit entspricht es, daß neben dem Adel mehr und mehr bürgerliche, meist auch gelehrte Dichter, die sog. **Meister**, eine maßgebende Rolle spielen. Am wenigsten im eigentlichen **Minnesang**. Ihm dienten in der ersten Hälfte des 13. Jahrh. noch treffliche adlige Talente, namentlich in Schwaben (Burkart von Hohenfels, Ulrich von Winterstetten, Gottfried von Neifen u. a.), die nur der epigonenhaften Sucht der formellen Verkünstelung sich nicht immer entzogen; daneben freilich regte sich in dem Fahrenden Tannhäuser der alte genial-frivole Geist der lat. Vaganten; und der begabte bayr. Ritter **Neidhart von Reuental** (um 1220) brachte durch seine Tanzlieder, die sog. höfische Dorfpoesie, welche Liebesabenteuer und Prügeleien der Bauern spöttisch schilderte, den Minnesang auf eine abschüssige Bahn, die zu wüster Verrohung führte, ohne daß seine sentimental-höfischen Züge ganz abwelkten (Steinmar, Hadlaub). Andererseits wurde die **Spruchpoesie**, deren einziger namhafter adliger Vertreter nach Walther der wohlmeinende, aber pedantische Reinmar von Zweter (1225—50) war, bald fast ausschließlich von Meistern gepflegt (Marner, Friedrich von Sonnenburg, dem Meißner); die polit. Seite dieser Dichtung verschwand ganz; eine gesunde reale Lebensweisheit vertraten in ihr zumeist ein paar ungelehrte Norddeutsche, voran der Sachse Raumsland; dafür wucherte eine anspruchsvolle und doch so dürftige scholastische Gelehrsamkeit, die «Kunst», immer üppiger, bis sie den Doktor der Theologie Heinrich Frauenlob von Meißen (gest. 1318) auf den Gipfel der Selbstüberhebung geführt hatte, von dem der begabte, aber eitle Mann verachtungsvoll auf die Meister der mittelhochdeutschen Blüte herabsah.

Die eigentliche **Lehrdichtung** ist nie beim Adel heimisch gewesen. Allerdings hat ein bayr. Ritter, der Winsbeke, und ein fränk. Edelmann, Thomasin von Zerklaere (1215) es nicht verschmäht, höfische Zucht in Reimen zu lehren. Aber der Vortrag der gemein menschlichen, d. h. damals bürgerlichen Lebensweisheit blieb unbestritten in den Händen bürgerlicher Fahrender, die biblische und volkstümliche Lehren sammelten, ohne durch eigene originelle Gedanken glänzen zu wollen: die Zeit schätzte nur das Altüberlieferte und gestattete den Einfällen des Individuums nirgend Raum. So war auch **Freidank**, der Verfasser der «Bescheidenheit», einer mittelhochdeutschen Laienbibel, lediglich Sammler, aber seine Wirkung litt nicht darunter; das redselige Lehrgedicht des Bamberger Schulmeisters Hugo von Trimberg (um 1300), «Der Renner», plünderte ihn stark, und noch in Sebastian Brants «Narrenschiff» zeigen sich seine Spuren.

Selbst dem **Artusromane**, dieser eigentlichen Domäne adliger Dichtung, blieben die Meister nicht ganz fern. Schon **Gottfried von Straßburg**, ein blendendes Stiltalent, des tiefsinnig grübelnden Wolfram oberflächlicher Antipode, der der schwülen Sinnlichkeit seines Themas von «Tristan und Isolde» ganz anders gerecht wurde als sein Vorgänger Eilhart von Oberge, war Meister. Immerhin blieben die Adligen Beherrscher der Gattung. Das Ritterepos trieb in den Händen einiger begabten Epigonen noch ein paar freundliche Blüten, den «Wigalois» des Franken Wirnt von Grafenberg, das liebliche Gedicht von der Kinderliebe «Flores und Blanscheflurs» von dem Schweizer Konrad Fleck u. a.; aber es mußte welken mit der ritterlichen Weltanschauung selbst. Als man nicht mehr an den wunderbaren Beruf des Ritters glaubte, wurden diese Romane langweilig. Freilich herrschte noch lange fruchtbare Produktion: unvollendete Epen der Blütezeit wurden fortgesetzt (Ulrich von Türheim, Heinrich von Freiberg); man suchte die alten den Franzosen nacherzählten Abenteuer durch geistlose, wüste Neuerfindungen zu überbieten (Heinrich von dem Türlin, der bayr. Fahrende Pleier, Konrad von Stoffel u. s. w.); auf Wolframs Pfaden gehend, schwellte ein gewisser Albrecht mit großem Erfolg die Titurellieder des Meisters zu einem ungeheuern strophischen Epos voll ultramontaner Mystik und langweiliger Pracht, dem «Jüngern Titurel», auf (1275), das lange für Wolframs Werk galt. Aber all das konnte die erstorbene Dichtung auf die Dauer nicht neu beleben.

Die **Legendendichtung** fand wieder ein großes Publikum. Hatte früher Konrad von Fußesbrunnen sein Gedicht von der Kindheit Jesu höfisch ausputzen müssen, um Beifall zu finden, so hörte man jetzt große Epen von den Wunderthaten und Martern des heil. Georg und der heil. Martina geduldig an, und im Deutschordenslande, das damals auch durch histor. Dichtung sich auszeichnete, entstanden um 1300 umfängliche poet. Legendensammlungen, das «Passional» und das «Buch der Väter». Legenden und sagenhaft histor. Stoffe (von Alexander, dem Trojanischen Krieg u. ähnl.) bevorzugten auch die beiden letzten bedeutenden Epiker der Zeit, beide sehr fruchtbar, der Schweizer Ritter **Rudolf von Ems** (um 1250) und der bürgerliche **Konrad von Würzburg** (gest. 1287); jener, ein vornehmer anmutiger Erzähler, hat durch seine unvollendete Weltchronik zuerst die genauere Kunde des Alten Testaments unter die Ungelehrten getragen; dieser, ein ernst strebender Dichter, der die Kunst des mittelhochdeutschen Versbaues auf die höchste Stufe überfeiner Vervollkommnung steigerte, lieferte wahre Musterstücke der *Reimnovelle*, die mehr und mehr das Erbe des Reimromans antrat. Zahllose ernste und spaßige, moralische und schlüpfrige Geschichtchen, Anekdoten, Schwänke u. s. w. wurden in glatten Versen und flotter Erzählung unter dem stoffhungrigen Publikum verbreitet, so manche schon darunter, denen später Boccaccio einen Platz in der Weltlitteratur verschaffte. Ein besonders fruchtbarer Dichter dieser kleinen Gaitung war ein österr. Fahrender, der *Stricker*, der durch seine «Bispel», Gleichnisse und Tierfabeln mit lehrhafter Tendenz, schon der berühmten Fabelsammlung des Berner Mönches Ulrich Boner, dem «Edelstein», voranging. Die Bayern und Österreicher übertreffen auch in dieser Zeit die andern Landschaften durch lebensvollen gesunden Realismus: keine einzige der zahllosen mittelhochdeutschen Novellen tann sich an kulturhistor. und poet. Wert mit der entzückenden bayr. Dorfgeschichte «Meier Helmbrecht» von *Wernher dem Gärtner* messen. In dem unbekannten Verfasser der Seifried Helbling beigelegten Spruchgedichte erstand der Heimat Heinrichs von Melk ein zweiter bedeutender Satiriker, und die Reimchronik des Steiermärkers Ottokar zeichnet sich vor der Überfülle damaliger Reimchroniken durch farbenreiches, lebenswahres Detail glänzend aus. Dem *Heldengesange*, der wieder unmodern geworden war, gedieh diese realistische Richtung freilich nicht zum Frommen: die Thaten Biterolfs und Dietleibs, Ortnits und Wolfdietrichs u. a., vor allem die unerschöpflichen Riesen-, Zwerg- und Heldenkämpfe Dietrichs von Bern werden aus dem mächtigen Pathos des alten Heldengesangs zu einem unwürdigen Bänkelsängerton erniedrigt, der mit dem landläufigen Ritterroman in der Gleichgültigleit gegen seelische Probleme, der Vorliebe für das Abenteuerliche wetteiferte und die ehrfurchtgebietenden Heldengestalten oft genug zu trivialster Spaßhaftigkeit herabzog.

Niederdeutschland hatte seit Heinrich von Veldeke laum teil genommen an der Entwicklung deutscher Poesie. Wer dort dichtete, mußte die angestammte Mundart mindestens in den mitteldeutschen Dialekt umwandeln, um über den engsten Kreis der Heimat hinaus bekannt zu werden; so schon Eilhart von Oberge, so später der sächs. Spruchdichter Raumsland, der Magdeburger Patricier Bruno von Schönebek, der Dichter eines Hohen Liedes (1276), so selbst der Lyriker Fürst Wizlav von Rügen. Um so maßgebender wurde der niederdeutsche Norden für die Geschichte der deutschen *Prosa*. Hier verfaßte schon 1230 der Schöffe Eike von Repkow das erste Rechtsbuch, den «Sachsenspiegel» (s. d.), der durch seinen ungeheuern Erfolg für die Geschichte des deutschen Rechts, ja für die innere staatliche Entwicklung Deutschlands die überraschendste Bedeutung gewann; hier wurde etwa gleichzeitig das erste prosaische Geschichtswerk, die sogenannte sächs. Weltchronik, niederdeutsch verfaßt. Langsamer folgte der Süden, der gewohnt war, alles gehobene Deutsch in Reime zu kleiden. Aber auch er besaß schon im 13. Jahrh. eine reiche Predigtlitteratur, unter der die unwiderstehlich hinreißenden Volkspredigten des genialen Franziskaners *Berthold von Regensburg* (gest. 1272) obenan stehen. Im Gegensatz zu dieser demagogischen Beredsamkeit, die damals zuerst als eine Macht erkannt wurde, trägt ein aristokratisches Gepräge die edle, innerliche Prosa des Dominikaners und Mystikers *Meister Eckhart* (gest. 1327); auch andere Mystiker schrieben deutsch; in Susos Schriften lebte die schwärmerische Sprache des Minnesangs, aufs Göttliche angewendet, noch einmal auf. Diese oberrhein. Mystik zieht den Rhein abwärts; ihr dankt das noch heute viel gelesene Buch des Thomas a Kempis «Von der Nachfolge Christi» die Entstehung (1380).

IV. Frühneuhochdeutsche Periode (vom Anfang des 14. bis in den Anfang des 17. Jahrh.). Mit den ersten Jahrzehnten des 14. Jahrh. ist die adlige Dichtung völlig überwunden; die tirolischen Spätlinge der Minnelyrik, der steife lebhafte Hugo von Montfort (gest. 1423) und der fratzenhaft abenteuerliche Oswald von Wolkenstein (gest. 1445) sind Ausnahmen, und von dem alten Minnesang sind doch auch sie weit entfernt. Es giebt keine Kunstpoesie mehr, die, auf einen höchsten Stand beschränkt, sich von der Volksdichtung sondert; die höfische temperierte Sprache versinkt in den ungehemmt herrschenden Mundarten, die in den Dichtungen jetzt kaum minder hervortreten als in den Urkunden, die namentlich seit 1300 immer häufiger deutsch abgefaßt werden. Das Volk dominiert um so ausschließlicher, als der weltliche Gelehrtenstand, die Vorstufe der heutigen «Gebildeten», eben erst mit dem Aufkommen der Universitäten sich heranzubilden begann. Harte materielle Interessen überwiegen; das ideale Streben der Zeit gilt vorwiegend der kirchlichen Reformation, wie denn das Konzil von Konstanz, die Hussitenkämpfe eine große Menge satir. Verse hervorriefen (z. B. «Des Teufels Netz»). Die Dichtung verroht unaufhaltsam. Der stets aristokratische Sinn für Form geht dieser Zeit demokratischen Ringens der Städte und Bauern verloren. Das Publikum verlangt nur hungrig und wenig wählerisch nach derbem Unterhaltungsstoff. Selbst die bürgerliche Lehrdichtung, noch mehr die Ausläufer der Minnepoesie bedürfen mindestens einer stofflichen Einkleidung: von den Schachgedichten Heinrichs von Beringen, Konrads von Ammenhausen, den minniglichen Jagdgedichten des verdienstlichen Ritters Hadamar von Laber (um 1340) u. a. bis zu Brants «Narrenschiff» und Murners «Gäuchmatt» kann kein Lehrgedicht des allegorischen Aufputzes entbehren. Die kurze Novelle, der zotige Schwank sind die Lieblinge des Publikums, selbst die Predigt muß sich mit Geschichten (Predigtmärlein) und derben Allegorien (Geiler von Kaisersberg) beladen, und Novellensammlungen, wie die «Gesta Romanorum», das «Buch von den 7 Meistern», das Hans der Büheler in seinem «Diocletian» (1412) reimte, werden in Versen und in Prosa die gesuchteste Lektüre. Von den alten Ritterfesten und -Tugenden spricht zumeist die ganz äußerliche Wappen- und Heroldsdichtung, deren Hauptvertreter Suchenwirt ist und die schnell zur Pritschmeisterei herabsinkt. Der Heldengesang, der in «Heldenbücher» gesammelt wurde, verfällt immer mehr in rohe Bänkelsängerei, soweit er nicht das Alte einfach nachspricht. An die oft geistreichen und bedeutenden Sprüche der wandernden Berufsdichter des 13. Jahrh. erinnert höchstens noch der vortreffliche, Frauenlob an Klarheit der Gedanken überlegene, an Reichtum vergleichbare Muskatblüt (um 1430); sonst ist die Spruchpoesie fast durchweg zum öden *Meistergesang* (s. d.) verknöchert. Seit der Schmied Regenbogen trotz seiner Unbildung sich vermessen hatte, mit Frauenlob einen gelehrten Sangesstreit zu wagen, war dem Handwerk die unselige Neigung geblieben, sich und andere während der Mußestunden in Singschulen nach den komplizierten Regeln der Tabulatur mit dem Reimen unverstandener scholastischer Geheimnisse zu kasteien; so versteinert in der Tradition war diese Kunst zumal am Rhein, daß es wie eine Revolution wirkte, als Nestler von Speier und der Wormser Barbier Folz es wagten, von den angeblichen Melodien der 12 alten Meister sich zu emancipieren. Hier überall Stillstand oder Verfall.

Aber das ist nicht die einzige Signatur der Zeit. Auch frische Lüfte wehen. Es ist die klassische Epoche des **Volksliedes** (s. d.), das auf den Trümmern des Minnesangs in jener wunderbaren Fülle und Frische blüht, an der wir uns heute noch freuen. Damals beginnt das histor. Lied, das jetzt jahrhundertelang, etwa die heutige Zeitung ersetzend, die Ereignisse der Weltgeschichte mehr oder minder parteiisch begleitet, unterstützt durch frappante Melodien. War früher Dichter und Komponist stets identisch gewesen, meist nicht zum Vorteil der Musik, so bekommt jetzt die Melodie ein bevorrechtetes Sonderleben: beliebte Weisen verschaffen ihren Texten Erfolg und werden daher unbefangen von einem Lied aufs andere übertragen. In dieser Zeit endlich erwuchs das **Drama**. In gewissen Formeln der bei hohen Festen üblichen kirchlichen Liturgie wurzelnd, hatte es sich langsam, zuerst in einzelnen komischen Scenen, dann ganz von der lat. Sprache, weiterhin von der Kirche überhaupt freigemacht. Laien dichteten und agierten, höchstens unter der Aufsicht der Geistlichen, Oster- und Passions-, Weihnachts- und Fronleichnamsspiele, meist in engem Anschluß an die Evangelien, mit großer Personenzahl, ohne dramat. Konzentration, breit und zerflossen; die letzten Ausläufer dieser geistlichen Spiele sind noch heute nicht verschwunden (Oberammergau). Auch Legenden lagen diesen Mysterien zu Grunde; so Schernbergks Spiele von Frau Jutten, den niederdeutschen Theophilusdramen, wirklich dramat. Stoffe, aus denen die ungeschickte Technik freilich nicht viel machte. Im grellsten Gegensatz dazu blüht auch eine andere Art dramat. Aufführungen, ein Seitenstück der franz. Farce und Sottie, das Fastnachtspiel, meist burleske Maskenaufzüge von grauenvoller Unfläterei; **Nürnberg** war dafür der klassische Boden. Diese Stadt, beherrscht von einem kunstliebenden Patriciat, das die Teilnahme des Adels ersetzte, wird, wie für die bildenden Künste, auch für die Dichtung eine Pflegestätte; die beiden bedeutendsten Volksdichter des 15. Jahrh. gehören ihr: der vielseitige, bewegliche **Hans Rosenblut** (um 1450), in mancher Hinsicht ein Vorläufer des Hans Sachs, versorgt sie mit ernsten und scherzhaften Reimen aller Art, mit Fastnachtspielen, Moralsprüchen, Priameln, Schwänken, Weingrüßen u. s. w., und der aus Worms stammende **Hans Folz** (um 1480) begründet in ihr einen Meistergesang, der sich freier entfaltete als in der rhein. Heimat.

Noch einmal sieht es in der zweiten Hälfte des 15. Jahrh. aus, als wollte der **Adel** wiederum eine leitende Rolle in der Litteratur spielen. Zwar, wenn für den bayr. Hof der Maler Ulr. Füterer (um 1480) wieder Artusromane zu fabrizieren begann, so hatte das nichts Verheißungsvolles, und auch des «letzten Ritters» Kaiser **Maximilians** (gest. 1519) rückschauende Neigungen waren aussichtslos; er machte sich verdient durch Sammlung älterer Gedichte und besang sich selbst in einem unsäglich langweiligen allegorischen Rittergedicht, dem «Teuerdank». Neu aber und der Zeitrichtung sehr entsprechend war es, als eine Reihe vornehmer fürstl. Frauen teils selbst, teils durch Gelehrte **Prosaübersetzungen** lat., ital. Litteratur und namentlich auch franz. Romane besorgte. Der Mittelpunkt dieser neuern Bestrebungen, in denen zum Teil unsere heutigen Volksbücher wurzeln, war der Rottenburger Hof der Gräfin **Mechthild von Württemberg**: für diese geistreiche Dame arbeiteten die berühmtesten Übersetzer der Zeit, der Arzt Heinr. Steinhöwel, der Stadtschreiber Niklas von Wyle und der Geistliche Anton von Pfore, die nur etwa durch den prächtigen Plautusübersetzer und Ehelehrer Albrecht von Eyb übertroffen wurden. Diese neuerwachende erfreuliche Teilnahme des Adels, der Frauen, wurde dann freilich durch die mächtigen Bewegungen des Humanismus und der Reformation bald in den Schatten gestellt; erst durch sie treten an das Steuer der Litteratur die Gelehrten, denen die neu erfundene Kunst des Buchdrucks die Möglichkeit gab, ihre Stimme weit über ihre enge Heimat hinaus erschallen zu lassen.

Wir stehen an der Schwelle des **16. Jahrhunderts**. Eine Zeit, so fruchtbar an Gedanken und Stoffen, wie keine zweite, aber leider dieser Fülle der Aufgaben an Gestaltungskraft nicht gewachsen. Erst Goethe wußte den herrlichen poet. Gestalten des Dr. Faust und des Götz von Berlichingen ihr poet. Leben zu verleihen; das 16. Jahrh. zog den schmutzigen Spaßvogel Eulenspiegel und den heil. Grobianus vor. Man hat es ein aristophanisches Jahrhundert genannt. Wirklich dominiert das Drama und die Satire; aber von der Grazie, der Formenschönheit des Aristophanes ist keine Spur. Selbst der Schwung, das Pathos fehlt der anfangs rein moralischen, seit der Reformation vorwiegend theol.-polemischen Satire ganz auffallend; um auf weite Kreise zu wirken, wählt auch der Gelehrte geflissentlich einen derben Ton volkstümlichen Witzes, der ihm nicht immer gelingt und ihm feinere Wirkungen verschließt. Der naive anmutsvolle Humor des Handwerkers **Hans Sachs**, der wohlthuendsten Gestalt der Periode, wird von keinem andern der litterar. Wortführer erreicht. Sprache und Versbau bleibt mit wenigen Ausnahmen roh und plump, um so mehr, als die formell geschultesten Kräfte die gebildetere lat. Sprache vorzogen.

Auf der Grenze des volkstümlichen 15. und des bürgerlich gelehrten 16. Jahrh. steht ein Werk von europ. Erfolg, das «Narrenschiff» des Straßburger Stadtschreibers **Sebastian Brant** (1494), im Grunde eine bloße lehrhafte Citatensammlung, die aber durch ihre glücklich gefundene Einkleidung durchschlug; es milderte den Druck der allgemeinen Verkommenheit, daß hier alle Laster der roh materiellen Zeit nur als Narrheiten erschienen. Sein viel begabterer Nachahmer, der leidenschaftliche Franziskaner **Thomas Murner** ist mit seinen zahlreichen Narrengedichten Brants Wirkungen nie nahe gekommen. Beide Männer waren Gelehrte, gehörten zu der ältern Gruppe der **Humanisten**, die ihre bessere, vielfach in Italien erworbene philol. Bildung lediglich benutzten, um die Mißstände des unfruchtbaren und unwissenschaftlichen scholastischen Unterrichts in Universität und Schule abzustellen, wie das besonders Brants rühriger, aber maßvoller Freund Wimpfeling anstrebte. Doch dabei blieb es nicht. Der großartige wissenschaftliche Aufschwung, der die ital. Renaissance ausmacht, wirkte immer erschütternder nach Deutschland herüber. Die Philologie wird auch hier die Königin der Wissenschaften; sie erklärt allem verrotteten Schlendrian den Krieg. Sie führte über Tacitus' «Germania» zu einem starken nationalen Bewußtsein, über Aristoteles, Hippokrates und Ptolemäus zu gesundem, empirischem Betrieb der Naturwissenschaft und Medizin; sie weist die Theologen auf das philol. Quellenstudium der Bibel hin. So bekamen die poetae, d. h. die humanistischen Philologen, etwas kritisch Revolutionäres, das verzagte Naturen erschreckte und sich namentlich offenbarte, als sich die ganze Schar der jüngern Humanisten kampflustig um den charakterfesten Philologen Reuchlin scharte, den großen Kenner der drei heiligen Sprachen, der die hebr. Litteratur gegen die Zerstörungswut der obskurantischen Kölner Theologen verteidigte (1510). Damals entstanden in dem Erfurter Dichter- und Gelehrtenkreise, der sich um den Gothaer Kanonikus Mutianus Rufus schloß, die «Epistolae obscurorum virorum», die feinste mimische Satire, die Deutschland je hervorbrachte (1515). In dem patriotischen Wunsche, ihr Vaterland auf die geistige Höhe des bewunderten Italiens zu heben, huldigen die Humanisten fast alle der lat. Poesie; voran der geniale Konrad Celtis, der erste poeta laureatus Deutschlands, in seinen glühend sinnlichen Elegien (1502) und Oden, dann der vielseitige elegante Versifex Eoban Hessus, der scharfe Epigrammatiker Euricius Cordus, der Hymniker Jakob Locher u. s. w. Das Drama freilich kam in ihren Händen über Fest- und Schulspiele nicht weit hinaus; nur Reuchlin hat in seinem «Henno» (1497), Terenz nachahmend, das wirkungsvolle Vorbild eines Lustspiels von wechselvoller und doch geschlossener Handlung gegeben. Wohl möglich, daß diese ruhige begeisterte Pflege schöner Form und Bildung schließlich auch der deutschen Dichtung genutzt hätte; da trat die Kirchenreformation dazwischen, alle ruhige Entwicklung zerreißend.

Auch **Luther** stand im Bannkreise des Humanismus. Ihm dankte er die Erkenntnis, daß die Bibel die einzige berechtigte Quelle des Glaubens sei, ihm die patriotisch-german. Tendenz gegen das welsche Rom. Aber den Bildungsstolz der Humanisten, ihren griech. Schönheitssinn, ihre heidnisch-ästhetische Weltanschauung teilte der Volksmann Luther nicht, und er verletzte sie bitter und oft durch sein rücksichtslos derbes Auftreten in der Polemik. So begrüßten sie ihn mit Jubel, wandten sich aber je länger je entschiedener von ihm ab; nur der feurige fränk. Ritter Ulrich von Hutten (gest. 1523) focht unerschütterlich mit der scharfen Waffe seiner trefflichen lat. Dialoge an Luthers Seite.

Luthers Auftreten ist der alles beherrschende Höhepunkt der Epoche. Seitdem er das Wort genommen, verdrängt die Theologie jahrzehntelang alles andere litterar. Interesse. Seine Bibelübersetzung, nicht die erste, aber die beste, die es gab, führte der Menge eine Fülle wertvollen Stoffes zu; sie und seine durch den Buchdruck in ganz Deutschland verbreiteten Flugschriften gaben wenigstens den stärksten Anstoß zu der Bewegung, die schließlich abermals eine über den Mundarten stehende Schriftsprache erzeugte. Er erhöhte das Verständnis für sittliche Probleme dadurch, daß er von jedem einzelnen volle und alleinige Verantwortung für sein Thun, Denken und Glauben verlangte, die Hilfe der Jungfrau Maria und der Heiligen beseitigte. Er förderte die elementare Schulbildung und schuf das evang. Pfarrhaus. Er begünstigte das Drama, das er auch als Mittel der Polemik und Lehre schätzte, pflegte, ein warmer Freund der Musik, den Gesang und beförderte, selbst ein trefflicher Kirchenliederdichter, das Gedeihen dieser lyrischen Gattung gegenüber dem weltlichen Volkslied. Und sein Vorbild war entscheidend, wenigstens für das prot. Deutschland, das für die Litteratur zunächst fast allein in Betracht kommt. Schade, daß ihn in seiner wundervoll volkstümlichen, bilderreichen, temperament- und nachdrucksvollen Prosa kein sicherer Takt vor Geschmacklosigkeiten schützte; so trug er bedeutende Mitschuld an dem widerwärtigen Grobianismus (s. Grobianus), an dem dieses reiche Jahrhundert leidet.

Die Reformationskämpfe zeitigten eine zum Teil ausgezeichnete Litteratur von Prosapasquillen und **Prosadialogen**, die sich in drastischer Einkleidung und packender Beweisführung überboten. Alles übertrafen in vollendeter Prosarede die schlichten milden Dialoge des friedfertigen Nürnberger Dichters Hans Sachs. Auch sonst erweiterte die Prosa in diesem Jahrhundert wieder ihr Feld. Die Geschichtschreibung, deren Meister Aventin ist, gehört ihr schon ganz. Nach dem Muster der lat. Facetiensammlungen Poggios und Bebels entstehen namentlich im Elsaß zahlreiche oft recht anstößige prosaische Schwankbücher (s. d.) von Pauli, Wickram, Kirchhoff u. a. Die Übersetzungen franz. **Prosaromane** werden, zumal beim Adel, immer beliebter, bis diese Liebhaberei in den Bändereihen des «Amadis» (seit 1569) ihre höchste Befriedigung findet. Der schüchterne Versuch des Colmarer Stadtschreibers Jörg Wickram, sie durch moralisch-bürgerliche Familienromane eigener Erfindung zu ersetzen, scheiterte vollkommen. Erfolgreicher konkurrierten mit jenen Übersetzungen die autochthonen Volksbücher (s. d.) vom Eulenspiegel, Dr. Faust, den Schildbürgern, Fortunat u. ähnl., die fast alle einen Keim goldener Lebensweisheit und köstlicher Einfälle in wertloser Schale bargen.

Im Mittelalter wäre all das in **Reimpaaren** vorgetragen worden. Sie haben im 16. Jahrh. sehr an Boden verloren. Unbestritten gehört ihnen außer dem Drama noch die mannigfaltige **Didaktik**, die, wie im 14. und 15. Jahrh., gern in der Form der Allegorie auftritt; auf fliegenden Blättern illustriert verbreitet, fanden kurze allegorische «Sprüche» ein großes Publikum (so Hans Sachs' «Wittenbergisch Nachtigall»); aber auch größere Lehrgedichte, zum Teil reformatorischer Tendenz, wurden unternommen von Ringwaldt u. a. Eine ironische Abart repräsentiert Kasp. Scheidts «Grobianus», eine umgekehrte Sittenlehre. Auch die **Fabel** zieht, obgleich Luther selbst Prosafabeln schrieb, noch die Versart vor, in der erst vor wenigen Jahrzehnten das beste deutsche Tiergedicht, der «Reinke de Vos», seinen sieghaften Einzug in Niederdeutschland gehalten hatte (1498). Sowohl die Sammlungen kleiner Fabeln von Alberus und Waldis, wie Rollenhagens reformatorisches Tierepos «Der Froschmäuseler» (1595) und Fischarts und Wolfh. Spangenbergs mehr lustige als lehrhafte Tierdichtungen sind gereimt. Ebenso endlich die kleine ernst- und scherzhafte Erzählung. Der Meister aller dieser kürzern Reimgedichte ist zweifellos **Hans Sachs** (gest. 1576), der in kleinerm Rahmen mit unfehlbarer Sicherheit stets den rechten Ton humoristischen Behagens und gemütlicher Innigkeit zu treffen weiß, ein Mahner und Erzähler von liebenswürdigster Anmut und Laune.

Die Reimpaardichtung verdrängt bei ihm den strophischen **Meistergesang**, von dem er ausging. Durch ihn errang die Nürnberger Meisterschule einen Namen, der selbst die zu Augsburg und Straßburg in den Schatten stellte. Aber er behandelte ohne sicheres Stilgefühl im Meisterlied dieselben Stoffe wie im Reimpaar, meist Erzählendes; mit Vorliebe versifizierte er darin Bibelpartien und trug so dazu bei, diese nur lyrisch brauchbare Form zu ruinieren; vergeblich bemühte sich sein Schüler Puschmann (gest. 1600), die erstorbene Form zu halten. Auch das weltliche Volkslied ist im 16. Jahrh. nicht sehr produktiv, so sehr seine musikalische Ausbildung sich hebt, und wenn nicht die lat. Kunstlyrik einige namhafte Dichter aufzuweisen hätte (vor allen Petr. Lotichius Secundus), so wäre das **Kirchenlied** die einzige Gattung lyrischer Poesie, die in diesem unlyrischen Jahrhundert gedieh. Unglaublich viele luth. Pastoren fühlten sich zu ihr berufen, aber wenige waren auserwählt; neben Luthers männlichen Kern- und Kampfliedern und den kindlich innigen Versen des Joachimsthaler Kantors Nik. Hermann (gest. 1561) hat lediglich der streitbare Nik. Selnecker (gest. 1592) es verstanden, Dichtungen von bleibendem Wert zu schaffen; sonst drängt sich trockne Dogmatik, ja theol. Gezänk in unerträglich rauhen Versen störend hervor. Seine Blüte erlebte das Kirchenlied erst im 17. Jahrh., als sich in Paul Gerhardt die mannhafte Kraft, die typische Gemeingültigkeit des Lutherschen Liedes mit Formschönheit, Zartheit und individuellem Gefühlsleben vermählte.

Die höchste schöpferische Kraft bewährt das 16. Jahrh. im **Drama**. Es ist vielseitig in Stoffen, Gattungen und Technik. Die Bibel giebt freilich die immer wiederkehrenden Hauptthemata her, zumal Joseph in Ägypten, den einzigen Stoff, in dem weibliche Liebesleidenschaft zu Worte kam, dann Susanne, Tobias und den verlorenen Sohn, ein Thema, das den Ausgangspunkt bildet für allerlei amüsante lat. Studentenkomödien. Daneben werden in kath. Gegenden Legenden, in den Fastnachtspielen Nürnbergs und Straßburgs Scenen aus dem täglichen Leben, ferner allegorische Moralitäten, Stoffe der alten Sage, der alten und sogar der neuesten Geschichte behandelt: Luther, ja die Bartholomäusnacht ging schon damals über die Bretter, und selbst grammatische Regeln hat man dramatisiert. Einen starken Anstoß zu dieser plötzlichen fruchtbaren Entwicklung gab neben Plautus, Terenz und Reuchlin das **humanistische Drama der Niederlande**: mehr als der ausgezeichnete Lustspieldichter Makropedius wirkte Gnapheus durch seinen «Acolastus», der das Lotterleben des verlorenen Sohns behaglich schilderte, Crocus mit seinem «Joseph» und Ischyrius mit seiner lat. Bearbeitung der tiefsinnigen niederländ. Moralität von «Elkerlijk» nach Deutschland herüber; in den Motiven und auch in der jetzt konzentriertern Technik folgen unzählige deutsche Dichter diesen niederländ. Vorbildern. Übertroffen werden sie auch im lat. Drama von dem genialen Bayer **Thomas Naogeorg**, der in gewaltigen aristophanischen Komödien von herber rücksichtsloser Komik für Luthers Sache stritt (um 1540), und von dem glänzenden Witz **Nikodemus Frischlins** (gest. 1590), der in prächtigen satir. Lustspielen das Lob des Vaterlandes, des luth. Glaubens und des guten Lateins anstimmte. Aber mögen diese lat. Dramen auch an Schwung und Formvollendung das **deutsche Drama** weit hinter sich lassen, die Zukunft gehörte doch diesem. Es erscheint sehr vielgestaltig. In die Schweiz hatte Pamphilus Gengenbach das Nürnberger Fastnachtspiel übertragen, der Berner Manuel (gest. 1536) es zu mächtiger demagogischer Wirkung im Dienste Zwinglis gesteigert. Daneben dominieren sonst in der Schweiz und im Elsaß breite biblische und histor. Stücke (Wilhelm Tell u. a.), die oft mehrere Abende und zahllose Personen brauchen, dialogisierte Epen; doch besaß das Elsaß an Thiebolt Gart einen Dichter von überraschender Sprachgewalt und Technik. In der Umgebung Luthers gedeiht ein tendenziös-reformatorisches Schuldrama, das in Magdeburg der langweilige Gräff, in Zwickau der formgewandte Paul Rebhun (gest. 1546) vertritt, dessen wechselnde Versformen sogar bedeutendere Dichter, wie Hayneccius, der Autor des köstlichen Lustspiels «Hans Pfriem», nachahmen. In der Mark blühen namentlich Weihnachtsspiele, Barth. Krüger und Barth. Ringwaldt entwerfen aber auch ernsthafte dramat. Zeitbilder von eindringlicher Kraft. In Niederdeutschland, zumal in Lübeck und Hildesheim, ist ein derbes Fastnachtspiel, das auch polit. Verhältnisse ergriff, zu Hause. Den Höhepunkt des deutschen Dramas bezeichnet wieder Nürnberg und **Hans Sachs**. Der treffliche Meister kennt nicht die Grenzen seiner Kraft: auch vor der Tragödie schreckt er nirgends zurück. Aber wo er sich zu Hause fühlt, im städtischen oder bäurischen Genrebild, da zeigt sich die Lebensfülle, der keusche, innige Humor und die poet. Gestaltungskraft dieses echten Volksdichters im erfreulichsten Lichte: wie hoch erhebt er das Fastnachtspiel aus dem Schmutze heraus, in den es im 15. Jahrh. versunken war. Er wirkte fort in dem Augsburger und Straßburger Meistersängerdrama Wilds und Spangenbergs. Und zu all diesem Reichtum trat gegen Ende des Jahrhunderts der Einfluß wandernder **englischer Komödianten**, die das handlungsreiche engl. Drama der Vorgänger Shakespeares in Deutschland bekannt machten; ihr Einfluß ist fühlbar in den zahllosen Stücken eines andern Nürnbergers, Jak. Ayrers (gest. 1605); deutsche Fürsten, wie Heinr. Jul. von Braunschweig und Moritz von Hessen, haben dichtend und aufführend diese engl. Kunst gepflegt; in den Spielen des Braunschweigers faßt die Prosa zuerst auch in einem deutschen Originaldrama Fuß. Die Fortschritte der Technik sind im Laufe des Jahrhunderts auf dem ganzen Gebiete deutlich; eine vielversprechende Entwicklung, der vielleicht ein nationales Drama entwachsen wäre, schneidet der Dreißigjährige Krieg ab, allen friedlichen Fortschritt zerstörend und einen Überschwall fremder Einflüsse mit sich führend.

Zwischen der Reformation und diesem unheilvollen Kriege liegt das Treiben der jesuitischen **Gegenreformation**, das seit dem Trienter Konzil eine hüben und drüben grenzenlos gehässige Polemik hervorrief. Gegenüber dem tüchtigen kath. Streiter Joh. Nasus stand auf prot. Seite der genialste Publizist des Jahrhunderts, der calvinische Jurist **Joh. Fischart** (s. d.) aus Straßburg (gest. etwa 1590). In der überreichen vielseitigen Thätigkeit dieses Mannes, die in seiner grotesk aufschwellenden Bearbeitung von Rabelais' Gargantua-Roman gipfelt, sammeln sich noch einmal alle Stärken und Schwächen der Zeit wie in einem Brennpunkte: ihr unglaublicher Stoffreichtum, ihre Innigkeit, ihre starke Gedankenarbeit, ihr scharfer Blick für die Bilder des Lebens, ihr derber Witz, leider auch ihr schmutziges Behagen und ihre grenzenlose, alle Wirkung vernichtende Formlosigkeit.

V. **Periode** (vom Beginn des 17. Jahrh. etwa bis zu Klopstocks «Messias» 1748). In ihr folgt auf das reiche und üppig kraftvolle Jahrhundert Luthers unzweifelhaft die unfruchtbarste und unselbständigste Zeit, die die deutsche Litteratur je gehabt hat. Aber diese Zeit fing doch an, dem Gefühlsleben des Individuums die Zunge zu löseu, und sie lehrte vor allem eine sorgfältige, wenn auch vorerst nur nachahmende Pflege der Form. So wird sie die notwendige Vorschule unserer klassischen Dichtung.

So große Fortschritte die wissenschaftliche deutsche *Prosa* in der verstandesharten Periode der Reformation gemacht und so bemerkenswerte Leistungen sie aufzuweisen hatte (z. B. Dürers technische Kunstschriften, Aventins, Francks, Tschudis Geschichtswerke u. a.), so dauerte es doch noch bis über den Dreißigjährigen Krieg hinaus, bevor die lat. Bücher, die Deutschland druckte, von den deutschen an Zahl erreicht wurden: Kepler und noch Leibniz schrieben lateinisch. Neben der von jeher sehr beträchtlichen Übersetzungslitteratur ist es bis ins 17. Jahrh. herein die prot.-theol. Schriftstellerei, die unter den wissenschaftlichen Arbeiten in dem Interesse des Publikums den Löwenanteil genießt. Aber sie war mehr und mehr in dogmatischen Zänlereien verknöchert, die weder den Gefühls- noch den moralischen Bedürfnissen der Frommen genügen konnten. Da wurden das praktische Christentum des kernigen Schwaben Andreä (gest. 1654), die friedfertig und gemütlich erbauenden Schriften des herzenswarmen Joh. Arnd (gest. 1621) und sogar die seltsam vergrübelte Gottesweisheit des mystischen Görlitzer Schusters Jak. Böhme (gest. 1624) eine Herzenswohlthat für viele unbefriedigte Seelen, die zumal in den Schrecken des Krieges geistlicher Stärkung bedurften; die Bücher dieser Männer bereiteten dem Pietismus Speners, dem Liede Gerhardts die Wege.

Durch ihr individuelleres Gemütsleben vorwärts weisend, sind Arnd und Andreä als Dichter doch noch ganz Kinder des 16. Jahrh. mit seinen durch meistersingerische Silbenzählung versteiften Knüttelversen und seiner ungebildeten, derben Sprache. Das Verdienst, Vers und Rede geregelt zu haben, gebührt dem Schlesier *Martin Opitz* (1597—1639), obgleich schon der elegante lat. Poet Melissus, als er Marots Psalmen im Versmaß der Originale deutsch übertrug (1572), ebenso ein um Zincgref gescharter Heidelberger Dichterkreis und vor allem der vielgereiste, an franz. und engl. Poesie gebildete Schwabe Georg Rodolf Weckherlin, ein höfischer Weltmann von entschiedener lyrischer Begabung, in ähnlicher Richtung gestrebt hatten. Denn Opitz zuerst hatte den glücklichen Instinkt, die Grundzüge der *Renaissancedichtung* in einem, Scaliger und Ronsard nachgeahmten, poet. Lehrbuch, dem «Buch von der deutschen Poeterei» (1624) zusammenzufassen, und er verstand es zugleich, ohne jedes wirklich produktive Talent korrette Muster der neuen Dichtart zu schaffen. Diese strebt mit Bewußtsein und Erfolg danach, das Interesse des Adels dadurch zu gewiunen, daß sie sich nach den elegantern antiken und neulat., franz. und holländ. Mustern verfeinert. Sie gilt als lehrbar: daher die Überfülle von Poetiken, die die Periode hervorbringt, unter ihnen Harsdörffers berüchtigter «Poetischer Trichter». Ihre Sprache strebt nach dialektloser Sauberkeit und Zierlichkeit. In ihren Versen wechselt Hebung und Senkung regelmäßig ab: der Alexandriner ist, trotz seiner Eintönigkeit, ihr Lieblingsvers; doch versucht sie sich auch gern in anderu antiken und modernen Metren. Man hat diese Poesie mit Recht gelehrthöfisch genannt. Der Theolng und namentlich der Jurist steigt, in diesen bewegten Zeiten den Fürsten unentbehrlich, oft in die Kreise des Adels auf; die Gelehrten bilden mit dem Adel eine Zeit lang das Publikum der vornehmen Litteratur; Edelleute und Studierte finden sich in den nach dem Muster ital. Akademien eingerichteten *Sprachgesellschaften* zusammen, deren bedeutendste die 1617 gegründete, unter Herzog Leopold von Anhalt-Dessau blühende Fruchtbringende Gesellschaft war. Ein schöner Patriotismus beseelte diese Gesellschaften, der sich nicht sowohl in ihrem gelegentlich ausartenden Purismus (Zesens Deutschgesinnte Genossenschaft) äußerte, als in ihren ehrlichen Bemühungen um die Richtigkeit der deutschen Sprache, aus denen tüchtige grammatische und lexikalische Arbeiten erwuchsen (Gueintz «Deutscher Sprachlehre Entwurf», Schottels «Arbeit von der teutschen Haubtsprache» u. a.), und in einem Kampf für die alte deutsche Zucht, der in diesem Jahrhundert der Fremdländerei und Landsknechtmoral sehr am Platze war: trafen sich doch während des großen Krieges aller Herren Unterthanen auf deutschem Boden; eigneten sich doch deutsche Fürstensöhne und Edelleute an den Höfen von Paris, Versailles und Madrid kritiklos die Sitten des Auslandes an. So hat Deutschland damals die litterar. Moden aller Völker mitgemacht, den Marinismus und Euphuismus so gut wie den Naturalismus. Aber es hatte doch auch, als diese Krankheit erst überstanden war, von allen gelernt.

Am deutlichsten prägt sich der Wandel des Geschmacks aus in der *Lyrik*. Während das Epos trotz der Bemühungen des Tasso-Übersetzers D. von dem Werder völlig darniederliegt, ist sie in jeder Hinsicht die Hauptgattung des Zeitalters. In ihr überwuchert mehr und mehr die Gelegenheitsdichtung der Hochzeits-, Leichen-, Gratulationscarmina, die, aus den Bemühungen um die Gunst adliger Mäcenaten erwachsen, bald zur handwerksmäßigen Reimerei und würdelosen Schmeichelei herabsank: doch darf man nicht vergessen, daß ein Mann wie Dach *nur* Gelegenheitsreime schrieb, daß «Auke von Tharaw» nichts anderes als ein Hochzeitscarmen war. Opitz' Lyrik zeigt einen steifen, würdigen Odenstil, durch den ein gesundes didaktisches Element wohlthuend durchbricht; seine engern Genossen (*erste Schlesische Schule*: Tscherning, Nüßler u. a.) werden weitaus überragt durch den frischern Voigtländer Paul Fleming (1609—1640), der wirkliche innere Erlebnisse natürlich und mit wahrem poet. Empfinden besang, durch den Königsberger Dichterkreis (Dach, Albert, Roberthin), dessen volkstümlichen Reimen die gleichzeitige Pflege der Musik zu gute kam, endlich durch die in den Greueln des Krieges verdüsterte Muse des bedeutendsten, aber auch schwerblütigsten Dichters der Epoche, Andr. Gryphius. Von Opitz' franz.-holländ. Renaissancedichtung führen die spielerigen Künsteleien und süßlichen Tändeleien der Nürnberger Pegnitzschäfer (Harsdörffer, Klai, Birken) dann herüber zu dem ungezügelten ital.-span. Manierismus, der in der «galanten» Dichtung der *zweiten Schlesischen Schule* (Hofmannswaldau, gest.

1679, und Lohenstein, gest. 1683) sein geschmackverwüstendes Unwesen treibt: lüsternste Erotik in der forciertesten und unnatürlichsten Farbenpracht, vorgetragen von innerlich kühlen Poeten, gequälte und überladene Bilder, Ausgeburten einer unfruchtbaren, aber überreizten Phantasie. Da es sich nur um Kunst, nirgends um Wahrheit handelt, giebt es im Steigern und Überbieten der Unnatur keine Grenzen: der «Schwulst» repräsentiert wohl die ärgste Geschmacksverirrung, die unsere Litteratur je erfahren. Er bleibt nicht ohne Einfluß auf das volkstümliche *Gesellschaftslied*, das schon im 16. Jahrh. mit seinen künstlichern Melodien das alte Volkslied zurückdrängte und ihm im 17. Jahrh. wesentlich nur das Feld der (meist unerfreulichen) histor. Lieder und fliegenden Blätter überließ. Währeud die Sachsen Finckelthaus, Schirmer und Schoch in ihren Gesellschaftsliedern sich derbe Nüchternheit zu bewahren wissen, nähern sich die talentvollern, Filidor der Dorferer und der in Hamburg dichtende «Celadon von der Donau» (Grefflinger), immerhin sehr deutlich der modischen Kunstrichtung. Was Wunder, da doch selbst die *geistliche Poesie* ihren Einwirkungen sich nicht ganz entzieht. Das gilt nicht nur von den Katholiken, die an Balde einen hervorragenden schwungvollen lat. Hymniker haben und deren ausgezeichnete deutsche Lyriker, der treffliche Jesuit Spee (1591—1635) und der Konvertit Scheffler (Angelus Silesius), Töne des Hohenliedes und der mittelalterlichen Mystik mit dem erotischen Idyllenton der modernen Schäfermanier virtuos verquicken. Es gilt das auch von den Protestanten. Gewiß war es ein Fortschritt über die öde unlyrische Dogmatik, die im Kirchenliede des spätern 16. Jahrh. herrschte, als Phil. Nicolai, der Dichter des Liedes «Wie schön leuchtet der Morgenstern», zuerst Klänge von fast minniglichem Gefühl einschmuggelte; und in der heitern Gemütswärme Paul Gerhardts (1607—76), der die moderne Vers- und Sprachtechnik innehat, von der latein. Hymne lernt und das Seelenleben des Individuums zu tiefinnigem Ausdruck bringt, gedeiht das prot. Kirchenlied zur höchsten Blüte. Aber wenn es ihm auch an glücklichen Genossen, wie Rist, dem Gründer des Elbschwanenordens, Neander, Olearius, Arnold, nicht fehlt, so erwies sich der pietistische Gefühlsüberschwang der Zeit doch als gefährlicher Nährboden: individualistische Ausschreitungen, wie Kuhlmanns «Kühlpsalter» (1684), wirken auf uns noch nicht so abstoßend, wie der ausgelassene erotische Ton, in den die fromme Lyrik des Grafen Zinzendorf u. a. herrnhutischer Sänger sich verirrt. Noch in Bachs unvergleichlichen Motetten und Kantaten zeigt die musikalische Verschiedenheit der weltlich prunkvollen Arien und der tiefinnigen, einfach frommen Chöre die Schwächen und Stärken der Epoche vereinigt.

Die wachsende Bedeutung der Musik, die dem geistlichen und weltlichen Liede ohne Frage zum Vorteil gereichte, schädigte dagegen in beklagenswerter Weise die Entwicklung des Dramas. Die aus Italien importierte *Oper* mit ihrer glänzenden Ausstattung und ihren sinnerregenden Balletten gewinnt nicht nur die Gunst der Höfe, die gern über Prunk und Pracht die schwere Not der Zeit vergaßen, sondern sie setzt sich auch in reichern Städten fest, wie sie denn seit 1678 in Hamburg mit unerhörtem Luxus gepflegt wird. Nachdem Opitz 1627 mit seiner von Schütz komponierten «Daphne» den Reigen der deutschen Opern eröffnet hat, entstehen dann weiter unzählige allegorische Fest- und Schäferspiele, die sich dem Stil der Opern wenigstens nähern und uns höchstens in den dialektischen Bauernscenen ihrer komischen Zwischenakte erfreuliche Momente bieten (so Rists Friedensstücke); auch das burleske Singspiel kommt auf, gerät aber bald in den Schmutz, der uns aus den Produkten Christ. Reuters entgegenstarrt. Das aufblühende Drama des 16. Jahrh. verkommt dagegen zu den Haupt- und Staatsaktionen der *Wandertruppen*, bei denen der Hanswurst die Hauptrolle spielt und die Improvisation jede strenge Kunstform sprengt; so verdarb manch köstliches Material: kannten diese Lente doch Dramen von Shakespeare und Molière. Der einzige litterarisch nennenswerte Dramatiker der Zeit ist *Andreas Gryphius* (1616—64). Er pflegt voll Ernst und Kraft das Renaissancedrama nach des Holländers Vondel Muster mit seinem steifen Pathos und seiner idealen Ferne: auf ihm fußen die widerlichen, grell naturalistischen Blut- und Greuelscenen Lohensteins. Gryphius' einsame Größe zeigt sich aber viel deutlicher in seinen, zum Teil ausgezeichneten Lustspielen; die lebensvolle Heiterkeit seiner «Geliebten Dornrose» hat in dem ganzen Jahrhundert nicht ihresgleichen. Die Komödien Schochs, Henricis u. a. wird man ihr nicht zur Seite stellen. Aber auch die Satire nicht, die wohl die Lebensbeobachtung, nicht aber die tendenzlose Lebensfreude mit ihr teilt.

Die *Satire*, schon im 16. Jahrh. reich ausgebildet, findet an den alamodischen Narrheiten (s. À la mode) des 17. Jahrh. einen besonders ergiebigen Stoff, und sie hat ihn ausgenutzt. Friedr. von Logau geht der Sittenverderbnis, den modernen Thorheiten in allzu zahlreichen, aber manchmal vortrefflichen, kurzen Sinngedichten zu Leibe; der Hamburger Prediger Schuppius geißelt sie von der Kanzel herab, derb und realistisch, doch ohne die Witzeleien und den gehäuften Anekdotenkram, mit dem bald der Wiener Hofprediger Abraham a Sta. Clara (gest. 1709) seine berühmten Kapuzinaden schmückt; der Rostocker Professor Lauremberg singt in seinen schalkhaft volkstümlichen niederdeutschen «Scherzgedichten» (1652) das Lob der guten alten Zeit im Gegensatz zu aller modernen Narretei; Moscherosch ahmt die Sueños des Spaniers Quevedo in seinen «Wunderlichen Gesichten Philanders von Sittewald» (1642) nach, unter denen die Vision «Alamode-Kehraus» seine patriotische Tendenz am besten illustriert. Wirksamer als alle diese gewollten Satiren schildern die Verkommenheit und das Elend der Zeit die genialen simplicianischen Schriften (seit 1669) *Christophs von Grimmelshausen*, dem es wunderbar gelungen ist, die Schrecken und die entsittlichenden Wirkungen des großen Krieges in überzeugend lebenswahren Bildern festzuhalten; an den span. Schelmenroman anknüpfend, hat er die Form doch mit ureigenstem Inhalt erfüllt und in schonungs-, aber tendenzlosem Wirklichkeitssinn mit Humor und Anschaulichkeit Gestalten und Scenen geschaffen, denen die Zeit Ebenbürtiges nicht zur Seite zu stellen hat, am wenigsten auf dem Gebiete des *Romans*. Dieser hatte, als der Amadis überwunden war, eingesetzt mit süßlich langweiligen schwärmerischen Schäfereien im Geschmacke der von Opitz übersetzten «Arcadia» Sidneys. Wie Zesen dieser Gattung in der «Adriatischen Rosemund», so huldigte er in allerlei breitspurigen biblischen Romanen der dickleibigen Art der aus Frankreich erlernten halb histor.

Staats-, Helden- und Liebesromane; es ist schwer, sich ein Publikum vorzustellen, geduldig genug, um die ungeheuern, langweiligen, anspruchs- und würdevollen Bücher von Buchholtz, Happel, Lohenstein («Arminius und Thusnelda») hinunterzuwürgen. Der beliebteste und lesbarste Autor der Gattung, Anselm von Ziegler und Kliphausen, verstand es in seiner «Asiatischen Banise» (1689) gut, die geogr. und ethnogr. Kuriositätenlust des Publikums zu befriedigen, der die in Reuters unübertrefflichem «Schelmuffsky» (1696) so blutig und persönlich verspotteten Aufschneidereien der Reiseromane Nahrung gaben und der bald die aus Defoes epochemachendem Werk erwachsenden Robinsonaden und Abenteuerromane neuen Stoff zuführen sollten. In ihnen klingt bereits, zumal in Schnabels «Insel Felsenburg» (1731), eine vorrousseauische Sehnsucht durch aus der überreizten und verdorbenen Umgebung heraus nach einer fernen, stillen Stätte der Natur und Unschuld; die obligate satir. Ergänzung dieser idealen Sehnsucht bieten die von tiefer sittlicher Zerrüttung zeugeuden Gesellschaftsromane Happels, Hunolds und Weises.

Der nüchterne Pädagog und sehr geschickte Schuldramatiker **Christian Weise** (1642—1708), dem die Poesie lediglich als nützliches Mittel zur «politischen» Erziehung der Jugend von Wert war, lehrt schon durch seine Persönlichkeit, welch neuer Wandel des Geschmacks sich vorbereitete. Die aufgebauschte Manier der zweiten Schlesischen Schule mochte in einer exklusiven Hof- und Adelsgesellschaft vegetieren; aber die Teilnahme des Adels für deutsche Poesie hatte bald nach dem Kriege nachgelassen, der verarmte, auf harte Arbeit und Entbehrung angewiesene Bürger brauchte andere Kost. Was Speners und Franckes Pietismus seinem Herzen, das wird bald der jenem schnurstracks entgegengesetzte **Rationalismus** Christ. Wolffs und Thomasius' seinem Kopfe. Beide Männer entsagen dem Zunftstolze der Lateingelehrten; Wolff (1679—1754) verbreitet seine auf dem größten deutschen Denker des Jahrhunderts, auf Leibniz fußende Vernunftphilosophie, die mit ihrer geschlossenen Systematik etwas von der Wirkung erzielte, wie sie später Hegel gelang, in populären deutschen Büchern; Thomasius hält in deutscher Sprache Universitätsvorlesungen und giebt zuerst eine deutsche wissenschaftliche Zeitschrift (1688) heraus. Auch die gleichfalls durch Leibniz beförderte wissenschaftliche Pflege der deutschen Sprache und Litteratur durch Morhof, Schilter u. a. mußte die Selbsterziehung und die Abwendung von der poet. Unnatur begünstigen. So bricht das Reich des Schwulstes jäh zusammen. Eine ganze Anzahl von Hofpoeten, wie Canitz, Besser, Neukirch, entsagen entschlossen dem Stile Lohensteins, der diesen Jüngern der Typus der Manier wird; der geistreiche Epigrammatiker Wernicke zieht polemisch gegen sie zu Felde; positiv überwunden wird sie zumal durch die neuen Töne, die der Hamburger Ratsherr Brockes in seinen mit liebevoller Detailmalerei ausgeführten frommen Naturbildern, der geniale, aber moralisch und physisch früh verkommene Schlesier Günther in seinen von echter Leidenschaft und Herzenspein erpreßten Liedern anschlägt. Vor diesen Stimmen der Natur und Wahrheit verstiebt die Plunderzier des galanten Schwulstes in alle Winde, aber er hinterläßt die deutsche poet. Sprache in erheblich reicherer und feinerer Ausbildung, als er sie seiner Zeit überkommen hatte. Sie war ein Instrument geworden, bequem für die Haud größerer Künstler.

Wir stehen an der Schwelle der **Aufklärung**. Es lag in ihrem Wesen, daß sie nach breiter, wenn auch nur flacher Einwirkung auf ein großes Publikum agitatorisch strebte. So saud sie ein erwünschtes Organ in den moralischen Wochenschriften, die, nach dem Muster von Addisons und Steeles berühmten Vorbildern, dem «Tatler», «Spectator», «Guardian» gearbeitet, bald auch Deutschland überschwemmten. Bezeichnend heißt das erste derartige deutsche Blatt «Der Vernünftler» (1714). Der Norden und die Mitte Deutschlands erwiesen sich dieser einseitigen Verstandesbildung zugänglicher als der Süden, der freilich auch weniger von den Ausartungen des verstiegenen Schwulstes betroffen war. Da Preußen unter Friedrich Wilhelm I. für die schöne Litteratur kaum in Betracht kam, so wurde **Leipzig**, der Sitz eines starken Handelsverkehrs, der Hauptplatz zumal des Buchhandels, dazu die Stätte einer altberühmten anspruchsvollen Universität, auf lange das Centrum unsers litterar. Lebens. Hier wirkte der Mann, der zur Zeit seiner Blüte bis über die Grenzen Deutschlands hinaus als der nahezu unbestrittene Diktator der schönen Litteratur galt, **Joh. Christ. Gottsched** (1700—66). Als Dichter ganz unfähig, war er, ähnlich wie Opitz, ein starkes theoretisches und organisatorisches Talent, dabei ein ausgezeichneter Gelehrter, der sich tief in die Litteratur der deutschen Vorzeit hereingrub, und ein glühender Patriot, der die deutsche Dichtung zu heben mit allen Kräften sich mühte. Er erkannte richtig, daß ihrer schwülstigen Verwilderung die nüchterne Regelung notthue, in Sprache wie in ästhetischem Geschmack. Er irrte aber, da er zu der Vorstellung sich verleiten ließ, die Regel sei schon das Wesen der Dichtkunst. Dachte er in der Leipziger Deutschen Gesellschaft, deren Senior er war, einen der f[illegible]z. Akademie vergleichbaren Areopag der Sprachrichtigkeit zu schaffen, so fand er die beste Stütze des Geschmacks in der Antike, die er leider wesentlich in der klassicistischen franz. Dichtung wiederzufinden meinte. Dieser Irrtum wurde verhängnisvoll, zumal für seine an sich höchst verdienstliche Reform der Schaubühne. Der hochangesehene Leipziger Professor verschmähte es nicht, Wandertruppen, vor allem die der tüchtigen Karoline Neuber, für seine Zwecke zu interessieren; er veranlaßte sie, statt der halb oder ganz improvisierten Haupt- und Staatsaktionen mit ihren komischen Einlagen, statt der durchaus extemporierten Hanswurstiaden, wie sie namentlich von Wien aus (Stranitzky, Prehauser, Kurz) verbreitet waren, endlich statt der zotenreichen sächs. Possenfabrikate eines Henrici und Reuter regelmäßige, künstlerisch befriedigende Stücke aufzuführen. Leider reichte weder seine noch seines Kreises Schöpferkraft für diesen Kampf gegen den bisherigen Geschmack des Publikums aus. Mochte die Neuberin den Hanswurst von ihrer Bühne verbannen (1737); daß das Publikum ihn Gottscheds «Sterbendem Cato» vorzog, war ihm nicht zu verargen. Besser gelangen die Lustspiele seiner trefflichen Gattin und die bemerkenswerten Dramen seines Schülers Joh. El. Schlegel (1719—49), der allerdings den Höhepunkt seines Schaffens erst erklomm, als er mit Gottscheds «Deutscher Schaubühne» nichts mehr zu schaffen hatte; einer jüngern Schicht gehörten des Freiherrn von Cronegk (1731—58) pathetische Aufopferungsdramen an. Es bleibt jedenfalls Gottscheds Verdienst, daß er, wenn auch etwas schulmeisterlich und engherzig, die deutschen Dichter zu sorgsamer Reinheit der Rede und Feile der Form erzog. Eine stattliche Zahl jüngerer Talente schloß sich dem Meister an: unter den Mitarbeitern seines von Schwabe geleiteten Organs «Belustigungen des Verstandes und Witzes» befinden sich Zachariä, der Verfasser komischer Epen im Stile Popes, der geistreiche aber allzu unpersönliche und mattherzige Satiriker Rabener, der witzige Epigrammatiker Kästner, der geistliche Dichter Joh. Ad. Schlegel, vor allem Gottscheds Kollege, **Gellert** (1715—69), gewiß der populärste Dichter seiner Zeit und noch heute nicht veraltet. Nüchtern, korrekt und zahm bis zur Schwäche, dabei tugendhaft und fromm, entsprach der sanfte Leipziger Magister so ganz den Wünschen des etwas gedrückten und mit Maßen strebsamen Mittelstandes; er ward ein Orakel guter Sitte, bürgerlicher Moral. Seine Kirchenlieder, getränkt zwar vom reflektierenden Geiste der Aufklärung, aber doch voll Wärme und Klang, haben sich fast ebenso frisch gehalten, wie seine ausgezeichneten «Fabeln und Erzählungen» (1746); diese zumal zeigen ihn als Meister eines glatten und feinen Plaudertons, der gemessen an Gottscheds steifer Würde, den rohen Späßen des damaligen Lustspiels, ihm alle Herzen zuführen mußte und der von dem in der Erfindung seiner «Fabeln» originellern Lichtwer (1748) durchaus nicht erreicht wurde. Er war nicht ganz neu, dieser leichte Ton. Er war im Jahre vorher aufgetreten und trat im selben Jahre wieder auf in den tändelnden Liedern der **Anakreontiker**, einer von Halle ausgegangenen Dichtergruppe, zu der namentlich Gleim, Uz und Göz gehörten, Männer, die Gottscheds Kreise nicht eben fern standen: von Rosen und Wein, von Küssen und Liebe sangen sie im Stil der pseudoanakreontischen iambischen Dimeter unbedeutende, gleichmäßig dahinfließende Verschen, die aller innern Wahrheit entbehrend, doch durch ihre forcierte Grazie, ihre kokette Leichtfertigkeit Schule machten und noch bis in die Tage des jungen Goethe fortwirkten. Und sie wie Gellert hatten ein glänzendes Vorbild des eleganten Konversationstons gehabt an den erzählenden und lyrischen Dichtungen des Hamburgers **Friedr. von Hagedorn** (1708—54), eines feingebildeten, etwas epikureischen und überlegenen Weltmannes, der an Horaz, den Franzosen und Engländern geschult, es meisterhaft verstanden hatte, ein Vorläufer Wielands und Langbeins, flüssige Plauderei und leichte Frivolität auch in deutsche Verse zu gießen.

Hagedorn nicht nur, sondern der ganzen nüchternen und weltlichen norddeutschen Art steht antipodisch gegenüber die ehrwürdige Gestalt des großen Schweizer Naturforschers **Albrecht von Haller** (1708—77). Strenger Ernst der Lebensauffassung, philosophische grüblerische Lehrhaftigkeit in schwerer, aber stets bedeutender, eindrucksvoller Sprache vereint sich in seinen Gedichten mit starker Anschauung und Phantasie, mit tiefem Naturgefühl; in den «Alpen» zumal erklingt eine Sehnsucht nach der schlichten Unschuld der Natur, wie sie Rousseau nur eben übernehmen konnte. In den vielgelesenen prosaischen «Idyllen» (1756) seines Landsmannes Geßner dauert etwas von dieser sentimentalen Auffassung fort, aber freilich ins zierliche Rokoko der Meißner Porzellanschäfer abgeschwächt. Der große Stil Hallerscher Dichtung findet dagegen sein theoretisches Gegenbild in der Kunstkritik der **Schweizer** Bodmer und Breitinger. Wie er praktisch in Thomsons, Popes und Miltons Schule gegangen, so schließen sie sich in ihren theoretischen Darlegungen an die Engländer, vor allem an ihren großen religiösen Epiker an. Ihre Theorie ist weder klar noch konsequent, sie trifft aber, wenn auch nur tastend, den Kern poet. Schaffens. Wenn sie die Dichtkunst fälschlich mit der Malerei vergleichen, so verraten sie dabei doch instinktiv Gefühl für den Wert der Anschauung; Bodmer zumal weiß genau, daß dem Dichter große Leidenschaft, eine starke Prophetenkraft nötig sei; der Phantasie, dem «Auge der Seele», will er auch theoretisch Freiheit schaffen; das erhaben Wunderbare, das er an Milton anstaunt, ist nicht nur erlaubt, sondern sogar höchst rühmlich; anders die historische, anders die poet. Wahrheit. Daß Gottsched diese noch dazu in einem schweizerisch schmeckenden Deutsch vorgetragenen Anschauungen nicht teilte, darf nicht verwundern: der Verfechter der Regel, des franz. Geschmacks, des meißnischen Schriftidioms mußte da opponieren. Aber der Fanatismus des Kampfes trieb ihn ins Extrem. Die Jugend fiel den Schweizern zu. Gottscheds französierender Groll gegen reimlose Verse, um so auffälliger, als er ihnen selbst einst das Wort geredet, verfeindete ihm den talentvollen Hallenser Pyra, den Verfasser eines in edler Sprache geschriebenen allegorischen Gedichts auf die Dichtkunst (1737), einen ernsten, an der Antike innerlich gebildeten Lyriker, ebenso, wie er ihm die Anakreontiker entfremdete; aus den Reihen seiner engern Schüler fielen gerade die besten einer nach dem andern ab. An die Stelle der Schwabeschen «Belustigungen» traten die gegen Gottsched opponierenden «Neuen Beiträge zum Vergnügen des Verstandes und Witzes» (sog. «Bremer Beiträge», 1744); die Bühne, die er beherrscht hatte, für deren berechtigte volkstümliche Bedürfnisse ihm aber jeder Sinn fehlte, öffnete sich wieder der von ihm verpönten Farce und Operette, ja sogar allerlei ihn verhöhnenden Späßen; als er für das große litterar. Ereignis der Epoche, den «Messias», nur faden Spott und verständnislose Ablehnung fand, sank sein Ansehen mit überraschender Schnelle. Sein Erbe in der Gunst des Leipziger Publikums wurde der harmlose **Christian Felix Weiße** (1726—1804), ein unbedeutender Vielschreiber, der aber in Kinderschriften und namentlich in seinen dank Hillers Kompositionen vielbeliebten Singspielen volkstümliche Töne fand und ein entschiedenes Bühnengeschick besaß, dabei als Redacteur einer gelesenen kritischen Zeitschrift immer einige Beachtung genoß. Mit ihm verliert Leipzig jede litterar. Bedeutung: schon auf den jungen Goethe übte es wesentlich hemmenden Einfluß.

VI. Periode (1748—1832). Das einschneidende Ereignis, das die Niederlage Gottscheds entschied und den Anfang dieser neuen Periode der D. L., ihrer bis zu Goethes Tode reichenden **klassischen Blütezeit** (1748—1832) bildet, war das Erscheinen der drei ersten Gesänge des «Messias» (1748 in den «Bremer Beiträgen»). In dem Preußen **Klopstock** (1724—1803) war den Schweizern der lang ersehnte deutsche Milton, der poet. Messias erstanden. Ein begeisterter Jüngling hüllt den grandiosesten Stoff in das heroische Versmaß der Griechen, in eine zugleich ergreifende und erhabene Sprache, wie sie in deutscher Zunge noch nie erklungen. Der Erfolg war ungeheuer. Freilich, Klopstocks Wirkung war weit mehr lyrisch als episch, selbst für einen Lyriker war er zu unsinnlich; aber er entfesselte das schwärmerische Gefühl sehnsüchtigster Frömmigkeit. Und die gleiche Empfindungsseligkeit, auf weltliches Gebiet übertragen, auf Freundschaft und Liebe, auf die Reize der Natur, auf die Genüsse der Freiheit, kommt in den antiken oder freien Rhythmen seiner «Oden» (1771) zum Ausdruck. Klopstock schafft, was Pyra nur eben vorbereitet, die ernste lyrische Sprache des gefühlvollen Herzens. Aber er wirkt mehr. Seine Verdienste um Versbau und poet. Rede sind unschätzbar: mit heiligem Ernst, mit einem an den echten Meistern der Antike sicher gebildeten Geschmack arbeitet er unermüdlich an der würdigsten Form für seine frommen Gedanken, seine großen Empfindungen; aber auch theoretisch lehrt er, was er über Vers und Rede gefunden hat. Er glaubt an seine Mission, vermag nichts anderes zu sein als Dichter und zwingt auch seiner Umgebung die Überzeugung auf, daß seine Poesie die ausfüllende Aufgabe eines begnadeten Menschenlebens, nicht das Beiwerk bloßer Nebenstunden sei. Er erobert der göttlichen Dichtung wieder den Respekt des Publikums; die Stimme des Dichters wird wieder wie Prophetenwort. Ein Zögling der Alten, ist er doch erfüllt von glühender Vaterlandsliebe; er will den griech. Olymp ersetzen durch einen deutschen Götterhimmel, den er sich aus der nordischen Mythologie zurecht gemacht; Macphersons dämmerig verschwommener «Ossian» wird ihm mißverständlich die Offenbarung des urdeutschen Sängertums der Barden, das er in teutonisierenden Oden und in unerträglichen Hermannsdramen, den «Bardieten», wieder zu erwecken sucht, auf daß es die verhaßten Franzosen, ja selbst die befreundete Muse Englands im poet. Wettkampf schlage. So kindisch und künstlich uns diese gelehrt zusammengearbeitete Bardensprache heute scheint, so sehr steigerte und befriedigte sie das erregte Nationalgefühl jener Tage. Es schließt sich an Klopstock der Kreis der **Barden**, deren friedliches Bardengebrüll in verdient üblem Rufe steht: nicht nur der platte Sachse Kretschmann und der ernsthaft steife Wiener Jesuit Denis steckten sich als Rhingulph und Sined (1772) in bardisches Kostüm, auch der talentvollere Schleswiger Heinr. Wilh. von Gerstenberg huldigte eine Zeit lang der Mode, sonst ehrenvoller bekannt als kritischer Vorkämpfer Shakespeares in seinen «Schleswiger Litteraturbriefen» (1766) und als Vorläufer der Sturm- und Drangdramatik in seinem fürchterlichen Hungertrauerspiel «Ugolino» (1768). Und noch eine jüngere Dichtergruppe bekannte sich zu ihres anbetend verehrten Schutzpatrons Klopstock bardischen Träumen, der **Göttinger «Hain»**, 1772 gegründet. Doch zeigen die Lieder dieses wesentlich lyrischen Kreises, dessen Organ die von Boie und von Voß herausgegebenen Musenalmanache waren, neben Klopstocks und Ossians Einfluß die starke Einwirkung der engl. Poesie, des deutschen Minnesangs und wieder der Antike. Die zarten Naturbilder der engl. Lyrik kopiert vor allen Hölty; die berühmte Volksliedersammlung des Bischofs Percy regt den genialen, aber sittlich und auch künstlerisch verkommenen Gottfr. Aug. Bürger zu seinen wundervollen, dramatisch hinreißenden Balladen an, die den früher üblichen frivol spaßhaften Bänkelsängerton Gleimscher und Schiebelerscher Romanzen aus dem Felde schlagen und auch von Bürgers eigener glühend sinnlicher Minnelyrik nicht erreicht werden; antikisierenden Tyrannenhaß atmen die feurigen Oden der gräfl. Brüder Stolberg; Friedrich Leopolds Übersetzungen Ossians, des Äschylus und der Ilias, an die auch Bürger seine Kräfte wagte, werden tief in den Schatten gestellt durch die meisterhafte Homerübersetzung (1781) des Mecklenburgers **Joh. Heinr. Voß** (1751—1826), der auch als Dichter von Idyllen in antiken Metren, zumal als Autor der «Luise» (1784), einen großen, in mancher Augen bald mit Goethe wetteifernden Dichterruhm erwarb. Voß, eine harte Kraftnatur von Schrot und Korn, dabei ein echter Sohn des Volks, wurde bald die Seele des Bundes, dessen volkstümliche Tendenzen schon auf Herdersche Einflüsse zurückgehen. Die Stärke des Kreises, das gesungene Lied, fand einen besonders glücklichen, bis heute nicht ganz außer Mode gekommenen Vertreter an dem Dichter heiterer Genügsamkeit, an Matthias Claudius, dem Wandsbecker Boten, der den Göttingern aus der Ferne nahe stand.

Die Steigerung des nationalen Gefühls, die sich in Klopstocks und anderer Dichtung so mächtig kundgab, war keine rein litterar. Erscheinung. Sie wurzelte in den Thaten des großen Preußenkönigs, die weit über die Grenzen seiner engern Heimat, die in ganz Deutschland Bewunderer hatten. Friedrich der Große gab durch seine gewaltige Persönlichkeit den Deutschen einen nationalen Helden, ihrer Litteratur nach Goethes berühmtem Wort erst den wahren und höhern eigentlichen Lebensgehalt. Seine heroische Gestalt steht im Hintergrunde zahlloser Dichtungen: Klopstock dachte ihn in einer Ode zu feiern, die er erst später in verletzter Dichtereitelkeit auf Heinrich den Vogler umschrieb; Wieland stellte ihn als Cyrus dar; Lessings «Philotas» atmet den stoischen Heldengeist des damaligen Preußen, in seiner «Minna von Barnhelm» ist der König der deus ex machina im edelsten Sinne. Der Philosoph Thom. Abbt feiert 1761 den Tod fürs Vaterland. Einer der Offiziere Friedrichs, der bei Kunersdorf gefallene Major Ewald von Kleist, läßt einem beschreibenden Gedichte im Geschmacke Thomsons, dem «Frühling» (1749), der mit Schillers «Spaziergang» manche Verwandtschaft zeigt, ein kleines heroisches Epos voll der mannhaftesten Kriegsstimmung folgen, «Cissides und Paches» (1759), und selbst Gleim schwang sich unter dem Eindrucke der großen Zeit zu den volkstümlich kräftigen «Preuß. Kriegsliedern von einem Grenadier» auf (1758). Der bewunderte König selbst freilich kümmerte sich nicht um die deutschen Sänger: ihn beherrscht zeitlebens der Geist der franz. Aufklärung, wie er sie in Voltaire allzu hoch schätzte; seine 1780 erschienene Schrift «De la littérature allemande» zeigt zugleich eine rührende Zuversicht, daß auch der deutschen Dichtkunst eine große goldene Zukunft winke, und die vollständigste Unklarheit darüber, wie es mit der Litteratur seines Vaterlandes bereits stand. Aber diese Gleichgültigkeit Friedrichs beeinträchtigte seine Bedeutung für unser Geistesleben kaum. Gerade seine Mißachtung stachelte die deutschen Dichter und Denker zu den höchsten Leistungen. In seinen Staaten herrschte eine Freiheit des Denkens und der Kritik, wie nirgend sonst in Deutschland; seine Schulreform begründete den humanistischen Charakter unserer Gymnasien; vorurteilsloser Respekt vor der geistigen Arbeit war in seinem Machtbereich selbstverständlich.

Wie der König, steckte seine Residenz **Berlin** tief im Banne der Aufklärung. Außer dem steif sauberlichen, antikisierenden Odendichter Ramler, der mit wahrer Monomanie die Verse seiner sämtlichen Freunde durchkorrigierte, außer der trivialen Poetasterin, der Karschin, besaß Berlin namentlich zwei charakteristische Autoren, den braven aber unbedeutenden jüd. Popularphilosophen Moses Mendelssohn, einen Anhänger Shaftesburys, und vor allem den vielgeschäftigen, berlinisch absprechenden Typus platter Aufklärung, den Buchhändler Nicolai, der mit sicherm Instinkt alle genialen und ungewöhnlichen Erscheinungen unserer Poesie von Goethes «Werther» bis zu Fichte einer trivialen Kritik in Form von Recensionen, Satiren und Romanen unterwarf. In diese Gesellschaft nun trat der Mann herein, der uns als der vollendetste litterar. Typus der Fridericianischen Zeit gelten muß, der sächs. Litterat Gotthold Ephraim Lessing (1729—81). Mann und Charakter vom Wirbel bis zur Zehe, hat dieser größte deutsche Journalist die Waffe schneidiger Kritik zu schwingen gewußt wie kein zweiter; ein erfrischendes Frühlingsgewitter reinigt er die Luft von veralteten Vorurteilen und Irrtümern, dabei doch stets künstlerisch und sittlich maßvoll. Er schafft eine Prosa, leuchtend klar, dramatisch belebt, knapp und scharf und treffend, wie sie nie zuvor erklang. Seine Kritik zerstört nicht, sie baut auf. Gleich Winckelmann beugt er sich bewundernd vor den Alten und erkennt sie als einen Höhepunkt aller Kunst an; fehlt ihm jener histor. Blick, der Winckelmanns «Geschichte der Kunst des Altertums» (1764) an die Spitze der gesamten Kunstgeschichte stellt, so besitzt er dafür die Gabe scharfer und doch fruchtbarer Definition. Ihm geht es im «Laokoon» (1766) auf, daß die Poesie nicht Zustände, sondern nur Handlungen darstellen soll, und er leitet daraus ihre Gesetze her; er erweist in der «Hamburgischen Dramaturgie» (1767), wie schlimm die Franzosen und ihre Nachtreter des Aristoteles Theorie der Tragödie mißverstanden haben und schafft sich durch richtige Deutung das Recht, Shakespeare neben die großen Tragöden Athens zu stellen. In grenzenlosem Wahrheitstriebe nimmt er auch für die Theologie die Pflicht der freien Forschung in Anspruch. Es weht ein urgesunder Hauch rücksichtsloser Ehrlichkeit, siegender Kampfesfreude durch sein Wirken, vor dem das Weichliche und Halbe nicht Stich hält: die unverwüstliche Nährkraft der Antike offenbart sich wunderbar an diesem großen Humanisten. Und der größte deutsche Prosaiker neben Goethe ist auch Dichter, Dramatiker. Mit «Miß Sara Sampson» (1755) bricht er der bürgerlichen Tragödie in Deutschland eine Bahn, die unendlich viel betreten, von Gemmingens «Deutschem Hausvater» (1780), von Friedr. L. Schröder bis zu Iffland und Kotzebue führt. In seiner «Minna von Barnhelm» (1767) hat er das beste lebensvollste deutsche Lustspiel geschaffen, den Stoff unbefangen aus den bewegenden Fragen der Gegenwart schöpfend. In der «Emilia Galotti» (1772) giebt er ein Meisterwerk dramat. Komposition, in das zugleich die fernen Wetter polit.-socialer Unruhe hineindröhnen. Mit «Nathan dem Weisen» (1779), dem etwas einseitigen hohen Liede der Toleranz, eröffnet er das Jambendrama hohen Stils.

Brachte so Klopstock unserer Poesie Schwung, Gefühl und Würde, Lessing ihr Klarheit, Strenge und Kraft, so war es dem wenig jüngern Schwaben Christoph Martin Wieland (1733—1813) vorbehalten, ihr leichte Anmut, heitere Eleganz, behagliche Fülle der Rede zu gewähren, Eigenschaften, vor allen geeignet, ihr die Gunst des Adels und der guten Gesellschaft neu zu erwerben. Die griech. Philosophen und der Spötter Lucian stehen Pate bei der munter sinnlichen Lebensmoral, in der Wieland aus der schwärmerischen Verstiegenheit seiner Jugend landet; in zweiter Linie Voltaire und Cervantes. Im Bildungs- und Erziehungsroman («Agathon», 1766), im satir. Roman («Abderiten», 1774), in der Versnovelle («Musarion», 1768), im romantischen Epos («Oberon», 1780) entfaltet er seine üppige farbenreiche Phantasie, seine liebenswürdige Erzählergabe, leider zuweilen in allzu geschwätziger Leichtigkeit. Als Dramatiker unbedeutend, hat er durch seine Shakespeare-Übersetzung den gewaltigen Engländer in Deutschland heimisch machen geholfen. Für die schöne Sprache der sanft bewegten Seele stehen ihm Töne zur Verfügung wie keinem seiner Vorläufer. Merkwürdig, daß seine milde, auf ein angenehmes Mittelmaß gestimmte Schriftstellerei nicht mehr Schule gemacht hat. Das romantische Epos findet in Alxinger einen unbedeutenden Vertreter; auch ein Parodist wie Blumauer, der Verfasser der «Travestierten Äneis» (1783), knüpft an Wieland an, während Kortums derbkomische «Jobsiade» (1784) nichts mit ihm zu schaffen hat. Im Roman hat der glänzende Stilist Aug. von Thümmel, der Autor der «Wilhelmine» (1764), von ihm gelernt, ebenso Aug. Gottl. Meißner in seinen «Skizzen» (1778 fg.), seinem «Alcibiades»; und in Heinses wilder Erotik klingen durch allen Sturm und Drang Wielandsche Töne durch. Aber das sind nur vereinzelte Erscheinungen. Es dominiert im Roman von Gellerts «Schwedischer Gräfin» (1747) bis zu der «Geschichte des Fräuleins von Sternheim» (1771) von Wielands Jugendfreundin Sophie La Roche und darüber hinaus maßgebend der Einfluß der breitspurig moralischen Briefromane des Engländers Richardson, versetzt allerdings mit kräftigen Dosen aus der realistischen Komik seines Widerparts Fielding und mit Würzen aus der deutschen Aufklärungswitzelei: dahin gehören die Romane von Hermes und Knigge, von Schummel und Musäus, der sich durch seine, leider auch aufklärerisch versalzenen «Volksmärchen» (1782) einen bessern Namen gemacht hat.

Lessing und Wieland wurzeln immerhin noch im Boden der Aufklärung, so hoch ihr nahes Verhältnis zur Antike und ihr origineller Geistestrieb sie darüber emporwachsen läßt. Breit und aufdringlich dagegen macht sie sich geltend bei den Kleinern: bei dem Lessing Wiens, dem getauften Juden Joseph von Sonnenfels, dem Faktotum der Josephinischen Aufklärung; bei den kritischen Popularphilosophen im Stile des Wolfenbüttler Ungenannten Herm. Sam. Reimarus und des berüchtigten Bahrdt; bei den mehr praktisch-moralischen Utilitariern wie Garve, J. J. Engel, Schlosser; bei den Kanzelrednern Mosheim, Spalding, Jerusalem; bei dem Politiker Schlözer, den Pädagogen Basedow und Campe u. s. w. Nur selten bricht bei diesen rationalistischen Weisen eine tiefere Beteiligung von Geist und Phantasie durch, wie etwa bei dem Schweizer Zimmermann, oder gar ein histor. Sinn, wie bei dem trefflichen Niedersachsen Justus Möser, dem Verfasser der «Patriotischen Phantasien» (1774), dem seine Liebe zur Vergangenheit die Regungen der aufklärenden Gegenwart verdächtig machte.

Der geschichtliche Sinn, zugleich das liebevolle Verständnis für die Geheimnisse der schlichten, unaufgeklärten Volksseele, wie er in Hamann und Herder lebte, hat dem selbstgefälligen Treiben der Aufklärer zuerst einen Dämpfer aufgesetzt. Beide Männer waren Ostpreußen. **Hamann** (1730—88), der Magus des Nordens, war ein wunderlich fragmentarischer und paradoxer Schriftsteller, der sich in gesuchten Anspielungen, in mystisch unverständlicher barocker Schreibweise gefiel, der aber in seiner Weltanschauung starke Fermente besaß, höchst geeignet auf andere revolutionierend zu wirken. Er verachtet die Aufklärung, die Herrschaft des Verstandes in tiefster Seele: tausendmal mehr gilt ihm der Glaube, die Anschauung. Alles Regelwerk ist ihm ein Greuel, zumal in der Poesie, die er als die Muttersprache des Menschengeschlechts liebt; nur das Genie, das keine Regel kennt, ist wahrhaft berufen. In der Überzeugung von der hohen Schönheit der Urpoesie als der Schöpfung der naiven unverbildeten Seele berührt er sich mit Rousseau, dessen Ideen noch fruchtbarer aufgingen in Hamanns großem Schüler **Herder** (1744—1803). Auch Herder war kein Dichter; er besaß poetisch nur die Gabe der Anempfindung, die seinen Übersetzungen (z. B. dem «Cid», erschienen 1805) zu gute kam. Sie machte ihn zum ersten deutschen Litterarhistoriker: mit tiefem geschichtlichem Verständnis versenkt er sich ohne jeden Hochmut in die Dichtung aller Zeiten und Völker, in die Bibel wie in die Lieder der Wilden. Da geht ihm die Erkenntnis auf von dem hohen erfrischenden Werte des Volksliedes, die ihn zu seiner schönen Sammlung «Volkslieder» (1778) veranlaßt und die er auf Goethe überträgt. Wie er forschend und vergleichend die Litteraturen möglichst vieler Völker überschaut, so hegt er das Idealbild einer Weltlitteratur, in der der Deutsche zum Vermittler berufen sei. Herder stellt mit sicherm Gefühl für das urwüchsige Geniale Shakespeare himmelhoch über die Franzosen. Sein Widerwille gegen die Aufklärung treibt ihn in der Theologie zeitweilig bis zu einer mystischen Symbolik, der gewaltige poet. Bilder entwachsen. Aber darüber kommt er hinaus, und seine geistige Höhe erreicht er in der grandiosen geschichtsphilos. Anschauung von der natürlich fortschreitenden histor. Kulturentwicklung der Menschheit, die er in seinen «Ideen zur Philosophie der Geschichte der Menschheit» (1784) niederlegte. An dieser Stelle traf er genau mit den evolutionistischen Überzeugungen zusammen, die sein größter Jünger Goethe längst auf die gesamte Natur angewendet hatte.

Es war ein folgenschwerer Zufall, der den Johannes des Sturms und Dranges, Herder, 1770 in Straßburg mit dem jungen **Goethe** zusammenführte. Schon hatte dieser gelernt, in seiner anakreontischen Lyrik die Stimme des Herzens mit Wahrheit zum Ausdruck zu bringen. Jetzt weist ihn der ältere Freund nachdrücklich auf die Griechen, auf Shakespeare und Rousseau, auf das deutsche Volkslied und die deutsche Vergangenheit. Alle diese Saatkörner gehen auf und tragen üppige Frucht. Die Anfänge des «Faust», der genialsten Goetheschen Conception, gelangen noch lange nicht auch nur zum vorläufigen Abschluß. Aber mit seinem shakespearisierenden Ritterdrama «Götz von Berlichingen» (1773), das nicht nur die strenge Dramenform revolutionär zersprengt, sondern auch in sich etwas vom gärenden Geiste polit.-socialer Unzufriedenheit enthält, erzielt er unerhörte Wirkung. Von ihm geht das überreiche patriotische und romantische Ritter- und Räuberdrama aus bis auf Kleists «Käthchen von Heilbronn» und die Birch-Pfeiffer, bis auf Webers «Euryanthe» und «Preziosa», auf ihm beruht gar der Ritter- und Räuberroman von Spieß und Cramer; die Gestalten und Motive des «Götz» haben ein fast unabsehbares Fortleben gehabt. Und als Goethe im «Werther» (1774) an Stelle blasser Richardsonscher Tugendhelden einen wirklichen, lebensvollen, schwachen Menschen von Rousseauscher Gemütsweiche und zugleich von echt Goethescher Lebenswahrheit setzt, als er da für das Recht des guten zarten Herzens gegenüber der Konvention eintritt, da entfesselt er eine bis zur epidemischen Krankheit ausartende Empfindsamkeit, die weit über die Grenzen Deutschlands nach Italien und Frankreich fortwirkte und Nachahmungen, wie Millers «Siegwart» (1776), Foscolos «Ortis» u. a. hervorrief.

Die geistige Revolution, die nach dem Titel eines Klingerschen Dramas (1776) mit dem Stichwort **Sturm und Drang** benannt wird und als deren Oberhaupt Goethe seit dem «Götz» ziemlich unbestritten dasteht, zeigt zwei sehr verschiedene Seiten. Dem Kreise, der in Straßburg und Frankfurt sich zusammenfand und der wenigstens während des J. 1772 an den von dem kaustischen Darmstädter Merck redigierten «Frankfurter gelehrten Anzeigen» eine Art Organ besaß, kam es wesentlich an auf die litterar. Befreiung des Individuums von formalem Zwang und gefühlertötender Konvention: immerhin konnte es nicht ausbleiben, daß sich revolutionäre Elemente anderer Art mit einschlichen. Zu den ältern, Merck, Herder, Goethe, tritt da eine Gruppe wüstnaturalistischer Dramatiker, wie der unglückliche Lenz, der kraftvolle, aber forcierte Klinger, der sich später dem polit. Lehrroman zuwandte, der rohe H. L. Wagner; mehr abseits steht der von der Idylle ausgegangene Maler Müller. Die letzten Ausläufer dieser Richtung bilden die ungestümen Jugenddramen (1781—84) des Schwaben Friedr. Schiller; der aus schwäb. Verhältnissen besonders erklärliche Tyrannenhaß dieser Dramen fand sein Gegenstück in der ebenso fürstenfeindlichen Lyrik seines Landsmannes Schubart (1739—91).

Aber wie der Sturm und Drang zum freien Herzen hält gegenüber den Schranken der Sitte, so bekennt er sich zum gläubigen Gemüt im Gegensatz zu der platten Verstandesherrschaft der Aufklärung. So zeigt er eine mystische Seite, die auch Herder und Goethe, zumal aber Hamann, wohl vertraut ist. Sie tritt hervor in den Selbstbekenntnissen (1777) eines der Stillen im Lande, des schlichten Jung-Stilling, in der unklaren, frommen Gefühlsphilosophie Friedr. Heinr. Jacobis, in dem anspruchsvollen, aber bestechenden Prophetentum Joh. Casp. Lavaters, und hat fortgewirkt bis in die Zeiten der Romantik, die in mancher Hinsicht das Erbe des Sturmes und Dranges antrat. Ihr konnte nicht einmal die kritische Methode Immanuel **Kants** (1724—1804) etwas anhaben, da er Glauben und Verstand sorgfältig voneinander sonderte. Kant war sozusagen ein Spätling der Aufklärung, ihr letzter größter Jünger und ihr überzeugtester Anhänger. Aber gerade seine Kritik der Vernunft selbst half das seichte übertriebene Vernunftvertrauen untergraben, und der uneigennützig harte und konsequente Pflichtbegriff, den Kant vertrat, enthielt einen erziehlichen und sittlichen Schwung, der dem rechten Aufklärer immer unheimlich war. Und wenig wußte der auch anzufangen mit Kants ästhetischen Arbeiten, die vielmehr in Schiller den rechten Interpreten und Fortbildner finden sollten.

Im J. 1775 folgt Goethe einem Rufe des jungen Herzogs Karl August nach Weimar. Er findet dort Wieland, es gelingt ihm Herder dahin zu ziehen. Die goldenen Tage von Weimar beginnen. Für Goethe ist der Wechsel des Schauplatzes und der Lebensaufgaben von entscheidender Bedeutung. Im geregelten Hofleben, im Verkehr mit dem höfischen Adel lernt er Selbstbeherrschung und Sitte schätzen; seine reiche Beamtenthätigkeit gewährt ihm tiefe und weite Einblicke in Menschenleben und Natur, die ihm eine wunderbare Vielseitigkeit der Interessen verschaffen; das Gefühl der Verantwortlichkeit, die bildende Freundschaft einer edeln Frau mäßigt ihn mehr und mehr; der Revolutionär wird auf einer höhern geistigen Stufe der wärmste Verfechter schöner Form und ruhiger Entwicklung. Wieder wird unserer Litteratur das mitthätige Interesse des Adels gewonnen. Goethes ital. Reise (1786), seine unmittelbare Berührung mit der Antike bringt einen lange vorbereiteten Umschwung nur zum Abschluß. Der Jünger Shakespeares schafft in «Iphigenie» (1787) und «Tasso» (1790) Seelendramen des edelsten, vornehmsten Stils; der frühere Verfechter des charakteristisch Nationalen bekehrt sich, geleitet von der antiken Kunst, zur reinen Menschlichkeit. Im selben Jahre, als die «Iphigenie» erschien, hatte der schwäb. Stürmer, Friedr. Schiller, den Weg von der naturalistischen Prosa seiner Jugenddramen zu dem hinreißenden rhetorischen Freundschafts- und Freiheitspathos seines «Don Carlos» (1787) gefunden. Die harte geistige Zucht der Kantschen Philosophie, die bereichernden histor. Studien, zu denen ihn sein Beruf zwang, reiften den Feuerkopf heran für Goethes Freundschaft. Der Bund der beiden Männer, der sich zuerst in den «Horen», dann in dem staubaufwirbelnden Xenienalmanach von 1796 manifestierte, bedeutet den Gipfel unserer gesamten Dichtung. Wohl war Goethe, auf der Höhe einer allumfassenden Weltanschauung angelangt, der zugleich reichere und tiefere; aber Schillers rastloser, von den Interessen der Gegenwart stark bewegter Geist verstand es, auch des Freundes Produktivität zu stacheln, ihn aus seiner vornehmen Abgeschlossenheit in die litterar. Bewegungen des Tags hereinzuziehen. Damals verfaßte Goethe «Hermann und Dorothea» (1797), das köstlichste deutsche Familienidyll, und «Die natürliche Tochter» (1804), in denen beiden er zur Französischen Revolution Stellung nimmt; unter Schillers Antrieb vollendet er «Wilhelm Meisters Lehrjahre» (1795), einen Entwicklungsroman, der tief in die ästhetischen und socialen Fragen der Zeit hineinführte und eine Fülle der Gestalten und Motive zeigt, reich wie das Leben selbst; auf Schillers Drängen fördert er den ersten Teil des «Faust» näher zum Abschluß. Unendlich mehr dankte Schiller dem Bunde, der ihn zu seinen klassischen Schöpfungen anfeuerte. Bei ihm zeitigt der Verkehr mit dem bewunderten Freunde ästhetische Schriften, die in der Unterscheidung der naiven und sentimentalischen Dichtung (1795) einen außerordentlich fruchtbaren Gedanken zu Tage förderten; jetzt schuf er seine Balladen (1797), jetzt die lange Reihe seiner Dramen vom «Wallenstein» (1800) bis zum «Tell» (1804); das Weimarer Theater, das unter Goethes Leitung stand, schaffte dem populärsten deutschen Dramatiker auch die nötige Bühnenkunde. Beiden Männern sind die Griechen der Typus schönster Menschlichkeit, beiden ist humanistisch-ästhetische Erziehung ohne Einseitigkeit die Bedingung gesunden Fortschritts der Menschheit. Goethe verlor die verständnisvollste Seele, den einzig ihm selbst vergleichbaren Vertrauten seiner innersten künstlerischen Gedanken, als ihm der Tod den Freund entriß (1805). Jetzt erst beginnt für ihn die imposante Einsamkeit, in der er mehr und mehr als der größte Dichter und Weise Deutschlands streitlos anerkannt, hoch über dem gewöhnlichen litterar. Treiben thronend, bewundert von den Besten, gehaßt von dem litterar. Pöbel, bis ans Ende das geistige Scepter führt.

Wir sind gewöhnt, in Goethe und Schiller die beiden hochragenden Wipfel unsers Dichterwaldes anzustaunen und das Unterholz zu ihren Füßen kaum zu beachten. Aber diesen heute selbstverständlich erscheinenden Platz in der Schätzung des Publikums gewannen die Freunde erst seit dem Anfang dieses Jahrhunderts mit schnell wachsender Entschiedenheit. Die Lieblinge weiter Kreise waren sie zunächst nicht; das Volk holt sich die ihm bequeme geistige Nahrung anderswo. Besonders charakteristisch ist dafür das Repertoire, das Goethe an der Weimarer Bühne abspielen lassen mußte: wie treten seine und Schillers Dramen zurück hinter den Schau- und Lustspielen der Bühnenbeherrscher, des tüchtigen, gut beobachtenden, aber doch unbedeutenden und über ein flott gezeichnetes Genrebild nicht herausstrebenden Iffland, des fleißigen und bühnengeschickten, an effektvollen Erfindungen reichen F. L. Schröder, des grobkörnigen Großmann, vor allem des höchst talentvollen und produktiven, aber leichtfertigen und frivol weichlichen Aug. von Kotzebue (1761—1819). Seine süßliche Rührseligkeit verhöhnt satirisch Mahlmann (1803); das biedere Soldatenstück im Stil der «Minna von Barnhelm» kultiviert der Wiener Stephanie; als Lustspieldichter waren Jünger und Bretzner beliebt, letzterer der Verfasser des Textbuches für Mozarts «Entführung». Zauberstücke, wie sie Schikaneder z. B. in der «Zauberflöte» (1793) leistete, gediehen zumal in Wien, so durch Hafner, Perinet, Hensler, den Dichter des «Donauweibchen» (1792); meist werden sie durch glückliche Kompositionen unterstützt; die Musik kam auch den Singspielen und Melodramen Gotters zu gute; das vaterländische und Ritterdrama fand namentlich an den Bayern Babo und Törring achtbare, an dem Österreicher Weidmann einen fruchtbaren Vertreter. Eine absonderliche Specialität hatte der Litterat Plümicke in der bühnengerechten Verarbeitung fremder, namentlich Schillerscher Stücke.

Dieselbe Bevorzugung sentimentalen Kitzels oder roher Aufregung vor den feinen geistigen Genüssen der klassischen Werke zeigt sich auf dem Gebiete des Romans. Nicht nur daß die Ritter- und Räuberromane der Spieß, Cramer, Vulpius, Schlenkert verschlungen wurden, einen womöglich noch schlimmern Reiz boten die lüsternen Produkte Lafontaines, Schillings, Althings, auch des talentvollen Jul. von Voß. Während K. Phil. Moritzens «Anton Reiser» (1785), ein psychol. Roman hohen Ranges, nur eine sehr kleine Leserzahl gewann, jubelt man bis in die höchsten Kreise begeistert dem Romancier der Mode zu, dem geistreich empfindsamen Jean Paul (1763—1823), dessen Ruhm seiner Zeit den der Klassiker weit überholte. Es war ein Ruhm des

Tags, obgleich er selbst Männer wie Herder blendete: wir vertragen diese formlose, bei einer Fülle genialer Einzelbilder und glänzender witziger Aphorismen doch in ihrer Gesamtheit zusammenhangslose und zerfahrene Schriftstellerei nicht mehr. In Jean Paul lebt der Humor Sternes auf, ein satir., sentimentaler, zerfließender Humor, der sich dann in empfindsamen Reisebeschreibungen von Thümmels «Reise in die mittäglichen Provinzen Frankreichs» (1791) über Seumes «Spaziergang nach Syrakus» (1803) bis zu Heines «Harzreise» (1826) fortpflanzte. Gesündere Kost bieten die bei aller melancholischen Färbung des Humors kräftigern Romane des Ostpreußen Hippel. Der ideale Roman fand einen edeln Vertreter in dem «Hyperion» des unglücklichen Schwaben Hölderlin, dessen poet. Meisterleistung aber doch seine vom antiken Geiste und von Schillers Rhetorik durchtränkten lyrischen Gedichte waren, die ein tiefes, an den Weltschmerz mahnendes Sehnsuchtsleid in festgegossene Rhythmen zwingen. Wie weichlich erscheint dem gegenüber die elegische Lyrik eines Matthisson und Salis, von den behaglichen Tändeleien und Plaudereien verspäteter Anakreontiker wie Joh. Georg Jacobi und Göckingk abgesehen. Im epischen Idyll errang Kosegarten, im Lehrgedicht Tiedge Beachtung.

Die Erkenntnis von der unvergleichlichen Höhe Goethes und Schillers ist zuerst zu voller Klarheit gediehen in dem Brüderpaare Humboldt; der ältere zumal, Wilh. von Humboldt, der spätere große Staatsmann, Ästhetiker und Sprachforscher, hat, durch Verehrung und Freundschaft den beiden Dichtern verbunden, auch als ihr Interpret für ein vertieftes Verständnis ihrer Schöpfungen gesorgt. Der maßvolle geistige Feinschmecker berührte sich in diesem Bemühen zeitweise mit Tendenzen einer Richtung, die in ihrer Neigung zum Umstürzen, in ihrem Haß gegen die Aufklärung an die versunkenen Bestrebungen der Stürmer und Dränger anzuknüpfen schien, mit der Romantik. Aber diese ist aristokratischer als der Sturm und Drang. Verwirft sie die geschlossene Kunstform, so geschieht es, weil sie für eine möglichst individualistische Ausdrucksweise eintritt, die sie sich nur fragmentarisch, launisch, subjektiv ironisch vorstellen kann. Begeistert die Romantik sich für Freiheit der Persönlichkeit, so ist es doch nicht sowohl die Freiheit des Gemüts oder gar des Verstandes, auf die es ihr ankommt, als vielmehr die Entfesselung der Phantasie; geht sie aus vom Griechentum und von Goethe, so gelangt sie bald im scharfen Gegensatz dazu in eine extreme Vorliebe für das christl. Mittelalter. Keine klaren, scharfen Formen erstrebt sie, sondern Stimmung, Töne, Farben, so verschwimmend wie möglich: die geheimnisvollen Nachtseiten des Menschen und der Natur sind der Lieblingsstoff der Romantik. Die «mondbeglänzte Zaubernacht» der Kunst wird maßlos über das platte, nüchterne Leben erhoben; eine unklare, ahnungsvolle Sehnsucht, vielleicht in ein unbekanntes Jenseits, das geisterhaft in unser Dasein hereinschimmert, vielleicht in eine schöne, große Vergangenheit, vielleicht in die unserer Kultur verlorene Unschuld der Natur, des Volks, ist geradezu das Leitmotiv der Romantik. Diese Welt- und Kunstanschauung war reich an Verirrungen; trotzdem trug sie durch ihren wunderbaren Stimmungsgehalt nicht nur für die Poesie reiche Frucht; aus ihr erwuchs die Blüte der histor. Wissenschaften, aus ihr die staatenbildende Idee des deutschen Kaiserreichs, die späterhin durch ein wundersames Spiel der Gegensätze an die polit. Erben der Aufklärung, an die Liberalen, überging.

Die ältere Romantik, die ihren Hauptsitz in Jena und später in Berlin aufschlug, hatte ein besonders starkes theoretisches Element an den Brüdern Schlegel. Des großen Jenaer Philosophen Fichte Wissenschaftslehre, seine gesteigerte Hochhaltung des Ich spiegelt sich ab in den individualistischen Kunstanschauungen namentlich des jüngern Friedr. Schlegel, während der ältere August Wilhelm, mehr als geschmackvoller Litterarhistoriker, als Virtuos der formalen Technik, zumal der Verskunst, und als Meister der Übersetzung hervorragt: ihm danken wir, daß Shakespeare uns vertraut und lieb ist wie ein deutscher Dichter. Friedrichs Stärke lag in den geistreichen, blendenden, stets aphoristischen Kunstbemerkungen, die er zumal in dem Hauptorgan der ältern Romantik, im «Atheneum» (1798) niederlegte; der erotisch-fragmentarische Roman «Lucinde» (1799), in dem er einen poet. Haupttrumpf auszuspielen dachte, zeigt, so lärmend er die Emancipation des Fleisches proklamiert, doch nur peinliche künstlerische Impotenz, und es ist schwer zu begreifen, wie diese «Lucinde» einen Ritter an dem jungen Theologen Schleiermacher hat finden können, der im selben Jahre seinerseits die romantische Gefühlsreligion in den berühmten «Reden über die Religion» klar und eindrucksvoll vorträgt. Es gehören weiter zu der Gruppe eine Anzahl geistreicher, vorurteilsfreier Frauen, wie Caroline, zuerst A. W. Schlegels, dann Schellings Gattin, ferner Schelling selbst, der Schöpfer der Identitätsphilosophie, der neben der Persönlichkeit nun auch die Natur im philos. System zur nachdrücklichen Geltung brachte; die eigentlichen poet. Talente des Kreises aber waren Hardenberg (1772—1801) und Tieck (1773—1853). Jener, ein mystischer Schwärmer von großer lyrischer Begabung, schuf in seinem «Heinrich von Ofterdingen» der Romantik das Symbol der blauen Blume; dieser, ein mehr leichtes als tiefes Talent, arbeitete sich durch allerlei Künstlerromane («Sternbalds Wanderungen», 1798), Volksbücher, Märchendramen mit mehr oder weniger satir. Tendenzen («Octavian», «Der gestiefelte Kater»), lyrische Spielereien durch zu seiner Domäne, einer ergiebigen Novellenproduktion, die von phantastischen Anfängen allmählich bis zu einem fast nüchternen, modernen Realismus sich auswächst.

Mit seinen Neigungen zur volkstümlichen und mittelalterlichen deutschen Poesie geriet Tieck bereits in die Strömungen herein, die für die jüngere Romantik besonders charakteristisch sind. Ihr Hauptsitz war Heidelberg, wo ihre beiden bedeutendsten poet. Vertreter, der liebenswürdige klarschauende Märker Achim von Arnim und der genial zerrissene Frankfurter Clemens Brentano gemeinsam, Herdersche Ideen fortführend, die Volksliedersammlung «Des Knaben Wunderhorn» anlegten und ihre kurzlebige «Einsiedlerzeitung» herausgaben (1806). Beide Arbeiten waren so recht Ergebnisse der schweren Not der Zeit. Als Deutschland hoffnungslos unter dem Joch der Fremdherrschaft ächzt, da steigert sich der Stolz auf die einzig übrigen Ruhmestitel des deutschen Namens, auf die herrliche Litteratur, auf das deutsche Volkstum, die deutsche Vergangenheit. 1808 erschien der vollendete erste Teil des «Faust»; er wird mit einer stürmischen Begeisterung aufgenommen, die Goethes unpolit. Geist schwerlich ganz verständlich war; Goethes «Faust» wird geradezu ein geistiges Banner, um das die staatlich zerrissenen Deutschen in Liebe und Stolz sich scharen. Der märkische Baron de la Motte-Fouqué beschwört in Dramen und Romanen mit unermüdlichem Eifer urdeutsche Heldengestalten aus dem Grabe; der junge Schwabe Uhland debütiert mit Romanzen im Tone des Volksliedes; Arnim und Brentano steigen von Erneuerungen älterer deutscher Werke zu eigenen prächtigen Erzählungen auf, die freilich neben gesunden alter- und volkstümlichen Elementen verzerrt spukhafte Partien oft allzu reichlich aufweisen. Görres schreibt ein Buch über die deutschen Volksbücher; die Brüder Grimm sammeln und erzählen im schlichtesten treuherzigsten Tone ihre «Kinder- und Hausmärchen» (1812). Die gesteigerte Liebe zur deutschen Art stärkt den Willen und die Kraft, sie vor dem Fremdling zu schützen. In dem von Franzosen besetzten Berlin hält Fichte 1808 seine zur That treibenden, von patriotischem Feuer durchloderten «Reden an die deutsche Nation»; Ernst Moritz Arndt schlägt den rechten Ton an für wuchtige volksmäßige Prosapamphlete; der unglückliche Heinrich von Kleist (1776—1811), vielleicht unser größter Dramatiker, dazu ein ausgezeichneter knapper Novellist von packender Anschaulichkeit und Belebtheit, geht nicht auf in der süßen romantischen Traumseligkeit seines «Käthchen von Heilbronn»; er verherrlicht als der Erste die sittliche Macht der Disciplin, die im preuß. Staate lebt, durch seinen «Prinzen von Homburg» und weiß in der «Hermannsschlacht», in polit. Liedern Laute des wildesten Hasses gegen die Vaterlandsfeinde zu finden. Diesem melancholischen Genius, der an dem Elend des Vaterlandes unverstanden mit zu Grunde ging, war es nicht beschieden, die nationale Erhebung zu erleben. Aber sie trat ein: das abgelebte Preußen der Aufklärung verjüngt sich durch den Kantschen Pflichtbegriff und die Einkehr in die deutsche Vergangenheit, wie die Romantik sie lehrte; die leidenschaftlichen, nur etwas zu künstlichen «Geharnischten Sonette» Friedr. Rückerts, die begeisterten Schlachtlieder Arndts, Schenkendorfs, Körners, die Wehrmannslieder des Österreichers Jos. von Collin erklingen zu den Siegen der Freiheitskriege. Höchst betroffen sieht Goethe, wie das aufbäumende Nationalgefühl seines Volks den großen Corsen aus dem Sattel wirft; leider urteilte er richtig, wenn er die polit. Folgen der Befreiungskämpfe nicht eben hoch anschlug. Alles kehrte ermüdet ins alte Gleis zurück. Daß sie die vollkommene Reaktion beförderte, lag völlig im Wesen der Romantik; wie gedieh in ihrer Sphäre die Luft zum kath. Konvertitentum, dem von Friedr. Schlegel bis zu dem von der sanften Dichterin Luise Hensel belehrten Brentano eine Reihe der angesehensten Romantiker anheimfiel! Hallen aus der burschenschaftlichen Bewegung vereinzelte lyrische Klänge des finstern polit. Fanatismus hervor (die Brüder Follen), so bleiben sie doch vorerst ganz isoliert, und die Demagogenhetze, die dem Wartburgfest und Kotzebues Ermordung folgte, bringt jede polit. Poesie zu tiefem Schweigen.

Die Zeit der polit. Abspannung, die den Freiheitskriegen folgt, ward eine Epoche ruhiger Sammlung, der Wissenschaft und Kunst nicht ungünstig. Zumal die histor.-philol. Wissenschaften gedeihen in dem durch die Romantik bereiteten Boden zur höchsten Blüte. Das von den Schlegeln angebahnte Sanskritstudium, die von W. von Humboldt geistvoll geförderte Sprachwissenschaft findet bald in Franz Bopp einen bahnbrechenden Meister. Die Wissenschaft der deutschen Sprache und Litteratur wird von den Brüdern Grimm so recht aus dem volkstümlich vaterländischen Sinne der Romantik heraus begründet. Karl Lachmann, der Jugendfreund des romantischen Epikers Ernst Schulze, bringt die philol. Kritik zur höchsten Schärfe und Sicherheit. Aug. Böckh versenkt sich in die klassische Altertumswissenschaft. Savigny wird der Vater der histor. Rechtswissenschaft. Niebuhr macht mit der Kritik der geschichtlichen Überlieferung rücksichtslos Ernst und überholt schnell die mehr kompilatorische Thätigkeit früherer Historiker, wie des in Gelehrsamkeit und Darstellungsgabe hochbedeutenden, aber menschlich schwachen Johannes von Müller. Daß die mystischen Neigungen der Romantik auch in der Wissenschaft hervorbrechen, machte sich minder in den mytholog. Verirrungen Creuzers und Kannes als vor allem in den wüsten naturphilos. Spekulationen (z. B. von Steffens und Oken) fühlbar, die eine Zeit lang das Gedeihen gesunder Naturwissenschaft geradezu hemmten. Doch auch das währte nicht lange: an den Namen A. von Humboldts knüpft sich auf diesem Gebiete gleichfalls starker Aufschwung in Forschung und schriftstellerischer Gestaltung. Mit reger Teilnahme jeden Fortschritt verfolgend, steht Goethe mitteninne in dieser gewaltigen wissenschaftlichen Entwicklung. Seine köstliche Selbstbiographie «Dichtung und Wahrheit» (1811 fg.) ist geradezu die erste auf die Quellen geschichtlich eingehende Analyse einer künstlerischen Persönlichkeit und steht damit ebenso wegweisend in den Anfängen unserer Litteraturwissenschaft wie sie ein Muster ruhiger geschichtlicher Prosa giebt. Nur zur romantischen Philosophie fehlte Goethe ein näheres Verhältnis: wie schon früher Kant, so waren die drei nacheinander an der recht eigentlich aus der patriotischen Erregung der Romantik hervorgewachsenen Universität Berlin regierenden philos. Machthaber Fichte, Schelling, Hegel ihm zu abstrakt, als daß er ihnen tiefere Wirkungen gestattet hätte. Um so stärker wirkten sie auf andere, zumal Hegel, dessen scheinbar fest geschlossenes System trotz seiner äußerst schwierigen Kunstsprache sich weithin unbedingte Anhänger erwarb und dessen dem preuß. Staat auf den Leib geschnittene Staatslehre zeitweilig eine polit. Macht war.

Diesem bis heute fortwirkenden Aufschwung der Wissenschaft steht ein gleichwertiger Fortschritt der Dichtung seit den Freiheitskriegen nicht mehr zur Seite. In den Ausläufern der Romantik, wie dem genialen Stilisten E. T. A. Hoffmann, dessen vielgelesene Erzählungen eine gespenstische Welt mit der nüchternsten Realität in bald verschwimmenden, bald grellen Übergängen verquicken, dominieren die mystisch-phantastischen Ausschreitungen allzusehr über das berechtigt Symbolische hinaus; diese Extravaganzen machen die in Schillerschem Pathos oft höchst effektvoll gedachten Dramen des bizarren Zach. Werner auf der Bühne zumal ungenießbar. Sein bekannter «Vierundzwanzigster Februar» (1809) mit seinen gesuchten Greueln eröffnet die Reihe der eigentlichen Schicksalsdramen, die, halb mißverständlich angelehnt an griech. Muster wie den «König Ödipus» des Sophokles, durch Schillers «Braut von Messina» weiter vorbereitet, in den Händen Müllners, Houwalds u. a. bald zur Karikatur ausarteten. Zu dieser Richtung gehörte der Erstling des jungen Österreichers Franz Grillparzer (1791—1872), eines lange nur wenig beachteten, erst neuerdings zu voller Würdigung gelangten vornehmen und hohen Dichters, dessen Dramen Goethes seelische Vertiefung mit Kleists realistischer Belebtheit verbinden, charakteristisch sind, aber maßvoll, dabei von keuschem herbem Reize. Mit ihm tritt Österreich endlich wieder kräftig in das Leben unserer Litteratur ein. Grillparzers Weltanschauung, der ein stilles zufriedenes Herz das Höchste ist, spiegelt die müde, quietistische, unter dem starken polit. Drucke großgezogene Gleichgültigkeit des damaligen Österreichers bezeichnend wieder.

Gedankenflucht in die zeitliche oder räumliche Ferne ist freilich auch die Signatur des übrigen Deutschlands. Gestattet die Reaktion nicht freie Regungen in der eigenen Heimat, so begeistert man sich für die Freiheit der revolutionierenden Völker hinten weit in der Türkei. Dem Philhellenentum kam außer der ehrlichen Sympathie für ein mutiges Volk, das unerträgliche Fesseln brach, der Dank für unendliche Wohlthaten zu gute, den Deutschland dem antiken Griechentum schuldete; selbst der kunstbegeisterte bayr. Kronprinz Ludwig, ein mehr eifriger als glücklicher Poet, der bald als König München zu einer Kunststadt ersten Ranges hob, trat für die Freiheit der Hellenen ein, und sie fanden an dem romantischen Sänger der «Griechenlieder» (1821), dem Dessauer Wilh. Müller, bald einen beredten poet. Anwalt. Aber noch weiter nach Osten ging der poet. Gedankenzug, seit Goethe im «Westöstlichen Divan» (1819) eigene Weisheit und Liebe in ein vortrefflich passendes orient. Kostüm gesteckt hatte. Die unmittelbare Frucht waren Rückerts «Östliche Rosen» (1822) und Platens «Ghaselen» (1821). Der Franke Friedrich Rückert (1788—1866), ein unendlich reiches und leichtes poet. und formales Talent, leider ohne künstlerische Konzentration und Strenge, hat zwar in seinem «Liebesfrühling» auch schlichte deutsche Lieder von einfacher Schönheit geschaffen, blieb aber doch der Vorliebe für den Osten sein Lebenlang treu und steht an der Spitze jener quietistisch epikureischen, dabei träumerisch fatalistischen Lehrpoesie, die über Schefers «Laienbrevier» sich bis zu Bodenstedts «Mirza Schaffy» fortpflanzt; der mannhafte Franke Platen (1796—1835) arbeitet, in jeder Hinsicht ein Schüler Goethes, sich aus orient. Weichlichkeit bald zur strengen klaren Schöne der Antike durch. Populär ist er nie geworden; aber in unermüdlichem künstlerischem Ernst und glühendem Ehrgeiz errang er sich eine edle Pracht der Sprache und des Rhythmus wie kein zweiter deutscher Dichter, und seine glänzenden Litteraturkomödien sind immerhin im Kampfe gegen die triviale Mittelmäßigkeit nicht erfolglos geblieben.

Diese Mittelmäßigkeit lagert sich seit den Freiheitskriegen ganz besonders breit und behaglich nieder in der Gunst des Publikums. Die sprachliche Technik war durch die Klassiker geschaffen; der polit. Druck rückt die Modelitteratur, rückt Leihbibliothek und Theater unverhältnismäßig stark in den Vordergrund der Interessen. Es ist die Zeit der Taschenbücher und Almanache, der ästhetischen Thees, der seichten und geschwätzigen Belletristen. Besonders schlimm ist der Kreis, der sich um die von Th. Hell herausgegebene «Dresdener Abendzeitung» schart: außer dem Herausgeber, einem federgewandten Übersetzer schwacher franz. Lustspiele, gehören z. B. Fr. Kind dazu, der Dichter des «Freischütz», Clauren, der Autor vielbeliebter süßlich lüsterner Romane, Weisflog, ein Humorist im Stile E. T. A. Hoffmanns, der rohe, schwülstige Romancier Blumenhagen, die fruchtbaren Novellisten von Tromlitz und van der Velde. Wenn das Berliner ästhetische Niveau etwas höher stand, so dankte es das nicht Männern wie dem Biographen Varnhagen von Ense, der freilich lange als ein Meister deutscher Prosa galt, nicht dem ästhetischen Kritiker Rellstab, auch nicht dem Herausgeber des sehr achtbaren «Gesellschafters», Friedr. Wilh. Gubitz, sondern in erster Linie dem Einfluß zweier ausgezeichneter Frauen, der geistreichen Jüdin Rahel, Varnhagens Gattin, und der Gattin Arnims, der Schwester Brentanos, der urwüchsig temperamentvollen Bettina: in ihren Zirkeln herrschte ein Goethekultus, der zumal bei Bettina nahezu einen mytholog. Charakter annahm, aber freilich das unbändig wuchernde Unkraut der Trivialität abwehren half. Ihr Tummelplatz ist und bleibt mit Vorliebe der Roman, dessen sich jetzt auch Damen wie Joh. Schopenhauer, Luise Brachmann, Henriette Hanke in langen Bändereihen annahmen. Wenig hat die Zeit überdauert: wer liest jetzt z. B. noch einen Humoristen wie den verstandesscharfen Benzel-Sternau, wer den jeanpaulisierenden Ernst Wagner, den wüsten Schwaben Waiblinger; Contessas Novellen sind uns matt, des Ritters von Lang «Hammelburger Reisen» eine uninteressante Satire geworden, auch K. J. Webers «Demokritos» (1832 fg.) spannt unsere Geduld auf die Folter. Und doch gehören sie alle noch zu den bessern Prosaikern der Zeit. Dauerhafter erwiesen sich Christ. von Schmids fromme Erzählungen (z. B. «Die Ostereier», 1816) und die Novellen Zschokkes, des Verfassers der «Stunden der Andacht» (1809 fg.); auch Pestalozzis pädagogische Bauerngeschichte «Lienhart und Gertrud» findet wohl noch Leser; der Ernst der Gesinnung, der alle drei trägt, ist auch ihren Werken zu gute gekommen. Aber sie sind vereinzelt. Einen nachhaltigen Aufschwung über Clauren und Konsorten bedeutet erst die Einwirkung des historischen Romans Walter Scotts: dem «Lichtenstein» (1826) des jung verstorbenen Schwaben Wilhelm Hauff folgen Spindlers talentvolle, wenn auch schnell gearbeitete Kulturromane und die meisterhaften märkischen Romane von Wilibald Alexis (1798—1871), die künstlerische Freiheit und histor. Treue in so glücklicher Mischung vereinigen, wie sie seitdem nicht wieder gelang.

Mit dem Roman wetteifert das Bühnendrama, das Theater, in der Beliebtheit und der Mittelmäßigkeit. Das ernste Jambendrama, dem die Klassiker den Weg gebahnt, hält sich nicht auf der Höhe; es artet in den Werken des Schwaben Auffenberg und des Bayern E. von Scheuk in kalten Pomp aus, der ebensowenig wie die antiken Dramen des Österreichers Collin auf den Brettern Wurzel fassen konnte. Das gelang dem maßvollen jüd. Dichter Mich. Beer zeitweilig mit seinem «Paria» (1823), der schon durch sein glücklich gewähltes sociales Problem fesselte. Das Künstlerdrama, das mit des dän. Romantikers Öhlenschläger «Correggio» einsetzt, später zumal durch Deinhardstein vertreten, auch von Gutzkow und Laube gepflegt wird, ist schon seinen Stoffen nach zu unmittelbarer Wirkung nicht berufen. Karl Immermanns romantische Dramen sind bei reichen Schönheiten eine schwere, spröde Kost, sein gedankenvoller «Merlin» zumal war nur als Lesedrama denkbar. Des genialen, aber früh verkommenen Grabbe theatralische Versuche schwanken zwischen holzschnittmäßiger Roheit, bühnenunmöglichen Übertreibungen und grandios wirksamen, gewaltigen Scenen haltlos hin und her. Die Bühne gehört unter diesen Umständen, wo sie ernste Dramen braucht, einem geschickten Fabrikanten, wie dem Braunschweiger Aug. Klingemann, und vor allem dem vielgescholtenen, aber unzweifelhaft talentvollen und bühnenkundigen Dichter des «Hohenstaufen-Cyklus», Ernst Raupach (1784—1852), der mit «Schillers zehnmal abgebrühter Phrase» lange Jahre hindurch der unbestrittene Beherrscher des Berliner Schauspielhauses im klassicistischen und romantischen Drama war. Minderes Glück hatte er bei seinem Publikum mit den Lustspielen und Possen, in denen er typische Figuren (etwa im Stil der Commedia del arte) heimisch zu machen suchte: da war die Konkurrenz der oberflächlich geistreichen Lustspiele des Freiherrn von Steigentesch, sowie der witzigen Berliner Farcen und Singspiele von Jul. von Voß, Albini, Karl Blum, vor allem des lustigen Angely doch zu groß. Sie alle bringen wie die Hamburger Lebrün und Töpfer in ihren Possen charakteristische Gestalten und kräftige Situationskomik; Gemüt und Phantasie fehlt dieser norddeutschen Gruppe völlig. Um so schöner und herzerquickender begrüßen uns diese ersten poet. Gaben bei dem naiven Klassiker der Wiener Volksbühne, bei dem liebenswürdigen Ferd. Raimund (1790—1836), der an das ältere Wiener Zauberstück anknüpft, seinen äußerlichen Späßen und Effekten aber einen neuen Gehalt von poet. Leben, von Wahrheit und Wärme zu geben weiß. Dieser große Künstler wird durch Nestroy beim Publikum verdrängt, einen amüsanten, aber kalten und niedrigen Komiker mehr nach der norddeutschen Art. Eine eigene Abart der Volkskomödie bildet die wachsend beliebte mundartliche Dichtung, so die Frankfurter Dialektpossen von Malß, die satir. Bauernstücke der Schwaben Wagner und Weitzmann, Arnolds elsäss. «Pfingstmontag». Die Mundart greift in Lyrik und Epos über bei dem Nürnberger Grübel, dem schweiz. Idyllendichter Usteri, zumal aber in den prächtigen «Alemann. Gedichten» Joh. Peter Hebels (1803), in denen die durch die jüngere Romantik neu belebte Liebe zum einfachen, heimatlichen Volkstum ihren urgesunden schwarzwaldduftigen Ausdruck findet.

Hebel steht außerhalb des Kreises, den die Litteraturgeschichte im engern Sinne als Schwäbische Schule kennt; aber er trifft mit ihm zusammen in der volksmäßigen Lyrik. Die schwäb. Dichter, der große, formstrenge Balladensänger Ludwig Uhland (1787—1862) voran, der den Ton des Volksliedes so einzig traf, daß Lieder von ihm Volkslieder geworden sind, wurzeln in der Romantik. Aber der Verkehr mit Volk und Natur beseitigt oder mildert das hyperphantastische Element. Die Ballade gelingt nach Uhland zumal Gust. Schwab; feinfühliges, schwärmendes Versenken in die Natur zeichnet den träumerischen Gemütsmenschen Justinus Kerner (1786—1862) aus, neben dessen naturgetränkten Liedern Karl Mayers zierliche Naturbildchen kleinlich erscheinen. Ein Spätling erwuchs dieser Gruppe in ihrem Landsmann Eduard Mörike (1804—75), der, in der Formsicherheit Uhland, in der Poesiefülle Kerner am nächsten verwandt, wohl der echteste deutsche Lyriker des 19. Jahrh. ward, aber auch in feingeschliffenen Erzählungen und einem schwermütig phantastischen Roman Bedeutendes schuf. Verwandte Geister traf die romantische Lyrik der Schwaben auch im Norden: in dem Dessauer Wilh. Müller (1794—1827), dem Sänger der «Müllerlieder» und der «Winterreise», die Schuberts kongeniale Melodien uns besonders lieb gemacht haben; in dem geborenen Franzosen Adalb. von Chamisso (1781—1838), dessen spröde Kunst besonders die Ballade pflegte und der im «Schlemihl» (1814) ein echtes ironisch romantisches Phantasiestückchen schuf; vor allem in dem natur- und schönheitstrunkenen Jos. von Eichendorff (1788—1857), dem Dichter des deutschen Waldes und des Wanderns, dem liebenswürdigen Schilderer des thatenlosen holden Träumens. Diese romantische Naturlyrik bedeutet den reinsten und schönsten Ausdruck romantischer Poesie, nach Goethe den Höhepunkt moderner deutscher Lyrik. Von ihr ging auch Heinrich Heine (1799—1856) aus, ein glänzender Virtuos des Volkstons, aber viel zu geistreich, witzig und selbstgefällig, viel zu beflissen, weltschmerzlich interessant zu erscheinen, zu sehr sittlich angekränkelt, um einem wahren, ehrlichen und reinen Gefühl sich hinzugeben. Trotzdem oder gerade darum fand sein «Buch der Lieder» (1827), das Perlen echter Poesie enthält, aber daneben viel prickelnd pikante ungesunde Kost bringt, ein großes Publikum, nicht zum Heile der deutschen Dichtung.

Die gärenden socialen Elemente, die in der Zeit lagen, waren Goethe nicht entgangen. Schon in den «Wahlverwandtschaften» (1809) beschäftigen ihn ernste gesellschaftliche, in «Wilhelm Meisters Wanderjahren» (1821) wichtige sociale Fragen, und im zweiten Teil des «Faust» (1832) weist er so modern wie möglich von der Idee zum praktisch thätigen Leben hin. Am 22. März 1832 stirbt er; zwei Jahre vorher hatte die franz. Julirevolution das polit. und geistige Leben Deutschlands in fiebernde Erregung versetzt, in ganz neue Interessen gestürzt.

VII. Periode, von Goethes Tode an. In dieser stehen wir noch heute mitteninne, ihre Entwicklung und ihre Ziele sind heute noch nicht abzusehen. Beherrschende geistige Führer fehlen ihr bisher; charakteristisch scheint für sie, daß in ihr die Poesie gern, doch glücklicherweise nicht ausschließlich zur Dienerin der Tages-, ja der Parteitendenzen herabgewürdigt wird.

Wie sehr durch diese Auffassung aller Dichtung der Stempel der Vergänglichkeit aufgedrückt wird, das lehrt besonders die Vergessenheit, der heutzutage die Schöpfungen des sog. jungen Deutschlands verfallen sind. So heißen nach der Widmung einer Wienbargschen Schrift die litterar. Vorkämpfer des franz. Liberalismus in den dreißiger Jahren. Es ist eine rein norddeutsche Schriftstellergruppe, die im Süden kaum Anklang fand; poet. Geistes bar, voll von Aufklärungstendenzen, die nur ins Politische gewendet sind, läßt sie in der Regel nur die Prosa als des modernen Schriftstellers würdig gelten. Und diese Prosa geht so weit, daß selbst sociale Grundsätze, die sie poetisch verklären möchten, wie der der freien Liebe, der Emancipation des Fleisches bei ihnen in einer so abschreckenden Nüchternheit auftreten, wie sie selbst Schlegels «Lucinde» und zumal Heinses «Ardinghello» keineswegs zur Schau tragen. Heine gehört ins junge Deutschland weniger durch die satir. Reime seiner Pariser Zeit als durch seine frivole, aber espritvolle

Feuilletonistik. Der eigentliche Schöpfer des feuilletonistischen Stils ist der Frankfurter Jude Ludw. Börne (1784—1837), der, ein ehrlicher, aber blinder Fanatiker, ohne ästhetische Begabung, unfähig zu einer konzentrierten Schöpfung, doch zu stachelnden, erregenden und amüsanten kleinen Artikeln den rechten Ton traf, der den schwerfälligen Deutschen imponierte. Ihm brachten die Männer des jungen Deutschland eine schwer begreifliche Bewunderung dar. Auch sie waren Journalisten, zu ernstern Werken meist wenig begabt. Der tüchtigste unter ihnen, Karl Gutzkow (1811—78), ein starker Charakter, aber als Dichter ohne Anmut und Frische, ein gewaltig ringender, aber innerlich unfreier Geist, setzte mit unerquicklichen und anstößigen Romanen ein, unter denen namentlich das Produkt «Wally die Zweiflerin» einen Sturm entfesselte, der sogar den Bundestag 1835 zum Verbot der jungdeutschen Schriften trieb; aber, dem Wirbel der Politik ferner gerückt, hat er später tüchtige Schauspiele (vor allem «Zopf und Schwert», 1843) und sehr bemerkenswerte socialpolit. Romane («Die Ritter vom Geiste», 1850, «Der Zauberer von Rom», 1859) geschrieben, die eine starke Gabe der Menschenbeobachtung zeigen. Tief unter ihm stehen die übrigen Jungdeutschen, Heinrich Laube (1806—84), der sich als gewandter Bühnendichter und trefflicher Bühnenleiter später einen geachteten Namen erwarb, Th. Mundt, der Gatte der Luise Mühlbach, der schreibseligen Fabrikantin histor. Romane, u. a. Varnhagen von Ense, der blasierte Reisebeschreiber Fürst Pückler-Muskau kokettierten aus der Ferne mit diesem Kreise. Ein starkes, aber unausgegorenes Talent, das in seiner wüsten, revolutionären Dramatik etwa an die Technik von Lenz und Klinger gemahnt, Georg Büchner (1813—37), starb zu früh. Zersetzender und erregender als all diese poet. Manifeste wirkten die theol. und philos. Arbeiten einiger radikalen Schüler Hegels, die, wie Dav. Friedr. Strauß im «Leben Jesu» (1835) und Ludw. Feuerbach im «Wesen des Christentums» (1841), Hegels scharfe Dialektik benutzten, um den bestehenden Glauben zu erschüttern.

Daß im Dienste der polit. Tendenz die Dichtung nicht gedeihen konnte, darüber war sich auch ein eifriger Liberaler, wie der Historiker Gervinus, klar, als er 1835 seine «Geschichte der deutschen Nationallitteratur» begann, ein ausgezeichnetes Werk, das in umfassender Gelehrsamkeit und Sicherheit des ästhetischen Urteils lange unerreicht dastand; sein Verfasser meinte damit der deutschen Poesie die Grabschrift zu setzen. So schlimm war es doch nicht. Stand die erste Gruppe polit. Schriftsteller unbedingt im Zeichen der Prosa, so blüht etwa seit der Thronbesteigung Friedrich Wilhelms IV. (1840) und schon etwas vorher die polit. Poesie, vor allem die politische Lyrik auf. Es flattern die Sturmvögel der Märzrevolution in die Lüfte. Während die «Gedichte» Friedr. von Sallets, des Verfassers eines von Feuerbachschem Geiste getränkten «Laienevangeliums» (1842), noch wenig Beachtung fanden, entfesselten Herweghs rhetorisch mächtige «Gedichte eines Lebendigen» (1841) einen Sturm des Beifalls, dem auch der König sein Ohr nicht verschloß. Der Philolog Hoffmann von Fallersleben (1798—1874), der glückliche Sänger volkstümlicher sangbarer Kinder- und Trinklieder, überträgt die leichte, zum Singen lockende Form auch auf seine zahllosen polit. Reime. Die feurigen Lieder zweier jüd. Dichter, des Ungarn Karl Beck und des Böhmen Mor. Hartmann, werden verschärft durch die noch immer gedrückte sociale Stellung ihrer Stammesgenossen. Rob. Prutz gelingt eine geistreiche dramat. Satire «Die polit. Wochenstube» (1845), der Glasbrenner satir. Epen zur Seite stellt. In wortprangenden «Canzonen» (1848) feiert Spiller von Hauenschild die Freiheit und beklagt die Schmach des gebundenen Vaterlandes. Ein Zug von weltmännischer Ironie geht durch die «Lieder eines kosmopolit. Nachtwächters» (1842) von Franz Dingelstedt, der den revolutionierenden Tendenzen seiner Jugenddichtung ebenso bald Valet sagte, wie der edle, formensichere und humorvolle Anastasius Grün (1806—76), den nur der erstickende Geistesdruck in Österreich zeitweilig in das Lager der unzufriedenen Poeten treibt. Ihre Unduldsamkeit gegen Andersdenkende nicht nur, sondern auch gegen Gleichgültige setzt es bei dem Dichter farbenprächtiger Orientbilder, Ferd. Freiligrath (1810—76), durch, daß er die höhere Warte, die er selbst dem Dichter zuspricht, verläßt und sich zu einer leidenschaftlichen socialen Anklagedichtung hergiebt. Die Macht des Zeitgeistes läßt gar Bettina in ihren alten Tagen einer Art socialen Lehrromans huldigen. Es gehört in solchen Zeiten heißen oppositionellen Ringens ein größerer Mut dazu, die Ruhe und den Bestand zu predigen: weihte sich der an Platen geschulte, zumal in seinen Balladen hinreißende Graf Strachwitz (1822—47) dieser Aufgabe mit Wärme und heftigem Pathos, so vertrat sie in edler Ruhe, unbeirrt durch die Angriffe der Gegner, Emanuel Geibel (1815—84); ein wahrer, keuscher Dichter, dem die Kunst viel zu heilig ist für den Lärm des Tags, hat er mit seiner vornehmen, formvollendeten, bald frisch jubelnden, bald gedankenvoll ernsten, bald innig warmen, bald hymnisch gen Himmel steigenden Lyrik die Tendenzpoeten alle überdauert. Mit dem Jahre 1848 ist die Zeit jener polit. Lyrik im wesentlichen wieder vorbei.

So lärmend sie sich bis dahin hervordrängt, es gab auch in den beiden Decennien von 1830—50 noch Dichter, die der Schönheit und Wahrheit dienten und nicht den «modernen Ideen». Erst in dieser Zeit wächst Karl Immermann (1796—1840) zur Dichterhöhe heran; in den «Epigonen» (1836) schafft er, freilich in Goethes Fußstapfen, einen Roman des modernen Lebens und streut damit eine Saat, die reich aufgeht; in dem unvollendeten Epos «Tristan und Isolde» (erschienen 1841) sucht er die Dichtung des Mittelalters mit glänzendem Gelingen neu zu beleben und steht damit an der Spitze jener epischen Richtung, der K. Simrock, Wilh. Hertz, Wilh. Jordan später angehören; dem geistsprühenden satir. Roman «Münchhausen» (1838 fg.) fügt er seine westfäl. Dorfgeschichte, den «Oberhof», ein, der die ganze lange Litteratur der Dorfgeschichten einleitet. Berth. Auerbach, der meist als ihr Schöpfer gilt, ist ebenso wie Felder und später Rosegger didaktischer, Jer. Gotthelf realistischer bis ins Unschöne hinein, M. Meyr umständlicher und Steub genrehafter; die Lebensfülle der Gestalten Immermanns hat keiner der Nachfolger erreicht. Von andern Romanschriftstellern der Zeit hat Sealsfield durch seine amerik. Erzählungen die ethnogr. Romane Gerstäckers vorbereitet; auch Mügges nordländ. Geschichten, wie «Afraja» (1854), huldigen ähnlicher Tendenz. Die elegantere Gesellschaft der Zeit fand sich geschildert in den Romanen Alex. von Ungern-Sternbergs, eines Lieblings des Berliner Salons, und der hocharistokratischen Gräfin Ida Hahn-Hahn; Henriette von Paalzow dankte den Erfolg ihrer scottisierenden Romane sehr wesentlich dem Interesse Friedrich Wilhelms IV. Im Gegensatz zu dieser Gruppe stellte der lebenserfahrene K. von Holtei (1797–1880) in seinen äußerst bunten und belebten Romanen mit Vorliebe und entschiedener packender Kraft die amüsantere schlechte Gesellschaft dar. Ein heiterer Humorist war der Freiherr von Gaudy, ein sentimentaler in Jean Paulscher Art der Verfasser des «Prinzen Rosa Stramin», Ernst Koch. Fehlt es Meinholds archaisierenden Hexenromanen nicht an starker reaktionärer Tendenz, so beherrscht Stifters Novellen eine quietistische Hingabe an die Natur, für die die Menschengeschicke kaum mehr als Staffage sind.

Dieser Naturkult lebt in der **Lyrik** der Zeit wesentlich fort in den Ausläufern und Verwandten der Schwäbischen Schule. Frisch gedeiht die volkstümliche Dialektdichtung, so in Kobells oberbayr., Nadlers pfälz., Holteis schles. Gedichten; einen starken heimatlichen Erdgeruch atmen auch die Dichtungen der elsäss. Brüder Stöber, die sich von Herzen als Deutsche fühlen, und des westfäl. urkath. Freifräuleins Annette von Droste-Hülshoff, einer überraschend wahrhaften und kräftigen, etwas spröden poet. Persönlichkeit. Der Rhein sieht im Bonner Maikäferverein eine Gruppe fröhlicher, dabei warm patriotischer Sänger vereint, denen wir manch noch heute gesungenes Lied danken, so den politisch bekannten Gottfr. Kinkel, der aber Politik und Poesie selten vermischte, ferner Karl Simrock, Nik. Becker, Alex. Kaufmann; ähnlich heitere Gesellschaftslieder stimmten der Berliner Wilh. Wackernagel und der Hannoveraner Hoffmann von Fallersleben an. Das muntere Kinderlied pflegte der Maler Reinick, die Kinderfabel Wilh. Hey, die komische Ballade der prächtige Aug. Kopisch, während die Balladen Eberts und Mosens mit Vorliebe ernste histor. Stoffe, zuweilen auch tendenziös behandeln. Freiligraths exotische Lyrik fand noch an Ad. Bube einen Fortsetzer. An die geistliche Lyrik des Schwaben Alb. Knapp schloß sich später der Schwabe Gerok in formsichern schönen Liedern an; auch des Thüringers Jul. Sturm fromme Lieder stehen unter schwäb. Einflüssen; verbreiteter war Spittas Sammlung «Psalter und Harfe» (1833). Eine gesunde Gnomik, die nichts mit den modernen Tendenzen zu schaffen hat, sondern an unsere Klassiker anknüpft, pflegt Ernst Freiherr von Feuchtersleben. So zeitigt die Epoche neben der gärenden polit. Lyrik eine stattliche Reihe liebenswürdiger, frischer lyrischer Sänger. Der nach Mörike weitaus bedeutendste freilich, der Ungar **Nik. Lenau** (1802–50), spiegelt in seiner leidenschaftlichen Sehnsucht, seiner tiefen Zerrissenheit, die den Unglücklichen zum tragischen Vertreter des deutschen Weltschmerzes macht, das ganze Elend der unbefriedigten Zeit ab, die seinem stürmenden Dichterherzen nirgend eine Zuflucht gewährte.

Lenau hat auch histor. Epen hinterlassen, wie denn das **Epos**, lange ein Stiefkind unserer Litteratur, jetzt neuen Boden gewinnt. Ist Alfred Meißners feuriger «Ziska» (1846) nicht ohne aufregende polit. Tendenz, so findet das monarchische Preußentum an Chr. Fr. Scherenberg einen etwas herben, ungefügen, aber schwungvollen Schlachtenerzähler («Waterloo», 1849). Und bemerkenswert genug bricht für das Epos eine romantische Nachblüte an, die in Mosens tief symbolischem «Ritter Wahn» (1831), in Zedlitz' duftigem «Waldfräulein» (1843) und Kinkels anmutigen, aber allzu lyrisch gestimmten poet. Erzählungen («Otto der Schütz», 1841) sich ankündigte und bald weitere Früchte tragen sollte.

Auch im **Drama** findet die Romantik noch einen späten, vereinzelten Vertreter in Friedr. Halm (1806–71), bei dem freilich ein düsteres ungesundes Element allzuleicht auch durch heitere Farben durchbricht. Sind die psychol. Probleme, die er sich stellt, interessant aber gesucht und nicht immer überzeugend, so war ein psychol. Realist ersten Ranges der größte Dramatiker der Zeit, **Friedr. Hebbel** (1813–63). Ein dithmarsischer Eisenkopf von harter, oft nüchterner Wahrhaftigkeit, ein unermüdlich ringender Geist, reflektiert, vergrübelt, dabei von unstillbarer Sehnsucht nach dem Ideal erfüllt, hat er sich die Bühne nur sehr langsam erobert, sowohl für seine gewaltigen Jambendramen wie «Judith» (1841), die «Nibelungen» (1862), als für sein grausames bürgerliches Prosadrama «Maria Magdalena» (1844). Gerade in dieser politisch aufgeregten Zeit hat das große Publikum keinen Sinn für ernste Kunst: da ist die Zeit für die leicht satir. Salonstücke Bauernfelds, für die harmlosen Lustspiele Benedix', für die effektvoll trivialen Stücke der fruchtbaren Charl. Birch-Pfeiffer, die beliebte Romane massenhaft auf die Bühne bringt und in der Gunst der Berliner Raupach ablöst. Erfreulich hebt sich das Lustspiel «Pitt und Fox» von Rud. Gottschall, der auch in der Tragödie Erfolg hatte, aus dem theatralischen Durchschnittsmaß heraus.

Der Überblick über die Jahre 1830–50 zeigt immerhin, wie wenig die polit. Unruhen die Poesie begünstigen; das Aufblühen der Tagesjournalistik, in der auf Heine und Börne bald der alberne Witzler Saphir folgte, bot dafür wahrhaftig keinen Ersatz. Nach der Märzrevolution glätten sich die Wogen, und so wenig in der **Zeit von 1850 bis 1870** die Politik schweigt, so führt sie in der Poesie doch nicht mehr das große Wort. In begreiflichem Rückschlag erzeugt die Ermattung geradezu eine Art Nachromantik, die sich namentlich im **Epos** kundgab. Einen großen, heute unbegreiflichen Erfolg erzielte Oskar von Redwitz mit seiner süßlich frömmelnden «Amaranth» (1849); ausgeprägt kath. Romantik spricht aus Jos. Papes mittelalterlichen epischen Erzählungen, während seines jüngern Landsmanns Webers «Dreizehnlinden» mehr der kräftigen Art Annette Drostes verwandt ist. Träumerische und heitere Wald- und Weinromantik pflegen im Anschluß an Zedlitz der Märker Gans zu Putlitz («Was sich der Wald erzählt», 1850) und Otto Roquette («Waldmeisters Brautfahrt», 1859), und der lustige wandernde Spielmann wird wieder epischer Held in Beckers «Jung Friedel» (1854) und vor allem in Viktor von Scheffels köstlichem «Trompeter von Säckingen» (1854). Mosens symbolische Romantik endlich dauert fort in den mannigfachen epischen Versuchen des farbenglühenden und gedankenschweren Robert Hamerling (1830–90), dem doch sein nahes Verhältnis zur Antike bei aller üppigen Pracht der Rede eine gewisse Strenge der Form erhielt. Die Liebe zur Antike erzeugt Gregorovius' epische Dichtung «Euphorion» (1858). Die Antike, im Bunde mit orient. und romantischen Elementen, zugleich mit Einflüssen der bildenden Kunst versetzt, bestimmt stark einen **Münchener Dichterkreis**, der sich auf Veranlassung König Maximilians II. in Isarathen versammelte und dem alle tendenziösen Zeitinteressen glücklich fern lagen. Neben Geibel dichtete da Friedr. Bodenstedt (1819—92), der als «Mirza Schaffy» (1851) an Goethes «Divan» und an echte orient. Muster zugleich lebenslustig und lehrhaft anknüpfte, und an dem sinnvoll sinnlichen Daumer, dem beschaulichen Hammer Stilgenossen hatte; ferner der mecklenb. Graf Schack, der nachbildend und neubildend orient. und antiken Anregungen in hoher Formvollendung nachgab, der Dichter der «Volkerwanderung» (1866), Herm. Lingg, der Nachdichter Gottfrieds von Straßburg und anderer mittelhochdeutscher Epiker, Wilh. Hertz, der Philosoph M. Meyr, Verfasser guter Dorfgeschichten, der anmutige Kulturnovellist Riehl, der poet. Erzähler Jul. Grosse, endlich, nicht zuletzt, der erfolgreichste Novellist der Epoche, Paul Heyse (geb. 1830), ein Künstler von wohlthuend klarem Blick und durchsichtiger Form, der in seinen kleinen Liebesgeschichten ebenso die südl. Glut Italiens wie die innige Wärme Deutschlands darzustellen weiß und dem auch edle antikisierende Dramen, flüssige poet. Erzählungen, charakteristische patriotische Schauspiele gelingen, während ihm die leidige Tendenz die Romane verdirbt.

Im Roman, der mit dieser Epoche mehr als je in den Vordergrund tritt, offenbart sich eine jene romantischen Nachwirkungen ablösende immer wachsende Neigung zum Realismus. Er findet einen sehr erfreulichen Vertreter an Gust. Freytag (geb. 1816), dessen feine und reiche Begabung aber nicht durch seine modern realistischen Romane («Soll und Haben», 1855, «Die verlorene Handschrift», 1865) erschöpft wird, dem wir eine Neubelebung des histor. Romans («Die Ahnen», 1872 fg.) und vor allem das beste moderne Lustspiel («Die Journalisten», 1854) verdanken. Mehr an Gutzkow als an ihn schließen sich Spielhagens oft sehr tendenziöse sociale Romane an; Hackländer, der mit humoristischen Soldatengeschichten begann, wie sie Wickede und Winterfeld vorwiegend pflegten, ging später zu Gesellschaftsromanen über, die er allzu flüchtig und schnell hinschrieb. Den kulturhistor. Roman vertritt Scheffel in seinem ausgezeichneten, poetisch wertvollen «Ekkehard» (1855), den speciell preußischen Hesekiel und Hiltl, freilich keine ebenbürtigen Nachfolger von Alexis; humoristisch archaisiert Trautmann; realistische Darstellungen aus dem jüd. Leben bringen Kompert und Franzos; einen köstlichen Humor entfaltet der Mecklenburger Fritz Reuter in seinen plattdeutschen Romanen (besonders «Ut mine Stromtid», 1861). Das Glück des Kinder- und Familienlebens schildern der sentimentale Bog. Goltz und der gesund heitere Rud. Reichenau; fromme Volkserzählungen schreiben Horn und Frommel, fromme Romane die liebenswürdige Marie Nathusius, Kindergeschichten, die freilich etwas hausbacken geraten, Ottilie Wildermuth. Die Novelle hat neben Heyse an dem oft schwermütig düstern, aber ungemein feinfühligen und stimmungsvollen Erzähler Storm (1817—88) einen hervorragenden Vertreter. Alle aber überragt der Züricher Gottfried Keller, die kräftigste Dichtergestalt unserer modernen Litteratur, im «Grünen Heinrich» (1853) ein Meister des psychol. Romans, in seinen Novellen, zumal in den «Leuten von Seldwyla» (1856), auch dem «Sinngedicht» (1881), ein sinnlich packender, scharf schauender und charakterisierender Darsteller des umgebenden Lebens, dem doch die weichsten und süßesten Töne gelingen und der selbst die häßliche Wirklichkeit durch einen überlegenen, oft herzgewinnend übermütigen Humor verklärt. In unserer gesamten Novellistik kommen ihm immer noch am nächsten zwei kleine, früher wenig beachtete Arbeiten («Die Heiterethei», «Zwischen Himmel und Erde») des Thüringers Otto Ludwig (1813—65), eines genialen, leider früh krankenden Mannes, dessen Lieblingsgebiet freilich das Drama war. Seine knorrigen, herben Schöpfungen, die an Hebbel erinnern («Der Erbförster», «Die Makkabäer»), stehen im ernsten Drama allein; weder Freytags Sittenschauspiele, noch die preisgekrönten Versuche Lindners und Nissels, noch gar die routinierten Bühnenstücke Mosenthals und Brachvogels reichen entfernt an sie heran; Richard Wagners geniale Operndichtungen nehmen im dramat. Aufbau einen sehr hohen Rang ein, verraten aber in der Detailausführung zu sehr ihre Bestimmung. Im Lustspiel erzielen Putlitz, Wehl, Feldmann vorübergehende Erfolge; die Possen Kalischs und Räders sind ohne litterar. Ansprüche doch immerhin so lustig gewesen, daß sie zum Teil bis heute noch ihr Leben fristen. Von Lyrikern haben zwei ihrer Zeit wenig beachtete, der Schweizer Leuthold (1827—79), eine herbe und wüste, aber geniale und überraschend formstrenge Dichterkraft, und der melancholisch innige Tiroter Herm. von Gilm (1812—64), dem die geistige Enge in seinem geliebten Vaterlande die Flügel lähmte, neuerdings verspätetes Interesse gefunden. Der «Quickborn» (1852) des Holsteiners Klaus Groth spiegelt den spröden, aber echten treuen Charakter des Volksstammes wider, in dessen Mundart er gedichtet ist. Anregungen moderner Wissenschaft zeigt ernsthaft die pessimistische Lyrik Hier. Lorms, in lustiger Parodie die ausgelassen burschikosen Lieder, in denen Scheffel («Gaudeamus», 1867) naturwissenschaftliche und philol. Fragen behandelt.

Die in den Tagen der Romantik aufgeblühte Wissenschaft hatte inzwischen ihr Antlitz nicht wenig verändert. Als die Alleinherrschaft der Hegelschen Philosophie, die noch in Vischers trefflicher «Ästhetik» (1848) eine späte Blüte trieb, gebrochen war, wirkte auf weite Kreise der Pessimismus des früher wenig beachteten Schopenhauer (1788—1860), eines glänzenden und klaren Schriftstellers, dessen nie versagende scharfe Deutlichkeit sehr wohlthuend abstach von Hegels schwerfälliger Kunstsprache. Die histor. und philol. Wissenschaften bauten auf den von der Romantik gelegten Grundlagen mit immer sichererer methodischer Technik, immer ausgedehnterem Wissen fort; auch die schriftstellerische Kunst hat sich mehr und mehr gehoben; Männer wie der große Historiker Leopold von Ranke, wie Mommsen, Sybel und Döllinger, vor allem der gestaltungskräftige Heinrich von Treitschke gehören auch der deutschen Litteraturgeschichte an. Über die weitere wissenschaftliche Litteratur vgl. die Artikel der einzelnen Wissenschaften, insbesondere Deutsche Mundarten, Deutsche Philologie, Deutsche Philosophie, Deutsche Sprache.

An der Gründung des Deutschen Reichs (1871) waren in erster Linie zwei Meister deutscher Prosa beteiligt: die Reden des Fürsten Bismarck atmen in jedem Satze ursprüngliche schöpferische Sprachgewalt, die Schriften des Grafen Moltke suchen in ruhiger und schöner Klarheit der Rede ihresgleichen. Man kann nicht sagen, daß sonst das neue

Reich unserer Litteratur starke Förderung gebracht hätte. Die stets anwachsende Unruhe, die unsere komplizierten polit. und socialen Verhältnisse mit sich bringen, sind der stillen Sammlung, aus der die Dichtung emporblüht, ebenso ungünstig wie das Überwuchern der materiellen Interessen; zumal die Lyrik leidet darunter. Die Reichshauptstadt Berlin, die zuweilen Ansprüche auf eine in Kritik und Produktion ähnlich führende Stellung erhebt, wie Paris und London sie haben, hat sich bisher dieser Rolle nicht gewachsen gezeigt und wird sie, dank der erfreulichen Vielheit unserer geistigen Centren, nie erreichen. Der Einfluß des besiegten Frankreichs war während der ganzen Zeit seit 1870 ungewöhnlich groß, nicht immer segensreich. Von den polit. Tendenzen hat der «Kulturkampf» zeitweilig mehr Staub aufgewirbelt; er kommt oft zur Sprache in den wenig wertvollen Frauenromanen der «Gartenlaube» (Marlitt, Bürstenbinder u. a.); aber auch in Anzengrubers Volksstücken, in Wilh. Buschs komischen Epen und sonst brechen verwandte Tendenzen durch, während auf kath. Seite Konr. von Bolanden umfängliche, etwas plumpe Romane ins Feuer sandte. Der Roman, an dem sich Frauen durchweg stark beteiligen, steht dauernd im Vordergrunde. Die bedeutendste Gestalt des Zeitabschnitts ist unzweifelhaft der Märker Theodor Fontane (geb. 1819), längst durch treffliche Balladen und liebenswürdig anschauliche Schilderungen seiner märkischen Heimat bekannt, der neuerdings in einer Anzahl von Berliner Romanen überraschende Schärfe und Realistik der Detaildarstellung an den Tag gelegt hat; neben ihm treten die schwülen Gesellschafts- und Künstlerromane der Ossip Schubin, die pessimistisch unruhigen Erzählungen Wilh. Jensens zurück, während die vornehme, maßvolle, des Humors nicht unfähige Darstellungskunst der Baronin Marie von Ebner-Eschenbach keinen Vergleich zu scheuen braucht. Der geschichtliche und archäol. Roman gedieh namentlich in Professorenhänden und genoß lange eine künstlerisch kaum gerechtfertigte Beliebtheit, so die Romane von Dahn, Ebers, Hausrath, zu denen der Romancier Ostpreußens, Ernst Wichert, dessen «Ein Schritt vom Wege» zu unsern besten neuern Lustspielen zählt, treten mag. Der moderne Geschichtsroman ist von Gregor Samarow mit den rohesten Effekten ausgestattet worden. Die histor. Novelle hat Konr. Ferd. Meyer mit Geist und glänzender Gestaltungskraft zumal für interessante histor. Persönlichkeiten herausgearbeitet; auch Ludwig Laistner fühlt sich im Mittelalter besonders wohl. Während uns Sacher-Masoch, Vacano, Lindau und zumal die zahlreichen Autoren von Kriminalgeschichten mit Vorliebe in die schwüle Atmosphäre moderner Großstadtsitten hineinführen, betont Jul. Stinde die fast kleinstädtisch behaglichen Seiten Berliner Familienlebens und weiß Heinr. Seidel mitten in Spreebabel sich einen Poetenwinkel stillvergnügter, natursinniger Genügsamkeit zurechtzumachen. Dieselbe Neigung zur Weltflucht kennzeichnet den hochbegabten, aber allzu detailliert malenden und im Grunde melancholischen Humoristen Wilh. Raabe (geb. 1831); der derbere und bizarre Humor Fr. Th. Vischers schreckt in dem Romane «Auch Einer» auch vor den grellsten tragischen Farben nicht zurück. Als glücklicher, humorvoller Novellist von vielseitigen Vorzügen, vortrefflich in der Naturschilderung, in der histor. Färbung, in der heitern Auffassung des Kleinstadtlebens hat sich neuerdings Hans Hoffmann erwiesen. Das Epos tritt dagegen ganz zurück, kaum minder die Lyrik. Jul. Wolffs äußerlich stilgemäße epische Erzählungen sind noch ein Nachklang des romantischen Epos in der Art des Scheffelschen Trompeters, wie Scheffels muntere Lieder in Baumbachs graziöser, aber nicht eben mannigfacher Spielmannspoesie fortwirken; origineller, ein leidenschaftlich und sinnlich vertiefter Nachklang Heines, ist Grisebachs Liedercyklus «Der neue Tannhäuser» (1869). Das Drama hat immer noch einige Jambendichter höhern Stils aufzuweisen, wie den eifrigen H. Kruse, wie Ad. Wilbrandt, der mit «Arria und Messalina» (1874) auch einen Bühnenerfolg errang, wie den stark tendenziösen Fitger, den Festspieldichter Hans Herrig u. a.; nachhaltiger drang nur Ernst von Wildenbruch (geb. 1845) durch, ein stark einsetzendes Bühnentalent, nicht wählerisch in den Mitteln, aber von großer rhetorischer Wucht. Ernste Volksstücke schrieb Anzengruber n. a., heitere l'Arronge, geistreiche Lustspiele Wilh. Jordan, moderne Sittenprobleme behandelte Rich. Voß; den Heißhunger eines novitäten- und lachlustigen Publikums stillten Moser, Rosen, Schweitzer, Schönthan, Blumenthal, Liudan u. s. w.

In der neuesten Zeit hat sich unter dem starken Einfluß ausländischer Dichter wie Zola, Ibsen und Dostojewskij eine lebhafte modern naturalistische Richtung gebildet, deren Vertreter bisher freilich nur in wenigen künstlerisch reifern Leistungen über die Periode trüber Gärung hinausgelangt sind. Es ist noch nicht an der Zeit, geschichtlich über diese Jüngsten zu urteilen, von denen die Romanschriftsteller H. Sudermann (auch als Dramatiker), Wolfg. Kirchbach, M. Kretzer, Wilh. Walloth (auch als Lyriker), der Dramatiker Gerh. Hauptmann, die Lyriker Detlev von Liliencron und Arno Holz, die Novellisten K. Bleibtreu und M. G. Conrad genannt seien. Wie sie sich auch entwickeln mögen, ihr Auftreten zeugt immerhin dafür, daß Deutschland ein frisches litterar. und poet. Schaffen und Treiben bis auf den heutigen Tag sich bewahrt hat.

Aus der Überfülle von Hilfsmitteln für das Studium der deutschen Litteraturgeschichte seien die folgenden hervorgehoben:

1) Gesamtdarstellungen. Das grundlegende Werk von Gervinus, «Geschichte der deutschen Dichtung» (5 Bde., Lpz. 1835—40; 5. Ausg., hg. von Bartsch, ebd. 1871—74), ist trotz der oft einseitigen ästhetischen Beurteilung wegen seiner geistvollen und selbständigen Darstellung und Gruppierung noch heute unveraltet. Die gelehrten Arbeiten von Koberstein («Grundriß zur Geschichte der deutschen Nationallitteratur», Lpz. 1827; 5. Aufl., 5 Bde., hg. von Bartsch, ebd. 1872—74), von Wackernagel («Geschichte der D. L.», Basel 1848; 2. Aufl., 2 Bde., hg. von Martin, ebd. 1879—92), von Goedeke («Grundriß zur Geschichte der deutschen Dichtung», 3 Bde., Hannov. u. Dresd. 1856—81; 2. Aufl., bis 1891 4 Bde., Dresd. 1884 fg.) legen mehr Wert auf gründliche Sammlung und Verarbeitung des Materials als auf fesselnde Darstellung, bilden aber die Grundlage jeder litterarhistor. Forschung. In Vilmars trefflich geschriebener «Geschichte der deutschen Nationallitteratur» (Marb. 1845; 23. Aufl. 1890) tritt der ausgesprochen protestantisch kirchliche, in Lindemanns «Geschichte der D. L.» (Freiburg 1866; 6. Aufl. hg. von Seeber, ebd. 1889) der kath. Standpunkt des Verfassers stark hervor. Kurz' «Geschichte der D. L.» (4 Bde., Lpz. 1851—69;

7. Aufl. 1876) fügt in die Darstellung Biographien und Proben ein. Die zugleich wissenschaftlich wie schriftstellerisch ausgezeichnetste «Geschichte der D. L.» stammt seßt von Wilh. Scherer (Berl. 1883; 6. Aufl., ebd. 1891). Als kath. Romantiker schrieb Eichendorff seine «Geschichte der poet. Literatur Deutschlands» (2 Bde., Paderb. 1857; 3. Aufl. 1866). Verbreitet, aber sehr minderwertig sind das Schulbuch von Kinge («Geschichte der deutschen Nationallitteratur», Altenb. 1869; 22. Aufl. 1891), die illustrierten Darstellungen von König («Deutsche Litteraturgeschichte», Bielef. 1879; 20. Aufl. 1889) und von Leixner («Illustrierte Geschichte des deutschen Schrifttums», 2 Bde., Lpz. 1880—81). Könnecke bearbeitete einen «Bilderatlas zur Geschichte der deutschen Nationallitteratur» (Marb. 1885—86), Flaischlen eine (unbrauchbare) «Graphische Litteraturtafel» (Stuttg. 1890).

2) Einzelne Perioden. Über die D. L. des Mittelalters handelten Uhland («Geschichte der altdeutschen Poesie», Bd. 1 u. 2 seiner «Schriften zur Geschichte der Dichtung und Sage», Stuttg. 1865—66), populär Khull («Geschichte der altdeutschen Dichtung», Graz 1886) und Golther in Kürschners «Deutscher Nationallitteratur»; Kelle stellte die «Geschichte der D. L. von der ältesten Zeit bis zur Mitte des 11. Jahrh.» (Berl. 1892) dar, Scherer die «Geschichte der deutschen Dichtung im 11. und 12. Jahrh.» (Straßb. 1875); die althochdeutsche Litteratur skizzierte Kögel, die mittelhochdeutsche Vogt, die mittelniederdeutsche Jellinghaus in Pauls «Grundriß der german. Philologie», Bd. 2 (Straßb. 1892). Hagen schilderte «Deutschlands litterar. und religiöse Verhältnisse im Reformationszeitalter» (3 Bde., Frankf. a. M. 1843). Die Anfänge der neuern Litteratur bespricht Lemcke («Geschichte der deutschen Dichtung neuerer Zeit. Erster [einziger] Band: Von Opitz bis Klopstock», Lpz. 1871). Dem 18. Jahrh. gilt Hillebrand, «Die deutsche Nationallitteratur seit dem Anfange des 18. Jahrh.» (3 Bde., Gotha 1845—47; 3. Aufl. 1875), Biedermann, «Deutschland im 18. Jahrh.» (4 Bde., Lpz. 1875—80), vor allem das treffliche Werl Hettners, «Litteraturgeschichte des 18. Jahrh.» (3 Tle. in 6 Bdn., Braunschw. 1856—72; 3. u. 4. Aufl. 1879—83); vgl. ferner Grisebach, «Das Goethesche Zeitalter der deutschen Dichtung» (Lpz. 1891). Julian Schmidts «Geschichte der D. L. von Leibniz bis auf unsere Zeit» ist in der Neubearbeitung erst bis zum 4. Bande (Berl. 1886—90) vorgeschritten, sodaß seine «Geschichte der D. L. im 19. Jahrh.» (2 Bde., Lpz. 1853; 5. Aufl., 3 Bde., 1866—67) daneben noch zu brauchen ist. Die Litteratur unsers Jahrhunderts behandelt kenntnisreich Rud. von Gottschalls «Deutsche Nationallitteratur des 19. Jahrh.» (4 Bde., 6. Aufl., Bresl. 1892 fg.); geistreich, aber ohne genügendes Wissen und unzuverlässig Georg Brandes, «Die Litteratur des 19. Jahrh. in ihren Hauptströmungen» (aus dem Dänischen, Lpz. 1883 fg., darin Bd. 2: «Die romantische Schule in Deutschland», 1887; Bd. 6: «Das junge Deutschland», 1891), knapp und übersichtlich Ad. Stern, «Die deutsche Nationallitteratur vom Tode Goethes bis zur Gegenwart» (2. Aufl., Marb. 1890), flüchtig P. Heinze und Rud. Götte, «Geschichte der D. L. von Goethes Tode bis zur Gegenwart» (Dresd. 1890); vortrefflich sind die litterar. Abschnitte in H. von Treitschkes «Deutscher Geschichte im 19. Jahrh.» (4 Bde., 3. u. 4. Aufl., Lpz. 1886—90); eine ausgezeichnete Monographie widmete Rudolf Haym der «Romantischen Schule» (Berl. 1870); Prölß' Buch über «Das junge Deutschland» (Stuttg. 1892) ist einseitig gehalten.

3) Einzelne Länder. Während specielle Litteraturdarstellungen für Österreich, Bayern u. s. w. ohne Wert sind, ist Bächtolds «Geschichte der D. L. in der Schweiz» (Frauenf. 1892) rühmend hervorzuheben; dazu die ältere Arbeit von Mörikofer, «Die schweiz. Litteratur des 18. Jahrh.» (Lpz. 1861). «Hamburgs Litteraturleben im 18. Jahrh.» bespricht Wehl (Lpz. 1856).

4) Einzelne Gattungen. Für das Drama vgl. Prölß, «Geschichte des neuern Dramas» (3 Bde. in 5 Abteil., Lpz. 1880—83); für den Roman Bobertag, «Geschichte des Romans und der ihm verwandten Dichtungsgattungen in Deutschland» (2 Bde., Bresl. 1876—84), Mielke, «Der deutsche Roman des 19. Jahrh.» (Braunschw. 1890); für die Lyrik von Waldberg, «Die deutsche Renaissancelyrik» (Berl. 1888), «Die galante Lyrik» (Straßb. 1885), Stiefel, «Die deutsche Lyrik des 18. Jahrh.» (Lpz. 1871).

5) Zeitschriften. Für altdeutsche Litteratur sind besonders wichtig die «Zeitschrift für deutsches Altertum und deutsche Litteratur» (begründet von M. Haupt, jetzt hg. von E. Schröder und G. Roethe, 36 Bde., Lpz. 1841 fg., Berl. 1856 fg.), die «Beiträge zur Geschichte der deutschen Sprache und Litteratur» (begründet von H. Paul und W. Braune, jetzt hg. von E. Sievers, bis 1891 16 Bde., Halle 1874 fg.), die «Germania» (begründet von F. Pfeiffer, jetzt hg. von O. Behaghel, 37 Bde., Stuttg. u. Wien 1856 fg.); für neuere D. L. das «Weimarische Jahrbuch für deutsche Sprache, Litteratur und Kunst», hg. von Hoffmann von Fallersleben und O. Schade (6 Bde., Hannov. 1854—57), das «Archiv für Litteraturgeschichte», hg. von Gosche und Schnorr von Carolsfeld (15 Bde., Lpz. 1870—87) und vor allem die «Vierteljahrsschrift für Litteraturgeschichte», hg. von Seuffert (5 Bde., Weim. 1888 fg.); nur mit Goethe beschäftigt sich das «Goethe-Jahrbuch», hg. von Geiger (Bd. 1—13, Frankf. 1880 fg.), nur mit Grillparzer das «Grillparzer-Jahrbuch» (Bd. 1 u. 2, Wien 1890 fg.). «Jahresberichte für neuere deutsche Litteraturgeschichte», hg. von Herrmann, Szamatólski, Elias, erscheinen seit Herbst 1892 in Stuttgart.

6) Sammlungen. Von den zahllosen Anthologien seien hier nur Wackernagels «Deutsches Lesebuch» (5 Bde., 3.—5. Aufl., Basel 1873 fg.) und die drei Bücher von Goedeke: «Deutsche Dichtung im Mittelalter» (2. Ausg., Dresd. 1871), «Elf Bücher deutscher Dichtung» (2 Bde., Lpz. 1849) und «Deutschlands Dichter von 1813 bis 1843» (Hannov. 1844) erwähnt; für die älteste Zeit ferner «Denkmäler deutscher Poesie und Prosa aus dem 8.—12. Jahrh.», hg. von Müllenhoff und Scherer (3. Aufl., 2 Bde., Berl. 1892). Eine weitschichtig angelegte, von verschiedenen Gelehrten bearbeitete Sammlung der bedeutendern Werke unserer gesamten Litteratur bildet die von Jos. Kürschner herausgegebene «Deutsche Nationallitteratur» (Stuttg. ohne Jahr, bis 1892 über 750 Lfgn.). Die «Bibliothek des litterar. Vereins in Stuttgart» (Tüb. u. Stuttg. 1843 fg.) bringt in ihren (bis 1892) 191 Bänden viele wichtige mittel- und neuhochdeutsche Textpublikationen. Mittelhochdeutsche Werke sind gesammelt (mit Anmerkungen) in den «Deutschen Klassikern des Mittelalters», hg. von Pfeiffer und Bartsch (12 Bde., Lpz. 1870—91), den «Deutschen Dichtungen des Mittelalters», hg. von Bartsch (7 Bde., ebd. 1872—88), der «Germa-

nistischen Handbibliothek», begründet von Zacher (8 Bde., Halle 1869—91), der «Altdeutschen Textbibliothek», hg. von Paul (10 Bde., edd. 1882 fg.) u. a. «Elsäss. Litteraturdenkmäler» gaben E. Martin und E. Schmidt heraus (5 Bde., Straßb. 1878 fg.), eine «Bibliothek älterer Schriftwerke der deutschen Schweiz» Bächtold und Vetter (6 Bde. und Ergänzungsband, Frauenf. 1877—92); von den «Älteren tirolischen Dichtern» (Innsbr. 1874 fg.) sind 3, von den «Niederdeutschen Denkmälern», hg. vom Verein für niederdeutsche Sprachforschung, sind 4 (Brem. 1876 fg.), von den «Drucken des Vereins für niederdeutsche Sprachforschung» 3 Bde. (Norden 1886 fg.) erschienen. «Deutsche Dichter des 16. Jahrh.» (18 Bde., Lpz. 1868—85) und «Deutsche Dichter des 17. Jahrh.» (15 Bde., edd. 1869—85) gaben Goedeke und Tittmann heraus. Die «Neudrucke deutscher Litteraturwerke des 16. und 17. Jahrh.», hg. von Braune (Halle 1876 fg.), haben bis 1892 100, die «Deutschen Litteraturdenkmale des 18. und 19. Jahrh.», begründet von Seuffert, jetzt hg. von Sauer (Heilbr. 1881 fg., Stuttg. 1890 fg.), bis 1892 gegen 40 Nummern erreicht; die «Berliner Neudrucke», hg. von Geiger, Wagner, Ellinger (Berl. 1888 fg.), sind 1892 bei der 2. Serie, die «Wiener Neudrucke» (Wien 1883 fg.) beim 11. Hefte angelangt. Zu diesen wissenschaftlichen Sammlungen treten zahlreiche Klassiker- und Volksbibliotheken, die die Werke unserer Litteratur in guten und schlechten Ausgaben billig verbreiten; die größte Sammlung dieser Art ist die Reclamsche Universalbibliothek (bis 1892 über 3000 Nummern).

Deutsche Litteraturzeitung, 1880 von Max Roediger in Berlin gegründete Wochenschrift, die in kritischen Besprechungen hervorragender Gelehrter eine Überschau über neue Erscheinungen auf allen Gebieten der Wissenschaft giebt. Verleger: Rosenbaum & Hart in Berlin; Herausgeber: P. Hinneberg.

Deutsche Lokal- und Straßenbahngesellschaft, 1881 gegründete Aktiengesellschaft für Bau und Betrieb von Lokal- und Straßenbahnen (s. d.), mit dem Sitz in Berlin, früher in Dortmund, führt seit 1890 die Firma: «Allgemeine Lokal- und Straßenbahngesellschaft». Außer den Pferdebahnlinien in Chemnitz (8,9 km, eröffnet 1880), M.-Gladbach-Rheydt (6,1 km) und Duisburg-Ruhrort (9,8 km), letztere beide 1881 eröffnet, gehören der Gesellschaft folgende mit Dampf betriebene Bahnen: Dortmunder Straßenbahnen (20,5 km, 1881 eröffnet), Duisburg-Broich (7,7 km, 1882 und 1888 eröffnet), Drachenfelsbahn (s. d., 1,5 km, 1883 eröffnet). Aktienkapital $2^1/_2$ Mill.; verwendetes Anlagekapital 2 733 705 M.; Bestand 1. Jan. 1890: 15 Lokomotiven, 164 Pferde, 102 Personenwagen, 20 Bahnmeister- und Straßenlastwagen, 56 Güterwagen und 9 Salzwagen; Reinertrag: 128224 M., Dividende 1891 = 5 Proz.

Deutsche Marine, Kriegsflotte, s. Deutsches Heerwesen II; Handelsflotte, s. Deutschland und Deutsches Reich (Verkehrswesen), dazu ebenda die Abbildungen der Flaggen auf Tafel: Flaggen des Deutschen Reichs.

Deutsche Morgenländische Gesellschaft, s. Asiatische Gesellschaften.

Deutsche Mundarten. Unter den D. M. oder Dialekten versteht man die eigenartigen, verschiedenen Sprechweisen, die innerhalb des deutschen Sprachgebietes vorkommen. Im weitern Sinne gehören hierher die sprachlichen Eigenheiten der verschiedenen Stände, wie sie überall, mehr oder minder ausgeprägt, zu Tage liegen (z. B. Studentensprache, Offiziersjargon, Juristendeutsch, Schiffersprache, Judendeutsch u. s. w.). Im besondern aber begreift man unter den D. M. die landschaftlich verschiedenen Sprechweisen im Gegensatze zur deutschen Gemeinsprache. Dieser Gegensatz besteht erst seit der Zeit, in der diese Gemeinsprache entstanden ist. (S. Deutsche Sprache.) Vordem waren alle D. M. einander gleichberechtigt, galt jede Mundart als vollberechtigtes gutes Deutsch. Seitdem unsere Gemeinsprache sich in immer weitern Kreisen Geltung verschafft, nehmen in der allgemeinen Wertschätzung die Mundarten einen niedern Rang ein, wie sie auch vorzugsweise im Munde des sog. kleinen Mannes fortleben. Das gilt besonders von Norddeutschland. In Süddeutschland ist die ursprungliche Kraft der Mundart weit weniger gebrochen, und auch die Gebildeten bedienen sich ihrer noch mit Vorliebe. In Norddeutschland schämt man sich vielfach seiner als ungebildet angesehenen Mundart; in Süddeutschland schämt man sich eher, ein sog. gutes Deutsch zu sprechen, das man als etwas Unnatürliches, Geziertes empfindet. Man halte fest, daß unsere oft sehr verkannten und mißhandelten Mundarten das ehrwürdige Ergebnis einer vielhundertjährigen Entwicklung unserer deutschen Muttersprache darstellen, keineswegs, wie man so gern behauptet, nur ein verdorbenes, im Munde der gemeinen Leute entwürdigtes Schriftdeutsch. Das Schriftdeutsch unserer Tage ist seinerseits ein künstliches Kulturerzeugnis, zu dem die verschiedenartigsten Mundarten beigesteuert haben und noch immer beisteuern. Das sog. Schriftdeutsch wird nirgends, selbst auf der Bühne kaum, völlig rein gesprochen, hat überhaupt nur eine ideelle Existenz. Besonders die Aussprache beruht überall auf der Mundart. Auch einem gebildeten Mecklenburger, Berliner, Sachsen, Schwaben, Österreicher, wenn er auch ein noch so gutes Deutsch sich zu sprechen bemüht, hört man es sofort an, wo seine Wiege gestanden hat. Also auch innerhalb der deutschen Gemeinsprache kann man von mundartlichen Besonderheiten sprechen.

Die D. M. beruhen auf einer Differenzierung, wie sie im Laufe der Zeit innerhalb jeder größern sprachlichen Gemeinschaft mit Naturnotwendigkeit eintreten muß, und die parallel geht mit den andern überall verschiedenen Gewohnheiten und Äußerungen menschlichen Geistes. Wie die Sitte, der Geschmack, das Temperament, der Volkscharakter u. s. w. im Norden ein anderer ist als im Suden, im Osten ein anderer als im Westen, so auch die Sprache. Alle diese Unterschiede gehen in sehr alte Zeit zurück, in eine Zeit, in welcher es noch keine deutsche Nation gab, sondern in welcher der Schwabe sich nur als Schwabe, der Thüringer sich nur als Thüringer fühlte, keiner aber als Deutscher. Die ältesten und zugleich auch die wesentlichsten Besonderheiten der D. M. beruhen auf der einstmals abgeschlossenen Stellung der deutschen Stämme. Man hat früher geglaubt, die mundartlichen Eigenheiten seien auf die Natur, Klima und Boden zurückzuführen: der Schweizer habe sein rauhes, kratzendes ch von der rauhen Gebirgsluft. Derartige Einflüsse sind nicht nachzuweisen. Auch der Holländer an der See spricht so ein rauhes ch. Vielmehr liegt die Sache so: kein Mensch spricht von Hause aus genau so wie der andere. Überall da, wo sich eine Gruppe von Menschen zu einer engern Verkehrseinheit zusammenschließt, bilden sich auch in der Sprache gemeinsame Eigentümlichkeiten aus. Das sehen wir heute noch z. B. an der Studentensprache, an dem preuß. Offiziersjargon oder an der Gaunersprache. In der ersten Hälfte des ersten Jahrtausends n. Chr. entstanden die großen Volksstämme, aus denen die deutsche Nation erwachsen ist. (S. Deutsches Volk.) Jeder Stamm war ein Volk für sich. Der Einzelne fühlte sich nur als Stammesgenosse, fühlte sich im schroffsten Gegensatz zu dem Angehörigen eines andern Stammes. Verkehrseinheit und folglich sprachlicher Austausch bestand nur zwischen den Gauen ein und desselben Stammes. Es bestanden im ersten Jahrtausend n. Chr. überall scharfe Stammesgrenzen, die zu Sprachgrenzen wurden, und dieselben sind zum Teil heutigentags noch nicht verwischt. Die fränk.-schwäb. Grenze im nördl. Württemberg wird, so schreibt 1884 ein Landeskind, «nicht bloß durch die Mundart markiert, sondern auch durch eine merkliche gegenseitige Abneigung zwischen den Franken und Schwaben, sofern heute noch Heiraten herüber und hinüber zu den Seltenheiten gehören. Der eine wie der audere fühlt sich nur in dem Hause behaglich, wo er seine Mundart, seine gewohnte Lebensweise und Sitte wiederfindet. Wo nun solche Unterschiede und Gegensätze in den socialen Anschauungen, in der Lebensweise und im ganzen Typus des Volksstammes mit dem Sprachunterschiede zusammentreffen, da wird man wohl das Recht, von einer Sprachgrenze zu reden, nicht bestreiten wollen.» Auf solchen alten Stammeseinheiten beruhen die Hauptgruppen der D. M. bis auf den heutigen Tag. Noch heute scheiden wir wie vor 1½ Jahrtausenden Bayrisch, Schwäbisch-Alemannisch, Fränkisch, Thüringisch und Sächsisch (d. h. Niedersächsisch, s. d.). Die Grenzen haben sich seit den Zeiten Chlodwigs nicht erheblich verschoben. Die Unterschiede dieser Mundarten waren in ältester Zeit nicht so bedeutend. Je längere Zeit ein Stamm in seiner Besonderheit und Abgeschlossenheit sich gehalten hat, um so mehr sind die sprachlichen Abweichungen dem Nachbarstamme gegenüber verschärft worden.

Innerhalb jeder dieser großen Gruppen hat es nun stets kleinere gegeben. Jeder Stamm setzte sich aus kleinern Stämmen zusammen, deren jeder wiederum für sich ziemlich abgeschlossen lebte und eine besondere, kleinere sprachliche Gemeinschaft bildete. Aus der schwäb.-alemann. Gruppe sondert sich noch heute das Schwäbische als eine eigene Mundart aus, entsprechend der alten Stammeseinheit der Schwaben. Dem Bayrischen gehört das Oberpfälzische als eine selbständige Mundart an. Die ripuarischen und die salischen Franken (d. i. Niederfranken) sind mundartlich scharf voneinander geschieden. Der Stamm der Niedersachsen setzte sich aus den Nordalbingiern, Westfalen, Engern und Ostfalen zusammen, und die niedersächs. Mundart zerfällt dem entsprechend noch heute in eine nördliche (deren Umfang sich freilich erheblich vergrößert hat), eine westfälische, engrische und ostfälische; die Grenzen der letztern drei sind jene alten Stammesgrenzeu. Innerhalb derartiger kleinerer Mundarten hat es stets wiederum mundartliche Besonderheiten gegeben, die im Laufe der Zeit erheblich größer geworden sind. Zum Teil richten sich solche nach polit. Verwaltungseinheiten, wenn diese von Dauer gewesen sind. Z. B. zerfällt die Mundart des Elsaß in die des Nordgau und die des Sundgau. Oder die alte Grafschaft Henneberg bildet innerhalb des Ostfränkischen eine Mundart für sich. Zum Teil war ein natürliches Verkehrshindernis, z. B. ein Moor oder ein Gebirge, der Grund, weshalb der Verkehr und somit der sprachliche Austausch von hüben nach drüben ein verhältnismäßig geringer war. Dies ist z. B. bei dem Oberschwäbischen gegenüber dem Unterschwäbischen der Fall: beide Mundarten trennt die Rauhe Alb. Auch der Gegensatz der Konfession hat in neuerer Zeit manches zur Scheidung der kleinern Mundarten beigetragen. So spricht der evang. Bayreuther anders als der kath. Bamberger. In nur wenigen Fällen vermögen wir das Alter derartiger kleinerer mundartlichen Sonderungen zu bestimmen. Das könneu wir vor allem da, wo sprachliche Neuerungen nur bis zu einer bestimmten Linie vorgedrungen sind, welche fortan eine Sprachgrenze bildet. Derartige Grenzlinien pflegen zwar im großen und ganzen mit den gegebenen Mundartengrenzen zusammenzufallen. Es giebt aber auch viele Beispiele, wo eine durchgreifende sprachliche Neuerung bei ihrem Vordringen mitten innerhalb einer Mundart Halt macht. Z. B. ist die Diphthongierung der alten i, û und û zu ei, au und eu (z. B. Zit zu Zeit, Hûs zu Haus, Lûte zu Leute) in Thüringen von Osten her nur ungefähr bis zu einer Linie Sangerhausen-Artern-Weimar-Ilmenau vorgedrungen, sodaß die Mundart des westl. Thüringens sich von der des östlichen abhebt. Der gleiche Unterschied trennt das Lothringische von dem Rheinpfälzischen, das Niederhessische von der Obereder-Mundart, das Waldecksche von dem Westengrischen und Paderbornschen, das Mindische und Calenbergische von dem südlichern Engrischen, das nördl. und östl. Ostfälische von dem westlichen, das Geldersche von dem Brabantischen und Holländischen.

Ungefähr seit der Mitte des ersten Jahrtausends n. Chr. ist die deutsche Sprache in die folgenden Mundarten gespalten: I. Alemannisch: a. Schweizerisch (Südalemannisch), b. Elsässisch, c. Schwäbisch. II. Langobardisch (im 9. Jahrh. ausgestorben). III. Bayrisch: a. Bayrisch im engern Sinne, b. Oberpfälzisch. IV. Fränkisch: a. Ostfränkisch, b. Rheinfränkisch, c. Hessisch, d. Moselfränkisch (ripuar.-rheinfränk. Übergangsmundart), e. Ripuarisch, f. Niederfränkisch. V. Thüringisch. VI. Sächsisch (d. i. Niedersächsisch): a. Nordniedersächsisch, b. Westfälisch, c. Engrisch, d. Ostfälisch. Mit Ausnahme von I b und IV a, b und d entspricht jede Mundart einem besondern alten Stamme. In Rheinfranken haben sich mit den eingewanderten, herrschenden Franken leiblich wie sprachlich Alemannen im Süden, Hessen im Norden gemischt; in Ostfranken Thüringer. Auch das alemann. Elsaß hat eine Beimischung fränk. Elements. (Hierzu: Karte der deutschen Mundarten.)

Diese Mundarten bestanden bereits, als seit der Mitte des ersten Jahrtausends n. Chr. eine für die deutsche Sprachgeschichte hervorragend wichtige süddeutsche Lautveränderung eine außerordentlich räumliche Ausdehnung nach Norden zu gewann: die althochdeutsche Lautverschiebung. (S. Lautverschiebung und Deutsche Sprache, S. 74a.) Dieser Lautwandel erstreckte sich auf jedes p, t, k, b, d und g und war daher von so durchgreifender Wirkung, daß man seitdem die D. M. in zwei Hauptgruppen einteilt: in solche, welche die Verschiebung durchgemacht haben, und solche, welche dieselbe nicht kennen. Letztere nennt man niederdeutsche oder

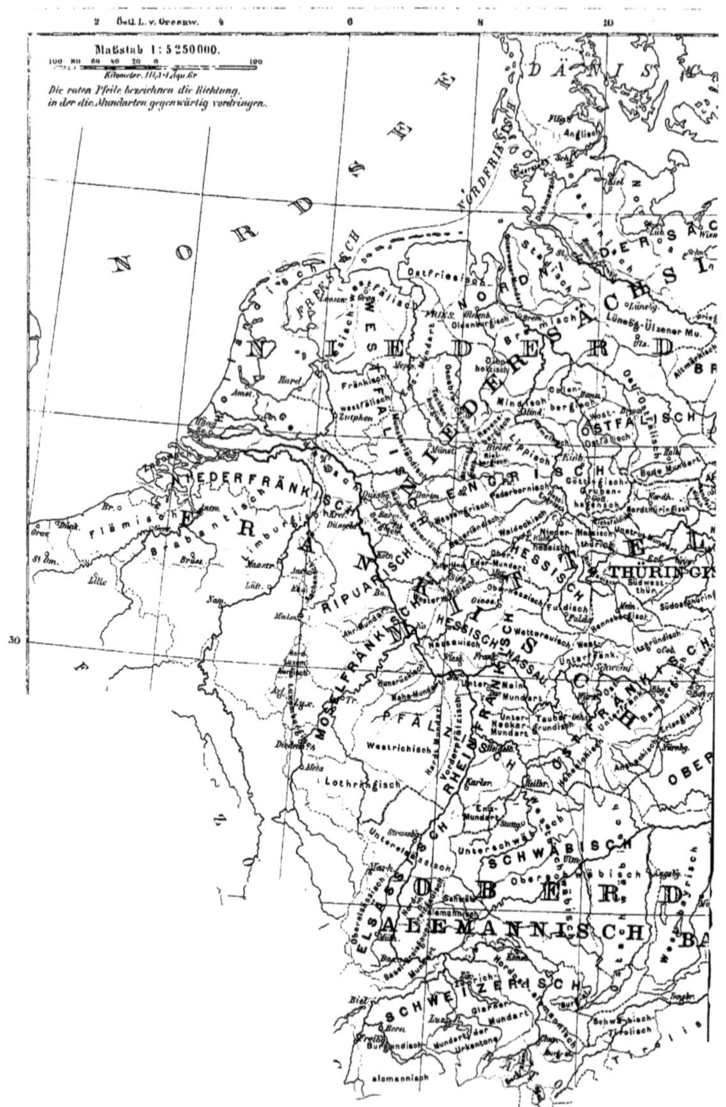
2 Östl. L. v. Greenw. 4 6 8 10
Maßstab 1 : 5 250 000.
100 80 60 40 20 0 100
Kilometer. 111,1 = 1 Äqu.Gr.
Die roten Pfeile bezeichnen die Richtung, in der die Mundarten gegenwärtig vordringen.
NORDSEE
NIEDERFRÄNKISCH
Flämisch
Brabantisch
Limburgisch
RIPUARISCH
MOSELFRÄNKISCH
HESSISCH
THÜRINGISCH
Westfälisch
OSTFÄLISCH
Lothringisch
Westrichisch
SCHWÄBISCH
ALEMANNISCH
SCHWEIZERISCH
30

…CHEN MUNDARTEN.

F. A. Brockhaus' Geogr.-artist. Anstalt, Leipzig.

plattdeutsche, erstere hochdeutsche. (Für «hochdeutsch» gebrauchte man früher auch die Bezeichnung «oberdeutsch».) Diese sprachliche Trennung von Nord und Süd ist die folgenschwerste von allen sprachlichen Trennungen Deutschlands gewesen. Sie bewirkte, daß man diesseits und jenseits der Sprachgrenze sich nicht mehr verstand, und brachte die Gefahr mit sich, daß die deutsche Sprache in zwei, nicht mehr Mundarten, sondern Sprachen zu zerfallen drohte, eine Gefahr, welche für Niederdeutschland nur durch die Herrschaft der hochdeutschen Schriftsprache abgewendet worden, und welche für die Niederlande zur Wirklichkeit geworden ist. Der Bruch wäre bei weitem größer gewesen, wenn die hochdeutsche Lautverschiebung in allen ihren Phasen gleichmäßig durchgedrungen wäre. Das ist jedoch nicht der Fall gewesen. Vielmehr drang sie zeitlich wie räumlich Schritt für Schritt vor. Am vollständigsten ist sie im Schwäbisch-Alemannischen und Bayrischen durchgedrungen. Beide Mundarten fassen wir wesentlich in diesem Sinne unter dem Namen **Oberdeutsch** zusammen. Hierzu hat auch das Langobardische gehört. Dem gegenüber nennen wir **Mitteldeutsch** die thüring. und diejenigen fränk. Mundarten, welche die Lautverschiebung mit durchgemacht haben, sowie die durch Mischung beider später entstandenen Mundarten zu beiden Seiten des Erzgebirges und in der Lausitz und Schlesien. Es ergiebt sich also eine neue, von der nach Stämmen zum Teil unabhängige Einteilung der D. M. in I. Niederdeutsch, II. Hochdeutsch: a. Mitteldeutsch, b. Oberdeutsch. Eine scharfe Grenze zwischen Hochdeutsch und Niederdeutsch läßt sich nur zwischen Rhein und Elbe unbedingt angeben: Die von Süden her vordringende Lautverschiebung hat genau an der sächs. Stammesgrenze Halt gemacht. Die Grenze läuft jetzt nördlich von Siegen, Cassel, Heiligenstadt über den Harz und Staßfurt nach der Saalemündung. (S. die Karte der deutschen Mundarten.) Westlich vom Harz deckt sich die platt- und hochdeutsche Sprachgrenze von jeher genau mit der Stammesgrenze der Sachsen gegen die Thüringer und Hessen; dabei ist der ursprünglich hessische, dann den Sachsen botmäßige Nordzipfel von Kurhessen (nordlich von Cassel) seiner polit. Zugehörigkeit entsprechend, niederdeutsch geblieben. Südlich und östlich vom Harz wurde im Mittelalter auch in dem 531 den Sachsen unterworfenen altthüring. Strich nördlich der Helme und Unstrut niederdeutsch gesprochen. Östlich von der Elbe hat sich die Grenze gleichfalls in der Neuzeit verschoben. Das ganze auf der Karte als «norddeutsch» bezeichnete Gebiet ist vormals plattdeutsch gewesen und erst allmählich unter dem Einflusse unserer Schrift- und Gemeinsprache hochdeutsch geworden. In Ostpreußen befindet sich, wie die Karte zeigt, innerhalb des niederdeutschen Gebietes eine größere hochdeutsche Sprachinsel infolge der Einwanderung schles. Kolonisten. Das Gebiet, welches wir als niederdeutsch bezeichnen, verdient diesen Namen uneingeschränkt nur im Mittelalter. Seitdem die hochdeutsche Schriftsprache auch die allgemeine Umgangssprache geworden ist, hat das Plattdeutsche mehr und mehr an Boden verloren. Nicht nur geographisch; eine sehr viel größere Einbuße hat es dadurch erlitten, daß die sog. höhern Stände überall sich der hochdeutschen Gemeinsprache zu bedienen anfingen und sich heute in schnell steigendem Maße bedienen. Von den Städten ist diese Bewegung ausgegangen. Heutzutage ist sie bereits auf das Land übertragen. Innerhalb des niederdeutschen Sprachgebietes ist jetzt die große Mehrzahl der Einwohner zweisprachig, und in den größern Städten wird wohl ebensoviel, wenn nicht mehr, hochdeutsch wie plattdeutsch gesprochen. Der Einfluß der hochdeutschen Umgangssprache ist östlich der Elbe größer als westlich derselben. Am gefährdetsten ist durch die Beeinflussung von seiten Berlins das auch am stärksten von hochdeutschen Elementen durchsetzte Plattdeutsch der Provinz Brandenburg, dessen Tage gezählt sind. Dieses Hochdeutsch auf niederdeutschem Boden, das wir «norddeutsch» nennen, bildet seit mehr als 300 Jahren eine selbständige Gruppe der hochdeutschen Mundarten, parallel der mittel- und der oberdeutschen Gruppe. Als geogr. Grenze von Hoch- und Plattdeutsch westlich von Siegen pflegt man eine Linie Siegen-Düsseldorf-Aachen anzugeben. Thatsächlich bildet die Grenze nicht eine Linie, sondern ein breiter Gürtel, den die kölnische oder — greifen wir auf den alten Stammesnamen zurück — ripuarische Mundart (s. die Karte) ausfüllt. Die Verschiebung des alten p, t und k zwischen Vokalen zu ff (bez. f), ss und ch (althochdeutsch ff, zz und hh), z. B. in slapen, water, maken zu «schlafen», «Wasser», «machen», sowie die des anlautenden t zu z, z. B. Tid zu «Zeit», hat das Ripuarische mit dem Hochdeutschen gemeinsam, und die gewöhnliche Meinung ist es daher, daß die niederdeutsch-hochdeutsche Sprachgrenze im Westen die niederfränkisch-ripuarische sei. Aber in wichtigen andern Punkten steht das Ripuarische auf dem Standpunkte des Niederdeutschen. Vor allem teilt es nicht die für die hochdeutschen Mundarten charakteristische stimmlose Aussprache des anlautenden b, d und g und des inlautenden d und g; ferner, um eine kleinere Einzelheit anzuführen, bleibt p im Auslaut und nach r oder l unverschoben, z. B. in up «auf», dorp «Dorf», helpen «helfen». Es ist sonach durchaus nicht zweifelsohne, ob das Ripuarische dem Hochdeutschen zuzuzählen ist. Am besten bezeichnet man es als eine vermittelnde Übergangsmundart zwischen Hoch- und Niederdeutsch. Es ist ungemein bezeichnend, daß die Lautverschiebung in allen Einzelfällen an der sächs. Stammesgrenze zum Stehen gekommen ist und nirgends diese Grenze überschritten hat. In dem großen Gebiete der fränk. Mundarten lag die Sache anders. Die einzelnen fränk. Mundarten waren nicht so scharf voneinander gesondert, wie das Sächsische es von dem Fränkischen war. So konnte eine sprachliche Bewegung, wie die Lautverschiebung, einem der fränk. Stämme nach dem andern sich mitteilen, und die Kraft dieser Bewegung, die eine begrenzte war, konnte allmählich auf fränk. Boden erlahmen, so daß die südlichern und östl. Mundarten die Verschiebung in größerm Umfange haben als die nördlichern und westlichen. Auch das Moselfränkische kennt nicht die Verschiebung des d zwischen Vokalen zu t, z. B. in «Leute», sowie die des auslautenden t zu s in «das» und «was». Das Rheinfränkisch-Hessische hat anlautendes p und inlautendes mp und pp unverschoben erhalten, z. B. Pund «Pfund», Strimpe «Strümpfe», Keppe «Köpfe». Die Mundarten östlich des Thüringerwaldes stehen im großen und ganzen auf der Lautstufe des Ostfränkischen. Die oberdeutschen Mundarten unterscheiden sich hinsichtlich der Lautverschiebung seit alters von den mitteldeutschen 1) dadurch, daß inlautendes b und g zwischen Vokalen (z. B. in «ich lebe», «ich liege») als stimmlose Medien (Explosivlaute) gesprochen werden, während die Mitteldeutschen ähnlich wie die Niederdeutschen es als Reibelaut (j bez. ch und bilabiales w) sprechen; 2) dadurch, daß altes bb und gg zu pp und ck verschoben ist, z. B. oberdeutsch «Rippe», «Rücken», gegenüber mitteldeutsch «Ribbe», «Rüggen». Auch innerhalb des Oberdeutschen selbst zeigen wiederum die südlichern Mundarten eine fortgeschrittenere Stufe als die nördlichern. Im Oberpfälzischen, Schwäbischen und Elsässischen heißt es «stark», «Balken», «denken», im eigentlich Bayrisch-Österreichischen und im Schweizerdeutsch, mit Ausnahme des Bündnerischen und der Bodensee-Mundarten, «starch», «Balchen», «denchen», in demselben Schweizerdeutsch sogar auch «Chind» für sonst oberdeutsches «Kind». Man stellt diese schweiz. Mundarten als die «hochalemannischen» den «niederalemannischen» gegenüber. Die Lautverschiebung ist, wie man sieht, etappenweise von Süden nach Norden und Westen vorgedrungen. Der heutige Zustand hält ein bestimmtes Zeitbild fest. Geschichtlich betrachtet, ist die Verschiebung allmählich Schritt für Schritt vorgedrungen, sodaß ein Bild derselben vor 1000 Jahren ein erheblich anderes Aussehen hatte als heutzutage. So wurde damals z. B. anlautendes b und g in Mitteldeutschland noch stimmhaft (nach norddeutscher Weise) gesprochen, nur in Oberdeutschland stimmlos (wie jetzt im Hochdeutschen überhaupt). Besonderes Charakteristikum für das Oberdeutsche ist außer den besprochenen Punkten 1) die ursprünglich allgemein hochdeutsche Bewahrung der im Mitteldeutschen aufgegebenen Fortis-Aussprache (s. Fortis) des aus niederdeutsch p, t, k verschobenen inlautenden ff (f), ss und ch, z. B. in «schlafen», «Wasser», «machen»; 2) die Bewahrung der alten Diphthonge ie und uo (ue) z. B. in «lieb», «Bruder». Ferner ist der Wortschatz in Oberdeutschland von dem mitteldeutschen erheblich abweichend. Weiteres über die Geschichte der mundartlichen Verschiedenheiten s. Deutsche Sprache I, 1 (S. 73b fg.).

Die D. M. sind wie folgt zu gruppieren:

I. Alemannisch [hochdeutsch: oberdeutsch]. Südlich von Pfalzburg, Weißenburg, Rastatt, Calw, Heilbronn, Hall, Dinkelsbühl. Die Ostgrenze bildet ungefähr der Lech, doch einschließlich des Lechthals in Tirol.

A. Schweizerisch. Außer der Schweiz gehören dazu die Mundarten am Südabhange des Schwarzwaldes und nördlich und östlich des Bodensees sowie die von Vorarlberg. Die schweiz. Mundarten heben sich gegen die schwäbischen vor allem durch den Mangel der neuhochdeutschen Diphthongierung ab, z. B. Zît «Zeit», Hûs «Haus», Lûte «Leute». Sie zerfallen in 1) Burgundisch-Alemannisch oder Westschweizerisch: Kanton Solothurn, der südwestl. Zipfel von Aargau, Kanton Luzern und Bern und die deutsche Hälfte von Wallis nebst den Kolonien südlich des Monte-Rosa. Walliser oder Walser (s. d.) sitzen ferner in den Sprachinseln des südl. Graubünden, in und um Davos und in dem Walser-Thal in Vorarlberg. 2) Mundart der Urkantone Unterwalden, Uri und des südwestl. Teils von Schwyz. 3) Zürich-Glarner Mundart, östlich bis nach Sargans, Churfirsten, Kreuzegg und der Grenze der Kantone Zürich und Thurgau, nördlich bis zum Rhein. 4) Nordostalemannisch oder Nordostschweizerisch: Klettgau, Hegau, Thurgau, Appenzell, St. Gallen mit Ausnahme des Teils südlich vom Churfirsten, Linzgau, Argengau, Allgäu, Bregenzer Wald, Rheinthal, Montafon, Prättigau. 5) Basel-Breisgauer Mundart oder Nordwestschweizerisch nördlich des östl. Jura bis zum Belchen und Feldberg.

B. Elsässisch. Außer dem Elsaß (jedoch mit Ausschluß des nördlichsten Streifens) gehört dazu Baden südlich von Rastatt und nördlich des Feldberges. Charakteristisch gegenüber dem Schwäbischen ist die Erhaltung der alten Monophthonge î, û und ǖ = gemeinsprachlich ei, au und eu; gegenüber dem Schweizerischen und Schwäbischen der Lautwandel von û zu ǖ und (meist verkürzt ü) z. B. Hüs «Haus». 1) Sundgauisch oder Oberelsässisch. 2) Nordgauisch oder Unterelsässisch, dazu die Mundart der Ortenau, dem gegenüberliegenden Teil von Baden. 3) Mundart des nördl. Breisgau. Die Stellung dieser letztern Mundart im Verhältnis zum Elsässischen einerseits und zur schweiz. Basel-Breisgauer Mundart andererseits ist noch nicht aufgeklärt.

C. Schwäbisch. Diese Mundart ist besonders lebenskräftig und ist innerhalb der Grenzen des heutigen Württemberg im Norden wie im Süden im Vordringen begriffen (vgl. die Pfeile auf der Karte der deutschen Mundarten). Früher ist auch das nordwestl. Tirol schwäbisch gewesen. 1) Unterschwäbisch, westschwäbisch, nordwestlich der Rauhen Alb. 2) Oberschwäbisch, westschwäbisch, südöstlich derselben, nach Osten zu bis Ulm reichend. 3) Oberschwäbisch, ostschwäbisch, östlich einer Linie Memmingen, Ulm, Aalen. 4) Kolonistenschwäbisch der kleinen Sprachinseln in Westpreußen und im Kreise Inowrazlaw.

II. Bayrisch-Österreichisch [hochdeutsch: oberdeutsch]. Die Mundart des bayr. Stammes hat sich mit den Kolonisten nach Westböhmen und Österreich ausgebreitet. (S. Deutsche Sprache II., S. 83 fg., und Deutsches Volk, S. 80.) Sie reicht westlich fast bis zum Lech. Die Nordgrenze zieht sich von Nürnberg, die Pegnitz entlang zum Fichtelgebirge und schließt das Egerland bis über Karlsbad hinaus ein.

A. Oberpfälzisch oder Nordgauisch. Nördlich von Regensburg und in Westböhmen. Charakteristisch ist oberpfälz. ei und ou für neuhochdeutsch ie und u (= mittelhochdeutsch und bayr.-österr. uo bez. ue) z. B. in «lieb», «gut». Eine genauere Gruppierung der Untermundarten ist zur Zeit noch nicht möglich. Erkennbar sind nur die folgenden: 1) Nürnbergisch. 2) Die Mundart am Regen (Cham). 3) Egerländisch. 4) Tepler Mundart, südlich davon, bis Plan reichend.

B. Altbayrisch-Österreichisch. Es fehlt hier noch an einer genauern Abgrenzung der einzelnen Mundarten. Soweit man zur Zeit zu urteilen vermag, scheint es folgende Untermundarten zu geben: 1) Tirolisch in dem deutschen Tirol mit Ausnahme des nordöstl. Zipfels (Rattenberg und Kitzbühel), des Isel- und östl. Pusterthals und des Lechthals. Dazu die aussterbende Mundart der 7 und 13 communi südöstlich und südlich von Trient. Die wichtigste Untermundart ist die des Oberinnthals mit seinen Seitenthälern. Hier ist das Tirolische erst in jüngster Zeit eingedrungen; die Mundart verrät noch die ehemals schwäb. Zunge. 2) Westbayrisch, nach Osten zu bis über München hinausreichend. 3) Niederbayrisch (Regensburg, Landshut, Passau, Bayrischer Wald). Die Mundart dringt bei Cham gegen die Oberpfälzische vor. 4) Oberbayrisch am Inn, soweit dieser nicht tirolisch, und an der Salzach. 5) Oberösterreichisch. 6) Niederösterreichisch, dazu die Mundart von Ödenburg und im südl. Mähren. 7) Ober- und Untersteirisch, mit der Heanzen-Mundart in dem benachbarten Ungarn. 8) Ober- und Unterkärntnisch, dazu die Mundart des Isel- und östl. Pusterthals in Tirol. 9) Die Sprachinsel Gottschee und die kleinern Sprachinseln in Krain.

III. *Fränkisch* [A—D. **hochdeutsch: mitteldeutsch**]. Östlich und nördlich bis zum Thüringerwald, bis einschließlich Cassel und Siegen, von da fast bis zur Grenze der Rheinprovinz und Westfalens, in den Niederlanden bis einschließlich Zutfen, ausschließlich Harderwyk an der Zuidersee.

A. *Ostfränkisch.* Nördlich bis zum Thüringerwald, einschließlich des sächs. Vogtlandes, westlich bis zur Rhön, dem Ostrande des Spessart und fast bis zum Neckar. 1) Oberfränkisch-Vogtländisch, um Bayreuth, Kulmbach und Hof und im Vogtland sowie nördlich und westlich davon bis Gera, Schleiz und Lobenstein. Eine Untermundart, Übergangsmundart zum Oberpfälzischen, spricht das nördl. Fichtelgebirge. 2) Bambergisch, nördlich bis zum Frankenwald reichend, südlich fast bis Erlangen. 3) Ansbachisch, bis Erlangen, Fürth und Spalt im Osten, Dinkelsbühl und Frankenhöhe im Westen. 4) Hohenlohisch im nordöstl. Württemberg an Kocher, Jagst und Tauber, östlich bis zur Frankenhöhe. Im Süden wird die Mundart stark durch das Schwäbische beeinflußt. 5) Gäuisch im Ochsenfurter Gäu. 6) Würzburgisch, bis zum Südrande der Rhön, an der Fränkischen Saale mit Ausnahme des Quellgebietes, südlich bis zur Tauber. 7) Schweinfurtisch, um Volkach, Schweinfurt, Haßfurt und Zeil. 8) Itzgründisch, südlich bis zum Main (Seßlach, Coburg, Sonneberg, Hildburghausen). 9) Hennebergisch, südlich bis Bischofsheim und Königshofen, östlich bis Schleusingen und Thüringerwald, nördlich bis Schmalkalden, westlich bis zur Rhön.

B. *Rheinfränkisch*, im Westen Deutsch-Lothringen ausschließlich der Moselgegend mit umfassend; weitere Westgrenze bildet der Hunsrück und eine Linie Boppard-Siegen; nördlich bis einschließlich Marburg, östlich bis zum Vogelsberg und der Fuldaquelle. 1) Lothringisch. Altes î, û und ǖ erhalten, z. B. in «Zeit», «Haus» und «Leute». 2) Pfälzisch bis zum Rheingau und Odenwald, zerfallend in a. Schwäb. Grenzmundart am Neckar um Heilbronn. b. Schwäb. Grenzmundart an der Enz und untern Nagold, um Pforzheim, Wildbad und Calw. c. Badenser Pfälzisch, einschließlich des südl. Odenwaldes. d. Rheinpfälzisch oder Vorderpfälzisch, in der westrhein. Ebene. e. Westrichisch (Hardt und Westrich). f. Nahe-Mundart. g. Hunsrückisch. Pfälzisch wird ferner in den Dörfern Pfalzdorf, Luisendorf und Neu-Luisendorf südlich von Cleve gesprochen, sowie von den Deutschen in Pennsylvania in Nordamerika und am rechten Ufer des Molotschnaja-Flusses in Taurien in Südrußland. 3) Hessisch-Nassauisch. Charakteristikum ist ei und ou für neuhochdeutsch ie und u, z. B. in «lieb», «gut». a. Untermain-Mundart (Mainz, Darmstadt, Frankfurt, Aschaffenburg). b. Wetterauisch, an der Nidda und Kinzig. c. Nassauisch, einschließlich Gießen. d. Oberhessisch um Marburg und an der Ohme.

C. *Hessisch im engern Sinne*, eine Mundart, die nach dem Staude der Lautverschiebung gewöhnlich zum Rheinfränkischen gestellt wird. Es scheint jedoch eine besondere Hauptmundart zu sein, die allen fränk. Mundarten gegenüber eine eigene Stellung einnimmt. Östlich bis zur Rhön und der Wasserscheide der Fulda und Werra. 1) Oberedder-Mundart, östlich bis Frankenau und Gemünden, südlich die obere Lahn mit einschließend. 2) Niederhessisch, an der untern Eder und an der Fulda, von Hersfeld bis Cassel. 3) Fuldisch, vom Vogelsberg bis zur Rhön, nördlich fast bis Hersfeld. Dem Niederhessischen und Fuldischen gemeinsam ist die Erhaltung des alten î, û und ǖ, gegenüber neuhochdeutschem ei, au und eu.

D. *Moselfränkisch* (rheinfränk.-ripuarische Mischmundart). Nördlich bis zur Eifel und einer Linie Linz-Freudenberg. 1) Siegerländisch: der Südzipfel der Provinz Westfalen. 2) Saynisch, südwestlich davon, an der mittlern Sieg. 3) Westerwäldisch, um Altenkirchen und Hachenberg. 4) Moselfränkisch im engern Sinne, an der Mosel von Saarlouis bis Koblenz, in eine nördl. und südl. Hälfte zerfallend; Grenze bei Bernkastel. Ripuarisch gefärbt ist die Mundart von Bitburg, Kyllburg, Prüm und Wachsweiler. 5) Luxemburgisch. a. Luxemburgisch im engern Sinne, südlich der Sauer, jedoch einschließlich Vianden, dazu an der Mosel die Gegend um Diedenhofen und das belg. Arlon. b. Nordluxemburgisch bis St. Vith, stark ripuarisch gefärbt. 6) Siebenbürgisch, der Luxemburger Mundart am nächsten stehend. a. Nordsiebenbürgisch im Nösnerlande: Bistritzer Mundart. b. Südsiebenbürgisch; α) Hermannstädter, Mediascher, Schäßburger, Repser und Großschenker Mundart; β) Burzenländisch (Kronstadt).

E. *Ripuarisch* [**mitteldeutsch-niederdeutsch**]. Nördlich bis Aachen, Düsseldorf und Burscheid. Charakteristisch ist die Bewahrung von altem î, û und ǖ = neuhochdeutsch ei, au und eu. Das Ripuarische ist im ganzen eine ziemlich einheitliche Mundart, nur im östl. Gebirge etwas abweichend. Ganz eigenartig sind 1) die Ahr-Mundart, welche stark von dem Moselfränkischen beeinflußt ist, und 2) die Aachener Mundart, welche in mancher Beziehung sich dem Niederfränkischen nähert.

F. *Niederfränkisch* [**niederdeutsch**]. 1) Bergisch. Unter diesem Namen faßt man die voneinander nicht unerheblich abweichenden Mundarten um Remscheid, Elberfeld, Solingen, Hilden, Mettmann, Wülfrath, Werden und Mülheim a. d. Ruhr zusammen. 2) Limburgisch, östlich bis Düsseldorf, nördlich bis Krefeld, Venlo und Weert, westlich bis Diest und St. Truyen, bez. Tienen. Der Südzipfel der Mundart umfaßt noch Eupen (südlich von Aachen). Altes î, û und ǖ erhalten. 3) Geldersch, am Niederrhein und an der Maas, westlich bis vor die Thore des einst geldrisch, jetzt holländisch sprechenden Utrecht. Altes î, û und ǖ nicht diphthongiert. Eine besondere Untermundart ist das Südgeldersche, südlich von Cleve. 4) Holländisch, südlich bis einschließlich Dordrecht. Von den Inseln sind holländisch Wieringen, Texel, Vlieland und Ameland. Ferner wird holländisch gesprochen in den Städten Stavoren, Workum, Sneek, Harlingen, Bolsward, Franeker, Leeuwarden, Dolkum und Kollum sowie in der Landschaft Het Bildt (nordwestlich von Leeuwarden) in der niederländ. Provinz Friesland. Diese letztere Mundart, auch «stadtfriesisch» genannt, bildet als a. Friesisch-holländisch, eine besondere Untermundart des Holländischen. b. Nordholländisch, südwärts fast bis zum Alten Rhein reichend. c. Südholländisch. Holländisch wird ferner in den Kolonien am Kap und in Transvaal, in Ostindien und Nordamerika gesprochen. Eine eigentümliche Abart ist das Neger-Holländisch. 5) Zeeuwsch, auf den Inseln Over Flattee und Goerce, Schouwen, Tholen, Nord- und Süd-Beveland und Walcheren. Charakteristisch ist die Nichtdiphthongierung des alten î, û und û. Die Mundart wird im Norden durch das Holländische, im Süden durch das Vlämische stark beeinflußt. 6) Brabantisch, südlich der Maas, westlich bis zur Schelde und Lys. Altes î, û und û ist diphthongiert. a. Nordbrabantisch, politisch zu den Niederlanden gehörig. b. Antwerpisch. c. Südbrabantisch mit der Mundart des Hageland, welche zum Limburgischen überleitet. 7) Vlämisch oder Flandrisch. a. Zeeuwsch-Vlaamsch, um Axel, Ijzendijke, Ooftburg, Sluis und Aardenburg, südlich der Westerschelde; î, û und û nicht diphthongiert. b. Ostvlämisch (auch um Hulst); î, û und û diphthongiert. c. Westvlämisch, einschließlich Bailleul, Hazebrouck, Watten, Bourbourg und Dünkirchen in Frankreich; î, û und û nicht diphthongiert.

IV. Thüringisch-Obersächsisch [**hochdeutsch: 1—8 mitteldeutsch**]. Östlich des Thüringerwaldes und der Wasserscheide von Fulda und Werra; nördlich bis Heiligenstadt, Worbis, Sachsa, Harz, Hettstedt, Cönnern, Bitterfeld, Prettin; östlich bis Torgau und der polit. oberlausitzischen Grenze; südlich bis zum Erzgebirge und bis zu einer Linie Geising-Zschopau-Stollberg-Zwickau-Werdau-Gera-Ziegenrück-Lehesten. Eine geogr. Trennung der thüringischen und der auf ehemals slaw. Boden durch thüring. Kolonisation entstandenen obersächs. Mundart ist nicht möglich, mag man auch als ungefähre Grenze eine Linie Halle-Altenburg angeben. 1) Hess.-thüring. Übergangsmundart an der untern Werra von Creuzburg bis Witzenhausen. Altes î, û und û nicht diphthongiert. 2) Ringgauisch an der Werra von Salzungen bis Creuzburg, im nördl. Teile gleichfalls mit hess. Elementen gemischt. î, û und û nicht diphthongiert. 3) Südwestthüringisch, um Eisenach, im Gothaischen, um Erfurt und östlich fast bis Weimar, Kranichfeld und Stadt Ilm. î, û und û nicht diphthongiert. 4) Südostthüringisch, bis Buttstädt und Naumburg. î, û und û diphthongiert. 5) Nordthüringisch, nördlich der Unstrut, östlich bis Allstedt und Wippra. î, û und û nicht diphthongiert. a. Unterländisch, südöstlich einer Linie Sondershausen-Wippra. b. Oberländisch, südlich einer Linie Walkenried-Stolberg. c. Unterhärzisch, nördlich davon, östlich bis Wippra und Quenstedt, auf im Mittelalter niederdeutschem Boden. Anlautendes g wird wie ch (in «ich») gesprochen. 6) Nordostthüringisch, Mansfeldisch und Nordobersächsisch. Altes î, û und û diphthongiert. Mansfeldische Mundart herrschte bis vor kurzer Zeit östlich bis zum Petersberg und bis Halle. Thüringisch ist die Mundart um Querfurt, Merseburg, Weißenfels, Naumburg und Eckartsberga. Die Grenzen nach Osten zu sind verwischt. Die obersächs. Mundart von Leipzig gewinnt besonders Elster und Saale abwärts immer mehr Einfluß. a. Nordostthüringisch. b. Mansfeldisch, um Eisleben, nördlich bis Hettstedt und Gerbstedt, südöstlich bis zum Salzigen See, im Mittelalter niederdeutsch. Die Mundart dringt nach Westen vor. Nach Osten zu verliert sie jetzt immer mehr Boden. Anlautendes g wird wie ch (in «ich») gesprochen. c. Nordobersächsisch, nördlich bis Bitterfeld und Prettin, östlich bis Torgau, südlich bis Dahlen, Trebsen, Naunhof, Rötha und Zwenkau. Von dieser Mundart sondert sich das Sälische ab, von Schkeuditz und der Elstermündung bis zum Salzigen See, Cönnern und dem Petersberg, eine neue Mundart, die, größtenteils einst niederdeutsch, dann zum Mansfeldischen gehörig, sich durch obersächsische, speciell Leipziger Einflüsse gebildet hat und stetig nach Westen vordringt. Anlautendes g wird wie ch (in «ich») gesprochen. 7) Altenburgisch, eine Übergangsmundart vom Thüringischen zum Obersächsischen. 8) Meißnisch, nördlich bis Borna, Grimma, Oschatz, Strehla und Ortrand. Diese Mundart gewinnt innerhalb des Königreichs Sachsen die Übermacht. a. Südwestmeißnisch (Zwickau bis Chemnitz). b. Nordwestmeißnisch (Borna, Döbeln). c. Südostmeißnisch (Freiberg, Nossen, Meißen, Dresden). d) Nordostmeißnisch (Riesa, Lommatzsch. 9) Anhältisch, nördlich bis zur Elbe, eine **norddeutsche**, nicht mitteldeutsche Mundart, welche besonders durch die stimmhafte Aussprache von d und b und die von g als j ihre frühere Zugehörigkeit zum Niederdeutschen beweist. Die Mundart gewinnt im Magdeburgischen mehr und mehr Einfluß.

V. Ostmitteldeutsch: thüring.-ostfränk. Mischmundarten [**hochdeutsch:** mit Ausnahme von B, 2, a und d **mitteldeutsch**]. Das thüring.-obersächs. Element ist das überwiegende, besonders zu beiden Seiten des Erzgebirges. Aber auch Franken haben sich, nach Ausweis der Mundart, an der Kolonisation dieses ehemals slaw. Gebietes beteiligt.

A. Erzgebirgisch-Nordböhmisch. Am Nordrande des Erzgebirges, von Graslitz bis Saida, und südlich des Erzgebirges von Joachimsthal bis östlich zum Jeschkengebirge. Das Erzgebirgische, im Westen sich mehr dem ostfränk. Vogtländisch nähernd, wird im Osten und Norden immer mehr durch das Meißnische verdrängt. Zum Erzgebirgischen gehören die Bergstädte Zellerfeld, Clausthal und St. Andreasberg im westl. Harz.

B. Lausitzisch-Schlesisch. 1) Lausitzisch, in der sächs. und preuß. Ober- und Niederlausitz, im Westen bei Mühlberg die Elbe erreichend. a. Oberlausitzisch. b. Niederlausitzisch. 2) Schlesisch, nordwärts bis Grünberg. a. Österreichisch-Schlesisch, nebst der Schönhengstler Mundart um Mährisch-Trübau und den deutschen Sprachinseln in Mähren sowie der Iglauer Sprachinsel. Diese einst mitteldeutsche Mundart ist jetzt ganz österreichisch, also **oberdeutsch** geworden. b. Gebirgsschlesisch, südlich von Liegnitz, Breslau und Grottkau. Dieser Mundart gehört auch der Südabhang des Riesengebirges an, mundartlich speciell dem Glätzischen nahestehend. Die Oberschlesische schließt sich dem Gebirgsschlesischen an. c. Niederschlesisch, das südl. Posen mit umfassend. d. Die jetzt **norddeutsche**, von schles. Kolonisten gegründete, große hochdeutsche Sprachinsel in Ostpreußen, zwischen Bischofswerder, Marienburg, Elbing, Wormditt, Heilsberg und Wartenburg.

C. Die deutschen Sprachinseln in Nordungarn am Liptauer Gebirge, zum Teil stark verösterreichischt.

VI. Niedersächsisch [**niederdeutsch**]. Östlich der niederfränk. und fries. Sprachgrenze bis zur Insel Usedom, ganz Mecklenburg ein-, die Altmark ausschließend, südöstlich bis Magdeburg, Barby, Calbe, Staßfurt, Aschersleben, Ermsleben, Ballenstedt und dem Harz.

A. Nordniedersächsisch, nordöstlich von Emden, Cloppenburg, Vechta, Nienburg, Salzwedel. Das Nordniedersächsische und Westfälische bewahrt die Eigenart des niedersächs. Stammes auch in der Sprache am treuesten. Die von Holstein aus nach der Elb- und Wesermündung übertragene alte nordalbingische Mundart ist in der Aussprache durch das Friesische, auf dessen Boden sie zum Teil ruht, nicht unbeeinflußt geblieben. Die Mundart ist die allgemeine deutsche Seemannssprache und verdankt ihr moralisches Übergewicht über die andern niedersächs. und ostniederdeutschen Mundarten der Hansa, deren Sprache sie war. Die Mundart ist in dem hannöv. Teile im weitern Vordringen begriffen. Noch heute zeigt die Lüneburger und Verdener Aussprache südlichere Anklänge. 1) Ostfriesisch, nördlich und östlich von Emden. Die dortige plattdeutsche Mundart wird ostfriesisch genannt, ein Name, der beibehalten ist von der Zeit her, als dort noch die nicht-deutsche, fries. Sprache gesprochen wurde. (S. Friesische Sprache.) Die Mundart herrscht auch in dem oldenburg. Jeverlande. 2) Oldenburgisch, im nordöstl. Teile von Oldenburg mit Ausnahme der Küste und des Weserufers. 3) Unterweser-Mundart, nördlich von Bremen, mit niederfränk. Elementen. 4) Bremisch, in Bremen und östlich und südlich davon. 5) Stadisch, an der Oste. Zum Stadischen scheint rechts der Elbe die Mundart von Blankenese und Wedel zu gehören, möglichenfalls auch die der Haseldorfer, Kremper und Wilster Marsch. 6) Lüneburg-ülzener Mundart, nordöstlich der Wasserscheide in der Lüneburger Heide. 7) Hamburgisch. 8) Dithmarsch, dazu Stapelholm, nördlich der Eider. 9) Eiderstedtisch. 10) Anglisch, in der Landschaft Angeln, zwischen Flensburg und Schleswig, ein erst in diesem Jahrhundert der dän. Sprache abgerungenes Gebiet. 11) Holsteinisch, östlich bis über Kiel und Neumünster hinaus, südwärts noch Stormarn mit umfassend. Eine besondere Mnudart wird in der Wilster, Kremper und Haseldorfer Marsch gesprochen, die durch Holländer besiedelt worden ist. 12) Nordostniedersächsisch, auf ehemals slaw. Boden, im östl. Holstein (Wagrien), in Eutin, Lübeck, Mecklenburg, Neuvorpommern und Rügen und in dem Striche südlich von der Peene bis fast nach Uckermünde, desgleichen auf Usedom mit Ausschluß von Swinemünde.

B. *Westfälisch* (im alten Sinne des Wortes) oder Westniedersächsisch. Östlich bis Diepholz, Melle, Versmold, Beckum, Hamm, Camen, Unna, Iserlohn, Altena, Schmallenberg. 1) Friesisch-Westfälisch, auf größtenteils altfries. Boden, an der Küste von Harderwyk bis Groningen, an der Emsmündung noch das Rheiderland einschließend. 2) Fränkisch-Westfälisch, auf altfränk. Boden, in dem größten Teile von Drenthe, in Overyssel, der nördl. Veluwe und in dem westlichsten Zipfel der Provinzen Hannover (um Neuenhaus) und Westfalen (um Vreden und Bocholt). 3) Echt-Westfälisch. a. Mundart an der mittlern Ems. b. Osnabrückisch. c. Tecklenburgisch. d. Münsterländisch. e. Märkisch-Sauerländisch, nordwärts bis über Essen, Bochum und Dortmund hinaus.

C. *Engrisch*. Östlich bis Celle, Burgdorf, Pattensen, Hameln, Gandersheim, Seesen, Grund, Osterode, Lauterberg. 1) Westengrisch, nördlich bis Hamm und Lippstadt, östlich bis Brilon und Winterberg. Altes î, û und û diphthongiert. 2) Strombergisch, zwischen Beckum, Harsewinkel und Lippstadt. 3) Paderbornisch, um Delbrück, Geseke, Wünnenberg, Paderborn, Lichtenau, Driburg und Borgholz. Die Mundart der Senne und um Rietberg vermittelt den Übergang zum Strombergischen. Altes î, û und û diphthongiert. 4) Waldeckisch, in Waldeck mit Ausnahme des hochdeutschen südöstl. Zipfels, um Medebach und um Volkmarsen, Wolfhagen und Zierenberg. 5) Hessisch-Engrisch, um Liebenau, Hofgeismar, Grebenstein, Immenhausen, Trendelburg und Helmarshausen. 6) Göttingisch-Grubenhagensch. a. Niedereichsfeldisch, von Münden bis über Duderstadt hinaus. b. Göttingisch, vom Staufen-Berg bis Hardegsen, Northeim, Osterode und Lauterberg. c. Einbeckisch, zwischen Carlshafen, Holzminden, Bodenwerder, Gandersheim, Grund, Northeim und Hardegsen. Altes î, û und û diphthongiert. 7) Hamelner Mundart. Altes î, û und û diphthongiert. 8) Lippisch. Dazu scheint auch Hörter zu gehören. Altes î, û und û diphthongiert. 9) Ravensbergisch, zwischen Gütersloh, Herford, Vlotho, Oynhausen, Bünde, Melle und Versmold. 10) Mindisch. 11) Calenbergisch, an der untern Leine.

D. *Ostfälisch*. Zum Ostfälischen gehörte auch die Altmark. Aber seitdem zum Teil niederfränk. Kolonisten sich auf dem altslaw. Boden angesiedelt haben, ist die Mundart nicht mehr rein ostfälisch geblieben. Sie wurde im Mittelalter auch in dem jetzt hochdeutschen Striche am Südrande des Harzes und bis nach Wörlitz und Merseburg gesprochen. 1) Hildesheimisch oder Westostfälisch, nördlich bis Eldagsen, Sarstedt und Peine, östlich bis dicht vor Braunschweig und Wolfenbüttel, bis über Goslar hinaus. Altes î, û und û diphthongiert. 2) Ostostfälisch. a. Braunschweigisch, nordwärts bis über die Aller hinaus, nach Osten zu bis vor die Thore Magdeburgs, südlich bis Halberstadt. Die Mundart ist nach Westen zu im Vordringen begriffen. b. Südostfälisch, am Nordostrande des Harzes, bis Wernigerode und Quedlinburg. c. Die anhält.-magdeburgisch gefärbte Mischmundart zwischen Halberstadt, Aschersleben, Barby und Magdeburg.

VII. *Ostniederdeutsch*: niedersächs.-niederfränk. Mischmundarten [mit Ausnahme von A, 10 und D, 8 **niederdeutsch**]. Die ehemals slaw. Gebiete östlich der Elbe sind sowohl von Niedersachsen als von Niederfranken besiedelt worden. Die Mundart ersterer ist unvermischt nur im östl. Holstein, in Mecklenburg und Vorpommern erhalten. Alle andern Gebiete sind gemischt. Am stärksten ist das niedersächs. Element in Pommern und an der Netze vertreten, schwächer in Ostpreußen. Das niederfränk. Element ist das herrschende im südl. Teile der Mark Brandenburg und in Westpreußen.

A. *Brandenburgisch*. 1) Altmärkisch, eigentlich nur in dem Striche an der Elbe hierher gehörig. Doch auch in der Altmark selbst, besonders im Nordwestzipfel sind niederfränk. Einflüsse bemerkbar. 2) Westpriegnitzisch. Diese und die altmärk. Mnudart haben von allen brandenb. Mundarten am stärksten niedersächs. Charakter. 3) Ostpriegnitzisch. 4) Uckermärkisch. 5) Magdeburgisch (?). 6) Havelländisch und Zauchisch-Teltowsch. 7) Flemmingisch, eine rein niederfränk. Mundart. 8) Barnimsch. 9) Die Mundart des Oderbruchs und der nordwestl. Neumark, rein niederfränkisch. 10) Gehören zum Brandenburgischen die vormals niederdeutschen (niederfränk.), jetzt **hochdeutschen** (berlinischen) Mundarten, nördlich einer Linie Torgau-Guben-Schrimm, und südlich einer Linie Wittenberg-Schlieben-Buchholz-Frankfurt-Landsberg. Diese sind nicht zum Mitteldeutschen zu rechnen, bilden vielmehr, da die Aussprache der niederdeutschen Zunge entspricht, eine eigene Gruppe des Hochdeutschen, dieselbe große **norddeutsche** Gruppe, der überhaupt das Hochdeutsch im norddeutschen Munde angehört. Dieses Berliner Norddeutsch verdrängt immer mehr das benachbarte Platt, dessen Tage wenigstens südlich einer bereits von hochdeutschen Elementen durchsetzten Linie Stendal-Neu-Ruppin-Angermünde-Landsberg gezählt sind.

B. *Hinterpommersche, Pomerellische und Netze-Mundarten.* Diese, die nordöstl. Neumarl und die Gegend um Bromberg und Thorn mit einschließenden Mundarten tragen einen wesentlich engrischen Charakter. 1) Mittelpommersch (Stettiner Gegend). Ob diese zwischen vorpommerschem Niedersächsisch und dem Uckermärkischen vermittelnde Mundart hierher gehört, ist zweifelhaft. 2) Westhinterpommersche Küstenmundart, nördlich einer Linie Naugard-Regenwalde-Schivelbein-Ratzebuhr, ostwärts bis über Köslin, Belgard und Neustettin hinaus. 3) Bublitzer Mundart, um Bublitz. Altes i, û und ǔ diphthongiert. 4) Osthinterpommersche Küstenmundart, nach Osten bis Leba und Lauenburg, nach Süden soweit die Provinz Pommern reicht. 5) Südhinterpommersch, östlich von Gollnow, Greifenhagen, Königsberg in der Neumark, nördlich von Soldin, Friedeberg und Schloppe. 6) Netze-Mundart zwischen Landsberg und Schneidemühl. 7) Pomerellisch, nach Norden bis Berent reichend. 8) Nakel-Bromberg-Thorner Mundart.

C. *Westpreußisch.* 1) Nordpomerellisch, nordwestlich von Danzig. 2) Danziger Mundart. 3) Werdersch, im Weichseldelta. a. Großwerdersch. b. Kleinwerdersch. c. Niederungisch, rein niederfränkisch. 4) Weichselmundart.

D. *Ostpreußisch.* 1) Die Mundart um Tolkemit, Frauenberg und Braunsberg. 2) Mehlsacker Mundart. 3) Bartisch. 4) Natangisch. 5) Samländisch. 6) Niederungisch. 7) Litauisches Ostpreußisch, einst litauisches Sprachgebiet. 8) Die **hochdeutsche norddeutsche** Mundart in den russ. Ostseeprovinzen.

Die in vorstehendem gegebene Einteilung der Mundarten beruht in erster Reihe auf dem Gesamtcharakter derselben in Aussprache, Betonung und Ausdrucksweise. Alle lautlichen Eigentümlichkeiten einer Mundart fallen nicht genau mit der Grenzlinie der Mundart zusammen. Vielmehr greifen solche Eigentümlichkeiten oft über jene Grenze hinaus, oft auch erreichen sie dieselbe nicht ganz. Mit Unrecht hat man daraus schließen wollen, daß es überhaupt keine festen Mundartengrenzen gebe. Dieselben werden nur heute bei der namentlich durch die Eisenbahnen erschlossenen großen deutschen Verkehrseinheit immer mehr verwischt, sind aber besonders an der Betonung und an gewissen individuellen Zügen der Aussprache meist noch deutlich zu erkennen. Es besteht heute die Tendenz einer mundartlichen Ausgleichung innerhalb eines deutschen Staates oder eines Verwaltungsgebietes.

Von *mundartlichen Schriftwerken* kann man, da im Mittelalter eine allgemeingültige Litteratursprache fehlte und jeder Schriftsteller daher mehr oder weniger in seiner Mundart schrieb, erst für die neuere Zeit sprechen, wo einzelne Schriftsteller im bewußten Gegensatz zu der allgemeinen Schriftsprache sich ihrer Mundart bedienen. Naturgemäß muß der Leserkreis in diesem Falle ein räumlich beschränkter sein. Nur wenigen, hervorragenden Dichtern, wie Hebel, Klaus Groth und besonders Fritz Reuter ist es gelungen, sich über die Grenzen ihrer heimatlichen Mundart hinaus bei dem deutschen Publikum Geltung zu schaffen. Seit dem 17. Jahrh. bedienen sich Schriftsteller der Mundart mit bestimmtem Bewußtsein und in der Absicht, bestimmte Wirkungen zu erreichen. Als eins der frühesten Beispiele mag Andreas Gryphius gelten, der (1660) sein Lustspiel «Das verliebte Gespenst» mit einer dramatisierten Idylle, «Die geliebte Dornrose», in schles. Mundart durchwebte, nachdem schon 1593—94 Herzog Heinrich Julius von Braunschweig in seinen Stücken Bauern und Lustigmacher sich der schwäb., thüring., niederrhein. und niedersächs. Mundart hatte bedienen lassen. Häufiger wurden die Versuche in den verschiedenen Mundarten, und selbst umfassendere Sammlungen mundartlicher Gedichte erschienen in nicht geringer Anzahl, seit in der letzten Hälfte des 18. Jahrh. alle Dichtungsarten in der hochdeutschen Litteratur sich entfaltet hatten. Aber nur wenige Schriftsteller vermochten in mundartlicher Fassung Befriedigendes zu erreichen. Das Höchste hierin gelang Hebel in seinen «Alemann. Gedichten» (Karlsr. 1803). Nächst ihm zeichnen sich aus Franz Kobell, der sich in der bayr. wie der pfälz. Mundart mit gleicher Gewandtheit bewegt, und Franz Stelzhamer, der mehrere Gedichtsammlungen in oberösterr. Mundart veröffentlicht hat. Unter den Dichtern, die sich des Niederdeutschen bedienten, haben sich in jüngster Zeit besonders Klaus Groth und Fritz Reuter einen gefeierten Namen erworben. Von andern Versuchen in deutschen Mundarten sind noch besonders hervorzuheben: die bayr. Stücke in Buchers «Werken» (6 Bde., Münch. 1819—22), Grübels «Gedichte in Nürnberger Mundart», G. Dan. Arnolds Lustspiel «Der Pfingstmontag» in Straßburger Dialekt; die Frankfurter Lokalpossen von K. Malß und W. Sauerwein; die Gedichte Nadlers in Pfälzer Mundart; die Dichtungen Castellis und Seidls in niederösterr., die Kaltenbrunners und Schlossers in oberösterr. Mundart; Holteis «Schles. Gedichte»; die Schriften und Poesien von Sebastian Sailer und C. Weitzmann in schwäb. Dialekt; Usteris «Gedichte in zürcherischer Mundart»; endlich die Gedichte Bornemanns in märkischer und die Predigten Jobst Sackmanns in calenbergischer Mundart. Mit Erfolg hat G. Hauptmann die schles. Mundart im Drama angewandt. Ein Verzeichnis niederdeutscher Werke lieferte Scheller in der «Bücherkunde der sassisch-niederdeutschen Sprache» (Braunschw. 1826); eine Auswahl von Dichtungen der verschiedensten deutschen Dialekte giebt H. Welcker, «Dialektgedichte» (Lpz. 1889). Die wichtigsten Anthologien sind: J. M. Firmenich, Germaniens Völkerstimmen (3 Bde., Berl. 1846—66); für das Niederdeutsche: J. Winkler, Algemeen Nederduitsch en Vriesch dialecticon (2 Bde., ’sGravenhage 1874); J. A. u. L. Leopold, Van de Schelde tot de Weichsel (3 Bde., Groningen 1882). Näheres über neuere Poesie und Prosa in plattdeutscher Sprache s. Niederdeutsche Litteratur.

Litteratur. Die gesamte Litteratur über die der Erforschung der Mundarten gewidmeten wissenschaftlichen Arbeiten ist jetzt zusammengestellt von F. Mentz, Bibliographie der deutschen Mundartenforschung für die Zeit vom Beginn des 18. Jahrh. bis zum Ende des J. 1889 (Lpz. 1892). Das Werk ist der 2. Band der von O. Bremer herausgegebenen Sammlung kurzer Grammatiken deutscher Mundarten (ebd. 1892 fg.). Die frühern bibliogr. Arbeiten von Adelung (1782—1809), Schmidt (1822), Hoffmann (1836), Trömel (1854), Frommann (1854—59), Bartsch (1862—84), von Bahder (1883) und Kauffmann (1889 u. 1890) sind, soweit sie die wissenschaftliche Litteratur angeben, durch das Buch von Mentz veraltet. — Besondere Zeitschriften für Mundartenforschung sind: Germania, Archiv zur Kenntnis des deutschen Elements in allen Ländern der Erde, hg. von Stricker (4 Bde. [Bd. 4 u. d. T. «Der deutsche Auswanderer»], Frankf. a. M. 1847—50); Die D. M., hg. von G. K. Frommann (Bd. 1—7, Nürnb. 1854—57, Nördl. 1858, Halle 1877); Onze Volkstal, Tijdschrift gewijd aen de studie der Nederlandsche tongvallen, hg. von T. H. de Beer (Culemborg, Roeselare, seit 1882); Bayerns Mundarten, hg. von O. Brenner und A. Hartmann (Münch. seit 1892). — Von allgemeinerer Bedeutung sind die Werke von P. Piper, Die Verbreitung der deutschen Dialekte bis um das J. 1300, mit Karte (Lahr 1880); K. Bernhardi, Sprachkarte von Deutschland (Cassel 1844; 2. Aufl. von W. Stricker, ebd. 1849); A. Socin, Schriftsprache und Dialekte im Deutschen nach Zeugnissen alter und neuer Zeit (Heilbr. 1888); vgl. auch Ph. Wegener, über deutsche Dialektforschung (in der «Zeitschrift für deutsche Philologie», 1880, Bd. 11, S. 450—480); Fr. Kauffmann, Dialektforschung (in der von A. Kirchhoff herausgegebenen «Anleitung zur deutschen Landes- und Volksforschung», Stuttg. 1889, S. 381—432). G. Wenker in Marburg danken wir das großartige Unternehmen eines das ganze Deutsche Reich umfassenden Sprachatlas', der für eine große Anzahl sprachgeschichtlich wichtiger Worte je eine besondere Karte enthält. Die bereits vollendeten Karten liegen in der königl. Bibliothek in Berlin aus. Ein ähnliches Unternehmen plant für die Niederlande die Geographische Gesellschaft zu Antwerpen. — Die wichtigsten zusammenfassenden grammatikalischen Werke sind: für die oberdeutschen Mundarten: K. Weinhold, Alemann. Grammatik (Berl. 1863); F. J. Stalder, Die Landessprachen der Schweiz (Aarau 1819); Fr. Kauffmann, Geschichte der schwäb. Mundart im Mittelalter und in der Neuzeit (Straßb. 1890); K. Weinhold, Bair. Grammatik (Berl. 1867); J. A. Schmeller, Die Mundarten Bayerns (Münch. 1821); O. Brenner, Mundarten und Schriftsprache in Bayern (Bamb. 1890); M. Höfer, Die Volkssprache in Österreich, vorzüglich od der Ens (Wien 1800); W. Nagl, Der Vokalismus der bair.-österr. Mundart, historisch beleuchtet (in «Blätter des Vereins für Landeskunde von Niederösterreich», 1890, Bd. 24, und 1891, Bd. 25); W. Gradl, Die Mundarten Westböhmens (in «Bayerns Mundarten», 1892, Bd. 1, S. 81—111 und 401—444); für die mitteldeutschen Mundarten: G. Wenker, Sprach-Atlas von Nord- und Mitteldeutschland (1. Abteil., 1. Lfg., Straßb. 1881, nicht weiter erscheinend); C. Franke, Die Unterschiede des ostfränk.-oberpfälzischen und obersächs. Dialekts, sowie die von den vogtländischen und erzgebirgischen Mundarten dazu eingenommene Stellung (in «Bayerns Mundarten», 1892, Bd. 1); G. Brückner, Die hennebergische Mundart (in «Die Deutschen Mundarten», Bd. 2, Nürnb. 1855, S. 211—221, 320—331, 494—501); R. J. Kehrein, Volkssprache und Volkssitte in Nassau (2 Bde., Weilburg 1860—62); J. Heinzerling, über den Vokalismus und Konsonantismus der Siegerländer Mundart (Marb. 1871); F. M. Follmann, Die Mundart der Deutsch-Lothringer und Luxemburger (Programm, 2 Abteil., Metz 1886—90); G. Keintzel, über die Herkunft der Siebenbürger Sachsen (Bistritz 1887); C. G. Franke, Der obersächs. Dialekt (Leisn. 1884); H. Rückert, Entwurf einer systematischen Darstellung der schles. Mundart im Mittelalter (Paderb. 1878); für die niederdeutschen Mundarten: H. Jellinghaus, Die Niederländ. Volksmundarten (Forschungen, hg. vom Verein für niederdeutsche Sprachforschung, V, Norden 1892); F. Holthausen, Die Soester Mundart (Forschungen, I, ebd. 1886); H. Jellinghaus, Westfäl. Grammatik (2. Aufl., ebd. 1885); Ph. Wegener, Zur Charakteristik der niederdeutschen Dialekte, besonders auf dem Boden des Nordthüringergaus (in «Geschichtsblätter für Magdeburg», Magdeb. 1878, Bd. 13, S. 1—30 und 167—177); K. Nerger, Grammatik des mecklenb. Dialektes älterer und neuerer Zeit (Lpz. 1869). — Die wichtigsten Wörterbücher sind die folgenden: für die oberdeutschen Mundarten: Schweiz. Idiotikon, hg. von Fr. Staub und L. Tobler (Frauenfeld, Bd. 1, 1881; Bd. 2, 1891; weiter erscheinend); T. Tobler, Appenzellischer Sprachschatz (Zür. 1837); J. Hunziker, Aargauer Wörterbuch (Aarau 1877); J. Chr. von Schmid, Schwäb. Wörterbuch (2. Ausg., Stuttg. 1844); J. A. Schmeller, Bayr. Wörterbuch (2. Ausg., bearbeitet von Frommann, 2 Bde., Münch. 1872—77); M. Höfer, Etymolog. Wörterbuch der in Österreich üblichen Mundart (3 Bde., Linz 1815); J. B. Schöpf, Tirolisches Idiotikon (Innsbr. 1886); J. F. Castelli, Wörterbuch der Mundart in Österreich unter der Enns (Wien 1847); M. Lexer, Kärntisches Wörterbuch (Lpz. 1862); H. Gradl, Egerländer Wörterbuch (I, Eger 1883); für die mitteldeutschen Mundarten: W. F. H. Reinwald, Hennebergisches Idiotikon (2 Tle., Berl. 1793—1801); W. Crecelius, Oberhess. Wörterbuch (Darmst., seit 1890 erscheinend); A. F. C. Vilmar, Idiotikon von Kurhessen (neue Ausg., Marb. 1883), dazu «Nachträge» von H. von Pfister (ebd. 1886) und von dems., «1. Ergänzungs-Heft» (ebd. 1889); K. Chr. L. Schmidt, Westerwäldisches Idiotikon (Hadamar 1800); Fr. Hönig, Wörterbuch der Kölner Mundart (Köln 1877); R. Jecht, Wörterbuch der Mansfelder Mundart (Görlitz 1888); für die norddeutschen Mundarten: W. von Gutzeit, Wörterschatz der deutschen Sprache Livlands (Riga 1864 fg., der letzte Band und Nachträge im Erscheinen begriffen); für die niederdeutschen Mundarten: H. Berghaus, Sprachschatz der Sassen (Bd. 1—2, A—N, Brandenb. 1880 und Berl. 1883); L. L. de Bo, Westvlaamsch Idioticon (Brugge 1873); H. Molema, Wörterbuch der Groningenschen Mundart (Norden 1888); J. C. Strodtmann, Idioticon Osnabrugense (Altona 1756); F. Woeste, Wörterbuch der westfäl. Mundart (Norden u. Lpz. 1882); G. Schambach, Wörterbuch der niederdeutschen Mundart der Fürstentümer Göttingen und Grubenhagen (Hannov. 1858); ten Doornkaat-Koolman, Wörterbuch der ostfries. Sprache (3 Bde., Norden 1879—1884); Tilling und Dreyer, Versuch eines Bremisch-Niedersächs. Wörterbuchs (6 Bde., Brem. 1767—1869); J. Fr. Schütze, Holstein. Idiotikon (4 Bde., Hamb. und Altona 1800—1806); J. K. Dähnert, Platt-Deutsches Wörterbuch nach der alten und neuen Pommerschen und Rügischen Mundart (Stralf. 1781); H. Frischbier, Preuß. Wörterbuch (2 Bde., Berl. 1882—83), letzteres auch für das ostpreuß. Norddeutsch.

Vgl. auch die Artikel Deutsche Litteratur, Deutsche Philologie, Deutsche Sprache, Niederdeutsch, Niederländische Sprache und Litteratur.

Deutsche Musik. Bereits im frühen Mittelalter war Deutschland in der Musik würdig vertreten. An der ersten Geschichte der kirchlichen Tonkunst haben deutsche Klöster und Sängerschulen — St. Gallen voran — einen bedeutenden Anteil. Wie noch gegenwärtig, war Deutschland — nach dem Zeugnis zahlreicher Kirchenväter und anderer lat. Autoren — schwach im Gesang. Dafür stellte es aber auf den Gebieten der praktischen Komposition und der Theorie von Anfang an in Männern wie Notker Balbulus und Franco von Köln Kräfte ersten Ranges. Letzterer nimmt unter den Begründern der musikalischen Harmonie oder des mehrstimmigen Satzes im 12. Jahrh. eine angesehene Stellung ein. Hervorragend als kunstvoller Tonsetzer war im 15. Jahrh. der kaiserl. Kapellmeister Heinrich Isaac. Doch mußten bis zum Ende des 16. Jahrh. auch die Deutschen sich den Niederländern und Italienern unterordnen. Der größte Musiker der Niederländer, Orlandus Lassus, wirkte in Deutschland, das er von München aus beherrschte; die Schule der Niederländer faßte daher unter den Deutschen auch tiefer Wurzeln als die des Palestrina und anderer Italiener, und hat ihnen bei ihrem tiefen Sinne für harmonisch-kontrapunktische Künste diejenige Grundlage gegeben, auf der in der Folgezeit ihr musikalisches Leben sich entwickelte. Es lag bei aller Kunst etwas formell Unfreies oder Gebundenes in der Musik der Niederländer, wenn man sie mit der italienischen vergleicht; aber dieses Element entsprach den Bedürfnissen der Deutschen, die durch die Reformation auf lange Zeit an das Kirchlich-Religiöse gebunden waren. Während hierbei die übrigen Künste in Deutschland verkümmerten, hatte die Musik in dem neugewonnenen Gemeindegesang, dem Choral, eine Nährquelle von so reichem Gehalt, daß die Gebundenheit daran durch Kunstgebilde von unerschöpflicher Mannigfaltigkeit belohnt wurde. Ebenso verhielt es sich mit der Orgel, dem Mittelpunkt aller Musik in der prot. Kirche. Hieraus wird es auch erklärlich, warum das luth. Norddeutschland in der Musik zuerst zur Selbständigkeit gelangte. Eine ganze Reihe von Tonsetzern hat seit Luther dieses Gebiet mit emsigem Fleiße gepflegt und schöne Resultate erzielt; Johannes Eccard am Ende des 16., Heinrich Schütz in der Mitte des 17. Jahrh. sind die bemerkenswertesten, bis endlich Johann Sebastian Bach auf den meisten Gebieten alle seine Vorgänger überragte. Daß dieser Weg der Choral- und Orgelkunst bei aller scheinbaren Enge und Gebundenheit dennoch der rechte war zur höchsten künstlerischen Freiheit, zeigt auf andere Weise Georg Friedrich Händel, der die Formen der ital. Kunst mit deutschem Gehalt erfüllte.

Indes blieben, trotz der an die Orgel sich lehnenden Kirchen- und Instrumentalmusik Bachs und der nach Form und Gehalt vollendeten Gesänge Händels, doch noch immer zwei Formen in dem mehr oder weniger ausschließlichen Besitz der Italiener und Franzosen: die Bühnenmusik oder Oper und die freie vielgestaltige Instrumental- oder Orchestermusik. Hier war es nun der südliche kath. Teil Deutschlands, der auf diesen beiden Gebieten die Oberherrschaft erlangen sollte. Der Aufschwung ging von Wien aus, wo die bisher bevorzugten Italiener den Sinn für schöne Melodie erschlossen und die außerdeutschen Nationen der österr. Krone den reichsten Zufluß neuer Quellen der Instrumentalmusik lieferten. Die Oper war um 1600 in Italien entstanden und vor 1630 nach Deutschland gedrungen, wo sie namentlich um 1700 auf dem musikalischen Gebiete die Herrschaft erlangte und alle musikalischen Formen von Grund aus umbildete. Dennoch gelang es nicht, trotz eines Tonsetzers wie Reinhard Keiser, der hauptsächlich für Hamburg seine mehr als 100 Opern schrieb, in diesem Gebiete eine solche Bedeutung zu erlangen wie die gleichzeitige franz. Oper, die schon um 1680 der italienischen in völliger Selbständigkeit ebenbürtig zur Seite trat. Deutschland sank vielmehr seit 1720 in der Oper so gänzlich wieder zur Abhängigkeit von Italien herab, daß selbst die Norddeutschen nur noch italienisch komponierten, unter ihnen als die hervorragendsten Karl Heinrich Graun und Johann Adolf Hasse, ersterer der Hofkomponist, letzterer der Liebling Friedrichs d. Gr. und der angesehenste ital. Tonsetzer seiner Zeit. In der Instrumentalmusik schuf ebenfalls Italien alle Hauptformen, von der franz. Ouverture abgesehen, und Italiener wie Franzosen nahmen überall die ersten Plätze in deutschen Kapellen ein. Das Genie Joseph Haydns brachte hierin eine plötzliche Wandlung hervor und gab durch Werke von höchster Originalität auf dem Gebiet der Sonate, des Quartetts und der Sinfonie den Ton an. Gleichzeitig reformierte Christoph Willibald Gluck die Oper, und der Genius Wolfgang Amadeus Mozarts verklärte mit seinem Schönheitssinn beide Gebiete, die Oper wie die Instrumentalmusik, mit überwiegender Kraft der erstern, doch nach seinem innersten musikalischen Gestaltungstriebe der letztern sich zuneigend. Seine Opern sind in musikalischer Hinsicht das vollendetste Erzeugnis der Bühnenmusik, aber im Dramatischen wie auch rein Gesanglichen haben andere Komponisten zum Teil noch Vorzüglicheres geleistet, und hieraus erklärt sich die Entwicklung, welche die Oper seit Mozart genommen hat. Ludwig van Beethoven wurde der Vollender der Instrumentalmusik; in seinen tiefsinnigen, gemüt- und humorvollen Tondichtungen fast aller Gattungen erreichte die musikalische Kunst ihren kaum noch zu überschreitenden Höhepunkt. Die ideale Vervollkommnung jeglicher Kunst, die untrennbare Einheit des Inhalts und der Form und das innige Durchdringen beider erhoben Beethoven zum geistvollsten, über der Form souverän stehenden, größten Tondichter überhaupt. Franz Schubert steigerte das deutsche Lied, das mit der neuerwachten Dichtung seit der zweiten Hälfte des 18. Jahrh. Gemeingut der deutschen Nation geworden war, zu höherm Ausdruck. Mit Schubert begann die Blütezeit des deutschen Liedes, die noch heute (Robert Franz u. a.) andauert. Alle diese Männer, in der einen Stadt Wien heimisch, folgten so schnell einander fast sämtlich als Zeitgenossen und sind von so vielen Tonsetzern zweiten Ranges mitstrebend umgeben, daß der Glanz dieser Epoche den der 50 Jahre ältern in S. Bach gipfelnden norddeutschen Schule noch überstrahlte, wenn sie dieselbe auch an Tiefe und Allgemeingültigkeit nicht völlig erreichte. Durch diese beiden Schulen zusammen, durch die Errungenschaften eines einzigen Jahrhunderts, haben die Deutschen alle übrigen Völker in allen Hauptgebieten der Tonkunst überflügelt, sodaß dieser nationale Siegeslauf von hundert Jahren kaum seinesgleichen auf einem andern Kunstgebiet findet.

Seit dieser Zeit trägt die gesamte Kunstmusik der gebildeten Völker den deutschen Stempel. Die dritte Periode, die noch unabgeschlossen bis in die Gegenwart reicht, hat ihren musikalischen Schwerpunkt nicht mehr an einem bestimmten Ort und vereinigt die verschiedenartigsten Bestrebungen: die Romantik **Robert Schumanns**, der sich hauptsächlich auf Schubert stützt, den Eklekticismus **Felix Mendelssohn-Bartholdys**, der namentlich an Bachsche Formen und Ideale anzuknüpfen suchte, die Reinigung und Erneuerung der verschollenen oder durch spätere Hand entstellten Werke der frühern Meister, namentlich Bachs und Händels; besonders aber wird sie charakterisiert durch die Neuerungen in der dramatisch-theatralischen Musik. Deshalb steht **Karl Maria von Weber**, der Komponist des «Freischütz», an der Spitze dieser Epoche; denn alles, was von ihm und später, außer vielen andern, besonders von **Giacomo Meyerbeer** und **Richard Wagner** zur Änderung und Bereicherung der Bühnenmusik ausging, hat bis zur Gegenwart eine ungleich größere allgemeine Teilnahme erweckt als die gleichzeitigen musikalischen Leistungen auf andern Gebieten. Der Grund hiervon liegt zunächst in der einseitig bevorzugten Stellung der Bühnenmusik, die an allen bedeutenden Orten in prachtvoll hergerichteten und mit verschwenderischem Aufwand unterhaltenen Theatern eine möglichst vollendete Darstellung findet, während die übrigen Zweige der Tonkunst fast ausschließlich auf die Pflege privater Vereinigungen angewiesen sind. Ein anderer Grund dieser besondern Teilnahme für die Oper liegt in dem Zustande des deutschen Theaters. Die großen deutschen Tonsetzer und Dichter hatten herrliche Werke geschaffen, aber nicht ein geschlossenes, vom Ausland unabhängiges Repertoire. Deshalb fand, nachdem schon Weber im Musikalischen gezeigt hatte, daß in der deutschen Sprache ein noch lebhafterer theatralischer Ausdruck möglich ist, als selbst Mozart ihn erreicht hatte, Richard Wagner eine so vielseitige und andauernde Teilnahme, als er es unternahm, das deutsche Theater von der Musik aus auf einen neuen Grund zu stellen. Hierbei kam ihm die Richtung der Zeit auf das Dekorative ebenso sehr zu statten, wie die Richtung der Gesangmusik auf recitativisch-lyrische Wortbetonung, die Richtung der Instrumentation auf Tonmalerei und die Vorliebe der Zeitgenossen für altdeutsche Sagenstoffe. Sein großes Geschick, einen Gegenstand im Mittelpunkt zu erfassen und mit allen erdenklichen Künsten theatralisch wirksam aufzubauen, unter Anwendung eines ziemlich einfachen Schema und mit dem Aufwand geringer specifisch musikalischer Kunstmittel, hat ihm einen weitreichenden Einfluß auf die Produktion der Gegenwart verschafft.

In der neuesten Zeit (nach Wagner) sind Erscheinungen, die der D. M. eine andere Richtung gaben oder geeignet sein könnten, eine solche einzuleiten, nicht hervorgetreten. Der ganze Zeitabschnitt stellt sich vielmehr dar als eine Fortsetzung dessen, was auf den verschiedenen Gebieten vorher in der Praxis tonangebend geworden war. Von der Kirchenmusik ist kaum mehr zu sagen, als daß sie da, wo sie größere Werke unternimmt, die kirchlichen Texte fast ausschließlich zu Konzertzwecken benutzt; deshalb wird auch mit Vorliebe das gewählt, was mannigfache Schilderung und breite Ausführung ermöglicht, wie Requiem und Messe. Unter vielen Werken haben nur die von **Friedrich Kiel**, **Johannes Brahms** und **Franz Liszt** allgemeinere Verbreitung erlangt. Diesen Kirchenstücken ähnlich sind die geistlichen oratorischen Werke; sie neigen durch ihre liturgischen Anklänge der Kirche, durch ihre scenisch-dramat. Haltung der Bühne zu. Einen «Christus» komponierte Kiel in lyrischer, Liszt in halb liturgischer, halb dramat. Haltung. Im ganzen sind jetzt die biblischen oder alttestamentlichen Gegenstände ziemlich aufgegeben, da unsere Tonsetzer sich zur Zeit mit Vorliebe an Stoffe weltlicher Geschichte oder Dichtung halten; so M. Bruch, Brahms, Krug u. a. besonders an Homer, Goethe und altdeutsche oder nordische Gedichte und Sagen.

Diese Werke weisen noch mehr, als die vorhin genannten geistlichen, auf die große Oper als den Mittelpunkt hin, von dem schon seit geraumer Zeit unsere Musik ihre Anregung erhält, und zwar auf die Oper in der Form, wie sie zuletzt R. Wagner als musikalisches Drama gestaltet hat. Sein letztes Werk «Parsifal» (1882) ist zwar absichtlich bisher auf das Bayreuther Theater beschränkt geblieben, doch hat die lebhafte Propaganda für die Verbreitung seiner Werke dadurch um nichts nachgelassen. Zum Teil erklärt sich dies aus der Armut und Unselbständigkeit, die sich bei uns auf dem Gebiet der großen Oper geltend macht; verglichen mit sämtlichen neuern deutschen Produkten, stehen Wagners Opern als zielbewußte, einheitlich gestaltete Werke da.

Von den Opernkomponisten, die Wagner direkt nacheiferten (Goldmark, Lux, Kienzl u. a. in Deutschland, Joncières u. a. in Frankreich), hatten nur wenige vorübergehenden Erfolg. Dagegen erlangten Stücke, wie Neßlers «Trompeter von Säckingen», ihre Popularität durch geschickte Benutzung des modernen Liedergesanges. Eine besondere Stellung nimmt der in deutscher Schule gebildete Russe **Anton Rubinstein** ein, dem es mit zehn Opern noch nicht gelungen ist, auf der Bühne Heimatsrecht zu erlangen. Die deutschen Komponisten komischer Opern pflegen sich **Albert Lortzing** zum Muster zu nehmen, sind aber mit ihren Nachahmungen bisher wenig glücklich gewesen. Eine Ausnahmestellung nehmen zwei Perlen der komischen Opernlitteratur ein: «Die lustigen Weiber» von Nicolai und «Der Widerspenstigen Zähmung» von Götz. Eine ebenso große als erfolgreiche Fruchtbarkeit ist im Fache der modernen, von Offenbach ausgehenden Operette zu konstatieren. Suppé und Strauß begründeten eine Wiener Operettenschule, der sich bald auch die Norddeutschen anschlossen, und wenn irgend etwas in den letzten Jahren als neu und bemerkenswert ausgezeichnet zu werden verdient, so ist es der Umfang und die außerordentliche Verbreitung, die dieser Zweig der musikalischen Produktion erlangt hat. Allerdings ist das Interesse an der Operette, deren Produktion zwar immer massenhafter, aber immer weniger originell geworden ist, schnell der Teilnahme an ernster dramat. Musik gewichen.

Die Instrumentalmusik kommt von der Nachahmung vokaler, namentlich opernhafter Formen, die eine Zeit lang gebräuchlich war, immer mehr zurück und wendet sich wieder bewährten Formen dieses Faches zu, wobei zum Teil an eine ferne Vergangenheit angeknüpft wird, wie in den Orchestersuiten von Lachner, Grimm u. a. Als Sinfoniker haben neuerdings **Brahms**, **Rubinstein** und **Bruckner** die meiste Aufmerksamkeit erregt. Unter diesen ist Brahms in der Gestaltung Beethoven am nächsten gekommen; auch seine Konzert-Ouverturen und -Variationen zeigen selbständigen Inhalt, und ebenfalls ist Brahms im Gebiet der instrumentalen Kammermusik derjenige, dessen Kompositionen am meisten geschätzt und auch von andern am eifrigsten nachgeahmt werden.

Die deutsche Litteratur ist reich an gediegenen theoretischen und histor. Schriften über Musik. Außer den zahlreichen Biographien der hervorragendsten Komponisten sind zu nennen: Forkel, Allgemeine Geschichte der Musik (2 Bde., Lpz. 1788—1801); Becker, Die Hausmusik in Deutschland im 16., 17. und 18. Jahrh. (ebd. 1840); ders., Zusammenstellung der Tonwerke des 16. und 17. Jahrh. (ebd. 1847); Winterfeld, Der evang. Kirchengesang (3 Bde, ebd. 1843—47); ders., Zur Geschichte heiliger Tonkunst (2 Bde., ebd. 1850—52); Kiesewetter, Geschichte der europ.-abendländ. Musik (2. Aufl., ebd. 1846); Naumann, Die Tonkunst in der Kulturgeschichte, Bd. 1 (Berl. 1870); ders., Illustrierte Musikgeschichte (Stuttg. 1880—85); ders., Deutsche Tondichter von Seb. Bach bis auf die Gegenwart (5. Ausg., Berl. 1882); Brendel, Geschichte der Musik in Italien, Deutschland und Frankreich (7. Aufl., Lpz. 1888); Dommer, Handbuch der Musikgeschichte (2. Aufl., ebd. 1878); Wasielewski, Geschichte der Instrumentalmusik (Berl. 1878); Köstlin, Geschichte der Musik im Umriß (2. Aufl., Tüb. 1880); Ambros, Geschichte der Musik (2. Aufl., 4 Bde. mit Notenbeilagen und Register, Lpz. 1880—82; Bd. 5 der 1. Aufl. erschien von O. Kade 1882; Bd. 1 in 3. Aufl. 1887); ders., Geschichte der Musik der Neuzeit in Studien und Kritiken aus dem Nachlasse (Preßb. 1882); Reißmann, Illustrierte Geschichte der D. M. (Lpz. 1881); Langhans, Die Geschichte der Musik des 17., 18. und 19. Jahrh. Im chronol. Anschlusse an die Musikgeschichte von Ambros (2 Bde., ebd. 1883—87). Von Encyklopädien sind hervorzuheben die von Gerber (4 Bde., ebd. 1812—14), Schilling (7 Bde., Stuttg. 1834—42), Bernsdorf (3 Bde., mit Nachtrag, Dresd. und Offenb. 1856—61), H. Ch. Koch, in 2. Aufl. von Dommer (Heidelb. 1865), Gathy (3. Aufl., Berl. 1871), Schuberth (10. Aufl., Lpz. 1877), Paul (2 Bde., ebd. 1873), vor allen das Musikalische Konversations-Lexikon, begründet von Mendel, vollendet von Reißmann (11 Bde., 2. Aufl., nebst Ergänzungsband, Berl. 1880—83). Vgl. auch H. Kretzschmar, Über den Stand der öffentlichen Musikpflege in Deutschland (Lpz. 1881).

Deutsche Mythologie, die Wissenschaft von den religiösen Vorstellungen und Gebräuchen der heidn. Deutschen, ferner von den in Sitte und Sage, im Märchen und Volksliede fortlebenden Versinnlichungen der Erscheinungen in der Natur und der Eindrücke, die die Vorgänge des Lebens in der Seele der Menschen zurücklassen.

Die letztern sind unsern Vorfahren und uns mit vielen Völkern der Erde gemeinsam (vgl. Tylor, Die Anfänge der Kultur, Lpz. 1873). Aus ihnen heraus hat sich schon in uralter Zeit ein Seelenglaube und Seelenkult, später ein Dämonenglaube und Dämonenkult und endlich der Götterglaube und Götterkult entwickelt. Man spricht infolgedessen von drei verschiedenen Mythenperioden, von denen die ältern jedoch in den jüngern noch fortleben. Zur Zeit der ältesten Berichte über unsere Vorfahren finden wir den Götterglauben in voller Entfaltung; dieser wurde besonders durch das Christentum gebrochen, während Seelen- und Dämonenglaube in Aberglauben, Sitte, Sage und Märchen nach wie vor fortlebte und teilweise christl. Gewand annahm. In welche Zeit die Anfänge des Götterglaubens zu setzen sind, ist schwer zu entscheiden. Die ersten scheinen einer Zeit anzugehören, in der alle indogerman. Stämme noch vereint waren. Sicher ist, daß die Germanen vor ihrer Trennung in einzelne Stämme gemeinsam dieselben Hauptgötter verehrten, allein die Entwicklung der Gottheiten ist bei den einzelnen Stämmen eine verschiedene gewesen; sie war abhängig von der geistigen Beanlagung des Stammes, von der Natur, die ihn umgab, von seinem Verkehr mit andern Völkern, von dem Zeitpunkte, der dem Heidentum ein Ende machte. Nicht viel mehr als einige Namen können wir an einen urgerman. Götterhimmel setzen: diese ergeben sich auf der einen Seite aus den spärlichen Überresten der südgerman. Völker, aus den Berichten der Römer, dem Wortschatze der Inschriften, den mittelalterlichen Kirchen- und Profanhistorikern, auf der andern Seite aus den außerordentlich reichen nordischen Quellen, den Skaldliedern, den prosaischen Erzählungen aus der spätern heidn. Zeit (den Sögur) und den Eddaliedern (s. Edda).

Die Begründung der Wissenschaft einer D. M. ist eins der großen Verdienste Jakob Grimms. Während er aber die junge nordische Mythologie als urgermanisch hinstellte und den deutschen Volksglauben aus dieser entstanden sein ließ, leistete er der kombinierenden Methode, die unsere Mythologie so in Mißkredit gebracht hat, Vorschub. Dies wurde auch nicht anders, als Schwartz 1849 im Gegensatz zu Jakob Grimm den Nachweis führte, daß der noch lebende Volksglaube nicht aus altgerman. Götterglauben hervorgegangen sei, sondern eine ältere Schicht als dieser darstelle. Erst durch die von A. Kuhn und M. Müller geschaffene vergleichende Mythologie der indogerman. Völker und durch W. Mannhardts spätere Arbeiten erhielt die D. M. festern Grund und Boden, auf dem in neuester Zeit namentlich Elard H. Meyer und L. Laistner weiter bauten. Ausschließlich das Gebiet des altgerman. Götterglaubens behandelte vorzüglich K. Müllenhoff, der Kritik der Quellen als Grundregel aller mytholog. Forschung aufstellte und dadurch der Schöpfer der analytischen Methode der Mythologie wurde.

In seinem Kerne allen german. Völkern gemeinsam ist der Glaube an ein Fortleben der menschlichen Seele nach dem Tode in der Natur und an ein Trennen derselben vom Körper während des Schlafs. In diesem Zustande kann die Seele alle möglichen Gestalten annehmen. Dieser alte Glaube lebt noch in mancherlei Formen unseres Volks- und Aberglaubens fort. Hierher gehören der Glaube an Geister und Gespenster, an das Seelenheer, das im Winde daherfährt oder hoch in Lüften kämpft, die nordischen Mythen von den Walkyren (s. d.), Einherjern (s. d.), von den Gienganger oder Apturgöngur (Wiedergänger), von den Irrwischen oder Feuermännern, den schwed. Eldgastar oder Lyktegubben, den Wiesenhüpfern u. a. Ferner gehören hierher die Sagen von der Mart (s. d.), die den Menschen ängstigt, von der Trud oder Drud, vom Alp (s. d.), vom alamann. Schrettele oder Schrat, dem elsäss. Doggeli, den nordischen Fylgjur (d. h. Folgegeistern), den Werwölfen (s. d.), den Hexen (s. d.), dem Bilwis (s. d.). Während sich bei diesen Gestalten ein innerer Zusammenhang zwischen der Seele des Menschen und der mythischen Erscheinung verfolgen läßt, giebt es in unserer Mythologie andere Wesen, die wohl in Anlehnung an jene, aber ohne Zusammenhang mit der Seele entstanden sind; es sind das die Dämonen, die als Tiere oder Menschen gedachten Erscheinungen in der Natur und den Elementen. Sie hausen in Luft und Wasser, in Wind und Wolken, in Berg und Thal, in Haus und Hof. In tierischer Gestalt erscheinen sie namentlich oft als Hund oder Wolf (Roggenhund, Roggenwolf) oder als Vogel. Nehmen sie menschliche Gestalt an, so finden wir sie bald dem Menschen an Größe gleich, bald kleiner, bald größer; dem Menschen gegenüber zeigen sie sich bald freundlich, bald feindlich gesinnt. In Hinblick hierauf unterscheiden wir zwei Hauptklassen Dämonen: Elfen (s. d.) und Riesen (s. d.). Zu jener gehören die Elfen, Wichte, Zwerge (s. d.), Kobolde (s. d.), der niederdeutsche, engl. und nordische Pook oder Puck (s. d.), die Nixe (s. d.) u. a. Riesen wohnen namentlich in Gegenden, wo gewaltige Berge, Meere, heftige Stürme und Gewitter auf die Phantasie der Menschen Eindruck machen. Beide Klassen der Dämonen leben noch heute in allen german. Ländern fort. Zu den Dämonen, die besonders in der Luft hausen, gehören unter andern Rübezahl (s. d.), Hackelberg (s. d.), der Wilde Jäger (s. d.) mit seinen mannigfachen Namen, die Holz- und Moosfräulein (s. d.), Fangen u. a. Es sind übernatürliche Wesen, die in ihren Grundzügen gleich, in ihrer Ausschmückung aber in den Phantasien der einzelnen Stämme verschieden gestaltet sind. Im Wasser hausen die Nixen, in den Bergen die Zwerge, in dem Hause der Kobold, der Wicht, das Wichtelmännchen u. a.

Eine gemein-german. Götterlehre läßt sich nicht erweisen, vielmehr bestanden in der ältesten histor. Zeit eine Anzahl Völkerbünde, von denen der eine den Kult dieses, der andere jenes Gottes als Mittelpunkt gemeinsamer Verehrung hatte. In der Regel verehrte der Amphiktyonenbund den Stammgott nicht unter dem eigentlichen Namen, sondern unter einem Beinamen, der dem urgerman. Himmelsgotte beigelegt war. Als solche Kultusverbände bezeichnen Plinius und Tacitus gemeinsam die Ingväonen, Istävonen und Herminonen. Der Hauptgott war noch bei den meisten Stämmen der altgerman. Tiwaz, der unter dem jüngern Namen Zio, Tiu, Tyr (s. d.) als Kriegsgott noch in jüngerer Zeit fortlebte. Als Erman-Tiu verehrten ihn die Erminonen, die als großer Swebenbund zwischen der mittlern Elbe und Oder ihre Sitze hatten. Das gemeinsame Heiligtum befand sich in einem heiligen Haine der Semnonen, wo die Bundesgenossen alljährlich zusammenkamen und ihrem allwaltenden Gotte, dem «regnator omnium deus», Menschenopfer brachten und seine Hilfe erflehten (Tacitus, «Germania», Kap. 39). Als diese Stämme später ihre alten Sitze verließen und nach Südwesten zogen, nahmen sie die Heiligtümer des Gottes mit sich. Noch lange galten die Schwaben als Ziuverehrer (Cyuwari) und der alte Name für die Burg des schwäb. Augsburg, Ciwesburc, zeugt für das neue Bundesheiligtum. Ein anderer Swebenstamm, die Bayern, verehrten ihn unter dem Namen Er im heutigen Ostbayern und Böhmen und nannten nach ihm den dritten Tag der Woche Erestac. Überhaupt war die Tiuverehrung in den ersten Jahrhunderten unserer Zeitrechnung noch ziemlich allgemein. Die röm. Schriftsteller übersetzen den Gott mit ihrem Mars, griechische mit Ares. Tacitus erwähnt ihn bei den rhein. Völkern, Jordanes bei den Goten, Procop bei den Skandinaviern als höchsten Gott; noch im 3. Jahrh. setzten ihm, dem Mars Thingsus, fries. Soldaten im röm. Heere in Britannien Altäre. Als der Krieg die eigentliche Lebensbedingung der alten Germanen wurde, erscheint der Himmelsgott vornehmlich als Kriegsgott. Schon frühzeitig hat sich von ihm der Donnergott, Donar (s. d.) oder Thunar, altnordisch Thor, abgezweigt. Wir finden ihn im 6. Jahrh. verehrt bei den Alamannen, zur Zeit Karls d. Gr. bei den Sachsen, vor allem aber hatte er bei den nordischen Stämmen, namentlich den Norwegern, den alten Tiu verdrängt und steht hier im Mittelpunkte des Kultus. Für seine allgemeine Verehrung zeugt der 5. Wochentag, den alle german. Stämme als Donnerstag kennen, eine Übertragung des röm. «dies Jovis». Tacitus giebt ihn als Hercules wieder. Neben diesem finden wir schon frühzeitig den Windgott, den Wodan, altnordisch Odin (s. d.), als Abzweigung des alten Himmelsgottes. In seiner Eigenschaft als Windgott ist er zugleich Totengott und deshalb finden wir bei den röm. Schriftstellern für ihn den Namen Mercurius. Sein Kult war namentlich bei den Istväonen, die am untern Rhein saßen, zu Hause. Hier erwähnt ihn schon Tacitus als den höchsten Gott, dem man allein Menschenopfer darzubringen pflege. Mit der Herrschaft des mächtigsten Istväonenvolks, der Franken, verbreitete sich seine Verehrung rheinaufwärts zu den Alamannen, das Gestade der Nordsee entlang bei Langobarden und Sachsen und drang dann nach Skandinavien ein, wo er den schwed. Freyrkultus verdrängte, bis er selbst der Mittelpunkt mytholog. Dichtung und göttlicher Verehrung wurde und alle andern Götter in Abhängigkeitsverhältnis zu sich brachte. Er wurde zugleich der Träger röm.-klassischer Kultur und brachte die von den Römern gelernten Runen und den Runenzauber mit sich. Dieser Aufschwung des Wodankultus ist das wichtigste Ereignis in der Religionsgeschichte der Germanen. — An der untern Elbe, an den Küsten der Nord- und Ostsee verehrten die Ingväonen den Himmelsgott als Ing und neben ihm seine Gemahlin, die mütterliche Nerthus (s. d.). Als Ingunar Freyr (s. d.) verehrten ihn dann die Schweden, deren gemeinsames Heiligtum die alte Königsstadt Altupsala war. Unter noch andern Namen lebte der alte Himmelsgott in der nordischen Dichtung fort. In Deutschland finden wir ihn noch als Forseti (s. d.), als Gründer und Schirmer rechtlicher Satzung bei den Friesen. Ob sich sein Beiname Baldr (s. d.) auch auf deutsches Gebiet erstreckt hat, ist zweifelhaft; sicher haben ihn die Dänen unter diesem Namen gekannt.

Unter den weiblichen Gottheiten tritt vor allen die große mütterliche Göttin Fria, Frigg (s. d.) hervor. Ihrem Namen nach ist sie die Geliebte schlechthin, die Gattin des Himmelsgottes Tiu, die aber später, als Wodan die Herrschaft über alles an sich riß, dessen Gemahlin wurde. Sie ist die Göttin der mütterlichen Erde, der Häuslichkeit und Ehe; dazu teilt sie die Herrschaft ihres Gatten und wird dadurch zur Himmels-, Wind-, Totengöttin. Der Freitag ist ihr zu Ehren genannt. Als Fru Fricke oder Freeke lebt sie in Norddeutschland fort, als chthonische Göttin unter dem Namen Perchta in Oberdeutschland, Holda oder Frau Holle, «die Verborgene», in Mitteldeutschland. Als Nerthus verehrten sie sieben Völkerschaften an der untern

Elbe in gemeinsamem Kulte; auf einsamer Insel befand sich ihr Heiligtum («Germania», Kap. 40). Die rhein. Völker verehrten sie als Hludana und Nehalennia (s. d.). Der letztere Name bezeichnet sie wohl als Totengöttin. Vielleicht deckt sich mit ihr auch die Isis, die nach des Tacitus Bericht ein Teil der Sweben verehrte.

Über die Vorstellungen unserer Vorfahren vom Anfang und Ende der Welt und der Geschöpfe erfahren wir nichts; was die nordischen Quellen darüber berichten, gehört in die Nordische Mythologie (s. d.). Nur über den Ursprung des Menschengeschlechts erzählt Tacitus, daß die Germanen den zwiegeschlechtigen Tuisco (s. d.) und dessen Sohn Mannus als Ahnherrn des Volks in Liedern besungen hätten. Nach dem Tode lebte der Mensch im Geisterheere der Hel fort und erschien den Sehenden unter allen möglichen Spukgestalten, die in dem Seelenglauben erwähnt worden sind.

Die Verehrung der übernatürlichen Mächte bestand bei den alten Germanen hauptsächlich im Opfer. Man brachte dieses entweder den Seelen der Verstorbenen, indem man diesen Speisen vorsetzte, was noch in dem Leichenschmaus fortlebt (Seelenkult), oder den Dämonen, indem man Spenden in das Wasser, das Feuer warf, oder auf dem Felde stehen ließ, im Walde aufhing u. dgl., oder endlich der Gottheit. Letztere Opfer waren in der Regel Bundesopfer, verbunden mit Festlichkeit und Gelage. Wir kennen sie nur aus nordischen Berichten, doch lehren uns die in Deutschland noch fortlebenden Gebräuche, daß sie hier auf ganz ähnliche Weise stattgefunden haben. Geopfert wurden entweder Menschen oder Tiere oder Pflanzen. Sie waren natürlich bei den einzelnen Völkern im Hinblick auf die verschiedenen Lebensbedürfnisse verschieden. Zum Teil waren es Unheil abwehrende, zum Teil Glück und Beistand erflehende Opfer. In Deutschland hat es deren vier im Jahre gegeben: das erste im Januar, das zweite im April, das dritte Ende Juni, das vierte Ende September. Das Opfer fand statt in der Nähe des Heiligtums der Gottheit. Dies war entweder ein heiliger Hain oder eine Art Tempel. Die feierliche Handlung leiteten die Priester, die keine Kaste bildeten, sondern aus den Edeln des Gauverbandes genommen wurden. Daneben gab es auch Priesterinnen, Weiber, die sich durch die Gabe der Weissagung auszeichneten; denn Weissagung (s. d.) und Loswerfen war in der Regel mit dem Opfer verbunden. Die Gottheit selbst nahm an den Opfern meist als Götzenbild teil, das nach dem Fest durch die Gaue geführt wurde, damit es das erbetene Glück überall hinbrächte. Während jener Zeit ruhten alle Streitigkeiten; es war eine heilige Zeit.

Litteratur: Jakob Grimm, D. M. (4. Aufl., 3 Bde., Berl. 1875—78); W. Müller, Geschichte und System der altdeutschen Religion (Gött. 1844); Simrock, Handbuch der D. M. (6. Aufl., Bonn 1878); Adolf Holtzmann, D. M. (Lpz. 1874); Wolf, Beiträge zur D. M. (2 Bde., Gött. 1852—54); Mannhardt, Die Götterwelt der deutschen und nordischen Völker (Bd. 1, Berl. 1860); ders., German. Mythen (ebd. 1858); ders., Wald- und Feldkulte (2 Bde., ebd. 1875—77); ders., Mytholog. Forschungen (Straßb. 1884); A. Kuhn, Mytholog. Studien (Bd. 1, Gütersloh 1886); Schwartz, Der heutige Volksglaube und das alte Heidentum (2. Aufl., Berl. 1862); ders., Die poet. Naturanschauungen der Griechen, Römer und Deutschen in ihrer Beziehung zur Mythologie (2 Bde., ebd. 1864—79); ders., Prähistorisch-anthropol. Studien (ebd. 1884); ders., Indogerman. Volksglaube (ebd. 1885); E. H. Meyer, Indogerman. Mythen (2 Bde., ebd. 1883—85); Laistner, Nebelsagen (Stutt. 1879); ders., Das Rätsel der Sphinx. Grundzüge einer Mythengeschichte (Berl. 1889); K. Müllenhoff, Über Tuisco und seine Nachkommen (in der «Allgemeinen Zeitschrift für Geschichte», Bd. 8); Weinhold, Über den Mythus vom Wanenkrieg (Berl. 1890); Wuttke, Der deutsche Volksaberglaube der Gegenwart (2. Aufl., ebd. 1869); Pfannenschmid, German. Erntefeste im heidn. und christl. Kultus (Hannov. 1878); Jahn, Die deutschen Opfergebräuche bei Ackerbau und Viehzucht (Bresl. 1884); Kauffmann, D. M. (Stuttg. 1890); E. Mogk, Mythologie (im «Grundriß der german. Philologie», hg. von H. Paul, Bd. 1, Straßb. 1891); E. H. Meyer, German. Mythologie (Berl. 1891); Herrmanowski, Die Deutsche Götterlehre und ihre Verwertung in Kunst und Dichtung (2 Bde., ebd. 1891).

Deutsche Nationalpartei, österr. parlamentarische Parteigruppe, trennte sich 23. Mai 1887 unter Führung Steinwenders unter dem Namen Deutschnationale Vereinigung von dem Deutschen Klub (s. d. und Vereinigte Deutsche Linke). Später nahm sie den Namen Klub der Deutschen Nationalpartei an. Die Anzahl ihrer Mitglieder betrug anfangs 15; bei den Wahlen 1891 errangen sie 17 Mandate. Ihr Ziel ist Wiederherstellung und Sicherung der deutschen Führung in Österreich im engsten Anschluß an das Deutsche Reich. Obmänner des Klubs sind Dr. Bareuther und Dr. Steinwender.

Deutschendorf, s. Poprád.

Deutschenspiegel, Spiegel deutscher Leute (abgekürzt Dsp.), wahrscheinlich von einem Augsburger Geistlichen nach der Mitte des 13. Jahrh. verfaßt, ist in seinem ersten Teile eine freie Bearbeitung des Sachsenspiegels (s. d.) bis Landrecht Bd. II a. 12, §. 13, von da an lediglich Übersetzung desselben ins Oberdeutsche. Die Umarbeitung wurde vollendet im Schwabenspiegel. Der D. wurde erst 1857 auf der Innsbrucker Universitätsbibliothek aufgefunden; Ausgabe von Ficker, Der Spiegel deutscher Leute (Innsbr. 1859).

Deutsche Ostafrika-Linie zu Hamburg, wurde 1890 auf Grund eines Vertrags mit dem Reiche, durch den ihr eine jährliche Subvention von 900000 M. zugesichert wurde, errichtet, um eine deutsche regelmäßige Verbindung mit der deutschen Kolonie herzustellen. Noch im selben Jahre machte die Linie fünf Reisen, jetzt unterhält sie mit vier großen, für den Passagierverkehr eingerichteten Schiffen von 9900 Brutto-Registertonnen monatliche Fahrten von Hamburg über Rotterdam, Lissabon und Neapel nach Sansibar, den wichtigsten Plätzen Deutsch-Ostafrikas, ferner nach Mozambique, Delagoabai und Natal. Die Reise nach Sansibar dauert von Hamburg 37, von Neapel 23 Tage, bis Natal 52 bez. 38 Tage. In Verbindung mit dieser Hauptlinie werden mit 3 Dampfern von etwa 600 Registertonnen zwei Zweiglinien, eine nach den deutschen, die andere nach den portug. Küstenplätzen unterhalten. Der Verkehr zeigt eine erhebliche Steigerung. Die Einfuhr in Hamburg betrug 1891: von Sansibar 1862000 M. (1890: 1819000), von Deutsch-Ostafrika 520000 M. (158000), vom übrigen Ostafrika 1538000 M. (398000), von der südafrik. Republik 39000 M., Madagaskar 1106000 M.

(762000). Die Ausfuhr betrug nach Sansibar 1095000, nach Deutsch-Ostafrika 2236000 (157000), dem übrigen Ostafrika 1603000, der südafrik. Republik 42000, Madagaskar 731000 M. Von der zu erhoffenden Entwicklung der deutschen Kolonie und der Eröffnung der Eisenbahn von der Delagoabai nach der südafrik. Republik (Johannisburg) ist eine weitere Steigerung zu erwarten.

Deutsche Ostafrikanische Gesellschaft, s. Deutsch-Ostafrikanische Gesellschaft.

Deutsche Partei, Name der nationalliberalen Partei in Württemberg.

Deutsche Philologie. In der zweiten Hälfte des 16. Jahrh. hatten die prot. Theologen Flacius Illyricus («Catalogus testium veritatis», Basel 1556) und Konrad Geßner («Mithridates», Zür. 1555) angefangen, sich wissenschaftlich mit der mittelalterlichen Litteratur und den german. Sprachen zu beschäftigen. Besonders anregend wirkten die niederländ. Philologen Bonaventura Vulcanius, Scaliger, Paulus Merula und Justus Lipsius, welche eine Anzahl mittelalterlicher Litteraturwerke herausgaben. In ihrem Sinne waren in Deutschland namentlich Melchior Goldast (1576—1635) und Marquard Freher (1665—1714) thätig. Schon früher hatten praktische Bedürfnisse zur Behandlung der neuhochdeutschen Sprache geführt. In der Reformationszeit wurde epochemachend Val. Ickelsamers «Teutsche Grammatika» (wahrscheinlich zuerst 1534 gedruckt; Neudruck, 3. Aufl., Freiburg 1881).

Der bedeutendste Grammatiker des 17. Jahrh. ist J. G. Schottelius (1612—76), sein Hauptwerk «Ausführliche Arbeit von der Teutschen Haubt Sprache» (Braunschw. 1663). Der erste wirkliche deutsche Philologe ist Franciscus Junius (1589—1671). Er ist der erste, der das Studium der altdeutschen Denkmäler nicht bloß als Nebenbeschäftigung und aus Liebhaberei getrieben, und der die Methode der klassischen Philologie auf die deutsche angewandt hat. Für die Grammatik und Etymologie hat Leibniz anregend gewirkt, besonders auf J. G. Eckhart (1674—1730), der in seiner «Historia studii etymologici linguae Germanicae» (Hannov. 1711) eine Geschichte der gesamten germanistischen Thätigkeit gegeben und eine Reihe von altdeutschen Litteraturdenkmälern veröffentlicht hat. Die bedeutendste Publikation jener Zeit war der von Joh. Schilter und J. G. Scherz herausgegebene «Thesaurus antiquitatum Teutonicarum» (3 Foliobände, Ulm 1728), der alle damals bekannten althochdeutschen Litteraturdenkmäler nebst einem Wörterbuch enthält. Nachfolger des Junius ist für das Altenglische der engl. Theologe G. Hickes (1642—1715), an dessen großem Sammelwerk «Antiquae Literaturae Septentrionalis libri duo» (Bd. 1 des «Linguarum veterum Septentrionalium Thesaurus grammatico-criticus et archaeologicus», 6 Tle. in 2 Bdn., Oxf. 1703—5) verschiedene andere Gelehrte mitgearbeitet haben, und nach ihm Edw. Lye (gest. 1767). In den Niederlanden fanden Junius und Hickes einen ebenbürtigen Nachfolger in Lambert ten Kate (1674—1731), der die Hauptergebnisse seiner Untersuchungen in dem großen zweibändigen Werk «Aenleiding tot de Kennisse van het verhevene Deel der Nederduitsche Spraeke» (Amsterd. 1723) niederlegte. In Deutschland nahmen die Führer der litterar. Bestrebungen, Gottsched («Grundlegung einer deutschen Sprachkunst», Lpz. 1748), Bodmer und Breitinger («Sammlung von Minnesingern aus dem schwäb. Zeitpunkte», 2 Bde., Zür. 1758—59), Lessing u. a. auch in der Entwicklung der D. P. einen ehrenvollen Platz ein. Von größerer Bedeutung ist Herder gewesen, dessen erste größere Schrift «Über die neuere deutsche Litteratur» (3 Sammlungen, I und II o. O., III Riga 1767) bereits eine Fülle von Anregung zu geschichtlicher Behandlung nicht nur der Litteratur, sondern auch der Sprache bietet, und dessen Preisarbeit «Über den Ursprung der Sprache» (Berl. 1772) die Sprache mit Notwendigkeit aus der menschlichen Natur entspringen läßt. Herder wies ferner mit Nachdruck auf unsere Volkspoesie hin. Das Zeitalter der Romantik lenkte die Blicke auf die Vorzeit unseres Geisteslebens zurück. Unter den Häuptern der romantischen Schule erwarben sich die Brüder Schlegel das Verdienst der Begründung einer eigentlichen Litteraturgeschichte. Arnim und Brentano danken wir die Volksliedersammlung «Des Knaben Wunderhorn» (3 Bde., Heidelb. 1806—8), Görres «Die deutschen Volksbücher» (ebd. 1807). In der Romantik wurzelt der fachmännische Betrieb deutsch-philol. Studien, der von Berlin ausging, und zwar von Fr. H. von der Hagen (1780—1856). Seine unermüdliche Betriebsamkeit hat das Material der Wissenschaft vermehrt und die Ausbreitung des Studiums befördert. Im Mittelpunkt seines Interesses stand das Nibelungenlied, dessen Studium ihn auf die Edda als Quelle der german. Heldensage führte. Zusammen mit Docen, dessen Arbeiten in seinen «Miscellaneen zur Geschichte der teutschen Literatur» (2 Bde., Münch. 1809) zusammengefaßt sind, und mit Büsching gab er das «Museum für Altdeutsche Literatur und Kunst» (3 Hefte, Berl. 1809—12) heraus. Noch heute wertvoll ist sein und Büschings «Literarischer Grundriß zur Geschichte der Deutschen Poesie» (ebd. 1812). In den Bestrebungen dieser Männer, auf dem Gebiete der Rechtsgeschichte besonders denen von Fr. C. von Savigny, wurzeln die Anfänge der Brüder Grimm.

Durch die Brüder Grimm, durch Benecke und Lachmann wurde die D. P. erst zum Range einer exakten Wissenschaft erhoben. An dieser Wendung haben die von A. W. Schlegel ausgegangenen Anregungen, dessen überlegene philol. Methode mehrere glänzende kritische Leistungen bezeugen, einen hervorragenden Anteil gehabt. Jakob und Wilhelm Grimm (ersterer 1785—1863, letzterer 1786—1859), 1829—37 Professoren in Göttingen, seit 1840 in Berlin, umfaßten das Ganze der D. P. und schufen den meisten Disciplinen derselben die Grundlage, auf der wir immer noch weiter bauen. Von der kränkelnden, phantastisch dilettantischen Art der Romantiker hebt sie eine echte, frische Natur, ein einfaches und reines Gefühl für Poesie ab und der Geist echter Wissenschaftlichkeit. Ihr Interesse drehte sich zunächst um die Geschichte der Poesie und der Sage. Zusammen herausgegeben haben sie die «Kinder- und Hausmärchen» (2 Bde., Berl. 1812 u. 1814; 2. Ausg., 3 Bde., 1819—22; neu hg. von Herm. Grimm, ebd. 1890; kleine Ausg., 37. Aufl., Gütersloh 1888), die, wie beabsichtigt war, ein Gemeingut des deutschen Volks geworden sind und die Märchenforschung zugleich auch für alle andern Nationen begründet haben. Gemeinsam haben sie gleichfalls die «Deutschen Sagen» (2 Bde., Berl. 1816—18; 3. Aufl., ebd. 1891) veröffentlicht. Im übrigen gehen die beiden Brüder zu selbständigen Leistungen auseinander. Um dem Volke den Schatz seiner frühern geistigen Erzeugnisse wieder zu erschließen, ging Jakob, der Vielseitigere und Genialere, daran, zunächst die ältere deutsche Sprache zu erforschen, nach der vergleichenden Methode, die gleichzeitig Franz Bopp auf die indogerman. Sprachen überhaupt in Anwendung brachte und nach der der Däne Rask die altnord. Grammatik bearbeitet hatte, und er schuf, zum Erstaunen der Zeitgenossen, ein Werk, das an Bedeutung von keinem andern ähnlichen auch nur annähernd erreicht worden ist, seine «Deutsche Grammatik» (Bd. 1, Gött. 1819; 3. Aufl. 1840; Bd. 2—4, 1826, 1831 u. 1837; neuer Abdruck, Bd. 1—3, Berl. 1870, 1878 und Gütersloh 1890). Er legte in diesem seinem Hauptwerke mit bewundernswürdiger Gelehrsamkeit und Klarheit die Geschichte aller german. Sprachen, von dem Gotischen des 4. Jahrh. bis auf die Neuzeit, genau dar, sowohl die Laut- und Formenlehre als auch die Wortbildungslehre und die Syntax des einfachen Satzes. Die Grammatik ist durch dies Werk zu einer selbständigen Wissenschaft geworden. Nun erst war ein wirkliches, wissenschaftliches, geschichtliches Begreifen der Sprache möglich geworden. J. Grimms Grammatik ist das Vorbild für Diez' roman., Miklosichs slaw. und Zeuß' kelt. Grammatik gewesen. Es folgte ein neues Fundamentalwerk «Deutsche Rechtsalterthümer» (Gött. 1828; 3. Ausg. 1881), das einen Einblick bot auf eine neue, bis dahin völlig unbeachtet gebliebene Seite des geistigen und Kulturlebens, und das durch ein neues Werk zu ersetzen bis heute auch nicht der Versuch gemacht worden ist. Eine Ergänzung dazu waren die «Weisthümer», eine Sammlung von Rechtsbelehrungen, die er selber auf 4 Bände gebracht hat (Bd. 1—4, Gött. 1840—63; Bd. 5—7, hg. von Schröder, 1866—78). Auch eine Geschichte der Sitte hatte er zu schreiben geplant. Das nächste Gebiet, dem J. Grimm seinen Entdeckungstrieb zuwandte, war die Tiersage: «Reinhart Fuchs» (Berl. 1834). Er entdeckte in den verschiedenen Erzählungen und Dichtungen des Altertums und Mittelalters einen geschichtlichen Zusammenhang. Schon im folgenden Jahre erschien ein neues grundlegendes Werk, die «Deutsche Mythologie» (Gött. 1835; 2. Aufl., 2 Bde., 1843—44; 4. Ausg., 3 Bde., Berl. 1875—78). Hier war der poetisch nachempfindende J. Grimm recht eigentlich auf seinem Gebiet. Sein fünftes großes Fundamentalwerk ist die «Geschichte der deutschen Sprache» (2 Bde., Lpz. 1848; 4. Aufl. 1880), in dem zum erstenmal die Sprache methodisch herbeigezogen wurde, um über Geschichte und Kultur vorgeschichtlicher Zeiten Auskunft zu geben. Neben diesen Werken gehen eine große Menge bedeutsamer kleinerer Schriften (Abhandlungen und Ausgaben) her. Es sei hier nur noch der von den Brüdern herausgegebenen und auch beinahe allein verfaßten «Altdeutschen Wälder» (3 Bde., Cassel und Frankf. 1813—16) gedacht. Sein letztes Werk unternahm Jakob, wie sein erstes, gemeinsam mit seinem Bruder, das «Deutsche Wörterbuch» (fortgeführt von R. Hildebrand, K. Weigand, M. Heyne, M. Lexer und E. Wülcker, Lpz., seit 1852 erscheinend; fertig bis 1892 Bd. 1—4, 1. Abteil., 1. Hälfte, Bd. 4, 2. Abteil. bis Bd. 7, A bis R; mit R beginnt Bd. 8). Wilhelm Grimm verdanken wir außer seiner ersten glänzenden Leistung «Altdän. Heldenlieder, Balladen und Märchen» (Heidelb. 1811), eine große Reihe mit peinlicher Genauigkeit ausgeführter Ausgaben unserer ältern Dichtwerke. Von seinen größern Schriften sind die bedeutendsten die «Über Deutsche Runen» (Gött. 1821), «Zur Geschichte des Reims» (Berl. 1852) und besonders «Die deutsche Heldensage» (Gött. 1829; 2. Aufl., Berl. 1867; 3. Aufl., Gütersloh 1890), eine sorgfältige Zusammenstellung aller Quellen, aus denen über die Geschichte dieses Gegenstandes etwas zu entnehmen ist, und noch heute die Grundlage für alle einschlägigen Arbeiten. Nächst J. Grimm sind Benecke, Lachmann und Gervinus die Begründer der D. P. gewesen. G. Fr. Benecke (1762—1844), Professor in Göttingen, begründete das philol. Verständnis der mittelhochdeutschen Litteratur. Er hob an mit dem genauesten Studium einzelner Dichter, deren Texte er mit peinlichster kritischer Sorgfalt und mit eindringendem Verständnis herausgab («Beyträge zur Kenntnis der altdeutschen Sprache und Literatur», 2 Bde., Gött. 1810—32; Ausgabe von Bonerius' «Edelstein», Berl. 1816; Ausgabe des «Wigalois», ebd. 1819) und gelangte endlich zur Herrschaft über den mittelhochdeutschen Wortschatz, den er bis in die feinsten Schattierungen der Wortbedeutung darlegt im «Wörterbuch zu Hartmanns Iwein» (Gött. 1833; 2. Ausg. 1874), einem für die mittelhochdeutsche Lexikographie epochemachenden Werke. Sein großartig angelegtes «Mittelhochdeutsches Wörterbuch» blieb nur ein Entwurf, dessen Ausarbeitung W. Müller und Fr. Zarncke übernahmen (3 Bde., Lpz. 1854—66). Bedeutender war Beneckes Schüler Karl Lachmann (1793—1851), seit 1825 Professor in Berlin. Von Hause aus klassischer Philolog, hat Lachmann die Textbehandlung als den Mittelpunkt philol. Thätigkeit angesehen und seine Kraft und seinen Scharfsinn auf die Kritik verwandt. Diese seine der der Brüder Grimm entgegengesetzte Art trat bereits in seiner Erstlingsschrift «Über die ursprüngliche Gestalt des Gedichts von der Nibelungen Not» (Berl. 1816) klar zu Tage, in der er, durch Fr. A. Wolfs «Prolegomena» angeregt, das Nibelungenlied nach der Analogie Homers in eine Anzahl ursprünglicher selbständiger Lieder auflösen wollte. Rastlos war er bemüht, nach seinen kritischen Grundsätzen die Hauptwerke der mittelhochdeutschen Litteratur zu bearbeiten. Auf Grund des von Benecke gelieferten Materials arbeitete er den «Iwein» aus (Berl. 1827; 4. Aufl. 1877). Ferner gab er heraus «Der Nibelunge Not mit der Klage» (ebd. 1826; 5. Aufl., ebd. 1878), «Die Gedichte Walthers von der Vogelweide» (ebd. 1827; 5. Aufl. 1875) und «Wolfram von Eschenbach» (ebd. 1833; 5. Ausg. 1891). Als Ergänzung der Nibelungenausgabe erschienen seine kritischen Bemerkungen «Zu den Nibelungen und zur Klage» (ebd. 1836). Auf einen neuhochdeutschen Schriftsteller wandte Lachmann die kritische Methode an in seiner Ausgabe von «Lessings Schriften» (13 Bde., Lpz. 1838—40; 3. Aufl., besorgt von Muncker, Stuttg. 1886 fg.). Auch auf dem Gebiete der Metrik waren Lachmanns Arbeiten bahnbrechend, indem er dieselbe der Grammatik und Textkritik nutzbar machte. Bis in die Gegenwart hinein hat sich der Kampf über das Handschriftenverhältnis und die Entstehung des Nibelungenliedes gezogen, den Lachmanns Theorie hervorgerufen. Der Bau der Wissenschaft war auf fast allen Gebieten aufgeführt. Nur die Litteraturgeschichte war seit A. W. Schlegel noch arg vernachlässigt worden, wiewohl «Goethes Dichtung und Wahrheit» ein klassisches Beispiel litterargeschichtlicher Biographie gegeben hatte. Nachdem Ludwig Uhland, dessen bekanntestes germanistisches Werk die «Alten hoch- und niederdeutschen Volkslieder» (Stuttg. 1844; 2. Aufl. 1881) sind, eine ganz vorzügliche Charakteristik Walthers von der Vogelweide veröffentlicht (ebd. 1822) und 1830—31 Vorlesungen über «Geschichte der altdeutschen Poesie» gehalten hatte («Schriften zur Geschichte der Dichtung und Sage», 8 Bde., ebd. 1865—73), nahm die deutsche Litteraturgeschichte einen gewaltigen Aufschwung durch G. G. Gervinus (s. d.), der es zum erstenmal wagte, die ganze deutsche Litteraturgeschichte von Anfang an darzustellen, dem Mittelalter freilich nicht gerecht werdend. Der Schlosserschen Schule angehörend, daher stark subjektiv, suchte er jede litterar. Erscheinung aus ihrer Zeit, im Zusammenhange mit der ganzen übrigen Kultur zu verstehen, indem er die Erscheinungen allerdings nicht an und für sich begründete, sondern sie voneinander ableitete. Seine geniale Darstellung gipfelt in Lessing, Goethe und Schiller.

Die Wissenschaft der D. P. war nunmehr nach allen Richtungen hin fest begründet und wurde allmählich als eine der klassischen Philologie gleichberechtigte Wissenschaft anerkannt. Nach und nach sind an allen deutschen Universitäten besondere germanistische Lehrstühle errichtet worden. Die Zahl der Forscher ist fortwährend gewachsen. Es galt für dieselben, den aufgeführten Bau nach allen Seiten hin auszubauen. Wir leben seit den letzten Jahrzehnten in der Zeit der Spaltung der D. P. in eine Reihe von selbständigen Wissenschaften. Hatte schon J. Grimms universale Thätigkeit sich weniger auf das Gebiet der Litteraturgeschichte erstreckt und galten Lachmanns Arbeiten wesentlich der Textkritik, so macht heutzutage die wachsende Ausdehnung der Wissenschaft es dem einzelnen fast nicht mehr möglich, alle Seiten derselben zu pflegen, auch abgesehen von der persönlichen Veranlagung des Forschers. Vielleicht der einzige, dessen Genialität seit J. Grimm wiederum fast das ganze Gebiet der D. P. umspannt hat, ist Wilhelm Scherer (1841—86) gewesen, seit 1877 Professor in Berlin. Der Lachmannschen Berliner Schule angehörend, hat er sich in kritischen Arbeiten auf dem Felde der ältern und neuern Litteratur versucht. Es sei hier namentlich der erschöpfenden Behandlung der «Denkmäler deutscher Poesie und Prosa aus dem 8. bis 12. Jahrh.» (Berl. 1864; 3. Aufl., 2 Bde., 1892) gedacht, die er zusammen mit K. Müllenhoff herausgab. Seine Bedeutung liegt auf denjenigen Gebieten, auf denen er von Lachmann ganz unabhängig war, der Sprach- und Litteraturgeschichte. Sein Buch «Zur Geschichte der deutschen Sprache» (Berl. 1868; 2. Ausg., neuer Abdruck 1889) ist von epochemachender Bedeutung gewesen durch die Fülle von neuen Gedanken für die Auffassung und Erklärung der sprachgeschichtlichen Thatsachen. Am meisten entsprach seiner Begabung die Charakterisierung litterar. Schöpfungen und Persönlichkeiten. Er ist mehr und mehr zu der Beschäftigung mit der neuern Litteratur, besonders dem 16. Jahrh. und Goethe, übergegangen. Seine künstlerisch angelegte «Geschichte der deutschen Litteratur» (Berl. 1883; 6. Aufl., hg. von Edw. Schröder, 1891) ist die neueste selbständige wissenschaftliche Darstellung unserer Litteraturgeschichte, deren Glanzpunkt die Charakterisierung im einzelnen ist. Der Sprung von J. Grimm zu W. Scherer ist ein weiter. Allein es läßt sich zur Zeit noch keine abschließende Geschichte der D. P. seit J. Grimm geben. Überblicken läßt sich allein die Entwicklung der einzelnen Disciplinen. Für die sprachliche Seite s. Germanische Sprachwissenschaft, für die litterargeschichtliche s. Deutsche Litteratur. Es bleibt hier also nur übrig, die Fortschritte der philol. Forschung im engern Sinne des Wortes (Textkritik) und der kulturgeschichtlichen zu besprechen. Was die erstern anbetrifft, so haben sich um die Veröffentlichung und Erklärung alt-, mittel- und neuhochdeutscher Texte nach J. Grimm zunächst besonders verdient gemacht: E. G. Graff («Diutiska», 3 Bde., Stuttg. u. Tüb. 1826, 1827 u. 1829), Hoffmann von Fallersleben («Fundgruben für Geschichte deutscher Sprache und Litteratur», 2 Bde., Bresl. 1830—37; «Horae Belgicae», 12 Bde., Bresl. u. Hannov. 1831—62; Bd. 1, 2 u. 7 in 2. Ausg., 1856—57), J. A. Schmeller, H. Hattemer («Denkmahle des Mittelalters», 3 Bde., St. Gallen 1842—49), H. Fr. Maßmann («Deutsche Gedichte des 12. Jahrh.», 2 Tle., Quedlinb. 1837), Jos. Diemer («Deutsche Gedichte des 11. und 12. Jahrh.», Wien 1849; «Kleinere Beiträge zur älteren deutschen Sprache und Literatur», 6 Bde., Wien 1851—67), Moriz Haupt (durch seine vorzüglichen Ausgaben mittelhochdeutscher Dichtungen seit 1839, u. a. «Des Minnesangs Frühling», mit Lachmann, Lpz. 1857; 4. Ausg., ebd. 1888), Ed. von Kausler («Denkmäler altniederländ. Sprache und Litteratur», 3 Bde., Tüb. u. Lpz. 1840—66), Friedrich Zarncke (Musterausgabe von «Brants Narrenschiff», Lpz. 1854; «Das Nibelungenlied», ebd. 1856; 6. Aufl. 1887), Franz Pfeiffer, Karl Bartsch, letzterer der fruchtbarste («Untersuchungen über das Nibelungenlied», Wien 1865) und K. Goedeke (kritische Ausgabe von «Schillers sämtlichen Schriften», 15 Tle. in 17 Bdn., Stuttg. 1867—76); ferner El. Steinmeyer, Ed. Sievers (von beiden herausgegeben die «Althochdeutschen Glossen», 2 Bde., Berl. 1879 u. 1882), A. Schönbach («Altdeutsche Predigten», 3 Bde., Graz 1886—91), W. Wilmanns («Leben und Dichten Walthers von der Vogelweide», Bonn 1882; «Beiträge zur Geschichte der älteren deutschen Litteratur», Heft 1—4, ebd. 1885—88), H. Paul («Zur Nibelungenfrage», Halle 1877), G. Roethe («Die Gedichte Reinmars von Zweter», Lpz. 1887), K. Burdach, E. Schröder, Ph. Wackernagel («Das deutsche Kirchenlied von der ältesten Zeit bis zu Anfang des 17. Jahrh.», 5 Bde., Lpz. 1864—77), R. von Liliencron («Die histor. Volkslieder der Deutschen», 4 Bde., ebd. 1865—69), Joh. Bolte, B. Suphan («Herders sämtliche Werke», 31 Bde., Berl. 1877—91; Bd. 9 u. 14 sind noch nicht erschienen) und M. Bernays. Eine Musterausgabe ist die von «Goethes Werken» (Weim., seit 1887 erscheinend). Über größere Sammlungen von Textausgaben s. Deutsche Litteratur (Sammlungen, S. 26 b). Ferner gehören hierher: «Bibliotheek van Middelnederlandsche Letterkunde», hg. von H. E. Moltzer u. a. (seit 1868) und «Zwolsche Herdrukken» (Zwolle, seit 1891 erscheinend). — Die deutsche Metrik haben nach W. Grimm und Lachmann besonders W. Wackernagel, Vetter, Rieger, Bartsch, Wilmanns und am meisten neuerdings Sievers gefördert. —

Im Anfang unsers Jahrhunderts wurden die verstreuten handschriftlichen Schätze unserer ältern Litteratur gesammelt. So ist namentlich München ein wichtiger Centralpunkt geworden. Von großer Bedeutung war auch die Heimführung der altdeutschen Handschriften aus dem Vatikan nach Heidelberg 1816. Dazu kamen die Bemühungen einzelner eifriger Sammler. Die reiche Handschriftensammlung des Freiherrn von Laßberg (1770—1855) ist in den Besitz des Fürsten von Fürstenberg in Donaueschingen übergegangen. Die unentbehrlichste Grundlage für das Studium der neuhochdeutschen Periode schuf in trefflichster Weise Karl Hartwig Gregor Freiherr von Meusebach, indem er mit rastlosem Eifer und vollendeter Sachkenntnis alle ihm erreichbaren Werte und deren verschiedene Ausgaben zusammenbrachte, die für die deutsche Litteratur und Sprache von Erfindung der Buchdruckerkunst bis auf Goethe irgendwelche Bedeutung haben. Diese unschätzbare, an innerm Gehalt und äußerer Vollständigkeit einzig dastehende Sammlung ist in den Besitz der Königlichen Bibliothek in Berlin gelangt. Für die ältere neuhochdeutsche Litteratur hat W. von Maltzahn gesammelt. Die reichste auf Goethe bezügliche Sammlung verdankt man dem Buchhändler Salomon Hirzel, der sie der Leipziger Universitätsbibliothek vermacht hat. Das Goethe- und Schiller-Archiv in Weimar endlich verspricht immer mehr ein Archiv für die neuere Litteratur überhaupt zu werden. — Die Geschichte der altgerman. Stammeskunde ist begründet und am mächtigsten gefördert worden durch das noch heute nicht veraltete Werk von Kaspar Zeuß «Die Deutschen und die Nachbarstämme» (Münch. 1837). Seit J. Grimm hat sich nur K. Müllenhoff wiederum die Erforschung des german. Altertums zur Aufgabe gemacht; sein Lebenswerk «Deutsche Altertumskunde» (Bd. 1, Berl. 1870; 2. Aufl. 1890; Bd. 2, edd. 1887; Bd. 3, 1892; Bd. 5, 1891) mird auch nach seiner Fertigstellung — Müllenhoff ist 1884 gestorben — ein Bruchstück bleiben. Hervorragend wichtig ist auch A. Baumstarks «Ausführliche Erläuterung des allgemeinen Theiles der Germania des Tacitus» (Lpz. 1875) und «Ausführliche Erläuterung des besonderen völkerschaftlichen Theiles der Germania des Tacitus» (edd. 1880); vgl. auch seine «Urdeutschen Staatsalterthümer» (Berl. 1873). — Die archäol. Studien finden einen Anhalt an den zahlreichen Altertumsmuseen, besonders an dem 1852 gegründeten röm.-german. Centralmuseum in Mainz (vgl. «Die Altertümer unserer heidn. Vorzeit», hg. von L. Lindenschmit, Mainz seit 1858) und dem Germanischen Nationalmuseum in Nürnberg («Anzeiger für Knnde der deutschen Vorzeit», Neue Folge, Organ des Germanischen Museums, Nürnb. 1853—83; «Anzeiger des Germanischen Nationalmuseums», ebd., seit 1884). Diesen Studien hat gleichfalls gedient der «Anzeiger für Knnde des deutschen Mittelalters», von H. von Aufseß (Münch. 1832, Nürnb. 1833—34), fortgesetzt als «Anzeiger für Kunde der deutschen Vorzeit», von Mone (Karlsr. 1835—39), und dienen jetzt das «Archiv für Anthropologie» (Braunschw., seit 1866), die «Zeitschrift für Ethnologie» (Berl., seit 1869), die «Jahrbücher des Vereins von Altertumsfreunden im Rheinlande» (Bonn, seit 1842) und die «Westdeutsche Zeitschrift» (1.—11. Jahrg., Trier 1882—92). — Auf dem Gebiete der deutschen Runenkunde hat sich nach W. Grimm von den Ältern Franz Dietrich (s. d.) am meisten hervorgethan. Das grundlegende Werk für die Geschichte der german. Runenschrift überhaupt ist Wimmers «Runeskriftens oprindelse og udvikling i Norden» (Kopenh. 1874), in neuer deutscher Bearbeitung «Die Runenschrift» (Berl. 1887). R. Henning hat «Die deutschen Runendenkmäler» (Straßb. 1889) behandelt. — Die deutsche Kulturgeschichte hat Franz von Löher («Kulturgeschichte der Deutschen im Mittelalter», Bd. 1, Münch. 1891; Bd. 2, 1892) bearbeitet, die deutsche Wirtschaftsgeschichte K. Th. von Inama-Sternegg («Deutsche Wirtschaftsgeschichte», Bd. 1 u. 2, Lpz. 1879—91), K. Lamprecht («Deutsches Wirtschaftsleben im Mittelalter», 3 Tle. in 4 Bdn., ebd. 1886), die deutsche Rechtsgeschichte R. Schröder («Lehrbuch der deutschen Rechtsgeschichte», ebd. 1889), Konr. Maurer, H. Brunner («Deutsche Rechtsgeschichte», Bd. 1, ebd. 1887; Bd. 2, 1892) und K. von Amira. — Zur deutschen Sittengeschichte von den ältesten Zeiten bis zum Ausgange des Mittelalters hat W. Wackernagel («Kleinere Schriften», Bd. 1, Lpz. 1872) wertvolle Beiträge geliefert. K. Weinholds Buch «Die deutschen Frauen in dem Mittelalter» (Wien 1851; 2. Aufl., 2 Bde., 1882) erstreckt sich über die Hauptgebiete des Kulturlebens. Die Ergebnisse, welche die Denkmäler der Kunst und des Handwerks liefern, vereinigt mit den Zeugnissen der mittelhochdeutschen Dichtung Alwin Schultz («Das höfische Leben zur Zeit der Minnesinger», 2 Bde., Lpz. 1879—80; 2. Aufl. 1889). Zahlreich sind die meist lokal begrenzten Sammlungen über die heutigen Volkssitten, die häufig mit den Märchen- und Sagensammlungen verbunden sind. Unter den Forschern auf diesem Gebiete sind E. L. Rochholz, J. Zingerle, F. Liebrecht und R. Köhler hervorzuheben. Eine eigene Zeitschrift für Volkskunde unter besonderer Berücksichtigung des Deutschen ist die «Zeitschrift des Vereins für Volkskunde» (Berl., seit 1891). — Die german. Mythologie erforschten besonders W. Müller («Geschichte und System der altdeutschen Religion»; Gött. 1844), A. Kuhn, der Begründer der vergleichenden indogerman. Mythologie, W. Schwartz, W. Mannhardt («Mytholog. Forschungen», Straßb. 1884), El. H. Meyer («German. Mythologie», Berl. 1891) und E. Mogk («Mythologie» in Pauls «Grundriß der german. Philologie», Bd. 1, Straßb. 1891). Speciell für nordische Mythologie sind bedeutsam die Arbeiten von N. M. Petersen («Nordisk Mythologi», Kopenh. 1849; 2. Aufl. 1863), Konr. Maurer («Bekehrung des norweg. Stammes zum Christentum», 2 Bde., Münch. 1855—56), Henry Petersen («Om Norboernes gudedyrkelse og gudetro i hedenold», Kopenh. 1876), Bung («Völuspaa og de Sibyllinske Orakler», 1879), S. Bugge («Studier over de nordiske gude- og heltesagns oprindelse», Kristiania 1889; deutsche Ausgabe «Studlen über die Entstehung der nordischen Götter- und Heldensagen», Münch. 1889) und K. Müllenhoff («Deutsche Altertumskunde», Bd. 5, Berl. 1891). Eine eigene, freilich nicht auf der Höhe stehende «Zeitschrift für deutsche Mythologie und Sittenkunde» (4 Bde., Gött. 1853—59) murde von J. W. Wolf, dann von W. Mannhardt herausgegeben. — Unsere Kenntnis der deutschen Sagengeschichte, namentlich Heldensage, hatte seit W. Grimm besonders durch K. Müllenhoffs Abhandlungen Fortschritte gemacht, neuerdings auch durch W. Müller, R. Heinzel und W. Golther. — Außer den bereits angeführten dienten und dienen die folgenden Zeitschriften deutsch-philol. Forschungen: «Altdeutsche Blätter» von Haupt und Hoffmann (2 Bde., Lpz. 1835—40); «Neues Jahrbuch der Berlinischen Gesellschaft für deutsche Sprache und Altertumskunde» (auch u. d. T. «Germania») von von der Hagen (10 Bde., Berl. 1836—53); «Zeitschrift für deutsches Alterthum», hg. von M. Haupt, K. Müllenhoff, W. Scherer und

E. Steinmeyer, jetzt von E. Schröder tund G. Roethe (Lpz. u. Berl., seit 1841), dazu «Anzeiger für deutsches Altertum und deutsche Litteratur», von denselben herausgegeben (ebd., seit 1876 erscheinend); «Weimarisches Jahrbuch für deutsche Sprache, Litteratur und Kunst», hg. von Hoffmann von Fallersleben und O. Schade (6 Bde., Hannov. 1854—57); «Germania», hg. von Franz Pfeiffer, dann von K. Bartsch, jetzt von O. Behaghel (Stuttg. u. Wien, seit 1856 erscheinend); «Zeitschrift für D. P.», hg. von E. Höpfner und J. Zacher, jetzt von H. Gering und O. Erdmann (Halle, seit 1868 erscheinend); «Archiv für Literaturgeschichte», hg. von Gosche und Schnorr von Carolsfeld (15 Bde., 1870—87); «Beiträge zur Geschichte der deutschen Sprache und Literatur», hg. von H. Paul und W. Braune, jetzt von Ed. Sievers (Halle, seit 1874 erscheinend); «Jahrbuch des Vereins für niederdeutsche Sprachforschung» (zuerst Brem., dann Norden und Lpz., seit 1875 erscheinend), dazu «Korrespondenzblatt des Vereins für niederdeutsche Sprachforschung» (zuerst Hamb. [Brem.], dann Norden und Lpz., seit 1877 erscheinend); «Taalkundige Bijdragen» von Cosijn, Kern, Verdam und Verwijs (Harlem 1877 fg.); «Jahresdericht über die Erscheinungen auf dem Gebiefe der german. Philologie», hg. von der Gesellschaft für deutsche Philologie in Berlin (Berl. u. Lpz., seit 1879 erscheinend); «Literaturblatt für german. und roman. Philologie», hg. von O. Behaghel und Fr. Neumann (Heilbr. u. Lpz., seit 1880 erscheinend); «Tijdschrift voor Nederlandsche taal- en letterkunde», hg. von der Maatschappij der Nederlandsche letterkunde te Leiden (Leid., seit 1881 erscheinend); «Vierteljahrsschrift für Litteraturgeschichte», unter Mitwirtung von E. Schmidt und B. Suphan hg. von B. Seuffert (Weim., seit 1888 erscheinend); «Zeitschrift für deutsche Kulturgeschichte», hg. von Chr. Meyer (Neue Folge, Berl. 1891); «Taal en Letteren», hg. von Buitenrust Hettema, van den Bosch, Kollewijn, Terwey und Vercoullie (Zwolle, seit 1892 erscheinend). Eine Sammlung selbständiger Schriften aus allen Gebieten der german. Philologie sind die «Quellen und Forschungen zur Sprach- und Kulturgeschichte der german. Völker», begründet von B. ten Brink und W. Scherer, jetzt hg. von E. Martin und Er. Schmidt (Straßb., seit 1874 erscheinend.) — Den gegenwärtigen Staud der Forschung faßt für das ganze Gebiet der german. Philologie zusammen und für das der deutschen für die Zeit des Mittelalters der von H. Paul herausgegebene «Grundriß der german. Philologie» (Bd. 1, Straßb. 1891; Bd. 2 im Erscheinen begriffen); derselbe enthält eine Gesamtdarstellung der Geschichte der german. Philologie, der Methodik, Schriftkunde, Sprachgeschichte, Mythologie, Heldensage, Litteraturgeschichte, Metrik und Kulturgeschichte.

Zur Geschichte der D. P. vgl. R. von Raumer, Geschichte der german. Philologie vorzugsweise in Deutschland (Münch. 1870); W. Scherer, Jakob Grimm (2. Aufl., Berl. 1885); A. Socin, Schriftsprache und Dialekte im Deutschen (Heilbr. 1888); H. Paul in seinem «Grundriß», Bd. 1.

Deutsche Philosophie. Die deutsche Nation hat zu verschiedenen Zeiten selbstthätigen Anteil an der Entwicklung der Philosophie genommen und namentlich seit dem Ende des 18. Jahrh. dadurch, daß die von Kant eingeleitete gänzliche Umwälzung der philos. Studien fast ausschließlich auf deutscher Erde vorgegangen ist, die leitende Stellung auf dem Gebiete dieser Wissenschaft errungen. Als das deutsche Volk in die kirchliche Civilisation des Mittelalters eintrat, begann auch in den deutschen Klöstern die Arbeit der scholastischen Philosophie (s. Scholastik), deren Entwicklung wesentlich von der wachsenden Bekanntschaft mit dem klassischen Altertum und speciell mit den Schriften des Aristoteles abhing; daher war es eine der bedeutsamsten Förderungen derselben, daß Albert von Bollstädt durch sein umfassendes Studium, namentlich der arab. Kommentatoren des Aristoteles, den bis dahin sehr engen Gesichtskreis des scholastischen Denkens erweiterte und dadurch seinem Schüler Thomas von Aquino den Weg zu höhern Leistungen bahnte.

Auch an der Entwicklung der neuen lebenskräftigen Elemente, die in der Renaissance die mittelalterliche Philosophie verdrängten, hatte die deutsche Nation wichtigen Anteil. Zwar verhielt sie sich in der Neubelebung der humanistischen Studien wesentlich empfangend und nachfolgend. Aber dafür hatte in den tiefern, religionsbedürftigen Schichten des deutschen Volks seit dent Auftreten des Meister Eckardt (s. d.) immer mehr eine Mystik um sich gegriffen, die die äußerlichen Formen des religiösen Lebens abzustreifen und in den Tiefen des gläubigen Gemüts, unabhängig von allem Verstandeswissen, die Geheimnisse aller Erkenntnis zu durchdringen hoffte, und die auch der Thätigkeit der deutschen Reformatoren unmittelbar zu Grunde lag. Zugleich regten sich die ersten Keime eines selbständigen, der Nalur zugewandten Philosophierens in den unklaren, phantastisch-abenteuerlich gärenden Gedanken von Männern wie Agrippa von Nettesheim und Paracelsus. Als dann die deutsche Reformation in ihrer Kirche bildenden Tendenz sich nach einer wissenschaftlichen Philosophie umsehen mußte, bildete man unter der Führung Melanchthons den philologisch gereinigten Aristotelismus zu einer prot. Philosophie um, die als ein Nachbild der Scholastik auf den deutschen Universitäten sich zu einem unfruchtbaren Formalismus befestigte. Inzwischen ging die mystische Bewegung im Volke fort, faud gelegentlich auch, wie bei Taurellus, eine gelehrtere Form und gestaltete sich, indem sie mit den naturphilos. Spekulationen des Paracelsus verschmolz, schließlich zu dem tiefsinnig grübelnden Gedankensysteme des Jakob Böhme (s. d.).

Der trostlose Kulturzustand, den die Religionskriege in Deutschland herbeiführten, erklärt es, daß die Neubegründung einer wissenschaftlichen Philosophie in England, Frankreich und den Niederlauden bei den Deutschen nur geringen Wiederhall fand. Erst in Leibniz (s. d.) sah Deutschland seinen ersten philos. Genius. Sein System der universellen Harmonie, in dem die einfachen Einzelwesen, die Monaden, in logischen, nicht kausalen Wechselbeziehungen stehen, und das in sich die mathem. und naturwissenschaftlichen Bestrebungen mit den religiösen Bedürfnissen des gebildeten Kulturmenschen jener Zeit vereinigt, ist durch Originalität und Großartigkeit der Gedanken, durch methodische Verarbeitung und scharfsinnige Verknüpfung der einzelnen Faktoren der Kulminationspunkt der vorkantischen Metaphysik. Die tiefsinnigen, aber in Gelegenheitsschriften und Briefen zerstreuten Ideen des Meisters hat dann sein Schüler Wolf (s. d.) zu einem weitschichtigen encyklopäd. Wissenschaftsbau verarbeitet, der von den deutschen Kathedern des 18. Jahrh. als der wesentliche Lehrgehalt vorgetragen wurde und das Denken der Deutschen für die Aufnahme der großen Ideen der folgenden Periode vorbereitete. So wurde Wolf der logische Schulmeister der deutschen Nation, während die von ihm vorgetragenen Gedanken Leibniz' den Grundstock der Überzeugungen bildeten, zu denen sich das «Zeitalter der Aufklärung» bekannte. Wie er, arbeitete Thomasius daran, den Bildungsgehalt der Philosophie in die weitesten Schichten des Volks zu tragen, und beiden gleichmäßig gebührt das Verdienst, daß sie die Philosophie zuerst gelehrt haben, deutsch zu sprechen. Bei dem Mangel gesicherter polit. und socialer Zustände befriedigte die vollständige und geordnete rationalistische Sammlung des Wissenswerten in der Wolfschen Philosophie das allgemeine Bedürfnis nach Leben und Genuß. Von den Schülern Wolfs beschränkten sich die einen darauf, sein System allseitig auszuarbeiten und es, wie z. B. Baumgarten durch die Begründung der Ästhetik, systematisch zu ergänzen; andere verbanden seine Lehren in eklektischer Weise mit denjenigen der nunmehr eifrig studierten Engländer und Franzosen, und dies geschah namentlich in der Richtung der empirischen Psychologie, die durch die vielseitigen Arbeiten eines Reimarus, Mendelssohn, Sulzer, Tetens, Feder, Platner, Moritz, G. E. Schulze u. a. ein Lieblingsgegenstand des Zeitalters wurde. Schon auf diesem Gebiet entwickelte sich eine Opposition gegen den Rationalismus: die selbständige Bedentung des Fühlens neben dem Vorstellen und Begehren erkannt zu haben ist eine Hauptfrucht dieser Bemühungen. Noch wichtiger wurde diese philos. Opposition in erkenntnistheoretischer Richtung, in der namentlich Crusins und Lambert zu nennen sind, die teils die empirische Wirklichkeit in den Vordergrund der philos. Aufgaben treten ließen, teils das Erkenntnisproblem durch die Frage nach den wesentlichen Faktoren aller Erkenntnis zu fördern suchten. Damit verband sich alsbald der Gegensatz gegen den Rationalismus in der Auffassung der Geschichte und der Religion. Beide fanden in Lessing und Herder verständnisvolle Interpreten. Den Gipfel erreichte diese Opposition in dem Gefühlsphilosophen Hamann, der alles vernünftige Begreifen verachtet und verschmäht und an den sich der gemäßigtere F. H. Jacobi anschließt.

Alle diese einander widerstreitenden Richtungen hat der größte deutsche Philosoph, Immanuel Kant (s. d.), zu versöhnen unternommen. Dem Rationalismus gab er recht, indem er die Notwendigkeit und Allgemeingültigkeit wissenschaftlicher Erkenntnisse aus dem Mitwirken der reinen Vernunft ableitete, und dem Empirismus, indem er jede Erkenntnis aus bloßer Vernunft, die alte rationalistische Metaphysik, als eine Scheinwissenschaft ablehnte. Dic Unmittelbarkeit der alle vernünftige Begründung zurückweisenden Gefühlsphilosophie endlich fand ihre Anerkennung in der Ethik, wonach das gesetzgebende Gewissen, frei von aller Motivierung, schlechthin Sittliches gebietet oder zu wollen befähigt. Da jedoch die «Kritiken» Kants den gesamten Thatbestand der Vernunftthätigkeit des Menschen in einer Reihe einzeln für sich bestehender Untersuchungen nur analytisch gewissermaßen von der Peripherie aus behandelten, so machte sich bei seinen Nachfolgern zunächst das Bestreben geltend, die Kantischen Resultate nach einer schulmäßigen Methode aus einem einheitlichen Princip zu entwickeln. Diese einheitliche Behandlung suchten Fries und seine Schule darin, daß sie dem Kantischen Kriticismus eine systematische anthropol.-philos. Begründung unterzubauen unternahmen, während die sog. Identitätsphilosophie (s. d.), von dem Gedauten ausgehend, daß die formgebenden Principien der menschlichen Vernunft auch diejenigen der real existierenden Weltvernunft sein müßten, nach dem gemeinsamen Grundprincip des Seins und des Denkens suchte, worans dann durch dialektische Entwicklung alle einzelnen Formen des gesetzmäßigen Systems der Vernunft abgeleitet werden sollten. Nachdem auf dieses Ziel zuerst Kari Leonhard Reinhold hingewiesen hatte, suchte Fichte (s. d.) in seiner Wissenschaftslehre den schon von Kant hervorgehobenen Primat der praktischen Vernunft zum einheitlichen Princip der Erkenntnis und des Handelns fortzubilden, sodaß die Setzung des Nicht-Ich innerhalb des Ich nur durch ein ethisches Motiv gerechtfertigt oder erklärt werden kann. Dieses allgemeine Bestreben nach einer systematischen Ableitung der Kantischen Grundgedanken führte auf diesem Wege wieder zu einer Anwendung rationalistischer Mittel. Schelling (s. d.) war zunächst bestrebt, die Fichtesche Wissenschaftslehre durch eine Naturphilosophie zu ergäuzen, in der die Natur als ein der Verwirklichung des Geistes entgegenstrebendes System von Organisationsstufen begriffen werden sollte, eine philos. Vorschöpfung der darwinistischen Principien, bei deren Durchführung Schelling von zahlreichen Schülern, wie Steffens, Oken, Schubert u. a. unterstützt wurde.. In einer weitern Phase seiner Entwicklung, der er den Namen des Identitätssystems gab, stellte Schelling die Wissenschaftslehre und die Naturphilosophie als die beiden ersten Teile eines neuen Systems dar, das vom Begriffe des Absoluten als der Identität des Idealen und des Realen ausging und in der Lehre von der unbewußt-bewußten Genialität, in der Kunstphilosophie, seinen Abschluß finden sollte. Vollendet murde diese Entwicklung durch Hegel (s. d.), der den ästhetischen in einen logischen Idealismus umbildete. So erscheint das System Hegels als eine Erneuerung des alten Rationalismus, obgleich das erkenntnistheoretische Princip über denselben hinausführt, da Wirkliches und Vernünftiges nicht mehr, wie bei Kant, durch die Merkmale der Zufälligkeit und Notwendigkeit voneinander getrennt, sondern als gleichwertig aufgefaßt werden. Die dialektische Methode, von Fichte eingeführt, ist bei Hegel das vollkommene Mittel aller Gedankenentwicklung und des realen Werdeprozesses geworden, und die scheinbare Selbstbewegung des Gedankens hat in ihr keine andere Bedeutung, als die analytische Ableitung der Erkenntnisse aus Definitionen. Zwar gingen von seinem System eine Anzahl äußerst befruchtender Anregungen für die besondern Wissenschaften aus, die dann von seinen zahlreichen Schülern im Sinne des gesamten Systems bearbeitet wurden. So haben die Theologie gefördert Daub und Marheineke, Baur, Vatke, Strauß, die Politik Gans und Rnge, die Ästhetik Hotho und Vischer, die Psychologie Rosenkranz und Erdmann, die Ethil Michelet, die Geschichte der Philosophie Feuerbach, Erdmann, Zeller, Knno Fischer. Aber rascher, als das 18. Jahrh. über Ch. Wolf, ist das 19. über Hegel hinweggeeilt. Einen späten Nachsprößling der dialektischen Identitätsphilosophie bildeten die Lehren Trendelenburgs, der die reale und die ideale Welt aus dem Grundbegriffe der Bewegung konstruierte.

Unter den Gegnern der Identitätsphilosophie ragte neben Friedrich Heinrich Jacobi, der schon gegen Kant polemisiert hatte, hauptsächlich Herbart (s. d.) durch den strengen Ernst seiner einschneidenden Kritik und durch die straffe, methodische Form seiner Untersuchungen hervor. Je mehr die Identitätsphilosophie mit der psychol. Flüssigkeit der Vorstellungen gespielt hatte, um so energischer drang Herbart auf eine wissenschaftliche Feststellung der Begriffe und auf die Reinigung derselben von den im gewöhnlichen Denken umlaufenden Widersprüchen. Er bezeichnete deshalb die Philosophie als Bearbeitung der Begriffe. Seine eigene Weltansicht suchte die Kantische Lehre von den Dingen an sich mit der Leibnizischen Monadologie zu verbinden und legte den so gewonnenen metaphysischen Begriff der «Realen» namentlich der Naturphilosophie und der Psychologie zu Grunde. Besonders um eine wissenschaftliche Begründung der letztern hat er sich große Verdienste erworben. Seine ganze Lehre war jedoch zu streng methodisch und zu formell wissenschaftlich, als daß sie von seinen Schülern aus sich in die weitern Kreise der allgemeinen Bildung schnell hätte verbreiten können: unter seinen Anhängern haben hauptsächlich Drobisch die Logik, Strümpell die Metaphysik, Volkmann die Psychologie, Zimmermann die Ästhetik mit Erfolg behandelt; nach der völkerpsychol. und der sprachwissenschaftlichen Seite haben Lazarus und Steinthal seine Gedanken weiter entwickelt. Gleichzeitig mit Herbart bildete Beneke wesentlich auf Grundlage der innern Erfahrung eine eigene psychol. Grundansicht aus, auf die er alle übrigen philos. Disciplinen zu stützen dachte; seine Ansichten sind später von K. Fortlage durch den Grundbegriff des Triebes der Fichteschen Wissenschaftslehre genähert worden.

Mehr noch als durch die Polemik dieser Gegner, fiel die Herrschaft der Hegelschen Schule durch ihre eigene Zerspaltung und Zerbröckelung, die sich während der dreißiger Jahre des 19. Jahrh. wesentlich an theol. Streitfragen entwickelte. Während die Schule selbst sich in die «Rechten und Linken» und das «Centrum» teilte, schlugen auf der einen Seite mit einer gewissen freiern Anlehnung an die dialektische Methode eine Anzahl von Forschern, wie Christian Herm. Weiße, Imman. Herm. Fichte, Chalybäus, K. Ph. Fischer u. a. selbständigere Wege zur Begründung einer theistischen Weltanschauung ein, auf der andern Seite bildete sich bei Ludw. Feuerbach im wachsenden Kampfe mit der idealistischen Philosophie eine sensualistische Popularphilosophie aus, die sich bei ihm und verwandten Geistern, schließlich auch bei David Strauß, zum völligen Materialismus entfaltete.

Unterdessen hatte sich das allgemeine Interesse immer mehr den einzelnen Wissenschaften, besonders den sich rasch entwickelnden Naturwissenschaften zugewandt. Die Weltanschauung, die die Naturforscher in Anlehnung an den Begriff der Materie auszubilden unternahmen, rief in den fünfziger Jahren den Materialismusstreit hervor, in dem auf der einen Seite Vogt, Büchner und Moleschott, auf der andern idealistische Philosophen und Psychologen standen, unter denen H. Lotze (s. d.) hervorragt. Dazu kam die von Naturforschern und Philosophen gleichmäßig empfohlene Rückkehr zu Kant, die den Materialismus bald überwinden half. Doch blieb die Anregung, die er gegeben, unverloren, und das lebhafte Interesse, das sich der Ergründung der psychophysischen Verhältnisse zuneigte, fand Ausdruck in der Gestaltung einer physiol. und experimentellen Psychologie, die durch Waitz, Lotze und Fechner angebahnt, von Wundt im vollen Umfange durchgeführt wurde.

Von großem Einfluß auf die Hebung des philos. Interesses wurde in den sechziger Jahren das System Arthur Schopenhauers (s. d.). Anknüpfend an den Kantischen Dualismus von Ding und Erscheinung, suchte er im Willen das der phänomenalen Welt der Vorstellung zu Grunde liegende Ding an sich nachzuweisen; mit dieser Lehre verband er eine pessimistische Weltauffassung, die in der Verneinung des Willens zum Leben das höchste sittliche Ideal erblickte. Zwar mangelte dieser Philosophie mit voller Absicht die wissenschaftliche Methode, aber sie erschien in so vollkommener Darstellung, in einer so glücklichen und glänzenden Verwebung tiefsinniger und großartiger Gedanken, daß sie, nachdem sie erst angefangen hatte bekannt zu werden, sich außerordentlich schnell verbreitete und das Interesse der Deutschen an der Philosophie neu belebte. Diesem erneuerten Interesse verdankte dann der Versuch Eduard von Hartmanns (s. d.), die Schopenhauersche Lehre mit der Hegelschen Evolutionslehre zu verschmelzen, seinen glücklichen Erfolg.

Die Philosophie der Gegenwart in Deutschland ist in einem Übergangsstadium begriffen. Während man auf der einen Seite auf Kant, Fichte, Hegel, Herbart zurückgeht und die erkenntnistheoretischen oder metaphysischen Ansichten dieser Philosophen mit den wissenschaftlichen Bedürfnissen der Gegenwart in Einklang zu bringen versucht, fehlt es auf der andern Seite nicht an selbständiger Bearbeitung einzelner Gebiete und systematischer Grundlegung der Erkenntnis aus neuen Gesichtspunkten. Zu den erstern wären Cohen, Stadler, Natorp und Windelband als Neukantianer, Bergmann als Erneuerer des ältern Fichte, verschiedene Anhänger von Hegel und Herbart zu zählen. Die Erkenntnistheorie haben Schuppe, von Leclair und Schubert-Soldern in durchaus monistischem Sinne, Volkelt mit Einführung von Transsubjektivem, Laas und Riehl mit positivistischer Ablehnung aller Metaphysik zu begründen gesucht. Der Logik ist durch Sigwart eine neue Behandlung zu teil geworden, und in der Psychologie ist neben der physiol.-experimentellen Richtung durch Brentano, Stumpf und Uphues die kritische Bearbeitung der psychol. Begriffe und durch Lipps eine vollständige empirische Grundlegung geliefert worden. Für die Ethik haben Gizycki und Paulsen einen zum Teil an engl. Vorgänger anlehnenden eudämonistisch-utilitaristischen Standpunkt geltend gemacht. Ein neues System der Philosophie endlich hat Wundt (s. d.) aufgestellt; darin finden die einzelnen Wissenschaften die reichste Berücksichtigung und wird zugleich die Metaphysik als notwendiger Abschluß der gesamten Erkenntnis gefordert. Vgl. Zeller, Geschichte der D. P. (2. Aufl., Münch. 1875); weitere Litteratur s. Philosophie.

Deutsche Protestantenbibel, s. Bibel (Bd. 2, S. 961 a).

Deutscher Alpenverein, s. Alpenvereine.

Deutscher Apothekerverein, s. Apothekervereine.

Deutscher Ärztevereinsbund, s. Arzt (Bd. 1, S. 962 b).

Deutscher Befreiungskrieg, s. Russisch-Französisch-Deutscher Krieg.

Deutscher Bertram, Pflanzenart, s. Achillea.

Deutscher Böhmerwaldbund, s. Böhmerwald (Bd. 3, S. 230 b).

Deutscher Buchdrucker-Verein, gewerkschaftliche Vereinigung deutscher Buchdruckereibesitzer, mit Sitz in Leipzig, wurde 15. Aug. 1869 auf einer Versammlung von Buchdruckereibesitzern in Mainz gegründet zum Schutz gegen die Bestrebungen der Buchdruckergehilfen, die sich 1866 zu einem «Deutschen Buchdruckerverband», seit 1878 «Unterstützungsverein Deutscher Buchdrucker» (s. d.) genannt, organisiert hatten und die Arbeitsverhältnisse im Buchdruck einseitig in ihrem Interesse zu gestalten suchten. Der erste größere Zusammenstoß mit dem Gehilfenverband erfolgte 1873, als dieser einen auf Alphabetberechnung beruhenden Normaltarif für ganz Deutschland forderte. Es kam in Leipzig zum Streit und in Deutschland zur Aussperrung der Verbandsmitglieder (etwa 2000 Personen). Das Resultat war eine Übereinkunft beider Teile über einen für ganz Deutschland geltenden Lohntarif (nach Alphabetberechnung), Feststellung von Minimallohnsätzen und zehnstündige Arbeitszeit. Zur Durchführung des Tarifs wurde eine Organisation geschaffen, später kurz «Tarifgemeinschaft» genannt, bestehend aus 12 Vertretern der Prinzipale und 12 Vertretern der Gehilfen. Dieses Einvernehmen wurde gestört durch die Agitation der Gehilfen für neunstündige Arbeitszeit. Es kam zu einem großen ganz Deutschland (außer Elsaß-Lothringen, die Rheinlande und Westfalen) umfassenden Streik (8000—10000 Personen), der 30. Okt. 1891 begann und 16. Jan. 1892 mit der Niederlage der Gehilfen endete. Der D. B. beschloß (Hauptversammlung in Breslau 19. Juni 1892), einen neuen Lohntarif aufzustellen und durchzuführen, ferner eine Unterstützungskasse für arbeitslose Gehilfen und offizielle Arbeitsnachweisungsbureaus an den Hauptdruckorten zu errichten. Außerdem errichtete er Fachschulen für Buchdruckerlehrlinge (s. Buchdruckerschulen) in Leipzig (1886), Berlin und Dresden und vermittelt seit 1888 nach engl. Vorbild einen internationalen Austausch von Mustern aller graphischen Künste (Jahrg. 1—3, 1888—91). Der Verein zerfällt (1892) in 9 Kreise, deren jeder eine Anzahl von Vertrauensmännerbezirken hat. Die Zahl der Mitglieder betrug 1885: 277, 1886: 1104, 1892: 1390 (mit 12000—14000 beschäftigten Gehilfen, d. i. etwa 40 Proz. der Gehilfenschaft ganz Deutschlands), das Budget von 1891 in Einnahme und Ausgabe 24399 M. Vorsitzende: 1869—71 A. Ackermann-Teubner, 1872—86 Dr. Eduard Brockhaus, 1887 fg. Bruno Klinkhardt, sämtlich in Leipzig. Organe des Vereins: 1869—75 die «Annalen der Typographie», hg. von C. B. Lorck; 1876—88 die «Mittheilungen des D. B.»; seit 1889 die «Zeitschrift für Deutschlands Buchdrucker». — Vgl. (Wiener) Das nationale Genossenschaftswesen im deutschen Buchdruckgewerbe (in «Klimschs Adreßbuch der Buch- und Steindruckereien», Frankf. a. M. 1890); Zahn, Die Organisation der Principale und Gehülfen im deutschen Buchdruckgewerbe (1890).

Deutscher Bühnenverein, s. Bühnenverein.

Deutscher Bund hieß der im Wiener Kongreß (s. d.) geschaffene, durch die Schlußakte vom 9. Juni 1815 bestätigte und bis 1866 bestehende deutsche Staatenbund, der die innere und äußere Sicherheit Deutschlands und die Unabhängigkeit und Unverletzbarkeit seiner einzelnen Staaten gewährleisten sollte. Auf dem Wiener Kongreß wurden die staatlichen Verhältnisse Deutschlands durch eine Beratung Österreichs, Preußens, Bayerns, Hannovers und Württembergs, dann mit Hinzuziehung (25. Mai 1815) der übrigen Beteiligten geordnet und die Zahl der selbständigen Staaten durch den Entwurf einer Bundesakte auf folgende beschränkt: 1) Kaisertum Österreich; die 5 Königreiche: 2) Preußen, 3) Bayern, 4) Sachsen, 5) Hannover, 6) Württemberg; 7) Kurfürstentum Hessen; die 7 Großherzogtümer: 8) Baden, 9) Hessen (bei Rhein), 10) Mecklenburg-Schwerin, 11) Mecklenburg-Strelitz, 12) Oldenburg, 13) Sachsen-Weimar-Eisenach, 14) Luxemburg (in Personalunion mit dem Königreich der Niederlande); die 10 Herzogtümer: 15) Holstein und Lauenburg (in Personalunion mit dem Königreich Dänemark), 16) Nassau, 17) Braunschweig, 18) Sachsen-Gotha, 19) Sachsen-Coburg, 20) Sachsen-Meiningen, 21) Sachsen-Hildburghausen, 22) Anhalt-Dessau, 23) Anhalt-Cöthen, 24) Anhalt-Bernburg; die 10 Fürstentümer: 25) Waldeck, 26) Lippe-Detmold, 27) Schaumburg-Lippe, 28) Schwarzburg-Rudolstadt, 29) Schwarzburg-Sondershausen, 30) Reuß älterer Linie, 31) Reuß jüngerer Linie, 32) Hohenzollern-Hechingen, 33) Hohenzollern-Sigmaringen, 34) Liechtenstein; die Freien Städte: 35) Frankfurt a. M., 36) Bremen, 37) Hamburg und 38) Lübeck.

Der D. B. war nach den 20 Artikeln der Bundesakte keine Union, sondern nur eine Föderation, ein Staatenbund, in welchem alle Bundesglieder als solche gleiche Rechte hatten und sowohl ganz Deutschland als den einzelnen Bundesstaat gegen jeden Angriff in Schutz zu nehmen versprachen. Bei einmal erklärtem Bundeskriege durfte kein Mitglied einseitige Unterhandlungen mit dem Feinde eingehen, noch einseitig Waffenstillstand oder Frieden schließen. Der Bundestag (eröffnet 5. Nov. 1816) hatte seinen Sitz zu Frankfurt a. M. und bestand aus den bevollmächtigten Gesandten der 38 Staaten. Österreich führte bei der Bundesversammlung das Präsidium. Die Bundesversammlung bestand in doppelter Form: 1) als allgemeine Versammlung, Voller Rat oder Plenum genannt, in welcher jedes Mitglied wenigstens eine Virilstimme, die größern Staaten aber mehrere Stimmen hatten, nämlich Österreich und die fünf Königreiche jedes vier (24), Baden, Kurhessen, Hessen-Darmstadt, Holstein und Luxemburg jedes drei (15), Braunschweig, Mecklenburg-Schwerin und Nassau jedes zwei (6), die übrigen einzelnen Mitglieder jedes eine Stimme, sodaß mit ihren 25 Stimmen das Plenum 70 Stimmen zählte; 2) als Engerer Rat, Bundesregierung genannt, bei welchem die Stimmen der Bundesmitglieder auf 17 Kuriatstimmen herabgesetzt waren. Österreich, Preußen, Bayern, Sachsen, Hannover, Württemberg, Baden, Kurhessen, Hessen-Darmstadt nebst Hessen-Homburg, Holstein und Luxemburg führten hierbei jedes eine Einzelstimme (11). Die übrigen hatten Gesamt- oder Kuriatstimmen. Das ursprünglich in der Bundesakte festgesetzte Stimmenverhältnis erlitt jedoch insofern einige Veränderung, als im Laufe der Zeit infolge eingetretener Territorialveränderungen die Zahl der Virilstimmen im Plenum von 70 auf 65 (im J. 1865) herabgesunken war. Im Plenum durfte keine Beratung und Erörterung, sondern nur Abstimmung stattfinden, und ein gültiger Beschluß setzte hier eine Mehrheit von zwei Dritteln voraus. Der Engere Rat entschied, inwiefern gewisse Gegenstände für das Plenum geeignet seien, und bereitete die Vorlagen bis zur Annahme oder Verwerfung im Plenum vor. Die Beschlußnahme in dem Engern Rate, wo die absolute Stimmenmehrheit galt, sollte die Regel sein, das Plenum aber nur in den von der Bundesakte ausdrücklich bezeichneten Fällen eintreten. Eine gemeinsame Vertretung dem Auslande gegenüber, gemeinsames Wappen und gemeinsame Farben hatte der D. B. nicht. Durch die Ereignisse von 1848 wurde der D. B. selbst zwar nicht aufgelöst, doch mußte der Bundestag 12. Juli 1848 der Provisorischen Centralgewalt Platz machen. Nach den mißlungenen Versuchen, Deutschland eine neue Gesamtverfassung zu geben, kam in der Zeit von 1850 bis 1851 die Wiederherstellung des Bundestags und seine Wiederbeschickung durch sämtliche Bundesglieder zu stande.

Bei seiner Auflösung im Juni 1866 bestand der D. B. aus folgenden Staaten:

Bundesstaaten	Flächeninhalt qkm	Einwohner
Kaisertum Österreich	197 573	12 800 000
Königreich Preußen	186 638	14 700 000
» Bayern	76 258	4 800 000
» Hannover	38 425	1 900 000
» Württemberg	19 504	1 750 000
» Sachsen	14 993	2 343 000
Großherzogtum Baden	15 269	1 400 000
» Mecklenburg-Schwerin	13 304	552 000
» Hessen	7 955	853 000
» Oldenburg	6 420	301 000
» Luxemburg u. Herzogt. Limburg	4 792	427 000
» Sachsen-Weimar-Eisenach	3 593	280 000
» Mecklenburg-Strelitz	2 929	99 000
Kurfürstentum Hessen	9 581	745 000
Herzogtum Nassau	4 700	468 000
» Braunschweig	3 672	293 000
» Sachsen-Meiningen-Hildburghausen	2 468	178 000
» Anhalt	2 347	193 000
» Sachsen-Coburg-Gotha	1 956	164 000
» Sachsen-Altenburg	1 324	142 000
Fürstentum Lippe (-Detmold)	1 222	111 300
» Waldeck	1 121	59 100
» Schwarzburg-Rudolstadt	940	73 000
» Schwarzburg-Sondershausen	862	66 000
» Reuß jüngerer Linie	826	86 500
» Schaumburg-Lippe	340	31 000
» Reuß älterer Linie	316	44 000
» Liechtenstein	157	7 200
Freie Stadt Hamburg	410	230 000
» » Lübeck	298	50 000
» » Bremen	256	104 600
» » Frankfurt	101	91 000
Zusammen	620 540	45 341 700

Hierzu kamen noch die Herzogtümer Schleswig (9140 qkm, 410 000 E.), Holstein (8954 qkm, 545 000 E.) und Lauenburg (1183 qkm, 50 200 E.). (S. Historische Karten von Deutschland II, 7.)

Die Territorialveränderungen seit der Stiftung des D. B. sind folgende: 1) Nach außen (abgesehen von dem vorübergehenden Anschluß der preuß. Provinzen Preußen und [teilweise] Posen im Frühjahr 1848): der 1839 endgültig erklärte Hinzutritt des niederländ. Herzogtums Limburg gegen den Belgien zugefallenen Anteil Luxemburgs, und der Hinzutritt von Schleswig durch den Wiener Frieden 1864. 2) Im Innern: die Aufnahme der Landgrafschaft Hessen-Homburg als Bundesstaat (1817); das Aussterben der gothaischen Herzogslinie 1825, in dessen Folge (1826) Gotha an Coburg und Hildburghausen an Meiningen fiel und der Herzog von Hildburghausen das früher gothaische Altenburg als eigenes Herzogtum übernahm; ferner die Abtretung des coburg. Fürstentums Lichtenberg an Preußen (1834); das Aussterben der anhalt-cöthenschen Herzogslinie 1847 und die darauf erfolgte Personalunion von Cöthen und Anhalt-Dessau, sowie auch das Aussterben der anhalt-bernburg. Linie 1863 und die hierauf erfolgte Zusammenfassung der anhalt. Staaten in ein einziges Herzogtum Anhalt; die 1849 erfolgte Abtretung der beiden hohenzoll. Fürstentümer an die Krone Preußen; das im März 1866 erfolgte Aussterben der hessen-homburg. Landgrafen, worauf die Landgrafschaft an das Großherzogtum Hessen fiel.

Über das frühere deutsche Bundesheer s. Deutsches Heerwesen; über die Bundesfestungen s. Deutsche Bundesfestungen; über die polit. Geschichte Deutschlands in dieser Zeit s. Deutschland und Deutsches Reich, Geschichte.

Vgl. Protokolle der Bundesversammlung (19 Bde., Frankf. 1816—28); Meyer, Corpus juris Confoederationis Germanicae oder Staatsakten für Geschichte und öffentliches Recht des D. B. (2 Bde., ebd. 1822—24; dritte, bis 1866 fortgeführte Auflage von Zöpfl, 3 Bde., 1847—69); Klüber, Quellensammlung zu dem öffentlichen Rechte des D. B. (3. Aufl., Erlangen 1830, nebst Fortsetzung 1833); ders., Öffentliches Recht des D. B. und der Bundesstaaten (Frankf. 1818; 4. Aufl., von Morstadt, 1840); Kaltenborn, Geschichte der deutschen Bundesverhältnisse und Einheitsbestrebungen von 1806 bis 1856 (2 Bde., Berl. 1857); Ilse, Geschichte der deutschen Bundesversammlung (3 Bde., Marb. 1860—62); K. Fischer, Die Nation und der Bundestag (Lpz. 1880).

Deutscher Bundesrat, s. Bundesrat.

Deutscher Bund für Bodenbesitzreform, s. Landliga.

Deutsche Rechtsaltertümer nennt man die Disciplin der deutschen Altertumskunde, welche zu ihrem Gegenstand die rechtlichen Einrichtungen und Zustände der deutschen Vergangenheit hat. Sie unterscheidet sich von der deutschen Rechtsgeschichte nicht durch ihren Inhalt, sondern durch die Art der Behandlung. Der Zweck der Rechtsgeschichte ist, eine das Verständnis des bestehenden praktischen Rechts vermittelnde geschichtliche Grundlage zu gewähren, die zugleich der Reform der Rechtsverfassung als Ausgangspunkt und Maß dienen kann. Der Zweck der Rechtsaltertümer ist, die rechtlichen Einrichtungen um ihrer selbst willen und ohne Beziehung zur Gegenwart zu schildern. Eine klassische Darstellung hat der Gegenstand gefunden in Jakob Grimms «D. R.» (3., gegenüber der 1. unveränderte Ausg., Gött. 1881). Vgl. noch Gengler, Deutsche Stadtrechtsaltertümer (Erlangen 1882).

Deutsche Reichsbank, s. Reichsbank, deutsche.

Deutsche Reichsfechtschule, ein 13. Okt. 1880 gegründeter und über ganz Deutschland verbreiteter Verein, der sich zur Aufgabe gemacht hat, durch Sammlung freiwilliger Beiträge aller Art (kleine Geldbeträge, Cigarrenabschnitte, Briefmarken u.s.w., also «fechten» in der Bedeutung von betteln gebraucht) Mittel zu schaffen zur Errichtung und Unterhaltung von Waisenhäusern im Deutschen Reiche. Die Anregung zur Verwendung derartig gesammelter

Gelder ging 1876 von dem Redacteur des «Lahrer Hinkenden Boten», Oberingenieur Bürklin in Karlsruhe, aus; die Gründung des Vereins erfolgte nach dem Plane des Versicherungsdirektors H. Nadermann in Magdeburg, wo sich auch der Sitz des Vereins befindet. Bis 1891 waren 3 Waisenhäuser, in Lahr in Baden (eröffnet 25. Mai 1885), in Magdeburg (eröffnet 1. April 1886) und in Schwabach in Bayern (eröffnet 1. Sept. 1886) errichtet, in denen 176 Kinder Unterkunft finden. Gesammelt sind im ganzen ungefähr 1130000 M.

Deutsche Reichspartei, s. Reichspartei und Freikonservative Partei.

Deutsche Reichsverfassung, s. Deutschland [und Deutsches Reich.

Deutsche Reichswährung, s. Reichswährung.

Deutscher Eisenbahnverein wird in abgekürzter Weise vielfach der «Verein deutscher Eisenbahnverwaltungen» genannt (s. Eisenbahnverbände).

Deutscher Eisenbahnverkehrsverband, s. Eisenbahnverbände.

Deutsche Reiter nannte man eine eigentümliche Waffengattung, die sich während des Schmalkaldischen Krieges neu gebildet hatte. Die gemischten Reiterstandarten hatten vorher aus Lanzierern, Kyrissern und Karabinierern bestanden. Die D. R. ritten leichtere Pferde als die Lanzierer und Kyrisser und wurden namentlich in der norddeutschen Ebene westlich der Oder angeworben; sie hießen auch «Ringerpferde», weil sie geringere Pferde ritten, und trugen offene Eisenhüte (Hundskappen), leichte Brustharnische (corselets) oder Lederkoller mit eiserner Halsberge anstatt der geschlossenen Helme und schweren Eisenpanzer der übrigen Kavallerie. Wegen ihres schwarz angestrichenen Eisenzeuges nannte man sie auch die «Schwarzen». Sie waren mit Schwert und Faustrohr bewaffnet und pflegten in tiefen Haufen bis auf Pistolenschußweite an den Feind heranzutraben, gliederweise zu feuern und sich schwenkend um die Flügel hinter den Haufen zurückzuziehen, sodaß ihre Front ein unaufhörliches Feuer unterhielt. Diese Fechtweise erschütterte die schweren Eisenreiter, und dann brachen die D. R. auch mit dem Schwerte ein. Ihre große Beweglichkeit erleichterte ihre Verpflegung und befähigte sie zu selbständigen Unternehmungen; in ihnen entwickelte sich zuerst der Reitergeist im heutigen Sinne dieses Wortes, sie konnten ohne Fußvolk weite Züge unternehmen, waren geschickt im kleinen Kriege und lieferten selbständige Schlachten, z. B. bei Sievershausen (s. d.). Markgraf Albrecht Alcibiades von Brandenburg und Kurfürst Moritz von Sachsen förderten die Ausbildung der D. R., und im Auslande wußten dieselben sich bald gefürchtet zu machen. Während der Hugenottenkriege fochten in jedem Treffen auf beiden Seiten D. R., und Frankreich wurde damals mit Recht der «Kirchhof des deutschen Adels» genannt; denn ein großer Teil des märk. und hess. Adels ist dort gefallen. Namhafte Führer verblieben auch dauernd im franz. Dienste, z. B. Schomberg, Betzstein (Bassompierre), Degenfeld. Die hohe Achtung vor dieser tapfern Kavallerie bezeugt der noch jetzt in Frankreich übliche Ausdruck: «C'est un vieux reitre».

Deutscher Entwurf, s. Bürgerliches Gesetzbuch für das Deutsche Reich.

Deutscher Handelstag. Die Handelskammern (s. d.) sind mit der Wahrung der Interessen von Handel und Gewerbe beauftragt; sie werden seitens der Behörden um gutachtliche Äußerungen ersucht, sind aber auch berechtigt, selbständige Anträge zu stellen. Um in wichtigen Fragen eine Verständigung zu erzielen, die Gutachten und Anträge möglichst einheitlich zu gestalten, auch soweit möglich innere Angelegenheiten zu regeln, wurde 1861 von den deutschen Handelskammern der D. H. ins Leben gerufen, dem bis 1866 auch die österr. Handelskammern angehörten. Der Handelstag hat seinen Sitz in Berlin, verfügt hier über ein besonderes Bureau, an dessen Spitze ein Generalsekretär steht, und hält jährlich eine Generalversammlung, außerdem nach Bedarf eine oder zwei Ausschußsitzungen ab. Die Mitglieder des Ausschusses (30—36) werden durch die Handelskammern gewählt. Beschäftigt hat sich der D. H. im Lauf der Jahre mit der Währungsfrage, dem Kredit-, Bank- und Versicherungswesen, mit den Handelsverträgen, der See- und Binnenschiffahrt, der Eisenbahntransportfrage, mit den Börsenusancen, dem Steuerwesen, der Gewerbeordnung u. s. w. Vorsitzender ist (1892) Geh. Kommerzienrat Frentzel-Berlin, Generalsekretär Konsul Annecke.

Deutscher Hilfsverein in Paris, gegründet 1844, hat den Zweck, hilfsbedürftige Deutsche in Paris zu unterstützen. Der Verein, welcher (1892) 274 Mitglieder zählt, steht unter dem Protektorat des Deutschen Kaisers und unter dem Ehrenpräsidium des jeweiligen deutschen Botschafters in Paris. Im März findet alljährlich eine Versammlung sämtlicher Mitglieder statt. Die Geschäftsführung ist dem von der allgemeinen Versammlung erwählten Ausschusse von 36 Mitgliedern übertragen. Der Präsident (zur Zeit Geh. Legationsrat Freiherr von Tucher, bayr. Geschäftsträger in Paris) oder einer der 4 Vicepräsidenten nebst 2 Mitgliedern des allgemeinen Ausschusses bilden den engern Ausschuß, der in den Bureaus, 86 Rue de Bondy, jeden Montag und Donnerstag von 2—4 Uhr Sitzungen hält, um über die Gesuche der Hilfsbedürftigen zu entscheiden. Der Rechnungsabschluß des Vereins am 31. Dez. 1890 balancierte mit 76466,63 Frs. Ein deutsches Krankenhaus existiert in Paris noch nicht. Der zu diesem Zwecke gesammelte Hospitalfonds wies 1. Jan. 1891 einen Kapitalbestand von 682850 M. auf. Drei Viertel der Zinsen fließen dem Deutschen Hilfsverein alljährlich zu.

Deutsche Ritter (Deutscher Orden, Deutsche Herren), der dritte der christl. Ritterorden, entstand im Verlauf des dritten Kreuzzuges 1190 während der Belagerung von Akka, nachdem das 1128 in Jerusalem zur Krankenpflege deutscher Pilger gegründete «Deutsche Haus» infolge der Einnahme Jerusalems durch Saladin (1187) vernichtet war. Hatten Kaufleute aus Lübeck und Bremen die Absicht, in einem Hospital den von Templern und Johannitern vernachlässigten kranken Deutschen eine Zuflucht zu schaffen, so erweiterte Herzog Friedrich von Schwaben diesen Plan zur Stiftung eines geistlichen Ritterordens, dessen Mitglieder Deutsche wären. Nach dem Vorbild der Templer und Johanniter sollte der neue Orden, der 6. Febr. 1191 von Papst Clemens III. bestätigt wurde, neben Krankenpflege den Kampf gegen die Heiden als seine Aufgabe ansehen. Demgemäß unterschied man zwei Klassen: Ritter und dienende Brüder. Erst später kamen hierzu Priester und Halbbrüder, welche letztere, aus nicht adligen Häusern, teilweise in ihren weltlichen Verhältnissen fortlebten. In einen weißen Mantel mit schwarzem Kreuz gekleidet, übernahmen die eigentlichen Mitglieder des Ordens die Gelübde des Gehorsams, der Armut und Keuschheit. Die Gunst der deutschen Kaiser, der morgenländischen christl. Fürsten, das Interesse der Päpste und fromme Stiftungen erwarden dem Orden bald Besitzungen in Asien und Europa. Doch erst unter dem vierten Hochmeister Hermann von Salza (1210—39), der mit Kaiser Friedrich II. auf das engste befreundet war, beginnt die polit. Bedeutung des Ordens.

1230—1410. Nachdem der Plan, dem Orden für seine Teilnahme am Kampf des Königs Andreas von Ungarn gegen die heidn. Kumanen in Siebenbürgen (im Lande Burza, das der Orden vorübergehend erhielt) ein zusammenhängendes Territorium zu gewinnen, gescheitert war, brachte Hermann von Salza die Verhandlungen mit dem Herzog Konrad von Masowien zum Abschluß. Dieser poln. Fürst aus dem Hause der Piasten, der vergeblich im Bunde mit dem Mönch Christian von Oliva die Christianisierung der den Litauern stammverwandten Preußen versucht hatte, übertrug, um sich vor dem Angriff seiner heidn. Nachbarn eine dauernde Stütze zu sichern, dem Orden 1230 endgültig das Culmer Land. Durch kaiserl. Huld als Reichsfürst, als Eigentümer des Culmer- und des noch zu erobernden Landes in Preußen anerkannt, sandte Hermann von Salza als seinen Stellvertreter Hermann Balk nach Preußen und begann damit den Kampf um die Unterwerfung dieses Landes, die volle 53 Jahre in Anspruch nahm. Nicht das Schwert allein, ebenso sehr die kolonisatorische Kraft des Ordens zeitigte dies Resultat. Jeden militär. Fortschritt begleitete Burgenbau, um den sich Städte erhoben; so Thorn, Culm, Marienwerder, Elbing, Königsberg. Kaum war die Einnahme Preußens im Umfang der heutigen Provinzen Ost- und Westpreußen vollendet, so richtete der Orden seine Augen auf sein westl. Nachbargebiet Pomerellen mit Danzig. Es gelang ihm gegen die Bemühungen Waldemars von Brandenburg (1308—19) sich dies Land anzueignen und es zu behaupten im Kriege gegen den König Wladislaw Lotietek von Polen (1306—33), um es endlich durch des letztern Sohn, Kasimir den Großen (1333—70), im Frieden von Kalisch 1343 sich auch rechtlich bestätigen zu lassen. Zwar verzichtete der Orden dafür auf das bereits eingenommene Dobriner Land und Kujavien (d. h. das Gebiet auf beiden Seiten der Weichsel südlich von Thorn), aber er konnte nun auch seine ganze Kraft einer andern Aufgabe zuwenden, die ihm östlich von Preußen zu lösen oblag. Durch seine Vereinigung mit dem Orden der Schwertbrüder 1237 konnte sich der Deutsche Orden als Herr von Livland und Kurland betrachten. Livland und Preußen zu einem zusammenhängenden Ganzen zu verbinden, war notwendig, und dies konnte nur geschehen durch die Erwerbung des zwischen jene Länder wie ein Keil eingeschobenen Samaiten, eines Teils von Litauen. Waren die Bewohner dieses Landes schon wegen ihres Heidentums ein Gegenstand der Bekämpfung durch den Orden, so verschärfte sich der Gegensatz noch mehr wegen der polit. Wichtigkeit Samaitens für den Orden. Über 150 Jahre tobte dieser Kampf. Zunächst von Livland aus geführt, dann 1283 auch von Preußen aus unternommen, fanden Jahr für Jahr Einfälle statt. Trotzdem hinterließ der Großfürst Gedimin von Litauen bei seinem Tode (im Winter 1341/42) Samaiten seinem Sohn Kestuit unbezwungen; ja gegen ihn wie dessen Bruder Olgierd von Litauen hatte der berühmte Winrich von Kniprode (1351—82) für die Existenz des Ordens bei Rudau in unmittelbarer Nähe von Königsberg 1370 zu kämpfen, ohne besondere Vorteile erringen zu können. Erst der Tod Olgierds 1377, die Feindschaft von dessen Sohn Jagiello mit Witold, der ersterm wegen der Ermordung (1382) seines Vaters Kestuit grollte und bei dem Orden Hilfe suchte, sich aber bald wieder verräterischerweise mit Jagiello gegen den Orden verband, ermöglichte nach einer Fülle von Mißerfolgen (Verlust von Marienwerder u. a. an die Litauer) durch den Vertrag von Raciaz 1404 den Besitz Samaitens, der aber bereits 1409 wieder an das vereinigte Polen-Litauen verloren ging. Drängte die samaitische Frage schon auf Krieg, so kam als zweiter Anlaß zur Schärfung des Gegensatzes zwischen dem Orden und Polen-Litauen der Kauf der Neumark durch den Orden (1399) hinzu, ein Schritt, den er gethan hatte, um sich die Verbindung mit Deutschland offen zu halten. Doch nicht nur diese äußern Gründe verlangten gewaltsam eine Klärung, ebenso sehr machten innere Ursachen dies notwendig. Durch die Heirat Jagiellos von Litauen mit Hedwig von Polen und seinen Übertritt zum christl. (röm.-kath.) Glauben 1386 war dem Orden in dem polnisch-litauischen Reich ein Todfeind erstanden. Die Christianisierung Litauens hatte dem Orden seine Existenzberechtigung, die Verpflichtung zum Kampfe gegen die Ungläubigen entzogen. Die Entscheidung zwischen Deutschtum und Polentum kam mit der blutigen Niederlage des Ordens in der Schlacht bei Tannenberg 15. Juli 1410 zum Austrag.

1411—66. Trotzdem Heinrich von Plauen durch die heldenmütige Verteidigung der Marienburg (seit 1309 Residenz der Hochmeister) den Bestand des Ordens rettete, trotzdem der erste Frieden von Thorn 1411 dem Orden von seinen Besitzungen nur Samaiten und zwar auch nur auf die Lebenszeit Jagiellos und Witolds entfremdete, war mit dieser Niederlage die Blüte des Ordens dahin. Das Mißtrauen zwischen der Ordensherrschaft und den bei Tannenberg untreu gewordenen Nachbarn war unüberbrückbar. Dies erklärt sich schon aus der Thatsache, daß der Orden nicht eine einheimische Regierung war. Wohl verdankte Preußen seiner Herrschaft eine einheitliche Rechtspflege und Verwaltung, wohl war durch den Orden geistige und materielle Wohlfahrt gefördert worden; aber die große Kluft zwischen Landesherrschaft und Volk blieb offen, nie ist ein Preuße in höhere Ämter gekommen. Sobald das preuß. Nationalgefühl erwachte, mußte sich dies Verfahren rächen, und der Widerstand äußerte sich in dem sog. Eidechsenbunde, der mit die Niederlage bei Tannenberg heraufbeschwor. Doch nicht nur im preuß. Adel, auch in den Städten war infolge der scharfen Konkurrenz, die der Orden (neben der Hansa dank seiner vortrefflich geschulten Agenten oder Schäffer in den hervorragendsten Handelscentren des Mittelalters entschieden die bedeutendste Handelsmacht auf Nord- und Ostsee) ihnen durch seine kommerziellen Unternehmungen machte, ein starker Unwille gegen diesen erwachsen. Diesen Geist des Mißtrauens wollte nun der Hochmeister Heinrich von Plauen beseitigen. Er wollte dem Lande, dem er starke finanzielle Opfer auferlegen mußte, 1412 durch Berufung des Landesrats, dem Abgeordnete des Landadels und der Städte angehörten, Anteil gewähren an der Regierung. Aber diese Neuerung, sein energisches Vorgehen gegen unwürdige Mitglieder des Ordens und gegen das aufrührerische Danzig, endlich sein eigenmächtiges Haudeln in polit. Beziehung, veranlaßten seinen Sturz. In der richtigen Erkenntnis, daß nur ein Krieg den «friedlosen Frieden» beendigen könne, wollte er wieder den Kampf mit Polen beginnen. Doch seine Zeit begriff diese zielbewußte Politik nicht, und im Orden selbst trat die Rebellion offen an den Tag. Das Kapitel, welches den aufrührerischen Marschall Michael Küchmeister, der an der Spitze der Unzufriedenen stand, verurteilen sollte, entsetzte 14. Okt. 1413 Heinrich von Pianen seines Amtes. Immer tiefer faul nun der Orden. Nachdem der «Hungerfeldzug» zwischen Orden und Polen vom Juli bis Okt. 1414 gedauert, begann mit dem Waffenstillstand von Strasburg und dessen von Jahr zu Jahr bis 1422 vorgenommener Verlängerung eine Zeit des faulen Friedens. Im ewigen Wechsel zwischen Anwerben von Söldnern und deren Entlassung, sobald der Friede wieder gesichert schien, durch unerträgliche Ausgaben für Gesandtschaften an das Konstanzer Konzll u. s. w. ruinierte sich der Orden finanziell, ohne doch den Krieg vermeiden zu können, der nach dreimonatiger Dauer im Sept. 1422 durch den Frieden am Melno-See seinen Abschluß saud und durch die definitive Abtretung Samaitens auf immer die Besitzungen des Ordens in Preußen von denen in Livland trennte. Wie der Orden äußerlich dadurch auf seine Zukunft verzichtete, so verfiel er auch innerlich immer mehr. Die Verarmung des Landes durch Kriege und kostspielige diplomat. Verhandlungen, eigenmächtiges Vorgehen des Ordens in Handelssachen, das noch mehr sich verschlechternde Verhältnis zwischen Rittern und Bevölkerung erregte Unzufriedenheit, die sich äußerte in Wünschen nach Änderung der Gerichte, nach einer andern Zusammensetzung des Landesrats. Diese Bewegung saud ihren Abschluß durch die Vereinigung aller Unzufriedenen in dem sog. «Preußischen Bund» im März 1440 zu gemeinsamer Verteidigung ihrer Rechte und Freiheiten gegen den Orden. Die auf Veranlassung des Ordens vom Kaiser Friedrich III. Ende 1453 befohlene Auflösung des Bundes veranlaßte die Eröffnung des Krieges seitens des Bundes gegen den Orden mit dem besten Erfolg. Doch hiermit nicht genug. Schon war man mit Polen in Verbindung getreten. Durch das «Inkorporations-Privileg» vom 6. März 1454 nahm Kasimir von Polen ganz Preußen in seinen Besitz. Es folgte nun der sog. «Dreizehnjährige oder Große Krieg» (1454—66), der wegen beiderseitiger Erschöpfung endlich 19. Okt. 1466 durch den zweiten Frieden von Thorn beendigt wurde. Westpreußen mit Danzig, Elbing, Culm, Marienburg und Thorn kam an Polen; Ostpreußen blieb als poln. Lehen dem Hochmeister, der wie alle seine Nachfolger dem König von Polen 6 Monate nach seiner Wahl den Treueid leisten sollte. Das poln. Westpreußen, in die drei Woiwodschaften Pommern, Culm, Marienburg geteilt, ging bis ins 18. Jahrh. seine eigenen Wege.

1467—1525. Der Orden in Ostpreußen führte ein ruhmloses Dasein. Die Erkenntnis seiner eigenen Schwäche veranlaßte ihn endlich zu dem Versuch, durch die Personen seiner Hochmeister sich wieder zu Ansehen zu dringen. So erklärt sich die Wahl des Herzogs Friedrich von Sachsen 1498 und nach dessen Tod 1510 die des Markgrafen *Albrecht von Brandenburg*. Trotz seiner Verwandtschaft mit König Sigismund von Polen (Albrechts Mutter Sophie war eine Schwester Sigismunds) trieb Albrecht die Politik seiner nächsten Vorgänger auf die Spitze. Während sie den Huldigungseid nur hinausschoben, war Albrecht entschlossen, den Lehnsverband mit Polen zu brechen. Vom Deutschen Reich unterstützt, dann verlassen, ließ sich Albrecht trotzdem auf einen Krieg ein, der, 1519 beginnend, 1521 mit einem vierjährigen Waffenstillstand abgeschlossen wurde und dann endgültig durch den Frieden von Krakau 1525 sein Ende erreichte. Der geistliche Ordensstaat Preußen wurde in ein von Polen lehnbares, in der Familie des protestantisch gewordenen Albrecht von Hohenzollern erbliches weltliches *Herzogtum Preußen* verwandelt.

Der livländische Ordenszweig. Länger als der preußische hielt sich der livländ. Zweig des Ordens in seiner ursprünglichen Verfassung. In Livland und Kurland hatte der Orden durch seine Vereinigung mit dem Schwertorden 1237 festen Fuß gefaßt. Unter einem eigenen Landmeister stehend hatte er im 13. und 14. Jahrh. schwere Kämpfe gegen Kuren, Samaiten und Russen zu bestehen. Dazu kam sowohl der fortwährende Konflitt zwischen dem Orden und dem Erzbischof von Riga, der gleich jenem nach der Herrschaft über ganz Livland strebte, als die Uneinigkeit des Ordens mit dem auf sein städtisches Recht pochenden Riga. 1346 erwarb der Orden von König Waldemar von Dänemark auch Esthland. Diesen Besitzstand zu verteidigen, war Aufgabe des alleinstehenden livländ. Ordenszweiges, da der preußische durch seine Kämpfe gegen Polen-Litauen vollständig in Anspruch genommen war. Da er sich so auf sich selbst angewiesen sah, wuchs das Gefühl der Unabhängigkeit jenes Zweiges um so bedeutender, je mehr der Orden in Preußen an Bedeutung verlor, namentlich seit dem zweiten Thorner Frieden. Im Kampf für seine Existenz um die Wende des 16. Jahrh. gegen Rußlaud erfocht der Orden unter dem berühmtesten seiner Meister, Walter von Plettenberg (1494—1535), den Sieg an der Smolina bei Pleskow 1502, ein Erfolg, der dem Land einen 50jährigen Frieden mit Rußland sicherte. Wie im preuß. Ordensgebiet, so breitete sich auch in Livland die Reformation durch die Predigten Knöpkens und Tegetmeyers aus, wenn auch der Orden offiziell katholisch blieb. Gleich Albrecht von Hohenzollern sich zum weltlichen Herrscher des seit 1525 völlig selbständig gewordenen Ordens zu machen, war Plettenberg unmöglich wegen der eifersüchtig auf die Annexion Livlands bedachten Nachbarn, Polen und Rußland, die bei einer event. Säkularisation des Ordens Grund gehabt hätten, sich in die livländ. Verhältnisse einzumischen. Und trotzdem entging der Orden diesem Schicksal nicht. Das Bündnis, welches der livländ. Ordensmeister, Wilhelm von Fürstenberg, gezwungen durch die poln. Partei des Ordens unter Gotthard Kettler, mit dem letzten Jagiellonen Sigismund August von Polen 1557 zu Poswol gegcu Iwan von Rußland einging, verstieß gegen den Vertrag des J. 1554 mit Rußland, der ausdrücklich Anschluß an Polen verbot. So begann 1558 ein 23jähriger Krieg, der Livland zu Grunde richtete und das Ende des Ordens mit sich führte. Das Heer des Ordens erlag den Russen 1560 bei Ermes; durch den Fall von Fellin geriet Wilhelm von Fürstenberg in russ. Gefangenschaft. Esthland sagte sich von der Ordensherrschaft los und erkannte

1. Das gröſsere Kaiserwappen. 2. Krone des Kaisers. 3. Krone der Kaiserin. 4. Kaiser-Standarte. 5. Kaiserin-Standarte.

Brockhaus' Konversations-Lexikon. 14. Aufl.

F. A. Brockhaus' Geogr.-artist. Anstalt, Leipzig.

Erichs XIV. von Schweden Oberhoheit an; Livland mit Riga wurde Polen-Litauen einverleibt. Kurland endlich wurde 1561 unter Gotthard Kettler ein erbliches Herzogtum in Abhängigkeit von Polen.

Innere Organisation des Ordens. War Livland durch die Säkularisation Preußens völlig unabhängig geworden, so auch der Deutschmeister, d. h. das Haupt der allmählich im Deutschen Reich erworbenen Ordensbesitzungen. Diese zerfielen in 12 Provinzen, die den Namen Balleien führten. An der Spitze einer Ballei, die in Komtureien oder Kommenden zerfiel, stand ein Landkomtur. Die Namen der 12 Balleien sind: Thüringen, Österreich, Hessen, Franken, Koblenz, Elsaß, Bozen oder an der Etsch, Utrecht, Alten-Biesen, Lothringen, Sachsen und Westfalen. Mergentheim in der Ballei Franken wurde die ständige Residenz der Deutschmeister, die seit Mitte des 16. Jahrh. den Titel «Hoch- und Deutschmeister» führen. Der Orden, dessen Mitglieder neben oft formelartig gewordenen gottesdienstlichen Verpflichtungen die Bewirtschaftung der Güter trieben, hatte Anfang des 19. Jahrh. noch 9 Balleien; denn Utrecht hatte sich 1637 losgelöst, Koblenz und Lothringen waren durch die Abtretung des linken Rheinufers an Frankreich verloren gegangen. Der Preßburger Friede von 1805 gab dem Kaiser von Österreich das Recht, die Würde eines Hoch- und Deutschmeisters sowie sämtliche Einkünfte des Ordens einem Prinzen seines Hauses zu verleihen. Von Regensburg aus dekretierte dann Napoleon 1809 die Auflösung des Ordens. Seine Besitzungen fielen den Fürsten anheim, in deren Gebiet sie lagen. Eine Reorganisation erlebte der Orden nur in Österreich durch Kaiser Franz I. 1834, wo er 28. Juni 1840 neue Statuten erhielt. Seitdem stehen österr. Erzherzöge als «Hoch- und Deutschmeister des Deutschen Ritterordens» an der Spitze (seit 1863 Erzherzog Wilhelm, geb. 21. April 1827). Diesem untergeordnet sind Landkomture in den Balleien Österreich und Tirol. Bedingung für die Aufnahme ist das kath. Bekenntnis und 16 Ahnen. Die Ordensritter zerfallen in Großkapitulare, Profeßritter und Ehrenritter. Die Profeßritter legen das Gelübde des Cölibats ab und erhalten aus dem Ertrag der Ländereien des Ordens beträchtliche jährliche Kommenden. Der Orden unterhält zwei Hospitäler in Troppau und Freudenthal und stellt im Mobilisierungsfall 44 vollständig ausgerüstete Feldsanitätskolonnen der Heeresleitung zur Verfügung. Ordenszeichen ist für alle Klassen ein schwarzemailliertes goldenes Kreuz mit silbernem Rand; es wird an breitem schwarzseidenem Band um den Hals getragen. (S. Tafel: Die wichtigsten Orden I, Fig. 31.) — Ein anderer Rest des Ordens hat sich durch die Ballei Utrecht erhalten. Sie steht heute noch unter Leitung eines Landkomturs, welcher der königl. Bestätigung bedarf und schreibt für den Eintritt die reform. Konfession und den Nachweis von 4 Ahnen vor.

Litteratur. a. Quellen: Liv-, Esth- und Kurländisches Urkundenbuch (begründet von Bunge, fortgesetzt von Hildebrand, Bd. 1—8, Riga 1853—84); Perlbach, Die Statuten des Deutschen Ordens (Halle 1890); Sattler, Handelsrechnungen des Deutschen Ordens (Lpz. 1887); Scriptores rerum Prussicarum. Die Geschichtsquellen der preuß. Vorzeit bis zum Untergange der Ordensherrschaft, hg. von Hirsch, Töppen und Strehlke (5 Bde., ebd. 1861—74); Akten der Ständetage Preußens unter der Herrschaft des Deutschen Ordens, hg. von Töppen (Bd. 1—5, ebd. 1878—86); Codex diplomaticus Prussiens, hg. von Voigt (6 Bde., Königsb. 1836—61); Salles, Annales de l'ordre teutonique depuis son origine jusqu'à nos jours (Wien 1887); Die Urkunde des Deutsch-Ordens-Centralarchivs, hg. von Ed. Gaston, Grafen von Pettenegg (Bd. 1, Prag 1887). b. Darstellungen: Ewald, Die Eroberung Preußens durch die Deutschen (4 Bde., Halle 1872—86); Krumbholtz, Samaiten und der Deutsche Orden bis zum Frieden am Melno-See (Königsb. 1890); Lohmeyer, Geschichte von Ost- und Westpreußen (1. Abteil., 2. Aufl., Gotha 1884); Schiemann, Rußland, Polen und Livland bis ins 17. Jahrh. (2 Bde., Berl. 1886—90); von Treitschke, Das deutsche Ordensland Preußen (in «Histor. und polit. Aufsätze», Bd. 2; 5. Aufl., Lpz. 1886); Voigt, Geschichte Preußens von den ältesten Zeiten bis zum Untergange der Herrschaft des Deutschen Ordens (Bd. 1—9, Königsb. 1827—39); ders., Geschichte des Deutschen Ritterordens in seinen 12 Balleien in Deutschland (2 Bde., Berl. 1857—59).

Deutscher Kaiser, der Titel, welchen der an der Spitze des Deutschen Reichs als Präsident des Bundes stehende König von Preußen führt. Wenngleich der D. K. nicht der Souverän des Deutschen Reichs ist, so stehen ihm doch sehr wichtige Regierungsrechte zu. Er hat das Reich völkerrechtlich zu vertreten, Bundesrat und Reichstag zu eröffnen und zu schließen, den Reichskanzler und alle Reichsbeamten zu ernennen, die Reichsgesetze auszufertigen und zu verkündigen. Seine Anordnungen werden im Namen des Reichs erlassen und bedürfen zu ihrer Gültigkeit der Gegenzeichnung des Reichskanzlers (Reichsverfassung, Art. 11—18). Ein Einspruchsrecht gegen übereinstimmende Gesetzgebungsbeschlüsse des Bundesrats und Reichstags steht dem D. K. nicht zu (Art. 5); zu einer Kriegserklärung ist Zustimmung des Bundesrats erforderlich, außer wenn ein Angriff auf das Bundesgebiet erfolgt (Art. 11). Ferner steht dem D. K. im Krieg und Frieden der Oberbefehl über das deutsche Reichsheer zu (Art. 63); alle deutschen Truppen verpflichten sich im Fahneneid, den Befehlen des Kaisers Folge zu leisten (Art. 64). Endlich kann der D. K., wenn die öffentliche Sicherheit in dem Bundesgebiete bedroht ist, einen jeden Teil desselben in Kriegszustand erklären. (S. Deutschland und Deutsches Reich, Staatsrechtliches.)

Das Wappen des Kaisers ist dreifach, ein kleineres, ein mittleres und ein größeres. Das kleinere Wappen des Kaisers zeigt einen goldenen, von der Kette des Schwarzen Adlerordens umschlungenen Schild, worin der Reichsadler sich befindet. Auf dem Schilde ruht die Reichskrone. Das mittlere Wappen stimmt mit dem eben beschriebenen überein, wird aber von zwei auf einer Marmorkonsole stehenden, mit Eichenlaub bekränzten und umgürteten, mit Keulen bewaffneten, bärtigen wilden Männern gehalten. Das größere Wappen (s. Tafel: Deutscher Kaiser. Wappen, Kronen und Standarten, Fig. 1) sieht dem mittlern gleich; nur tragen die Schildhalter, anstatt der Keulen, mit goldenen Fransen eingefaßte, an goldenen Lanzenstangen befestigte, nach außen abfliegende silberne Standarten. Der Schildhalter zur Rechten hält die preuß., der zur Linken die brandenb. Standarte. In ersterer ist der preuß. Adler mit dem hohenzollernschen Stammschildlein belegt, in letzterer der brandenburgische goldbewehrte und gekrönte, auf den Flügeln mit goldenen Kleestengeln besteckte rote Adler mit dem Wappenschilde der Burggrafen von Nürnberg: nämlich einem goldenen, von einer aus Rot und Silber gestückten Einfassung umgebenen Schildlein, worin ein doppeltgeschwänzter, rot bewehrter, rot gezungter und rot gekrönter schwarzer Löwe erscheint. Über dem Wappen erhebt sich das kuppelförmige, mit Hermelin ausgeschlagene Kaiserzelt aus Goldstoff mit einem Muster, in dem der schwarze Reichsadler und die goldene Reichskrone abwechseln. Auf dem rot emaillierten Goldreifen, welcher die Kuppel umschließt, steht in Goldschrift der preuß. Wahlspruch: GOTT MIT UNS. Auf der Spitze des Zeltes ruht die Reichskrone, über der das Reichsbanner hervorragt. Letzteres zeigt unter den ausgespannten Fittichen eines preuß. Adlers die deutschen Farben senkrecht nebeneinander: Schwarz-Weiß-Rot.

Die Reichskrone (Fig. 2) besteht aus einem goldenen Stirnreif, der aus vier größern und vier kleinern abwechselnd nebeneinander gestellten, oben abgerundeten, mit Brillanten eingefaßten goldenen Schildchen gebildet ist. In den größern Schildchen zeigt sich ein aus Brillanten zusammengesetztes gerades Kreuz, das in den untern Winkeln von zwei dergleichen Kreuzlein begleitet wird. In den kleinern Schildchen des Stirnreifs erscheint der ebenfalls aus Brillanten gebildete Reichsadler, über dessen Haupt ein achtstrahliger Stern schwebt. Auf den größern Schildchen ruhen vier goldene, reich verzierte Bügel, die im Scheitelpunkt, wo sie zusammentreffen, in ein Rankenornament endigen, auf welchem der blaue, in seinem Goldreif und Kreuze mit Steinen geschmückte Reichsapfel ruht. Aus der gelb gefütterten Reichskrone ragt eine Mütze aus Goldbrokat über die Schildchen des Stirnreifs bis zur halben Höhe der Bügel empor.

Die Krone der Deutschen Kaiserin (Fig. 3) ist mit vier durch einen bekreuzten Reichsapfel überhöhten Bügeln geschlossen und mit Brillanten und Rubinen reich verziert. Innerhalb der Krone befindet sich eine Mütze von Goldbrokat, die bis zur halben Höhe der Bügel emporsteigt.

Die Standarte des Kaisers (Fig. 4) ist gelb (golden), abwechselnd mit dem schwarzen, rot bewehrten Reichsadler (ohne Brustschild) und der goldenen Reichskrone bestreut; darauf liegt das Eiserne Kreuz, dessen Arme die Ränder der Standarte berühren. Es trägt den Wahlspruch: GOTT MIT UNS, und die Jahreszahl 1870. Auf der Mitte des Kreuzes ruht, von der Kette des Schwarzen Adlerordens umschlungen, das mit der Reichskrone bedeckte kleinere Wappen des Kaisers.

Die Standarte der Kaiserin (Fig. 5) zeigt auf gelbem (goldenem) mit rot bewehrten schwarzen Adlern, deren 16 in voller Gestalt sichtbar sind, bestreutem Stoffe den mit der Krone der Kaiserin besetzten, von der Kette des Schwarzen Adlerordens umgebenen Schild des kleinern kaiserl. Wappens. Im Obereck an der Standartenstange befindet sich in fast ein Neuntel Größe des Fahnentuchs das Eiserne Kreuz mit Krone, dem Buchstaben W und der Jahreszahl 1870.

Über die amtliche Bezeichnung der frühern Kaiser s. Deutscher König.

Deutscher Klub nannte sich eine Parteigruppe im österr. Abgeordnetenhause, die sich 21. Sept. 1885 bei der Spaltung der «Vereinigten Linken» unter der Führung von Heilsberg, Weitlof, Knotz und Steinwender konstituierte und anfangs 38 Mitglieder zählte; später stieg diese Zahl auf 48. Der D. K. vertrat den Grundsatz der «schärfern Tonart» und forderte Wiederherstellung und Sicherung der deutschen Führung in Österreich, Bekämpfung des slaw. Übergewichts, gesetzliche Feststellung der deutschen Staatssprache und Befestigung des Bündnisses mit dem Deutschen Reich. Am 23. Mai 1887 trennten sich 15 Mitglieder von dem D. K. und bildeten die Deutsche Nationalpartei (s. d.); 6. Nov. 1888 vereinigten sich der D. K. und der Deutsch-Österreichische Klub (s. d.) zu der Vereinigten Deutschen Linken (s. d.).

Deutscher Kolonialverein, s. Kolonialverein.

Deutscher König (rex Germaniae, rex Germanorum, rex Teutonicorum), die seit dem 11. Jahrh. von Schriftstellern häufig, in Urkunden dagegen nur ganz vereinzelt gebrauchte Bezeichnung der Herrscher Deutschlands. Die Karolinger nannten sich rex Francorum, ihre Nachfolger ebenso oder bloß rex. Nach der Kaiserkrönung (seit Otto I.) hießen sie imperator augustus, selten rex et imperator; früher vereinzelt, seit Otto III. allgemein mit dem Zusatz Romanorum. Unter Heinrich IV. wurde für den nicht zum Kaiser gekrönten D. K. der Titel Romanorum rex üblich, wozu dann namentlich seit den Staufern augustus und auch semper augustus trat. Seit Ferdinand I. führte der D. K. als solcher den Titel «erwählter röm. Kaiser» (electus Romanorum imperator semper augustus Germaniae rex), wozu dann noch die Titel der Hausmacht traten. In deutschen Urkunden: «Römischer König (Kaiser) zu allen Zeiten Mehrer des Reichs».

Unter den Karolingern herrschte Erbrecht, dann ein Wahlrecht, das sich an die Familie band. Heinrich VI. (gest. 1197) wollte den Grundsatz des Erbrechts feststellen lassen, starb aber zu früh. Nach dem Interregnum (1254—73) herrschte die freie Wahl. Gleichzeitig kam damals (um 1250) das Wahlrecht, das im 12. Jahrh. noch alle Fürsten ausgeübt hatten, an einen bevorzugten Kreis von sieben Fürsten, die davon den Namen Kurfürsten (s. d.) trugen.

Das 1871 gegründete Deutsche Kaisertum hat mit dem mittelalterlichen, das wesentlich auf der Mitherrschaft über Italien und den Beziehungen zum Papsttum ruhte, keinen Zusammenhang, es ist als eine eigentümliche Erneuerung des Deutschen Königtums zu bezeichnen. Vgl. J. J. Moser, Von dem röm. Kaiser, röm. Könige u. s. w. («Neues deutsches Staatsrecht», Bd. 2, Frankf. 1767); Waitz, Deutsche Verfassungsgeschichte, Bd. 6 (Kiel 1875); R. Schröder, Lehrbuch der deutschen Rechtsgeschichte (Lpz. 1889).

Deutscher Krieg von 1866. Österreich und Preußen waren durch den Frieden von Wien (30. Okt. 1864) in den Besitz der Elbherzogtümer gekommen und über deren gemeinsame Verwaltung, noch mehr über die endgültige polit. Stellung von Schleswig-Holstein, in ernste Zerwürfnisse geraten (s. Deutschland und Deutsches Reich, Geschichte), die durch den Vertrag von Gastein (s. d.; 14. Aug. 1865) für kurze Zeit beschwichtigt wurden, Anfang 1866 sich jedoch wieder verschärften. Die Verschiedenheit der polit. Ziele beider Mächte, besonders ihre Nebenbuhlerschaft in Deutschland selbst und die hartnäckige Weigerung beider, nachzugeben, ließen einen Krieg zwischen Österreich und Preußen, trotz der Abneigung des Volks gegen einen solchen Bruderkrieg, mehr und mehr als unvermeidlich erscheinen. Österreich warb insgeheim Bundesgenossen in Deutschland und verstärkte die Truppen in Böhmen und Mähren, wodurch Preußen sich bedroht und Ende März zu Gegenrüstungen veranlaßt sah. Ein darüber entstandener Notenwechsel nahm einen immer gereiztern Ton an; die Rüstungen wurden fortgesetzt. Zwischen Preußen und Italien führte 8. April das gemeinsame Interesse zu einem Schutz- und Trutzbündnis. Vom 3. bis 12. Mai erfolgten die Befehle zur Mobilmachung der preuß. Armee, die in 14 Tagen planmäßig vollendet war. Am 27. Mai versuchten die europ. Großmächte den drohenden Bruch noch durch den Vorschlag einer Konferenz zu verhindern, die Preußen annahm, Österreich jedoch durch die Forderung, daß dabei nicht über Venetien verhandelt werde, unmöglich machte. Am 1. Juni brachte Österreich die schleswig-holstein. Frage zur Entscheidung an den Bund und berief zum 11. die holstein. Stände nach Itzehoe. Darauf hin erklärte Preußen den Gasteiner Vertrag für gebrochen, beantragte 2. Juni die Zurückziehung der preuß. und österr. Truppen aus den Bundesfestungen und ließ 7. Juni seine Truppen aus Schleswig unter General von Manteuffel in Holstein einrücken, von wo der österr. Statthalter, Feldmarschallleutenant von Gablenz, die einzige dortstehende Brigade, General Kalik, abmarschieren ließ. Auf dieses selbständige Vorgehen Preußens beantragte Österreich 11. Juni beim Bunde die Mobilmachung der ganzen Bundesarmee, mit Ausschluß des preuß. Kontingents, und dieser Antrag wurde 14. Juni von der Majorität angenommen. Noch bot Preußen den Königen von Hannover und Sachsen und dem Kurfürsten von Hessen 15. Juni die Garantie ihrer Souveränität an, wenn sie neutral bleiben und sich den in den preuß. Cirkulardepeschen vom 24. März und 11. April aufgestellten und 10. Juni an den Bund gebrachten Reformvorschlägen für die Bundesverfassung, wonach Österreich aus Deutschland ausgeschlossen werden sollte, anschließen würden. Diese Forderungen wurden jedoch abgelehnt, worauf unmittelbar die Kriegserklärung an die drei Staaten erfolgte.

Österreich hatte gegen Preußen eine Nordarmee unter Benedek, gegen Italien eine Südarmee unter Erzherzog Albrecht aufgestellt. Die Nordarmee umfaßte sieben Armeekorps (1. bis 4., 6., 8. und 10.), jedes bestehend aus 4 Brigaden (zu 6 Infanterie- und 1 Jägerbataillon, 1 Eskadron und 1 Batterie), einer Geschützreserve von 6 Batterien, 2 leichten und 3 schweren Reserve-Kavalleriedivisionen, die erstern zu 6 und 4, die letztern zu 6 Regimentern mit je 2 Batterien. Die Gesamtstärke der Nordarmee betrug 283 000 Mann, zu denen noch 26 000 Sachsen hinzutraten. Dazu kamen die Besatzungen von Theresienstadt, Josefstadt, Königgrätz, Olmütz und Krakau mit 46 000 Mann. Die süddeutschen Staaten verpflichteten sich, bis 15. Juni folgende Kräfte bereit zu stellen: Bayern 46 000 Mann, nach einigen Wochen weitere 14 000 Mann, Württemberg 20 000 Mann, Baden 12 000 Mann, Nassau 5400 Mann, Großherzogtum Hessen 12 700 Mann. Ferner müssen hinzugerechnet werden 20 500 Mann Hannoveraner, 7000 Österreicher bei dem 8. Bundesarmeekorps und 8500 Mann kurhess. Truppen. Preußens Streitkräfte waren in drei Armeen formiert. Die Erste Armee unter dem Prinzen Friedrich Karl (2., 3., 4. Armeekorps nebst 1 Kavalleriekorps) stand rechts von der Elbe an der sächs. Grenze bis Görlitz (93 300 Mann); ihr war zuerst noch das Gardekorps zugeteilt, das Mitte Juni zur Zweiten Armee abrückte. Die Zweite Armee unter dem Kronprinzen, anfangs in weitläufigen Kantonnierungen bei Landshut und Hirschberg stehend, war jetzt bei Neisse konzentriert (1., 5., 6. Korps und die Garden, zusammen 115 000 Mann). Die Elbarmee unter General Herwarth von Bittenfeld, 1 Division vom 7., das 8. Armeekorps (zusammen 46 000 Mann), sowie ein aus Landwehr bei Berlin neugebildetes Reservekorps (24 300 Mann) stand auf dem linken Elbufer gegen Sachsen. Diese Kriegsmacht zählte nur völlig ausgebildete Soldaten in ihren Reihen und stand seit 6. Juni schlagfertig, was bei der österreichischen, trotz der längern Rüstung, noch nicht vollständig der Fall war. Außerdem stand die 13. Division (14 300 Mann) bei Minden, das Korps Manteuffel (14 100 Mann) bei Hamburg und die Division Beyer (19 600 Mann) bei Wetzlar zur Bekämpfung der deutschen Bundesarmee bereit. Im ganzen bezifferten sich die Feldtruppen Preußens auf 326 600, die seiner Gegner auf 309 000 Mann in Böhmen und 146 000 Mann in Deutschland, abgesehen von den gegen Italien aufgestellten drei österr. Armeekorps (5., 7. und 9.). Unbedingt feindlich gegen Preußen waren die vier Königreiche (von denen Bayern 14. Juni in Olmütz einen besondern Vertrag mit Österreich geschlossen), beide Hessen, Nassau, durch seine Lage genötigt auch Baden, schwankend die meisten kleinern Staaten; nur Coburg-Gotha und Lippe erwiesen sich gleich von Anfang an als seine Bundesgenossen.

I. *Feldzug in Böhmen.* Für Preußen war nun kein längeres Verharren auf der Defensive statthaft. Die Zweite Armee, die bei Neisse stand, erhielt 19. Juni Befehl, hier nur ein Korps (das 6. Armeekorps) stehen zu lassen, mit den übrigen aber in Böhmen einzurücken und mit der Ersten Armee Verbindung zu suchen; diese sollte aus der sächs. und preuß. Oberlausitz über Reichenberg, die Elbarmee von Dresden aus über Gabel (weil die nähere Straße im Elbthal durch den von den Sachsen noch besetzten Königstein gesperrt war) auf Gitschin vorrücken. Die Sicherung der oberschles. Grenze blieb zwei Detachements (General von Knobelsdorff und General Graf Stolberg) überlassen, die hier den Parteigängerkrieg führten. Unterdessen hatte aber auch Benedek bereits 17. Juni seine Hauptmacht von Olmütz nach Böhmen abrücken lassen, wahrscheinlich um den Prinzen Friedrich Karl in der Lausitz zu schlagen und dann gegen Berlin vorzudringen. Die Preußen kamen diesem Unternehmen jedoch zuvor. Nach einigen kleinern Gefechten und einer Kanonade bei Liebenau (25. Juni) rückten die Vortruppen des Prinzen Friedrich Karl 26. gegen *Podol*, welches Dorf nebst der Iserbrücke in einem hartnäckigen Nachtgefecht durch General von Bose den Österreichern entrissen wurde. In diesem Gefecht wurde zum erstenmal die viergliedrige Salve angewendet. Am 27. Juni hatte auch die Vorhut der Elbarmee bei *Hühnerwasser* ein glückliches Gefecht. Beide Armeen vereinigten sich 28., worauf Prinz Friedrich Karl deren Oberbefehl übernahm und an demselben Tage den österr. General Clam-Gallas in dem blutigen Gefecht bei *Münchengrätz* schlug. Die Österreicher und Sachsen gingen nunmehr nach *Gitschin* zurück. Auch hier wurden sie 29. Juni von zwei preuß. Divisionen angegriffen und aus einer steilen Felsposition nach der Stadt gedrängt, die Prinz Friedrich Karl noch in der Nacht nach erbittertem Straßenkampfe besetzte.

Die österr. Hauptarmee stand damals mit dem Gros bei Königinhof und hatte, als der Rechtsabmarsch der preuß. Zweiten Armee bekannt geworden, das 6. Korps (Ramming) mit der Kavalleriedivision Holstein 27. Juni nach Skalitz, das 10. (Gablenz) gegen Trautenau und das 8. Korps (Erzherzog Leopold) gegen Jaroměř vorgeschoben. Von der preuß. Zweiten Armee rückte das 1. Korps (Bonin), gefolgt von der Kavalleriedivision Hartmann, über den Paß von Trautenau, das 5. (Steinmetz) über den Paß von Nachod in Böhmen ein; das Gardekorps (Prinz August von Württemberg) hielt zwischen beiden Verbindung und marschierte über Braunau. Die Spitze des Gardekorps überschritt 26. Juni die Grenze, die beiden andern 27. Das 6. Korps (Mutius), das zunächst bei Habelschwerdt gegen das 2. österreichische (Thun) stehen blieb, sollte baldmöglichst dem 5. folgen. Das 1. Korps stieß bei Trautenau auf österr. Truppen, wurde aber nach längerm und verlustreichen Kampfe zum Rückzuge in das Gebirge genötigt. Dagegen war an demselben Tage das 6. Korps (Ramming) bei Nachod durch das Erscheinen der Preußen überrascht und zurückgeschlagen worden. Benedek verstärkte das Korps Ramming durch das 8. Armeekorps, aber dieses, unter Erzherzog Leopold, wurde 28. Juni von Steinmetz bei Skalitz geschlagen, indem es aus allen Stellungen geworfen wurde, wobei auch die Stadt verloren ging. An demselben Tage griffen die preuß. Garden das 10. österr. Korps bei Soor und Altrognitz an. Die Garden hatten anfangs gegen überlegene Artillerie zu kämpfen (12 gegen 64 Geschütze), gingen aber mit unwiderstehlichem Andrang bei Burkersdorf und Altrognitz vor und erstürmten Trautenau. Gablenz wurde vollständig geschlagen, auch ging eine Fahne verloren. Nun kounte auch das 1. preuß. Armeekorps ungehindert vorrücken. Am 29. Juni nahmen die Garden nach hartem Gefecht noch Königinhof, während Steinmetz bei Schweinschädel (Jaroměř) Teile des 4. österr. Korps (Festetics) schlug. Jetzt traf auch das 6. preuß. Korps ein und vereinigte sich 30. Juni mit dem 5. bei Gradlitz; das 1. war den Garden gefolgt. Benedek ging nach diesen Unfällen der vorgeschobenen Korps (1., 6., 8. und 10.) über die Bistritz zurück und konzentrierte seine ganze Armee westlich der Festung Königgrätz. Prinz Friedrich Karl entsendete das 1. Garde-Dragonerregiment, um Verbindung mit dem Kronprinzen zu snchen, und dieses kam 30. Juni nach einem Gewaltmarsche bei Arnau auf dem rechten Flügel der Zweiten Armee an. Am 1. Juli erreichten Truppen dieser Armee Miletin, womit die Verbindung der gesamten preuß. Streitmacht vollkommen gesichert war.

König Wilhelm von Preußen, der auf die Nachricht von den ersten Siegen in Böhmen Berlin verlassen hatte, traf 2. Juli in Gitschin bei seinem Heere ein und übernahm dessen Oberbefehl. In seinem Gefolge befanden sich der General von Moltke, der Kriegsminister von Roon, der Ministerpräsident von Bismarck, außerdem viele fürstl. Personen. Man gedachte der Armee einen oder zwei Ruhetage zu geben; aber die abends 11 Uhr durch den General von Voigts-Rhetz, Generalstabschef der Ersten Armee, überbrachte Meldung, die Österreicher hätten die Bistritz bei Sadowa überschritten, veranlaßte den Entschluß, am folgenden Tage eine Hauptschlacht zu liefern. Der Befehl dazu ging in doppelter Ausfertigung in der Nacht an den Kronprinzen, und 3. Juli wurde bei Königgrätz die österr. Nordarmee nebst dem sächs. Korps entscheidend geschlagen. Doch wurde der Sieg preußischerseits nicht genügend ausgenutzt. Am 4. Juli nachmittags 4 Uhr erst begann die preuß. Armee ihre unausgesetzte Verfolgung. Sie überschritt die Elbe auf mehrern Punkten und erhielt nun, indem im Hauptquartier des Königs ein aufgefangenes Marschtableau Benedeks den fernern Operationsplan bestimmte, neue Befehle. Benedek nämlich hatte seine Hauptmacht eiligst nach Olmütz geführt und nur das 10. Korps, die drei schweren und Edelheims leichte Kavalleriedivision nach Wien geschickt; das 8. Korps und die Sachsen bildeten zunächst die Nachhut und blieben einen Marsch hinter der Armee zurück. Benedek hoffte dadurch die ganze preuß. Armee von der Hauptstadt abzuziehen und bei Olmütz festzuhalten. Aber nur die preuß. Zweite Armee erhielt Befehl, ihm zu folgen, während die Erste Armee auf Brünn, die Elbarmee auf Iglau vorrückten, also in der geraden Richtung nach Wien. Der Kaiser von Österreich hatte nach der Schlacht bei Königgrätz Venetien an Kaiser Napoleon abgetreten, in der Hoffnung, daß dieser Italien damit beschwichtigen werde, vielleicht auch, um ihn selbst als Bundesgenossen für Österreich zu gewinnen. Aber dieser scheute sich, nach dem glänzenden Siege der Preußen bei Königgrätz bei der ungenügenden Schlagfertigkeit seines Heers in den Krieg einzugreifen. Der größte Teil der Südarmee wäre dadurch gegen Preußen verfügbar gewesen. Auch wurden bereits vom 7. Juli an das österr. 3. und 5. Korps nach Wien befördert, und der Erzherzog Albrecht, der 24. Juni die Italiener bei Custozza geschlagen hatte, erhielt das Oberkommando über alle österr. Streitkräfte. Benedek wurde angewiesen, mit der Nordarmee von Olmütz nach Wien zu rücken. Bei Floridsdorf waren inzwischen zur Verteidigung der Kaiserstadt provisorische, mit den schwersten Geschützen armierte Verschanzungen angelegt worden. Am 14. Juli setzte Benedek sein Heer in Marsch. Zu dieser Zeit befand sich das Hauptquartier des Königs von Preußen bereits in Brünn. Von der Zweiten Armee sollte das 1. Korps (Bonin) die Eisenbahn bei Prerau, also die Verbindung zwischen Olmütz und Wien, zerstören. Die Kavalleriedivision Hartmann nebst der Infanteriebrigade Malotki wurde 15. Juli dahin entsendet und stieß bei Tobitschau auf die Vorhut des österr. 8. Korps. Es kam zu einem lebhaften Gefecht, in dem das 5. Kürassierregiment 18 feindliche Geschütze nahm. Die Benutzung der Eisenbahn nach Wien wurde aber den Österreichern (16. Juli) inzwischen durch General Horn, der Lundenburg besetzte, entzogen. Benedek mußte deshalb links der March über die Kleinen Karpaten nach Wien marschieren. Vor Josefstadt und Königgrätz war nur eine schwache preuß. Division (12.), vor Olmütz die 1. Division zurückgeblieben. Das Detachement des Generals Knobelsdorff hatte Österreichisch-Schlesien besetzt und marschierte auf Brünn. Die übrigen Korps der Zweiten Armee folgten in zwei Kolonnen über Brünn und Lundenburg der Ersten Armee, die auf Wien marschierte, ebenso die Elbarmee, während die Garde-Landwehrdivision des nachgerückten 1. Reservekorps (Mülbe) Prag besetzt hatte.

Am 18. Juli verlegte König Wilhelm sein Hauptquartier nach Nikolsburg, und das preuß. Heer stand nun im Marchfelde im Angesicht von Wien, noch 194 000 Mann stark, hinter denen in Böhmen, Mähren und Oberschlesien weitere 49 600 Mann mobiler Feldtruppen in zweiter Linie verfügbar waren. Der Zahl nach mochte Erzherzog Albrecht über ungefähr dieselbe Truppenzahl verfügen, doch war der Zustand der österr. Armee einer zweiten Schlacht nicht mehr gewachsen. Für das preuß. Heer dagegen wurden noch bedeutende Verstärkungen herangezogen, wodurch dasselbe vor Wien später eine größere Stärke erreichte als zu Beginn des Krieges. Es kam aber nicht mehr zum Äußersten. Napoleon hatte nach Annahme Venetiens den kriegführenden Mächten seine Vermittelung angeboten, die Österreich nicht ablehnen konnte. So wurden Verhandlungen angeknüpft, und als Kaiser Franz Joseph in die vorgeschlagenen Friedensbedingungen gewilligt hatte, wurde 22. Juli in Eibesbrunn zwischen General von Podbielski und dem österr. General von John zunächst eine fünftägige Waffenruhe abgeschlossen. Tags vorher hatte aber Prinz Friedrich Karl die 7. Division (Fransecky) mit der Kavalleriedivision Horn der bereits 17. Juli über die March gegen Preßburg vorgeschobenen 8. Division folgen lassen, um durch Einnahme dieser Stadt Benedek von Wien abzuschneiden und den spätern Rückzug der österr. Hauptarmee nach Ungarn zu erschweren. Dies führte 22. Juli zu dem Gefecht bei **Blumenau**, das aber um Mittag durch Bekanntwerden der Waffenruhe abgebrochen wurde. Der Waffenruhe folgte 26. Juli zu **Nikolsburg** zwischen Moltke und dem Grafen Degenfeld der Abschluß einer Konvention für einen förmlichen Waffenstillstand auf vier Wochen. Gleichzeitig wurde daselbst von den Ministern der Präliminarfriede abgeschlossen, und noch vor Ablauf des Waffenstillstandes folgte 23. Aug. der **Friede zu Prag** (s. d.) zwischen Österreich und Preußen, dem der Abschluß der Friedensverhandlungen mit den deutschen Südstaaten auf Grund der Nikolsburger Präliminarien vorausgegangen war.

II. **Feldzug in West- und Süddeutschland.** Die mit Österreich verbündeten Bundestruppen konnten sich zwischen die östl. und westl. Teile Preußens einschieben und deren Verbindung unterbrechen, die bayr. Armee von Franken her sich rasch mit der hessischen und hannöverschen zu einer Feldarmee von etwa 80 000 Mann vereinigen und die sächsische mit der rasch nach Sachsen geworfenen österr. Hauptmacht gegen Berlin vordringen. Um diesem allem zuvorzukommen und der beschlossenen Offensive gegen Österreich eine gesicherte Basis mit freien Verbindungen zu geben, rückten, nachdem Hannover, Kurhessen und Sachsen das preuß. Ultimatum verworfen, gleichzeitig am 16. Juni die Preußen in die genannten Staaten, von Holstein aus das Korps Manteuffel, bald durch Landwehrtruppen verstärkt, von Minden aus General Vogel von Falckenstein mit der 13. Division (General von Goeben) in Hannover, die Division Beyer von Wetzlar aus in Kurhessen, endlich die Elbarmee und ein Teil der Ersten Armee in Sachsen ein. Die sächs. Truppen sprengten die Elbbrücken bei Riesa und Meißen und zogen sich 18. Juni nach Böhmen zurück, wohin der König von Sachsen folgte; sie nahmen bei Chlumetz-Pardubitz Stellung. Die hannöv. Armee, die sich beim unerwarteten Einmarsch der Preußen bei Göttingen versammelte und dort ihre Feldausrüstung vervollständigte, marschierte 21. Juni nach Eisenach und hätte wohl über den Thüringerwald durchbrechen und sich mit den Bayern vereinigen können. Unentschlossenheit und zwecklose Hin- und Hermärsche der Hannoveraner ließen aber den Preußen Zeit, von Berlin, Erfurt und Torgau Truppen bei Gotha mit dem dortigen verbündeten Kontingent zu vereinigen. König Georg stand noch in Verhandlungen mit Preußen, ohne indes die ihm gestellten Bedingungen anzunehmen, weil er noch immer auf einen Vorstoß der Bayern hoffte, während der bayr. Oberfeldherr mit Recht kein Hindernis für die Hannoveraner sah, sich durchzuschlagen. Diese waren in dem Abstand eines Tagemarsches von sehr überlegenen Kräften umstellt und wurden 27. Juni bei **Langensalza** vom preuß. General von Flies mit 9000 Mann angegriffen, um festgehalten zu werden, bis die Einschließung vollendet sein würde. Der Angriff wurde aber von der Übermacht (18 000 Mann) zurückgeschlagen; dennoch mußten die Hannoveraner, nachdem sie 28. Juni vollständig eingeschlossen worden, eine Kapitulation eingehen, durch die ihre Armee aufgelöst wurde. Jetzt erst konnte General Vogel von Falckenstein mit seneu drei Divisionen, die sich zu einer Mainarmee (nunmehr 53 000 Mann stark) vereinigten, die Operationen gegen die süddeutschen Armeekorps, zu denen noch die kurhess. und nassauischen Kontingente und später auch eine österr. Division (Neipperg) stießen, beginnen. Das 8. Bundeskorps unter dem Prinzen Alexander von Hessen zählte 55 900 Mann, die bayr. Armee 52 000 Mann. Der Führer der letztern, Prinz Karl von Bayern, hatte zugleich den Oberbefehl über alle Bundestruppen erhalten und sollte in nordwestl. Richtung vorgehen. Vogel von Falckenstein zog seine drei Divisionen (Manteuffel, Goeben, Beyer) 1. Juli bei Eisenach zusammen und ergriff sogleich die Offensive, um sich zwischen die beiden noch getrennten feindlichen Armeen zu werfen. Das 8. Bundeskorps stand nördlich von Frankfurt a. M., das bayr. Heer im Fuldathale, zwei Divisionen vorgeschoben nach Dermbach; eine starke Kavalleriekolonne sollte links die Verbindung mit dem 8. Korps aufsuchen. Diese stieß 4. Juli bei **Hünfeld** auf die Vorhut der preuß. Division Beyer, die auf der großen Straße nach Geisa vorrückte, wurde durch unerwartetes Artilleriefeuer in Unordnung gebracht und ging ziemlich aufgelöst zurück. Bei **Dermbach** griff an demselben Tage Goeben die Bayern an, zog jedoch abends seine Truppen zurück und beide Teile schrieben sich den Sieg zu. Goeben sollte jedoch durch einen Vorstoß gegen die Bayern überhaupt nur Luft schaffen und dadurch den Vormarsch der Mainarmee erleichtern. Dies wurde vollständig erreicht. Als dann die bayr. Armee südwärts abzog, um sich dem 8. Korps zu nähern, setzte die Mainarmee den Vormarsch über Fulda fort. Am 10. Juli hatte die Division Goeben ein hitziges Gefecht bei **Kissingen**, das von den Preußen erstürmt wurde. Beyer kämpfte an demselben Tage bei **Hammelburg**, Manteuffel, der gefolgt war, bei **Waldaschach** und **Hausen**. Der bayr. Feldherr gab nun seine Operationen in dieser Richtung auf und zog sich nach Schweinfurt zurück, Falckenstein dagegen wandte sich von der Fränkischen Saale unerwartet gegen Aschaffenburg. Zur Deckung dieses wichtigen Mainübergangs entsandte Prinz Alexander von Hessen von Frankfurt aus die österr.

und die großherzogliche hess. Division. Letztere hatte 13. Juli bei Frohnhofen und Laufach ein ungünstiges Gefecht, in dem sich auf diesem Kriegsschauplatze zuerst die große Überlegenheit des Zündnadelgewehrs in Defensivstellungen zeigte. Auch die österr. Division vor Aschaffenburg wurde hier 14. Juli geschlagen, nachdem um den vorliegenden Waldpark heftig gekämpft und die Stadt erstürmt worden war. Darauf räumten die Bundestruppen Frankfurt, wo 16. Juli Vogel von Falckenstein einzog. Auch Bieberich und Darmstadt wurden von den Preußen besetzt und der Armee einige Ruhetage bewilligt.

Vogel von Falckenstein wurde 19. Juli zum Generalgouverneur von Böhmen ernannt, wodurch das Oberkommando der Mainarmee auf Manteuffel überging. Das 8. Bundeskorps hatte sich endlich mit der bayr. Armee bei Würzburg vereinigt. Die Mainarmee war inzwischen durch die oldenb.-hanseatische Brigade, ein Bataillon Waldeck, ein Bataillon Schwarzburg-Sondershausen und einige nachgerückte preuß. Truppen bis auf 65000 Mann angewachsen und begann 21. Juli den Vormarsch auf Würzburg. Der Feind zog sich ostwärts hinter die Tauber, gefolgt von der Mainarmee, wobei zwei coburg-gothaische Bataillone 23. Juli bei Hundheim gegen eine bad. Brigade ins Gefecht kamen. Am 24. Juli wurden die Übergänge der Tauber, die bei Tauberbischofsheim von der württembergischen und bei Werbach von der bad. Division besetzt waren, durch die Preußen genommen. Oldenburger und Hanseaten erstürmten Hochhausen und Werbach (Bataillon Bremen) mit großer Entschlossenheit. Bei Tauberbischofsheim befehligte der württemb. Kriegsminister von Hardegg und versuchte fünfmal vergeblich den Ort wiederzuerobern. Das 8. Bundeskorps besetzte darauf eine Gefechtsstellung bei Gerchsheim, an die sich die bayr. Armee bei Helmstadt und Üttingen anschloß. Gegen diese Position ging 25. Juli die Mainarmee vor. Goeben griff bei Gerchsheim die Bundestruppen, Beyer bei Helmstadt die Bayern an; die Division Flies (vormals Division Manteuffel) wurde zunächst in Reserve gehalten und traf erst gegen Abend ein. In beiden Gefechten wurde der Feind zurückgedrängt. Prinz Karl von Bayern wollte 26. Juli selbst angreifen und rechnete dabei auf die Mitwirkung des 8. Bundeskorps. Diese Unterstützung blieb indessen aus. Da außer der Division Beyer auch die Division Flies vorrückte, so kam es 26. Juli bei Helmstadt und Roßbrunn zum Zusammenstoß mit der bayr. Armee. Die Verbündeten zogen sich hinter den Main zurück und nahmen östlich von Würzburg Stellung. Am 27. Juli rückte die preuß. Mainarmee auf der ganzen Linie gegen Würzburg vor und beschoß die Bergfeste Marienberg aus Feldgeschützen. Die aus Böhmen eintreffende Nachricht vom Waffenstillstande beendete jedoch die Operationen. Das in Leipzig gebildete 2. Reservekorps, bestehend aus mecklenb., altenb. und preuß. Truppen unter Befehl des Großherzogs von Mecklenburg-Schwerin, war 23. Juli über Hof in Bayern eingerückt, besetzte 27. Juli Kulmbach und die Plassenburg, 28. Juli Bayreuth, hatte 29. Juli kleine Gefechte gegen bayr. Infanterie bei Kolmdorf und Seubottenreut und erreichte 31. Juli Nürnberg, während die Mainarmee in Würzburg eingezogen war. Der Waffenstillstand begann 2. Aug. auch hier, und die Friedensschlüsse mit den einzelnen süddeutschen Staaten, die zugleich ein zunächst geheimgehaltenes Schutz- und Trutzbündnis mit Preußen eingingen, folgten bald, 13. Aug. mit Württemberg, 17. mit Baden, 22. mit Bayern, zuletzt noch mit dem Großherzogtum Hessen 3. Sept. Österreich schied infolge der Friedensbedingungen aus Deutschland, behielt aber, wie Sachsen, seinen Besitzstand und willigte in die Errichtung eines Staatenbundes nördlich vom Main unter Preußens Führung, sowie in die Einverleibung von Schleswig-Holstein, Hannover, Kurhessen, Nassau und Frankfurt a. M. in den preuß. Staat. Bayern und Hessen traten einige Grenzbezirke ab, der Großherzog von Hessen überdies die ihm kürzlich zugefallene Landgrafschaft Hessen-Homburg. Außerdem trat Hessen mit seinen nördlich des Main gelegenen Landesteilen dem Norddeutschen Bunde bei. Alle deutschen Staaten, die Preußen feindlich gegenüber gestanden hatten (Sachsen-Meiningen ausgenommen), mußten Kriegskosten zahlen, insgesamt über 48 Mill. Thlr. Der Friede mit Sachsen wurde 21. Okt., der mit Sachsen-Meiningen 8. Okt., der mit Reuß älterer Linie schon 26. Sept. geschlossen.

Litteratur. Der Feldzug von 1866 in Deutschland (redigiert von der kriegsgeschichtlichen Abteilung des Großen Generalstabes, Berl. 1868); Österreichs Kämpfe im J. 1866. Nach den Feldakten bearbeitet durch das k. k. Generalstabs-Büreau (3 Bde., Wien 1868 u. 1869); Offizieller Bericht über die Kriegsereignisse zwischen Hannover und Preußen (2 Tle., ebd. 1867; vom hannöv. Standpunkte); Anteil der königl. bayr. Armee am Kriege des J. 1866. Bearbeitet vom Generalquartiermeisterstabe (Münch. 1868); Der Anteil des königl. sächs. Armeekorps am Feldzuge 1866 in Österreich. Bearbeitet nach den Feldakten des Generalstabes (Dresd. 1869); Feldzugsjournal des Oberbefehlshabers des 8. Bundesarmeekorps (2. Aufl., Darmst. 1867); Die Operationen des 8. Deutschen Bundeskorps im Feldzug des J. 1866 (ebd. 1869); Borbstädt, Preußens Feldzüge gegen Österreich und dessen Verbündete im J. 1866 (5. Aufl., Berl. 1867); Dragomirow, Abriß des österr.-preuß. Kriegs im J. 1866 (aus dem Russischen übersetzt, ebd. 1868); Heinr. Blankenburg, Der Deutsche Krieg von 1866 (Lpz. 1867); W. Menzel, Der Deutsche Krieg im J. 1866 (2 Bde., Stuttg. 1867); Hiltl, Der Böhmische Krieg und der Mainfeldzug (4. Aufl., Bielef. 1876); Preußens Feldzug 1866 vom militär. Standpunkte (1.—3. Aufl., Berl. 1866); die von der topogr. Abteilung des preuß. Generalstabes bearbeiteten Pläne der Schlacht- und Gefechtsfelder von 1866; Verdy du Vernois, Die Teilnahme der Zweiten Armee am Feldzuge von 1866 (anonym, Berl. 1866); Knorr, Der Feldzug des J. 1866 in West- und Süddeutschland (Hamb. 1867); Der Bundesfeldzug in Bayern (1. bis 3. Aufl., Wenigen-Jena 1867); Fontane, Der deutsche Krieg (2 Bde., 2. Aufl., Berl. 1871); Trinius, Geschichte des Kriegs gegen Österreich und des Mainfeldzugs 1866 (ebd. 1886); v. d. Wengen, Geschichte der Kriegsereignisse zwischen Preußen und Hannover 1866 (Gotha 1886); Krms, Feldzug der Mainarmee 1866 (Berl. 1890); Kanngießer, Geschichte des Krieges von 1866 (Bd. 1, Bas. 1892).

Deutscher Landwirtschaftsrat, 1872 auf Anregung des Kongresses norddeutscher Landwirte durch Zusammenwirken der größern landwirtschaftlichen Vereinigungen aller deutschen Staaten begründet, hat den Zweck, die landwirtschaftlichen

Interessen auf dem Gebiete der wirtschaftlichen und Landeskultur-Gesetzgebung wahrzunehmen und gegenüber den gesetzgebenden Faktoren des Reichs geltend zu machen. Er besteht aus so vielen Vertretern der landwirtschaftlichen Vereine eines jeden deutschen Staates, als dieser Stimmen im deutschen Bundesrate hat (nur Preußen verfügt über 2 Stimmen mehr); da jedoch Hamburg zur Zeit noch unvertreten ist, aus 62 (sonst 63) Mitgliedern, darunter aus Preußen 19, Bayern 6, Sachsen und Württemberg je 4, Baden, Hessen und Reichslande je 3 u. s. w. Jährlich findet in Berlin eine Generalversammlung statt, während der aus 9 Personen bestehende Ausschuß öfter zusammentritt. Erster Vorsitzender war bis 1874 der frühere preuß. Minister von Patow, von 1874 bis zu seinem 1890 erfolgten Tode von Wedell-Malchow, zur Zeit (1892) ist es der Landesdirektor Freiherr von Hammerstein in Hannover. Der D. L. hat seinen Sitz in Berlin, Geschäftsführer ist Dr. Müller.

Deutscher Offizierverein, s. Warenhaus für Armee und Marine.

Deutscher Orden, s. Deutsche Ritter.

Deutscher Privat-Beamten-Verein, gegründet 1881 in Magdeburg, mit Sitz daselbst, gewährt deutschen Privatbeamten (Angestellten des Handels, der Industrie, des Berg- und Forstfachs, Schulwesens u. s. w.) gegen Zahlung des Mitgliederbeitrags, bez. besonderer Prämien, Versicherungen solcher Art, wie sie den öffentlichen Beamten aus öffentlichen Mitteln gewährt werden. Vorhanden sind Kranken-, Pensions-, Begräbnis- und Witwenkasse. Auch verwaltet der Verein die Kaiser-Wilhelm-Privatbeamten-Waisenstiftung, gewährt seinen Mitgliedern Rechtsschutz, Rechtsrat, Prämienvorschüsse zur Erhaltung von Versicherungsanlagen und Unterstützungen. Er hatte 1892 über 8000 Mitglieder mit mehr als 120 Zweigvereinen, Gruppen und Verwaltungsstellen. Erster Direktor ist Dr. R. Sernau. Das Vermögen beträgt über 700000, die Bilanz 1891: 653058 M. Dem D. P. haben sich auch verschiedene Berufsvereine (Apotheker, Privatlehrer, Landwirtschaftslehrer, Ingenieure u. s. w.) angeschlossen in Form von Pensionsverbänden unter Begründung von Pensionszuschußkassen für die Angehörigen. Organ des Vereins ist die «Privatbeamten-Zeitung» (seit 1883).

Deutscher Reformverein, s. Großdeutsche Partei.

Deutscher Reichs-Anzeiger und Königlich Preußischer Staats-Anzeiger, in Berlin täglich (mit Ausnahme der Sonn- und Feiertage) im Verlag der Expedition des D. R.-A. u. K. P. St.-A. erscheinendes amtliches Organ, enthält außer den amtlichen Bekanntmachungen (darunter das «Centralhandelsregister für das Deutsche Reich») auch Beiträge nichtamtlichen Charakters von allen hohen Reichs- und Staatsbehörden, giebt ferner im nichtamtlichen Teil eine Übersicht aller wichtigern polit. Vorgänge im In- und Auslande, eine Börsenbeilage, Mitteilungen über Statistik und Volkswirtschaft, Handel und Gewerbe, Kunst und Wissenschaft u. s. w. Die Zeitung ressortiert von dem preuß. Staatsministerium, wo ein vortragender Rat (gegenwärtig Geh. Regierungsrat von Rheinbaben) als Kurator die Oberaufsicht über das Blatt führt; auch der Redacteur, z. Z. der königl. Direktor Dr. Herm. Klee, ist Staatsbeamter. Das Blatt wurde 2. Jan. 1829 begründet u. d. T. «Allgemeine Preußische Staats-Zeitung», hieß seit 1. Juli 1843 «Allgemeine Preußische Zeitung», seit 1. Mai 1848 «Allgemeiner Preußischer Staats-Anzeiger», seit 1. Juli 1851 «Königlich Preußischer Staats-Anzeiger» und erhielt 4. Mai 1871 seinen gegenwärtigen Namen.

Deutscher Reichstag, s. Deutschland und Deutsches Reich (Staatsrechtliches) und Reichstag.

Deutscher Schriftsteller-Verband, gegründet 26. Sept. 1887 in Dresden, bezweckt «die Wahrung und Förderung der Berufsinteressen seiner Mitglieder, die Unterstützung der letztern in Fällen der Not und im Alter sowie die Fürsorge für ihre Hinterbliebenen». Diesen Zwecken dienen insbesondere ein litterarisches Bureau für den Vertrieb schriftstellerischer Arbeiten, Stellennachweisung und Überwachung des Nachdrucks, ein Syndikat als unentgeltlicher Rechtsbeistand und Schiedsgerichte, die in allen den Beruf und die Ehre der Mitglieder berührenden Streitigkeiten entscheiden. Verbandsorgan ist bis 1892 die vom geschäftsführenden Ausschusse herausgegebene Zeitschrift «Deutsche Presse». Eine Unterstützungskasse sorgt für bedürftige und erwerbsunfähig gewordene Mitglieder. Ende 1891 bestand der D. S. aus 892 Mitgliedern; er teilte sich in 11 Bezirksvereine: Berlin, Breslau, Hamburg, Leipzig, Frankfurt a. M., München, Stuttgart, Wien, Prag, Graz und Elberfeld-Barmen.

Deutscher Schulverein, s. Schulverein.

Deutscher Sprachverein. Als mit der Neugründung des Deutschen Reichs das Nationalgefühl der Deutschen wieder zu erstarken begann, wandte man bald auch der Läuterung der Muttersprache seine Aufmerksamkeit zu. Die vereinzelten Bestrebungen zu einem Vereine zusammengefaßt zu haben, ist das Verdienst des Museumsdirektors Prof. Dr. Herman Riegel in Braunschweig, der nach Veröffentlichung mehrerer einschlägiger Schriften (s. unten) mit einem Ausschusse angesehener Männer im Sommer 1885 einen «Aufruf zur Gründung des Allgemeinen Deutschen Sprachvereins» erließ. Am 10. Sept. trat der erste Zweigverein zu Dresden ins Leben. Weitere Zweigvereine folgten nach und nach. Die Satzungen des Gesamtvereins wurden Jan. 1886 festgestellt und in neuer Bearbeitung von der Hauptversammlung zu Cassel 29. Sept. 1888 genehmigt. Danach ist der Zweck des Vereins: «die Reinigung der deutschen Sprache von unnötigen fremden Bestandteilen zu fördern, den echten Geist und das eigentümliche Wesen derselben zu pflegen und auf diese Weise das nationale Bewußtsein im deutschen Volke zu kräftigen». «Kein Fremdwort für das, was deutsch gut ausgedrückt werden kann», ist Grundsatz des Vereins. Um seinen Zweck zu erreichen, sucht er auf die sprachlichen Kundgebungen des öffentlichen Lebens, besonders der Presse und der Behörden, einzuwirken. Seit 1. April 1886 erscheint die «Zeitschrift des Allgemeinen Deutschen Sprachvereins», zunächst unregelmäßig, seit 1888 am 1. jeden Monats. Sie berichtet über alle bemerkenswerten Vorkommnisse im Leben des Vereins, über seine Thätigkeit und seine Erfolge. Für die wissenschaftliche Durchforschung der deutschen Sprache erscheinen seit Neujahr 1891 von Zeit zu Zeit wissenschaftliche Beihefte. Seit Anfang 1888 hat der Verein begonnen, Verdeutschungsbücher herauszugeben, die die entbehrlichen Fremdwörter der hauptsächlichsten Zweige des öffentlichen Lebens nebst den deutschen Ersatzwörtern in geordneter Übersicht enthalten. Bisher sind erschienen: «Die Speiselarte», «Der Handel», «Das häusliche und gesellschaftliche Leben», «Das Namenbüchlein», «Die Amtssprache»; nahezu vollendet ist: «Die Sprache der Schule». Soweit die Mittel es gestatten, werden Preisaufgaben ausgeschrieben (bis 1892 vier). Wanderredner halten öffentliche Vorträge, um für die Zwecke des Vereins zu gewinnen. Der Verein hat seinen Mittelpunkt in Berlin; hier pflegen die Sitzungen des Gesamtvorstandes stattzufinden, während jährlich in der Pfingstwoche eine Hauptversammlung an einem zu wählenden Orte abgehalten wird. Die Geschäftsleitung befindet sich an dem jeweiligen Wohnorte des Vorsitzenden. Der Gesamtvorstand besteht aus 36 Mitgliedern; Vorsitzender ist der Begründer Riegel. Der Verein besteht aus nahezn 200 Zweigvereinen, von denen bei weitem die meisten dem Deutschen Reiche, 22 Österreich-Ungarn und 4 dem Auslande angehören. Die Mitgliederzahl beträgt über 15 000.

Litteratur. Allgemeiner Dentscher Sprachverein, Stiftung, Einrichtung und Entwicklung des Vereins, Verzeichnis der Mitglieder (Braunschw. 1890); Riegel, Ein Hauptstück von unserer Muttersprache (2. Aufl., ebd. 1888); ders., Der allgemeine deutsche Sprachverein (Heilbronn 1885); Dunger, Wörterbuch von Verdeutschungen entbehrlicher Fremdwörter (Lpz. 1882); ders., Das Fremdwörterunwesen in unserer Sprache (Heilbronn 1884); ders., Die Sprachreinigung und ihre Gegner (Dresd. 1887); Sarrazin, Verdeutschungswörterbuch (2. Aufl., Berl. 1889); ders., Beiträge zur Fremdwortfrage (ebd. 1887); Sanders, Verdeutschungswörterbuch (Lpz. 1884).

Deutscher Tempel, s. Tempelgesellschaft.

Deutscher und Österreichischer Alpenverein, s. Alpenvereine.

Deutsche Rundschau, seit 1874 in Berlin erscheinende Monatsschrift für die unparteiische Vertretung der gesamten deutschen Kulturbestrebungen. Verleger ist Elwin Paetel, in Firma Gebrüder Paetel in Berlin, Herausgeber seit der Begründung des Blattes Jul. Rodenberg. Sie wird auch in Halbmonatsheften ausgegeben.

Deutscher Volksverein, s. Antisemitismus.

Deutscher Zollverein, s. Zollverein.

Deutsches Buchhändlerhaus, s. Börsenverein der Deutschen Buchhändler zu Leipzig.

Deutsche Schiller-Stiftung, eine Stiftung zu Ehren Friedrich Schillers, die sich die Aufgabe stellt, solche hilfsbedürftige Schriftsteller und Schriftstellerinnen (sowie deren Hinterbliebene), «welche für die Nationallitteratur (mit Ausschluß der strengen Fachwissenschaften) verdienstlich gewirkt, vorzugsweise solche, die sich dichterischer Formen bedient haben», zu unterstützen. Die erste Anregung zu dieser Stiftung gab Julius Hammer im April 1855 in Dresden. Alsbald bildete sich daselbst ein Verein, der am 9. Mai 1855 (dem 50. Jahrestage von Schillers Tode) einen darauf hin gerichteten Aufruf erließ, der allerorten warme Aufnahme fand. In den meisten größern Städten Deutschlands bildeten sich entweder Zweigstiftungen oder man sammelte für die D. S. Unter den Zweigstiftungen erlangte besonders die zu Weimar durch die Teilnahme des Großherzogs hervorragende Bedentung. Die eigentliche Konstituierung der D. S. erfolgte durch die Generalversammlung vom 8. bis 10. Okt. 1859 zu Dresden; als Vorort für die fünf nächsten Jahre wurde Weimar gewählt. 1860 betrug das Gesamtvermögen der Stiftung 70 000 Thlr. Einen sehr bedeutenden Zuwachs erhielt es durch die 1859 vom Major Serre auf Maxen ins Leben gerufene und 1. Nov. 1860 zur Verlosung gelangte Nationallotterie («Schiller-Lotterie»), von deren Reinertrage (450 000 Thlrn.) zwei Dritteile (300 000 Thlr.) der D. S. überwiesen wurden, währeud ein Dritteil (150 000 Thlr.) die Tiedge-Stiftung erhielt. Nach Serre nennt sich seitdem die Dresdener Zweigstiftung: «Serrescher Zweig der Schiller-Stiftung». Vgl. Ziegler, Zur Geschichte der Schiller-Lotterie (8. Aufl., Dresd. 1864).

Die D. S. ist seitdem auf 25 Zweigstiftungen angewachsen: Baden (Mannheim, Karlsruhe, Heidelberg), Berlin, Breslau, Brünn, Danzig, Darmstadt, Dresden, Frankfurt a. M., Graz, Hamburg, Hannover (Geschäftsort Nienburg), Köln, Königsberg, Leipzig, Linz, Lübeck, Mainz, München, Offenbach, Prag, Salzburg, Stuttgart, Uckermark (Geschäftsort Prenzlau), Weimar und Wien. Nach den Satzungen wird von diesen Zweigstiftungen alle 5 Jahre eine zum Vorort erwählt. Vororte waren Weimar (1859—64; 1870—74; 1880—84; 1890—94), Wien (1865—69), Dresden (1875—79), München (1885—89). Die Leitung der D. S. liegt in den Händen eines auf je 5 Jahre gewählten Verwaltungsrats von sieben Mitgliedern. Das Vermögen der Stiftung, das durch Hinzufügung eines Teils der Zinsen sowie durch mannigfache Zuwendungen und Vermächtnisse sich beständig vermehrt, belief sich nach dem Jahresbericht für 1892 auf 1 527 825 M. 90 Pf. und 115 914 Fl. 98 Kr. österr. Währung. An Jahresbeiträgen lieferten die Zweigstiftungen an die Centralkasse einschließlich des Restbestandes und der Zinson 60518 M. und 2573 Fl. Die Summe, welche der Vorort der D. S. 1891 an Spenden verwendete, betrug 40 958 M., die der Zweigstiftungen 9468 M. und 2781 Fl. nebst 40 Dukaten. Nachdem 1869 das Princip der Öffentlichkeit eingeführt worden ist, werden die Namen der Bedachten jährlich in drei Gruppen, lebenslängliche (1891: 11 925 M.), transitierende (1891: 20 433 M.) und einmalige Unterstützungen (1891: 8600 M.) veröffentlicht.

Deutsche Schrift, s. Schrift.

Deutsche Schriftsteller-Genossenschaft, gegründet 16. Okt. 1891, hat zum Zweck die Verwertung schriftstellerischer Erzeugnisse der Mitglieder im Manuskript und in Vervielfältigungen, die Vermittelung litterar. und journalistischer Arbeitskräfte, die Diskontierung schriftstellerischer Honorarforderungen, die Gewährung von Rechtshilfe und die Verfolgung unerlaubten Nachdrucks. Sitz der D. S. ist Charlottenburg; ihr Organ ist die im eigenen Verlage erscheinende Halbmonatsschrift «Das Recht der Feder». Zweckdienliche Organe der D. S. sind der Aufsichtsrat und das Sachverständigenkollegium.

Deutsche Schulen im Auslande finden sich vielfach da, wo sich Deutsche in größerer Anzahl niedergelassen haben. So giebt es in Ungarn und Siebenbürgen, in den russ. Ostseeprovinzen und in verschiedenen Gebieten der Vereinigten Staaten von Amerika niedere und höhere deutsche Schulen, Seminarien und selbst Universitäten nach deutschem Vorbilde, in denen der Unterricht entweder nur deutsch oder nebenbei in der Landessprache erteilt wird. Indessen werden diese Anstalten besonders in den Ostseeprovinzen und in Ungarn von Jahr zu Jahr mehr bedrängt. Deutsche Elementarschulen finden sich in den von Deutschen bewohnten Gegenden Brasiliens, Australiens und Chiles. Wo sich Kaufleute in größerer Anzahl in außerdeutschen Städten niedergelassen haben, trifft man neben den Elementarschulen oder als Fortsetzung derselben auch höhere Lehranstalten an. Solcher Schulen gibt es 21 (u. a. in Antwerpen, Buenos-Aires, Bukarest, Konstantinopel, Kopenhagen, London, Mailand, Montevideo, Moskau, Neapel, Petersburg, Rio de Janeiro, Valdivia, Valparaiso) mit mehr als 8000 Schulkindern. Endlich sind noch 65 andere deutsche Schulen mit nahezu 7000 Schulkindern bekannt, die nicht über die Bedürfnisse der Volksschule hinausgehen wollen. Die sog. deutschen Schulen in Kamerun und in Tanga (Ostafrika) werden nur von Eingeborenen besucht. Fast ausnahmslos sind diese deutschen Schulen von den prot. Kirchengemeinden gegründet. Das Deutsche Reich hat zur Unterstützung derartiger Schulen einen Betrag von jährlich 50000 M. in den Etat aufgenommen, doch wird nur ein geringer Teil dieser Summe verausgabt. Vgl. J. P. Müller, Die D. S. i. A., ihre Geschichte und Statistik (Bresl. 1884).

Deutsche Schutzgebiete, s. Deutsche Kolonien.

Deutsches Festungssystem. Das Festungssystem des Deutschen Reichs ist nach den Erfahrungen des Krieges von 1870/71 neu geordnet. Landau, Minden, Erfurt, Wittenberg, Cosel, Stettin, Sonderburg-Düppel, Kolberg, Stralsund, die Brückenbefestigung von Düsseldorf und seit 1891 auch Rastatt sind aufgegeben. Dagegen wurden beibehalten und großenteils erweitert Bitsch, Boyen (Lötzen), Breisach, Cüstrin, Danzig, Diedenhofen, Germersheim, Glatz, Glogau, Graudenz, Ingolstadt, Koblenz und Ehrenbreitstein, Köln, Königsberg, Königstein, Magdeburg, Mainz, Metz, Neisse, Pillau, Posen, Saarlouis, Spandau, Straßburg, Swinemünde, Thorn, Ulm, Wesel, die Brückenbefestigungen von Marienburg und Dirschau sowie die Küstenbefestigungen von Cuxhaven, Friedrichsort-Kiel, Geestemünde und Wilhelmshaven. Die Einführung der Brisanzgeschosse bedingte, nachdem der Ausbau des Festungssystems vollendet war, wiederum durchgreifende Veränderungen. Diejenigen kleinern Festungen, welche im Gegensatz zu den großen Fortfestungen als minder wichtig bezeichnet werden, sind in ihren zum Teil veralteten Werken wesentlich vereinfacht und nur noch ihrer geringern Bedeutung entsprechend ausgerüstet. Das D. F. steht im Gegensatz zu den in Frankreich nach 1871 maßgebend gewordenen Grundsätzen; Frankreich hat seine Grenze gegen Deutschland zunächst durch eine Anzahl, die Zwischenräume größerer Waffenplätze (Verdun, Toul, Epinal, Belfort) in dichter Aneinanderreihung sperrender kleiner Militärfestungen (Sperrforts) gesichert; dahinter liegen eine Anzahl verschanzter Lager (Reims, Soissons-La Fère-Laon, Langres, Dijon) und den Kern der Landesverteidigung bildet die durch einen weit vorgeschobenen Gürtel von verschanzten Lagern und Forts beträchtlich erweiterte Festung Paris.

Das Deutsche Reich, welches den altpreuß. Grundsatz, den Schwerpunkt der Kriegführung in die Feldarmee zu legen, aufrecht erhält, hat dagegen alle irgendwie entbehrlichen Plätze und namentlich auch solche, deren Umbau in zeitgemäßem Sinne zu große Opfer bedingt hätte, aufgegeben und sich im wesentlichen auf größere Waffenplätze, welche, an großen Stromlinien und Hauptverkehrswegen gelegen, der Feldarmee als Stützpunkt und Rückhalt dienen, sowie auf mehrere kleine, im wesentlichen nur als Sperren zu betrachtende Festungen beschränkt. Man hat gleichzeitig den meisten großen Plätzen durch Vorschieben der Stadtumwallung größere Ausdehnungsfähigkeit verliehen (Köln, Mainz, Straßburg, Magdeburg, Spandau, Thorn), namentlich aber wurde auch die bisher weniger berücksichtigte Ostgrenze durch die großartigen Erweiterungsbauten von Königsberg, Thorn und Posen besser geschützt. Die Küstenbefestigungen sind vollständig ausgebaut, besonders die Kriegshäfen Wilhelmshaven und Kiel (Friedrichsort). Durch Anlage weit vorgeschobener Forts wurde der Kern der größern Plätze gegen Bombardement geschützt, aber die Kernumwallungen wurden nicht aufgegeben.

Gruppierung der festen Plätze nach ihrer Lage: im Westen als große Fortfestungen Metz, Straßburg, dahinter Köln, Mainz. Als minder wichtige Punkte: Diedenhofen, Bitsch, Neubreisach, Wesel, Koblenz, Germersheim. Im Süden an der Donau Ulm und Ingolstadt. Im Osten als große Fortfestungen: Königsberg, Thorn, Posen; in zweiter Linie Danzig, Cüstrin; als minderwichtige Punkte und zum Küstenschutz: Pillau, Lötzen (Feste Boyen), Marienburg-Dirschau, Graudenz, Glogau, Glatz. Als große Waffenplätze im Innern: Magdeburg und Spandau, als Sperrpunkt Königstein; ausschließlich zum Küstenschutz: Weichselmünde, Neufahrwasser, Swinemünde, Friedrichsort, Cuxhaven, Geestemünde, Wilhelmshaven.

Deutsches Heerwesen. I. **Landheer.** A. Altertum. Das Kriegswesen der Germanen beruhte auf der allgemeinen Wehrpflicht im weitesten Sinne; Volk und Heer waren identisch, Recht und Pflicht des Kriegsdienstes (nach Waitz) an den freien Grundbesitz gebunden. Im Alter von 14 oder 15 J. wurde der Jüngling in der Volksversammlung wehrhaft gemacht und damit ein Glied des Staates. Größere kriegerische Unternehmungen, namentlich Angriffskriege, mußten von der Volksversammlung beschlossen werden, zur Verteidigung gegen feindlichen Angriff war jedermann ohne einen solchen Beschluß verpflichtet, und besondere Boten riefen den Heerbann auf. Man diente zu Fuß oder zu Roß und stand im Kampfe nach Geschlechtern und Stämmen zusammen. Hauptwaffe war die Frame (s. d.); zur Zeit der Völkerwanderung kamen daneben Lanzen mit langer, breiter Spitze, sowie Schwerter aus Eisen oder Bronze in Gebrauch, im Norden bediente man sich schon vorher kurzer, messerartiger Schwerter, auch sind in den Gräbern Streithämmer und Keulen gefunden worden. Als Schutzwaffe dienten buntbemalte, den ganzen Mann deckende Schilde aus Holz oder Flechtwerk, mit Leder überzogen und später mit Metallstreifen besetzt; die nördl. Stämme führten kleine, runde Schilde, bei den östlichen kommen Panzer vor. Helme aus Erz oder Leder besaßen nur einzelne.

Einzelne Stämme, wie die Teukterer, Chauken, Alamannen und Vandalen, hatten eine starke Reiterei, doch lag die Hauptkraft im Fußvolke. Bezeichnend ist die Zusammenstellung von Reiterei und Fußvolk zu besondern Korps, die in der Schlacht das Vortreffen bildeten und aus der jüngsten Mannschaft bestanden (im Heere Ariovists je 6000 Mann Reiterei und Fußvolk). Das Hauptheer stand in keilförmiger Ordnung, die dem Angriffe große Kraft verlieh, doch war der Heerbann auch geübt, in zerstreuter Ordnung zu kämpfen, namentlich in bewaldetem oder sumpfigem Gelände. Der Angriff erfolgte mit lautem Kriegsruf, das Vorrücken unter Schildgesang; hinter der Schlachtlinie stand die von den Frauen verteidigte Wagenburg. Der König oder ein auf die Dauer des Feldzugs gewählter Herzog führten den Oberbefehl über das Heer; bei größern, aus mehrern Völkerschaften zusammengesetzten Heeren sind zuweilen zwei oberste Führer bestellt worden. An Könige und Fürsten schloß sich eine Gefolgschaft junger Männer freien, oft edeln Standes an, die im Frieden mit ihnen lebten und sie im Kampfe umgaben; den im Kampfe gefallenen Gefolgsherrn zu überleben, galt als Schimpf für das ganze Leben.

B. *Mittelalter.* Da der aus der allgemeinen Dienstpflicht hervorgegangene Heerbann den gesteigerten Anforderungen nicht mehr genügte, so bildete die Durchführung des Lehnswesens im Rittertum einen berufsmäßigen Kriegerstand heraus. Zwar wurde niemals die allgemeine Dienstpflicht ausdrücklich aufgehoben, doch bediente man sich des Aufgebotes nur noch ausnahmsweise für die Landesverteidigung, niemals zu Angriffskriegen. Die von König Heinrich I. zur Abwehr gegen die Slawen geschaffenen Einrichtungen erhielten sich jedoch in Sachsen bis in das 11. Jahrh., wo das Aufgebot zu Roß dienender Bauern noch mehrfach vorkam, und in Holstein kämpften noch im 12. Jahrh. Bauern mit Ritterwaffen zu Roß. Seitdem sind wieder berufsmäßige Krieger, die nicht dem Ritterstande angehörten (Servientes, Sarjanten, Brabançons, s. d.), aufgetreten. Zur Reichsheerfahrt waren nunmehr nur die vom Reiche unmittelbar Lehen empfangenden verpflichtet, also die Fürsten, freien Herren und Reichsdienstleute. Später beanspruchten die Verpflichteten stipendium, d. i. Sold und Naturalverpflegung; das Stipendium war jedoch so knapp bemessen, daß die Leistung des Kriegsdienstes für die Fürsten eine schwere Last blieb.

In der Zeit der Merowinger bestanden die Heere noch zum größten Teil aus Fußvolk, teils aus Schwerbewaffneten mit Schwertern, zweischneidigen Streitäxten, Schilden, Helmen und Harnischen, teils aus Leichtbewaffneten mit Bogen und leichten Wurfspießen. In der Zeit der Karolinger trat das Fußvolk immer mehr zurück, die schwere Reiterei immer mehr in den Vordergrund. Franken und Langobarden kämpften seit dem 8. Jahrh. vorzugsweise zu Roß, bei den Sachsen überwog dagegen das Fußvolk. Feste Plätze waren zahlreich.

Über das Heerwesen des *spätern Mittelalters* sind wir mangelhaft unterrichtet, weil die Berichterstatter meist geistliche Herren waren, deren Angaben über Taktik, Stärke und Aufstellung der Heere sehr unzuverlässig sind. Bis um die Mitte des 11. Jahrh. war der König unbeschränkt im Aufgebote der Heerfahrt; Ungehorsam gegen das Aufgebot konnte den Verlust des Reichslehns herbeiführen. Seit Heinrich IV. durfte die Heerfahrt nur mit Zustimmung der auf einem Reichstage versammelten Fürsten angesagt werden; lehnten diese den Antrag ab, so standen dem Könige nur die unmittelbar belehnten Vasallen und Ministerialen zu Gebote, deren Streitmacht für größere Unternehmungen unzulänglich war. Wurde die Heerfahrt angenommen, so verpflichteten sich die Fürsten (bis 1240 durch einen besondern Eid), zu bestimmter Zeit an dem bestimmten Sammelplatze zu erscheinen, auch wurde über die Höhe der von ihnen ins Feld zu stellenden Kontingente Bestimmung getroffen. Zuweilen verstattete der Kaiser einzelnen Fürsten ein Abkaufen der Heerfahrt, auch folgten eine Anzahl deutscher Fürsten der Heerfahrt erst als zweites Aufgebot. Zwischen der Ansage und dem Antritte der Heerfahrt blieb eine angemessene Frist, für Romfahrten 1 Jahr 6 Wochen und 3 Tage, für andere Heerfahrten gewöhnlich 40 Tage, häufig jedoch weniger. Die Ebene bei Augsburg war der gewöhnliche Sammelplatz für Romfahrten, und vor dem Beginne des Feldzugs fand eine Musterung des Heers statt, bei Romfahrten unter besonders feierlichen Formen in der Regel auf der Ebene von Roncaglia. Bei Romfahrten waren die Fürsten verpflichtet, mit ihren Truppen bis zur Kaiserkrönung im Felde zu bleiben, bei Heerfahrten «binnen deutscher Zunge» 6 Wochen auf eigene Kosten; unter mächtigen Königen dauerte die Heerfahrt jedoch bis zur Entlassung des Heers.

Bis in das 14. Jahrh. bestanden die deutschen Heere vorzugsweise aus schwerer Reiterei, die mit Schwert, Lanze, Wurfspeer und Schild bewaffnet war. Daneben trug man vom 10. Jahrh. ab Arm- und Beinschienen, Handschuhe und Dolche, vom 11. Jahrh. an Helm und Harnisch; von Beginn des 13. Jahrh. ab waren auch die Streitrosse gepanzert. Neben den geharnischten Rittern und deren Mannen gab es leichte, mit Pfeil und Bogen bewaffnete Reiter. Die Ritter führten mehrere Schlachtrosse mit und ritten auf dem Marsche Klepper; Saumtiere und Wagen, zuweilen Schiffe, schafften die Verpflegung nach, ein zahlreicher Troß folgte dem Heere, nebst Handwerkern und Kaufleuten. Man lagerte unter Zelten oder Baracken, im Lager sorgte der Marschall für die nötige Ordnung. Das Heer stellte sich in mehrern Treffen zur Schlacht, seit dem 11. Jahrh. standen die Schwaben im «Vorstritt» (1. Treffen), weshalb Württemberg später die Reichssturmfahne führte. Die Fürsten führten ihre Banner und befehligten persönlich oder durch Stellvertreter ihre Mannschaft, das Banner des Königs wurde von einem Fürsten getragen. Diese Reiterheere vermochten festen Plätzen wenig anzuhaben, und selbst kleine Burgen konnten oft erst nach monatelanger Einschließung durch Aushungern bezwungen werden. Das Scheitern der Romfahrt Ruprechts von der Pfalz 1401, die Einführung von Feuerwaffen, der Verfall des Rittertums und die Not der Hussiten- und Türkenkriege zwangen im Laufe des 15. Jahrh. zu Änderungen, die aber erst unter Kaiser Karl V. auf dem Reichstage von 1521 zum Abschluß gelangt und dann drei Jahrhunderte hindurch maßgebend für das Heerwesen des Deutschen Reichs geblieben sind.

C. *Neuere Zeit bis 1816.* Seit dem Reichstage zu Worms, 1521, bestand die persönliche Dienstpflicht nur noch für die Reichsritter, doch zahlten dieselben dem Kaiser an Stelle der Leistung, die niemals mehr beansprucht wurde, Geld (*Charitativsubsidien*). Dagegen waren die Reichsstände verpflichtet, bestimmte Kontingente im Falle eines Reichskrieges zu stellen, deren Aufbringung ihrem Ermessen überlassen blieb. Die Erklärung eines Reichskrieges konnte nur durch Beschluß der Kurfürsten, Fürsten und Stände mit Genehmigung des Kaisers stattfinden; daneben war seit dem Westfälischen Frieden jeder Reichsstand zu selbständiger Kriegführung berechtigt. Das Simplum des zum Reichsheere zu stellenden Kontingents betrug seit 1521 für Österreich und Burgund 240 Reiter und

1200 Mann Fußvolk, für Böhmen 400 Reiter und 600 Mann, für die übrigen Kurfürsten je 60 Reiter und 277 Mann; fast ebenso hoch für Lothringen, Bayern, Hessen, Württemberg, Holstein, Lüttich, Utrecht, Würzburg, sowie für die Städte Ulm, Nürnberg, Frankfurt a. M., Straßburg i. E., Köln und Lübeck bemessen, und die kleinern Stände hatten einen Reiter und wenige Mann Fußvolk zu stellen. Nach Maßgabe des Bedarfs wurde durch Reichsbeschluß das Duplum, Triplum u. s. w. des Kontingents bewilligt. Der Reiter empfing 12, der Fußsoldat 4 Gulden monatlich; die Gesamtsumme der hiernach von jedem Stande zu zahlenden Löhnung, der «Römermonat», war Grundlage aller Geldbewilligungen.

Im J. 1681 wurde eine neue Reichsmatrikel aufgestellt, die die Lasten etwas gerechter auf die einzelnen Stände verteilte. Man bestimmte das Simplum der Reichsarmee auf 40000 Mann (12000 Reiter und 28000 Mann Fußvolk) und verteilte dasselbe auf die 10 Reichskreise, denen die weitere Verteilung auf die einzelnen Stände überlassen blieb. Die Kreise hatten auch die leichte Feldartillerie aufzubringen und gemeinsam das schwere Geschütz nebst Pontontrain, sowie die erforderlichen Ingenieure und Pioniere zu stellen. Ein stehendes Heer besaß das Reich nicht, wohl aber unterhielten die größern Reichsstände seit dem Westfälischen Frieden stehende Truppen und seit 1700 auch der südwestl. Reichskreis Kreistruppen.

Trat das Reichsheer zusammen, so wurde es für Kaiser und Reich vereidigt, erhielt Kriegsgesetze (Artikelbrief, s. Kriegsartikel) und trat unter Befehl der Reichsgeneralität. Die Truppen jedes Kreises standen unter dem Kreisobersten, meist einem im Kreise angesessenen Fürsten, seit dem Westfälischen Frieden unter den vom Reichstage bestellten Generalfeldmarschällen und Generalen. Die Offiziere der Truppen ernannte der Kontingentsherr. Seit 1727 waren die Stellen der Reichsgeneräle auch im Frieden besetzt und zwar in den einzelnen Rangstufen zu gleichen Teilen mit Protestanten und Katholiken, doch erhielten deren Inhaber im Frieden keinen Sold. Ein Reichskriegsrat trat bis 1750 einigemal, später jedoch nicht mehr in Thätigkeit, und jeder Stand trug die Kosten für das von ihm gestellte Kontingent, das Reich nur die Kosten des Oberbefehls und der Hauptleitung (höhere Stäbe, Nachrichtenwesen u. s. w.), zu deren Bestreitung eine Anzahl Römermonate bewilligt wurde. Die Gelder wurden kreisweise in sog. «Legestädten» gesammelt und an die Reichspfennigmeister abgeführt; später führte die Kämmerei der Stadt Regensburg die Verwaltung der Reichskriegskasse und zahlte an die Reichsgenerale oder auf deren Anweisung.

Diese Heeresverfassung bestand gesetzlich, ist jedoch nie vollständig zur Durchführung gekommen. In Österreich und Burgund blieb die Kreisverfassung unausgeführt, in Niedersachsen ging 1677 der Kreistag ein, und größere Reichsstände stellten ihre Truppen lieber als selbständige Korps ins Feld als zu den Kreiskontingenten. So kam es, daß man nur auf 20000 Mann rechnen konnte, wenn ein Triplum, d. i. 120000 Mann, bewilligt worden war, und daß der Ertrag eines Römermonats von 128000 Gulden auf 50000 Gulden herabsank. Die Kontingente der kleinern Stände waren militärisch völlig wertlos; das Fuggersche Reiterregiment des schwäb. Kreises bestand 1732 aus 58 Kontingenten, deren stärkstes (von Augsburg) 48 Mann zählte, während 17 Stände nur je einen Reiter dazu stellten. Die Offiziere hatten keine Aussicht auf Beförderung; denn in einer Compagnie schwäb. Kreistruppen ernannte z. B. die Stadt Gmünd den Hauptmann, Rotweil den ersten, die Äbtissin von Rotenmünster den zweiten Lieutenant und der Abt von Gengenbach den Fähnrich. Ein ungeheurer Troß (jedes Kontingent hatte sich selbständig zu verpflegen) verhinderte schnelle Bewegungen; auch war keine Fürsorge für Krankenpflege getroffen. Bekleidung und Bewaffnung waren sogar innerhalb der Regimenter ungleichartig; Mannszucht fehlte diesen Truppen gänzlich. So kam es, daß die Reichsarmee im 18. Jahrh. das Gespött Europas war, während die Truppen Preußens, Sachsens und Hannovers damals auf vielen Schlachtfeldern die alte Kriegstüchtigkeit der Deutschen bewährten und unvergänglichen Ruhm gewannen.

Litteratur. Weiland, Deutsche Reichsheerfahrt von Heinrich V. bis Heinrich VI. (in den «Forschungen zur deutschen Geschichte», Bd. 7, Gött. 1867); Mone, Kriegswesen im 13.—17. Jahrh. (in der «Zeitschrift für die Geschichte des Oberrheins», Karlsr. 1852 fg.); San-Marte, Zur Waffenkunde des ältern deutschen Mittelalters (Quedlinb. 1868); M. Jähns, Zur Geschichte der Kriegsverfassung des Deutschen Reichs (in den «Preuß. Jahrbüchern», Jahrg. 39, Berl. 1877); Lünig, Corpus juris militaris des Heiligen Römischen Reichs (Lpz. 1723); von Peucker, Das deutsche Kriegswesen der Urzeiten (Abteil. 1, 2 und 3, 1. Tl., Berl. 1860—64).

D. Die Zeit des Deutschen Bundes (1816—66). Nach Wiedervereinigung der deutschen Staaten zum Deutschen Bunde fanden mehrere Jahre hindurch Vorberatungen der Bundesversammlung statt, deren Ergebnis die Grundsätze für die Kriegsverfassung des Bundes feststellte. Diese Grundsätze sind niedergelegt in den Plenarbeschlüssen der Bundesversammlung vom 9. April 1821 und den Beschlüssen des engern Rats vom 12. April 1821 und 11. Juli 1822, von denen die zuletzt erwähnten die nähern Bestimmungen enthalten. Der Bundesversammlung stand die oberste Leitung aller, auch der militär. Bundesangelegenheiten zu; eine aus sieben stimmführenden höhern Offizieren zusammengesetzte Militärkommission war ihr unterstellt für die Beratung rein militär. und technischer Angelegenheiten. Der Vertreter Österreichs war Vorsitzender dieser Kommission, in der nur Preußen und Bayern noch einen ständigen Vertreter hatten. Die vier übrigen stimmführenden Mitglieder wurden mit je einjährigem Wechsel gestellt von Württemberg, Baden, Hessen-Darmstadt — Sachsen, Kurhessen, Holland — Hannover, Mecklenburg, Dänemark, bez. den übrigen Bundesstaaten. Die nicht stimmführenden Staaten konnten ihre Vertreter an den Sitzungen der Militärkommission teilnehmen lassen. Die für die Bundesfestungen und das Bundesheer aufzubringenden Gelder wurden nach Maßgabe der Bevölkerungszahl von 1818 auf die einzelnen Bundesstaaten verteilt. Diese Matrikel erlitt späterhin sechsmal Berichtigungen, zuletzt 1860.

Das Bundesheer bestand aus den Kontingenten der Bundesstaaten und einer Reserve. Der Oberfeldherr sollte nur bei einer Aufstellung des Heers und für deren Dauer gewählt werden; derselbe war der Bundesversammlung verantwortlich. Die Vereinigung der Kontingente verschiedener Staaten war unzulässig. Die Stärke des Bundesheers sollte an Streitbaren 1 Proz. der Matrikel betragen, die des Reservekontingents ½ Proz. Die Reiterei sollte ein Siebentel des Kontingents ausmachen und auf je 1000 Mann zwei Geschütze vorhanden sein; 1 Proz. des Kontingents entfiel auf Pioniere und ein Zwanzigstel der Fußtruppen sollten Scharfschützen sein. Für die Bildung eines Belagerungstrains nebst Mineur- und Sappeurtruppen waren besondere Bestimmungen erlassen, ebenso über die Einteilung des Heers, die Gliederung der Truppenkörper, die Bereithaltung der Truppen im Frieden, die Mobilmachung, das Rangverhältnis der Befehlshaber verschiedener Kontingente, die Rechte und Pflichten des Bundesfeldherrn und der Armeekorpscommandeure, die Zusammensetzung des Hauptquartiers, die Verpflegung und die Gerichtsbarkeit. Das Heer sollte aus 10 Armeekorps bestehen, von denen Österreich und Preußen je drei, Bayern eins zu stellen hatten. Die Kontingente von Württemberg, Baden, Hessen und bei Rhein, Hohenzollern, Liechtenstein, Hessen-Homburg und Frankfurt a. M. bildeten das 8., die von Sachsen, Kurhessen, Nassau, Luxemburg, Sachsen-Weimar, den drei sächs. Herzogtümern, Reuß, Anhalt und Schwarzburg das 9., und die Kontingente von Hannover, Holstein und Lauenburg, Braunschweig, Mecklenburg, Oldenburg, Lübeck, Bremen, Hamburg, Waldeck, Schaumburg-Lippe und Lippe das 10. Armeekorps.

Im J. 1830 wurden die kleinen Kontingente zu einer Reservedivision vereinigt, die dazu bestimmt war, die Kriegsbesatzung der Bundesfestungen zu verstärken; nur über das Kontingent von Frankfurt a. M. blieb dem Bundesfeldherrn besondere Bestimmung vorbehalten. 1839 wurde bestimmt, daß ⅙ Proz. der Matrikularbevölkerung als Ersatzkontingent stets bereit zu halten sei, und es verblieben nur ⅓ Proz. für die erst beim Ausrücken des Hauptkontingents aufzustellende Reserve. Durch Bundesbeschluß vom 27. April 1861 wurde die Stärke des Ersatzkontingents auf ⅓ Proz. erhöht und das Reservekontingent zum Hauptkontingent geschlagen, wodurch dieses auf 1½ Proz. der Matrikularbevölkerung gebracht wurde. Das Bundesheer umfaßte also mit den Ersatztruppen 1⅚ Proz. der Bevölkerung.

Die besondern Verhältnisse der kleinen Kontingente bedingten mannigfache Abweichungen von den in der Bundeskriegsverfassung niedergelegten Grundsätzen über die Organisation der Truppen. Die Reservedivision bestand aus den Kontingenten der thüring., anhalt., hohenzoll., reuß., lippeschen Staaten, sowie Waldecks, Hessen-Homburgs, Liechtensteins und der Stadt Frankfurt a. M.; diese Kontingente bestanden lediglich aus Infanterie; Nassau und Mecklenburg-Strelitz wurden von der Stellung von Reiterei entbunden, stellten dagegen mehr Artillerie; Luxemburg und Hamburg stellten keine Artillerie, aber mehr Reiterei. 1840 wurde sodann angeordnet, daß diejenigen Kontingente, welche kein vollständiges Bataillon aufstellten, zu kombinierten Bataillonen zusammengestellt werden sollten. Im Mai und Juni 1846 wurden allgemeine Vorschriften für die Musterung der Bundestruppen erlassen; solche Musterungen wurden sodann in Zeiträumen von 5 bis 7 Jahren angeordnet. Zur Zeit des Krimkrieges traf man einige Vorkehrungen zur Verstärkung des Bundesheers. Man erhöhte das Hauptkontingent auf 1⅙ Proz., verfügte die ständige Bereithaltung des Reservekontingents und erhöhte die Zahl der für 1000 Mann bereit zu haltenden Geschütze auf 2½.

Durch den bereits erwähnten Bundesbeschluß vom 27. April 1861 erfolgte sodann die völlige Verschmelzung des Haupt- und Reservekontingents unter gleichzeitiger Verdoppelung des Ersatzkontingents. Von diesem Zeitpunkte ab betrug die Stärke des Heers bis zur Auflösung des Bundes 553028 Mann, von denen 452474 Mann auf das Hauptkontingent und 100554 auf das Ersatzkontingent entfielen, nebst 1134 Feldgeschützen. Die Verteilung nach Waffengattungen zeigt folgende, auf der Matrikel vom J. 1860 beruhende Tabelle:

Waffengattung	Gesamtstärke	Haupt- Kontingent	Ersatz- Kontingent
Scharfschützen .	28 438	23 268	5 170
Infanterie . . .	398 197	325 797	72 400
Reiterei	69 218	56 630	12 588
Feldartillerie .	50 254	41 118	9 136
Pioniere	6 921	5 661	1 260

Die Stärke der von den einzelnen Bundesstaaten zu stellenden Kontingente giebt folgende Tabelle an:

Armeekorps	Staat	Gesamtstärke	Haupt- Kontingent	Ersatz- Kontingent
1.—3.	Österreich	173 841	142 233	31 608
4.—6.	Preußen	147 170	120 412	26 758
7.	Bayern	65 268	53 400	11 868
	Württemberg	25 585	20 933	4 652
8.	Baden	18 334	15 000	3 334
	Großherzogtum Hessen	11 357	9 293	2 064
	Sachsen	22 000	18 000	4 000
	Kurhessen	10 413	8 519	1 894
9.	Nassau	6 720	5 498	1 222
	Limburg	1 064	870	194
	Luxemburg	1 913	1 565	348
	Hannover	23 933	19 581	4 352
	Braunschweig	3 842	3 144	698
	Holstein-Lauenburg	6 600	5 400	1 200
	Mecklenburg-Schwerin	6 564	5 370	1 194
10.	Mecklenburg-Strelitz	1 317	1 077	240
	Oldenburg	4 114	3 366	748
	Lübeck	747	611	136
	Bremen	823	673	150
	Hamburg	2 379	1 947	432
	Sachsen-Altenburg	1 802	1 474	328
	Sachsen-Coburg-Gotha	2 046	1 674	372
	Sachsen-Meiningen	2 110	1 726	384
	Sachsen-Weimar	3 685	3 015	670
	Anhalt-Dessau	1 564	1 280	284
	Anhalt-Bernburg	677	555	122
Reservedivision	Hessen-Homburg	366	300	66
	Waldeck	953	779	174
	Lippe	1 297	1 061	236
	Schaumburg-Lippe	385	315	70
	Schwarzburg-Sondershausen	826	676	150
	Schwarzburg-Rudolstadt	989	809	180
	Liechtenstein	100	82	18
	Reuß	1 365	1 117	248
	Frankfurt	879	719	160

Über die Festungen des Bundes s. Deutsche Bundesfestungen.

Über die Küstenverteidigung waren trotz wiederholter Anregung von preuß. Seite gemeinsame Bestimmungen nicht getroffen, und die Bundesküste war schutzlos gegen den Angriff fremder Flotten, soweit nicht Österreich und Preußen auf ihrem Gebiete Verteidigungseinrichtungen getroffen hatten; nicht einmal die Mündungen der Elbe und Weser waren durch Befestigungen gesichert.

E. **Seit Begründung des Norddeutschen Bundes und des Deutschen Reichs** (1866, bez. 1871). Nach den im Frieden zu Prag 23. Aug. 1866 getroffenen Bestimmungen vereinigte Preußen alle nördlich des Mains gelegenen ehemaligen deutschen Bundesländer mit Ausschluß von Luxemburg und

Limburg, aber mit Einschluß der preuß. Provinzen Ost- und Westpreußen und Posen sowie des Herzogtums Schleswig zum Norddeutschen Bunde, dessen erster Reichstag 24. Febr. 1867 in Berlin zusammentrat und die Verfassung beriet; letztere erhielt 1. Juli 1867 Gesetzeskraft. Die Verfassung stellte das gesamte Militär- und Marinewesen unter die Bundesgesetzgebung; dem Bundespräsidium (der Krone Preußen) stand allein das Recht zu, Krieg zu erklären und Frieden oder Bündnisse zu schließen. Solche Bündnisse waren mit den süddeutschen Staaten Bayern, Württemberg und Baden gelegentlich der Friedensverhandlungen bereits zum Abschlusse gelangt, wurden jedoch zunächst geheimgehalten. Die Bundesmarine sollte eine einheitliche sein und unter preuß. Oberbefehl stehen. Die Abschnitte IX und XI der Verfassung sowie das Gesetz vom 9. Nov. 1867 über die Verpflichtung zum Kriegsdienste enthalten die nähern Vorschriften über die Einführung der allgemeinen Wehrpflicht ohne Stellvertretung, über die Verteilung der für das Heerwesen erforderlichen Ausgaben, über die Dienstpflicht im stehenden Heere, der Reserve und Landwehr sowie im Landsturm, über die Friedensstärke (1 Proz. der ortsanwesenden Bevölkerung), über die Einführung der preuß. Militärgesetze und Reglements (mit Ausnahme der Militärkirchenordnung). Zur Bestreitung sämtlicher Ausgaben für das Heer sollte jährlich für jeden Mann der Friedensstärke dem Bundesfeldherrn (der Krone Preußen) der Betrag von 225 Thlrn. zur Verfügung stehen, die Heeresorganisation wurde gesetzlich festgestellt, ein Etatsgesetz regelte alljährlich auf Grund derselben die Verausgabung der verfügbaren Mittel. Alle Bundestruppen hatten dem Könige von Preußen im Frieden wie im Kriege unbedingt Folge zu leisten, und der Fahneneid enthielt eine hierauf bezügliche Verpflichtung. Besondere Militärkonventionen führten eine noch weiter gehende Einheitlichkeit des Heerwesens herbei, gestanden jedoch teilweise, z. B. die Konvention mit Sachsen, auch Rechte zu, die nach den allgemeinen Bestimmungen nicht beansprucht werden konnten.

Das Heer des Norddeutschen Bundes bestand im Frieden aus 118 Infanterieregimentern zu 3 (4 großherzoglich hessische zu 2) Bataillonen, 18 Jägerbataillonen, 76 Kavallerieregimentern zu 5 Schwadronen, 13 Regimentern und 1 (hess.) Abteilung Feldartillerie, 9 Regimentern Festungsartillerie, 13 Bataillonen und 1 (hess.) Compagnie Pioniere, 13 Bataillonen und 1 (hess.) Abteilung Train, sowie 216 Landwehrbezirkskommandos, im ganzen 350 Bataillonen Infanterie, 18 Bataillonen Jäger, 380 Schwadronen Kavallerie, 163 fahrenden und 39 reitenden Batterien Feldartillerie, 88 Compagnien Festungsartillerie, 52 Compagnien Pioniere und 27 Traincompagnien. Die Infanterie war mit dem Zündnadelgewehr, die Feldartillerie mit gezogenen Hinterladungsgeschützen bewaffnet.

Das Heer gliederte sich in das Gardekorps, 12 Armeekorps und 1 (großherzogl. hess.) Division; jedes Armeekorps bestand aus 2 Divisionen zu 2 Infanterie- und 1 Kavalleriebrigade, doch war die Kavallerie des Gardekorps und 12. (sächs.) Armeekorps zu je einer Kavalleriedivision vereinigt. Die Friedensstärke betrug 302633 Mann (299704 Streitbare), 73312 Dienstpferde und 808 Geschütze; die Kriegsstärke an Feldtruppen 12777 Offiziere, 543058 Mann, 155896 Pferde, 1212 Geschütze, an Besatzungstruppen 6376 Offiziere, 198678 Mann, 15698 Pferde und 234 Geschütze, an Ersatztruppen 3280 Offiziere, 182940 Mann, 22545 Pferde und 234 Geschütze.

Die zwischen Preußen und Bayern (22. Aug. 1866), Württemberg (13. Aug. 1866), Baden (17. Aug. 1866) und Hessen (11. April 1867) abgeschlossenen Bündnisverträge verpflichteten die genannten Staaten, für den Fall eines Krieges zum Zwecke allseitiger Wahrung der Integrität ihrer Gebiete ihre gesamten Streitkräfte dem Oberbefehle des Königs von Preußen zu unterstellen. — Vgl. von Kummer, Grundzüge der Heeresorganisation (Berl. 1870); von Lüdinghausen gen. Wolff, Organisation und Dienst der Kriegsmacht des Deutschen Reichs (8. Aufl., ebd. 1876).

Die Grundbestimmungen über das Kriegswesen des Norddeutschen Bundes (Art. 57—68 der Verfassung) sind fast unverändert in die Verfassung des *Deutschen Reichs* vom 16. April 1871 übergegangen und durch die Gesetze vom 2. Mai 1874, 12. Febr. 1875, 6. Mai 1880, 11. Febr. 1888 und 27. Jan. 1890 weiter entwickelt worden. Die Bestimmungen über die Wehrpflicht und das Ersatzwesen sind in der «Deutschen Wehrordnung» und «Heerordnung» vom 22. Nov. 1888 zusammengefaßt. Danach ist jeder wehrfähige Deutsche, mit wenigen gesetzlich bestimmten Ausnahmen, wehrpflichtig, und zwar persönlich, eine Stellvertretung also nicht gestattet. Die Dienstpflicht (s. d.) beginnt mit dem vollendeten 20. Jahre und dauert 3 Jahre bei der Fahne, 4 Jahre bei der Reserve (s. d.), 5 Jahre bei der Landwehr (s. d.) ersten und bis zum 39. Jahre bei der Landwehr zweiten Aufgebots. Dann erfolgt der Übertritt zum Landsturm (s. d.), zu dem außerdem alle Wehrpflichtigen vom 17. bis zum vollendeten 45. Jahre gehören, die weder dem Heer noch der Marine angehören. Krankenwärter brauchen nur 2 Jahre, junge Leute von Bildung, die sich während ihrer Dienstzeit selbst bekleiden, ausrüsten und verpflegen und ein bestimmtes Maß von Kenntnissen dargelegt haben, nur 1 Jahr (Einjährig-Freiwillige, s. d.), Volksschullehrer nur 10 Wochen im stehenden Heere zu dienen; röm.-kath. Theologen werden, wenn sie bis zum 1. April des 7. Militärjahres die Subdiakonatsweihe empfangen, der Ersatzreserve überwiesen, von deren Übungen sie jedoch befreit sind, und die vor dem 11. Aug. 1890 auf der Insel Helgoland geborenen männlichen Personen sind gänzlich von der Wehrpflicht befreit.

Über Dreijährig-Freiwillige s. d.

Die alljährliche Ergänzung des stehenden Heers geschieht durch Ersatzkommissionen (s. d.). Das Offizierkorps des stehenden Heers ergänzt sich aus den Kadettenanstalten und durch Aspiranten, die ihre wissenschaftliche Befähigung dargelegt haben, das des Beurlaubtenstandes hauptsächlich aus Einjährig-Freiwilligen und andern Militärpersonen, die mit der Qualifikation zum Reserveoffizier aus dem aktiven Dienst geschieden sind. Jeder Reservist ist während der Dauer der Reservepflicht zur Teilnahme an zwei Übungen, die die Dauer von 8 Wochen nicht überschreiten sollen, verpflichtet; jeder Landwehrmann kann während seiner Landwehrpflicht zweimal auf 8—14 Tage zu Übungen einberufen werden. Eine besondere Stellung nimmt die Ersatzreserve (s. d.) ein. Der Grundsatz vollständiger militär. Freizügigkeit ist in dem Gesetz über die Verpflichtung zum Kriegsdienst ausgesprochen.

Die *Friedenspräsenzstärke* des Heers wird durch Reichsgesetz festgestellt. Nach dem Reichsmilitärgesetz vom 2. Mai 1874 betrug die Friedenspräsenzstärke des Heers an Unteroffizieren und Mannschaften für die Zeit vom 1. Jan. 1875 bis zum 31. Dez. 1881 ohne Anrechnung der Einjährig-Freiwilligen 401 659 Mann. Die Infanterie wurde damals in 469 Bataillone, die Kavallerie in 465 Schwadronen, die Feldartillerie in 300 Batterien, von denen je 2—4 eine Abteilung bildeten, die Fußartillerie in 29, die Pioniertruppe und der Train in je 18 Bataillone und die Eisenbahntruppe in 2 Bataillone und 1 (bayr.) Compagnie formiert. Die Bataillone hatten 4, die des Trains 2 (einige 3) Compagnien. Bei der Infanterie wurde aus 3 Bataillonen (ein großherzoglich hess. Regiment bestand nur aus 2 Bataillonen), bei der Kavallerie aus 5 Schwadronen, bei der Feldartillerie aus 2—3 Abteilungen, bei der Fußartillerie aus 2 Bataillonen ein Regiment formiert; 2 oder 3 Regimenter wurden zu einer Brigade, 2 oder 3 Brigaden Infanterie und Kavallerie zu einer Division vereinigt; aus 2—3 Divisionen mit den entsprechenden Artillerie-, Pionier- und Trainformationen wurde ein Armeekorps gebildet, sodaß die Heeresmacht des Deutschen Reichs im Frieden aus 18 Armeekorps (einschließlich des preuß. Gardekorps) bestand. Zwei Armeekorps wurden von Bayern, je eins von Sachsen und Württemberg gestellt, während Preußen mit den übrigen Staaten 14 Armeekorps formierte. Für je 2—3 Armeekorps bestand eine Armee-Inspektion. Das Gebiet des Deutschen Reichs wurde in 17 Armeekorpsbezirke geteilt, in denen die kommandierenden Generale, unbeschadet der Souveränitätsrechte der einzelnen Staaten, die Militärbefehlshaber waren. Als Grundlage für die Organisation der Landwehr sowie zum Zweck der Heeresergänzung wurden die Armeekorpsbezirke in Divisions- und Brigadebezirke und diese, je nach Umfang und Bevölkerungszahl, in Landwehrbezirke eingeteilt.

Mit dem 1. April 1881 trat die Novelle zum Reichsmilitärgesetz vom 6. Mai 1880 in Kraft, und dadurch wurde die Organisation des Reichsheers verändert. Die Truppenteile des stehenden Heers wurden um 34 Bataillone Infanterie (11 Regimenter und 1 Bataillon), 40 fahrende Batterien Feldartillerie, 1 Regiment Fußartillerie (2 Bataillone) und 1 Pionierbataillon vermehrt, jedoch keine höhern Stäbe errichtet; sämtliche Infanterieregimenter besaßen nunmehr 3 Bataillone.

Die andauernde Vermehrung des franz. und russ. Heers zwang die Reichsregierung im Nov. 1886 dazu, dem Reichstage einen Gesetzentwurf zur Vermehrung der Friedensstärke des Reichsheers vorzulegen. Diese Vorlage forderte eine Erhöhung des Mannschaftsstandes (ohne Anrechnung der Offiziere und Einjährig-Freiwilligen) um 41 135 Mann, sodaß derselbe wieder den im Reichsmilitärgesetz vom 2. Mai 1874 vorgesehenen Betrag von 1 Proz. der Bevölkerung (auf Grund der letzten Volkszählung vom 1. Dez. 1885) erreichte, und war im übrigen mit besonderer Rücksicht auf möglichste Verminderung der aus der Heeresvermehrung erwachsenden Ausgaben bearbeitet. Man ging so weit, aus Sparsamkeitsrücksichten sogar altbewährte Organisationsgrundsätze aufzugeben, indem man vierte Bataillone errichtete, um die neuen Regimentsstäbe zu ersparen. Die Regierung wies nach, daß alljährlich eine große Masse Diensttauglicher als überzählig zurückgestellt wurden (1885 z. B. 20 000 Mann), daß also der Mehrbedarf von 13 000—14 000 Rekruten aufs Jahr keinerlei Änderungen der Militärdienstpflicht und des Ersatzwesens bedinge.

Die Vorlage wurde vom Reichstage in zweiter Lesung nur auf 3 Jahre, statt auf 7 Jahre angenommen, worauf der Reichstag aufgelöst wurde. Die Neuwahlen ergaben eine große Vermehrung der regierungsfreundlichen Parteien, sodaß die unveränderte Militärvorlage nun mit großer Stimmenmehrheit angenommen wurde. Es wurden nunmehr vom 1. April 1887 ab neu gebildet: 5 Infanterieregimenter (4 preußische und 1 sächsisches), 15 vierte Bataillone, 1 sächs. Jägerbataillon, 24 Batterien Feldartillerie, 9 Eisenbahncompagnien, 1 Pioniercompagnie und eine Anzahl von neuen Stäben. Bei dem 12. und 15. Armeekorps wurde je eine dritte Division errichtet, dagegen fiel die Kavalleriedivision des 12. Armeekorps weg. Die Friedensstärke des Reichsheers wurde auf 468 409 Mann beziffert. Für die Fußartillerie wurde eine besondere Generalinspektion gebildet, sodaß diese Waffe nunmehr vollständig von der Feldartillerie getrennt ist, welch letztere in persönlicher und taktischer Beziehung den Generalkommandos und nur in technischer Beziehung einer «Inspektion der Feldartillerie» unterstellt ist.

Mit dem 1. April 1890 sind umfassende neue Veränderungen eingetreten. Das deutsche Reichsheer besteht nunmehr aus 20 Armeekorps, nämlich dem Gardekorps, den Armeekorps Nr. 1—17 und den beiden bayr. Armeekorps. Aus je 3—5 Armeekorps sind 5 Armee-Inspektionen (s. Inspektion) gebildet. Zur ersten Armee-Inspektion (Sitz Hannover) gehören das 1., 2., 9., 10., 17.; zur zweiten (Dresden) das 5., 6., 12. (königlich sächs.); zur dritten das 7., 8., 11; zur vierten das 3., 4., 13. (königlich württemb.) Armeekorps; letzterer sind das 1. und 2. bayr. Armeekorps zugeteilt. Zur fünften Armee-Inspektion (Karlsruhe) gehören das 14. bis 16. Armeekorps. Jedes Armeekorps besteht aus zwei, aus Infanterie und Kavallerie zusammengesetzten Divisionen (das 11., 12. und das 2. bayr. Korps haben je drei Divisionen, das preuß. Gardekorps hat zwei besondere Infanterie- und eine besondere Kavalleriedivision) und aus je einer Feldartilleriebrigade (mit Trainbataillon), einem Fußartillerieregiment oder Bataillon und einem Pionierbataillon; zusammen 43 Divisionen (außer der Gardekavalleriedivision). Jede Division besteht aus zwei Infanterie- und einer Kavalleriebrigade (die 1. Division hat je 2 Infanterie- und Kavalleriebrigaden, die beiden Garde-Infanteriedivisionen haben je 2 Garde-Infanteriebrigaden, die Gardekavalleriedivision dagegen 4 Gardekavalleriebrigaden), zusammen 86 Infanterie-, 46 Kavallerie- und 20 Feldartilleriebrigaden. Jede Brigade besteht aus 2 Regimentern (die 2. Garde-Infanterie-, 11. Kavallerie-, die 11., 12. und die 2. bayr. Feldartilleriebrigade haben je 3 Regimenter).

Die Infanterieregimenter haben sämtlich 3 Bataillone zu je 4 Compagnien. Dazu kommen 19 Jägerbataillone, die meist außerhalb der Divisionsverbände stehen, im ganzen 538 Bataillone mit 2152 Compagnien. Jedes Bataillon hat ohne Offiziere durchschnittlich 588 Mann. Die Kavallerieregimenter haben sämtlich fünf Schwadronen, im ganzen 465 Schwadronen, jede durchschnittlich ohne Offiziere 133 Mann stark. Die Feldartilleriebrigaden bestehen aus je einem Regiment von 3 bis 4 fahrenden Abteilungen zu 3 oder 2 Batterien und einem Regiment von 3 gleich starken fahrenden und einer reitenden Abteilung (2 oder 3 Batterien), im ganzen 131 fahrende und 22 reitende Abteilungen mit 387 fahrenden und 47 reitenden Batterien. Von den fahrenden Batterien führen 277 je 6, die übrigen je 4 Geschütze, von den reitenden haben 28 je 6, die übrigen je 4 Geschütze.

Jeder Feldartilleriebrigade ist ein Trainbataillon von 3 Compagnien zugeteilt (das 12. hat 4, das 16. und 25. je 2 Compagnien, im ganzen 62 Traincompagnien, durchschnittlich je 98 Mann stark). Die Fußartillerie zählt 14 Regimenter mit je 2 Bataillonen, ferner drei einzelne Fußartilleriebataillone, zusammen 31 Fußartilleriebataillone (durchschnittlich je 500 Mann stark) von je 4 Compagnien. Dieselben stehen außerhalb der Divisions- und Brigadeverbände. Die 20 Pionierbataillone haben je 4 (das Garde- und die beiden bayr. Pionierbataillone je 5) Compagnien, im ganzen 83 Compagnien (durchschnittlich je 120 Mann stark).

Die preuß. Eisenbahnbrigade hat 2 Regimenter von je 2 Bataillonen zu 4 Compagnien, im ganzen 16 Compagnien; davon sind die 1. bis 14. königlich preußisch, die 15. königlich sächsisch und die 16. königlich württembergisch; das bayr. Eisenbahnbataillon hat 2 Compagnien. Dem 1. Eisenbahnregiment ist eine Luftschifferabteilung, dem bayr. Eisenbahnbataillon eine Luftschifferlehrabteilung zugeteilt.

Es bestehen 1892 im ganzen 173 Infanterieregimenter zu 3 Bataillonen, das Lehrinfanteriebataillon, 19 Jägerbataillone, 93 Kavallerieregimenter zu 5 Schwadronen, 43 Feldartillerieregimenter mit 434 Batterien, darunter 47 reitende, 14 Regimenter und 3 Bataillone Fußartillerie, 20 Bataillone Pioniere, 2 Eisenbahnregimenter einschließlich Luftschifferabteilung, 1 Eisenbahnbataillon, 21 Trainbataillone zu 2–4 Compagnien.

Wie sich in der Zeit vor und nach dem 1. April 1881 sowie nach dem 1. April 1890 die Truppenteile des stehenden Heers auf die vier selbständigen Militärverwaltungen von Preußen, Bayern, Sachsen und Württemberg verteilten, zeigt folgende Tabelle:

die Provinz Ostpreußen ohne die Kreise Neidenburg und Osterode in Ostpreußen. 2. Korps (Stettin): die Provinz Pommern (ohne die Kreise Schlawe, Rummelsburg, Stolp, Lauenburg in Pommern, Bütow), der Reg.-Bez. Bromberg und die Kreise Flatow und Deutsch-Krone der Provinz Westpreußen. 3. Korps (Berlin): Stadt Berlin und Provinz Brandenburg. 4. Korps (Magdeburg): die Provinz Sachsen, die Herzogtümer Anhalt und Sachsen-Altenburg, die Fürstentümer Schwarzburg-Sondershausen und -Rudolstadt, die Fürstentümer Reuß älterer und jüngerer Linie. 5. Korps (Posen): die Reg.-Bez. Posen und Liegnitz. 6. Korps (Breslau): die Provinz Schlesien (außer dem Reg.-Bez. Liegnitz). 7. Korps (Münster): die Provinz Westfalen (außer den 7 südlichsten Kreisen) und der Reg.-Bez. Düsseldorf (außer den südwestl. 5 Kreisen), die Fürstentümer Lippe und Schaumburg-Lippe. 8. Korps (Koblenz): die Rheinprovinz (außer dem zum 7. Korps gehörenden Teile des Reg.-Bez. Düsseldorf und dem Kreise Wetzlar), das oldenb. Fürstentum Birkenfeld. 9. Korps (Altona): die Provinz Schleswig-Holstein, der Reg.-Bez. Stade, die Großherzogtümer Mecklenburg-Schwerin und -Strelitz, das oldenb. Fürstentum Lübeck, die drei Hansestädte. 10. Korps (Hannover): die Provinz Hannover (außer dem Reg.-Bez. Stade), der Kreis Rinteln des Reg.-Bez. Cassel, die Herzogtümer Oldenburg und Braunschweig. 11. Korps (Cassel): die Provinz Hessen-Nassau (außer dem Kreise Rinteln), der Kreis Wetzlar vom Reg.-Bez. Koblenz, die nicht zum 7. Korps gehörigen südlichsten Kreise (Arnsberg, Meschede, Brilon, Altena, Olpe, Siegen, Wittgenstein) der Provinz Westfalen, das Großherzogtum Sachsen-Weimar, die Herzogtümer Sachsen-Coburg-Gotha und Sachsen-Meiningen, das Fürstentum Waldeck; dazu das Großherzogtum Hessen, welches als Bezirk der 25. Division teilweise (namentlich in Ersatzangelegenheiten) die Selbständigkeit eines Korpsbezirks hat. 12. Korps (Dresden): das Königreich Sachsen. 13. Korps (Stuttgart): das Königreich Württemberg. 14. Korps (Karlsruhe): Großherzogtum Baden und Hohenzollern, von Elsaß-Lothringen der Bezirk Oberelsaß.

Truppen	Bis zum 31. März 1881				Vom 1. April 1881 ab				Vom 1. April 1890 ab			
	standen unter der Militärverwaltung von											
	Preußen	Bayern	Sachsen	Württemberg	Preußen	Bayern	Sachsen	Württemberg	Preußen	Bayern	Sachsen	Württemberg
Bataillone Infanterie	344	54	27	24	369	57	33	24	399	60	36	24
" Jäger	14	4	2	—	14	4	2	—	14	2	3	—
Regimenter Küraissiere	10	—	—	—	10	—	—	—	10	—	—	—
" schwere Reiter	—	2	2	—	—	2	2	—	—	2	2	—
" Dragoner	26	—	—	2	26	—	—	2	26	—	—	2
" Husaren	18	—	2	—	18	—	2	—	18	—	2	—
" Ulanen	19	2	2	2	19	2	2	2	19	2	2	2
" Chevaulegers	—	6	—	—	—	6	—	—	—	6	—	—
Feldbatterien, fahrende	196	28	16	14	228	32	18	16	298	42	27	20
" reitende	38	6	2	—	38	6	2	—	38	6	3	—
Regimenter Feldartillerie	—	—	—	—	—	—	—	—	33	5	3	2
Bataillone Fußartillerie	22	4	2	1	24	4	2	1	2	—	—	1
Regimenter "	—	—	—	—	—	—	—	—	11	2	1	—
Bataillone Pioniere	14	2	1	1	15	2	1	1	16	2	1	1
" Eisenbahntruppen	2	½	—	—	2	½	—	—	3½	1	½	½
Traincompagnien	31	4	2	2	31	4	2	2	49	6	4	3
Trainbataillone	—	—	—	—	—	—	—	—	17	2	1	1
Sanitätscompagnien	—	2	—	—	—	—	—	—	—	—	—	—

Das preuß. Gardekorps hat keinen Territorialbezirk, da es sich aus der ganzen preuß. Monarchie sowie aus Elsaß-Lothringen ergänzt. Die Territorialbezirke der übrigen Armeekorps sind die folgenden. 1. Korps (Korpskommando in Königsberg):

15. Korps (Straßburg): der Bezirk Unterelsaß, sowie die Kreise Saarburg und Saargemünd des Bezirks Lothringen. 16. Korps (Metz): vom Bezirk Lothringen die Kreise Stadtkreis Metz, Landkreis Metz, Bolchen, Château-Salins, Diedenhofen, For-

bach. 17. Korps (Danzig): die Provinz Westpreußen (ohne die Kreise Flatow und Deutsch-Krone); die Kreise Neidenburg und Osterode des Reg.-Bez. Königsberg; die Kreise Schlawe, Rummelsburg, Stolp, Lauenburg in Pommern, Bütow des Reg.-Bez. Köslin. Die beiden letzten Armeekorpsbezirke bildet Bayern, die Generalkommandos derselben befinden sich in München und Würzburg.

Vgl. hierzu die Karten: 1) Militärdislolation im Deutschen Reiche und in den Grenzgebieten seiner Nachbarstaaten; 2) Militärdislokation im Deutschen Reiche, östliche Grenze. S. auch Französisches Heerwesen (mit Dislokationskarten).

Die Truppenteile der von Preußen, Bayern, Sachsen, Württemberg gestellten Korps ergänzen sich aus ihren Stammbezirken, während die Ersatzmannschaften des 15. und 16. Korpsbezirks auf die Truppenteile anderer Armeekorps verteilt werden.

Die unter preuß. Militärverwaltung stehenden Bundesstaaten stellen folgende Kontingente: Baden 7 Infanterie-, 3 Dragoner-, 2 Feldartillerieregimenter (zusammen 15 fahrende und 1 reitende Batterie stark) sowie je 1 Bataillon Fußartillerie, Pioniere und Train; Hessen 4 Infanterie-, 2 Dragoner- und 1 Feldartillerieregiment (5 fahrende und 1 reitende Batterie) nebst 1 Trainbataillon; Mecklenburg-Schwerin 2 Infanterie- (zusammen 5 Bataillone) und 2 Dragonerregimenter nebst 3 fahrenden Batterien; Mecklenburg-Strelitz 1 Infanteriebataillon und 1 fahrende Batterie; Oldenburg 1 Infanterie- und 1 Dragonerregiment; Braunschweig 1 Infanterie- und 1 Husarenregiment nebst 1 fahrenden Batterie; Anhalt 1 Infanterieregiment; Thüringen 3 Infanterieregimenter; Lübeck, Bremen und Hamburg zusammen 2 Infanterieregimenter. Die Friedensstärke des Reichsheers beläuft sich (1892/93) auf 20524 Offiziere, 486983 Mannschaften (darunter 58446 Unteroffiziere, 19783 Spielleute, 395666 Gefreite und Gemeine, 3782 Lazarettgehilfen, 8317 Ökonomiehandwerker und 989 Zahlmeisteraspiranten) und 93750 Dienstpferde, sowie 1837 Ärzte, 893 Zahlmeister, 559 Roßärzte, 855 Büchsenmacher, Waffenmeister und 93 Sattler. Der Friedensstand an Offizieren, Mannschaften und Dienstpferden verteilt sich auf die vier selbständigen Militärverwaltungen und auf die einzelnen Waffengattungen folgendermaßen:

Militärverwaltungen.	Offiziere	Mannschaft	Dienstpferde
Preußen	15 990	376 841	73 792
Bayern	2 347	56 334	9 780
Sachsen	1 345	33 071	6 120
Württemberg	842	20 737	4 058
Waffengattungen:			
Nichtregimentierte Offiziere und besondere Formationen	2 636	2 845	—
Infanterie	10 574	317 354	—
Jäger	410	11 164	—
Kavallerie	2 350	65 311	63 620
Feldartillerie	2 369	48 384	26 104
Fußartillerie	728	17 159	30
Pioniere und Eisenbahntruppen	588	12 719	—
Train	299	6 836	3 996
278 Bezirkskommandos	570	5 211	—

Zu den «nichtregimentierten» Offizieren gehören die höhern Truppenbefehlshaber sowie die Offiziere der Strafabteilungen und Korpsbekleidungsämter, zu den «besondern Formationen» das Lehrinfanteriebataillon, die Schießschulen der Infanterie, der Feld- und der Fußartillerie, ferner die Schloßgardecompagnie in Berlin, die Garde-Unteroffiziercompagnien in Stuttgart und Darmstadt, die Leibgarde der Hartschiere in München, das reitende Feldjägerkorps in Berlin, die Militärreitschule in Hannover, die Militärturnanstalt, die Militärerziehungs- und -Bildungsanstalten.

Das Heer in seiner Friedenspräsenzstärke bildet den Grundstock für das Heer auf dem Kriegsfuß, welches durch die Mobilmachung (s. d.) gebildet wird. Die Friedenscadres ergänzen sich aus dem Beurlaubtenstande auf Kriegsstärke und bilden neue Truppenteile, Kolonnen und Trains durch Abgabe von Offizieren, Unteroffizieren und Mannschaften. Die erforderlichen Pferde werden im Lande ausgehoben; Waffen, Bekleidung und Ausrüstung liegen für alle Ergänzungen und Neubildungen bereits im Frieden bereit. Das auf solche Weise in kürzester Frist auf Kriegsfuß gebrachte Heer bildet mit Bezug auf die Art der Verwendung: Feld-, Feldreserve-, **Besatzungs-** und **Ersatztruppen.** Den Feldtruppen gehören im allgemeinen die jüngsten Mannschaften an, den Feldreservetruppen die mittlern Jahrgänge des Beurlaubtenstandes, den Besatzungstruppen die ältern, zum Teil nicht mehr felddienstfähigen Mannschaften. Zu den Ersatztruppen gehören Mannschaften aller Jahrgänge, je nachdem die betreffende Ersatztruppe Ergänzungsmannschaften für Feldtruppen u. s. w. auszubilden hat.

Für ihre Verwendung gliedern sich die Feldtruppen mit den Feldreservetruppen in Armeen (s. d.), welche aus mehrern Armeekorps (s. d.), Kavalleriedivisionen (s. d.) und Reservedivisionen (s. d.) bestehen. Jedes Armeekorps hat in der Regel 2 Infanteriedivisionen und 1 Reservedivision, welche sich meist aus 2 Infanteriebrigaden (zu 2 Regimentern), 1 Kavallerieregiment, 1 Abteilung zu 3 Batterien, 1 Pioniercompagnie mit Feldbrückentrain und 1 Sanitätsdetachement, 1 Munitionskolonnen-Abteilung zusammensetzen. Außerdem sind den Armeekorps in der Regel 1 Jägerbataillon, die Korpsartillerie, 1 Korps-Brückentrain, Munitionskolonnen und Trains (Proviant-, Fuhrpark-, Feldbäckerei-Kolonnen, Reserve-Bäckerdetachement, Feldlazarette, Pferdedepot) zugeteilt. — Die Besatzungstruppen bilden die Besatzung der festen Plätze und werden zur Sicherung der rückwärtigen Verbindungen des Heers (s. Etappenlinien) verwendet. Die Kriegsstärke des Heers ist abhängig von der Anzahl der Neuformationen, welche bei der Mobilmachung zur Aufstellung gelangen. Die Mobilmachung wird durchaus geheim gehalten, ebenso auch die wirkliche Kriegsstärke. Man darf indessen annehmen, daß sie das Vierfache der Friedensstärke, also rund 2 Mill. Streiter erreicht.

Im J. 1886 wurde die Uniformierung des bayr. Heers verändert; am meisten in die Augen fallend ist der Ersatz des bayr. Raupenhelms durch den Helm mit Spitze (preuß. Helm); ebenso die Bekleidung und Ausrüstung der seit 1. April 1886 in den Verband des preuß. Heers übernommenen braunschweig. Truppen (s. Braunschweig, Heerwesen).

Im Herbst 1886 begann die Neubewaffnung der deutschen Infanterie mit dem Gewehr M. 71/84,

MILITÄRDISLOKATION IM DEUTSCHEN REICHE UND

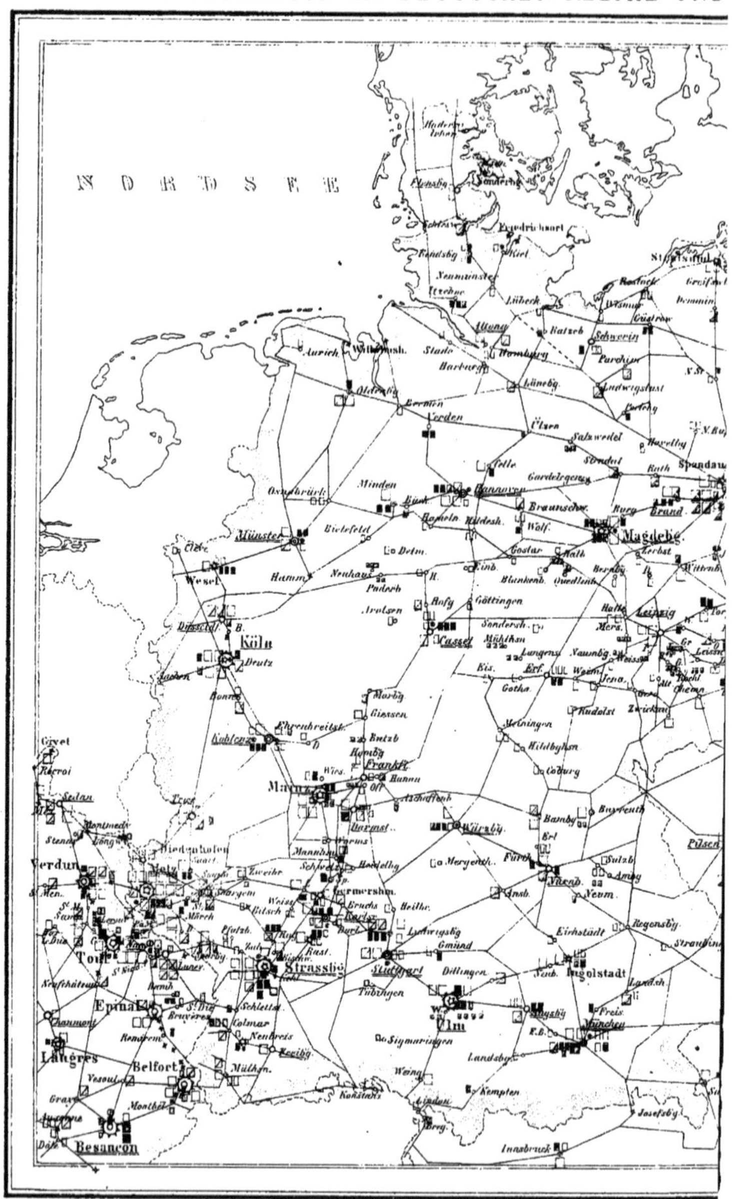

Brockhaus' Konversations-Lexikon. 14. Aufl.

DEN GRENZGEBIETEN SEINER NACHBARSTAATEN.

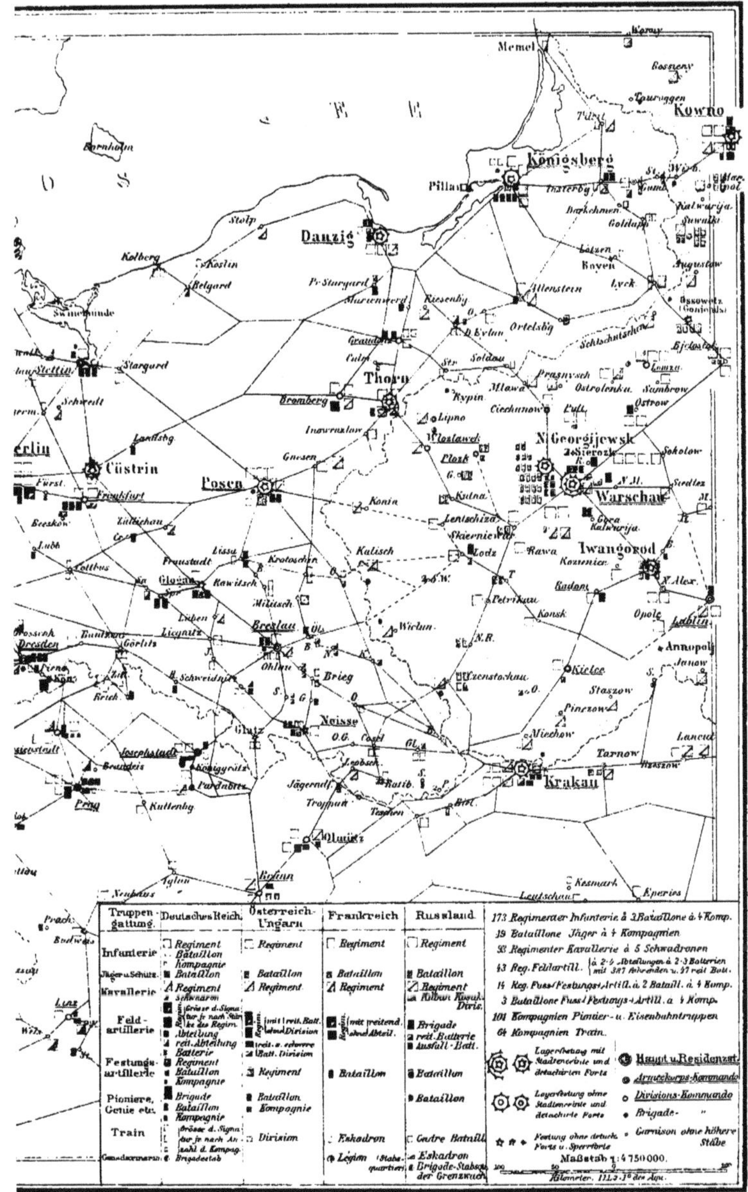

F.A. Brockhaus' Geogr.-artist. Anstalt, Leipzig.

MILITARDISLOKATION IM DEUTS

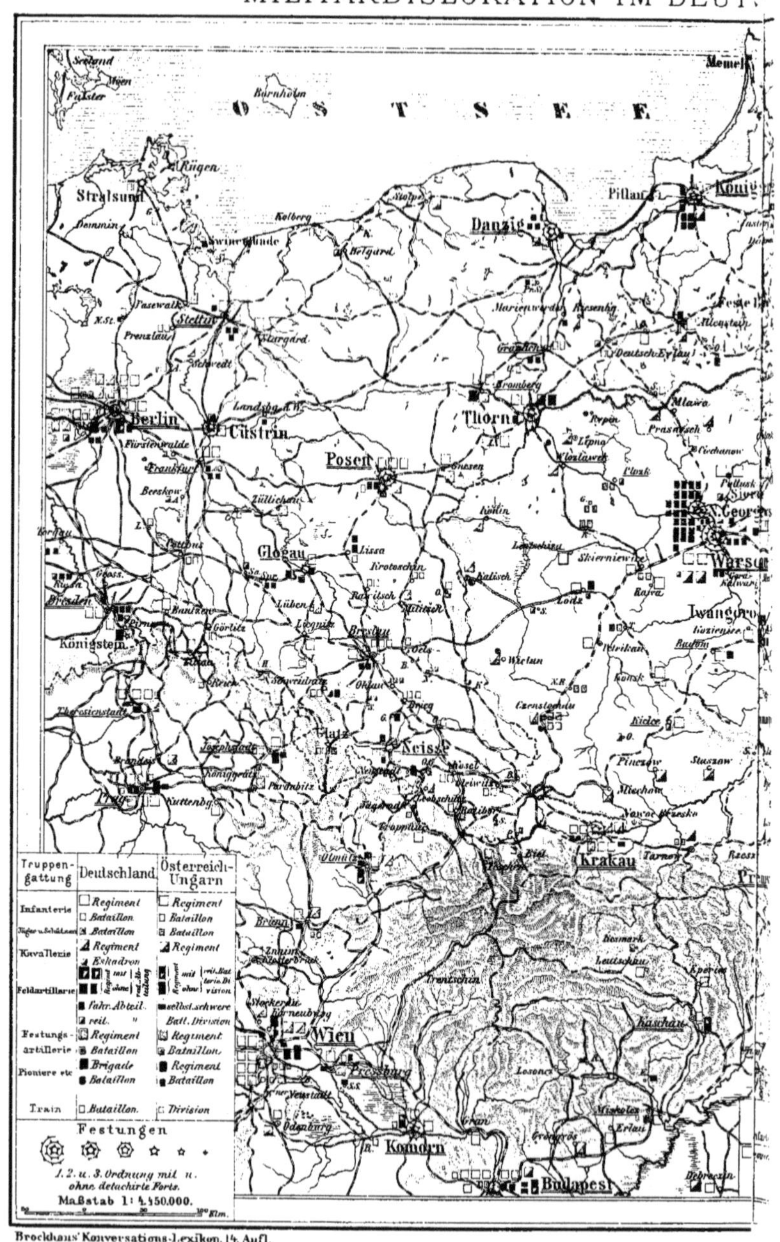

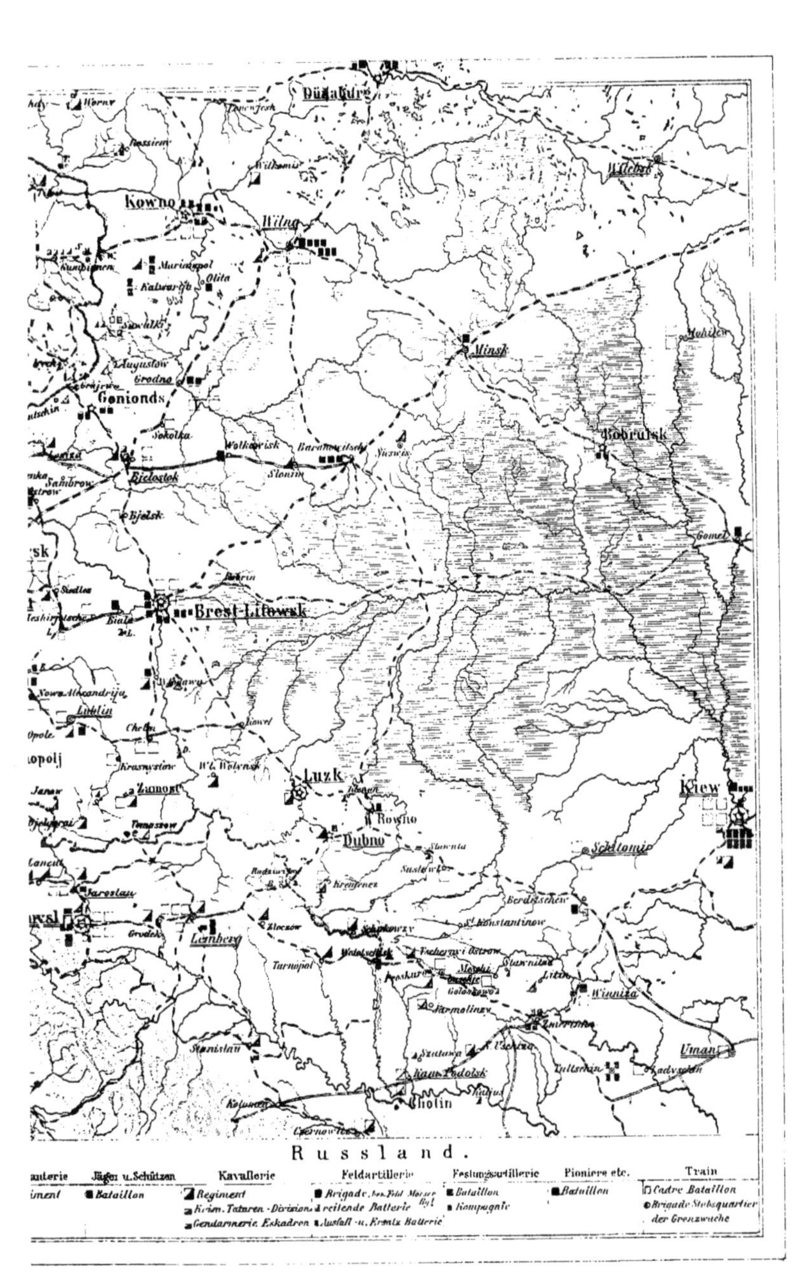
Dünaburg
Kowno
Wilna
Witebsk
Mariampol
Kalwarija
Olita
Minsk
Mohilew
Augustow
Grodno
Goniondz
Sokolka
Wolkowisk
Baranowitschi
Slonim
Bobruisk
Bjelostok
Bjelsk
Gomel
Siedlce
Brest-Litowsk
Biala
Nowo-Alexandrija
Lublin
Chelm
Kowel
Opole
Krasnystaw
Wl. Wolynsk
Luzk
Zamost
Rowno
Kiew
Tomaszow
Dubno
Slawuta
Shitomir
Jaroslau
Krzemenez
Berditschew
Grodek
Lemberg
Zloczow
St. Konstantinow
Tarnopol
Proskurow
Staro-Konstantinow
Litin
Winniza
Jarmolinzy
Shmerinka
Stanislau
Kam. Podolsk
Tultschin
Uman
Chotin
Kolomea
Czernowitz
Russland.
Jäger u. Schützen
Bataillon
Kavallerie
Regiment
Krim. Tataren-Division
Gendarmerie Eskadron
Feldartillerie
Brigade
reitende Batterie
Ausfall- u. Ersatz Batterie
Festungsartillerie
Bataillon
Kompagnie
Pioniere etc.
Bataillon
Train
Cadre Bataillon
Brigade Stabsquartier der Grenzwache

einem Mehrlader von 11 mm Kaliber, dessen Magazin im Vorderschafte unter dem Rohre liegt und 8 Patronen aufnimmt (s. Handfeuerwaffen). Das Rohr dieses Gewehrs ist erheblich verkürzt, der Entladestock fehlt, und an Stelle des bisherigen Seitengewehrs tritt ein kürzeres, zum Aufstecken auf das vordere Ende des Rohres eingerichtetes.

Am 3. März 1887 wurden neue Bestimmungen über die Ausrüstung der Infanterie erlassen, durch welche die Belastung des kriegsmäßig ausgerüsteten Soldaten beträchtlich verringert wurde. Ein neuer Helm mit schwarzem Lederriemen, anstatt der bisherigen Schuppenketten wurde eingeführt. Kochgeschirr und Tornister wurden erleichtert und die Patrontaschen zweckmäßig verändert. Mit Ausnahme der 1. und 2. Bataillone der Garderegimenter und der Grenadierregimenter Nr. 1—12 ward durchweg schwarzes Lederzeug eingeführt. Auch die Landwehrbezirkseinteilung wurde im Laufe der Jahre mehrfach geändert.

Die in den J. 1888—90 zum Teil geänderte Bewaffnung der Deutschen Armee ist 1892 folgende: 1) Infanterie: Feldwebel, Vicefeldwebel, die in gleichem Range stehenden Stabshoboisten, Stabshornisten und Zahlmeisteraspiranten: Infanterie-Offizierdegen n/M und Revolver 83; alle übrigen Unteroffiziere und Gemeine: Gewehr 88 und Infanterieseitengewehr. 2) Jäger und Schützen, Pionier- und Eisenbahnregiment dasselbe, jedoch Hirschfänger 71 bez. Faschinenmesser 71. 3) Kavallerie: Gardes-du-Corps und Kürassierregimenter: Kürassierdegen 54; alle übrigen: Kavalleriedegen 1889 (seit 1890) und Stahlrohrlanzen (s. Lanze), letztere außer Portepeeunteroffizieren und Trompetern; alle Unteroffiziere und Trompeter: Revolver 83; Gemeine: Karabiner 88. 4) Feldartillerie: fahrende und reitende Batterien das Feldgeschütz C/73/88 (das bisherige schwere Feldgeschütz); Unteroffiziere und Mannschaften der reitenden Batterien: Artilleriesäbel und Revolver 83; die Fußmannschaften der fahrenden Batterien: Infanterieseitengewehr n/M und Revolver 83 (seit 1891). 5) Fußartillerie: die Chargen im Range des Feldwebels: Artillerie-Offiziersäbel und Revolver 83; Unteroffiziere und Gemeine: Karabiner 88 (seit 1891) und Infanterieseitengewehr 71. 6) Train: Unteroffiziere und berittene Mannschaften: Artilleriesäbel (auch Kavalleriesäbel a/M) und Chassepotkarabiner (Karabiner 71); die als Fußmannschaften ausgerüsteten Trainsoldaten: Infanterieseitengewehr n/M.

Seit 1888 hat die Infanterie das neue Exerzierreglement. Die Einführung eines kleinkalibrigen Magazingewehrs und des rauchschwachen Pulvers wurde 1890/91 vollendet. Die Taktik der Infanterie sowie die der andern Waffen erleidet dadurch einen völligen Umschwung, dessen Tragweite sich bis zu ihren äußersten Grenzen noch nicht übersehen läßt. 1890 wurden 2 Kavallerie-Inspecteure (s. d.) und eine Kavallerie-Kommission (s. d.) neu geschaffen, die Train-Inspektion in eine Traindepot-Inspektion (s. d.) verwandelt. Über die Veränderungen im Kriegsministerium und Generalstabe s. Preußen.

1892 stehen umfangreiche Veränderungen bevor, die unter teilweiser Verkürzung der Dienstzeit eine Vermehrung des Heers bezwecken (s. Heerwesen Europas). Ferner scheint man die schweren Kaliber der Fußartillerie auch im Felde verwenden zu wollen.

II. **Kriegsmarine.** Die Kriegsmarine des Deutschen Reichs steht unter dem Oberbefehl des Kaisers, dem der kommandierende Admiral für die Kriegstüchtigkeit des Personals verantwortlich ist. Die Verwaltung, deren Mittel jährlich durch den Marine-Etat des Reichstags festgestellt werden, geschieht unter Verantwortlichkeit des Reichskanzlers durch den Staatssekretär des Reichs-Marineamtes, der außerdem für die Kriegsbereitschaft des Materials (Schiffe und Küstenbefestigung) Sorge zu tragen hat. Die Marine gliedert sich in Marinebehörden und Marineteile. Zu erstern zählen Kommando- und Verwaltungsbehörden, Institute und Kommissionen. Oberste Kommandobehörde der Marine ist das Oberkommando (s. d.); demselben sind unterstellt: die Kommandos der Marinestationen der Ostsee und der Nordsee (Marine-Stationskommandos, s. d.), die Direktion des Bildungswesens der Marine (s. d.), die Marine-Inspektionen (s. d.), die Inspektionen der Marine-Artillerie (s. d.), des Torpedowesens (s. d.) und der Marine-Infanterie (s. d.) sowie die Marinekommandanturen; ferner alle Kommandobehörden zur See für die Dauer ihres Bestehens, also die Flotten-, Flottillen-, Geschwader-, Divisions- und Schiffskommandos. Oberste Verwaltungsbehörde ist das Reichs-Marineamt (s. d.); von diesem ressortieren folgende technische Institute: die Marinewerften (s. Werft) zu Kiel, Wilhelmshaven, Danzig, die Artillerie- und Minendepots zu Friedrichsort, Wilhelmshaven, Geestemünde, Cuxhaven, das Torpedodepot zu Friedrichsort, die Deutsche Seewarte zu Hamburg (s. Seewarte), ferner die Havariekommissionen (s. d.), die Schiffsprüfungskommission (s. d.), die Schiffsartillerie-Prüfungskommission (s. d.), das Torpedo-Versuchskommando (s. d.). Ferner bestehen folgende Verwaltungsbehörden: die Marine-Stationsintendanturen, Stationskassen, Bekleidungs- und Verpflegungsämter und die Marinelazarette zu Kiel, Friedrichsort, Wilhelmshaven und Jokohama. Die Marineteile zerfallen in solche zur See und solche am Lande. Die Marineteile zur See (die Flotte) werden unterschieden nach Schiffen und Fahrzeugen, erstere werden nach ihrer Größe in 4, letztere in 3 Rangklassen geteilt. Aus der nachfolgenden Schiffsliste, in welcher die Schiffe nach Rang und Deplacement geordnet sind, ergeben sich auch die Grundsätze für die Benennung der einzelnen Schiffsarten.

Sr. Maj. Schiffe und Fahrzeuge.

Namen	Station	Geschütze	Deplacement in Tonnen	Indizierte Pferdekräfte	Geschwindigkeit in Knoten	Jahr des Stapellaufes	Besatzungsetat	Schiffsklasse
1) Panzerschiffe.								
Kurfürst Friedrich Wilhelm		12	10000	15000	16	91	552	S. 1
Brandenburg		12	10000	15000	16	91	552	»
Weißenburg		12	10000	15000	16	92	552	»
Wörth		12	10000	15000	16	92	552	»
König Wilhelm		29	9757	8000	15	68	732	»
Kaiser		15	7676	8000	14	74	644	»
Deutschland		15	7676	8000	14	74	644	»
Friedrich der Große		6	6770	5400	14	74	544	S. 2
Preußen		6	6770	5400	14	73	544	»
Bayern		8	7400	5600	14	78	376	S. 3
Sachsen		8	7400	5600	14	77	376	»
Württemberg	N	8	7400	5600	14	78	376	»
Baden	O	8	7400	5600	14	80	360	»
Oldenburg	N	10	5200	3900	15	84	376	»

Namen	Station	Geschütze	Deplacement in Tonnen	Indizierte Pferdekräfte	Geschwindigkeit in Knoten	Jahr des Stapellaufes	Besatzungsetat	Schiffsklasse
2) Panzerfahrzeuge.								
Siegfried	N	3	3600	4800	17	89	256	S. 4
Beowulf	N	3	3600	4800	16	90	256	»
Frithjof	N	3	3600	4800	16	91	256	»
Heimdall	N	3	3600	4800	16	92	256	»
Hildebrand	N	3	3600	4800	16	92	256	»
Wespe	N	1	1109	700	11	76	76	F. 1
Viper	N	1	1109	700	11	76	76	»
Biene	O	1	1109	700	11	76	76	»
Mücke	N	1	1109	700	11	77	76	»
Skorpion	N	1	1109	700	11	76	76	»
Basilisk	O	1	1109	700	11	78	76	»
Chamäleon	N	1	1109	700	11	78	76	»
Krokodil	O	1	1109	700	11	79	76	»
Salamander	N	1	1109	700	11	80	76	»
Natter	O	1	1109	700	11	76	76	»
Hummel	O	1	1109	700	11	76	76	»
Brummer	N	1	866	1500	16	84	74	»
Bremse	N	1	866	1500	16	84	74	»
Eins im Bau.								
3) Kreuzerfregatten.								
Leipzig	N	12	3925	4800	14	75	464	S. 3
Charlotte	N	18	3360	3000	14	85	455	»
Stein	N	14	2856	2500	14	79	420	»
4) Kreuzerkorvetten.								
Kaiserin Augusta	?	12	6000	12000	21	92	?	S. 3
Prinzeß Wilhelm		14	4400	8000	18	87	355	»
Irene		14	4400	8000	18	87	355	»
Alexandrine		14	2370	2400	15	85	268	S. 4
Arcona		14	2370	2400	15	85	268	»
Carola		12	2169	2100	14	80	269	»
Olga		12	2169	2100	14	80	269	»
Marie		10	2169	2100	14	81	269	»
Sophie	N	12	2169	2100	14	81	269	»
Freya	N	8	2017	2400	14	72	250	»
Zwei im Bau.								
5) Kreuzer.								
Falke	O	8	1600	2700	16	91	130	F. 1
Bussard	O	8	1600	2800	16	91	130	»
Seeadler	O	8	1600	2700	16	91	130	»
Condor	O	8	1600	2700	16	92	130	»
Cormoran	O	8	1600	2700	16	92	130	»
Schwalbe	O	8	1120	1500	15	87	116	»
Sperber	O	8	1120	1500	15	88	116	»
Möve	O	5	848	600	12	79	129	»
Habicht	O	5	848	600	12	79	129	»
6) Kanonenboote.								
Wolf	N	4	489	340	9	78	85	F. 2
Hyäne	N	4	489	340	10	78	85	»
Iltis	N	4	489	340	10	78	85	»
7) Avisos.								
Hohenzollern	?	6	3400	10000	21	92	?	?
Greif	N	2	2000	5400	19	86	142	F. 1
Pfeil	N	5	1382	2700	16	82	127	»
Blitz	O	5	1382	2700	16	82	127	»
Wacht	N	3	1240	4000	19	88	127	»
Jagd	N	3	1240	4000	19	89	127	»
Meteor	O	4	1020	5000	21	90	90	»
Zieten	O	—	975	2350	16	76	112	»
Grille	O	—	350	700	14	59	73	»
Einer im Bau.								

N bedeutet Nordsee, O Ostsee, S. Schiff und F. Fahrzeug.

Hierzu kommen noch etwa 90 Torpedoboote verschiedener Größe mit je 15—30 Mann Besatzung und 16—26 Knoten Geschwindigkeit.

Nur die Zahl der Geschütze von 12 cm aufwärts ist angegeben, die leichtern Kaliber, sowie Schnellfeuerkanonen sind nicht darin enthalten.

Außer diesen Schiffen, die lediglich dem Kriegszweck dienen, giebt es noch eine Anzahl Schulschiffe (s. d.), sowie «für andere Zwecke» die kaiserl. Jacht «Kaiseradler» (bis 1892 «Hohenzollern» genannt), die Vermessungsfahrzeuge «Albatroß», «Nautilus», die Minenschiffe «Rhein» und «Otter», das Transportschiff «Pelikan», die Stationstender «Loreley» in Konstantinopel und «Nachtigal» in Kamerun, die frühern Panzerschiffe «Friedrich Karl» und «Kronprinz», das frühere Panzerfahrzeug «Arminius» und das frühere Schiffsjungen-Schulschiff «Luise». — Die Küstenbefestigungen (s. d.) an der Jade, Weser, Elbe sowie die des Kieler Hafens sind gleichfalls der Marine zugeteilt. Den Aufgaben jeder Marine entsprechend, hat man dem Gebrauchszweck nach zu unterscheiden: Schiffe für den polit. Dienst, Schlachtschiffe und Schiffe für die Küstenverteidigung. Für die Aufgaben des handelspolit. und diplomat. Dienstes ist die Kreuzerflotte bestimmt; deshalb werden diese Schiffe in den ausländischen Gewässern, gleichzeitig zum Schutz der dortigen Deutschen, stationiert und finden Verwendung für koloniale Zwecke, und im Kriege für den Kreuzerkrieg (s. d.). Der Schwerpunkt der deutschen Marine ist die Küstenverteidigung (s. d.), welche die Streitkräfte des Heers in ihren Aufgaben an den Landesgrenzen zu entlasten vermag. Derselben dienen die Panzerfahrzeuge, Avisos und Torpedoboote. Zu offensiven Vorstößen bei der Küstenverteidigung und zum Kampfe um die Beherrschung eines Meeresteils dient die Schlachtflotte, aus Hochsee-Panzerschiffen bestehend. Wenngleich bei einem europ. Kriege für Deutschland die Entscheidung nie zur See herbeigeführt werden wird, so muß doch die deutsche Marine befähigt sein, wenigstens kleinern Seemächten gegenüber, die durch das Heer nicht zu erreichen sind, die Macht des Deutschen Reichs zur Geltung bringen zu können, und auch diese Aufgabe kann nur die Panzerflotte erfüllen. Dazu kommt, daß stets die wirksamste Weise der Verteidigung der eigenen Küsten der Sieg in einer Seeschlacht bleiben wird, während die Verteidigung mit geringen Mitteln nur Nachteile abwenden, nicht aber Vorteile ausnutzen kann. Nur die Schlachtflotte ermöglicht die Aufrechterhaltung des Seehandelsverkehrs. Bei Gründung des Deutschen Reichs wurde die Marine zunächst für die Erfordernisse des auswärtigen Dienstes durch Schaffung der Kreuzerflotte geeignet gemacht, dann allmählich die Küstenverteidigungsmittel gekräftigt, und erst hiernach wird zur Stärkung der Offensivkraft in den bescheidensten Grenzen geschritten durch den Neubau von zunächst 4 mächtigen Panzerschiffen.

Nach dem Marine-Etat für 1892/93 belaufen sich die fortdauernden Ausgaben auf 45298839 M., die einmaligen (namentlich für den Bau neuer Schiffe bestimmt) auf 17112700 M. (ordentlicher Etat) und 22997800 M. (außerordentlicher Etat). Die Mobilmachung der Flotte und Küstenverteidigungswerke erfordert etwa 30000 Mann.

Die Friedensstärke beträgt nach dem Etat 1892/93: 1 Admiral, 4 Viceadmirale, 7 Konteradmirale, 34 Kapitäne zur See, 68 Korvettenkapitäne, 135 Kapitänlieutenants, 202 Lieutenants zur See, 157 Unterlieutenants zur See, 115 Seekadetten, 80 Kadetten, 40 Marine-Infanterieoffiziere, 68 Maschineningenieure, 70 Zeug-, Feuerwerks- und Torpedo-Offiziere, 72 Marinezahlmeister, 102 Marineärzte, 709 Deckoffiziere, 153 Feldwebel, 2666 Unteroffiziere, 12967 Matrosen, Heizer, Handwerker und Marinesoldaten.

Reichskriegshäfen (s. d.) sind Kiel und Wilhelmshaven. Die Bezeichnung aller Marinebehörden und des Personals ist «Kaiserlich», die Kokarde schwarz-weiß-rot, der Fahneneid wird dem «Deutschen

Kaiser» auf die **Kriegsflagge** geleistet. — Bezüglich der Kriegsflagge und der übrigen in der deutschen Kriegsmarine geführten Flaggen, Kommando- und Unterscheidungszeichen s. Deutschland und Deutsches Reich (Flaggen) und die Tafel daselbst: **Flaggen des Deutschen Reichs.**

Zum Dienst in der kaiserl. Marine ist die gesamte seemännische Bevölkerung des Deutschen Reichs verpflichtet; zu dieser werden gerechnet: Seeleute von Beruf, See-, Küsten- und Haffischer, Schiffszimmerleute, Maschinisten und Heizer von See- und Flußdampfern. Unter besondern Bedingungen werden auch Nichtseeleute eingestellt als Schiffsjungen, sog. Vierjährige Matrosen, und als Handwerker oder Schreiber. Die Dienstzeit ist der des Reichsheers entsprechend: 3 Jahre bei der Flotte (aktiv), 4 Jahre bei der Marine-Reserve, 5 Jahre in der Seewehr ersten Aufgebots, dann bis zur Vollendung des 39. Lebensjahres in der Seewehr zweiten Aufgebots und Landsturm.

Über Ergänzung des Offizierbedarfs s. Seekadett. Über die Uniformen der Marine s. Uniformierung.

Geschichte. Die Anfänge der deutschen Marine, die aus der des Norddeutschen Bundes und aus der alten preußischen hervorgegangen ist, fallen in die Zeit des Großen Kurfürsten. Dieser schloß 1675 einen Mietsvertrag mit dem holländ. Schiffsherrn Benjamin Raule wegen Überlassung von 3 Fregatten und 2 kleinen Fahrzeugen, lieh sich dazu noch von der holländ. Admiralität 3 Schiffe und errang mit dieser Flotte in dem Kriege gegen Schweden (1675—79) nahmhafte Erfolge. 1682 errichtete der Große Kurfürst eine brandenb.-afrik. Handelsgesellschaft; 1683 wurde durch den Kammerjunker O. F. von der Gröben, der den Befehl über die beiden Fregatten «Churprinz» und «Mohrian» hatte, die Feste Groß-Friedrichsburg in der Nähe des Kaps der drei Spitzen an der Westküste Afrikas gegründet. Bald nachher wurden auch an andern afrik. Küstenplätzen Handelsfaktoreien, durch Forts geschützt, angelegt. Infolge der Kolonialthätigkeit wurde die brandenb. Marine wesentlich vergrößert. Hauptflottenstation wurde Schloß Gretsyhl bei Emden; es waren (1688) 35 Schiffe mit 210 Kanonen und 40 Fahrzeuge mit 80 Stücken vorhanden. Der Tod des Großen Kurfürsten 1688 war der Wendepunkt in der Entwicklung der Flotte; unter Friedrich III. verfaulte sie buchstäblich, sodaß, als zum Schutz von Groß-Friedrichsburg 1708 doch noch Soldaten nach Afrika geschickt wurden, diese unter holländ. Flagge fahren mußten. Mit Unterzeichnung der Urkunde der Verzichtleistung auf allen Kolonialbesitz 13. Aug. 1720 durch Friedrich Wilhelm I. verschwand die weiße Flagge mit dem roten Adler von dem Weltmeer. Erst unter Friedrich Wilhelm III. tauchten wieder schüchterne Projekte in Preußen zur Gründung einer Marine auf. 1844 wurde in Stettin die Segelkorvette «Amazone» erbaut und armiert, zunächst zur Ausbildung von Navigationsschülern. Bei den Einigungsversuchen 1848 wurde auch der Ruf nach einer deutschen Flotte laut. Es erschienen in diesem Jahre die Broschüren: «Denkschrift über die Errichtung einer deutschen Flotte» vom Kieler Ausschuß an den Hamburger Marinekongreß, «Deutschlands Bundes-Kriegshäfen als Bedürfnis für eine deutsche Kriegsmarine» von Dr. Harleß in Bonn u. a. m. Auch Prinz Adalbert von Preußen schrieb eine «Denkschrift über die Bildung einer deutschen Flotte». Die Frankfurter Nationalversammlung bewilligte 6 Mill. Thlr. zum Ankauf von Schiffen; außerdem sammelte ein Flottenkomitee patriotische Gaben zur Gründung einer Reichsflotte. In dem Kriege gegen Dänemark (1848—50) war die einzige Aktion der deutschen Flotte unter Brommes Leitung die Rekognoscierungsfahrt mit den Dampfern «Barbarossa», «Hamburg» und «Lübeck» von Bremerhaven aus 4. Juni 1849 nach Helgoland zu. In der Nähe der Insel lag in Windstille die dän. Segelkorvette «Valkyrien», mit der einige erfolglose Schüsse gewechselt wurden. Infolge eines engl. Signalschusses aber wurde aus Achtung vor der Neutralitätsgrenze das Gefecht abgebrochen. Weitere Angriffe mußten mit Rücksicht auf die Überlegenheit des dän. Blockadegeschwaders unterbleiben. Da überdies England erklärte, die deutsche Kriegsflagge — schwarz-rot-gold, den zweiköpfigen Reichsadler auf goldem Grund in der obern innern Ecke — nicht zu kennen, und solche unbekannte Flaggen in See wie die von Seeräubern behandeln zu wollen, so entschied sich Preußen dahin, seine Kanonenboote und die «Amazone» unter eigener Flagge — weiß, dreieckig ausgezackt, den schwarzen Adler in der Mitte und das Eiserne Kreuz in der obern innern Ecke — fahren zu lassen. Am 1. März 1849 wurde das Oberkommando der preuß. Marine errichtet und Prinz Adalbert mit der Leitung betraut. Die Seestreitkräfte bestanden außer der «Amazone» aus 2 armierten Raddampfern, «Adler» und «Elisabeth», 21 Ruder-Kanonenschaluppen und 6 Ruder-Kanonenjollen mit insgesamt 67 Kanonen, 37 Offizieren und 1521 Mann. Zur Ausbildung des Personals wurden Offiziere fremder Marinen herangezogen; ein Holländer, Kommodore Schröder, erhielt den Befehl über die Flottille. Das erste Gefecht lieferte der mit 4 Geschützen armierte «Adler» 27. Juni 1849 bei Brüsterort mit der dän. Brigg «St. Croix» von 14 Geschützen; das Gefecht wurde mit Einbruch der Dunkelheit ohne Ergebnis beendet. Nach der Wiederherstellung des Deutschen Bundestages wurde 1852 die deutsche Flotte durch Hannibal Fischer versteigert, wobei die Fregatte «Gefion» und der Dampfer «Barbarossa» in den Besitz Preußens übergingen, das seine Flotte nunmehr allmählich auszubauen begann. 1853 wurde als Central-Verwaltungsbehörde die Admiralität in Berlin errichtet und der Vertrag mit Oldenburg wegen Überlassung des Gebietes von Heppens an der Jade, zum Bau des Kriegshafens Wilhelmshaven (s. d.) abgeschlossen. 1856 unternahm der Prinzadmiral an Bord der Dampffregatte «Danzig» eine Kreuzfahrt nach dem Mittelmeer, um die Rifpiraten an der nordafrik. Küste El Rif zu strafen; bei Tresforcas fand ein heftiges Landungsgefecht statt, wobei eine steile Felsenküste erstürmt wurde, dann aber unter bedeutendem Verlust vor der Übermacht der Piraten der Rückzug angetreten werden mußte. In die J. 1859—62 fällt die preuß. Expedition nach Ostasien, mit den Schiffen «Arkona», «Thetis», «Frauenlob» und «Elbe», wobei der Schoner «Frauenlob» im Taifun verloren ging. Ein zweiter Verlust traf die Flotte 1861 durch den Untergang der «Amazone». Bei Ausbruch des Dänischen Krieges standen, unter Ausschluß der im Auslande befindlichen Schiffe, 3 Korvetten, 20 Dampf-Kanonenboote und 22 Ruder-Kanonenschaluppen und -Jollen Preußen zur Verfügung; Swinemünde war Hauptflottenstation. Am 17. März lieferte der Geschwaderchef Kapitän z. S. Jachmann mit den Schiffen «Arkona», «Nymphe» und «Loreley», sowie einer Kanonenboots-Division dem dän. Ostsee-Blockadegeschwader, bestehend aus dem weit überlegenen Schraubenlinienschiff «Skjold», den Schraubenfregatten «Själland» und «Tordenskjold» sowie den Schraubenkorvetten «Heimdal» und «Thor» ein vierstündiges unentschiedenes Gefecht bei Rügen. Am 14. April führte Prinz Adalbert auf einer Erkundungsfahrt mit der «Grille» ein 2½stündiges Gefecht gegen «Skjold» und «Själland» auf 3—4000 m Entfernung, ohne wesentliche Treffer. In der Nordsee beteiligten sich die preuß. Kanonenboote bei den Unternehmungen des österr. Geschwaders.

Nach der 1. Juli 1867 in Kraft getretenen Verfassung des Norddeutschen Bundes wurde die Bundes-Kriegsmarine unter preuß. Oberbefehl geschaffen und 1. Okt. 1869 die noch jetzt bestehende, der englischen nachgebildete Kriegsflagge auf der Flotte geheißt. Der Neubau einer Anzahl von Schiffen, namentlich Panzerschiffen, wurde in Angriff genommen. Kiel wurde Kriegshafen, und 17. Juni 1869 fand die Taufe des zweiten Kriegshafens Wilhelmshaven statt. Bei Ausbruch des Krieges 1870 besaß die Marine die 3 Panzerfregatten «König Wilhelm», «Kronprinz», «Friedrich Karl», 2 Panzerfahrzeuge, 5 gedeckte Korvetten, 4 Glattdeckskorvetten, 1 Jacht, 3 Avisos, 22 Kanonenboote. Vgl. Livonius, Die Marine des Norddeutschen Bundes (Berl. 1869). In der Nordsee hatten die Panzerschiffe die Außenjade, die Panzerfahrzeuge die Unterelbe zu verteidigen; in der Weser waren Kanonenboote stationiert. Oberbefehlshaber der Nordseestreitkrafte war der Viceadmiral Jachmann. In der Ostsee waren in Swinemünde einige hölzerne Korvetten und Kanonenboote zusammengezogen; im Auslande befanden sich die Korvetten «Hertha», «Arkona», «Medusa» und das Kanonenboot «Meteor». Die Kriegshäfen wurden in notdürftiger Weise durch Minen- und Balkensperren geschützt; Wilhelmshaven war gänzlich ohne Kustenwerke, die Werke des Kieler Hafens erhielten ihre Geschützarmierung erst mehrere Monate nach der Kriegserklärung. Die sehr bald in der Ostsee erschienene franz. Panzerflotte von 12 Schiffen unter Admiral Bouët-Villaumez unternahm keinen Angriff auf Kiel, zeigte sich jedoch an vielen Stellen der Küste bis Neufahrwasser, wo 17. Aug. bei Hiddensee durch Graf Waldersee mit «Grille» und 3 Kanonenbooten einige Schüsse auf das franz. Geschwader abgegeben wurden und 22. Aug. die Korvette «Nymphe» einen Nachtangriff bei Oxhöft auf dasselbe machte, unter Abgabe zweier Breitseiten und schleunigem Rückzug. Auch in der Nordsee fielen nur Schüsse ins Wasser, doch war der Zweck völlig erreicht, mit der geringen Seestreitkraft die bedeutend überlegenen Franzosen von einem Küstenangriff, Landung und Zerstörung von Häfen abzuhalten. Im Auslande kam es zu einem eigentlichen Gefecht nur bei Habana zwischen dem Kanonenboote «Meteor», Kommandant der damalige Kapitänlieutenant, jetzige Viceadmiral Knorr, und dem franz. Aviso «Bouvet» 9. Nov., wobei «Meteor» seinen Groß- und Besanmast verlor, aber dann das Glück hatte, einen Kessel des «Bouvet» zu treffen, wodurch dieser, gefechtsunfähig gemacht, sich nach Habana unter Segel flüchtete.

Nach Gründung des Deutschen Reichs wurde Generallieutenant von Stosch zum Chef der Admiralität ernannt, während Prinz Adalbert Generalinspecteur der Marine bis zu seinem 6. Juni 1873 erfolgten Tode blieb. Die nunmehr «Kaiserliche Marine» wurde nach dem Flottengründungsplane von 1872 bedeutend vergrößert mit einem Aufwand von rund 73 Mill. Thlr. Seitdem erfüllte bisjetzt die Marine ununterbrochen polit. Aufgaben: Schiffe wurden verwendet 1872 zu Repressalien gegen die Republik Haiti, 1873 zur Repräsentation bei der Krönungsfeier in Trondhjem, 1873 und 1874 zum Schutz der deutschen Interessen während der span. Insurrektion, wobei Kapitän zur See Werner das als Pirat zu betrachtende span. Insurgentenschiff «Vigilante» wegnahm. In die J. 1874—76 fällt die wissenschaftliche Expedition der Korvette «Gazelle» (s. d.). 1877 trat Prinz Heinrich von Preußen in die Marine ein. 1878 wurde ein deutsches Geschwader gegen die Republik Nicaragua entsandt, um einem dortigen Deutschen zu seinem Recht zu verhelfen, was ohne Gewalt gelang. Am 31. Mai 1878 wurde beim Dampfen im Geschwader im Kanal bei Folkestone das Panzerturmschiff «Großer Kurfürst» von dem «König Wilhelm» infolge eines durch das Ruderkommando verursachten Irrtums derart gerammt, daß es 15 Minuten nach dem Zusammenstoß kenterte und sank, wobei 5 Offiziere und 264 Mann den Tod fanden. «König Wilhelm» konnte nur mit Mühe vor dem Sinken bewahrt und nach Portsmouth ins Dock gebracht werden. 1881 züchtigte die Korvette «Victoria» die Neger des Ortes Nanakru an der Küste von Liberia für die Plünderung des gescheiterten deutschen Dampfers «Carlos», indem sie den Ort bombardierte, durch Landungskorps die Neger vertrieb und das Dorf in Brand steckte. Ähnliche Züchtigungen führte «Carola» auf den Hermitinseln aus. Frühjahr 1883 wurde Generallieutenant von Caprivi Chef der Admiralität. Während von Stosch durch seine organisatorischen Talente sich besonders verdient machte, indem er eine einheitliche, tüchtige Marineverwaltung schuf, wurde auf dieser Grundlage durch von Caprivi die Kriegstüchtigkeit und Schlagfertigkeit der Flotte, besonders auch in Bezug auf die Küstenverteidigung, gehoben. 1884 strandete im Sturme bei Agger an der jütländ. Westküste die Brigg «Undine», wobei die Besatzung durch die dän. Rettungsstation geborgen wurde. 1885 ging die Kreuzerkorvette «Augusta» in einer Cyklone im Golf von Aden mit der gesamten Besatzung, 9 Offiziere und 214 Mann, verloren. Rege Thätigkeit entfaltete die Marine auf dem Gebiete der Kolonialerwerbungen. Zunächst kam es 20. Dez. 1884 zum Kampfe in Kamerun, an dem sich die Landungskorps von «Bismarck» und «Olga» beteiligten und nach heftigen Gefechten die Hikory- und Joßneger mit Verlust von 1 Toten und mehrern Verwundeten deutscherseits besiegten. 1885 wurde durch ein Geschwader der Sultan von Sansibar zur Anerkennung der Schutzherrschaft des deutschen Kaisers über das Gebiet der Deutsch-Ostafrikanischen Gesellschaft gezwungen. 1886 hatte «Albatroß» ein Gefecht mit den Insulanern auf Neu-Pommern, ebenso «Adler» auf Neu-Mecklenburg. 1887 führten Mannschaften des «Habicht» eine Expedition den Kamerunfluß hinauf aus mit mehrfachen Kämpfen gegen dortige Negerstämme. Am 30. Nov. 1888 wurde zur Schädigung des Sklavenhandels der Araber von dem verbündeten deutschen und engl. Geschwader die Blockade über die Küsten des Sultanats Sansibar erklärt. Neben kleinern Scharmützeln machten die Mannschaften von «Leipzig» (Flaggschiff des Kreuzeradmirals Deinhard), «Sophie», «Carola» und «Hyäne» das Gefecht bei Dar es-Salaam 25. Jan. 1889, die Expedition zur Bestrafung des Bambokostammes 11. bis 14. Febr. und die Erstürmung des Lagers des Araberführers Buschiri bei Bagamoso mit, wobei 1 Offizier und mehrere Mann fielen. Im Juli 1888 wurde an Stelle Caprivis der Viceadmiral Graf von Monts Chef der Admiralität. Im Sommer 1888 machte Kaiser Wilhelm II. mit der Manöverflotte eine polit. Reise nach Rußland, Schweden und Dänemark. Am 18. Dez. 1888 fand bei Apia gegen die aufständischen Samoaner ein unglückliches Gefecht der Mannschaften von «Olga» und «Eber» statt, wobei der deutsche Verlust 16 Tote, darunter 2 Offiziere, und 37 Verwundete betrug. Am 16. März 1889 strandeten bei einem Orkan im Hafen von Apia der Kreuzer «Adler» und das Kanonenboot «Eber», wobei von ersterm 10 Mann, von letzterm 5 Offiziere und 70 Mann ertranken. Die Korvette «Olga» konnte auf Strand laufen, wodurch Schiff und Besatzung gerettet wurden. Am 19. Jan. 1889 starb Graf von Monts; Viceadmiral Freiherr von der Goltz wurde sein Nachfolger. Am 30. März 1889 fand die Teilung der Admiralität in das Oberkommando (von der Goltz) und das Reichsmarineamt statt; zum Staatssekretär des letztern wurde der Konteradmiral Heusner ernannt, dem 1890 Konteradmiral Hollmann folgte.

Litteratur. von Borcke, Die brandenb.-preuß. Marine und die Afrikanische Compagnie (Köln 1864); Chevalier, La marine française et la marine allemande pendant la guerre 1870—71 (Par. 1873); Livonius, Unsere Flotte im Deutsch-Französischen Kriege (Berl. 1871); Die dän. Ostsee-Eskadre 1864 (ebd. 1865, anonym); Tesdorpf, Geschichte der kaiserl. deutschen Kriegsmarine in Denkwürdigkeiten von allgemeinem Interesse (Kiel 1889); Batsch, Admiral Prinz Adalbert von Preußen (Berl. 1891); ders., Nautische Rückblicke (ebd. 1892); Stenzel, Die deutsche Flotte und der Reichstag (ebd. 1892); von Werner, Die Kampfmittel zur See (Lpz. 1892); Batsch, Deutsch' Seegras, ein Stück Reichsgeschichte (Berl. 1892).

Deutsches Meer, s. Nordsee.

Deutsches Nationaltheater in Hamburg. Für das Theaterwesen des 18. Jahrh. war Hamburg von hervorragender Bedeutung; es war das Standquartier der damals umherreisenden bessern Schauspieltruppen. Als die Unternehmung von Konrad Ernst Ackermann (s. d.) 1767 zu Grunde gegangen war, gründeten einige Kaufleute und der Schauspieldirektor Seyler eine neue Direktion, die als Musterdirektion angekündigt wurde und eine deutsche Nationalbühne in Aussicht stellte. Der Kern der Ackermannschen Truppe, Ackermann selbst, Ekhof, die Löwen, die Hensel u. a. waren die Träger des neuen Unternehmens. Gleichwohl war es nur von kurzer Dauer. Am 27. April 1767 war die Eröffnungsvorstellung und 4. Dez. desselben Jahres fand die letzte statt. Die Aufmerksamkeit von ganz Deutschland und dauerndes Andenken in der Theater- und Litteraturgeschichte sicherten dem D. N. die (als «Dramaturgie» gesammelten) Kritiken Lessings (s. d.). An deren Schlusse heißt es: «Gutherziger Einfall, den Deutschen ein Nationaltheater zu verschaffen, da wir Deutsche noch keine Nation sind!»

Deutsches Pharao, Spiel, s. Süßmilch.

Deutsche Sprache. Die D. S. gehört der german. Sprachfamilie an (s. Germanische Sprachen), ist also eine Schwestersprache des Friesischen, Englischen, Skandinavischen und des ausgestorbenen Gotischen. Sie gehört im besondern zu derjenigen Gruppe, die man als die westgermanische zu bezeichnen pflegt, ist also dem Friesischen und Englischen näher verwandt als dem Skandinavischen und Gotischen. Während früher der Name «deutsch» häufig, z. B. von Jakob Grimm in dessen «Deutscher Grammatik», auch im Sinne von «germanisch» gebraucht wurde, versteht man jetzt richtiger unter D. S. allein die Sprache des deutschen Volks. Eher ist man jetzt umgekehrt geneigt, statt «deutsch» «germanisch» zu sagen und spricht wohl von Germanisierung statt von Verdeutschung. Nach derselben Richtung, in welcher der Begriff des deutschen Volks heutzutage bestritten ist, ist es auch der Begriff der D. S. Die niederländ. Sprache rechnet man zwar wissenschaftlich zur deutschen, von der es nur eine Mundart ist; für gewöhnlich pflegt man jedoch das Niederländische als eine Schwestersprache des Deutschen anzusehen. Der Grund ist nicht etwa die polit. Trennung der Niederlande vom Deutschen Reiche; in Luxemburg, in der Schweiz, in Österreich wird ja auch deutsch gesprochen. Vielmehr ist daran schuld, daß die Niederländer auf Grund ihrer Mundart eine eigene Schriftsprache ausgebildet haben. Derartige mundartliche Schriftsprachen bestanden noch im 16. Jahrh. mehrere; es gab damals eine niedersächs., eine niederländ., eine kölnische, eine mitteldeutsche, eine schweiz. und eine österr.-oberdeutsche Schriftsprache. Aber diese alle sind mit Ausnahme der niederländischen in der jetzt gültigen neuhochdeutschen Schriftsprache aufgegangen. Dieser Prozeß drang in den Niederlanden einesteils wegen der polit. Selbständigkeit, mehr aber noch deshalb nicht durch, weil die niederländ. Schriftsprache eine Jahrhunderte lange, mächtige litterar. Vergangenheit (s. Niederländische Sprache und Litteratur) und eine dieser entsprechende Widerstandskraft besaß. Es muß aber daran festgehalten werden, daß die niederländ. Sprache nur eine Mundart des Deutschen ist, so gut wie das Plattdeutsch oder das Schweizerdeutsch. Die Grenzen jener Mundart decken sich dabei gar nicht einmal mit denen der niederländ. Schriftsprache. Die Mundart in dem nördl. Teile der Rheinprovinz steht dem Niederländischen ungleich näher als dem Schriftdeutsch, und andererseits wird in den Landschaften östlich vom Zuidersee Plattdeutsch gesprochen und gleichwohl wegen der polit. Zugehörigkeit zu Holland die niederländ. Schriftsprache als herrschend anerkannt.

I. Geschichte der Deutschen Sprache. 1) Geschichte der gesprochenen D. S. war im Mittelalter und ist zum Teil noch heute eine Geschichte der Deutschen Mundarten (s. d.). Es gab im Mittelalter noch keine über den Mundarten stehende, allgemein anerkannte Schriftsprache, geschweige denn eine gemeindeutsche Umgangssprache. Die D. S. existierte damals nur in den verschiedenen Mundarten. Ein Kompromiß zwischen Schriftsprache und Mundart ist unsere Umgangssprache, für welche erst in jüngster Zeit sich eine Norm bildet in der Sprache (richtiger Mundart) des gebildeten Norddeutschen. Seit einem halben Jahrtausend kann man den Einfluß der nunmehr einheitlichen Schriftsprache auf die gesprochene Sprache verfolgen. Diese selbst kennt man nur für die Gegenwart unmittelbar; für die Vergangenheit erschließt sie die Sprachwissenschaft aus gedruckten oder geschriebenen Sprachdenkmälern.

Charakteristische Eigentümlichkeiten, durch die sich die älteste D. S. von ihrer westgerman. Schwester, der englisch-friesischen, abhebt, giebt es nur wenige. Vielmehr hat umgekehrt die Sprache der Friesen und Angelsachsen, schon bevor die letztern nach Britannien zogen, sich eigenartig entwickelt gehabt, während die der deutschen Stämme den alten westgerman. Charakter ziemlich treu bewahrte. Die älteste und durchgreifendste Veränderung, welche die D. S. erfahren hat, ist die althochdeutsche Lautverschiebung (s. d.), die aus altem p, t und k ein ff, f oder pf, ss (älter 33), z und ch machte. Diese Lautverschiebung ist, wie sich aus den Orts- und Personennamen nachweisen läßt, schon lange Zeit vor unsern ältesten Sprachdenkmälern eingetreten. Schon bei den Geographen von Ravenna begegnen Namensformen wie Ziurichi (älter Turicum), Ascapha (älter Ascapa). Diese Lautverschiebung teilte die bis dahin ziemlich einheitliche D. S. in zwei große Gruppen, in eine hochdeutsche (zu der auch die im 9. Jahrh. ausgestorbene Mundart der Langobarden gehörte) und in eine niederdeutsche (s. Deutsche Mundarten). Die letztere ist von der Lautverschiebung nicht betroffen worden. Fortan gingen die hoch- und die niederdeutschen Mundarten ihre eigenen Wege, sodaß man geradezu von hoch- und niederdeutscher Sprache, nicht Mundart, spricht. Innerhalb der hochdeutschen Mundarten ist in Oberdeutschland schon vor dem 8. Jahrh. altes b und g zum Teil stimmlos gesprochen und d zu t verschoben worden.

Die schriftliche Überlieferung der D. S. beginnt mit der zweiten Hälfte des 8. Jahrh. Vorher hatte man — von einigen nur wenige Worte enthaltenden Runeninschriften abgesehen — ausschließlich lateinisch geschrieben. Man unterscheidet nunmehr drei Entwicklungsperioden: alt-, mittel- und neuhochdeutsch (ahd., mhd., nhd.) und alt-, mittel- und neuniederdeutsch (and., mnd., nnd.). Die altdeutsche Sprache umfaßt nach schriftlicher Überlieferung ungefähr die J. 750—1100; wiewohl die gesprochene Sprache des 11. Jahrh. zweifellos schon mittelhochdeutsch (mittelniederdeutsch) genannt werden müßte. Die Orthographie ist stets konservativer als die Aussprache, und die Zeitabgrenzungen der althochdeutschen (altniederdeutschen), mittelhochdeutschen (mittelniederdeutschen) und neuhochdeutschen (neuniederdeutschen) Periode sind für die gesprochene Sprache sicherlich erheblich früher anzusetzen, als man es nach unserer Überlieferung zu thun pflegt. Alle sprachlichen Neuerungen finden sich vereinzelt bei weniger schulgerechten Schreibern oft schon ein Jahrhundert und früher, bevor sie allgemein in der Orthographie anerkannt und ausgedrückt werden. Zu den ältesten vokalischen Wandlungen der D. S. gehört die Monophthongierung der Diphthonge ai und au zu ê und ô und die Diphthongierung der Monophthonge ê und ô zu ia (später ie) und uo (später ue), z. B. «See» aus älterm gotischen saiws, «hoch» aus gotischem hauhs, «hier» (ie ursprünglich diphthongisch gesprochen) aus gotischem hêr, mittelhochdeutsch guot «gut» aus gotischem gôds. Die Monophthongierung ist zu einer Zeit, welche vor der der schriftlichen Denkmäler liegt, in Niederdeutschland eingetreten, ebenso in Mitteldeutschland ungefähr nördlich von der Mainlinie, doch mit Einschluß der Pfalz und mit Ausschluß von Hessen-Nassau, dem eigentlichen Hessen und fast ganz Thüringen. In dem übrigen Mitteldeutschland wurde im 7. Jahrh., in Oberdeutschland (auch im Langobardischen) im 8. Jahrh. ai nur vor folgendem h, w oder r zu ê, au nur vor folgendem h, r, l, n, th, d, t, z und s gesetzt. Daher sagen wir noch heute z. B. «Stein», aber «See», «laufen», aber «hoch», während es im Gotischen stains wie saiws, hlaupan wie hauhs heißt, und entsprechend in der fränk., obersächs. und schles. Volksmundart «Steen» wie «See», «lofen» oder «lopen» wie «hoch». Die Diphthongierung von altem ê und ô zu ia und uo ist im Fränkischen schon im 8. Jahrh. zu Hause gewesen, im Niedersächsischen überhaupt nicht eingetreten (plattdeutsch brêf [drait] Brief, gôd [gaud] gut), im Oberdeutschen erst gegen Ende des 8. Jahrh. (in Bayern erst im 9. Jahrh.) durchgedrungen. Gemeindeutsch aber ist die nächst der hochdeutschen Lautverschiebung durchgreifendste lautliche Veränderung: der Umlaut, oder genauer der i-Umlaut. Derselbe besteht darin, daß alle Vokale (außer i selbst) durch ein i oder j der folgenden Silbe qualitativ verändert, eben umgelautet werden, und zwar a zu e (ä), o zu ö, u zu ü; vgl. unser «trägt» (älter tragit) zu «tragen», «Öl» (älter oli), «küssen» (älter kussjan) zu «Kuß». Der Vokal e war bereits in urgerman. Zeit, im 1. Jahrh. n. Chr., zu i umgelautet worden; vgl. «ißt» (ursprünglich etith) zu «essen». Zur Zeit, als der Umlaut eintrat, bestanden außer den kurzen Vokalen a, o, u noch die umlautfähigen langen â, ê, ô, û und die Diphthonge ai, au und uo. Von diesen ist bei ai und ê der Umlaut nur mundartlich nachweisbar, abgesehen davon, daß ai, da dem a ein i folgt, stets zu ei geworden ist, wie wir noch heute schreiben. Aber â ist zu æ, ô zu œ (mittelniederdeutsch meist ô geschrieben), û zu iu (mittelhochdeutsch iu, mittelniederdeutsch meist u geschrieben), au (althochdeutsch und mittelhochdeutsch ou) zu eu (äu, spätalthochdeutsch und mittelhochdeutsch öu), uo zu üe umgelautet worden; vgl. «Schäfer» zu «Schaf», «böse» zu «Bosheit», mittelhochdeutsch hiuser «Häuser» zu hûs «Haus», «Bäume» zu «Baum», mittelhochdeutsch güete «Güte» zu guot «gut». Ausgegangen ist der Umlaut von Niederdeutschland, wo er durch sprächliche Berührung mit den Friesen und den nachmaligen Angelsachsen, die ihn schon im 6. Jahrh. hatten, platzgegriffen hatte. Erst allmählich hat er sich über Mittel- und Oberdeutschland ausgebreitet. Desgleichen kann man die einzelnen Phasen des Umlauts selbst beobachten. Er hat zuerst das kurze a ergriffen und zuletzt die Diphthonge. Für Niederdeutschland hat man Grund anzunehmen, daß der Umlaut bereits im 8. Jahrh. in allen Fällen eingetreten war, wenn auch nur der Umlaut des kurzen a regelmäßig als e schriftlichen Ausdruck gefunden hat — das übernommene lat. Alphabet hatte eben für ö und ü keine Buchstaben. Auch im Hochdeutschen findet der Umlaut des kurzen a seit der Mitte des 8. Jahrh. schriftliche Bezeichnung und ist auch damals erst in Oberdeutschland durchgedrungen (ob auch bei den Langobarden ist nicht sicher); seit dem Ende des 10. Jahrh. läßt sich der Umlaut der übrigen Vokale selbst in Oberdeutschland nachweisen. Je weiter derselbe aber nach Süden vorgedrungen ist, um so mehr Einschränkungen hat er erfahren, die erst im Laufe der Zeit aufgehoben wurden. Doch noch heute bewahrt unsere Sprache das nicht umgelautete u in «drucken» (eigentlich dasselbe Wort wie «drücken»), au in «glauben», «kaufen», «Haupt», alles oberdeutsche Lautformen, die im Mitteldeutschen Umlaut aufweisen. Seit dem 10. Jahrh. hat man angefangen, den alten Diphthong iu als ü auszusprechen; aber noch die mittelhochdeutsche Orthographie hat in Oberdeutschland die Schreibung iu beibehalten, während man dieses û in Mitteldeutschland und mittelniederdeutsch u schrieb (z. B. althochdeutsch liuti, altniederdeutsch liudi «Leute» zu mittelhochdeutsch liute, lute, lude, mittelniederdeutsch lude, gesprochen lûte und lûde). Seit dem 11. Jahrh. sind im Mitteldeutschen die Diphthonge ie und uo monophthongisch als î und û gesprochen worden (z. B. lied, guot, wie man heute «lied» und «gut» ausspricht).

Die wichtigsten konsonantischen Veränderungen jener Zeit sind der Schwund des h in den wortanlautenden Verbindungen hw, hr, hl und hn (z. B. altdeutsch hwer wer, hreini rein, hlahhen lachen, hnigan sich neigen), der von Oberdeutschland im 8. Jahrh. ausgegangen ist (er ist auch langobardisch) und sich allmählich nordwärts bis zur See ausgebreitet hat (in Niederfranken im 9. und 10. Jahrh., in Niedersachsen im 10. bis 12. Jahrh.), und die Verwandlung des Reibelautes th (zu sprechen wie englisch th) in d (z. B. ertha Erde), die gleichfalls im 8. Jahrh. vom Oberdeutschen ausgegangen (auch langobardisch ist), im Mitteldeutschen im Laufe des 9. bis 11. Jahrh. allmählich durchgedrungen und schließlich im 11. und 12. Jahrh. auch im Niederdeutschen heimisch geworden ist (hier teilweise erst im 14. Jahrh. vollendet). Alt ist gleichfalls der Übergang des auslautenden m in unbetonter Silbe zu n (z. B. dêm tagum den Tagen), der sich um 800 vollzog. Endlich scheint man bereits im 11., wenn nicht gar schon im 10. Jahrh. in Süddeutschland altes sk entweder wie das westfälische sch (= s + ch) oder schon wie das heutige sch ausgesprochen zu haben, wenn auch die Schreibung sch erst im 12. Jahrh. durchgedrungen ist. Die althochdeutsche Periode unterscheidet sich vornehmlich dadurch von der mittelhochdeutschen und mittelniederdeutschen, daß sie noch die vollen Endsilbenvokale erhalten hat, die im Mittelhochdeutschen und Mittelniederdeutschen zu dem unbestimmten Vokal geschwächt worden sind, der noch heute mit dem Buchstaben e geschrieben wird (in Mitteldeutschland schrieb man ihn früher i), z. B. althochdeutsch tagâ Tage, lebên leben, gesti Gäste, namo Name, ich gibu ich gebe. Dieser Vorgang ist schon im 10. Jahrh. zu erkennen, jedoch erst in der ersten Hälfte des 12. Jahrh. in der Orthographie durchgedrungen. Die für die altdeutsche Periode charakteristische Schwächung der unbetonten Vokale hat in Niederdeutschland begonnen und ist in Oberdeutschland noch in mittelhochdeutscher Zeit in gewissen Fällen nicht durchgeführt. Am zähesten haben sich in dieser Hinsicht die alemann. Mundarten verhalten, die noch bis in das 14. Jahrh. hinein wenigstens die langen unbetonten Vokale nicht durchaus geschwächt haben. In den Walser Mundarten südlich vom Monte-Rosa heißt heute noch in althochdeutscher Weise «der Hahn» Hano, «reden» spellon, «schneiden» snidan, «Schlüssel» Slussil.

Durch die Schwächung der Endsilbenvokale wurden im Mittelhoch- und -Niederdeutschen manche Unterschiede der Endungen der Substantiv- und Verbalflexionen verwischt: das altdeutsche Deklinationsparadigma «Gabe» geba (Nom.), gebâ (Gen.), gebu (Dat.), geba (Acc.); Plural gebâ (Nom.), gebôno (Gen.), gebôm (Dat.), gebâ (Acc.) lautete nunmehr gebe, gebe, gebe, gebe, Plural gebe, geben, geben, gebe; althochdeutsch graban «graben» wurde im Indikativ des Präsens grabn, grebis(t), grebit, grabêm, grabet, grabant konjugiert, mittelhochdeutsch graben aber grabe, grebest, grebet, graben, grabet, grabent. Wichtiger noch ist, daß hierdurch ursprünglich verschiedene Deklinations- und Konjugationsklassen äußerlich zusammengefallen sind. Z. B. Maskulinum, Femininum und Neutrum Plur. des Adjektivs fielen außer in Oberdeutschland zusammen (blinde, blindo [blinda], blindu [blind] zu «blinde»). Ferner steht im Altdeutschen dem angeführten Paradigma «graben» ein anderes «salben» gegenüber: salbôm, salbôs(t), salbôt, salbôm, salbôt, salbôn, das nun im Mittelhochdeutschen und Mittelniederdeutschen, da ô zu e geworden, ebenso wie «graben» flektiert wurde, und so haben jetzt starke und schwache Verben im Präsens die gleichen Endungen. Von den lautlichen Veränderungen des 12. und 13. Jahrh. ist außer vielfacher (besonders oberdeutscher) Synkope des unbetonten e (z. B. nimet zu «nimmt») nur eine von durchgreifender Bedeutung gewesen: der hochdeutsche Reibelaut z ist im 13. Jahrh. (zuerst wohl in Oberdeutschland) in unser s übergegangen (z. B. daz «das», hazzen «hassen»). Ist es schon um die Scheidung einer alten und einer mittlern Periode der D. S. (Grenze um 1100) mißlich bestellt, so noch viel mißlicher um die der mittlern und neuern. Durchschlagende formale Unterschiede fehlen. Man rechnet Mittelhochdeutsch gewöhnlich bis 1500, Mittelniederdeutsch bis ins 17. Jahrh. hinein. Aber der Übergang ist ein ganz allmählicher. Das klassische Mittelhochdeutsch reicht nur bis 1250. Die J. 1250—1650 leiten vom Mittelhochdeutschen zum Neuhochdeutschen hinüber. Während dieser Zeit sind die wesentlichsten Neuerungen der heutigen Sprache zum Abschluß gekommen, während derselben Zeit ist die Schriftsprache fertig geworden und hat sich über die einzelnen Mundarten als deutsche Gemeinsprache erhoben.

In mittelhochdeutscher und mittelniederdeutscher Zeit ist der ganze lautliche Charakter der Sprache durch eine im 12. Jahrh. beginnende neue Art von Silbentrennung wesentlich verändert worden. Die heutige Sprache kennt nur offene Silben mit langem Vokal. Früher gab es auch offene Silben mit kurzem Vokal: Ka-tze, Lo-cke, e-ssen (so noch heute bayr.-österr.), während man heute spricht Kat-ze, Lok-ke, es-sen. Die Doppelschreibung des Konsonanten nach kurzem Vokal bezeichnet, daß er halb zur ersten, halb zur folgenden Silbe gehört. Diese von Hause aus nur nieder- und mitteldeutsche neue Silbentrennung fand nur bei bestimmten Konsonanten statt, den sog. Fortes (s. Fortis). Bei andern Konsonanten behielt man die alte Silbentrennung bei, dehnte aber dafür den Vokal, z. B. in «sagen», «leben», «Stube», Wörter, die früher mit kurzem Vokal gesprochen wurden. Dieser sog. neuhochdeutschen Vokaldehnung steht eine andere, in der heutigen Sprache weniger durchgeführte zur Seite, die in Süddeutschland zu Hause ist, und nach der in einsilbigen Wörtern kurzer Vokal vor Lenis (s. d.) gedehnt wird. Es ist die Frage, ob der lange Vokal, den die Süd- und Mitteldeutschen in «Tag», «Hof», «Schmied» sprechen, diesen Ursprung hat, oder ob er von den Kasusformen her, in denen er in offener Silbe steht, auf den Nom.-Acc. Singularis übertragen worden ist. Außerdem kommen noch andere Dehnungen vor. Für die Vokalkürzung ist die Hauptregel, daß die langen Vokale in geschlossener Silbe im Niederhochdeutschen zum Teil verkürzt worden sind, wenn ein zweiter Konsonant folgte, z. B.

brächte zu «brachte». Hierher gehört auch der Fall, daß eine Fortis die Stelle der beiden Konsonanten einnahm: «lassen» wurde vormals «lāſ-ſen» gesprochen, «schlafen» «schlāſ-ſen»; im erstern Falle rettete man die alte Silbenteilung auf Kosten der Vokallänge, im letztern zog man das f zur folgenden Silbe, um die Vokallänge zu erhalten; langen Vokal vor Fortis in geschlossener Silbe oder eine mit einer Fortis schließende Silbe mit langem Vokal duldet unsere Sprache nicht mehr. In mitteldeutscher Aussprache sind gar alle Fortes, die im Oberdeutschen in der Regel, im Norddeutschen außer ss nur nach kurzem Vokal erhalten sind, zu Lenis geworden, sodaß z. B. «reißen» genau so wie «reisen» ausgesprochen wird. Das zweite lautliche Charakteristikum der neuern Sprachperiode ist die Diphthongierung der alten langen Vokale: î, û und iu sind zu ei, au und eu (oder äu) diphthongiert, z. B. zît zu «Zeit», hûs zu «Haus», liute zu «Leute». Es war dies im 12. Jahrh. eine mundartliche Eigentümlichkeit des Bayrisch-Österreichischen, die schon damals nach Schwaben hinübergegriffen hatte. Sie ist allmählich in den benachbarten Mundarten modern geworden. Im 14. Jahrh. hatte die Diphthongierung bereits bei den Ostfranken Eingang gefunden, im 15. Jahrh. bei den Obersachsen und Schlesiern, im 16. Jahrh. bei den Rheinfranken. Dieser Lautprozeß hat sich ganz allmählich immer weiter vorgeschoben und hat heute noch lange nicht ganz Deutschland erobert. Seit dem 14. Jahrh. bis auf die Gegenwart kann man verfolgen, daß durch den Einfluß der Schriftsprache, welche die neuen Diphthonge schrieb, dieselben sozusagen das moralische Übergewicht bekamen. Noch heute haben die Schweizer und elsäss. Mundart, die niederhess. und fuldische Mundart, das Ripuarische und das westl. Thüringen (westlich von Sangerhausen, Weimar und Ilmenau) die alten Monophthonge bewahrt. Auf die niederdeutschen Mundarten konnte diese Diphthongierung, die man wohl als die neuhochdeutsche bezeichnet, deshalb keinen Einfluß gewinnen, weil das Hochdeutsche dort stets als eine andere Sprache empfunden worden ist. Ganz unabhängig von der hochdeutschen Diphthongierung ist dieselbe Erscheinung im Englischen (time, house, spr. teim, haus'), im Niederländischen (tijd, huis, spr. teid, häus), im Engrischen und Hildesheimischen eingetreten (s. Deutsche Mundarten). Von sonstigen lautlichen Neuerungen sei nur noch der Übergang von wortanlautendem s zu sch vor l, n, m, w, p und t genannt: sniden zu «schneiden», swimmen zu «schwimmen»; in «sprechen», «Stein» hält unsere Orthographie noch das alte s fest. Die Heimat dieses Lautwandels ist Südwestdeutschland, von wo aus er seit dem 13. Jahrh. sich über das ganze hochdeutsche Sprachgebiet ausgebreitet hat und jetzt auch in Niederdeutschland (besonders östlich von der Elbe) Terrain gewinnt. Modern ist unsere Sprache vor allem durch die weitgehende Vereinfachung der Flexion geworden. Lautliche Ursachen gaben den Anstoß, namentlich der Abfall des unbetonten e (fürste zu «Fürst», beliben zu «bleiben»). Aber es machte sich zu Beginn der Neuzeit auch das Bestreben geltend, die von der indogerman. Urzeit her ererbte, nunmehr gegenstandslos werdende Mannigfaltigkeit der Flexion noch mehr zu vereinfachen, als es auf rein lautlichem Wege schon geschehen war. Diese moderne Tendenz, die am radikalsten in England zum Ausdruck gekommen ist, hat sich bei uns am frühesten und am stärksten in Niederdeutschland geltend gemacht, weit geringer im Oberdeutschen. So manche Reste alter Flexion, die heute nur als unnützer Ballast mitgeschleppt wird und die unsere Sprache schwerfälliger machen als andere moderne Sprachen, dankt die deutsche Schriftsprache süddeutscher Sprechweise. Es können hier nur einige besonders wichtige Neubildungen verzeichnet werden. Die starken Substantiva haben massenhaft den Umlaut angenommen, nach dem Muster von «Gast», «Gäste» u. a., wo der Umlaut berechtigt ist, schuf man zu «Vater» und «Mutter» schon in mittelhochdeutscher Zeit die neuen Formen «Väter» und «Mütter». So sind ursprünglich verschiedene Deklinationsklassen zusammengeworfen worden, desgleichen verschiedene Kasus. Die starken und schwachen Maskulina sind im Neudeutschen vermischt worden: man sagt jetzt «Brunnen», «Garten» (Gen. «-ens»), wo die ältere Sprache schwache Flexion und nur -e als Endung des Nom. Sing. und -en für den Gen. kannte, und heute stehen wir im Begriff auch Wörter, wie «Name», «Friede» folgen zu lassen. Andere Maskulina, wie «Hahn», «Stern», «Blitz» sind ohne dies -en der Endung aus der schwachen in die starke Flexion übergeführt worden. Jetzt hat unser Sprachgefühl die maskuline schwache Deklination auf die lebenden Wesen eingeschränkt und demzufolge gehen auch ursprünglich starke Maskulina, wie «Hirt» (mittelhochdeutsch hirte), «Rabe» (mittelhochdeutsch raben) jetzt schwach. Auch Neutra sind im Singular in die starke Deklination übergetreten, z. B. «Auge» und «Ohr» (mittelhochdeutsch ôre). Die neutrale Pluralendung -er kam im Altdeutschen nur wenig Wörtern zu. Die Zahl dieser hat allmählich zugenommen, bis im Neuhochdeutschen -er die regelmäßige Endung der Neutra geworden ist («Worte» hält sich heute neben dem gebräuchlichern Plural «Wörter» nur durch die Macht der schriftlichen Überlieferung). Von Hause aus war der Plural der meisten endungslos (wort, Plural wort), und das Bedürfnis nach einer ausgesprochenen Pluralendung hat dazu geführt, daß auch Maskulina mit dem 14. und 15. Jahrh. häufig dies neutrale -er im Plural angenommen haben: «Mann», «Männer» (mittelhochdeutsch man, man). Sonst haben die ursprünglich endungslosen Plurale die Endung -e angenommen, die in der ältern Sprache nur ganz bestimmten Wörtern und diesen auch im Singular zukam: «Netze», «Jahre», «Freunde» (mittelhochdeutsch netze, jâr, friunt, im Singular wie im Plural). Bei den Femininen haben schon in altdeutscher Zeit Berührungen zwischen starken und schwachen Formen stattgefunden. Im Neuhochdeutschen gehen jetzt alle Feminina, außer denen, die im Plural Umlaut haben («Kräfte», «Mütter»), im ganzen Singular nach starker Weise auf -e aus, im Plural nach schwacher auf -en, während im Mittelhochdeutschen starke Feminina (z. B. «Sache») auf -e, nur im Genitiv und Dativ Pluralis auf -en endigten, schwache (z. B. «Zunge») aber nur im Nominativ Singularis die Endung -e hatten, im übrigen -en. Vielfach haben die Substantiva auch ihr Geschlecht gewechselt. Das kam hier und da schon im Altdeutschen vor. Doch seitdem der auslautende Vokal des Nominativ Singularis der Maskulina zu -e geschwächt war, demselben -e, welches die Endung der Feminina war, sind im Neuhochdeutschen zahlreiche schwache Maskulina der Deklination und dem Geschlecht der Feminina gefolgt, z. B. «Blume», «Backe», «Rippe». Nicht minder umfangreich ist die Neugestaltung der Verbalflexion. Das wichtigste Charakteristikum der neuhochdeutschen Sprache ist hier die Ausgleichung der ursprünglich verschiedenen Vokale des Singular und des Plural des Präteritums, die bis auf wenige Mundarten im ganzen deutschen Sprachgebiet durchgedrungen ist: mittelhochdeutsch steig, Plural stigen zu «stieg», «stiegen», lêh, lihen zu «lieh», «liehen»; der Vokal des Singulars wurde verallgemeinert z. B. in mittelhochdeutsch half, hulfen zu «half», «halfen», mittelhochdeutsch sang, sungen zu «sang», «sangen» (das noch bestehende «ward» neben «wurde», mittelhochdeutsch ward, wurten); quantitativ siegte der Vokal des Plurals in mittelhochdeutsch sprach, sprâchen zu «sprach», «sprachen»; nam, nâmen zu «nahm», «nahmen». Auch das Participium des Präteritums nahm vielfach an diesem Ausgleichungsprozeß teil: mittelhochdeutsch flong, flngen, geflogen zu «flog», «flogen», «geflogen»; schôz, schuzzen, geschozzen zu «schoß», «schossen», «geschossen». Der sog. grammatische Wechsel, der z. B. mittelhochdeutsch zôch von zugen, gezogen, mittelhochdeutsch ward von wurten, worten, mittelhochdeutsch verlôs von verlurn, verlorn schied, wurde aufgehoben: neuhochdeutsch zog, zogen, gezogen; wurde, wurden, geworden; verlor, verloren, verloren. Während das Präsens «ziehen», «schneiden» noch heute einen andern Konsonanten hat als das Präteritum «zog», «schnitt», hat z. B. mittelhochdeutsch verliesen das r des Präteritums angenommen. Diese Ausgleichungen finden sich vereinzelt schon im ältern Mittelhochdeutschen und Mittelniederdeutschen, häufiger erst im 15. Jahrh. Noch Luther hält in bestimmten Fällen an den alten Formen fest. Erst im 17. Jahrh. ist der Sieg der modernen Formen entschieden. Die 1. Person Singularis Ind. Präs. hat (zuerst niederdeutsch) den Vokal des Plurals und Infinitivs angenommen: mittelhochdeutsch nemen, ich nime, du nimest, er nimet, wir nemen zu neuhochdeutsch nehmen, nehme, nimmst, nimmt, nehmen. Die verschiedenen Klassen der schwachen Verba waren schon in mittelhochdeutscher und mittelniederdeutscher Zeit fast völlig zusammengefallen. Jetzt traten einzelne schwache Verba in die starke Konjugation über, z. B. «preisen», «einladen» (Prät. mittelhochdeutsch prîsete, ladete), und viel häufiger war das Umgekehrte der Fall, z. B. wurden früher die Verba salten, spannen, schaben, hinten, kauen stark konjugiert. Seit dem 15. Jahrh. ist im Oberdeutschen und Ost- und Rheinfränkischen das Präteritum außer Gebrauch gekommen, an dessen Stelle hinfort Umschreibungen mit «haben» oder «sein» traten. Unberücksichtigt ist bei der Aufzählung der Neuerungen dieser Periode das geblieben, was in der modernen Sprache der Gebildeten nicht mehr zum Ausdruck kommt, wiewohl in dem größten Teile des deutschen Sprachgebietes z. B. ā zu offenem ō geworden ist («Jahr» zu «Johr»), ö, ü und eu (äu) zu e, i und ai («schön» zu «scheen», «Müller» zu «Miller», «Leute» zu «Laite»), auslautendes -e abgefallen ist («Freude» zu «Freud'»), rs als rsch gesprochen wird («Wurst» zu «Wurscht», so schriftsprachlich «Bursche» aus mittelhochdeutsch burse).

Die angeführten Neugestaltungen sind im ganzen zwischen 1250 und 1650 vor sich gegangen, wenn sie auch in ihren Konsequenzen bis in die Gegenwart hinein fortgewirkt haben. Um die Mitte des 17. Jahrh. ist die moderne D. S. in der Hauptsache fertig gewesen, und seitdem ist kein sprachliches Ereignis von größerer Tragweite mehr zu verzeichnen, es sei denn, daß man als ein solches die mannigfachen Bedeutungsveränderungen alter Wörter und die Bereicherung des Wortschatzes durch neue betrachten will. Damals ist auch die Herrschaft der Schriftsprache allgemein anerkannt worden, und fortan scheidet man zwischen D. S. und deutschen Mundarten. Auch in Niederdeutschland war damals der Sieg der hochdeutschen Schriftsprache entschieden; nur politisch selbständiger behielten die Niederlande ihre niederfränk. Mundart auch als Schriftsprache bei. Seit dem 17. Jahrh. hat die Schriftsprache einen allmählich zunehmenden Einfluß auf die gesprochene mundartliche Sprache gewonnen (u. a. durch die Bühne), der erst seit den letzten Jahrzehnten rasche Fortschritte macht. Nur in einem Punkte weicht die gesprochene Sprache von der Schriftsprache ab: während diese die oberdeutschen Diphthonge ie und u (geschrieben u mit dem Kreis darüber, d. i. ů = uo) wiedergiebt, sprechen wir nach mitteldeutscher Weise langes i und u (z. B. in «Liebe», «gut»). Die Schriftsprache ist die Sprache der Gebildeten geworden, wenn auch die Aussprache überall auf der Mundart beruht. Aber auch in diesem Punkte findet jetzt eine sprachliche Ausgleichung zwischen Nord und Süd statt infolge des durch die Eisenbahnen so gewaltig gesteigerten Verkehrs. Goethe, als Frankfurter, reimte seiner Aussprache gemäß noch können: verbrennen, Zweifel: Teufel, an: Wahn, Kellernest: angemäst't, gewiesen: Füßen, schaden: rathen, neige: Schmerzensreiche. Als eine fremde Sprache hat der Niederdeutsche das Hochdeutsch gelernt. Der Hochdeutsche selbst hat seine Mundart immer mehr dem Schriftdeutsch genähert. Je höher seine gesellschaftliche Stellung, um so mehr entfernt er sich von seiner Mundart. Zwischen der gemeindeutschen Verkehrssprache und der Mundart giebt es jetzt mannigfache Abstufungen. Die Sprechweise eines jeden Standes wird durch die des jeweilig höhern beeinflußt, und um die Reinheit der Mundarten ist es geschehen. Noch heute ist, um nur der Aussprache zu gedenken, in der Sprache der Gebildeten keine Einigung erzielt in Bezug auf 1) den Tonfall, der in jeder Landschaft verschieden ist, 2) die Vokalquantität in gewissen Fällen, z. B. «Tag», «Hof», «Schmied» («Schmidt»), «Wuchs» mit langem, nur norddeutsch mit kurzem Vokal; «giebt» («gibt»), «liest» («list»), «husten» mit kurzem, nur norddeutsch mit langem Vokal; «Arzt» mit überall verschiedener Quantität; in allen derartigen Fällen besteht heute die Tendenz, der Länge den Vorzug zu geben; 3) die Aussprache von e (und ä); der Volksmund scheidet fast überall offenes e (= etymologisch german. e) und geschlossenes e (= etymolog. Umlaut von a); jetzt scheint entweder die auf der Orthographie beruhende Aussprache durchdringen zu wollen, nach der jedes lange e geschlossen, jedes lange ä offen ausgesprochen wird, oder die Berliner, die nur geschlossenes langes e kennt; 4) die Aussprache des kurzen i und u (in Norddeutschland offen, in Mittel- und Süddeutschland geschlossen, also qualitativ wie langes i und u); 5) die Aussprache von ei und au (hier wie ai, ou, dort wie äe, äo gesprochen); 6) die Aussprache von b, d und g (der Oberdeutsche spricht stimmloses b, d, g; der Mitteldeutsche desgleichen, nur spricht er b zwischen Vokalen wie bilabiales w, und g zwischen

Vokalen wie ch [ehemals wie jetzt im Norddeutschen]; der Norddeutsche spricht b, d, g stimmhaft und zwar g zwischen Vokalen als Reibelaut; im Wortauslaut spricht man b und d überall wie p und t, aber auslautendes g wird in Nord- und Mitteldeutschland wie ch gesprochen, nur im Oberdeutschen wie k; es scheint, als ob die oberdeutsche Sprechweise in allen Fällen die meiste Aussicht hat, künftig herrschend zu werden); 7) die Aussprache des s vor Vokalen (in Norddeutschland stimmhaft, in Mittel- und Süddeutschland jetzt stimmlos); 8) die Aussprache des w (norddeutsch labiodental, mitteldeutsch biladial, oberdeutsch beides); 9) die Aussprache des auslautenden r (schwankend zwischen r, ch und einem landschaftlich verschieden gefärdten, vokalischen Ersatzlaute); 10) die Aussprache des r vor t, d, s, sch, n oder l; 11) die Aussprache von kn, gn, kl, gl. Es sind dies nur einige der wichtigsten lautlichen Unterschiede, die noch nicht ansgeglichen sind. Dazu tommen viele landschaftliche Eigenheiten, die auch als gut deutsch anerkanut werden, so die oberdeutschen Fortes, die bayr.-österr. Sildentrennung oder das nordwestdeutsche anlautende st und sp. Schwieriger sind die analogistischen, syntaktischen und stilistischen, die Unterschiede in der Wortbildung und dem Wortschatze darzulegen, wo das Mitteldeutsche meist zum Norddeutschen stimmt. Der Süddeutsche «fragt», «fragte», «wob» und «buk», der Norddeutsche «frägt», «frug», «webte» und «backte». Jener «ist», dieser «hat» gestanden und gesessen. Im allgemeinen erkennt der Norddeutsche die süddeutschen Wörter an, die für ihn zumeist einen poet. Beigeschmack haden. Dem Süddeutschen aber ist die norddeutsche Redeweise unsympathisch. In Deutschland ist man weit davon entfernt, daß Berlin einmal in ähnlicher Weise in der Sprache ausschlaggebend werde wie für Frankreich Paris. Die Art der sprachlichen Ausgleichung zwischen Nord und Süd ist eine durchaus gesunde und gerechte. Ungesund aber ist die durch die Schule und ihren Grundsatz «Sprich wie du schreibst!» verschuldete, sich immer mehr geltend machende Tendenz, für die Aussprache in streitigen Fällen die übliche Orthographie als Norm zu detrachten. Nur insofern gewinnt die norddeutsche Aussprache allerdings stetig an Einfluß, die ja selbst dis zu einem gewissen Grade nur die buchstäbliche Aussprache der angenommenen hochdeutschen Schriftsprache ist. Abgesehen aber von der Aussprache wird die Heimat der gelesensten Schriftsteller für die Zukunft entscheiden, od die sprachliche Eigenart des Nordens oder die des Südens mehr zur Geltung kommt.

Grammatische Litteratur. O. Behaghel, Die D. S. (Prag 1886); ders., Geschichte der D. S. (in Pauls «Grundriß der german. Philologie», Bd. 1, Straßb. 1891, S. 526—633); J. Grimm, Deutsche Grammatik (Bd. 1, Gött. 1819; 3. Aufl. 1840; Bd. 2—4, 1826, 1831 u. 1837; neuer Abdruck Bd. 1—3, Berl. 1870, 1878 und Gütersloh 1890); M. Heyne, Kurze Grammatik der altgerman. Sprachstämme (Bd. 1, 3. Aufl., Paderb. 1874); Fr. Kauffmann, Deutsche Grammatik. Kurzgefaßte Laut- und Formenlehre des Gotischen, Alt-, Mittel- und Neuhochdeutschen (Marb. 1888); Ad. Holtzmann, Altdeutsche Grammatik, umfassend die got., altnord., altsächs., angelsächs. und althochdeutsche Sprache (Bd. 1, Lautlehre, 1. Abteil., Lpz. 1870; 2. Abteil., edd. 1875); Fr. Kluge, Nominale Stammbildungslehre der altgerman. Dialekte (Halle 1886). — W. Braune, Althochdeutsche Grammatik (2. Aufl., Halle 1891); ders., Abriß der althochdeutschen Grammatik, nebst mittelhochdeutschen, altsächs. und got. Paradigmen (edd. 1891); M. Heyne, Kleine altsächs. und altniederfränk. Grammatik (Paderb. 1873); O. Behaghel und J. H. Gallee, Altsächs. Grammatik (1. Hälfte, Lant- und Flexionslehre, Halle und Leid. 1891). — Weinhold, Mittelhochdeutsche Grammatik (3. Aufl., Paderb. 1892); H. Paul, Mittelhochdeutsche Gramatik (3. Aufl., Halle 1889); A. Lübben, Mittelniederdeutsche Grammatik (Lpz. 1882); te Winkel, Geschichte der niederländ. Sprache (in Pauls «Grundriß», Bd. 1, S. 634—722); J. Franck, Mittelniederländ. Grammatik (Lpz. 1883). — K. von Bahder, Grundlagen des neuhochdeutschen Lautsystems (Straßb. 1890); J. Kehrein, Grammatik der D. S. des 15. bis 17. Jahrh. (3 Tle., 2. Aufl., Lpz. 1863).

Wörterbücher. O. Schade, Altdeutsches Wörterbuch (2. Aufl., Halle 1872—82); G. E. Graff, Althochdeutscher Sprachschatz (6 Bde., Berl. 1834—42; dazu alphabetischer Index von Maßmann, 1846); J. A. Schmeller, Glossarium Saxonicum (Münch. 1840). — W. Müller und Friedr. Zarucke, Mittelhochdeutsches Wörterbuch (4 Bde., Lpz. 1854—66); M. Lexer, Mittelhochdeutsches Handwörterbuch (3 Bde., edd., 1872—78); ders., Mittelhochdeutsches Taschenwörterbuch (4. Aufl., edd. 1891); K. Schiller und A. Lübben, Mittelniederdeutsches Wörterbuch (6 Bde., Brem. 1875—81); A. Lübben, Mittelniederdeutsches Handwörterbuch, vollendet von Chr. Walther (Norden und Lpz. 1888); E. Verwijs und J. Verdam, Middelnederlandsch Woordenboek (Haag 1885 fg.). — J. und W. Grimm, Deutsches Wörterbuch (s. Deutsche Philologie); D. Sauders, Wörterbuch der D. S. (2 Bde., Lpz. 1860—65); ders., Handwörterbuch der D. S. (4. Aufl., edd. 1888); K. L. Weigand, Deutsches Wörterbuch (3 Bde., 4. Aufl., Gieß. 1872—76); M. Heyne, Deutsches Wörterbuch (2 Bde., Lpz. 1889—92); Fr. Kluge, Etymolog. Wörterbuch der D. S. (5. Aufl., Straßb., seit 1891 erscheinend).

2) *Geschichte der geschriebenen und gedruckten D. S.* Geschrieben hat man in D. S., abgesehen von etnigen Runeninschriften, seit der Mitte des 8. Jahrh. Doch dis zum Beginn des 18. Jahrh. wurde auch lateinisch geschrieben. Im 10., 11. und noch dis in die zweite Hälfte des 12. Jahrh. hinein herrschte, wie in Italieu, Frankreich und England und wie nachmals im 17. Jahrh., die lat. Sprache in der Poesie, zumal in der Lyrik. Aus der ersten Hälfte des 13. Jahrh. stammen das erste Rechtsbuch und erste Geschichtswerk in D. S. Bis um 1300 wurden die Urkunden in lat. Sprache abgefaßt. Aber schon in der zweiten Hälfte des 13. Jahrh. degann die lat. Gelehrtensprache aus dem kleinen jurist. Geschäftsverkehr in Stadt und Land, wie aus den diplomat. Aktenstücken der kaiserl., fürstl. und städtischen Kanzleien verdrängt zu werden. Deutsche Urkunden schrieb man in Oberdeutschlaud seit der zweiten Hälfte des 13. Jahrh. (1238 erste deutsche Kaiserurkunde), in Mittel- und Niederdeutschland seit der ersten Hälfte des 14. Jahrh., östlich von der Saale und Elde erst seit der Mitte des 14. und seit dem Ausang des 15. Jahrh. Im 16. Jahrh. führte der Humanismus Latein als Litteratursprache wieder ein. Deutsche Gelehrte, die ihre Bücher in D. S. zu schreiben wagten, wurden deshalb von den eigenen Landsleuten angegriffen.

In der zweiten Hälfte des 16. und im 17. Jahrh. wurden mehr lateinische als deutsche Bücher in Deutschland gedruckt, und erst gegen Ende des 18. Jahrh. war die lat. Schriftsprache verdrängt. 1688 hat Thomasius die erste deutsch geschriebene schönwissenschaftliche Zeitschrift («Deutsche Monatsgespräche») herausgegeben.

Wer im Mittelalter deutsch schrieb, schrieb in seiner Mundart, da es damals noch keine allgemein anerkannte Gemeinsprache gab. Eine solche ist zuerst nationales Bedürfnis der Schriftsteller gewesen, später erst der Sprechenden. Nivellierende Tendenzen lassen sich bereits im 12. Jahrh. erkennen. Die frühern Ansätze (so das Übergewicht der rheinfränk. Mundart zur Zeit Karls d. Gr.) haben keine Dauer gehabt; nur die oberdeutsche Schreibung des anlautenden k als ch nach schweiz. Vorbild hat sich noch im Mittelhochdeutschen erhalten (daher noch heute Charfreitag, Churfürst, Chemnitz). Eine **mittelhochdeutsche Schriftsprache**, wie man sie früher annahm, hat es zwar nicht gegeben, aber den Ansatz zu einer solchen trug die reiche, mittelhochdeutsche höfische Litteratur. Es konnte nicht ausbleiben, daß die alamann., bayr., fränk. und thüring. Dichter sich gegenseitig auch in der Sprache beeinflußten. Das war namentlich stilistisch und syntaktisch der Fall, auch im Wortschatze. Auch einige lautliche Besonderheiten der Mundart vermied man schriftlich wiederzugeben. Von einer mittelhochdeutschen Litteratursprache kann man also wohl reden, wenn auch dieselbe von einer Einheitlichkeit weit entfernt war. Die Dichter schrieben im großen und ganzen in ihrer Mundart; aber es war das nicht die reine Mundart, sondern es zeigt sich, zumal in Oberdeutschland, überall das Bestreben, gewisse lokale Eigenheiten abzustreifen. Man schrieb bewußt diese Litteratursprache, und nur der schnelle Verfall der mittelhochdeutschen Litteratur verhinderte, daß die vorhandenen Ansätze einer schriftlichen Gemeinsprache wieder verloren gingen. Die Bedeutung der mittelhochdeutschen Litteratursprache, die zugleich die hohenstaufische Kanzleisprache war, ersieht man am deutlichsten daraus, daß sie sich z. B. in den Urkunden der Luzerner Kanzlei noch im 13. und beginnenden 14. Jahrh. wiederfindet. Im 13. Jahrh. hatten sich auch in den Niederlanden die Anfänge einer eigenen Litteratursprache herausgebildet, die in ganz Niederdeutschland Einfluß gewann. Während die Entwicklung dieser keine Unterbrechung erlitt, gelangten auf hochdeutschem Gebiete im 14. Jahrh. die Mundarten wieder zur Herrschaft in der Litteratur. In diesem Jahrhundert aber sind die Anfänge einer neuen Bewegung zu erkennen, aus der schließlich die jetzige Schriftsprache hervorgegangen ist. Die Schriftsprache ist eine litterar. Einigungssprache erst später geworden. Ihr Ausgangspunkt ist die Kanzlei. Aus einer Kanzleisprache ist sie im 16. Jahrh. Druck- und Litteratursprache geworden und nachmals die Grundlage zu der Umgangssprache unsers Jahrhunderts.

Die **Kanzleisprache** war von Haus aus nicht einheitlich. Es gab vielmehr eine größere Zahl von mehr oder weniger einflußreichen Kanzleimundarten, man kann auch sagen offiziellen Staatssprachen. Von diesen im 14. Jahrh. deutlich erkennbaren Anfängen aus (die erzbischöfl. Kanzleien wie die von Trier und Magdeburg schrieben damals schon eine nicht rein mundartliche Sprache) bildeten sich mehrere größere Centren mit fester, traditioneller Schriftsprache. Der Schreiber schrieb, wie er es schulmäßig gelernt hatte, wie es in der betreffenden Kanzlei für richtig galt, unabhängig von der Eigenart seiner eigenen Mundart. Es gab eine offizielle Schreibung in Orthographie, die damals in erster Reihe als maßgebend befunden wurde, in Syntax und Wortschatz. Trotzdem von einer Einheitlichkeit in modernem Sinne noch keine Rede sein kann, trotz großer Schwankungen waren doch immerhin bestimmte Regeln maßgebend und gab es eine ideelle Einheitlichkeit in jeder Kanzlei. Ein weiteres Stadium schuf in der zweiten Hälfte des 15. Jahrh. der schriftliche Verkehr der Kanzleien untereinander. Man mußte sich zu mancherlei An- und Ausgleichungen bequemen, um räumlich in weiterm Kreise verstanden zu werden. Es handelte sich wesentlich darum, daß jede Kanzlei diejenigen, nunmehr als Absonderlichkeiten empfundenen sprachlichen Eigenarten aufgab, die eben nur hier allein galten, also das Verständnis erschwerten. Die Entwicklung geschah einmal in der Richtung, daß die größern Kanzleien für die kleinern maßgebend wurden und ihre Sprache von diesen nachgeahmt wurde; daneben fand unter den größern Kanzleien selbst eine sprachliche Ausgleichung statt, die man als eine politisch-nationale auffassen darf. Letztere Ausgleichungen richteten sich wiederum nach einem Vorbilde, und dies war oder wurde mit der Zeit die kaiserl. Kanzlei, der die der Fürsten und Städte in ihrem diplomat. Verkehr folgten.

Die kaiserl. Kanzlei nahm unter Ludwig von Bayern (1313—46) die D. S. statt der bisherigen lateinischen an. Unter seiner Regierung schrieb noch jeder Schwabe in der kaiserl. Kanzlei schwäbisch, jeder Bayer bayrisch. Einheitlich wurde die kaiserl. Kanzleisprache erst in der zweiten Hälfte des 14. Jahrh. unter Karl IV. (1346—78) und seinen Nachfolgern. Schon unter Karl IV. schrieben die Urkunden eine im wesentlichen unserm Neuhochdeutsch gleichende Sprache, nur daß damals diese Sprache noch nicht weiter verbreitet war. Bevor unsere Schriftsprache fest war, schrieb die kaiserl. Kanzlei zunächst natürlich die Mundart des kaiserl. Hofes. Dies war unter den luxemb. Kaisern die mitteldeutsche Mundart der Residenzstadt Prag, zu deren Charakteristik hier nur angeführt werden mag, daß sie in Bezug auf die Konsonantenverschiebung auf ostfränk. Lautstufe stand und altes î, û und iu schon zu ei, au und eu diphthongiert hatte (z. B. zit «Zeit», hûs «Haus», linte «Leute»). Diese Sprache war einheitlich zunächst als Urkundensprache. Hiernach richtete man sich nun bei allen Akten und Schreibereien überhaupt. Wichtig ist die Sprache der Prager Kanzlei vor allem durch ihren Einfluß auf die Kanzleien der wettinischen Herzöge in Dresden, Torgau und Weimar geworden. Diese hatten bis in die zweite Hälfte des 15. Jahrh. hinein durchaus in ihrer heimatlichen Mundart geschrieben. In Meißen ahmte man bald nach der Mitte des 15. Jahrh. die kaiserl. Kanzlei nach, in Thüringen seit 1482. Aus den Urkunden von 1470 bis 1480 drang diese Sprache in die Ratsschreibereien der kursächs.-meißnischen Landstädte. Dann wurde sie hier auch die Gerichtssprache und die Sprache der Universitäten Leipzig und Wittenberg und wurde schließlich auch im schriftlichen Privatverkehr angewendet. Zu Ausgang des 15. Jahrh. schrieben alle höhern Beamten und fürstl. Sekretäre die neue Kanzleisprache, und mit dem 16. Jahrh. schrieben so die Gelehrten und Gebildeten überhaupt. Es ging hier sehr schnell: im Laufe von zwei Generationen Anfang und endgültiger Sieg. Um 1500 war in Kursachsen die Schriftsprache unbedingt herrschend, in Thüringen etwas später, so auch in Schlesien und der Mark Brandenburg. Rein die Sprache der Prager Kanzlei war es nicht gewesen und noch weniger geblieben, denn sie war sehr bald durch österr. Einflüsse erheblich verändert worden.

Gerade als die Prager Kanzleisprache in Meißen Eingang fand, hatte schon eine neue Reichsgeschäftssprache begonnen. 1440 kam der Österreicher Friedrich III. zur Regierung, und fortan war die kaiserl. Kanzleisprache österreichisch. Charakteristische äußere Abweichungen waren vor allem die Wiedergabe des bisherigen ei durch ai, des uo und üe durch ue oder ü, vielfacher Abfall des Endsilben-e, Wechsel von anlautendem b mit p, von k mit ch, kh oder kch. Etwas beeinflußt wurde die kaiserl. Kanzlei zwar im Laufe der Zeit durch andere Kanzleien, doch nicht erheblich. Ganz einheitlich war auch ihre Sprache nicht. In der Orthographie trat seit dem Beginn des 16. Jahrh. eine starke Häufung von Konsonanten ein. Erst unter Maximilian (1493—1519) und durch seine Bemühungen schrieb die kaiserl. Kanzlei eine einheitliche Sprache und gewann einen nachhaltigen Einfluß auf die andern Kanzleisprachen. Diese Sprache blieb unter Karl V. (1520—56) im wesentlichen dieselbe. Bedeutungsvoll war es, daß in der ersten Hälfte des 16. Jahrh. (begonnen hat dieser Prozeß schon in den letzten Jahrzehnten des 15. Jahrh.) die einzelnen Kanzleisprachen, am meisten die fürstlichen, wenig die städtischen, sich ihr und dadurch einander näherten, indessen nur näherten, nicht sie annahmen. Dagegen auf die Druckſprachen hat die kaiserl. Kanzlei nicht gewirkt, oder höchstens mittelbar, insofern diese auf den betreffenden Kanzleisprachen beruhen. Zu Luthers Zeit galten zwei Normen: Luther (mitteldeutsch) und für die süddeutschen Katholiken Maximilians Kanzlei (oberdeutsch). Das wichtigste Ergebnis war, daß die neuhochdeutschen Diphthonge ei, au und eu (äu) sich auch in den Kanzleien der mundartlich monophthongischen Gebiete (î, û, iu) einbürgerten. Sonst wurden viele Besonderheiten der österr. Kanzlei nirgends durchgeführt. Es war wesentlich doch ein nationales Bedürfnis der Zeit, das eine geogr. Ausgleichung der verschiedenen Kanzleisprachen hervorrief. Die Bedeutung des ideellen Vorbildes der kaiserl. Kanzlei darf nicht unterschätzt werden. Was unter ihrem Einfluß stand, nannte man das «gemeine teutsch» (erstes Zeugnis dafür 1464), und mit dem Namen bestand die wenigstens ideelle Einheit einer nationalen hochdeutschen Schriftsprache. Hätte Deutschland damals eine politisch straffe Organisation mit erblichem Kaisertum gehabt, so trüge die deutsche Schriftsprache voraussichtlich einen wesentlich österr. Charakter. Thatsächlich waren um 1500 die sprachlichen Gegensätze der Kanzleien noch sehr groß. Man sprach von einem bayr., schweiz., schwäb., elsäss., fränk., Meißner Deutsch u. s. w., das man auch bloß Hochdeutsch nannte im Gegensatz zu den Mundarten. Außerhalb der Einheitsbewegung hielten sich im 16. Jahrh. in der Hauptsache noch die Schweiz und das kölnische (ripuarische) Gebiet sowie Niederdeutschland. Hier gelangte unsere Schriftsprache erst seit der Mitte des 17. Jahrh. endgültig zur Herrschaft, zwar nicht durch die Kanzlei, sondern durch den Buchdruck.

Das 16. Jahrh. hat die **litterarische Einheitssprache** geschaffen. Von entscheidendem Einfluß auf ihre Entwicklung ist die Erfindung des Buchdrucks gewesen und die geistige Bewegung der Reformation, die neue litterar. Bedürfnisse schuf. Die Kanzleisprache des 15. Jahrh. war wesentlich auf die Kanzleien beschränkt. Mit der Druckſprache des 16. Jahrh. war ein weiterer Kreis für das damals sehr lesedurstige Publikum gewonnen. Dadurch erst wurde unsere Schriftsprache nationales Gemeingut. Die Sprache der Drucke lehnte sich zunächst an die der Kanzlei des betreffenden Landes oder der betreffenden Stadt an, wiewohl die Grundlage in stärkerm Maße die Mundart war, als dies bei der Kanzlei der Fall war. Später haben sich die Druckſprachen unabhängig von der Kanzlei entwickelt. Charakteristisch ist, daß nicht der Autor, sondern der Drucker die Sprache machte. Die sprachliche Einigung innerhalb der Buchdruck-Verkehrseinheit war eine freie, ohne äußern Zwang. Der Wunsch nach möglichst großer Verbreitung der Bücher rief überall das Bestreben hervor, eine leidlich gleichmäßige Sprachform durchzuführen. Wichtig sind für den Ausgleichungsprozeß die Nachdrucke gewesen, die bei anderer Mundart des Setzers doch manches vom Original stehen ließen. Die oberdeutschen Drucke mit Ausnahme der Schweiz stehen natürlich der kaiserl. Kanzleisprache am nächsten. Hauptdruckorte waren im 16. Jahrh. München, Ingolstadt, Nürnberg, Augsburg, Ulm, Basel und Straßburg. Der Augsburger Buchdruck, der der kaiserl. Kanzleisprache sehr nahe kam (im 15. Jahrh. hatte man noch rein nach der städtischen Kanzlei gedruckt), war besonders in der ersten Hälfte des 16. Jahrh. von großer Bedeutung und für unsere Schriftsprache namentlich durch die Nachdrucke Lutherscher Schriften (1520—40), von deren Sprache die Drucke im zweiten Viertel des 16. Jahrh. immer mehr stehen ließen. Der Übergang zu unserer Schriftsprache ist ein ganz allmählicher gewesen. Noch bis in die erste Hälfte des 17. Jahrh. hinein tragen die Drucke im kath. Bayern und Österreich einen wesentlich oberdeutschen Charakter. In Alamannien ist erst Ende des 15. Jahrh. ein Einfluß des gemeinen Deutsch in den bisher rein mundartlichen Drucken wahrzunehmen. Die Schweiz verhielt sich wegen ihrer polit. Trennung am konservativsten. Hier dringt gemeindeutscher Einfluß erst seit der zweiten Hälfte des 16. Jahrh. ein. In Straßburg war bis etwa 1530 die Mundart noch die amtliche Schriftsprache. Aber schon Ende des 15. Jahrh. macht sich im Druck das gemeine Deutsch bemerkbar, und seit 1530 ist der Sieg der Schriftsprache entschieden, wenn auch hier wie anderwärts die Drucke noch bis ins 17. Jahrh. hinein mundartliche Anklänge zeigen. Nürnberg zeigt schon im letzten Viertel des 15. Jahrh. Abweichungen von der Ortsmundart. Die Nürnberger Kanzlei des 15. Jahrh. war zwar wesentlich oberdeutsch, doch beeinflußt vom unmittelbar angrenzenden Ostfränkischen. Dieselbe Sprache schrieben die Meistersinger des 15. Jahrh. und schrieb im 16. Jahrh. Hans Sachs. Im großen und ganzen trägt die Nürnberger Druckſprache des 16. Jahrh. noch überwiegend lokalen oberdeutschen Charakter, doch mit starker Hinneigung zum Mitteldeutschen. Seit etwa 1600 herrscht die mitteldeutsche Litteratursprache. In Mitteldeutschland waren die wichtigsten Druckorte Mainz und seine Filiale Worms, ferner Frankfurt, Erfurt, Leipzig und Wittenberg.

Ihre Drucke zeigen alle den starken Einfluß der Gemeinsprache. Die Leipziger Drucksprache ist in der Hauptsache die der ältern Schriften Luthers. Die Drucksprachen haben im ersten Viertel des 16. Jahrh. noch wesentlich den Charakter der Mundart. Dann verschwinden die kleinern Unterschiede immer mehr, während die größern zunächst noch bleiben. Besonders scheidet sich noch Oberdeutsch und Mitteldeutsch. Noch in der zweiten Hälfte des 16. Jahrh. bestanden nicht unerhebliche sprachliche Verschiedenheiten zwischen den einzelnen Drucken. Es gab 5 Hauptrichtungen, 2 oberdeutsche (süddeutsche Reichssprache): bayrisch-schwäbisch (Druckcentrum Augsburg) und oberrheinisch (Basel und Straßburg); 2 mitteldeutsche: mittelrheinisch (Worms, Mainz und Frankfurt) und obersächsisch (Leipzig und Wittenberg)· außerdem noch Nürnberg. Schon Anfang des 16. Jahrh. waren sich die einzelnen hochdeutschen Drucksprachen sehr nahe gekommen, besonders die von Augsburg, Nürnberg und Straßburg. Im letzten Viertel des 16. Jahrh. druckten gemeines Deutsch alle oberdeutschen Druckereien außer denen der Schweiz (ausgenommen Basel) und von den wichtigsten mitteldeutschen Druckorten Mainz und Leipzig, aber noch nicht Köln. Alles Neue bekam dieses gemeine Deutsch von Luther bis auf Gottsched aus Mitteldeutschland. Die mitteldeutsche Richtung, welche die Drucksprache im 16. Jahrh. überall nahm, ist herrschend geworden einerseits durch die Centralisation des Buchhandels am Mittelrhein (Frankfurt) und die von dort ausgehenden offiziellen Bekanntmachungen des Reichs, andererseits in weit höherm Grade durch Luther.

Luthers sprachlicher Einfluß ist meist überschätzt worden, wenigstens in Bezug auf die Lautform unserer Schriftsprache. Weit bedeutsamer ist er für Wortbildung, Syntax und Stilistik und namentlich den Wortschatz gewesen. Die litterar. Wirkung von Luthers Schriften, zumal seiner Bibelübersetzung, kann gar nicht genug gewürdigt werden. Seine Schriften fanden eine ungeheure Verbreitung. 1517 waren 80 deutsche Bücher gedruckt worden; 1523 waren es 935. In den J. 1518—23 sind mehr deutsche Bücher gedruckt und gelesen worden, als in dem halben Jahrhundert vorher seit Erfindung der Buchdruckerkunst, und davon waren mehr als ein Drittel Luthersche Schriften, und diese zählten wiederum Auflagen nach Tausenden. Erst durch Luther ist unsere Schriftsprache weit verbreitet worden, sowohl in die breiten Schichten des Volks, als auch räumlich, besonders auf niederdeutschem Gebiete. Aber Luther fand bereits eine Schriftsprache vor. Allerdings war vor ihm noch alles im Werden. Es fehlte trotz des ersichtlichen Fortschritts, den die sprachliche Einigung gemacht hatte, eine allgemein anerkannte Norm. Bei entsprechender polit. Entwicklung hätten auch mehrere deutsche Schriftsprachen entstehen können, etwa eine schweizerische, eine oberdeutsch-mitteldeutsche, eine ripuarische (kölnische) und eine niederdeutsche, wie sich ja thatsächlich die niederländ. Schriftsprache von der deutschen abgezweigt hat. Luthers Wort einigte Deutschland. Für die Kanzleisprache hatte die kaiserl. Kanzlei eine Norm gebildet. Für die Drucksprache wurde diese Autorität Luther, und zwar nicht nur bei den Protestanten. Mit gewissen Einschränkungen kann man doch sagen, daß Luthers Sprache, namentlich die Bibel, die Grundlage unserer Schriftsprache und der gesprochenen Sprache der Gebildeten ist. Denn die Bibel ward die Quelle, aus der alle nachfolgenden Schriftsteller bewußt oder unbewußt einen großen Teil ihrer Sprachbildung schöpften. Luther sagt in den «Tischreden»: «Ich habe keine gewisse, sonderliche, eigene Sprache im Deutschen, sondern brauche der gemeinen deutschen Sprache, das mich beide, Ober- und Niederländer, verstehen mögen. Ich rede nach der sechsischen Cantzlei, welcher nachfolgen alle Fürsten und Könige in Deutschland; alle Reichsstedte, Fürstenhöfe schreiben nach der sechsischen und unseres Fürsten Cantzeley. Darumb ists auch die gemeinste deutsche Sprache. Kaiser Maximilian und Churfürst Friderich, Hertzog von Sachsen, haben im Römischen Reiche die deutsche Sprache also in eine gewisse Sprach zusammengezogen.» Die sächs. (mitteldeutsche) Kanzlei und die kaiserliche (oberdeutsche) hatten sich um 1500 sehr genähert. Aber bei der Anlehnung an diese Norm hatte Luther doch viel Spielraum. Zu beachten ist, daß Luthers Sprache zeitlich nicht gleichmäßig gewesen ist. Ungefähr 1524 trat ein Hauptwendepunkt ein. Zuerst kümmerte sich Luther wenig um die Sprachform seiner Schriften; er überließ das den Druckern. Erst mit der Bibelübersetzung bemühte er sich, allgemeine Verständlichkeit zu erreichen und korrigierte sorgfältig selbst den Druck. In erster Reihe sorgte er für konsequente Orthographie. Während vorher in der Doppelschreibung von Konsonanten eine heillose Verwirrung herrschte, war Luthers Regel: Doppelkonsonant nur nach vorhergehendem kurzen Vokal betonter Silbe. Ferner schrieb er tz statt cz und i statt y, außer in auslautendem ey. Anfangs schrieb er ganz nach der stark oberdeutsch beeinflußten kursächs. Kanzlei, später ein reineres Mitteldeutsch. Wo die Kanzlei zwischen Oberdeutsch und Mitteldeutsch schwankte, entschied sich Luther für letzteres. Geringe sprachliche Verschiedenheiten haben alle Bibelausgaben. Die wichtigsten sprachlichen Änderungen Luthers fallen in die J. 1522—30. Es sei erwähnt, daß 1522 noch u und o für ü und ö gedruckt ist, 1526 nur ü und ö. Im ganzen war Luther konservativ. In manchen Punkten hatte ihn seine Zeit schon überholt (z. B. bei ihm noch «ich halff, wir hulfen», «ich bleib, wir blieben»). Das fühlten auch die Zeitgenossen. Die Sprache der Drucke emancipierte sich und schritt fort. So sehr auch in dieser Zeit des Ringens nach dem besten Deutsch Luther durch die massenhafte Verbreitung seiner Schriften eine Autorität wurde, nicht nur bei den Protestanten, so hat doch sein Deutsch nicht als unbedingte Norm für die Schriftsprache überhaupt gegolten. Unbestritten herrschte es in Thüringen, Obersachsen und Ostmitteldeutschland, wo alle Schriftsteller Luthersch schrieben, allenfalls auch noch im übrigen Mitteldeutschland mit Ausnahme des Ripuarischen (Kölnischen). Süddeutschland wurde zwar immer mächtiger von ihm beeinflußt, war aber zunächst noch durchaus selbständig. Die wichtigste nationale Bedeutung der Sprache Luthers war die Erschließung von Niederdeutschland. Zunächst übersetzte man hier Luthers Schriften ins Niederdeutsche. Bald aber wurde hochdeutsch gedruckt. Die Anfänge dieses Vorgangs waren zwar schon gegeben: das Hochdeutsche hatte schon als Kirchen- und Rechtssprache und etwa seit 1500 auch als Kanzleisprache Fuß gefaßt. Aber durch Luther wurde der Sieg der hochdeutschen Schriftsprache entschieden. Ungefähr seit der Mitte des 16. Jahrh. ist das Luthersche Hochdeutsch die herrschende Druck- und offizielle Amtssprache in Niederdeutschland, wenn auch vereinzelt noch bis in die Mitte des 17. Jahrh. niederdeutsch geschrieben und gedruckt wurde (Lauremberg s «Scherzgedichte», 1652). Die Kanzlei schrieb in der zweiten Hälfte des 16. Jahrh. und endgültig seit 1600 hochdeutsch. Um 1600 wird Hochdeutsch auch die Kirchensprache in Niederdeutschland. Die letzte plattdeutsche Bibel ist 1621 in Goslar gedruckt worden. Hochdeutsch schrieben Schriftsteller wie der Magdeburger Georg Rollenhagen, der Brandenburger Bartholomäus Krüger, der Mecklenburger Nathan Chytraeus, der Braunschweiger Herzog Heinrich Julius. Es wurde so ein Gegengewicht gegen die Versüddeutschung der mitteldeutschen Schriftsprache geschaffen. Hier in Niederdeutschland wurde die eindringende hochdeutsche Schriftsprache zugleich und zuerst die Grundlage für die gesprochene Sprache der Gebildeten. In Süddeutschland drang Luthers Autorität schon wegen der religiösen Gegensätze langsamer durch und war im 16. Jahrh. noch nicht allgemein anerkannt. Der Wendepunkt fällt hier um 1600. Noch 1593 konnte Sebastian Helbers in seinem «Syllabierbüchlein» sagen: «Viererlei Teutsche Sprachen weiß ich, in denen man Buecher druckt, die Cölnische oder Gulichische, die Sächsische, die Flämmisch od' Brabantische (d. i. Niederländisch) und die Oder oder Hoch Teutsche. Unsere Gemeine Hoch Teutsche wirdt auf drei Weisen gedruckt: eine möchten wir nennen die Mitter Teutsche, die andere die Donawische, die dritte Höchst Reinische.» In der Schweiz dauert der letzte Widerstand gegen Luthers Schriftsprache bis in die Mitte des 18. Jahrh. hinein.

Endlich hat noch der Einfluß der Grammatiker des 16. Jahrh. die Einheitlichkeit der Schriftsprache gefördert, indem diese das beste Deutsch bestimmten. Die wichtigsten Namen sind Valentin Ickelsamer («Teutsche Grammatica», wahrscheinlich 1534 erschienen) und besonders Fadian Frangk («Orthographia», Wittenb. 1531). Letzterm, der auf Luther fußte, schlossen sich zumeist die spätern Grammatiker an. Sehr einflußreich, namentlich auch bei den Katholiken, war Clajus' «Grammatica Germanicae linguae» (Lpz. 1578), die weitaus verbreitetste Grammatik des 16. und 17. Jahrh.

Die Ausbildung unserer Schriftsprache fällt in die J. 1550—1750. Im 17. Jahrh. verschwanden die mundartlichen Schriftsprachen. Zunächst hörte das Niederdeutsche als Schriftsprache auf. Der Mecklenburger Lauremberg beklagt 1652, daß Hochdeutsch die herrschende Schrift-, Druck-, Kirchen- und Schulsprache sei und im öffentlichen Verkehr gesprochen werde. In der Schweiz erfolgte der entscheidende Schritt durch die revidierte Übersetzung der Züricher Bibel (1665—67). Im 17. Jahrh. galt Meißnisch unbedingt als das beste Deutsch. Ihren Abschluß erlangte die Schrift- und Drucksprache durch Opitz («Buch von der deutschen Poeterei», 1624), dessen Einfluß auf unsern Stil dem Luthers ebenbürtig ist. Opitz erkannte Luther als Vorbild auch für die Sprache der Poesie an. Ihm schlossen sich die Grammatiker der Sprachgesellschaften (seit 1617) an, besonders Schottel, der von der Grammatik forderte, daß sie die Sprache lehrmeistern müsse. Seine Vorgänger (Ritter 1611, Scheräus 1619, Gueinz 1619 und 1645, von Zesen, Rosenmond 1651, Girbert 1653, Bellin 1661, Schupp 1663) hatten keine rechten Fortschritte seit Clajus gemacht. Bedeutsam wirkte Schottels «Ausführliche Arbeit der teutschen Haubtsprache» (Braunschw. 1663). Leibniz (1680) billigte seine Ansichten. Weitere Grammatiker waren Stieler (1691) und Morhof (1700). Ende des 17. Jahrh. war unsere Drucksprache durch die theoretischen Arbeiten der Sprachgelehrten feststehend geworden, nachdem es zu Beginn dieses Jahrhunderts noch keine feste Regel gegeben hatte.

Das 17. und 18. Jahrh. brachte die endgültige Einigung der Gemeinsprache. Bödikers «Grundsätze der deutschen Sprache» (1690; neu hg. von Frisch, 1746) blieben bis auf Gottsched die herrschende Grammatik. Neben Luther stellte er die Schlesische Dichterschule und einige Grammatiker, besonders Schottel, als maßgebend hin. Auch im 18. Jahrh. galt das Meißnische als die schönste und reinste deutsche Mundart. Mittelpunkt der sprachlichen Bestrebungen wurde Gottsched und seine Schule, Leipzig das Centrum für Litteratur und Bildung überhaupt. Als Führer der Deutschen Gesellschaft übernahm Gottsched das Sprachrichteramt und bemühte sich vor allem um äußere Korrektheit. Seit Gottsched galt nicht mehr Luther, sondern Opitz als Norm. Gottscheds Einfluß ist es zu danken, daß um die Mitte des 18. Jahrh., von kleinen landschaftlichen Besonderheiten abgesehen, die heutige Schriftsprache grammatisch normiert und so gut wie allgemein üblich war. Kath. Schriftsteller wagten noch gegen das «lutherische» Deutsch der modernen Litteratur Widerspruch zu erheben. Bald aber war Süddeutschland vollständig für die Schriftsprache gewonnen, die im 17. Jahrh. noch wenig Erfolge im Süden zu verzeichnen gehabt hatte. Gottscheds Hauptwerke sind die «Beiträge zur kritischen Geschichte der deutschen Sprache» (1732—44) und die «Deutsche Sprachkunst» (1748). Sein litterar. Streit mit den Schweizern (Bodmer, Breitinger) in den vierziger Jahren war auch sprachlich bedeutsam. Ihr Kampf gegen Gottscheds sprachliche Diktatur war erfolglos. Aber im Gegensatz zu Gottscheds Schulkorrektheit nahmen sie, wie auch die Göttinger Dichter und nachmals Lessing und Herder, alte Wörter wieder auf (z. B. «bieder», «Hain»). Gegen die Fremdwörter eiferte Lessing. Eine autoritative Stellung nahm der Sprachforscher Adelung ein, dessen «Grammatisch-kritisches Wörterbuch der hochdeutschen Mundart» (1774—86) und dessen Zeitschrift «Magazin für die D. S.» (1782—84) hier genannt seien. Sprachliche Norm blieb Obersachsen, bis die klassische Litteratur des 18. Jahrh. endgültig die sprachliche Alleinherrschaft Obersachsens beseitigte. Von den deutschen Klassikern kommt vielleicht niemand eine größere sprachliche Bedeutung zu als Wieland, namentlich für Süddeutschland. Nachdem Klopstock mit einem Schlage eine neue, wahrhaft poet. Diktion erschaffen hatte, und durch Lessing auch die Prosa befreit und geadelt worden war, eilte die Dichtersprache in unaufhaltsamem Fortschritt der höchsten Veredelung und Vollendung entgegen. Seit Schiller und vor allem seit Goethe zeigt sich die D. S. jeder Anforderung gewachsen.

Litteratur. A. Socin, Schriftsprache und Dialekte im Deutschen nach Zeugnissen alter und neuer Zeit (Heilbr. 1888); O. Brenner, Mundarten und Schriftsprache in Bayern (Bamb. 1890); Fr. Kauffmann, Geschichte der schwäb. Mundart (Straßb. 1890, S. 275—314); Fr. Pfeiffer, Über Wesen und Bildung der höfischen Sprache der mittelhochdeutschen Zeit (Wien 1861); H. Paul, Gab es eine mittelhochdeutsche Schriftsprache? (Halle 1873); O. Behaghel, Zur Frage nach einer mittelhochdeutschen Schriftsprache (Basel 1886); Fr. Kauffmanu, Behaghels Argumente für eine mittelhochdeutsche Schriftsprache (in Paul und Braunes «Beiträge zur Geschichte der D. S. und Litteratur», Bd. 13, S. 464—503); F. Jostes, Schriftsprache und Volksdialekte (in «Niederdeutsches Jahrbuch», Bd. 11, S. 85—98); H. Rückert, Geschichte der neuhochdeutschen Schriftsprache (2 Bde., Lpz. 1875); E. Wülcker, Die Entstehung der kursächs. Kanzleisprache (in «Zeitschrift des Vereins für Thüringische Geschichte und Altertumskunde», Bd. 9, S. 349 fg.); Fr. Kluge, Von Luther dis Lessing (2. Aufl., Straßb. 1888; vgl. dazu E. Schröder, Göttinger gelehrte Anzeigen, 1888, S. 249 fg., und J. Luther, Anzeiger für das deutsche Altertum, Bd. 15, S. 324 fg.); v. Bahder, Grundlagen des neuhochdeutschen Lautsystems (Straßb. 1890, Einleitung); K. Burdach, Die Eintgung der neuhochdeutschen Schriftsprache. Einleitung: Das 16. Jahrh. (Halle 1884); E. Wülcker, Luthers Stellung zur kursächs. Kanzleisprache (in «Germania», Bd. 28, S. 191 fg.); P. Pietsch, Martin Luther und die hochdeutsche Schriftsprache (Bresl. 1883); Frauke, Grundzüge der Schriftsprache Luthers (Görlitz 1888); R. Brandstetter, Die Reception der Neuhochdeutschen Schriftsprache in Stadt und Landschaft Luzern 1600—1830 (Einsiedeln 1891); H. Schultz, Die Bestrebungen der Sprachgesellschaften des 17. Jahrh. für Reinigung der D. S. (Gött. 1888). S. auch die zum vorigen Abschnitt angegedene Litteratur.

II. Ausbreitung der Deutschen Sprache. Diese fällt mit der Ausbreitung des deutschen Volksstammes nicht ganz zusammen. Einerseits ist eine große Zahl von Deutschen durch Annahme einer andern Sprache dem Deutschtum verloren gegangen: so ist in den ersten nachchristlichen Jahrhunderten eine Reihe von deutschen Stämmen am Rhein romanisiert worden; später sind die in Nordfrankreich angesessenen Franken Franzosen geworden, die Langobarden Italiener, die in neuerer Zeit auswandernden Deutschen nehmen, zumal in Nordamerika, sehr bald die Sprache des Landes an. Andererseits sprechen heute die D. S. Millionen von Menschen, deren Vorfahren keine Deutschen gewesen sind. Es ist für die neuere Zeit nur der Juden und der franz. Hugenotten zu gedenken. Dieser Vorgang kehrt aber in viel größerm Maßstabe wieder, wenn man die räumliche Ausdehnung der D. S. ins Auge faßt. Die zur Zeit der Völkerwanderung westwärts drängenden Franken und Alemannen fanden in dem Rheingebiete eine romanisch sprechende Bevölkerung vor, die sie unterwarfen, aber nicht vertrieben. Diese hat im Laufe der Zeit die Sprache des herrschenden Volks angenommen, wie schon in vorchristl. Zeit die Reste der in Westdeutschland sitzen gebliebenen Kelten einstmals germanisiert worden waren. Man darf für das erste Jahrtausend n. Chr. an keine so feste deutsch-franz. Sprachgrenze denken, wie sie sich in der Gegenwart gebildet hat. Es gab vielmehr in den Rheinlanden ein weites Gebiet, wo Deutsche und Romanen friedlich nebeneinander saßen, erstere diesseits, letztere jenseits der heutigen Sprachgrenze an Kopfzahl die stärkern. Ebenso sah es südlich von der Donau aus. Es giebt Zeugnisse bis in das 13. Jahrh. hinein, daß mitten im deutschen Sprachgebiete noch vereinzelt romanisch gesprochen wurde, am längsten, wie es scheint, im Schwarzwald und in Salzburg. Schließlich sind, wenn man von den romanisierten Langobarden Italiens absieht, mehr Romanen Deutsche geworden als umgekehrt. Diesem großen Gewinn gegenüber will es wenig besagen, wenn z. B. in Lothringen die Sprachgrenze innerhalb der letzten drei Jahrhunderte sich um kaum 10 km zu Ungunsten verschoben hat, oder wenn in unserm Jahrhundert einige deutsche Sprachinseln (freilich weit über eine Viertel Million Seelen) in Südtirol italienisiert, in den Ostalpen und Ungarn slawisiert oder magyarisiert worden sind. Am deutlichsten lassen sich die Fortschritte der deutschen Kultursprache gegenüber der minder mächtigen rhäto-romanischen in der östl. Schweiz geschichtlich verfolgen. Erst um 1300 ist das Rheinthal gänzlich deutsch geworden. Zu Anfang des 15. Jahrh. sprach noch der nördl. Teil von Graubünden rhäto-romanisch. 1616 sagt Guler von Weineck, Landammann auf Davos: «Ich hade noch alte Leuthe im Walgöuw (d. i. in der Landschaft von Bludenz dis hinad zur Götznerklause, unterhalb Feldkirch) gelaunt, die grob rhätisch (d. i. romanisch) reden konnten; sonsten ist an jetzo allein die Dentsche Sprach bei ihnen breuchlich.» 1850 sprach noch die größere Hälfte der Bevölkerung Graubündens ladinisch, 1881 kaum noch zwei Fünftel. Die völlige Verdeutschung von ganz Graubünden ist nur eine Frage der Zeit. Die Ortsnamen sind redende Zeugen für die ehemalige Nationalität ihrer Begründer. Der Walensee (älter Walchensee) in der Schweiz, der Walchensee in Oberbayern sprechen eine beredte Sprache. Noch mehr in die Augen fallend sind die Fortschritte des Deutschtums im Osten. Die seit der Mitte des 12. Jahrh. deginnende deutsche Kolonisation der Slawenländer östlich von Saale und Elbe (s. Deutsches Volk 4) führte zwar gewaltige Scharen von Deutschen ins Land. Aber ausgerottet worden sind die Slawen höchstens in den durch die Kriege verheerten Grenzstrichen. Im übrigen dlieben sie sogar in manchen Landschaften, so im Königreich Sachsen, im hannöv. Wendlande, auf Rügen, in Hinterpommern, in der Majorität. Diese Slawen nördlich vom Erz- und Riesengedirge dis zur Ostsee haden verhältnismäßig schnell die Sprache ihrer Besieger angenommen. Die Slawen am odern Main und an der Rednitz wurden dereits seit der zweiten Hälfte des 11. Jahrh. germanisiert. Um 1300 hörte in Anhalt das Slawische als Gerichtssprache auf, im 14. Jahrh. im Osterlande (Leipziger Gegend), 1424 in Meißen. Um die Mitte des 15. Jahrh. war das Wendische in der Wittenberger Gegend ausgestorben. Die Verdeutschung ging hier von den Städten aus. Die Lausitz war noch im 16. Jahrh. größtenteils sorbisch. In Schlesien wurden in der ersten Hälfte des 13. Jahrh. die ganzen Sudeten von Deutschen besiedelt; sonst saßen sie in kompakten Massen damals nur zwischen Görlitz und Liegnitz. Schon um 1300 war Niederschlesien links von der Oder ein deutsches Land. In der Lausitz ist dis auf den heutigen Tag eine größere sorbische Sprachinsel inmitten deutsch gewordenen Landes gedlieben. Die Grenze läuft heute von der odern Spree üder Bischofswerda, Camenz, Senftenberg, Calau, Lübbenau, Peitz, Forst, Muskau, Weißenburg und Löbau; doch bilden innerhalb dieses Gebietes die Städte deutsche Sprachinseln und die Landbevölkerung ist zweisprachig. Im 16. Jahrh. reichte das sorb. Sprachgebiet von Bischofswerda bis Ortrand, Finsterwalde, Luckau,

Buchholz, Storkow, Fürstenberg, Guben, Triebel, Priebus und Löbau. In der Altmark werden noch 1452 Wenden erwähnt; ihre Sprache ist hier erst im 15. Jahrh. ausgestorben. In der Jabelheide werden Wenden noch 1521 genannt. Im Lüneburger Wendlande konnte sogar noch 1786 ein kleines Wörterverzeichnis der aussterbenden wend. Sprache zusammengebracht werden. Auf Rügen soll 1404 die letzte alte Frau gestorben sein, die noch wendisch sprach. Hinterpommern war noch Ende des 13. Jahrh. slawisch. Man kann sagen, daß um 1400 alle Slawen westlich von der Oder, außer den Lausitzer Sorben, germanisiert gewesen sind, größtenteils auch damals schon die Slawen in Hinterpommern und Pomerellen, deren Reste, die Kassuben, heute im Schwinden sind. Nach Preußen wurde die D. S. durch die Einwanderung in der Mitte des 13. Jahrh. übertragen, nach dem Netzedistrikt durch die von Friedrich d. Gr. angesiedelten deutschen Kolonisten. Nennenswerte Fortschritte hat die D. S. gegenüber der polnischen nur in Schlesien und Ostpreußen gemacht. Die Umgegend von Brieg, Ohlau und Breslau war noch im 17. Jahrh. überwiegend polnisch. Heute reicht das Deutsche östlich von Breslau bis Wartenberg. Deutsch ist auch in den poln. Landesteilen in den Städten die herrschende Sprache. In Ostpreußen dringt das Deutsche jetzt nach Süden vor; die poln. Masuren werden von den kleinen deutschen Sprachinseln aus immer mehr verdeutscht. Desgleichen ist es nur eine Frage der Zeit, wie lange sich noch die innerhalb der deutschen Reichsgrenze lebenden Litauer an dem untern Niemen, deren Kirchensprache litauisch und deutsch, deren Schulsprache seit 1873 ausschließlich die deutsche ist, ihre Sprache bewahren werden; gegenwärtig beträgt die Zahl der litauisch Sprechenden etwa 120000. Aber innerhalb der Provinz Posen nehmen die Polen nicht leicht die D. S. an, haben sogar deutsche Bauern slawisiert. Nur mit deutschen Bewohnern selbst kann die D. S. hier vordringen. Die deutschen Ansiedelungen in Krain, Ungarn, Siebenbürgen, Galizien, Südrußland und den russ. Ostseeprovinzen haben nicht zu germanisieren vermocht. Der großartige Aufschwung des Verkehrs in der Neuzeit bewirkt immer mehr eine geogr. Abrundung der verschiedenen Sprachgebiete. Nur wo größere Massen von Deutschen beisammen sitzen, haben sie Aussicht, ihre Nationalität zu erhalten.

Nicht nur Romanen, Slawen und Litauer haben die D. S. angenommen, sondern auch nichtdeutsche Germanen: Friesen und Dänen; zumal die erstern. Im Mittelalter war die ganze Nordseeküste nördlich von Amsterdam bis zur Wesermündung friesisch. Aber im Bereich der deutschen Kultur stehend, haben die Friesen im 15. Jahrh. die plattdeutsche Schriftsprache angenommen, auch die Westfriesen, die neuerdings neben der jetzt herrschenden niederländ. Schriftsprache sich wieder eine eigene fries. Schriftsprache geschaffen haben (s. Friesische Sprache). Als gesprochene Sprache ist das Friesische in Ostfriesland und an der Wesermündung in der ersten Hälfte des 18. Jahrh. ausgestorben, nachdem schon mehr als 100 Jahre vorher Plattdeutsch die herrschende Sprache gewesen. Nur auf Wangeroog und in Neuwangeroog bei Varel sowie im Saterlande lebt das Friesische noch fort. Das Wangeroogische, nach der Volkszählung von 1890 nur noch von 32 Menschen gesprochen, ist im Aussterben begriffen, das Satersche aber noch voll lebenskräftig. In den zu den Niederlanden gehörigen Teilen des alten Friesland herrscht jetzt die niederländ. Schriftsprache. Die fries. Volkssprache hat sich nur in der Provinz Friesland gehalten und auf den Inseln Schiermonnikoog und Terschelling. Im Groningschen spricht man seit dem 17. Jahrh. plattdeutsch, in Nordholland holländisch. Noch 1600 wird erwähnt, daß das Friesische im nordholländ. Waterland gesprochen wurde. Auch gegenüber dem sog. Nordfriesischen an der schlesw. Westküste hat die plattdeutsche Sprache Fortschritte gemacht. In Eiderstedt hat sie im Laufe des 17. Jahrh. die einheimische Sprache verdrängt. Auf Nordstrand und Pelworm ist das Nordfriesische gegen Ende des vorigen Jahrhunderts ausgestorben. Nördlich von Husum macht seit dem 19. Jahrh. das Plattdeutsche immer größere Fortschritte, wiewohl die Sprachgrenze sich nur sehr langsam verschiebt. Auch auf der Insel Föhr dringt das Plattdeutsche vor. Die Schrift-, Schul- und Kirchensprache ist hier wie auch auf Helgoland seit alters die deutsche. Alle Friesen und Nordfriesen, die noch an ihrer eigenen Sprache festhalten, können auch deutsch (oder holländisch) sprechen. Endlich ist die D. S. auch dem Dänischen gegenüber in jüngster Zeit siegreich. Im 19. Jahrh. ist die Landschaft Angeln (zwischen Schleswig und Flensburg) plattdeutsch geworden, und auch nördlich von Flensburg wird in den östl. Küstenstädten viel deutsch gesprochen. Die größten Fortschritte hat die deutsche Kirchensprache zu verzeichnen. In 57 Kirchengemeinden, in denen bis 1864 der Gottesdienst abwechselnd in deutscher und dän. Sprache stattfand, ist jetzt mit Zustimmung der Mehrheit der Bewohner die Kirchensprache ausschließlich deutsch. Von 114 Kirchspielen, in denen bis 1864 kein deutsches Wort in der Kirche gehört wurde, wird jetzt in 45 Kirchen der Gottesdienst in deutscher und dän. Sprache gehalten. Seit 1885 ist in nicht weniger als 28 neuen Kirchspielen die Kirchensprache teilweise deutsch geworden.

Während im Osten nördlich von den Sudeten die D. S. immer weitere Fortschritte macht, ist die Sprachgrenze in Österreich, in den Alpen und gegen Frankreich seit dem Mittelalter ziemlich unverändert geblieben, von kleinern Verschiebungen abgesehen.

Sprachgrenzen und Sprachinseln. (S. **Karte der deutschen Mundarten** bei dem Artikel Deutsche Mundarten.) Die Grenze beginnt in Frankreich an der Nordsee zwischen Gravelingen und Dünkirchen und läuft östlich von St. Omer, nördlich von Hazebrouk und Bailleul genau in östlicher Richtung über Werwick, Menin, Ronsse, Enghien, Hal, südlich von Brüssel, Tienen und Tongern, zwischen Lüttich und Maastricht die Maas erreichend. Von hier aus folgt sie ungefähr der belg. Grenze; doch gehört ein schmaler belg. Grenzstrich nördlich und östlich von Verviers noch zum deutschen, Malmedy in der Rheinprovinz noch zum franz. Sprachgebiete. Luxemburg ist deutsch, desgleichen das benachbarte belg. Arlon nebst Umgegend. Von Deutsch-Lothringen ist der südwestl. Grenzstrich, besonders die Umgegend von Metz, französisch. Die Grenze läuft südlich und westlich von Diedenhofen, Bolchen, Falkenberg, Mörchingen und Saarburg. Die Vogesen bilden nur in ihrem südlichern Teile die Grenze. Das obere Breuschthal (Schirmeck), desgleichen einige Gebirgsdörfer nordöstlich und südlich von Markirch sprechen jetzt französisch. Vom Belchen ab südöstlich ist ungefähr die polit. Grenze des Elsaß zugleich Sprachgrenze. Die

Gebirgsgegend um Delémont ist sprachlich gemischt; das Deutsche dringt hier neuerdings vor. Weiter südlich ist das Birsthal noch französisch, Biel deutsch, Neuveville und Landeron französisch, Erlach deutsch. Die Grenze läuft dann über Murten, Freiburg und Saanen südlich bis zu den Diablerets, östlich bis zum Weißhorn, südlich über Siders zum Matterhorn, die östl. Hälfte des Kantons Wallis noch dem deutschen Sprachgebiete zuteilend. Jenseit des Monte-Rosa wird noch in den Dörfern Gressoney La Trinité, Gressoney St. Jean, Gaby, Issime, Alagna und Macugnaga von etwa 3500 Seelen (s. Silvier) deutsch gesprochen. Von Macugnaga läuft die Grenze nordöstlich zum St. Gotthard, die jenseits der Wasserscheide liegenden deutschen Dörfer Fruth, Pommat, Unterwald und Bosco einschließend. Vom St. Gotthard weiter nordöstlich bis zum Piz Dolf, dann südöstlich über Trins und Reichenau, südlich von Chur, nach Wiesen, weiter östlich und nordöstlich der Wasserscheide des Inns gegen Norden folgend, dann über den Muttler und Martinsbruck südwärts zum Ortler. In dem südlich der angegebenen Grenze liegenden Teile Graubündens wird neben dem Rhäto-Romanischen bereits viel deutsch gesprochen. Besondere deutsche Sprachinseln sind 1) Obersaxen; 2) das obere Vorderrheinthal, das Safienthal, östlich vom Piz Beverin bis Thusis und das Rheinwaldthal (Splügen); 3) das Avers- und Madriserthal; 4) Tarasp. Vom Ortler läuft die Sprachgrenze östlich auf Bozen zu; doch bleibt das Etschthal südwärts bis Salurn deutsch. Sie geht dann über die Fassaner Alpen und die Geißlerspitzen bis unweit Bruneck nordöstlich, vom Monte-Cristallo ab längs der österr.-ital. Grenze bis zum Wischberg und nach Tarvis, nur an zwei Stellen, bei Bladen (Sappada) und Tischelwang (Timan), auf den Südabhang des Grenzgebirges übergehend. Südlich dieser Linie liegen von Tirol bis Steiermark eine Reihe deutscher Sprachinseln. In Welschtirol wird nördlich vom Caldonazzosee im Fersen- und zum Teil auch im Pinéthal deutsch gesprochen, in St. Sebastian und Lusern, ferner in Venetien am Südabhange der Lessinischen Berge, zwischen Astico und Brenta, Cima Duodici oder Zwölferkofl und Bassano in den Sieben Gemeinden, endlich im Quellgebiet des Tagliamento in der Gemeinde Zahre oder Sauris. In Südtirol ist die D. S. in neuerer Zeit durch die italienische erheblich zurückgedrängt worden. Das älteste Statut von Trient ist in D. S. abgefaßt. Während heute nur etwa noch 7000 Deutsche in Welschtirol sitzen, war das Land im 16. Jahrh. ein halb deutsches. Durch den Deutschen Schulverein ist die Sprachverschiebung jetzt zum Stehen gekommen. Auf ital. Boden ist an der tirol. Grenze, wo sich in den Dreizehn und Sieben Gemeinden (s. Comuni) die D. S. noch zum Teil erhalten hat, einst bis nach Verona hin, und vor dem 14. Jahrh. sporadisch bis über Vicenza hinaus deutsch gesprochen worden. Von der Grenze Veneziens an bis zur Ostsee läßt sich keine scharfe Grenzlinie des deutschen Sprachgebietes geben. Ein mehr oder weniger breiter Strich hat eine gemischte Bevölkerung, und zahlreiche kleine Sprachinseln liegen diesseit und jenseit der Grenze. Eine ungefähre Grenzlinie würde von Tarvis östlich über Villach, Klagenfurt, Völkermarkt nach Radkersburg a. d. Mur zu ziehen sein, von hier nordöstlich über St. Gotthard, Steinamanger, Warasdorf bis Eßterháza, weiter nördlich über Preßburg und Lundenburg bis Seelowitz, dann nördlich von der Thaya westlich bis Neuhaus, südlich bis Gmünd, westlich bis Krumau, nordwestlich bis Taus, nordöstlich bis Pilsen, nordwestlich bis Manetin, nordöstlich über Rakonitz und Laun bis Leitmeritz, östlich über Liebenau, Hohenelbe bis Nachod, dann südöstlich über Senftenberg, Worlitschka, Schönberg, Littau nach Neutitschein, von hier ab nordwärts über Rosenthal, Troppau, Ratibor, Leobschütz, Oppeln, Brieg, Namslau, Wartenberg, Mittelwalde und Krotoschin, westlich nach Rawitsch, nordwestlich nach Lissa, Rakwitz und Birnbaum, dann die Warthe entlang östlich bis Obornik, nordöstlich nach Margonin, südlich der Netze ostwärts bis Thorn, weiter, den Südrand von Ostpreußen dem poln. Sprachgebiete zuweisend, über Culmsee, Briesen, Deutsch-Eylau, Allenstein, Bischofsburg, Lötzen, Marggrabowa zur russ. Grenze, endlich den Niemen entlang bis zum Kurischen Haff. Innerhalb dieses geschlossenen deutschen Sprachgebietes von ungefähr 680000 qkm (über ein Fünfzehntel des Flächeninhalts von Europa) liegt die sorbische Sprachinsel in der Lausitz und die kassubische in Westpreußen. Von den unweit der Grenze liegenden zahllosen deutschen Sprachinseln seien nur die größern genannt. Im südl. Krain die Gottschee und Umgebung (16 Quadratmeilen); in Mähren Brünn und Olmütz; von Mähren greift nach Böhmen hinüber die nordwärts bis zur Sazawa reichende Iglauer Sprachinsel und die große Schönhengster um Zwittau und Mährisch-Trübau; in Südböhmen ist zu nennen Budweis und Umgegend, ferner zu erwähnen der deutsche Teil der Prager Bevölkerung; in Österreichisch-Schlesien Bielitz und Umgegend.

Weit außerhalb des zusammenhängenden deutschen Sprachgebietes giebt es in Österreich-Ungarn und Rußland eine große Anzahl von kleinen und größern deutschen Sprachinseln, deren Deutschtum zum größten Teile stark bedroht ist. Es können hier nur die wichtigsten genannt werden. Im nordwestl. Ungarn kämpfen seit dem 13. Jahrh. gegen das Slowakentum die an der obern Neutra ansässigen Deutschen in Deutsch-Proben, Betelsdorf, Zach, Schmiedshaj, Fundstollen, Beneschhäu, Gaidel, Hedwig, Brestenhäu und Münchwiesen, die Deutschen in dem Grenzgebiet der Komitate Túróc und Bars, in der Stadt Kremnitz und den Dörfern Deutsch-Litta, Ober-Turz, Nieder-Turz, Glaserhaj, Krikehaj, Neuhaj, Ober-Stuben, Drexelhaj und Koneshaj, sowie östlich davon in Neusohl und südwestlich davon in Hochwiesen und Paulisch. Gleichfalls von den Slowaken bedroht ist die vor 50 Jahren noch viele Seelen zählende deutsche Sprachinsel in der Zips, zwischen Käsmark, Schmecks, Poprad (Deutschendorf) und Leutschau im Quellgebiet des Poprad und südöstlich davon die Schmölnitzer Sprachinsel. Es mögen in Nordungarn im ganzen wohl an 100000 Deutsche slowakisiert worden sein. In Budapest hat die Zahl der Deutschen von 118607 (= 33 Proz.) im J. 1880 bis auf 117867 (= 24 Proz.) im J. 1890 abgenommen. Die Dörfer westlich von Budapest sind zum größten Teile deutsch. Desgleichen ist der Bakonywald voll von deutschen Dörfern. Eine größere, im nördl. Teile von magyarischen, im südlichen von kroat. Dörfern unterbrochene deutsche Sprachinsel erstreckt sich östlich von Fünfkirchen, nordwestlich von Szegzard und westlich von Mohacs bis südlich nach Essieg. Auch links der Donau zwischen Baja und Neusatz liegen zahlreiche deutsche Dörfer. Eine größere Sprachinsel, deren Mittelpunkt Hatzfeld ist, liegt im Banat zwischen Mako, Nagy Becskerek, Temesvar und Arad; zahlreiche deutsche Ortschaften sind auch in dem östl. und südl. Banat zwischen Maros und Donau verstreut. Alle diese (wie sie in Ungarn heißen) Schwaben gehen der Magyarisierung entgegen. Ihr widerstehen die im 12. Jahrh. eingewanderten Siebenbürger Sachsen. Der Distrikt Groß-Kokel ist fast ganz deutsch. Eine Linie von Schäßburg westwärts, nördlich von Elisabethstadt bis Blasendorf, von hier südwärts bis westlich und südlich von Hermannstadt, dann über Fogaras und östlich und nördlich von Reps nach Schäßburg zurück umschließt die größte deutsche Sprachinsel. Im Burzenlande ist Kronstadt und Umgegend und der Strich von Törzburg über Zeiden nordwärts an der Aluta bis über Marienburg hinaus deutsch; im Nösnerlande Bistritz und Umgegend, südwestlich bis St. Georgen und südlich bis Tekendorf. Einzelne deutsche und halbdeutsche Ortschaften sind über ganz Siebenbürgen und Ungarn verstreut. Auch in der Dobrudscha giebt es südöstlich von Tulcea mehrere deutsche Kolonien. Zahlreich sind die deutschen Ansiedelungen in Galizien und der Bukowina, ebenso in Polen (hier wie dort namentlich von deutschen Juden) und seit Ausgang des 18. Jahrh. in den südruss. Provinzen Volhynien, Podolien, Bessarabien, Cherson, Taurien und Jekaterinoslaw und nördlich wie südlich vom Kaukasus (besonders in der Umgebung von Tiflis). Von der rumän. Grenze bis zum Asowschen Meer sitzen über 150000 Deutsche. Es seien hier die größern Sprachinseln namhaft gemacht. Im südl. Bessarabien wohnen am Kagylnyk Deutsche in den Dörfern Borodino, Leipzig, Kulm, Beresina, Tarutino, Katzbach, Paris, Lichtenthal, Teplitz, Arcis, Dennewitz u. a. auf einem Gebiete etwa von der Größe der Grafschaft Glatz. Deutsch ist die Gegend westlich von Odessa bis zur Mündung des Dnjestr. Westlich von Odessa liegen die deutschen Dörfer Mannheim, Kandel, Salz, Baden, Straßburg, Elsaß u. a. Nordöstlich von Odessa und nordwestlich von Nikolajew bilden eine größere Sprachinsel die Dörfer München, Worms, Rohrbach, Johannisthal, Sulz, Karlsruhe, Katharinenthal, Landau, Speier und Waterloo. Am Dnjepr liegen westlich von Alexandrowsk die 1789 durch Mennoniten gegründeten deutschen Dörfer Schönberg, Chortiza, Neu-Osterwieck, Schönhorst, Neuendorf, Neuenburg, Rosenthal, Kronsweide und Einlage beieinander. Südöstlich davon, nach dem Asowschen Meere zu, an den Ufern des Molotschna, ist die größte Kolonie in Südrußland gelegen, in einer Länge von 12 und in einer Breite von durchschnittlich 4 bis 5 Meilen, bestehend aus 88 Dörfern, u. a. Blumenthal, Heidelberg, Friedrichsfeld, Leitershausen, Kronsfeld, Nassau, Waldorf, Halbstadt, Fischau, Altenau, Kleefeld, Lichterfeld, Schandau, Großweide, Gnadenfeld, Rikenau, Liebenau und Wernersdorf. Mennoniten haben die Kolonie zu Anfang dieses Jahrhunders gegründet. Östlich davon bilden die Dörfer Marienfeld, Elisabethdorf, Eichwald, Werder, Kirschwald, Tiegenhof und Schönthal eine deutsche Sprachinsel von der Größe der Insel Rügen. Einen Flächenraum fast von der Größe des Königreichs Sachsen nehmen die 1768 gegründeten 173 deutschen Dörfer an der Wolga bei Saratow ein, zwischen Kamyschin und Wolsk. Endlich ist in Kurland und Semgallen, in Livland und Esthland seit dem 13. Jahrh. fast in allen größern Ortschaften neben der lettischen und esthnischen Grundsprache die D. S. die vorherrschende. Aber das Land ist noch heute lettisch oder esthnisch, und die Deutschen machen kaum ein Zehntel der Bevölkerung aus.

Litteratur. R. Böckh, Die statist. Bedeutung der Volkssprache als Kennzeichen der Nationalität (Berl. 1866); H. Witte, Deutsche und Keltoromanen in Lothringen nach der Völkerwanderung (Straßb. 1891); R. Andree, Das Sprachgebiet der Lausitzer Wenden vom 16. Jahrh. bis zur Gegenwart (Prag 1873); K. Weinhold, Die Verbreitung und die Herkunft der Deutschen in Schlesien (Stuttg. 1887); H. N. A. Jensen, Versuch einer kirchlichen Statistik des Herzogthums Schleswig (Flensb. 1840); J. G. C. Adler, Die Volkssprache in dem Herzogthum Schleswig seit 1864 (in «Zeitschrift der Gesellschaft für schlesw.-holstein.-lauenb. Geschichte», Bd. 21, 1891). — K. Bernhardi, Sprachkarte von Deutschland (Cass. 1844; 2. Aufl. 1849); H. Berghaus, Karte der National-, Sprach-, Dialekt-Verschiedenheit in Deutschland, Niederlande und der Schweiz (Physik. Atlas, 8. Abteil., Ethnographie, Gotha 1847; 2. Aufl. 1852); H. Kiepert, Völker- und Sprachenkarte von Deutschland und den Nachbarländern im J. 1867 (Berl. 1867; 2. Aufl. 1870); R. Andree, Völkerkarte des Deutschen Reichs und der angrenzenden Länder (in Andrees und Peschels «Physik.-statist. Atlas des Deutschen Reichs», I, Bielef. u. Lpz. 1876); K. Brämer, Nationalität und Sprache im Königreich Belgien (Stuttg. 1887); R. Böckh, Sprachkarte vom preuß. Staate nach den Zählungsaufnahmen vom J. 1861 (Berl. 1864); H. Witte, Zur Geschichte des Deutschtums in Lothringen (Metz 1890); C. This, Die deutsch-franz. Sprachgrenze in Lothringen nebst einer Karte (Straßb. 1887); ders., Die deutsch-franz. Sprachgrenze im Elsaß (ebd. 1888); J. Zimmerli, Die deutsch-franz. Sprachgrenze in der Schweiz (Basel u. Genf 1891); L. Neumann, Die deutsche Sprachgrenze in den Alpen (Heidelb. 1885); K. Freiherr von Czoernig, Die deutschen Sprachinseln im Süden des geschlossenen deutschen Sprachgebietes, Piemont, Kanton Tessin, Südtirol, Krain (Klagenfurt 1889); Chr. Schneller, Deutsche und Romanen in Südtirol und Venetien (in Petermanns «Geogr. Mitteilungen», Bd. 23, S. 365—385, 1877); H. J. Bidermann, Die Nationalitäten in Tirol (Stuttg. 1886); L. Schlesinger, Die Nationalitätsverhältnisse Böhmens (ebd. 1888); F. Held, Das deutsche Sprachgebiet von Mähren und Schlesien (Brünn 1888); J. V. Häufler, Sprachenkarte der österr. Monarchie (Pest 1846); K. Freiherr von Czoernig, Ethnogr. Karte der österr. Monarchie (Wien 1855); H. Kiepert, Völker- und Sprachenkarte von Österreich und den Unter-Donauländern (Berl., 2. Aufl. 1869); Le Monnier, Sprachenkarte von Österreich-Ungarn, bearbeitet nach den durch die Volkszählung vom 31. Dez. 1880 erhobenen Daten (Wien 1888); M. Gehre, Die deutschen Sprachinseln in Österreich (Großenhain 1886); R. Böckh, Der Deutschen Volkszahl und Sprachgebiet in den europ. Staaten (Berl. 1869); H. Kiepert, Übersichtskarte der Verbreitung der Deutschen in Europa (ebd. 1887); H. Nabert, Karte der Verbreitung der Deutschen in Europa (Glogau 1891); F. Krones von Marchland, Zur Geschichte des deutschen Volksthums im Karpatenlande (Graz 1878); R. Bergner, Die Frage der Siebenbürger Sachsen (Weim. 1890).

Deutsches Recht. Unser geltendes Recht ist aus verschiedener Wurzel entsprungen. Das öffentliche Recht (Reichs- und Staatsrecht einschließlich des Rechts der Gemeinden, das Kirchenrecht, das Strafrecht, die Ordnungen des Civil- und des Strafprozesses) weist nur zu einem sehr geringen Teil auf röm. Recht zurück. Wenn man von dem Gegensatz vom Deutschen und Römischen Recht (s. d). spricht, hat man dabei das bürgerliche Recht im Sinne. In diesem ist aber der Grundstock röm. Recht, wie es für Deutschland in der Zeit vom Ausgange des Mittelalters bis zur Mitte des 16. Jahrh. gewohnheitsrechtlich recipiert ist. Dieser Grundstock ist auch, was den materiellen Gehalt der einzelnen Rechtsbestimmungen angeht, bei den Kodifikationen (s. d.) des Preuß. Allg. Landrechts, des Österr. Bürgerl. Gesetzbuchs, des Code civil, des Sächs. Bürgerl. Gesetzbuchs und in dem Deutschen Entwurf gewahrt geblieben. Die Hoffnung, daß wir jemals unter Beiseitesetzung der röm. Grundlage ein nationales deutsches bürgerliches Recht auf ganz neuer Grundlage schaffen, muß man aufgeben. Was man fordern kann und was zum größten Teil schon erreicht ist, ist dies, daß unser bürgerliches Recht solche Rechtssätze und solche Rechtsinstitute abstreift, welche auf römischen, von unsern heutigen abweichenden Anschauungen einer andern Kultur und einer andern Nationalität beruhen; und daß umgekehrt die Rechtsinstitute, welche auf moderner Kultur und auf moderner Wirtschaft beruhen, zweckentsprechend ausgebaut werden. Solche auf deutschem Boden entstandenen und bewahrten besondern Rechtsinstitute und Rechtssätze, welche das röm. Recht abändern, ergänzen und modifizieren, faßt man unter dem Namen des D. R. zusammen. Auch sehr eifrige Germanisten erkennen an, daß es sich dabei nicht um ein geschlossenes System von Rechtssätzen handelt. Es mag für den Gelehrten möglich sein, rückwärts aufzuzeigen, daß die verschiedenen Stammesrechte, welche im Mittelalter galten (fränk., sächs., bayr., schwäb. Recht), und die Mannigfaltigkeit von Landrecht, Stadtrecht, Lehnrecht und Hofrecht, ebenso wie die deutsche Sprache mit ihren verschiedenen Mundarten, aus einem deutschen Geiste geboren, den wirtschaftlichen und socialen Verhältnissen, wie sie damals überall herrschten, zweckmäßig angepaßt waren, und daß sich so ein System des D. R. nachweisen läßt, wie es dem Princip nach den verschiedenen Stammes-, Standes-, Güterklassen- und lokalen Rechten zu Grunde lag. Aber das hat nur geschichtliches Interesse.

Was wir aus dieser Zeit gerettet haben und heute noch gebrauchen, ist nicht mehr ein zusammenhängendes System, so wertvoll auch diese Schöpfungen als Bestandteile des heutigen D. R. sind und so stolz wir auf deren Aufbau sein dürfen. Wir haben die die Menschheit entwürdigende röm. Sklaverei abgeworfen mit ihren Pekulien und den Bestimmungen über Freilassungen und den dadurch geschaffenen verschiedenen Ständen, wovon die röm. Rechtsbücher zum Überdruß wimmeln. Wir haben die Fortdauer der röm. väterlichen Gewalt, welche bis zum Tode des Vaters auch die großjährigen und verheirateten Söhne und Enkel in wirtschaftlicher Unselbständigkeit hielt, beseitigt und die Rechte der deutschen Mutter über ihre Kinder erweitert. Wir haben gänzlich mit dem ehelichen Güterrecht der Römer gebrochen und verschiedene, der deutschen und modernen Auffassung der Ehe entsprechendere Güterrechtssysteme geschaffen. Damit hängt eine Neugestaltung des Erbrechts der Ehegatten zusammen. Wir haben den röm. Rechtssatz aufgegeben, daß die Klagbarkeit der Verträge abhängt von bestimmten Formen, der uralten Heiligkeit des von einem Deutschen gegebenen Wortes die Anerkennung auch für das bürgerliche Recht gesichert, damit aber unserm Handelsverkehr innerhalb Deutschlands und mit den fremden Völkern eine gesicherte Grundlage gegeben. Umgekehrt haben wir in Übereinstimmung mit den andern modernen Kulturvölkern Formen geschaffen, welche dem kaufmännischen Geldverkehr in weit zweckmäßigerer Weise angepaßt sind, als sie das röm. Recht auf diesem Gebiete aufweist: den Wechsel, den kaufmännischen Verpflichtungsschein, die Anweisung, das Orderpapier und das Inhaberpapier. Die Römer sind an ihrer Latifundienwirtschaft zu Grunde gegangen. Für einen landwirtschaftlichen Realkredit ist die röm. Hypothek unbrauchbar. Die deutschen Grund- und Hypothekenbücher sind eine der großartigsten modernen Einrichtungen, welche, in Zusammenhang mit einem rationell angelegten und fortgeführten Kataster, dem Kleinbauern wie dem Großgrundbesitzer und dem städtischen Hausbesitzer einen den Gläubiger sichernden Realkredit garantiert. Auf dem Gebiete des Mobiliarsachenrechts vollzieht sich der Schutz des redlichen Erwerbers in einer der modernen Auffassung entsprechenden, den Erwerb beweglicher Sachen sichernden Weise. Die röm. Hypothek an beweglichen Sachen ist als den Verkehr benachteiligend aufgegeben. Der Ausbau des Handelsgesellschaftsrechts mit den Formen der offenen Handelsgesellschaft, der stillen und der Kommanditgesellschaft, der Aktiengesellschaft und der Gesellschaft mit beschränkter Haft hat die röm. Gesellschaftsform ganz verlassen. Der Trieb der modernen Association hat die Genossenschaften des D. R. geschaffen, von deren Gestaltung bei den Römern nichts zu finden ist. Ganz unbekannt war den Römern der Schutz des geistigen und gewerblichen Eigentums mit seinen segensreichen socialen und wirtschaftlichen Wirkungen u. s. w. Mit dem *heute geltenden* D. R. hat, wenn schon sich dasselbe im Anschluß an das röm. Recht und auf der durch dasselbe gegebenen Grundlage aufgebaut hat, das deutsche Volk seinen Beruf zur zeitgemäßen Fortbildung eines seinem Kulturzustande und seinen wirtschaftlichen Bedürfnissen entsprechenden, dem Rechtszustande der übrigen Kulturvölker ebenbürtigen bürgerlichen Rechts wohl erwiesen. Übrigens kann man von einem heute geltenden D. R. in dem Sinne, daß der einzelne Rechtssatz *formell* gemeines Recht sei, nur so weit sprechen, als derselbe durch die deutsche Reichsgesetzgebung sanktioniert und folglich für das ganze Deutsche Reich verbindlich ist. Darüber hinaus ist es die *materielle* Übereinstimmung der im einzelnen freilich voneinander vielfach abweichenden partikularen Rechtssätze der einzelnen deutschen Rechtsgebiete in ihren Principien und Grundzügen, welche noch zur Zeit das D. R. ausmacht.

Geschichtlich ist D. R. im weitern Sinne das Recht des gesamten german. Volksstammes, darunter auch das Recht der skandinav. oder nordischen Völker, das Recht der Angelsachsen, die normann.-fränk. und langobard. Rechte von Frankreich und Italien. Im engern und gewöhnlichen Sinne bedeutet D. R. das in Deutschland selbst hervorgebrachte, also auf deutschen Rechtsquellen beruhende Recht.

Eine öffentliche, wiewohl nicht erschöpfende Fixierung der ältesten deutschen Rechtsgewohnheiten erfolgte erst, nachdem die wichtigsten Stämme das Königtum angenommen und teils german. Reiche auf den Trümmern der röm. Weltherrschaft errichtet, teils die Hegemonie der Franken anerkannt hatten. Es entstanden so vom 5. bis zum 9. Jahrh. unserer Zeitrechnung die in unbeholfenem Latein niedergeschriebenen Leges barbarorum oder Volksrechte (s. d.). Als eigentliche Gesetze, d. h. als für das ganze Reich berechnete Erlasse einer ihrer Macht und Zwecke bewußten Staatsgewalt, sind erst die Kapitularien (s. d.) der fränk. Könige, besonders Karls d. Gr., anzusehen. Sie beschäftigen sich überwiegend mit dem öffentlichen Rechte, der Verwaltung und der Kirche. Nur einzelne derselben enthalten Abänderungen der sonst fortgeltenden Volksrechte, ersetzen z. B. Kompensationen in vielen Fällen durch öffentliche Strafen.

Die Verfassung des Fränkischen Reichs beruhte auf der Einteilung in Grafschaften oder Gaue, deren Vorstand der Graf war. Die Gaue zerfielen wieder in Hundertschaften, denen die Schultheißen vorstanden. Ihre Aufgabe war wesentlich die Gerichtsverwaltung. Über mehrere Grafschaften geboten Herzöge und Markgrafen; die Rechte des Königs vertraten im ganzen Reiche besondere Königsboten oder Sendboten. Herzöge und Grafen waren im wesentlichen noch Beamte des Königs, die Freien standen in einem direkten Unterthanenverband zum König. Den Übergang von diesen gesunden Grundlagen der karoling. Monarchie zu dem Lehnsstaat und zu der Zersplitterung und Schwäche des spätern Deutschen Reichs vermittelte das Anwachsen großen Grundbesitzes in den Händen Einzelner. Der kleine Grundbesitz verlor dem gegenüber seine Unabhängigkeit und konnte den Heeres- und Gerichtsdienst nicht mehr tragen, sodaß sich viele Freie in den Schutz und die Abhängigkeit von einem großen Grundbesitzer begaben und dessen Vasallen wurden. Der König gewährte Herzögen und Grafen Benefizien, die Herzöge und Grafen übergaben wieder ihren Vasallen und Schutzbefohlenen Güter zu Benefizien. So entstand das Lehnsverhältnis, welches den Unterthanenverband, die direkte Unterordnung der Freien unter den König auflöste, die königl. Rechte empfindlich schädigte und aus Beamten des Reichs Inhaber eigener Herrschaftsrechte machte. Die Ausbildung der Landeshoheit der Territorien im Deutschen Reiche war die Folge dieser Entwicklung. Der Gedanke des Reichs und unabhängiger Bürger desselben schien noch einmal in den aufblühenden Städten und ihrer freien Verfassung eine feste Gestalt zu erhalten, die Hansa vertrat auf der See das Deutsche Reich, aber auch die Städte verfielen später einer engherzigen Territorialpolitik.

So gewähren denn die Rechtsquellen des Mittelalters den Anblick des buntesten Partikularismus. Neben den in Landrechte sich umwandelnden Volksrechten giebt es mannigfaltige Stadt-, Lehn-, Hof- und Dienstrechte, deren anfangs zerstreute oder nur aus der Überlieferung mittels sog. «Weistümer» bezeugte Bestandteile weiterhin gesammelt und teilweise von den Lehns- oder Schutzherren ausdrücklich bestätigt werden. Wenn dennoch in jener Vielheit von Sonderrechten eine bemerkenswerte Übereinstimmung herrscht, so erklärt sich dies aus der Gleichheit der Volksart und der Zustände, rücksichtlich der Stadtrechte im besondern aus dem Verfahren, daß jüngere Städte entweder gleich bei der Gründung mit der Verfassung einer ältern Stadt versehen wurden, oder sich die dortigen Rechte selbständig zum Muster nahmen und in zweifelhaften Fällen, oder wenn sich das Bedürfnis einer Fortbildung herausstellte, bei der Mutterstadt als ihrem «Oberhofe» die nötige Belehrung suchten. Auf diese Weise erlangten z. B. die Stadtrechte von Köln, Freiburg, Lübeck, Hamburg in Deutschland und darüber hinaus, in der Schweiz und in den Ostseeprovinzen, das von Magdeburg in Sachsen und Schlesien eine weithin reichende Gültigkeit. Die Ähnlichkeit der Stammes- oder Landrechte erklärt es auch, weshalb die vor 1235 erschienene Schrift eines anhalt. Landgerichtsschöffen, Eike von Repgow, welche eine Art dogmatischer Übersicht des sächs. Rechts zu geben versuchte, von den Zeitgenossen als Formulierung der allen gemeinsamen Rechtsbegriffe willkommen geheißen wurde. Dieses unter dem Namen Sachsenspiegel (s. d.) weitverbreitete Buch diente bereits im 13. Jahrh. als Unterlage für ausgedehntere umschreibende Bearbeitungen, unter denen der Schwabenspiegel (s. d.) vorzugsweise zu nennen ist. Die Art des gerichtlichen Verfahrens veranschaulichten besondere Rechtsgangbücher, z. B. der «Richtsteig» des Landrechts und Lehnrechts. Mit den Stadtrechten bringen den Sachsenspiegel in Verbindung das «Sächs. Weichbild» und das «Rechtsbuch nach Distinktionen», während sich das «Kleine Kaiserrecht», das «Land- rechts- und Stadtrechtsbuch» von Ruprecht von Freysing an den Schwabenspiegel anschließen. Daneben ist der Deutschenspiegel (s. d.) zu erwähnen.

Innerhalb der höhern Lebensformen, wie sie sich in den Städten und den besser verwalteten Territorien seit dem 14. Jahrh. entwickelten, begann ein festerer Staatsbegriff wieder aufzuleben, ohne daß die Rechtsentwicklung dem wirtschaftlichen und polit. Aufschwung zu folgen gewußt hätte. So fand sich Raum für die Aufnahme des röm. Rechts in Deutschland, welches mit seinem umfassenden System den Bedürfnissen des modernen Verkehrs für alle Fälle des praktischen Lebens eine stets bereite Hilfe darbot. So konnte sich die von den Kaisern ausgeübte Reichsgesetzgebung auf das öffentliche Recht beschränken. Hier entstanden die Goldene Bulle 1356, die Kammergerichtsordnungen 1495 und 1555, die Notariatsordnung 1512, die peinliche Halsgerichtsordnung 1532, die Reichspolizeiordnungen 1530, 1548, 1577, der jüngste Reichsabschied 1654. Die weitere Fortbildung des bürgerlichen Rechts übernahm dann die Gesetzgebung der einzelnen Staaten und Städte.

Zu erwähnen sind die Nürnberger Reformation von 1479, verbessert 1522 und 1564, die Frankfurter Reformation von 1509, verbessert 1578 und 1611, ferner die Tiroler Landesordnungen von 1532 und 1573, das Württembergische Landrecht von 1555, revidiert 1567 und 1610, die Konstitutionen Kurfürst Augusts von Sachsen von 1572, die Codices Maximilianei Bavarici von 1751—56. In Preußen wurden 1794 und 1795 unter dem Einflusse reformatorischer Theorien ein allgemeines (Privat-, Staats-, Kirchen-, Strafrecht enthaltendes) Landrecht und eine Allgemeine Gerichtsordnung erlassen. Österreich folgte mit einem Bürgerlichen Gesetzbuch von 1811, das vielfach, namentlich in der Schweiz, Nachahmung fand. Die Rheinlande wußten den Code Napoléon, welchen die vorübergehende Herrschaft der Franzosen im Anfange des 19. Jahrh. daselbst eingebürgert hatte, als wertvollen Nachlaß fortzubehaupten, und während in Hessen (1842) und Bayern (1861 fg.) nur Vorarbeiten zu stande kamen, bekam Sachsen 1863 ein Bürgerliches Gesetzbuch. Über die Gesetzgebung des neuen Deutschen Reichs s. Deutschland und Deutsches Reich (Staatsrechtliches, S. 146 fg.), über das von diesem vorbereitete Bürgerliche Gesetzbuch s. Bürgerliches Gesetzbuch für das Deutsche Reich.

Litteratur. Die Darstellungen der deutschen Rechts- und Staatsgeschichte von Eichhorn (5. Aufl., 4 Bde., Gött. 1843—44), Hillebrand (Lpz. 1856), Walter (2. Aufl., 2 Bde., Bonn 1857), Philipps (4. Aufl., Münch. 1859), von Daniels (4 Bde., Tüb. 1859—63), Zöpfl (4. Aufl., 3 Bde., Braunschw. 1871—72), von Schulte (5. Aufl., Stuttg. 1881), Brunner (2 Bde., Berl. 1887—92), Siegel (2. Aufl., ebd. 1889), Schröder (Lpz. 1889); ferner Waitz, Deutsche Verfassungsgeschichte (8 Bde., Bd. 1 u. 2 in 3., Bd. 3 u. 4 in 2. Aufl., Kiel 1844—85); Stobbe, Geschichte der deutschen Rechtsquellen (2 Bde., Braunschw. 1860—64); Sohm, Die altdeutsche Reichs- und Gerichtsverfassung (Bd. 1, die fränk. Reichs- und Gerichtsverfassung, Weim. 1871); die Lehrbücher des deutschen Privatrechts von Bluntschli (3. Aufl., Münch. 1864), Beseler (4. Aufl., Berl. 1885), von Gerber (16. Aufl., Jena 1891); die Handbücher von Stobbe (5 Bde., 2. Aufl., Berl. 1882—85) und von Roth (Bd. 1—3, Tüb. 1880—86 [unvollendet]); Heusler, Institutionen des deutschen Privatrechts (2 Bde., Lpz. 1885—86).

Deutsches Reich, s. Deutschland und Deutsches Reich.

Deutsches Theater. Wie im alten Griechenland hatte auch das Theater des christl. Abendlandes seinen Ursprung in den dramat. Formen des Gottesdienstes. Die christl. Kirche richtete, ausgehend von dem liturgischen Wechselgesang der Engel mit den drei Marien am Grabe, zu dem später der Wettlauf der Apostel Petrus und Johannes hinzutrat, kurze dialogische Osterfeiern ein, welche die Priester in der Kirche aufführten; aus den Osterfeiern erwuchsen die Oster-, weiter die Passionsspiele; ähnlich entstanden die Weihnachts- und Dreikönigs- sowie die Fronleichnamsaufführungen, schließlich legendarische Stücke, alle ohne dramat. Konzentration Handlung an Handlung reihend. Für diese Mysterien (s. d.), wie man sie nannte, wurde nun bei ihrer weitern Ausbildung, etwa seit dem 12. Jahrh., der Raum in der Kirche zu eng, während zugleich ihre lat. Sprache den Laien das Verständnis erschwerte. Man schlug daher die Mysterienbühne auf Kirch- und Klosterhöfen, bald auch auf Straßen und Plätzen der Städte auf, und die lat. Sprache wurde nur noch für die Bibelworte, welche Christus, die Apostel, Engel, Heiligen und Gott Vater zu sprechen hatten, beibehalten. Komische Figuren, die natürlich von jeher deutsch sprachen, mischten sich früh unter dem Einfluß der vagierenden Kleriker diesen Kirchenspielen ein, so namentlich der in den Passionsspielen erscheinende Krämer oder Quacksalber mit Frau und Knecht (dem eigentlichen Lustigmacher) und burleske Teufelsgestalten. Das Personal dieser oft pomphaften Mysterienaufführungen wuchs zu Zeiten auf mehrere Hundert an; sie hatten auf der großen, primitiven, aber ganz bestimmt, fast landkartenmäßig eingeteilten Bühne alle ihre festen Spielstellen, deren Bedeutung nicht durch Dekorationen, sondern durch Inschriften, Banner und Ähnliches angedeutet war. Die Geistlichen, immer Verfasser der Spiele, behielten sich die Darstellung der heiligen Personen vor, die andern Rollen wurden oft Laien in die Hände gelegt. So bekam dies geistliche Drama bis zum Beginn der Reformation eine nicht zu unterschätzende Ausbildung.

Neben diesen geistlichen Schauspielen entstanden andere, volkstümlich-komischer Gattung, die namentlich um die Fastnachtszeit im Schwange waren. Diese **Fastnachtspiele**, die teils auf letzten Nachwirkungen der röm. mimi, teils auf germanisch-heidn. Festaufzügen und Streitgesprächen beruhen mögen, lernen wir am besten aus Nürnberg und Tirol. Die komisch kostümierten Spieler zogen aus einem Wirtshaus ins andere, der Herold voran; zuerst marschierten sie einfach in Charaktermasken auf und jeder sagte seinen Spruch; später wurden ganze kleine Handlungen, namentlich Prozesse, Bauernhochzeiten, Arztscenen aufgeführt, all das im 15. Jahrh. sehr schmutzig und kunstlos; ernstere allegorische oder gar polit. Spiele sind selten, kommen aber doch vor. Die berühmtesten Fastnachtdichter Nürnbergs im 15. Jahrh. waren Hans Rosenblut und Hans Folz, in deren Art im 16. Jahrh. noch Peter Probst dichtete. Einen Umschwung bedeutete Hans Sachs; in seinen Fastnachtspielen ging der erste Keim individueller Menschen-, wirklicher Lebensdarstellung auf, ein Vorzug, den er auch über die enge Grenze des Fastnachtspiels hinaus auf das ganze Gebiet seiner geistlichen und profanen Dramendichtung übertrug. Lokalitäten, die eigens zur Aufführung von Bühnenstücken erbaut worden wären, kannte man vor dem 17. Jahrh. nicht. So wurden auch die weltlichen Komödien des Hans Sachs außer der Zeit des Gottesdienstes zu Nürnberg in Kirche oder Kloster gespielt; andere Spielorte waren Gastwirtschaften, im 17. Jahrh. namentlich Fecht-, Ball- und Tanzhäuser.

Der Gelehrtenstand beteiligte sich am Drama durch die **Schulkomödien**, die zu Ende des 15. Jahrh. zur Übung der lat. Sprache eingeführt wurden. Man wählte zunächst Stücke von Plautus und Terenz dazu, bildete ihnen aber bald neue nach, wobei Männer wie Reuchlin, Locher, Celtis u. a. (s. Deutsche Litteratur) thätig waren. Die Reformation fand an den deutschen Fastnachtspielen, besonders aber am lat. und deutschen Schuldrama ein wertvolles Agitationsmittel; Luther selbst begünstigte Aufführungen biblischer Stücke. So gewinnen in der zweiten Hälfte des 16. Jahrh. und schon früher diese Schulkomödien, besonders in Sachsen, Thüringen, Schlesien, weiteste Ausbreitung; mit Vorliebe behandelte man alttestamentliche Stoffe. Studenten vereinigten sich an Universitäten zu geschlossenen Korporationen für Schauspielaufführungen; besonders hoch stand in Repertoire und Einrichtung das Straßburger Akademietheater (seit 1596), das z. B. Brülows gute lat. Dramen agierte; Landgraf Moritz von Hessen baute für die Zöglinge seiner Ritterakademie das erste eigentliche Theater, das Ottoneum. Ebenso spielten die Bürger der Städte, zumal die Meistersänger in Nürnberg, Augsburg, Straßburg, selbstgedichtete Stücke. Das alte kirchliche Mysterium in seinem undramatisch epischen Zuschnitt hielt sich namentlich in den kath. Alpenländern und im Elsaß in langwierigen, personenreichen Spielen; sie sanken von den Bürgern allmählich zu den Bauern herab, bei denen solche Bauernspiele (s. d.) in abgeschlossenen Gegenden noch heute nicht ganz ausgestorben sind. Andererseits lebte das lat. kirchliche Drama in den Händen der Jesuiten; in den Sälen und Höfen der Jesuitenstifte, selbst wieder auf offener Straße (wie 1597 in München zur Weihung der Michaelskirche) errichteten die frommen Väter ihre Bühnen, die sie mit allen blendenden Mitteln des Dekorations- und Maschinenwesens ausstatteten.

Es war natürlich, daß sich bei der ungemeinen Beliebtheit der Schauspiele im 16. Jahrh. aus dem ursprünglich allein herrschenden Dilettantentum Anfänge von Berufsschauspielerei entwickelten; wir wissen von einheimischen Wandertruppen, wie denn z. B. 1585 in Frankfurt a. M. Nürnberger Bürger Hans Sachssche Stücke agierten. Aber das war doch meist Nebenbeschäftigung. Es bedeutete eine starke Umwandlung des deutschen Schauspiels, als berufsmäßige **Englische Komödianten** (s. d.) nach Deutschland herüberkamen. Sie treten teils in Dienste eines Hofs (zuerst 1586 beim Kurfürsten von Sachsen, seit 1594 namentlich bei Moritz von Hessen und Heinrich Julius von Braunschweig), teils gehen sie auf eigene Rechnung wandernd von Stadt zu Stadt (zuerst 1591). Ihre Truppen umfassen 10—25 Personen, keine Frauen. Die Hauptrolle spielt der Clown; der Schauspieler Sackville nannte sich John Bouset (d. i. Posset = Milchrahm mit Wein), Spencer Hans von Stockfisch, Reynolds Pickelhäring u. s. w. Sie agierten anfangs in engl. Sprache, nur der Clown sprach früh deutsch; als sich bald deutsche Schauspieler unter sie mischten und sie durch längern Aufenthalt selbst des Deutschen mächtig wurden, gaben sie ihre Vorstellungen «in guter teutscher Sprache». Die Darstellungsweise muß zwischen höfischer, graziöser Zierlichkeit und jener wilden, haarsträubenden engl. Manier, die Shakespeare im «Hamlet» geißelt, geschwankt haben. Die Bühne zerfiel in einen größern äußern und kleinern innern Schauplatz. Das Repertoire umfaßte histor. Dramen, Blut- und Schauerstücke, phantastische Lustspiele, Ballette, derbe Possen und Singspiele; sie gaben auch Shakespearesche Dramen, freilich sehr verderbt. Ihre Wirkung beruhte auf dem in Deutschland unerhörten dramat. Leben, auf den starken Situationseffekten ihrer Stücke und ihres Spiels. Bald fanden sie Nachahmung, so an Jak. Ayrer und vor allem an ihrem Gönner Heinrich Julius von Braunschweig. Welcher Art ihre Spiele waren, ist aus den 1620 erschienenen «Engl. Komödien und Tragödien» und dem 1630 veröffentlichten «Liebeskampf» zu ersehen: stilistisch untergeordnet, im theatralischen Aufbau roh, in den Possen derb, selbst gemein, aber durchweg höchst geschickt.

Die engl. Komödianten überdauerten noch den Dreißigjährigen Krieg. Inzwischen aber hatten **deutsche Wandertruppen** ihnen ihre Künste abgelernt und verdrängten sie. Auffallend ist die starke Beteiligung von «Studiosi», meist Theologen, die in den Kriegsunruhen das Vagabundenelend dem kaum gesichertern bürgerlichen Beruf vorzogen. Ein Magister Lassenius, der zuerst 1622 in Berlin als Mitglied der Treuschen Truppe erschien, wurde sogar später wieder Geistlicher. Doch hoben diese Elemente den Ton der Wandergesellschaften nicht, die lediglich brutal entstellte, in Blut und Greueln schwelgende Bearbeitungen ausländischer, namentlich span. und ital. Stücke und rohe Possen brachten. Die steif pomphaften Alexandrinerdramen von Gryphius, Lohenstein u. a. wurden höchstens auf Schulen und Universitäten aufgeführt und wollten in erster Reihe Lesedramen sein; das eigentliche Schuldrama fand durch den Zittauer Schulmann Christ. Weise (s. d.) noch nachträglich eine reichere Pflege in Prosadramen, in denen er sich den dramat. Anforderungen, die durch die Engländer im Publikum rege geworden waren, nicht entzog und auch der lustigen Person Platz gewährte. Die Höfe und großen Städte hielten sich ital. und franz. Komödianten, bevorzugten aber namentlich die von Italien eingeführte antikisierende Oper, das idyllische Schäferspiel, das allegorische Ballett und Festspiel; diese Dinge bildeten bald einen unentbehrlichen Bestandteil der Hoffestlichkeiten. Schon Opitz verfaßte eine Oper, die Dramen des Nürnbergers Klaj sind ganz opernhaft angelegt, und Rist hat in trefflichen allegorisch-patriotischen Festspielen (1647 und 1648 durch die Gärtnersche Truppe in Hamburg aufgeführt) «das friedewünschende» und «das friedejauchzende Deutschland» dargestellt. So wenig diese auf musikalische und szenische Wirkungen ausgehende Richtung dem deutschen Schauspiel unmittelbar nutzte, so war sie ihm doch mittelbar förderlich dadurch, daß auf dekorative und Kostüm-Ausstattung mehr geachtet wurde (die Hamburger Oper zumal trieb unerhörten Luxus), daß eigene Theater erbaut (1641 in Ulm, 1667 in Dresden, 1678 ein berühmtes Opernhaus in Hamburg), endlich daß die Frauenrollen jetzt wirklich von Frauen dargestellt wurden.

Das deutsche Volksschauspiel, das dank der Ungunst der Gebildeten bis in die Hände der «Springer», Seiltänzer und Feuerfresser herabsank, wie denn der «starke Mann» Karl von Eckenberg (s. d.) noch bis 1741 die Berliner deutsche Bühne beherrschte, fand eine erste bleibende Stätte, als der Magister **Velten** (1640—92), seit 1678 Chef der «berühmten Bande», 1684 in Dresden als Leiter der «kursächs. Komödiengesellschaft» bei Hofe angestellt wurde. Er hat das Verdienst, das franz. Drama, namentlich Molière, stärker als vorher in das Repertoire aufgenommen zu haben. Die Trennung der früher eng verschlungenen ernsten «Hauptaktion» und komischen Nebenhandlung bahnte sich seit etwa 1690 dadurch an, daß die extemporierten Clownspäße immer mehr Selbständigkeit bekamen. Diese wurde am größten in **Wien**, wo man längst an den Arlecchinaden ital. Banden (seit 1670) sich erbaut hatte und wo der Schlesier Ant. Jos. Stranitzky (gest. 1727), der 1708 im Kärntnerthortheater das erste stehende Volkstheater gründete, die typische Figur des Salzburger Bauern «Hanswurst» für sich zurecht und in seinen Stegreifkomödien höchst populär machte. In seine Fußstapfen trat Prehauser (gest. 1769). Jos. Kurz (gest. 1784) schuf die Gestalt des Tölpels Bernardon, und so dauerte der Wiener Hanswurst unverwüstlich, wenn auch in wechselnden Masken, als Jackerl, Leopoldl, Lipperl, Thaddädl u. s. w. fort bis zum Kasperle des Schauspielers Laroche (gest. 1807) und zu dem von Bäuerle erfundenen Staberl des genialen Wiener Komikers Ignaz Schuster. Lebt er doch im Kasper unsers Marionettentheaters noch heutigentags allenthalben.

Als **Gottsched** dem D. T. seine Aufmerksamkeit zuwandte, fand er einerseits die schwülstigen, pomphaft überladenen Haupt- und Staatsaktionen, die Lohenstein an Ungeschmack und Formlosigkeit weit überboten, andererseits die «unregelmäßigen» extemporierten Hanswurststücke vor. Beides war ihm ein Greuel. Er wollte regelmäßige

Dramen im franz. und antikisierenden Geschmack einführen. Eine wertvolle Verbündete fand er dabei an der tüchtigen **Karoline Neuberin** (1697—1760), deren Truppe ihren Stammbaum über die Banden Hoffmanns, Haakes und Elensohns bis auf Velten zurückführte und in Kohlhardt, Suppig u. a. treffliche Acteure besaß.

Wenngleich die Neuberin der improvisierten Stücke noch nicht ganz entbehren konnte, so verbannte sie doch, auf Gottscheds Anraten, die typische Maske des Possenreißers und seine privilegierte Entartung 1737 auf ihrem Leipziger Theater in einem von ihr gedichteten Gelegenheitsspiel öffentlich von der Bühne. Ihr Beispiel bewirkte, wenigstens für Norddeutschland, daß hinfort fast nur aufgeschriebene Stücke aufgeführt wurden und daß der Harlekin, dessen sich Lessing und Just. Möser annahmen, wenigstens dem Namen nach verschwand, nicht in seinem Wesen, das auf die ständigen komischen Bedienten- und Soubrettenrollen (Johann, Lisette) überging. Viel zäher schützte Wien seinen Liebling, der ebenso in der Zauber- und Maschinenkomödie wie in der Liederposse unentbehrlich war. Der erste Versuch, der 1747 mit einem regelmäßigen Stück gemacht wurde, entzündete einen heftigen Widerstreit der Stegreifspieler gegen diese Neuerung, der 23 Jahre lang, an ein und derselben Bühne, mit allen Waffen der Erfindungskraft und der Intrigue geführt wurde, bis Maria Theresia sich des regelmäßigen Geschmacks mit Entschiedenheit annahm, Jos. von Sonnenfels leitenden Einfluß gewann und die Improvisation durch die von ihm gehandhabte Censur auch vom Wiener Theater verbannt wurde.

In Norddeutschland hatte indes die einseitige Nachahmung der franz. Kunst bei der Schönemannschen und Kochschen Truppe fortgewirkt, während Schuch den ältern Geschmack noch nicht aufgab und in Leipzig selbst Weißes komische Opern stärker waren als Gottscheds Einfluß. Die Schwäche der Gottschedschen Reform lag in dem Mangel deutscher Originalstücke. Das besserte sich etwa seit **Lessings** «Miß Sara Sampson» (1756); wie hier durch ein praktisches Beispiel, führte der große Kritiker auch theoretisch von dem konventionellen Pathos der franz. Alexandrinerstücke ab und lenkte die Aufmerksamkeit auf die rührende Komödie der Franzosen, namentlich aber auf das Drama der Engländer. Auch auf die gesunde natürliche Entwicklung der Schauspielkunst wirkte er nach Kräften hin; mit dem Theater stand er sein Leben lang in nächster Fühlung. Dieses hob sich sichtlich. Die Gesellschaften Kochs, Ackermanns, Seylers, Döbbelins, Schröders wechselten zwar noch oft den Spielort, doch blieb z. B. Döbbelin von 1775 bis 1787 fest in Berlin. Große schauspielerische Talente, wie die Heroinen Frau Hensel-Seyler, die Liebhaberinnen Frau Starke und Frau Brandes, der Komiker Brückner tauchten auf und wurden gesucht. 1767 versuchte ein Konsortium, in **Hamburg** ein Deutsches Nationaltheater (s. d.) zu gründen, und gewann Lessing zum Dramaturgen; an dieser Bühne trat der große Schauspieler **Konr. Ekhof** (1720—78) auf, «der Vater der deutschen Schauspielkunst», der den Kothurn des alten franz. Stils ganz in Lessings Sinne zu Gunsten echter und doch künstlerischer Natürlichkeit abstreifte und dadurch epochemachend wirkte. Das «Nationaltheater» ging ein, in Lessings «Hamburger Dramaturgie» eine wertvolle Frucht hinterlassend; aber auch noch unter **Friedr. Ludw. Schröder** (1744—1816), dem trefflichen Mimen und Bühnendichter, der die Hamburger Bühne 1771—80 leitete, besaß diese an den Helden Brockmann und Reinecke, an Borchers und Christ, an den Schwestern Ackermann Kräfte hohen Ranges. Schröder erwarb sich das bleibende Verdienst, Shakespeare auf der deutschen Bühne heimisch gemacht zu haben; aber auch Goethes «Götz» führte er auf, und ein von ihm ausgeschriebener Preis wurde Klingers «Zwillingen» zu teil. Sein Auftreten auf dem Wiener Burgtheater (1781—85) half auch dort die ältere, unwahr gespreizte und übertriebene Art des Spiels beseitigen. In gleichem Sinne war Ekhof, der inzwischen Mitglied der Seylerschen Truppe gewesen war, an dem 1775 gegründeten Hoftheater zu Gotha thätig, dessen Direktion er bis zu seinem Tode führte.

Um diese Zeit vollzog sich eine große Veränderung der Theaterverhältnisse. Bis dahin waren es Schauspielerprinzipale, die alten Komödiantenmeister, selten andere Privatunternehmer, unter ihnen auch Kavaliere, wie in Wien und München, die an der Spitze der Theaterunternehmungen standen; von jetzt an begannen die Fürsten ital. Oper und franz. Komödie abzuschaffen und deutsche Theater in ihrem unmittelbaren Schutze zu unterhalten. Diese Veränderung wirkte um so vorteilhafter, als die Kunst dadurch vom Erwerb unabhängig gemacht wurde, ohne doch der kunstverständigen Leitung entzogen zu sein. Kaiser **Joseph** II., der 1776 das Wiener Schauspiel übernahm und ihm den Titel eines Nationaltheaters mit der musterhaften Bestimmung gab, es solle nur zur Verbreitung des guten Geschmacks und zur Veredelung der Sitten wirken, machte die Einsetzung der künstlerischen Vorstände von der Wahl der Theatermitglieder abhängig, sodaß bald ein Ausschuß von Schauspielern, bald einzelne, wie Stephanie, dann Brockmann, die Direktion führten. **Dalberg**, der 1779 in Mannheim ein kurfürstl. Nationaltheater gründete, adoptierte die Josephinische Organisation, und diese junge Bühne, der die besten Talente des bald nach Ekhofs Tode wieder aufgelösten Gothaer Hoftheaters, unter ihnen Beil, Iffland, Beck, beitraten, wurde zur Stätte einer neuen schauspielerischen Schule, als deren Haupt Iffland zu betrachten ist.

Dieser Aufschwung der Bühne geht mit dem Aufschwung der dramat. Dichtung Hand in Hand. Goethes «Götz von Berlichingen» gab der durch Shakespeare genährten Richtung auf Natürlichkeit einen solchen Nachdruck, daß dadurch bei den Aufführungen in Hamburg und Berlin 1773 eine Reform des Theaterapparats, besonders des Kostüms, zu Gunsten der histor. Treue herbeigeführt wurde. Die Mannheimer Bühne bahnte dem jungen Schiller durch die Aufführung seiner Jugenddramen 1781—84 den Weg in die Öffentlichkeit. Während Goethes «Götz» und Schillers «Räuber» ein langes Gefolge von Ritter- und Räuberstücken nach sich zogen, als deren Verfasser u. a. Törring, Babo und Maier hervortreten, wurde das bürgerliche Drama, nach Lessings Vorbild, besonders von den Schauspielern Iffland, Schröder, Großmann, Brandes, in zweiter Linie von Gotter, Gemmingen und Bretzner kultiviert; ergiebiger als je war die dichterische Produktion. Blieben diese meist platt alltäglichen bürgerlichen Schau- und Lustspiele an poet. Wert weit hinter Lessings «Minna» zurück, so fehlte es ihnen selten an Bühnenwirksamkeit und Routine. Alle frühern Poeten dieser Art überbot in der Gunst des Publikums der talentvolle und witzige Aug. von Kotzebue durch seine mit falscher Empfindsamkeit, mit rührseliger Charakterlosigkeit gefährlich versetzte Schriftstellerei, die wohl ein Vierteljahrhundert lang das Repertoire beherrschte.

Gegen diese ganze Gattung wandte sich die idealistische Reform, durch die Weimars große Dichter dem Theater eine völlig veränderte Richtung zu geben suchten. Goethe hatte die Direktion des 1791 errichteten *weimarischen Hoftheaters* übernommen. Bald wandle auch Schiller demselben seine belebende produktive Teilnahme zu, und von Weimar ging nunmehr eine neue Schule der Dicht- und Schauspielkunst aus, die ein entscheidendes Ansehen mit der Aufführung von Schillers Wallenstein-Trilogie (Okt. 1798, Jan. und April 1799) gewann. Erst durch sie lernten die deutschen Schauspieler Dramen vornehmen Stils in ruhig schöner Würde darstellen, durch sie lernte das Publikum, im Theater nicht nur Vergnügen oder Aufregung, sondern auch tiefen künstlerischen Genuß suchen, durch sie endlich lernten die Theaterleiter, das Publikum nicht nur unterhalten, sondern auch zu edlerer Kost erziehen. Von Weimar aus eroberten sich Schillers hinreißende Dramen ganz Deutschland. Es ist wohl richtig, daß der Weimarer Kunststil, der mehr auf Schönheit als auf Naturwahrheit ausging, für minder begabte Schauspieler die Gefahr der Manieriertheit und Hohlheit mit sich brachte, eine Gefahr, vergleichbar jener, die Schillers Nachahmer im Drama liefen. Es ist ferner unleugbar, daß sich die Weimarer Dichter zu allerlei technischen und litterar. Experimenten verleiten ließen (man denke an die Chöre in der «Braut von Messina», die Dramen «Jon» und «Alarkos» der Brüder Schlegel), die der Bühne wenig praktischen Nutzen brachten. Ebenso sicher aber ist es, daß sie mit geringen Mitteln und mäßigen Kräften, unter denen Vohs, Graff, die Jagemann, die Schröter, das Ehepaar Wolff hervorragten, Wunderbares erreichten, daß sie durch ihr Beispiel großen Einfluß übten, daß sie das D. T. und Drama erst auf die Höhe des künstlerischen Ernstes und der künstlerischen Leistungsfähigkeit erhoben. Ähnliches ist nirgends wieder geglückt; der verwandte Versuch einer idealen Musterbühne, den *Karl Immermann* 1834—37 in Düsseldorf mit Hingabe und Geschick wagte, mußte bald aufgegeben werden. Ein Hauptgrund war freilich, daß die Folgezeit keinen zweiten Schiller hervorbrachte, der edelste Kunst mit unmittelbarer populärer Bühnenwirkung verband; die großen Dramatiker des 19. Jahrh., Heinr. von Kleist, Grillparzer, Hebbel haben sämtlich erst späte Erfolge gehabt und nie eigentliche Zugstücke geschrieben, und die Mehrzahl der nachschillerschen Jambendramatiker verdiente kein besseres Schicksal, als ihnen wurde.

Wächst die Zahl der stehenden Bühnen seit Anfang des Jahrhunderts ins Große, so spielt sich die Entwicklung des Theaters doch mehr und mehr in den beiden Hauptstädten Berlin und Wien ab; nur die Dresdener Bühne hat unter Ludw. Tiecks und Gutzkows Einfluß, durch die Schauspieler Eduard und Emil Devrient, Dawison, wie durch Wilhelmine Schröder-Devrient, die Münchener durch den idealistischen Heldenspieler Eßlair zeitweilig eine Rolle gespielt. In *Berlin* wurde 1786 das Komödienhaus auf dem Gendarmenmarkt zum «Nationaltheater» erhoben und von J. J. Engels, später sehr glücklich von Iffland geleitet, der mit den Weimarer Dichtern enge Fühlung hatte und klassische Aufführungen sehr begünstigte; für Schiller zumal hatte er an Fleck, Mattausch und Frau Unzelmann-Bethmann vorzügliche Kräfte. Auch sein Nachfolger Graf Brühl, der 1815—37 Generalintendant der königl. Schauspiele wurde und besonders eine reiche äußere Ausstattung begünstigte, behielt die Beziehungen zu Goethe und zog in dem Ehepaar Pius Alexander und Amalie Wolff treffliche Vertreter des Weimarer Stils nach Berlin. Unter ihm erlebte das Berliner Schauspiel äußerlich wohl seine höchste Blüte; an Raupach gewann es einen erfolgreichen Dichter, den später weder Frau Birch-Pfeiffer noch neuerdings Wildenbruch ersetzen konnte; die Namen Beschort, Lemm, Rebenstein, Gern, die Stich-Crelinger, vor allem Ludw. Devrient widerlegen den Satz, daß dem Mimen die Nachwelt keine Kränze flechte. Aber mit dem Grafen Brühl wurde die Theaterleitung ein Hofamt, dessen Träger höchstens ein gebildeter Dilettant war, mit ihm drängte sich bureaukratische Verwaltung ein und erzeugte Übelstände, die sich unter den folgenden Intendanzen Rederns, Küstners, Hülsens, Hochbergs nur gesteigert und das Berliner Schauspielhaus um seinen alten Ruhm gebracht haben, trotzdem es ihm an glänzenden Kräften (früher der geistvolle Seydelmann, später Dessoir, Hendrichs, Döring, die Fried-Blumauer) nie gefehlt hat. Leider ist dieselbe wenig bewährte Einrichtung, die einen Kavalier als wirklichen Leiter an die Spitze stellt, einen sachverständigen Schauspieler oder Dichter höchstens an zweiter Stelle duldet und damit den innern Zusammenhang, die künstlerische Einheit löst, auch bei andern Hoftheatern Regel geworden, doch war die Wahl der vornehmen Intendanten nicht selten glücklich; auch hat es immer zahlreiche Ausnahmen gegeben, so früher Klingemann in Braunschweig, Franz von Holbein in Hannover, später Dingelstedt in München, Weimar und Wien, Ed. Devrient in Karlsruhe, Wehl in Stuttgart u. a.

Die guten Erfolge wirklich künstlerischer Leitung, die das Ganze mit ihrem einheitlichen Geiste durchdringt, belegt glänzend das Burgtheater in *Wien*, unstreitig die erste deutsche Bühne. Hier haben seit dem trefflichen Dramaturgen Schreyvogel (1768—1832), wenn nicht formell, so thatsächlich, mit geringen Unterbrechungen ausgezeichnete Männer die Direktion in Händen gehabt, so Deinhardstein, Holbein, vor allen Laube (1849—67), dann Halm, Dingelstedt, Wilbrandt, und sie haben der Bühne ein treffliches Ensemble zu erhalten gewußt, von Sophie Schröder, Anschütz, La Roche, Amalie Haizinger, Julie Rettich, Marie Seebach, Fichtner, Löwe bis auf Charlotte Wolter, Friederike Goßmann, Sonnenthal, Baumeister, Mitterwurzer u. a. War Wien früher eine Hochschule der Weimarer Richtung, so ist jetzt längst eine recht realistische Darstellung dort Tradition. Das Wiener Burgtheater war in der Auswahl seines Repertoires lange durch Censur und Rücksicht behindert; dafür erfreute es sich von je einer warmen Teilnahme des Publikums wie keine andere Bühne und hatte an Grillparzer, Halm, Hebbel einheimische starke Dramatiker, an Ziegler, Frau von Weißenthurn, Bauernfeld, Mosenthal wenigstens höchst zugkräftige Autoren.

Im Wiener Theaterleben spielten immer die *Vorstadtbühnen* eine große Rolle. Auf ihnen pflanzte sich neben allerlei Lokalpossen und den sehr beliebten Parodien das alte Zauberstück fort; das in Schilaneders auf dem Theater an der Wien aufgeführter «Zauberflöte» (1791) dank Mozarts Musik ihr berühmtestes Werk erlebt hatte, das dann aber in den Dichtungen Hafners, Perinets, Henslers, Gleichs, Bäuerles, Carls, Meisls u. a. noch lange fortdauerte und schließlich in Ferd. Raimund seine herzerfreuende, hochbedeutende Höhe erreichte. Raimund errang seine Erfolge zumeist auf dem Leopoldstädter und Josephstädter Theater, während der zersetzende, nergelnde Humor seines spätern Konkurrenten Nestroy besonders im Theater an der Wien und im Carl-Theater zu Worte kam. Einen vergleichbaren Reichtum hatte Berlin in seinem Theaterleben nicht aufzuweisen; auf dem 1822 gegründeten Königstädtischen Theater blühten die harmlosen Holteischen Liederspiele; die bessere Berliner Lokalposse hatte später am Wallner-Theater eine Stätte.

Gegenwärtig übertrifft Berlin an Zahl seiner Theater Wien beträchtlich; doch dient die Mehrzahl dieser Nebenbühnen einem niedern Genre, der Operette, der Gesangsposse, dem Ausstattungsstück, wohl gar Chansonettensängern und Specialitäten. Stätten einer ernsten Kunst sind von den neuen Gründungen in Wien das Deutsche Volkstheater, in Berlin das Deutsche Theater und das Lessing-Theater; an ihnen allen hat die Schauspielkunst mehr und mehr der naturalistischen Seite sich zugeneigt. Die Schwäche unserer Bühnen ist das Ensemble, das eine konsequente überlegene Leitung voraussetzt. Musteraufführungen, wie man sie z. B. in München aus hervorragenden Kräften verschiedener Bühnen zusammengebracht hat, werden in dieser Hinsicht sogar besonders mangelhaft sein. Die Neigung zum *Virtuosentum* beherrscht unsere Schauspieler so, daß viele hervorragende Männer, wie der elegante Virtuos der Detailmalerei, Fr. Haase, der glänzende Bonvivant Mitterwurzer, der feurige Naturalist Kainz u. a. meistens überhaupt keiner Bühne fest angehören, sondern herumgastieren. Das lehrreiche und fördernde Muster eines vortrefflichen Ensembles, sorgfältiger und liebevoller Einstudierung und Ausstattung gewährten lange die (1890 aufgegebenen) Gesamtgastspiele des herzoglichen meining. Hoftheaters; auch das Ensemble des Münchener königl. Theaters am Gärtnerplatz, dessen Specialität dialektische Volksstücke sind, ist in Berlin, Leipzig und andern Städten erfolgreich aufgetreten. Die sociale Wertschätzung des Schauspielerstandes läßt nichts mehr zu wünschen übrig; für seine materiellen und Standesinteressen wirkt die Genossenschaft deutscher Bühnenangehöriger. Ob eine Hebung der künstlerischen Leistungen durch Theaterschulen, wie sie z. B. in Wien existieren, zu erreichen ist, macht die Erfahrung mindestes zweifelhaft.

Mit der schnellen Zunahme der Bühnen, mit ihrer wachsenden Freiheit, hat die *dramatische Produktion* in unserm Jahrhundert nicht gleichen Schritt gehalten (s. Deutsche Litteratur). Der größere Bedarf hat in erster Linie die Massenfabrikation minderwertiger, aber gewinnbringender Eintagsfliegen veranlaßt. Seitdem den dramat. Dichtern durch die Tantième auch ein materieller Lohn gesichert ist (seit 1845), über den seit 1871 die Deutsche Genossenschaft dramat. Autoren und Komponisten im Interesse der Autoren genaue Kontrolle übt, ist ein theatralischer Erfolg kein nur ideeller Gewinn mehr. Trotzdem ist die Zahl der bessern bühnenfähigen Dramen schon seit Jahrzehnten erschreckend gering. Die übliche Klage über die Gleichgültigkeit des Publikums erklärt nichts, da dasselbe Publikum noch heute seinen Schiller und Goethe, seinen Lessing und Shakespeare dankbar hört, da es sich für Experimente wie die Aufführung des zweiten Teils des «Faust» lebhaft interessiert und sich z. B. für Kleist und Grillparzer immer mehr erwärmt. Auch die vielen Preisausschreiben für Schau- und Lustspiele, der Schillerpreis, der ernsten Dramen zu teil wird u. s. w., haben nicht viel geholfen. So wird ein großer Teil des Repertoires unserer Bühnen aus fremden Litteraturen bestritten, von jeher vorzugsweise aus der französischen: es werden Scribe und Dumas, Augier, Sardou, Pailleron u. a. aufgeführt, eine nicht immer den deutschen Sitten und Anschauungen entsprechende und zuträgliche Kost; dazu treten etwa die Norweger Ibsen, Björnson, der Schwede Strindberg, der Spanier Echegaray, der Russe Tolstoi u. s. w., von geringern ganz abgesehen. Stücken, die auf den stehenden Bühnen nicht unterkommen, bieten neuerdings in Berlin «Freie Bühnen» eine Zuflucht, so zumal denen der modernsten Naturalisten. Luthers 400jähriger Geburtstag hat verschiedene *Festspiele* gezeitigt (von Devrient, Herrig, Trümpelmann u. a.), die unter Beteiligung zahlreicher Dilettanten an verschiedenen Orten aufgeführt worden sind; es wird beabsichtigt, in Jena und Worms von Zeit zu Zeit derartige histor. oder religiöse Festspiele durch Dilettanten zur Aufführung zu bringen. Reste aus vergangener Zeit sind die religiösen Spiele in Oberammergau, Brixlegg u. s. w., die Volksschauspiele der Schweiz; auch die Schulkomödie ist mit Recht als Mittel geistiger Übung und Anregung vielfach beibehalten worden. Über das Statistische des gegenwärtigen D. T. s. Deutschland und Deutsches Reich (Theaterwesen, S. 158).

Vgl. Das Drama des Mittelalters, hg. von Froning, und Das Drama der klassischen Periode, hg. von Hauffen (beide in Kürschners «Deutscher Nationallitteratur»); Prutz, Vorlesungen über die Geschichte des D. T. (Berl. 1847); Ed. Devrient, Geschichte der deutschen Schauspielkunst (5 Bde., Lpz. 1848—74); Genée, Lehr- und Wanderjahre des deutschen Schauspiels (Berl. 1882); Prölß, Geschichte des neueren Dramas, Bd. 3 (Lpz. 1883). (S. Oper.)

Deutsches Volk. 1) *Die Einigung der einzelnen Stämme zum deutschen Volk.* Innerhalb der westgerman. Gruppe der german. Völker (s. Germanen) bildet das D. V. seit nunmehr anderthalb Jahrtausenden eine besondere ethnische Einheit, die in den ersten Jahrhunderten n. Chr. Geburt entstand. Damals gab es eine Anzahl westgerman. Stämme, die um 500 n. Chr. in zwei Hauptgruppen zerfielen, die Angelsachsen und Friesen auf der einen, die Deutschen auf der andern Seite. Diese Einteilung erschließen wir aus sprachlichen Gründen. Bewußt ist sie den Westgermanen nicht gewesen. Erst nachdem um 600 die Übersiedelung der Angelsachsen nach Britannien abgeschlossen war, war durch die geogr. Zusammengehörigkeit der festländischen Westgermanen ihr polit. näherer Zusammenschluß für die Folge gegeben. Allein die Friesen in dem Marschlande der Nordseeküste, die ferner standen und dieselbe Mundart sprachen wie ihre angelsächs. Brüder, haben sich durch ihre abgeschlossene Lage (unzugängliche Moore trennten das Land von Deutschland) von den festländischen Westgermanen ferngehalten und sind zum Teil bis auf die Gegenwart den Deutschen nicht zuzuzählen. Auch die Sachsen nahmen ursprünglich eine gesonderte Stellung ein. Ein Teil von ihnen hatte den Angelsachsen, als diese noch in Schleswig-Holstein saßen, zugehört, und noch heute stehen die Niedersachsen, zumal die Küstenbewohner, den Engländern in gewisser Beziehung näher als den Hochdeutschen. Nach der Auswanderung der Angelsachsen bildeten die festländischen Sachsen mit den ihnen unterworfenen fränk. und thüring. Grenzstämmen ein besonderes Volk für sich, mit eigenen staatlichen Einrichtungen. Erst ihre polit. und religiöse Unterjochung durch Karl d. Gr. führte sie seit 797 dem deutschen (damals fränk.) Staatsverbande zu. Die andern deutschen Stämme, Franken und Hessen einerseits, Thüringer, Alemannen, Bayern und Langobarden andererseits, hatten sich von Hause aus näher gestanden, aber doch auch besondere staatliche Verbände für sich gebildet und fühlten sich als selbständige Völker. Auf der fränk. Eroberungslust und der organisatorischen Fähigkeit Karls d. Gr. beruht die polit. Einigung Deutschlands. Die Hessen hatten sich schon seit alters den Franken politisch angeschlossen. Die Alemannen wurden zum Teil 496, endgültig 536 unterworfen, die Thüringer 531, die Bayern 788, die Langobarden 774 und 787. Die Friesen mußten sich zwar auch unterwerfen, bewahrten aber eine unabhängigere Stellung als die deutschen Stämme. Auch die gar nicht zu den Westgermanen gehörenden Burgunden an der Rhône, die 534 unterworfen wurden, würden voraussichtlich im Laufe der Zeit zu Deutschen geworden sein, wenn sie nicht, wie die Langobarden in Italien, bald romanisiert worden wären. Karl d. Gr. schmiedete das Frankenreich durch die Verfassung fest zusammen, indem er die fränk. Verwaltung über sein ganzes Reich ausdehnte. Wenn auch die einzelnen deutschen Stämme ihre Eigenart bewahrten, so einte sie doch alle ein polit. Band, und erst jetzt, zumal nach der polit. Abtrennung des roman. Frankreich (843 und 870), konnte sich ein deutsch-nationales Bewußtsein herausbilden (das Wort «deutsch» kommt zum erstenmal Ende des 8. Jahrh. vor, der Volksname «Deutsche» im 9. Jahrh., wird jedoch noch bis ins 13. Jahrh. selten gebraucht). In diesem Sinne darf man sagen, daß ein D. V. erst seit Karl d. Gr. besteht, also seit ungefähr 1100 Jahren. Nur mittels der Sprachgeschichte kann man für die vorhergehenden Jahrhunderte in den nachmals deutschen Stämmen der Germanen schon Deutsche erkennen.

Die alten deutschen Stämme nebst ihren Unterstämmen bestehen innerhalb der Grenzen, die etwa seit dem Ende des 6. Jahrh. ihre Gebiete abschlossen, bis auf den heutigen Tag fort (s. die Karte der Deutschen Mundarten). Noch heute ist das schwäb., bayr., niedersächs. Stammesbewußtsein lebendig. Wesentlich ist für die Überbrückung der Stammesgegensätze die kolonisatorische Fähigkeit der Franken gewesen. Die Alemannen hatten bis 496 das ganze westl. Maingebiet und den mittlern Rhein nördlich bis etwa zur Mosel besessen. In diesem Gebiet nördlich des Neckar siedelten sich seit 496 Franken an, die dem Lande den Namen gaben. Es entstand so durch Mischung der sitzen gebliebenen Alemannen mit den fränk. Kolonisten der neue deutsche Stamm der Rheinfranken. Ebenso erwuchs aus den im obern Maingebiet neben den einheimischen Thüringern ansässigen Franken der neue Stamm der Ostfranken. Fränk. Dörfer wurden im alemann. Elsaß gegründet. Karl d. Gr. legte im Sachsenlande fränk. Kolonien an und siedelte große Scharen von Sachsen innerhalb des fränk. Gebietes an. Sachsen hatten sich schon 531 in den thüring. Landesteilen zwischen Elbe und Unstrut niedergelassen. Nachmals, im 13. Jahrh., mischten sich östlich der Saale bis zur Oder Ostfranken und Thüringer, in der Mark Brandenburg, in Hinterpommern, in West- und Ostpreußen Niederfranken und Niedersachsen. Franken haben am Rhein und am Main, an der Elbe und östlich der Saale und Elbe die Deutschen zusammengekittet.

Die Stammesunterschiede bestanden indes seit Karl d. Gr. nicht nur fort, sondern verschärften sich in den folgenden Jahrhunderten. Jeder Stamm bildete noch bis ins 13. Jahrh. ein besonderes Herzogtum, und die Kreiseinteilung Maximilians (1495) trug wenigstens zum Teil noch den Stammesgrenzen Rechnung. Aber die Stämme fühlten sich jetzt nicht nur als Franken, Bayern u. s. w., sondern auch als Deutsche. Das Bewußtsein der nationalen Einheit ist wohl später durch die polit. Ereignisse gehemmt und gestört worden, aber nicht wieder verloren gegangen, wenn es auch erst durch die Gründung des neuen Deutschen Reichs seine wirkliche Vollendung erfahren hat. Die religiöse Einigung des D. V. wurde ebenfalls durch Karl d. Gr. vollzogen, der die Sachsen zwangsweise zum Christentum bekehrte. Aufgehoben wurde sie erst wieder durch die Folgen der Reformation. In anderer Hinsicht hat die geistige Einheit des D. V. in Frage gestanden, als es galt, eine einheitliche, über den Mundarten stehende deutsche Gemeinsprache zu erringen. (S. Deutsche Sprache, I, 2.) Damals haben sich die Niederfranken Belgiens und der Niederlande und die Niedersachsen östlich der Zuider-See von dem D. V. dadurch getrennt, daß sie, gestützt auf eine eigene bedeutende litterar. Vergangenheit, nicht die deutsche Schriftsprache angenommen haben: sie fühlten sich fortan nur als Niederländer, nicht mehr als Deutsche. Für die andern deutschen Stämme aber bedeutet die zum Teil unter schweren geistigen Kämpfen errungene Spracheinigung in hervorragendem Sinne eine nationale Einigung.

Das alte Deutsche Reich hatte seit dem 9. Jahrh. im Westen die Romanen an der obern Maas und Mosel mit umfaßt, Slawen im Südosten, in Böhmen und Mähren und nachmals östlich der Saale und Elbe und an der Oder; dazu zeitweise die savoyischen und nordital. Romanen. Die polit. Lostrennung der roman. Landesteile kann nur als ein nationaler Gewinn angesehen werden. Aber eine Einbuße erlitt das D. V. durch den Verlust der Niederlande (1581) und der deutschen Schweiz (1495), den der Westfälische Friede 1648 bestätigt hat, durch den Verlust des in seiner nördl. Hälfte deutschen Belgiens 1797 (bestätigt 1815) und durch das Ausscheiden (1866) des in seinen Hauptteilen deutsch redenden Österreichs aus dem polit. Verbande des D. V. Elsaß und Deutsch-Lothringen sind 1871 wieder gewonnen.

Vgl. Wachsmuth, Geschichte deutscher Nationalität (2 Bde., Braunschw. 1860); J. Tietz, Die geschichtliche Entwicklung des Deutschen Nationalbewußtseins (Hannov. 1880); K. Lamprecht, Geschichte des deutschen Nationalbewußtseins (in seiner «Deutschen Geschichte», Bd. 1, Berl. 1891).

2) **Merkmale des deutschen Volks und der deutschen Stämme.** Durchgehende körperliche Merkmale des D. V. giebt es nicht, sondern nur solche der Germanen (s. d.) überhaupt und allenfalls auch solche der einzelnen Stämme. Der Nord-

deutsche ist im allgemeinen größer und kräftiger gebaut als der Mittel- und Süddeutsche. Der blonde Typus überwiegt in Norddeutschland, der Kurzschädel (brachykephaler Typus) in Süddeutschland. Diese und andere Unterschiede beruhen in erster Reihe auf der Mischung der eingewanderten Deutschen mit der eingesessenen vordeutschen Bevölkerung.

Eine Charakteristik der deutschen Stämme giebt E. M. Arndt, «Versuch in vergleichenden Völkergeschichten» (Lpz. 1843). Reichhaltig ist auch Wachsmuths «Geschichte deutscher Nationalität» (2 Bde., Braunschw. 1860) und L. Diefenbachs «Vorschule der Völkerkunde und der Bildungsgeschichte» (Frankf. 1864).

3) **Mischung der Deutschen mit andern Völkern.** Das Deutsche Reich ist ein Nationalstaat, wenn auch unter seinen Staatsangehörigen über 7 Proz. Nichtdeutsche sind, nämlich Polen, Sorben (Wenden), Czechen, Litauer, Franzosen, Dänen. Auch Friesen und Nordfriesen sprechen nicht die deutsche Sprache als Muttersprache. Die Friesen und Nordfriesen, die Sorben und die Litauer sind meist zweisprachig und fühlen sich bereits oder sind im Begriff sich als Deutsche zu fühlen. Auch unter den Polen und Czechen ist ein großer Teil der deutschen Sprache mächtig. Im Deutschtum ist bereits ein großer Teil der über 600 000 Juden aufgegangen. Die Juden sind am stärksten in Posen, in Hessen, Baden und im Elsaß verbreitet. Die Nordfriesen bewohnen das Marschland der schlesw. Westküste, die Halligen und die Inseln Sylt, Föhr, Amrum und Helgoland. Die Nordfriesen von Eiderstedt, Nordstrand und Pelworm haben seit dem 17. Jahrh. die deutsche Sprache angenommen. Das gleiche gilt von den Ostfriesen; nur noch 2500 Saterländer bewahren ihre alte Sprache; auf Wangeroog ist dieselbe im Aussterben begriffen. Erst im 19. Jahrh. lernten die Friesen sich als Deutsche fühlen. Noch 1828 konnte ein Emdener Dichter in plattdeutscher Sprache singen: «De dütsche Taal is wall wat finer, Dach Düütschers sünd wi naet». Das dän. Sprachgebiet reichte früher südwärts bis Schleswig. Im 19. Jahrh. ist die Landschaft Angeln (zwischen Schleswig und Flensburg) deutsch geworden und die Sprachgrenze beginnt jetzt westlich und nördlich von Flensburg. Das Deutschtum macht in Nordschleswig neuerdings rasche Fortschritte. Französisch wird in 265 Gemeinden an der Südwestgrenze Deutsch-Lothringens gesprochen, nordwestlich von Metz bis gegen Saarburg hin, desgleichen in über 150 Gemeinden in den Vogesen nördlich und südlich von Markirch. Wallonische Mundart sprechen an der Westgrenze der Rheinprovinz Einwohner von Malmedy und Umgegend. Von den Sorben der Lausitz, deren Sprachgebiet im 16. Jahrh. noch westlich bis Ortrand, Luckau und Buchholz, nördlich bis Storkow, Beeskow und Fürstenberg, östlich bis Guben, Triebel und Priebus reichte, ist ein großer Teil deutsch geworden. Gute Deutsche sind auch die wenigen Litauer an der Memel, die wie ihre südl. Stammesgenossen (in den Kreisen Stallupönen, Goldapp, Gumbinnen, Darkehmen und Insterburg) es gethan haben, die deutsche Sprache immer mehr annehmen. Dagegen beherbergt das Deutsche Reich in den Polen noch immer ein Element, das sich seines Volkstums kräftig bewußt ist. Das poln. Nationalbewußtsein ist eher in der Zunahme als in der Abnahme begriffen. Zwar die prot. Masuren am Südrande Ostpreußens sind im Begriff Deutsche zu werden, und auch die kath. Kassuben Westpreußens können sich diesem Prozeß schließlich nicht entziehen. Aber in der Provinz Posen ist das Polentum noch sehr kräftig. Seine Kraft wird verstärkt durch den religiösen Gegensatz: die Polen sind katholisch und in Posen und Westpreußen deckt sich nahezu katholisch mit polnischer, protestantisch mit deutscher Sprache und Gesinnung. Hier die Polen zu germanisieren ist zur Zeit keine Aussicht vorhanden.

Seit der in der zweiten Hälfte des 12. Jahrh. beginnenden deutschen Kolonisation östlich der Elbe und Saale haben die dort einheimischen Slawen (Wenden) allmählich die deutsche Kultur und Sprache, Sitte und Anschauung, Denkweise und Empfindung angenommen, das dortige Deutschtum ist also nicht frei von slaw. Beimischung. Weniger bekannt aber dürfte es sein, daß auch die Deutschen der Stammlande keine reine german. Rasse sind; verhältnismäßig am unvermischtesten sind die Deutschen in der Provinz Hannover. Ganz Süd- und Westdeutschland bewohnten in vorchristl. Zeit kelt. Stämme und ihre romanisierten Reste lassen sich noch das ganze erste Jahrtausend n. Chr. in den Rheinlanden und nördlich der Alpen verfolgen. Diese Kelten und Keltoromanen sind zwar den Deutschen gegenüber in der Minderzahl gewesen (sonst wären sie nicht germanisiert worden), haben aber doch den deutschen Typus stärker beeinflußt als im Osten die den Deutschen anthropologisch näher stehenden Slawen. Die alemann. und fränk. Gräber aus der Zeit der Völkerwanderung zeigen alle den langköpfigen (dolichokephalen) Schädel der german. Rasse. Später aber hat die Mischung mit den kurzschädeligen (brachykephalen) Kelten bewirkt, daß in Süddeutschland, zumal im südl. Bayern und Tirol, die Bevölkerung zum weitaus größten Teile kurzköpfig ist. Die Kurzköpfe überwiegen jetzt in ganz Deutschland. Selbst in Norddeutschland ist ein mittelköpfiger, freilich zur Langköpfigkeit neigender Typus der vorherrschende. In Tirol kommen auf 90 Kurzköpfe 10 Mittelköpfe und kein Langkopf, in Mitteldeutschland auf 66 Kurzköpfe und 22 Mittelköpfe nur 12 Langköpfe. Vergleicht man die anthropologisch reinern Dänen, so weisen diese neben 57 Langköpfen und 37 Mittelköpfen nur 6 Kurzköpfe unter 100 Schädeln auf. Nicht ganz in demselben Maße zeigt sich der anthropol. Schlag der germanisierten südländischen Rasse bei der Haarfarbe. Der Urgermane war blond. Heute zählt man in Norddeutschland 33—43 Proz. Blonde und 7—12 Proz. Brünette, in Mitteldeutschland 25—32 Proz. Blonde und 13—18 Proz. Brünette, in Süddeutschland 18½—24½ Proz. Blonde und 19—25 Proz. Brünette, in der Schweiz gar nur 11 Proz. Blonde und 25¾ Proz. Brünette. Zu blondem Haar gehören blaue Augen, zu braunem Haar dunkle Augen. Ob alle diese Veränderungen auf Mischung zweier Rassen zurückzuführen sind, ist fraglich, um so mehr, als die Urgermanen selbst aller Wahrscheinlichkeit nach keine völlig reine Rasse gewesen sind. Aber unter Umständen vermag der Ethnologe neben den Mischtypen noch jetzt den kelt. Typus herauszuerkennen. Es ist schwerlich ein Zufall, daß gerade in den Gegenden, in denen man eine stärkere kelt. (oder roman.) Urbevölkerung nachweisen kann, der dunkle und kurzköpfige Typus entschieden vorherrscht. Wie man in Mecklenburg noch den blonden Deutschen von dem dunkeln, deutsch gewordenen Slawen scheiden kann, so findet man auch z. B.

in Hessen oder in Schwaben strichweise in ganzen Dörfern fast nur dunkle Haare und dicht daneben wieder Gegenden mit lauter Flachsköpfen. Es ist keine Frage, daß die Kelten bez. Keltoromanen im Westen und Süden, die Slawen im Osten nicht nur äußerlich den deutschen Typus, sondern auch die Individualität der einzelnen deutschen Stämme beeinflußt haben.

Die Mischung der Deutschen mit andern Völkern hat außerhalb des jetzigen deutschen Sprachgebietes größtenteils eine Entdeutschung auch der Sprache, des Geisteslebens, der Kultur zur Folge gehabt. Schon im 1. Jahrh. n. Chr. sind zahlreiche german. Stämme am Rhein romanisiert worden. Als die Germanen die Erben der röm. Weltherrschaft wurden, beugten sie sich vor der weit überlegenen Macht der Bildung der Alten Welt und wurden, wo sie nicht in geschlossener Masse beisammen saßen, romanisiert. So sind die im nördl. Frankreich sporadisch angesiedelten Franken Franzosen geworden, die Langobarden Italiener. Kleinere Verluste haben in neuester Zeit die deutschen Sprachinseln östlich des geschlossenen Sprachgebietes zu verzeichnen. Die größte Einbuße hat das Deutschtum in Amerika erlitten. Schon die Kinder der meisten deutschen Einwanderer haben die engl. Sprache angenommen.

4) **Die Ausbreitung des deutschen Volks** läßt sich seit der urgerman. Zeit verfolgen. Nachdem Rom 300 Jahre lang die nach Westen und Süden drängenden german. Stämme auf die Rhein-, Neckar- und Donaugrenze beschränkt hatte (die Germanen jenseits dieser Grenze wurden romanisiert), gelang es im 3. Jahrh. n. Chr. den Franken den Niederrhein, den Alemannen den Oberrhein dauernd zu gewinnen und im 4. Jahrh. zu überschreiten, im 6. Jahrh. den Bayern die Donauländer bis zu den Alpen einzunehmen und den Langobarden Italien zu erobern, das sie freilich schon wegen ihrer zu geringen Volkszahl nicht zu germanisieren vermochten. Seitdem haben hier nur geringere Verschiebungen stattgefunden; die wichtigste ist das allmähliche Vordringen der Alemannen und Bayern in die Alpenthäler seit dem 6. Jahrh. und besonders in der Hohenstaufenzeit. Nach Osten zu hatten deutsche Stämme etwa bis zur Wasserscheide der Elbe und Oder und in Böhmen und Mähren gesessen. Der Zug dieser Elbgermanen nach Süddeutschland sowie die Auswanderung der an der Oder und Weichsel einheimischen Ostgermanen entvölkerte die Gegenden östlich der Elbe und Saale und des Böhmerwaldes, und seit dem 5. und 6. Jahrh. nahmen dies Land slaw. Stämme in Besitz. Ostgrenze der Deutschen wurde nunmehr eine Linie, die man ungefähr von Kiel über Halle und Bamberg nach dem Böhmerwald und der Enns ziehen kann.

An der Wiedergewinnung dieses vormals german. Gebietes haben sich alle deutschen Stämme beteiligt. Schon unter Karl d. Gr. wurde Österreich unter der Enns den Avaren abgenommen und mit bayr. Kolonisten besetzt, die sich in der zweiten Hälfte des 9. Jahrh. auch nördlich von der Donau ausbreiteten und um die Mitte des 11. Jahrh. Steiermark und Kärnten, im 12. Jahrh. die heutige Sprachgrenze in den Ostalpen (s. die Karte der Deutschen Mundarten) erreichten. Karls Slawenkriege setzten nicht nur dem weitern Vordringen der Slawen ein Ziel, sondern bahnten auch ein Abhängigkeitsverhältnis der Elbslawen zum Deutschen Reiche an. Das damals rein czech. Böhmen und Mähren hat während eines Jahrtausends zum Reich gehört, seit dem 10. Jahrh. das damals ebenfalls rein slaw. Elbgebiet und die Lausitz, seit dem 13. Jahrh. auch Pommern und das untere Weichselgebiet, Schlesien seit dem 14. Jahrh. Das Gebiet des Deutschen Ordens (Preußen, Kurland, Semgallen, Livland und Esthland) rechnete man noch im 16. Jahrh. zum deutschen Reichslande; nur Preußen mußte in dem zweiten Thorner Frieden 1466 die deutsche Reichsangehörigkeit mit der polnischen vertauschen.

Die deutsche Kolonisation des eroberten Wendenlandes begann in der zweiten Hälfte des 12. Jahrh., nachdem die fast 400jährigen Kämpfe die zähe Kraft der slaw. (sog. polabischen) Stämme gebrochen hatte. Vorher schon, mit der zweiten Hälfte des 11. Jahrh., hatte die Germanisierung der Czechen am obern Main und an der Rednitz im Vogtland begonnen. Auch die deutschen Ansiedelungen zwischen Saale und Elbe reichen bis ins 10. Jahrh. zurück, wenn sie auch erst in der ersten Hälfte des 12. Jahrh. eine größere Ausdehnung erlangten. Die Germanisierung dieses Landes ging von den Städten aus. Eine massenhafte Einwanderung deutscher Bauern fand hier nicht statt, wohl aber in den nördlichern und östlichern Landschaften. Noch im 12. Jahrh. machten niedersächs. Bauern das östl. Holstein und westl. Mecklenburg zu einem deutschen Lande. Die Mark Brandenburg wurde im 13. Jahrh. von Niedersachsen und besonders von Niederfranken kolonisiert. Thüringer und Ostfranken besiedelten seit dem 12. Jahrh. den Nord- und Südabhang des Erzgebirges und der Sudeten. Die Zahl der deutschen Dörfer, die in Schlesien im 12. und 13. Jahrh. gegründet wurden, hat man auf 1500, die Zahl der Einwanderer auf 150—180000 Seelen berechnet. Besonders seit dem Mongoleneinfall 1241 wurden deutsche Anbauer in Schlesien, Böhmen, Mähren und Ungarn begehrt. Die Přemyslidenfürsten (besonders Ottokar II., 1253—1278) begünstigten im 13. Jahrh. die Einwanderung deutscher Bürger und Bauern in Böhmen. Diese Deutschböhmen haben viele Czechen germanisiert. Damals ist auch die Grafschaft Glatz deutsch geworden. Die nationale religiöse Bewegung der Hussiten that der Germanisierung Böhmens nicht nur Einhalt, sie verdrängte die Deutschen. Viele großenteils deutsche Ortschaften wurden wieder czechisch. Diese Reaktion dauerte bis zum Dreißigjährigen Kriege. Nachdem derselbe mehr als die Hälfte der Bevölkerung vernichtet hatte, begann aufs neue die deutsche Einwanderung in das verwüstete Land.

Weit über die Grenzen des heutigen Deutschland hinaus ergoß sich diese deutsche Völkerwanderung. Ostmitteldeutsche Bergleute haben in der zweiten Hälfte des 12. und im 13. Jahrh. den Bergbau Nordungarns erschlossen; ihre Ansiedelungen sind jetzt zum größern Teile slowakisch geworden. Weiter südöstlich, in Siebenbürgen ließen sich Franken aus dem Mosellande nieder. Diese, Sachsen genannt, sind gleichfalls im 12. und 13. Jahrh. eingewandert (1141—1211). Fast schien es damals, als sollte von den Sudeten bis zu den Karpaten alles ohne Unterbrechung deutsches Land werden. Die deutschen Kolonien innerhalb des magyar. Gebietes stammen teils aus dem Ende des 17., teils aus dem Anfang des 18. Jahrh. Jene sind am Bakonywald bis zur Donau hin gelegen, diese bei Arad und an der Kraszna.

1230 beginnt die blutige Eroberung Ostpreußens durch den Deutschen Orden. Das Land wurde durch die Kriege gegen die heidn. Preußen ziemlich entvölkert. Der Orden rief aus allen deutschen Gauen, namentlich aber aus Niedersachsen und Niederfranken, Bauern und Bürger ins Land, die es kaum 50 Jahre nach der Eroberung zu einem «neuen Deutschland» machten. Auch Kurland und Semgallen, Livland und Esthland hat seit dem 13. Jahrh. eine deutsche Bevölkerung erhalten. Überall waren es wirtschaftliche Vorteile, welche die deutschen Bauern veranlaßten, sich im Osten eine neue Heimat zu gründen. Zum Teil galt es, bisher unbebaute Landstriche urbar zu machen. Kirche und Staat förderten diese Kolonisation. Einerseits waren es besonders die Cistercienser, die deutsche Ansiedler herbeiriefen, andererseits die Fürsten; selbst die slaw. Fürsten glaubten ihr Land am besten durch Begünstigung der deutschen Kultur zu heben. Auswanderungsagenten besorgten das Geschäft. Ins 13. bis 14. Jahrh. fallen die Walserkolonien in Graubünden (s. Walser).

Im 16. Jahrh. beginnen die Hohenzollernschen Kolonisationen der vertriebenen Reformierten. Mennoniten wanderten im 16. Jahrh. in das Marienburger Land ein. Unter dem Großen Kurfürsten kamen zahlreiche Niederländer teils gerufen, teils von selbst, kulturbringend in die Brandenburgischen Lande. Friedrich I. und Friedrich Wilhelm I. siedelten viele Waldenser und Mennoniten, süddeutsche Protestanten, Schweizer und Salzburger in ihrem Lande an. Anfang des 18. Jahrh. wurden in Preußen 330 neue Kolonistendörfer angelegt, deren Bewohner aus der Schweiz, aus Franken, Schwaben und vom Mittelrhein kamen. 20 Jahre später fanden 17000 ausgetriebene Salzburger in dem durch die Pest verödeten Ostpreußen eine Heimstätte. Am großartigsten waren die Kolonisationen Friedrichs d. Gr. In zwei großen Kolonisationsperioden hat er im ganzen 43000 Familien mit etwa 300000 Köpfen, namentlich aus Südwestdeutschland, in gegen 900 neuen Kolonistendörfern angesiedelt. Seit 1770 legte er in Schlesien längs der damaligen poln. Sprachgrenze eine Reihe deutscher Dörfer an. Besonders kolonisierte er seine 1772 neuerworbenen menschenarmen Provinzen Westpreußen und den Netzedistrikt. In der Zeit von dem Großen Kurfürsten bis zum Schluß der Regierung Friedrichs d. Gr. waren ungefähr ein Drittel der Bevölkerung (1 Mill.) des brandenb.-preuß. Staates Kolonisten und deren Nachkommen. Von den Kolonien der neuesten Zeit versprechen die in Deutsch-Polen die bedeutsamsten zu werden (s. Ansiedelung).

Wie Friedrich d. Gr. in Preußen, so förderten Maria Theresia und Kaiser Joseph in Österreich die deutsche Kolonisation. Auf ihren Betrieb hin wohnen die (1880: 450000) Deutschen im Banat. Aus dem letzten Viertel des 18. Jahrh. stammen die deutschen Ansiedelungen in der Bukowina. — Die deutschen Kolonien im südl. Rußland sind in der Hauptsache in der zweiten Hälfte des 18. und im 19. Jahrh. angelegt worden. Die Kaiserin Katharina II. regte die Besiedelung der Wolgasteppe durch Deutsche an, seit 1763. Im J. 1765 wurde die Herrnhuter Brüdergemeine Sarepta gegründet. Die schwäb. und mitteldeutschen Wolgakolonien wurden 1768 angelegt. Die evang. Wolgakolonisten sind zumeist aus Württemberg und der Pfalz (infolge der Verwüstung der Pfalz durch den franz. General Melac) gekommen, viele auch aus Lothringen, dem Elsaß, Baden, der Schweiz, aus Holland, Westfalen, Holstein, Sachsen, Schlesien und Ostpreußen. 1783 siedelten sich preuß. Mennoniten bei Jekaterinoslaw an. Seit 1789 zogen Mennoniten an den Dnjepr (westlich von Alexandrowsk). 1804 wurden durch eine zweite Mennoniten-Auswanderung an der Molotschna in Taurien 88 deutsche Dörfer gegründet. Es folgen die Kolonien in der Krim, dann in Bessarabien. Schwaben sitzen seit 1820 in der Umgegend von Tiflis (Marienfeld, Alexanderdorf, Elisabeththal, Katharinenfeld). Der Zuzug deutscher Einwanderer nach Südrußland dauerte bis in die Gegenwart fort.

Europa zählt (1890) unter seinen ungefähr 357 Mill. E. mit Ausschluß der Holländer und Vlamen über 16 Proz. Deutsche.

Außerhalb Europas hat die deutsche Auswanderung nach Nordamerika in neuerer Zeit einen gewaltigen Umfang angenommen. Sicherlich der vierte Teil der Weißen in den Vereinigten Staaten ist deutscher Abstammung. 1889 wurde deutsch in den Vereinigten Staaten von über 7 Mill. (ungefähr ein Siebentel der Bevölkerung) gesprochen. Anfang des 17. Jahrh. gründeten Niederländer Neu-Niederland mit der Hauptstadt Neu-Amsterdam, das nachmals die Engländer in Neuyork umtauften. In den achtziger Jahren des 17. Jahrh. begann die Auswanderung nach Pennsylvanien und nahm bald erheblich zu. Als Penn sich 1682 in Pennsylvanien niederließ, brachte er eine große Anzahl Deutscher, hauptsächlich Rheinpfälzer mit. Es folgten besonders 1708—20 große Scharen nach. Weitere starke Einwanderungen fallen in die Mitte des 18. Jahrh. und in die siebziger Jahre desselben. Zur Zeit der Trennung von England war die Hälfte der Bevölkerung Pennsylvaniens deutsch. Der Hauptstrom der deutschen Auswanderer hat sich im 19. Jahrh. nach Amerika ergossen (s. Auswanderung, Bd. 2, S. 184 b); am größten ist der Anteil der Einwohner deutscher Abstammung in Ohio, Wisconsin und Illinois, dann in Pennsylvanien, Indiana, Iowa, ferner in Maryland, Minnesota, Westvirginien, Kansas, Michigan und Neuyork. Im engl. Nordamerika ist Neubraunschweig die älteste deutsche Niederlassung; von der Masse deutscher Einwanderer, welche in diesen Gegenden landet, bleibt nur ein geringer Teil zurück; dennoch wurden 1881 in den canad. Provinzen etwa 250000 E. deutscher Abkunft gezählt. Über die deutsche Auswanderung nach andern Teilen von Amerika, nach Afrika und Australien, s. Auswanderung (Bd. 2, S. 184), Argentinische Republik (Bd. 1, S. 855 b), Brasilien (Bd. 3, S. 439 b), Chile (Bd. 4, S. 180 b).

Litteratur. K. Bernhardi, Sprachkarte von Deutschland (Cassel 1844, 2. Aufl. 1849, mit ausführlichem Text); O. Kaemmel, Die Entstehung des österr. Deutschtums, Bd. 1: Die Anfänge deutschen Lebens in Österreichs bis zum Ausgange der Karolingerzeit (Lpz. 1879); F. v. Krones, Die deutsche Besiedlung der östl. Alpenländer, insbesondere Steiermarks, Kärntens und Krains (Stuttg. 1889); Blochwitz, Die Verhältnisse an der deutschen Ostgrenze zwischen Elbe und Donau zur Zeit der ersten Karolinger (Dresd. 1872); von Wersebe, Über die niederländ. Kolonien, welche im nördl. Teutschland im 12. Jahrh. gestiftet worden (2 Bde., Hannov. 1815—16); L. Giesebrecht, Wend. Geschichten aus den J. 780—1182 (3 Bde., Berl. 1843); E. de Borchgrave, Histoire des colonies belges qui s'établirent en Allemagne pendant le XIIe et le

XIIIe siècle (Brüss. 1865); A. Meitzen, Die Ausbreitung der Deutschen in Deutschland und ihre Besiedelung der Slawengebiete (Jena 1879); R. Schröder, Die niederländ. Kolonien in Norddeutschland zur Zeit des Mittelalters (Berl. 1880); M. Beheim-Schwarzbach, Die Besiedelung von Ostdeutschland durch die zweite german. Völkerwanderung (ebd. 1882); ders., Hohenzollersche Kolonisationen (Lpz. 1874); Schäfer («Centralblatt der Bauverwaltung», Jahrg. 1884); Wendt, Die Germanisierung der Länder östlich der Elbe (Teil 1: 780—1137, Liegnitz 1884; Teil 2: 1137—81, ebd. 1889); v. d. Ropp, Deutsche Kolonien im 12. und 13. Jahrh. (Gieß. 1886); Boll, Mecklenburgs deutsche Kolonisation im 12. und 13. Jahrh. (in «Jahrbuch des Vereins für Mecklenburger Geschichtskunde», Jahrg. 13); Th. Rudolph, Die niederländ. Kolonien der Altmark im 12. Jahrh. (Berl. 1889); A. Fr. Riedel, Die Mark Brandenburg im J. 1250 (2 Bde., ebd. 1831—32); K. Weinhold, Die Verbreitung und die Herkunft der Deutschen in Schlesien (Stuttg. 1887); A. Schiel, Die Siebenbürger Sachsen (in «Sammlung gemeinnütziger Vorträge», Prag); G. Keintzel, Über die Herkunft der Siebenbürger Sachsen (Bistritz 1887).

Deutsches Wappen, s. Deutschland und Deutsches Reich (S. 154a).

Deutsche Union oder die Gesellschaft der 22 verbündeten Männer hieß der Bund, den der bekannte abenteuerliche «Aufklärer» Dr. Karl Friedr. Bahrdt (s. d.) errichtete. Dieser Bund, gestiftet und geleitet durch anonyme Briefe nach dem Tode Friedrichs d. Gr. von Preußen in der angeblichen Absicht, dem wachsenden Obskurantismus entgegenzuwirken, löste sich auf, als bekannt wurde, wer der Gründer sei, und brachte diesen in Untersuchung und längere Haft. Vgl. Mehr Noten als Text oder die D. U. der Zweiundzwanziger (Lpz. 1789).

Deutsche Universitäten, s. Deutschland und Deutsches Reich (Unterrichtswesen, S. 156b) und Universitäten.

Deutsche Volkspartei, s. Volkspartei.

Deutsche Wespen, in Berlin erscheinendes humoristisch-satirisches illustriertes Wochenblatt. Auflage: 20000; Verleger: Hugo Steinitz in Berlin. Redacteur des Blattes, das, 1862 in Hamburg gegründet, ursprünglich nur «Wespen» hieß und früher vorwiegend die politische, später mehr die gesellschaftliche Satire pflegte, ist seit der Begründung desselben Jul. Stettenheim (s. d.).

Deutsche Witu-Gesellschaft, s. Witu.

Deutsch-Eylau, Stadt im Kreis Rosenberg des preuß. Reg.-Bez. Marienwerder, 24 km südöstlich von Rosenberg, in 105 m Höhe, am Ausfluß der Eilenz aus dem Geserichsee, in der Nähe des Oberländischen Kanals oder der sog. Schiefen Ebenen, die die Gewässer der preuß. Seenplatte mit dem über 100 m tiefer liegenden Drausensee und vermittelst desselben mit Elbing verbinden und zu den merkwürdigsten Wasserbauten der neuern Zeit gehören, sowie an den Linien Schneidemühl-Thorn-Insterburg der Preuß. Staatsbahnen und der Marienburg-Mlawaer Eisenbahn (2 Bahnhöfe), in waldiger Gegend, ist Sitz des Kommandos der 72. Infanteriebrigade, hat (1890) 5701 (3460 männl., 2241 weibl.) E., darunter 902 Katholiken und 134 Israeliten, in Garnison (1579 Mann) das 1. und 2. Bataillon des 44. Infanterieregiments Graf Dönhoff, die 3. Eskadron des 5. Kürassierregiments Herzog Friedrich Eugen von Württemberg und die reitende Abteilung des 35. Feldartillerieregiments, Post erster Klasse mit Zweigstelle, Telegraph, Amtsgericht (Landgericht Elbing), Warendepot der Reichsbank, Vorschuß- und Kreditverein; Mittelschule, städtisches Krankenhaus, evang. Hospital; Fabrikation von landwirtschaftlichen Maschinen, franz. Mühlensteinen, Decimalwagen, Dachpappe; Dampfschneidemühlen, Sprit- und Essigfabriken, Bierbrauereien, Schiffahrt und Handel mit landwirtschaftlichen Produkten, Holz, Spiritus und Fischen.

Deutsch-Französischer Krieg von 1870 und 1871. Der Ausgang des Deutschen Krieges von 1866, der Preußen einen bedeutenden Länderzuwachs gebracht und den Norddeutschen Bund geschaffen hatte, erregte in Frankreich bittern Neid und das Verlangen der Franzosen, auf irgendwelche Weise schadlos gehalten zu werden. Die Fehlgriffe der Politik Napoleons III. in der Unternehmung nach Mexiko und in der Luxemburgischen Frage 1867 schürten die Preußen feindliche Stimmung im franz. Volke, das schließlich ungestüm die Demütigung seines sich kraftvoll entwickelnden östl. Nachbarn verlangte. Der Übermut der franz. Armee, das heimliche Schüren der kath. Geistlichkeit und das Treiben einer Hofpartei, an deren Spitze die Kaiserin Eugenie stand, verbreiteten mehr und mehr das Verlangen nach Krieg. Napoleon wünschte den Krieg bei weitem nicht in demselben Grade, als die ihn drängenden Elemente, konnte aber auf die Dauer den kriegerischen Gelüsten der Nation nicht widerstehen. Militärisch glaubte man in Frankreich auf einen Krieg gegen Preußen sehr gut vorbereitet zu sein, man vertraute auf die Chassepotgewehre und die Mitrailleusen, sowie auf Bundesgenossen, die freilich erst durch Siege zum Beitritt gewonnen werden sollten. Ein Vorwand zum Kriege war gefunden, als anfangs Juli 1870 die Kandidatur des Erbprinzen Leopold von Hohenzollern auf den span. Königsthron bekannt wurde. Frankreich beanstandete diese Kandidatur, obgleich dieser Fürst der Napoleonischen Dynastie viel näher verwandt war als derjenigen der preuß. Könige. Der Erbprinz verzichtete infolgedessen 12. Juli auf die span. Königswürde. Nun verlangte aber die franz. Regierung durch ihren Gesandten Benedetti in Ems vom König Wilhelm von Preußen eine Erklärung, daß er eine Erneuerung der Hohenzollernschen Kandidatur niemals gestatten werde. Der König wies diese in aufdringlicher Weise vorgebrachte Zumutung mit Würde und Festigkeit zurück und verließ Ems, um in Berlin die Maßregeln für den Krieg, der in Paris unzweideutig in Aussicht gestellt war, zu treffen. Auf dem Bahnhofe zu Brandenburg erhielt der König die Nachricht von der in der franz. Kammer an demselben Tage (15. Juli) abgegebenen Erklärung des Ministers, Herzogs von Grammont, der Bewilligung der Kreditforderung für Armee und Flotte, sowie der Einberufung der nächsten Altersklasse und der gesamten Mobilgarde. König Wilhelm befahl nun die Mobilmachung der gesamten norddeutschen Armee.

Am 16. Juli trat der Bundesrat zusammen und erklärte sich mit den Eröffnungen des Kanzlers völlig einverstanden. Zum 19. wurde der Reichstag berufen und vom König mit einer durch edle Würde und Mäßigung ausgezeichneten Thronrede eröffnet. Unmittelbar nach der Feierlichkeit empfing Graf Bismarck die franz. Kriegserklärung, deren Mitteilung in der sogleich folgenden ersten Sitzung des Reichstags mit Jubel aufgenommen wurde. Auch in Süddeutschland flammte das deutsche Nationalgefühl mächtig auf; alle bisherige Parteiung war bei dem Gewaltschritte Frankreichs plötzlich verstummt. Die süddeutschen Fürsten befahlen die Mobilmachung ihrer Truppen, der König von Bayern schon 16. Juli, ebenso der Großherzog von Baden, der König von Württemberg 17. Juli. So war die gesamte deutsche Heereskraft vertragsmäßig unter dem einheitlichen Oberbefehl des Königs von Preußen gegen den Feind aufgeboten. Napoleon hatte erwartet, daß die süddeutschen Staaten neutral bleiben würden. Durch das einmütige Zusammenstehen von ganz Deutschland hatte er eine Macht zu bekämpfen, der die seinige, die nicht einmal die des Norddeutschen Bundes erreichte, durchaus nicht gewachsen war.

Die **Mobilmachung** der deutschen Heere geschah planmäßig, d. h. man ließ sich Zeit, durch Einberufung der Reserven und durch weitere Ausbedung von Pferden die Truppenteile auf die volle Kriegsstärke zu bringen. Erst nachdem das vollendet, wurde der Aufmarsch an der Grenze vollzogen.

Die Kriegsmacht Deutschlands betrug: in erster Aufstellung zu den Operationen 447000 Mann, in Deutschland als erste Reserve zum Nachrücken bereit 188000 Mann, als zweite Reserve 160000 Mann Landwehr und 226000 Mann Ersatztruppen, im ganzen 1021000 Mann. Die größte Effektivstärke des deutschen Heers betrug und zwar gegen Ende des Krieges (1. März 1871) mit Einschluß der Ärzte und Beamten 1350787 Mann, von denen auf franz. Boden 464221 Mann Infanterie, 55562 Reiter und 1674 Geschütze an Feldtruppen, sowie 105072 Mann Infanterie, 5681 Reiter und 68 Geschütze an Besatzungstruppen standen.

Das deutsche Heer war dem französischen fast in jeder Hinsicht überlegen; jedoch stand das Zündnadelgewehr und das umgeänderte bayr. Gewehr hinter dem Chassepotgewehr weit zurück. Durch die vortreffliche Heeresorganisation war die ganze Volkskraft zur unerschöpflichen Quelle des Ersatzes für das Heer geworden, dem immer nur vollständig ausgebildete Mannschaften zugeführt wurden; gute Militärschulen, das Institut der Einjährig-Freiwilligen und die Einführung von Reserveoffizieren sorgten für den Ersatz des Offizierkorps und bewirkten eine umsichtige Führung auch der kleinsten Abteilungen im Gefecht; die Feldverwaltung war nach den Erfahrungen von 1866 auf das zweckmäßigste eingerichtet; der Generalstab stand auf der Höhe seiner Bestimmung; vor allem aber war es die meisterhafte obere Heeresleitung, die den Sieg in einer beispiellosen Weise an die deutschen Fahnen fesselte, und die feste, umsichtig vorbereitete Politik des Bundeskanzlers, welche fremde Einmischung fern hielt und die Waffenerfolge ausnutzte.

Die Ordre de bataille teilte das Heer in drei Armeen. Die **erste** (General von Steinmetz): 7. und 8. Armeekorps, 3. Kavalleriedivision (bald folgten noch das 1. Armeekorps und die 1. Kavalleriedivision); Versammlungsraum: untere Saar bis Saarlouis. Die **zweite** (Prinz Friedrich Karl von Preußen): Garde, 3., 4., 9., 10., 12. Armeekorps, 5. und 6. Kavalleriedivision (bald folgte noch das 2. Armeekorps); Versammlungsraum: obere Saar, Saarlouis, Saarbrücken, Saargemünd. Die **dritte** (Kronprinz Friedrich Wilhelm von Preußen): 5., 11., 1. und 2. bayer. Armeekorps, württemb. und bad. Felddivision, 4. Kavalleriedivision (bald folgten noch das 6. Armeekorps und die 2. Kavalleriedivision); Versammlungsraum: zu beiden Seiten des Rheins, um Landau und Karlsruhe.

Die Stärke der Armeen war folgende:

1. Armee	75 Bataillone,	64 Schwadronen,	270 Geschütze,
2. »	181 »	156 »	630 »
3. »	153 »	134 »	576 »

Außerdem stand in Norddeutschland unter General Vogel von Falckenstein eine starke Reservearmee.

Anders gestalteten sich die Verhältnisse in Frankreich. Napoleon hatte sich mit dem Plane einverstanden erklärt, möglichst schnell eine starke Armee in Süddeutschland einfallen zu lassen, auf dessen Abfall er rechnen zu dürfen glaubte. Wenn dies geschehen, hoffte man französischerseits auch Österreich und sogar Italien zu einem Bündnis gegen den Norddeutschen Bund veranlassen zu können. Die treue Haltung der süddeutschen Staaten und die raschen Waffenerfolge auf deutscher Seite vereitelten die Napoleonischen Pläne.

Die natürlichen Versammlungspunkte der Franzosen waren Metz und Straßburg. Bei Metz glaubte der Kaiser 150000, bei Straßburg 100000 Mann zusammenziehen zu können, um mit ihnen den Rhein zu überschreiten und sie auf dem rechten Ufer zu vereinigen. Im Lager von Châlons sollte eine Reservearmee von 50000 Mann sich versammeln, außerdem beabsichtigte man den Dänen ein Landungskorps von 30000 Mann zu Hilfe zu senden, da man auf ihre Hilfe mit Sicherheit zählte.

Kein einziger Teil dieses Operationsplans kam zur Ausführung. In aller Hast wurden die auf dem Friedensstande befindlichen franz. Truppen nach Metz und Straßburg geworfen. Hier aber mußten sie vorläufig unthätig bleiben, da sie hier ihre Mobilmachung zu vollenden hatten, die sich sehr unregelmäßig vollzog. Die franz. Reservisten mußten erst den Ort aufsuchen, wo sich das Depot ihres Truppenteils befand, hier wurden sie eingekleidet und ausgerüstet, dann erst suchten sie ihre Regimenter auf, deren augenblicklicher Aufenthaltsort meist nur sehr unbestimmt angegeben werden konnte. Alles das geschah in übereilter Weise. Von den 8 franz. Armeekorps, welche die Ordre de bataille aufstellte, war nur das 2. im Lager von Châlons unter General Frossard bereits versammelt, es wurde alsbald nach der Grenze transportiert und 22. Juli bis westlich von Saarbrücken vorgeschoben. Hier stand ihm nur eine schwache preuß. Truppenabteilung gegenüber, die aber in sehr geschickter Weise den Gegner über die eigenen Absichten völlig täuschte. Frossard unternahm nichts ernstes. Das 3. Armeekorps (Bazaine) folgte nach St. Avold, das 5. (Failly) nach Saargemünd, das 4. (Ladmirault) nach Thionville, die Garden nach Metz, das 1. Armeekorps (Marschall Mac-Mahon) nach Straßburg, das 7. (Felix Douay) nach Belfort, das 6. (Marschall Canrobert) nach dem Lager von Châlons.

Bei der Aufstellung der Ordre de bataille der beiden sich gegenüberstehenden Heere treten folgende grundsätzliche Verschiedenheiten hervor. Die Deutschen gaben jeder Infanteriedivision ein leichtes Kavallerieregiment bei und bildeten aus den überschießenden Regimentern selbständige Kavalleriedivisionen, die bis auf diejenigen der Garde und des 12. Armeekorps von Beginn des Krieges an der obersten Heeresleitung unterstellt waren, während die Franzosen jedem Armeekorps eine Kavalleriedivision beigaben und nur einzelne Schwadronen auf bestimmte Zeit zu den Infanteriedivisionen kommandierten. Die Folge davon war, daß die deutsche Kavallerie während des ganzen Krieges großen Unternehmungsgeist zeigte, während die französische an ihre Armeekorps gefesselt war und selbständige Unternehmungen überhaupt nicht vornahm. Zwar stellten auch die Franzosen drei selbständige Kavalleriedivisionen auf, indessen mehr in dem Sinne einer Reservekavallerie für die Schlacht.

I. Die Kämpfe im Elsaß und **in Lothringen.** Ende Juli standen sich die Heere schlagfertig gegenüber, nachdem die Feindseligkeiten schon am 19. durch kleine Vorpostengefechte begonnen hatten. Die Franzosen waren über die Stärke des Feindes an der Grenze nur wenig unterrichtet. Sie glaubten schon in den ersten Tagen bedeutende Massen vor sich zu haben und gaben die beabsichtigte Offensive auf. Man gedachte zunächst den Angriff des deutschen Heers in einer starken Stellung zu erwarten und rechnete auf den Sieg wegen der bessern Bewaffnung der Infanterie und der sehr überschätzten Wirkung der Mitrailleusen. Am 28. Juli verließ Napoleon mit seinem 14jährigen Sohne Paris und begab sich nach Metz, um den Oberbefehl zu übernehmen. Er erließ eine Proklamation an die Armee, die einiges Befremden erregte, denn sie verkündigte einen langen und mühevollen Krieg gegen eine der besten Armeen Europas. Doch folgte gleich die Beruhigung: «Aber andere Armeen schon, welche ebenso tüchtig waren, konnten eurer Tapferkeit nicht widerstehen», und die hochtönenden Phrasen: «Das Weltall hat seine Augen auf euch gerichtet, von unserm Erfolge hängt das Schicksal der Freiheit und Civilisation ab» bildeten den Schluß. Einen erhebenden Eindruck machte dagegen die Proklamation des Königs Wilhelm an sein Volk und seine Armee: «Mein Volk weiß mit mir, daß Friedensbruch und Feindschaft wahrhaftig nicht auf unserer Seite sind, aber herausgefordert, sind wir entschlossen, gleich unsern Vätern und in fester Zuversicht den Kampf zu bestehen zur Errettung des Vaterlandes.» Diese Ansprache wurde am Tage der Abreise von Berlin 31. Juli erlassen, die an die Armee 2. Aug. von Mainz aus, wo der König zunächst sein Hauptquartier nahm, während Prinz Friedrich Karl das seinige von da nach Kaiserslautern verlegte. Ebenfalls 2. Aug. setzte Kaiser Napoleon die militär. Komödie in Scene, mit einem ganzen Armeekorps (Frossard) von 3 Divisionen die kleine Besatzung von **Saarbrücken**, kaum 1300 Mann stark, anzugreifen und zu vertreiben, woraus franz. Berichte einen großartigen Sieg über eine bedeutende Truppenzahl machten. Die Preußen, 3 Füsiliercompagnien des 40. Regiments, 2 Geschütze und 3 Schwadronen des 7. Ulanenregiments, zogen sich nach dreistündigem Gefecht über die Saarbrücke nach dem angrenzenden St. Johann zurück und wurden hier nicht weiter belästigt; die Franzosen besetzten Saarbrücken nicht, sondern besuchten es nur aus ihrem Lager, das sie auf den Höhen vor der Stadt nahmen. Der Kaiser kehrte nach Metz zurück.

Anfang August traten die drei deutschen Armeen den Vormarsch an. Der Grundgedanke für die Heeresleitung Moltkes 1866: «Getrennt marschieren und vereint schlagen», trat auch bei dem Kriegsplane von 1870 wieder hervor. Nachdem der Feind es versäumt hatte, den rechten Flügel der deutschen Armeen mit überlegenen Kräften zurückzuwerfen und in das Rheinland einzudringen, mußte er in seinem Centrum an der Mosel mit vereinter Heereskraft angegriffen, dort durchbrochen und damit die kürzeste Operationslinie nach Paris gewonnen werden. Dazu war aber nach dem Aufmarsche der drei Armeen eine strategische Rechtsschwenkung gegen die Mosellinie nötig, und die Dritte Armee, die dabei den weitesten Weg hatte, mußte den Vormarsch zuerst beginnen, um den rechten franz. Flügel gegen die Mitte zu drängen. Am 4. Aug. frühmorgens brach die Armee aus ihren Lagern zwischen Landau und dem Rhein auf und marschierte gegen den Grenzfluß, die Lauter. Als die bayr. Vorhut sich Weißenburg näherte, wurde sie beschossen; sie ging sogleich zum Angriff der Stadt über, und so kam es bei dem ernstlichen Widerstande der Division Douay zu dem blutigen Treffen bei **Weißenburg** (s. d.), das nach fünfstündigem Kampfe mit der Erstürmung der starken feindlichen Stellung auf dem Geisberge und dem Rückzuge der Franzosen endigte. Indessen unterblieb eine Verfolgung der beinahe vernichteten franz. Division Douay, sodaß man über den Verbleib der geschlagenen Franzosen im deutschen Hauptquartier zuverlässiges nicht wußte. Das Werdersche Korps hatte Lauterburg unbesetzt gefunden. Sämtliche deutsche Truppen der Dritten Armee biwakierten auf den Höhen südlich der Lauter auf franz. Gebiete. Mac-Mahon hätte nach der Niederlage seiner vorgeschobenen Division wissen können, daß ihm eine ganze Armee gegenüberstand; er konnte 5. Aug. unbelästigt links abmarschieren, um sich der franz. Hauptmacht zu nähern, nahm aber bei Wörth Stellung und ließ es auf eine Schlacht ankommen. Am 5. Aug. rückte die Dritte deutsche Armee bis Sulz vor, wobei die Korps aufschlossen und das 5. Korps seine Vorposten weiter vorschob, sodaß diese die französischen bei Wörth bemerkten. Der Kronprinz von Preußen beschloß 6. Aug., seine Korps zur Schlacht zu versammeln und 7. Aug. anzugreifen. Die große Initiative der untern Führer vereitelte indessen diese Absicht. Bei Tagesanbruch des 6. Aug. waren die Armeekorps bereits im Marsch, um die befohlenen Stellungen einzunehmen, die Vorhut des 2. bayr. Korps kam bei Görsdorf, nordwestlich von Wörth, an und drang gegen die linke feindliche Flanke vor. Bald begann das Artilleriefeuer und ein lebhaftes Schützengefecht: mit ihm die Schlacht bei **Wörth** (s. d.). Um 4 Uhr nachmittags war die Schlacht gewonnen. Der Rückzug der geschlagenen Franzosen artete in Flucht aus, deren Hauptstrom nach dem Vogesenpasse von Zabern (Saverne) flutete, um von da nach Nancy zu gelangen. Die deutsche Kavallerie verfolgte nach Beendigung der Schlacht nur mit wenigen Schwadronen, da die 4. Kavalleriedivision nicht rechtzeitig auf das Schlachtfeld herangezogen worden war. Dennoch fielen diesen wenigen Schwadronen noch zahlreiche Gefangene und mehrere Geschütze in die Hände. Am folgenden Tage versuchten 30 deutsche Schwadronen, die Verfolgung der geschlagenen franz. Heeresabteilung aufzunehmen. Leider schlugen 26 Schwadronen eine falsche Richtung ein, nämlich auf Niederbronn. Erst sehr spät wurde der Irrtum bemerkt und nun über Ingweiler vorgegangen. Die deutsche Reiterei hatte unter diesen Umständen sehr bedeutende Strapazen und konnte erst gegen Abend die Fühlung mit dem Gros der Trümmer Mac-Mahons aufnehmen. Am Abend ging jedoch auf Grund falscher Nachrichten die deutsche Reitermasse wieder zurück und verlor dadurch auf lange Zeit die Fühlung mit dem in Auflösung weichenden Gegner. Das Korps Mac-Mahons wurde für die nächste Zeit ganz kampfunfähig. Der Kronprinz konnte nach diesem entscheidenden Siege die bereits begonnene Schwenkung fortsetzen und die Vogesen, ohne Widerstand zu finden, überschreiten (s. unten). Er ließ im Elsaß nur die bad. Division (Beyer) von dem kombinierten Werderschen Korps zurück, die schon 7. Aug. den Marsch gegen Straßburg antrat.

An dem Tage der Schlacht bei Wörth, 6. Aug., wurde von Teilen der Ersten und Zweiten Armee in der Schlacht bei Spicheren (s. d.), südlich von Saarbrücken, ebenfalls ein schwerer, aber wichtiger Sieg errungen, der den Feind zum Rückzug nach der Mosel zwang. Der Sturm auf die Höhen von Spicheren, wo General Frossard mit dem 2. Korps der Rheinarmee seine verschanzte Stellung besetzt hielt, war einer der schwierigsten und blutigsten, welche die Kriegsgeschichte kennt; mit ungeheuern Verlusten wurde stundenlang darum gerungen. Die Höhe wurde bei Einbruch der Dunkelheit genommen, worauf Frossard unter dem Schutze seiner starken Artillerie den Rückzug zunächst nach Öttingen antrat. Mehrere in der Nähe des Schlachtfeldes lagernde franz. Divisionen waren unthätig stehen geblieben und haben dadurch den Verlust der Schlacht großenteils verschuldet. Außer 1500 unverwundeten Gefangenen fiel auch das Lagergerät einer Division, ein Pontontrain und große Magazine (zu Forbach) in deutsche Hand. Alle drei deutschen Armeen standen nun auf franz. Boden und setzten ihre Bewegungen unter einheitlicher Leitung des Großen Hauptquartiers fort, das ihnen von Mainz aus über Homburg (8. Aug.), Saarbrücken (10.), St. Avold (11.), nach Herlingen, einem großen Dorfe an der Eisenbahn nach Metz, folgte. Die bad. Division nahm in ihrem Vorrücken gegen Straßburg 7. Aug. Hagenau durch einen Handstreich ihrer Kavallerie und erschien am 9. vor Straßburg. General von Beyer forderte den Kommandanten Uhrich zur Übergabe auf, die dieser ablehnte; die Festung wurde darauf eingeschlossen. Die Dritte Armee überschritt die Vogesen. Am 9. Aug. wurde Lützelstein, das unter Zurücklassung von Geschütz u. s. w. geräumt war, besetzt, Lichtenberg kapitulierte am 10. nach kurzer Beschießung, Bitsch wurde am 11. eingeschlossen, Pfalzburg am 13. von einer Division des nunmehr eingetroffenen 6. Armeekorps vergeblich aus Feldgeschütz beschossen und später eingeschlossen. Am 11. Aug. standen die deutschen Vortruppen vor der Mosellinie, die Armeen hatten sich auf einer Frontlinie von 52 km zusammengezogen.

Ein Telegramm aus dem Großen Hauptquartier zu Saarbrücken meldete vom 10. Aug.: «Die franz. Armee setzt ihren Rückzug gegen die Mosel auf allen Punkten fort. Von unsern sämtlichen Armeen folgt ihr die Kavallerie auf dem Fuße.» Seit diesem Zeitpunkte begann die selbständige, damals neuartige Verwendung der Reiterei, welche dieser Waffe die Anerkennung ihrer hohen Bedeutung für die Kriege der Gegenwart wieder verschafft hat. Sie ging den vorrückenden Heeren weit voraus, verschleierte alle Bewegungen und verschaffte der eigenen Heerführung schnell und zuverlässig Aufklärung über den Verbleib und die Maßregeln des Gegners; sie überzog weite Landstrecken, überfiel feindliche Transporte, trieb Lebensmittel und Kontributionen ein und war zum Gefecht wieder rechtzeitig zur Stelle, um wirksam in den Kampf einzugreifen, während die franz. Kavallerie so gut wie gar nichts that und dadurch der deutschen Reiterei ihre Aufgabe wesentlich erleichterte. Die feindliche Hauptarmee hatte zunächst die Linie der franz. Nied halten wollen, diese Stellung aber 12. Aug. verlassen, als preuß. Kavallerie auf Pont-à-Mousson vorging und das Heer des Prinzen Friedrich Karl weiter vorrückte. Bis auf 15 km von Metz war die Kavallerie der Ersten Armee vorgedrungen, während die der Zweiten vor Pont-à-Mousson und die der Dritten vor Nancy erschienen war.

Marschall Bazaine hatte 12. Aug. infolge der Ereignisse zu Paris (s. Frankreich) den Oberbefehl der Armee an Stelle des Kaisers übernommen; sein (das 3.) Korps führte nunmehr Decaen. Cousin Montauban, Graf von Palikao, wurde an Stelle Leboeufs Kriegsminister. Bazaine war vom Kaiser angewiesen, die Armee hinter die Maas zurückzuführen, um sich mit dem bei Châlons aus den Resten des Heers Mac-Mahons und neuen Truppen (wie den für die Flotte bestimmt gewesenen Landungstruppen, der Besatzung von Rom, dem Reste des 7. Korps, Marineregimentern und Marschregimentern) zusammengestellten Hilfsheere zu vereinigen. Bazaine ließ am 13. die Brücken über die Mosel vermehren, sandte an demselben Tage einen Teil des Trains bis Gravelotte voraus und wollte 14. Aug. mit der ganzen Armee nach Verdun abrücken. Nur eine Infanteriedivision (Lavaucoupet) sollte zur Verstärkung der Garnison in Metz bleiben. Als am 14. die auf dem rechten Moselufer stehenden Korps (Garde, 3. und 4.) abzurücken begannen, wurde die Nachhut, 3. Korps, von der Ersten Armee (Steinmetz), die östlich vor Metz stand, angegriffen, worauf das Garde- und 4. Korps Front machten und an der Schlacht von Colombey-Nouilly (s. d.) teilnahmen. Die Schlacht dauerte sieben Stunden, endete mit dem Rückzuge der Franzosen und hatte das wichtige Ergebnis, Bazaines Abmarsch um fast zwei Tage zu verzögern, wodurch die Zweite Deutsche Armee Zeit gewann, vorher die Mosel zu überschreiten. Auf die Meldung von dem Siege vor Metz wurde im königl. Hauptquartier befohlen, daß von der Ersten Armee nur das 1. Armeekorps (Manteuffel) mit den beiden Kavalleriedivisionen (Hartmann und Groben) auf dem rechten Moselufer bleiben, das 7. und 8. (Zastrow und Goeben) aber links abmarschieren und, wie auch die Zweite Armee, den Fluß südlich von Metz überschreiten sollten. Der König verlegte 16. Aug. sein Hauptquartier nach Pont-à-Mousson. Bazaine hatte seine ganze Armee, 170000 Mann, auf das linke Moselufer gezogen. Sie bestand aus dem 2. Korps (Frossard), dem 3. (Leboeuf für den am 14. Aug. schwerverwundeten Decaen), dem 4. (L'Admirault), dem 6. Korps (Canrobert), das jedoch nicht vollzählig zur Stelle war, und den Garden (Bourbaki). Am 15. Aug., wo noch die Straße nach Verdun frei war, trat die Armee auch den Marsch auf zwei Parallelstraßen an, kam aber mit den Spitzen nur bis Doncourt auf der nördlichen und Vionville auf der südlichen; die Hauptmassen lagerten um Gravelotte, wo auch das Hauptquartier stand. Der Kaiser war noch bei der Armee, verließ diese jedoch am nächsten Morgen und begab sich über Verdun nach dem Lager von Châlons.

Am Abend des 15. Aug. begann von der Zweiten deutschen Armee das 3. Korps (Alvensleben II.)

die Mosel zu überschreiten. Man war im Großen Hauptquartier der Ansicht, daß die Franzosen bereits nach der Maas abmarschiert seien. Auf eine Schlacht zwischen der Maas und der Mosel rechnete man nicht. Der Marsch des 3. Armeekorps wurde bis 3 Uhr morgens nördlich gegen die Straße Metz-Verdun bis Gorze und Onville fortgesetzt. Nach kurzer Rast, schon um 5 Uhr morgens, traten die beiden Divisionen des 3. Korps, gefolgt von der 6. Kavalleriedivision, ihren Vormarsch gegen die Straße Metz-Verdun wieder an, in der Richtung auf Mars-la-Tour und Vionville. Die Kavallerie meldete dem General von Alvensleben, daß sie feindliche Vorposten und dahinter große Zeltlager vor sich habe; der General beschloß den Angriff, und als eine zweite Meldung kam, daß der Feind aus den Lagern rücke, wahrscheinlich um abzumarschieren, und die Kavalleriedivision auf dem Plateau angekommen war, erhielten die beiden Divisionen des 3. Korps um 10 Uhr Befehl, vorzugehen. Dies war der Beginn der Schlacht von **Vionville-Mars-la-Tour.** (S. Vionville.) Fast 5 Stunden kämpfte das 3. Korps allein gegen die stets erneuten Angriffe der feindlichen Übermacht bei Vionville und Flavigny. Gegen 4 Uhr nachmittags traf das 10. Korps ein, gleichzeitig Prinz Friedrich Karl, der die Leitung der Schlacht übernahm. Es kam zu einem großartigen Reitergefecht (ungefähr 5000 Reiter beiderseits), in welchem schließlich die deutsche Kavallerie siegte. Auf dem rechten Flügel trafen gegen Abend Teile des 8. und 9. Armeekorps ein und griffen in die Schlacht ein, die erst mit Einbruch der Nacht, nach zwölfstündiger Dauer, ihr Ende erreichte. Der Abmarsch der Franzosen nach Verdun war durch die Schlacht von Vionville unmöglich geworden, da für den folgenden Tag auf deutscher Seite beträchtliche Verstärkungen zur Stelle sein mußten. Am 17. Aug. ging die franz. Armee in die Stellung St. Privat-La Montagne-Jussy, also dicht vor Metz, zurück und verstärkte diese von Natur starke Stellung durch alle Mittel der Feldbefestigung. Auf deutscher Seite hatte man für den 17. Aug. die Wiederaufnahme des Kampfes vorausgesetzt, und König Wilhelm ließ dazu alle Korps der Zweiten Armee, die zum Teil noch auf dem rechten Moselufer waren, heranrücken. Da der feindliche Angriff jedoch ausblieb, wurde für den 18. Aug. der weitere Vormarsch beschlossen, um den Feind aufzusuchen und eine Hauptschlacht zu liefern.

Der König traf 18. Aug. morgens 6 Uhr aus Pont-à-Mousson auf der Höhe südlich von Flavigny ein. Bald nahm man wahr, daß die feindliche Armee vor Metz Stellung genommen habe, worauf eine allgemeine Rechtsschwenkung befohlen wurde, und die Schlacht von **Gravelotte-St. Privat** (s. Gravelotte) begann. Diese Schlacht entschied über das Schicksal der franz. Rheinarmee und der Festung Metz. Der rechte Flügel der Franzosen wurde bei St. Privat völlig geschlagen und eilte in wilder Flucht nach Metz zurück, der linke hielt hingegen noch während der Nacht seine Stellung und räumte diese erst am Morgen des 19. Aug., ohne einen neuen Angriff abzuwarten. Die Kaisergarde hatte an der Schlacht fast gar nicht teilgenommen, ebenso die Reserveartillerie der franz. Armee, dagegen hatte das preuß. Gardekorps sehr schwere Verluste erlitten. Am Morgen des 19. wurde die Bahnverbindung mit Diedenhofen durch deutsche Kavallerie unterbrochen. Die geschlagene Armee wurde im Lager von Metz eingeschlossen, wozu die Erste und Zweite Armee daselbst zurückblieben, nachdem von letzterer 3 Korps (Garde, 4. und 12.) unter dem Befehle des Kronprinzen Albert von Sachsen abgezweigt und als selbständige Vierte (Maas-)Armee zu fernerer Verwendung im freien Felde bestimmt worden waren. Vereint mit der Dritten Armee sollte die Maasarmee gegen die bei Châlons gebildete Feldarmee des Marschalls Mac-Mahon, bei der sich Napoleon befand, operieren.

Prinz Friedrich Karl, der den Oberbefehl vor Metz übernahm, erhielt die bereits operationsfähige 4. Reservedivision (Kummer), die größtenteils aus Landwehr, verstärkt durch Linientruppen aus den Festungsbesatzungen, bestand, zugewiesen; auch traf 1. Sept. ein Teil der Küstenarmee (17. Division) unter dem Großherzoge von Mecklenburg-Schwerin vor Metz ein. Die feindliche Flotte kreuzte zwar noch in den deutschen Meeren, eine Landung stand aber nicht mehr bevor; die dazu bestimmten Truppen, auch die Marinesoldaten, waren zur Verteidigung des eigenen Landes unentbehrlich. Vor Metz blieben $8^1/_2$ Armeekorps und $2^1/_2$ Kavalleriedivisionen. Das Oberkommando der Ersten Armee wurde dem Prinzen Friedrich Karl direkt unterstellt und General von Steinmetz zum Generalgouverneur im Bezirke des 5. und 6. Armeekorps ernannt. Diese Maßregel wurde besonders deshalb notwendig, weil vor Metz ein einheitlicher Oberbefehl unbedingt erforderlich war. Ein (31. Aug.) unternommener Ausfallversuch, der die Operationen der zum Entsatz von Metz heranrückenden Armee Mac-Mahons unterstützen sollte, wurde von den auf dem rechten Moselufer stehenden Truppen (namentlich 1. Armeekorps unter General von Manteuffel) in der Schlacht von **Noisseville** (s. d.) zurückgeschlagen. Es war dies der letzte größere Versuch, die Rheinarmee von der Einschließung zu befreien.

II. Die Kämpfe um Sedan und Paris. Inzwischen aber hatten schon 19. Aug. die Dritte Armee, die aus $5^1/_2$, und die Maasarmee, die aus 3 Korps bestand, wozu noch 4 preuß. Kavalleriedivisionen, die sächs. Reiterdivision und die süddeutsche Kavallerie gehörten, mit ihrer Vorhut ihre Operationen gegen die Armee von Châlons begonnen. Die Maasarmee nördlich als rechter Flügel trat mit ihrem Gros den Marsch nach der Maas 20. Aug. an, während die Dritte Armee diesen Fluß schon am 19. und 20. überschritt, ohne auf Widerstand zu stoßen, und auf Bar-le-Duc vorrückte. Eine Brigade vom 2. bayr. Korps (Hartmann) blieb vor Toul stehen, da eine Division des 4. Korps, welche erfolglos die Festung mittels gewaltsamen Angriffs zu nehmen versucht hatte, zur Maasarmee herangezogen worden war. Das Hauptquartier des Kronprinzen kam nach Ligny, wo auch der König, dem Moltke vorauseilte, erwartet wurde. Da lief die Meldung ein, daß der Feind das Lager von Châlons verlassen habe. Es war zweifelhaft, ob Mac-Mahon sich ganz nach Paris zurückgezogen oder eine Flankenstellung gegen die Marschlinien der beiden deutschen Armeen bezogen oder sonst etwas unternommen hatte. Während die Heere ihren Marsch nach Châlons fortsetzten, gingen Depeschen aus London ein, welche die Absicht der Franzosen meldeten, mit der Armee von Châlons die Rheinarmee in Metz zu entsetzen. Die deutsche Kavallerie hatte diese Absicht der Franzosen durch ihre Meldungen bestätigt. Mac-Mahons Armee bestand aus dem

1. Korps (jetzt unter Ducrot), dem 5. (Failly), dem 7. (Douay) und dem neuformierten 12. (Lebrun); seine Stärke betrug 135000 Mann. Das in Paris gebildete 13. Korps (Vinoy) sollte nachrücken, kam aber zur Schlacht bei Sedan zu spät und kehrte eiligst nach Paris zurück. Der Kriegsminister Cousin-Montauban hatte wirklich dem Feldherrn den Befehl zugefertigt, Bazaine zu Hilfe zu kommen und dazu nach Norden abzumarschieren, um längs der belg. Grenze, gedeckt durch die Reihe der kleinen Festungen, nach Metz zu gelangen. Mac-Mahon hatte sich nach Reims gewendet und dann, auch dies verlassend, in nördl. Richtung nach Rethel. Nun wurde im deutschen Hauptquartier die Rechtsschwenkung beider Feldarmeen und deren Vormarsch in nördl. Richtung angeordnet. Die Operation der franz. Armee nach Metz konnte nur gelingen, wenn sie mit Anspannung aller Kräfte ohne Zeitverlust ausgeführt worden wäre; aber man gebrauchte von Reims bis nach Beaumont 10 Tage und ließ sich von den deutschen Armeen einholen.

Am 26. Aug. wurde deutscherseits der Vormarsch angetreten; die Maasarmee, von der nördl. Straße aus, war dem Feinde zunächst, das königl. Hauptquartier kam nach Clermont. Von der Einschließungsarmee vor Metz wurden das 2. und 3. Korps bei Etain zu etwaiger weiterer Unterstützung bereit gestellt. Eine Abteilung der sächs. Kavalleriedivision stieß 27. Aug. bei Buzancy auf feindliche Chasseurs und hatte ein heftiges Gefecht mit ihnen. Damit war die Fühlung mit dem Feinde gewonnen. Die Armee Mac-Mahons hatte sich in der Gegend von Vouziers versammelt und brach von hier 28. Aug. auf, die Hauptmacht nach Beaumont, eine Nebenkolonne rechts davon nach Stenay. Auf die letztgenannte Kolonne stieß die zur Aufklärung vorgehende sächs. Kavallerie, erhielt Artillerie- und Infanteriefeuer und mußte sich zurückziehen, konnte aber mit Bestimmtheit über den Marsch des Feindes berichten. Darauf erhielt der Kronprinz von Sachsen 29. Aug. aus dem königl. Hauptquartier zu Varennes den Befehl, mit der Maasarmee auf dem linken Maasufer eine Verteidigungsstellung zu beziehen; der Vorstoß beider Armeen war erst auf den 30. Aug. beabsichtigt, doch wurde der Kronprinz Albert ermächtigt, falls er nicht einen an Zahl überlegenen Gegner vor sich habe, schon am 29. die Straße von Vouziers nach Stenay zu besetzen. Der Prinz ließ daher seine drei Korps gegen diese Straße vorrücken; die Vorhut des 12. (sächs.) Korps traf bei Nouart auf die Nachhut der nach Stenay marschierenden franz. Kolonne, und es entspann sich ein Gefecht, das bis zum Abend dauerte. Bei einem gefangenen Generalstabsoffizier wurde der Befehl für die nächsten Operationen des franz. Korps gefunden, worauf die Bewegungen der beiden deutschen Armeen zum 30. Aug. angeordnet wurden.

An diesem Tage überraschten die gefechtsbereit vorrückenden deutschen Kolonnen zunächst das 5. Korps (Failly) im Lager, welches keinerlei Sicherheitsmaßregeln getroffen hatte, warfen es zurück und verfolgten es hartnäckig. Nach längerm Kampfe wurde Beaumont (s. d.) und die dahinterliegenden Höhen erstürmt und der Feind zum Rückzuge nach Carignan genötigt, von wo er am folgenden Tage nach Sedan zurückging. Damit war der Versuch, Metz zu entsetzen, aufgegeben. Auf die Meldung der erlangten Vorteile befahl der König für den 31. Aug., daß die Maasarmee den feindlichen linken Fügel an einem Ausweichen in östl. Richtung (auf Metz hin) hindern, die Dritte Armee den Feind, wenn er noch auf dem linken Ufer der Maas standhalte, angreifen und, gleichzeitig gegen seinen rechten Flügel operierend, in den engen Raum zwischen dem Flusse und der belg. Grenze zusammendrängen sollte. Als Mac-Mahon einen Nachtmarsch, ebenso ein Entweichen über die belg. Grenze verschmäht und bei Sedan Stellung zur Schlacht genommen hatte, wurde der deutsche Operationsplan dahin erweitert, daß die franz. Armee von allen Seiten umfaßt und, sowohl von Mezières wie von der belg. Grenze abgeschnitten, zur Ergebung gezwungen werde.

Die Schlacht bei Sedan (s. d.) begann 1. Sept. mit dem Angriff des 1. bayr. Korps auf Bazeilles, setzte sich nordwärts durch das allmähliche Eingreifen der Sachsen und des Gardekorps bis Givonne fort, während von der Dritten Armee das 5. und 11. Korps schon bei Tagesanbruch westlich von Sedan über die Maas gingen und den linken franz. Flügel angriffen. Das 2. bayr. Korps nahm südlich von Sedan mit einer großen Geschützmasse Aufstellung, und die Württemberger nebst Kavallerie standen westlich von Sedan an der Maas zur Abwehr gegen von Mezières her erwartete Abteilungen bereit. Mac-Mahon, gleich im Anfang der Schlacht verwundet, hatte das Kommando an Ducrot übergeben, dieser mußte es aber an General von Wimpffen abtreten. Nach langwierigen blutigen Dorf- und Waldgefechten drangen die Korps der Maasarmee unaufhaltsam vor, die letzte Lücke der Umfassung wurde gegen 3 Uhr geschlossen und alle Angriffe der Franzosen zurückgeschlagen. 500 Geschütze richteten ihre Geschosse von allen Seiten her gegen die um Sedan zusammengedrängten feindlichen Massen, die nach einem letzten heroischen, aber mißglückten Reiterangriff sich in die Festung warfen. Es blieb nichts übrig, als zu kapitulieren, da die Festung nicht einmal verproviantiert war.

Napoleon hatte sich, als alles verloren war, in die Stadt begeben und ließ die weiße Fahne aufziehen. Einer seiner Adjutanten, General Reille, überbrachte dem König Wilhelm, als schon die Batterien zur Beschießung von Sedan bereit standen, ein Schreiben, in welchem Napoleon aussprach: «Da ich nicht habe an der Spitze meiner Truppen sterben können, so übergebe ich meinen Degen Ew. Majestät.» Der König nahm den Degen an und bat um Absendung eines Bevollmächtigten zur Unterhandlung über die Kapitulation. Am andern Morgen (2. Sept.) in aller Frühe verließ Napoleon Sedan zu einer Unterredung mit Bismarck, die bei Donchery in dem Hause eines Webers an der Landstraße stattfand, aber kein Ergebnis lieferte, weil der Kaiser über den Friedensschluß oder die Kapitulation der Armee nicht unterhandeln wollte. König Wilhelm hatte dann mit seinem Gefangenen eine kurze Zusammenkunft in dem Schlößchen Bellevue bei Frenois. Der König wies Napoleon das Schloß Wilhelmshöhe bei Cassel zum Aufenthalt an. Die Unterhandlungen über die Kapitulation wurden zu Donchery zwischen Moltke und Wimpffen abgeschlossen. Dadurch wurden 50 Generale, 5000 Offiziere, 83000 Mann kriegsgefangen, 419 Feldgeschütze, darunter 70 Mitrailleusen, 139 Festungsgeschütze, 66000 brauchbare Chassepotgewehre und 6000 Pferde nebst bedeutendem Kriegsmaterial, unter anderm 1072 Armeefahrzeuge, den Siegern abgeliefert. Außer den etwa 16000 in den Tagen vom 30. Aug. bis 1. Sept. gemachten Gefangenen fielen 14000 Verwundete in deutsche Gefangenschaft, sodaß sich der Gesamtverlust der Franzosen, einschließlich der Toten auf rund 121000 Mann belief. Etwa 10—15000 Mann entkamen teils nach Belgien, teils nach Mezières. Das 13. franz. Korps unter General Vinoy entkam nach Paris und bildete dort später den Kern der Verteidigungsarmee.

In Frankreich hatte die Nachricht von der Kapitulation bei Sedan den Umsturz des Kaiserreichs, die Ausrufung der Republik (4. Sept.) und die Errichtung der «Regierung der Nationalverteidigung» zur Folge. Alle Hoffnungen auf einen baldigen Frieden, die man vielfach an die Gefangennehmung des Kaisers geknüpft hatte, zerfielen damit in sich; denn es war kein berechtigtes Organ mehr vorhanden, mit dem man Frieden hätte schließen können, auch ließ sich nicht übersehen, ob die neue Regierung im eigenen Lande anerkannt würde. Deshalb hatte die Heeresleitung des Königs Wilhelm, nachdem für die Fortschaffung der Gefangenen von Sedan nach Deutschland Sorge getragen war, unverzüglich die Heere der beiden Kronprinzen gegen Paris in Marsch gesetzt. König Wilhelm hielt schon 5. Sept. seinen Einzug in Reims, während die Armeen weiter vorrückten und die Reiterei denselben wieder vorauseilte. Die Kavalleriedivision Herzog Wilhelm von Mecklenburg, verstärkt durch das 4. Jägerbataillon, rückte vor Laon, dessen Kommandant kapitulierte; beim Einzug in die Citadelle (9. Sept.) wurde aber noch verräterischerweise der Pulverturm gesprengt, wodurch viele Menschen getötet oder verstümmelt wurden. Ohne auf Widerstand zu stoßen, kamen die deutschen Heere bis in die Nähe von Paris. General Trochu, der Gouverneur, hatte die Bevölkerung der nächsten Umgegend aufgefordert, mit ihren Lebensmitteln in die Stadt zu kommen; was nicht fortzuschaffen gewesen, war vernichtet, viel Eigentum in den Häusern auch von Franctireurs, ja selbst von Linientruppen geplündert oder zerstört worden. Die Häuser fand man großenteils verlassen oder verschlossen, die Umfassungen der Grundstücke zerstört, Kellerräume vermauert; die Straßen waren zum Teil abgegraben und viele Brücken zerstört.

Am 15. Sept. waren die Vortruppen der beiden Heere bis auf 3 Stunden an die Ostfront von **Paris** (s. d.) herangekommen und umfaßten die Stadt in einem großen Halbkreise. General Ducrot suchte 19. Sept. durch einen heftigen Ausfall die Einschließung der südl. Front links der Seine zu hindern, wurde aber bei **Sceaux** (s. d.) zurückgeschlagen. Am selben Tage hatte der franz. Minister des Äußern, Favre, in La Ferrières, dem Hauptquartier des Königs, eine Unterredung mit Bismarck, um über den Abschluß eines Waffenstillstandes, eventuell über die Friedensbedingungen, zu verhandeln. Diese Zusammenkunft verlief resultatlos, da der franz. Bevollmächtigte ablehnte, in die deutscherseits geforderte Gebietsabtretung zu willigen und überhaupt jede Abtretung franz. Gebietes für unannehmbar erklärte. Unter diesen Umständen konnte durch einen Waffenstillstand lediglich der Stärkung der franz. Wehrkraft gedient und die Beendigung des Krieges verzögert werden. Für die deutsche Heerführung handelte es sich darum, die beiden Hauptsammelpunkte der feindlichen Macht, Metz und Paris zu unterwerfen. Dazu reichten die deutschen Heere wohl aus; es fehlten aber weitere Kräfte, um gleichzeitig gegen den Süden Frankreichs offensiv vorgehen zu können. Nur mit Mühe konnten einige schwache Truppenkörper bereitgestellt werden, die Einschließung von Paris gegen Entsatzversuche zu decken. Diese Verhältnisse ergaben einen völligen Umschwung der strategischen Lage der Deutschen.

Vor dem Eintreffen des Belagerungsparks mußte Paris möglichst eng eingeschlossen und jeder Verbindung mit außen beraubt werden; erst nach Ankunft des vollständigen Belagerungsparks konnte der förmliche Angriff beginnen. Dieser Zeitpunkt lag ziemlich fern, denn die vorhandenen Belagerungsgeschütze wurden zunächst im Elsaß gebraucht und konnten erst dann vor Paris geschafft werden, wenn mindestens eine Bahnlinie dorthin völlig zur Verfügung stand, d. h. nach Einnahme der Festung Toul. Am 30. Sept. fand an der Südfront von Paris ein zweiter Ausfall statt, von 10000 Mann unter General Vinoy, wurde aber nach sechsstündigem Kampfe vom 6. Armeekorps zurückgewiesen. Dann verging der halbe Oktober, ehe ein neuer unternommen wurde, nur die Forts schossen unausgesetzt, oft auf kleine Abteilungen und einzelne Reiter. Vorzüglich war es das hochgelegene, mit schwerem Marinegeschütz besetzte Fort auf dem Mont-Valérien, das die Stellungen des linken Flügels der Dritten Armee, 5. Korps, beunruhigte. Währenddem hatte der König von Preußen 5. Okt. sein Hauptquartier von La Ferrières nach Versailles verlegt, wo auch der Kronprinz bereits 20. Sept. sein Hauptquartier aufgeschlagen hatte. Am 13. Okt. fand ein neuer Ausfall statt mit 10 Bataillonen gegen Süden, wurde aber vom 2. bayr. Korps nach heftigem Kampfe abgeschlagen; ebenso wurde der am 21. vom Mont-Valérien (s. d.) her durch 12 Bataillone mit 40 Geschützen unter General Ducrot unternommene von den Vortruppen des 5. Korps, zuletzt unterstützt durch die Garde-Landwehr, die nach der Kapitulation von Straßburg nach Versailles herangezogen war, abgewiesen. Bei einem spätern Ausfall, 28. Okt., diesmal nach Norden gegen das Gardekorps gerichtet, nahmen die Franzosen das von Vorposten schwach besetzte Dorf Le Bourget und richteten es zu nachhaltiger Verteidigung ein. Am 30. Okt. wurde **Le Bourget** durch die 2. Gardedivision nach längerm, verlustreichem Kampfe zurückerobert und fortan mit stärkerer Besatzung versehen. Zu neuen erbitterten Kämpfen kam es sodann 30. Nov. und 2. Dez. bei einem erneuten Ausfall unter Ducrot in der Nähe des Dorfes **Champigny** (s. d.). — Inzwischen war **Straßburg** (s. d.) 27. Sept. nach siebenwöchiger Verteidigung erlegen. Von den kleinern Festungen hatte **Marsal** schon 15. Aug., **Vitry** am 25. ohne Widerstand kapituliert, **Toul** (s. d.) mit 2400 Mann und 120 Geschützen dagegen erst 23. Sept. nach wiederholter heftiger Beschießung, **Soissons** am 16. und **Schlettstadt** 24. Okt. sich ergeben. Neu-Breisach und Verdun wurden noch belagert, Pfalzburg eingeschlossen, Bitsch (s. d.) blieb unbezwungen bis zum Frieden.

Unterdessen hatte auch Marschall Bazaine in **Metz** (s. d.), nachdem er nach der Schlacht von Noisseville (s. oben) noch mehrere kleinere Ausfälle (27. Sept. und 7. Okt.), aber keinen größern Durchbruchsversuch unternommen hatte, wegen Mangel an Lebensmitteln am 27. Okt. kapituliert. Die Armee (3 Marschälle, 6000 Generale und Offiziere, 173000 Mann) wurde auf die Bedingung von Sedan kriegsgefangen, die Festung, der stärkste Waffenplatz Frankreichs, mit allem Kriegsmaterial übergeben; 53 Adler, 541 Feld- und 800 Festungsgeschütze, 102 Mitrailleusen und 300 000 Gewehre wurden ausgeliefert. Die Armee des Prinzen Friedrich Karl wurde nun verfügbar für die Bekämpfung der neuformierten franz. Feldtruppen im nördl. und südl. Frankreich, die der deutschen Armee vor Paris lästig wurden.

III. Der Kampf in den Provinzen. a. An der Loire. Schon vor der Einschließung von Paris hatte sich ein Teil der franz. Regierungsmitglieder als Delegation nach Tours begeben; ihnen war Gambetta später in einem Luftballon gefolgt und hatte die Kriegsleitung übernommen. Er übte thatsächlich diktatorische Gewalt aus, um die ganze Volkskraft für den Krieg bis zum Äußersten anzuspannen. Es wurden Waffen, Bekleidung und Ausrüstung im Auslande, namentlich in England, aufgekauft. Neben den Linientruppen, Mobil- und Nationalgarden wurden zum Volkskriege auch Banden von Franctireurs aufgerufen, überhaupt die Levée en masse angeordnet. In großen Übungslagern sollten die Departementaltruppen formiert und eingeübt werden. Garibaldi kam aus Italien herbei; aus allen Ländern strömten Freischärler zu. Im Süden waren die Rüstungen im Laufe des September so weit gediehen, daß schon an einen Entsatz von Paris gedacht werden konnte; eine Loire-Armee war gebildet, von der eine Abteilung 5. Okt. bei Toury die vorgeschobene 4. Kavalleriedivision (Prinz Albrecht) angriff. Der Feldkrieg begann von neuem. Von dem 14. Armeekorps (Werder) war nach der Eroberung von Straßburg eine fliegende Kolonne entsendet worden, um die Vogesen vom Feinde zu säubern; das ganze Korps, mit Ausnahme der neuangekommenen Reservedivision Schmeling, die zur Belagerung von Schlettstadt und Neu-Breisach im Elsaß zurückblieb, rückte Anfang Oktober nach Burgund vor (s. unten). Gleichzeitig wurde von Paris her das 1. bayr. Korps (von der Tann) mit der 22. Division (von Wittich) und der 2. Kavalleriedivision (Graf Stolberg) gegen die Loire-Armee unter Lamotterouge entsendet. General von der Tann stieß 10. Okt. bei Artenay auf deren Vorhut und warf sie zurück; am 11. rückte er gegen Orléans (s. d.), schlug Lamotterouge und besetzte die Stadt und die Loirebrücke. Die Division Wittich wurde einige Tage später westwärts entsendet, wo sich auch feindliche Streitkräfte bewegten; sie erstürmte 18. Okt. Châteaudun und besetzte am 21. Chartres. In diesen Stellungen verblieb das Korps vorläufig, da ein weiteres Vorgehen die Verbindung mit Paris gefährdet haben würde und es nur darauf ankam, Entsatzversuche von dieser Seite zu hindern. Nach dem Falle von Metz übernahm General von Manteuffel das Oberkommando der Ersten Armee; das 7. Armeekorps und die Division Kummer blieben zur Besetzung von Metz und Lothringen sowie zur Belagerung der Festungen an der belg. Grenze zurück, das 1. und 8. setzten sich in nordwestl. Richtung nach der Picardie in Bewegung. Von der Zweiten Armee wurde das 2. Korps nach Paris herangezogen und mit dem 3., 9. und 10. trat Prinz Friedrich Karl den Marsch nach Süden an, um hier den Oberbefehl zu übernehmen. Der erneute Feldkrieg wurde demnach auf drei Schauplätzen geführt, jedoch ohne daß die Operationen untereinander in Verbindung gestanden hätten.

An der Loire hatte sich die Lage, ehe der Prinz trotz angestrengter Märsche dahin gelangen konnte, verschlimmert. Die feindliche Armee war bis auf 150 000 Mann verstärkt und an ihre Spitze General Aurelle de Paladines gestellt worden, der Anfang November auf dem rechten Loire-Ufer gegen Orléans vorrückte. General von der Tann bezog eine vorher ausgewählte Stellung bei Coulmiers (s. d.), wo er, am 9. angegriffen, sich in heißem Kampfe bis zum Abend behauptete. Noch in der Nacht zum 10. Nov. trat er den Rückzug an und vereinigte sich bei Toury mit der 22. Division und der 4. Kavalleriedivision des Prinzen Albrecht. Orléans wurde geräumt. Zu weiterer Verstärkung wurde demnächst der Großherzog von Mecklenburg mit der 17. Division herangezogen. Der erwartete Angriff des Feindes blieb jedoch aus, Aurelle begnügte sich mit der Wiederbesetzung von Orléans. Der Großherzog ging nunmehr selbst zum Angriff vor. Die 17. Division, unter Tresckow, schlug 17. Nov. 7000 Mobilgarden, die sich bei Dreux gesammelt hatten, aus der Stadt und besetzte diese; die 22. Division siegte am 18. bei Châteauneuf; im weitern Vorrücken gegen Südwesten wurde am 22. Nogent-le-Rotrou besetzt, wodurch die linke Flanke der bei Orléans stehenden feindlichen Armee bedroht war. Inzwischen traf auch die Zweite Armee nach einem dreiwöchigen Marsche an der Loire ein. Das 10. Korps (Voigts-Rhetz), das ihren linken Flügel bildete, stieß zuerst auf den Feind; zwei Brigaden eröffneten sich 24. Nov. in den Gefechten bei Ladon und Mézières die Marschstraße nach Beaune-la-Rolande, die das 20. franz. Armeekorps bereits versperrte. Aurelle, der bereits den Vormarsch gegen Paris auf Verlangen Gambettas begonnen hatte, wandte sich nun mit einem großen Teile seiner Armee gegen den Prinzen Friedrich Karl und griff das 10. Korps bei Beaune-la-Rolande (s. d.) an, erlitt jedoch eine Niederlage; er zog sich nach Orléans hin zurück und nahm Stellung vor dem Walde. Die Loire-Armee hatte inzwischen eine Stärke gewonnen, die für das Große Hauptquartier der Deutschen überraschend kam. Sie bestand aus den Armeekorps Nr. 15, 16, 17, 18 und 20, die freilich noch nicht vollzählig waren, aber Anfang Dezember immerhin schon wenigstens 200 000 Mann zählten. In weitem Bogen hielt diese Armee das Gelände um Orléans besetzt, wobei ihr der große Wald von Orléans trefflich zu statten kam. Zwischen den Hauptquartieren des Prinzen Friedrich Karl und des Großherzogs von Mecklenburg entstanden zudem Reibungen, die der Erreichung des einheitlich anzustrebenden Zieles nicht förderlich sein konnten.

Am 1. Dez. griff das 16. franz. Korps (Chanzy) bei Villepion die ihm gegenüberstehenden Bayern an und drängte sie in einem für die Franzosen glücklichen Gefechte zurück. Am 2. Dez. griff Chanzy dann die Armeeabteilung des Großherzogs bei Loigny (s. d.) und Poupry an. In hartnäckiger Schlacht wurden die Franzosen geschlagen, obschon außer Teilen des 15. und dem 16. Korps auch die verfügbaren Teile des 17. Korps am Kampfe teilnahmen. Prinz Friedrich Karl warf nun 3. Dez mit dem 3. und 9. Korps das 15. franz. Korps auf Orléans zurück und schlug die Franzosen 4. Dez. entscheidend bei Orléans (s. d.). General Aurelle räumte die Stadt, nachdem der Bahnhof und die nördl. Vorstadt bereits vom 9. Korps erstürmt, die

Armeeabteilung gleichfalls bis dicht an die Thore gelangt war. 18000 Gefangene, 74 Geschütze, 4 armierte Kanonenboote auf der Loire fielen den Siegern in die Hände. Die Loire-Armee, deren Korps sich in verschiedener Richtung zurückgezogen hatten, teils über die Loire, teils auf Blois, wurde hierauf in zwei Armeen geteilt, deren erste unter Bourbakis, die zweite unter Chanzys Befehl gestellt wurde. Aurelle trat zurück; Gambetta hatte ihn zur Offensive gezwungen, während er bei Orléans in der Verteidigung hatte verbleiben wollen. Auch die deutschen Streitkräfte teilten sich zur Verfolgung; Prinz Friedrich Karl wandte sich mit Teilen der Zweiten Armee östlich gegen Bourbaki, der Großherzog westlich gegen Chanzy. Als aber klar wurde, daß Chanzy die Hauptmacht (das 16., 17. und das neugebildete 21. Armeekorps) befehligte und schon bei Beaugency wieder Stellung genommen habe, ließ der Prinz das Heer Bourbakis, das bei Bourges abwartend stand, nur beobachten und unterstützte den Großherzog mit dem 9. und 10. Korps. Am 7. Dez. stießen Teile der Armeeabteilung des Großherzogs auf die Division Camô bei Meung.

Am 8. Dez. kam es zur Schlacht von Beaugency, die auch noch 9. und 10. Dez. fortdauerte. Die Franzosen befanden sich in großer Überzahl und hatten meistens frische Truppen. Es gelang den an Zahl sehr schwachen Truppen des Großherzogs nur mit Aufbietung aller Kräfte, die franz. Angriffe siegreich abzuwehren und Boden zu gewinnen. Die Lage wurde jedoch trotz aller Tapferkeit der Deutschen recht kritisch und besserte sich erst, als starke Truppenmassen der Zweiten Armee auf das Schlachtfeld zu Hilfe eilten. Von hervorragender Bedeutung erwies sich die zahlreiche Artillerie der Deutschen, die sehr wesentlich zum siegreichen Ausgange der dreitägigen Schlacht beitrug. Chanzy zog 12. Dez. ab. Ihm wurde das 10. Korps nachgeschickt, das auf dem Marsche viele Nachzügler gefangen nahm und 13. Dez. Blois ohne Widerstand besetzte. Der größte Teil der feindlichen Armee hatte sich westlich nach Vendôme zurückgezogen; hier wurde unter dem Vorsitz Gambettas, der sich beim Heer befand, ein Kriegsrat gehalten und beschlossen, auch Vendôme zu räumen und sich nach Le Mans zurückzuziehen. Tours, den Sitz der Regierungsdelegation, zu decken, war nicht mehr nötig, da sich diese nach Bordeaux zurückzog. So konnte auch Vendôme 16. Dez. fast ohne Kampf besetzt werden, nachdem am 15. die Avantgarde des Großherzogs von Mecklenburg bei Morée, nördlich davon, ein glückliches Gefecht gehabt hatte. Die Verfolgung des Feindes wurde in zwei Richtungen vom 10. Korps fortgesetzt, auf Le Mans und auf Tours. Hier schien Widerstand geleistet werden zu sollen, nach einigen Granatwürfen wurde aber die weiße Fahne aufgezogen. Die preuß. Division besetzte jedoch Tours nicht, sondern zerstörte nur die Eisenbahn nach Le Mans und bezog Kantonnierungen. Prinz Friedrich Karl hatte schon früher, um gegen Chanzy mit aller Kraft operieren zu können, das 3. Korps aus seiner Stellung gegen Bourbaki mit Zurücklassung eines bayr. Detachements abberufen und bei Beaugency als Reserve aufgestellt; nach der Einnahme von Vendôme wurde es mit dem 9. Korps wieder die Loire aufwärts geschickt. Von der Armeeabteilung des Großherzogs war das von der Tannsche Korps, das stark gelitten hatte, nach Orléans zurückgesandt worden, wo es vorläufig als Besatzung verblieb, bis es nach Paris zurückgerufen wurde. Am 31. Dez. ergriff Chanzy noch einmal die Offensive, wurde aber bei Vendôme von der 19. Division (Kraatz-Koschlau) zurückgeschlagen.

Prinz Friedrich Karl mit dem 3., 9. und 10. Korps, der 17. und 22. Division (Großherzog von Mecklenburg) und der 2., 4. und 6. Kavalleriedivision konnte nun mit ganzer Macht, nur fünf hess. Bataillone in Orléans zurücklassend, gegen Chanzy operieren. Es fand vom 6. Jan. 1871 an eine Reihe von Gefechten statt, die bei Vendôme begannen und den Feind, der das schwierige Gelände trefflich zu benutzen verstand, von Abschnitt zu Abschnitt zurückdrängten. Die kurzen Wintertage gestatteten dem Gegner dabei stets, den Rückzug erst mit Einbruch der Dunkelheit anzutreten und sich dadurch der unmittelbaren Verfolgung zu entziehen. Es war diese Kriegsperiode wohl die anstrengendste des ganzen Feldzugs, und nur kriegsgewohnte Kerntruppen vermochten der hier der Armee des Prinzen gestellten Aufgabe zu genügen. Die Hauptlast der Kämpfe ruhte fast ausschließlich auf der Infanterie. Die Reiterei konnte gar nicht und die Artillerie nur sehr wenig helfend eingreifen, weil die Eigentümlichkeiten des Geländes eine wirksame Verwendung dieser Waffen ausschloß. Der Großherzog ging mit seinen beiden Divisionen und der ihm zugeteilten Kavallerie von Chartres vor, warf die Franzosen unter heftigen Kämpfen aus ihren Stellungen, 12. Jan. aus der bei Corneille und Ste. Croix, wobei 4000 Gefangene gemacht wurden, während an demselben Tage das 3. und 10. Korps bei Le Mans (s. d.) das Gros der franz. Westarmee in entscheidender Schlacht besiegte und daselbst bedeutende Kriegsvorräte erbeutete. In den letzten Tagen waren 20000 Gefangene, 12 Geschütze, 200 Wagen und 6 Lokomotiven genommen worden. Der Widerstand der franz. Westarmee war trotz aller Anstrengungen ihres energischen Feldherrn gebrochen; sie zog sich in voller Auflösung auf Laval und Mayenne zurück, wurde aber durch die 6. Kavalleriedivision (Schmidt), der noch andere Abteilungen von andern Waffen beigegeben waren, verfolgt und verlor noch viele Gefangene. Das mit so gewaltigen Kosten erbaute Lager von Conlie wurde auch aufgegeben. Der Großherzog erhielt Befehl, gegen Alençon zu gehen, wohin Verstärkungen für Chanzy von Cherbourg aus unterwegs waren; diese wurden dadurch von der Vereinigung abgehalten. Auch die Abteilung des Großherzogs machte noch viele Gefangene, besetzte 15. Jan. Alençon nach kurzem Gefecht und wurde dann nach der Normandie abgerufen. Im Westen war der Krieg beendigt; Chanzy organisierte vorerst nur die Trümmer seiner Armee, doch kam es zu keinen weitern Gefechten.

b. Im Norden hatte General Faidherbe, der an Bourbakis Stelle getreten war, eine Nordarmee organisiert, die indessen noch wenig innern Halt erlangt hatte und nicht operationsfähig war. Gegen diese richtete die Erste Armee unter General von Manteuffel mit zwei Korps 7. Nov. von Metz aus ihre Operationen; das 7. Korps (Zastrow) blieb, wie schon erwähnt, in und bei Metz (13. Division) und zur Belagerung der nächsten Festungen (14. Division) zurück. General von Kameke zwang durch Bombardement Diedenhofen (Thionville), das seither nur beobachtet worden war, 24. Nov. mit 4000 Mann und 200 Geschützen, und Montmédy 14. Dez. (3000 Mann und 65 Geschütze) zur Kapitulation; inzwischen hatte sich 27. Nov. auch La Fère mit 2000 Gefangenen und 70 Geschützen nach zweitägiger Beschießung einer Brigade des 1. Korps ergeben. Kameke war im Dezember zur Leitung des Ingenieurangriffs nach Paris berufen worden und General von Senden an seine Stelle getreten. Dieser nahm 15. Jan. Rocroy durch einen Handstreich (200 Gefangene und 70 Geschütze), nachdem Mezières (2000 Gefangene und 70 Geschütze) 2. Jan. sich ergeben hatte. Longwy wurde nach neuntägiger Beschießung 25. Jan. vom Oberst von Krenski genommen (4000 Gefangene und 200 Geschütze). Von den übrigen, rückwärts der Heere seit deren Vormarsch noch belagerten Festungen hatte Verdun 8. Nov. kapituliert (4000 Mann und 136 Geschütze) und Pfalzburg sich 12. Dez. ergeben (1900 Gefangene und 65 Geschütze). Manteuffel erreichte mit der Ersten Armee, deren beide Korps sich auf zwei Hauptstraßen, auf Laon-Noyon das 1., auf Reims-Compiègne das 8., bewegten, 20. Nov. die Oise und erhielt durch die vorausmarschierende Kavalleriedivision Graf von der Groeben die Nachricht, daß sowohl bei Amiens als bei Rouen stärkere feindliche Streitkräfte ständen. Um diese einzeln zu schlagen, wurde der Marsch zunächst auf Amiens (s. d.) gerichtet, wo der Feind 27. Nov. die Schlacht annahm. Sie dauerte bis zum Abend; die Franzosen wurden gegen die Somme und auf ihre verschanzte Stellung vor Amiens zurückgeworfen, die sie jedoch nicht verteidigten; sie zogen sich in ziemlicher Auflösung nach Lille und Arras zurück. Amiens wurde 28. Nov. besetzt; auch die Citadelle ergab sich, nachdem sie durch Schützen der Infanterie beschossen und der Kommandant dabei getötet worden war. Manteuffel wandte sich darauf gegen den andern Teil der Nordarmee, der bei Rouen stand, und ließ nur einige Truppen zur Beobachtung des bei Amiens geschlagenen Gegners zurück; der Feind, etwa 30000 Mann stark, nahm jedoch bei Rouen den Kampf nicht an, sondern wich nach dem linken Seine-Ufer und nach Havre aus, sodaß Rouen 6. Dez. vom 8. Korps (Goeben) besetzt wurde und eine Abteilung bis an den Kanal (nach Dieppe) vorging. Die feindliche Nordarmee bestand also nunmehr aus zwei getrennten Teilen, die allerdings mit Hilfe der Flotte jederzeit ohne erhebliche Schwierigkeit vereinigt werden konnten. Faidherbe hatte an den Festungen Arras, Douai, Cambrai, Valenciennes und dahinter als Hauptpunkt Lille eine starke Operationsbasis, in der sein Heer nach jeder Niederlage reorganisiert werden konnte. Er beabsichtigte hinter der gegen Rouen vorgegangenen Ersten Armee mit der etwa 50000 Mann starken Nordarmee gegen Paris durchzubrechen; Manteuffel kehrte jedoch rasch zurück und schlug ihn 23. Dez. zum zweitenmal in der Gegend von Amiens in der Schlacht an der Hallue. Faidherbe ging auf Arras zurück und wich 25. Dez. seitwärts auf Douai aus, von wo er schon Anfang Jan. 1871 zum drittenmal die Offensive ergriff. Seine Vorhut stieß 2. Jan. bei Savigny auf die preuß. Brigade Strubberg, von der sie zurückgewiesen wurde; am 3. griff er mit gesamter Macht den General von Goeben an, der ihn nur mit der 15. Division (nunmehr Kummer) und einer Truppenabteilung, die Prinz Albrecht (Sohn) von Paris herbeigeführt hatte, in neunstündigem Kampfe bei Bapaume aufhielt, worauf er wiederum den Rückzug in der Nacht antrat. Auch an der untern Seine, wo das 1. Korps, geführt vom General von Bentheim, gegen die sog. Armee von Hâvre (General Briand) stand, wurden Vorteile errungen; Bentheim überfiel 3. Jan. den General Roye bei Moulineaux-Calonde und zersprengte seine Truppen am 4. bei Bourgachard. Dem General von Goeben ergab sich 10. Jan. Peronne mit 3000 Mann, ein wegen der Lage dieser Festung strategisch bedeutsamer Erfolg. Faidherbe rückte bald darauf zum viertenmal vor, um sich die Straße nach Paris zu öffnen. General von Goeben, der nach Manteuffels Ernennung zum Oberbefehlshaber der neugebildeten Südarmee das Oberkommando der Ersten Armee übernommen hatte, trat Faidherbes Vorrücken entgegen, warf 18. Jan. seine Vortruppen von Beauvais auf Saint Quentin (s. d.) zurück, griff am 19. die Nordarmee in ihrer Stellung an und brachte ihr eine entscheidende Niederlage bei. Damit war im Norden der letzte Entsatzversuch von Paris gescheitert und Faidherbes Armee in einen Zustand der Auflösung versetzt, daß sie für längere Zeit nicht im Felde erscheinen konnte. An demselben Tage wurde auch der letzte große Ausfall vor Paris (s. Mont-Valérien), den Trochu unternommen hatte, entscheidend zurückgeschlagen und dadurch das Schicksal der belagerten Stadt entschieden. Im Süden stellte sich in denselben Tagen die Unmöglichkeit einer Hilfe ebenfalls heraus, und auch der neuersonnene Operationsplan Gambettas, durch einen Marsch der Armee Bourbakis nach Osten Belfort zu entsetzen (s. unten), die Verbindungslinien der Pariser Belagerungsarmee zu durchbrechen und das obere Rheinthal zu bedrohen, um auf diesem Wege Paris zu retten, scheiterte und hatte den Untergang dieser Armee zur Folge, zu deren Bekämpfung aus dem 7. Korps, das in Lothringen abkömmlich war, und dem 2. Korps, das erst kürzlich vor Paris angekommen war, eine neue Armee, die Südarmee, gebildet und nach Südosten in Marsch gesetzt wurde; General von Manteuffel erhielt deren Oberbefehl.

c. Hier im Osten war General von Werder mit dem 14. Armeekorps Anfang Oktober durch die Vogesen vorgegangen und hatte die früher entsandte fliegende Kolonne Degenfeld an sich gezogen. Letztere hatte 6. Okt. bei Etival den General Cambriels mit den zuerst fertig gewordenen Truppen der franz. Ostarmee nach siebenstündigem Kampfe zum Rückzug gezwungen, worauf das Armeekorps in vier Kolonnen seinen Vormarsch fortsetzte und den Feind überall zurückwarf. Am 18. Okt. wurde Vesoul besetzt. Cambriels hatte darauf Stellung am Oignon genommen, wurde aber 22. Okt. von den Badenern unter General von Beyer in mehrern Gefechten geschlagen und wich auf Besançon zurück. Ohne Belagerungspark war ein Angriff dieser starken Festung aussichtslos; Werder wandte sich daher westlich auf Dijon, das 30. Okt. nach schwerem Kampfe eingenommen wurde. Garibaldi war in dem nahen Dôle noch mit Organisation seines Korps beschäftigt und konnte Cambriels nicht unterstützen. Sein Sohn Ricciotti hatte aber inzwischen einen glücklichen Handstreich gegen die Verbindungslinie der deutschen Armeen gemacht und 19. Nov. in Châtillon ein Landwehrbataillon und zwei Schwadronen Reservehusaren überfallen. Durch Befehl der Regierung wurde Garibaldi nach Autun zurückgezogen, um dort ungefährdet die Organisation seiner Freischaren zu vollenden. Im Laufe des November glaubte er, einen Angriff auf Dijon unternehmen zu können. Er überraschte 26. Nov. die bad. Vorposten und drängte sie zurück, wurde jedoch von deren Reserve mit starkem Verlust abgewiesen, worauf seine Mannschaften in wilder Flucht zurückgingen. General von Werder verfolgte ihn 27. Nov. mit zwei Brigaden, holte aber nur die Nachhut unter Menotti Garibaldi ein. Er nahm darauf seine frühern Stellungen wieder ein. General Cremer näherte sich Mitte Dezember mit 15000 Mann den bad. Stellungen, wurde aber am 18. bei Nuits von Werder angegriffen und geschlagen. Vom 14. Armeekorps hatte die Landwehrdivision Tresckow 3. Nov. Belfort (s. d.) eingeschlossen und die Belagerung der Festung begonnen, die den Winter hindurch bis zum 16. Febr. 1871 fortgesetzt wurde.

Auch die Festung Langres sollte belagert werden. Die Brigade Goltz, die dazu bestimmt war, überfiel im Vorrücken die Franzosen 15. Dez. in vier Kantonnierungen und warf sie in den Platz hinein. Doch erhielt General von Werder bald darauf die Nachricht, daß bedeutende franz. Heereskräfte von Westen im Anmarsch seien; es war die Armee Bourbakis, die von der Loire herkam. Ob sie gegen das 14. Armeekorps und zum Entsatz von Belfort oder mehr in nördl. Richtung auf Nancy zur Unterbrechung der deutschen Verbindungslinien gehen würde, war zweifelhaft; General von Werder räumte seine weit vorgeschobene Stellung bei Dijon 27. Dez. und erreichte in Gewaltmärschen Vesoul, wo er seine Truppen versammelte und auch die Brigade Goltz von Langres wieder an sich zog. Als die Absicht Bourbakis klar wurde, auf Belfort zu marschieren, brach Werder schnell auf, um ihm den Weg zu verlegen. Dabei stieß er 9. Jan. 1871 bei Villersexel auf die Flanke der im Marsch befindlichen franz. Armee und griff sie an. Bourbaki wurde dadurch aufgehalten und entwickelte sich am folgenden Tage zur Schlacht; Werder aber setzte seine Truppen schleunigst wieder in Bewegung und eilte ihnen mit seinem Stabe voraus, um eine Stellung vor Belfort und Mömpelgard hinter der Lisaine zu suchen und zur Verteidigung einzurichten. Hier nahm er mit seinem nicht einmal ganz vollständigen Armeekorps die Schlacht gegen eine Macht von 150000 Mann an. Es kam darauf an, die Belagerung von Belfort und den Eingang zum Elsaß (die trouée de Belfort) zu decken. In der dreitägigen Schlacht an der Lisaine (s. d.), 15. bis 17. Jan., suchte Bourbaki mit seiner ganzen Armee in wiederholten stürmischen Angriffen das kleine heldenmütige Korps zu überwältigen, wurde jedoch abgeschlagen und mußte sich endlich, als er die Annäherung der deutschen Südarmee unter Manteuffel erfuhr, zum Rückzug entschließen, wodurch seine Truppen bald in völlige Auflösung gerieten. Den Oberbefehl der franz. Ostarmee übernahm nach Bourbakis Selbstmordversuch General Clinchant; doch wurde der Rückzug viel zu säumig ausgeführt, vielleicht weil die verfolgende Vorhut des 14. Armeekorps mit Absicht nicht heftig drängte. Manteuffel hatte inzwischen die Côte-d'Or überschritten und richtete jetzt seine Operationen gegen Flanke und Rückzugslinie des Feindes, also gegen den Doubs. Garibaldi, der bis Dijon vorgerückt war, stand hier noch, verhielt sich indes völlig unthätig. Die deutsche Südarmee fand die Übergänge des Doubs unbesetzt und verlegte bis zum 25. Jan. den franz. Korps die Rückzugslinie südlich von Besançon. Sie trat mit dem 14. Armeekorps, das sich rechts nach Rioz geschoben, in Verbindung, wodurch Manteuffel Gewißheit erlangte, daß die vier franz. Korps noch bei Besançon verweilten. Gegen Dijon war die Brigade Kettler vom 2. Armeekorps abgeschickt worden; diese griff dort kühn an, um Garibaldi festzuhalten, wobei ein Bataillon in einem ruhmvollen Gefecht gegen große Übermacht seine Fahne einbüßte, nachdem deren Träger und mehrere Offiziere, die sie nach diesem ergriffen, erschossen worden, sodaß sie auf dem Kampfplatz unter Leichen liegen blieb. Garibaldi räumte indes Dijon 1. Febr., als eine Division unter Hanu von Weyhern heranrückte, und verließ dann den Kriegsschauplatz.

Die franz. Ostarmee war im Abmarsch von Besançon, sie zog sich östlich nach der Schweizer Grenze, um längs derselben zu entkommen. Als Manteuffel dies erfuhr, beschloß er, sie zur Schlacht oder zum Übertritt auf das neutrale Schweizer Gebiet zu nötigen. Mit dem 2. Armeekorps verlegte er dem Feinde südlich von Pontarlier die letzten Straßen im Gebirge; das 7. Korps nahm die gerade Straße auf Pontarlier, wo die Hauptmacht des Gegners zu erwarten war; von Norden drängte vom 14. Armeekorps die 4. Reservedivision (Schmeling) und das kürzlich hinzugekommene Detachement Debschitz, das vorher bei Belfort verwendet worden war. So drängte alles vereint gegen Pontarlier, wohin der Feind sich gezogen: nur die Schweizer Grenze stand ihm noch offen. Am 29. Jan. erreichte die 14. Division des 7. Armeekorps die Nachhut der franz. Armee und warf sie auf Pontarlier zurück, wobei 4000 Gefangene, 10 Geschütze und 2 Mitrailleusen genommen wurden; am 30. nahm vom 2. Korps die 7. Brigade Frasue und machte 2000 Gefangene.

Mittlerweile war 28. Jan. zu Versailles ein Waffenstillstand auf 3 Wochen geschlossen, von demselben aber ausdrücklich der Schauplatz in den östl. Departements ausgenommen worden. Die franz. Generale waren über letztern Umstand nicht unterrichtet und beanspruchten sofort Einstellung der Feindseligkeiten; Manteuffel gab diesem Verlangen keine Folge und nötigte dadurch Clinchant zum Übertritt nach der Schweiz. Schon einige Tage vorher hatten bezüglich dieser Eventualität Verhandlungen mit dem Befehlshaber der eidgenössischen Armee an der Grenze, General Herzog, stattgefunden. Der Übertritt erfolgte bei Pontarlier, wo zur Deckung des Abzugs eine starke Nachhut stehen blieb. Diese wurde von der 7. Brigade (Du Trossel) angegriffen; sie verließ zwar Pontarlier, leistete aber in heftigen Gefechten Widerstand, besonders am Paß La Cluse. Am 1. Febr. überschritt die franz. Armee, noch 84000 Mann mit 10000 Pferden stark, die Grenze der Schweiz, wo sie entwaffnet und bis zum Frieden interniert wurde. Die deutsche Südarmee rückte weiter südwestlich gegen Lons-le-Saunier vor, um die Versprengten des Feindes noch zu fangen oder zu vertreiben; die Division Schmeling vom 14. Korps und das Detachement Debschitz räumten in der Gegend von Pontarlier auf. Das 14. Armeekorps hatte in den Kämpfen bei Belfort und auf der Verfolgung etwa 3000 Gefangene gemacht, die Südarmee bei ihren Gefechten 15000 nebst 28 Geschützen. Jetzt wurden die Truppen in Kantonnierungen verlegt. Die vierte franz. Feldarmee war somit für den Krieg verloren. Eine dritte, die Pariser, an Zahl die stärkste von allen, hatte sich schon 28. Jan. kriegsgefangen gegeben.

IV. Übergabe von Paris, Waffenstillstand und Friedensverhandlungen. In Deutschland war unterdessen die öffentliche Meinung über das unerwartet lange verzögerte Bombardement von Paris unruhig geworden. Auch im Hauptquartier in Versailles gab es verschiedene Strömungen. Der Kanzler drängte zum Bombardement, General von Blumenthal führte dagegen mit Recht an, wie ein Bombardement nur dann einige Aussicht auf Erfolg gewähren könne, wenn ausreichende Mittel dazu vorhanden wären. Dies war aber erst Ende Dezember der Fall, und so begann 27. Dez. das *Bombardement von Paris* (s. Paris).

Nach der Einnahme des Mont-Avron (s. d.) 29. Dez. 1870 wurde die Beschießung der östl. Forts aus den errichteten Batterien fortgesetzt und das Feuer derselben 1. Jan. 1871 vorläufig zum Schweigen gebracht. Am 5. Jan. begann die Beschießung der Südfront, zugleich wurde auch die Ost- und Nordfront und Paris also von allen Seiten lebhaft beschossen. Die Geschosse der schweren Belagerungsgeschütze aus den südl. Batterien trafen schon in die Stadt, doch fand ein eigentliches Bombardement derselben nicht statt. Einige Tage konnte des starken Nebels wegen nur mäßig geschossen werden, und die Besatzung machte 13., 14. und 15. Jan. in verschiedenen Richtungen zugleich heftige Ausfälle; doch wurden diese überall zurückgeschlagen. Die Not wuchs auch in anderer Beziehung mit jedem Tage in Paris. Trochu hatte die letzten Ausfälle, teilweise bei Nacht und immer mit ungenügenden Kräften, gegen das Gardekorps, die Sachsen, das 11. Korps und die Bayern, also aus allen Fronten unternommen, um die Richtung des großen Ausfalls, den er noch einmal 19. Jan. versuchte, zu verschleiern. Dieser geschah vom *Mont-Valérien* (s. d.) aus gegen den äußersten linken Flügel der deutschen Südarmee, das 5. preuß. Armeekorps (Kirchbach); 100000 Mann waren dazu bestimmt, es sind aber nur 49 Bataillone zum Gefecht gekommen. Der Stoß galt Versailles, dem Hauptquartier des Königs von Preußen, der am Tage vorher zum Deutschen Kaiser proklamiert worden war. Der Kampf war auf allen Punkten ein sehr hartnäckiger und endigte mit dem Rückzug der Franzosen. Damit mußte in Paris alle Hoffnung aufgegeben werden. Trochu trat zurück, Leflô übernahm das Gouvernement und Vinoy den Oberbefehl der Truppen. Die Umsturzpartei erhob sich aufs neue, wurde aber nochmals unterdrückt, doch die Stimmung in der Hauptstadt war eine so verzweifelte, daß sich die Regierung nicht mehr der Überzeugung verschließen konnte, die Kapitulation sei nunmehr unabwendbar. Am 23. Jan. abends kam der Minister des Auswärtigen, Favre, zu Unterhandlungen nach Versailles. Diese nahmen noch einige Tage in Anspruch und führten am 28., nachdem tags vorher das Feuer eingestellt worden war, zum Abschluß der *Kapitulation* und eines dreiwöchigen *Waffenstillstandes* behufs der Wahl und des Zusammentritts einer gesetzmäßigen Nationalversammlung, die über Krieg und Frieden entscheiden sollte. Die wichtigsten Bestimmungen der Kapitulation waren: Sämtliche Forts, mit Ausnahme des von Vincennes, werden sogleich mit allem Kriegsmaterial übergeben; die Linien- und Marinetruppen, auch die Mobilgarde sind kriegsgefangen, liefern ihre Waffen, Feldartillerie und Fahnen ab, bleiben aber in Paris bis zum Frieden interniert; die Nationalgarde übernimmt den Sicherheitsdienst in Paris, zu ihrer Unterstützung bleibt eine Liniendivision von 12000 Mann bewaffnet; die Stadtumwallung wird entwaffnet, die Geschützrohre verbleiben den Franzosen, die Lafetten werden den Deutschen überliefert; nach Ablieferung der Waffen kann sich Paris von außerhalb verproviantieren; während des Waffenstillstandes werden die Deutschen Paris nicht betreten; die Stadt zahlt eine Kriegssteuer von 200 Mill. Frs.; die Feldarmeen behalten ihre besetzten Landstrecken inne mit einer Neutralitätszone zwischen sich; nur für die Depart. Côte-d'Or, Doubs und Jura tritt der Waffenstillstand erst ein, wenn darüber ein Verständnis erzielt ist. *Belfort* (s. oben) hielt sich noch bis zum 16. Febr.; dann kapitulierte der Kommandant, Oberst Denfert, auf Weisung seiner Regierung, da der Widerstand nur noch wenige Tage hätte fortgesetzt werden können. Die Garnison, 17700 Mann stark, erhielt in Anerkennung der tapfern Verteidigung freien Abzug mit allen kriegerischen Ehren; 18. Febr. wurde Belfort von den Deutschen besetzt, die dadurch 240 Geschütze erhielten. Der Waffenstillstand war 16. Febr. auch auf den südöstl. Kriegsschauplatz ausgedehnt worden.

Während der Waffenruhe ging die in Bordeaux zusammengetretene Nationalversammlung an das Friedenswerk. Sie ernannte zunächst, nachdem die Regierung der Nationalverteidigung ihr Amt niedergelegt hatte, Thiers zum Chef der Exekutivgewalt und ermächtigte ihn, seine Minister zu wählen. Die neue, auf geordnetem Wege errichtete Regierung wurde von allen Staaten anerkannt, mit ihr konnte auch Deutschland in *Friedensverhandlungen* eintreten. Thiers übernahm es selbst, diese unter Mitwirkung des Ministers Favre mit dem Grafen Bismarck zu führen, die Nationalversammlung ernannte zur Vermittelung zwischen ihr und den Unterhändlern eine Specialkommission von 15 Mitgliedern. Der Waffenstillstand wurde während der Friedensunterhandlungen noch zweimal verlängert. Doch schritten die Verhandlungen nur langsam fort, denn Thiers setzte der Abtretung franz. Bodens den hartnäckigsten Widerstand entgegen, und Bismarck hielt diese Bedingungen mit Festigkeit aufrecht. Wenigstens Metz wollte Thiers retten, höchstens die Schleifung der Festung zugeben und einen (erst anzukaufenden) Ersatz (Luxemburg) dafür bieten, willigte jedoch schließlich gegen die Zurückgabe von Belfort in die Abtretung. Die deutsche Kriegsleitung traf deshalb alle Vorkehrungen, um die Operationen auf allen Teilen des Kriegstheaters nachdrücklich eröffnen zu können, falls die Verhandlungen scheitern sollten. Man sicherte die Unterwerfung von Paris durch eine umfassende Geschützaufstellung im Westen und Süden, zog drei Korps der Einschließungstruppen nach dem Südwesten, ergänzte alle Truppen auf die volle Etatsstärke und sorgte für die Verteidigung der deutschen Küsten gegen einen etwaigen Angriff franz. Kriegsschiffe. Der Stand der auf franz. Boden stehenden deutschen Truppen erreichte seinen höchsten Betrag.

Die *Präliminarien* wurden 24. Febr. abgeschlossen und am 26. einerseits vom Reichskanzler und von den hinzugezogenen Ministern der süddeutschen Staaten als Vertretern des Deutschen Reichs, andererseits von Thiers und Favre als Vertretern Frankreichs unterzeichnet. Thiers legte 28. Febr. der Nationalversammlung zu Bordeaux den *Friedensvertrag* als Gesetzentwurf zur Ratifikation vor. Sein Inhalt war folgender: 1) Frankreich verzichtet zu Gunsten des Deutschen Reichs auf den nordöstl. Teil von Lothringen mit Metz und Diedenhofen sowie auf das Elsaß außer Belfort. 2) Frankreich zahlt 5 Milliarden Frs., und zwar eine Milliarde 1871, den Rest in einer Frist von 3 Jahren. 3) Die Räumung des Landes wird unmittelbar nach Ratifikation des Vertrags beginnen, und zwar werden die deutschen Truppen zunächst das Innere von Paris, die Forts auf dem linken Ufer der Seine und verschiedene Departements räumen, darunter vorwiegend die westlichen. Nach der Ratifikation des definitiven Friedensvertrags und Zahlung der ersten halben Milliarde erfolgt die Räumung der Forts auf dem rechten Seine-Ufer. Nach Erlegung von 2 Milliarden wird die deutsche Besetzung nur noch die Depart. Marne, Ardennen, Haute-Marne, Meuse, Vogesen, Meurthe sowie die Festung Belfort umfassen. Die rückständigen Summen werden mit 5 Proz. vom Tage der Ratifikation an verzinst. 4) Die deutschen Truppen werden alle Requisitionen in den von ihnen besetzten Departements unterlassen, jedoch trägt Frankreich die Kosten ihres Unterhalts. 5) Den Bevölkerungen der abgetretenen Provinzen wird eine bestimmte Frist gewährt, innerhalb welcher sie ungestört auswandern können. 6) Die Kriegsgefangenen werden unverweilt zurückgegeben. 7) Die Eröffnung der eigentlichen Friedensverhandlungen wird in Brüssel nach Ratifikation des vorliegenden Vertrags erfolgen. Einige Nebenbedingungen waren noch hinzugefügt. Die Dringlichkeit des Gesetzentwurfs wurde in der Nationalversammlung trotz des Einspruchs einzelner Deputierten, namentlich Gambettas, anerkannt und der Vertrag den Abteilungen zur Prüfung überwiesen. Am 1. März wurde der Friedensvertrag in namentlicher Abstimmung mit 546 gegen 107 Stimmen seitens der Nationalversammlung angenommen. Durch diese schnelle Erledigung wurde Paris die Demütigung erspart, das ganze deutsche Belagerungsheer als Sieger in seine Mauern einziehen zu sehen. Dasselbe war dazu in drei Abteilungen für drei aufeinander folgende Tage geteilt. Am 1. März rückten unter General von Kameke Abteilungen des 6., 11. und 2. bayr. Korps ein, nachdem der Kaiser über sie Heerschau im Bois-de-Boulogne auf dem Longchamps gehalten hatte. Der Einzug geschah, einige Pöbelhaftigkeiten abgerechnet, ohne Störung, selbst beim Triumphbogen. Die übrigen Heeresteile sollten an den beiden nächsten Tagen folgen. Da aber die Ratifikation des Friedensvertrags so früh erfolgte, räumten die deutschen Truppen, wie verabredet, Paris schon 3. März wieder. Der Deutsche Kaiser mit seinem Stab und Kabinett verließ nun Frankreich, nachdem er noch auf dem Schlachtfelde von Champigny und Bry-sur-Marne 5. März eine Heerschau über die sächs. und württemb. Truppen, die hier ruhmvoll gekämpft, abgehalten und ihnen seinen Dank dafür gesagt hatte.

Der glorreiche deutsche Nationalkrieg war beendigt. Er hat für Deutschland die langersehnte Einigung zu einem neuen Reich unter einem Kaiser aus dem Hause Hohenzollern herbeigeführt, er hat Deutschland durch Rückerwerbung der alten Reichslande Elsaß und Lothringen mit den Bollwerken Straßburg und Metz vermehrte Sicherheit gegen künftige Eroberungsgelüste Frankreichs gegeben.

In Brüssel trat darauf (28. März) der Friedenskongreß zusammen. Die Unterhandlungen wurden jedoch durch eine in Paris ausgebrochene Revolution verzögert, von der franz. Regierung vielleicht auch absichtlich in die Länge gezogen in der Hoffnung, günstigere Bedingungen zu erhalten. Zu spät und mit unzureichenden Kräften bekämpfte die Regierung die Revolution; es entstand ein Bürgerkrieg auf der West- und Südseite von Paris, in welchem die Hauptstadt angesichts des deutschen Heers bombardiert wurde, jetzt von Franzosen. Die Regierung gewann endlich die Überzeugung, daß es ihr eigener Vorteil sei, den Frieden mit Deutschland zu beschleunigen, und so trug der Minister Favre auf eine Besprechung mit dem Reichskanzler Fürst Bismarck an. Die Zusammenkunft fand 6. Mai in Frankfurt a. M. statt, und 10. Mai wurde dort der definitive **Friede** zwischen Frankreich und Deutschland unterzeichnet, der an den Bedingungen des Präliminarfriedens im wesentlichen nichts änderte, nur die Zahlfristen der Kriegskosten verkürzte und, wie Fürst Bismarck wegen der Zustände in Paris gefordert, die Besetzung verlängerte.

Litteratur. Von **Gesamtdarstellungen** sind hervorzuheben: Der Deutsch-Französische Krieg 1870—71, redigiert von der kriegsgeschichtlichen Abteilung des Großen Generalstabes (5 Bde. mit zahlreichen Karten und Plänen, Berl. 1874—81), in fast alle europ. Sprachen übersetzt; Kriegsgeschichtliche Einzelschriften. Hg. vom Großen Generalstabe. Heft 1—14 (ebd. 1883—91); Die deutschen Kriege von 1864, 1866, 1870/71 in wohlfeiler Bearbeitung nach den Großen Generalstabswerken, Bd. 3 (ebd. 1891); Moltke, Geschichte des Deutsch-französischen Krieges (2. Aufl., ebd. 1891); Verdy du Vernois, Studien über den Krieg. Auf Grundlage des Deutsch-französischen Krieges 1870/71 (Bd. 1: Ereignisse in den Grenzbezirken [Vom 15. Juli bis 2. Aug. 1870], ebd. 1892). Weitere, zum Teil populäre Darstellungen bieten die Werke von Borbstädt (ebd. 1872), Menzel (2 Bde., Stuttg. 1871), Niemann (2 Bde., Hildburgh. 1871—72), Rüstow (6 Tle., Zür. 1871), L. Hahn (Berl. 1871), Hiltl (Bielefeld 1873, 5. Aufl. 1888), Fontane (2 Bde., Berl. 1873—76), Jund (2 Bde., Lpz. 1876), Fechner (4. Aufl., Berl. 1890); außerdem Hirth und Gosen, Tagebuch des Deutsch-Französischen Kriegs 1870/71 (3 Bde., ebd. 1871—74); Scherr, 1870—71. Vier Bücher deutscher Geschichte (2. Aufl., 2 Bde., Lpz. 1880); Kunz, Einzeldarstellungen von Schlachten aus dem Kriege Deutschlands gegen die franz. Republik vom Sept. 1870 bis Febr. 1871 (1. u. 2. Heft, Berl. 1891). — Über die **Operationen der einzelnen deutschen Armeen** berichten die Werke von von Wartensleben (Südarmee, 2. Aufl., Berl. 1872; Nordarmee, ebd. 1872), Schell (Erste Armee, 2. Aufl., ebd. 1872; Nordarmee, ebd. 1873), von der Goltz (Zweite Armee, ebd. 1873 u. 1875) u. a. Über die Thätigkeit der deutschen **Artillerie** im Kriege 1870/71 erschienen auf Grund der Feldakten Bearbeitungen für die einzelnen Schlachten von Hoffbauer und Leo (Berl. 1873 fg.). Eine gleichartige Bearbeitung der **Belagerungen** veröffentlichten R. Wagner und P. Wolff (ebd. 1874 fg.). — Von **französischen Darstellungen** der Kriegsereignisse sind zu nennen: Freycinet, La guerre en province pendant le siège de Paris (1871 u. ö.; deutsch, 4. Aufl., Lpz. 1892); d'Aurelle de Paladines, La première armée de la Loire (Par. 1872; deutsch, Wolfenbüttel 1874—75); Chanzy, La deuxième armée de la Loire (8. Aufl., Par. 1888; deutsch,

Hannov. 1873); Faidherbe, Campagne de l'armée du Nord (Par. 1871; deutsch, Cassel 1872); Bazaine, L'armée du Rhin (Par. 1871; deutsch, Cassel 1872); Vinoy, Siège de Paris (Par. 1872); Ducrot, La défense de Paris (4 Bde., ebd. 1875—78); Favre, Le gouvernement de la défense nationale (3 Tle., ebd. 1871—75); d'Irrison d'Hérisson, Journal d'un officier d'ordonnance (ebd. 1885; deutsch, Augsb. 1885); Boulanger, L'invasion allemande (3 Bde., Par. 1888—90; deutsch, Wien 1888—91); Souvenirs du général Jarras, chef d'État-major général de l'armée du Rhin, 1870 (Par. 1892). — Verzeichnisse der über den Krieg veröffentlichten Schriften finden sich in der «Militärlitteraturzeitung» (Berlin) und im 12. Jahrgange der «Zeitschrift des Königlich Preußischen Statistischen Bureaus». Die Verluste beider Heere sind deutscherseits den für alle Kontingente veröffentlichten amtlichen Verlustlisten zu entnehmen, sowie den Werken: Engel, Verluste der deutschen Armeen im Kriege gegen Frankreich 1870/71 (Berl. 1872); Chenu, Aperçu historique, statistique et clinique sur le service des ambulances et des hôpitaux pendant la guerre de 1870/71 (Par. 1875).

Deutschfreisinnige Partei, s. Deutsche freisinnige Partei.

Deutschgesinnte Genossenschaft, eine der Sprachgesellschaften des 17. Jahrh., die 1. Mai 1643 von Philipp von Zesen (s. d.) zu Hamburg gestiftet wurde, zerfiel in die Rosen-, Lilien-, Näglein- und Rautenzunft, nahm auch Frauen auf und erlosch bald nach 1705 ohne nachhaltige Wirkung. Ihr Gründer setzte sich und ihr die Reinigung der Muttersprache von allen fremden Ausdrücken zum Ziel, aber ohne Maß und Geschmack, sodaß er durch Lächerlichkeit sich selbst den Erfolg untergrub.

Deutsch-hannoversche Rechtspartei, gewöhnlich welfische Partei genannt, 31. Dez. 1869 in Hannover gegründet, betrachtet als ihr Ziel, das sie nur durch gesetzliche Mittel zu erreichen sucht, die Wiederherstellung des Königreichs Hannover unter der welf. Dynastie. Die Partei ist gegenwärtig (1892) durch 11 Mitglieder im Reichstag vertreten, die unter der Führung von von Olenhusen und von der Decken eine besondere Gruppe bilden.

Deutschkatholiken, die Anhänger einer Reformbewegung in der kath. Kirche Deutschlands, die sich in der Zeit des immer stärker auftretenden Romanismus an verschiedenen Orten erhob, um schließlich mit der prot. Reformpartei in den Freien Gemeinden zusammenzugehen und zu erlöschen. Eine Anzahl Katholiken in Schneidemühl, überzeugt, daß die Lehre Jesu und seiner Apostel die Lehren der röm. Priester ausschließe, gründete 1844 eine Christkatholische Gemeinde. Sie erklärten die Bibel für die einzige Quelle des christl. Glaubens, verwarfen Cölibat, Fegfeuer und päpstl. Herrschaft, hielten aber fest an dem Dogma der Trinität, den sieben Sakramenten und der Messe und wählten den Priester Czerski (s. d.), der sich von der röm. Hierarchie losgesagt hatte und in den Ehestand getreten war, zu ihrem Pfarrer (1844). Um diese Zeit setzte Joh. Ronge (s. d.) Schlesien und das kath. Deutschland in Aufregung durch seinen energischen Protest gegen die Ausstellung des Heiligen Rockes (s. d.) in Trier und das «Götzenfest» daselbst. Allerorten erhob sich der nationalgesinnte Klerus und der aufgeklärte Laienstand. In Breslau bildete sich (1845) eine große Deutschkatholische Gemeinde, die den inzwischen exkommunizierten Ronge zu ihrem Pfarrer berief und mit allen altkirchlichen Überlieferungen zu brechen entschlossen war. Sie stellte der Heiligen Schrift die Vernunft zur Seite und forderte eine von jeder Autorität freie Auslegung der Bibel. An Stelle des apostolischen Symbols setzte sie ein neues Bekenntnis, das den zweiten Artikel gänzlich umgestaltete und alle dem modernen Denken anstößigen Punkte beseitigte. Infolge von Ronges Agitationsreisen entstanden zahlreiche andere deutschkath. Gemeinden, die noch 1845 zu Leipzig ein Konzil abhielten, auf dem Czerski die strengere Kirchengläubigkeit und das apostolische Bekenntnis samt der Lehre von der Gottheit Christi vertrat. Die Mehrheit huldigte rationalistischen Anschauungen, wie sie in Breslau zur Anerkennung gekommen waren, doch unter Festhalten an der Heiligen Schrift und an dem Glauben an Jesus Christus. Dieser dogmatische Gegensatz führte zu Kämpfen zwischen Czerski und Ronge, die erst später beigelegt wurden. Inzwischen wuchs die Zahl der D. von Tag zu Tag; auch Anton Theiner (s. d.) schloß sich vorübergehend an. In Österreich und Bayern verboten und ausgewiesen, fanden sie in Preußen Duldung. Man betrachtete die Bewegung vielfach als den Anfang zur Wiedergeburt der kath. Kirche. Diese selbst aber hatte für die Rongesche Sekte nur Bann und Fluch und bot alles auf, ihr Fortschreiten zum Stillstand zu bringen. Ende 1846 zählte man 100000 D., davon die Hälfte in Schlesien. Das zweite 1847 zu Berlin abgehaltene, 157 Gemeinden umfassende Konzil gab den Einzelgemeinden große Unabhängigkeit, den Frauen Stimmrecht und dem Kultus eine überaus einfache Gestalt.

Das Jahr 1848 schien der neuen, auch von Protestanten willkommen geheißenen Kirche günstig zu sein; aber unter den Stürmen der Revolution erkaltete das religiöse Interesse. Ronge, als Abgeordneter der Demokratie, protestierte gegen die Wahl eines Reichsverwesers als Volksverrat, Prediger Dowiat erklärte die socialpolit. Zwecke für die Hauptsache der D. Die 1850 vollzogene Verschmelzung mit den Freien Gemeinden (s. d.) auf dem Grund voller Selbständigkeit der Einzelgemeinde überantwortete den Deutschkatholicismus der Reaktion. In Österreich wurde den Freichristlichen Gemeinden die Anerkennung entzogen, in Bayern wurden sie als polit. Gesellschaften geschlossen, in Preußen jede Unterstützung aus Kommunalmitteln verboten, da es sich nur um einen auf den Umsturz der bürgerlichen und socialen Ordnung gerichteten polit. Verein handle. Manche ihrer Prediger wurden ausgewiesen, Ronge lebte als Flüchtling in London, und die Gemeinden verfielen nicht ohne eigene Schuld. 1863 sammelten Ronge und Czerski die Trümmer derselben in dem Religiösen Reformverein. Nur einige deutschkath. Gemeinden haben sich lebensfähig erwiesen und bis jetzt erhalten. 1890 zählte man im Deutschen Reiche 5714 D. Vgl. Ed. Bauer, Geschichte der Gründung und Fortbildung der deutschkath. Kirche (Meiß. 1845); Kampe, Wesen des Deutschkatholicismus (Tüb. 1850); ders., Geschichte der religiösen Bewegung der neueren Zeit (Bd. 4: Geschichte des Deutschkatholicismus und freien Protestantismus in Deutschland und Nordamerika, Lpz. 1860).

Deutschkonservative Partei, polit. Partei in Deutschland, die auf einer 7. Juni 1876 in Frankfurt a. M. abgehaltenen Versammlung mit dem Zwecke gegründet wurde, die Sammlung der konservativen Elemente aller verschiedenen Schattierungen zunächst in Preußen, dann weiter im ganzen Reiche zu versuchen. Das von 27 Parteimitgliedern unterschriebene Programm formuliert die Grundsätze der Partei in sechs Punkten dahin: 1) Ausbau der deutschen Einheit auf dem Boden der Reichsverfassung unter Wahrung der berechtigten Selbständigkeit der einzelnen Staaten; 2) Stetigkeit der Entwicklung des öffentlichen und privaten Rechts durch Festhalten an den geschichtlichen Grundlagen; 3) Stärkung der Regierungsgewalt auf monarchischer Grundlage, Beteiligung der Nation an der Gesetzgebung und Selbstverwaltung der kommunalen Verbände nicht auf Grund des allgemeinen Wahlrechts, sondern auf Grund der organischen Gliederungen des Volks; 4) Forderung der christlich-konfessionellen Volksschule, Verurteilung des »Kulturkampfs« und Regelung der kirchlich-polit. Verhältnisse durch Gesetz, aber ohne Gewissenszwang und ohne Übergriffe auf das Gebiet des innern kirchlichen Lebens; 5) Bekämpfung der Begünstigungen des Großkapitals, gerechte Würdigung der landwirtschaftlichen und kleingewerblichen Verhältnisse, insbesondere Revision des Gesetzes über den Unterstützungswohnsitz und der Gewerbeordnung; 6) Bekämpfung der Socialdemokratie durch gesetzlichen Schutz der redlichen Arbeit gegen Ausbeutung auf dem Wege einer wirksamen Fabrikgesetzgebung. Im Reichstage zählte die D. P. unmittelbar nach ihrer Konstituierung 40 Mitglieder; 1884 stieg sie auf 76, 1887 auf 80 Mitglieder und behauptete 1890 einschließlich der Hospitanten 71 Mandate; in Nachwahlen wurden vier verloren und eins gewonnen. Die Mitgliederzahlen im preuß. Abgeordnetenhause waren 1882: 130, 1885: 136, 1888: 130. Die Gegensätze zwischen einem rechten und linken Flügel der Partei, die zum Teil auf die ursprüngliche Zusammensetzung derselben aus einer alt- und neukonservativen Fraktion zurückgehen, führten 1892 zu einem Drängen des namentlich von der Kreuzzeitung vertretenen rechten Flügels nach Revision des Parteiprogramms und Aufnahme der Judenfrage in dasselbe.

Deutsch-Kralup, czech. Kralupy Německé, Stadt in der österr. Bezirkshauptmannschaft und dem Gerichtsbezirk Komotau in Böhmen, an der Linie Karlsbad-Komotau der Buschtiehrader Eisenbahn, hat (1890) 1064 deutsche E., Post, Telegraph. D. war einst das sog. Landesthor, bei dem der Grenzzoll erhoben wurde. Hier stand die im 16. Jahrh. erbaute Burg der Hassenstein von Lobkowic. In der Nähe sind Braunkohlengruben.

Deutsch-Krawarn, Dorf im Kreis Ratibor des preuß. Reg.-Bez. Oppeln, an der Oppa, nahe der österr. Grenze, hat (1890) 3404 mährische kath. E., Post, Telegraph, Brennerei, Brauerei und Käsefabrik. Nahebei ein Rittergut (262 E.) mit stattlichem Schloß und Park.

Deutsch-Krone. 1) **Kreis** im preuß. Reg.-Bez. Marienwerder, hat 2156,84 qkm, (1890) 65707 E., 5 Städte, 98 Landgemeinden und 57 Gutsbezirke. — 2) **Kreisstadt** im Kreis D., zwischen dem Schloß- und Radunsee, die sich in die Küddow entleeren, an der Nebenlinie Schneidemühl-Kallies der Preuß. Staatsbahnen, hat (1890) 6964 (3447 männl., 3517 weibl.) E., darunter 3044 Katholiken und 492 Israeliten, Post erster Klasse, Telegraph, Landratsamt, Amtsgericht (Landgericht Schneidemühl); königl. kath. Gymnasium (1672 von den Jesuiten gegründet, Direktor Dr. Stuhrmann, 15 Lehrer, 9 Klassen, 249 Schüler), kath. Präparandenanstalt, höhere Mädchenschule, Baugewerkenschule; Schlachthaus; Eisengießerei, Genossenschaftsmolkerei, Brauerei, mehrere Dampfschneidemühlen und Landwirtschaft. In den schönen Waldungen befindet sich eine der stärksten Eichen Deutschlands von 3 m Durchmesser. D. ist 1303 von dem Markgrafen von Brandenburg angelegt.

Deutschland und Deutsches Reich, an Flächeninhalt der viertgrößte und an Einwohnerzahl der zweitgrößte Staat Europas, an Dichtigkeit der Bevölkerung aber Belgien, den Niederlanden, Großbritannien und Italien nachstehend.

Lage, Grenzen und Größe. Das Deutsche Reich besteht seit 1871 in seiner jetzigen polit. Gestaltung und umfaßt alle Länder des frühern Deutschen Bundes mit Ausnahme von Österreich, Luxemburg und Liechtenstein, dafür aber mit Einschluß von Ost- und Westpreußen, Posen, Schleswig und Elsaß-Lothringen.

Der nördlichste Punkt des Deutschen Reichs liegt bei dem Dorfe Nimmersatt unter 55° 54′ nördl. Br. an der Ostsee und der russ. Grenze. Die Nordgrenze ist mit Ausnahme eines kleinen Teils auf der Halbinsel Jütland, wo Deutschland an Dänemark grenzt, Meeresgrenze; sie zieht zuerst südwestwärts gegen Danzig und zur Putziger Wiek, dann an den Gestaden der Ostsee, die Insel Rügen einschließend, westlich bis zur Neustädter Bucht, wo sie, die Insel Fehmarn in ihr Bereich ziehend, nach N. sich wendet, um nördlich von Hadersleben in die Landgrenze zwischen Deutschland und Dänemark überzugehen. Sie erreicht auf dieser Strecke 55° 27′ nördl. Br. und wendet sich dann wieder als Meeresgrenze über die nordfries. Inseln südwärts bis zur Mündung der Elbe. Hier setzt sie die durch die Halbinsel Jütland unterbrochene Westrichtung wieder fort bis zur westlichsten Insel (Borkum), wo sie dann südlich die Emsmündung aufwärts zieht, bis sie die niederländ. Grenze erreicht. Von nun an hat Deutschland nur mehr Landgrenzen und zwar grenzt es im W. an die Niederlande, wo es bei dem Dorfe Isenbruch unter 5° 52′ den westlichsten Punkt erreicht, an Belgien, Luxemburg und an Frankreich. Die Südgrenze, die es von der Schweiz, Vorarlberg, Tirol und dem salzburgischen Gebiete trennt, fällt anfangs mit dem Rhein zusammen, durchzieht dann den Bodensee, verläuft aber, sobald sie die Alpen betritt, ziemlich unregelmäßig, indem sie bald den Thälern, bald dem Kamme, folgt; ihren südlichsten Punkt erreicht sie in den Allgäuer Alpen, am Ursprung der Stillach unter dem 47° 16′. Die Ostgrenze, welche Deutschland von Österreich-Böhmen und Rußland scheidet, erreicht ihren östlichsten Punkt unter 22° 53′ östl. L. von Greenwich bei dem Dorfe Schilleningken bei Schirwindt. Die Entfernung vom westlichsten zum östlichsten Punkte beträgt 1240 km, die vom südlichsten zum nördlichsten 1200 km, der Umfang der gesamten deutschen Grenze 7675 km, wovon 5205 km Landgrenzen sind, während 2470 km auf die Küsten entfallen, sodaß sich die Land- und Wassergrenzen wie 2 : 1 verhalten.

Das Reich bedeckt nach den neuesten Feststellungen (1892) eine Fläche von 540504,4 qkm mit Ausschluß der Meeresteile (Haffe, Bodden u. dgl.). Über Verteilung des Flächenraums auf die einzelnen Bundesstaaten s. die Tabelle S. 120.

PHYSIKALISCHE KARTE VON

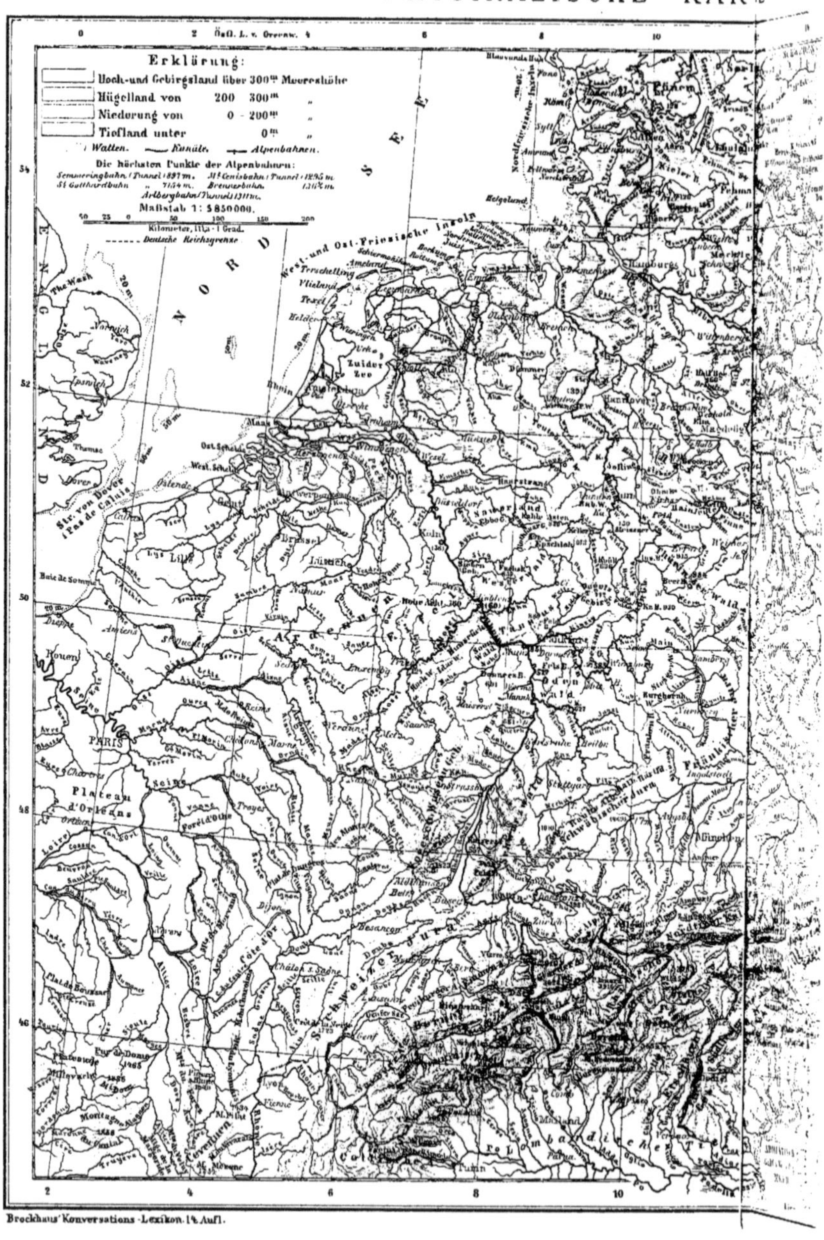

Brockhaus' Konversations-Lexikon. 14. Aufl.

CHE KARTE VON DEUTSCHLAND.

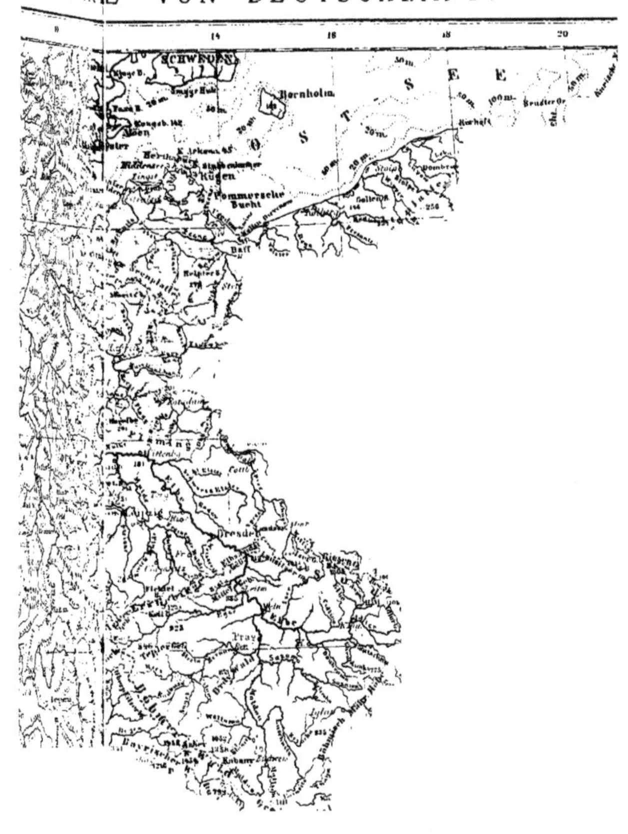

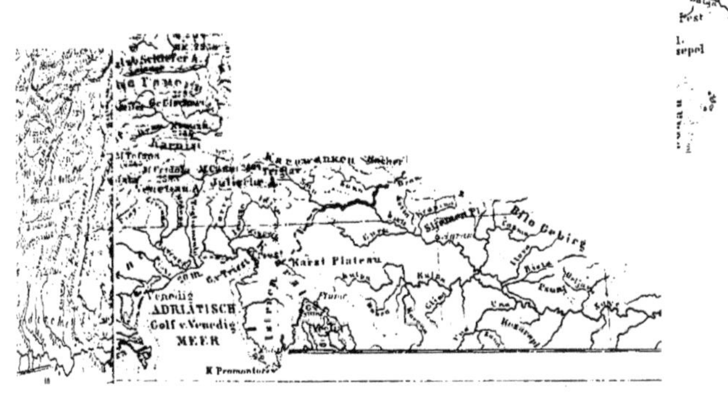

Abgekürzte Na
von Bergen und P

K. (Hardt) Kalmit
S.B. (Vogesen) Sulzer Be
K. (Odenwald) Katzenb
G. (Spessart) Geiersbe
T. (Vogels Geb.) Taufstei
W. (Rhön Geb.) Wasserku
S. (Fichtel Geb.) Schneeb
R. (Böhmer Wald) Rach
D. (Bayr. W.) Dreitanne
J.B. (Isers Geb.) Jeschken
S.K. (Riesen Geb.) Schneek
H.E. (Eulen Geb.) Hohe Eu
H.M. (Adler Geb.) Hohe Me
G.P. (Berner Alpen) Gemm
Gr. " " Grimse
F. (St. Gotth. Gr.) Furka
R. (Emmen Alpen) Roth
D.St. (Berner A.) Dammast
Gl. (Glarner A.) Glärnis
R. " " Rigi
S. (Thur Alpen) Säntis
M.G. (Allgäuer A.) Mädele
R.W. " " Rote Wa
P.Sp. (Nordtir. A.) Parseyer
Z.Sp. " " Zugsp
W. (Salzburger A.) Watz
Hk. " " Hochk
C.I. (Grajische A.) Col d'Is
Rhwld. (Lepont. A.) Rheinwald
Spl. " " Splügen P
J.P. (Rhätische A.) Julier
B. (Bernina A.) Piz Be
St.J. (Ortler Alp.) Stilfser

Bodengestaltung. (Hierzu: Physikalische Karte von Deutschland.) Das ganze Gebiet zerfällt in 6 Gruppen:

1) Die deutschen Kalkalpen erstrecken sich vom Rhein dis zur Salzach und bilden, durch die Längsthäler der Ill, des Inn und der Salzach von den Centralalpen getrennt, ein Ganzes für sich. Durch die Querthäler des Lech und Inn werden sie wieder in mehrere Gruppen geschieden (s. Ostalpen). Sie kulminieren in der Zugspitze, dem höchsten deutschen Berge, mit 2968 m.

2) Das Alpenvorland, die schwäb.-dayr. Hochebene, dreitet sich zwischen dem Bodensee, dem Schwäbischen Jura, der Donau, Salzach und den Alpen aus. Es hat die Gestalt eines langgedehnten Fünfeckes mit einer 250 km langen Basis im S., einer südnördl. Erstreckung von etwa 140 km und einer Fläche von ungefähr 26000 qkm. Die ganze Edene hat dei einer sanften Abdachung nach O. eine mittlere Höhe von 530 m. Sie zeigt eine reiche orograph. Gliederung und weist besonders im S. eine typische Landschaft, die Moränenlandschaft, auf, die durch eine Reihe von Seen ausgezeichnet ist. Wo die Seen mit der Moränenlandschaft endigen, deginnt das Hochland mehr den Charakter einer Edene anzunehmen, und wir detreten im W. das Gediet der Donauriede und Moore und im O. die äußerst fruchtbare Lehmebene Niederbayerns.

3) Das südwestdeutsche Becken. Zu ihm gehören: die Oberrheinische Tiefebene mit ihren Randgedirgen (Schwarzwald-Odenwald und Vogesen-Hardt), die fränk.-schwäb. und die Lothringer Stufenlandschaft. Es wird im N. vom Rheinischen Schiefergebirge, dem hess. Bergland und dem Thüringerwalde und im S. vom Jura degrenzt, im O. durch den Jura vom Alpenvorlande geschieden, während im W. verschiedene Landstufen in das franz. Becken übergehen. Die Oberrheinische Tiefebene erstreckt sich mit einer mittlern Breite von 32 km fast 300 km weit von S. nach N. und wird in ihrer ganzen Länge vom Rhein durchflossen. Der Westrand, der Wasgan oder die Vogesen, geht nach N. allmählich in die Hardt über und erlangt nördlich derselben, in dem Pfälzer Bergland, ein Bindeglied, das ihn an das Rheinische Schiefergedirge im N. angliedert. Ähnlich den Vogesen im W. erhedt sich als östl. Randgedirge der Schwarzwald; er dacht sehr schnell nach N. zum Kraichgau ab, der eine dem Zaberner Steig entsprechende Lücke im O. bildet. Nördlich von dieser Lücke erhedt sich der Odenwald, der direkt in den Spessart übergeht und durch diesen die Verbindung mit dem hess. Berglande herstellt. Diese beiden Lücken im O. und W., sodann die doppelte Öffnung der Oberrheinischen Tiefebene im S. nach dem Rhein zum Bodensee und durch die Lücke von Belfort nach Frankreich, desgleichen die tief einschneidenden Thäler des Neckars und Mains wie die beiden Nordausgänge über die Wetterau und das Rheinthal durch das Rheinische Schiefergedirge geben der Oberrheinischen Tiefebene eine hervorragende Bedeutung, sodaß sie trotz ihrer gedirgigen Ränder zu einem Bindeglied zwischen dem N. und S. Mitteleuropas und dem O. und W. Süddeutschlands geworden ist. Die sie umgebenden Randgebirge zeigen alle eine merkwürdige Übereinstimmung in Bezug auf die Höhe und ihren Absall; denn sie haben alle den Rhein zu ihrer Steilseite und verflachen sich allmählich auf der entgegengesetzten Seite, und dem Feldberg im Schwarzwald mit 1494 m entspricht der Sulzer Belchen der Vogesen mit 1423 m, dem Katzenbuckel im Odenwald (627 m) die Kalmit in der Hardt (681 m), dem Geiersberg im Spessart (585 m) der Donnersberg im Pfälzer Bergland (687 m). Eine weitere Parallelität der Randgebirge besteht darin, daß ihre Berge im S. sich kuppenförmig voneinander abheben und mehrere Seen beherbergen, während sie nach N. zu mehr flache Rücken bilden, wie auch beiden Rändern eine große, nur durch die oben genannten Lücken unterbrochene Waldlinie und eine bedeutendere Breitenentwicklung im S. gemeinsam ist. Als Unterscheidung der beiden Gebirgswälle darf aber gelten, daß in den Vogeseu sich die Wasserscheide an den Kamm hält, währeud sie im Schwarzwalde weit nach O. zur schwäb. Stufenlandschaft übergreift. Die nördl. Glieder des rhein. Systems, Hardt und Odenwald, schließen sich in ihrer Gliederung und Hydrographie ganz und gar den nördl. Teilen der Vogesen und des Schwarzwaldes an und ähneln sich auch vielfach, wie schon oben angedeutet. So entspricht unter anderm den beiden Durchbruchsthälern des Neckar und Main im O. die breite Senke des Landstuhler Bruches im W. Die Rheinebene selbst wird nur einmal von einer namhaften Erhebung, dem 557 m hohen vulkanischen Kaiserstuhl unterbrochen. Die Symmetrie, die sich an den beiden Rändern der Oberrheinischen Tiefebene zeigt, setzt sich auch weiter nach O. und W. hinein fort. Es ist dies die Juragruppe mit zwei ziemlich parallelen Reihen östlich und westlich vön der Oberrheinischen Tiefebene und einer dritten, der umgebogenen Juralinie. Diese Gruppe liegt südlich vom Maiu und der Nahe, bis an die Donau heranreichend. Nachdem die Kalkbänke des Schweizer Jura im Rheinthale bei Schaffhausen unterbrochen und nordwärts von demselben im Hegan in ihrem Zusammenhange vielfach gestört worden sind durch das Heraufbrechen vielkuppiger plutonischer Felsmassen, gelangen sie wieder zu ungehemmtem Zusammenhange jenseit der obern Donau. Aber der deutsche Jura bildet nicht mehr jenes charakteristische Kettensystem wie in der Schweiz, sondern langgestreckte kahle Hochflächen von 660 m Höhe, wie sie uns in den einzelnen scharfabgekanteten Bildungen Schwabens unter verschiedenen Namen, als Rauhe Alb, Aalbuch u. s. w., entgegentreten, und wie sie selbst jenseit des Durchbruchsthals der Altmühl im fränk. Jura bis zum Mainthale nördlich von Bamberg noch angetroffen werden, wenn auch hier, bei Meridianrichtung, in einer viel geringern absoluten Höhe. In der Fortsetzung dieses Jura folgt östlich, von der Wörnitz an, der wenig hervortretende fränk. Jura, der das Regnitzthal auf der Ostseite mit hohem Rande säumt; zwischen ihm und dem Böhmerwalde liegt das Platean der Oberpfalz. Im NW. und W. des deutschen Jura breiten sich die Terrassenlandschaften Schwabens und Frankens aus. In ihnen tritt die Unterlage des Jurakalks zu Tage, d. i. zunächst in schmaler Zone die Liasgruppe und in weiter Verbreitung nach W. und N. die aus Keuper, Muschelkalk und Buntsandstein bestehende Triasformation, und Hand in Hand mit diesem mannigfachen Gesteinswechsel steht auch die Verschiedenheit der äußern Bodenformen und des landschaftlichen Charakters. Die von N. nach S. gehende Wasserscheide zwischen Neckar und Regnitz, die Frankenhöhe, heißt bei der Regnitz- und Altmühlquelle Burgbernheimer Wald, nördlicher, nach dem Main hin, Steiger Wald und Haßberge, ragt 200—300 m hoch über

die anliegende Ebene am Main und erreicht in ihrem höchsten Punkte noch 543 m. Main und Neckar sammeln die Gewässer der anmutigen Gefilde und führen sie dem Rhein zu.

Viel einfacher gestaltet sich das Relief der Lothringer Stufenlandschaft. Zunächst baut sich eine 200—300 m hohe Muschelkalkebene auf, die auch wohl wegen ihres Seenreichtums Lothringer Seenplatte heißt; an diese reihen sich analog der schwäb.-fränk. Oolithplatte verschiedene Landstufen, die sich bis zu 400 m erheben und im S. sich am meisten den Vogesen nähern, wie im O. der Jura dem Schwarzwalde; auch in Bezug auf Wasserarmut, Höhlenreichtum u. s. w. gleicht der Lothringer Jura seinem Gegenstück im O.

4) Die mitteldeutsche Gebirgsschwelle. Zu derselben zählen wir: das Rheinische Schiefergebirge, das hess. Berg- und Hügelland, Thüringen und seine Randgebirge und das subhercynische Hügelland. Das Niederrheinische Schiefergebirge, das mehr den Charakter eines thaldurchfurchten Plateaus als den eines Gebirges trägt, legt sich mit einer Breite von 150 km und einer mittlern Höhe von 500 m vor das südwestdeutsche Becken und wird durch den Rhein, die Mosel und die Lahn in vier einzelne Abschnitte zerlegt. Die beiden südlichen derselben, der Taunus im O. und der Hunsrück im W. übertreffen zwar durch ihre bedeutendern Erhebungen die nördl. Glieder, bleiben aber in Bezug auf Ausdehnung hinter denselben zurück. Sie bilden eine ausgezeichnete Wasserscheide und schicken ihre Gewässer vorwiegend der Mosel und der Lahn zu, während in den nördl. Gliedern die Gewässer von den höchsten Erhebungen nach allen Richtungen ausstrahlen. Vom linken Moselufer bis zum Thale der Ourthe werden die kahlen, 500—600 m hohen Plateauflächen der Eifel mehrfach durchbrochen von vulkanisch gebildeten Gipfelmassen, unter denen die Hohe Acht bis zu 760 m aufsteigt. Im O. des Rheins steigt zwischen Sieg und Lahn das Plateau des Westerlandes empor, mit den Gipfeln des malerischen Siebengebirges dicht an den Rhein tretend. Südlich von der Eder liegt der Kellerwald.

Im obern Ruhr- und Diemelgebiet erhebt sich dann das Sauerland zu 500—600 m, im Kahlen Astenberge sogar zu 830 m. Die Lenne durchbricht das Lenne- und Ebbegebirge. Es folgt nun das wichtige Kohlengebirge von Dortmund, das im O. zum Haarstrang übergeht, der zwischen Paderborn und Brilon zu 400—500 m hohen Flächen emporsteigt. Allmählich verlieren sich diese in die Münstersche Bucht. Zwischen dem Rheinischen Schiefergebirge und Thüringen erhebt sich das hess. Berg- und Hügelland, einen etwa 100 km breiten Streifen einnehmend. Umgeben von den Thalfurchen der Werra, der Fränkischen Saale, des Mains, der Nidda, Wetter, Lahn (zwischen Gießen und Marburg), Diemel und Weser (zwischen Carlshafen und Münden) tritt ein vielfacher Wechsel von hoch und tief auf, vorzugsweise hervorgerufen durch das Herausbrechen basaltischer Massen aus der vorherrschenden Sandsteindecke. So im S. das 660 m hohe Plateau der Hohen Rhön mit der Großen Wasserkuppe, dem Kreuzberge und dem Pferdskopfe und vielfach umstanden von einzelnen Kegelbergen, und die Basaltgruppe des Vogelsbergs. Nördlicher liegt das Plateau des Knüll, das sich im Knüllköpfchen zu 636 m erhebt und weiter im N. der Meißner, bei Münden der Kaufungerwald, westlich von der Fulda der Habichtswald und nördlicher der Reinhardswald. Den nördlichsten Ausläufer bildet der Solling. — Den östl. Anschluß an das hess. Berg- und Hügelland bildet Thüringen mit seinen Randgebirgen. Den Südrand dieses Gebietes bildet das Fichtelgebirge, welches das Quellgebiet der Saale, Eger, Naab und des Mains ist und als Centrum der ganzen deutschen Mittelgebirge gelten kann. Der 500—600 m hohe Sockel des Fichtelgebirges zieht sich nach NW. als Frankenwald fort, der mit einem Steilabfall in den Thüringerwald übergeht. Dieser spitzt sich vom Quellgebiete der Werra bis in die Gegend von Eisenach keilförmig zu, wechselt seinen Gesteinsinhalt mannigfach zwischen krystallinischen und schieferigen, Porphyr- und Konglomeratmassen und steigt im Beerberg zur größten Höhe von 984 m auf. Das niedere Thüringer Bergland ist eine Hochfläche, die zwischen Saale und Werra alle Glieder der Triasformation entfaltet und durch das Thal der Unstrut und Gera in seiner Mitte zu tiefen Bassins eingesenkt, wie überhaupt mehrfach durch Parallelmulden des Thüringerwaldes sanft gewellt wird. Der Frankenwald geht nach O. ganz allmählich in die Saalplatte und das sächs. Vogtland über. Mit dem sächs. Berglande hängt das thüringische zusammen, worin als deutliche Ketten die Finne und Schmücke, inselförmig der Kyffhäuser hervorragen, und das in eine Hochfläche, das Eichsfeld, übergeht; hier steigen als Bergkette die Hainleite und gruppenförmig die Ohmberge auf.

Als nördlichster Rand des Thüringerwaldes erscheint der Harz, eine von NW. nach SO. gerichtete erhöhte Ellipse von 100 km Länge bei 30—38 km Breite. Seine nordwestl. Fortsetzung bildet das subhercynische Hügelland.

Einzelne Erhebungen und Bergreihen setzen dies Gebirgssystem in der Hauptrichtung nach NW. bis zur Weser fort; sie werden gewöhnlich unter dem Namen Wesergebirge zusammengefaßt. Am mannigfachsten gruppiert in einzelne abgerundete Massen, scharfgekantete Bergiuseln und niedere Rücken, das Gestein wechselnd im Gebiete der Trias- und Juraformation, erscheint das Land im S. von Hildesheim und Hannover; dagegen tritt es geschlossener auf am linken Ufer der Weser im Muschelkalk- und Keuperplateau südlich und nördlich von Pyrmont. Doch weiter nach NW. löst sich das Land in einzelne zungenförmige Ausläufer auf: so die vielzerstückelte Mauer des Teutoburgerwaldes.

5) Die Umwallung Böhmens. Durch natürliche Mauern ist Deutschland von Böhmen nach O., S. und W. hin getrennt. Zunächst streicht vom Fichtelgebirge aus nach ONO. das sächs. Erzgebirge, das seine größtenteils krystallinischen Felsmassen zu einer von S. aufsteigenden, 660—800 m hohen Mauer mit bis zu 1238 m hohen Höhepunkten aufbaut; nach N. senkt es sich im sächs. Berglande allmählich zur Tiefebene. Nach O. geht das Erzgebirge in das Elbsandsteingebirge über, das links und rechts vom Elbdurchbruche liegt. Östlicher ist der Sandstein vielfach mit Basalt-, Phonolith- und Granitkuppen besetzt, die das Lausitzer Bergland bilden. Die Nordostseite der böhm. Gruppe wird von dem Gebirgssystem der Sudeten gebildet. Das Thal der zur March gehenden Betschwa ist die Lücke, die von den deutschen Mittelgebirgen die karpatischen trennt. Hier steigen die Thonschiefer- und Grauwackemassen des Mährischen Gesenkes allmählich aufwärts zur Anlehnung an die schieferig-krystallinischen Gebirgs-

GEOLOGISCHE KARTE VON DE

Quartär. | Tertiär. | Kreide und Jura. | Trias und Dyas.

Brockhaus' Konversations-Lexikon. 14. Aufl.

VON DEUTSCHLAND.

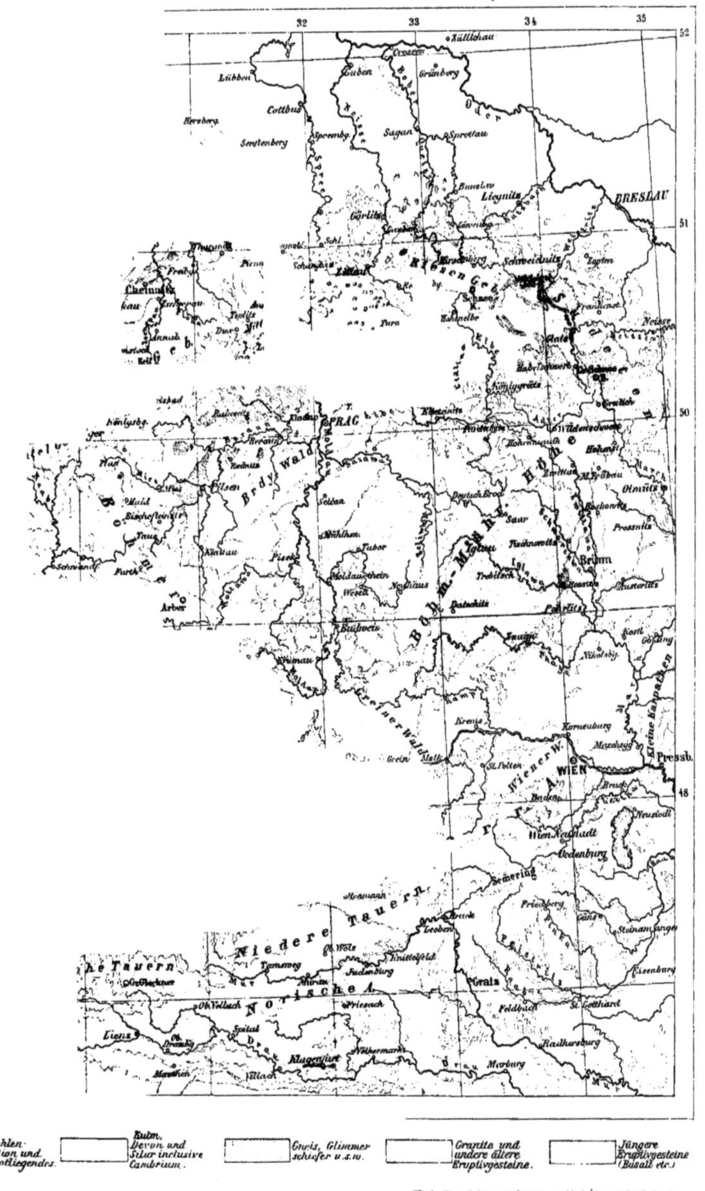

…einkohlen-
…rmation und
…kienrotliegendes.

Kulm, Devon und Silur inclusive Cambrium.

Gneis, Glimmer schiefer u.s.w.

Granite und andere ältere Eruptivgesteine.

Jüngere Eruptivgesteine (Basalt etc.)

F. A. Brockhaus' Geogr.-artist. Anstalt, Leipzig.

bildungen im Quellgebiete der Oppa, March und Glatzer Neisse, die im Altvater (1490 m) und Großen Schneeberge (1422 m) majestätische Kulminationspunkte erreichen. Im weitern Nordwesten löst sich das kompakte Gebirgsmassiv auf zu einer kettenartigen Umwallung des Glatzer Gebirgskessels. Die Nordostseite desselben bildet das Reichensteiner oder Schlesische Grenzgebirge und durch den Paß von Wartha und die Neisse davon getrennt, das Eulengebirge. Die Südwestseite besteht aus dem Habelschwerdtergebirge und den westlich daneben streichenden böhm. Kämmen (Adlergebirge), am Nordende mit der 1085 m hohen Hohen Mense; und durch den Paß von Reinerz und Nachod davon getrennt, aus dem Heuscheuergebirge. Nördlich davon führt der Politzer Kamm zu den Adersbacher und Wedelsdorfer Sandsteinfelsen. Der Nordwestabschluß, das Waldenburger Kohlengebirge, sinkt zur Gebirgslücke des Bober bei Landshut ab. Aus ihr erheben sich plötzlich die krystallinischen Gesteinsmassen zu den 1000 und 1300 m hohen Ketten des Riesen- und Isergebirges und im Quellgebiete der Elbe thront die Schneekoppe bei 1605 m Erhebung als der höchste Gipfel aller deutschen Mittelgebirge. Nach SO. schließt sich an das Fichtelgebirge das Böhmisch-Bayrische Waldgebirge an, das fast durchweg aus krystallinischem Gestein besteht und in seinem südöstl., höhern Teile in drei ziemlich parallele Wälle sich trennt, in den eigentlichen Böhmerwald mit dem Großen Arber (1458 m) in Bayern, in eine böhm. Waldkette mit dem Kubany und den Bayrischen Wald.

6) Das norddeutsche Tiefland gleicht weder in seiner Oberflächenform noch in seinem Material einer einförmig gestalteten Ebene; es erfährt vielmehr durch mannigfachen Höhenwechsel eine reiche landschaftliche Gliederung und ist in neuerer Zeit durch wichtige geognost. Forschungen als das Produkt mehrerer geolog. Bildungsepochen erkannt worden.. Das Relief des Tieflandes wird namentlich näher bestimmt durch zwei große Bodenschwellen. Die eine liegt in geringer Entfernung von der Ostküste. Sie steigt in Westpreußen aus dem Durchbruchsthale der Weichsel schnell auf, hat in der masurischen Seenplatte (in den Seesler Bergen) 309 m, im Turmberge bei Danzig 331 m, in der seenreichen hinterpommerschen Scheitelfläche 255—293 m Höhe und sinkt erst wieder zu einer vollständigen Tieflücke herab im Oderthale südlich von Stettin. Das Kreidegebirge der Insel Rügen ist mit der Herthaburg 159 m hoch. Auch westlich von der Oder in der Ukermark und Mecklenburg erreicht die seereiche Höhenplatte im Helpterberg 179 m und im schlesw.-holstein. Geestlande im Bungsberge 164 m. Die zweite, wenn auch öfter unterbrochene Höhenwelle beginnt in Oberschlesien mit dem Tarnowitzer Plateau (St. Annaberg nahe der Oder, 430 m) und wird weiterhin bezeichnet durch die Trebnitzer Höhen oder das Katzengebirge nördlich von Breslau (310 m Höhe im Weinberge); links von der Oder setzt sich der Höhenzug als Katzenberge fort und zieht westwärts durch die Niederlausitz als Grünberger, Soraner und Muskaner Hügelgruppen (Rückenberg 228 m), als Fläming nördlich von Wittenberg. Westlich von der Elbe streichen nach NW. die Neuhaldenslebenerberge, die Hellberge bei Gardelegen (160 m) und endlich die bis 171 m aufragenden Erhebungen der Lüneburger Heide. Zwischen diesen beiden Dämmen liegt ein breiter Tiefstreifen, jedoch auch nicht ohne mannigfachen Höhenwechsel, wie namentlich bei Freienwalde an der Oder, zwischen Frankfurt und Berlin an der Spree und bei Potsdam an der Havel, während die Bahnen einzelner Flußläufe oder Bruchstriche als markierte Tiefrinnen auftreten. Die bedeutendsten Niederungen sind das Thal der Memel, der Weichsel, der Netze- und Warthe- samt Obrabruch, das Mündungsgebiet der Oder, die Torfmoore des Spree- und Havelgebietes, die schlesw.-holstein. und hannöv. Marschen, das Münsterland u. s. w. Erst jenseit der Lüneburger Heide im Gebiete der untern Weser und Ems sinkt die Bodenfläche zu einem ungestörten tiefen, durch ausgebreitete Moore bezeichneten Niveau herab. Der sich zu großem Teil noch gegenwärtig bildende Alluvialboden ist vielfach und besonders in den Torfmooren vertreten, welche die bezeichneten Tiefrinnen begleiten. Die Bildungen der Diluvialperiode erscheinen oft auf weiten Flächen gar mächtig verbreitet als Geschiebesand, wie am verrufensten in den Marken der Provinz Brandenburg, oder als Geschiebethon und Mergel. Eigentümlich für das Ansehen der norddeutschen Ebenen fällt in diese Periode die weite Verbreitung von Felsblöcken (Erratische Blöcke), deren Heimat unverkennbar in Skandinavien, Finland, am Onegasee und in Ingermanland zu suchen ist, und die die Spuren eines weiten Transports an sich tragen. Der Tertiärformation ist durch neuere Einsichten ein weites Gebiet eingeräumt worden, seitdem man die feinern Thon- (plastischer Thon) und Sandarten (Formsand) von den diluvialen gröbern ähnlichen Gebilden unterschieden und die außerordentlich große Verbreitung der Braunkohlen vielorts aufgeschlossen hat. Auch ältere Felsbildungen ragen hier und da hervor (bei Lüneburg, Segeberg, Cöpenick, Camnin, auf Wollin, Usedom, Rügen u. s. w.) und verraten die Unterlage eines festen Felsgerüstes, dessen Thalspaltensysteme durch eine gewisse Symmetrie der Flußläufe und Seelagerungen ausgesprochen sind. Vgl. Wahnschaffe, Die Ursachen der Oberflächengestaltung des Norddeutschen Flachlandes (Stuttg. 1891).

Der allgemeine Überblick der deutschen Bodengestalt , daß Deutschland einen mannigfachen Wechsel zeigt äußern und innern Bodenbeschaffenheit besitzt. Es hat seine eisgekrönten Hochgebirge, seine waldschattigen Mittelgebirge, sanften Hügelgelände, seine hoch und tief liegenden Ebenen; aber keine der Formen bedeckt in einseitigem Charakter große Räume, keine ist durch abschreckende Schranken von der andern getrennt, sodaß menschliche Kultur auf natürlichen Bahnen überall einzieht. Deutschland besitzt eine große Mannigfaltigkeit landschaftlicher Gliederung, ohne die Vereinigung zu einem schönen Naturganzen auszuschließen.

Geologisches. (Hierzu: Geologische Karte von Deutschland.) Bei der großen Mannigfaltigkeit der Bodenbeschaffenheit Deutschlands sind auch fast alle Gebirgsformationen vertreten. Die archäische Formation der krystallinischen Schiefer (Gneis, Glimmerschiefer u. s. w.) findet sich in den Vogesen, im Schwarzwalde, Spessart, Hohen Venn, in Thüringen, Sachsen, im Fichtelgebirge und Böhmisch-Bayrischen Waldgebirge und in Schlesien. Das Silur tritt in geringer Ausdehnung in Thüringen und den angr zeuden Ländern auf. Devon kommt in großer Mächtigkeit in den rhein. Schiefergebirgen (Taunus, Hunsrück, Eifel u. s. w. bis zur Ruhr im Norden) vor, bildet den größten Teil des Ostharzes und findet sich außerdem in Ostthüringen, dem Fichtelgebirge, in den Sudeten und Vogesen. Die Steinkohlenformation ist in ihrer untern Abteilung (Kohlenkalk und Kuim) in Oberhessen, Westfalen, im Westharz, in Ostthüringen und dem Frankenwalde und in Schlesien vertreten, während das produktive Steinkohlengebirge in ausgiebigen Lagern in der Saar- und Ruhrgegend, in Sachsen und Schlesien zu finden ist. Die Dyasformation (Zechstein und Rotliegendes) findet ihre Vertretung in den Vogesen, im Schwarzwald, Odenwald, am Harz, in Hessen, Thüringen, Sachsen und Schlesien. Die Trias (Buntsandstein, Muschelkalk und Keuper) setzt in fast ununterbrochener Folge den Teil zwischen Schwarzwald und Schwäbischem Jura in Württemberg, das nördl. Bayern bis Bamberg im Osten und zum Odenwald im Westen und Thüringen, Hessen u. s. w. bis zum Harz und dem Teutoburger Wald zusammen, ähnlich im Westen der Vogesen das Gebiet nordwärts bis Neustadt an der Hardt, Kaiserslautern, Saarbrücken und über die Mosel hinaus bis zur Eifel. Die deutschen Kalkalpen bestehen ebenfalls zum größten Teil aus Schichten der Trias, aber in alpiner Facies. Die Juraformation (Lias, Brauner und Weißer Jura) ist in geringer Verbreitung in dem zu Deutschland gehörigen Teil der Alpen, vor allem aber in dem großen Jurazug, der vom Rhein bei Schaffhausen nordostwärts bis zum Main geht, vertreten; in kleinern zerstreuten Partien finden wir ihn noch zwischen Saar und Mosel bei Metz, in Hannover und Braunschweig, im Teutoburger Walde, in der Weserterrasse. Die Kreide breitet sich vor allem zu beiden Seiten der Elbe (im Elbsandsteingebirge), in Oberschlesien, in Braunschweig und Hannover, zwischen Leine und Weser, in Norddeutschland einschließlich Westfalens, links vom Niederrhein und zum kleinern Teil in den nördl. Alpen aus. Das Tertiär (Oligocän, Braunkohle) ist über ganz Norddeutschland und am Niederrhein zerstreut, bildet das Mainzer Becken und kommt noch in einzelnen Streifen vor am Oberrhein zwischen Basel und Mülhausen, auf der Rauhen Alb und der südbayr. Hochebene. Das Quartär (Diluvium und Alluvium) ist in großen Schichten über Deutschland, besonders Norddeutschland verbreitet (s. oben). Paläovulkanischen Gesteinen (Granit, Diorit, Diabas, Gabbro, Serpentin u. s. w.) begegnen wir in den Vogesen, im Schwarzwald, Odenwald, Thüringerwald, Harz und Fichtelgebirge; die Porphyre und Porphyrite finden sich in Schlesien, Thüringen, im Harz, am Mittelrhein u. s. w., die Melaphyre ebenfalls am Harz, in Niederschlesien und Sachsen. Die neuvulkanischen Gesteine (Basalt, Trachyt, Phonolith) sind über ganz Mitteldeutschland verbreitet, besonders am Rhein, im Westerwald, Vogelsberg, in der Rhön, in Thüringen, im Erzgebirge, in einzelnen Kuppen in Schlesien, im Hegau und bei Freiburg (Kaiserstuhl).

Gewässer. 1) Meere. Die Gestade der zwei Meere Deutschlands sind verschieden beschaffen. Der pommersche Küstenstrich der Ostsee ist eigentümlich charakterisiert durch die Haffbildungen, welche ostwärts von den Odermündungen zwar nur in Form kleinerer Strandseen vorkommen, aber oberhalb der drei Mündungsarme Peene, Swine und Dievenow und im südl. Hintergrunde der zwischenliegenden Inseln Usedom und Wollin durch die Ausweitungen der Oder zu dem 627,7 qkm bedeckenden Kleinen und Großen (Stettiner) Haff großartigere Vertretung finden. Dieser Teil der Ostseeküste würde mit zu den reizlosesten Gegenden gehören, wenn nicht der vorpommerschen Küste die Insel Rügen als größtes deutsches Eiland vorgelagert wäre, das mit seinen Naturschönheiten zugleich die Wiege deutscher Mythologie umschließt. Westwärts von Rügen gliedert die pommersche Küste noch das tiefe Eingreifen des Grabow im Süden der Insel Zingst und des Saaler Boddens südlich und östlich von der Halbinsel Darß, während an der Küste von Mecklenburg der flache Golf von Warnemünde und die tiefer gehende Bucht von Wismar zu bemerken sind. Den südwestlichsten Eingriff in Deutschlands Festland bildet die Ostsee durch die Lübecker Bucht, und den besten Stationspunkt für eine deutsch-baltische Flotte gewährt sie in der Bucht von Kiel. Die schlesw. Ostküste ist ausgezeichnet durch vorherrschend hohe Ufer und weit eingreifende Föhrden mit größtenteils sehr günstigen Tiefen. So die Buchten von Eckernförde, Flensburg und Apenrade, während die Schlei und die Haderslebener Bucht weniger tief sind. Die Inseln Fehmarn und Alsen vermehren die reiche Gliederung der holstein-schlesw. Küste. Die Ostsee bespült auf 1365 km die deutsche Küste, und obgleich sie durch den dän. Archipel zu einem Binnenmeere herabgedrückt ist, so haben doch ihre Stürme und Klippen, ihre Eisschollen und Nebel ein abgehärtetes und kühnes Schiffervolk erzogen; und wie die baltischen Gestade einst phöniz. Schiffe anlockten und ihre Häfen die Wiege der mächtigen Hansa waren, so verkehren auch noch heute ihre bedeutendsten Handelsstädte, und vor allen Stettin, Lübeck, Kiel und Flensburg, mit allen handeltreibenden Nationen.

Ganz anders ist der 300 km lange Ufersaum der Nordsee gestaltet. An die Stelle der baltischen Haffe treten tiefeinschneidende Busen; sei es, daß sie mittelbar durch breite Flußmündungen gebildet werden, wie bei Elbe und Weser, oder daß sie als unmittelbare Meeresglieder erscheinen, wie im Jadebusen und Dollart. Der tiefen und vor dem Einbrechen der Fluten künstlich geschützten Küste liegt die 8—16 km breite Zone der Watten vor. Aus ihnen taucht, durchschnittlich 7 km von der Küste, die Reihe der kleinen, langgestreckten und dünenbesetzten fries. Inseln, unter denen Röm, Sylt, Föhr, Amrum, Pellworm, Nordstrand, Neuwerk, Wangeroog und Norderney die bedeutendsten sind. Die der Küste anliegende Watte hebt sich allmählich höher. Sie ist von fruchtbarem Meeresschlamm überdeckt, wird immer seltener überflutet, überkleidet sich mit üppig wuchernder Vegetation, indem sie die Hand des Menschen durch Eindeichungen zur weidereichen Marsch umgestaltet. Hier wächst der Boden des Festlandes in das Meer hinaus; dort raubt die Sturmflut einer einzigen Nacht das Werk hundertjähriger Arbeit wieder, und eine Meeresbucht nimmt seine Stelle ein. Eine besondere Stellung hat die Felseninsel Helgoland unter den deutschen Nordsee-Inseln, sowohl hinsichtlich ihres geolog. Ausbaues, als auch mit Bezug auf ihre Lage.

2) Flüsse. Die 150 Flüsse Deutschlands senden ihr Wasser in die Nordsee, Ostsee und in das Schwarze Meer. Von den größern Flüssen gehört nur die Weser von ihrer Quelle bis zur Mündung ganz dem Deutschen Reiche an, während Memel, Weichsel, Oder und Elbe ihren Ursprung, die Donau die Mündung und der Rhein beides außerhalb des Reiches haben. An wichtigen Küstenflüssen hat Deutschland im Gebiete der Ostsee den Pregel, die Warnow und Trave und im Nordseebereich die Eider

und Ems. Von den größern, hauptsächlich durch ihre Schiffbarkeit wichtigen Flüssen ist zunächst im Ostseegebiet zu erwähnen die Memel oder der Niemen, der 790 km lang ist, wovon aber nur die letzten und schiffbaren 112 km von Schmalleningken an zu Deutschland gehören. Er mündet in das Kurische Haff, das außerdem noch die Minge und Dange und den Nemonien aufnimmt. Der Pregel, von Insterburg ab auf 133 km schiffbar, ist ein vollständig deutscher Fluß. Die 1050 km lange Weichsel gehört dem preuß. Staate im Oberlaufe teilweise und im Unterlaufe völlig an, zusammen auf 250 km Länge, wovon über 246 km einschließlich des in die Danziger Bucht mündenden Hauptarms schiffbar sind; von ihrem rechten, in das Frische Haff fließenden Hauptarme, der Nogat, sind 52 km schiffbar; ihr Stromgebiet mißt innerhalb des Deutschen Reichs 34300 qkm. Unter den Küstenflüssen zwischen Weichsel und Oder (Rheda, Leba, Lupow, Stolpe, Wipper, Persante, Rega) sind die beiden letztern die längsten mit 188 und 148 km Lauflänge. Die Oder, ein zum größten Teil deutscher Fluß, hat von der österr. Grenze an eine Länge von 893 km, darunter 769 von Ratibor ab schiffbar; sie mündet in 3 Armen (Dievenow, Swine und Peene) in das Pommersche Haff und umspannt innerhalb des Deutschen Reichs ein Gebiet von 109830 qkm. Ihre bedeutendern Nebenflüsse sind rechts die 760 km lange und in Deutschland auf 358 km schiffbare Warthe mit der 230 km weit schiffbaren Netze und die 112 km lange Ihna; links die Glatzer und Lausitzer Neisse, der Bober und die 110 km lange schiffbare Peene. Westlich von der Oder sind noch zu nennen die 128 km lange Warnow (60 km schiffbar) und die 112 km lange Trave. Zum Nordseebeden gehört zunächst die auf 140 km schiffbare Eider. Die Elbe, 1165 km lang, wovon 760 km zum Deutschen Reich gehören, das sie schiffbar bei Herrnskretschen betritt, erreicht die Nordsee bei Cuxhaven mit einer Breite von 15 km. Ihr Stromgebiet beträgt 143327 qkm, auf deutschem Gebiete 96305 qkm. An deutschen Nebenflüssen erhält sie auf der rechten Seite die 209 km lange Schwarze Elster, die 356 km lange (330 km schiffbare) Havel mit Spree, Dosse und Rhin, die 200 km lange, schiffbare Elde, die Delvenau und die auf 25 km schiffbare Stör; auf der linken Seite die 345 km lange Mulde, die auf 160 km schiffbare Saale, die 37 km schiffbare Jeetze und die 78 km weit schiffbare Oste. Aus dem Zusammenfluß der Werra, von deren 275 km Lauflänge 72 km schiffbar sind, und der Fulda von 195 km ganzer und 100 km schiffbarer Länge entsteht die noch 436 km lange Weser; ihr Flußgebiet mißt fast 48000 qkm. Von den rechten Zuflüssen ist die Aller 162 km lang und davon 113 km ab Celle schiffbar, deren linker Nebenfluß, die Leine, 185 km lang und 100 km ab Hannover schiffbar. In den Dollart mündet die 335 km lange und 224 km schiffbare Ems, die durch Westfalen und Hannover fließt und die Haase und Leda aufnimmt. Der Rhein, der mächtigste Strom Deutschlands, tritt in dieses erst unterhalb des Bodensees und auch da nur als Grenzfluß ein. Erst bei Basel tritt er vollständig in deutsches Gebiet über und durchströmt von hier bis Mainz die Oberrheinische Tiefebene, durchbricht von Bingen bis Bonn die rhein. Schiefergebirge, beginnt bei letzterer Stadt seinen Unterlauf und verläßt unterhalb Emmerich wieder das Deutsche Reich. Er ist 1225 km lang, im ganzen auf 886 km und in Deutschland auf 721 km schiffbar und entwässert innerhalb des Deutschen Reichs ein Gebiet von 185400 qkm. Die bedeutendsten Nebenflüsse sind rechts die Kinzig, die Murg, der 397 km lange und 185 km weit schiffbare Neckar, der Main (495 km lang und auf 330 km schiffbar), die Lahn (218 km lang, 110 km schiffbar), Sieg, Wupper, Ruhr (235 km lang und 75 km schiffbar) und Lippe (255 km lang und über 226 km schiffbar); links die 205 km lange und auf 99 km schiffbare Ill, die Nahe und die Mosel (330 km lang schiffbar dem Deutschen Reich angehörig). Zu dem mit dem Rheingebiet zusammenhängenden, 29000 qkm großen Gebiet der Maas gehören etwa 4950 qkm deutschen Landes, aber nur ein linker Zufluß, die Roer; zum Zuidersee geht die Vechte. — Dem Schwarzen Meere strömt die Donau zu, die mit 570 km (356 schiffbar) dem Deutschen Reich angehört; ihr Stromgebiet enthält 56109 qkm deutschen Landes. Von der linken Seite fließen ihr die Wörnitz, Altmühl, Naab und der Regen zu, auf der rechten Seite die Iller, der Lech, die Isar und der Inn (226 km in Deutschland) mit der Salzach.

3) Kanäle. Von diesen erscheinen am wichtigsten: die Verbindung zwischen Memel und Pregel (Gilge, Seckenburger Kanal, Großer Friedrichsgraben und Deime); die Verbindung der Seen auf der Grenze von Ost- und Westpreußen durch den Elbing-Oberländischen Kanal; der Bromberger Kanal, der das Weichsel- und Odergebiet verbindet; der Müllroser- oder Friedrich-Wilhelms-Kanal zwischen Oder und Spree und der Finowkanal zwischen Oder und Havel; der Plauesche Kanal zwischen Havel und Elbe; der Eiderkanal, der durch die Eider die Nordsee mit der Ostsee verbindet; der Ludwigs-Donau-Main-Kanal zwischen Donau und Main; der Rhein-Rhonekanal (134 km in Deutschland) und der Rhein-Marne-Kanal (107 km in Deutschland). Zur Verbindung von Rhein, Weser und Elbe (Mittellandkanal) sowie der Emshäfen mit Dortmund sind Kanalisierungen projektiert, wie auch der große Nord-Ostsee-Kanal bereits im Bau begriffen ist. Kleinere Kanäle in den Niederungen Deutschlands haben meist nur lokale Bedeutung, sind vielfach nur Entwässerungsgräben der Moore, wie solche in Hannover, Oldenburg und Schleswig-Holstein, wie auch zu beiden Seiten der Ems, Hunte und Weser angetroffen werden.

4) Seen. Deutschland ist reich an Landseen, die sich in eine südl. und eine nördl. Hauptgruppe gliedern. Die Seen der südl. Zone liegen teils in den Alpen, teils am Rande derselben, teils auf der schwäb.-bayr. Hochebene und erreichen ihr Ende an der Nordgrenze der Moränenzone. Außer dem Bodensee, der nicht vollständig zu Deutschland gehört, sind erwähnenswert der Walchen-, Kochel-, Ammer-, Staffel-, Würm- oder Starnberger-, Tegern-, Schlier-, Chiem- und Königssee, von denen der Chiemsee mit 85,06 qkm der größte und der Königssee der schönste bayr. See ist. — Die nördl. Seenzone begleitet die Ostseeküste in ihrer ganzen Erstreckung von Ostpreußen bis Schleswig-Holstein und zerfällt in drei Hauptgruppen, die preuß., pommersche und mecklenb. Seenplatte. Wie dieser Name schon andeutet, liegen alle diese Seen, deren es in Mecklenburg allein 223 giebt, höher als die benachbarten Stromthäler; ihr Wasserspiegel ist zugleich die Scheitelfläche des norddeutschen Landrückens. Die wichtigsten derselben sind (von O. nach W.) der Spirdingsee, der Geserichsee, der Drazigsee, Schwe-

riner- und Müritzsee und der Ploenersee in Schleswig-Holstein. Unabhängig von diesen Gruppen erscheinen im S. von diesen die Flußseen der Spree und Havel, der Arendsee in der Altmark, der Dümmersee in Hannover, das Steinhuder Meer in Schaumburg-Lippe, der Salzige und Süße See im Mansfeldischen und der Laacher See in der Eifel.

Mineralquellen und **Bäder.** Die Quellen sind, wenigstens soweit sie kohlensäurehaltig sind, eine Begleiterscheinung der so vielfach in Deutschland auftretenden vulkanischen Vorkommnisse. Von ihnen sind zu nennen die des niederrhein. Gebietes (Selters u. s. w.), die sich nordostwärts bis in das Gebiet der untern Weser erstrecken. Stahlquellen sind in Driburg, Pyrmont, Rehburg; Solquellen sind die von Nauheim, Kreuznach und die von Rehme (Oeynhausen); dazu kommt noch eine reiche Anzahl Quellen im Schwarzwald, in den Sudeten, im Riesengebirge u. s. w. Von den Bädern sind zu nennen (von W. nach O.) die von Aachen, das Revier der Taunusbäder (Ems, Schlangenbad, Wiesbaden u. s. w.), die nordfränk. Badelandschaft (Kissingen, Brückenau), Alexanderbad auf dem Fichtelgebirgsplateau und das Revier der schles. Bäder (Warmbrunn, Reinerz, Salzbrunn u. s. w.); von S. nach N. die Schwarzwaldbäder Baden, Wildbad, Zellerbad, Badenweiler, das hess. Hofgeismar und in der Weserlandschaft die schon genannten Bäder Driburg und Pyrmont und Eilsen. Unter den Seebädern sind die bedeutendsten an der Ostsee Misdroy, Swinemünde, Heringsdorf, Binz, Saßnitz, Warnemünde, Travemünde, Kiel; an der Nordsee Westerland auf Sylt, Wyck auf Föhr, Wangeroog, Norderney, Borkum und die Insel Helgoland.

Pflanzenwelt. Die Hauptelemente der deutschen Flora sind das alpine und das baltische, in das sich atlantische Arten vom Westen, Steppenpflanzen aus dem Südosten und arktische Arten (aus Skandinavien in der Eiszeit vorgedrungen) gemischt haben. Im Gebiet des Deutschen Reichs zählt man jetzt 2517 Arten von Blütenpflanzen; beschränkt man aber die vielen schwachen Arten (Rubus, Rosa u. s. w.) auf Haupttypen und zieht die durch Kultur eingeführten Arten und ihre Begleiter ab, so verbleiben nur etwa 2200 Blütenpflanzen, dazu über 60 Gefäßkryptogamen, 750 Moose und eine diese Gesamtzahlen noch übertreffende Masse von Süßwasseralgen, Flechten und echten Pilzen. — Die Gaue Deutschlands unterscheiden sich wesentlich durch die Verteilung der Pflanzenarten; für die Beurteilung der Pflanzenwelt und Bodenproduktion Deutschlands ist zunächst der Umstand maßgebend, daß sich in ihm der unter Europa (s. d.) geschilderte mittlere und südl. Gürtel der mitteleurop. Flora mit Trennungsscheide durch die Weinkultur absondern. Durch Schlesien, Sachsen, Anhalt, Südhannover und Braunschweig zum Unterlauf des Rheins zieht daher die Grenzlinie, südlich von welcher eine bunte Hügelflora mit Sträuchern und Triften herrscht, selbst wiederum nach O. (Böhmen) und W. (Rhein) stark verschieden, und wo in den Bergwäldern die Tanne neben der Buche und Fichte vorwaltet, während die norddeutschen Wälder ohne Tannen häufiger noch aus Kiefer, Birke und Eiche mit Erlen sich zusammensetzen, der trockne Sandboden zur Heidebildung neigt und die feuchten Niederungen von Wiesen oder ausgedehnten Mooren besetzt sind. Je nach ihrer Höhe haben die deutschen Mittelgebirge mehr oder weniger Arten von Alpenpflanzen auf ihren höchsten Spitzen, am meisten die Schneekoppe; dann folgt im Süden der deutsche Anteil an der Alpenwelt. Im Bereich der von Deutschen eingenommenen, aber nicht zum Deutschen Reiche gehörigen Alpenländer finden sich noch etwa 800 Arten von Blütenpflanzen mehr, sodaß die Gesamtzahl der im deutschen Sprachgebiet ursprünglichen Baum-, Strauch-, Gras- und Kräuterarten etwa 3000 beträgt. — In diese natürliche Flora hinein sind die entsprechenden Kulturbestände gelegt. Indem nun die Bodenerhebung durchschnittlich von N. nach S. ansteigt und Deutschland den Nordhang der Alpen besitzt, ist die Zunahme der Bodenproduktion nach S. nicht so bedeutend wie in andern europ. Ländern. Da im Winter die Kälte von W. nach O. mit der Entfernung von der atlantischen Küste bedeutend zunimmt (s. S. 119b), so vereinigt sich alles, um den Mittelrhein zum Garten Deutschlands, die innern Seengelände Ostpreußens (Spirdingsee) zum rauhesten Teil des Reichs zu machen. Dies zeigt sich deutlich in den Frühlingszeiten der deutschen Gaue und der davon abhängigen Entwicklung der Kulturpflanzen: die Blütezeit des Winterroggens ist im nordöstl. Seeschwellengebiete Preußens um etwa 30 Tage, und die Erntereife noch etwa um 24 Tage zurück hinter den mittlern Terminen dafür im südwestl. Rhein- und Donaugebiete. Hierin sind die Gegensätze kurz angedeutet, auf denen die Landesnatur und Produktion beruht, die die Eigenart der verschiedenen deutschen Stämme erhält sowie die Anhänglichkeit an die besondere Heimat begründet.

Tierwelt. Deutschland gliedert sich tiergeographisch von S. nach N. in drei Provinzen, die alpine, die oberdeutsche, von den Vorbergen der Alpen bis zum Beginn des norddeutschen Tieflandes, und die niederdeutsche, das Tiefland bis zur Küste. Die beiden letztern Provinzen zerfallen wieder in je zwei Gaue; die Grenze zwischen denselben bildet die Elbe, obere Saale und eine Linie ungefähr von Halle bis Lindau am Bodensee. So erhält man außer der alpinen Provinz vier Gaue: einen südwestlichen, südöstlichen, nordöstlichen und nordwestlichen, die alle ihre charakteristischen Faunen besitzen. Am reichsten ist die Tierwelt der alpinen Provinz, weil hier zu wahren Alpentieren (Gemse, Schneehase, Murmeltier, Alpenschneehuhn, Steinadler, Lämmergeier, Alpenkrähe, Alpendohle, Mauerläufer u. a. Vögel), zahlreichen Insekten und Mollusken, die die Eiszeit überdauert haben, und einigen südl. Formen der größte Teil der Arten des oberdeutschen Berglandes hinzutritt. Der Südwestgau enthält einige aus Süden eingewanderte Formen (Zwergohreule, Zaun- und Zippammer, Steinsperling, Steinmerle, Blaumerle, Orpheussänger, Bartmeise, 2 Eidechsen-, 4 Schlangenarten, 3 Fischarten, zahlreiche Gliedertiere und Mollusken), die sonst in Deutschland nicht vorkommen. Ebenso enthält der Südostgau östl. und nördl. Arten (Ziesel, Gartenschläfer, Sperlingseule, Spinnolettgimpel, Morinellregenpfeifer, einige Insekten und Mollusken); manche, die die Eiszeit überdauert haben (dreizehiger Specht, Bergfink, Ringdrossel, Alpenflühvogel), hat er mit den Alpen überein. An eigenen Fischformen ist er durch die Seen der Voralpen und durch die Donau sehr reich (14 Arten). Der Nordostgau zeigt manches sehr eigentümliche. Er beherbergt in Ostpreußen noch den Wolf, den Nörz, den Biber, das Elentier, mit den Alpen gemeinsam hat er den Schneehasen und den Luchs; die Wildkatze ist hier häufiger als sonst. Von besondern Vögeln brüten in ihm Schnee- und Habichtseule, Lapplandskauz (Syrnium laponicum *Pall.*), wilde Gänse, vielleicht wilde Schwäne, Kraniche und mit den Alpen gemeinsam beherbergt er das Schneehuhn. In diesem Gau findet sich auch die einzige deutsche Schildkröte (Emys europaea *L.*), und zahlreiche Insekten werden nur hier gefunden. Der Nordwestgau ist in jeder Beziehung der ärmste. Dem Totalcharakter nach herrscht in Deutschland die Waldfauna bei weitem vor, und die Gesamtfauna setzt sich, soweit wir sie übersehen können, folgendermaßen zusammen: 65 Säugetierarten, 225 Vögel, 13 Reptilien, 18 Amphibien, 64 Süßwasserfische, 240 Land- und Süßwassermollusken, 820 Großschmetterlinge ohne Spanner, für die wie für die Kleinschmetterlinge genauere Angaben noch nicht zulässig sind. Käfer mögen etwa 6000 Arten vorkommen; Orthopteren etwa 150; für die andern Tierordnungen lassen sich Artenzahlen kaum mit Sicherheit feststellen, zumal die Fauna eine wechselnde ist, und einerseits aus O. und SO. immer neue Formen zuziehen, anderseits alte Formen, besonders der Wälder und Sümpfe, durch die zunehmende Kultur immer mehr verdrängt werden.

Klima. Deutschland, als in der gemäßigten Zone gelegen, erfreut sich im allgemeinen eines gleichförmigen Klimas; nur die höchsten Alpengipfel ragen in die Eisregion hinein, während die deutschen Mittelgebirge weit hinter derselben zurückbleiben. Diesen wenigen der ewigen Erstarrung preisgegebenen Punkten stehen aber auch wieder Gegenden gegenüber, die durch ein besonders mildes Klima ausgezeichnet sind; so läßt die Oberrheinische Tiefebene und der Südabhang des Taunus nebst vorzüglichen Weinen die Mandel und eßbare Kastanie gedeihen, wie auch die Einsenkungen im Innern Thüringens sich eines mildern Klimas erfreuen als die Umgebung. Deutschland entbehrt nicht der häufigen Niederschläge, welche einer reichen Vegetation so gedeihlich sind. Sie fallen zu allen Jahreszeiten und lassen daher Temperatur-Extreme nicht aufkommen. Die größte jährliche Regenhöhe hat der Oberharz mit 1700 mm, dann folgen die Alpen und der Schwarzwald mit 1400 mm, das Riesengebirge und die Vogesen mit 1100 mm, das rhein.-westfäl. Schiefergebirge mit 1050 mm, das Erzgebirge mit 900 mm, die Nordseeküste mit 700—900 mm, die Oberrheinische Tiefebene, Württemberg, die bayr. Hochebene, die nordwestdeutsche Ebene, die schleswig-holstein. Ostseeküste und Nordostpreußen mit 600—700 mm, Thüringen, Sachsen, Brandenburg, Schlesien, Pommern, Mecklenburg und Hannover mit 500—600 mm und der norddeutsche Landrücken mit 400—500 mm. Die Monate der stärksten Niederschläge sind Juni, Juli und August. — Da Deutschland nur auf einer Seite, im N., vom Meere bespült wird, so findet man mit der größern Entfernung vom Meere auch bedeutendere Unterschiede zwischen den kältern und wärmern Monaten. Die mittlere Jahrestemperatur beträgt an der Ostseeküste 6,2° C. bis 8,4°, am norddeutschen Landrücken 5,7—8,2°, in der dahinter liegenden Gegend von diesem bis zum Fläming 7,5—8,6° (Berlin 9°), im schles. Berglande 6—7°, im Riesengebirge auf einer Höhe von nahezu 600 m 4,46°, in den höhern Teilen des Erzgebirges 4—5°, in der Tiefebene westlich von der Elbe 8,5°, von der Weser bis zum Rhein 9—10° (Köln 10,1°), auf dem Brocken 2,4°, in den Berglandschaften vom Harz bis zum Main 7—8,5°, auf der Höhe des Rheinischen Schiefergebirges nicht über 6°, in den Thälern und am Rande dagegen 7,5—10° (Koblenz 10,5°), im nördl. Bayern je nach der Erhebung über dem Meere 6—10°, auf der bayr. Hochebene 7° (der Hohe Peißenberg hat 6°, Mittenwald 6—7°, tiefer und günstiger gelegene Punkte dagegen, wie Lindau, München, Freising, Passau 7,5—9°, ja Reichenhall sogar über 10°). Am meisten ist das südwestl. Deutschland begünstigt; denn nur die auf der Höhe des Schwarzwaldes gelegenen Orte haben eine mittlere Temperatur von unter 7,5°, während die Orte in der Oberrheinischen Tiefebene bis Straßburg und das Neckarthal aufwärts bis Stuttgart 9,5—11° haben (Stuttgart 9,6°, Straßburg 9,8°, Karlsruhe 10,4°, Mannheim 10,5°, Heidelberg 10,8°). Einer größten Wärme von + 36° steht eine größte beobachtete Kälte von — 36° C. gegenüber, sodaß sich also der Unterschied auf 72° berechnet. Der Januar ist überall der kälteste Monat, der Juli in der Regel der wärmste. Die mittlere Januartemperatur sinkt fast überall unter Null herab, am tiefsten (die höchsten Alpenspitzen ausgenommen) auf dem Brocken (— 5,4°) und in Klaußen bei Arys (— 5,6°); über Null bleibt die Nordseeküste, die Ebene des nordwestl. Deutschlands und der Rhein von Koblenz bis Mannheim hinauf. Der wärmste Monat erreicht eine mittlere Temperatur von 16—19° (auf dem Brocken nur 10,7° und an manchen Punkten im S. über 20°). Von W. nach O. findet im allgemeinen eine Wärmeabnahme statt, die durch den Einfluß oceanischer Nähe und den Anhauch des Golfstroms im W. sowie durch die kontinentale Anlagerung im O. und das bedeutende Übergewicht der West- und besonders Südwestwinde über Ost- und Nordwinde genügend erklärt wird. Es ist nicht nur die Regenmenge im W. eine größere als im O., sondern auch der Unterschied zwischen den wärmsten und kältesten Monaten ist im O. bedeutender als im W., wie folgende Übersicht zeigt:

Ort	Seehöhe m	Januar	Juli	Differenz
Koblenz	61	2,0	18,4	16,4
Cassel	173	0,0	17,3	17,3
Halle	111	—0,2	18,7	18,9
Breslau	147	—2,2	18,5	20,7
Ratibor	207	—3,4	18,3	21,7

Die am meisten vom Klima begünstigten Landstriche sind das Rhein-, Mosel-, Main- und Neckarthal.

Bevölkerung. Das Deutsche Reich hatte nach der Volkszählung vom 1. Dez. 1890 einschließlich Helgolands (2086 E.) 49428470 E., während die Einwohnerzahl bei den vorhergehenden Zählungen (1867) 40093154, (1871) 41058804, (1875) 42727360, (1880) 45234061, (1885) 46855704 betrug; eine Berechnung ergab für 1816: 24831396, 1834: 30608698, 1852: 35929691 E. Die Zunahme beträgt in den J. 1871/80: 4175257 (10,1 Proz.), 1881/90: 4194409 (9,2 Proz.), 1886/90: 2572766 Personen (5,4 Proz.). Über die Zunahme der einzelnen Teile des Reichs giebt umstehende Tabelle Auskunft, in der die Bevölkerung für 1871 und 1875 auf dieselben Grenzen wie die für 1880, 1885 und 1890 zurückgeführt ist und die inzwischen stattgefundenen Gebietsveränderungen zwischen Preußen einerseits, Mecklenburg-Schwerin, Oldenburg und Braunschweig andererseits Ende 1871 daher schon berücksichtigt sind. Die damalige Occupationsarmee in Frankreich ist bei Preußen, Bayern und Oldenburg eingerechnet; die Besatzung auswärts befindlicher deutscher Kriegsschiffe ist außer Ansatz geblieben.

Staaten	Bevölkerung am 1. Dezember					Durchschnittliche jährliche Zunahme in Proz.			
	1871	1875	1880	1885	1890*	1871/75	1876/80	1881/85	1886/90
Königreich Preußen	24 691 085	25 742 404	27 279 111	28 318 470	29 957 367	1,04	1,16	0,75	1,12
» Bayern	4 863 485	5 022 390	5 284 778	5 420 199	5 594 982	0,80	1,02	0,51	0,63
» Sachsen	2 556 244	2 760 586	2 972 805	3 182 003	3 502 684	1,92	1,48	1,36	1,92
» Württemberg	1 818 539	1 881 505	1 971 118	1 995 185	2 036 522	0,85	0,93	0,24	0,41
Großherzogtum Baden	1 461 539	1 507 179	1 570 254	1 601 255	1 657 867	0,77	0,82	0,39	0,69
» Hessen	852 894	884 218	936 340	956 611	992 883	0,90	1,14	0,43	0,74
» Mecklenburg-Schwerin	557 707	553 785	577 055	575 152	578 342	—0,18	0,82	—0,07	0,11
» Sachsen-Weimar	286 183	292 933	309 577	313 946	326 091	0,58	1,10	0,28	0,76
» Mecklenburg-Strelitz	96 982	95 673	100 269	98 371	97 978	—0,34	0,94	—0,38	—0,08
» Oldenburg	314 591	319 314	337 478	341 525	354 968	0,37	1,10	0,24	0,77
Herzogtum Braunschweig	312 170	327 493	349 367	372 452	403 773	1,20	1,29	1,28	1,61
» Sachsen-Meiningen	187 957	194 494	207 075	214 884	223 832	0,86	1,25	0,74	0,82
» » Altenburg	142 122	145 844	155 036	161 460	170 864	0,65	1,22	0,81	1,13
» » Coburg-Gotha	174 339	182 599	194 716	198 829	206 513	1,16	1,28	0,42	0,76
» Anhalt	203 437	213 565	232 592	248 166	271 963	1,21	1,70	1,30	1,83
Fürstentum Schwarzburg-Sondershausen	67 191	67 480	71 107	73 606	75 510	0,11	1,05	0,69	0,51
Fürstentum Schwarzburg-Rudolstadt	75 523	76 676	80 296	83 836	85 863	0,38	0,92	0,86	0,48
» Waldeck	56 224	54 743	56 522	56 575	57 281	—0,67	0,64	0,02	0,25
» Reuß älterer Linie	45 094	46 985	50 782	55 904	62 754	1,03	1,55	1,92	2,31
» » jüngerer Linie	89 032	92 375	101 330	110 598	119 811	0,92	1,84	1,75	1,60
» Schaumburg-Lippe	32 059	33 133	35 374	37 204	39 163	0,82	1,31	1,01	1,03
» Lippe	111 135	112 452	120 246	123 212	128 495	0,29	1,34	0,49	0,84
Freie Stadt Lübeck	52 158	56 912	63 571	67 658	76 485	2,18	2,21	1,25	2,45
» » Bremen	122 402	142 200	156 723	165 628	180 443	3,74	1,94	1,11	1,71
» » Hamburg	338 974	388 618	453 869	518 620	632 530	3,41	3,09	2,66	3,64
Reichsland Elsaß-Lothringen	1 549 738	1 531 804	1 566 670	1 564 355	1 603 506	—0,29	0,45	—0,03	0,49
Deutsches Reich	41 058 804	42 727 360	45 234 061	46 855 704	49 428 470	1,00	1,14	0,70	1,07

* Mit Helgoland.

Bevölkerungsdichtigkeit. Bei einem Flächeninhalt von 540504,4 qkm (einschließlich Helgolands, aber ausschließlich der Meeresteile) kommen (1890) auf 1 qkm Fläche 91 E., gegen (1885) 86, (1837) 60, (1816) 48 und (1801) noch nicht 44. Wie verschieden sich die Bevölkerungsdichtigkeit in den deutschen Staaten gestaltet, zeigt beistehende Tabelle:

Weitaus die dichteste Bevölkerung besitzt demnach, abgesehen von den Freien Städten, das industrielle Sachsen mit 233 E. auf 1 qkm; über 150 E. auf 1 qkm zählt Reuß älterer Linie, zwischen 150 und 100 haben 11, zwischen 100 und 50 haben 8 Staaten. Die geringste Dichtigkeit zeigen die beiden ackerbautreibenden Mecklenburg. Preußen (s. d.) ist besonders

Staaten	Fläche (nach den neuesten Feststellungen) qkm	Bevölkerung am 1. Dez. 1890			Einwohner pro qkm
		überhaupt	männliche Personen	weibliche Personen	
Königreich Preußen	348 458,4	29 957 367	14 703 105	15 254 262	86,0
» Bayern	75 864,7	5 594 982	2 731 920	2 863 862	73,7
» Sachsen	14 992,9	3 502 684	1 701 141	1 801 543	233,6
» Württemberg	19 503,7	2 036 522	981 844	1 054 678	104,4
Großherzogtum Baden	15 081,1	1 657 867	810 582	847 285	109,9
» Hessen	7 681,8	992 883	492 348	500 535	129,3
» Mecklenburg-Schwerin	13 161,6	578 342	285 092	293 250	43,9
» Sachsen-Weimar	3 594,0	326 091	157 905	168 186	90,7
» Mecklenburg-Strelitz	2 929,5	97 978	47 971	50 007	33,4
» Oldenburg	6 423,5	354 968	175 967	179 001	55,3
Herzogtum Braunschweig	3 672,2	403 773	201 428	202 345	110,0
» Sachsen-Meiningen	2 468,1	223 832	108 914	114 918	90,7
» Sachsen-Altenburg	1 323,7	170 864	83 010	87 854	129,1
» Sachsen-Coburg-Gotha	1 956,5	206 513	99 746	106 767	105,6
» Anhalt	2 294,4	271 963	134 071	137 892	118,5
Fürstentum Schwarzburg-Sondershausen	862,1	75 510	36 674	38 836	87,6
» Schwarzburg-Rudolstadt	940,6	85 863	41 570	44 293	91,3
» Waldeck	1 121,0	57 281	27 432	29 849	51,1
» Reuß älterer Linie	316,4	62 754	30 497	32 257	198,3
» Reuß jüngerer Linie	825,7	119 811	57 866	61 945	145,1
» Schaumburg-Lippe	339,7	39 163	19 435	19 728	115,3
» Lippe	1 215,2	128 495	62 978	65 517	105,7
Freie Stadt Lübeck	297,7	76 485	37 471	39 014	256,9
» » Bremen	255,6	180 443	88 144	92 299	706,0
» » Hamburg	414,0	622 530	308 535	313 995	1503,7
Reichsland Elsaß-Lothringen	14 509,4	1 603 506	805 986	797 520	110,5
Deutsches Reich	540 504,4	49 428 470	24 230 832	25 197 638	91,4

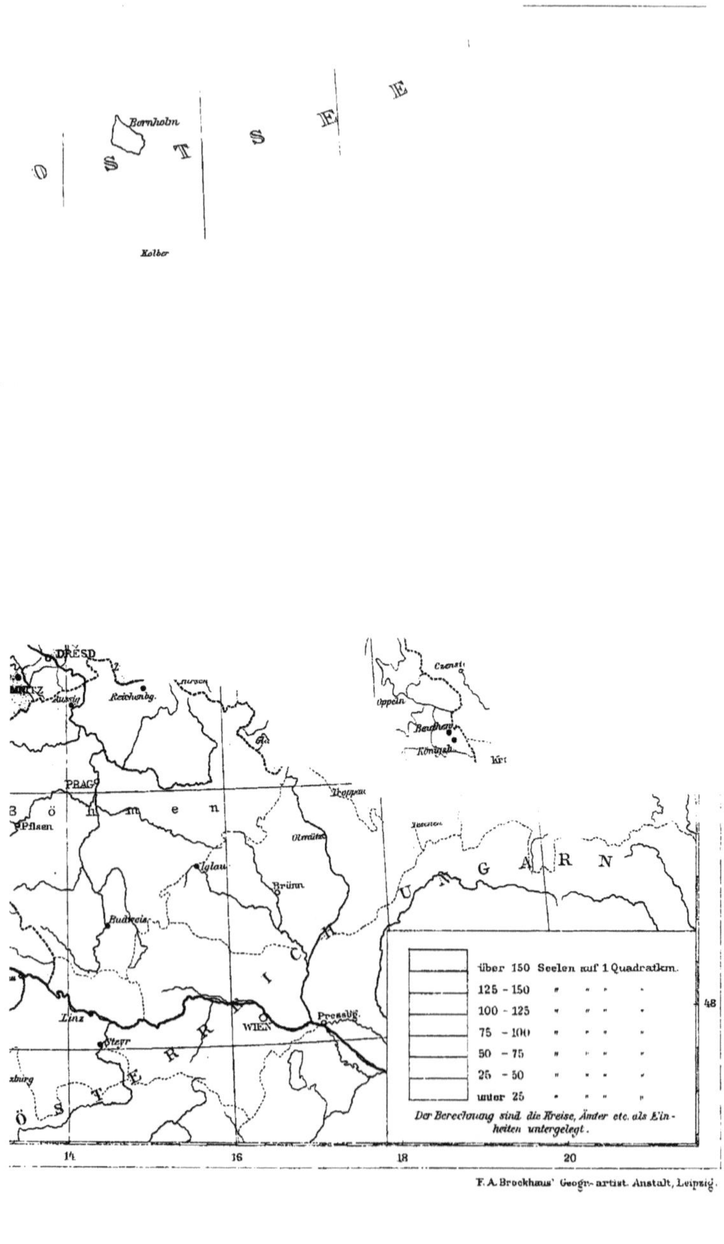

OSTSEE

Bornholm

Kolber

DRESD

Reichenbg.

Aussig

Oppeln

Beuthen

Königsh.

PRAG

Böhmen

Pilsen

Troppau

Olmütz

Iglau

Brünn

Budweis

UNGARN

OESTERREICH

Linz

Steyr

WIEN

Pressbg.

	über 150 Seelen auf 1 Quadratkm.
	125 - 150 " " " "
	100 - 125 " " " "
	75 - 100 " " " "
	50 - 75 " " " "
	25 - 50 " " " "
	unter 25 " " " "

Der Berechnung sind die Kreise, Ämter etc. als Einheiten untergelegt.

14 16 18 20

48

F. A. Brockhaus' Geogr.-artist. Anstalt, Leipzig.

KARTE DER BEVÖLKERUNGSDICHTIGKEIT II

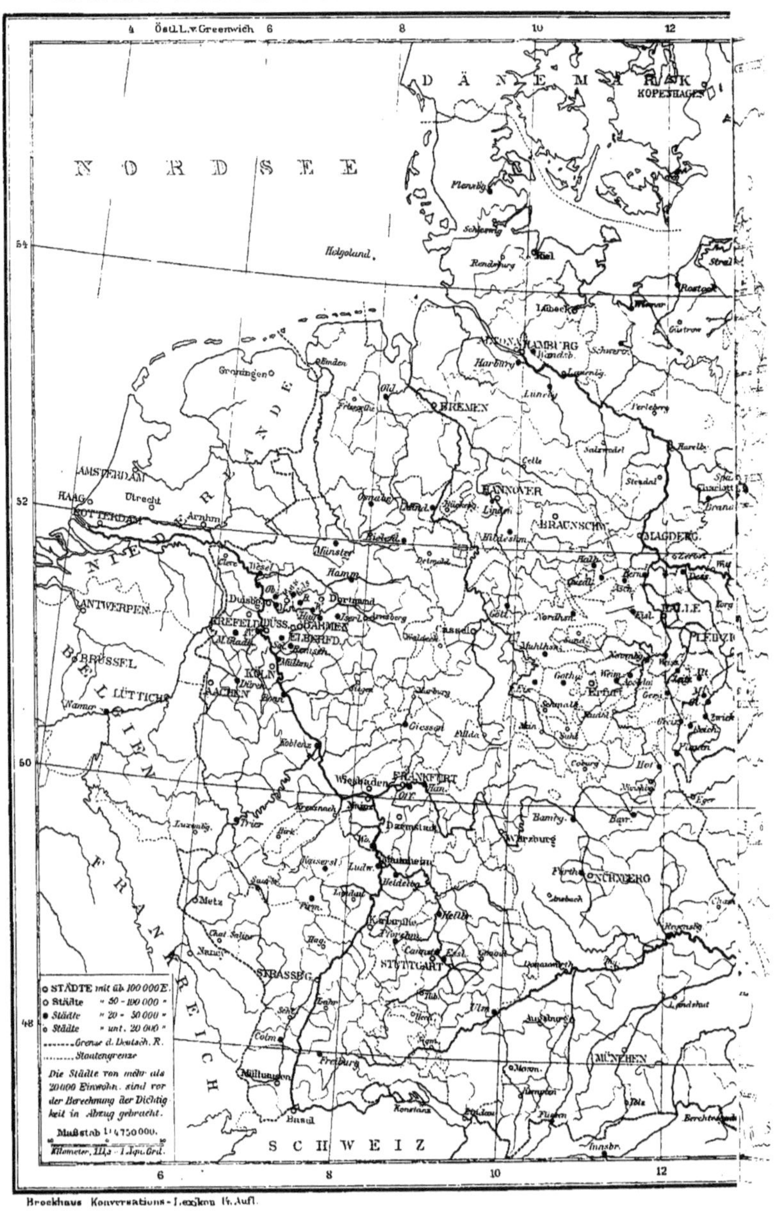

ungleichmäßig bevölkert. (Hierzu: **Karte der Bevölkerungsdichtigkeit im Deutschen Reiche.**)

Geschlecht. Das weibliche Geschlecht überwiegt (1890) das männliche (vgl. Tabelle) um 966806, obwohl durchschnittlich auf 100 Mädchengeburten 106 Knabengeburten entfallen; dies entspricht einem Verhältnis des männlichen zum weiblichen wie 100:103,9, und zwar ist das Verhältnis seit dem J. 1880 unverändert geblieben. Der Unterschied erklärt sich aus dem verhältnismäßig stärkern Anteil der Knaben an den Totgeburten und der größern Sterblichkeit der Knaben namentlich in den ersten Lebensjahren; außerdem ist das männliche Geschlecht durch Selbstmord und Unglücksfälle sowie durch Auswanderung stärker beteiligt. Nur in einigen Landesteilen überwiegt die Zahl der männlichen Personen, so in den preuß. Provinzen Schleswig-Holstein (um 15515), Westfalen (52327), Rheinland (5679) und in Elsaß-Lothringen (8466).

Familienstand. Das allgemeinste Ergebnis der Ermittelungen (1885) über den Familienstand war folgendes:

	Personen männliche	Personen weibliche	Einwohner überhaupt	Proz.
Ledige	14 249 297	13 895 459	28 144 756	60,1
Verheiratete . . .	7 910 620	7 944 444	15 855 064	33,8
Verwitwete	750 884	2 037 206	2 788 090	6,0
Geschiedene	22 863	44 931	67 794	0,1
	22 933 664	23 922 040	46 855 704	100,0

Auffallend ist hierbei die Differenz (33824) zwischen beiden Geschlechtern bei den Verheirateten; auch bei frühern Volkszählungen übertraf die Zahl der Ehefrauen die der Ehemänner, so 1871 um 34563, 1880 um 34823. Der Unterschied erklärt sich zum Teil daraus, daß die Zählung nur die ortsanwesenden Ehegatten ins Auge faßt, deren Zahl wegen des Aufenthalts einheimischer im Auslande und fremder im Inlande für jedes Geschlecht eine verschiedene sein kann, zum Teil aber auch daraus, daß unverheiratete Frauen mit Kindern sowie Geschiedene sich öfter als verheiratet bezeichnet haben mögen.

Bei den übrigen Familienstandskategorien gestaltet sich das Geschlechtsverhältnis so, daß auf 1000 Junggesellen 975 Jungfrauen, auf 1000 Witwer 2713 Witwen und auf 1000 geschiedene Männer 1965 geschiedene Frauen entfallen. Ursachen für diese Differenzen sind das durchschnittlich höhere Heiratsalter der Männer oder der entsprechende Altersunterschied der Eheleute, und in der Folge die häufigere Auflösung der Ehe durch den Tod des Mannes; ferner die häufigere Wiederverheiratung der Witwer und vielleicht auch der geschiedenen Männer.

Alter. Die Altersverteilung der Bevölkerung nach dem Geschlecht ergiebt sich aus folgender Tabelle:

Altersklassen	1885 Männlich	1885 Weiblich	1885 Zusammen	Auf je 1000 Einwohner kommen: 1885 Männlich	1885 Weiblich	1885 Überhaupt	1880	1875	1871
Unter 5 Jahren	3 023 651	3 007 288	6 030 939	134	128	130,8	138,7	133,8	128,5
5—10 »	2 774 637	2 771 386	5 546 023	121	116	118,1	114,2	112,3	112,5
10—15 »	2 496 083	2 496 688	4 992 751	109	104	106,3	103,3	102,6	103,9
15—20 »	2 203 497	2 234 161	4 437 658	96	93	94,5	93,3	94,7	91,1
20—25 »	1 949 216	2 018 795	3 968 011	85	84	84,5	85,6	83,1	86,3
25—30 »	1 735 819	1 818 927	3 554 746	75	76	75,7	73,2	76,1	78,2
30—40 »	2 892 348	3 047 774	5 940 122	126	127	126,5	129,9	133,7	133,1
40—50 »	2 392 841	2 562 619	4 955 460	104	107	105,5	103,6	102,9	106,4
50—60 »	1 710 415	1 908 490	3 618 905	74	80	77,0	79,67	84,2	83,5
60—70 »	1 188 529	1 374 505	2 563 034	52	57	54,6	53,2	51,4	52,0
70—80 »	478 112	567 468	1 045 580	21	24	22,2	21,4	21,5	20,9
80 u. mehr »	88 516	113 939	202 455	3,7	4,5	4,3	3,9	3,7	3,6

Hiernach ist eine relative Abnahme der im mittlern Alter zwischen 20—60 Jahren Stehenden zu bemerten. Diese zeitliche Verschiebung der Altersverhältnisse ist einerseits durch die im Laufe der letzten Jahrzehnte bedeutend gesteigerte Geburtenfrequenz, andererseits durch die seit 1880 beträchtlich vermehrte überseeische Auswanderung, an welcher hauptsächlich Erwachsene beteiligt sind, hervorgerufen worden. Der Sterblichkeit wird ein wesentlicher Einfluß auf jene Entwicklung nicht beizumessen sein. Über das Alter der Familienstandskategorien s. Bevölkerung (Bd. 2, S. 928a). Über das Verhältnis der Altersgliederung der Bevölkerung des Deutschen Reichs zu derjenigen anderer europ. und außereurop. Völker s. Bevölkerung (Bd. 2, S. 927a).

Religionsbekenntnis. 1890 wurden gezählt 31026810 Evangelische, 17674921 Katholische, darunter 2992 Griechisch- und Orientalisch-Katholische, 145540 andere Christen, darunter 6716 Evangelische Brüder (Herrnhuter), 22365 Mennoniten, 29074 Baptisten, 5249 der engl. und schott. Hochkirche Angehörige (Presbyterianer), 10144 Methodisten und Quäker, 21751 Apostolische und Quäker, 5714 Deutsch-Katholische, 14347 Freireligiöse, 23698 Dissidenten und 6482 sonstige Christen, endlich 567884 Israeliten, 562 Bekenner anderer Religionen, 6510 mit unbestimmter Religionsangabe und 6243 ohne Angabe des Religionsbekenntnisses.

Wie sich die Verteilung aller dieser religiösen Bekenntnisse über das ganze deutsche Volk in den Volkszählungsjahren 1871, 1880, 1885, 1890 gestaltete, zeigt folgende Tabelle:

Bekenntnis	1871	1880	1885	1890
Evangelische	25 581 685	28 331 152	29 369 847	31 026 810
Katholiken	14 869 292	16 232 651	16 785 734	17 674 921
Andere Christen . .	82 158	78 031	125 673	145 540
Israeliten	512 153	561 612	563 172	567 884
Bekenner anderer Religionen	176	366	203	562
Personen ohne oder mit unbestimmter Religionsangabe.	16 980	30 249	11 075	12 753

Demzufolge haben sich in den letzten 20 Jahren die evang. Christen um 19, die katholischen nur um 18 Proz. vermehrt. Die Bevölkerung der rein oder vorwiegend evang. Gebietsteile ist stärker gewachsen als diejenige der rein oder vorwiegend kath. Gebietsteile, was mit der ungleichen industriellen Entwicklung der vorwiegend evang. beziehungsweise kath. Bezirke zusammenhängt.

Die Zahl der Israeliten hat sich seit 1871 um 10 Proz. vermehrt. Andere Religionen weisen im Deutschen Reich nur eine ganz vereinzelte Vertretung auf, die zeitlich von Zufälligkeiten beeinflußt wird. Fälle, in denen das Religionsbekenntnis unermittelt geblieben ist, sind bei der letzten Zählung häufiger als 1885 vorgekommen. Dieser abweichenden Zu- und Abnahme der den verschiedenen Bekenntnisgruppen angehörigen Personen entspricht es, daß auch deren verhältnismäßige Verteilung sich, wenn auch nicht beträchtlich, so doch immerhin merkbar geändert hat. Von 1000 E. entfielen:

Auf die	1871	1880	1885	1890
Evangelischen	623	626	627	628
Katholiken	362	359	358	358
Andern Christen	2	2	3	3
Israeliten	12	12	12	11
Bekenner anderer Religionen	0	0	0	0
Personen unbekannter Religionen	1	1	0	0

Über die Verteilung der Evangelischen, Katholiken und Israeliten auf die einzelnen deutschen Staaten im J. 1885 giebt folgende Tabelle Auskunft:

den auch das Bistum Münster nach Niederwerfung der Wiedertäufer wiedererlangte. Im O. zeigen das ehemalige Bistum Ermeland sowie die Bestandteile des frühern kath. Königreichs Polen und das rings von kath. Ländern umgrenzte südl. Schlesien vorwiegend kath. Bevölkerung. Fast unvermischt ist dieselbe in den Bestandteilen des Herzogtums Bayern und in den südlichsten Territorien. Rein evangelisch, weil von der Gegenreformation fast unberührt, sind das mittlere und nördl. Deutschland, sowie das 1525 in ein weltliches Herzogtum umgewandelte Land des Deutschen Ordens. Die einzige Exclave im westl. Teile des großen evang. Komplexes bildet das Eichsfeld infolge seiner ehemaligen Zugehörigkeit zum Erzstift Mainz. Zwischen dies evang. Land im N. und die kath. Territorien im äußersten W. und S. schiebt sich ein ausgedehntes Gebiet gemischten und (der frühern territorialen Zersplitterung entsprechend) verschiedenartigen Charakters, aus dem sich als vorwiegend katholisch die ehemals geistlichen Besitztümer, als vorwiegend evangelisch das alte Herzogtum Württemberg abheben.

Gebürtigkeit. Von 10000 der Gesamtbevölkerung sind geboren im Deutschen Reich 9907, in einem fremden europ. Staate 88 und außerhalb Europas (auch auf See) 5 Personen.

Staaten	Evangelische	Katholiken	Andere Christen	Israeliten
Königreich Preußen	19 232 449	10 252 818	95 349	372 059
» Bayern	1 571 863	3 962 941	5 786	53 885
» Sachsen	3 351 751	129 382	11 519	9 368
» Württemberg	1 407 176	609 794	6 723	12 639
Großherzogtum Baden	598 678	1 028 222	3 954	26 735
» Hessen	666 118	293 651	7 390	25 531
» Mecklenburg-Schwerin	570 703	5 065	373	2 182
» Sachsen-Weimar	312 738	11 695	364	1 252
» Mecklenburg-Strelitz	96 773	654	43	489
» Oldenburg	274 410	77 769	1 216	1 552
Herzogtum Braunschweig	383 652	16 419	846	1 635
» Sachsen-Meiningen	219 207	2 789	276	1 560
» Sachsen-Altenburg	168 549	2 092	160	45
» Sachsen-Coburg-Gotha	202 444	2 921	565	549
» Anhalt	261 215	8 875	281	1 580
Fürstentum Schwarzburg-Sondershausen	74 615	637	25	228
» Schwarzburg-Rudolstadt	85 342	397	43	71
» Waldeck	54 704	1 658	159	753
» Reuß älterer Linie	61 572	938	173	62
» Reuß jüngerer Linie	118 072	1 181	386	147
» Schaumburg-Lippe	38 160	607	30	366
» Lippe	123 111	4 332	58	989
Freie Stadt Lübeck	74 544	1 143	122	654
» » Bremen	169 991	8 272	1 106	1 031
» » Hamburg	571 497	23 444	4 836	17 877
Reichsland Elsaß-Lothringen	337 476	1 227 225	3 757	34 645
Deutsches Reich	31 026 810	17 674 921	145 540	567 884

Hiernach ist der Westen und Süden Deutschlands vorwiegend katholisch, Mittel- und Norddeutschland fast ausschließlich evangelisch, während im Osten beide Konfessionen sich ungefähr die Wage halten.

Die Verteilung der Konfessionen (vgl. Konfessionskarte des Deutschen Reichs) entspricht den in den Zeiten der Reformation und der Gegenreformation bis zum Westfälischen Frieden geschaffenen Zuständen. Die Hauptsitze des Katholicismus, die Erzbistümer am Rhein, Mainz, Trier und Köln, haben ihren rein kath. Charakter bis heute bewahrt,

Staatsangehörigkeit. Unter den (1890) 49428470 E. des Deutschen Reichs waren 433 271 Reichsausländer und 519 984 bundesangehörige Militärpersonen.

Bewegung der Bevölkerung. Über die Zahl der Eheschließungen, Geburten und Sterbefälle giebt folgende Tabelle Auskunft; doch stellt sich der Überschuß der Geburten über die Sterbefälle noch um jährlich etwa 300 höher als angegeben, infolge erst verspätet zur amtlichen Kenntnis gelangender Geburten:

KONFESSIONSKARTE DE

Brockhaus' Konversations-Lexikon. 14. Aufl.

S DEUTSCHEN REICHES.

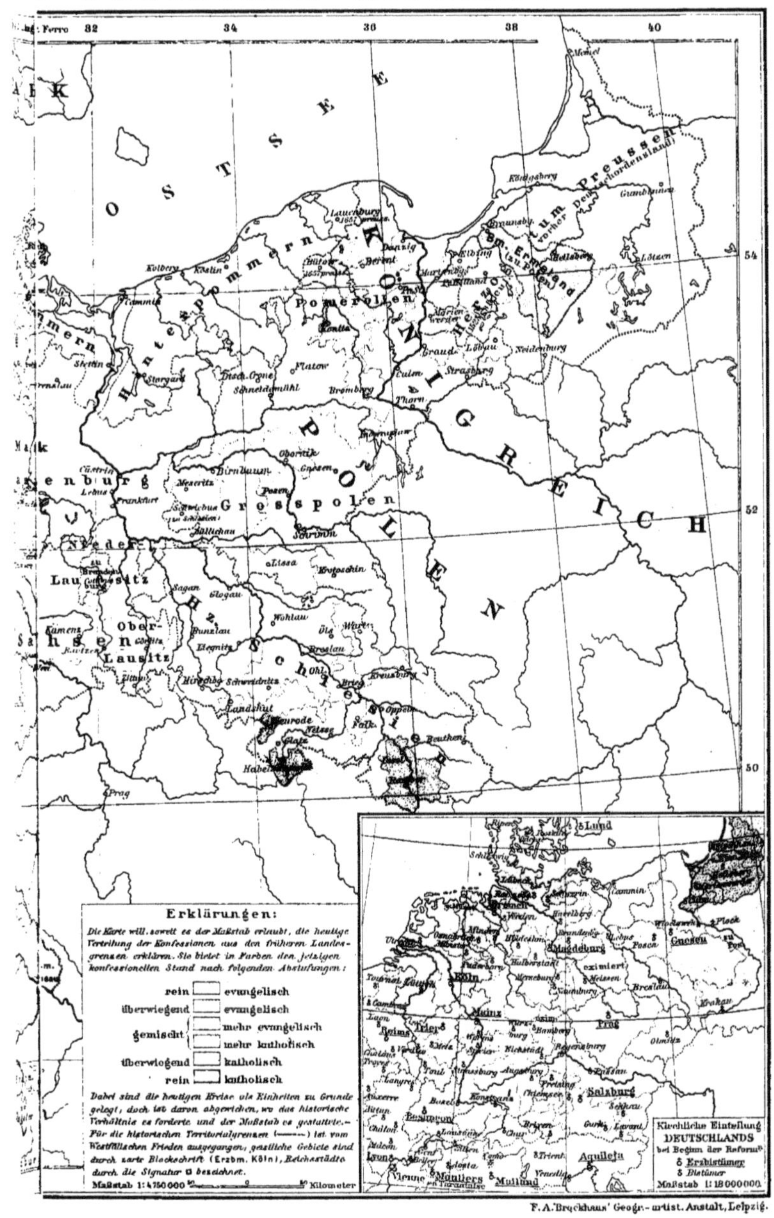

F. A. Brockhaus' Geogr.-artist. Anstalt, Leipzig.

Jahr	Eheschließungen	Geborene	Gestorbene	Überschuß der Geborenen über die Gestorbenen	Unehelich-	Tot-
		einschließlich der Totgeborenen			geborene	
1881	338 909	1 748 686	1 222 928	525 758	158 454	66 537
1882	350 457	1 769 501	1 244 006	525 495	164 457	67 153
1883	352 999	1 749 874	1 256 177	493 697	161 294	66 175
1884	362 596	1 793 942	1 271 859	522 083	170 688	68 359
1885	368 619	1 798 637	1 268 452	530 185	170 257	68 710
1886	372 326	1 814 499	1 302 103	512 396	171 818	68 366
1887	370 659	1 825 561	1 220 406	605 155	172 118	68 482
1888	376 654	1 828 379	1 209 798	618 581	169 645	66 972
1889	389 339	1 838 439	1 218 956	619 483	170 572	65 869
1890	395 356	1 820 264	1 260 017	560 247	165 672	61 011

Das giebt für das Jahrzehnt 1881/90 einen Jahresdurchschnitt von 367 791 Eheschließungen, 1 798 778 Geborenen, darunter 167 498 unehelich und 66 763 Totgeborene, und einen jährlichen Geburtenüberschuß von durchschnittlich 551 308; oder in Verhältniszahlen ausgedrückt, kamen auf 1000 E. der mittlern Bevölkerung des Jahrzehnts 7,81 Eheschließungen, 38,18 Geborene, 26,48 Gestorbene, 11,70 mehr Geborene als Gestorbene, und unter 100 Geborenen waren 9,31 uneheliche und 3,71 Totgeborene. Zum Vergleich der Bewegung der Bevölkerung im Deutschen Reich mit der anderer Länder s. die Artikel Bevölkerung, Ehestatistik, Geburtsstatistik, Sterblichkeitsstatistik.

Auswanderung. Über die Zahl der deutschen überseeischen Auswanderer in den J. 1871—90 s. Auswanderung (Bd. 2, S. 184 b). Während in den J. 1889/90 die Zahl der deutschen Auswanderer zurückgegangen war, ist 1891 wieder eine beträchtliche Steigerung zu verzeichnen. Im ganzen wanderten (1891) 115 392 (62 958 männl., 52 434 weibl.) Deutsche aus, darunter 59 673 über Bremen, 31 581 über Hamburg, 1891 über andere deutsche Häfen (meist Stettin), 19 069 über Antwerpen, 3178 über Rotterdam und Amsterdam. Am meisten beteiligt war bei der Auswanderung das Alter von 21 bis 30 Jahren, nämlich mit 33 201 (19 526 männl., 13 675 weibl.) Personen, dann das Alter von 14 bis 21 Jahren mit 22 836 (11 325 männl., 11 511 weibl.) Personen. Die Hauptauswanderungsmonate waren April (22 407 Personen), Mai (13 875) und Oktober (12 272). Ziel der Auswanderer waren noch immer hauptsächlich die Vereinigten Staaten von Amerika (108 611 Auswanderer), ferner Brasilien (3710), Britisch-Nordamerika (976), andere Teile von Amerika (961), Afrika (599), Australien (438) und Asien (97). Außerdem beförderten Bremen 80 148, Hamburg 112 658, andere deutsche Häfen (meist Stettin) 3274 Nichtdeutsche ins Ausland.

Über die **Einwanderung** in das Deutsche Reich bestehen keine statist. Erhebungen.

Wohnungsverhältnisse. Am 1. Dez. 1890 wurden ermittelt 5 790 689 bewohnte, 122 109 unbewohnte Wohnhäuser sowie 57 873 andere bewohnte Baulichkeiten; unter letztern befanden sich 41 442 hauptsächlich oder gewöhnlich nicht zu Wohnzwecken dienende Gebäude, 3825 feststehende (Hütten, Bretterbuden, Zelte u. s. w.) und 12 606 bewegliche (Wagen, Schiffe, Flöße u. s. w.) Baulichkeiten, zusammen 5 970 671 zur Wohnung dienende Gebäude; unter 100 der letztern waren 2,4 unbewohnt. Auf 1 qkm Fläche entfielen 10,82 bewohnte und 11,05 zur Wohnung dienende oder bestimmte Gebäude; auf 1 bewohntes Gebäude 8,45 (in Berlin 56) Personen und 1,82 (in Berlin 13) Haushaltungen.

In betreff der Haushaltungen wurden für das Reich im ganzen gezählt:

Im Jahre	Gewöhnliche Haushaltungen		Einzeln lebende selbständige Personen		Anstalten		Im ganzen	
	absolut	%	absolut	%	absolut	%	absolut	%
1871	8 161 298	93,5	535 508	6,1	35 113	0,4	8 731 919	100,0
1875	8 593 618	93,4	572 842	6,2	33 302	0,4	9 199 762	100,0
1880	9 004 702	93,3	604 154	6,3	43 180	0,4	9 652 036	100,0
1885	9 288 713	92,9	677 743	6,8	33 102	0,3	9 999 558	100,0
1890	9 836 560	92,6	747 689	7,1	33 674	0,3	10 617 923	100,0

Beachtenswert ist die stetige Zunahme der Einzelhaushaltungen, die nicht bloß der absoluten Zahl nach, sondern auch bezüglich des Anteils an der Gesamtzahl der Haushaltungen hervortritt. Sie erklärt sich hauptsächlich dadurch, daß das gewerbliche Hilfspersonal neuerdings immer seltener in der Familie des Brotherrn, häufiger dagegen als Einmieter in fremden Haushaltungen lebt. Auf 1 Haushaltung kamen 1880: 4,69, 1885: 4,69 und 1890: 4,66 Personen.

Wohnort. Über die Verteilung der Bevölkerung auf Stadt und Land und die einzelnen Gruppen von Städten s. Bevölkerung (Bd. 2, S. 926).

Folgende 47 Städte des Deutschen Reichs hatten nach den endgültigen Ergebnissen der Volkszählung vom 1. Dez. 1890 mehr als 50 000 E.:

Städte	1871	1880	1890
Berlin	826 341	1 122 330	1 578 794
Hamburg	239 107	289 859	569 260
Leipzig	106 925	149 081	353 272
München	169 693	230 023	349 024
Breslau	207 997	272 912	335 186
Köln	129 233	144 772	281 681
Dresden	177 089	220 818	276 522
Magdeburg	84 401	97 539	202 234
Frankfurt a. M.	91 040	136 819	179 985
Hannover	87 626	122 843	163 593
Königsberg	112 152	140 909	161 666
Düsseldorf	69 365	95 458	144 642
Altona	74 102	91 047	143 249
Nürnberg	83 214	99 519	142 590
Stuttgart	91 623	117 303	139 817
Chemnitz	68 229	95 123	138 954
Elberfeld	71 384	93 538	125 899
Bremen	82 807	112 940	125 684
Straßburg	85 654	104 471	123 500
Danzig	90 141	108 551	120 338
Stettin	76 280	91 756	116 228
Barmen	74 449	95 951	116 144
Krefeld	57 105	73 872	105 376
Aachen	74 146	85 432	103 470
Halle a. S.	52 620	71 484	101 401
Braunschweig	57 883	75 038	101 047
Dortmund	44 420	66 544	89 663
Mannheim	39 606	53 465	79 044
Essen	51 513	56 944	78 706
Mülhausen i. E.	52 892	63 629	76 892
Charlottenburg	19 518	30 483	76 859
Augsburg	51 220	61 408	75 629
Karlsruhe	36 582	53 518	73 684
Cassel	46 362	58 290	72 477
Erfurt	43 616	53 254	72 360
Mainz	53 282	60 905	71 395

Städte	1871	1880	1890
Posen	56 374	65 713	69 627
Kiel	31 764	43 594	69 172
Wiesbaden . . .	35 450	50 238	64 670
Lübeck	39 743	51 055	63 590
Görlitz	42 200	50 307	62 135
Würzburg . . .	40 005	51 014	61 039
Metz	51 332	53 131	60 186
Duisburg. . . .	30 533	41 242	59 285
Darmstadt . . .	33 357	40 874	55 883
Frankfurt a O. .	43 214	51 147	55 738
Potsdam	43 901	48 447	54 125

Seit 1880 sind die Städte Kiel und Potsdam, seit 1885 Charlottenburg, Darmstadt und Duisburg in diese Reihe eingetreten.

Berufszweige. Nach der Berufszählung vom 5. Juni 1882 verteilte sich die Bevölkerung im Deutschen Reiche auf folgende Berufsgruppen:

1354486 Personen (= 3,0 Proz.), welche die Reichsstatistik als berufslos bezeichnet (Rentner, Pensionisten, Armenpfleglinge, Anstaltsinsassen u. s. w.). Faßt man die drei wichtigsten großen Berufsabteilungen ins Auge, so entfallen auf die Urproduktion (Landwirtschaft, Tierzucht und Gärtnerei, Forstwirtschaft, Jagd und Fischerei) 8236496, auf die Industrie (die in der Tabelle angeführten Gruppen vom Bergbau bis zu den Fabrikanten in nicht näher zu ermittelnden Erwerbszweigen) 6 396 465, auf Handel und Verkehr 1 570 318, insgesamt 16 203 279 Erwerbsthätige. Letztere scheiden sich, nach ihrer socialen Stellung, in solche, welche in ihrem Berufe selbständig sind (5 190 687 oder 32,0 Proz.), solche, welche höhere Verwaltungs- oder Aufsichtsstellen bekleiden (307 268 oder 1,9 Proz.) und solche, welche als gewöhnliche Gehilfen, Arbeiter oder Tagelöhner thätig sind (10 705 324 oder 66,1 Proz.). Das numerische Verhältnis dieser drei Klassen von Erwerbsthätigen ist übrigens in jenen drei großen Berufs-

Berufsgruppen	Berufszugehörige	Darunter Erwerbsthätige	Auf 1000 E. kamen
Landwirtschaft, Tierzucht und Gärtnerei	18 840 818	8 120 518	416,6
Forstwirtschaft und Jagd	308 225	91 630	6,8
Fischerei	76 412	24 348	1,7
Bergbau, Hütten- und Salinenwesen	1 327 099	431 707	29,8
Torfgräberei und Torfbereitung.	21 697	9 750	0,5
Industrie der Steine und Erden	896 823	331 569	20,1
Verarbeitung von Metall außer Eisen	171 312	71 490	3,9
Eisenverarbeitung	1 169 566	457 224	26,2
Verfertigung von Maschinen, Werkzeugen, Instrumenten u. Apparaten	799 388	285 192	17,9
Chemische Industrie.	165 133	57 530	3,7
Gewinnung bez. Verarbeitung von forstwirtschaftlichen Nebenprodukten, Leuchtstoffen, Fetten, Ölen, Firnissen	96 960	30 867	2,2
Textilindustrie	1 849 341	850 859	41,5
Papierindustrie	200 399	90 808	4,5
Leder-, Wachstuch- und Gummi-Industrie	332 062	129 231	7,4
Industrie der Holz- und Schnitzstoffe	1 375 331	521 660	30,9
Industrie der Nahrungs- und Genußmittel	1 706 450	663 226	38,3
Bekleidung und Reinigung	2 732 353	1 334 007	61,3
Baugewerbe	2 779 152	946 583	62,4
Polygraphische Gewerbe	146 989	69 643	3,3
Künstler und künstlerische Betriebe für gewerbliche Zwecke (außer Musik, Theater und Schaustellung)	52 840	23 893	1,2
Fabrikanten, Fabrikarbeiter und Gehilfen in nicht näher zu ermittelnden Erwerbszweigen.	235 185	91 226	5,2
Handelsgewerbe	2 282 987	842 269	50,5
Versicherungsgewerbe	34 118	11 558	0,8
Landverkehr	1 224 283	352 739	27,1
Wasserverkehr.	233 045	84 301	5,1
Beherbergung und Erquickung	756 647	279 451	16,7
Lohnarbeit wechselnder Art und häusliche Dienstleistung.	938 294	397 582	20,7
Staats-, Gemeinde- und Kirchendienst sowie freie Berufsarten . . .	2 222 982	1 031 147	49,2
Ohne Beruf und ohne Berufsangabe	2 246 222	1 354 486	49,7
Gesamtbevölkerung	45 222 113	18 986 494	1000,0

Die Berufszugehörigen scheiden sich in drei Gruppen. Die eigentlichen Erwerbsthätigen, worunter alle selbständigen Personen begriffen werden, deren hauptsächliche Thätigkeit auf den Erwerb gerichtet ist (17 632 008 = 39,0 Proz. der Bevölkerung), die Dienenden für häusliche Dienste, also das Hausgesinde (1 324 924 = 2,9 Proz.) und die Angehörigen, welche in der Hauswirtschaft unterhalten werden, ohne anderweit erwerbend thätig zu sein (24 910 695 = 55,1 Proz.). Hierzu treten dann noch abteilungen ein wesentlich verschiedenes. Es giebt nämlich:

In	Selbständig Erwerbende		Höhere Hilfspersonen		Niedere Hilfspersonen	
	absolut	%	absolut	%	absolut	%
Landwirtschaft u. s. w.	2 288 033	27,8	66 644	0,8	5 881 819	71,4
Industrie u. s. w.	2 201 146	34,4	99 076	1,6	4 096 243	64,0
Handel u. Verkehr	701 508	44,7	141 548	9,0	727 262	46,3

KARTE DER LANDWIRTSCHA T IM DE

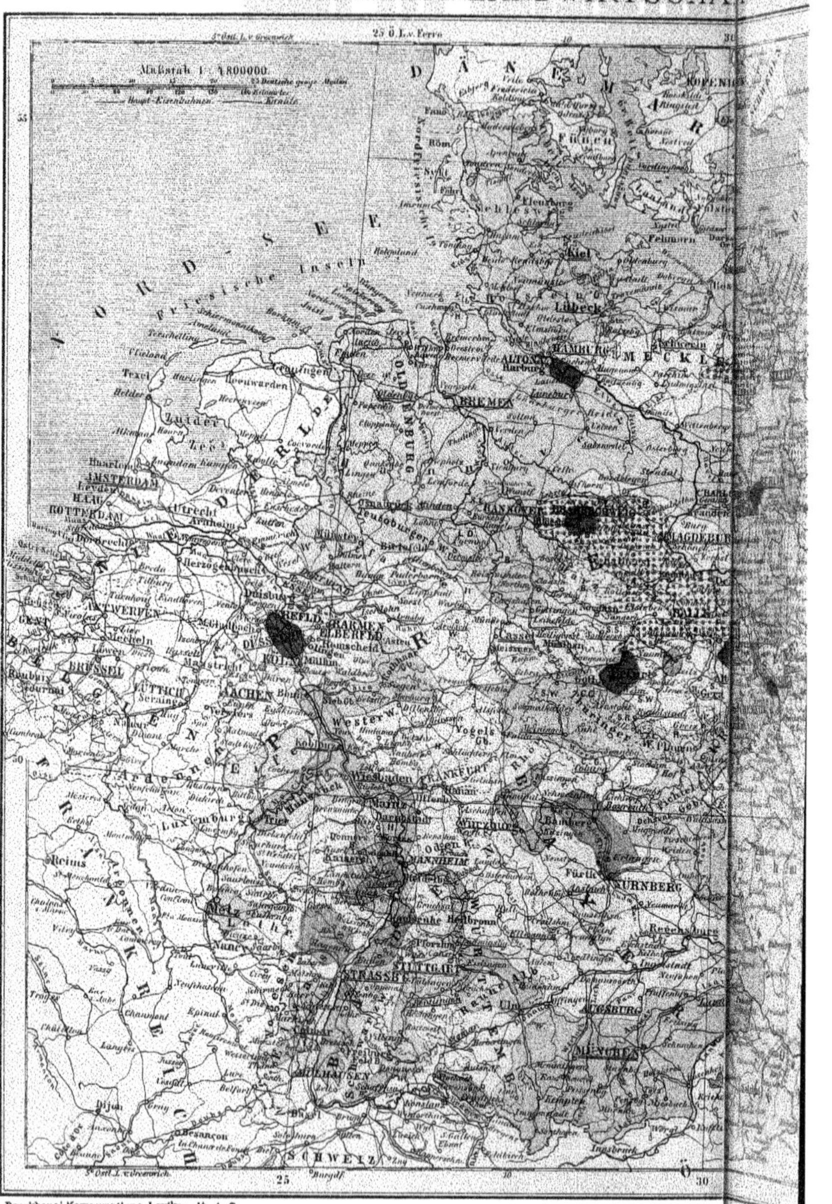

T IM DEUTSCHEN REICHE.

Am meisten arbeitet mit fremden Kräften die Landwirtschaft, weniger die Industrie, am wenigsten die Handels- und Verkehrsgewerbe, bei denen aber die sog. höhern Hilfspersonen zahlreicher sind.

Ein allgemeines Interesse knüpft sich endlich an die Altersverhältnisse der Berufsgruppen, wie sie folgende Tabelle in Prozenten zeigt. Es gab:

Im Alter von Jahren	Erwerbthätige	Dienstboten	Angehörige	Berufslose	Einwohner überhaupt
Unter 15	2,6	4,8	61,7	3,1	35,3
15—20	16,3	36,7	3,5	6,4	9,5
20—30	25,9	41,7	8,0	6,0	15,9
30—40	19,0	7,8	9,3	6,5	13,0
40—50	15,8	4,0	7,2	9,6	10,5
50—60	11,6	2,8	4,9	15,4	7,8
60—70	6,9	1,7	3,5	26,1	5,4
über 70	1,9	0,5	1,9	26,9	2,6
Zusammen	100,0	100,0	100,0	100,0	100,0

Die Erwerbthätigen stehen vorzugsweise in den mittlern, besten Lebensjahren. Die Dienstboten (meist weibliche) scheiden gewöhnlich durch ihre Verheiratung sehr bald aus dem Berufsleben aus. Unter den Angehörigen bilden die Kinder die große Mehrzahl, die sog. Berufslosen endlich gehören hauptsächlich den höhern Altersstufen an.

Zum Vergleich mit der Berufsverteilung in andern europ. Ländern und den Vereinigten Staaten von Amerika s. Berufsstatistik (Bd. 2, S. 859 b).

Über den Verbrauch der Bevölkerung an wichtigsten Nahrungsmitteln s. S. 136 und 140 a.

Kolonien. Über die rechtliche Stellung, Verfassung und Verwaltung derselben s. Deutsche Kolonien; ausführliches über die einzelnen Kolonien s. in den betreffenden Artikeln.

Landwirtschaft. Während Deutschland um die Mitte des 19. Jahrh. noch vorwiegend ein Ackerbaustaat war, dessen Bewohner zu 65 Proz. in der Landwirtschaft, 20 Proz. in Industrie und Gewerbe, 4—5 Proz. im Handel und Verkehr thätig waren, ist es seitdem zu einem Ackerbau- und Industriestaate geworden, dessen Bevölkerung sich nur noch etwa zur Hälfte der Landwirtschaft, Viehzucht und Gärtnerei widmet. Vorwiegend wird Landwirtschaft betrieben in den beiden Provinzen Preußen, den Provinzen Posen, Pommern und Hannover (außer dem Reg.-Bez. Hildesheim), Teilen von Schlesien, Brandenburg, Sachsen; ferner in Mecklenburg, Waldeck, dem rechtsrhein. Bayern, Baden, Württemberg und Elsaß-Lothringen. Den reichsten Ertrag bieten die Tieflandschaften der Provinz Preußen, die Vorlandschaften der Alpen in Bayern, der Fuß der großen Gebirgsdiagonale von der obern Oder bis zur Maas, die fetten Marschen der Nordsee, der Küstenstrich an der Ostsee, die breiten Flußbahnen und die Thäler des sanftern Mittelgebirges. (Hierzu: Karte der Landwirtschaft im Deutschen Reiche.)

Ackerbau. Nach der Aufnahme von 1883 nahmen von der Gesamtfläche des Deutschen Reichs ein: Ackerland, Gartenland und Weinberge 26311968 ha (48,7 Proz.); Wiesen 5903501 (10,9 Proz.); Weiden, Hutungen, Öd- und Unland 5041083 (9,4 Proz.); Forsten und Holzungen 13900612 (25,7 Proz.); Haus- und Hofräume, Wege, Gewässer u. a. 2859898 ha (5,3 Proz.). Davon waren gewidmet den Getreidearten und Hülsenfrüchten 15723967 ha (60,1 Proz.), den Hackfrüchten und Gemüsen 3943635 (15,1 Proz.), den Handelsgewächsen 352315 (1,3 Proz.), den Futterpflanzen 2404650 (9,2 Proz.), der Ackerweide und Brache 3336829 ha (12,7 Proz.).

Im ganzen gab es (1883) 5276344 landwirtschaftliche Betriebe, die eine Fläche von 31868872 ha bewirtschafteten. Sie gruppieren sich wie folgt:

Größe der Betriebe	Anzahl der Betriebe	Fläche der Betriebe ha	Von 100 ha kommen auf die Betriebe
Unter 1 ha	2 323 316	777 958	2,4
1 ha bis 10 ha	2 274 096	8 145 130	25,6
10 ha bis 100 ha	653 941	15 159 621	47,6
100 ha und mehr	24 991	7 786 263	24,4

Demnach waren von den 5276344 landwirtschaftlichen Betrieben 4597412 (28 Proz.) kleiner als 10 ha; die weitaus größte Fläche (22945884 ha, d. i. 72 Proz.) dagegen wurde von den Betrieben über 10 ha (678932) eingenommen. 2953445 Betriebe wirtschafteten auf eigenem Lande, bei weitern 946805 war mehr als die Hälfte der Fläche eigenes Land, bei 546957 war mehr als die Hälfte Pachtland und 829137 wirtschafteten auf Pachtland. 968947 Betriebe benutzten auch Holzland und 4441903 hielten Nutzvieh, nämlich 3255887 Stück Großvieh, 749217 Schafe, 2950588 Schweine, 1505357 Ziegen. In 939483 Betrieben wurden Kühe zur Ackerarbeit benutzt, 836 benutzten Dampfpflüge, 63842 Säemaschinen, 19634 Mähmaschinen, 75690 Dampf-Dreschmaschinen und 298367 andere Dreschmaschinen.

Über Bodenbenutzung und Ernten im Erntejahr 1891—92 giebt folgende Tabelle Auskunft:

Fruchtarten	Erntefläche	Erntemenge in Tonnen		
	ha	im ganzen	auf 1 ha 1891/92	auf 1 ha 1881—90
Getreide:				
Weizen	1 885 284	2333757	1,24	1,32
Roggen	5 479 677	4782804	0,87	0,99
Gerste	1 806 695	2517374	1,39	1,29
Hafer	4 154 683	5279340	1,27	1,14
Spelz (Dinkel, Vesen) und Emer	327 854	373082	1,14	1,16
Einkorn	4 413	4716	1,07	0,86
Buchweizen	190 202	104652	0,55	0,57
Hülsenfrüchte:				
Erbsen	395 314	258753	0,65	0,77
Ackerbohnen (Saubohnen)	162 152	230395	1,42	1,33
Wicken	182 730	151971	0,83	0,77
Lupinen	157 901	132115	0,84	0,67
Hackfrüchte:				
Kartoffeln (gesunde u. kranke)	2 922 766	18558379	6,35	8,42
Runkel als Futterrüben	408 317	7332284	17,96	17,95
Möhren, Kohl- u. Weiße Rüben	453 293	3596916	7,94	7,54
Handelsgewächse:				
Raps, Rübsen, Awehl, Biewitz	101 033	99949	0,99	1,05
Hopfen (Fruchtzapfen)	43 640	21944	0,50	0,58
Wein	119 294	748462(hl)	6,3(hl)	22,2(hl)
Futterpflanzen:		t	t	t
Kleesamen	72 885	10128	0,14	0,18
Kleeheu	1 813 238	6008270	3,31	3,01
Luzerne (Heu)	190 056	878216	4,62	4,24
Esparsett (Heu)	101 864	321648	3,16	3,07
Andere Futterpflanzen	433 126	1074992	2,48	2,07
Wiesenheu, Grummet	5 906 277	18715112	3,17	2,91

Die Einfuhr von Brotfrüchten ist in den J. 1880—91 erheblich gestiegen, die Ausfuhr dagegen zurückgegangen. Es betrug in Tonnen:

Brotfrüchte	Einfuhr		Ausfuhr	
	1880	1891	1880	1891
Roggen	689 563	842 654	26 587	134
Weizen	227 553	905 332	178 170	337
Gerste	222 271	725 519	154 409	3 899
Hafer	161 686	119 884	43 564	373
Mais	340 640	408 327	—	40
Mehl, Graupen u. s. w.	67 875	15 981	80 576	104 187

Eine Vergleichung der Einfuhr mit der Ausfuhr von Brotfrüchten läßt erkennen, daß das Deutsche Reich seinen Bedarf nicht deckt, vielmehr auf fremde Zufuhr angewiesen ist, die zur Zeit aus Rußland, Ungarn, Rumänien und Nordamerika erfolgt (s. unten S. 138). Mais wird nur im Süden Deutschlands im großen kultiviert; Weizen, Roggen, Gerste und Hafer überall; im Süden besonders auch Spelz; im Norden häufig der Buchweizen; die Kartoffel (1890: 23,3 Mill. t Produktion, 98789 t Einfuhr, 90578 t Ausfuhr) in ganz Deutschland, am vielfältigsten im norddeutschen Tieflande, ebenso die verschiedenen Hülsenfrüchte; Ölgewächse, wie Raps, Mohn, Anis, Kümmel (1883: 135959 ha) vorzüglich in den fetten mittlern und nordwestl. Gegenden; Flachs (1883: 108297 ha) und Hanf (15255 ha) am meisten im Gebiet der Mittelgebirgszone; 1891 wurden 57936 t Flachs und 53475 t Hanf ein-, dagegen 28733 t bez. 30079 t ausgeführt. Farbpflanzen (Krapp, Safran, Waid) werden mehr in Süd- als Norddeutschland gebaut. Hopfen (1890: 44505 ha) wird gebaut am besten in Bayern (26816 ha), Württemberg (6485 ha), Baden (2728 ha) und der Provinz Posen (1821 ha), Cichorie am häufigsten in der Provinz Sachsen, in Baden und in Württemberg; Zuckerrüben (329917 ha) in den Provinzen Sachsen (102415), Schlesien (47356) und Hannover (33240), ferner in Braunschweig (22093) und Anhalt (20437). Von 1871/72 bis 1890/91 ist die Verarbeitung von Rüben zur Zuckerfabrikation nahezu auf das Fünffache gestiegen, nämlich von 2250918 t auf 10623319 t. Im Erntejahr 1891/92 (bis Ende Juni 1892) wurden 9488002 t Zuckerrüben verarbeitet. Der Anbau von Gartengewächsen (415954 ha) ist am ausgezeichnetsten in Schwaben, Franken und Thüringen, die Obstkultur ist ausgebreitet in Mittel- und Süddeutschland und am einträglichsten in Sachsen, Franken und am Mittelrhein. Der Walnußbaum ist über ganz Deutschland verbreitet, am meisten im Westen; echte Kastanie und Mandel sucht die wärmsten Gegenden auf und, nächst der Pfirsiche und Aprikose, vorzugsweise das geschützte Oberrheinthal u. s. w.

Der Weinbau (1890: 120300 ha) wird betrieben bis zu einer nördl. Grenzlinie von Trier das Moselthal entlang, nordwärts bis Köln, dann südlich gebeugt zum Mainthale, nördlich springend zur untern Saale (Naumburg und Weißenfels), selbst vorgeschoben bis nach Potsdam und dann südlich geneigt nach Niederschlesien, und mit seinem Prodult im größten Rufe stehend am Rhein, an der Mosel, in Schwaben und Franken; Naumburg a. d. S. und Grünberg verkaufen viel Tafeltrauben. 1890 betrug die Weinernte in Preußen 348772 hl, 1889 nur 281313 hl. Die Gesamternte in Deutschland (s. Tabelle, S. 125 b) beträgt in mittelguten Jahren etwa 1 Mill., in guten Jahren $1\frac{1}{2}$—2 Mill. hl. Die Einfuhr betrug (1891) 46,9 Mill. M., die Ausfuhr 19,5 Mill. M. Durch die in neuerer Zeit gesteigerte Fabrikation von Schaumweinen ist die Einfuhr franz. Schaumweine sehr zurückgegangen.

Der Tabakbau findet sich auf einem schmalen Streifen in Baden zwischen Rhein und Schwarzwald, greift im Norden dieses Bezirks nach dem Elsaß hinüber und gewinnt in der Pfalz größere Ausdehnung. Ein anderer größerer Bezirk befindet sich in der Mark Brandenburg, in den Ausläufern des Oderbruchs. Im Erntejahr 1890/91 ernteten im deutschen Zollgebiet 180206 Tabakpflanzer auf 20114 ha (auf 1 Pflanzer kamen 11,16 a) 42372 t (2,11 t auf 1 ha) im Bruttowerte (nach Abzug der Steuer) von 17,016 Mill. M. (847 M. auf 1 ha); der mittlere Preis einer Tonne trockner Tabaksblätter betrug einschließlich Steuer 758 M. Die Gesamtproduktion von Rohtabak im fabrikationsreifem Zustande betrug (1890/91) im Zollgebiet 33898 t, eingeführt in den freien Verkehr wurden 48895 t, zusammen 82793 t; nach Ausfuhr von 1679 t blieben zur Verarbeitung 81114 t.

In enger Beziehung mit dem erfolgreichen Betriebe des Ackerbaues, in mehrern Gegenden (an der fries. Küste, in höhern Gebirgs-, zumal Alpenlandschaften u. s. w.) aber auch selbständig gepflegt, steht die Viehzucht als ein wahrer Nationalreichtum Deutschlands da und wird in einzelnen Zweigen von keinem andern Lande übertroffen. Am ausgezeichnetsten ist die Zucht der Pferde in Ost- und Westpreußen, in Mecklenburg, Holstein und Hannover; die des Rindviehs in den fetten Marschländern der Nordsee, im Vogtlande und Franken und in den Alpenlandschaften. Die Schafzucht ist im Rückgange begriffen, liefert jedoch noch vortreffliche Wolle in Sachsen, demnächst Schlesien und Brandenburg, während die Landschafe und Heidschnucken Lüneburgs viel, aber harte Wolle geben. Die Gewinnung von Wolle hat mit der verminderten Aufzucht von Schafen abgenommen. Von Rohwolle wurden (1891) 144416 t (245,5 Mill. M.) ein- und 7700 t (21 Mill. M.) ausgeführt. Die Schweinezucht steht im höchsten Rufe in Westfalen, demnächst in einzelnen Gegenden Mecklenburgs, Pommerns, auch Bayerns und in der preuß. Provinz Sachsen. Ziegen in größerer Anzahl werden gepflegt in den Alpengegenden und einigen Bergländern, Maultiere und Esel im allgemeinen wenig, und dann mehr im Süden als im Norden. Am 10. Jan. 1883 wurden im Deutschen Reiche gezählt: 3522545 Pferde, 15786764 Stück Rindvieh, 19189715 Schafe, 9206195 Schweine und 2639994 Ziegen, mithin kamen damals auf je 100 ha 6,5 Pferde, 29,2 Stück Rindvieh, 35,5 Schafe, 17 Schweine und 4,9 Stück Ziegenvieh, auf je 100 E.: 7,7; 34,5; 41,9; 20,1; 5,8 Stück. Der auswärtige Handel mit lebendem Vieh (in Stück) betrug:

Lebendes Vieh	Einfuhr		Ausfuhr	
	1880	1891	1880	1891
Pferde	59 722	90 129	17 960	8 869
Ochsen	16 078	44 418	58 896	3 758
Kühe	54 044	141 896	—	—
Kälber	25 664	15 162	59 391	3 413
Jungvieh	34 294	75 130	45 221	3 828
Schafe	173 677	5 845	1 256 584	231 139
Schweine	1 104 321	738 599	438 724	8 386
Spanferkel	168 495	198 240	29 225	16 835

Butter wurde 1880 für 7,5 Mill. M., 1891 für 10,9 Mill. M. eingeführt, für 21,2 Mill. M. bez.

14,5 Mill. M. ausgeführt. Bei Käse stieg die Einfuhr von 4,9 auf 11,6 Mill. M., die Ausfuhr fiel von 5,2 auf 1,9 Mill. M.

Der Federviehzucht widmet der deutsche Landmann große Aufmerksamkeit, und berühmt ist die pommersche Spickgans im Norden wie der welsche Hahn und Kapaun im Süden. Die Einfuhr von Eiern hat sich von 1880 bis 1891 fast vervierfacht; sie stieg von 14,7 Mill. M. auf 56,3 Mill. M. Die Eier kommen meist aus Böhmen, Galizien, Ungarn und Polen; ein großer Teil wird durch die Fabrikation von Albuminpapier (Dresden) und Leder verbraucht. Die Pflege der Seidenraupe geschieht spärlich; die Bienenzucht (1883: etwa 2 Mill. Stöcke) ist nur noch in den nordwestl. Heidestrecken von Bedeutung, seit 1883 indes zurückgegangen; 1891 wurden für 1,7 Mill. M. Honig eingeführt.

Forstwirtschaft. Mit der Ausdehnung des Ackerbaues sind die Wälder Deutschlands immer mehr gelichtet worden und bedecken durchschnittlich noch den vierten Teil der Bodenfläche. Am waldreichsten sind die Provinz Hessen-Nassau (40 Proz.), Baden (34), Bayern (33), Sachsen (29), Württemberg (28), Königreich Preußen (23), Provinz Hannover (15), Pommern (18). 1883 waren 13900612 ha bestanden mit Forsten und Holzungen, darunter 4800055 ha Laubholz (2043132 ha Buchen, 486913 ha Eichenhoch-, 433000 ha Eichenschälwald), 9100557 ha Nadelholz (5921518 ha Kiefern und Lärchen, 3132985 ha Fichten und Tannen). Von der gesamten Waldfläche sind etwa 33 Proz. Staats- und Kronforsten, 15 Proz. Gemeinde-, 4 Proz. Stiftungs- und Genossen-, 48 Proz. Privatforsten. Ausgedehnte waldlose Ebenen sind im nordwestl. Deutschland. Von den deutschen Hauptholzarten nimmt die Eiche heute nur beschränkten Raum ein; über das ganze Gebiet, mit Ausnahme der höhern Gebirgslagen, zerstreut, findet sie sich als Hochwald vorzüglich im nördlichen und westlichen, als Schälwald besonders im westl. und mittlern Deutschland. Die Buche erstreckt sich von den Küsten der Ostsee über das ganze, vorzugsweise über das westl. Gebiet, steigt im Gebirge höher als Eiche, hat aber vielfach dem Nadelholz weichen müssen. Die Kiefer ist besonders verbreitet im norddeutschen Tiefland, während die Fichte ihre eigentliche Heimat im Gebirge hat. Im Schwarzwald, namentlich in den Vogesen, nimmt die Stelle der letztern die Weißtanne ein. Die nördl. Bruchgegenden sind in geringer Ausdehnung Heimat der Schwarzerle. Die überall zerstreut vorkommende Birke ist hauptsächlich Baum des nordischen Tieflandes. In den südl. Gebirgen, namentlich in den Alpen, tritt vielfach die Lärche auf, an den milden Hängen des Schwarzwaldes und im Elsaß findet sich die gute Kastanie. Die Wälder sind meistens reich an Beeren aller Art, namentlich Heidel- und Preißelbeeren, deren Einsammeln vielerorts eine lohnende Erwerbsquelle der ärmern Bevölkerung bildet; an nahrhaften Pilzen, u. a. Steinpilzen, fehlt es, namentlich in Buchenwäldern, nirgends. Während früher mehr die rohen Stämme als Nutzholz ausgeführt wurden, werden dieselben jetzt meist an Ort und Stelle zugerichtet und gehen als Halb- oder Ganzfabrikate fort. Es wurden 1880 ausgeführt 462048 t rohes, 365088 t gesägtes Bau- und Nutzholz und 187943 t Brennholz, 1891 dagegen nur 219025 t, 122537 t und 153862 t. Die Forstkultur ist ausgezeichnet; dieselbe verdankt Deutschland ihre erste wissenschaftliche Bearbeitung.

Jagd und Fischerei. Unter den wilden Säugetieren findet sich der Bär nur in den Alpen, der Wolf ebendaselbst und als Überläufer von den Ardennen auf dem westniederrhein. Schiefergebirge; beide sind Gegenstand hartnäckiger Verfolgung. Die in Deutschland auch oft als beiläufige Liebhaberei betriebene Jagd hat zum Ziele überall Rehe, Hirsche, Hasen, wilde Kaninchen, wilde Schweine und Füchse, Gemsen in den Alpen, sehr selten den dortigen Steinbock, den Luchs noch in einzelnen Sudetenteilen, während man dem Marder, Wiesel, Dachs und dem Fischotter fast überall, dem Hamster aber besonders nur in Thüringen und den Harzgegenden nachstellen kann. Die Ufer der vielen Seen und Flüsse, die Wälder und bebauten Felder sind Wohnsitze verschiedener Vogelarten. Lämmergeier und Steinadler kommen nur in den höhern Alpen vor; Rebhühner, Schnepfen, Drosseln, Wachteln, Lerchen finden sich überall; Trappen, Störche, wilde Gänse und Enten lieben vorzugsweise die nördl. Ebenen. Eine große Vogelschar verläßt im Winter Deutschland und zieht nach dem wärmern Süden. An froschartigen Amphibien und an Schlangen ist Deutschland arm, sowohl in Art, wie Zahl.

Der frühere Reichtum der deutschen Gewässer an Fischen hat infolge der Verunreinigung der laufenden Gewässer und der Raubfischerei erheblich abgenommen; doch soll diesen Übelständen durch ein in den letzten Jahren erlassenes Fischereigesetz sowie durch künstliche Fischzuchtanstalten (z. B. in Hüningen) abgeholfen werden. Der Fang von Seefischen, deren Konsum ständig zunimmt, sowie der Heringsfang beschäftigt viele Hände an der Nord- und Ostsee; weit versendet wird der Helgoländer Hummer, der Hamburger Schellfisch, die Bremer und Lüneburger Bricke. Bekannt ist der Stör und Wels der Elbe, der Lachs des Rheins, der Weser und Elbe, der Aal Pommerns und der Spree; Hechte, Schleien und Karpfen fast überall; die Forelle der Gebirgsflüsse und Bäche, selbst die Muräne einiger pommerscher Seen u. s. w. Austern liefert Schleswig; Perlenmuscheln finden sich in mehrern deutschen Flüssen. Eingeführt wurden (1890) für 15,9 Mill. frische, für 3,2 Mill. M. geräucherte, gesalzene und getrocknete Fische, und für 33 Mill. M. Heringe, ausgeführt für 5,6 Mill. M. Fische überhaupt.

Bergbau, Salinen- und **Hüttenwesen**. (Hierzu: Karte der Industrie, der Bergwerks- und Hüttenproduktion im Deutschen Reich.) Der Bergbau beschäftigt viele Menschen und bietet der Industrie großes Material. Gold wird nur in geringer Menge (1891: 3077 kg = 8568000 M.), Silber vielleicht mehr als irgendwo in Europa gewonnen (382331 kg = 50143000 M.), namentlich im Harz (51700 kg = 7324518 M.), im sächs. Erzgebirge (83512 kg = 11079425 M.), Oberschlesien (Tarnowitz 7885 kg = 1078243 M.), Hannover (45326 kg = 6037306 M.); Zinn (287,450 t = 524525 M.), namentlich in Sachsen im Erzgebirge. An Blei ist Überfluß (80021 t = 19,520 Mill. M.), vorzüglich in der Provinz Rheinland (42,3 Mill. kg = 10480482 M.), in Oberschlesien (18,4 Mill. kg = 4165143 M.), Hessen-Nassau (1890: 12,2 Mill. kg = 3141494 M.) und Sachsen (1890: 6,2 Mill. kg = 1654141 M.). Kupfer ist vielfach verbreitet (24,301 t = 28,045 Mill. M.) und wird am meisten gewonnen im Oberbergamtsbezirk Halle (15505 t = 17,972 Mill. M.), in den übrigen preuß. Gruben 5297 t = 6058774 M. u. s. w. Am ausgedehntesten ist die Ausbeute des Eisens (4641217 t = 232,428 Mill. M.), besonders ausgezeichnet in Westfalen (1376,3 Mill. kg = 76166683 M.) und der preuß. Rheinprovinz (1158,9 Mill. kg = 59843808 M.), Schlesien (481,6 Mill. kg = 26504036 M.), Elsaß-Lothringen (635,2 Mill. kg = 24977570 M.). Für Zink (139353 t = 62,557 Mill. M.) ist Oberschlesien (88,4 Mill. kg = 39175484 M.) und Westfalen (28,3 Mill. kg = 13050001 M.), für Nickel (Nickel und nickelhaltige Nebenprodukte: 1062,105 t = 6,425 Mill. M.) Preußen und Königreich Sachsen, für Kobalt Sachsen (Schneeberg) die wichtigste Fundgrube.

Von den großen Steinkohlenlagern in den verschiedenen Teilen des Reichs sind zu nennen: 1) das Rhein.-westfäl. Kohlenbecken (s. d., Ruhrbecken genannt) mit einer Ausdehnung von etwa 3700 qkm und einem geschätzten Reichtum von 60000 Mill. t; 2) das Kohlenbecken bei Aachen (Inde- und Wormbecken), eine Fortsetzung der belg. Lager; 3) das Oberschles. Kohlenbecken (s. d.; 478 qkm) in einer Tiefe bis 600 m mit 50000 Mill. t; 4) das Niederschles. Kohlenbecken von Waldenburg und Neurode; 5) das Gebiet der Saarkohle bei Saarbrücken (s. Saarkohlenbecken), das sich, 10—30 km breit und 40 km lang, östlich bis in die bayr. Pfalz, westlich bis nach Deutsch-Lothringen erstreckt (auf 45000 Mill. t geschätzt); 6) das Kohlenbecken im Königreich Sachsen (Plauenscher Grund bei Dresden, Zwickau, Lugau). Außerdem finden sich kleine Gebiete bei Osnabrück, Ibbenbüren, Minden, in Oberbayern, Thüringen und Baden. Der mit jedem Jahre für Deutschland wertvollere Steinkohlengewinn (1891: 589518204 M.) ist am bedeutendsten in den preuß. Oberbergamtsbezirken Dortmund (37,402 Mill. t = 312,780 Mill. M.), Breslau (21,112 Mill. t = 127,730 Mill. M.), Bonn (8,376 Mill. t = 80,996 Mill. M.) und in Sachsen (4,297 Mill. t = 43,738 Mill. M.). Braunkohlen finden sich in einem 10—15 km, hier und da auch 50—100 km breiten Gürtel von der Provinz Posen bis zum Rhein und bis Aachen. 1891 wurde in Deutschland für 54,165 Mill. M. Braunkohlen gefördert, darunter in der Provinz Sachsen 15,083 Mill. t = 38,915 Mill. M. Bei Weißenfels-Zeitz hat sich eine große Industrie in Mineralölen und Paraffin entwickelt, der allerdings durch das Petroleum eine gefährliche Konkurrenz erwachsen ist. Von Edelsteinen hat nur Schlesien und Sachsen eine geringe Auswahl aufzuweisen. Der Reichtum Deutschlands an Steinsalz ist außerordentlich groß (1891: 2,979 Mill. M.) und am meisten aufgeschlossen in Württemberg (188532 t = 843107 M.), den preuß. Provinzen Sachsen (Schönebeck, Staßfurt, Halle, Dürrenberg u. s. w. 252695 t = 1,062 Mill. M.) und Posen, in Anhalt u. s. w.; sowie der von Kalisalzen (17,892 Mill. M.) in der Provinz Sachsen. An Steinarten und Torf wie an Mineralquellen ist Deutschland ebenfalls sehr reich.

Der Gesamtertrag des Bergbaues, des Salinen- und Hüttenwesens in den J. 1882—91 für die einzelnen Gegenstände der Förderung sowie die Zahl der dabei beschäftigten Personen ergeben sich aus folgenden Tabellen:

I. Bergwerksprodukte.

Gegenstand der Förderung	Es wurden gefördert (in 1000 t) in den Jahren									
	1882	1883	1884	1885	1886	1887	1888	1889	1890	1891
Steinkohlen	52 119	55 943	57 234	58 320	58 057	60 334	65 386	67 342	70 238	73 641
Braunkohlen	13 260	14 500	14 880	15 355	15 626	15 899	16 574	17 631	19 053	20 555
Steinsalz	322	336	345	378	444	405	415	545	557	667
Kalisalze	1 201	1 189	969	921	945	1 080	1 235	1 186	1 275	1 371
Eisenerze	8 263	8 757	9 006	9 158	8 486	9 351	10 664	11 002	11 406	10 658
Zinkerze	695	678	632	681	705	901	668	709	759	793
Bleierze	178	170	163	158	159	158	162	169	168	159
Kupfererze	567	613	593	621	496	508	531	573	596	587
Silber- und Golderze	23	25	25	25	21	26	20	22	21	24
Schwefelkies, Vitriol- und Alaunerze	182	163	164	123	116	102	110	118	124	130
Andere	64	62	66	78	99	110	101	116	124	116
Zusammen	76 874	82 436	84 077	85 818	85 154	88 874	95 866	99 413	104 321	108 701

Gegenstand der Förderung	Die mittlere Belegschaft (Köpfe) betrug in den Jahren									
	1882	1883	1884	1885	1886	1887	1888	1889	1890	1891
Steinkohlen	195 958	207 577	214 728	218 725	217 581	217 357	225 452	239 954	262 475	283 227
Braunkohlen	25 546	26 824	27 422	28 186	29 668	29 408	29 630	31 140	33 161	35 682
Steinsalz	767	799	683	858	1 062	817	752	791	1 057	944
Kalisalze	3 538	3 494	3 552	4 133	4 803	5 343	5 475	5 413	5 556	5 955
Eisenerze	38 783	39 658	38 914	36 072	32 137	32 969	36 009	37 762	38 837	35 390
Zinkerze	12 781	13 501	12 790	13 380	13 663	13 626	13 778	14 344	15 099	15 321
Bleierze	20 328	18 166	17 514	15 391	14 129	14 344	15 126	15 083	14 453	14 807
Kupfererze	12 977	14 326	15 326	16 043	14 154	14 094	14 564	15 195	15 212	15 360
Silber- u. Golderze	6 253	6 613	6 475	6 208	6 847	6 489	6 204	6 024	6 053	5 895
Schwefelkies, Vitriol- u. Alaunerze	949	883	845	648	565	529	470	517	522	571
Andere	2 782	2 296	2 510	2 750	2 584	2 658	2 538	2 673	2 914	2 833
Zusammen	320 662	334 137	340 759	342 394	337 193	337 634	349 998	368 896	395 339	415 985

II. Gewinnung von Salzen aus wässeriger Lösung.

Gegenstand der Erzeugung	Es wurden gefördert (in 1000 t) in den Jahren									
	1882	1883	1884	1885	1886	1887	1888	1889	1890	1891
Kochsalz (Chlornatrium)	460	469	465	461	480	484	496	492	493	503
Chlorkalium	148	147	116	107	114	128	143	134	137	129
Chlormagnesium	12	19	12	12	13	13	17	17	15	16
Schwefelsaure Alkalien:										
a. Glaubersalz	48	48	57	61	64	54	52	69	69	80
b. Schwefelsaures Kali	19	16	13	18	17	25	33	30	31	38
c. Schwefelsanre Kalimagnesia	6	13	26	27	29	24	12	16	11	10
Schwefelsaure Magnesia	27	20	21	25	23	29	25	27	26	23
Schwefelsaure Erden:										
a. Schwefelsaure Thonerde	15	18	17	20	19	22	25	25	31	29
b. Alaun	4	4	4	4	3	4	4	4	4	6
Zusammen	739	754	731	735	762	783	807	814	817	834

Gegenstand der Erzeugung	Die mittlere Belegschaft (Köpfe) betrug in den Jahren									
	1882	1883	1884	1885	1886	1887	1888	1889	1890	1891
Kochsalz (Chlornatrium)	3293	3302	3266	3348	3406	3374	3345	3305	3303	3301
Chlorkalium	2175	2449	2133	2081	2132	2318	2559	2448	2652	2470
Glaubersalz	124	181	192	177	209	185	175	279	336	315
Schwefelsaures Kali	132	123	91	103	67	301	77	68	42	101
Schwefelsaure Thonerde	208	182	195	230	264	248	298	259	283	328
Alaun	122	120	112	119	81	70	57	53	61	64
Zusammen	6054	6357	5889	6058	6159	6496	6511	6412	6677	6579

III. Hüttenprodukte.

Gegenstand der Erzeugung	Es wurden gefördert (in 1000 t) in den Jahren									
	1882	1883	1884	1885	1886	1887	1888	1889	1890	1891
Roheisen	3381	3470	3601	3687	3529	4024	4337	4524	4659	4641
Zink	113	117	125	129	131	131	133	136	139	139
Blei	97	96	100	97	96	99	102	104	106	99
Kupfer	17	19	19	21	20	21	23	24	25	25
Silber . . . t	215	235	248	309	320	368	407	403	403	445
Gold . . . kg	376	457	555	1378	1065	2251	1793	1958	1855	3077
Zinn . . . t	102	99	96	107	79	66	84	63	64	287
Sonstige Metalle	0,2	0,1	0,2	0,2	0,1	0,1	0,1	0,2	0,1	0,2
Sonstige Hüttenerzeugnisse	306	317	366	363	372	404	422	453	490	493

Art der Hütten	Die mittlere Belegschaft (Köpfe) betrug in den Jahren									
	1882	1883	1884	1885	1886	1887	1888	1889	1890	1891
Roheisen	23 015	23 515	23 114	22 768	21 470	21 432	23 046	23 985	24 846	24 773
Zink	8 189	8 428	8 819	9 034	8 919	8 355	8 784	8 963	9 271	9 586
Blei	2 439	2 491	2 462	2 580	2 617	2 739	2 915	2 976	3 050	2 983
Kupfer	3 024	3 144	3 225	3 163	3 029	3 049	3 098	3 283	3 495	3 482
Silber	1 893	1 934	1 949	2 121	2 215	2 272	2 362	2 451	2 466	2 504
Andere Metalle	32	8	9	8	9	12	10	16	14	7
Sonstige Hüttenerzeugnisse	3 396	3 204	3 743	4 367	4 143	4 885	4 690	5 041	4 353	4 292
Zusammen	41 988	42 724	43 321	44 041	42 402	42 744	44 905	46 715	47 495	47 627

Auf Luxemburg entfielen 1880: 2173464 t, 1890: 3359413 t, 1891: 3102060 t Eisenerze, und 1880: 260606 t, 1890: 558913 t, 1891: 544994 t Roheisen.

Sehr bedeutend ist der Handel mit Stein- und Braunkohlen in Ein- und Ausfuhr. Im J. 1881 wurden Steinkohlen eingeführt 1953 Mill. kg, 1883: 2181, 1885: 2375, 1887: 2674, 1888: 3252, 1889: 4556, 1890: 4165 und 1891: 5033 Mill. kg. Die Ausfuhr zeigt weit höhere Beträge; sie erreichte in denselben Jahren 7458, 8705, 8955, 8781, 9460, 8847, 9145 und 9536 Mill. kg. Braunkohlen wurden eingeführt in den entsprechenden Jahren 3064, 3319, 3647, 4424, 5211, 5650, 6506 und 6806 Mill. kg. Die Ausfuhr ist nur geringfügig; sie betrug 1885: 14, 1887: 16 und 1888—91: 17, 14, 1917 Mill. kg.

Industrie und Gewerbe. (Hierzu: Karte der Industrie u. s. w.) Die Zahlen der letzten Gewerbezählung vom 5. Juni 1882 sind für 1892 nicht mehr zutreffend. Wenn damals 3609801 industrielle Betriebe (Fabriken, Werkstätten, Kaufläden u. s. w.) mit 7459226 beschäftigten Arbeitern ermittelt wurden, so ist bis 1892 eine stärkere Vermehrung der Betriebe als um höchstens etwa 8—10 Proz. nicht eingetreten, da im letzten Jahrzehnt weniger das Bestreben bemerkbar gewesen ist, neue Geschäfte zu gründen, als vielmehr die bestehenden zu erweitern. In manchen Industriezweigen, namentlich wo erst der Großbetrieb lohnend wird und den kleinern Betrieb zum Erlöschen zu bringen vermag, hat sich sogar die Anzahl der vorhandenen Unternehmungen sicher etwas vermindert. Dagegen ist die Zahl der gewerblich beschäftigten Personen um mindestens 20 Proz. höher, zu etwa 9 Mill. Köpfen anzunehmen. Die 1882 vorhandenen Betriebe und die in denselben beschäftigten Arbeiter verteilten sich auf die einzelnen Gewerbszweige folgendermaßen:

Gewerbszweige	Betriebe	Beschäftigte Arbeiter
Kunst- und Handelsgärtnerei, Baumschulen	17 699	43 897
Gewerbsmäßige Tierzucht (ohne Landwirtschaft), Fischerei	25 395	25 770
Bergbau, Hütten und Salinen	2 652	415 611
Torfgräberei	5 492	14 977
Steine und Erden	59 772	376 884
Metallverarbeitung (ohne Eisen)	16 678	75 853
Eisenverarbeitung	160 669	394 365
Maschinen, Instrumente	94 807	365 120
Chemische Industrie	10 438	72 003
Leuchtstoffe, Fette, Öle, Firnisse	10 314	40 679
Textilindustrie	406 574	913 204
Papierindustrie	16 665	100 792
Leder-, Wachstuch- und Gummiindustrie	49 642	124 285
Holz- und Schnitzstoffe	284 502	480 072
Nahrungs- und Genußmittel	288 771	695 013
Bekleidung und Reinigung	949 704	1 273 631
Baugewerbe	184 698	614 271
Polygraphische Gewerbe	10 395	71 008
Künstlerische Gewerbe	8 669	16 161
Handelsgewerbe	616 836	838 428
Versicherungsgewerbe	32 463	11 882
Landverkehr	78 369	98 924
Wasserverkehr	20 952	77 135
Beherbergung und Erquickung	257 645	319 261
Summa	3 609 801	7 459 226

Metallwaren. Gold- und Silberwaren. Am 5. Juni 1882 waren mit der Verarbeitung edler Metalle (Gold- und Silberwaren, Juweliere, Gold- und Silberschläger, Gold- und Silberdraht, Münzstätten) in 5821 Betrieben 30099 Personen (darunter 7056 Frauen und Mädchen) beschäftigt. Die Herstellung der eigentlichen Goldwaren findet sich vornehmlich in Pforzheim, Hanau und Schwäbisch-Gmünd, dann in größern Städten, wie Berlin, Hamburg, München, Frankfurt a. M. Pforzheim hat einen Jahresumsatz von etwa 28, Hanau von 12, Gmünd von 8 Mill. M. — Silberwaren (namentlich Tafelgeräte) liefern Berlin, Stuttgart, Oberstein a. d. Nahe, München, Nürnberg. Diese Orte sind zugleich die Hauptplätze für Neusilberwaren, und es reiht sich denselben noch Iserlohn an. Blattsilber, Blattgold und Blattmetall werden in Nürnberg mit Fürth, in Dresden, München und Berlin hergestellt; echte und leonische Gold- und Silbergespinste, Tressen und Militäreffekten in Berlin, Nürnberg, München, Weißenburg a. S. (Bayern), Roth (Bayern), Dresden und Freiberg; Brokat in Nürnberg und Fürth. Der Wert der Ausfuhr aller Gold- und Silberwaren beträgt durchschnittlich (1891) gegen 45 Mill. M. — **Kupfer.** 1891 wurden eingeführt an Kupferhalbfabrikaten (Stangen, Blech, Draht) für 1,47 Mill. M., an Kupfer und Messingwaren für 5,99 Mill. M., ausgeführt für 30,32 Mill. M. Mit der Herstellung der Kupferwaren allein waren (1882) 11328 Personen beschäftigt. Die wichtigsten Plätze zugleich mit für Messing-, Bronze- und Cuivre poli-Artikel sind Berlin, Nürnberg, München, Augsburg, Hamburg, Lüdenscheid, Iserlohn, Dresden und Leipzig. — **Bleiwaren.** Die durchschnittliche Einfuhr der letzten Jahre beläuft sich auf 2,8 Mill. M., die Ausfuhr auf 13,5 Mill. M. Bleibleche, Bleidraht und Bleirohre liefern Berlin, Aachen, Düsseldorf, Köln und Oberschlesien (Neudeck); Bleiwaren: Berlin, Köln, Freiberg, Wolfenbüttel; Schriftguß (Buchdruckbuchstaben): Leipzig, Berlin, Frankfurt a. M., München, Offenbach, Stuttgart u. a. — Für **Zinnwaren** sind Hauptplätze: Berlin, Breslau, Dresden, Elberfeld, Hamburg, München und Nürnberg; für Zinnfiguren, Christbaumschmuck und Stanniol wie Metallfolien: Nürnberg und Fürth. Die Ausfuhr der letzten Jahre beläuft sich auf durchschnittlich 2,9 Mill. M. — **Zink** ist ein Artikel, dessen Ganzfabrikate als Zinkgußwaren oder anderweitig bearbeitete Zinkwaren, selbst als Zinkornamente nur selten und dann auch nur in den gangbarsten Sorten auf Vorrat verarbeitet werden und sich für die Ausfuhr weniger eignen. Auch die an vielen Orten (Berlin, Köln, Nürnberg, Breslau, Stuttgart, Dresden) hochentwickelte Verzinkerei arbeitet vorzugsweise für das Inland, höchstens im Veredelungsverkehr für das benachbarte Ausland. Diesem Umstande ist es zuzuschreiben, daß Deutschland, obgleich für Rohzink das erste Produktionsgebiet der Erde, in seiner Ausfuhr hauptsächlich auf Rohzink (1891: 26,3 Mill. M.) und auf gewalztes Zink als Halbfabrikat (7,9 Mill. M.) beschränkt bleibt. — Die lobenswerten Eigenschaften des **Nickels**, besonders seine geringe Fähigkeit zu oxydieren (rosten), haben seine Verwendung gesteigert. Das Erz wird im Königreich Sachsen, in Westfalen (im Siegenschen) und in Schlesien gewonnen, dort verhüttet und an vielen Orten zu Nickelblechwaren aller Art weiter verarbeitet. — Eine anerkannte Specialität des sächs. und westfäl. Bergbaues und Hüttenwesens bilden die Wismut-, Blaufarben- (Kobalt-) und Uranpräparate in Oberschlema, Freiberg und in Betzdorf a. d. Sieg. Noch in der Entwicklung ist die Verwertung des Aluminiums.

Eisenindustrie. Die Hauptbezirke der Eisenindustrie sind zunächst für den Hochofenbetrieb: 1) Rheinland-Westfalen und zwar in der Gegend Dortmund bis Düsseldorf, nach Süden reichend bis Siegen und von da übergreifend nach Nassau und Oberhessen. Einen besondern kleinern Bezirk bildet die Gegend bei Aachen; 2) Oberschlesien; 3) der Saarbezirk, der sich östlich nach der Pfalz, westlich bis nach Deutsch-Lothringen und Luxemburg erstreckt. Vereinzelt finden sich Hochofenwerke in Hannover (Osnabrück, Ilsede), in Sachsen (Cainsdorf bei Zwickau), in Thüringen (Unterwellenborn), in Bayern (Maxhütte bei Schwandorf, Rosenheim, Amberg), in Württemberg (Wasseralfingen). Mit diesen Hochofenwerken sind in der Regel zugleich Stahlhütten, teils als Bessemer-, teils als Thomas-, teils als Martinstahl-

KARTE DER INDUSTRIE, DER BERGWERKS - UND

Maßstab 1 : 4800000

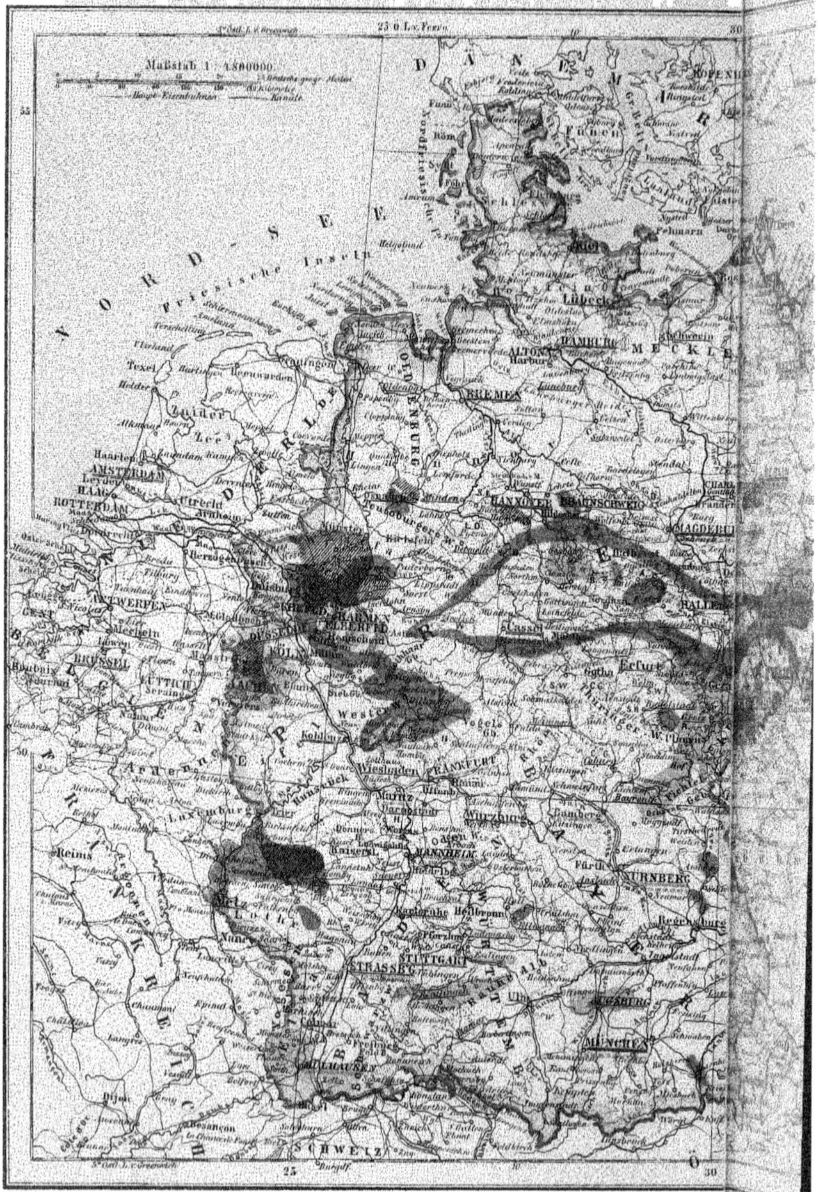

ER HÜTTENPRODUKTION IM DEUTSCHEN REICH.

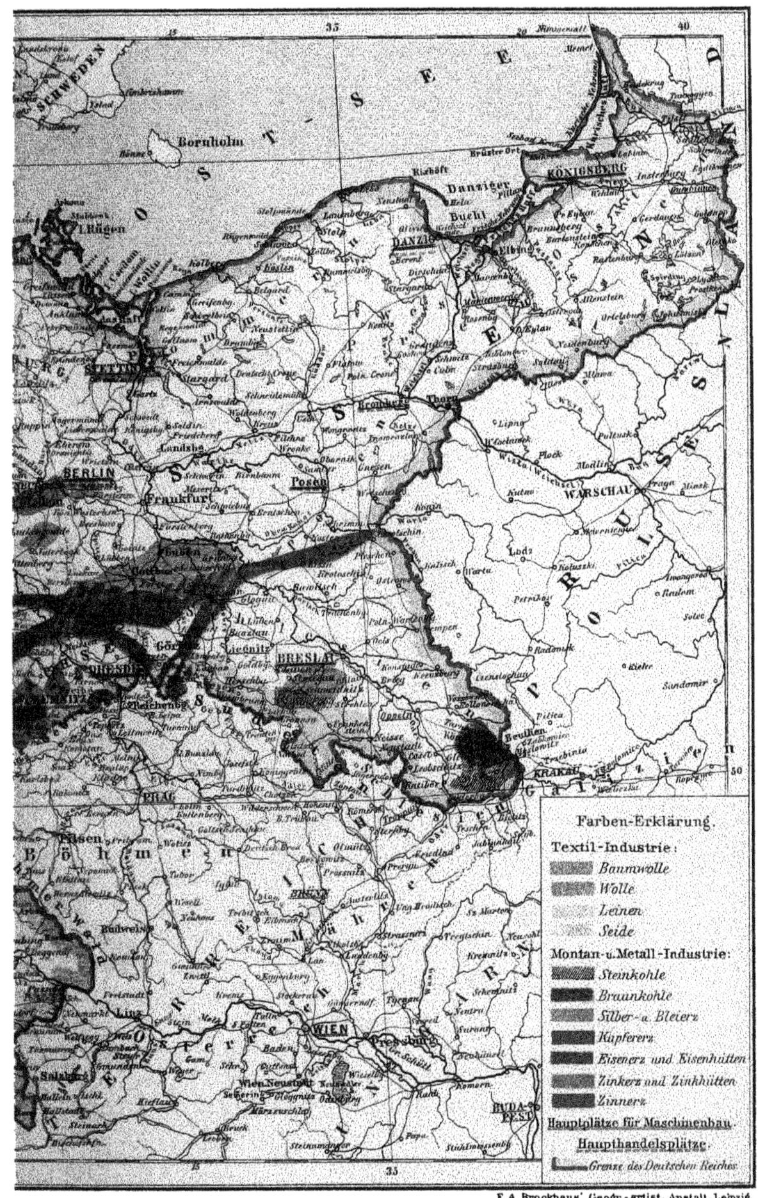

F. A. Brockhaus' Geogr.-artist. Anstalt, Leipzig.

werke, mit allen diesen wiederum Walzwerke verbunden, in denen Schienen- und Schienenbefestigungsteile, Eisenbahnschwellen, Eisenbahnachsen, Räder, Radreifen, Walzeisen, Platten und Bleche, Draht aller Art u. s. w. hergestellt werden. Meist finden sich alle diese Werke in demselben Bezirk vereinigt. Diese guten Eigenschaften des deutschen Eisens sicherten dem Stabeisen, den eisernen Schwellen, Achsen und Rädern, dem Eisendraht und Eisenblech einen wohlverdienten guten Ruf, und obgleich dieses deutsche Schweißeisen teurer ist als das englische und belgische, so verdient es doch seiner großen Festigkeit und Zähigkeit wegen den Vorzug. Dasselbe gilt von den Blechen und Platten, vom Draht u. s. w. Seitdem indessen der Stahl anfängt, das Schweißeisen zu verdrängen, macht sich leider der besondere Vorzug der deutschen Eisenmischung in solchem Grade nicht mehr geltend, und heute besteht zwischen gleich gut gearbeitetem ausländischen und deutschen Flußeisen (Stahl) in Bezug auf Festigkeit und Zähigkeit des Materials kaum noch ein Unterschied. Trotzdem behauptet die deutsche Eisenindustrie, allerdings unterstützt durch die wieder eingeführten Schutzzölle, nicht nur im einheimischen Absatz, sondern auch auf dem Weltmarkte eine hervorragende Stellung. Krupp in Essen, das größte Privatwerk der Erde, beschäftigt 1892 über 23000 Arbeiter, die Königs- und Laurahütte in Oberschlesien 11270, Union-Dortmund 9000, de Wendel & Co. in Hayingen 10000, Gutehoffnungshütte-Oberhausen-Sterkrade 9000, der Bochumer Verein für Gußstahlfabrikation 7900, die Werke in Ilsede und Peine 3000, Gebrüder Stumm-Neunkirchen (Reg.-Bez. Trier) 3000 Arbeiter, denen sich andere 22 Werke mit je 1000—2000 Arbeitern anschließen. Im ganzen waren in der Eisenindustrie 1880: 163899, 1890: 234436 Arbeiter beschäftigt. Die Produktion ist seit Wiedereinführung mäßiger Schutzzölle 1879 stetig gestiegen, und nur 1891 hat infolge des schlechten Geschäftsgangs ein kleiner Rückschritt stattgefunden.

Die Entwicklung der deutschen Eisenindustrie in dem Jahrzehnt 1880—90 erhellt aus folgender Tabelle:

Fabrikate	1880	1890
	t	t
Eisenhalbfabrikate (Luppen, Ingots u. s. w.) zum Verkauf	127 347	690 721
Geschirrguß (Poterie)	44 715	75 774
Röhren	70 064	177 003
Sonstige Gußwaren	165 711	830 389
Eisenbahnschienen und Schienenbefestigungsteile	481 028	570 978
Eiserne Bahnschwellen und Schwellenbefestigungsteile	72 559	145 827
Eisenbahnachsen, Räder, Radreifen	73 096	108 087
Handelseisen, Fein-, Bau-, Profileisen	681 984	1 335 339
Platten und Bleche außer Weißblech	204 727	417 594
Weißblech	8 869	21 348
Draht	233 122	339 281
Geschütze und Geschosse	10 363	10 187
Andere Eisen- und Stahlsorten (Maschinenteile, Schmiedestücke u. s. w.)	289 987	128 831
Summa der Fabrikate t	2 463 572	4 851 359
Wert » » M.	437 457 614	753 700 012
Hiervon entfallen:		
Auf Gußwaren	551 721	1 060 196
» Schweißeisenartikel	1 358 470	1 559 064
» Flußeisenartikel	660 591	2 232 099
Auf Luxemburg entfielen (Eisenfabrikate)	1 702	5 909

Weißblech wird nur auf sechs Hüttenwerken in Rheinland-Westfalen und Deutsch-Lothringen geliefert. Trotz aller Anstrengungen scheint die engl. Massenfabrikation von Weißblech dem Aufschwung der deutschen Produktion hinderlich zu sein. Kanonen und Geschosse liefert in erster Linie Krupp, dann der Bochumer Verein, das Grusonwerk (Buckau-Magdeburg), neuerdings auch Phönix (Laar bei Ruhrort). — 1891 wurden eingeführt: 249966 t Roheisen und Halbfabrikate (5,5 Proz. der einheimischen Roheisenproduktion), ausgeführt 212745 t (4,7 Proz.). Von Eisen- und Stahlfabrikaten wurden 78518 t (1,6 Proz.) eingeführt, dagegen 947739 t (19,9 Proz.) ausgeführt.

Die vorhandenen 1148 Eisengießereien (1027384 t Gußwaren) sind durch das ganze Reich verteilt und befinden sich, insoweit sie mit dem Maschinenbau verbunden sind, vorzugsweise in den großen Städten, sonst meist in den Bezirken der Hochöfen und Walzwerke.

Eine wichtige Rolle spielt die sog. Kleineisenindustrie, die außer Eisen auch Messing, Kupfer, Zink, Zinn, Bronze, Blei und Legierungen dieser Metalle zu Haushaltungsgegenständen, Schlüsseln und Schlössern, Nägeln, Stiften, Griffen, Haken, Schnallen, Hefteln, Ösen, Metallknöpfen, Werkzeugen, Beschlägen, Gerätschaften aller Art u. s. w. verarbeitet. Den Hauptsitz dieser Kleineisenindustrie bilden die Gegenden von Hagen, Remscheid, Iserlohn, Altena, Lüdenscheid, Solingen. Für diesen Erwerbszweig bestehen große Fabriken mit Hunderten von Arbeitern, aber auch Tausende von kleinen Betrieben, die mit Wasserkraft oder ohne solche mit Frau und Kind bez. mit wenigen Gehilfen arbeiten. Die Erzeugnisse gehen in großen Mengen nach allen Teilen der Erde. Hieran schließen sich die großartig entwickelte Nadelindustrie (Aachen-Burtscheid, Altena, Iserlohn, Lüdenscheid u. a. O.); ferner die Herstellung von Messern, Scheren und Waffen (Solingen, Hagen, Gevelsberg [Reg.-Bez. Arnsberg], Remscheid), von Sensen, Sicheln, Schrauben, Nieten, Winden, Äxten, Beilen u. s. w. Für die Herstellung aller dieser Waren kommen außerdem, wenn auch nicht in gleicher Ausdehnung, das sächs. Erzgebirge, Oberschlesien, Bayern, Württemberg und das Elsaß in Betracht.

Maschinenindustrie. 1882 waren für die Herstellung von Maschinen und maschinellen Apparaten 9325 Betriebe mit 171298 Arbeitern vorhanden. In 2919 Betrieben mit 149794 Arbeitern wurde die menschliche Arbeitskraft durch Motoren (Dampf, Wasser, Wind) ersetzt bez. ergänzt. Seitdem hat sich diese Industrie erheblich gesteigert, sodaß der deutsche Maschinenbau 1892 über 200000 Arbeiter in etwa 10000 Betrieben beschäftigt. Daß die deutsche Maschinenindustrie auch im Auslande in hohem Ansehen steht, danken die einzelnen Werke nicht bloß ihrer Kapitalkraft und ihrer kaufmännisch tüchtigen Leitung, sondern vor allem der Thatsache, daß wie im Berg- und Hüttenwesen auch im Maschinenbau der deutsche Techniker in seiner wissenschaftlichen Ausbildung andern Ländern gegenüber eine hervorragende Stellung einnimmt. In Bezug auf den auswärtigen Handel betrug die Ausfuhr durchschnittlich etwa $1^1/_2$ der Einfuhr sowohl dem Gewicht wie dem Werte nach. 1890 wurden eingeführt 56942 t (41,9 Mill. M.), ausgeführt 88112 t (66,2 Mill. M.). Die Preise der wichtigsten Maschinengattungen betrugen für eine Tonne in Mark:

Maschinengattungen	1880	1891
Leichter Maschinenguß	220	205
Schwerer Maschinenguß	192	170
Dampfmaschinen, Kessel	570	600
Werkzeugmaschinen	825	750
Spinnereimaschinen	847	743
Webereimaschinen	770	618
Lokomotiven	1208	1060

Die wichtigsten Industriebezirke des Reichs: Rheinland-Westfalen, Königreich und Provinz Sachsen, Schlesien, Thüringen, Württemberg, das bayr. Franken und Schwaben, die Pfalz, Elsaß, Hessen-Nassau, Teile von Hannover und Brandenburg (vor allen Dingen Berlin sowie die Gegend von Cottbus-Sorau) u. s. w. sind zugleich die Hauptbezirke für die Maschinenindustrie. Während die großen Werke der Montan- und Metallindustrie mit Vorliebe das platte Land aufsuchen und sich den Städten nur insoweit nähern, wie dies der Anschluß an das deutsche Eisenbahnnetz erheischt, vereinigt sich der Maschinenbau mit Vorliebe in den großen Städten, zumal wenn dieselben zugleich hervorragende Plätze für die Industrie sind. So ist Chemnitz, früher der erste Platz des deutschen Maschinenbaues, von Berlin überholt worden. Nennenswert sind sodann noch (s. Industriekarte) Augsburg, Breslau, Danzig, Dresden, Düsseldorf, Hannover, Karlsruhe, Köln, Königsberg, Leipzig, Magdeburg, Mannheim, Mülhausen i. Els., München, Nürnberg, Stettin, Straßburg. — In 14 Lokomotivbauanstalten werden Lokomotiven aller Art und in vier Fabriken nur kleinere gebaut, im ganzen jährlich etwa 1500, davon 800 für deutsche Bahnen. Die bedeutendste Lokomotivfabrik ist zur Z die von Henschel & Sohn in Cassel; die erste Lokomotive wurde in Deutschland 1843 von Borsig in Berlin gebaut. Sehr entwickelt ist ferner die Herstellung von Dampfmaschinen, Werkzeugmaschinen (Berlin, Chemnitz, Dortmund, Düsseldorf u. a.), Dampfkesseln, Transmissionen, Pumpen, landwirtschaftlichen und Nähmaschinen, überhaupt aller gewerblicher Maschinen.

Der **Waggon- und Wagenbau** beschäftigte (1882) in 46 739 Betrieben 93 658 Arbeiter; darunter befinden sich 25 Fabriken für Eisenbahnwagenbau. Jährlich werden etwa 4000 Personen- und Pferdebahn- sowie 25 000 Güterwagen fertiggestellt. — Der **Schiffsbau** in Holz ist in den Orten längs der schiffbaren Gewässer und in den Seeplätzen uralt; der neuern Zeit gehört dagegen der Schiffsbau in Eisen an, der sich rasch emporgearbeitet hat. Jetzt werden die deutschen Kriegs- und Handelsschiffe nicht mehr aus England bezogen, sondern auf deutschen Werften (Bremen, Danzig, Elbing, Flensburg, Hamburg, Kiel, Lübeck, Rostock, Stettin, Wilhelmshaven) gebaut. Außerdem bestehen in Dresden, Roßlau, Duisburg, Oberhausen, Mainz, München, Mannheim u. a. O. für Flußdampfer sehr leistungsfähige Schiffswerften, die vielfach auch für das Ausland arbeiten. Nach der Statistik des Bureaus «Veritas» wurden 1890 auf deutschen Werften 94 Seedampfer zu 192 000 Registertonnen gebaut, während die Zahl der Flußdampfer unbekannt geblieben ist.

Obwohl **Uhren** in bester Beschaffenheit in Glashütte, Berlin, für nautische Zwecke in den Seestädten hergestellt werden, findet in Taschenuhren noch immer eine sehr starke Einfuhr aus der Schweiz (1891: 19,7 Mill. M.) statt. Dagegen besteht seit fast 300 Jahren im Schwarzwald (Furtwangen, Triberg u. a. O.) eine blühende Fabrikation von Wanduhren. Für **optische Instrumente** sind in erster Linie zu nennen: München, Berlin, Nürnberg, Fürth und Rathenow (Brillen); für medizinische und chirurgische: Berlin, Hamburg, Tuttlingen, Dresden, Göttingen, Köln; für chemische: Berlin und Thüringen; für meteorologische: Berlin, Hamburg, München; für Thermometer und Barometer: Thüringen (Ilmenau, Manebach, Lichtenhain, Stützerbach). Mathem. Instrumente liefern Berlin, Cassel, Glashütte und München; Reißzeuge: Berlin, Leipzig, München, Nürnberg; Meßinstrumente: Berlin, Eßlingen, Thüringen; Wagen: Berlin, Köln, Dresden, Hannover, Nürnberg; photogr. Apparate: Berlin und München. Bei der Herstellung musikalischer Instrumente kommen für die Ausfuhr sowohl im Gewicht wie dem Werte nach in erster Linie Pianos und Flügel in Betracht, für deren Herstellung Berlin, Dresden, Leipzig, Stuttgart die Hauptplätze bilden. Dieselben gehen (1891: 20,72 Mill. M.) nach allen Erdteilen. Für Streich- und Blasinstrumente sind die größern Städte des Reichs die Bezugsquellen; geringere Geigen, Bässe, Flöten sowie auch bessere Blasinstrumente liefern das sächs. Vogtland (Klingenthal, Markneukirchen), Berlin, Dresden, Leipzig, Straßburg, Stuttgart; Blasinstrumente besonders noch Fürth und Nürnberg; Zithern München. Die Ausfuhr der Streich- und Blasinstrumente betrug (1890) 24,77 Mill. M. Im **Telegraphenbau**, in der Herstellung elektrischer Apparate und Beleuchtungsanlagen zeichnen sich aus Aachen, Berlin, Breslau, Chemnitz, Dresden, Hamburg, Köln, Leipzig, München.

Industrie der Steine und Erden. In dem gebirgigen Süd- und Mitteldeutschland fehlt es nicht an Bau- und Werksteinen. Nennenswert sind die Granite des Fichtel-, Riesen- und Erzgebirges, die außer zum Hausbau als Trottoirplatten und Pflastersteine versendet werden, die Sandsteine der Sächsischen Schweiz, der Pfalz, in Baden, Württemberg, im Wesergebirge, die Trachyte und Basalte am Rhein, der Kalk der Alpen, der hier und da in brauchbaren Marmor übergeht. Porphyr ist häufig und wird zu Bausteinen viel verwendet, giebt aber nur selten eine gute Schliffläche. Grünstein ist weniger verbreitet, kommt jedoch in Schlesien und Sachsen auch als Serpentin vor, der namentlich in Zöblitz zu den bekannten und gesuchten Serpentinsteinwaren verarbeitet wird. Dachschiefer liefern nahezu alle Gebirge, Thüringen besonders Tafel- und Griffelschiefer (das Material der weitverfrachteten Schiefertafeln und -Stifte). Schwerspat ist vorhanden in Thüringen, der Provinz Hessen-Nassau und am südwestl. Abfall des Harzes; Gips in Thüringen, Bayern und im Harz, Alabaster in Thüringen, Schlesien, der Rauhen Alb und den bayr. Alpen; lithogr. Steine von vorzüglicher Beschaffenheit in Solnhofen in Franken, Wetzsteine in den Alpen und in Thüringen; Schreibkreide auf Rügen, Farberden in Bayern und Thüringen (Saalfeld). An Edelsteinen ist Deutschland arm. Die echten Edelsteine vom Diamanten bis Opal kommen wohl überhaupt nicht vor, Halbedelsteine meist nur vereinzelt, selten in größern Lagern. Von größerer Bedeutung für den Gewerbfleiß sind nur die bessern Quarze in

Form von Achat, Amethyst, Chalcedon, Karneol, auch von Onyx und Jaspis, die sich in mehr oder minder brauchbarer Beschaffenheit in allen Gebirgen, besonders reich bei Oberstein und Idar an der Nahe finden und dort zu der blühenden Industrie der Obersteiner und Birkenfelder Halbedelsteine Veranlassung gegeben haben. Diese Lager sind indessen schon stark ausgebeutet, und der Bedarf muß durch ausländisches Material (vorzugsweise aus Südamerika) mit gedeckt werden. Dagegen ist für den Bernstein die deutsche Ostseeküste namentlich von Danzig bis Memel die Hauptfundstätte. — Die stellenweise recht ausgedehnten Ablagerungen von Thon und Lehm in der großen deutschen Tiefebene bilden je nach ihrer Beschaffenheit das Material für den Ziegel- und Backstein wie für Thonwaren aller Art von den einfachen Drainröhren bis zum Töpfergeschirr und dem besten Porzellan. In Süd- und Mitteldeutschland dagegen bildet noch heute der Backsteinbau, wenn auch im Zunehmen begriffen, die Ausnahme, der Hausbau aus natürlichen (sog. gewachsenen) Steinen die Regel. Im Norden herrscht der Ziegelbau vor, und selbst berühmte große Bauwerke, z. B. die Marienburg der Deutschen Ritter, sind seiner Zeit nur aus Backsteinen aufgeführt worden. Von den etwa 26000 Ziegeleien findet sich deshalb die größere Zahl im Norden und zwar in den am tiefsten gelegenen Niederungen der laufenden Gewässer. Besonders fabrikmäßig entwickelt seit Einführung des Ringofenbetriebes ist die Ziegelbrennerei im Umkreise von Berlin.

Kalkbrennereien waren 1882 über 5000 vorhanden, doch wird im Laufe der letzten 10 Jahre deren Zahl erheblich geringer und trotzdem die Produktion gesteigert worden sein. Die großen Anlagen haben ihren Betrieb erweitert, die kleinen sind eingegangen. Erheblich gewachsen ist die Fabrikation von Cement, von dem Deutschland vor 20—25 Jahren seinen Bedarf noch nicht selbst deckte, während heute die Einfuhr sehr gefallen, die Ausfuhr stetig gewachsen ist. Früher waren Pommern, Oberschlesien, Rheinpfalz, die Gegend der mittlern Weser, das nördl. Baden und die Pfalz die Bezirke der Cementgewinnung. Ihre hervorragende Stellung haben sie indes durch die Anlage neuer Cementfabriken in allen Teilen des Reichs verloren. Die Ausfuhr von Cement, Traß und Tuff betrug 1880: 211464 t = 10,57 Mill. M., 1891: 388457 t = 15,26 Mill. M.

Die Herstellung von Thon- und Porzellanwaren ist gleichfalls durch das ganze Land zerstreut, doch sind gewisse Specialitäten auf einzelne Orte oder Bezirke von alters her beschränkt geblieben, so das Thon- und Töpfergeschirr in Bunzlau, Großalmerode (Reg.-Bez. Cassel), Ransbach im Westerwald (Koblenzer Kannenbäckerei), das Steingut, Wedgwood, Fayence im Königreich Sachsen, in Schlesien (Waldenburg), Rheinland (Mettlach), Württemberg, Baden, Brandenburg, Hannover, die Drainröhren in der Umgegend von Bitterfeld, in Schlesien, Sachsen, Rheinland, Pfalz, die Ofenkacheln in Brandenburg und Berlin, die Thonpfeifen in Uslar und Ransbach, das Porzellan in Meißen, Berlin, Dresden, Waldenburg i. Schles., Mettlach, Nymphenburg, Bamberg, Freiburg i. Baden, die Porzellanmalerei in Dresden, Berlin, Bamberg. Für alle Artikel der Thonwaren wäre noch Thüringen zu nennen, wo die Herstellung von billigen Porzellansachen (Nippsachen, Figuren, Statuen, Hausgeräte) in vielen Fabriken betrieben wird. Die Ausfuhr in Thon- und Porzellanwaren übertrifft die Einfuhr wesentlich. Es betrug

Thon- und Porzellanwaren	1880		1891	
	t	Wert in 1000 M.	t	Wert in 1000 M.
Einfuhr:				
Steinwaren . .	2 287	—	4 569	1 700
Thonwaren. . .	460	300	1 504	1 700
Porzellanwaren	529	700	665	800
Ausfuhr:				
Steinwaren . .	29 567	9 300	30 371	9 300
Thonwaren. . .	34 190	11 900	68 351	15 900
Porzellanwaren	6 683	8 400	13 994	13 500

Die etwa 360 Glashütten beschäftigen ungefähr 40000 Arbeiter. Hauptsitze der Fabrikation sind für Tafelglas Rheinland, Westfalen und Schlesien; für grünes Hohlglas Königreich Sachsen, Saarbrücken, Bayern, Hannover, Brandenburg, Lausitz; für weißes Hohlglas Rheinland, Bayern (Bayrischer Wald längs der böhm. Grenze), Hannover, die Lausitz; für Spiegelglas Stolberg b. Aachen, Baden, Bayern; für feinere, geschliffene und gemusterte Glaswaren Schlesien, Bayern und Königreich Sachsen. Zur Zeit übertrifft zwar noch Österreich (Böhmen) die deutsche Glasfabrikation in der Herstellung der feinsten [illegible] und geschliffenen Gläser, Belgien und Eng[illegible] Spiegelglas und den ganz teuern geschliffenen Gläsern, in allen andern Glassorten jedoch und zwar in den gangbarern Massenartikeln erobern sich deutsche Erzeugnisse auch hierin mit jedem Jahre weitern Absatz. Die Einfuhr von Glaswaren aller Art betrug 1880: 6,6, 1891: 8,6 Mill. M., die Ausfuhr 25,8 und 37,8 Mill. M.

Textil- und Bekleidungsindustrie. 1882 waren 406574 Betriebe mit 913204 beschäftigten Personen vorhanden. 1891 belief sich die Einfuhr auf 370, die Ausfuhr auf 812 Mill. M., ein deutlicher Beweis, welche große Bedeutung für die deutsche Gewerbthätigkeit wie für die Ausfuhr Spinnerei, Weberei, Bleicherei, Appretur u. s. w. besitzen. Am ältesten ist wohl die Leinenweberei. Das Spinnen des Flachses als Beschäftigung der landwirtschaftlichen Arbeiter im Winter besteht wohl hier und da noch, hat aber sehr nachgelassen, seitdem die Spinnmaschine die geübteste menschliche Hand überbietet. Handgespinst ist deshalb immer seltener geworden und wird im nächsten Jahrhundert wohl kaum noch vorkommen. Die Flachsspinnerei beschäftigt gegenwärtig 330000 Spindeln, kann jedoch den einheimischen Bedarf nicht decken, vielmehr werden noch erhebliche Mengen Leinengarn aus England, Belgien und Österreich eingeführt. 1880 betrug die Einfuhr von Leinen- und Jutegarn, von Nähgarn und Zwirn 11144 t = 17,4 Mill. M., 1891: 14106 t = 20,7 Mill. M. Hauptsitz der Leinenweberei ist das schles. Gebirge längs der böhm. Grenze, von wo sie nach der sächs. Lausitz übertritt. Namentlich in Zittau und Umgebung werden vorzugsweise feinere Gewebe, darunter auch die vielgesuchten Damaste hergestellt. Sehr bedeutend für die Anfertigung von Leinwand ist ferner Bielefeld mit Umgebung bis in die Gegend von Osnabrück und nach der Lippe zu. Hier wie in einzelnen Bezirken von

Württemberg, Franken, Thüringen, in Rheinland, Brandenburg ist die Leinenweberei hausindustriell entwickelt; es mögen etwa 240000 Webstühle vorhanden sein, die indes nur bei sehr flottem Geschäftsgange voll beschäftigt sein werden; die Mehrzahl der Weber ist nebenbei landwirtschaftlich thätig. Das Fortbestehen ist überhaupt nur eine Frage der Zeit, da der Handwebstuhl den Mitbewerb mit dem Maschinenwebstuhl nicht ertragen taun. — Fertige Wäsche wurde früher vorzugsweise in Bielefeld hergestellt, neuerdings aber auch in Berlin und andorn großen Städten mit Erfolg. Seilerwaren liefern Westfalen, die Seestädte, Oberschlesien, das schwäb. Bayern und der Reg.-Bez. Cassel; Packleinwand Ostfriesland und die Gegenden der Ems und mittlern Weser. Die Zwirnerei erstreckt sich hauptsächlich auf das Königreich Sachsen, auf Schlesien und die Rheinprovinz. In der Hanfindustrie sowie in deren Gespinsten und Geweben wird im Deutschen Reich Hervorragendes nicht geleistet. Am meisten ist dieselbe in Baden und in Schwaben zu Hause.

Jutewaren bezog Deutschland vor ungefähr 20 Jahren aus England; seitdem sind in Braunschweig, Meißen, bei Hamburg, Berlin und andern Orten eine Anzahl von Jutewebereien und -Spinnereien entstanden, deren Erzeugnisse steigende Aufnahme gefunden haben. Da der Rohstoff eingeführt werden muß, so läßt sich an den Ziffern der Einfuhr das Wachstum der Juteindustrie am besten darlegen: 1880 wurden 17564 t = 6,7 Mill. M., 1891: 84286 t Rohjute = 20,2 Mill. M. eingeführt.

Für *Wolle* sind etwa 1450000 Spindeln für Streichgarn und etwa 600000 Spindeln für Kammgarn thätig. Die Hauptsitze der Wollspinnereien sind die Rheinprovinz, das Königreich Sachsen (namentlich die Gegend von Werdau bis Plauen), Württemberg und das Oberelsaß. Diese Bezirke sind auch die Hauptsitze der Tuchfabrikation, denen sich noch die Niederlausitz und der südöstl. Teil der Mark Brandenburg mit den Städten Cottbus, Forst, Spremberg, Sorau, Sommerfeld zugesellen. Besonders feine Tnche liefern Aachen, Großenhain und andere sächs. Städte. In Bezug auf Kammwollwaren zeichnen sich die Bezirke von Chemnitz, Glauchau bis mit Crimmitschau und Plauen, von Gera, Greiz, Zeulenroda und Pößneck, Mülhausen i. Els., Gebweiler und Bischweiler, auch Württemberg aus. Die Tuchweberei und die Verfertigung von Wollwaren wurde früher in vielen Städten, selbst in Posen, Ost- und Westpreußen hausindustriell betrieben, hat aber, weil sie taum noch lohnend ist, mehr und mehr aufgehört. Für wollene Strumpfwaren sind Chemnitz, Apolda, Zeulenroda sowie einzelne Bezirke in Württemberg und dem Elsaß zu nennen, für Shawlweberei Berlin, für wollene Plüsche Berlin, Barmen, Hannover und Dresden, für Teppiche Berlin, Barmen, Schmiedeberg (Schlesien), Wurzen. Die Einfuhr von Wollgarn betrug 1880: 93,1 Mill. M., 1891: 85,3 Mill. M.; die Einfuhr von Wöllwaren 26,1 bez. 16,0 Mill. M.; dagegen hielt sich die Ausfuhr 1888—91 auf annähernd derselben Höhe von durchschnittlich 172 Mill. M.

Die Entwicklung der deutschen *Baumwollindustrie* erscheint um so beachtenswerter, wenn man erwägt, daß der Rohstoff in dem Heimatlande nicht erzeugt wird; sie ist konzentriert im Oberelsaß (Mülhausen, Gebweiler, Thann, Münster, Markirch, Wesserling), in Sachsen (Chemnitz und Umgebung, vorzugsweise die Flußthäler der Zschopau, Flöha und Mulde); im Rheinland (M.-Gladbach, Düllen, Barmen, Elberfeld bis nahe zum Rheiu), in Württemberg (bei Reutlingen), im nördl. Absall der Rauhen Alb und von hier übergreifend bis nach Bayern; in Baden im südl. Abfall des Schwarzwaldes; in Bayern (Augsburg) und in Oberfranken (Bayreuth bis Hof); in Schlesien (Reg.-Bez. Liegnitz bis zu dem Eulengebirge). Die Einfuhr von roher Baumwolle, die jetzt statt über London mehr und mehr über Bremen erfolgt, belief sich 1840 auf rund 10000 t, 1870 auf 71000 t, 1891 auf 277586 t = 234 Mill. M. Obgleich die Spinnereien (nahezu 6 Mill. Feinspindeln), ihre Erzeugung zu steigern bemüht gewesen sind, kann der Bedarf an Baumwollgarn doch nicht ganz gedeckt werden, vielmehr wurden 1891 noch 15871 t = 42,3 Mill. M. eingeführt. Erzengt werden zur Zeit die gröbern und mittelfeinern Garne bis zu etwa Nr. 80, im Oberelsaß bis zu etwa Nr. 100; feinere Garne werden aus England geholt. — Das Oberelsaß nimmt in Bezug auf die Feinheit der Stoffe den ersten Rang ein, dann folgen Königreich Sachsen und Rheinland. Für die Verfertigung von Weißwaren (Gardinen, Mull, Musselin) ist außerdem das Vogtland (Plauen) zu nennen, für baumwollene Strumpfwaren Chemnitz, für Buntstickerei Berlin, Rheinland und Württemberg, für Posamentierwaren Barmen, Elberfeld, Annaberg (Sachsen), Isny (Württemberg), Brieg (Schlesien), Straßburg und Colmar, für Wachstuch Berlin und Leipzig, für Schirmstoffe Chemnitz, Berlin, Elsaß und Rheinland. Hausindustriell entwickelt ist die Spitzenklöppelei und Weißstickerei im Erzgebirge (Eibenstock, Schwarzenberg, Schneeberg bis in das Vogtland hinein), letztere auch im südl. Württemberg. Die Einfuhr von Baumwollwaren hat sich seit 1880 mit durchschnittlich rund 1500 t und 12 Mill. M. Wert auf derselben Höhe gehalten. Die Ausfuhr ist dagegen immer noch steigend, sie betrug 1880: 14332 t = 49,6 Mill. M., 1891: 17617 t = 63,1 Mill. M.

Für die *Seidenindustrie* fiud Krefeld, Barmen und Elberfeld Mittelpunkte, feruer Berlin, Aachen, Baden und Lothringen. Der Schwerpunkt der deutschen Seidenindustrie liegt auf den Halbseidenstoffen und *Sammeten*, in denen sogar die berühmte franz. Industrie erreicht, vielleicht überholt ist, während in den schweren Stoffen Frankreich noch den ersten Platz behauptet. Die Einfuhr ist seit 1880 nur wenig gestiegen; der Gesamtwert betrug 1891: 32,4 Mill. M., dagegen wurde 1891 für 128,9 Mill. M., 1890 sogar für 166,3 Mill. M. ausgeführt.

Die *Bleicherei, Färberei, Druckerei und Appretur* der Garue und Webewaren schließen sich an den einzelnen Webstoff an, dem sie zu dienen bestimmt sind, und finden sich in denselben Bezirken. In Bezug auf die Zeugdruckerei und Appretur fand Jahrzehnte hindurch ein lebhafter Wechselverkehr mit den Nachbarländern statt, die ihre dort gearbeiteten Webelstoffe nach Deutschland sandten und hier im Veredelungsverkehr bearbeiten ließen. Solche Zeugdruckereien finden sich noch in Mülhausen, Berlin, Augsburg, Baden, Sachsen, doch hat dieser Veredelungsverkehr durch die Erhöhung der Zölle in den Nachbarländern stark gelitten.

In Bezug auf Herstellung von Kleidungsstücken (*Konfektion*), auch für Ausfuhr, steht Berlin obenan und hat z. B. in Damenmänteln und Kinderkleidern bereits Paris überholt. Dasselbe gilt von *Herren-* und *Damenhüten*, in denen gleichfalls in Berlin, Leipzig, Dresden, Köln, Frankfurt a. M. Beachtenswertes geleistet wird, sowie von *künstlichen Blumen* (Berlin, Dresden, Sebnitz in S., einzelne Bezirke in Württemberg, Rheinland und Elsaß). Seit 30 Jahren sind große Fortschritte gemacht worden, und wahrscheinlich wäre man den Pariser Artikeln schon ganz gleichgekommen, wenn nicht für die teuersten und besten Erzeugnisse Paris hierin von dem Ausland als Weltmarkt betrachtet würde. — Strohgeflechte liefern Dresden und das Müglitzthal (Sachsen), ebenso der Schwarzwald; Schmuckfedern Dresden und Berlin. In diesen Artikeln ist die Ausfuhr beträchtlich und im letzten Jahrzehnt meist gestiegen. Ausgeführt wurden:

Warengattungen	1880 Mill. M.	1891 Mill. M.
Kleider, Leibwäsche, Putzwaren	78,0	113,3
Filzwaren	4,3	5,3
Herrenhüte	3,8	5,8
Strohhüte	3,7	3,9
Künstliche Blumen	2,5	3,5

Lederindustrie. Hierfür vermag Deutschland den starken Bedarf an Rohmaterial längst nicht mehr zu decken, es findet vielmehr in Häuten eine starke Einfuhr (früher aus Rußland, Österreich und den Donauländern, neuerdings aus Südamerika und Australien) statt. 1891 wurden eingeführt für 78,9 Mill. M. Rindshäute, für 25,4 Mill. M. Schaf- und Ziegenfelle, für 3,1 Mill. M. Hasen- und Kaninchenfelle, außerdem für 45,6 Mill. M. Felle zur Pelzbereitung. Einen Maßstab für die Entwicklung der Gerberei giebt auch die Zufuhr von Gerberlohe und Holzborke, da 1891 außer der einheimischen Gewinnung und dem sehr starken Verbrauch anderer wirksamerer Gerbmittel allein 95578 t Gerberlohe für 10,5 Mill. M. eingeführt wurden. Die Gerberei ist in allen Städten des Reichs vertreten, fabrikmäßig betrieben in Mainz und Worms, Kirn a. d. Nahe, in Malmedy, an der Sieg und im Königreich Sachsen. Kidleder wird vorzugsweise in Dresden hergestellt. Sattler-, Riemer- und Täschnerwaren liefern alle größern Städte des Reichs, Schuhmacherei wird in größerm Maßstabe in Pirmasens, Mainz, Balingen (Württemberg), Offenbach, in Thüringen, Sachsen und Schlesien betrieben. Die in den Provinzen Sachsen und Schlesien wie im Königreich Sachsen bestehende Marktschuhmacherei für Jahrmärkte ist sehr zurückgegangen. Für feine Lederwaren (Ledergalanterieartikel) ist Offenbach der Hauptplatz, doch sind auch Berlin, Hanau, Nürnberg, Freiberg, Dresden nennenswert. Handschuhe führen Königreich Sachsen, Württemberg, Berlin und die Rheinprovinz in beträchtlichen Mengen aus. Für Pelzwerk ist Leipzig Welthandelsplatz, ebenso ist es für die Verarbeitung von Pelzwerken hervorragend. 1891 betrug die Ein- und Ausfuhr von Leder und Lederwaren

Leder und Lederwaren	Einfuhr Mill. M.	Ausfuhr Mill. M.
Leder aller Art	15,4	47,7
Grobe Lederwaren	3,0	6,7
Feine Lederwaren	13,5	70,6
Lederhandschuhe	8,9	29,7

Die *Kautschuk- und Guttapercha-Industrie*, welche in den Seestädten, in Berlin, im Rheinland und in Sachsen vertreten ist, hat von 1881 bis 1890 ihre Ausfuhr von 13,8 auf 18,4 Mill. M., die Einfuhr von 2,6 auf 4,6 Mill. M. gesteigert.

Holzindustrie. Der Verbrauch dieser Erzeugnisse ist, nach der steigenden Einfuhr von Nutzhölzern zu schließen, erheblich; jedoch erst in dem letzten Jahrzehnt ist in Bezug auf die geschmack- und sogar kunstvolle Gestaltung der Tischlerarbeiten eine Höhe erreicht, wie sie bereits vor dem Dreißigjährigen Kriege vorhanden war. In der Herstellung von Möbeln zeichnen sich Berlin, Mainz, Stuttgart, Frankfurt a. M., Dresden, München, Hanau, Coburg aus; Drechslerwaren liefern Berlin, Nürnberg, Hamburg, Danzig (Bernstein), Ruhla (Meerschaumpfeifenköpfe); Schnitzereien die bayr. Alpen (Ammergau, Partenkirchen, München). Holz-Spielwaren für den Welthandel werden hausindustriell im sächs. Erzgebirge (Seifen, Grünhainchen) und in Thüringen (Sonneberg) gearbeitet, während die berühmte Nürnberger Spielwarenindustrie zur Herstellung ihrer Artikel mehr Metalle aller Art, Leder, Papiermaché u. dgl. benutzt. Die Ausfuhr von Spielzeug aller Art betrug 1891: 28,4 Mill. M., feinerer Holzwaren 23 Mill. M. Zu erwähnen ist sodann die (besonders im Königreich Sachsen) stark vertretene Holzschleiferei, welche den Bedarf für die Papierfabrikation liefert.

Papier. Der jährliche Papierverbrauch wird für das Deutsche Reich mit etwa 4,75 kg pro Kopf anzunehmen sein und dürfte nur von Großbritannien mit 5,25 kg übertroffen werden. Vorhanden sind gegen 500 Papierfabriken mit etwa 650 Papiermaschinen und 180 Mühlen mit etwa 350 Bütten, und die deutsche Papierfabrikation kann als die hervorragendste der Erde angesehen werden. Erzeugt werden alle verlangten Sorten, außer etwa den feinsten, für welche im Inlande geringer Bedarf vorhanden ist. Die starke Steigerung der Produktion war auch nur dadurch möglich, daß man mehr und mehr den Mangel an Lumpen durch Holz- und Strohcellulose ersetzte, wodurch die Herstellung hochfeiner Papiere von selbst ausgeschlossen ist. Die Hauptbezirke der Papierfabriken sind das Königreich Sachsen, die Rheinprovinz, Schlesien, Thüringen, Württemberg und Bayern. — Die Weiterverarbeitung des Papiers ist sehr mannigfach und sind deren Zweige wohl sämtlich vertreten. Bunt-, Gold- und Silberpapiere werden besonders in Berlin, Dresden, Leipzig, Nürnberg hergestellt. Für photogr. Papiere ist Dresden Weltplatz. Papiertapeten werden in Rheinpreußen, in Unterfranken, Sachsen, Hessen, Berlin, Hamburg, Dresden, Wurzen gearbeitet. Die Einfuhr von Papier, Papier- und Pappwaren beläuft sich jährlich auf rund 4—4,5, die der Tapeten betrug (1891) 0,5 Mill. M., die Ausfuhr von Papier und Pappe (1891) 55,3 Mill. M., von Tapeten 2,1, von Papier- und Papierwaren 13,7 Mill. M.

Für die *graphischen Gewerbe* und den damit im engsten Zusammenhang stehenden Buchhandel sowie für die Buchbinderei ist Leipzig noch immer der Hauptsitz; nennenswert sind weiter Berlin, Stuttgart, München, Dresden, Braunschweig u. a. Auch im Musikalienhandel steht Leipzig obenan, im Kunsthandel, insoweit die bildende Kunst in Frage kommt, sind Berlin, München, Düsseldorf zu nennen. Die zu den graphischen Gewerben zu zählenden Blei-

und Farbenstifte liefern Regensburg und Nürnberg; 1891 wurden für etwa 3 Mill. M. ausgeführt.

Chemische Industrie. Wohl kein anderes Land verfügt über einen gleich gut geschulten Stamm von wissenschaftlichen Hilfsarbeitern wie Deutschland, und infolgedessen hat die deutsche chem. Industrie in vielen Zweigen das Ausland überholt, und zwar nicht bloß in der fabrikmäßigen Herstellung von Droguen und Arzneimitteln (Dresden, Darmstadt, Berlin), sondern auch von allen andern technischen Artikeln. Hervorzuheben sind von den vielen hierher gehörenden Gegenständen die Herstellung von Ultramarin in Nürnberg und am Rhein, von Anilin- und Alizarinfarben in Höchst a. M., in Biebrich, Elberfeld, Mannheim, von wohlriechenden Wässern in Berlin, Frankfurt a. M. und namentlich Köln (Kölnisches Wasser), von Zündwaren in Württemberg, Rheinpfalz, Sachsen, Schlesien und Hannover, von Sicherheitszündern in Meißen und Harburg, von Mineralölen und Paraffin in und bei Weißenfels, Zeitz und Aschersleben. Große Fabriken zur Ausbeutung der Salz- und Kalilager und zur Herstellung von Natron- und Kalisalzen bestehen in Staßfurt, Schönebeck, ferner Mannheim und im Rheinland. Ätherische Öle liefern Leipzig und Berlin; Seifen und Kerzen Berlin, Köln, Barmen, Mannheim; Erdfarben Thüringen, Schweinfurt, Amberg. Der Gesamtwert der Ausfuhr der chem. Fabrikate betrug (1891) 245,8 Mill. M., der Einfuhr 99,6 Mill. M. Die wichtigsten Ausfuhrartikel waren (1891) ätherische Öle 3,3 Mill. M., Alizarin 12,9, Anilin und andere Teerfarbstoffe 44,3, Blei- und Zinkweiß 8,3, Gelatine und Leim 4,3, Glycerin 1,8, schwefelsaures Kali 13,3, Pech 2,4, Pottasche 4,5, Schießpulver 5,3, Ultramarin 2,6, Zündwaren 1,2 Mill. M.

Nahrungs- und Genußmittel. Man rechnet auf Deutschland 63000 Getreidemühlen, darunter etwa 2400 Dampfmühlen. Letztere sowie etwa 600 Mühlen mit besonders starker Wasserkraft betreiben Handelsmüllerei und versenden ihre Erzeugnisse auch nach entferntern Gegenden und dem Auslande. Soweit dieselben an nicht besonders wasserreichen Bächen und Nebenflüssen liegen, kommen vorwiegend die Seestädte und die größern Plätze des Binnenlandes in Betracht. — Der **Rübenzucker** hat den Kolonialzucker nicht nur fast ganz verdrängt, sondern wird sogar in großen Mengen ausgeführt. Es bestanden im Campagnejahr 1871/72: 311, 1890/91: 408 Rübenzuckerfabriken, welche 2250918 bez. 10623319 t Rüben verarbeiteten und 186442 bez. 1248495 t Rohzucker sowie 63892 bez. 263094 t Melasse gewannen. Zu 1 kg Zucker waren 1871/72: 12,07, 1890/91: 8,27 kg Rüben erforderlich. Die Ein- und Ausfuhr von Zucker und Zuckerfabrikaten betrug in Tonnen:

Einfuhr:	1880	1891
Rohzucker	1489	2746
Raffinierter Zucker	2727	2492
Ausfuhr:		
Rohzucker und Raffinade	197835	535423
Kandis- und Krystallzucker	34147	243577
Andere Zuckersorten	18888	5060
Sirup, Melasse	18619	55523

Die Zuckerfabriken befinden sich vorwiegend in den Bezirken des Zuckerrübenbaues, so in der Provinz Sachsen, in Schlesien, in der Weichselniederung, im Rheinland, ferner vereinzelt im Königreich Sachsen, Thüringen u. a. Hauptplätze für den Zuckerhandel sind Magdeburg, Breslau, Berlin und Köln. Die Herstellung von **Zuckerwaren, Schokolade** u. s. w. beschäftigt eine Anzahl von Fabriken in Dresden, Köln, Berlin, Breslau, Hamburg u. a. O. Ausgeführt wurden an Konfitüren, Zuckerwaren, Kuchen, Konserven (1891) für nahezu 5 Mill. M.

Der Verbrauch von Zucker im Deutschen Zollgebiet betrug in den J. 1871/72—1875/76: 6,7; 1876/77—1880/81: 6,4; 1881/82—1885/86: 7,8; 1886/87—1890/91: 8,4 kg auf den Kopf der Bevölkerung berechnet. Hierbei ist bis 1885/86 Rohzucker, für das folgende Jahrfünft Konsumzucker gemeint. — An **Speisesalz** entfallen in den entsprechenden Zeitabschnitten 7,8, 7,7, 7,7 und 7,6 kg auf den Kopf. — **Bierbrauerei.** Die Biererzeugung betrug in 1000 hl:

Landesteile	1872	1891
Reichssteuergebiet	16102	32279
Bayern	10906	14427
Württemberg	4197	3508
Baden	927	1679
Elsaß-Lothringen	813	838
Deutsches Reich	32945	52731

Die Einfuhr von Bier in das Deutsche Zollgebiet betrug 1880: 12070; 1890: 33195 t, die Ausfuhr 1880: 106561; 1890: 74028 t.

Das Hauptgebiet ist Bayern, wo auch das beste Bier gebraut wird. Seit etwa 1870 ist jedoch das Bier in Mittel- und Norddeutschland stetig verbessert worden und an allen größern Plätzen sind große Brauereien entstanden, die meisten wohl in Berlin und Dresden. (S. Bier und Bierbrauerei, Bd. 2, S. 1000 b.) Der Bierverbrauch in den deutschen Steuergebieten betrug in Litern auf den Kopf der Bevölkerung berechnet:

Etatsjahre	Brausteuergebiet	Bayern	Württemberg	Baden	Elsaß-Lothringen	Deutsches Zollgebiet (einschl. Luxemburg)
1872	—	—	225,1	70,3	36,7	81,7
1873	—	—	212,2	82,0	54,2	90,6
1874	66,2	244,0	189,1	82,8	46,0	92,6
1875	67,8	243,0	190,8	76,5	39,8	93,3
1876	65,1	247,8	200,4	74,4	32,8	91,8
1877/78	62,3	239,5	194,0	77,1	39,4	88,7
1878/79	61,6	228,6	207,2	74,0	39,4	87,4
1879/80	59,6	220,6	159,2	73,9	42,5	82,8
1880/81	62,2	210,7	170,1	76,8	53,7	84,6
1881/82	62,3	216,3	162,4	77,9	52,5	84,9
1882/83	64,2	209,0	152,5	76,1	46,6	84,8
1883/84	67,5	208,9	154,5	77,5	48,6	87,5
1884/85	70,4	211,9	151,6	79,0	49,5	90,0
1885/86	69,0	209,1	143,8	79,2	44,7	88,8
1886/87	75,7	212,3	164,8	82,8	48,6	94,5
1887/88	77,5	220,3	177,0	93,1	55,3	97,9
1888/89	79,9	212,4	156,3	94,3	55,8	97,5
1889/90	88,5	221,1	169,0	100,9	59,1	105,8
1890/91	87,8	222,2	173,0	103,2	63,7	105,8

Der jährliche Verbrauch beträgt demnach 105,8 l pro Kopf, wobei nicht zu übersehen ist, daß in Ost-

und Westpreußen, wohl auch in Pommern, Mecklenburg und Schleswig-Holstein der Branntwein noch immer den Biergenuß beschränkt. — Die **Branntweinbrennerei** im Gebiet der gegenwärtigen Steuergemeinschaft (ohne Luxemburg) hatte folgenden Umfang:

	1887/88	1890/91
Zahl der Brennereien	48415	57766
Branntwein (100 % Tralles) hl	3058000	2969000
Branntweineinfuhr . . . . . t	7325	5284
Branntweinausfuhr . . . . . t	32459	24004

Die Bezirke mit mittlerm Sandboden, worin die Kartoffel am besten gedeiht, also die Provinzen Brandenburg, Pommern, Posen, größere Teile von Ost- und Westpreußen, die nördl. Bezirke von Schlesien und Königreich Sachsen, zum Teil auch Hannover sind zugleich auch die Hauptgebiete der Spiritusfabrikation, der sich für die Rektifikation in Sprit Berlin, Breslau, Posen, Stettin, Magdeburg, Danzig anschließen. Der Branntweinverbrauch im Branntweinsteuergebiet zeigt folgendes Bild:

Betriebsjahr	An reinem Alkohol wurden							
	1) gegen Entrichtung der Verbrauchsabgabe oder des Eingangszolls in den freien Verkehr gesetzt:				2) zu gewerblichen Zwecken u. s. w. abgabenfrei verabfolgt:		3) im ganzen in den freien Verkehr gesetzt:	
	inländ. Branntwein	ausländ. Branntwein	zusammen	auf den Kopf der Bevölkerung	zusammen	auf den Kopf der Bevölkerung		auf den Kopf der Bevölkerung
	1000 hl			l	1000 hl	l	1000 hl	l
1887/88	1683,7	11,0	1694,7	3,6	387,6	0,8	2082,3	4,4
1888/89	2178,7	21,4	2200,1	4,5	431,3	0,9	2631,4	5,4
1889/90	2265,8	30,7	2296,5	4,7	531,3	1,1	2827,8	5,8
1890/91	2156,5	46,8	2203,3	4,4	519,1	1,0	2722,4	5,5

Über den **Wein- und Tabakbau** s. oben Landwirtschaft (S. 126). Die Fabrikation von **Cigarren** ist im Königreich Sachsen sehr verbreitet, nahezu in jeder Stadt, oft sogar auf dem platten Lande. Hauptplätze sind Dresden, Freiberg, Oederan, Leipzig. Im übrigen Deutschland finden sich überall größere und kleinere Fabriken zerstreut. Mittelpunkte der Fabrikation sind wiederum größere Orte: Berlin, Elbing, Braunsberg, besonders Hamburg und Bremen. Bremen (s. d.) ist der wichtigste Platz für die Einfuhr ausländischer Tabake. Der Verbrauch von Tabak im Deutschen Zollgebiet betrug in den J. 1871/72—1875/76: 1,8; 1876/77—1880/81: 1,7; 1881/82—1885/86: 1,4; 1886/87—1890/91: 1,5, im Durchschnitt der letzten 30 Jahre 1,5 kg auf den Kopf der Bevölkerung berechnet.

Ein Gesamtbild über die Bedeutung der deutschen Industrie und des deutschen Handels giebt die Tabelle unten (S. 138), in der die Jahre 1880 und 1891 einander gegenübergestellt sind. Und doch handelt es sich dort trotz eines Gesamtumsatzes von rund 7800 Mill. M. der Ein- und Ausfuhr nur erst um den Handelsverkehr des Deutschen Reichs mit dem Auslande, nicht um die viel höhern, jedoch unbekannten Umsätze des einheimischen Verbrauchs, der Jahr- und Wochenmärkte, des Absatzes der Kaufleute, der Handwerker, der Transportgewerbe, kurz aller der vielen Bedarfsartikel, die tagaus tagein ge- und verbraucht werden.

Obgleich offenbar in der Abnahme begriffen, fällt, wie bereits erwähnt, der **Hausindustrie** (s. d.) in der Herstellung mancher Erzeugnisse noch heute ein beachtenswerter Anteil zu und zwar besonders da, wo die Maschine die Kunstfertigkeit der menschlichen Hand entweder noch gar nicht oder nur erst zum Teil zu ersetzen vermag. Jede Verbesserung derartiger Maschinen hat jedoch einen Rückgang der betreffenden hausindustriellen Beschäftigung zur Folge, und nur die Näh- und Strickmaschine, deren Betrieb keiner besondern Anstrengung und daher keines maschinellen Motors bedarf, machen hierin eine Ausnahme. Hausindustriell war bis vor wenig Jahrzehnten in der Hauptsache die Spinnerei und Weberei in Leinen, Wolle und Baumwolle entwickelt, und zwar in denselben Bezirken, in denen jetzt (s. Industriekarte) dieselben Branchen in den Fabriken konzentriert sind. Die Spinnmaschine und der Maschinenwebstuhl haben aus andern Bezirken die früher vorhandene Hausindustrie der Webstoffe verschwinden lassen. Dieselbe besteht noch für Leinen in Schlesien, Lausitz, bei Bielefeld, in Württemberg; für Baumwolle im Königreich Sachsen, Thüringen, in der Rheinprovinz, Schwaben, Franken; für Wolle in der Rheinprovinz, der preuß. Lausitz, den Königreichen Sachsen und Württemberg; für Seide in Krefeld und Barmen. Den Wettbewerb mit dem Maschinen- und Fabrikbetrieb vermag sie jedoch auf die Dauer nicht auszuhalten und ihrem frühern oder spätern Erlöschen ist nicht vorzubeugen. Das Spitzenklöppeln und die Herstellung von Posamentierwaren haben sich im sächs. Erzgebirge (vor 300 Jahren eingeführt) erhalten, ebenso die Verfertigung von Spielwaren in Thüringen, Sachsen, Nürnberg, das Strohflechten in Württemberg und Sachsen, das Handschuh- und Wäschenähen an vielen Orten der deutschen Gebirge, die Handstickerei ebendaselbst und als Erwerb mancher Familie in den Städten, die Uhrenindustrie des bad. wie württemb. Schwarzwaldes, die Herstellung von Gold- und Silberschmucksachen in Hanau, Pforzheim und Gmünd, von künstlichen Blumen in Sachsen, von Meerschaumpfeifen in Ruhla, von Schnitzereien in den bayr. Alpen, Silber- und Goldgespinsten in Freiberg. Zu nennen wären weiter die Cigarrenfabrikation in Sachsen und die Kleineisenindustrie in Westfalen, obgleich eine Vorbedingung der Hausindustrie, nämlich die Lieferung des Rohstoffs oder Halbfabrikats seitens des Verkäufers der fertigen Waren seltener erfüllt wird. In allen diesen Branchen wird sich aber der Zug der Neuzeit in dem Übergang zur Massenfabrikation durch den Fabrikbetrieb gleichfalls geltend machen.

Handel. Deutschland nimmt im Welthandel gegenwärtig die zweite Stelle ein und wird nur noch von Großbritannien übertroffen. Der Specialhandel im deutschen Zollgebiet umfaßt die Einfuhr in den freien Verkehr, unmittelbar oder mit Begleitpapieren, sowie die Einfuhr in den freien Verkehr von Niederlagen und Konten und die Ausfuhr aus dem freien Verkehr, einschließlich der unter Steuerkontrolle ausgehenden, einer innern Steuer unterliegenden inländischen Waren (Branntwein, Salz, Tabak, Zucker). Folgende Tabelle giebt eine Übersicht der Ein- und Ausfuhr im Specialhandel des deutschen Zollgebietes nach Warengruppen in Tausenden Mark für die J. 1880 und 1891:

Warengruppen	1880		1891	
	Einfuhr	Ausfuhr	Einfuhr	Ausfuhr
Vieh und andere lebende Tiere	166 537	136 946	246 833	22 708
Sämereien u. Gewächse für Aussaat, Futter und Gärtnerei	21 480	15 301	40 409	25 973
Abfälle u. Düngemittel	63 889	13 353	120 491	23 549
Brennstoffe	30 539	57 139	116 234	155 230
Nahrungs- und Genußmittel:				
Rohstoffe	580 566	240 214	1 038 197	81 084
Fabrikate	172 469	264 069	228 277	335 142
Öle und Fette:				
Rohstoffe	72 083	18 082	116 664	8 269
Fabrikate	110 798	28 397	128 306	21 426
Chem. Industrie:				
Rohstoffe	111 682	36 886	165 050	32 191
Fabrikate	102 344	200 155	99 620	245 782
Stein-, Thon- u. Glasindustrie:				
Rohstoffe	21 169	44 638	43 156	33 893
Fabrikate	13 887	67 483	16 708	78 771
Metallindustrie (ohne Maschinen):				
Erze	36 669	17 482	76 962	9 354
Rohmetalle	45 551	68 607	86 993	61 061
Halbfabrikate	7 460	74 221	8 092	91 572
Fabrikate	17 246	134 050	23 295	202 663
Holz-, Schnitz- u. Flechtindustrie:				
Rohstoffe	74 335	31 473	90 778	29 420
Halbfabrikate	32 284	25 448	87 589	13 536
Fabrikate	11 102	37 453	25 721	65 986
Papierindustrie:				
Rohstoffe	9 147	11 895	8 958	17 939
Fabrikate	5 606	41 968	5 338	70 298
Leder, Wachstuch, Rauchwaren:				
Rohstoffe	83 659	36 318	98 890	37 458
Fabrikate	78 990	148 228	97 558	194 232
Textil- u. Filzindustrie; Kleider:				
Rohstoffe	492 895	129 622	646 624	142 989
Fabrikate	375 583	814 348	370 020	811 878
Kautschukindustrie:				
Rohstoffe	13 383	1 289	26 435	4 904
Fabrikate	6 637	14 609	8 132	20 119
Eisenbahnwagen; Poltermöbel	727	5 445	1 987	3 441
Maschinen; Instrumente	32 288	90 730	63 356	153 460
Kurz- und Spielwaren	12 268	49 146	33 414	86 898
Litteratur und Kunst	15 824	37 824	30 710	93 755
Sämtliche Rohstoffe	1 863 328	958 914	3 018 355	791 130
Sämtliche Fabrikate	955 769	1 933 945	1 132 442	2 384 380
Rohstoffe und Fabrikate	2 819 097	2 892 859	4 150 797	3 175 510
Edelmetalle, auch gemünzt	40 831	53 321	252 607	164 245
Gesamter auswärtiger Handel	2 859 928	2 946 180	4 403 404	3 339 755

In der Einfuhr überwiegen die Rohstoffe: Getreide aller Art und Schlachtvieh kommen vorzugsweise aus Rußland, Österreich-Ungarn, Rumänien, zur Zeit erst in geringen Posten aus Nordamerika. Dieselben Länder liefern auch Geflügel, Eier und Obst; Südfrüchte Italien und das südl. Frankreich; Fische (darunter vorzugsweise Heringe) Norwegen, Schweden, die Niederlande und Dänemark; Austern England und Holland. Kaffee wird teils unmittelbar aus den Ursprungsländern der heißen Zone, teils durch Vermittelung der holländ. Häfen bezogen, Thee direkt aus China oder über Rußland und England. Zucker kommt als Rohrzucker nur noch in geringen Mengen aus den Ländern der heißen Zone; Wein aus Frankreich, Italien, Österreich-Ungarn; Rohtabak aus Mittelamerika, den ostind. Inseln, Brasilien, neuerdings auch aus Deutsch-Afrika. Bedeutend ist die Einfuhr von Petroleum aus Nordamerika, seit kurzem auch aus Rußland; von Olivenöl aus Italien, Spanien, Südfrankreich und Griechenland; von Palmöl über England. Salpeter wird von Chile und Peru; Harz aller Art aus Nordamerika, Österreich, Frankreich, Rußland, sodann über Belgien, Holland und England bezogen; Gerberlohe aus Österreich und Frankreich. Für Eisen- und Kupfererze ist Spanien das Hauptbezugsland, für Roheisen England und Schweden, für Weißblech England. Bau- und Nutzholz liefern die östl. Grenzländer, die bessern Sorten, ebenso Farbhölzer Nord- und Mittelamerika. Rohe Häute kommen aus Rußland und den Donauländern, in steigender Menge aus Australien, Südamerika und Kapland. Dasselbe gilt von der Wolle, während für Baumwolle Nordamerika, Ostindien, Ägypten, Italien und China, für Flachs und Hanf Rußland, für Jute Ostindien maßgebend sind. Baumwoll- und Leinengarne (meist in feinern Nummern) liefert England, Wollgarne Frankreich. — In Ganzfabrikaten ist die Einfuhr nur in einer geringen Anzahl von Artikeln umfangreich. Zu nennen sind Taschenuhren aus der Schweiz, Baumwollwebstoffe und Leinenartikel aus England, Tuche aus Belgien und Österreich, künstliche Blumen und Modeartikel aus Frankreich, hochwertige Glaswaren aus Österreich, Belgien und England, ätherische Öle aus Frankreich u. s. w.

Die Ausfuhr der Rohstoffe ist stetig geringer geworden, seitdem Deutschland seine Bodenerzeugnisse an Getreide, Holz, Flachs, Obst, ebenso seine Häute und Wolle, sein Schlachtvieh, Eier, Butter, Käse u. s. w. selbst verbraucht. Dagegen hat mit dem Aufblühen der Industrie die Ausfuhr der besser bezahlten Fabrikate erheblich zugenommen und nicht wenige derselben gehen nach allen Ländern der Erde. Dies gilt u. a. von den höherwertigen chem. Artikeln, von den Spielwaren, musikalischen Instrumenten, den Strumpfwaren von Chemnitz und Apolda, den photogr. Papieren aus Dresden, den Artikeln der Kleineisenindustrie in Rheinland-Westfalen, von der Berliner Konfektion, von den Lederwaren in Offenbach, den Goldschmucksachen in Hanau, Pforzheim und Gmünd, den Messerwaren, den Musselinen des Elsaß und den Weißwaren des sächs. Vogtlandes, von feinerm Porzellan und Glas, von Papier, Krefelder Halbseide und Sammet, Barmer Besatzartikeln, vom Rohzink, deutschem Sprit, den besten Rheinweinsorten u. s. w. In wenn auch nach und nach kleinern Posten geht Schlachtvieh noch nach England, Frankreich, Belgien und Holland, ebendahin auch Mehl; Rübenzucker nach England, Amerika, bis in die Heimatländer des Rohrzuckers; Eisenerze (aus Lothringen) nach Belgien, Roheisen nach Rußland, Österreich-Ungarn und der Schweiz, grobe Eisenwaren bis nach Asien und Südamerika, ebenso Maschinen aller Art, Apparate und Instrumente. In den Webwaren aus Wolle sind Rußland, England, Holland, Dänemark und Schweden, in Baumwollgeweben neben den überseeischen Ländern Italien, Spanien, Südfrankreich und die Türkei die besten Abnehmer. Feines Leder beziehen Frankreich, Belgien, Italien und Südamerika; Papierwaren und Tapeten Schweden, Holland, England und Österreich; Holzwaren, Flecht-, Bürstenbinder- und Siebmacherwaren England und Nordamerika; Kautschukartikel England. Bücher, Musikalien, Bilder, Kupferstiche gehen nach allen Ländern, in denen Deutsche wohnen, vorzugsweise nach Österreich-Ungarn, der Schweiz und Nordamerika. (S. unten Litterarische Produktion, S. 165.)

Den höchsten Wert erreicht 1890 der Ausfuhrhandel mit Großbritannien. Dann folgen die Vereinigten Staaten von Amerika, Österreich-Ungarn, Holland, Frankreich und Rußland, die Schweiz und Belgien; und zwar zeigen die vier ersten (vor allem Großbritannien) eine Zunahme, die vier letzten einen Rückgang gegen 1880. Bedeutend gewachsen ist das außereurop. Absatzgebiet, wobei jedoch zu erwähnen ist, daß für 1880 die Nachweise nicht so vollständig sind, wie für 1890. — In der Einfuhr nach Deutschland steht 1890 auch Großbritannien voran, dann folgen Österreich-Ungarn, Rußland, die Vereinigten Staaten, Belgien, Holland und Frankreich. Im einzelnen zeigt der Anteil der Verkehrsländer im Specialhandel folgendes Bild:

Verkehrsländer	Ausfuhr			Einfuhr	
	in 1000 M.		in Proz.	in 1000 M.	in Proz.
	1880	1890	1890	1890	1890
Großbritannien	459 231	705 265	20,7	640 484	15,0
Vereinigte Staaten von Amerika	207 843	416 692	12,2	405 574	9,5
Österreich-Ungarn	318 204	351 040	10,3	598 505	14,0
Holland	241 173	258 020	7,6	309 217	7,2
Frankreich	293 798	231 159	6,8	267 065	6,2
Rußland	254 419	206 457	6,1	541 887	12,7
Schweiz	192 244	179 629	5,3	174 165	4,1
Belgien	178 534	150 808	4,4	316 908	7,4
Italien	55 679	94 700	2,8	140 394	3,3
Schweden	51 008	91 559	2,7	46 076	1,1
Dänemark	54 932	76 383	2,2	61 899	1,4
Rumänien	11 674	53 431	1,6	29 398	0,7
Spanien	18 573	53 071	1,6	34 068	0,8
Brasilien	9 866	52 399	1,5	137 732	3,2
Norwegen	15 417	39 769	1,2	22 377	0,5
Türkei	6 736	34 079	1,0	9 607	0,2
Britisch-Ostindien	5 445	32 165	0,9	128 704	3,0
Chile	2 198	30 800	0,9	61 427	1,4
China	11 077	29 863	0,9	7 770	0,2
Argentinien	3 017	26 122	0,8	75 181	1,8
Australien	1 782	21 954	0,6	50 302	1,2
Portugal	5 016	21 129	0,6	11 269	0,3
Japan	2 789	18 481	0,5	4 680	0,1
Britisch-Nordamerika	8 171	14 925	0,4	—	—
Mexiko	1 674	14 331	0,4	10 704	0,3
Niederländisch-Ostindien	7 468	10 985	0,3	22 851	0,5
Peru	348	8 391	0,2	5 544	0,1
Centralamerika	—	8 338	0,2	14 040	0,3
Venezuela	—	8 013	0,2	4 645	0,1
Uruguay	—	7 811	0,2	3 764	0,1
Cuba, Portoriko	—	5 901	0,2	13 603	0,3
Kapland	—	5 402	0,2	17 866	0,4
Columbia	—	4 361	0,1	3 786	0,1
Westafrika ohne Deutsche Schutzgebiete	—	4 184	0,1	21 449	0,5
Ägypten	2 163	3 761	0,1	—	—
Griechenland	1 189	3 731	0,1	3 959	0,1
Philippinen	—	3 481	0,1	—	—
Deutsch-Westafrika	—	3 243	0,1	5 189	0,1
Serbien	695	3 125	0,1	4 138	0,1
Bulgarien	—	2 883	0,1	—	—
Haiti	—	2 368	0,1	13 929	0,3
Transvaal	—	2 222	0,1	—	—
Ostafrika ohne Deutsche Schutzgebiete	—	1 746	0,1	4 043	0,1
Britisch-Westindien	—	—	—	6 762	0,2
Bolivia	—	—	—	6 725	0,2
Ecuador	—	—	—	3 308	0,1
Übrige Länder	—	10 574	0,3	11 923	0,3

Ein anderweites Bild über die steigende wirtschaftliche Entwicklung, den zunehmenden Verbrauch, aber auch für den wachsenden Wohlstand ergiebt die folgende Tabelle, in der für eine Anzahl der wichtigsten Bedarfsgegenstände der jährliche Verbrauch im Durchschnitt der J. 1871/75 und der J. 1890/91 gegenübergestellt worden sind.

Jährlicher (im Durchschnitt) Verbrauch pro Kopf der Bevölkerung in Kilogramm:

Bedarfsgegenstände	1871/75	1890/91
Industrierohstoffe:		
Steinkohlen	806	1320
Braunkohlen	281	517
Roheisen	57,4	99,1
Kupfer	0,44	0,68
Zinn	0,09	0,16
Zink	0,85	1,64
Blei	0,97	1,45
Baumwolle	2,84	4,29
Jute	0,15	1,21
Petroleum	3,75	12,62
Nahrungs- und Genußmittel:		
Zucker	6,7	9,5
Bier in Liter	92,4	105,8
Branntwein in Liter	3,7	5,5
Salz	12,4	17,1
Tabak	1,8	1,6
Heringe	2,5	3,35
Kakao	0,05	0,14
Südfrüchte, frische	0,14	0,42
Südfrüchte, getrocknete	0,43	0,72
Gewürze	0,10	0,16

Für Kaffee, Reis und Thee ist eine Vergleichung seit dem J. 1836 möglich. Es entfielen auf den Kopf der Bevölkerung:

Durchschnittlich jährlich	Kaffee kg	Reis kg	Thee kg
1836/40	1,01	0,18	0,004
1841/45	1,25	0,33	0,004
1846/50	1,34	0,43	0,01
1851/55	1,57	0,87	0,02
1856/60	1,79	0,99	0,02
1861/65	1,87	0,85	0,02
1866/70	2,20	1,11	0,02
1871/75	2,27	1,55	0,02
1876/80	2,33	1,66	0,03
1881/85	2,44	1,81	0,03
1886/90	2,38	1,76	0,04
1891	2,52	2,66	0,05

Ein wenn auch sehr geringer Minderverbrauch ergiebt sich im Laufe der letzten 15 Jahre nur für Tabak; alle andern Artikel weisen Erhöhungen auf.

Über Ein- und Ausfuhr von Brotfrüchten, lebendem Vieh, Butter, Käse und Eiern s. oben Landwirtschaft (S. 126 b, 127 a); über Ein- und Ausfuhr wichtiger Warengruppen s. oben Industrie (S. 130); von Stein- und Braunkohlen s. Bergbau, Salinen- und Hüttenwesen (S. 129).

Die Zahl der Erwerbs- und Wirtschaftsgenossenschaften betrug in Deutschland am Schlusse des J. 1891: 8418 (1890: 7608), darunter waren 4401 (1890: 3910) Kreditgenossenschaften, 2840 (2644) Genossenschaften in einzelnen Gewerbszweigen, 1122 (984) Konsumvereine und 55 (50) Baugenossenschaften. Eingetragen sind hiervon nur 7581 Genossenschaften. Die unbeschränkte Haftpflicht nach dem Gesetz vom 1. Mai 1889 haben 6506 (1890: 6931) Genossenschaften, nämlich 4019 Kreditgenossenschaften, 1964 Genossenschaften in einzelnen Gewerbszweigen, 506 Konsumvereine und 17 Baugenossenschaften. Die beschränkte Haftpflicht haben 1019 (1890: 638) Genossenschaften, nämlich 210 Kreditgenossenschaften, 304 Genossenschaften in einzelnen Gewerbszweigen, 469 Konsumvereine und 36 Baugenossenschaften. Endlich sind noch 56 (1890: 39) Genossenschaften mit beschränkter Nachschußpflicht vorhanden, nämlich 22 Kreditgenossenschaften, 29 Genossenschaften in einzelnen Gewerbszweigen und 5 Konsumvereine.

Große Ausdehnung hat das Aktienwesen erlangt und zwar derart, daß große geschäftliche Unternehmungen, die im Privatbesitz geblieben sind (z. B. die Werke von Krupp in Essen, Gebr. Stumm in Neunkirchen im Saarbezirk, Borsig in Berlin, Henschel & Sohn in Cassel, Schlumberger & Dollfuß in Mülhausen i. Els.), Ausnahmen bilden.

Nach einer Zusammenstellung des «Deutschen Ökonomist» (Berlin) waren Anfang 1892 folgende Aktiengesellschaften vorhanden:

Aktiengesellschaften für	Zahl	Aktienkapital M.
Landwirtschaft, Viehzucht u. s. w.	37	34 455 244
Bergbau, Hütten, Salinen	230	863 953 252
Industrie der Steine, Erden, Glasfabrikation	143	142 758 133
Metallverarbeitung, Maschinenbau	187	358 904 116
Chem. Industrie, Heiz- und Leuchtstoffe	191	277 070 246
Textilindustrie	178	279 776 434
Papier-, Leder-, Holz- und Schnitzstoffe	94	86 869 199
Brauereien, Brennereien, Malzfabriken u. s. w.	334	325 770 508
Zuckerfabriken	196	164 724 231
Sonstige Nahrungs- und Genußmittel	53	33 046 787
Bekleidung und Reinigung	35	14 635 264
Baugewerbe	121	180 740 941
Polygraphische Gewerbe, Zeitungen, künstlerische Betriebe	87	45 328 059
Banken	361	1 769 555 423
Versicherungsgesellschaften	118	108 029 016
Eisenbahnen	69	416 970 166
Sonstige Transportanstalten	180	268 847 298
Beherbergung und Erquickung	93	38 828 044
Diverse	278	232 254 706
Zusammen	2985	5 642 517 067

Nach derselben Quelle sind von 1871 bis einschließlich 1891: 3419 Aktiengesellschaften mit 7013,5 Mill. M. Kapital gegründet worden, von denen indessen ein Teil sich wieder aufgelöst hat.

Seit 1877 werden Erfindungen durch Patente staatlich geschützt. Von 1877 ab bis mit 1891 wurden 129 651 Patente angemeldet, 61 010 erteilt, 46 330 gelöscht; Ende 1891 standen noch 14 735 Patente in Kraft. — Die Zahl der seit 1876 gesetzlich geschützten Muster betrug bis mit 1891: 969 222, davon 279 469 plastische und 689 753 Flächenmuster.

Geld- und Kreditverkehr. Bis Ende 1891 (seit der 1872 eingeführten Goldwährung) wurden in den neuen Münzen 3 119,328 Mill. M. ausgeprägt, davon 2 590,126 Mill. M. in Gold, 470,050 in Silber, 47,609 in Nickel, 11,541 Mill. M. in Kupfer. Davon wurden 15,993 Mill. M. wieder eingezogen (darunter 13,032 Silbermünzen). Im Umlauf waren demnach 3103,335 Mill. M. Münzen. (S. Reichswährung.) — Reichskassenscheine waren Anfang 1892 in Abschnitten von 5, 20 und 50 M. im

Betrage von 156320010 M. vorhanden. — Zur Zeit bestehen nur noch 9 Notenbanken und zwar die Reichsbank in Berlin, Sächsische Bank in Dresden, Städtische Bank in Breslau, Frankfurter Bank, Bayrische Notenbank, Württembergische Notenbank, Badische Bank, Bank für Süddeutschland und Braunschweigische Bank mit einem Notenumlauf (nach dem mittlern Stande des J. 1891) von 1179387000 M., wovon auf die Reichsbank allein 1004189000 M. entfallen. Der Abrechnungsverkehr der Reichsbank bezifferte sich (1891) allein auf über 17000 Mill. M.

An der Spitze des Bankwesens steht die Reichsbank (s. d.) mit zahlreichen Reichsbankstellen an sämtlichen für Handel und Verkehr einigermaßen wichtigen Plätzen des Reichs. Außerdem waren (1891) vorhanden 371 Aktienbanken mit einem Aktienkapital von 1769 Mill. M., die 171½ Mill. M. Reingewinn (9,63 Proz. Dividende) erzielten. Die Zahl der Privatbankhäuser ist weit größer, darunter befinden sich Bankhäuser allerersten Ranges z. B. die Firmen Rothschild in Frankfurt a. M. und Bleichröder in Berlin. — Den Interessen des Kreditverkehrs für den Grundbesitz dienen 28 Hypothekenbanken. — Im Etatsjahr 1891/92 betrug die Einnahme an Wechselstempelsteuer 8175592 M., die Stempelabgabe für Wertpapiere (Börsensteuer) 23995269 M.

Die Wahrung der wirtschaftlichen Interessen erfolgt für Handel und Gewerbe durch die vom Staate errichteten Handelskammern sowie durch freigebildete wirtschaftliche Vereinigungen, für die Landwirtschaft durch die halbamtlichen landwirtschaftlichen Provinzial- und Kreisvereine mit ihren Unterverbänden. An der Spitze der landwirtschaftlichen Verbände steht der Deutsche Landwirtschaftsrat (s. d.) in Berlin. Die Zahl der Handelskammern belief sich (1892) auf 162, davon in Preußen 83, in Bayern 6 Handels- und Gewerbekammern, in Sachsen 4 Handels- und Gewerbekammern, je 1 Handels- und 1 Gewerbekammer, in Württemberg 8, in Baden 8, Hessen 6, in Elsaß-Lothringen 4 Handelskammern, in Hamburg, Bremen und Lübeck je 1 Handels- und Gewerbekammer, in den thüring. Staaten 8 Handels- und Gewerbekammern. In einigen kleinern Staaten fehlt diese gesetzliche Vertretung des Handels und der Industrie ganz. In andern Staaten erfolgt die Vertretung durch Privatvereine, denen bald mehr, bald minder ein amtlicher Charakter beiwohnt. In Bayern, Sachsen, Württemberg, Baden und Hessen, in denen die Handels- und Gewerbekammern meist zu einer ihre großen Aufgaben gemeinsam behandelnden Körperschaft vereinigt sind, erstreckt sich deren Thätigkeit auf alle Ortschaften und auf alle Gewerbe. In Preußen dagegen besteht nur für einzelne Bezirke die gleiche zweckmäßige Einrichtung. In den meisten Provinzen fehlen dagegen die Gewerbekammern, und nicht selten erstreckt sich auch die Thätigkeit der Handelskammer nur auf ihren Sitz und dessen nächste Umgebung, sodaß eine große Anzahl außerhalb dieser engbemessenen Bezirke liegender Fabriken diese Vertretung noch entbehrt. An mehrern größern Orten (Berlin, Königsberg, Danzig, Stettin, Magdeburg, Tilsit, Elbing, Memel, Altona) sind für die dortigen Handelskammern die alten Bezeichnungen wie «Älteste der Kaufmannschaft», «Kommerz-Kollegium», «Korporation der Kaufmannschaft» u. s. w. beibehalten worden. Ihre Spitze finden die Handelskammern in dem Deutschen Handelstage (s. d.).

Die Bildung der wirtschaftlichen Vereine gehört der Neuzeit an. Sie sind bestimmt, die Interessen eines einzelnen Erwerbszweiges zu vertreten, erstrecken sich dann aber über einen weit größern Kreis, meist über das ganze Deutsche Reich. Als solche sind zu nennen: der Verein deutscher Eisen- und Stahlindustrieller, die Verbände der Baumwollen-, Leinen- und Wollenindustrie, die Vereine für die Industrie in Bergbau, Leder, Holz, Glas, Porzellan und Thonwaren, für Zuckerfabriken, Bierbrauereien, Branntweinbrennereien, chem. Fabriken u. s. w., ebenso für die Zweige des Handels, der Banken, des Versicherungswesens, schließlich der Handwerksbetriebe. Daneben bestehen auch noch Verbände für einzelne Provinzen, z. B. der Verein zur Wahrung gemeinsamer wirtschaftlicher Interessen für Rheinland-Westfalen, ein ähnlicher Verband für die Saar, der Mittelrheinische Fabrikantenverein in Mainz u. s. w.

Versicherungswesen. Das Versicherungsgeschäft befindet sich vorzugsweise in den Händen von Aktiengesellschaften. 1890: 118 mit 108 Mill. M. und 25,5 Mill. M. Reingewinn (23,59 Proz. Dividende). Am stärksten entwickelt ist die Feuerversicherung. Staatliche Landesbrandkassen bestehen in Sachsen und Württemberg, während in andern Teilen des Reichs und namentlich in Preußen die Feuerversicherung der Gebäude durch Provinzial- und Gemeindekassen besorgt wird. Die Feuerversicherung beweglicher Güter (Mobiliarversicherung) ruht vorwiegend in den Händen von Privatgesellschaften, unter denen sich eine Anzahl auf Gegenseitigkeit gegründeter befinden. Dasselbe gilt von der Lebensversicherung. 1860 betrug das im Deutschen Reich gegen Todesfall versicherte Kapital 316,8 Mill. M., 1891 bereits 4311,9 Mill. M. Von den 39 Gesellschaften des Deutschen Reichs wurden insgesamt neu ausgestellt 108806 Policen über 407965469 M. Kapital. Hiervon entfallen auf 19 Aktiengesellschaften 59337 Policen über 224811407 M. Kapital, dagegen auf 20 Gegenseitigkeitsgesellschaften 49479 Policen über 183154062 M. — Aus der Jahreseinnahme an Prämien und Zinsen, die (1891) 200788317 M. betrug, wurden 72 Mill. M. oder 36 Proz. zur Erhöhung der Reservefonds zurückgestellt, während 75 Mill. M. für Sterbefälle, Aussteuern, Renten und Prämienauszahlungen, ferner 26½ Mill. M. als Dividende an die Versicherten zurückflossen.

Eine bedeutsame Anregung hat das Deutsche Reich seit 1882 durch die nach und nach erfolgte Einführung der Kranken-, Unfall- und Altersversicherung der arbeitenden Klassen (s. Arbeiterversicherung) geschaffen, deren segensreiche Folgen mit jedem Jahre mehr in Erscheinung treten werden.

Im J. 1890 bestanden auf Grund des Krankenversicherungsgesetzes:

	Zahl der Kassen	Zahl der Mitglieder
Gemeindekrankenversicherungskassen	8011	1101364
Ortskrankenkassen	4119	2746025
Fabrikkrankenkassen	6124	1673531
Baukrankenkassen	130	29058
Innungskrankenkassen	452	74438
Eingeschriebene Hilfskassen	1869	810455
Landesrechtliche Hilfskassen	468	144668
Krankenkassen	21173	6579539

Die Ausgaben dieser Kassen betrugen im J. 1890 für Arzt, Arznei, Verpflegung und Krankengeld

84040014 M. Auf ein Mitglied entfielen 1890 durchschnittlich 0,4 Krankheitsfälle, 6,0 Krankheitstage, 12,77 M. Krankheitskosten. In der seit 1885 gesetzlich bestehenden Unfallversicherung der Berufsgenossenschaften waren (1890) in 390622 Fabriken 4926672 Arbeiter, in 4843621 landwirtschaftlichen Betrieben 8088698 Arbeiter, in den staatlichen Betrieben der Post, Eisenbahn, Bauverwaltung u. s. w. weitere 578884 Arbeiter — überhaupt 13619750 männliche und weibliche, fast ausschließlich den Arbeiterkreisen angehörende Personen durch zu zahlende Krankenunterstützung und Renten gegen die Folgen von Unfällen versichert. Die Zahl der überhaupt Verletzten, denen eine Entschädigung zuzuerkennen war, betrug (1890) 42038, die der dauernd Erwerbsunfähigen 2708, der Getöteten 6047 mit 11337 hinterlassenen Angehörigen. Die Gesamtausgaben stellten sich auf 39248200 M., darunter 20315300 M. für Entschädigungen. Die Bestände der Reservefonds betrugen 1890 am Jahresschluß 56130900 M.

Für die 4926672 versicherten Fabrikarbeiter waren (1890) an Jahreslöhnen 3183823207 M. in Anrechnung zu bringen. Der durchschnittliche Jahreslohn würde somit zu etwa 644 M. anzunehmen sein, wobei jedoch nicht übersehen werden darf, daß ein Teil dieser Arbeiter (z. B. Bauhandwerker im Winter) in ihrem Berufe zeitweise keine Beschäftigung haben. Der durchschnittliche Jahreslohn eines männlichen erwachsenen Arbeiters stellt sich (1892) auf etwa 850—860 M. unter der Voraussetzung ununterbrochener Beschäftigung, fällt in Bezirken mit billigster Lebenshaltung bis auf etwa 740—750 M. herab, steigt dagegen in teuren Gegenden und in großen Städten bis über 1000 M. an. Bei besonderm Fleiß und Geschick, namentlich in der fast überall üblichen Accordarbeit, werden höhere Sätze erreicht. Jugendliche männliche Arbeiter, Frauen und Mädchen verdienen in den Fabriken, ebenso die Arbeiter in der Landwirtschaft im großen Durchschnitt etwa zwei Drittel der vorstehend genannten Jahreslöhne. Auf Grund des Gesetzes vom 22. Juni 1889 ist auch für die Unterstützung von durch Invalidität und Alter erwerbsunfähig gewordenen Personen aus den arbeitenden Klassen Sorge getragen worden. Das Gesetz trat 1. Jan. 1891 in Kraft. Bis Ende 1891 wurden 173668 Anmeldungen auf Altersrente erhoben, 132917 anerkannt im Jahresbetrage von 16625850 M. (Durchschnitt einer Rente = 125,08 M.), 30534 zurückgewiesen, 3115 anderweitig erledigt und 7102 unerledigt auf das J. 1892 übernommen. Die wohlthätigen Einrichtungen dieser Altersversicherung werden wohl erst in spätern Jahren zu voller Geltung und Würdigung gelangen. (S. Altersrente, Bd. 1, S. 468.)

Verkehrswesen. I. Seeschiffahrt. Am 1. Jan. 1892 betrug die Zahl der Schiffe der deutschen Handelsflotte mit mehr als 50 cbm Bruttoraumgehalt 3639 mit 1468985 Registertons netto gegen 4257 mit 1294288 Registertons am 1. Jan. 1885, d. i. eine Abnahme um 618 Schiffe oder 14,6 Proz.

Unterschieden nach Segel- und Dampfschiffen stellte sich der Bestand in den einzelnen Jahren folgendermaßen:

Am 1. Jan.	Segelschiffe		Dampfschiffe	
	Zahl	Ladefähigkeit in Registertons netto	Zahl	Ladefähigkeit in Registertons netto
1885	3607	880345	650	413943
1886	3471	861844	664	420605
1887	3327	830789	694	453914
1888	3094	769818	717	470364
1889	2885	731315	750	502579
1890	2779	702810	815	617911
1891	2757	709761	896	723652
1892	2698	704274	941	764711

Unter den 896 Dampfschiffen des J. 1891 waren 49 Raddampfer. Der Bestand an Segelschiffen ist im Rückgang begriffen; er hat sich in den angegebenen Jahren um 850 Schiffe oder 23,6 Proz. und die Ladefähigkeit derselben um 170584 Registertons netto oder 19,4 Proz. verringert. Dagegen hat die Zahl und Ladefähigkeit der Dampfschiffe im gleichen Zeitraum zugenommen, erstere um 246 oder 37,8 Proz., letztere um 309709 Registertons netto oder 37,8 Proz. Auf das Ostseegebiet entfielen (1892) 809 Segelschiffe mit 172524 Registertons, 387 Dampfschiffe mit 154605 Registertons; auf das Nordseegebiet 1889 Segelschiffe mit 531750 und 554 Dampfschiffe mit 610106 Registertons Raumgehalt. — Die Transportfähigkeit der Dampfschiffe betrug (1891) 2170956 Registertons. Der Gesamtschiffsbestand 1. Jan. 1892 verteilt sich auf die einzelnen deutschen Gebiete, welche die Heimatshäfen der betreffenden Schiffe umfassen, folgendermaßen:

Küsten-(Rheinufer-)Strecken und Küstengebiete	Segelschiffe		Dampfschiffe		Seeschiffe überhaupt	
	Zahl	Raumgehalt in Registertons	Zahl	Raumgehalt in Registertons	Zahl	Raumgehalt in Registertons
Provinz Ostpreußen	29	11813	28	8684	57	20497
» Westpreußen	52	20398	40	14957	92	35355
» Pommern	420	58905	108	34634	528	93539
» Schleswig-Holstein, Ostseegebiet	133	7989	154	75990	287	83979
» Schleswig-Holstein, Nordseegebiet	324	18543	26	6939	350	25482
» Hannover, östl. Teil	397	23599	37	23184	434	46783
» Hannover, westl. Teil	424	34822	15	1017	439	35839
» Rheingebiet	—	—	2	1152	2	1152
Mecklenburg-Schwerin	170	71249	25	9332	195	80581
Oldenburg	255	81180	13	7156	268	88336
Freie Stadt Lübeck	5	2170	32	11008	37	13178
» » Bremen	216	197631	156	193219	372	390850
» » Hamburg	273	175975	305	377439	578	553414
Zusammen	2698	704274	941	764711	3639	1468985

Unter der Gesamtzahl der Segelschiffe befanden sich (1892) 13 viermastige, 679 dreimastige, 1317 zweimastige und 689 einmastige einschließlich der als Seeschiffe registrierten Leichterfahrzeuge, die keine eigentliche Takelage zum Segeln führen. Die Viermaster sind sämtlich Vollschiffe (Fregattschiffe), und unter den Dreimastern waren 132 Vollschiffe, 481 Barken, 66 Schonerbarken und Schoner; unter den Zweimastern waren 115 Briggen, 70 Schonerbriggen und Brigantinen, 191 Schoner, 221 Schonergalioten, Galeassen und Galioten, 61 Gaffelschoner und Schmacken und 659 andere zweimastige Schiffe.

Unter den 257 Heimatshäfen der deutschen Schiffe gehörten 52 dem Ostsee-, 205 dem Nordseegebiet an und waren 18, deren Schiffe 1. Jan. 1891 einen Gesamtnettoraumgehalt von wenigstens 10000 Registertons aufzuweisen hatten; die wichtigsten waren Hamburg (560 Schiffe mit 521165 Registertons), Bremen (319, 339575), Rostock (187, 75956), Stettin (147, 43072), Barth (138, 27001) und Stralsund (141, 16132).

Die regelmäßige Besatzung der deutschen Seeschiffe betrug 1885: 39911 Mann, darunter 13897 Mann auf Dampfschiffen, 1892: 40899 Mann, darunter 23509 Mann auf Dampfschiffen.

Der Schiffsverkehr in den deutschen Hafenplätzen zu Handelszwecken beziffert sich nach Zahl und Ladefähigkeit der ein- und ausgegangenen Schiffe:

In den Jahren	Zahl der Schiffe	Nettoraumgehalt in Registertons	Davon beladen: Zahl der Schiffe	Davon beladen: Registertons
1885	121 358	20 399 694	95 297	16 757 644
1886	114 042	20 120 348	90 739	16 677 468
1887	119 737	21 501 953	95 200	17 807 453
1888	120 312	23 234 030	94 544	18 786 506
1889	129 555	25 185 645	101 214	20 054 826
1890	129 793	26 191 606	101 346	21 108 815

Die Zunahme (1889/90) beträgt 238 Schiffe mit 1005961 Registertons Ladefähigkeit.

In der Übersicht A sind die 1890 angekommenen von den abgegangenen Schiffen getrennt und Zahl, Nettoraumgehalt und Besatzung sowie die Art der Schiffe und die Gebiete einzeln unterschieden.

Der Gesamtnettoraumgehalt der angekommenen und abgegangenen Schiffe betrug:

im	1886	1890
Ostseegebiet	8 250 710 Registertons	9 926 503 Registertons
Nordseegebiet	11 908 408 "	16 327 781 "

Die Schiffsbewegung des Ostseegebietes zu derjenigen des Nordseegebietes nach dem Raumgehalt der den Seeverkehr vermittelnden Schiffe verhielt sich 1886 etwa wie 2 : 3, und 1890 wie 5 : 8.

Von sämtlichen 1890 im Deutschen Reich angekommenen und abgegangenen Schiffen gehörten 91570 (70,7 Proz.) mit 12665614 Registertons (50,3 Proz.) der deutschen Flagge an. Unter den fremden Flaggen nimmt bezüglich des Raumgehalts der Schiffe die britische die erste Stelle ein; unter ihr gingen 11247 Schiffe (7713221 Registertons) ein und aus, darunter 9302 Dampfschiffe (7212298 Registertons). Die dän. Flagge war beteiligt mit 12896 (1456883 Registertons), die schwedische mit 6472 (1270897), die norwegische mit 2622 (869251), die niederländische mit 2774 (420447), die russische mit 1357 (343972), die französische mit 237 (155204) und die spanische mit 181 Schiffen (155111 Registertons); unter der Flagge anderer fremder Staaten fuhren 199 Schiffe (135045 Registertons).

In der Übersicht B ist der Schiffsverkehr unterschieden nach den Häfen, von und nach denen die Schiffe angekommen und abgegangen sind.

II. Binnenschiffahrt. Das Stromnetz Deutschlands ist auf einer Strecke von etwa 9500 km schiffbar, wobei einige wenig befahrene Flüsse mit gerechnet sind. Diese natürlichen Wege sind in geringem Maße durch Kanäle miteinander verbunden, welche nur in Norddeutschland ein wahres Netz sich kreuzender Wasserstraßen geschlossen haben, während in den mitteldeutschen Landschaften wegen des gebirgigen Charakters Kanalbauten völlig fehlen

A.

Im Jahre 1890	Angekommen: Mit Ladung: Schiffe	Angekommen: Mit Ladung: Registertons	Angekommen: In Ballast oder leer: Schiffe	Angekommen: In Ballast oder leer: Registertons	Angekommen: Besatzung	Abgegangen: Mit Ladung: Schiffe	Abgegangen: Mit Ladung: Registertons	Abgegangen: In Ballast oder leer: Schiffe	Abgegangen: In Ballast oder leer: Registertons	Abgegangen: Besatzung
Ostseegebiet	25 160	4 365 454	4 938	593 675	213 421	20 892	3 368 359	9 062	1 599 015	213 315
Darunter Dampfschiffe	13 301	3 617 761	1 283	445 274	165 101	11 601	2 839 396	2 972	1 227 250	165 256
Nordseegebiet	29 788	7 681 743	5 103	471 352	288 377	25 735	5 755 937	9 344	2 418 749	288 632
Darunter Dampfschiffe	13 195	6 471 585	639	331 826	225 304	11 365	4 824 512	2 482	1 982 278	224 971
Deutsches Reich	54 834	12 015 880	10 041	1 065 027	500 567	46 512	9 092 935	18 406	4 017 764	500 714
Darunter Dampfschiffe	26 401	10 058 781	1 922	777 101	389 222	22 871	7 633 333	5 454	3 209 528	389 044

B.

Im Jahre 1890	Deutsche Häfen überhaupt: Schiffe überhaupt: Schiffe	Deutsche Häfen überhaupt: Schiffe überhaupt: Registertons	Deutsche Häfen überhaupt: Darunter fremde: Schiffe	Deutsche Häfen überhaupt: Darunter fremde: Registertons	Außerdeutsche europ. Häfen: Schiffe überhaupt: Schiffe	Außerdeutsche europ. Häfen: Schiffe überhaupt: Registertons	Außerdeutsche europ. Häfen: Darunter fremde: Schiffe	Außerdeutsche europ. Häfen: Darunter fremde: Registertons	Außereuropäische Häfen: Schiffe überhaupt: Schiffe	Außereuropäische Häfen: Schiffe überhaupt: Registertons	Außereuropäische Häfen: Darunter fremde: Schiffe	Außereuropäische Häfen: Darunter fremde: Registertons
	Angekommen				Angekommen				Angekommen			
Gesamtzahl	39 973	2 560 563	2605	386 255	22 737	7 422 610	14 333	4 823 537	2165	3 097 734	995	1 078 462
Darunter Dampfschiffe	13 976	1 714 968	606	290 451	13 032	6 620 989	8 214	4 366 911	1315	2 499 925	432	719 241
	Abgegangen				Abgegangen				Abgegangen			
Gesamtzahl	40 159	2 524 063	2684	368 253	23 016	7 893 796	14 641	5 253 824	1743	2 692 840	581	675 447
Darunter Dampfschiffe	13 900	1 672 488	569	268 914	13 226	6 864 184	8 400	4 618 941	1199	2 306 189	302	498 266

und in Süddeutschland solche in untergeordnetem Maße die Donau nebst ihren reißenden Nebenflüssen mit dem Main, ergiebiger aber den Rhein mit Saône und Mosel verknüpfen. Im ganzen verfügte (1890) das Deutsche Reich über etwa 11400 km schiffbare Wasserstraßen. In folgender Tabelle ist die Entwicklung der Schiffahrt an den Hauptverkehrspunkten der deutschen Ströme dargestellt. Als wichtigere Verkehrspunkte sind die nachstehenden Orte für eine allgemeine Zusammenstellung besonders geeignet: Schmaleningken (für das Gebiet des Niemens), Königsberg i. Pr. (Pregel), Thorn (Weichsel), Cüstrin (Warthe), Breslau (Oder), Berlin (Spree), Hamburg, Magdeburg und Schandau (Elbe), Bremen (Weser), Koppelschleuse bei Meppen (Ems), Emmerich, Ruhrort, Köln und Mannheim (Rhein), Mannheim (Neckar), Güdingen (Saar), Altkirch-Zollgrenze (Rhein-Marne-Kanal) und für den Bromberger Kanal die zweite Schleuse.

An diesen Hauptverkehrspunkten gestaltete sich der gesamte Schiffsverkehr (1881—90) folgendermaßen:

Durchschnittlich jährlich bez. im Jahr	Zu Berg durchgegangen (Einfuhr)					Zu Thal durchgegangen (Ausfuhr)				
	Beladen	Unbeladen	Tragfähigkeit der beladenen und unbeladenen Schiffe	Geladene Güter	Flöße	Beladen	Unbeladen	Tragfähigkeit der beladenen und unbeladenen Schiffe	Geladene Güter	Flöße
	Zahl	Zahl	1000 t	1000 t	1000 t	Zahl	Zahl	1000 t	1000 t	1000 t
1881—85	56 170	20 547	11 704	6 973	413	58 296	11 365	11 247	7345	1905
1886	57 859	24 159	13 453	7 758	370	62 604	13 100	12 757	8244	1691
1887	64 092	23 713	14 768	8 727	406	68 771	12 276	13 809	8841	1811
1888	58 663	25 624	14 341	9 343	497	65 149	10 211	13 698	9664	2156
1889	60 475	23 399	15 457	10 140	552	63 641	12 705	14 161	8871	2541
1890	58 589	25 563	16 188	10 603	590	61 306	13 729	15 338	9872	2509

Die Ziffern für zu Berg durchgegangene Flöße entfallen mit geringen Ausnahmen (Berlin) auf den Bromberger Kanal, diejenigen für zu Thal durchgegangene Flöße auf Schmaleningken, Königsberg, Thorn, Cüstrin, Schandau, Mannheim (Neckar und Rhein) und in geringerer Zahl auf Berlin, Breslau, Hamburg-Entenwärder, Magdeburg, Bremen, Köln und den Rhein-Marne-Kanal.

Näheres über den Schiffsverkehr findet sich unter den Einzelartikeln der Verkehrspunkte, der größen Flüsse, der Kanäle und der Deutschen Bundesstaaten.

III. **Eisenbahnwesen** s. Deutsche Eisenbahnen und die **Übersichtskarte der Eisenbahnen im Deutschen Reiche.**

IV. **Post, Telegraphen- und Fernsprechwesen.** Der größte Teil des Deutschen Reichs hat eine gemeinsame Reichspostverwaltung; nur Bayern und Württemberg haben auf Grund des Art. 52 der Reichsverfassung selbständige königl. Postverwaltungen behalten; aber auch in diesen Staaten steht dem Reiche ausschließlich die Gesetzgebung zu über die rechtlichen Verhältnisse des Post- und Telegraphenwesens dem Publikum gegenüber, über Portofreiheiten und Posttarwesen u. s. w. Mit Österreich-Ungarn hat das Deutsche Reich 7. Mai 1872 einen Postvertrag und seit 5. Okt. 1871 einen Telegraphenvertrag abgeschlossen, denen zufolge das Tarifwesen einheitlich geregelt worden ist. Die oberste Leitung der Deutschen Reichspost liegt in den Händen des Reichspostamts (s. d.), welchem 40 Oberpostdirektionen (s. d.) unterstehen. Über die Organisation der königlich bayr. und württemb. Posten und Telegraphen s. Bayern, Verkehrswesen (Bd. 2, S. 560b), und Württemberg, Verkehrswesen.

Das deutsche Reichspost- und Telegraphengebiet umfaßte Ende 1891 einschließlich der der kaiserl. Oberpostdirektion Hamburg zugeteilten Insel Helgoland (0,59 qkm und 2086 E.) 445 221,23 qkm mit (1890) 41 796 966 E., das königlich bayrische umfaßte 75 864,7 qkm mit 5 583 000 E. und das königlich württemb. Postgebiet 19503,7 qkm mit 2036 000 E.

Ende 1891 waren im Deutschen Reich 26 387 Postanstalten vorhanden, darunter 2406 bayrische und württembergische. Von den 23 981 Postanstalten des Reichspostgebietes waren 569 Postämter erster, 631 zweiter, 2864 dritter Klasse, 429 Zweigpostanstalten, 33 Bahnpostämter, 7029 Postagenturen und 12 414 Posthilfstellen, das sind 18,6 qkm Flächenraum und 1743 E. (nach der Volkszählung von 1890) auf eine Postanstalt. Außer den Postanstalten bestanden im Deutschen Reich 16 486 Postwertzeichenverkaufsstellen, darunter 545 in Bayern, 765 in Württemberg.

Die Zahl der 1891 im gesamten Post- und Telegraphenbetrieb beschäftigten Beamten betrug:

Art der Beamten	Reichspostgebiet	Bayern	Württemberg	Deutsches Reich
Beamte (einschl. Posthalter, die zugleich Vorsteher von Postanstalten sind)	54 930	4 165	1913	61 008
Unterbeamte (ausschließl. der Postillone an reichseigenen u. s. w. Posthaltereien)	60 424	5 144	2545	68 113
Nicht im Beamtenverhältnis stehende Personen	10 655	—	463	11 118
Posthalter (die nicht Vorsteher von Postanstalten sind)	982	313	143	1 438
Postillone	4 326	766	334	5 426
Zusammen	131 317	10 388	5398	147 103
Bei selbständigen Telegraphenämtern waren beschäftigt:				
Beamte	5 768	434	235	6 437
Unterbeamte	1 344	174	64	1 582
Zusammen	7 112	608	299	8 019

Der Umfang des **Postfuhrwesens** (1891) ergiebt sich aus folgender Übersicht:

	Reichspostgebiet	Bayern	Württemberg	Deutsches Reich
Posthaltereien	1 075	486	171	1 732
Posthalter	1 016	486	170	1 672
Postpferde	10 382	2 258	868	13 508
Postreisende	1 908 504	788 319	541 568	3 238 391

ÜBERSICHTSKARTE DER EISENBAHNEN

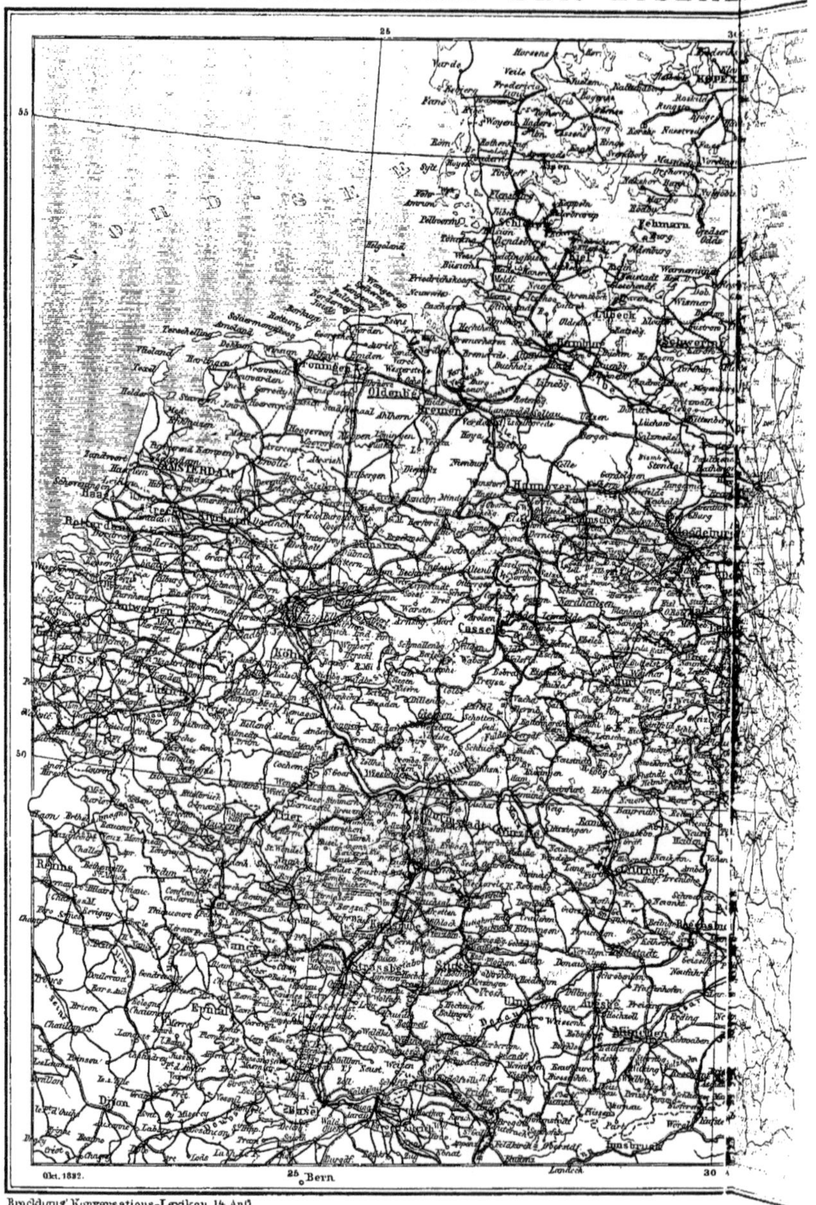

Brockhaus' Konversations-Lexikon. 14. Aufl.

ꞁHNEN IM DEUTSCHEN REICHE.

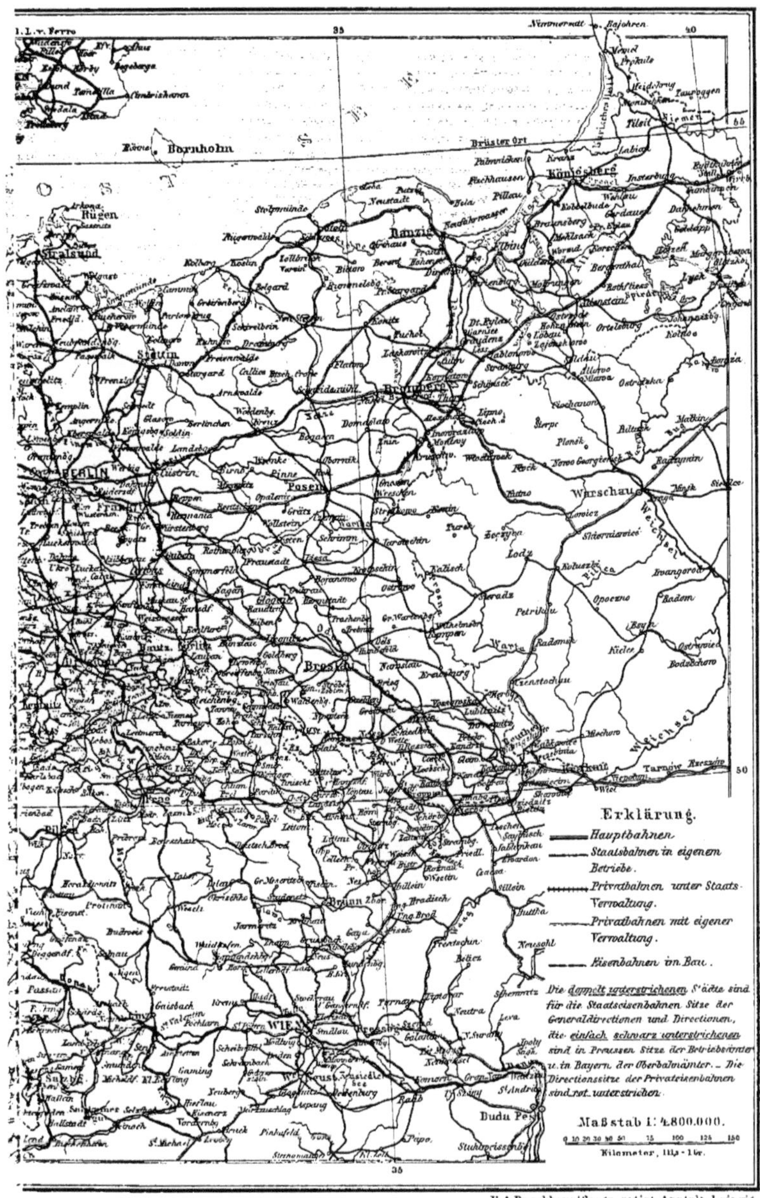

F.A.Brockhaus' Geogr.-artist. Anstalt, Leipzig.

Die Ausgaben für Postfuhrwesen betrugen im Reichspostgebiet 15 313 070 M.

Auf dem flachen Lande haben sich (1881—91) die Postverkehrsverhältnisse innerhalb des Reichspostgebietes besonders durch Errichtung von Posthilfstellen erheblich umgestaltet. Es bestanden (1891) 7029 (1881: 3852) Postagenturen, 12414 Posthilfstellen, 23210 (12564) Bestellreviere, 2186 fahrende Landbesteller und 38 208 (29 603) Landbriefkasten. Die Jahreskosten für die Landbesteller betrugen (1890) 15591700 (6691700) M., für die Landpostfahrten 1697400 M.

Der gesamte Postverkehr im Gebiete des Deutschen Reichs betrug 1890:

Postsendungen	Reichspostgebiet	Bayern	Württemberg	Deutsches Reich
Briefsendungen in 1000 Stück:				
Briefe	999 985	110 366	36 588	1 146 939
Postkarten	343 312	21 710	11 826	376 848
Drucksachen	371 825	24 213	13 723	409 761
Warenproben	25 518	2 318	730	28 566
Postanweisungen	74 782	7 261	3 750	85 793
Postauftragsbriefe	5 702	481	190	6 373
Postnachnahmebriefe	3 783	457	245	4 485
Zeitungsnummern	721 241	97 675	42 534	861 450
Besondere Zeitungsbeilagen	40 386	4 839	2 225	47 450
Zusammen	2 586 534	269 320	111 811	2 967 665
Päckerei- u. Geldsendungen in 1000 Stück:				
Pakete ohne Wertangabe	103 685	9 608	5 962	119 255
Pakete mit Wertangabe	2489	408	218	3 115
Briefe mit Wertangabe	8 115	935	444	9 494
Zusammen	114 289	10 951	6 624	131 864
Betrag der Geldsendungen in 1000 M.:				
Pakete mit Wertangabe	4 714 384	367 405	220 457	5 302 246
Briefe mit Wertangabe	10 166 495	810 951	313 625	11 291 071
Postanweisungen	4 549 350	440 241	208 626	5 198 217
Postaufträge	567 582	59 246	18 437	645 265
Postnachnahmen	101 919	12 459	4 361	118 739
Zusammen	20 099 730	1 690 302	765 506	22 555 538
Gewicht der Päckereien in 1000 kg:				
Pakete ohne Wertangabe	418 820	38 459	24 125	481 404
Pakete mit Wertangabe	10 158	2 344	689	13 191
Zusammen	428 978	40 803	24 814	494 595
Gesamtzahl der durch die Post beförderten Sendungen in 1000 Stück	2 700 823	280 270	118 436	3 099 529

Rohrposteinrichtungen bestehen in Berlin (s. d. [Bd. 2, S. 811 b], 68,08 km), München (s. d., 9,15 km), Hamburg (s. d., 4,7 km) und Stuttgart (s. d., 0,60 km). In Hamburg und Stuttgart dient die Rohrpost lediglich zur beschleunigten Vermittelung von Telegrammen zwischen dem Haupttelegraphenamte und andern Telegraphenbetriebsstellen.

Das **Telegraphennetz** im Deutschen Reiche umfaßt (Ende 1891) einschließlich des Fernsprechnetzes 116 625 km Linien, darunter in Bayern 11835 km, in Württemberg 4825 km, mit 483936 km oberirdischen Leitungen (52 859 km in Bayern, 11 617 km in Württemberg). Die längste direkte Linie ist diejenige zwischen Berlin und Rom mit 1935 km. Die Länge der großen unterirdischen Telegraphenlinien betrug (Ende Juni 1892) 6330 km Linien mit 42 913 km Leitungen. Die hauptsächlichsten sind die Kabel Berlin-München (741 km mit 5187 km Leitungen), Berlin-Frankfurt (Main)-Karlsruhe (Baden)-Pforzheim-Enzberg-Stuttgart (811 km bez. 5677 km), Dresden-Hof-Nürnberg-München und im Elsaß Straßburg-Mülhausen. Über die Kabelanlagen in Berlin s. Bd. 2, S. 811 b.

Die **unterseeischen Linien** haben 1887—91 eine ungewöhnliche Vermehrung erfahren durch Ankauf sämtlicher bis dahin noch in den Händen einzelner Privatgesellschaften befindlich gewesenen unterseeischen Kabellinien für das Reich. Die Gesamtlänge aller unterseeischen Kabel (s. d.) beträgt 3409,85 km Linien (7834,12 km Leitungen), der unterirdischen und unterseeischen Kabel überhaupt (1891) 9745,07 km (50532,92 km).

Ende 1890 bestanden 17200 Telegraphenanstalten, darunter 1535 in Bayern und 537 in Württemberg (s. auch Telegraphenverkehr).

Die Gesamtzahl der **Telegramme** (interne, aus dem Auslande, nach dem Auslande, im Durchgang) betrug 1891: 29 595 603; davon kamen auf das Reichspostgebiet 26 557 341, auf Bayern 1 964 546, auf Württemberg 1 073 716.

Die **Einnahmen und Ausgaben** der Posten und Telegraphen im Deutschen Reiche beziffern sich (1891/92) in 1000 M.:

Einnahmen, Ausgaben, Überschuß	Reichspostgebiet	Bayern	Württemberg	Deutsches Reich
Einnahmen	234 998	20 085	10 381	265 464
Darunter für Porto u. Telegrammgebühren	215 310	19 337	9 247	243 894
Laufende Ausgaben	213 165	17 651	9 128	239 944
Überschuß	21 833	2 434	1 253	25 520
Einmalige Ausgaben	6 480	—	—	6 480
Reiner Überschuß	15 353	2 434	1 253	19 040

Die Ausdehnung des **Fernsprechwesens** ist noch immer im Steigen begriffen und zwar nicht nur in den einzelnen Städten, sondern auch in Bezug auf die Verbindung einzelner Städte untereinander und in größern Bezirken.

Es bestanden 31. März 1892:

	Reichstelegraphengebiet	Bayern	Württemberg	Deutsches Reich
Orte mit Stadtfernsprecheinrichtungen	298	19	20	337
Sprechstellen in denselben	62 482	6 342	2388	71 212
Fernsprechapparate bei denselben	72 339	19 306	9071	100 716
Leitungsnetz (km) im Betriebe	110 682	7 291	3920	121 893

Bezirksfernsprecheinrichtungen bestanden (1892) in folgenden Bezirken: 1) im oberschles. Industriebezirk; 2) im rhein. Seidenbezirk; 3) im niederrhein.-westfäl. Industriebezirk; 4) im bergischen Industriebezirk; 5) im Industriebezirk der sächs. und preuß. Oberlausitz; 6) in den Kreisen Halberstadt, Oschersleben und Wernigerode sowie in den Orten Blankenburg (Harz), Quedlinburg und Thale (Harz); 7) Frankfurt (Main) und Umgegend; 8) im Hirschberger Thal; 9) im sächs. Industriebezirk (Lugau-Ölsnitz).

Der **Post- und Telegraphenverkehr in den deutschen Kolonien** hat in letzter Zeit wesentliche Förderung und Erleichterung erfahren. 1887—92 (Ende Juni) sind Postagenturen errichtet worden in den deutschen Schutzgebieten von Kamerun (in Kamerun, Victoria, Bibundi), von Togo (Klein-Popo, Lome), Südwestafrika (Windhoek), Ostafrika (Dar es-Salaam [seit 1892 Postamt], Bagamojo, Tanga, Lindi, Saadani, Pangani, Kilwa), Kaiser

Wilhelms-Land (Stephansort, Friedrich Wilhelmshafen, Herbertshöh) und auf den Marschallinseln (Jaluit). Von diesen haben Dar es-Salaam, Bagamojo und Saadani Telegraphenbetrieb; die beiden erstern sind durch unterseeische Kabel sowohl untereinander als mit der Insel Sansibar verbunden; Saadani ist an Bagamojo mittels einer oberirdischen Leitung angeschlossen. Außer den genannten Postanstalten in deutschen Schutzgebieten befinden sich in überseeischen Ländern noch deutsche Postagenturen in Schang-hai, Tien-tsin und Apia. Das kaiserl. Postamt in Konstantinopel (7 Beamte) vermittelt den Postverkehr der Kaiserlich Deutschen Botschaft und der deutschen Reichsangehörigen daselbst mit dem Heimatlande. Über Postdampferlinien, Post- und Telegraphenschule, Postkrankenkassen, Postunterstützungskasse s. die Einzelartikel.

Staatsrechtliches. (Hierzu: Politische Übersichtskarte des Deutschen Reichs.) I. Das Bundesgebiet besteht aus den Staaten Preußen, Bayern, Sachsen, Württemberg, Baden, Hessen, Mecklenburg-Schwerin, Sachsen-Weimar, Mecklenburg-Strelitz, Oldenburg, Braunschweig, Sachsen-Meiningen, Sachsen-Altenburg, Sachsen-Coburg-Gotha, Anhalt, Schwarzburg-Sondershausen, Schwarzburg-Rudolstadt, Waldeck, Reuß älterer Linie, Reuß jüngerer Linie, Schaumburg-Lippe, Lippe, Lübeck, Bremen und Hamburg, nebst dem Gebiete des Reichslandes Elsaß-Lothringen, umfaßt also außer letzterm 22 monarchische und drei republikanische Einzelstaaten (Art. 1 der 1. Jan. 1871 in Kraft getretenen Reichsverfassung und Gesetz vom 9. Juni 1871 betreffend die Vereinigung von Elsaß und Lothringen mit dem Deutschen Reiche). Die allgemeinen Zwecke des Deutschen Bundes, welcher den Namen «Deutsches Reich» führt, sind, wie der Eingang der Verfassung ausspricht, «der Schutz des Bundesgebietes und des innerhalb desselben gültigen Rechts sowie die Pflege der Wohlfahrt des deutschen Volks». Der Bund ist ein unauflöslicher und daher im Eingange der Verfassung als ein «ewiger» bezeichnet. Er hat eine selbständige, von den Bundesgliedern verschiedene souveräne Bundesgewalt, deren Träger die Glieder des Bundes, als jurist. Einheit betrachtet, sind. Die Ausübung der Funktionen der Reichsgewalt ist durch die Reichsverfassung dem Kaiser und dem aus Vertretern der Mitglieder des Reichs bestehenden Bundesrate (s. d.) übertragen, neben welchen der aus gewählten Abgeordneten des deutschen Volks bestehende Reichstag (s. d.) den die Reichsgewalt konstitutionell beschränkenden Faktor bildet. An seine Zustimmung ist die Reichsgewalt bei der Ausübung gewisser Funktionen gebunden, ihm steht ein allgemeines Recht der Kontrolle in bestimmten Formen zu. Die Gesetzgebung des Reichs ist eine einheitliche für alle Staaten des Reichs in dem Sinne, daß sie von einem gemeinsamen Organ des Reichs ausgeübt wird, im Gegensatz zu der völkerrechtlichen Vereinbarung des vormaligen Deutschen Bundes (Bundesakte vom 8. Juni 1815). Die beiden Faktoren der Reichsgesetzgebung sind der Bundesrat und der Reichstag (Art. 2—5 der Reichsverfassung). Abgesehen von der Vertretung Preußens im Bundesrate sind gewisse Funktionen der Reichsgewalt dem Deutschen Kaiser, welcher stets König von Preußen ist, ausschließlich übertragen (Art. 11—19 der Reichsverfassung). Da aber das Reich eine souveräne Staatsgewalt besitzt, so hat die Selbständigkeit der Einzelstaaten nicht mehr den früher vorhandenen Umfang, sondern unterliegt den durch die Reichsverfassung bedingten Einschränkungen.

Hieraus ergiebt sich in betreff des Verhältnisses der Reichsgewalt und der Staatsgewalten der Einzelstaaten Folgendes: a. Die Verfassungen der Einzelstaaten wie auch die Gesetze und Verordnungen derselben sind durch die Verfassung des Reichs, als des obersten Grundgesetzes, insoweit für aufgehoben oder abgeändert zu erachten, als dieselben mit ihr im Widerspruche stehen oder nicht vereinbar sind. Die Reichsgesetzgebung geht der Landesgesetzgebung vor (Art. 2 der Reichsverfassung); das kann sich auch auf landesverfassungsgesetzliche Bestimmungen erstrecken. b. Die Reichsgesetze erhalten ihre verbindliche Kraft im ganzen Reichsgebiete durch ihre Verkündigung von Reichs wegen, welche vermittelst eines Reichsgesetzblattes geschieht. Somit bedarf es weder einer Publikation der Reichsgesetze durch die Regierungen der Einzelstaaten, noch weniger einer Genehmigung durch dieselben. c. Der Reichsgewalt gebührt das Recht der Überwachung der Ausführung der Reichsgesetze und der Beaufsichtigung der Regierungen der Einzelstaaten in allen zur Zuständigkeit des Reichs gehörigen Angelegenheiten (Art. 4 und 17). Hierin ist nicht nur das Recht zur unmittelbaren Kenntnisnahme und zum unmittelbaren Befehl, sondern auch die Befugnis enthalten, von den Regierungen der Einzelstaaten Auskunft zu fordern und denselben die Vollziehung der Reichsvorschriften aufzugeben, auch dieselben erforderlichenfalls im Wege der Reichsexekution, welche bei Nichterfüllung der verfassungsmäßigen Bundespflichten durch einen Einzelstaat vom Bundesrat zu beschließen und vom Kaiser zu vollstrecken ist (Art. 19), hierzn anzuhalten.

II. Die Verfassung des Deutschen Reichs gewährt dem Reiche eine wirkliche Staatsgewalt und ein in dieser geeinigtes Volk, hierdurch aber dasjenige, was den wesentlichen Unterschied des Bundesstaates von dem bloßen Staatenbunde ausmacht. Die Reichsgesetze verbinden mit ihrer von Reichs wegen erfolgenden Publikation die Angehörigen der Staaten des Reichs unmittelbar und es besteht nicht bloß eine Herrschaft der Reichsgewalt über die Staatsgewalten der Einzelstaaten. Auch steht der Reichsgewalt hinsichtlich der ihrer Zuständigkeit überwiesenen Gegenstände ein erheblicher Teil selbständiger Regierungs- und Verwaltungsbefugnisse zu, welche sie selbst, ohne Vermittelung der Regierungen der Einzelstaaten und zum Teil sogar durch ihre eigenen Beamten ausübt (Art. 4, 11, 18, 36, 48, 50, 53, 56, 63, 64 der Reichsverfassung). Das Reich besitzt nicht allein seine eigenen Finanzquellen, sondern auch das Recht der direkten Besteuerung seiner Angehörigen (Art. 70). Das Volk des Reichs, welches als solches durch das gemeinschaftliche Reichsindigenat (Art. 3, dazu Gesetz vom 1. Juni 1870 über Erwerb und Verlust der Staatsangehörigkeit) politisch geeinigt ist, nimmt als einheitlicher staatlicher Körper durch die gemeinsame von ihm gewählte Volksvertretung (Art. 5, 20 fg.) an der Gesetzgebung und an der Leitung der Reichsangelegenheiten Anteil und wird auch nach außen hin (Art. 11) als einheitliche polit. Macht durch die Reichsgewalt vertreten. Die beiden süddeutschen Staaten Bayern und Württemberg haben sich jedoch in mehrern Beziehungen, ins-

POLITISCHE ÜBERSICHTSKARTE DES

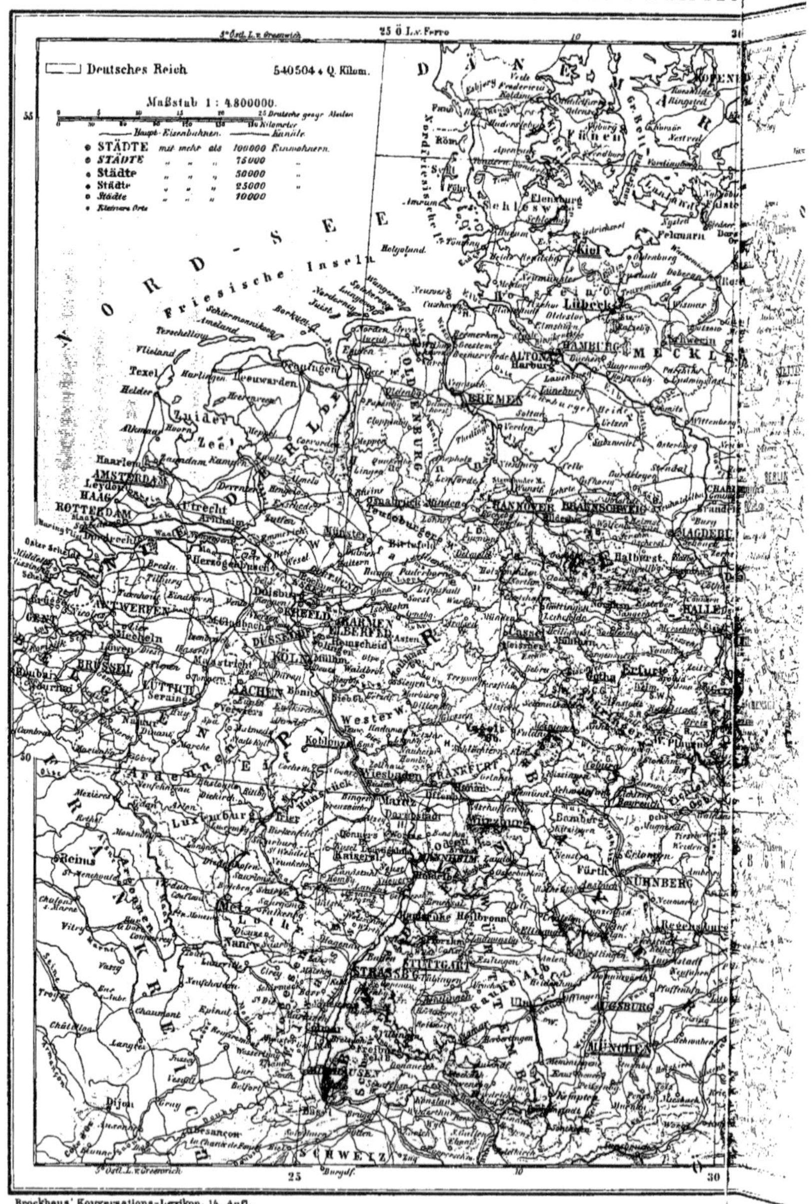

Brockhaus' Konversations-Lexikon. 14. Aufl.

E DES DEUTSCHEN REICHES.

O S T S E E.
Bornholm
Danziger Bucht
KÖNIGSBERG
DANZIG
STETTIN
BERLIN
Frankfurt
Posen
WARSCHAU
BRESLAU
KRAKAU
PRAG
WIEN
Pressburg
BUDA-PEST
Staaten des Deutschen Reiches.
Q. Kilom.
Preussen 348458,4
Bayern 75864,7
Württemberg 19503,7
Sachsen 14992,9
Baden 15081,1
Mecklenb.-Schwerin 13161,6
H. Hessen 7081,8
O. Oldenburg 6423,5
S.W. Sachsen-Weimar 3594,9
Str. Mecklenburg-Strelitz 2929,3
[illegible] Braunschweig [illegible]
S.M. Sachsen-Meiningen 2468,1
A. Anhalt 2294,4
C.G. Sachs.-Cobg.-Gotha 1956,5
S.A. Sachsen-Altenburg 1323,7
L.D. Lippe-Detmold 1215,2
W. Waldeck 1121,0
S.R. Schwarzb.-Rudolst. 940,6
S.S. Schwarzb.-Sondersh. 862,1
R. Reuss jüngere Linie 825,7
S.L. Schaumburg-Lippe 339,7
R. Reuss ältere Linie 316,4
Freie Städte:
Hamburg 414,0
Lübeck 297,7
Bremen 255,8
Reichsland:
Elsass-Lothringen 14509,4
540504,4

F. A. Brockhaus' Geogr.-artist. Anstalt, Leipzig.

besondere hinsichtlich des Heer-, Post-, Telegraphen- und Eisenbahnwesens, der Bierbesteuerung, innerhalb des Bundes Sonderrechte vorbehalten.

Die Staatsgewalt des Deutschen Reichs äußert sich, wie jede Staatsgewalt, formell in doppelter Beziehung, nämlich teils als gesetzgebende, teils als vollziehende Gewalt; ihrem Gegenstande nach aber beziehen sich die materiellen Rechte der Reichsgewalt teils auf die innern Verhältnisse des Reichs, teils auf dessen äußere (auswärtige) Angelegenheiten. Das Recht der Gesetzgebung übt die Reichsgewalt innerhalb des Reichsgebietes nach Maßgabe des Inhalts der Reichsverfassung. Dieses Recht aber steht der Reichsgewalt teils ausschließlich, teils unter einer gewissen Konkurrenz der Einzelstaaten zu. In betreff einer großen Anzahl von Angelegenheiten übt das Reich nämlich nicht das ausschließliche, sondern nur ein mit dem der Einzelstaaten konkurrierendes, dann aber der Landesgesetzgebung vorgehendes Recht der Gesetzgebung.

Die vollziehende oder Regierungsgewalt des Reichs bezieht sich teils auf die innern, teils auf die auswärtigen Angelegenheiten desselben. Auf dem erstgenannten Gebiete steht der Reichsgewalt teils ein ausgedehntes Recht der Überwachung (s. oben I.), teils ein unmittelbares Recht der Verordnung und der Verwaltung zu. Eine unmittelbare Verwaltung hat die Reichsgewalt hinsichtlich mehrerer, zugleich auch der Gesetzgebung des Reichs unterliegenden Gegenstände, nämlich in betreff des Militär- und Marinewesens, der Erhebung und Verwaltung der gemeinschaftlichen Zölle und Verbrauchssteuern, der Reichsanleihen und übernommenen Reichsgarantien, des Post- und Telegraphenwesens; indes steht dieses Recht bezüglich einiger der gedachten Gegenstände der Reichsgewalt nicht ausschließlich, sondern nur unter Mitwirkung der Einzelstaaten zu. Ausschließlich durch die Reichsgewalt erfolgt die Regelung und Leitung der auswärtigen Verhältnisse des Reichs sowie der Marine.

III. Bezüglich der Zuständigkeit der der Reichsgewalt unterliegenden Gegenstände kommt hauptsächlich folgendes in Betracht:

1) Die auswärtigen Verhältnisse des Reichs. Die völkerrechtliche Vertretung des Reichs gebührt ausschließlich dem Kaiser, der das Recht hat, im Namen des Reichs Krieg zu erklären und Frieden zu schließen, Bündnisse und andere Verträge mit fremden Staaten einzugehen, Gesandte zu beglaubigen und zu empfangen. Zur Erklärung des Krieges im Namen des Reichs ist jedoch die Zustimmung des Bundesrats erforderlich, es sei denn, daß ein Angriff auf das Bundesgebiet oder dessen Küsten erfolgt. Was die Verträge mit fremden Staaten betrifft, so bedarf es hinsichtlich solcher, die sich auf zum Bereiche der Reichsgesetzgebung gehörige Gegenstände beziehen, zu ihrem Abschlusse der Zustimmung des Bundesrats und zu ihrer Gültigkeit der Genehmigung des Reichstags (Art. 11 der Reichsverfassung), d. h. sie unterliegen den ordentlichen Formen der Gesetzgebung. Über die allerverschiedensten, teils hochpolitischen, teils rein wirtschaftlichen Dinge sind Staatsverträge des Reichs mit andern Staaten der Welt in allen Erdteilen in Kraft. Neuerdings haben die Deutschen Kolonien (s. d.) im Organismus des Reichs erhebliche Bedeutung gewonnen; ihre Rechtsverhältnisse wurden geordnet durch Gesetze vom 17. April 1886, 31. Juni und 7. Juli 1887, 15. März 1888, 2. Febr. 1889; dazu kommen noch die Gesetze über die von Reichs wegen einzurichtende oder zu unterstützende Postdampferverbindung mit Australien, Ostasien, Ostafrika vom 1. Febr. 1890, 6. April 1885, 27. Juni 1887.

2) Die Grundzüge der Reichskriegsverfassung sind in der Reichsverfassung festgestellt, namentlich im Abschn. XI, der von dem Reichskriegswesen, und im Abschn. IX, der von der Reichskriegsmarine handelt. Die Vorschriften des Abschn. XI kommen jedoch verfassungsgemäß in Bayern nur nach näherer Bestimmung des Bündnisvertrags vom 23. Nov. 1870 unter III, §. 5, und in Württemberg nur nach näherer Bestimmung der Militärkonvention vom 21./25. Nov. 1870 zur Anwendung. Mit allen übrigen Einzelstaaten hat Preußen besondere Militärkonventionen über die Ausführung der Bestimmungen der Reichsverfassung über das Reichskriegswesen abgeschlossen, durch welche in allen wesentlichen Beziehungen die Einheitlichkeit mit den preuß. Heereseinrichtungen herbeigeführt worden ist. Die gesamte Landmacht des Reichs bildet ein einheitliches Heer (Art. 63, Abschn. 1). Da die Durchführung dieses Grundsatzes durch die Herstellung der Einheitlichkeit in der Militärgesetzgebung und in der Organisation des Reichskriegswesens bedingt wird, so hat auch der Art. 4, Nr. 14 der Reichsverfassung vorgeschrieben, daß das Militärwesen des Reichs und die Kriegsmarine der Beaufsichtigung des Reichs und der Gesetzgebung desselben unterliegen, und auf dem Gebiete der Militärgesetzgebung ist die verfassungsmäßig vorgesehene Einheitlichkeit durch das Reichsmilitärgesetz vom 2. Mai 1874 nebst den Gesetzen vom 6. Mai 1880, 31. März 1885, 11. März 1887, 11. Febr. 1888 und 27. Jan. 1890, betreffend Ergänzungen und Abänderungen des Reichsmilitärgesetzes vom 2. Mai 1874, hergestellt worden, an welche Gesetze sich das Gesetz über den Landsturm vom 12. Febr. 1875, jetzt ersetzt durch die Vorschriften des Gesetzes vom 11. Febr. 1888, und das Gesetz vom 15. Febr. 1875, betreffend die Ausübung der militär. Kontrolle über die Personen des Beurlaubtenstandes, die Übungen derselben, sowie die gegen sie zulässigen Disciplinarstrafmittel, anschließen. Auch ist das Militärstrafgesetzbuch für das Deutsche Reich vom 20. Juni 1872 ergangen. Dazu kommen noch zahlreiche Specialgesetze über einzelne Seiten des Militärwesens, insbesondere über Quartier- und Naturalverpflegung, über Kriegsleistungen, Pensionswesen, Versorgung von Witwen und Waisen u. a. m. Die Kosten und Lasten des gesamten Kriegswesens sind, nach Art. 58 der Reichsverfassung, von allen Staaten und deren Angehörigen gleichmäßig zu tragen; von Bayern soll jedoch dieser Verpflichtung nur in der Art entsprochen werden, daß dasselbe die Kosten und Lasten seines Kriegswesens ausschließlich und allein trägt. Die Durchführung dieser Sätze geschieht in der Weise, daß alljährlich durch den Staatshaushaltsetat des Reichs alle Kosten für das Militärwesen festgestellt und dieselben aus den Mitteln des Reichs bestritten werden; für Bayern wird im Reichsetat nur eine Pauschsumme bewilligt, deren Verwendung im einzelnen durch die bayr. Landesgesetzgebung geordnet wird. Den Oberbefehl über die gesamte Landmacht des Reichs im Kriege und Frieden hat die Reichsverfassung (Art. 63, Abschn. 1) dem Kaiser übertragen. Diese Bestimmung findet indes auf Bayern im Frieden keine Anwendung, dessen

Heer danach einen in sich geschlossenen Bestandteil des Reichsheers mit selbständiger Verwaltung, unter der Militärhoheit des Königs von Bayern, und nur im Kriege unter dem Befehle des Kaisers bildet; die Truppen von Württemberg bilden, ebenso wie diejenigen Sachsens und Badens, ein in sich geschlossenes Armeekorps des Reichsheers; das hess. Kontingent bildet eine selbständige Division. (S. Deutsches Heerwesen.)

Die Grundlage des gesamten Reichskriegswesens ist der Grundsatz der allgemeinen Wehrpflicht (Art. 57 der Reichsverfassung), dessen Konsequenzen jedoch selbst in dem Gesetz vom 11. Febr. 1888 immer noch nicht ganz vollständig gezogen worden sind; ein weitreichendes Privileg erteilt das Gesetz vom 8. Febr. 1890 den kath. Klerikern und Studierenden der Theologie. Die Kriegsmarine des Reichs ist, gleich der Landmacht desselben, eine einheitliche unter dem Oberbefehl des Kaisers, welchem die Organisation und Zusammensetzung derselben obliegt und welcher die Offiziere und Beamten derselben ernennt (Art. 53, Abs. 1 der Reichsverfassung). Der Kieler Hafen und der Jadehafen sind Reichskriegshäfen (Art. 52, Abs. 2). Der Aufwand für die Kriegsflotte und die damit zusammenhängenden Anstalten wird aus der Reichskasse bestritten (Art. 53, Abs. 3).

3) Besonders wichtig sind die Bestimmungen, welche die Reichsverfassung über die Thätigkeit der Reichsgewalt für die Förderung von **Handel und Verkehr** getroffen hat. Zunächst hat die Reichsverfassung den auf dem Vertrage vom 8. Juli 1867 beruhenden Zoll- und Handelsverein, welchem auch das Großherzogtum Luxemburg angehört, aufrecht erhalten. Demzufolge bildet, in Gemäßheit der Bestimmungen der Art. 33—40 der Reichsverfassung, das ganze Deutsche Reich ein einheitliches Zoll- und Handelsgebiet, umgeben von gemeinschaftlicher Zollgrenze. Doch hat der Art. 34 der Reichsverfassung bestimmt, daß die Hansestädte Bremen und Hamburg mit einem dem Zwecke entsprechenden Bezirke ihres oder des umliegenden Gebietes als Freihäfen außerhalb der gemeinschaftlichen Zollgrenze bleiben, bis sie ihren Einschluß in dieselbe selbst beantragen. Nachdem die Stadt Hamburg ihren Anschluß an das deutsche Zollgebiet beantragt hat, hat das Gesetz vom 16. Febr. 1882 bestimmt, daß auf dasjenige Freihafengebiet der Stadt Hamburg, welches durch den Antrag derselben auf Einschluß in die gemeinschaftliche Zollgrenze nicht berührt wird, der Art. 34 fortdauernd Anwendung findet. Analog ist das Rechtsverhältnis von Bremen durch das Gesetz vom 31. März 1885 geregelt worden. (S. Zollverein.) Nach den Bestimmungen der Art. 35 und 38 der Reichsverfassung besteht Gemeinschaftlichkeit der Gesetzgebung über die innern Steuern von dem im Umfange des Reichs gewonnenen Salze und Tabak, bereiteten Branntwein und Bier und aus Rüben oder andern inländischen Erzeugnissen dargestellten Zucker und Sirup, und es fließt der Betrag dieser Steuern, gleich demjenigen der Zölle, in die Reichskasse; jedoch ist in den Staaten Bayern, Württemberg und Baden wie auch in Elsaß-Lothringen die Besteuerung des inländischen Biers vorläufig noch der Landesgesetzgebung vorbehalten, wogegen dieselben aber auch an dem in die Reichskasse fließenden Ertrage dieser Steuer keinen Anteil haben und dafür einen entsprechend höhern Matrikularbeitrag bezahlen. Zufolge der Bestimmung des Art. 4, Nr. 2 der Reichsverfassung steht die Zoll- und Handelsgesetzgebung ausschließlich der Reichsgewalt zu. Die Zölle werden erhoben nach den Tarifgesetzen vom 15. Juli 1879, 23. Juni 1882, 20. Febr., 22. und 27. Mai 1885, 18. April 1886, 21. Dez. 1887, 18. April 1889. So wie das Zoll- und Handelsgebiet des Reichs ein einheitliches ist, bilden auch die Kauffahrteischiffe aller Bundesstaaten eine einheitliche Handelsmarine und werden in den Seehäfen und auf allen natürlichen und künstlichen Wasserstraßen der einzelnen Bundesstaaten gleichmäßig zugelassen und behandelt (Art. 54 der Reichsverfassung). Sie haben als Nationalflagge ausschließlich die schwarz-weiß-rote Reichsflagge (Art. 55) zu führen, worüber durch das Reichsgesetz vom 25. Okt. 1867 und die Verordnung von demselben Tage die nähern Vorschriften erteilt sind, dazu noch das Gesetz vom 23. Dez. 1888 sowie mehrere Specialgesetze. Zum Zwecke der Durchführung des Grundsatzes der Einheitlichkeit der Handelsmarine und im gleichmäßigen Interesse der deutschen Schiffahrt hat die Reichsverfassung dann ferner bestimmt, daß die Organisation eines gemeinsamen Schutzes der deutschen Schiffahrt und ihrer Flagge zur See, ferner die Herstellung von Wasserstraßen im Interesse des allgemeinen Verkehrs, endlich der Flößerei- und Schiffahrtsbetrieb auf den mehrern Staaten gemeinsamen Wasserstraßen und der Zustand der letztern sowie die Fluß- und sonstigen Wasserzölle der Gesetzgebung des Reichs und der Beaufsichtigung durch dasselbe unterliegen (Art. 4, Nr. 7—9 der Reichsverfassung). Auch das Konsulatswesen, welches gleichfalls der Gesetzgebung des Reichs und der Beaufsichtigung durch das Reich unterliegt, ist einheitlich, und die gemeinsame konsularische Vertretung wird vom Reiche ausgestattet (Art. 4, Nr. 7). Dasselbe steht unter der Aufsicht des Kaisers, welcher die Konsuln, nach Vernehmung des Ausschusses des Bundesrats für Handel und Verkehr, anstellt (Art. 56). Zur Ausführung dieser Bestimmungen ist das für das ganze Reich in Kraft getretene Gesetz vom 8. Nov. 1867, betreffend die Organisation der Bundeskonsulate sowie die Amtsrechte und Pflichten der Bundeskonsuln, ferner das Gesetz vom 25. März 1880, betreffend die Schiffsmeldungen bei den Konsulaten des Deutschen Reichs, und das Gesetz vom 10. Juli 1879 über die Konsulargerichtsbarkeit ergangen. (S. Konsul.)

4) Das **Post- und das Telegraphenwesen** sind für das gesamte Gebiet des Reichs einheitliche Staatsverkehrsanstalten und werden als solche verwaltet (Art. 48 der Reichsverfassung). Sie unterliegen der Beaufsichtigung des Reichs und der Gesetzgebung desselben (Art. 4, Nr. 10). Die obere Leitung gehört dem Kaiser an (Art. 50). Auf Bayern und Württemberg finden indes diese Bestimmungen keine volle Anwendung, sondern hier gelten die einschränkenden Vorschriften des Art. 52 der Reichsverfassung, wodurch diesen beiden Staaten hinsichtlich des innern Verkehrs volle und bezüglich des Verkehrs mit den angrenzenden, dem Reiche nicht angehörenden Nachbarstaaten eine gewisse Selbständigkeit vorbehalten ist. Übrigens ist das Postwesen für das ganze Reich, einschließlich Bayerns und Württembergs, durch das Gesetz über das Postwesen vom 28. Okt. 1871 nebst Gesetz über Abänderung desselben vom 20. Dez. 1875 und die Posttaxgesetze vom 28. Okt. 1871, 17. Mai 1873 und 3. Nov. 1874 geordnet; das Telegraphenwesen durch Gesetz vom 6. April 1892.

5) Das Eisenbahnwesen stellt der Art. 4, Nr. 8 der Reichsverfassung unter die Beaufsichtigung des Reichs und die Gesetzgebung desselben und die Art. 41—47 erteilen nähere Bestimmungen darüber, die jedoch noch der Ausführung durch ein in Aussicht genommenes Reichseisenbahngesetz entbehren. Doch ist thatsächlich auf dem Verordnungswege eine weitgehende materielle Übereinstimmung auf dem Gebiete des deutschen Eisenbahnwesens hergestellt, indem für Bahnpolizei, Signalwesen, Betriebs- und Tarifwesen, militär. Benutzung der Eisenbahnen in Frieden und Krieg, Fahrpläne u. s. w. einheitliche Vorschriften durch den Bundesrat erlassen wurden.

IV. An der Spitze des Deutschen Reichs steht als Präsident des Bundes der König von Preußen, welcher den Namen **Deutscher Kaiser** (s. d.) führt (Art. 11, Abs. 1 der Reichsverfassung).

Die **Gesetzgebung** des Reichs wird durch den Bundesrat und den Reichstag gemeinschaftlich und zwar dergestalt ausgeübt, daß zu jedem Reichsgesetze, einschließlich des Reichshaushalts-Etatsgesetzes (Art. 69 der Reichsverfassung), die Übereinstimmung der Mehrheitsbeschlüsse beider Versammlungen erforderlich und ausreichend ist (Art. 5, Abschn. 1). (S. Bundesrat und Reichstag.)

V. **Reichsbehörden.** Das Deutsche Reich hat kein verantwortliches Ministerium von kollegialischer Zusammensetzung, sondern nur **einen** verfassungsmäßig verantwortlichen Minister: den Reichskanzler, welchen der Kaiser ernennt und welchem der Vorsitz im Bundesrate und die Leitung der Geschäfte zusteht (Art. 15 und 17). Derselbe ist also der oberste Beamte des Kaisers, für dessen Regierungshandlungen er verfassungsmäßig allein verantwortlich ist. Über die Zulässigkeit einer Stellvertretung des Reichskanzlers hat jedoch das Gesetz vom 17. März 1878 nähere Bestimmung dahin getroffen, daß eine Stellvertretung stattfinden kann sowohl für den ganzen Umfang seiner Amtsgeschäfte, ausgenommen den Vorsitz im Bundesrate, als auch für die einzelnen Geschäftszweige, soweit sie sich in der eigenen und unmittelbaren Verwaltung des Reichs befinden; durch letztere Bestimmung ist die Möglichkeit weiterer Specialisierung der Reichscentralbehörden offen gehalten. Jederzeit kann aber auch bei eingerichteter Stellvertretung der Reichskanzler selbst eingreifen. Verantwortliche Reichscentralstellen sind jetzt: 1) der Reichskanzler, 2) dessen Generalstellvertreter (der Vicekanzler), z. Z. nicht vorhanden, 3) der Staatssekretär des Auswärtigen Amtes, 4) der Staatssekretär des Reichs-Marineamtes, 5) der Staatssekretär des Reichsschatzamtes, 6) der Staatssekretär des Reichs-Postamtes, 7) der Staatssekretär des Reichs-Justizamtes, 8) der Chef des Reichsamtes für die Verwaltung der Reichseisenbahnen, 9) der Staatssekretär des Innern. Das System der Reichsbehörden ist folgendes: 1) In unmittelbarer Unterordnung unter dem Reichskanzler bestehen für sämtliche Verwaltungszweige des Reichs Centralstellen, welche sich gegenseitig koordiniert sind und von welchen einzelne als Stellvertretungsämter des Reichskanzlers bestellt sind, wogegen bei einigen derselben der Gesichtspunkt der Aufsicht überwiegt. Diese Centralstellen sind folgende: a. das Reichsamt des Innern (früher Reichskanzleramt) zufolge der Erlasse vom 12. Aug. 1867, 12. Mai 1871 und 24. Dez. 1879, b. das Auswärtige Amt, c. das Reichs-Marineamt, d. das Reichs-Postamt (Verordnung vom 22. Dez. 1875 und Erlaß vom 23. Febr. 1880), e. das Reichs-Justizamt, f. das Reichsamt für die Verwaltung der Reichseisenbahnen (Erlaß vom 27. Mai 1878), g. das Reichs-Eisenbahnamt (Gesetz vom 27. Juni 1873), h. das Reichsschatzamt (Erlaß vom 11. Juli 1879), i. das Reichsbankdirektorium (Bankgesetz vom 14. März 1875, §§. 26—28). 2) Die Centralfinanzbehörden, welche zwar als selbständige Finanzbehörden der obern Leitung des Reichskanzlers untergeordnet sind, deren Geschäftsgang jedoch von demselben nicht beeinflußt werden darf, nämlich: a. der Rechnungshof des Deutschen Reichs, b. das Reichsbankkuratorium und die Reichsbankkommissare (Bankgesetz vom 14. März 1875, §§. 25 und 36), c. die Reichsschuldenverwaltung und Reichsschuldenkommission (Gesetz vom 10. Juni 1868), d. die Verwaltung des Reichsinvalidenfonds (Gesetze vom 23. Mai 1873, 23. Febr. und 11. Mai 1876, und vom 30. März 1879). 3) Die Richterbehörden des Reichs, nämlich: a. Civil- und Strafgerichtsbarkeit: α) das Reichsgericht in Leipzig (Gerichtsverfassungsgesetz vom 27. Jan. 1877, §§. 125—141, Gesetz vom 11. April 1877), β) die Reichskonsulargerichte (Gesetz vom 10. Juli 1879, und eine Anzahl späterer Gesetze, insonderheit über die Ausübung der Konsulargerichtsbarkeit in den deutschen Schutzgebieten in Afrika u. s. w.); b. die Disciplinargerichte (Gesetz vom 31. März 1873, §§. 86 fg., und Gesetz vom 5. Nov. 1874), c. die Verwaltungsgerichte, nämlich: α) das Bundesamt für Heimatswesen (Gesetz vom 6. Juni 1870, §§. 42 fg.), β) das verstärkte Reichs-Eisenbahnamt (Gesetz vom 27. Juni 1873, §. 5, Ziffer 4), γ) das Reichspatentamt, zugleich Verwaltungsbehörde für Erteilung der Patente (Patentgesetz vom 25. Mai 1877, jetzt vom 7. April 1891, §§. 13 fg., und Verordnung vom 18. Juni 1877), δ) das Reichsoberseeamt (Gesetz vom 27. Juli 1877, §§. 29 fg.), ε) die Reichsrayonkommission (Gesetz vom 21. Dez. 1871, §§. 11, 14, 23, 30, 31), ζ) das Reichsversicherungsamt (Gesetz vom 6. Juli 1884). — Die Rechtsverhältnisse der Reichsbeamten sind durch das Reichsgesetz vom 31. März 1873 geordnet, zu welchem mehrere ergänzende und abändernde Vorschriften ergangen sind.

VI. Auf Grund der Reichsverfassung und zur Ausführung derselben in betreff der der Gesetzgebung des Reichs unterliegenden Gegenstände sind teils schon zur Zeit des Bestehens des Norddeutschen Bundes, teils nach der Errichtung des an dessen Stelle getretenen Deutschen Reichs eine große Anzahl von Bundes- und Reichsgesetzen ergangen und die erstern zum großen Teil zu Gesetzen für das Reich erklärt worden. Die wichtigsten dieser Gesetze sind, abgesehen von den bereits in dem Vorstehenden erwähnten, folgende: 1) die zur Ausführung des ein gemeinsames Reichsbürgerrecht, die Freizügigkeit und den freien Gewerbebetrieb im Reiche verheißenden Art. 3 der Reichsverfassung ergangenen Gesetze, nämlich das Gesetz über das Paßwesen vom 12. Okt. 1867, das Gesetz über die Freizügigkeit vom 1. Nov. 1867, das Gesetz über die Gleichberechtigung der Konfessionen in bürgerlicher und staatsbürgerlicher Beziehung vom 3. Juli 1869, das Gesetz wegen Beseitigung der Doppelbesteuerung vom 13. Mai 1870, vor allen das Gesetz über die Erwerbung und den Verlust der Reichs- und Staatsangehörigkeit vom 1. Juni 1870 nebst dem Gesetze vom 20. Dez.

1875, betreffend die Naturalisation von Ausländern, welche im Reichsdienste angestellt sind, und die Gewerbeordnung vom 21. Juni 1869, nebst dem Gesetze vom 8. April 1876, betreffend die Abänderung des Tit. VIII der Gewerbeordnung, den Gesetzen vom 17. Juli 1878, 18. Juli 1881, 1. Juli 1883, 8. Dez. 1884, 23. April 1886, 6. Juli 1887, 27. Febr. 1888, 1. Juni 1891, betreffend Abänderungen der Gewerbeordnung, und den Gesetzen vom 7. April 1876 und 1. Juni 1884 über die eingeschriebenen Hilfskassen, welche als Gesetze für das ganze Reich gelten, wogegen das gleichfalls hierher gehörige, die Verpflichtung zur Armenpflege regelnde Gesetz über den Unterstützungswohnsitz vom 6. Juni 1870 für Bayern und das Reichsland Elsaß-Lothringen nicht in Kraft getreten sind; 2) die Maß- und Gewichtsordnung für den Norddeutschen Bund vom 17. Aug. 1868, welche im ganzen Reiche Geltung erlangt hat, nebst den Ergänzungsgesetzen vom 10. März 1870, 7. Dez. 1873, 20. Juli 1881 und 11. Juli 1884 sowie das Münzgesetz vom 9. Juli 1873 nebst Abänderungsgesetz vom 20. April 1874; 3) das Gesetz vom 11. Juni 1870, betreffend das Urheberrecht von Schriftwerken, Abbildungen, musikalischen Werken und Kompositionen, die Gesetze vom 9. und 10. Jan. 1876, betreffend das Urheberrecht von Werken der bildenden Künste und betreffend den Schutz der Photographien gegen unbefugte Nachbildung, das Gesetz vom 11. Jan. 1876, betreffend das Urheberrecht von Mustern und Modellen, das Gesetz vom 30. Nov. 1874 über den Markenschutz, die unter V. genannten Patentgesetze und das Gesetz vom 1. Juni 1891, betreffend den Schutz von Gebrauchsmustern; 4) die auf Grund des Art. 4, Nr. 13 der Reichsverfassung erlassenen Gesetze, nämlich das Gesetz vom 14. Nov. 1867, betreffend die vertragsmäßigen Zinsen, modifiziert durch das Gesetz über den Wucher vom 24. Mai 1880; die Gesetze vom 29. Mai 1868 über die Aufhebung der Schuldhaft, vom 1. Juli 1868, betreffend die Schließung und Beschränkung der öffentlichen Spielbanken, das Gesetz vom 4. Juli 1868, betreffend die privatrechtliche Stellung der Erwerbs- und Wirtschaftsgenossenschaften, jetzt ersetzt durch das Gesetz vom 1. Mai 1889, das Gesetz vom 5. Juni 1869, betreffend die Einführung der Deutschen Wechselordnung, der Nürnberger Wechselnovellen und des Deutschen Handelsgesetzbuchs als Reichsgesetze, und die Gesetze vom 21. Juni 1869, betreffend die Beschlagnahme des Arbeits- und Dienstlohns, das Gesetz vom 11. Juni 1870 mit dem sehr viel strengern Gesetz vom 18. Juli 1884, betreffend die Kommanditgesellschaften auf Aktien und die Aktiengesellschaften, das Gesetz vom 20. April 1892, betreffend die Gesellschaften mit beschränkter Haftung; desgleichen das Reichsgesetz vom 7. Juni 1871, betreffend die Verbindlichkeit zum Schadenersatz für die bei dem Betriebe von Eisenbahnen, Bergwerken u. s. w. herbeigeführten Tötungen und Körperverletzungen (sog. Haftpflichtgesetz), sowie das Gesetz vom 17. Febr. 1875, betreffend das Alter der Großjährigkeit, das Strafgesetzbuch für das Deutsche Reich vom 15. Mai 1871 nebst den Ergänzungsgesetzen vom 10. Dez. 1871, 26. Febr. 1876, 24. Mai 1880 und 13. Mai 1891, dazu das sog. Dynamitgesetz vom 9. Juni 1884; ferner 5) das Bankgesetz vom 14. März 1875 nebst Statut der Reichsbank vom 21. Mai 1875, ergänzt und revidiert durch das Gesetz vom 18. Dez. 1889; 6) das Gesetz vom 6. Febr. 1875 über die Beurkundung des Personenstandes und die Eheschließung, und 7) das Impfgesetz vom 8. April 1874. Ganz besonders hervorzuheben sind endlich 8) die Reichsgesetze über die Gerichtsverfassung und das gerichtliche Verfahren, nämlich das Gerichtsverfassungsgesetz vom 27. Jan. 1877, nebst dem Gesetze vom 11. April 1877 über den Sitz des Reichsgerichts, die Civilprozeßordnung vom 30. Jan. 1877, die Strafprozeßordnung vom 1. Febr. 1877, die Konkursordnung vom 10. Febr. 1877, die Rechtsanwaltsordnung vom 1. Juli 1878, nebst der Gebührenordnung für Rechtsanwälte vom 7. Juli 1879, das Gerichtskostengesetz vom 18. Juni 1878 und die Gebührenordnung für die Gerichtsvollzieher vom 24. Juni 1878, nebst dem Gesetze vom 29. Juni 1881, betreffend die Abänderung von Bestimmungen des Gerichtskostengesetzes und der Gebührenordnung für die Gerichtsvollzieher. Endlich sind 9) noch besonders hervorzuheben die großen und tief eingreifenden Socialgesetze über Krankenversicherung der Arbeiter vom 15. Juni 1883, 28. Jan. 1885 und 10. April 1892, Unfallversicherung vom 6. Juli 1884, 15. März 1886, 5. Mai 1886, 11. Juli und 13. Juli 1887, Invaliditäts- und Altersversicherung vom 22. Juni 1889.

Finanzwesen. Das Reichsfinanzwesen hat die Reichsverfassung dergestalt geregelt, daß zuvörderst (im Art. 69) vorgeschrieben ist, daß alle Einnahmen und Ausgaben des Reichs für jedes Jahr veranschlagt und auf den Reichshaushaltsetat gebracht werden müssen, welcher vor Beginn des Etatsjahres durch ein Gesetz festzustellen ist. Zur Bestreitung der Ausgaben dienen zunächst die etwaigen Überschüsse der Vorjahre, ferner die aus den Zöllen, den gemeinschaftlichen Verbrauchssteuern und aus dem Post- und Telegraphenwesen fließenden Einnahmen; insofern aber hierdurch die Ausgaben nicht gedeckt werden, müssen, so bestimmt die Reichsverfassung, solange Reichssteuern nicht eingeführt sind, die fehlenden Beträge durch Beiträge der einzelnen Bundesstaaten nach Maßgabe ihrer Bevölkerung (Matrikularbeiträge) aufgebracht und sollen durch den Reichskanzler ausgeschrieben werden (Art. 70 der Reichsverfassung). Das Finanzwesen des Reichs beruht auf den Zöllen (s. oben III, 3) und indirekten Steuern; von letztern kommt jetzt in erster Linie die Branntweinsteuer nach Gesetz vom 24. Juni 1887, abgeändert 7. April 1889, in Betracht, welches auch für die süddeutschen Staaten gilt; seitdem sind bisher thatsächlich Matrikularbeiträge nicht mehr erhoben, vielmehr werden sehr bedeutende Überschüsse an die Einzelstaaten hinausbezahlt; formell ist allerdings durch ein höchst kompliziertes System der Gesetzgebung das Institut der Matrikularbeiträge erhalten worden. Als eine zur Reichskasse fließende Steuer ist demnächst auch die durch das im ganzen Reichsgebiete eingeführte Gesetz vom 10. Juni 1869 angeordnete Wechselstempelsteuer, abgeändert durch das Gesetz vom 4. Juni 1879, eingeführt worden. Auch gehören die durch das Gesetz vom 1. Juni 1881 und 29. Mai 1885, betreffend die Erhebung von Reichsstempelabgaben, sowie die durch das Gesetz vom 3. Juli 1878, betreffend den Spielkartenstempel, erzielten Erträge zu den dem Reiche zustehenden Einnahmen. Die gemeinschaftlichen Ausgaben werden in der Regel nur für ein Jahr, können jedoch in besondern Fällen auch für eine längere Dauer bewilligt werden (Art. 71 der Reichsverfassung).

In Fällen eines außerordentlichen Bedürfnisses kann im Wege der Reichsgesetzgebung auch die Aufnahme von Anleihen sowie die Übernahme von Garantien zu Lasten des Reichs erfolgen (Art. 73). Über die Verwendung aller Einnahmen des Reichs muß durch den Reichskanzler dem Bundesrate und dem Reichstage zur Entlastung jährlich Rechnung gelegt werden (Art. 72).

Im Ressort des Reichsschatzamtes arbeiten die Verwaltung des Reichskriegsschatzes, die vom Bundesrate und Reichstage beschickte Reichsschuldenverwaltung und die Reichshauptkasse als Comptoir der Deutschen Reichsbank, welche letztere die finanziellen Angelegenheiten des Reichs besorgt. Eine besondere Behörde ist die Verwaltung des Reichsinvalidenfonds. Überwacht und auch im einzelnen geprüft werden die Einnahmen und Ausgaben sämtlicher Reichsbehörden durch den Rechnungshof des Deutschen Reichs, den die preuß. Oberrechnungskammer zu Potsdam bildet. Bis 1876 fiel das Etats- mit dem Kalenderjahr zusammen; aus Rücksicht auf die Geschäftsdauer der gesetzgebenden Körperschaften ist der Anfang desselben von 1877 ab jedoch auf 1. April verlegt worden.

Die fortdauernden Ausgaben, welche mit dem Ausbau der Reichseinrichtungen naturgemäß nach und nach immer größer geworden, betragen nach dem Reichshaushaltsetat für das Etatsjahr 1892/93: 990 674 864 M. in folgenden Haupttiteln:

1) Bundesrat*	—	M.
2) Reichstag	423 213	»
3) Reichskanzler u. Reichskanzlei	150 360	»
4) Auswärtiges Amt	9 901 205	»
5) Reichsamt des Innern	19 896 750	»
6) Verwaltung des Reichsheers	427 285 158	»
7) Marineverwaltung	45 298 839	»
8) Reichsjustizverwaltung	2 048 826	»
9) Reichsschatzamt	356 059 740	»
10) Reichseisenbahnamt	308 240	M.
11) Reichsschuld	60 865 800	»
12) Rechnungshof	625 648	»
13) Allgemeiner Pensionsfonds	42 646 531	»
14) Reichsinvalidenfonds	25 164 554	»

* Die für den Bundesrat erforderlichen Ausgaben werden aus dem Fonds des Reichsamtes des Innern mit bestritten.

Hierzu kommen die einmaligen Ausgaben für 1892/93 im Betrage von 226 552 106 M., und zwar:

	Ordentlicher Etat M.	Außerordentlicher Etat M.
Reichstag	—	—
Auswärtiges Amt	3032300	—
Reichsamt des Innern	4714966	6000000
Post- und Telegraphenverwaltung	7250748	—
Reichsdruckerei	200000	—
Verwaltung des Reichsheers	38416992	107075700
Marineverwaltung	17112700	22997800
Reichsjustizverwaltung	1071000	—
Reichsschatzamt	331400	4000000
Eisenbahnverwaltung	—	14348500
	72130106	154422000

In der vorstehend zu Ziffer 9 «Reichsschatzamt» nachgewiesenen Summe ist auch derjenige Betrag enthalten, welcher in Gemäßheit des als §. 8 des Zollgesetzes vom 15. Juli 1879 zum Gesetz erhobenen Frankensteinschen Antrags aus den Einnahmen an Zöllen und an Tabaksteuer, soweit diese die Summe von 130 Mill. M. übersteigen, an die Einzelstaaten nach Maßgabe der Bevölkerung, mit welcher sie zu den Matrikularbeiträgen herangezogen werden, zu verteilen ist. Diese Überweisungen werden auf die Matrikularbeiträge nicht angerechnet, sondern direkt an die Staaten abgeführt (s. Matrikel).

Über den Umfang der Überweisungen während der letzten fünf Etatsjahre giebt nachfolgende Zusammenstellung Auskunft (in 1000 M.):

	Staaten	1888/89	1889/90	1890/91	1891/92	1892/93
1	Preußen	168446,7	214593,8	229012,0	200267,6	212203,3
2	Bayern	32283,0	41074,8	43833,3	38331,5	40614,1
3	Sachsen	18952,2	24113,4	25732,9	22503,1	23843,1
4	Württemberg	11883,4	15119,7	16135,1	14109,9	14950,2
5	Baden	9530,2	12126,9	12940,8	11314,9	11989,8
6	Hessen	5697,6	7249,3	7736,1	6765,1	7168,0
7	Mecklenburg-Schwerin	3425,6	4358,6	4651,3	4067,5	4309,7
8	Sachsen-Weimar	1869,9	2379,1	2538,9	2220,2	2352,4
9	Mecklenburg-Strelitz	585,9	745,5	795,6	695,7	737,1
10	Oldenburg	2030,3	2588,0	2761,9	2415,3	2559,1
11	Braunschweig	2218,3	2822,5	3012,0	2634,0	2790,8
12	Sachsen-Meiningen	1279,9	1628,4	1737,8	1519,7	1610,2
13	Sachsen-Altenburg	961,7	1223,6	1305,7	1141,8	1209,8
14	Sachsen-Coburg-Gotha	1184,2	1506,8	1607,9	1406,1	1489,9
15	Anhalt	1478,1	1880,6	2006,9	1755,0	1859,5
16	Schwarzburg-Sondershausen	438,4	557,8	595,2	520,5	551,5
17	Schwarzburg-Rudolstadt	499,3	635,3	678,0	592,9	628,2
18	Waldeck	337,0	428,7	457,5	400,1	423,9
19	Reuß älterer Linie	333,0	423,6	452,1	395,3	418,9
20	Reuß jüngerer Linie	658,7	838,1	894,4	782,1	828,7
21	Schaumburg-Lippe	221,6	281,9	300,9	263,1	280,8
22	Lippe	733,8	933,7	996,4	871,4	921,2
23	Lübeck	403,0	512,7	547,1	478,5	507,0
24	Bremen	741,6	1248,4	1339,5	1171,3	1241,1
25	Hamburg	2290,4	3907,8	4194,2	3667,3	3885,8
26	Elsaß-Lothringen	9317,4	11854,9	12651,0	11063,1	11721,9
	Zusammen	277801,2	355033,9	378914,5	331353,0	351096,0

Aus den eigenen **Einnahmen** des Deutschen Reichs erfolgt, soweit möglich, die Deckung der Ausgaben. Zunächst treten 1) die Zölle und Verbrauchssteuern ein, deren Reinertrag von den Einzelstaaten bez. Verbänden an die Reichskasse abzuführen ist; für 1892/93 sind veranschlagt: die Zölte auf 339,451 Mill., die Tadalsteuer auf 10,773 Mill., die Zuckersteuer auf 68,096 Mill. (Materialsteuer 11,573 Mill., Verbrauchsabgabe 56,523 Mill.), die Salzsteuer auf 41,514 Mill., die Branntweinsteuer auf 120,059 Mill. (Maischbottich- und Branntweinmaterialsteuer 17,452 Mill., Verbrauchsabgabe und Zuschlag zu derselben 102,607 Mill.), die Brausteuer und Übergangsabgabe von Bier auf 23,877 Mill. M. Die Einnahme aus der Besteuerung des inländischen Bieres in Bayern, Württemberg, Baden und Elsaß-Lothringen gelangt nicht in die Reichskasse, sondern verbleibt den genannten Staaten, welche dagegen an den in die Reichskasse fließenden betreffenden Steuereinnahmen nicht teilnehmen oder entsprechend höhere Matrikularbeiträge entrichten. Die Aversa von Bundesgebieten außerhalb der Zollgrenze sind veranschlagt auf 63960; zusammen die Zölle und Verbrauchssteuern auf 603,833 Mill. M. Ferner sind veranschlagt 2) die Reichsstempelabgaben auf 37,109 und zwar Spielkartenstempel 1,2, Wechselstempelsteuer 7,04, Stempeladgade für Wertpapiere 28,219, Statistische Gebühren 0,63 Mill. M., 3) die Post- und Telegraphenverwaltung (ohne Bayern und Württemberg) auf 21,222 Mill., 4) die Reichsdruckerei auf 1,258 Mtili., 5) die Eisenbahnverwaltung auf 19,824 Mill., 6) das Bankwesen auf 4,772 Mill., 7) verschiedene Verwaltungseinnahmen auf 12,063 Mill., 8) der Reichsinvalidenfonds auf 25,164 Mill., 9) Zinsen aus delegten Reichsgeldern 295000, 10) aus der Veräußerung von Parzellen des ehemaligen Stettiner Festungsterrains 1096906 M., überschüsse aus frühern Jahren 15,308 Mill. und 11) die Matrikularbeiträge auf 320,859 Mill. M., zusammen 1062804970 M. Hierzu treten als außerordentliche Deckungsmittel 154422000 M., nämlich aus dem Reichstagsgebäudefonds 4, aus Anleihen 147,312 und aus sonstigen Deckungsmitteln 3,11 Mill. M. Außer den für die Verwaltung nötigen Gebäuden und ihrer Ausstattung, den Armeevorräten u. dgl., den Betriebsfonds einzelner Verwaltungszweige, dem Kriegsschatze und den für bestimmte Zwecke angewiesenen und delegten Fonds besitzt das Reich als werbendes Vermögen die mit Elsaß-Lothringen erworbenen und seitdem weiter ausgeführten Eisenbahnen.

Die von den Einzelstaaten zu zahlenden **Matrikularbeiträge** detrugen im Finanzjahre 1883/84 insgesamt 92,706, 1884/85: 84,433 Mill. M. Seitdem sind sie stetig gewachsen: 1885/86 auf 122,425, 1886/87 auf 139,206, 1887/88 auf 186,928, 1888/89 auf 219,362, 1889/90 auf 228,121, 1890/91 auf 312,402, 1891/92 auf 326,721 Mill. M. Für 1892/93 sind 320,847 Mill. M. veranschlagt. Davon kommen auf Preußen 188,1 Mill. M., auf Bayern 41,1, Sachsen 22,0, Württemberg 14,9, Baden 11,5, Hessen 6,2, Hamburg 3,9, Mecklenburg-Schwerin 3,6, Elsaß-Lothringen 11,2 Mill. M. Von den übrigen Staaten zahlen 3 mehr als 2 Mill., 5 üder 1, der Rest weniger als 1 Mill. M. Näheres s. Matrikel.

Die **Reichsschulden** bestanden (31. März 1891) in 1317797,7 Mill. M. verzinslichen Schuldverschreibungen, 120 Mill. M. Reichskassenscheinen, zusammen in 1437815,7 Mill. M., dazu Zinsrückstände 4776600 M.

In das Schulden- und Anleihewesen des Deutschen Reichs gewähren die folgenden drei übersichten Einblict: Tabelle A zeigt den Staud der Bundes- und Reichsschulden nach dem Nennwert am Schluß der Kalenderjahre 1868, 1870 und 1875 sowie der Etatsjahre 1877—1890/91 (in 1000 M.).

In den J. 1877—1884 wurden vierprozentige, 1885—89 dreieinhalbprozentige, 1890 und 1891 dreiprozentige Anleihen aufgenommen. Der zu beschaffende Barkredit detrug 1877—91 insgesamt 1552,507 Mill. M.; der Nennwert der Schuldverschreibungen 1317,797, der dare Reinerlös 1298,814 Mill. M. Wie sich im einzelnen die Posten (in 1000 M.) verteilen, zeigt die umstehende Tabelle B.

A.

Termin	Schuldverschreibungen (verzinsliche)		Schatzanweisungen		Darlehnskassenscheine (unverzinsliche)	Reichskassenscheine (unverzinsliche)	Generalsumme	Dazu Zinsrückstände
	der Bundesanleihe	der Reichsanleihen	(verzinsliche)	(unverzinsliche)				
Ende 1868	—	—	10800,0	—	—	—	10800,0	160,7
1870	267069,9	—	129578,4	—	88953,0	—	485601,3	1574,2
1875	45,0	—	15,3	—	63,2	120199,5	120323,0	6,2
31. März 1877	34,8	16300,0	3,3	13300,0	54,2	168741,2	198433,5	—
1878	30,3	72203,6	1,2	70866,0	52,3	166718,9	309872,3	17,9
1879	24,5	138860,7	—	60004,0	—	163097,9	361987,1	52,3
1880	24,2	218057,6	—	10000,0	—	159444,8	387526,6	92,5
1881	24,0	267786,5	—	40000,0	—	155819,0	463629,5	140,0
1882	24,0	319239,0	—	17000,0	—	152164,2	488427,2	182,2
1883	24,0	348951,5	—	—	—	148504,9	497480,4	205,9
1884	23,4	373125,2	—	22000,0	—	144845,6	539994,2	235,5
1885	23,4	410000,0	—	35000,0	—	141186,3	586209,7	250,4
1886	23,4	440000,0	—	44000,0	—	137527,8	621551,2	298,0
1887	18,0	486201,0	—	54150,0	—	133868,5	674237,5	300,0
1888	18,0	721000,0	—	—	—	130211,7	851229,7	450,4
1889	18,0	883755,9	—	—	—	126552,4	1010326,3	644,9
1890	18,0	1117981,8	—	—	—	122909,0	1240908,8	832,6
1891	18,0	1317797,7	—	—	—	120000,0	1437815,7	4776,6

B.

Jahrgang der Reichsanleihen	Zu beschaffender Barkredit überhaupt	An Schuldverschreibungen sind veräußert nach dem Nennwert	mit einem baren Reinerlös von
a. Vierprozentige Reichsanleihen:			
1877	77 731,3	82 000,0	77 564,9
1878	97 484,9	101 000,0	97 502,8
1879	68 021,1	68 000,0	66 716,4
1880	37 627,2	38 000,0	38 493,5
1881	64 912,9	64 000,0	64 938,0
1882	29 674,4	29 000,0	29 627,1
1883	28 387,1	28 000,0	28 954,3
1884	40 982,7	40 000,0	41 908,0
b. Dreieinhalbprozentige Reichsanleihen.			
1885	42 520,6	36 000,0	36 010,4
1886	35 738,9	35 000,0	34 441,1
1887	238 005,0	240 000,0	239 184,0
1888	394 855,4	380 000,0	389 952,3
1889	90 390,9	6 797,7	6 656,0
c. Dreiprozentige Reichsanleihen.			
1890	255 696,0	170 000,0	146 865,3
1891	50 479,3	—	—

C. Die verschiedenen Finanzgemeinschaften sind an den Krediten und Reichsschulden am Schluß des Etatsjahres 1890/91 (in 1000 M.) folgendermaßen beteiligt:

C.

Finanzgemeinschaften	Betrag des Kredits	Ersparnisse an den bezüglichen Ausgaben	Der Kredit ermäßigt sich demnach auf	Davon sind durch Veräußerung von Schuldverschreibungen a. zu 4, b. zu 3½, c. zu 3 Proz. im Nennbetrage von	flüssig gemacht	Der Kredit war mithin noch offen mit
A. Sämtliche Bundesstaaten	1 366 740,5	13 440,8	1 353 299,7	a. 311 616,0	308 313,7	230 419,2
				b. 664 715,3	672 897,6	
				c. 163 985,4	141 669,2	
B. Bundesstaaten mit Ausschluß von Bayern	115 653,3	4 936,6	110 716,7	a. 79 152,4	79 682,6	3 458,6
				b. 24 430,1	24 480,7	
				c. 3 582,3	3 094,8	
C. Bundesstaaten mit Ausschluß von Bayern und Württemberg	70 113,9	507,4	69 606,5	a. 59 231,6	57 708,7	931,0
				b. 8 652,3	8 865,5	
				c. 2 432,3	2 101,3	
Zusammen (Ende März 1891)	1 552 507,7	18 884,8	1 533 622,9	a. 450 000,0	445 705,0	234 808,8
				b. 697 797,7	706 243,8	
				c. 170 000,0	146 865,3	

eines der mancherlei Mittel, um die Durchbildung des Richterstandes zu fördern. Wenn erst in ganz Deutschland auch die noch sehr verschiedene Dotierung der Richterstellen gleichmäßig und nach dem Muster der in dieser Beziehung am weitesten vorangeschrittenen Einzelstaaten geordnet, und wenn durchgängig eine dem Bedürfnis entsprechende Anzahl von Richterstellen eingerichtet ist, so wird den Landesjustizverwaltungen Gelegenheit gegeben sein, aus dem starken Nachwuchse junger Juristen zum fernern Gedeihen des deutschen Gerichtswesens immer die tüchtigsten und an Zahl ausreichenden Kräfte für den Richterstand heranzuziehen. In der Einrichtung des Reichsgerichts hat das Deutsche Reich den Zweck nahezu erreicht, dem durch die einheitliche Gesetzgebung geschaffenen einheitlichen Recht und dem den größern deutschen Rechtsgebieten gemeinsamen bürgerlichen Recht die gleichmäßige Anwendung zu sichern. Zwar ist das Reichsgericht nur Spruchbehörde, ohne jeden Einfluß auf die Durchführung seiner Entscheidungen und ohne jede Teilnahme an der Justizverwaltung; seine Zuständigkeit erstreckt sich nicht auf die freiwillige Gerichtsbarkeit, und seine Kompetenz in Civilprozeßsachen beginnt erst bei dem nicht unerheblichen Streitwert von 1500 M.; sie ist auf die Entscheidung der Rechtsfrage beschränkt und an die thatsächlichen Feststellungen der Vorderrichter gebunden.

Die Organisation hätte also Raum gelassen für zahlreiche Kollisionen und unausgetragene Meinungsverschiedenheiten. Der deutsche Richterstand aller Instanzen hat aber seine Befähigung, diese Mängel zu überwinden, glänzend bewährt. Die Oberappellationsgerichte und Obertribunale der deutschen Einzelstaaten erfreuten sich eines auf ihren Leistungen beruhenden berechtigten Ansehens. Aber noch ist keine Stimme laut geworden, welche sich von der Spruchpraxis des deutschen Reichsgerichts hinweg nach frühern Zeiten zurückgesehnt hätte.

Gerichtswesen. Seit Gründung des Deutschen Reichs ist durch die oben (S. 150 b) verzeichneten Reichsgesetze über die Gerichtsverfassung und das gerichtliche Verfahren das Gerichtswesen wesentlich umgestaltet. Es ist zunächst eine einheitliche Organisation der Gerichte erreicht, welche von den den einzelnen Bundesstaaten angehörigen Amtsgerichten (s. d.), Landgerichten (s. d.) und Oberlandesgerichten (s. d.) zu dem dem Reiche zugehörigen Reichsgericht (s. d.) emporsteigt. (S. Gericht und Gerichtsverfassung.) Der maßgebende Grundsatz im Vergleich mit der frühern Organisation war bei den kollegialisch eingerichteten Land- und Oberlandesgerichten eine Erweiterung der Sprengel, um stärker besetzte Gerichtshöfe zu gewinnen, gewiß

Der Organisation der Gerichte analog geht die der den Einzelstaaten angehörigen Staatsanwälte (s. d.) und der Reichsanwälte (s. d.) beim Reichsgericht mit der Spitze des Oberreichsanwalts. Bei den einzelnen Gerichten ist eine Anzahl zum großen Teil tüchtiger, würdiger und selbst ausgezeichneter Rechtsanwälte thätig, durch deren Teilnahme an dem gerichtlichen Verfahren das durch die Prozeßordnungen neu gestaltete mündliche Verfahren schnell sichere Anwendung gefunden hat.

Die Reichsgesetzgebung hat in Handelssachen (s. d.) und in erstinstanzlichen Strafsachen (s. Schwurgericht und Schöffengericht) für die Heranziehung des Laienelements Sorge getragen. Die Meinungen darüber, ob in letzterer Beziehung nicht eine gleichmäßigere Einrichtung, verbunden mit einer durchgehenden Berufung in allen Streitsachen wünschenswerter gewesen wäre, ringen noch mit der weit verbreiteten Vorliebe für die Schwurgerichte. Die Reichsjustizgesetze haben auch ein gleichmäßiges Verfahren in Civilprozeßsachen (s. Civilprozeß), Konkurssachen (s. Konkursverfahren) und Strafsachen (s. Strafprozeß) für das ganze Deutsche Reich eingeführt. Es hat nicht an Stimmen gefehlt, welche Einzelheiten des neuen Verfahrens lebhaft getadelt haben; die bessernde Hand, welche die gesammelten Erfahrungen benutzt, wird auch auf die Dauer nicht ausbleiben. Aber auch in Bezug auf das geltende Verfahren läßt sich behaupten, daß wir vorwärts geschritten sind. Es wird jetzt namentlich schnellere Justiz gewährt; das streng durchgeführte mündliche Verfahren ist frischer und ansprechender als das früher im größten Teil Deutschlands geltende halbe oder gar ganze schriftliche Verfahren des Civilprozesses. Und auf dem größern Gebiete des Deutschen Reichs werden die Reformen des deutschen Strafverfahrens sicherer und umfassender durchzuführen sein als vorher in den Einzelstaaten.

Das Deutsche Reich hat weiter eine Einheitlichkeit des materiellen Rechts, über welches die Gerichte zu urteilen haben, auf dem Gebiete des Strafrechts (s. d.) gebracht und auf einzelnen Gebieten des bürgerlichen Rechts namentlich für das Patentwesen, den Musterschutz, das Urheberrecht. Handelsgesetzgebung und Wechselordnung sind formell Reichsrecht geworden, somit der Abänderung der Einzelgesetzgebung entrückt. Auf dem großen Gebiete des bürgerlichen Rechts gelten sonst noch große Verschiedenheiten (s. Bürgerliches Gesetzbuch für das Deutsche Reich); das hat zur Folge, daß nicht alle Civilprozeßsachen in letzter Instanz an das Reichsgericht gebracht werden können. Bei Streitigkeiten über das Landesrecht urteilt in Bayern das Oberste Landesgericht in München in dritter Instanz; in Sachsen sind die Urteile des Oberlandesgerichts in Dresden, soweit das Bürgerliche Gesetzbuch zur Anwendung kommt, so wenig revisibel, wie die Urteile anderer Oberlandesgerichte, wenn der betreffende Rechtssatz nicht zugleich im Bezirk eines andern Oberlandesgerichts gilt. Das wird anders werden, wenn erst das angebahnte Bürgerliche Gesetzbuch im Deutschen Reiche gilt. Vgl. die Artikel Landrecht, Gemeines Recht, Französisches Recht.

Heerwesen. Bezüglich des Deutschen Reichsheers und der Marine s. Deutsches Heerwesen, ferner s. Deutsches Festungssystem.

Wappen. Der Reichsadler des jetzigen Deutschen Reichs ist nach kaiserl. Erlaß vom 3. Aug. 1871 der heraldische, schwarze, einköpfige, rechtssehende Adler mit rotem Schnabel, Zunge und Klauen, ohne Scepter und Reichsapfel. Auf seiner Brust liegt der königl. preuß. Wappenschild (silbern mit einem schwarzen Adler, der auf der Brust den in Silber und Schwarz gevierten hohenzoll. Stammschild trägt), um den sich die Kette des Schwarzen Adlerordens schlingt. Durch kaiserl. Erlaß erhielt 1889 der Adler eine heraldisch strengere Durchführung, der silberne Wappenschild eine kleinere, strengere Form; auch ist die Ordenskette kreisförmig um den nunmehr stärker gebogenen Hals des Adlers gelegt. Über dem Haupte des Reichsadlers schwebt die Reichskrone, von der zu beiden Seiten goldene, mit Arabesken verzierte Bänder abfliegen. Die Reichsbehörden führen diesen Adler in ihren Siegeln freischwebend. (S. Tafel: Wappen der wichtigsten Kulturstaaten, Fig. 6.) Vgl. Stillfried-Alcantara, Die Attribute des neuen Deutschen Reichs (3. Aufl., Berl. 1882).

Flaggen. In der deutschen Kriegsmarine werden folgende Flaggen geführt: Standarten nur von Fürstlichkeiten, in Booten oder auf Schiffen, die sie besuchen. Die Kaiserstandarte (s. Tafel: Deutscher Kaiser. Wappen, Kronen und Standarten bei Artikel Deutscher Kaiser) wird gesetzt im Großtop des Schiffs, auf dem sich der Kaiser befindet; dieselbe wird von allen Schiffen auf Reede mit je 33 Schuß salutiert. Die Standarten der deutschen Bundesfürsten und königl. Prinzen werden mit 21 Schuß salutiert. Auch für die Kaiserin ist eine besondere Standarte (s. Deutscher Kaiser) vorhanden. Die Kriegsflagge (s. Tafel: Flaggen des Deutschen Reichs, Fig. 1) des Deutschen Reichs zeigt ein schwarzes Kreuz auf weißem Grunde, in der Mitte den preuß. Adler; das obere innere Feld enthält die deutschen Farben Schwarz-Weiß-Rot in Horizontalstreifen mit dem Eisernen Kreuz in der Mitte. Die deutsche Handelsflagge (Fig. 2) hat die deutschen Farben in Horizontalstreifen. Die Kommandozeichen der Schiffe, die nur beim Heißen der Standarte des Kaisers, der Kaiserin oder des Kronprinzen gestrichen werden, sind: 1) die Flaggen der Admirale (Fig. 11, 13, 14, 15); 2) die Kommodore-, Divisions- und Flottillen-Stander (Fig. 16, 17, 18); 3) der Kriegswimpel (Fig. 19). Es gilt der Grundsatz, daß auf jedem Schiffe nur ein Kommandozeichen, und zwar des Höchstkommandierenden, an Bord wehen darf. Kommandozeichen dürfen nur von in Dienst befindlichen Kriegsschiffen, nicht aber von Kauffahrern geführt werden. Der kommandierende Admiral führt eine weiße Flagge mit dem Eisernen Kreuz, in dessen Mitte eine goldene Kaiserkrone sich befindet; dieselbe wird im Großtop gesetzt und von einem Schiff, gewöhnlich dem des ältesten Offiziers, mit 17 Schuß salutiert (s. Admiral). Hat das Schiff weniger als drei oder nur einen Mast, dann ist die Kommandoflagge mit einem besondern Abzeichen versehen, welches in Deutschland darin besteht, daß die Flagge des Viceadmirals neben der andern Zeichnung noch eine schwarze Kugel und die des Konteradmirals deren zwei zeigt. Diese Abzeichen haben auch die Admiralsflaggen in den Booten. Der Kommodore (s. d.) führt einen ausgezackten weißen Stander mit eisernem Kreuz im Großtop, der mit 11 Schuß salutiert wird. Der Flottillenstander ist derselbe wie der vorige, doch wird er an einer kleinen Rahe befestigt, weht daher bannerartig horizontal aus; er wird ebenso wie der dreieckige Divisionsstander im Großtop gesetzt. (S. Flottille und Division.) Jedes in Dienst gestellte Kriegsschiff, auf dem der Kommandant (s. d.) der Rangälteste ist, führt den Wimpel im Großtop, einen schmalen weißen Streifen Flaggentuch, am Ende gespalten, der am Liek das eiserne Kreuz trägt.

Als Unterscheidungszeichen, die neben dem Kommandozeichen unter Umständen gesetzt werden,

FLAGGEN DES DEUTSCHEN REICHS.

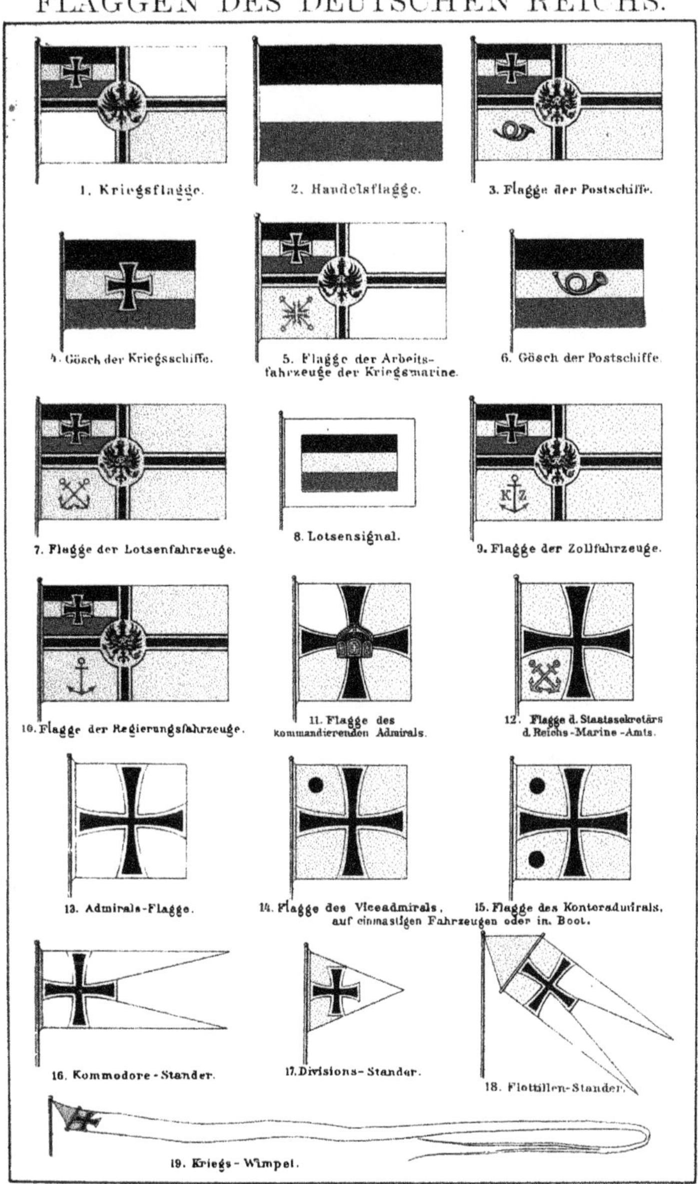

Brockhaus' Konversations-Lexikon. 14. Aufl.

F.A.Brockhaus' Geogr.-artist. Anstalt, Leipzig.

gelten die Flagge des Staatssekretärs (Fig. 12) des Reichs-Marineamtes, die Admiralsflagge mit zwei gekreuzten goldenen Ankern im untern innern Felde, die bei Anwesenheit des Staatssekretärs im Großtop gesetzt wird, sowie der Anciennetätsstander, dem Kommodorestander gleich, der im Kreuztop vom rangältesten Kommandanten mehrerer zusammenliegender Kriegsschiffe gesetzt wird. Über die übrigen Figuren der Tafel s. Flaggen.

Kirchenwesen. Die Besitz- und Rechtsverhältnisse der evang. und kath. Kirche waren für die einzelnen deutschen Staaten durch den Westfälischen Frieden festgestellt worden. Allein im Laufe des 18. Jahrh. und vor allem durch den Reichsdeputationshauptschluß von 1803 traten so bedeutende Veränderungen ein, daß die frühere Ordnung konfessionell geschlossener Staatsgebiete nicht mehr festgehalten werden konnte, weil an dieselben Gebietsteile mit andersgläubiger Bevölkerung angeschlossen wurden. Bisher kath. Länder, wie Bayern, erwarben eine ansehnliche Zahl prot. Städte und Dörfer, und in prot. Staaten, wie Preußen und Württemberg, wurden große Länderstrecken mit kath. Unterthanen einverleibt. So gebot es sich von selbst, an Stelle des veralteten Rechtssatzes Cujus regio ejus religio (s. d.), der schon längst unbrauchbar geworden, die Politik der Gleichberechtigung und vollen Religionsfreiheit für die beiden großen Kirchen und ihre Anhänger zu setzen. Dem entspricht seit den Befreiungskriegen die Praxis der Regierungen und die staatliche Gesetzgebung. Bei freier Religionsübung empfangen Protestanten und Katholiken überall in Deutschland gleiche Rechte. Durch besondere Verhandlungen mit der Kurie werden die Beziehungen der kath. Kirche zu dem Staate geordnet (s. Konkordat). Nur diejenigen neu auftretenden kirchlichen Gemeinschaften, welche, wie der Deutschkatholicismus, die Freien Gemeinden und die aus England und Amerika eindringenden Sekten der Irvingianer, Methodisten, Baptisten u. a., weder der kath. noch einer evang. Kirche angehören wollten, begegneten Schwierigkeiten und Anfechtungen; ebenso die Altlutheraner, die aus der 1817 in Preußen und anderwärts herbeigeführten Union zwischen Lutheranern und Reformierten Anlaß zur Trennung von den Landeskirchen nehmen zu müssen glaubten; während die ältere Brüdergemeine (Herrnhuter), im Bekenntnis mit der evang. Kirche gleichstehend, schon früher Duldung gefunden hatte.

Nach Aufrichtung des neuen Deutschen Reichs blieben zwar die kirchlichen Angelegenheiten den Einzelstaaten überlassen, doch nötigten die Umstände zu einigen dem Deutschen Reich gemeinsamen gesetzgeberischen Maßregeln entscheidender Art. Dahin gehört zunächst die gesetzliche Bestimmung, daß die bürgerlichen und staatlichen Rechte aller Deutschen unabhängig vom Religionsbekenntnis sein sollen. Nur die Jesuiten und die ihnen verwandten Orden wurden als Friedensstörer aus den Grenzen des Reiches verbannt. Den Geistlichen und Religionsdienern wurde durch den «Kanzelparagraphen» der Mißbrauch der ihnen zugesicherten Redefreiheit zu Schmähungen, ja auch nur zu öffentlicher Erörterung von Staatsangelegenheiten in einer den öffentlichen Frieden gefährdenden Weise bei strenger Strafe verboten, dagegen den Kirchen und anerkannten Religionsgesellschaften der staatliche Schutz gegen jede Beschimpfung ihrer Einrichtungen und Gebräuche gewährt. Von durchgreifender Bedeutung wurde das Gesetz über Beurkundung des Personenstandes, das die Führung der Geburts-, Ehe- und Sterberegister in die Hand staatlicher Beamten legte, denen auch die bürgerliche Eheschließung übertragen ward. Damit war zum erstenmale die religiöse und kirchliche Freiheit für alle gewährleistet. Der socialen Gesetzgebung der Neuzeit zugehörig, aber doch für die Kirchen und das religiöse Leben wichtig, ist die gesetzliche Sicherung der Sonntagsruhe (seit 1. Juli 1892) und gewisser gottesdienstlicher Stunden.

Die römisch-katholische Kirche in Deutschland zerfällt in fünf Erzbistümer (Kirchenprovinzen), denen 14 Suffraganbistümer unterstehen, nämlich Bamberg (Bistümer Eichstätt, Würzburg, Speier), München-Freising (Augsburg, Regensburg, Passau), Freiburg (Fulda, Limburg, Mainz, Rottenburg), Gnesen-Posen (Bistum Kulm) und Köln (Münster, Trier, Paderborn). Das Erzbistum Freiburg bildet die oberrhein. Kirchenprovinz (die kath. Kirchengebiete von Baden, Hessen-Nassau und Württemberg), das Erzbistum Köln die niederrhein. Kirchenprovinz. Selbständig, unmittelbar unter dem Papste (exemt), stehen das Fürstbistum Breslau, die fürstbischöfl. Delegatur Berlin, die Bistümer Ermland, Osnabrück, Hildesheim, Straßburg, Metz. Weiteres, namentlich über die Geschichte der Erzbistümer, s. unter den betreffenden Städteartikeln. Die Fürst-Erzbischöfe von Prag und Olmütz haben von alters her in den ihnen benachbarten deutschen Gebieten noch bischöfl. Rechte, ebenso der Fürstbischof von Breslau in Österreichisch-Schlesien. Außerdem bestehen noch apostolische Vikariate in Anhalt, Sachsen und Norddeutschland (der Nordischen Mission), apostolische Präfekturen für die Oberlausitz (in Bautzen) und Schleswig-Holstein. Der päpstl. Nuntius hat seinen Sitz in München. Die Altkatholiken haben einen eigenen Bischof mit dem Sitz in Bonn, der aber in Bayern nicht anerkannt ist.

Die evangelische Kirche in Deutschland bildet nicht einen einheitlichen Organismus, zerfällt vielmehr in verschiedene Landeskirchen, die ihre Angelegenheiten selbständig ordnen. Einige von ihnen betonen gegenüber der in Altpreußen, Baden, Rheinpfalz und Nassau eingeführten Union ihren evang.-luth. Charakter, wie Mecklenburg, Sachsen, Altbayern, die Provinzen Hannover und Schleswig-Holstein, mit besonderer Schärfe, und hier bestehen neben den luth. Landeskirchen und von ihnen streng geschieden reform. Gemeinden, z. B. in Leipzig, Dresden, Göttingen, Münden, Ostfriesland, Hamburg u. a. Fast überall ist in den evang. Landeskirchen die Presbyterial- und Synodalverfassung eingeführt, die gewählten Laienvertretern einen geringen oder größern Einfluß auf das Kirchenwesen sichert. Jede Ortskirchengemeinde hat einen aus dem oder den Predigern und einer gewissen Zahl von Laien bestehenden Gemeindekirchenrat (Kirchenvorstand oder Presbyterium); für die Kreis-, Bezirks-, Provinzial- und Landeskirchenverbände bestehen Kreis-, Bezirks-, Provinzial-, Landessynoden. Die Verhältniszahl der Geistlichen zu den Laienvertretern schwankt zwischen 1:1 und 1:3. Die kirchliche Centralgewalt wird im Namen des Landesfürsten (summus episcopus) unter Beirat des obersten Synodalvorstands von einem eigenen aus Juristen und Geistlichen zusammengesetzten Kollegium (Oberkirchenrat oder Oberkonsistorium) ausgeübt; unter diesem stehen, gleichfalls kollegialisch wie jene zusammengesetzt, die Provinzialkonsistorien, beraten von den Provinzialsynodalvorständen. Wie in den kath. Kirchen die Seelsorger und Ortspfarrer den Erzpriestern und Dechanten und diese wieder den Bischöfen unterstellt sind, so stehen in den evang. Landeskirchen die Prediger und Ortspfarrer unter Superintendenten (Dekanen) und diese wiederum unter Generalsuperintendenten. Die letztern sind durch ihr Amt Mitglieder der obern Kirchenbehörden.

Die Kirchenbehörden haben seit 1846 in der allzweijährigen Eisenacher Kirchenkonferenz (s. d.) ihrer Abgeordneten eine Stelle zur Beratung gemeinsamer Angelegenheiten geschaffen. Die alle Evangelischen angehende Fürsorge für die Diaspora übt der Gustav-Adolf-Verein (s. d.). Zur Wahrung der deutsch-evang. Interessen und zur Abwehr der ultramontanen An- und Übergriffe ist neuerdings der Evangelische Bund (s. d.) gestiftet. Der Deutsch-evang. Kirchengesangverein widmet sich der Pflege des deutsch-evang. Kirchengesangs. Das Bedürfnis nach Einigung der evang. Kirchen rief 1848 den Deutsch-evang. Kirchentag, eine freie Versammlung von Geistlichen und Laien, in das Leben, der aber seit 1872 wieder eingegangen ist. Dagegen hat seit 1863 der Protestantenverein (s. d.), gestiftet zum Zweck der Erneuerung der prot. Kirche im Geist evang. Freiheit und im Einklang mit der gesamten Kulturentwicklung, die Idee einer deutschen evang.-prot. National- oder Volkskirche vertreten.

Über die ziffernmäßige Ausbreitung der Konfessionen s. oben Bevölkerung (S. 121b fg.).

Unterrichtswesen. In Bezug auf Volksbildung nimmt das deutsche Volk unter allen Völkern eine der ersten Stellen ein. Hervorzuheben ist die infolge des Schulzwanges (s. Schulen) und der Anforderungen an Einjährig-Freiwillige (s. d.) fast allgemeine Verbreitung einer gewissen schulmäßigen Bildung und andererseits die hohe Blüte der wissenschaftlichen Forschung. Die Schulbildung der Bevölkerung hat auch in der neuesten Zeit Fortschritte gemacht, denn die Zahl der in das Heer und in die Flotte eingestellten Rekruten (bei denen die sämtlich mit Schulkenntnissen ausgestatteten Freiwilligen nicht mitgezählt sind), welche weder lesen noch schreiben konnten, betrug in den Ersatzjahren 1880/81: 1,59 Proz., 1881/82: 1,54, 1882/83: 1,32, 1883/84: 1,27, 1884/85: 1,21, 1885/86: 1,08, 1886/87: 0,72, 1887/88: 0,71, 1888/89: 0,60, 1889/90: 0,51, 1890/91: 0,54 Proz. Über die Zahl der Analphabeten in den einzelnen deutschen Bundesstaaten und preuß. Provinzen s. Analphabeten (Bd. 1, S. 572).

Die Zahl der Volks- und Elementarschulen betrug (1890) etwa 59000 mit über 8 Mill. Schülern (auf je 1000 E. kamen etwa über 160 Elementarschüler). Neben den Volks- und Elementarschulen gab es (1891/92) noch 98 Taubstummenlehranstalten mit 560 Lehrern und 80 Lehrerinnen und 6300 Zöglingen und 32 Blindenlehranstalten. In den letzten Jahren sind in den Einzelstaaten große Summen aufgewendet worden, um den ärmern Volksklassen die aus dem Volksschulwesen erwachsenen Lasten zu erleichtern. Die Ausgaben für Volksschulen und verwandte Anstalten (Taubstummenanstalten u. s. w.) betrugen 1887 25 Mill., 1888 36 Mill., 1889 55 Mill. M.

Für die Ausbildung der Volksschullehrer und Lehrerinnen sorgen Präparandenanstalten (1890: 112), Lehrerseminare (273) und Lehrerinnenseminare (23).

Die Zahl der höhern Mädchen-(Töchter-)schulen ist eine sehr große. Preußen allein hat mehr als 400, Sachsen etwa 30, Bayern 20; dieselben sind zum größten Teil Privatschulen, eine Anzahl ist städtisch und nur wenige sind staatlich, z. B. in Berlin.

Den Übergang von den Volksschulen zu den höhern Schulen bilden die Mittel- oder Bürgerschulen (s. d.), während die Fortbildungsschulen (s. d.) die in der Volksschule erworbenen Kenntnisse zu befestigen, zu vertiefen und in ihrer Anwendung auf das praktische Leben zu erweitern bestimmt sind. Letztere Aufgabe haben besonders die gewerblichen, kaufmännischen und landwirtschaftlichen Fortbildungsschulen, die freilich in den verschiedenen Staaten noch sehr ungleichmäßig ausgebildet sind.

Recht verschieden und teilweise schwankend haben sich die einzelnen deutschen Staaten auch gegenüber den andern Fachschulen verhalten. 1892 gewähren 17 Handels- und 23 Landwirtschaftsschulen durch ihre Schlußprüfung die Freiwilligenberechtigung. Andere Landwirtschaftsschulen (s. d.) fassen, ebenso wie die gewerblichen Schulen (s. Baugewerken-, Werkmeister-, Gewerbeschulen, Technisches Unterrichtswesen), dieses Ziel nicht ins Auge und widmen sich allein der fachlichen Ausbildung.

Zu den höhern Schulen gehören Realschulen (s. d.), Realgymnasien (s. d.) und Oberrealschulen (s. d.), bei denen Mathematik, Naturwissenschaften und neuere Sprachen im Vordergrunde stehen und endlich die Gymnasien (s. d.), welche besonders die alten Sprachen pflegen. Eine Übersicht über die höhern berechtigten Lehranstalten in den deutschen Bundesstaaten im J. 1892 giebt folgende Tabelle:

Staaten	Gymnasien	Progymnasien	Realgymnasien	Realprogymnasien	Oberrealschulen	Realschulen	Höhere Bürgerschulen	Andere Lehranstalten: öffentliche	Andere Lehranstalten: private
Preußen	270	45	90	89	9	19	25	17	19
Bayern	37	—	5	—	—	—	35	7	6
Sachsen	17	—	10	—	—	—	21	5	7
Württemberg	16	3	2	4	3	11	—	1	2
Baden	14	2	2	2	—	6	10	—	2
Hessen	8	2	4	—	—	13	2	1	2
Mecklenburg-Schwerin	7	—	6	2	—	1	2	—	—
Sachsen-Weimar	3	—	2	—	—	—	2	—	2
Mecklenburg-Strelitz	3	—	—	1	—	1	—	—	—
Oldenburg	5	—	—	1	1	1	—	1	—
Braunschweig	6	—	1	1	1	—	1	1	3
Sachsen-Meiningen	2	—	2	—	—	—	1	—	—
Sachsen-Altenburg	2	—	—	1	—	—	—	—	1
Sachsen-Coburg-Gotha	2	1	1	2	—	—	1	—	1
Anhalt	4	—	2	1	—	—	1	—	—
Schwarzb.-Sondershausen	2	—	—	—	—	2	—	—	—
Schwarzb.-Rudolstadt	1	—	—	2	—	—	—	—	1
Waldeck	1	—	—	1	—	—	—	—	—
Reuß älterer Linie	1	—	—	1	—	—	—	—	—
Reuß jüngerer Linie	2	—	1	—	—	—	—	—	1
Schaumburg-Lippe	1	—	—	1	—	—	—	—	—
Lippe	2	—	—	1	—	—	—	—	—
Lübeck	1	—	1	—	—	—	1	—	1
Bremen	2	—	2	1	—	2	—	—	1
Hamburg	2	—	1	1	—	—	2	—	9
Elsaß-Lothringen	17	4	—	—	—	8	3	1	—
Zusammen 1892	428	57	132	112	14	64	107	34	58
Im Jahre 1891	422	57	132	110	15	61	101	33	53

Von den 22 Universitäten des Deutschen Reichs (einschließlich der Akademie zu Münster und der kath.-theol. Fakultät zu Braunsberg) kommen 11 auf Preußen, 3 auf Bayern, 2 auf Baden und je eine auf Sachsen, Württemberg, Hessen, die sächs. Herzogtümer, Mecklenburg und Elsaß-Lothringen. Die meisten haben die vollständigen vier Fakultäten: eine theologische, juristische, medizinische und philosophische; Bonn, Breslau und Tübingen haben eine evang.- und eine kath.-theol. Fakultät; München, Tübingen und Würzburg eine staatswissenschaftliche; Straßburg und Tübingen eine naturwissenschaftliche Fakultät. In München und Würzburg zerfällt die philos. Fakultät in zwei Sektionen, eine philologisch-philosophische und eine mathematisch-naturwissenschaftliche.

Nach einer Statistik der «Hochschul-Nachrichten» (1892) zeigt die Frequenz der deutschen Universitäten folgendes Bild (in den Ziffern der Studierenden sind die Hörer nicht mit einbegriffen):

Universitäten	Jahr der Gründung	Lehrer	Studierende im Sommer	
			1892	1882
Berlin	1810	341	4356	3900
Bonn	1818	132	1397	1061
Braunsberg	1818	9	41	—
Breslau	1811	138	1251	1532
Erlangen	1743	56	1107	575
Freiburg i. Br.	1457	97	1305	721
Gießen	1607	60	573	435
Göttingen	1737	118	771	1083
Greifswald	1456	79	821	659
Halle a. d. S.	1697	133	1403	1377
Heidelberg	1386	112	1156	922
Jena	1558	89	645	570
Kiel	1665	86	612	381
Königsberg i. Pr.	1544	97	692	863
Leipzig	1409	189	3104	3111
Marburg	1527	90	904	776
München	1826	154	3538	2017
Münster	1786	40	423	326
Rostock	1419	44	396	236
Straßburg i. Els.	1872	122	915	823
Tübingen	1477	83	1334	1400
Würzburg	1402	69	1285	1076

Zu den Gründungsjahren ist zu bemerken: die Universität Breslau wurde 1811 vereinigt aus der zu Frankfurt a. O. und der Leopoldina zu Breslau (1702); Halle wurde 1817 vereinigt aus denen zu Halle und Wittenberg (1502). Die Universität München wurde 1472 in Ingolstadt gestiftet, 1802 nach Landshut und 1826 nach München verlegt.

Seit dem J. 1872 ist der Zuwachs an Studierenden ein noch größerer; in den letzten 20 Jahren nahmen zu: Berlin um 2778 (176 Proz.), Bonn um 650, Breslau um 337, Erlangen um 762, Freiburg um 830, Halle um 498, Heidelberg um 585, Leipzig um 900 (40 Proz.), München um 2288 (183 Proz.), Tübingen um 626 und Würzburg um 478. Näheres s. Universitäten und die Artikel der einzelnen Städte. Einige Universitäten zeigen im Winter, andere im Sommer höhern Besuch; bei Leipzig und München ist der Unterschied gering. Berlin hatte dagegen im Winter 1891/92 etwa 1000 Studierende mehr, Bonn, Heidelberg und Freiburg dagegen mehrere Hundert weniger als im Sommer 1892.

Von den 2289 Docenten (außer Braunsberg und Münster) entfallen 53 auf die kathol. und 155 auf die evang.-theol. Fakultät, 220 auf die jurist., 642 auf die medizin. und 1219 auf die philos. Fakultät. Von den 27 565 Studierenden studierten 1080 kath., 3840 evang. Theologie, 6895 Jurisprudenz, 8306 Medizin und 7445 gehörten der philos. Fakultät an (2805 Philosophie und Geschichte, 2248 Mathematik und Naturwissenschaften, 1024 Cameralia und Landwirtschaft, 1368 Pharmacie und Zahnheilkunde). 1855 Studierende waren Reichsausländer.

Neben den Universitäten haben sich in den letzten Jahrzehnten die Technischen Hochschulen (s. d.) eine hervorragende Stellung als Ausgangspunkte geistiger Kultur erworben. Preußen zählt drei (Berlin, Hannover, Aachen), Bayern, Württemberg, Sachsen, Baden, Hessen und Braunschweig besitzen je eine (in der Hauptstadt). Die Gesamtzahl der Professoren und Docenten beläuft sich auf 500, die der Studierenden auf 3700, der Hörer auf 1600.

Für das Studium und die wissenschaftliche Förderung des Berg- und Hüttenwesens, des Forstwesens sowie der Tierarzneikunde sorgen teils einzelne Universitäten und technische Hochschulen, teils besondere Akademien (s. Bergakademie, Forstakademie, Tierheilkunde). Dagegen ist die höhere Ausbildung in Landwirtschaft und Pharmarie jetzt durchgehends den Universitäten und einzelnen technischen Hochschulen zugewiesen.

Über die Lehranstalten für den Dienst im Heer und der Marine s. Kriegsschulen, Kriegsakademie, Marineakademie.

Die Ausbildung in den Künsten und im Kunstgewerbe liegt in den Händen von Kunstakademien (s. d.), unter denen Berlin und München die beherrschenden Stellungen einnehmen, von Kunstgewerbeschulen (s. d.) und von Konservatorien (s. d.) für Musik und Theater.

Neben diesen Lehranstalten bestehen die «Akademien der Wissenschaften» zu Berlin, Göttingen, München und Leipzig, Korporationen zur Pflege der Wissenschaft ohne die Pflicht zu lehren. Ihnen stehen die bedeutendsten Kräfte und große Mittel zur Verfügung, und es werden von ihnen nicht bloß wertvolle Zeitschriften herausgegeben, sondern große wissenschaftliche Unternehmungen jeder Art angeregt und gefördert oder selbst ausgeführt. Rein zur Förderung der Wissenschaft und Technik ist ferner die Physikalisch-Technische Reichsanstalt (s. d.) zu Berlin berufen. — Über die außer den Lehranstalten bestehenden großen Bibliotheken und Museen s. die besondern Artikel.

Vereinswesen. Nach Mitteilung von C. Herm. Serbe's Adressen-Verlagsanstalt in Leipzig bestanden 1892 im Deutschen Reiche folgende Vereine: 1) Arbeiter-Vereine (etwa 8000), und zwar: Arbeiter-, Bergarbeiter-, Fabriksarbeiter-, Fach-, Gesellen- — aller Gewerbe und Gemerke —, Knappschafts-Vereine. 2) Gemeinnützige Vereine (15000), und zwar: Alpen-, Bau-, Beamten-, Bezirks-, Bildungs-, Bürger-, Darlehns-, Erzgebirgs-, Erziehungs-, Feuerwehr-, Fischerei-, Forstwirtschaftliche, Fortbildungs-, Fremdenverkehrs-, Fröbel-, Gebirgs-, Gemeinnützige, Grundbesitzer-, Handlungsgehilfen-, Jagdschutz-, Konsum-, Kreditreform-, Landwirtschaftliche, Mäßigkeits-, Naturheil-, Obstbau-, Orts-, Schreber-, Spar- und Vorschuß-, Städtische, Tierschutz-, Turn-, Verschönerungs-, Versicherungs-, Vogelschutz-, Volksbildungs-, Volkswirtschaftliche, Volkswohl-Vereine. 3) Geselligkeits-Vereine (17000), und zwar: Akademische, Annaburger-, Damen-, Dilettanten-, Dramatische, Familien-, Geselligkeits-, Humoristische, Jugend-, Karneval-, Kasino-, Kegel-, Lese-, Los-, Rauch-, Stat-, Schach-, Spiel-, Theater-, Vergnügungs-Vereine. 4) Gewerbliche und Kaufmännische Vereine (5000), und zwar: Buchdruckereibesitzer-, Buchhändler-, Export-, Fabrikanten-, Gärtner-, Gastwirts-, Gewerbe-, Handels-, Handwerker-, Industrie-, Kaufmännische, Kunstgewerbe-, Meister-, Werkmeister-Vereine. 5) Konfessionelle und religiöse Vereine (2800), und zwar: Altar-, Bibel-, Christliche, Evangelische, Gustav-Adolf-, Jüdische, Jünglings-, Katholische, Missions-, Paramenten-Vereine. 6) **Kunst- und Musik-Vereine** (8000), und zwar: Artistische, Bach-, Chorgesang-, Gesang-, Kantorei-, Kirchengesang-, Konzert-, Künstler-, Kunst-, Männergesang-, Musik-, Oratorien-, Orchester-, Richard Wagner-, Tonkünstler-, Zither-Vereine. 7) **Militär-Vereine** (11000), und zwar: Kameradschaftliche, Kampfgenossen-, Krieger-, Landwehr-, Militär-, Reservisten-, Veteranen-Vereine. 8) **Politische Vereine** (2500), und zwar: Antisemiten-, Demokratische, Deutsch-sociale, Freisinnige, Konservative, Liberale, Nationalliberale, Politische, Socialdemokratische, Volks-, Wahl-Vereine, Vereine der Vaterlandsfreunde. 9) **Sammler-Vereine** (200), und zwar: Briefmarkensammler-, Münzsammler-, Philatelisten-, Siegelsammler-, Wappensammler-Vereine. 10) **Sport-Vereine** (5000), und zwar: Amateur-Photographen-, Athleten-, Bicycle-, Croquet-, Eislauf-, Fecht-, Jacht-, Radfahr-, Reiter-, Renn-, Rollschuh-, Ruder-, Schützen-, Schwimm-, Segel-, Sport-, Touristen-, Veloceiped-Vereine. 11) **Wissenschaftliche Vereine** (4000), und zwar: Ärztliche, Altertums-, Anthropologische, Anwalts-, Apotheker-, Architekten-, Astronomische, Entomologische, für Erdkunde, Geschichte, Heilkunde, Heimatskunde, Heraldische, Homöopathische, Ingenieur-, Juristen-, Lehrer-, Litterarische, Medizinische, Naturwissenschaftliche, Pädagogische, Pharmaceutische, Philosophische, Sprach-, Stenographen-, Technische, Tierärztliche, Volapüka-, Wissenschaftliche Vereine. 12) **Wohlthätigkeits-Vereine** (5000), und zwar: Albert-, Armenpflege-, Asyl-, Christbescheerungs-, Ferienkolonie-, Frauen-, Frauenschutz-, Freimaurer-, Herbergs-, Hilfs-, Konfirmandenausstattungs-, Krankenunterstützungs-, Kreuzbrüder-, Pestalozzi-, Rat und That-, Unterstützungs-, Versorgungs-, Wohlthätigkeits-Vereine. 13) **Andere hier nicht genannte Vereine** (etwa 12000).

Theaterwesen. (Statistisches.) Im Deutschen Reich bestehen etwa 400 selbständige Theaterunternehmen, welche ein höheres Kunstinteresse beanspruchen; hiervon sind 20 Theater in eigener fürstl. Verwaltung mit bedeutenden jährlichen Subventionen und zwar die Hoftheater in: Altenburg, Berlin (jährlich über 600000 M.), Braunschweig, Cassel (über 200000 M.), Coburg-Gotha, Darmstadt, Dessau, Dresden, Hannover (über 400000 M.), Karlsruhe, Meiningen, München, Neustrelitz, Oldenburg, Schwerin, Stuttgart (über 400000 M.), Weimar, Wiesbaden (200000 M.); durch kleinere Zuschüsse aus fürstl. Privatschatulle werden außerdem unterstützt: die fürstl. Theater in Gera und Sondershausen, sowie das Gärtnerplatz-Theater in München. — In eigener städtischer Verwaltung sind die Stadttheater in Straßburg i. Els., Freiburg i. Br. und das Hof- und Nationaltheater in Mannheim; letztere Bühne erhält neben städtischer Zuwendung zugleich eine staatliche Unterstützung. An Privatunternehmer verpachtet werden 65 städtische Bühnen; Colberg (gegen einen Prozentsatz der Brutto-Einnahme), Döbeln (15 M. für jede Vorstellung), Düsseldorf (8000 M. für das Jahr; s. weiter unten), Freiberg i. S. (8 M. für den Abend), Guben (300 M. für den Monat), Leipzig (Neues und Altes Theater zusammen 30000 M. für das Jahr, ferner giebt die Stadt kleine Erleichterung für Gas und für Mitwirkung des Gewandhausorchesters); die meisten werden pachtfrei vergeben, wie Chemnitz, Mainz, Breslau u. s. w.; einige erhalten sogar noch kleine Barunterstützung oder Zuwendungen anderer Art aus städtischen Mitteln, wie: Aachen (an vier Wochentagen freies städtisches Orchester), Augsburg (Zuschuß zur Bestreitung des Orchesters u. s. w.), Breslau (frei Gas und Wasser, dagegen trägt der Pächter alle Reparaturen, und es gehen alle von ihm gemachten dekorativen Neuanschaffungen in den Besitz der Stadt über), Chemnitz (frei Gas und wechselnden Barzuschuß), Koblenz (kleiner Zuschuß zur Erhaltung der Oper), Düsseldorf (bei 8000 M. Pachtsumme stellt die Stadt die Bibliothek, Garderobe, Dekorationen, 75000 cbm Gas, 6000 cbm Wasser, sowie verschiedene technische Beamte), Görlitz (Barzuschuß von 2 bis 3000 M.), Lübeck (städtische Subvention), Mainz (frei Orchester und Beleuchtung). Colmar, Danzig, Ingolstadt, Konstanz, Lahr i. B., Landau i. Pf., Landshut i. B., Metz, Posen, Rostock, Stralsund, Ulm, Wismar, Güstrow, Zittau und Zwickau erhalten ebenfalls kleine Barzuschüsse oder andere Erleichterungen seitens der betreffenden Städte. Die Stadttheaterpächter müssen während der Pachtzeit Kautionen stellen und zwar in: Aachen 5000 M., Augsburg 4500, Breslau 5000, Chemnitz 6000, Colberg 900, Düsseldorf 8000, Elbing 600—800, Eßlingen 500, Freiberg i. S. 500, Görlitz 1500, Guben 600, Hanau 600, Heidelberg 1500, Heilbronn 800, Ingolstadt 600, Kempten 600, Koblenz 1500, Königsberg i. Pr. 20000, Landau 300, Landshut 1000, Liegnitz 1500, Mainz 6000, Posen 1500, Stralsund 800, Ulm 3000, Würzburg 5000, Zittan 600, Zwickau 600 M. — In eigener Verwaltung von Aktiengesellschaften mit angestelltem artistischen Leiter sind die Bühnen in Altona, Barmen, Krefeld, Erfurt und Frankfurt a. M. — Von Theater-Aktiengesellschaften an selbständige Unternehmer verpachtet werden die Stadttheater in Köln (Pacht 30000 M.), Elberfeld, Hamburg, Königsberg i. Pr. (Pacht 22000 M.), Lübeck, Goslar, Heilbronn (Pacht 1200 M. für die Saison), Kaiserslautern, Barmen (7000 M.), Magdeburg (24000 M.), Elbing (50 M. für den Abend, 2000 M. für die Saison) u. a. — Außerdem giebt es etwa 100 in Privatbesitz befindliche Theater, welche den ständigen Winterbühnen zugerechnet werden, und ebensoviele stehende Sommertheater; ferner etwa 150 sogenannte «Reisende Direktionen», die meist das ganze Jahr hindurch 5—10 kleinere Städte und Orte mit kleinen Gesellschaften bereisen. — Allen diesen konzessionierten Unternehmen wird eine starke Konkurrenz durch unzählige Privat-Theatervereine bereitet (in Hamburg über 50, Berlin 3—400, kleinere Städte 20—30), die gegen Entree für Mitglieder und Freunde theatralische Vorstellungen veranstalten. — An darstellendem Personal (Schauspieler, Schauspielerinnen, Opernsänger und Sängerinnen) sind beschäftigt: über 70 Solisten an den königl. Hoftheatern in Berlin und München; über 60 Solisten am Hoftheater in Dresden und den vereinigten Stadttheatern in Hamburg-Altona, Leipzig, Frankfurt a. M.; über 50 Solisten am Deutschen Theater in Berlin und den Vereinigten Theatern von Nürnberg-Bamberg-Erlangen-Fürth; über 40 Solisten an den Hoftheatern in Hannover, Karlsruhe, Mannheim, Stuttgart, den Stadttheatern in Augsburg, Breslau, Köln, Danzig, Elberfeld-Barmen, Königsberg i. Pr., Magdeburg, Mainz, Regensburg, Straßburg, sowie am Lessing- und Berliner Theater in Berlin; über 30 Solisten an den Hoftheatern in

Altenburg, Braunschweig, Cassel, Coburg-Gotha, Darmstadt, Dessau, Meiningen, Neustrelitz, Oldenburg, Schwerin, Sondershausen, Weimar und den Stadttheatern in Aachen, Bremen, Chemnitz, Koblenz, Krefeld, Dortmund, Düsseldorf, Freiburg i. Br., Halle, Kiel, Lübeck, Metz, Posen, Stettin, Stralsund, Trier, Ulm, Würzburg, Zittau; ferner in Berlin (Residenztheater), Breslau (Lobe-Theater), Hamburg (Thalia- und Karl Schultze-Theater), Hannover (Residenz-Theater), München (Gärtnerplatz-Theater), Rostock (Thalia-Theater); über 20 Solisten in Detmold (fürstl. Theater), an den Stadttheatern in Elbing, Frankfurt a. O., Göttingen-Eisenach, Guben-Cottbus, Hanau, Ingolstadt, Passau, Landshut, Liegnitz, Neiße-Schweidnitz, Potsdam, Wismar, Güstrow, Zwickau, sowie in Berlin (Wallner-Theater, Krolls Theater, Neues Friedrich Wilhelmstädtisches Theater) und Stettin (Bellevue-Theater). — Bei kleinern Bühnen und reisenden Gesellschaften sind meist 10—18 darstellende Mitglieder engagiert.

Nach ungefährer Schätzung sind im ganzen etwa 12000 Personen als Schauspieler, Sänger, Tänzer und Chorsänger an deutschen Bühnen zu zählen, ungerechnet das zahlreiche Orchester-, Bureau-, technische und Bedienungspersonal. — Über die **Entwicklung** des Theaterwesens in Deutschland s. Deutsches Theater. Vgl. Neuer Theater-Almanach, theatergeschichtliches Jahrbuch der Genossenschaft Deutscher Bühnen-Angehöriger (Berl. 1890—92); Amtliches Akten-Material des Centralbureaus der Genossenschaft Deutscher Bühnen-Angehöriger in Berlin.

Zeitungswesen. Das deutsche Zeitungswesen ist das älteste Europas. Andere Völker ahmten es nach. «Anzeigen, Berichte, Historien, Relationen» wurden besonders seit Erfindung des Buchdrucks in großer Zahl verbreitet, «Fliegende Blätter» nachweislich seit 1488. Will man jedoch an dem Wort «Zeitung» festhalten, so erschien nachweislich der erste gedruckte Bericht unter dieser Form 1505 zu Augsburg («Copia der Newen Zeitung aus Bresilg Land» [d. i. Brasilien], gedruckt durch Erhart Öglin). Die Anfänge der **periodischen** Presse sind indes erst im 17. Jahrh. zu suchen. 1566, bei Gelegenheit der Türkengefahr, erschienen zum erstenmal Zeitungen mit numerierten Blättern in Straßburger und Baseler Druckereien. Die erste **Halbjahrsschrift** gab Jacobus Francus (Konrad Lauterbach) 1561 zu Frankfurt a. M. u. d. T. «Relationes historicae» heraus, welche bis 1792 als «Frankfurter Meßrelationen» fortgesetzt wurden. Die erste **Wochenschrift** und zugleich die älteste deutsche Zeitung im heutigen Sinne ist dagegen das vom Buchhändler Egenolph Emmer 1615 zu Frankfurt a. M. begründete, noch heute als Tageszeitung bestehende «Frankfurter Journal». Vgl. Die ersten deutschen Zeitungen, hg. von Weller in der «Bibliothek des litterar. Vereins in Stuttgart» (Tüb. 1872). In der Heidelberger Universitätsbibliothek befindet sich ein vollständiger Jahrgang der Wochenschrift «Relationen aller fürnemen und gedenkwürdigen Historien» von 1609, welche von andern für die älteste deutsche Zeitung erklärt wird. Seit 1616 erschien in Frankfurt die «Oberpostamtszeitung», deren Fortsetzung man 1766 als «Montägige Frankfurter Kayserl. Reichs-Ober-Post-Amts-Zeitung» nachweisen kann.

Die meisten Zeitungen dieser ersten Zeit verdanken Buchhändlern oder Buchdruckern ihre Entstehung. Allein auch Postbeamte haben sich damals durch die Veröffentlichungen von Zeitungen eine neue Einnahmequelle schaffen wollen. Ebenso hat sich die Post bereits damals, wenn auch nicht ausschließlich, mit dem Vertrieb von Zeitungen beschäftigt. Fürsten und Politiker abonnierten bei Postmeistern nicht nur auf gedruckte, sondern auch auf geschriebene Zeitungen des In- und Auslandes. Die meisten dieser Zeitungen bestanden aus einem halben Bogen in Quart und nur wenige trugen den Namen des Ortes, aus dem sie stammten. In der Zählung der einzelnen Nummern herrscht noch große Verschiedenheit; nicht alle Zeitungen beginnen bei dem Eintritt in das neue Jahr einen neuen Jahrgang. Die Zeitungen unterlagen dem Gesetz nach auch der Censur, die in den kath. Staaten auch sehr streng ausgeübt wurde. In den prot. Ländern haben sie sich zur Zeit des Dreißigjährigen Krieges derselben wenigstens zeitweise zu entziehen gewußt.

Von den Städten, welche schon sehr früh Zeitungen besaßen, sind zu nennen: Straßburg (1609), Wien (1610), Frankfurt a. M. (1615), Berlin (1617), Nürnberg (1620), Hildesheim (1621), Augsburg (1627), München (1627), Hamburg (1628). Auch Leipzig und Köln waren damals schon im Besitz von Zeitungsunternehmungen. Die «Kölnische Zeitung» (s. d.) konnte man bereits 1620 in den Niederlanden lesen. Frankfurter Zeitungen sind im dritten Jahrzehnt in Frankreich verbreitet gewesen; auch nach Italien kamen damals deutsche Zeitungen. Die Fortsetzungen der einzelnen Zeitungsunternehmungen lassen sich nicht immer ganz sicher erkennen, da viele ihre Titel im Laufe der Jahre mehrfach geändert haben. In manchen der erwähnten Städte wurden sogar zwei und mehrere Zeitungen gedruckt, wie es sich z. B. von Frankfurt a. M. im zweiten, dritten und vierten Jahrzehnt, von Berlin und Wien im dritten, von München im vierten Jahrzehnt nachweisen läßt. (Vgl. Opel, Die Anfänge der deutschen Zeitungspresse 1609—50, im «Archiv für Geschichte des deutschen Buchhandels», Bd. 3, Lpz. 1879.) Die deutsche Zeitungspresse der letzten Hälfte des 17. Jahrh. und der Folgezeit entbehrt noch einer sachkundigen Durchforschung; doch ist hervorzuheben, daß auch damals, wie bereits vorher, im allgemeinen das prot. Deutschland den kath. Staatsgebieten, und besonders wiederum Österreich, auch in diesem Litteraturzweig weit voraus war. Erst 1671 soll überhaupt wieder eine Wiener Originalzeitung zu Tage treten. Seit 1703 besaß Wien zwei Blätter, welche wöchentlich zweimal erschienen, den «Posttäglichen Mercurius» und das «Wienerische Diarium». 1724 wurde die letztere Zeitung zum «Organ der offiziellen Verlautbarung und amtlichen Kundmachung» erhoben. In Brünn erschien seit 1751 ein wöchentlicher Intelligenzzettel und das Jahr darauf in Linz die «Linzer Zeitung». Noch älter als die letztgenannten Blätter soll der «Grazer Mercur» sein. Vgl. Winckler, Die periodische Presse Österreichs (Wien 1875).

Nord- und Mitteldeutschland erscheinen sehr bald nach dem Dreißigjährigen Kriege im Besitz von Zeitungen. Besonders in Leipzig und Frankfurt a. M., den Hauptplätzen des damaligen deutschen Buchhandels, hat die Zeitungspresse in der zweiten Hälfte des 17. Jahrh. einen neuen Aufschwung genommen. Die privilegierte «Leipziger Zeitung» erschien in dieser Zeit bereits fünfmal die Woche; das «Frankfurtische Journal» scheint schon 1689 zweimal wöchentlich ausgegeben worden zu sein. Zu den besten Zeitungen werden am Ende des 17. Jahrh. die aus Regensburg stammenden gerechnet. In diesen Jahren hatten auch Jena und Gotha Zeitungen; seit 1655 soll Berlin eine privilegierte Zeitung besessen haben. Auch Hamburg wird das ganze 17. Jahrh. hindurch im Besitz mehrerer polit. Blätter gewesen sein. Seit 1731 erschien hier der durch ganz Europa verbreitete «Unpartheyische Correspondent». Schon 1680 wurde hier ein Anzeigeblatt gegründet, welches den Titel «Relations-Courier» und später «Wieringsche Zeitung» führte. Nur einige Jahrzehnte nach der Gründung der Universität wurde in Halle a. S. eine Zeitung herausgegeben; die «Magdeburgische Zeitung» (s. d.) dagegen scheint weit in das 17. Jahrh. hinaufzureichen. In Erfurt erschien seit 1697 der «Hinkende Staatsbote», dessen Titel im Anfang des 18. Jahrh. lautete: «Der hinten und forne wolgepuckelte Hinckende Staatsbote; ein Frantzmann hält ein Gespräch mit seinem Cousin Mons. de la Kohlenbrenner». Schon aus diesem Titel geht hervor, daß das Blatt eine humoristische Färbung hatte. Neben den größern Zeitungen erschienen bereits in der zweiten Hälfte des 17. Jahrh. kleine Blätter, die sich auch auf dem Lande einbürgerten.

Räsonnierende Blätter im Charakter der engl. und franz. Zeitungen gab es jedoch bis zur Französischen Revolution gar nicht, man müßte denn die in Augsburg und später in Ulm 1774—77 von Schubert herausgegebene «Deutsche Chronik» dazu zählen, die durch ihren Humor und durch ihre schonungslose Freimütigkeit einen wesentlichen Einfluß auf die polit. Bildung des Volks ausübte. Der «Hamburgische Correspondent» (s. d.) war fast die einzige Zeitung, die ihre Nachrichten aus entfernten Ländern durch eigene Korrespondenten einzog. Neben ihr erschien in Hamburg noch eine «Neue Zeitung». Die beiden Berliner Zeitungen, die «Vossische» (1722) und die «Spenersche» (1740), von denen die erstere noch jetzt besteht, zeichneten sich damals durch litterar. Nachrichten aus. Aus diesen und einigen andern Blättern wurden zahlreiche kleinere deutsche Zeitungen zusammengestellt.

Im allgemeinen erfreute sich Deutschland am Ende des 18. Jahrh. einer ziemlich weitgehenden Preßfreiheit, und wenn auch die Französische Revolution den deutschen Regierungen Anlaß gab, der Tagespresse eine schärfere Aufmerksamkeit zuzuwenden, so vermochte die schwache Reichsgewalt doch nicht, durchgreifende Maßregeln zur Unterdrückung des erwachenden öffentlichen Geistes zu treffen. Namentlich in Mecklenburg und in Hessen-Darmstadt herrschte thatsächlich völlige Censurfreiheit; Bayern hatte zwar eine Censurkommission, die jedoch angewiesen war, ihr Amt «bescheiden und liberal» zu handhaben, und die 1803 einer gesetzlich geregelten bloßen Polizeiaufsicht weichen mußte. In Österreich war wenigstens unter Joseph II. den sprichwörtlich gewordenen Censurquälereien ein Ziel gesetzt, und in Preußen hatte das Wort des großen Friedrich: «Gazetten dürfen nicht geniert werden», das alte bureaukratische System der Bevormundung zwar nicht gänzlich beseitigt, aber doch den Forderungen der neuern Zeit mehr anzupassen vermocht. Großer Beliebtheit erfreuten sich die insgeheim verbreiteten «Geschriebenen Zeitungen» oder «Bulletins». Trotzdem vermochte die Tageslitteratur keinen Aufschwung zu nehmen, weil die mächtige Hand Napoleons I. sehr bald auch auf deutschem Gebiet jede freie Bewegung der Presse erstickte. Eins der wenigen Blätter, die, aus den letzten Jahren des 18. Jahrh. stammend, sich später zu einer dauernden Blüte entwickelten, war die 1798 in Tübingen gegründete «Allgemeine Zeitung» (s. d.).

Erst bei der nationalen Erhebung Deutschlands dachten die Regierungen daran, sich die «sechste Großmacht», wie Napoleon I. im Hinblick auf den einflußreichen «Rheinischen Merkur» die Tagespresse bezeichnete, als Verbündeten zu gewinnen. Auf die Einladung des russ. Generals von Wittgenstein kam Kotzebue, der bereits 10 Jahre vorher in Berlin ein litterar. Blatt, «Der Freimüthige», zur Bekämpfung der Führer der Romantischen Schule begründet und dann nach der Schlacht bei Jena in seinen Zeitschriften «Die Biene» und «Die Grille» von Rußland aus Napoleon auf das heftigste angegriffen hatte, nach Berlin zurück und gab hier sein «Russisch-Deutsches Volksblatt» heraus. Gleichzeitig begann Niebuhr, unterstützt durch Scharnhorst und Schleiermacher, die Herausgabe des «Preußischen Korrespondenten». Nassau hob 1814 alle frühern Beschränkungen des Buchhandels und der Preßfreiheit auf, und auch Sachsen, das sein Censuredikt vom 10. Aug. 1812 nur unter Napoleonischem Druck erlassen hatte, kehrte nach dem Sturze des franz. Herrschers zu der frühern milden Praxis zurück.

Freilich fehlte es schon damals in den Kreisen der alten Bureaukratie nicht an Stimmen, die mit Entschiedenheit jeder Nachgiebigkeit, die man der liberaten Strömung zeigte, Widerstand entgegensetzten. Als Friedrich Arnold Brockhaus, der 1813—16 in Altenburg eine mit großem Beifall gelesene polit. Zeitschrift «Deutsche Blätter» herausgab, 1814 die für den Buchhändler Palm verderblich gewordene Schrift «Deutschland in seiner tiefen Erniedrigung» wieder abdrucken wollte, wurde seine Eingabe von der sächs. Polizeidirektion wegen der «staatsgefährlichen Tendenz» jener Schrift mit Entschiedenheit zurückgewiesen, und der preuß. Polizeiminister von Wittgenstein sprach Hardenberg gegenüber offen seinen Unwillen aus, daß das Berliner Militärgouvernement «die sog. Volksblätter als vermeintliche Mittel, den Nationalgeist zu erkräften, in Schutz zu nehmen geneigt sei, ohne die nachteiligen und gefährlichen Kräfte solcher Roborantien hinlänglich zu prüfen und gehörig zu berücksichtigen». Die Deutsche Bundesakte vom 8. Juni 1815 versprach noch im Art. 18, daß der Bundestag sich bei seiner ersten Zusammenkunft mit Abfassung gleichförmiger Verfügungen über die Preßfreiheit und die Sicherheit der Schriftsteller und Verleger gegen den Nachdruck beschäftigen werde. Herr von Berg, der Bundestagsgesandte für Oldenburg, Anhalt und Schwarzburg, erstattete auch nach kurzer Zeit einen vortrefflichen Bericht über diesen Gegenstand, hiermit aber war die Angelegenheit erledigt. Es folgten die unheilvollen Karlsbader Beschlüsse (s. d.) von 1819, die zunächst für die Dauer von fünf Jahren geltend, später auf unbestimmte Zeit verlängert, nicht allein die gesamte Tagespresse sowie alle Druckschriften bis zu 20 Bogen der Censur unterwarfen, sondern auch dem Bunde das Recht vorbehielten, Schriften nach Gutdünken zu unterdrücken, und dem Redacteur einer so unterdrückten Zeitung fünf Jahre lang verboten, im Gebiet des Deutschen Bundes ein anderes polit. Blatt zu leiten. Der schon erwähnte einflußreiche «Rheinische Merkur» von Görres, der seit dem Jan. 1814 erschien, war bereits 1816 durch einen preuß. Kabinettsbefehl unterdrückt worden. Das gleiche

Schicksal ereilte nunmehr viele andere Blätter. 1819 gründete die preuß. Regierung die «Preußische Staatszeitung», seit 1843 «Allgemeine Preußische Zeitung», später «Königl. Preußischer Staats-Anzeiger» und seit 1871 «Deutscher Reichs-Anzeiger und Königl. Preußischer Staats-Anzeiger» (s. d.). Eine polit. Bedeutung hat das Blatt niemals gehabt. Am 30. Dez. 1819 verbot die preuß. Regierung alle in Frankreich, England und den Niederlanden in deutscher Sprache erscheinenden Zeitungen für das Gebiet des preuß. Staates. Für die inländische Presse wurde als oberste Censurbehörde ein Obercensurkollegium eingesetzt und gleichzeitig alle bisher noch bestehenden Censurfreiheiten aufgehoben.

Die franz. Julirevolution von 1830 übte auch auf Deutschland ihre Wirkung und rief in schneller Folge eine ganze Reihe freisinniger Blätter, namentlich in Süddeutschland ins Leben, welche aber durch erneute Censurmaßregeln bald unterdrückt wurden. Preußen vermochte noch immer nicht, sich von dem Metternichschen System loszusagen, und folgte daher bereitwillig seinen Bundesgenossen auf dem betretenen Wege weiter, obwohl sich bereits Stimmen erhoben, die der preuß. Regierung den Rat gaben, sich von dem österr. Einfluß freizumachen und ohne Scheu vor einer offenen Kritik der Tagespresse die Bahnen einzuschlagen, die ihm durch seine nationale Aufgabe in Deutschland vorgeschrieben. In diesem Sinne gründete Friedr. Perthes 1832 die von Leopold Ranke redigierte «Historisch-politische Zeitschrift», die eine Reihe trefflicher Arbeiten lieferte, jedoch nach kurzem Bestehen wieder einging. Als Gegenschrift wurde von den Vertretern der konservativen Richtung, Gerlach, Radowitz und Lancizolle, das von Jarcke herausgegebene «Berliner polit. Wochenblatt» ins Leben gerufen, das durch Wittgenstein und Kamptz unterstützt, sich 10 Jahre lang eines bedeutenden Einflusses erfreute.

Trotz aller Beschränkungen aber hob sich in den vierziger Jahren das deutsche Zeitungswesen mit dem zunehmenden Sinne für öffentliches Leben. Es entstand eine Menge von Blättern, die den Liberalismus in allen Abstufungen vertraten. Der äußersten Richtung gehörte die von dem Advokaten Struve geleitete «Mannheimer Abendzeitung» an, die 1846 unterdrückt und durch den «Deutschen Zuschauer», der später dasselbe Schicksal teilte, ersetzt wurde. In demselben Sinne wirkten die 1841 gegründete «Rheinische Zeitung» in Köln, die socialistischen Tendenzen huldigende «Trierer Zeitung» und die 1841 begonnenen und 1845 unterdrückten «Sächsischen Vaterlandsblätter». Einen bedeutenden Einfluß namentlich auf die gebildeten Volksmassen übten die 1838 von Arnold Ruge und Echtermeier gegründeten «Hallischen Jahrbücher» aus, die später u. d. T. «Deutsche Jahrbücher» nach Dresden übersiedeln mußten. Ein Hauptorgan des ultramontanen Katholicismus war die in Koblenz erscheinende «Rhein- und Moselzeitung», während als Vertreter des gemäßigten Liberalismus die «Weser-Zeitung» in Bremen, die «Kölnische Zeitung» und die «Leipziger Allgemeine Zeitung» sich auszeichneten.

In Preußen hatte der Liberalismus an den Regierungsantritt Friedrich Wilhelms IV. sehr weitgehende Hoffnungen geknüpft, die namentlich durch den Ministerialerlaß vom 24. Dez. 1841, in welchem die Censoren angewiesen wurden, bei der Handhabung der Censur nicht allzu ängstlich zu verfahren, und durch die Kabinettsorder vom 4. Okt. 1842, welche Druckschriften über 20 Bogen von der Censur gänzlich befreite, neue Nahrung erhielten. Diese Erwartungen wurden jedoch bald enttäuscht. Das Erwachen der polit. Tagespresse und die Gründung neuer Blätter, die, wie die von Held 1842 gegründete «Lokomotive», in die Massen eindrangen und eine Kritik an der Verwaltung der öffentlichen Angelegenheiten zu üben begannen, erregten das Mißtrauen des Königs. Die «Leipziger Allgemeine Zeitung» wurde wegen ihres täglich steigenden Einflusses der Gegenstand zahlreicher Anfeindungen, die endlich im Anfange 1843 zu einem Verbot dieses Blattes in Preußen führten und dasselbe veranlaßten, seinen Titel in «Deutsche Allgemeine Zeitung» umzuändern. Das gleiche Schicksal erlitten die «Deutschen Jahrbücher» und die «Rheinische Zeitung». Um in beständiger Kenntnis der inländischen periodischen Litteratur zu bleiben, ordnete der Minister von Rochow mittels Cirkularverfügung an, daß sämtliche Oberpräsidenten regelmäßige Berichte über die Tagespresse in den Provinzen einreichen sollten. Gleichzeitig suchte die Regierung nach Mitteln, um die Presse gegen administrative Willkür zu schützen. Diese glaubte sie in der Organisation eines unabhängigen Obercensurgerichts zu finden, das sie durch Verordnung vom 23. Febr. 1843 ins Leben rief, ohne damit jedoch zu befriedigen.

Es bedurfte erst des Sturmes von 1848, um alle diese künstlichen Dämme wegzuschwemmen und der Tagespresse, die durch die gewaltige polit. Bewegung einen ungeahnten Aufschwung nahm, freies Licht und freie Luft zu gewähren. Die Deutschen Grundrechte vom 21. Dez. 1848 verkündeten im Artikel 4 die Preßfreiheit. Dieselbe Bestimmung wurde in die preuß. oktroyierte Verfassung vom 5. Dez. 1848 aufgenommen und noch in demselben Jahre durch besondere Verordnungen die Konzessions-, Kautions- und Stempelpflicht der Zeitungen beseitigt. Dasselbe geschah in fast allen übrigen deutschen Staaten. Von der so gewährten Freiheit wurde der umfassendste Gebrauch gemacht. Überall tauchten polit. Blätter und Blättchen in großer Menge auf, die freilich zum Teil ebenso schnell wieder verschwanden.

Während die Zahl der polit. Blätter 1824: 96 und 1847: 118 betragen hatte, vermehrte sich dieselbe allein in den J. 1847—50 auf 184, mithin in 3 Jahren um 66 Stück, gegen 22 Stück in den voraufgehenden 23 Jahren. 1871 war die Zahl der polit. Zeitungen auf 948 gestiegen. Seitdem hat die amtliche Preisliste eine Trennung zwischen polit. und nichtpolit. Zeitungen fallen lassen, sodaß die Zunahme der letztern in den verflossenen 20 Jahren daraus nicht ersichtlich ist.

Unter denjenigen Blättern, die dem J. 1848 ihren Ursprung verdanken und noch heute in voller Blüte stehen, sind zu erwähnen: der «Kladderadatsch» (s. d.), der den Berliner Witz in die deutsche Litteratur einführte, zeitweilig regierungsfreundlich und lahm wurde, neuerdings aber wieder durch die Schärfe seines Witzes hervorleuchtet; ferner die «National-Zeitung» (s. d.), die demokratische, von Aaron Bernstein gegründete «Urwähler-Zeitung», die sich später in die «Volks-Zeitung» (s. d.) umwandelte, und die «Neue Preußische (Kreuz-)Zeitung» (s. d.). Nach Berlin waren es namentlich Breslau, Köln, Erfurt, Halle und Königsberg, wo die radikale Presse in vollster Blüte stand. Dieselbe wurde durch die in den folgenden Jahren erlassenen Preßverordnungen und das Gesetz vom 12. Mai 1851, die Wiedereinführung der Kautionen, des Zeitungsstempels, der Konzessionspflicht und anderer Beschränkungen jedoch bald unmöglich gemacht. Die Kaution war nicht unbedeutend. Sie richtete sich seit 1851 nach der Erscheinungsweise der Zeitungen und der Wohlhabenheit der Verlagsorte, die in vier Abteilungen zerfielen. Für Zeitungen, die wöchentlich mehr als dreimal erschienen, betrug die Kaution in den Städten der 1. Abteilung 5000 Thlr., der 2. Abteilung 3000 Thlr., der 3. Abteilung 2000 Thlr., der 4. Abteilung 1000 Thlr. Zeitungen, die weniger als dreimal wöchentlich erschienen, zahlten die Hälfte der Sätze.

Auch in Baden hatte sich während der Revolution fast die gesamte Presse von der radikalen Partei beherrschen lassen. Besonders hervorragenden Einfluß übte der bereits erwähnte «Deutsche Zuschauer» von Struve. Auch Mathys «Rundschau» war nicht ohne Bedeutung, ebenso wie die seit Juli 1847 in Heidelberg unter Gervinus' Redaktion begonnene «Deutsche Zeitung», die im Okt. 1848 nach Frankfurt übersiedelte, wo sie 1849 erlosch. Auch in Sachsen hatte die Bewegung von 1848 eine große Zahl neuer Blätter ins Leben gerufen, die jedoch ebenfalls, wie die von Diezmann begründete und von Öttinger fortgeführte «Neue Leipziger Zeitung», größtenteils schon 1850 den neuen Preßbestimmungen zum Opfer fielen.

Einen wesentlichen Anteil an der Kräftigung der Tagespresse hatten die 1847/48 auf dem deutschen Postkongreß zu Dresden vorbereiteten einheitlichen Bestimmungen über die für die Beförderung der Zeitungen zu erhebende Gebühr. Die Beschlüsse des Postkongresses setzten für das ganze Gebiet des Deutsch-Österreichischen Postvereins eine nach dem Preise der Zeitungen bemessene, 25 Proz. niemals übersteigende, einheitliche Gebühr fest, die zwischen der bestellenden und absendenden Postanstalt gleichmäßig geteilt wurde. Das preuß. Preßgesetz von 1851 legte zwar dem Entstehen neuer Zeitungen große Schwierigkeiten in den Weg, es entzog aber die Entscheidung der Frage, ob die Presse ihre gesetzlichen Schranken überschritten habe, der administrativen Willkür und legte dieselbe ausschließlich in die Hand des Richters. Die oktroyierte Preßordonnanz vom 1. Juni 1863, die der Verwaltung das Recht gab, ein Blatt wegen seiner Gesamthaltung nach zweimaliger Verwarnung zu unterdrücken, wurde im Nov. 1863 wieder aufgehoben. Das Bedürfnis einer Reform der Preßgesetzgebung hatte sich in den sechziger Jahren immer dringender geltend gemacht. In Württemberg war bereits durch Verordnung vom 24. Dez. 1864 das alte Edikt von 1817 über die Preßfreiheit wiederhergestellt worden; ebenso hatte eine Reihe kleiner Staaten, wie Meiningen, Coburg, Reuß, Weimar, Altenburg, Lübeck, Bremen, beide Mecklenburg u. a. Revisionen ihrer Partikulargesetze vorgenommen, Baden erließ 1868 und Sachsen 1870 ein neues liberales Preßgesetz. Endlich gewährte das Reichspreßgesetz vom 7. Mai 1874 dem Zeitungswesen bedeutende Erleichterungen, die namentlich der preuß. Tagespresse, die bis dahin unter der Belastung des Zeitungsstempels gestanden hatte, zu gute kamen. Den Einfluß, den die Beseitigung dieser Steuer auf die Entwicklung der Presse ausübte, charakterisiert am besten die Thatsache, daß in Berlin die Zahl der neu entstandenen Blätter, die sich 1874 auf 26 beschränkte, bereits 1875 auf 83 anwuchs.

Eine tief einschneidende Wirkung auf die Entwicklung des Zeitungswesens übte das 21. Okt. 1878 erlassene Socialistengesetz aus. Infolgedessen entstand in London unter Johann Most das anarchistische Blatt «Die Freiheit»; andererseits zog sich die deutsche socialdemokratische Presse, von der Regierung schonungslos unterdrückt, nach der Schweiz zurück und veröffentlichte seit Okt. 1879 in Zürich den inzwischen wieder eingegangenen «Sozialdemokrat». Eine der größten socialistischen Tageszeitungen, das «Hamburger Echo», wurde zeitweilig, die «Berliner Freie Presse» ganz verboten, und das neu erstandene «Berliner Volksblatt» streng überwacht und zu einer Art farblosen Demokratie gezwungen, aus der es sich nach Aufhebung des Socialistengesetzes (1. Okt. 1890) unter Liebknecht und unter dem neuen Titel «Vorwärts» augenblicklich befreite, während die im Verlage von J. H. W. Dietz in Stuttgart erscheinende Zeitschrift «Die Neue Zeit» (vormals Monatsschrift, jetzt Wochenschrift) einen wissenschaftlichen Ton zu wahren wußte und gegenwärtig zu den bemerkenswertern deutschen Zeitschriften gehört.

Großes Aufsehen erregte das 1889 auf Grund des Socialistengesetzes erfolgte Verbot der «Volks-Zeitung» in Berlin, das die Reichskommission bald wieder aufhob. Die Berliner Polizei überwacht auch nach Aufhebung des Socialistengesetzes in einer vom Polizeipräsidenten selbst geleiteten Abteilung neben den Theatern und Volksversammlungen gegenwärtig sämtliche in Berlin erscheinende Zeitungen und Zeitschriften, besonders aber die socialdemokratische Presse, die seit Aufhebung des Socialistengesetzes einen neuen Aufschwung genommen hat (s. S. 164 b).

Eine festere Organisation sollte die deutsche Journalistik durch die Gründung des Deutschen Journalistentags (in Frankfurt a. M. 1863) erhalten, eine Vereinigung deutscher Zeitungen und Zeitschriften zur Wahrnehmung und Förderung der gemeinsamen Interessen der deutschen periodischen Presse. Unter den Verdiensten, die der Journalistentag sich um die Tagespresse erworben hat, sind namentlich seine wertvollen Vorarbeiten für das Deutsche Reichspreßgesetz und eine Reihe von Erleichterungen in der Postbeförderung der Zeitungen zu erwähnen, doch löste sich der Journalistentag 1880 wieder auf.

In vieler Beziehung ist der 1887 in Dresden durch Verschmelzung des «Allgemeinen Deutschen Schriftsteller-Verbandes» in Leipzig mit dem «Deutschen Schriftsteller-Verein» in Berlin entstandene «Deutsche Schriftsteller-Verband» (s. d.), mit dem Sitze in Berlin, der Erbe der Aufgaben des Journalistentages geworden und sucht dieselben durch moralische und sociale Hebung des Redacteurstandes, durch Einwirkung auf die Preßgesetzgebung und das Verlagsrecht, durch sein litterar. Bureau, Syndikat und Verbandsorgan «Deutsche Presse» (seit 1888) zu lösen.

Am augenfälligsten erhellt die Zunahme des deutschen Zeitungswesens durch die seit Errichtung einer Centralstelle für das Post-Zeitungswesen in Berlin (1822) alljährlich erscheinende amtliche Zeitungspreisliste der Post, im Selbstverlage des Kaiserl. Post-Zeitungsamtes. Nach Heusinger (Die Zeitungspreislisten der Reichspostverwaltung und ihre Bedeutung für die Geschichte des Zeitungswesens, im «Archiv für Post und Telegraphie», Beiheft Nr. 9, 1878) sind während des Zeitraums von 1824 bis 1877 Zeitungen in Deutschland in 36 verschiedenen Sprachen erschienen. Außerdem erschienen noch in 10 andern Staaten Zeitungen in deutscher Sprache. Die Post vertrieb in den J. 1867—77 mehr Zeitungen als innerhald der voraufgegangenen 40 Jahre (1827—67). Die Statistik der Verlagsorte der Zeitungen in deutscher Sprache ergiebt eine Steigerung von (1824) 173 auf (1876) 996, in fremden Sprachen von 80 auf 361. 1881 betrug die Zahl sämtlicher Zeitungsverlagsorte bereits 1432. Neuere Berechnungen fehlen. Es erschienen in diesem Jahre 7596 Zeitungen in 31 Sprachen, darunter 5047 Stück (Ende 1878: 4680 Stück) in deutscher Sprache. Davon entfielen 2337 Stück auf polit. Blätter (Tages- und Wochenblätter) und 2082 Stück auf nichtpolit. Blätter (Fachblätter, Journale u. s. w.), die übrigen waren gemischten Inhalts: wie historisch-politische, litterarisch-politische, Börsenzeitungen und Handelsblätter. Mit nicht weniger als 582 Stück waren die Gesetzblätter, die amtlichen Verkündigungs-, Kommunal-, Polizei- und Anzeigeblätter somie Bade- und Fremdenblätter vertreten. Die Zahl der neuerschienenen Blätter hat zu der Zahl der eingegangenen durchschnittlich jährlich im Verhältnis von 7 zu 5 gestanden. Begründet wurden in dem Zeitraum von 1700—1800 nur 89 Blätter, 1801—10 bereits 50, 1811—20: 119, 1821—30: 97, 1831—40: 219, 1841—50: 426, 1851—60: 482, 1861—70: 805, 1871—75: 737, 1876: 182, 1877: 198, 1878: 238, 1879: 339, 1880: 423. In dem einen Jahre 1880 sind mithin nahezu fünfmal soviel Zeitungen in deutscher Sprache degründet worden als im ganzen 18. Jahrh. (Heusinger, a. a. O., Beiheft 10, 1881.) Es laut im Königreich Preußen auf je 11374, im Königreich Bayern auf je 11736, im Königreich Württemberg auf je 8960, im Königreich Sachsen auf je 5738 E. eine Zeitung. Im altpreuß. Postgebiet beträgt die Zahl der durch die Post vertriebenen Zeitungen — ausschließlich derjenigen, welche den Beziehern unter Kreuzband vom Verleger direkt zugehen — in jedem Jahre durchschnittlich 4956120 Nummern.

Die Gesamtzahl der im Anfang 1887 im Deutschen Reiche erscheinenden Zeitungen und Zeitschriften betrug 5748, und zwar in deutscher Sprache 5623, in fremden Sprachen 125. Von diesen 5748 Zeitungen und Zeitschriften entfielen auf Preußen 55 Proz., auf Bayern 13, auf Sachsen 11, auf Württemberg 7, auf Baden 4, auf Hessen 3, auf Elsaß-Lothringen 1 Proz. Anfang 1892 war die Zahl nach dem amtlichen Postzeitungskatalog auf 6501 gestiegen, während im ganzen 7350 Zeitungen in deutscher Sprache, 154 Zeitungen in fremden Sprachen (polnisch 54, französisch 36, dänisch 25, englisch 13, litauisch 8, wendisch 8, italienisch 3, holländisch 2, czechisch, griechisch, hebräisch, russisch, spanisch je 1) erscheinen.

Deutschland steht im Zeitungswesen unter allen Ländern der Welt mit Ausnahme der Vereinigten Staaten (12500) obenan, da England (1889) in seiner Muttersprache nur 3000, Frankreich nur 2819, Italien nur 1400, Österreich-Ungarn nur 1200, Rußland sogar nur 800 Zeitungen und Zeitschriften aufzuweisen hatte. Immerhin ist eine nennenswerte Zunahme namentlich der Zahl der kleinern und mittlern Provinzblätter Deutschlands neuerdings nicht zu vermerken. In der ersten Hälfte des Jahres 1892 kamen nur 447 neue Zeitungen und Zeitschriften hinzu, während im gleichen Zeitraum 423 gelöscht wurden. Mithin hat die Gesamtzahl seit Anfang des Jahres nur um 24 zugenommen. Das Bedürfnis an Tagesblättern, sowie insbesondere an unterhaltenden Zeitschriften scheint gegenwärtig in Deutschland befriedigt zu sein.

Unter den 818 im J. 1892 in Berlin erscheinenden Zeitungen und Zeitschriften befinden sich 56 amtliche, 73 Blätter, die sich mit polit. und wirtschaftlichen Fragen beschäftigen, 217 sind der Kunst und Wissenschaft, und 296 der Industrie, dem Handel und der Landwirtschaft gewidmet; 36 dienen religiösen Zwecken; die übrigen 140 sind teils belletristische Journale, teils Vereinsorgane. Unter den polit. Zeitungen sind hervorzuheben: die bereits erwähnte 1722 gegründete «Vossische Zeitung», das älteste und größte Berliner Lokalblatt, ebenso im deutschfreisinnigen Sinne redigiert wie das weitverbreitete «Berliner Tageblatt». Eine entschieden fortschrittliche Richtung vertreten die «Volks-Zeitung» und «Berliner Zeitung» sowie die von Eugen Richter begründete und geleitete «Freisinnige Zeitung». Zu den hervorragenden Blättern Berlins gehören die 1848 gegründete «National-Zeitung», die Führerin der nationalliberalen Presse, und die von Fr. Bodenstedt begründete, insbesondere für die Schulreform kämpfende, im übrigen nach Parteilosigkeit strebende «Tägliche Rundschau»; ferner die freikonservative «Post», die gouvernementale «Norddeutsche Allgemeine Zeitung», die «Neue Preußische (Kreuz-) Zeitung», der «Reichsbote», Vertreterinnen des konservativen Grundadels und der kirchlichen Orthodoxie, die in den letzten Jahren stetig an Boden gewinnende antisemit. «Staatsbürger-Zeitung», «Das Volk» und das politisch farblose «Berliner Fremdenblatt». An großen Berliner Zeitungen sind in den letzten Jahren eingegangen oder verschmolzen: das «Deutsche Tageblatt», die «Berliner Presse», zumeist infolge der ungeheuern Ausbreitung, die der nach amerik. Vorbilde eingerichtete, dem Geschmack der Massen huldigende «Berliner Lokalanzeiger» gewonnen hat. Eine Gegengründung Rudolf Mosses in Gestalt der (liberalen) «Berliner Morgen-Zeitung» erlangte in kurzer Zeit eine ähnliche Verbreitung, wie denn der Lokalanzeigertypus in der deutschen Zeitungswelt allgemeine Nachahmung fand. Fast jede größere deutsche Stadt hat seit einigen Jahren ein Blatt dieses Stils aufzuweisen, unter denen der «Frankfurter» und «Leipziger Generalanzeiger» sowie der «Breslauer Lokalanzeiger» und das «Hannöverische Tageblatt» zu nennen sind. Ultramontane Interessen vertreten in Berlin die «Germania» und das «Schwarze Blatt». Unter den socialdemokratischen Blättern ist der «Vorwärts» (Chefredacteur: Liebknecht) tonangebend für den größten Teil der Parteipresse Deutschlands. Hierzu treten die vorzugsweise den kaufmännischen Interessen dienenden, aber gleichzeitig polit. Blätter «Berliner Börsen-Zeitung», «Börsen-Courier», «Bank- und Handels-Zeitung», «Neue Börsen-Zeitung», «Aktionär», «Konfektionär» u. a.

Unter den größern polit. Zeitungen, welche außerhalb Berlins in Preußen erscheinen, sind die bedeutendsten der (nationalliberale) «Hannöverische Courier» und die (welfische) «Deutsche Volks-Zeitung» in Hannover, die (demokratische) «Frankfurter Zeitung», besonders einflußreich durch ihren Handelsteil, und das «Frankfurter Journal» in Frankfurt a. M., die «Hessische Morgen-Zeitung» in Cassel und der «Rheinische Courier» in Wiesbaden; in der Rheinprovinz in erster Linie die im In- und Auslande weit verbreitete «Kölnische Zeitung», die ebenso wie die «Frankfurter Zeitung» auch in einer Wochenausgabe erscheint; die «Kölnische Volks-Zeitung» und das Aachener «Echo der Gegenwart», beide ultramontan; die «Elberfelder Zeitung» und die «Barmer Zeitung»; in Westfalen die «Dortmunder Zeitung» sowie der «Westfälische Merkur» in Münster. In der Provinz Sachsen steht in erster Reihe die schon oben erwähnte «Magdeburgische Zeitung», das älteste der bestehenden deutschen Blätter, da die vorhandenen Jahrgänge bis 1717 und einzelne Nummern bis 1626 zurückreichen, daueben die «Saale-Zeitung» in Halle; in Pommern die «Stettiner Zeitung», die «Neue Stettiner Zeitung», die «Pommersche Zeitung» und die «Ostsee-Zeitung», sämtlich in Stettin erscheinend; in Posen die «Bromberger Zeitung» und die «Ostdeutsche Presse» in Bromberg sowie die «Posener Zeitung» und das «Posener Tageblatt»; in Ostpreußen die (fortschrittliche) «Königsberger Hartungsche Zeitung», die (nationalliberale) «Königsberger Allgemeine Zeitung» und die (konservative) «Ostpreußische Zeitung». In Westpreußen hat die «Danziger Zeitung» den bedeutendsten Einfluß; neben ihr ist der «Graudenzer Gesellige» zu erwähnen. Von den schles. Blättern zeichnen sich die weit bis ins 18. Jahrh. zurückreichende «Schlesische Zeitung» und die «Breslauer Zeitung» sowie die «Breslauer Morgen-Zeitung», der «Hausfreund» in Neurode, das «Liegnitzer Tageblatt» («Schlesisches Pfennigblatt») und die «Görlitzer Nachrichten und Anzeiger» durch einen umfassenden Leserkreis aus. Aus Schleswig-Holstein sind die «Altonaer Nachrichten» und die «Itzehoer Nachrichten» sowie die «Flensburger Norddeutsche Zeitung» und die «Kieler Zeitung» hervorzuheben; von norddeutschen Blättern die «Weser-Zeitung» in Bremen, die «Hamburger Nachrichten», der «Hamburger Korrespondent», das socialdemokratische «Hamburger Echo» und die «Börsen-Halle» in Hamburg, die «Eisenbahn-Zeitung» in Lübeck, das «Braunschweiger Tageblatt», die «Braunschweigische Landeszeitung», die seit 1710 bestehende «Rostocker Zeitung» und die vielgelesene Hildburghäuser «Dorfzeitung».

Im Königreich Sachsen besteht eine umfangreiche Lokalpresse, und deshalb ist die Zahl der größern Zeitungen gering. Die größte Verbreitung besitzen die «Dresdner Nachrichten»; außer ihnen ist von der hauptstädtischen Presse noch das 1853 begründete «Dresdner Journal» und die (deutschfreisinnige) «Dresdner Zeitung» zu nennen. In Leipzig ist neben der amtlichen «Leipziger Zeitung» das nationalliberale «Leipziger Tageblatt» zu erwähnen.

An der Spitze der in Süddeutschland erscheinenden polit. Zeitungen steht noch immer die «Allgemeine Zeitung» (s. d.). Außer ihr bestehen in Bayern an größern Organen noch der «Fränkische Kurier» in Nürnberg, die «Neue Würzburger Zeitung» sowie die «Neuesten Nachrichten», das «Münchener Fremdenblatt» und der «Bayrische Courier» in München. In Württemberg ist der 1785 gegründete «Schwäbische Merkur» noch immer eins der gelesensten Blätter. Außerdem sind noch der «Schwarzwälder Bote» in Oberndorf, das «Stuttgarter Nene Tageblatt», die Heilbronner «Neckar-Zeitung» und der demokratische «Beobachter» in Stuttgart zu erwähnen. Unter den bad. Blättern ist die «Badische Landeszeitung» in Karlsruhe das bedeutendste. Neben ihm tommen noch das Regierungsorgan, die «Karlsruher Zeitung», die liberale «Breisgauer Zeitung» in Freiburg und die (demokratische) «Neue badische Landeszeitung» in Mannheim in Betracht. Im Großherzogtum Hessen sind die Hauptblätter die «Darmstädter Zeitung», das Organ der hess. Regierung, das (nationalliberale) «Mainzer Tageblatt» und das (ultramontane) «Mainzer Journal». In der Pfalz hat die «Pfälzische Presse» in Kaiserslautern alle anderu Blätter überflügelt.

In Elsaß-Lothringen ist die polit. Tagespresse schwach entwickelt, weil sie hier noch unter den Bestimmungen des Diktaturgesetzes steht. Neben der amtlichen «Lothringer Zeitung» («Gazette de Lorraine») sind zu nennen die unabhängige liberale «Metzer Zeitung», der «Lorrain» und «Messin», die regierungsfreundliche «Neue Mülhauser Zeitung», die «Straßburger Post», ein Zweigunternehmen der «Kölnischen Zeitung», und das «Elsässer Journal», früher «Courrier du Bas-Rhin», das Hauptorgan der Autonomisten. In Elsaß-Lothringen erschienen (1890) 131 Blätter, darunter 46 amtliche und politische, 13 kirchliche und Erbauungsblätter, 14 laudwirtschaftliche, 12 naturwissenschaftliche Blätter, 88 in deutscher, 21 in franz., 22 in beiden Sprachen.

Die socialdemokratische Presse besitzt Okt. 1892 in Deutschland 68 politische Zeitungen, darunter 31 täglich, 22 dreimal wöchentlich erscheinende. Den gewerkschaftlichen Interessen dienen 62 Blätter; darunter erscheinen 26 wöchentlich, 21 alle 14 Tage und 5 einmal im Monat.

Unter den deutschen Wochenschriften ist die verbreitetste die «Gartenlaube» in Leipzig. Daselbst erscheinen auch die «Illustrierte Zeitung» (seit 1843), «Die Grenzboten», «Litterarisches Centralblatt» und «Blätter für litterar. Unterhaltung» (seit 1818). Von auderu sind hervorzuheben «Daheim» (Leipzig), «Moderne Kunst» (Berlin), «Zur guten Stunde», «Das Magazin», «Die Gegenwart», «Die Zukunft» (ebd.), «Über Land und Meer» (Stuttgart), «Die Kunst für Alle» (München), «Universum» (Dresden), «Globus» (Braunschweig) und «Das Ausland» (Stuttgart), die beiden letztgenannten für Länder- und Völkerkunde. Unter den polit. Wochenschriften haben das «Konservative Wochenblatt» und die freisinnige «Nation» (Berlin), die socialistische «Neue Zeit» (Stuttgart) einen bemerkenswerten Einfluß gewonnen. Das bedeutendste Witzblatt sind die «Fliegenden Blätter» (München), polit. Witzblätter «Kladderadatsch» (Berlin), «Der wahre Jacob» (Stuttgart), «Süddeutscher Postillon» (München), «Ulk», «Lustige Blätter» und «Deutsche Wespen», verbreitete Modezeitungen «Der Bazar», die «Modenwelt» und «Mode und Haus» (sämtlich in Berlin).

Von Monatsschriften erscheinen «Deutsche Rundschau» und «Preußische Jahrbücher» in Berlin, die «Allgemeine konservative Monatsschrift» in Leipzig, «Westermanns Illustrierte deutsche Monatshefte» in Braunschweig, Velhagen & Klasings «Neue Monatshefte» in Bielefeld, «Nord und Süd» und «Deutsche Revne» in Breslau, «Die Gesellschaft» in Leipzig, «Vom Fels zum Meer» in Stuttgart.

Im ganzen erscheinen, von den Tageszeitungen abgesehen, etwa 2400 Zeitschriften. Obenan stehen die wissenschaftlichen mit zusammen 1049 Wochen-, Monats- und Jahresschriften. Davon entfallen auf Theologie 210, auf Jurisprudenz 165, auf Medizin 175, auf Naturwissenschaften 139, auf Philosophie im engern Sinn 12, auf Pädagogik 158, auf Philologie 71, auf Geschichte und Statistik 82 und auf Kriegswissenschaft 37. An Blättern für Gewerbe und

Industrie erscheinen 280; für Unterhaltung über 150, für Haus, Landwirtschaft und Verkehr 180, an Frauenzeitungen 50, an Zeitschriften für die Jugend 45, an litterarisch-kritischen und bibliographischen 60. Außerdem ist Deutschland reich an Fachzeitschriften verschiedenster Art.

Litterarische Produktion. Eine Übersicht derselben ist nur insoweit vorhanden, als alljährlich die Titel zusammengezählt werden, die in dem bibliogr. Neuigkeitsverzeichnis der J. C. Hinrichsschen Buchhandlung in Leipzig zur Veröffentlichung gelangen. Die nachfolgende Tabelle enthält diese Ziffern für jedes zehnte Jahr, das J. 1851 mit eingeschlossen. Doch ist zu bemerken, daß darin auch ein Teil der deutschen Erscheinungen des Auslandes, namentlich Österreich-Ungarns und der Schweiz, mit inbegriffen ist.

sie hat den deutschen Buchhandel sogar fähig gemacht, die Führung im internationalen Austausch zu übernehmen: er bezieht ausländische Bücher u. s. w. nicht nur zum Verbrauch in Deutschland, sondern auch zur Wiederausfuhr in andere Länder. Diese Verhältnisse kommen in Betracht bei der nachfolgenden Tabelle; es betrug die Einfuhr und Ausfuhr von Büchern, Landkarten und Musikalien über die Reichsgrenzen:

Jahr	Einfuhr		Ausfuhr	
	Menge in 100 kg	Wert in 1000 M.	Menge in 100 kg	Wert in 1000 M.
1880	24 039	10 637	67 289	30 710
1885	28 285	12 587	85 926	39 275
1890	28 555	12 707	91 996	42 042

Lauf. Nr.		1851	1861	1871	1881	1891
1	Encyklopädien, Sammelwerke, Litteraturwissenschaft (letztere 1891 unter Nr. 9 und 10)	190	210	279	472	277
2	Theologie	1351	1394	1 362	1 366	2 174
3	Staats- und Rechtswissenschaft, Politik und Statistik	824	936	1 052	1 459	1 901
4	Heilwissenschaft, Tierheilkunde	414	436	459	836	1 646
5	Naturwissenschaft (mit Mathematik und Astronomie, vor 1891 Nr. 13), Chemie und Pharmacie	488	512	579	823	1 201
6	Philosophie	93	71	153	149	210
7	Pädagogik (1891 mit Stenographie), deutsche Schulbücher, Gymnastik	995	828	1 054	1 718	2 354
8	Jugendschriften		244	310	620	669
9	Altklassische und orient. Sprachen, Altertumswissenschaft und Mythologie	316	372	350	579	1 392
10	Neuere Sprachen	257	242	344	484	
11	Geschichte. Biographien	468	618	891	784	1 001
12	Erdbeschreibung, Länder- und Völkerkunde	253	252	248	377	1 030
13	Mathematik, Astronomie (vgl. Nr. 5)	99	98	144	191	—
14	Kriegswissenschaft, Pferdekunde (letztere 1891 unter Nr. 18)	175	189	251	349	476
15	Handelswissenschaft, Gewerbekunde	232	323	453	628	1 099
16	Bauwissenschaft, Maschinen- und Eisenbahnkunde, Schiffahrt	96	181	206	462	604
17	Forst- und Jagdwissenschaft (Bergbau und Hüttenkunde, 1881 unter Nr. 16)	60	93	69	97	808
18	Haus- und Landwirtschaft (einschließlich Pferdekunde, vgl. Nr. 14), Gartenbau	216	288	270	428	
19	Schöne Litteratur (Theater 1891 unter Nr. 20)	829	908	950	1 450	1 792
20	Schöne Künste, Vorlagen zum Schreiben, Stenographie	301	449	385	579	1 196
21	Volksschriften	167	195	236	675	715
22	Freimaurerei	4	20	9	23	25
23	Vermischte Schriften (1891 einschließlich Adreßbücher)	399	387	406	391	709
24	Landkarten (1891 unter Nr. 7, 11, 12)	181	194	204	331	—
	Zusammen	8408	9440	10 664	15 271	21 279

Die Gesamtproduktion ist also in 40 Jahren fast um das Dreifache gestiegen und übertrifft bei weitem die Ziffer der jährlichen litterar. Produktion in England und in Frankreich, obgleich in diesen Ländern die Wohlhabenden erfahrungsmäßig mehr Bücher kaufen als in Deutschland. Bis zu einem gewissen Grade hat dieses Mehr der Produktion, die schon an Überproduktion grenzt, seinen Grund in der eigenartigen Organisation des deutschen Buchhandels (s. d., Bd. 3, S. 672a), die auch kleine Geschäfte veranlaßt, sich im Verlag zu versuchen. Im allgemeinen trägt jene Organisation aber wesentlich zur Steigerung des Absatzes der Litteratur nicht nur in Deutschland, sondern auch im Auslande bei; ja

Der reine Durchgangsverkehr, d. h. Sendungen, die z. B. von Paris aus direkt durch Deutschland nach Petersburg oder von Rom direkt nach Stockholm gehen, ist darin nicht inbegriffen.

Der Kunsthandel brachte in den J. 1890 und 1891 folgende Neuigkeiten: 148 Kupferstiche und Radierungen, 269 Photogravüren, zum Teil auch farbig, 367 Chromolithographien, 24 Lithographien und Holzschnitte, 440 illustrierte Prachtwerke und Albums, 610 Architektur- und Vorlagewerke für Baumeister, Bauhandwerker, Bildhauer und Maler u. s. w.; hierzu schätzungsweise etwa 3500 Photographien und Lichtdrucke nach Gemälden moderner Maler und 1500 Photographien von Ansichten und Landschaften. Die Einfuhr und Ausfuhr auf diesem Gebiete betrug:

Jahr	Einfuhr		Ausfuhr	
	Menge in 100 kg	Wert in 1000 M.	Menge in 100 kg	Wert in 1000 M.
1880	2326	2326	9 945	9 945
1885	2896	2896	22 910	22 910
1890	4181	4181	39 143	39 143

Ziffern über die Produktion der Musikalien fehlen.

Das Anwachsen des Buchhandels in den letzten 40 Jahren zeigt nachfolgende Ausstellung: An Buch-, Kunst-, Musikalien- und Landkartenhandlungen gab es im Deutschen Reich

Im Jahr	In Städten	Firmen
1851	410	1584
1861	462	1987
1871	672	2949
1881	987	4376
1891	1190	5999

Die Buch- und Steindruckereien sind nicht allein von der litterar. und künstlerischen Produktion abhängig; ein großer Teil ihrer Arbeiten steht im Dienste der Staats-, der Kommunalverwaltung und der Industrie. Die Entwicklung dieser Geschäftszweige von 1881 bis 1889 zeigt die folgende Tabelle:

Jahr	Orte mit Druckereien	Buchdruckereien	Steindruckereien	Buch- und Steindruckereien	Gesamtzahl der Druckereien	Pressen	Beschäftigte Personen			
							männliche	weibliche	Lehrlinge	Gesamtzahl
1880	1300	2386	1610	659	4655	16 790	52 200	11 600	8 400	72 200
1885	1643	3453	1295	834	5582	21 233	53 252	13 249	12 931	79 432
1889	1875	4243	1220	1067	6530	25 909	64 154	19 116	14 574	97 844

Litteratur zur Geographie, Statistik und Verfassung. 1) Geographie. Hoffmann, Deutschland und seine Bewohner (4 Bde., Stuttg. 1834—36); von Hoff, Deutschland nach seiner natürlichen Beschaffenheit und seinen frühern und jetzigen polit. Verhältnissen (Gotha 1838); Cotta, Deutschlands Boden, sein geolog. Bau u. s. w. (2. Aufl., 2 Bde., Lpz. 1858); Brachelli, Handbuch der Geographie und Statistik des Königreichs Preußen und der deutschen Mittel- und Kleinstaaten (ebd. 1864—68); Berghaus, Deutschland und seine Bewohner (2 Bde., Berl. 1860); Neumann, Das Deutsche Reich in geogr., statist. und topogr. Beziehung (2 Bde., 2. Aufl., ebd. 1878); von Dechen, Die nutzbaren Mineralien und Gebirgsarten im Deutschen Reich (ebd. 1873); Daniel, Deutschland nach seinen physischen und polit. Verhältnissen (5. Aufl., 2 Bde., Lpz. 1878); Kutzen, Das deutsche Land (3. Aufl., hg. von Koner, Bresl. 1880); Delitsch, Deutschlands Oberflächenform (ebd. 1880); Neumann, Geogr. Lexikon des Deutschen Reichs (Lpz. 1883); Daniel, Geogr. Charakterbilder aus Deutschland (2. Aufl. bearbeitet von Volz, ebd. 1885); Penck, Das Deutsche Reich (Wien 1887); Lepsius, Geologie von Deutschland (Stuttg. 1888 fg.); Richter, Das Deutsche Reich. Illustrirte Vaterlandskunde (Lpz. 1891); Forschungen zur Deutschen Landes- und Volkskunde, hg. von R. Lehmann und A. Kirchhoff (ebd. 1885 fg.).

2) Statistik. Brachelli, Statist. Skizze des Deutschen Reichs (4. Aufl., Lpz. 1878); Deutsches Wirtschaftsjahr (Berl. 1880—83), nebst der Fortsetzung: Die wirtschaftliche Bewegung von Handel und Industrie in Deutschland im Zeitraum von 1884 bis 1888 (4 Bde., ebd. 1890 fg.); Kürschner, Staats-, Hof- und Kommunalhandbuch des Reiches und der Einzelstaaten (Stuttg. 1892). Vom kaiserl. Statistischen Amte werden herausgegeben: Statistik des Deutschen Reichs (Berl. 1873 fg.); Vierteljahrshefte zur Statistik des Deutschen Reichs (seit 1892); Monatshefte zur Statistik des Deutschen Reichs (1873—91) und Statistisches Jahrbuch für das Deutsche Reich (seit 1880). Im Reichsamt des Innern wird bearbeitet: Handbuch für das Deutsche Reich (seit 1874 jährlich).

3) Verfassung. L. von Rönne, Das Verfassungsrecht des Deutschen Reichs, historisch-dogmatisch dargestellt (Lpz. 1872; in zweiter, völlig umgearbeiteter Auflage u. d. T. Das Staatsrecht des Deutschen Reichs, 2 Bde., ebd. 1876—77); Laband, Das Staatsrecht des Deutschen Reichs (2. Aufl., 2 Bde., Freib. i. Br. 1888—91); Zorn, Das Staatsrecht des Deutschen Reichs (2 Bde., Berl. 1880—83); H. Schulze, Lehrbuch des Deutschen Staatsrechts (2 Bde., Lpz. 1881—86 fg.); G. Meyer, Lehrbuch des Deutschen Staatsrechts (ebd. 1878; 3. Aufl. 1891). Vgl. auch von Held, Die Verfassung des Deutschen Reichs vom staatsrechtlichen Standpunkt aus betrachtet (Lpz. 1872); Seydel, Kommentar zur Verfassungsurkunde für das Deutsche Reich (Würzb. 1873); Riedel, Die Reichsverfassungsurkunde (Nördl. 1871); Staatshandbuch für Gesetzgebung, Verwaltung und Statistik des Norddeutschen Bundes und des Deutschen Zollvereins, hg. von Hirth (Berl. 1868 fg.; seit 1871 u. d. T. Annalen des Deutschen Reichs); ferner Materialien der Deutschen Reichsverfassung, hg. von Bezold (3 Bde., ebd. 1873). Mit Ergänzungen und Anmerkungen versehene Textausgaben der Verfassung des Deutschen Reichs besorgten von Rönne (6. Aufl., Berl. 1891), Pröbst (Nördl. 1885) u. a. — Unter den Schriften, welche einzelne Teile des deutschen Reichsstaatsrechts behandeln, sind hervorzuheben: R. von Mohl, Das deutsche Reichsstaatsrecht (Tüb. 1873) und Hänel, Studien zum deutschen Staatsrecht (Abteil. 1—3, Lpz. 1873—88).

4) Karten. Reymann, Topogr. Specialkarte von Deutschland, fortgesetzt von Oesfeldt und Handtke, Maßstab 1:200000, in 423 Nummern (Glog. 1825 fg.; seit 1874 Eigentum des Großen Generalstabs); Dechen, Geolog. Karte von Deutschland, Maßstab 1:1400000, in 2 Blatt (2. Aufl., Berl. 1880); Kiepert, Völker- und Sprachen-Karte von Deutschland (2. Aufl., ebd. 1870); Ravenstein, Atlas des Deutschen Reiches, Maßstab 1:850000, in 110 Blatt (Lpz. 1884); Karte des Deutschen Reichs, hg. von der kartogr. Abteilung der königlich preuß. Landesaufnahme, von den topogr. Bureaus des bayr. und sächs. Generalstabs und vom württemb. Statistischen Landesamte, Maßstab 1:100000 (Berl., Münch., Dresd. u. Stuttg. 1880 fg.); A. Stielers Handatlas, Blatt 9—16 (Gotha 1891); Nabert, Karte der Verbreitung der Deutschen in Europa,

1:925000, in 8 Sektionen (Glog. 1891 fg.); Karte des Deutschen Reichs, unter Redaktion von C. Vogel, 27 Blatt, 1:500000 (Gotha 1891 fg.); Übersichtskarte des preuß. Staats-Eisenbahnnetzes sowie der übrigen Deutschen Eisenbahnen, 1:100000; Eisenbahn-Übersichtskarte von Deutschland und den angrenzenden Ländern (Beilage zum «Reichskursbuch»), 1:2200000; Wagner, H., Wandkarte des Deutschen Reichs, 1:800000 (Gotha 1892).

Territorialentwicklung. (Hierzu: Historische Karten von Deutschland I und II.) Während die Deutschen durch die Völkerwanderung ihre Sitze weit nach W. ausgedehnt hatten, waren die Länder jenseit der Elbe, Saale und des Böhmerwalds und selbst Landstrecken diesseit dieser Linie an die Slawen verloren gegangen, denen gegenüber erst Karl d. Gr. und seine Nachfolger die Grenzgebiete von der Eider bis zum Adriatischen Meere zu sog. Marken unter Markgrafen organisierten, die in gerichtlicher und militär. Beziehung eine größere Gewalt hatten als die Grafen des Inlandes. Im N. war unter Karl d. Gr. und dann durchs ganze Mittelalter die Eider die Grenze, welche nur kurze Zeit, von 934 bis 1027, durch Gründung der Mark Schleswig (Limes Danicus) überschritten wurde. Die Westgrenze ist ebenfalls, seitdem Lotharingien durch Heinrich I. (923—925) fest mit Deutschland verknüpft war, viele Jahrhunderte dieselbe geblieben: Gent, Cambrai, Sedan, Bar-le-Duc und Chatillon waren deutsch; ebenso die Quellgebiete der Maas und der Mosel. Von letzterm aus zog sich die Grenze gegen Burgund an den Jura, dann nordöstlich unterhalb Basel an den Rhein, diesen aufwärts zur Mündung der Aare, dann diese bis zum Einflusse der Reuß und diese letztere aufwärts bis zur Südwestecke des Vierwaldstättersees und von hier südlich etwa bis zur Furka (der Aargau zwischen Reuß im O., Aare im S. und W. und Rhein im N. war von Heinrich I. um 920 an Burgund abgetreten worden). Die Südgrenze läßt sich nicht so genau bestimmen, da sicher bis ins 13. Jahrh. ein großer Teil der Alpenthäler, außer denen, durch welche die hauptsächlichsten Verkehrsstraßen führten, noch Wildnis war. Jedoch wurden seit dem 11. Jahrh. auch bedeutende Striche südwärts vom Hauptzuge der Alpen zu Deutschland gerechnet, wie Chiavenna (Cläven), 952 wurde sogar das alte Herzogtum Friaul, das in die Markgrafschaften Istrien, Aquileja, Verona und Trient zerfiel, von Italien abgelöst und mit Deutschland vereinigt.

Was innerhalb dieser Grenzen lag, war im Karolingischen Reiche in zahlreiche Gaue (vgl. Spruner-Menke, Handatlas für die Geschichte des Mittelalters, 3. Aufl., Karte 31—36, Gotha 1879) zerlegt gewesen, die von königl. Beamten, den Gaugrafen, verwaltet wurden und als rein geogr. Bezeichnungen ihre Namen vielfach bis auf die Neuzeit gebracht haben. Ihre polit. Bedeutung aber schwand allmählich, als durch königl. Verleihung die größern geistlichen und weltlichen Grundherren für ihre Besitzungen Befreiung von der gräfl. Gewalt erwarben und die Grafen selbst in dem so geschmälerten Amtsbezirk sich in erbliche Dynasten verwandelten, sodaß fortan in einem Gau mehrere zugleich Gerichtsbarkeit übten, die Gaue selbst aber vollkommen zersplittert wurden. Diese Zersplitterung und die Ohnmacht der Krone wurden einigermaßen dadurch ersetzt, daß die einzelnen Volksstämme seit der zweiten Hälfte des 9. Jahrh. aus ihrer Mitte durch Besitz, berühmte Abstammung und persönliche Tapferkeit ausgezeichnete Männer als Herzöge an die Spitze stellten und so die hundert Jahre vorher durch die Karolingische Monarchie vernichteten Stammesherzogtümer erneuerten. Dies geschah in Sachsen, Franken, Bayern, Schwaben und Lothringen, neben welchen wieder einzelne Markgrafschaften, besonders Thüringen, ähnliche Selbständigkeit erstrebten. Erst Otto I. gelang es, diese Herzöge in die Stellung von Beamten des Königs zurückzuzwingen und so die Gefahr zu beseitigen, daß sich das Reich in Teilstaaten auflöse. Otto minderte dann ihre Befugnisse dauernd, indem er ihnen den Einfluß nahm, den sie auf die Wahl der Bischöfe geübt hatten und bei jedem Stamme dem Herzoge einen Pfalzgrafen zur Seite einsetzte. Außerdem waren die einem Herzoge unterstehenden Markgrafen und Grafen stets geneigt, sich seinem Gebote zu entziehen. Unmittelbar unter der Krone stehende Gebiete (im Egerlande, Elsaß, Schweiz u. s. w.) wurden durch Reichsvögte, Reichsburgen mit den bei ihnen erwachsenden Städten und ihrem Umkreise durch königl. Burggrafen verwaltet. So war die Zahl der Verwaltungs- und Gerichtsbezirke Deutschlands im 10. und 11. Jahrh. immerhin schon eine beträchtliche, aber ihre Inhaber, die Fürsten (principes), waren Beamte des Königs und wurden, wie auch die Bischöfe, von ihm ernannt oder abgesetzt.

Eine große Umwandlung trat in allen diesen Beziehungen unter den salischen und staufischen Königen ein. Der Umfang des Reichs war beträchtlich gewachsen. Der Herzog von Böhmen gehörte schon seit Otto I. zu den ersten Reichsfürsten und wurde 1158 zum König erhoben; die Kriege mit den Wenden führten zur Gründung einer ganzen Reihe neuer Fürstentümer (Brandenburg, Ostmark, Meißen, Lausitz) und Bistümer jenseit der alten Grenzen oder zur Aufnahme einheimischer Großen (der Grafen von Mecklenburg, der Herzöge von Pommern) in den Reichsverband, dem seit Ende des 13. Jahrh. auch die poln. Fürsten Schlesiens durch ihre Lehnsbeziehungen zu Böhmen beitraten. Die Eroberungen des Deutschen Ordens in Preußen und Livland dehnten die Grenze des Reichs bis über Dorpat (seit 1346 bis an den Finnischen Meerbusen) aus. Aber die Festigkeit des Reichs wuchs mit dem Umfange keineswegs. Die Fürsten nahmen besonders seit dem Investiturstreit (1075—1122) immer mehr den Charakter von Lehnsträgern des Königs an, wußten aber ihre Würde allmählich erblich zu machen, sodaß der König diesen erblichen Vasallen nach und nach die wichtigsten Hoheitsrechte überlassen mußte. Dazu kam, daß die alten Herzogtümer entweder durch Aussterben oder absichtlich aufgelöst wurden. Lothringen war schon seit dem 10. Jahrh. in Ober- und Niederlothringen zerfallen, aber jenes war wieder zwischen dem Herzoge, dem Grafen von Bar und den Bistümern Metz, Toul und Verdun geteilt und in diesem hatte wohl der Erzbischof von Köln seit Bruno I. die herzogl. Würde, aber neu emporgekommene, mächtige Geschlechter, wie die Herzöge von Brabant und Limburg, die Grafen von Berg, Luxemburg, Flandern und Geldern waren ebenso unmittelbar wie der Erzbischof von Trier und der Bischof von Lüttich. In dem früher zu Lothringen gerechneten Friesland gab es freie Bauernschaften neben Gebieten der Grafen von Holland und Geldern und des Bischofs von Utrecht. Der Sturz Heinrichs des Löwen führte die Auflösung des sächs. Herzogtums herbei. Die Herzogswürde in Westfalen kam an den Erzbischof von Köln (1180), die von Ostsachsen und

Engern an das askan. oder anhalt. Haus (Sachsen-Lauenburg), und endlich wurde 1235 auch das Hausgut der Welfen (Braunschweig und Lüneburg) zu einem Herzogtume gemacht. Neben diesen neuen Herzögen gab es hier noch die geistlichen Fürstentümer von Münster, Paderborn, Minden, Osnabrück, Bremen, Verden, Hildesheim und Halberstadt, zahlreiche Grafschaften (z. B. Mark, Tecklenburg, Oldenburg, Holstein, Anhalt) und die großen vom Herzogtum ganz abgelösten Marken an der Elbe (s. oben), welche ebenso wie Thüringen vielfach von fremden Gebieten durchsetzt waren, so von den Gebieten der Erzbischöfe von Mainz und Magdeburg, der Bischöfe von Merseburg, Naumburg und Meißen, der Grafen von Mansfeld, Orlamünde, Schwarzburg u. s. w. Franken hat seit dem Tode des hohenstaufischen Herzogs Konrad von Rotenburg (1196), Schwaben seit Konradin (1268) keinen Herzog gehabt. Die Bischöfe in beiden Ländern, der Erzbischof von Mainz, die Bischöfe von Würzburg, Bamberg, Worms, Speier, Straßburg, Basel und Konstanz waren stets reichsunmittelbar gewesen, ebenso der rhein. Pfalzgraf mit seinem vom Neckar bis an den untern Rhein verzweigten Besitz; jetzt wurden es auch die früher unter den Herzögen stehenden Abteien Fulda, Hersfeld u. a., der Landgraf von Hessen (1265 von Thüringen abgetrennt), die Grafen von Hohenlohe und Henneberg, der Burggraf von Nürnberg (Ansbach-Bayreuth) und in Schwaben der Abt von St. Gallen, die Grafen von Kiburg und Lenzburg, die von den auch die Landgrafschaft im Elsaß besitzenden Habsburgern beerbt wurden, die Grafen von Freiburg, Urach, Württemberg, die Herzöge von Teck, die Markgrafen von Baden u. s. w. Dazu kamen gerade in diesen beiden früher staufischen Herzogtümern zahlreiche Reichsstädte, Reichsdörfer, Stifter und kleine weltliche Dynasten. Am meisten bewahrte noch Bayern seinen ursprünglichen Charakter. Allerdings gab es auch hier neben dem Herzoge mächtige geistliche Fürsten (Salzburg, Passau, Regensburg, Eichstätt, Freising, Brixen, Trient, Aquileja), und es waren auch hier die Marken zu selbständigen weltlichen Fürstentümern erwachsen. Die alte, von Karl d. Gr. gegründete und aus dem Ungarnsturme des 10. Jahrh. wiedererstandene Ostmark war seit 1156 ein Herzogtum unter den Babenbergern, die 1196 auch die steirische Mark erbten; in Kärnten herrschten die Ortenburger als Herzöge, in Krain und Südtirol die mächtigen Grafen von Görz. Aber das eigentliche Bayern war auch bei dem Übergange dieses Herzogtums von den Welfen auf die Wittelsbacher nicht zersplittert worden, ja durch die letztern noch fester geeint, da sie die Güter zahlreicher aussterbender Grafengeschlechter für sich einziehen konnten. Die Zahl der Herrschaften Deutschlands in einem bestimmten Augenblick ist nicht sicher anzugeben, da diese Zahl, seitdem die Vererbung auch der Reichslehen zugelassen war, durch Erlöschen einzelner Familien, Heirat u. s. w. fortwährend sich veränderte. Um 1180 gewann der Begriff «Fürst» (princeps) eine strengere Bedeutung, und es wurden von den weltlichen Großen nur 16 dazu gerechnet, darunter nur ein Graf. Die andern hießen Magnaten oder Dynasten. Das Fürstentum war fortan kein Amtsbezirk mehr, sondern setzte sich aus einer Reihe von verschiedenen Rechten (Jurisdiktion, Heerbannrecht u. s. w.) und Besitzungen zusammen, die seine Vertreter teils unmittelbar vom Reiche, teils von andern, besonders geistlichen Fürsten zu Lehen trugen, in Pfandschaft oder zu eigen besaßen u. s. w., sodaß ein Fürst mit geringerm Titel vielfach mächtiger sein konnte als ein anderer mit höherm. Die Gebietsteile lagen meist verzettelt, aber die Fürsten bemühten sich, die Lücken in ihren Gebieten durch neue Erwerbungen auszufüllen und so geschlossene Territorien herzustellen, über welche sich allmählich die Gesamtheit ihrer Rechte gleichmäßig ausdehnte. Die Reichsgesetzgebung besonders unter Friedrich II. und seinem Sohne Heinrich VII. war dieser Ausbildung von Territorialherrschaften besonders günstig und die Anarchie des Interregnums förderte sie noch mehr. Während bis dahin alle Reichsfürsten bei der Wahl des Königs mitwirkten, traten jetzt einige als ausschließlich berechtigt auf und wurden daher Kurfürsten (electores) genannt. Die Entstehung dieses Vorrechts ist zweifelhaft. Im «Sachsenspiegel» werden sie zuerst genannt; bei der Wahl Rudolfs von Habsburg (1273) ist das Kollegium schon vollkommen ausgebildet; Kurfürsten waren die Erzbischöfe von Mainz, Trier und Köln, der Pfalzgraf am Rhein, der König von Böhmen, der Herzog von Sachsen und der Markgraf von Brandenburg, und diese wurden in ihren Würden und Rechten durch die Goldene Bulle Karls IV. (1356) bestätigt und gehoben, indem zugleich die Unteilbarkeit der Kurfürstentümer verfügt wurde. In den übrigen Territorien machte die Zersplitterung um so größere Fortschritte, sodaß bei der Masse der kleinen und kleinsten Stände im 15. Jahrh. es geradezu unmöglich wurde, das Ganze zu überblicken und den einzelnen zu den Leistungen für das Reich, Heerdienst und Steuer, heranzuziehen. Man hat deshalb nach frühern erfolglosen Versuchen unter Maximilian I. 1500 und vollständiger 1512 eine Verteilung der Reichsstände in (1500 sechs, 1512 zehn) Kreise vorgenommen: Franken, Schwaben, Bayern, Oberrhein (Worms), Niedersachsen, Kurrhein (Mainz, Trier, Köln, Pfalz), Obersachsen mit den Kurfürsten von Sachsen und Brandenburg, den Westfälischen oder Niederrheinischen (Niederländischen) Kreis, endlich Österreich und Burgund. Das böhm. Königreich mit seinem Zubehör in Mähren und Schlesien blieb außer Ansatz. Was das Reich bedurfte, wurde nun durch die Kreise auf die Mitglieder umgelegt und erhoben, kam aber trotzdem meist nur langsam und unvollständig zusammen.

Aber diese Kreisordnung konnte die Einheit nicht ersetzen, und so verlor Deutschland seit dem 15. Jahrh. an seine erstarkenden Nachbarn immerfort Land. So mußte der Deutsche Orden in Preußen 1466 Westpreußen und Ermeland an Polen abtreten; für den Rest wurde der Hochmeister Albrecht von Brandenburg 1525, als er sich in einen weltlichen Herzog verwandelte, Vasall von Polen; seit 1561 gingen auch die livländ. Provinzen an Polen, Russen und Schweden verloren. Der Zusammenhang der schweiz. Eidgenossenschaft mit Deutschland war schon 1499 durch den Frieden von Basel thatsächlich gelöst. Philipp II. als Erbe Kaiser Karls V. verband die Freigrafschaft Burgund und die Niederlande mit der Krone Spanien, und Frankreich behielt im Waffenstillstande zu Vaucelles (bei Cambrai) 1556 die 1552 Karl V. entrissenen Bistümer Metz, Toul und Verdun. Der Dreißigjährige Krieg brachte den Franzosen den größten Teil des Elsaß, den Schweden das Herzogtum Bremen (ohne die Stadt), das Fürstentum Verden, Wismar, Rügen, Vorpommern und Stettin, welche Länder allerdings im

Reichsverbande blieben. Für diese Abtretungen wurden die betroffenen Fürsten durch Einziehung geistlicher Fürstentümer (Säkularisation) entschädigt, sodaß der Besitzstand nach außen und im Innern sich 1648 bedeutend veränderte. Die Eroberungskriege und Réunionskammern Ludwigs XIV. (Straßburg 1681) haben weiter die Grenze im W. beeinträchtigt, Lothringen mehr und mehr umspannt, bis es 1735 und 1738 ganz an Frankreich abgetreten wurde. Das einzige, was in dieser Zeit zwar nicht für das Deutsche Reich, aber doch für das Deutschtum zurückgewonnen wurde, war das Herzogtum Preußen, das 1660 durch den Großen Kurfürsten von Brandenburg von der poln. Hoheit befreit wurde. Der Nordische Krieg brachte ebenfalls Stettin an Brandenburg und Bremen-Verden an Braunschweig-Lüneburg (Hannover), das 1708 die Kurfürstenwürde erworben hatte.

Die Verbindung deutscher Fürstentümer mit auswärtigen Kronen (Österreichs mit Ungarn, Sachsens mit Polen, Hannovers mit England) machte im 18. Jahrh. das Reich zum Tummelplatz europ. Politik und Kriege; doch fanden keine bedeutenden Veränderungen des Territorialbestandes statt, außer daß Schlesien 1742 durch Friedrich d. Gr. an Preußen gebracht und Bayern 1777 nach dem Aussterben des dortigen wittelsbachischen Zweigs mit der Pfalz vereinigt wurde. Aber der Organismus des Reichs erstarrte immer mehr; war es seit dem Dreißigjährigen Kriege nur noch ein lockerer Bund unter einem gewählten Haupte, so hatte das letztere als solches wenig zu bedeuten, während die Vielheit der Bundesglieder auch den Reichstag (seit 1663 eine permanente, lediglich von Gesandten, die an ihre Instruktion gebunden waren, besuchte Versammlung zu Regensburg) zur Ohnmacht verdammte. Das Kurfürstenkollegium zählte 8 (9), das Kollegium der Fürsten und Herren 100 Stimmen (35 [33] der geistlichen, 59 [61] der weltlichen Fürsten, 2 der geistlichen Stifter, 4 der Grafen und Herren aus der Wetterau, Franken, Schwaben und Westfalen); ein drittes Kollegium waren die Reichsstädte, deren es 1792 noch 51 gab. Ohne Vertretung waren die sehr zahlreichen Reichsritter und die Reichsdörfer (zuletzt noch 5). Insgesamt mochten etwa 1800 Reichsunmittelbare vorhanden sein, ärmliche Edelleute neben Großmächten wie Österreich und Preußen. Dieser überlebte Organismus konnte sich, sobald die Großmächte ihre eigenen berechtigten Interessen walten ließen, nicht halten und brach bei dem Kriege, zu dem die Französische Revolution 1792 führte, zusammen. Nachdem Preußen 1795 zu Basel, Österreich 1797 zu Campo-Formio sich mit Frankreich abgefunden, behielt dieses im Frieden zu Lunéville 1801 alles Land (1150 Quadratmeilen mit 3200000 E.) auf dem linken Ufer des Rheins, der so zum erstenmal seit der Römerzeit wieder Grenze wurde. In dem immer noch sehr beträchtlichen Reste (etwa 11000 Quadratmeilen mit etwa 26 Mill. E.) wurde dann unter dem doppelten Drucke von Frankreich und Österreich durch den Reichsdeputationshauptschluß vom 25. Febr. 1803 gründlich aufgeräumt, um die Mittel zur Entschädigung für die verlierenden deutschen und außerdeutschen Fürsten zu beschaffen. Die geistlichen Fürsten wurden bis auf den Erzbischof von Mainz und den Deutschordensmeister in Mergentheim, die Reichsstädte bis auf Lübeck, Hamburg, Bremen, Frankfurt, Nürnberg und Augsburg, die freien Herren und Ritter zum großen Teil, die Reichsdörfer ganz aufgehoben. Dadurch wurde auch die Reichsverfassung eine andere, nicht bloß, weil vier neue Kurfürstentümer (Württemberg, Baden, Cassel und Salzburg) errichtet wurden und zwei alte (Köln und Trier) verschwanden, sondern weil der Reichstag sich sehr vereinfachte, aber sie ist kaum in Wirksamkeit gekommen. Infolge des Französisch-Österreichischen Krieges von 1805 gewannen Bayern, Württemberg und Baden auf Kosten Österreichs von neuem an Gebiet und an souveräner Macht und bildeten den Stamm für den 1806 gegründeten Rheinbund (s. d.) unter dem Protektorat Napoleons I. Am 6. Aug. 1806 legte der Kaiser Franz die Deutsche Kaiserkrone nieder und erklärte das Reich für aufgelöst. Infolge des unglücklichen Krieges Preußens mit Frankreich traten noch mehrere deutsche Fürsten dem Rheinbunde bei. Napoleon errichtete nach dem Frieden von Tilsit 1807 ein neues dem Rheinbunde eingefügtes Königreich Westfalen aus Braunschweig, Hessen-Cassel, Nassau-Oranien (Fulda und Corvei) sowie dem eroberten preuß. Gebiete zwischen Elbe, Weser und Emsquellen, das er 1810 zuerst durch den größten Teil von Hannover vergrößerte, 1811 aber durch das unmittelbar mit Frankreich vereinigte Gebiet nordwestlich einer Linie von der Lippe zur Travemündung (etwa 540 Quadratmeilen mit über 1 Mill. E.) verkleinerte. Demnach umfaßte der Rheinbund 1811: 5400 Quadratmeilen mit fast 13500000 E., also mehr als die Hälfte des weiland Deutschen Reichs. Die Schlacht bei Leipzig 1813 befreite Deutschland von dieser Fremdherrschaft. Der Rheinbund ward aufgelöst; die Siege von 1814 brachten Deutschland die durch den Lunéviller Frieden verlorenen Länder wieder zu, mit Ausnahme des Bistums Lüttich und des vormaligen Burgundischen Kreises, der zum Königreich der Niederlande kam, während eine kleine Erweiterung der Westgrenze (zwischen Queich und Lauter mit Landau) stattfand. Durch den zweiten Pariser Frieden (20. Nov. 1815) kamen dann noch St. Arnual, Saarbrücken, Saarlouis, Fremersdorf und andere Ortschaften an der mittlern Saar von Frankreich an Preußen. Ein einheitliches Band für die 38 deutschen Staaten wurde nun durch Begründung des Deutschen Bundes (s. d.) geschaffen. Zu diesem kam, abgesehen von einigen Veränderungen im Innern, 1839 das niederländ. Herzogtum Limburg gegen den an Belgien abgetretenen Anteil Luxemburgs hinzu; sodann wurde 1864 und 1866 Schleswig, Holstein und Lauenburg von Dänemark losgelöst und mit Preußen verbunden; 1866 schieden ferner Österreich und das mit den Niederlanden durch Personalunion verbundene Luxemburg aus dem deutschen Verbande. Gleichzeitig wurden das 1815 zum Königreich erhobene Hannover, ferner das Kurfürstentum Hessen, das Herzogtum Nassau und die Freie Stadt Frankfurt mit Preußen verbunden. Ein neues Band vereinigte sodann die nördlich vom Main gelegenen Bundeslande außer Luxemburg und Limburg, aber einschließlich der Provinzen Preußen, Posen und Schleswig im Norddeutschen Bunde (s. d.). Endlich wurde 1871 wieder ein deutsches Kaisertum unter Preußens Führung errichtet und Deutschland um Elsaß und Lothringen, als Reichslande, vergrößert. 1890 wurde Helgoland von England abgetreten und mit dem Deutschen Reiche vereinigt gegen Abtretung von größern Teilen der in Afrika seit 1884 und 1885 erworbenen Gebiete und Ansprüche.

Die deutschen Kaiser und Könige von Ludwig dem Deutschen bis 1806.

Karolinger:

Ludwig der Deutsche 843—876.	*Arnulf von Kärnten 887—899.
*Karl der Dicke 876—887.	Ludwig das Kind 899—911.

Konrad I. von Franken 911—918.

Sächsische Kaiser:

Heinrich I. 919—936.	*Otto III. 983—1002.
*Otto I. 936—973.	*Heinrich II. 1002—1024.
*Otto II. 973—983.	

Salisch-fränkische Kaiser:

*Konrad II. 1024—1039.	*Heinrich IV. 1056—1106.
*Heinrich III. 1039—1056.	*Heinrich V. 1106—1125.

*Lothar II. von Supplinburg 1125—1137.

Hohenstaufen:

Konrad III. 1138—1152.	* { Philipp von Schwaben 1198—1208. Otto IV. von Braunschweig 1198—1215.
*Friedrich I. (Barbarossa) 1152—1190.	*Friedrich II. 1215—1250.
*Heinrich VI. 1190—1197.	Konrad IV. 1250—1254.

Interregnum:

Wilhelm von Holland, Gegenkönig 1247—1256.	{ Alfons X. von Castilien und Richard von Cornwallis, 1257—1272.

Kaiser aus verschiedenen Häusern:

Rudolf I. von Habsburg 1273—1291.	*Heinrich VII. von Luxemburg 1308—1313.
Adolf von Nassau 1291—1298.	* { Ludwig IV. der Bayer 1314—1347. Friedrich der Schöne von Österreich 1314—1330.
Albrecht I. von Österreich 1298—1308.	

Luxemburgische Kaiser:

*Karl IV. 1347—1378.	* { Jobst von Mähren 1410—1411. Sigismund von Luxemburg 1410—1437.
Wenzel 1378—1400.	
Ruprecht von der Pfalz 1400—1410.	

Habsburger:

Albrecht II. 1438—1439.	Rudolf II. 1576—1612.
*Friedrich III. (IV.) 1440—1493.	Matthias 1612—1619.
**Maximilian I. 1493—1519.	Ferdinand II. 1619—1637.
***Karl V. 1519—1556.	Ferdinand III. 1637—1657.
Ferdinand I. 1556—1564.	Leopold I. 1658—1705.
Maximilian II. 1564—1576.	Joseph I. 1705—1711.
	Karl VI. 1711—1740.

Karl VII. von Bayern 1742—1745.

Habsburg-Lothringer:

Franz I. 1745—1765.	Leopold II. 1790—1792.
Joseph II. 1765—1790.	Franz II. 1792—1806.

* Die so Bezeichneten wurden auch (vom Papste in Rom) zum Kaiser gekrönt.

** Maximilian I. nahm selbst den Kaisertitel an und erhielt ihn vom Papste bestätigt, doch ohne Krönung.

*** Karl V. wurde 1530 in Bologna gekrönt. Die spätern Herrscher nahmen den Kaisertitel ohne päpstl. Krönung an und nannten sich «erwählter röm. Kaiser».

Geschichte. 1) Von den ältesten Zeiten bis zum Vertrage von Verdun. (S. Historische Karten von Deutschland I, 1.) Das deutsche Volk hat sich aus einem Teile der german. Völkerstämme entwickelt (s. Germanen), und zwar unter dem Einfluß langdauernder und alle Verhältnisse des Lebens umspannender Beziehungen zu dem röm. Staate und seiner höher entwickelten Kultur. Hierfür war es von gleich entscheidender Bedeutung, daß Ariovist 58 v. Chr. von Cäsar besiegt wurde, und daß Armin 9 n. Chr. die röm. Legionen unter Varus schlug. Cäsars Sieg hielt die Deutschen von der Germanisierung Galliens ab und leitete dessen Romanisierung ein. Fast ein halbes Jahrtausend hatte dann die röm. Kultur in Gallien Zeit sich zu entfalten und erzeugte hier eine Blüte und einen Reichtum, der sich dem des Mutterlandes Italien vergleichen ließ. Sie überdauerte die Schrecken der Zeiten, in denen die röm. Herrschaft hier im 4. und 5. Jahrh. den vordringenden Germanen erlag und wurde eine Lehrmeisterin der kulturfähigen aber rohen Sieger. Andererseits war es von höchster Bedeutung, daß Armin den Varus schlug und dem Germanicus widerstand, der die verlorene Machtstellung rechts vom Rhein wiederzugewinnen suchte (14—16 n. Chr.). Armin, der darum mit Recht als Retter des german. und weiter des deutschen Volksstammes gefeiert wird, wehrte von den Germanen dadurch das Schicksal der Kelten ab, den Römern unterworfen zu werden.

In der weitern Entwicklung bildet die nächste große Wendung die sog. Völkerwanderung, die etwa mit dem Markomannenkriege (180) anhub. Die Germanen verließen die Länder an der Elbe und östlich davon, die dann von den Slawen besetzt wurden, erfüllten die Provinzen des Römischen Reichs und gründeten Staaten in denselben. Die Bildung des deutschen Volks vollzog sich nun zugleich mit der des französischen im Rahmen des von Chlodwig (gest. 511) auf gallischem Boden gegründeten Fränkischen Reichs (s. d.).

Entscheidend war es nun für die Entwicklung eines deutschen, sich trotz der starken roman. Einflüsse in seinem german. Wesen behauptenden Volks, daß dies Fränkische Reich im 6. und 7. Jahrh. sich nicht bloß über Gallien ausdehnte, sondern auch bedeutende rechtsrhein. Gebiete gewann und in bald loserer, bald engerer Verbindung umschloß. Germanen und Römer lernten hier in einem Staate miteinander leben, vermischten sich und verschmolzen miteinander, zwar nicht gleichmäßig und keineswegs überall vollständig, aber doch so, daß die Einrichtungen, Anschauungen und Lebensgewohnheiten sich einander anpaßten, beeinflußten oder ausglichen. Besonders wichtig war, daß die Germanen das Christentum annahmen und zwar die röm. Form desselben, während umgekehrt die Römer zu der bäuerlichen und kriegerischen Lebensform der Germanen übergingen. Die Ordnungen des fränk. Staates aber waren weder für so ausgedehnte Gebiete geschaffen, noch so tiefgreifenden gesellschaftlichen Umwälzungen gewachsen, und da auch das Herrschergeschlecht der Merowinger, die Nachkommen Chlodwigs, seit Dagoberts I. Tode 638 nur Schwächlinge erzeugte, so drohte das Reich eine Beute innerer Unruhen und der aus Spanien anstürmenden Mauren zu werden. Aus dieser Gefahr retteten es die Karolinger, die nach langem Ringen mit andern mächtigen Familien seit den letzten Jahrzehnten des 7. Jahrh. die Regierung zunächst unter dem Titel der Hausmeier in ihre Hand brachten, bis dann Pippin der Kleine 751 den letzten merowing. König in ein Kloster schickte und sich von den Franken auf den Thron erheben ließ. Pippin und sein Sohn Karl d. Gr. haben die fränk. Herrschaft über die rechtsrhein. Völker, die Bayern, Schwaben und Thüringer, neu gesichert, und Karl d. Gr. vollendete dies Werk, indem er die Sachsen unterwarf. So gewann das german. Element in dem Fränkischen Reiche die notwendige Verstärkung, während Karl der Große gleichzeitig die von Pippin angebahnte Herrschaft über Italien dadurch vollendete, daß er das Langobardische Reich mit dem Fränkischen vereinigte und noch mehr dadurch, daß er sich Weihnachten 800 von den Römern zum Kaiser des Römischen Reichs wählen und von dem röm. Bischof

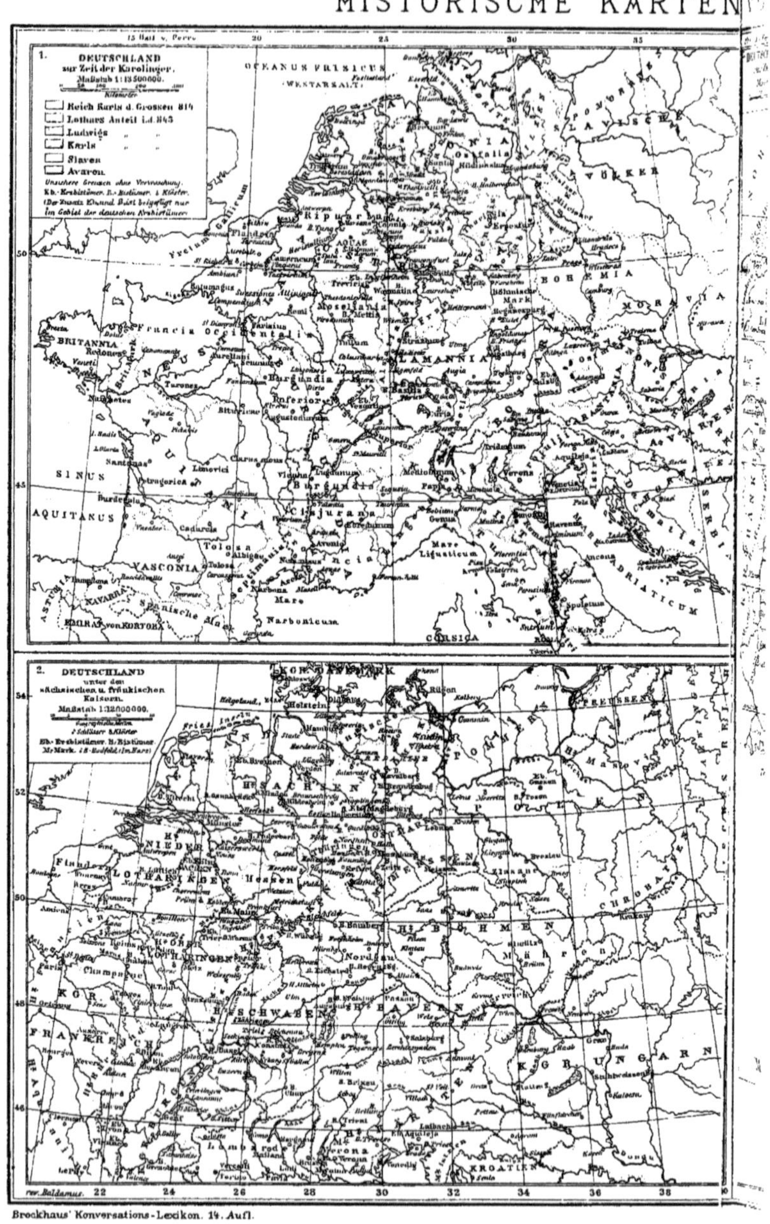
1.
DEUTSCHLAND
zur Zeit der Karolinger.
Maßstab 1:13500000.
Kilometer
Reich Karls d. Grossen 814
Lothars Anteil i.J. 843
Ludwigs " "
Karls " "
Slaven
Avaren.
Unsichere Grenzen ohne Verwaschung.
OCEANUS FRISICUS
SAXONIA
BOHEMIA
MORAVIA
ALAMANNIA
Burgundia
SINUS AQUITANUS
VASCONIA
NAVARRA
ASTURIA
EMIRAT von KORTOBA
Mare Narbonicum
Mare Ligusticum
CORSICA
2.
DEUTSCHLAND
unter den
sächsischen u. fränkischen
Kaisern.
Maßstab 1:32000000.
H. SACHSEN
H. BÖHMEN
H. BAYERN
H. SCHWABEN
KGR. UNGARN
KGR. FRANKREICH
KROATIEN
rev. Baldamus.

VON DEUTSCHLAND. I.
DEUTSCHLAND u. ITALIEN
zur Zeit der Staufer.
O S T S E E
N O R D S E E
PREUSSEN
HZ. POMMERN
HZ. SACHSEN
MARK BRANDENBURG
MARK LAUSITZ
KGR. POLEN
HZ. NIEDER LOTHRINGEN
Schlesien
MEISSEN
KÖNIGR. BÖHMEN
M. MÄHREN
HZ. FRANKEN
HZ. OBER LOTHR.
HZ. SCHWABEN
HZ. BAYERN
HZ. ÖSTERREICH
Wien
K G R. U N G A R N
HZ. STEIER
HZ. KÄRNTEN
MARK
Burgund
Friaul
M. KRAIN
Lombardei
Slavonien
VERONA
Venedig
Kroatien
KGR. ARELAT
K G R. I T A L I E N
Romagna
Bosnien
KGR. SERBIEN
TUSCIEN
Mark Ancona
Spoleto
A D R I A T I S C H E S   M E E R
CORSICA
Patrimon. Petri
Rom
APULIEN
SARDINIEN
T U S C I S C H E S   M E E R
K G R. S I C I L I E N
M I T T E L L Ä N D.   M E E R
IONISCHES MEER
SICILIEN
Corfu
F. A. Brockhaus' Geogr.-artist. Anstalt, Leipzig

dann als Kaiser treuen ließ. Unter Karls Sohne, Ludwig dem Frommen, 814—840, zerfiel dies Frankreich, Italien und Deutschland umspannende Reich und verwickelte den unglücklichen Herrscher in immer erneute Bürgerkriege, deren Führer seine eigenen Söhne und die mächtigsten weltlichen und geistlichen Großen des Reichs waren, unter ihnen auch der Papst, und nach seinem Tode wurde es in dem Vertrage von Verdun 843 in drei Staaten zerlegt, von denen der eine, das östlich von Rhein und Aar gelegene Gebiet Ludwigs des Deutschen, den Rahmen bildete für die Entwicklung des deutschen Volks.

2) **Von der Teilung zu Verdun bis auf Rudolf von Habsburg, 843—1273.** (S. Karte I, 2 u. 3.) Die getrennte Geschichte des Deutschen Reichs und damit der Bildung des deutschen Volks begann mit dem Vertrag von Verdun 843; denn wenn dieser Vertrag auch die drei Staaten, in welche hier das Fränkische Reich geteilt ward, noch als zusammengehörende Teile eines Ganzen betrachtete, so waren doch thatsächlich durch denselben die überwiegend roman. Bestandteile des Frankenreichs als westfränk. Reich von den überwiegend german. Bestandteilen als ostfränk. Reich geschieden, und letzteres wurde die Grundlage des deutschen Staates und damit der Form, in der sich die hier vereinigten Stämme zu dem deutschen Volke zusammenschlossen. Der Name deutsch (thiotisc) begegnet zuerst für die Sprache (813) dieses Volks im Gegensatz zu den lateinisch, romanisch oder slawisch redenden und ward dann für das Volk (843) und für das Reich (besonders im 11. Jahrh.) üblich. Lateinisch ward dafür Germani, Germania gesagt, das so eine engere Bedeutung gewann. Der Vertrag von Mersen teilte das dritte (Lotharingische) Reich zwischen West- und Ostfrancien (870) und schob die Grenze des letztern bis an die Mosel und Maas. Burgund hatte sich als selbständiges Reich ausgeschieden, als das alte Frankenreich unter Karl dem Dicken noch einmal vereinigt gewesen war und dann 887 aufs neue und zwar in Frankreich, Deutschland, Italien und Burgund auseinander fiel. Der deutsche König Arnulf wurde zwar von den in den andern Ländern erhobenen Königen als Oberherr anerkannt, aber es war das nicht viel mehr als eine Form, und mit seinem Tode 899 hörte auch diese auf. Unter seinem Sohne Ludwig dem Kind, der in Deutschland als König anerkannt wurde, drohte sich dies Reich noch weiter, und zwar in die Stammesherzogtümer Sachsen, Bayern, Schwaben, Franken, Lothringen aufzulösen; aber die Könige Konrad I. (911—918), Heinrich I. (919—936) und Otto I. (936—973) haben die Einheit des Reichs behauptet, auch Lothringen festgehalten und (besonders Otto) die Stammesherzöge in die Stellung von Beamten des Königs herabgezwungen. In dieser Zeit wurden auch die Angriffe der Normannen und Magyaren, die zeitweise das Land zu zerstören drohten, abgewehrt (endgültig 955), und die Deutschen begannen erobernd gegen Osten vorzudringen.

Das heutige Österreich und die Länder an der Elbe wurden im 10. bis 13. Jahrh. mit deutschen Siedelungen bedeckt, dann auch die an der Oder und östlich davon, selbst über die Weichsel hinaus, ferner wurden Ungarn, Böhmen, Polen in einer (allerdings nicht gleichmäßigen) Abhängigkeit gehalten. Diese Ausbreitung der deutschen Herrschaft war zugleich eine Ausbreitung der christl. Kirche und der deutschen Rechts- und Gesellschaftsordnungen. Otto I. hatte ferner den Einfluß des deutschen Königs auch in Burgund und Italien wieder zur Geltung gebracht und 962 das ohne den kaiserl. Schutz und die kaiserl. Aufsicht in ital. Fraktionen und Familienverhältnissen verkommene Papsttum gereinigt und sich selbst zum Kaiser krönen lassen, wozu er eben die Wirren benutzte, welche Italien und vor allem Rom selbst und das päpstl. Regiment, von dem doch auch die deutsche Kirche die letzten Entscheidungen zu empfangen gehalten war, damals zerrütteten. Die Not rief, und die Ehre lockte zu diesem Abenteuer, weiter mochte auch vielleicht noch die Erwägung mitwirken, daß solche Heerfahrt die kampflustigen Scharen passend beschäftige, welche die Könige und die Großen auf ihren ausgedehnten Besitzungen unterhielten; denn so konnten sie deren Erträgnisse am besten verwerten, da der Markt für sie nur klein war. König Otto hat in Rom die Ordnung hergestellt und mit dem Papste einen Vertrag geschlossen, worin der einst unter den karoling. Kaisern geltende Satz erneuert wurde, daß kein Papst geweiht werden dürfe, ehe er nicht dem Kaiser in bestimmten Formen Treue gelobt habe. Bald darauf sah sich Otto genötigt, den lasterhaften Papst Johann XII. abzusetzen und einen andern, Leo III., zu erheben. Otto verfügte über das röm. Bistum in ähnlicher Weise wie über andere Bistümer seines Reichs, und seine Nachfolger Otto II. und Otto III. haben ihre kaiserl. Stellung nicht nur in ähnlicher Weise aufgefaßt, sondern sie haben dieser röm. Aufgabe die Kräfte des Reichs in noch größerm Maße gewidmet. Otto III. schien vollends aufzugehen in dieser geistlich-weltlichen Rolle; Deutschland war ihm nur wie ein Nebenland, Rom der Hauptsitz seines Reichs. Unter dem Schutz dieser Ottonen hob sich nun aber die Kirche aus dem tiefen Verfall, in den sie seit dem Untergange des karoling. Kaisertums namentlich in Rom versunken war, und gerade die von Otto III. berufenen Päpste Gregor V. und Sylvester II. hatten von der Macht und der Pflicht eines röm. Bischofs Anschauungen, die sich mit der durch die Ottonen erneuten Unterordnung unter den Kaiser auf die Dauer nicht vereinen ließen.

Die nächsten Könige Heinrich II. (1002—24) und Konrad II. (1024—39) wandten ihre Kraft wieder mehr den deutschen Verhältnissen zu und dem Kampf mit den östl. Nachbarn, den Böhmen, Polen und Ungarn sowie der Sicherung Lothringens und der Erwerbung Burgunds, aber auch in Italien haben sie große Kämpfe zu bestehen gehabt und haben dadurch ebenfalls weder eine gesicherte Herrschaft aufrichten noch dem Lande den Frieden geben können. Damals begannen ferner die Normannen in Unteritalien die Macht zu begründen, welche später dem Enkel Konrads, Heinrich IV., so verhängnisvoll werden sollte, und in Rom riß namentlich mit Benedikt IX. 1033—46 eine jedem kirchlichen Anspruch hohnsprechende Verwilderung ein. Es wurde ihm ein anderer Papst entgegengestellt, Sylvester III., der nicht viel besser war, und endlich verkaufte Benedikt IX. sein Papsttum an Gregor VI., der wohl ein frommer Geistlicher war, der sich aber doch durch diesen Handel nach damaliger Anschauung schwer befleckt hatte. Aus diesem Ruin errettete König Heinrich III. (1039—56) das Papsttum, indem er Dez. 1046 auf den Synoden zu Sutri und Rom alle drei Päpste absetzte, einen deutschen Bischof zum Papst wählen, sich von ihm zum Kaiser krönen und zugleich von den Römern den Patriciat und damit die erste und entscheidende Stimme bei der Papstwahl übertragen ließ. Heinrich III. hat dann nacheinander noch weitere drei Päpste erhoben und so das Recht des Kaisers zu lebendiger Geltung gebracht, aber er erwählte sie alle aus dem Kreise derjenigen Geistlichen, die in diesem Einfluß des Kaisers ein Unrecht sahen und für das Papsttum eine vom Kaisertum unabhängige und zugleich höhere Gewalt in Anspruch nahmen. Besonders lebendig lebte diese Vorstellung in Leo IX. (1048—54), und zum Siege gelangte sie, als Heinrich III. 1056 starb und den sechsjährigen Knaben Heinrich IV. als Erben hinterließ, während der Archidiakon Hildebrand, der spätere Papst Gregor VII., die röm. Politik leitete. Bereits 1059 beseitigte Hildebrand durch ein Dekret Nikolaus' II. über die Papstwahl den maßgebenden Einfluß des deutschen Königs auf dieselben, was gewissermaßen schon dadurch vorbereitet war, daß Heinrich III. selbst gerade diejenige Richtung gefördert hatte, welche diesen Teil der königl. Gewalt bekämpfte. Andererseits aber offenbarte sich in der gesamten Verfassung des Reichs eine Verrückung und Verschiebung, welche alles fürchten ließ, und schon Heinrich III. hat trotz aller seiner Herrlichkeit während seiner ganzen Regierung mit gefährlichen Empörungen zu kämpfen gehabt, die aus der damaligen Verfassung des Reichs hervorgingen. Italien und (seit Konrad II.) Burgund war mit dem Deutschen Reiche durch Personalunion vereinigt, auch für jedes der drei Reiche eine besondere Kanzlei errichtet, die des Königs Entscheidungen in der rechtlich bindenden Form der Königsurkunde ausfertigte, und endlich ist seit 962 auch das röm. Kaisertum mit dem deutschen Königtum verbunden gewesen. Die Könige nannten sich zwar in der Regel erst Kaiser, nachdem sie in Rom von dem Papste gekrönt waren; aber sie übten auch vorher bereits unbestritten kaiserl. Gewalt und nannten sich auch wohl schon Kaiser. (So z. B. mehrfach Konrad III.) Diese Verbindung hat den deutschen Königen großen Glanz, dem deutschen Volke vielfältige Anregung und Förderung, aber auch ungeheure Aufgaben gebracht, und je mehr sie in ihnen den größten Teil ihrer Kraft verbrauchten, um so weniger konnten sie die königl. Befugnisse vor der Zersplitterung schützen, welche namentlich durch die Ausdehnung des Reichs, durch die Zerstörung des mittlern Besitzes und infolge davon des Unterthanenverbandes herbeigeführt wurde. Die Masse der kleinen Grundbesitzer verlor die Selbständigkeit teils durch die übermäßigen Schenkungen von Land an Kirchen und Klöster, teils durch die Lasten, welche die unentgeltliche Heerespflicht, die Dingpflicht (Gerichtspflicht), der Aufenthalt und die unvergütete Verpflegung des Königs in ihren Besitzungen, die Kriegsschäden u. s. w. verursachten. Schon unter Karl d. Gr. war diese Zersetzung weit gediehen, und die Grafen begannen zahlreiche Freie zu ihren Hintersassen zu machen und ihr Amt wie einen Besitz zu behandeln. Das Lehnwesen und die mit ihm verbundene Vasallität, d. h. die besondere in gebundenen Formen sich vollziehende Huldigung des Empfängers eines Amtes, eines Gutes oder Gebietes, gaben die Form her, um die Herrschaft des Königs auch da aufrecht zu erhalten, wo ein großer Teil der Unterthanen dem Könige nicht mehr unmittelbar, sondern nur durch das Mittel eines Herrn unterstanden, von dem sie wirtschaftlich und rechtlich abhängig waren. So entstand eine Aristokratie von weltlichen und geistlichen Großen, die dem Könige gegenüber immer neue Rechte in Anspruch zu nehmen suchten. Besonders gefährlich war, daß die weltlichen Herren die empfangenen Besitzungen und Ämter erblich zu machen strebten. Deshalb verliehen die Könige namentlich im 10. und 11. Jahrh. den geistlichen Großen, besonders den Bischöfen, umfangreiche Hoheitsrechte; denn noch galt im Deutschen Reich der im Fränkischen Reiche ausgebildete Satz, daß die Kirche eine Landeskirche sei, daß die Könige über das Kirchengut ein gewisses Verfügungsrecht ausüben und die Bischöfe und Äbte ernennen oder doch die Ernennung entscheidend beeinflussen könnten. Die große Kraftentwicklung des Deutschen Reichs unter Konrad II. und Heinrich III. beruhte wesentlich darauf, daß diese Könige über die geistlichen Großen noch leidlich verfügen konnten. Es war deshalb eine förmliche Umwälzung und eine Entwurzelung der deutschen Staatsordnung, daß Papst Gregor VII. die Investitur, d. h. die Verleihung eines geistlichen Amtes durch einen Laien, also auch durch den König, 1075 als kirchlich unerlaubt bezeichnete, und daß er für diese Lehre Anhänger fand. Die weltlichen Großen in Deutschland und Italien benutzten gern den Vorwand der Frömmigkeit, um sich dem von der Kirche angegriffenen Könige zu widersetzen, und die Könige von Frankreich ergriffen die Gelegenheit, den mächtigen Nachbar zu stürzen. Heinrich IV. war minderjährig, als dieser Angriff von Rom eröffnet wurde, er geriet zudem, sobald er heranwuchs, in schwere Kämpfe mit den Großen, namentlich den sächsischen, und auch seine persönlichen Verhältnisse schwächten seine Stellung; trotzdem hat er den Kampf für diesen, durch jahrhundertelange Übung anerkannten Besitz der Krone nicht ohne manchen Erfolg geführt. Freilich war Heinrich IV. auch ein begabter, in vieler Beziehung sogar ein bedeutender Herrscher, und seine Maßregeln lassen vielleicht selbst die Deutung zu, als habe er den Schwächen der Reichsverfassung grundsätzlich abzuhelfen und der königl. Gewalt aus den Ministerialen, dem spätern niedern Adel, eine neue und dauernde Stütze zu schaffen gesucht. Wenn er auch keine bleibenden Erfolge erreichte, so ist doch zu bewundern, wie hartnäckigen Widerstand er den zahlreichen Feinden entgegenstellte, obwohl Gregor, der die ganze bisherige Rechtsordnung mit einem Male als Unrecht und Sünde bezeichnete, um sich selbst an Stelle des Kaisers auch in weltlichen Dingen zum Haupte der Christenheit zu erheben, in der Habsucht der Fürsten und in der starken ascetischen Strömung der Zeit die stärksten Bundesgenossen fand. Nach der Buße zu Canossa, welche sich Heinrich selbst auferlegte, um den Papst moralisch zu zwingen, ihn von dem Banne zu lösen, den die Fürsten als Vorwand der Absetzung zu benutzen wünschten, gewann Heinrich doch bald wieder das Übergewicht und besetzte selbst Rom. Gregor mußte aus Rom weichen und starb in einer Art Verbannung. Auch über die Fürsten, die ihn 1077 in einer Versammlung zu Forchheim absetzten, behielt Heinrich im ganzen den Sieg. Die Gegenkönige erlagen einer nach dem andern, und um 1100 gebot Heinrich in Deutschland zwar nicht mit großer Macht, erhielt sich aber doch in verhältnismäßig ruhigem Besitz derselben. 1106 erlag er einer Empörung, an deren Spitze sein bereits zum Nachfolger erwählter Sohn Heinrich stand, wie es denn zu den schwersten Schäden des mittelalterlichen Lehnsstaates gehörte, daß der Streit der Interessen gerade die nächsten Familienglieder häufig zum Kampf gegeneinander fortriß. Aber eben dieser Sohn Heinrich V. hat, sobald er in den Besitz der Krone (1106—25) gekommen war, des Vaters Kampf gegen das Papsttum wieder aufgenommen. Er bot dem Papste den Ausgleich an, daß er auf die Investitur der Bischöfe verzichten wolle, wenn diese die Regalien, d. h. die ihnen übergebenen königl. Rechte, dem Könige zurückgeben würden. Der Papst ging darauf ein, aber die Bischöfe fügten sich nicht, und in dem neu ausbrechenden Kampfe siegten die Großen und zwangen den König, mit dem Papste das Wormser Konkordat (s. d.) zu schließen (1122), das dem Könige nur einen Teil der alten Investiturgewalt beließ. Die Bischöfe sollten frei gewählt aber nicht eher geweiht werden, ehe sie nicht vom Könige mit den Hoheitsrechten beliehen waren. Die folgenden Könige, wie Lothar II. (1125—37), durch dessen Verbindung mit dem welf. Hause der Kampf zwischen diesen und den Hohenstaufen eingeleitet wurde, und besonders die Staufer, haben dann namentlich durch Stärkung ihrer Hausmacht und die Ausnutzung und Steigerung ihrer Rechte in Italien (sie stützten sich dabei auch auf das röm. Recht, weil sie sich als Nachfolger der röm. Kaiser ansahen) noch eine bedeutende Macht zu entfalten gewußt, und besonders war Friedrich I. (1152—90) unstreitig der mächtigste und glänzendste Fürst der Christenheit. Zunächst gelang es ihm seine Stellung in Deutschland zu befestigen, indem er das mächtige Geschlecht der Welfen und ihren gewaltthätigen Vertreter, den jungen Heinrich den Löwen, versöhnte, dessen Widerstand die Regierung seines Vorgängers Konrad III. (1138—52) gelähmt hatte, und in Italien unterstützte er den Papst gegen aufrührerische Bewegungen (Arnold von Brescia). Er ließ sich in Rom krönen (1155), steigerte aber den Übermut des Papstes durch vielfache Nachgiebigkeiten, durch die er den Frieden mit der Kurie zu sichern glaubte, sodaß der Papst durch seinen Legaten auf dem Reichstag zu Besançon 1157 die Kaiserkrone als ein Beneficium, ein Lehen des Papstes zu bezeichnen wagte. Dem gegenüber erhob Friedrich, unterstützt von einem Kreise bedeutender Männer, unter denen der gewaltige Reichskanzler Rainald von Dassel als der leitende Führer hervorragte, den kräftigsten Protest, und wenn es auch zunächst gelang, den Zwist beizulegen, so mußte er doch bald wieder ausbrechen. Die Kurie, die im Investiturstreit die kaiserl. Oberleitung abgeschüttelt hatte, wollte alle weltliche Gewalt unter ihre Füße treten, in Bildwerken, mit dreisten Auslegungen von Schriftstellen und mit falschen Urkunden verkündete und begründete sie ihre maßlosen Ansprüche. Nun hatte die Welt aber eben in dem jammervollen Verlauf des von dieser Partei in Scene gesetzten Kreuzzugs eine ernste Mahnung empfangen, wie verhängnisvoll diese priesterliche Einmischung sei, und zugleich kam ihr aus dem neuerwachten Studium des röm. Rechts ein frischer Hauch staatlichen Lebens, kräftige Nahrung für die Vorstellung von dem selbständigen Werte und der unveräußerlichen Hoheit des Staates. Der Kampf brach aus, als in Rom 1159 beim Tode Papst Hadrians eine Doppelwahl stattfand und Friedrich das kaiserl. Recht in Anspruch nahm, mit einem Konzil die Wahl zu prüfen und die Welt vor einem Schisma zu schützen. Der von Friedrich verworfene Papst Alexander fand bei den Gegnern und Rivalen des Kaisers Unterstützung, und es begann nun ein 17jähriger Kampf, der namentlich dadurch für Friedrich schwer und endlich verhängnisvoll wurde, daß die lombard. Städte gegen ihn kämpften, da er von ihnen bedeutend erhöhte Abgaben und Leistungen forderte. Friedrich hat in diesem Kampfe zahlreiche und große Erfolge gesehen, hat das stolze Mailand 1162 zerstört und stand 1167 im Begriff auch Rom einzunehmen. Aber als nun eine Pest sein Heer aufrieb, da vereinigten sich die lombard. Städte wieder zu einem Bunde, den Friedrich auch in dem neuen Feldzuge von 1174 bis 1176 nicht zu überwinden vermochte. Verlassen von Heinrich dem Löwen wurde er von den Lombarden 29. Mai 1176 bei Legnano geschlagen. Er erhob sich aber schnell aus dieser Not, indem er 1177 mit Papst Alexander III. den Frieden von Venedig schloß und nun Heinrich den Löwen niederwarf. Friedrich sah, daß ihm die Herrschaft in Deutschland aus der Hand zu schwinden drohte, während er in Italien die kaiserl. Ansprüche verfolgte, aber er sicherte diese Grundlage seiner Macht mit glücklichem Erfolge und behauptete auch bis an sein Ende der Kurie gegenüber eine starke und selbstbewußte Stellung. In einem neuen Konflikt mit Rom, der über die Besetzung des Bistums Trier und über die Heirat seines Sohnes ausbrach, setzte Friedrich seinen Willen durch. Er erschien der Welt in Wahrheit als das ritterliche Haupt der Christenheit. Der Kreuzzug, den er als Greis unternahm, erhob diese seine Bedeutung in das hellste Licht, und sein Tod im Morgenlande fügte ihm noch den Glanz eines Glaubenshelden hinzu. Sein Sohn Heinrich VI. (1190—97) gewann durch seine Gemahlin Konstanze das Königreich Sicilien, richtete hier eine straffe königl. Gewalt auf und versuchte zugleich das deutsche Königtum in seiner Familie erblich zu machen und von den Schwierigkeiten und Verpflichtungen zu befreien, die ihm aus der Wahl erwuchsen. Wenn die Fürsten bis dahin auch regelmäßig den Sohn des Königs zum Nachfolger wählten, falls ein solcher vorhanden war, so war doch während des Investiturstreites das freie Wahlrecht der Fürsten grundsätzlich betont worden. Als Heinrich VI. aber in der Blüte der Jahre starb (1197), folgte eine Doppelwahl, und der Streit der Gegenkönige, Philipps von Schwaben und Ottos IV., darauf Ottos IV. und Friedrichs II., wurde von den Päpsten und den Fürsten benutzt, um das Königtum und Kaisertum in schmähliche Abhängigkeit zu bringen. Mit genialer Kraft hat Friedrich II. (1215—50), der jedoch seine Hauptstütze in dem Königreich Sicilien suchte, diese Fesseln zerbrochen; aber die Unterstützung, welche der Papst in Frankreich, bei den oberital. Städten und verschiedenen deutschen Fürsten fand, ließen es nicht ganz gelingen. Friedrich II. ist von der Kirche als ein Sohn der Finsternis verflucht worden, aber es ist kein Zweifel, daß er eifrig bemüht gewesen ist, mit Rom in Frieden zu leben, und daß die kirchlichen Gründe, mit denen der Papst namentlich den Bannfluch von 1245 auf dem Konzil von Lyon rechtfertigte, Vorwände waren, daß der Papst jedes Rechts entbehrende polit. Forderungen gestellt hatte und den Kaiser bannte, weil er diese maßlosen Forderungen nicht bewilligen konnte. Friedrich II. ist gegen das Ende seines Lebens von schweren Unglücksfällen betroffen worden, aber seine Machtstellung in Italien war noch immer bedeutend und die Aussicht auf Sieg nicht verloren, als er plötzlich 1250 starb. Aber während er in Italien kämpfte, gingen dem Königtum die wesentlichsten Hilfsmittel in Deutschland verloren. In seinem Königreich Sicilien hatte Friedrich eine feste monarchische Ordnung und eine geregelte Verwaltung aufgerichtet, er vollzog hier den Bruch mit dem mittelalterlichen Lehnsstaat und legte die Grundlagen eines modernen Beamtenstaates. Deutschland aber hat von dieser seiner Regierungskunst wenig erfahren. Seine Kraft war in Italien gebunden, und vollends mit seinem Tode geriet das deutsche Königtum in einen Verfall, der die Einheit der Nation bedroht haben würde, wenn diese nicht bereits sehr gefestigt gewesen wäre. Aber der Schwerpunkt der deutschen Geschichte lag fortan nicht in dem Könige, sondern in den Territorien und Städten, die in der folgenden Periode immer selbständiger wurden. Die innere Entwicklung Deutschlands in diesem ersten Abschnitt zeigt die Ausbildung von zwei neuen Ständen, dem Bürger- und dem Ritterstande, welche beide einen nicht unbedeutenden Teil der in wirtschaftliche und in rechtliche Abhängigkeit niedergetretenen Bevölkerung zu wirtschaftlich und politisch kräftigen Gliedern der Gesellschaft erhoben. Über den Ursprung der Städte ist vielfach gestritten worden, aber mit Sicherheit läßt sich erkennen, daß es Städte im Rechtssinn vor dem J. 900 nicht gab und daß um 1100 der Begriff so bekannt war, daß Stadtrecht von einem Orte auf einen andern übertragen werden konnte. Vielfach bildete eine Dorfgemeinde die Grundlage, die Entwicklung des Handels und der Gewerbe, die Anlage von Befestigungen und ähnliche Faktoren haben dann rechtliche Bedürfnisse erzeugt, denen durch neue Einrichtungen und Ordnungen entsprochen werden mußte, und die Summe dieser Ordnungen bildete den Begriff des Stadtrechts, erhob die Ortsgemeinde zu einer Stadtgemeinde, die sich von der Dorfgemeinde regelmäßig durch größere Leistungsfähigkeit, reichere Gliederung und mannigfaltige Privilegien namentlich bezüglich des Gerichtswesens unterschied. Wenn auch viele Stadtbewohner noch lange Zeit geistlichen und weltlichen Herren mancherlei Lasten und Leistungen schuldeten, so wurde doch im allgemeinen der Druck der Hörigkeit in den Städten erleichtert oder beseitigt, es entwickelte sich der Satz, daß die Luft in den Städten frei macht. Die Städte waren stolze Gemeinden, die ihre Angelegenheiten mit großer Selbständigkeit ordneten und ihre Rechte mit starker Hand verteidigten, ein bedeutsamer Ersatz für den im Lauf des Mittelalters großenteils untergegangenen freien Bauernstand. Nach einer andern Seite bot dafür der Ritterstand Ersatz. Er entwickelte sich, als namentlich seit dem 10. Jahrh. die Heere mehr und mehr ausschließlich aus den berittenen Scharen schwerbewaffneter Knechte gebildet wurden, welche die Großen auf ihren ausgedehnten Besitzungen unterhielten. Die Ritter (s. Ritterwesen) waren der Masse nach rechtlich unfrei; allein der Gegensatz von frei und unfrei trat zurück vor dem gesellschaftlich maßgebendern »waffenberechtigt« und »nicht waffenberechtigt«. Die Ritter bildeten einen durch besondere Formen und Rechte ausgezeichneten und seit Friedrich I. durch die Forderung der Ritterbürtigkeit geschlossenen Stand, zu dem auch die Fürsten und Herren zählten. Das hob den Ritter über die Masse der Freien hinweg, welche diesem Stande nicht angehörten. Die Bürger wurden reich und mächtig durch sorgsame Pflege von Handwerk und Handel, durch Befestigung und tapfere Verteidigung ihrer Städte, durch Ausbildung des Rechts und durch mannigfaltige Bündnisse, unter denen der Rheinische Städtebund und noch mehr die Hansa durch Einfluß und Macht hervorragten. Die Städte erfüllten hier noch mehr als die fürstl. Verwaltungen diejenigen Aufgaben, welche die Kaiser nicht erfüllen konnten, weil sie durch die Kämpfe mit dem Papste und den Großen gelähmt waren; ihre größte polit. Bedeutung fiel zwischen 1250 und 1400. Das 12. und 13. Jahrh. sah ferner eine kräftige Pflege der Kunst und der geistigen Interessen. Neben der Fortbildung des Rechts ist da an die mittelalterliche Poesie, die höfische, die Volksdichtung und die politisch wie gesellschaftlich wichtige Vagantenpoesie und an die Baukunst zu erinnern.

3) **Von 1273—1519.** Von 1254 bis 1273, d. i. vom Tode des letzten Staufers Konrads IV. bis zur Wahl Rudolfs von Habsburg, hatte Deutschland thatsächlich keinen gemeinsamen König, sondern nur einige Prätendenten, die von Parteien erhoben waren und meist nur von denen anerkannt wurden, denen sie königl. Rechte verkauften oder schenkten. Wilhelm von Holland, der nach Konrads IV. Tode allgemeinere Anerkennung gefunden hatte und sich namentlich um die Stellung der Städte im Reich Verdienste erwarb, fiel im Jan. 1256 in einem Kampfe gegen die Friesen, und es teilten sich nun die Fürsten in zwei Parteien, von denen 1257 die eine Richard von Cornwallis, den Bruder König Heinrichs III. von England und also auch der letzten Gemahlin Kaiser Friedrichs II., Isabella von England, die andere den König Alfons von Castilien, der durch seine Mutter Beatrix der Enkel König Philipps von Schwaben war, wählte. Man blieb so auch jetzt dem Scheine nach dem staufischen Hause getreu, aber diese Doppelwahl machte es gar völlig unmöglich, daß etwas Ersprießliches hätte geleistet werden können. In dieser Zeit ging dem Reiche das ihm durch das staufische Geschlecht verbundene Königreich Sicilien an den Söldnerführer Karl von Anjou verloren, der im Dienst des Papstes Kaiser Friedrichs II. Sohn Manfred 1266 bei Benevent und den Enkel Konradin 23. Aug. 1268 bei Tagliacozzo schlug und letztern 29. Okt. 1268 in Neapel hinrichten ließ. Aber dieser Karl von Anjou ward nun der Tyrann der Päpste; Rom stürzte in die Grube nach, die es den Staufern gegraben. Vom Nov. 1268 bis zum Sept. 1271 konnte nicht einmal eine Papstwahl zu stande kommen. In Rom empfand man deshalb ein dringendes Bedürfnis nach Erneuerung des Kaisertums und unterstützte die Bemühungen, die, erleichtert durch den Tod Richards von Cornwallis (29. Sept. 1272), 1273 zu der Wahl Rudolfs von Habsburg führten. Rudolf war nicht ohne Macht, aber weit überlegen war ihm König Ottokar von Böhmen, der sich auch die österr. Lande anzueignen verstanden hatte, die durch den Tod des letzten Babenbergers 1246 dem Reiche heimgefallen waren. Rudolf zwang Ottokar durch zwei Feldzüge 1276 und 1278, und da Ottokar in der Schlacht bei Dürnkrut 26. Aug. 1278 (Marchfeld) gefallen war, so erreichte Rudolf, daß er zwei seiner Söhne mit Österreich, Steiermark, Kärnten, Krain und der Windischen Mark belehnen konnte. Es war dies der Anfang der glücklichen Erwerbungen des Hauses Habsburg und für Rudolf die Grundlage seines königl. Regiments. Aber seine Erfolge erschreckten die Fürsten, und um dies Wiederaufleben einer wirklichen Königsmacht im Keime zu ersticken, wählten sie bei Rudolfs Tode nicht seinen zum Könige in hervorragender Weise geeigneten Sohn Albrecht, sondern den Gra-

sen Adolf von Nassau, einen tüchtigen Mann, der aber ohne Hausmacht und durch die Gegnerschaft Albrechts von vornherein gelähmt war. Als er aber trotzdem die fürstl. Fesseln abzuschütteln und als König zu gebieten begann, setzten sie ihn ab und erwählten Albrecht von Österreich, gegen den Adolf in der Schlacht bei Göllheim fiel (2. Juli 1298). Auch gegen Albrecht erhob sich das zuchtlose Fürstentum, aber er wußte an den Städten eine Hilfe zu finden und blieb siegreich. Wie er in seinen Hauslanden Friede und Ordnung aufgerichtet hatte, so konnte man auch für das Reich viel von ihm hoffen, aber er wurde in der Blüte seiner Jahre ermordet (1308). Sein Nachfolger Heinrich von Luxemburg war wieder aus einem andern, auch nicht sehr mächtigen Hause gewählt und starb schon 1313, nachdem er ebenfalls nur Hoffnungen hatte erwecken können. Es zeichnete ihn aus, daß er die ideale Aufgabe des Kaisertums und die damit verbundenen Ansprüche auf Italien wieder kräftig betonte, während seine Vorgänger seit Rudolf von Habsburg sich wenig darum gekümmert und namentlich den immer gesteigerten Ansprüchen der Päpste auf Einfluß im Reiche nur geringen Widerstand geleistet hatten. In derselben Zeit, in der die Könige von England und von Frankreich die Einmischung des Papstes Bonifaz VIII. in die Angelegenheiten ihrer Staaten mit scharfen Worten und vollständigem Erfolg zurückwiesen, wagten die Päpste dem Könige von Frankreich Hilfskräfte aus deutschen Diöcesen zur Verfügung zu stellen, und die deutschen Könige mußten sich auf schüchterne Reklamationen beschränken. Selbst der allen andern Gegnern gegenüber so kräftige Albrecht mußte sich dergleichen Anmaßungen fügen, weil Bonifaz ohne weiteres die Fürsten zur Rebellion aufrief, die nur darauf lauerten, unter dem Deckmantel der Religion die Reste der königl. Macht zu plündern. Rudolf von Habsburg und seine Nachfolger gaben dem Reiche die Einheit wieder und suchten die Reste der königl. Gewalt zusammenzuhalten; aber wie sie sich hierbei in erster Linie auf ihre Hausmacht stützten, so war auch ihr Bestreben vorzugsweise darauf gerichtet, ihre Hausmacht zu begründen und zu vermehren. Die Kurfürsten erwarben neben dem Könige eine besondere Mitwirkung am Regiment und benutzten ihr Wahlrecht, um für ihre Stimme Land und Vorrechte zu erkaufen. Sie beanspruchten und übten ferner mehrmals das Recht, den König abzusetzen, während sich gleichzeitig die Ansprüche der Päpste im Reich ins Ungemessene steigerten. Unter Ludwig IV., dem Bayern (1314—47), erfolgte dann ein Umschlag in der öffentlichen Meinung, die bisher die päpstl. Forderungen mehr unterstützt hatte; es traten Schriftsteller auf, wie Wilhelm von Occam, Marsilius von Padua u. a., welche die selbständige, von dem Papste unabhängige Gewalt des Staates und seines Oberhauptes forderten und die Haltlosigkeit der unverhüllt auf eine polit. Oberhoheit abzielenden Ansprüche der Päpste nachwiesen. Als dann Kaiser Ludwig IV. in Angelegenheiten seiner Hausmacht diesen Ansprüchen schroff, in Reichssachen aber nur schwankend und haltlos gegenübertrat, übernahmen die Kurfürsten in dem Kurverein zu Rense 1338 (s. Ludwig IV.) diesen Schutz und wiesen den Anspruch des Papstes auf Bestätigung des von ihnen erwählten Königs zurück. Andererseits aber erlitt das Königtum durch den langen Bürgerkrieg zwischen Ludwig und seinem Gegenkönige Friedrich dem Schönen weitere Erschütterungen, und Ludwig, der in seinem Erblande mit Kraft und Weisheit regierte, zeigte in Sachen des Reichs oft genug eine beschämende Schwäche und schwankte zwischen dreistem Vorgehen und völliger Nachgiebigkeit. Unter Karl IV. (1347—78) und seinen Nachfolgern wurde die königl. Gewalt von diesen Ansprüchen der Päpste mehr und mehr befreit, während deren Gewalt durch den fortdauernden Aufenthalt in Avignon (die sog. Babylonische Gefangenschaft) und das darauf folgende Schisma (1378—1415) geschwächt wurde. Die Thätigkeit dieser Könige aus dem Hause Luxemburg, d. i. Karls IV. und seiner Söhne Wenzel (1378—1400) und Sigismund (1411—37), war jedoch ganz überwiegend der Vergrößerung ihrer Hausmacht zugewendet, und es gelang ihnen auch, eine große Reihe von Gebieten zu vereinigen, deren Kernland Böhmen war. Der Verfall des Reichs machte unterdessen und zum Teil infolgedessen noch weitere Fortschritte. Ihr Erbe kam durch die Heirat von Sigismunds Tochter Elisabeth an den Habsburger Albrecht II. von Österreich (1438—39), der jenem auch auf dem deutschen Throne folgte. Durch diese Erwerbung gewann die Hausmacht der Habsburger das entscheidende Übergewicht über alle andern Fürsten, und dies steigerte sich noch, als bei Albrechts Tode wieder ein Habsburger, Friedrich III. (sein und Albrechts II. Großvater waren Geschwister), zum König gewählt ward und von da ab die deutsche Krone in dem Geschlecht der Habsburger verblieb. Friedrichs III. (gest. 1493) Sohn Maximilian erwarb dann noch durch Heirat mit der Erbtochter Karls des Kühnen einen Teil der burgund. Lande, und sein Enkel Karl war ferner der Erbe der span. Krone. Wie nun dieser 1519 als Karl V. zum deutschen Könige gewählt wurde, versuchte er Deutschland ähnlich wie die Niederlande als eine Provinz des span.-habsburg. Gesamtreichs zu behandeln. Es entstanden daraus Kämpfe, die ihren besondern Charakter durch die religiöse Bewegung gewannen, in der sich damals die deutsche Nation von Rom loslöste und in der das deutsche Volk eine Entwicklung durchmachte, die mehr als alles andere zur Gestaltung seines Wesens beigetragen hat. Daß die allgemein erhobene Forderung nach einer Reform der Kirche in Deutschland im 16. Jahrh. mit besonderer Kraft auftrat, hatte zum Teil darin seinen Grund, daß die Reformen, welche durch die großen Konzilien des 15. Jahrh. zu Pisa, Konstanz und besonders zu Basel versucht wurden, und welche in Frankreich z. B. zu nicht unerheblichen Besserungen führten, in Deutschland so gut wie ganz vereitelt wurden. In den sog. Fürstenkonkordaten hatte Papst Eugen IV. 1447 in 4 (5) Bullen eine Reihe von Reformbeschlüssen des Baseler Konzils, die der Frankfurter Reichstag 1446 gefordert hatte, für Deutschland genehmigt, aber die wichtigsten derselben, namentlich die, welche die Ausbeutung der deutschen Kirche durch die päpstl. Annaten u. s. w. einschränkten, wurden von Kaiser Friedrich III. in dem 1448 mit Nikolaus V. abgeschlossenen Aschaffenburger oder Wiener Konkordat wieder preisgegeben. Diesen diplomat. Sieg dankte die Kurie vorzugsweise der geschickten Unterhandlung des Äneas Silvius, der dann später als Papst Pius II. noch weitere Ansprüche Roms zurückeroberte. Aber wenn jemals Siege dem Sieger Verderben gebracht haben, so war es hier der Fall. Das Baseler Konzil hatte jedoch für Deutschland eine andere sehr heilsame Folge: die Beruhigung der

Hussiten, denen das Baseler Konzil 1433 in den Prager Kompaktaten (die freilich Pius II. 1462 wieder aufhob) den Kelch beim Abendmahl und andere Forderungen bewilligt hatte. Dadurch wurde die Bewegung der Hussitenkriege zum Stillstand gebracht, die das Konstanzer Konzil durch die Verbrennung des Johannes Huß entfesselt hatte. Die Hussitenkriege von 1420 bis 1433 zeigten, daß die Verfassung des Deutschen Reichs jede Entfaltung der Kräfte hindere und das Volk einem Angriff fast wehrlos preisgebe. Die Hussitenkriege waren zugleich ein Teil des Gegenstoßes der Slawen gegen das Vordringen der Deutschen nach Osten, das um dieselbe Zeit durch die Vereinigung der Polen und Litauer und deren Siege über den Deutschen Orden bei Tanneberg 1410 und endlich durch den zweiten Thorner Frieden 1466 auch im Nordosten beendigt wurde. Es fehlte im 15. Jahrh. nicht an Versuchen, die Reichsverfassung zu bessern, besonders unter Maximilian sind (namentlich auf dem Reichstage zu Worms 1495) Beschlüsse gefaßt und Einrichtungen getroffen worden, um das Fehdewesen zu bekämpfen, das Münz- und das Kriegswesen des Reichs zu kräftigen u. s. w.; aber es zeigte sich, daß die Fürsten sowohl wie die Städte und der Kaiser selbst nur an ihre besondern Lande und Gerechtsame dachten, daß das Leben des Volks sich in den Teilstaaten vollziehe. Unter den Fürsten hoben sich neben dem habsburg. Hause die Bayern, die Hohenzollern in Brandenburg und Franken und die Kurfürsten von Sachsen hervor. Während die Gesetzgebung des Reichs fast ganz stockte und kaum zu äußerlichen Anordnungen gelangte, wie die Goldene Bulle von 1356, wurden in mehrern Einzelstaaten im 14. und 15. Jahrh. Hausgesetze, Polizeiordnungen und Landrechte gegeben oder ausgebildet. Allgemein entwickelte sich aus dem Rechte der Fürsten, die Großen zu ihrem Rat an den Hof zu entbieten, und aus der Beschränktheit ihrer Geldmittel ein Recht der Stände (der Herren, d. i. der geistlichen und weltlichen Großen, zu denen im 14. Jahrh. auch die einfachen Ritter traten, und der Städte), bei jeder neuen Belastung des Landes mit Steuern und Schulden, bei Teilungen, Abtretungen und allen wichtigen Akten in bestimmter Weise berufen und gefragt zu werden. Die ständischen Verhältnisse erlitten eine Umwandlung dadurch; daß die Ritter im 15. Jahrh. aufhörten den Wehrstand oder auch nur den hauptsächlichen Bestandteil der Heere zu bilden, da die Einführung der Schießwaffen die Kriegführung überhaupt wesentlich geändert hatte und die aus den bäuerlichen und bürgerlichen Kreisen hervorgehenden gewordenen Fußsoldaten sich bald als sog. Landsknechte gefürchtet machten. Die Ritter wurden zu Landwirten und Rittergutsbesitzern; aber ehe sich diese Entwicklung durchsetzte, suchten sie als Raubritter Beschäftigung und Nahrung. Das 15. Jahrh. litt schwer unter dieser Plage. Die Städte bildeten Handwerk und Handel weiter und waren, wenn auch ihre polit. Bedeutung mit der Zeit sank, Sitze mannigfaltiger Bildung und bedeutenden Reichtums. Die Herrschaft ging in denselben im 14. und 15. Jahrh. meistens aus der Hand der Geschlechter (des städtischen Patriciats) in die der Zünfte über; in den Hansestädten jedoch behauptete sich das Patricierregiment. Die Grenze des Reichs trat im Westen und Süden erheblich zurück, indem Frankreich Teile von Burgund und die Dauphiné erwarb. Außerdem hatten sich die Grenzlande Flandern, Hennegau, Brabant, Lothringen, Burgund dem Reiche fast ganz entzogen, und auch die Schweiz löste sich um 1500 ab.

4) **Die Reformationszeit.** (S. Karte II, 4 und die Nebenkarte: *Kirchliche Einteilung Deutschlands bei Beginn der Reformation* auf der *Konfessionskarte des Deutschen Reichs.*) Noch in die letzten Jahre Maximilians I. fielen die Anfänge der kirchlichen Reformation, die sich in einer Reihe von vorbereitenden Erscheinungen angekündigt hatte (s. oben). Seit den Kirchenversammlungen von Konstanz und Basel war für die Kirchenverbesserung nicht nur nichts geschehen, sondern die Mißbräuche hatten sich gemehrt. Der Umschwung der gesellschaftlichen Verhältnisse, das Wiederaufleben der antiken Litteratur, die Erfindung der Buchdruckerkunst hatten die Schranken der mittelalterlichen scholastischen Bildung durchbrochen und der schon vorhandenen Opposition in der Kirche selbst einen mächtigen Rückhalt gegeben. Die ersten Jahrzehnte des 16. Jahrh. zeigen die größte Gärung in allen Kreisen des deutschen Lebens; namentlich kündigt sich auf dem litterar. Gebiete der Entscheidungskampf zwischen der neuen Bildung und der alten mönchischen aufs heftigste an, während zugleich eine große sociale Revolution zu erwarten stand. Der skandalöse Ablaßhandel Tezels war für Luther der Anlaß (31. Okt. 1517), in seinen 95 Thesen den Kampf gegen die röm. Kirche zu beginnen. (S. Reformation.) Der Eindruck dieses Schrittes war ungeheuer. Die Ungeschicklichkeit der litterar. Verfechter Roms, der mißlungene Versuch des Kardinals Cajetan zu Augsburg (1518), Luther zum Schweigen zu bringen, gaben dem Kampf eine wachsende Bedeutung, während Luther selbst seit der Disputation zu Leipzig (1519) in immer bewußtern Gegensatz zur ganzen röm. Kirchenautorität gedrängt ward. Die Versuche Roms, durch den Kirchenbann das Feuer auszulöschen, schlugen fehl und vergrößerten nur die Niederlage des Papsttums. Inzwischen hatte nach Maximilians Tode die Kaiserwahl zwischen dessen Enkel Karl von Spanien und Franz I. von Frankreich eine Zeit lang geschwankt, bis es gelang, dem habsburg. Bewerber die Krone zu sichern (28. Juni 1519).

Eine Wahlkapitulation, die der neue Kaiser Karl V. (1519—56) beschwören mußte, sollte einerseits das drohende Übergewicht seiner auswärtigen Macht von Deutschland abhalten, andererseits die unter Maximilian verkümmerten Reformen der Reichsverfassung, namentlich das Reichskammergericht und Reichsregiment, in ungeschmälerten Vollzug setzen. Karl V., von dem ein großer Teil der Nation eine volkstümliche Ordnung der Kirchenangelegenheiten erwartete, war jedoch in zu viele auswärtige Interessen verwickelt und überdies viel zu kirchlich gesinnt, als daß er die Hoffnungen Deutschlands gebührend hätte würdigen können. Er sprach auf dem Reichstage zu Worms (1521) über Luther die Reichsacht aus und widmete, nach Spanien zurückgekehrt, seine Thätigkeit hauptsächlich dem Kriege mit Frankreich. Seinem Bruder Ferdinand trat er die deutsch-österr. Besitzungen ab. Die Reichsregierung überließ er dem Reichsregiment, das der reformatorischen Lehre freien Spielraum ließ. Dagegen mißlangen die Versuche der Ritterschaft und der Bauern, die religiöse Bewegung zu einer durchgreifenden socialpolit. Umwälzung zu benutzen; der Krieg der Fürsten gegen Franz von Sickingen (1523) und das Scheitern des großen Bauernaufstandes von 1525 (s. Bauernkrieg) gaben diesen Bestrebungen den Todesstoß. Indessen breitete sich die neue Lehre immer weiter aus, und der Reichstag zu Speier (1526) setzte fest, daß bis zur Erledigung der Glaubenssache durch ein Generalkonzil jeder «für sich also leben und regieren solle, wie ein jeder solches gegen Gott und kaiserl. Majestät zu verantworten sich getraue». Die röm.-kath. Partei hatte sich indessen seit dem Regensburger Konvent von 1524 auch fester zusammengeschlossen, und es gelang ihr, während die reformatorische Lehre immer mächtigern Anhang gewann, auf dem Reichstage zu Speier (1529) eine Zurücknahme der frühern Gewährungen durchzusetzen. Die Anhänger der neuen Lehre setzten gegen diesen Beschluß der Reichstagsmehrheit eine Protestation auf, die ihnen den Namen «Protestanten» erwarb. Der Kaiser suchte jetzt im Einverständnis mit Rom das neue Bekenntnis zu unterdrücken; aber der Reichstag von Augsburg (1530), wo die Protestanten ihm ihr Bekenntnis vorlegten, zeigte ihm die Stärke des Widerstandes, während die mißlichen Verhältnisse zu Frankreich und zu den Türken es nicht ratsam machten, den Zwiespalt im Innern des Reichs noch mehr zu vergrößern. Als darauf die durch den Augsburger Abschied schwer bedrohten protestierenden Stände sich zum Schmalkaldischen Bunde (s. d.) zusammenschlossen, gewährte Karl ihnen 1532 zu Nürnberg den ersten Religionsfrieden, der bis zu einem allgemeinen Konzil dem neuen Bekenntnis Duldung verhieß. Während den Kaiser die auswärtigen Verhältnisse in Anspruch nahmen, erlangte der Schmalkaldische Bund das entschiedenste Übergewicht im Reiche. Der Versuch eines kath. Gegenbündnisses, des Nürnberger Bundes, scheiterte trotz der Begünstigung durch Kaiser und Papst. Durch seine franz. und türk. Feldzüge gehindert, mußte Karl es geschehen lassen, daß die Schmalkaldener den eifrigsten kath. Fürsten, Heinrich den Jüngern von Braunschweig, verjagten, daß auch in Kurbrandenburg, dem albertinischen Sachsen, Pfalz-Neuburg und andern Territorien die Reformation siegte, das Erzstift Köln und Jülich-Cleve ebenfalls für das Evangelium gewonnen schienen. Aber teils diese Nachsicht des Kaisers, teils der Vertrag, den Philipp von Hessen, wegen der Folgen seiner Doppelehe geängstigt, 1541 mit dem Hause Habsburg einging, lähmten die Thatkraft der Schmalkaldener; es glückte Karl V., die Hilfe der deutschen Protestanten im Kriege gegen Frankreich zu erlangen, und als er diesen mit dem Frieden von Crépy (Sept. 1544) siegreich beendigt hatte, knüpfte er mit Rom einen Offensivbund zu dem Zweck, die neue Lehre gewaltsam zu unterdrücken. Die Weigerung der Protestanten, das von Paul III. im März 1545 ausgeschriebene Tridentinische Konzil zu beschicken, gab für Karl den Ausschlag, dieselben mit Gewalt zur Nachgiebigkeit zu zwingen. Nach dem Siege über die Schmalkaldener 1546 und 1547 wuchs des Kaisers Macht so sehr, daß diese selbst bei seinen bisherigen Verbündeten, besonders Moritz von Sachsen und dem Papst, nicht geringere Unruhe erregte, als sein Versuch, durch das Augsburger Interim (1548) den Rücktritt der Protestanten zur alten Kirche herbeizuführen, diese aufregte und erbitterte. Die Reformpläne aber, die Karl V. selbst in Bezug auf die Kirche hegte, fanden nicht nur bei den Parteien, sondern auch auf dem Tridentiner Konzil den heftigsten Widerstand. Die Behandlung, die er den gefangenen Fürsten Johann Friedrich von Sachsen und Philipp von Hessen zuteil werden ließ, ward der Vorwand für Moritz von Sachsen und die ihm verbündeten deutschen Fürsten, im Einverständnis mit Frankreich den Kaiser zu überfallen und seinen Bruder Ferdinand zu dem Passauer Vertrag (s. d.; 1552) zu nötigen, in welchem den prot. Ständen freie Religionsübung zugesichert wurde. Zu endgültigem Abschluß aber gelangten diese Verhandlungen erst in dem Augsburger Religionsfrieden, der 25. Sept. 1555 geschlossen wurde und den Protestanten nicht bloß Duldung, sondern Gleichberechtigung gewährte. In gleicher Weise mißlangen dem Kaiser seine Pläne, als er versuchte, den Franzosen die drei lothr. Bistümer, deren sich Heinrich II. bemächtigt hatte, wieder zu entreißen; die Belagerung von Metz führte nicht zum Ziele. Diese Schläge wirkten erschütternd auf Karl V. ein; er überließ die Regierung der Niederlande (1555), Spaniens und Italiens (1556) seinem Sohne Philipp II., die der österr. Länder und die deutsche Kaiserkrone seinem Bruder Ferdinand (I.) und zog sich selbst gänzlich vom öffentlichen Leben zurück.

5) Gegenreformation und Dreißigjähriger Krieg. Es schien, als ob das Zeitalter der Reformation alle schöpferischen Kräfte in Deutschland völlig aufgebraucht hätte, sodaß auf die jüngst vergangene Epoche größten Aufschwungs eine lange Zeit traurigen Niederganges folgte. Der Glaubenskampf verknöcherte auf prot. Seite zu engherzigem Pfaffengezänk, welches obendrein Zwiespalt im eigenen Lager der Protestanten hervorrief und zu den bedauernswertesten Entzweiungen führte. (S. Reformation.) Auf der andern Seite aber hatte der Siegeszug, mit welchem der Protestantismus fast das ganze Deutschland von der Donau bis zur Ostsee sich unterworfen, die Kräfte des Widerstandes wachgerufen. Mit den Beschlüssen des Tridentiner Konzils, der Begründung und Ausbildung des Jesuitenordens schuf die kath. Kirche sich die Machtmittel, den verlorenen Boden wiederzugewinnen. Die leitende Macht bei den Protestanten, die sich zu jedem Opfer für eine momentane Ruhe bereit zeigte, war Kursachsen, ihm gegenüber stand eine handelslüstige überall zum Anschluß und gemeinsamen Vorgehen aller Glaubensgenossen treibende Partei unter Kurpfalz; zu dem polit. Gegensatz kam der religiöse zwischen dem engherzigen Luthertum in Sachsen und dem in der Pfalz zur Herrschaft gelangten Calvinismus (s. Calvin). An der Spitze der kath. Reaktion stand neben einigen geistlichen Fürsten vor allem von Anfang an das Herzogtum Bayern, während die habsburg. Kaiser in den ersten Jahren nach dem Augsburger Frieden eine mehr vermittelnde Haltung einnahmen. Ferdinand I. (1556—64) hatte bereits im Auftrag Karls den Augsburger Frieden geschlossen und berührte sich im Streben nach dessen Erhaltung mit der versöhnlichen Politik Kursachsens. Nach außen hatte er die unaufhörlichen Türkenkriege (s. Osmanisches Reich) zu bestehen, die ihm zwar den ungar. Königstitel, vom Land aber nur einen schmalen Streifen übrigließen. Der deutsche Handel, vor allem die Hansa, verlor infolge der neuen Welthandelswege die beherrschende Stellung, jeder Gedanke auf eine politische oder merkantile Ausdehnung nach außen blieb fern. Dies Verhältnis dauerte ungeschwächt fort, auch blieb Ferdinands Sohn Maximilian II. (1564—76) auf der Bahn der religiösen Ausgleichsbestrebungen, während die Partei der kath. Reaktion sich stärker zu regen begann und ihre ersten Siege erfocht. (S. Gegenreformation.)

Ein Wandel trat mit Maximilians Sohn Rudolf II. (1576—1612) dadurch ein, daß dieser Zögling der Jesuiten überall selbst deren Vordringen begünstigte. Überall behauptete sich der Katholicismus unter thatkräftigen Führern, an deren Spitze der junge Herzog Maximilian I. von Bayern stand. Aber erst als dieser eine prot. Reichsstadt, Donauwörth, 1607 auf das parteiische Urteil des kaiserl. Reichshofrates hin unterwarf, ergriff die Protestanten die Sorge um ihre Zukunft gegenüber der Entschlossenheit ihrer Gegner. Die Kampfesstimmung beider Parteien zeigte sich in dem Zusammenschluß in zwei Bündnissen, der Protestantischen Union 1608 unter pfälzischer und der Katholischen Liga 1609 unter bayr. Führung, die aber beide nur einen Teil der Glaubensgenossen umfaßten. Besondere Erregung brachte der Jülich-Clevesche Erbfolgestreit wegen der Frage, ob diese reichen bisher kath. Lande an einen Protestanten oder Katholiken fallen sollten. Die erbberechtigten Brandenburg und Pfalz-Neuburg ergriffen trotz kaiserl. und span. Gegenwirkung Besitz von dem Lande, sie behaupteten sich und teilten es schließlich unter sich im Vertrag von Xanten 1614.

Den Anstoß zum offenen Ausbruch des Kampfes gaben aber die Vorgänge in den kaiserl. Erblanden, deren überwiegend prot. Stände für ihre polit. und religiösen Freiheiten dauernd im Kampfe mit der Landesregierung lagen. Dieser Streit verband sich mit einem Zwist im Hause Habsburg selbst. Kaiser Rudolfs ältester Bruder Matthias, von den ungar. und österr. Ständen unterstützt, zwang den Kaiser zuerst zur Abtretung von Ungarn, Österreich und Mähren, schließlich auch von Böhmen und seinen Nebenlanden. Wie Matthias den ihm helfenden Ständen, so hatte auch Rudolf den zuerst ihm treu gebliebenen Böhmen in dem Majestätsbrief (s. d.) von 1609 weitgehende religiöse Zugeständnisse machen müssen. Die Versuche des vom Bischof Khlesl beratenen Matthias (1612—19), diesen Freiheiten zum Trotz den gegenreformatorischen Bestrebungen Raum zu schaffen, riefen 1618 in Böhmen den offenen Aufstand hervor. (S. Dreißigjähriger Krieg.) In dessen Beginn starb Matthias; ihm folgte der Jesuitenzögling Ferdinand II. (1619—37).

Mit Hilfe der Katholischen Liga unter Maximilian von Bayern gelang es Ferdinand, der empörten Böhmen und des von ihnen zum böhm. König erwählten Kurfürsten Friedrich V. von der Pfalz durch den entscheidenden Sieg am Weißen Berge bei Prag (1620) Herr zu werden. Während in den Erblanden ein hartes Strafgericht über die Aufständischen erging und binnen wenigen Jahren der Protestantismus unterdrückt wurde, trug man zur Vollstreckung der über Friedrich V. verhängten Reichsacht den Krieg in die Pfalz; auch sie wurde bis 1623 unterworfen, die Oberpfalz und die Kur an Bayern übertragen. Aber der siegreiche Aufschwung habsburg. Macht erregte die Eifersucht Frankreichs und Englands, die Bedrohung Norddeutschlands durch die ligistischen Truppen unter Tilly brachte die Stände des Niedersächsischen Kreises und mit ihnen Christian IV. von Dänemark zu kriegerischer Rüstung gegen den Kaiser. Zugleich aber erstand diesem ein neuer Helfer in Wallenstein, der ihn obendrein von seiner Abhängigkeit von der Liga befreite durch die Aufstellung eines eigenen kaiserl. Heers. Mit diesem schlug er die Gegner im Felde, unterwarf Deutschland bis zur Meeresküste, bis sein offenkundiges Bestreben, gegenüber der Macht der Reichsfürsten wieder eine kaiserl. Souveränität im Reiche zu errichten, die Feindschaft auch der ligistischen Genossen gegen den Kaiser wachrief, denen es gelang, auf dem Regensburger Kurfürstentag 1630 Wallenstein zu stürzen. Aber schon stand ein neuer Gegner in König Gustav Adolf von Schweden auf deutschem Boden. In wunderbarem Siegeszuge während der Jahre 1631—32 eroberte er Norddeutschland, schlug Tilly, der zuvor Magdeburg eingenommen, vernichtend bei Breitenfeld und am Lech; im Frühjahr 1632 war Gustav Adolf Herr von Süddeutschland. Die geradezu verzweifelte Lage des Kaisers und seiner Genossen rief Wallenstein wieder in den Krieg. Dieser gewann durch den Tod Gustav Adolfs in der Schlacht bei Lützen (16./6. Nov. 1632) bald wieder die Oberhand; aber der Gegensatz, in den er durch seine selbständige Politik und Kriegführung zum Kaiser geriet, verschärfte sich zu offener Feindschaft, zur Absetzung Wallensteins, und endete schließlich mit dessen Ermordung in Eger (1634). Es gelang der kaiserl. Politik, nach dem Siege bei Nördlingen (1634) über die Schweden Sachsen, hernach auch Brandenburg und andere Protestanten dem schwed. Bündnis abwendig zu machen und gegen einzelne Zugeständnisse sich im Prager Frieden (1635) im ganzen den Sieg der kath. Reaktionspolitik zu sichern. Aber der Eintritt des eifersüchtigen Frankreichs in den Krieg fachte diesen von neuem an; doch nicht mehr um große Glaubensinteressen, nur für die Habsucht großer und kleiner Machthaber schlugen sich die Heere mit wechselndem Erfolge auf deutschem Boden. Die Verheerung des Landes war eine entsetzliche, und sie dauerte fort, während die Diplomaten in Münster und Osnabrück endlos über einen Abschluß verhandelten, der schließlich 24. Okt. 1648 im Westfälischen Frieden (s. d.) zu stande kam. Dieser war das traurige Ende einer traurigen Epoche. Die Zerrissenheit Deutschlands war ärger als je und lieferte es widerstandslos den Eingriffen der Fremden aus, die es auch für die Folgezeit zum Schlachtfeld der europ. Kriege machten. Frankreich wie Schweden rissen die Grenzgebiete an sich und behielten dauernd ihre Hand in deutschen Dingen. Der Wohlstand des Landes war vernichtet, die Bewohnerzahl um mehr als die Hälfte verringert, ganze Gebietsstrecken lagen wüst. Das Volk selbst war in der Kriegsnot entartet, das geistige Leben war ertötet, alles ging unter im Kampf um die notdürftigste äußere Existenz. Die Arbeit zweier Jahrhunderte hat nicht vermocht, alle Spuren dieser dreißig Jahre zu vertilgen.

Die einzelnen Staaten des Deutschen Reichs von 1648 bis 1803.

A. Weltliche Gebiete.

1) Königreich.

Böhmen (Kurfürstentum).

2) Herzogtümer.

Arenberg.	Lothringen (zeitweilig bei Frankreich).
Bayern.	Magdeburg.
Berg.	Mecklenburg-Güstrow.
Braunschweig-Calenberg.	» -Schwerin.
» -Grubenhagen.	Österreich (Erzherzogtum).
» -Lüneburg (seit 1692 Kurfürstentum Hannover).	Sachsen (Albertinische Linie; Kurfürstentum).
» -Wolfenbüttel.	» -Altenburg (Ernestin. Linie)
Bremen (1648 an Schweden, 1715 an Hannover).	» -Coburg-Gotha (Ernestin. Linie)
Cleve.	» -Weimar-Eisenach (Ernestin. Linie)
Hinterpommern.	» -Lauenburg (seit 1702 zu Hannover) (Ernestin. Linie)
Holstein.	Savoyen.
Jülich..	Schlesien (1675 österr., 1763 preuß. Provinz).
Kärnten.	
Krain.	

Steiermark.
Verden (1648 an Schweden).
Vorpommern.
Württemberg.

3) Pfalzgrafschaft.

Pfalz (Kurfürstentum).

4) Fürstentümer.

Anhalt.
Brandenburg-Ansbach oder Onolzbach.
Dietrichstein.
Halberstadt.
Henneberg (gefürstete Grafschaft).
Hersfeld (zu Hessen-Cassel gehörig).
Hohenzollern-Hechingen.
» -Sigmaringen.
Lobkowitz.
Minden.
Nassau.
Neuburg.
Ratzeburg.
Simmern.
Sternstein (gefürstete Grafschaft).
Sulzbach.
Tirol (gefürstete Grafschaft).
Veldenz (seit 1694 zu Kurpfalz, seit 1715 zu Hannover).
Zweibrücken.

5) Markgrafschaften.

Baden-Baden.
» -Durlach.
» -Hochberg.
Brandenburg (Kurfürstentum).
» -Kulmbach.
Mähren.

6) Landgrafschaften.

Baar.
Hessen-Darmstadt.
» -Cassel.
Klettgau.
Leuchtenberg.
Stühlingen.

7) Grafschaften.

Barby (1659 ausgestorben).
Blankenburg (seit 1707 Fürstentum).
Blankenheim.
Bentheim.
Bonndorf (seit 1612 zu St. Blasien).
Burgund (Freigrafschaft, zu Spanien).
Castell.
Diepholz.
Eberstein (seit 1660 zu Baden).
Erbach.
Falkenstein.
Friedberg-Scheer (1787 gefürstet).
Fugger.
Fürstenberg (seit 1664 Fürstentum).
Gerolstein.
Görz.
Gradisca.
Gronsfeld.
Hallermund.
Hanau-Lichtenberg.
» -Münzenberg.
Hohenembs.
Hohen-Geroldseck.
Hohenlohe.
Hohenzollern.
Hohnstein.
Holzapfel.
Homburg.
Hoya.
Isenburg-Büdingen (seit 1744 Fürstentum).
Königsegg.
Königstein.
Krichingen.
Lamberg (seit 1707 Fürstent.).
Leiningen,
Limburg.
Lingen.
Lippe.
Löwenstein (seit 1711 Fürstentum).
Mansfeld.
Mark.
Mitterburg.
Mömpelgard.
Mörs (seit 1707 Fürstentum).
Oldenburg.
Ortenburg.
Ostfriesland (seit 1654 Fürstentum).
Öttingen.
Pyrmont.
Ranzau (seit 1650 Grafschaft).
Rappoltstein.
Ravensberg.
Schwarzburg-Rudolstadt (seit 1710 Fürstentum).
» -Sondershausen (seit 1697 Fürstentum).
Schwarzenberg (1670 gefürstet).
Solms.
Spiegelberg.
Sponheim.
Steinfurt.
Stolberg.
» -Gedern (seit 1742 Fürstentum).
Tecklenburg.
Thengen (seit 1664 gefürstet).
Virneburg.
Waldburg.
Waldeck (seit 1682 Fürstentum).
Wartenberg (seit 1707 Grafschaft).
Wernigerode.
Wertheim (seit 1711 Fürstentum).
Wied.
Wittgenstein.

8) Herrschaften.

Anholt.
Argen.
Beilstein.
Blieskastel.
Breiteneck.
Bretzenheim.
Dachstuhl.
Dreyß.
Dyck.
Eglingen.
Eglof.
Ehrenfels.
Eyß.
Fagnolles (seit 1770 Grafschaft).
Freudenberg.
Gehmen.
Gimborn.
Gundelfingen.
Hausen.
Hohenwaldeck.
Hörstgen.
Jever.
Justingen.
Kerpen.
Landskron.
Lommersum (seit 1712 Grafschaft).
Mechernich.
Mindelheim.
Mößkirch.
Mylendonk.
Neu-Ravensburg.
Neustadt.
Oberstein.
Ollbrück.
Ottweiler.
Pappenheim.
Pyrbaum.
Reichelsberg.
Reichenstein.
Reipoltskirchen.
Rhade.
Rheda.
Richold.
Saffenberg.
Schauen.
Schaumburg.
Schlenacken.
Schönau.
Schwabeck.
Reckheim.
Reuß (seit 1778 bez. 1790 Fürstentum).
Rheingrafschaft.
Rhieneck.
Rietberg.
Rothenfels.
Saarbrücken.
Saarwerden.
Salm.
Sayn.
Schaumburg.
Schleiden.
Seinsheim.
Speckfeld.
Stein.
Sulzbürg.
Tettwang.
Thannhausen.
Vaduz.
Weiler.
Welzheim.
Wickerad.
Wiesensteig.
Wiesentheid.
Wildenberg.
Winnenburg.
Wittem.
Wylre.

9) Reichsstädte.

Aachen.
Aalen.
Augsburg.
Besançon (1648 zu Spanien).
Biberach.
Bopfingen.
Bremen.
Buchau.
Buchhorn.
Dinkelsbühl.
Dortmund.
Eßlingen.
Frankfurt a. M.
Friedberg.
Gengenbach.
Giengen.
Gmünd.
Goslar.
Hagenau (1648 an Frankreich).
Hall.
Hamburg.
Heilbronn.
Isny.
Kaufbeuren.
Kempten.
Köln.
Leutkirch.
Lindau.
Lübeck.
Memmingen.
Mühlhausen (Thüringen).
Nordhausen.
Nördlingen.
Nürnberg.
Offenburg.
Pfullendorf.
Ravensburg.
Regensburg.
Reutlingen.
Rosheim (1648 an Frankreich).
Rothenburg.
Rottweil.
Schweinfurt.
Speier.
Straßburg (1681 an Frankreich).
Überlingen.
Ulm.
Wangen.
Weil.
Weißenburg (Elsaß, 1697 an Frankreich).
Weißenburg (Bayern).
Wetzlar.
Wimpfen.
Windsheim.
Worms.
Zell.

B. Geistliche Gebiete.

1) Erzbistümer.

Köln, Mainz } Kurfürstentümer.
Trier, Kurfürstentum.
Salzburg.

2) Bistümer.

Augsburg
Bamberg.
Basel.
Brixen.
Eichstätt.
Freising.
Hildesheim.
Konstanz.
Lübeck.
Lüttich.
Münster.
Osnabrück.
Paderborn.
Passau.
Regensburg.
Schwerin.
Speier.
Straßburg.
Trient.
Worms.
Würzburg.

Abteien.

Baindt.
Berchtesgaden (gefürstete Abtei).
Buchau.
Cornelimünster.
Corvei.
Elchingen.
Essen.
Fulda (seit 1752 Bistum).
Gengenbach.
Gernrode.
Gutenzell.
Heggbach.
Herford.
Irsee.
Kaisersheim.
Kempten.
Lindau.
Malmedy.
Marchthal.
Neresheim.
Ochsenhausen.
Ottobeuren.
Petershausen.
Prüm.
Quedlinburg.
Roggenburg.
Roth.
Rottmünster.
Salmannsweiler.
Schussenried.
Stablo.
Thorn.
Ursperg.
Weingarten.
Weißenau.
Werden.
Wettenhausen.

Probsteien.

Ellwangen.
Odenheim.
Weißenburg.

6) **Vom Westfälischen Frieden bis zur Gründung des Deutschen Bundes, 1648—1815.** (S. Karte II, 5 u. 6.) Durch den Abschluß des Westfälischen Friedens war die einheitliche Autorität des Kaisertums fast zu einer leeren Form geworden. Das Reich verwandelte sich mehr und mehr in einen losen Staatenbund, worin die einzelnen Reichsfürsten, insbesondere die mächtigern unter ihnen, gestützt auf die im Frieden erlangten Rechte, fast aller bisher durch die Reichsgewalt gebildeten Fesseln sich entledigten. Nur ein Reichstag kam noch in alter Weise zu stande: ihn beendete der sog. «jüngste Reichstagsabschied» vom 17. Mai 1654. Der folgende erst 1663 der Türkenhilfe wegen von neuem einberufene Reichstag blieb dauernd bestehen (bis 1806); die Fürsten erschienen nicht mehr persönlich; sie sandten nur ihre Abgeordneten nach Regensburg. Die Verhandlungen wurden mit so pedantischer Umständlichkeit geführt, daß in dringenden Angelegenheiten keinerlei Hilfe mehr zu erwarten war. Gemäß den Bestimmungen des Westfälischen Friedens hatte 6 Monate nach Auswechselung der Ratifikationen ein konstituierender Reichstag zusammentreten sollen, um die deutsche Verfassung im einzelnen zu beraten und neu festzustellen. Kaiser Ferdinand III. zog die Berufung dieses Reichstages so lange wie irgend möglich hinaus. Als die Versammlung 1653 und 1654 endlich stattfinden mußte, gelang es der österr. Partei, die Reform der Verfassung scheitern zu lassen. Um im Fürstenkollegium die österr.-kath. Majorität zu sichern, ernannte der Kaiser eine größere Zahl österr. Adelsfamilien zu Reichsständen und setzte, dem bestehenden Recht entgegen, ihre Einführung in das Fürstenkollegium durch. Aus einem Wahlreiche wurde das Reich thatsächlich mehr und mehr zu einer österr. Erbmonarchie. Die österr. Erblande wurden von jeder Verpflichtung für das Reich losgelöst, während Deutschlands finanzielle und militär. Kräfte für die Kriege und die Eroberungen der Habsburger fort und fort ausgenutzt wurden. Da von Wien aus eine zeitgemäße große Reform, eine einheitliche und festere Zusammenfassung der deutschen Stämme fortan nicht mehr zu erwarten stand, so war es ein Glück für das Ganze, daß einzelne der kleinern Territorien zu lebensfähigen Staatswesen sich erweiterten und zum Teil sogar den Schutz der bedrohten Reichsgrenzen an einzelnen Stellen übernahmen.

Vorerst jedoch blieb, wenigstens im Westen, der Einfluß des Auslandes noch im Steigen. Auf die Politik und nicht minder auf die Bildung und Gesittung der Nation übten die Nachbarvölker, insbesondere die Franzosen, oft eine sehr unheilvolle Einwirkung aus. Da viele der kleinen Fürsten das 1648 erhaltene Bündnisrecht benutzten, um sich mit andern Staaten zu verbinden und gegen Subsidienzahlungen an deren Streitigkeiten teilzunehmen, so war die Folge, daß die europ. Kriege der nächsten Zeit zum guten Teil auf deutschem Boden ausgefochten wurden. Besonders die Bayernfürsten sowie die geistlichen Herren am Rhein standen vielfach, selbst bei Reichskriegen, auf der Seite Frankreichs. In der Hildesheimer Allianz (1652) vereinigten sich die niedersächs. Fürsten mit Schweden, und noch weit bedeutender wurde die von Ludwig XIV. mit mehrern kleinen Rheinstaaten geschlossene Verbindung. Nach dem Tode Ferdinands III. (1657) folgte ein Interregnum von 1¼ Jahr, während dessen das Reichsvikariat in Norddeutschland von Kursachsen verwaltet wurde, während im deutschen Süden Pfalz und Bayern um dieses Vorrecht im Streite lagen. (Erst 1724 erfolgte zwischen den beiden Wittelsbacher Häusern die Einigung, nach der beide gemeinsam das Amt des Reichsverwesers im Süden ausüben sollten.) Drei Kurfürsten traten jetzt entschieden für die Wahl des franz. Königs zum Deutschen Kaiser ein. Nur der Uneigennützigkeit Friedrich Wilhelms von Brandenburg verdankte Leopold I. die Krone. Die bei der Wahl unterlegene franz. Partei der Reichsfürsten bildete darauf den Rheinbund (1658), der bald durch Hinzutritt anderer Fürsten, auch der alten Hildesheimer Alliierten, im Westen und Nordwesten eine sehr bedeutende Ausdehnung gewann. Nach dem Zerfall des Bundes (1667) blieben doch einzelne deutsche Staaten in Frankreichs Gefolgschaft, und erst nachdem der Große Kurfürst durch seine Unterstützung der Holländer 1672 ein rühmliches Beispiel gegeben, erfolgte 1674 die Kriegserklärung des Reichs gegen Frankreich. Unter Montecuccoli, dann unter dem Großen Kurfürsten und Bournonville wurden anfangs nicht unbedeutende Erfolge errungen und das Elsaß in Besitz genommen. Gegen Ende des J. 1674 aber drängte der franz. Feldherr Turenne in einem glänzenden Vorstoß die Verbündeten über den Rhein zurück. Die Unentschlossenheit der österr. Heeresleitung, die Differenzen zwischen Bournonville und Friedrich Wilhelm und dann der Einbruch der Schweden in die Mark, der im Sommer 1675 die Brandenburger zur Rückkehr in die Heimat nötigte, all das hemmte und hinderte eine energische Kriegführung am Rhein. 1679 trat Leopold I. dem von Holland 1678 abgeschlossenen Frieden von Nimwegen bei und überließ die bisher in span. Besitz befindliche Freigrafschaft Burgund sowie die Stadt Freiburg im Breisgau an Frankreich. Durch diesen Abfall von der gemeinsamen Sache wurde auch der Brandenburger genötigt, im Frieden von St. Germain-en-Laye fast alle den Schweden entrissenen Ostseelande zurückzugeben. Nachdem der Kaiser, mit Rücksicht auf die Türkenkämpfe, den Schutz und die Verteidigung des Reichs im Westen und im Nordosten preisgegeben und den bedeutendsten der Territorialfürsten, den Brandenburger, auf Frankreichs Seite gedrängt hatte, konnte Ludwig XIV. durch die berüchtigten Réunionskammern im Westen ein Stück deutschen Landes nach dem andern sich aneignen; im September 1681 nahm er auch Straßburg fort. Eine große Zahl west- und süddeutscher Fürsten thaten sich nun gegen Frankreich zusammen und verbanden sich durch das Laxenburger Bündnis (1682) auch mit Kaiser Leopold. Doch waren diese Verbindungen zu schwach, um dem mächtigen Frankreich mit Erfolg entgegenzutreten. Daher ward 1684 ein 20jähriger Waffenstillstand zu Regensburg vereinbart, wonach alles bis zum 1. Aug. 1681 Reunierte und außerdem auch Straßburg bei Frankreich bleiben sollte, während Ludwig XIV. auf weitere Eroberungen in Deutschland zu verzichten versprach. Mit Hilfe von zahlreichen deutschen, auch brandenb. Truppen wurde dann der Türkenkrieg glücklich zu Ende geführt; 1683 ward Wien befreit, 1686 Ofen gestürmt, im folgenden Jahre bei Mohacz, 1691 bei Slankamen, 1697 bei Zenta die Pforte besiegt und durch den Karlowitzer Frieden (1699) zur Preisgebung Ungarns genötigt. Die auch dem Reiche im Südosten von den Türken stets drohende Gefahr war seitdem für immer beseitigt. Inzwischen hatte Ludwig XIV. von neuem seine Hand ausgestreckt

4. DEUTSCHLAND
zur Zeit der Reformation
(1547).
Maßstab 1:12000000.
Kilometer
NORD SEE
OST SEE
KGR. DÄNEMARK
KGR. SCHWEDEN
Habsburg. Lande
Wettinische Lande
Albertiner
Ernestiner
Hohenzollern. Ld.
Wittelsbach. Lande
Bayer.
Pfälz.
Linie
Geistliches Geb.
Reichsstädte.
B.- zu Rm. Brixen
Ba.- „ „ Bamberg
Br.- Braunschweig
Gr.M.- Grafsch. Mansfeld
Gr.R.- „ Ravensberg
6. DEUTSCHLAND
beim Tode Friedrichs d. Grossen
(1786).
NORD-SEE
OST-SEE
KGR. DÄNEMARK
KGR. SCHWEDEN
KUR BRANDENBURG
BÖHMEN
MGR. MÄHREN
KGR. SARDINIEN
Farben-Erklärung
Oesterreichische Lande
Hohenzollernsche „
Wittelsbachische „
Geistliches Gebiet
Reichsstädte.
Maßstab 1:12000000.
Kilometer.
v. Baldamus.

…E KARTEN VON DEUTSCHLAND. II.

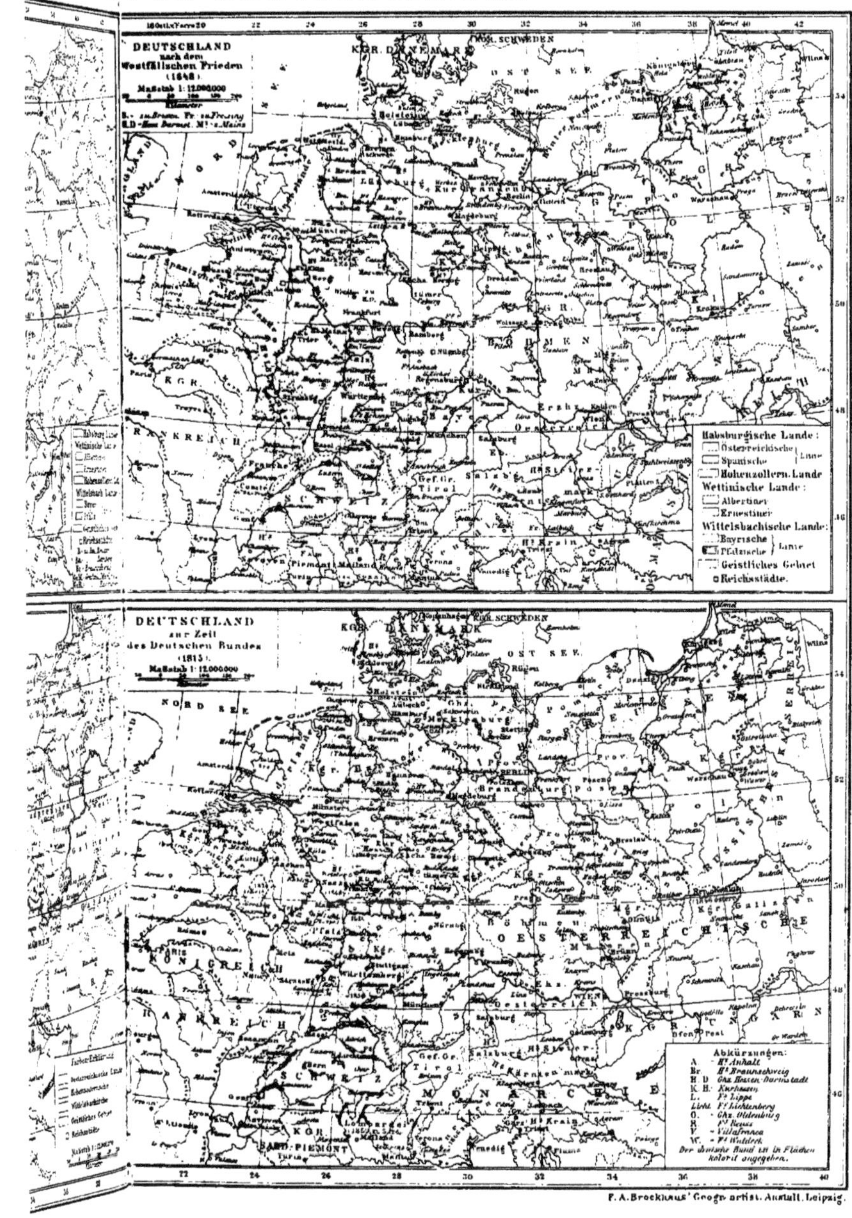

F. A. Brockhaus' Geogr.-artist. Anstalt, Leipzig.

nach deutschen Ländern. Bei dem Aussterben der pfalzsimmernschen Linie, die den Kurhut trug, mußte Kurpfalz an den kath. Pfalzgrafen von Neuburg fallen. Doch Ludwig XIV. erhob für seine Schwägerin, die pfälz. Prinzessin Elisabeth Charlotte, Ansprüche auf das reiche pfälz. Erbe. Um dem franz. Angriff zu begegnen, vereinigten sich die süddeutschen Reichsstände 1686 in dem Bündnis von Augsburg, dem auch der Kaiser, Schweden und Spanien sich anschlossen und das sich 1689 durch den Beitritt von England, Holland, Savoyen zu der großen Wiener Allianz erweiterte. Auch die Brandenburger fochten an der Seite der Alliierten (seit 1688), eroberten Kaiserswerth und Bonn, die Residenz des mit Frankreich verbündeten Erzbischofs von Köln. Trotz mancher Erfolge brachte der Friede von Ryswijk (1697) nicht den erhofften Gewinn und keine Entschädigung für die furchtbare Verwüstung der Pfalz und der andern rhein. Lande. Im Innern des Reichs rief die Erhebung des Herzogs von Hannover zum Kurfürsten (1692) einen lange währenden erbitterten Streit hervor (s. Ernst August und Fürstenverein). Die bald darauf folgende Wahl des Kurfürsten August von Sachsen zum König von Polen sowie die Erwerbung der preuß. Königskrone durch den Brandenburger Friedrich III. trug nur dazu bei, die Auflösung des Reichs noch zu beschleunigen. Nachdem Kurfürst August II. von Sachsen dem luth. Glauben untreu geworden war (1697), ging die thatsächliche Führung des Corpus Evangelicorum im Reiche und am Reichstage von Sachsen auf Brandenburg über. In einen neuen schweren Krieg gegen Frankreich wurde das Deutsche Reich von 1702 bis 1714 verwickelt durch die Ansprüche, die Österreich auf das span. Erbe geltend machte (s. Spanischer Erbfolgekrieg), während gleichzeitig auch die deutschen Ostgrenzen im Nordischen Kriege (s. d.) von fremdem Kriegsvolk, von Russen, Polen und Schweden überschwemmt wurden. Nach den glänzenden Siegen des Prinzen Eugen und Marlboroughs, und nachdem Österreich unter Kaiser Joseph I. eine sichere und thatkräftige Aktionspolitik aufgenommen hatte, da schien es, als solle durch die Demütigung Ludwigs XIV. Deutschland endlich in den Wiederbesitz der ihm entrissenen Westprovinzen und die kaiserl. Gewalt wieder zu einem beherrschenden und leitenden Einfluß im Reiche gelangen. Doch all diese Hoffnungen zerschlugen sich, als Kaiser Joseph plötzlich starb (1711). Sein Bruder Karl VI., der Nachfolger in Österreich und im Reiche, dem bereits das span. Erbe zufallen sollte, war nicht fähig, die von Joseph verfolgten Bestrebungen mit sicherer Hand weiter zu führen. England und Holland verließen ihn im Utrechter Frieden (1713), da sie die Weltmonarchie Karls V. nicht erneuert sehen und nicht die habsburg. Vorherrschaft in Europa befördern wollten. 1714 war der Kaiser genötigt, im Rastatter Frieden und für das Reich im Frieden von Baden den Utrechter Bestimmungen beizutreten. Nach all den schweren Opfern trug Deutschland aus dem langen Kriege keinerlei Gewinn davon, während Österreich in Italien und in den Niederlanden eine ganz bedeutende Machterweiterung erhielt. Nur im Osten wurden 1720 durch den Stockholmer Frieden zwischen Schweden und Preußen die Grenzmarken Deutschlands weiter ausgedehnt. Als 1714 die Kurfürsten von Hannover die Nachfolge als Könige von England antraten, da ward auch das dritte und letzte evang. Kurfürstentum mit seinen polit. Hauptinteressen der Reichspolitik abgewendet und der europ. Politik zugeführt. Kaiser Karl VI. war während seiner Regierung (1711—40) hauptsächlich damit beschäftigt, bei dem bevorstehenden Aussterben der männlichen Linie der Habsburger seiner Tochter Maria Theresia die Nachfolge in allen österr. Erblanden zu verschaffen. Um die 1713 aufgestellte Pragmatische Sanktion (s. d.) zu sichern und von den übrigen Mächten anerkannt zu sehen, wurden die mannigfachsten Unterhandlungen geführt und mehrere Provinzen geopfert, in der Hoffnung, dadurch die Garantien Frankreichs und Spaniens zu erlangen. Aber gerade Preußen, auf dessen unbedingte Zustimmung das meiste ankam, wurde vom Kaiserhofe mit Mißachtung und Undank überhäuft. Nach dem poln. Thronfolgekriege, 1733—38, in den durch Österreich auch das Reich hineingezogen wurde, gab Kaiser Karl ein deutsches Reichsland, Lothringen, dem poln. Kronprätendenten Stanislaus Leszczynski und dessen Erben, dem franz. Könige, preis gegen das von Frankreich später doch nicht eingehaltene Versprechen, die Pragmatische Sanktion anzuerkennen.

Im Innern des Reichs war die Regierungsweise Ludwigs XIV. maßgebend geworden, die franz. Günstlings- und Maitressenwirtschaft fand an den meisten deutschen Höfen Eingang; auch Bildung, Sitte und Mode ward in den herrschenden Kreisen der Gesellschaft nach franz. Vorbildern gestaltet. Nur das junge Königreich Preußen bot unter einer straff militär. Form, unter einem pflichtbewußten Fürstenhause das Bild einer fürsorglichen und sparsamen Regierung dar. Die unter König Friedrich Wilhelm I. angesammelte und vorbereitete Kraft wußte sein Sohn Friedrich II. zu benutzen, um den preuß. Staat zu einer europ. Großmacht und neben Österreich zu der führenden Macht in Deutschland zu erheben. Durch die zwei Schlesischen Kriege (s. d.) gelangte Preußen in den Besitz der reichsten deutschen Provinz Österreichs. Das Hinausdrängen der Habsburger aus Deutschland, das schon im Westfälischen Frieden mit der Abtretung der österr. Besitzungen im Elsaß begonnen hatte, wurde jetzt um ein Bedeutendes gefördert. Und neben dem Verlust Schlesiens war Österreich, nach dem Aussterben des habsburg. Mannsstammes, auch noch von der weitern Gefahr bedroht, daß durch die 1742 einem Wittelsbacher, Karl VII., zugewendete Kaiserkrone sowie durch die Ansprüche, die Bayern und Sachsen auf die österr. Erblande erhoben, das habsburg. Haus schon damals gänzlich aus Deutschland verdrängt und auf die Länder an der mittlern und untern Donau beschränkt würde. Der thatkräftigen letzten Habsburgerin, der Kaiserin Maria Theresia und später ihrem nicht minder energischen Sohne, Joseph II., hatte Österreich es zu danken, daß diese Gefahr im 18. Jahrhundert noch abgewendet wurde. Dagegen aber drang Preußen mehr und mehr nach dem Westen, in die altdeutschen Lande, in das Herz des Reichs ein. Gegenüber dieser allgemeinen Entwicklung des Verhältnisses zwischen Österreich, Preußen und Deutschland strebten Maria Theresia und Joseph II. danach, das drohende Hinausdrängen Österreichs aus Deutschland zu hindern. Dafür streitet Maria Theresia unbeirrt im Österreichischen Erbfolgekriege (1741—48) gegen den Wittelsbacher Karl VII. und die ihn unterstützenden Franzosen, sie schlägt dessen Kaiserthron in Trümmer, sie sucht durch Einverleibung von Bayern den Süden Deutschlands für immer an Habsburg zu ketten, sie bringt schließlich die Kaiserkrone (1745) einem habsburg. Fürsten, ihrem Gemahl Franz I., zurück. Mit ihm geht die deutsche Kaiserwürde bis zu ihrer Beseitigung 1806 an das habsburgisch-lothr. Haus über. Mit leidenschaftlichem Eifer arbeiteten Maria Theresia und ihr Minister Kaunitz dahin, die errungenen Erfolge weiter zu führen durch stetige Verbesserungen im Heerwesen und in der innern Verwaltung. Durch neue Bündnisse mit allen Gegnern Preußens verfolgt sie das Ziel, den deutschen Nebenbuhler mit Hilfe einer großen europ. Koalition niederzuwerfen, Preußen zu der frühern Bedeutungslosigkeit wieder herabzudrücken. Der Siebenjährige Krieg (s. d.), 1756—63, der siegreiche Widerstand Friedrichs d. Gr. gegen die vereinte Macht fast des ganzen europ. Festlandes, vereitelte den Versuch, die österr. Herrschaft in Deutschland wiederherzustellen. Der Krieg erhob Preußen zu einer der angesehensten europ. Mächte; er vernichtete vollständig die Bedeutung des deutschen Kaisertums und der Reichsinstitutionen, die mit ihren veralteten hohlen Formen, mit der Achtserklärung gegen Preußen und mit dem jammervollen Aufgebot der Reichsarmee für rein dynastisch-habsburg. Zwecke hatten verwendet werden sollen. Doch auch Österreich war durch die Kämpfe erstarkt, mit Selbstbewußtsein erfüllt, durch die fortgesetzten Reformen im Innern gekräftigt. Kaiser Joseph II. nahm die Pläne der Mutter wieder auf, erweiterte und vergrößerte sie; aber nicht mit Ruhe und Besonnenheit, sondern stürmisch vorwärts dringend griff er die Aufgabe an, Österreichs gefährdete Stellung im Reiche zu sichern, seine Macht wieder nach Westen auszudehnen und für immer, wenigstens in Oberdeutschland, fest zu begründen. Nichts konnte für das Übergewicht der Habsburger gelegener sein als die Einverleibung Bayerns, des bedeutendsten Territoriums im Süden; ein Ziel, das schon Joseph I. und Maria Theresia verfolgt, und das jetzt um so eher erreichbar schien, als 1777 die bayrisch-wittelsbachische Linie ausstarb. Friedrich übernahm es, die Erweiterung der österr. Herrschaft in Süddeutschland zu verhindern. Mit Sachsen vereint, griff er gegen Österreich zu den Waffen, als Joseph durch einen Vertrag mit dem Pfälzer Karl Theodor einen bedeutenden Teil Bayerns zu erwerben im Begriff stand. Durch den Bayrischen Erfolgekrieg (s. d.) wurde Österreich zu dem Frieden von Teschen genötigt; es mußte sich mit der kleinen Erwerbung des Innviertels begnügen. Sechs Jahre später, 1785, als Joseph gegen Überlassung von Bayern die österr. Niederlande an Karl Theodor abtreten wollte, wurde von Friedrich II. der Fürstenbund (s. d.) gestiftet, dem eine große Zahl deutscher Fürsten beitrat und der Joseph II. zum Verzicht auf seine Absichten drängte. Zwischen Österreich und Preußen, deren Gegensatz die Geschichte Deutschlands seit dem Regierungsantritt Friedrichs d. Gr. bis zum J. 1866 beherrscht, suchte Rußland eine ausschlaggebende Stellung zu erwerben. Im Bunde mit Rußland wurden die drei Teilungen Polens von den beiden deutschen Mächten durchgeführt. Die preuß. Erwerbungen der ersten Teilung von 1772 und auch mehrere Gebiete aus der zweiten Teilung (Danzig und Thorn sowie der Regierungsbezirk Posen) sind seit jener Zeit für immer mit Deutschland vereinigt worden. Wie in der Politik und im Staatsleben, für Norddeutschland wenigstens, wieder ein selbständiges deutsches Gemeinwesen geschaffen war, ähnlich wurde jetzt auch auf geistigem, auf künstlerischem und wissenschaftlichem Gebiete die Abhängigkeit von den Fremden vernichtet und ein goldenes Zeitalter der deutschen Litteratur herbeigeführt durch die großen Vertreter der deutschen klassischen Dichtkunst.

Der Ausbruch der Französischen Revolution vereinigte die zwei bisher getrennten deutschen Großmächte auf kurze Zeit. Nach der Thronbesteigung Leopolds II. löste sich das gespannte Verhältnis. Leopold II. suchte die Aussöhnung einzuleiten. König Friedrich Wilhelm II. wandte sich von dem Minister Hertzberg ab; Bischoffswerder, der Anhänger Österreichs, gewann maßgebenden Einfluß auf die preuß. Politik. Der Konvention von Reichenbach vom Juli 1790, mit der die weit ausgreifenden Pläne Hertzbergs aufgegeben wurden, folgte im Aug. 1791 die Zusammenkunft beider Monarchen in Pillnitz. So vorsichtig und besonnen auch die österr. und die preuß. Regierung sich der Französischen Revolution gegenüber zunächst verhielten, in Frankreich, wo die Girondisten ans Ruder gekommen waren, drängte man zum Kriege gegen die deutschen Mächte. Der nun von Preußen und Österreich in der Offensive aufgenommene Kampf schien im Sommer 1792 nach dem Einrücken in Frankreich zu erheblichen Erfolgen zu führen. Doch bald wendete sich das Blatt. Nach der erfolglosen Kanonade bei Valmy (20. Sept.) räumte der Oberbefehlshaber, der Herzog von Braunschweig, das franz. Gebiet. Die weitern Kämpfe gegen die Heere der Republik verliefen zumeist ebenso ruhmlos. Auch das Deutsche Reich beteiligte sich seit 1793 an dem Kriege, und eine Zahl von auswärtigen Staaten schloß sich den Deutschen in der sog. ersten Koalition an. Nicht so sehr die Tüchtigkeit und Tapferkeit der Franzosen, als vielmehr die Uneinigkeit und Eifersucht der verbündeten Mächte führte den unglücklichen Ausgang des Kampfes herbei. (S. Französische Revolutionskriege.) Von einem Angriff Rußlands und Österreichs im Osten bedroht, glaubten sich die preuß. Staatsmänner, um in Polen ihre Stellung behaupten zu können, zur Annahme der Neutralität im Westen genötigt. Durch den Baseler Frieden gab Preußen 1795 den Kampf auf und überließ das deutsche Land am linken Rheinufer den Franzosen. Das Gleiche that Österreich 1797 durch den Frieden von Campo-Formio. Der Rastatter Friedenskongreß zeigte Deutschland in seiner innern Zerrissenheit und beherrscht durch fremden Einfluß. Nachdem ein neuer Krieg, den Österreich mit Rußland, England und Neapel gegen Frankreich führte (1799—1801), erfolglos geblieben, bestätigte der Friede von Lunéville den Verlust des deutschen Landes links des Rheins. Unter russ. und franz. Vermittelung wurden die Verhandlungen geführt über die Entschädigung der deutschen Fürsten, die auf dem linken Rheinufer Verluste erlitten hatten. Der Reichsdeputationshauptschluß von 1803 brachte die Vernichtung der geistlichen Fürstentümer und der Reichsstädte sowie eines Teils der kleinern weltlichen Fürsten. An Stelle der zwei eingegangenen geistlichen Kurfürstentümer traten vier neue Kurfürstentümer: Baden, Württemberg, Hessen-Cassel und Salzburg, sodaß nun mit Sachsen, Böhmen, Brandenburg, Pfalz-Bayern und Hannover acht weltliche Kurfürstentümer nur zwei geistlichen, Kurmainz und Salzburg, gegenüberstanden. Im Kurfürsten- wie im Fürstenkollegium gewann der Protestantismus das Übergewicht. Die schattenhafte Ohnmacht des Reichs, dessen Formen auch jetzt noch erhalten blieben, gab sich bald kund bei den neuen Gewaltthaten der Franzosen, wie bei der Besetzung Hannovers (1803) und bei der Ermordung des Herzogs von Enghien in Ettenheim (1804). In dem Kriege der dritten Koalition kämpften Bayern, Württemberg, Baden, Hessen und Nassau an der Seite Frankreichs gegen Österreich (s. Französisch-Österreichischer Krieg von 1805); durch den Preßburger Frieden (Dez. 1805) kamen die süddeutschen Lande Österreichs sowie Tirol an Bayern, Württemberg und Baden, die beiden erstern erhielten den Königstitel. Durch den Rheinbund (s. d.) vom Juli 1806 traten die Staaten des deutschen Südens und Westens in ein dauerndes festes Vasallenverhältnis zu Frankreich. Eine erhebliche Anzahl der kleinern Reichsfürsten wurde mediatisiert; auch die Ritterschaft und die kleinen weltlichen Herren verloren jetzt ihre Selbständigkeit, ebenso wie es schon 1803 mit den geistlichen Fürsten und den Reichsstädten geschehen war. Kaiser Franz, der bereits 1804 den Titel eines Kaisers von Österreich angenommen hatte, legte nach Begründung des Rheinbundes die deutsche Kaiserkrone nieder (6. Aug. 1806). Danach war das alte Reich auch förmlich für beseitigt erklärt, nachdem es thatsächlich schon aufgehört hatte zu existieren. Der Plan, auch in Norddeutschland einen Bund deutscher Fürsten zu stiften, hier unter Preußens Führung, wie im Süden und Westen unter der Frankreichs, der Plan einer norddeutschen preuß. Kaiserwürde wurde vereitelt durch den ausbrechenden Krieg gegen Frankreich (s. Französisch-Preußisch-Russischer Krieg von 1806 und 1807). In dem Frieden von Tilsit verlor Preußen die Hälfte seiner Provinzen; es hatte alle seine Lande westlich der Elbe abzutreten und ebenso auch seine poln. Erwerbungen, mit Ausnahme von Westpreußen. Wie Österreich, so sollte auch Preußen aus Deutschland hinausgedrängt und auf den Osten beschränkt werden. Aus den Landen westlich der Elbe und weiter aus Kurhessen, Braunschweig und einem Teil von Hannover ward das neue Königreich Westfalen gebildet. In den Rheinbundsstaaten wurden die Rechtspflege, die Staats- und Heeresverfassung, die gesamte Verwaltung, die wirtschaftlichen und socialen Einrichtungen nach franz. Muster umgewandelt. Anders in Preußen. Hier begann eine eigenartige Reform, die zu den franz. Staatsprincipien, zu den Ideen der Revolution und den Grundsätzen des Napoleonischen Bureaukratismus zum Teil im schärfsten Gegensatz stand, eine durch Stein, Scharnhorst und Hardenberg durchgeführte nationale Wiedergeburt, die gewaltige sittliche Kräfte erweckte, die das ganze Volk zum Dienst für das Vaterland aufrief, die die Grundlagen für den neuen preuß. Staat legte und in vieler Beziehung, so in der Selbstverwaltung und in der allgemeinen Wehrpflicht, für ganz Deutschland ein später immer mehr nachgeahmtes Vorbild aufstellte. Eine Zeit lang begannen zwar auch in Österreich unter dem deutschgesinnten Minister Stadion verheißungsvolle Reformen, und früher als in Preußen, wo die übergroße Vorsicht und die Unentschlossenheit des Königs hemmend einwirkte, brach in Deutsch-Österreich der nationale Aufstand los; aber nur zu schnell wurden nach anfänglichen Erfolgen die Schilderhebung Österreichs und die im übrigen Deutschland versuchten Erhebungen niedergeworfen (s. Französisch-Österreichischer Krieg von 1809), und mit der ersten Niederlage war auch die Reform in Österreich gebrochen, die deutsch-nationale Begeisterung erloschen. Nach Stadions Rücktritt sank der Donaustaat unter Metternich in den frühern apathischen Zustand zurück. In Preußen dagegen nahm die patriotische Begeisterung und die allseitige Rüstung zum Befreiungskampfe unausgesetzt ihren Fortgang. Erbitterung und Haß machten sich auch in andern deutschen Gauen geltend ob der fortgesetzten Übergriffe des franz. Kaisers, der immer neue ungemessene Opfer an Geld und an Truppen forderte, der im Dez. 1810 es wagte, durch ein einfaches Dekret, ohne jedwedes Recht, die deutsche Nordseeküste dem franz. Kaiserreiche einzuverleiben. Der Untergang der großen franz. Armee in Rußland (s. Russisch-Deutsch-Französischer Krieg von 1812 bis 1815) gab endlich das Zeichen zur Erhebung. Das ganze preuß. Volk griff zu den Waffen, das Joch der Fremden jetzt für immer abzuschütteln. Der Wunsch der nationalgesinnten preuß. Staatsmänner, der Plan vor allem des Freiherrn von Stein, ganz Deutschland nach dem Vorbild Preußens zum Kampfe aufzurufen, ging nicht in Erfüllung. Nur vereinzelt beteiligten sich an der Erhebung auch andere Landschaften. Erst als Napoleons Stern im Sinken war, entschlossen sich die Rheinbundfürsten zu den Verbündeten überzugehen. Durch den Friedensschluß zu Paris vom Mai 1814 wurde Frankreich auf die Grenzen von 1792 eingeschränkt, alles später dem Deutschen Reich entrissene Gebiet mußte zurückgegeben werden. In dem zweiten Pariser Frieden vom Nov. 1815 wurden die Abtretungen Frankreichs vermehrt durch Landau, das an Bayern, sowie durch Saarlouis und Saarbrücken, das an Preußen kam. Gegen die bestimmten Erwartungen der deutschen Patrioten verhinderten es die Sonderinteressen Rußlands und Englands, daß die früher von Frankreich gemachten Eroberungen, vor allem das Elsaß, an Deutschland zurückerstattet wurden. Der Wiener Kongreß (s. d.) 1815 regelte im einzelnen die neue territoriale Einteilung und die neue Verfassung Deutschlands. Die Souveränität der Einzelstaaten ward anerkannt. Nur auf einigen Gebieten sollten nach den in der Bundesakte aufgestellten allgemeinen Normen gleichmäßige Einrichtungen in allen Bundesstaaten durchgeführt und allenthalben landständische Verfassungen geschaffen werden, eine Bestimmung, die nachher zu mannigfachen heftigen Zerwürfnissen geführt hat.

7) **Von der Gründung des Deutschen Bundes 1815 bis zum Jahre 1866.** (S. Karte II, 7.) Die neue Bundesverfassung, die der Wiener Kongreß schuf, blieb hinter den Erwartungen weit zurück, mit welchen man im Laufe der großen Kämpfe sich getragen hatte. Die preuß. Staatsmänner aber hatten sich wenigstens redlich bemüht, eine starke Reichsgewalt auf Grund einer Kreisverfassung mit einem Schutze für die ständischen und freiheitlichen Rechte der Unterthanen zu erreichen. Bei dem Widerstreben der Mittelstaaten erklärte auch Österreich diese Pläne für unausführbar und schlug einen nur völkerrechtlichen Bund der deutschen Staaten vor. So kam die Wiener Bundesakte vom 8. Juni 1815 zu stande. (S. Deutscher Bund.) Um die Hoffnung eines starken Deutschlands betrogen, wandte sich nun die öffentliche Meinung mit um so größerm Eifer dem Wunsche nach freiheitlichen Verfassungen im Innern zu, nicht ohne dabei in ihrer Gereiztheit und in beginnendem Mißtrauen gegen die Regierungen doktrinäre und unerfüllbare Forde-

rungen aufzustellen. Zwar traten mehrere deutsche Regierungen, wie Nassau (1814), Sachsen-Weimar (1816), Bayern und Baden (1818), Württemberg (1819), mit konstitutionellen Verfassungen hervor; aber gerade die größern Staaten, namentlich Preußen, das in der Verordnung vom 22. Mai 1815 eine allgemeine Nationalvertretung in Aussicht gestellt hatte, zögerten mit der Erfüllung. Bei den vielen unreifen und gärenden Elementen der nationalen und freisinnigen Richtung wurde es der reaktionären Partei nicht schwer, jene zu verdächtigen und die Regierungen mit Argwohn zu erfüllen. Einige Unbesonnenheiten der studierenden Jugend, namentlich auf dem Wartburgfest (1817), wurden benutzt, die Gefahren des in Deutschland vorhandenen revolutionären Geistes in übertriebenem Lichte darzustellen. Die Ermordung Kotzebues durch Sand (23. März 1819) und das Attentat des Apothekers Löning auf den nassauischen Regierungspräsidenten Ibell (1. Juli 1819) schienen diese Auffassung zu bestätigen. Die Karlsbader Beschlüsse (s. d.), am 20. Sept. 1819 vom Bundestage angenommen, stellten die Universitäten unter Aufsicht von außerordentlichen Regierungsbevollmächtigten, führten, im Widerspruch mit der Bundesakte, die Censur zurück und schufen die Central-Untersuchungskommission zu Mainz, deren Aufgabe es war, die geheimen Verbindungen und die angeblich in ihnen versteckten demagogischen Umtriebe aufzuspüren. Noch in demselben Jahre trat auch in Preußen durch den Austritt der Minister W. von Humboldt, Boyen und Beyme aus dem Ministerium ein Wechsel in reaktionärem Sinne ein. Inzwischen war die Bundesverfassung durch die Wiener Schlußakte vom 8. Juni 1820 ergänzt worden; sie bestätigte freilich das Princip des losen völkerrechtlichen Bundes und der vollen Souveränität der Fürsten, ohne auf die nationalen Forderungen und die freiheitliche Entwicklung in den Einzelstaaten Rücksicht zu nehmen.

Bedeutungsvoll für Preußens künftige Politik war der Art. 6, der die Abtretung von Souveränitätsrechten an Mitverbündete gestattete. In dem, was Preußen in dieser Richtung bei Begründung des Zollvereins (s. d.) that, liegt der Fortschritt der deutschen Entwicklung in diesem Jahrzehnt. Am Bundestage fand die von Preußen geförderte Bundeskriegsverfassung bei den Mittel- und Kleinstaaten hemmenden Widerstand, während umgekehrt die Parteinahme Württembergs für den konstitutionellen Gedanken von den Großmächten bald niedergedrückt wurde. Mehr und mehr dadurch in das rein liberale Fahrwasser gedrängt, ward die öffentliche Meinung durch die franz. Julirevolution 1830 mächtig erregt. Teils durch Agitation, teils durch Auflehnung wurden die kleinern deutschen Regierungen zu Konzessionen gezwungen, während die Großmächte durch die in Polen und Belgien ausgebrochene Revolution im Schach gehalten waren.

Jetzt erhielten Kurhessen, Braunschweig und Sachsen neue Verfassungen. In andern Staaten wurde die freie Presse eingeführt und die Gesetzgebung im Sinne des Liberalismus umgestaltet. Einzelne Übertreibungen, wie sie sich z. B. auf dem Hambacher Feste (s. Hambach) kundgaben, wurden sehr bald für die Regierungen Handhaben, energisch einzuschreiten und die gemachten Konzessionen durch Bundesmaßregeln wieder aufzuheben (1832). Weitere Kundgebungen, wie das Frankfurter Attentat (s. d.) 1833, dienten nur dazu, die polizeiliche Thätigkeit des Bundestags zu steigern. Den Schlußstein dieser Thätigkeit bildeten die auf den Ministerkonferenzen in Wien gefaßten geheimen Konferenzbeschlüsse von 1834, welche direkt gegen die einzelnen Repräsentativverfassungen gerichtet waren und deren Befugnisse beschränken sollten.

Einen Wendepunkt in diesen reaktionären Bestrebungen brachte das J. 1837 hervor. Der Tod Wilhelms IV. von England hob die Personalunion zwischen Großbritannien und Hannover auf und rief den Bruder des Verstorbenen, Ernst August, als König auf den hannöv. Thron. Er begann seine Regierung damit, die in anerkannter Wirksamkeit bestehende und danach den Schutz der Wiener Schlußakte genießende Verfassung von 1833 aufzuheben und die alte Verfassung von 1819 herzustellen. Der legale Widerstand, den er im ganzen Lande fand, wurde zwar allmählich mit gewaltsamen Mitteln überwältigt, aber der Eindruck dieses Ereignisses war außerordentlich groß, besonders seit der Bundestag, zum Schutze der Verfassung angerufen, sich für inkompetent erklärte. Von diesem Augenblicke an war das moralische Vertrauen auf den Bundestag aufs tiefste erschüttert, und man sah in ihm nur noch ein polizeiliches Institut. Der gleichzeitig ausgebrochene Streit des Erzbischofs von Köln, Droste-Vischering, mit der preuß. Regierung trug ebenfalls dazu bei, die Gärung zu unterhalten, zumal derselbe enthüllte, welche Macht die röm.-hierarchische Partei in Deutschland erlangt hatte. Mitten in diese Widerwärtigkeiten fiel die Gründung des Preußisch-Deutschen Zollvereins. Nachdem die in der Bundesverfassung von 1815 in dieser Richtung gegebenen Zusagen unerfüllt geblieben, hatten sich die einzelnen Staaten durch gesonderte Verbindungen zu helfen gesucht; Preußen hatte 1818 sein eigenes Zollsystem eingeführt, und 1828 gelang es ihm, den ersten Zollverein mit Hessen-Darmstadt abzuschließen. Gleichzeitig einigten sich Bayern und Württemberg, und im Gegensatz zu dem preuß. System schlossen Sachsen, Hannover, Kurhessen, Nassau und Oldenburg den Mitteldeutschen Handelsverein ab. Aber alles drängte zu weiterer Einigung; Preußen verständigte sich schon 1829 mit Bayern und Württemberg, und 1833 kam der Zollverein zwischen Preußen und dem größten Teile der Mittel- und Kleinstaaten zu stande. War schon die materielle Wirkung des Vereins eine sehr wohlthätige, indem sie in Verbindung mit den neugegründeten Verkehrsmitteln, namentlich den nun allerwärts begonnenen Eisenbahnen, eine neue Periode des deutschen Handels und der Industrie hervorrief, so überzeugte er auch die einzelnen Staaten und Stämme von der Notwendigkeit einer einträchtigen Verbindung und leistete dem Drange nach nationaler Einheit Vorschub.

Das J. 1840 entfachte die alten Kriegs- und Eroberungsgelüste Frankreichs; wenigstens schlug das Ministerium Thiers, als es sich in der ägypt.-syr. Frage isoliert sah, diesen Ton drohend an. Mit ungewohnter Energie sprach man sich in ganz Deutschland gegen jede Wiederbelebung Napoleonischer Tendenzen aus. Der nationale Gedanke war wiederum erwacht; die Aufgabe der Regierungen war es, ihn zu pflegen und durch eine freiere Bewegung in öffentlichen Dingen die vorhandenen Mißverhältnisse auszugleichen. Es galt jetzt, das unselige System des Mißtrauens und der polizeilichen Bevormundung aufzugeben, dem öffentlichen

Geiste der Nation freien Spielraum zu schaffen, damit nicht die schon vorhandene Entfremdung zwischen Regierung und Regierten weiter greife und in den Tagen einer neuen Krisis die Gefahr einer allgemeinen Erschütterung bereite.

Die Thronbesteigung Friedrich Wilhelms IV. im Juni 1840 schien diese Hoffnungen zu rechtfertigen; manches Bedenken, das, solange der Vater lebte, Zurückhaltung auferlegt hatte, schien beseitigt. Die neue Regierung begann versöhnend. Der mehrjährige Streit mit der kath. Kirche ward durch eine die Interessen des Staates preisgebende Nachgiebigkeit geschlichtet, verfolgte Patrioten aus der Befreiungszeit, wie Arndt und Jahn, wurden rehabilitiert, Boyen, der Organisator der Landwehr, wieder zum Kriegsminister ernannt, den aus Hannover verbannten Brüdern Grimm ward ein Asyl in Berlin geboten; die Äußerungen des Königs bei der Huldigungsfeier in Königsberg, auch wenn sie den Erwartungen auf eine Verfassung nicht entgegenkamen, machten durch den Schwung und die Frische, die aus ihnen heraussprachen, einen günstigen Eindruck. Das Daniederliegen des polit. Geistes war gewichen, neue Gedanken und Bedürfnisse erwachten. Der Gegensatz einer frömmelnden Richtung, die mit der neuen Richtung fühlbarer hervortrat, trug gleichfalls dazu bei, die lebhaftere Bewegung der Geister zu wecken. Noch hatte die beginnende Opposition Vertrauen auf eine entgegenkommende Politik der Regierung und auf eine konstitutionelle Umbildung des Staates nicht aufgegeben. Dem Beispiel einzelner Städte und Körperschaften, die ihr Verlangen um freiere polit. Formen an den Thron gebracht hatten, folgte unter den 1841 einberufenen Provinziallandtagen insbesondere der rheinische und ostpreußische, allerdings ohne etwas zu erreichen. Die Regierung legte vielmehr gegen solche Bitten eine zunehmende Empfindlichkeit an den Tag. Indessen war doch jenes polit. Stillleben, das unter Friedrich Wilhelm III. geherrscht hatte, gründlich gestört; es fehlte nicht an immer erneuten Anregungen; auch wurden durch einzelne Maßregeln, z. B. die periodische Berufung der Provinziallandtage, die Vereinigung der ständischen Ausschüsse (Herbst 1842), die Hoffnung auf neue Gewährungen rege gemacht und der Opposition ein erweiterter Spielraum eröffnet. Das Maß von freier Bewegung, das man für zulässig hielt, überstieg zwar beträchtlich die Schranken, die die frühere Regierung gezogen hatte, war aber lange nicht mehr ausreichend, dem inzwischen gewachsenen Bedürfnis Genüge zu leisten. Dem romantischen Gedanken eines «christlich-german. Staates», von dem Friedrich Wilhelm IV. beseelt war, stand die öffentliche Meinung kühl und ablehnend gegenüber. Die von dieser geforderte konstitutionelle Verfassung verabscheute er und wollte die «ständische Monarchie» wieder herstellen. Aber das auf allen polit. Gebieten unfruchtbare Bemühen der Landtage von 1841, 1843 und 1845 diente nur dazu, die ständische Form stufenweise abzunutzen und das Verlangen nach einer repräsentativen Entwicklung zu steigern. Ohnedies hemmte die Verhandlung mit so vielen Versammlungen die Staatsmaschine mit jedem Tage mehr und legte das Bedürfnis einer einheitlichen Vertretung immer näher. Man hatte sich dabei noch immer mit der Politik, die Österreich und Rußland vertraten, in engem Einverständnis zu erhalten gesucht; und doch war man dem Kreise der Tendenzpolitik, welche die Heilige Allianz geltend gemacht hatte, unvermerkt immer fremder geworden. Man hatte die Staatskirche auszubilden gesucht und nur eine Menge von einzelnen Oppositionen, Sonderungen und Sektenbildungen innerhalb der prot. Kirche vorbereitet. Man hatte die ständische Monarchie im Gegensatz zur konstitutionellen auszubilden unternommen, und es war doch mit jedem Tage die Opposition gegen die rein ständische Vertretung mehr und mehr gewachsen. Man hatte durch Censur und Polizei die unbequeme Opposition zum Schweigen bringen wollen, und es war durch den persönlichen und oft erbitterten Anteil, den die Regierung an den Kämpfen der Zeit genommen, die Autorität der Regierung und das Vertrauen auf ihre Unbefangenheit nur erschüttert worden. Einzelne Symptome der Gärung in Schlesien und am Rhein, auch wenn sie an sich kein polit. Gepräge trugen oder, wie die poln. Verschwörung von 1846, auf nationalen Gegensätzen beruhten, deuteten doch auf Schäden in der polit. Gesellschaft hin, die das herrschende System zu heilen nicht im stande war.

Diese Verhältnisse übten eine ungemeine Wirkung auf das öffentliche Leben der gesamten deutschen Staaten. Die Politik des Ministeriums Abel in Bayern, Blittersdorf in Baden, Hassenpflug und du Thil in beiden Hessen zog eine Opposition groß, deren Einfluß im Volke mit jedem Tage zunahm und, wie namentlich in Baden, weit über den Kreis des eigenen Landes hinauswirkte. Zwar gelang es nirgends, die unverkümmerte Entwicklung des Verfassungslebens zur Geltung zu bringen, aber ebensowenig gewannen die Tendenzen des herrschenden Systems an Macht und Anerkennung. Dazu kamen die Bewegungen auf kirchlichem Gebiete. Seit dem Ausgange des Kölner Kirchenstreites moralisch verstärkt, in Bayern durch Abel in Besitz des regierenden Einflusses, durch eine Reihe jüngerer, thatkräftiger Kirchenhäupter geführt, nahm die ultramontane Richtung des Katholicismus gegen die Protestanten eine immer feindseligere Haltung an. Die Kniebeugungsangelegenheit (s. Kniebeugung), das Verbot des Gustav-Adolf-Vereins in Bayern, das herausfordernde Verhalten eines Teils der Geistlichkeit auf den Kanzeln waren die Vorboten des Kampfes gewesen; weitaus die größte Sensation machte aber 1844 der Bischof Arnoldi von Trier durch die Ausstellung des ungenähten Rockes Christi. Im Katholicismus selbst entstand dagegen Opposition. Teils wirklicher Widerwille gegen die Trierer Rockfahrt, teils polit. Opposition wirkte zusammen, diese Bewegung über einen großen Teil von Deutschland auszubreiten und das Erstehen der Deutschkatholiken (s. d.), der «christkatholischen» und «lichtfreundlichen» Gemeinden auch unter der prot. Bevölkerung zu befördern.

Mitten in diese Bewegungen fiel eine nationale Streitfrage von größerer Bedeutung: die Angelegenheit Schleswig-Holsteins. Seit man in Dänemark, um den Besitzstand zu retten, offen mit der Behauptung hervorgetreten war, die weibliche Erbfolge gelte nicht allein für Dänemark, sondern auch für Schleswig, war nicht nur in den beiden Herzogtümern Schleswig und Holstein der Widerstand gegen solche Bestrebungen gewachsen, sondern auch in Deutschland fing man an, der Lage der Deutschen jenseit der Elbe eine lebhafte Teilnahme zuzuwenden. Mehrere Ständeversammlungen gaben darüber einstimmige Erklärungen an die Regierungen ab; Männer der verschiedensten polit. Meinungen waren in dieser nationalen Frage gleicher Ansicht. Der «Offene Brief», den König Christian VIII. 8. Juli 1846 erließ, erklärte dem guten Rechte der Herzogtümer den Krieg und suchte die Streitfrage im einseitig dän. Sinne zu lösen, indem er die Trennung von Schleswig und Holstein in Aussicht stellte, falls nicht auch auf letzteres die weibliche Erbfolge ausgedehnt würde. Der tiefe Eindruck, den in Deutschland dieser Schritt und die entschlossene Haltung der Herzogtümer machte, sprach sich in wiederholten Beschlüssen der Ständeversammlungen und einem Adressensturm aus, an dem sich alle Teile und Parteien Deutschlands beteiligten. Selbst der Bundestag sah sich genötigt, auf die Beschwerde der holstein. Stände einen Bescheid zu geben (17. Sept.), der wenigstens das Recht der Herzogtümer nicht preisgab.

Daneben fehlte es nicht an mächtigen Hebeln materieller Art, die vorhandene Bewegung zu steigern. Der Zollverein hatte eine im allgemeinen durchaus wohlthätige Wirkung geübt, wenn sich auch in ihm die mehr freihändlerischen Tendenzen des Nordens und Ostens mit den überwiegend schutzzöllnerischen des Südens und Westens unversöhnt bekämpften. Diese Händel hatten die gute Wirkung, daß sich auch auf diesem Gebiete eine lebhaftere Teilnahme für die eigenen Interessen, selbst in Vereinen und in der Presse kundgab. Die Erweiterung der Verkehrsmittel, namentlich der Eisenbahnen, war in Deutschland wirksamer gefördert worden, als es die kleinstaatliche Zersplitterung erwarten ließ. Dennoch waren materielle Notstände nicht zu verkennen. Sie gaben sich in der immer zunehmenden Auswanderung, in der traurigen Lage der schles. Weber kund und steigerten sich in bedenklichem Maße durch Mißwachs und Teuerung der Lebensmittel. Die Jahre dieser materiellen Krisis (1845 und 1846) trafen mit den bewegten polit. Stimmungen zusammen und halfen den polit. Mißmut auch in Kreise übertragen, die bisher noch solchen Anregungen fremd geblieben waren.

An allen diesen Bewegungen Deutschlands nahm Österreich infolge der dortigen Absperrungspolitik einen nur mittelbaren Anteil. Aber es waren dort andere Gärungsstoffe gesammelt. Die alte Regierungsmaschine stockte; an die Stelle eines selbstthätigen Regiments war ein geistloser Mechanismus getreten, der den Bedürfnissen des Kaiserstaates gegenüber sich auf allen Gebieten als unzureichend erwies. Die finanziellen Zustände waren immer schlimmer geworden; die mit großer Virtuosität getriebene Kunst der Bücherpolizei fing an, der Regierung mehr Gehässigkeit und Opposition als Nutzen zu stiften; die Ideen, die man bannen wollte, fanden nichtsdestoweniger ihren Weg in die Bevölkerung. Der Zusammenhang des Kaiserstaates war in der langen Friedensperiode gelockert, nicht befestigt worden. Magyaren, Slawen, Italiener erhoben sich gegen die nivellierende Tendenz der Wiener Kabinettsregierung, und es wollte die alte Klugheit, eine Nationalität durch die andere in Schach zu halten, sich nicht mehr bewähren. Man mußte, namentlich in Ungarn, Konzessionen machen, die der Anstoß zu immer lebhaftern Forderungen wurden. Selbst in den feudalistisch gebildeten Provinzialständen erwachte allmählich eine Opposition, die zwar zunächst nur auf aristokratisch-ständischen Grundlagen beruhte, deren moralische Wirkungen aber weit über diesen Kreis hinausgingen.

War Österreich aus seiner deutschen Stellung mehr zurückgetreten und an Preußen der leitende moralische Einfluß übergegangen, so mußte auch jeder bedeutende Schritt, der in Preußen geschah, von doppeltem Gewicht für die gesamte deutsche Entwicklung sein. Dies war denn auch der Fall bei dem Verfassungspatent vom 3. Febr. 1847, das einen aus den gesamten Provinzialständen vereinigten Landtag mit sehr beschränkten und abgewogenen Befugnissen, mit dem überall scharf betonten Gegensatze gegen eine konstitutionelle Staatsverfassung, ohne periodische Wiederkehr u. s. w., schuf; für den reinen Absolutismus schon zu weit gehend, den Anhängern einer konstitutionellen Verfassung durchaus unzureichend. Fürchteten jener, und zwar nicht mit Unrecht, es würden dadurch neue Gärungsstoffe in die alten Verhältnisse hineingeworfen und neue weiter gehende Forderungen geweckt, so sahen diese in dem Patent eine Verkümmerung der namentlich in dem Gesetze von 1820 verheißenen Rechte einer Nationalrepräsentation, und rieten alles Ernstes, die neue Gewährung geradezu zurückzuweisen. Die Eröffnung des Vereinigten Landtags (11. April 1847), namentlich die alle konstitutionellen Erwartungen zurückweisende Rede des Königs, mußte jene Mißstimmungen nur noch vermehren. Die Beratungen des Landtags erwiesen ein unverkennbares moralisches Übergewicht der konstitutionellen Opposition und machten in ganz Deutschland einen Eindruck, der über die Stimmung der Nation keinen Zweifel mehr übrig ließ. Die Haltung des Landtags war jedoch durchaus loyal und royalistisch; alles ungestüme Drängen ward vermieden, aber das Recht auf die Verheißungen von 1820 wurde gewahrt. Dennoch erfolgten sowohl in der königl. Botschaft vom 24. Juni als in dem Landtagsabschiede meist ablehnende Bescheide auf die Wünsche der Versammlung. Der Eindruck dieser Vorgänge war überall ein sehr großer, zumal auch in andern Teilen Deutschlands Zeichen des Umschwungs zu Tage traten. In Bayern fiel (Febr. 1847) das ultramontane Ministerium Abel unter Vorgängen, die das moralische Ansehen der bestehenden Gewalt tief erschütterten. In Baden war schon im Laufe des J. 1847 ein überwiegend liberales Ministerium gebildet worden. Der allenthalben neu erwachte öffentliche Geist gab sich nicht allein in Sänger- und Turnvereinen kund, auch wissenschaftliche Versammlungen, wie die der Germanisten (im Sept. 1846 in Frankfurt a. M., 1847 in Lübeck), trugen durch Besprechung praktischer Fragen dazu bei, das öffentliche Interesse zu erwecken. Der Bundestag, der konsequenterweise dies alles hätte unterdrücken müssen, hatte das Vertrauen zu sich selbst verloren; unthätig ließ man geschehen, was früher für unduldbar galt.

Neben den Bestrebungen, die staatsbürgerliche und konstitutionelle Freiheit fester aufzurichten, regte sich allmählich auch fühlbarer die Tendenz einer nationalen Reform. Auch auf diesem Gebiete hatte Friedrich Wilhelm IV. anregend gewirkt. Schon bald nach seiner Thronbesteigung war er, wiewohl fruchtlos, in Wien und später beim Bundestag für die Reform des Bundes thätig gewesen. Der polit. Bewegung in Deutschland kam die allgemeine europ. Lage mächtig zu Hilfe. Die Schweiz focht ihre innere Krisis gegen die Einreden fast aller

Großmächte siegreich für die radikale Partei durch. In Frankreich drohte die Entzweiung zwischen der Krone und den parlamentarischen Parteien in einer gewaltsamen Krisis sich Luft zu schaffen. Die ital. Halbinsel hatte sich mit Erfolg gegen das alte System erhoben. In Dänemark starb (20. Jan. 1848) Christian VIII., wodurch der Konflikt zwischen den dän. und deutschen Interessen in unmittelbare Nähe gerückt wurde. Die Vorgänge in München, die mit einem Studentenauflauf 7. Febr. 1848 begannen, waren ein Symptom, wie weit die Aufregung selbst in den ruhigsten Teilen Deutschlands gediehen war. Eine demokratische Versammlung in Offenburg forderte Selbstregierung des Volks, eine gemäßigtere in Heppenheim Volksvertretung am Bundestag, und 12. Febr. stellte Bassermann in der bad. Kammer den Antrag auf Berufung eines deutschen Parlaments.

Die Botschaften aus Frankreich, die in rascher Folge den Sturz Guizots, Ludwig Philipps und des Königtums verkündeten, wirkten zündend auf Deutschland. Schon 27. Febr. 1848 wurden in Mannheim Beratungen gepflogen über die vier Forderungen: Preßfreiheit, Schwurgerichte, Volksbewaffnung, Nationalvertretung, die rasch ihren Weg durch ganz Deutschland machten. Am 1. März wurden diese Forderungen durch Massendeputationen der bad. Zweiten Kammer übergeben, noch an demselben Tage die Censur in Baden aufgehoben und wenige Tage nachher auch die Gewährung noch anderer von der Kammer ausgegangener Vorschläge zugesagt, welche die Aufhebung der Ausnahmegesetze, den Verfassungseid beim Heere, polit. Gleichstellung aller Konfessionen, Verantwortlichkeit der Minister, Unabhängigkeit der Richter, Aufhebung der Reste des Feudalwesens verlangten. Wie ein Lauffeuer gingen ähnliche Sturmpetitionen durch ganz Deutschland, und binnen wenigen Tagen hatten sämtliche deutsche Regierungen, mit Ausnahme von Österreich und Preußen, die Erfüllung der Forderungen gewährt, meistens auch die alten Ministerien liberalen Nachfolgern Platz gemacht. Widerstand war fast nirgends versucht worden, oder es war dem Versuche rasch die Nachgiebigkeit gefolgt. In Bayern endigten die zum Teil stürmischen Bewegungen mit der freiwilligen Abdankung König Ludwigs 20. März. Der Bundestag hatte nicht nur keinen Versuch gemacht, das alte System zu behaupten, sondern war ohne Widerstand dem Strome der neuen Bewegung gefolgt. Eine Proklamation vom 1. März versprach alles aufzubieten, um gleich eifrig für die Sicherheit Deutschlands nach außen wie für die Förderung der nationalen Interessen und des nationalen Lebens im Innern zu sorgen. Am 3. März stellte ein Bundesbeschluß jedem Bundesstaate frei, die Censur aufzuheben; am 10. beschloß die Bundesversammlung, Vertrauensmänner zur Revision der Bundesverfassung einzuberufen; wenige Tage später ward die schwarz-rot-goldene Fahne auf dem Bundespalais aufgepflanzt. Inzwischen versuchte man von anderer Seite der Bewegung eine einheitliche Richtung zu geben; es galt, der nationalen Reform der Bundesverfassung die Wege zu ebnen. In diesem Sinne trat (5. März) eine aus Führern der bisherigen Kammeroppositionen bestehende Versammlung in Heidelberg zusammen, die dafür wirkte, daß baldmöglichst eine größere Versammlung von Männern des Vertrauens zusammentrete, und die Einleitung dazu einem Ausschuß von sieben ihrer Mitglieder übertrug. Dieser Ausschuß lud 11. März alle frühern und gegenwärtigen Mitglieder landständischer und gesetzgebender Versammlungen und andere durch das Vertrauen des Volks ausgezeichnete Männer auf den 31. März nach Frankfurt a. M. ein.

Jetzt wurden auch die beiden deutschen Großstaaten von der Bewegung ergriffen, die hier die Gestalt einer gewaltsamen Krisis annahm. Aus Petitionen, die in der ersten Märzwoche auftauchten, erwuchs in Österreich die Revolution vom 13. bis 15. März, die Entlassung Metternichs, die Bewilligung der Preßfreiheit und einer Nationalgarde, die Einberufung von Abgeordneten «zum Behuf der vom Kaiser beschlossenen Konstitution des Vaterlandes». Wenige Tage später wurden die Forderungen der Ungarn gewährt und ein neues verantwortliches Ministerium gebildet. In Preußen war, zu spät um den Sturm zu beschwören, 5. März die früher verweigerte Periodicität des Landtags bewilligt worden. Berlin war seit dem 13. März der Schauplatz unruhiger Auftritte, die das Vorspiel ernsterer Konflikte bildeten. In den zwei Patenten vom 18. März bewilligte der König die Volkswünsche. Aber ein unglücklicher Zufall führte mitten in der Freude über das Errungene den blutigen Zusammenstoß zwischen Militär und Volk herbei, der sich zu einem teilweise hartnäckigen Straßenkampfe bis zum 19. März verlängerte. (S. Preußen.)

Inzwischen war es auch an der äußersten Nordgrenze Deutschlands zum Bruch gekommen. Der König von Dänemark hatte die Trennung beider Herzogtümer und die Einverleibung Schleswigs in Dänemark verfügt, wogegen der Herzog von Augustenburg in Berlin von Friedrich Wilhelm IV. die Zusage erlangte, daß Preußen die Rechte der Herzogtümer, ihre Selbständigkeit, ihre Verbindung und das Erbrecht des Mannsstammes schützen werde.

Unter diesen Erschütterungen kam der Tag heran, an welchem die nach Frankfurt a. M. berufene Versammlung, das sog. Vorparlament, zusammentreten sollte. Am 31. März wurden die Verhandlungen desselben unter dem Vorsitz des Heidelberger Professors Mittermaier eröffnet. Struves republikanisches Programm ward abgewiesen, und die Beratung richtete sich zunächst auf die Berufung des künftigen Parlaments. Die Versammlung beschloß, Schleswig, Ost- und Westpreußen seien in den Deutschen Bund aufzunehmen und in dem künftigen Parlament durch Abgeordnete zu vertreten. Auf je 50000 Seelen sollte ein aus allgemeinen Volkswahlen hervorgehender Vertreter kommen. Am 1. Mai sollte die Versammlung in Frankfurt zusammentreten. Auch der Bundestag erließ 7. April eine diesen Beschlüssen entsprechende Verordnung. Eine schärfere Scheidung der Parteien machte sich bei der Frage geltend, ob die gegenwärtige Versammlung bis zum Beginn des Parlaments permanent bleiben oder nur einen Ausschuß zurücklassen solle; die letztere Ansicht drang durch. Ein Ausschuß von 50 Mitgliedern zur Überwachung der Durchführung der Beschlüsse wurde gewählt; aber die von Hecker und Struve geführte republikanische Minderheit schied nun aus der Versammlung aus. Mitten in die Thätigkeit des 4. April zusammengetretenen Fünfziger-Ausschusses fiel dann die Kunde, daß Hecker und Struve 12. April im bad. Oberlande eine republikanische Schilderhebung versucht hätten. Der Fünfziger-Ausschuß mahnte in einem Aufrufe von jeder Beteiligung an dem Unternehmen ab und suchte, freilich vergeblich, durch eine Abordnung an Hecker die friedliche Unterwerfung zu erlangen. Die Heckerschen Freischaren wurden bei Kandern (20. April) geschlagen, jedoch der Anführer der bad. Truppen, General Friedrich von Gagern, gleich beim Beginn des Kampfes getötet. Aus Freiburg wurden die dort eingedrungenen Freischaren vertrieben und die unter Herwegh von Frankreich herübergekommenen deutschen Arbeiter bei Dossenbach zersprengt (27. April). Der Aufstand hatte die Wirkung, daß er die Parteien heftig entzweite und den alten Autoritäten Gelegenheit gab, wieder zu Kräften zu kommen. Gleichzeitig wütete in Posen ein heftiger Kampf, der auf Lostrennung der ehemals poln. Landesteile von Preußen abzielte, aber von den preuß. Truppen niedergeschlagen ward. Inzwischen hatte auch der Kampf in Schleswig-Holstein begonnen. Die dän. Truppen waren in Schleswig vorgedrungen, bis Preußen ein Armeekorps unter Wrangel entsendete, das (23. April) das Danewerk erstürmte, Schleswig einnahm und rasch bis an die Grenzen Jütlands vordrang. (S. Deutsch-Dänischer Krieg von 1848 bis 1850.)

Die Verfassungsangelegenheit war indes von den Vertrauensmännern (Schmerling, Sommaruga, Dahlmann, Todt, Zachariä, Uhland, Bassermann, Bergk, Langen, Droysen, Willmar, von der Gabelentz, Luther, M. von Gagern, Stever, Albrecht, Jaup, Petri, Gervinus), die der Bundestag einberufen hatte, in Beratung genommen, und 26. April wurde der Bundesversammlung der von Dahlmann ausgearbeitete sog. Siebzehner-Entwurf überreicht, wonach ein erblicher Kaiser, ein Oberhaus aus den regierenden Fürsten und Vertretern der einzelnen Kammern, ein Unterhaus aus gewählten Abgeordneten, von denen einer auf je 100000 Seelen käme, und ein oberstes Reichsgericht eingesetzt werden sollten. Der Entwurf bedingte eine scharfe Unterordnung der Einzelstaaten und fand weder bei den Fürsten noch bei der radikalen Partei Beifall; aber warme Anerkennung ward ihm von seiten des Prinzen von Preußen zu teil, nur daß auch ihm jene Herunterdrückung der Einzelstaaten zu weit ging. Friedrich Wilhelm IV. aber träumte sich, wie einst die Patrioten der Befreiungskriege, eine Verfassung, in der er als gewählter Deutscher König unter Österreichs deutschem Kaisertum stünde.

Der Zusammentritt der Deutschen Nationalversammlung (18. Mai) fand ganz Deutschland in einer zerrütteten Lage. In den kleinern Staaten Mittel- und Süddeutschlands regten sich republikanische Elemente; die deutschen Großstaaten befanden sich mitten im Zustande der Revolution. In Wien war (25. April) eine aufgezwungene Verfassung verkündet worden, die den Anstoß zu neuen Bewegungen gab. Man zwang das Ministerium Ficquelmont zum Rücktritt, und abermalige Unruhen (15. Mai) veranlaßten den Kaiser Ferdinand nach Innsbruck zu flüchten. Glücklicher war die Regierung in ihrem Bemühen, die Wahlen zum Deutschen Parlament in ihrem Sinne zu beeinflussen. Gleichzeitig war in Berlin die Zurückberufung des Prinzen von Preußen der Vorwand zu unruhigen Auftritten geworden, und der Zusammentritt der zur Vereinbarung über die preuß. Verfassung berufenen Versammlung vermehrte die Verlegenheiten, statt sie zu heben. Die Berufung dieser Versammlung veranlaßte das Frankfurter Parlament, nachdem es Heinrich von Gagern zum Präsidenten gewählt, zu dem ersten wichtigen Beschlusse über sein Verhältnis zu den in den einzelnen deutschen Staaten versammelten Landesvertretungen. Es erklärte 27. Mai, daß alle Bestimmungen einzelner deutscher Verfassungen, die mit dem von ihm zu gründenden allgemeinen Verfassungswerke nicht übereinstimmten, nur nach Maßgabe des Parlaments als gültig zu betrachten seien, und legte sich damit, übereinstimmend mit der Antrittsrede seines Präsidenten, in der Verfassungssache die souveräne Gewalt bei. Zunächst handelte es sich in der Versammlung nun um die Errichtung einer provisorischen Centralgewalt für Deutschland. Nach vielfachen Erwägungen und Debatten über die teils konstitutionellen, teils demokratischen Vorschläge wurde endlich 28. Juni das Gesetz über die provisorische Centralgewalt angenommen, welches dem Reichsverweser und seinen verantwortlichen Ministern die vollziehende Gewalt übertrug, die Entscheidung über Krieg und Frieden und über Verträge mit auswärtigen Mächten durch ihn im Einverständnisse mit der Nationalversammlung ausüben ließ, aber die Errichtung des Verfassungswerkes von der Wirksamkeit der Centralgewalt ausschloß und zugleich den Bundestag für aufgelöst erklärte. Am 29. Juni wurde von 436 Stimmen (unter 548 Anwesenden) der Erzherzog Johann von Österreich zum Reichsverweser gewählt. Der Bundestag aber ließ es sich nicht nehmen, auch formell seine eigenen Befugnisse auf den Erzherzog zu übertragen. Die Regierungen wagten nicht, dem Reichsverweser ihre Anerkennung zu versagen, Preußen indes mit dem Vorbehalte, daß die Art der Wahl kein Präjudiz sein dürfe. Am 12. Juli erschien der Erzherzog in der Nationalversammlung und berief Schmerling, Peucker und Heckscher zu Ministern. Am 9. Aug. ward dann das Reichsministerium in der Art modifiziert und vervollständigt, daß Fürst Leiningen Präsident wurde, Heckscher das Innere übernahm. Beckerath trat an die Spitze der Finanzen, Duckwitz ward Handelsminister, R. Mohl erhielt das Justizministerium, Peucker behielt die Leitung des Kriegswesens. Das Reichsministerium verordnete, daß in allen Staaten Deutschlands die Garnisonen 6. Aug. ausrücken und, nach Verlesung einer Proklamation des Reichsverwesers an das deutsche Volk, die Truppen demselben als Zeichen der Huldigung ein dreimaliges Hurrah ausbringen sollten. Die Anordnung erregte vielfache Mißstimmung bei den Regierungen. Auch beschränkte man sich in Preußen darauf, durch einen Armeebefehl bekannt zu machen, daß der Reichsverweser den Oberbefehl über die deutschen Truppen übernommen habe.

Indessen hatte die Nationalversammlung die Verfassungsarbeiten begonnen und sich in die Beratung der Grundrechte vertieft. Dem im Anfang der Märzbewegung laut gewordenen Freiheitsbegehren zu genügen, die Garantien für die Freiheit des Staatsbürgers, die sog. Grundrechte, sicher zu stellen, schien der Versammlung eine leichtere und dringendere Aufgabe als die Errichtung der nationalen Einheit, und über die weitläufigen Beratungen über diesen Punkt ging die kostbarste Zeit und Gelegenheit für die Lösung der Hauptaufgabe verloren. Auch von seiten der Regierungen wurde dem Verfassungswerk keine fruchtbare Anregung zu teil.

Währenddem waren Österreich und Preußen von revolutionären Zuckungen heimgesucht. Österreich besonders schien sich auflösen zu wollen. Dem Abfall Italiens war die slaw. Agitation in Böhmen gefolgt, die im Juni zu blutigen Konflikten führte, über die der Gouverneur, Fürst Windischgrätz, erst nach mehrtägigem Kampfe (15. bis 17. Juni) durch rücksichtslose Energie Meister ward. Gleichzeitig bereitete sich in Ungarn eine ernste Krisis vor. Alles ließ sich zu einem blutigen Konflikt zwischen den Slawen unter Jellachich, dem Banus von Kroatien, und den Magyaren an, wozu beide Teile rüsteten. Inmitten dieser vielen Gefahren stieg als einziger Lichtpunkt der Sieg von Custozza auf, den Radetzky über König Karl Albert (25. Juli) erfocht und der den Anfang einer Restauration der österr. Verhältnisse bedeutete.

Preußen befand sich ebenfalls in bedenklicher Gärung, insbesondere die Hauptstadt. Rührige Agitatoren verfügten über die Massen, und es fehlte an zureichenden Mitteln, die demagogische Bewegung zu zügeln. Am 22. Mai ward die «Versammlung zur Vereinbarung der preuß. Verfassung» eröffnet; aber die Verfassungsarbeit kam nur sehr langsam in Gang. Das Ministerium trat, nachdem wiederholte Straßentumulte stattgefunden hatten, zurück und erhielt als Nachfolger (26. Juni) eine Verwaltung, deren Vorsitz Rudolf von Auerswald übernahm. Aber bald erhoben sich neue Verlegenheiten, die auch dieses Ministerium nicht bemeistern konnte. Während sich die verschiedenen liberalen Fraktionen gegenseitig aufbrauchten und die Straßendemagogie eine Reaktion im Volke hervorrief, begann sich zugleich das aristokratische und militär. Element des vormärzlichen Preußens wieder zu sammeln und in einzelnen Fällen bereits seine Macht zu zeigen. Zu diesen innern Verlegenheiten, die eine Krisis erwarten ließen, kam der Schleswig-Holsteinische Krieg, worin sich die Schwäche der preuß. Politik jener Tage am sprechendsten kundgab. Von vornherein war es ein innerer Widerspruch, daß der König, dem jede Empörung von Unterthanen gegen ihren Landesherrn ein Greuel war, die Aktion gegen Dänemark in die Hand genommen hatte. Anfang Mai hatten die Preußen die Grenze Jütlands überschritten und schienen den Krieg energisch führen zu wollen. Aber die jetzt gestellte Forderung des Bundestags auf Einverleibung Schleswigs in den Deutschen Bund verschlimmerte die diplomat. Situation. Dänemark fand Schutz bei Rußland, das stark auf Preußen drückte und Schweden ermutigte, die dän. Inseln zu besetzen. Das Angebot der engl. Vermittelung, die Klagen des preuß. Handelsstandes über den Schaden, den ihm die dän. Blockade zufügte, die drohende Verwicklung mit Rußland und Schweden führten Preußen Ende Mai zu dem Entschluß, Jütland zu räumen. Die Dänen rückten nach, wurden indes bis Ende Juni aus Schleswig wieder hinausgeworfen. Währenddem begannen die Waffenstillstandsunterhandlungen zwischen Preußen und Dänemark auf Grund des engl., dann auch von Schweden empfohlenen Vorschlags, für beide Herzogtümer eine von Deutschland und Dänemark gemeinschaftlich gebildete Regierung einzusetzen. Die von dem inzwischen gewählten Reichsverweser noch hinzugefügten Bedingungen drohten den Abschluß zu erschweren. Da wies Preußen seinen Unterhändler an, die Verhandlung nicht an jenen Bedingungen scheitern zu lassen. So kam der auf 7 Monate geschlossene Waffenstillstand von Malmö (26. Aug.) zu stande. Zugleich setzte man eine gemeinschaftliche Regierung für die Herzogtümer (aus 5 Eingeborenen bestehend, darunter der als Träger des dän. Systems verhaßte Graf Moltke) ein, deren Mitglieder teils Dänemark, teils der Deutsche Bund ernannte, und hob alle seit 17. März erlassenen Gesetze auf. Ohne bei der Frankfurter Centralgewalt anzufragen, ratifizierte man in Berlin den Vertrag.

Damit trat für die Deutsche Nationalversammlung ein Wendepunkt ein. Nach den stolzen und kriegerischen Erklärungen, die das Reichsministerium 31. Juli über die Wiedereröffnung der Feindseligkeiten im Parlament abgegeben hatte, machte der Waffenstillstand den niederschlagendsten Eindruck, um so mehr, als das Reichsministerium selbst zugab, daß er von den Bedingungen mehrfach abweiche, zu deren Feststellung es Preußen ermächtigt hatte. Dieser Eindruck gab sich auch in der Nationalversammlung kund, als sie 5. Sept. auf den Bericht Dahlmanns mit 17 Stimmen Majorität, aber gegen die Stimmen der eigenen Partei Dahlmanns beschloß, die Ausführung des Waffenstillstands zu sistieren. Das Reichsministerium gab sofort seine Entlassung, und der Reichsverweser beauftragte Dahlmann mit der Bildung eines Ministeriums; aber aus seinen bisherigen Gegnern konnte und wollte er nicht seine Ministerkollegen auswählen. Am 14. Sept. begannen von neuem die Beratungen über den Waffenstillstand, und da eine Fortsetzung des Krieges ohne Preußen unmöglich erschien, wurde 16. Sept. mit 258 gegen 237 Stimmen der Waffenstillstand genehmigt. Die Erbitterung hierüber wußte die radikale Partei zu benutzen. Am 17. Sept., einem Sonntag, fand auf der Pfingstweide bei Frankfurt eine große Volksversammlung statt, welche Rücknahme jenes Beschlusses forderte und die 258 Abgeordneten für Volksverräter erklärte. In der Nacht ließ das Reichsministerium, das durch die Abstimmung vom 16. Sept. wieder befestigt war, Truppen von Mainz herbeikommen, um das Parlament gegen etwaige Überfälle zu schützen. In der That kam es 18. Sept. zu einem Aufstand, in welchem zwei Abgeordnete des Parlaments, General von Auerswald und Fürst Felix Lichnowsky, getötet wurden, die Centralgewalt jedoch Siegerin blieb. Wenige Tage später brach Struve mit einer Schar von Flüchtlingen in das bad. Oberland ein (21. Sept.) und proklamierte in Lörrach die Republik. Schon 24. Sept. wurde er jedoch in Staufen vom bad. Militär unter General Hoffmann angegriffen, seine Schar zersprengt und er selbst auf der Flucht gefangen genommen. Der Versuch, den Rau in Württemberg machte, ging gleichzeitig ohne gewaltsame Erschütterung vorüber.

In Frankfurt war durch die letzten Vorgänge die gegenseitige Erbitterung der Parteien beträchtlich gestiegen, das Ansehen der Versammlung selbst sichtbar erschüttert. Wohl drang jetzt allerwärts die Einsicht durch, daß das zu lange verzögerte Verfassungswerk rascher betrieben werden müsse; aber es war die Frage, ob das Parlament die Macht noch habe, es zum Ziele zu führen. Denn eben jetzt begannen die alten Autoritäten in Österreich wie in Preußen ihre ersten Erfolge zu erringen. In Österreich war es zum Bruch zwischen den Magyaren und Kroaten gekommen. Jellachich setzte sich mit Heeresmacht gegen Ungarn in Bewegung, wo Kossuth die Leitung des Ministeriums übernahm und mit aller Energie zu rüsten begann. Graf

Lamberg, dem das Oberkommando in Ungarn übertragen war, wurde auf der Pester Brücke ermordet (28. Sept.), und der Aufstand begann. Als 6. Okt. kaiserl. Truppen aus Wien nach Ungarn abziehen sollten, kam es auch hier zum Aufstand, die kaiserl. Familie floh nach Olmütz. Aber in kurzer Zeit waren ansehnliche Truppenmassen um die Hauptstadt vereinigt, und nach mehrtägigem Kampfe ward (31. Okt.) die Stadt von Fürst Windischgrätz genommen. Der Reichstag wurde nach Kremsier berufen und dort 22. Nov. eröffnet. Kaiser Ferdinand aber dankte zu Gunsten seines Neffen Franz Joseph 2. Dez. ab.

Inzwischen war es auch in Preußen zu einem Bruch mit der dortigen Nationalversammlung gekommen; sie wurde 5. Dez. für aufgelöst erklärt und eine Verfassung octroyiert, die auf freisinniger Grundlage ruhte und den beiden neuzuwählenden Kammern zur Prüfung und Bestätigung vorgelegt werden sollte. Gleichzeitig hatte Preußen auch die Verhandlungen über die deutsche Frage wieder aufgenommen. Friedrich Wilhelms IV. Lieblingsgedanke, dem Kollegium der deutschen Könige eine besondere Machtfülle zuzuwenden, gefiel wohl den Königen von Bayern und Württemberg, aber sie fügten gleich weitere Vorschläge hinzu, die Preußen auf eine Stufe mit den Mittelstaaten herabdrückten. Andererseits sagte Friedrich Wilhelm schon im November zu Gagern, der ihm von der Wahrscheinlichkeit seiner Kaiserwahl sprach, daß er aus den Händen des Parlaments allein ohne Zustimmung der Fürsten die Krone nicht annehmen werde. Aber schon allein mit Österreich war für ihn eine Verständigung nicht möglich. Schwarzenberg, der schon 27. Nov. auf dem Reichstage zu Kremsier die Notwendigkeit der Erhaltung der staatlichen Einheit Österreichs verkündet hatte, entwickelte ihm (13. Dez.) sein Programm: Eintritt des gesamten Österreich in den als Staatenbund wieder zu konstituierenden Deutschen Bund, statt einer Volksvertretung eine Versammlung der Fürsten, also eine wesentliche Stärkung der österr. Hegemonie und Verwerfung aller nationalen Wünsche.

Endlich hatte auch die Nationalversammlung die Beratung der (28. Dez. 1848 als Reichsgesetz verkündigten) Grundrechte zu Ende geführt und 19. Okt. die Debatte über die Reichsverfassung begonnen. Mit wenig Glück mischte sie sich daneben in die österr. und preuß. Krisis. Der Versuch der Vermittelung durch Absendung von Reichskommissaren enthüllte nur die thatsächliche Machtlosigkeit des Parlaments. In scharfem Gegensatz zu dem Programm Schwarzenbergs standen die §§. 2 und 3 des Verfassungsentwurfs, wonach kein Teil des Deutschen Reichs mit nichtdeutschen Ländern zu einem Staat vereinigt sein sollte. Wenn ein deutsches Land mit einem nichtdeutschen ein gemeinsames Oberhaupt hätte, sollte das Verhältnis zwischen beiden Ländern nach den Grundsätzen der reinen Personalunion zu ordnen sein. Mit großer Mehrheit wurden diese speciell Österreich berührenden Bestimmungen angenommen. Indem aber Österreich auf der Einheit seiner Monarchie bestand, wurde sein Eintritt in die erstrebte bundesstaatliche Verfassung Deutschlands unmöglich. Diese Einsicht schuf eine neue Gruppierung der Parteien. Die Folge war, daß der Österreicher Schmerling (15. Dez.) aus dem Reichsministerium ausschied, Heinrich von Gagern an Schmerlings Stelle trat. Das Programm, welches Gagern (18. Dez.) der Nationalversammlung vorlegte, ging von dem Gedanken aus, daß Österreich in den zu gründenden Bundesstaat nicht eintreten könne; dagegen sei «sein Unionsverhältnis zu Deutschland mittels einer besondern Unionsakte zu ordnen und darin alle verwandtschaftlichen, geistigen, polit. und materiellen Bedürfnisse nach Möglichkeit zu befriedigen, welche Deutschland und Österreich von jeher verbunden haben und im gesteigerten Maße verbinden könnten». Dieses Programm befürwortete eine bundesstaatliche Einheit mit der erblichen Oberhauptswürde Preußens. Der Gegenzug Österreichs war die Erklärung (28. Dez.), daß sein Programm zu Kremsier nicht den Sinn gehabt habe, auf Österreichs Eintritt in den deutschen Bundesstaat zu verzichten. In der Deutschen Nationalversammlung aber standen sich fortan zwei Parteien gegenüber: die Anhänger des Bundesstaates mit preuß. Führung, meist aus der bisherigen konstitutionellen Mehrheit bestehend, und die Gegner dieser Politik, aus dem größten Teil der Linken, den Österreichern, den Partikularisten und andern Schattierungen gebildet.

Die Nationalversammlung gab nach einer ihrer bewegtesten Verhandlungen 13. Jan. 1849 mit 261 gegen 224 Stimmen ihre Genehmigung zu dem Gagernschen Programm. Unmittelbar darauf begannen die Beratungen über die Oberhauptsfrage. In der Sitzung vom 19. Jan. wurden sowohl die Anträge auf ein fürstl. Direktorium (mit 361 gegen 97 Stimmen) als auf einen sechsjährigen Turnus zwischen Österreich und Preußen (mit 377 gegen 80 Stimmen) und auf einen aus allen Deutschen wählbaren Präsidenten (mit 339 gegen 122 Stimmen) verworfen, dagegen mit 258 gegen 211 Stimmen der Antrag angenommen: die Würde des Reichsoberhaupts wird einem der regierenden deutschen Fürsten übertragen. Aber wie unsicher und wenig einheitlich diese Mehrheit war, zeigte die Sitzung vom 23. Jan., in welcher keiner der verschiedenen Vorschläge über die Dauer der Würde eines Reichsoberhaupts Annahme fand; der Antrag auf Erblichkeit ward mit 263 gegen 211 Stimmen verworfen. Mit einer Mehrheit von 9 Stimmen wurde 25. Jan. beschlossen, daß das Reichsoberhaupt den Titel Kaiser der Deutschen erhalten solle. Die Parteischeidung trat unter solchen Umständen in der Versammlung immer greller hervor. Der erbkaiserl. und bundesstaatlichen Partei, deren Mitglieder man mit dem Spottnamen der Kleindeutschen belegte, stand die verbundene Opposition der Linken und der verschiedenen, gegen die preuß. Oberhauptswürde vereinigten Fraktionen, die sich selbst die Großdeutschen nannten, entgegen und bot alles auf, die Gestaltung der Reichsverfassung im erbkaiserl. Sinne zu hindern. So ward das Wahlgesetz durch ein Zusammenwirken von links und rechts in der weitestgehenden Form angenommen und alle Einschränkungen, welche die Erbkaiserlichen beantragten, verworfen; so ward das absolute Veto beseitigt durch die Koalition der Linken und der verschiedenen Fraktionen partikularistischer und ultramontaner Färbung.

Außerhalb der Versammlung standen die Konstitutionellen meist auf seiten der Erbkaiserlichen; die Demokraten agitierten dagegen. In Nord- und Mitteldeutschland war die erbkaiserl. Richtung überwiegend, im Süden, namentlich Bayern, die entgegengesetzte Meinung. Von den Regierungen hatten sich allmählich alle kleinern von Baden an abwärts für das preuß. Erbkaisertum erklärt; die Königreiche, Preußen ausgenommen, entschieden dagegen. Schwarzenberg entwickelte dem König von Preußen sein Programm jetzt dahin (17. Jan.), daß die Regierungen das Parlament mit Gewalt niederdrücken und das Verfassungswerk in ihre Hand nehmen müßten auf Grund eines die Kleinstaaten den Mittelstaaten unterordnenden Gruppensystems. Nun gelang es endlich dem Zureden der Minister und Bunsens, den König zur Zustimmung zu einer Cirkularnote vom 27. Jan. 1849 zu bewegen, die die Regierungen aufforderte, zum Zwecke einer redlichen Verständigung ihre Erklärungen über die Verfassung vor deren zweiter Lesung abzugeben, um so dem Principienkampfe über Vereinbarung oder Nichtvereinbarung zu begegnen. Für sich selbst begehrte darin Preußen keine Machtvergrößerung, erklärte die Kaiserwürde nicht für nötig, sprach sich aber beifällig über den Plan aus, einen engern Bundesstaat aufzurichten. Österreich dagegen erklärte sich 4. Febr. entschieden gegen den Bundesstaat und verwahrte sich aufs feierlichste gegen eine Unterordnung des österr. Kaisers unter die von irgend einem andern deutschen Fürsten gehandhabte Centralgewalt. Auch Bayern gab eine Erklärung gegen den engern Bundesstaat (16. Febr.), während Preußen im Einverständnis mit fast allen Kleinstaaten eine Kollektiverklärung (23. Febr.) erließ, die das Wesentliche der Verfassung anerkannte, aber einzelne Abänderungen vorschlug, die teils den Zweck hatten, das Recht der Einzelstaaten schärfer zu begrenzen, teils die Reichsgewalt zu verstärken. Österreich schlug in einer Instruktion an Schmerling ein Direktorium von sieben Fürsten mit zwischen Österreich und Preußen wechselndem Reichsstatthalter an der Spitze und anstatt einer Volksvertretung eine Vertretung der einzelnen Regierungen und Kammern vor, innerhalb deren die österr. Mitglieder allein schon die Mehrheit besaßen; auch das Gruppensystem der 6 Kreise unter je einem der Könige fehlte nicht.

Das führte nun zum Rückschlage in Frankfurt. Welcker, der bis dahin Gegner des Bundesstaates ohne Österreich gewesen war, brachte, empört durch die 4. März aufgezwungene österr. Verfassung, die mit Nichtachtung Deutschlands Österreich einheitlich konstituierte, 12. März den Antrag ein: die Verfassung in Bausch und Bogen anzunehmen, die erbliche Kaiserwürde dem Könige von Preußen zu übertragen und diesen zum sofortigen Antritt der kaiserl. Gewalt einzuladen. In der Sitzung vom 21. März wurde zwar der Welckersche Antrag mit 283 gegen 252 Stimmen verworfen; aber nachdem in der zweiten Lesung der Entwurf mannigfach im demokratischen Sinne verändert worden und dadurch ein Teil der Radikalen für das Erbkaisertum gewonnen war, wurde dies 27. März mit 267 gegen 263 Stimmen angenommen und 28. März, nachdem die Beratung der Verfassung in zweiter Lesung beendet war, mit 290 Stimmen Friedrich Wilhelm IV. zum Deutschen Kaiser gewählt; 248 Mitglieder hatten sich der Wahl enthalten. Eine große Deputation begab sich nach Berlin und erhielt (3. April) vom König eine Antwort, die seinem wiederholt erklärten Grundsatze entsprach, nicht ohne das freie Einverständnis der Fürsten und Freien Städte einen Entschluß fassen zu können. Gegenüber seinen Ministern hatte der König tags zuvor erklärt, daß er die Annahme des Kaisertitels unter allen Umständen für unangemessen halte.

Als die Deputation der Nationalversammlung Bericht erstattete, zeigte sich, welche Kluft diese von dem Könige trennte. Während dieser das Recht der Regierungen betonte, das Verfassungswerk der Nationalversammlung zu revidieren, hielt letztere an dem Princip ihrer Souveränität fest und erklärte (11. April), an der Verfassung unverändert festzuhalten; zugleich wählte sie einen Ausschuß von 30 Mitgliedern, der die Maßregeln der Durchführung beraten sollte. Während im Volke die Agitation für die Verfassung vom 28. März lebhafter begann und einen der widerstrebenden Fürsten, den König von Württemberg, zur Nachgiebigkeit zwang, erklärte Österreich die Sendung seiner Abgeordneten für beendet. Noch einmal versuchte das Reichsministerium durch die Sendung Beckeraths an den König von Preußen, ihn zur Annahme der Wahl zu bestimmen, indem es eine darauf folgende Revision der Verfassung in Aussicht stellte. Da die Mittelstaaten mit der erregten Stimmung der Bevölkerung zu rechnen hatten, und Österreich durch Mißerfolge in Ungarn in Bedrängnis geraten war, so schien der Augenblick günstig für Preußen. Aber der König entschied sich jetzt aus seinem innersten Herzen heraus. Eine Erklärung Preußens vom 28. April lehnte die Reichsverfassung, wie sie war, unbedingt ab, und zugleich erging die Aufforderung an die Regierungen, Bevollmächtigte zu der Beratung über die Reichsverfassung nach Berlin zu senden.

In der Nationalversammlung gewannen jetzt die radikalen Elemente die Oberhand, namentlich seitdem (3. Mai) in Dresden, in der Pfalz, am Niederrhein und in Baden die Agitation für die Reichsverfassung in republikanische Schilderhebungen ausschlug. Am 10. Mai trat Gagern definitiv aus dem Reichsministerium. Der Reichsverweser wählte die neuen Minister Grävell, Detmold, Merck, General Jochmus aus der äußersten Rechten: eine Kombination, die nur eine österr. Intrigue war und jedes Zusammengehen mit der Nationalversammlung ausschloß. Am 14. Mai rief Preußen seine Abgeordneten ab, ein Beschluß, den die Versammlung für ungesetzlich erklärte. Auch die Zurückgebliebenen von der gemäßigten Richtung erklärten 21. Mai zum größten Teil ihren Austritt; die übrigen folgten binnen wenig Tagen nach. Der Rest, aus Mitgliedern der Linken bestehend, beschloß 30. Mai nach Stuttgart überzusiedeln, während Preußen den Aufstand in Dresden bewältigt hatte und sich in Bewegung setzte, gegen die Schilderhebung im Süden und Westen das Gleiche zu thun. In Stuttgart eröffnete das «Rumpfparlament» (103 Mitglieder) 6. Juni seine Sitzungen und wählte eine Reichsregentschaft (Raveaux, Vogt, Schüler, H. Simon, Becher); aber schon 18. Juni ward es von dem württemb. Ministerium mit Waffengewalt an der Fortsetzung seiner Beratungen gehindert. Eben jetzt fanden auch die Aufstände in der Pfalz und in Baden rasch ihr Ende. Nachdem die Versuche, die Nachbarländer hereinzuziehen, gescheitert waren, näherte sich der Pfalz vom Rhein her ein preuß. Heer von 35000 Mann, während eine aus kleinern Kontingenten gemischte Armee unter Peucker die bad.-hess. Grenze besetzt hielt und die Neckarlinie verteidigte. In wenigen Tagen war die Pfalz besetzt, und 21. Juni wurden die bad. Insurgenten bei Waghäusel, nach anfänglichen Erfolgen, geschlagen. Am 25. ward Karlsruhe von den Preußen besetzt, 14 Tage später das ganze Land occupiert bis auf die Festung Rastatt, die 23. Juli kapitulierte.

Als nach der Niederwerfung der republikanischen Partei Preußen den Regierungen die Hand bot, auf der Grundlage der zu revidierenden Frankfurter Verfassung den engern Bundesstaat zu errichten, wagten wenigstens Sachsen und Hannover nicht, sie auszuschlagen. Sie einigten sich mit Preußen 26. Mai, dem deutschen Volke eine Verfassung zu gewähren und deren Entwurf «einer zu diesem Zwecke berufenen Reichsversammlung vorzulegen». Dieser Entwurf schloß sich in den Grundzügen an die Frankfurter Verfassung an, nur waren in den Grundrechten sowohl als in den Befugnissen der Reichsgewalt und in der Wahlordnung die demokratischen Bestimmungen durch konservative ersetzt, der Kaiser in einen Reichsvorstand umgewandelt und diesem ein Fürstenkollegium an die Seite gestellt. Die in Gotha (26. bis 29. Juni) zusammengetretenen Mitglieder der erbkaiserl. Partei des Parlaments beschlossen, die dargebotene Verfassung anzuerkennen. Die militär. Stellung, die Preußen damals einnahm, die Bedrängnis Österreichs, das zur Bewältigung des ungar. Aufstandes die Russen zu Hilfe rief, die Isolierung der Mittelstaaten und die Bereitwilligkeit der kleinern versprach dem preuß. Einigungsversuche Erfolg, wenn die Lage rasch und nachdrücklich benutzt ward. Geschah dies nicht, so war auch auf Sachsen und Hannover kein Verlaß.

Von dem Maße der zu erwartenden Energie gab freilich der Verlauf der schlesw.-holstein. Sache eine bedenkliche Probe. Die Friedensverhandlungen während des Winters auf der Basis der selbständigen Konstituierung Schleswigs hatten noch zu keinem Ergebnis geführt, und im Frühjahr benutzte Dänemark die durch die Haltung Rußlands, Frankreichs und Österreichs ihm günstige diplomat. Lage, um den Malmöer Waffenstillstand zu kündigen. Der Krieg begann wieder. Die Reichsgewalt hatte eine ansehnliche Macht abgesandt, und die Anfänge waren günstig. (S. Deutsch-Dänischer Krieg von 1848 bis 1850.) Dann traten ähnliche diplomat. Lähmungen ein wie im Jahre zuvor. Doch drang man allmählich in Jütland ein, schlug die Dänen bei Gudsöe und begann Fridericia zu belagern. Aber die Diplomatie begleitete überall die Bewegungen der Armee. Während die neuen Unterhandlungen dem Abschluß nahe waren, überfielen die Dänen mit Übermacht das Belagerungsheer bei Fridericia und brachten ihm (6. Juli) empfindliche Verluste bei. Am 10. Juli schloß Preußen, von Rußland und England gedrängt, zu Berlin einen Waffenstillstand mit Dänemark auf 6 Monate, wonach eine Demarkationslinie gezogen, Jütland geräumt, die Blockade der Häfen aufgehoben, Schleswig von 6000 Preußen und 2000 Schweden besetzt und durch eine Landesverwaltung regiert werden sollte.

In seinen Bemühungen für die Erweiterung des Bündnisses vom 26. Mai war Preußen nicht glücklicher, besonders seit Österreich Frieden mit Sardinien geschlossen und mit Görgeis Kapitulation bei Világos (13. Aug.) den Widerstand Ungarns gebrochen hatte. Da die Voraussetzungen weggefallen waren, die die Reichsverweserschaft und das Reichsministerium ins Leben gerufen, so schlossen Österreich und Preußen (30. Sept.) einen Vertrag über ein sog. Interim, wonach bis zur definitiven Ordnung der deutschen Frage eine gemeinschaftliche Kommission die Verwaltung der Bundesangelegenheiten übernehmen sollte. Für Preußens Absichten verhängnisvoll war, daß hierbei in gewissem Sinne die Gültigkeit des alten Bundesrechts wieder anerkannt wurde. Am 20. Dez. trat diese Kommission in Thätigkeit; 1. Jan. 1850 verließ der Reichsverweser Frankfurt. Die veränderte Situation gab sich deutlich in der Entwicklung des preuß. Bundesstaatsprojekts kund. Hannover und Sachsen beriefen sich auf einen beim Abschluß des Vertrags gemachten Vorbehalt und wollten, bevor nicht alle Staaten außer Österreich beigetreten seien, keine weitern Schritte unternommen wissen. Als gleichwohl (Okt. 1849) die Einleitungen zu einem zu berufenden Reichstag in Erwägung gezogen wurden, traten die beiden Mitglieder des Dreikönigsbundes dem entschieden entgegen, und als man die Wahlen wirklich anordnete, enthielten sie sich der Teilnahme. Ihre Opposition fand an den Verwahrungen Österreichs eine wirksame Ermutigung. Am 20. März 1850 sollte das Parlament der «Union», wie der künftige Bundesstaat in der Additionalakte genannt ward, in Erfurt zusammentreten.

Bevor das Unionsparlament zusammenkam, hatten Bayern, Württemberg und Sachsen in München 27. Febr. einen Vertrag abgeschlossen, der, wesentlich im Einklang mit Österreichs Wünschen, eine Direktorialregierung und eine aus den Landständen aller deutschen Staaten gebildete Nationalvertretung mit beschränkten Befugnissen verhieß. Die Mehrheit des in Erfurt versammelten Parlaments bestand teils aus den Anhängern des Bundesstaates, die zu Gotha getagt hatten, teils war sie durch eine Anzahl konservativer preuß. Mitglieder gebildet, die dem Bundesstaate geneigt waren und an deren Spitze Bodelschwingh stand. Das Parlament nahm (das Volkshaus am 13., das Staatenhaus am 17. April) die Verfassung im ganzen an und schritt dann zu einer kurzen Revision. Nachdem die Versammlung (29. April) geschlossen war, berief der König von Preußen die Mitglieder des Bundes zu einem Kongreß nach Berlin, der fruchtlos verlief. Man erklärte zwar die Union als zu Recht bestehend, allein im übrigen stockte die Unionssache, während die Gegner sich zum Angriff rüsteten. Sachsen und Hannover waren bereits ausgeschieden, beide Hessen unsicher geworden, während Österreich eine offensivere Haltung annahm, die Suspendierung der Union verlangte, 26. April auf Grund der Bundesverfassung Vertreter der Regierungen nach Frankfurt berief und schließlich offen heraus in einem Rundschreiben vom 14. Aug. sämtliche frühern Bundestagsmitglieder einlud, auf den 1. Sept. den Bundestag wieder zu beschicken. Der König von Preußen war durch dieses einseitige und formell sehr anfechtbare Vorgehen schwer gekränkt, aber er stand fast ganz allein: viele Unionsfürsten folgten dem Rufe Österreichs, und Kaiser Nikolaus von Rußland sprach sich bei einer Zusammenkunft, die Ende Mai 1850 der Prinz von Preußen und Fürst Schwarzenberg mit ihm in Warschau hatten, für die Rückkehr zum alten Bundestage aus, die seinem reaktionären System und den russ. Interessen weit mehr entsprach als ein unter Preußens Führung geeinigtes Norddeutschland mit konstitutioneller Verfassung. Die Lockung Napoleons, gegen Abtretung deutschen Gebietes Preußen zu unterstützen, wurde mit Entschiedenheit abgewiesen.

Unterdessen hatten sich die deutschen Angelegenheiten durch die schlesw.-holstein. Sache und durch die Krisis in Kurhessen noch mehr verwickelt. Schleswig-Holstein hatte, nachdem Preußen 2. Juli 1850 mit Dänemark Frieden geschlossen, sich selbst überlassen, den Krieg gegen Dänemark auf sich allein genommen. Die auswärtigen Mächte drangen endlich auf eine friedliche Lösung der Verwicklung und unterzeichneten (2. Aug.) zu Gunsten der dauernden Integrität der dän. Monarchie das Londoner Protokoll, dem sich Österreich anschloß. In Kurhessen hatten sich noch bedenklichere Verwicklungen ergeben. Das im Febr. 1850 an Stelle des liberalen Märzministeriums getretene Ministerium Hassenpflug («der Hessen Fluch») hatte bei der Kammer den entschiedensten Widerstand gefunden und war deshalb (Juni 1850) zur Auflösung der Ständeversammlung geschritten. Die neue Versammlung, die 22. Aug. eröffnet ward, enthielt nicht **einen** Anhänger der Hassenpflugschen Politik; sie weigerte sich, mit Berufung auf die Verfassung, die Forterhebung der Steuern ohne Vorlage des Budgets zu genehmigen. Hassenpflug legte diesen Beschluß als eine Steuerverweigerung aus und löste (2. Sept.) auch diese Kammer auf. Eine Verordnung (4. Sept.) befahl die Forterhebung der Steuern ohne landständische Genehmigung, während Hassenpflug zugleich bei dem Bundestage in Frankfurt auf eine Intervention hinwirkte. Die hess. Beamten weigerten sich, die Maßregel zu vollziehen, und das Ministerium verhängte den Kriegszustand über das Land (7. Sept.). Als auch dessen Ausführung an den Bedenken der Beamten und höhern Offiziere scheiterte, verließ der Kurfürst mit dem Ministerium (13. Sept.) Cassel, indem er seine Residenz nach Wilhelmsbad verlegte. In Frankfurt erwirkte dann Hassenpflug den Beschluß vom 21. Sept., wonach «die Bundesversammlung sich vorbehielt, alle zur Sicherung und Wiederherstellung des gesetzlichen Zustandes erforderlichen Anordnungen zu treffen». Die vom Ministerium erlassenen Ordonnanzen fanden indessen fortgesetzt Widerstand in der richterlichen Unabhängigkeit, und die hess. Offiziere forderten in dem Konflikt zwischen ihrem Verfassungseid und den ihnen aufgegebenen Befehlen fast sämtlich ihren Abschied. Kurhessen ward nun das Schlachtfeld, wo der Konflikt zwischen Österreich und Preußen, zwischen Bundestag oder Bundesstaat ausgefochten werden mußte. Die offiziellen Noten des preuß. Ministeriums (Radowitz hatte 27. Sept. die auswärtigen Angelegenheiten übernommen) ließen erwarten, daß man die kurhess. Verfassung beschützen werde. Diese Meinung befestigte sich, als preuß. Truppen in Kurhessen einrückten. Aber nicht um die hess. Unterthanen zu schützen, deren Auflehnung gegen den Landesherrn ihm verwerflich erschien, sondern um die Ehre Preußens gegenüber dem nach seiner Meinung ungesetzlichen Bundestage zu wahren, hatte der König dem Drängen Radowitz' nachgegeben.

Damals verständigte sich der Kaiser von Österreich in Bregenz mit den Königen von Bayern und Württemberg, im Notfall durch bewaffnetes Einschreiten in Kurhessen dem restaurierten Bundestage Geltung zu erkämpfen, und in der That setzten sich gleich nachher österr. und bayr. Streitkräfte in Bewegung. Preußen kam auf den Gedanken, den russ. Kaiser als Schiedsrichter anzurufen. Kaiser Franz Joseph nebst Fürst Schwarzenberg, der das Wort ausgesprochen hatte: «Il faut avilir la Prusse et après la démolir» («Man muß Preußen erniedrigen und dann zerschmettern»), und der preuß. Ministerpräsident Graf Brandenburg kamen in Warschau mit Nikolaus zusammen und verhandelten 26. bis 28. Okt. über die deutsche Frage. Der Zar warnte die preuß. Politik sehr bestimmt, in Hessen und Holstein dem Bundestage entgegenzutreten. Entsprechend riet auch Graf Brandenburg nach seiner Rückkehr nach Berlin. Die österr. und bayr. Truppen rückten 1. Nov. 1850 in Hanau ein, eine preuß. Abteilung besetzte Cassel (2. Nov.); ein Konflikt schien unabwendbar. Aber das Programm des Widerstandes, welches Radowitz vorlegte, drang nicht durch, und dieser nahm als Minister seine Entlassung. Sein Nachfolger im Auswärtigen Amte, Freiherr Otto von Manteuffel, begann mit Konzessionen. Zwar führten weitere Nachrichten noch zu dem Beschluß der Mobilmachung, die im Lande mit Begeisterung aufgenommen wurde, und 8. Nov. kam es beim Vorrücken der Exekutionstruppen bei Bronnzell (s. d.) in der Nähe von Fulda zu einem unbedeutenden Zusammenstoß mit den Preußen; allein man wies die letztern von Berlin aus an, sich zurückzuziehen und nur die Etappenstraßen besetzt zu halten. Manteuffel suchte eine persönliche Besprechung mit dem Fürsten Schwarzenberg, die in Olmütz stattfand (29. Nov.) und den diplomat. Sieg der österr. Politik vollendete, der freilich durch den Umstand erleichtert war, daß der König in der hess. und holstein. Frage dasselbe wollte wie Österreich. Preußen ließ die Exekution in Hessen gewähren und versprach in Holstein durch einen Kommissar, nötigenfalls mit Waffengewalt, mitzuwirken. Ein Zugeständnis an Preußen sollte es sein, daß die Bundesreform nicht auf dem Bundestage, sondern auf freien Ministerialkonferenzen in Dresden beraten werden sollte.

In Hessen ward indessen die Exekution im Sinne des restaurierten Bundestags vollzogen. Das Land wurde mit Exekutionstruppen gefüllt, mißliebige Personen durch Zwangseinquartierung bestraft, der ständische Ausschuß aufgelöst. Die gesetzliche Justiz ward durch formlose Kriegsgerichte ersetzt und im ganzen ein Zustand begründet, wie er auch in den traurigsten Zeiten deutscher Geschichte kaum ein Seitenstück findet. Im übrigen Deutschland bildeten sich Unterstützungsvereine für die verfolgten hess. Beamten und Offiziere. Auch in Holstein nahm man die Bundesexekution vor, indem man eine neue provisorische Verwaltung einsetzte, das Land entwaffnete, das Heer auflöste.

Am 23. Dez. 1850 begannen die Dresdener Konferenzen, ohne daß man im Laufe dreier Monate zu einem Ergebnis kam. Von seiten Österreichs und der ihm verbündeten Staaten wurde versucht, eine Exekutive in der Bundesverfassung herzustellen, an der außer Österreich und Preußen auch die vier Königreiche teilnehmen sollten, während Preußen sie wieder nur von den beiden Großmächten gebildet wissen wollte. An der Weigerung Österreichs, die Gleichberechtigung Preußens im Bundespräsidium zuzugestehen, scheiterten sowohl diese Bemühungen wie der Plan, den Eintritt der österr. Gesamtmonarchie durchzusetzen; auch die handelspolit. Projekte führten zu keinem endgültigen Resultat. So blieb denn nichts übrig als die Rückkehr zum alten Bundestage, der seit Mai 1851 auch von Preußen und den Unionsstaaten wieder beschickt ward. Der Gesamteintritt Österreichs in den Deutschen Bund wurde zwar nicht ausgeführt, auch die beiden östl. Provinzen Preußens traten wieder aus dem Bunde; durch geheimen Vertrag verbanden sich aber Österreich und Preußen 16. Mai zu gegenseitigem Beistande zum Schutz aller ihrer Länder.

Daß dadurch eine wirkliche Eintracht nicht wiederhergestellt war, gab sich bei vielen Anlässen auch am Bundestage kund. Am meisten Einigkeit zeigte sich noch in dem Wetteifer einer reaktionären Politik. Der Bund hob die Grundrechte und die aus diesen abgeleiteten Verfassungsbestimmungen auf. In Österreich wurde die nie ins Leben eingeführte Verfassung vom 4. März 1849 durch die kaiserl. Erlasse vom 20. Aug. und 31. Dez. 1851 außer Wirksamkeit gesetzt und nur dasjenige beibehalten, was die Centralisierung der Monarchie begünstigte. In Preußen wollte zwar der König sich nicht dazu verstehen, die von ihm beschworene Verfassung von 1850 umzustoßen; allein die Regierung interpretierte sie in ihrer Anwendung stets in reaktionärstem Sinne und stärkte durch weitgehende Auslegungen die Macht der Bureaukratie. In den meisten übrigen Staaten ersetzte man die liberalen Ministerien von 1848 durch reaktionäre, löste die Kammern jener Zeit auf und veränderte die Wahlgesetze oder octroyierte neue, und die Reaktion entwickelte überall eine ungeduldige und rührige Thätigkeit. Auf Betreiben der Großmächte wählte der Bundestag den sog. Reaktionsausschuß, der über die Übereinstimmung der Landesverfassungen mit den Grundgesetzen des Bundes wachen sollte. Sein merkwürdigstes Probestück legte der Bundestag an Kurhessen ab. Im Juli 1851 wurde durch einfache Verordnungen der Kommissare der Großmächte die verfassungsmäßige Verantwortlichkeit der Staatsdiener aufgehoben, die vormärzliche Verwaltung wiederhergestellt, die Zusammenberufung der Stände bis zur völligen Regulierung der Verfassungsverhältnisse für unzulässig erklärt, die Gerichtsorganisation umgestaltet und schließlich (März 1852) die ganze Verfassung von 1831 samt dem Wahlgesetze von 1849 durch Bundesbeschluß außer Wirksamkeit gesetzt. Dem Kurfürsten blieb es dann überlassen, eine neue Verfassung zu publizieren, was auch im April 1852 geschah. Es war ihm auch aufgetragen, die Erklärung der Stände über die Verfassung einzuholen, und hierbei begannen sogleich zwischen dem herrschenden Willkürregiment und der Scheinvertretung, die es sich berufen, neue Konflikte, während Beschränkungen, Verfolgungen und Tendenzprozesse fortdauerten und das Land an Bevölkerung und Wohlstand immer mehr abnahm. Zu der Auswanderung, die 1852—54 ihren Höhepunkt erreichte, stellte Kurhessen ein beträchtliches Kontingent.

Das Seitenstück zu diesem Siege der Restauration bildete der Ausgang der schlesw.-holstein. Verwicklung. Dänemark, sobald ihm die Herzogtümer wieder ausgeliefert worden waren, zeigte sich unnachgiebig. Die beiden deutschen Großmächte erklärten gleichwohl ihre Bereitwilligkeit, sich zufriedenzugeben und sich selbst an einer Garantie der dän. Integrität zu beteiligen, wenn nur die Verhältnisse Holsteins zum Bunde geregelt, Schleswig weder ausdrücklich noch thatsächlich in Dänemark inkorporiert und Provinzialstände in beiden Herzogtümern hergestellt würden. Auch Rußland unterstützte diese gemäßigten Forderungen. Als darauf hin das neue dän. Ministerium (28. Jan. 1852) zwar die Herstellung einer gemeinsamen Verfassung für die ganze Monarchie zur Behandlung der gemeinsamen Angelegenheiten als sein Programm verkündigte, im übrigen aber für Schleswig und Holstein-Lauenburg besondere Ministerien, eine ständische Vertretung mit beschließender Autorität und Gleichberechtigung der deutschen und der dän. Nationalität verhieß, fanden sich Österreich und Preußen damit befriedigt, zogen ihre Truppen heraus, und auch der Bundestag gab 29. Juli seine Einwilligung. Indessen hatte die europ. Konferenz zu London, nachdem der Herzog von Augustenburg ohne Zustimmung seiner Verwandten die ihm von Dänemark gebotene Entschädigung angenommen, über Schleswig und Holstein verfügt und in dem Protokoll vom 8. Mai ein neues Erbrecht aufgestellt, das der Glücksburger Linie die Thronfolge zusprach und die Herzogtümer für immer an Dänemark ketten sollte. Österreich und schließlich auch Preußen hatten zugestimmt, während die Mehrzahl der übrigen Bundesglieder doch vor diesem unpopulären Schritte zurückscheute. Dagegen wurde die deutsche Flotte, deren Anfänge die J. 1848 und 1849 geschaffen hatten, der Restaurationspolitik geopfert und nach langen Beratungen ihre Auflösung März 1852 beschlossen. Einige der größern Schiffe kaufte Preußen, der Rest ward versteigert.

Inzwischen waren auch die handelspolit. Verhältnisse in eine eigentümliche Krisis getreten. Am 7. Sept. 1851 hatte Preußen mit Hannover einen für letztern sehr vorteilhaften Vertrag über Vereinigung des Steuervereins mit dem Zollverein abgeschlossen. Preußen kündigte nun (Nov. 1851) den Zollverein, aber, wie es zugleich offiziell erklärte, nur um auf den (Frühjahr 1852) nach Berlin einberufenen Zollkonferenzen die Wiederherstellung des Vereins auf Grundlage des Vertrages mit Hannover vorzunehmen. Der Grund für Preußens entschiedenes Vorgehen war das neuerdings hervortretende Bestreben des österr. Restaurationsministeriums, Preußens alleiniges Übergewicht in der Handelspolitik zu brechen und jener «mitteleuropäischen» Machtstellung Österreichs, die durch die Erfolge in Olmütz und Frankfurt politisch gewonnen schien, in einer engern wirtschaftlichen Verknüpfung eine feste Stütze zu schaffen. Der Versuch, diese Frage am Bundestag zur Entscheidung zu bringen, gelang jedoch nicht, und so berief denn das österr. Ministerium einen Zollkongreß der deutschen Staaten nach Wien (Jan. 1852), an dem, außer Preußen, Hannover und einigen kleinern Staaten, die Mehrzahl der Zollvereinsmitglieder teilnahm. Zwar kam es hier zu keiner Einigung, aber immerhin verpflichteten sich Bayern, Sachsen, Württemberg, Baden, die beiden Hessen und Nassau 6. April zu Darmstadt, bei den Verhandlungen mit Preußen darauf zu bestehen, daß gleichzeitig mit der Erneuerung des Zollvereins auch über eine Verständigung mit Österreich verhandelt werde. Preußen aber bestand darauf, daß das erstere vorangehen müsse. Als die Verhandlungen darüber sich bis zum Herbst ergebnislos hinzogen, brach Preußen sie ab, gab indes schließlich doch so weit nach, daß es, falls man vorläufig von dem Princip einer völligen Zolleinigung absähe, sich bereit zeigte, über einen Handels- und Schiffahrtsvertrag mit Österreich in Unterhandlung zu treten. Nicht ohne Einfluß auf die Verständigung der beiden Großmächte waren die bedenklichen Fortschritte Napoleons in Frankreich gewesen; auf Preußen wirkte auch bestimmend die neuerdings sich wieder mehr Österreich nähernde Haltung Hannovers. Am 19. Febr. 1853 kam es so zum Abschluß des preuß.-österr. Handelsvertrags auf Grundlage gegenseitiger Verkehrserleichterungen und Begünstigungen. Es wurde verabredet, nach Ablauf von 6 Jahren über eine Zolleinigung oder wenigstens weitere Annäherung zu verhandeln. Am 4. April folgte dann auch die Erneuerung des Zollvereins auf weitere 12 Jahre.

Wie so oft, waren es die großen europ. Verwicklungen, die Preußen und Österreich einander wieder näher führten. Der Staatsstreich, den Ludwig Napoleon 2. Dez. 1851 in Frankreich vollführte, und die im nächsten Jahre erfolgte Wiederherstellung des Kaisertums warf das System von 1815 um. Die Verwicklungen mit Rußland vollendeten den Umschwung, der die Traditionen der Heiligen Allianz vollends beseitigte und der Einwirkung, die bisher die russ. Politik auf die Entwicklung Deutschlands geübt hatte, ein Ziel setzte. Als aus dem Zwist über die Heiligen Stätten sich ein Konflikt entspann, aus dem später der Orientkrieg hervorging, suchten Österreich und Preußen beschwichtigend einzuwirken und schlossen sich vorsichtig den abmahnenden und vermittelnden Schritten an, auf die auch Frankreich und England anfangs ihre Thätigkeit beschränkten. Auch die Begegnung des russ. Kaisers mit den Monarchen von Österreich und Preußen in Warschau (Herbst 1853) führte zu keinem andern Ergebnis. Österreich bezeichnete die strikte Neutralität als die Richtschnur seiner Politik, solange nicht die Interessen der eigenen Monarchie bedroht seien, und Preußen wahrte sich die Freiheit der Entschließung, um für den Frieden zu wirken. Österreich war sogar geneigt, falls Preußen teilnehme, eine Konvention mit Frankreich und England abzuschließen. Dies wies man zwar in Berlin zurück, schloß sich aber doch dem Begehren der Westmächte im wesentlichen an und verlangte namentlich die Räumung der Donaufürstentümer durch die Russen. So war die Lage, als (27. und 28. März 1854) Frankreich und England den Krieg erklärten.

Die Stimmung im deutschen Volke war weit überwiegend für die Westmächte gegen Rußland, die Bruchteile reaktionärer und feudaler Parteien abgerechnet, die im Zaren den Hort ihrer konservativen Interessen erblickten. Sonst kam überall der lange verhaltene Groll über die Stellung zu Tage, die Rußland seit 40 Jahren den deutschen Dingen gegenüber eingenommen hatte. Man richtete die Aufmerksamkeit namentlich auf Österreich, das unverkennbar der Politik der gegen Rußland Krieg führenden Mächte am nächsten stand, während in Preußen der König, wenn auch mit den Ansprüchen des Zaren nicht einverstanden, doch die Fühlung mit Rußland nicht vollständig preisgeben mochte. In dieser eigentümlichen Lage trat auch an den Deutschen Bund die Notwendigkeit heran, eine aktive Stellung in der auswärtigen Politik einzunehmen. Preußen schloß 20. April 1854 mit Österreich einen Vertrag, der zunächst nur die gegenseitige Garantie gegen jeden Angriff enthielt, falls eine der Mächte im Einverständnis mit der andern zum Schutze deutscher Interessen aktiv vorgehen würde. Die Aufforderung an den Bund, diesem Vertrage beizutreten, gab der Koalition der Mittel- und Kleinstaaten, von denen mehrere ihrer Familienbeziehungen wegen zu Rußland hinneigten, Anlaß, ähnlich wie in der Zollfrage, sich auf der Bamberger Konferenz (s. d.) im Mai 1854 als dritte Macht geltend zu machen. Der Bund trat schließlich, nachdem Rußland die Donaufürstentümer geräumt hatte, 24. Juli dem österr.-preuß. Vertrage bei; allein eine einheitliche Politik der beiden Großmächte und des Bundes war damit nicht erreicht.

Als Österreich daran ging, die Mobilmachung der Bundeskontingente zu beantragen, widerstrebte Preußen. Österreich ließ darauf die Donaufürstentümer besetzen, schloß 2. Dez. ein Bündnis mit den Westmächten, dem Preußen den Beitritt versagte, und suchte (Jan. 1855) am Bunde die Mobilmachung der halben Bundeskontingente und die Wahl des Bundesoberfeldherrn zu betreiben. Als Preußen dem entgegenwirkte, wandte sich Österreich vertraulich an einzelne Regierungen, um deren Anschluß zu erlangen, ein Begehren, das Frankreich durch diplomat. Schritte unterstützte. Preußen fand sich dadurch peinlich überrascht und geriet in lebhafte Erörterungen mit Österreich und den Westmächten. England drohte schon, Preußen zu den Friedensverhandlungen nicht zuzulassen. Am Bunde ward schließlich der ursprüngliche Antrag in eine beschleunigte Kriegsbereitschaft umgestaltet (Febr. 1855); aber auch dieser Beschluß fand eine verschiedene Auffassung und erst mit dem Frieden von Paris (30. März 1856) fanden die diplomat. Erörterungen hierüber ein Ende. Waren die Sympathien der öffentlichen Meinung auch unzweideutig auf seiten Österreichs gewesen, so hatte dieses doch sich bei den Westmächten durch seine nie zum energischen Entschluß gelangende Politik wenig Dank erworben und anderseits mit Rußland es gründlich verdorben. Preußens Stellung war dem gegenüber doch schließlich die günstigere, und für die Zukunft ward das gute Verhältnis zu Rußland nicht ohne Bedeutung. Die traurige Rolle aber, die Deutschland überhaupt während des Krieges gespielt hatte, weckte wieder in den Bevölkerungen den Ruf nach Bundesreform. Die süddeutschen Kammern erhoben von neuem das Verlangen nach Volksvertretung beim Bunde. Die mittelstaatlichen Minister, Pfordten in Bayern und Beust in Sachsen, fühlten sich nun doch veranlaßt, Projekte für eine regere und nützlichere Thätigkeit des Bundes auszuarbeiten; aber unter Beusts Händen gewann der Plan gleich eine Tendenz auf Niederdrückung aller auf eine straffere Einheit Deutschlands gerichteten Bestrebungen und der in seinen Augen gar zu übermütigen Landtage der Einzelstaaten.

Solchen Anschauungen entsprach auch im übrigen die innere Politik des Bundestags. Das Bundesgesetz vom 6. Juli 1854, die Zulassung der Reklamationen der württemb. Standesherren und die Vorgänge in Hannover legten dafür Zeugnis ab. Hier arbeiteten der Adel, dem durch die Verfassung von 1848 das Übergewicht in der Ersten Kammer zu Gunsten des bäuerlichen Grundbesitzes genommen war, und der König Georg, der die selbständige Verfügung über die Einkünfte der Domänen wiedergewinnen wollte, schon seit 1851 an der Untergrabung der Gesetzgebung von 1848. Nachdem der von den hannöv. Ritterschaften angerufene Bundestag der hannöv. Regierung aufgetragen hatte, die allzu liberale Verfassung von 1848 zu säubern, octroyierte der hiermit sehr wohl einverstandene König mit Hilfe des dazu ernannten Ministeriums Kielmannsegge-Borries 1855—56 die ihm notwendig scheinenden Änderungen.

In Preußen bereitete sich inzwischen eine langsame Wendung vor. Die reaktionäre Strömung war auch dort 1855—56 auf dem Höhepunkte. Die Zustände der Presse, die Überwachung der Gesinnung, die Einwirkung auf die Wahlen, die Politik der Einschüchterung und Korruption drückten jener Zeit einen traurigen Charakter auf. Bei den neuen Wahlen (im Spätjahr 1855) hatte die Rührigkeit der Regierung gegenüber der Apathie der Bevölkerung eine Kammer zu stande gebracht, in welcher die Opposition sich auf kleine Reste ehemaliger Fraktionen beschränkte. Lauter als vorher regten sich jetzt die Wünsche der feudalen Rechten für eine weiter gehende Revision der Verfassung. Zugleich drohte die Neuenburger Angelegenheit, aus Anlaß des mißlungenen Handstreichs, den die Royalisten im Sept. 1856 unternommen hatten, zu äußern Konflikten zu führen. (S. Neuenburg.) Die in Paris eröffneten Konferenzen führten dann zu dem Abschluß vom 26. Mai 1857, in welchem der König seinen Rechten auf Neuenburg entsagte.

Diese Vorgänge hatten auf den König, dessen eigenstes Empfinden durch sie verletzt war, tief gewirkt. Die Aufeinanderfolge schwerer Gemütsbewegungen seit 1848 erschütterte sein Nervensystem. Ein Gehirnleiden brach aus und machte eine Stellvertretung notwendig, die seit dem 23. Okt. 1857, zunächst mit engbegrenzter Vollmacht und auf je drei Monate, dem Prinzen von Preußen übertragen ward. Dieser hatte in jüngster Zeit und schon während des Krimkrieges mehrfach andere Ansichten als das herrschende System verfolgt und sich dadurch die Ungunst der feudalen Wortführer in hohem Grade zugezogen. Schon seine Stellvertretung brachte darum den weitern Fortgang der Reaktion in sichtliches Stocken. Ein entscheidender Umschwung erfolgte aber, als der Prinz bei zunehmender Krankheit des Königs im Okt. 1858 die Regentschaft übernahm. Nachdem der Landtag der Regentschaft die verfassungsmäßige Sanktion erteilt hatte, erfolgte die Entlassung des Ministeriums Manteuffel und die Bildung eines neuen Ministeriums 5. Nov., in dem der gemäßigte Liberalismus überwog. Die nun in voller Freiheit vorgenommenen Neuwahlen zum Abgeordnetenhause ergaben eine große Mehrheit für die Liberalen und beschränkten das reaktionäre Element auf eine schwache Minderheit; andererseits wurde kein Demokrat gewählt. Die Wirkung dieses Wechsels war weithin durch Deutschland zu fühlen. In Bayern endete der mehrjährige Konflikt zwischen Regierung und Volksvertretung mit dem Rücktritt von der Pfordtens und der Modifikation des Ministeriums im liberalen Sinne (April 1859).

Die Bedeutung dieser Ereignisse erhöhte sich durch die drohende Wendung der europ. Politik. Der Neujahrsgruß Napoleons III. und die Rüstungen König Victor Emanuels ließen kaum einen Zweifel, daß sich für Österreich ein kriegerischer Konflikt in Italien vorbereite. Die Versuche, durch diplomat. Unterhandlung dem Bruch vorzubeugen, mißlangen; Österreich verlangte von Sardinien 23. April vollständige Entwaffnung. Das Ultimatum ward abgelehnt und damit der Krieg erklärt. In Deutschland rief der Verlauf dieses Krieges die mächtigste Bewegung hervor. Wieder wandten sich namentlich in Süddeutschland die populären Sympathien Österreich zu, und man forderte von Preußen Teilnahme am Kampfe gegen den Erbfeind unter Erinnerung an 1805 und 1809. Österreich verlangte bei der Absendung des Erzherzogs Albrecht (April 1859) und anderer Unterhändler, daß Preußen seine Armee am Rhein aufstellen und dadurch Napoleon es unmöglich machen solle, zur Unterstützung Sardiniens Truppen nach Italien zu schicken. Dadurch wäre der österr.-ital. Krieg in einen deutsch-französischen übergegangen und der größte Teil der Kriegslast auf Preußen und das übrige Deutschland gefallen. Preußen hatte auf die Nachricht jenes Ultimatums sofort die Kriegsbereitschaft der Armee verfügt und war zur Übernahme einer bewaffneten Vermittelung bereit, jedoch nur als durchaus selbständige, nach keiner Seite hin verpflichtete Macht. Der Prinz-Regent gab 14. Juni den Befehl zur Mobilisierung der preuß. Armee, beantragte beim Bundestage die Mobilmachung von vier Armeekorps (Süddeutschland, Sachsen, Hannover), verlangte aber für Preußen den Oberbefehl über sämtliche deutschen Heere und unbeschränkte Verfügung über dieselben. Darauf ging Österreich nicht ein. Es wollte dem Prinz-Regenten zwar den Oberbefehl überlassen, zugleich aber ihn von den Instruktionen und Befehlen des Bundestags, in welchem Österreich der Mehrheit unbedingt sicher war, abhängig machen, was thatsächlich darauf hinauskam, daß der Prinz-Regent den Krieg als österr. General zu führen hatte, und zwar einen für Österreichs ital. Interessen, die den Interessen Deutschlands durchaus fremd waren. Österreich aber, dessen Heere unter unfähigen Feldherren standen und durch die vereinigten Truppen Frankreichs und Sardiniens bei Magenta und Solferino (4. und 24. Juni) schwere Niederlagen erlitten, schloß 11. Juli rasch den Präliminarvertrag von Villafranca di Verona und trat lieber die Lombardei an Sardinien ab, als daß es Preußen die selbständige Führung der deutschen Bundesarmee überließ. Von einer Wiederaufnahme der Bundesreformbestrebungen konnte unter diesen Umständen keine Rede sein.

Die Schuld des mißlungenen Feldzugs legte der Kaiser von Österreich in einem Manifest seinen «natürlichen Bundesgenossen» bei und verletzte dadurch Preußen auf das schärfste. Tiefer entzweit als vorher standen die beiden Großmächte einander gegenüber, und die Versuche der mittlern und kleinern Staaten, sich als dritte Gruppe dazwischenzustellen, förderten die Verwicklung nur noch mehr. Nur eins ergab sich aus allen diesen Verhältnissen: die Unzulänglichkeit der Bundesverfassung in jeder einigermaßen ungewöhnlichen Lage. In weite Kreise drang jetzt diese Erkenntnis und weckte das schlummernde Interesse an der Reform des Bundes. In Eisenach trat 17. Juli eine Anzahl früherer Parlamentsabgeordneter und Mitglieder der liberalen Partei zusammen, um sich über ein gemeinsames nationales Programm zu verständigen, dessen Grundlage ein deutscher Bundesstaat unter preuß. Führung mit einer parlamentarischen Verfassung sein sollte. Eine zweite Versammlung (14. Aug.) that weitere Schritte in der Richtung, die verschiedenen liberalen Elemente, mit Beseitigung der alten Zerwürfnisse zwischen Demokraten und Konstitutionellen, zu einer nationalen Partei zu vereinigen. Eine dritte Versammlung zu Frankfurt (16. Sept.) konstituierte dann diese Partei in dem Deutschen Nationalverein. Allerdings verhielt sich diesem selbst gegenüber die preuß. Regierung kühl und zurückhaltend. Aber auf eine Adresse der Stettiner Bürgerschaft mit der Bitte um Errichtung einer deutschen Centralgewalt erkannte der Prinz-Regent im August die Notwendigkeit einer Bundesreform an, nur daß der Weg des Rechtes nicht verlassen werden dürfe. Entschlossen zeigte sich jetzt auch Preußen in der kurhess. Verfassungsfrage (s. Hessen-Cassel), sah sich aber sowohl hier wie in seinen Anträgen auf Reform der Bundeskriegsverfassung, die auf eine Teilung der Leitung zwischen Österreich und Preußen und auf Anschluß der kleinern Kontingente an diese beiden Mächte gingen, überstimmt. Dagegen wuchs in der Bevölkerung und in den Kammern die nationale Bewegung. Schon die Schillerfeier des 10. Nov. 1859 war ein gewaltiger Ausdruck derselben. In einigen Ländern, wie in Baden, trat ein völliger Umschwung ein. Dort war das mit Rom geschlossene Konkordat von der Kammer verworfen (März 1860), das Ministerium entlassen und ein liberales aus der Majorität des Landtags gebildet worden, das sich den freisinnigen Fortschritt im Innern und die Förderung der nationalen Interessen als Ziel setzte. Im folgenden Jahre erfolgte die Ablehnung des Konkordats in der württemb. Kammer.

Die auswärtige Lage blieb auch nach dem Ausgange des Italienischen Krieges unsicher, und die Sorge vor weitern kriegerischen Konflikten war allgemein. Die von Frankreich begehrte Überlassung von Savoyen und Nizza erweckte in Deutschland alte Sorgen vor Napoleonischer Politik. So wurde die vom franz. Kaiser gewünschte Zusammenkunft mit dem Prinz-Regenten von Preußen zu einer Demonstration deutscher Einigkeit, indem (16. bis 19. Juni 1860) nicht der Prinz-Regent allein, sondern auch die deutschen Könige und mehrere andere deutsche Fürsten in Baden-Baden erschienen. Aber bei den Besprechungen derselben über die schwebenden deutschen Fragen kam es doch zu keiner Verständigung. Ebenso wenig erfolgte eine solche bei der Zusammenkunft des Prinz-Regenten mit dem Kaiser von Österreich in Teplitz (26. Juli). Das Recht im Bundespräsidium abzuwechseln, lehnte der letztere wieder ab. Der Prinz-Regent hatte den Kaiser auch auf die Reformbedürftigkeit Österreichs im Innern gewiesen. Immerhin war auch hier seit 1859 die Reformfrage in Fluß gekommen. Die Schöpfung eines verstärkten Reichsrats, der periodisch berufen werden sollte (5. März 1860), mit beschränkten Befugnissen in der Gesetzgebung und der Kontrolle des Staatshaushalts, ohne Initiative und ohne Öffentlichkeit, befriedigte freilich noch nicht, zumal nicht in Ungarn. So erfolgte 20. Okt. 1860 die Verkündigung eines Staatsgrundgesetzes für die gesamte Monarchie und besonderer Statute für die einzelnen Kronländer. Aber auch dieser Akt vermochte die Wünsche und Bedürfnisse nicht zu befriedigen, vielmehr erweckten die auf überwiegend feudalen Grundlagen aufgebauten Landesstatute fast allerwärts unverhohlenes Mißvergnügen. Da der Versuch als gescheitert zu betrachten war, so trat der Minister Goluchowski (Dez. 1860) zurück; sein Nachfolger, Schmerling, erließ 26. Febr. 1861 das «Februarpatent», wodurch für die deutsch-slaw. Länder ein engerer Reichsrat, für die Angelegenheiten des Gesamtreichs ein weiterer, aus zwei Kammern bestehender Reichsrat eingerichtet werden sollte.

Während so Österreich langsam anfing sich zu reorganisieren, erwuchsen dem liberalen Regiment in Preußen die Schwierigkeiten, an denen es scheitern sollte. Die Heeresverfassung erlaubte schon längst nicht mehr, auch nur den größern Teil der Wehrfähigen und Wehrpflichtigen einzustellen und drückte so die Eingestellten durch lange Dienstzeit in beiden Aufgeboten der Landwehr ganz unverhältnismäßig. Vor allem aber litt sie, wie zumal die Mobilmachung von 1859 erwiesen hatte, an schweren innern Gebrechen. Schon Anfang 1860 war deshalb ein vom Prinz-Regenten und dem Kriegsminister von Roon ausgearbeiteter Gesetzentwurf an die Kammern gebracht worden, der darauf beruhte, daß zur Erzielung einer höhern Kriegsstärke auch die Friedensstärke der Armee erhöht, eine größere Anzahl von Mannschaften zur Fahne einberufen, der Dienst in der Reserve verlängert, der in der Landwehr verkürzt werden sollte. Um schnell die nötigen Mittel zu erhalten, forderte die Regierung (Mai 1860) einstweilen einen außerordentlichen Militärkredit von 9 Mill. Thlrn., der auch bewilligt wurde, worauf das Ministerium sich beeilte, aus dem Reorganisationsplan eine vollendete Thatsache zu machen. In der nächsten Sitzung gelang es, den Widerstand des Herrenhauses in der Grundsteuerfrage zu überwinden, und darauf ward der Plan der Heeres-Reorganisation wieder aufgenommen. Das Haus der Abgeordneten bewilligte die Summe mit einigen Abstrichen, jedoch nur als außerordentliche Ausgabe (Mai 1861). Inzwischen war (2. Jan. 1861) König Friedrich Wilhelm IV. seinen Leiden erlegen, und der Prinz-Regent bestieg als Wilhelm I. den Thron und hob dabei, zumal bei der Krönung (Okt. 1861), das Königtum von Gottes Gnaden wieder scharf hervor. Im Abgeordnetenhause bildete sich eine heftige Opposition, nachdem sich (Juni) aus der frühern liberalen Partei die Deutsche Fortschrittspartei gebildet hatte, die den freisinnigen Ausbau der Verfassung, die gesetzliche Verantwortlichkeit der Minister, die Selbstverwaltung in Gemeinde, Kreis und Provinz, die Reform der Ehegesetzgebung, die Einführung der zweijährigen Dienstzeit und die durchgreifende Umgestaltung des Herrenhauses sowie die Einigung Deutschlands mit Volksvertretung und preuß. Centralgewalt in ihr Programm aufnahm.

In den deutschen Angelegenheiten war indessen kein sichtbarer Fortschritt erfolgt. In Kurhessen setzte die Regierung, aller Mahnungen Preußens ungeachtet, ihren Widerstand gegen die rechtmäßige Verfassung fort und ließ dreimal nacheinander Wahlen auf Grund der octroyierten Ordnungen vornehmen, worauf das Land dreimal die Antwort einer Inkompetenzerklärung abgab. Die Bemühung, die norddeutschen Küstenstaaten zu einer gemeinsamen Flottenschöpfung unter Preußens Leitung zu bewegen und ein gemeinsames Verteidigungssystem für sämtliche deutsche Küstenstaaten aufzustellen, wofür Moltke, Chef des preuß. Generalstabes, dem Bundestag Pläne vorlegte, scheiterte an dem Übelwollen Österreichs und der Mißgunst Hannovers, das gern selbst die Leitung der nichtpreuß. Uferstaaten übernommen hätte. Wohl aber that Preußen für sich mehr als bisher, um seine maritime Stellung zu verstärken, und auch der Deutsche Nationalverein unterstützte mit Wort und That dies Bestreben. Die Versuche Preußens, sich mit Österreich über die Reform der Bundeskriegsverfassung zu verständigen, schlugen fehl; dagegen schlossen sich Österreich und die Mittelstaaten wieder enger zusammen. Im Okt. 1861 trat der sächs. Minister von Beust mit einem Reformprojekt hervor, worin er vorschlug, den Bundesvorsitz zwischen Österreich und Preußen halbjährlich wechseln zu lassen, den Bundestag auf 47 Mitglieder zu erweitern und von Zeit zu Zeit (nicht periodisch) eine Versammlung von Delegierten der Landesvertretungen (je 30 für Österreich und Preußen, 68 für die übrigen Staaten) zur Ausarbeitung allgemeiner Gesetze zu berufen. Dieser allen etwas bietende Plan genügte doch keiner Partei. Das österr. Kabinett erhob dagegen hauptsächlich das Bedenken, es könne auf sein bleibendes Präsidialrecht nur dann verzichten, wenn dafür sein Gesamtbesitz, auch der außerdeutsche, fest verbürgt würde. Preußen aber wies jetzt in einer Depesche an die sächs. Regierung (20. Dez.) wieder auf den engern Bundesstaat, wie er ein Jahrzehnt vorher durch die preuß. Politik erstrebt worden war.

Dies rief keine geringe Erregung hervor. Österreich und die Mittelstaaten protestierten (Febr. 1862) in identischen Noteu und erklärten den Bundesstaat für unvereinbar mit dem Wesen des Deutschen Bundes und ein darauf gerichtetes Bündnis als einen Unterwerfungsvertrag. Nur Baden und Weimar sprachen sich für die Reform im bundesstaatlichen Sinne aus. Österreich und die Mittelstaaten blieden indes nicht bei der Negation stehen, sonderu kamen mit positiven Vorschlägen (August) an den Bund. Es sollten aus den einzelnen Kammern Delegierte nach Frankfurt berufen werden, denen Gesetze über Civilprozeß und Obligationenrecht zur Beratung vorzulegen wären. Preußen protestierte ebenso gegen dieses Surrogat einer Volksvertretung wie die im September in Weimar tagende Versammlung liberaler Abgeordneter und der Nationalverein. Dagegen sammelten sich aus Österreich, den mittlern und kleinern Staaten die großdeutschen Elemente zu einer Parteiversammlung, die 28. und 29. Okt. zu Frankfurt tagte, und welche beschloß, als Gegengewicht gegen den Nationalverein eine «großdeutsche» Vereinigung unter dem Namen «Reformverein» zu gründen. Das Verhältnis Österreichs und der Mittelstaaten zu Preußen war nach dem allen ziemlich gespannt, wie sich bald nachher auch bei Behandlung der handelspolit. Frage zeigte. Indes hatte Preußen endlich Österreich vermocht, mit ihm gemeinsam (März 1862) am Bunde die Wiederherstellung der rechtmäßigen Verfassung in Kurhessen zu beantragen, und der Bund nahm auch (13. Mai) diesen Antrag an. Es brauchte übrigens, um den Kurfürsten, der den preuß. Specialgesandten General von Willisen in beleidigender Weise behandelt hatte und keine Genugthuung dafür geben wollte, zum Nachgeben zu bewegen, des Befehls zur Mobilmachung von zwei preuß. Armeekorps. Nun wurde endlich ein neues Ministerium berufen und die Verfassung von 1831 publiziert.

Inzwischen hatte Preußen im Namen des Zollvereins 29. März 1862 einen Handelsvertrag mit Frankreich unterzeichnet, den die preuß. Kammern im August genehmigten. In der Handelspolitik war im Laufe des verflossenen Jahrzehnts ein bedeutungsvoller Umschwung vorgegangen, namentlich seit Frankreich mit dem alten System des Schutzzolls gebrochen und mit England sowie mit den kleinern Nachbarstaaten Verträge in diesem Sinne abgeschlossen hatte. Anch auf Deutschland hatte dieser Umschwung nachhaltigen Einfluß, und die im Zollverein sich lange bekämpfenden Tendenzen des Schutzzolls und Freihandels führten zu einer Wendung im Sinne des letztern. Dahin neigte auch die öffentliche Meinung in einem großen Teile von Deutschland. Auch in andern Zweigen des wirtschaftlichen Gebietes waren einheitliche Reformen im Laufe des letztern Jahrzehnts zu stande gekommen, wie die Münzkonvention (1857), der Postverein, die Wechselordnung, das Handelsgesetzbuch. Die vielen gewerblichen und volkswirtschaftlichen Vereine und Versammlungen waren sprechende Zeugnisse der eingetretenen Veränderung. Der Handelsvertrag vom 29. März näherte, trotz seiner Mängel im einzelnen, den Zollverein der handelspolit. Entwicklung, die das westl. Europa eingeschlagen hatte, entfernte ihn aber eben dadurch um einen bedeutenden Schritt dem schutzzöllnerischen Österreich und schlug die Hoffnungen nieder, die man dort an den Vertrag vom Febr. 1853 geknüpft hatte. Von den Mittelstaaten waren anfangs nur Sachsen, das wegen seiner industriellen Entwicklung hier gleiches Interesse wie das von ihm sonst politisch bekämpfte Preußen hatte, und Badeu bereit, dem Handelsvertrag mit Frankreich beizutreten. Österreich eiferte lebhaft dagegen und beantragte (10. Juli) den Gesamteintritt seiner Monarchie in den Zollverein, natürlich auf Grund des bestehenden Tarifs. Bayern und Württemberg lehnten (August) den Beitritt zum Vertrag ab; Hannover schien das Gleiche zu beabsichtigen; Darmstadt und Nassau wiesen, freilich im offenen Gegensatz zu ihrer Volksvertretung, den Vertrag gleichfalls zurück. Der Deutsche Handelstag, der im Mai 1861 zum erstenmal in Heidelberg zusammengetreten war und im Okt. 1862 sich zu München versammelte, sprach sich trotz starken österr. und bayr. Zuzugs mit kleiner Mehrheit für den Vertrag aus, während die großdeutsche Versammlung in Frankfurt a. M. fast einstimmig für Ablehnung stimmte. Preußen erklärte den opponierenden Regierungen, es werde die Ablehnung des Vertrags zugleich als die Erklärung betrachten, den Zollverein mit Preußen nicht länger fortzusetzen.

Nächst dieser allgemeinen Angelegenheit nahm nichts so sehr die Teilnahme in Anspruch wie der wegen der Militärfrage in Preußen ausgebrochene Verfassungskonflikt. In der Verhandlung über den Militäretat, die im Sept. 1862 stattfand, lehnte das Haus der Abgeordneten das geforderte Militärbudget und damit die Heeresreorganisation mit großer Mehrheit ab. Jetzt ward (24. Sept.) Bismarck in das Ministerium berufen, um den Vorsitz und die Leitung der auswärtigen Angelegenheiten zu übernehmen. Doch auch seine Verhandlungen mit den Führern der altliberalen Partei waren ohne Erfolg. Die Regierung suchte sich nun auf die Genehmigung ihres Budgetentwurfs durch das Herrenhaus zu stützen, die Abgeordneten erklärten aber dessen Beschluß für nichtig, da das Herrenhaus nur das Recht hätte, den ihm vom Abgeordnetenhaus überkommenen Etat zu verwerfen oder anzunehmen. Die neue Sitzung, 14. Jan. 1863 eröffnet, zeigte die Lage nicht verändert. Eine Adresse des Abgeordnetenhauses, die in scharfen Zügen die Beschwerden des Landes darlegte, wurde vom König persönlich nicht angenommen. Auch die Politik Bismarcks gegenüber dem eben ausgebrochenen Aufstande in Polen fand keinen Beifall. Am 8. Febr. war zwischen Preußen und Rußland eine Konvention über gegenseitigen Beistand gegen die Rebellen längs der Grenze abgeschlossen, und damit waren einer Partei am russ. Hofe die Hände gebunden, deren Thätigkeit für Preußen nichts Gutes versprach. Zugleich aber war des Kaisers persönlich warme Gesinnung gegenüber Preußen dadurch neu befestigt worden. Das Abgeordnetenhaus aber erklärte, daß strenge Neutralität Preußens Pflicht sei. Der Schluß der Sitzung erfolgte 27. Mai 1863, ohne daß das Budget erledigt war.

Eine Preßordonnanz vom 1. Juni, die das System der Verwarnungen einführte und die Entscheidung darüber den Verwaltungsbehörden in die Hand legte, und mehrfache Maßregelungen folgten den Abgeordneten nach. Als die Regierung im Herbst die Kammer aufs neue auflöste, kehrten die Oppositionsparteien in gleicher Stärke zurück.

Die Fortdauer dieser peinlichen Zustände mochte Österreich Mut machen, einen kühnen Schritt in der deutschen Verfassungsfrage zu thun. Der Versuch, eine Delegiertenversammlung einzuberufen zur Beratung von Civilprozeß und Obligationenrecht, war gescheitert; auch der Bundestag hatte den Antrag (22. Jan. 1863) mit g[illegible] Mehrheit abgelehnt. Aber eine starke Spannung, namentlich zwischen Österreich und Preußen, war geblieben, welcher Bismarcks Unterredungen mit dem österr. Gesandten Grafen Károlyi und seine Cirkulardepesche vom 24. Jan. 1863 einen bezeichnenden Ausdruck gaben. So reifte der Plan der österr. Regierung, die Bundesreform in größerm Maßstabe anzugreifen, während gleichzeitig schon einen Augenblick die europ. Spannungen zum kriegerischen Ausbruch zu kommen drohten. Kaiser Alexander bot, durch die Einmischungen Frankreichs und Österreichs gereizt, dem Könige von Preußen gemeinsame Kriegführung gegen beide an. Der König, von Bismarck beraten, lehnte aus persönlichen und polit. Gründen ab; vor allem hatte er keine dauernde Bürgschaft für Rußlands Haltung. Anfang Aug. 1863 lud Kaiser Franz Joseph sämtliche Fürsten des Bundes zu einem Kongreß nach Frankfurt, der 17. Aug. wirklich eröffnet ward. Außer einigen Fürsten der Kleinstaaten fehlte vor allen der König von Preußen, der auch wiederholtem Drängen unzugänglich blieb. Der von Österreich vorgelegte Entwurf einer Reformakte stellte an die Spitze des Bundes ein Direktorium von fünf Fürsten, in welchem Österreich den Vorsitz führte, ließ den Bundestag für die Behandlung der laufenden Geschäfte fortbestehen und wollte der Forderung eines deutschen Parlaments durch eine Versammlung von Delegierten der Landtage der einzelnen Staaten entsprechen. War Österreich, wie es der Fall war, der Mittelstaaten sicher, so hatte es sowohl im Direktorium als in der Delegiertenversammlung die Mehrheit und konnte, da über die wichtigsten Fragen, sogar über Krieg und Frieden, mit einfacher Stimmenmehrheit entschieden wurde, über Preußens Kräfte gegen dessen Willen verfügen. Hatte anfangs der Entschluß zu einer gründlichen Reform in einem großen Teile von Deutschland Freude und Teilnahme erweckt, so mäßigte sich doch diese Stimmung bei genauer Betrachtung des einzelnen. Nicht wenig trug dazu der 21. Aug. gleichfalls in Frankfurt zusammentretende Abgeordnetentag bei, der zwar die Initiative der Regierungen nicht zurückwies, aber in einer eingehenden Kritik des österr. Entwurfs dessen Mängel und Gefahren für die Einheit wie für die Freiheit nachwies. Die Fürstenversammlung wurde 1. Sept. geschlossen und der verbesserte Entwurf verkündet; aber bei dem Widerstande Preußens war seine Ausführung eine Unmöglichkeit. Das positive Gegenprogramm Bismarcks aber war ein Veto Preußens und Österreichs gegen jeden Bundeskrieg, der zur Verteidigung nichtdeutschen Gebietes unternommen werden sollte; die Gleichstellung Preußens mit Österreich im Vorsitz und in der Leitung des Bundes; eine nicht aus Delegationen der Landtage, sondern aus direkten Wahlen hervorgehende Volksvertretung mit reichlicher zugemessenen Befugnissen, als dies bei dem österr. Projekt der Fall war.

Inzwischen gedieh auch die schlesw.-holstein. Frage zur Reife, die während des verflossenen Jahrzehnts ungelöst geblieben war. Die beiden deutschen Großmächte, welche die Verabredungen von 1851 und 1852 getroffen hatten, beschwerten sich 1856 bei Dänemark über Nichterfüllung der eingegangenen Verpflichtungen. Dänemark suchte teils durch Ausflüchte die Sache hinzuziehen, teils die auswärtigen Großmächte für sein Interesse zu gewinnen und die Frage als eine europäische hinzustellen. Als indessen Österreich und Preußen die Angelegenheit an den Bund zu bringen drohten, versprach man in Kopenhagen, den holstein. Ständen einen revidierten Verfassungsentwurf vorzulegen und dieselben sich frei und ungehindert darüber äußern zu lassen. Die im Aug. 1857 berufene Ständeversammlung vermochte jedoch auf die dän. Vorschläge nicht einzugehen, und so kam die Angelegenheit doch wieder an den Bund. Im Febr. 1858 erklärte der Bundestag, daß er die Gesamtstaatsverfassung mit den Grundsätzen des Bundesrechts nicht vereinbar finde, überhaupt in den seither erlassenen Gesetzen und Anordnungen die Beachtung der 1851 und 1852 eingegangenen Verpflichtung vermisse. Demgemäß wurde Dänemark aufgefordert, einen Zustand herzustellen, der den Bundesgesetzen und den frühern Zusagen entspreche. Die dän. Regierung suchte teils durch willkürliche Auslegung dem Bundesbeschlusse die Spitze abzubrechen, teils mit neuen Ausflüchten Zeit zu gewinnen, und sah sich hierin durch die matte Haltung der Mehrheit am Bunde anfangs einigermaßen unterstützt. Da führte die Initiative des Prinzen von Preußen zu dem Bundesbeschlusse vom 29. Juli 1858, der mit der Bundesexekution drohte. Die Antwort Dänemarks war (Nov. 1858) die Aufhebung der Gesamtstaatsverfassung für Holstein und Lauenburg. Der Bund wollte aber den Ausgang der Verhandlung mit den auf Jan. 1859 einberufenen holstein. Ständen abwarten, ehe er weitere Maßregeln ergriff. Die Stände forderten als Mindestes das Recht der Zustimmung für gemeinschaftliche Angelegenheiten. Die Regierung erklärte, die Stände hätten ihre Kompetenz überschritten, und schloß die Versammlung. Inzwischen war der Umschwung in Preußen eingetreten, der eine energischere Behandlung der Sache hoffen ließ, und auch im deutschen Volk regte sich wieder ein frischeres Interesse für die Herzogtümer. In Schleswig, dessen Stände im Jan. 1860 zusammentraten, war es trotz aller vieljährigen Mißhandlung nicht gelungen, das deutsche Element zu überwältigen; in der Ständeversammlung überwog es entschieden und protestierte gegen die Gewaltthätigkeiten des bestehenden Regiments, den rechtlosen Zustand, die Auflösung der Verbindung mit Holstein und die nationale Unterdrückung. Die Antwort der Regierung bestand in der Auflösung (März) der Versammlung und in gehässigen persönlichen Verfolgungen. Auch die deutschen Ständeversammlungen, namentlich das preuß. Abgeordnetenhaus, erhoben sich nachdrücklich für das Recht der Herzogtümer. Ein Bundesbeschluß vom 7. Febr. 1861 deutete darauf hin, das Exekutionsverfahren wieder aufzunehmen, wenn Dänemark nicht binnen sechs Wochen in vollkommen sichernder Weise den Forderungen des Bundes Genüge leiste. Ehe die Frist ablief, wußte indes Dänemark abermals die Drohungen des Bundes aufzuhalten. Es legte den holstein. Ständen den verlangten neuen Entwurf einer Gesamtstaatsverfassung und einen Gesetzentwurf über die provisorische Stellung Holsteins zu der Gesamtmonarchie vor. Beide Vorlagen wurden von den Ständen einstimmig abgelehnt; allein der Bund hatte die Exekution aufgeschoben.

Die holstein-lauenburg. Angelegenheit, wie sie am Bunde hieß, war allmählich wieder zur schleswig-holsteinischen erwachsen und damit der Kern der Streitfrage wieder berührt worden. Die bisherige Politik, nur für Holstein-Lauenburg das Recht Deutschlands zu wahren, hatte dazu geführt, daß Dänemark Schleswig nur noch enger an sich zog. Ein Versuch, den England im Sept. 1862 machte, gerade über Schleswig ein vermittelndes Übereinkommen auf Grundlage einer wirklichen Selbständigkeit desselben zu treffen, fand wohl bei Österreich und Preußen Gehör, selbst bei Rußland Unterstützung, aber nicht bei Dänemark, das die bindende Kraft der Versprechungen von 1851 und 1852 leugnete. Die Eiderdänenpartei agitierte wieder lebhafter für die Einverleibung Schleswigs, wiewohl die europ. Großmächte und selbst England dies für unzulässig erklärt hatten. Im dän. Landsthing ward (Jan. 1863) eine darauf bezügliche Adresse an den König beschlossen und durch Volksdemonstrationen der Kasinopartei unterstützt. Die Frucht war ein Patent vom 30. März 1863, welches Holstein aus der Gemeinsamkeit mit der Gesamtmonarchie ausschied, das Normalbudget von 1856 zum definitiven erhob und nur für die darüber hinausgehenden Forderungen die Zustimmung der Stände für notwendig erklärte. In Holstein und in Schleswig erregte dieser Schritt Empörung, und Österreich und Preußen legten Protest ein. Der Bund forderte (9. Juli) die dän. Regierung auf, das Patent aufzuheben und die Versprechungen von 1852 zu erfüllen, widrigenfalls er sich genötigt sehe, das Exekutionsverfahren wieder aufzunehmen und in betreff Schleswigs alle geeigneten Mittel zur Geltendmachung der Rechte desselben in Anwendung zu bringen. Dänemark gab dieser Aufforderung keine Folge. So beschloß denn der Bundestag, unbeirrt durch die Abmahnungen Englands, die Einleitung des Exekutionsverfahrens (1. Okt.) und Dänemark die Einverleibung Schleswigs. 13. Nov. 1863 ward die neue Verfassung für Dänemark-Schleswig vom dän. Reichsrat beschlossen und ihre Einführung auf den 1. Jan. 1864 festgesetzt. Für Holstein ward zwar die ständische Zustimmung zum ganzen Budget versprochen, aber Schleswig sollte auf immer davon getrennt sein. Zwei Tage später starb König Friedrich VII. (15. Nov.), und mit ihm erlosch der Mannsstamm der Königslinie.

In Dänemark bestieg nach dem Londoner Vertrag Christian IX. den Thron, der alsbald, persönlich widerstrebenden Herzens, die neue Verfassung und damit die Einverleibung Schleswigs proklamieren mußte (18. Nov. 1863). Auf die Herzogtümer erhob aber der bisherige Erbprinz von Augustenburg als Herzog Friedrich VIII. Anspruch. Während sich in Schleswig und in Holstein der Widerspruch gegen die Erbfolge des Londoner Protokolls regte und in Holstein sofort Körperschaften und Einzelne den Eid verweigerten, erscholl auch im übrigen Deutschland wieder der Ruf nach Befreiung der Herzogtümer. Die versammelten Kammern, der Nationalverein, die bedeutendsten Städte sprachen sich sofort für das Recht der Herzogtümer aus. Mehrere kleinstaatliche Regierungen, Baden, Coburg u. a., erkannten den Herzog Friedrich an. Der gewaltigen populären Bewegung entsprechend war auch die Haltung der Mittelstaaten. Es trieb sie in diese Richtung einerseits die Rücksichtnahme auf die patriotisch erregte Bevölkerung, andererseits die Abneigung gegen das ohne Mitwirkung des Bundestags beschlossene Londoner Protokoll, das für alle künftigen Erbfolgestreitigkeiten in Deutschland ein gefährliches Präjudiz war. Eine völlige Schwenkung der österr. Politik trat jetzt ein. Bisher mit den Mittelstaaten gegen Preußen vorgehend, machte es jetzt mit diesem gemeinsam Front gegen das Drängen der Mittelstaaten auf Zerreißung des von den beiden Großmächten einst mitabgeschlossenen Londoner Protokolls. Verweigerte Dänemark, wie zu erwarten war, die Aufhebung der seine Versprechungen von 1851 und 1852 verletzenden Verfassung vom 18. Nov. und kam es darüber zum Kriege, so waren alle frühern Verträge von selbst zerrissen. So wurden denn von Österreich und Preußen jetzt die einzelnen Regierungen aufgefordert, die Exekution ins Werk zu setzen. Mit acht gegen sieben Stimmen wurde 7. Dez. 1863 vom Bundestag die Exekution im Sinne Österreichs und Preußens beschlossen. Überall bildeten sich Vereine für Schleswig-Holstein. Am 21. Dez. versammelten sich in Frankfurt gegen 500 Mitglieder deutscher Landesvertretungen und erklärten sich einmütig für die Loslösung der Herzogtümer von Dänemark, für die Nichtigkeit des Londoner Vertrags und für das Erbfolgerecht Herzog Friedrichs VIII. Ein Ausschuß von 36 Mitgliedern, den die Versammlung wählte, sollte den Mittelpunkt der gesetzlichen Thätigkeit des deutschen Volks in dieser Frage bilden. Einen Tag später traten in Hamburg die Mitglieder der holstein. Ständeversammlung zusammen und erklärten sich, mit Ausnahme einer kleinen Minderheit, für die Rechte der Herzogtümer und Herzog Friedrichs. Am 23. Dez. überschritten die Bundestruppen, Sachsen und Hannoveraner, die Grenze Holsteins. Überall fanden in Holstein jetzt Demonstrationen für Herzog Friedrich statt, der 30. Dez. selbst in Kiel eintraf. Das preuß. Abgeordnetenhaus forderte 2. Dez. die Anerkennung des Augustenburgers und lehnte 22. Jan. 1864 die Bewilligung einer Anleihe von 12 Mill. Thlrn. ab. Die geordneten Finanzen Preußens erlaubten indes der Regierung, auch ohne Kriegsanleihe den Krieg zu führen. Auch die europ. Verhältnisse gestalteten sich günstig. England hatte sich vergebens bemüht, den Frieden zu vermitteln und die Exekution aufzuhalten. Frankreich, seit Englands Zurückhaltung in der poln. Verwicklung verstimmt, widerstand allen Zumutungen von London aus, benahm den Dänen die Hoffnung auf Hilfe und zeigte sich in seinen diplomat. Eröffnungen an die deutschen Regierungen den Rechtsansprüchen Deutschlands mehr geneigt als dem «ohnmächtigen Werke» des Londoner Vertrags (Jan. 1864). In Rußland war Kaiser Alexander weit entfernt, um Dänemarks willen mit Preußen zu brechen. Als 14. Jan. 1864 der Antrag Österreichs und Preußens, auf Grund der Vereinbarungen von 1851 und 1852 Schleswig in Pfand zu nehmen, vom Bundestag mit 11 gegen 5 Stimmen abgelehnt war, erklärten die beiden Großmächte, daß sie nun die Angelegenheit in ihre eigenen Hände nehmen müßten. Ohne sich an die Verwahrungen der Bundesmehrheit zu kehren, verlangten sie von Dänemark (16. Jan. 1864) die Aufhebung der Novemberverfassung und drohten, falls dieselbe nicht sofort erfolge, mit Abbruch der diplomat. Beziehungen. Als die Dänen die Forderung ablehnten, rückten Österreicher und Preußen rasch in Holstein vor, um an Stelle der Exekution zur Occupation zu schreiten.

Inzwischen bereitete sich in dem Auftreten Österreichs und Preußens die von Bismarck vorausgesehene Wendung vor. England beantragte Ende Januar, die beiden Mächte sollten von Besetzung Schleswigs abstehen, falls Dänemark sich gegenüber den Unterzeichnern des Londoner Protokolls verpflichte, die Aufhebung der Novemberverfassung seinem Reichsrate zu empfehlen. Österreich und Preußen lehnten es 31. Jan. ab, allerdings noch unter vorläufiger Anerkennung der dän. Integrität, aber mit der Erklärung, sich im Falle fernerer Weigerung Dänemarks, nicht daran gebunden zu fühlen. Am 30. Jan. verlangte Wrangel, der Oberbefehlshaber der Österreicher und Preußen, die Räumung Schleswigs und überschritt, als die Dänen sich weigerten, 1. Febr. die Grenze. In einem siegreichen Feldzug (s. Deutsch-Dänischer Krieg von 1864) wurde Schleswig, Jütland und selbst die Insel Alsen erobert. Am 15. Juli ward von Österreich und Preußen ein Waffenstillstand gewährt, dem sofort eine Unterhandlung über Friedenspräliminarien folgen sollte. Nachdem diese 25. Juli in Wien eröffnet worden, ward daselbst 1. Aug. ein Vertrag geschlossen, in welchem Dänemark die Herzogtümer Schleswig, Holstein und Lauenburg an Österreich und Preußen abtrat, und 30. Okt. 1864 der definitive Frieden in Wien unterzeichnet. Das künftige Schicksal der Herzogtümer jedoch lag noch im Dunkel. Während die öffentliche Meinung in Deutschland und den Herzogtümern dem Herzog von Augustenburg zugewandt blieb, hatte sich noch vor dem Ende des Krieges, auf angebliche alte Rechte und einen russ. Verzicht gestützt, Oldenburg als Prätendent erhoben und seine Ansprüche auch beim Bunde begründet. Neben diesen streitenden Prätendenten trat nun auch die feste Absicht Preußens hervor, wenigstens die unbedingte Verfügung über die Land- und Seemacht der Herzogtümer zu erhalten. Die Spannung Preußens mit den Mittelstaaten führte zu einigen Konflikten, bis endlich 5. Dez. der Bundestag den Abmarsch der Exekutionstruppen aus den Herzogtümern beschloß. Österreich aber begann, im Hinblick auf Preußens Absichten in den Herzogtümern, wieder Fühlung mit den Mittelstaaten zu suchen; freilich war noch die Situation nicht so beschaffen, daß es die preuß. Bundesgenossenschaft leichthin missen konnte. Seine Stellung in Italien blieb nach wie vor eine gespannte, und auch mit Ungarn war keine Verständigung hergestellt, die finanzielle Lage ließ noch immer nicht die Herstellung des Gleichgewichts zwischen Einnahmen und Ausgaben absehen, während die innern Reformen auch noch zu keiner Beruhigung führten. Inzwischen zogen sich die Verhandlungen zwischen Österreich und Preußen über das Schicksal der Elbherzogtümer von Monat zu Monat hin. Preußen sprach (22. Febr. 1865) seine Forderungen für den Fall einer selbständigen Konstituierung der Herzogtümer aus: außer den militärischen und der Abtretung von Friedrichsort und Sonderburg-Düppel noch Eintritt in den Zollverein und Abgabe des Post- und Telegraphenwesens an Preußen. Österreich erklärte vor allem die militär. Forderungen für gänzlich unannehmbar. Daß Preußen sich dauernd in den Herzogtümern festzusetzen entschlossen war, zeigte die 24. März verfügte Verlegung der preuß. Marinestation von Danzig nach Kiel und die Erklärung des preuß. Kriegsministers im Abgeordnetenhause, daß Preußen den Kieler Hafen niemals aufgeben werde. Wieder erhob Österreich Protest, ohne die Thatsache selbst aufzuhalten. Die früher schon gemachte und 24. Juni wiederholte Andeutung Österreichs, die Annexion der Herzogtümer zu gestatten gegen Abtretungen schles. Bezirke, wurde abgelehnt. Im Juli bereitete die preuß. Regierung ernstlich den Krieg vor und ließ in Italien anfragen, ob es bereit sei, mitzukämpfen. Von Napoleon wurde ihr, freilich nicht in bindender Form, wohlwollende Neutralität in Aussicht gestellt. Doch gab Österreich diesmal nach, durch eine Verfassungs- und Finanzkrisis im Innern bedrängt. Es gelang, in der Konvention von Gastein 14. Aug. einen vorläufigen Ausweg zu finden (s. Gasteiner Konvention).

Indes hatte Preußen nach wie vor die Fortdauer des innern Konflikts zu beklagen. Dagegen war es der Regierung gelungen, auf dem handelspolit. Gebiete große und tiefgreifende Erfolge zu erringen. 1863 schien die Auflösung des Zollvereins bevorzustehen. Bayern und die gleichgesinnten Staaten, namentlich Hannover, Württemberg, die beiden Hessen und Nassau, wollten erst die Unterhandlung mit Österreich erledigt wissen, ehe sie dem franz. Handelsvertrage zustimmten; Preußen forderte vor allem die Wiederherstellung des Zollvereins. Dahin drängten auch in den Mittelstaaten die Handelsinteressen der Bevölkerung. Es gelang Preußen, im Laufe des J. 1864 erst Sachsen, die thüring. Staaten, Baden, Kurhessen, Braunschweig, Oldenburg, Frankfurt, dann auch Hannover zu einer Wiederherstellung des Zollvereins auf den neuen Grundlagen zu vereinigen und dadurch endlich auch Bayern, Württemberg, Hessen-Darmstadt und Nassau zu bestimmen, daß sie noch vor der festgestellten Frist (1. Okt.) ihren Beitritt erklärten. Die Einführung der neuen Tarife wurde auf 1. Juli 1865 festgestellt. Nun begannen neue Unterhandlungen mit Österreich; nach langem Kampfe kam 11. April 1865 ein Handelsvertrag zwischen Österreich und dem Zollverein zu stande, der dem frühern Vertrage von 1853 im wesentlichen nachgebildet war. Hieran reihten sich Unterhandlungen des Zollvereins mit den auswärtigen Staaten, die zunächst zur Abschließung von Handelsverträgen mit Belgien, England und Italien gediehen. Eine neue wirtschaftliche Epoche war damit für Deutschland angebrochen.

Der durch die Gasteiner Konvention nur mit Mühe beschwichtigte Konflikt loderte schon in den ersten Monaten des J. 1866 mit aller Gewalt wieder auf. Der österr. Statthalter in Holstein duldete, im Einverständnis mit seiner Regierung, sehr bald wieder die offenen Kundgebungen der Bewohner für Augustenburg. Bismarck forderte 26. Jan. die österr. Regierung dringend zur Abstellung dieses Systems auf. Die Antwort des Grafen Mensdorff vom 7. Febr. gab an Entschiedenheit nichts nach. Man sprach gegenseitig bereits offen von dem Bruch des Bündnisses, und in Berlin wie in Wien wurde die Kriegsfrage erörtert. Beide Teile suchten Bundesgenossen zu gewinnen. Österreich fand sie in den Mittelstaaten, denen zu Liebe es, im Widerspruch zu seinen Verträgen mit Preußen, die Entscheidung der schlesw.-holstein. Sache wieder dem Bunde zuweisen wollte; Preußen aber hielt den Augenblick zur Lösung der deutschen Frage jetzt gekommen. Freilich fand zunächst sein Antrag auf Berufung eines deutschen Parlaments (9. April) bei den Regierungen entweder Abneigung oder Mißtrauen. Unmittelbar vorher (8. April) aber war das Kriegsbündnis mit Italien zum Abschluß gekommen. Die Kunde davon beschleunigte in Österreich die schon vorher begonnenen kriegerischen Vorbereitungen. Unsicher war die Haltung Napoleons. Er verlangte von Preußen als Kompensation seiner Machtvergrößerung Gebietsabtretungen an Frankreich, bot ihm auf dieser Grundlage ein Defensiv- und Offensivbündnis an, empfahl aber anderseits (5. Mai) auch Italien, sich Venetien abtreten zu lassen, wenn Österreich sich Schlesiens bemächtigt haben werde. Sowohl Preußen wie Italien lehnten ab, und Napoleon schloß nun 12. Juni mit Österreich einen Vertrag, der ihm im Fall eines österr. Sieges Erwerbungen am Rhein in Aussicht stellte. In einem Schreiben vom 11. Juni enthüllte Napoleon gleichzeitig sein deutsches Programm, das die Rivalität Österreichs und Preußens in Deutschland bestehen ließ und durch Anlockung der Mittelstaaten eine neue Rheinbundpolitik einleitete. Die Anrufung des Bundestags durch Österreich zur Entscheidung der schlesw.-holstein. Frage (1. Juni) führte zur Besetzung Holsteins durch die Preußen, zur Verdrängung der österr. Truppen aus Holstein und zur entscheidenden Bundestagssitzung vom 14. Juni, wo der österr. Antrag auf Mobilisierung des Bundesheers gegen Preußen mit neun gegen sechs Stimmen angenommen wurde. Der preuß. Gesandte erklärte infolgedessen den Bundesvertrag für gebrochen und erloschen und verkündigte Preußens Absicht, einen neuen zeitgemäßen Bund zu errichten.

Der Krieg begann und führte die Preußen zu raschen Siegen (s. Deutscher Krieg von 1866). Die preuß. Politik verstand es, die militär. Erfolge maßvoll auszunutzen, die Möglichkeit einer spätern Verständigung mit Österreich nicht abzuschneiden und der drohenden Einmischung nicht nur von seiten Frankreichs, sondern auch Rußlands, das einen europ. Kongreß anregte, durch schnellen Abschluß der Präliminarien von Nikolsburg 26. Juli zuvorzukommen; ihnen folgten der Friede von Prag 23. Aug. und die Friedensverträge zu Berlin mit den süddeutschen Staaten. Durch jenen verlor Österreich seine Stellung in Deutschland, Preußen bekam freie Hand zu Annexionen und neuen Bundesgestaltungen, die vier süddeutschen Staaten erhielten eine internationale, unabhängige Existenz und die Ermächtigung zur Gründung eines Südbundes, der mit dem Norddeutschen Bunde in Verbindung treten konnte; die teilweise von Dänen bewohnten nördl. Distrikte Schleswigs sollten durch freie Abstimmung über ihre etwaige Wiedervereinigung mit Dänemark entscheiden dürfen. Die süddeutschen Staaten hatten Kontributionen zu bezahlen, Bayern und Hessen auch kleinere Gebiete abzutreten; Bayern, Württemberg und Baden schlossen vorerst noch geheimgehaltene Schutz- und Trutzbündnisse mit Preußen, worin sie sich verpflichteten, im Kriegsfall ihre Truppen unter preuß. Oberbefehl zu stellen; Hessen-Darmstadt schloß eine Militärkonvention mit Preußen, nahm in die Festung Mainz eine preuß. Besatzung auf und ließ Oberhessen am Norddeutschen Bunde teilnehmen. Die Geneigtheit der süddeutschen Staaten zum Abschluß dieser Bündnisse war die Folge der ihnen von Bismarck gemachten Enthüllungen über Napoleons Kompensationsforderungen. Letzterer, der bei den Friedensunterhandlungen seinen Einfluß nicht in dem Grade geltend zu machen vermochte, als er wünschte, und sein deutsches Programm bedeutend überholt sah, hatte 5. Aug. Bismarck einen Vertragsentwurf zuschicken lassen, worin er für Frankreich die Grenzen von 1814, Rheinbayern und Rheinhessen nebst Mainz und Auflösung jeder polit. und militär. Verbindung Luxemburgs mit Deutschland forderte, erhielt jedoch eine abschlägige Antwort. Da auch bei den Friedensverhandlungen zwischen Österreich und Italien neue Schwierigkeiten sich erhoben hatten, so bestand einen Augenblick die Gefahr eines Doppelkrieges mit Frankreich und Österreich, die aber durch Italiens Nachgeben beseitigt wurde. Die offizielle Auflösung des Deutschen Bundes fand 24. Aug. 1866 in Augsburg statt, wohin sich schon 14. Juli die Bundesversammlung zurückzog.

8) Von der Gründung des Norddeutschen Bundes bis zur Errichtung des Deutschen Kaiserreichs, 1866—71. Für Deutschland brach jetzt eine neue Ära an. Vorerst bestand noch die Teilung zwischen Nord und Süd, indes war dies nur ein Übergangsstadium. Preußen annektierte Hannover, Kurhessen, Nassau, Frankfurt, Schleswig-Holstein, berief die Bevollmächtigten sämtlicher nördlich vom Main gelegenen Staaten 15. Dez. nach Berlin und vereinbarte mit diesen die neue Verfassung des zu gründenden Norddeutschen Bundes. Darauf wurde dieselbe dem konstituierenden Reichstag, der auf der Grundlage des Wahlgesetzes von 1849 in allgemeiner und geheimer Abstimmung gewählt und 24. Febr. 1867 eröffnet worden war, zur Beratung vorgelegt. Der Entwurf wurde mit geringen Abänderungen 16. April vom Reichstag angenommen und am folgenden Tage die Gültigkeit der Verfassung verkündigt. In die Hand der Präsidialmacht Preußen wurde die Leitung des Militärwesens und der Diplomatie gelegt, das Recht der Gesetzgebung zwischen dem Bundesrat, dem Vertreter der einzelnen Staaten, und dem Reichstag, dem Vertreter der einzelnen Volksstämme, geteilt und auf allen Gebieten des staatlichen Lebens den nationalen Bestrebungen freie Bahn geöffnet. Bismarck hatte nicht ohne Absicht durch das allgemeine Wahlrecht die breitesten Schichten des Volks herangezogen, denn ihnen traute er vor allem nationale Gesinnung zu. Um so entschiedener bestand er auf der Verweigerung von Diäten für die Reichstagsmitglieder, entgegen dem Reichstagsbeschlusse vom 30. März 1867.

Die erste Gefahr, die dem neuen Staatswesen von außen erwuchs, zeigte sogleich, in welch geschickten Händen die Leitung seiner Politik ruhte. Nach den geringen Erfolgen der franz. Politik bei der Friedensvermittelung 1866 war es für Napoleon dringendstes Bedürfnis, der aufgeregten öffentlichen Meinung in Frankreich Ersatz zu bieten. Als Objekt bot sich dafür Luxemburg dar. So ließ denn Napoleon im Aug. 1866 noch in Berlin einen Vertragsentwurf vorlegen, wonach Preußen die käufliche Erwerbung Luxemburgs seitens Frankreichs unterstützen und letzterm mit den Waffen beistehen sollte, falls Napoleon Belgien erobern wollte. Dafür versprach Napoleon die preuß. Annexionen anzuerkennen und der Aufnahme der süddeutschen Staaten in den Norddeutschen Bund sich nicht zu widersetzen. Diesen Antrag konnte Bismarck nicht direkt ablehnen; er behandelte ihn also «dilatorisch». Napoleon aber knüpfte nun mit König Wilhelm von Holland Verhandlungen über den Verkauf von Luxemburg an, die Ende März 1867 dem Abschluß nahe waren. Jedoch die Antwort, die Bismarck auf eine Anfrage des Königs von Holland, und 1. April auf eine Interpellation Bennigsens im Norddeutschen Reichstag erteilte, gab maßvoll, aber deutlich zu verstehen, daß Preußen die Abtretung zu hindern entschlossen sei. Die franz. Kriegsdrohungen wurden mit der Veröffentlichung der süddeutschen Bündnisverträge beantwortet, und da die Heeresverfassung Frankreichs einer gründlichen Verbesserung bedurfte, so mußte Napoleon den Rückzug antreten. Durch die Vermittelung Rußlands kam eine Konferenz zu London zu stande, und diese unterzeichnete 11. Mai einen Vertrag, wonach Luxemburg als neutraler Staat bei Holland blieb, Preußen sein Garnisonsrecht aufgab, die Festung geschleift wurde, das Land im Zollverein blieb.

Zur weitern Einigung mit den süddeutschen Staaten schloß Bismarck mit diesen den Zollvertrag vom 8. Juli 1867, wodurch die Gesetzgebung über das gesamte Zollwesen durch die Mehrheitsbeschlüsse des Norddeutschen Bundesrats und Reichstags, in welche für diesen Fall die Vertreter Süddeutschlands einzutreten hatten, festgestellt werden sollte. Noch war die süddeutsche Bevölkerung für solche Einigungspläne nur teilweise empfänglich. In Baden und Hessen wurden die Verträge ohne Anstand angenommen. In Bayern sträubte sich die Reichsratskammer, in Württemberg die Abgeordnetenkammer. Nur mit Mühe wurde die Annahme durchgesetzt. Auch die Einführung der preuß. Heereseinrichtungen fand Schwierigkeiten. Nur Baden, das dem preuß. General Beyer das Kriegsministerium übertrug, schloß sich vollständig an das preuß. System an; Hessen hatte nach Abschluß seiner Militärkonvention keine Wahl mehr. Die unter ungeheurer Agitation und Aufregung vollzogenen Zollparlamentswahlen vom Febr. und März 1868 waren ein Maßstab für die polit. Stimmung Süddeutschlands. In Hessen siegte die nationale Partei, in Baden gleichfalls, jedoch mit geringer Mehrheit, in Württemberg wurde infolge der Koalition der Regierung mit Demokraten und Ultramontanen auch nicht ein einziger nationaler Kandidat gewählt, in Bayern errangen die antinationalen Parteien eine bedeutende Mehrheit. Daraus ergab sich von selbst als Programm des Zollparlaments: strenges Festhalten an der Kompetenz, unerbittliche Zurückweisung jedes Antrags auf Ausdehnung derselben, jeder Debatte über rein polit. Gegenstände. Dies hat denn auch die aus Ultramontanen und Demokraten zusammengesetzte «süddeutsche Fraktion» konsequent durchgeführt, und sie hat in den drei Sitzungen des Zollparlaments, die 27. April 1868, 3. Juni 1869 und 21. April 1870 eröffnet wurden, sich als den eifersüchtigsten Wächter des Buchstabens des Zollvertrags gezeigt. Weit heftiger noch war der Widerstand in den Landtagen gegen einen engern Anschluß an den Norddeutschen Bund. Die aus Demokraten und Großdeutschen bestehende Mehrheit der württemb. Abgeordnetenkammer agitierte noch im März 1870, nachdem die «Volkspartei» einen Adressensturm organisiert hatte, für Einführung eines Milizheers. In Bayern errangen bei den Abgeordnetenwahlen von 1869 die Klerikalen die Mehrheit; der Rücktritt des nationalgesinnten Ministerpräsidenten Fürsten Hohenlohe, der 1867 durch die Sendung Tauffkirchens nach Wien einen vergeblichen Versuch gemacht hatte, Österreich und Preußen einander zu nähern, wurde zur Notwendigkeit; die Patriotenmehrheit machte den Versuch, das ganze Militärwesen umzugestalten und Milizeinrichtungen einzuführen. In Baden dagegen, wo der Großherzog und die Kammermehrheit eines Sinnes waren, empfand man es schmerzlich, daß der Eintritt des Landes in den Norddeutschen Bund aus polit. Gründen noch nicht möglich war, denn Bismarcks ausgesprochene Absicht war es, jedes forcierte Vorgehen gegenüber den Südstaaten zu vermeiden und sie nicht durch die Aufnahme Badens zu verstimmen.

Im Norddeutschen Reichstag nahm die Arbeit an der freiheitlichen und nationalen Entwicklung des Bundesstaates ihren ungestörten Fortgang. Die Errichtung eines Bundesoberhandelsgerichts in Leipzig, die Einführung eines neuen Strafgesetzbuchs, die Unterstützung des Baues der Gotthardbahn wurden in den Sitzungen von 1869 und 1870 beschlossen. Frankreich gegenüber, das die Reorganisation seiner Armee aufs eifrigste betrieb, wurde eine maßvolle, aber entschlossene Sprache geführt. Eine Depesche Bismarcks vom 7. Sept. 1867 wies jede Einmischung in das Verhältnis zwischen Nord- und Süddeutschland aufs bestimmteste zurück, und ein franz. Versuch, die nordschlesw. Frage zu stellen, erhielt die gebührende Antwort. Den 1866 entthronten Fürsten war die preuß. Regierung 1867 durch Gewährung von Abfindungen bereitwillig entgegengekommen; aber als der Hof König Georgs von Hannover zu Hietzing ein Mittelpunkt welfischer Agitation wurde, als die zuerst in Holland errichtete Welfenlegion 1868 aus der Schweiz nach Frankreich übertrat und so die Verbindung mit Napoleon offen zu Tage lag, verfügte die preuß. Regierung die Beschlagnahme des Vermögens König Georgs. Die gleiche Maßregel mußte auch gegen den Kurfürsten von Hessen verfügt werden. In der That waren jene Jahre erfüllt von welfischen Umtrieben in Wien und Paris, und mehr noch: während Virchow im preuß. Abgeordnetenhause 1869 den Antrag auf Herbeiführung einer allgemeinen Abrüstung stellte, fanden zwischen Frankreich, Österreich und Italien Verhandlungen statt, die ihre Spitze gegen Preußen kehrten. Der Abschluß eines festen Dreibundes scheiterte an der von Napoleon zurückgewiesenen Forderung der Räumung Roms; aber zwischen Napoleon und dem Kaiser von Österreich kam es im Juni 1869 zu einem Einverständnis, welches dem erstern Österreichs Beistand zusicherte, falls Preußen an dem durch den Prager Frieden hergestellten Status quo rührte.

Dazu kam nun, daß das Zollparlament die nationalen Hoffnungen nicht erfüllt hatte; Bayern und Württemberg schienen einer Lossagung vom Norden näher zu stehen, als einem Anschluß an denselben, und die extremen Elemente unter den Antinationalen scheuten sogar eine Verbindung mit Frankreich nicht. Aber über alle Erwartung hinaus kam der Umschlag. Die das deutsche Nationalgefühl verletzende Weise, mit der das franz. Kabinett die span. Thronfolgefrage behandelte, die Kriegserklärung vom 19. Juli und der siegreiche Krieg selbst (s. Deutsch-Französischer Krieg von 1870 und 1871) räumten die der Einigung Deutschlands entgegenstehenden Hindernisse weg und führten zum Abschluß der Versailler Verträge. Die überraschenden Waffenerfolge im Verein mit der Haltung Rußlands erstickten auch alle kriegerischen Gedanken in Österreich und Italien. Nachdem das deutsche Volk gesehen hatte, welch große Erfolge durch die militär. Einheit Deutschlands unter Preußens Führung errungen wurden, sträubte es sich auch im Süden nicht länger mehr, der polit. Einigung beizustimmen, und forderte den Anschluß an den Norddeutschen Bund. Die feindlichen Parteien in Bayern und Württemberg wagten keinen Widerstand. Die bad. Regierung stellte jetzt den formellen Antrag auf Aufnahme in den Nordbund; gleichzeitig fanden im September Besprechungen Delbrücks mit den bayr. und württemb. Ministern in München statt, bei denen die erstern freilich nicht geringe Forderungen stellten. Aber der Abschluß der Verfassungsverträge mit Baden und Hessen in Versailles 15. Nov. drängte auch Bayern und Württemberg zur Nachfolge am 23. und 25. Nov. Die Reservatrechte, die Bayern sich ausbedungen hatte, waren erheblich: es behielt seine eigene Diplomatie, die Verwaltung des Heerwesens, der Post, der Telegraphen und Eisenbahnen, besondere Besteuerung des Biers und Branntweins und wollte, um seine eigene kurz zuvor erst durchgeführte Gesetzgebung nicht umzustoßen, von den Bundesgesetzen über Heimats- und Niederlassungsverhältnisse nicht berührt werden. Minder wichtig waren die Bestimmungen über den diplomat. Ausschuß und das Verfassungsveto. Das bayr. Heerwesen hatte sich übrigens den Bestimmungen der Bundeskriegsverfassung gemäß einzurichten, und der Bundesfeldherr hatte das Recht der Anordnung der Mobilisierung und der Inspektion. Die Reservatrechte der drei andern süddeutschen Staaten waren bescheidener ausgefallen. (S. oben Staatsrechtliches, S. 146 fg.)

So bedauernswert auch einzelne dieser Sonderbestimmungen den Nationalgesinnten erschienen, so glaubten sie doch die Einheit Deutschlands durch solche Konzessionen nicht zu teuer zu erkaufen, hofften auch, durch die gemeinsame parlamentarische Arbeit in der Zukunft manches verbessert oder gemildert zu sehen. So genehmigten der Norddeutsche Reichstag und die Landtage in Hessen, Baden und Württemberg die Versailler Verträge. In Bayern wurden sie von der Reichsratskammer mit überwiegender Mehrheit 30. Dez., von der Abgeordnetenkammer aber erst 21. Jan. 1871 nach elftägiger Debatte mit 102 gegen 48 Stimmen genehmigt.

9) Von der Errichtung des Deutschen Reichs bis zum Tode Kaiser Wilhelms I., 1871—88. Nachdem König Ludwig von Bayern unter Zustimmung sämtlicher deutschen Regierungen dem König von Preußen den Titel eines Deutschen Kaisers angetragen hatte, erfolgte 18. Jan. im Versailler Schloß die feierliche Proklamierung der Kaiserwürde. Es folgten 28. Jan. die Kapitulation von Paris, 26. Febr. die Friedenspräliminarien von Versailles, 10. Mai der definitive Friedensschluß zu Frankfurt a. M. Die Wiedergewinnung von Elsaß und Deutsch-Lothringen mit Straßburg und Metz entsprach nicht nur den nationalen Wünschen des deutschen Volks, sondern war auch eine militär. Notwendigkeit. Nachdem von der Kriegskontribution von 5 Milliarden Frs. die letzte Rate 1873 abgezahlt worden war, begann die Räumung der noch occupierten Gebiete Frankreichs, und 16. Sept. 1873 überschritt der letzte deutsche Soldat die franz. Grenze.

In der auswärtigen Politik des Deutschen Reichs nach den Siegen von 1870 und 1871 zeigte sich sogleich, von welchem Gewicht die neue Macht den übrigen Staaten erschien. In Ischl und Salzburg fand 1871 eine Zusammenkunft des Kaisers Wilhelm mit Kaiser Franz Joseph statt. Die Entlassung des wenig preußenfreundlichen Grafen Beust und die Ernennung des Grafen Andrássy zum Minister der auswärtigen Angelegenheiten Österreichs erleichterte die vollständige Versöhnung der Regierungen beider Reiche. Andererseits ließ Kaiser Alexander II. von Rußland keine Gelegenheit vorübergehen, ohne seine Sympathie für Kaiser Wilhelm zu bezeugen. Die Drei-Kaiser-Zusammenkunft in Berlin, 5. bis 11. Sept. 1872, war ein glänzender Ausdruck der Anerkennung des Deutschen Reichs und bekundete, auch ohne daß schriftliche Abmachungen zu stande kamen, das Bestreben der drei Kaiser, in allen großen Fragen der Politik im Einvernehmen miteinander handeln zu wollen. König Victor Emanuel von Italien, der 1870 um den Preis der Überlassung Roms bereit gewesen war, den Kaiser Napoleon im Kriege gegen Deutschland zu unterstützen, machte 1873, als er sich durch die klerikal-bourbonische Agitation in Frankreich bedroht sah, von zwei Ministern begleitet, einen Besuch in Wien und Berlin, den Kaiser Wilhelm in Mailand erwiderte. Höchst bemerkenswert war, mit welch wirkungsvoller Energie die Reichsregierung dort auftrat, wo deutsche Interessen und Rechte beeinträchtigt wurden. Die Erschießung des 1874 in der Schlacht bei Estella gefangenen preuß. Hauptmanns a. D. Albert Schmidt, die auf Befehl des span. Prätendenten Don Carlos erfolgte, beantwortete sie durch eine mahnende Note an die die Karlisten begünstigende franz. Regierung und durch ein Rundschreiben an die Großmächte, das die Anerkennung der gesetzmäßigen Regierung des Marschalls Serrano bezweckte; für die Ermordung des deutschen Konsuls in Saloniki 1876 und für das auf den deutschen Konsul in Nicaragua gemachte Attentat 1878 verschaffte sie sich durch Absendung von Kriegsschiffen volle Genugthuung. Die belg. (klerikale) Regierung, die die Aufreizungen der bischöfl. Hirtenbriefe gegen die deutsche Regierung duldete und das von dem Kesselschmied Duchesne gegen Bismarck geplante Attentat ungeahndet ließ, wurde an ihre internationalen Pflichten erinnert.

Mit Frankreich wurde 1871 der diplomat. Verkehr wiederhergestellt. Deutschland suchte jeden Konflikt zu vermeiden, gab aber bei etwaiger Gelegenheit zu verstehen, daß es einem neuen Kampfe nicht ausweichen werde. Die Ermordung zweier deutschen Soldaten durch franz. Bürger und die Freisprechung der Mörder durch die Geschwornen von Melun und von Paris beantwortete die deutsche Reichsregierung mit der Verhängung des Belagerungszustandes über sämtliche von den deutschen Truppen besetzten Departements und mit der standrechtlichen Erschießung zweier Franzosen, die einen deutschen Soldaten ermordet hatten. Maßlos waren die Angriffe, welche franz. Bischöfe 1873 in ihren Hirtenbriefen auf die Person und die Regierung des Kaisers sich erlaubten. Die franz. Regierung wurde in einer Note darauf aufmerksam gemacht, daß die franz. Gesetze zur Bestrafung solcher Vergehen vollständig ausreichten, und daß, falls keine Bestrafung erfolge, die Regierung sich zum Mitschuldigen der Bischöfe mache. Die Reichsregierung beobachtete sorgfältig die franz. Zustände und ließ in einem Rundschreiben (Jan. 1874) keinen Zweifel darüber übrig, daß sie, wenn der Zusammenstoß unvermeidlich sei, den für Frankreich passendsten Augenblick nicht erst abwarten werde. Im Frühjahr 1875 ließ sie eine ähnliche Warnung an Frankreich ergehen. Die mit verdächtigem Eifer daselbst betriebenen Heeresorganisationen legten den Gedanken nahe, daß hier zu einem Rachekriege gerüstet würde; dazu traten Gerüchte über ultramontane Bestrebungen in Österreich und Italien, um einen klerikalen Dreibund gegen Deutschland zu schaffen; aber das Einverständnis an den leitenden Stellen der drei Kaisermächte ließ eine Kriegsgefahr nicht aufkommen.

Der erste Deutsche Reichstag wurde vom Kaiser 21. März 1871 in Berlin, der neuen Reichshauptstadt, eröffnet. Das neue Deutsche Reich, sagte die Thronrede, sollte ein Reich des Friedens sein, das ausschließlich seinen eigenen Angelegenheiten lebe. Als aber die nationalen Parteien eine Adresse beantragten, die eben diesen Gedanken betonte und jede Einmischung in das innere Leben anderer Völker von sich wies, widersprach die neugebildete kath. Centrumspartei, die die mittelalterlichen Römerzüge erneuern und die Macht des Reichs zur Wiederherstellung der weltlichen Herrschaft des Papstes benutzen wollte. Die Centrumspartei, im Einklang mit den deutschen Bischöfen, die auf dem Vatikanischen Konzil von 1870 großenteils das Dogma der Unfehlbarkeit des Papstes bekämpft, bald darauf aber sämtlich dasselbe anerkannt und dessen Annahme allen Katholiken zur Glaubenspflicht gemacht hatten, drängte durch ihre maßlosen Forderungen und ihre Begünstigung poln. und welfischer Bestrebungen der Reichsregierung die Eröffnung des sog. Kulturkampfes auf. Ursprünglich war es jedenfalls nicht allein das Dogma der Unfehlbarkeit, sondern ebenso sehr die polit. Haltung der Centrumspartei, die den Konflikt veranlaßte. Es war verhängnisvoll, daß gerade die mächtigste Bundesregierung, Preußen, in frühern Jahrzehnten durch eine unglaubliche Kurzsichtigkeit den Übermut der Klerikalen großgezogen hatte. Nun sah sie sich gezwungen, durch eine Reihe von Kirchengesetzen, die teils mit dem preuß. Landtag, teils mit dem Reichstag vereinbart wurden, das verlorene Terrain wieder zurückzuerobern und mit aller Macht einzutreten für den Grundsatz, daß die Katholiken so gut wie die Protestanten, die Bischöfe und ihr Klerus so gut wie die Laien den Staatsgesetzen Gehorsam schuldig seien. (S. Preußen, Geschichte.) Der Reichstag genehmigte 1871 den von der bayr. Regierung besonders begehrten sog. Kanzelparagraphen (s. d.), 1872 die Ausweisung der Jesuiten und der diesen verwandten Orden, 1874 das besonders die preuß. Geistlichen, die sich den Maigesetzen nicht unterwerfen wollten, bedrohende Gesetz über Verhinderung unbefugter Ausübung von Kirchenämtern, 1875 die Einführung der obligatorischen Civilehe, 1876 eine Verschärfung des Kanzelparagraphen. In diesem Kampfe stand der 1872 ernannte preuß. Kultusminister Falk dem Reichskanzler Fürsten Bismarck mit Energie zur Seite. Der Haß der Klerikalen gegen letztern als den «Todfeind der kath. Kirche» steigerte sich noch durch die Verhaftung renitenter Bischöfe. Eine Folge ihrer maßlosen Agitation war das 13. Juli 1874 in Kissingen verübte Attentat des Böttchergesellen Kullmann auf den Fürsten Bismarck. Im Schoße des Katholicismus selbst entstand eine Spaltung. Döllinger in München trat mit wuchtigen Schlägen gegen das Unfehlbarkeitsdogma auf. In Bayern, Baden, Preußen fanden Versammlungen solcher statt, die sich Altkatholiken nannten, Vereine und Gemeinden gründeten und einen besondern Bischof, Prof. Reinkens, wählten, der in Preußen, Baden, Hessen die staatliche Anerkennung erhielt. Papst Pius sprach sich bei verschiedenen Allokutionen aufs schärfste und beleidigendste über die Reichsregierung aus, nahm den Kardinal Hohenlohe nicht als deutschen Botschafter beim päpstl. Stuhle an, wagte in seinem Schreiben an den Kaiser vom 7. Aug. 1873 die Behauptung, daß jeder, der die Taufe empfangen, dem Papste angehöre, und erließ zuletzt die Encyklika vom 5. Febr. 1875, die die neuen Kirchengesetze schlankweg für ungültig erklärte und über sämtliche altkath. Geistliche die Exkommunikation aussprach. Die Antwort darauf war die Vorlegung des sog. Sperrgesetzes, wonach den renitenten röm.-kath. Bischöfen und Geistlichen in Preußen alle Leistungen aus Staatsmitteln verweigert wurden, sowie des Gesetzes über Aufhebung der geistlichen Orden und ordensähnlichen Kongregationen der kath. Kirche in Preußen.

Die Folgen des Kulturkampfes machten sich nun freilich nicht bloß für die kath. Kirche, sondern auch für den Staat in störendster Weise bemerkbar. Bischöfe und Geistliche verweigerten die unbedingte Anerkennung der Staatsgesetze und verwalteten ihre Ämter ohne Rücksicht auf die neuen Gesetze; die festgesetzten Strafen mußten über sie verhängt werden; 6 preuß. Bischöfe wurden abgesetzt, von 12 preuß. Bischofsstühlen waren schließlich nur noch 3 besetzt, den niedern Geistlichen wurde im Falle der Renitenz der Gehalt entzogen, über 1000 Pfarrstellen waren unbesetzt, in vielen kath. Schulen wurde kein Religionsunterricht erteilt, die akademischen Lehrstühle an den kath.-theol. Fakultäten hatten keine Vertreter. Der Umstand, daß die Reichsregierung im Kampfe gegen das Centrum ihre Hauptstütze an der nationalliberalen Partei fand, war von Bedeutung auch für die übrige innere Politik. Die Neuwahlen für den zweiten Deutschen Reichstag von 1874 bis 1876, die zwar auch die Zahl der klerikalen Abgeordneten erheblich verstärkten (von 67 auf 92), führten die Nationalliberalen auf die Zahl von 155 Mitgliedern. Fast wäre es 1874 bei der Beratung des Reichsmilitärgesetzes wieder zu einem Konflikt zwischen Regierung und Volksvertretung gekommen, aber diesmal stellte sich die öffentliche Meinung auf die Seite der Regierung, und durch ein Kompromiß kam das Septennat (s. d.) zu stande, das die Friedenspräsenzstärke für 7 Jahre auf 401000 Mann festsetzte. Die Gesetze über Reichsmünzen, Reichspapiergeld und Bankwesen, die in den J. 1872—75 vorgelegt wurden, brachten eine wohlthätige Einheit in die bisherige Zersplitterung. Diese Einheit sollte auch auf das Gebiet des Rechts übertragen werden. Die Mittelstaaten widerstrebten anfangs den Anregungen des Reichstags, aber auch hier siegte schließlich der Reichsgedanke. Die vorgelegten Justizgesetze wurden 21. Dez. 1876, infolge eines Kompromisses zwischen den Nationalen und der Reichsregierung trotz des Widerspruchs der Klerikalen und der Fortschrittspartei vom Reichstag angenommen. Diese Gesetze (Gerichtsverfassungsgesetz, Strafprozeßordnung, Civilprozeßordnung, Konkursordnung nebst den Einführungsgesetzen) traten 1. Okt. 1879 in ganz Deutschland in Kraft, und am gleichen Tage wurde das Reichsgericht, das nach einem Beschlusse des Bundesrats und Reichstags in Leipzig seinen Sitz haben sollte, daselbst eröffnet. Die 1875 vorgelegte Strafgesetznovelle zeigte, welchen Wert die Reichsregierung schon damals auf wirksame Handhaben zur Unterdrückung staatsgefährlicher polit. Gegnerschaft legte; manches daraus fand noch nicht die Billigung des Reichstags, so z. B. der sog. Socialistenparagraph. Aber der Arnim-Paragraph, der gegen die Vergehen ungetreuer Diplomaten gerichtet war, wurde 1876 angenommen. (S. Arnim, Harry, Graf von.) Der für die Fortentwicklung der Reichsverfassung wichtige Grundsatz, daß zu Kompetenzerweiterungen und zum Verzicht auf Reservatrechte die Genehmigung der Einzellandtage nicht einzuholen sei, fand, wenn auch nicht ohne Widerspruch, staatsrechtliche Geltung. Auf dem Gebiete der Eisenbahnen und anderer Verkehrsanstalten wurden von Jahr zu Jahr Schranken beseitigt und einheitliche Einrichtungen getroffen; von einschneidender Wichtigkeit war der von Bismarck gefaßte Plan, die Leitung des gesamten deutschen Eisenbahnwesens in die Hand der deutschen Reichsgewalt zu bringen. Aber weder zum Verkauf ihrer Eisenbahnen an das Deutsche Reich, noch zum Ankauf der preuß. Bahnen für das Reich, noch zur unbedingten Unterwerfung unter die Anordnungen des 1873 gegründeten Reichseisenbahnamtes konnten sich die Einzelstaaten entschließen, weshalb der Reichskanzler sich begnügen mußte, seine reformierende Thätigkeit auf Preußen zu beschränken.

Das plötzliche Einströmen der gewaltigen Geldmassen der franz. Kriegskontributionen hatte eine gewaltige wirtschaftliche Bewegung zur Folge. Die Arbeitsaufträge der Regierung zur Neubeschaffung des Kriegsmaterials, zu Festungsbauten, Eisenbahnen führten zu einer überschnellen, keine Dauer versprechenden Entwicklung der Industrie. Der Wert des Geldes sank, Preise und Arbeitslöhne stiegen, die Überfülle von Kapitalien wandte sich den Industrie- und Bankpapieren zu, die bald weit über ihren Wert hinaufgetrieben waren. Ein Rückschlag konnte nicht ausbleiben, der Wiener Börsenkrach (Mai 1873) pflanzte sich fort nach Deutschland.

Waren vorher großartige Arbeitseinstellungen an der Tagesordnung gewesen, um höhere Löhne zu erzielen, so brachte die jetzt sich ergebende plötzliche Verminderung der Arbeitsgelegenheit vollends Unzufriedenheit und Not in die Reihen der Arbeiterschaft und ließ die Socialdemokratie üppig gedeihen. Im Reichstage von 1871 saßen nur 2 Socialdemokraten, in dem von 1874 9, hinter denen etwa 380 000 Wähler standen. In den Wahlen von 1877 erhielten die Socialdemokraten über eine halbe Million Stimmen und setzten 13 Abgeordnete durch. Die Hauptbollwerke der Partei waren Berlin und Sachsen, später auch Hamburg und Altona.

Die Regierung wollte schon 1875 bei der Vorlegung der Strafnovelle durch einen besondern Artikel der immer maßloser werdenden socialdemokratischen Agitation Einhalt thun. Aber der Reichstag lehnte 1876 den Artikel ab. Auch das Attentat des Klempnergesellen Hödel auf den Kaiser 11. Mai 1878 vermochte die Reichstagsmehrheit nicht dazu zu bestimmen, ihre Scheu vor Ausnahmegesetzen zu überwinden; sie lehnte 24. Mai das dem Reichstage sofort nach dem Attentat vorgelegte Socialistengesetz ab. Da folgte 2. Juni der Mordversuch Nobilings auf den Kaiser, der am Kopf und am rechten Arm verwundet wurde. Der Kronprinz übernahm die Stellvertretung, der Reichstag wurde aufgelöst, die Neuwahlen ergaben eine bedeutende Verstärkung der konservativen und gemäßigt liberalen Elemente, sodaß 19. Okt. das neue Socialistengesetz mit 221 gegen 149 Stimmen angenommen wurde.

Nun wurde gegen die Vereine und die Presse der Socialdemokraten energisch eingeschritten, der sog. kleine Belagerungszustand über Berlin und dessen Umgebung (später auch über Hamburg, Altona und Leipzig) verhängt und die Agitatoren ausgewiesen. Der Kaiser, der inzwischen die Bäder von Teplitz, Gastein, Baden-Baden und Wiesbaden gebraucht hatte, kehrte 5. Dez. nach Berlin zurück und übernahm wieder die Regierung. An die Stelle der offenen Agitation trat nun die geheime Propaganda. Aus dem Auslande, besonders aus Zürich, wo der «Sozialdemokrat» gedruckt wurde, und aus London, wo die von Most redigierte «Freiheit» erschien, wurden socialdemokratische Schriften in Deutschland eingeführt. Das zunächst auf 3 Jahre genehmigte Socialistengesetz wurde vom Reichstag 1880 auf weitere 3 Jahre verlängert.

Von vornherein stand aber bei den Regierungen und den Parteien fest, daß die bloße gewaltsame Unterdrückung der Bewegung nicht genüge, daß positive wirtschaftliche Reformen die berechtigten Forderungen der arbeitenden Klassen befriedigen müßten. Indem aber dazu vor allem größere Mittel gehörten, als der Reichsregierung zur Zeit zur Verfügung standen, traf die Idee der Socialreform mit einem andern Gedanken zusammen, den namentlich der Reichskanzler seit längerer Zeit schon hegte. Dem Drängen der Fortschrittspartei nach größerer Centralisierung im Reiche durch Einrichtung von verantwortlichen Reichsministerien widerstand er fortdauernd, um nicht die verfassungsmäßigen Rechte des Bundesrats dadurch zu schmälern. Weit wichtiger für Stärkung der Reichsgewalt erschien es ihm, das Reich finanziell auf eigene Füße zu stellen, und zwar durch Erweiterung der verfassungsmäßig dem Reiche überlassenen indirekten Steuern. Und dazu boten auch die Regierungen der einzelnen Staaten, für die die steigenden Matrikularbeiträge von Jahr zu Jahr drückender wurden, die Hand. Für das Tabaksmonopol, das Bismarck zunächst im Sinne hatte, war im Reichstage keine Mehrheit zu finden. Aber der Erweiterung anderer indirekter Steuern und Zölle kam der nach der wirtschaftlichen Krisis von 1874 immer lebhafter werdende Ruf der Landwirtschaft und Industrie nach Schutz vor der Konkurrenz des Auslandes entgegen; das Beispiel Nordamerikas und Frankreichs, die zum Schutzzollsystem wieder übergegangen waren, wirkte ebenfalls. Im Reichstag selbst bildete sich aus den landwirtschaftlich und industriell interessierten Elementen verschiedener Parteien, hauptsächlich des Centrums und der Konservativen, eine sog. volkswirtschaftliche Vereinigung, bereit, die Pläne des Kanzlers zu unterstützen. Die Neuwahlen von 1878 vermehrten ihre Zahl bedeutend, und nun setzten sie gegen die Stimmen der meisten Liberalen die Annahme des Zolltarifs in einer zwar modifizierten, aber von der Regierung angenommenen Form 12. Juli 1879 durch. Auch eine Erhöhung der Tabakssteuer war kurz vorher (3. Juli) angenommen worden. Diesem Ergebnisse aber lag eine Verschiebung der Verhältnisse der Parteien zur Reichsregierung zu Grunde.

Seit Ende 1877 hatte Bismarck mit hervorragenden nationalliberalen Führern über ihren Eintritt in das Ministerium verhandelt, in der Absicht, sich für die Durchführung seiner wirtschaftlichen Pläne eine zuverlässige Mehrheit in ihrer Partei zu verschaffen. Das war schließlich gescheitert an den konstitutionellen Garantien, die jene als Gegengewicht für die Vermehrung der Einnahmen forderten. Nun war mit Hilfe des Centrums der neue Zolltarif durchgesetzt, freilich auch mit einem Zugeständnis, das die freie Verfügung des Reichs über die zu erwartenden Mehreinnahmen einschränkte. Die sog. Franckensteinsche Klausel bestimmte nämlich, daß der die Höhe von 130 Mill. M. übersteigende Ertrag den Einzelstaaten zufließen solle. Sollte das Centrum der Regierung in wirtschaftlichen und socialpolit. Fragen noch weiter helfen, so mußte der Riß überbrückt werden, der zwischen beiden bestand. Die Beilegung des Kulturkampfes wurde somit für die Bismarcksche Politik ein untrennbares Erfordernis für die Fortführung der Wirtschaftsreform.

Solange Papst Pius IX. lebte, war an eine Änderung der kirchlichen polit. Verhältnisse nur zu denken, wenn die Reichsregierung unbedingt nachgeben würde. Pius starb 7. Febr. 1878 und hatte zum Nachfolger Leo XIII., dessen Nachgiebigkeit sich zunächst nur formell zeigte. Er unterließ nicht, dem Kaiser Wilhelm seine Thronbesteigung anzuzeigen. Aber als er 17. April erklärte, daß nur die Abänderung der Kirchengesetze das frühere gute Einvernehmen wiederherstellen könne, antwortete ihm der damals die Stellvertretung des Kaisers führende Kronprinz 10. Juni, daß er nicht die Unabhängigkeit der Monarchie zu mindern gesonnen sei durch Unterordnung unter eine außerhalb derselben stehende Macht, daß aber durch Friedensliebe und Versöhnlichkeit der an sich kaum zu schlichtende Principienstreit gemildert werden könne. Das war fortan die Losung. Zunächst führten freilich die Unterhandlungen, die von dem Nuntius Masella 1878 mit Bismarck in Bad Kissingen geführt wurden, und diejenigen, die der Kardinalstaatssekretär Nina durch den Pronuntius Jacobini 1879 mit Bismarck in Gastein und mit dem deutschen Botschafter Prinzen Reuß und dem Geheimrat Hübler in Wien eröffnete, endlich die Besprechungen, die der zum preuß. Botschafter beim päpstl. Stuhle ernannte von Schlözer mit dem Kardinalstaatssekretär Jacobini in Rom hatte, sämtlich, soweit es sich um die eigentliche Streitfrage handelte, zu keinem Ergebnis. Die päpstl. Kurie verlangte vom Staate die wichtigsten Zugeständnisse, ohne selbst irgendwelchen Preis dafür zu bieten. Aber zur Ernennung von Bistumsverwesern und Bischöfen, die die preuß. Regierung wünschte, um eine regelmäßige Diöcesanverwaltung wiederherzustellen, bot die Kurie ihre Mitwirkung an, wenn auch nur in denjenigen Bistümern, die durch den Tod ihres geistlichen Hauptes verwaist waren. Sofort wurde in diesen Diöcesen das Sperrgesetz außer Wirksamkeit gesetzt. Um zu zeigen, daß sie unter allen Umständen bereit sei, besonders dem durch die vielen erledigten Pfarrstellen geschaffenen Notstande abzuhelfen, ließ sich die Regierung 1880 und 1882 vom preuß. Landtage Vollmachten zur mildern Handhabung der Kirchengesetze übertragen. Preuß. Kultusminister wurde nach dem Rücktritt Falks, der nach so heftigen Kämpfen nicht auf solche Nachgiebigkeit eingehen wollte, seit 1879 von Puttkamer, und als dieser 1881 das Ministerium des Innern übernahm, von Goßler. Die Wiederherstellung der preuß. Gesandtschaft in Rom 1882 führte zu einem Briefwechsel zwischen Papst und Kaiser, in welchem der Papst 30. Jan. 1883 sich wirklich bereit erklärte, die von der Regierung geforderte Anzeigepflicht für Besetzung der Pfarrämter zuzugestehen, wenn gleichzeitig eine Revision der Maigesetze stattfände. Aber ein Zusammentreffen verschiedener Ursachen, hemmende Einflüsse in der Umgebung des Papstes, auch die feindselige Haltung der Centrumspartei brachten die Verhandlung wieder ins Stocken. Nachdem endlich (1885 und 1886) die Zustimmung des Papstes zur Neubesetzung der Erzbistümer Köln und Posen erfolgt war, zögerte auch die preuß. Regierung nicht, durch das Gesetz vom 21. Mai 1886 weitere Zugeständnisse in betreff der Vorbildung der Geistlichen und der kirchlichen Disciplinargewalt zu gewähren, und nachdem die Kurie die Anzeigepflicht dauernd zugestanden hatte, die gewünschte Revision der Maigesetze vornehmen zu lassen (Gesetz vom 28. April 1887). Nicht in letzter Linie hatten Bismarck zu dieser Nachgiebigkeit die Erfahrungen gebracht, die er seit 1880 im Reichstag in der Weiterführung der Wirtschaftsreform gemacht hatte. Wenn, wie es sein Ziel war, die ärmern Klassen von direkten Steuern ganz befreit, einzelne Steuerbeträge den Gemeinden zugewiesen und Zuschüsse aus der Reichskasse für sociale Zwecke bestimmt werden sollten, so mußten weitere Hilfsquellen eröffnet werden. So kam Bismarck, zumal als er 1880 und 1881 mit den Vorschlägen zu weitern indirekten Steuern keinen Anklang fand, auf die Einführung des Tabaksmonopols zurück, von der er sich nach Abrechnung der zu zahlenden Entschädigungen einen Ertrag von etwa 160 Mill. M. versprach. Die Regierung legte diese Frage zuerst dem 1880 in das Leben gerufenen preuß. Volkswirtschaftsrat vor. Wider Erwarten lehnte derselbe 21. März 1882 mit 33 gegen 32 Stimmen das Monopol ab, sprach sich aber mit 48 gegen 14 Stimmen für eine höhere Besteuerung des Tabaks aus. Auf Annahme des Monopols im Reichstag war vollends keine Aussicht. Die Neuwahlen vom 27. Okt. 1881 hatten das dem Monopol feindliche Centrum, das mit den Welfen und Polen jetzt über 125 Stimmen verfügte, zur größten Fraktion gemacht; die Fortschrittspartei und die ihr nahestehenden 1880 von den Nationalliberalen abgezweigten Secessionisten hatten zusammen 100 Stimmen, während Nationalliberale, Freikonservative und Konservative zusammen nur über 120 Stimmen verfügten. Mit 273 gegen 43 Stimmen lehnte der Reichstag 15. Juni 1882 das Tabaksmonopol ab.

Besser waren die Aussichten für die Socialreform. Immer weiter drang auch in die liberalen ursprünglich dem Staatssocialismus durchaus abgeneigten Kreise die Überzeugung von der Pflicht des Staates zum Schutze der wirtschaftlich Schwachen. In der Reichshauptstadt erwuchs seit 1878 unter Führung des Hofpredigers Stöcker, des Gründers der Christlich-socialen Partei (s. d.), eine freilich zu positiven Wahlerfolgen nicht gelangende, aber durch ihre Verbindung mit dem Antisemitismus (s. d.) weite Schichten der Bevölkerung ergreifende Bewegung, die zwar in mancher Hinsicht ungeklärt blieb, auch mit kirchlich-orthodoxen Tendenzen stark verquickt war, aber jedenfalls sich entschieden auf den Boden einer monarchischen Socialreform stellte. Das Centrum rühmte sich von jeher seines Interesses für die Werke christl. Nächstenliebe; aber seiner stark partikularistischen Zusammensetzung nach war ihm doch die Erweiterung der Machtsphäre, die der Reichsgewalt aus der Socialreform zufloß, wenig erwünscht. Daran scheiterte der erste, schon im Frühjahr 1881 dem Reichstag vorgelegte Entwurf eines Unfallversicherungsgesetzes, das sich auf alle gewerblichen Arbeiter mit Ausschluß der Landwirtschaft, Schiffahrt und des Baugewerkes erstrecken sollte. Aber die in Aussicht genommene Reichsversicherungsanstalt und der Staatszuschuß zu den Beiträgen der Arbeitgeber und Arbeitnehmer wurde in der Kommissionsberatung durch den Einfluß der Ultramontanen beseitigt, und dies veranlaßte die Reichsregierung, den Entwurf zurückzuziehen. In feierlicher Form aber verkündete sie dann durch die kaiserl. Botschaft vom 17. Nov. 1881 ihren festen Willen zur Durchsetzung der Socialreform und legte ein weites Programm für dieselbe vor, das außer der Unfallversicherung auch die Organisation des gewerblichen Krankenkassenwesens und eine staatliche Fürsorge für Invalidität und Alter umfaßte. Von den 1882 vorgelegten Entwürfen eines Unfallversicherungs- und Krankenkassengesetzes wurde 1883 zuerst das letztere erledigt; es siegte dabei das Princip des Versicherungszwangs. Dann kam 1884 auch das Unfallversicherungsgesetz zu stande, das als Träger der Versicherung die von den Freunden korporativer Neugestaltungen mit großen Hoffnungen begrüßten Berufsgenossenschaften schuf. Kein Staatszuschuß sollte stattfinden, wohl aber eine allgemeine Aufsicht und Leitung durch ein Reichsversicherungsamt. Es folgte 1885 die Ausdehnung der beiden Gesetze auf die Transportgewerbe, 1886 auf die land- und forstwirtschaftlichen Arbeiter, deren Zahl etwa 7 Mill., das Doppelte der bisher versicherten Arbeiter betrug, und auf die in versicherungspflichtigen Betrieben beschäftigten Beamten und Personen des Soldatenstandes.

Weiteres war vorderhand mit dem auf den Wahlen vom 28. Okt. 1884 beruhenden Reichstag nicht zu erreichen. Die Zunahme der Konservativen und Nationalliberalen, die es zusammen auf etwa 157 Stimmen brachten, genügte nicht, um den Oppositionsring der übrigen Parteien zu durchbrechen. Die Regierung setzte zwar 1885 eine neue Erhöhung der Zölle für verschiedene Gegenstände, namentlich landwirtschaftliche Produkte, durch, aber damit war wenig geholfen; denn diese höhern Erträge reichten nicht aus, um, was die Regierung bezweckte, die Matrikularbeiträge der Einzelstaaten abzuschaffen, die ärmern Klassen von Steuern ganz zu befreien, die überbürdeten Kommunen zu entlasten und einzelne Steuerbeträge letztern zu überweisen. Die Regierung ließ sich durch die Ablehnung des Tabaksmonopols 1882 nicht abschrecken, dem Reichstag 22. Febr. 1886 einen Gesetzentwurf über Einführung des Branntweinmonopols vorzulegen, von dem sie sich eine jährliche Nettoeinnahme von etwa 300 Mill. M. versprach. Aber unvermindert war im Reichstag die Abneigung gegen Monopole überhaupt und die Besorgnis, daß durch das Monopol die Reichsgewalt finanziell zu unabhängig vom Parlament werden würde. Die Vorlage wurde 27. März abgelehnt, und als die Regierung gleich darauf eine Branntweinsteuervorlage einbrachte, wurde 26. Juni auch diese verworfen und nur die Erhöhung der Zuckerrübensteuer genehmigt. Obgleich daher infolge dieser fortwährenden Ablehnungen der ergiebigsten Einnahmequellen die finanzielle Lage des Reichs sich verschlechterte, die Matrikularbeiträge erhöht werden mußten und eine neue Anleihe nicht zu umgehen war, so verzichtete doch die Regierung darauf, dieser Reichstagsmehrheit eine neue Vorlage über Steuerreform zu machen. Während die dringendste Notwendigkeit zur Fortführung der Socialreform, die Erschließung reichlicher Mittel, unbefriedigt blieb, wuchs im stillen trotz strengster Anwendung des 1884 und 1886 erneuerten Socialistengesetzes die socialdemokratische Bewegung. Über die größern Städte wurde der kleine Belagerungszustand verhängt, Prozesse angestrengt gegen hervorragende Führer, die Streikbewegung streng überwacht. Aber bei den Reichstagswahlen von 1884 stieg die Zahl der socialistischen Abgeordneten von 13 auf 24, die Stimmenzahl auf 550000, die Parteiorganisation wurde höchst geschickt und wirksam ausgebildet. Das Niederwaldattentat von 1883 deckte das Treiben einer anarchistischen Gruppe auf.

Ein Lieblingsgedanke der Konservativen und auch des Centrums war es, die Innungen zu einflußreichen lebenskräftigen Korporationen umzugestalten. Die Grundlage der Bewegung wurde das Innungsgesetz vom 18. Juli 1881, das den frei sich bildenden Innungen eine Reihe von Rechten zuwies zur Förderung ihrer gewerblichen Interessen und zur Hebung des Standesbewußtseins. Durch das Gesetz vom 18. Dez. 1884 wurde den Innungsmeistern das ausschließliche Recht zur Haltung von Lehrlingen zugesprochen, und 1887 wurde den nicht den Innungen angehörenden Handwerkern die Beitragspflicht zu den dem Interesse des Gewerbes dienenden Einrichtungen der Innungen auferlegt.

Während so ganz neue wirtschaftliche Gedanken die Entwicklung zu beherrschen begannen, war noch eine Forderung einer frühern Periode unerfüllt geblieben. Die wirtschaftliche Einheit Deutschlands war unvollendet, solange Hamburg und Bremen außerhalb des Zollgebietes sich befanden. Der Reichskanzler betrieb seit 1879 energisch die Vereinigung, und 25. Mai 1881 wurde mit Hamburg der Zollanschluß vereinbart, der auch den Wünschen des Hamburger Großhandels und seiner Exportindustrie durch Belassung eines Freihafengebietes nachkam. Auch bewilligte der Reichstag für die durch den Zollanschluß nötig werdenden Bauten einen Beitrag von 40 Mill. M. 1884 folgte dann auch Bremen.

Der Zollanschluß fiel in eine Zeit hoher Blüte und gesteigerter Bedeutung der beiden alten Hansestädte. Die Niederlassung eines Bremer Kaufherrn Lüderitz in Südwestafrika war es, die den Ausgangspunkt der deutschen Kolonialpolitik bildete. Der Reichskanzler dachte, zumal nachdem der Reichstag 1880 eine Vorlage zum Schutze deutscher Interessen auf den Samoa-Inseln abgelehnt hatte, nicht entfernt daran, in planmäßiger Weise eine Ära kolonialer Gründungen zu beginnen. Aber als nationale Pflicht erschien es ihm, dem deutschen Kaufmann und Ansiedler im Auslande auf seinen Wunsch den Schutz des Reichs angedeihen zu lassen. Durch ein Telegramm (vom 24. April 1884) Bismarcks an den deutschen Konsul in Kapstadt wurde die Lüderitzsche Besitzung Angra-Pequena unter deutschen Schutz gestellt, der später auf das Groß-Nama- und Damaraland ausgedehnt wurde. Dann folgten an der afrik. Westküste das Togogebiet und Kamerun, wo der Hamburger Kaufmann Woermann eine blühende Faktorei besaß. Es war ein Zeichen des Ansehens, das sich Deutschlands ebenso energische wie maßvolle Kolonialpolitik errang, daß die sog. Kongokonferenz, die den Streit zwischen Portugal und dem neuen Kongostaate und zwischen Englaud und Frankreich wegen des Nigergebietes schlichtete, in Berlin stattfand (25. Nov. 1884 bis 26. Febr. 1885). Handelte es sich bei den ersten Schritten der deutschen Kolonialpolitik um rein kaufmännische Unternehmungen, so ging die von der Gesellschaft für deutsche Kolonisation ausgerüstete Expedition des Dr. Karl Peters nach Ostafrika mehr aus den Kreisen der Nation hervor; sie erwarb im Nov. und Dez. 1884 in den Landschaften Usagara, Nguru, Usegua und Ukami ein Gebiet, dessen wirtschaftliche Erschließung die zukunftsreichsten Aussichten eröffnete. Am 27. Febr. 1885 wurde diesen Erwerbungen der kaiserl. Schutzbrief zu teil. Gleichzeitig wurden in der Südsee die Nordostküste von Neuguinea (Kaiser Wilhelms-Land) und die Admiralitätsinseln, Neubritannien und Neu-Irland (Bismarck-Archipel), die Marschalls- und ein Teil der Salomonsinseln unter deutschen Schutz gestellt. (S. Deutsche Kolonien.) Bei der Besetzung der Karolineninseln (25. Aug. 1885) brach mit Spanien, das seine alten Besitzansprüche nicht aufgeben wollte, ein Konflikt aus, zu dessen Beilegung Bismarck den Papst Leo XIII. als Schiedsrichter vorschlug, an dem er dadurch auch für die kirchenpolit. Verhandlungen einen nachgiebigern Gegner gewann. Der Papst entschied 22. Okt. 1885, daß Spanien der Priorität des Besitzes wegen die Souveränität, Deutschland dagegen volle Handelsfreiheit und das Recht zur Errichtung einer Schiffs- und Kohlenstation auf den Inselu erhalten solle. Auf dieser Grundlage wurde 17. Dez. 1885 eine Übereinkunft der beiden Mächte geschlossen. Ein Aufstand der Eingeborenen in Kamerun wurde im Jan. 1885 mit leichter Mühe niedergeschlagen, und gegen den Sultan von Sansibar, der die deutsche Oberhoheit über die hinter seinem Küstenbesitze liegenden Kolonien nicht anerkennen wollte, genügte (Aug. 1885) die drohende Aufstellung eines deutschen Panzergeschwaders. Gleichzeitig suchte Bismarck durch Einrichtung regelmäßiger Dampferverbindungen mit Ostasien und Australien, die vom Reiche mit etwa 4 Mill. M. jährlich unterstützt werden sollten, Deutschlands Stellung im Welthandel zu kräftigen.

Mit offener Mißgunst hatte England die ersten Schritte der deutschen Kolonialpolitik verfolgt. Im Kapland und in Australien erfolgten lebhafte Demonstrationen gegen den neuen Nachbar. Aber vor der ruhigen Entschiedenheit der deutschen Diplomatie mußte England zunächst Schritt für Schritt zurückweichen und die Thatsachen anerkennen; dabei verstand es freilich, in den Verhandlungen über die Abgrenzung der beiden Interessensphären der weitern Ausdehnung deutschen Besitzes sehr bestimmte Grenzen zu setzen, so in dem Abkommen vom 6. April 1886 über die Grenzlinien im Stillen Ocean, in dem vom 2. Aug. 1886 über die westafrik. Schutzgebiete am Golf von Guinea. Den Mittelpunkt der kolonialen Verhandlungen bildete bald Ostafrika mit seinen wichtigen und zukunftsreichen Handelsstraßen zu den großen innerafrik. Seen. England versuchte zunächst die angeblichen Souveränitätsrechte des Sultans von Sansibar auf das ganze Küstengebiet gegen die Deutsch-Ostafrikanische Gesellschaft anzuführen, mußte aber danu den intriganten Generalkonsul Kirk aus Sansibar abberufen und mit Deutschland 1. Nov. 1886 ein Abkommen schließen, das dem Sultan die Souveränität nur über einen schmalen Küstenstrich ließ und auch in den Häfen Dar es-Salaam und Pangani eine deutsche Zollverwaltung in Aussicht nahm. Im Jan. 1887 wurde das deutsche Protektorat über das durch die brit. Interessensphäre von Deutsch-Ostafrika getrennte Witulaud ausgesprochen. Die Deutsch-Ostafrikanische Gesellschaft, die sich 26. Febr. 1887 unter Beteiligung des Reichskanzlers und der Seehandlung und Erweiterung ihres Kapitals umgebildet hatte, schloß 28. April 1888 einen Vertrag, der den unhaltbaren Zuständen an der Küste ein Ende machen sollte durch Übertragung der gesamten Verwaltung und Zölle an die Gesellschaft für den Zeitraum von 50 Jahren und gegen Entschädigung des Sultans. Aber die hierdurch in ihren Interessen empfindlich bedrohten arab. Händler und Sklavenjäger, die einen mächtigen Einfluß auf die an sich friedliche Bevölkerung übten, zettelten eine allgemeine blutige Empörung an der Küste an (Sept. 1888), die in kürzester Zeit die schwachen deutschen Ansiedelungen wegfegte. Ein Wendepunkt der deutschen Kolonialpolitik war damit gegeben. In diesen unsichern, von feindlichen Interessen durchtreuzten Gebieten waren, wie es sich jetzt zeigte, wesentliche civilisatorische Fortschritte ohne materielle Machtentfaltung nicht möglich.

Den entscheidenden Wendepunkt in der auswärtigen Politik bildete der Berliner Kongreß von 1878. Deutschlands Haltung im Russisch-Türkischen Kriege von 1877 und 1878 kam den russ. Interessen sehr zu gute, denen sonst auf seiten Österreichs und Englands ein noch entschiedenerer Widerstand begegnet wäre. Auch auf dem Kongreß wirkte Bismarck für Rußlands Forderungen soviel er nur konnte. Als aber die Russen im Sommer 1879 mit der vertragsmäßigen Räumung Bulgariens zögerten, sah sich Bismarck vertragsmäßig genötigt, eine Mahnung Österreichs zu unterstützen, und verletzte damit auf das empfindlichste den russ. Stolz. Es wurden Truppen an die russ. Westgrenze geschoben, ein russ. General nach Paris entsandt zur Anknüpfung mit Frankreich. Kaiser Wilhelm suchte persönlich durch eine Zusammenkunft mit dem Zaren in Alexandrowo (3. bis 4. Sept. 1879) das gute Verhältnis wiederherzustellen. Gleich darauf aber unterhandelte Bismarck in Gastein und Wien mit Andrássy, dem Leiter der österr. Politik, über ein Verteidigungsbündnis gegen Rußland und brachte dasselbe 7. Okt. 1879 zu stande. Beide Mächte sagten sich gegenseitigen Beistand gegen Rußland zu und versprachen einander wohlwollende Neutralität, falls eine von ihnen von einer andern Macht angegriffen werden würde. Damit war der Gedanke Bismarcks, mit dem er aus dem Krieg von 1866 zurückgekehrt war, nämlich Österreich zum europ. Bundesgenossen zu gewinnen, erfüllt. Die Erhöhung der Friedensstärke des Reichsheers von 401 000 auf 427 000 Mann durch das neue vom Reichstag 16. April 1880 genehmigte Septennat war eine weitere Friedensbürgschaft. In allen Phasen der orient. Krisis, vom montenegrinischen bis zum ägypt. Konflikt, gingen nun Deutschland und Österreich Hand in Hand, und ihre feste Haltung verfehlte ihren Eindruck auch auf Rußland nicht. Nach der Ermordung des russ. Kaisers Alexander II. (13. März 1881) bestieg in der Person seines Sohnes Alexander III. ein Feind deutschen Wesens den Thron; aber die Friedensbedürftigkeit des im Innern schwer erschütterten Staates trieb auch ihn dazu, die Freundschaft des alten

Bundesgenossen aufzusuchen; 9. Sept. 1881 kam er mit Kaiser Wilhelm in Danzig zusammen.

Nicht unfreundlich waren während der letzten Jahre die Beziehungen Deutschlands zu Frankreich gewesen. Die Liebeswerbungen Rußlands 1879 hatten in Frankreich dei dem unfertigen Staude der Heeresorganisation noch keinen Boden gefunden. Das Vorgehen Frankreichs in Tunis 1881 wurde von Deutschland, das Frankreichs Thatendrang gern anderwärts beschäftigt sah, unterstützt. Aber ein dunkler Punkt für die Zukunft waren die Bestrebungen des franz. Kammerpräsidenten Gambetta, des leidenschaftlichen Vertreters der Revancheidee. Die Besorgnis der Kriegsgefahr wurde zwar gemindert, als das von ihm 14. Nov. 1881 gebildete Ministerium schon im Jan. 1882 gestürzt wurde. Nun hetzte ader, als Österreich Anfang 1882 den Aufstand in der Herzegowina niederschlug, wiederum die russ. Presse zum Kriege mit Österreich. An der Westgrenze wurde wieder stark gerüstet, Reitermassen wurden angesammelt, der Bau militär. Eisenbahnen detrieden. In aller Stille traf auch die deutsche Heeresleitung Gegenvorkehrungen. Unruhige Persönlichkeiten, wie der Minister des Innern Ignatiew und der General Skobelew, der Besieger der Teke-Turkmenen, förderten in den leitenden Kreisen die Idee des russ.-franz. Bündnisses. Der Zar, durch die Zustände im Innern und durch den eigenen schwankenden Charakter doch immer wieder zu friedlicher Politik zurückgedrängt, lenkte indes bald ein. Der Nachfolger des Fürsten Gortschakow wurde nicht Ignatiew, sondern der weit gemäßigtere Staatssekretär Giers; Ignatiew wurde 12. Juni 1882 entlassen. Bald darauf, 7. Juli, starb Skobelew in Moskau und 31. Dez. 1882 auch Gambetta. Die Besuche des Ministers Giers dei Bismarck in Varzin (Nov. 1882) und in Wien (Jan. 1883) zeigten, daß die russ. Politik wieder die Hand zum Einvernehmen dot. Der wichtigste diplomat. Erfolg des kritischen Jahres 1882 aber war für Deutschland der Eintritt Italiens, das sich durch Frankreich in der tunes. Frage schwer getäuscht und übervorteilt fühlte, in das deutsch-österr. Bündnis. (S. Dreibund.)

Charakteristisch war es, wie auch die kleinern Staaten sich Deutschland politisch näherten. Rumänien und Serdien, die viele Jahre lang Österreich feindselig gegenüder gestanden hatten, traten in die freundschaftlichsten Beziehungen zu diesem Staate und zu Deutschland und holten sich Rat dei dessen leitendem Minister. König Alfons von Spanien, der sich mehr zu Deutschland als zu Frankreich hingezogen fühlte, wohnte 1883 den Homburger Manövern bei und nahm die Ernennung zum Chef eines preuß. Ulanenregiments an. Auch Frankreich zeigte sich unter dem Ministerium Ferry (seit Febr. 1883) durchaus friedliebend und saud dafür 1884 in der ägypt. Frage wieder, wie 1881 in der tunesischen, Deutschlands Unterstützung, und die Kongokonferenz, zu der Deutschland und Frankreich gemeinsam die Einladungen ergehen ließen, drachte letzterm erhebliche Vorteile ein. Um nicht isoliert zu dleiden, kam auch Rußland der deutschen Politik entgegen, und es kounte in Skierniewice (15. Sept. 1884) noch einmal eine Zusammenkunft der drei Kaiser von Deutschland, Rußland und Österreich und ihrer leitenden Minister erfolgen. Alle europ. Konflikte schienen aus der Welt geschafft und die kolonialen Aufgaben, die sich Frankreich und Deutschland stellten, eine Ära civilisatorischen Wetteifers einzuleiten.

Aber 30. März 1885 führte das Mißgeschick der franz. Unternehmung in Tongling zum Sturze des Ministeriums Ferry, und 18. Sept. desselben Jahres erfolgte durch einen Staatsstreich die Vereinigung Ostrumeliens mit Bulgarien unter dem Fürsten Alexander. Indem die Buigaren sich gleichzeitig dadei von dem russ. Einflusse zu defreien suchten und Rußland mit allen Mitteln das verlorene Terrain wiederzugewinnen strebte, war mit einem Male der gefährlichste Punkt der Orientalischen Frage wieder bloßgelegt. Denn der Drohung eines russ. Einmarsches in Bulgarien gegenüder, der eine völlige Occupation des Landes bedeutet hätte, erklärten Österreich, England und Italien unter Berufung auf den Berliner Vertrag, dewaffnet einschreiten zu wollen, und ein Konflikt mußte notwendig auch Deutschland in Mitleidenschaft ziehen. Das drutale Vorgehen Rußlands gegen den heldenmütigen Fürsten Alexander, den es durch gedungene Verschwörer 21. Aug. 1886 gefangen nehmen ließ, erregte einen Sturm der Entrüstung in Deutschland, und es wurde der Rnf nach Intervention des Reichs zu Gunsten Bulgariens laut. Ader in schneidendem Widerspruche dazu ließ Bismarck erklären, daß Deutschland um Bulgariens willen die Freundschaft Rußlands nicht aufs Spiel setzen werde. Ohnmächtig war er freilich gegenüber den russ. Verdächtigungen, daß Österreich in seiner Haltung von Deutschland heimlich bestärkt werde.

Die Antwort auf das Treiben des franz. Kriegsministers Boulanger (seit 7. Jan. 1886), der mit aller Hast sich an das Werk machte, die Reorganisation des franz. Heers in kürzester Zeit zu vollenden und die Friedensstärke von 471000 Mann um 44000 Mann zu vermehren, war der dem Reichstage 25. Nov. 1886 vorgelegte Entwurf eines neuen Septennatgesetzes. Ohne den Ablauf des letzten vom 1. April 1881 an laufenden Septennats abzuwarten, sollte die Friedenspräsenzstärke des deutschen Heers vom 1. April 1887 bis 31. März 1894 auf 468409 Mann festgestellt, d. h. um 41135 Mann erhöht werden. Die Kommission, an welche die Vorlage 4. Dez. gewiesen wurde, beschloß danu, statt 41135 Mann auf 7 Jahre, nur 13000 für die nächsten 3 Jahre und 9000 auf die Dauer eines einzigen Jahres zu dewilligen. Die zweite Lesung der Vorlage degann 11. Jan. 1887. Moltke und Bismarck traten dringend für die Vorlage ein. Die oppositionellen Parteien vereinigten sich zuletzt dahin, die geforderte Friedenspräsenzstärke von 468409 Mann zu dewilligen, jedoch nur auf 3 Jahre, und dieser Antrag von Stauffenbergs wurde 14. Jan. mit 186 gegen 154 Stimmen angenommen. Unmitteldar auf diese Ablehnung der Regierungsvorlage verlas Bismarck die kaiserl. Botschaft, welche die Auflösung des Reichstags verfügte. Die Neuwahlen wurden auf 21. Febr. festgesetzt. Währeud der Wahlkampf in der heftigsten Weise geführt wurde, liefen von Tag zu Tag Alarmnachrichten üder Rüstungen und Truppenansammlungen an der franz. und russ. Grenze ein, die das Gefühl steigerten, daß vom Ausfalle dieser Wahl Krieg oder Frieden abhingen. Ein überwältigender Sieg der dem Septennat freundlichen, unter einem Wahlkartell (s. Kartell) vereinigten Parteien waren die Wahlen des 21. Febr. 1887. Das Centrum ging zwar in alter Stärke aus den Wahlen hervor; aber seine Bundesgenossen: die Deutschfreisinnigen, die Welfen, die Socialdemokraten, erlitten große Verluste, und die Volkspartei (Demokraten) verschwand ganz von der polit. Bildfläche. Die Stärke der einzelnen Fraktionen war im neuen Reichstag folgende: Deutschkonservative 80, Reichspartei 41, Nationalliberale 101, zusammen 222; Centrum 99, Deutschfreisinnige 32, Elsaß-Lothringer 15, Polen 13, Socialdemokraten 11, Welfen 4, Dänen 1, zusammen 175. Die Militärvorlage, sofort wieder in dem 3. März eröffneten Reichstage eingebracht, wurde 7. März in erster Lesung beraten, einer Kommissionsberatung nicht unterzogen und 11. März in dritter Lesung mit 227 gegen 31 Stimmen angenommen; 84 Mitglieder, das unversöhnliche Centrum, enthielten sich der Abstimmung; nur 7 Centrumsmitglieder stimmten für die Vorlage; am selben Tage noch vollzog der Kaiser das Gesetz. Während dieser Tage kam noch eine neue Friedensbürgschaft hinzu: die Erneuerung des deutsch-österr.-ital. Bündnisses, das dem Reiche im Fall eines franz. Angriffes die Hilfe Italiens zusicherte.

Im Auslande aber erfolgte jetzt genau die Wirkung, die die Reichsregierung sich von der einmütigen Annahme der Militärvorlage versprochen hatte. Die Kriegsgefahr schwand nicht sogleich.— ein Zwischenfall, die Verhaftung des spionierenden franz. Grenzbeamten Schnäbele auf deutschem Gebiete (20. April 1887), führte im franz. Ministerconseil sogar zu dem nur durch den Präsidenten Grévy vereitelten Antrag Boulangers auf Mobilmachung —, aber es trat doch bald eine allmähliche Abnahme der Gefahr ein. Schnäbele wurde bald wieder auf freien Fuß gesetzt, weil er, wie der Reichskanzler anerkannte, unter dem Schutze eines freien Geleites gestanden hatte. In den Sturz des Ministeriums Goblet in Paris (17. Mai) wurde auch der revanchebedürftende Boulanger verwickelt. Jetzt konnte die Reichsregierung auch gegen Rußland, wo eben dem Grundbesitze von Ausländern in den westl. Provinzen eine an Vernichtung grenzende Schädigung zugefügt war, einen Streich führen. Warnungen der offiziösen Presse vor russ. Staatspapieren, von denen sich ein überaus großer Teil in deutschen Händen befand, führten zu massenhaftem Verkaufe und schnellem Kursfalle derselben. Das Erscheinen Crispis, des neuen Leiters der ital. Politik, in Friedrichsruh beim Reichskanzler (Anfang Oktober), dem kurz vorher der Besuch des österr. Ministers Kalnoky vorausgegangen war, bezeugte demonstrativ, daß der Ministerwechsel in Italien kurz nach Abschluß des Bündnisses keinerlei Wechsel der Politik herbeigeführt hatte. Ein neuer Zwischenfall an der franz. Grenze, die Erschießung eines franz. Waldhüters durch den deutschen Jäger Kaufmann (24. Sept.), wurde durch das Entgegenkommen der deutschen Regierung sofort erledigt.

So stand Deutschland militärisch und politisch gerüstet da, als 18. Nov. der Zar, auf der Rückreise von Kopenhagen zum Landwege gezwungen, in Berlin eintraf. Acht Tage zuvor hatten die Reichsbank und die preuß. Seehandlung bekannt gemacht, daß sie fernerhin keine russ. Papiere mehr beleihen würden. Bei einer Unterredung Bismarcks mit dem Kaiser Alexander kam nun eine höchst gefährliche Intrigue einer zum Kriege gegen Deutschland schürenden Partei zu Tage. Der Zar wies dem Reichskanzler Schriftstücke vor, welche die Ehrlichkeit der deutschen Politik in der bulgar. Frage auf das schwerste kompromittierten. Bismarck konnte sie mit Leichtigkeit als Fälschung nachweisen. Seine offene und entschiedene Rechtfertigung blieb nicht ohne Eindruck auf den Zaren, aber die russ. Truppenverstärkungen an der Westgrenze dauerten fort.

Ein großer Zug ging durch alle Handlungen der Regierung und riß schließlich auch die Parteien mit sich, die vorher um das Septennat so bitter gehadert hatten. Als eine Summe von 176 Mill. M. gefordert wurde für Erweiterung der strategischen Eisenbahnen, Festungsbauten und andere, zum Teil geheim gehaltene militär. Zwecke, bewilligte sie der Reichstag 20. Mai 1887 nur gegen die Stimmen der Socialdemokraten. Noch bedeutender und mit noch größern Opfern verbunden war die 16. Dez. 1887 dem Reichstage zugehende Wehrgesetzvorlage, deren Ziel es war, daß Deutschland auch ohne Bundesgenossen nach Osten und Westen zugleich dem Gegner gewachsen dastehe. Die Centrumspartei beantragte die En bloc-Annahme des Gesetzes, welches die Landwehr 2. Aufgebotes vom 32. bis 39. Lebensjahr erneuerte und damit 7 Jahrgänge gedienter Mannschaften unmittelbar kriegsbereit stellte, außerdem auch noch den Landsturm bis zum 45. Jahre ausdehnte.

Mit dem neuen Reichstage gelang es nun auch endlich, dem Reiche neue Einnahmequellen, die schon durch die vermehrten Heereslasten dringend erfordert wurden, zu erschließen. Mit großer Mehrheit (233 gegen 80 Stimmen) kam 17. Juni 1887 ein Branntweinsteuergesetz zu stande, von dem man sich eine, später allerdings hinter der Erwartung zurückbleibende Einnahme von 100 Mill. M. versprach. Um bei der hohen Besteuerung des Produkts den Betrieb der kleinern Brenner nicht zu sehr zu schädigen, wurde für einen bestimmten kleinern Prozentsatz der jährlich hergestellten Menge ein geringerer Steuerbetrag dabei zugegeben. Gleichzeitig wurden auch die Erträge der Zuckersteuer durch Einführung einer Konsumsteuer auf etwa 40 Mill. M. gesteigert (16. Juni). Die Zusammensetzung des Reichstags (Kartellreichstag, wie ihn die Gegner spottend nannten) brachte es mit sich, daß die Wünsche der Landwirtschaft jetzt stärker berücksichtigt wurden. Ein Kunstbuttergesetz wurde 20. Mai angenommen, das die Fälschungen der Naturbutter mit den aus tierischem Fett hergestellten Produkten und die Mischungen beider mit Strafe belegte. Mit Hilfe des dadurch wieder zum Einfluß gelangenden Centrums wurde 17. Dez. 1887 eine durch das fortdauernde Sinken der Preise begründete Erhöhung der Getreidezölle durchgesetzt.

Es war charakteristisch für das Vorgehen der Reichsregierung gegen die Socialdemokratie, daß sie konsequent und energisch alle Hebel der Polizeigewalt gegen sie anwandte. Sie forderte bei den Verhandlungen über die Verlängerung des Socialistengesetzes im Jan. 1888 erhebliche Verschärfungen, die bis zu dem Rechte der Entziehung der Staatsangehörigkeit gingen. Darauf ging der Reichstag nicht ein; er gewährte auch nur auf 2 Jahre die Verlängerung des im übrigen unveränderten Gesetzes (bis 30. Sept. 1890). Die socialpolit. Gesetzgebung wurde 1887 noch durch die Ausdehnung der Unfallversicherung auf die Seeleute und das Baugewerbe gefördert. Zweifelnd und erwartungsvoll sah man nun der Invaliditäts- und Altersversicherung entgegen. Das dunkle Gewölk am polit. Himmel hatte sich, dank der meisterhaften Politik Bismarcks und der Opferwilligkeit der deutschen Volksvertretung, zu lichten begonnen. Große

Freude bereitete dem Kaiser noch zuletzt die einmütige Annahme des neuen Wehrgesetzes (10. Febr. 1888). Aber während ihm auf Volk und Land noch ein letzter sonniger Ausblick vergönnt war, hatten schmerzliche Ereignisse in der Familie an seiner Lebenskraft gezehrt. Seit dem Anfang des J. 1887 hatte sich ein Halsleiden des Kronprinzen ausgebildet, das schon im Mai von den deutschen Ärzten als Kehlkopfkrebs erkannt, durch den hinzuberufenen engl. Specialarzt Sir Morell Mackenzie verhängnisvoll verschleppt wurde, bis bald jeder Gedanke an Heilung ausgeschlossen war. So entwickelten sich während des Winters 1887/88, den der Kronprinz in San Remo an der Riviera zubrachte, die weitern Stadien der furchtbaren Krankheit. Seit 4. März 1888 begann der Kaiser selbst zu kränkeln, und die Kräfte sanken. Am Morgen des 9. März trat sanft und ohne Kampf der Tod ein.

10) **Von der Thronbesteigung Kaiser Friedrichs (1888) bis zur Gegenwart.** In der Trauer über den Hingang Kaiser Wilhelms schienen die Schranken der Nationalität zu fallen. Niemals hat ein ähnliches Ereignis eine gleich tiefe Bewegung in der ganzen Welt hervorgerufen. Den Tod vor Augen, eilte der nunmehrige Kaiser und König *Friedrich III.* über die Alpen nach der Heimat und traf 11. März in Charlottenburg ein. Erfüllt und gehoben von seiner hohen Aufgabe, drängte es ihn, seinem Volke wenigstens das Ziel hinzustellen, das er sich für seine Regierungsthätigkeit gestellt hatte. Eine Ansprache «An mein Volk» und ein Erlaß an den Reichskanzler vom 12. März 1888, deren Wortlaut ursprünglich von der Hand des Professors Geffcken entworfen war, deren Gedanken aber sein eigen waren, zeigten, mit welcher sittlichen Wärme und Humanität er seine Thätigkeit erfüllt wissen wollte. Gewissenhafte Achtung der verfassungsmäßigen Rechte der Regierungen wie des Reichstags, religiöse Duldung, Hebung des wirtschaftlichen Gedeihens aller Gesellschaftsklassen, Pflege geistiger Bildung und einfacher Sitte, überhaupt der Werke des Friedens «unbekümmert um den Glanz ruhmbringender Großthaten». Es lag etwas Weiches, Friedensseliges in diesem Programm. Man wußte, wie er schon in der Konfliktszeit nicht die unbeugsam entschiedene Weise Bismarcks gebilligt hatte, und auf seine liberalen und toleranten Grundanschauungen setzte namentlich die freisinnige Partei, die von ihm eine neue Ära, eine Abkehr von allen konservativen, orthodoxen und antisemit. Elementen erwartete, große Hoffnungen. Jedenfalls zeigte er selbst in diesem durch die Krankheit gebeugten Zustande sehr bald, daß er dem Staatswohle auch persönliche Wünsche und Rücksichten opfern konnte. Die geplante Verlobung seiner Tochter, der Prinzessin Victoria, mit dem Prinzen Alexander von Battenberg, der vor dem Hasse Rußlands den bulgar. Thron hatte räumen müssen, gab er auf, als ihm Bismarck mit Rücksicht auf das polit. Verhältnis zu Rußland eindringlich davon abriet und seine Entlassung geben zu wollen erklärte, falls die Kaiserin an dem Plane festhalte (Anfang April). Solche Vorgänge sowie Gerüchte über mancherlei Einflüsse, die auf den kranken Kaiser eindrangen, regten die Stimmung im Lande unruhig auf, während der Kaiser selbst nur durch wenige Regierungsakte ein Bild seines Wollens geben konnte. Ein Anfang Februar von den Kartellparteien im Reichstage wie im preuß. Abgeordnetenhause eingebrachter und daselbst angenommener Antrag, die Legislaturperioden auf 5 Jahre zu verlängern, erhielt zunächst 19. März für das Reich und im Juni auch für Preußen die Genehmigung des Kaisers. Ein Amnestie-Erlaß vom 31. März war dadurch bemerkenswert, daß er die auf Grund des Socialistengesetzes Verurteilten sowie die Hoch- und Landesverräter ausschloß. Eine eigene Idee des Kaisers war die durch den Kabinettsbefehl vom 26. März angeordnete Reform der Infanterie-Exerzierreglements im Sinne einer einfachern und kriegsmäßigen Ausbildung. Eine Ministerialverfügung vom 22. Mai, die der franz. Spionage und Agitation in den Reichslanden durch Einführung der Paßpflicht im Grenzverkehr einen Riegel vorschob, illustrierte sattsam das seltsame Gerücht, daß Kaiser Friedrich an eine Abtretung der Reichslande denke. Das bedeutsamste Ereignis seiner Regierung, die Entlassung des Ministers von Puttkamer (8. Juni), fällt in das Gebiet der preuß. Geschichte. Am 1. Juni war der Kaiser nach Schloß Friedrichskron (Neues Palais) bei Potsdam übergesiedelt; hier erlöste ihn am 15. Juni — also nach einer Regierung von 99 Tagen — der Tod von seinem qualvollen, heldenmütig getragenen Leiden.

Ein jugendkräftiger, energischer, voll festen Mutes an seine Aufgabe herantretender Herrscher bestieg nun in seinem Sohne *Wilhelm II.* den Thron. Die Meinung, daß ihn kriegerischer Ehrgeiz und Ruhmsucht erfülle, hatte er schon zu Lebzeiten des Großvaters öffentlich zurückgewiesen. Redeten auch seine ersten Erlasse an die Armee und die Marine vom 15. Juni die Sprache des Soldaten, so war doch die Proklamation «An mein Volk» vom 18. Juni und vor allem die Thronrede zur Eröffnung des Reichstags, die er 25. Juni, umgeben von 22 deutschen Fürsten, hielt, erfüllt von den Gedanken friedlicher Arbeit im Innern, zumal auf socialem Gebiete. Das von ihm dabei entwickelte Programm der auswärtigen Politik: treues Festhalten an dem Bündnisse mit Österreich und Italien, aber dabei Pflege der persönlichen Freundschaft und friedlichen Beziehungen mit dem Kaiser von Rußland führte er in seiner frischen und eigenartigen Weise sofort aus. An der Spitze eines Flottengeschwaders stattete er (19. bis 24. Juli) dem Zaren in Kronstadt und Petersburg den ersten Besuch ab. Auf der Rückreise knüpfte er in Stockholm und Kopenhagen persönliche Beziehungen an, die, namentlich was Dänemark betraf, politisch nicht wertlos waren. Einen wärmern Charakter trugen von vornherein die Besuche des Kaisers in Stuttgart (27. Sept.), München (1. Okt.), Wien (3. Okt.) und zumal in Rom (Mitte Oktober), wo ihm die Bevölkerung einen enthusiastischen Empfang bereitete; bestätigte doch sein Besuch die feierliche Anerkennung Roms als weltliche Hauptstadt. Und der Besuch des Kaisers beim Papste (12. Okt.) gab diesem keinerlei Aussicht auf ein Eintreten Deutschlands für seine territorialen Wünsche.

Etwas kühl schien im Beginn das Verhältnis der neuen Regierung zu England zu sein, und mancherlei Vorurteile herrschten in England gegen den jungen Kaiser. Sein Besuch am engl. Hofe (Aug. 1889) zerstreute sie völlig, und es trat sichtlich das Bestreben der deutschen Regierung hervor, England in das Interesse des Dreibundes zu ziehen. Eine erwünschte Gelegenheit zum Zusammengehen mit England bot schon der ostafrik. Aufstand.

Die beiden Mächte verpflichteten sich (Nov. 1888) zn gemeinschaftlicher Bekämpfung des Sklavenhandels durch eine Blockade der Küste. Aus Rücksicht auf England versagte auch der Reichskanzler dem Unternehmen des Dr. Peters, dem im äquatorialen Afrika abgeschnittenen Emin Pascha durch eine dewaffnete Expedition Hilfe zu dringen, seine Unterstützung. Undeirrt durch die Schikanen der Engländer ging Peters dennoch ans Werk, schlich sich, am Tana aufwärts marschierend, durch eine Reihe feindlicher Stämme hindurch, und kam ihm auch Stanley in der Aufsuchung Emin Paschas zuvor, so war doch seine Leistung dei der kleinen Zahl seiner Begleiter bewunderungswürdig; 1890 lehrte er durch Deutsch-Ostafrika heim. Der Reichstag hatte inzwischen, 30. Jan. 1889, 2 Mill. dewilligt für ein Vorgehen in Ostafrika, unter ledhafter Mitwirkung des Centrums, das durch die Idee der Bekämpfung des Sklavenhandels gewonnen war. Der Afrikareisende Lieutenant Wißmann wurde nun als Reichskommissar nach Afrika entsandt, bildete sich mit Hilfe deutscher Offiziere und Unteroffiziere aus Eingeborenen Afrikas eine kriegstüchtige Truppe und warf in einer Reihe von Gefechten und Belagerungen den Aufstand nieder. Zu Ende des Jahres wurde der Hauptführer der Aufständischen, Buschiri, gefangen genommen und gehängt, danu im April 1890 Bana Heri, der den Kampf fortsetzte, genötigt, die Waffen zu strecken. Im Mai 1890 war das ganze Küstengebiet wieder in den Händen der Deutschen, und Emin Pascha, der nach seiner Rückkehr in deutsche Dienste getreten war, auf dem Wege in das Innere, um nun das Werk der friedlichen Kolonisation neu zu deginnen. (S. Deutsch-Ostafrika.)

Ungünstiger für Deutschland verlief ein Konflikt mit den Eingeborenen auf Samoa, wo die rivalisierenden Interessen Deutschlands, Englands und Amerikas ein entschiedenes Vorgehen sehr erschwerten. Die von deutschen Kriegsschiffen gelandeten Mannschaften erlitten 18. Dez. 1888 schwere Verluste. Die von Deutschland derufene Samoakonferenz (April und Mai 1890) führte zu einem Abkommen mit England und den Vereinigten Staaten, das wieder einen erträglichen Zustand auf den Inseln begründete.

Eine der ersten Sorgen des neuen Regenten im Innern war die unter Kaiser Friedrich schon degonnene Verjüngung des Offizierkorps; über die Hälfte der Stellen von Korps-, Divisions- und Brigadecommandeuren wurden im Lanfe des Jahres neu besetzt. Auch Moltke trat von seiner Stellung als Chef des Generalstabes zurück (10. Aug.); sein Nachfolger wurde Graf Waldersee, den man mit Recht oder Unrecht für den Vertreter exklusiv konservativer Anschauungen hielt. Aber die ersten Personalberufungen in der Civilverwaltung zerstreuten bald die Besorgnis, daß irgend eine Partei ausschließlich den Kaiser beherrsche. Ein wenig erquicklicher Zwischenfall rührte im Herbste 1888 noch einmal die trüben Gegensätze auf, die während der Regierungszeit Kaiser Friedrichs hervorgetreten waren. Eine ihre Spitze gegen die Bismarcksche Politik kehrende Veröffentlichung aus dem kronprinzlichen Kriegstagebuche von 1870/71 in dem Oktoberhefte der «Deutschen Rundschau» gab der freisinnigen Presse wieder Gelegenheit, den Kaiser Friedrich als den ihrigen in Anspruch zu nehmen und gegen das Bismarcksche Regime auszubeuten, und veranlaßte Bismarck zu einem Immediatbericht (vom 23. Sept.), der von der Voraussetzung der Unechtheit ausgehend, den Kronprinzen schonungslos bloßstellte in dem Falle, daß das Tagebuch echt wäre. Letzteres kann jetzt keinem Zweifel mehr unterliegen. Die eingeleitete Untersuchung ergab sehr bald, daß der Staatsrechtslehrer und frühere Hamburger Diplomat Professor Geffcken, der dem Kaiser Friedrich persönlich nahe gestanden hatte, der Veröffentlicher war; er wurde 30. Sept. verhaftet und des Landesverrats angeklagt, aber 5. Jan. 1889 wieder entlassen, da das Reichsgericht nicht zu der Überzeugung gelangen konnte, daß Geffcken sich der Tragweite seiner Handlungsweise dewußt gewesen sei. Wenigstens setzte Bismarck nun die Veröffentlichung der Anklageschrift gegen Geffcken durch. Andererseits gab auch der Kaiser persönlich einer Deputation der Stadt Berlin gegenüber (28. Okt. 1888) seinen Unwillen über die Haltung der freisinnigen Presse in dieser Angelegenheit Ausdruck. Es folgten dem Geffcken-Prozeß noch weitere in ihrem Zusammenhange nicht immer klare Episoden, die zum Teil der Gereiztheit des Reichskanzlers gegen alle ihm widerstrebenden Einflüsse entsprangen. Der Hofprediger Stöcker, der Führer der christlich-socialen Partei, wurde (April 1889) genötigt, von der polit. Agitation zurückzutreten; gegen den Grafen Waldersee brachten im Sommer 1889 offiziöse Blätter die Verdächtigung, daß er die Wege der Bismarckschen Friedenspolitik durchkreuze; als die konservative Kreuzzeitung nicht aufhörte, den von der Regierung begünstigten Zusammenschluß der gemäßigten Mittelparteien zu bekämpfen, erklärte der Reichsanzeiger 2. Okt. 1889, daß der Kaiser persönlich ihre Haltung mißbillige.

Auch in der auswärtigen Politik spielte gleichzeitig ein unangenehmer Zwischenfall sich ab. Die Polizei des Kantons Aargau verhaftete 21. April 1889 den deutschen Polizeikommissar Wohlgemuth, der über die Grenze gekommen war, um Informationen über das Treiben der Socialdemokratie einzusammeln. Sie legte ihm zur Last, als agent provocateur gewirkt zu haben, und ließ ihn erst nach 10 Tagen frei. Die deutsche Regierung beschwerte sich nun umgekehrt über die Duldung socialdemokratischer und anarchistischer Wühlereien seitens der Schweizer Behörden und kündigte, als Verhandlungen erfolglos waren, den deutsch-schweiz. Niederlassungsvertrag. Nicht ohne polit. Bedeutung war es, daß auch Rußland, durch die Interessengemeinschaft veranlaßt, in diesem Punkte mit Deutschland zusammenstand und dessen Vorstellungen bei der Schweizer Regierung unterstützte.

Zunächst wurde nun nach mühsamen Vorarbeiten und schwierigen Verhandlungen das Invaliditäts- und Altersversicherungsgesetz erledigt (22. Juni 1889). Den Einzelstaaten zu Gefallen war wieder von der Einrichtung einer Reichsversicherungsanstalt abgesehen; Landesversicherungsanstalten und nicht die Berufsgenossenschaften sollten die Träger der Versicherung werden. Den Wünschen der Landwirtschaft zu Liebe wurden keine Ortsklassen für die Höhe der Renten, die das Herüberfluten der Arbeiterschaft in die größern Städte befördert hätten, eingerichtet, sondern Lohnklassen mit einem für alle Klassen gleichen Reichszuschusse von 50 M. jährlich für jede Rente. Im übrigen sollten Arbeiter und Arbeitgeber zu gleichen Teilen jährlich beitragspflichtig sein. (S. Altersrente.) Die ungeheuern Schwierigkeiten dieses über 12 Mill. Arbeiter sich erstreckenden, tief in alle wirtschaftliche Verhältnisse eingreifenden und in seiner künftigen Entwicklung kaum zu übersehenden Unternehmens schreckten viele von denen ab, die im Princip dem Gesetz zustimmten, und fast alle Parteien spalteten sich bei der Schlußabstimmung (24. Mai 1889); die Annahme erfolgte mit der knappen Majorität von 185 gegen 165 Stimmen. In Wirksamkeit trat das Gesetz mit dem 1. Jan. 1891.

Lediglich der besondere Wunsch des Kaisers hatte manche veranlaßt, ihre Bedenken gegen das Gesetz zu überwinden. Dieses ganz persönliche Eintreten des jungen Herrschers in der socialen Frage war etwas ganz Neues und bei der frischen Energie, mit der es geschah, höchst Eindrucksvolles. Fast über Nacht war im Mai 1889 zuerst in den Kohlengebieten von Rheinland-Westfalen, danu in Schlesien, Sachsen und im Saargebiet ein Streik der Bergarbeiter ansgebrochen; über 100000 Mann feierten allein in Rheinland-Westfalen. Die Preissteigerungen der Kohle waren für sie zunächst die Veranlassung, höhere Löhne zu fordern. Dann aber forderten sie mit fast noch größerm Nachdruck etwas, was die bisherige socialpolit. Gesetzgebung kaum berücksichtigt hatte, Schutz vor übermäßiger Ausbeutung durch Verkürzung der Arbeitszeit und eine geregelte Vertretung der Arbeiterinteressen gegenüber den Arbeitgebern. Eine Deputation der westfäl. Bergarbeiter trug 14. Mai dem Kaiser persönlich ihre Beschwerden vor. Er verwies ihnen eindringlich ihren Kontraktbruch, versprach ihnen aber wohlwollende Prüfung, falls sie sich ruhig verhielten und nicht von der Socialdemokratie verlocken ließen. Die Vertreter der Grubenbesitzer wurden vom Kaiser 16. Mai nicht minder ernst ermahnt, möglichst nahe Fühlung mit den Arbeitern zu suchen. Das erschien von nun an als eins der Hauptprobleme der Socialpolitik, anstatt des bloßen mechan. Lohnverhältnisses zwischen Arbeitern und Arbeitgebern den erstern eine Vertretung zu schaffen als Organ ihrer Wünsche und zur Erhaltung eines dauernden Einvernehmens mit den Arbeitgebern. Die Grubenbesitzer widerstrebten gerade in diesen Punkten am meisten. Nach Wiederaufnahme der Arbeit erregten sie durch Maßregelungen der Arbeiterführer neuen Zwiespalt, der schließlich durch die energische Vermittelung der Oberpräsidenten von Rheinland und Westfalen von Berlepsch und Studt, im Dez. 1889 zn Gunsten der Bergleute gelöst wurde.

Die Socialdemokratie, obgleich ursprünglich der Bewegung fremd, gewann doch unter der Bergarbeiterschaft nun nicht unbeträchtlich an Boden. Mit Besorgnis sah man den für den 20. Febr. 1890 anberaumten Reichstagswahlen entgegen. Da brachte der 4. Febr. 1890 zwei Erlasse des Kaisers an den Reichskanzler und an die Minister für öffentliche Arbeiten und für Handel und Gewerbe, die als Weiterführung der kaiserl. Botschaft von 1881 das Eintreten des Staates für alle diejenigen Fragen verhießen, deren Lösungsbedürftigkeit die großen Streike von 1889 erwiesen hatten. Es wurde als «eine der Aufgabeu der Staatsgewalt» erklärt, «die Dauer und Art der Arbeit so zu regeln, daß die Erhaltung der Gesundheit, die Gebote der Sittlichkeit, die wirtschaftlichen Bedürfnisse der Arbeiter und ihr Anspruch auf gesetzliche Gleichberechtigung gewahrt bleiben». Die Formen für die Vertretungen der Arbeiter sollten gesetzlich geregelt, die staatlichen Bergwerke zu Musteranstalten in Hinsicht der Fürsorge für die Arbeiter entwickelt werden. Da die Hauptschwierigkeit dieser Reformen die notwendige und in den Erlassen s entschieden betonte Rücksichtnahme auf die Konkurrenzfähigkeit gegenüber dem Auslande war, so sollte zur gemeinsamen Verständigung eine internationale Konferenz berufen werden. Nen war in diesen Erlassen vor allen die persönliche energische Initiative des Kaisers. Anträge auf wirksamern Arbeiterschutz, namentlich was die Sonntagsruhe, die Frauen- und Kinderarbeit betraf, waren unter Mitwirkung aller Parteien schon seit 1885 wiederholt im Reichstage gestellt und angenommen worden; die einzige Frucht war, daß der Bundesrat 1885 eine Erhebung über die Sonntagsarbeit anordnete. Der Reichskanzler widerstrebte grundsätzlich diesen Anträgen. Nachdem die Verheißungen der kaiserl. Botschaft von 1881 erfüllt waren, hielt er alle weitergehende Socialreform für von Übel. Die Einführung des Normalarbeitstags schien ihm eine Utopie, eine internationale Verständigung darüber unmöglich, ein einseitiges Vorgehen Deutschlands aber höchst gewagt.

Es war nach den Erlassen vom 4. Febr. 1890 klar, daß zwischen Kaiser und Kanzler ein tiefer Zwiespalt der Meinungen herrschte. Darauf deutete schon der wenige Tage zuvor erfolgte Rücktritt Bismarcks von dem Posten als preuß. Handelsminister; der Oberpräsident der Rheinprovinz von Berlepsch wurde sein Nachfolger mit der augenscheinlichen Aufgabe, das Programm des Kaisers durchzuführen. Eine zweite Differenz nahm man irrtümlicherweise an bei der Frage des Socialistengesetzes. Der Bundesrat hatte Okt. 1889 dem Reichstage den Entwurf eines dauernden Socialistengesetzes mit Erweiterung der Ausweisungsbefugnis vorgelegt. Bismarck legte den größten Wert auf diese letztere, ohne jedoch unbeugsam darauf zu bestehen. Der Kaiser und die übrigen Minister hielten das Gesetz auch in der von der Kommission des Reichstags dargebotenen Fassung ohne Ausweisungsbefugnis für annehmbar, und als nun nach einem 24. Jan. 1890 unter Vorsitz des Kaisers abgehaltenen Kronrat die von den Konservativen geforderte Erklärung der Regierung, daß das Gesetz ohne Ausweisungsbefugnis unannehmbar sei, ausblieb, brachten die Konservativen in der 3. Lesung 25. Jan. 1890 das Gesetz zu Falle.

Zur Vorbereitung der der internationalen Konferenz vorzulegenden Anträge wurde der preuß. Staatsrat zum 14. Febr. berufen; der Kaiser beteiligte sich persönlich lebhaft an den Verhandlungen und äußerte schon jetzt, daß man am besten thue, das 30. Sept. ablaufende Socialistengesetz nicht zu erneuern. Für den Fall aber einer offenen Revolution war er gewillt, den Gegner mit der ganzen Kraft der Staatsgewalt zu «zerschmettern».

Die Reichstagswahlen 20. Febr. 1890 zeigten ein gewaltiges Anschwellen der socialdemokratischen Stimmen, 1427000 gegen 763000 (1887); die Kartellmehrheit brach zusammen. Die Nationalliberalen erhielten 41, die Reichspartei 20, die Deutschkonservativen 71, das Centrum 113, die Freisinnigen 64, die Socialdemokraten 35 Mandate.

Vom 15. bis 29. März tagte die internationale Arbeiterschutzkonferenz (s. d.) in Berlin, von allen europ. Staaten mit Ausnahme Rußlands und der Türkei, die ohne Einladung geblieben waren, beschickt. Auf Verlangen Englands war die Frage des Maximalarbeitstags für erwachsene Arbeiter von der Tagesordnung vorher abgesetzt worden, aber für die Regelung der Arbeit in den Bergwerken, der Sonntagsruhe, Frauen- und Kinderarbeit gelang es doch, gemeinsame Beschlüsse zu erzielen, die, wenn auch vorläufig ohne bindende Kraft, doch ein kräftiger moralischer Sporn für alle Staaten sein müssen.

Währenddem vollzog sich das lange vorbereitete Ereignis der Entlassung Bismarcks. Es war undenkbar, daß Konsequenz und Kraft des innern Regiments erhalten blieben, wenn der Kanzler des Kaisers Socialpolitik für ein gefährliches Wagnis hielt. Bismarck bemühte sich, diese bedrohte Einheitlichkeit der Regierung äußerlich wiederherzustellen, indem er eine königl. Order vom 8. Sept. 1852 in Erinnerung brachte, die den Ministern für alle wichtigern Vorträge beim Könige die Verständigung mit dem Ministerpräsidenten zur Pflicht machte. Als der Kaiser darauf nicht einging, erbat Bismarck seine Entlassung, die ihm 20. März unter Erhebung zum Herzog von Lauenburg und Ernennung zum Generalobersten gewährt wurde. Sein Nachfolger als Reichskanzler, preuß. Ministerpräsident und Minister der auswärtigen Angelegenheiten wurde der frühere Chef der Admiralität, kommandierende General des 10. Armeekorps von Caprivi. Graf Herbert Bismarck, der dem Beispiel seines Vaters folgte, wurde in seinem Amte als Staatssekretär des Auswärtigen Amtes ersetzt durch den Freiherrn von Marschall, den bisherigen bad. Gesandten in Berlin. Der am 6. Mai eröffnete Reichstag war fruchtbarer, als seine Zusammensetzung vermuten ließ. Die Schärfe der frühern Kämpfe zwischen Regierung und Parteien wurde gemäßigt, der Ton ruhiger und sachlicher. Die mit Spannung erwartete Novelle zur Gewerbeordnung, die freilich den Socialdemokraten nicht genügte und namentlich wegen der Bestimmungen über den Kontraktbruch ihr Mißfallen erregte, aber doch wesentliche Fortschritte auf dem Gebiet des Arbeiterschutzes und namentlich in der Beschränkung der Sonntagsarbeit brachte, wurde nach oft schwierigen Verhandlungen am 6. Mai 1891 zum Abschluß gebracht und am 1. Juni 1891 vom Kaiser vollzogen. Ein Gesetz über die Bildung von Gewerbegerichten, die zur Entscheidung von Streitigkeiten zwischen Arbeitern und Arbeitgebern dienen sollten, kam bereits 28. Juni 1890 zu stande. Schwerere Kämpfe bestand die neue Militärvorlage. Nachdem schon der alte Reichstag im Jan. 1890 die Errichtung zweier neuer Armeekorps aus den bereits bestehenden Truppenkörpern bewilligt hatte, veranlaßte die radikale Durchführung der allgemeinen Wehrpflicht in Frankreich und die numerische Überlegenheit der franz. Artillerie die Regierung zu weitern militär. Forderungen. Die Friedenspräsenzstärke sollte bis zum Ablauf des Septennats 1. April 1894 um etwa 18000 Mann, die vor allem der Artillerie zu gute kommen sollten, zur Höhe von 486983 Mann vermehrt werden. Besonders bei den Freisinnigen wurde wieder der Ruf nach Einführung der zweijährigen Dienstzeit als Gegengabe der Regierung laut, und als der Kriegsminister von Verdy in der Kommissionssitzung 21. Mai Andeutungen machte, daß man plane, mit der allgemeinen Wehrpflicht in Deutschland Ernst zu machen und sämtliche Diensttauglichen einzustellen, konnte Caprivi die Vorlage nur retten durch Abschwächung der Verdyschen Erklärungen und durch das Versprechen, künftig die Beurlaubungen zur Disposition nach absolvierter zweijähriger Dienstzeit zu erweitern. Auch das Centrum und sogar die Polen stimmten nun dem Gesetze zu (28. Juni).

Es stand außer Frage, daß an den Grundsätzen der auswärtigen Politik Bismarcks nicht gerüttelt werden dürfe. Öffentliche Erklärungen Caprivis, die Zusammenkünfte Kaiser Wilhelms mit Kaiser Franz Joseph in Rohnstock und Wien (Sept. und Okt. 1890) und Caprivis mit Kalnoky und Crispi (Nov. 1890) bestätigten es zum Überfluß. Weit kam man England entgegen. Das deutsch-engl. Abkommen vom 1. Juli 1890, auf welches Gründe der europ. Politik jedenfalls bestimmend gewirkt haben, gab den Engländern das Witugebiet und das Protektorat über Sansibar preis und engte die Sphäre einer Machterweiterung Deutschlands nach den afrik. Seen zu beträchtlich ein. Dafür erhielt Deutschland die Aussicht, der Souveränität des Sultans von Sansibar an der deutsch-ostafrik. Küste ledig zu werden, und bekam die Insel Helgoland, deren feierliche Besitzergreifung im Beisein des Kaisers 9. und 10. Aug. erfolgte.

Ende Juni 1891 wurde der Dreibund mit Österreich und Italien auf weitere 6 Jahre erneuert; ein Austausch polit. Ansichten fand auch zwischen deutschen und engl. Staatsmännern bei der Anwesenheit des deutschen Kaiserpaars in England (Juli 1891) statt. Gleichzeitig waren aber auch die Gegner des Dreibundes thätig. Der Kardinal Lavigerie arbeitete an einer Annäherung der röm. Kurie an Frankreich und Rußland, in Konstantinopel gewann der russ. Einfluß Boden, und der Zar trat aus seiner bisherigen persönlichen Zurückhaltung heraus, um in Kronstadt, wohin ein franz. Geschwader zu seiner Begrüßung gekommen war (23. Juli bis 8. Aug. 1891), demonstrativ seine Sympathien für Frankreich der Welt zu verkünden. Wahrscheinlich wurden dabei auch vertragsmäßige Abmachungen zwischen Rußland und Frankreich geschlossen. Freilich gebot dann die außerordentlich ungünstige Ernte in Rußland, die zu einer Hungersnot in mehrern Teilen des Reichs führte und ein Getreideausfuhrverbot nötig machte, jeder etwaigen Angriffslust bald Einhalt.

Einen wesentlich andern, friedlichen Charakter trug, was der Dreibund im Laufe desselben Jahres zur innern Festigung seines Bestandes that. Das wirtschaftliche Absperrungssystem Rußlands, die rücksichtslose Erhöhung der Zölle in den Vereinigten Staaten durch die Mac Kinley-Bill und die Tendenz zu gleichem Vorgehen in Frankreich legten, im Zusammenhang mit dem bevorstehenden Erlöschen der meisten europ. Handelsverträge, die Besorgnis nahe, daß eine allgemeine Überspannung des Schutzzollsystems schließlich zur Lähmung jeder Exportindustrie führen könne, und so erfaßte der Reichskanzler Caprivi den Gedanken, durch Abschluß von Handelsverträgen mit Österreich, Italien, der Schweiz und Belgien ein mitteleurop. Handelsgebiet zu schaffen, das, durch mäßige Zollschranken getrennt, der deutschen Industrie einen auf einen langern Zeitraum gesicherten Absatz versprach und durch Ausgleichung der wirtschaftlichen Interessen der Dreibundstaaten auch politisch verbindend wirken sollte. Für die Herabsetzung ihrer Tarife mußte freilich an Österreich die Ermäßigung der deutschen Getreidezölle von 50 M. auf 35 M. für die Tonne und an Italien eine Ermäßigung der Weinzölle zugestanden werden. Das erregte nun eine lebhafte Opposition namentlich in den Kreisen der deutschen Landwirtschaft, die, obgleich durch die derzeitigen hohen Getreidepreise geschützt, doch für die Zukunft eine Minderung des bisher genossenen Zollschutzes fürchtete. Auch Bismarck übte eine herbe Kritik an den Handelsverträgen. Aber teils das Eingehen auf die Motive der Regierung, teils, wie vielleicht beim Centrum, taktische Parteirücksichten, teils, wie bei den für gänzliche Aufhebung der Kornzölle agitierenden Freisinnigen und Socialdemokraten, die Tendenz zum Freihandel, vereinigten schließlich im Reichstage 18. Dez. 1891 die imposante Mehrheit von 243 Stimmen gegen 48 zu Gunsten des Vertrags mit Österreich-Ungarn. Mit ähnlichen Mehrheiten wurden auch die übrigen Verträge angenommen. Der Kaiser belohnte noch am selben Tage Caprivis Verdienst durch Erhebung in den Grafenstand.

Das taktlose Benehmen der franz. Chauvinisten während des Aufenthalts der Kaiserin Friedrich in Paris im Febr. 1891 hatte die Reichsregierung veranlaßt, den Paßzwang an der elsaß-lothr. Grenze wieder zu verschärfen, bei der loyalen Haltung der Bevölkerung in den Reichslanden hielt sie aber bald darauf schon den Zeitpunkt zur gänzlichen Aufhebung des Paßzwangs für gekommen (21. Sept. 1891).

In der Kolonialpolitik war es die wichtigste Aufgabe, die Preisgebung Sansibars an England vergessen zu machen durch erhöhte Sorge für den Aufschwung des deutsch-ostafrik. Schutzgebietes. Daß dies der feste Wille der Reichsregierung war, zeigte ihr im Okt. 1890 geschlossenes Abkommen mit der Deutsch-Ostafrikanischen Gesellschaft, wonach die Landeshoheit und die Zollerhebung auf das Deutsche Reich überging gegen eine der Gesellschaft zu zahlende Rente, während letztere es übernahm, den Sultan von Sansibar für die Abtretung der Küste mit 4 Mill. M. zu entschädigen. Die gleichzeitige Einrichtung eines Kolonialrates von Sachverständigen und Vertretern der verschiedenen Kolonialgesellschaften, der der seit 1. April 1890 bestehenden Kolonialabteilung des Auswärtigen Amtes beratend zur Seite stehen sollte, verbürgte für die Zukunft eine bisher zuweilen vermißte engere Fühlung zwischen dem Auswärtigen Amte und den Kolonialkreisen. Der im Febr. 1891 zum Gouverneur des ostafrik. Schutzgebietes ernannte Freiherr von Soden, der sich bereits in Kamerun bewährt hatte, leitete alsbald eine planmäßige Organisation der Verwaltung ein. Ein schmerzlicher Verlust war im Aug. 1891 die Zersprengung der Expedition Zelewskis in Uhehe.

Am 1. Okt. 1890 erlosch das Socialistengesetz. Mit Triumph begrüßte die Socialdemokratie den Tag. Ein Parteikongreß in Halle a. d. S., der vom 13. bis 18. Okt. tagte, sollte zum imponierenden Ausdruck ihrer innern Stärke sich gestalten, aber die Opposition, die sich innerhalb der Partei, namentlich in Berlin, gegen die bisherigen ältern Führer erhoben hatte, wurde hier nur äußerlich zum Schweigen gebracht. Bei dem Parteitage des nächsten Jahres, der in Erfurt vom 14. bis 21. Okt. 1891 stattfand und ein neues Programm aufstellte, trennte sich in der That eine radikalere Richtung, die der «Jungen», von der Partei ab. Die Führer der alten Partei hielten diese in gemäßigtern Bahnen, aber nur um die Gunst der Lage nach Erlöschen des Socialistengesetzes durch ungestörte Agitation desto wirksamer auszunutzen. Die ungünstige Ernte des Jahres 1891 und mehrere Bankbrüche im In- und Auslande lähmten merkbar das wirtschaftliche Leben: Krawalle von Arbeitslosen, die im Febr. 1892 in Berlin und andern Industriestädten ausbrachen, zeigten immerhin, daß die socialdemokratische Parteileitung die Massen nicht durchweg in der Gewalt hatte.

Die Vorgänge in Preußen bei der Beratung der Volksschulgesetzvorlage, die im März 1892 zum Rücktritt Caprivis von seinem Amte als preuß. Ministerpräsident führten, übten sogleich auch auf die Parteiverhältnisse im Reichstage eine Wirkung aus, indem das durch die Zurückziehung der Volksschulgesetzvorlage verstimmte Centrum kurz darauf bei der Beratung des Marine-Etats die Neuforderung einer Kreuzerkorvette zu Falle brachte. Es war ein Symptom, daß die stattlichen Mehrheiten, welche fast alle wichtigern Gesetzesvorlagen der Regierung des «neuen Kurses» seit Bismarcks Entlassung auf sich vereinigt hatten, nicht durchweg auf einer zuverlässigen und homogenen Parteigruppierung beruhten. Nachdem der Reichstag die Gesetze über das Telegraphenwesen, über die Gesellschaften mit beschränkter Haftpflicht und über den Verkehr mit Wein sowie die Novelle zum Krankenkassengesetz zum Abschluß gebracht hatte, wurde er 31. März 1892 geschlossen. Die Verstimmung des Centrums war nur eine vorübergehende; die Partei zeigte sich vielmehr bei allen Gelegenheiten (zuletzt noch auf dem Mainzer Katholikentag Ende Aug. 1892) beflissen, ihr Vertrauen zu dem Reichskanzler Caprivi zu erkennen zu geben, besonders nachdem dieser durch Veröffentlichung zweier gegen Bismarck gerichteter Erlasse jede Möglichkeit einer erneuten Einflußnahme des alten Reichskanzlers auf die Regierung abgewiesen hatte. Bismarck nämlich hatte während eines Aufenthalts in Wien, wohin er Ende Juni zur Hochzeit seines Sohnes Herbert gereist war, die ganze Politik seines Nachfolgers in einer Unterredung mit einem Wiener Journalisten angegriffen. Die Antwort der Reichsregierung darauf war die Veröffentlichung der Erlasse, von denen der eine bereits aus dem J. 1890 stammte. Doch zeigten die großartigen Huldigungen, die Bismarck, wie auf der Hinreise in Dresden, so auf der Rückreise besonders in München, Augsburg, Kissingen und Jena bereitet wurden, sowie der Nachhall, den Bismarcks dabei gehaltene bedeutsamen, sich besonders gegen einen übermächtigen Einfluß der Centrumspartei kehrenden Reden fanden, daß der abgetretene Reichskanzler auch als Privatmann noch ein wichtiger Machtfaktor sei, und daß die Regierung mit den Empfindungen des Volks für den Begründer des Deutschen Reichs wohl zu rechnen habe.

Litteratur zur deutschen Geschichte. Quellenkunde. Die frühesten Nachrichten über Deutschland und die Deutschen finden sich vereinzelt bei Cäsar, Vellejus, Dio Cassius, sodann umfassender in Tacitus' Germania, in des Jordanes Geschichte der Goten, Gregors von Tours Geschichte der Franken und des Paulus Diakonus Geschichte der Langobarden. Die Reihe der eigentlichen deutschen Quellenschriftsteller beginnt unter Karl d. Gr. In den Geschichtswerken dieser Zeit bis herab zum 10. Jahrh. treten vornehmlich zwei Richtungen, die annalistische (s. Annalen) und die biographische, in den Vordergrund. Das Bedeutendste in dieser Art sind die Annalen, welche wohl mit Unrecht Einhard zugeschrieben werden, der in seinem Leben Karls d. Gr. der biogr. Darstellung ein erstes frühes Vorbild geliefert hat. Im allgemeinen teilte sich die biogr.

Erzählung dem Stoffe nach in weltliche und kirchliche; in der ersten Gattung hat Einhard nur wenig Nachahmer gefunden. Nithards, eines Enkels Karls d. Gr., vier Bücher Geschichten über die Streitigkeiten Ludwigs des Frommen bis 843 gewähren eine Aufzeichnung der Zeitgeschichte durch einen der Mitwirkenden selbst. Unter den kirchlichen Biographien steht die Vita Bonifacii vom Presbyter Wilibald, 754 verfaßt, den übrigen an Alter voran; fast in gleiche Zeit fällt die Vita S. Galli (um 771). Historisch wertvoll sind ferner die Vita Sturmi des Fuldaer Mönchs Eigil, gest. 822; die Vita Liudgeri, Bischofs von Münster, gest. 809, gleich nach seinem Tode von Altfrid verfaßt; die Vita S. Willehadi, Bischofs von Bremen, von Ansgar, gest. 865; die Vita S. Ansgarii, von Rimbert, gest. 888. Eine besondere Gruppe bilden noch einige Werke in metrischer Abfassung, wie des Poeta Saxo Werk De gestis Caroli Magni und des Ermoldus Nigellus (des Zeitgenossen Ludwigs des Frommen) Carmen elegiacum in honorem Hludowici imperatoris, deren geschichtlicher Gehalt den dichterischen übertrifft. Vom 10. Jahrh. ab überwiegt die kirchliche Biographie fast ausschließlich und hat geschichtlichen Wert, weil überhaupt die Geistlichkeit im Vordergrunde steht. Auch die Annalen gewinnen an Zahl und Bedeutung; die ausführlichern und im Rückblick auf einen längern Zeitraum gearbeiteten Werke pflegt man Chroniken zu nennen. Sie erreichten ihren Höhepunkt im 12. Jahrh. In diesem beginnen auch deutsche Chroniken, anfangs in poet. Form und von geringem geschichtlichem Wert, denen sich im 13. auch prosaische Werke anreihen.

Aus der Zeit der sächs. Kaiser sind drei Schriftsteller als besonders wichtig hervorzuheben. Liutprand, Bischof von Cremona, schrieb De rebus gestis Ottonis Magni imperatoris, eine Relatio de legatione Constantinopolitana und die Antapodosis, sechs Bücher über die Begebenheiten seiner Zeit. Widukind von Corvei beschrieb in drei Büchern die Thaten Heinrichs I. und Ottos I. bis 973. Eine andere Hauptquelle dieser Zeit ist der ungenannte Fortsetzer der Chronik des Regino. Thietmars von Merseburg (gest. 1019) Chronicon bildet eine Hauptquelle für die Geschichte Sachsens und der slaw. Gegenden über der Elbe. Von den wenigen Biographien verdienen aufgeführt zu werden die Vita Brunonis, Erzbischofs von Köln, von Ruotger 967 abgefaßt, und die poet. Panegyris der Ottonen von der Nonne Roswitha zu Gandersheim. Unter den salischen Kaisern nimmt Lambert von Hersfeld mit seinen Annalen (bis 1077) eine hervorragende Stellung ein. Derselben Zeit gehört Hermann von Reichenau (Contractus) an, dessen Chronicon durch Fleiß und Genauigkeit unter den großen Weltchroniken eine der ersten Stellen einnimmt. Ferner Adam von Bremen, dessen Gesta Pontificum Hammaburgensium (788—1072) eine fleißige und lebendige Darstellung der Geschichte seiner Zeit sind und besonders sehr wertvolle Mitteilungen über den baltischen Norden enthalten. Unter den Biographen der fränk. Zeit ist Wipo, der Darsteller Konrads II., zu nennen und Cosmas von Prag mit seinem Chronicon Bohemorum. Unter den Weltchroniken dieser spätern fränk. Zeit nimmt die erste Stelle die von Ekkehard (gest. nach 1125) ein, an Ruhm und Verbreitung noch übertroffen durch Sigebert von Gembloux. Otto von Freising mit seinem Chronicon bis 1153, fortgesetzt von Otto von St. Blasien, Helmold mit seinem Chronicon Slavorum bis 1170, fortgesetzt von Arnold von Lübeck, Albert von Stade, und der Petersberger Mönch in dem Chronicon Montis Sereni, 1124—1255, sind die vorzüglichsten Historiker der hohenstauf. Zeit. Die Thaten Kaiser Friedrichs I. beschrieb Otto von Freising, fortgesetzt von Ragewin (Radevicus). Poetisch behandelte die Thaten Friedrichs ein ungenannter Dichter in seinem Ligurinus, seu de rebus gestis Friderici I. mit Geschick und Talent. Daran reihen sich zahlreiche Annalen und Chroniken aus den verschiedensten Teilen Deutschlands, die entgegengesetzten Standpunkte und Parteirichtungen der Zeit vertretend. Seit den Zeiten des Interregnums sank die Geschichtschreibung von ihrem Höhepunkt immer tiefer herab; bis zum 15. Jahrh. hin giebt es von allgemeinern Geschichtswerken nur wenige. Genannt zu werden verdienten etwa Heinrichs von Rebdorf Chronicon von 1295 bis 1363, Heinrichs von Herford (gest. 1370) Schrift De temporibus memorabilibus, des Gobelinus Persona (gest. 1420) Cosmodromium, Herm. Corners Chronicon bis 1435 und Werner Rolevinks Fasciculus temporum. Von Wert sind noch einige Special- und Städtechroniken, die seit Anfang des 14. Jahrh. zum Vorschein kamen. Ein allgemeineres histor. Interesse besitzen von diesen Ottokars Österr.-steirische Chronik, um 1300 in deutschen Reimen verfaßt, Jak. Twingers von Königshofen Elsass. Chronik, um 1386, und Johs. Rothes Thüring. Chronik, um 1442 abgefaßt. Vgl. Dahlmann, Quellenkunde der deutschen Geschichte (5. Aufl., hg. von Waitz, Gött. 1883); Wattenbach, Deutschlands Geschichtsquellen im Mittelalter, bis zur Mitte des 13. Jahrh. (Berl. 1858; 5. Aufl., 2 Bde., 1885); O. Lorenz, Deutschlands Geschichtsquellen im Mittelalter seit der Mitte des 13. Jahrh. (3. Aufl., 2 Bde., Berl. 1886—87).

Schon im 15. Jahrh. begann man die Quellenschriftsteller der ältern Zeit zu sammeln und im Druck zu veröffentlichen; die vielen im 16. und 17. Jahrh. erschienenen Sammlungen bildeten aber endlich ein Chaos, dessen kritische Sichtung und systematische Ordnung dringendstes Bedürfnis wurde. Nachdem schon Männer wie Rösler, Krause, Joh. von Müller u. a. den Plan zu einer kritischen Sammlung der deutschen Quellenschriftsteller gefaßt hatten, bildete sich auf Anregung des Freiherrn von Stein 20. Jan. 1819 zu Frankfurt a. M. eine Gesellschaft für Deutschlands ältere Geschichtskunde, die das frühere Vorhaben mit dem großen Werke «Monumenta Germaniae historica» (s. d.) endlich glücklich ins Werk setzte. Auch Übersetzungen der bedeutendsten Geschichtswerke daraus erschienen u. d. T. Geschichtschreiber der deutschen Vorzeit (Lfg. 1—91, Lpz. 1847—91, und 2. Gesamtausg., Bd. 1—39, ebd. 1884—92). Ferner hat J. F. Böhmer eine Reihe von Urkunden und Regesten der Kaiserzeit bearbeitet; zugleich sammelte derselbe in den Fontes rerum Germanicarum (4 Bde., Stuttg. 1843—68) sowie Jaffé in der Bibliotheca rerum Germanicarum (Bd. 1—6, Berl. 1864—73) deutsche Schriftsteller des Mittelalters. Der durch die Thätigkeit der Frankfurter Gesellschaft in ganz Deutschland neu erwachte Eifer für vaterländische Geschichtsforschung rief bald eine Anzahl specieller Historischer Vereine (s. d.) hervor, die sich einesteils die Sammlung, anderntheils die Nutzbarmachung des gesamten Materials für die Geschichte einzelner Provinzen und

Gaue zum Ziel setzten. Von großer Bedeutung ist die unter den Auspizien des Königs Max II. von Bayern 1858 gebildete und dotierte Historische Kommission, die sich eine Reihe umfassender Aufgaben gestellt hat. Dazu gehört die Sammlung der Chroniken der deutschen Städte vom 14. bis ins 16. Jahrh. (Bd. 1—22, Lpz. 1862—92), die Ausgabe der deutschen Reichstagsakten (Bd. 1—9, Gotha 1867—88) und «Hanserecesse» (Bd. 1—5, Lpz. 1870—80) sowie die Sammlung geschichtlich merkwürdiger Korrespondenzen aus dem 16. und 17. Jahrh. Vgl. Wegele, Geschichte der deutschen Historiographie (Münch. 1885).

Von Gesamtdarstellungen der deutschen Geschichte sind zu nennen: Häberlin, Umständliche teutsche Reichshistorie (12 Bde., Halle 1767—73); ders., Neueste teutsche Reichsgeschichte (mit Fortsetzung von Senkenberg, 28 Bde., Halle u. Frankf. 1774—1804); M. J. Schmidt, Geschichte der Deutschen (fortgesetzt bis 1816 von Milbiller und Dresch, 27 Tle., Ulm 1778—1830); K. A. Menzel, Die Geschichten der Teutschen (8 Bde., Bresl. 1815—23); ders., Neuere Geschichte der Teutschen (12. Aufl., 6 Bde., ebd. 1854—55); Luden, Geschichte des Teutschen Volkes (12 Bde., Gotha 1825—37); Pfister, Geschichte der Teutschen (fortgesetzt von Bülau, 6 Bde., Hamb. 1829—42); Wirth, Geschichte der Deutschen (4 Bde., 4. Aufl., Stuttg. 1860—64); Leo, Vorlesungen über die Geschichte des deutschen Volkes und Reiches (5 Bde., Halle 1854—67); Sugenheim, Geschichte des deutschen Volks und seiner Kultur (Bd. 1—3, Lpz. 1866—67); Erler, Deutsche Geschichte von der Urzeit bis zum Ausgang des Mittelalters (3 Bde., ebd. 1882—84); Nitzsch, Geschichte des deutschen Volkes bis zum Augsburger Religionsfrieden (3 Bde., ebd. 1883—85; 2. Aufl. im Erscheinen); Duller, Geschichte des deutschen Volkes (fortgesetzt von W. Pierson, 7. Aufl., 2 Bde., Berl. 1891); D. Müller, Geschichte des deutschen Volkes (14. Aufl., von F. Junge, ebd. 1892); Stacke, Deutsche Geschichte (2 Bde., 2. Aufl., Bielefeld 1881—82; wohlf. Ausgabe, ebd. 1891—92); Kämmel, Deutsche Geschichte (Dresd. 1889); Lamprecht, Deutsche Geschichte (in 7 Bdn., Berl. 1891 fg.); Dittmar, Geschichte des deutschen Volkes (3 Bde., Heidelb. 1891 fg.); Gebhardt, Handbuch der deutschen Geschichte (2 Bde., Stuttg. 1891—92); Bibliothek deutscher Geschichte, hg. von von Zwiedineck-Südenhorst (in etwa 48 Abteil., ebd. 1886 fg.).

Werke über einzelne Perioden sind:

1) Zeit bis auf Karl d. Gr.: Zeuß, Die Deutschen und die Nachbarstämme (Münch. 1837); Arnold, Deutsche Urzeit (3. Aufl., Gotha 1881); Dahn, Urgeschichte der german. und roman. Völker (in Onckens «Allgemeiner Geschichte in Einzeldarstellungen», 4 Bde., Berl. 1881—90); Dahn, die Könige der Germanen (6 Bde., Münch. u. Würzb. 1861—71; Bd. 6 in 2. Aufl., Lpz. 1885); Pallmann, Die Geschichte der Völkerwanderung (Bd. 1 u. 2, Gotha u. Weim. 1863—64); von Wietersheim, Geschichte der Völkerwanderung (2. Aufl., von Dahn, 2 Bde., Lpz. 1880—81); Kaufmann, Deutsche Geschichte bis auf Karl d. Gr. (2 Bde., ebd. 1879—81); Hahn, Jahrbücher des fränk. Reichs, 741—52 (Berl. 1863); Abel und Simson, Jahrbücher des fränk. Reiches unter Karl d. Gr. (2 Bde., Lpz. 1866—83; 1 Bd. in 2. Aufl., ebd. 1888); Rettberg, Kirchengeschichte Deutschlands (2 Bde., Gött. 1845—48).

2) Von Ludwig dem Frommen bis auf Rudolf von Habsburg: Gerdes, Geschichte des deutschen Volkes und seiner Kultur im Mittelalter (Bd. 1: Geschichte des deutschen Volkes und seiner Kultur zur Zeit der karoling. und sächs. Könige, Lpz. 1891); Giesebrecht, Geschichte der deutschen Kaiserzeit (5 Bde., z. T. in 5. Aufl., ebd. 1874—90); Mühlbacher, Deutsche Geschichte unter den Karolingern (Stuttg. 1887 fg.); Simson, Jahrbücher des fränk. Reichs unter Ludwig d. Frommen (2 Bde., Lpz. 1874—76); Dümmler, Geschichte des Ostfränkischen Reichs (2 Bde., Berl. 1862—65); Wenck, Das Fränkische Reich nach dem Vertrage von Verdun (Lpz. 1851); Gfrörer, Geschichte der ost- und westfränk. Karolinger (2 Bde., Freiburg 1848); Arnold, Fränkische Zeit (2 Hälften, Gotha 1881—83); Jahrbücher des Deutschen Reichs unter dem sächs. Hause, hg. von Ranke (Bd. 1—3, Abteil. 1, Berl. 1837—40); Stenzel, Geschichte Deutschlands unter den fränk. Kaisern (2 Bde., Lpz. 1827); Breßlau, Jahrbücher des Deutschen Reichs unter Konrad II. (2 Bde., ebd. 1879—84); Steindorff, Jahrbücher des Deutschen Reiches unter Heinrich III. (2 Bde., ebd. 1874—81); Gervais, Polit. Geschichte Deutschlands unter den Kaisern Heinrich V. und Lothar III. (2 Bde., ebd. 1841—42); F. von Raumer, Geschichte der Hohenstaufen und ihrer Zeit (5. Aufl., 6 Bde., ebd. 1878); Nitzsch, Ministerialität und Bürgertum im 11. und 12. Jahrh. (ebd. 1859); Maurenbrecher, Geschichte der deutschen Königswahlen vom 10. bis 13. Jahrh. (ebd. 1889); die monographischen Arbeiten über einzelne Herrscher und ihre Zeit s. unter diesen Artikeln.

3) Über die Zeit von Rudolf von Habsburg bis zur Reformation: Lorenz, Deutsche Geschichte im 13. und 14. Jahrh. (2 Bde., Wien 1863—67); Dönniges, Geschichte des deutschen Kaisertums im 14. Jahrh. (2 Tle., Berl. 1841—42); Lindner, Geschichte des Deutschen Reiches vom Ende des 14. Jahrh. bis zur Reformation (1. Abteil.: König Wenzel, 2 Bde., Braunschw. 1875—80); ders., Deutsche Geschichte unter den Habsburgern und Luxemburgern (1. Bd., Stuttg. 1890); Karl Fischer, Deutsches Leben und deutsche Zustände von der Hohenstaufenzeit bis ins Reformationszeitalter (Gotha 1884); Aschbach, Geschichte Kaiser Siegmunds (4 Bde., Hamb. 1838—45); Chmel, Geschichte Kaiser Friedrichs IV. (2 Bde., ebd. 1840—43); Bachmann, Deutsche Reichsgeschichte im Zeitalter Friedrichs III. und Max I. (1. Bd., Lpz. 1884); Unger, Geschichte der deutschen Landstände (2 Bde., Hannov. 1844); Kopp, Geschichte der eidgenössischen Bünde, Bd. 1—5 (Lpz. u. Basel 1845—82); Barthold, Geschichte der deutschen Städte (4 Bde., Lpz. 1850—52); Arnold, Verfassungsgeschichte der deutschen Freistädte (2 Bde., Gotha 1854); Heusler, Ursprung der dentschen Stadtverfassung (Weim. 1872).

4) Von der Reformation bis zum Westfälischen Frieden: Ranke, Deutsche Geschichte im Zeitalter der Reformation (6 Bde., Berl. 1839—47; 6. Aufl., Lpz. 1880—81); Hagen, Deutschlands litterarische und religiöse Verhältnisse im Reformationszeitalter (3 Bde., Erlangen 1841—44); Maurenbrecher, Karl V. und die deutschen Protestanten (Düsseld. 1865); Häusser, Geschichte des Zeitalters der Reformation 1517—1648 (2. Aufl., Berl. 1879); Janssen, Geschichte des deutschen Volkes seit dem Ausgang des Mittelalters (6 Bde., Freiburg 1878—88; bis 1891 z. T. in 15. Aufl.); von Bezold, Geschichte der deutschen Reformation (Berl. 1886—90; in Onckens «Allg. Geschichte in Einzeldarstellungen»); Ritter, Deutsche Geschichte im Zeitalter der Gegenrefor-

mation und des Dreißigjährigen Krieges (Stuttg. 1886 fg.); Maurenbrecher, Geschichte der kath. Reformation (1. Bd., Nördl. 1880); Egelhaaf, Deutsche Geschichte im Zeitalter der Reformation (2. Aufl., Berl. 1885); ders., Deutsche Geschichte im 16. Jahrh. bis zum Augsburger Religionsfrieden (Stuttg. 1887 fg.); Ranke, Zur deutschen Geschichte vom Religionsfrieden bis zum Dreißigjährigen Krieg (2. Aufl., Lpz. 1874); Ritter, Geschichte der deutschen Union (2 Bde., Schaffh. 1867—73); Droysen, Geschichte der preuß. Politik (Tl. 1—5, Lpz. 1868—86), letzteres Werk auch für die folgende Periode bis auf Friedrich d. Gr. Die Litteratur über den Dreißigjährigen Krieg s. d.

5) Vom Westfälischen Frieden bis zur Errichtung des Deutschen Bundes (1648—1815): von Zwiedineck-Südenhorst, Deutsche Geschichte im Zeitraum der Gründung des preuß. Königtums (1648—1740; Bd. 1, Stuttg. 1890: 1648—88); Erdmannsdörffer, Deutsche Geschichte vom westphäl. Frieden bis zum Regierungsantritt Friedrichs d. Gr. (Berl. 1888 fg.); Schlosser, Geschichte des 18. Jahrh. und des 19. bis zum Sturz des franz. Kaiserreichs (5. Aufl., 8 Bde., Heidelb. 1864—66); Biedermann, Deutschland im 18. Jahrh. (4 Bde., Lpz. 1854—81); Ranke, 12 Bücher preuß. Geschichte (bis 1855; 5 Bde., 2. Aufl., ebd. 1878—79; Sämtliche Werke, Bd. 25—29); ders., Zur Geschichte von Österreich und Preußen zwischen den Friedensschlüssen von Aachen und Hubertusburg (Bd. 30, ebd. 1875); ders., Die deutschen Mächte und der Fürstenbund (2. Aufl., Bd. 31, 32, ebd. 1875); ders., Ursprung und Beginn der Revolutionskriege 1791 u. 1792 (2. Aufl., Bd. 45, ebd. 1879); ders., Hardenberg und die Geschichte des preuß. Staates 1793—1813 (Bd. 46—48, ebd. 1879—81); Oncken, Zeitalter Friedrichs d. Gr. (2 Bde., Berl. 1881—82; in Onckens «Allgemeiner Geschichte in Einzeldarstellungen»); A. Schmidt, Preußens deutsche Politik 1785, 1806, 1849, 1866 (3. Aufl., Lpz. 1867); von Arneth, Geschichte Maria Theresias (10 Bde., Wien 1863—79); Wolf und Zwiedineck, Österreich unter Maria Theresia, Joseph II., Leopold II. (Berl. 1882; in Onckens «Allgemeiner Geschichte in Einzeldarstellungen»); Perthes, Das deutsche Staatsleben vor der Revolution (Hamb. u. Gotha 1845); von Sybel, Geschichte der Revolutionszeit von 1789 bis 1800 (5 Bde., neue Ausg., Frankf. 1882); Perthes, Polit. Zustände und Personen in Deutschland zur Zeit der franz. Herrschaft (2 Bde., Gotha 1861—69); Oncken, Zeitalter der Revolution, des Kaiserreichs und der Befreiungskriege (2 Bde., Berl. 1884—86; in Onckens «Allgemeiner Geschichte in Einzeldarstellungen»); Flathe, Geschichte der Revolution und des Kaiserreichs (ebd. 1883); Häusser, Deutsche Geschichte vom Tode Friedrichs des Großen bis zur Gründung des Deutschen Bundes (4 Bde., 4. Aufl., ebd. 1869); H. von Treitschke, Deutsche Geschichte im 19. Jahrh. (1. Bd. bis 1815, 4. Aufl., Lpz. 1886).

6) Über die Ereignisse der neuern Zeit: Treitschke, Deutsche Geschichte im 19. Jahrh. (Bd. 1—4, in 3. u. 4. Aufl., Lpz. 1886—90); Klüber, Wichtige Urkunden für den Rechtszustand der deutschen Nation, fortgesetzt von Welcker (2. Aufl., Mannh. 1845); Biedermann, Dreißig Jahre deutscher Geschichte. Von der Thronbesteigung Friedrich Wilhelm IV. bis zur Aufrichtung des neuen deutschen Kaisertums (2 Bde., Bresl. 1881); ders., 1815—40. Fünfundzwanzig Jahre deutscher Geschichte (2 Bde., ebd. 1890); Wigard, Stenogr. Bericht über die Verhandlungen der deutschen konstituierenden Nationalversammlung (9 Bde., Frankf. 1848—49); Jürgens, Zur Geschichte des deutschen Verfassungswerks (2 Bde., Braunschw. 1850—57); Haym, Die Deutsche Nationalversammlung (3 Bde., Frankf. u. Berl. 1848—50); Ilse, Geschichte der Deutschen Bundesversammlung (3 Bde., Marb. 1860—62); ders., Geschichte der polit. Untersuchungen (Frankf. 1860); Karl Fischer, Die Nation und der Bundestag (Lpz. 1880); Poschinger, Preußen im Bundestag 1851—59 (4 Bde., 2. Aufl., ebd. 1882—85); Herzog Ernst II. von Sachsen-Coburg-Gotha, Aus meinem Leben und aus meiner Zeit (3 Bde., 6. Aufl., Berl. 1889; Volksausgabe 1892); Denkwürdigkeiten aus dem Leben Leop. von Gerlachs (Bd. 1, ebd. 1891); Hahn, Zwei Jahre preuß.-deutscher Politik 1866—67 (ebd. 1868); Klüpfel, Geschichte der deutschen Einheitsbestrebungen bis zu ihrer Erfüllung 1848—71 (2 Bde., ebd. 1872—73); Treitschke, Zehn Jahre deutscher Kämpfe 1865—74 (2. Aufl., fortgef. bis 1879, ebd. 1879); Jastrow, Geschichte des deutschen Einheitstraums und seiner Erfüllung (ebd. 1888); Oncken, Das Zeitalter Kaiser Wilhelms (2 Bde., ebd. 1890—92); Sybel, Die Begründung des deutschen Reiches durch Wilhelm I. (5 Bde., z. T. in 3. Aufl., Münch. 1890); Maurenbrecher, Gründung des deutschen Reiches. 1859—71 (Lpz. 1892); Hahn, Geschichte des Kulturkampfes (Berl. 1881); Bulle, Geschichte der neuesten Zeit 1815—85 (2. Aufl., 4 Bde., Lpz. 1886—87); Schultheß, Europ. Geschichtskalender (Nördl. 1861 fg., hg. seit 1885 von Hans Delbrück); W. Müller, Polit. Geschichte der Gegenwart (Berl. 1868 fg.); Wippermann, Deutscher Geschichtskalender (Lpz. 1886 fg.). Siehe auch die Litteratur zu den Artikeln Deutscher Krieg von 1866 und Deutsch-Französischer Krieg von 1870 und 1871.

Deutsch-Landsberg. 1) **Bezirkshauptmannschaft** in Steiermark, hat 802,01 qkm und (1890) 51896 (26254 männl., 25642 weibl.) kath. E., 8476 bewohnte Gebäude und 10707 Haushaltungen in 96 Gemeinden mit 183 Ortschaften und umfaßt die Gerichtsbezirke D., Eibiswald und Stainz. — 2) **Markt** und Sitz der Bezirkshauptmannschaft D., in 372 m Höhe, an der Laßnitz und am Fuße der Koralpe sowie an der Linie Lieboch-Wies der Graz-Köflacher Eisenbahn, hat (1890) 1312 E., Post, Telegraph, Bezirksgericht (340 qkm, 39 Gemeinden, 71 Ortschaften, 18216 E.), schöne Pfarrkirche, Schloßruine, Papier- und Zündwarenfabrikation. 4 km südlich auf einer Anhöhe das fürstlich Liechtensteinsche Schloß Hollenegg (11. Jahrh.) in reizender Lage mit Rundblick auf das mittlere Steiermark.

Deutsch-Liebau, s. Liebau.

Deutsch-Lothringen, (nicht amtliche) Bezeichnung für den Bezirk Lothringen (s. d.) des Deutschen Reichslandes Elsaß-Lothringen.

Deutsch-Matrei, s. Matrei.

Deutschmeister, Vertreter des Hochmeisters des Deutschen Ordens speciell für das deutsche Gebiet (s. Deutsche Ritter, S. 53a); auch Bezeichnung für das österr. Infanterieregiment Hoch- und Deutschmeister (s. d.).

Deutsch-Neuguinea, s. Kaiser-Wilhelms-Land.

Deutsch-Nordische Lloydbahn, die dem Deutsch-Nordischen Lloyd gehörende Neustrelitz-Warnemünder Eisenbahn, s. Mecklenburgische Eisenbahnen und Deutsche Eisenbahnen (Bd. 4, S. 1002).

Deutsch-Orawitza, Montan-Oravicza, ungar. Oraviczabánya, Groß-Gemeinde und Hauptort des Stuhlbezirks D. (44 036 E.) im ungar. Komitat Krassó-Szörény, an der Zweiglinie Jassenova-Anina der Ungar. Staatsbahnen, ist Sitz einer Berghauptmannschaft, eines Bezirksgerichts, Steueramtes sowie einer Oberverwaltung der Österr.-Ungar. Staatseisenbahn-Gesellschaft, die hier großen Domänenbesitz hat, und hat (1890) 4115 E. (2318 Deutsche, 1409 Rumänen, 252 Magyaren), darunter 2500 Katholiken, 1472 Griechisch-Orientalische und 56 Israeliten; Post, Telegraph, Forstwirtschaft und Bergbau auf Gold, Silber, Eisen und Kupfer. — D. unmittelbar denachbart ist Walachisch- oder Rumänisch-Orawitza (Román-Oravitza), Klein-Gemeinde mit 2237 meist rumän. E. (495 Deutsche).

Deutsch-Ostafrika, die größte deutsche Kolonie, liegt zwischen dem 1. und 11.° südl. Br. und zwischen dem 30. und 40.° östl. L. von Greenwich, umfaßt einen Flächenraum von 955 220 qkm und grenzt im O. an den Indischen Ocean, im NO. und N. an Englisch-Ostafrika, im W. an den Kongostaat, im SW. an Englisch-Njassaland und im S. an die portug. Kolonie Mozambique. Zu D. gehört auch die Insel Mafia. D. zerfällt in zahlreiche Landschaften, deren Grenzen mehr ethnographisch als geographisch erkennbar sind. An der Küste und in der Nähe der Küste liegen (von N. nach S. gezählt) folgende Landschaften: Das Dschaggaland am Kilima-Ndscharo mit Kahe und Aruscha; nördlich vom Pangani Pare, Usambara und Bondëi; zwischen Pangani und Wami Usegua und Nguru (Ungu); zwischen Wami und Rufiji (Rufidschi) Ukwere, Ukami, Usaramo, Khutu und westlich davon Usagara, an das sich südwestlich Mahenge, Uhehe und Ubena schließen; zwischen Rufiji und Rovuma das Hinterland von Kilwa, Lindi und Mikindani, welches von den Wangindo, Jao und Magwangwara und Mafiti in zerstreuten und ineinander gemischten Bezirken bewohnt wird. Im tiefern Binnenland befinden sich an der großen Karawanenstraße, welche von Usagara nach dem Seengebiet führt, folgende Länder: Ugogo mit Urori im S., Ujansi, Unjamwesi mit Usukuma im N., Ukonongo im S. und Ugalla im W. Um die Ufer des Victoria-Njansa lagern im Halbkreis Karagwe mit Usiba (Uhaja und Ihangiro), Usambiro, Usmawo und Ututwa; hieran schließt sich in der Richtung nach dem Kilima-Ndscharo das Land der Massai an. An die Ostseite des Tanganikasees grenzen die Landschaften Urundi, Uhha, Ujiji, Uvinsa, Kawende und Fipa. Um das Nordende des Njassasees dreiten sich Unjila, Ukinga und Ukukwe aus. (Hierzu eine Karte: Deutsch-Ostafrika. S. auch Karte: Äquatorial-Afrika, Bd. 1, S. 190.)

Oberflächengestaltung. Der plastische Aufbau D.s wird durch eine geschlossene Kette von Gebirgszügen charakterisiert, welche einen Teil des großen ostafrik. Randgebirges bilden und das Land meridional in zwei ungleiche Teile spalten: in das niedrige schmale, im S. sich verbreiternde Küstengebiet und in das hochgelegene, weit ausgedehnte Binnenland, das im N. und W. an drei mächtige Seeflächen grenzt. Die höchste Erhebung des Randgebirgszugs stellt das Gebirgsmassiv des Kilima-Ndscharo (s. d.) mit 6130 m dar; von ihm aus verlaufen nach S. und SO. die Berge von Pare (2070 m), Usambara (2000 m), Nguru (1170 m) und die Rubehoberge (2100 m) in Usagara, die Uruguruberge (2000 m) in Ukami und das Rufutugebirge (800 m) in Khutu; von hier aus steigen die Uheheberge bis zu den 3000 m hohen Jomalema- und Livingstonebergen am Nordende des Njassasees an. Das Binnenland ist eine 1200—1400 m ü. d. M. gelegene, teils sanft gewellte, teils von niedrigen Hügelgruppen durchsetzte Hochfläche, welche sich im W. und NW. allmählich bis zu den 1600—1750 m hohen Gebirgen am Tanganika und in Karagwe erhebt. — Der allgemeine geologische Charakter von D. spricht sich in dem Vorherrschen des Laterit aus, des rötlichen porösen Verwitterungsprodukts des Gneises. Die Küste umsäumt ein schmaler Streifen von Korallenkalk, an den sich in dreiterer Ausdehnung vornehmlich Jurakalk, aber auch stellenweise Thonschiefer anschließt. Im Binnenlande bildet vielfach eine Schicht von Lehm oder Sandstein die Unterlage des Laterit. Das Gebirge besteht (nach den bisherigen Forschungen) fast ausnahmslos aus Granit, Gneis und krystallinischem Schiefer; nur in den Bergen am Tanganikasee und in Karagwe kommen mächtige Lager von rotem Sandstein und Thonschiefer vor; die Südseite des Kilima-Ndscharogebirges zeichnet sich durch massenhaftes Auftreten von vulkanischen Gesteinsarten aus. — Das Küstengebiet ist wasserreich; nur in den heißesten Monaten trocknen die kleinern Bäche aus. Fünf Hauptströme mit vielen Nebenflüssen entspringen dem Randgebirge und fließen dem Meere zu: der Pangani oder Ruvu, der Wami oder Mukondokwa, der Kingani oder Rufu, der Rufiji und der Rovuma (s. die betreffenden Artikel). Für die Schiffahrt ist keiner von diesen Flüssen auf größern Strecken wegen der Stromschnellen geeignet; nur der Rufiji scheint flachen Booten zugänglich zu sein. Das Binnenland wird nur von wenigen Flüssen durchzogen; in der heißen Zeit versiegen sie teilweise oder ganz; zu ihnen gehören der Gombe, der Ugalla und der Wembäre in Unjamwesi; der Malagarasi, der mächtigste unter ihnen, welcher in den Tanganika mündet, und der Kagera, der geographisch wichtigste, da in ihm die südlichste Quelle des Nils erkannt worden ist. — Außer den schon mehrfach genannten großen Seen, dem Victoria-Njansa, Tanganika und Njassa (siehe die betreffenden Artikel) sind noch zu erwähnen: der Dschipe- und Natronsee (südöstlich und nordwestlich vom Kilima-Ndscharo), der Manjarasee und der Salzsee Eiassi in Massailand, der Urigisee in Karagwe (s. d.) und der Rikwa oder Leopoldsee (s. d.) zwischen dem Tanganika und Njassa.

Klima. Das Klima D.s ist ein tropisches. Im Küstengebiet giebt es zwei Regenzeiten: die erste von Mitte März bis Ende Mai, die zweite von Mitte Oktober bis Mitte Dezember; im Binnenland nur eine, vom November bis Ende April. Während in der Nähe des Meers und noch mehr im Gebirge die Trockenzeit durch gelegentliche Regenschauer gemildert wird, hat sie auf den Hochflächen des Innern eine Dauer von 6 Monaten. Die Temperaturen sind ungefähr ähnlich jenen von Sansibar, welche im Jahresmittel 25,5° C. betragen; im Binnenland steigern sich die Unterschiede zwischen Hitze und Abkühlung (45 und 8° C.). Die Regenzeit ist die heiße Jahreszeit, der Februar der heißeste Monat, während der Juli der kühlste ist. Im Küstengebiet wirkt nicht sowohl die Hitze, sondern der hohe Feuchtigkeitsgehalt der Luft (bis über 80 Proz.) erschlaffend auf die Nerven. Die Landstriche um den Victoria-Njansa haben ein vom übrigen D. etwas verschiedenes Klima; hier regnet es in allen Monaten, am stärksten im März, April und Mai und

DEUTSCH - OSTAFRIKA.

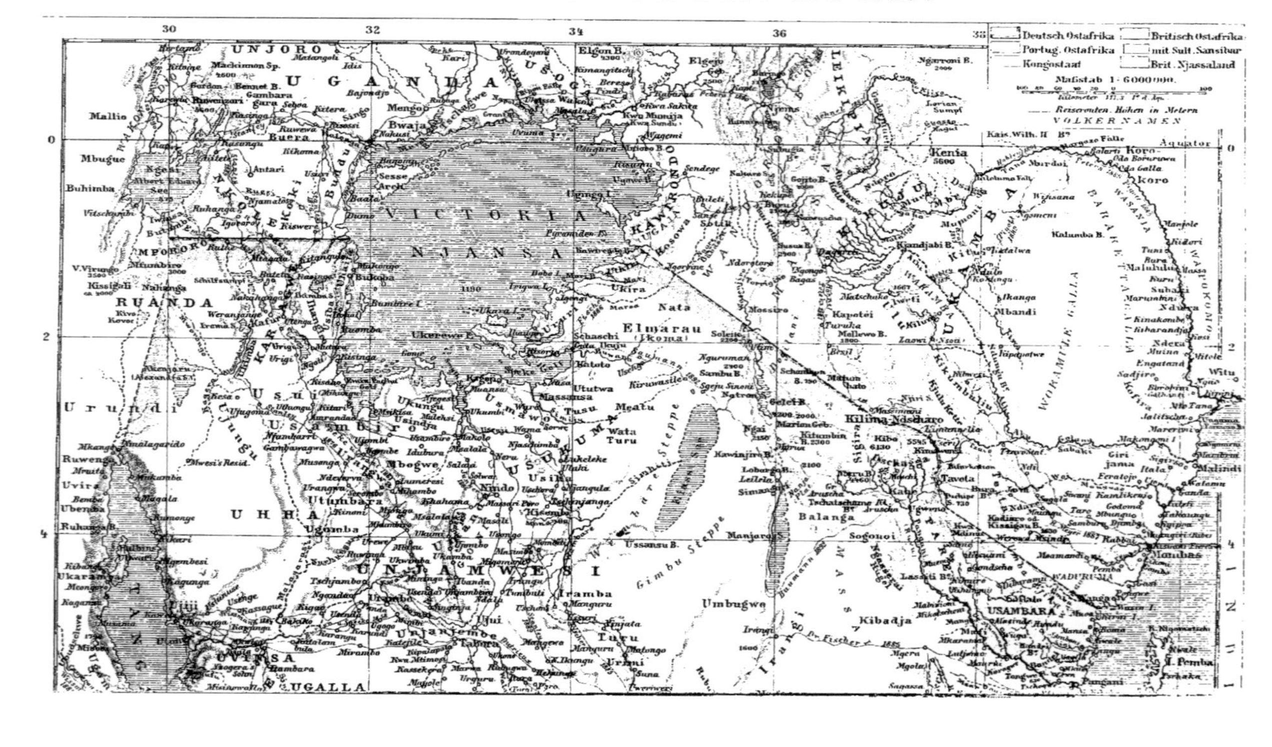

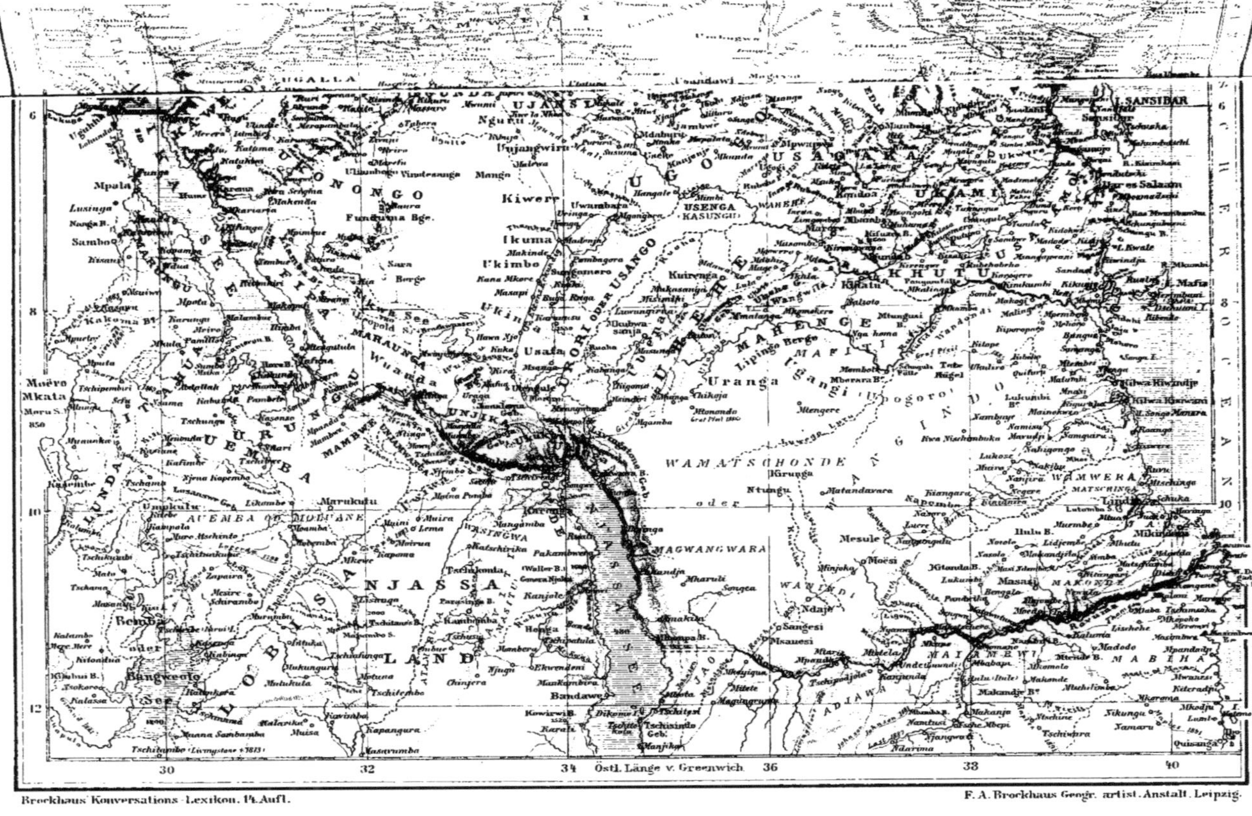

Brockhaus' Konversations-Lexikon. 14. Aufl.

F. A. Brockhaus Geogr.-artist. Anstalt, Leipzig.

dann wieder im September, Oktober und November; das Maximum der Temperatur beträgt 31° C., das Minimum 10° C., das Monatsmittel 18,5 bis 22,5° C. Die Gesundheitsverhältnisse sind im allgemeinen für den Europäer sehr ungünstige; die Malaria herrscht an der Küste wie im Binnenland, am wenigsten auf den Höhen von Usambara und im Dschaggaland. Doch ist in einzelnen Orten der Küste, wie in Kilwa und Lindi, infolge der zweckmäßigern Anlage der Wohnräume eine Besserung bemerkenswert.

Pflanzen- und Tierwelt. D. ist vornehmlich Savannenland, entweder kultivierbares, oder mit dichtem Gehölz bestandenes (Pori), oder mit dornigen Dschungeln bedecktes. Größere Moräste und vollkommen sterile, steinige Flächen treten nur vereinzelt auf. In den Gebirgen wechseln geschlossene Waldungen mit Bananenhainen und üppigen Wiesengründen. Kulturstrecken in weiter Ausdehnung begegnet man nirgends; wo aber der Neger sich angebaut, sei es inmitten der Wälder oder an Gebirgsabhängen, im gutbewässerten Savannenland oder in der Nähe des Meers, da gedeihen Kokos- und Delebpalmen, Orangen-, Melonen- und Mangobäume, Bananen, Kaffernkorn, Maniok, Sesam, Erdnüsse, Reis, Zuckerrohr, zuweilen auch Baumwolle und Tabak. Zur Plantagenwirtschaft eignen sich einzelne Strecken der Küste, namentlich das terrassenförmige Gelände von Bondëi, die Thäler von Usambara, Ukami und Usagara. — Der Reichtum an jagdbaren Tieren, wie Löwen, Leoparden, Hyänen, Giraffen, Büffeln, Antilopen, Zebras, Nashörnern, Flußpferden und Krokodilen ist in den Ebenen um den Kilima-Ndscharo, in den Thälern von Usagara und in Unjamwesi am bedeutendsten; er vermindert sich wesentlich südlich vom Kingani. Die Elefantenherden haben sich mehr und mehr nach der Westseite des Albert-Edwardsees und des Tanganika zurückgezogen. Die Tsetsefliege kommt noch im Buschdickicht des Küstenlandes vor. An Haustieren werden gehalten: Hühner, Ziegen, Schafe. Große Rinderherden giebt es in Usambara, Usagara und Usukuma.

Bevölkerung. D. hat etwa 2 900 000 E., fast ausschließlich Neger. An der Küste leben Araber und Inder als Kaufleute, Karawanenführer und Plantagenbesitzer, ferner Suaheli, häufig als Ortsvorsteher oder Jumbe verwendet, und Wamrima (s. Mrima), die eigentliche Arbeitermasse. Das übrige Festland bis tief in das Innere hinein bewohnen Neger der Banturasse; die Länder im W. und S. des Victoria-Njansa das wahrscheinlich aus Abessinien vor Jahrhunderten eingewanderte Volk der Wahuma (s. d.): es sind seßhafte, Ackerbau treibende Stämme. Der ethnologisch interessanteste und der zahlreichste Stamm ist der der Wanjamwesi (s. Unjamwesi). Als raub- und kriegslustige Nomaden treten auf die den Galla verwandten Massai (s. d.) zwischen dem Kilima-Ndscharo und dem Victoria-Njansa; die Wahehe oder Mafiti am Ruaha, die Wangoni in Unjamwesi, die Jao am Rovuma und die Magwangwara am Njassasee, welche vier letztern als die Abkömmlinge eingewanderter Zulu gelten. Negerkönigreiche von größerm Umfange giebt es in D. nicht; von politisch nennenswerter Bedeutung sind gegenwärtig nur anzuführen: Sembodja in Usambara, Mbogo in Ukami, Makenge in Ugogo, Siki in Unjamwesi und der Häuptling von Karagwe. Alles übrige Gebiet zerfällt in größere oder kleinere voneinander unabhängige Gemeindeverbände. In den Küstenlandschaften gebietet jetzt unumschränkt die deutsche Verwaltung, während sie je weiter nach dem Innern um so weniger absolute Autorität besitzt und sich mit der allgemeinen Anerkennung der deutschen Flagge und mit der Aufrechterhaltung einigermaßen friedlicher Zustände begnügen muß und nur durch Steigerung ihres Einflusses auf Araber und Häuptlinge fruchtbringende Thätigkeit entfalten kann. — Die Hauptorte D.s liegen an der Küste: Dar es-Salaam, der Sitz des Gouverneurs; Tanga mit vortrefflichem Hafen; Pangani, Saadani, Bagamojo, der größte Handelsplatz; Kilwa-Kiwindje, Lindi und Mikindani; sämtliche (mit Ausnahme von Saadani und Mikindani) haben Garnisonen der Schutztruppe oder der Polizeitruppe. Auf den Karawanenstraßen nach dem Innern befinden sich Militärstationen; von Tanga nach dem Kilima-Ndscharo: Masinde, Gondscha (Gonja), Marangu; von Bagamojo und Dar es-Salaam nach dem Victoria-Njansa: Kisaki in Khutu, Kilosa und Mpwapwa in Usagara, Unjangwira (Makenge) in Ugogo, Tabora (wichtigster Handelsplatz im Innern) in Unjamwesi, Muansa und Bukoba am Süd- und Westufer des Victoria-Njansa. Missionsstationen existieren im ganzen 39, und zwar 5 deutsche und 17 englische evangelischer und 2 deutsche und 15 französische kath. Konfession.

Verwaltung. Die Civil- und Militärverwaltung liegt in den Händen des vom Deutschen Kaiser ernannten Gouverneurs. Das Küstengebiet ist in 6 Bezirksämter eingeteilt, an deren Spitze Bezirkshauptleute, als Vertreter der Civilverwaltung, sich befinden; ihnen ist eine Polizeitruppe von 400 Mann unterstellt. Zur Ausübung der Gerichtsbarkeit über Nichteingeborene bestehen 2 Amtsbezirke, ein nördlicher mit dem Amtssitz Bagamojo und ein südlicher mit dem Amtsbezirk Dar es-Salaam. Für die zweite Instanz ist ein Oberrichter bestellt. Zur Sicherung des Kolonialbesitzes und zu kriegerischen Expeditionen dient die kaiserl. Schutztruppe, 23 Offiziere, 5 Ärzte, 50 Unteroffiziere und 1150 Farbige (Sudanesen und Zulu) in 6 Compagnien; an ihrer Spitze steht ein Oberführer (seit 1892 Major Freiherr von Manteuffel). Hierzu Tafel: Uniformierung der Schutztruppe für Deutsch-Ostafrika. — Ein kaiserl. Postamt besteht in Dar es-Salaam, dem die Postagenturen (s. Deutschland und Deutsches Reich, S. 145 b, 146 a) unterstellt sind. Eine regelmäßige Post geht am 6. jeden Monats von Dar es-Salaam über Mpwapwa und Tabora nach Bukoba am Victoria-Njansa und am 1. jeden Monats zurück; sie braucht zur Zurücklegung der Strecke 50 Tage. — Die Sklaverei wird als beschränkte Haussklaverei geduldet, der Freikauf auf jede Weise begünstigt, Sklavenhandel und Sklavenraub im Küstengebiet energisch unterdrückt, im Innern möglichst behindert. — Das Budget, welches vom 1. April 1894 dem Reichstage jährlich zur Beschlußnahme vorgelegt werden muß, beträgt pro 1892/93 4½ Mill. M. Die Einnahmen werden gedeckt durch einen Reichszuschuß von 2½ Mill. M. und den voraussichtlichen Ertrag von Zöllen und Steuern von 2 Mill. M.; letztere ergaben im Etatsjahr 1891/92 1 323 600 M. Von den Ausgaben entfielen (1890/91) auf die Unterhaltung des europ. Personals 750 000 M., auf die farbige Truppe 1 358 580 M. und als regelmäßige Entschädigungssumme an die Deutsch-Ostafrikanische Gesellschaft für Abtretung der Zolleinkünfte an das Reich 600 000 M. Von den Eingeborenen werden keine direkten Steuern erhoben; dagegen ist der Handelsverkehr und namentlich das Schankgewerbe mit hohen Abgaben belastet.

Die Vorarbeiten für den Bau einer Eisenbahn von Dar es-Salaam nach Bagamojo sind im Gange. Außerdem ist von der Deutsch-Ostafrikanischen Gesellschaft 27. Juni 1891 der Bau einer etwa 90 km langen schmalspurigen (1 m) Eisenbahn von Tanga vorläufig bis Korogwe am Pangani (Ruvu) beschlossen worden (Kilima-Ndscharobahn). Der Bau ist der 7. Aug. 1891 in Berlin gebildeten **Eisenbahngesellschaft für D.** (mit einem bereits voll eingezahlten vorläufigen Grundkapital von 2 Mill. M.) übertragen worden (Usambaralinie).

Handel. Durch die Deutsch-Ostafrika-Linie (s. Dampfschiffahrt, Bd. 4, S. 751 b) wurden 1891 eingeführt Waren im Werte von 7 300 000 M. und ausgeführt 5 500 000 M. Ein Warenumsatz von fast gleicher Größe erfolgt über Sansibar nach und von Indien. Der Aufschwung des Handels in den letzten Jahren ist unverkennbar. Importiert werden hauptsächlich: Baumwoll- und Metallwaren, Glasperlen, Gewehre, Pulver; exportiert: Elfenbein, Kopal, Sesam und Kokoskerne.

Geschichte. Der Sultan von Sansibar war bis 1884 der unbeschränkte Gebieter an der ganzen Küste, und sein polit. Einfluß machte sich zeitweise weit in das Innere bis nach Tabora und Ujiji geltend. Die eingeborenen Stämme bekriegten sich vielfach untereinander oder bekämpften die sich eindrängenden Araber, die Elfenbein und Sklaven teils durch Austausch von Waren, teils durch Raub zu erwerben trachteten, dabei aber doch der Kultur in beschränktem Grade Eingang verschafften. — Über die Anfänge der Kolonisation s. Deutsch-Ostafrikanische Gesellschaft. — Diese erweiterte ihre Gründung 1885 und 1886 durch Errichtung von Stationen derart, daß sie die Küstenländer vom Somalland bis zur Mündung des Rovuma umfaßte, mit Ausnahme der Umgegend von Mombas zwischen dem Sabaki- und Umbafluß, wo die Engländer schon früher festen Fuß gefaßt hatten. Ein schmaler Küstenstreifen und das Binnenland jenseit des Randgebirges blieb vorläufig noch von der deutschen Besitznahme unberührt. Der Sultan von Sansibar wurde durch das Erscheinen eines deutschen Geschwaders Aug. 1885 gezwungen, die deutsche Schutzherrschaft über die bereits erworbenen Gebiete anzuerkennen. Am 1. Nov. 1886 schlossen Deutschland und England ein Abkommen, wonach die Herrschaft des Sultans von Sansibar auf die Hafenplätze des Somallandes, den Küstenstrich von Witu bis zur Mündung des Rovuma in einer Breite von 16 km beschränkt werden und ferner die Grenze zwischen der deutschen und engl. Interessensphäre durch eine Linie von der Mündung des Umba bei Wanga nach dem 1° südl. Br. am Victoria-Njansa bestimmt werden sollte. Damit verzichtete Deutschland auf Somalland, behielt aber das Binnenland Witu; die Abgrenzung in der Richtung nach dem Tanganika und Njassa kam nicht zur Sprache. Auch mit Portugal traf Deutschland 1887 eine Übereinkunft über die Abgrenzung seines Besitzes im S., wonach der Rovuma von seiner Mündung bis zur Einmündung des Msindscheflusses und dann der Breitenparallel westlich bis zum Ufer des Njassasees die Grenze bilden. Um die Kolonie lebensfähig zu machen, mußte sie in den Besitz der Hafenplätze gelangen. Nach langwierigen Verhandlungen, in denen namentlich Dr. Peters außerordentliche Energie entwickelte, kam endlich 28. April 1888 ein Vertrag zwischen der Deutsch-Ostafrikanischen Gesellschaft und dem Sultan von Sansibar zu stande: Der ganze Küstenstrich vom Umba bis zum Rovuma wurde gegen Zahlung einer Pachtsumme der Deutsch-Ostafrikanischen Gesellschaft zur freien Verfügung überlassen. Am 15. Aug. 1888 sollte der Vertrag in Kraft treten. An diesem Tage brach ein Aufstand der Araber und der von ihnen abhängigen Eingeborenen aus; der Sultan von Sansibar konnte oder wollte der Deutsch-Ostafrikanischen Gesellschaft keinen Schutz gewähren, und der größte Teil seiner Truppen schloß sich den Rebellen an. Die deutschen Beamten, nur auf die Unterstützung durch eine ungenügende Anzahl von Kriegsschiffen angewiesen, waren gezwungen, während des September Tanga, Pangani, Kilwa, Lindi und Mikindani nach kurzer, aber heldenmütiger Gegenwehr zu räumen; nur Bagamojo und Dar es-Salaam blieben in deutschem Besitz, und die erfolgreiche Verteidigung dieser zwei wichtigsten Orte durch die deutsche Marine ist der Energie und Umsicht der Premierlieutenants von Gravenreuth und Leue zu verdanken. Eine deutsch-engl. Blockade längs der Sansibarküste trat 2. Dez. in Wirksamkeit. Da die Deutsch-Ostafrikanische Gesellschaft keine genügenden Mittel besaß, den immer mehr um sich greifenden Aufstand zu bewältigen, wandte sie sich Jan. 1889 an das Deutsche Reich, worauf der Deutsche Reichstag 2. Febr. beschloß, die deutschen Interessen in Ostafrika zu schützen. Hauptmann Wißmann, der mit der Ausführung betraut wurde, organisierte ein Expeditionskorps aus 14 deutschen Offizieren, 100 Unteroffizieren und 800 angeworbenen Sudanesen, Somal und Zulu u. s. w. und begann den Feldzug mit Besetzung und Befestigung von Bagamojo und Dar es-Salaam. Am 8. Mai schlug er Buschiri, den Führer des Aufstandes, zum erstenmal in der Nähe von Bagamojo, 6. Juni eroberte er Saadani und 8. Juli Pangani und besetzte Mitte September nach einem siegreichen Gefechte die im Juli von Buschiri überfallene Station Mpwapwa. Premierlieutenant von Gravenreuth warf in zwei glänzenden Gefechten 19. und 20. Okt. die von Buschiri herbeigeführten Mafitimassen zurück. Noch einmal tauchte Buschiri im Dezember in der Nähe von Pangani auf, wurde aber sofort von Lieutenant Dr. Schmidt geschlagen und gefangen genommen und erlitt 14. Dez. 1889 in Pangani den Tod durch Henkershand. Mit der Besiegung Banaheris, des letzten Rebellenführers, 5. Jan. und 9. März, und nach der Wiedereinnahme von Kilwa, Lindi und Mikindani Mai 1890 war der Araberaufstand niedergeworfen; um jedoch den Küstenstreifen vollständig in deutschen Besitz übergehen zu lassen, bedurfte man der diplomat. Aktion Englands, das bisher die ausschlaggebende Macht in Ostafrika gewesen war. Eine Auseinandersetzung mit England war um so dringender geboten, als der deutsche Kolonialbesitz ohne bestimmte Abgrenzung im N. und SW. in die engl. Interessensphäre hineinragte. So kam es zu dem Vertrage vom 1. Juli 1890 zwischen der engl. und deutschen Regierung. Deutschland verzichtete zu Gunsten von England auf die Erhaltung der Selbständigkeit des Sultans von Sansibar und damit auf die kommerziellen Vorteile, die ihm das seinem steigenden Einflusse unterworfene Sansibar als Handelscentrum sicher verschafft haben würde, und vertauschte Witu gegen den Besitz von Helgoland.

1. Commandeur (Galaanzug). 2. Lieutenant (Feldanzug). 3. Lieutenant (Garnisonanzug). 4. Arzt (Garnisonanzug). 5. Zahlmeister (Garnisonanzug). 6. Feldwebel (Heimatsanzug). 7. Sergeant (Garnisonanzug). 8. Unteroffizier (Feldanzug). 9. Lazarettgehilfe (Feldanzug). 10. Unter-Büchsenmacher (Garnisonanzug). 11. Sudanese (Trompeter). 12. Askari (Soldaten). 13. Gefangener Mafitihäuptling.

Brockhaus' Konversations-Lexikon 14. Aufl.
F.A. Brockhaus' Geogr.-artist. Anstalt, Leipzig

England erkannte dagegen die deutsche Oberhoheit über den ganzen Küstenstrich und das Binnenland bis zum Victoria-Njansa, Tanganika und Njassa an. Der Sultan von Sansibar wurde für die Abtretung seiner Hoheitsrechte über den Küstenstrich mit 4 Mill. M. abgefunden. Das Deutsche Reich übernahm 1. Jan. 1891 laut einem Abkommen vom 20. Nov. 1890 mit der Deutsch-Ostafrikanischen Gesellschaft die Verwaltung der Kolonie. Am 14. Febr. wurde der bisherige Gouverneur von Kamerun, Freiherr von Soden, zum Gouverneur des deutsch-ostafrik. Schutzgebietes ernannt und bald darauf ihm Wißmann, Dr. Peters und Emin Pascha als Reichskommissare beigegeben. Durch kaiserl. Verordnung vom 9. April 1891 wurde die bisherige «Wißmanntruppe» in eine kaiserl. Schutztruppe umgewandelt und neu organisiert. Die Zollverwaltung ging 1. Juli 1891 in die Hände der Kolonialregierung über. — Inzwischen war man mit der Occupation des Binnenlandes in entscheidender Weise vorgegangen. Emin Pascha, der 25. April mit einer Expedition von Bagamojo abmarschiert war, gründete im August in Tabora und im November in Bukoba, am Westufer des Victoria-Njansa, Stationen; von letzterer wurde im Frühjahr 1891 eine dritte Niederlassung in Muanza am Südende des Sees errichtet. Eine empfindliche Niederlage erlitt die deutsche Schutztruppe unter Führung des Lieutenants von Zelewski 17. Aug. 1891 in Uhehe südlich vom Ruahaflusse durch die Wahehe. Die Expedition von etwa 350 Mann, die zur Züchtigung dieses räuberischen Stammes ausgeschickt war, fiel in einen Hinterhalt und wurde zum größten Teil niedergemacht. Auf Befehl des Gouverneurs von Soden wurde im Sommer 1892 Unjangwira in Ugogo von der Schutztruppe besetzt, sodaß die große Karawanenstraße, die von der Küste nach dem Victoria-Njansa und Uganda führt, jetzt durch militär. Posten ziemlich gesichert scheint. Dagegen wurde die Ruhe vorübergehend im Kilima-Ndscharogebiet gestört, wo die deutschen Schutztruppen unter dem Lieutenant von Bülow, der zur Bestrafung des Sultans Meli ausgerückt war, 10. Juni 1892 bei Moschi von den an Zahl weit überlegenen Wadschagga umzingelt und geschlagen wurden. Bülow und Lieutenant Wolfrum fielen mit etwa 20 Mann; doch wurde die Kilima-Ndscharostation Marangu bereits 29. Juli von dem zur Verstärkung gesandten Compagnieführer Johannes ohne Kampf wieder besetzt.

Litteratur. Krapf, Reisen in Ostafrika (Kornthal 1858); Burton, The lake regions of Central Africa (2 Bde., Lond. 1860); Speke, Entdeckung der Nilquellen (aus dem Englischen, Lpz. 1864); von der Deckens Reisen in Ostafrika (Bd. 1 und 2: erzählender Teil, ebd. 1869; Bd. 3 und 4: wissenschaftliche Ergebnisse, ebd. 1869—79); Burton, Zanzibar (2 Bde., Lond. 1872); Stanley, Wie ich Livingstone fand (2 Bde., Lpz. 1879; 3. Aufl. in 1 Bande 1891); Cameron, Quer durch Afrika (ebd. 1877); Stanley, Durch den dunklen Weltteil (2 Bde., ebd. 1878; 3. Aufl. 1891); ders., Im dunkelsten Afrika (2 Bde., 5. Aufl., ebd. 1891); J. Thomson, Expedition nach den Seen von Centralafrika (Jena 1882); Johnston, Der Kilima-Ndjaro (Lpz. 1886); Böhm, Von Sansibar zum Tanganjika (ebd. 1888); K. Peters, Die deutsch-ostafrik. Kolonie in ihrer Entstehungsgeschichte und wirtschaftlichen Eigenart (Berl. 1889); O. Baumann, In D. (Wien 1890); ders., Usambara (Berl. 1891); Förster, Deutsch-Ostafrika (mit Karte, Lpz. 1890); Schynse, Mit Stanley und Emin Pascha durch D. (Köln 1890); Hans Meyer, Ostafrik. Gletscherfahrten (Lpz. 1890); von Behr, Kriegsbilder aus dem Araberaufstand in D. (ebd. 1891); P. Reichard, Deutsch-Ostafrika (ebd. 1892); F. Kallenberg, Auf dem Kriegspfade gegen die Massai (Münch. 1892); R. Schmidt, Geschichte des Araberaufstandes in Ostafrika (Frankf. a. O. 1892).

Deutsch-Ostafrikanische Gesellschaft, ging aus der Gesellschaft für deutsche Kolonisation hervor. Diese war im März 1884 durch Graf Behr-Bandelin und Dr. Karl Peters in Berlin mit dem Zweck gegründet worden, möglichst schnell eine praktische Kolonisation in Angriff zu nehmen. Im Herbst 1884 sandte sie eine aus Dr. Peters, Graf Pfeil, Referendar Jühlke und Kaufmann Otto bestehende Expedition nach dem der Insel Sansibar gegenüber liegenden Teile des äquatorialen Ostafrika zur Erwerbung von Kolonialbesitz ab. In kurzer Zeit gelang es derselben, 12 Verträge mit unabhängigen Häuptlingen abzuschließen und dadurch, wenigstens formell, die Länder Usegua, Nguru, Usagara und Ukami zu erwerben. Für diese Erwerbungen erhielt die genannte Gesellschaft 27. Febr. 1885 den Schutzbrief des Deutschen Kaisers. Zur Verwaltung und Ausbreitung dieser Besitzungen bildete sich aus der Gesellschaft ein neuer Verein, die Kommanditgesellschaft D. G. Dr. Peters, der nach Berlin zurückgekehrt war, wurde nebst drei andern Mitgliedern der Gesellschaft für deutsche Kolonisation als die persönlich haftenden Mitglieder dieser Kommanditgesellschaft in das Handelsregister eingetragen.

Zur finanziellen Begründung des Unternehmens beschloß 7. Sept. 1885 das Direktorium, statt der bisherigen Gesellschaftsform eine korporative Form zu wählen, in der die Gesamtgesellschaft Trägerin der Gesellschaftsrechte wurde. Die geplante Umformung bezweckte, die Kommanditgesellschaft «Karl Peters und Genossen» durch eine mit dem Rechte der jurist. Person ausgestattete Korporation unter dem Namen D. G. zu ersetzen. Die Organe der neuen Korporation sind: Generalversammlung, Direktionsrat, Direktion, Revisoren. Der aus 21—27 Mitgliedern bestehende Direktionsrat hat die gesamte Geschäftsführung zu überwachen. Die Direktion besteht aus einem von der Generalversammlung auf 5 Jahre gewählten Präsidenten und zwei ihm beigegebenen Direktoren; ersterer ernennt und entläßt die Beamten der Gesellschaft und übt über sie die Aufsichtsbefugnis aus. Die Aufsicht über die Gesellschaft wurde nach dem genannten Statut dem Reichskanzler übertragen. Nachdem Anfang 1887 das zur Schaffung dieser Korporation notwendige Kapital im Betrage von mehr als $3^1/_2$ Mill. M. aufgebracht war, erfolgte die Konstituierung der neuen Gesellschaft; Karl Peters wurde zum Präsidenten ernannt.

Ihre Thätigkeit erstreckte sich in Afrika nicht nur auf Erweiterung des Kolonialbesitzes, Anlegung von Stationen und Plantagen und Belebung des Handelsverkehrs, sondern namentlich auch auf den Erwerb der Hafenplätze, in denen der Sultan von Sansibar Gebieter war. Als sie letzteres durch Abschluß von Verträgen endlich erreichte und in den Küstenorten die deutsche Flagge hißte, brach ein Aufstand der Araber aus (15. Aug. 1888), den sie nicht zu bewältigen vermochte. (S. Deutsch-Ostafrika, S. 222 b.) Das Reich, zu Hilfe gerufen, übernahm nach Besiegung der Rebellion die ganze Verwaltung (20. Nov. 1890). Die Gesellschaft erhielt dadurch den ausschließlichen Charakter einer privilegierten Erwerbsgenossenschaft. Sie nahm eine Anleihe von 10566000 M. unter Garantie der Regierung auf, welche ihrerseits zu einer jährlichen Auszahlung von 600000 M. für die Überlassung der Zolleinkünfte sich verpflichtete. Die Unternehmungen der Gesellschaft bestehen jetzt in Betrieb eigener Handelsgeschäfte, in Gründung und Bewirtschaftung einiger Plantagen und im Bau einer Eisenbahn (s. Deutsch-Ostafrika, S. 222a). — Vgl. Wagner, Deutsch-Ostafrika. Geschichte der Gesellschaft für deutsche Kolonisation (2. Aufl., Berl. 1888); von Hellwald, Ostafrika und die Deutschen (in «Unsere Zeit», Lpz. 1887); Förster, Deutsch-Ostafrika (ebd. 1890); Schröder-Poggelow, Unsere Afrikapolitik (Berl. 1890).

Deutsch-Österreichischer Klub, eine Parteigruppe im österr. Abgeordnetenhause, die sich 21. Nov. 1885 durch die Spaltung der «Vereinigten Linken» unter Führung von Chlumecky, Herbst, Kopp und Plener bildete. Sie zählte 71 Mitglieder und schloß die gemäßigtern Elemente in sich, während die Männer der «schärfern Tonart» zu dem Deutschen Klub (s. d.) zusammentraten. Ihr Programm forderte: Wahrung der geschichtlich begründeten Stellung der Deutschen in Österreich, Erhaltung der Staatseinheit, Festhaltung der deutschen Staatssprache, Befestigung des Bündnisses mit dem Deutschen Reich. Schon 6. Nov. 1888 erfolgte die Wiedervereinigung des Deutschen und des D. K. zu der «Vereinigten deutschen Linken» (s. d.).

Deutschproben, s. Proben.

Deutsch-Rasselwitz, Dorf im Kreis Neustadt des preuß. Reg.-Bez. Oppeln, an der Hotzenplotz und der Linie Camenz-Cosel-Kandrzin und der Nebenlinie D.-Leobschütz (15,4 km) der Preuß. Staatsbahnen, hat (1890) 3066 E., Post, Telegraph, kath. Pfarrkirche, bedeutende Landwirtschaft und Viehzucht.

Deutsch-sociale antisemitische Partei nennt sich seit 1889 der eine Zweig der antisemit. Partei in Deutschland, der unter der Führung von Liebermann von Sonnenberg und Dr. Paul Förster steht, während die Oberhessische Antisemitenpartei von Dr. Böckel geleitet wird. Ihr Programm fordert: Aufhebung der Gleichberechtigung und Stellung der in Deutschland lebenden Juden unter ein besonderes Fremdenrecht, Verbot der Einwanderung fremder Juden, möglichste Verstaatlichung der öffentlichen Verkehrseinrichtungen, des Inseratenwesens und aller Versicherungsanstalten, progressive Einkommen- und Erbschaftssteuer, Beschränkung der Gewerbefreiheit, Verbot des Terminhandels in Getreide, Einführung eines Heimstättengesetzes, Maximalarbeitstag nach der Eigenart der einzelnen Betriebe. Im Reichstag hat die D. a. P. 2 Mitglieder; ihr offizielles Parteiorgan ist die Wochenschrift «Deutsch-sociale Blätter» (Leipzig), von Tageszeitungen vertreten ihre Ansichten die «Staatsbürgerzeitung» (Berlin), «Neue deutsche Zeitung» (Leipzig), «Hannoversche Post» (Hannover) u. a.

Deutsch-Südwestafrika, deutsches Schutzgebiet, grenzt im W. an den Atlantischen Ocean, im N. an den Kunene und die portug. Kolonie Angola, im S. an den Oranjefluß und die Kapkolonie, im O. längs des 20.° östl. L. von Greenwich an die brit. Kronkolonie Betschuanenland und nördlich vom 22.° südl. Br. an das unter engl. Einfluß stehende Reich Khamas. Es hat einen Umfang von 835000 qkm und (1891) 116622, nach anderer Schätzung 200000 Bewohner, darunter 622 Weiße. Den nördl. Teil bis zum Flusse Swakop nimmt das Herero- oder Damaraland ein, den südlichen Groß-Namaland. (S. Karte: Kamerun, Togo und Deutsch-Südwestafrika.)

Oberflächengestaltung. Langsam steigt von der mit Dünen und Felsrücken umsäumten Küste die 200 km breite Fläche zu einer mächtigen Hochebene, zur Naarib empor und von dieser zum wildzerklüfteten Randgebirge, das, aus Granit, krystallinischem Kalk, Porphyr und Basalt bestehend, von N. nach S. streicht und in den Elendekabergen 1320 m, im Omatako (östlich der Walfischbai) 2300 m und im S. (bei Bethanien) 1600 m erreicht. Nach O. geht das Randgebirge in sanften Wellenlinien, zuweilen von tafelförmigen Bergkuppen unterbrochen, in die Kalahariwüste über. Hochebene und Gebirge treten bei der Walfischbai nahe an den Meeresstrand heran. Im N. verwandelt sich das Küstenplateau in eine hügelige Landschaft. Die über 11 Breitengrade sich erstreckende Küste hat nur einen einzigen günstig gelegenen Hafen, die (englische) Walfischbai. Die Einfuhr nach D. betrug hier (1890) 473700 M., die Ausfuhr 115000 M. Von dem nahe südlich gelegenen und der allmählichen Versandung ausgesetzten Sandwich- (oder Sandfisch-)Hafen (Porto do Ilheo) ist der Ausgang zum Festland wegen der mächtig sich auftürmenden Sanddünen ungemein schwierig. In dem geräumigen und vollkommen geschützten Hafen von Angra-Pequena könnten wegen des guten Ankergrundes die größten Seeschiffe sichere Unterkunft finden, allein das Hinterland ist absolut wasserlos, eine tief in das Land sich erstreckende Sandwüste. — Keiner der vom Gebirge herabströmenden Flüsse überdauert die Trockenzeit; sie versiegen sämtlich, ausgenommen der Fischfluß, welcher ganz Namaland von N. nach S. durchströmt und in den Oranjefluß sich ergießt. Der bei der Walfischbai mündende Swakop ist der längste (400 km); nördlich von ihm der Eisib, der wasserreichste, und südlich vom Swakop der Kuiseb der wasserärmste. Die trocknen Flußbetten, teils glatt mit Sand und Kies, teils mit Schlingpflanzen und Rasenflecken bedeckt, dienen streckenweise als Straßen.

Klima, Pflanzen- und Tierwelt. Der Sommer beginnt im September mit heißen ausdörrenden Winden, denen kurze Gewitterstürme im Oktober folgen. Vom Dezember bis Mai fallen einige heftige Regengüsse. Der Winter (Mai bis September) zeichnet sich durch absolute Trockenheit und enorme Temperaturschwankungen, namentlich im Juli, aus (bei Tag bis zu 45° C. Hitze, in der Nacht 8° C. Kälte). Der menschlichen Gesundheit ist dieses Klima zuträglich, wenn dem Wassermangel durch Brunnen und Reservoirs abgeholfen wird. Aber die Vegetation leidet darunter sehr; wohl sind im N. die Ufer des Kunene von Wäldern umsäumt und teilweise fruchtbares Ackerland, auch die südlich daran anstoßende Hügellandschaft Kaoko giebt genügende Nahrung und Omaheke, das Sandfeld östlich vom Quellgebiet des Swakop, bietet die Möglichkeit einträglicher Schafzucht; allein der überwiegend größte Teil des Landes ist während der trocknen Zeit mit Dorngebüsch, verkrüppelten Bäumen, Euphorbien, Fettpflanzen und hartem Savannengras ausschließlich überdeckt. Einige wasserhaltige Pflanzen überdauern die Dürre: so der Tschappa, ein Wurzelknollen; Pentjes, eine Zwiebelart; die Blätter des Hottentotten-Feigenbaums; Melonen und Kürbisse. Fällt Regen, so überzieht sich in wunderbarer Schnelligkeit der Boden mit dem üppigsten Wiesen- und Blumenteppich, freilich nur auf ganz kurze Zeiten. Namaland erscheint sandiger, felsiger, vegetationsärmer als Hereroland. Die milden **Tiere** sind aus dem Lande verschwunden; nur Giraffen, Antilopen und Zebras kommen noch vor und vereinzelte Strauße. Im Vergleich mit der Spärlichkeit der Bevölkerung sind die Herden von Rindern, Schafen und Ziegen, die außer den Pferden den Reichtum der Bewohner darstellen, groß und zahlreich zu nennen; die weit ausgedehnten Weideflächen geben, trotz ihrer Armseligkeit, genügendes Futter für eine bedeutende Menge Vieh. In neuester Zeit verlegt man sich deutscherseits und zwar mit einigem Erfolg darauf, im nördl. Namaland Schafzucht in größerm Stil zu betreiben; auch hat sich 1892 eine Siedelungsgesellschaft zur Errichtung von Farmen in der Nähe von Windhoek gebildet.

Mineralreich. Den eigentlichen Reichtum D.s hoffte man unter dem Boden zu finden: Kupfer, Zinn, Silber und Gold. Die bisherigen Untersuchungen ergaben aber noch keine Berechtigung zu derartigen Hoffnungen. Die ersten Goldfunde wurden 1887 gemacht; die erste Goldmine am Swakopflusse (188 km östlich von der Walfischbai, 857 m ü. d. M.) angelegt; Schürfversuche an dem Nebenfluß Otjozemba brachten einiges Gold zu Tage.

Die **Bevölkerung** des Nordens, die Herero (Ovaherero oder Damara), vom Stamme der Bantu, steht auf das feindseligste jener des Südens, den Nama (Namaqua), Hottentotten gegenüber (s. Nama). Auf das blutigste bekämpfen sie sich an den Ufern des obern Swakop und am Kuiseb. Zwischen dem Kunene und etwa dem 18.° südl. Br. wohnen die starken und intelligenten **Ovambo** (früher auch **Cimbeba** genannt, ein Bantuvolk), vortreffliche Ackerbauer, an Zahl der stärkste Teil der Bevölkerung von D. Ein Teil steht in der Landschaft Ondonga (nördlich vom Etosasumpf) unter einem einheimischen Fürsten. Da sie den Gebrauch von Fuhrwerk kennen gelernt haben, bauten sie ganz gut benutzbare Straßen durch ihr Land. Innerhalb der Wohnsitze der Herero und Nama und ganz verachtet von ihnen fristen die **Bergdamara** (**Haukoin**) ein jämmerliches Dasein. Der Sprache nach Hottentotten, ähneln sie doch im Aussehen und in ihrer Lebensweise vielmehr den Buschmännern. — Größere Ortschaften giebt es nicht in D. Die wichtigsten Plätze sind außer der engl. Niederlassung an der Walfischbai, **Klein-Windhoek**, der Sitz der deutschen Verwaltung, Gideon, Rehoboth, Warmbad und Otjimbingue und Okahandja am Swakop. Die Rheinische Mission besitzt hier 18 Stationen, von denen Bethanien im besten Gedeihen ist. Der Handel hat noch keine Bedeutung; ausgeführt wurden bisher: Rinder, Felle, Häute, Straußenfedern und Hörner. Der Wert der Ein- und Ausfuhr betrug (1890) 440000 M. — D. ist deutsches Schutzgebiet mit einem Reichskommissar, einer Bergbehörde und einer aus Deutschen bestehenden Schutztruppe von 50 Mann. Im Kolonialetat pro 1892/93 erscheint D. mit 297000 M., darunter 292000 M. Reichszuschuß.

Zur Zeit sind fünf größere Kolonialunternehmungen in D. im Gange: 1) Die **Deutsche Kolonial-Gesellschaft für Südwestafrika**, gegründet 5. April 1885, welche die von Lüderitz erworbenen Ländereien und Rechte kaufte und das Bergregal von dem Häuptling Maharero erlangte, welche aber in der langen Zeit unfruchtbarer Versuche nahezu ihre Geldmittel erschöpft hat. 2) Die **Deutsch-Westafrika-Compagnie**, gegründet 1887 mit einem Kapital von 340000 M., welche beabsichtigt, die landwirtschaftlichen Produkte von D. aus- und deutsche Waren einzuführen, und welche eine Exportschlächterei im Sandwichhafen und außerdem noch drei Handelsniederlassungen besitzt. 3) Die **Siedelungsgesellschaft für Deutsch-Südwestafrika**, 1892 gegründet, welche Ansiedelungen von Deutschen aus der Heimat und der Kapkolonie unterstützt und Weidegründe bei Windhoek verteilt. 4) Die **South Westafrican Company Limited** in London, 1892 gegründet, mit Land-, Bergbau- und Eisenbahnberechtigungen im NW. der Kolonie. 5) Die **Privatunternehmung** von E. Hermann, welche mit Zuschüssen vom Reich und der deutschen Kolonial-Gesellschaft für D. Viehzucht bei Kubub und Nomtsas in großem Maßstab betreibt.

Geschichte. Das Bremer Handelshaus F. A. E. Lüderitz hatte im Hafen von Angra-Pequena 1883 eine Handelsstation angelegt (**Fort Vogelsang** genannt) und das Gebiet (**Luderitzland**) käuflich erworben, welches mit Einschluß der Küste von Kap Frio bis zum Oranjefluß 1884 unter den Schutz des Deutschen Reichs gestellt wurde. Ein Ende 1886 mit Portugal vereinbarter Vertrag schob die Nordgrenze bis zum Kuneneflusse. Inzwischen hatte die deutsche Regierung 1885 (21. Okt.) einen Schutzvertrag mit dem Häuptling Maharero im Binnenlande abgeschlossen, wonach dieser unter Wahrung seiner übrigen Hoheitsrechte den Deutschen das Recht einräumte, sich niederzulassen, Handel zu treiben und alle früher erteilten Minenkonzessionen sowie das Bergdepot überhaupt an die Deutsche Gesellschaft für Südwestafrika abtrat. Da letztere keine militär. Mittel besaß, um die Angriffe der Nama auf das Hereroland zurückzuweisen und Maharero die Existenz seines Herrschertums bedroht sah, so war es dem Kapkolonisten Lewis nicht schwierig, durch Behauptung vorgeblich früherer Rechte und durch Versprechungen aller Art den Hererofürsten so weit zu bringen, daß er sich 30. Okt. 1888 von dem deutschen Schutzvertrage lossagte. Der Reichskommissar Dr. Göring sah sich darauf gezwungen, Otjimbingue zu verlassen und in der Walfischbai die Ankunft einer Unterstützung aus dem Mutterlande abzuwarten. Diese kam in Gestalt einer Schutztruppe von 20 Mann unter Führung von Hauptmann von François 21. Juni 1889 an; eine weitere Verstärkung traf 1890 ein. Lewis verließ nun selbst D., und die Autorität des Deutschen Reichs war formell wiederhergestellt. In dem Vertrag mit England vom 1. Juli 1890 wurden auch nähere Bestimmungen über die Abgrenzung der beiderseitigen Gebiete in Südafrika getroffen. Mit den Bondelzwarts im südl. Namaland wurde 21. Aug. 1890 ein Schutzvertrag geschlossen. Der einzige Unruhestifter im ganzen Gebiet von D. ist gegenwärtig der Häuptling Henric Witboi in Gideon, welcher trotz wiederholter Niederlagen Raubzüge in das Bastard- und Hereroland unternimmt. — Vgl. Olpp, Angra-Pequena und Groß-Namaland (Elberf. 1884); Büttner, Das Hinterland von Walfischbai und Angra-Pequena (Heidelb. 1884); Schinz, Deutsch-Südwest-Afrika (Oldenb. u. Lpz. 1891).

Deutsch-Szászka (spr. ßahßka), ungar. Szászka-bánya, Klein-Gemeinde im Stuhlbezirk Jám des ungar. Komitats Krassó-Szörény, an der Nera, hat (1890) 2720 rumän. E. (658 Deutsche), darunter 2003 Griechisch-Orientalische und 709 Katholiken; Post, Telegraph, ein Bezirksgericht; lebhaften Bergbau auf Kupfer, Eisen, Blei und Marmor und in der gebirgigen Umgebung ausgedehnte Waldungen. — Unweit D. die Gemeinde Walachisch- oder Rumänisch-Szászka, ungar. Román Szászka, mit 1364 rumän. E.

Deutsch-Wartenberg, s. Wartenberg.

Deutsch-Westafrika-Compagnie, s. Deutsch-Südwestafrika.

Deutz (lat. Divitia, seit dem 10. Jahrh. Tuitium), alte Stadt rechts vom Rhein, Köln gegenüber und mit diesem seit 1. April 1888 zu einer Gemeinde vereinigt (s. Köln). Das alte Kastell in D. wurde 1003 von dem Erzbischof Heribert von Köln in ein Benediktinerkloster umgewandelt, dessen Vögte die Grafen von Berg waren. Erzbischof Heinrich I. von Köln erhob 1230 D. zur Stadt, welche 1240 zwischen den Grafen von Berg und dem Erzbischof geteilt ward. Seitdem 1242 die Festungswerke durch den Erzbischof mit Hilfe der Stadt Köln niedergelegt wurden, blieb D. eine lange Zeit der Zankapfel zwischen Berg, Kurköln und der Stadt Köln. Zuletzt kam es in den alleinigen Besitz des Kurfürsten und wurde 1376 von den Kölnern, 1445 durch den Herzog Johann I. von Cleve und 1583 durch die Truppen des Erzbischofs Gebhard von Köln in Brand gesteckt. Im Dreißigjährigen Kriege brannten die alte Stifts- und die Pfarrkirche ab. Nach dem Nimwegener Frieden wurden 1678 die Festungswerke geschleift, die es erst 1816 wiedererhielt. Die Stadt kam 1803 an Nassau-Usingen, 1806 an das Großherzogtum Berg und 1814 an Preußen.

Deutzia *Thbg.*, Pflanzengattung aus der Familie der Saxifragaceen (s. d.). Man kennt nur wenige Arten, die auf dem Himalaja, im nördl. China und Japan vorkommen. Es sind Sträucher, deren Zweige und gegenständige Blätter mit rauhen Sternhaaren bedeckt sind, und deren in elegante Sträuße gestellte Blüten einen glockenförmigen, fünfzähnigen Kelch, fünf weiße Blumenblätter und zehn Staubgefäße mit bandförmigem, weißem Staubfaden besitzen. Zwar erst seit 1833 in Europa eingeführt, sind die Deutzien doch bereits allgemein verbreitete Ziersträucher des freien Landes. Für Gartenbesitzer sind von besonderm Wert: D. crenata *Sieb. et Zucc.* (D. seabra *Thunb.*), bis 2 m hoch, mit zwei Spielarten mit dichtgefüllten schneeweißen (flore albo pleno) und mit weißen, auf der Rückseite der äußern Blumenblätter rosenroten (flore rubro pleno) Blumen, und D. gracilis *Sieb. et Zucc.*, nur bis 60 cm hoch, mit am Ende der Zweige stehenden dichten, am Grund oft verästelten Blütentrauben. Jene blüht im Juli, diese im Mai und Juli und ist von um so größerm Wert, als sie sich sehr leicht treiben läßt und dann schon im Februar und März einen schönen Schmuck der Wohnräume und Gewächshäuser darbietet. Im freien Land erfordern beide Arten einen sonnigen Standort, am besten in kleinern Gruppen im Gartenrasen. Man vermehrt sie unter Glas aus jungen, noch krautartigen Trieben.

Deux (frz., spr. dö), zwei; deux à deux (spr. dösadöh), je zwei und zwei.

Deuxièmes bois, Les (frz., spr. lä dösiähm böá), Cognacsorte, s. Cognac.

Deux-Ponts (spr. döpóng), franz. Name für Zweibrücken.

Deux-Sèvres (spr. dößähwr), Departement im westl. Frankreich, nach den Flüssen Sèvre-Nantaise und Sèvre-Niortaise benannt, besteht aus Teilen von Poitou, Aunis und Saintonge, grenzt im N. an das Depart. Maine-et-Loire, im O. an Vienne, im S. an Charente-Inférieure, im W. an Vendée, hat 5999,88 (nach Berechnung des Kriegsministeriums 6055) qkm, (1891) 354 282 E., darunter 395 Ausländer, und zerfällt in die Arrondissements Bressuire, Melle, Niort und Parthenay mit 31 Kantonen und 354 Gemeinden. Hauptstadt ist Niort (s. d.). Das Klima ist kühl, feucht und in manchen Gegenden ungesund. Die Bergebene Gâtine (d. h. verdorben, wenig fruchtbar), eine nordwestl. Verlängerung der Gebirge von Limousin, eine wechselvolle, stark bewaldete Granitfläche, nirgends über 100 m hoch, nimmt fast ein Drittel des Areals ein. Es enthält viele fischreiche Teiche und die Quellen vieler kleiner Flüsse, von denen die beiden Sèvre, der Thouet, dessen linke Nebenflüsse Thouaret und Argent, die Boutonne, die Autize und die beiden Dives nennenswert sind. Der Boden ist in den Thälern fruchtbar. Man gewinnt Getreide im Überfluß (1890: 1 795 880 hl Weizen, 93 150 hl Roggen, 1887: 369 900 hl Gerste, 1 Mill. hl Hafer, 124 200 hl Mais), Gemüse aller Art, Hanf, Raps, Flachs, Wein (1890: 66 664, durchschnittlich 124 781 hl), Kastanien, Nüsse, Mandeln u. s. w. Ausgedehnte Weiden und Wiesen unterstützen die Viehzucht, welche einen Haupterwerbszweig des Landes bildet und vortreffliche Maultiere (1887: 10 825 Stück), viel Rindvieh (246 854 Stück), Schafe (187 695 Stück), Schweine und Geflügel liefert. Das Mineralreich bietet Eisen, Steinkohlen (1888: 16 260 t), Antimonium, Mühl- und Feuersteine und Salpeter. Die besuchteste der Mineralquellen ist die von Bilazay unweit Thouars. Die Gerberei, Handschuhfabrikation und Branntweinbrennerei sind die Hauptzweige der Industrie. Außerdem bestehen Fabriken in Leinwand, Woll- und Baumwollzeugen, Strumpfwaren, Leder u. s. w.; ferner Papiermühlen und Töpfereien. Der Handel ist lebhaft, hauptsächlich mit Maultieren und Mauleseln, Pferden, Getreide, Mehl, Holz, Branntwein. Das Departement besitzt (1886) 422,7 km Eisenbahnen, (1888) 465,7 km Nationalstraßen und vier höhere Unterrichtsanstalten, 1 Lyceum und 3 Collèges. Vgl. Levrier, Histoire des D. (Niort 1886).

Dêv, s. Dêw.

Deva, Stadt in der span. Provinz Guipuzcoa (Baskische Provinzen), 47 km westlich von San Sebastian, an der Mündung des Deva, hat (1887) 2884 E., einen kleinen, versandenden Hafen und ein stark besuchtes Seebad.

Déva, deutsch Diemrich, rumän. Gyéva, Stadt mit geordnetem Magistrat und Hauptort des Stuhlbezirks D. (29 201 E.) im ungar. Komitat Hunyad in Siebenbürgen, links der Maros, in 184 m Höhe, am Fuße eines steilen Trachytbergs, an der Linie Arad-Karlsburg-Tövis der Ungar. Staatsbahnen, ist Sitz der Komitatsbehörden, eines Gerichtshofs, Bezirksgerichts und hat (1890) 4657 E. (2187 Magyaren, 1996 Rumänen, 415 Deutsche), darunter 1769 Griechisch-Orientalische, 1575 röm., 185 griech. Katholiken, 830 Evangelische, 268 Israeliten, Post, Telegraph; Pfarrkirchen der verschiedenen Konfessionen, eine Synagoge, Staats-Oberrealschule,

Staatslehrerseminar, Altertumsmuseum, Komitatsspital, mehrere Fabriken und lebhaften Handel, namentlich mit Holz. Oberhalb der Stadt auf steilem Trachytkegel («Schloßberg», 187 m hoch) die Ruine der Feste D., welche in der siebenbürg. Geschichte eine Rolle spielte und bis 1849 zum Gefängnis diente. Hier legte 18. Aug. 1849 eine Abteilung der ungar. Revolutionstruppen die Waffen nieder. D. ist Geburtsort des ungar. Reformators Dévai (s. d.).

Dévabánya, s. Dévaványa.

Dêvadâsî, s. Bajaderen.

Dévai (Dévay), Matthias (eigentlich Dévai Biró Mátyás, d. i. Matthias Biró von Déva), ungar. Kirchenreformator, wurde um 1500 zu Deva in Siebenbürgen geboren, studierte an der Universität Krakau und trat nach seiner Heimkehr in einen geistlichen Orden. 1527 war er kath. Priester zu Boldogkö bei Kaschau und ging 1529 nach Wittenberg, wo er mit Melanchthon in ein freundschaftliches Verhältnis trat. D. begann seine reform. Thätigkeit Anfang 1531; er wurde damals von Ofen nach Kaschau als Stadtprediger berufen, dort jedoch gefangen genommen und nach Wien abgeführt. Hier aus dem Gefängnisse entlassen, erlitt er 1532 durch Zápolya in Ofen dasselbe Los. Nachdem er 1534 die Freiheit erlangt hatte, lebte er als Schützling des Grafen Thomas Nádasdy in Sárvár, wo er mehrere seiner theol. Streitschriften verfaßte. 1537 war er abermals in Wittenberg, dann in Basel, wo er den Schweizer Reformatoren persönlich nahe trat, und von wo er Ende 1537 in die Heimat zurückkehrte. In Neu-Sziget errichtete er mit dem Schulrektor Johann Sylvester (Erdösi) eine Buchdruckerei und veröffentlichte Jugend- und Volksschriften im Interesse der Reformation. 1541—43 verweilte D. zum drittenmal im Auslande, und Ende 1543 wandte er sich offen den Lehren der Schweizer zu. Schon im April 1544 erklärte sich Luther gegen D. Dieser wurde nun der eifrigste Apostel des helvet. Bekenntnisses, das er namentlich unter den Magyaren rasch verbreitete. Er selber übernahm das Amt eines Pastors und Dekans seiner Kirche zu Debreczin, wo er spätestens 1547 starb. Dem Wirken D.s ist es zuzuschreiben, daß die Calvinische Lehre unter den magyar. Protestanten das herrschende Bekenntnis wurde, sodaß man sie «magyar hit», den «magyar. Glauben» nennt, im Gegensatze zu dem Bekenntnis Luthers, das «német hit» («deutscher Glaube») heißt. Vgl. Révész, Das Leben und die Schriften des ersten magyar. Reformators Matthias Biró von D. (ungarisch, Pest 1863).

Devalvation (neulat.), die Herabsetzung des Nennwertes einer Geldsorte durch die Staatsgewalt. Bei Metallmünzen wird die D. natürlich nur dann vorkommen, wenn vorher der Nominalwert über ihren Gehalt künstlich gesteigert war, wie dies früher namentlich bei Scheidemünzen oft in höchst mißbräuchlichem Umfange geschah. Das richtige Mittel, um eine durch ein Übermaß geringhaltiger Münze entstandene Zerrüttung des Geldwesens zu heben, kann nur in der Einziehung derselben zu dem Emissions-, also zum Nennwerte gesehen werden. Eine D. dagegen, welche den Schaden dem zufälligen Besitzer der Münzen zuschiebt, ist eine Art von partiellem Staatsbankrott und jedenfalls eine unbillige Maßregel, wenn auch die Staaten in finanzieller Bedrängnis sie nicht selten ergriffen haben. So wurden in Preußen 1808 und 1811 die früher im Betrage von über 42 Mill. Thlrn. geprägten Scheidemünzen im ganzen um vier Siebentel ihres Nennwertes herabgesetzt.

In der neuern Zeit kommt die D. hauptsächlich nur bei entwertetem Papiergeld in Frage. Es handelt sich dann darum, ob dasselbe durch Einziehung gegen Metallgeld so weit gehoben werden soll, bis es seinen ursprünglichen Nennwert wieder erreicht hat, das Metallagio also verschwunden ist, oder ob der geltende niedrige Kurs des Papiers fixiert und dasselbe nach diesem Werte gegen Metallgeld oder gegen ein neues, in Metall einlösliches Papiergeld umgetauscht werden soll. Die letztere Maßregel wäre eine D. und unter Umständen eine Benachteiligung namentlich der ausländischen Gläubiger. Insbesondere spricht gegen sie auch noch der Umstand, daß man den Einlösungswert des Papiers nach dem Metallagio bestimmen müßte, das aber keineswegs einen richtigen Maßstab für die Wertverminderung des Papiergeldes gegenüber den Waren und Lebensbedürfnissen im Inlande darbietet. Gleichwohl wird praktisch die D. regelmäßig den Vorzug erhalten, wenn die Entwertung des Papiergeldes eine sehr große ist und sie in ähnlichem Maße schon seit längerer Zeit, etwa seit mehrern Jahrzehnten bestanden hat. Diese Gründe konnte z. B. Rußland geltend machen, als es 1839 je 3½ Rubel Assignaten gegen einen Silberrubel (in einlöslichen Kreditbilleten) einzog. (Vgl. A. Wagner, Russ. Papierwährung, Kap. 5—8, Riga 1868.)

Neuerdings ist in den Vorlagen zur Regelung der österr. Valuta vom 14. Mai 1892 eine D. der bisherigen Landessilbermünzen und Papiergeldzeichen enthalten. Der Umrechnungssatz ist auf 2 Kronen für 1 Fl. festgestellt worden (Gesetz vom 2. Aug. 1892). Da die neu zu prägende Krone nur einen Wert von etwa 0,85 M. hat, so wird hierdurch der Wert der alten Silber- und Papiergulden, die nach den Nennwerte gleich 2 M. zu rechnen sind, auf 1,70 M. herabgedrückt. Dieser Umrechnungskurs schließt sich nicht dem Tageskurs an, sondern beruht auf einem Durchschnittssatz, dessen Berechnung freilich von verschiedenen Seiten als willkürlich bezeichnet wird.

Dêvanâgarî, eine Form des ind. Alphabets, die besonders in Europa für Sanskritwerke heimisch geworden ist, während in Indien noch zahlreiche andere Schriftformen sowohl in Manuskripten wie in Druckereien existieren. Das D. ist eine junge Schriftart, welche sich durch verschiedene Stufen hindurch vielleicht aus einem semit. Alphabete entwickelte.

Devancieren (frz., spr. -wangß-), vorangehen, überholen.

Devantière (frz., spr. -wangtiähr), vorn und hinten geschlitzter Reitrock für Damen.

Devapragaga, Devapragaja, ind. Stadt, s. Deoprajāg.

Dêvâs, Göttergeschlecht, s. Asura.

Devastation (lat.), Verwüstung.

Devastationsklage wird von einigen in Preußen die Klage genannt, welche der Hypothekgläubiger wegen erheblicher Verschlechterungen des ihm verpfändeten Grundstücks auf Sicherheitsmaßregeln und Rückzahlung vor Verfall der Hypothek erheben darf (Gesetz über den Eigentumserwerb vom 5. Mai 1872, §. 50). Vgl. Dernburg, Preuß. Privatrecht (3. Aufl., Halle 1881), Bd. 1, §. 340.

Devastieren (lat.), verwüsten, verheeren.

Devaux (spr. -woh), Paul Louis Isidor, belg. Staatsmann, geb. 10. April 1801 zu Brügge, widmete sich der advokatorischen Laufbahn zu Lüttich und schloß 1824 mit Ledean und Rogier die enge Verbindung, aus der nach 1830 die sog. doktrinäre Partei hervorging. In dem gemeinschaftlich geleiteten Lütticher Oppositionsblatt «Politique» brachte D. die Vereinigung der kath. mit der liberalen Partei in Anregung, die vorzugsweise die Losreißung von den Niederlanden herbeiführte. Während der Revolution vertrat er Brügge im Kongreß und bekämpfte daselbst die republikanischen Tendenzen. Im Sinne der konstitutionellen Monarchie half er auch die Verfassung entwerfen. Im März 1831 wurde er Staatsminister ohne Portefeuille, im Mai desselben Jahres verhandelte er mit dem Prinzen Leopold von Sachsen-Coburg und nahm an der Konferenz zu London teil. Nach der Einsetzung Leopolds als König zog er sich von den Geschäften zurück, blieb aber noch Kammermitglied bis 1863, wo er gegen die Katholiken unterlag. Beim Antritt des Ministeriums Lebeau-Rogier (1840) gründete D. die für den Liberalismus tonangebende «Revue nationale». Er starb, erblindet, 30. Jan. 1880 in Brüssel. Seit 1846 war D. Mitglied der Belgischen Akademie. D. veröffentlichte die «Études politiques sur l'histoire ancienne et moderne et sur l'influence de l'état de guerre et de l'état de paix» (Brüss. 1875) und «Études politiques sur les principaux évènements de l'histoire romaine» (2 Bde., Par. 1880). Vgl. Juste, Paul D. (Brüss. 1881).

Dévaványa, auch Dévabánya, d. i. Bergwerk Déva, Groß-Gemeinde im Stuhlbezirk Kenderes des ungar. Komitats Jazygien-Groß-Kumánien-Szolnok, an den Linien Kis Ujszállás-D. (29 km) und D.-Gyoma der Ungar. Staatsbahnen, hat (1890) 12154 magyar. E., darunter 8357 Griechisch-Orientalische, 3234 Katholiken und 391 Israeliten, bedeutende Viehzucht und fünf bevölkerte Pußten: Kéthalom, Gabonás, Ecseg, Kérsziget und Pußta-Varsányhat auf dem ausgedehnten Ortsgebiete.

Dévay, Matthias, s. Dévai.

Devecser (spr. déwwetscher), Flecken im ungar. Komitat Weszprim (s. d.).

Develle (spr. -well), Jules Paul, franz. Staatsmann, geb. 12. April 1845 zu Bar-le-Duc, wurde 1873 Unterpräfekt des Arrondissements Louviers und 1875 Präfekt des Depart. Aude. Nach dem 16. Mai 1877 abgesetzt, wurde er von dem Arrondissement Louviers zweimal zum Deputierten gewählt (1877 und 1881) und war 1879 und 1882 Unterstaatssekretär im Ministerium des Innern. Bei den Wahlen vom Okt. 1885 von dem Depart. Meuse in die Kammer gesandt, übernahm D. das Ministerium des Ackerbaues im Kabinett Freycinet (7. Jan. 1886) und behielt es im Kabinett Goblet (11. Dez. 1886) bei, bis er es 29. Mai 1887, als Rouvier sein Ministerium bildete, an Barbe abtrat. Am 16. März 1890 erhielt er es nach dem Sturze Tirards im Kabinett Freycinet neuerdings anvertraut, trat 19. Febr. 1892 mit diesem zurück, übernahm aber im neugebildeteten Ministerium Loubet dasselbe Portefeuille wieder.

Developpabel (frz.), soviel wie Abwickelbar (s. d.).

Deventer, auch Demter, Stadt in der niederländ. Provinz Overyssel, an der Grenze von Gelderland, rechts der Yssel, über welche hier eine Schiffbrücke führt, an der Mündung der Schipbeek und an den Linien Zutfen-Zwolle-Leeuwarden der Niederländ. Staatseisenbahn und Apeldoorn-D.-Almelo der Holländ. Eisenbahngesellschaft, ist altertümlich, aber sauber gebaut und hat (1891) 23067 E. Die wichtigsten Gebäude sind: die reform. Haupt- oder St. Lebuinuskirche (spätgot. Stils), auch Groote Kerk genannt, mit schönen Glasmalereien, einem hohen Turm und roman. Krypta (Ende des 11. Jahrh.); die Broerekirche (eine der zwei katholischen) mit drei merkwürdigen, der Sage nach vom heil. Lebuinus geschriebenen Evangelienbüchern; das große Rathaus mit einem schönen Gemälde von Gerard ter Borch, das Ratszimmer mit den Bürgermeistern und Räten der Stadt darstellend; auf dem Brink, dem größten der vier öffentlichen Plätze, das got. Wagegebäude, jetzt Gymnasium, und das Justiz- und Haftgebäude. D. besitzt eine höhere Bürgerschule (das 1630 gestiftete Athenäum), viele Wohlthätigkeitsanstalten, namentlich Stiftungen für alte Leute, eine Irrenanstalt; Teppichfabriken, Eisengießerei, Strickwarenfabrik, Kattundruckerei, Leimfabrik, bedeutenden Handel mit Getreide, Vieh, Leinwand, Schinken und Butter. Eigentümlich und in ganz Holland berühmt ist eine Art Honigkuchen, Deventerkuchen genannt (jährlicher Versand: 1000 Pfund). — 10 km im O. das Dorf Bathmen, mit Fresken aus dem 14. Jahrh. in der Kirche. — D., ursprünglich Daventre oder Daventria im Gau Hamaland, wurde 778 von den Sachsen, 883 von den Normannen verheert, 1123 als kaiserl. Feste vom Sachsenherzog Lothar und von Bischof Dietrich von Münster belagert, aber von Kaiser Heinrich V. entsetzt. Es gehörte seit der Hohenstaufenzeit zum Bistum Utrecht, war Hansestadt und kam 1528 an Karl V. Unter Philipp II. wurde hier 1559 ein Bistum errichtet, das aber nur bis 1591 bestand, wo Moritz von Oranien die Stadt den Spaniern, in deren Hände sie durch den Verrat des Kommandanten Stanley 1587 gefallen war, wieder entriß. D. ist Geburtsort des Philologen Jakob Gronov (1645).

Dévény (spr. dehwenj), ungar. Marktflecken, s. Theben.

Devereux (spr. -ruh), engl. Adelsfamilie, s. Essex (Adelstitel).

Devéria, Achille, franz. Maler, geb. 6. Febr. 1800 in Paris, wo er 23. Dez. 1857 starb. Er verfolgte in religiösen Darstellungen eine süßliche Manier. Außerdem war er als Lithograph thätig und gab sehr gezierte Frauenporträte, Typen, Modeblätter u. s. w. heraus, die 1830 gesammelt erschienen.

Bedeutender ist sein Bruder, Eugène D., geb. 1805 in Paris. Schüler Girodets, folgte er der romantischen Kunstrichtung; er schuf zahlreiche histor. und religiöse Werke sowie Bildnisse, die sich durch wirkungsvolles Kolorit und sorgfältige Technik auszeichnen. Nachdem er besonders durch sein Erstlingsbild: Geburt Heinrichs IV. (1827; im Louvre zu Paris), einen großen Erfolg errungen, malte er u. a.: Enthüllung der Statue Heinrichs IV. zu Pau (1846), Tod der Johanna Seymour (1847), Schlacht an der Marsaille (in Versailles), Halt span. Kaufleute (1859), Die Rückkehr des Columbus (1861). Er starb 5. Febr. 1868 in Paris. Vgl. seine Biographie von Alone (Par. 1887).

Devestieren (lat.), entkleiden, namentlich in Bezug auf die Investitur gebraucht im Sinne von: einen seines Lehns berauben; Devestitūr, die Entziehung des Lehns.

Devexa (lat., «abschüssig», nach der Beschaffenheit des Rückens) nannte Illiger die Familie der Giraffen.

Deviation (lat.), Abweichung vom Wege, bedeutet im Seerecht jede vom Schiffer willkürlich vorgenommene Abweichung von der ordnungsmäßigen Reiseroute, sei es, daß er z. B. von dem vorgeschriebenen oder üblichen Kurse abweicht, oder daß er einen nicht zur vorgeschriebenen Reise gehörigen Hafen anläuft, oder die vorgeschriebenen Häfen nicht in der richtigen Reihenfolge anläuft. Unfreiwillige Abdrängung des Schiffs von dem Kurs durch Sturm oder Strömung ist keine D. Der Schiffer kann zur Abweichung von seiner Reiseroute berechtigt und verpflichtet sein, wenn es das Interesse des Schiffs, der Mannschaft oder Ladung gebietet, z. B. um Proviant oder Kohlen einzunehmen, um auszubessern, um feindlichen Kriegsschiffen oder Seeräubern zu entgehen, um bei Unwetter einen Nothafen zu erreichen u. dgl.; auch ein Gebot der Menschlichkeit (z. B. Rettung Schiffbrüchiger) kann die Abweichung von der Reiseroute gerechtfertigt erscheinen lassen. Jede nicht durch solche Gründe gerechtfertigte D. macht den Schiffer für den durch dieselbe entstandenen Schaden nicht nur dem Reeder, sondern auch den Ladungsinteressenten, Passagieren, der Schiffsbesatzung und den Schiffsgläubigern verantwortlich. Den genannten dritten Personen haftet auch der Reeder mit der Fortune de mer (s. d.). Hatte er aber die D. angeordnet, so haftet er unbeschränkt mit seinem ganzen Vermögen. Von besonderer Bedeutung ist die D. bei der Bodmerei und bei der Seeversicherung. Bei ersterer können Schiffer und Reeder wegen D. von der Bodmereireise für die Bodmereischuld persönlich haftbar werden. Bei der Seeversicherung haften die Versicherer bei einer von dem Versicherten selbst oder mit seiner Genehmigung vorgenommenen D. für alle später eingetretenen Unfälle nicht, wenn nicht erhellt, daß die D. auf den spätern Unfall keinen Einfluß hat üben können oder wenn nicht die D. durch einen Notfall oder durch ein Gebot der Menschlichkeit verursacht ist (Deutsches Handelsgesetzbuch Art. 818; ähnlich Allgemeine Seeversicherungsbedingungen von 1867, §§. 60 und 61). Die ausländischen Seerechte, insbesondere auch das engl. und franz. Recht, sind strenger als das deutsche. Sie lassen bei einer nicht durch Notfall oder Menschlichkeit gebotenen D. die Haftung des Versicherers schlechthin aufhören, also auch für solche Unfälle, auf welche die D. einen Einfluß nicht hat üben können.

Deviation des Kompasses, diejenige Winkelabweichung des Nordendes der Kompaßrose (s. Kompaß) aus der Richtung des magnetischen Meridians, die durch den in den Eisenteilen eines Schiffs vorhandenen Magnetismus hervorgerufen wird. Man bezeichnet diese Ablenkung als östliche D., wenn das Nordende nach Osten, als westliche, wenn dasselbe nach Westen abgelenkt wird. Da die Kielrichtung des Schiffs die verschiedensten Lagen zur Richtung der erdmagnetischen Kraft annehmen kann, wobei sich die Richtung und Stärke des Schiffsmagnetismus in Bezug auf den magnetischen Meridian ändert, so ist klar, daß auch die Größe und Richtung der D. des Kompasses auf verschiedenen Kursen verschiedene Werte annehmen muß. Diese Änderung der D. geht nach bestimmten Gesetzen vor sich, welche Matthew Flinders zuerst erkannte; Poisson stellte bald darauf die D. in mathem. Form dar. Auf dieser Grundlage wurde dann zuerst in England, wo die Annahme des Eisenschiffbaues notwendig darauf drängte, namentlich von Airy, Evans und Archibald Smith die Theorie der D. zu ihrer heutigen Vollkommenheit ausgebildet. In Deutschland machten sich die Admiralitätsräte Rottok und Koldewey um die Entwicklung dieser Frage verdient. Der gesamte eiserne Schiffskörper wird durch die erdmagnetische Kraft zu einem Magneten, dessen Achse in der Richtung des magnetischen Meridians liegt. Von dem auf Stapel stehenden Schiff wird durch die Erschütterung des Hämmerns ein Teil dieses Magnetismus als fester, permanenter aufgenommen, dessen Achse auch später unverändert bleibt, wenn das Schiff in andere Lagen zum magnetischen Meridian kommt, während ein anderer Teil — namentlich in den weichern Eisenmassen — seine Induktionsrichtung stets mit der magnetischen Meridianrichtung ändert, daher flüchtiger Magnetismus genannt wird. Da bei letzterm die Richtungsänderung nicht immer momentan, sondern erst allmählich stattfindet, führte Koldewey noch den Begriff des remanenten, halbfesten Magnetismus in die Theorie der D. ein. Betrachtet man die D. aller Kurse eines Schiffs, wie man sie bei einer Drehung durch Peilen einer Landmarke, deren magnetische Richtung bekannt ist, mittels des Kompasses findet, so erhält man eine Deviationstabelle, deren Werte sich darstellen lassen durch die Fourriersche Reihe $\delta = A + B \sin\zeta + C \cos\zeta + D \sin 2\zeta + E \cos 2\zeta + \ldots$, wo $\sphericalangle\,\delta$ die D. und $\sphericalangle\,\zeta$ der Kompaßkurs bedeutet. Berücksichtigt man die Verschiedenartigkeit des Schiffsmagnetismus, so ergiebt sich, daß der permanente allein wirkend eine innerhalb eines Halbkreises periodische D. ergeben würde, der flüchtige Magnetismus dagegen eine nur viertelkreis-periodische D. liefert. Somit bilden die Koefficienten D und E die quadrantale D. A ist eine von der Aufstellung des Kompasses herrührende Konstante; bei in der Mittschiffslinie mindestens 4 m von allen Eisenmassen entfernten Regelkompassen werden A und E meist Null. Wenn das Schiff seine magnetische Breite verändert, wird auch die D. eine andere. Es ist deshalb nötig, daß auf Reisen die D. beständig neu bestimmt wird, was mit Hilfe von guten magnetischen Karten aus Azimutbeobachtungen der Sonne und anderer Gestirne in See, oder Peilungen am Lande ausgeführt wird. Da bei der Krängung (dem Überliegen) des Schiffs nach einer Seite die D. sich durch Veränderung der Lage der Eisenteile ändert, müssen auch hierfür Bestimmungen gemacht werden. Wird bei einem Kompaß die D. auf einzelnen Kursen größer als 1 bis $1^1/_2$ Strich, so muß eine Kompensation derselben durch Magnetstäbe, welche in der Nähe des Kompasses angebracht werden, stattfinden, deren Pole denen des Schiffsmagnetismus entgegengesetzt wirken. Da an einzelnen Kompaßorten häufig die Richtkraft der Nadel durch die magnetischen Verhältnisse der Umgebung sehr geschwächt ist, hat man vielfach dieselbe durch Anbringung kleiner weicher Eisenmassen (Kugeln oder Röhren) zu beiden Seiten des Kompasses künstlich gestärkt; nach diesem Princip ist der Peichlsche Intensitätsmultiplikator konstruiert, dessen Wirkung aber mit der Zeit unsicher wird, da selbst das weichste Eisen nach und nach permanenten Magnetismus aufnimmt und dann schädlich wirkt. Deshalb hat man sich in der deutschen Marine nie mit diesen Hilfsmitteln befreundet, vielmehr stets danach gestrebt, wenigstens dem Regelkompaß von vornherein eine solche Aufstellung zu geben, daß höchstens die Koefficienten B und C einer ganz geringen Kompensation bedürfen. Gewöhnlich trägt man die Werte der D. in ein Diagramm ein und verbindet die Endpunkte zur sog. Deviationskurve; aus dieser ist einesteils stets ersichtlich, ob Aufstellung und Kompensation genügen, anderenteils, wie man die zu steuernden Schiffskurse aus den magnetischen Kursen finden kann. Vgl. Rottok, Die Deviationstheorie und ihre Anwendung in der Praxis (Berl. 1881); Collet, Théorie du compas (2. Aufl., Par. 1886); Deutsche Seewarte, Der Kompaß an Bord, ein Handbuch für Führer von eisernen Schiffen (Hamb. 1889).

Deviationsbojen, s. Bojen.

Devil (engl., spr. dewwl), Teufel, s. Beutelmarder.

Deville, Charles, franz. Geolog, s. Sainte-Claire Deville.

Deville (spr. -wil), Jean Achille, franz. Gelehrter, geb. 1789 zu Paris, war seit 1827 Steuerbeamter in Rouen, später Direktor des dortigen Altertumsmuseums und starb 10. Jan. 1875 zu Paris. D. schrieb die Geschichte der Abtei Saint Georges de Bocherville (Rouen 1827), des Château Gaillard (ebd. 1829), des Schlosses und der Herren von Tancarville (ebd. 1834) und des Schlosses Arques (Par. 1839); ein Werk über die Gräber des Münsters zu Rouen (Rouen 1833; 2. Aufl. 1837) und eins über die Baumeister des Domes von Rouen bis zum Ende des 16. Jahrh. (1848); ferner: «Chants bucoliques» (1856), «Essai sur l'exil d'Ovide» (1859) und «Histoire de l'art de la verrerie dans l'antiquité» (1874, mit 113 Tafeln).

Déville-lès-Rouen (spr. -wil lä ruáng), Stadt im Kanton Maromme, Arrondissement Rouen des franz. Depart. Seine-Inférieure, 3 km südlich von Maromme, an dem zur Seine gehenden Cailly, hat (1891) 5245, als Gemeinde 5264 E., Post, Telegraph; chem. Fabriken, Eisengießerei, Maschinenbauanstalten, Baumwollspinnerei und -Weberei, Seifenfabrikation und Bleichereien.

Devilly (spr. -wijih), Théodore Louis, franz. Maler, geb. 28. Okt. 1818 zu Metz, bildete sich in Paris bei P. Delaroche in der Malerei aus und kehrte dann nach Metz zurück, wo er bei dem Glasmaler Maréchal thätig war. 1871 ließ er sich in Nancy nieder und wurde Konservator des dortigen Museums, 1882 Direktor der École des beaux-arts. Von seinen Kriegsbildern, die mehrfach mit Medaillen ausgezeichnet wurden, sind hervorzuheben: Schlacht von Ras-Satah in Algerien 1846 (1852), Biwak im J. 1812 (1857), Der Marabut von Sidi Brahim (1859; Museum zu Bordeaux), Ende der Schlacht bei Solferino (1861), Mazeppa (1870), Abschied der Soldaten von ihren Offizieren bei Metz, 29. Okt. 1870 (1874). Daneben malte er auch Bilder mytholog. Inhalts, wie: Amphitrite, Schlafende Bacchantin, Triumph des Bacchus (1878). Er starb 26. Dez. 1886 in Nancy.

Devinkulierung, s. Vinkulieren.

Devīse (mittellat. divisa, «Abzeichen»), ein durch ein Sinnbild (s. d.) ausgedrückter und dargestellter Wahlspruch. Die D. bestehen in späterer Zeit aus zwei Teilen, einer sinnbildlichen Figur (Emblem), die man den Körper, und dem zur größern Deutlichkeit wörtlich beigefügten Wahlspruche, den man die Seele der D. nennt. Doch findet man sie selten verbunden; die meisten D. sind Wahlsprüche, seltener Embleme mit Wahlsprüchen verbunden. Schon in des Äschylos Tragödie «Die sieben Helden vor Theben» erscheinen alle diese Helden mit D. auf ihren Schilden, und ein Gleiches erzählt Xenophon von den Schilden der Lacedämonier und Sicyonier. Im Mittelalter wurden die D. auf den Wappenschilden zur förmlichen Sitte. Bei Festen aller Art sah man sie auf Triumphbogen, Fahnen und Tapeten wie auf Schiffen. Besonders häufig wurden sie später an Gebäuden, z. B. an Thüren und Decken, in Italien, Frankreich, Deutschland u. s. w. angebracht. Zahlreich sind sie noch in alten Stammbüchern erhalten. In der neuesten Zeit ist der Gebrauch nicht mehr so verbreitet. Berühmte D. sind: Suum cuique (Preußen), Viribus unitis (Österreich), Dieu et mon droit (England) u. s. w. Vgl. von Radowitz, Die D. und Motto des spätern Mittelalters (Stuttg. 1850); Dielitz, Die Wahl und Denksprüche, Feldgeschreie, Losungen, Schlacht- und Volksrufe (Görlitz 1882—84). — Im kaufmännischen Verkehr sind D. Wechsel auf ausländische Plätze, also fremde Wechsel, im Gegensatz zu Wechseln, die im Inland zahlbar sind. — In der Konditorei heißen D. eingebackene oder überzuckerte, auch mit Bonbons u. s. w. zusammen eingewickelte Zettelchen mit Denksprüchen.

Devīsengeschäft, besteht in dem An- und Verkauf von ausländischen Wechseln für eigene Rechnung des Bankiers oder im Auftrage und für Rechnung dritter Personen. Die Notierung der fremden Wechsel findet an den deutschen Börsenplätzen in der Weise statt, daß im Kurszettel angegeben wird, wie viel Mark und Pfennige 100 Gulden, Francs, Lire, Rubel, Kronen, Dollars und Pesetas, oder 1 Pfd. St. oder 1 Milreis wert sind. (Nur Bremen notiert 100 Pfd. St.) Die Kurse verstehen sich entweder für kurze oder lange Sicht. Kurze Sicht ist entweder a vista (bei Sicht) oder innerhalb 8, 10, 14 Tagen oder 3 Wochen (bei Petersburg); lange Sicht ist in der Regel 2 oder 3 Monate, bei Neuyork 60 Tage. Stimmt die Verfallzeit der Wechsel (die Wechselsicht) nicht mit der Kurssicht überein, so kommt die Berechnung von Diskont in Anwendung, daher im Kursblatt auch der Bankdiskont der einzelnen Wechselplätze angegeben wird. Als Mittelsichten bezeichnet man Wechsel, welche weder kurz noch lang sind und die deshalb in der Regel mit einem für den Käufer günstigern Kurs oder Diskont berechnet werden als die couranten Sichten. Wechsel, welche eine bestimmte Laufzeit überschreiten (in der Regel 3 Monate), sind nicht lieferbar; auch dürfen die Wechsel nach der Börsenusanz nur in bestimmten Abschnitten geliefert werden, z. B. in Berlin Wechsel auf Belgien in Appoints von 1000 bis 2500 Frs., England 100—300 Pfd. St. u. s. w. Appoints in größern oder kleinern Beträgen sind in der Regel nur unter Kurs zu begeben. Insoweit die Parteien nicht besonderes Übereinkommen getroffen haben, unterliegt das D. an den verschiedenen Börsenplätzen den dort geltenden Usanzen. Große Banken haben außerdem über den An- und Verkauf von fremden Wechseln meistens noch besondere Vorschriften. — Auch von einem Devisenmarkt spricht man, als einer besondern Abteilung des Börsenverkehrs. Der Wechselhandel wird an den größern Börsenplätzen von besondern Maklern, den Wechselmaklern (s. Makler), vermittelt. Auch ist der Wechselverkehr an manchen Börsen auf bestimmte Tage beschränkt. Eine besondere Art des D. bildet die Wechselarbitrage. (S. Arbitrage und Kurs.) Vgl. Salings Börsenpapiere, 1. Tl. (6. Aufl., Berl. 1892) und über die Berechnung von fremden Wechseln Feller und Odermann, Das Ganze der kaufmännischen Arithmetik (16. Aufl., Lpz. 1891).

Devīsenmarkt, s. Devisengeschäft.

Devitrifikation, Devitrifizieren, s. Entglasung.

Devizes (spr. dĕweisĕs) oder The Vize, Stadt in der engl. Grafschaft Wilts, 34 km im NNW. von Salisbury, zwischen der Salisbury-Ebene und den Marlborough Downs, am Avon-Kennet-Kanal, hat (1891) 6426 E., Ruinen eines von Heinrich I. erbauten Schlosses, zwei Kirchen mit normann. Chören, im Museum zahlreiche röm. Altertümer, eine Irrenanstalt, Tabaksmanufaktur, Fabrikation von Ackerbaugerätschaften und Kornhandel. D. ist das Castrum Divisarum der Römer.

Devoir (frz., spr. -wŏahr), Pflicht, Schuldigkeit.

Devol, Fluß im türk. Albanien, entspringt auf dem Ostabhang des Grammosgebirges, durchfließt den Malitsee, durchbricht dann in gewundenem Thal mehrere Bergketten, vereinigt sich mit dem ebenfalls vom Grammosgebirge herabkommenden Osum zum Ergent (Semeni) und mündet in einem Delta südlich der Lagune von Kavarsta.

Devolution (lat.), eigentlich Abwälzung, in der Rechtssprache der in gewissen Fällen kraft des Gesetzes eintretende Übergang eines Rechts oder Besitztums auf einen andern. Auf dem Gebiete des bürgerlichen Rechts versteht man unter Devolutionsrecht (Verfangenschaftsrecht) das, insbesondere am Rhein und in Teilen von Franken, früher sehr verbreitete Recht, kraft dessen bei beerbter Ehe (d. h. wenn Kinder aus der Ehe vorhanden sind) der überlebende Ehegatte die Fahrhabe allein erbte, während alle Grundstücke, auch die dem überlebenden selbst gehörenden, von ihm nur mit Genehmigung der Kinder veräußert werden durften; diese Grundstücke waren den Kindern «verfangen». Kraft dieses Rechts der D. beanspruchte Ludwig XIV. nach dem Tode seines Schwiegervaters, Philipps IV. von Spanien, daß von der span. Erbschaft die burgund. Grenzlande an seine Gemahlin fallen sollten (s. Devolutionskrieg). Gegenwärtig ist das Recht fast überall durch die Gütergemeinschaft verdrängt.

Im Rechtsstreite bewirkt die Einlegung eines Rechtsmittels eine D. der Befugnis, zu entscheiden von dem niedern an den höhern Rechtszug; sie hat Devolutiveffekt (s. Berufung, Bd. 2, S. 861a).

Im Kirchenrecht versteht man unter D. den Übergang der Befugnis zur Vornahme einer Handlung von dem kompetenten kirchlichen Organ auf die ihm vorgesetzte Stelle, z. B. der (auf den Bischof oder das Konsistorium übergehenden) Befugnis, eine erledigte geistliche Stelle, deren Besetzung von dem Inhaber des Patronatsrechts versäumt oder hinsichtlich welcher etwas versehen worden war, nach einer gewissen Frist selbst zu besetzen. Dieses Devolutionsrecht kann aber in Deutschland nicht als in Kraft stehend behauptet werden, außer bezüglich des Patronatsrechts zu Gunsten des Bischofs und auch hier nicht in Bayern, soweit der Landesherr Patron ist. Rücksichtlich der Bischofssitze nimmt der Papst das Besetzungsrecht kraft D. in Anspruch, wenn sich das Domkapitel nach Erledigung des Bistums über die Wahl eines Nachfolgers nicht einigt.

Devolutionskrieg, der erste gegen die span. Niederlande gerichtete Raubkrieg Ludwigs XIV., hat seinen Namen von dem in einigen niederländ. Provinzen gebräuchlichen Recht der Devolution (s. d.), aus dem die offiziellen Staatsrechtslehrer Ludwigs folgerten, daß jene Provinzen seiner Gemahlin Maria Theresia als der ältesten Tochter Philipps IV. von Spanien zufallen müßten. Als nach dem Tode des span. Königs dieser Anspruch erhoben und von Spanien abgelehnt wurde, begann Ludwig XIV. im Sommer 1667 den Krieg, für den er alles vorbereitet und den kaum gerüsteten Gegner völlig isoliert hatte. So gerieten die Unternehmungen, an denen der junge König mit dem ganzen Hof teilnahm, überaus leicht. Charleroi, Tournay, Douay, Oudenaarde und endlich Lille fielen nach geringem Widerstande, während Brüssel und Dendermonde sich hielten. Schon war Ludwig entschlossen, den Feldzug von neuem zu beginnen, als Holland und England zusammen mit Schweden unter Jans de Witt Leitung sich zur Tripelallianz zusammenthaten (Jan. 1668), die dem König den Statusquo bewilligte, aber weitere Eroberungen verbot. Während Spanien selbst noch zögerte, in den Verlust des von Frankreich eroberten Teils der Niederlande zu willigen, verstärkte Ludwig XIV. seine Stellung Febr. 1668 durch die rasche Eroberung der Franche-Comté, nahm aber trotzdem die Forderung der Tripelallianz an, zu der auf dem Kongreß zu Aachen (April bis Mai 1668) auch der Hof von Madrid sich verstand. (S. Aachener Friede.) Vgl. Mignet, Négociations relatives à la succession d'Espagne sous Louis XIV (4 Bde., Par. 1836—47); Mémoires militaires relatives à la succession d'Espagne sous Louis XIV (edd. 1835 fg.); Lefèvre-Pontalis, Jean de Witt, Bd. 1 (edd. 1884).

Devolutionsrecht, s. Devolution.

Devolutiveffekt, s. Devolution und Berufung (Bd. 2, S. 861a).

Dévoluy (spr. -wolüih), Gebirgsstock in der obern Dauphiné, in den Depart. Isère, Drôme und Hautes-Alpes, zwischen den Thälern des Ebrou, Drac und Buech, gilt für die ödeste Gegend Frankreichs. Hauptfluß ist der links in den Drac gehende Souloise. Die höchsten Gipfel sind der Mont-Obiou (2793 m), der Pic de Bure (2712 m) auf der Montagne d'Aurouze. Die Bewohner, etwa 3000, gelten für Abkömmlinge der Saracenen, welche seit dem 8. Jahrh. sich hier festsetzten. Hauptort ist Saint Etienne-en-Dévoluy mit (1891) 730 E. und Weidewirtschaft.

Devolvieren (lat.), abwälzen, etwas von einer Person auf die andere, namentlich eine Rechtssache vor ein höheres Forum bringen (s. Devolution).

Devomieren (lat.), wegspeien, ausbrechen.

Devon, engl. Grafschaft, s. Devonshire. — Über D. im geologischen Sinne s. Devonische Formation.

Devon (spr. deww'n) oder Devonshire, ein seit Heinrich I. in mehrern engl. Geschlechtern erblicher Grafentitel. (Vgl. Devonshire, Grafen- und Herzogswürde.) Der erste Graf von D. war Richard de Redvers, zu Anfang des 12. Jahrh., dessen Enkelin Hawise sich mit Reginald de Courtenay, Abkömmling der alten franz. Familie dieses Namens, vermählte und den Grafentitel auf ihren Gatten übertrug. Im Rosenkrieg wurde Thomas, der sechste Graf von D., 1466 hingerichtet; sein Bruder und Nachfolger, John, fiel 4. Mai 1471 bei Tewkesbury. Die Familie ward geächtet und aller ihrer Titel und Güter für verlustig erklärt. Nach der Schlacht von Bosworth (1485) ernannte jedoch Heinrich VII. den aus einer Seitenlinie stammenden Edward Courtenay zum Grafen von D. Dieser verteidigte glücklich Exeter gegen den Prätendenten Perkin Warbeck und starb 1509. Sein Sohn, William von Courtenay, Graf von D., der bei Exeter mitfocht, hatte Eduards IV. jüngste Tochter Katharine zur Gattin. Sein Sohn, Henry von Courtenay, Graf von D., 1525 zum Grafen von Exeter erhoben, war ein Günstling Heinrichs VIII. und beteiligte sich an vielen Staatshandlungen. Wegen Verdachts verräterischer Umtriebe wurde er verhaftet und 9. Dez. 1538 hingerichtet. Sein einziger Sohn Edward hatte als zwölfjähriger Knabe die Kerkerhaft seines Vaters teilen müssen und wurde erst nach fünfzehnjähriger Gefangenschaft bei der Thronbesteigung Marias I. (1553) befreit. Sofort erhielt er auch den Titel eines Grafen von D. wieder. Ihm wurden sogar Aussichten auf die Hand der Königin gemacht, die aber mit deren Vermählung mit Philipp II. von Spanien zerfielen. In Wyatts Empörung verwickelt, wurde D. 1554 eingekerkert, 1555 freigelassen, aber des Landes verwiesen. Er starb plötzlich zu Padua Sept. 1556. Mit ihm erlosch die gräfl. Würde in der Familie Courtenay für nahezu 300 Jahre. Das Geschlecht selbst wurde fortgesetzt durch einen weitläufigen Verwandten des letzten Grafen, und ein Nachkomme von ihm, William, wurde 1762 zum Viscount Courtenay ernannt. Nachdem sich aus dem von Maria unterm 3. Sept. 1553 an Edward Courtenay verliehenen Patent ergeben hatte, daß die Würde eines Grafen von D. auch auf die Kollateralerben in männlicher Linie ausgedehnt worden war, setzte das Oberhaus 15. März 1831 die Familie Courtenay in ihre alte Würde wieder ein. Graf William Reginald, geb. 14. April 1807, saß seit 1841 für South-Devon im Unterhause, war Kanzler des Herzogtums Lancaster und Präsident der Armenverwaltung und folgte seinem Vater 1859 in der Peerage. Er starb 1883. Ihm folgte Edward Baldwin Courtenay, zwölfter Graf D., geb. 1836, gest. 15. Jan. 1891. Jetziger Träger des Titels ist Henry Hugh Courtenay, dreizehnter Graf D., geb. 1811.

Beim Erlöschen der Würde in der Familie Courtenay war der Titel eines Grafen von D. auf Charles Blount, achten Lord Mountjoy, übertragen worden. Dieser, geb. 1563, ein Günstling der Elisabeth, kämpfte in den Niederlanden, der Bretagne, gegen die Armada, besonders in Irland. Er stand dem Grafen Essex nahe und wurde trotzdem 1600 zu dessen Nachfolger in Irland bestimmt, hatte Erfolg und wurde von Jakob I. zum Lord-Lieutenant und 1604 zum Grafen von D. erhoben. Er starb schon 1606 ohne legitime Söhne.

Devonische Formation oder Devon, diejenige stellenweise über 3000 m mächtige Schichtenreihe, die auf der silurischen Formation ruht und von der Steinkohlenformation überlagert wird. Sie besteht zuunterst meist aus Grauwacken und Quarziten, in den mittlern und obern Stufen hingegen aus Kalksteinen und Thonschiefern sowie aus dem charakteristischen Kramenzelkalk (einem Thonschiefer voll von Kalksteinnieren und -Linsen). Reste von Pflanzen kommen in den Schichten der D. F. nur spärlich vor; von Tieren sind namentlich zahlreiche Korallen (darunter die charakteristische Deckelkoralle, Calceola), Crinoiden (wie Cupressocrinus), Brachiopoden (vorzüglich Spiriferen), Cephalopoden (die charakteristischen Clymenien und Goniatiten), endlich Trilobiten vorhanden. (Vgl. hierzu Tafel: Petrefakten der Paläozoischen Formationsgruppe II bei Artikel Paläozoische Formationsgruppe.)

In Deutschland gehören der D. F. an: 1) das Rheinische Schiefergebirge, also ein großer Teil der Rheinprovinz, Westfalens und Nassaus; 2) ein großer Teil des Harzes; 3) Teile des Vogtlandes, Ost-Thüringens und des Frankenwaldes; auch in Schlesien sind Ablagerungen devonischen Alters nachgewiesen. Eine sehr große Verbreitung haben sie in Rußland, England (der Name stammt von der Grafschaft Devon) und in Nordamerika. Hier ist jedoch lokal die ganze oder wenigstens die obere Abteilung durch eine Sandsteinbildung vertreten, die statt der oben angeführten Fauna nur Fische und zwar die höchst seltsam gestalteten Panzerganoiden führt (z. B. Pterichthys, Holoptychius, s. obengenannte Tafel). Diese Ausbildungsweise oder Facies der D. F. wird als Old-redsandstone bezeichnet. (S. auch Paläozoische Formationsgruppe.)

Devonport (spr. demm'npohrt), Municipalstadt und Parlamentsborough (2 Abgeordnete) in der engl. Grafschaft Devon, durch Stonehouse von Plymouth (s. d.) getrennt, thatsächlich aber mit ihm eine Stadt bildend, an der Mündung des Tamer in den Plymouth-Sound, wird durch die Festung Mount-Wise und durch zwei Forts verteidigt und hat (1891) 54 736 E. Als Sitz der Militär- und Marinebehörden enthält D. große Kasernen, Hospitäler, ein großartiges Arsenal (30 ha) am linken Ufer des Hamoaze (Ästuar des Tamer) mit Seilfabrik, ferner Geschützwerfte, Docks und alle Einrichtungen zum Bau und zur Ausrüstung von Kriegsschiffen. Die Stadt ist regelmäßig gebaut, hat sieben Kirchen, darunter die schöne kath. Kirche St. Mary and St. Boniface, ein Stadthaus, eine Lateinschule, Handwerkerinstitut, Bibliothek, vornehme Privatbauten, besonders in Higher Stoke, und Promenaden.

Devonshire (spr. deww'nschir) oder Devon, Grafschaft im südwestl. England, zwischen dem Meere im N. und S., Somerset und Dorset im O., Cornwall im W. gelegen, hat 6698,15 qkm und 631 767 E., d. i. 94 auf 1 qkm, gegen 604 397 im J. 1881, nach York und Lincoln die größte Grafschaft in England, wird von den höchsten Massen des Devonischen oder Cornischen Gebirgszugs, von niedrigen und flachen Berg- und Hügelreihen und Gruppen erfüllt, die von tiefen, spaltenähnlichen Thälern oder Coombs durchfurcht sind. Am höchsten und rauhesten ist, zwischen Exeter und Plymouth, das Hochland Dartmoor (s. d.) oder Dartmoor-Forest. Es fällt steil zur 257 km langen Küste des Kanals ab, welche, von hohen Felsenriffen eingeschlossen, treffliche Häfen und Reeden bildet. Vor den rauhen Nordwinden geschützt, treten hier fruchtbare Strecken (South-Hams) mit üppigem Pflanzenwuchs auf, die der Umgegend von Exeter, in dem tiefen Exethal, und von Sidmouth, wo die Myrte im Freien gedeiht, den Namen der «westl. Gärten Englands» erworben haben. Besonders Torquay, an der schönen Tor-Bai gelegen, und seine liebliche Umgebung werden ihres milden Klimas wegen in den Wintermonaten von Lungenkranken besucht. Der N. und NO. mit seinen trocknen Sand- und Heidestrecken ist feucht und unfreundlich. Der anziehendste Punkt an der Nordküste ist das von Touristen vielbesuchte Seebad Ilfracombe. Im Exmoor-Forest (s. d.) an der Nordküste kommen noch Edelhirsche vor, die halb wilden Schafherden von Dartmoor und Exmoor liefern vorzügliches Hammelfleisch. Unter den Flüssen sind wichtig: der Tamer, Tavy, Dart, Teign und Exe, welche in den Kanal, und der Taw und Torridge, die in die Bai von Bristol münden. Die Berge liefern namentlich Zinn, Kupfer (über 35 000 t jährlich), Mangan- und Eisenerz, Blei, Silber sowie Steinkohlen, Bausteine, Schiefer und besonders Porzellanerde und andere Thonarten. Mineralquellen giebt es in großer Zahl. Der Boden erzeugt Getreide, Kartoffeln, Hülsenfrüchte, Hanf und Obst, aus dem viel Cider bereitet wird. Die Tuchmanufaktur ist zurückgegangen; wichtig sind Eisenindustrie und Schiffbau. Die Hauptorte für die Fischerei sind Brixham an der Tor-Bai und Plymouth. Im Parlament wird Exeter durch 1, Plymouth und Devonport durch je 2, der Rest der Grafschaft durch 8 Abgeordnete vertreten. Hauptstadt ist **Exeter**; andere Orte sind: Plymouth, Devonport, Tiverton, Barnstaple und Bideford. Vgl. Worth, Tourist's guide to D. (4. Aufl., Lond. 1886).

Devonshire (spr. deww'nschir), engl. Grafen- und Herzogswürde im Besitz der Familie Cavendish (s. d.). Der erste, der sie erhielt, war William Baron Cavendish von Hardwick, der 1618 von Jakob I. zum Grafen von D. erhoben wurde. — Sein Urenkel William, vierter Graf von D., geb. 1640, gehörte seit 1675 zur Opposition im Unterhaus gegen die Hofpartei. Nach seinem Eintritt ins Oberhaus 1684 hielt er sich zunächst zurück, trat aber mit Wilhelm von Oranien (Wilhelm III.) in Verbindung, der ihn 1694 zum Marquis von Hartington und Herzog von D. erhob. Er starb 18. Aug. 1707 als Oberhofmeister der Königin Anna. Der Sohn eines jüngern Enkels von ihm war der Chemiker Henry Cavendish (s. d.), der Sohn des ältern William Cavendish, vierter Herzog von D., geb. 1720. Er trat zuerst als Whig ins Unterhaus, wurde 1755 Lordlieutenant von Irland, wo er sich sehr populär machte. 1756 übernahm er das Schatzkanzleramt, trat aber im folgenden Jahr schon wieder zurück. Er starb 1764. — Auch sein Sohn William, fünfter Herzog von D., blieb den Whigs treu und stand unter Georg III. meist zur Opposition; jedoch waren bekannter wie er seine beiden Gemahlinnen. Die erste, Georgiana Cavendish, Tochter des Grafen Spencer, geb. 1757, vermählt 1774, war die Königin der engl. Gesellschaft, und obgleich keine eigentliche Schönheit, doch von hoher Anmut und glänzendem Geist. Sie besaß polit. Einfluß und war eine Freundin von Fox; auch verfaßte sie durch Eleganz und Phantasie ausgezeichnete Gedichte. Sie starb 30. März 1806. — Die zweite Gemahlin des Herzogs war Elisabeth Hervey, Tochter des vierten Grafen Bristol, geb. 1759, heiratete als Witwe von J. Th. Foster 1809 den Herzog von D., nach dessen Tod 1811 sie sich in Rom niederließ. Ihr Haus war der Mittelpunkt der Gesellschaft, vor allem strebte sie nach dem Ruhm des Mäcenatentums. In freigebigster Weise förderte sie Künste und Künstler und ließ Prachtausgaben der fünften Satire des Horaz und einer ital. Virgilübersetzung veranstalten. Sie starb 30. März 1824.

William Cavendish, geb. 1790, der einzige Sohn des Herzogs aus erster Ehe, folgte als sechster Herzog von D. Er stand zu den Whigs, ohne selbst redend oder handelnd einzugreifen; zweimal war er unter Georg IV. und Wilhelm IV. Lord-Kämmerer. Als Liebhaber und Förderer der Kunst legte er reiche Sammlungen an und ließ sich großartige Treibhäuser auf seinem Landsitz Chatsworth in Derbyshire von Paxton einrichten. Er starb 17. Jan. 1858 unvermählt. Ihm folgte sein Vetter William Cavendish, siebenter Herzog von D., Graf von Burlington, geb. 27. April 1808. Er studierte in Cambridge, trat 1829 ins Unterhaus, 1834 kam er nach dem Tode seines Großvaters als Graf Burlington ins Oberhaus, 1836—56 war er Kanzler der Universität London, seit 1862 der Universität Cambridge. Wie seine Vorgänger war er ein Gönner von Kunst und Litteratur. Er starb 21. Dez. 1891 auf seinem Landsitz Hoiler Hall in Lancashire.

Der jetzige Träger des Titels ist sein ältester Sohn Spencer Cavendish, achter Herzog von D., bis zum Tode seines Vaters bekannt unter dem Namen **Marquis von Hartington**, geb. 23. Juli 1833. Er wurde herangebildet in Eton und Cambridge, trat 1857 als Liberaler für Nord-Lancashire ins Unterhaus, wo im Juni 1859 das von ihm beantragte Mißtrauensvotum zum Sturz des Ministeriums Derby führte. 1863 wurde er unter Palmerston Admiralitätslord, dann bis 1865 Unterstaatssekretär, und unter dem Ministerium Russell-Gladstone Staatssekretär für den Krieg (bis Juli 1866). Gladstone machte ihn 1868 zum Generalpostmeister, Jan. 1871 zum Staatssekretär für Indien. Durch seine hervorragenden Gaben als Parlamentsredner und Geschäftsmann sowie durch seine Geburt und seine Verbindungen erwarb er sich ein solches Ansehen, daß er nach Gladstones Rücktritt vom Amt Febr. 1874 und schließlich von der Parteileitung, Jan. 1875, einstimmig zum Führer der liberalen Partei erhoben wurde. Nach Beaconsfields Sturz 1880 lehnten jedoch er und Granville die angebotene Kabinettsbildung ab, die nun Gladstone wieder übernahm, in dessen Ministerium D. als Staatssekretär für Indien eintrat. 1882 wurde er Kriegsminister. 1885 trat er mit dem Kabinett zurück, verweigerte aber den Eintritt in Gladstones Ministerium von 1886, trennte sich vielmehr in der irischen Home-Rule-Frage völlig von dem alten Führer und wurde selbst das Haupt der liberalen Unionisten (s. d.), die Irland gegenüber zu den Konservativen hielten und das konservative Ministerium Salisbury durch ihre Unterstützung im Parlament regierungsfähig machten. Auch nach seinem Eintritt in das Oberhaus (Dez. 1891) behielt er thatsächlich die Leitung der unionistischen Partei, während Chamberlain sein Nachfolger als Führer der Partei im Unterhaus wurde.

Ein jüngerer Bruder von ihm war der 1882 im Phönixpark zu Dublin ermordete Lord Frederick Cavendish (s. d.).

Devorieren (lat.), verschlingen; Devoration, das Verschlingen, Verschlucken.

Devōt (lat.), ergeben, ehrfurchtsvoll, demütig; andächtig, fromm; Devote, Gottergebene, Nonne, Betschwester.

Devotion hieß bei den Römern der feierliche Akt, womit jemand sich zum Wohle des Vaterlandes durch einen freiwilligen Tod den unterirdischen Göttern weihte, wie Curtius (s. d.), Publius Decius und sein gleichnamiger Sohn (s. Decier). Auch konnte der Feldherr feindliche Städte und Heere den Unterirdischen devovieren. In einem solchen Falle mußte die Evokation (evocatio), d. h. die Aufforderung an die Schutzgötter der betreffenden Stadt, diese zu verlassen und überzugehen, vorausgegangen sein. Solche Evokationen und D. fanden z. B. bei Gabii, Veji, Korinth und Karthago statt. Unter Caligula weihte ein Mann aus dem Volke sich für das Leben des erkrankten Kaisers dem Tode und mußte dann sein Gelübde auf Befehl des genesenen Kaisers wirklich ausführen. — In der Kirchensprache bedeutet D. die hingebende Verehrung Gottes und der Heiligen, dann Andacht, Ehrfurcht, Gelübde; ferner Unterwürfigkeit gegenüber Höhergestellten.

Devrient (spr. -wriäng; eigentlich als ursprünglich niederländ. Name -frihnt zu sprechen), Alfons, Buchdrucker, s. Giesecke & Devrient.

Devrient (spr. -wriäng), Gustav Emil, Schauspieler, Bruder von Karl Aug. D., geb. 4. Sept. 1803 zu Berlin, begann seine theatralische Laufbahn 9. Nov. 1821 in Braunschweig als Schauspieler und Baritonist und ging im nächsten Jahre nach Bremen, 1823 nach Leipzig, wo er sich 1825 mit Dorothea Böhler vermählte. D. gab um diese Zeit die Thätigkeit in der Oper auf und widmete sich ganz dem jugendlichen Fache, das er bis in sein höheres Alter beibehielt. Nachdem er 1828 Leipzig verlassen hatte, spielte er erst in Magdeburg, dann 1829 in Hamburg. Seit 1831 gehörte er dem Hoftheater zu Dresden an, zuletzt als Ehrenmitglied. D. starb 7. Aug. 1872 in Dresden. Er war ein Künstler, der mit schönen Naturmitteln eine harmonische Durchbildung vereinigte und dessen ganze Erscheinung den Charakter des Wohlgefälligen, Edeln, ja Poetischen trug; er war der Darsteller, der die jungdeutschen Dramen von Gutzlow und Laube zuerst zur Geltung brachte, und wurde dadurch der Träger eines großen Fortschritts der schauspielerischen Kunst. Er hatte den Adel der Erscheinung, das Maß des Spiels, die Wärme und Weichheit der Empfindung, um diese jungdeutschen Helden in gewinnender Weise vorzuführen. Seine eigentliche Domäne blieb jedoch das Reich der Idealgestalten deutscher Poesie. Die Harmonie des Goetheschen Schonheitsideals, das edle Feuer Schillerscher Begeisterung fanden in ihm einen ausgezeichneten Vertreter. Unerreicht ist sein Tasso, sein Posa geblieben. Wenn er für das Gewaltige und Gewaltsame, das Dämonische Shakespearescher Charaktere im ganzen nicht geschaffen war, so hat doch sein schwermütiger, edler, geistvoller Hamlet selbst den Engländern imponiert, und daß er auf dem Gebiete des höhern Lustspiels Ausgezeichnetes zu leisten vermochte, bewiesen sein Bolingbroke und sein Bolz; er adelte durch seine Persönlichkeit und seine Spielweise diese Gestalten des Lustspielhumors. Vgl. Kneschke, Emil D. (Dresd. 1868); Gottschall, Emil D. (in «Unsere Zeit», Jahrg. 1872, II); Prölß, Beiträge zur Geschichte des Hoftheaters in Dresden (Erfurt 1879).

Seine Gattin Dorothea, geborene Böhler, geb. 1805 zu Cassel, zeigte in sentimentalen und naiven Rollen Wahrheit, Innigkeit und humoristische Frische. Sie spielte schon 1816 in Prag Kinderrollen und gehörte seit 1817 der Leipziger Bühne an, wo sich ihr Talent entfaltete. In der Folge an den Engagements ihres Gatten teilnehmend, entsagte sie 1842 bei ihrer Trennung von diesem der Bühne und starb 21. Mai 1882 zu Blasewitz.

Devrient (spr. -wriäng), Karl August, Schauspieler, geb. 5. April 1797 zu Berlin, war, wie sein Oheim Ludwig D. und seine Brüder Gustav Emil und Philipp Eduard D., für den Kaufmannsstand bestimmt. Nachdem er den Feldzug von 1815 mitgemacht hatte, debütierte er 28. Juli 1819 in Braunschweig als Itudenz und erhielt 1821 ein Engagement als erster Liebhaber am Hoftheater zu Dresden, wo er 1823 mit der berühmten Sängerin Wilhelmine Schröder (s. Schröder-Devrient) eine Ehe einging, die jedoch 1828 gelöst wurde. Seit 1835 Mitglied der Hofbühne zu Karlsruhe, folgte er 1839 einer Berufung nach Hannover und wandte sich nun mit großem Erfolge dem ältern Helden- und Charakterfach zu. D. starb 3. Aug. 1872 zu Lauterberg am Harz. Seinem Spiele rühmte Tieck den vollen warmen Ton des bewegten Gemüts nach.

Sein ältester Sohn, Friedrich D., geb. 31. Jan. 1827 zu Dresden, betrat 1845 in Detmold die Bühne und wurde 1848 am Wiener Burgtheater angestellt. Er verließ dasselbe 1852 und wandte sich einem unruhigen Wanderleben zu, während dessen er in Frankfurt a. M. und Hannover, dann bis 1864 in Wiesbaden einen längern Aufenthalt nahm. Er war dann längere Zeit am Deutschen Theater in Petersburg thätig, wo er 19. Nov. 1871 starb.

Devrient (spr. -wriäng), Ludwig, Schauspieler, geb. 15. Dez. 1784 zu Berlin, wurde von seinem Vater, einem Seidenhändler, für den Kaufmannsstand bestimmt und trat in Brody, wo derselbe eine Kommandite hatte, mit ins Geschäft. Während eines Aufenthalts in Leipzig durch Ochsenheimers Spiel mächtig ergriffen, begab er sich zu der wandernden Schauspielertruppe des Direktors Lange (eigentlich Bode) und betrat 18. Mai 1804 in Gera zum erstenmal die Bühne unter dem Namen Herzberg als Bote in der «Braut von Messina». Später zog er mit dieser Truppe in mehrern sächs. Städten umher, bis er 1805 in Dessau ein Engagement erhielt. Schon hier fand er in Charakterrollen vielen Beifall. Die 1807 mit Margarete Neefe eingegangene Ehe löste bereits im folgenden Jahre der Tod. Später war er noch zweimal vermählt. Als ihn drückende Schulden nötigten, sich 1809 heimlich zu entfernen, begab er sich nach Breslau. Hier lernte ihn Iffland kennen, der ihn für die Berliner Bühne gewann. 1815 betrat D. in der Rolle des Franz Moor zum erstenmal die Berliner Bühne und wurde der gefeierte Liebling des Publikums. Eine ungeregelte Lebensweise und der übermäßige Genuß geistiger Getränke, dem er sich im Verkehr mit gleichgesinnten Freunden, wie E. T. A. Hoffmann und andern, hingab, zerrütteten vorzeitig seinen Körper. Er starb 20. Dez. 1832 in Berlin.

Als Schauspieler steht D. einzig da, insofern bei ihm die Inspiration bei weitem mächtiger war als die bloße Reflexion und das Studium, wodurch er insbesondere den Gegensatz zu Iffland und jüngern Schauspielern von Bedeutung, wie Seydelmann, bildet, und insofern ein ursprünglich poet. Humor seine Leistungen verklärte. Er war eine dämonische Künstlernatur, und dieses Dämonische prägte sich auch in seiner gesamten äußern Erscheinung, in seiner Gesichtsbildung, seinem Organ aufs frappanteste aus, die, wie seine ganze Auffassungsgabe, seine Mimik und Deklamation, mehr charakteristisch ergreifend wirkten, als in idealem Sinne schön zu nennen waren. Das höchste Komische wie das höchste Tragische, aber auch das zwischen beiden Extremen liegende Gemütlich-Humoristische gelang ihm gleich ausgezeichnet. Mit genialer Charakteristik und poet. Humor beherrschte er das Gebiet des Außerordentlichen, Entsetzlichen, Grausenerregenden, des Bizarren und Lächerlichen von den leisesten Zügen bis zum mächtigsten Ausdruck: da gewann sein sprödes Organ eine bewundernswerte Biegsamkeit; sein Mienenspiel hatte etwas Hinreißendes und Dämonisches. Am meisten unterstützte ihn dabei ein großes, feuriges Auge und ein Mund von seltener Ausdrucksfähigkeit. Daher wurde er Norm für viele Shakespearische Figuren, für Shylock, Lear, Richard III., Mercutio, Fallstaff; Vorbild für Franz Moor, den

Mohren in «Fiesco», Schewa, Lorenz Kindlein und eine Menge kleiner Charakterrollen, die erst durch ihn Leben und Bedeutung erhielten. Vgl. Z. Funck, Aus dem Leben zweier Schauspieler: Ifflands und D.s (Lpz. 1838); Ed. Devrient, Geschichte der deutschen Schauspielkunst, Bd. 4 (ebd. 1861). Eine ausführliche Biographie D.s von Gerold findet sich in Heft 13 der «Berlinischen Chronik» (Berl. 1876). Novellistisch hat ihn H. Smidt in «Devrient-Novellen» (3. Aufl., 2 Bde., Berl. 1882) behandelt. Eine treffliche Schilderung von D.s Eigentümlichkeit findet sich in dem zweiten Bande von Holteis Roman «Die Vagabunden» und in R. Springers Roman «D. und Hoffmann oder Schauspieler und Serapionsbrüder» (3 Bde., Berl. 1873).

Devrient (spr. -wriäng), Otto, Schauspieler und Dramatiker, Sohn von Philipp Eduard D., geb. 3. Okt. 1838 zu Berlin, betrat 28. Sept. 1856 in Karlsruhe die Bühne, gehörte den Hoftheatern zu Stuttgart und Berlin, dann dem Stadttheater zu Leipzig an, wo er ins Charakterfach überging. 1863—73 war er am Karlsruher Hoftheater und wurde im letztern Jahre Schauspieler und Regisseur am Hoftheater zu Weimar, 1876 Oberregisseur am Hoftheater zu Mannheim und 1877 Intendant am Frankfurter Stadttheater, welche Stellung er schon 1879 wieder aufgab. D. übernahm 1884 die Direktion des Hoftheaters in Oldenburg und ging 1889 als Direktor des Hofschauspiels nach Berlin, wo er Dez. 1890 zurücktrat. D. hat sich nicht nur als tüchtiger Charakterspieler, sondern auch als Dichter bekannt gemacht, zunächst durch die Trauerspiele «Zwei Könige» (Karlsr. 1867), «Tiberius Gracchus» (ebd. 1871) und das Volksschauspiel «Kaiser Rotbart» (ebd. 1871). Sein zur Feier des Luther-Jubiläums gedichtetes Festspiel «Luther» (18. Aufl., Lpz. 1891) kam zuerst im Herbst 1883 in Jena unter Mitwirkung D.s zur Aufführung. Ferner erschien «Gustav Adolf», histor. Charakterbild (4. Aufl., Lpz. 1891). Auch gab er u. d. T. «Deutscher Bühnen- und Familien-Shakespeare» (Bd. 1—4, ebd. 1872—75) mit seinem Vater eine Auswahl Shakespearescher Dramen heraus und veröffentlichte «Zwei Shakespeare-Vorträge» (Karlsr. 1869), «Ifflands und Schröders Briefe an den Schauspieler Werdy» (Frankf. a. M. 1881) u. a. m.

Devrient (spr. -wriäng), Philipp Eduard, Schauspieler und Dramaturg, Bruder von Karl August und Gust. Emil D., geb. 11. Aug. 1801 zu Berlin, war zunächst ein tüchtig geschulter Baritonsänger, widmete sich aber später dem recitierenden Rollenfache, in welchem er eifriges Studium und Korrektheit, doch weniger Feuer der Begeisterung bekundete. Seit 1819 Mitglied der Berliner Hofbühne, trat er 1835 zum Schauspiel über und übernahm 1844 die Oberregie der Dresdener Hofbühne. 1846 legte er dies Amt nieder und beschränkte sich auf die Darstellung seiner Charakterrollen. 1852—70 war er Direktor des Hoftheaters in Karlsruhe und starb daselbst 4. Okt. 1877. Er verfaßte die Stücke: «Das graue Männlein», «Die Gunst des Augenblicks», «Die Verirrungen», «Der Fabrikant», «Treue Liebe», die zwar ein hohes poet. Interesse nicht beanspruchen, aber doch theatralischen Wert haben. Unter seinen Operntexten, deren er mehrere schrieb, gewann «Hans Hetling» an sich wie durch Marschners ansprechende Musik den meisten Beifall. Die Anregung, sich als Librettist zu versuchen, gab ihm Felix Mendelssohn-Bartholdy, mit dem ihn freundschaftliche Beziehungen verbanden, die in seinem Werk «Meine Erinnerungen an Felix Mendelssohn-Bartholdy und seine Briefe an mich» (3. Aufl., Lpz. 1891) behandelt sind. Bedeutenderes leistete er in seinen dramaturgischen Schriften. Zu diesen gehören die «Briefe aus Paris» (Berl. 1840; 2. Aufl. 1846), die Schrift «Über Theaterschulen» (ebd. 1840), ferner «Das Nationaltheater des neuen Deutschland» (Lpz. 1848), eine umfassendere Reformschrift voll trefflicher Ideen. Zur Geschichte der Schauspielkunst schrieb er: «Das Passionsspiel in Oberammergau» (ebd. 1851; 3. Aufl. 1880) und die «Geschichte der deutschen Schauspielkunst» (5 Bde., ebd. 1848—74), sein Hauptwerk, das allgemeine Anerkennung fand. Eine Sammlung seiner «Dramat. und dramaturgischen Schriften» (10 Bde., Lpz. 1846—72) hat D. selbst veranstaltet.

Dêw oder Dêv, Name der bösen Geister, Dämonen oder Teufel in der Religion Zoroasters. Im Sanskrit bedeutet Dêva «Gott», während das identische Daeva im Avesta von Haus aus die Götter der Ungläubigen (der Dregvants) oder die den guten Geistern (Amschaspands, s. d.) und frommen Menschen (den Aschavans) feindlichen Dämonen im Dienste Ahrimans bezeichnet. Ihnen verwandt sind die weiblichen Unholde, die Drudshas und Pairikas (s. Peris) und andere böse Wesen. In den Gâthas heißen sie «der Same vom bösen Geist, die Ausgeburt der bösen Gesinnung» (des Akem-Manô, des Gegensatzes zu Vohu-Manô, s. Bahman), im jüngern Avesta «die finstern, finsternisentsprossenen». Ihre Wohnung ist die finstere Hölle (duzhanh, neupersisch dôzakh Hölle, daozhanhva höllisch), mit der sie am jüngsten Tage zu Grunde gehen.

Dēwadāsī, s. Bajaderen.

Dewall, Johannes von, s. Kühne, Aug.

Dēwalwārā, Ort im Gebirge Arawali (s. d.).

Dewas, Mahrattenfürstentum in Centralindien (s. d.).

Dewe-Bojun (türk., d. i. Kamelhals), Höhenzug in Türkisch-Armenien, östlich von Erzerum, bekannt durch den Angriff, den 4. Nov. 1877 die Russen daselbst gegen die türk. Stellung ausführten. Die Türken, durch die Niederlage vom Aladscha-Dagh (s. d.) ohnehin stark demoralisiert, wurden vollständig geschlagen; sie verloren 43 Geschütze, an 600 Gefangene, 2500 Tote und Verwundete und ebensoviele durch Desertionen. Der russ. Verlust betrug 41 Offiziere, 776 Mann.

De Wette, Wilh. Martin Leberecht, prot. Theolog, geb. 12. Jan. 1780 zu Ulla bei Weimar, studierte in Jena, habilitierte sich daselbst 1805, wurde 1807 außerord. und 1809 ord. Professor in Heidelberg, 1810 in Berlin. Ein Trostschreiben, das D. W. 31. März 1819 nach Karl Sands (s. d.) blutiger That an dessen ihm befreundete Mutter richtete, bot den reaktionären Kreisen Anlaß, den wegen seines theol. und polit. Liberalismus mißliebigen Mann zu beseitigen. D. W. wurde seines Amtes entsetzt (vgl. «Aktensammlung über die Entlassung des Professors D. W. vom theol. Lehramt zu Berlin; zur Berichtigung des öffentlichen Urteils herausgegeben», Lpz. 1820). Er zog sich nach Weimar zurück und wurde 1822 als ord. Professor nach Basel berufen, wo er, 1829 zum Mitglied des Erziehungsrates ernannt, bis an seinen Tod, 16. Juni 1849, wirkte. Als Theolog hat sich D. W. sowohl um die systematischen, als auch besonders durch seine scharfe, zersetzende Kritik des Kanons und der biblischen Geschichte um die biblischen Wissenschaften Verdienste erworben. Hervorzuheben sind: «Beiträge zur Einleitung in das Alte Testament» (2 Tle., Halle 1806—7), «Lehrbuch der histor.-kritischen Einleitung in die Bibel Alten und Neuen Testaments» (2 Bde., Berl. 1817—26; 8. Aufl. des alttestamentlichen Teils, bearbeitet von Schrader, 1869; 6. Aufl. des neutestamentlichen, bearbeitet von Meßner und Lünemann, 1860), «Lehrbuch der hebr.-jüd. Archäologie» (Lpz. 1814; 4. Aufl. von Räbiger 1864), «Kommentar über die Psalmen» (Heidelb. 1811; 5. Aufl. 1856), «Kurzgefaßtes exegetisches Handbuch zum Neuen Testament» (11 Tle. in 3 Bdn., Lpz. 1836—48, später vielfach neu bearbeitet; neue Ausg. Halle 1886 fg.). Für weitere Kreise sollte die mit Augusti zusammen unternommene Übersetzung der «Heiligen Schrift» (3 Bde., 4. Aufl., Heidelb. 1858) dienen. Als Dogmatiker schloß sich D. W. in philos. Beziehung eng an seinen Freund Fries an, doch hat auch Schleiermachers Freundschaft großen Einfluß auf ihn geübt; er schrieb ein «Lehrbuch der christl. Dogmatik in ihrer histor. Entwickelung» (2 Bde., Berl. 1813—16; 3. Aufl. 1831—40) und die noch jetzt beachtenswerten Erläuterungen dazu: «Über Religion und Theologie» (ebd. 1815; 2. Aufl. 1821). Die Ethik behandeln die «Christl. Sittenlehre» (3 Bde., ebd. 1819—23), «Vorlesungen über die Sittenlehre» (2 Bde., ebd. 1823—24) und das «Lehrbuch der christl. Sittenlehre» (ebd. 1833). Außerdem sind zu nennen: «Briefe, Sendschreiben und Bedenken Luthers» (5 Bde., ebd. 1825—28), die beiden romanartigen Werke «Theodor oder des Zweiflers Weihe» (2 Bde., ebd. 1822; 2. Aufl. 1828; ein Bericht über seinen religiösen Entwickelungsgang) und «Heinrich Melchthal, oder Bildung und Gemeingeist» (2 Bde., ebd. 1829), sowie Sammlungen von Predigten. Vgl. die Biographien von Hagenbach (Lpz. 1850), Wiegand (Erf. 1879) und Stähelin, D. W. nach seiner theol. Wirksamkeit und Bedeutung (Bas. 1880).

De Witt, Jan, s. Witt.

Dewitz, Friedr. Wilh. Otto Ulr. Karl Helmuth Jul. von, mecklenb.-strelitzscher Minister, geb. 25. Nov. 1843 zu Cölpin, studierte in Heidelberg, Berlin und Rostock die Rechte, trat dann in mecklenb.-schwerin. Dienste, wurde Auditor in Wittenburg und ging später in mecklenb.-strelitzsche Dienste über. Hier wurde er zunächst Assessor beim Justizamte der Landvogtei zu Schönberg in Ratzeburg, kam dann als Hilfsarbeiter in die Landesregierung und das Staatsministerium zu Neustrelitz, wo er nacheinander Regierungsassessor, Regierungsrat, Geh. Regierungsrat und 1885 Wirkl. Staatsminister und Vorsitzender des Staatsministeriums und der Landesregierung wurde.

Dewsbury (spr. djuhsbörri), Stadt im Westriding der engl. Grafschaft York, 13 km im SSW. von Leeds, auf einer Anhöhe, welche den rechts zur Aire gehenden Calder beherrscht, hat (1891) 29847 E., eine lat. Schule, Fabrikation von Teppichen und Wollwaren. D. ist ein Hauptsitz der Shoddy-Manufaktur.

Dexamĕnos, in der griech. Sage ein König von Olenos (in Achaia), der seine Tochter dem von ihm gastlich aufgenommenen Herakles verlobt und deswegen von dem Kentauren Eurytion bedrängt wird; Herakles kommt ihm zu Hilfe und tötet den Kentauren.

Dexel, Dechsel oder Texel, auch Dachsbeil genannt, ein von verschiedenen Holzarbeitern, namentlich Böttchern und Zimmerleuten, gebrauchtes Werkzeug, das zur Bearbeitung konkaver sowie solcher ebenen Flächen dient, deren horizontale Lage die Anwendung des Beils nicht wohl gestattet, und sich von Axt und Beil dadurch unterscheidet, daß das Blatt mit der Schneide quer gegen den Stiel gestellt ist, wobei die Zuschärfung der Schneide auf der Innenseite liegt. Je nach der Form unterscheidet man gerade und krumme D.

Dexippus, Publius Herennius, griech. Historiker von vornehmer Abkunft, lehrte zu Athen und zeichnete sich 267 n. Chr. im Kampfe gegen die auf Athen anrückenden Goten aus. Von seinen Schriften, einer Geschichte der Diadochenzeit, einem Abriß der Gesamtgeschichte und den «Scythica», einer Geschichte der Gotenkriege seiner Zeit, sind nur noch Bruchstücke vorhanden, die Niebuhr im «Corpus scriptorum Byzantinorum» (Bonn 1829), K. Müller in den «Fragmenta historicorum Graecorum», Bd. 3 (Par. 1849), Dindorf in den «Historici graeci minores», Bd. 1 (Lpz. 1870), Böhme in den «Commentationes philologae Jenenses», Bd. 2 (ebd. 1883), zusammengestellt haben.

Dexippus, neuplatonischer Philosoph, Schüler des Jamblichus, lebte in der Mitte des 4. Jahrh. n. Chr. Sein Kommentar zu den «Kategorien» des Aristoteles (hg. von Spengel, Münch. 1859) richtet sich gegen die Angriffe Plotins auf die Aristotelische Kategorienlehre.

Dexterität (lat.), Geschicklichkeit, Gewandtheit.

Dextrāle (lat.), Armband, Handkrause.

Dextri (lat.) hieß im Mittelalter der bei einer Kirche oder einem Kloster durch Kreuze in Form einer Dex (alter Name der X) abgesteckte Raum von 30 und mehr Schritten, innerhalb dessen das Asylrecht (s. Asyl) galt.

Dextrin, Gommeline, Stärkegummi, Dampfgummi, Röstgummi, Leiokom, ein dem arab. Gummi ähnlicher Stoff von der empirischen Zusammensetzung $C_6H_{10}O_5$, der sich aus Stärke beim Erhitzen oder durch die Einwirkung verdünnter Säuren bildet. Durch Malzaufguß und zwar durch die in demselben enthaltene Diastase wird die Stärke gleichfalls in D. und Maltose zerlegt. Zur Herstellung des D. erhitzt man Stärkemehl aus Kartoffeln unter stetigem Umrühren auf 200—260°, oder man befeuchtet Stärke mit 2prozentiger Salpetersäure, läßt an der Luft austrocknen und erhitzt auf 110°. Reines D. bildet fast farblose gummiartige Stücke von muscheligem Bruch, die zerrieben ein weißes Pulver geben. Technisches D., besonders das durch Rösten erhaltene, ist mehr oder weniger braun gefärbt und enthält oft noch unveränderte Stärke und Zucker. Das D. löst sich leicht und vollkommen in Wasser zu einer klaren, dickflüssigen klebenden Flüssigkeit; in Alkohol ist es unlöslich. Es besitzt die Eigenschaft, in seinen Lösungen die Polarisationsebene des Lichtstrahles stark nach rechts zu drehen [(α) = +138,5°], daher der Name (dexter, lat., = recht). Es reduciert nicht Fehlingsche Lösung und ist nicht gärungsfähig, durch Diastase und durch verdünnte Säuren geht es aber leicht in gärungsfähigen Zucker (Traubenzucker) über. Wegen seiner mannigfachen technischen Verwendung wird es im großen dargestellt. Es findet Verwendung als Verdickungsmittel in der Zeugdruckerei, zum Drucken von Tapeten, zum Appretieren und Steifen von Zeugen, zum Glasieren von Karten und Papier, als Mundleim, bei der Bier- und Obstweinfabrikation und zu feinerm Backwerk. Es ist ein Bestandteil des Biers und entsteht beim Backen, indem es die Kruste des Gebäcks bildet. In seinen chem. Beziehungen ist das D. noch nicht genauer erforscht, man unterscheidet eine große Zahl isomerer Modifikationen, die sich durch ihr Verhalten gegen Jod unterscheiden (Amylodextrin, Erythrodextrin, Achroodextrin, Maltodextrin). D. kommt in Säcken zu 100 kg in den Handel und kostet im Großhandel 50 M. pro 100 kg.

Dextrinsirup, s. Traubenzucker.

Dextrokardie (lat.-grch.), angeborene Lagenveränderung des Herzens, wobei dasselbe statt in der linken in der rechten Körperhälfte gelegen ist, meist mit Situs inversus (s. d.) verbunden.

Dextronsäure, s. Glukonsäure.

Dextrose, soviel wie Traubenzucker.

Dey, türk. Titel, s. Dei.

Deyamir, Berg im Himalaja, s. Dajarmür.

Deym, Franz Graf, österr. Diplomat, geb. 25. Aug. 1838 als Sohn eines Feldmarschallleutenants, war zuerst Lieutenant in einem Ulanenregiment, widmete sich aber 1864 dem diplomat. Dienste, wurde zuerst Attaché, dann Legationssekretär in Paris, hierauf Botschaftsrat in Rom. 1871 trat er mit dem Titel eines außerordentlichen Gesandten und bevollmächtigten Ministers vom aktiven Dienste zurück und lebte als Privatmann, bis er 1879 vom böhm. Großgrundbesitz zum Mitgliede des österr. Abgeordnetenhauses gewählt ward, welches Mandat ihm 1885 wieder übertragen wurde. Okt. 1888 wurde er zum Botschafter in London ernannt. Er schrieb «Friedrich Graf D. und die österr. Frage in der Paulskirche» (Lpz. 1891).

Deynze, Stadt in der belg. Provinz Ostflandern, an der Lys (Leye) und an den Linien Gent-Tournai der Belg. Staatsbahnen, D.-Thielt der Ostflandr. Eisenbahn und der Lokalbahn D.-Oudenaarde (19 km), hat (1889) 4637 E., eine alte Kirche; Fabrikation von Seidenstoffen und Flachshandel.

Dez..., Artikel, die hier vermißt werden, s. Dec....

Dezember, der zwölfte und letzte Monat im Jahre, war bei den alten Römern (vor Julius Cäsar), die ihr Jahr mit dem März anfingen, der zehnte, daher der Name des Monats (vom lat. decem, d. i. zehn). Der altdeutsche, von Karl d. Gr. vorgeschlagene Name des Monats ist Heilmond und bezieht sich auf die in denselben fallende Geburt des Heilands; später erhielt er den Namen Christmonat. Vor Cäsar hatte der Monat, gleich dem Januar und August, nur 29 Tage, Cäsar aber legte jedem derselben noch zwei zu. In den D. (21. oder 22.) fällt Wintersanfang (Wintersolstitium). Während der ersten zwei Drittel des D. steht die Sonne im Zeichen des Schützen, während des letzten in dem des Steinbocks. Die Veränderungen des Barometerstandes betragen im D. für Deutschland 28—32 mm. In Feld und Garten läßt dieser Monat bei günstiger Witterung Brachackerung und Düngerfuhren zu; im Forste beginnt die Holzabfuhr; die Niederjagdzeit geht zu Ende. Der 1. D. gilt bei Abergläubischen für einen Unglückstag: wer an ihm geboren ist, stirbt eines schlimmen Todes.

Dezembristen wurden die Anhänger Ludwig Napoleons genannt, die ihn beim Staatsstreich vom 2. Dez. 1851 unterstützten. Bisweilen werden auch die Dekabristen (s. d.) als D. bezeichnet.

Dezi..., s. Deci....

Dezobry (spr. -sobrih), Charles Louis, franz. Schriftsteller und Buchhändler, geb. 2. März 1798 zu St. Denis (Seine), verfaßte unter andern erwähnenswerten Schriften: «Rome au siècle d'Auguste ou voyage d'un Gaulois à Rome» (4 Bde., 1835; 4. Aufl. 1874), «L'histoire en peinture» (1848), mit Bachelet «Dictionnaire général de biographie et d'histoire» (2 Bde., 1857; 10. Aufl. 1889) und «Dictionnaire général des lettres, des beaux-arts et des sciences morales et politiques» (2 Bde., 1862; 5. Aufl. 1888). Mit Magdeleine hatte er 1829 eine dem Verlag klassischer Werke, Schulausgaben, geogr. und histor. Publikationen bestimmte Buchhandlung begründet, die an Charles Delagrave (s. d.) überging. D. starb 16. Aug. 1871 in Paris.

D. G., Abkürzung für Dei gratia (lat., d. h. durch Gottes Gnade, von Gottes Gnaden).

d. h., Abkürzung für de hodierno (lat., d. h. vom heutigen, nämlich Tag).

Dhafâr, Dafar oder Zhafâr, mehrere alte Dorfschaften im südl. Arabien. Die bekannteste liegt im SW. der Halbinsel und war schon im Altertum unter dem Namen Saphar oder auch Tarzharum eine ansehnliche Stadt. Mehrere Jahrhunderte bildete sie den Königssitz der Homeriten, jedenfalls bis zum 6., in dem der König von Axum sich ihrer bemächtigte und ihr das Christentum brachte. Zu Edrisis Zeit, im 12. Jahrh., war sie sehr verfallen, und statt ihrer war Sanâ Königsstadt geworden. Seetzen entdeckte (1810) in dem nahen Dorfe Mankat himjaritische Inschriften auf Porphyrquadern in den Ruinen auf dem dabei gelegenen Berge. — Ein anderes D. oder Safar liegt in der gleichnamigen Landschaft an der Südostküste Arabiens, am Ostende Hadramauts gegen Oman, in einer der fruchtbarsten und bevölkertsten Strecken dieser Küste, wo sich zahlreiche Gebirgswässer und Ortschaften vorfinden. Dieses Land, von dem Beduinenstamm der Beni Gharrah bewohnt, ist als Tehamah oder Ebene von D. bekannt. Hinter diesem gesunden Küstenstriche erhebt sich der 1600 m hohe Absturz des innern Hochlandes, und hier wächst der beste arab. Weihrauch. Die Stadt war groß und blühend, bis sie 1526 von den Portugiesen zerstört wurde. Ausgedehnte Reste derselben sind als El-Balad oder H'arkâm, d. h. die Stadt, noch vorhanden. Der jetzige kleine Ort zählt 1500 E., die an den Ankerplätzen, namentlich zu Mirbat, das schon in alter Zeit Haupthafen war, Weihrauch, Kopalgummi, Aloë und Drachenblut verhandeln.

Dhâkâ (engl. Dacca). 1) **Division** der Lieutenant-Gouverneurschaft Bengalen des Indobritischen Reichs mit 38 849,1 qkm und (1881) 8 700 939 E., darunter 5 531 869 Mohammedaner, 3 122 624 Hindu, 15 408 Christen, 4859 Buddhisten, 131 Brahmo, zwischen 21° 48' und 25° 26' nördl. Br. und zwischen 89° 20' und 91° 18' östl. L., zerfällt in die 4 Distrikte D. (s. unten), Faridpur (5871,4 qkm, 1 631 734 E.), Bakargandsch (9450,7 qkm, 1 900 889 E.) und Maimansing (16 283 qkm, 3 051 966 E.). — 2) **Distrikt** D. der Division D., hat 7244 qkm mit (1881) 2 166 350 E., darunter 1 250 687 Mohammedaner, 856 680 Hindu, 8799 Christen, 49 Buddhisten, 43 Brahmo. — 3) **Hauptstadt** des Distrikts D. in der Lieutenant-Gouverneurschaft Bengalen des Indobritischen Reichs, am linken Ufer der Burhi-Ganga, eines Verbindungsarmes des Brahmaputra mit dem Ganges, hat (1891) 83 760, (1881) 79 076 E., darunter 39 635 Hindu, 38 913 Mohammedaner. Die Stadt, unter Aurangseb in höchster Blüte stehend, von ihm und Schah Dschahangir mit Prachtgebäuden jeder Art geschmückt und zu jener Zeit 3—400000 E. zählend, erholt sich gegenwärtig aus der langen Zeit des Verfalls; in ihren zahlreichen, über einen Raum von 6,5 km Länge und 2 km Breite zerstreuten Ruinen, unter welchen sich die des befestigten Schlosses und einer schöngebauten Moschee, beide von Dschahangir herrührend, sowie die vieler Paläste, die der alten portug., holländ. und franz. Kirchen und Faktoreien besonders auszeichnen, zeigt sie jedenfalls nur Spuren ihrer frühern Größe. In D. befinden sich 10 Brücken, 13 Ghat oder Ufertreppen, 7 Fähren, 12 Bazare, 5 öffentliche Brunnen, ein Gefängnis und Hospital für Gefangene, eine Irrenanstalt sowie ein Hospital für Eingeborene. Bemerkenswert ist auch das großartige Elefantendepot, in welchem sich gewöhnlich mehrere Hundert dieser Tiere befinden. Die Zahl der mohammed. Moscheen in D. wird auf 180 geschätzt, die der Hindutempel auf 119. Protestanten, Baptisten, Katholiken, Armenier, Griechen und Thomaschristen haben in D. besondere Kirchen und Bethäuser. Auch befinden sich daselbst staatliche und von Missionaren geleitete Schulen für Europäer und Eingeborene. Unter diesen verdient das «Dacca College» (seit 1855) besondere Erwähnung. Die Kunst der Bereitung jener unvergleichlichen, Abrawan, d. h. fließendes Wasser, und Schabnam, d. h. Nachttau, genannten Musseline (deren Feinheit so groß war, daß man ein ganzes Kleid durch einen Fingerring ziehen konnte) blüht seit 1872 nur noch in sehr geringem Maße, infolge der Einfuhr der billigen Manchesterwaren. Neuerdings wirkt die allgemein günstige Lage des Handels und der Baumwollindustrie in Bengalen auch auf D. vorteilhaft ein. Besonders infolge des Baues der D.-Maimansing-Eisenbahn hat der Binnenverkehr seit 1886 bedeutend zugenommen. Neben den Musselinen gehören jetzt auch gröbere Kattune, daneben Silberstickereien, Töpferei, Muschelschnitzereien wieder zu den bedeutendern Industriezweigen.

Dhăkăn, Dekan, Hochland, s. Ostindien.

Dhalip Singh, s. Dalip Singh.

Dhamar, arab. Ort, s. Damar.

Dhammapadam, Name eines der kanonischen Werke der Buddhisten, das in den Tipitaka (s. d.) aufgenommen ist. Es zerfällt in 26 Kapitel (vagga) und enthält Sprüche von hohem sittlichem Ernst. Herausgegeben ist es von Fausböll (Kopenh. 1855), ins Deutsche übersetzt von A. Weber, Ind. Streifen, Bd. 1, 112 fg. (Berl. 1868), ins Englische zuletzt von Max Müller, Sacred Books of the East, vol. X (Oxford 1881). Der Kommentar des Buddhaghosha (5. Jahrh. n. Chr.) giebt die Erzählungen der Ereignisse, bei denen angeblich Buddha die Sprüche vorgetragen hat. Er ist nach birman. Quellen übersetzt von Rogers, Buddhaghosha's Parables (Lond. 1870). In der Einleitung hat Max Müller schon einmal das D. selbst übersetzt.

Dhan, brit.-ostind. Gewicht, s. Dan.

Dhār. 1) Kleiner mahrattischer Staat unter der Bhil- oder Bhopawar-Agentschaft in der Provinz Centralindien des Indobritischen Reichs, den die engl. Regierung 10. Jan. 1819 unter ihre Protektion nahm. 1857 ward D. wegen Rebellion gegen die engl. Regierung von dieser annektiert und ein Teil an die Begam von Bhopal übertragen. Den Rest erhielt jedoch der junge Häuptling Anand-Rao-Puar später wieder zurück mit dem Rechte der Adoption seines Nachfolgers. D. hat 4506 qkm, (1891) 151877, (1881) 149244 E., darunter 115051 Hindu, 12269 Mohammedaner, 3087 Dschain, 18798 Angehörige unkultivierter Stämme. — 2) **Hauptstadt** des Staates D., unter 23° 36′ nördl. Br. und 75° 4′ östl. L. auf dem Wege von Mau nach Baroda, ist 2 km lang und 0,8 m breit, von einer Erdmauer umgeben, hat (1881) 15224 E., darunter 11858 Hindu, 2832 Mohammedaner. D. soll in seiner Blütezeit 100000 E. gehabt haben und zeigt überall zunehmende Spuren des Verfalls.

Dharma, im Sanskrit «Sitte», «Tugend», «Pflicht», «Recht», «Gesetz», daher Dharmaçāstra = «Gesetzbücher». D., «Pflicht», ist nach den Indern eine der drei Triebfedern menschlichen Handelns. Die beiden andern sind artha, «Nutzen», und kāma, «Liebe»; alle drei bilden den sog. trivarga, «Dreizahl». Dazu tritt als vierte oft noch mōksha, «die Befreiung (von der Seelenwanderung)», und ihre Vereinigung heißt dann caturvarga, «Vierzahl». Sie ist ansprechend verherrlicht worden von Kschemendra in seinem «Caturvargasamgraha», herausgegeben in der Kāvyamālā, Tl. 5 (Bombay 1888, S. 75 fg.). Personifiziert ist D. «der Gott des Rechtes», der Totenrichter = Jama. Bei den Buddhisten hat D. (Pāli Dhammo), «Gesetz», ganz die Bedeutung «wahre Lehre» = Lehre, Religion Buddhas.

Dharnasitzen, in der Hindīsprache dharnā baithnā oder dharnā dēnā, eine eigentümliche ind. Sitte, die auch sonst im Orient verbreitet ist, einen Schuldner zur Bezahlung zu zwingen oder eine bestimmte Absicht durchzusetzen. Sie besteht darin, daß der Gläubiger sich vor die Thür des Schuldners setzt und nicht eher Nahrung zu sich nimmt, bis seine Forderung erfüllt ist; zuweilen droht er auch sich in anderer gewaltsamer Weise das Leben zu nehmen. Die Sitte ist sehr alt; sie wird bereits in Werten der vedischen Litteratur und oft in der klassischen Sanskritlitteratur seit dem 7. Jahrh. n. Chr. erwähnt. Sie ist jetzt von den Engländern streng verboten.

Dhārwār. 1) **Distrikt** der westl. Division der Präsidentschaft Bombay im Indobritischen Reiche, hat 11745 qkm, (1881) 882907 E., darunter 769349 (87 Proz.) Hindu, 100622 (11,4 Proz.) Mohammedaner, 10526 (1,2 Proz.) Dschain, 2356 (0,3 Proz.) Christen. — 2) **Hauptstadt** des Distrikts D. unter 15° 27′ nördl. Br. und 75° 3⅓′ östl. L., durch Eisenbahn mit Goa im W. und Bangalur im SO. verbunden, in einer Ebene des südl. Mahrattenlandes, hat (1881) 27191 E., darunter 19709 Hindu, 6545 Mohammedaner, 618 Christen, 271 Dschain, 24 Parsi, besitzt hauptsächlich aus Erde bestehende Festungswerke, die noch zu Anfang des 19. Jahrh. nicht unbedeutend, jetzt aber mehr und mehr verfallen sind. — Bis 1778 den Mahratten gehörend, wurde D. im genannten Jahre von dem Sultan von Maisur, Haidar Ali, erobert, letzterm aber 1791 von den Engländern, damals den Mahratten verbündet, wieder abgenommen. Nach dem Sturz des Peschwa fiel mit den übrigen Besitzungen desselben auch D. in die Gewalt der Engländer.

Dhau (Dau, Dhaw), arab. Fahrzeug mit einem bis drei kurzen Masten, an denen lat. Segel, gewöhnlich je eins, gesetzt werden. Die kleinern D. sind offen, größere halb oder ganz gedeckt; bei letztern dient der Schiffsraum zum Sklaventransport. Die D. können bei Windstille gewöhnlich durch große Ruder (Riemen) vorwärts bewegt werden.

Dhaulagiri, Berg, s. Dhawalagiri.

Dhaun, österr. Adelsgeschlecht, s. Daun.

Dhaw, s. Dhau.

Dhawalagiri oder Dhaulagiri (spr.-adschihri, d. h. Weißer Berg), einer der höchsten Gipfel des Himalaja unter 29° nördl. Br. und 83° östl. L. in Nepal, erreicht 8176 m. Der D. galt als höchster Berg der Erde, bis sich für zwei östlichere Gipfel derselben Kette, den Gaurisankar und den Kantschindschanga sowie den Dapsang im Karakorum noch größere Höhen herausstellten.

Dheune (spr. döhn), Fluß im franz. Depart. Saône-et-Loire, entspringt südöstlich von Creuzot, fließt nach NO., bildet die Grenze gegen Côte-d'Or und mündet nach 65 km Laufs gegenüber von Verdun in die Saône. Ihr Bett wird im Oberlaufe bis Chagny vom Canal du Centre benutzt.

Dhlb., bei naturwissenschaftlichen Namen Abkürzung für Anders Gustav Dahlbom (s. d.).

Dholarra, s. Dholera.

Dholēra (Dholarra), früherer Küstenort in dem zu der nördl. Abteilung der indobrit. Präsidentschaft Bombay gehörenden Distrikte Ahmadabad unter 22° 15′ nördl. Br., 72° 15′ östl. L., auf dem sich westlich vom Golf von Cambay ausbreitenden sumpfigen Küstenstrich der Halbinsel Gudschrat oder Kathiawar. D. hat (1881) 10301 E., darunter 7266 Hindu, 1289 Mohammedaner, 1740 Dschain, bedeutende Baumwollspinnereien und -Webereien sowie Ausfuhr dieser Erzeugnisse und roher Baumwolle. Während des amerik. Bürgerkrieges (1862—65) war es der Haupt-Baumwollhafen von Gudschrat und gab einer auf dem europ. Markte wohlbekannten Baumwollsorte den Namen. Der in früherer Zeit günstig gelegene, auch für größere europ. Handelsschiffe zugängliche Hafen ist infolge der Versandung des Dholera- oder Bhādarflusses jetzt 19 km von der Stadt entfernt, sodaß sich der Verkehr nach zwei benachbarten Häfen, Khun und Bawliari, gezogen hat.

Dholianá, griech. Dorf, s. Dolianá.

Dhōlpur, Schutzstaat der Dschat (s. d.).

Dhor el-Chodîb (Dahr el-Kodib), die höchste Spitze des Libanons (3067 m) im nördl. Teile der Gebirgskette, 30 km südöstlich von Tripoli, 6 km nordöstlich der Cedern.

Dhūliā, Hauptstadt des Distrikts Khandesch (s. d.) in Ostindien.

Dhulip Singh, englisch für Dalip Singh (s. d.).

Di, chem. Zeichen für Didym.

Di..., griech. Vorsilbe, bedeutet zwei.

Dia, Istandia oder Standia, Insel, 12 km nordöstlich von dem Hafen von Candia oder Megalokastron auf Kreta, bis 265 m hoch, 13 qkm groß, mit Marmor- und Alabasterbrüchen.

Dia..., griech. Vorsilbe, entspricht dem deutschen Durch..., Zer..., Ent..., über....

Diabās, ein Eruptivgestein von dunkelgrüner bis grünlichgrauer Farbe (daher früher gemeinschaftlich mit Diorit als Grünstein bezeichnet), das aus einem krystallinisch-körnigen Gemenge von triklinem Feldspat (meist Labradorit) und Augit besteht, wozu sich Chlorit, Magneteisen, Titaneisen, Apatit und bei einer dann Quarzdiabas genannten Varietät Quarz gesellen. Ein wesentlicher Gehalt an Olivin begründet die Bezeichnung als Olivindiabas. Accessorisch finden sich namentlich primäre braune Hornblende (die dieses Mineral enthaltenden D. werden als Proterobas aufgeführt), Enstatit, Epidot, Biotit, Pyrit, Kalkspat; der letztere ist, wie auch der Chlorit und ein Teil des Quarzes, ein sekundäres Umwandlungsprodukt insbesondere des augitischen Gemengteils. Nur bisweilen ist bei der Erstarrung des D. auch eine glasige oder halbglasige Masse zwischen den Gemengteilen zur Ausbildung gelangt. Durch Parallellagerung der Feldspatleisten gewinnt das Gestein eine schieferige Struktur (Diabasschiefer). Seine feinkörnigen bis dichten Modifikationen werden Diabasaphanit, solche mit ausgeschiedenen großen Feldspat- oder Augitkrystallen Diabasporphyr und endlich diejenigen mit Mandeln von Kalkspat (also mit durch Infiltration ausgefüllten Blasenräumen) Diabasmandelstein genannt. Sehr häufig ist, namentlich in den dem Gebirgsdruck ausgesetzt gewesenen D., der augitische Gemengteil in grüne faserige Hornblende (Uralit) umgewandelt. Der D. bildet deckenförmige Einlagerungen von effusiver oder intrusiver Art zwischen den paläozoischen Thonschiefern, Grauwacken und Kalksteinen und ist dann oft mit Eisensteinlagerstätten verknüpft, so im Vogtland und Fichtelgebirge, in Nassau, Westfalen und im Harz, in Norwegen. Vielfach werden die D. von Tuffen und Konglomeraten begleitet, ehemaligen aschen- und sandähnlichen Auswurfsmassen, die abwechselnd mit lavaartigen Ergüssen der massigen D. zur Eruption gelangten.

Diabasaphanīt, Diabasmandelstein, Diabasporphyr, Diabasschiefer, s. Diabas.

Diabāsporphyrīt, s. Porphyr.

Diabētes (grch.), Harnruhr oder Polyuria («Vielharnen»), nennt man eine meist chronische Krankheit, bei welcher die Leidenden bedeutende, das gewöhnliche Maß oft unglaublich übersteigende Mengen von Harn entleeren. Gewöhnlich ist damit heftiger Durst (Durstsucht, Polydipsia) verbunden, als Folge des übermäßigen Wasserverlustes; enthält der entleerte Harn keinerlei fremdartige Bestandteile, so pflegt man die Krankheit als geschmacklose Harnruhr (Diabetes insipidus) zu bezeichnen. Die meisten Fälle von Harnruhr gehören aber der sog. Zuckerruhr oder Zuckerkrankheit, Honigharnruhr, Meliturie (Diabetes mellitus, Glycosuria) an. Hier wird mit dem reichlich abgesonderten Urin fortwährend eine mehr oder weniger beträchtliche, zuweilen täglich bis 1 kg und darüber betragende Menge von Zucker (Harnzucker, dem Traubenzucker chemisch gleich) entleert. Die Ursache dieses Übels ist noch nicht genügend erforscht, doch scheint so viel sicher zu sein, daß die diabetischen Vorgänge in der Leber stattfinden, indem der aus den Nahrungsmitteln stammende, durch die Chylusgefäße der Pfortader zugeführte Zucker nicht, wie dies unter normalen Verhältnissen geschieht, in der Leber in sog. Glykogen (s. d.) umgewandelt wird, sondern als solcher unverändert in das Blut und den Harn übergeht. Wahrscheinlich geschieht dies unter dem Einflusse des centralen Nervensystems, wenigstens gelingt es, wie zuerst der Pariser Physiolog Claude Bernard nachwies, bei Tieren durch einen Nadelstich in einer bestimmt umschriebenen Stelle des Kleinhirns in den Boden des sog. vierten Hirnventrikels künstlich D. zu erzeugen. Am häufigsten findet sich die Krankheit in den Blütejahren, häufiger bei Männern, verhältnismäßig häufig bei Fettleibigkeit; bisweilen scheinen heftige Gemütsbewegungen, fortgesetzte übermäßige Anstrengungen sowie erbliche Anlage ihren Ausdruck zu veranlassen; in andern Fällen läßt sich die Krankheit auf einen erlittenen heftigen Schlag, Stoß oder Fall auf den Kopf oder auf die Magen- und

Lebergegend zurückführen. — Symptome der Krankheit sind, daß die Kranken ohne eine nachweisbare Ursache immer blässer, kraftloser und magerer werden, trotzdem daß sie reichlich essen und auffällig viel trinken. Ihr Atem wird eigentümlich riechend, ihr Zahnfleisch geschwollen und aufgelockert, ihre Haut trocken und schilferig, da die Schweißproduktion infolge des beträchtlichen Wasserverlustes durch die Nieren ganz aufgehoben ist, ihre Stimmung trübe, die Geschlechtsverrichtungen liegen oft ganz danieder. Alle Gewebe der Diabetiker besitzen infolge ihrer reichlichen Durchtränkung mit zuckerhaltiger Blutflüssigkeit eine große Neigung zu Entzündungen mit Ausgang in Eiterung und Brand, sodaß die Kranken oft monatelang von Furunkeln und ausgedehnten Zellgewebsentzündungen geplagt werden. Sicher zu erkennen ist die Zuckerkrankheit nur durch den chem. Nachweis von Zucker im Harn, wozu man sich verschiedener Untersuchungsmethoden (sog. Zuckerproben) bedient. Die gebräuchlichste ist die Trommersche Probe, nach welcher man eine Portion des betreffenden Harns mit Ätzkali oder Natronlauge versetzt und hierauf eine schwache Lösung von Kupfervitriol hinzufügt. Scheidet sich beim Erhitzen dieser Flüssigkeit rotes Kupferoxydul aus, so ist hiermit der sichere Nachweis von Zucker geliefert. Bei geringern Graden der Krankheit sind im Harn oft nur 1—2, bei höhern häufig 6—10 Proz. und noch mehr Zucker enthalten (s. Saccharimetrie).

Man kann die Krankheit oft lange in Schranken halten, wenn man den Kranken die zuckerige und mehlige Kost entzieht und sie vorzugsweise mit Fleischspeisen, Eiern u. dgl. sowie mit dem zu diesem Zweck erfundenen Kleberbrot ernährt. Eine konsequent durchgeführte diätetische Behandlung ist für alle Diabetiker von der größten Bedeutung. Erlaubt sind frisches, gepökeltes und geräuchertes Fleisch von Säugetieren, von Vögeln, Fischen und Schaltieren (Krebsen, Austern u. dgl.), ferner Butter, Speck und Öl, Eier (das Weiße mehr als der Dotter), Sahne, Quark und Käse (magerer mehr als fetter), von den Vegetabilien die zu Salaten dienenden grünen Blätter und Kräuter, Spinat, Blumenkohl und andere Kohlarten, Spargel, Rettich; ferner Kleberbrot, Mandelbrot (allenfalls auch etwas geröstetes Brot); Mandeln, Nüsse und Gewürze. Von den Getränken sind Wasser, Soda-, Selters- und alle Mineralwässer, Thee, Kaffee und Kakao sowie alle ungefälschten Spirituosen (Cognac, Rum, Sherry, Bordeaux- und Burgunderweine sowie Rhein- und Moselweine) zu gestatten. Streng zu verbieten sind dagegen Zucker und Honig, gewöhnliches Brot, Mehl und alle Mehlspeisen, alle süßen und eingemachten Früchte, von den Wurzelgemüsen Mohrrüben, gelbe Rüben, Sellerie, Gurken, Radieschen, weiterhin Milch, Molken, Schokolade, Bier, Champagner und moussierende Weine und Limonaden, endlich Portwein, Madeira und ähnliche süße Weine und Liqueure. Als Ersatz für den Zucker darf den Speisen und Getränken Saccharin zugesetzt werden. Außer dieser streng diätetischen Behandlung ist besonders wichtig, daß man die Haut der Diabetiker durch Flanellkleidung auf dem bloßen Leibe, häufige warme Bäder, Thermalbäder, Schwefelbäder u. dgl. in Thätigkeit versetze. Von den empfohlenen specifischen Mitteln haben sich die alkalischen Mineralwässer von Karlsbad, Neuenahr und Vichy am meisten bewährt. Vor gewaltsamen Kuren mit eingreifenden Arzneimitteln müssen sich übrigens solche Kranke durchaus hüten. — Vgl. Seegen, Der Diabetes mellitus (Lpz. 1870); von Düring, Ursache und Heilung des Diabetes mellitus (3. Aufl., Hannov. 1880); Cantani, Der Diabetes mellitus (aus dem Italienischen von Hahn, Berl. 1877); Strauß, Die einfache zuckerlose Harnruhr (Tüb. 1870); Frerichs, Über den D. (Berl. 1884); Hertzka, Die Zuckerharnruhr (Karlsb. 1884); Ebstein, Über die Lebensweise der Zuckerkranken (Wiesb. 1892).

Diabetiker, ein mit Diabetes (s. d.) Behafteter.

Diabetométer, Apparat zur Bestimmung des Zuckers im Urin, s. Saccharimetrie.

Diable (frz., spr. diabbl), Teufel; Diablerie (spr. -rih), Teufelei, Hexerei, Teufelsspiel; in der dramat. Kunst eine Art der Moralitäten und Farcen, worin der Teufel und die Personifikation des Lasters auftraten; wenn vier Teufel auftraten, nannte man das Stück eine grande diablerie; Diablesse (spr. -léß), Teufelsweib; Diablotin (spr. -täng), Teufelchen; Sprühbonbon, Schokoladenplätzchen.

Diablerets, Les (spr. lä diablëreh), Bergstock in der Wildhorngruppe der südl. Freiburger Alpen (s. Westalpen), an der Grenze der schweiz. Kantone Waadt, Wallis und Bern, erstreckt sich als 25 km langer Keil nordöstlich von Bex im Rhônethal mit zunehmender Breite bis zu der Hochebene des Sanetschpasses (2324 m). Die herrschenden Gesteine sind Kalkstein der Kreideformation und Schiefer, Sand- und Kalksteine der untern Tertiärformation. Die Spitze des Keils zwischen Grionne und Avençon wird von den bewachsenen 1000—1800 m hohen Rücken gebildet; weiter nordöstlich steigt die Kette mit den Zacken der Rochers du Vent, der Pointes de Châtillon und des Culant zu 2000—2798 m Höhe und erreicht in den eigentlichen D. in der Tête d'Enfer 2769, der Tête Ronde 3043, den beiden Spitzen der Mitre (Bischofsmütze) 3217 und 3201 und im Dôme 3246 m. Weiter östlich liegt die Tour de St. Martin (2913 m). Vom Dôme zieht sich ein 3000 m hoher, meist vergletscherter Kamm nach NO. und verbindet die eigentlichen D. mit dem Oldenhorn (3124 m), das mit dem Sex Rouge (2977 m) und dem Sanetschhorn (2946 m) den Nordrand des Massivs bildet. Nur der Nord- und Ostabhang ist stark vergletschert (Glacier de Zanfleuron, fast 5 km lang, 2 km breit, und Glacier du D., südwestlich davon). Am Südabsturz finden sich ungeheure Blöcke und Schuttkegel, die Kennzeichen häufiger Bergstürze (z. B. 1714 und 1749). Alle Hauptgipfel der D. sind zugänglich und werden meist vom Sanetsch, vom Creux de Champ und von Anzeindaz aus bestiegen.

Diablotin, s. Diable. [Lehre vom Teufel.

Diabölisch (grch.), teuflisch; Diabolologie,

Diabŏlus, Gattung der Beutelmarder (s. d.).

Diabrōsis (grch.), Durchfressung; daher heißt in der Heilkunde eine Blutung per diabrosin soviel wie eine Blutung aus einem durch ein Geschwür angefressenen Gefäß.

Diacetūrie (grch.), die Anwesenheit von Acetessigsäure im Harn, findet sich bei Diabetes und bei fieberhaften Affektionen und giebt sich dadurch zu erkennen, daß sich der Harn auf Zusatz von Eisenchlorid rot färbt.

Diacethyl, s. Diketone.

Diachorēsis (grch.), Darmentleerung, Stuhlgang; diachorētische Mittel, den Stuhlgang befördernde Mittel.

Diachylonpflaster, s. Bleipflaster.

DIADOCHENREICHE IN DER MITTE DES 3. JAHRH. V. CHR. (247 v. Chr.)

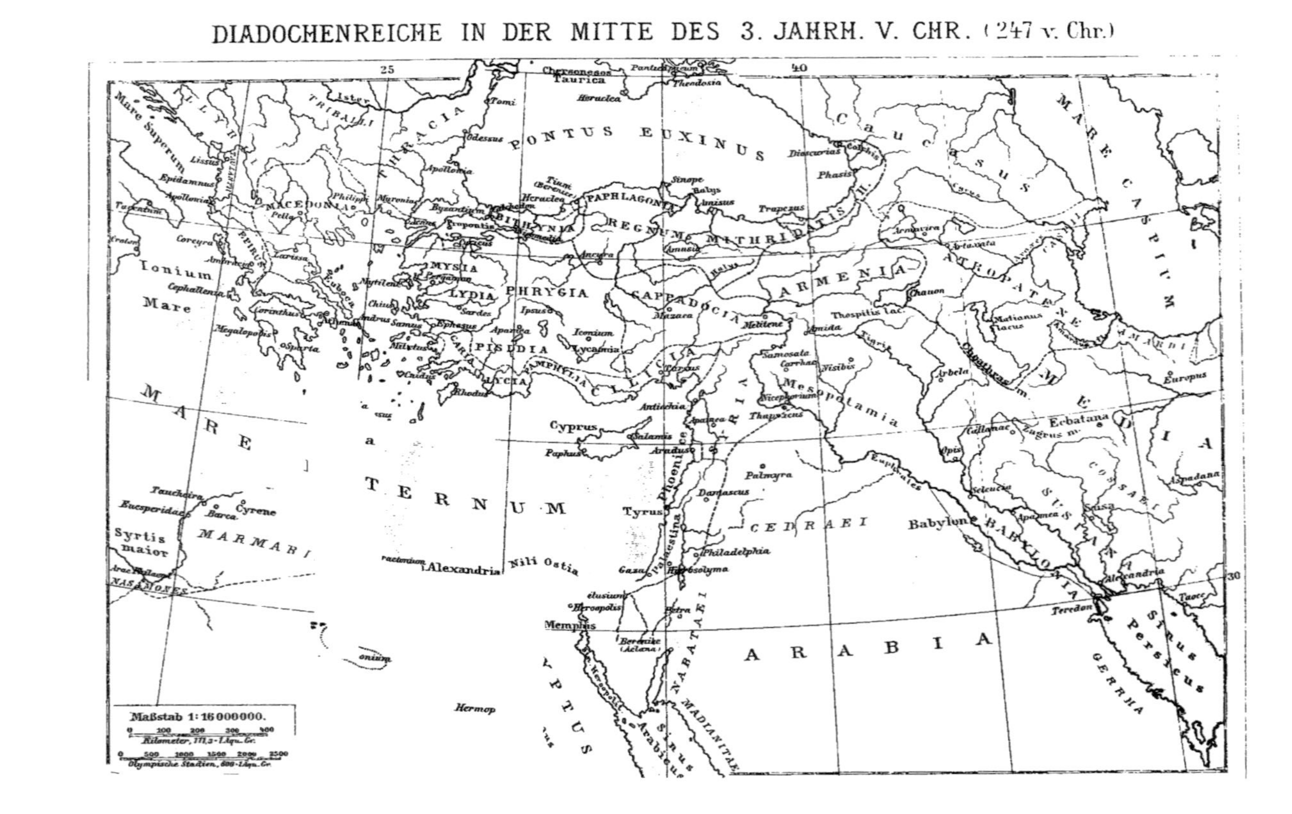

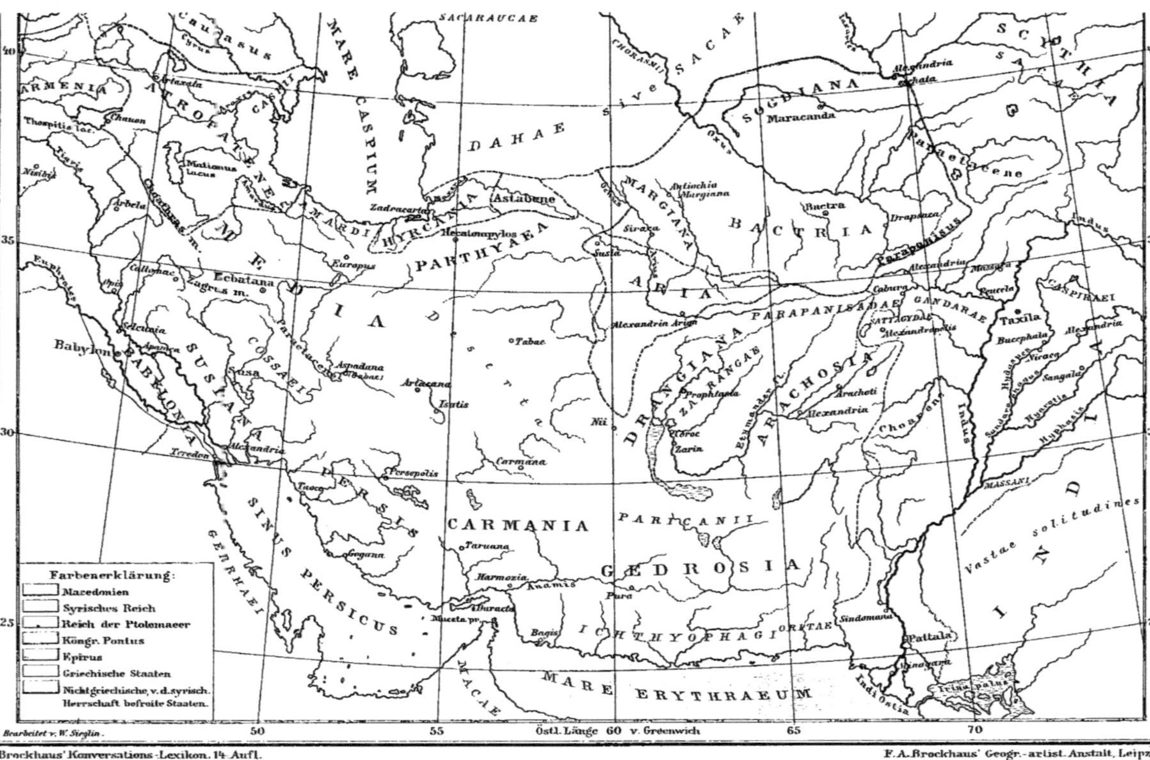

Brockhaus' Konversations-Lexikon. 14. Aufl.

F. A. Brockhaus' Geogr.-artist. Anstalt, Leipzig.

Diachylon-Wundpulver, ein als Streumittel für Kinder empfohlenes Pulver, eine Mischung aus Bleipflaster, Stärke und Borsäure.

Diaconus, s. Diakonus.

Diadelphisch (grch.) oder zweibrüderig heißen in der botan. Terminologie Staubfäden, die in zwei Bündel verwachsen sind. Daher Diadelphia, die 17. Klasse des Linnéschen Systems, diejenigen Pflanzen enthaltend, deren Blüten zweibrüderig sind.

Diadēm (grch.), die im Altertum Fürsten und angesehenen Personen als Schmuck dienende, aus Seide, Wolle oder Garn gefertigte Stirnbinde. Das D. der ägypt. Gottheiten und Könige war mit dem Symbol der heiligen Schlange (Uräusschlange) versehen. Das bacchische D. (Kredemnon), das man oft an antiken Darstellungen, zumal des ind. Bacchus, sieht, bestand aus einer die Stirn und Schläfe umwindenden gefalteten Binde, hinten geknüpft, mit herabhängenden Enden. Bei den Persern war das D. um die Tiara oder den Turban geschlungen und von blauer Farbe, mit Weiß durchwirkt. Einige Götter der Griechen (besonders Zeus und Hera) sind mit dem D. geschmückt dargestellt. Eine Binde im Haar trugen die griech. Frauen und die jungen Männer, namentlich die olympischen Sieger (s. Diadumenos). In der hellenistischen Zeit war die Binde das Abzeichen der Herrscherwürde. Die ersten röm. Kaiser enthielten sich des D., um nicht dem Volke zu mißfallen, da es an die verhaßte Königswürde erinnerte. Erst Diocletian führte das D. wieder ein, und Konstantin d. Gr. schmückte es noch mehr aus. Seit dieser Zeit wurde es mit einer einfachen oder doppelten Reihe von Perlen und Edelsteinen verziert. Auch Königinnen findet man auf Münzen mit D. und Schleier abgebildet. Durch Justinian wurde es zu einer Krone (s. d.) erhöht, die anfangs einer Stirnbinde gleich aus einer Anzahl gleichbreiter Metallplatten zusammengesetzt war. D. blieb nur symbolischer Ausdruck und ist gegenwärtig Kopfschmuck vornehmer Damen. Diademartiger Bronzeschmuck ist auch in den german. und skandinav. Gräbern gefunden worden, doch herrscht über Bedeutung und Träger noch vollständiger Zweifel.

Diadēmheher, s. Heher.

Diadochē (grch.), Nachfolge; in der Arzneikunst Übergang einer Krankheit in eine andere.

Diadochen (grch., d. i. Nachfolger) nannten die spätern griech. und röm. Geschichtschreiber die Feldherren Alexanders d. Gr., welche sich nach dem Tode des Königs 323 und 321 v. Chr. in dessen Weltreich teilten. Antipater behielt Macedonien mit Griechenland, Lysimachus erhielt Thrazien, Antigonus Lycien, Pamphylien und Phrygien, Ptolemäus Ägypten, Seleucus Babylonien. Nach vieljährigen Kämpfen der D. untereinander zuerst um die Oberherrschaft, dann um die Ausdehnung ihres Besitzes, welche einen vorläufigen Abschluß mit dem Untergange des Antigonus in der Schlacht bei Ipsus (301 v. Chr.) erhielten, bildete sich unter den Epigonen, d. i. den Söhnen und Enkeln der den Kampf überlebenden, siegreichen D., etwa seit 280 v. Chr., ein neues, auf griech. Bildung und Kriegskunst begründetes System von großen Staaten, die man unter dem Namen der «hellenistischen» zusammenzufassen pflegt. Die wichtigsten waren Ägypten unter der Dynastie der Ptolemäer, Syrien unter den Seleuciden und Macedonien unter den Nachkommen des Antigonus Gonatas, zu denen später noch als Mittelstaat das Reich von Pergamon unter Herrschaft der Attaliden kam. Nachdem Macedonien bereits 146 und Pergamon 133 bez. 129 v. Chr. dem Römischen Reiche einverleibt worden, hatten später auch Syrien (64) und Ägypten (30 v. Chr.) dasselbe Schicksal. (Hierzu Karte: Diadochenreiche in der Mitte des 3. Jahrh. v. Chr.) Vgl. Droysen, Geschichte des Hellenismus (2 Bde., Hamb. 1836—43; 2. Aufl., 3 Bde., Gotha 1877—78).

Diadochit, s. Eisensinter.

Diadumĕnos (grch., d. i. jemand, der sich eine Binde umlegt), in der griech. Plastik die Statue eines Jünglings, der sein Haar mit der Siegerbinde umwindet, wie solche die Bildhauer Phidias, Polyklet und Praxiteles darstellten. Nachbildungen des D. von Polyklet sind erhalten; als die beste gilt die aus Vaison, im Britischen Museum. Vgl. Michaelis, Tre statue Policletee, in den «Annali dell' Istituto di corrispondenza archeologica» (Rom 1878).

Diagenēse (grch.), ein Vorgang, durch welchen sich die sog. krystallinischen Schiefer der archäischen Formationsgruppe gebildet haben sollen. Diese haben bei sedimentärer Lagerungsform ein ähnliches Gefüge wie die Eruptivgesteine. Ihre Entstehung ist noch in Dunkel gehüllt; C. W. von Gümbel nimmt an, daß das Material für die Bildung der krystallinischen Schiefer als gewöhnliches Sediment abgelagert wurde, dann aber während oder gleich nach der Ablagerung durch chem. Prozesse in den Urmeeren ein krystallinisches Gefüge annahm: diesen Vorgang eben nennt er D. im Gegensatz zu der Lehre von der Bildung dieser Gesteine durch spätere langsame Umwandlung infolge Überlagerung durch jüngere Massen.

Diaglyphen, Diaglypten (grch.), vertieft, in die Fläche einwärts gearbeitete Figuren, im Gegensatz zu Anaglyphen (Reliefs).

Diagnōse (grch.), im allgemeinen die Erkenntnis eines Gegenstandes durch Unterscheidung von andern ihm ähnlichen, daher die Sammlung der charakteristischen Merkmale einer Sache und die daraus hervorgehende Bestimmung der Gattung und Art, zu welcher dieselbe gehört. So stellt man in der Naturkunde die D. über ein Tier, eine Pflanze, ein Mineral, d. h. man faßt die allgemeinen und eigentümlichen Merkmale eines solchen Naturprodukts zusammen, um durch die sich daraus ergebenden Ähnlichkeiten und Verschiedenheiten in Bezug auf Gegenstände derselben Art in den Stand gesetzt zu werden, die Klasse, Familie, Gattung und Art des zu Untersuchenden zu bestimmen. Viele wichtige Hauptwerke in der Naturgeschichte (z. B. Linnés oder Sprengels «Systema vegetabilium») bestehen fast nur aus einer Sammlung der D., d. h. der in Worte gefaßten Unterschiede der Naturwesen.

Von besonderer Wichtigkeit ist die D. in der Heilkunde, wo sie dazu dient, eine Krankheit von andern ähnlichen Krankheiten zu unterscheiden und auf diese Unterscheidung das richtige Heilverfahren zu gründen. Sie folgt hier aus den objektiven Symptomen (s. d.), besonders aus den sogenannten physik. Zeichen (Auskultation, Perkussion, Thermometrie u. s. w.), aus der chem. und mikroskopischen Untersuchung der Sekrete und Säfte des Körpers, aus dem Verlauf des Übels, den vorausgegangenen Umständen, der Körperkonstitution u. s. w., und beruht auf dem durch Erfahrung sowohl als durch Schlüsse wahrscheinlich gemachten Zusammenhange zwischen diesen Umständen. Die Kunst, eine D. zu stellen und so die Krankheiten richtig zu erkennen, heißt Diagnostik; sofern sie sich zur Erkennung der Krankheiten gewisser physik. Untersuchungsmittel bedient, wird sie auch als physikalische Diagnostik bezeichnet. Die D. ist entweder eine symptomatische, d. h. sie begnügt sich mit der Hervorhebung der hervorragendsten Symptome (z. B. Fieber, Husten, Schmerz, Wassersucht), ohne auf die Ursache dieser Zustände weiter einzugehen, oder eine anatomische, welche die jenen Erscheinungen zu Grunde liegenden anatom. Veränderungen der Organe zu erforschen sucht. Im allgemeinen hat die symptomatische D. bei dem gegenwärtigen Staude der Wissenschaft nur noch in denjenigen Fällen eine Berechtigung, in welchen die anatom. Störungen der Krankheitszustände unbekannt sind, wie z. B. bei Diabetes. Um zu einem diagnostischen Urteil zu gelangen, stehen dem Arzte drei Wege zu Gebote, welche freilich von ungleichem Werte und ungleicher Sicherheit sind. Der erste Weg ist die Diagnostik in Distanz, die Erkennung der Krankheiten auf den ersten Blick. Nicht selten kann der erfahrene und geübte Arzt schon aus dem ersten Gesamteindruck eines Kranken, aus seiner Gesichtsfarbe, aus dem Ausdruck seiner Mienen, aus seiner Haltung und seiner Art zu atmen, zu sprechen und sich zu bewegen, treffende und wertvolle Schlüsse auf die Art und Entwicklung seiner Krankheit machen. Der zweite Weg, eine D. zu stellen, ist die Diagnostik aus der Anamnese, d. h. aus den Mitteilungen, die der Kranke selbst über seinen Zustand macht. Da jedoch diese Schilderungen gewöhnlich nur Gefühle und subjektive Empfindungen der verschiedensten Art betreffen, so befähigen sie den Arzt nur selten zu einem sichern und begründeten Urteil über die vorliegende Krankheit. Der dritte und zuverlässigste diagnostische Weg, auf den sich ein gewissenhafter Arzt allein verläßt, ist die objektive Untersuchung, bei der man sich mit Hilfe aller Sinne und aller durch die moderne Medizin angegebenen Untersuchungsmittel von den Abweichungen zu überzeugen sucht, die der erkrankte Organismus darbietet. Differentialdiagnose nennt man die Unterscheidung derjenigen Krankheiten voneinander, welchen gewisse sehr ähnliche Symptome gemeinsam sind. — Vgl. Leube, Specielle D. der innern Krankheiten (3. Aufl., Lpz. 1891); Vierordt, Diagnostik der innern Krankheiten (3. Aufl., ebd. 1892).

Diagnóstik (grch.), s. Diagnose.

Diagnostizieren, eine Sache, besonders eine Krankheit, aus ihren Merkmalen erkennen, eine Diagnose stellen; diagnostisch, die Unterscheidung und Erkennung begründend.

Diagomēter (grch.), Werkzeug zum Messen der elektrischen Leitungsfähigkeit von Körpern.

Diagonālbau, s. Bergbau (Bd. 2, S. 758a).

Diagonālcylindermaschine, s. Diagonalschermaschine.

Diagonāle, in der ebenen Geometrie eine gerade Linie, die zwei nicht aneinander stoßende Ecken einer geradlinigen Figur verbindet. Das Dreieck hat keine D., das Viereck zwei, das Fünfeck fünf, das Sechseck neun u. s. w. Die Anzahl der D. einer geradlinigen Figur findet man nach der Formel $\frac{(n-3)n}{2}$, d. h. man zieht von der Seitenzahl derselben 3 ab, multipliziert den Rest mit der Seitenzahl selbst und nimmt vom Produkt die Hälfte; so erhält man z. B. beim Sechseck $\frac{3 \times 6}{2} = 9$. Will man die D. so ziehen, daß sie einander nicht schneiden, so kann man immer nur drei weniger, als die Figur Seiten hat, ziehen, sie mögen nun alle von einer Ecke ausgehen oder nicht. — In der Stereometrie versteht man unter der D. eines eckigen Körpers oder eines Polyeders eine solche gerade Linie, die zwei Ecken eines Körpers verbindet, aber weder mit einer Kante, noch mit der D. einer Seitenfläche zusammenfällt. Um die Anzahl der D. eines Polyeders zu finden, zieht man von der Zahl der Ecken desselben 1 ab, multipliziert den Rest mit der Zahl der Ecken selbst und halbiert das Produkt; von der so erhaltenen Zahl zieht man erstens die Zahl sämtlicher Kanten, zweitens die der D. sämtlicher Seitenflächen ab. Dies giebt z. B. beim Würfel $\frac{7 \times 8}{2} - 12 - (6 \times 2) = 4$.

Diagonālmaschinen, mechan. Vorrichtungen zum Nachweis des Fundamentalsatzes vom Bewegungsparallelogramm durch Versuche. Dabei kommt es darauf an zu zeigen, daß, wenn auf einen beweglichen Körper zwei durch gerade Linien dargestellte Kräfte unter einem Winkel wirken, der Körper in der Diagonale des aus jenen zwei Kräften konstruierten Parallelogramms sich bewegt. Die D. aus früherer Zeit sind so eingerichtet, daß mittels eines gemeinsamen Zugs zwei unter einem Winkel gegeneinander liegende Eisenstäbe sich parallel zu ihrer ursprünglichen Lage verschieben und dadurch eine im Winkel beider Kräfte liegende Kugel in der Diagonale bewegen. Bei den neuern D. wirken gleichzeitig unter einem Winkel zwei Elfenbeinkugeln durch Stoß auf eine dritte, bewegliche, die infolgedessen in der Diagonale sich bewegt.

Diagonālmethode, s. Feldmeßkunst.

Diagonāls sind dicht wollene Köpergewebe mit schräg verlaufenden feinen Streifen, die sich durch die verschiedene Art der Lichtzerstreuung, nicht durch Farbunterschiede hervorheben.

Diagonālschermaschine, auch Diagonalcylindermaschine, weil der Schercylinder geneigt (diagonal) zur Längenrichtung des Gewebes liegt, eine in England aufgekommene, wenig gebräuchliche Schermaschine (s. Appretur, Bd. 1, S. 763a), bei welcher der Schnitt in diagonaler Richtung erfolgt.

Diagonālschichtung, eine zuweilen in den Sandsteinschichten vorkommende Erscheinung, die darin besteht, daß sich innerhalb einer von parallelen Schichtungsflächen begrenzten Sandsteinbank eine Querschichtung und Streifung zeigt, welche die Bank schräg durchsetzt und bald der Wirkung von Ebbe und Flut, bald der Wirkung des Windes zuzuschreiben ist.

Diagonālstab, s. Visierstab.

Diagonālthäler, s. Thal.

Diagŏras aus Jalysos auf der Insel Rhodus, war gegen die Mitte des 5. Jahrh. v. Chr. als Faustkämpfer einer der glänzendsten Sieger auf allen größern hellenischen Festspielplätzen; Pindar verherrlicht ihn. Söhne und Enkel des D. erlangten ähnlichen Ruhm, sodaß ihnen zu Ehren fünf Siegerstatuen in Olympia standen, von deren Basen ein Rest wieder aufgefunden worden ist. Als die zwei ältern Söhne des D. dort gesiegt hatten, trugen sie den Vater auf ihren Schultern durch die Festversammlung, die ihn als den glücklichsten aller Menschen pries.

Diagrámm (grch.), eine geometr. Figur, dann ein Entwurf oder Abriß überhaupt. Früher bezeichnete man zuweilen damit in der Musik das Liniensystem oder die Vorzeichnung der Tonleiter, zuweilen auch die Partitur. Über D. zur zeichnerischen Darstellung einer veränderlichen Größe s. Graphische Darstellung. — In der Mysteriengnosis der Ophiten bedeutet D. (Diagramma) die Zeichnung der Weltkreise, in denen der böse Geist herrscht und aus denen die Geister oder Lichtteile durch Christus zurückgeführt werden. Es galt als Symbol der ophitischen Lehre und als magisches, unter mystischen Gebeten gebrauchtes Mittel.

Diagrāph (grch.), Instrument zum Zwecke perspektivischer Aufnahmen.

Diagrydĭum, veraltete mediz. Bezeichnung für Scammonium (s. d.).

Diahot (d. h. «Großer Fluß»), Hauptfluß der franz. Insel Neucaledonien im Großen Ocean, entspringt in dem Gebirgsstocke Tao, fließt von SO. nach NW. und mündet am Nordende, vor der Insel Pam, in die Harcourtbai. Auf etwa 40 km ist er schiffbar; seine Länge ist 150 km, seine Breite an der Mündung 1500 m. Der D. bewässert das seit 1870 und 1872 bearbeitete Gold- und Kupferminengebiet.

Diaka, ein Arm des Nigers, s. Debo.

Diakaustische Flächen und Linien entstehen bei der Brechung des Lichts durch Linsen, z. B. bei Brenngläsern (s. d.). Läßt man durch eine runde Öffnung im Fensterladen in ein verdunkeltes Zimmer Sonnenstrahlen eintreten, und stellt man in den Weg der Strahlen eine Glaslinse, so gehen die Strahlen nach dem Durchgange durch das Glas nicht mehr als ein gerades cylindrisches Bündel weiter, sondern sie laufen alle kegelförmig nach einem ungefähr um die Brennweite (s. d.) von der Linse abstehenden Raume. Sie vereinigen sich aber nicht alle in derselben Entfernung von der Linse, sondern die mehr nach dem Raude zu durch die Linse gehenden Strahlen vereinigen sich näher an der Linse als die in der Nähe der Mitte hindurchgehenden Strahlen, was man besonders bei stark gekrümmten Linsen wahrnehmen kann, indem der Strahlenkegel dadurch eine einwärts geschweifte Oberfläche gewinnt. Diese eigentümlich konkave Lichtfläche nennt man **diakaustische Fläche.** Jeder Durchschnitt durch letztere, der die Längenachse jenes Lichtkegels enthält (Meridianschnitt), giebt eine eigentümlich hohl geschweifte Lichtlinie, welche **diakaustische Linie** heißt. Bei der Spiegelung des Lichts auf stark gekrümmten Hohlspiegeln entstehen die ganz ähnlichen **katakaustischen Flächen und Linien.**

Diākel, soviel wie Diachylonpflaster, s. Bleipflaster.

Diaklysma (grch.), Mundspülwasser, Gurgelwasser.

Diakon, s. Diakonus.

Diakonāt, s. Diakonus.

Diakonika, s. Synapte.

Diakonissen, s. Diakonissinnen.

Diakonissenanstalten oder **Diakonissen-Mutterhäuser** sind zur Ausbildung und Verwendung von Jungfrauen zu Diakonissinnen (s. d.) bestimmt. Die meisten Diakonissenhäuser sind mit Krankenhäusern oder Siechenanstalten verbunden, andere mit Seminarien für Kleinkinderlehrerinnen. Sie entsenden auf Wunsch und gegen Vergütung die Diakonissen als Krankenpflegerinnen in Hospitäler, Lazarette, zu Privaten oder in die Gemeinden, oder als Pflegerinnen und Kleinkinderlehrerinnen in Bewahranstalten, Krippen und Kleinkinderschulen (Kindergärten), oder als Wärterinnen in Anstalten für Idioten, Epileptische u. s. w. Die älteste Anstalt ist 1836 in Kaiserswerth gestiftet von Th. Fliedner (s. d.). In Berlin besteht das Elisabethkrankenhaus mit 107 Schwestern seit 1837, Bethanien mit 228 Schwestern seit 1847, das Lazaruskrankenhaus mit 46 Schwestern seit 1867, das Paul Gerhardt-Stift mit 70 Schwestern seit 1876. Jede preuß. Provinz hat wenigstens eine Diakonissenanstalt; so Ostpreußen in Königsberg, Westpreußen in Danzig, Pommern in Stettin und Neu-Torney, Posen in Posen, Schlesien in Breslau und Frankenstein, Brandenburg außer Berlin in Nowawes und Frankfurt, Sachsen in Halle, Schleswig-Holstein in Altona und Flensburg, Hannover das Henriettenstift in Hannover, Hessen-Nassau in Wehlheiden, Westfalen in Bielefeld, die Rheinprovinz in Kaiserswerth und Sodernheim. Bayern besitzt D. in Augsburg, München, Neuendettelsau, Speier, Sachsen in Dresden und Leipzig, Württemberg in Stuttgart und Schwäbisch-Hall, Baden in Karlsruhe und Mannheim, wie auch in Darmstadt (Elisabethenstift), Braunschweig, Hamburg, Bremen, Straßburg und Ludwigslust sich solche finden. D., welche zugleich Kleinkinderlehrerinnen ausbilden, sind Wehlheiden bei Cassel, Kaiserswerth (auch für Volks- und Töchterschullehrerinnen), das Oberlinhaus zu Nowawes bei Potsdam, Dresden, Frankenstein und Neu-Torney; bloß zur Ausbildung solcher dienen die Mutterhäuser in Nonnenweyer, in Großheppach, das Seminar zu Halberstadt und zu Breslau. Unentgeltlich erfolgt die Ausbildung der Kleinkinderlehrerinnen zu Kaiserswerth und Nowawes, wenn sie zugleich den Diakonissenberuf übernehmen. Die D. sind sämtlich auf dem Wege freiwilliger Wohlthätigkeit gegründet und werden, soweit sie sich durch die mit ihnen verbundene Krankenpflege und Lehranstalten nicht selbst erhalten, durch Kirchen- und Hauskollekten sowie durch Geschenke und Beiträge Einzelner unterstützt. Auch außerhalb Deutschland bestehen D. in Österreich-Ungarn (Gallneukirchen in Oberösterreich, Budapest), Schweiz (Bern, Zürich, Echallens, Riehen bei Basel), Niederlande (Utrecht, Haag), Rußland (Petersburg, Mitau, Riga, Reval, Saratow und Helsingfors) sowie in Paris, London, Kopenhagen, Stockholm, Kristiania und in Philadelphia und Rochester in Nordamerika. Vgl. Schäfer, Die weibliche Diakonie (3 Bde., Stuttg. 1880—87); Schneider, Die innere Mission in Deutschland (2 Bde., Braunschw. 1888); Schäfer, Leitfaden der inneren Mission, zunächst für den Berufsunterricht in Brüder-, Diakonen- und Diakonissenanstalten (2. Aufl., Hamb. 1888).

Diakonissinnen oder **Diakonissen** (grch., d. h. Dienerinnen), in der altchristl. Kirche Frauen, die mit der Pflege weiblicher Armen und Kranken betraut waren (vgl. Römerbrief 16, 1) und auch in den Gemeindeversammlungen bei der Taufe von Frauen, bei Anrichtung der Liebesmahle u. dgl. Dienste zu thun hatten. Später besuchten sie auch gefangene Christinnen im Kerker. Neben ihnen, und wohl von ihnen verschieden werden noch (1 Tim. 5, 9 fg.) «Witwen» oder Presbytiden erwähnt, denen wahrscheinlich die Aufsicht über die Frauen der Gemeinde zustand. Die D. wurden unter Handauflegung und Segnung zu ihrem Amte geweiht, was nachmals verboten wurde. Das Konzil von Chalcedon bestimmte für sie das Lebensalter von 40 Jahren. Mit dem Aufkommen eines geistlichen Standes verschwand allmählich dies Amt. Die Nonnen traten an Stelle der D. Nach der Reformation nannte man in der reform. Kirche häufig ältere Pflegerinnen von Wöchnerinnen und Kranken D. Im 19. Jahrh. erneuerte Pfarrer Fliedner in Kaiserswerth für die prot. Kirche das Diakonissenamt nach dem Muster der kath. Barmherzigen Schwestern und schulte seit 1836 D. zur Armen- und Krankenpflege, zur Kindererziehung und Lehrerinnenbildung. Sein Diakonissenhaus ist für zahlreiche Diakonissenanstalten (s. d.) vorbildlich geworden. Die «Schwestern», die beim Eintritt 18—36 Jahre alt sein müssen, haben eine längere oder kürzere Probezeit zu bestehen, ehe sie in den Verband aufgenommen werden. Sie machen einen mehrjährigen Kursus durch in den Zweigen, für die sie ausgebildet werden sollen, entweder auf den Krankenstationen oder in dem Seminar, sind an eine feste Hausordnung gebunden und zum Gehorsam verpflichtet. Sind sie nach ihrer Prüfung zum Dienst eingesegnet, so verwendet sie die Anstalt teils auf eigenen Stationen, teils im Gemeindedienst, in Krankenhäusern u. s. w. Der Austritt aus dem Verbande ist jederzeit gestattet, auch der Eintritt in die Ehe unverwehrt. Sie haben ihre besondere Tracht, und nach treuen Diensten erlangen sie Ansprüche auf Versorgung im Alter und im Falle der Invalidität. Geld und Geschenke anzunehmen ist ihnen verboten. Man zählte 1887 62 Mutterhäuser, 1750 Stationen und 7129 protestantische D., davon 5452 in Deutschland. In den Kriegszeiten haben sie sich durch aufopfernde Thätigkeit ungeteiltes Lob erworben.

Neben diesen Anstaltsdiakonissen giebt es auch Gemeindeschwestern, die auf eigene Kosten oder auf Kosten einer Gemeinde, in deren Diensten sie nun stehen, sich der Armen- und Krankenpflege widmen, oder in Kinderbewahranstalten, Krippen u. a. wirken. Außerdem sind in neuerer Zeit in Deutschland und der Schweiz Anstalten zur Ausbildung von Krankenpflegerinnen für Krieg und Frieden ohne konfessionell kirchlichen Charakter eingerichtet worden. Dahin gehören die Schwestern vom Roten Kreuz (s. d.). Vgl. Wacker, Der Diakonissenberuf nach seiner Vergangenheit und Gegenwart (Gütersloh 1888).

Diakŏnus, Diakōn (grch., «Diener»), schon im Neuen Testament (Phil. 1,1; 1 Tim. 3,8 fg.) der Titel für gewisse, den Gemeindevorstehern untergeordnete Gemeindebeamte, welche bei der Austeilung des Abendmahls zu helfen und für die Ordnung beim Gottesdienste zu sorgen hatten. Da man ihre Einsetzung in der Wahl der sieben Armenpfleger, Apostelgesch. 6, 1 fg., zu finden glaubte, übertrug man ihnen auch die Armen- und Krankenpflege und hielt gewöhnlich die Siebenzahl für sie fest. Allmählich erweiterte sich ihr Wirkungskreis so, daß eine weitere Gliederung unter ihnen eintrat: Archidiakonus (s. d.), D., Subdiakonus (s. d.). Den Diakonen verblieben bestimmte gottesdienstliche Geschäfte und wie die Presbyter den Priestern, so wurden sie den Leviten gleichgestellt. Dem entsprechend bildet in der katholischen Kirche noch jetzt der Diakonat als der dem Presbyteriat zunächst vorangehende Weihegrad die letzte Vorstufe für den Priesterstand (s. Ordines). In betreff des Cölibats gelten für die Diakonen dieselben Vorschriften wie für Priester; zur Erlangung des Diakonats ist zurückgelegtes 22. Lebensjahr erforderlich. Daß die Weihe zum D. schon sakramentalen Charakter trägt, wird bestritten. (Vgl. Seidl, Der Diakonat in der röm. Kirche, Regensb. 1884.) In der lutherischen Kirche führen die neben den Pfarrern (s. d.) angestellten Geistlichen häufig den Titel D. (auch deutsch «Helfer»); wenn sie auch hier und da nach besonderer Ordnung bestimmte geistliche Amtshandlungen, z. B. die Konfirmation, nicht zu verrichten haben, so besitzen sie doch ebenso wie die Pfarrer die Vollmacht für alle geistlichen Handlungen. Die reformierte Kirche hat das Amt der Diakonen wesentlich in dem altkirchlichen Sinne erneuert und den Pastoren und Presbytern (s. d.) Diakone als die Verwalter der Armen- und Krankenpflege an die Seite gesetzt. — In neuerer Zeit ist der Gedanke angeregt worden, solch ein besonderes Diakonenamt für kirchliche Liebesübung auch in den deutsch-luth. und unierten Kirchengebieten herzustellen; den Namen Diakon gebraucht man schon jetzt nicht selten zur Bezeichnung solcher Männer, die berufsmäßig im Dienste der Innern Mission (s. d.) beschäftigt sind, als Laiengehilfen in der Armen-, Kranken-, Gefangenenpflege dienen. Felddiakonen heißen dieselben, sofern sie den Dienst der Barmherzigkeit auf Schlachtfeldern und in Lazaretten versehen.

Diakopē (grch.), Hiebwunde, namentlich im Schädel; Längsbruch eines Knochens.

Diakovár, slaw. Djakovo, polit. Gemeinde und Hauptort des Stuhlbezirks D. (38377 E.) im ungar. Komitat Virovitiz (Veröcze) in Kroatien-Slawonien, ist Sitz eines röm.-kath. Bischofs (Bischof von D. und Syrmien) und hat (1890) 9127 meist röm.-kath. E. (102 Griechisch-Katholische und 373 Israeliten; 6006 Serben, 2171 Deutsche, 718 Magyaren), in Garnison die 6. Eskadron des 12. ungar.-kroat.-slawon. Ulanenregiments «Franz II., König beider Sicilien», Post, Telegraph, Sparkasse, eine schöne, 2000 Menschen fassende, großartige Kathedrale, vom Bischof Stroßmayer durch den Professor Rösner in Wien im roman. Stil erbaut und 1883 eingeweiht; einen prächtigen bischöfl. Palast, Kapitelgebäude, ein Nonnenkloster, Gymnasium, Seminar und eine Kavalleriekaserne. Der Bischof von D. führt auch den Titel eines Bischofs von Bosnien.

Diakowa, Stadt in Albanien, s. Djatova.

Diakrīse (grch.), Sonderung, Scheidung, Unterscheidung, namentlich von Krankheiten.

Diakritische Zeichen, Unterscheidungszeichen für die richtige Aussprache der Wörter, wie z. B. im Hebräischen der Punkt, welcher das Sin vom Schin unterscheidet.

Diaktinismus, die Durchdringbarkeit der Körper für chemisch wirksame (aktinische) Lichtstrahlen; er ist sehr verschieden von dem Grade der Durchsichtigkeit und am vollkommensten bei Wasser und Eis, Bergkrystall, farblosem Flußspat und Steinsalz.

Dialĕkt oder **Mundart,** bisweilen Bezeichnung für die Gesamtsprache einer bestimmten Volksgenossenschaft im Gegensatz gegen die Sprache anderer Völker (s. Idiom), gewöhnlich versteht man aber darunter kleinere Ausschnitte aus der Gesamtsprache eines Volks, wie man z. B. die Sprache der Schwaben einen D. des Deutschen nennt. Es ist jedoch unmöglich, zwischen D. und Sprache eine scharfe Grenze zu ziehen. Man kann z. B. das Niederländische einerseits einen deutschen D. nennen, wenn man nur auf das sprachliche Verhältnis Rücksicht nimmt, andererseits eine selbständige Sprache, wenn man die polit. Selbständigkeit des Volks und die niederländ. Litteratur im Auge hat. Indem man alle german. Sprachen zu einer Familie zusammenfaßt, lassen sich Deutsch, Englisch, Dänisch u. s. w. auch als Mundarten derselben bezeichnen; und es ist z. B. ganz einerlei, ob man die slaw. Sprachen so nennt oder als Mundarten bezeichnet. Das letztere kann man sehr wohl, da sie sich sprachlich näher stehen als z. B. Plattdeutsch und Hochdeutsch, sodaß man diese beiden auch verschiedene Sprachen nennen könnte. Es läßt sich somit eine genaue Definition von D. oder Mundart nicht geben, man wird nur im allgemeinen sagen können, D. seien die Sprachverschiedenheiten eines sich als einheitlich fühlenden und so betrachteten Volks. Hat ein solches Volk eine allgemein angenommene **Schriftsprache** ausgebildet, die gewöhnlich so entsteht, daß ein einzelner D. von allen Schreibenden angewendet und von den Gebildeten auch gesprochen wird, so gelangen die übrigen D. entweder gar nicht zu einer Litteratur, oder wenn eine solche vorhanden war, wird sie aufgegeben. Wo eine Schriftsprache herrscht, verliert die Sprache des gemeinen Mannes leicht die Fähigkeit zu höherm und feinerm Gedankenausdruck, und man empfindet sie in einem gewissen Gegensatz zur Schriftsprache als etwas weniger Edles. Die D. erscheinen als Patois (s. d.), und man versteht deswegen auch in der gewöhnlichen Rede unter D. zuweilen nur die totale Abweichung von der Schriftsprache. Es ist aber ein Vorurteil, daß der D. an sich etwas Gemeineres als die Schriftsprache und aus dieser nur verderbt sei. Diese Auffassung hat die neuere Sprachwissenschaft beseitigt; jede Mundart ist vielmehr nach bestimmten erkennbaren Gesetzen aus einem ältern Zustande der Sprache heraus entwickelt und bildet ein notwendiges Glied zur Erkenntnis der Gesamtsprache eines Volks, weshalb in der neuern histor. Grammatik die **Dialektologie** (Dialektkunde) eine besondere Rolle spielt. Die Ausdrücke «Dialekt» und «Mundart» unterscheidet man bisweilen so, daß man unter «Mundarten» Sprachverschiedenheiten einer Gesamtsprache versteht, die nicht litterarisch verwendet sind, unter «Dialekten» die schriftmäßig früher oder gelegentlich noch verwendeten; die Unterscheidung ist aber willkürlich, da es kaum eine Mundart giebt, in der nicht gelegentlich auch geschrieben wäre. (S. Deutsche Mundarten.)

Dialéktik (grch.), ursprünglich die Kunst der Unterredung, wie sie von Sokrates und seinen Schülern geübt und zu einem regelrechten wissenschaftlichen Verfahren gemeinschaftlicher Prüfung der Begriffe und Verständigung über dieselben ausgebildet wurde; daher (seit Plato) das methodische Verfahren mit Begriffen überhaupt, um deren wechselseitige Beziehungen klarzustellen. Somit deckt sich bei Plato D. ungefähr mit Logik (s. d.), nur daß sie nicht, wie diese, bloß Regeln des Verfahrens mit Begriffen aufstellt, sondern das Verfahren selbst (das zur Ideenlehre führt) bedeutet. Weil aber die Sokratische Unterredungskunst bei den Nachfolgern vielfach zum bloßen Spiel, zu einer Fertigkeit, den andern durch Gebrauch scheinbar logischer Formen zu sachlich unmöglichen Folgerungen zu führen, ausartete, erhielt D. in der Folgezeit fast den Sinn von Sophistik (s. Sophisten). Bei Aristoteles nimmt sie eine Mittelstellung ein zwischen dieser und dem wissenschaftlichen Verfahren, sofern sie auf Wahrheit zwar ausgeht und logischer Formen sich bedient, aber nicht wie der strenge Beweis nur auf bewiesene oder an sich gewisse Voraussetzungen, sondern auf gemeinhin angenommene Meinungen sich stützt und es daher höchstens zu wahrscheinlichen Schlüssen bringt. Bei Kant heißt «transcendentale D.» der Teil der Vernunftkritik, der die Verwicklungen entwirren soll, in die das menschliche Denken gerät, wenn es, ohne das sichere Bewußtsein der Grenzen, die unserer Erkenntnis gestellt sind, über das Weltganze zu spekulieren sich unterfängt. Bei Kants Nachfolgern, namentlich bei Hegel, heißt D. oder dialektische Methode das spekulative Verfahren, das durch Satz, Gegensatz und Überwindung des Gegensatzes zu höhern und höhern Begriffen fortschreitet. Allgemeiner nennt man auch wohl so ein jedes Unternehmen, aus einem bloßen Begriffssystem die ganze Wirklichkeit der Dinge zu deduzieren, wie es die Absicht der Hegelschen D. war.

Dialektológie (grch.), Mundartenkunde, Mundartenforschung, s. Dialekt.

Dialémma (grch.), Unterbrechung, besonders bei Wechselfiebern die fieberfreie Zwischenzeit.

Diallág, ein braunes, graues oder schmutziggrünes, in zuweilen mehrere Zoll großen, dicktafeligen Individuen ausgebildetes Mineral, das zur Gruppe des Pyroxens (s. d.) gehört und, obschon es mit dem eigentlichen Augit isomorph (monoklin) ist, sich doch dadurch unterscheidet, daß es prismatisch nur unvollkommen, sehr ausgezeichnet aber nach dem Orthopinakoid spaltet, welcher Fläche zugleich eine schalige Zusammensetzung entspricht. Die vollkommenste Spaltungsfläche ist meist vertikal gestreift oder gefasert, dabei metallartig, oft schillernd, perlmutterglänzend. Mancher D. enthält zahllose mikroskopische dunkelbraune Krystall-Lamellen und -Nädelchen in seiner Masse eingelagert. Wie der Augit hat der D. die Fähigkeit, sich in faserige Aggregate grüner Hornblende anzusetzen. Die chem. Zusammensetzung stimmt bis auf einen fast konstanten kleinen Wassergehalt wesentlich mit der des Augits überein, auch das Verhalten vor dem Lötrohr und gegen Säuren ist dasselbe. Der D. bildet einen wesentlichen Gemengteil des Gabbros (s. d.) und verwandter Gesteine.

Diallággranulit, s. Granulit.

Diallēle (grch.), s. Zirkelschluß.

Dialōg (grch., Zwiegespräch, Unterredung) bedeutet mündliche Unterredung zwischen mehrern Personen, sodann auch ein litterar. Werk in Gesprächsform; **dialogisieren**, etwas in Gesprächsform einkleiden. Der litterarische D. paßt besonders zur Entwicklung von Begriffen und zur Beleuchtung bestimmter Probleme. Frage und Antwort müssen sich, vom Schriftsteller scheinbar unbeeinflußt, äußerlich und innerlich die Wage halten. Die Philosophen der Alten, besonders der Griechen, bedienten sich dieser Darstellung gern zur Mitteilung wissenschaftlicher Untersuchungen. Der sog. **Sokratische** D. ist ein in Fragen und Antworten dergestalt eingekleidetes Gespräch, daß der Befragte durch die Fragen bestimmt wird, die Vorstellungen selbst zu entwickeln, die der Frager in ihm hervorbringen will, und die philosophischen D. des Plato sind gleichsam philos. Dramen, die diese Untersuchungsweise auf Gegenstände der Metaphysik anwenden. Von den Neuern gebrauchten diese Form unter den Deutschen Erasmus von Rotterdam, Hutten, Hans Sachs, später Lessing, M. Mendelssohn, Engel, Herder, Klinger, A. G. Meißner, Jacobi, Schelling, Solger, M. Meyr; im komischen und satirischen D. folgte Wieland mit Glück dem Muster Lucians. Unter den Italienern haben sich Petrarca, Machiavelli, Gelli, Algarotti und G. Gozzi ausgezeichnet, bei den Franzosen Malebranche, Fénélon und Fontenelle. Unter den Engländern folgten G. Berkeley und Rich. Hurd dem Plato, James Harris dem Cicero. Legt das Gespräch die Beweggründe der beteiligten Personen zu Entschlüssen dar und drängt es zur That, so entsteht der dramatische D., in dessen Gedankengange lebendige Bewegung und Spannung herrscht. Im Drama steht der D. im engern Sinne dem Monolog, im Singspiele den Singstücken, wo er dann die Redepartien bedeutet, gegenüber.

Dialogīt, s. Manganspat.

Dialursäure, das Ureïd oder die Harnstoffverbindung der Tartronsäure, daher auch Tartronylharnstoff genannt, eine Säure von der Zusammensetzung $C_4H_4N_2O_4$, die durch Reduktion von Alloxan entsteht. Sie besitzt die Konstitution $CO{<}^{NH\cdot CO}_{NH\cdot CO}{>}CH\,OH$, krystallisiert in Prismen, bildet mit Basen Salze und geht an der Luft unter Aufnahme von Sauerstoff leicht in Alloxantin über, wobei sie sich rot färbt.

Dialysātor, s. Dialyse.

Dialȳse (grch.), Auflösung; in der Grammatik und Rhetorik soviel wie Diäresis (s. d.) und Asyndeton (s. d.); in der Medizin das zum Tode führende Schwinden der Kräfte. In der Chemie ist D. eine von Graham zuerst angewandte Methode zur Trennung verschiedener gelöster Stoffe voneinander; sie beruht darauf, daß manche Körper mit Leichtigkeit durch Membranen gegen Wasser diffundieren (s. Diffusion), während andere entweder weit langsamer oder gar nicht diffundieren. Diffusionsfähig sind unter andern alle Körper, die aus wässerigen Lösungen krystallisieren, sog. Krystalloïde, während nicht krystallisierende auch meist nicht diffusionsfähig sind, sog. Kolloïde. Die D. bietet daher ein Mittel dar, um Körper der einen Gruppe von denen der andern zu trennen. Zweckmäßig läßt sie sich z. B. benutzen, um bei dem Nachweis von Vergiftungen die Trennung von Alkaloïdsalzen von dem sonstigen Inhalt des Magens zu bewirken. Man bringt zu diesem Zweck die zu untersuchende Flüssigkeit in einen geeigneten Apparat, den

Dialysator, in dem nach Ablauf von 24 Stunden die Alkaloïdsalze in das Wasser übergegangen sind, während die übrigen Stoffe zurückbleiben. Der Dialysator Grahams ist in beistehender Figur dargestellt. Er besteht aus einem Ringe von Guttapercha, dessen untere Öffnung mit einer Scheide von Pergamentpapier überspannt ist, sodaß ein wasserdichter Verschluß hier erzielt wird. Läßt man den Ring in einem andern Gefäß auf Wasser schwimmen, und gießt man die zu dialysierende Flüssigkeit in den Ring, so treten die diffundierbaren Stoffe durch die Pergamentpapiermembran zum Wasser hinüber. In einfacherer Form erhält man den Dialysator, indem man die Ränder eines viereckigen Pergamentpapierblattes kastenförmig in die Höhe biegt und die übereinandergeschlagenen Ecken oben durch einen durchgezogenen Faden befestigt. Ein solcher Kasten vertritt den Ring des Grahamschen Dialysators.

Dialȳten oder Dialytische Fernrohre, s. Fernrohre.

Diamagnetismus, die abstoßende Einwirkung von Magneten auf gewisse Körper. Schon seit dem Ende des 18. Jahrh. kannte man oberflächlich einige hierher gehörige Thatsachen, wie die von stärkern Magnetpolen sich äußernde Abstoßung gegen Wismut und Antimon (Brugmans 1778, Le Baillif 1827) und gegen eine Holznadel (Coulomb 1802, Becquerel 1827). Allein erst nachdem man durch Hilfe galvanischer Elektricität sehr starke Magnete (Elektromagnete) herstellen gelernt hatte, vermochte man die diamagnetischen Erscheinungen genauer wahrzunehmen und zu studieren. Hauptsächlich verdankt man ihre Kenntnis den in die J. 1845 und 1847 fallenden Veröffentlichungen des engl. Physikers Faraday. Doch hat auch der deutsche Physiker Plücker wichtige Aufschlüsse über das Wesen dieser Erscheinungen gegeben (1848). Hängt man ein Eisenstückchen in der Nähe eines Magnetpols an einem feinen Faden auf, so wird das Eisen kräftig von dem Magnetpole angezogen. Auch Nickel und Kobalt werden angezogen, aber bedeutend schwächer, und noch viel weniger Mangan, Chrom, Cerium, Titan, Palladium, Platin und Osmium. Diese Stoffe nennt man paramagnetische oder kürzer magnetische. Andere Stoffe aber werden, neben einem Magnetpole aufgehängt, abgestoßen; man nennt sie diamagnetische Stoffe. Um zu erfahren, ob ein fester Stoff magnetisch oder diamagnetisch ist, formt man aus demselben ein Stäbchen, hängt dieses (s. beistehende Fig. 1) an einem feinen Faden in seiner Mitte auf und bringt es zwischen die beiden Pole eines hufeisenförmigen Magneten. Ist das Stäbchen magnetisch, so stellen sich (Fig. 2) seine beiden Enden nach den Magnetpolen N und S zu; ist es aber diamagnetisch, so dreht es sich wie a b senkrecht zur Verbindungslinie N S der beiden Magnetpole. Die erste Lage N S nennt man axial, die andere a b äquatorial. Die axiale Lage kommt dadurch zu stande, daß das Stäbchen von beiden Magnetpolen gleichzeitig angezogen, die äquatoriale Lage dadurch, daß es von beiden Polen gleichzeitig abgestoßen wird. Im ersten Falle werden in dem Stäbchen magnetische Pole erregt, die mit den induzierenden Magnetpolen ungleichnamig, im zweiten Falle solche, die mit diesen gleichnamig sind.

Fig. 1.

Fig. 2.

An der Spitze der diamagnetischen Stoffe steht Wismut, dann folgen: Antimon, Zink, Zinn, Silber, Kupfer, Gold und viele andere Metalle; ferner organische Stoffe, wie Pflanzen- und Tierteile; überhaupt erweisen sich mehr Stoffe dia- als para-

Fig. 3.

magnetisch, so z. B. sehr viele Salze, Mineralien, eisenfreies Glas, Flintglas und viele andere. Plücker fand (1847) zuerst, daß Krystalle, die nicht zum regulären System gehören, ähnlich den drei Hauptachsen der Elasticität, auch drei Hauptachsen der para- oder diamagnetischen Einwirkung besitzen; die hierher gehörigen Erscheinungen behandelt die Physik in der Lehre vom Krystallmagnetismus. Flüssigkeiten werden nach Faraday (1847) bei diesen Untersuchungen in eisenfreie, höchst dünnwandige Glasröhrchen eingeschlossen und wie Stäbchen aufgehängt (Fig. 1), oder nach Plücker (1848) auf ein Uhrglas (auch Glimmerblatt) gebracht, das man auf die einander genäherten Halbanker eines kräftigen Hufeisenelektromagneten setzt (Fig. 3). Für magnetische Flüssigkeiten zeigt sich dann, infolge der Anziehung seitens der beiden Pole, eine Anhäufung der Flüssigkeiten über letztern und ein Thal in äquatorialer Richtung; bei diamagnetischen Flüssigkeiten treten, infolge der Abstoßung von den Polen, ein Bergrücken in äquatorialer Richtung und oberhalb der Pole Vertiefungen auf. Von Flüssigkeiten erwiesen sich diamagnetisch: Wasser, Alkohol, Äther, Schwefelkohlenstoff, Öle, Säuren, die meisten organischen Säfte, sogar das eisenhaltige Blut. Gase werden, wenn sie brennbar sind, flammend oder allgemein als Ströme zwischen den einander sehr nahe gebrachten Magnetpolen geprüft, und aus der Formänderung der Flammen, oder aus der Richtung, in welcher chem. Reagentien von den Gasströmen getroffen werden, wird geschlossen, ob das betreffende Gas von beiden Polen angezogen oder abgestoßen wird. Mit Ausnahme des magnetischen Sauerstoffs sind alle Gase diamagnetisch. Feste und tropfbarflüssige durchsichtige Diamagnetica, die gewöhnlich die Polarisationsebene nicht drehen, zeigen Cirkularpolarisation, wenn auf dieselben kräftige galvanische Ströme oder Magnete einwirken. Drehen jedoch die durchsichtigen Diamagnetica schon ursprünglich die Polarisationsebene, so fügt sich die magnetische Drehung zu der bereits vorhandenen hinzu. Über den eigentlichen Grund der diamagnetischen Abstoßungen sind die Meinungen der Physiker geteilt. Verschiedene Theorien darüber wurden aufgestellt von Faraday, Hankel, Reich, Tyndall und Weber. Nach der Theorie des letztern werden in paramagnetischen Körpern schon vorhandene elektrische Molekularströme durch die Einwirkung des Magneten gedreht, in den diamagnetischen aber erst induziert, weshalb der Sinn der beiden Ströme auch entgegengesetzt sein soll.

Diamánt oder Demant, der wertvollste unter den Edelsteinen, krystallisiert in der tetraedrisch-hemiedrischen Abteilung des regulären Systems, ist indessen meist scheinbar holoedrisch ausgebildet, im Oktaeder (einer Kombination zweier, im Gleichgewicht befindlicher Tetraeder, s. Tafel: Diamanten, Fig. 10), auch im Rhombendodekaeder (Fig. 12) und in andern, gewöhnlich krummflächigen regulären Formen (Fig. 13 u. 15), die oft mehr oder weniger der Kugelform genähert sind. Bei den D. vom Kap und von Ostindien herrscht das Oktaeder, bei den brasilianischen dagegen das Rhombendodekaeder vor. Auf Grund einer Zwillingsdurchwachsung zweier Tetraeder mit parallelen Achsensystemen erscheinen die Kanten des Oktaeders wie eingekerbte Rinnen. Sehr selten findet sich der D. derb, in feinkörnigen, porösen, rundlich konturierten Aggregaten von bräunlich-schwarzer Farbe (sog. Carbonat der Steinschleifer). Eine deutliche Spaltbarkeit geht der Oktaederfläche parallel, eine Eigenschaft, die beim Bearbeiten von Belang ist. Im reinsten Zustand ist der D. farblos und wasserhell, doch ist er auch oft gefärbt, meist verschiedentlich weiß, grau und braun, sogar grün, gelb, rot und blau, selten schwarz. Der sehr lebhafte Glanz (sog. Diamantglanz), das Farbenspiel, das auf sehr intensiver Lichtbrechung (Brechungskoefficient = 2,42) und Farbenzerstreuung beruht, die höchste Härte im Mineralreich zeichnen ihn aus. Im polarisierten Licht untersucht, giebt sich bisweilen die anomale Erscheinung der ihm nicht zukommenden Doppelbrechung zu erkennen, die meist nachweisbar durch innerliche Spannungsdifferenzen herbeigeführt wird, die sich um fremde Einschlüsse oder kleine Höhlungen geltend machen. Die Angabe, daß in einigen D. organisches Zellgewebe vorhanden sei, beruht auf einer Verwechselung mit mineralischen, zart verästelten Dendriten. In andern hat man unzweifelhafte mikroskopische Einwachsungen von Rutil oder Eisenkies, von Eisenglanz- oder Titaneisen-Lamellen wahrgenommen. Das spec. Gewicht beträgt bei den reinst Exemplaren im Mittel 3,52. In seiner chem. Natur weicht der D. von allen andern Edelsteinen wesentlich ab, indem er nicht wie diese aus Silikaten oder Erden besteht, sondern reiner Kohlenstoff ist, weshalb er auch in starker Glühhitze unter Zutritt des Sauerstoffs der Luft ohne Rückstand verbrennt und dabei in Kohlensäure verwandelt wird; dies wurde zuerst durch Lavoisier entdeckt, nachdem schon 1649 auf Veranlassung von Cosimo III. durch Florentiner Akademiker die ersten D. in einem großen Tschirnhausenschen Brennspiegel verflüchtigt worden waren. G. Rose fand, daß der D., bei Abschluß der Luft sehr stark erhitzt, in die andere Modifikation des Kohlenstoffs, in Graphit, übergeht. Der D. findet sich besonders im angeschwemmten Lande, und im Flußsand, gewöhnlich mit andern Edelsteinen (Topas, Chrysoberyll, Granat, Hyacinth), auch mit gediegen Gold und Platin; so in Ostindien an der Ostseite des Hochlandes von Delan (Golkonda, Panna); in Brasilien, hier zumal in Minas-Geraes bei Diamantina, auch bei La Chapada; außer im losen Zustand in den sog. Seifengebirgen hat er sich auch hier eingewachsen in dem sog. Cascalho, einem durch Brauneisen verkitteten Quarzkonglomerat, sowie in einem glimmerigen Sandstein, dem sog. Itacolumit, gefunden; auch auf Borneo, Sumatra, am Ural bei Krestowosdwischensk; ferner in Australien, wo er bis zum Gewicht von 150 Karat vorkommt. Reichliche und große, aber gewöhnlich etwas gelbliche und oft durch Einschlüsse verunreinigte D. (der größte von 404 Karat Gewicht) werden seit 1869 im südöstl. Afrika in einem schmalen Landstrich nahe der Grenze zwischen dem Oranje-Freistaat und West-Griqualand gefunden; die sie enthaltende Masse, einem dunkelbläulichgrauen sehr festen vulkanischen Tuff ähnlich und anscheinend von diabasischer Natur, füllt hier in einem aus horizontal liegenden Schichten von Schiefern, Sandsteinen und basaltischen Gesteinen bestehenden Plateau kraterähnliche Einsenkungen von 2—300 m Durchmesser und zur Zeit unbekannter Tiefe aus (Kimberley, Bultfontein u. a.). Während alle diese Vorkommnisse von D. sich in Schuttmassen finden, tritt er nach Chaper im westl. Teil der Präsidentschaft Madras auch noch auf seiner eigentlichen Mutterlagerstätte, eingewachsen in einem glimmerarmen Granit, auf. Das Gesamtgewicht aller in menschlichen Händen befindlichen D. wurde vor der Entdeckung der afrikanischen D. auf 100 Ctr. angegeben.

1456 erfand Louis von Berguem aus Brügge die Kunst, den D. in Facetten zu schleifen, und zwar fertigte er zuerst sog. Rosetten; später erst wurde der die Eigenschaften des D. am vorteilhaftesten zur Geltung bringende Brillantschliff erfunden. Über die Formen der Schliffe und die Technik des Schleifens s. Edelsteinschleiferei.

Die größten und darum auch seltensten D. sind bei ihrem bedeutenden Werte geschichtliche Merkwürdigkeiten. Von ihnen schmückt der Orlow ($194\frac{3}{4}$ Karat, Fig. 2) die Spitze des russ. Scepters; er wurde 1794 für eine Leibrente von 4000 Rubel und die bare Summe von 450000 Rubel nebst einem Adelsbrief von der Krone gekauft, nachdem er vorher das Auge einer Brahmastatue gewesen war. Der Schah (86 Karat, Fig. 8), den der russ. Kaiser Alexander II. vom pers. Prinzen Chosroes zum Geschenk erhielt, zeichnet sich durch große Reinheit aus: er besitzt noch einige seiner natürlichen Krystallflächen und trägt auf den geschliffenen Flächen pers. Inschriften. Vermöge der eingeschliffenen Rille konnte er zum Tragen am Halse an einer Schnur befestigt werden. Der Polarstern (40 Karat, Fig. 6), ebenfalls ein schöner Brillant, befindet sich, wie die vorgenannten, im russ. Kronschatz. Der Florentiner oder Toskaner ($139\frac{1}{2}$ Karat, Fig. 4) wurde von Karl dem Kühnen in der Schlacht bei Granson verloren und befindet sich gegenwärtig in dem Schatz des Kaisers von Österreich; er ist sehr rein, citronengelb und wird auf über 2 Mill. M. geschätzt. Der Kohinoor (Fig. 9, gewonnen durch Umschleifen des Großmoguls, Fig. 1) stammt aus Indien, wo noch heute die fürstlichen wie die Tempelschätze vorzugsweise in D. und andern Edelsteinen bestehen. Er war im Besitz des Radschahs von Lahaur und gehört jetzt der Königin Victoria von England. Zugeschliffen in Amsterdam, wiegt er nur noch 106 Karat. Der größte brasilianische D., der Südstern (Fig. 7), wog ursprünglich 254 Karat und hat jetzt, nachdem er zum Brillanten zugeschliffen, nur noch 125. Der Regent (Fig. 3), von 136 Karat und 12—15 Mill. Frs. Wert, auch Pitt genannt, der schönste aller existierenden großen Brillanten, befindet sich im franz. Schatze und ist, seitdem die nicht historisch merkwürdigen Steine des frühern Kronschatzes 1887 verkauft sind, im Louvre aufgestellt. Der größte aller vorhandenen D. (363 Karat) soll derjenige des Radschahs von Matan auf Borneo sein. Unter den in Brillantform geschliffenen Steinen ist der größte Victoria, gefunden 1884 am Kap (roh 457, geschliffen 180 Karat). Einen noch größern Brillanten könnte ein ebenda 1888 gefundener Stein von 428 Karat liefern. Die meisten und seltsamsten Schicksale hat wohl der Sancy (Fig. 5) gehabt; er ist aus Indien nach Europa gekommen, wo sein erster Besitzer Karl der Kühne von Burgund war. Dieser trug ihn in der Schlacht bei Nancy, in der er fiel. Ein schweiz. Soldat fand den D. und verkaufte ihn für einen Gulden an einen Geistlichen. 1489 kam er an Anton, König von Portugal, der ihn aus Geldnot für 100000 Frs. an einen Franzosen verkaufte, durch den er an Sancy kam, von dem er den Namen erhalten hat. Als Sauey als Gesandter nach Solothurn ging, befahl ihm König Heinrich III., ihm als Pfand jenen D. zu schicken. Der Diener, der ihn überbringen sollte, wurde aber unterwegs angefallen und ermordet, nachdem er den D. verschluckt hatte. Sancy ließ den Leichnam öffnen und fand den Edelstein im Magen. Jakob II. von England besaß diesen D. 1688, als er nach Frankreich kam. Später war er im Besitze Ludwigs XIV. und Ludwigs XV., der ihn bei seiner Krönung trug. 1835 wurde er für $\frac{1}{2}$ Mill. Rubel von dem Oberjägermeister des Kaisers von Rußland, dem Fürsten Paul Demidow, erkauft, 1836 aber in Paris für 625000 Frs. wieder verkauft. Er hat die Gestalt einer Birne, wiegt $53\frac{1}{2}$ Karat und ist vom reinsten Wasser. Es giebt noch eine Anzahl anderer großer D., wie den Pascha von Ägypten (40 Karat, Fig. 14), über die jedoch wenig Näheres bekannt ist; mehrere befinden sich im Besitz ind. Fürsten und zeigen meist unregelmäßigen Schliff, so der große Tafelstein ($242\frac{1}{2}$ Karat, Fig. 11).

Der Wert des Brillanten steigt mit seinem Gewicht. Sehr große Steine (Solitärs, Nonpareils, Paragons genannt) haben keinen genau bestimmbaren Marktpreis. Der Preis größerer Steine ist übrigens gegen früher sehr heruntergegangen, weil das Griqualand von 1870 bis 1880 mehr Solitärs geliefert hat als Brasilien während 150 Jahren. Der jeweilige Marktpreis pro Karat, der also nach Qualität und Form ein sehr verschiedener ist, bestimmt nur den Wert einzeln zu fassender Sreine, also etwa von $\frac{1}{2}$ Karat aufwärts. Für die sog. kleine Ware, Steine von $\frac{1}{10}$ bis $\frac{1}{8}$ Karat, die nur zur Ausschmückung der Fassung größerer Steine verwendet wird, wird kaum halb soviel oder noch weniger als für jene gezahlt.

Die Schätzung des Wertes der D. geschah früher nach der ind. Quadratregel (in Europa zuerst von Linscotius bekannt gemacht). Nach derselben multipliziert man die Anzahl der Karate des Steins mit sich selbst und das Produkt mit dem Preise eines Karats. Diese Regel, die übrigens nur für Steine bis zu 20 Karat anwendbar war, wird heutzutage weder von Juwelieren noch von Händlern mehr benutzt. Ist man gezwungen, zur Ansicht vorgelegte Steine zu schätzen, ohne sie aus der Fassung nehmen und wägen zu können, so ermöglicht die Regelmäßigkeit des jetzigen Brillantschliffs näherungsweise eine Bestimmung des Gewichts. Steine mit einem Durchmesser von 7 mm in der Ebene der Rundiste, wiegen 1 Karat, 8 mm 2 Karat, $9\frac{1}{2}$ mm 3 Karat, 11 mm 4 Karat, 12 mm 5 Karat, 15 mm 10 Karat.

Den ältesten, sicher verbürgten Marktpreis geschliffener D. hat Benvenuto Cellini in seinem «Trattxto dell' oreficeria» notiert. 1534 ward das Karat mit 300 M. bezahlt; 1609 kostete dasselbe nach Boetius de Boot etwa 440 M.; Tavernier setzt den Preis auf 160 M. an, und hiermit stimmen die Diamanttaxen Hollands und Hamburgs aus dem 17. Jahrh. überein; 1750 werden wieder Karatsteine mit 360 M. bezahlt, während die Kommission zur Schätzung der franz. Krondiamanten 1795 für die Taxierung den Mittelwert 120 M. annahm. Die Preise erhöhten sich in der ersten Hälfte dieses Jahrhunderts; 1830 zahlte man 180 M.; 1850 260 M.; 1865 bereits 450 M., worauf durch die Entdeckung der Kapdiamanten der Preis bis auf die Hälfte fiel. Diese Preisschwankungen sind unabhängig von der Mode, die seit alters her dem farblosen und doch farbensprühenden D. treu geblieben ist. Hohe Preise des D. treten aber nur auf zu Zeiten des größten Überflusses an

DIAMANTEN.

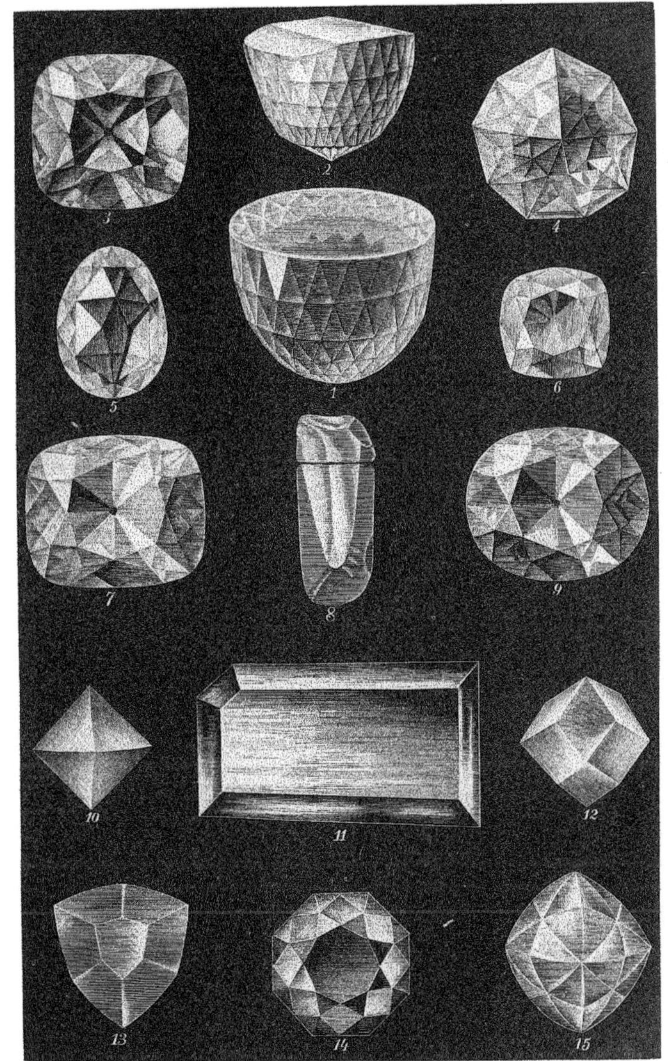

1. Grofsmogul. 2. Orlow. 3. Regent. 4. Florentiner. 5. Sancy. 6. Polarstern. 7. Südstern. 8. Schah. 9. Kohinoor. 10. 12. 13. 15. Natürliche Krystallformen des Diamanten. 11. Grofser indischer Tafelstein. 14. Pascha von Ägypten.

(Natürliche Gröfse.)

Edelmetall. Die unermeßlichen Schätze Silbers, die im 16. Jahrh. aus Mexiko und Peru nach Europa kamen, sowie die Ausbeutung der Goldfelder Kaliforniens und Australiens in der neuern Zeit waren ebenso bestimmende Elemente für den Preisaufschwung, wie andererseits die erste Französische Revolution mit den darauf folgenden Kriegen und der Verarmung der Völker den Preisrückgang bedingte. Der zweite Punkt für die Preisbestimmung ist ferner neben der Nachfrage auch das Angebot, die Häufigkeit des Vorkommens. Die in alter Zeit berühmten ind. Diamantgruben sind zum Teil erschöpft, nur Brasilien und Kapland versehen den Markt mit größern Mengen von Rohmaterial. Die Entdeckung der brasilianischen D. bei Serro (Minas Geraes) hat 1727 einen relativen Überfluß an Rohmaterial hervorgerufen und dadurch den Händlern und Besitzern alter indischer teuer bezahlter Steine eine empfindliche Einbuße verursacht.

Aus Brasilien wurden in der Zeit von 1850 bis 1870 jährlich gegen 170000 Karat D. im Werte von 7 Mill. M. ausgeführt. Seither ist die Ausbeute Brasiliens teils durch die Erschöpfung der Edelsteinwäschereien (s. d.), teils durch den infolge der Aufhebung der Sklaverei erhöhten Arbeitslohn, also vermehrte Produktionskosten, zurückgegangen, um so mehr, da sich meist nur kleine Ware (Steine unter $^1/_8$ Karat) und sehr viel Ausschuß (refundo, Salzkörner) vorfindet. Der Hauptstapelplatz für den brasil. Diamanthandel, wohin die Unterhändler (Capangueiros) die in den Gruben gekauften Steine abliefern, ist Rio de Janeiro für den Distrikt Minas Geraes, Bahia für die Gruben bei Sincora. Ersterer lieferte meist Steine vom ersten Wasser (brut Mina genannt), für die auch durchschnittlich höhere Preise bewilligt wurden als für die Rohware von Sincora (brut Sincora), die mit 35 M. im großen in den Handel kamen. Die Ausfuhr in der neuesten Zeit betrug 80000 Karat und verteilte sich fast gleichmäßig auf Rio und Bahia.

Für die aus dem West-Griqualande stammenden Kapsteine ist Elisabethtown (Port-Elizabeth) der Hauptstapelplatz. Die jährliche Ausfuhr von D. hatte durchschnittlich einen Wert von 25 Mill. M. Jeder nach England bestimmte Postdampfer hatte regelmäßig 15—20 Pfd. (à 2330 Karat) D. in versiegelten Säcken und Paketen an Bord. 1872—73 betrug selbst der monatliche Ertrag am Hauptfundorte Kimberley-Mine 6—7 Mill. M., und noch 1875 ward von der Steuerbehörde der jährliche Ertrag der Claims von Kimberley auf 20 Mill. M. gewertet. 1876 hatten sich in Kimberley 4000 Diamanthändler (Diamond keepers), 20000 Digger und zahlreiche eingeborene Arbeiter angesiedelt. Bald trat eine Abnahme in der Produktion ein; einerseits mußten die Claims (verliehenen Grubenmaße) bereits in einer Tiefe von 30 bis 60 m bearbeitet werden, wodurch sich sowohl die Arbeitszeit für den geförderten und geschlämmten Kubikmeter Erde als auch die Förderungs- und allgemeinen Produktionskosten wesentlich erhöhten; andererseits erkaltete auch der Eifer der Digger, da die sinkenden europ. Diamantpreise immer geringern Gewinn in Aussicht stellten. 1887 geschah die Vereinigung der in 3238 Claims an einzelne Digger verliehenen Mine Kimberley durch vier Compagnien, deren Kapital 200 Mill. M. beträgt und für die 10000 eingeborene Arbeiter und 1200 europ. Aufseher thätig sind. Für 1878—87 einschließlich betrug die Ausbeute 27 Mill. Karat im Werte von 80 Mill. M. Jetzt sind diese vier Compagnien, namentlich durch Rothschild in London, zu einer einzigen verbunden, die den Betrieb herabgesetzt und die Preise der D. zum Steigen gebracht hat. Bis dahin betrug der Wert eines Brillanten von 1 Karat, je nach Reinheit und Feuer, 100—300 M., während rein weiße brasil. und ind. Steine noch immer mit 500—600 M. bezahlt wurden. Die Individuen der einzelnen Fundorte sind verschieden nach Gestalt und Farbe. Die aus den trocknen Gruben (dry diggins) im Centralfelde stammenden Steine sind selten vollkommen farblos, namentlich die von Du Toitspan meist weingelb, dafür aber groß und schön auskrystallisiert. Nördlich hiervon, am Baalflusse, sind bei Klipdrift Diamantwäschereien. Sie liefern keine sehr große Ausbeute, aber fast ausnahmslos wasserklare Steine ersten Wassers. Man pflegt daher auch im allgemeinen alle bessern Kapsteine als Riverstones zu bezeichnen. Die einst bestehenden Wäschereien bei Waldecks-Plant können den Ruhm für sich in Anspruch nehmen, den bisher größten Kapdiamanten Stewart, 288½ Karat schwer, ein flaches Hexakisoktaeder von sehr lichtgelblicher Färbung, geliefert zu haben. Ein Franzose, der für das Haus Robert Spalding arbeitete, fand ihn.

Bezüglich des Brillanten (s. Edelsteinschleiferei) ist zu bemerken, daß die verschiedenen Eigenschaften des Brillanten und des rohen D. für jeden derselben andere Gebräuche und Kenntnisse des Händlers bedingen. Je nach der Qualität des Steins unterscheidet man drei Sorten des Brillanten. Ist der Brillant vollkommen wasserklar, ohne einen Fehler im Innern, so sagt man, er ist vom ersten Wasser. Heute, wo genügendes Material vorhanden ist, sind die Anforderungen an die Qualität der Ware strenger als früher. Die Steine müssen vollkommen farblos, man sagt, rein weiß sein. Dies erkennt man, wenn man den Stein auf weißes Papier legt und anhaucht. Dadurch beschlägt sich derselbe für kurze Zeit, und in diesem Zustande tritt die wahre Färbung des Steins recht deutlich hervor; nur farblose Steine erscheinen vollkommen weiß. Zieht die Farbe des Brillanten ins Gelbliche, oder zeigt er kaum merkbare Fehler, Sprünge, Risse im Innern, so sagt man, er ist vom zweiten Wasser. Ausschußware hat größere Fehler im Innern, unvollkommenen Schliff und Form oder lichte unschöne Farbenschattierungen und ist kaum den dritten Teil vom Preise eines Steins vom ersten Wasser wert. Ist jedoch die Farbe des Brillanten gesättigt, schön grün, rosenrot, bläulich, so werden solche Phantasiesteine wegen ihrer Seltenheit noch teurer als der farblose Stein ersten Wassers bezahlt. Die äußere Schliffform bestimmt ebenfalls den Preis. Der moderne regelmäßige Brillant mit kleiner achtseitiger Tafel, dreimal gemacht, ist ersten Ranges, während bei sonst gleichem Wasser ein entweder zu flacher oder oblong geschliffener Stein höchstens Zweidrittelpreise des erstern erzielt. In gleicher Weise ist auch der Rosettenschliff, weil derselbe eine Fassung à jour nicht zuläßt, dem Werte des Steins unvorteilhaft, und solche Ware wird durchschnittlich mit dem halben Preise eines gleich schweren Brillanten bezahlt.

Die genaue Wertbestimmung roher ungeschliffener D. ist viel schwieriger als die der geschliffenen Ware. Die dem D. eigene Oberflächenbeschaffenheit verhindert meist, die im Innern vorhandenen kleinen Sprünge (cracks), Federn (flaws), eisähnlichen Flecken oder undurchsichtigen schwarzen Einschlüsse wahrzunehmen. Der kleinste Fehler hat aber eine Wertverminderung des Steins zur Folge. Um die Gleichmäßigkeit und Reinheit des innern Kerns prüfen zu können, empfiehlt es sich, den rohen Stein in Öl oder Benzol zu legen, wodurch die Oberflächenwirkung aufgehoben und derselbe durchsichtig wird. Auch die wahre Färbung tritt am Rohmaterial nicht so deutlich hervor wie am geschliffenen Juwel. Im allgemeinen beeinträchtigen schwache Farbenschattierungen den Wert des rohen D. weniger, weil sie sich meist beim Schleifen verlieren, auch manchmal nach dem Schliffe andere schwache Farbennuancen bemerkbar werden. Nur die intensivern Färbungen bleiben unverändert erhalten.

Bei schweren Steinen ist noch Rücksicht zu nehmen auf die Unwahrscheinlichkeit eines schnellen Verkaufs und somit auf die Verzinsung des angelegten Kapitals. Ein Beispiel hierfür liefert der oben erwähnte Südstern, dessen erster Besitzer den Stein bei verschiedenen Banken verpfändete und schließlich denselben als Deckung für die aufgelaufenen Zinsen abtreten mußte. Bei kleinen Steinen sind namentlich die Schleifkosten zu berücksichtigen, die nahezu die Hälfte des Verkaufspreises der kleinen Ware ausmachen.

Der letzte, aber wichtigste Umstand für die Bewertung des Rohmaterials ist die unvermeidliche Gewichtsverminderung, die durch das Schleifen erzeugt wird und die durchschnittlich 40 Proz., oft sogar bis 50 Proz. beträgt. Jeder Brillant setzt also ein doppelt schweres Rohmaterial voraus, und der Preis pro Karat des letztern kann daher, um Schliffkosten, Spesen, Zinsen, Kommissionsgebühren decken zu können, höchstens ein Viertel von dem der geschliffenen Ware betragen.

Der Großhandel mit D. hat gegenwärtig seinen Hauptsitz in London. Von den Firmen, die durch den Kauf großer Solitärs vom Kap bekannt wurden, sind Joseph Mosenthal & Co. sowie Hunt & Roskell zu erwähnen. Auch Deutschland pflegt intensiven Geschäftsverkehr mit dem Kap, und zahlreiche deutsche Firmen, z. B. Lilienthal & Brüder in Hopetown, haben dort für deutsche Rechnungen gehandelt. Die Firma Lippert in Hamburg ist namentlich in diesem Artikel engagiert. Das auf den Auktionen feilgebotene Rohmaterial wurde in frühern Jahren zunächst von den Kommissionären (Edelsteinhändlern) angekauft, die dasselbe schleifen ließen. Heute ist der Geschäftsgang meist der entgegengesetzte. Durch das Aufblühen ihres Geschäftszweiges sind die Amsterdamer Faktoreien selbst kapitalkräftig geworden und haben, um sich den größtmöglichen Verdienst und Gewinn zu sichern, die passive Rolle im Diamanthandel aufgegeben. Sie erstehen das unsortierte Material in versiegelten Partien, verschleifen dasselbe und geben die fertige brillantierte Ware ebenso, partienweise, unsortiert, an die Edelsteinhändler zu einem Limitopreis. Erst der Kommissionär sortiert die Ware nach dem Wasser, nach dem Gewicht, trennt die kleine Ware von den Karatsteinen, den schwer verkäuflichen Ausschuß von der feinen Ware und bestimmt nun im Vergleiche mit dem Limitopreise der Partie den Karatpreis für die verschiedenen Qualitäten der in der Partie enthaltenen Steine. Mit diesen Preisen geht die Ware in den Detailhandel über.

In den Zeiten der Renaissance faßte man den D. in Gold und gab ihm, um sein Feuer zu erhöhen, eine schwarze Folie. Heute faßt man ihn meist in Silber und à jour, denn der D. hat für sich ganz allein die reinste und schönste Wirkung, das Gold der Fassung aber giebt ihm einen leichten gelben Schein, wie wenig derselbe auch sich bemerkbar macht.

Zu Imitationen des D. (allgemeines über Edelstein-Imitationen s. d.) sind verwendbar alle sehr harten, farblosen Mineralien. Aber fast nie werden farblose Saphire, Spinelle, Zirkone, Phenakite unter fremden Namen gefaßt, weil diese Steine auch unter ihrer wahren Benennung Wert besitzen. Häufig werden dagegen die fast wertlosen Topase und Quarze zu billigen Schmuckwaren verwendet. Die letztgenannten Imitationen besitzen aber selbst bei günstigem Brillantschliff nicht den lebhaften Glanz und das feurige Farbenspiel des D. In diesen beiden Eigenschaften erreichen den D. nur der farblose Zirkon und Phenakit, die aber nur sehr selten in der Natur vorkommen. Über die aus Glas hergestellten Imitationen s. Similibrillanten. Übrigens unterscheidet die Doppelbrechung die genannten vier Juwelen leicht vom D., der die durchgehenden Strahlen nur einfach bricht, abgesehen von der obenerwähnten anomalen Doppelbrechung. Von Diamant-Imitationen ist erwähnenswert der dem Marquis Dupoisat gehörende D., der, von Hühnereigröße, 1858 die Welt in Staunen versetzte, bis er endlich durch Bestimmung seiner Doppelbrechung als Topas erkannt wurde. Ebenso soll auch der nahezu faustgroße, 1680 Karat schwere, «Braganza» genannte Stein im portug. Schatze kein D., sondern Topas sein.

In der Herstellung künstlicher D. (allgemeines über künstliche Edelsteine s. Edelsteine, künstliche) ist man bisjetzt noch zu keinem befriedigenden Ergebnis gelangt; auch giebt das Vorkommen des D. in der Natur keine Erklärung seiner Entstehungsweise. Ungleich dem der übrigen Juwelen ist sein Auftreten. Dort, wo die massenhaften Vorkommnisse des Kohlenstoffs sich finden, fehlt D. Er ist sowohl den Kohlenfeldern als auch den Petroleumdistrikten vollkommen fremd. Man hat teils angenommen, daß D. durch die Sublimation des in der Erde enthaltenen Kohlenstoffs (Leonhard), oder Chlorkohlenstoffs (Favre und Deville), oder Kohlenwasserstoffs (Chancourtois) entstehe, teils gerade die entgegengesetzte Meinung (Newton, Brewster, Jameson, Petzholdt, Wöhler) geäußert, nämlich, daß D. vegetabilischen Ursprungs sei. Die Bildung des D. aus präexistierenden Kohlenstoffverbindungen, die zu Kohlenstoff reduciert worden sind, haben Göbel, Simmler, Liebig angenommen. Schrauf hat eine Umwandlung von Harzen ins Auge gefaßt. Erst 1879 glückte nach zahlreichen Versuchen die künstliche Erzeugung des D. und zwar, ähnlich wie die letztgenannten Hypothesen andeuten, durch die Reduktion von Kohlehydraten. Die Methode, die J. B. Hannay in Glasgow anwendete und 26. Febr. 1880 der Royal Society in London mitteilte, ist sehr kostspielig und schwierig. Sie beruht im wesentlichen auf der Reduktion von Kohlehydrate enthaltenden Verbindungen durch in der Glühhitze verbrennende, d. h. sich oxydierende Metalle. Der freiwerdende Kohlenstoff vermag dann unter günstigen Umständen zu krystallisieren. Die Reaktionen verlangen somit hohe Temperatur und hermetischen Abschluß der äußern Luft als Vorbedingungen für das Eintreten der Reduktion. Hannay gab Tieröl und etwas Paraffinspiritus nebst einigen Gramm der Metalle Magnesium, Kalium, Natrium oder Lithium in 40 cm lange sehr dickwandige Gußeisenrohre, die nach dem Füllen durch Zuschweißen des offenen Endes luftdicht verschlossen wurden. Solche Rohre wurden dann im Reverberierofen 14 Stunden lang zur dunkeln Rotglut erhitzt. Aber von 80 auf diese Weise beschickten Rohren hielten nur die wenigsten den enormen Druck der Dämpfe aus, die sich aus den eingeschlossenen Flüssigkeiten in der Hitze bilden. Stahlrohre explodierten, Schmiedeeisenrohre zerrissen, und nur ein Rohr, und zwar jenes, das mit Lithiummetall beschickt war, ergab ein vollkommen günstiges Resultat. Im obern Teile des Rohres fand man eine schwarze, glatte Masse von Kohle enthaltendem Eisen, die einige kleine, durchsichtige, sehr harte Krystalle umschloß. Hanuay hat diese analysiert und sie als D. erkannt. Alle frühern Versuche, auch jene von Silliman, Cagniard Latour, Despretz, mittels des elektrischen Funkens die Kohlenelektroden in D. zu verwandeln, sind mißglückt. Nur die jahrelang fortgesetzten Versuche von Hannay haben zum erstenmal künstliche D. geliefert. Doch verbürgt auch diese Methode nicht immer ein sicheres Resultat; sie ist auch viel zu gefahrvoll, um im großen angewendet werden zu können. Von besonderm Interesse für die Aussicht auf künstliche Darstellung des D. ist die Anfang 1891 gemachte Entdeckung eines $^1/_2$ mm großen klaren D., der sich nebst mehrern schwarzen in einem Hohlraum eines im Cañon Diablo (Arizona) gefundenen Meteoreisenstückes vorfand.

Die technische Verwendung des D. ist wegen seiner unübertroffenen Härte mannigfach; besonders wird D. da angewandt, wo es gilt, harte Materialien, die den stählernen Werkzeugen widerstehen, zu bearbeiten. So benutzt man ihn zum Schneiden des Glases, zum Gravieren seiner Schrift in der Lithographie, zum Einschneiden der feinsten Linien in der Stahl- und Kupferstecherei, in der Feinmechanik zum Abdrehen harter Stahlzapfen, beim Bohren harter Gesteine (s. Gesteinsbohrmaschinen) u. s. w. Zu allen diesen Arbeiten werden namentlich die kleinen bei der Edelsteinschleiferei abfallenden Splitter sowie die billigern schwärzlichen D. (s. Carbon) verwendet. Vgl. Kluge, Handbuch der Edelsteinkunde (Lpz. 1860); Jannetaz, Vanderheyen, Fontenay, Contance, Diamant et pierres précieuses (Par. 1881); Jacobs und Chatrian, Le diamant (ebd. 1884).

Diamánt, in der Buchdruckerkunst einer der kleinsten Grade von Buchdruckschriften auf Halbpetit oder 4 typogr. Punkten (s. Schriftarten).

Diamantbohrer, ein Bohrer, dessen Spitze mit Diamanten besetzt ist (s. Bergbohrer, Bd. 2, S. 767 b).

Diamante, Juan Bautista, span. Theaterdichter, geb. 1626 zu Madrid, studierte in Alcalá, war Ritter des Johanniterordens und Komtur von Moron und lebte noch 1684. Von seinen etwa 45 erhaltenen Stücken sind 24 zu Madrid 1670 und 1674 in zwei Quartbänden erschienen, die andern in Einzeldrucken und Sammlungen. D. gehört zu den nüchternen Epigonen der span. Bühne und lebte, wie diese fast alle, von den Stoffen seiner Vorgänger. Gerade durch diesen Umstand ist indessen sein Name bekannter geworden als er verdient. Sein «El honrador de su padre» steht dem Cid des Corneille näher als dem Castros. Voltaire behauptete, daß Corneille von D. abhängig sei; das umgekehrte ist jetzt nach langen Streitigkeiten erwiesen. Vier Dramen, darunter «El honrador de su padre», sind wieder abgedruckt in Bd. 49 der Madrider «Biblioteca de autores españoles».

Diamantene Hochzeit, s. Hochzeit.

Diamantfarbe, gelegentliche, aber unpassende Benennung für Graphitpulver als Anstrichfarbe.

Diamantfasan nannte Alfred Brehm den Lady-Amherst-Fasan (s. Fasanen).

Diamantfink, Diamantvogel (Stagonopleura guttata *Shaw*), einer der schönsten Prachtfinken von Australien, aus der Gruppe der Amadinen, von 13 cm Körperlänge, mit blutrotem, an der Wurzel violettem Schnabel, graubraunem Nacken und Scheitel, schwarzen Zügeln, hellbraunem Mantel, karminrotem Bügel nebst Schwanzwurzel. Der übrige Schwanz ist schwarz, ebenso eine breite Querbinde des Kopfes und ein breiter Seitenstreifen der Brust, der aber mit großen, weißen Tropfenflecken geziert ist. Der D. wird häufig bei uns eingeführt und ist als Stubenvogel beliebt, auch züchtbar. Das Pärchen wird mit 24 M. bezahlt.

Diamantgraben (Trennungsgraben), im Festungswesen ein kleiner vor krenelierten Mauern oder Eingängen angelegter Graben zum Schutz gegen unmittelbare Annäherung.

Diamantina, ehemals Tejuco, Stadt im brasil. Staate Minas Geraes, 235 km nordnordöstlich von Ouro Preto, in 1223 m Höhe, westlich von der Serra do Espinhaço, baut sich am Abhange eines Hügels auf und hat 14000 E., ansehnlichen Handel mit Diamanten im Werte von 3 bis 4 Mill. M. jährlich, Schleifereien und Ledermanufaktur. D. ward 1730 gegründet.

Diamantino, Stadt im brasil. Staate Mato Grosso, etwa 140 km im N. von Cuyaba, bei den Quellen des Paraguay, hat 5000 E.

Diamantmühle (Diamantschleifapparat), s. Edelsteinschleiferei.

Diamantschliff oder Brillantschliff nennt man in der Glasfabrikation einen dem Edelsteinschliff (s. Brillant) entsprechenden rautenförmigen Glasschliff, der sich hauptsächlich für das engl. Flintglas eignet und demselben eine derjenigen des Diamanten ähnliche Lichtbrechung erteilt. In der neuesten Zeit ist es gelungen, Gefäße von dünnstem Glase mit D. zu versehen.

Diamantspat, s. Korund.

Diamantsteine, im Bauwesen, s. Bossenwerk.

Diamantvogel, s. Diamantfink.

Diamar, Bergmasse im westl. Himalaja, s. Dajarmür.

Diamĕter (grch.), s. Durchmesser.

Diametrāl, auf den Diameter, Durchmesser, bezüglich, dazu gehörig; diametral entgegengesetzt, um den Durchmesser voneinander entfernt, also möglichst weit, schnurstracks entgegengesetzt.

Diamīd, s. Hydrazin.

Diamīdoazobenzōl (Benzolazophenylendiamin), eine organische Base von der Zusammensetzung

$$C_{12}H_{12}N_4 = C_6H_5\cdot N:N\cdot C_6H_3(NH_2)_2,$$

die durch die Einwirkung von salpetersaurem Diazobenzol auf Metaphenylendiamin entsteht. Das salzsaure Salz dieser Base ist das Chrysoïdin (s. d.).

Diamīdoverbindungen, s. Diamine.

Diamīne oder Diamidoverbindungen nennt man die organischen Verbindungen, die zweimal die Amidogruppe NH_2 im Molekül enthalten.

Sie sind zweisäurige Basen, die sich mit zwei Äquivalenten der Säuren zu Salzen verbinden. Sie können nach denselben Methoden dargestellt werden, wie die einfachen Amine (s. Ammoniakbasen). Von den D. der Fettreihe ist das Pentamethylendiamin, $C_5H_{10}(NH_2)_2$, am wichtigsten. Es ist auf synthetischem Wege erhalten worden und ist identisch mit dem Cadaverin (s. d.). Eine eigentümliche Veränderung erleiden die D., wenn ihre salzsauren Salze erhitzt werden. Es entweicht Ammoniak, und es entstehen Imine (s. d.), die einen sog. ringförmigen Kern besitzen. Das Pentamethylendiamin geht so in Piperidin über nach folgender Gleichung:

$$CH_2{<}\begin{matrix}CH_2\cdot CH_2\cdot NH_2\\ CH_2\cdot CH_2\cdot NH_2\end{matrix}$$
$$= NH_3 + CH_2{<}\begin{matrix}CH_2\cdot CH_2\\ CH_2\cdot CH_2\end{matrix}{>}NH.$$

Von den D. der aromatischen Reihe ist das Metaphenylendiamin oder Metadiamidobenzol bemerkenswert, weil es mit Diazobenzolnitrat einen Farbstoff, das Chrysoïdin (s. d.), bildet. Es entsteht durch Reduktion des Dinitrobenzols.

Diamŏrum (vom grch. dia mórōn, «aus Maulbeeren»), Maulbeerdicksaft.

Diāna, eine altital. Frauengöttin, die von verschiedenen ital. Völkerschaften, namentlich von den Äquern und Latinern verehrt wurde. Ihre angesehensten Kultstätten waren das Heiligtum am Berge Tifata, ein heil. Hain am See von Nemi, wo neben ihr ein männlicher Dämon Virbius verehrt ward, und der von Servius Tullius gestiftete Tempel auf dem Aventinischen Hügel in Rom, ein gemeinsames Bundesheiligtum der Latiner. Wie andere ital. Gottheiten wurde auch D. mit einer griechischen verschmolzen und hat im Laufe der Zeit alle Hauptzüge der griech. Artemis (s. d.) angenommen; auf diese Weise galt sie später als Mondgöttin und als Herrin des Waldes und der Jagd, vor allem aber als Schützerin der Frauen und Helferin in den Nöten der Entbindung. — D. ist auch der Name des 78. Planetoiden; D. oder Luna ist in der ältern Chemie Bezeichnung für Silber.

Diāna, Diane (vom span. dia, d. h. Tag), in der österr. Marine Ausdruck für die Wache von 4 Uhr bis 8 Uhr morgens; D. schlagen, die Tagwache schlagen, soviel wie Reveille schlagen.

Diāna-Affe (Cercopithecus Diana *Erxl.*), eine zierliche Art der Meerkatzen (s. d.) von 36 bis 38 cm Körper- und 42 cm Schweiflänge, mit dunkelaschgrauer Oberseite, rotbraunem Rückenstreif, schwarzem Gesicht, Ohren, Händen und Schwanz, weißem Backenbart. Er bewohnt die Guineaküste und Fernando Po. In der Gefangenschaft ist er ziemlich häufig, aber meist wenig ausdauernd. Preis 30—50 M.

Diāna-Orden, im Mittelalter ein Jagdorden für Ritter und Frauen, kam zuerst in Westfalen auf, dann auch im Harz, und verlor sich mit Verfall des Ritterwesens. In der Normandie gab es Dianenpriester, unverehelichte Jäger, die gemeinsam auf einem Jägerhofe lebten. In Neapel gab es im 18. Jahrh. einen D. (Ordine di Diana Cacciatrice), der sich auch nach Österreich verbreitete und bis zur Herrschaft Murats bestand.

Diāna von Frankreich, s. Diane de France.

Diāna von Poitiers, s. Diane de Poitiers.

Diāna von Versailles, s. Artemis (Bd. 1, S. 945 b).

Diandrĭa, Diandrisch, s. Diandrus.

Diandrus (grch., d. i. zweimännig) oder diandrisch nennt man eine Blüte, die zwei Staubgefäße besitzt. Die 2. Klasse des Linnéschen Systems umfaßt alle diejenigen Pflanzen, deren Blüten mit zwei freien, d. h. nicht miteinander und auch nicht mit dem Gynäceum verwachsenen Staubfäden versehen sind; sie heißt demnach Diandria.

Diāne (seemännischer Ausdruck), s. Diana.

Diane de France (spr. diahn dĕ frangß), Herzogin von Montmorency und Angoulême, geb. 1538 in Piemont, war die illegitime Tochter Heinrichs von Orléans, nachmals Heinrich II. von Frankreich. Ihre Mutter war nicht, wie man wohl gemeint hat, Diane de Poitiers, sondern eine junge Piemontesin, deren Gunst der Prinz im Feldzuge von 1537 gewonnen hatte. D. d. F. ward 1547 legitimiert, heiratete 1553 den Herzog von Castro, Horazio Farnese, der schon nach wenigen Monaten im Kampfe gegen die Spanier fiel, und 1557 den Marschall Franz von Montmorency, den Sohn des großen Connétable, den sie 1579 kinderlos verlor. Die stolze und kluge Frau spielte in den Religionswirren jener Zeit eine hervorragende Rolle, die auf Versöhnung der Parteien hinauslief. 1588 half sie zu dem Ausgleich zwischen Heinrich III. und Heinrich von Navarra, dem sie auch nach seiner Thronbesteigung nahe stand. Sie starb 3. Jan. 1619.

Diane de Poitiers (spr. diahn dĕ pŏatieh), Geliebte Heinrichs II. von Frankreich, geb. 3. Sept. 1499, aus einer alten Adelsfamilie in der Dauphiné, heiratete mit 13 Jahren den Grand-Sénéchal der Normandie, Ludwig von Brézé, ward 1531 Witwe und erwarb, trotzdem sie 20 Jahre älter war, die Gunst des Thronerben, Herzogs Heinrich von Orléans, die sie zunächst in Ungnade bei Franz I., nach Heinrichs Thronbesteigung aber zu höchstem persönlichen Ansehen und polit. Macht brachte. Unvermindert erhielt sie ihren Einfluß, den auch Katharina von Medici als rechtmäßige Gemahlin des Königs nicht zu brechen vermochte, bis zu dessen Tode (1559). Am Hofe hielt sie die Parteten der Guisen (s. d.) und Montmorencys (s. d.) im Gleichgewicht, erst die erstere, dann die zweite unterstützend; ihre religiös-polit. Stellung war schroff katholisch. Der Tod ihres königl. Freundes war das Ende ihrer Macht. Von Katharina vom Hofe verwiesen, lebte sie auf ihrem Schlosse Anet bis an ihren Tod (22. April 1566). Man hat ihr nachgerühmt, daß sie das Herz des Königs nicht bloß durch körperliche Reize, sondern mehr noch durch ihren Beirat und ihren Kunstgeschmack gewonnen und gefesselt habe, und da sie ihm keine Kinder geboren, hat man annehmen wollen, daß das Verhältnis nur ein freundschaftliches gewesen sei. Vgl. Lettres de D. d. P., hg. von Guiffrey (Par. 1866).

Diānenbaum (Arbor Dianae), s. Arbor.

Diānenpriester, s. Diana-Orden.

Dianŏlŏgie (grch., von diánoja, «Verstand»), Denklehre (bei Schopenhauer).

Dianthĭn, soviel wie Erythrosin (s. d.).

Dianthus, Pflanzengattung, s. Nelke; D. alpinus, s. Alpenpflanzen.

Diantre (frz., spr. diangtr, euphemistisch für diable), in Ausrufungen: Teufel! Verteufelt! Potztausend!

Diapalma (grch., «Palmensalbe»), Pflaster aus Olivenöl, Blei, schwefelsaurem Zink und weißem Wachs.

Diapasma (grch.), wohlriechendes Streupulver, [Kräuterpulver.

Diapāson, in der Musik der griech. Name für die Oktave (s. d.). Weil diese durch Verkürzung der Saiten- und Rohrlängen entsteht, haben die Franzosen das Wort D. beim Instrumentenbau und in weiterer Ausdehnung sogar bei der Stimmung der Instrumente angewandt, sodaß D. nicht nur Mensur und Orgelregister, sondern auch Kammerton und Stimmgabel bezeichnen kann.

Diapedēsis (grch.), das Durchwandern der weißen Blutkörperchen durch die unverletzte Wandung der feinsten Blutgefäße hindurch, worin nach den Untersuchungen von Cohnheim das eigentliche Wesen der Entzündung (s. d.) beruht; bei abnorm gesteigertem Blutdruck können auch die roten Blutkörperchen durch die intakten Gefäßwandungen hindurchwandern und so Anlaß zu mehr oder minder umfangreichen parenchymatösen Blutungen geben.

Diapénte, s. Quinte.

Diaphān (grch.), durchscheinend. Diaphanbilder oder Diaphanien sind bildliche Darstellungen, die erst beim Hindurchsehen gegen helles Licht zur Wirkung kommen. Gewöhnlich bezeichnet man mit diesem Namen Nachahmungen von Glasgemälden auf Fenstern, bestehend in illuminierten oder buntfarbig gedruckten Lithographien, die mittels eines klaren Firnisses (Diaphanlack) durchscheinend gemacht und auf eine Glastafel oder zwischen zwei Glastafeln geklebt sind. Diaphanbilder nennt man oft auch die Lithophanien (s. d.). Diaphanradierungen sind ein Erzeugnis der Photographie und werden hergestellt, indem man auf einer mit Ätzgrund überzogenen und durch Anräuchern geschwärzten Glasplatte mit der Radiernadel durch die Striche das Glas freilegt und dann diese auf photographisch präpariertem Papier liegende Platte dem Tageslichte aussetzt, sodaß die Radierung ebenso kopiert wird wie das negative Glasbild einer gewöhnlichen Photographie. (Vgl. Seraphanien.)

Diaphanien, s. Diaphan.

Diaphanität, Diaphanomēter, s. Durchsichtigkeit.

Diaphanoskōp (grch.), s. Beleuchtungsapparate, medizinische.

Diaphōnie (grch., «Zweistimmigkeit»), in der altgriech. Musik die Dissonanz (im Gegensatz zur Symphonie oder Konsonanz), wurde im Mittelalter bei den ersten Versuchen der Mehrstimmigkeit zur Bezeichnung eines in Quinten- oder Oktavenparallelen laufenden zweistimmigen Satzes gebraucht (s. Hucbald und Organum).

Diaphorēse (grch.), die Hautausdünstung, das Schwitzen (s. Ausdünstung und Schweiß).

Diaphorētische Mittel (Diaphoretica, Sudorifica), schweißtreibende Mittel. Sie werden gegen verschiedenartige krankhafte Zustände mit großem Vorteil benutzt. Namentlich leistet das diaphoretische Kurverfahren bei allen Erkältungskrankheiten und rheumatischen Affektionen, bei chronischen Hautleiden, bei Fettleibigkeit, bei übermäßigen Darmentleerungen und manchen Formen der Wassersucht sowie als beruhigend und erschlaffend wirkendes Mittel bei krampfhaften Affektionen der verschiedensten Art recht ersprießliche Dienste, doch erfordert seine Anwendung bei allen schwächlichen, sehr erregbaren sowie mit Lungen- und Herzleiden behafteten Kranken große Vorsicht. Das einfachste und sicherste Mittel, Schweiß hervorzurufen, besteht in Einhüllungen in wollene Decken oder Betten und dem gleichzeitigen Genuß von reichlichem warmen Getränk (Wasser, Flieder-, Linden- oder Kamillenthee). Von den medikamentösen Mitteln werden zu dem gleichen Zweck das essigsaure Ammoniak, manche ätherisch-ölige und spirituöse Mittel, die Ipecacuanha sowie das Opium und seine Präparate benutzt; eine besonders intensive und anhaltende Schweißabsonderung bewirkt das Pilokarpin (s. d.). Zu den kräftigsten D. M. gehören endlich auch die warmen Bäder, die feuchtwarmen Einpackungen des Körpers, die irisch-röm. Bäder und die Dampfbäder, welche letztern sich namentlich gegen alle Erkältungskrankheiten einen wohlverdienten Ruf erworben haben.

Diaphorīt, s. Schilfglaserz.

Diaphragma (grch.), in der Anatomie das Zwerchfell (s. d.); Diaphragmītis, die Entzündung desselben. — In der Optik ist D. oder Blendung der kreisförmige schwarze Ring, womit man die Glaslinsen so bedeckt, daß nur ihr wirksamster, d. i. ihr centraler Teil die Lichtstrahlen durchlassen kann. Das D. hält also die störenden Randstrahlen von ihrer Mitwirkung bei der Entstehung der Linsenbilder ab. — In der Physik heißt D. bei den konstanten, einfachen Voltaschen Ketten oder Elementen die poröse Scheidewand, welche die beiden Flüssigkeiten voneinander trennt, den elektrischen Strom aber durchläßt. (S. Galvanisches Element.)

Diaphthōra (grch.), Verderbnis (besonders der Luft), Fäulnis, Absterben; Diaphthoroskōp, Apparat zur Untersuchung der Luftverderbnis.

Diaphȳse (grch.), in der Anatomie das Mittelstück der langen röhrenförmigen Knochen, welches aus kompaktem Knochengewebe besteht und in seinem Innern die mit Fett oder Markmasse ausgefüllte Markhöhle enthält, im Gegensatz zu den beiden Gelenkenden, den sog. Epiphysen oder Apophysen, welche von schwammiger Knochensubstanz gebildet werden und die überknorpelten Gelenkflächen tragen. Nach vollendetem Wachstum verschmelzen die bis dahin durch eine Knorpelschicht voneinander getrennten Dia- und Epiphysen völlig miteinander.

Diaplasma (grch.), Breiumschlag, Bähung oder Salbung des Körpers.

Diapnoē (grch.), Hautausdünstung, Transspiration; Diapnoïca, gelinde schweißtreibende Mittel.

Diaporia oder Pentenisia, im Altertum Pelopsinseln oder Aspis, Inselgruppe im WNW. von Ägina, zur griech. Eparchie Korinth gehörig.

Diapsephīsis, im alten Athen ein Verfahren, wodurch dem Eindringen Unberufener in das attische Bürgerrecht begegnet werden sollte. An einem bestimmten Tage wurden die Namen aller aktiven Gemeindemitglieder öffentlich vorgelesen, und bei jedem gefragt, ob er ein echter attischer Bürger sei oder nicht. Jeder Anwesende konnte seine Zweifel äußern. Wurden solche erhoben, so erfolgte eine Erörterung für und wider, dann die Abstimmung. Fiel sie gegen den zweifelhaften Bürger aus, so mußte dieser in den Stand der Metöken oder Schutzverwandten zurücktreten. Doch konnte er noch an den Spruch eines ordentlichen Gerichtshofs appellieren, lief aber Gefahr, als Sklave verkauft zu werden, wenn er auch hier den Prozeß verlor. Bei der D. des J. 445 v. Chr. wurden z. B. nicht weniger als 4760 Eindringlinge ausgestoßen.

Diaptōse (grch.), Irrtum; Zwischenfall (in der Heilkunde).

Diapyēm (grch.), Eiterung, Geschwür, besonders in den Lungen; Diapytica, Eiterung befördernde Mittel.

Diarbékr, früher von den Türken Kara Amid genannt, arab. Amid, Hauptstadt des türk. Wilajets D. (46825 qkm, 3 Sandschaks Ergana, D. und Mardin, 471400 E.) in Kleinasien, in 620 m Höhe, auf einer über 30 m hohen basaltischen Felsmasse, welche steil zum rechten Ufer des von einer Steinbrücke überspannten Tigris abfällt, von alten Mauern und außerhalb derselben von ausgedehnten Blumengärten umgeben, ist seit lange der bedeutendste Ort auf der weiten Hochebene, die das Quellgebiet des Tigris umfaßt. D. ist Sitz des Walis (Generalgouverneurs), mehrerer Häupter der armenischen und griech. Geistlichkeit, hat 47000 E., 6 Kirchen, gegen 20 Moscheen, viele Bäder, aus alter Zeit stammende, zum Teil ausgedehnte Bazare, eine armenische Schule und eine Zeitung in arab. und türk. Sprache. Von hier aus wird der Tigris (Schatt) stromabwärts mit Flößen aus aufgeblasenen Hammelfellen bis Bagdad befahren. Die Fabrikate D.s sind zwar größtenteils durch europ. Manufakturen verdrängt; man fabriziert noch gelben und roten Maroquin, Baumwoll- und Seidenstoffe, kupferne Gefäße, Pfeifenköpfe und Sebils. — D. ist an der Stelle des alten Amida erbaut, welches, seit etwa 230 röm. Kolonie, schon seit 325 als christl. Bischofssitz genannt, im 4. Jahrh. von Kaiser Konstantin erweitert und befestigt wurde. Nachdem die Stadt die wechselvollsten Schicksale erfahren, war sie ein Jahrhundert hindurch Sitz der turkoman. Ortokidendynastie, welche sie 1183 an Saladin und 1232 an dessen Neffen Al Melik al Kamil von Ägypten verlor. Seit 1375 gehörte sie der Turkomanendynastie vom Schwarzen Hammel. Nachdem sie 1394 von Timur erobert und verheert worden, kam sie nach dessen Tode (1405) an die Turkomanen vom Weißen Hammel, denen sie 1507 vom Schah Ismael Sofi von Persien entrissen wurde. Im Okt. 1515 eroberte Sultan Selim I. die Stadt; seitdem verblieb sie unter türk. Herrschaft.

Diarchie (grch.), das gleichzeitige Herrschen von Zweien, entweder als Nebenregenten, wie die Könige in Sparta, oder als Gegenregenten (Gegenkaiser, Gegenpäpste).

Diärĕsis (grch., d. h. Trennung), in der Grammatik die Auflösung eines Diphthongen in zwei Einzelvokale, z. B. Orpheus in Orphe-us. Das Zeichen der D. sind zwei übergesetzte Punkte, puncta diaereseos, die überhaupt verwendet werden, wenn zwei nebeneinander stehende Vokale nicht als Diphthong gelesen werden sollen, z. B. Reïmpression (d. i. Wiederdruck).

Diarium (lat.), Tagebuch, Kladde; Diaria (zu ergänzen febris), tägliches (Quotidian-) Fieber.

Diarrhöe, s. Durchfall.

Diarthrōse (grch.), die bewegliche Knochenverbindung, s. Gelenk.

Dias, Bartolommeo, Seefahrer, s. Diaz.

Dias, Antonio Gonçalves, der bedeutendste brasil. Dichter, geb. 10. Aug. 1823 zu Caxias (Provinz Maranhão), erhielt seine wissenschaftliche Bildung in Portugal und widmete sich auf der Universität zu Coimbra der Rechtswissenschaft. Nach seiner Rückkehr ward er Staatsanwalt zu Maranhão, entsagte aber bald dieser Stellung, um sich in Rio de Janeiro seiner Neigung fur Poesie und litterar. Beschäftigung hinzugeben. Er beteiligte sich mehrfach an Zeitschriften, besonders im Interesse des Theaters, und trat selbst mit mehrern Dramen auf: «Boabdil», «Beatrice Cenci», «Patkull», die jedoch von geringer Bedeutung sind; bedeutender ist «Léonor de Mendoça» (1847). Seinen Ruf als Dichter begründeten die «Primeiros cantos» (Rio de Janeiro 1846). D. übersetzte auch Schillers «Braut von Messina». Hierauf wurde er als Professor für brasil. Geschichte in Rio de Janeiro berufen und von der Regierung 1850 nach Europa gesendet, um die wissenschaftlichen Anstalten Deutschlands und Frankreichs kennen zu lernen. 1858 kehrte er nach Brasilien zurück. Hier ward er als Historiker und Ethnograph der Gesellschaft von Gelehrten beigegeben, die auf Kosten der Regierung die Provinz Ceara und die Uferlandschaften des Amazonenstroms zu bereisen hatte. Sein Gesundheitszustand nötigte ihn jedoch, 1862 nach Europa zurückzukehren. Er lebte erst in Dresden und Teplitz, den Winter 1863—64 in Lissabon, dann in Savoyen, Ems und Paris. Hinfälliger als zuvor, schiffte er sich im Sept. 1864 wieder nach Brasilien ein, starb aber auf dem Schiffe, kurz bevor dasselbe angesichts der Küste von Maranhão Schiffbruch litt, 3. Nov. 1864. D. verstand es, eine stark ausgeprägte Subjektivität mit einer durchaus nationalen Färbung zu vereinigen und seine schwungvollen Ergüsse doch in edler Einfachheit, seine vaterländischen Schilderungen im volksmäßigen Balladenton, seine erotischen Empfindungen in vollendet musikalischen Rhythmen auszusprechen. Daß Garrett, Espronceda und Zorrilla, Châteaubriand und Cooper seine Vorbilder gewesen, ist nicht zu verkennen. Eine Gesamtausgabe seiner lyrischen Poesie, die außer den erwähnten «Primeiros cantos» auch die «Segundos cantos» (1848) und «Ultimos cantos» (1851) umfaßt, hat er in Deutschland selbst veranstaltet u. d. T. «Cantos» (4. Aufl., 2 Bde., Lpz. 1865). Von seinen übrigen Werken sind noch die vier ersten Gesänge eines amerik. Epos: «Os Timbyras» (Lpz. 1857), das «Diccionario da lingua Tupy» (ebd. 1858) und die Studie «O Brasil e a Oceania» zu nennen. Nach seinem Tode erschienen noch «Obras posthumas» (mit Biographie, Rio de Janeiro 1866). Vgl. Wolf, Le Brésil littéraire (Berl. 1863); Bulhão Pato, Sob os ciprestes (Lissab. 1877), Almanaque de lembranças de 1873 (Lissabon); A. H. Leal im «Pantheon Maranhense», Bd. 3.

Diaskeuásten (grch., «Ordner»), ein namentlich in der Homerforschung gebrauchter Ausdruck, bezeichnet hier die (angenommenen) Ordner und auch die Zusammendichter und Zusammenfüger der einzelnen Bestandteile der Ilias und Odyssee (s. Homer).

Diaspongelatīne, ein Sprengmittel, besteht aus 92—95 Teilen Nitroglycerin, 5—7 Teilen Nitrocellulose und 0,5—2 Teilen Alkohol.

Diaspōr, ein meist in breiten Säulen mit vorherrschend entwickelter Längsfläche krystallisierendes rhombisches, mit Goethit isomorphes Mineral, das auch dünnschalige und breitstengelige Aggregate bildet, farblos, meist gelblichweiß und grünlichweiß, violblau und dann ausgezeichnet trichroitisch; auf der sehr vollkommen spaltbaren Längsfläche erscheint sehr starker Perlmutterglanz. Härte 6; spec. Gewicht 3,3 bis 3,46. Chemisch ist der D. wesentlich das Aluminiumhydroxyd $Al_2O_2(OH)_2$ oder $AlO(OH)$ mit 85,02 Proz. Thonerde und 14,98 Wasser, mit Beimengungen von etwas Eisenoxyd. Er ist vor dem Lötrohr unschmelzbar, wird aber mit Kobaltlösung schön blau; Säuren sind ohne Einwirkung, und erst nach starkem Glühen wird er in Schwefelsäure auflöslich. Fundpunkte sind Kossobrodskaja am Ural,

Schemnitz in Ungarn, Campolungo bei Faido (im Dolomit mit Korund), Greiner in Tirol (mit Cyanit), Naxos und Ephesus (zusammen mit Schmirgel), Newlin (bei Unionville) in Pennsylvanien, wo er besonders schön vorkommt.

Diaspŏra (grch.), d. i. Zerstreuung, bei den griechisch redenden Juden und im Neuen Testament die Gesamtheit der seit dem Babylonischen Exil außerhalb Palästinas unter den heidn. Völkern, besonders in Ägypten und Kleinasien, zerstreut lebenden Juden; im 1. Jahrh. n. Chr. bei den Judenchristen die außerhalb der Gemeinden des Heiligen Landes zerstreut lebenden Glaubensgenossen; jetzt bei den Herrnhutern alle außerhalb der Gemeindeorte wohnenden Glieder der Brüdergemeinen; in der prot. Kirche die in kath. Ländern und anderwärts zerstreut lebenden prot. Gemeinden.

Diaspŏrakonferenz, evangelische, 1882 im Anschluß an die Hauptversammlung des Gustav-Adolf-Vereins in Wittenberg begründet, um die Verbindung mit den evang. Gemeinden und Geistlichen des Auslandes zu stärken, besteht meist aus solchen prot. Geistlichen, die früher selbst in der Diaspora thätig gewesen sind. Sie unterstützt ihre Pfleglinge, meist in deutschen Kolonien, aus den Erträgnissen einer Kirchenkollekte und durch Zusendung junger Prediger; ihre Wirksamkeit umfaßt alle Weltteile.

Diastáltisch (grch.), sich ausdehnend; Gegensatz systaltisch, sich zusammenziehend.

Diastāse (vom grch. diástasis, «Trennung», «Spaltung»), ein sog. ungeformtes Ferment, das die Fähigkeit besitzt, schon in kleinsten Mengen bei Gegenwart von Wasser große Mengen von Stärke in Dextrin und gärungsfähige Maltose zu zerlegen. Sie bildet sich beim Keimen der Gerste und anderer Körnerfrüchte aus Eiweißstoffen der Pflanze (Pflanzenfibrin). Die Bedeutung dieses Vorgangs besteht darin, daß das unlösliche Stärkemehl hierbei gelöst und von den Ablagerungsstellen in den Samen an die Verbrauchsstellen transportiert wird, wodurch die Ernährung des Keimes möglich wird. Die D. ist noch nicht rein dargestellt worden, sie ist löslich in Wasser und enthält außer Kohlenstoff, Wasserstoff und Sauerstoff auch Stickstoff. Man erhält sie aus wässerigen Malzauszügen durch Fällen mit Alkohol als weißes amorphes Pulver. Man macht von der D. in der Bierbrauerei und der Spiritusfabrikation Gebrauch. Das durch Keimen der Gerste und darauf folgendes Töten des Keimes bereitete Malz enthält die D., die beim Maischprozeß bei einer Temperatur von etwa 60° die Stärke in gärungsfähige Produkte umwandelt. In der Branntweinbrennerei zerlegt die im sog. Brennmalz enthaltene D. noch größere Mengen von Stärke, die in Form von Kartoffeln, Roggen, Mais zugesetzt wird. Durch Erhitzen über 75° verliert die D. ihre Wirksamkeit. Die Gegenwart von Mineralsäuren, Alkalien (kaustischen und kohlensauren), Metallsalzen, Arsenik, Alkaloïden, Blausäure, Tannin, Carbol, wie überhaupt antiseptischer Stoffe, verhindern oder verlangsamen die Wirkung der D. Ähnlich wie die D. wirken andere ungeformte Fermente, wie das Emulsin der Mandeln, das lösliche Ferment der Hefe und auch tierische Sekrete, wie der Speichel (Ptyalin), der Bauchspeichel (Pankreatin) u. a.

Diastāsis (grch.), das krankhafte Auseinanderweichen von Knochen und Knorpel.

Diastēma (grch., Zwischenraum), in der altgriech. Musik soviel wie Intervall; diastematisch («mit Zwischenräumen»), ausgehalten, lang anhaltend.

Diastimēter, s. Entfernungsmesser.

Diastŏle, auch Ektāsis (grch., eigentlich das Auseinanderziehen), heißt in der Metrik die durch die Kraft des rhythmischen Accents (der Arsis) bewirkte Dehnung oder Verlängerung einer Silbe, im Gegensatz zur Systole oder Verkürzung einer langen Silbe. — In der Physiologie ist D. Erweiterung der Herzkammer. Die D. folgt auf die Systole, d. h. auf die aktive Zusammenziehung des Herzkammermuskels. (S. Herz.)

Diastŏlik (grch.) nannten die ältern Musiktheoretiker die Lehre von den Ab- und Einschnitten (Incisionen und Interpunktionen) und wiederum von den Verbindungen (Konjunktionen) der musikalischen Perioden in der melodischen Setzkunst. Seit Sulzer («Theorie der schönen Künste») sagt man dafür Phrasierungslehre.

Diastȳlos (grch., «weitsäulig»), eine Säulenhalle, bei der der Abstand von Säule zu Säule drei untere Säulendurchmesser oder mehr beträgt.

Diät (grch.), im allgemeinen die gesundheitsgemäße Lebensweise. Da die Aufnahme der Speisen und Getränke einen sehr erheblichen Einfluß auf das Wohlbefinden des menschlichen Körpers äußert, hat sich der Begriff des Wortes D. mehr und mehr beschränkt auf den gesundheitsgemäßen Gebrauch von Nahrungsmitteln und Getränken, wie sich dieselben nach den jeweiligen Zuständen des Körpers als notwendig und vorteilhaft erweisen. Durch die chem. Untersuchungen ist die Zusammensetzung der Nahrungsmittel und Getränke klargestellt. Man weiß die in ihnen vorkommenden Stoffe zu scheiden, soweit sie für die Ernährung des Körpers von Wichtigkeit sind, soweit sie nur Reizmittel für Mund und Verdauungsapparat darstellen oder soweit sie einen nutzlosen und sogar schädlichen Ballast für die Ernährung bilden. Die genaue Kenntnis des Zustandes und der Beschaffenheit der einzelnen Nahrungsmittel und Getränke ist daher die erste und notwendigste Voraussetzung zu einer zweckmäßigen Regulierung der D. Hierbei ist nicht nur das quantitative Verhältnis zu beachten, ob der Körper die seinem Bedarfe entsprechende Menge von Nährstoffen erhält, sondern nicht minder das qualitative, das darin zum Ausdruck kommt, daß die Speisen und Getränke in einer Form und in einem physik. Zustande rein und unverfälscht gegeben werden, worin sie von dem jeweilig Genießenden am besten ertragen und verdaut werden können. Die Grundsätze einer zweckentsprechenden D. haben aber außer auf die Nahrungsmittel auch auf den Körperzustand, auf die Tüchtigkeit und die Leistungsfähigkeit der Verdauungsorgane volle Rücksicht zu nehmen, und somit scheiden sich die Vorschriften der D., je nachdem sie für Gesunde oder Kranke und Rekonvalescenten, für Kinder oder Erwachsene, für Ruhende oder Arbeitende bestimmt sind. Die Arbeiten auf diesem Gebiete haben einen Umfang gewonnen, daß sich die Lehre über die D. der Gesunden zu einem abgeschlossenen Darstellungsbilde (s. Ernährung) gestaltete.

Die geringste Widerstandskraft besitzt der Magen und Verdauungsapparat im Säuglingsalter. Die Muttermilch, die in kaum schwankender Zusammensetzung, in gleichmäßig flüssiger Form, in der Temperatur des menschlichen Körpers und völlig keimfrei geboten wird, ist darum die naturgemäßeste Nahrung des Säuglings. Bei Kranken und geschwächten Rekonvalescenten ist in zahlreichen Fällen der Verdauungsapparat erheblich geschwächt und weniger leistungsfähig. Die Auswahl der Nahrungsmittel hat daher bei ihnen in der Art zu geschehen, daß einerseits weiche, leicht verdauliche Speisen dargereicht werden, andererseits jede Überfüllung und Überanstrengung des Magens sorgfältig vermieden wird, d. i. häufige, aber kleine Nahrungszufuhren erfolgen. Rücksichtnahme auf den Körperzustand ist es ferner, die bei Kranken die Anwendung einer *Fieberdiät* verlangt, wobei im Hinblick auf die im Fieber eingetretene allgemeine Steigerung des Stoffumsatzes eine wirkliche Hungerdiät sich nötig machen kann. Wichtig jedoch ist hierbei, daß dem fiebernden Körper durch reichliches Darreichen von Wasser, von kühlenden Getränken, von dünnen Schleimsuppen oder von Milch die Flüssigkeitsmengen zugeführt werden, die er zur Abkühlung und zur Wasserverdampfung durch die Atmung sowie zur Ausscheidung der im Körper gebildeten Zersetzungsprodukte dringend benötigt. (S. Fieber.) Die D. *für Diabetiker* erfordert, daß die Bestandteile in der Nahrung weggelassen werden, die, wie die Kohlehydrate, die krankhafte Ausscheidung des Zuckers durch die Nieren noch weiter steigern würden. (S. Diabetes.)

Es ist klar, daß durch Auswahl und Zusammenstellung bestimmter Nahrungsmittel *Diätformen* gruppiert werden können, die nun ganz bestimmte Ernährungszustände zur Folge haben. Dahin gehört z. B. die *Fleischdiät*. Dieselbe ist besonders reich an Eiweißstoffen und hat als Typus der nahrhaften, roborierenden Kost zu gelten. Der Körper bedarf der Eiweißverbindungen nicht bloß für Zersetzungsvorgänge, sondern auch für die Zellbildungen und den Aufbau der Gewebe. Die *vegetabilische* D. ist ärmer an Eiweißstoffen, sodaß bei längerm ausschließlichem Gebrauch derselben der Körper um so rascher an Eiweiß verarmt, wenn ein zu reichlicher Gehalt an unlöslicher Cellulose die Pflanzennährstoffe weniger verdaulich und schlechter ausnutzbar macht. Muskelschwäche und die Zustände hochgradiger Blutarmut und Blässe sind häufig die Folgen solcher unzweckmäßigen Pflanzenkost. Die richtige Auswahl und sachgemäße Zubereitung der Pflanzenkost, wobei die nahrhaften Bestandteile von dem Zuviel der unverdaulichen thunlichst geschieden werden, ist darum bei lange dauernder Pflanzendiät von größter Wichtigkeit. Im Gegensatze zur reinen Fleischdiät veranlaßt die vegetabilische D. eine stete, leichte Reizung der Verdauungswege, wodurch eine regere Darmbewegung entsteht und Störungen des Wohlbefindens vermieden werden, wie sie durch hartnäckige Stuhlverstopfung bei Fleischkost nicht selten bedingt werden. Bei vorherrschend sitzender Lebensweise oder bei trägem Verdauungskanal ist die rationell geleitete vegetabilische D. ein treffliches Hilfsmittel, besser als jedes Medikament, um die an sich geringfügigen, aber durch ihre Dauerwirkung höchst peinlich empfundenen Erscheinungen der gestörten Darmfunktion und Peristaltik zu bekämpfen und zu beseitigen.

Litteratur. Wiel, Tisch für Magenkranke (7. Aufl., Karlsb. 1892); ders., Diätetisches Kochbuch (6. Aufl., Freiburg 1886); Biermann, Tisch für Lungenkranke (Karlsb. 1882); Eyselein, Tisch für Nervenkranke (ebd. 1883); Uffelmann, Tisch für Fieberkranke (ebd. 1882); von Voit, Physiologie des Stoffwechsels und der Ernährung (im «Handbuch der Physiologie», VI, 1, Lpz. 1881); Hofmann, Die Bedeutung von Fleischnahrung (ebd. 1880); Munk und Uffelmann, Die Ernährung des gesunden und kranken Menschen (2. Aufl., Wien 1891); Heyl, Die Krankenkost (Berl. 1889); Naumann, Systematik der Kochkunst (2. Aufl., Dresd. 1887).

Diät (frz. diète), bezeichnet im polit. Sprachgebrauch die Sitzungsperiode einer parlamentarischen Körperschaft.

Diätar, der Empfänger von Diäten (s. d.).

Diäten (vom lat. dies, «Tag»), *Tagegelder*, nennt man die nach Tagen berechnete Entschädigung für Dienste, welche nicht in ständigem Gehalt inbegriffen sind. Sie werden teils an nicht dauernd angestellte, sondern nur zeitweise bei Behörden beschäftigte Personen, sog. *Diätare*, gezahlt, teils an wirkliche Beamte neben dem Gehalt, wenn denselben außerordentliche Arbeiten übertragen werden, mit denen Reisen verbunden sind, Aufenthalt an andern Orten u. s. w. Die Höhe der den Beamten bei Dienstreisen zu gewährenden Tagegelder bestimmt sich teils nach dem Range der Beamten, teils nach dem Range der Behörden, bei welchen sie angestellt sind. Diejenigen Beamten, welche auf D. von gleicher Höhe Anspruch haben, bilden eine *Diätenklasse*. Die Abstufung der D. und die Einteilung der Landesbeamten in Klassen ist Sache der Gesetzgebung der Einzelstaaten; hinsichtlich der etatsmäßig angestellten Reichsbeamten werden nach der Verordnung vom 21. Juni 1875 (Reichs-Gesetzblatt, S. 249) sieben Klassen unterschieden: 1) die Chefs der obersten Reichsbehörden (30 M.), 2) die Direktoren der obersten Reichsbehörden (24 M.), 3) die vortragenden Räte der obersten Reichsbehörden (18 M.), 4) die Mitglieder der übrigen Reichsbehörden (12 M.), 5) die Sekretäre der höhern Reichsbehörden (9 M.), 6) die Subalternen der übrigen Reichsbehörden (6 M.), 7) die Unterbeamten (3 M.). Für einzelne Kategorien von Beamten, z. B. Eisenbahn-, Post-, Konsularbeamte, die Beamten der Militär- und Marineverwaltung, bestehen teilweise abweichende Vorschriften.

Ferner werden durch D. den *Abgeordneten* zu den gesetzgebenden Versammlungen die Kosten ersetzt, welche ihnen durch den Aufenthalt an dem Versammlungsort entstehen. Ein Verzicht der Abgeordneten auf gesetzmäßig ihnen zustehende D. ist gewöhnlich für unstatthaft erklärt. Es sind fast allerwärts solche D. üblich, ausgenommen beim Deutschen Reichstag, beim engl. (seit der zweiten Revolution) und ital. Parlament. Die deutsche Reichsverfassung Art. 32 verbietet jede „Besoldung oder Entschädigung" für die Reichstagsmitglieder „als solche"; durch reichsgerichtliches Erkenntnis ist ausgesprochen, daß hierunter auch D. aus sog. Parteifonds fallen. Dagegen wird die den Mitgliedern des Reichstags bewilligte freie Eisenbahnfahrt zwischen Berlin und ihrem Wohnsitz während der Sessionsdauer nicht als Verletzung des Art. 32 betrachtet. Man betrachtete bei Errichtung des deutschen Gesamtstaates die Diätenlosigkeit als Korrektiv für das allgemeine Wahlrecht. Wiederholt (zuletzt 1892) aus der Mitte des Reichstags gestellte Anträge auf Einführung von D. scheiterten am Widerspruch des Bundesrats. In der Theorie hat besonders John Stuart Mill die D. bekämpft.

Über die D. in den Volksvertretungen der deutschen Einzelstaaten giebt die folgende Übersicht Auskunft:

Staaten	Diäten
Anhalt	12 M. und Reisekosten
Baden	12 M. für Auswärtige
Bayern	10 M. für Auswärtige
Braunschweig	5 M. für Ansässige, 10 M. und Reisekosten für Auswärtige
Hessen	9 M. für Auswärtige
Lippe	9 M. und Reisekosten
Oldenburg	3,75 M. für Ansässige, 7,50 M. u. Reisekosten für Auswärtige
Preußen	15 M. und Reisekosten
Reuß älterer Linie	6 M. für Ansässige, 7,50 M. für Auswärtige
Reuß jüngerer Linie	6 M. für Ansässige, 7,50 M. für Auswärtige
Sachsen	12 M. für Auswärtige
Sachsen-Altenburg	9 M. für Auswärtige
Sachsen-Coburg-Gotha	6 M. für Ansässige, 10 M. und Reisekosten für Auswärtige
Sachsen-Meiningen	4,50 M. für Ansässige, 9 M. u. Reisekosten für Auswärtige
Sachsen-Weimar	10 M. und Reisekosten
Schaumburg-Lippe	6 M. und Reisekosten
Schwarzburg-Rudolstadt	9 M. und Reisekosten
Schwarzburg-Sondershausen	6 M. für Ansässige, 12 M. und Reisekosten für Auswärtige
Waldeck	9 M.
Württemberg	9,43 M.

Diätenklasse, s. Diäten.

Diatessăron, s. Quarte. — Über D. im theol. Sinn s. Evangelienharmonie.

Diätētik (grch.), die Lehre, gesundheitsgemäß zu leben; Diätetiker, Lehrer, Freund der gesundheitsgemäßen Lebensweise; diätetisch, gesundheitfördernd; D. des Auges, s. Augenpflege.

Diathēke (grch.), Bund, der griech. Name für Testament (Altes und Neues).

Diathermān (grch.) heißen nach Melloni die Stoffe, welche die Wärmestrahlen durchlassen. Wenn die von einem Körper (z. B. der Sonne) ausgesendeten Strahlen in ein Spektrum (s. d.) zerlegt werden, so ist nur ein Teil derselben, von Rot bis Violett, sichtbar. Über das Rot und das Violett hinaus giebt es noch unsichtbare Strahlen. Alle diese Strahlen äußern auch Wärmewirkungen, nur sind diese am größten bei den ultraroten Strahlen; alle können auch chemisch wirken, doch ist letztere Wirkung am auffallendsten bei den ultravioletten Strahlen. Wenn also ein Körper durchsichtig ist (für die leuchtenden Strahlen), muß derselbe nicht in gleichem Grade diatherman sein (für die dunkeln Wärmestrahlen). Melloni hat sogar beobachtet, daß derselbe Körper ungleich diatherman sein kann für die dunkeln Wärmestrahlen verschiedener Wärmequellen, was ihn zur Annahme von dunkeln Wärmestrahlen verschiedener Brechbarkeit, zur Annahme von Wärmefarben, wie er sich ausdrückt, g führte, hat. (Melloni, La thermochrose, 1850.) Die Versuche von Knoblauch, Magnus, Tyndall u. a. haben diese Befunde vielfach bestätigt. — Unter den festen Körpern ist das krystallisierte Steinsalz am vollkommensten diatherman, denn es läßt alle Arten von Strahlen, leuchtende wie dunkle, gleich gut durch; viel weniger und in verschiedenem Grade diatherman für dunkle Wärmestrahlen sind farbloses Glas, Alaun und Eis. Von Flüssigkeiten ist das Wasser für dunkle Wärmestrahlen nur wenig diatherman. Schwarzes Glas und schwarzer Glimmer sind für dunkle Wärmestrahlen sehr diatherman, und noch mehr eine Lösung von Jod in Schwefelkohlenstoff; sie verschlucken oder absorbieren dagegen die leuchtenden Wärmestrahlen. Von gasförmigen Körpern sind die atmosphärische Luft und, nach Tyndall, auch Sauerstoff, Stickstoff und Wasserstoff in hohem Grade diatherman, sodaß man ihre Verschluckung oder Absorption der dunkeln Wärmestrahlen für dünne Schichten vernachlässigen kann; dagegen absorbiert Leuchtgas bedeutend die dunkeln Wärmestrahlen, und ist daher weniger diatherman; ebenso nach Tyndall der Wasserdampf, was jedoch von Magnus bestritten wurde. Wenn man (nach Melloni) die Strahlen einer gut brennenden Lampe zunächst nur durch eine kurze Strecke Luft und dann durch Platten von verschiedenen festen Stoffen von einigen Millimetern Dicke gehen läßt, so ergiebt sich, daß die Luft nahezu alle (100 Proz.) Wärmestrahlen durchläßt, Steinsalz 92 Proz., farbloses Glas 39 Proz., Alaun 9 Proz., Eis 6 Proz., während schwarzes, also für das Licht undurchsichtiges Glas noch 26 Proz. Wärmestrahlen durchläßt. Stoffe, die wenig oder gar keine Wärmestrahlen durchlassen, heißen atherman. Wollte man ein Brennglas konstruieren, das die Wärmestrahlen möglichst ungeschwächt durchläßt, so müßte man dasselbe (nach den obigen Angaben) nicht aus Glas, sondern aus Steinsalz schleifen. Um die dunkeln Wärmestrahlen, z. B. beim Sonnen- oder photoelektrischen Mikroskop, von den Objekten, die durch Hitze verderben, abzuhalten, leitet man vorher alle Strahlen durch eine farblose Alaunlösung, in welcher der größte Teil dunkler Wärmestrahlen verschluckt (absorbiert) wird. Je mehr Wärmestrahlen ein Stoff zurückwirft und verschluckt, desto weniger diatherman ist er. Die polierten Metalle reflektieren die meisten Wärmestrahlen, sodaß sie nur einen kleinen Teil absorbieren und so wenig durchlassen, daß man sie für atherman gelten läßt. Wenn ein Körper schwarz erscheint, so beweist dies zunächst nur, daß derselbe die leuchtenden Strahlen absorbiert; derselbe kann jedoch noch dunkle Wärmestrahlen durchlassen, wie die erwähnte Lösung von Jod in Schwefelkohlenstoff. Ruß ist ein Körper, der alle Strahlen in hohem Maße absorbiert. Derselbe spielt deshalb bei Untersuchungen über strahlende Wärme eine große Rolle und wird zur Bedeckung der Thermometer sowie der Thermosäulen, welche die Strahlung aufnehmen sollen, verwendet.

Diathēse (grch.), Anordnung, Anlage, besonders körperliche Anlage zu einer Krankheit (s. Disposition).

Diäthyl, soviel wie normales Butan (s. d.).

Diäthylacetāl, s. Dimethylacetal.

Diatīt, Kitt aus Gummilack und fein verteilter Kieselsäure.

Diatōm (grch.), in der Mineralogie soviel wie nach einer Richtung hin leicht teilbar.

Diatomēen oder Diatomacēen, s. Bacillariaceen.

Diatomēenpelit, s. Kieselgur.

Diatōnisch heißt eine Melodie oder Harmonie, die sich streng an die Töne der vorgeschriebenen Tonart hält, im Gegensatz zu chromatischen und enharmonischen Bildungen. Alle drei Namen stammen aus der griech. Musik, aber nur bei diatonisch deckt sich die neue Bezeichnung noch annähernd mit dem alten Begriff. Die Geschichte der Harmonie bewegt sich seit dem 15. Jahrh. um den Gegensatz zwischen diatonischem und chromatischem (mit enharmonischem) System und seine jeweilige Auflösung. Die Griechen bezeichneten mit diatonisch das erste ihrer drei Klanggeschlechter, und es bestand bei ihnen aus einem halben und zwei ganzen Tönen: hcde—efga. Dieses Klanggeschlecht ist das einzige, das, ohne seine Natur zu verändern, aus der griech. in die abendländ. Musik übertragen worden ist.

Diatrēta (grch.), in der spätern röm. Kaiserzeit die kunstvoll gearbeiteten gläsernen Gefäße, bei denen um die äußere Oberfläche herum ein Netz von Glasfäden angebracht war. Nur sieben fragmentierte Exemplare haben sich erhalten. Bezüglich der Technik schwankt man, ob das Netzwerk aus der Glasmasse herausgeschliffen oder auf diese aufgelegt ist. Vgl. Fröhner, La verrerie antique (Par. 1879); Blümner, Technologie und Terminologie der Gewerbe und Künste, Bd. IV (Lpz. 1887).

Diatrībe (grch.), gelehrte Abhandlung, jetzt namentlich eine litterar.-kritische Streitschrift.

Diatrimma (grch.), das Wundsein durch Reibung beim Gehen oder Reiten, s. Hautwolf.

Diaulos (grch.), der Doppellauf bei den griech. Wettkämpfern, wobei das Stadium zweimal durchlaufen wurde und zwar bis zur Grenzsäule hin und, um dieselbe biegend, von da auf der andern Seite der Bahn wieder zurück. — D., soviel wie Doppelflöte, s. Aulos.

Diavoletti, Diavolīni (ital., «Teufelchen»), überzuckerte Gewürzkörner (als Aphrodisiakum).

Diavōlo (ital.), Teufel.

Diaz, Antonio Gonçalves, brasil. Dichter, s. Dias.

Diaz, Bartolomeu, Seefahrer, geb. um 1450. Einer alten portug. Familie der Provinz Algarve entstammend, kam D. jung an den Hof König Johanns II. und erwarb sich durch Studien und durch den Umgang mit wissenschaftlich gebildeten Männern, besonders mit Martin Behaim, einen Namen. Vom Könige beauftragt, mit zwei Fahrzeugen die Entdeckungen früherer portug. Seefahrer an der afrik. Westküste zu verfolgen, segelte er im Aug. 1486 von Portugal ab, erreichte bald die Grenze des bekannten Gebietes und ging jenseit derselben (25° 50′ südl. Br.) zuerst an das Land, um von diesem Besitz zu ergreifen, umsegelte dann, vom Sturm verschlagen, ohne es zu ahnen, die Südspitze Afrikas und lief in die jetzige Algoabai ein, wo er auf der Insel Sta. Cruz ein Kreuz errichtete. Eine Meuterei seiner Mannschaft zwang ihn vor der Mündung des Großen Fischflusses umzukehren. Diesen nannte er nach einem seiner Kapitäne Rio do Infante. Auf der Rückreise bekam er, längs der Küste hinsegelnd, die Südspitze von Afrika in Sicht und nannte sie zum Andenken an das Erlittene Cabo tormentoso (d. h. stürmisches Kap), ein Name, den der König später in Cabo da boa esperanza, d. i. Kap der Guten Hoffnung, abänderte. Nach Lissabon heimgekehrt, wo er im Dez. 1487 anlangte, wurde er mit Ehrenbezeigungen überhäuft. Er hatte eine Küstenstrecke von 350 span. Meilen (Leguas) Länge neu entdeckt. Bald aber sah er den Seefahrer Vasco de Gama sich vorgezogen und begleitete diesen nur bis zu den Inseln des Grünen Vorgebirges, da sein Schiff nach der Faktorei La Mina an der Goldküste bestimmt war. Dagegen sollte er 1500 unter Cabral die Flotte nach Indien begleiten, ging aber 23. Mai 1500 mit vier Schiffen aus der Flotte nebst sämtlicher Mannschaft in der Nähe des Kaps der Guten Hoffnung im Sturme unter. Camões hat in den «Lusiaden» D.' Verdienste verewigt.

Diaz, Porfirio, Präsident von Mexiko, geb. 15. Sept. 1830 zu Oaxaca, nahm 1847 an dem Kriege gegen die Vereinigten Staaten teil und schloß sich 1854 dem Aufstande gegen den Präsidenten Santa-Anna an. Auch an den Parteikämpfen der folgenden Jahre beteiligte er sich eifrig auf seiten der Liberalen und trat dem Kaiser Maximilian 1864 als einer seiner entschiedensten Feinde entgegen. Als Anführer republikanischer Truppen schloß er Puebla ein und schlug den zum Ersatz heranrückenden kaiserl. General Marquez. Nachdem D. 2. April 1867 Puebla erstürmt hatte, rückte er gegen die Hauptstadt vor und belagerte sie zwei Monate lang, bis sie sich auf die Nachricht von der Erschießung Maximilians 20. Juni ergab. 1871 trat er, jedoch vergeblich, als Bewerber um die Präsidentschaft gegen Juarez auf und stellte sich 1872, nach dessen Tode, an die Spitze eines Militäraufstandes, unterwarf sich aber im Oktober dem Präsidenten Lerdo de Tejada und wurde 1873 zum Präsidenten des Obersten Gerichtshofs von Mexiko erwählt, womit zugleich die Vicepräsidentschaft der Bundesregierung verbunden ist. Der Mai 1873 zusammengetretene Kongreß erkannte jedoch die Wahl nicht an, worauf sich D. nach den Vereinigten Staaten von Amerika begab. Als Iglesias 1876 einen Militäraufstand gegen Lerdo de Tejada erregte, kehrte D. zurück, sammelte seine Anhänger im Nordosten des Staatsgebietes, schlug die Truppen des Präsidenten 12. Nov. 1876 bei Huamantla, zog 23. Nov. in der Hauptstadt ein und übernahm 30. Nov. provisorisch die Leitung der Staatsverwaltung. Am 3. Dez. besiegte er bei Guanaxuato auch die Truppen seines Nebenbuhlers Iglesias und wurde Febr. 1877 für die Zeit bis zum 30. Nov. 1880 zum Präsidenten der Republik erwählt. Er stellte die Ruhe im Lande wieder her und wurde auch vom Auslande anerkannt. 1880 legte D. die Regierung in die Hände seines polit. Freundes General Manuel Gonzalez, für dessen Wahl er gewirkt hatte, nieder und leitete zunächst bis zum Juli 1881 das Ministerium der öffentlichen Arbeiten, um mehrere große Eisenbahnbauten zu Ende zu führen. Dann übernahm er als Gouverneur die Verwaltung der Provinz Oaxaca, wurde aber 1. Dez. 1884 von neuem Präsident und 1888 zum drittenmal, nachdem er eine Verfassungsänderung durchgesetzt hatte, die seine Wiederwahl erlaubte. 1892 wurde ihm von neuem die Präsidentschaft übertragen. Mexiko erfreut sich unter seiner Regierung des innern Friedens und guter Ordnung.

Diaz de la Peña (spr. diáß dĕ la penja), Narcisse, franz. Genremaler, geb. 20. Aug. 1807 zu Bordeaux, gest. 18. Nov. 1876 zu Mentone, schuf treffliche Landschaften und entlehnte die Stoffe zu seinen Genrebildern, die er durch pikante Darstellung beliebt zu machen wußte, meist der Mythologie und Phantasie; hervorzuheben sind: Orientalin im Serail (1844), Der Liebesgarten (1846), Venus und Adonis (1848), Badende Mädchen (1849), Schlafende Nymphe (1854), Ende eines schönen Tags (1855).

Diazeuxis (grch.; lat. disjunctio, «Trennung»), bei den griech. und röm. Musiktheoretikern die Trennung von zwei nacheinander folgenden unverbundenen Tetrachorden durch einen zwischen diesen vorhandenen Ton. So befand sich zwischen den beiden unverbundenen Tetrachorden e-f-g-a und h-c-d-e noch der Ton b.

Diazoamīdoverbindungen, Diazobenzōl, Diazoessigester, Diazogruppe, s. Diazoverbindungen.

Diazōma (grch.), Umgürtung; im altgriech. Theater Name der Rundgänge, welche die amphitheatralisch geordneten Sitzreihen in die verschiedenen Stockwerke gliederten.

Diazotieren, s. Diazoverbindungen; vgl. Azofarbstoffe.

Diazoverbindungen nennt man eine Klasse chem. Verbindungen, die bei der Einwirkung von salpetriger Säure auf die Salze primärer aromatischer Amine entstehen. Leitet man z. B. in einen Brei von salpetersaurem Anilin und verdünnter Salpetersäure gasförmige salpetrige Säure, so löst sich das Anilinsalz auf und aus der Flüssigkeit werden durch Alkohol und Äther weiße nadelförmige Krystalle von salpetersaurem Diazobenzol gefällt, das nach folgender Gleichung entsteht:

$$\underset{\text{salpetersaures Anilin}}{C_6H_5 \cdot NH_2 \cdot HNO_3} + \underset{\text{salpetrige Säure}}{HNO_2} = \underset{\text{Diazobenzolnitrat}}{C_6H_5 \cdot N:N \cdot NO_3} + \underset{\text{Wasser.}}{2H_2O}$$

Die D. sind von Peter Grieß 1860 entdeckt und ihre chem. Struktur ist von Kekulé aufgeklärt worden. Alle enthalten die aus 2 Atomen Stickstoff bestehende Diazogruppe [$-N:N-$], die einerseits mit einem aromatischen Radikal, andererseits mit irgend einer andern einwertigen Gruppe verbunden ist. Das vom Anilin sich ableitende freie Diazobenzol ist wie alle freien Diazokörper nicht bekannt, es würde die Strukturformel $C_6H_5 \cdot N:N \cdot OH$ besitzen. Dagegen kennt man vom Diazobenzol folgende Abkömmlinge:

Salpetersaures Diazobenzol oder Diazobenzolnitrat	$C_6H_5 \cdot N:N \cdot NO_3$
Schwefelsaures Diazobenzol oder Diazobenzolsulfat	$C_6H_5 \cdot N:N \cdot SO_4H$
Salzsaures Diazobenzol oder Diazobenzolchlorid	$C_6H_5 \cdot N:N \cdot Cl$
Diazobenzolkalium	$C_6H_5 \cdot N:N \cdot OK$
Diazoamidobenzol	$C_6H_5 \cdot N:N \cdot NH \cdot C_6H_5$
Diazobenzolsulfosäure	$C_6H_5 \cdot N:N \cdot SO_3H$.

Von andern aromatischen Aminbasen leiten sich analoge Verbindungen ab, z. B. vom Toluidin, $CH_3 \cdot C_6H_4 \cdot NH_2$, das Diazotoluolchlorid, $CH_3 \cdot C_6H_4 \cdot N:N \cdot Cl$ u. s. w.; von Diaminen sog. Disazoverbindungen (s. d.), z. B. vom Phenylendiamin, $C_6H_4(N \cdot H_2)_2$, ein Bidiazobenzolchlorid, $C_6H_4(N:N \cdot Cl)_2$, u. s. w.

Die D. sind sehr unbeständig, bräunen und zersetzen sich von selbst; viele, z. B. die einfachen Salze der D., explodieren im trocknen Zustande beim Erhitzen und beim Stoß äußerst heftig. Wegen dieser Zersetzlichkeit stellt man die D. meist nur in wässeriger Lösung dar, indem man zu der Lösung von Anilin oder andern Aminen in überschüssiger Säure (2—2½ Moleküle Salzsäure) eine Lösung der genau berechneten Menge von Natriumnitrit (1 Molekül auf 1 Molekül Anilin) hinzufügt. Um Zersetzungen durch Erwärmung zu vermeiden, kühlt man die Flüssigkeit sorgfältig mit Eis. Der Vorgang ist folgender:

$$\underset{\text{salzsaures Anilin}}{C_6H_5NH_2 \cdot HCl} + HCl + \underset{\text{Natriumnitrit}}{NaNO_2} = \underset{\text{Diazobenzolchlorid.}}{C_6H_5 \cdot N:N \cdot Cl} + NaCl + 2H_2O.$$

Man erhält dann neben dem Diazochlorid noch Chlornatrium in Lösung. Diese Überführung von Amidoverbindungen in D. nennt man Diazotieren. Die große Reaktionsfähigkeit der D. verleiht dieser Körperklasse eine große Wichtigkeit. Die hauptsächlichsten Umsetzungen sind die folgenden:

1) Zersetzung durch Wasser. Saure Lösungen der Diazosalze geben beim Erwärmen freien Stickstoff ab, und an die Stelle der Diazogruppe tritt die Hydroxylgruppe:

$$\underset{\text{Diazobenzolsulfat}}{C_6H_5 \cdot N:N \cdot SO_4H} + H_2O = \underset{\text{Phenol.}}{C_6H_5 \cdot OH} + N_2 + H_2SO_4.$$

Nach dieser Reaktion ist es also möglich, die ursprüngliche Amidogruppe NH_2 in aromatischen Verbindungen durch Diazotieren und Erwärmen der Lösung durch die Hydroxylgruppe zu ersetzen.

2) Zersetzung durch Alkohol. Werden D. in fester Form mit absolutem Alkohol zum Sieden erhitzt, so wird die Diazogruppe meist durch Wasserstoff ersetzt, indem Stickstoff entweicht und der Alkohol in Aldehyd übergeht, nach folgendem Beispiel:

$$\underset{\text{Diazobenzolchlorid}}{C_6H_5 \cdot N:N \cdot Cl} + \underset{\text{Alkohol}}{C_2H_6O} = \underset{\text{Benzol}}{C_6H_6} + HCl + \underset{\text{Aldehyd.}}{C_2H_4O}.$$

Auf diese Weise ist man im stande, die ursprüngliche Amidogruppe aus aromatischen Verbindungen zu entfernen.

3) Sandmeyersche Reaktion. Beim Erwärmen einer Diazoverbindung mit konzentrierten Lösungen von Kupferchlorür, -Bromür, Jodkalium oder Kupfercyanür wird die Diazogruppe unter Entweichen von Stickstoff durch Chlor, Brom, Jod oder die Cyangruppe CN ersetzt, eine in den chem. Laboratorien häufig benutzte Reaktion, z. B.: $2C_6H_5 \cdot N_2Cl + Cu_2Br_2 = 2C_6H_5 \cdot Br + 2N_2 + Cu_2Cl_2$.

4) Reduktion. D. können durch Reduktionsmittel in Hydrazine (s. d.) übergeführt werden.

5) Diazoamidoverbindungen. Wenn primäre oder sekundäre aromatische Amine auf D. einwirken, so entstehen g gefärbte krystallinische in Wasser unlösliche Körper, die Diazoamidoverbindungen. Die folgende Gleichung giebt die Bildungsweise der einfachsten Diazoamidoverbindung, des Diazoamidobenzols, aus Diazobenzolchlorid und Anilin an: $C_6H_5 \cdot N:N \cdot Cl + C_6H_5 \cdot NH_2 = C_6H_5 \cdot N:N \cdot NH \cdot C_6H_5 + HCl$. Dieselben Körper entstehen, wenn salpetrige Säure auf aromatische Amine bei Abwesenheit von andern Säuren einwirkt. Sie sind bei gewöhnlicher Temperatur beständiger als die Diazosalze und zersetzen sich erst bei viel höherer Temperatur explosionsartig. Mit Säuren bilden sie keine Salze. Bei längerm Stehen der alkoholischen Lösungen, besonders bei Anwesenheit von salzsaurem Anilin (bez. andern aromatischen Aminbasen), lagern sich die Diazoamidoverbindungen in die isomeren Amidoazoverbindungen um, die zu den Azofarbstoffen (s. d.) gehören. Aus Diazoamidobenzol entsteht auf diese Weise Amidoazobenzol nach folgender Gleichung: $C_6H_5 \cdot N:N \cdot NH \cdot C_6H_5 = C_6H_5 \cdot N:N \cdot C_6H_4 \cdot NH_2$.

6) Umwandlung der D. in Azofarbstoffe. Auch direkt lassen sich Diazokörper in Azokörper überführen, wenn sie mit tertiären Aminen (Dimethylanilin) bez. Phenolen oder Naphtolen behandelt werden. So entsteht Dimethylamidoazobenzol, ein orangeroter Azofarbstoff, nach folgender Gleichung:

$$C_6H_5 \cdot N:N \cdot Cl + C_6H_5 \cdot N(CH_3)_2 = C_6H_5 \cdot N:N \cdot C_6H_4 \cdot N(CH_3)_2 \cdot HCl.$$

Von dieser Reaktion («Paarung», «Kombination») wird bei der technischen Darstellung der Azofarbstoffe (s. d.) ausschließlich Gebrauch gemacht.

Der Unterschied in der Konstitution der Diazo- und der Azoverbindungen besteht darin, daß in erstern die Gruppe —N:N— nur einmal, in letztern zweimal mit einem aromatischen Rest verbunden ist,

$C_6H_5 \cdot N:N \cdot OH$ Diazobenzol (hypothetisch),
$C_6H_5 \cdot N:N \cdot C_6H_5$ Azobenzol.

Die Azoverbindungen unterscheiden sich durch ihre große Beständigkeit und ihre Färbung von den D. D. der Fettreihe sind nur als Abkömmlinge einiger Amidofettsäuren bekannt. Dieselben besitzen eine etwas andere Konstitution als die aromatischen D., indem 2 Wasserstoffatome durch die Gruppe N_2 ersetzt sind. Der Diazoessigester z. B. entsteht durch die Einwirkung von Natriumnitrit auf das salzsaure Salz des Amidoessigsäureesters oder Glykokolläthers:

$$HCl \cdot NH_2 \cdot CH_2 \cdot COOC_2H_5 + NaNO_2 = N_2 \cdot CH \cdot COOC_2H_5 + NaCl + 2H_2O.$$

Derselbe ist eine gelbe, eigentümlich riechende, flüchtige Flüssigkeit. Er ist sehr reaktionsfähig und tauscht die beiden Stickstoffatome sehr leicht gegen andere Atome oder Atomgruppen aus.

Dib, s. Hunde.

Dibbel, Holzzapfen, s. Dübel.

Dibbelmaschine, s. Dibbeln.

Dibbeln, vom engl. to dibble, d. i. Löcher mit dem Pflanzstock machen, eine Art des Säens, welche darin besteht, daß der Samen nicht in ununterbrochener Reihe, sondern in kleinen Haufen in den Boden gebracht wird. Das D., welches man früher einfach mit dem Pflanzstocke ausführte, wird seit Mitte des 19. Jahrh. mit Hilfe der in England zuerst konstruierten Dibbelmaschine vorgenommen. Vorwiegend benutzt man dazu Drillmaschinen mit einer klappenartigen Vorrichtung an den Scharen, welche so lange durch eine Feder festgehalten wird, bis sie durch ein mit den Rädern in Verbindung stehendes Hebelwerk für einen Augenblick geöffnet wird und den Samen fallen läßt. Mittels einer solchen Vorrichtung ist man auch im stande, die Entfernung der Samenhäufchen in den Reihen, sowie durch verschiedene Stellung der Drillschare die Entfernung der Reihen voneinander zu verändern. Die Dibbelsaat, welche namentlich für Rüben angewandt wird, bringt folgende Vorteile mit sich: es wird an Saatgut gespart; die in Haufen stehenden jungen Pflänzchen können den Boden besser durchbrechen; das Verziehen wird erleichtert und schließlich kann die Bearbeitung, das Hacken, nach den verschiedensten Richtungen, selbst mit Pferden, ausgeführt werden. — Vgl. Fritz, Handbuch der landwirtschaftlichen Maschinen (Berl. 1880); Wüst, Landwirtschaftliche Maschinenkunde (2. Aufl., ebd. 1889).

Dibbelsaat, s. Dibbeln.

Dibdin, Charles, engl. Komponist, Theaterdichter und Schauspieler, geb. 4. März 1745 in Southampton, schrieb gegen 100 Operetten, Pantomimen u. dgl. und eine große Anzahl Lieder, unter denen hauptsächlich Seemannslieder («Sea songs»; neue Ausgabe mit Zeichnungen von Cruikshank, Lond. 1861) und «Poor Jack and Tom Bowling» Beifall fanden. Seine bekannteste Operette war: «The Quaker» (1777; gedruckt 1780). Viel Glück machten deklamatorisch-musikalische Unterhaltungen («Readings and music»). Auch schrieb er eine Selbstbiographie «The professional life of Mr. D. written by himself» (4 Bde., Lond. 1803) und eine ziemlich oberflächliche «History of the English stage» (5 Bde., ebd. 1795). Er starb 25. Juli 1814 in großer Dürftigkeit.

Von seinen beiden Söhnen, Charles Isaac Mungo (1768—1833) und Thomas John (geb. 1771, gest. 16. Sept. 1841), machte sich namentlich letzterer als äußerst fruchtbarer Theater- und Gelegenheitsdichter bekannt. Er betrat schon 1775 die Bühne und ward 1799 am Covent-Garden-Theater angestellt, für das er eine Menge Melodramen, Possen, Singspiele u. s. w. schrieb, von denen «The Cabinet» am bekanntesten ist. Er schrieb auch «The metrical history of England» (2 Bde., Lond. 1813) und sehr interessante «Reminiscences» (2 Bde., ebd. 1821). Vgl. E. R. Dibdin, The Dibdins (1888).

Dibdin, Thomas Frognall, engl. Bibliograph, Neffe von Charles D., geb. 1776 zu Kalkutta, studierte, in Eton vorgebildet, zu Cambridge Theologie, wurde 1804 anglikan. Geistlicher und später von Graf Spencer als Bibliothekar nach Althorp berufen. Als Bibliograph versuchte sich D. in «Introduction to the knowledge of rare and valuable editions of the Greek and Latin classics» (Gloucester 1802; 4. Aufl., 2 Bde., Lond. 1827), der «Specimen Bibliothecae Britannicae» (Lond. 1808) und «Bibliomania, or bookmadness» (ebd. 1809, ganz umgearb. 1811; neue Ausgaben von Behr erschienen ebd. 1842 u. 1875) folgte. Gleichzeitig gab er Robinsons engl. Übersetzung von Thom. Morus «Utopia» (2 Bde., Lond. 1808) mit Anmerkungen und Holzschnitten heraus. Noch größeres Aufsehen machten die reich ausgestatteten, aber nicht vollendeten «Typographical antiquities» (4 Bde., Lond. 1810—19), eine neue Ausgabe von Ames' «Typographical antiquities» (1. Aufl., ebd. 1749) und die mit Holzschnitten und Faksimiles gezierte «Bibliotheca Spenceriana» (4 Bde., ebd. 1814—15), die durch «Aedes Althorpianae» (2 Bde., ebd. 1821) und «Books printed in the 15th century in the library of the Duke of Cassano Serra» (ebd. 1823) ergänzt wurde. Auch sein «Bibliographical Decameron» (3 Bde., ebd. 1817) ist reich an anziehenden bibliogr. Anekdoten. D. unternahm 1818 in Begleitung des geschickten Zeichners George Lewis eine Reise durch Frankreich und das südl. Deutschland, deren Beschreibung, «A bibliographical, antiquarian and picturesque tour in France and Germany» (3 Bde., Lond. 1821), sich durch typographischen und artistischen Luxus auszeichnet. Die Ergebnisse einer 1836 durch das nördl. England und einen Teil von Schottland unternommenen Reise legte er in «A bibliographical, antiquarian and picturesque tour in the Northern counties of England and Scotland» (2 Bde., Lond. 1838) nieder. D., zuletzt königl. Kaplan in Kensington, starb 18. Nov. 1847 in Kensington. Er war der Gründer des berühmten Roxburgh-Klubs (1812), einer Gesellschaft von Bücherfreunden, die Handschriften und seltene Bücher neu drucken läßt. Seine «Reminiscences of a literary life» (2 Bde., Lond. 1836) enthalten viele Notizen über die litterar. Zustände Englands im ersten Viertel des 19. Jahrh.

Dibon heißt im Alten Testament eine durch Israel den Moabitern entrissene Stadt im O. des Toten Meers. Nach der sog. Mesa-Inschrift befreite der König Mesa (s. d.) seine Vaterstadt D. und machte sie zur Hauptstadt von Moab. D., das heutige Diban, ist eine bedeutende Ruinenstätte, 1 Stunde nördlich vom Wadi el-Modschib (Arnon), in welcher der Missionar F. A. Klein 1868 die jetzt im Louvre in Paris befindliche Inschrift des Mesa entdeckte.

Dibong, Nebenfluß des Brahmaputra (s. d.).

Dibra oder Dimra, Hauptstadt des Sandschaks D. im türk. Wilajet Monastir, am Schwarzen Drin, hat 4000 E. (meist mohammed. Albanesen), Fabrikation von Leder- und Stahlwaren.

Dibrăchys, Versfuß, s. Pyrrhichius.

Dibranchiāta, s. Kopffüßer.

Dic..., Artikel, welche man hier vermißt, sind unter Dik... zu suchen.

Dicäarchia, der älteste Name von Pozzuoli (s. d.).

Dicäarchus, aus Messene in Sicilien, griech. Philosoph, um 320 v. Chr., schloß sich der Lehre des Aristoteles an, die er vorzugsweise nach ihrer psychol. und ethischen Seite hin entwickelte, wobei er die Substantialität der einzelnen Seelen leugnete und nur eine allgemeine Lebenskraft annahm, die in den einzelnen Organismen mit verschiedener Vollkommenheit sich individualisiere. Auch schrieb er ein histor.-geogr. Werk über Griechenland («Bios Hellados»). Die Fragmente seiner Schriften gab Fuhr (Darmst. 1841) heraus.

Dicaeidae, s. Honigvögel.

Dicaledōnen, Abteilung der Pieten (s. d.).

Dicarbōnhexachlorür, Dicarbōntetrachlorür, s. Chlorkohlenstoff.

Dicarbōnsäure, s. Carbonsäuren.

Dicasterium, lat. Schreibung für Dikasterion (s. d.).

Dicéntra, Pflanzengattung, s. Diclytra.

Dicephălus (Doppelkopf), Mißgeburt mit zwei Köpfen.

Dicĕras arietīnum *Lam.*, s. Gienmuschel.

Dicĕraskalk, Diceratenkalk, ein Kalkstein mit dicken Schalen von Diceras arietinum *Lam.* (s. Gienmuschel), gehört der obern Juraformation, dem Malm, an und findet sich in Frankreich, in der Schweiz, aber auch zu Kelheim in Bayern.

Dicerobătis, eine aus 5 Arten bestehende Gattung der Rochen, welche die Meere der gemäßigten und tropischen Gegenden bewohnt. Die Kopfflosse ist an beiden Seiten nach vorn hornartig verlängert, der Schwanz ist dünn und stark verlängert. Eine Art (D. Giornae *Gnthr.*), Teufelsroche, findet sich im Mittelmeere, wird bis 4 m lang und 600 kg schwer.

Dichasium, Form der monopodialen Blütenstände, s. Blütenstand (Bd. 3, S. 166a).

Dichlamydēische Blüte, s. Blüte (Bd. 3, S. 162a).

Dichogămen, in der Botanik diejenigen Pflanzen, in deren Blüten die Reife der männlichen und weiblichen Geschlechtsorgane nicht zu derselben Zeit eintritt, sondern entweder die Empfänglichkeit der weiblichen Geschlechtsorgane eher vorhanden ist als die Zeugungsfähigkeit der männlichen, oder umgekehrt das Andröceum eher zur Reife gelangt als das Gynäceum. Den letztern Fall bezeichnet man als Proterandrie, den erstern dagegen als Proterogynie; beide faßt man unter dem Namen Dichogămie zusammen. Über die Bedeutung, welche die Dichogamie für die Bestäubung hat, s. Bestäubung.

Dicholophĭdae, eine Familie der Stelzvögel, s. Seriemas.

Dichŏrd (grch., «Zweisaiter»), das einzige antike in Assyrien und Ägypten gebrauchte Griffbrettinstrument, das sich auf bildlichen Darstellungen nachweisen läßt und dessen eigentlicher Name unbekannt ist.

Dichorēus (grch.), seltenere Bezeichnung des Ditrochäus (s. d.).

Dichotŏmie (grch.) nennt man in der Botanik diejenige Form der Verzweigung eines Organs, bei welchem durch Gabelung zwei untereinander gleichwertige Äste entstehen.

Dichroïsmus (grch.), die Eigenschaft mancher farbigen, optisch einachsigen Krystalle, zwei verschiedene Farben im durchfallenden Lichte zu zeigen, je nachdem das Licht parallel oder senkrecht zur Achse durch den Krystall gegangen ist. Im ersten Falle durchdringt das Licht die beiden Grundflächen, die man sich senkrecht zur Achse gelegt denken kann, und die entsprechende Farbe heißt Basisfarbe, im zweiten Falle spricht man von der Achsenfarbe. Zu den dichroitischen Krystallen gehören viele Turmalinarten, deren beiderlei Farben sehr verschieden sind; so z. B. zeigt nach Haidinger eine Turmalinvarietät aus Sibirien die Basisfarbe schwarz, die Achsenfarbe ölgrün, während jene bei einem Turmalin aus Brasilien indigblau, diese blaß-berggrün erscheint. Am auffallendsten tritt der D. am Pennin hervor, dessen Basisfarbe blaugrün, dessen Achsenfarbe braungelb ist. Der D. ist die Folge einer ungleich starken Absorption der verschiedenfarbigen Strahlen nach den verschiedenen andern Richtungen. Betrachtet man die Achsenfarbe mittels des Dichroskops (s. d.), so erscheint sie zerlegt in die ordentlich gebrochenen Strahlen mit der Basisfarbe und in die außerordentlich gebrochenen Strahlen mit der Achsenfarbe. Um also die Basisfarbe zu erfahren, braucht man keine senkrecht zur Achse geschnittene Krystallplatte, sondern man kann sie mittels der dichroskopischen Lupe an einer parallel zur Achse geschliffenen Krystallplatte (Turmalin, Rauchtopas, Rubin, Beryll, Apatit, Zirkon u. a. m.) erkennen.

Dem D. analoge Erscheinungen zeigen farbige, optisch zweiachsige Krystalle, nur erscheinen sie in dreierlei Farben, und zwar je nach den drei Hauptelasticitätsachsen (a, b, c), bei parallel mit diesen durchfallendem Licht, verschieden. So z. B. erscheint der Axinit im durchfallenden Lichte nach der Richtung a perlgrau, nach b olivengrün, nach c zimmetbraun. Diese Farben sind Mischfarben und werden mit Hilfe des Dichroskops so zerlegt, daß die Farbe von a sich in jene von b und c, die Farbe von b in jene von a und c auflöst u. s. w. Weil demnach farbige zweiachsige Krystalle in drei verschiedenen Farben nach den drei verschiedenen Hauptrichtungen, und nach Zwischenrichtungen auch noch in andern Farben, bei durchfallendem Lichte wahrgenommen werden, so bezeichnet man nach Haidinger, der diese Studien zuerst eingehender betrieben hat, die hierher gehörige Erscheinung als Trichroïsmus oder Pleochroïsmus.

Dichroït, Mineral, s. Cordierit.

Dichroïtische Krystalle, s. Dichroïsmus.

Dichromāte, s. Chromsäure.

Dichromātisch (grch.), zweifarbig.

Dichrōmsäure, s. Chromsäure.

Dichromsaures Kalium, s. Kaliumchromate.

Dichroskōp, auch Dichroskōpische oder Haidingersche Lupe, von Haidinger erfundene Vorrichtung zur Prüfung der Mineralien auf Grund ihres Dichroïsmus (s. d.) auf optischem Wege. Das D. wird besonders von Juwelieren zur Prüfung der Edelsteine verwendet. Es besteht im wesentlichen aus einem langen Kalkspatrhomboeder in einer cylindrischen Hülse (s. umstehende Figur), die am Objektivende eine quadratische Öffnung, am Okularende eine Lupe besitzt. Der Kalkspat zerlegt den Lichtstrahl, welcher den Krystall k passiert hat, in zwei Strahlenbündel o, e, die im wesentlichen die Achsenfarben des Krystalls k zeigen. Diese Farben sind für Andalusit: gelblichgrün, rotbraun; für Chrysoberyll: gelblichgrün, grünlichrot; für Cyanit: hellstes lichtblau, dunkelblau; für Dichroït: lavendelgrau, dunkelblau; für Hyacinth: lichtgrünlichbraun, rotbraun; für Rubin: rot, bläulichrot; für Saphir:

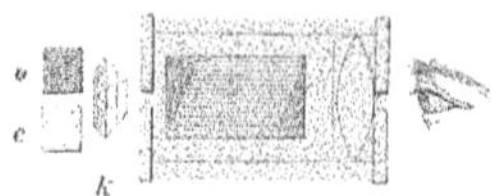

blau, grünlichblau; für Smaragd: grün, gelblichgrün; für gebrannten Topas: weingelb, rot; für roten Turmalin: lichtrot, lichtbläulichrot; für grünen Turmalin: lichtbräunlichgrün, schwarzgrün. Die regulären Krystalle, Diamant, Spinell, Granat sowie der amorphe Straß zeigen im D. zwei gleichgefärbte Felder.

Dichte oder Dichtigkeit eines Körpers ist die Masse der Volumeneinheit (s. Specifisches Gewicht). Man spricht bildlich auch von einer magnetischen und elektrischen D. und versteht darunter die Menge des auf der Flächeneinheit angehäuft gedachten Magnetismus oder der Elektricität. Ferner nennt man in der Optik ein Mittel optisch dichter als ein zweites, wenn es das Licht stärker bricht als letzteres.

Dichten, eines Schiffsrumpfes, s. Kalfatern.

Dichtenmesser, s. Densimeter.

Dichtigkeit, in der Physik, s. Dichte. — Über die D. der Bevölkerung s. Bevölkerung.

Dichtigkeitsmesser, soviel wie Dichtenmesser, s. Densimeter. (S. auch Dasymeter.)

Dichtkunst, s. Poesie.

Dichtung, Liderung oder Packung, im Maschinenwesen im allgemeinen das Mittel, um zwischen zwei Metallflächen (Flanschen u. s. w.) einen dichten Abschluß herzustellen. Über die D. fester Rohrleitungen und im besondern der Dampfröhren s. Dampfleitung. Soll die D. ein leichtes Öffnen des zwischen den Metallflächen hergestellten Verschlusses gestatten, was bei den Mannlochdeckeln der Dampfkessel, bei Verschlußdeckeln von Dampfkochgefäßen u. s. w. notwendig ist, so verwendet man als Dichtungsmaterial mit Talg getränkte Hanfzöpfe, Ringe oder Schnur aus vulkanisiertem Kautschuk, Blei, Pappe, mit Mennigkitt vermengtes Werg. Am schwierigsten ist die D. von gegeneinander bewegten Metallflächen, wie der Kolben in Dampfcylindern, in Pumpen- und Gebläsecylindern sowie der Kolbenstange in der Stopfbüchse. Vielfach bezeichnet man die Kolbendichtung als Liderung, während man bezüglich der Stopfbüchsen von der Packung spricht. Zur Kolbenliderung benutzt man umgelegte, mit Talg getränkte Hanfzöpfe, Lederstulpen (bei Pumpen), und in neuerer Zeit besonders selbstspannende Eisen- oder Bronzeringe in Verbindung mit einer ausreichenden Schmierung der gleitenden Teile. Die Ausführungsformen dieser Metalldichtungen für Kolben sind sehr zahlreich. Als Stopfbüchsenpackung dient meist Hanf und Talg, mit Speckstein (Talk) durchmengte Baumwollzöpfe, Asbestschnüre oder Kombinationen von Hanf, Baumwolle, Gummi und Asbest sowie die sog. Metallpackung. (S. Stopfbüchsen.) Die D. von gegeneinander bewegten Flächen geschieht auch ohne jedes Dichtungsmaterial nur durch genaue Berührung der aufeinander gleitenden Flächen, wie sie durch Aufschaben der Schieber auf die Schieberspiegel und durch Einschleifen von Kolben in den Cylindern hergestellt wird. Ein Beispiel für letztern Fall bieten die Indikatoren (s. d.).

Dickblatt, Pflanzengattung, s. Crassula.

Dickdarm, s. Darm.

Dicke, s. Dimension.

Dickens, Charles, früher bekannt unter dem Pseudonym Boz, engl. Romanschriftsteller, geb. 7. Febr. 1812 zu Landport bei Portsmouth, wurde zuerst in Chatham, wo sein Vater bei der Marineverwaltung angestellt war, dann in London erzogen. Als er 10 J. alt war, brachte der Bankrott seines Vaters und dessen Haft die Familie in die größte Not, weshalb der kleine D., zum Gelderwerb gezwungen, als Gehilfe in eine Schuhwichsefabrik geschickt wurde. Nachdem er hier bis 1824 gearbeitet hatte, besuchte er, da seines Vaters Verhältnisse sich inzwischen gebessert, 1824—26 wieder eine Privatschule in London und trat 1827 als Schreiber bei einem Advokaten in Dienste, in welcher Stellung er Gelegenheit hatte, Volkstypen zu studieren und zugleich im Britischen Museum litterar. Studien zu machen. Seine schriftstellerische Laufbahn begann er 1829 als Reporter bei den Londoner Gerichtshöfen und 1831 als parlamentarischer Berichterstatter für «The True Sun», wurde aber bald zur Mitredaktion des «Parlamentsspiegel» und dann zur Mitarbeit am «Morning Chronicle» herangezogen. In letzterm, und vorher im «Monthly Magazine», veröffentlichte er seit 1834 die kurzen Skizzen, in denen er das bunte Treiben der Hauptstadt mit scharfen Umrissen zeichnete und die er gesammelt als «Sketches by Boz» (2 Bde., 1836—37) mit Illustrationen von Cruikshank herausgab. Bald darauf erschienen in monatlichen Heften seine «Pickwick Papers» (1836—37), durch die er sich in die Reihe der tonangebenden Novellisten Englands aufschwang. Er entwickelte in diesem Werke eine ursprüngliche Kraft, die in sich selbst und dem reichen Volksleben, besonders der mittlern und niedern Klassen, Quell, Nahrung und Muster fand und dies Volksleben mit einer Schärfe der Anschauung schilderte, die nur von seiner harmlosen Gemütlichkeit und dem verschwenderischen Reichtum seines heitern Humors überboten ward. (Vgl. Fitzgerald, The history of Pickwick. An account of its characters, localities, allusions and illustrations, Lond. 1891.) Die Verbreitung der «Pickwick Papers» ist eine ganz ungeheure, so hat allein die Verlagshandlung Chapman & Hall (London) von 1857 bis 1892 700000 Exemplare verkauft. Mit den «Pickwick Papers» war D.' Ruhm begründet, zu dem die nachfolgenden Romane: «Oliver Twist» (1837—38), «Nicholas Nickleby» (1837—39), «Master Humphrey's clock» (1840), «Barnaby Rudge» (1836—41) und «Martin Chuzzlewit» (1843—44), wiewohl als in sich abgeschlossene Dichtungen künstlerisch ausgebildeter, wenig hinzufügen konnten.

Ein neues Genre bildeten die sog. Weihnachtsschriften, mit denen er seit 1843 in «Christmas carol» auftrat, und die einen phantastischen Gegenstand mit moralischem Zweck verknüpften. Auf «Christmas carol» folgten «Chimes» (1844), «Cricket on the hearth» (1845) und «Battle of life» (1846). Dann begann er wieder ein größeres Werk in Heften: «Dombey and Son» (1846—48). Seine «Notes on America» (1842), die Frucht einer Reise dahin, voll scharfer, geistvoller Anschauung, fanden doch nicht die warme Teilnahme wie seine Romane, weil der Stoff den Dichter nicht mit dem Humor erfüllte, den ihm sein Altengland auf jedem Schritte lieferte. Auch in «Pictures from Italy» (1846) muß man weniger eine eigentliche Reisebeschreibung als eine Reihe von Darstellungen suchen, in denen die Subjektivität des Verfassers vorteilhaft hervortritt. Sie erschienen zuerst teilweise in den «Daily News», welche die Interessen der entschieden liberalen Partei verfechten sollten, von der sich aber D. bald zurückzog, um 1850 die Herausgabe einer Wochenschrift: «Household Words», zu unternehmen, die Unterhaltung mit Belehrung verbinden sollte. Auch diese fand großen Anklang und wurde 1859 durch «All the Year round» ersetzt. Außerdem schrieb er die ausdrücklich für Kinder bestimmte «A child's history of England» (3 Bde., 1852—53) und nahm eifrigen Anteil an der Literary Guild, einer 1851 gestifteten Anstalt zum besten altersschwacher Schriftsteller und Künstler. Im Fache des Romans erschienen von ihm in dieser Zeit: «David Copperfield» (1849—50, eine Schilderung seiner traurigen Jugend; vgl. Bluhm, Autobiographisches in David Copperfield, Lpz. 1891), «Bleak House» (1852—53) und «Little Dorrit» (1855—57), von denen das erste seinen vorzüglichsten Leistungen zuzuzählen ist. Auch «A tale of two cities» (1859), in der er die Französische Revolution zum Thema wählte, zeigte seine ganze Frische und Kraft. Ihr folgten die Romane: «Great expectations» (1861) und «Our mutual friend» (1864—65). Nach der Vollendung des letztern veröffentlichte D. längere Zeit nur kleinere Arbeiten in «All the Year round», wie die Weihnachtserzählungen «Dr. Marigold's prescriptions» (1865), «Mugby junctions» (1866) u. a.

Im Nov. 1867 folgte er wiederholten dringenden Einladungen nach Amerika, um auch dort, wie er in England seit fast fünfzehn Jahren gethan, öffentliche Vorlesungen aus seinen Werken zu halten. Er fand auch in Amerika begeisterten Beifall. Es war dort seit 1843 eine neue Generation herangewachsen, die mit den Überlieferungen der von D. bekämpften Sklaverei gebrochen hatte. D. gab seiner Anerkennung dieser großen Fortschritte Ausdruck, indem er bestimmte, daß in Zukunft eine dahin lautende Erklärung allen Ausgaben der beiden Bücher, in denen er sich früher über Amerika ausgesprochen («American notes» und «Chuzzlewit»), hinzugefügt werden sollte. Im Herbst und Winter 1868—69 hielt er auch in England Vorlesungen, die als «Farewell readings» angekündigt wurden. Sein Gesundheitszustand nötigte ihn jedoch, sie im Mai 1869 abzubrechen, und erst im März 1870 konnte er den Kursus vollenden. Anfang April 1870 erschien das erste Monatsheft eines neuen Romans: «The mystery of Edwin Drood»; er erregte die altgewohnte lebhafte Teilnahme und trat in Kraft der Darstellung wie in phantasievoller Fülle der Erfindung D.' besten Leistungen würdig zur Seite. Doch vor dem Abschluß starb D. auf seinem Landhause Gads-Hill bei Rochester 9. Juni 1870. Seine Leiche wurde in der Dichterecke der Westminster-Abtei beigesetzt.

D. ist der gerade Gegensatz zu Edward Bulwer (s. Lytton of Knebworth). Alles verkörpert sich bei ihm in lebendigen Gestalten, während dem Stil die übersprudelnde Fülle des Humors den eigentümlichsten Reiz verleiht. Dabei sind seine Stoffe jedem verständlich, und es haben diese echten, ebenso unterhaltenden als belehrenden Volksromane, wie sie England vorher nicht besaß, einen sittlichen Einfluß auf alle Stände gewonnen. Mit den gut entsprechenden, freilich oft auch übertreibenden Illustrationen von Cruikshank und Phiz (H. K. Browne) sind sie in zahllosen Abdrücken in England und Amerika verbreitet, in Nachdrucken und Übersetzungen in ganz Europa, besonders beliebt in Deutschland. Gesamtausgaben erschienen als «Library edition» (30 Bde., Lond. 1866 fg.), «Charles D. edition» (19 Bde., ebd. 1867), «Household edition» u. a., auch in Tauchnitz' «Collection of British authors».

Vgl. Forster, The life of C. D. (3 Bde., Lond. 1872—74; Lpz. 1872—74; deutsch von Althaus, Berl. 1872—75); The letters of C. D. (hg. von seiner ältesten Tochter, 3 Bde., 1879—80); Ward, Dickens (Lond. 1882); Rimmer, About England with D. (ebd. 1883); Kitton, Dickensiana (ebd. 1886); ders., C. D. in pen and pencil (1890); Marzials, Life of C. D. (1887, mit Bibliographie von Anderson); Zollinger, C. D. der Humorist (Basel 1887); Pemberton, C. D. and the stage (1888); Weizmann, D. und Daudet in deutscher Übersetzung (Berl. 1880); Langton, The childhood and youth of C. D. (Lond. 1891); Clark, Characters from the works of C. D. (ebd. 1892). Zur Erläuterung von D.' Schriften dient Pierces The D. Dictionary (Bost. 1872).

Dicker, Zählmaß, s. Decher.

Dicke Tonne, Münze, s. Ducaton.

Dickfuß (Oedicnemus crepitans *Temm.*) oder Triel, ein fast 1/2 m langer und 80 cm klafternder Stelzvogel aus der Familie der Regenpfeifer (s. d.), von braungrauer Farbe mit schwarzen Schwung- und schwarz und weiß gebänderten Steuerfedern. Die Beine sind ziemlich hoch, der Hals und Schnabel kurz, der runde Kopf ist wie die Augen ziemlich groß. Der D. ist ein Freund der Steppe und findet sich an ihm zusagenden Örtlichkeiten von Indien bis Holland, scheint aber in das westl. Europa erst neuerdings einzuwandern. Er ist ein einsamer, zum Teil nächtlicher Vogel, der sich von allerlei kleinem Getier ernährt.

Dickgroschen, s. Dickthaler und Guldengroschen.

Dickhäuter oder Vielhufer (Pachydermata oder Multungula) nennt man eine große Gruppe meist großer und plumper Säugetiere, derer schwerfälliger Rumpf auf dicken, verhältnismäßig kurzen, massiven Füßen ruht, deren Zehen mit ihrem Endgliede in hornigen Hufen stecken und ausschließlich beim Gehen zum Auftreten benutzt werden. Die Zahl der Zehen wechselt insofern, als fünf bis zwei Zehen den Boden berühren können; in letzterm Falle finden sich aber stets noch rudimentäre Zehen, sog. Afterklauen, die in einiger Höhe über dem Boden schweben und denen stets unverschmolzene Knochen in der Mittelhand und dem Mittelfuße zur Grundlage dienen. Überall werden die Füße nur zum Gehen, nie zum Festhalten, Klettern oder Graben benutzt, aber nichtsdestoweniger finden sich in ihren äußern Formen sehr viele Verschiedenheiten vom säulenförmigen Fuße des Elefanten bis zum gespaltenen Hufe des Schweins. Auch das Zahnsystem ist außerordentlich wechselvoll und nur insofern übereinstimmend, als meist alle drei Arten von Zähnen, Schneide-, Eck- und Backenzähne, vorkommen, deren Ausbildung aber in allen möglichen Formen spielt. Die Haut ist dick, fest, schwielig oder faltig und meist nur mit steifen Borsten besetzt. Man faßte in dieser sehr unnatürlichen Ordnung die Schweine, Flußpferde, Nashörner, Tapire, Rüsseltiere, Klippdachse und häufig auch die Einhufer zusammen. In neuerer Zeit hat man, namentlich in Berücksichtigung fossiler, äußerst zahlreicher Typen, deren Verwandtschaft mit diesen D. man anerkennen mußte, vor allen Dingen die Rüsseltiere und die Klippdachse (Hyrax), ausgeschieden und innerhalb der andern zwei Reihen anerkannt, die sich wesentlich durch die Struktur der Füße unterscheiden. Die eine Reihe, die der Gleichzeher (Artiodactyla), zeichnet sich durch paarige Zehen aus, beginnt mit den vierzehigen Anoplotherien der ältern Tertiärzeit und läuft in der jetzigen Schöpfung in den Nilpferden, Schweinen und Wiederkäuern aus. Die andere, die der Ungleichzeher (Perissodactyla), mit unpaar gebildeten Zehen, beginnt ebenfalls in den ältern Tertiärschichten mit Palaeotherium und setzt sich durch die Tapire und Nashörner bis in die Einhufer fort. Bei beiden Reihen ist die fortschreitende Reduktion der Zehen merkwürdig, die allmählich bei den Gleichzehern auf zwei (Mittel- und vierter Finger) schwinden, wie bei den Wiederkäuern, während bei den Ungleichzehern nur der Mittelfinger (Pferde) übrigbleibt.

Dickinson (spr. dickinß'n), William Howship, engl. Arzt und mediz. Schriftsteller, geb. 9. Juni 1832 in Brighton, studierte in Cambridge und London und wurde 1861 Kurator am pathol. Museum des St. Georgs-Hospitals zu London. Seit 1869 ist D. Oberarzt am Londoner Kinderhospital. Außer zahlreichen Abhandlungen in Fachzeitschriften veröffentlichte er: «On the action of digitalis upon the uterus» (1855), «On the pathology of the kidney» (1861), «On the function of the cerebellum» (1865), «On the nature of the amyloid or lardaceous degenerations» (1867), «On the nature of the enlargement of the viscera, which secures in rickets» (1869), «Kidney and urinary diseases» (Bd. 1: Diabetes, 1876; Bd. 2: Albuminuria, 2. Aufl. 1877), «On the tongue as an indication in disease» (1888).

Dickkopf, Fischart, s. Döbel.

Dickköpfe (Hesperidae), Schmetterlinge, s. Tagfalter.

Dickmaische, s. Bier und Bierbrauerei (Bd. 2, S. 996a).

Dickmünzen, s. Dickthaler.

Dickpflanze, s. Crassula.

Dickschnabelhühner, s. Großfußhühner.

Dickschnabelsittiche (Bolborhynchus *Bp.*), südamerik., 7 Arten umfassende Papageiengattung. Wegen des dicken Schnabels werden die D. von der Familie der Keilschwanzsittiche als besondere Gattung abgetrennt. Hierher gehört der Mönchssittich (Bolborhynchus monachus *Bodd.*), grün, mit grauem Gesicht und Hals. Derselbe ist ein regelmäßiger Pflegling der zoolog. Gärten und hier schon vielfach gezüchtet. Er brütet nicht, wie alle andern Papageien, in Felshöhlen oder Baumlöchern, sondern baut aus Reisern große Nester, deren kleine Nisthöhle durch einen seitlichen Eingang zugänglich ist. Als Stubengenosse ist der Mönchssittich wegen seines andauernden Geschreies nicht zu empfehlen. Das Paar wird für 8—12 M. erkauft.

Dickson, Freiherr Oskar von, verdient um die Polarfahrten Nordenskiölds (s. d.), geb. 2. Dez. 1823 zu Göteborg, trat 1841 in das Comptoir von James Dickson & Comp. zu Göteborg, 1846 in das von Dickson Brothers & Comp. in London, war seit 1847 Disponent für die Dicksonschen Besitzungen in Norrland, wurde 1850 Teilhaber der Firma und kehrte 1855 nach Göteborg zurück. Er ist Mitglied gelehrter Gesellschaften in Schweden und im Auslande, wurde 1877 von der Universität Upsala zum Doktor der Philosophie honoris causa ernannt und 1880 in den Adelstand, 1885 in den Freiherrenstand erhoben. Veranlassung zu diesen Auszeichnungen gab die reiche pekuniäre Unterstützung, die er vor allem den Polarfahrten Nordenskiölds 1868, 1870, 1872, 1875 und 1878 und auch später verschiedenen polaren Unternehmungen zu teil werden ließ.

Dicksonhafen, vollkommen geschützt liegender Hafen an der Nordküste Sibiriens, im Mündungsbusen des Jenissei, an dessen Ostküste, zum Gouvernement Jenisseisk gehörig, 1875 von Nordenskiöld entdeckt und nach Oskar von Dickson benannt, ist wohl der beste Hafen an der ganzen Nordküste Asiens. Der D. war 1882—83 eine der internationalen Polarforschungsstationen.

Dicksonia *L'Hérit.*, Farngattung aus der Familie der Cyatheaceen (s. d.). Eine in Australien einheimische Art, D. antarctica *Labill.*, mit starkem, aufrechtem, hohem Stamm und umfangreichen Wedeln, wird vielfach in Kalthäusern gehalten und im Sommer häufig zum Schmuck im Freien an halbschattigen Plätzen verwendet. Sie liebt eine frische, torfige Erde, ausreichende Beschattung, feuchte Luft und besonders im Sommer reichlich Wasser. Die Vermehrung kann nur durch Aussaat der Sporen auf Torfstücke stattfinden, doch werden vielfach alte Stämme aus der Heimat eingeführt.

Dickstein, s. Edelsteinschleiferei.

Dickthaler, Dickgroschen u. s. w., mit den gewöhnlichen Stempeln, aber unter Verwendung stärkerer Schrötlinge geprägte Münzen, die auch entsprechend höhern Wert hatten. So giebt es braunschw.-lüneburg. $1\frac{1}{2}$—10fache Thaler vom gewöhnlichen Thalerstempel, deren Wert dann nachträglich in Ziffern aufgeprägt wurde, lübische Doppelschillinge als Markstücke, siebenbürg. 100-Dukatenstücke u. s. w.

Dickzüngler (Crassilinguia), eine Unterordnung der Echsen (s. d.), gekennzeichnet durch eine kurze, dicke, fleischige, an ihrer Spitze abgerundete, nicht nach außen vorstreckbare Zunge. Die D. haben ausnahmslos vier Füße, deren Zehen nach vorn gerichtet sind. Sie bewohnen die wärmern Gegenden der Alten wie der Neuen Welt; die in ersterer sind akrodont, die in letzterer pleurodont. Man unterscheidet: die Agamen (s. d.), die Leguane (s. d.) und die Geckos (s. d.).

Diclinus, diklin oder diklīnisch (grch., d. i. zweibettig) oder auch eingeschlechtig nennt man die Blüten, die entweder bloß männliche oder bloß weibliche Geschlechtsorgane enthalten (s. Blüte, Bd. 3, S. 162a).

Dielȳtra *DC.* (wohl für Dielytra, «Doppelbehälter»), eine zur Familie der Fumariaceen (s. d.) gehörige Pflanzengattung, welcher schon früher der Name Dicentra beigelegt worden war. Sie umfaßt etwa 12 ausdauernde Gewächse Nordamerikas und Nordostasiens und hat röhrige Stengel, mehrfach dreizählige Blätter und zu Trauben geordnete Blumen, deren zwei äußere Blumenblätter nach unten sackförmig auslaufen. Von den zu ihr gehörigen Arten ist die bekannteste und vielleicht auch die schönste D. spectabilis *DC.* (s. Tafel: Rhöadinen, Fig. 4), vom Volke Jungfernherz, flammendes oder hängendes Herz genannt, mit lebhaft rosenroten Blumen, welche an den Spitzen der Stengel und Zweige zu prächtigen, graziös gebogenen Trauben gesammelt sind. Sie bildet einen bis 1 m hohen, hellgrünen, schön geformten Busch und blüht vom Mai bis Juni, im Topf und mäßig warm gestellt schon im März und noch früher. Kaum minder wertvolle Gartenzierpflanzen sind D. eximia *DC.* und D. formosa *DC.* Man vermehrt sie leicht aus Wurzelschößlingen und durch Stockteilung. Am besten gedeihen sie in durchlassendem, dabei etwas frischem Boden und in einer Lage, die ebensowohl gegen heiße Mittagssonne wie gegen heftigen Wind geschützt ist. In den Sommermonaten erfordern sie reichliches [Gießen.

Dicotyles, s. Bisamschwein.

Dicra (mittellat.), Zählmaß, s. Decher.

Dicranocĕras, s. Hirschantilope.

Dicrurĭdae, Vogelfamilie, s. Würgerschnäpper.

Dict..., Artikel, welche hier vermißt werden, sind unter Dikt... aufzusuchen.

Dicta (lat.), Mehrzahl von Dictum (s. d.).

Dicta et promissa (lat.), zugesagte Eigenschaften. Bei jedem Vertrage, mit welchem Sachen oder andere Gegenstände für eine Gegenleistung veräußert werden, oder mit welchem auch nur der Gebrauch solcher Gegenstände für eine Gegenleistung eingeräumt wird, namentlich also bei Kauf- und Tauschverträgen, bei Pacht- und Mietverträgen, oder wenn ein Gegenstand in eine Gesellschaft eingebracht wird, haftet der Leistende dafür, daß die von ihm versprochene Eigenschaft vorhanden ist, also daß der zugesagte Vorzug vorhanden oder daß der Mangel nicht vorhanden ist, dessen Abwesenheit versprochen wurde. Nur muß ein verbindliches Versprechen und nicht bloß eine unverbindliche, allgemeine Anpreisung vorliegen. Das Versprechen kann in der bloßen Bezeichnung der Ware liegen, «eine goldene Uhr» (also nicht eine bloß vergoldete), «Sommersaat» (also keine Wintersaat). Es wird darin liegen, wenn der Verkäufer weiß, daß der Käufer Ware gerade der bezeichneten Art haben will; es wird nicht darin liegen, wenn im Verkehr allgemein und wie das Publikum weiß, mit dieser Bezeichnung eine Zusicherung «echter» Ware der Beschaffenheit nach nicht gemeint ist. Das Versprechen wird beim Verkauf nach Probe stillschweigend dahin erteilt, daß die Ware die Beschaffenheit der Probe habe. Die Haftung wird dadurch nicht ausgeschlossen, daß der Versprechende an das Vorhandensein der Eigenschaft geglaubt hat; er darf nicht versprechen, wenn er die Beschaffenheit nicht kennt. Die Haftung wird dadurch ausgeschlossen, daß der Promissar wußte, die zugesagte Eigenschaft liege nicht vor, aber nicht dadurch, daß er es hätte wissen müssen. Die Eigenschaft muß vorhanden sein zu der Zeit, wo der Vertrag geschlossen wurde; wenn derselbe unter Aufschiebender Bedingung (s. d.) geschlossen wurde, zu der Zeit, wo die Bedingung eintrat; bei Verträgen über der Gattung nach bestimmten Sachen (20 Ctr. deutschen seidenfreien, keimfähigen Rotkleesamen) zur Zeit, wo die zu liefernde Ware in einer für beide Teile verbindlichen Weise ausgeschieden wird. So nach gemeinem Recht, nach Sächs. Bürgerl. Gesetzb. §. 900, nach franz. Recht. Nach Preuß. Allg. Landr. I, 11, §§. 192 fg.; I, 5, §. 322 entscheidet die Zeit der Übergabe. Nach dem Deutschen Entwurf soll die Zeit entscheiden, wo die Gefahr auf den Promissar übergeht. War die zugesagte Eigenschaft nicht vorhanden, so kann der Promissar Aufhebung des Vertrags und Schadenersatz oder Preisminderung fordern.

Dictamnus *L.*, Diptam, Pflanzengattung der Familie der Rutaceen (s. d.) mit nur einer Art, im südl. Europa und Mittelasien, die eine sehr beliebte Gartenzierpflanze ist: D. fraxinella *Link.* (D. albus *L.*), weißer Diptam, eine stattliche, bis 60 cm hohe Staude mit weißer Wurzel, einfachen Stengeln und unpaarig gefiederten, eschenähnlichen Blättern. Die Stengel sind mit starkriechenden Drüsenhaaren, die Blütenteile mit freiliegenden, ein flüchtiges, balsamisch-ätherisches Öl enthaltenden Bläschen besetzt, welche sich entzünden lassen. Die in einer großen Traube stehenden Blüten sind weiß oder rötlich. Die sehr bitter schmeckende Wurzel war früher offizinell. Man vermehrt diese Gewächse durch Stockteilung und Aussaat.

Dictando (lat.), diktierend.

Dictée musicale (frz., spr. müsikáll), Musikdiktat, Übung im Aufzeichnen oder Notieren von Tonsätzen im Augenblick des Hörens: der Schüler hat sofort das in Noten wiederzugeben, was der Lehrer vorspielt. Kein zweites Hilfsmittel der musikalischen Erziehung fördert so wie das Musikdiktat Schärfe und Sicherheit des Hörens, Klarheit und Schnelligkeit im Vorstellen und Auffassen, Kraft und Treue des Gedächtnisses. Angestaunte, scheinbar ganz wunderbare Leistungen, wie z. B. die des jungen Mozart, der Allegris berühmtes «Miserere» nach zweimaligem Hören aus dem Kopfe korrekt niederschrieb, sind auf dem Wege des Musikdiktats auch gewöhnlichen Talenten erreichbar. Doch erfordert es eine streng methodische Behandlung, äußerst vorsichtiges Fortschreiten vom Leichten zum Schweren. Das Verdienst, das Musikdiktat zum Lehrgegenstand der Konservatorien gemacht zu haben, gebührt den Franzosen, insbesondere Ambroise Thomas. Vgl. A. Lavignac, Cours complet théorique et pratique de D. m. (Par. 1882); Göbe, Musikalische Schreibübungen (Lpz. 1882).

Dictionnaire (frz., spr. dickßionnähr), Wörterbuch; D. de poche (spr. posch'), Taschenwörterbuch.

Dictum (lat., Mehrzahl Dicta), Spruch, Ausspruch, Sprichwort; D. de omni (D. de exemplo) et nullo (D. de diverso), der logische Grundsatz: Was der Gattung zukommt oder widerspricht, kommt zu oder widerspricht auch allen Arten und Individuen derselben; D. de reciprŏco, der logische Grundsatz: Wenn etwas dieses oder jenes Ding ist oder nicht ist, so giebt es auch dieses oder jenes Ding, welches die Eigenschaft von jenem Etwas hat, und umgekehrt; z. B.: wenn Figuren aus krummen Linien gebildet werden können, so giebt es auch krummlinige Dinge, die Figuren sind; oder: wenn kein organisches Wesen ohne Leben ist, so ist auch kein lebloses Ding ein organisches Wesen.

Dicyan, s. Cyan.

Dicyemiden und die ähnlich gebauten Orthonektiden sind zwei Gruppen kleiner Würmer, die als auf einer niedern Entwicklungsstufe stehen gebliebene Saugwürmer aufzufassen sind. Die D. (s. Tafel: Würmer, Fig. 20) schmarotzen in den Nieren verschiedener Kopffüßer, die Orthonektiden in niedern Seetieren (Schnur- und Strudelwürmern, Schlangensternen u. s. w.). Sie sind wurm- oder birnförmig und die wenigen Zellen, aus denen sie bestehen, sind in eine äußere, cilientragende Schicht gruppiert, welche entweder eine einzige, vielkernige (D.), oder einen Haufen (Orthonektiden) innerer Zellen umschließt. Eduard van Beneden will aus diesen beiden Wurmfamilien einen Hauptstamm des Tierreichs machen und ihn als den der Mesozoën zwischen die Proto- und Metazoën (s. d.) einschieben.

Dicynŏdon (Doppelhundezahn) hat Owen einen der fremdartigsten unter den anomodonten Halisauriern der kapländ. Trias (Dicynodonsande) genannt, welcher einen schildkrötenartigen Schädel mit nur 2 Zähnen, nämlich 2 mächtigen nach unten gerichteten Hauern besessen hat.

Dicynodonsande, s. Dicynodon.

Dicypellium *Nees*, Pflanzengattung aus der Familie der Lauraceen (s. d.). Man kennt bloß eine Art, D. caryophyllatum *Nees*, in Brasilien einheimisch. Es ist ein Baum mit lederartigen Blättern und zweihäusigen, meist in Trauben stehenden Blüten. Die Frucht ist eine trockne Beere. Die Rinde kommt als Nelkenzimmet (Cortex Dicypellii, Cravo do Maranhão) in den Handel, hat einen nelkenartigen Geruch und Geschmack und wird wie der echte Zimmet verwendet. Das Holz wird in der Kunsttischlerei benutzt.

Didachē (grch., d. i. Lehre), eine altchristl. Schrift, von Bryennios (s. d.), Metropolit von Nicomedien, in Konstantinopel entdeckt und 1883 herausgegeben, nachdem sie seit dem 4. Jahrh. verschollen war. Der Titel lautet ursprünglich «Lehre des Herrn durch die 12 Apostel für die Heiden», dann auch «Lehre der Apostel». Die Wiederentdeckung der Schrift erregte großes Aufsehen und rief eine ganze Litteratur hervor. Nach den meisten Theologen entstammt sie judenchristl. Kreisen der ersten Hälfte des 2. Jahrh. und enthält Anweisungen zur Gottesdienst- und Gemeindeordnung für neubegründete Christengemeinden unter den Heiden. Zur paulinischen Auffassung des Christentums verhält sie sich stillschweigend ablehnend. Der erste Teil, ein kurzer Unterricht über Tugenden und Laster («Die zwei Wege»), ist wichtig durch seine Beziehungen zu den Evangelien und andern altchristl. Schriften; die Vorschriften über die Taufe und die Abendmahlsgebete fallen auf durch ihre altertümliche Einfachheit und ihre Verwandtschaft mit jüd. Sitten; die Gemeindeordnung endlich giebt Aufschlüsse über die kirchlichen Verfassungszustände dieser frühen christl. Zeit, über die Ämter der Apostel, Propheten, Lehrer, Bischöfe, Diakonen, durch welche die Andeutungen der neutestamentlichen und andern gleichzeitigen Schriften ergänzt werden. Auch ist die Schrift eine der ersten und wichtigsten Grundlagen späterer kirchengesetzlicher Schriften, in denen, wie besonders in dem siebenten Buche der Apostolischen Konstitutionen (s. d.), sie zeitgemäß überarbeitet wieder erscheint. Doch wurde eben hierdurch das Original, das Clemens Alexandrinus, Origenes, Eusebius, Athanasius noch kannten, verdrängt. Vgl. die Ausgaben und Kommentare von Bryennios (Konstantinopel 1883), Harnack (Lpz. 1884), Sabatier (Par. 1885), Hitchcock und Brown (2. Aufl., Neuyork 1885), Schaff (2. Aufl., ebd. 1886), Rendel Harris (Baltimore 1887, mit vollständiger Photographie des handschriftlichen Textes).

Didáktik (grch.), d. i. Unterrichtslehre oder Unterrichtswissenschaft, ist die Darstellung der Gesetze und Regeln, die sich auf den Unterricht beziehen. Sie entwickelt teils die allgemeinen Grundsätze des Unterrichts auf psychol. Grundlage (allgemeine D.), teils zeigt sie die Anwendung dieser Grundsätze auf die einzelnen Unterrichtsgegenstände (specielle D.). Dabei hat sie von den Unterrichtsgegenständen, der Auswahl, Verteilung und Anordnung des Unterrichtsstoffes, von der Art und Weise der Darbietung desselben oder der Methode, von den Schulen und den verschiedenen Schulanstalten sowie von den an die Lehrer zu stellenden Anforderungen zu handeln.

Didaktische Poesie, s. Lehrgedicht.

Didaskalien (grch., «Unterweisungen») hießen bei den Griechen die Einübungen eines Dramas oder Chors (s. d.), gewöhnlich aber die Verzeichnisse der aufgeführten Dramen, mit Angabe der Verfasser, der Zeit und des gewonnenen Preises. Die in Athen auf Steintafeln, von denen noch manche Bruchstücke erhalten sind, öffentlich aufgestellten Verzeichnisse wurden später in besondern Schriften gesammelt und erläutert, zuerst von Aristoteles, später von Dicäarchus, Kallimachus, Eratosthenes u. s. w. Doch sind diese Schriften, die von spätern Grammatikern und Scholiasten noch benutzt wurden, nicht erhalten. Auch bei den Römern wurden dergleichen Verzeichnisse, besonders von Accius (s. d.), angefertigt.

Diday (spr. -däh), François, schweiz. Landschaftsmaler, geb. 12. Febr. 1802 in Genf, erhielt seine Ausbildung in Paris und ließ sich dann in seiner Vaterstadt nieder. D. wirkte bahnbrechend auf dem von Calame später mit so großem Erfolge betretenen Gebiete der Alpenlandschaft. Mit Vorliebe behandelte er die Wildnisse der Hochgebirge, aber auch Bilder von idyllischer Stimmung gelangen ihm. Seine bedeutendsten Gemälde sind: Mühle von Montreux (1832), Sennhütte im Meyringer Thal (1834), Rosenlaui-Gletscher (1841; Museum Arlaud in Lausanne), Lauterbrunnerthal (Museum in Bern), Brienzersee (Museum in Basel), Das Wetterhorn in der Schweiz (1850; Neue Pinakothek in München), Alpenglühen der Montblanckette (Galerie zu Karlsruhe), Eichen im Sturm, Gewitter an der Handegg, Vierwaldstättersee (sämtlich im Museum Rath in Genf). D. gab auch u. d. T. «Croquis» (Genf 1844) acht lithogr. Landschaftsbilder heraus. Er starb 28. Nov. 1877 in Genf.

Didélphen, s. Beuteltiere.

Didelphyidae, Didélphys, s. Beutelratten.

Diderot (spr. did'roh), Denis, einer der franz. Encyklopädisten, geb. 5. Okt. 1713 zu Langres in der Champagne, wurde bei den Jesuiten erzogen und erhielt die Tonsur. Infolge seiner Abneigung gegen den geistlichen Stand für die jurist. Laufbahn bestimmt, beschäftigte er sich jedoch lieber mit Belletristik und studierte zugleich Mathematik, Physik und Philosophie. Den Grund zu seinem Ruhm legte er durch die «Pensées philosophiques» (Par. 1746), eine gegen die christl. Religion gerichtete Flugschrift, die durch Beschluß des Parlaments vom Scharfrichter verbrannt wurde. Die Schrift «Lettre sur les aveugles à l'usage de ceux qui voient» (Lond. 1749) zog ihm ein Jahr Gefängnis im Turm zu Vincennes zu. Gleichzeitig mit der ersten Schrift hatte er mit andern ein «Dictionnaire universel de médecine» (6 Bde., Par. 1746), nach dem Englischen des Rob. James übersetzt, herausgegeben. Der Beifall, mit welchem dieses mangelhafte Werk aufgenommen wurde, brachte ihn auf den Gedanken, ein encyklopädisches Lexikon herauszugeben, zu dessen Ausführung er sich 1751 mit Daubenton, Rousseau, Marmontel, Leblond, Lemonnier und d'Alembert vereinigte. D. selbst unterzog sich der Ausarbeitung aller in die Künste und das Gewerbewesen einschlagender Artikel. Der Gewinn der 20jährigen Anstrengung war aber so unbedeutend, daß er sich genötigt sah, seine Bibliothek zu veräußern. Die Kaiserin Katharina II. von Rußland kaufte sie für 15000 Livres, überließ sie ihm aber zum Gebrauch auf Lebenszeit. Auf ihre Einladung ging D. nach Petersburg, konnte jedoch das Klima nicht vertragen und reiste bald wieder ab. Während er mit der «Encyclopédie» beschäftigt war und viele Unannehmlichkeiten, die den Druck derselben jahrelang hemmten, zu erfahren hatte, machte er sich zugleich als Romanschriftsteller und Lustspieldichter bekannt durch den sinnreichen, aber schlüpfrigen Roman «Les bijoux indiscrets» (3 Bde., 1748 u. ö.) und die beiden Lustspiele «Le fils naturel» (1757) und «Le père de famille» (1758), welche letztern als «Œuvres de théâtre de D.» (2 Bde., Par. 1758; deutsch von Lessing, 2 Bde., Berl. 1781) erschienen. Außerdem schrieb er eine Menge philos.-ästhetischer Werke. D. starb 31. Juli 1784 zu Paris, wo ihm ein Bronzestandbild (von Gautherin) errichtet wurde. D.s Freunde schildern ihn als einen offenen, uneigennützigen, biedern Mann; seine Feinde legen ihm Hinterlist und Eigennutz zur Last. Wenigstens war er sehr empfindlich. Vorzüglich war es dieser Charakterfehler, welcher die Spannung mit dem nicht minder empfindlichen Rousseau herbeiführte. Aus D.s Nachlasse erschienen sein «Essai sur la peinture» (1795; deutsch von Cramer, Riga 1797); ein schon 1772 geschriebener Dithyramb «Abdication d'un roi de la fève», welcher äußerst demokratische Gesinnungen verrät, und die Romane «La Religieuse» (deutsch von Cramer, 2 Bde., Berl. 1792), «Jacques le fataliste et son maître» (deutsch von Mylius, 2 Bde., ebd. 1792) und «Le neveu de Rameau», den Goethe übersetzte (Lpz. 1805), noch ehe das Original erschien. Auch hat D. hervorragenden Anteil an der Abfassung von Holbachs «Système de la nature» (2 Bde., Lond. 1770). In seinen philos. Ansichten hat D. manche Wandlungen durchgemacht. In seiner Schrift «Principes de la philosophie morale ou essai sur le mérite et la vertu» steht er auf dem Standpunkt Shaftesburys. In den «Pensées philosophiques» (Haag 1746) ist er Deist geworden und wird in der «Promenade d'un sceptique» noch skeptischer. In den «Pensées sur l'interprétation de la nature» (Par. 1754) hat sich sein Standpunkt am meisten dem Materialismus genähert. Er sucht alle Erscheinungen auf Atome zurückzuführen, schreibt aber diesen Empfindungen zu, die durch die Berührung frei werden und verschmelzen können, wodurch er die Einheit des Bewußtseins erklärt. In der Poesie vertrat er die Richtung des moralisch Rührenden und der gefälligen Natürlichkeit. Noch mehr als seine Darstellungsgabe in Schriften wird von den Zeitgenossen seine strömende, hinreißende Beredsamkeit im Gespräche gerühmt. Eine vollständige Ausgabe seiner Werke mit einer Einleitung besorgte Naigeon (15 Bde., Par. 1798 u. ö.). Eine andere erschien 1821 (22 Bde., ebd.), der sich die «Correspondance littéraire, philosophique et critique de Grimm et D.» (16 Bde., ebd. 1829), die viel vollständiger und besser geordnet ist als in der frühern Ausgabe, namentlich alle von der Censur unter Napoleon gestrichenen Stellen enthält, und die «Mémoires, correspondance et ouvrages inédits de D.» (4 Bde., ebd. 1830—32) anschlossen. Eine neuere Gesamtausgabe von D.s Werken besorgten Assezat und Tourneux (20 Bde., ebd. 1875—77). Interessante Beiträge zu D.s Biographie enthalten auch seiner Tochter, der Madame de Vandeuil, «Mémoires pour servir à l'histoire de la vie et des ouvrages de feu D.». Die gründlichste Würdigung von D.s Leben, philos. und litterar. Verdiensten lieferte Rosenkranz in D.s Leben und Werke (2 Bde., Lpz. 1866). Vgl. Morley, D. and the Encyclopædists (2 Bde., Lond. 1878).

Dididae, s. Droute.

Didier (spr. -dieh), Charles, franz. Schriftsteller, geb. 1805 in Genf, studierte daselbst und schrieb als Frucht weiter Fußwanderungen in Italien 1833 den Roman «Rome souterraine», der in glänzenden Farben den Kampf der ital. Patrioten gegen Österreich sowie das Pontifikat Gregors XVI. und den Carbonarismus schildert. Ebenso farbenprächtig sind seine «Campagne romaine» (1842) und die «Cinquante jours au désert» (1857). Später hielt sich D., eng verbunden mit Victor Hugo, Charles Nodier und George Sand, hauptsächlich in Paris auf, wo er 13. März 1864 starb. Unter seinen lyrischen Gedichten ragen die «Mélodies» durch Anmut am meisten hervor.

Didion (spr. -diong), Isidor, franz. General und Mathematiker, geb. 22. März 1798 zu Diedenhofen, trat 1817 in die Polytechnische Schule, aus der er 1819 als Offizier in die Applikationsschule zu Metz übertrat; 1846 erfolgte seine Beförderung zum Stabsoffizier, dann wurde er Assistent der Direktion der Pulverfabriken, 1848 Direktor der Zündhütchenfabrik zu Paris, 1854 Oberst, 1858 Brigadegeneral und übernahm das Kommando über die Artillerie in der 5. Militärdivision zu Metz; aus dieser Stellung trat er 1860 zur Reserve der Generalität. Er starb 3. Juli 1878 in Nancy. Seine Schriften über Ballistik gelten für klassisch; seine berühmtesten Werke sind: «Exercices sur la justesse comparée du tir des balles sphériques, plates et longues» (Par. 1839), «Mémoire sur la balistique» (ebd. 1848), «Traité de balistique» (ebd. 1848; 2. Aufl. 1860), «Cours élémentaire de balistique» (ebd. 1854; 3. Aufl. 1859), «Lois de la résistance de l'air sur les projectiles» (ebd. 1857), «Calcul des probabilités appliqué au tir des projectiles» (1858), «Progrès des sciences et de l'industrie appliquées à l'artillerie» (1875).

Didius, vollständig Marcus D. Salvius Julianus Severus, röm. Kaiser, geb. 132 n. Chr., war ein Urenkel des berühmten Juristen Salvius Julianus. In jüngern Jahren als Offizier und Statthalter bewährt, später mehr als reicher Schwelger bekannt, erkaufte sich D. nach der Ermordung des Kaisers Pertinax (28. März 193) von den Prätorianern durch große Geschenke und Versprechungen das röm. Kaisertum. Aber weder beim Volk, noch beim Senat fand er Unterstützung; in den Provinzen erhoben sich drei Gegenkaiser, und seine Herrschaft nahm ein Ende, als der tüchtigste von ihnen, Septimius Severus, von Pannonien her gegen Rom vorrückte. Als auch die Prätorianer die Sache des D. aufgaben, verurteilte ihn der Senat zum Tode, und D. wurde 1. Juni 193 nach 66tägiger Herrschaft durch Soldaten in der Hofburg getötet.

Dido oder Elissa, die sagenhafte Gründerin von Karthago, war eine Tochter des tyrischen Königs Mutto und die Gemahlin von dessen Bruder Sicharbas (bei Virgil Sichäus), einem Priester des Melkart. Ihr Bruder Pygmalion tötete ihren Gemahl, worauf D. mit dessen Schätzen, begleitet von vielen Tyriern, entfloh, um einen neuen Wohnsitz zu suchen. Sie landete in Afrika, unweit der schon bestehenden phöniz. Pflanzstadt Ityke (Utika), und baute auf dem den Eingeborenen abgekauften Boden eine Burg Byrsa (das Fell). Die Bedeutung dieses Wortes wurde durch die Sage so erklärt: D. habe so viel Land gekauft, wie mit einer Rindshaut belegt werden könne, dann aber listig die Haut in dünne Streifen zerschnitten und damit einen weiten Raum umgrenzt. An die Burg schloß sie hierauf die Stadt Karthago an. Hier ward D. nach ihrem Tode, den sie sich selbst auf dem Scheiterhaufen gab, um dem Begehren des Nachbarkönigs Hiarbas (Jarbas) nach ihrer Hand zu entgehen, göttlich verehrt, wie denn ihre mythische Gestalt offenbar der der großen weiblichen Gottheit der Semiten entspricht, welche auch den Namen D. führte. Virgil läßt, wie es schon Nävius gethan, den Äneas zur D. kommen und giebt dessen Untreue als die Ursache ihres Todes an. — D. ist auch der Name des 209. Planetoiden.

Didodekaëder oder dihexagonale Pyramide, eine dem hexagonalen System angehörige, von 24 ungleichseitigen Dreiecken umschlossene Krystallgestalt.

Didot (spr. -doh), franz. Buchdrucker- und Buchhändlerfamilie:

François D., geb. 1689 in Paris, gest. 2. Nov. 1757, errichtete daselbst 1713 eine Buchdruckerei und Buchhandlung, die an zwei seiner Söhne, François Ambroise und Pierre François, überging.

François Ambroise D., geb. 7. Jan. 1730, führte zuerst ein brauchbares System zur Berechnung der Schriftgrade ein, schnitt und goß vorzügliche Antiquaschriften (Didotsche Lettern), erfand 1777 die Buchdruckerpresse mit einem Zug, ließ 1780 nach eigenen Angaben ein glattes Papier, von ihm Velinpapier genannt, herstellen und druckte zuerst auf dasselbe. Er starb 10. Juli 1804. Von seinen Drucken sind hervorzuheben die «Collection d'Artois» (64 Bde. in 18°) und die Sammlung franz. Klassiker zum Unterricht für den Dauphin.

Pierre François D., Bruder des vorigen, geb. 9. Juli 1732, gest. 7. Dez. 1795, war Buchhändler, Buchdrucker, Papierfabrikant und Schriftgießer; er legte die Papierfabrik in Essonne an. — Von seinen Söhnen schnitt Henry D., geb. 1765, gest. 1852, eine überaus kleine Schrift für seine «mikroskopischen» Ausgaben des Horaz, La Rochefoucauld u. a. und erfand zu deren Guß eine besondere Gießmaschine. Ein zweiter Sohn, Léger (1767—1829), genannt Didot-Saint-Léger, leitete die Papierfabrik in Essonne und erfand die ersten Maschinen zur Herstellung von Papier ohne Ende. Ein dritter Sohn, D. Jenne, setzte die Druckerei des Vaters fort.

Pierre D., der älteste Sohn von François Ambroise D., geb. 25. Jan. 1761, übernahm 1789 die Buchdruckerei des Vaters, die zu Ehren von D.s Thätigkeit 1798 in die Räume der ehemaligen Königlichen Buchdruckerei im Louvre verlegt wurde. Hier druckte D. die prachtvollen «Éditions du Louvre» in Folio: den Virgil (1798), den Horaz (1799), den Racine (3 Bde., 1801—5), Lafontaines «Fables». Ferner druckte er Denons «Voyage dans la Basse et la Haute-Égypte» (2 Bde., 1812), Viscontis griech. und röm. Ikonographie, eine Sammlung franz. Klassiker «für Freunde der Typographie» u. a. Wie durch Schönheit, zeichnen sich Drucke auch durch Korrektheit der Texte und Gleichheit in der Rechtschreibung aus. Er selbst schrieb neben zwei Übersetzungen aus dem Lateinischen «Épitres sur les progrès de l'imprimerie» (1784), «Essai de fables nouvelles» (1786). Er starb 31. Dez. 1853.

Firmin D., Bruder des vorigen, geb. 14. April 1764, erhielt von seinem Vater 1789 die Leitung der Schriftgießerei und schnitt die Schriften zu den Louvre-Ausgaben seines Bruders. Später legte er auch eine eigene Buchdruckerei an, verbesserte die Stereotypie (das Wort rührt von ihm her) und druckte nach seinem Verfahren zuerst Callets «Tables de logarithmes» (1795), denen (später allerdings nach dem noch bessern Verfahren Stanhopes) billige Stereotypausgaben fast sämtlicher franz., engl. und ital. Klassiker folgten. Andere hervorragende Werke seiner Presse sind Souza Batelhoz' Ausgabe von Camoens «Lusiades» (1817) und Daunous Ausgabe der «Henriade» (1819). Er übersetzte mehreres aus dem Griechischen und Lateinischen und schrieb die Tragödien «Annibal» (1817) und «La reine de Portugal» (1824). 1827 trat er das Geschäft an seine Söhne Ambroise und Hyacinthe ab und wirkte seitdem als Vertreter des Departements Eure-et-Loire in der Deputiertenkammer zu Paris. Er starb 24. April 1836. Ihm zu Ehren nahmen seine Nachkommen den Vornamen Firmin in den Familiennamen auf und nennen sich Firmin-Didot, was die Regierung durch Dekret vom 20. Sept. 1887 bestätigt hat.

Ambroise Firmin-Didot, Sohn des vorigen, geb. 20. Dez. 1790, erwarb sich als Gelehrter, besonders als Hellenist, ein bedeutendes Ansehen. Er bereiste 1816—17 Griechenland, Kleinasien und Palästina, war eine Zeit lang Gesandtschaftsattaché in Konstantinopel und schrieb darüber «Notes d'un voyage dans le Levant» (1826). 1827 übernahm er mit seinem Bruder Hyacinthe das väterliche Geschäft (Firma «Firmin-Didot frères»); er war auch Graveur und schnitt selbst mehrere Schriften. Von seinen zahlreichen Werken sind hervorzuheben: franz. Übersetzungen des Thucydides (4 Bde., 1833) und der Oden des Anakreon (1864), dann «Essai sur la typographie» (1852), «Essai sur l'histoire de la gravure sur bois» (1863), «Observations sur l'orthographe ou orthografie française» (2. Aufl. 1868), «Étude sur Jean Cousin» (1872), «Alde Manuce et l'Hellénisme à Venise» (1875), «Les Drevet» (1876), «Les graveurs de portraits en France» (2 Bde., 1877) u. a. 1873 wurde er Mitglied der Académie des inscriptions et belles-lettres. Er starb 22. Febr. 1876. Eine von ihm hinterlassene große Sammlung typogr. Seltenheiten und Kupferstiche wurde verauktioniert (illustrierter Katalog darüber von G. Pawlowski, 7 Bde., 1877—84). — Sein Bruder, Hyacinthe Firmin-Didot, geb. 11. März 1794, gest. 7. Aug. 1880 auf seinem Schlosse Dandon (Depart. Orne), war Teilhaber am Geschäft bis 1876 und leitete insbesondere die Papierfabriken in Mesnil (Depart. Eure) und Sorel (Depart. Eure-et-Loire). Er errichtete am erstern Orte auch eine Buchdruckerei, in der besonders Mädchen und Taubstumme beschäftigt wurden. 1855 traten als weitere Teilhaber ein: ein Sohn Ambroises, Alfred Firmin-Didot, geb. 8. Febr. 1828, und ein Sohn Hyacinthes, Paul Firmin-Didot, geb. 1826; letzterer trat 1875 aus. In diese Periode des Geschäfts fallen gelehrte Unternehmungen, wie Stephanus, «Thesaurus graecae linguae», hg. von C. B. Hase und W. und L. Dindorf (9 Bde., 1831 fg.); Du Cange, «Glossarium mediae et infimae latinitatis» (7 Bde., 1840—50), die «Bibliothèque grecque» (70 Bde., mit lat. Übersetzung), mehrere Ausgaben von Brunet, «Manuel du libraire et de l'amateur des livres»; ferner die «Encyclopédie moderne» (mit Supplement 44 Bde.), das «Dictionnaire de la conversation et de la lecture» (mit Supplement 21 Bde.), die «Nouvelle Biographie générale» (46 Bde., 1855—66), «L'Univers pittoresque» (66 Bde.), Werke von Blouet, Champollion, Coste, Gailhabaud, Jacquemont, Mazois, Piranesi, Texier u. a. — Die Schriftgießerei wurde 1840 an die Fonderie générale abgetreten, und 1872 ging auch die Pariser Buchdruckerei des Hauses an G. Chamerot über.

Im J. 1876 wurde alleiniger Besitzer des Hauses der obengenannte **Alfred Firmin-Didot**. Eine Zeit lang war sein Vetter **Edmond Magimel**, geb. 1833, Teilhaber; später traten an seine Stelle zwei Söhne Alfreds, **Maurice Firmin-Didot**, geb. 27. Mai 1859, und **René Firmin-Didot**, geb. 11. Aug. 1866, sowie **Lucien Hébert**, geb. 1852. Unter der neuen Leitung hat sich das Geschäft (Firma: «Firmin-Didot & Cie.») den modernen Illustrationsmethoden zugewendet. Es erschienen: Hoffbauers «Paris à travers les âges» (Ansichten von Paris seit dem 13. Jahrh., 2 Bde. in Folio); Racinets «L'Ornement polychrome» und desselben «Le Costume historique et ses accessoirs» (6 Bde.); Bose, «Dictionnaire raisonné d'architecture» (4 Bde.); Muntz, «La Renaissance en Italie et en France à l'époque de Charles VIII»; Martha, «L'Art étrusque»; Werke von Pani Lacroix, illustrierte Übersetzungen von Walter Scott, Cooper, die Wochenschrift «La Mode illustrée» (seit 1860; franz. Ausgabe des Berliner «Bazar») u. a. — Das Haus besitzt die Buchdruckerei in Mesnil mit 25 Schnellpressen und 400 Arbeitern und Arbeiterinnen; eine chromolithographische Anstalt in Paris mit 5 Schnellpressen; Papierfabriken in Sorel-Moussel mit 400—500 Arbeitern.

Litteratur. Werdet, Études bibliographiques sur la famille des D. (Paris 1864); Brunet, Firmin D. et sa famille (ebd. 1871); Marquis de Queux de Saint Hilaire, Notice sur les services rendus à la Grèce et aux études grecques par Ambroise Firmin-Didot (ebd. 1876); Wallon, Notice sur la vie et les travaux de Ambroise Firmin-Didot (ebd. 1886).

Didron (spr.-drong), Adolphe Napoléon, franz. Archäolog, geb. 13. März 1806 zu Hautvillers (Depart. Marne), beschäftigte sich seit 1830 mit den kirchlichen Kunstaltertümern des Mittelalters. Reisen in Frankreich, Griechenland, Deutschland, England, Spanien und Italien erweiterten seine Kunstanschauungen. 1835 wurde D. Sekretär des «Historischen Komitees der Künste und Denkmale», dessen «Bulletin archéologique» (4 Bde., 1840—47) von ihm abgefaßt wurde, stiftete 1844 die «Annales archéologiques» und gründete 1845 einen speciellen Verlag für archäol. Werke, 1849 eine Manufaktur für kirchliche Glasmalerei, 1858 eine Fabrik für Bronzen und Goldschmiede-Arbeiten in mittelalterlichem Stil. Er starb 13. Nov. 1867 zu Paris. Von D.s Schriften sind zu nennen: «Histoire de Dieu, iconographie des personnes divines» (Par. 1843, mit Holzschnitten) und (mit P. Durand) das «Manuel d'iconographie chrétienne grecque et latine» (ebd. 1845), zwei Schriften, die dazu beigetragen haben, in den über Wiederherstellung früherer Denkmale herrschenden Ansichten eine erfolgreiche Änderung zu bewirken; «Iconographie des chapiteaux du Palais Ducal de Venise» (mit W. Burges, Par. 1857) und «Manuel des œuvres de bronze et d'orfévrerie du moyen âge» (ebd. 1859) u. a.

Didunculidae, s. Tauben.

Didunculus (Verkleinerung von Didus), s. Zahntaube.

Didus (nach dem portug. Dodo), s. Dronte.

Didym oder Didymium (chem. Zeichen Di, Atomgewicht etwa 142), ein dreiwertiges Metall, kommt stets neben Lanthan und Cerium in verschiedenen Mineralien (s. Cerium) vor. Die Trennung der drei Metalle voneinander ist äußerst schwierig und nur durch umständliche chem. Operationen zu erreichen. Das Didymoxyd ist eine starke Base, die mit Säuren meist gut krystallisierbare Salze von roter Farbe giebt; nur das Nitrat tritt in blauen Krystallen auf. Manche seiner Salze neigen zur Bildung von Doppelsalzen. Charakteristisch für die Didymsalze ist das Auftreten sehr zahlreicher Absorptionsstreifen im Spektrum des durch die Lösung gegangenen Lichtstrahls. Allgemeineres Interesse besitzen die Didymverbindungen nicht. Die versuchte Verwendung des Didymoxyd zur Anfertigung optischer Gläser verbietet sich durch das sparsame Vorkommen des Materials. (S. Neodym.)

Didyma, alte Ortschaft im Gebiete von Milet, ungefähr vier Stunden südlich von dieser Stadt, eine Stunde von dem Hafen Panormus gelegen, mit einem alten und hochberühmten Heiligtum (Tempel und Orakel) des Apollon, dessen Verwaltung in älterer Zeit in dem Geschlechte der Branchiden (s. d.) erblich war. Der Ort hieß deshalb auch **Branchidä** (vgl. Gelzer, De Branchidis, Lpz. 1869). In den Kämpfen der kleinasiat. Jonier gegen die Perser um 494 v. Chr. wurde der Tempel geplündert, nach den Perserkriegen aber unter der Leitung der Architekten Daphnis und Päonius ein durch Größe und Pracht hervorragender Neubau begonnen, der zwar niemals völlig vollendet wurde, aber dennoch bis in die letzten Zeiten des Heidentums als Orakelstätte wie als Zufluchtsort für Verfolgte sich erhielt. Unter den aus der Nähe des Dorfes **Geronta** stammenden Überresten des Heiligtums sind besonders eine Anzahl hochaltertümlicher sitzender Statuen bemerkenswert, die zu beiden Seiten der von dem Hafen Panormus nach dem Tempel führenden «Heiligen Straße» standen und sich jetzt in dem Britischen Museum in London befinden. Neuerdings sind dort von dem Engländer Ch. T. Newton auf Kosten der engl. Regierung und von den Franzosen O. Rayet und A. Thomas auf Kosten der Brüder G. und E. von Rothschild weitere Ausgrabungen veranstaltet worden, über deren Resultate die beiden Prachtwerke Bericht erstatten: Ch. T. Newton, «A history of discoveries at Halicarnassus, Cnidus and Branchidae» (2 Bde., Lond. 1862), und O. Rayet und A. Thomas, «Milet et le golfe Latmique, Tralles, Magnésie du Méandre, Priène, Milet, Didymes, Héraclée du Latmos» (2 Bde., Par. 1877 fg.).

Didymi, s. Zwillinge.

Didymisch (grch., «gezwillingt»), doppelt.

Didymus Faventinus, Pseudonym für Melanchthon (s. d.).

Didynama stamina oder **zweimächtige Staubgefäße** nennt man die Staubgefäße, die in einer Blüte in der Vierzahl vorhanden sind und von denen zwei länger sind als die andern beiden. Eine solche Ausbildung des Andröceums haben alle Gewächse, welche die 14. Klasse (Didynamia) des Linnéschen Systems bilden, also die meisten Arten der Labiaten und Scrophulariaceen.

Die (spr. dih). 1) **Arrondissement** des franz. Depart. Drôme, hat 2348,36 qkm, (1891) 54900 E., 117 Gemeinden und zerfällt in die 9 Kantone Bourdeaux (129,06 qkm, 3386 E.), La Chapelle en Vercors (220,68 qkm, 4010 E.), Châtillon (350,25 qkm, 5257 E.), Crest nord (308,44 qkm, 13244 E.), Crest sud (240,65 qkm, 8518 E.), D. (309,41 qkm, 6826 E.), Luc-en Diois (263,56 qkm, 4843 E.), La Motte-Chalançon (341,09 qkm, 5062 E.), Saillans (185,22 qkm, 3754 E.). — 2) **Hauptstadt** des Arrondissements D., 61 km südöstlich von Valence, in 294 m Höhe, am Fuße des steilen Mont Glandaz oder Glandasse (2025 m), an der Drôme und an der Linie Livron-Crest-D. (54 km) der Franz. Mittelmeerbahn gelegen. D. ist altertümlich gebaut und zum Teil noch mit betürmten Mauern umgeben; es ist Sitz eines Gerichtshofs erster Instanz und eines prot. Konsistoriums, hat (1891) 3257, als Gemeinde 3729 E., Post, Telegraph, ein altes Schloß, eine Kathedrale mit 81 m langem Schiff und schönen Granitsäulen eines antiken Cybeletempels, eine prot. Kirche, einen ehemals bischöfl. Palast, viele Überbleibsel aus der Römerzeit, namentlich Reste einer Wasserleitung und auf dem Wege nach Gap einen wohlerhaltenen Triumphbogen, la Porte St. Marcel genannt; Seidenraupenzucht, Fabrikation von Tuchen, Nudeln, Seiden- und Baumwollspinnerei, Sägemühlen, Gerbereien, Ziegeleien, bedeutenden Handel mit Seidenwaren, Tuchen und weißem, moussierendem Wein (Clairette de Die). — D., das alte Dea Augusta Vocontiorum, im 4. Jahrh. Bischofssitz, kam später in fränk. Besitz und endlich unter die deutschen Kaiser. Das Bistum wurde 1276 mit Valence vereinigt, 1687 wieder hergestellt und 1794 aufgehoben. Vor der Aufhebung des Edikts von Nantes (1685) hatten hier die Calvinisten eine Universität. Vgl. Martin, Antiquités et inscriptions des villes de D. (1818).

Dié, Saint-, Arrondissement und Stadt in Frankreich, s. Saint-Dié.

Dieb (Käfer), s. Bohrkäfer.

Diebesdaumen, ein im Volksaberglauben eine große Rolle spielender Gegenstand. Alles, was von einem Hingerichteten herrührt, gilt für glückbringend; ein Fingerglied oder ein anderes Knöchelchen eines «armen Sünders», in dem Geldbeutel aufbewahrt, mehrt das Geld und läßt den Beutel nie leer werden; es schützt den Dieb, daß der Bestohlene nicht aufwacht, bewahrt vor Ungeziefer und schafft, unter der Hausschwelle vergraben, beständigen Haussegen. Letzteres bewirkt vor allem ein Daumen eines gehängten Diebes, der, neben oder unter die Waren gelegt, auch dem Kaufmanne unveränderliches Glück bringt.

Diebeskerze, das mit Talg umhüllte Fingerchen eines toten, womöglich aus dem Mutterleibe geschnittenen Kindes, das den Dieb unsichtbar machen und vor jeder Störung bewahren sollte. Diesem Aberglauben fielen noch im 17. Jahrh. schwangere Frauen zum Opfer.

Diebessichere Schränke, s. Feuerfeste Schränke.

Diebessprache, s. Rotwelsch.

Diebestelegraph, s. Alarmapparate.

Diebitsch-Sabalkanskij, Iwan Iwanowitsch, Graf, russ. Feldmarschall, geb. 13. Mai 1785 auf dem Rittergute Großleippe in Schlesien, hieß eigentlich Hans Karl Friedrich Anton von Diebitsch und Narden. Er erhielt seine Bildung seit 1797 in dem Kadettenhause zu Berlin, nahm aber 1801 seine Entlassung aus preuß. Diensten, um in russische zu treten, und machte als Fähnrich den Feldzug von 1805 bis 1807 gegen Napoleon mit. In der Dreikaiserschlacht bei Austerlitz, 2. Dez. 1805, verwundet, wurde er für seine Tapferkeit mit dem goldenen Degen belohnt und nach der Schlacht von Friedland 14. Juni 1807 zum Kapitän befördert. 1812 kam D. als Oberquartiermeister zum Generalstab des Wittgensteinschen Korps und zeichnete sich bei Polock 18. und 19. Okt. 1812 rühmlichst aus. Zum Generalmajor befördert, war er gezwungen, sich gegen die Preußen unter York zu wenden; er bewog letztern, da er von den Franzosen nahezu abgeschnitten war, zum Abfall von Napoleon (Konvention von Tauroggen, 30. Dez. 1812). Mit York hielt D. 12. März 1813 als russ. Generalquartiermeister seinen Einzug in Berlin. Nach der Schlacht bei Lützen 2. Mai 1813 wurde er zu Barclay de Tollys Armeekorps nach Schlesien versetzt und nahm teil an den Schlachten bei Dresden, Kulm und bei Leipzig, worauf ihn der Kaiser zum Generallieutenant erhob. Bei Napoleons Rückkehr von Elba März 1815 wurde er vom Kongreß zu Wien als Chef des Generalstabes zur Ersten Armee gesandt, die unter Barclay de Tolly in Mohilew stand. 1820 zum Chef des Großen kaiserl. Generalstabes ernannt, begleitete er als Generaladjutant Alexander I. fast auf allen Reisen. Nach Unterdrückung der Militärrevolution der Dekabristen (s. d.) von 1825 wurde D. in den Grafenstand erhoben. Im Türkischen Feldzuge von 1828 beteiligte D. sich unter Fürst Menschikow II. und Admiral Greigh II. 7. Okt. bei der Erstürmung der Festung Varna, übernahm den Oberbefehl über das 2. Armeekorps an Stelle Wittgensteins, schlug 11. Juni 1829 den Großwesir Reschid Pascha in den Engpässen von Külefče, eroberte 30. Juni die Festung Silistria und bahnte sich den Übergang über den Balkan. Siegreich gegen Abdul-Rahman Pascha vordringend, eroberte D. 23. Juli das befestigte Lager bei Misivria und nahm 30. Juli nach hartnäckiger Gegenwehr Aïtos. Für diese Siege am Balkan erhielt er 11. Aug. den Beinamen «Sabalkanskij» («Übersteiger des Balkans») und erschien mit seinen siegreichen Truppen 19. Aug. vor Adrianopel, das sich ihm 20. Aug. mit bedeutenden Vorräten, 560 Kanonen, 25 Fahnen und 5 Roßschweifen ergab. 14. Sept. 1829 schloß er den Frieden zu Adrianopel. D. erhielt 4. Okt. 1829 den Generalfeldmarschallsrang. Nach Ausbruch der Polnischen Revolution wurde ihm der Oberbefehl über das russ. Heer von neuem anvertraut. Am 5. Febr. 1831 rückte er mit 150000 Mann in Polen ein, siegte 25. Febr. bei Grochow, doch wagte er den Angriff auf Warschau nicht. Bald nach der siegreichen Schlacht bei Ostrolenka (26. Mai) verlegte er sein Hauptquartier nach Kleczewo bei Pultusk, wo er an der Cholera 10. Juni 1831 starb. Vgl. Belmont (pseudonym für Schümberg), Graf D. (Dresd. 1830); Th. Stürmer, Der Tod des Grafen D. (Berl. 1832); Bantysch-Kamenskij, Biographien der russ. Feldmarschälle (russisch, Bd. 4, Petersb. 1841)

Diebsinseln, Inselgruppe im Großen Ocean, s. Ladronen.

Diebstahl. Nach dem Deutschen Strafgesetzbuche wird wegen D. bestraft: Wer eine fremde, bewegliche Sache einem andern in der Absicht wegnimmt, dieselbe sich rechtswidrig zuzueignen (§. 242)

Wörtlich gleich lautet der Österr. Strafgesetzentwurf von 1889, sachlich gleiche Bestimmung hat das Österr. Strafgesetz von 1852 (§. 171). Die Sache muß eine bewegliche, kann aber von jeder Körperform sein: auch Wasser und Leuchtgas können aus den Leitungen gestohlen werden. Die Sache muß eine fremde sein, also in eines andern Eigentum sich befinden. Ob das der Fall, darüber entscheidet das am Orte der That geltende bürgerliche Recht. Das gilt z. B. auch von dem Eigentum an Tauben. Nach Preuß. Allg. Landrecht ist nur derjenige Tauben zu halten berechtigt, welcher tragbare Äcker in der Feldflur eigentümlich besitzt oder benutzt und zwar nach Verhältnis des Ackermaßes; wer Tauben eines solchen Besitzers einfängt, begeht einen D. Tauben anderer Taubenhalter unterliegen dem freien Tierfang. Dasselbe gilt auch von wilden Tieren; befinden sie sich aber in einem Wildgarten oder (Fische) in einem Fischteich, so sind sie im Eigentum des andern und ihre Wegnahme ist D. Auch ein Miteigentümer kann den andern Miteigentümer bestehlen, z. B. der Wechselaussteller den Acceptanten, in dessen Miteigentum der Wechsel steht durch Wegnahme und rechtswidrige Zueignung des Wechsels. Das Wegnehmen setzt voraus, daß sich die Sache im Gewahrsam eines andern befand. Verlorene Sachen befinden sich in niemandes Gewahrsam; der Finder kann die Sache unterschlagen, z. B. wenn er dem bestehenden Gebote entgegen den Fund nicht anzeigt und die Sache wie eine eigene gebraucht, aber stehlen kann er sie nicht. Zu den verlorenen Sachen gehört auch ein entlaufenes Haustier, das die Rückkehrgewohnheit verloren oder das sich derartig verlaufen hat, daß es sich nicht nach Hause zurückzufinden vermag. Eine verlegte oder vergessene Sache ist nicht schon eine verlorene. Oft kann es zweifelhaft sein, ob ein Wegnehmen aus fremdem Gewahrsam (D.) oder eine rechtswidrige Aneignung einer fremden, in eigenem Gewahrsam befindlichen Sache (Unterschlagung, s. d.) vorliegt; so wenn ein Ladenverkäufer Waren aus den Geschäftsvorräten wegnimmt; meist wird es D. sein. Heimlichkeit ist zur Wegnahme nicht erforderlich; sie kann auch durch fremde Werkzeuge, auch durch Tiere erfolgen: Abfressenlassen einer fremden Weide ist D. Vollendet ist die Wegnahme mit der Aufhebung des fremden Gewahrsams und der Erwerbung des eigenen (Apprehension), nicht erforderlich ist die Vollendung der beabsichtigten Zueignung (Ablation); so kann vollendeter Getreidediebstahl vorliegen, wenn das Getreide in die mitgebrachten Säcke gefüllt ist, sollten diese auch zunächst zum Zwecke spätern Abholens auf dem Kornboden versteckt sein. Die Absicht der Zueignung (diebische Absicht) muß dahin gehen, die Sache so zu entziehen, daß man über dieselbe wie ein Eigentümer verfügen kann. Man stiehlt ein Sparkassenbuch, wenn es auch nur weggenommen wird zur Erhebung eines Teiles der Einlage und in der Absicht, es später dem Eigentümer wieder zuzustellen. Die Absicht, gerichtet auf einen nur vorübergehenden Gebrauch, erfüllt den Thatbestand des D. nicht.

Man unterscheidet verschiedene Arten des D.: 1) Einfacher D. (Strafe: Gefängnis bis zu fünf Jahren mit fakultativem Ehrverlust). 2) Schwerer D. (§: 243, Strafe: Zuchthaus bis zu zehn Jahren, bei mildernden Umständen Gefängnis nicht unter drei Monaten mit fakultativem Ehrverlust und Zulässigkeit von Polizeiaufsicht). Er ist a. Kirchendiebstahl, wenn aus einem zum Gottesdienste bestimmten Gebäude Gegenstände gestohlen werden, welche dem Gottesdienste gewidmet sind; b. Einbruchsdiebstahl, wenn aus einem Gebäude oder umschlossenen Raume mittels Einbruchs, Einsteigens oder Erbrechens von Behältnissen gestohlen wird. Gebäude und umschlossene Räume sind Räumlichkeiten, welche das Hineingelangen eines Menschen zulassen; D. aus einem noch nicht 1 m hohen, übrigens ordnungsmäßig gebauten Kaninchenstall mittels Einbruchs ist weder D. aus einem Gebäude noch aus einem umschlossenen Raum. Der letztere muß einen Teil der Erdoberfläche bilden, also ist ein auf einem Pfahl ruhender Taubenschlag kein umschlossener Raum, sondern ein Behältnis. Einbruch setzt Gewalt voraus; sie kann eine geringe — Zerreißen eines Gazefensters — sein. Einsteigen ist Eintritt in eine für den Eintritt nicht bestimmte Öffnung mit Überwindung eines sachlichen Hindernisses; Steigen ist nicht erforderlich, Kriechen, Springen, Sichherablassen genügt. c. D. mit falschen Schlüsseln, wenn zur Eröffnung eines Gebäudes oder der Zugänge eines umschlossenen Raumes oder zur Eröffnung der im Innern befindlichen Thüren oder Behältnisse falsche Schlüssel oder andere zur ordnungsmäßigen Eröffnung nicht bestimmte Werkzeuge angewendet werden. Falscher Schlüssel ist auch der verloren gegangene und durch einen andern ersetzte frühere echte. d. D. an Gegenständen der Beförderung, wenn auf einem öffentlichen Wege, einer Straße, einem öffentlichen Platze, einer Wasserstraße oder einer Eisenbahn, oder in einem Postgebäude oder dem dazugehörigen Hofraume oder auf einem Eisenbahnhofe eine zum Reisegepäck oder zu andern Gegenständen der Beförderung gehörende Sache mittels Abschneidens oder Ablösens der Befestigungs- oder Verwahrungsmittel, oder durch Anwendung falscher Schlüssel oder durch Anwendung anderer zur ordnungsmäßigen Eröffnung nicht bestimmten Werkzeuge (z. B. Anbohren von Fässern) gestohlen wird. e. Bewaffneter D., wenn der Dieb oder einer der Teilnehmer bei der That Waffen bei sich führt. Gleichgültig ist, ob der Dieb die Absicht hatte, die Waffe nötigenfalls zu gebrauchen, andererseits ob die Waffe äußerlich so sichtbar getragen wurde, daß der Bestohlene sich bedroht fühlen konnte. f. Bandendiebstahl, wenn zu dem D. mehrere mitwirkten, welche sich zur fortgesetzten Begehung von Raub oder D. verbunden haben. g. Nächtlicher D., wenn der D. zur Nachtzeit, d. i. vom Eintritt der Dunkelheit nach Untergang der Sonne bis zum Beginn der Morgendämmerung, in einem bewohnten Gebäude, in welches sich der Thäter in diebischer Absicht eingeschlichen oder in welchem er sich in gleicher Absicht verborgen hatte, begangen wird, auch wenn zur Zeit des D. Bewohner in dem Gebäude nicht anwesend sind. Einem bewohnten Gebäude werden der zu einem solchen gehörige umschlossene Raum und die in einem solchen befindlichen Gebäude jeder Art, sowie Schiffe, welche bewohnt werden, gleich geachtet. Zum Einschleichen werden besondere Veranstaltungen des Thäters nicht verlangt, jedes geräuschlose, heimliche Eintreten genügt; auch liegt der Thatbestand vor, wenn sofort nach dem Einschleichen gestohlen wird. h. D. im zweiten Rückfall (§§. 244, 245). Rückfälliger Dieb ist, wer im Inlande als Dieb, Räuber oder gleich einem Räuber oder als Hehler bestraft worden ist, darauf abermals eine dieser Handlungen begangen hat und wegen derselben bestraft worden ist, wenn er nun — zum drittenmale — stiehlt. Die Vorstrafen müssen ganz oder teilweise verbüßt oder erlassen sein. Ein zehnjähriger Zeitraum von Verbüßung oder Erlaß der letzten Strafe — der zwischen der ersten und zweiten Verurteilung verstrichene Zeitraum kommt nicht in Betracht — bis zur Begehung des neuen D. schützt vor der Rückfallsstrafe. Diese beträgt für einfachen D. Zuchthaus bis zu zehn Jahren, bei mildernden Umständen Gefängnis nicht unter drei Monaten, bei schwerem D. Zuchthaus nicht unter zwei Jahren, bei mildernden Umständen nicht unter einem Jahre. 3) Familieu- und Hausdiebstahl (§. 247): a. D. von Verwandten aufsteigender Linie gegen Verwandte absteigender Linie oder von einem Ehegatten gegen den andern bleibt straflos. b. Nur auf Antrag, der zurückgenommen werden kann, wird bestraft: der D. gegen Angehörige (s. d.); ebenso der D. gegen Lehrherren oder Dienstherrschaften bei bestehender häuslicher Gemeinschaft, insofern die gestohlene Sache von unbedeutendem Werte ist.

Dem D. verwandt sind Mundraub (s. d.), Feld- und Forstfrevel (s. d.), Futterdiebstahl (s. d.), Munitionsdiebstahl (s. d.), das furtum usus und possessionis (s. d.), Urkundenvernichtung (s. d.). Besondere Strafbestimmungen hat das Deutsche Militärstrafgesetzbuch in den §§. 127—136, 138, 160, 161 über den Militärischen Diebstahl (s. d.) und die demselben verwandten Delikte: Marodieren (s. d.), Leichenraub (s. d.), Plünderung (s. d.), Beutemachen (s. Beute). Der Österr. Strafgesetzentwurf specifiziert die Arten des D. ähnlich wie das Deutsche Strafrecht und fügt noch einzelne Arten hinzu. Das Österr. Strafgesetz von 1852 erweitert den Kreis der einzelnen Diebstahlsarten noch mehr, hebt insbesondere, entsprechend dem mittelalterlich deutschen Recht, den D. an gewissen eines besondern Friedens bedürftigen Gegenständen (Früchte auf dem Felde, Ackergerät auf demselben, Vieh auf der Weide) hervor, macht einen Unterschied nach dem Wert (ob mehr als 25 Gulden) und straft den D. als Verbrechen mit schwerem Kerker von sechs Monaten bis zehn Jahre, den D. als Übertretung mit Arrest.

Im röm. Recht war der D. lediglich Privatdelikt, das mit Geldbuße bestraft wurde, später setzte das Recht der Kaiserzeit auf einzelne Arten (Taschendiebe, Einbrecher, Plünderer, auch auf den D. der balnearii, d. i. Badediebe, die man mit den heutigen Paletotmardern verglichen hat) Kapitalstrafen.

Die Carolina (s. d.), die den D. eingehend in 18 Artikeln behandelt, hat, entsprechend der deutsch-rechtlichen Auffassung, mannigfache und zum Teil sehr strenge Strafen; für Einbruch und Rückfall die Todesstrafe, für D. an einer Monstranz den Feuertod.

Statistisch ergiebt sich, daß D. das am häufigsten vorkommende Delikt ist. Es ergingen von deutschen Gerichten dieserhalb Verurteilungen 1890: 92725, 1889: 93356, 1888: 84377, 1887: 85407, 1886: 88816, 1885: 90398. Auf 10000 strafmündige Civilpersonen kamen 1890: 27,3 wegen D. Verurteilte. Von diesen waren männlich 67411 (72,7 Proz.), weiblich 25314 (27,3 Proz.), vorbestraft 36768 (39,7 Proz.), noch nicht 18 Jahr alt 22309 (24,1 Proz.).

Daß der Dieb auf Rückgabe der entwendeten Sachen haftet, ist selbstverständlich. Nach röm. Recht hat diesen Anspruch (condictio furtiva) nur der Eigentümer, auch wenn die Sache aus dem Gewahrsam eines dritten Besitzers, des Mieters, Beauftragten u. s. w. entwendet ist, welcher dem Eigentümer für den zufolge seiner Fahrlässigkeit eingetretenen Verlust haftet. Da der Begriff der röm. Entwendung auch die Unterschlagung, selbst den wissentlichen Empfang einer Nichtschuld, ferner den rechtswidrigen Gebrauch einer Sache umfaßte, so erstreckt sich die condictio furtiva auch auf diese Fälle, wie auf den Fall des Raubes. Die Haftung des Beklagten ist eine gesteigerte, indem der Eigentümer daneben auch vollen Schadenersatz fordern darf; wenn die Sache nicht zurückgegeben wurde, den höchsten Preis der Zwischenzeit bis zur Verurteilung. Der Dieb hat keinen Anspruch auf Ersatz seiner Verwendungen, und seine Erben können mit der Klage in diesem Umfange 30 Jahre lang in Anspruch genommen werden. Daneben hatte das röm. Recht noch eine Privatstrafklage ausgebildet (die actio furti) auf das Doppelte, und wenn der Dieb bei dem D. ertappt wurde, auf das Vierfache des Werts oder des erlittenen Schadens. Da diese Klage dem zunächst Beteiligten (cujus interest) zustand, so hatte, wenn die Sache aus dem Gewahrsam eines Dritten genommen war, welcher dem Eigentümer für den Verlust haftete, dieser Dritte in der Strafklage einen Ersatz für den ihm sonst nicht zustehenden Schadenersatzanspruch. Diese Strafklage giebt es heute nicht mehr, dem zunächst Beteiligten ist durch die Spolienklage (s. d.) ein Ersatz gegeben. Das Sächs. Bürgerl. Gesetzb. §§. 1499, 1500 hat die Diebstahlsersatzklage aufgenommen. Sie soll jedem zustehen, welcher durch die Entwendung Schaden erleidet gegen den, welcher sich eine bewegliche Sache durch D., Veruntreuung oder Unterschlagung angemaßt, auch gegen den, welcher sich an solchem Vergehen nach dessen Vollbringung beteiligt hat. Dem Thäter steht wie nach gemeinem Recht ein Ersatzanspruch wegen Verwendungen nicht zu. Die übrigen neuern Gesetzgebungen haben, abgesehen von den Bestimmungen über Forst- und Felddiebstahl, keine besondere Diebstahlsersatzklage neben der allgemeinen Bestimmung erforderlich erachtet, daß der durch eine unrechte That an seinem Vermögen Beschädigte vollen Schadenersatz fordern kann. So auch der Deutsche Entwurf. — Wie das geistige und das gewerbliche Eigentum vielfach in Parallele gestellt wird zum Eigentum an Sachen, so spricht man auch von einem D. an fremden Erfindungen, Mustern, Modellen, schriftstellerischen und musikalischen Werken. Die Gesetzgebung und Rechtswissenschaft hat auch dem Anspruch auf Schutz des geistigen und gewerblichen Eigentums Rechnung getragen (s. Urheberrecht).

Dieburg. 1) **Kreis** in der hess. Provinz Starkenburg, hat 504,15 qkm, (1890) 53646 (26429 männl., 27217 weibl.) E. — 2) **Kreisstadt** im Kreis D., an der Gersprenz und der Linie Darmstadt-Aschaffenburg der Hess. Ludwigsbahn, hat (1890) 4493 E., darunter 710 Evangelische und 720 Israeliten, Post, Telegraph, Kreis- und Zollamt, Reste der alten Festungswerke, eine besuchte Marien-Wallfahrtskapelle, eine Strafarbeitsanstalt; Blechwarenfabrikation, Gerberei, Schuhmacherei, Töpferei und Landwirtschaft. Für den röm. Ursprung der Stadt sprechen die verschiedenen hier ausgegrabenen Altertümer sowie ihre Lage an einer röm. Straßenkreuzung.

Dieci (spr. dietschi), s. Inquisitori di stato.

Dieckhoff, Aug. Wilh., luth. Theolog der streng konfessionellen Richtung, geb. 5. Febr. 1823 zu Göttingen, studierte daselbst, wurde 1847 Repetent, 1850 Privatdocent, 1854 außerord. Professor in Göttingen, 1860 ord. Professor der Kirchengeschichte in Rostock, 1882 Konsistorialrat. Mit Kliefoth gab er 1860—64 die «Theol. Zeitschrift» in Schwerin heraus. Er schrieb: «Die Waldenser im Mittelalter» (Gött. 1851), «Die evang. Abendmahlslehre im Reformationszeitalter» (Bd. 1, ebd. 1854), «Die evang.-luth. Lehre von der heiligen Schrift» (gegen von Hofmann, Schwerin 1858), «Der Sieg des Christentums über das Heidentum unter Konstantin» (ebd. 1863), «Luthers Lehre von der kirchlichen Gewalt» (Berl. 1864), «Schrift und Tradition. Widerlegung der röm. Lehre vom unfehlbaren Lehramt» (Rost. 1870, gegen von Kettelers Schrift «Das allgemeine Konzil und seine Bedeutung für unsere Zeit»), «Die obligatorische Civilehe» (Lpz. 1873), «Die kirchliche Tranung» (Rost. 1878), «Civilehe und kirchliche Tranung» (ebd. 1880), «Justin, Augustin, Bernhard und Luther» (Lpz. 1882), «Die Menschwerdung des Sohnes Gottes» (ebd. 1882, gegen Ritschls Theologie), «Die Stellung der theol. Fakultäten zur Kirche» (Rost. 1883), «Die Stellung Luthers zur Kirche und ihrer Reformation in der Zeit vor dem Ablaßstreit» (ebd. 1883), «Luthers Recht gegen Rom» (Lpz. 1883), «Der missourische Prädestinatianismus und die Konkordienformel» (Rost. 1885), «Der Ablaßstreit. Dogmengeschichtlich dargestellt» (Gotha 1886), «Zur Lehre von der Bekehrung und von der Prädestination» (Rost. 1886), «Luthers Lehre in ihrer ersten Gestalt» (ebd. 1887), «Leibniz' Stellung zur Offenbarung» (Rektoratsrede, 1888), «Das Wort Gottes» (Rost. 1888, gegen Volck und von Oettingen), «Inspiration und Irrtumlosigkeit der Heiligen Schrift» (Lpz. 1891).

Diede, Charlotte, bekannt durch die von W. von Humboldt an sie gerichteten klassischen «Briefe an eine Freundin» (Lpz. 1847; seitdem in vielen Ausgaben erschienen), geb. 1769, Tochter des Pfarrers Hildebrand in Lüdenhausen (Lippe-Detmold), heiratete 1789 den Dr. jur. Diede in Cassel; doch wurde die Ehe 1794 getrennt. Da sie ihr Vermögen während der Freiheitskriege verloren hatte, suchte sie durch Verfertigung künstlicher Blumen ihren Lebensunterhalt zu gewinnen. 1814 wandte sie sich an W. von Humboldt, den sie 1788 in Pyrmont kennen gelernt hatte, um ihn, der als preuß. Staatsminister auf dem Kongreß in Wien thätig war, zu bitten, ihr zur Wiedererlangung ihres in braunschw. Papieren angelegten Vermögens behilflich zu sein. Dies war die Veranlassung zu einem Briefwechsel, der von 1822 bis zum Tode Humboldts (1835) regelmäßig fortgeführt wurde. Später erhielt sie durch König Friedrich Wilhelm III. eine jährliche Unterstützung. Sie starb 16. Juli 1846 in Cassel. Ihre an Humboldt gerichteten Briefe sind nicht erhalten. Doch erschienen «Briefe von Charlotte D., der Freundin W. von Humboldts, an Karl Schulz», den Bruder von Humboldts Sekretär (mit einer Einleitung von G. Lothholz, Lpz. 1883). Vgl. Piderit und Hartwig, Charlotte D. (Halle 1884).

Diedenhofen. 1) Kreis im Bezirk Lothringen, hat 946,82 qkm, (1890) 84505 (44106 männl., 40399 weibl.) E. (darunter 4594 Evangelische und 915 Israeliten, 2885 Militärpersonen) in 102 Gemeinden und zerfällt in die 5 Kantone D., Fentsch, Kattenhofen, Metzerwiese, Sierck. — 2) D., franz. Thionville, **Hauptstadt** des Kreises D. und des Kantons D. (176,91 qkm, 21 Gemeinden, 37572 E.), Festung dritten Ranges, 28 km von Metz, 16 km von der franz. und 12 km von der luxemb. Grenze, am linken Ufer der hier 120 m breiten Mosel, von der sich oberhalb der Stadt ein

kanalisierter, sich unterhalb derselben wieder mit dem Hauptstrom vereinigender Arm abzweigt, liegt an den Linien Koblenz-Trier-D. (181,5 km), D.-Teterchen-Völklingen (69,8 km), D.-Algringen-Fentsch (16,1 km), Saarburg-Metz-Luxemburg der Elsaß-Lothr. Eisenbahnen. Die Stadt ist Sitz der Kreisdirektion, eines Amtsgerichts (Landgericht Metz), Hauptzollamtes, einer Oberförsterei, eines kath. Archidiakonats und hat (1890) 8923 (5568 männl., 3355 weibl.) E., darunter 6047 Katholiken, 2712 Evangelische und 162 Israeliten, in Garnison (2718 Mann) das 135. Infanterieregiment, 6. Dragonerregiment und die 8. Compagnie des 8. Fußartillerieregiments; Post erster Klasse mit Zweigstelle, Telegraph, Gymnasium (seit 1887, Direktor Dr. Möllers, 13 Lehrer, 8 Klassen, 3 Vorklassen, 221 Schüler), Lehrerinnenseminar, höhere Mädchenschule, Theater, zwei Spitäler; Reste röm. und mittelalterlicher Befestigung, mehrere ansehnliche Militärgebäude, mehrere Bohr-, Säge- und Ölmühlen, Bierbrauereien, Gerbereien, Weinbau (103 ha), lebhaften Handel mit Wein, Getreide, Gemüse, Obst und Vieh. Die Befestigung ist alten Systems. Die Werke bestehen aus der Stadtbefestigung auf dem linken Moselufer und einem doppelten Kronenwerke auf der von der Mosel und dem kanalisierten Arme gebildeten Insel; dieselben rühren in ihrer jetzigen Gestalt von Condé (1690) her. Eine steinerne, mit Stauvorrichtung versehene Brücke führt zu den Forts auf dem rechten Moselufer. Sehr gefährlich für die Festung sind die Höhen, welche auf dem linken Ufer 2—4000 m von der Festung entfernt bleiben, auf dem rechten hingegen ganz nahe an die Werke herantreten und dieselben beherrschen. Nach 1875 wurde das Mosel-Kronenwerk auf dem rechten Ufer eingeebnet und die Stadtbefestigung vereinfacht. — In D. (im Mittelalter Theodonis villa, 962 Diedenhowen) war schon im 8. Jahrh. eine königl. Pfalz, wo Pippin der Kleine Hof hielt. Reichstage wurden hier 805, 816, 821 und 835 gehalten. Im Vertrag von Mersen 870 kam D. an Deutschland. Später gehörte der Ort zur Herrschaft Arlon und kam an Luxemburg, erhielt 1357 durch Kaiser Karl IV. städtische Rechte, wurde 1443 durch Philipp von Burgund, 1639 durch die Franzosen erfolglos belagert, jedoch 1558 und 1643 (unter Condé) von letztern eingenommen. D., das inzwischen burgundisch und mit den Niederlanden österreichisch und spanisch geworden war, kam durch den Pyrenäischen Frieden (1659) an Frankreich und 1871 an das Deutsche Reich. Belagert wurde es 1705, 1792, 1814 und 1815. Im Deutsch-Französischen Kriege von 1870 und 1871 wurde D. von der 14. Division unter General von Kameke 10. Nov. 1870 eingeschlossen und 22. und 23. beschossen, worauf es 24. Nov. sich ergab. Vgl. Teissier, Histoire de Thionville (Metz 1828); Spohr, Die Cernierung, Belagerung und Beschießung von Thionville im Deutsch-Französischen Kriege 1870/71 (Berl. 1875).

Diefenbach, Lorenz, Sprachforscher und Ethnolog, geb. 29. Juli 1806 zu Ostheim im Großherzogtum Hessen, studierte in Gießen Theologie und Philologie und beschäftigte sich dann in Frankfurt a. M. mit Musik und den modernen Sprachen. Nach mannigfachen Wanderungen lebte er 12 Jahre hindurch als Pfarrer und Bibliothekar zu Solms-Laubach, später an verschiedenen Orten Deutschlands und trat 1845 zu Offenbach zu der von ihm mitbegründeten deutsch-kath. Gemeinde über. Letztere Stadt erteilte ihm 1848 das Ehrenbürgerrecht und sandte ihn in das Vorparlament nach Frankfurt a. M. Er nahm nun seinen bleibenden Wohnsitz in Frankfurt a. M., wo er 1865 zum zweiten Stadtbibliothekar ernannt wurde. Dieses Amt legte er 1876 nieder und zog nach Darmstadt, wo er 28. März 1883 starb. Er veröffentlichte: «Über die jetzigen roman. Schriftsprachen» (Lpz. 1831), «Über Leben, Geschichte und Sprache» (Gieß. 1835), «Mitteilungen über eine noch ungedruckte mittelhochdeutsche Bearbeitung des Barlaam und Josaphat» (ebd. 1836), «Celtica» (2 Bde. in 3 Abteil., Stuttg. 1839—42), «Origines Europaeae» (Frankf. 1861), «Vergleichendes Wörterbuch der got. Sprache» (2 Bde., ebd. 1846—51), «Vorschule der Völkerkunde und der Bildungsgeschichte» (ebd. 1864), «Pragmatische deutsche Sprachlehre» (Stuttg. 1847), «Mittellat.-hochdeutsch-böhm. Wörterbuch» (Frankf. 1846), «Glossarium latino-germanicum mediae et infimae aetatis» (ebd. 1857, ein Supplement zu dem Werke des Ducange), «Novum Glossarium latino-germanicum mediae et infimae aetatis» (ebd. 1867), «Hoch- und niederdeutsches Wörterbuch», in Verbindung mit E. Wülcker (ebd. 1874—85), «Völkerkunde Osteuropas» (2 Bde., Darmst. 1880). Belletristischen Inhalts sind: «Gedichte» (2 Bde., Gieß. 1840—41), «Novellen» (2 Cyklen, Lpz. 1856—65) und mehrere Romane, wie «Die Aristokraten» (Frankf. 1843), «Ein Pilger und seine Genossen» (ebd. 1851), «Eschenburg und Eschenhof» (ebd. 1852), «Der Vertauschte» (Lpz. 1858), «Die Pfarrerskinder» (Frankf. 1867), «Margarete» (Berl. 1868), «Arbeit macht frei» (Brem. 1873), «Der Zögling der Ursulinerinnen» (Novelle, Darmst. 1881).

Dieffenbach, Anton, Genremaler, geb. 4. Febr. 1831 in Wiesbaden, erlernte zuerst in Straßburg, dann in Paris unter Pradier die Bildhauerkunst. Seit 1856 wandte er sich jedoch der Malerei zu, erst auf der Düsseldorfer Akademie, dann im Atelier R. Jordans. 1864—70 setzte D. seine Studien in Paris fort; seit 1871 lebt er in Berlin. Seine Stoffe sind gewöhnlich dem Leben des Landvolks, dem Vogesenwald und der Kinderwelt entlehnt und gemütvoll durchgeführt. Seine bekanntesten Bilder sind: Ein Tag vor der Hochzeit, Der Weihnachtsbaum, Die Verlobung, Leckerbissen, Neue Bekanntschaft (1882), Schießunterricht (1883), Die Zuckerdüte (1888), Überraschung (1891).

Dieffenbach, Georg Christian, Liederdichter und theol. Schriftsteller, geb. 4. Dez. 1822 zu Schlitz im Großherzogtum Hessen, studierte 1840—43 zu Gießen Theologie, wurde 1847 Pfarrvikar in Kirchberg, später in Bielbrunn im Odenwalde und ist seit 1871 Oberpfarrer in Schlitz. Er schrieb: «Kinderlieder» (Mainz 1852; 2. Aufl. 1873; ins Holländische übersetzt; 50 Kinderlieder D.s, von Kern komponiert, erschienen in mehrern Auflagen in Mainz, 50 Lieder und Reime D.s u. d. T. «Glückliche Kinderzeit», mit Bildern von Flinzer in 2. Aufl., Brem. 1885), «Gedichte» (Berl. 1857; neue Aufl. u. d. T. «Lied und Leben», Wolfenb. 1880), «Aus vier Reichen. Gedichte» (Gotha 1887), «In der deutschen Frühlingszeit. 17 Lieder aus 1870/71» (Hannov. 1871), «Aus dem Kinderleben» (1878; 2. Aufl. 1881; 2. Abteil. 1881), «Fröhliche Jugend» mit Bildern von P. Mohn (1886), «Nesthäkchens Zeitvertreib» (Brem. 1888), «Für unsre Kleinen», illustr. Monatsschrift, Bd. 1—8 (Gotha 1884—92) und die Erbauungswerke: «Evang. Hausagende» (4. Aufl., Mainz 1878), «Zum Geburtstag» (2. Aufl., Gotha 1877), «Ein Hochzeitsstrauß. Aus Gottes Garten und von den Wiesen der Welt gesammelt» (Gotha 1874; 5. Aufl., Brem. 1888), «Evang. Krankenblätter zur Unterstützung der Kranken-Seelsorge und zum Verteilen an Leidende» (4 Hefte, Mainz 1868 fg.), «Evang. Trostblätter» (ebd. 1877), «Wort und Sakrament für Konfirmanden» (4. Aufl., Brem. 1890), «Bibelandachten» (4 Bde., Gotha 1879—84), «Christl. Gedenkbuch» (3. Aufl., Wolfenb. 1891), «Evang. Hausandachten» (Brem. 1883), mehrere Sammlungen von Predigten (Herborn 1885; ebd. 1886; Lpz. 1889) u. a.

Dieffenbach, Joh. Friedr., Chirurg, geb. 1. Febr. 1795 zu Königsberg, studierte seit 1810 zu Rostock und Greifswald Theologie, diente 1813—15 als freiwilliger reitender Jäger und studierte seit 1816 Medizin und Chirurgie erst in Königsberg, dann unter Walther in Bonn. Nach Vollendung seiner Studien ging er 1822 nach Berlin und wurde 1830 dirigierender Wundarzt an der Charité, 1832 außerord., 1840 ord. Professor und Direktor der chirurg. Klinik. Er starb 11. Nov. 1847 plötzlich im Operationssaale. Neben der bedeutenden Fertigkeit, mit der D. bei den gewöhnlichen Operationen das Messer handhabte, bekundete er auch sein chirurg. Talent durch Verbesserung vieler alter und Erfindung mancher neuer Operationsmethoden, die besonders in das Gebiet der plastischen und restituierenden Chirurgie gehören, wie die künstliche Bildung von Nasen, Lippen, Augenlidern, Wangen u. s. w., der Muskelschnitt bei Schielenden, bei Stammelnden. Dabei war er eifrig bemüht, die chirurg. Technik soviel als möglich zu vereinfachen. Er schrieb: «Chirurg. Erfahrungen» (4 Abteil., Berl. 1829—34); die Fortsetzung des Scheelschen Werks: «Die Transfusion des Blutes und die Infusion der Arzneien in die Blutgefäße» (Tl. 1, ebd. 1828), «Über die Durchschneidung der Sehnen und Muskeln» (ebd. 1841), «Die Heilung des Stotterns» (ebd. 1841), «Über das Schielen und die Heilung desselben durch die Operation» (ebd. 1842), «Die operative Chirurgie» (2 Bde., Lpz. 1844—48), sein Hauptwerk, das mehrfach übersetzt wurde; «Der Äther gegen den Schmerz» (Berl. 1847). Seine «Vorträge in der chirurg. Klinik der königl. Charité zu Berlin» wurden von C. Th. Meier (ebd. 1840) und französisch von Philips (ebd. 1840) herausgegeben.

Diège (spr. diähsch'), Fluß im franz. Depart. Corrèze, entspringt auf dem Plateau de Millevache, fließt in einer 200 m tiefen Schlucht und tritt nach 50 km Laufs rechts in die Dordogne.

Diēgo Garcia, die größte der Tschagos-Inseln (s. d.).

Dīēgo Ramīrez-Inseln, s. Feuerland.

Diēgo Rodriguez, Insel der Maskarenen, s. Rodriguez.

Diēgo Suārez, franz. Kolonie auf der Nordspitze von Madagaskar, an der Bai von D. S. oder Antombola (s. d.), ist Sitz des Gouverneurs auch für Nossi-Bé und St. Marie de Madagaskar und hat (1887) 4567 E., einschließlich einer Besatzung von 32 Offizieren und 1141 Mann.

Diё hodiérno (lat.), am heutigen Tage.

Diekirch, Stadt und Hauptort eines Distrikts (1159 qkm, 68886 E.) im Großherzogtum Luxemburg, 28 km von Luxemburg, in reizender Gegend links der zur Mosel gehenden Sauer (Sure) und am Fuße des Herren- und Schützenbergs, an den Linien Ettelbrück-D. (4,1 km) der Elsaß-Lothring. Eisenbahnen, D.-Wasserbillig-Grevenmacher (Prinz Heinrichbahn, 55 km) und der Nebenlinie D.-Vianden (13,8 km) der Luxemburg. Kantonaleisenbahn, hat (1890) 3500 kath. E., Post, Telegraph, Fernsprecheinrichtung, Bezirksgericht; alte (9. Jahrh.) Kirche, neue stattliche St. Lorenzkirche in roman. Stil mit einer Pietas von Achtermann; ein großherzogl. Gymnasium (seit 1891, Direktor Dr. Müllendorff, 9 Lehrer, 7 Klassen, 230 Schüler), verbunden mit Knabenpensionat, Privaterziehungsinstitut für junge Mädchen und Pensionat, geleitet von Schwestern der christl. Lehre, große Aktienbrauerei, bedeutende Dampfsägen, Ziegeleien und lebhaften Handel mit Tuch und Leder. — Die Herrschaft D. gehörte früher der mächtigen Familie von Esch an der Sauer; Robert von Esch trat 1221 einen Teil davon an Wallram, den Grafen von Luxemburg, ab; 1266 verkaufte Gottfried von Esch den übrigen Teil an Heinrich von Luxemburg. Johann der Blinde ließ 1330 D. mit Befestigungen umgeben, die jetzt beseitigt sind.

Diel, Aug. Friedr. Adrian, Obstbaumzüchter, geb. 3. Febr. 1756 zu Gladenbach in Oberhessen, widmete sich zu Gießen und Straßburg mediz. Studien und ward 1782 Amtsphysikus zu Gladenbach, 1790 Physikus zu Dietz und Brunnenarzt zu Ems; 1830 legte er sein Amt nieder. D. starb 22. April 1839. Von seinen noch jetzt wertvollen pomolog. Werken sind zu nennen: «Anleitung zu einer Obstorangerie in Scherben» (2 Bde., Frankf. 1798; 3. Aufl. 1804), «Versuch einer systematischen Beschreibung der in Deutschland gewöhnlichen Kernobstsorten» (21 Bdchn., ebd. 1799—1819), «Systematische Beschreibung der in Deutschland vorhandenen Kernobstsorten» (6 Bde., Stuttg. u. Tüb. 1821—32), «Systematisches Verzeichnis der vorzüglichsten, in Deutschland vorhandenen Obstsorten» (Frankf. 1818; Fortsetzung 1 u. 2, Lpz. 1829—33). Die von ihm aufgestellte Klassifikation der Obstsorten hat allgemeine Annahme gefunden und ist den von Lucas verbesserten Systemen zu Grunde gelegt. (S. Apfel, Bd. 1, S. 731 b, und Birne, Bd. 3, S. 32 a.) Nach ihm ist Diels Butterbirne benannt.

Diele, Deele, soviel wie Brett (s. d.); dann jeder aus Brettern gebildete Fußboden (s. d.). Im niedersächs. Bauernhause sowie in Norddeutschland bedeutet D. soviel wie Flur oder Tenne (s. Bauernhaus, Bd. 2, S. 509 a).

Diёlektricitätskonstante. Wenn man zwei voneinander isolierte, parallele Metallplatten aufstellt, kann man dieselben als Franklinsche Tafel benutzen und wie eine Leidener Flasche laden. Benutzt man nun diese Tafel als Maßflasche, um eine andere Leidener Flasche zu einem bestimmten elektrischen Potential zu laden, so zeigt es sich, daß die Tafel eine viel kleinere elektrische Kapacität hat, wenn die Platten nur durch Luft getrennt sind, als wenn der ganze Zwischenraum derselben z. B. durch eine Schwefelplatte ausgefüllt ist. Im erstern Falle ist nämlich ungefähr die dreifache Anzahl der Maßtafelentladungen nötig, um die Leidener Flasche zur gleichen Schlagweite zu laden wie im zweiten Falle. Die Kapacität des Schwefelkondensators ist also ungefähr dreimal so groß als die Kapacität eines Luftkondensators von gleicher Größe und Gestalt. Man drückt dies so aus, daß man sagt, die D. des Schwefels sei 3. Entsprechend ist sie für Harz 1,77, Glas 1,90, Hartgummi 3,15, Glimmer 5. Die D. für verschiedene Gase sind, unter sonst gleichen Verhältnissen, so wenig verschieden, daß man sie nahezu alle gleich der der Luft, mithin = 1 setzen darf. Die Bestimmung der D. ist sehr schwierig; es haben sich damit Faraday, Werner Siemens, Gibson, Barklay, Boltzmann u. a. beschäftigt. Die verschiedene Kapacität gleicher Kondensatoren aus verschiedenem Stoff wurde von Faraday entdeckt, aber lange nicht beachtet. Erst als man bei Legung der transatlantischen Kabel auf die große, vom Stoff abhängige Kapacität derselben aufmerksam wurde, als man sah, daß sich ein Kabel wie eine Leidener Flasche lade, daß durch die große Kapacität die Geschwindigkeit der telegr. Zeichengebung vermindert werde, ging man auf das genauere Studium der D. ein. (S. Dielektrische Polarisation.) Nach Maxwells elektromagnetischer Lichttheorie (s. Elektro-Optik) ist der Brechungsexponent gleich der Quadratwurzel aus der D.

Diёlektrische Körper, Nichtleiter, Körper, welche Dielektrische Polarisation (s. d.) zeigen.

Diёlektrische Polarisation. Wenn ein Nichtleiter der elektrischen Influenz ausgesetzt ist, so tritt auch in diesem eine Verteilung der elektrischen Ladung ein. Während aber die Ladung in den Leitern frei beweglich ist, bleiben in Nichtleitern die Ladungen an die kleinsten Teile, Moleküle, gebunden. Man kann sich vorstellen, daß die Moleküle eines Nichtleiters auf der dem z. B. positiv elektrischen Körper zugewendeten Seite negativ, auf der abgewendeten Seite positiv geladen seien. Im Innern heben sich die entgegengesetzten, sich berührenden Ladungen in beiden Fällen in ihrer Wirkung auf, und es bleiben scheinbar nur entgegengesetzte Ladungen an den Enden des Stabes oder an den Grenzflächen der Platte übrig. Den Verteilungszustand, in den ein Nichtleiter durch Influenz gerät, nennt man D. P. Nach Faradays Anschauung findet jede elektrische Fernwirkung durch D. P. der zwischenliegenden Nichtleiter statt, wobei auch der leere Raum als ein polarisierbarer Nichtleiter angesehen wird.

Dielenkopf (Mutulus), eine bei der dor. Säulenordnung (s. d.) vorkommende plattenförmige Verzierung der untern Fläche der Hängeplatte am Hauptgesims.

Dielensäge, s. Sägen.

Dieling, s. Beinschienen.

Dielmann, Jak. Fürchtegott, Genremaler, geb. 1809 in Sachsenhausen bei Frankfurt a. M., besuchte seit 1835 die Akademie in Düsseldorf; vornehmlich stellte er Scenen häuslichen Stilllebens dar. D.s Technik zeigt große Zierlichkeit, seine Aquarelle haben eine fast miniaturenartige Feinheit. Die Mehrzahl befindet sich im Besitz Frankfurter Kunstfreunde. D. starb 30. Mai 1885 in Frankfurt a. M.

Diels, Hermann Alex., Philolog, geb. 18. Mai 1848 in Biebrich a. Rh., studierte klassische Philologie und Philosophie in Berlin und Bonn, war Lehrer am Gymnasium zu Flensburg, seit 1873 am Johanneum in Hamburg, seit 1877 am Königsstädtischen Gymnasium in Berlin und wurde 1881 zum ordentlichen Mitgliede der Berliner Akademie der Wissenschaften, 1882 zum außerord., 1886 zum ord. Professor an der Universität Berlin ernannt. Er veröffentlichte: «De Galeni historia philosopha» (Bonn

1871), «Doxographi graeci» (Berl. 1879; Preisschrift der Akademie), «Simplicii in Aristotelis Physica commentaria» («Commentaria in Aristotelem graeca», IX, ebd. 1882), «Sibyllinische Blätter» (ebd. 1890). D. ist Redacteur der von der Akademie veranstalteten Ausgabe der griech. Kommentare zu Aristoteles sowie Mitherausgeber des «Archivs für Geschichte der Philosophie» (Berl. 1887 fg.).

Dielȳtra, Pflanzengattung, s. Dielytra.

Diemat, früheres Feldmaß in der hannöv. Landdrostei Aurich (um Emden u. s. w.) von 400 preuß. Quadratruten oder (die Längenrute zu 12 Fuß) 57600 preuß. Quadratfuß = 56,73833 a oder ziemlich genau 2¹/₆ ehemaliger hannöv. Morgen. Außer diesem gewöhnlichen Feld-Diemat kam ein größeres Moor-Diemat vor, = 450 größere Quadratruten (die Längenrute zu 15 preuß. Fuß) oder 101250 preuß. Quadratfuß = 99,73535 a = etwas reichlich 3⁴/₅ ehemalige hannöv. Morgen. Es waren 512 Moor-Diemat = 900 gewöhnliche D. (S. Demat.)

Dieme, s. Feime.

Diemel, linker Nebenfluß der Weser, entspringt hart an der westfäl. Grenze am (Kahlen) Pön in Waldeck, durchfließt in einem ziemlich tiefen Thale dieses Fürstentum, begleitet ungefähr von Warburg an in nordostwärts gerichtetem Laufe die Grenze zwischen den preuß. Provinzen Hessen-Nassau und Westfalen und mündet nach 80 km Lauf bei Carlshafen. Zuflüsse sind rechts, oberhalb Warburg die Twiste, bei Liebenau die Warme und bei Trendelburg die Esse, links die Hoppke.

Diemen, Anton van, niederländ. Staatsmann, geb. 1593 in Culenborg, wurde 1625 Mitglied des Hohen Rats der Ostindischen Compagnie, 1632 Generaldirektor und 1636 Generalgouverneur des niederländ. Ostindien. Er sandte 1642 eine Entdeckungsexpedition unter Abel Tasman (s. d.) aus und starb 19. April 1645 in Batavia. Nach ihm hieß Tasmania früher Van Diemensland.

Diēm perdĭdi (lat.), d. h. Ich habe einen Tag verloren, nach Sueton («Leben des Titus», Kap. 8) ein Ausspruch des röm. Kaisers Titus, als er eines Abends daran dachte, daß er an jenem Tage noch keinem Menschen etwas Gutes erwiesen hatte.

Diemrich, Stadt in Siebenbürgen, s. Déva.

Dienende Brüder und **Dienende Schwestern** besorgen die häuslichen Bedürfnisse für die Bewohner eines Mönchs- oder Nonnenklosters. In den geistlichen Ritterorden des Mittelalters hießen Dienende Brüder besonders die als gemeine Soldaten dienenden nichtadligen Brüder; bei den Freimaurern diejenigen Mitglieder, welche die Aufwartung verrichten.

Diener der heiligen Jungfrau, geistlicher [Orden, s. Serviten.

Dienergebühren, s. Gebühren.

Dienger, Jos., Mathematiker, geb. 5. Nov. 1818 zu Hausen in Baden, bildete sich für das Lehrfach aus, wurde Lehrer, 1849 Vorstand der höhern Bürgerschule in Ettenheim und 1850 Professor der Mathematik am Polytechnikum zu Karlsruhe. Infolge einer Krankheit sah er sich genötigt, Ende 1868 seine Stelle niederzulegen; von 1879 bis 1888 war er Direktor der «Allgemeinen Versorgungsanstalt» in Karlsruhe (Lebens- und Rentenversicherung). Er schrieb: «Ausgleichung der Beobachtungsfehler nach der Methode der kleinsten Quadratsummen» (Braunschw. 1857), «Abbildung krummer Oberflächen aufeinander und Anwendung derselben auf höhere Geodäsie» (ebd. 1858), «Studien zur analytischen Mechanik» (Stuttg. 1863), «Theorie der elliptischen Integrale und Funktionen» (ebd. 1865), «Theorie und Auflösung der höhern Gleichungen» (ebd. 1866), «Handbuch der ebenen und sphärischen Trigonometrie» (3. Aufl., ebd. 1867), «Grundriß der Variationsrechnung» (Braunschw. 1867), «Die Differential- und Integralrechnung» (3. Aufl., 2 Bde., Stuttg. 1868, und als 3. Bd.: «Integration der partiellen Differentialgleichungen», 1863).

Dienstablösung, s. Reallasten.

Dienstadel, s. Adel (Bd. 1, S. 134a).

Dienstag, der dritte Tag der Woche; die Bezeichnung D. entstand durch Einschaltung eines n aus der in Mitteldeutschland noch gegenwärtig üblichen Form Diestag (angelsächs. Tivesdäg, altfries. Tysdei, altnord. Tysdagr, engl. Tuesday) und bedeutet: der dem Kriegs- oder Siegesgott, dem Zio (altnord. Tyr, s. d.) geweihte Tag. Er ist altdeutsche Übertragung des lat. Dies Martis (franz. Mardi). Unmittelbar an die althochdeutsche Namensform Zio (im Genitiv Ziwes) lehnt sich die noch in oberdeutschen (alamann.) Mundarten gebräuchliche Form Zistag, Zistig. In Bayern hieß der Kriegsgott Er, weshalb der D. dort noch jetzt auch Erchtag oder Ertag heißt.

Dienstalter ist die von einer Militärperson im Soldatenstande zugebrachte Zeit, die meist nach vollendeten vollen Jahren berechnet wird, wobei Kriegsjahre doppelt, in Festungshaft oder nicht ganz unverschuldeter Kriegsgefangenschaft zugebrachte Jahre gar nicht veranschlagt werden. Nach dem D. wird bei Unteroffizieren und Offizieren meist die Beförderung bestimmt, wobei freilich die Beförderung besonders Empfohlener außer der Reihe nicht ausgeschlossen ist; innerhalb ein und derselben Charge bestimmt stets das D. die Reihenfolge. Über den Einfluß des D. auf die Pension s. d.

Dienstansprüche, diejenigen Ansprüche, welche ein Beamter infolge seiner Anstellung an den Staat, die Gemeinde u. s. w., eine Militärperson infolge geleisteter Dienste erhebt oder zu erheben berechtigt ist. Sie sind verschiedenartiger, teils ehrenrechtlicher, teils vermögensrechtlicher Natur. Unter den letztern sind die wichtigsten die Rechte auf Gehalt, beim Soldaten Löhnung, und das Recht auf die Pension. Die diese betreffenden Verhältnisse sind in den Pensionsgesetzen der verschiedenen Staaten geregelt worden. (S. auch Anstellungsberechtigung, Invalidenversorgung, Militäranwärter.) In manchen Heeren gewährt eine bestimmte in einer Charge geleistete Dienstzeit Anspruch auf eine Dienstzulage, ebenso gewährt in den meisten Heeren die Zurücklegung bestimmter Dienstzeit den Anspruch auf Dienstauszeichnungen, d. h. von Dekorationen. Letztere bestehen in verschiedener Form, in Frankreich z. B. für die Unterchargen in Chevrons, in Deutschland in auf der Brust zu tragenden Zeichen. Preußen hat ein Dienstkreuz für 25jährige Dienstzeit von Offizieren, Dienstauszeichnungen in Schnallenform für 9-, 15- und 21jährige Dienstzeit von Mannschaften des aktiven Dienststandes und die Landwehr-Dienstauszeichnung in zwei Klassen, ein Kreuz für 20jährige Dienstzeit von Offizieren und eine Schnalle für Offiziere und Mannschaften der Landwehr nach erfüllter Dienstpflicht, wenn sie einen Feldzug mitgemacht haben oder wenigstens drei Monate zum aktiven Dienste bei außerordentlicher Veranlassung einberufen waren. Bayern verleiht den Ludwigs-Orden für 50jährige Dienste, Dienstkreuze für 40- resp.

24jährige Dienstzeit in zwei Klassen, Dienstauszeichnungen und Landwehr-Dienstauszeichnungen analog den preußischen. Sachsen hat sich seit 1874 hierin den preuß. Einrichtungen angeschlossen.

Die D. können unter bestimmten Voraussetzungen infolge begangener Verbrechen oder Vergehen verloren gehen. Der Verlust der durch den Militärdienst erworbenen Ansprüche, soweit dieselben durch Richterspruch aberkannt werden können, tritt ein als Folge der Bestrafung mit Entfernung aus dem Heer oder der Marine, mit Dienstentlassung, mit Versetzung in die zweite Klasse des Soldatenstandes und mit Degradation; letzteres jedoch nur in der Art, daß zwar die Versorgungsansprüche eines Unteroffiziers, nicht aber diejenigen eines Gemeinen verlustig gehen.

Nach den gesetzlichen Bestimmungen dürfen selbst durch Richterspruch nicht aberkannt werden: die den Offizieren und Sanitätsoffizieren gebührenden sog. Pensionserhöhungen sowie die Pensionen, Pensions- und Verstümmelungszulagen der zur Klasse der Unteroffiziere und Gemeinen gehörenden Personen des Soldatenstandes.

Dienstauszeichnungen, s. Dienstansprüche.

Dienstbarkeit, Servitut, ein dingliches Recht an fremder Sache, sie sei ein Grundstück oder beweglich. Die Sache selbst dient dem Dienstbarkeitberechtigten, der Eigentümer der dienenden Sache hat das zu dulden, oder er hat etwas zu unterlassen (z. B. einen Neubau, durch welchen die Aussicht genommen wird). Aber die D. verpflichtet den Eigentümer der dienenden Sache nicht zu positiven Leistungen. Das ist der wichtige Unterschied der Servituten von den Reallasten (s. d.); wichtig, weil die Grunddienstbarkeit ohne Eintrag in das Grundbuch bestellt werden kann, z. B. in Preußen, die Reallast aber nicht; ferner weil Reallasten durchweg ablösbar sind, aber nicht D. Doch haftet der Eigentümer des belasteten Grundstücks zu gewissen Nebenleistungen. Daß der Waldeigentümer den Holzungsberechtigten die Stellen anweist, wo das Recht auszuüben ist, schließt nicht aus, daß es sich um eine D. und nicht um eine Reallast handelt. Die D. ist eine persönliche, wenn sie einem bestimmten Menschen oder einer bestimmten jurist. Person (Innung, Stadt, dem Staat) zusteht. Sie darf von denselben nicht dem Rechtsbestande nach (nur bezüglich der Ausübung) veräußert werden, und endigt mit dem Tode der Person, bei jurist. Personen nach 100 Jahren. Doch kann nach Preuß. Allg. Landr. I, 21, §. 178 der Nießbrauch auch für die Erben des zuerst Berechtigten bestellt werden, und einer jurist. Person steht er so lange zu, wie diese besteht (§. 179). Solche persönlichen D. sind der Nießbrauch (s. d.), das Gebrauchsrecht (s. Usus), das Wohnungsrecht (s. d.), im geltenden Preuß. Allg. Landrecht das vererbliche Recht des Mieters und Pächters, welchem die vermietete Sache oder das verpachtete Grundstück übergeben sind. Deshalb gilt dort der Satz «Kauf bricht Miete» nicht. Die Servitut ist eine Grunddienstbarkeit (s. d.), wenn dem jeweiligen Eigentümer eines Grundstücks die D. an einem andern Grundstück zusteht. Der Berechtigte darf vermöge der D. entweder selbst in Bezug auf den Gegenstand etwas thun, z. B. Früchte davon ziehen, einen Weg gebrauchen (affirmative Servituten) oder dem Eigentümer einen gewissen Gebrauch, z. B. das Höherbauen seines Hauses, das Verbauen eines Fensters u. s. w. untersagen (negative Servituten). Die Klage aus der D. wird Confessoria genannt. Sie geht gegen den Eigentümer wie gegen jeden Dritten, welcher dazu Anlaß giebt, auf Anerkennung, Unterlassung weiterer Störung, Herstellung eines dem Inhalt des Rechts entsprechenden Zustandes.

Dienstboten, s. Gesinde.

Dienstbotensteuer, s. Luxussteuern.

Dienste, persönliche, sind menschliche Arbeitsleistungen, welche als solche die direkte Befriedigung persönlicher Bedürfnisse anderer gewähren und auf Grund dieses ihres Gebrauchswerts auch einen Tauschwert und dadurch neben den Sachgütern und der auf die Erzeugung und Bewegung von Sachgütern gerichteten menschlichen Arbeitskraft die Bedeutung von tauschwirtschaftlichen Gütern erlangen. Manche persönlichen D. sind auch mit sachlichen Arbeiten verbunden, so namentlich in der Hauswirtschaft. Andere dagegen dienen ausschließlich der immateriellen Produktion und ein Teil, wie namentlich die D. der Staatsbeamten, der Geistlichen, Ärzte u. s. w., bildet eine unentbehrliche Grundlage der Kultur. Eine in der Volkswirtschaftslehre viel verhandelte Frage ist die, ob die Dienstleistungen als produktiv zu gelten hätten (s. Produktivität). Der Betrieb der persönlichen D., der höhern wie der niedern, ist, auch abgesehen von den Beamten, im ganzen noch weit mehr der staatlichen Regelung unterworfen als die materielle Güterproduktion. Es hängt dies damit zusammen, daß bei den erstern Person und Person sich unmittelbar gegenüberstehen, daher eher die Gefahr einer persönlichen Schädigung durch den Unberufenen vorliegt, und auch leicht persönliche Reibungen entstehen. Daher wird auch in Staaten mit hoch entwickelter Gewerbefreiheit von denjenigen, welche als Lehrer, Advokaten, Ärzte, Hebammen u. s. w. wirken wollen, ein Befähigungsnachweis verlangt; die Befugnis zu künstlerischen Schaustellungen wird meistens im Interesse der öffentlichen Sittlichkeit von einer besondern Konzession abhängig gemacht, und noch weiter gehenden Beschränkungen unterliegen solche Aufführungen, die ein höheres künstlerisches Interesse gar nicht besitzen. Personen, die auf der öffentlichen Straße ihre D. anbieten, wie Droschkenkutscher und Dienstmänner (s. Dienstmanninstitute), stehen ebendeswegen unter der oft weitgehenden Ordnungsgewalt der Polizei, und es können namentlich auch Taxen für sie vorgeschrieben werden. Auch die Verhältnisse der häuslichen Dienstboten, des sog. Gesindes (s. d.), stehen vielfach noch unter besondern gesetzlichen Vorschriften. Diese «Gesindeordnungen» enthalten in Deutschland hier und da noch Anklänge an die Leibeigenschaft, aus der das Gesindewesen teilweise hervorgegangen ist. Doch hat man auch in durchaus modernen «Dienstbotengesetzen» auf die besonders engen häuslichen Beziehungen, die zwischen der Dienstherrschaft und den Dienstboten bestehen, einige Rücksicht nehmen müssen. Für die einem andern geleisteten D. kann beim Mangel eines dahin gehenden Vertrags nicht in jedem Falle ein Entgelt gefordert werden. Zahlreiche D. werden aus Freundschaft oder Gefälligkeit geleistet. Darauf beruht namentlich der Auftrag (s. d.) und die nützliche Geschäftsführung (s. d.). Deshalb können auch Kinder, welche an dem Haushalte der Eltern teilnehmen und unter deren Erziehungsgewalt stehen, beim Mangel einer Verabredung selbst für wirtschaftliche D. keine Vergütung fordern (Preuß. Allg. Landr. II, 2, §§. 121

—123; Deutscher Entwurf §. 1499). Ergiebt sich aber aus den Umständen, daß jemand, welcher sich von einem Dritten D. leisten ließ, nur erwarten konnte, dieselben seien ihm gegen Entgelt geleistet — und das wird gewöhnlich der Fall sein, wenn der Dritte solche Dienste gewerbsmäßig gegen Entgelt leistet — so gilt eine angemessene, zunächst von dem Dritten zu berechnende Vergütung als stillschweigend verabredet (Sächs. Bürgerl. Gesetzb. §§. 820, 1231; Deutscher Entwurf §. 559). Ein Kaufmann, der in Ausübung des Handelsgewerbes einem Kaufmann oder Nichtkaufmann D. leistet, kann nach Art. 290 des Deutschen Handelsgesetzbuchs dafür auch ohne vorherige Verabredung Provision fordern.

Dienste, in der Architektur, die schlanken, säulenartigen Verstärkungen der Pfeiler und Wände an got. Kirchen, auf welchen die Rippen der Gewölbe aufsitzen. Jene stärkern D., welche die Gurtbogen tragen, nennt man alte D., die schwächern, für die Diagonalen, junge D. Gewöhnlich haben die D. Sockel und einen Knauf. Doch verschwinden die letztern im 15. Jahrh., sodaß der Dienst unmittelbar in die Rippe übergeht.

Diensteid, s. Amtseid.

Diensteinkommen, alles Einkommen, welches als Folge eines bestimmten dauernden Dienstes, sei es öffentlichen oder privaten, bezogen wird. Im engern Sinne nennt man D. das Einkommen der Beamten, so auch in der Gesetzgebungssprache. Für dieses D. gelten bestimmte gesetzliche Vorschriften. Solche finden sich, im wesentlichen übereinstimmend, im einzelnen jedoch mannigfach verschieden, in den Beamtengesetzen aller Einzelstaaten; gewissermaßen einen zusammenfassenden Abschluß der deutschen Entwicklung geben die Vorschriften des Reichsbeamtengesetzes vom 31. März 1873. Das D. kann nicht unter die privatrechtlichen Gesichtspunkte einer Belohnung für geleistete Dienste gestellt werden, sondern bildet eine Art Alimentation, welche der Staat oder die Gemeinde in Form einer nach Art und Bedeutung des Dienstes abgestuften Rente denjenigen Personen gewähren, welche ihnen dauernd, meist auf Lebenszeit, ihre Arbeitskraft widmen. Demgemäß wird auch bei Krankheit und meist auch bei Urlaub — doch bestehen hier Modifikationen — das D. weiter entrichtet. Das D. wird teils nach, teils vor der Dienstzeit, teils monatlich, teils vierteljährlich entrichtet, nach der neuern Gesetzgebung meist vorher und vierteljährlich. Das D. wurde früher in weitem Umfange in Naturalien gegeben; heute ist dies die Ausnahme, nur Dienstwohnungen sind auch jetzt noch sehr häufig, im übrigen kommt Naturalleistung in erheblicherm Umfange nur mehr bei Kirchendienern vor. Disciplinarbestrafung kann eine Minderung oder völlige Entziehung des D. zur Folge haben. Das D. ist nach der Deutschen Civilprozeßordnung nur in beschränkter Weise gerichtliches Exekutionsobjekt (§§. 715, 749). Als Wartegeld erscheint das D. bei zeitweilig in Ruhestand versetzten Beamten; als Pension bei dauernder Dienstunfähigkeit. Hierüber sind überall genaue Sondervorschriften (vgl. Reichsgesetze vom 21. April 1886 und 25. Mai 1887, dazu die besondern Gesetze für Militärpersonen) erlassen worden. Auch die Witwen- und Waisengelder stellen eine besondere Art des D. dar (vgl. Reichsgesetz vom 20. April 1881 und kaiserl. Verordnung vom 8. Juni 1881 und ferner Reichsgesetz vom 5. März 1888 und kaiserl. Verordnung vom 18. März 1888). Der sog. Wohnungsgeldzuschuß (Reichsgesetz vom 30. Juni 1873) gehört rechtlich zum D., nicht dagegen Ersatz für Barauslagen und vorübergehende Remunerationen, nur nach einzelnen Gesetzen die sog. Repräsentationsgelder. Das D. kann nach den meisten Gesetzen vor den Civilgerichten eingeklagt werden, nach dem Reichsbeamtengesetz jedoch nur 6 Monate lang nach Erledigung des verwaltungsrechtlichen Instanzenzuges; oberste gerichtliche Instanz ist das Reichsgericht. Die Pension, nach einzelnen Gesetzen auch das Witwengeld werden nach dem D. berechnet. Vielfach hat das D. steuerrechtliche Privilegien, so in Preußen nur Heranziehung mit der Hälfte zu Kommunalsteuern; vollkommene Freiheit von solchen besteht für das D. der Militärpersonen im Gebiet des ehemaligen Norddeutschen Bundes, bei Unteroffizieren und Gemeinen auch von direkten Staatssteuern im ganzen Reichsgebiet; für die Berechnung der Mietssteuer von Dienstwohnungen der Reichsbeamten darf kein höherer Betrag als 15 Proz. des baren D. angesetzt werden (Gesetz vom 31. Mai 1881).

Das D. im deutschen Heere und in der deutschen Marine setzt sich zusammen aus dem Chargengehalt (bei den Mannschaften Löhnung) mit den etatsmäßigen Stellenzulagen (nur für gewisse Stellen) und aus dem Servis und Wohnungsgeldzuschuß; ferner gehören hierher in gewissem Sinne die Tischgelder, die Kommandozulagen (beim Verlassen der Garnison), die Tagegelder (bei dienstlichen Reisen); endlich auch die den Inhabern verschiedener Dienstauszeichnungen gezahlten Ehrenzulagen.

An Chargengehalt erhalten monatlich, von kleinen Unterschieden einzelner Truppenteile abgesehen: Generalfeldmarschall, General, Generallieutenant 1000 M.; Generalmajor 750 M.; Stabsoffizier in der Stellung als Brigade- oder Regimentscommandeur 650 M.; Stabsoffizier beim Kriegsministerium, Generalstab, Ingenieurkorps, Train und bei der Kavallerie und Artillerie 475 M.; Stabsoffizier der Infanterie 450 M.; Hauptmann (Rittmeister) erster Klasse beim Kriegsministerium, Generalstab, Ingenieurkorps, Train, bei der Kavallerie und Artillerie 325 M.; Hauptmann erster Klasse im übrigen 300 M.; Hauptmann (Rittmeister) zweiter Klasse beim Kriegsministerium, Generalstab, Ingenieurkorps, Train, bei der Kavallerie und Artillerie 210 M.; Hauptmann zweiter Klasse im übrigen 180 M.; Premierlieutenant der Kavallerie, Artillerie, des Ingenieurkorps und Trains 105 M.; Premierlieutenant der Infanterie 90 M.; Sekondelieutenant der Fußartillerie, des Ingenieurkorps 99 M.; Sekondelieutenant der Kavallerie, Feldartillerie, des Trains 84 M.; Sekondelieutenant der Infanterie (sowie außeretatmäßige Sekondelieutenants der Artillerie und der Ingenieure) 75 M. — In der Marine erhält an Chargengehalt: Viceadmiral 1100 M.; Konteradmiral 825 M.; Kapitän zur See 700 M.; Korvettenkapitän 525 M.; Kapitänlieutenant erster Klasse 375 M., zweiter Klasse 260 M.; Lieutenant zur See 125 M.; Unterlieutenant zur See 100 M. Bei der Marine-Infanterie erhält der Stabsoffizier mit Regimentscommandeursrang 700 M., als Bataillonscommandeur 525 M.; Hauptmann erster Klasse 350 M., zweiter Klasse 230 M.; Premierlieutenant 115 M.; Sekondelieutenant 100 M. Ferner der Stabsingenieur 600 M.; Maschinenoberingenieur 500 M.; Maschineningenieur, Oberzahlmeister 375 M.; Maschinenunteringenieur 300 M.; Marinezahlmeister 275 M. Der Generalarzt der Marine erhält 6—700 M.; Oberstabsarzt erster Klasse 450—525 M., zweiter Klasse 350 M.; Stabsarzt 230 M.; Assistenzarzt erster Klasse 115 M., zweiter Klasse 100 M. Oberdeckoffiziere empfangen 162,50 M., Deckoffiziere 125 M. Gehalt.

An Löhnung bezieht monatlich: Feldwebel 60 M.; Vicefeldwebel 45 M.; Sergeant 36 M.; Unteroffizier 25,50 M.; Unteroffizier der Kavallerie und Artillerie 27 M.; Portepeefähnrich 27 M.; Gefreite 12 M. (bei den berittenen Truppen 13,50 M.); Gemeine 10,50 M. (bei den berittenen Truppen 12 M.). — In der Marine erhält der Feldwebel und Wachtmeister 69 M.; Vicefeldwebel, Obermaat, Stabshoboist 60 M.; Seekadett, Viceseekadett, Maat 45 M.; Obermatrose, Oberheizer u. s. w. 24 M.; Matrose, Heizer, Handwerker, Kadett, Schiffsjungenunteroffizier 19,50 M.; Schiffsjunge 12 M. Nur für die Marine-Infanterie gelten dieselben Sätze wie für das Heer, nur daß der Gefreite 15 M. erhält.

Die etatsmäßige Stellenzulage beträgt u. a. monatlich für einen kommandierenden General sowie für den Chef des Generalstabes der Armee 1500 M.; für einen Generalinspecteur je nach seiner Anciennetät 500, 1000 oder 1500 M.; für den Gouverneur von Berlin 1250 M.; für einen Divisionscommandeur sowie für einen Departementsdirektor im Kriegsministerium 375 M.; für einen Brigadecommandeur und entsprechende andere Dienststellen 75 M.; für den Commandeur der Haupt-Kadettenanstalt 75 M.; für den Compagniechef im Kadettenkorps 25 M.; für den Militärlehrer im Kadettenkorps 60 M.; für einen Adjutanten, Assistenten, Compagnieoffizier oder Reitlehrer im Kadettenkorps 40 M.; für Lehrer, Inspektionsoffiziere und Bureauchefs der Kriegsschulen 37,50 M.; für einen (inaktiven) Bezirkscommandeur, je nachdem 90, 120, 150 M.; für einen (inaktiven) Bezirksoffizier 60 M. — In ähnlicher Weise sind Stellenzulagen für den Direktor, Direktionsoffizier, die Lehrer und Inspektionsoffiziere der Marine-Akademie und -Schule ausgesetzt.

Auf den in Dienst gestellten Schiffen der Marine erhalten die Kapitulanten des Maschinenpersonals besondere Stellen- und Fachzulagen, und zwar bis zu 1 M. täglich.

Dienstalterzulagen, beginnend mit monatlich 3 M., steigend bis monatlich 30 M., erhalten alle Unteroffiziere und Deckoffiziere der Marine.

Beurlaubte Offiziere erleiden, wenn seitens der den Urlaub erteilenden Vorgesetzten nicht ausnahmsweise andere Bestimmung getroffen ist, während der ersten 1½ Monate des Urlaubs keine Gehaltsverkürzung. Für weitere 4½ Monat tritt ein Abzug vom Gehalt ein, welcher je nach der Größe des Gehalts täglich 1 M. bis 16,50 M. beträgt. Nach Ablauf von 6 Monaten wird der Gehalt tageweise mit dem vollen Betrage in Abzug gebracht. Ist der Urlaub zur Wiederherstellung der Gesundheit erteilt, so findet bis zur Dauer von 6 Monaten kein Gehaltsabzug statt; zur weitern Zahlung des Gehalts bedarf es der allerhöchsten Genehmigung. Offiziere, welche krank gemeldet sind, beziehen das Gehalt unverkürzt. Haft und Arrest haben eine Gehaltsverkürzung nicht zur Folge, dagegen ist mit Verbüßung von Festungshaft oder Gefängnis ein Gehaltsabzug von täglich 1 M. bis 16,50 M. verbunden.

Über Tischgelder, Messegelder, Tafelgelder, Tagegelder, Servis und Wohnungsgeldzuschuß, Seefahrtszulage und Ehrenzulagen s. die betr. Artikel.

Dienstenthebung, s. Amtsenthebung und Disciplinargewalt.

Dienstentlassung, die Entlassung eines Beamten aus dem Dienst (s. Amtsenthebung). D. als militärische Ehrenstrafe (nur gegen Offiziere, Sanitätsoffiziere und im Offizierrange stehende Mitglieder des Maschineningenieurkorps zulässig) hat den Verlust der Dienststelle und aller durch den Dienst erworbenen Ansprüche, soweit dieselben durch den Richterspruch aberkannt werden können, ingleichen die Verwirkung des Rechts, die Offiziersuniform zu tragen, zur Folge. Der des Dienstes entlassene Offizier behält aber den Offiziertitel, Orden und Ehrenzeichen und kann wieder eintreten (aber nicht als Offizier). Auf D. wird z. B. erkannt: bei Bruch des Stubenarrestes, bei Thätlichkeiten gegen Vorgesetzte, bei Herausforderung eines Vorgesetzten zum Zweikampfe aus dienstlicher Veranlassung und Annahme eines solchen Zweikampfes seitens des Vorgesetzten, bei Mißhandlung Untergebener im wiederholten Rückfalle neben Gefängnis- oder Festungshaft.

Dienstgeheimnis, s. Amtsgeheimnis.

Dienstgratiāl, in Österreich eine Abfindungssumme, die frühern Militärpersonen, vom Feldwebel und Wachtmeister abwärts, welche auf Invalidenversorgung Verzicht leisten, bei ihrem Austritt aus dem Militär gewährt wird; ihre Höhe richtet sich nach der Waffengattung und nach dem bekleideten Grade.

Dienstgut, s. Dienstleute und Pomjestje.

Dienstkreuz, s. Dienstansprüche.

Dienstleute (russ. služilyje ljudi), Bezeichnung für die verschiedenen Klassen der den russ. Fürsten zum Dienst verpflichteten Leute. In der ältesten Zeit bilden sie seine Gefolgschaft (Družina, s. Druschina), später seinen Hof (Dvor) und werden daher Dworjane (Hofleute) genannt. Die Glieder der Gefolgschaft (družinniki) haben sich in Unterthanen verwandelt und zerfallen in Klassen, welche ihre Ausbildung im moskauischen Großfürstentum erhalten. Hier entwickelt sich auch das Dienstgütersystem. Wer auf seinem Erb- und Eigentum (otčina oder votčina, von otec, «Vater») saß, war dem Großfürsten zum Dienst verpflichtet. Leuten, die ihm dienen wollten, verlieh der Großfürst Land (Dienstgut, poměstje), von dem sie mit einer entsprechenden Anzahl ihrer Leute den Dienst zu leisten hatten. Die Zugehörigkeit zur Klasse der D. verlieh dem Einzelnen ein Recht auf Land. Die Zahl der Dienstgüter überstieg bald die der Erbgüter (s. Pomjestje). Nach Feldzügen oder einer Reihe von Dienstjahren erhielten die D. ein gewisses Landmaß zu ihren Gütern zugeteilt. Wer nicht selbst den Dienst leisten konnte, hatte einen Stellvertreter zu stellen (datočnyje ljudi), ebenso die Geistlichkeit von ihren Gütern. In der ältern Zeit hatten sämtliche Bischöfe ihre D., unter deren Anführung ihre Leute den Fürsten und Großfürsten Heeresfolge leisteten, und welche ihre Güter verwalteten. Besonders groß und bedeutend war der Hof des Bischofs, später Erzbischofs, von Nowgorod. In späterer Zeit hatte nur der Patriarch noch seine eigenen D., sogar seine Bojaren.

Im moskauischen Zarentum (16. Jahrh.) finden sich neun Klassen der D. Die obersten drei bildeten den Rat des Zaren und seine unmittelbare Umgebung. Aus ihnen wurden die wichtigsten Hof- und Staatsämter besetzt, ihre Mitglieder wurden zu Chefs der moskauischen Behörden (prikaz), zu

Statthaltern, später Woiwoden in den großen Provinzen ernannt, endlich zu Heerführern. Die vierte Klasse bildeten die eigentlichen Hof- und Bureaubeamten. Die fünfte und sechste Klasse gehören zu den mittlern Klassen; aus ihnen wurden Verwaltungsbeamte, Statthalter resp. Woiwoden und Anführer von Regimentern (polk) gewählt. Die siebente, achte und neunte Klasse gehören zu den niedern D. Da die D. sich selbst unterhalten mußten, so konnten die Feldzüge meist nur kurz sein, dauerten sie länger, so wurde das Heer vom Zaren unterhalten. In der ältern Zeit bildeten die D. mit ihren Bauern das Heer. Seit dem 16. Jahrh. kamen stehende Truppen, Strelitzen (s. d.), Artilleristen (puškari) und angeworbene fremde Söldner auf. Peter d. Gr. organisierte das Heer nach europ. Muster. Den Unterhalt übernahm der Staat. Die auf dem Lande (den Dienst- und Erbgütern) liegende Dienstpflicht wurde zu einer persönlichen und alle Dienstklassen zu einem Stande, dem Adel (s. Russischer Adel) vereinigt.

Dienstliste, im österr. Strafprozeß, s. Schwurgericht.

Dienstmägde Christi, eine 1848 zu Dernbach in Nassau entstandene, 1870 von Pius IX. bestätigte, in Westdeutschland ziemlich verbreitete Genossenschaft zur Pflege armer Kranken.

Dienstmann, s. Dienstmanninstitute.

Dienstmannen, s. Ministerialen.

Dienstmanninstitute, Einrichtungen, welche den Zweck verfolgen, dem Publikum Dienst- und Arbeitsleute zur Besorgung von Botengängen, Transport kleinerer Lasten u. s. w. gegen eine nach einem bestimmten, von der Ortspolizeibehörde genehmigten Tarif festgesetzte Geldentschädigung zur Verfügung zu stellen. Die Berechtigung der polizeilichen Taxen beruht in Deutschland auf §. 76 der Gewerbeordnung. In den größern Städten fand man auch früher schon Leute, die auf den Straßen bereit standen, um dergleichen Dienste zu verrichten, so unter andern die sog. Eckensteher zu Berlin. Die Aufgabe der D. ist, daß sie diesen Dienst organisieren, daß sie zuverlässige Leute dazu heranziehen, Bürgschaft für ihre Zuverlässigkeit leisten, durch eine gleichmäßige Kleidung die Dienstmänner kenntlich machen. Neben den D. haben sich auch einzelne selbständige Dienstmänner diesem Geschäfte gewidmet. Am besten sind wenige große Institute mit Gesamtbürgschaft, die sich das Vertrauen durch gute Haltung erwerben, derart, daß man auf ihre Kleidung und Abzeichen hin unbedenklich die Dienste jedem einzelnen anvertraut. Diese Institute brauchen nicht notwendig die Unternehmung eines Kapitalisten zu sein; sie können ebensogut Genossenschaften durch die Vereinigung einer größern Anzahl tüchtiger Dienstmänner bilden. Für jede übernommene Bestellung übergiebt der Dienstmann dem Besteller eine Marke des Instituts, die auf den Betrag des für die Bestellung empfangenen Lohns und auf die Höhe der Garantie lautet und so zugleich als Kontrolle für die D. und als Garantieschein für den Auftraggeber dient.

Dienstmiete, der Vertrag, durch welchen sich der eine verpflichtet, dem andern Dienste gegen Entgelt zu leisten. Das Gebiet dieses Vertragsverhältnisses ist außerordentlich weit; der Dienstmietvertrag und der Kaufvertrag sind die wichtigsten Verträge des Privatrechts, ohne welche die bürgerliche Gesellschaft nicht bestehen könnte. Der Vertrag umfaßt von dem einfachsten Verhältnisse des Arbeitgebers, welcher einen Dienstmann für einen Weg mietet, die Verhältnisse der Herrschaft zu dem Gesinde, zu den Hausofficianten und Stützen der Hausfrau, des Arbeitgebers zu den gewerblichen, landwirtschaftlichen und Fabrikarbeitern, des Meisters zu seinen Gesellen, des Kaufmanns und Industriellen zu seinem gesamten Geschäftspersonal bis hinauf zum Fabrikdirektor und Prokuristen, des Theaterunternehmers zu den von ihm engagierten Künstlern, das Vertragsverhältnis zum Privatlehrer, zum Erzieher und zur Erzieherin der Kinder. Das Verhältnis erstreckt sich auf die einfachsten körperlichen Arbeiten und auf lebenslängliche künstlerische, wissenschaftliche und gewerbliche Berufe. Der Vertrag wird begrenzt durch die Verhältnisse des öffentlichen Dienstes. Der Staatsbeamte, der Kirchenbeamte und der Gemeindebeamte stehen nicht in einem privatrechtlichen Abhängigkeitsverhältnis, sie erhalten auch keinen Lohn für geleistete Dienste, sondern ein Gehalt, was im Verhältnis zur Erfüllung der dienstlichen Pflichten keine Gegenleistung für die Leistung ist. Der Vertrag wird andererseits begrenzt durch die Werkverdingung (s. d.), bei welcher es sich nicht bloß um Leistung von Diensten, sondern um deren Resultat, die Herstellung eines Werkes handelt. Minderjährige bedürfen zur Vermietung ihrer Dienste der Ermächtigung des Vaters oder Vormundes, welche auch generell erteilt wird, aber auch, wenn sie erteilt war, unbeschadet der erworbenen Rechte dritter Personen wieder zurückgezogen und eingeschränkt werden kann. Ehefrauen bedürfen nach den Landesgesetzgebungen, insonderheit wenn sie in ein Gesindeverhältnis eintreten, der Genehmigung des Ehemanns. Über die von beiden Seiten zu erfüllenden Verpflichtungen pflegen bei den umfassendern und wichtigern Verhältnissen schriftliche eingehende Verträge abgeschlossen zu werden. Wo solche Verträge nicht geschlossen sind, oder soweit sie keine Bestimmungen treffen, normiert das Gesetz. Der Dienstleistende (Vermieter) hat die versprochenen Dienste und zwar, wenn nichts anderes bestimmt oder nach den Umständen anzunehmen ist, in Person zu leisten. Der Lohn kann nach der Zeit der Arbeit, nach dem Stück oder nach der Qualität und der Menge der Arbeit bezahlt werden. Er ist postnumerando, bez. in bestimmten Zeitabschnitten zu zahlen. Bezüglich der Ausführung der Arbeiten ist der Vermieter, soweit sich nicht etwas anderes aus der Natur der zu leistenden Dienste ergiebt, an die Weisungen des Arbeitgebers gebunden. Beide Teile haften für ihre Verschuldung, der Vermieter insonderheit dafür, daß er die Fähigkeiten zu dem Dienste, welche er vermietet hat, habe. Doch pflegt der Maßstab der Sorgfalt bei dem Gesinde herabgesetzt zu sein. Wird der Vermieter durch einen Zufall unfähig oder behindert, die Dienste zu leisten, so fällt die Verpflichtung des Mieters zur Gegenleistung ohne Entschädigungspflicht des Vermieters hinweg. Eine vorübergehende Behinderung ist bei dauernden Dienstverhältnissen ohne Einfluß. Kann der Mieter aus einem ihn treffenden Zufall von den Diensten keinen Gebrauch machen, so hat er nach gemeinem Recht und nach Sächs. Bürgerl. Gesetzb. §. 870 gleichwohl die Gegenleistung zu gewähren, nach Österr. Bürgerl. Gesetzb. §. 1155 den Dienstleistenden zu entschädigen. Nach Preuß. Allg. Landr. I, 11, §. 917 wird auch in diesem Fall der Arbeitgeber von seiner Verbindlichkeit der Bezahlung der nicht geleisteten Dienste frei. Hat sich der Dienstleistende für seine Lebenszeit oder für die Lebenszeit des Mieters verpflichtet, so steht ihm gleichwohl ein Kündigungsrecht zu. Jedem Teile steht überdies ein Rücktrittsrecht zu aus Gründen, aus denen nach dem Ermessen des Richters dem Rücktretenden die Aushaltung des Dienstverhältnisses nicht anzusinnen ist, z. B. wegen Beleidigung, Untreue, Gefährdung der Gesundheit. Die Reichsgesetzgebung hat besondere Vorschriften gegeben für den Heuervertrag der Seeleute (Seemannsordnung vom 27. Dez. 1872, §§. 24 fg.).

Ein Handlungsgehilfe, welcher durch unverschuldetes Unglück an Leistung seines Dienstes zeitweise verhindert wird, geht nach dem Deutschen Handelsgesetzbuch Art. 60 dadurch seiner Ansprüche auf Gehalt und Unterhalt für die Dauer von 6 Wochen nicht verlustig. Überhaupt kann das Dienstverhältnis, wenn im Vertrage nichts anderes bestimmt ist, mit Ablauf eines jeden Kalendervierteljahrs nach vorgängiger sechswöchiger Kündigung aufgehoben werden (Art. 61).

Die Aufhebung des Dienstverhältnisses kann von jedem Teile aus wichtigen, der Entscheidung des Richters nach seinem Ermessen überlassenen Gründen auch vor der bestimmten Zeit verlangt werden. Namentlich kann gegen den Prinzipal die Aufhebung ausgesprochen werden, wenn derselbe den Gehalt oder den gebührenden Unterhalt nicht gewährt, oder wegen thätlicher Mißhandlungen oder schwerer Ehrverletzungen; gegen den Handlungsgehilfen wegen Untreue und Mißbrauch des Vertrauens, wenn derselbe ohne Einwilligung des Prinzipals für eigene Rechnung oder Rechnung eines Dritten Handelsgeschäfte macht; wegen Verweigerung oder Nichtleistung von Diensten, unsittlichen Lebenswandels, erheblicher Ehrverletzungen, und wenn der Gehilfe durch anhaltende Krankheit, Kränklichkeit, längere Freiheitsstrafe oder Abwesenheit an Verrichtung seiner Dienste verhindert wird.

Bei der großen socialen Wichtigkeit des **Arbeitsvertrags** hat das Deutsche Reichsgesetz vom 1. Juni 1891, betreffend Abänderung der Gewerbeordnung im Anschluß an die Gewerbeordnung in der Fassung von 1883, umfassende Bestimmungen unter 5 Rubriken getroffen: 1) Allgemeine Verhältnisse der gewerblichen Arbeiter (Gesellen, Gehilfen, Lehrlinge, Betriebsbeamte, Werkmeister, Techniker, Fabrikarbeiter). 2) Verhältnisse der Gesellen und Gehilfen. 3) Lehrlingsverhältnisse. 4) Verhältnisse der Betriebsbeamten, Werkmeister, Techniker. 5) Verhältnisse der Fabrikarbeiter.

Zu 1. Die Festsetzung der **Verhältnisse zwischen den selbständigen Gewerbetreibenden und den gewerblichen Arbeitern** ist, vorbehältlich der durch Reichsgesetz begründeten Beschränkungen, Gegenstand freier Übereinkunft. Das Gesetz enthält eingehende Bestimmungen über die Beschäftigung an Sonn- und Feiertagen (s. Sonntagsfeier). Gewerbtreibende, welchen die bürgerlichen Ehrenrechte aberkannt sind, dürfen, solange ihnen diese Rechte entzogen bleiben, sich mit der Anleitung von Arbeitern unter 18 Jahren nicht befassen (§. 106). Bereits die Gewerbeordnung von 1883 hatte Arbeitsbücher eingeführt (§§. 108—114); Minderjährige dürfen, soweit reichsgesetzlich nicht ein anderes zugelassen ist, als Arbeiter nur beschäftigt werden, wenn sie mit einem Arbeitsbuch versehen sind. Der Arbeitgeber hat das Arbeitsbuch einzufordern, zu verwahren, auf amtliches Verlangen vorzulegen und nach rechtmäßiger Lösung des Arbeitsverhältnisses wieder auszuhändigen (§. 107). Die Löhne der Arbeiter sind in Reichswährung zu berechnen und bar auszuzahlen. Den Arbeitern dürfen keine Waren kreditiert werden. Doch ist es gestattet, den Arbeitern Lebensmittel für den Betrag der Anschaffungskosten, Wohnung und Landnutzung gegen die ortsüblichen Miet- und Pachtpreise, Feuerung, Beleuchtung, regelmäßige Beköstigung, Arzneien und ärztliche Hilfe, sowie Werkzeuge und Stoffe zu den übertragenen Arbeiten für den Betrag der durchschnittlichen Selbstkosten unter Anrechnung bei der Lohnzahlung zu verabfolgen; besondere Bestimmung ist für die Akkordarbeiten und die Lohnzahlungen in Gast- und Schankwirtschaften getroffen (§§. 115, 115a). Über die Folgen der Übertretung dieser Vorschriften §§. 116—118. Nach der Civilprozeßordnung sind Gehalt und Dienstbezüge der im Privatdienst dauernd angestellten Personen nur insoweit der Pfändung unterworfen, als der Gesamtbetrag die Summe von 1500 M. für das Jahr übersteigt; sonst darf nach dem Gesetz vom 21. Juni 1869 die Vergütung (Lohn, Gehalt, Honorar u. s. w.) für Arbeiten oder Dienste, welche auf Grund eines Arbeits- oder Dienstverhältnisses geleistet werden, sofern dieses Verhältnis die Erwerbsthätigkeit des Vergütungsberechtigten vollständig oder hauptsächlich in Anspruch nimmt, zum Zweck der Sicherstellung oder Befriedigung eines Gläubigers erst dann mit Beschlag belegt werden, nachdem die Leistung der Arbeiten oder Dienste erfolgt und nachdem der Tag, an welchem die Vergütung zu entrichten war, abgelaufen ist, ohne daß der Vergütungsberechtigte dieselbe gefordert hat. Soweit nach diesen durch Vertrag nicht auszuschließenden Bestimmungen die Beschlagnahme unzulässig ist, ist auch jede Verfügung durch Cession oder ein anderes Rechtsgeschäft wirkungslos. Auf Grund solcher Geschäfte dürfen Zahlungen des Arbeitslohns an Dritte nicht erfolgen (Gesetz vom 1. Juni 1891, §. 115a). Lohneinhaltungen zur Deckung von Ersatzforderungen dürfen bei den einzelnen Lohnzahlungen ein Viertel des fälligen Lohns, im Gesamtbetrage den Durchschnitt eines Wochenlohns nicht übersteigen (§. 119a). Das Gesetz enthält Bestimmung über Fortbildungsschulen (§. 120).

Die Gewerbeunternehmer sind verpflichtet, die Arbeitsräume, Betriebsvorrichtungen, Maschinen und Gerätschaften so einzurichten und zu unterhalten und den Betrieb so zu regeln, daß die Arbeiter gegen Gefahren für Leben und Gesundheit so weit geschützt sind, wie es die Natur des Betriebes gestattet. Insbesondere soll für genügendes Licht, ausreichenden Luftraum, Luftwechsel, Beseitigung von Staub, Dünsten, Gasen und Abfällen gesorgt, die gefährliche Berührung mit Maschinen oder Maschinenteilen durch Vorrichtungen verhütet und es sollen Vorschriften über die Ordnung des Betriebes und das Verhalten der Arbeiter getroffen werden, welche zur Sicherung eines gefährlichen Betriebes erforderlich sind (§. 120a). Diese und die in §. 120b und 120c angeordneten Maßnahmen können polizeilich erzwungen werden (§. 120d), das Beschwerdeverfahren ist geordnet.

Durch zahlreiche reichsgerichtliche Entscheidungen war festgestellt, daß der Arbeitgeber, welcher die bereits in der Gewerbeordnung §. 120a getroffenen

Maßnahmen zum Schutze der Arbeiter schuldvoll unterlassen hatte, dem Arbeiter für den dadurch erwachsenen Schaden an seiner Gesundheit, im Falle seiner Tötung den Angehörigen haftete. Nach dem Unfallversicherungsgesetz vom 6. Juli 1884 haben die Arbeiter und deren Hinterbliebene für den durch Unfälle im Betriebe und die dadurch verursachte Körperverletzung oder Tötung erwachsenen Schaden Ersatz von der Berufsgenossenschaft zu fordern, darüber hinaus von dem Betriebsunternehmer, Repräsentanten, Betriebs- oder Arbeiteraufseher nur für den von der Berufsgenossenschaft nicht zu vergütenden Schaden, wenn gegen jene Personen durch strafgerichtliches Urteil festgestellt ist, daß sie den Unfall vorsätzlich herbeigeführt haben (§. 95). Dagegen können die Genossenschaften oder Krankenkassen (Gesetz vom 15. Juni 1883) von jenen Personen oder von den Aktiengesellschaften, Genossenschaften, Innungen, deren Vorstandsmitglied den Unfall verschuldet hat, den Ersatz dessen, was sie infolge dessen geleistet haben, fordern, wenn gegen die betreffenden Personen durch strafgerichtliches Urteil festgestellt ist, daß sie vorsätzlich oder durch Außerachtlassung der ihnen durch ihr Amt, Beruf oder Gewerbe auferlegten Pflichten der Aufmerksamkeit den Unfall verursacht haben. Die Gewerbeunternehmer sind verpflichtet, die Einrichtungen zu treffen und die Vorschriften zu erlassen, welche erforderlich sind, um die Aufrechthaltung der guten Sitten und des Anstandes zu sichern (§. 120b).

Zu 2. Gesellen und Gehilfen sind verpflichtet, den Anordnungen der Arbeitgeber in Bezug auf die ihnen übertragenen Arbeiten und auf die häuslichen Einrichtungen Folge zu leisten, zu häuslichen Arbeiten sind sie nicht verbunden (§. 121). Das Arbeitsverhältnis kann, wenn etwas anderes nicht verabredet ist, nach 14tägiger Kündigung aufgelöst werden. Eine andere Verabredung ist nichtig, wenn sie nicht fur beide Teile gleiche Kündigungsfristen feststellt (§. 122). Vor Ablauf der vertragsmäßigen Zeit und ohne Aufkündigung können Gesellen und Gehilfen entlassen werden, wenn sie bei Abschluß des Vertrags falsche Zeugnisse vorlegten (wie bei den Angestellten zu 4), sowie aus sieben andern im Gesetze genannten Gründen: Begehung gewisser gegen das Eigentum gerichteten strafbaren Handlungen überhaupt oder gegen den Arbeitgeber oder einen Mitarbeiter, Beleidigungen, Verlassung der Arbeit, Unfähigkeit zur Arbeit u. s. w. Ebenso sind die Gründe bestimmt, aus denen der Geselle ohne Kündigung ausscheiden darf. War das Dienstverhältnis auf mindestens 4 Wochen oder mit einer längern als 14tägigen Kündigung vereinbart, so kann die Aufhebung des Arbeitsverhältnisses noch aus andern wichtigen Gründen gefordert werden. Hat ein Geselle oder ein Gehilfe rechtswidrig die Arbeit verlassen, so kann der Arbeitgeber für jeden Tag des Vertragsbruchs den Betrag des ortsüblichen Tagelohns, aber nicht für längere Zeit als eine Woche, als Entschädigung ohne den Nachweis eines Schadens fordern. Durch Geltendmachung dieses Anspruchs wird der Anspruch auf Erfüllung und weitern Schadenersatz ausgeschlossen. Dasselbe Recht steht dem Gesellen oder Gehilfen gegen den Arbeitgeber zu, wenn er von diesem ohne Recht entlassen wird (§. 124b). Es ist Bestimmung getroffen über die Ersatzverbindlichkeit der Arbeitgeber gegeneinander, wenn sie einander einen Gesellen vor Ablauf des Dienstverhältnisses abspenstig machen oder einen Gesellen in Dienst nehmen oder in Dienst behalten, welcher einem andern Arbeitgeber dienstpflichtig ist (§. 125).

Zu 3. Lehrlinge, s. Lehrvertrag.

Zu 4. Das Dienstverhältnis der gegen feste Bezüge angestellten Betriebsbeamten, Werkmeister, Techniker, Chemiker, Zeichner u. dgl. ist, wenn nichts anderes verabredet wurde, so kündbar wie das der Handlungsgehilfen (§. 133a). Auch bezüglich der einseitigen Auflösbarkeit des Verhältnisses sind dem Handelsgesetzbuch entsprechende Bestimmungen getroffen (§§. 133b, 133c). Gegenüber jenen Angestellten kann Aufhebung des Dienstverhältnisses auch verlangt werden, wenn sie beim Abschluß des Dienstvertrages den Arbeitgeber durch Vorbringung falscher Zeugnisse hintergangen oder ihn über das Bestehen eines andern, sie gleichzeitig verpflichtenden Dienstverhältnisses in einen Irrtum versetzt haben.

Zu 5. Auf Fabrikarbeiter finden die Bestimmungen über Gesellen, und wenn jene als Lehrlinge anzusehen sind, die über Lehrlinge Anwendung. In Fabriken, in denen regelmäßig wenigstens 20 Arbeiter beschäftigt sind, ist es verboten, für den Fall, daß der Arbeiter das Arbeitsverhältnis rechtswidrig auflöst, die Verwirkung des rückständigen Lohns über den Betrag des durchschnittlichen Wochenlohns hinaus auszubedingen. §. 124b (s. oben zu 2) findet hier keine Anwendung (§. 134). Für jede solche Fabrik muß eine Arbeitsordnung erlassen werden (§. 134a), welche, soweit sie den Gesetzen nicht zuwiderläuft, für den Arbeitgeber und die Arbeiter verbindlich ist. Vor deren Erlaß ist den großjährigen Arbeitern, und, wenn ein ständiger Arbeiterausschuß in der Fabrik besteht, diesem Gelegenheit zu geben, sich über deren Inhalt auszusprechen. Die Arbeitsordnung ist mit den von den Arbeitern schriftlich oder zu Protokoll gegebenen Bedenken der Verwaltungsbehörde einzureichen, welche Änderung fordern darf, soweit die Arbeitsordnung nicht vorschriftsmäßig erlassen ist oder den gesetzlichen Bestimmungen zuwiderläuft. Die Arbeitsordnung muß Bestimmungen enthalten über Anfang und Ende der regelmäßigen täglichen Arbeitszeit, sowie der für die erwachsenen Arbeiter vorgesehenen Pausen; über Zeit und Art der Abrechnung und Lohnzahlung; über die Fristen der Aufkündigung und die Gründe der vorzeitigen Auflösung des Arbeitsverhältnisses, wenn es nicht bei den gesetzlichen Bestimmungen bewenden soll; über Art und Höhe der Strafen, deren Festsetzung, Einziehung und Verwendung, sowie über die Verwendung der Entschädigung für Vertragsbruch (§. 134). Strafbestimmungen, welche das Ehrgefühl oder die guten Sitten verletzen, dürfen in die Arbeitsordnung nicht aufgenommen werden. Die Höhe der zulässigen Geldstrafen ist durch das Gesetz (§. 134b) beschränkt, alle Strafgelder müssen zum Besten der Arbeiter verwendet werden. Mit Zustimmung eines ständigen Arbeiterausschusses können in die Arbeitsordnung Vorschriften über das Verhalten der Arbeiter bei Benutzung der zu ihrem Besten getroffenen, mit der Fabrik verbundenen Einrichtungen sowie Vorschriften über das Verhalten der minderjährigen Arbeiter außerhalb des Betriebes aufgenommen werden. Der Arbeitgeber kann auch andere die Ordnung des Betriebes und das Verhalten der Arbeiter im Betriebe betreffende Bestimmungen aufnehmen. Die Arbeitsordnung ist an geeigneter, allen beteiligten Arbeitern zugänglicher Stelle auszuhängen (§. 134b). Das Gesetz enthält Bestimmung über die Arbeiterausschüsse. In Fabriken, Bergwerken, Salinen, Aufbereitungsanstalten, unterirdisch betriebenen Brüchen und Gruben dürfen Kinder unter 13 Jahren nicht beschäftigt werden; Kinder über 13 Jahre nicht, wenn sie zum Besuch der Volksschule verpflichtet sind, Kinder unter 14 Jahren dürfen nicht länger als 6 Stunden täglich, junge Leute zwischen 14 und 16 Jahren dürfen in Fabriken nicht länger als 10 Stunden täglich beschäftigt werden (§. 135). Die Arbeitsstunden für jugendliche Arbeiter dürfen nicht vor $5^1/_2$ Uhr morgens beginnen und nicht über $8^1/_2$ Uhr abends dauern. Das Gesetz bestimmt über Arbeitspausen (§. 136), über die Beschäftigungszeit für Arbeiterinnen (§. 137), welche in Bergwerken u. s. w. unter Tage überhaupt nicht beschäftigt werden dürfen (§. 154a). Der Arbeitgeber hat der Ortspolizeibehörde schriftliche Anzeige vor Beginn der Beschäftigung zu machen, wenn Arbeiterinnen oder jugendliche Arbeiter in Fabriken beschäftigt werden sollen. In den Fabrikräumen ist ein Verzeichnis der jugendlichen Arbeiter unter Angabe ihrer Arbeitstage, sowie des Beginns und Endes ihrer Arbeitszeit und der Pausen auszuhängen. Ebenso ein Auszug der Bestimmungen über die Beschäftigung von Arbeiterinnen und jugendlichen Arbeitern (§. 138). Das Gesetz hat den Verwaltungsbehörden die Befugnis erteilt, für im Gesetze genannte Notfälle Ausnahmen von der vorgeschriebenen Arbeitszeit innerhalb gewisser Grenzen zu gestatten (§. 138a, 139). Dem Bundesrat ist der Erlaß besonderer Bestimmungen vorbehalten (§. 139a).

Zur Aufsicht über die Ausführung der Bestimmungen über die Sonntagsruhe, der Einrichtungen zum Schutze der Arbeiter (§§. 120a—120c) und der die Fabrikarbeiter betreffenden Bestimmungen (zu 5) sind besondere Beamte bestellt (s. Fabrikinspektor). Die Gewerbeordnung und das Zusatzgesetz enthalten weitere Bestimmungen über den Erlaß von Statuten und Strafbestimmungen. Für die Entscheidung von gewerblichen Streitigkeiten zwischen Arbeitern und ihren Arbeitgebern, sowie zwischen Arbeitern desselben Arbeitgebers sind Gewerbegerichte (s. d.) errichtet.

Dienstpferd, jedes dem Staate gehörige und im Truppendienst verwendete Pferd.

Dienstpflicht ist die Pflicht zum Dienst im Heere oder in der Marine. Nach den meisten neuern Heeresverfassungen ist jeder körperlich taugliche und moralisch nicht untüchtig gewordene Bürger innerhalb der Zeit seiner Wehrpflichtigkeit (s. Wehrpflicht) zu der Ableistung einer gewissen D. verbunden, und zwar scheidet sich die D. 1) in die D. im stehenden Heere, d. h. in die aktive D. (bei der Fahne) und in die Reservepflicht und 2) in die Landwehrpflicht, d. h. die D. in der Landwehr (Territorialarmee, Mobilmiliz u. s. w.). Die D. in der Marine zerfällt entsprechend in die aktive D., die Marinereserve- und Seewehrpflicht. Über die D. in den verschiedenen Armeen s. unter dem Heerwesen der betreffenden Staaten. Die Dauer der aktiven D. im deutschen Heere (s. Deutsches Heerwesen, S. 65b) wird nach dem wirklich erfolgten Diensteintritt so berechnet, daß die Mannschaften, welche in der Zeit vom 2. Okt. bis 31. März eingestellt werden, als am vorhergehenden 1. Okt. eingestellt gelten. Die aktive Dienstzeit der «unsichern Heerespflichtigen» und erst später aufgegriffenen Rekruten wird von dem auf ihre Einstellung folgenden Einstellungstermin berechnet. Eine Freiheitsstrafe von mehr als 6 Wochen, ferner die Zeit einer Urlaubsüberschreitung, einer unerlaubten Entfernung oder einer Fahnenflucht werden auf die aktive Dienstzeit nicht angerechnet.

Über die Zurückstellung der Aspiranten auf den Einjährig-Freiwilligendienst s. Einjährig-Freiwillige.

Beurlaubungen zur Disposition der Truppenteile (sog. Königsurlaub, s. Dispositionsurlaub) sind nach zweijähriger Dienstzeit und zwar nur am Entlassungstermin statthaft; für die Auswahl hierzu sind außer den dienstlichen Verhältnissen, die vorzugsweise berücksichtigt werden, auch Lebensalter und häusliche Verhältnisse maßgebend. Die Dispositionsurlauber können bis zum Ablauf ihres dritten Dienstjahres jederzeit durch die Bezirkskommandos wieder einberufen werden. Über die Reservepflicht, Landwehrpflicht, Landsturmpflicht, Ersatzreservepflicht s. die Artikel Reserve, Landwehr, Landsturm, Ersatzreserve.

Nicht zu verwechseln mit Wehrpflicht und D. ist die Militärpflicht, d. h. die Pflicht, sich der Aushebung zu unterwerfen; sie beginnt mit dem 1. Jan. desjenigen Kalenderjahres, in welchem der Wehrpflichtige das 20. Lebensjahr vollendet.

Dienstpragmatik, s. Pragmatisch.

Dienstprämien für Unteroffiziere im deutschen Heere. Diejenigen Unteroffiziere (Zeugfeldwebel, Zeugsergeanten, Stallmeister, Unterroßärzte), welche nach zwölfjähriger aktiver Dienstzeit (ohne Doppelrechnung der Kriegsjahre) mit dem Civilversorgungsschein (s. d.) ausscheiden, empfangen eine einmalige Dienstprämie von 1000 M. Diese Prämie ist auch bei der Anstellung als Offizier, bezüglich als Beamter der Militärverwaltung zuständig, sowie beim Übertritt zur Landgendarmerie oder Schutzmannschaft und bei Einstellung in Invalidenhäuser. Nach etwaigem Wiedereintritt in den aktiven Dienst ist die Prämie nicht von neuem zahlbar. Ist ein zum Empfang der Prämie berechtigter Unteroffizier vor dem Ausscheiden verstorben, so ist die Prämie an den Empfänger der Gnadengebührnisse zu zahlen. Von der Pfändung ist die Prämie ausgeschlossen.

Dienstreglement, die Zusammenstellung der Vorschriften, nach denen in einer Armee die dienstlichen Verrichtungen jeglicher Art ausgeführt werden sollen. Die meisten Armeen besitzen D., die deutsche Armee nicht. Zwar bestehen in Deutschland für die meisten Dienstzweige Reglements oder Instruktionen (jetzt Vorschriften); der Mangel eines allgemeinen D. macht sich aber weniger fühlbar, da das Herkommen, die geschichtliche Entwicklung, die stete Überwachung durch die Vorgesetzten die notwendige Übereinstimmung in der Ausführung des Dienstes gewährleisten.

Dienstunbrauchbar heißen die bereits militärisch ausgebildeten Mannschaften, welche vor vollendeter achtjähriger Dienstzeit wegen Krankheiten oder Gebrechen, die nicht durch Beschädigung bei Ausübung des aktiven Militärdienstes entstanden sind, zur Fortsetzung desselben unfähig und «zur Disposition der Ersatzbehörden» entlassen werden. Die Dienstunbrauchbaren sind zu scheiden in solche, bei denen nur die Felddienstfähigkeit, und in solche, bei denen die Feld- und Garnisondienstfähigkeit aufgehoben ist. Die Beurteilung erfolgt nach den Bestimmungen der «Dienstanweisung zur Beurteilung der

Militärdienstfähigkeit und zur Ausstellung von Attesten». (S. auch Dienstuntauglich und Invalide.)

Dienstuntauglich heißen diejenigen wehrpflichtigen oder zwar bereits in das Heer eingestellten, aber noch nicht militärisch ausgebildeten Mannschaften, welche den Anforderungen des Militärdienstes nicht gewachsen sind und deshalb entweder nicht zur Einstellung in einen bestimmten Truppenteil gelangen oder vor beendeter Ausbildung wieder in ihre Heimat entlassen werden. Die Untauglichkeit kann eine zeitige (Schwächlichkeit, vorübergehende Entkräftung durch Krankheiten u. s. w.) oder eine dauernde (bleibende körperliche Fehler) sein. Auch giebt es «bedingte Tauglichkeit», welche die Einstellung nur bei bestimmten Waffengattungen oder in der Ersatzreserve oder in den Landsturm ersten Aufgebots gestattet. Die Beurteilung erfolgt nach den Bestimmungen der «Heerordnung». Vgl. Dienstunbrauchbar.

Dienstvertrag, s. Dienstmiete.

Dienstzeit oder aktive Dienstzeit (militär.), diejenige Zeit, die eine Militärperson im stehenden Heere dient. Die D. bildet einen Teil der Dienstpflicht (s. d.). Bei Entlassung aus dem aktiven Dienst bildet die Dauer der D., im Falle Versorgungsansprüche vorliegen (s. Invalide), einen wesentlichen Maßstab für die Berechnung der Pension. Kriegsjahre werden in dieser Beziehung meist doppelt gerechnet.

Dienstzulage, s. Dienstansprüche; vgl. Diensteinkommen, S. 279a.

Dienstzwang, s. Bauernzwang.

Dientzenhofer (auch Dinzenhofer), Christoph, Baumeister, geb. 1655, gest. 1722 zu Prag, baute die Benediktinerkirche St. Margaret (1715—19) in Břewnow bei Prag in geistvollem, aber ausschweifendem Barockstile; ferner die Jesuitenkirche zu St. Nikolaus auf der Kleinseite in Prag (1673 begonnen, 1752 von seinem Sohne vollendet), die Marien-Magdalenkirche (1656—1709), die Kajetanerkirche (1691—1717), vermutlich auch verschiedene Prager Paläste dieser Zeit, u. a. den Schönbornschen.

Christophs Sohn, Kilian Ignaz D., geb. 1690 zu Prag, gest. daselbst 1752, brachte den kath. Barockstil in Böhmen zu seiner Vollendung. Er lernte unter seinem Vater, dann seit 1718 bei Fischer von Erlach in Wien und übernahm 1722 nach seines Vaters Tode dessen Bauten in Prag. Er bereiste auch Italien, Frankreich und England. D. baute zunächst das überaus anmutige Zwergenhaus in Prag, dann die Ursulinerinnenkirche auf dem Hradschin (1720—28), die Kirchen St. Johann von Nepomuk am Felsen, St. Thomas und St. Nikolaus (um 1730), ferner zwei Centralbauten: die Laurentiuskirche zu Gabel in Nordböhmen und die Magdalenenkirche zu Karlsbad (1732—34), die Façade der Nikolauskirche (Kleinseite in Prag); von Palästen sind von ihm entworfen: der Kinskysche, der Piccolominische, jetzt Nostitzsche (am Graben in Neustadt), mit einer der schönsten Façaden des deutschen Barockstils. Zu diesen kommen noch zahlreiche andere im übrigen Böhmen. Der wuchtige, aber zugleich flotte Barockstil des Kilian Ignaz D. übte den größten Einfluß auf die gesamte Baukunst Böhmens in seiner und der folgenden Zeit.

Johann Leonhard D. aus Waldsassen wurde 1696 Hof- und Landbaumeister in Bayreuth, und starb angeblich vor 1711. Er baute die Wallfahrtskirche zu Burgwindheim, leitete den Umbau des Cistercienserklosters Ebrach (1686), baute die Karmeliterkirche zu Bamberg um (1694), errichtete 1695—1705 den östl. Flügel der Residenz zu Würzburg, das 1793 zerstörte Lustschloß Favorite bei Mainz, angeblich auch das großartige Schloß Pommersfelden bei Bamberg, eine der mächtigsten Bauanlagen jener Zeit, endlich verschiedene Privathäuser in Bamberg.

Johannes D., der Bruder Joh. Leonhards, wurde 1700 zum fürstl. Baumeister der Abtei von Fulda ernannt, baute 1704—12 den Dom daselbst, eins der edelsten Bauwerke jener Zeit, und den Schloßkonventbau, ferner in Bamberg den Konventbau der Abtei Michelsberg (1724) und die Façade der Kirche derselben (1722—23). D. war 1723—30 Hofbaumeister, ebenso 1730—38 Justus Heinrich D. und Johann Heinrich D., mit dessen Tode 1745 die fränk. Baumeister Namens D. aufhören. Johannes D. hinterließ in Franken eine ausgebreitete Schule.

Diepenbeeck, Abraham van, auch Dieppenbeet geschrieben, niederländ. Maler, geb. 1596 zu Herzogenbusch, gest. 1675 in Antwerpen, Schüler von Rubens, widmete sich anfänglich der Glasmalerei. Sein Hauptwerk auf diesem Gebiete sind die Fenster der Kirche der Minimen zu Antwerpen (40 Bilder aus dem Leben des heil. Franciscus von Paula), die sich aber in England befinden. Ferner schuf er die Glasmalereien der dortigen Frauenkirche (1635) und der Dominikanerkirche. In der Ölmalerei eignete er sich die spätere Helldunkelmanier von Rubens mit besonderm Geschick an. Nach einem kurzen Aufenthalte in Italien wurde er 1641 zum Vorsteher der Akademie zu Antwerpen gewählt. Von seinen Ölgemälden sind zu erwähnen: Kopie der Rubensschen Kreuzabnahme (in der Castorkirche zu Koblenz), Madonna mit dem Christkind und der Elisabeth, Clolia mit ihren Gefährtinnen über die Tiber setzend (letztere beide im Berliner Museum), Abraham mit den Engeln (Münchener Pinakothek), Grablegung Christi (Museum zu Braunschweig), Neptun und Amphitrite auf ihrem Muschelwagen (Dresdener Galerie), Verlobung der heil. Katharina (Mannheim, großherzogl. Schloß). Zuletzt zeichnete er fast nur, und zwar so, daß er die Umrisse mit der Feder zog, sie leicht übertuschte, den Schatten mit der Feder und weiße Erhöhungen mit dem Pinsel hineintrug; diese Zeichnungen wurden auch gestochen. Als bedeutendstes Kupferwerk, nach ihnen gefertigt, erschienen die «Tableaux du Temple des Muses» (59 Blätter, Par. 1655). Diese Originalausgabe ist nicht mit der 1735 in Amsterdam in 60 Blättern erschienenen, etwas veränderten Ausgabe von B. Picart zu verwechseln.

Diepenbrock, Melchior, Freiherr von, Fürstbischof von Breslau, geb. 6. Jan. 1798 zu Bocholt in Westfalen, nahm an den deutschen Freiheitskämpfen teil, mußte aber später wegen Unbotmäßigkeit den Militärdienst verlassen. Durch den Einfluß des nachmaligen Bischofs Sailer (s. d.) für die Theologie gewonnen, folgte er diesem 1818 auf die Universität Landshut, später nach Regensburg. Hier empfing er 1823 die Priesterweihe und wirkte, als Sailer Bischof von Regensburg geworden, zuerst als bischöfl. Sekretär, seit 1830 als Domkapitular. 1835 wurde er Domdechant und 1842 Generalvikar; 1844 legte er diese Stellung nieder. 1845 zum Fürstbischof von Breslau ernannt, wurde D. von dem erstarkenden Ultramontanismus miterfaßt, wennqleich er den Einfluß Sailers nie ganz verleugnet hat; er wurde 1849 zum apostolischen

Vikar für die preuß. Armee, 1850 zum Kardinal ernannt und starb 20. Jan. 1853 auf Schloß Johannisberg in Österreichisch-Schlesien. Er veröffentlichte «Heinr. Susos Leben und Schriften» (Regensb. 1829; 2. Aufl. 1837), «Geistlicher Blumenstrauß» (Sulzb. 1829; 4. Aufl. 1862), «Gesammelte Predigten» (Regensb. 1841), «Hirtenbriefe» (Münst. 1853) sowie Übertragungen des vläm. Dichters Hendrik Conscience «Vläm. Stillleben» (Regensb. 1845). D.s Leben beschrieben sein Nachfolger Fürstbischof Förster (Bresl. 1859; 3. Aufl., Regensb. 1878) und Reinkens (Lpz. 1881).

Diepholz. 1) **Kreis** im preuß. Reg.-Bez. Hannover, ursprünglich eine Grafschaft, hat 630,55 qkm, (1890) 35 731 E., 4 Städte, 26 Landgemeinden und 1 Gutsbezirk und besteht großenteils aus Moor-, Torf- und Heidestrecken. Die Einwohner treiben außer Vieh- besonders Gänsezucht, Ackerbau, namentlich aber Flachsbau und Leinweberei. — Nach dem Aussterben der Grafen von D., deren Residenz seit 1356 D. war, kam das Land 1585 an die Cellische, 1679 an die Calenbergische Linie des braunschw.-lüneburg. Hauses und, nachdem es 1806—10 einen Teil des westfäl. Depart. Aller, dann des franz. Depart. Wesermündungen und Oberems gebildet, 1814 an Hannover und mit diesem 1866 an Preußen. Nur die Amtsvogtei Auburg gehörte seit 1585 zu Hessen-Cassel, wurde aber 1816 zurückgegeben. — 2) **Marktflecken** und **Hauptort** des Kreises D., 52 km im NO. von Osnabrück, an der Hunte und an der Linie Bremen-Osnabrück der Preuß. Staatsbahnen, von weitläufigen Mooren umgeben, ist Sitz eines Landratsamtes und eines Amtsgerichts (Landgericht Osnabrück) und hat (1890) 2875 E., Post zweiter Klasse, Telegraph, Zoll- und Steueramt; ein altes Schloß, Präparandenanstalt, landwirtschaftliche Winterschule; Fabrikation von Tabak und Cigarren, landwirtschaftlichen Maschinen, Sensen und Kunstbutter sowie Gerberei, bedeutende Gänse- und Schweinezucht und Viehhandel, namentlich Handel mit Schweinen.

Dieppe (spr. diepp). 1) **Arrondissement** des franz. Depart. Seine-Inférieure, hat 1203,97 qkm, (1891) 108 390 E., 168 Gemeinden und zerfällt in die 8 Kantone Bacqueville (126,61 qkm, 13 549 E.), Bellencombre (143,86 qkm, 7126 E.), D. (53,43 qkm, 27 777 E.), Envermeu (249,84 qkm, 13 204 E.), Eu (189,86 qkm, 17 388 E.), Longueville (123,36 qkm, 7229 E.), Offranville (135,26 qkm, 10 930 E.), Tôtes (181,75 qkm, 11 187 E.). — 2) **Hauptstadt** des Arrondissements D., 55 km nördlich von Rouen, an den Linien Paris-D. über Pontoise (168 km) und (Paris-) Malaunay-D.-Eu der Franz. Westbahn, zwischen den weißen Klippen zweier Kreiderücken, im Hintergrunde einer Bucht des Kanals gelegen, in welche das Flüßchen Arques mündet, hat (1891) 21 091, als Gemeinde 22 771 E., mehrere öffentliche Plätze, deren größter seit 1844 mit dem bronzenen Standbilde des Admirals Duquesne geziert ist, fünf Kirchen, darunter eine protestantische und eine englisch-bischöfliche, zwei Hospitäler, eine Börse, schöne Promenaden, Collège, Schiffahrtsschule, Bibliothek (15 000 Bände) und Theater. Die Stadt ist Sitz eines Gerichtshofes erster Instanz, eines Handelsgerichts, einer Handelskammer, einer Filiale der Bank von Frankreich und eines deutschen Konsuls. Die schönsten Gebäude sind die Kirchen St. Remy mit einer reichverzierten Marienkapelle, Kirche St. Jacques in altgot. Stil (13. bis 16. Jahrh.) mit Turm (47 m), einem Portal (14. Jahrh.) und schöner Aussicht von der Plattform. Das 1433 erbaute altertümliche feste Schloß mit vier Türmen und Bastionen, jetzt Kaserne, beherrscht, malerisch auf hohem Felsufer sich erhebend, Stadt, Thal und Küste. Der vortreffliche Hafen, der sicherste und tiefste am Canal la Manche, von zwei schönen Dämmen und ummauerten Quais umschlossen, mit zwei schwimmenden Bassins (Bérigny und Duquesne), durch das Schloß und eine Citadelle gedeckt, ist für Handelsschiffe von 1200 t brauchbar. Er kann 200 Schiffe von 60—600 t und ebenso viele Schifferboote aufnehmen. (Vgl. den Situationsplan.)

Die Bewohner treiben Schiffbau, Herings- und Stockfischfang, fertigen Elfenbeinwaren, Uhren,

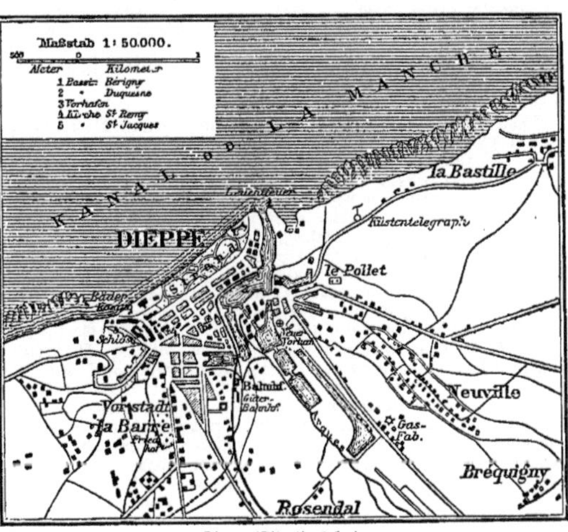

Dieppe (Situationsplan).

Spitzen, Tane, Anker und unterhalten bedeutenden Handel mit England und Norwegen. Regelmäßige Dampfschiffahrt besteht mit England (Newhaven und Great Grimsby), dessen Küste von dem höchsten Punkte der Stadt zu sehen ist. 1885 hatten die eingeführten Waren einen Wert von 28, die ausgeführten von 63 Mill. Frs. Bekannt ist D. durch seine reichen Austernparks, in denen jährlich über 100 000

Ctr. Austern gemästet werden. Als Seebadeort ist D. seit 1822 in Aufnahme gekommen und zieht alljährlich eine große Menge Fremder, namentlich aus England, herbei. Rechts von der Arques liegt die wichtige Fischervorstadt Le Pollet.

Geschichtliches. D. wurde 1195 von Philipp August zerstört, war aber seit der Mitte des 14. Jahrh., anfangs unter engl., seit 1433 unter franz. Hoheit, als See- und Handelsplatz berühmt und mächtig. Vor der Entstehung von Havre das bedeutendste franz. Entrepôt am Kanal, erreichte es seine höchste Blüte unter Franz I. 1564 fuhren seine Schiffe bis Guinea, wo lange das Etablissement Klein-Dieppe bestand. In den Hugenottenkriegen diente D. den Protestanten zum Bollwerk. Seine Blüte sank mit Aufhebung des Edikts von Nantes (1685) und wurde 17. Juli 1694 durch das Bombardement der Engländer und Holländer, deren Flotte 1690 auf der Höhe von D. durch Tourville geschlagen worden war, völlig vernichtet. Zwar ward die Stadt nach dem Frieden von Ryswijk auf königl. Befehl wieder aufgebaut; aber der hohe Unternehmungsgeist ihrer Bürger war mit den ausgewanderten Hugenotten dahin und konnte nicht wieder hervorgerufen werden. Am 9. Dez. 1870 wurde D. von deutschen Truppen der Ersten Armee besetzt. Es behielt eine deutsche Besatzung bis nach Zahlung eines Teils der Kriegskontribution (Juli 1871). Vgl. Asseline, Les antiquités et chroniques de la ville de D. (hg. von Hardy, Guérillon und Sauvage, 2 Bde., Dieppe 1874); Bouteiller, Histoire de la ville de D. (ebd. 1878); P. Joanne, D., le Tréport, Mers et le Bourg-d'Ault (Par. 1889).

Dieppenbeck, Abraham van, vläm. Maler, s. Diepenbeeck.

Dierauer, Joh., schweiz. Geschichtschreiber, geb. 20. März 1842 zu Berneck (St. Gallen), studierte in Zürich, Bonn und Paris Geschichte, wurde 1868 Professor an der Kantonschule in St. Gallen und 1874 auch Bibliothekar an der Stadtbibliothek daselbst. D. schrieb: «Beiträge zu einer kritischen Geschichte Trajans» (gekrönte Preisschrift, Lpz. 1868), «Ruotger und der Aufstand von 953» (ebd. 1871), «Müller-Friedberg. Lebensbild eines schweizer Staatsmannes» (St. Gallen 1884), «Geschichte der Schweizer Eidgenossenschaft» (Bd. 1 u. 2, Gotha 1887—91, in Heeren und Ukerts «Geschichte der europ. Staaten») und gab heraus «Briefwechsel zwischen Joh. Rud. Steinmüller und Hans Konr. Escher von der Linth» (St. Gallen 1889).

Dierb. hinter naturwissenschaftlichen Bezeichnungen Abkürzung für Johann Heinrich Dierbach, geb. 23. März 1788, gest. 9. Mai 1845 in Heidelberg, wo er Professor der Botanik war. Er schrieb zahlreiche floristische und systematische Werke, von denen besonders hervorzuheben sind: «Flora Heidelbergensis» (2 Tle., Heidelb. 1819—20) und «Beiträge zu Deutschlands Flora» (4 Tle., ebd. 1825—33).

Dierdorf, Landgemeinde im Kreis Neuwied des preuß. Reg.-Bez. Koblenz, 21 km im NO. von Neuwied, an der Nebenlinie Limburg-Altenkirchen-Au der Preuß. Staatsbahnen, hat (1890) 1470 E., Post, Telegraph, Amtsgericht (Landgericht Neuwied); Schloß des Fürsten Wied mit schönem Park, Johanniterkrankenhaus, Wasserleitung, künstliche Fischzuchtanstalt (Forellen); Gerberei und Hopfenbau. D. war 1692—1824 Residenz der Grafen von Wied-Runkel.

Dieringer, Franz Xaver, kath. Theolog, geb. 22. Aug. 1811 zu Rangendingen in Hohenzollern-Hechingen, studierte zu Tübingen, wurde 1835 zu Freiburg i. Br. zum Priester geweiht und Lehrer am dortigen Seminar, 1840 Lehrer der Dogmatik am bischöfl. Seminar zu Speier, 1843 ord. Professor zu Bonn, daselbst später auch Universitätsprediger und Direktor des auf seine Anregung hier gegründeten homiletisch-katechetischen Seminars. 1848 war er Mitglied des Frankfurter Parlaments, seit 1853 auch Domkapitular von Köln. Obwohl Anhänger der Unfehlbarkeit, aber unzufrieden mit der päpstl. Politik, legte D. nach dem Vatikanischen Konzil seine Ämter nieder und zog sich auf die kleine Landpfarre Veringendorf in Hohenzollern zurück, wo er 8. Sept. 1876 starb. Seine Hauptwerke sind: «System der göttlichen Thaten des Christentums» (2 Bde., Mainz 1841; 2. Aufl. 1857), «Lehrbuch der kath. Dogmatik» (ebd. 1847; 5. Aufl. 1865) und «Laienkatechismus über Religion, Offenbarung und Kirche» (ebd. 1865; 2. Aufl. 1868).

Diersheim, Dorf im Amtsbezirk Kehl des bad. Kreises Offenburg, 2 km von Rheinbischofsheim, 1 km vom Rhein entfernt, an der Linie Kehl-Bühl der Straßburger Straßenbahngesellschaft, hat (1890) 767 evang. E., Postagentur und Fernsprechverbindung. Hier gingen 1703, 1705 und 1799 die Franzosen über den Rhein, und 20. April 1797 besiegte hier Moreau die Österreicher.

Diërvilla *Tourn.*, Pflanzengattung aus der Familie der Kaprifoliaceen (s. d.). Man kennt nur wenige Arten, die im östl. Asien und in Nordamerika vorkommen. Die asiat. Formen wurden früher zu einer besondern Gattung Weigelia zusammengefaßt. Es sind strauchartige Gewächse mit ansehnlichen und lebhaft gefärbten Blüten, weshalb einige Arten vielfach als Zierpflanzen gezüchtet werden. D. (Weigelia) rosea *Lindl.* erreicht eine Höhe von 1,50 bis 2 m und besitzt rosenrote, bei zahlreichen Gartenformen weiße, dunkelrote, rosa-karminrote, blutrote weißgestreifte Blumen. Ihr ähnlich ist D. (Weigelia) amabilis *Carr.*, doch sind die Blumen etwas kleiner, stehen zu dreien auf einem Stiele in den Blattachseln und erscheinen oft im Herbst zum zweitenmal. D. floribunda *Sieb. et Succ.* trägt an zahlreichen kurzen Ästchen je fünf bis sechs hängende dunkelrote Blumen. Sie blühen im Mai und Juni bis Juli und verlangen kräftigen Boden und sonnigen Standort. Am besten entwickeln sie sich frei auf dem Gartenrasen. Man vermehrt sie durch Ableger, Weichholzstecklinge und Aussaat. Von den amerik. Arten werden D. canadensis *Willd.* und D. splendens *Carr.* als Zierpflanzen kultiviert. Sie weichen in ihrer Tracht von den asiat. Arten ab, bilden kleine gedrungene Büsche, die 1 m hoch werden und gelb blühen. Da sie gern Ausläufer treiben, sind sie leicht durch diese zu vermehren.

Diēs (lat.), der Tag; D. absolutiōnis, Gründonnerstag, weil an ihm Lossprechung von Kirchenstrafen stattfand. D. adorātus, Karfreitag, nach der an ihm üblichen Verehrung des Kreuzes so benannt. D. ater oder D. religiōsus, später auch D. nefastus, ein Unglückstag der alten Römer, an welchem sie eine Niederlage erlitten hatten, wie der 18. Juli, Jahrestag der Schlacht an der Allia; der 2. Aug., Jahrestag der Schlacht bei Cannä (s. auch unten). D. caniculāres (D. canīni), die Hundstage. D. cinĕris et cilicii, Aschermittwoch. D. competentium, Gründonnerstag, weil an diesem Tage die am Osterfest zu taufenden Katechumenen (competentes) der alten Kirche das Symbolum hersagen mußten. D. consecrāti, geweihte Tage, besonders die Weihnachtsfeiertage. D. critĭcus, kritischer, entscheidender Tag (s. Krisis). D. crucis, Karfreitag. D. depositiōnis, Sterbetag eines «Bekenners», Begräbnistag eines Heiligen. D. exemptus, geschäftsfreier Tag. D. fausti, glückliche Tage. D. feriāles oder feriāti, Feiertage. D. fixa, der in der röm. Kirche einem niedern Feste angewiesene Tag, sofern der eigentliche Festtag (D. proprĭa) mit einem höhern Fest zusammentreffen würde. D. florum, Palmsonntag. D. incarnatiōnis, Mariä Verkündigung (25. März). D. indulgentĭae, Gründonnerstag, an dem in der alten Kirche die Büßenden wieder in die Kirchengemeinde aufgenommen wurden. D. intercalāris (intercalarĭus), Schalttag. D. intrantes et exeúntes, die ersten und letzten Tage jedes Monats. D. Jovis, Donnerstag. D. legālis, der bürgerliche Tag von 24 Stunden. D. Lunae, Montag. D. Martis, Dienstag. D. Mercurĭi, Mittwoch. D. natālis, Geburtstag. D. non (nämlich juridici), sitzungsfreie Tage während der Sitzungsperioden der engl. Gerichtshöfe. D. ramōrum, Palmsonntag. D. reconciliatiōnis, Gründonnerstag. D. rogatiōnum, s. Bußtag. D. sabbāti, Samstag. D. salutāris, Karfreitag. D. sancti, die Tage der Fastenzeit, in roman. Ländern besonders die Woche vor Ostern. D. Saturni, Sonnabend. D. Solis, Sonntag. D. solutiōnis, Verfalltag. D. spirĭtus, Tag des Heiligen Geistes, 15. Mai, auch Pfingsttag. D. statiōnum (D. stationarĭi), die der alten Kirche durch die Beziehung zum Leiden Christi heiligen Wochentage (namentlich Mittwoch und Freitag). D. supplicatiōnum, s. Bußtag. D. suprēma, jüngster Tag. D. Venĕris, Freitag. D. viridĭum, Gründonnerstag. D. diem docet, ein Tag lehrt den andern.

In der Rechtssprache bezeichnet D. den Termin und die für viele Rechtsgeschäfte und Rechtsverhältnisse kleinste Zeiteinheit von 24 Stunden (s. Computatio). D. a quo, der Anfangstermin; D. ad quem, der Endtermin. D. cedens, der Tag, mit welchem ein Recht auf eine Forderung oder ein Vermächtnis erworben ist, sodaß es auf die Erben des Erwerbers übergeht, wenn dieser auch den D. venĭens nicht erlebt, den Tag, an welchem auf die Forderung geklagt werden kann. Z. B. im Testament steht: Mein Schwiegersohn soll 3 Monate nach meinem Tode das Wohnhaus erhalten, und wenn er meine Tochter überlebt, den Garten. Der Erblasser stirbt 2. Febr., die zur Erbin eingesetzte Tochter, welche die Erbschaft angetreten hat, 2. Juli. D. cedens für das Wohnhaus 2. Febr., für den Garten 2. Juli; D. veniens für das Wohnhaus 2. Mai, für den Garten 2. Juli. — D. coeptus habetur pro completo, d. h. der angefangene Tag wird für voll angesehen, bedeutet: ein Recht gilt als erworden, wenn der Beginn des entscheidenden Tages erlebt ist. D. fasti, die (ungefähr 40) Tage, an welchen der Prätor Gericht hielt; D. nefasti, die (über 60) Tage, an welchen keine solenne Handlung (legis actio) vorgenommen werden durfte. Vor den Geschworenen (in judicio) konnte an D. nefasti verhandelt werden. D. comitiāles waren die (gegen 190) für die Volksversammlungen bestimmten Tage, welche keine fasti und keine nefasti waren. Kaiser Marcus setzte 230 D. juridĭci zur Verhandlung der Prozesse fest, die übrigen Tage waren feriae. D. critĭcus, die kritische Zeit (Tag), d. h. die juristisch erhebliche Zeit (Tag), z. B. der 180. bis 302. Tag vor der Geburt des Kindes. Liegt die Begattung innerhalb jener Zeit, so kann das Kind aus derselben herrühren. D. interpéllat pro homĭne, der Tag mahnt an Stelle des Menschen, d. h. es bedarf keiner Mahnung des Schuldners, um denselben in Verzug (s. d.) zu setzen, wenn für dessen Leistung eine nach dem Kalender bestimmte Zeit vertragsmäßig festgestellt ist. Leistet der Schuldner am Fälligkeitstage nicht, so ist er im Verzuge. Dasselbe gilt, wenn die Fälligkeit durch Kündigung eintritt. Der Satz beruht auf Gewohnheitsrecht und ist in den neuern Gesetzgebungen anerkannt.

Dies. hinter lat. Tiernamen bedeutet Karl Moritz Diesing, österr. Naturforscher, besonders Helmintholog. Von ihm u. a. «Systema Helminthum» (2 Bde., Wien 1850—51).

Diesbach, von, schweiz. Patricierfamilie, von D. bei Thun stammend. Im 14. Jahrh. durch Handelsgeschäfte reich geworden, erwarb sie sich die Herrschaft D. und rückte dadurch in den Adel und den Rat Berns ein. Sie lieferte diesem Staate eine Reihe hervorragender Staatsmänner und Feldherren. Niklaus von D. (1430—75), in den Burgunderwirren Hauptanhänger Ludwigs XI. von Frankreich, der ihn mit großen Gunstbezeigungen überhäufte, war seit 1465 Schultheiß von Bern. Seinem Einflusse wesentlich ist die Stellungnahme der Eidgenossen gegen Karl den Kühnen von Burgund, der Abschluß der «ewigen Richtung» mit Österreich und der Bund mit der «niedern Vereinigung» in Lothringen und am Rhein zuzuschreiben (1474). Gleich im Beginn der Burgunderkriege verwickelte D. Bern auch in einen Krieg mit Savoyen, in welchem er mehrere waadtländ. Jurafesten eroberte. Dann wandte er sich nach der burgund. Franche-Comté, starb aber bei der Belagerung von Blamont zu Pruntrut an einer Seuche (Juli 1475). — Sebastian von D. (1480—1538), Heerführer der Berner in den mailänd. Feldzügen (1512—13) sowie in den Kappeler Kriegen (1529 u. 1531). Da er trotz des Pensionenverbotes von Savoyen Geld annahm, wurde er 1534 aller Ämter und Würden entsetzt, kehrte hierauf zum kath. Glauben zurück und zog nach Freiburg in der Schweiz, wo er 1538 starb.

Dièse (spr. diähs'), der franz. Ausdruck für das Kreuz (♯) als Erhöhungszeichen in der Musik, wird zur Bezeichnung des erhöhten Tons dem Namen desselben angehängt, wie ut dièse (cis), ré dièse (dis) u. s. w. — Die ital. Bezeichnung ist diesis, also do diesis (cis) u. s. w.

Diës irae (lat., «Tag des Zorns») heißt nach den Anfangsworten der lat. Hymnus auf das Weltgericht, der wegen der Großartigkeit der darin niedergelegten Ideen und wegen der Wahrheit und der Wärme der Empfindung, die sich in ihm ausspricht, unter den kirchlichen Dichtungen eine hervorragende Stelle einnimmt. Er stammt aus dem 13. Jahrh. und ist wahrscheinlich von dem Franziskaner Thomas von Celano als sog. Sequenz verfaßt. Im 14. Jahrh. (vor 1385) wurde der Hymnus zuerst von der Kirche aufgenommen; seine Stelle als zweite Nummer der Totenmesse (Requiem) erhielt er erst später, endgültig und in der heute gebräuchlichen Form erst im Laufe des 17. Jahrh. Frühzeitig und sehr häufig wurde er ins Deutsche übersetzt, u. a. von A. W. Schlegel, Wessenberg, Swoboda, Harms, Bunsen, Knapp, Daniel. Vgl. Lisco, D. i., Hymnus auf das Weltgericht (Berl. 1840).

Dīēsis, s. Diëse.

Dieskau, Karl Wilh. von, preuß. Generalleutenant und Generalinspecteur der Artillerie, geb. 9. Aug. 1701 zu Dieskau bei Halle, trat 1721 in die preuß. Artillerie, nahm 1736 als Volontär in der österr. Armee am Türkenkriege teil und wurde von Friedrich d. Gr., bei dem er in hohem Ansehen stand, wiederholt mit der Begutachtung neuer Erfindungen betraut. 1755 wurde er mit Übergehung vieler älterer Majors zum Oberstlieutenant und 1757 zum Oberst und Generalinspecteur der Zeughäuser, der Artillerieschule und des gesamten Artilleriematerials ernannt und wirkte in dieser Stellung während des Siebenjährigen Krieges, wo ihm die Vorbereitung und Ausführung aller auf den Ersatz der Bewaffnung, Ausrüstung und Munition bezüglichen Maßregeln oblag. D. nahm an zehn Feldschlachten und neun Belagerungen teil und zeichnete sich namentlich bei der Belagerung von Schweidnitz 1762 aus. Er wurde 1768 Generallieutenant und Ritter des Schwarzen Adlerordens und starb 14. Aug. 1777 zu Berlin. Seit 1889 führt das preuß. Fußartillerieregiment Nr. 6 D.s Namen. — Die auf den Befehl König Friedrichs d. Gr. von D. konstruierten und nach ihm benannten Dieskauschen Geschütze waren sehr leichte Kanonen. Die ersten Modelle erwiesen sich zu schwach, doch sind 1754—71 neun verschiedene Modelle, durchweg Kammergeschütze, in der preuß. Artillerie eingeführt worden. Vgl. von Malinowsky und von Bonin, Geschichte der brandenb.-preuß. Artillerie (3 Tle., Berl. 1840—41).

Dīēspĭter, andere Form für Jupiter (s. d.).

Dießbacher Blau, soviel wie Berlinerblau.

Dießenhofen. 1) **Bezirk** im schweiz. Kanton Thurgau, hat 42 qkm, (1888) 3767 E., darunter 976 Katholiken und 25 Israeliten, in 2 Gemeinden. — 2) **Hauptstadt** des Bezirks D., 9 km östlich von Schaffhausen, in 407 m Höhe am linken Ufer des Rheins, Station der Dampferlinie Konstanz-Schaffhausen, hat (1888) 1841 E., darunter 454 Katholiken und 25 Israeliten, Post, Telegraph, Fernsprechverbindung mit Schaffhausen, Primär- und Sekundärschule, eine große Simultankirche, eine hölzerne, überdeckte Rheinbrücke; mehrere Färbereien und Gerbereien, Tabak-, Cigarren- und Verbandstofffabriken, Ziegeleien, mechan. Drechslerei, Bierbrauereien, Wein-, Tabak- und Hopfenbau, Vieh- und Weinhandel sowie acht Jahrmärkte. Etwa 1 km westlich am Rhein das ehemalige Nonnenkloster St. Katharinenthal, jetzt Greisenasyl. — Schon 757 urkundlich erwähnt, wurde D. 1178 von den Grafen von Kyburg mit Mauer und Graben befestigt, kam 1264 beim Erlöschen des Kyburgischen Mannsstammes an Habsburg-Österreich, wurde diesem 1460 durch die Eidgenossen entrissen und blieb seither bei der Eidgenossenschaft, 1460—1798 als halb selbständige Republik unter dem Schutz der acht alten Orte und Schaffhausens, seit 1798 als Teil des Kantons Thurgau. 1799 fanden hier mehrere Gefechte zwischen den Franzosen und den verbündeten Österreichern und Russen statt, infolge deren sich die Franzosen zum Rückzug über den Rhein genötigt sahen. D. ist die Heimat des Chronisten Heinrich von D.

Diest, Stadt und Festung in der belg. Provinz Brabant, auf beiden Seiten des Demer, an den Linien Tienen-Moll der Belg. Staatsbahnen und Aachen-Antwerpen der Grand Central Belge, hat (1890) 8218 E., in der got. Hauptkirche St. Sulpice das Grabmal Philipps von Nassau-Oranien (gest. 1618), mehrere Kirchen und Klöster, Hospitäler und mildthätige Anstalten; Fabrikation von Hüten, Leder und Strümpfen, sehr bedeutende Brauereien und Brennereien. — Im Mittelalter Besitztum der Herren von D., kam D. nach deren Aussterben durch Heirat an den Grafen Johann von Nassau-Saarbrücken und nach dessen Tod 1472 an Wilhelm, Herzog von Jülich. Dieser überließ die Stadt 1499 durch Tausch an Engelbert von Nassau, Stammvater der Linie von Oranien, bei der sie bis zu König Wilhelms III. Tod 1702 verblieb. Nach mehrfachem Streit mit Friedrich I. von Preußen, der auf D. Anspruch machte, wurde sie endlich mit den übrigen oranischen Gütern dem deutschen Zweig Nassau-Dietz zuerkannt.

Diestel, Ludw., prot. Theolog, geb. 28. Sept. 1825 zu Königsberg, studierte daselbst sowie in Berlin und Bonn, habilitierte sich in Bonn 1851, wurde 1854 Inspektor des theol. Stifts, 1858 außerord. Professor daselbst, 1862 ord. Professor zu Greifswald, 1867 in Jena, 1872 in Tübingen, wo er 15. Mai 1879 starb. Ein liberaler Theolog, hat D. 1872 die «Jenenser Erklärung» zu Gunsten Sydows (s. d.) veranlaßt. Außer seinem Hauptwerk «Geschichte des Alten Testaments in der christl. Kirche» (Jena 1869) und zahlreichen Aufsätzen und Abhandlungen veröffentlichte er «Der Segen Jakobs in Genesis XLIX historisch erläutert» (Braunschweig 1853) sowie die 4. Aufl. von Knobels Jesaiakommentar (Lpz. 1872).

Diesterweg, Friedr. Adolf Wilh., Pädagog, geb. 29. Okt. 1790 zu Siegen, studierte 1808—11 in Herborn und Tübingen Philosophie, Mathematik und Geschichte, ging hierauf als Privatlehrer nach Mannheim, wurde 1812 zweiter Lehrer der Sekundärschule in Worms, 1813 Lehrer an der Musterschule zu Frankfurt a. M., 1818 zweiter Rektor an der Lateinschule zu Elberfeld und 1820 Direktor des Schullehrerseminars in Mörs, wo er seinen Ruf als Lehrer, Pädagog und Schriftsteller begründete. 1832 wurde D. Direktor des Seminars für Stadtschulen in Berlin, wo er trotz mächtiger Gegenstrebungen ununterbrochen segensreich wirkte, bis er endlich 1847 vom Ministerium Eichhorn außer Thätigkeit und 1850 ganz in Ruhestand gesetzt ward. Seitdem lebte er als Privatmann in Berlin, wo er 1858 in den Landtag gewählt wurde und 7. Juli 1866 an der Cholera starb.

D. hat unter den Pädagogen der neuern Zeit den größten Einfluß auf die Bildung des Lehrerstandes, auf die Klärung der pädagogischen Ansichten, auf die Methodik und auf die innere Entwicklung der Volksschule ausgeübt. Seine pädagogischen Ansichten hat er besonders in den «Rheinischen Blättern für Erziehung und Unterricht» (1827 begründet), in dem mit andern Pädagogen herausgegebenen «Wegweiser zur Bildung für deutsche Lehrer» (Essen 1834; 5. Aufl., hg. vom Kuratorium der Diesterweg-Stiftung, 1874—77; 6. Aufl., 1. Tl., Jubiläumsausgabe, von K. Richter, Frankf. a. M. 1890) und später in seinem «Pädagogischen Jahrbuch» (ebd. von 1851 bis 1866) dargelegt. Ein Anhänger Pestalozzis, betrachtete er es als Aufgabe seiner Zeit, sämtliche Unterrichtsgegenstände in Bildungsmittel zu verwandeln, die Lehrer zu befähigen, durch Unterricht zu bilden, durch all ihr Thun erziehend zu wirken, die Lehrobjekte nach den Grundsätzen naturgemäßer Entwicklung zu bearbeiten. Selbst ein hervorragender Meister fesselnder, anregender und geistentwickelnder Lehrkunst und dadurch ein Muster für seine Seminaristen, hat er durch die Art der Ausbildung seiner Zöglinge, durch die Einrichtung seiner Seminarübungsschule, die als Muster Veranlassung zu gleicher Einrichtung an andern Seminarien gab, und durch seine Schriften auch ganz wesentlich zur Förderung der Lehrer in praktischer Beziehung und zur Entwicklung der Methode in den verschiedenen Unterrichtsfächern beigetragen. Seine «Populäre Himmelskunde und mathem. Geographie» (neu bearbeitet von W. Meyer und B. Schwalbe, 15. Aufl., Berl. 1891) wird immer mustergültig für Behandlung dieses Gegenstandes bleiben. Für die Methode des Rechenunterrichts war sein mit Heuser herausgegebenes «Methodisches Handbuch für den Gesamtunterricht im Rechnen» (2 Tle., Elberf. 1829—30; 6. Aufl., Gütersloh 1864—66) bahnbrechend. Daneben sind noch sein «Leitfaden für den Unterricht in der Formen- und Größenlehre» (4. Aufl., Lpz. 1845), sein «Praktisches Rechenbuch für Elementar- und höhere Bürgerschulen» in Verbindung mit Heuser (neu bearbeitet von Langenberg und Roth, 27. Aufl., Gütersloh 1888) und die «Elementare Geometrie für Mittelschulen» (neu hg. von Langenberg, 5. Aufl., Frankf. a. M. 1875) zu nennen. Durch sein «Lese- und Sprachbuch für mittlere Schulklassen und gehobene Elementarschulen» (Essen 1826; 3. Aufl. 1833) und «Schullesebuch» (Krefeld 1831) sowie durch den «Praktischen Lehrgang für den Unterricht in der deutschen Sprache» (3 Tle., ebd. 1828—30 u. ö.) hat er zur Förderung der Methode des Lese- und deutschen Sprachunterrichts wesentlich beigetragen, wenn er auch später selbst für die Lesebücher mehr ein nationales Gepräge verlangte. Über alle auftauchenden pädagogischen Fragen sprach er seine Ansichten freimütig aus, wodurch er vielfach in Gegensatz zu herrschenden Richtungen und zu den Auffassungen in maßgebenden Kreisen und in heftige Kämpfe geriet. Zuerst war dies vorzüglich der Fall durch seine Broschüre «Über das Verderben auf den deutschen Universitäten» (Nr. 3 der u. d. T. «Die Lebensfrage der Civilisation» herausgegebenen vier Beiträge; Essen 1836—38) und durch sein vernichtendes Urteil über die wechselseitige Schuleinrichtung in seinen «Bemerkungen und Ansichten auf einer pädagogischen Reise nach den dän. Staaten» (Berl. 1836). Die in der erstgenannten Schrift ausgesprochenen Ansichten fanden schlagende Widerlegung durch H. Leo (Herr D. und die deutschen Universitäten, Lpz. 1836). Später wurde er namentlich wegen seiner Ansichten über den Religionsunterricht und über die Leitung und Beaufsichtigung der Schule, die er durch Sachverständige, nicht durch die Kirche als solche ausgeübt wissen wollte, heftig angegriffen. Die Angriffe riefen aber eine große Anzahl Kämpfer für D. auf den Plan. D. selbst trat in seinem «Wiedererstandenen Hauptpastor Melchior Götze» (auch u. d. T. «Anti-Pieper», Essen 1844) nur dem Pastor Pieper in Mettmann entgegen. Als 1854 die Raumerschen Regulative erschienen, trat er sofort in drei geharnischten Broschüren dagegen auf und verlangte in einer seiner inhaltreichsten Kammerreden ihre Abschaffung. Daß sie später (unter Fall) aufgehoben worden sind, ist wesentlich der energischen und gründlichen Darlegung ih Unhaltbarkeit durch D. zuzuschreiben. — Von D.s zahlreichen Schriften sind außer den genannten noch hervorzuheben: «Das pädagogische Deutschland» (2 Bde., Berl. 1835—36), «Streitfragen auf dem Gebiete der Pädagogik» (2 Hefte, Essen 1837—38), «Unterricht in der Kleinkinderschule» (5. Aufl., Bielef. 1852), «Pädagogisches Wollen und Sollen» (Lpz. 1856; 2. Aufl., Frankf. 1875). Ausgewählte Schriften D.s gab Langenberg (2. Aufl., 4 Bde., Frankf. a. M. 1890—91), ausgewählte Aufsätze aus den «Rheinischen Blättern» Jessen (Wien 1878) heraus. — Von seinen Verehrern wurde ihm zu Mörs ein 7. Okt. 1882 enthülltes Denkmal errichtet, ebenso in Siegen (enthüllt 29. Okt. 1890). Bereits 1860 war von Freunden und Anhängern D.s eine Diesterweg-Stiftung in Berlin begründet worden, die durch die Zinsen des jetzt über 7000 M. betragenden Grundkapitals und die Mitgliederbeiträge die pädagogische Litteratur im Geiste D.s zu fördern sucht und Preise für Lösung wichtiger pädagogischer Fragen ausschreibt.

Vgl. Langenberg, Adolf D., sein Leben und seine Schriften (3 Tle., Frankf. 1867—68); ders., D.s Selbstbeurteilungen (Mörs 1873); ders., Adolf D. Lichtstrahlen aus seinen Schriften (Lpz. 1875); Rudolph, D.s Leben (in der 5. Aufl. des «Wegweisers», Essen 1874—77); K. Richter, Adolf D. nach seinem Leben und Wirken (Wien 1890); Lüttge, Adolf D. in seiner Bedeutung für die Hebung des Volksschullehrerstandes (Lpz. 1890); Pohlandt, D.s Verdienste um die Lehrerbildung (ebd. 1890); Rudolph, Adolf D. der Reformator des deutschen Volksschulwesens im 19. Jahrh. (Berl. 1890); Scherer, Adolf D.s Pädagogik (Gießen 1890); Krause, Adolf D. und seine Verdienste um die Entwicklung des deutschen Volksschullehrerstandes (Borna 1889).

Diesthemius, Petrus, s. Every-Man.

Dietendorf, Dorf im Landratsamt Gotha des Herzogtums Sachsen-Gotha, 12 km von Erfurt, am Flüßchen Apfelstädt und an den Linien Halle-Bebra und Neudietendorf-Plaue-Ritschenhausen der Preuß. Staatsbahnen, umfaßt zwei Gemeinden, D., rechts an der Apfelstädt, mit 978 E., und Neudietendorf, links an der Apfelstädt, mit 626 E., darunter 297 Mitglieder der Evangelischen Brüdergemeine, hat Post zweiter Klasse, Telegraph, Kirche, Brüderhaus mit Schule, Schwesternhaus, Mädchenerziehungsanstalt mit Park; zwei Brauereien sowie ansehnliche Fabrikation von Aromatique und Pfefferminzplätzchen (Th. Lappe), Zinnober (Lilliendahl), Siegellack, Rohrstäben für Geflecht, Fischbeinstäben und Lederfärberei. — Die Brüderkolonie wurde 1743 vom Grafen Promnitz gegründet und 1764 anerkannt unter der Bedingung, sich in kirchlicher Beziehung ganz der luth. Landeskirche unterzuordnen. Erst 1849 hörte dieses Verhältnis auf.

Dieterich, Gust. Heinr. Wilh. Eugen, pharmacent. Industrieller, geb. 6. Okt. 1840 zu Waltershausen im Grabfeld (Unterfranken), studierte in München, war dann in einer Farben- und einer Paraffinfabrik als Chemiker thätig und gründete 1869 die chem. Fabrik Helfenberg bei Dresden. D. hat sich seitdem um die Pharmacie ein wesentliches Verdienst erworben, indem er der erste und lange Zeit der einzige war, welcher das wirtschaftliche Übergewicht nicht im Fabrikgeheimnis suchte, sondern in der ausgezeichneten Durchführung der einzelnen Darstellungsmethoden und der Erzeugung bestmöglicher Präparate. D. hat die Herstellung der Galenischen Präparate in rationelle Bahnen gelenkt und selbst die Prüfungsmethoden ausgearbeitet, nach denen dieselben auf ihre Güte zu beurteilen sind. Von seiner litterar. Thätigkeit sind hervorzuheben seine Arbeiten über Morphinbestimmung in der «Pharmaceut. Centralhalle» und in den «Verhandlungen» der 59., 60. und 62. Naturforscherversammlung. Sein Verfahren zur Morphinbestimmung fand in der dritten Ausgabe des «Arzneibuchs für das Deutsche Reich» Aufnahme. Jährlich erscheinen in Berlin D.s «Helfenberger Annalen»; ebendaselbst erschien D.s «Neues pharmaceut. Manual» (5. Aufl. 1892).

Dieterich, Joh. Friedr., Maler, geb. 21. Sept. 1787 in Biberach, besuchte die Kunstschule in Stuttgart und ging 1818 nach Rom, wo er bis 1822 sich durch das Studium der klassischen Meisterwerke vervollkommnete. Zurückgekehrt ließ er sich in Stuttgart nieder, wurde 1833 Professor an der dortigen Kunstschule und starb daselbst 17. Jan. 1846. Er widmete sich vorzugsweise der religiösen Historienmalerei. Noch in Rom vollendete er: Abrahams Einzug in das Gelobte Land (1823; im Schloß zu Stuttgart), Anbetung der Hirten, Christus und die Jünger in Emmaus (im Museum zu Stuttgart). Darauf erhielt er den Auftrag, die Ausschmückung des königl. Landhauses Rosenstein bei Stuttgart auszuführen; er fertigte fünf Plafonds für den Speisesaal, darstellend Scenen aus der Dionysos-Mythe, darunter: Der Festzug des Bacchus und der Ariadne. Ferner schuf D. unter andern die Gemälde: Der während des Sturmes auf dem See Genezareth schlafende Christus mit den Jüngern (1833); Traum des heil. Martinus von Tours (1834; Altarbild in der Kirche zu Schemmerberg bei Biberach), Auferstehung Christi (1840; Hauptaltarbild in der kath. Kirche zu Stuttgart), Christus am Ölberge (1845; für die kath. Kirche zu Ravensburg).

Dieterichsche Buchhandlung in Göttingen, gegründet 1760 als Filiale (bis 1766) der Meviusschen Buchhandlung in Gotha von Joh. Christ. Dieterich, geb. 1712 in Stendal, gest. 1800, der dazu 1770 auch die Universitätsbuchdruckerei errichtete. Nachfolger waren sein Sohn Heinrich Dieterich 1800—37 und Dieterichs Erben 1837—48. Im letztern Jahre wurde die Buchdruckerei an Wilhelm Friedr. Kaestner verkauft und die Buchhandlung an Friedr. Schlemmer und Wilh. Vogel, unter denen 1865 Konkurs eintrat. Die Fortführung der Buchhandlung erfolgte auf Rechnung der Gläubiger. 1872 wurde das Sortimentsgeschäft an Arnold Hoyer verkauft, der es mit dem Antiquariat und der Leihbibliothek von Schneider & Otto daselbst verband, und ging 1887 an Lüder Horstmann über unter der Firma «Dieterichsche Universitätsbuchhandlung (L. Horstmann)». Der Verlag, seit 1872 unter der Firma «Dieterichsche Verlagsbuchhandlung» und seit 1887 unter Leitung desselben Lüder Horstmann als Geschäftsführers, umfaßt Rechtswissenschaft, klassische Philologie, Geschichte, Orientalia u. dgl. mit Namen wie Bürger, Dahlmann, Ewald, Gauß, Gebrüder Grimm, de Lagarde, Ottfried Müller, Waitz, Zachariä u. a.; ferner die «Abhandlungen der Königl. Gesellschaft der Wissenschaften zu Göttingen» (Bd. 1—37, 1843—91), den «Philologus. Zeitschrift für das klassische Alterthum» (seit 1847; gegründet 1846), die «Göttingischen Gelehrten Anzeigen» (s. d.) mit den «Nachrichten», Martens' «Recueil de traités» mit Fortsetzungen (seit 1791).

Die «Dieterichsche Universitätsbuchdruckerei (W. Fr. Kaestner)», seit 1864 im Besitz der beiden Söhne Fritz und Karl Kaestner, hat 1 Gasmotor, 4 Pressen, 30 beschäftigte Personen.

Dieterici (Dietericy), Maler, s. Dietrich, Christian Wilh. Ernst.

Dieterici, Friedr., Orientalist, der älteste Sohn von Karl Friedr. Wilh. D., geb. 6. Juli 1821 zu Berlin, studierte zu Halle und Berlin Theologie, widmete sich aber später in Halle und Leipzig ausschließlich dem Studium der orient. Sprachen. Er habilitierte sich 1846 in Berlin, ging 1847 nach dem Orient und lehrt seit 1850 als außerord. Professor an der Universität zu Berlin. Als Orientalist hat sich D. vorzugsweise um die arab. Sprache und Litteratur verdient gemacht. Nachdem er die Schrift: «Mutanabbi und Seifuddaula» (Lpz. 1847) veröffentlicht, gab er zunächst den arab. Text der «Alfiyyah» (edd. 1851), einer arab. Originalgrammatik mit dem Kommentar des Ibn Akil, dann eine deutsche Übersetzung (edd. 1852) des Kommentars heraus. Diesen Werken folgte die Ausgabe der Gedichte des Mutanabbi mit dem Kommentar des Al-Wahidi (Berl. 1858—61). Besonderes Verdienst erwarb sich D. um die Darstellung der Philosophie der Araber im 10. Jahrh., zunächst des Systems der «Lautern Brüder», vorzüglich in den Werken «Die Propädeutik der Araber» (edd. 1865), «Die Logik und Psychologie der Araber» (Lpz. 1868), «Die Naturanschauung und Naturphilosophie der Araber im 10. Jahrh.» (2. Aufl., edd. 1876), «Der Streit zwischen Mensch und Tier» (Berl. 1858), «Die Anthropologie der Araber im 10. Jahrh.» (Lpz. 1871), «Die Lehre von der Weltseele» (edd. 1873), «Der Darwinismus im 10. und 19. Jahrh.» (edd. 1878). Das System der arab. Philosophie stellte D. dar in: «Die Philosophie der Araber im 10. Jahrh.» (Bd. 1: «Makrokosmos», edd. 1876; Bd. 2: «Mikrokosmos», 1879). «Tier und Mensch» erschien in arab. Ausg. (edd. 1879; 2. Ausg. 1881) und ein «Arabisch-deutsches Handwörterbuch zum Koran und Tier und Mensch» (edd. 1881). 1883 publizierte D. die an Plotins Lehren sich anschließende sog. «Theologie des Aristoteles» mit deutscher Übersetzung (1883). Zu nennen sind noch seine Textausgaben zur arab. Philosophie: «Abhandlungen der Ichwân eß-ßafâ in Auswahl aus arab. Handschriften» (Lpz. 1884—86) und «Alfârâbis philos. Abhandlungen» mit einer Abhandlung über arab. Philosophie (Leid. 1890—92). Unter seinen sonstigen litterar. Arbeiten sind noch «Chrestomathie Ottomane» (Berl. 1854), «Reisebilder aus dem Morgenlande» (2 Bde., edd. 1853) und «Mirjam», orient. Roman (Lpz. 1886; Volksausg. 1889), hervorzuheben.

Dieterici, Karl Friedr. Wilh., Statistiker und Nationalökonom, geb. 23. Aug. 1790 zu Berlin, nahm an den Feldzügen 1813/15 teil, wurde 1818 Regierungsrat bei der Potsdamer Regierung, 1820 Hilfsarbeiter im Kultusministerium, 1823 Geh. Regierungsrat und 1831 Geh. Oberregierungsrat, 1834 zugleich ord. Professor für die Staatswissenschaften an der Berliner Universität, seit 1837 zu den Arbeiten des Statistischen Bureaus herangezogen, 1844 Direktor desselben. Später zum Wirkl. Geh. Oberregierungsrat befördert, starb er 29. Juli 1859. D. schrieb «Die Waldenser und ihre Verhältnisse zum brandenb.-preuß. Staat» (Berl. 1831), «Geschichtliche und statist. Nachrichten über die Universitäten im preuß. Staate» (edd. 1836), «Statist. Übersicht der wichtigsten Gegenstände des Verkehrs und Verbrauchs im preuß. Staate und im deutschen Zollverbande» (edd. 1838; Fortsetzung 1—5, 1841—57), «Der Volkswohlstand im preuß. Staate» (ebd. 1846; auch ins Französische übertragen). Als Direktor des Statistischen Bureaus veröffentlichte er «Tabellen und Nachrichten über den preuß. Staat» (1851 fg.), die in der preuß. Verwaltung als die sog. «Blaubücher» bekannt sind, und seit 1848 «Mitteilungen des Statistischen Bureaus». Mit dem 4. Bande der Tabellen, «Die Resultate der Verwaltung» enthaltend, hat D. den Grund zur Verwaltungsstatistik Preußens gelegt. Seit 1847 Mitglied der Berliner Akademie der Wissenschaften, hat D. eine Reihe wertvoller Abhandlungen für deren Denkschriften verfaßt. Den Schlußstein seiner Wirksamkeit sollte das «Handbuch der Statistik des preuß. Staates» bilden (fortgeführt von seinem Sohne *Karl* D., Berl. 1861), an dessen Vollendung ihn der Tod hinderte. D. war auch Mitbegründer der statist. Kongresse.

Dietfurt, Stadt im Bezirksamt Beilngries des bayr. Reg.-Bez. Oberpfalz, 12 km im NW. von Riedenburg, an der Lader, unweit von deren Mündung in die Altmühl und dem Ludwigskanal, hat (1890) 1141 kath. E., Postexpedition, Telegraph, 4 Kirchen, Franziskanerkloster und 11 Bierbrauereien. Hier siegten 4. März 1703 im Spanischen Erbfolgekrieg die Österreicher über die Bayern.

Dietharz, Dorf im Landratsamt Ohrdruf des Herzogtums Sachsen-Gotha, durch die Apfelstädt von Tambach (s. d.) getrennt, hat (1890) 733 evang. E., Porzellan- und Wurstfabrik, Dampf- und Wassersägewerke, Ölmühlen, bedeutenden Holzhandel. Nahebei der prächtige *Dietharzer-* oder *Schmalwassergrund* mit einem fast überhängenden Porphyrfelsen, dem sog. *Falkenstein* (90 m).

Diether, eine Gestalt der deutschen Heldensage, jüngerer Bruder Dietrichs von Bern und wie dieser selbst König von Bern genannt. Er nimmt an den Zügen seines Bruders gegen Ermanrich teil, wird aber in der Rabenschlacht von Wittig erschlagen. — Ein zweiter D. erscheint in den spätern Gedichten der Heldensage als Bruder des Ermanrich und Vater der Harlunge.

Diether *von Isenburg*, Erzbischof von Mainz 1459—63 und 1475—82, geb. 1412 als Sohn des Grafen von Isenburg-Büdingen, trat auf Grund der Wahlkapitulation gleich seinem Vorgänger, Dietrich Schenk von Erbach, dem Bündnis gegen den Kurfürsten Friedrich I. von der Pfalz bei, wurde aber 4. Juli 1460 bei Pfeddersheim geschlagen und schloß sich nun eng an den Kurfürsten und dessen Politik an. In seiner Opposition gegen die Übergriffe des Papstes wurde D. exkommuniziert, weil er die Annaten nicht zahlte. In Verbindung mit dem ebenfalls gegen röm. Forderungen kämpfenden Herzog Sigismund von Tirol und angespornt durch Gregor von Heimburg (s. d.), regte er auf mehrern Reichstagen ein gemeinsames Vorgehen gegen die Kurie und die Berufung eines neuen allgemeinen Konzils in einer deutschen Stadt zur Bestätigung der Baseler Reformdekrete an und verfeindete sich so mit dem Kaiser Friedrich III. und besonders mit Pius II., der ihn 1461 absetzte und an seine Stelle den Domherrn Adolf von Nassau ernannte. Da D. nicht weichen wollte, kam es zur Fehde, die das ganze südwestl. Deutschland in Mitleidenschaft zog. Obwohl D.s Verbündeter, der Kurfürst Friedrich von der Pfalz, 30. Juni 1462 seine Gegner, den Bischof von Metz, den Markgrafen Karl von Baden und den Grafen Ulrich von Württemberg, bei Seckenheim besiegte und gefangen nahm, mußte D. in dem Zeitlsheimer Vertrage 5. Okt. 1463 zu Gunsten seines Nebenbuhlers entsagen, der ihm eine Rente und Höchst als ein besonderes Fürstentum gewährte. Nach dem Tode Adolfs von Nassau 1475 nochmals zum Erzbischof von Mainz erwählt, hat D. sich nicht mehr auf Opposition gegen das bestehende kaiserl. und päpstl. System eingelassen, vielmehr letzteres gestützt und im übrigen sein Fürstentum fruchtbringend regiert. Er starb 7. Mai 1482. Die Stadt Mainz, die schon sein Vorgänger ihrer reichsstädtischen Selbständigkeit beraubt hatte, entschädigte er durch große Bauten, Fürsorge für ihren Handel und durch die Stiftung einer Universität (1477), welche bis in die Revolutionszeit bestanden hat. Besondern Dank verdiente er sich beim Papst durch Bestrafung unkirchlicher Geistlichen und Verfolgung von Irrlehren. Er hat auch den Ketzerprozeß gegen Johann von Wesel (s. d.) veranlaßt (1479). Vgl. C. Wenzel, D. von Isenburg, Erzbischof von Mainz (Erlangen 1868).

Dietikon, Stadt im schweiz. Kanton und Bezirk Zürich, an der Limmat und an der Linie Zürich-Aarau der Nordostbahn, hat (1888) 1923 E. Hier siegte 25. Sept. 1799 Masséna über die Russen.

Dietleib *von Steier*, Held der Dichtung «Biterolf und Dietleib» (s. d.). — Eine andere Rolle spielt D. als Däne in der Thidrekssaga, wo er im Kampfe mit Sigurd dem Griechen dessen Tochter erwirbt, sie aber verläßt, um zu Dietrich von Bern zu gehen.

Dietmar, Bischof von Merseburg, s. Thietmar.

Dietmar *von Aist(e)*, Minnesänger, aus einem Rittergeschlecht in Österreich ob der Enns, in der Riedmark, benannt nach dem Bache Aist, vertrat zuerst in Österreich um 1180 in meist einstrophigen Liedern (in Lachmanns und Haupts «Minnesangs Frühling», Nr. 7, 4. Aufl., Lpz. 1890) die kunstvollern Formen und den höfischen Frauendienst der roman. Lyrik; doch sind unter D.s Namen auch Strophen mitgeteilt, die, Perlen schönster Volksdichtung, schon der altertümlichen Technik wegen nicht sein Werk sein können.

Dietrich, ein Nachschlüssel oder eigentlich ein Sperrhaken, mit dem ohne Anwendung des zugehörigen Schlüssels ein Schloß durch Zurückschieben des Riegels geöffnet werden kann.

Dietrich *von Bern* ist der Name, unter dem der Ostgotenkönig *Theodorich der Große* (s. d.) in die deutsche Heldensage verflochten ist; unter Bern ist dessen Hauptstadt Verona zu verstehen; als sein Stammland gilt Meran oder meist Italien. Denn die Sage, die einen unberechtigten Eroberer zum Helden nicht brauchen kann, nahm die histor. Verhältnisse umkehrend an, daß D. durch Otacher (Odoaker) oder durch seinen Oheim Ermanrich aus seinem Erbland Italien vertrieben wurde, mit seinen Mannen, namentlich dem alten Hildebrand, bei Etzel gastliche Aufnahme fand und sich mit seiner Hilfe nach vielen Jahren wieder in Besitz seines Reichs setzte. Die geschichtliche Belagerung Ravennas durch Theodorich lebt in der «Rabenschlacht» fort. Im «Nibelungenliede» erscheint D. als Verbannter an Etzels Hofe; nur ihm gelingt es, des grimmen Hagen Herr zu werden. D. ist zugleich der weichherzigste, friedfertigste und der stärkste, gewaltigste aller deutschen Sagenhelden; in den «Rosengärten» besiegt er, der süddeutsche Held, sogar den Franken Siegfried. Um 1000 schon sangen die niederdeutschen Bauern von ihm. An ihn knüpften sich allmählich, indem er Mittelpunkt eines großen Sagenkreises wurde, allerlei lokale Riesen- und Zwergensagen; auch ein märchenhaftes Verschwinden auf schwarzem Rosse wird ihm nachgesagt. Uhlands Vermutung (in Pfeiffers «Germania», 1), daß Mythen des Gottes Donar auf D. übertragen wurden, ist unerweislich. Unter den mittelhochdeutschen Gedichten, die ihn feiern, ragen hervor: «D.s Flucht», «Die Rabenschlacht», «Virginal», «Ecken Ausfahrt», «Sigenot», «Laurin», die «Rosengärten»; ihm gilt auch ein altnord. Prosaroman, die «Thidrekssaga». Vgl. W. Müller, Mythologie der deutschen Heldensage (Heilbr. 1886); Karl Meyer, Die Dietrichsage in ihrer geschichtlichen Entwicklung (Bas. 1868); Heinzel, Über die ostgot. Heldensage (Wien 1889).

Dietrich, Prinz zu Anhalt-Dessau, preuß. Feldmarschall, geb. 2. Aug. 1702 als dritter Sohn des Fürsten Leopold I., des alten Dessauers, trat, in der militär. Schule seines Vaters aufgewachsen, 1716 in holländ., 1718 in preuß. Dienste. Nachdem D. während des poln. Thronfolgekrieges 1734—35 am Rhein mitgefochten hatte, nahm er rühmlichen Anteil an den beiden ersten schles. Kriegen und zeichnete sich in den Schlachten von Mollwitz und Hohenfriedberg aus. 1750 schied er in Folge seiner bei Mollwitz erhaltenen Verwundung aus preuß. Dienste, nachdem er bereits 1747 zum Feldmarschall befördert worden war. Nach dem 1751 erfolgten Tode seines Bruders Leopold II. übernahm er für den minorennen Thronerben bis 1758 die Regentschaft und starb 2. Dez. 1769 unvermählt.

Dietrich der Bedrängte, Markgraf von Meißen, der zweite Sohn des Markgrafen Otto des Reichen (s. d.) und Hedwigs, einer Tochter des Markgrafen Albrecht des Bären von Brandenburg, lebte in fast unausgesetztem Streit mit seinem ältern Bruder, dem nachmaligen Markgrafen Albrecht dem Stolzen (s. d.). Auch nach dessen Tode 1195 konnte er den Besitz der Mark erst antreten, als Kaiser Heinrich VI. gestorben war. (S. Sachsen, Kurfürstentum.) In dem Kampfe der Gegenkönige Philipp von Schwaben und Otto IV. stand D. auf Philipps Seite. Nach dessen Tode 1208 söhnte er sich zwar mit Otto aus, wendete sich aber später wieder den Hohenstaufen zu. Im Innern hatte er harte Kämpfe namentlich mit Leipzig und dem osterländischen Adel, der die Stadt unterstützte, durchzufechten. Er starb 17. Febr. 1221. Von seinen Söhnen folgte ihm der jüngste, Heinrich der Erlauchte.

Dietrich der Jüngere, Landgraf von Thüringen, s. Diezmann.

Dietrich von Niem, Geschichtschreiber, s. Niem.

Dietrich, Albert Herm., Komponist, geb. 28. Aug. 1829 in dem Forsthaus Goll bei Meißen, erhielt Musikunterricht bei Julius Otto in Dresden, 1847—51 bei Rietz und Moscheles in Leipzig. Hierauf ging er nach Düsseldorf zu Robert Schumann, bei dem er bis zum Ausbruch von dessen Gemütskrankheit blieb. 1855 wurde er Dirigent der Abonnementskonzerte in Bonn und 1861 Hofkapellmeister in Oldenburg. D. ist einer der begabtesten musikalischen Lyriker Deutschlands. Seine D-moll-Sinfonie gehört unter die bedeutendsten Werke der neuern Orchestermusik. Daneben sind zu nennen in erster Linie seine Lieder, ferner: die Ouverture «Normannenfahrt», die Oper «Robin Hood» sowie mehrere Chorwerke, Konzerte für Violine und Cello u. s. w.

Dietrich, Anton, Historienmaler, geb. 27. Mai 1833 zu Meißen, Schüler von Bendemann und Schnorr von Carolsfeld in Dresden. Nach längern Studienaufenthalte in Italien und Düsseldorf, wo er ein größeres Bild: Faust bei Gretchen im Kerker, vollendete, schuf er, seit 1862 in Dresden thätig, eine Reihe monumentaler Gemälde für die Aula der Kreuzschule und des Polytechnikums in Dresden, für das Johanneum in Zittau (Paulus predigt auf dem Areopag in Athen), für die Kirche zu Leisnig, für die Maria-Magdalenenkirche in Breslau, ferner größere Altarbilder für die Kirche in Buchholz und die Kreuzkirche in Dresden, für den Kirchensaal der Albrechtsburg in Meißen, außerdem zahlreiche Kompositionen zu Glasgemälden (z. B. für die Domkirche zu Riga) und 7 Kartons mit Darstellungen aus dem Leben Kaiser Ottos d. Gr. Von seinen Staffeleibildern sind ferner hervorzuheben: Lady Macbeth, Verleugnung Petri.

Dietrich, Christian Wilh. Ernst, auch Dietrici oder Dietricy, Maler und Kupferstecher, geb. 30. Okt. 1712 zu Weimar, erlernte die Kunst bei seinem Vater und bildete sich später in Dresden unter dem Landschaftsmaler A. Thiele. Dort fand er an dem Grafen Brühl einen Beschützer, wurde 1741 Hofmaler und bereiste in seinem 30. Jahre auf königl. Kosten Italien. Vorzüglich studierte er in Rom und Venedig die niederländ. Meister, vor allen Rembrandt, Ostade und Poelenburg. Er wurde 1743 Galerie-Inspektor, 1763 Direktor der Porzellanmanufaktur zu Meißen, 1765 Akademieprofessor und starb 23. oder 24. April 1774 zu Dresden. D. ging von der franz.-theatralischen Manier seiner Zeitgenossen ab und bestrebte sich, den Geschmack auf die realistische Richtung der Niederländer zurückzulenken, blieb indes ebenfalls nicht frei von Manier. Er suchte seinen Stolz in der möglichst täuschenden Nachahmung anderer Maler, besonders Rembrandts. Am selbständigsten ist er in seinen zahlreichen Landschaften. Er lieferte auch viele Radierungen. Die Dresdener Galerie besitzt von ihm 53 Gemälde, unter denen hervorzuheben sind: Anbetung der Könige (1731), Auferweckung des Lazarus (1746), Kreuzigung Christi (1754), Verkündigung der Hirten, Thetis und Achilles (1766), Verwundete in der Nähe des Schlachtfeldes; ferner mehrere hundert Handzeichnungen. Seine nachgelassenen Kupferplatten, 82 an der Zahl, wurden von seinen Erben herausgegeben. Eine Anzahl seiner Handzeichnungen u. s. w. gab Otto (Lpz. 1810) in Kreidemanier auf Stein heraus. Wille, Darnstedt, A. Zingg, Weirotter, Levasseur u. a. haben nach ihm gestochen. Vgl. Linck, Monographie der von D. radierten, geschabten und in Holz geschnittenen malerischen Vorstellungen (Lpz. 1846).

Dietrich, Dominikus, Ammeister von Straßburg, geb. 30. Jan. 1620 in Straßburg, stammte aus einer im 16. Jahrh. dort eingewanderten lothr. Familie Namens Didier, war seit 1647 nacheinander Mitglied der verschiedenen Ratskammern seiner Vaterstadt und wurde 1660 Ammeister. Er diente vielfach als Vermittler zwischen der Reichsstadt und den seit dem Westfälischen Frieden im Elsaß angestellten franz. Behörden und suchte unter schwierigen Verhältnissen die Neutralität Straßburgs zu wahren, erfuhr aber deshalb Verdächtigung und Anfeindung, die sich noch mehrten, als der Rat 1673 den Verfasser einer gegen D. gerichteten Schmähschrift zum Tode verurteilte. Als 1681 infolge der Réunionskammern (s. d.) der franz. General Monclar mit 30000 Mann vor Straßburg rückte, ging D. mit einer Abordnung des Rates zu ihm, mußte aber 30. Sept. in die Kapitulation willigen. Wegen seines luth. Glaubens beim Minister Louvois verdächtigt, wurde D. 1685 erst nach Guéret, dann nach Vesoul verbannt und durfte erst 1689 nach Straßburg zurückkehren, wo er 9. März 1692 starb. Vgl. Spach, Œuvres choisies, Bd. 1 (Straßb. 1866). — Sein Urenkel, Philipp Friedrich von D., geb. 14. Nov. 1748 in Straßburg, war 1790—92 der erste Maire der Stadt, wurde wegen einer von ihm ausgehenden Adresse Straßburgs gegen die Ereignisse vom 20. Juni und 10. Aug. 1792 schließlich vom Revolutionstribunal zum Tode verurteilt und 29. Dez. 1793 in Paris enthauptet. D. hat sich auch als Mineralog bekannt gemacht und u. a. ein Werk «Description des gites de minerai et des bouches à feu de France» (6 Bde., Par. 1786—1800) geschrieben.

Dietrich, Franz Eduard Christoph, prot. Theolog und Sprachforscher, geb. 2. Juli 1810 zu Strauch bei Großenhain (Sachsen), studierte in Leipzig, Halle und Berlin, wurde 1836 Repetent in Marburg, wo er sich 1839 habilitierte, 1844 außerord., 1848 ord. Professor in der philos. Fakultät, 1859 ord. Professor der alttestamentlichen Theologie wurde und 27. Jan. 1883 starb. Unter seinen Werken sind hervorzuheben: «Altnord. Lesebuch. Aus der skandinav. Poesie und Prosa bis zum 14. Jahrh., mit litterar. Übersicht, Grammatik und Glossar» (Lpz. 1843; 2. umgearbeitete Aufl. 1864), «Abhandlungen für semit. Wortforschung» (ebd. 1844), «Abhandlungen zur hebr. Grammatik» (ebd. 1846), «Codicum syriacorum specimina» (Marb. 1855), «Zwei sidonische Inschriften» (ebd. 1855), «Kynewulfi poetae aetas» (ebd. 1860), «Über die Aussprache des Gotischen» (ebd. 1862), «Morgengebete der alten Kirche des Orients für die Festzeiten. Verdeutscht» (ebd. 1864), «De Sanchoniathonis nomine» (ebd. 1872); auch besorgte D. die 5. bis 7. Aufl. von «Gesenius, hebr. u. chaldäisches Handwörterbuch» (Lpz. 1855—68).

Dietrich, Veit, Beförderer der Reformation, geb. 8. Dez. 1506 zu Nürnberg, studierte seit 1523 in Wittenberg, war 1527—30 Luthers Amanuensis und wurde 1536 Prediger in seiner Vaterstadt, in deren Namen er die Schmalkaldener Artikel unterzeichnete. 1542 führte er in einigen oberpfälz. Ämtern die Reformation durch. Streitigkeiten mit seinem Kollegen Osiander brachten D. in den Verdacht, Zwinglis Gesinnungsgenosse zu sein, obgleich seine Hauptschrift «Agendbüchlein für die Pfarrherren auf dem Land» ganz in luth. Sinne abgefaßt ist. Er starb 24. März 1549. Mit Melanchthon stand D. in regem Briefwechsel und gab auch drei Schriften desselben in deutscher Sprache heraus. Vgl. Strobel, Nachricht von dem Leben und den Schriften Veit D.s (Nürnb. 1772).

Dietrichs Drachenkämpfe und **Dietrichs erste Ausfahrt,** s. Virginal.

Dietrichs Flucht, s. Heinrich der Vogler.

Dietrichson, Lorentz Henrik Segelcke, norweg. Litteraturhistoriker, Ästhetiker und Dichter, geb. 1. Jan. 1834 in Bergen, studierte in Kristiania, siedelte 1859 nach Schweden über, wurde 1861 Docent an der Universität Upsala, 1866 Amanuensis bei dem Nationalmuseum, 1868 Lehrer der Kunstgeschichte an der Akademie der freien Künste zu Stockholm und wirkte 1870—73 als Oberlehrer an der Gewerbeschule. 1875 ward er zum außerord. Professor der Kunstgeschichte an der Universität zu Kristiania ernannt. Von seinen Arbeiten sind hervorzuheben: «Indledning i Studiet af Danmarks Litteratur» (1861), «Indledning i Studiet af Sveriges Litteratur» (1862), «Omrids af den norske Poesies historie» (1866—69), «Fra Kunstens Verden» (Kopenh. 1885); ferner die Schauspiele: «En arbetare» (1872) und «Karl Folkunge» (1874); die Dichtungen: «Olaf Liljekrans» (1857) und «Kivleslåtten» (1879); Monographien über Runeberg (1864) und Tidemand (1878—79); die Reisestudien «Från min vandringstid» (3 Bde., Stockh. 1873—75). 1863 redigierte D. die «Nordisk Tidskrift for Litteratur og Kunst» und 1875—76 «Tidskrift for bildande Konst og Konstindustri».

Dietrichstein, altes gräfl., in einer Linie später fürstl. Geschlecht, das aus Kärnten stammt und besonders in Böhmen, Mähren und Niederösterreich reich begütert war. Das Geschlecht zerfiel im 16. Jahrh. in zwei Hauptlinien, die Hollenburg-Finkensteinische und die Weichselstätt-Rabensteinische.

A. Sigismund von D., der Gründer der Hollenburgischen Hauptlinie, geb. 1484, gest. 20. Mai 1540, war ein Liebling Maximilians I. und focht mit Auszeichnung an der Seite Georgs von Frundsberg gegen die Venetianer. Maximilian erhob ihn 1514 in den Freiherrenstand. Zu Graz stiftete D. 1517 den Orden des heil. Christoph wider das Laster des Trinkens und Fluchens. Mehrmals kämpfte er in den damals ausbrechenden Bauernunruhen. Er war sehr erheblich an der Abfassung des Theuerdanks (s. d.) beteiligt. Seine beiden ältesten Söhne, Sigmund Georg von D. (gest. 1593) und Karl von D., wendeten sich dem Protestantismus zu, der dritte, Adam von D., blieb Katholik. Der letztere und Sigmund Georg teilten die Hollenburgische Hauptlinie in zwei Äste, a. in den Hollenburgischen, der 1656 in den Reichsgrafenstand erhoben ward und 1684 die Reichsfürstenwürde erhielt, aber 1825 im Mannsstamm erlosch, und b. in den Nikolsburgischen. Dessen Begründer, der genannte Adam von D. (geb. 7. Okt. 1527, gest. 5. Febr. 1590), der sich nach der 1575 von ihm erworbenen Herrschaft Nikolsburg Dietrichstein-Nikolsburg nannte, galt als einer der bedeutendsten Staatsmänner seiner Zeit. Er kam 1547 als Page an den Hof Ferdinands I., wurde dann Truchseß, Mundschenk und Kammerherr des Erzherzogs Maximilian und war bei dem Passauer Vertrage von 1552 und bei dem Religionsfrieden zu Augsburg von 1555 mit thätig. Von dem nachmaligen Kaiser Maximilian II. 1561 nach Rom an Pius IV. gesandt, bemühte er sich vergebens, diesen zu bewegen, in den österr. Landen auch den Laien den Genuß des Abendmahls in beiden Gestalten zu gestatten und den Cölibat aufzuheben. 1563—71 lebte er als Erzieher der Söhne des Kaisers und als österr. Gesandter am span. Hofe, den er nach den religiösen Zerwürfnissen wieder mit Maximilian versöhnte. Wichtige und zuverlässige Nachrichten bietet auch sein Bericht über das Schicksal des Infanten Don Carlos (abgedruckt in Kochs «Quellen zur Geschichte Kaiser Maximilians II.», Lpz. 1857). Später auf seinem Schlosse zu Nikolsburg den Wissenschaften lebend, schrieb er über die Erblichkeit der ungar. Krone und führte mit Hugo Blotius, erstem Vorsteher der kaiserl. Bibliothek, einen vertrauten Briefwechsel über Gegenstände des Altertums und der damaligen Zeitgeschichte. Kaiser Rudolf II. ernannte ihn dann zum Obersthofmeister und erhob seine Linie 1587 in den Grafenstand.

Sein Sohn, Franz von D., Kardinal, Bischof zu Olmütz und Statthalter in Mähren, geb. zu Madrid 22. Aug. 1570, stieg schnell in den geistlichen Würden empor, sodaß er bereits 1599 Kardinalpriester und Bischof von Olmütz wurde. Obgleich als Fremder anfangs unbeliebt, wußte er sich doch bald Einfluß dort zu verschaffen und in dem zum Protestantismus neigenden Lande selbst mit Erfolg die Gegenreformation zu betreiben. Standhaft verweigerte er die Ausdehnung des Majestätsbriefs und der Toleranz auf Mähren und schlug durch eigene Kraft den ungar. Rebellen Bocskay aus Mähren hinaus. Ende 1607 zum Präsidenten des Geheimen Rates ernannt, wurde er von Kaiser Rudolf mehrfach als Unterhändler an dessen Bruder Matthias gesandt, den er dann 1611 selbst zum König von Böhmen krönte. Doch wurde er 1619 bei der Erhebung in Mähren des Landes verwiesen, worauf er erst nach Nikolsburg, dann nach Wien floh. Als aber nach dem Siege Tillys am Weißen Berge (1620) Böhmen dem Kaiser wieder unterworfen wurde, unterdrückte D. den Protestantismus in Mähren und wurde nun zum Generalkommissar, Statthalter und Landeshauptmann in Mähren ernannt. Durch Ferdinand II. ward D. 26. März 1624 nach Erwerbung der Herrschaften Leipnik und Weißkirch, die ihm der Kaiser schenkte, und der Herrschaften Kanitz, Polna, Steinabrunn, Libochowitz u. s. w., die er erkaufte, in den Reichsfürstenstand erhoben, mit dem Rechte, diese Würde auf einen von ihm erwählten Sprößling seines Geschlechts zu vererben. 1635 zum Protector Germaniae ernannt, starb er 19. Sept. 1636 zu Brünn; seine Besitzungen sowie die Fürstenwürde kamen als Fideikommiß an seinen Neffen Maximilian, Grafen von D., der vom Kaiser 24. März 1631 die Bestätigung als Nachfolger erhielt und als Personalist mit Virilstimme in den Reichsfürstenrat angenommen wurde. Vgl. A. Voigt, Leben Franz, Fürsten und Kardinal von D. (Lpz. 1792); Korrespondenz des Kardinals D. mit dem Hofkriegsratspräsidenten Collalto (hg. von Trampler, Wien 1873).

Fürst Franz Joseph von D., Urenkel des letztgenannten, geb. 28. April 1767, diente in der österr. Armee, ward aber nachher zu diplomat. Sendungen nach Petersburg, Berlin und München verwandt und schloß mit Moreau den Parsdorfer Waffenstillstand ab. Nach dem Frieden von Campo-Formio verließ er 1797 die diplomat. Laufbahn, nach dem Lunéviller Frieden 1801 auch die militärische. Er wurde 1808 Majoratsherr und erwarb die uralte Stammburg in Kärnten wieder, verkaufte hingegen Neuravensburg an die Krone von Württemberg. 1809 war er Hofkommissar in dem vom Feinde besetzten Teile Galiziens, wo er bis zum Wiener Frieden blieb. Er residierte teils in Wien, teils auf seinem Schlosse Nikolsburg und starb 8. Juli 1854.

Graf Moritz von D., geb. 19. Febr. 1775, war 1798 und 1805 Adjutant Macks (s. d.) und wurde 1815 Oberhofmeister des Herzogs von Reichstadt. Später war er Präfekt der Hofbibliothek und Hoftheaterintendant, bis er im Dez. 1848 in den Ruhestand trat. Durch Familienvertrag hatte er schon 1862 auf den ihm nach dem Tode seines Bruderssohnes, des Fürsten Joseph von D. (gest. 10. Juli 1858), gebührenden Fürstentitel und auf die Nachfolge in den fürstl. Fideikommissen Verzicht geleistet. Mit dem Grafen Moritz erlosch 27. Aug. 1864 die Nikolsburger oder fürstl. Linie des Hauses im Mannsstamm. Der Titel Fürst D. zu Nikolsburg ging nun durch Diplom vom 20. März 1869 auf den Grafen Alexander von Mensdorff-Pouilly (s. d.), den Schwiegersohn des Fürsten Joseph von D., über. Die zahlreichen Besitzungen teilten die Töchter, die Gräfinnen Mensdorff, Clam-Gallas, Herberstein und Hatzfeld. Vgl. Weidmann, Moritz, Graf von D. Sein Leben und Wirken aus seinen hinterlassenen Papieren dargestellt (Wien 1867).

B. Die zweite Hauptlinie des Geschlechts, die Grafen Dietrichstein-Weichselstätt-Rabenstein, blühte bis auf neuere Zeit herab in zwei Speciallinien, die aber 1859 und 1861 ebenfalls ausgestorben sind. Vgl. Res gestae gentis Dietrichsteinianae. T. 1 (Olmütz 1621); von Benedikt, Die Fürsten von D. (in «Schriften des Histor. Vereins für Innerösterreich», 1. Heft, Graz 1848); Feyfar, Die erlauchten Herren auf Nikolsburg (Wien 1879).

Dietrichswalde, Dorf im Kreis Allenstein des preuß. Reg.-Bez. Königsberg, hat (1890) 893 meist kath. E., Postagentur, Telegraph und wurde 1877 wegen angeblicher Wundererscheinungen viel von Wallfahrern besucht.

Dietrich und seine Gesellen, s. Virginal.

Dietrici oder Dietricy, Maler, s. Dietrich, Christian Wilh. Ernst.

Dietsch oder Dietzsch, Künstlerfamilie zu Nürnberg im 18. Jahrh. — Das Haupt der Familie war Joh. Israel D., geb. 1681, gest. 1754. Seine sechs Söhne und vier Töchter malten fast alle, die Söhne namentlich Landschaften; von Joh. Christoph D., geb. 1710, gest. 1769, hat die Schweriner Galerie 15 Bildchen. Den meisten Ruhm erwarben zwei seiner Töchter, die mit großem Geschick und Fleiß kleinere Naturgegenstände mit Wasserfarben zu malen wußten. — Barbara Regina D., geb. 1706, gest. 1783, malte besonders Blumen und Vögel, die außerordentlich gesucht waren. Nach ihren Darstellungen inländischer Vögel erschien ein in Kupfer gestochenes und koloriertes Werk (Nürnb. 1770—75). — Margareta Barbara D., geb. 8. Nov. 1726, gest. 11. Nov. 1795, malte ähnliche Gegenstände und stach dergleichen auch mit eigener Hand geschickt in Kupfer. In solcher Art gab sie ein großes Werk, die Stauden und Bäume der Umgegend von Nürnberg in illuminierten Kupferstichen, mit Text von Schreber, heraus.

Dietsch, Heinrich Rudolf, Philolog, geb. 16. März 1814 zu Mylau im Vogtlande, studierte in Leipzig, war Lehrer in Halle, Hildburghausen und Grimma, wurde 1861 Direktor in Plauen, und war 1866—72 Rektor und Professor in Grimma. Er starb in Thonberg bei Leipzig 30. Dez. 1875. D. war 1847—62 einer der Leiter der «Neuen Jahrbücher für Philologie und Pädagogik». Seine wissenschaftliche Hauptleistung ist die Herausgabe des Sallust (2 Bde., Lpz. 1843—46, und in neuer kritischer Bearbeitung, 2 Bde., 1859; 4. Ausg., ebd. 1874), ferner hat D. den Eutropius, Cornelius Nepos, Cäsar, Ciceros Briefe (in Auswahl) und Herodot herausgegeben. Sehr verdienstlich ist auch seine pädagogische Thätigkeit, besonders für die Geschichte («Lehrbuch der allgemeinen Geschichte», 3 Bde., Lpz. 1847—51, und «Grundriß der allgemeinen Geschichte», 3 Bde., ebd. 1854), wissenschaftlich wertvoll sein «Versuch über Thucydides» (ebd. 1865).

Dietz, Stadt, s. Diez.

Dietz, Feodor, Historienmaler, geb. 29. Mai 1813 zu Neunstetten in Baden, studierte 1827—32 auf dem Polytechnikum in Karlsruhe und widmete sich dann ganz der Kunst. 1833 ging er auf die Münchener Akademie und wurde unter Ph. Foltz bei der Ausschmückung der Neuen Residenz beschäftigt. Die ersten bedeutendern Bilder, mit denen er nach seiner Rückkehr nach Karlsruhe selbständig auftrat, sind: Tod von Max Piccolomini (1835; Galerie zu Karlsruhe), Gustav Adolfs Tod bei Lützen, Sieg des Markgrafen Ludwig von Baden über die Türken (1837; Galerie zu Karlsruhe). Nach zweijährigen Studien in Paris unter H. Vernet und Alaux kehrte er als bad. Hofmaler 1839 nach Karlsruhe zurück und malte zunächst: Die Waffenthat des bad. Leibgrenadierregiments bei der Erstürmung des Montmartre 30. März 1814, Die bad. Husaren an der Beresina 28. Nov. 1812, Die 400 Pforzheimer in der Schlacht bei Wimpfen 6. Mai 1622 (1843; sämtlich in der Galerie zu Karlsruhe). 1843—47 malte er in München an den Bildern: Tilly bei Magdeburg (1844) und Vor Leipzigs Thoren (1846), nahm 1848 an dem Feldzug in Schleswig teil und fertigte darauf: Gefecht bei Eckernförde (Herzog von Coburg). Viel Aufsehen erregte das 1853 vollendete Gemälde: Die nächtliche Heerschau, nach Zedlitz' Gedicht (von Napoleon III. angekauft). Für die Karlsruher Galerie malte er noch die Zerstörung von Heidelberg durch General Mélac (1856), Eleonore am Sarge Gustav Adolfs (1857) und für das Maximilianeum in München: Die Erstürmung von Belgrad durch Max Emanuel. 1862 wurde er als Professor an die Kunstschule von Karlsruhe berufen und schuf dort: Blüchers Rheinübergang bei Caub, Blüchers Marsch auf Paris nach der Schlacht bei La Rothière (1868; Berliner Nationalgalerie) und die Schlacht bei Roßbach. Als Abgesandter des Karlsruher Hilfsvereins wohnte er dem Deutsch-Französischen Kriege von 1870 bei und starb 18. Dez. 1870 zu Gray im Depart. Haute-Saône.

Dietzel, Gottlob Heinr. Andr., Nationalökonom, geb. 19. Jan. 1857 in Leipzig, studierte 1876—79 in Heidelberg und Berlin Rechts- und Staatswissenschaft, bereiste 1882/83 Italien zum Zwecke agrarpolit. Studien, wurde 1885 außerordentlicher, 1886 ord. Professor der Staatswissenschaften in Dorpat, 1887 zum kaiserlich russ. Staatsrat ernannt und 1890 nach Bonn berufen. Er schrieb: «Über das Verhältnis der Volkswirtschaftslehre zur Socialwirtschaftslehre» (Berl. 1882), «Karl Rodbertus» (Jena 1886—88), «Wesen und Bedeutung des Teilbaues in Italien» in der «Zeitschrift für die gesamte Staatswissenschaft» (Tüb. 1884 u. 1885), außerdem eine Reihe von Abhandlungen über «Methode und Grundbegriffe der polit. Ökonomie» in genannter Zeitschrift und in den «Jahrbüchern für Nationalökonomie und Statistik»; über «Papierrubel und Silberrubel» in der «Baltischen Monatsschrift» (1889) u. a.

Dietzel, Karl August, Nationalökonom, geb. 7. Jan. 1829 zu Hanau, widmete sich nach kurzer kaufmännischer Thätigkeit 1850 dem Studium der Staatswissenschaften, wurde 1863 außerord. Professor in Heidelberg, 1867 ord. Prof. in Marburg. Er starb hier 3. Aug. 1884. D. veröffentlichte: «Das System der Staatsanleihen im Zusammenhang der Volkswirtschaft betrachtet» (Heidelb. 1855), «Die Besteuerung der Aktiengesellschaften in Verbindung mit der Gemeindebesteuerung» (Köln 1859), «Die Volkswirtschaft und ihr Verhältnis zu Gesellschaft und Staat» (Frankf. 1864), «Die Volkswirtschaftslehre als Wissenschaft» in der «Zeitschrift für Staatswissenschaften», 1866 u. 1868.

Dietzsch, Künstlerfamilie, s. Dietsch.

Dieu (spr. diöh) oder Ile d'Yeu, Insel der franz. Vendée, s. Yeu (Ile d').

Dieu et mon Droit (frz., spr. diöh e mong droá), d. h. Gott und mein Recht, Wahlspruch der engl. Krone.

Dieulafoy (spr. diölafoá), Auguste Marcel, franz. Archäolog und Reisender, geb. 3. Aug. 1844 zu Toulouse, besuchte die Polytechnische Schule von Paris, und war dann Wegebaumeister (Ingénieur des ponts et chaussées) in Algerien und im Depart. Haute-Garonne. 1881 wurde er mit einer Sendung nach Persien betraut, deren Resultate er in seinem Werke: «L'art antique de la Perse» (5 Bde., Par. 1884—89) beschrieb. Seit 1883 Ingénieur-en-chef, unternahm er 1885 eine Reise nach Susa und erforschte dort den Palast des Darius I. und Artaxerxes II.; er brachte von seiner Mission merkwürdige Proben von Basreliefs aus farbigen glasierten Ziegeln nach Europa, die mit seinen übrigen Sammlungen im Louvre Aufstellung fanden. Er schrieb noch «L'Acropole de Suse» (2 Tle., 1890—91).

Seine Gattin Jeanne Paule Rachel, geborene Mayre, geb. 29. Juni 1851 zu Toulouse, begleitete ihren Gatten auf seinen Reisen nach Persien und veröffentlichte deren Beschreibung in «Le Tour du Monde» (1883), sodann in dem Prachtwerk «La Perse, la Chaldée et la Susiane» (Par. 1886) und «A Suse. Journal des fouilles» (ebd. 1888). Sie veröffentlichte ferner den von der Akademie preisgekrönten Roman «Parysatis» (1890) und im «Temps» 1891 «Rose d'Hatra».

Dieulafoy (spr. diölafoá), Georges, franz. Arzt, geb. 1840 zu Toulouse, studierte zu Paris und wurde 1886 Professor der Pathologie daselbst. In seiner Schrift «De l'aspiration pneumatique sous-coutanée. Méthode de diagnostic et de traitement» (1870) führte er die von Bernard Eduard van den Corput 1857 erfundene Methode der Punktion des Thorax in die Praxis ein. Ferner veröffentlichte er: «Du diagnostic et du traitement des kystes hydatiques et des abcès du foie par aspiration» (1872), «Du diagnostic et du traitement des épanchements aigus et chroniques de la plèvre par aspiration» (1872), «Traité de l'aspiration des liquides morbides» (1873), «Des progrès réalisés par la physiologie expérimentale dans la connaissance des maladies du système nerveux» (1875) und «Manuel de pathologie interne» (2 Bde., 1880—83).

Dieulefit (spr. diöl'fih), Hauptstadt des Kantons D. (269,52 qkm, 16 Gemeinden, 9961 E.) im Arrondissement Montélimar des franz. Depart. Drôme, 29 km östlich von Montélimar, in 390 m Höhe, am Fuße des Berges Dieu-Grâce, am Jabron, der mittels des Roubion zur Rhône geht, hat (1891) 3058, als Gemeinde 3546 E. (darunter viele Protestanten, die eine Konsistorialkirche und ein Lehrerseminar haben), Post, Telegraph, ein Mineralbad; Woll- und Seidenfärbereien, Porzellan-, Glasfabriken.

Dieuze (spr. diöhs'), Stadt und Hauptort des Kantons D. (168,29 qkm, 23 Gemeinden, 12176 E.) im Kreis Château-Salins des Bezirks Lothringen, 16 km östlich von Château-Salins an der Seille und dem Dieuzer Salinenkanal (s. Canal des Salines de Dieuze), sowie an der Nebenlinie Deutsch-Avricourt-Bensdorf der Elsaß-Lothr. Eisenbahnen, ist Sitz des Kommandos der 5. bayr. Kavalleriebrigade und hat (1890) 5786 E., darunter 1826 Evangelische und 166 Israeliten, in Garnison (2747 Mann) das 136. Infanterieregiment und das 3. Chevaulegerregiment vacat Herzog Maximilian, Post zweiter Klasse, Telegraph, Amtsgericht (Landgericht Metz), Steueramt, Oberförsterei; Hospital St. Charles, Gas- und Wasserleitung; spätgot. Kirche; Knaben-, Latein-, Mittelschule, höhere Mädchenschule der Schwestern der göttlichen Vorsehung; große chem. Fabrik und Saline (jährliche Produktion 25000 t), die bedeutendste des Landes; die Quellen waren schon den Römern bekannt. — Auf einer Halbinsel im Linderweiher, 6 km südöstlich von D., liegt Tarquimpol (114 E.), einst bedeutende röm. Niederlassung (vermutlich Hauptstadt der Decempagi der alten Geographen). — D. wird bereits 633 erwähnt; im 11. Jahrh. schenkte Kaiser Heinrich II. Stadt und Saline der Kirche von Verdun. Später kam D. an Lothringen und, nachdem es im 17. Jahrh. durch den Krieg sehr gelitten hatte, an Frankreich.

Dievenow. 1) Der östlichste, 35 km lange versandete Mündungsarm der Oder im preuß. Reg.-Bez. Stettin, der die Insel Wollin (s. d.) vom Festlande trennt. Anfangs 1,5 km breit, erweitert er sich nach einem 20 km langen Laufe zu dem Camminer Bodden (s. d.) und wendet sich schließlich ganz nach W., um zwischen Wollin und einer 5,5 km langen Nehrung die offene Ostsee zu gewinnen. — 2) Drei Fischerdörfer im Kreis Cammin des preuß. Reg.-Bez. Stettin: Klein-Dievenow (126 E.), Berg-Dievenow (325 E.) mit Rettungsstation (seit 1888) und Ost-Dievenow (107 E.). Berg-Dievenow und Ost-Dievenow, letzteres mit neuem großem Kurhaus, sind sehr besuchte Seebäder (1892: 2034 und 1350 Kurgäste). Ost-Dievenow gegenüber, am andern Ufer, im Kreis Usedom-Wollin, West-Dievenow (160 E.) mit einer kleinen Lotsenstation.

Diez (Dietz), Kreisstadt im Unterlahnkreis des preuß. Reg.-Bez. Wiesbaden, an der Linie Koblenz-Ems-Gießen der Preuß. Staatsbahnen und zu beiden Seiten der hier schiffbaren Lahn, über die seit 1862 an Stelle der alten, merkwürdigen Steinbrücke eine Eisengitterbrücke führt, die die Altstadt mit der regelmäßig gebauten, saubern Neustadt verbindet, ist Sitz eines Landratsamtes, Amtsgerichts (Landgericht Limburg), Zoll- und Steueramtes, Bergrevieramtes sowie einer Landes-, Kreis- und Wasserbauinspektion und hat (1890) 4602 E., darunter 137 Israeliten, in Garnison (594 Mann) das 2. Bataillon des 68. Infanterieregiments, Post erster Klasse, Telegraph; zwei evang., eine kath. Pfarrkirche, Synagoge, ein altes, großes Bergschloß, jetzt Zuchthaus; Realprogymnasium, höhere Mädchenschule, Knabenpensionat, Hospital; eine von den Strafgefangenen betriebene Marmorschleiferei, große Kalkbrennereien, Lohgerbereien, Gips-, Öl-, Phosphorit-, Farb- und Getreidemühlen, Teigwarenfabrik sowie Woll- und Fruchtmärkte, Kornhandel, ausgezeichneten Obstbau und in der Umgebung viele Eisen- und Braunsteingruben. Nahebei das 1676 erbaute, jetzt zum Kadettenhause eingerichtete Schloß Oranienstein, ehemals Nonnenkloster, mit schönen Gartenanlagen, und die Dörfer Fachingen und Geilnau mit Mineralquellen. — D., sonst Theodissa genannt, wurde von Karl d. Gr. 790 dem Kloster Prüm geschenkt; später erscheint es im Besitze eigener Grafen, unter welchen es 1280 eine Kollegiatkirche und 1329 städtische Rechte erhielt. Durch Verheiratung kam es an das Haus Nassau, von dem sich eine Linie Nassau-Diez nannte. Diese Linie wurde später unter dem Namen Nassau-Oranien in den Fürstenstand erhoben, erhielt 1747 mit Wilhelm IV. die Erbstatthalterschaft in den Niederlanden und trägt gegenwärtig die niederländ. Königskrone.

Diez, Ablaßkrämer, s. Tezel.

Diez, Friedr. Christian, Begründer der roman. Philologie, geb. 15. März 1794 zu Gießen, studierte hier klass. Philologie, wandte sich, nachdem er 1813 an dem Feldzuge nach Frankreich teilgenommen, erst der Rechtswissenschaft, dann dem Studium der neuern Sprachen und Litteraturen zu, das er in Göttingen fortsetzte. Durch Goethe, den er im Frühjahr 1818 in Jena besuchte, ward er veranlaßt, sich besonders der altprovençal. Sprache zu widmen. Er lebte 1819—20 als Hauslehrer in Utrecht, dann in Gießen, bis er sich 1821 als Lektor des Italienischen, Spanischen und Portugiesischen in Bonn niederließ, wo er 1823 eine außerordentliche, 1830 eine ordentliche Professur erhielt und bis zum Tode (29. Mai 1876) gewirkt hat. Schon D.' erste Schriften, «Altspan. Romanzen» (Berl. 1821) und «Beiträge zur Kenntnis der roman. Poesie» (Heft 1, ebd. 1825; französisch von Roisin: «Essai sur les cours d'amour», Par. 1842), fanden allgemeinen Beifall. Seinen litterar. Ruf begründete er durch «Die Poesie der Troubadours» (Zwickau 1826; 2. Aufl., Lpz. 1883; französisch von Roisin, Par. 1845) und «Leben und Werke der Troubadours» (Zwickau 1826; 2. Aufl., Lpz. 1882), zwei für die Kenntnis des Provençalischen und das wissenschaftliche Studium der roman. Litteraturen bahnbrechende Werke. Seine beiden Hauptarbeiten sind: «Grammatik der roman. Sprachen» (3 Bde., Bonn 1836—42; 5. Aufl., 3 Tle. in 1 Bd., 1882) und «Etymolog. Wörterbuch der roman. Sprachen» (ebd. 1853; 5. Aufl. von Scheler, 1887), von den roman. Völkern selbst als grundlegend anerkannt; zum zweiten vgl. den «Index» von Jarnik (2. Aufl., Lpz. 1889). Die Grammatik wurde ins Französische von G. Paris u. a. (3. Aufl., 3 Bde., Par. 1873—86), ins Englische von Cayley (Lond. 1863) übersetzt. Außer vielen Beiträgen in Fachzeitschriften veröffentlichte D. noch «Altroman. Sprachdenkmale» (Bonn 1846), «Zwei altroman. Gedichte» (ebd. 1852; 2. Aufl. 1876), «Über die erste portug. Kunst- und Hofpoesie» (ebd. 1863), «Altroman. Glossare» (ebd. 1865) und «Roman. Wortschöpfung» (ebd. 1875). D.' Werke zeichnen sich durch große Klarheit und Knappheit aus. Breymann (vgl. dessen F. D., sein Leben, seine Werke, Münch. 1878) gab D.' «Kleinere Arbeiten und Recensionen» (ebd. 1883) heraus. Vgl. Sachs, F. D. und die roman. Philologie (Berl. 1878); Stengel, Erinnerungsworte an F. D. (Marb. 1883), gesprochen bei der Enthüllung der Gedenktafel am Geburtshause. Von Verehrern D.' wurde eine Diez-Stiftung gegründet.

Diez, Robert, Bildhauer, geb. 20. April 1844 zu Pößneck in Sachsen-Meiningen, war seit 1863 Schüler der Dresdener Akademie, kam nach vier Jahren in das Atelier Schillings und erhielt für seine Arbeit: Venus tröstet den Amor, den ersten Preis. Seit 1873 selbständig thätig, vollendete er Oberon und Titania für das neue Dresdener Hoftheater, die Figur des Markgrafen Heinrich des Erlauchten für die Albrechtsburg in Meißen (1878). Der Gänsedieb in Bronze für den Brunnen auf dem Ferdinandsplatz in Dresden (1880) verschaffte ihm mehrere goldene Medaillen. D. vollendete das von Breymann begonnene Denkmal der Gefallenen in Braunschweig 1881. Für die Außenseite des Universitätsgebäudes in Straßburg entstanden zehn Porträtstatuen deutscher Gelehrter; ferner mehrere große Grabmonumente und zwei Monumentalbrunnen für den Albertsplatz in Dresden. Seit 1891 ist er Professor an der Dresdener Kunstakademie.

Diez, Wilh., Maler, geb. 17. Jan. 1839 in Bayreuth, besuchte 1855—56 die Münchener Akademie und trat zuerst mit Illustrationen zu Schillers «Geschichte des Dreißigjährigen Krieges» in die Öffentlichkeit, deren Frische und histor. Treue fesselten; ihnen folgten zahlreiche andere für die Münchener «Fliegenden Blätter», Scherrs «Germania», für das Werk «Aus deutschen Bergen» und für Hesekiels Buch «Vom Grafen Bismarck». Seine Gemälde sind bedeutsam durch ihre Eigenart. So: Die Marodeure, Excellenz auf Reisen (1872), Der Hinterhalt (1873), Reisegesellschaft aus dem 17. Jahrh. in einem Dorf (1874), Bei der Marketenderin (1876), Zwei Reiter vor einer Schenke (1879), Das Waldfest (1880; Berliner Nationalgalerie), Die Anbetung der Hirten (1883, große goldene Medaille; Sammlung Schön in Worms), Gang zur und Rückkehr von der Kirchweih (1885), Ruhende Landleute (1886), Die Strauchritter (1887), Überfall eines Reisewagens (1888), Episode aus dem Dreißigjährigen Krieg (1889). Auch im Aquarell hat sich D. hervorgethan. Er ist seit 1872 Professor an der Münchener Akademie.

Dieze, Fluß in den Niederlanden, s. Dommel.

Diezel, Johann, Ablaßkrämer, s. Tezel.

Diezel, Karl Emil, Jagdschriftsteller, geb. 8. Dez. 1779 in Irmelshausen an der Milz (Bayern), studierte in Jena und Leipzig Sprach- und Naturwissenschaften, wurde 1806 Lehrer der neuern Sprachen und Fechtkunst an dem forstlichen Privatinstitut Cottas in Zillbach und war seit 1809 an verschiedenen Orten als praktischer Forstmann thätig, zuletzt 1816—52 als Revierförster zu Kleinwallstadt. D. starb 23. Aug. 1860 in Schwedheim bei Schweinfurt. Als ausgezeichneter Kenner der Jagd hat er vorzügliche Arbeiten geliefert. Sein Hauptwerk sind die «Erfahrungen aus dem Gebiete der Niederjagd» (Offenbach 1849; 6. Aufl., Berl. 1887, bearbeitet von E. von dem Bosch).

Diezmann oder Dietrich der Jüngere, Landgraf von Thüringen, Sohn Albrechts des Entarteten und Margaretes, der Tochter Kaiser Friedrichs II., geb. um 1260, wurde, nachdem letztere 1270 infolge der Zuneigung ihres Gatten zu Kunigunde von Eisenberg hatte flüchten müssen, nebst seinem Bruder, Friedrich dem Gebissenen, am Hofe seines Oheims, Dietrich von Landsberg, erzogen. Mit seinem Bruder in den Kampf gegen den Vater verwickelt, gelangte er 1279 in den Besitz des Pleißnerlandes; 1288, nach Heinrichs des Erlauchten Tode, erhielt er die Markgrafschaft Lausitz und 1291, nach dem Tode Friedrich Tuttas, das Osterland. Noch kurz vor seinem Tode hatte er Anteil am Siege von Lucka, 31. Mai 1307, der den Wettinischen Brüdern ihre Länder zurückgab (s. Friedrich der Gebissene). Nachdem D. noch den Abt von Pegau, der die Königlichen unterstützt, durch Niederbrennung des Klosters gezüchtigt, kehrte er nach Leipzig zurück, wo er 10. Dez. 1307 plötzlich starb. Nach spätern, besonders durch die altenzellischen Annalen verbreiteten, unglaubwürdigen Berichten wurde D. während der Christmette in der Thomaskirche ermordet. Er wurde in der Kirche der Dominikaner zu St. Pauli beigesetzt. Ein Denkmal, in Sandstein von Rietschel gearbeitet, ließ ihm König Friedrich August von Sachsen 1841 daselbst errichten.

Diffalco, ein in Italien im Warenhandel (nicht im Wechselgeschäft) vorkommender Ausdruck für Abzüge von der Hauptsumme bei der Bezahlung, soviel wie Diskont.

Diffamation, Defamation (lat.), heißt im allgemeinen die Verbreitung einer übeln Nachrede gegen jemand. In frühern deutschen Civilprozeßrechten verstand man darunter speciell die vor Dritten oder in sonst benachteiligender oder bedrohlicher Weise geschehene Berühmung, einen Anspruch gegen einen andern zu haben. Dieser, der Diffamat, war daraufhin befugt, von dem sich Berühmenden, dem Diffamanten, zu verlangen, daß er den Anspruch binnen einer vom Gericht bestimmten Frist klagend geltend mache. That er dies nicht, so wurde ihm «ewiges Stillschweigen» auferlegt; d. h. er konnte später den Anspruch nicht mehr geltend machen (sog. provocatio ex lege diffamari, Provokationsprozeß). Die Deutsche Reichscivilprozeßordnung hat dieses Verfahren ersetzt durch die negative Feststellungsklage, nach welcher jemand auf Feststellung des Nichtbestehens eines Rechtsverhältnisses klagen kann, sofern er ein rechtliches Interesse an dieser Feststellung nachzuweisen vermag. (Vgl. Deutsche Civilprozeßordn. §. 231; auch Feststellungsklage.)

Different (lat.), verschieden.

Differential (in der Mathematik), s. Differentialrechnung.

Differential... (neulat.), in Verbindung mit einem Hauptworte oft zur Bezeichnung maschineller Vorrichtungen angewandt, z. B. Differential-Dynamometer, -Manometer, -Getriebe, -Schraube, -Bremse, -Flyer, -Winde u. s. w. Die Bedeutung des D. bei diesen Vorrichtungen ist im allgemeinen die, daß eine starke Hauptbewegung durch eine entgegengesetzte Bewegung geschwächt wird, sodaß die nun verbleibende Differenz nur einen Bruchteil der direkten Bewegung darstellt.

Differentialbeobachtungen nennt man in der Astronomie diejenigen Beobachtungen, die zur Ortsbestimmung der Gestirne dienen und deren Orte nur in Bezug auf die bekannte Lage anderer Sterne angeben. Sämtliche Beobachtungen mit Mikrometern und weitaus die Mehrzahl der an Meridiankreisen ausgeführten Ortsbestimmungen von Gestirnen sind als D. zu bezeichnen, wenn bei letztern (den Ortsbestimmungen an Meridiankreisen) auch der Ort des zu bestimmenden Gestirns auf das ganze System der Fundamentalsterne und nicht wie bei den Mikrometerbeobachtungen nur auf einen einzelnen andern Stern bezogen wird.

Differentialbremse, s. Bremsen (Bd. 3, S. 498 b).

Differentialdiagnose, s. Diagnose.

Differentialdreieck, s. Differentialrechnung.

Differentialflyer (spr. -fleiĕr), s. Differentialgetriebe.

Differentialgetriebe nennt man nach ihrer Wirkung im allgemeinen Mechanismen, durch welche drehende Bewegungen addiert und subtrahiert werden können. Die umstehende Fig. 1 zeigt ein D. mit Kegelrädern, das vorzugsweise bei manchen der neuern Spinnmaschinen zur Fadenaufwicklung angewendet wird, um die genau vorgeschriebene, in seinen Abstufungen steigende oder sinkende Geschwindigkeit der Spulen zu erzeugen, wonach diese Maschinen Differentialflyer genannt werden. Mit der obern Achse, welche durch die Kurbel in Bewegung gesetzt werden kann, ist ein Kegelrad a in fester Verbindung; die Räder c und d bestehen zusammen aus einem Stück, das sich auf derselben Achse frei drehen kann. Das Gleiche ist bezüglich des großen Stirnrades e der Fall, das in ein auf der untern Achse befestigtes Stirnrad f eingreift; b ist ein sog. Planetenrand, dessen Achse in dem Körper von e gelagert ist und dessen Zähne in a und c eingreifen. Die Kegelräder a, b und c sind von gleicher Größe. Werden nun durch die Kurbeln k k die obere und die untere Achse und somit die Räder a und e gedreht, so wird jede dieser beiden Drehungen eine Drehung des Rades d bewirken. Das letztere Rad macht also eine zusammengesetzte Bewegung und zwar derart, daß sich die Bewegungen bei der Drehung in der gleichen Richtung addieren, während, wenn eine der Kurbeln entgegengesetzt gedreht wird, die Umdrehungszahl des durch dieselbe getriebenen Rades negativ auftritt und sich die Bewegungen demnach subtrahieren. Die resultierende Bewegung des D. ist entweder eine gleichförmige oder eine ungleichförmige, je nachdem die durch die Kurbeln übertragenen Bewegungen gleichförmig oder ungleichförmig sind. Meist soll mittels des beschriebenen Mechanismus eine ungleichförmige Bewegung zu einer gleichförmigen addiert oder von einer solchen abgezogen werden. Die ungleichförmige Bewegung wird dann in der Regel mittels der Konusbewegung oder durch Friktionsscheiben hervorgebracht. Die beistehende Fig. 2 stellt ein D. mit Stirnrädern dar: a ist das mit der obern Achse fest verbundene Triebrad, während auf derselben Achse das große Stirnrad e frei beweglich ist, durch dessen Körper eine mit zwei Rädern b und c verbundene horizontale Achse drehbar hindurchgesteckt ist; d ist gleichfalls um die obere Achse beweglich und es greifen a und b und c und d ineinander, sowie auch für die Bewegung des mittlern Rades e in dasselbe das auf der untern Achse befestigte Rad f eingreift. Werden die voneinander unabhängigen Räder a und e gleichzeitig gedreht, so entsteht ähnlich wie vorher im Rad d eine zusammengesetzte drehende Bewegung, die eine Addition oder Subtraktion der Elementarbewegungen darstellt.

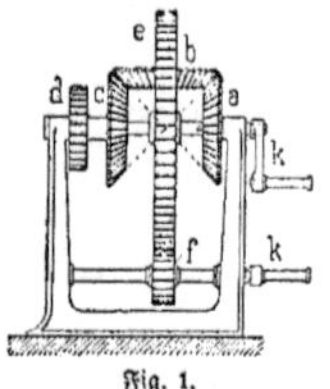

Fig. 1.

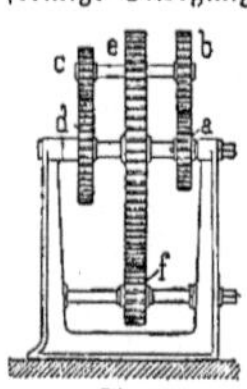

Fig. 2.

Differentialhaspel, s. Differentialwinde.

Differentiallampe, s. Bogenlicht.

Differentialquotient, s. Differentialrechnung.

Differentialrechnung, derjenige Teil der höhern Analysis, der sich mit der Aufgabe beschäftigt, aus einer Gleichung zwischen veränderlichen Größen (Variabeln) das Verhältnis der Änderungen und zwar besonders der unendlich kleinen Änderungen (Differentiale) dieser Größen zu berechnen. Hat man zunächst eine Gleichung zwischen zwei Variabeln und zwar in expliciter Form, d. h. so, daß die eine Variable y als Funktion der andern x ausgedrückt ist: $y = f(x)$ und läßt man x um eine kleine Größe Δx wachsen, so ändert sich y um eine entsprechende durch die Beziehung $y = f(x)$ bestimmte kleine Größe Δy. Den Wert von Δy findet man, indem man den ursprünglichen Wert von y oder f (x) von demjenigen abzieht, welcher dem um Δx vermehrten x entspricht: $\Delta y = f(x + \Delta x) - f(x)$.

Das Verhältnis der Änderungen

$$\frac{\Delta y}{\Delta x} = \frac{f(x + \Delta x) - f(x)}{\Delta x},$$

Differenzenquotient genannt, nähert sich einem festen Grenzwert (limes), wenn sich Δx dem Werte Null nähert; dann werden aus den endlich kleinen Änderungen Δx und Δy die unendlich kleinen Änderungen oder Differentiale, die man mit dx und dy bezeichnet; aus dem Differenzenquotienten wird der Differentialquotient. Die Aufsuchung des Differentialquotienten einer Funktion wird auch Differenzieren (Differentiieren) einer Funktion genannt. Hat man z. B. die Funktion $y = x^2$ zu differentiieren, so bildet man den Differenzenquotienten $\frac{\Delta y}{\Delta x} = \frac{(x + \Delta x)^2 - x^2}{\Delta x} = \frac{x^2 + 2x \cdot \Delta x + (\Delta x)^2 - x^2}{\Delta x} = 2x + \Delta x$; setzt man hierin $\Delta x = 0$, so erhält man als Differentialquotient $\frac{dy}{dx} = 2x$. Besonders klar wird die Eigenschaft des Differentialquotienten, der Grenzwert des Differenzenquotienten zu sein, auch durch die zuerst von Isaac Barrow gegebene geometr. Darstellung. In beistehender Figur sei die krumme Linie KK die

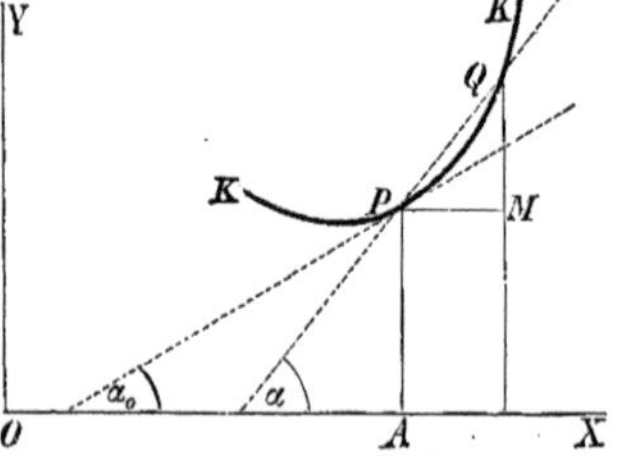

Darstellung der Funktion $y = f(x)$, bezogen auf die rechtwinkligen Koordinatenachsen OX und OY. Für den Punkt P der Kurve hat die Funktion den Wert $y = PA$, die Variable den Wert $x = OA$. Läßt man die Variable x um $\Delta x = PM$ wachsen, so wächst der Funktionswert y um $\Delta y = QM$; man erhält das bei M rechtwinklige Differenzendreieck PMQ, und der Differenzenquotient wird durch die trigonometr. Tangente des Winkels QPM dargestellt. Der Winkel QPM ist aber gleich dem Winkel α, den die durch P und Q gehende Sekante mit der Abscissenachse OX bildet, also ist $\frac{\Delta y}{\Delta x} = \operatorname{tg} \alpha$. Dieser Wert ist für jedes andere Δx ein anderer, nähert sich aber einem bestimmten festen Grenzwert, wenn sich Δx dem Wert Null nähert. Dann rückt nämlich der Punkt Q an P heran, das Differenzendreieck schrumpft zu dem unendlich kleinen Differentialdreieck mit den

Katheten dy und dx zusammen, die Sekante geht in die im Punkte P gezogene Tangente über, und der Differenzenquotient bekommt den festen Wert der trigonometr. Tangente des Winkels α_0, den die Tangente mit der Abscissenachse bildet, also $\frac{dy}{dx} = \operatorname{tg} \alpha_0$.

Der Differentialquotient ist im allgemeinen wieder eine Funktion der Veränderlichen x; er muß für jede Funktion besonders abgeleitet werden; so ist z. B. für:

$$y = x^n \qquad \frac{dy}{dx} = n \cdot x^{n-1}$$

$$y = a^x \qquad \frac{dy}{dx} = (\log \text{nat}\, a) \cdot a^x$$

$$y = {}^a\!\log x \qquad \frac{dy}{dx} = \frac{1}{\log \text{nat}\, a} \cdot \frac{1}{x}$$

$$y = \sin x \qquad \frac{dy}{dx} = \cos x$$

$$y = \cos x \qquad \frac{dy}{dx} = -\sin x$$

u. s. w.

Für die lineare Funktion $y = ax + b$, wo a und b konstante Zahlen bedeuten, ist $\frac{dy}{dx} = a$, also unabhängig von x; für $y = b$ ist $\frac{dy}{dx} = 0$. Zur Differentiierung zusammengesetzter Funktionen hat man besondere Regeln, welche die Zurückführung der Aufgabe auf die Differentiation einfacherer Funktionen, wie z. B. die oben angeführten, ermöglichen. Weitere Regeln ergeben sich bei der Differentiation von Funktionen mit mehrern unabhängigen Variablen, sowie von impliciten Funktionen. So läßt sich von jeder beliebigen Funktion der Differentialquotient oder die abgeleitete Funktion bilden, während die umgekehrte Aufgabe, für eine als Differentialquotient betrachtete Funktion die dazugehörige Funktion zu finden (Integration), nicht immer auf gleich einfache Weise lösbar ist (s. Integralrechnung).

Die Anwendung der D. ist eine mannigfache. Zu erwähnen sind in der algebraischen Analysis namentlich die Reihen (s. d.) sowie die Berechnung der größten und kleinsten Werte von Funktionen (s. Maxima und Minima); in der analytischen Geometrie findet die D. die ausgebreitetste Anwendung, so bei der Bestimmung der Tangenten und Normalen, bei Berührungsaufgaben, bei der Berechnung der Krümmungsradien, der Bestimmung der Evoluten, der Auffindung von Singularitäten u. s. w.

Die Erfindung der D. macht Epoche in der Geschichte der Mathematik. Sie wurde um 1666 von Newton gemacht, um für die Dynamik die nötigen Unterlagen zu schaffen. Die Veröffentlichung seiner Resultate ward von Newton lange (bis 1682) beanstandet, weil die über die Größe der Erde damals umlaufenden Zahlen allzu unrichtig waren, und konnte erst 1687 erfolgen. Inzwischen war Leibniz, der 1674—77 vielfach Gelegenheit hatte, von den Newtonschen Resultaten Kenntnis zu erhalten, durch eigene Forschungen zur Erfindung der D. gelangt, deren Anfänge er 1684 und 1686 bekannt machte nicht ohne Bezugnahme auf die gleichgerichteten, noch immer nicht veröffentlichten Arbeiten Newtons. Leibniz und seine Freunde Jakob und Joh. Bernoulli haben sich besondere Verdienste um die Ausbildung und Verbreitung der neuen Rechnung erworben, während später in England Cotes, Wallis, Taylor, Maclaurin, Stirling, Ivory, Hamilton, Stokes, Roberts u. a. im Anschluß an die Newtonschen Veröffentlichungen Vorzügliches auf demselben Gebiet geleistet haben. Durch Äußerungen, die für Leibniz Gerechtigkeit anriefen, indem sie Newtons Rechte in Frage stellten, und durch Einmischung nationalen Ehrgeizes ist seit 1705 der Prioritätsstreit um die Erfindung der D. entbrannt, an dem Leibniz weniger als Newton unbeteiligt geblieben, und dessen letzte Wogen noch im 19. Jahrh. bemerklich gewesen sind. Vgl. Stegemann, Grundriß der D. und Integralrechnung (Bd. 1, 5. Aufl., hg. von Kiepert, Hannov. 1888); Axel Harnack, Die Elemente der Differential- und Integralrechnung (Lpz. 1881); Autenheimer, Elementarbuch der Differential- und Integralrechnung (3. Aufl., Weim. 1887); Geigenmüller, Elemente der höhern Mathematik, Bd. 2 (Mittweida 1885); Serret, Lehrbuch der Differential- und Integralrechnung, deutsch von Harnack, Bd. 1 (Lpz. 1884); Sohncke, Sammlung von Aufgaben aus der Differential- und Integralrechnung (5. Aufl., Halle 1885); Gerhardt, Die Entdeckung der höhern Analysis (Halle 1855); ders., Geschichte der Mathematik in Deutschland (Münch. 1877).

Differentialschraube, eine auf Differenzwirkung beruhende Kombination von zwei Schrauben. Die Größe eines mittels einer Schraube auszuübenden Druckes sowie das Maß der bei der Umdrehung der Schraube stattfindenden Vorwärtsbewegung ist abhängig von der Ganghöhe der Schraube; doch darf letztere mit Rücksicht auf die Schwierigkeit der Ausführung nicht unter ein gewisses geringes Maß hinabgehen. Man benutzt deshalb die Differentialwirkung zweier mit verschiedenen Ganghöhen geschnittenen Schrauben, wenn besonders kleine Bewegungen auszuführen sind, indem man die Differenz der Ganghöhen entsprechend klein macht. Eine der vorteilhaftesten Anwendungen der D. ist diejenige als Mikrometerschraube (s. beistehende Figur). Auf einer Spindel sind die Gewinde aa und

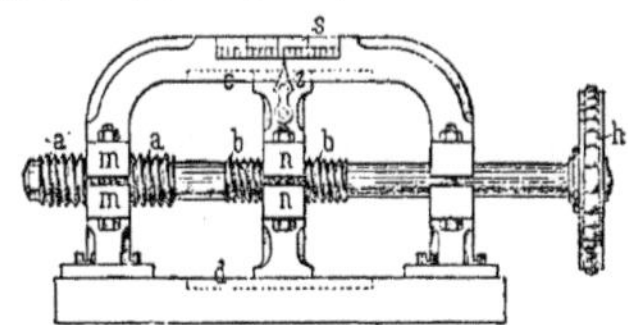

bb mit um weniges verschiedenen Ganghöhen geschnitten. aa bewegt sich in der festen Mutter mm, während bb mit geringerer Ganghöhe die bewegliche, in Führungen c und d gleitende Mutter nn um einen Weg fortschiebt, welcher der Differenz der Ganghöhen von a und b entspricht. Der Zeiger z giebt auf einer Skala s die Größe der Bewegung an. Hat s Millimeterteilung und wäre die Differenz der beiden Ganghöhen $^1/_{10}$ mm, so wäre der Weg des Zeigers bei einer ganzen Umdrehung der Spindel = $^1/_{10}$ mm, bei $^1/_{10}$ Umdrehung nur $^1/_{100}$ mm u. s. f. Das Maß der Spindeldrehung ist von einer entsprechenden Kreisteilung des Handrades h abzulesen. Als Druckvorrichtung verwendet man die D. bei der Differentialschraubenpresse (s. Pressen) und bei der Differentialschraubenwinde (s. Winden).

Differentialtarif, im Zollwesen eine Zusammenstellung von Differentialzöllen (s. d.), wie z. B. der franz. Konventionstarif. — Über D. im Eisenbahnwesen s. Eisenbahntarife.

Differentialwinde, auch Differentialhaspel, Gegenwinde oder chinesische Winde, eine zum Aufwinden von Lasten dienende Vorrichtung, bei welcher zum Zweck erhöhter Kraftumsetzung die Differenz zweier entgegengesetzten Windebewegungen zur Wirkung kommt. Beistehende Figur zeigt die Anordnung der D. Dieselbe besteht aus zwei um die gleiche Achse drehbaren und fest miteinander verbundenen Seiltrommeln a und b von verschiedenem Durchmesser. An diesen sind die beiden Enden eines Seils befestigt, welches derart um die Seiltrommeln gelegt ist, daß sich bei Umdrehung derselben mittels des Speichenrades h zum Zweck der Hebung einer an der losen Rolle r hängenden Last l das Seilstück s auf b aufwickelt, während s_1 von a sich abwickelt. Die Aufwicklung ist in demselben Verhältnis größer wie die Abwicklung, als der Halbmesser der Trommel b größer ist wie der Halbmesser der Trommel a, und es ergiebt sich das Maß der Hebung aus der Differenz des aufgewickelten Seilstückes und des sich gleichzeitig abwickelnden Seilstückes. Je mehr die Durchmesser der beiden Seiltrommeln gleich sind, um so geringere Kraft ist zum Heben einer Last erforderlich, um so mehr Zeit ist aber dazu notwendig.

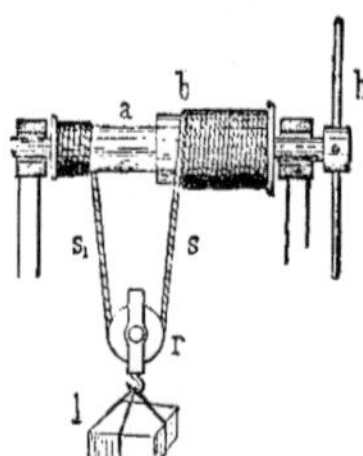

Differentialzölle, Zölle, die entweder als Mittel zum innern Ausbau eines Schutzzollsystems oder zur Erleichterung oder Erschwerung des Handelsverkehrs mit bestimmten auswärtigen Staaten dienen. In dem erstern Falle werden z. B. zur Begünstigung der inländischen Reederei oder zur Beförderung des direkten Handels mit den überseeischen Ländern niedrigere Zollsätze von denjenigen Waren erhoben, welche unter nationaler Flagge oder direkt aus einem überseeischen Produktionslande (im Gegensatz zu der Einfuhr aus einem vermittelnden ausländischen europ. Hafen) oder auch (wie in Österreich-Ungarn bei Kakao, Kaffee, Thee, Gewürzen, Indigo, Cochenille, Gummi und Harzen, in Rußland bei Gußeisen) überhaupt zur See importiert werden, als (bei gleicher Qualität) von denjenigen, deren Einfuhr auf andere Weise erfolgt. Man betrachtet die höhern Zölle in den letztern Fällen auch wohl als durch besondere Zuschläge gebildet, nämlich durch den Flaggenzuschlag (s. d., surtaxe de pavillon) und den Entrepotzuschlag (Unterscheidungszoll, surtaxe d'entrepôt, s. d.). In der neuern Zeit wurden die D. dieser Art besonders von Frankreich zu einem verwickelten System ausgebildet, während die engl. Schiffahrtsgesetzgebung (s. Navigationsakte) statt der D. einfach in großem Umfange völlige Verbote der Einfuhr ausländischer Waren auf fremden Schiffen oder aus europ. Zwischenhäfen aufwies. Niedrige Zölle waren auch besonders zur Zeit des Merkantilsystems den Produkten der Kolonien bei der Einfuhr in das Mutterland bewilligt. In der Gegenwart hat die Bedeutung dieser D. sehr abgenommen, obwohl auch in Deutschland eine Agitation zu Gunsten einer Besteuerung der indirekten Einfuhr (des Moslesehen Unterscheidungszolles) versucht worden.

Die andere Klasse von D. beruht entweder auf vertragsmäßigen Konzessionen, die ein Staat dem andern hinsichtlich seiner Schutzzölle macht, oder es handelt sich um specielle Zollerhöhungen, die den Charakter von Kampfsmaßregeln gegen gewisse Länder haben (s. Retorsionszölle). Sind die niedrigern Zollsätze mit mehrern Ländern gesondert und in verschiedener Höhe vereinbart, so entsteht eine große Verwicklung, zumal die richtige Bestimmung der Herkunft der Waren bei den heutigen Verkehrsverhältnissen immer schwieriger wird. Man nahm daher in die Handelsverträge, die seit 1860 nach dem Typus des franz.-engl. Vertrags geschlossen wurden, die sog. Meistbegünstigungsklausel auf, durch welche dem einen Kontrahenten auch alle Zugeständnisse gesichert wurden, die der andere Teil irgend einem dritten Staate künftig gewähren würde. In Frankreich entstand so neben dem hochschutzzöllnerischen und teilweise prohibitiven allgemeinen (General-)Tarif ein besonderer für alle diesem Vertragssystem angehörenden Staaten geltender Vertrags-(Konventional-)Tarif, welcher mit Gesetz vom 11. Jan. 1892 durch einen Doppeltarif ersetzt wurde, dessen höhere Skala dem Generaltarif entspricht, während die niedrigere Skala (Tarifminimum) auf die Provenienzen jener Länder Anwendung findet, welche Frankreich die Meistbegünstigung gewähren. Das Deutsche Reich hat seit 1. Febr. 1892 wieder einen auf den Verträgen mit Österreich-Ungarn, Italien, Griechenland, Belgien und der Schweiz beruhenden Vertragstarif. (S. Schutzzollsystem, Freihandel, Freihandelspartei.) Vgl. Mosle, Der Unterscheidungszoll (Brem. 1880); Schanz, Engl. Handelspolitik gegen Ende des Mittelalters (Lpz. 1881); Lexis, Die neueste Litteratur über den Unterscheidungszoll (im «Jahrbuch für Nationalökonomie und Statistik», Neue Folge, II, 282—293).

Differentiieren, s. Differenzieren.

Differénz (lat.), Unterschied; in der Logik das Merkmal, das eine Art von der andern oder ein Individuum vom andern unterscheidet. — D. in der Mathematik s. Subtraktion. Psychrometrische D., s. Psychrometer. Specifische D., s. Art.

Differenzenquotiént, s. Differentialrechnung.

Differenzenreihe, in der Mathematik eine Reihe (s. d.), die dadurch entsteht, daß man bei einer vorhandenen Reihe von je zwei benachbarten Gliedern die Differenz bildet und diese Differenzen als Glieder einer neuen Reihe betrachtet, die man die D. der ursprünglichen Reihe nennt; von dieser D. kann man wieder die D. bilden u. s. f., wie folgendes Beispiel zeigt:

4 7 11 18 31 54 92 151
3 4 7 13 23 38 59
1 3 6 10 15 21
2 3 4 5 6
1 1 1 1

Die Bildung der D. ist ein Mittel, die Natur einer Reihe zu untersuchen; kommt man nämlich bei einer Reihe durch fortgesetzte Bildung der D. auf gleiche Zahlen, wie in vorliegendem Beispiel, so ist die Reihe eine arithmetische (s. Progression) und zwar vom $n$ten Grade, wenn die gleichen Glieder in der m^{ten} D. auftreten. In vorliegendem Beispiel ist die erste Reihe demnach eine arithmet. Reihe 4. Grades. In allen Fällen, wo das Gleichwerden der Glieder nicht eintritt, ist die Reihe nicht arithmetisch.

Differenzgeschäfte. Der Kauf und der Verkauf von Waren oder Wertpapieren, welche an der Börse gehandelt werden und einen im Kurszettel veröffentlichten wechselnden Tageskurs haben, kann ohne Verabredung eines Lieferungstags geschlossen werden. Das sind die Cassageschäfte. Ist ein bestimmter Lieferungstag, eine feste Lieferungsfrist verabredet, so gilt das an der Börse abgeschlossene Geschäft im Zweifel als Fixgeschäft. Für diese Geschäfte gilt nach dem Deutschen Handelsgesetzbuch Art. 357 die gesetzliche Regel, daß, wenn die Erfüllung nicht erfolgt ist, derjenige, welcher auf Erfüllung bestehen will, dies unverzüglich nach Ablauf der Frist dem säumigen Kontrahenten anzeigen muß. Unterläßt er dies, so kann er später nicht auf der Erfüllung bestehen, sondern nur entweder vom Vertrage abgehen, als ob er nicht geschlossen sei, oder Schadenersatz wegen Nichterfüllung fordern. Diesen Schaden kann nach dem Gesetz der Käufer unter anderm durch Berechnung der Differenz zwischen dem Kaufpreise und dem (höhern) Börsenpreise zur Zeit und am Ort der geschuldeten Lieferung fordern. Dem Verkäufer giebt das Gesetz nur das Recht, den Verkauf der nicht abgenommenen Ware unverzüglich nach Ablauf der Frist vorzunehmen und, wenn er einen niedrigern Preis erlöst, die sich hieraus ergebende Differenz vom Käufer zu fordern. Durch die Deutsche Konkursordn. §. 16 ist jene Art der Schadenregulierung allgemein und ohne Unterscheidung zwischen Verkäufer und Käufer vorgeschrieben, wenn einer von beiden Teilen in Konkurs verfällt und der Ablauf der Frist nach Eröffnung des Verfahrens eintritt. In den Usancen der deutschen Börsen ist diese Art der Regulierung auch dem Verkäufer freigestellt. Die meisten Börsenzeitgeschäfte werden thatsächlich mit beiderseitiger Zustimmung in dieser Weise durch Zahlung der Differenz ausgeglichen, ohne daß es zur Lieferung kommt. Es bestehen an den Effektenbörsen Liquidationsbureaus, an den Warenbörsen Liquidationskassen (s. d.), welche im Wege der Skontration die Ausgleichung der Differenzen zwischen einer Reihe von Verkäufern und Käufern vermitteln. Was das Differenzgeschäft ausmacht, ist nicht diese thatsächliche Erledigung der Börsenzeitgeschäfte durch Berechnung und Zahlung der Differenz statt der Erfüllung, sondern die Absicht bei Abschluß der Geschäfte. In dieser Beziehung unterscheidet man zwischen D. im weitern und im engern Sinn. D. im weitern Sinn liegen vor, wenn die Tendenz der Geschäfte von vornherein nicht auf Lieferung der Ware, sondern auf Zahlung der Differenz ging, ohne daß es indes zu einer Vereinbarung zwischen den Kontrahenten gekommen ist, es solle die Lieferung ausgeschlossen sein. Bei einem derartigen Abschluß kann also jeder Kontrahent thatsächlich reale Erfüllung fordern, wenn sie auch nicht gefordert und geleistet zu werden pflegt. D. im engern Sinn oder reine D. sind diejenigen, bei welchen das Recht auf reale Erfüllung durch Vereinbarung von vornherein ausgeschlossen ist, sodaß nur die Differenz zwischen dem verabredeten Preise und dem Kurse des maßgebenden Tags soll beansprucht werden dürfen: vom Verkäufer, wenn der Tageskurs niedriger ist, vom Käufer, wenn der Tageskurs höher ist als der verabredete Preis. Diese Vereinbarung kann ausdrücklich getroffen sein oder stillschweigend, sodaß aus den Umständen auf eine derartige Vereinbarung geschlossen werden kann. Als solche Umstände können insbesondere angesehen werden die dem Bankier, mit welchem ein Privatmann derartige Geschäfte schließt, bekannte Thatsache, daß der letztere nur geringe Mittel besitzt, sodaß er gar nicht in der Lage ist, die über große Summen abgeschlossenen Geschäfte durch Abnahme der Ware und Zahlung des Preises zu realisieren, oder, daß der auswärtswohnende Privatmann weder Geschäftsverbindungen noch Lagerräume hat, um die per ultimo gekauften vielen Centner Zucker, Weizen, Mehl u. dgl. abzunehmen, zu lagern oder weiter zu veräußern, ferner die Thatsache, daß zwischen dem Bankier und seinem Kunden niemals effektiv realisiert, sondern immer nur die Differenzen berechnet wurden, daß der Privatmann dem Bankier die Auswahl der Papiere ganz nach seinem freien Ermessen überlassen, daß er ausdrücklich erklärt hat, er wolle an der Börse spielen, daß der Bankier gewerbsmäßig Geschäfte solcher Art mit Kunden, welche er durch Mittelspersonen aufsuchen läßt, abschließt, auch wohl auf die ihm gemachten Eröffnungen erklärt, das eingeforderte Depot reiche aus, um die etwaigen Differenzen zu decken, u. dgl. Nach den innerhalb des Deutschen Reichs geltenden Rechten ist das reine Differenzgeschäft nicht klagbar, auch die spätere Anerkennung des Schuldners; der über die Differenz ausgestellte Schuldschein oder Wechsel ist, wenn das Verhältnis aufgedeckt wird, dem Gegenkontrahenten gegenüber ungültig. Nur, wenn der Schuldner gezahlt hat, kann er das Gezahlte nicht zurückfordern. Die gesetzlichen Bestimmungen, welche die Klagbarkeit ausschließen, beruhen auf der Erwägung, daß es sich bei dieser Art des Börsenspiels nicht um produktive Geschäfte handelt, welche dem Gemeininteresse oder einem ernstlichen wirtschaftlichen Zweck des Einzelnen dienen, sondern um die Sucht, auf bequeme Weise, ohne daß weder werbendes Kapital noch die Arbeit eine Rolle spielen, Geld zu erwerben. Die Schwierigkeit für den Richter, im einzelnen die stillschweigende Vereinbarung festzustellen, und die Thatsache, daß das Börsenspiel, welches zahlreiche Existenzen vernichtet, nicht bloß in dieser Form auftritt, hat die Deutschen Bundesregierungen veranlaßt (1892), eine Enquetekommission einzusetzen, um über diese und verwandte, die Börsengeschäfte betreffende Fragen Ermittelungen anzustellen und Vorschläge für gesetzliche Bestimmungen zu machen (s. Börsenenquete). So schwierig es sein wird, ohne Schädigung des legitimen Börsengeschäfts Bestimmungen zu finden, welche das Börsenspiel einschränken, so wenig ist denjenigen recht zu geben, welche darauf hinweisen, daß Leute, welche gern Gewinne einstreichen, keine Hilfe verdienen, wenn sie im Spiel verlieren. Denn es handelt sich nicht um die Würdigung dieser einzelnen, sondern um eine bedauerliche sociale Krankheit, welche große Übel für die Gesamtheit zur Folge haben kann. Auch die bisherigen strafrechtlichen Bestimmungen reichen nicht aus. Nach §. 210 der Deutschen Konkursordnung werden Schuldner (und zwar nicht bloß Kaufleute), die ihre Zahlungen eingestellt haben oder über deren Vermögen das Konkursverfahren eröffnet worden ist, wegen einfachen Bankrotts mit Gefängnis bis zu 2 Jahren bestraft u. a., wenn sie durch Differenzhandel mit Waren oder Börsenpapieren übermäßige Summen verbraucht haben oder schuldig geworden sind. Unter Differenzhandel sind hier sowohl die reinen D. als die D. im weitern Sinne verstanden.

Differénzhandel, s. Differenzgeschäfte.

Differenzieren (Differentiieren, lat.), unterscheiden, eine Differenz annehmen, den Unterschied hervorheben. — D. in biologischem Sinne, s. Arbeitsteilung. — Über D. in der Mathematik, s. Differentialrechnung.

Differénzklage, die Klage auf Zahlung der Preisdifferenz, welche der Verkäufer von dem säumigen Käufer oder der Käufer von dem säumigen Verkäufer statt der Erfüllung fordert (s. Kauf).

Differénzlampe, s. Bogenlicht.

Differénzstrom, s. Telegraphen-Betriebsweise.

Differénzton, s. Kombinationston.

Differieren (lat.), einen Unterschied zeigen, abweichen.

Diffession (lat.) hieß im Sinne des frühern deutschen Prozeßrechts die Ableugnung der Echtheit einer von einer Partei vorgelegten Privaturkunde seitens der Gegenpartei. Der Leugnende (Diffitent) hatte, sofern nicht ein sonstiger Beweis für die Echtheit oder Unechtheit vorlag, einen Eid (den sog. Diffessionseid) des Inhalts zu leisten, daß er die fragliche Urkunde weder selbst geschrieben oder unterschrieben, noch durch einen andern für sich habe schreiben oder unterschreiben lassen. Bei Nichtleistung dieses Eides galt die Echtheit der Urkunde als erwiesen. Die Deutsche Civilprozeßordnung hat den Diffessionseid nicht übernommen, bestimmt vielmehr, daß die Echtheit einer nicht anerkannten Urkunde ebenso wie eine bestrittene Thatsache zu beweisen ist (Civilprozeßordn. §. 405).

Diffessionseid, s. Diffession.

Difficīl (lat.), schwierig, Schwierigkeiten machend, schwer zu behandeln.

Difficĭle est, satīram non scribĕre, «Schwer ist es, (darüber) keine Satire zu schreiben», Citat aus Juvenals «Satiren» (I, 30).

Diffidieren (lat.), mißtrauen; Diffidénz, Mißtrauen; Diffidation (mittellat.), Fehdeankündigung, Herausforderung.

Diffikultät (lat.), Schwierigkeit.

Diffindieren (lat.), zerspalten; in der Rechtssprache: eine Verhandlung unterbrechen und verschieben; Diffision, Zerspaltung, Aufschiebung.

Diffitieren (lat.), ableugnen, abschwören; Diffitént, s. Diffession.

Diffluieren (lat.), zerfließen; diffluént, zerfließend; Diffluénz, das Zerfließen.

Diffórm (lat.), mißgestaltet; difformieren, verunstalten; Difformität, Mißgestalt, Häßlichkeit.

Diffraktion, s. Beugung.

Diffundieren (lat.), nach allen Seiten hin zerstreuen, ausgießen; vergeuden, verschwenden; diffūs, zerstreut, weitschweifig.

Diffūses Licht, s. Reflexion.

Diffuseur (spr. -füsöhr), s. Zuckerfabrikation.

Diffusion der Flüssigkeiten, ein ohne äußere Einwirkung erfolgender Bewegungsvorgang der Moleküle, der immer eintritt, wenn zwei verschiedene, aber mischbare, nicht chemisch aufeinander wirkende Flüssigkeiten, sei es frei, sei es durch eine Membran voneinander getrennt, in Berührung kommen. Die Erscheinung wird am leichtesten verständlich, wenn man sich eine Salzlösung von einer Wassermasse so überschichtet denkt, daß beide nur in einer scharfen Grenzlinie miteinander in Berührung sind. Die Salzlösung ist eine gleichförmige Mischung von Salzmolekülen und Wassermolekülen, in der Gleichgewicht der Anziehungskräfte herrscht. Dieses Gleichgewicht wird nun durch die darüberliegende Wasserschicht gestört, da die Anziehungskräfte der Wassermoleküle auf ihresgleichen andere sind, als auf Salzmoleküle. Erst, wenn so viel Wassermoleküle in die Salzlösung und eine entsprechende Menge Salzmoleküle in die Wasserschicht eingedrungen sind, daß eine gleichmäßige Mischung hergestellt ist, befinden sich die Anziehungskräfte wieder im Gleichgewicht. Die Geschwindigkeit des Diffusionsstroms oder die Zeit, die zur Herstellung der gleichmäßigen Mischung erforderlich ist, ist bei den einzelnen Körpern nicht gleich. Nennt man z. B. bei gleicher Konzentration der Lösungen die Menge von Eiweiß, die in der Zeiteinheit zum Wasser übertritt, = 1, so ist die Menge des Zuckers = 8,7, die Menge des Kochsalzes = 19, die Menge der Schwefelsäure = 22,5. Es beruht dies offenbar darauf, daß die Wassermoleküle auf die Schwefelsäure eine Anziehungskraft geltend machen, die zu der, die sie auf die Eiweißmoleküle ausüben können, im Verhältnis von 22,5 : 1 steht.

Analoge Vorgänge treten ein, wenn die Lösungen von dem Wasser durch eine mit Wasser imbibierte (s. Imbibition) Membran getrennt sind, und diese sind für die Ernährung der Pflanzen wie der Tiere, für alle Lebensvorgänge derselben von allergrößter Bedeutung. Alle imbibierten Membranen kann man mit Sieben von sehr kleiner Maschenweite vergleichen, in denen das feste Geflecht aus zusammenhängenden Membranteilchen besteht, während die Zwischenräume mit Wasserschichten gefüllt sind. Ist nun eine Lösung ringsum von einer solchen Membran umgeben, wie z. B. in einer Pflanzenzelle, und wird sie mit derselben in Wasser gehängt, so wandern Moleküle des Zellinhalts zum Wasser durch die Membran hindurch, und andererseits gehen Wassermoleküle durch die Membran in die Zelle, ein Vorgang, den man auch mit dem Namen der Endosmose und Exosmose bezeichnet hat. Derselbe dauert so lange, bis die umspielende Flüssigkeit und der Zellinhalt gleiche Konzentration erreicht haben. Wird erstere aber beständig durch reines Wasser ersetzt, so wandert schließlich die Gesamtmenge des diffusionsfähigen Inhalts aus der Zelle aus und es tritt Wasser an seine Stelle. Das Gleiche, nur in umgekehrtem Sinne, erfolgt selbstverständlich, wenn der Zellinhalt aus Wasser, dagegen die umspülende Flüssigkeit aus einer Lösung besteht. Und ebenso, wie bei der freien D. je nach den verschiedenen Anziehungskräften sich eine verschiedene Diffusionsgeschwindigkeit geltend macht, so auch hier, nur kommt hier noch ein weiterer Umstand hinzu, nämlich das Verhältnis der Größe der Moleküle zu der Größe der Zwischenräume in der Membran. Denkt man sich ein Pulver von sehr verschiedener Korngröße auf ein Sieb gebracht, so werden alle Körner, deren Durchmesser beträchtlich kleiner als die Maschen des Siebes sind, mit größter Leichtigkeit durch das Sieb gehen, solche Körner, deren Durchmesser nur um ein weniges geringer ist als die Maschenweite, werden schwerer das Sieb passieren, während alle solche, die größer als die freien Öffnungen sind, auf dem Siebe liegen bleiben. So auch bei der Membrandiffusion. Die kleinsten Moleküle können mit Leichtigkeit der Anziehung der Wassermoleküle folgen, andere gehen nur schwer durch die Membran, wieder andere können gar nicht hindurch, während sie ihrerseits doch durch ihre Anziehungskraft Wassermoleküle durch die Membran zu sich herübertreten lassen. Hiernach unterscheidet man diffusionsfähige und nicht diffusionsfähige Körper, und da es sich gezeigt hat, daß den meisten der erstern die Eigenschaft zukommt, entweder selbst zu krystallisieren oder doch krystallisierende Verbindungen einzugehen, so nennt man sie auch, nach Grahams Vorgang, Krystalloide und unterscheidet sie von jenen nicht krystallisierbaren und nicht diffundierbaren Körpern, die man Kolloide (vom griech. Kollós, Leim) nennt. Das Diffusionsvermögen der Krystalloide benutzt man in der Analyse zur Trennung derselben von den Kolloiden (s. Dialyse); in der Technik macht man von der verschiedenen Diffusionsgeschwindigkeit gewisser Salze und des Zuckers Gebrauch zum Reinigen der Melassen. (S. Osmose.)

In den verschiedenen pflanzlichen Geweben sind immer viele Zellen dicht aneinander gelagert, sodaß ihre Membranen sich unmittelbar berühren. Steht von einer solchen Reihe nur die äußerste Zelle mit einer Lösung oder mit Wasser in Berührung, so tritt zunächst hier ein Diffusionsstrom ein. Dadurch wird die Zusammensetzung des Inhalts der ersten und zweiten Zelle verschieden, und infolgedessen treten zwischen beiden Diffusionsströmungen ein. Auf gleiche Weise verhält sich dann die dritte zur zweiten, die vierte zur dritten Zelle u. s. w., sodaß Material von außen zu entfernten Zellen und umgekehrt von diesen nach außen geleitet werden kann. (S. Diffusion der Gase.)

Diffusion der Gase. Hat man ein weites, an beiden Enden verschlossenes Rohr durch eine Scheidewand in zwei Abteilungen geteilt und diese mit zwei verschiedenen Gasarten von gleichem Druck gefüllt, so mischen sich die beiden Gase nach Entfernung der Scheidewand in einer bestimmten Zeit, resp. mit einer bestimmten Geschwindigkeit, welche bei verschiedenen Gasen verschieden ist. Die Erklärung dieses mit D. bezeichneten Mischungsvorgangs liegt in der Natur des gasförmigen Aggregatzustandes. (S. Kinetische Gastheorie.) Jedes Gasmolekül bewegt sich fortschreitend mit großer Geschwindigkeit im Raume. Vermöge dieser Bewegung verändern die Gasmoleküle fortwährend ihre gegenseitige Lage, woraus sich leicht der Diffusionsvorgang erklären läßt. Von besonderm wissenschaftlichen Interesse ist die theoretische auf der kinetischen Gastheorie gegründete Berechnung der auch durch Versuche bestimmbaren Diffusionsgeschwindigkeit (Diffusionskoefficient) der einzelnen Gase gegeneinander; es sind in dieser Beziehung die Arbeiten von Clausius, Maxwell, Stefan, Boltzmann, O. E. Meyer, Waitz, Winkelmann, Groß u. a. erwähnenswert. Sind die Gase durch eine poröse Wand getrennt, so gehen dieselben durch diese mit ungleicher Geschwindigkeit hindurch. Graham glaubte beobachtet zu haben, daß die Gase bei gleichem Druck mit Geschwindigkeiten diffundieren, die sich umgekehrt wie die Wurzeln aus den Dichten verhalten. Dieses Verhältnis würden die Geschwindigkeiten beim Einströmen in den leeren Raum einhalten. Nach Bunsen ist jedoch dieses Gesetz nicht genau erfüllt. Dalton hat sich auf Grund der erwähnten Thatsachen die Vorstellung gebildet, daß sich jedes Gas für das andere wie ein leerer Raum verhält. Verkorkt man eine Thonzelle T (s. beistehende Skizze), wie dieselbe zu galvanischen Elementen benutzt wird, setzt ein Heberrohr H mit Flüssigkeit a b an, stülpt ein Becherglas B darüber und leitet unter dasselbe durch einen Schlauch S Wasserstoff oder überhaupt ein Gas, das leichter ist als atmosphärische Luft, so diffundiert dies schneller in die Zelle, als die Luft aus dieser heraus. Hierbei steigt b und a sinkt. Entfernt man rasch B und S, so diffundiert nun der Wasserstoff schneller aus T heraus als die Luft hinein. Nun steigt a und b sinkt. Das Umgekehrte tritt ein, wenn durch S Kohlensäure zugeleitet wird. Ist a b eine leitende Flüssigkeit (Quecksilber), die einen galvanischen Strom schließen und einen Glockenschlag auslösen kann, so kann man die Vorrichtung als Signalapparat (für schlagende Wetter, Kohlensäure, Leuchtgas u. s. w.) benutzen.

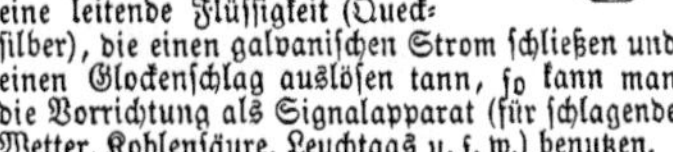

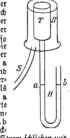

Diffusion, Diffusionsverfahren (technisch), s. Zuckerfabrikation.

Digallussäure, soviel wie Gerbsäure.

Digambaräs, Sekte der Dschain (s. d.).

Digamie (grch.), die zweite Verehelichung.

Digamma, d. h. doppeltes Gamma, geschrieben F, der sechste Buchstabe im ältesten griech. Alphabet, bezeichnet den Laut des engl. w. Während dieser von den meisten griech. Mundarten bis tief in die geschichtlich bekannte Zeit hinein festgehalten wurde, ließen ihn die Ionier und Attiker sehr früh fallen, z. B. ionisch und attisch ἔτος (etos, Jahr) = kretisch u. s. w. Ϝέτος (wetos). Unrichtigerweise nannten die alten Grammatiker den Laut auch D. aeolicum, als wäre er eine Eigentümlichkeit nur des äolischen Dialekts gewesen. Zur Entstehungszeit der Homerischen Gedichte wurde das D., wie Eigentümlichkeiten der Sprache und des Verses zeigen, noch gesprochen, ist aber in dem uns überlieferten Text nicht geschrieben; einige neuere Herausgeber suchten es daher wieder einzuführen, so J. Bekker («Carmina Homerica», 2 Bde., Bonn 1858).

Digartsche (Digartschi), s. Schigatse.

Digenis Akritas, der Held eines nach ihm betitelten byzant. Nationalepos, dessen Kern wahrscheinlich ins 10., dessen erhaltene Bearbeitungen aber schwerlich über das 12. Jahrh. zurückgehen; die jüngste (in gereimten Versen) entstand 1670. Die poet. Figur des D. A. ist auch in die slaw. Volksdichtung übergegangen. Digenis (der «Zwiegeborene») heißt er, weil sein Vater ein Heide, seine Mutter eine Griechin war; Akritas ist byzant. Ausdruck für die Verteidiger der Grenzen, eine Art Markgrafen. Über die Ausgaben s. K. Krumbacher, Geschichte der byzant. Litteratur (Münch. 1890).

Digerieren, s. Digestion.

Digésten, der Hauptbestandteil des Corpus juris civilis (s. Corpus juris).

Digestion oder Digerieren, eine chem.-technische Operation, die darin besteht, daß man eine Substanz mit einer Flüssigkeit (Wasser, Alkohol, Äther, Glycerin, Schwefelkohlenstoff) bei gelinder Wärme zusammenbringt, um gewisse lösliche Stoffe aus ihr zu extrahieren. Man gewinnt auf diese Weise Lösungen aller Art, Tinkturen, Essenzen, Elixire, gewisse Parfums, fette Öle u. s. w. Wenn die Einwirkung des Lösungsmittels ohne gleichzeitige Erwärmung erfolgt, so bezeichnet man diese Operation als Maceration (s. d.). — In der Heilkunde ist D. die Bezeichnung für Verdauung (s. d.). Die Digestivmittel (Digestiva) sind solche Heilmittel, welche die Verdauung, bez. Auflösung der im Magen- und Darmkanal befindlichen Speisen, sowie die Darmausleerung befördern. Zu diesen Digestivmitteln gehört das Wasser (besonders das heißwarme), das Kochsalz, Glaubersalz und der Salmiak; das doppeltkohlensaure Natron, kleine Gaben von Rhabarber, das Brausepulver, das neutrale weinsaure Kali, Bittermittel, besonders Chinarinde, Wein u. s. w. In der Chirurgie heißen Digestivsalben gewisse eiterungverbessernde, balsamisch-harzige Verbandsalben. Das früher (bis 1883) offizinelle Unguentum digestivum (Unguentum Terebinthinae compositum) bestand aus venet. Terpentin, Eidotter, Baumöl, Myrrhe und Aloë. — Digestivsalz ist der ältere Name für Chlorkalium.

Digestīvmittel, Digestīvsalben, Digestīvsalz, s. Digestion.

Digéstor, s. Kocheinrichtungen.

Digger (vom engl. to dig, «graben»), Goldgräber.

Dighton (spr. deit'n), Ort im nordamerik. Staate Massachusetts, zwischen Fall River und Taunton am Taunton River. In der Nähe am Flußufer befindet sich der D. Rock, mit eingemeißelten unentzifferbaren Inschriften oder Figuren (Runen nordischer Entdecker Amerikas). Vgl. Rafn, Antiquités américaines (Kopenh. 1845); Baxter, Early voyages to America (Collection of the Old Colony Historical Society No. 4, Taunton, Mass. 1889).

Digitaleïn, s. Digitaline.

Digitalia (lat.), Art Handschuhe, s. Chirotheken.

Digitaline nennt man im allgemeinen die wirksamen Präparate, die aus den Blättern der Fingerhutpflanze (Digitalis purpurea *L.*) dargestellt werden, und die ein wichtiges Medikament der Herzaffektionen sind. Die vielfachen Versuche, den wirksamen Bestandteil der Digitalis zu charakterisieren und rein darzustellen, haben noch keine Klarheit in diese Körperklasse gebracht. Man unterscheidet mehrere Körper Digitonin, Digitaleïn, Digitalin und Digitoxin, von denen das erste keine Herzwirkung zeigt, das Digitoxin aber ein sehr stark wirkender giftiger Körper ist. Die D. sind häufig Gemenge und oft verschieden nach der Fabrik, aus der sie stammen. Chemisch ist so viel festgestellt, daß diese Körper Glykoside sind und keinen Stickstoff enthalten. Vgl. Husemann und Hilger, Die Pflanzenstoffe (2. Aufl., Berl. 1884).

Digitālis, Pflanzengattung, s. Fingerhut.

Digitālkompression, Verschluß einer Arterie durch Fingerdruck, z. B. behufs provisorischer Blutstillung bei Verletzung einer Schlagader.

Digitigrăda, s. Zehengänger.

Digitonīn, Digitoxīn, s. Digitaline.

Digĭtus (lat., «Finger»), röm. Maß (Fingerbreite) = 2—2,6 cm.

Dignánd (lat.), die auf eine Potenz (Dignität) zu erhebende Zahl.

Dignāno (spr. dinja-), slaw. Vodujan, das röm. Attinianum, Stadt in der österr. Bezirkshauptmannschaft Pola in Istrien, auf einer ausgebreiteten, vom Meere sanft ansteigenden Hochfläche, an der Linie Divača-Pola der Österr. Staatsbahnen, hat (1890) 5209, als Gemeinde 9151 meist ital. E., Post, Telegraph, Bezirksgericht (2 Gemeinden, 38 Ortschaften, 15090 E., darunter ein Drittel Italiener und zwei Drittel Kroaten), interessante Stadtkirche (18. Jahrh.), nach der Kirche San Pietro di Castello in Venedig gebaut, zwei ehemalige Klöster, jetzt Kasernen, Marinespital, besonders für Fieberkranke; Wein-, Obst-, Öl- und Feldbau, starken Holzhandel sowie seit 1856 eine Anstalt für Seidenzucht. Der sog. Rosenwein in der Umgebung zählt zu den besten istrian. Weinen.

Digne (spr. dinj). 1) **Arrondissement** des franz. Depart. Basses-Alpes, hat 2354,73 qkm, (1891) 43208 E., 83 Gemeinden und zerfällt in die 9 Kantone Barrême (211,10 qkm, 3691 E.), D. (369,08 qkm, 11195 E.), La Javie (327,00 qkm, 2368 E.), Les Mées (233,26 qkm, 5764 E.), Mezel (198,23 qkm, 2969 E.), Moustiers-Sainte Marie (219,95 qkm, 2338 E.), Riez (263,41 qkm, 6074 E.), Seyne (287,71 qkm, 4101 E.), Valensole (244,96 qkm, 4708 E.). — 2) **Hauptstadt** des Arrondissements D., in 590 m Höhe, in einem Alpenthale, am linken Ufer der reißenden Bléone, die oft das ganze Thal überschwemmt und in die Durance fällt, und an der Linie St. Auban-D. (22 km) der Franz. Mittelmeerbahn, Sitz der Departementalbehörden, eines Gerichtshofs erster Instanz und eines Bischofs, ist unregelmäßig gebaut, mit engen Straßen, von Mauern umgeben, hat (1891) 4833, als Gemeinde 7261 E. und in Garnison einen Teil des 55. Infanterieregiments, Post, Telegraph, ein Kommunal-Collège, ein theol. Seminar, ein Lehrerinnenseminar, Filiale der Bank von Frankreich, Ackerbaugesellschaft, eine Statue des Philosophen und Mathematikers Gassendi (gest. 1655), nach dem auch ein Boulevard benannt ist; Färbereien, Tuch- und Hutmanufakturen, bedeutenden Handel mit gedörrten und eingemachten Früchten, Wein, Honig, Wachs, Ziegenfellen, Tuchen, Makkaroni, Gips, Marmorwaren und Messern und warme Schwefelbäder (nenn Quellen von 25—45° C.). In der Umgegend der 1153 m hohe Berg Cheval-Blanc, das schöne Schloß Malijay und der Flecken Les Mées, dessen Wein einen champagnerartigen Geschmack hat. — Napoleon I. erließ von D. aus seine Proklamation vom 4. März 1815. Vgl. D. C. Gorde, Promenades antour de D. etc. (Digne 1888).

Dignitār (neulat.), der Inhaber einer angesehenen Hof- und Kirchenstelle; insbesondere werden die Ämter in den Domkapiteln, mit denen Ehrenvorrang und Regierungsgewalt verbunden ist, als Dignitäten bezeichnet, im Gegensatz zu den Personaten (bloß mit Ehrenvorrang) und den Officia (ohne beides). D. waren auch die Großmeister und Komture der geistlichen Ritterorden und die Würdenträger an den ebenfalls mit der Kirche zusammenhängenden Universitäten.

Dignität (als Amt), s. Dignitar. — D. (in der Mathematik), s. Potenz.

Digoin (spr. -göäng), Hauptstadt des Kantons D. (101,21 qkm, 6 Gemeinden, 8982 E.) im Arrondissement Charolles des franz. Depart. Saône-et-Loire, in 221 m Höhe, an der Loire, da, wo der Canal du Centre abzweigt, und an der Linie Moulins-Paray le Monial-Mâcon der Franz. Mittelmeerbahn, hat (1891) 3988, als Gemeinde 4880 E., Post, Telegraph, lebhaften Transithandel, Schiffsbau, Gerberei, Fabrikation von Porzellan, Leinwand, Öl und Glas.

Digression nennt man bei Fixsternen, die nördlich vom Zenith kulminieren, den Winkel, der von ihrem

Vertikalkreis mit der Nordhälfte des Meridians gebildet wird. Man unterscheidet eine **östliche** und **westliche** D., je nachdem der Stern östlich oder westlich vom Meridian steht. Von praktischer Bedeutung ist besonders die **größte** D., die stattfindet, wenn der Vertikalkreis den Parallelkreis des Sterns tangiert. Da der Meridian genau zwischen der größten östlichen und der größten westlichen D. liegt, so bietet die Beobachtung dieser beiden, namentlich bei dem Pol nahen Sternen, ein Mittel zur sichern Bestimmung des Meridians. Bisweilen wird D. auch im Sinne von Elongation (s. d.) gebraucht. — In der **Redekunst** bezeichnet man als D. eine Abschweifung auf einen andern Gegenstand, der mit dem eigentlich zu behandelnden nur in entfernter Verbindung steht.

Digy̆nus oder **digynisch**, eine Blüte mit zwei Griffeln oder zwei Narben. **Digynĭa** nannte Linné die zweite Ordnung in mehrern Klassen des von ihm aufgestellten Systems.

Dihang, ind. Fluß, s. Brahmaputra.

Dihexaëder, s. Hexagonale Pyramide.

Dihexagonāle Pyramide, s. Didodekaeder.

Dihong, ind. Fluß, s. Brahmaputra.

Dii (lat.), Götter; D. majōrum gentĭum, die höhern Götter, im übertragenen Sinne soviel wie die Vornehmern; D. minōrum gentĭum, die untern Götter, auch die geringern Leute; Diis manĭbus sacrum, abgekürzt D. M. S., Aufschrift auf Totendenkmälern: Den Manen (d. h. dem Andenken des Verstorbenen) geweiht.

Diiambus, ein aus zwei Jamben (s. Jambus) zusammengesetzter viersilbiger Versfuß, ◡ — ◡ —.

Diipolien oder **Buphonien** (d. h. Rindermord) hieß ein Fest (Dreschfest) im alten Athen, das am 14. Skirophorion (Anfang Juli) zu Ehren des Zeus Polieus (des Stadtschirmers; daher der Name D.) gefeiert wurde. Es wurde am Altar des Gottes auf der Burg nach einem Feldopfer von einem Priester aus vornehmem Geschlecht, dem Buphonos, ein Ackerstier geopfert; der Priester selbst aber mußte fliehen und im Prytaneion wurde eine Klage auf Mord angestellt, wobei das Beil verurteilt und ins Meer geworfen wurde. Vgl. Band, De diipoliorum sacro (Halle 1873).

Dijkstra (spr. deik-), Waling, fries. Dichter, geb. 14. Aug. 1821 zu Vrouwen-Parochie (Provinz Friesland), war zuerst Bäcker und lebt jetzt als Buchhändler in Holwerd. Er ist einer der Führer der nationalen Bewegung der Westfriesen für ihre Sprache und Litteratur und einer der hervorragendsten und der fruchtbarste unter den Dichtern in westfries. Sprache. Aus seiner Feder sind zahlreiche, mit großem Beifall aufgenommene Werke geflossen. D. besitzt gesunden Humor und Lebenswahrheit und zeigt große Ähnlichkeit mit Fritz Reuter, von dem er einiges ins Friesische übersetzte. Zu seinen besten Dichtungen gehören: «Doaitse mei de noardsce balke» (Franeker 1848; 3. Aufl. 1875), «De silveren rinkelbel» (ebd. 1856; 3. Aufl. 1887; ins Niederländische übersetzt), «De friske Thil Ulespegel, of de wonderlike libbensskiednis fen Hanstje Pik» (2 Bde., ebd. 1860 u. 1862; 2. Aufl. 1879), «Fen earder en letter» (ebd. 1884). Auch seine Schauspiele in fries. Sprache sind sehr beliebt und werden oft aufgeführt; außerdem übertrug er Molières «Tartuffe» ganz frei in seine Muttersprache u. d. T. «Oedele Glûper» (2. Aufl., Holwerd 1884). Mit van der Meulen zusammen schrieb er «In doaze fol alde snypsnaren» (Franeker 1856; 2. Aufl. 1882), mit Colmjon und Boonemmer «Friske winterjounenocht» (5 Bde., Bolsward, Leeuwarden und Franeker 1861—76). In niederländ. Sprache schreibt er sein großes Werk «Uit Friesland's volksleven van vroeger en later» (Leeuwarden, seit 1892 erscheinend).

Dijon (spr. dischóng). 1) **Arrondissement** des franz. Depart. Côte-d'Or, hat 3114,76 qkm, (1891) 163966 E., 246 Gemeinden und zerfällt in die 14 Kantone Auxonne (170,16 qkm, 12979 E.), Dijon-Est (293,48 qkm, 20773 E.), Dijon-Nord (138,84 qkm, 21835 E.), Dijon-Ouest (174,16 qkm, 40491 E.), Fontaine-Française (183,49 qkm, 4881 E.), Genlis (221,56 qkm, 9508 E.), Gevrey-Chambertin (251,14 qkm, 9378 E.), Grancey-le-Château (170,08 qkm, 2205 E.), Is-sur-Tille (351,08 qkm, 8874 E.), Mirebeau (240,58 qkm, 8031 E.), Pontailler-sur-Saône (214,75 qkm, 8673 E.), Saint-Seine-l'Abbaye (314,25 qkm, 4944 E.), Selongey (172,79 qkm, 3924 E.), Sombernon (218,50 qkm, 7470 E.). — 2) **Hauptstadt** des franz. Depart. Côte-d'Or, sowie des Arrondissements D. und der Kantone Dijon-Est, Dijon-Nord und Dijon-Ouest, am östl. Fuße der Côte-d'Or, in weiter fruchtbarer Ebene, 245 m hoch, am Einflusse des Suzon in die Ouche, am Canal de Bourgogne, an der Straße von Paris nach Genf, sowie an den Linien Paris-Lyon, D.-Is-sur-Tille (33 km), Belfort-D. (188 km) und D.-Saint-Amour (113 km) der Franz. Mittelmeerbahn sowie an der Dampf-Trambahn D.-Ponte-Neuve-Fontaine-Française (42 km), ist Sitz eines Präfekten, eines Bischofs, eines Gerichtshofs erster Instanz, Assisenhofs und Handelsgerichts, einer Handelskammer, einer Filiale der Bank von Frankreich, der Kommandos der 15. Infanteriedivision sowie der 30. Infanterie- und der 8. Kavallerie-Brigade, hat (1891) 55673, als Gemeinde 65428 E. und in Garnison das 27. Infanterie- und 26. Dragonerregiment, 5. Jägerbataillon und 8. Traineskadron.

Anlage und Bauten. D. ist gut gebaut, hat schöne breite Straßen und viele ansehnliche Häuser, prächtige Schaufenster, 15 Plätze, zahlreiche Fontänen, welche aus einer 13 km langen unterirdischen Wasserleitung in jeder Minute 8000 l klares Wasser liefern, sowie bepflanzte Wälle und schöne öffentliche Spaziergänge. Unter den öffentlichen Gebäuden zeichnen sich aus: die 1280—88 in got. Stil erbaute Kathedrale St. Bénigne, eine der schönsten Kirchen Frankreichs, mit einem kühnen Turme (92 m), einem schönen Portal (16. Jahrh.) und prächtigen Mausoleen, z. B. demjenigen des Königs Wladislaw von Polen, der Herzöge Philipp des Kühnen, Johann des Unerschrockenen, und einer neuerlich aufgefundenen, völlig erhaltenen Krypta aus dem 11. Jahrh.; die got. Kirche Notre-Dame, 1331—1445 erbaut, mit einem schönen Portal und einer von Dubois in Stein gehauenen Gruppe der Himmelfahrt Mariä; die Kirche St. Michel, 1529 geweiht, mit einem schönen Basrelief des Letzten Gerichts und einem prächtigen Portal im Renaissancestil von Hugo Sambin; das St. Annenhospital mit Kuppel und Kirche; das trefflich eingerichtete Große Hospital; das feste Schloß oder die sog. Citadelle, von Ludwig XI. 1478 begonnen und unter Ludwig XII. 1512 vollendet, jetzt als Staatsgefängnis dienend;

der Palast der Herzöge von Burgund, auch Palast der Generalstaaten oder Königswohnung genannt (jetzt Hôtel de Ville); an dem hufeisenförmig davor ausgebreiteten Hauptplatz der Stadt, 1367 von Philipp dem Kühnen begonnen und von Karl dem Kühnen vollendet, 1592 abgebrannt, dann zu Gunsten der Prinzen von Condé, die erbliche Gouverneure von D. waren, wiederhergestellt und 1784 vollendet, später der Ehrenlegion überlassen, ein weitläufiges Gebäude, das in seinen Sälen ein naturhistor. und archäol. Museum, eine Schule der Künste und in neunzehn Sälen ein Museum der Künste (mit einer reichen Sammlung von etwa 40000 Kupferstichen, Statuen, Gipsabgüssen und antiken Vasen) und ein reiches Archiv birgt; ferner der große alte Justizpalast, das Präfekturgebäude, die Rechtsschule, das Schlachthaus, das 1843 an Stelle der alten Kartause erbaute Irrenhaus und das 1810—28 erbaute Schauspielhaus. Auf einem neuen Platze steht seit 1847 eine Bronzestatue des heil. Bernhard, der in dem 3 km entfernten Fontaine-lès-Dijon geboren ward; außerdem besitzt die Stadt Statuen Rameaus und des Bildhauers Rude (gest. 1855).

Unterrichtsanstalten und Industrie. Die Stadt besitzt eine Akademie der Künste und Wissenschaften (1725 errichtet und 1740 von Ludwig XV. bestätigt), eine 1722 gegründete Universitätsakademie (für fünf Departements) mit drei Fakultäten (Rechte, Mathematik und Naturwissenschaften, Litteratur), ein Lyceum, eine Mediziner- und Pharmaceutenschule, ein theol. und ein Lehrer- und Lehrerinnenseminar, Kunst- und Musikschule, Gewerbeschule, Hebammenschule, Ackerbaugesellschaft und zahlreiche gelehrte Gesellschaften, Bibliothek (80000 Bände, 900 Manuskripte, in der École du droit), einen botan. Garten mit mehr als 5000 Pflanzenarten, ein Observatorium, eine numismat. Sammlung und reichhaltige Archive. Die Bewohner fertigen Wollwaren, Tuch, Leder, Spitzen, Wachskerzen (Bougies de D.), Senf, Weinessig, Sprit und Schokolade, treiben Gartenbau und Blumenzucht, ferner Handel mit Wein, Mehl, Getreide und eigenen Fabrikaten.

Befestigung. Die Stadt ist seit 1874 durch Anlage eines Fortsgürtels zu einem verschanzten Lager ersten Ranges erhoben, welches der zweiten Verteidigungslinie gegen Deutschland angehört, steht durch den befestigten Platz Auxonne mit Besançon in Verbindung und sperrt die sich bei D. kreuzenden Bahnlinien Paris-Besançon und Lyon-Chaudenay-Epinal. Der Umfang des Fortsgürtels beträgt etwa 45 km. Im Norden und Westen hat derselbe einen größern Abstand von der an sich offenen Stadt als im Osten und Süden. Im Norden der Stadt liegen die Forts Asnières und Hauteville, im Westen Mont-Affrique und Motte-Giron, im Süden Beauregard, im Osten St. Apollinaire Barois und Sennecy.

Geschichte. D., schon unter den Römern ein befestigter Ort, Divio oder Castrum Divionense, zur Zeit der Merowinger und Karolinger zum Pagus Alesiensis oder Alsensis gehörig, ist historisch merkwürdig durch die 525 erfolgte Gründung der mächtigen Abtei St. Bénigne; 737 wurde D. durch die Saracenen, 888 durch die Normannen eingeäschert; 1077 und 1199 wurden hier Kirchenversammlungen abgehalten. Als Lehn des Bischofs von Langres kam der Ort an die Grafen von D., die 1107 ausstarben. Dann fiel D. an die Herzöge von Burgund, erhielt 1183 Stadtrechte und ward deren Residenz. Nach Karls des Kühnen Tod (1477) fiel es an Ludwig XI. von Frankreich, der hier das Parlament von Burgund errichtete. 1513 wurde es von 20000 Schweizern belagert, welche indes für Geld wieder abzogen. D., stets katholisch, hing der Ligue an, unterwarf sich aber 1595 Heinrich IV. 1731 wurde zu D. ein Bistum errichtet. Am 30. Okt. 1870 fand bei der Stadt ein Gefecht zwischen der badischen, zu Werders Korps gehörigen Division und vorgeschobenen Teilen der Armee von Lyon statt. Nachdem die Stadt selbst 31. Okt. mehrere Stunden lang hartnäckigen Widerstand geleistet hatte, kapitulierte sie, und General Werder nahm sein Hauptquartier da selbst. Als gegen Ende Dez. 1870 die franz. Ostarmee unter Bourbaki heranrückte, ward D. 27. Dez. von den Deutschen geräumt und 28. Dez. von Garibaldi besetzt. Am 21. und 23. Jan. 1871 fanden in der Gegend von D. Gefechte zwischen den Garibaldianern und detachierten Abteilungen des 2. deutschen Armeekorps statt, durch welche Garibaldi mit seinem Korps bei D. festgehalten wurde, während General von Manteuffel der Armee Bourbakis die Rückzugslinien abschnitt. Garibaldi mußte 31. Jan. die Stadt räumen, worauf 1. Febr. die Deutschen wieder einzogen. — Vgl. Bougaud und Garnier, Chronique de l'Abbaye Saint-Bénigne de D. (1876); Baschi, D. et ses environs (Dijon 1888).

Dijudizieren (lat.), urteilen, entscheiden; Dijudikation, Entscheidung, Aburteilung.

Dikabrot, Adika, Dika, eine der Schokolade ähnliche Masse, die durch Zusammenkneten der fettreichen Samenkerne eines an der afrik. Küste von Sierra Leone bis Gabun reichlich vorkommenden Baumes aus der Familie der Burseraceen, Irvingia Barteri *Hook.*, gewonnen wird und für die Eingeborenen ein wichtiges Nahrungsmittel ist. Dasselbe enthält 60—66 Proz. eines bei 33° schmelzenden Fettes, das zur Kerzenbereitung tauglich ist und neuerdings nach Europa versandt wird. Dieses Fett, im Handel als Dika- oder Adikafett bezeichnet, hat die Konsistenz der Kakaobutter, ist frisch weiß, wird beim Altern gelb, hat im frischen Zustande einen an Kakao erinnernden Geruch und milden Geschmack. Man benutzt es angeblich zum Verfälschen der Kakaobutter.

Dikafett, s. Dikabrot.

Dikaiarchos, s. Dicäarchus.

Dikäos, Vorstand einer Skete (s. d.).

Dikasterion (grch.), im alten Griechenland Bezeichnung für Gerichtshof. In Athen war der älteste und angesehenste Gerichtshof der des Areopagus (s. d.); daneben bestanden noch, wenigstens seit den Zeiten des Drakon, vier «Blutgerichtshöfe», in welchen das aus 51 Mitgliedern bestehende Kollegium der Epheten unter dem Vorsitz des zweiten Archon (Archon Basileus) über verschiedene Fälle von Totschlag, Anstiftung zum Mord, Notwehr u. dgl. zu Gericht saß: die Gerichtshöfe beim Palladion, beim Delphinion, beim Prytaneion und in Phreattys (letzteres an der Südseite der piräischen Halbinsel). Als Solon die Geschwornengerichte (Heliasten) eingeführt hatte, wurden 10 D. in verschiedenen Teilen der Stadt Athen errichtet, in welchen eine je nach der Schwere des Falles verschiedene Zahl von Geschwornen (die Zahlenangaben schwanken zwischen 200 und 2000) unter dem Vorsitz der sechs untern Archonten (Thesmotheten) oder anderer Beamten zu Gericht saßen. Jeder Geschworne wurde durch das Los einem bestimmten Gerichtshof zugewiesen und erhielt als Legitimation ein mit seinem Namen und einem der die Zahlzeichen 1—10 darstellenden Buchstaben A—K bezeichnetes Bronzetäfelchen (Dikastikon Pinakion), gegen dessen Vorweisung ihm seit den Zeiten des Perikles der sog. «Richtersold» (Dikastikos Misthos), d. h. eine Entschädigung von ursprünglich 2, später 3 Obolen (20, bez. 30 Pfennige) für den Sitzungstag ausbezahlt wurden. Der leidenschaftliche Eifer, womit die Athener der Thätigkeit als Geschworne oblagen, ist von Aristophanes in mehrern seiner Komödien, insbesondere in den «Wespen», in geistreicher Weise verspottet worden. — D. oder Spruchkollegium hieß in späterer Zeit überhaupt eine Genossenschaft von Rechtsgelehrten, welche nicht die ständige Gerichtsbarkeit über einen bestimmten Bezirk ausübte, sondern nur auf Ersuchen von Gerichten Rechtssprüche abgab. Dergleichen waren vormals die Schöppenstühle und Juristenfakultäten in Deutschland. Nach der jetzt im Deutschen Reiche geltenden Gerichtsverfassung sind zur Rechtsprechung ausschließlich die zur Ausübung der Gerichtsbarkeit eingesetzten Staatsgerichte befugt und verpflichtet. (S. Aktenversendung.) — Vgl. Heffter, Die athenäische Gerichtsverfassung (Köln 1822); Platner, Der Prozeß und die Klagen bei den Attikern (2 Bde., Darmst. 1824—25); Meier und Schoemann, Der attische Prozeß (Halle 1824; neu bearbeitet von Lipsius, Berl. 1883—87); Perrot, Essai sur le droit public et privé de la République athénienne (Par. 1867); Fränkel, Die attischen Geschwornengerichte (Berl. 1877).

Dikatópter (grch.) ist ein von von Hagenow erdachter Zeichenapparat, der denselben Zweck hat wie die Camera lucida (s. d.).

Dike (grch.), eine der Horen (s. d.), Tochter des Zeus und der Themis, die Göttin der vergeltenden, insbesondere der strafenden Gerechtigkeit, daher die Beisitzerin des Zeus. Altertümliche Bilder stellen sie dar, wie sie das Unrecht (Adikia) mit dem Stabe oder Hammer schlägt (so schon an der sog. Lade des Kypselos in Olympia). — D. ist auch der Name des 99. Planetoiden.

Diketōne nennt man organische Verbindungen, die in ihrer chem. Konstitution dadurch ausgezeichnet sind, daß sie die Carbonyl- oder Ketogruppe CO zweimal im Molekül enthalten. Sie besitzen die allgemeinen Eigenschaften der Ketone (s. d.). Je nach der Stellung der beiden Carbonylgruppen zueinander zeigen sie aber besondere Verschiedenheiten. Man unterscheidet α-, β- und γ-Diketone. α-Diketone oder auch Ortho-Diketone sind die, in denen die Carbonylgruppen benachbart stehen, wie z. B. im Diacetyl, $CH_3 \cdot CO \cdot CO \cdot CH_3$, und im Benzil (s. d.), $C_6H_5 \cdot CO \cdot CO \cdot C_6H_5$. Ersteres ist eine gelbe flüchtige Flüssigkeit, letzteres bildet gelbe Krystalle. Mit Phenylhydrazin bilden sie Osazone. — Die zweite Gruppe bilden die β-Diketone, die zwei durch ein Kohlenstoffatom getrennte Carbonylgruppen enthalten. Der einfachste Vertreter ist das Acetylaceton, $CH_3 \cdot CO \cdot CH_2 \cdot CO \cdot CH_3$, eine farblose bei 137° siedende Flüssigkeit, die beim Erwärmen von Acetylchlorid mit Aluminiumchlorid entsteht. Die β-Diketone geben mit Phenylhydrazin Pyrazolderivate und mit Anilin und andern aromatischen Aminen Chinolinderivate. — In den γ-Diketonen endlich sind die beiden Carbonylgruppen durch zwei Kohlenstoffatome getrennt, wie z. B. im Acetonylaceton, $CH_3 \cdot CO \cdot CH_2 \cdot CH_2 \cdot CO \cdot CH_3$, einer bei 188° siedenden Flüssigkeit. Die γ-Diketone geben unter Wasseraustritt allgemein Furfuranderivate und bilden sich aus diesen unter Wasseraufnahme, mit Ammoniak lassen sie sich in Pyrrolderivate, mit Phosphorsulfid in Thiophenderivate überführen. Die D. sind sämtlich auf künstlichem Wege erhalten worden. Sie bilden ausgezeichnete Ausgangsprodukte für mannigfache Synthesen und es ist möglich, daß manche von ihnen in der Zukunft zum Aufbau künstlicher Alkaloïde technische Bedeutung gewinnen.

Dikilitasch, altröm. Denkmal in Bulgarien, westlich von Tirnovo, besteht aus einer noch 12 m hohen vierkantigen Säule, neben der das Piedestal einer umgestürzten Säule steht. Dabei Trümmer von Simsen und Säulen mit griech. Inschriften.

Diklin oder diklinisch, s. Diclinus.

Dikóa, Stadt in dem Bornu (s. d.) tributpflichtigen kleinen Negerreich D., südlich vom Tsadsee.

Dikōlon (grch.), eine Strophe, die zwei verschiedene Versarten verbindet. D. distrŏphon heißt eine Strophe, die aus zwei Versen von verschiedenem Metrum, wie z. B. Hexameter und Pentameter, besteht; D. tetrastrŏphon eine solche, die aus vier Versen besteht, von denen die drei ersten dasselbe Metrum haben, der vierte aber ein anderes.

Dikotyledōnen oder Dikotylen (zweisamenlappige Pflanzen), in der Botanik eine der beiden großen Gruppen der Angiospermen, etwa 80000 Arten. Zu den D. gehören alle Gewächse, deren Embryo oder Keim in der Regel mit zwei einander entgegengesetzten Kotyledonen (Samenlappen) versehen ist. Von dieser Regel giebt es jedoch Ausnahmen, und es ist in manchen Fällen schwer oder überhaupt nicht sicher zu entscheiden, ob eine Pflanze zu den D. oder zu der diesen zunächst stehenden Gruppe der Monokotyledonen zu rechnen ist. Man kennt mehrere Pflanzen, die aus gewissen Gründen allgemein zu den D. gestellt werden, deren Embryo aber in betreff seiner äußern Gestalt und seiner anatom. Beschaffenheit wesentlich von dem der normalen D. abweicht. Hauptsächlich sind es schmarotzende Pflanzen und Humusbewohner, die solche Abweichungen im Baue des Embryos zeigen. So besteht der Embryo von Monotropa nur aus 5—9 Zellen, ebenso sind die Embryonen der Orobanchen, Balanophoraceen, Rafflesiaceen u. a. schmarotzender Gewächse nur aus wenigen Zellen zusammengesetzt; die Kotyledonen fehlen dabei vollständig. Übrigens findet sich auch bei manchen nicht als Schmarotzer lebenden Pflanzen, die unzweifelhaft zu den D. zu rechnen sind, eine mangelhafte Ausbildung des Embryos; so zeigen die Embryonen von Trapa, Ranunculus ficaria *L.*, einigen Arten der Gattung Corydalis nur einen deutlich entwickelten Kotyledon, der andere ist entweder gar nicht vorhanden oder fast vollständig verkümmert. Monströse Embryonen mit drei Kotyledonen sind bei mehrern Familien der D. nicht gerade selten. Selbst mehr als drei Kotyledonen kommen, wenn auch nur in wenigen Fällen, vor. Es genügt deshalb nicht, bloß auf Grund der morpholog. Verhältnisse des Embryos entscheiden zu wollen, ob eine Pflanze zu der Gruppe der D. zu rechnen sei oder nicht; es muß immer noch die anatom. Beschaffenheit der ganzen Pflanze, ihre Tracht oder Habitus, der Bau der Blüte und die Wachstumsverhältnisse der Wurzel sowohl wie die des

Stengels berücksichtigt werden. Betreffs des anatom. Baues läßt sich allerdings keine allgemein gültige Regel über die Unterscheidungsmerkmale zwischen Monokotyledonen und D. aufstellen, aber immerhin giebt es charakteristische Eigenschaften der beiden Gruppen, und nur verhältnismäßig wenige Arten bilden eine Ausnahme. Zunächst unterscheiden sich die D. von den Monokotyledonen durch den Verlauf der Gefäß- oder Leitbündel im Stamme. Während bei den meisten Monokotylen die Gefäßbündel über den ganzen Querschnitt des Stammes zerstreut oder doch wenigstens in mehrern konzentrischen Ringen liegen, findet sich bei den D. in der Regel nur ein einziger zwischen Rinde und Mark liegender Kreis solcher Bündel. Ein weiteres für die große Mehrzahl der D. charakteristisches Merkmal liegt darin, daß ihre Stämme Dickenwachstum besitzen, sodaß also fortwährend neue Zuwachszonen gebildet werden konnen. Die in den jüngsten Internodien noch getrennt verlaufenden Bündel werden bald durch das sog. Interfascikularcambium verbunden; da durch diesen Vorgang nunmehr ein vollständiger Ring von Bildungsgewebe, Cambium (s. d.), entstanden ist, so können fortwährend oder in gewissen Perioden neue Ringlagen von Zellen sowohl nach außen wie nach innen abgeschieden werden.

Ebenso wie beim anatom. Bau des Stammes, lassen sich auch für viele D. charakteristische Eigentümlichkeiten im Bau der Blätter anführen. Auch hier ist es wieder der Verlauf der Leitbündel mit den sie begleitenden Strängen von Bastzellen, der den Blättern der meisten D. ein eigentümliches Aussehen giebt. Während bei den Monokotyledonen jene Bündel meist parallel nebeneinander in der Blattspreite verlaufen oder nur wenige Abzweigungen besitzen, findet sich bei den Blättern der D. in der Regel ein sehr verwickeltes und zierliches Netzwerk vor, das die ganze Blattspreite durchsetzt; dieser Unterschied in der Nervatur (d. i. der Gesamtheit der im Blatte verlaufenden Bündel) tritt gewöhnlich sehr deutlich hervor, zumal auch die Form der mehr in die Breite entwickelten Blätter der D. eine andere ist, als die der meist linealischen Blätter bei den Monokotyledonen. Wird schon durch die Nervatur und die äußere Form der Blätter ein Unterschied im Habitus der monokotyledonischen und dykotyledonischen Gewächse hervorgerufen, so geschieht dies noch viel mehr durch ihre Stellung am Stamme. Bei den D. finden sich die mannigfachsten Stellungsverhältnisse, bei den Monokotyledonen dagegen herrscht die Divergenz $^1/_2$ (s. Blattstellung), d. h. die wechselständige Stellung vor. In den Zahlen und Stellungsverhältnissen derjenigen Hochblätter, welche die Blüten zusammensetzen, finden sich ebenfalls einige Verschiedenheiten zwischen Monokotyledonen und D. vor; bei den letztern ist die Anzahl der Teile der einzelnen Hochblattkreise gewöhnlich fünf, seltener vier oder ein Vielfaches dieser beiden Zahlen, während bei den Monokotyledonen die Zahl 3 oder ein Vielfaches davon vorherrscht. Betreffs des Wachstums der Wurzeln sind die meisten D. dadurch ausgezeichnet, daß das Würzelchen des Embryos sich weiter fortentwickelt und später die sog. Hauptwurzel bildet, während bei den Monokotyledonen das Würzelchen des Embryos nur eine sehr beschränkte Entwicklung besitzt und abstirbt, nachdem einige Nebenwurzeln gebildet worden sind.

Die Gruppe der D. zerfällt in die zwei großen Abteilungen der Choripetalen (s. d.) und Sympetalen (s. d.), die sich in der Ausbildung der Blütenhülle unterscheiden.

Dikotylen, s. Dikotyledonen.

Dikrötisch (grch.), zwei-, doppelschlägig (vom Puls).

Diktāt (lat.), etwas zum Nachschreiben Vorgesprochenes und das so Niedergeschriebene, auch diktatorischer Befehl.

Diktātor hieß in mehrern latinischen Städten des Altertums der an die Stelle der Könige getretene jährlich wechselnde oberste Magistrat. In Rom wurde der D. nur in außerordentlichen Fällen ernannt, namentlich wenn schwere äußere oder innere Gefahren den Staat bedrohten und es ratsam schien, die höchste vollziehende Gewalt möglichst unbeschränkt in die Hände eines Einzelnen zu legen. Die Bestimmung über die Notwendigkeit der Berufung eines D. hing lediglich von den Konsuln ab, doch kam es manchmal vor, daß der Senat die letztern aufforderte, zur Wahl eines D. zu schreiten. Der ältere Titel dieses außerordentlichen Beamten war Magister populi («Volksmeister»), der von ihm selbst ernannte Unterbefehlshaber und Stellvertreter, der Befehlshaber der Reiterei, hieß stets magister equitum. Doch muß der Titel D. («Gebieter») früh aufgekommen sein. Der D. in Kriegsgefahr heißt mit vollem Titel Dictator rei gerundae causa, der hauptsächlich oder zugleich wegen innerer Unruhen ernannte Dictator seditionis sedandae et rei gerundae causa.

Dem D. hatten auch die Konsuln zu gehorchen. Er konnte auch nach Niederlegung seines Amtes nicht zur Verantwortung gezogen werden. Es fand in den ersten Zeiten von seinem Richterspruch keine oder jedenfalls nur dann Berufung an die Volksversammlung statt, wenn er seine Einwilligung erteilte. Deshalb durften auch seine Liktoren, deren er 24, d. h. so viele hatte, wie beide Konsuln zusammen, auch innerhalb der Stadt die Beile in ihren Fasces tragen, während die Liktoren der Konsuln sie nur außerhalb der Stadt führten. Nach Mommsens Ansicht ist die Errichtung der Diktatur gleich bei der Gründung der Republik (509) vor sich gegangen. Die Diktatur war eine gewaltige Waffe für die Patricier im Ständekampfe, solange die oberste Magistratur ausschließlich in ihrer Gewalt war. Der erste D. war nach der am besten beglaubigten Überlieferung Titus Larcius Flavus 501 v. Chr. Öfter wurden auch zur Besorgung eines einzelnen Auftrags D. erwählt, teils aus religiösen Gründen, teils weil der regelmäßige Magistrat behindert war, z. B. zum Einschlagen des Jahresnagels in dem kapitolinischen Jupitertempel (clavi figendi causa), zur Abhaltung der Wahlkomitien u. s. w. Die D. sollten nicht über die Amtsdauer der Konsuln, die sie ernannt hatten, hinaus, und dabei längstens sechs Monate im Amte bleiben, doch legten sie gewöhnlich ihre Gewalt eher nieder, sobald sie ihre Bestimmung erfüllt hatten. Seit Ausgleichung des polit. Kampfes zwischen der Plebs und den Patriciern um die Mitte des 4. Jahrh. v. Chr., wie es scheint, seit der Zulassung der Plebejer zum Konsulat, konnten auch Plebejer zur Diktatur gelangen; Gajus Marcius Rutilus war (356 v. Chr.) der erste D. dieses Standes. Als letzter Dictator rei gerundae causa findet sich Marcus Junius Pera verzeichnet, dessen Ernennung 216 v. Chr. nach der Schlacht bei Cannä erfolgte. Für andere Geschäfte kommt nach 202 ebenfalls kein D. mehr vor (der letzte war C. Servilius), bis 120 Jahre später, 82 v. Chr., Cornelius Sulla (s. d.) sich durch einen

Interrex in den Komitien in Anknüpfung an die alte eine neue Art Diktatur zur Einrichtung des Staates (reipublicae constituendae causa) auf so lange, als erforderlich sei, also auf unbestimmte Zeit, übertragen ließ, welches Amt er drei Jahre nachher freiwillig niederlegte. Aber diese, wie die auf gleiche Weise bezeichnete Diktatur Julius Cäsars war in der Form zum Teil, im Wesen gänzlich von der alten Diktatur verschieden und in der That nur ein Titel für die so gut wie unbeschränkte Gewalt beider Männer. Nach Cäsars Tode ward die Diktatur 44 v. Chr. durch Antonius für immer aufgehoben, und Octavian schlug sie aus, als sie ihm das Volk wieder antrug.

Gegenwärtig versteht man unter Diktatur und diktatorischer Gewalt überhaupt eine in ihren Befugnissen ganz oder doch größtenteils unbeschränkte, nicht auf dem geltenden Staatsrechte beruhende Macht, welche sich über die verfassungsmäßigen Autoritäten stellt; beim ehemaligen Regensburger Reichstage sowie beim Deutschen Bundestage die amtliche Mitteilung aller Eingaben und Anträge an die Gesandten der Reichsstädte oder Bundesglieder.

Diktatörisch (lat.), gebieterisch.

Diktatūr, s. Diktator.

Diktatūrparagraph wird in Elsaß-Lothringen der §. 10 des Verwaltungsgesetzes vom 30. Dez. 1871 genannt, durch welchen der Oberpräsident ermächtigt wurde, «bei Gefahr für die öffentliche Sicherheit alle Maßregeln ungesäumt zu treffen, welche er zur Abwendung der Gefahr für erforderlich hält». Über die Grenzen dieser durch Gesetz vom 4. Juli 1879 dem Statthalter übertragenen Machtbefugnis gehen die Ansichten auseinander.

Dikte, der alte Name eines mächtigen, ungefähr hufeisenförmigen Gebirgszugs im östl. Teile der Insel Kreta, jetzt Lasithi oder Lasiothika. Der höchste Gipfel, der sich südöstlich von der uralten Stadt Lyttos 1680 m hoch erhebt, wurde von den Umwohnern bis in die Zeit Konstantins d. Gr. als die Geburtsstätte des Zeus betrachtet. Im weitern Sinne wurde der Name D. auch auf den östlich von Hierapytna sich hinziehenden Gebirgszug ausgedehnt, der die östlichste Halbinsel Kretas (jetzt Sitia) bildet und in seinem südwestl. Teile jetzt Aphentivuno, im nordöstlichen Modi genannt wird.

Diktieren (lat.), einem andern etwas vorsprechen, damit dieser es Wort für Wort nachschreibt; übertragen: einen etwas aufzwingen, zuerkennen, z. B. einen Frieden, Vertrag, eine Strafe.

Diktion (lat.), Schreibart, Ausdrucksweise.

Diktyītis (grch.), die Netzhautentzündung (s. d.).

Diktynna, Göttin, s. Britomartis.

Diktys von Kreta, soll als Gefährte des Idomeneus vor Troja die Begebenheiten dieses Krieges in Form eines Tagebuchs («Ephemeris») aufgezeichnet haben, das angeblich in seinem Grabe zur Zeit des Kaisers Nero aufgefunden wurde, aber, wenn es überhaupt zuerst griechisch geschrieben war, frühestens in der zweiten Hälfte des 1. oder im 2. Jahrh. n. Chr. abgefaßt sein kann. Das Werk wurde von einem weiter nicht bekannten Römer, Lucius Septimius (zu Ende des 3. und zu Anfang des 4. Jahrh.), nach seiner Angabe ins Lateinische übersetzt, wahrscheinlich aber von ihm selbst verfaßt und vielfach, namentlich von den spätern Byzantinern, benutzt. Früher erschien es oft zusammen mit der Schrift des Dares (s. d.). Ausgaben haben Dederich (Bonn 1833) und Meister (Lpz. 1872) geliefert. Vgl. Körting, D. und Dares (Halle 1874); Dunger, Diktys-Septimius. Über die ursprüngliche Abfassung u. s. w. (Dresd. 1878) und Collilieux, Étude sur Dictys de Crète et Darès de Phrygie (1887).

Dilatābel (neulat.), dehnbar; Litterae dilatabiles, im hebr. Alphabet Buchstaben, die zur Füllung der Zeilen eine größere Raumausdehnung annehmen können.

Dilatation (lat.), die Erweiterung, besonders einer Wunde oder eines Kanals, wozu man sich des Dilatatoriums (s. d.) bedient.

Dilatatorium (lat.) oder Dilatātor, in der Chirurgie ein Instrument oder eine Vorrichtung, um widernatürlich verengte Kanäle oder Wundöffnungen zu erweitern und offen zu erhalten. Man bedient sich dazu teils metallener, meist federnder Instrumente, teils mancher aufquellender Körper, die in getrocknetem Zustand in den verengten Kanal eingeschoben werden und durch Aufnahme von Flüssigkeit aus den benachbarten Geweben so stark quellen, daß sie mechanisch den betreffenden Kanal allmählich erweitern. Hierher gehören die Darmsaiten, der Preßschwamm und die aus Algenarten bereiteten und stark hygroskopischen Laminariastifte.

Dilation (lat.; frz. délai), Aufschub, Verzögerung, Verschleppung; in der ältern Rechtssprache die vom Gesetz, vom Gegner (Gläubiger) oder vom Gericht gewährte Frist oder Nachfrist zur Vornahme einer Rechtshandlung (Erfüllung, Zahlung, Prozeßakt). Im frühern gemeinrechtlichen Civilprozesse verstand man unter dilatorischen Fristen und Ladungen, im Gegensatz zu peremtorischen, solche, auf deren Nichtbefolgung ein Rechtsnachteil in der Sache selbst nicht gesetzt war; und andererseits wurden dilatorische Rechtsbehelfe und Einreden solche genannt, welche auf Hinhaltung des Prozesses oder auf Abweisung des Klageanspruchs zur Zeit abzielten. Beispiel: Der Beklagte beruft sich auf eine ihm vom Kläger bewilligte Zahlungsfrist.

Dilatomēter (lat.-grch.), ein thermometerartig gestaltetes Alkoholometer (s. d.), in das die zu prüfende Alkoholmischung eingebracht und bis zum Siedepunkt erhitzt wird. Die dabei erfolgende Ausdehnung ist ein Maß für den Alkoholgehalt, der direkt an der Skala abgelesen wird. (S. auch Ausdehnung, Bd. 2, S. 142a.)

Dilatörisch, aufschiebend, verzögernd, vgl. Dilation.

Dilektion (lat.), Liebe, Zuneigung; Eure D., soviel wie «Euer Liebden».

Dilémma (grch.), eine Lage, die uns bloß zwischen zwei Möglichkeiten die Wahl läßt, von denen die eine nicht annehmbarer erscheint als die andere; die Logik nennt so die Form der Widerlegung, die darin besteht, daß man zeigt, das zu Widerlegende könne nur unter einer von zwei gleich unmöglichen Voraussetzungen richtig sein.

Dilettánt (vom ital. dilettare, d. h. lieben), Liebhaber einer Kunst oder Wissenschaft, der sich bloß zum Vergnügen damit beschäftigt; dazu das Substantivum Dilettantismus.

Dilettantenbühne, s. Liebhabertheater.

Diligence (frz., spr. -ischángß), Sorgfalt, Emsigkeit; dann eine Art von Postpersonenwagen.

Diligénz (lat. diligentĭa), Sorgfalt; im bürgerlichen Recht die Sorgfalt, welche ein Kontrahent dem andern gegenüber anzuwenden hat (s. Culpa); im Handelsverkehr wird nach Art. 282 des Handelsgesetzbuchs die Sorgfalt eines ordentlichen Kaufmanns gefordert. Im Wechselverkehr nennt man D. die wechselmäßige Sorgfalt, welche der Wechselnehmer bei den im Wechselrechte vorgeschriebenen Solennitäten zu beobachten hat, sie besteht in der Pflicht zur Präsentation (Protesterhebung) und Notifikation (s. d.).

Diligenzeid hieß nach früherm deutschen Recht ein Eid, welchen jemand zur Bestärkung dessen, daß er in einer Rechtsangelegenheit sich mit Sorgfalt nach Leben oder Aufenthalt einer andern beteiligten Person erkundigt habe, zu leisten hatte. Ein solcher Eid wurde namentlich in Eheprozessen wegen böslicher Verlassung, bei Aufgeboten und bei Verschollenheitserklärungen erfordert. Die Deutsche Civilprozeßordnung kennt einen derartigen Eid nicht.

Dilke (spr. dill), Charles Wentworth, engl. Altertumsforscher und Kritiker, geb. 8. Dez. 1789, arbeitete zunächst für verschiedene Zeitschriften, bis er 1830 das «Athenaeum» ankaufte, dessen Leitung er selbst übernahm, und das er zu dem ersten kritischen Journal Englands erhob. 1846 trat er zur Leitung der neugegründeten «Daily News» über, zog sich aber nach 3 Jahren zurück. Er schrieb über das engl. Drama und gab eine Sammlung von ältern Theaterstücken heraus (6 Bde., Lond. 1814). Er starb 10. Aug. 1864. Eine Sammlung seiner einzelnen Publikationen mit einer biogr. Skizze gab sein Enkel Charles D. u. d. T. «The papers of a critic» (2 Bde., Lond. 1875) heraus.

Sir Charles Wentworth D., Sohn des vorigen, geb. 18. Febr. 1810, machte sich einen Namen durch seine Förderung gemeinnütziger Unternehmungen. Er bildete sich zum Juristen aus, wurde dann unter seinem Vater Mitarbeiter am «Athenaeum», zu dessen Hebung er viel beitrug. Vor allem wirkte er für den Plan, Gewerbeausstellungen in England zu veranstalten, der zuerst zu einer brit. Industrieausstellung 1847 und schließlich zu der großen Londoner Weltausstellung von 1851 führte. Sowohl bei ihr wie bei der spätern von 1862 gehörte er zu den fünf leitenden Ausschußmitgliedern. 1862 wurde er zum Baronet erhoben und starb 10. Mai 1869 auf einer Reise in Petersburg.

Sir Charles Wentworth D., Sohn des vorigen, Schriftsteller und radikaler Politiker, wurde 4. Sept. 1843 in London geboren. Er studierte in Cambridge und unternahm 1866—67 eine große Reise um die Erde, deren Ergebnisse er in «Greater Britain: a record of travel in English-speaking countries, during 1866—67» (2 Bde., Lond. 1868; 2. Aufl. 1890) veröffentlichte. Das Werk, das einen durchschlagenden Erfolg errang, behandelt in lebendiger Darstellung seinen Gegenstand vom Gesichtspunkt engl. Weltherrschaft und des Einflusses des Klimas auf die Rasse, der Rasse auf die Regierungsform. Schon 1868 wurde D. von dem Londoner Stadtteil Chelsea ins Unterhaus gewählt und trat hier den extremen Radikalen bei. Seine offen kundgegebene republikanische Gesinnung, die sich vornehmlich in seiner Agitation gegen die königl. Civilliste zeigte, schuf ihm bei den Neuwahlen von 1874 einen schweren Stand. Dennoch wurde er mit großer Mehrheit gewählt und bewährte sich als eins der begabtesten Mitglieder der Opposition, sodaß Gladstone ihn, als er Mai 1880 die Leitung der Geschäfte wieder übernahm, zum Unterstaatssekretär des Auswärtigen ernannte. Mit großem Talent wußte D. in dieser Stellung für die Maßregeln der Regierung einzutreten, und 1882 kam er als Präsident des Lokalverwaltungsamtes in das Kabinett. Vor allem wirkte er für Besserung der Wohnungs- und Gesundheitsverhältnisse in den arbeitenden Klassen. Bei den Neuwahlen 1885 behauptete er seinen Parlamentssitz, trat aber mit dem Ministerium Gladstone aus dem Amt und blieb wegen eines gegen ihn schwebenden skandalösen Ehescheidungsprozesses aus dessen neuem Kabinett ausgeschlossen. Zuerst freigesprochen, wurde D. Juli 1886 wegen Ehebruchs gerichtlich verurteilt; er verlor seinen Wahlsitz, und seine polit. Rolle schien damit zunächst ausgespielt. Bei den allgemeinen Wahlen im Juli 1892 wurde er jedoch mit großer Majorität in Gloucestershire wieder ins Unterhaus gewählt. Außer seinem großen Reisewerk veröffentlichte D. die geistreiche polit. Satire «The fall of prince Florestan of Monaco» (Lond. 1874), gab die Schriften seines Großvaters heraus (s. oben) und schrieb «The present position of European politics» (ebd. 1887), «The British army» (ebd. 1888) und «Problems of Greater Britain» (2 Bde., ebd. 1890), das die Ideen seines frühern Werkes weiter ausführt und einen ähnlichen Erfolg wie dieses errang.

Dill, Pflanzengattung, s. Anethum.

Dill, rechter Nebenfluß der Lahn, entspringt auf dem Westerwald, durchfließt in vorherrschend südl. Laufe den Dillkreis im preuß. Reg.-Bez. Wiesbaden und mündet nach 68 km Lauf bei Wetzlar. Die Eisenbahn benutzt ihr Thal bis Haiger.

Dill, Ludw., Marinemaler, geb. 2. Febr. 1848 zu Gernsbach in Baden, widmete sich in Stuttgart 1865 dem Studium der Architektur. Nach dem Deutsch-Französischen Kriege von 1870 und 1871, den er als Offizier mitgemacht hatte, begab er sich 1872 zu Piloty nach München, wo er sich dann dauernd niederließ. Für seine Bilder hat er mit besonderm Glück die Vorwürfe aus Venedig gewählt. Eine venet. Kanalansicht befindet sich in der Galerie zu Stuttgart, eine venet. Marine in Mannheim, Aus den venet. Lagunen in Dresden; Venetianisches Fischerboot und eine Marine ehedem in der Galerie Höch zu München. Auf der Internationalen Kunstausstellung 1891 zu Berlin sah man von ihm die Gemälde: Kanal in Chioggia, Abend in Venedig; 1892 zu München: Die Nordsee bei Ostende, Siesta, Früher Morgen in Venedig.

Dill., bei botan. Namen Abkürzung für Joh. Jak. Dillenius (s. d.).

Dillenburg, Kreisstadt im Dillkreis des preuß. Reg.-Bez. Wiesbaden, 75 km im N. von Wiesbaden, an der zur Lahn fließenden Dill, an den Ausläufern des Westerwaldes, an der Linie Deutz-Gießen und der Nebenlinie D.-Straßebersbach (15,9 km) der Preuß. Staatsbahnen, ist Sitz eines Landratsamtes, Amtsgerichts (Landgericht Limburg), einer Forstinspektion, Berginspektion, Reichsbanknebenstelle, zweier Oberförstereien und hat (1890) 3897 E., darunter 371 Katholiken, Post erster Klasse, Telegraph, evang. Kirche mit der Gruft der Fürsten von Nassau-Dillenburg, kath. Kapelle, Baptisten- und Methodisten-Bethaus; königl. Gymnasium, 1537 als Lateinische Schule gegründet, 1874 zu einem vollständigen Gymnasium erweitert (Direktor Schmidt, 12 Lehrer, 6 Klassen, 140 Schüler), königl. Lehrerseminar, Bergschule, höhere Mädchenschule; königl. Landgestüt, Handelskammer für den Dillkreis, Oberwesterwaldkreis und den Kreis Biedenkopf, Vorschußverein, städtisches Hospital, Hochdruckwasserleitung; Bergbau auf Eisenstein, Braunkohlen und

Dachschiefer, Hüttenbetrieb, Puddel- und Walzwerk, 2 Cigarren- und Tabakfabriken, 2 Lohgerbereien, Sägemühlen und Ziegeleien. Wegen seiner waldreichen Umgebung und gesunden Luft wird D. vielfach als Luftkurort benutzt. — D. entstand Mitte des 13. Jahrh. um das Bergschloß gleichen Namens, der Residenz der Ottonischen Linie des Hauses Nassau, in welchem 1533 Wilhelm von Oranien und 1567 dessen Sohn Moritz geboren wurde. Es wurde 1760 durch die Franzosen teilweise zerstört, später geschleift; auf der Ruine ist 1872—75 ein got. Turm zum Andenken an Wilhelm den Schweigsamen erbaut worden; in dem Turm befindet sich ein histor. Museum. Die alte Linde, unter der 1568 Wilhelm eine niederländ. Deputation empfing, die ihm die Statthalterschaft der Niederlande übertrug, steht noch. Die Linie Nassau-Dillenburg starb 1739 aus, worauf D. an die Linie Nassau-Dietz kam. D. wurde 1806 durch Napoleon zum Großherzogtum Berg geschlagen und war der Hauptort des Sieg-Departements, kam 1814 an Nassau und 1866 an Preußen.

Dillenia *L.*, Rosenapfelbaum, Pflanzengattung aus der Familie der Dilleniaceen (s. d.), mit neun durchweg tropisch-asiat. Arten. Es sind Bäume mit breiten Blättern und ansehnlichen weißen oder gelben Blüten, die fünf Kelch-, fünf Blumenblätter und viele Staubfäden besitzen. Die Frucht besteht aus zahlreichen Fruchtblättern, die von einem fleischigen und kugelig ausgebildeten Kelch umhüllt werden. Von einer in Ostindien einheimischen Art, D. speciosa *Thbg.* benutzt man die großen säuerlich schmeckenden Früchte wie Citronen als Gewürz zu Speisen und Getränken, ebenso die Früchte der D. elliptica *Thbg.* (Celebes); von beiden Arten dient außerdem die Rinde der Wurzel zu Heilzwecken. Die Früchte der D. serrata *Thbg.* (ind. Inseln) besitzen ungefähr Größe und Geschmack wie die Orangen und werden auch wie diese verwendet.

Dilleniacēen (Dilleniacĕae), Pflanzenfamilie aus der Ordnung der Cistifloren (s. d.) mit gegen 200, meist in den Tropen der Alten und Neuen Welt wachsenden Arten. Es sind Bäume oder Sträucher, oft auch Kletterpflanzen, seltener krautartige Gewächse, mit meist ganzrandigen oder gezähnten Blättern und zwittrigen oder polygamischen Blüten von gelber oder weißer Farbe.

Dillenius, Joh. Jak., Botaniker, geb. 1687 zu Darmstadt, erhielt nach Beendigung seiner Studien eine Professur an der Universität Gießen. 1721 ging er nach England, wurde Direktor des Botanischen Gartens der Brüder Sherard in Eltham, 1728 Professor der Botanik in Oxford und starb daselbst 2. April 1747. Er schrieb: «Catalogus plantarum sponte circa Gissam nascentium» (Frankf. 1719), «Hortus Elthamensis» (Lond. 1732), «Historia muscorum, in qua circiter sexcentae species veteres et novae ad sua genera relatae describuntur» (Oxf. 1741; Edinb. 1811). Das letztere Werk ist die wichtigste Schrift über Moose, welche im 18. Jahrh. erschienen ist; sie enthält eine genaue Beschreibung aller damals bekannten Moose und eine große Anzahl sorgfältiger Abbildungen.

Dilli, portug. Ort auf Timor, s. Deli.

Dillingen. 1) **Bezirksamt** im bayr. Reg.-Bez. Schwaben, hat (1890) 37951 (18337 männl., 19614 weibl.) E., darunter 3293 Evangelische, 76 Gemeinden mit 158 Ortschaften, darunter 3 Städte. — 2) D. in Bayern, unmittelbare **Stadt** und **Hauptort** des Bezirks D., 46 km im NW. von Augsburg, in 435 m Höhe, 1 km links von der Donau, über die hier eine Brücke führt, an der Linie Ingolstadt-Neuoffingen der Bayr. Staatsbahnen, hat (1890) 5775 (3185 männl., 2590 weibl.) E., darunter 367 Evangelische, in Garnison (675 Mann) das 2. Chevaulegersregiment Taxis, Post zweiter Klasse, Telegraph, Bezirksamt, Amtsgericht (Landgericht Neuburg), Forst-, Rentamt, Straßen- und Flußbauamt, Proviantamt; 1 kath. Pfarr-, 5 Filialkirchen, Kapuzinerkloster, Franziskaner-Nonnenkloster, königl. Schloß, ehemals Residenz der Bischöfe von Augsburg, königl. Lyceum (1540 durch Kardinal Otto Fürstbischof von Augsburg als Collegium Hieronymi gegründet, 1804 unter Aufhebung der Universität als Lyceum neuorganisiert, Rektor, 7 Professoren, 153 Kandidaten), Gymnasium (Rektor, 25 Lehrer, 9 Klassen, 165 Gymnasial-, 307 Lateinschüler) mit Bibliothek (75000 Bände), bischöfl. Klerikalseminar, bischöfl. Knabenseminar, königl. Kreiserziehungsanstalt für taubstumme Mädchen (1847 eröffnet) sowie zahlreiche Wohlthätigkeitsanstalten; Viehzucht, Getreide- und Obstbau. Die Universität, zu der 1554 das Collegium Hieronymi erhoben wurde, kam 1564—1773 in die Hände der Jesuiten und galt als Hauptsitz der Polemik gegen den Protestantismus; sie wurde 1804 aufgehoben. Das 1823 gegründete kath. Schullehrerseminar wurde 1840 nach Lauingen verlegt. In der Nähe die Bindfadenfabrik Schretzheim und die Baumwollweberei Zöschlingsweiler. — Im Mittelalter residierten zu D. die Grafen D. Graf Hartmann setzte 1258 seinen Sohn Hartmann, Bischof von Augsburg, zum Erben seiner Güter ein, der sie bei seinem Tode 1286 an das Hochstift abtrat. Seit dieser Zeit war D. Residenz des Bischofs von Augsburg, mit dessen weltlichem Besitztum die Stadt 1803 durch den Reichsdeputationshauptschluß an Bayern kam. Die Stadt wurde 1632 und 1648 von den Schweden, 1702 von den Österreichern, 18. Juni 1800 von den Franzosen eingenommen. — 3) D. an der Saar, Dorf im Kreis Saarlouis des preuß. Reg.-Bez. Trier, 5 km im NW. von Saarlouis, an der Mündung der Prims in die Saar und an der Linie Saarbrücken-Trier der Preuß. Staatsbahnen, hat (1890) 3533 kath. E., Post, Telegraph, Schloß (11. Jahrh.) der Grafen von Siersdorf, 1808 von der letzten Fürstin von Nassau-Saarbrücken an das Hüttenwerk verkauft, und ein altes berühmtes Eisenhüttenwerk (2000 Arbeiter, jährliche Produktion 30000 t Schwarz- und Weißblech) mit Krankenhaus, Knappschafts- und Pensionskasse, 1685 gegründet, seit 1802 Aktiengesellschaft. Seit 1889 werden auch Panzerplatten bis 50 cm Stärke hergestellt.

Dillkreis, Kreis (Landratsamt in Dillenburg, s. d.) im preuß. Reg.-Bez. Wiesbaden, an der Dill, hat 509,41 qkm, (1890) 40085 E., 3 Städte und 69 Landgemeinden.

Dillmann, Christian Friedr. August, Orientalist und prot. Theolog, geb. 25. April 1823 zu Illingen bei Maulbronn in Württemberg, widmete sich in Tübingen philos., theol. und, besonders unter Ewald, orient. Studien. Nachdem er 1845—46 als Pfarrgehilfe gewirkt, unternahm er 1846—48 wissenschaftliche Reisen nach Paris, London und Oxford, wurde dann Repetent am theol. Seminar in Tübingen und habilitierte sich 1852 als Privatdocent für alttestamentliche Exegese und orient. Sprachen. Im folgenden Jahre erhielt er eine außerord. Professur, folgte 1854 einem Rufe nach Kiel und wurde hier 1860 ord. Professor der orient. Sprachen. 1864 ging er als ord. Professor der alttestamentlichen Exegese nach Gießen, 1869 als Nachfolger Hengstenbergs an die Universität Berlin und wurde 1877 ordentliches Mitglied der königl. Akademie der Wissenschaften. Ein vorzüglicher Kenner der äthiop. Sprache, schrieb D. eine «Grammatik der äthiop. Sprache» (Lpz. 1857), ein «Lexicon linguae aethiopicae» (ebd. 1865), eine «Chrestomathia aethiopica» (ebd. 1866), und gab von äthiop. Schriften heraus «Das Buch Henoch» (im Urtext, ebd. 1851; in deutscher Übersetzung mit Erklärung, ebd. 1853), das «Buch der Jubiläen» oder die «Kleine Genesis» (deutsch in Ewalds «Jahrbüchern der biblischen Wissenschaft», Bd. 2 u. 3, Gött. 1849—51; im Urtext, Kiel 1859), das «Buch Adam» (deutsch in Ewalds «Jahrbüchern», Bd. 5, Gött. 1853), die äthiop. Übersetzung des Alten Testaments (Lpz. 1853—72), die «Ascensio Isaiae» (äthiopisch und lateinisch, ebd. 1877). Außerdem veröffentlichte D. ein «Verzeichnis der abessin. Handschriften des Britischen Museums (Lond. 1847), der Bodleianischen Bibliothek (Oxf. 1848), der königl. Bibliothek zu Berlin» (Berl. 1878), zahlreiche Abhandlungen in den Denkschriften und Monatsberichten der Berliner Akademie, und als Präsident des fünften internationalen Orientalistenkongresses die «Verhandlungen» desselben (2 Bde., ebd. 1882). Ferner erschienen von D. Kommentare in neuen Bearbeitungen zum Buch Hiob (4. Aufl., Lpz. 1891), zur Genesis (6. Aufl., ebd. 1892), zu Exodus und Leviticus (2. Aufl., ebd. 1880), zu Numeri, Deuteronomium und Josna (2. Aufl., ebd. 1886), zu Jesaia (5. Aufl., ebd. 1890).

Dillöl (Oleum Anethi), ein in den Samen von Dill, Anethum graveolens *L.* enthaltenes und durch Dampfdestillation zu gewinnendes ätherisches Öl, das in seinen Eigenschaften dem Kümmelöl ähnlich ist. Es besteht aus 10 Proz. eines Terpens (s. d.), $C_{10} H_{16}$, vom Siedepunkt 155—160°, 60 Proz. eines Terpens vom Siedepunkt 170—175° und 30 Proz. Carvol. Das D. besitzt ein außerordentlich hohes Rotationsvermögen, nämlich + 206°, im frischen Zustande ein spec. Gewicht von 0,892, in altem Öl steigt dies bis auf 0,95. Es beginnt bei 155° C. zu destillieren, wobei der Siedepunkt bis auf 230° steigt. Es findet Verwendung in der Parfümerie und in der Liqueurfabrikation. Im Großhandel wird 1 kg D. mit 16 M. berechnet.

Dillon (spr. dill'n), John Blake, irischer Politiker, geb. 1816 in Mayo, studierte in Dublin und beteiligte sich seit 1842 eifrig an der Repealagitation (s. d.), zu deren Förderung er mit Davis und Duffy die Zeitung «The Nation» gründete. 1846 war er einer der Mitbegründer der Jung-Irland-Partei (s. Irland und Junges Europa), 1848 nahm er an O'Briens Aufstandsversuche in Tipperary hervorragenden Anteil und entkam nach dessen Mißlingen nach Neuyork, wo er als Advokat praktizierte, bis er infolge der 1855 erlassenen Amnestie nach Dublin zurückkehren konnte. 1856 für Tipperary ins Unterhaus gewählt, war D. bemüht, eine Verbindung zwischen den engl. Radikalen und den irischen Nationalisten zu stande zu bringen, starb indes bald nach den Anfängen seiner parlamentarischen Thätigkeit 5. Sept. 1860.

Sein Sohn, John D., einer der Hauptführer der irischen Nationalisten, wurde 1851 in Neuyork geboren und empfing seine Ausbildung zum ärztlichen Beruf an der Universität in Dublin. Nach dem Entstehen der Home-Rule-Partei zu Ende der siebziger Jahre trat er mit leidenschaftlichem Eifer in die polit. Bewegung ein. 1880 für Tipperary ins Unterhaus gewählt, machte sich D. dort bald vor allen andern Parteigenossen bemerkbar durch den fanatischen Ernst seiner nationalistischen Ideen, wie durch das Feuer der Beredsamkeit, womit er sie vertrat. 1881 wurde er wegen seiner aufrührerischen Reden verhaftet, aber seiner leidenden Gesundheit wegen in Freiheit gesetzt. Er trat trotz seiner noch weiter gehenden Forderungen Parnell zur Seite und unterzeichnete 1882 mit diesem und Davitt das Manifest gegen die Mordthaten der «Unbesieglichen». Krankheit zwang ihn 1883 zur Niederlegung seines Unterhausmandats, doch wurde er nach längerer Erholungsreise 1885 wiedergewählt. 1887 sowohl wie auch im folgenden Jahr wurde er wegen seiner dauernden leidenschaftlichen Agitation für die irischen Forderungen zu Gefängnisstrafen verurteilt, 1890, als wieder gegen ihn und O'Brien eine Anklage schwebte und er gegen Kaution freigelassen war, ließ er diese im Stich und begab sich mit seinem Genossen nach Amerika. Von dort aus hatten beide Jan. 1891 mit Parnell eine Zusammenkunft in Paris, um die im Dez. 1890 eingetretene Spaltung in der irischen Partei beizulegen, jedoch ohne Erfolg. Er schloß sich nun den Antiparnelliten an und wurde 1892 wieder ins Unterhaus gewählt.

Dillon (spr. dijóng), Marguerite Andrée Elisa, zweite Gemahlin Guizots (s. d.).

Dilŏba caerulĕocephăla *L.*, s. Blaukopf.

Dilolo, See in Äquatorialafrika, in 11° 30′ südl. Br. und 22° 30′ östl. L., in 1445 m Höhe, auf einer Wasserscheide zwischen dem Kongo- und Sambesigebiete, von Livingstone im Febr. 1854 entdeckt, nach dessen Dafürhalten er höchstens 8—13 km lang und 4—5 km breit ist. Er ist sehr reich an Fischen und Flußpferden, und überflutet zeitweilig das ihn rings umgebende Sumpfland, das sich nach N., dem Kassai, und auch zuweilen nach S., dem Liba-Sambesi zu; entwässert.

Dilthey, Wilhelm, Philosoph, geb. 19. Nov. 1834 zu Biebrich am Rhein. Er studierte histor. und philos. Wissenschaften in Heidelberg und Berlin und habilitierte sich sodann, nachdem er kurze Zeit als Adjunkt am Joachimsthalschen Gymnasium in Berlin thätig gewesen war, an der dortigen Universität. 1866 wurde er als ord. Professor der Philosophie nach Basel, 1868 nach Kiel, 1871 nach Breslau und 1882 nach Berlin berufen, wo er auch Mitglied der Akademie der Wissenschaften wurde. Nach der Mitwirkung bei der Publikation «Aus Schleiermachers Leben in Briefen» (4 Bde., Berl. 1860—63) erschien «Leben Schleiermachers», Bd. 1 (ebd. 1870) und «Einleitung in die Geisteswissenschaften», Bd. 1 (Lpz. 1883), worin eine Grundlegung für das Studium der Gesellschaft und Geschichte zu geben versucht wird. Unter Ablehnung jeglicher Metaphysik soll durch das Zusammenwirken der Psychologie und der Gesellschafts- und Geschichtswissenschaft auf erkenntnistheoretischer Grundlage sich ein Zusammenhang der Geisteswissenschaften neben den Naturwissenschaften aufbauen. Weitere Schriften D.s sind: «Das Schaffen des Dichters, Bausteine zu einer Poetik» (in den «Philos. Aufsätzen»; zu Ehren E. Zellers, Lpz. 1887); «Ueber die Möglichkeit einer allgemeingiltigen pädagogischen Wissenschaft» (in den «Sitzungs-

SÄUGETIER-RESTE AUS DEM DILUVIU

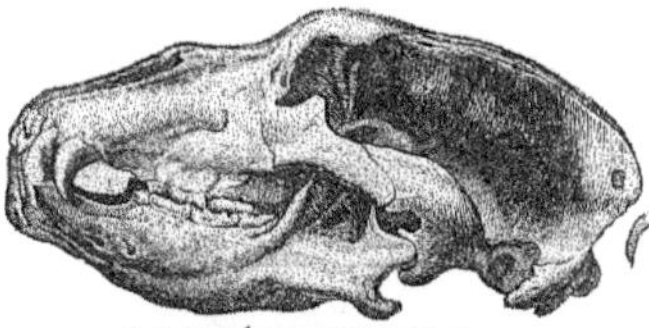

1. Schädel des Höhlenbären (Ursus spelaeus).

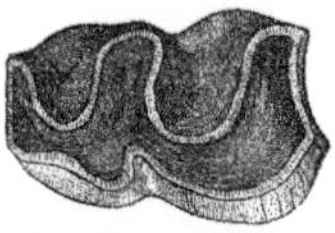

2. Backenzahn von Rhinoceros leptorhinus.

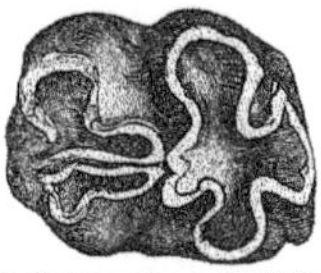

3. Backenzahn von Hippopotamus major.

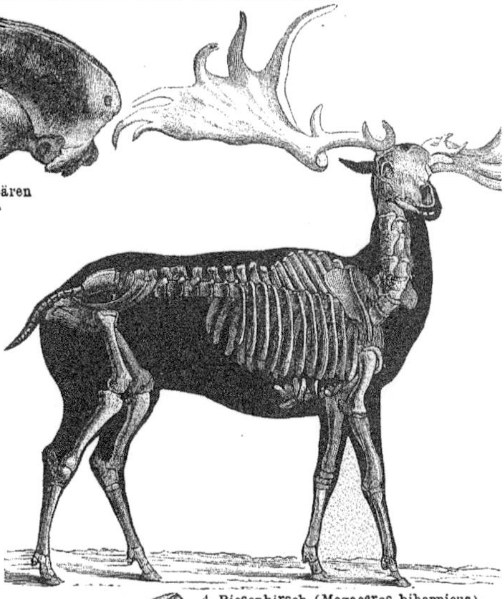

4. Riesenhirsch (Megaceros hibernicus).

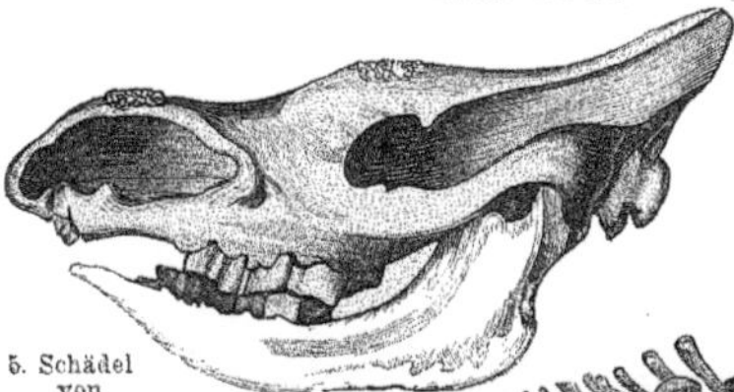

5. Schädel von Rhinoceros tichorhinus.

6. Backenzahn von Elephas antiquus (Kaufläche).

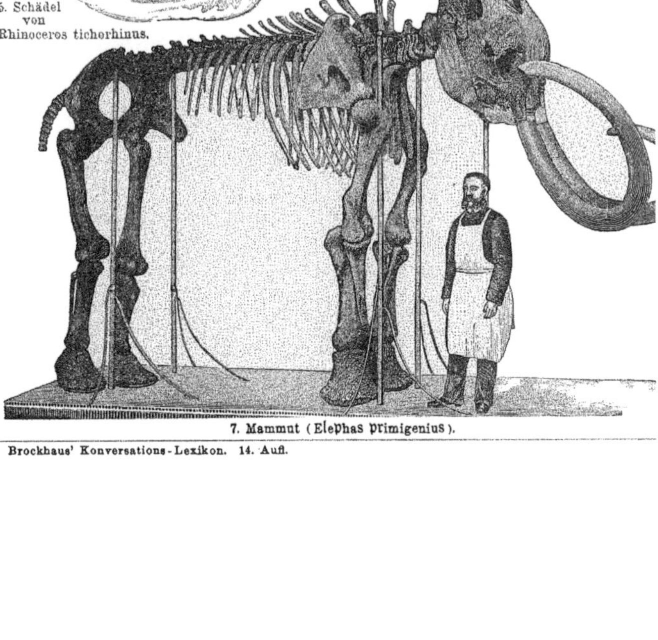

7. Mammut (Elephas primigenius).

berichten der Berliner Akademie der Wissenschaften», 1888), «Beiträge zur Lösung der Frage vom Ursprung des Glaubens an die Realität der Außenwelt und seinem Recht» (ebd. 1890) und einige Abhandlungen zur Geschichte der Philosophie im «Archiv für die Geschichte der Philosophie».

Dilubock (Cephalolophus grimmius *Pall.*, s. Tafel: Antilopen III, Fig. 6), eine 72 cm lange und 42 cm hohe Antilope (s. d.) in West- und Centralafrika von gelblichgrauer, an den Seiten heller werdender Färbung der Oberseite, mit weißlicher Unterseite. An den Vorderfüßen befindet sich ein schmaler schwarzer Streif. Das Gehörn ist kurz (8 cm) und spitz.

Dilucida intervalla (lat.), s. Lucida intervalla.

Diludium (lat.), Zwischenspiel.

Diluentia (lat.), verdünnende Mittel, sind solche, welche die Körpersäfte zu verdünnen und dadurch flüssiger zu machen vermögen. Das beste diluierende Mittel ist unzweifelhaft das Wasser, welches entweder rein oder mit Zusatz von lösenden Salzen oder verdünnten Säuren getrunken oder bei verhindertem Schlingvermögen in Klystierform dem Körper einverleibt wird und das Blut immer gehörig flüssig und funktionsfähig erhält. Dieselbe Wirkung wird auch durch den kurmäßigen Gebrauch der verschiedenen Mineralwässer (s. d.) erreicht.

Diluieren (lat.), auflösen, verdünnen; wegwaschen, vertilgen; widerlegen; **Dilution**, Verdünnung, Auflösung.

Diluviāl (lat.), auf die Sintflut (Diluvium, s. d.) bezüglich; **Diluvialmenschen**, s. Urmenschen.

Diluvianismus, s. Neptunismus.

Diluvium (lat., «Überschwemmung», «Flut»), in der **Geologie** diejenigen Ablagerungen, die der Glacialperiode oder Eiszeit (s. d.) ihren Ursprung verdanken. Diese Periode ist die jüngste der der Gegenwart vorangehenden. Während ihrer Dauer war der größte Teil der nördl. Halbkugel von Eismassen bedeckt. In Europa erstreckten sich Eisströme von Skandinavien und Finland aus nach SW. bis England, nach S. bis an den Thüringerwald und das Erzgebirge, nach SO. bis nach Kiew und den Ural, sodaß Holland, Dänemark, Norddeutschland, Polen, Nordrußland von einer mächtigen Inlandeisdecke (wie Grönland noch heute) verhüllt waren. Die auf diesem weiten Gebiete nach dem Abschmelzen des Eises zurückgebliebenen Grundmoränen (Geschiebelehm), Endmoränen (Steinwälle u. s. w.), erratischen Blöcke und die Absätze der Schmelzwasser nennt man **nordisches D.** Abgesehen von diesem gewaltigen nordischen Inlandeise erzeugten aber auch die höhern Gebirge, namentlich des mittlern Europa und besonders die Alpen, große Gletscher, die sich bis weit in die benachbarten Ebenen erstreckten. Auch der größte Teil von England, sowie ganz Schottland, war vergletschert. In diesen sämtlichen frühern Gletschergebieten finden sich als Überbleibsel und Merkzeichen jener Zeit Moränen, erratische Blöcke, Riesentöpfe, Absätze der Gletscherbäche u. s. w., die somit alle zum D. gehören. Zum D. gehören aber auch die gleichzeitigen Ablagerungen in den eisfrei gebliebenen, namentlich in den südlichern Gebieten, die sich dort zum Teil direkt an die Ablagerungen der jüngsten Tertiärzeit anschließen. Von Resten der diluvialen Tierwelt sind diejenigen riesiger Bären, Hyänen, Katzen, Elefanten, Nashörner, Renntiere, Elentiere die verbreitetsten. (S. Tafel: **Säugetier-Reste aus dem Diluvium.**) Gleichzeitig mit diesen Tieren existierte bereits der Mensch in Europa, freilich auf der denkbar niedrigsten Kulturstufe stehend. Ihm war Ackerbau, Benutzung der Metalle, Töpferei noch unbekannt, seine Werkzeuge und Waffen waren rohbehauene Feuersteine, die Jagd verschaffte ihm seinen Lebensunterhalt. Nach dem fast ausschließlichen Material der damals benutzten Waffen und Gerätschaften wird jene Periode der ersten Spuren des Menschengeschlechts auch als **diluviale Steinzeit** bezeichnet. Vgl. Geikie, The great ice-age (2. Aufl., Lond. 1880); ders., Prehistoric Europe (ebd. 1880). — In der **Kirchensprache** wird D. für Sintflut gebraucht.

Dim, Fluß, s. Dema.

Dim., Abkürzung für Diminuendo (s. d.).

Dimachaeri, s. Gladiatoren.

Dimbovica (spr. -witza), Nebenfluß des Ardschis in Rumänien, entspringt in den Transsylvanischen Alpen an der 2407 m hohen Gesera, durchströmt in südlich gerichtetem Querthal den Südabhang des Gebirges und das vorgelagerte Hügelland, betritt die walach. Tiefebene, in welcher sie sich nach SO. wendet, an Bukarest vorbeiströmt und von links her in den Ardschis mündet, 30 km oberhalb dessen Mündung in die Donau. — Nach der D. ist ein rumän. **Distrikt** benannt, mit 4510 qkm, (1885) 164610 E. und der Hauptstadt Târgovistea.

Dime (spr. deim), ein Silbermünzstück der Vereinigten Staaten von Amerika zu 10 Cents oder $^1/_{10}$ Dollar, seit 1853 zu den Scheidemünzen gehörend. Seit Ausführung des Gesetzes vom 18. Jan. 1837 ist das D. 900 Tausendteile fein. Gegenwärtig und nach dem Gesetz vom 12. Febr. 1873 ist es $2^1/_2$ g schwer, im Feingewicht von $2^1/_4$ g und daher $^1/_2$ Franc Silbercourant. Rechnet man aber das D. = $^1/_{10}$ des goldenen Dollars (s. d.), so ist es = 51,83 Cent. franz. = 41,98 Pf. deutsche = 20,73 Kr. österr. Goldwährung.

Dimension (lat.), in der **Geometrie** eine Linie, nach der die Ausdehnung eines geometr. Gebildes gemessen werden kann, oder die Richtung der Ausdehnung eines solchen. Eine Linie, sie sei gerade oder krumm, ist nur nach einer D. oder Richtung, **Länge** genannt, ausgedehnt, eine Fläche nach zwei D., nämlich Länge und **Breite**, ein Körper nach drei D., indem zur Länge und Breite noch die **Höhe** oder **Tiefe**, auch **Dicke** genannt, hinzukommt. Mehr als drei D. der Raumgrößen giebt es nicht. Die Voraussetzung eines Raumes von mehr als drei D. ist in neuerer Zeit verschiedenen mathem. Spekulationen zu Grunde gelegt worden. Man ging dabei ursprünglich von dem Beispiel der Algebra aus, wo man nicht bloß ein der Fläche entsprechendes Produkt von zwei Faktoren (a b) und ein dem Körper entsprechendes von drei (a b c) zu bilden, sondern beliebig viele Faktoren zu einem Produkt zu vereinigen vermag. Für die Ableitung der Eigenschaften solcher «höherdimensionaler Räume» benutzte man die Analogie mit dem Verhältnis, das zwischen der Ebene und dem körperlichen Raum stattfindet. Diese letztere Analogie hat sogar einige Gelehrte verführt, die Möglichkeit des Vorhandenseins einer **vierten** D. zu behaupten, um damit dem Spiritismus (s. d.) eine angebliche wissenschaftliche Begründung zu geben. Wie für geistige Wesen, die in einer Ebene lebten und selbst nur ein Wahrnehmungsvermögen für zwei D. besäßen, Gegenstände, die aus der dritten D. in die Ebene treten und wieder aus ihr heraustreten, abwechselnd plötzlich sichtbar und wieder unsichtbar werden müßten, so wird das Auftreten und Verschwinden von Gespenstern (Geistern) durch die Annahme erklärt, diese Gespenster seien vierdimensionale Wesen, die nach Belieben aus der vierten D. in unsern Raum kommen und sich wieder aus ihm entfernen könnten (s. Raum). In der Algebra und Analysis versteht man unter den D. einer ganzen Buchstabengröße die Anzahl ihrer Buchstabenfaktoren; z. B. abcd hat vier D. Bei einer gebrochenen Größe muß man die D. des Nenners von denen des Zählers abziehen, z. B. $\frac{abc}{d}$ hat zwei D. Haben beide gleich viele, so ist der Bruch eine Größe von Null D., z. B. $\frac{ab}{cd}$; hat der Nenner mehr D., so ist die Anzahl der D. des Bruchs negativ, z. B. bei $\frac{ab}{cde}$ ist sie — 1.

Dimerli, Getreidemaß, s. Banniza.

Diméter (grch.), in der Metrik die aus zwei metra bestehende rhythmische Reihe. Da z. B. ein metrum iambicum zwei Jamben (⏑ — ⏑ —) enthält, so enthält ein iambischer D. vier Jamben:

⏑ — ⏑ — | ⏑ — ⏑ —
Wie ist Natur so hold und gut.

Dimethylacetāl und Diäthylacetal, in der Chirurgie benutzte, meist mit Chloroform vermischte Anästhetika zur Herbeiführung der Narkose (s. d.).

Dimethylamīn, s. Methylamin.

Dimethylanilīn, eine organische Base von der Zusammensetzung $C_8H_{11}N$, die sich vom Anilin durch Ersetzung der beiden Wasserstoffatome der Amidogruppe durch Methylgruppen ableitet: $C_6H_5 \cdot N(CH_3)_2$ (s. Ammoniakbasen). In der Technik stellt man zuerst das salzsaure Salz des D. dar, indem man Anilin mit Salzsaure und Methylalkohol in Druckkesseln auf 220° erhitzt. Das Salz wird durch Kalkmilch zerlegt und die Base in einem Strom von Wasserdämpfen abdestilliert. Das D. ist ein «basisch» riechendes, in der Kälte erstarrendes Öl, das bei 192° siedet. Seine Salze sind nicht krystallisierbar. Das zur Gruppe $N(CH_3)_2$ in Parastellung befindliche Wasserstoffatom des Benzolkerns (s. Aromatische Verbindungen) ist leicht beweglich und durch andere Gruppen ersetzbar, z. B. durch die Nitrosogruppe NO, wenn man salpetrige Säure auf D. einwirken läßt: $C_6H_5 \cdot N(CH_3)_2 + HNO_2 = NO \cdot C_6H_4 \cdot N(CH_3)_2 + H_2O$. Das entstehende Nitrosodimethylanilin dient zur Darstellung von Farbstoffen (Methylenblau, Indophenol u. s. w.). Das D. wird ferner zur Darstellung von Methylviolett benutzt, indem man es mit Oxydationsmitteln behandelt oder durch Phosgen zunächst in Tetramethyldiamidobenzophenon überführt und dieses Produkt abermals mit D. verbindet. Durch Kondensation mit Benzaldehyd liefert es Malachitgrün. Infolge dieser mannigfaltigen Reaktionen findet das D. eine ausgedehnte Anwendung in der Farbstofftechnik.

Dimethyläthylcarbinōl, s. Amylenhydrat.

Dimethylorange, Dimethylanilinorange, Orange III, Helianthin, ein orangeroter Azofarbstoff, der durch Diazotieren von Sulfanilsäure und Paarung mit Dimethylanilin (s. Diazoverbindungen) gewonnen wird. Es ist das Natronsalz des Sulfanilsäureazodimethylanilins: $SO_4Na \cdot C_6H_4 \cdot N:N \cdot C_6H_4 \cdot N(CH_3)_2$.

Dimidium (lat.), die Hälfte.

Diminŭendo (ital., abgekürzt dim.), musikalische Vortragsbezeichnung, soviel wie decrescendo, abnehmend an Klangstärke. Das Zeichen dafür ist >.

Diminuieren (Deminuieren, lat.), verringern, vermindern, verkleinern; Diminution, in der Mensuralmusik eine Verkürzung der Notenwerte und zwar in der Regel auf die Hälfte.

Diminutīvum, Deminutivum (vom lat. deminuĕre, «verkleinern»), Verkleinerungswort, ein Wort, an dem eine besondere Endung (Diminutivsuffix) den Begriff der Kleinheit ausdrückt; dieser geht oft auch in den Sinn der Zierlichkeit, Liebkosung, des Spottes und der Verachtung über. Die Endungen sind sehr mannigfaltig; die indogerman. Sprachen stimmen fast alle in der Neigung überein, Suffixe mit l und k zu verwenden; vgl. lat. homun-cio, homun-culus (Menschlein). Im Althochdeutschen war gebräuchlich -li (wurmeli, Würmlein), daraus mittelhochdeutsch -le oder -l (kindel, Kindchen) und -lin (kindelin), neuhochdeutsch -lein. In den niederdeutschen Mundarten herrscht dagegen seit alter Zeit die Endung -kin, -kin, -ken, daraus unser -chen, das in der hochdeutschen Schriftsprache die Endung -lein fast verdrängt hat. Diminuiert werden auch Verba, z. B. lächeln, kränkeln, spötteln, und in manchen Sprachen Adjektiva; so ist lat. bellus (schön) eigentlich D. zu bonus, und wird selbst wieder zu bellulus (gar niedlich) diminuiert.

Dimission (lat.; frz. démission), Entlassung, Abdankung, Abschied eines Beamten.

Dimissorialien (lat. litterae dimissoriales), amtliche Erklärungen eines zur Vornahme gewisser Amtshandlungen Befugten, durch welche er diese Befugnis im einzelnen Fall auf andere dazu fähige Organe überträgt. Solche D. stellt z. B. aus der zur Ordination befugte Bischof, der zu einer Amtshandlung berechtigte Pfarrer, der zur Eheschließung zuständige Standesbeamte. Nach Preuß. Landrecht dürfen D. von Pfarrern nicht verweigert werden.

Dimittieren (lat.), entlassen, verabschieden.

Dimity (engl., vom griech. di-mitos, d. i. von doppeltem Faden, zweidrähtig), ein englisches geköpertes Baumwollzeug, auch ein gewöhnlich sehr dicht gewebter Stoff mit streifigen Mustern auf drei- oder fünfbindigem Köpergrund, wobei die Streifen gewöhnlich durch eine Vertauschung von Kettenköper und Schußköper zu stande kommen.

Dimitzāna oder Demetsana, griech. Stadt Arkadiens nördlich von Megalopolis mit (1889) 2488 E. und einem Gymnasium, an der Stelle einer alten unbekannten Stadt, wohl Teuthis, jedenfalls nicht Theisoa, gelegen. Sie wird zuerst 963 erwähnt, D.s Blüte beginnt aber eigentlich erst unter der türk. Herrschaft. Seit 1764 war es der Sitz einer der besuchtesten Schulen des unterjochten Griechenlands, aus der viele Gelehrte hervorgingen, und die mit einer verhältnismäßig ausgezeichneten Bibliothek ausgestattet war. Vgl. Kastorchis, Περὶ τῆς ἐν Δημητσάνῃ ἑλληνικῆς σχολῆς (Athen 1847).

Dimorphismus (grch.), in der Botanik, s. Bestäubung. — Über D. (Dimorphie) in der Mineralogie, s. Heteromorphismus. — In der Zoologie nennt man D. die nicht seltene Erscheinung, daß die Individuen (namentlich die erwachsenen, gelegentlich auch die noch nicht völlig entwickelten, z. B. Schmetterlingsraupen) ein und derselben Tierart in zweierlei mehr oder weniger verschiedener Gestalt auftreten. Die häufigste Art ist der geschlechtliche D., bei welchem die Männchen schöner, gewandter, kräftiger und größer als die Weibchen zu erscheinen pflegen, er ist dann das Resultat geschlechtlicher Zuchtwahl. Bisweilen ist aber das Männchen winzig im Verhältnis zum Weibchen und ganz anders organisiert, was namentlich bei parasitischen Formen der Fall ist, indem beide Geschlechter durch das Schmarotzertum rückgebildet werden, aber in verschiedener Richtung, bei schmarotzenden oder festsitzenden Krebsen, bei Sternwürmern u. s. w. Daneben giebt es Tiere, bei denen nur ein Geschlecht dimorph ist; so finden sich zweierlei Weibchen bei einer Anzahl malaiischer Tagschmetterlinge, bei manchen Schwimmkäfern u. s. w. Seltener ist diese Erscheinung bei Männchen, doch findet sie sich bei einigen Blatthornkäfern und wurde von Fritz Müller bei den Männchen einer brasil. Assel (Tanaïs dubius *Fr. Müller*) beobachtet, welche auf zweierlei Art zum Aufsuchen, resp. Festhalten der Weibchen ausgestattet sind: die einen, die «Riecher», haben besonders entwickelte Geruchsorgane, welche der anderu Form fehlen, doch ist diese dafür wieder mit Greiforganen versehen, es sind «Packer». Auch nach den Jahreszeiten kann ein und dieselbe Tierart in zweierlei Formen auftreten: manche Schmetterlinge haben eine Sommer- und eine Wintergeneration, die in ihrer Färbung so sehr voneinander abweichen, daß man früher zweierlei Arten annahm. Dieser sog. Saisondimorphismus betrifft beide Geschlechter und nähert sich sehr der Heterogenesis (s. d.) und weiter sogar dem Generationswechsel (s. d.).

Dimotika, Stadt in der Türkei, s. Demotika.

Dimovieren (lat.), fortschaffen, entfernen; Dimotion, Fortschaffung.

Dimyarier, Zweimuskler, s. Muscheln.

Dinâdschpur, Distrikt der Division Radschschahi-Kotsch-Bihar der Lieutenant-Gouverneurschaft Bengalen des Indobritischen Reichs, mit 10665 qkm und (1881) 1514346 E. (795824 Mohammedaner, 716630 Hindu, 1435 Santal und 457 Christen). D. ist ein niedriges, wellenförmig von N. nach S. abfallendes Flachland. Der bedeutendste der zahlreichen Flüsse ist der von den Bergen von Sikkim herabkommende Atrai, im Oberlauf Karota genannt, ein Nebenfluß des Brahmaputra. Die seit einigen Jahren eröffnete nordbengal. Eisenbahn durchschneidet den Distrikt. Das Klima ist sehr ungesund, besonders herrscht in der heißen Jahreszeit eine für Europäer gefährliche Malaria. Bodenerzeugnisse sind Reis, Weizen, Gerste, verschiedene Arten Hirse und Ölpflanzen, Pfeffer, Ingwer, Koriander, Anis, Bananen, süße und gewöhnliche Kartoffeln, Gurken- und Kürbisarten und Zuckerrohr. Die Erträgnisse an Baumwolle, Tabak und Indigo sind nur gering. Die Bevölkerung ist arm und steht auf niedriger Bildungsstufe. — Wichtige Orte sind die Hauptstadt D. (durch Eisenbahn mit Kalkutta verbunden, mit guten sanitären Einrichtungen, [1881] 12560 E., darunter 6407 Mohammedaner, 6059 Hindu) sowie Hemtabad.

Dinan (spr. -nāng). 1) **Arrondissement** des franz. Depart. Côtes-du-Nord, hat 1398,49 qkm, (1891) 121232 E., 91 Gemeinden und zerfällt in die 10 Kantone Broons (226,44 qkm, 15546 E.), Caulnes (136,69 qkm, 9433 E.), Dinan-Est (69,43 qkm, 15536 E.), Dinan-Ouest (122,75 qkm, 16374 E.), Evran (119,95 qkm, 10023 E.), Jugon (193,17 qkm, 12047 E.), Matignon (195,92 qkm, 14375 E.), Plancoët (166,39 qkm, 13872 E.), Plélan-le-Petit (85,28 qkm, 5496 E.), Ploubalay (82,47 qkm, 8530 E.). — 2) **Hauptstadt** des Arrondissements D. und der Kantone Dinan-Est und Dinan-Ouest, 60 km östlich von St. Brieuc, links der Rance, über welche ein prächtiger, 250 m langer, 40 m hoher Viadukt führt, an der Mündung des Kanals der Ille und Rance und an den Linien Avranches-Lamballe und D.-Dinard (21 km) der Franz. Westbahn, auf einem 73 m hohen Hügel, mit einem Hafen, der Schiffe von 150 t aufnimmt und zur Flutzeit mit dem 12 km entfernten von St. Malo in Verbindung steht, ist Sitz eines Gerichtshofs erster Instanz, des Kommandos der 10. Kavalleriebrigade, hat (1891) 8032, als Gemeinde 10444 E., in Garnison das 24. Dragoner- und 13. Husarenregiment. Die Stadt ist sehr alt, größtenteils schlecht gebaut, mit engen, finstern und krummen Straßen, von hohen, dicken Mauern mit Türmen und schönen Thoren umschlossen und mit schönen Promenaden, einer Schöpfung des hier geborenen Historikers Duclos, umgeben. Ihr um 1300 erbautes stattliches festes Schloß, welches im Mittelalter den Herzögen von Bretagne zum Wohnsitz und meist zur Abhaltung der Landtage diente, wird jetzt als Gefängnis benutzt. Der Platz Bertrands Duguesclin, ein Teil des Turnierplatzes, auf dem der Held 1359 mit dem engl. Ritter Contorbie kämpfte, ist seit 1823 mit seinem Standbilde geziert; sein Herz ist in der Kirche St. Sauveur (mit einer Façade aus dem 12. Jahrh.) beigesetzt. D. hat ein Kommunalcollège, ein Irrenhaus, Flachsbau, Hanfspinnereien, Salzsiedereien, Fabrikation von Ackerbaumaschinen, Thonwaren, Flanell, Leinwand, Segeltuch, Baumwollstoffen, Leder, Porzellanwaren und Rübenzucker, sowie bedeutenden Haudel mit Vieh, Butter, Getreide, Hanf, Leinwand, Zwirn und Wein. Etwa 1 km vor der Stadt liegt in einem reizenden Thale der nach einem alten Schlosse Couinnais benannte eisenhaltige Sauerbrunnen mit einem kalten Mineralbade.

Dinanderie (frz., spr. -nangd'rih), Messinggeschirr (nach der belg. Stadt Dinant benannt).

Dinant (spr. -náng), eine der ältesten Städte Belgiens, in der Provinz Namur, an der Linie Namur-Givet der Belg. Nordbahn, im Durchbruchsthal der Maas, zwischen dieser und steilen Kalksteinfelsen, hat (1890) 7245 E., Glashütte, Papiermühlen, Marmorsäge, Gerbereien, Getreide- und Ölmühlen, Karten-, Eisen- und Kupferwarenfabriken sowie lebhaften Handel. Berühmt waren im Mittelalter die getriebenen Kupfer- und Messingwaren von D. (dinanderies); jetzt sind es die Dinanter Kuchen, aus Speltmehl und Honig. Hinter der got. Liebfrauenkirche (aus dem 13. Jahrh., neuerdings restauriert, mit 68 m hohem Turm und bemerkenswerten Portalen) führt eine Felsentreppe (408 Stufen) zur Festung, welche 1818 an der Stelle des 1690 von den Franzosen geschleiften Schlosses gebaut wurde, deren Werke aber seit 1879 verkauft sind, da der Ort keine strategische Bedeutung mehr hat. Die ganze Felsenwand ist terrassenförmig in Gärten eingeteilt, an der Maas ziehen sich schöne Promenaden entlang, die nach dem Schloß von Walsin, der Abtei Waulsort, der Grotte und dem Schloß von Freyr und zum Bayardfelsen führen. Eine eiserne Brücke über die Maas führt zu der Vorstadt St. Medard. — Geschichtlich berühmt ist die Verwüstung der Stadt durch den Grafen von Charolais (Karl den Kühnen) im Krieg gegen Ludwig XI. (1466), ferner der Sturm des Herzogs von Nevers (1554) im Dienst Heinrichs II. gegen Kaiser Karl V. 1675 ward sie abermals von den Franzosen genommen, aber im Ryswijker Frieden 1697 dem Bistum Lüttich zurückgegeben, dem der Ort seit der Hohenstaufenzeit bis 1794 gehörte.

Dinapur, Stadt in Bengalen, s. Danapur.

Dinār heißt die neue Geldeinheit in Serbien, gemäß dem Gesetze vom 30. Nov. 12. Dez. 1873 geteilt in 100 Para. Der D. ist der franz. Franc. Für die Münzprägung bestehen dieselben Vorschriften wie in Frankreich, jedoch werden in Gold nur 20-Dinar-Stücke sowie 10-Dinar-Stücke, ferner in Silber 5-, 2-, 1- und ½-Dinar-Stücke geprägt. Die Prägung der Stücke zu 5 D. ist nicht eingestellt, erfolgt aber, wie die Münzprägung überhaupt nur für Staatsrechnung. Obgleich gesetzlich niemand mehr als 500 D. an silbernen 5-Dinar-Stücken in Zahlung zu nehmen braucht (sodaß diese Münzen gesetzlich nur als «höhere» Scheidemünze erscheinen und daher Serbien nur Goldwährung haben soll), werden diese Stücke doch in jeder Summe angenommen und die Goldmünzen mit Aufgeld bezahlt. Thatsächlich hat also Serbien nur Silberwährung. — D. heißt auch eine in Persien im Kleinverkehr vorkommende kleine Geldrechnungsstufe, 1/50 des Schahi oder 1/1000 des Kran (s. d.), = etwas mehr als 1/20 deutscher Pfennig oder etwas mehr als 1/36 österr. Kreuzer. (S. Denaro.)

Dināra, Bergkuppe in Dalmatien, nahe der bosn. Grenze, 12 km östlich von Knin, 1810 m hoch. In ihren Vorbergen sammeln sich die Quellbäche der Kerka, die nach einem vielfach gewundenen Laufe bei Sebenico das Meer erreicht. Die Bergkuppe selbst ist der höchste Punkt des Gebirgstocks, der Dinarischen Alpen, die, die Grenze gegen Bosnien bildend, mit ihren ausgebreiteten Hochlandsflächen und tief eingeschnittenen Thalfurchen den Raum zwischen der Una, Narenta und dem Adriatischen Meere füllen und gegen das letztere zum größten Teile in steilen, unbewaldeten Höhen abfallen. Als Dinarisches Gebirgssystem bezeichnet man auch die Gesamtheit der parallelen, meist von NNW. nach SSO. streichenden Faltungsgebirge, die den westl. Teil der Balkanhalbinsel (s. d.) einnehmen.

Dinárchus (Deinarchos), athenischer Redner, geb. 361 v. Chr. zu Korinth, Schüler des Theophrast, Nachahmer des Demosthenes, dessen polit. Gegner er war. Nach dem Sturze des Demetrius Phalereus verbannt, begab er sich 307 v. Chr. nach Chalkis auf Euböa. Erst 292 durfte er wieder nach Athen zurückkehren. Von seinen zahlreichen Reden sind nur die drei auf die Angelegenheit des Harpalus (s. d.) bezüglichen, darunter eine gegen Demosthenes, erhalten. Diese und die Fragmente stehen in den Sammlungen der «Oratores Attici» von Baiter und Sauppe (Fasc. 3, Zür. 1840) und der «Fragm. histor. graec.» von Karl Müller (Bd. 2, Par. 1858). Sonderausgaben lieferten zuletzt Blaß (2. Aufl., Lpz. 1888) und Thalheim (Berl. 1887).

Dinārische Alpen, Dinārisches Gebirgssystem, s. Dinara.

Dinasteine, s. Dinasziegel.

Dinasziegel (Dinassteine, Flintshiresteine, Quarzziegel) sind außerordentlich feuerfeste, aus reinem Quarz mit geringem Bindemittel von Kalk, Eisenoxyd und Thonerde bestehende Ziegel, so genannt nach dem gleichnamigen Felsen im Neaththale in Südwales bei Swansea. Sie besitzen eine weiße Farbe, widerstehen den höchsten Hitzegraden und bilden daher ein ausgezeichnetes Material zum Auskleiden (Ausfüttern) der Feuerherde von Schweißöfen, Glas- und Porzellanöfen; nur dürfen sie nicht mit bleihaltigen Stoffen und Alkalien in Berührung kommen. Neuerdings werden auch in Deutschland D. hergestellt, die an Güte den engl. Steinen nicht nachstehen.

Dincklage-Campe, Emmy von, eigentlich Amalie Ehrengarte Sophie Wilhelmine von, Romanschriftstellerin, geb. 13. März 1825 auf dem Rittergute Campe im Osnabrückschen, aus altem freiherrl. Geschlecht, unternahm größere Reisen nach dem Auslande (z. B. 1880—81 nach Nordamerika) und nach den verschiedensten Gegenden Deutschlands, überall mit scharfem Auge Land und Leute beobachtend. Diese Studien gaben ihren Dichtungen, mit denen «die Dichterin des Emslandes» am liebsten auf dem engern heimatlichen Boden weilte, einen ausgesprochenen realistischen Untergrund. Seit 27. Juni 1866 war sie Konventsmitglied und Kapitularin des hochadligen freiweltlichen Damenstifts zu Börstel bei Osnabrück und wohnte lange Zeit zu Lingen an der Ems. Sie starb 28. Juni 1891 zu Berlin. Von ihren (vielfach übersetzten) Romanen und Novellen sind hervorzuheben: «Hochgeboren» (Lpz. 1869), «Tolle Geschichten» (2 Bde., ebd. 1870), «Geschichten aus dem Emslande» (2 Bde., ebd. 1872—73), «Heimatgeschichten» (Paderb. 1873), «Emsland-Bilder» (Stuttg. 1874; 2. Aufl., Herzberg 1881), «Nordlandsgeschichten» (Jena 1875), «Wir. Emslandsgeschichten» (1. und 2. Aufl., Lpz. 1882); «Die Amsivarier» (ebd. 1883), «Lieb und Länder», illustriert (Düsseld. 1885), «Kurze Erzählungen» (1. und 2. Aufl., ebd. 1889 u. 1890), «Jung Alarichs Braut» (Berl. 1890).

Dinder oder Dender, Fluß in Sennar, kommt vom westl. Gehänge Abessiniens, aus den westlich vom Tanasee gelegenen Bergen, fließt zuerst nach W., dann nach NW. und mündet nach 400 km langem Laufe unterhalb Abu Sakra in den Bahr el-Asrak.

Dinder, Julius, Erzbischof von Gnesen und Posen, geb. 9. März 1830 zu Rößel in Ermland, studierte in Braunsberg, war dann 9 Jahre Kaplan in Bischofsburg und 4 Jahre Pfarrer in Grieslinen, seit 1868 Propst und Dekan in Königsberg. Nach dem Verzicht des Erzbischofs Ledochowski wurde D. 1886 zu dessen Nachfolger als Erzbischof von Gnesen und Posen ernannt. Er starb 30. Mai 1890. D. führte sein schwieriges Amt im Geist des Friedens zwischen Staat und Kirche sowie zwischen Deutschen und Polen.

Dindorf, Wilh., Philolog, geb. 2. Jan. 1802 zu Leipzig, widmete sich dort den klassischen Studien und begann bereits 1819 seine schriftstellerische Thätigkeit durch Fortsetzung der von Beck begonnenen Kommentarien und Scholienbände der Invernizischen Ausgabe des Aristophanes (Bd. 7—13, Lpz. 1820—34), der bald eine kleinere Bearbeitung desselben Dichters (2 Bde., ebd. 1827) folgte. D. erhielt 1828 die Professur der Litteraturgeschichte an der Universität Leipzig, entsagte aber 1833 auf längere Zeit dieser Wirksamkeit, um sich dem damals im Verein mit seinem jüngern Bruder, Ludw. Aug. D., und mit Hase in Paris begonnenen großen Unternehmen einer neuen Bearbeitung von Stephanus' «Thesaurus linguae graecae» (9 Bde., Par. 1831—65) ungestörter widmen zu können. Er starb 1. Aug. 1883 in Leipzig. Unter seinen zahlreichen Werken sind hervorzuheben die Ausgaben des Homer (2 Bde., Lpz. 1824—25), des Demosthenes (9 Bde., Orf. 1846—51), Aristides (3 Bde., Lpz. 1829), Athenäus (3 Bde., ebd. 1827), Themistius (ebd. 1832), Prokop (3 Bde., Bonn 1833—38), Epiphanius (5 Bde., Lpz. 1859—63), Syncellus (Bonn

1829) und der griech. Scholiasten zu den drei Tragikern; die «Poetae scenici graeci» mit den Fragmenten (Lpz. u. Lond. 1830; 5. Aufl., Leipz. 1870), von denen ein Abdruck in 6 Bänden (Oxf. 1832—35 und zum Teil in 2. Aufl. 1849—51) mit wesentlichen Veränderungen im Texte und in den Fragmenten des Aeschylus, Sophokles und Aristophanes erschien; ferner der Kommentar zu den drei griech. Tragikern und zu Aristophanes (7 Bde., Oxf. 1834 fg.), neben einem die Silbenmaße erläuternden Werke: «Metra Aeschyli, Sophoclis, Euripidis et Aristophanis» (ebd. 1842); die Ausgaben des Sophokles, Aristophanes, Lucian und Josephus in der Didotschen «Bibliothèque grecque»; endlich das «Lexicon Sophocleum» (Lpz. 1870), das «Lexicon Aeschyleum» (ebd. 1873—76) und die Ausgabe der «Iliasscholien» (6 Bde., Oxf. 1875—80).

Sein Bruder, *Ludwig August* D. (geb. 3. Jan. 1805, gest. 6. Sept. 1871), hat sich, abgesehen von seiner Teilnahme an der Bearbeitung des Stephanus, durch kritische Ausgaben des Xenophon, Diodorus Siculus, Pausanias, Polybius, Dio Cassius und Zonaras, der Historici graeci min., der Chronographie des Joannes Malalas und des Chronicon Paschale sowie des Dio Chrysostomus, ferner des Hesiod und des Euripides bekannt gemacht.

Dindymēne, s. Dindymon und Kybele.

Dindўmon hieß im Altertum eine über 2000 m hoch ansteigende Gebirgsmasse in der kleinasiat. Landschaft Phrygien, oberhalb der Stadt Pessinus, ein Hauptsitz des Kultus der phrygischen Göttin Kybele, der «großen Göttermutter», welche nach diesem Gebirge häufig *Dindymene* genannt wurde. Den Namen D. trug auch das gleichfalls der Göttin Kybele geweihte Gebirge, welches die zum Gebiet der Stadt Kyzikos gehörige Insel (jetzt Halbinsel) Arktonesos (jetzt Kapudagh) durchzieht. Auf der Höhe des D. stand ein uraltes Heiligtum der Kybele, deren Bildsäule Konstantin d. Gr. nach dem neugegründeten Konstantinopel versetzte.

Dîner (frz., spr. dineh), die Hauptmahlzeit des Tages, welche in vielen Ländern, wie in England (dinner) und Frankreich, gegen Abend stattfindet, in Deutschland in der Regel Mittags; daher D. hier Mittagsessen, *dinieren* zu Mittag speisen.

Dinēro (span., «Pfennig»), eine in Spanien bis 1848 gesetzlich gewesene kleine Geldrechnungsstufe von sehr verschiedener Bedeutung. Am wichtigsten war der castilische D., = $^1/_{10}$ des Maravedi de vellon, oder $^1/_{340}$ des Real de vellon oder $^1/_{640}$ des Real de plata antiguo = 0,064 deutsche Pfennige oder 0,036 Kr. österr. Silberwährung. (S. auch Real.) — D. hieß auch ein in Spanien bis 1859, in Portugal (*Dinheiro*) bis Ende Sept. 1868, in Brasilien (Dinheiro) bis Ende 1873 gesetzlich gewesenes Silberprobiergewicht, geteilt in 24 Granos (Grän), $^1/_{12}$ des ganzen (des Marco) und mithin = $83^1/_3$ jetzige Milésimos oder Tausendteilen, nach der frühern deutschen Bezeichnung = $1^1/_3$ Lot oder 1 Lot 6 Grän. Dieser D. war auch in den ehemaligen span. Besitzungen in Amerika (Mexiko u. s. w.) und in den heutigen span. Kolonien gebräuchlich und ist es zum Teil noch. D. ist ferner eine peruan. Silbermünze und Geldrechnungsgröße von $^1/_{10}$ des Sol = $^1/_2$ Franc Silbercourant = (zum Preis von 125 M. für 1000 g Feinsilber) $28^1/_8$ Pf. deutsche Goldwährung = $20^1/_4$ Kr. österr. Silberwährung.

Ding, die allgemeinste Bezeichnung für etwas Existierendes; in engerer Bedeutung ist es soviel wie Substanz (s. d.) und bezeichnet, im Unterschied von Eigenschaften und wechselnden Zuständen das Subjekt, von dem dies alles ausgesagt wird und das somit auch etwas für sich sein zu müssen scheint. Nähere Untersuchung führt jedoch bald darauf, daß das D. nicht etwas ist, das übrigbliebe, wenn man alle Eigenschaften von ihm abzieht, daß es vielmehr nur die Zusammenfassung der vielen Eigenschaften zur Einen Vorstellung des Gegenstandes ausdrückt. Inwiefern die Einheit des D. mit der Vielheit seiner Eigenschaften zusammen bestehen könne, ist eine metaphysische Frage, die ihre Auflösung darin findet, daß die Einheit, die wir dem D. leihen, wirklich nur die Einheit ist, in der unsere Vorstellung das gegebene Mannigfaltige des D. zusammenfaßt. Nach Kants Feststellung ist diese Einheit im ganzen Bereiche möglicher Erfahrung stets nur eine relative, bedingte; «an sich» aber, d. h. abgesehen von der Bedingtheit unserer Erfahrung, sollte sie eine absolute sein, d. h. sie ist durch das Einheitsgesetz des Verstandes schlechthin gefordert. So entsteht der Begriff vom D. *an sich*, d. h. vom D., wie es an sich oder nach dem bloßen Gesetze der Verstandessynthesis (s. Synthesis), auf der der Begriff vom D. überhaupt beruht, erkannt werden müßte, aber infolge der Bedingtheit der Erkenntnis durch die Gesetze der Sinnlichkeit (Raum und Zeit) für uns nicht erkennbar, sondern nur als äußerste Grenze, der die Erkenntnis sich annähern mag, denkbar ist. Das D. an sich deckt sich daher nahezu mit dem Absoluten oder Unbedingten oder Noumenon (s. d.). Die Nachfolger Kants versuchten zum Teil wieder die Möglichkeit einer Erkenntnis vom D. an sich zu erweisen, doch ist man von diesem fruchtlosen Unternehmen so ziemlich wieder zurückgekommen.

Ding (althochd. dinc, nordgerman. thing) ist die Bezeichnung für Volksversammlung bei den Germanen, dann bedeutet es Gerichtsversammlung, Gericht, Gerichtsort. Noch heute ist das Wort bei den skandinav. Völkern in Übung. So ist Island in *Thing*, d. h. Gerichtsbezirke, eingeteilt; die norweg. Volksvertretung, *Storthing*, zerfällt in zwei Abteilungen, *Adelsthing* und *Lagthing*. Der Reichstag Dänemarks besteht aus einem *Landsting* (Erster Kammer) und *Folketing* (Zweiter Kammer). Die fränk. Gerichtsverfassung unterschied das *echte* D., eine Hauptversammlung, bei welcher alle Dingpflichtigen, d. h. alle Freien, erscheinen mußten, um unter Vorsitz des Grafen an alter Dingstätte, dreimal jährlich in jeder Hundertschaft, über Kapitalverbrechen und Immobiliar- und Freiheitsprozesse Urteil zu finden, und das *gebotene* D. In diesem, welches nach Bedürfnis, gewöhnlich alle 14 Nächte, berufen wurde, handhabten seit Karls d. Gr. Reformen Schöffen unter Leitung des Schultheißen die niedere Gerichtsbarkeit. *Afterding* ist nach dem Sachsenspiegel die um 14 Tage hinausgeschobene Fortsetzung des echten D.; auch werden so die unmittelbar nach dem ersten Gerichtstage des echten D. folgenden Tage bezeichnet. *Botding* ist ein außerordentliches D., zu welchem die Dingpflichtigen aller Hundertschaften vom Grafen besonders entboten worden. *Tageding*, woraus *Taiding* (Ehaft-, Pantaiding) entstanden, nannte man die auf einen bestimmten Tag angesetzte gerichtliche Verhandlung. *Land-*, *Go-* (*Gau-*), *Burgding* hieß das D. je nach dem Sprengel, für welchen es zuständig war. *Märkerding* ist die Versammlung der Markgenossen unter Vorsitz des Obermärkers zur Beratung der die gemeine Mark berührenden Angelegenheiten. Den Ort, wo gewöhnlich das D. gehalten wurde, nannte man Dingstelle, Dingstätte, Dingstuhl; es war von heidn. Zeiten her ein Opferplatz unter freiem Himmel. In jeder Grafschaft befanden sich, auf die einzelnen Hundertschaften verteilt, mehrere Dingstellen. In der german. Urzeit wurde jedes D. durch die Hegung unter den Schutz des Gottes Ziu gestellt und jede Verletzung des Dingfriedens von den Priestern geahndet. In den mittelalterlichen Grundherrschaften nannte man den Herrenhof, auf welchem das grundherrliche Gericht (Hübnerding) abgehalten wurde, Fron- oder Dinghof, den herrschaftlichen Beamten, welcher dasselbe leitete, Dingvogt, während der Grundherr selbst als Dinghofsherr bezeichnet wurde.

Ding an sich, s. Ding (philos.).

Dingelstedt, Stadt im Kreis Heiligenstadt des preuß. Reg.-Bez. Erfurt, an der obern Unstrut und an der Linie Leinefeld-Niederhone-Treysa der Preuß. Staatsbahnen, hat (1890) 3466 E., darunter 113 Evangelische, Post, Telegraph, Amtsgericht (Landgericht Nordhausen), Franziskanerniederlassung auf dem nahen Kerbschen Berge; Lederfabrikation, Wollweberei, Ziegeleien, Landwirtschaft, Hausierhandel.

Dingelstedt, Franz, Freiherr von, deutscher Dichter, geb. 30. Juni 1814 zu Halsdorf in Oberhessen, studierte 1831—34 Theologie und Philologie zu Marburg, wirkte seit 1836 als Lehrer am Lyceum zu Cassel, wurde 1838 wegen einiger mißliebiger Gedichte nach Fulda versetzt, nahm aber 1841 seine Entlassung. In den nächsten Jahren hielt sich D. teils in Augsburg auf, wo er sich an der Redaktion der «Allgemeinen Zeitung» beteiligte, teils machte er Reisen nach Paris, London, Holland und Belgien. Von Wien aus beabsichtigte er, sich nach dem Orient zu wenden, als ihn 1843 der König von Württemberg als Hofrat und Bibliothekar nach Stuttgart berief; 1846 ernannte er ihn zum Legationsrat. 1850 wurde D. als Intendant des Hoftheaters nach München berufen, wo er eine große dramaturgische Thätigkeit entwickelte, aber infolge ultramontaner Umtriebe 1857 plötzlich seines Amtes enthoben wurde. Er erhielt alsbald einen Ruf als Generalintendant des Hoftheaters nach Weimar, ging 1867 als Direktor des k. k. Hofoperntheaters nach Wien, welche Stellung er 1871 mit der Direktion des Hofburgtheaters vertauschte. Er starb 15. Mai 1881 in Wien. 1867 wurde er vom König von Bayern in den erblichen Adelstand, 1876 vom Kaiser von Österreich in den erblichen Freiherrenstand erhoben. Auch war er 1859—65 Präsident der Schillerstiftung sowie Mitbegründer der deutschen Shakespeare-Gesellschaft. Schon seit 1838 war D. als Lyriker und Novellist aufgetreten, aber erst die «Lieder eines kosmopolit. Nachtwächters» (Hamb. 1840) machten, obschon sie anonym erschienen, seinen Namen bekannt und wiesen ihm einen hervorragenden Platz unter den polit. Dichtern jener Zeit an; später brach er jedoch mit den revolutionären Neigungen der Jugend. Bedeutender als Lyriker zeigte er sich in seinen «Gedichten» (Stuttg. 1845; 2. Aufl. 1858), die neben üppigen Schilderungen die zartesten Gefühlsäußerungen, neben epigrammatisch zugespitzten Reflexionen reiche poet. Gemälde enthalten. Eine neue Sammlung von Zeitgedichten: «Nacht und Morgen» (ebd. 1851) trägt deutliche Spuren von der Ermattung der ganzen Zeit. D.s novellistische Arbeiten und Reisebilder zeichnen sich durch Geist, Talent für seine Zeichnung und Formgewandtheit aus. Dahin gehören der Roman «Unter der Erde» (2 Tle., Lpz. 1840; neue Ausg., Berl. 1877), dann «Heptameron» (2 Bde., Magdeb. 1841), «Sieben friedliche Erzählungen» (2 Bde., Stuttg. 1844) und das «Novellenbuch» (Lpz. 1856), sowie das «Wanderbuch» (2 Tle., ebd. 1839—43; neue Ausg., Berl. 1877) und «Jusqu'à la mer, Erinnerungen aus Holland» (Lpz. 1847). Sehr beifällig wurde sein Gesellschaftsroman «Die Amazone» (Stuttg. 1868; neue Ausg., Berl. 1877) aufgenommen. Seinen Ruf als dramat. Dichter begründete D. mit dem stark einsetzenden, aber ungleichmäßig gelungenen Trauerspiel «Das Haus der Barneveldt» (1850). Reiche Theatererfahrung bewährten die Bearbeitungen klassischer Stücke des Auslandes, von denen namentlich das «Wintermärchen» nach Shakespeare (1859), «Der Geizige» nach Molière (1858) und «Ein toller Tag» nach Beaumarchais (1862) Glück machten. Früchte seiner Beschäftigung mit Shakespeare waren ferner die «Studien und Copien nach Shakespeare» (Wien 1858) und die Bearbeitung einer Reihe von Stücken dieses Dichters für die Hildburghäuser Shakespeare-Ausgabe (Hildburgh. 1867—68). Eine prächtige Selbstbiographie veröffentlichte D. u. d. T. «Münchener Bilderbogen» (Berl. 1879); Essays enthält sein «Litterar. Bilderbuch» (ebd. 1880). Seine «Sämtlichen Werke» in 12 Bänden erschienen zu Berlin 1877. Von seinen dramaturgischen Unternehmungen seien erwähnt das große Gesamtgastspiel zu München 1854, das die ersten dramat. Künstler Deutschlands zu 12 Mustervorstellungen Lessingscher, Schillerscher und Goethescher Stücke vereinigte, und die erste vollständige Aufführung der histor. Dramen Shakespeares zu Weimar im April 1864, wiederholt auf dem Burgtheater im April 1875. — Vgl. Rodenberg, Heimaterinnerungen an Franz D. und Friedrich Otker (Berl. 1882); ders., F. D. Blätter aus seinem Nachlaß (2 Bde., ebd. 1891).

Dinger, Fritz, Kupferstecher, geb. 22. Jan. 1827 zu Wald bei Solingen, war 1849—56 Schüler der Akademie in Düsseldorf und wurde schließlich von Joseph Keller ausgebildet. Er hat in Linienmanier vorzugsweise nach modernen deutschen Malern (Hiddemann, Kröner, Deiter, Schrader, Leutze u. a.) gestochen, dabei aber auch einiges nach den alten ital. Meistern, wie z. B. das Selbstbildnis Raffaels und die Aurora G. Renis.

Dingfrieden, s. Ding (Volksversammlung).

Dinggeld (Dingpfennig), das Handgeld bei der Gesindemiete (s. Arrha).

Dinghof, Dinghofsherr, s. Ding (Volksversammlung).

Dingler, Joh. Gottfr., technolog. Schriftsteller, geb. 2. Jan. 1778 zu Zweibrücken, widmete sich der Pharmacie, war 1793—95 Feldapotheker in der preuß. Armee und übernahm 1800 eine Apotheke in Augsburg. Hier gründete er 1806 eine chem. Fabrik und machte sich besonders durch seine technischen Erfindungen zur Vervollkommnung der Färberei und des Zeugdrucks einen Namen. Auch war er als Lehrer der Chemie und Physik thätig. D. starb zu Augsburg 19. Mai 1855. Er gründete das «Polytechnische Journal» (1820), das er bis 1831 allein und von da bis 1840 mit seinem Sohne Emil Maximilian D. (geb. 10. März 1806 zu Augsburg, gest. daselbst 9. Okt. 1874) redigierte. Letzterer leitete das Blatt selbständig 1840—74. Außerdem gab D. heraus: «Magazin für die Druck-, Färbe-

und Bleichkunst» (3 Bde., Lpz. u. Augsb. 1818—20), «Journal für die Zitz-, Kattun- und Indiennedruckerei» (2 Bde., Lpz. u. Augsb. 1806—7), im Verein mit Juch und Kurrer, «Neues Journal für die Indienne- und Baumwolldruckerei» (4 Bde., Lpz. u. Augsb. 1815—17). Mit Kurrer gab er Bancrofts «Neues engl. Färbebuch» (2 Bde., Nürnb. 1817—18) heraus.

Dinglergrün, eine Malerfarbe, die aus einem Gemenge von phosphorsaurem Chrom und phosphorsaurem Calcium besteht.

Dingliche Klage, s. Actio (Bd. 1, S. 122b).

Dingliche Rechte. Die D. R. bilden eine umfangreiche Unterart der absoluten Rechte (s. Actio, Bd. 1, S. 122b); Dinglichkeit und Absolutheit werden oft gleichbedeutend gebraucht. Unter D. R. werden alle Rechte an (körperlichen) Sachen und die Rechte (Nießbrauch und Pfandrecht) an Rechten verstanden, mithin Eigentum und die das Eigentum beschränkenden aus dem Inhalte desselben abgezweigten Rechte, namentlich Dienstbarkeiten (s. d.) und Pfandrechte. Ferner gehören hierher die Superfizies (s. d.), die Emphyteuse (s. d.) oder die Erbpacht (s. d.) und aus dem deutschen Recht die Reallasten (s. d), das vielfach als Untereigentum bezeichnete Recht des Lehnsbesitzers oder Vasallen und die vielgestaltigen bäuerlichen Nutzungsrechte.

Die neuere Rechtswissenschaft und Gesetzgebung haben, zurückgehend auf das röm. Recht, den im franz. und preuß. Rechte mehr oder weniger verdunkelten Unterschied zwischen dinglichem und obligatorischem Recht schärfer hervorgehoben und insbesondere das Versprechen der Leistung eines Rechts streng geschieden von dem Rechtsgeschäfte, durch welches die Veränderung im dinglichen Rechtsbestande vor sich geht, z. B. den Verkauf eines Grundstücks oder einer beweglichen Sache, welche den Verkäufer zur Auflassung (s. d.) des Grundstücks oder Übergabe der Mobilien verpflichtet, von dem Auflassungsakte oder Übergabeakte. Unter Verdinglichung der Pacht und Miete («Kauf bricht nicht Pacht und Miete») versteht man die Einräumung einer auch dritten Personen gegenüber, also auch dem neuen Erwerber der Sache gegenüber geschützten, mithin nießbrauchartigen Stellung des Pächters oder Mieters, welche indessen im Konkurse des Verpächters oder Vermieters den Konkursgläubigern desselben gegenüber nicht Bestand hat, wie es sonst in der Natur des dinglichen Rechts liegt (Aussonderungsrecht, s. Aussonderung).

Dinglicher Vertrag, neuerdings in der Rechtswissenschaft übliche Bezeichnung für diejenigen Verträge, bei welchen der Wille der Vertragschließenden unmittelbar auf Herbeiführung einer Änderung der dinglichen Rechte (Eigentumsübergang, Bestellung oder Aufhebung eines Rechts an der Sache oder Übertragung solchen Rechts) gerichtet und wirksam ist (z. B. Auflassung), im Gegensatz zu den Verträgen, durch welche nur eine Verpflichtung zum Abschluß des D. V. begründet werden soll (z. B. Kauf). Ebenso wird vom D. V. bei der Übertragung von Forderungsrechten (Cession, s. d.) gesprochen, im Gegensatz zu dem Vertrag, welcher den Anspruch auf Übertragung begründet. Der D. V. ist zugleich abstrakt, d. h. in seiner Wirksamkeit davon unabhängig, ob eine Verbindlichkeit zum Abschlusse desselben bestand.

Dinglinger, Johann Melchior, Goldschmied und Juwelier Augusts des Starken in Dresden, geb. 1665 zu Biberach, erhielt seine Bildung in Ulm (oder Augsburg), machte dann größere Reisen, besonders in Frankreich und ging um 1693 nach Dresden, wo sein Haus der Mittelpunkt des kunstgewerblichen Lebens wurde. Er starb daselbst 1731. D. war ein höchst phantasiereicher und geschickter Künstler. Seine Hauptwerke sind im Grünen Gewölbe zu Dresden (namentlich die sog. Kabinettsstücke: der Thron und Hofhalt des Großmoguls Aureng-Zeyb [Aurangseb] zu Dehli, ein großartiger Tafelaufsatz mit 132 Figuren [1701—8], das goldene Theeservice, bestehend aus 45 goldenen und emaillierten Gefäßen und Elfenbeinfiguren, der Tempel des Apis, das Bad der Diana 1720, das Bacchanal u. v. a.) und in der Eremitage zu St. Petersburg. Er ist besonders bedeutend in der farbigen Dekoration mit Schmelz und Edelsteinen. — Seine Brüder, Georg Christoph, Goldarbeiter, und Georg Friedrich, Emailleur, waren seine Gehilfen. Von letzterm ist unter anderm das größte bekannte Emailbild: Die heil. Jungfrau, im Grünen Gewölbe zu Dresden. Sein Sohn Johann Friedrich war ebenfalls Goldarbeiter, aber von geringerm Range, dessen Tochter endlich, Sophie Friederike, geb. 1736 in Dresden, gest. daselbst 1791, Miniaturmalerin und Schülerin von Oser; in der Dresdener Galerie befinden sich von ihr sieben Miniaturen, darunter ihr Selbstbildnis und das ihres Großvaters Johann Melchior D.

Dingo (papuanisch), Warragal (Canis Dingo *Shaw*, s. Tafel: Wilde Hunde und Hyänen II, Fig. 3), eine verwilderte Hundeart Australiens, die durch das lichte, an den Seiten oft schwarzgesprenkelte Rot des Felles, den sehr buschigen, aber kürzern Schwanz, die spitze Schnauze und die stehenden kleinen Ohren an den Fuchs erinnert, aber weit größer und kräftiger als dieser ist, sodaß der D. seiner Gestalt nach eher den starken Schäferhunden nahe kommt. Er bellt nicht, geht nur nachts auf Raub aus, meist einzeln, selten familienweise, nie in Scharen, wie andere wilde Hunde. Früher jagten die D. vorzugsweise die Kängurus und andere wilde Tiere Australiens; jetzt sind sie besonders den Herden der Schafe gefährlich. Die Haushunde hassen den D. grimmig und verfolgen ihn mit Wut. Er ist nicht minder listig und zählebig als unser Fuchs. Die Ansiedler suchen ihn auf jede Weise, meist mit Gift zu vertilgen. Die Eingeborenen halten ihn oft als wachsames, den Fremden durch seine Wildheit gefährliches Haustier, benutzen ihn zur Jagd auf kleine Beuteltiere und sollen die Jungen dadurch zähmen, daß sie dieselben von ihren Weibern säugen lassen. In neuern Zeiten ist der D. häufig in Tiergärten gelangt. Man hat keinen Zweifel mehr darüber, daß er vom Menschen nach Australien übergeführt wurde und dort verwilderte.

Dingolfing. 1) **Bezirksamt** im bayr. Reg.-Bez. Niederbayern, hat (1890) 37483 (18424 männl., 19059 weibl.) kath. E. in 33 Gemeinden mit 399 Ortschaften, darunter eine Stadt. — 2) **Bezirksstadt** im Bezirksamt D., 30 km im NO. von Landshut, an der Isar, über welche eine Brücke (144 m) von 11 Bogen führt, und an der Linie Eisenstein-Landshut der Bayr. Staatsbahnen, ist Sitz eines Bezirksamtes und Amtsgerichts (Landgericht Landshut) und hat (1890) 3534 kath. E., Post, Telegraph, got. Pfarrkirche, 1464 erbaut, 1882 restauriert, Franziskanerkloster mit got. Kirche; Bierbrauerei, Ackerbau, Viehzucht.

Dingstätte (Dingstelle, Dingstuhl), **Dingvogt,** s. Ding (Volksversammlung).

Dingwall (spr. -wahl), Hauptstadt der schott. Grafschaft Roß, 19 km im NW. von Inverneß, im Hintergrunde des Cromarty-Firth, hat (1881) 1921 E. und Fischerei; nahedei eine Mineralquelle. Bei D. zweigt die D. and Skye-Eisenbahn ab. Der Hafen ist wenig besucht. D. schickt mit Wick und 4 andern Städten 1 Abgeordneten ins Parlament.

Dingzettel, wenig gebräuchlicher Name für eine Art von Schlußzetteln (s. d.), die die Bedingungen eines abgeschlossenen Vertrags kurz angeden.

Dinheiro (spr. dinjeïru), s. Dinero.

Dinica (vom grch. dīnos, d. h. Schwindel), Bezeichnung für die Mittel gegen den Schwindel.

Dinictys, fossile Säugetiergattung, s. Kreodonten.

Dinieren, s. Diner.

Dinītrokresōl, als Ortho-, Meta- und Para-Verbindung bekannt, entsteht deim Nitrieren von Kresol (s. d.). Das Gemisch der Alkalisalze des Dinitro-Ortho-Kresols und des Dinitro-Para-Kresols bildet den als Safransurrogat, Victoriagelb und Victoriaorange bekannten giftigen gelben Farbstoff, der früher vielfach zum Färben von Genußmitteln (Maccaroni, Butter,. Käse) gebraucht wurde, jetzt meist durch andere unschädliche Farbstoffe (z. B. Orangegelb) ersetzt mird.

Dinītrosorcsorcīn, s. Solidgrün.

Diniz (spr. -nihs), König von Portugal, s. Dionysius.

Diniz (spr. -nihs) da Cruz e Silva, Antonio, portug. Dichter, ged. 4. Juli 1731 in Lissabon, studierte die Rechte in Coimbra, war Advokat in Castello-de-Vide dei Portalegre und wurde 1776 nach Rio de Janeiro als Obertribunalsrat versetzt. Dort blied er 11 Jahre, nahm von 1787 bis 1791 Aufenthalt in Lissabon, wurde in diesem Jahre nach Brasilien gesandt als Beirat des Kanzlers Xavier de Vasconcellos Coutinho und starb dort 5. Okt. 1799. D. ist einer der Mitbegründer der berühmten akademischen Gesellschaft «des neuen Arkadiens» (Arcadia Ulysipponense), die es sich zur Aufgabe gemacht hatte, eine Erneuerung und Wiedergeburt der verfallenen Litteratur zu erzielen. D., dessen arkad. Name «Elpino Nonacriense» ist, hat mehr als 300 Sonette, viele Eklogen, Canzonen, Elegien, Epigramme u. s. w. verfaßt; außerdem ein längeres Gedicht: «Metamorphosen Brasiliens», eine Komödie: «O falso heroismo», und mehrere Bände pindarischer Oden. Sein Meisterwerk ist das heroisch-komische Epos «Der Weihwedel» («O Hyssope»), das er zwischen 1760 und 1774 dichtete. D. ahmt darin Boileaus «Lutrin» nach, doch in so freier, eigentümlicher und vollendeter Weise, daß man sein Epos vom ästhetischen Standpunkte aus als ein ungleich gelungeneres komisches Epos bezeichnen muß. Herausgegeben wurde es mehrfach zu Paris (1802, 1817, 1821 und 1834); 1828 ward es von Boissonade in franz. Prosa übersetzt (Paris); eine neue Ausgabe mit vortrefflicher Einleitung von F. Denis erschien 1867 u. d. T. «Le goupillon» (ebd.). — Eine Gesamtausgabe der Werke des D. (mit Ausschluß des Epos) erschien von 1807 bis 1817 in Lissabon (6 Bde., «Poesias»). Vgl. Reinhardstoettner, Der Hyssope des A. D. in seinem Verhältnisse zu Boileaus Lutrin (Lpz. 1877).

Diniz (spr. -nihs), Julio, Pseudonym des portug. Romandichters Joaquim Guilherme Gomes Coelho, geb. 14. Nov. 1839 in Oporto, besuchte das Polytechnikum seiner Vaterstadt, studierte ebendaselbst Medizin, war (1867—71) Professor der chirurg. Schule in Oporto, starb aber schon 12. Sept. 1871. «As pupillas do Senhor Reitor», sein erstes Werk, ist zugleich sein Meisterwerk, eine Dorfgeschichte voll bewegter Handlung, reich an künstlerisch wahren, sehr verschiedenartigen Charakteren, mit buntem Lokalkolorit. Es erschien 1866 in Oporto, öfter in Deutschland (Lpz. 1875 als Bd. 6 der «Collecção de antores portuguezes»). Auch als Bühnenstück hatte der Roman Erfolg. In das portug. Bürgertum, speciell in das Leben der großen Handelsstadt Oporto führt «Uma familia ingleza» (Oporto 1867); den Landadel in seinen seltsamen Sitten zeigen «A morgadinha de Canaviaes» (ebd. 1868) und «Os fidalgos da casa mourisca», erst 1872 erschienen. Das Volksleben behandeln vier Novellen, vereinigt u. d. T. «Serões da provincia» (Oporto 1870; 2. Ausg. 1873). Die Gedichte D.' sind erst 1880 in Buchform erschienen. — Vgl. A. Pimentel, Julio D. (Oporto 1872). In Deutschland schrieb über die «Mündel des Pfarrers» Hugo Schuchardt («Romanisches und Keltisches», Berl. 1886).

Dinka oder Denka, auch Djangeh, ein afrik. Negerstamm, der am Bahr el-Abiad und seinen Nebenflüssen zwischen 6—12° nördl. Br. wohnt und von 6 bis 10° das westl., von 6 bis 12° das östl. Ufer des Flusses innehat. Das von den D. bewohnte Gediet ist eine unermeßliche Edene, durch die der Bahr el-Abiad fließt. An seinen Ufern ziehen sich von den sog. Dinkahügeln, der nördl. Grenze des Gebietes der D., dis zum Sobat rechts und links anmutige Anhöhen hin, die reich an Wild sind. Von da an bis zur südl. Grenze des Dinkagebietes werden die Ufer niedrig und verlaufen in Sümpfe, aus denen bloß hier und da ein Mimosenwäldchen emporragt. Die D. unterscheiden sich körperlich von den zwischen ihnen (zwischen 10—7° nördl. Br.) wohnenden Schilluk und Nuer, welche von ihnen als Eindringlinge und Erbfeinde detrachtet werden, wesentlich, indem die D. von höherer Statur sind und einen an beiden Seiten mehr zusammengedrückten länglichen Schädel mit bedeutend hervorragender Stirn besitzen. Ihre Farbe ist schwarz mit einem Stich ins Bläulichgraue. (S. Tafel: Afrikanische Völkertypen, Fig. 20.) Sie zerfallen in mehrere unabhängige Stämme, von denen (von Norden nach Süden) am östl. Ufer die Abjalang, Agar, Abujo, Dongiol, Tuitsch, am westl. Ufer die Jange, Rek, Rol, Kjetsch, Ghok, Lau, Atuot und Mandari die bedeutendsten sind. Ihrer Beschäftigung nach sind die D. ein Hirtenvolk, dessen Reichtum in den zahlreichen sorgfältig gepflegten Rinderherden desteht. Daneben treiden sie auch Ackerbau und dauen Durra, in einigen Gegenden auch Hülsenfrüchte. Der Fischfang im Nil liefert das ganze Jahr hindurch eine gute Ausbeute. Ihrer geistigen Begabung nach stehen die D. ziemlich hoch, obwohl ihre religiösen Vorstellungen verworren und vom krassesten Aberglauben durchsetzt sind, weshalb die Regenmacher und Zauberdoktoren eine große Rolle bei ihnen spielen; die Erzeugnisse ihrer Hausindustrie zeugen von einer nicht unbedeutenden Geschicklichkeit und von gutem Geschmack. Gleich allen Negerstämmen dieser Gegenden gehen die D. völlig nackt; bloß die verheirateten Weiber tragen eine mehr oder weniger kunstvoll gearbeitete Schambedeckung. Sie leben ohne gemeinsames Oberhaupt und ihre Dorfhäuptlinge besitzen nur geringe persönliche Macht. Sie sind mäßig und halten während des Tages bloß einmal, gegen Sonnenuntergang, eine Mahlzeit. Die Sprache der D. ist sehr einfach und wohlklingend; sie scheint mit der Sprache der Bari (s. d.) in einem gewissen innern Zusammenhange zu stehen. Mit den Bantusprachen Südafrikas hat sie die Präfixbildung gemein. Seit dem J. 1848 war unter den D. eine von der röm. Propaganda ausgegangene kath. Mission thätig, die 1861 dem Franziskanerorden übergeben wurde. Vgl. Kaufmann, Das Gebiet des Weißen Flusses (Brixen 1861); Hartmann, Naturgeschichtlich-mediz. Skizze der Nilländer (Berl. 1865); Mitterrutzner, Die Dinkasprache in Centralafrika (Brixen 1866); Marno, Reisen im Gebiete des Blauen und Weißen Nil (Wien 1874); F. Müller, Grundriß der Sprachwissenschaft (Bd. 1, Abteil. 2, Wien 1877); Schweinfurth, Im Herzen von Afrika (Lpz. 1878); Emin-Pascha. Eine Sammlung von Reisebriefen und Berichten, hg. von Schweinfurth und Ratzel (ebd. 1888).

Dinkel oder Spelz, diejenigen Weizenarten, bei welchen die Hülse oder Spelze des Korns sich in der Reife von diesem nicht löst und die Ährchen getrennt an der Halmspindel stehen. Man baut davon drei Gattungen an: 1) Den eigentlichen D. oder Spelz, Triticum spelta *L.*, das charakteristische Brotgetreide der Schwaben und Alemannen, sonst wenig verbreitet; er kommt ungegrannt (muticum, s. Tafel: Getreidearten, Fig. 9 a b) und gegrannt (aristatum, Fig. 10 a b) vor und liefert ein gelbliches Feinmehl, das demjenigen des Weizens nachsteht, seine Bodenansprüche sind geringer als die des letztern. 2) Den Emmer, Triticum amyleum *Ser.* (Triticum dicoccum *Schrank*, Fig. 11 a b), dessen Körner in Italien, der Schweiz, in Schwaben, in der Pfalz vorzugsweise zu Gries oder Graupen verarbeitet werden; er wird nur gelegentlich angebaut. 3) Das Einkorn oder Peterskorn, Triticum monococcum *L.* (Fig. 12 a b), das in jedem Ährchen nur ein einziges Korn trägt, für rauhe Gebirgsgegenden (Schwarzwald, Schweiz, Westfrankreich) geeignet, mit hartem Stroh, schlechtes Mehl liefernd, daher ebenfalls vorzugsweise zu Suppengraupen verwendet. Das Gewinnen der Körner der Dinkelarten aus den Spelzen geschieht auf der Mühle und heißt Schälen oder Gerben. Wo der Weizen gerät, lohnt der Anbau des D. nicht. Unreifer Spelz in geschältem Zustande wird unter dem Namen Grünkorn als Suppengemüse (Graupen) gebraucht.

Dinkel, linker Nebenfluß der Vechte, entspringt im Kreise Ahaus des preuß. Reg.-Bez. Münster, tritt unterhalb Gronau in die niederländ. Provinz Overyssel, dann oberhalb Lage wiederum auf preuß. Boden und mündet nach 75 km nördl. Laufes unterhalb Neuenhaus.

Dinkelsbühl. 1) **Bezirksamt** im bayr. Reg.-Bez. Mittelfranken, hat (1890) 24 868 (11 858 männl., 13 010 weibl.) E. in 63 Gemeinden mit 191 Ortschaften, darunter eine Stadt. — 2) **Unmittelbare Stadt** und **Hauptort** des Bezirksamtes D., ehemals freie Reichsstadt, 36 km im SW. von Ansbach, 3 km von der württemb. Grenze, in 441 m Höhe an der Wörnitz, im fruchtbaren Virngrunde, an der Nebenlinie Dombühl-Nördlingen der Bayr. Staatsbahnen, Sitz eines Bezirksamtes, Amtsgerichts (Landgericht Ansbach), Rent-, Forstamtes, kath. und evang. Dekanats, ist mit einer von schlanken Türmen besetzten Ringmauer umgeben, hat (1890) 4496 (2113 männl., 2383 weibl.) E., darunter 1296 Katholiken, Post- und Bahnexpedition, Telegraph, Fernsprecheinrichtung, zahlreiche Brücken und Stege über die Wörnitz, 5 Kirchen, darunter die evang. Stadtkirche in byzant. Stil (1843), an der Stelle der alten Karmeliterkirche erbaut, und die kath. Georgskirche, eine got. Hallenkirche, 1448—99 erbaut, das sog. Deutsche Haus, Stammhaus der Grafen Drechsel-Deufstetten, ein Prachtbau deutscher Renaissance in Holzarchitektur, 1543 erbaut und 1877 restauriert, ein ehernes Standbild (1859) des hier geborenen Jugendschriftstellers Christoph von Schmid und ein Kriegerdenkmal; Lateinschule, königl. paritätische Realschule mit gewerblicher Fortbildungsschule, 2 Frauenarbeitsschulen, Zeichenschule, Krankenhaus, Schlachthaus; Fabrikation von Woll- und Korbwaren, Bürsten und Lebkuchen, Gerberei, mechan. Streichgarnspinnerei, Landwirtschaft, besonders Viehzucht, Getreidehandel, Sparkasse, Kreditverein, Wollmarkt, Vieh- und Jahrmärkte. — D., das für die älteste Stadt Frankens gilt, wurde 928 durch einfache, 1126 durch doppelte Mauern befestigt, erhielt 1305 gleiche Rechte mit Ulm und war 1351—1802 zum Schwäbischen Kreise gehörige Reichsstadt. 1632 eroberte der schwed. Oberst von Sperreut die Stadt. Religiöse Parteiungen untergruben lange Zeit Ordnung und Wohlstand des Ortes, bis endlich die Gleichstellung der Protestanten mit den Katholiken erfolgte. D. kam 1802 an Bayern, 1804 an das preuß. Fürstentum Ansbach und 1806 wieder an Bayern. — Vgl. Unold-Zangmeister, Topogr. Geschichte von D. (1855); Pürckhauer, Geschichte der evang. Kirche zu D.; Beck, Übersicht über die Geschichte der ehemals Freien Reichsstadt D. (Dinkelsbühl 1886); Bohlig, Die St. Georgskirche zu D. (Lpz. 1882); Metzger, Beiträge zur Geschichte von D.

Dinkholder Brunnen, s. Braubach.

Dinklage, Gemeinde im oldenb. Amt Vechta, 15 km im SW. von Vechta, an einem Zuflusse der Vechta, hat (1890) 3531 (1769 männl., 1762 weibl.) kath. E., Post, Telegraph, schöne got. Kirche, Krankenhaus, Realschule; Baumwollweberei, Färberei und Druckerei, Eisengießerei, Fabrik landwirtschaftlicher Maschinen, Dampfsägewerk, Dampf- und Windmühlen, Molkerei, Spar- und Darlehnsbank.

Dinna, s. Affenbrotbaum.

Dino..., in Zusammensetzungen bei naturwissenschaftlichen Namen, hauptsächlich für ausgestorbene riesenhafte Tiere, kommt vom griech. deinós, furchtbar, gewaltig.

Dinocĕras, s. Dinoceraten.

Dinocerăten (Schreckhörner) hat Marsh eine Ordnung vorweltlicher Riesentiere genannt, deren Reste bisjetzt nur in dem mittlern Eocän von Wyoming und Colorado gefunden wurden. Sie besaßen drei Paar hörnerartiger, aber breiter Knochenvorsprünge auf dem langen, aber ziemlich schmalen Schädel, die vielleicht mit Horn überzogen waren, eins mehr hinten, eins vor den Augen und ein drittes Paar vorn auf der Schnauze. Im Oberkiefer, dem die Schneidezähne fehlen, stehen ein Paar ungeheure, säbelförmige Eckzähne und kleine Backenzähne mit stumpfen Höckern (s. umstehende Abbildung); die Schneide- und Eckzähne des Unterkiefers ähneln denen des Flußpferdes. Die Füße sind, wie das ganze Skelett, plump und schwer und haben vorn fünf, hinten vier Zehen. Man hat mehrere Gattungen (Dinoceras, Tinoceras, Uintatherium, Eobasileus, Loxolophodon) unterschieden.

Die Tiere erreichten wenigstens Elefantengröße und zeigen Beziehungen zu den Urformen der Rüsseltiere, Nashörner und Flußpferde; in Bezug auf

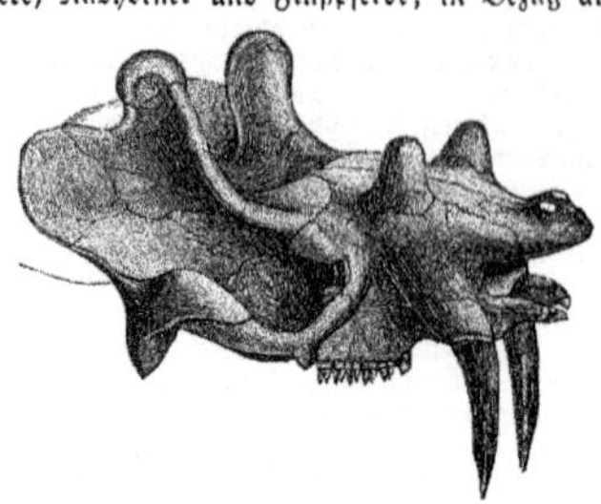

Intelligenz standen sie aber offenbar auf sehr niedriger Stufe, das Gehirn von D. war trotz des ungeheuren Schädels so klein, daß es durch den größten Teil des Wirbelkanals hätte frei hindurchgezogen werden können.

Dino Compagni, florentin. Staatsmann, s. Compagni, Dino.

Dinokrătes (Deinokrates), Baumeister zur Zeit Alexanders d. Gr., hatte diesem den Plan vorgelegt, den Berg Athos (s. d.) in eine menschliche Gestalt umzubilden, die in der einen Hand eine Stadt, in der andern eine Schale halten sollte, sodaß aus dieser die Gewässer des Athos in das Meer flössen. Dieser abenteuerliche Plan kam nicht zur Ausführung, wohl aber übertrug Alexander dem D. die architektonische Leitung der Erbauung von Alexandria in Ägypten.

Dinornis nannte der engl. Naturforscher Owen eine Gattung kolossaler, zum Fliegen unfähiger Vögel, deren Knochen man in Neuseeland haufenweise findet, und die offenbar noch mit dem Menschen dort lebten, jetzt aber gänzlich ausgerottet scheinen. Die größten Arten dieser Vögel wurden bis 4 m hoch und waren unter dem Namen Moa den Insulanern bekannt, deren Heldengesänge noch Kämpfe ihrer Voreltern mit den Riesenvögeln zum Gegenstande haben. Der Schädel und besonders die Hirnhöhle war klein, flach, der Schnabel kräftig, demjenigen des Strauß ähnlich; der Hals lang; das Brustbein klein, gewölbt, ohne Kamm; die Flügel ganz verkümmert; die Füße dreizehig, sehr hoch, massiv und schwer. Der ganze Habitus des Skeletts reiht sich an die straußartigen Laufvögel und namentlich an den ebenfalls in Neuseeland einheimischen, aber seinen gigantischen Verwandten gegenüber zwergartigen Kiwikiwi (Apteryx, s. d.) an. Außer fünf Dinornisarten hat man noch mehrere ähnliche Gattungen (Palapteryx, Meinornis, Apterornis) unterschieden, die mit jenen die Familie der Dinornithidae bilden. In neuerer Zeit sind viele Skelette dieser Vögel in europ. Museen gekommen.

Dinosaurier (grch.), Name einer großen Gruppe fossiler Eidechsen, deren Reste zuerst in der Trias, hauptsächlich aber in der Jura- und Wealdenformation vorkommen und teilweise auf Tiere von riesiger Größe (bis zu 30 m Länge) und plumpen Formen hindeuten. Die Tiere waren augenscheinlich meist Landtiere mit dicken, plumpen Füßen, deren Zehen mit großen Sichelkrallen bewaffnet waren und deren Röhrenknochen sehr dick, kurz und mit großen Markröhren versehen waren. Das Heiligbein war aus fünf verwachsenen Wirbeln gebildet; die Zähne unvollkommen eingeteilt und entweder (in der Gruppe der Sauropoden) halig, scharf, also auf Fleischnahrung hindeutend (Megalosaurus, Dacosaurus), oder breit, spatelförmig mit zaltigen Kronen, ähnlich wie beim Leguan, der von Pflanzennahrung lebt (Iguanodon, s. d.). Trotz der plumpen Formen der meisten D. zeigen sich doch bei einer Gruppe dieser Tiere, den Ornithosceliden Marshs (Camptonotus, Diplodocus u. s. w.), in der Bildung der gewöhnlich längern und stärkern Hinterfüße, des Beckens und Schultergürtels sowie der Wirbelsäule viele Annäherungen an die Vögel. Die Vorderfüße sind stets weit kleiner als die Hinterfüße. Bei einer kleinen, der Gruppe angehörigen Gattung, die in den lithographischen Schiefern von Solnhofen gefunden wurde (Compsognathus, s. d.), erreicht sogar das Mißverhältnis zwischen Vorder- und Hinterbeinen einen ebenso hohen Grad wie beim Känguru, sodaß also dieses Tier jedenfalls eine springende Eidechse war. In neuerer Zeit sind namentlich in Nordamerika zahlreiche Reste von zum Teil gigantischen D. gefunden worden, unter welchen die Gruppe der Stegosaurier Marshs sich durch Panzerung mit teilweise meterlangen Knochenschildern und Rückenstacheln auszeichnete. Die großen plumpen Arten aus der Gruppe der Sauropoden Marshs, unter welchen die größten aller bisher bekannten fossilen Tiere und Landtiere überhaupt, Atlantosaurus, Titanosaurus und Apatosaurus sind, konnten nicht springen, sondern bewegten sich schrittweise. Bei diesen seltsamen Tieren war die Anschwellung des Rückenmarkes in der Kreuzbeingegend infolge der Abgabe kolossaler, die Bewegung der gewaltigen Masse der hintern Gliedmaßen veranlassender und regulierender Nerven so stark, daß bei Stegosaurus z. B. die Kreuzbeinhöhle zehnmal so groß als die eigentliche, allerdings sehr kleine Hirnhöhle des Schädels war. Man hat demzufolge wohl auch hin und wieder, aber irrtümlich, von einem Kreuzbeinhirn dieser Tiere gesprochen. (S. Ornithosceliden.)

Dinotherium nannte Kaup eine sehr interessante vorweltliche Säugetiergattung (s. Tafel: Elefanten II, Fig. 2), von welcher ein Schädel in den tertiären Bodenschichten bei Eppelsheim unweit Mainz gefunden wurde, der 1 m in die Länge maß. Stoß- und besonders Backzähne des Tiers sind vorgekommen in obertertiären Schichten Deutschlands, der Schweiz und Frankreichs, Griechenlands, auch Indiens, die dem Eppelsheimer Sande entsprechen, allein ein vollständiges Skelett ist nirgends gefunden worden. Die Nasenbeine fehlen gänzlich, und die Stirnbeine sind verkürzt, sodaß auf dem Schädel eine ungeheure Grube sich findet; die Schläfengruben sind sehr groß, die Augenhöhlen klein. Schneide- und Eckzähne fehlen im Oberkiefer; die Backzähne sind mit einem queren dachartigen Doppeljoche wie beim Tapir versehen, weshalb auch Cuvier vereinzelt gefundene Zähne einem kolossalen Tapir zuschrieb. Der Unterkiefer ist völlig abweichend von dem jedes andern Säugetiers gebildet, indem die beiden Vorderzähne desselben ungeheuer groß, gänzlich nach unten gerichtet und zugleich ein wenig rückwärts gebogen sind. Das ganze Tier muß nach der Größe des Kopfes im Vergleich mit andern bekannten Säugetieren mindestens 4 m lang gewesen sein. Da der Schädel in seinem ganzen Habitus sowie in der Bildung der Nasenhöhlen, des Hinterhauptgelenks u. s. w. demjenigen der Seekühe sehr ähnlich sicht, so wurde das D. von vielen Naturforschern für ein Wassertier, ähnlich den pflanzenfressenden Waltieren gehalten; seitdem aber Reuß in Böhmen neben andern Teilen des Skeletts die fast vollständigen Fußknochen auffand, lann es nur als ein Rüsseltier betrachtet werden, welches den Mastodonten und Elefanten näher verwandt war.

Dinslaken, Stadt im Kreis Ruhrort des preuß. Reg.-Bez. Düsseldorf, an der Linie Oberhausen-Emmerich der Preuß. Staatsbahnen, hat (1890) 2665 E., darunter 1029 Katholiken und 200 Israeliten, Post, Telegraph, Amtsgericht (Landgericht Duisburg), kath. Kranken-, israel. Waisenhaus, Vorschußverein; Eisenwalzwerk, 4 Lohgerbereien, Fabrikation von Cigarren (6 Fabriken), Lack und Firnis, Kohle für elektrische Bogenlampen (Rheinische Kohlestiftfabrik für elektrische Lichtbogenlampen), Blutegelzucht, Ackerbau und bedeutende Viehmärkte.

Dinte, s. Tinte.

Dintel, Fluß in der niederländ. Provinz Nordbrabant, entsteht bei Breda durch die Vereinigung der Großen Aa und Mark, und mündet nördlich von Dinteloord (Prinsenland) in die Maas.

Dinter, Christian Friedr., Pädagog, geb. 29. Febr. 1760 zu Borna, besuchte die Fürstenschule zu Grimma, studierte seit 1780 auf der Universität zu Leipzig Theologie und Pädagogik, wurde 1787 Pastor zu Kitzscher bei Borna und übernahm 1797 die Direktion des Schullehrerseminars zu Friedrichstadt-Dresden, mit der zugleich das Rektorat einer Elementarschule verbunden war. 1807 wurde er Pastor zu Görnitz bei Borna, wo er auch ein Progymnasium gründete, 1816 Doktor der Theologie und preuß. Konsistorial- und Schulrat zu Königsberg, 1822 Professor der Theologie und starb daselbst 29. Mai 1831. D. besaß die Gabe vorzüglicher Klarheit und steter Berücksichtigung des Praktischen beim Unterricht. Er war ein Meister der Sokratischen Methode, mit der er lange Zeit die Volksschule, besonders den Religionsunterricht in rationalistischem Geiste beherrschte. Das Seminar in Dresden stand unter seiner Leitung in hoher Blüte. Sein praktischer Sinn machte es ihm möglich, seinem Amte in Königsberg, das eine Zusammensetzung der verschiedenartigsten Geschäfte war, mit Erfolg vorzustehen. Am bedeutendsten wirkte er als Schriftsteller. Seine Werke sind zuerst, meist ohne seinen Namen, zu Neustadt an der Orla erschienen. Zu nennen sind besonders: «Die vorzüglichsten Regeln der Katechetik» (1802; 13. Aufl., Plauen 1862), «Die vorzüglichsten Regeln der Methodik, Pädagogik und Schulmeisterklugheit» (1806; 7. Aufl. 1836), «Kleine Reden an künftige Volksschullehrer» (4 Bde., 1803—5; 3. Aufl. 1837—38), «Predigten zum Vorlesen in Landkirchen» (1809 u. ö.), «Anweisung zum Gebrauche der Bibel» (3 Bde., 1814—15), «Malwina, ein Buch für Mütter» (1818; 5. Aufl., Plauen 1860), «Unterredungen über die Hauptstücke des luth. Katechismus» (13 Tle., 1806—23 u. ö.), «Schullehrerbibel» (9 Bde., 1826—30), «D.s Leben, von ihm selbst beschrieben» (1829; neu hg. von Niedergesäß, Wien 1879). D.s sämtliche Schriften gab Wilhelm (43 Bde., Neustadt 1840—51), D.s ausgewählte Schriften Seidel (2 Bde., Langensalza 1880—81) heraus. — Vgl. Amelungk, D.s Grundsätze, kurz zusammengestellt und pädagogisch gewürdigt (Plauen 1881).

Dinzenhofer, Baumeister, s. Dientzenhofer.

Dio (grch. Dion), Coccejanus, wie er sich wohl wegen seiner Beziehungen zu Nerva (Marcus Coccejus) nannte, während er von seiner Wohlredenheit den Beinamen Chrysostomus, d. i. Goldmund, erhielt, ein griech. Rhetor, war zu Prusa in Bithynien um 50 n. Chr. geboren. Er erwarb sich seine Bildung namentlich durch Studien an den Hauptsitzen der Litteratur und Kultur und durch größere Reisen und lebte dann zuerst in seiner Vaterstadt, später in Rom, wo er mit Vespasian befreundet war. D. mußte aber unter Domitian Rom und Italien verlassen, worauf er große Reisen an der Nordküste des Schwarzen Meers machte. Die dort wohnenden Geten schilderte er in einem jetzt verlorenen Werke, betitelt «Getica». Nach der Thronbesteigung Nervas, mit dem er befreundet war, kehrte er nach Rom zurück und lebte hier, auch von Trajan hochgeschätzt, mit Ausnahme eines kürzern Aufenthalts in Prusa bis zu seinem Tode (117 n. Chr.). Er hielt als Wanderredner in Rom wie in seiner Vaterstadt und auf seinen Reisen mit großem Beifall Vorträge. Erhalten sind von ihm noch 80 Reden, von denen aber nur ein Teil wirklich die Form von Reden hat, während die andern Aufsätze moralischen oder litterar.-ästhetischen Inhalts sind. Die Sprache ist den besten attischen Mustern, namentlich Xenophon und Platon glücklich nachgebildet. Unter den ältern Ausgaben ist die von Reiske (2 Bde., Lpz. 1784) hervorzuheben. In neuerer Zeit hat Emperius eine Ausgabe mit kritischem Apparat (Braunschw. 1844) und L. Dindorf eine Handausgabe (2 Bde., Lpz. 1857) geliefert.

Dio, Juan de, s. Barmherzige Brüder.

Diobölon (doppelter Obolos, s. d.), griech. Geldstück von 10 Lepta (s. Drachme).

Diocaesarēa, röm. Name für Sepphoris (s. d.).

Dio Cassius, eigentlich Cassius Dio Coccejanus, griech. Historiker, geb. zu Nicäa in Bithynien um 160 n. Chr., stammte mütterlicherseits von Dio Chrysostomus ab. 190 saß er bereits im Senat und wurde 221 zum ersten-, 229 zum zweitenmal Konsul. Infolge der Strenge, die er als militär. Befehlshaber gezeigt hatte, ward er von den Prätorianern bedroht, sodaß er auf den Rat des Kaisers Alexander Severus während seines zweiten Konsulats aus Rom sich entfernte. Bald darauf zog er sich in seine Vaterstadt zurück. Sein Geschichtswerk, dem er, wie er selbst sagt, 22 Jahre widmete, nämlich 10 Jahre der Sammlung, 12 der Ausarbeitung des Stoffs, enthielt die röm. Geschichte von der Gründung Roms bis 229 n. Chr. in 80 Büchern. Erhalten sind aber nur das 37. bis 59. abgesehen von einigen Lücken vollständig, das 36. und 60. unvollständig, außerdem ein Teil des 35. und das 36. bis 80. im Auszuge des Joannes Xiphilinus; dazu kommen zahlreiche Fragmente namentlich in den Excerpten des Konstantinos Porphyrogennetos und die im 12. Jahrh., was die röm. Geschichte angeht, größtenteils aus D. C. excerpierte Weltgeschichte des Zonaras. D. C.' Werk ist für die Geschichte der letzten Zeit der Republik und die der ersten Jahrhunderte der Kaiserzeit eine der wichtigsten Quellen. Unter den Ausgaben verdient die von J. A. Fabricius und Reimarus (2 Bde., Hamb. 1750—52; neu bearbeitet von Sturz, 9 Bde., Lpz. 1824—43) den Vorzug. Neuere Handausgaben veranstalteten J. Bekker (2 Bde., Lpz. 1849) und L. Dindorf (5 Bde., ebd. 1863—65). Deutsche Übersetzungen lieferten Wagner (5 Bde., Frankf. a. M. 1783—96), Schöll und Tafel (16 Bde., Stuttg. 1831—44). Über D. C.' Quellen und seine Art, sie zu benutzen, haben Niebuhr, Egger, Nissen, Peter, zuletzt Ranke in seiner «Weltgeschichte» (Bd. 3, 1883) geschrieben. Außerdem haben Wilmans (Berl. 1835), Baumgartner (Tüb. 1880), Posner (Bonn 1874), Graßhof (edd. 1867), Heimbach (edd. 1878), Christensen (Berl. 1871), Sickel (Gött. 1876) u. a. Studien über D. C. veröffentlicht.

Diöcesān heißt nicht nur der Geistliche, der an einem Orte die bischöfl. Gerichtsbarkeit übt, sondern auch jedes zu einer Diöcese gehörende Glied einer Kirche. Ein Konzil, das von den kirchlichen Repräsentanten einer Diöcese gehalten wurde oder wird, heißt Diöcesansynode (s. d.).

Diöcesānsynōde, in der kath. Kirche die vom Bischof berufene Versammlung der Kleriker seiner Diöcese, welche Seelsorgeämter verwalten; die D. soll jährlich einmal in der Kathedralkirche gehalten werden; ihr Zweck ist hauptsächlich persönlicher Verkehr zwischen Bischof und Klerus, rechtlich notwendig ist ihre Mitwirkung in keinem Falle. Eins der berühmtesten kirchenrechtlichen Werke ist das von Benedikt XIV., De synodo dioecesana (Rom 1755); vgl. ferner Phillips, Die D. (Freib. 1849). — In der evang. Kirche sind Territorialdiöcesansynoden Synodalkörper für kirchliche Kreise, so in Bayern, Württemberg. (S. Kreissynode und Konzil.)

Diöcēse (grch.), seit dem Kaiser Diocletian Bezeichnung für die Hauptteile des Römischen Reichs, die wieder in Provinzen zerfielen. Um die Mitte des 4. Jahrh. bestand das Römische Reich aus folgenden D.: Orient, Ägypten, Asien, Pontus und Thrazien unter dem Präfekten des Morgenlandes; Macedonien und Dacien unter dem Präfekten Illyriens; Italien, Illyrien und Afrika (mit Numidien und Tripolis) unter dem Präfekten Italiens, und Gallien, Hispanien (mit Mauretania Tingitana) und Britannien unter dem Präfekten Galliens. Ein Teil der D. Asien und Afrika sowie Achaja in Macedonien standen unter Prokonsuln, die D. Orient unter einem Comes, Ägypten unter einem Präfekten; die Statthalter der übrigen D. hießen Vicarii. Die Provinzen standen unter Rektoren, von denen vier den konsularischen Titel führten, andere hießen Präsides, mitunter auch Korrektoren. — Schon zu Konstantins Zeit wurde der Name D. auch auf die Kirchsprengel, deren Grenzen in den ältern Zeiten immer mit den polit. Grenzen der weltlichen D. oder Provinzen zusammenfielen, übertragen (über die heutigen D. s. Bistum).

Dioecĭa, Diöcisch, s. Dioicus.

Diocletianische Ära, s. Ära (Bd. 1, S. 780 b).

Diocletiānus, Gajus Aurelius Valerius, mit dem Beinamen Jovius, röm. Kaiser, geb. 245 n. Chr. zu Dioklea in Dalmatien als Sohn eines Freigelassenen, führte von seiner Mutter den Beinamen Diocles, den er in D. romanisierte. Er wurde Offizier, unter Kaiser Probus Statthalter von Mösien, unter Carus Befehlshaber der kaiserl. Leibwache und nach dem Tode des Carus und dessen Sohnes Numerianus am 17. Sept. 284 zu Chalcedon von den Offizieren des Heers zum röm. Kaiser ausgerufen. Die Kandidatur des Carinus (s. d.), eines Bruders des Numerianus, wurde durch den Tod des Gegners schnell beseitigt. Der Aufstand der Bagauden in Gallien und die Gefahr, die von den deutschen Völkern am Rhein drohte, bewogen D., 285 seinen Freund, Maximianus (Herculius), einen tüchtigen Feldherrn, unter dem Titel eines Cäsars, dann, als dieser siegreich gewesen, 1. April 286 als Augustus zum Mitregenten zu erheben. Die Bedrängnis, in der sich das Reich infolge von Empörungen in den Provinzen und der Einfälle der Germanen und Perser befand, bestimmte den D., der ein ausgezeichneter Staatsmann war, ein neues System zu versuchen. Das Reich sollte in vier Teile zergliedert werden, derart, daß ein Oberkaiser, D. selbst, mit einem Cäsar in der Osthälfte, ein zweiter Augustus aber mit seinem Cäsar im Westen regierte. Nach 20 Jahren sollten die Auguste abdanken, die Cäsare zu Augusten erhoben werden, die für sich dann neue Cäsare zu ernennen hatten. Daher ernannten die beiden Herrscher zu Nikomedia und Mailand 1. März 293 den Galerius Maximianus und Constantius Chlorus zu Cäsaren und teilten die Verwaltung in der Art, daß Maximian Afrika, Spanien und Italien, Constantius Gallien und Britannien, Galerius Illyricum, D. Thrazien und den Orient regierte. Daran schloß sich 293—297 die Gliederung des Reichs in 12 Diöcesen und dieser wieder in etwa 100 kleinere Provinzen. D. unterwarf 296 den Achilleus, der sich die Herrschaft über Ägypten (286) angemaßt hatte, und tötete ihn nach der Eroberung von Alexandria. Währenddessen hatte Constantius 296 das unter Carausius (s. d.) seit mehrern Jahren abgefallene Britannien wieder unterworfen, Galerius gegen den Perserkönig Narses anfangs unglücklich, dann siegreich gekämpft, sodaß in dem Frieden, den er und D. 297 mit Narses schlossen, die Grenzen des Reichs in Mesopotamien und am obern Tigris erheblich erweitert und Armenien unter Oberhoheit der Römer gestellt wurde. Von beiden Kaisern wurde in Rom zu Ende 303 ein glänzender Triumph gefeiert. Freiwillig endlich legte D., wie es gleichzeitig Maximian in Mailand that, 1. Mai 305 in Nikomedia die Herrschaft nieder und lebte hierauf auf seinen Gütern bei Salonä in Dalmatien, wo er 313 starb. Unter der Regierung des D. wurden die letzten Reste der republikanischen Formen vollends beseitigt, die kaiserl. Herrschaft zu voller Unbeschränktheit durchgeführt, zugleich aber auch durch die Pracht, mit der sie umgeben wurde, durch die Sitte der Adoration, die D. statt der Salutation einführte, dem orient. Despotismus genähert, daneben die Armee neu organisiert und die Militärgewalt in den Provinzen von der Civilgewalt grundsätzlich getrennt. Eine grausame Christenverfolgung (s. d.) ging auf D.' Befehl 303 von Nikomedia aus. Vgl. Bernhardt, D. in seinem Verhältnis zu den Christen (Bonn 1862); Preuß, Kaiser D. und seine Zeit (Lpz. 1869); Mason, The persecution of D. (2 Bde., Lond. 1876); Allard, La persécution de Dioclétien (2 Bde., Par. 1890).

Diodāti, Johann, reform. Theolog, geb. 6. Juni 1576 zu Genf, stammte aus einer adligen Familie von Lucca, die wegen Hinneigung zur Reformation Italien verlassen hatte. D. ward 1597 Professor der hebr. Sprache, 1608 Pfarrer und 1609 Professor der Theologie zu Genf. Auf der Dordrechter Synode (s. d.) stimmte er gegen die Arminianer. Nachdem er 1645 sein Amt niedergelegt hatte, starb er 3. Okt. 1649. Von seinen Schriften sind zu nennen die noch jetzt am weitesten verbreitete Übersetzung der Bibel ins Italienische (Genf 1607) und ins Französische (edd. 1644), eine franz. Übersetzung von Sarpis Geschichte des Tridentinischen

Konzils (ebd. 1621 u. ö.) sowie die «Relation de l'état de la religion en occident traduite de l'anglois d'Edwin Sandys» (ebd. 1626). Vgl. Budé, Vie de Jean D. (ebd. 1869).

Diŏdon, s. Igelfische.

Diodōrus, griech. Geschichtschreiber unter Julius Cäsar und Augustus, war aus Agyrion in Sicilien gebürtig und wurde deshalb Sicŭlus genannt. Um seinem Geschichtswerke, an welchem er 30 Jahre arbeitete, die möglichste Vollständigkeit und Genauigkeit zu geben, bereiste er einen großen Teil Europas und Asiens. Der größte Teil dieses Werks, das er «Histor. Bibliothek» nannte, ist verloren gegangen. Es bestand aus 40 Büchern und enthielt die Gesamtgeschichte der Völker des Altertums bis zu 60 v. Chr. Erhalten sind nur die Bücher 1—5 und 11—20 vollständig, bedeutende Bruchstücke finden sich in den byzant. Historikern, den Excerptensammlungen des Konstantin Porphyrogennetos und anderer; sie haben für die Altertumsforschung einen bedeutenden Wert. Unter den Ausgaben sind hervorzuheben: die von Wesseling (mit reichhaltigem Kommentar, 2 Bde., Amst. 1746), von L. Dindorf (mit den Anmerkungen der frühern Erklärer, 5 Bde., Lpz. 1828—32; Handausg., 2 Bde., Par. 1842—44 und 5 Bde., Lpz. 1866—68; neu bearbeitet von Vogel, Bd. 1, ebd. 1888, Bd. 2, 1891) und von J. Bekker (4 Bde., ebd. 1853—54). Übersetzungen lieferten Stroth und Kaltwasser (6 Bde., Frankf. 1782—87), Wurm (19 Bde., Stuttg. 1831—40) und Wahrmund (ebd. 1869). Vgl. Heyne, De fontibus et auctoribus historiarum Diodori (in «Commentationes societatis regiae scientiarum Götting.», Bd. 5, und Bd. 7, abgedruckt in Dindorfs Ausgabe); Bröcker, Untersuchungen über D. (Gütersloh 1879) und Ranke in der «Weltgeschichte» (Tl. 3, 1883) und die Quellenuntersuchungen über einzelne Teile des Werks von Volquardsen (Kiel 1868), Klüber (Würzb. 1868), Collmann (Marburg 1869), G. J. Schneider (Berl. 1880), Unger (im «Philologus», Bd. 40, und in den «Sitzungsberichten» der Bayrischen Akademie, 1878), Krall (in den «Sitzungsberichten» der Wiener Akademie, Bd. 96), Klimke (Königshütte 1881—82), Bethe (in «Quaestiones Diodoreae mytho-graphae», Gött. 1887) u. a.

Diogĕnes von Apollonia (wahrscheinlich aus der milesischen Kolonie dieses Namens am Pontus), Philosoph im 5. Jahrh. v. Chr., Anhänger der altion. Naturphilosophie (besonders des Anaximenes), die er gegen die neue Richtung des Anaxagoras (s. d.) in modernisierter Form wiederherstellte. Als Urstoff nimmt er die Luft an, aus der alles durch Verdichtung und Verdünnung hervorgeht. Dieser Urstoff ist zugleich vernunftbegabt, er ist Gott, identisch mit Zeus; die Vernunft in uns ist nur ein Ausfluß der göttlichen, an der wir teilhaben durch die Atmung. Daß im Urstoff Vernunft walte, bewies er durch den Hinweis auf Ordnung und Zweckmäßigkeit der Welt. Von Anaxagoras unterscheidet er sich dadurch, daß er die Vernunft nicht vom Stoffe scheidet, sondern eins mit ihm sein läßt. Vgl. Panzerbieter, D. Apolloniates (Lpz. 1830).

Diogĕnes von Laërte in Cilicien, deshalb wohl Laërtius genannt, lebte wahrscheinlich in der ersten Hälfte des 3. Jahrh. n. Chr. Sein Werk «Über Leben, Ansichten und Aussprüche der berühmten Philosophen», in 10 Büchern, eine Kompilation aus sehr verschiedenwertigen Quellen, ist für die Geschichte der Philosophie wichtig. D. berichtet darin, obgleich mit wenig Ordnung, Wahl und Vollständigkeit, die Lebensumstände und Lehren der griech. Philosophen, am umständlichsten das Leben des Epikur, dessen Lehre er nahe gestanden zu haben scheint. Es wurde mit den Kommentaren von Casaubonus und Menagius von Hübner (4 Bde., Lpz. 1828—33) und von Cobet (Par. 1850) herausgegeben.

Diogĕnes von Sinope am Schwarzen Meer, der populärste von allen cynischen Philosophen (s. Cyniker), Schüler des Antisthenes, dessen Lehre er in seiner Lebensweise zur That zu machen suchte. Er hielt sich längere Zeit in Athen auf, besuchte aber als eine Art Wanderprediger auch andere Orte, namentlich Korinth, wo er 323 v. Chr. starb, angeblich an demselben Tag wie Alexander d. Gr. Er ist durch viele Anekdoten bekannt und zeichnete sich durch schlagfertigen Witz aus. Die unter dem Namen des D. vorhandenen 51 Briefe (hg. in Herchers «Epistolographi graeci», Par. 1873) sind unecht. Die ihm beigelegten Fragmente und Aussprüche finden sich in Mullachs «Fragmenta philosophorum graecorum», Bd. 2 (Par. 1867). Vgl. Göttling, D. oder die Philosophie des griech. Proletariats (in «Gesammelte Abhandlungen», Bd. 1, Halle 1851); Hermann, Zur Geschichte und Kritik des D. von Sinope (Programm, Heilbronn 1860).

Diogĕneskrebs, s. Einsiedlerkrebs.

Diognētbrief, altchristl. Schrift von ungewisser Abfassungszeit, in der ein anonymer Briefsteller die Bedenken seines Freundes Diognet gegen das Christentum widerlegt. Früher wegen seiner biblischen Haltung meist den Apostolischen Vätern (s. d.) zugezählt, von Overbeck dagegen bis ins 4. Jahrh. herabgesetzt, wird das Schriftstück wohl richtiger, zwar nicht dem Justin, dem die einzige Handschrift (in Straßburg 1870 verbrannt) es beilegte, wohl aber der Zeit des ausgehenden 2. Jahrh. zuzuschreiben sein. Vgl. Overbeck, Studien zur Geschichte der alten Kirche, Bd. 1 (Schloßchemn. 1875).

Diŏgo, portug. Dichter, s. Bernardes.

Dioĭcus oder diöcisch (grch., d. i. zweihäusig), botan. Bezeichnung für Pflanzen mit diklinen Blüten (s. Diclinus), bei denen die männlichen und weiblichen Organe auf verschiedenen Individuen vorkommen. Solche Blüten haben alle Gewächse, welche Linné in die 22. Klasse (Dioecia) seines Pflanzensystems zusammenfaßte.

Dĭokles, demokratischer Parteiführer in Syrakus zur Zeit des Peloponnesischen Krieges, der die grausamen Beschlüsse des Volks gegen die athenischen Kriegsgefangenen im Herbst 413 veranlaßte. Er gewann nachher die Führerschaft in Syrakus, als sein aristokratischer Gegner Hermokrates seit 412 in Kleinasien an der Seite der Spartiaten gegen die Athener kämpfte, und setzte eine neue Verfassung durch, die dem Demos politisch das Übergewicht sicherte, indem alle obrigkeitlichen Ämter von jetzt an nicht nach der Tüchtigkeit der Bewerber, sondern durchs Los verteilt werden sollten. Zugleich veranlaßte er strenge Sittengesetze. Als D. 409 in Kämpfen gegen die Karthager bei Himera eine wenig glänzende Rolle gespielt, selbst die Bestattung der gefallenen Krieger verabsäumt hatte, erzielte die Gegenpartei seine zeitweilige Verbannung. Bei seinem Tode gestand ihm die Gemeinde Heroenehren zu. Holm («Geschichte Siciliens», Bd. 2, S. 78, Lpz. 1874) nimmt an, daß der Demokrat D. und der Gesetzgeber D. zwei verschiedene Personen gewesen seien, die nur die Sage vermengt habe.

Diŏkles, griech. Mathematiker, lebte im 4. Jahrh. n. Chr., gilt als Erfinder der Cissoide (s. d.).

Diomedēa, Vogel, s. Albatros.

Diomedēische Inseln (Diomedēae insŭlae), der alte Name der Tremiti-Inseln (s. d.).

Diomēdes, der Sohn des Ares und der Kyrene, war König der Bistonen in Thrazien. Seine wilden, unbändigen Rosse fraßen Menschenfleisch. Herakles gelang es, sie zu bezwingen und sie zu Eurystheus zu bringen, nachdem er den König D. überwältigt und selbst seinen Rossen zum Fraße vorgeworfen hatte. In den Bildcyklen der Heraklesthaten wurde auch dieser Sieg von griech. Künstlern verherrlicht.

Ein anderer D., Sohn des Tydeus (s. d.) und der Deipyle, Enkel des Oineus (s. d.), Gemahl der Aigialeia, und nach dem Tode des Adrastos König von Argos, zog mit 80 Schiffen vor Troja und zeichnete sich, als sich Achilleus vom Kampfe zurückgezogen, vor allen durch seine stürmische Tapferkeit aus. Unter dem Beistande der Athene verwundete er sogar den Ares und die Aphrodite. Mit Odysseus tötete er den trojan. Späher Dolon und den Rhesos (s. d.), dessen Rosse ihm zufielen, und raubte nach der nachhomerischen Dichtung das Palladion (s. d.). Nach der epischen Dichtung war er es, der den Philoktetes und die zur Eroberung von Troja notwendigen Geschosse des Herakles von der Insel Lemnos holte. Er befand sich mit im hölzernen Pferde und tötete bei der Eroberung der Stadt Kassandras Freier Koroibos. Von Troja zurückgekehrt, fand er seine Gemahlin in ehebrecherischem Umgange, mußte fliehen und wurde nach Apulien verschlagen, wo er des Königs Daunus Tochter Euippe heiratete. Er soll dann in Apulien Arpi wie mehrere andere ital. Städte gegründet haben. Zuletzt verschwand er auf einer der Diomedischen Inseln (vor der Küste Apuliens), während seine um ihn trauernden Gefährten in Vögel verwandelt wurden. Man zeigte dort sein Grab; auch in Metapontium und Thurii wurde er als Gott verehrt. Schon Ibykos und Pindar erklärten ihn für unsterblich. D. erscheint auf vielen Darstellungen troischer Scenen in antiken Bildwerken.

Diomēdes-Inseln, Gruppe von drei Inseln in der Beringstraße, etwa gleichweit vom Ostkap Asiens wie von der Nordwestspitze Amerikas, in 65¾° nördl. Br. Bering sah sie 1728 zuerst; Gwosdew untersuchte sie 1832, sie werden darum von den Russen häufig als Gwosdew-Inseln bezeichnet. Die mittlere Insel heißt Krusenstern, die östliche Fairway, die westliche Ratmanow.

Dion, 1) ein Syrakusaner aus vornehmem und begütertem Geschlecht, etwa 408 v. Chr. geboren, wurde von Dionysius dem Ältern, dessen zweite Frau Aristomache die Schwester des D. war, hochgeschätzt. Als der jüngere Dionysius 367 v. Chr. zur Herrschaft kam, wollte D. durch die Lehren des Plato, dessen Freund und Schüler er war, die Sinnes- und Handlungsweise des Dionysius zum Bessern leiten, mußte aber als Verbannter 366 nach Griechenland gehen. Die Nachricht, daß der Tyrann seine (D.s) Güter eingezogen und seine Gattin Arete zur Heirat mit einem Günstling Timokrates gezwungen habe, bewogen D. zur Rückkehr. Mit 800 geworbenen Kriegern landete er 357 zu Minoa bei Agrigentum in Sicilien; sein Heer mehrte sich schnell. Syrakus öffnete ihm bereitwillig die Thore und übertrug ihm in Gemeinschaft mit seinem Bruder Megakles die oberste Feldherrnwürde. Dionysius eilte aus Italien, wo er sich befand, zurück in die Burg von Syrakus, Ortygia, deren Besatzung ihm treu geblieben war, mußte aber 356 nach Lokri Epizephyrii in Italien fliehen. Doch auch D. ward bald darauf durch das Mißtrauen der Demokraten genötigt, aus Syrakus zu weichen. Als aber Apollokrates, des Dionysius Sohn, die Stadt, die sich schwelgerischen Festlichkeiten überlassen hatte, von der Burg aus überfiel und hart bedrängte, wurde D. von Leontini zur Rettung herbeigerufen. Die Burg ergab sich ihm 355, D. wurde jedoch, bevor er auf die übernommene außerordentliche Gewalt verzichtet und dem Staate die aristokratische Regierungsform gegeben hatte, welche er plante, durch einen verräterischen Freund, den Athener Kallippus, 354 ermordet. Biographien des D. sind von Plutarch und von Cornelius Nepos vorhanden. Vgl. Lau, Das Leben des Syrakusaners D. (Prag 1860). — 2) D., griech. Rhetor zur Zeit des Nerva, s. Dio.

Dionaea *L.*, Pflanzengattung aus der Familie der Droseraceen (s. d.) mit nur einer Art, der gewöhnlichen Fliegenklappe oder Fliegenfalle der Venus, D. muscipula *L.* (s. Tafel: Insektenfressende Pflanzen, Fig. 1), an sumpfigen Stellen des wärmern Nordamerika, besonders in Florida, die ausdauernd und durch die Reizbarkeit der Blätter ausgezeichnet ist. Alle Blätter sind wurzelständig, und aus der Blätterrosette erhebt sich ein etwa 15 cm hoher blattloser Schaft, der in eine Doldentraube von weißen Blumen endet. Der verlängerte, breitgeflügelte Blattstiel trägt auf seiner Spitze eine rundliche, an beiden Enden breit ausgeschnittene, am Rande mit langen, steifen Borsten besetzte Blattscheibe, die oberseits mit vielen kleinen Drüsen besetzt ist und bei jeder Berührung sich nach oben wie zwei Klappen zusammenschlägt. Setzt sich nun ein Insekt auf die Oberfläche eines Blattes, um den Saft der Drüsen zu genießen, so klappen die beiden Hälften desselben zusammen und fangen das Insekt, indem die Randborsten, die sich dabei emporrichten, sich krenzen und so dem Insekt jeden Ausweg versperren. (S. Insektenfressende Pflanzen.) Die Pflanze hat einen fünfteiligen Kelch, 5 Blumenblätter, 10—20 Staubgefäße und 1 Griffel mit 5 eng zusammengeneigten Narben. Die Frucht ist eine einfächrige, mehrsamige Kapsel. Sie liebt lockeres, stets feucht und mit Moos bedeckt zu erhaltendes, jedoch leicht Wasser durchlassendes Erdreich und einen hellen, frostfreien Standort.

Diōne, nach Bedeutung und Sprachform die weibliche Parallele zu Zeus (Genitiv Dios), wurde noch in späterer Zeit zu Dodona als Gemahlin des Zeus verehrt; auf Münzen sind beider Köpfe nebeneinander dargestellt. Auch auf der Burg zu Athen stand ihr Altar neben dem des Zeus. — D. heißt auch der 106. Planetoid sowie einer der Saturnmonde.

Dionysien, s. Dionysos.

Dionysische Zeitrechnung, die Ära von Christi Geburt, s. Ära; vgl. Dionysius Exiguus.

Dionysius der Ältere, Tyrann von Syrakus, von guter, jedoch keineswegs vornehmer Herkunft, bekleidete in seiner Jugend das Amt eines Magistratsschreibers und beteiligte sich lebhaft an den polit. Ereignissen. Als die vor den Karthagern nach Syrakus geflüchteten Agrigentiner nach der Einnahme Agrigents durch die Karthager (406) der Schlaffheit der ihnen zu Hilfe geschickten syrakusanischen Feldherren die Hauptschuld an dem Fall ihrer Stadt beimaßen, klagte D. die letztern der

Verräterei an und brachte es dahin, daß das Volk andere Heerführer wählte, unter denen er selbst war. Bald aber wußte er auch diese zu verdächtigen und ward zum Oberfeldherrn ernannt und erlangte in seinem 25. Jahre die Tyrannis. Nachdem er zwei Empörungen unterdrückt, 404 die Karthager zum Frieden, der ihm die Ostküste Siciliens sicherte, bestimmt, dann auch mehrere griech. Städte Siciliens unterworfen und die Allianz der Spartaner gewonnen hatte, rüstete er sich zum Kriege gegen die Karthager. Das Waffenglück, das ihn anfangs (397) begünstigte, wendete sich aber bald zu seinem Nachteil. Seine Flotte wurde bei Catana entscheidend geschlagen. Schon wurde er von Himilko 395 in Syrakus selbst belagert, als die Pest unter den Feinden große Verheerungen anrichtete. D. überfiel die dadurch erschöpften Karthager zu Lande und auf der See und trug einen vollständigen Sieg davon, dem 392 nach einem neuen Mißerfolg der Karthager ein vorteilhafter Friede folgte. Auf einem seiner seit 390 nordwärts gerichteten Feldzüge in Unteritalien eroberte er 387 nach elfmonatiger Belagerung die Stadt Rhegium, die er schon früher mehrmals vergebens angegriffen hatte, und 379 Kroton. Seitdem übte er auf die griech. Städte Unteritaliens bedeutenden Einfluß, und seine Flotten herrschten auf den Italien umgebenden Meeren. Auch am Po und auf einigen illyr. Inseln legte er Kolonien an. Nicht minder als im Kriege wollte er als Dichter glänzen. Er wagte es sogar, bei den Olympischen Spielen um den Preis zu ringen, und schickte 388 eine Gesandtschaft und außer prachtvollen Gespannen Rhapsoden, die besten Sänger, dahin, die seine Gedichte vortragen sollten, aber es nicht verhindern konnten, daß der Dichter schimpflich verhöhnt wurde. 383 befand er sich abermals mit Karthago in Krieg, der nach einem großen Siege und einer großen Niederlage durch einen Vergleich beendet wurde. D. starb 367. Unmenschliche Grausamkeit, die durch ein grenzenloses Mißtrauen gesteigert ward, befleckt das Andenken des D., dem polit. Klugheit, unermüdliche Thätigkeit im Staats- und Kriegswesen und erhebliche Erfolge nicht abgesprochen werden dürfen. Vgl. Holm, Geschichte Siciliens, Bd. 2 (Lpz. 1874); Beloch, L'imperio siciliano di Dionisio (in den «Atti dell'Accademia dei Lincei», Rom 1881).

Dionysius der Jüngere, des vorhergehenden Sohn, in der Erziehung durch des Vaters Mißtrauen geflissentlich vernachlässigt, war, als er 367 die Herrschaft übernahm, 28 J. alt. Sein Oheim Dion (s. d.) suchte durch Platos Lehre und Umgang bessernd auf ihn einzuwirken; der Geschichtschreiber und Staatsmann Philistos und der zu einem schwelgerischen Genußleben neigende Hang des D. vereitelten einen dauernden Erfolg. Ein Krieg gegen die Lucaner war vom Glück begünstigt, und auch an der illyr. Küste dehnte er seine Herrschaft aus. Von Dion 356 aus Syrakus verjagt, floh D. nach Lokri in Unteritalien und erwarb sich dort die Alleinherrschaft, die er in der gewaltthätigsten, grausamsten Weise mißbrauchte. 346 gelang es ihm, sich wieder in den Besitz von Syrakus zu setzen. Seine Willkür aber und die von Karthago drohende Gefahr trieb die Bürger, sich an Hiketas, Tyrannen zu Leontini, und 345 an die Korinther um Hilfe zu wenden. Timoleon (s. d.) wurde von den letztern gesendet; dieser schlug 344 den Hiketas, der die Gelegenheit benutzen wollte, sich zum Herrn von Syrakus zu machen, und sich mit den Karthagern verbündet hatte. D., der die Burg innehatte, ergab sich ihm und ward nach Korinth gebracht, wo er sich durch Unterrichtgeben erhalten haben soll.

Dionysius Areopagita, Mitglied des Areopags in Athen, wurde nach Apostelgesch. 17,34 durch die Predigt des Paulus zu Athen bekehrt und soll nach der Tradition als erster Bischof von Athen unter Hadrian oder Domitian den Märtyrertod gestorben sein. Auf dem Religionsgespräch zu Konstantinopel zwischen monophysitischen Severianern und Katholiken (533) beriefen sich jene für ihre Lehre von einer Natur Christi auf dem D. zugeschriebene Schriften, die aber offenbar kaum vor dem 5. Jahrh. geschrieben sind. Es sind ihrer vier: über die himmlische Hierarchie, über die kirchliche Hierarchie, über den göttlichen Namen, über die mystische Theologie; dazu elf Briefe. Sie bezeichnen einen Versuch zur Verschmelzung neuplatonischer Spekulation mit den Lehren der christl. Religion, indem nach ihnen die wahre Theologie die Hülle der kirchlich-traditionellen Lehre abstreift und sich durch Kontemplation und Ekstase zur unmittelbaren Anschauung der göttlichen Dinge erhebt. Diese Schriften wurden nach ihrer Verpflanzung nach Frankreich und nach ihrer Übersetzung ins Lateinische der Ausgangspunkt der mittelalterlichen Mystik. Stephan II. sandte sie an den Frankenkönig Pippin, Hadrian I. (772—795) an den Abt Fulrad von St. Denys und Michael Balbus 827 an Ludwig den Frommen. Jetzt identifizierte man den D. Areopagita mit dem in Frankreich als Schutzheiliger (Gedächtnistag der 9. Okt.) verehrten D. von Paris, der im 3. Jahrh. von Rom nach Paris gekommen und dort nach seiner Enthauptung mit dem Kopfe in der Hand bis zu dem nach ihm benannten St. Denys gegangen sein soll. Erst 1629 wies der Jesuit Jakob Sirmond nach, daß der Verfasser jener mystischen Schriften und der heilige D. von Paris unmöglich dieselbe Person sein könnten. Im Abendlande wurden die Areopagitischen Schriften zuerst bekannt durch die Übersetzung, welche Joh. Scotus Erigena im Auftrage Karls des Kahlen anfertigte. Im Mittelalter wurden sie dann durch ausführliche Kommentare erläutert, z. B. von Hugo von St. Victor, Albertus Magnus, Thomas von Aquino, D. dem Kartäuser u. a. Die vollständigste Sammlung solcher Kommentare enthält die Ausgabe von 1556 (Köln); die beste griech.-lat. Ausgabe des Textes besorgte der Jesuit Corderius (Antwerp. 1634; Vened. 1757), eine deutsche Übersetzung nebst Abhandlung Engelhardt (2 Bde., Sulzbach 1823), eine Übersetzung der kirchlichen Hierarchie Storf (in der «Bibliothek der Kirchenväter», Kempten 1877). Vgl. K. Vogt, Neuplatonismus und Christentum (Berl. 1836); Hipler, D. der Areopagite (Regensb. 1861); Kanakis, D. der Areopagite (Lpz. 1881); C. M. Schneider, Areopagitica (Regensb. 1884); Jahn, Dionysiaca (Altona 1889).

Dionysius von Halikarnaß in Karien, griech. Kunstschriftsteller und Lehrer der Beredsamkeit, kam etwa 31 v. Chr. nach Rom und schrieb zur Belehrung seiner Landsleute eine röm. Archäologie in 20 Büchern, worin er die ältere Geschichte und Verfassung Roms bis zum ersten Punischen Kriege erzählte. Erhalten sind davon die elf ersten Bücher (und zwar das elfte unvollständig) und von den übrigen eine größere Anzahl Bruchstücke. Herausgegeben wurde das unzuverlässige, aber durch Benutzung älterer Annalisten, deren Werke verloren sind, wichtige Werk u. a. in den Gesamtausgaben von Sylburg (2 Bde., Frankf. 1586), Hudson (2 Bde., Oxf. 1704), Reiske (6 Bde., Lpz. 1774—77), speciell von Kießling (4 Bde., edd. 1860—70), Jacoby (edd. 1885 fg.) und Kießling-Prou (Par. 1886); und ins Deutsche übersetzt von Benzler (2 Bde., Lemgo 1771—72) und Schaller und Christian (12 Bdchn., Stuttg. 1827—50). Vgl. Kießling, De Dionysii H. antiquitatum auctoribus latinis (Lpz. 1858); Nitzsch, Die röm. Annalistik (Berl. 1873); Peters, Zur Kritik der Quellen der ältern röm. Geschichte (Halle 1879) und Ranke in der Weltgeschichte (Bd. 3, Lpz. 1883); Jacoby, Über die Sprache des D. von Halikarnaß in der röm. Archäologie (Aarau 1874). Ferner verfaßte D. eine Anzahl kritischer und rhetorischer Schriften. Aus seinem Werke «Peri mimēseōs», über die Nachahmung älterer Autoren, dessen Bruchstücke Usener herausgab (Bonn 1889), stammt die sog. «Censura veterum scriptorum» (hg. von Frotscher, Lpz. 1826, hinter Quintilians 10. Buch), worin die vorzüglichsten griech. Dichter, Geschichtschreiber, Philosophen und Redner beurteilt werden. Einige auf Thucydides bezügliche Schriftchen gab Krüger in «Dionysii historiographica» (Halle 1823) heraus. Am gehaltvollsten sind die Überbleibsel aus seinen Kritiken von sechs attischen Rednern (hg. von E. Rowe-Mores, 2 Bde., Oxf. 1781). Die «Rhetorik» des D. ist nebst einigen andern Schriften verloren, die unter seinem Namen auf uns gekommene «Ars rhetorica» (hg. von Schott, Lpz. 1804) enthält neben Resten einer Schrift aus dem 2. Jahrh. zwei Abhandlungen von D., aber keine Teile seiner «Rhetorik». Seine Schrift «De compositione verborum» gaben Schäfer (Lpz. 1809) und Göller (Jena 1815) heraus. Neuerdings sammelte Rößler die Fragmente der rhetorischen Schriften (Gött. 1873).

Dionysius von Halikarnaß, Älius, der Jüngere, griech. Schriftsteller aus der Zeit des Kaisers Hadrian, schrieb u. a. eine «Musikgeschichte» in 36 Büchern, in welcher nicht nur Musiker, sondern auch dramat. und epische Dichter behandelt waren. Er war wohl dieselbe Person mit dem Atticisten Älius D. (s. Atticismus).

Dionysius Periegetes aus Alexandria, griech. Schriftsteller, lebte zur Zeit Hadrians und schrieb unter dem Titel «Oikumenēs periēgēsis» (Erdbeschreibung) ein noch vorhandenes geogr. Lehrgedicht in Hexametern. Dieses Gedicht wurde von verschiedenen Grammatikern, namentlich von Eustathius in einem gelehrten und wertvollen Kommentar erläutert, und von Avienus im 4. Jahrh. n. Chr. und Priscianus Anfang des 6. Jahrh. in lat. Sprache metrisch übertragen. Die besten Ausgaben lieferten Passow (Lpz. 1825) und Bernhardy («Geographi graeci minores», Bd. 1, edd. 1828), neuerdings mit Paraphrasen und Kommentaren K. Müller («Geographi graeci minores», Bd. 2, Par. 1861), eine Übersetzung Bredow in den «Nachgelassenen Schriften» (Bresl. 1823).

Dionysius Thrax (d. i. der Thrazier), griech. Grammatiker, lebte wahrscheinlich in der zweiten Hälfte des 2. und der ersten Hälfte des 1. Jahrh. v. Chr., soll ein Schüler des Aristarchus gewesen sein und in Rhodus und Rom unter Pompejus gelehrt haben. Er hat in der Geschichte der Philologie einen Namen als Verfasser der ersten griech. Grammatik (hg. von Uhlig, Lpz. 1884). Die Zweifel an der Autorschaft scheinen unberechtigt, obschon sie schon im Altertum sich geltend machten; es kann höchstens von einigen Zusätzen die Rede sein, denn die Schrift lag schon den großen Grammatikern der röm. Kaiserzeit in ihrer heutigen Gestalt vor. Vgl. G. F. Schömann, De Dionysii Thracis grammatica (2 Tle., Greifsw. 1833—41).

Dionysius der Große, Bischof von Alexandria, der bedeutendste Schüler des Origenes, wurde 232 Vorsteher der Katechetenschule, 246 oder 247 Bischof und starb 264 oder 265. Unter den Kaisern Decius (250) und Valerianus (257) verbannt, blieb er auch in seinem Exil in stetem Verkehr mit seiner Gemeinde. An den kirchlichen Streitigkeiten seiner Zeit, über das novatianische Schisma, über die Ketzertaufe, über den Chiliasmus, über die Irrlehren der Sabellianer und des Paul von Samosata, nahm er hervorragenden Anteil. Seine eigene Lehre, die er in diesen Streitigkeiten entwickelte, erregte durch die Bezeichnung Christi als eines «Geschöpfes» Anstoß, den er jedoch später in vier an D. von Rom gerichteten Briefen zu mildern suchte. Auch als Exeget und Kritiker war er bedeutend; die Apokalypse sprach er dem Apostel Johannes ab. Von seinen zahlreichen Schriften sind nur Fragmente auf uns gekommen (gesammelt bei Routh, «Reliquiae sacrae», Bd. 2 u. 4, Oxford 1814, und bei Mai, «Auctores classici», Bd. 10, Rom 1838). Vgl. Dittrich, D. der Große (Freiburg 1867); Morize, Denys d'Alexandrie (1881).

Dionysius Exiguus, d. i. der Geringe, wie er sich aus Bescheidenheit nannte, von Geburt ein Scythe, lebte um 530 n. Chr. als Abt in Rom und starb um 556. Von ihm rührt die von Christi Geburt an rechnende Ära (s. d.) her, die daher auch die Dionysische Zeitrechnung genannt wird. Mehr Beifall als diese fand seine Berechnungsart des Osterfestes (s. Ostern) und die Sammlung der sog. apostolischen Kanones, Konzilienbeschlüsse und amtlichen Briefe röm. Bischöfe, die als Dekretalen (s. d.) zu großem Ansehen gelangten.

Dionysius (portug. Diniz), König von Portugal 1279—1325, der Begründer der Größe Portugals, geb. 9. Okt. 1261, Sohn König Alfons III. und der Beatrix von Tuscien. Er suchte vergebens sich und sein Land von dem Drucke des Konkordates zu befreien, welches der Kirche übergroße Freiheiten einräumte, verhinderte jedoch 1291 durch ein mit den Ständen vereinbartes Gesetz die weitere Anhäufung des kirchlichen Grundbesitzes. In der zweiten Hälfte seines Lebens hatte er mit seinem Sohne Alfons IV. zu kämpfen, den er zu Gunsten eines natürlichen Sohnes beeinträchtigen wollte, sodaß wiederholt Portugal auseinanderzufallen drohte. D. starb 7. Jan. 1325. Erst nach seinem Tode versöhnten sich die Brüder, und Alfons IV. wurde König des ganzen Landes. D. ist der Stifter der Universität Lissabon, die er 1308 nach Coimbra verlegte.

Dionysopŏlis, bulgar. Stadt, s. Baltschik.

Dionȳsos (Bakchos, lat. Bacchus), ein ursprünglich thraz.-phryg. Gott, dessen Kult und Sage frühzeitig von den Griechen aufgenommen und hauptsächlich im Gefolge des Weinbaues über ganz Griechenland, besonders unter der ländlichen Bevölkerung, verbreitet worden ist. Er ist der Geist des Wachstums, die Kraft, welche das Grünen des Baumes, das Hervorsprießen der jungen Pflanzen bewirkt. Er wohnt in der Blume, im Baume, besonders aber ist er im niemals verwelkenden Epheu wirksam, mit dem er sich bekränzt, und im Weine, bei dessen Genuß man von der Macht der zuweilen auch Wahnsinn sendenden Gottheit (s. Lykurgos) erfüllt zu sein glaubt. Daher knüpft sich ein großer Teil der ihm zu Ehren gefeierten Feste, namentlich in Attika, an Weinbau und Weinbereitung; so an den Genuß des neuen Weins nach Vollendung der Weinlese und des Kelterns die ländlichen Dionysien in den attischen Demen im attischen Monat Poseideon (der ungefähr unserm Dezember entspricht); dann in der Stadt Athen das Fest Lenaia (s. d.), d. h. das Kelterfest; an den Anfang des Verzapfens des (ausgegorenen) Weins in Athen das Fest Anthesteria, d. i. Blumenfest, vom 11. bis 13. des Monats Anthesterion (vom 7. Febr. bis 8. März); der erste Tag dieses Festes hieß Pithoigia, der zweite Choes, der letzte Chytroi. Auch die Sagen von der Einkehr des Gottes bei Oineus in Ätolien und bei Ikarios in Attika, die er mit dem Weinstock beschenkte, die Auffassung des Gottes als des Sorgenbrechers und Befreiers überhaupt, sowie die Sagen von seinen weiten Wanderzügen, auf denen er, umgeben von Satyrn, Silenen und schwärmerisch begeisterten weiblichen Wesen (Mänaden und Thyiaden), alle Länder, in denen der Weinstock gedeiht, als Eroberer durchzieht, knüpfen an die specielle Bedeutung des D. als Weingottes an. Diese Sagen wurden besonders seit der Eroberung des Orients durch Alexander d. Gr. weiter ausgebildet, indem man den Gott als Eroderer Indiens zum Vorbilde des großen Eroberers machte.

D. ist ein Sohn des Himmelsgottes und der von ihrem Gemahl im Gewitterregen befruchteten Erdgöttin. Die poetisch umgebildete Sage machte ihn danu zum Sohne der theban. Königstochter Semele, welche ihn vom Götterkönig Zeus empfing, ader, da sie, durch den hinterlistigen Rat der Hera verleitet, den Zeus veranlaßte, in seiner göttlichen Majestät, unter Blitz und Donner, sich ihr zu nahen, noch vor der Geburt des Kindes den Tod fand. Zeus selbst soll hierauf die noch unreife Frucht in seine Hüfte verschlossen haben und das nach erlangter Reife gewissermaßen zum zweitenmale gedorene Kind (wovon man danu auch den Beinamen des Gottes, Dithyrambos [s. d.], adleiten w. llte) durch den Götterboten Hermes den Nymphen, d. h. den Göttinnen der Leben und Wachstum veranlassenden Feuchtigkeit, zur Pflege und Erziehung übergeden haben. Dann ader wird D. auch Sohn des Zeus und der Demeter oder der Persephone genannt, in deren Geheimdienst (den sog. Mysterien) in Eleusis er als Knabe oder halbwüchsiger Jüngling erscheint und nach dem in seinem Dienst ausgestoßenen Jubelruf unter dem Namen Jakchos, was mit Bakchos lautlich gleich ist, angerufen wird. Die Orphiker nannten D. Zagreus und bildeten auch die Mythen vom Tode des Gottes und seiner Rückkehr ins Leben in mystischer Weise aus und um. Sie erzählten, daß Zagreus von den Titanen zerrissen, danu aber D., da Zeus das Herz verschlungen oder der Semele gegeden habe, von neuem zur Welt gekommen sei.

Ursprünglich liegt den Sagen vom Lelden und Sterben des Gottes und seiner Rückkehr ins Leben zunächst das Werden und Vergehen der Vegetation im Lanfe des Jahres zu Grunde. In Delphi zeigte man im Allerheiligsten (Adyton) des Apollotempels das Grad des D., aber zur Zeit des kürzesten Tags wurde dei Nachtzeit von den auf dem Parnaß schwärmenden Chören der Thyiaden der tote Knabe wieder zum Leden zurückgerufen. Ähnliche nächtliche Feste wurden alle zwei Jahre auch in anderu Teilen Griechenlands dem Gotte zu Ehren von Frauen gefeiert, so in Orchomenos die Agrionia (s. d.) und auf dem böot. Gebirge Kithäron. Hier sollte der theban. König Pentheus zur Strafe dafür, daß er den Gott verfolgt, von den von bacchischer Raserei ergriffenen Weibern, die ihn für ein Tier hielten, — seine eigene Mutter befand sich unter ihnen — zerrissen worden sein. Dieser Orgiasmus im Dionysosdienst deruht auf einer auch in nordeurop. Kultbräuchen hervortretenden Vorstellung. Im Frühjahr suchte man nämlich die im Winterschlaf ruhenden Vegetationsgeister dadurch zu erwecken, daß man in der ihnen zugeschriebenen Gestalt und Tracht auf den Feldern umherraste, wobei das Toben und Lärmen wohl einerseits ein Ausdruck des energischen Lebens im Gegensatz zur Winterruhe und andererseits ein solcher der Freude über das Wiedererwachen der Fruchtbarkeitsdämonen ist, zunächst aber den Zweck hat, diese selbst aus ihrem Schlafe zu erwecken. Für die erdetene junge Vegetation wurde aber gewissermaßen stellvertretend ursprünglich ein Kinderopfer dargebracht, und zwar wurde offenbar das Fleisch dieses Kindes ebenso wie nachmals das der zerrissenen jungen Tiere von den Mänaden, welche selbst die durch das Opfer versöhnten Wachstumsgeister darstellen (vgl. den Dionysos omestes, d. h. den rohes Fleisch verzehrenden D.), roh verschlungen. Roh aber verschlangen sie die Stücke, um so im Fleisch und Blut, welches als der eigentliche Lebensträger detrachtet wird, die Kraft des Fruchtbarkeitsgenius, der nun auch umgelehrt bſ in dem geopferten Kinde oder jungen Tiere als das zerrissene Dionysoskind (Zagreus) erscheint, möglichst ungeschwächt in sich aufzunehmen. Doch scheint es, daß diese orgiastische Raserei in Griechenland schon früh eingedämmt worden ist. Hier klärte sich der dionysische Taumel zu dem schönen künstlerischen Enthusiasmus ab, in welchem sich die Verehrung des D. zuletzt mit der apollinischen Begeisterung begegnete, und der gleich dieser ein Quell freilich etwas anders gearteter, mehr leidenschaftlich erregter künstlerischer und poet. Schöpfungen wurde.

Anfänglich wurde der Wachstumsgeist selbst stier- oder bockgestaltig vorgestellt und in den Satyrn, welche später zu Begleitern des Gottes werden, vervielfacht. Sein Symbol ist der Phallus (das männliche Glied), der an vielen Orten bei seinen Festen in Prozession umhergetragen wurde. Aus den bei dieser Gelegenheit gesungenen Liedern voll derber Obscönität und lustigen Spottes entwickelte sich allmählich die Kunstform der Komödie, d. h. der Gesang des Komos, des dionysischen Festzuges, während die andere Gattung der dramat. Poesie, die Tragödie mit ihrem heitern Nachspiele, dem Satyrdrama, aus den wie der Gott selbst Dithyrambos genannten Chorliedern, in welchen als Satyrn, d. h. als Böcke (tragoi) verkleidete Männer des Gottes Thaten und Leiden feierten, hervorgegangen ist. Es geschah dies in Attika, wo namentlich das Frühlingsfest des Gottes in Athen unter dem Namen der großen oder städtischen Dionysien etwa vom 9. dis 14. des Monats Elaphedolion (März), außer mit festlichen Aufzügen, Gesängen u. s. w., mit dramat. Aufführungen gefeiert wurde. Auf der durch ihren Weinbau berühmten Insel Naxos, wo der Sage nach D. die von ihrem frühern Geliebten Theseus verlassene Ariadne, während sie am Gestade schlief, überraschte und danu unter lautem

Jubel des ihn begleitenden Thiasos (s. d.) als seine Gattin heimführte, wurde in besondern Festen einmal die verlassene Ariadne betrauert, dann ihre Vereinigung mit D. gefeiert. Letzteres geschah auch an andern Orten, vor allem auf Kreta, wo das Fest die Form eines Hochzeitschmauses und den Namen Theodaisia (Götterschmaus) erhalten hatte.

Nach Rom kam der Kult des D., den man mit Liber (auch Liber pater), einem altital. Gott der Fruchtbarkeit, identifizierte, frühzeitig von den Griechen Unteritaliens, in Verbindung mit dem der Demeter und Persephone (ital. Ceres und Libera). Schon 496 v. Chr. wurde den drei Gottheiten ein gemeinsamer Tempel am Cirkus Maximus errichtet und diese seitdem in der Stadt Rom (wo man jährlich am 17. März das Fest der Liberalia feierte) als auch auf dem Lande (wo man insbesondere das Fest der Weinlese in ausgelassener Lustigkeit beging) verehrt. An den Liberalien erhielten die erwachsenen Jünglinge die männliche Toga. Erst weit später ward auch die ekstatisch-mystische Form des Dionysosdienstes mit seiner wilden Raserei über Italien verbreitet. (S. Bacchanalien.)

Die antike Plastik stellte in der ältern Zeit den D. als Mann in reiferm Alter dar, von majestätischer Gestalt, mit reichem Haupt- und Barthaar, langer Bekleidung, einer Binde oder einem Epheukranz ums Haupt, in der Hand ein Trinkgefäß, eine Weinrebe oder später auch den Thyrsos haltend. Daneben kam vom Ende des 5. Jahrh. v. Chr. durch die attische Bildnerschule eine andere Darstellungsweise auf, welche den Gott, der häufig in lässiger Haltung bequem sich anlehnend dasteht, in jugendlichem Alter, mit weichen, gleichsam fließenden Körperformen und den Ausdruck seliger Schwärmerei (z. B. der Kopf im Museum zu Leiden: Fig. 1) oder einer unbestimmten Sehnsucht im Antlitz bildete.

Fig. 1. Fig. 2.

Bei dieser Körperbildung ist er gewöhnlich ganz nackt oder hat nur Hirsch- oder Rehfellchen, die sog. Nebris, um die Brust; manchmal trägt er an den Füßen Jagdstiefel (Kothurne), während das Haupt seltener mit einer Binde oder einem Epheukranze umgürtet ist. In der Rechten trägt er den Thyrsos mit dem Pinienapfel und lehnt sich häufig auf die Schulter eines Satyrs. Ein jugendlicher D. mit Satyr befindet sich im Vatikan. Doch wurde auch in der spätern Kunst noch oft D. als reifer, vollbärtiger Mann dargestellt. (Vgl. Fig. 2, die früher fälschlich als Platon gedeutete Bronzebüste aus Herculaneum, jetzt in Neapel.) In der Diadochenzeit tritt endlich die uralte Form des Stierdionysos mit Hörnern an der Stirn wieder häufiger auf. In der berühmten, bei den deutschen Ausgrabungen in Olympia wiedergefundenen Gruppe des Praxiteles ist D. als Kind, von Hermes zu den Nymphen gebracht, dargestellt. Einen herrlichen Silen mit dem Dionysosknaben auf dem Arme besitzt der Louvre in Paris. Berühmte Dionysosstatuen aus der Renaissancezeit sind: Der trunkene D., ein Jugendwerk des Michelangelo (1498), und der lustige D. von Jac. Sansovino (etwa 1510), beide im Bargello zu Florenz. Vgl. O. Müller, Denkmäler der alten Kunst, Bd. 2 (Gött. 1860, Taf. 32—45); Ribbeck, Anfänge und Entwickelung des Dionysoskultus in Attika (Kiel 1869); Gilbert, Die Festzeit der attischen Dionysien (Gött. 1872); Conze, Heroen und Göttergestalten der griech. Kunst (Wien 1874—75, Taf. 73 fg.); Rapp, Beziehungen des Dionysoskultus zu Thrakien (Stuttg. 1882); Roscher, Lexikon der griech. und röm. Mythologie, S. 1029 fg. (Lpz. 1885); Wieseler, Über den Stierdionysos («Nachrichten der Göttinger Gesellschaft der Wissenschaften», 1891).

Diophantische Gleichungen, nach dem griech. Mathematiker Diophantus (s. d.) benannte Gleichungen. Sie ergeben sich, wenn die Zahl der zu erfüllenden Gleichungen kleiner ist als die Anzahl der Unbekannten. Jede Aufgabe dieser Art hat also eigentlich unendlich viele Lösungen. Die einfachsten praktischen Beispiele liefert die Mischungsrechnung (s. d.). Gewöhnlich werden nur die ganzzahligen Lösungen der Unbekannten verlangt; daher ist in der Theorie der D. G. der wesentlichste Ausgangspunkt für die höhere Arithmetik (Zahlentheorie) zu suchen. Neben der linearen diophantischen Gleichung ist am wichtigsten die sog. Pellsche Gleichung: $x^2-Dy^2=1$. Hier ist zunächst für ein bestimmtes D das kleinste Wertepaar x, y zu suchen, aus welchem sich alle andern Paare mit Leichtigkeit finden lassen. Eine sehr ausgedehnte Behandlung der elementaren Hilfsmittel zur Lösung der D. G. giebt Eulers «Vollständige Anleitung zur Algebra» (2 Bde., Berl. 1798).

Diophantus, griech. Mathematiker, der um 250 n. Chr. in Alexandria lebte. Man rühmt ihn gewöhnlich als den Erfinder der Algebra; wenigstens hat er unter den griech. Mathematikern, von denen Werke auf uns gekommen sind, zuerst in systematischer Weise die Algebra behandelt. Er beschäftigte sich nicht bloß mit den sog. bestimmten, sondern auch mit algebraisch unbestimmten Diophantischen Gleichungen (s. d.) und namentlich auf letzterm Gebiete war seine Thätigkeit bahnbrechend. Von seinem Werke «Arithmetica», in 13 Büchern, sind nur sechs und außerdem ist eine Schrift über die Polygonalzahlen erhalten. Er schrieb auch «Porismata», zahlentheoretische Sätze. Die besten Ausgaben besorgten Bachet de Méziriac (Par. 1621) und Fermat (Toulouse 1670); ins Deutsche wurde er übersetzt von Schulz (Berl. 1821). Seine Schrift «De numeris polygonis» übertrug Poselger (ebd. 1810) ins Deutsche. Vgl. Nesselmann, Die Algebra der Griechen (Berl. 1842); Cantor, Vorlesungen über Geschichte der Mathematik, Bd. 1 (Lpz. 1880); Heath, Diophantos of Alexandria (Cambridge 1885) und Tannery, Études sur Diophante (in der «Bibliotheca mathematica», Bd. 2, 1888).

Diopsid, s. Augit.

Dioptās oder Kupfersmaragd, ein hexagonales, rhomboedrisch-tetartoedrisches Mineral, meist als niedriges Deuteroprisma, oben mit Rhomboeder ausgebildet (s. nachstehende Figur), durchsichtig bis durchscheinend, glasglänzend und von prachtvoll smaragdgrüner Farbe. Die Härte ist 5, das spec. Gew. 3,3 bis 3,4. Der D. besteht aus 38,1 Proz. Kieselsäure, 50,4 Proz. Kupferoxyd, 11,5 Proz. Wasser, hat die chem. Formel CuH_2SiO_4. Salpetersäure, Salzsäure oder Ammoniak lösen ihn unter Abscheidung von Kieselsäuregallert. Das seltene, schöne Mineral fand sich zuerst im Kalkstein des Berges Altyn-Tübe, einem westl. Ausläufer des Altai, auch in den Goldseifen am Oni und bei Copiapo; später wurde es auch in der chilen. Cordillere sowie am Gadun in Afrika angetroffen.

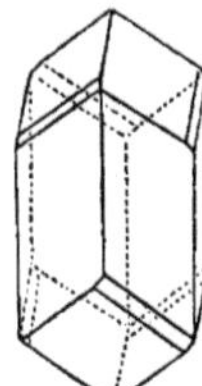

Diópter (grch.), im allgemeinen jede Vorrichtung, die dazu dient, eine Visierlinie auf einen bestimmten Punkt zu richten (z. B. die Zielvorrichtung an Gewehren und Geschützen). Jede solche Vorrichtung besteht aus zwei Teilen, deren einer dem Auge des Visierenden, der andere dem anzuvisierenden Gegenstand zugekehrt ist; man unterscheidet hiernach ein Okulardiopter und ein Objektivdiopter. Die an Meßinstrumenten vielfach vorkommenden D. bestehen meist aus zwei in geeigneter Entfernung voneinander angebrachten Metallplatten, von denen die als Okulardiopter dienende mit einem oder mehrern feinen, kreisrunden Sehlöchern oder einer senkrechten feinen Spalte (Schauritze) versehen ist. In die Objektivdiopterplatte ist eine größere rechteckige Öffnung (Fenster) geschnitten, in deren Mitte ein senkrecht stehendes und oft auch noch ein wagrechtes Pferdehaar resp. feiner Draht (das Fadenkreuz) ausgespannt ist. Der Mittelpunkt des Sehlochs und der senkrechte Faden des Objektivdiopters bestimmen dann die Visierebene, während durch den Schnittpunkt der beiden Fäden die Visierlinie festgelegt wird. Um in einer geraden Linie sowohl vorwärts wie rückwärts visieren zu können, sind die D. vielfach als sog. Doppeldiopter konstruiert, wobei jedes der beiden D. mit Sehloch und Fadenkreuz, beide übereinander liegend, versehen ist.

Diópterlineal, veraltetes Hilfsinstrument des Meßtisches, welches den Zweck hat, Richtungslinien auf dem Meßtisch festzulegen und somit Horizontalwinkel graphisch aufzutragen. Es besteht aus einem einfachen, messingenen Lineal, das an jedem Ende ein mittels Scharnier befestigtes und so zum Umlegen eingerichtetes Diopter (s. d.) trägt. Die durch die Diopter gebildete Visierlinie liegt entweder genau senkrecht über der Visierkante des D. oder doch parallel zu derselben. An Stelle des D. werden jetzt fast überall die Kippregel (s. d.) oder ähnliche Instrumente angewendet, bei denen die einfachen Diopter durch ein Fernrohr ersetzt sind.

Dioptrie ist der optische Wert einer Meterlinse, d. h. einer Linse von 1 m positiver oder negativer Brennweite. Die gebräuchliche Abkürzung ist D. (S. Brille, Bd. 3, S. 538a.)

Dióptrik (grch.), derjenige Teil der Optik (s. d.), der von der Brechung des Lichts beim Übergange desselben aus einem durchsichtigen Körper in einen andern, insbesondere von der Brechung in Linsengläsern, handelt. Der vorzüglichste Teil der D. ist die Theorie der Fernrohre (s. d.) und Mikroskope (s. d.). Um die Ausbildung der Theorie der D. haben sich außer dem Araber Alhazan (Anfang des 12. Jahrh.) und Kepler (1604), von dem der Name D. herrührt, noch Snellius (1621), Descartes (1637), Newton (1666), Huygens (1704), Euler (1769—71), Fraunhofer (1814), Littrow (1830), Cauchy (1836), Gauß (1841—47), in neuerer Zeit namentlich Abbe (Jena) verdient gemacht.

Diorāma (grch.), ein zu Schaustellungen benutztes Gemälde, bei dem während des Betrachtens eine Verwandlung der Lichttöne, Farbentöne, wohl auch einzelner Figuren selbst vor sich geht. So hat man Sommerlandschaften, die sich in Winterlandschaften, Tageslandschaften, die sich in Abendlandschaften verwandeln. Zur Erhöhung des Effektes dienen gewisse, eine Bewegung zeigende Beigaben, wie ein umlaufendes Mühlrad nebst fließendem Wasser, Schneefall, aufsteigender Rauch u. s. w., ferner nachgeahmte Geräusche, die den auf dem Bilde sichtbaren Vorgängen entsprechen. Das Wesentliche der Herstellung solcher D. liegt darin, daß die Bilderfläche, aus möglichst durchsichtigem Stoff bestehend, auf beiden Seiten bemalt ist. Je nachdem nun die vordere Fläche mit auffallendem Licht beleuchtet oder von der Rückseite ein Lichtbündel durch das Bild gesendet wird, erblickt man das vordere oder das hintere Bild. Die Bewegungen werden durch besondere Mechanismen erzeugt. Der franz. Maler Daguerre (s. d.) erfand 1822 das D., das später von Gropius in Berlin so bedeutend vervollkommnet wurde, daß seine Schaustellungen zu den Sehenswürdigkeiten der Residenz zählten, bis der Apparat 1851 nach Petersburg ging.

Diorismus (grch.), Begriffsbestimmung; dioristisch, begriffsbestimmend.

Diorit, ein Eruptivgestein von dunkelgrüner Farbe (daher früher mit unter der Bezeichnung Grünstein einbegriffen), das aus einem krystallinisch-körnigen Gemenge von triklinem Feldspat und Hornblende besteht, denen sich meistens Schüppchen von Chlorit und in gewissen Varietäten Körner von Quarz zugesellen (Quarzdiorit). Bisweilen ist die Hornblende durch dunkeln Magnesiaglimmer vertreten, wodurch der Glimmerdiorit entsteht. Accessorisch finden sich Orthoklas, Augit, Enstatit, Granat, Epidot, Apatit, Titanit, Magnetit, Pyrit, Titaneisen. Werden die Individuen der aufgezählten Gesteinsgemengteile so klein, daß sie mit bloßem Auge nicht mehr zu unterscheiden sind, so nennt man das entstehende, fast dichte Gestein Dioritaphanit. Sind in letzterm einzelne große Feldspat- und Hornblendekrystalle ausgeschieden, so heißt das Gestein Dioritporphyr. Der D. bildet Gänge und Stöcke, und zwar meist im Gebiet archäischer oder paläozoischer Formationen, so bei Ruhla, Brotterode, an der Roßtrappe, am Kyffhäuser, im Odenwald, in Böhmen, in der Normandie und Bretagne.

Dioritporphyrit, s. Porphyr.

Diorthōsis (grch.), Anordnung; in der Heilkunde soviel wie Orthopädie; Diorthōta, Streckbett.

Dioscorēa *L.*, Yamswurzel, Pflanzengattung aus der Familie der Dioscoreaceen (s. d.) mit gegen 150 Arten, die in den wärmern Gegenden der Alten und Neuen Welt eine ausgedehnte Verbreitung besitzen. Es sind meist windende Gewächse mit knolligem, oft sehr großen Wurzelstock und herzförmigen Blättern, getrennt-geschlechtigen Blüten. Während einige ihrer Arten, wie D. nobilis *Versch.*, D. melanoleuca *Lindl.*, D. metallica *Lindl.*, D. multicolor *Lindl.* u. a. mit ihren prächtig gefärbten und gezeichneten Blättern zu den edelsten Gewächsen unserer Warmhäuser gehören, haben andere in ihrer Heimat wegen ihrer stärke- und kleberreichen Knollen nahezu die Bedeutung der Kartoffel, z. B. D. alata *L.* in Brasilien, D. sativa *L.* (s. Tafel: **Liliifloren**, Fig. 4) in Ostindien und in den Küstengegenden des tropischen Afrika, vor allen aber D. batatas *Decsn.*, die sog. **Yamswurzel** oder **Ignamen-Batate** (so genannt zum Unterschiede von Ipomoea edulis *Poir.*, einer Convolvulacee, der eigentlichen Batate), welche in Nordchina zu Hause ist. Als man bei der überhandnehmenden Erkrankung der Kartoffel nach einem Ersatz für dieselbe suchte, glaubte man ihn schon in diesem Gewächs gefunden zu haben. Aber weder ist dessen Kultur so einfach, noch die Ernte der bis 1 m tief senkrecht in den Boden eindringenden Knollen so leicht wie bei der Kartoffel, noch können dieselben in betreff der Schmackhaftigkeit mit dieser wetteifern. Es ist daher der Anbau der Ignamen-Batate nicht über Versuche hinausgekommen.

Dioscoreacēen, Pflanzenfamilie aus der Ordnung der Liliifloren (s. d.) mit gegen 150 Arten: in den wärmern Gegenden der Alten und Neuen Welt, vorzugsweise aber in Amerika und im südl. Afrika. Es sind meist krautartige ausdauernde Gewächse mit knolligem Wurzelstock. Ihre Blüten sind meist eingeschlechtig und regelmäßig, dabei klein und unansehnlich, in der Regel zu trauben- oder ährenförmigen Blütenständen vereinigt.

Diós-Györ (spr. diohsch djör), Groß-Gemeinde im Stuhlbezirk Miskolcz des ungar. Komitats Borsod, am Szinvabache, in 183 m Höhe am Fuße des Bükkgebirges, durch Zweigbahn nach Miskolcz mit der Ungar. Staatsbahn verbunden, hat (1890) 6537 meist röm.-kath. magyar. E. (648 Deutsche, 1074 Slowaken; 1364 Reformierte, 561 Evangelische augsburg. Bekenntnisses und 227 Israeliten), Post, Telegraph, Sparkasse, ein von den Tataren zerstörtes altes Schloß, warme Quelle mit Heilbad; Glashütte, Papierfabrik, Maschinenfabrik, Eisenhämmer, viel Obst- und Weinbau. Die Eisenwerke, welche das beste Eisen und Stahl Ungarns liefern, sind ungar. Staatseigentum.

Dioskorides, griech. Arzt, s. Dioskurides.

Dioskorides, Meister in Intaglio, s. Steinschneidekunst.

Dioskŏrus, Patriarch, s. Eutyches.

Dioskūren (d. h. Söhne des Zeus), der gewöhnliche Name für **Kastor** und **Polydeukes** (lat. **Castor** und **Pollux**), die Zwillingssöhne der Leda (s. d.). Die Ilias (3,238) nennt sie Geschwister der Helena von einer Mutter, der Leda, die Odyssee (11,299) Söhne des Tyndareos (s. d.) und der Leda; die Homerischen Hymnen bezeichnen sie zwar als **Tyndariden** (unter welchem Namen sie in Lakonien verehrt wurden), aber, wie Hesiod, Pindar u. a., als Söhne des Zeus. Beiden gehören weiße Rosse, aber schon ein Homerischer Vers unterscheidet den Rossebändiger Kastor und den Faustkämpfer Polydeukes. Nach Homer verweilen sie zur Zeit des troischen Krieges bereits unter der Erde; aber nach einem Zusatz in der Odyssee (11,303) wurden sie abwechselnd im Lichte des Tages und dem Dunkel der Unterwelt zusammenlebend gedacht. Diese Vorstellung von dem Wechsel ihres Aufenthalts wurde mit der lakonisch-messenischen Sage von dem Kampfe der D. mit den Aphariden (Idas und Lynkeus) zu folgender Erzählung verbunden: Als über eine von den D. und den Aphariden gemeinschaftlich geraubte Rinderherde, nach andern wegen der von den D. den Aphariden geraubten Töchter des Leukippos, der Leukippiden, zwischen den beiden Zwillingspaaren Streit ausbrach, verbargen sich die D. in einer Eiche, wurden aber von dem luchsäugigen Lynkeus erspäht und Kastor von Idas getötet, während Polydeukes den Lynkeus erlegte und ein Blitzstrahl des Zeus den Idas erschlug. Zeus gewährte darauf den Bitten des unsterblichen Polydeukes, daß beide Brüder je einen Tag im Olymp, den andern in ihrem Grabe zu Therapnä (in Lakonien), nach andern in der Unterwelt zubringen durften. Die Sage berichtet auch von der Teilnahme der D. am Zug der Argonauten und an der kalydonischen Eberjagd, namentlich aber von ihrem Zuge gegen Theseus, der ihre Schwester Helena geraubt und nach Aphidnä (in Attika) gebracht haben sollte.

Die Verehrung der D. ist von Lakonien und Messenien ausgegangen; Therapnä, Amyklä und Thalamä sind ihre wichtigsten Stätten; symbolisch wurden sie hier in ältester Zeit durch zwei mit Querhölzern verbundene Balken oder auch später noch durch zwei von Schlangen umwundene Amphoren dargestellt. In Argos wurden sie als Anakes, d. h. Beschirmer, verehrt, unter demselben Namen vor allem in Athen, wo ihr Heiligtum Anakeion hieß. Man feierte sie in Tempel und Familie durch Aufstellung eines Speisetisches und einer Kline (Sofa), auf die man sie zu Gaste lud, weshalb diese Feier Xenia (Gastmahl) genannt wurde (vgl. Deneken, De theoxeniis, Berl. 1881); ihr Hauptfest fiel in die Zeit der Sommersonnenwende. Man erzählte von ihrem wunderbaren Erscheinen als Helfer in verschiedenen Schlachten, wo sie auf weißen Rossen die Feinde geschreckt haben sollen; aber auch auf die See wurde ihre Wirksamkeit übertragen, vielleicht zuerst von den Ionern, und erzählt, wie sie in Sturmesnot auf Gebet und Opfer plötzlich als Helfer durch den Äther leuchten, wahrscheinlich ein poet. Bild für das sog. Elmsfeuer (s. d.); endlich wurden die D. als Sterne verehrt, in späterer Zeit als das Zwillingsgestirn oder auch als Morgen- und Abendstern, wodurch die Annahme entstand, daß abwechselnd ein Bruder im Olymp, der andere in der Unterwelt verweile. Die D. gehören zu dem ältesten Besitz der griech. Religion und bedeuten als Naturwesen das Licht, doch nicht in seiner Ruhe, sondern in seinem Übergange vom und zum Dunkel. Die Berechtigung, sie mit den Açvins (s. d.) der Veden zusammenzustellen, wird bestritten. Aus den griech. Städten Unteritaliens kam der Kultus der D. frühzeitig nach Rom; von der Schlacht am See Regillus (496 v. Chr.) erzählte man, daß sie durch das Erscheinen der D. entschieden worden sei; nach diesem Siege wurde ihnen ein Tempel auf dem Forum erbaut; von dem Neubau des Kaisers Tiberius stammen die noch stehenden Säulen. — In der bildenden Kunst sind die D. häufiger erst seit der Zeit Alexanders d. Gr. dargestellt; sie wurden als rüstige Jünglinge, meist mit der Chlamys und dem Pilos (dem spitz zulaufenden Reisehut) gebildet. So erscheinen sie zu Rom in den beiden die Rosse führenden Statuen am Aufgang des Kapitols (ehemals beim Theater des Pompejus) und in den 4 m hohen Kolossen der pferdebändigenden D. auf dem danach benannten Monte-Cavallo vor dem Quirinal, die einst vor den hier gelegenen Thermen des Konstantin standen. Gewöhnlich sind beide gleichmäßig gebildet; auf einigen Bildwerken ist der Faustkämpfer Polydeukes von dem Rossebändiger Kastor unterschieden. Vereinzelte ältere Darstellungen (z. B. auf Münzen) zeigen die D. auch zu Pferde sitzend. Über die Darstellung von Polydeukes' Sieg über Amylos auf der Ficoronischen Cista s. d. — Vgl. Albert, Le culte de Castor et Pollux (Par. 1883).

Dioskurides, Pedanius, besser als **Dioskorides**, griech. Arzt, geb. im 1. Jahrh. u. Chr. zu Anazarbus in Cilicien, durchreiste im Gefolge röm. Kriegsheere viele Länder und sammelte dabei auf dem Gebiete der Kräuterkunde einen großen Schatz von Beobachtungen und Kenntnissen. In seinem Werke «De materia medica» faßte er die gebräuchlichen einfachen Arzneimittel zusammen. Im 7. oder 8. Jahrh. wurden zwei aus ältern größern Werken entlehnte Schriften, nämlich «Alexipharmaca», von den Giften und deren Gegengiften, und «Theriaka», vom Biß giftiger Tiere und den Heilmitteln dagegen, hinzugefügt; für wahrscheinlich echt hält Häser die Schrift «Euporista», von den leicht zu erhaltenden Heilmitteln. Fast 17 Jahrhunderte hindurch behauptete D. eine ziemlich unbestrittene Autorität in der Botanik und Arzneimittellehre, und noch gegenwärtig steht er bei den Orientalen in Ansehen. Eine berühmte Handschrift des D. aus dem 5. Jahrh. (mit Abbildungen) besitzt die Wiener Hofbibliothek. Die beste Ausgabe hat Sprengel (griechisch und lateinisch, 2 Bde., Lpz. 1829—30, in der Sammelausgabe der «Medici graeci» von Kühn) geliefert.

Diosma *L.*, Pflanzengattung aus der Familie der Rutaceen (s. d.), deren wenige Arten, sämtlich Sträucher aus dem Kapland, wegen des aromatischen Wohlgeruchs, den ihre drüsig punktierten Blätter aushauchen, den Namen **Göttergeruch** oder **Götterduft** erhalten haben. Sie sind beliebte Gewächshaus- und Zimmerpflanzen mit endständigen, gehäuften Blüten, welche aus einem fünfteiligen, mit dem fünflappigen Blütenboden verwachsenen Kelch und fünf weißen Blumenblättern bestehen. Am häufigsten gezüchtet werden D. hirsuta *Thbg.* und D. alba *Thbg.* Sie verlangen keine besondere Kulturmethode, sondern wachsen sehr willig in einer Mischung von Laub- und Heideerde, der etwas Sand beigegeben ist. Im Winter giebt man ihnen einen hellen Platz im Kalthaus oder Zimmer, im Sommer können sie ins Freie gestellt werden. Die Vermehrung geschieht durch Stecklinge, die entweder im Frühjahr vor dem Beginn des neuen Triebes, oder im August nach vollendetem Trieb geschnitten, leicht anwachsen.

Diosmin, s. Barosma.

Diosmose, s. Osmose.

Diospolis, d. i. Stadt des Zeus, hieß in der röm. Kaiserzeit der von Benjaminiten nach dem Exil besiedelte Ort Lod, griech. Lydda, in Palästina. Zur Zeit Christi war es ein stadtähnliches Dorf und Mittelpunkt einer jüd. Toparchie, ziemlich früh Sitz einer christl. Gemeinde (Apostelgesch. 9, 32 fg.), später Bischofssitz und Verehrungsstätte des Ritters Georg, dessen Reste nach seinem Tode in Nikomedien hier beigesetzt worden sein sollen. Pelagius verteidigte 415 in D. seine Lehre vor einer Kirchenversammlung. Die Gründung von er-Ramle 716 raubte D. den großen Verkehr der syr.-ägypt. Handelsstraße und bewirkte trotz der von den Kreuzfahrern ihm zugewandten Pflege seinen Verfall. Der Ort heißt heute Ludd und ist eine kleine von Mohammedanern und Griechen bewohnte Stadt mit schönen Gärten und den zum Teil renovierten Resten der Kreuzfahrerkirche des heil. Georg.

Diospyrinen, Ordnung aus der Gruppe der Dikotyledonen, Abteilung der Sympetalen, charakteristisch durch regelmäßige, zwittrige, meist fünfzählige Blüten, in denen die Staubgefäße den Blumenblättern gegenüberstehen, durch meist oberständigen Fruchtknoten, der aus mehrern Fruchtblättern verwachsen und gefächert ist. Die Ordnung der D. umfaßt die Familien der Sapotaceen, Ebenaceen, Styraceen (s. d.). Umstehende Abbildung zeigt: Fig. 1, Styrax benzoïn *Dryand.* (Benzoë); Fig. 2, Diospyros lotus *L.* (Dattelpflaume); Fig. 3, Isonandra gutta *Hook.* (Guttaperchabaum). Näheres s. Styrax, Diospyros, Isonandra.

Diospyros *L.*, **Dattelpflaume**, Pflanzengattung aus der Familie der Ebenaceen (s. d.), gegen 150, zumeist zwischen den Wendekreisen wachsende, durch sehr hartes Holz ausgezeichnete Arten: Sträucher und Bäume. Am bekanntesten ist D. lotus *L.* (s. Abbildung zu Artikel Diospyrinen, Fig. 2, S. 334), ein in Nordafrika und dem Orient wild vorkommender, in Südeuropa hier und da angebauter und verwilderter Baum mit graugrünem Holz, eilanzettförmigen, feinbehaarten Blättern, kleinen grünlichen Blüten und bläulichschwarzen, einer kleinen Kirsche gleichenden, eßbaren Beeren, aus denen auch eine Art Wein bereitet wird. Sie sollen die Frucht sein, welche das fabelhafte Volk der Lotophagen aus der Odysseussage als Nahrungsmittel benutzte. Größere und süßere, von Farbe gelbe Früchte liefert der in China und Japan wachsende D. kaki *L.* Die amerikanische D. virginiana *L.*, die **Persimonpflaume**, ein bis 20 m hoher Baum mit herben Früchten, liefert einen vortrefflichen Branntwein. Seine sehr bittere Rinde dient in Nordamerika als Mittel gegen Diarrhöe und Wechselfieber. Die besonders auf Ceylon häufige D. ebenum *Retz.* liefert das Ebenholz (s. d.). Dieselbe wird über 12 m hoch, hat eine dunkelschwarze Rinde, eiförmige, fast lederartige Blätter, weiße Blüten und graubraune, olivenartige Früchte. Auch andere Diospyrosarten liefern Ebenholz, so die ebenfalls in Indien und auf den ind. Inseln vorkommenden Arten D. ebenaster *Retz.* und D. melanoxylon *Roxb.*, ferner die auf Reunion und Mauritius wachsende D. melanida *Poir.* Das sog. grüne Ebenholz stammt von der ostind. D. chloroxylon *Roxb.*

Diószeg, auch **Er-Diószeg** (spr. diohß-), Groß-Gemeinde im Stuhlbezirk Székelyhid des ungar. Komitats Bihar, an der Linie Großwardein-Er-Mihályfalva der Ungar. Staatsbahnen, hat (1890) 5681 meist magyar. reform. E. (365 Rumänen; 378 Römisch-, 212 Griechisch-Katholische, 344 Griechisch-Orientalische und 245 Israeliten), Post, Telegraph, Sparkasse; eine Winzerschule; die bevölkerten Pußten: Szent-Egyed, Hérnet, Kis-Janka, Ferencz-major, Hernát, Betekints, Morgó, Baromszállás und Cserecsákó und in der fruchtbaren Umgebung bedeutenden Tabak-, Weizen- und Weinbau (ausgezeichnet ist der **Ermelleker**).

Diotima, in Platos Dialog «Symposion» der ohne Zweifel erdichtete Name der Priesterin zu Mantinea, von der Sokrates die ihm in diesem Dialog in den Mund gelegten Ideen über das Wesen der Liebe gehört zu haben vorgiebt. — Unter dem Namen D. feierte Hölderlin (s. d.) Susette Gontard, geborene Borkenstein, in Frankfurt a. M.

Dioxyanthrachinon, s. Alizarin.

Dioxybenzole sind Benzole, in denen 2 Wasserstoffatome durch Hydroxylgruppen ersetzt sind, die also die allgemeine Formel $C_6H_4(OH)_2$ besitzen (s. Brenzkatechin, Resorcin, Hydrochinon).

Dioxyweinsäure, eine organische Säure, die aus Brenzkatechin durch salpetrige Säure gebildet wird und aus der Nitroweinsäure, dem Einwirkungsprodukt von konzentrierter Salpetersäure auf Weinsäure, durch langsame Zersetzung entsteht. Sie besitzt die Konstitution einer Tetraoxybernsteinsäure: $COOH \cdot C(OH)_2 \cdot C(OH)_2 \cdot COOH$ und giedt ein charakteristisches schwerlösliches Natronsalz. Sie wird zur Darstellung des Tartrazins benutzt.

Diparadiamidodiphenyl, s. Benzidin.

Mit Brom liefert es ein Tetrabromid, $C_{10}H_{16}Br_4$ (Schmelzpunkt 125°).

Diphensäure, zweibasische organische Säure, die aus Phenanthren oder Phenanthrenchinon durch Oxydation gewonnen wird und ihrer Konstitution nach auch als Diphenyldiorthodicarbonsäure bezeichnet werden kann, $COOH \cdot C_6H_4 \cdot C_6H_4 \cdot COOH$, da die Carboxylgruppen in der Orthostellung (s. Aromatische Verbindungen) zu der Bindungsstelle der beiden Benzolkerne stehen. Sie kristallisiert in Nadeln, die bei 229° schmelzen, und liefert leicht ein Anhydrid (Schmelzpunkt 217°).

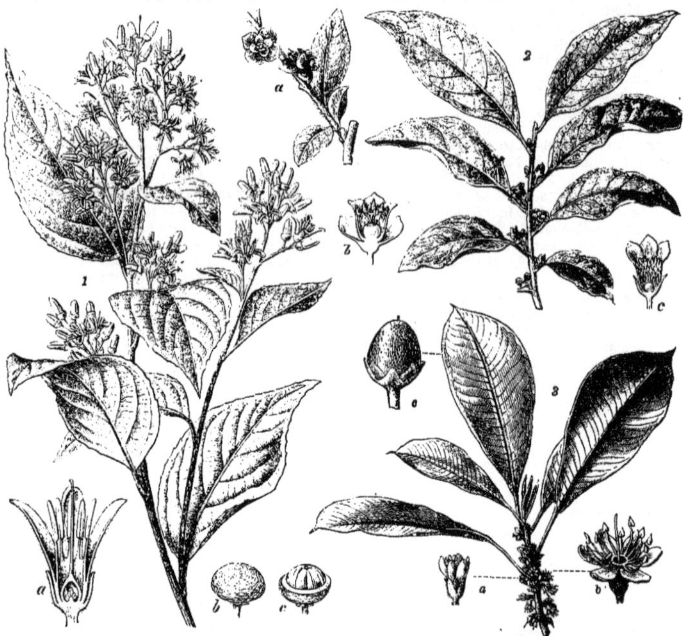

Diospyrinen (S. 333b): 1. Styrax benzoïn (Benzoë); a Blüte im Durchschnitt, b Frucht, c desgl. 2. Diospyros lotus (Dattelpflaume); a weibliche Blüten, b desgl. im Durchschnitt, c männliche Blüte im Durchschnitt. 3. Isonandra gutta (Guttaperchabaum); a Blüte, b desgl. vergrößert, c Frucht.

Dipentēn, Cinen, ein zu den Terpenen gehöriger Kohlenwasserstoff von der Zusammensetzung $C_{10}H_{16}$. Es ist das beständigste der gewöhnlichen Terpene und wird deim Erhitzen von Pinen, Camphen, Limonen u. a. gebildet. Es findet sich im Oleum Oinae neden Cineol. Ferner entsteht es durch Polymerisation aus dem Isopren, C_5H_8, deim Anlagern und Wiederabspalten von Chlorwasserstoff aus anderu Terpenen, und aus Kautschuk bei der Destillation. Das D. ist eine angenehm citronenartig riechende Flüssigleit, ist optisch inaktiv und siedet dei 180—182°. Mit Chlorwasserstoff vereinigt es sich zu dem kristallisierenden Dipentendihydrochlorid, $C_{10}H_{18}Cl_2$, aus dem es unverändert wieder gewonnen werden kann.

Diphenyl, ein aromatischer Kohlenwasserstoff von der Zusammensetzung $C_{12}H_{10}$, der dadurch charakterisiert ist, daß er zwei Benzolreste (s. Aromatische Verbindungen) enthält, die direkt miteinander verbunden sind nach folgender Formel: $C_6H_5 - C_6H_5$. D. findet sich im Steinkohlenteer in geringer Menge und entsteht am leichtesten beim Durchleiten von Benzoldämpfen durch glühende Röhren, wobei Wasserstoff frei wird nach folgender Gleichung:

$$\underset{\text{Benzol}}{2\,C_6H_6} = \underset{\text{Diphenyl}}{C_6H_5 \cdot C_6H_5} + H_2.$$

Das D. ist in Wasser unlöslich, leicht löslich in Alkohol und Äther, es kristallisiert in Blättchen, die bei 71° schmelzen und bei 254° sieden. Das D.

ist in ähnlicher Weise, wie das Benzol, der Mutterkohlenwasserstoff für eine große Reihe zum Teil sehr wichtiger Derivate, die unter sich zahlreiche Isomeriefälle aufweisen. Das technisch wichtigste Derivat ist das Benzidin (s. d.).

Diphenylamin, eine sekundäre aromatische Ammoniakbase von der Zusammensetzung $C_{12}H_{11}N$. Sie leitet sich vom Ammoniak NH_3 durch Ersetzung zweier Wasserstoffatome durch Phenylgruppen ab: $NH(C_6H_5)_2$. Es entsteht bei der Destillation von Rosanilinblau und wird technisch durch Erhitzen von Anilin mit salzsaurem Anilin auf 240° dargestellt: $C_6H_5 \cdot NH_2 \cdot HCl + C_6H_5 \cdot NH_2 = (C_6H_5)_2NH + NH_4Cl$ (Salmiak). Das D. bildet angenehm blumenartig riechende weiße Krystallblätter von brennendem Geschmack, schmilzt bei 45° und siedet bei 310°. In Wasser ist es nahezu unlöslich, in Alkohol und Äther leicht löslich. Das salzsaure Salz bläut sich an der Luft. Eine Lösung von D. in konzentrierter Schwefelsäure wird durch Spuren von Salpetersäure intensiv blau gefärbt (sehr empfindliche Reaktion auf Salpetersäure). In der Farbstofffabrikation findet das D. Anwendung zur Herstellung von Diphenylaminblau, Diphenylaminorange und Aurantia. Einige andere Gruppen von Farbstoffen, die Indamine und Indophenole (s. d.), stehen in naher chem. Beziehung zum D. und heißen deshalb Diphenylaminfarbstoffe.

Diphenylaminblau, spritlöslich, ein Farbstoff, der durch Erhitzen von Diphenylamin mit Oxalsäure gewonnen wird und wahrscheinlich die Konstitution eines Triphenylrosanilins (s. Rosanilin) besitzt. Da das D. in Wasser unlöslich ist, wird es durch konzentrierte Schwefelsäure in Sulfosäuren übergeführt, deren lösliche Alkalisalze unter dem Namen Bayrischblau oder Alkaliblau in den Handel kommen.

Diphenylaminorange, Säuregelb, Orange IV, Diphenylorange, Neugelb, ein orangegelber Azofarbstoff, der durch Diazotieren von Sulfanilsäure und Kombination (s. Diazoverbindungen) mit Diphenylamin erhalten wird, das Natronsalz des Sulfanilsäureazodiphenylamins:

$$SO_4Na \cdot C_6H_4 \cdot N:N \cdot C_6H_4 \cdot NH \cdot C_6H_5.$$

Diphenylimid, s. Carbazol.

Diphenylmethan, Benzylbenzol, ein aromatischer Kohlenwasserstoff, der nach verschiedenen synthetischen Methoden gewonnen werden kann. Er besitzt die folgende Konstitutionsformel: $C_6H_5 \cdot CH_2 \cdot C_6H_5$, krystallisiert in weißen Nadeln von orangenähnlichem Geruch, die schon bei 26° schmelzen und bei 262° sieden. Von diesem Kohlenwasserstoff leiten sich die sog. Diphenylmethanfarbstoffe ab, von denen aber nur das Auramin (s. d.) praktische Bedeutung besitzt.

Diphenylorange, s. Diphenylaminorange.

Diphenyltolylmethan, s. Triphenylmethan.

Diphilus aus Sinope, war nächst Menander und Philemon der bedeutendste Dichter der neuern attischen Komödie in der zweiten Hälfte des 4. Jahrh. v. Chr. Er verfaßte 100 Stücke. Von der Hälfte derselben sind noch die Titel bekannt und eine Anzahl größtenteils jedoch unbedeutender Fragmente erhalten. Außerdem sind zwei erhaltene Stücke des Plautus Bearbeitungen von Komödien des D. Die Fragmente des D. stehen in den von Kock herausgegebenen «Comicorum atticorum fragmenta», Bd. 2 (Lpz. 1884).

Diphthérie, Diphtheriebacillus, s. Diphtheritis.

Diphthériemittel von Rieger, s. Geheimmittel.

Diphtheritis oder **Diphtherie** (grch., von diphthéra, «Haut», «Fell») heißt in der Medizin im weitern Sinne diejenige Form von Entzündung, bei welcher ein brandiger Zerfall des Gewebes der entzündeten Teile eintritt. Indem nämlich aus den feinsten Blutgefäßchen eine der Organisation unfähige Masse ausschwitzt und das entzündete Gewebe durchtränkt, wird zugleich die Lebensfähigkeit des letztern vernichtet, sodaß es erweicht, zerfällt und die erkrankte Schleimhaut als graugelbe, anfangs fest anhaftende Haut oder Membran überzieht. Im engern Sinne bezeichnet man als D. eine ansteckende epidemische Krankheit, welche sich hauptsächlich durch eine diphtheritische Entzündung der Schleimhaut des Schlundes und Kehlkopfes verrät und sich vom Krupp (s. d.) dadurch unterscheidet, daß die entzündliche Ausschwitzung nicht bloß, wie bei diesem, auf die Oberfläche der Schleimhaut, sondern auch zugleich in das Gewebe derselben abgelagert wird und den brandigen Zerfall der Schleimhaut bedingt. Das eigentliche Wesen dieser auch unter dem Namen der bösartigen, epidemischen oder brandigen Mandel- oder Rachenbränne (Angina maligna s. gangraenosa) bekannten Krankheit, welche schon im Altertum bekannt und im 16. Jahrh. bei den Spaniern unter dem Namen Garotillo wegen ihrer großen Erstickungsgefahr gefürchtet war, ist trotz zahlreicher Untersuchungen noch immer nicht in allen Punkten hinreichend erforscht. Nur so viel steht fest, daß die D. eine ansteckende Krankheit ist, deren Keime in der unmittelbaren Nachbarschaft des Menschen und seiner Wohnungen fortwuchern und lange daselbst latent und wirksam bleiben können.

Der eigentliche Ansteckungsstoff der D. ist der von Löffler entdeckte und in Reinkulturen gezüchtete Diphtheriebacillus, ein Stäbchen von wechselnder Form, häufig mit kolbig verdichteten und abgerundeten Enden. Roux, Yersin, Tangl u. a. haben durch Übertragung der Löfflerschen Diphtheriebacillen bei Tieren eine der menschlichen D. ähnliche Krankheit erzeugt. Daher nimmt man gegenwärtig an, daß der Löfflersche Bacillus in der That die Ursache der D. ist.

Indem diese in der Luft schwebenden niedrigsten pflanzlichen Organismen oder ihre Sporen sich unter gewissen Verhältnissen in vorhandene kleine Abschilfungen und Erosionen der Mund- und Rachenschleimhaut einnisten und sich infolge der ihrer weitern Entwicklung günstigen feuchtwarmen Temperatur der Mundhöhle rapid vermehren, erregen sie zunächst in der befallenen Schleimhaut eine rein örtliche Entzündung mit faserstoffiger Ausschwitzung (diphtheritische Membranen und Auflagerungen). Leichtere Grade dieser Entzündung können sich wieder zurückbilden, ohne ernstere Folgezustände zu veranlassen; in schwerern Fällen aber stirbt die ergriffene Schleimhautpartie ab, wird in einen feuchten, schmutziggrauen, übelriechenden Schorf verwandelt und hinterläßt ein mißfarbiges brandiges Geschwür, welches günstigenfalls allmählich mit Hinterlassung einer Narbe verheilt. Doch bleibt die Krankheit durchaus nicht immer in der Mund- und Rachenhöhle lokalisiert. Vor allem breitet sich die Erkrankung über die Luftröhre bis in die Lunge aus. Die Bacillen finden sich nur in diphtheritischen Membranen; sie erzeugen höchst giftige Stoffwechselprodukte, die zu einer Vergiftung des Körpers führen, sodaß häufig durch Zersetzung des Blutes, Lähmung des Nervencentralapparats oder des Herzens oder durch schwere Nierenentartung der Tod eintritt.

Der diphtheritische Ansteckungsstoff ist vorzugsweise in den diphtheritischen Membranen und brandigen Gewebsfetzen sowie in dem Auswurf und der Ausatmungsluft der Kranken enthalten und zeichnet sich durch eine außerordentlich große Zähigkeit und Dauerhaftigkeit aus, sodaß er noch nach Monaten in Räumen, in denen er sich einmal entwickelt hat, seine Wirkungen entfalten kann. Kein Staud und kein Lebensalter ist vor seiner Einwirkung sicher, doch werden vorwiegend Kinder, namentlich in den ersten sechs Lebensjahren, von der D. ergriffen, offendar weil ihre zartern und weichern Schleimhäute weniger Widerstandsfähigkeit besitzen. Ärzte und Pflegerinnen, welche mit Diphtheriekranken in nächste Berührung lommen, fallen nicht selten der Krankheit zum Opfer. Von Zeit zu Zeit nimmt die D., namentlich in größern Städten, epidemische Verbreitung an, ohne daß es immer gelingt, äußere Ursachen dafür aufzufinden. Begünstigt wird die Verbreitung der D. durch mangelhafte hygieinische Verhältnisse, insbesondere durch feuchte Dämpfe, durch unsaubere Wohnungen, durch schlechte Kanalisation und Kloaken, während umgekehrt reine, trockne, sauerstoffreiche Luft und überhaupt gute hygieinische Verhältnisse die Entwicklung des Kontagiums hemmen.

Was den Verlauf der D. anlangt, so beginnt die Krankheit meist plötzlich mit Fieber, Frösteln und Mattigkeit, Schlingbeschwerden, Schwellung der Kieferlymphdrüsen und weißlichen, sich ziemlich schnell ausbreitenden Auflagerungen auf der Schleimhaut der Mandeln und des Rachens. Diese weißlichen Flecken lassen sich nicht wegstreichen, und wenn man sie gewaltsam entfernt, dleibt eine wunde, leicht blutende Stelle zurück. Sich selbst überlassen, zerfallen sie oder lösen sich ad und hinterlassen mißfarbige, faulige Geschwüre, welche einen sehr übeln Geruch ans dem Munde verursachen. Pflanzt sich die Entzündung und die Bildung dieser Auflagerungen dis auf den Kehlkopf fort, so tritt dald Heiserkeit, selbst völlige Stimmlosigkeit, Husten, pfeifendes Atmen und dei kleinen Kindern leicht Erstickung ein. Die D. der Nasenhöhle giedt sich durch Nasenbluten und stinkenden jauchigen Ausfluß aus den Nasenlöchern zu erkennen. Durch die Aufnahme des diphtheritischen Giftes in die Blutmasse kommt es nicht selten zu Nierenentzündung mit Albuminurie und nachfolgender Harnstoffvergiftung des Blutes. Aber auch durch allgemeine Erschöpfung der Ledenskräfte oder durch plötzlich eintretende Herzschwäche lann die Krankheit in kürzester Frist zum Tode führen. Häufig dleiden langdauernde, mehr oder weniger bedeutende Lähmungen, insbesondere der Sprachorgane, der Augenmuskeln und der Beine, zurück, die jedoch gewöhnlich nach und nach ohne dauernde Folgen wieder verschwinden. Au lästigsten ist die Lähmung des Gaumensegels, wodurch genossene Flüssigkeiten in die Nasenhöhle gelangen und das Schlingen bisweilen so erschwert wird, daß man zur künstlichen Ernährung vermittelst der Schlundsonde seine Zuflucht nehmen muß.

Hinsichtlich der Verhütung der D. sind die Beschaffung einer trocknen, sonnigen und hinreichend geräumigen Wohnung, ausgiebige und fleißige Ventilation und die sorgfältige Desinfektion aller Abfallstoffe und Fäulnisherde, insbesondere die Überwachung der Schleusen und Aborte von der allergrößten Bedeutung, da feuchte, dumpfe und überfüllte Wohnräume die Entwicklung des Ansteckungsstoffs in hohem Grade befördern; daneben können eine vernünftige Abhärtung der Kinder durch kalte Waschungen des Halses und kalte Gurgelungen mit Wasser oder Kochsalzlösung sowie die sorgfältige Behandlung aller chronischen Mandel- und Rachenerkrankungen nicht dringend genug empfohlen werden. Von hohem wissenschaftlichen Interesse ist es, daß Behring und Kitasato Tiere künstlich gegen D. unempfänglich gemacht haben; doch läßt sich diese Thatsache für die menschliche D. noch nicht verwerten. Ist ein Familienglied an D. erkrankt, so sind die gesunden Kinder am besten ganz aus dem Hause zu entfernen und erst danu wieder zurückzuführen, nachdem die Wohnung auf das sorgfältigste in folgender Weise gereinigt, desinfiziert und gelüftet ward. Die Wände werden mit Brot adgerieden oder neu hergestellt, alle waschbaren Mobilien werden mit heißem Wasser abgewaschen, Polstermöbel, Betten, Kleidungsstücke werden am besten durch heißen Wasserdampf in besondern Desinfektionsanstalten, die sich in größern Krankenhäusern und Städten befinden, desinfiziert. Endlich sind Räucherungen in den Wohnungen mit chlorschwefliger Säure u. s. w. (s. Desinfektion) empfehlenswert. Alle minder wertvollen Gegenstände, die mit dem Kranken in Berührung kamen, werden verdrannt.

Die Behandlung der D. hat vor allen Dingen dahin zu streben, die weitere Entwicklung der eingedrungenen Diphtheriepilze zu verhindern und die durch sie unterhaltenen Fäulnisvorgänge auf der Mund- und Rachenschleimhaut möglichst zu deschränken. Zu diesem Zwecke dienen Betupfen der Auflagerungen mit konzentrierten Carbol-, Chinolin-, Eisenchlorid- und Salicyllösungen oder mit Papayotin, Einblasungen von Schwefeldlüten, Jodoform oder Benzoesäure, Spülwässer von chlorsaurem oder übermangansaurem Kali sowie Inhalationen von Carbolsäure, Thymol, Eukalyptol, Salicylsäure, Sublimatlösung und andern antimykotischen (pilztötenden) Mitteln. Vor jeder allzu eingreifenden Lokalbehandlung ist zu warnen, weil dadurch allzu leicht Verwundungen der Rachenschleimhaut und neue Infektionen entstehen. Im Anfang der Erkrankung ist die Anwendung der Kälte in Form von Eiskompressen und Eissäckchen um den Hals sowie von Eispillen zweckmäßig; in den spätern Stadien, wenn die Eiterung begonnen, sind warme Breiumschläge am Platze. Daneden dleidt es eine wichtige Aufgabe des Arztes, die Kräfte des Kranken durch Darreichen von China- und Eisenpräparaten, von starkem Wein und kräftiger Nahrung aufrecht zu erhalten und das vorhandene Fieder durch kalte Bäder und Einpackungen, Chinin und andere antipyretische (fieberwidrige) Heilmittel zu bekämpfen. Jede schwächende Behandlung, zumal Blutentziehung, muß unter allen Umständen unterbleiden, da sie die Lähmung der ohnedies geschwächten Herzthätigkeit nur befördern würde. Bei hochgradiger Verengerung des Kehlkopfes und dadurch entstehender Erstickungsgefahr ist nur von der rechtzeitigen Ausführung des Luftröhrenschnittes oder der Tracheotomie (s. d.) Rettung und Hilfe zu erwarten. In neuerer Zeit hat man statt der Tracheotomie Metallröhrchen vom Munde aus in den Kehlkopf eingelegt (sog. Intubation, s. d.). Gegen die zurückbleibenden diphtheritischen Lähmungen, die gewöhnlich vollständig verschwinden, werden die Anwendung von Elektricität, Einspritzungen von Strychnin, kalte Douchen und Seebäder empfohlen. — Vgl. Seitz, D. und Croup, geschichtlich und klinisch dargestellt (Berl. 1877); Monti, Über Croup und D. im Kindesalter (2. Aufl., Wien 1885); Francotte, Die D. (deutsch, Lpz. 1885); Örtel, Die Pathogenese der epidemischen D. (ebd. 1887); die Arbeiten von Löffler, Roux, Behring, Yersin, Kitasato u. a.

Diphtheritis bei den Haustieren. Bei den Haustieren kommen zwei Erkrankungen vor, welche mit dem Namen D. belegt werden: 1) die sog. Kälberdiphtherie, 2) die Geflügeldiphtherie. Unter dem Namen Kälberdiphtherie beschrieb Damann 1887 eine Krankheit bei Kälbern, deren hervorragendstes Symptom in dem Auftreten gelber Beläge auf der Schleimhaut der Maul- und Rachenhöhle besteht. Die Krankheit hat einen bösartigen Charakter; die meisten Tiere sterben nach 4—5 Tagen oder nach 2—3 Wochen. Die Kälberdiphtherie ist ansteckend, hat aber zu der D. des Menschen keine Beziehungen. Löffler wies bei der Kälberdiphtherie Bacillen nach, welche von den Diphtheriebacillen des Menschen wesentlich verschieden sind. Auch die Geflügeldiphtherie (s. d.) hat mit der menschlichen D. nichts gemein, wie es denn überhaupt noch niemals gelungen ist, die D. des Menschen auf Haustiere zu übertragen.

Diphthóng (grch.), d. h. Doppellauter, in der Grammatik die Verbindung zweier ungleichartiger Vokale (a—u, a—i, e—u, e—i, o—u, o—i u. s. w.), die in der Aussprache durch kontinuierliche Übergänge miteinander zusammenhängen und zusammen nur eine Silbe ausmachen. Die Umlaute (s. d.) ä, ö, ü gehören, weil einheitliche Laute, nicht zu den D. (S. auch Laut.)

Diphycérk, s. Fische.

Diphyodónt (grch.), Tiere mit Zahnwechsel, [s. Zähne.

Diplacódon, fossile Säugetiergattung, s. Palaeotherium.

Diplasion (grch.), s. Doppelflügel.

Diplegie (grch.), doppelseitige Lähmung.

Dipleidoskop (grch.), ein von dem engl. Chronometermacher Dent 1844 angegebenes Instrument zur Zeitbestimmung. Es besteht aus drei zu einem gleichseitigen Prisma zusammengestellten planparallelen Glasplatten, von denen die nachfolgende Figur einen Querschnitt giebt. Die vordere nach Süden zu liegende Platte AB ist durchsichtig, die beiden andern sind auf der hintern Seite belegt. Das Ganze ist so aufgestellt, daß die Ebene von AC in den Meridian fällt und die Kante C der Erdachse parallel ist.

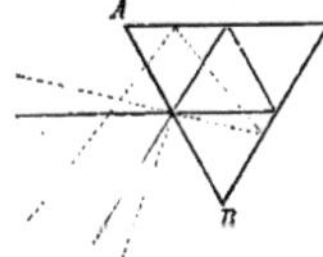

Wenn nun ein Sonnenstrahl auf die vordere unbelegte Glasplatte AB fällt, so entsteht zunächst ein Bild der Sonne durch unmittelbare Reflexion von der Vorderfläche der Platte, sodann auch ein zweites nach Reflexion an den innern Flächen der zwei belegten Platten. Beide Bilder müssen eine einander entgegengesetzte Bewegung der am Himmel fortrückenden Sonne zeigen, und es müssen beide Bilder zusammenfallen, wenn die Sonne im Meridian steht oder kulminiert. Infolge der entgegengesetzten Bewegung beider Bilder ist dieses Zusammenfallen sehr scharf zu beobachten, und man kann daher die Zeit auf eine Sekunde genau mit diesem Instrument bestimmen, um so mehr, wenn man mit demselben noch ein kleines Fernrohr in Verbindung bringt. In der Figur ist der Gang der von der Sonne kommenden Strahlen im Prisma durch Linien angedeutet. Die punktierten Linien zeigen den Gang zu einer vor der Kulmination liegenden Zeit, die ausgezogenen Linien für den Moment der Kulmination. Vgl. Dent, A description of the Dipleidoscope; or double reflecting meridian and altitude instrument etc. (Lond. 1860).

Diplextelegraphie, soviel wie Doppelsprechen (s. d.), eine Art der Doppeltelegraphie (s. d.).

Diplocóccus, eine Kokkenart (s. Bakterien), bei welcher immer je zwei Kokken nebeneinander liegen. Die Teilung geschieht wahrscheinlich immer um eine Achse, welche zu derjenigen der letzten Teilung senkrecht steht, sodaß niemals Ketten, sondern immer flächenhaft ausgebreitete Haufen resultieren. Hierher gehören D. pneumoniae, Gonococcus, Staphylococcus pyogenes u. a.

Diplodócus, s. Dinosaurier.

Diploë (grch.), in der Anatomie das schwammige Knochengewebe, welches sich in den sog. platten Knochen (Schädelknochen, Schulterblatt u. a.) zwischen zwei Tafeln harter Knochensubstanz befindet.

Diploïs (Diploïdion), s. Chiton.

Diplōm (grch.) bezeichnete zunächst ein aus zwei Täfelchen zusammengefügtes Schriftstück, dann aber ohne Rücksicht auf die Form bei den Römern gegen Ende der Republik und besonders während der Kaiserzeit ein von den Kaisern selbst oder höhern Staatsbeamten ausgefertigtes Schreiben, durch welches einzelnen Personen gewisse Vorrechte oder Vorteile zuerteilt wurden. Insbesondere hießen D. diejenigen Empfehlungsschreiben, durch welche Kurieren und andern Personen, die im öffentlichen Auftrage reisten, auf den Stationen die nötigen Beförderungsmittel und Reisebedürfnisse zur Verfügung gestellt wurden. Im Mittelalter verschwand das Wort gänzlich aus der Geschäftssprache, denn die Urkunden, deren wissenschaftlicher Bearbeitung später die Diplomatik ihren Namen verdankte, wurden damals mit den Namen charta, pagina, literae, cedula, dann im Deutschen mit «Brief» (s. d.) und mit Übertragung des ursprünglich die Persönlichkeit eines Zeugen bedeutenden «Urchund» auf das geschriebene Zeugnis, Urkundbrief, Urkunde bezeichnet. Erst bei den Streitigkeiten über die Echtheit einzelner Urkunden im 17. Jahrh. kam das Wort wieder in Gebrauch, worauf es von Mabillon in den wissenschaftlichen Sprachgebrauch (s. Diplomatik) und von Joachim in die deutsche Sprache eingeführt wurde. Mabillon verstand unter diploma alle amtlichen Urkunden, insbesondere aus älterer Zeit. Da er aber in seinem Werke vorzugsweise nur von königlichen D. gehandelt hatte, so gab dies später Veranlassung, nur Ausfertigungen der Könige und Kaiser als diplomata zu betrachten, die Ausfertigungen der Päpste aber bullae und brevia, die geringerer Personen geistlichen und weltlichen Standes literae zu nennen. Andere wollten den Begriff des D. auf mit einem öffentlichen Siegel versehene Schriften, andere auf Schriften etwa bis zu Ende des 15. Jahrh., noch andere auf Pergamentschriften beschränkt wissen. Seitdem die Diplomatik in deutscher Sprache bearbeitet und für diploma das Wort Urkunde eingeführt wurde, erweiterte sich wieder der Begriff des Wortes D. oder Urkunde, jedoch in sehr schwankender und ungehöriger Weise.

Die wissenschaftlich geschulten Archivare der neuesten Zeit beschränken jedoch den Begriff der Urkunde (wofür nur noch selten das Wort D. gebraucht wird) auf diejenigen im Wege der Geschäftsführung entstandenen Schriften, die zur Erinnerung oder Beglaubigung irgend eines Beschlusses oder Vorgangs von seiten der dabei Beteiligten mit Absicht und in einer Form aufgesetzt sind, welche ihnen Beweis- und Rechtskraft oder Gesetzesgeltung verleihen. Breßlau bezeichnet als Urkunden «schriftliche, unter Beobachtung bestimmter, wenn auch nach Verschiedenheit von Person, Ort, Zeit und Sache wechselnder Formen aufgezeichnete Erklärungen, welche bestimmt sind, als Zeugnisse über Vorgänge rechtlicher Natur zu dienen». Alle übrigen, in den Archiven niedergelegten Schriftstücke werden unter dem Namen **Akten** (s. d.) zusammengefaßt. Das Wort D. selbst hat sich gegenwärtig nur in beschränkterer Bedeutung für Dokumente erhalten, durch welche der Staat oder eine Behörde an Private eine Auszeichnung verleiht (Adelsdiplom, Doktordiplom); Urkunde bezeichnet im öffentlichen Leben heute staats- und privatrechtliche Dokumente (Verfassungs-, Vertrags-, Schuldurkunde); wo es sich dagegen um Verleihung eines Rechts oder einer Stellung durch den Staat oder eine Behörde an Private handelt, spricht man von **Patent** (Offizierspatent, Erfindungspatent). Über die einschlägige Litteratur s. Diplomatik.

Diplomāt (grch.), eigentlich Verfertiger von Diplomen; dann soviel wie Politiker, besonders in der auswärtigen Politik (s. Diplomatie und Diplomatisches Korps); im gewöhnlichen Leben ein Mann, der es besonders gut versteht, im persönlichen Verkehr mit andern in höflicher Weise seinen Zweck zu erreichen.

Diplomataria, s. Chartularia.

Diplomatie (grch.), der Inbegriff der bei dem völkerrechtlichen Verkehr zwischen civilisierten Staaten geltenden Regeln und Grundsätze, Staatsunterhandlungskunst, auch Wesen, Handlungsweise eines Diplomaten, ferner zusammenfassender Begriff für die dieser Staatsaufgabe dienenden Beamten des auswärtigen Dienstes. Der Name ist modern, die Sache ist alt; die diplomat. Formen und die Unverletzlichkeit der diplomat. Personen sind die ältesten und allgemeinsten Spuren des Völkerrechts. Schon die altorient. Kulturvölker, dann die Griechen und Römer haben in der fortgeschrittenen Periode ihrer polit. Entwicklung die Mittel des gegenseitigen Verkehrs zwischen Staaten und Völkern ausgebildet und zu einem gewissen Grade der Vollkommenheit geführt. Auch das Mittelalter hatte seine Diplomatenschule, auf die ein Teil des altröm. Geistes übergegangen schien, in der röm. Kirche, und selbst der Feudalstaat entlehnte seine Meister auf diesem Gebiete dem Kreise des Klerus. Als aus dem Mittelalter mit der Ausbildung der nationalen Staatsidee die staatliche Vielheit und Mannigfaltigkeit hervorwuchs, welche die Grundlage der modernen polit. Ordnung bildet, wurde es auch wichtiger, sowohl über die Zustände und Bewegungen im Innern der verschiedenen Staaten als auch über ihre gegenseitigen Beziehungen in genauer und ununterbrochener Kenntnis zu bleiben. Von Italien breitete sich der Geist der neuen staatsmännischen Kunst der Unterhandlung und Vertretung (Venedig) aus und gründete seine Schule auf dem ganzen Festlande.

Giebt es einerseits eine Wissenschaft der D., die das Studium des Staats- und Völkerrechts, der Politik, Statistik und Geschichte umfaßt, so liegt doch auf der andern Seite die wesentliche Bedingung diplomat. Erfolgs in jener Kunst, seinen Zweck zu erreichen, die man aus bloß wissenschaftlichen Studien sich nie zu erwerben vermag. Die feine psychol. Taktik, die es versteht, Menschen zu gewinnen und zu leiten, Raschheit und Ausdauer, Geschmeidigkeit und Zähigkeit werden nicht erlernt, sondern angeboren und im Leben selbst ausgebildet. Jene steifen Formen, die prätentiöse Etikette und alle die Kleinlichkeiten des Vorrangs, die so viel Mühe und Kunst der Diplomaten des 17. Jahrh. in Anspruch nahmen, waren für die großen Diplomaten jener Zeit sehr wohlerwogene und sehr geschickt gebrauchte Mittel zum Zwecke. Dieselben wurden nicht erst durch den Wiener Kongreß beseitigt, auch nicht durch die neuen Bestimmungen des Aachener Kongresses über die Gesandtenklassen. Ein freierer Geist des socialen Lebens und das Aufkommen anderer Mittel für dieselben Zwecke hatten sie schon früher entfernt oder doch beschränkt, und namentlich hatte die Zeit Friedrichs II. hierbei das meiste gethan. Die Aufgabe des Diplomaten der Gegenwart ist in mancher Hinsicht vereinfacht, insofern die Politik nicht mehr so ausschließlich wie früher persönliche und höfische Angelegenheiten betrifft, insofern die Öffentlichkeit, die parlamentarischen Institutionen auf die Bedeutung des diplomat. Verkehrs mächtig eingewirkt haben. Allein auf der andern Seite ist die Aufgabe der D. schwieriger und ernster geworden. Außer der Kenntnis des Staatsrechts, der polit. Lage und Parteien im Innern der Staaten ist eine genaue Einsicht in die wirtschaftlichen und nationalen Interessen unentbehrlich. Der höhere Diplomat muß gegenwärtig mitten im Strome der geistigen Bewegung stehen; er muß die großen Fragen der innern Politik, der Nationalökonomie, des socialen Lebens in ihrer ganzen Bedeutung zu würdigen wissen und beherrschen. Solche Wissenschaft wird aber wieder nicht in der Schule, sondern hauptsächlich in der großen Bewegung des Lebens erworben und geübt. Einen Teil der völkerrechtlichen Bestimmungen, speciell das Gesandtschaftsrecht mit einigen Notizen über Herkömmliches und einigen Klugheitsregeln hat man in besondern Werken zusammengestellt. Dahin gehören: Wicquefort, L'ambassadeur et ses fonctions (2 Bde., La Haye 1746); (Graf Garden) Traité complet de diplomatie, par un ancien ministre (3 Bde., Par. 1833); Winter, Système de la diplomatie (Berl. 1830); Martens, Le Guide diplomatique (5. Aufl., hg. von Geffcken, 2 Bde., Lpz. 1866). Sammlungen diplomat. Aktenstücke veröffentlichten unter andern die beiden Martens (s. d.). Die Zeitgeschichte behandeln Amyots Archives diplomatiques (Par. seit 1861) und das Staatsarchiv, begr. von Aegidi und Klauhold (Hamb. u. Lpz. seit 1861).

Nach deutschem Rechte erfolgt die Leitung der D. verfassungsmäßig durch den Kaiser (Reichsverfassung Art. 11), welcher das Reich völkerrechtlich zu vertreten hat. Für diese Leitung lassen sich der Natur der Sache nach sehr viel weniger als für andere Verwaltungszweige feste Rechtsregeln aufstellen. Im wesentlichen gilt auch heute noch hierfür die preuß. Verordnung vom 26. Okt. 1810, wonach die Erteilung von Instruktionen an die D. dem Monarchen selbst vorbehalten ist. Im übrigen untersteht die deutsche D. dem Auswärtigen Amt (s. d.). Die D. zerfällt nach den völkerrechtlichen Bestimmungen des Wiener und Aachener Kongresses in vier Rangklassen: Botschafter, Gesandte oder bevollmächtigte Minister, Ministerresidenten, Geschäftsträger; dazu kommen die päpstl. Nuntien als besondere und bei den kath. Höfen vor allen übrigen Diplomaten bevorrechtete Rangklasse. Über die Vorrechte der D. s. Exterritorialität.

Diplomātik (grch.) ist diejenige histor. Hilfswissenschaft, welche die Dokumente oder die im Geschäftswege entstandenen Schriftstücke früherer Zeiten verstehen, beurteilen und gebrauchen lehrt. Ihren Namen erhielt sie von der wichtigsten und schwierigsten Klasse dieser Dokumente, den Diplomen (s. d.) oder Urkunden, an denen sie auch zur Wissenschaft sich heranbildete und allmählich die gegenwärtige Ausdehnung und Bedeutung ihres Begriffs erreichte. Man hatte zwar schon seit dem Anfange des 16. Jahrh. geschichtlichen Werken Urkunden beigegeben; größere Bedeutung erlangten dieselben jedoch erst bei Gelegenheit der vielfachen, während des 17. Jahrh. in Deutschland erörterten staats- und fürstenrechtlichen Streitfragen (bella diplomatica). Der belg. Jesuit Dan. Papebroek machte den ersten Versuch einer wissenschaftlichen Behandlung der Urkunden und faßte die Ergebnisse seiner Forschung in einer Abhandlung zusammen, die dem zweiten Bande der «Acta Sanctorum, Aprilis» (Antw. 1675) beigegeben ist. Der Umstand, daß hier die Echtheit der ältesten, namentlich vieler merowing. Urkunden der Abtei St. Denis angezweifelt worden war, veranlaßte den gelehrten Benediktiner Mabillon, mit seinem berühmten Werke «De re diplomatica» (Par. 1681; mit Supplementen, 2 Bde., ebd. 1704; Neap. 1789) zu antworten, das der neuen Wissenschaft den Namen verlieh und deren eigentliche Grundlage wurde, ohne jedoch eine vollständige Behandlung derselben zu geben oder auch nur zu beabsichtigen. Nach Mabillon, der seine Erfolge vor allem dem reichen Material zu verdanken hatte, das ihm zur Verfügung stand, erfuhren auf lange Zeit hin nur die einzelnen Teile der D. entweder ganz neue Begründung oder weitere Ausführung und Bereicherung. So erweiterte der Engländer Madox die Formelkunde, brach Heineccius der Siegelkunde neue Bahn und behandelte Bessel, der Abt des Klosters Göttweih, die Specialdiplomatik der deutschen Könige und Kaiser von Konrad I. bis Friedrich II. und begründete namentlich die diplomat. Geographie Deutschlands. Bessels berühmtes «Chronicon Gotwicense» (2 Bde., 1732) wurde durch Heumans «Commentarii de re diplomatica imperatorum et regum Germ.» (2 Bde., Nürnb. 1745—53) gewissermaßen ergänzt. In Frankreich fügte Montfaucon die griech. Schriftkunde und Charpentier die Kenntnis der Tironischen Noten hinzu, denen die von Baring und Walther mit großem Fleiße gesammelten Buchstabenproben und Abkürzungen der lat. Schrift sich ergänzend anschlossen.

In Deutschland ward die D. auch unter die Gegenstände des Universitätsunterrichts aufgenommen und zu diesem Behufe von Eckhard (1742) und Joachim (1748) in Kompendien gebracht und damit gleichzeitig Paläographie, Chronologie und Siegelkunde nebst rechts- und staatsgeschichtlichen Erörterungen verbunden. Mit ebenfalls sehr reichen Hilfsmitteln und im wesentlichen wieder von Mabillons Standpunkte aus, behandelten Toustain und Tassin, gleichfalls Benediktiner, aufs neue die D. sehr ausführlich in dem noch immer wichtigen «Nouveau traité de diplomatique» (6 Bde., Par. 1750—65; deutsch von Adelung und Rudolf u. d. T. «Lehrgebäude der D.», 9 Bde., Erf. 1759—69), während drei andere Benediktiner, Dantine, Durand und Clemencet, in «L'art de vérifier les dates» (1750; 3. Aufl., 3 Bde., 1783—92) für die histor. und diplomat. Chronologie eine treffliche Grundlage schufen. Eine systematische Fassung der D. versuchte zuerst Gatterer seit 1765, dann mit etwas mehr Erfolg Gruber (1783) und Zinkernagel (1800). Eine größere Umgestaltung würde jedenfalls Schönemann herbeigeführt haben, wenn nicht dessen «Versuch eines vollständigen Systems der D.» (2 Bde., Hamb. 1800—1) wegen des frühen Todes des Verfassers unvollendet geblieben wäre. Zunächst wurde nun der D. einerseits ein neuer Boden geschaffen, andererseits ihre Nutzanwendung gemacht in der Verwaltung und Ordnung der Archive, beides mehr und mehr nach richtigen wissenschaftlichen Grundsätzen. Unter die Früchte dieser Arbeit sind namentlich die ausgezeichneten Urkundensammlungen und Regesten zu rechnen, die in immer wachsender Zahl die sicherste Grundlage für geschichtliche Studien darbieten. Durch die an Herausgabe von Urkunden sich anschließenden allgemeinen Grundsätze, welche Sickel aufgestellt hat, ist dieser nach Mabillon zum zweiten Begründer der D. geworden. Ihm zur Seite arbeitete mit gleichem Verdienste Ficker. Daneben wurden auch einzelne Zweige der D., wie die Schriftkunde durch Kopp u. a., die Sphragistik und Heraldik durch Melly, Bernd, den Fürsten zu Hohenlohe-Waldenburg u. a. gefördert, während mehrere Zeitschriften, wie die «Zeitschrift für Archivkunde, D. und Geschichte» von Höfer, Erhard und von Medem (1833—35) und die «Zeitschrift für die Archive Deutschlands» von Friedemann (1846—53) den fortlebenden Sinn für das Ganze der Wissenschaft bekundeten. Gegenwärtig bildet das Handbuch von Breßlau (s. unten) das wichtigste Hilfsmittel zur Einführung in die D., außerdem enthalten besonders die «Archivalische Zeitschrift» (Bd. 1—13, hg. von Löher, Stuttg. u. Münch. 1876—88 und Neue Folge, Bd. 1—2, hg. durch das bayr. Allgemeine Reichsarchiv in München, 1890—91) und die «Mitteilungen des Instituts für österr. Geschichtsforschung» von Mühlbacher (Bd. 1—13, Innsbr. 1879—92) wichtige Beiträge zur D. Ihr dienen auch die von v. Sybel und Sickel herausgegebenen «Kaiserurkunden in Abbildungen» (Berl. 1880—91). (S. Archiv.) Vgl. Ficker, Beiträge zur Urkundenlehre (2 Bde., Innsbr. 1877); Leist, Urkundenlehre. Katechismus der D. u. s. w. (Lpz. 1882); ders., Die Urkunde, ihre Behandlung und Bearbeitung (Stuttg. 1884); Posse, Die Lehre von den Privaturkunden (Lpz. 1887); Breßlau, Handbuch der Urkundenlehre (Bd. 1, ebd. 1889).

Diplomatisches Korps heißt die Gesamtheit der an einem Hofe beglaubigten diplomat. Geschäftsträger. Erst seitdem es üblich geworden ist, ständige Gesandtschaften zu unterhalten, konnte man die zu ihnen gehörenden Personen als eine durch Beruf und gesellschaftliche Stellung gebildete Einheit auffassen; die Bezeichnung D. K. soll zuerst in Wien 1754 aufgekommen sein. Das D. K. ist weder eine jurist. noch eine polit. Körperschaft und hat auch in der Regel keine Veranlassung zu irgend welcher Thätigkeit; allein es giebt in dem höfischen und polit. Leben bisweilen Gelegenheiten, bei denen es sich nicht um die Interessen eines oder mehrerer einzelner Staaten, sondern um die Stellung und Wirksamkeit der diplomat. Vertreter überhaupt handelt und bei denen aus diesem Grunde das

D. K. als Gesamtheit behandelt wird oder selbst als solche in Thätigkeit treten kann. Dahin gehört z. B. der Empfang des D. K. seitens des Souveräns bei gewissen festlichen Gelegenheiten, bei der Neujahrsgratulation, Einladungen an das D. K. zu Hoffesten, Einräumung einer besondern Tribüne oder Loge in dem Zuhörerraume der Parlamentsgebäude, in der Hofkirche u. dgl. Aber auch bei Verletzungen der durch das Völkerrecht gewährten Privilegien der diplomat. Agenten oder bei völkerrechtswidrigen Gewaltakten einer Regierung kann wohl unter Umständen das D. K. sich zu einer gemeinschaftlichen Vorstellung oder Protestation veranlaßt sehen; vielleicht auch in dem Falle, daß ein Mitglied des D. K. durch sein Verhalten sich gegen die Standesehre gröblich vergangen haben sollte. Wenn das D. K. als Einheit auftritt, bedarf es eines Organs: Als solches fungiert der Doyen (Delan) des D. K.; es ist dies in der Regel das nach der Anciennetät an dem Hofe älteste Mitglied des D. K., in den vorwiegend kath. Staaten heute noch der päpstl. Nuntius, ohne daß aber im einzelnen Falle das D. K. gehindert ist, ein anderes Mitglied mit seiner Führung oder Vertretung zu betrauen.

Diplomprüfungen an technischen Hochschulen dienen als Nachweis der erlangten technischen Ausbildung. Sie werden in zwei, als Vor- und Hauptprüfung unterschiedenen Teilen abgelegt, erstere nach einigen Jahren des Studiums, letztere an dessen Ende. Die Vorprüfung erstreckt sich hauptsächlich auf die grundlegenden Fächer, insbesondere Mathematik und Mechanik, Naturwissenschaften, Zeichnen, Technologie und bautechnische Grundlagen, die Hauptprüfung auf die Fachstudien.

Diplöpie (grch.), s. Doppelsehen.

Diplopŏda, s. Schnurasseln.

Diplōsis, s. Weizenfliege.

Diplosomie (grch.), Zwillingsmißgeburt, wobei zwei vollständig entwickelte Individuen an einer oder mehrern Stellen miteinander verwachsen sind.

Diplozōon, Doppeltier, s. Saugwürmer.

Dipneumŏnes, s. Zweilunger.

Dipnöer (Dipnŏi), s. Lungenfische.

Dipodĭdae, s. Springmäuse.

Dipŏdie (grch.), d. i. Doppelfuß, auch Syzygie («Zusammenjochung»), heißt in der Metrik die Verbindung zweier Versfüße zu einer Einheit, z. B. ein Diiambus (Doppeliambus, ◡ — ◡ —), ein Ditrochäus (Doppeltrochäus — ◡ — ◡). (S. Rhythmus.)

Dipoh, ostind. Maß, s. Depa.

Dipönos und Skyllis, zwei griech. Bildhauer aus Kreta, um 560 v. Chr. Sie waren im Peloponnes, namentlich in Sikyon thätig. Ihr Hauptwerk scheint eine Gruppe gewesen zu sein, welche den Kampf zwischen Herakles und Apollon im Beisein von Athene und Artemis um den Delphischen Dreifuß darstellte. Von ihnen ging eine Schule aus, welche überwiegend Schnitzwerke und Bronzestatuen herstellte.

Dipórpa, s. Saugwürmer.

Dippe, Gustav Adolf, Handelsgärtner und Samenzüchter, geb. 8. Sept. 1824 zu Quedlinburg, führte seit 1863 die früher mit seinen Brüdern zusammen gehaltene Gärtnerei allein. 1882 wurde er königlich preuß. Ökonomierat. D. starb 4. Nov. 1890 zu San Remo. Er hat sich durch Verbesserung und Neuzüchtung der verschiedensten Gemüse- und Blumensorten sowie durch ausgedehnte Samenkulturen große Verdienste erworben. Besonders durch Verbesserung der Zuckerrüben machte er sich weltbekannt. Die Samenkulturen umfaßten 1890 etwa 2500 ha; davon kommen auf: Zuckerrüben 600, Futterrüben 30, Getreide 8—900, Bohnen 95, Salat und Zwiebeln 70, Gurken 10, Kohl 100, Radies 50, Petersilie 60, Astern 25—30, Reseda 18, Phlox 4—5, Stiefmütterchen 3. Von Topfpflanzen wurden zur Samengewinnung kultiviert: Sommerlevkojen 300 000, Herbst- und Winterlevkojen 90 000, Goldlack 36 000, Cinerarien 15 000, Calceolarien 5000, Nelken 5000, Chinesische Primel 80 000.

Dippel (Holzpflock), s. Dübel.

Dippel, Joh. Konr., religiöser Schwärmer und Alchimist, geb. 10. Aug. 1673 auf dem Schlosse Frankenstein bei Darmstadt, studierte zu Gießen Theologie, Medizin und Jurisprudenz. Später hielt er in Straßburg Vorlesungen über Astrologie, mußte aber bald die Stadt verlassen und trieb sich an verschiedenen Orten abenteuernd umher. 1698 veröffentlichte er unter dem Namen **Christianus Demokritus** die Schrift «Papismus Protestantium vapulans» («Das gestäupte Papsttum der Protestierenden»), worin er das orthodoxe Kirchentum aufs heftigste angriff. Aus Hessen vertrieben, lebte er seit 1704 in Berlin, Frankfurt a. M., Amsterdam, Leiden und Altona. Wegen unehrerbietiger Äußerungen gegen die dän. Regierung brachte er 7 Jahre in Gefangenschaft auf Bornholm zu und begab sich dann nach Schweden (1727), wo er sich durch glückliche Kuren großes Ansehen erwarb. Auf Andringen der Geistlichkeit mußte er auch Schweden bald wieder verlassen, ging dann nach dem Wittgensteinschen Schlosse Berleburg und starb daselbst 25. April 1734. Anfangs orthodox, später durch die Lektüre Spenerscher Schriften zum Pietismus geführt, wurde er, indem er als radikaler Pietist die inzwischen vollzogene Annäherung der Richtung an die Orthodoxie verschmähte, zuletzt zum Freigeist und Vorläufer der Aufklärung. Übrigens beschäftigte er sich auch mit Goldmachen, suchte den Stein der Weisen und besaß gelehrte Kenntnisse in der Chemie. Er war der Erfinder des nach ihm benannten Öls (s. Dippels Öl) und gab Veranlassung zur Entdeckung des Berlinerblau. Biographisches giebt D. selbst in mehrern seiner zahlreichen Schriften, deren Gesamtausgabe 1747 (3 Bde.) in Berleburg erschien. — Vgl. Klose in der «Zeitschrift für die histor. Theologie» (Jahrg. 1851); Beuder, Johann Konrad D. Der Freigeist aus dem Pietismus (Bonn 1822); Ritschl, Geschichte des Pietismus, Bd. 2 (ebd. 1884).

Dippel, Leopold, Botaniker, geb. 4. Aug. 1827 zu Lauterecken in der Rheinpfalz, widmete sich 1845—49 der Forstwissenschaft auf den Akademien zu Aschaffenburg und Karlsruhe und der Universität in München, sodann hauptsächlich unter Schleidens Leitung in Jena der Botanik. 1856 wurde D. Reallehrer zu Idar und 1869 als ord. Professor der Botanik und Direktor des Botanischen Gartens nach Darmstadt berufen. Seine wichtigsten Arbeiten sind: «Beiträge zur vegetabilischen Zellenbildung» (Lpz. 1858), «Die Entstehung der Milchsaftgefäße», Preisschrift (Rotterd. 1865), «Die Intercellularsubstanz und deren Entstehung» (ebd. 1867), «Das Mikroskop und seine Anwendung (1. Aufl., 2 Bde., Braunschw. 1867—72; 2. Aufl., 1. Bd., 1882—83; 2. Bd. im Druck), «Grundzüge der allgemeinen Mikroskopie» (ebd. 1885), «Die feinere Struktur der Zellwand» (in den «Abhandlungen der Senckenbergischen Gesellschaft», Frankf. a. M. 1878), «Handbuch der Laubholzkunde» (1. u. 2. Tl., Berl. 1889—91).

Dippelboden, s. Decke (Bd. 4, S. 857 a).

Dippels Öl, Oleum Dippelii, Oleum animale foetidum, stinkendes Tieröl, von Joh. Konr. Dippel (s. d.) erfundenes Öl, wird als braunschwarze, ölige Flüssigkeit von widerwärtigstem Geruch bei der trocknen Destillation animalischer Stoffe, so als Nebenprodukt bei der Darstellung der Knochenkohle, gewonnen. Es fand in früherer Zeit vielfach Verwendung als Volksheilmittel; gegenwärtig gewinnt man daraus durch mehrfache Rektifikationen ätherisches Tieröl (Oleum animale aetherum).

Dippoldiswalde. 1) **Amtshauptmannschaft** in der sächs. Kreishauptmannschaft Dresden, hat 652,11 qkm, (1890) 52 766 (25 447 männl., 27 319 weibl.) E., darunter 396 Katholiken; 7 Städte und 87 Landgemeinden. — 2) **Hauptstadt** der Amtshauptmannschaft D., 18 km südlich von Dresden, in 357 m Höhe, an der Roten Weißeritz und an der Nebenlinie Hainsberg-Kipsdorf der Sächs. Staatsbahnen, in freundlicher Gegend, Sitz einer Amtshauptmannschaft und eines Amtsgerichts (Landgericht Freiberg), hat (1890) 3436 (1656 männl., 1780 weibl.) E., darunter 67 Katholiken, Post zweiter Klasse, Telegraph, Sparkasse; schöne, 1882 renovierte Nikolaikirche, eine dreischiffige Pfeilerbasilika aus dem 13. Jahrh., Fachschule für Müller und Mühlenbauer; Lohgerberei und Töpferei, Schuhmacherei, Strohflechterei, Fabrikation von Holzwaren, Strohhüten und landwirtschaftlichen Maschinen.

Diprosōpus (grch.), Doppelgesicht, seltene, nicht lebensfähige Mißbildung mit doppeltem Gesicht.

Diprotōdon, ein riesiges fossiles Känguru Australiens, das größte aller Beuteltiere, dessen Schädel nahezu 1 m Länge erreichte.

Dipsacēen (Dipsacēae), Pflanzenfamilie aus der Ordnung der Aggregaten (s. d.) mit 120 meist in den Mittelmeerländern heimischen, aber sonst durch ganz Europa, Asien und Afrika zerstreuten Arten. Es sind einjährige oder ausdauernde krautartige Pflanzen, seltener Sträucher; sie haben gewöhnlich gegenüberstehende, öfters am Grunde miteinander verwachsene Blätter. Die Blüten stehen dicht beisammen in mit einer Hülle versehenen Köpfchen, deren Blütenboden nackt oder mit Spreublättchen besetzt ist. Durch diese Form des Blütenstandes erinnern sie sehr an die Gewächse aus der Familie der Kompositen, denen sie auch in systematischer Beziehung sehr nahe stehen. Die einzelnen Blüten sind zwitterig und meist unregelmäßig gebaut, sie bestehen aus einem mit dem Fruchtknoten verwachsenen ganzrandigen oder in borstenförmige Zipfel geteilten Kelch, einer röhrigen Blumenkrone, deren Saum vier- bis fünfspaltig ist, deren Zipfel aber ungleich und manchmal zweilippig sind, vier Staubgefäßen und einem unterständigen Fruchtknoten; die Frucht ist eine Achäne, die von einer trockenhäutigen Hülle umgeben und von dem aufsitzenden Kelch gekrönt ist.

Dipsăcus *L.*, Pflanzengattung aus der Familie der Dipsaceen (s. d.) mit nur wenigen Arten, teils in Europa, teils im tropischen Asien und nördl. Afrika heimisch. Es sind zweijährige oder ausdauernde krautartige Pflanzen, deren Blüten wie die der übrigen Dipsaceen in Köpfchen gestellt sind; die einzelnen Blüten sind durch lange, starre, mit steifen Haaren versehene Deckblättchen voneinander getrennt, haben vier Staubgefäße und einen unterständigen Fruchtknoten; die röhrenartige Blumenkrone ist vier- bis fünfspaltig und hat ungleiche Zipfel. Wichtigste Art ist die Weberdistel, Weberkarde oder Kardätschendistel, D. fullonum *L.* (vgl. Tafel: Aggregaten I, Fig. 1, a und b Einzelblüten in natürlicher Größe und vergrößert; c Blütenköpfchen, d Wurzelblätter), sie wächst im südl. Europa wild, wird aber wegen ihrer ausgedehnten technischen Verwendung vielfach angebaut, so in Österreich, Schlesien, Sachsen, Bayern und Thüringen. Sie ist eine zweijährige Pflanze mit zahlreichen großen Blütenköpfen, blaßrötlichen oder weißen Blumen, zwischen denen längliche zugespitzte, starre und mit einer hakig zurückgekrümmten Spitze versehene Deckblättchen stehen. Da letztere eine bedeutende Festigkeit besitzen, so werden die abgeschnittenen unreifen Blütenköpfe als Rauhkarden oder Weberkarden zum Rauhen, Kardätschen wollener Zeuge und Strumpfwaren in der Industrie in großer Menge verbraucht. Die besten Karden werden aus Holland und Frankreich bezogen, wo sie ebenfalls im großen gebaut werden. Die Wirkung besteht darin, daß durch die hakig gekrümmten Spitzen der Deckblätter feine Fasern aus dem Gewebe hervorgezogen werden und so durch eine gleichmäßige wollige Decke der Fadenverlauf verhüllt wird. In Deutschland kommt am häufigsten wild vor die Waldkarde, D. silvestris *Huds.*, mit rosenroten Blüten, deren Deckblättchen jedoch keine hakig gekrümmten Spitzen besitzen.

Dipsadĭdae, s. Baumschlangen.

Dipsēktor (grch.-lat.), ein von Wollaston (1817) hergestelltes, mit zwei Planspiegeln versehenes Winkelmeßinstrument, das ganz auf demselben Princip beruht wie der von Newton (vielleicht auch von Hoote) erfundene und von Hadley (1731) ausgeführte Spiegelsextant und wie der Reflexionskreis.

Dipsomanīe (grch.), periodisch auftretende Trunksucht, die in vielen Fällen als periodische Geistesstörung aufzufassen ist (s. Geisteskrankheiten).

Diptam, Pflanzengattung, s. Dictamnus.

Dipterăltempel, s. Dipteros.

Diptēren (Diptĕra), s. Zweiflügler.

Diptĕrocarpacēen, Pflanzenfamilie aus der Ordnung der Cistifloren (s. d.) mit gegen 110, sämtlich in den Tropen Asiens und Afrikas heimischen Arten. Es sind meist hohe harzführende Bäume, seltener kletternde Sträucher, deren Blätter gewöhnlich ganzrandig sind. Die Blüten bestehen aus einem röhrig oder glockenförmig ausgebildeten Kelch, der in der Regel später die Frucht umschließt, fünf Blumenblättern, sehr vielen in mehrern Kreisen angeordneten Staubgefäßen und einem gewöhnlich dreifächerigen Fruchtknoten, auf dem ein an seiner Spitze häufig dreilappiger Griffel sitzt. Von den D. werden mehrere Arten technisch verwendet, die meisten liefern Dammarharz, Kopal und ähnliche Harze, von einigen wird das Holz zu Bauholz oder zur Herstellung von Kähnen benutzt, und von einer in Sumatra und Borneo wachsenden Art (s. Dryobalanops) wird Kampfer gewonnen.

Diptĕrocārpus *Gärtn.*, Pflanzengattung aus der Familie der Dipterocarpaceen (s. d.) mit gegen 25 sämtlich tropisch-asiat. Arten. Es sind hohe, reichlich Harz führende Bäume mit lederartigen, meist ganzrandigen Blättern und ziemlich großen, weiß oder rot gefärbten, in Trauben geordneten Blüten. Die meisten Arten kommen in Java und Ostindien vor, von mehrern wird das Harz durch Anbohren oder durch Einschneiden in die Rinde des Baums gewonnen und vielfach technisch ähnlich wie der Kopaivabalsam (s. d.) oder auch von den Eingeborenen arzneilich zu Pflastern und Salben verwendet. Von D. trinervis *Bl.*, die in den Urwäldern Javas riesige Bäume bildet, wird von den Eingeborenen das Harz zu Fackeln verwendet, indem sie die Blätter der Bananenbäume (s. Musa) damit überziehen. Ebenso liefern die in Java noch einheimischen Arten D. retusus *Bl.*, D. litoralis *Bl.* u. a. reichlich Harz. Von D. turbinatus *Gärtn.* in Ostindien, die sich ebenfalls durch ihre außerordentliche Höhe auszeichnet, wird ein Balsam gewonnen, das Wood oil oder Holzöl, der besonders zum Anstreichen von Häusern und Schiffen dient. Dieselbe Art Balsam liefern D. alatus *Roxb.*, D. costatus *Gärtn.* u. a. Aus den kolossalen Stämmen dieser Bäume werden von den Eingeborenen große Kähne hergestellt, die bis 100 Menschen fassen sollen.

Dipteros (grch., «doppelsäulig»), von einer doppelten Säulenreihe umgebener griech. Tempel (s. d.), wie z. B. der Zeustempel in Athen; daher die Bezeichnung Dipteraltempel, dipterale Anlage.

Dipteryx *Schreb.*, Pflanzengattung aus der Familie der Leguminosen (s. d.), Abteilung der Papilionaceen, mit 8 tropisch-amerik. Arten. Es sind Bäume mit gefiederten Blättern und roten oder violetten zu Trauben angeordneten Blüten. Die Hülsen sind steinfruchtartig entwickelt und enthalten nur einen Samen; von einigen Arten kommt dieser als Tonkabohne (Faba oder Semen Tonca) in den Handel. Man unterscheidet holländ. und engl. Tonkabohnen. Erstere kommen von der in den Wäldern Guayanas wachsenden D. odorata *Willd.*, einem stattlichen, 20—25 m hohen Baume, letztere sollen von der in Cayenne einheimischen D. oppositifolia *Willd.* herrühren. Die holländ. Tonkabohnen sind länglich, etwas plattgedrückt, bis 5 cm lang, mit netzrunzeliger schwarzer Haut bedeckt, gewürzhaft wohlriechend und aromatisch bitter, etwas scharf schmeckend; die englischen kleiner. Ihr Wohlgeruch und gewürzhafter Geschmack rührt von Cumarin her, das sich ziemlich reichlich in den Geweben der Bohnen vorfindet und beim Eintrocknen derselben zwischen der Samenschale und den Kotyledonen auskrystallisiert. Die Tonkabohnen dienen vielfach zur Herstellung von Parfümerien und Maitrankessenzen. (S. Cumarin.)

Diptychon (grch.), eine aus zwei zusammengelegten Blättern bestehende Tafel, die ursprünglich aus Holz, später aus Elfenbein und edlen Metallen gefertigt und mit Wachs, zum Beschreiben mit dem Griffel, überzogen war. Im Altertum als Schreibtafeln in Gebrauch, hießen Diptychen in der alten Kirchensprache die Verzeichnisse der Personen, für die kirchlich gebetet wurde. Sie zerfielen in ein Verzeichnis der Lebenden und eins der Verstorbenen. Andere Diptychen enthielten die Liste derer, die Brot und Wein zur Abendmahlsfeier geliefert hatten, später nahm man die Namen auch von andern Wohlthätern der Kirche, von Bischöfen, Märtyrern, Kaisern u. s. w. auf. Die Auslöschung eines Namens aus den Diptychen bedeutete die Aufhebung der Kirchengemeinschaft mit ihm. Die öffentliche Verlesung der Namen findet noch jetzt in der griech. und armenischen Kirche statt, in der abendländischen ist sie seit dem 12. Jahrh. in Wegfall gekommen. Die Diptychen sind zum Teil auch kunstgeschichtlich bedeutsam durch die auf ihnen angebrachten bildlichen Darstellungen. (S. Tafel: Elfenbeinarbeiten, Fig. 5, 6, 7.)

Dipus, Gattung der Nagetiere, s. Springmäuse.

Dipygus (grch.), Mißbildung mit verdoppeltem Unterkörper.

Dipyr, s. Skapolith.

Dipyrrhichius (grch.), s. Procoeleusmaticus.

Diraa, Ellenmaß, s. Pik.

Diradiation (lat.), das Auseinandergehen der Strahlen.

Diräm, pers. Gewicht, s. Dirhem.

Dira necessitas (lat.); die furchtbare Notwendigkeit, Citat aus Horaz' «Oden» (III, 24, 6).

Dirca *L.*, Pflanzengattung aus der Familie der Thymelaeaceen (s. d.) mit nur zwei nordamerik. Arten; es sind strauchartige Gewächse. Von D. palustris *L.* dienen die Bastfasern zur Herstellung von Tauen, Stricken u. s. w., die Zweige zu Flechtarbeiten. Rinde und Beeren sind giftig.

Dirceu (spr. -ßëu), Pseudonym des brasil. Dichters Th. A. Gonzaga (s. d.).

Dirckinck-Holmfeld, Konstantin, Freiherr von, Jurist und Politiker, geb. 24. Febr. 1799 zu Bocholt, kam früh nach Dänemark und war 1829—40 Beamter im Herzogtum Lauenburg. D. trat in zahlreichen Broschüren sowohl gegen die Bestrebungen der Schleswig-Holsteiner als auch gegen die der dän. Nationalpartei auf, denen er seine eigene, durch das Londoner Protokoll vom 2. Aug. 1850 anerkannte, sog. dän. Gesamtstaatstheorie gegenüberstellte. Später opponierte er in der von ihm redigierten «Kopenhagener Zeitung» auch der Partei der Eiderdänen so heftig, daß er 1861 vor der erregten Volksstimmung nach Hamburg flüchten mußte. Er starb 3. Juni 1880 in Pinneberg. Seine Selbstbiographie erschien 1879 (Kopenhagen).

Dircksen, Ernst, Ingenieur, geb. 31. Mai 1831 zu Danzig, studierte in Berlin, war, zum Teil noch während der Studienzeit, beim Bau der Weichselbrücke bei Dirschau, bei den Bahnhofsbauten in Frankfurt a. d. O. und beim Bau der Rheinbrücke bei Köln beschäftigt und unternahm, nach Ablegung der Baumeisterprüfung 1858, eine Studienreise nach Frankreich. Bis 1867 war er Betriebsinspektor in Oberschlesien und baute von da ab bis 1870 die Ringbahn um Berlin (s. Berliner Stadt- und Ringbahn). Während des Krieges 1870/71 war D. Chef der 1. Eisenbahnabteilung und stellte als solcher die Verbindungsbahn von Remilly nach Pont-à-Mousson her. Bis 1874 stand er als Regierungsrat den umfassenden Neubauten von Bahnen im Bezirk der Bergisch-Märkischen Eisenbahn vor. 1874—82 leitete D. mit großem Geschick die umfangreichen Projektierungs- und Ausführungsarbeiten der Berliner Stadtbahn, 1882 wurde er als Oberbaurat und Abteilungsdirigent nach Köln a. Rh. versetzt zur Leitung der Umgestaltung der gesamten dortigen Bahnanlagen. Seit 1890 ist D. bei der Direktion in Erfurt und mit den in deren Bezirk beabsichtigten Neubauten betraut.

Directa actio (lat.), die ursprüngliche Klage im Gegensatz zur nachgebildeten (utilis actio), oder die Hauptklage, d. h. die Klage der Partei, deren Interesse das hauptsächlichste ist. So wird bei einzelnen Geschäften und Rechtsverhältnissen unterschieden. Beim Auftrag (s. d.) ist das Interesse des Auftraggebers das hauptsächlichste, seine Klage gegen den Mandatar auf Vollziehung des übernommenen Auftrags oder Ersatz des Interesses wegen nicht ausgeführten Auftrags ist die actio directa, im Gegensatz zur actio contraria des Mandatars auf Ersatz seiner Auslagen und Schadloshaltung. Ähnlich beim Commodatum (s. d.), beim

Pfande, bei dem Depositum (s. d.), bei der Geschäftsführung (s. d.) und den Ansprüchen aus der Vormundschaft. Nicht in dieser Weise werden die gleichwertigen Klagen der gegenseitigen Obligationen unterschieden, wie die Klagen des Verkäufers und Käufers, des Vermieters und Mieters.

Directeur (frz., spr. -töhr), Leiter, Vorsteher, auch soviel wie Beichtvater (s. d.); Directrice (spr. -trihß), Leiterin, Vorsteherin, besonders eines kaufmännischen Geschäfts; im Befestigungswesen die Mittellinie einer Schießscharte, welche die Hauptrichtung angiebt.

Direkt (lat.), gerade, geradezu, unmittelbar; direkt in der Astronomie, s. Rechtläufig.

Direkte Rede (oratio directa), die Wiedergabe der Worte jemandes in der Form, wie er sie selbst gesprochen. Der Gegensatz ist die indirekte Rede (oratio indirecta).

Direkter Schuß, der gegen ein freistehendes Ziel gerichtete flache Schuß (s. Schießen).

Direkter Wechsel (Direktes Papier), s. Adrittura.

Direkte Stellvertretung bezeichnet den Grundsatz des modernen Rechts, daß der von einem Bevollmächtigten, einem Vormund oder einem andern gesetzlichen Vertreter repräsentierte Geschäftsherr aus den in seinem Namen geschlossenen Geschäften des Vertreters und durch dessen Erklärungen unmittelbar berechtigt oder verpflichtet wird, ohne daß erst der Stellvertreter das Recht zu erwerben braucht, um es dann auf den Geschäftsherrn zu übertragen, und ohne daß der Vertreter persönlich verpflichtet wird. Das röm. Recht stellte die umgekehrte Regel auf. Heutzutage tritt diese indirekte Stellvertretung nur da ein, wo der Vertreter im eigenen Namen kontrahiert. Daran kann er ein Interesse haben, z. B. um wegen seiner Auslagen gedeckt zu sein, um dem Gegenkontrahenten seine Kundschaft nicht zu verraten. So kontrahiert der Kommissionär (s. Kommission). Wo dies nach Art des Geschäfts nicht hergebracht ist, und wo der Mandatar nicht indirekte Stellvertretung bevorwortet hat, wird er dazu auch nicht berechtigt sein, wenn er dadurch gegen das Interesse des Mandanten verstößt.

Direkte Steuern, s. Steuern.

Direktion (lat.), Richtung, Leitung, Oberaufsicht (auch als Behörde). In Österreich und Frankreich ist Artilleriedirektion und Geniedirektion die Festungsbehörde, der die Verwaltung des artilleristischen oder Geniematerials der Festung untersteht.

Direktion des Bildungswesens der Marine ist die einem Konteradmiral, mit dem Sitz in Kiel, anvertraute Oberleitung über die Institute für die wissenschaftliche Ausbildung der Seeoffiziere, Kadetten und Deckoffiziere der Deutschen Marine (s. Marineakademie, Marineschule, Deckoffizierschule).

Direktive (neulat.), Leitung, Richtung, Richtschnur, Verhaltungsregel; im militär. Sinne eine besondere Art des Befehls (s. d.).

Direktor (lat.), Leiter, Vorsteher; Direktorät, Amt oder Amtslokal eines D.; direktoriäl, vom D. ausgehend, dazu gehörig.

Direktorium (neulat.) nennt man im allgemeinen eine Gemeinschaft von mehrern Personen, die durch Wahl oder Ernennung zur Leitung einer gewerblichen, kommerziellen oder wissenschaftlichen Anstalt berufen sind. In der Geschichte Frankreichs bezeichnet D. (Directoire exécutif) die mit der vollziehenden Gewalt betraute oberste Regierungsbehörde, deren Machtbefugnis in der Verfassung vom 22. Sept. 1795 (1. Vendémiaire III) begründet war, und die 26. Okt. (5. Brumaire) 1795 bis 9. Nov. 1799 (18. Brumaire VIII) die Regierung führte. Dieses D. bestand aus 5 Mitgliedern, die vom Rat der Alten (s. Frankreich) gewählt wurden, und von denen in jedem Jahr eins ausschied. Ihre Amtshandlungen wurden in Beratungen mit mindestens drei Stimmen gegen die beiden übrigen beschlossen. 1799 machte Bonaparte dem D. ein Ende, dessen Gewalt auf das Konsulat überging.

Direktorium (Ordo divini officii, Kalendarium liturgicum, frz. cartabelle), der für die kath. Geistlichen von den Bischöfen oder Ordensobern alljährlich herausgegebene Wochenkalender, welcher für jeden Tag die nötigen Weisungen für das Breviergebet und die Celebration der Messe giebt.

Direktrix (lat.), in der Geometrie, s. Kegelschnitte.

Diremtion (lat.), s. Dirimieren.

Dirhem, Derhem, Derime, Drahem oder Dramm, d. i. Drachme (s. d.), ein kleines Gewicht, namentlich Gold-, Silber-, Münz-, Edelstein- und Medizinalgewicht, in der Türkei, Rumänien, Serbien, Bulgarien, Griechenland, Montenegro, Nordafrika und Persien. In der Türkei ist bei den Behörden seit 1. (13.) März 1871, im allgemeinen Verkehr aber seit 1. (13.) März 1874 (Einführung des franz. metrischen Systems) das Dirhem-à'chary (die metrische Drachme) die gesetzliche Einheit der Gewichte und = 1 g. Das frühere, als Gold-, Silber- und Münzgewicht noch gesetzliche D. ist in der Türkei = 3,2073625 g. In den andern Balkanstaaten und in Ägypten sind gesetzlich ebenfalls die metrischen Größen anzuwenden; jedoch geschieht dies in Ägypten und Griechenland nur selten, auch in den andern Ländern noch nicht allgemein. In Griechenland hat das D. (hier Dramion oder Drami genannt) 3,2 g. In Rumänien (Dramura) und den übrigen Balkanstaaten ist das D. das türkische. In Ägypten ist das D. = 3,0884 g, in Abessinien = 2,592 g. In Algerien war bis zur Einführung des franz. metrischen Systems (1. März 1843) das Drahem = 4,26625 g. In Tunis ist das D. = 3,168 g, in Tripolis = 3,052 g. In Persien kommt das D. (Diräm) besonders in den an die asiat. Türkei grenzenden Provinzen vor und ist = 3,067 g. In allen hier angeführten Ländern, nur Abessinien, Algerien, Tunis und Persien ausgenommen, war das D. 1/400 der Oka (s. d.). (S. auch Drachme.)

D. war auch der Name einer marokk. kleinen Silbermünze, s. Uckia.

Dirichlet (spr. -ischleh), Peter Gustav Lejeune, Mathematiker, geb. 13. Febr. 1805 zu Düren, ging 1822 nach Paris, wo er mathem. Studien machte. Von dem Mathematiker Fourier an A. von Humboldt empfohlen, wurde er auf des letztern Veranlassung nach Preußen berufen. Nachdem er seit 1827 als Docent zu Breslau gewirkt, siedelte er 1829 nach Berlin über, wo er an der Allgemeinen Kriegsschule lehrte und 1831 eine außerord., 1839 eine ord. Professur der Mathematik an der Universität erhielt. Nach Gauß' Tode übernahm er 1855 die Professur der Mathematik an der Universität zu Göttingen. Dort starb er 5. Mai 1859. Die Ergebnisse seiner Untersuchungen sind teils in Crelles «Journal für Mathematik», teils in den «Abhandlungen» der Berliner Akademie, der er seit 1832 als Mitglied angehörte, enthalten. Nach D.s Tode wurden seine «Vorlesungen über Zahlentheorie» von

Dedekind (3. Aufl., Braunschw. 1881), seine «Vorlesungen über die im umgekehrten Verhältnis des Quadrats der Entfernung wirkenden Kräfte» von Grube (Lpz. 1876; 2. Aufl., ebd. 1887) herausgegeben. Auf Veranlassung der Berliner Akademie hat Kronecker die Werke D.s gesammelt (2 Bde., Berl. 1890). [s. Zetternam.

Diricksens, Jodokus Josef, vläm. Schriftsteller,

Dirigént (lat.), der Musiker, der in Oper oder Konzert den Vortrag der ausführenden Personen (Orchester, Chor, Solisten) leitet. Ein D. ist bei jedem Ensemble nötig: bei einem Duo, Trio, Quartett und andern Formen der Kammermusik bestimmt einer der Mitwirkenden in der Probe an fraglichen und entscheidenden Stellen über Auffassung und Behandlung. Doch ist bei kleinen Ensembles eine Direktion während der Aufführung unnötig. Dagegen war sie von jeher unentbehrlich, wo größere Mengen sich an dem Vortrag eines Musikstücks beteiligten; solange Vokal- und Instrumentalkapellen existieren, haben sie D. gehabt, die bei Aufführungen ihren Willen durch bestimmte (mit Papierrollen, Violinbogen, neuerdings mit besondern Stäben: Taktstöcken) Zeichen erkennbar machten. Je größer Chöre und Orchester, je komplizierter die Partituren wurden, um so mehr wuchs die Bedeutung des D. Dieser ist der eigentliche Vortragende; von seiner Begabung und Bildung hängt der geistige Wert einer Aufführung vollständig ab, in seiner Hand bildet die größte Masse ein Instrument, auf dem er spielt. Die erste Bedingung für das Dirigieren ist die Fähigkeit, eine Partitur lesen und lesend im Geiste hören zu können. Weiter macht sich erforderlich Vertrautheit mit der Technik von Instrumenten und Singstimmen und feines scharfes Gehör. Hierzu kommt noch Gewandtheit in der beim Dirigieren üblichen Zeichengebung. Die Regeln dieser Zeichensprache finden sich in vielen Musiklehren; gut und knapp giebt sie Berlioz im Anfang seiner Instrumentationslehre. Alle genannten Forderungen lassen sich durch Fleiß und Übung erlernen. Ihre Erfüllung macht aber nicht viel mehr als einen «Taktschläger» aus, zum wirklichen D. gehört noch eine überlegene musikalische Bildung, umfassendes Wissen, Kenntnis aller Stilarten, Elasticität und Objektivität der Auffassung und als bestes eine in der Persönlichkeit liegende Macht über die Gemüter der Ausführenden. Vgl. Pembaur, Über das Dirigieren (Lpz. 1892).

Dirimieren (lat.), trennen, scheiden, entscheiden; Diremtion, Trennung, Entscheidung.

Diritta (ital.), Tonleiter; alla diritta, nach der Tonleiter, stufenweise von einem Ton zum andern.

Diritto, Il («Das Recht»), italienische, in Rom erscheinende, unabhängig-liberale Tageszeitung mit einer litterar. Wochenbeilage. Auflage: 8000; Verleger: Giuseppe Civelli; Redacteur: Cav. G. Ballesio. Das Blatt, 1854 zu Turin gegründet, zählte u. a. Depretis und Crispi zu seinen Mitarbeitern.

Dirk (engl., spr. dörk), langes einschneidiges Dolchmesser der Schotten, hat aufwärts gebogene Daumenbügel, während die Parierstangen nach vorwärts gebogen sind, um damit eine Angriffswaffe fassen zu können.

Dirk, im Schiffswesen das Tau, das, von einer Mastspitze schräg nach hinten abwärts gehend, den Baum der Gaffelsegel (s. Gaffel) horizontal hält.

Dirke, in der griech. Sage die böse Gemahlin des Lykos, Königs in Theben, welche die Antiope (s. d.) peinigt und dafür von deren Söhnen Zethos und Amphion an die Hörner eines Stieres gebunden wird; dieser schleift sie durch das Gebirge, bis sie Dionysos in eine Quelle verwandelt. Bei Theben gab es eine Quelle und einen Fluß Namens D.; dort wurde auch das Grab der D. gezeigt und an demselben sühnende Totenopfer begangen. D.s Bestrafung ist in der berühmten Kolossalgruppe zu Neapel, dem sog. Farnesischen Stier (s. d.), dargestellt.

Dirk Hartog, Insel an der Westküste Australiens, im NNW. vom Kap Steep Point, die südlichste und größte der drei vor der Scharks-Bai liegenden Inseln, ist 70 km lang, 15 km breit, steil und bildet ein 60—200 m hohes Plateau mit guten Weiden. Wasser ist reichlich vorhanden. Die Insel ist trotz der umgebenden Korallenbänke leicht zugänglich.

Dirksen, Heinr. Eduard, Rechtsgelehrter, geb. 13. Sept. 1790 zu Königsberg, studierte in Heidelberg und Berlin und wurde 1817 ord. Professor des röm. Rechts in seiner Geburtsstadt. 1829 siedelte er nach Berlin über, wo er als Honorarprofessor lehrte; 1841 wurde er Mitglied der Berliner Akademie. Er starb 10. Febr. 1868. D. hat sich um die Bearbeitung der röm. Rechtsgeschichte und Rechtsquellen hervorragende Verdienste erworben. Von seinen Schriften sind hervorzuheben: «Civilistische Abhandlungen» (2 Bde., Berl. 1820), «Manuale latinitatis fontium juris civilis Rom.» (ebd. 1837—39), «Versuche zur Kritik und Auslegung der Quellen des röm. Rechts» (Lpz. 1823), «Übersicht der bisherigen Versuche zur Kritik und Herstellung des Textes der Zwölftafelfragmente» (ebd. 1824), «Beiträge zur Kunde des röm. Rechts» (ebd. 1825). D.s «Hinterlassene Schriften» wurden hg. von F. D. Sanio (2 Bde., ebd. 1871). Vgl. Sanio, Zur Erinnerung an H. E. D. (ebd. 1870).

Dirschau. 1) **Kreis** im preuß. Reg.-Bez. Danzig, hat 465,92 qkm, (1890) 36451 (17769 männl., 18682 weibl.) E., 1 Stadt, 31 Landgemeinden und 48 Gutsbezirke. — 2) D., **Kreisstadt** im Kreis D., 31 km im SO. von Danzig, am linken Ufer der Weichsel in fruchtbarer Gegend, an den Linien Berlin-Königsberg-Eydtkuhnen, D.-Danzig (35,5 km) und Bromberg-D. (127,3 km) der Preuß. Staatsbahnen, hat (1890) 11897 (5826 männl., 6071 weibl.) E., darunter 5719 Katholiken, 5704 Evangelische, 102 andere Christen und 372 Israeliten, Postamt erster Klasse, Bahnpostamt mit Zweigstelle, Telegraph, Landratsamt, Amtsgericht (Landgericht Danzig), Eisenbahnbauinspektion, Steueramt; eine gotische kath. Kirche, 1841 renoviert, evang. Kirche, je eine Luther- und Baptistenkapelle, Synagoge; Realprogymnasium, höhere Mädchenschule; Stadtlazarett, St. Georgshospital, städtische Sparkasse, Darlehnsverein. Die Industrie erstreckt sich auf Eisen- und Metallgießerei, Fabrikation von landwirtschaftlichen und andern Maschinen, Klempnerwaren und Zucker (Dirschauer Zuckerfabrik, Ceres-Zuckerfabrik). Jährlich finden vier Viehmärkte statt, außerdem Holz- und Getreidehandel. In D. hat die 2. Sektion der Müllerei-Berufsgenossenschaft ihren Sitz. D. hat seit 1888 einen Winterhafen. 1889 gingen hier 1161 Weichselkähne zu Berg und 1032 zu Thal. D. ist der Geburtsort des Weltumseglers Joh. Reinh. Forster und des Astronomen Wolf.

Die Eisenbahn wurde bis 1890 bei D. über die Weichsel durch eine 1850—57 von Lentze und Schinz erbaute Gitterbrücke geführt, die lange Zeit zu den großartigsten Brückenbauten der Welt gehörte. Sie ist 837 m lang und hat, außer den 2 Uferpfeilern, deren jeder 32 m breit und mit kasemattierten Gewölben, Schießscharten u. s. w. versehen ist, 5 Strompfeiler und 6 Öffnungen, jede 121,15 m weit. Die Mittelpfeiler sind 25,4 m lang, 9,7 m breit. Jeder der 7 Pfeiler hat 2 Türme mit Zinnenbedeckung und Mauerkrönung aus Granit. Die Pfeiler sind vom niedrigsten Wasserstand 11 m hoch; der höchste Wasserstand bleibt noch 4 m unterhalb der Brücke. Die schmiedeeisernen Wände der vierseitigen Eisenröhre stehen 7 m voneinander und sind 12 m hoch. Einfache Krane an der Ober- und Unterstromseite der Brücke heben die Masten der durchfahrenden Schiffe und setzen sie wieder ein. Da diese Brücke dem Verkehr nicht mehr genügte, wurde 1888—90 eine zweite mächtige eiserne Brücke für den Eisenbahnverkehr gebaut, während jene dem Personenverkehr überlassen ist.

Geschichte. D., eine uralte Stadt, wird 1198 in der Schenkungsurkunde Grimislaws an die Johanniter Trsow genannt. 1260 erhielt es von Herzog Sambor Privilegium und Lübisches Recht und wurde 1270 vom Deutschen Orden zerstört. 1289 wurde das Marienkloster der Dominikaner gegründet, 1308 die Stadt vom Orden erstürmt und die Einwohner vertrieben. 1410 von den Polen erobert, kam sie 1411 an den Orden zurück. 1434 wurde D. von den Hussiten verbrannt, 1453 von den Polen erobert, 1454 vom Orden zurückgewonnen. 1457 kam Ludwig von Erlichshausen, Hochmeister des Deutschen Ordens, nach Verlust der Marienburg nach D.; dies fiel in die Hände der Polen, die es den Danzigern schenkten. 1462 wurde es von den Ordenshauptleuten Fritz von Rabeneck und Caspar von Nostitz vergeblich belagert, 1464 unter Reuß von Plauen vergeblich bestürmt; 1466 kam es durch den Frieden zu Thorn an Polen. 1525 wurde die Reformation eingeführt. Bei der ersten Teilung Polens 1772 kam die Stadt an Preußen. 1807 wurde sie von den Franzosen geplündert und verbrannt. Vgl. Preuß, D.s histor. Denkwürdigkeiten (Danzig 1860).

Dirtbeds (engl., spr. dörtbedds, «Schmutzlager»), die von Wurzelfasern durchzogenen Sande oder Thone unter einer Schicht von fossiler Kohle; sie stellen den Humusboden dar, auf dem die Pflanzen wuchsen, die das Material für die Bildung der darüber liegenden Kohle geliefert haben.

Dis (ital. re diesis; frz. ré dièse; engl. d sharp oder dis), in der Musik der nächste oberhalb D liegende halbe Ton (von Es nur enharmonisch verschieden), bezeichnet durch d mit vorgezeichnetem ♯.

Dis (Dispater), röm. Gott der Unterwelt, entsprechend dem griech. Pluton. Er besaß zusammen mit Proserpina in Rom einen unterirdischen Altar auf dem sog. Terentum im Marsfelde, an welchem alle 100 Jahre Spiele gefeiert wurden.

Dis... oder Di..., Vorsilbe in ursprünglich griech. Wörtern, soviel wie zweimal, doppelt.

Dis... oder Di..., Vorsilbe in ursprünglich lat. Wörtern, entspricht dem deutschen zer..., ent... u. s. w.

Disaccharāte, eine Gruppe der Zuckerarten (s. d.).

Disagio, s. Agio.

Disapprobieren (neulat.), mißbilligen; Disapprobation, Mißbilligung.

Disazoverbindungen oder auch Tetrazoverbindungen nennt man solche, welche die Azogruppe —N:N— zweimal enthalten. Wenn man z. B. das Amidoazobenzol (s. Azofarbstoffe) $C_6H_5 \cdot N:N \cdot C_6H_4 \cdot NH_2$ diazotiert und durch Kombination (s. Diazoverbindungen) mit aromatischen Aminen oder Phenolen die Diazogruppe in die Azogruppe überführt, so erhält man z. B. die D.: $C_6H_5 \cdot N:N \cdot C_6H_4 \cdot N:N \cdot C_6H_4 \cdot OH$. Viele Azofarben, besonders die roten, wie das Biebricher Scharlach, Croceïnscharlach u. s. w., sind Abkömmlinge solcher D.

Disborso (ital.), Auslage, Vorschuß.

Discalceāti (neulat.), s. Barfüßer.

Discedieren (lat.), auseinandergehen, sich trennen; Discession, das Auseinandergehen, Trennen, Ehescheidung; im alten Rom das Übertreten zu einer Partei beim Abstimmen, auch das Abstimmen selbst, weil Senatsbeschlüsse gefaßt wurden durch Trennung der Abstimmenden in zwei Haufen.

Disceptation (lat.), Erörterung.

Discernieren (lat.), sondern, unterscheiden, erkennen; discernībel, unterscheidbar, erkennbar; Discernement (frz., spr. dißärrn'máng), Unterscheidung, Urteilskraft, Scharfsinn.

Discession, s. Discedieren.

Discidium (lat.), Trennung, Scheidung, besonders Ehescheidung.

Disciplin (lat.), im allgemeinen ein System von Maßregeln, durch die das Verhalten einer zu einem Ganzen vereinigten Anzahl Personen an gewisse Ordnungen und Schranken gebunden wird; als Schuldisciplin ein wichtiger Teil der Erziehung (s. Schulzucht). Im kirchlichen Sinne wird die D. der Doktrin oder den Glaubenslehren und dem Unterrichte in denselben entgegengesetzt und begreift die Kirchenzucht, d. i. die Aufsicht über die Kirchenglieder, in Beziehung auf gottesdienstliche oder auch auf religionswidrige Handlungen. Ferner versteht man unter D. die einzelnen Fächer einer Wissenschaft, des Unterrichts u. s. w.

Disciplīna clericālis, eine Sammlung von 39, aus orient. Quellen, besonders Syntipas, geschöpften Fabeln und moralischen Erzählungen, die gegen Ende des 12. Jahrh. von Moses von Huesca (Petrus Alfonsi) in lat. Sprache gefertigt wurde, ein Lehrbuch der praktischen Moral. Hiervon sind zwei altfranz. Übersetzungen in Versen (aus dem 12. und 13. Jahrh.) abzuleiten, das «Chastiment d'un père à son fils» und die «Discipline de clergie». Neuausgabe von Méon, «Fabliaux et contes», Bd. 2 (Par. 1808). In Deutschland wurde die D. c. erst im 15. Jahrh. durch Steinhöwels Übersetzung in seinem «Äsop» bekannt.

Disciplinārgewalt. Weder die Strafgewalt des Staates noch die polizeiliche reicht in allen Fällen und für alle Kreise der bürgerlichen Gesellschaft so weit, als die Fürsorge des Staates für Aufrechthaltung der Ordnung gehen soll. Namentlich bleibt für gewisse, in sich selbst wieder abgegrenzte Kreise eine Oberaufsicht nötig, die ohne die Befugnis zur Verhängung von Strafen nicht wirksam sein kann. Aber diese Befugnis kann aus Rücksicht auf die besondern Verhältnisse jener Kreise und auf den Bereich ihrer Wirksamkeit nicht an alle die Voraussetzungen gebunden sein, unter denen die allgemeine Strafgewalt des Staates sich zu realisieren hat. Hieraus entsteht der Begriff der D. Dieselbe hat den Zweck, die geordnete Pflichterfüllung zu sichern, und tritt ein bei der Staatsverwaltung in dem Verhältnisse des Vorgesetzten zu den Untergebenen im Staatsdienste, bei dem Militär, bei einzelnen öffentlichen Instituten, bei den Unterrichtsanstalten; ferner analog der Staatsverwaltung auch bei der Gemeindeverwaltung und hinsichtlich der geistlichen Obern im Verhältnis zu den ihnen untergebenen Geistlichen. Da die D. überall nur auf besondern Verhältnissen beruht, so müssen ihre Grenzen auch möglichst scharf und eng gezogen sein, um dem Mißbrauch der Gewalt vorzubeugen.

Die unter die D. fallenden Verstöße werden, insofern es sich nicht bloß um Maßregeln wegen schon anderweit erfolgter Strafverhängung (z. B. um Amtsentsetzung nach erfolgter gerichtlicher Bestrafung eines gemeinen Verbrechens wegen) handelt, *Disciplinarvergehen* genannt und unterscheiden sich darin von Amtsdelikten, daß letztere Verletzungen der öffentlichen Rechtsordnung, erstere dagegen Verletzungen bestimmter Dienst-, Amts-, Standespflichten sind; die Grenzen beider Gebiete zieht das positive Recht. Die Strafen, welche auf Grund der D. festgesetzt werden, heißen *Disciplinarstrafen*. Diese bestehen in Warnung, Verweis, Geldstrafe bis zu einem gewissen Betrage, in einzelnen Fällen auch in Gefängnisstrafe, unfreiwilliger Versetzung des Beamten an einen andern Ort mit oder ohne Erstattung der dadurch entstehenden Umzugskosten, Amtsenthebung auf bestimmte Zeit mit gänzlicher oder teilweiser Entziehung des Diensteinkommens, und in Dienstentlassung mit und ohne Pension. Die geringern Strafen können in der Regel von den Vorgesetzten ohne förmliches Verfahren gegen den Untergebenen festgesetzt werden, und es ist dann nur die Beschwerde bei der übergeordneten Behörde zulässig. (Über die *militärischen Disciplinarstrafen* s. unten.) Bei den schwerern Strafen muß dagegen ein sog. *Disciplinarverfahren* eintreten. Dasselbe wird durch Gesetze geregelt, welche das Nähere festsetzen über die entscheidende Behörde, den *Disciplinarhof*, und die Formen, in welchen die Thatsachen festgestellt, die Verteidigung des Angeklagten entgegengenommen, das Urteil ausgesprochen und die etwaige Appellation an die höhere Instanz eingelegt wird. Am wenigsten pflegt die D. durch solche den Untergebenen schützende Formen beim Militär eingeengt zu sein, und auch die geistlichen Obern der kath. Kirche, namentlich die Häupter der Orden und Klöster, üben die D. fast frei aus. Dagegen können gegen Richter, deren Unabhängigkeit die erste Bedingung einer guten Rechtspflege ist, selbst die geringsten Disciplinarstrafen, wie Warnung und Verweis, in der Regel nur durch einen förmlichen Urteilsspruch eines höhern, mit einer größern Zahl von Richtern besetzten Gerichtshofs erkannt werden. Die Disciplinarhöfe der Verwaltungsbeamten pflegen aus Verwaltungsbeamten zusammengesetzt zu werden, und die zweite und letzte Instanz ist hier oft (wie z. B. in Preußen) die höchste Verwaltungsbehörde, das Staatsministerium. Die Anklage erhebt ein Regierungsanwalt, und der Angeklagte darf sich mündlich verteidigen oder verteidigen lassen. Eine D. besitzt auch die Behörde eines Hospitals über die Hospitaliten, der Lehrherr gegen den Lehrling, der Vorsteher einer Schule über die Schüler, der Direktor eines Gefängnisses über die Gefangenen (z. B. für Preußen: Gefängnisreglement vom 16. März 1881).

Im Deutschen Reiche ist durch das Gesetz, betreffend die Rechtsverhältnisse der Reichsbeamten, vom 31. März 1873, welches in §§. 80—133 von dem Disciplinarverfahren handelt, die D. in Bezug auf die Reichsbeamten (im Sinne dieses Gesetzes diejenigen Beamten, welche entweder vom Kaiser angestellt oder nach den Vorschriften der Reichsverfassung den Anordnungen des Kaisers Folge zu leisten verbunden sind) geregelt. Danach besteht die Bestrafung in Ordnungsstrafen und Entfernung aus dem Amte. Die Ordnungsstrafen zerfallen wieder in Warnung, Verweis und Geldstrafen, während die Entfernung aus dem Amte entweder in Strafversetzung oder Dienstentlassung besteht. Gegen die Ordnungsstrafen findet nur die Beschwerde im gewöhnlichen Instanzenzuge statt, wogegen die Entfernung aus dem Amte nur im Wege eines förmlichen Disciplinarverfahrens erfolgen kann. Dies setzt sich zusammen aus einer schriftlichen Voruntersuchung und einer mündlichen Verhandlung und gehört in erster Instanz vor die *Disciplinarkammern*, deren 28 in ebenso vielen verschiedenen Städten des Deutschen Reichs (z. B. in Leipzig und Magdeburg) eingesetzt sind, und in zweiter und letzter Instanz vor den *Disciplinarhof*, welcher letztere am Sitze des Reichsgerichts zusammentritt und aus 11 Mitgliedern besteht, von denen wenigstens 4 zu den Bevollmächtigten zum Bundesrate und, einschließlich des Präsidenten, 6 zu den Mitgliedern des Reichsgerichts gehören müssen. Die mündliche Verhandlung ist regelmäßig eine öffentliche. Die Mitglieder des Reichsgerichts sind nur in den durch das Gesetz bestimmten Fällen der vorläufigen oder definitiven Amtsenthebung unterworfen, und diese kann nur durch Beschluß des Plenums des Reichsgerichts ausgesprochen werden (Gerichtsverfassungsgesetz §§. 128—130). Besondere Vorschriften sind in den §§. 120 fg. des Gesetzes vom 31. März 1873 über das Verfahren gegen diejenigen Militärbeamten gegeben, die ausschließlich unter Militärbefehlshabern stehen. Ähnliche Bestimmungen betreffen die D. gegen Rechtsanwälte und Notare (Rechtsanwaltsordnung vom 1. Juli 1878). Die Einzelstaaten haben durchweg eine sehr umfassende Specialgesetzgebung in betreff der D. — Vgl. Laband, Das Staatsrecht des Deutschen Reichs (2. Aufl., 2 Bde., Freib. 1888—90); G. Meyer, Lehrbuch des deutschen Staatsrechts (3. Aufl., Lpz. 1891); Zorn, Das Staatsrecht des Deutschen Reichs (2 Bde., Berl. 1880—83).

Militärische Disciplinarstrafen sind nach der Deutschen Disciplinarstrafordnung: für Offiziere Verweis in Abstufungen und Stubenarrest bis 14 Tage; für Unteroffiziere: Verweis, die Auferlegung gewisser Dienstverrichtungen außer der Reihe und Arreststrafen; für Gemeine: Strafexerzieren u. s. w., Entziehung der freien Verfügung über die Löhnung, Entziehung der Ausgeherlaubnis, Arreststrafen. Außerdem für Gefreite und Obergefreite: Entfernung von dieser Charge, und für Gemeine: Einstellung in eine Arbeiterabteilung (s. d.), für die Mitglieder des Sanitätskorps nach Maßgabe ihres Militärranges die vorstehend aufgeführten Strafen. Die Vollstreckung der Disciplinarstrafen muß, sofern die Umstände es gestatten, gleich nach deren Festsetzung erfolgen. Beschwerden über Disciplinarstrafen dürfen von dem Bestraften erst nach Vollstreckung derselben erhoben werden. Die *Disciplinarstrafordnung* für das Heer ist durch Kabinetts-Order vom 31. Okt. 1872 gegeben und durch Kabinetts-Order vom 23. Nov. 1872 auch für die Marine eingeführt. Demnächst wurde erstere in Bayern als Bayrische Disciplinarstrafordnung sowie in Württemberg und Sachsen eingeführt, sodaß diese Disciplinarstrafordnung sachlich für das gesamte Reichsheer Gültigkeit hat. Die militär. Disciplinarstrafgewalt steht nur solchen Offizieren zu, denen der Befehl über eine Truppenabteilung, über ein abgesondertes Kommando, über eine Militärbehörde oder über eine militär. Anstalt mit Verantwortlichkeit für die Disciplin übertragen ist.

Disciplinärhof, Disciplinärkammern, Disciplinärstrafen, Disciplinärstrafordnung, Disciplinärverfahren, Disciplinärvergehen, s. Disciplinargewalt.

Discobŏli, s. Seehase.

Discoglossidae, Scheibenzüngler, eine Familie der Froschlurche (s. d.) mit 14 Gattungen und 20 Arten, bewohnt von Südeuropa an die wärmern und heißen Gegenden der Alten und Neuen Welt, fehlt aber in ganz Nordamerika. Die D. haben keine Ohrdrüsen und zwischen den Zehen der Hinterfüße Schwimmhäute.

Discŏlor (lat.), bunt, ungleich gefärbt.

Discomedūsae, Scheibenquallen, eine Unterordnung der Akalephen (s. d.), mit meist scheibenförmigem, flachgewölbtem Schirm, achtteiliger Schirmwand, mindestens 16 Randlappen und 8 Sinneskolben. Diese Unterordnung umfaßt die Mehrzahl der Akalephen.

Discomyceten, s. Ascomyceten.

Discophŏri, soviel wie Blutegel (s. d.).

Discoplacentaria, die Säugetiere mit scheibenförmiger Placenta (z. B. Mensch, Affe, Fledermäuse, Lemuren, Insektenfresser und Nagetiere).

Discordia (lat.), Zwietracht.

Discours (frz., spr. -kuhr), s. Diskurs.

Discus (lat.), Wurfscheibe, s. Diskos. In der Botanik ist D. (Blütenscheibe) Bezeichnung für eine Anschwellung des Blütenbodens zwischen den Blumenblättern und dem Pistill.

Disdiaklāsis (grch.), soviel wie Doppelbrechung.

Disdiapāson (grch.), Intervall von 2 Oktaven.

Dis-dur (ital. re diesis maggiore; frz. ré dièse majeur; engl. d sharp major oder dis major), die Dur-Tonart, die neun ♯ (vor d, e, g, a, h einfache, vor f und c 𝄪) zur Vorzeichnung haben würde; bequemer bedient man sich der gleichlautenden Tonart Es-dur (nur drei ♭).

Disentis oder Dissentis, roman. Mustèr (von monasterium), Dorf im Kreis D. (5810 E.), Bezirk Vorderrhein des schweiz. Kantons Graubünden, in 1150 m Höhe, am linken Ufer des Vorderrheins, mit dem sich 1 km südlich vom Dorfe der Medelser- oder Mittelrhein vereinigt, hat (1888) 1329 roman. und kath. E., Post, Telegraph, ansehnliche Kirche (1712) und ein großes Benediktinerkloster, 614 durch den schott. Mönch Sigisbert, einen Schüler des heil. Columbanus, gegründet. Von der vormals gefürsteten Abtei aus verbreitete sich das Christentum durch die Thäler Graubündens, weshalb auch der Abt des Klosters die Herrschaft über den ganzen Bezirk und das Urserenthal führte. Während des franz. Revolutionskrieges wurde hier 1799 eine franz. Grenadierkompagnie von Graubündener Bauern überfallen und niedergemacht. Aus Rache dafür steckten die Franzosen im Mai 1799 den Ort und die Klostergebäude in Brand, wobei eine merkwürdige Sammlung von sehr alten Handschriften zu Grunde ging. Das Kloster, nach der Einäscherung von dem verarmten Stifte sehr einfach wiederhergestellt und 1847 wieder durch Feuer arg beschädigt, wurde 1880 restauriert und enthält eine kath. Realschule und ein Progymnasium. Im Dorfe befindet sich eine roman. Druckerei. Unter den Äbten von D. sind zu erwähnen Peter Pultinger, der 1424 einer der Stifter des Granen Bundes war, und Christian von Castelberg, der 1579 die Reichsfürstenwürde erhielt, von den Konventualen Pater Placidus a Spescha (geb. 1752, gest. 1833 zu Truns), einer der ersten Erforscher des Bündner Oberlandes. Bei D. zweigt von der großen Straße des Rheinthals, die sich über den Oberalp-Paß (2046 m) nach Andermatt im Urserenthale fortsetzt, die 1878 vollendete Poststraße über den Lukmanier ab.

Disĕrt (lat.), deutlich auseinandergesetzt oder setzend, klar, beredt.

Disfiguration (lat.), Entstellung, Verunstaltung, Mißgestalt.

Disfūl oder Dizfûl, Stadt in der pers. Provinz Chusistan, 300 km westlich von Ispahan, in 178 m Höhe inmitten einer fruchtbaren Ebene, am Ab-i-Dis (Coprates), dem Oberlauf des Karun, über welchen hier eine schöne Brücke von 20 Bogen führt, hat 30000 E., 34 Moscheen, 36 Imâmzâde-Gräber, 10 große Bäder, 4 Karawanserais und 9 höhere Schulen. D. ist der Hauptmarkt der Provinz; Hauptprodukt ist der Indigo. Wahrscheinlich könnte D. mit Dampfern auf dem Ab-i-Dis erreicht werden. — Die Gründung der Stadt wird Ardeschir Babegan zugeschrieben, dem Gründer der Sassaniden-Dynastie in der ersten Hälfte des 3. Jahrh.

Disgrâce (frz., spr. -grahß), Ungnade, Unfall; schlechter Anstand; disgraziös, unangenehm, widerwärtig.

Disgregation (lat.), Zerstreuung, z. B. der Lichtstrahlen.

Disgregationsarbeit, die zur Verminderung des Zusammenhanges der Körperteile (Moleküle) verwendete Arbeit. Bei Erwärmung der Körper wird, wenn sich dieselben ausdehnen, die Disgregation vermehrt. Sind hierbei Molekularkräfte zu überwinden, so wird hierbei D. geleistet auf Kosten der Wärme der Körper. (S. Mechanische Wärmetheorie.)

Disgregieren (lat.), eine Schar zerstreuen, auseinanderjagen.

Disgustieren (vom ital. disgusto, «Ekel», «Widerwillen»), anwidern, verdrießen, verleiden.

Dish (spr. disch, d. i. Schüssel) oder Dredish (Erzschüssel), engl. Maß für Bleierz von 21,3 engl. Zoll Länge, 6 Zoll Breite und 8,4 Zoll Tiefe, demnach von 1073,52 engl. Kubikzoll Inhalt = 17,59 l, etwas weniger als ½ altes engl. Winchester Bushel. 9 D. sind = 1 Load (Last) = 3 engl. Hundredweights = 336 engl. Handelspfund = 152,407 kg.

Disharmonie (lat.-grch.), Mißton, Uneinigkeit.

Disjunktion (lat., «Trennung», «Ausschließung»), in der Logik das Verhältnis wechselseitiger Ausschließung unter zwei oder mehrern Begriffen. So sind disjunkte Begriffe die Begriffe der verschiedenen Farben, oder die Begriffe: gleich, größer, kleiner. Eine vollständige D. enthält sämtliche zu einander sich ausschließend verhaltende Glieder einer Gattung. Ihr Ausdruck ist das disjunktive Urteil, z. B.: Eine Größe ist der andern entweder gleich oder größer oder kleiner. Eine solche vollständige D. gestattet immer den disjunktiven Schluß, der ein solches disjunktives Urteil als Obersatz enthält und dann entweder von dem Stattfinden des einen möglichen Falles auf das Nichtstattfinden aller übrigen, oder vom Nichtstattfinden aller übrigen auf das Stattfinden eines bestimmten Falles schließt; z. B. eine von zwei Größen ist entweder größer oder kleiner als die andere oder ihr gleich, sie ist aber nicht größer, auch nicht kleiner, also ihr gleich.

Disjunktiver Schluß, Disjunktives Urteil, [s. Disjunktion.

Disjunktōren (lat.) heißen nach Dove jene Unterbrecher des elektrischen Stroms, die geeignet sind, entweder nur die Öffnungs- oder nur die Schließungsschläge einer Induktionsspule (s. Induktion) durch einen in letztern eingeschalteten Körper zu leiten. Die D. sind von Dove, Masson, Buff u. a. in verschiedener Weise eingerichtet worden. Im wesentlichen sind es zwei Stromunterbrecher, die miteinander so verbunden sind, daß während der erste z. B. den Hauptstrom unterbricht, der zweite den Induktionsstrom schließt oder öffnet, je nachdem der Öffnungsschlag zu stande kommen soll oder nicht. Ähnlich verhält es sich bei Herstellung des Hauptstroms und der Ein- oder Ausschaltung des zugehörigen Schließungsschlags.

Diskánt (neulat. Discantus) bedeutet in der neuern Musik die oberste Gesangstimme, gleich dem frühern Cantus (s. d.) und dem jetzt allgemein gebräuchlichen Sopran (s. d.). In diesem Sinne wird der Name, obwohl selten, auch auf Instrumente angewendet, z. B. Diskantposaune, Diskantgeige u. s. w. Ähnlich hat sich die Bezeichnung auch für solche Orgelregister erhalten, welche nur bis zum c heradgehen, z. B. die Orgeloboe. Der Name D. kam im 12. Jahrh. auf mit den ersten Versuchen, zu einer gegebenen Stimme (cantus, frz. chant) eine zweite (discantus, frz. déchant) zu setzen. Die Kunst des Diskantierens deckte sich mit der Kompositionskunst jener Zeit; von den Sängern wurde sie vollständig beherrscht, sie improvisierten die zweite Stimme. Daher hießen die Sänger Diskantisten (Descanters) und behielten diesen Namen auch noch in einer Zeit, in der durch den Zutritt dritter und vierter Stimmen das Diskantieren aus dem Kopfe (contrapunto alla mente) längst zur Unmöglichkeit geworden war. Auch die Theoretiker sprachen in der Zeit des vollstimmig gewordenen Satzes immer noch von der Kunst des Diskantierens (ars discantandi).

Disko, Insel an der Westküste Grönlands in der gleichnamigen Bai unter 70° nördl. Br., ist durchweg sehr hoch, bis 975 m, und hat 7786 qkm Flächeninhalt. Im N. trennt sie die schmale Waigatstraße von der bis 1800 m hohen Halbinsel Nugsuak. Im S. tritt unter 69° 11′ ein granitischer Höhenzug ins Meer und bildet die ausgezeichnete Bai Godhavn, an deren Nordseite die Stadt Godhavn (s. d.) liegt.

Diskobólos (grch.), der Diskoswerfer (s. Diskos); Diskobolie, das Diskoswerfen.

Diskodaktylier, s. Froschlurche.

Diskónt (ital. sconto; frz. escompte) oder Disconto heißt der bei der Auszahlung einer in der Summe anerkannten Schuld vor dem Fälligkeitstermin gemachte Abzug am Nennbetrage. Am gebräuchlichsten ist die Bezeichnung für diejenigen Abzüge, welche bei Auszahlungen oder Ankäufen von später fälligen Schuldtiteln, besonders Wechseln, welche in kurzer Zeit fällig sind, gemacht werden. Hier ist der D. eigentlich nur vorweg in Abzug gebrachter Zins. Diskontierung (Eskomptierung) oder Diskontgeschäft wird daher auch hauptsächlich als technischer Ausdruck im Wechselgeschäft angewendet, und bedeutet in der Regel soviel wie Ankauf von noch nicht fälligen inländischen Wechseln unter Zinsabzug. Über die Berechnung des D. s. Diskontrechnung. Diskonthäuser sind Bankhäuser, welche gewerbsmäßig Wechsel diskontieren. Das Diskontieren ist eine Folge der ausgedehnten Kreditwirtschaft. Der Verkäufer zieht auf den Käufer einen Wechsel für den Betrag des Kaufpreises auf die Grenzzeit der Stundung des letztern. Durch Diskontierenlassen dieses Wechsels vermag er sich alsbald Geld zu verschaffen. Selbst hohen D. zahlt er unter Umständen gern, wenn er nur im Interesse seines Geschäfts zu augenblicklichen günstigen Einkäufen möglichst bald wieder über sein Kapital verfügen kann. Man ersieht hieraus, wie höchst wichtig das Institut der Diskontierung für die gesamte Volkswirtschaft ist. Die Bestimmgründe für die Höhe des Zinsfußes im allgemeinen sind im wesentlichen auch für die Höhe des D. maßgebend. Angebot und Nachfrage von, bez. nach Geldkapitalien entscheiden in erster Linie den Stand des D. Doch ist er im Vergleich zu den Zinssätzen anderer Kapitalanlagen sehr veränderlich, was sich aus der dem Geldkapital eigentümlichen Beweglichkeit und aus dem raschen Wechsel, welchem unter dem Einflusse veränderter Konjunkturen Angebot und Nachfrage bei der Diskontierung unterworfen sind, erklären läßt. Den wesentlichsten Einfluß auf den Stand und die Bewegung des D. üben die Barbestände und die Notenreserven der großen Notenbanken (s. d.), da diese Institute mit ihrem dem Diskontgeschäft vorzugsweise zur Verfügung stehenden Kapital den Diskontmarkt beherrschen. Daher findet auch die auf seiten des Diskontnehmers (Geldgebers) einzuhaltende Diskontpolitik am bedeutsamsten bei den großen Banken ihren Ausdruck; sie erhöhen den Diskontsatz bei anhaltend wachsendem großen Geldgesuch gegen Diskontwechsel und erschweren dadurch zwar die Diskontierung, halten aber den nötigen Geldvorrat im Lande zurück; sie erniedrigen den Diskontfuß, wenn der Geldstand flüssig und der Diskontbegehr mäßig ist und erleichtern dadurch die Benutzung, den fruchtbringenden Umlauf des Geldes. Doch wird die Diskontpolitik nicht bloß von den Angebot- und Nachfrageverhältnissen des eigentlichen Diskontmarktes, sondern von allen Umständen beeinflußt, welche eine Veränderung des Metall- und Notenbestandes der Banken hervorbringen; also von der internationalen Zahlungsbilanz und dem Stand der Wechselkurse, von den Währungsdifferenzen, von den Ansprüchen des eigenen Staates an die Banken und den jeweiligen Schuldaufnahmen anderer Staaten u. s. w. Übrigens weicht der Privatdiskont, zu welchem inländische Wechsel auf offenem Markte durch Privatbanken und Bankiers gekauft werden, von dem offiziellen Zinsfuß der großen Notenbanken (s. Bankdiskont) häufig ab.

Für das Diskontgeschäft der Deutschen Reichsbank kommen folgende Bestimmungen zur Anwendung: Die anzukaufenden Wechsel werden in Platzwechsel und in Versandwechsel eingeteilt; erstere sind am Sitze der ankaufenden oder einer ihr untergeordneten Bankanstalt, letztere an einem andern deutschen Bankplatze zahlbar. Die Wechsel müssen eine Laufzeit von höchstens 3 Monat haben und die Unterschriften von in der Regel drei, mindestens aber zwei als zahlungsfähig bekannten Personen oder Firmen tragen. An Zinsen sind mindestens zu berechnen: a. 4 Tage auf Wechsel, welche am Ankaufsorte zahlbar sind; b. 5 Tage auf solche nicht am Ankaufsorte zahlbaren Wechsel, welche in Stücken von 10000 M. und mehr, oder bei Posten von mindestens 20000 M. in Stücken nicht unter 5000 M. eingereicht werden; c. 10 Tage für alle übrigen Wechsel, einschließlich derjenigen auf die von der ankaufenden Bankanstalt abhängigen Unteranstalten. Für jeden einzelnen Wechsel im Betrage von 100 M. und weniger sind jedoch mindestens 30 Pf., für jeden Wechsel über 100 M. mindestens 50 Pf. an Zinsen zu entrichten. Falls in der Rechnung Zinszahlen (s. d.) anstatt der einzelnen Zinsbeträge angegeben werden, ist hierauf Rücksicht zu nehmen. Besondere Zinsnoten (s. d.) müssen aufgestellt werden: a. für Platzwechsel und b. für Versandwechsel; c. für Platz- und d. für Versandwechsel in Beträgen von 100 M. und weniger, auf welche nur 30 Pf. Zinsen gerechnet werden; e. für Platz- und f. für Versandwechsel, welche nicht zum Bank- sondern zum Privatzinsfuß angekauft werden. Bei der Zinsberechnung wird jeder Monat zu 30 Tagen angenommen; indessen wird der Februar bei Wechseln, welche ultimo Februar fällig sind, nur zu 28 bez. 29 Tagen gerechnet. Der Tag der Diskontierung wird nicht mitgezählt. Bei der Zinsberechnung eines auf eine bestimmte Zeit nach Sicht gestellten unacceptierten Wechsels werden für die Versendung, bez. Acceptbesorgung der im Wechsel ausgedrückten Frist 2, bez. 3 Tage hinzugerechnet, je nachdem sich am Zahlungsorte eine selbständige Bankanstalt oder nur eine Nebenstelle befindet. — Der Ausdruck «Diskont» ist übrigens im Geschäftsverkehr der Reichsbank durchweg mit «Zins» übersetzt. — Vgl. Telschow, Der gesamte Geschäftsverkehr mit der Reichsbank (5. Aufl., Lpz. 1891), sowie die Allgemeinen Bestimmungen über den Geschäftsverkehr mit der Reichsbank (zuletzt ausgegeben im Okt. 1891).

Im Effektenverkehr kommt eine Diskontierung von Wertpapieren vor, welche zur Rückzahlung einberufen sind, sowie von Coupons, welche erst später fällig werden. Nach den für diesen Geschäftszweig üblichen Bestimmungen darf die Laufzeit solcher zum D. bei den Banken zugelassenen Effekten in der Regel 6 Monate nicht übersteigen.

Im Warengeschäft findet ein Abzug von D. (hier häufiger Sconto genannt) statt, wenn die Preise für ein gewisses Ziel, z. B. 2 oder 3 Monate kalkuliert sind und der Käufer innerhalb einer gewissen Zeit vor Ablauf des Ziels Zahlung leistet. Der D. wird hier häufig in einem bestimmten Prozentsatz, der wenig veränderlich ist, rund gewährt. Die Zahlungsbedingungen sind gewöhnlich in den Preislisten und Fakturen gedruckt angegeben.

Diskontbanken heißen zuweilen die Banken, welche das Diskontgeschäft vorzugsweise betreiben. Da Notenbanken (s. d.) für den Betrag ihrer in Umlauf befindlichen Noten neben einem angemessenen Barvorrat nur kurzfristige Forderungen, welche leicht wieder realisierbar sind, erwerben sollen, so ist für sie die Diskontierung von guten Wechseln, welche eine bestimmte Laufzeit nicht überschreiten, ganz besonders empfehlenswert. Im Deutschen Reiche bestehen hierüber durch Bankgesetz vom 14. März 1875 für die Reichsbank (§. 17) und für Privatnotenbanken (§. 44, Ziffer 3) gesetzliche Bestimmungen. (S. auch Reichsbank, Deutsche.)

Diskontgeschäft, Diskonthäuser, Diskontierung, s. Diskont.

Diskontinuität der Sitzungsperioden einer parlamentarischen Körperschaft bezeichnet den Grundsatz, daß die in einer Sitzungsperiode angefangenen parlamentarischen Arbeiten nicht in einer andern Sitzungsperiode fortgesetzt, Vorlagen also nicht aus einer Periode in die andere übergehen können. Dieser Grundsatz gilt in Deutschland für den Reichstag und die Landtage der Einzelstaaten, wie außerhalb Deutschlands. Dadurch unterscheidet sich die Schließung einer Landtagsperiode von einer durch den Kaiser oder den Landesherrn mit Genehmigung der parlamentarischen Körperschaft ausgesprochenen Vertagung der Sitzungen innerhalb derselben Sitzungsperiode. In Festhaltung dieses Unterschiedes hat das Reichsgericht in dem Urteil vom 25. Febr. 1892 ausgesprochen, daß die den Reichstagsmitgliedern durch Art. 31 der Reichsverfassung gewährleistete Unverfolgbarkeit (s. Abgeordnete), da sie für die Sitzungsperiode ausgesprochen ist, auch für die Zeit der Vertagung gilt.

Diskontnote, s. Zinsnote.

Diskonto, s. Diskont.

Diskonto-Arbitrage, s. Arbitrage.

Diskontobordereau, s. Bordereau.

Diskontpolitik, s. Diskont; vgl. Bankdiskont.

Diskontrechnung ist eine Umkehrung der Zinsrechnung, insofern nach dem heutigen baren Wert einer erst später fälligen Summe gefragt wird. Der zu diskontierende Wert müßte eigentlich als ein um die Zinsen vermehrter Wert angesehen und der Diskont sonach in Prozenten auf Hundert berechnet werden. Die kaufmännische Praxis weicht aber von der mathem. richtigen Berechnung insofern ab, als sie der Bequemlichkeit halber den zu diskontierenden Betrag als reinen Wert ansieht und den Diskont gerade so wie Zins vom Hundert abzieht. Beispiel: Ein in 3 Monaten fälliger Wechsel von 3030 M. soll zu 4 Proz. p. a. diskontiert werden. Der Diskont beträgt sonach auf einen Monat 1 Proz. Genau genommen betrüge der Diskont nach dem Satze, daß auf 101 M. Kapital 1 M. Diskont zu rechnen ist, 30 M. Man rechnet aber in der Praxis (nach dem Satze 100 M. Kapital = 1 M. Diskont) 30,30 M. Vgl. Feller und Odermann, Das Ganze der kaufmännischen Arithmetik, Abschnitt IX (16. Aufl., Lpz. 1891).

Diskontzahlen, s. Zinszahlen.

Diskonveniénz (frz. disconvenance), Mangel an Übereinstimmung, Mißverhältnis, Ungehörigkeit.

Diskordánz (frz. discordance), Mißklang, Uneinigkeit; in der Geologie das Lagerungsverhältnis zweier Schichtensysteme zueinander dann, wenn das jüngere derselben (a der beistehenden Figur)

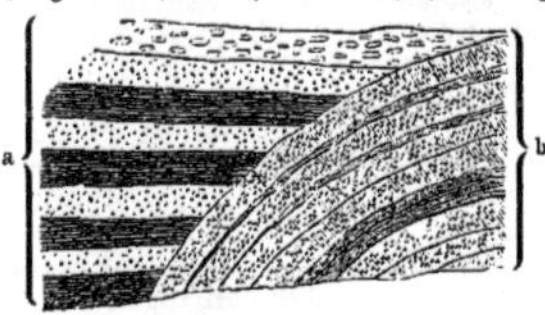

schräg, also mit anderm Streichen und Fallen auf oder an einem ältern Schichtenkomplex (b) lagert. Die Aufrichtung des letztern hat naturgemäß vor Ablagerung der jüngern, diskordant darauf liegenden Schichtenreihe stattgefunden.

Diskordieren (lat.), nicht übereinstimmen; diskordánt, nicht übereinstimmend.

Diskos (grch.; lat. discus), die steinerne, später metallene, in der Mitte stärkere, nach dem Umkreise zu flacher ablaufende Wurfscheibe, bei den Griechen von uralter Zeit her in Gebrauch. Im Homer wird das *Diskoswerfen* oft erwähnt, und in den Olympischen Spielen wurde es vielfach geübt. Die Größe und demgemäß die Schwere des D. war für Knaben und Männer verschieden; ein zu Olympia im Alpheus gefundener D. war 20 cm breit und 4 kg schwer; andere haben eine Schwere von nur 2 bis 2,5 kg. Diskoswerfer (*Diskobolos*) wurden oft in Statuen dargestellt; unter denen die des Myron, von der antike Marmorkopien (im Palazzo Lancelotti, 1761 auf dem Esquilin gefunden, und im Vatikan zu Rom) erhalten sind, die berühmteste war (s. beistehende Figur). Vgl. Pinder, Über den Fünfkampf der Hellenen (Berl. 1867).

Diskredit (frz.), Mangel an Kredit, schlechter Ruf; *diskreditieren*, jemand um seinen Kredit, seinen guten Ruf bringen; *diskreditiert*, berüchtigt, verrufen.

Diskrepánz (lat.), Mißhelligkeit, Zwiespalt.

Diskrēt (lat.), in sich unterschieden, getrennt, gesondert; vorsichtig, verschwiegen, schonend, rücksichtsvoll; in der Botanik soviel wie nicht verwachsen; in der Mathematik, was nicht nach den Gesetzen der Stetigkeit verbunden ist (s. Kontinuität).

Diskretion (lat., frz.), Urteilskraft, Umsicht; Verschwiegenheit, Schonung; daher *sich auf D. ergeben*, sich auf Gnade und Ungnade ergeben.

Diskretionäre Gewalt heißt die einem Organe der Staatsverwaltung oder Rechtspflege eingeräumte Befugnis, innerhalb gesetzlicher Schranken nach freiem Ermessen Entscheidungen oder Anordnungen zu treffen. Beispiel: Das Prozeßgericht *kann* anordnen, daß der von einer Partei auszuschwörende Eid statt vor dem Prozeßgericht vor einem andern Gericht geleistet wird, wenn die Partei sich in großer Entfernung von dem Sitze des Prozeßgerichts aufhält (Civilprozeßordn. §. 441). S. auch Vorsitzender.

Diskretionsjahre, die Jahre der Verstandesreife, Mündigkeit.

Diskretionstage, s. Respekttage.

Diskriminánte, s. Quadratische Gleichungen.

Diskulpieren (lat.), entschuldigen, rechtfertigen, lossprechen; *Diskulpation*, Entschuldigung, Rechtfertigung.

Diskúrs (lat.), Rede, Unterredung; *diskurieren*, sich besprechen, reden über etwas.

Diskursiv (lat.), s. Intuition.

Diskussion (lat.), s. Debatte.

Diskutieren (lat.), erörtern, beraten.

Dislokation (lat.), im *Heerwesen* die Verteilung der Truppen in den Garnisonen, bei Ortsunterkunft, Ortsbiwak oder Biwak. Bei der Friedensdislokation ist auf die bürgerliche Einteilung des Landes, auf die Leichtigkeit der Unterbringung, vorhandene Kasernements, Übungsplätze von ausreichender Größe und Ersatzbezirke Rücksicht zu nehmen; im Kriege gilt es, die Rücksichten auf Schlagfertigkeit mit denen auf Bequemlichkeit und Verpflegung im vorliegenden Falle möglichst in Einklang zu bringen; dabei sucht man den Dislokationsbezirken größerer Truppenkörper möglichst abgerundete Formen zu geben, damit die Befehlserteilung von den Stabsquartieren aus beschleunigt werden kann. Über die D. der europ. Armeen s. die Artikel der betreffenden Staaten. — Über D. im *geologischen* Sinne s. Schichtenstörungen.

Dismal-Swamp (spr. dissmĕl swommp), ausgedehnte Sumpflandschaft, die sich südlich von Norfolk im nordamerik. Staate Virginien 64 km lang und etwa 40 km breit bis nach Nordcarolina erstreckt. Früher fast unzugänglich und nur wegen seines Reichtums an Schiffbauholz von Wert, ist jetzt ein Teil des Sumpfes durch Trockenlegung dem Ackerbau gewonnen und durch den 53 km langen *Dismal-Swamp-Kanal*, welcher die Chesapeakebai mit dem Albemarlesund verbindet, dem Verkehr dienstbar gemacht. In der Mitte des D. liegt der 10 km lange und 5 km breite *Drummondsee*. Von demselben führt eine Kanalstrecke nordwestlich, eine andere östlich nach der Hauptlinie des Dismal-Swamp-Kanal.

Dismembration (lat., *Bodenzerstückelung*), die Zerteilung der Grundbesitzungen in kleinere Parzellen im Gegensatz zur Erhaltung größerer geschlossener Güter. Während das röm. Recht die Teilbarkeit der Grundstücke unbeschränkt ließ, überwog im Mittelalter bei den german. Völkern die Sitte der Zusammenhaltung des Stammgutes, das an den ältesten oder den jüngsten Sohn überging. Namentlich schlossen auch die Lehnsverhältnisse und die mit der Hörigkeit und der Unfreiheit zusammenhängenden Besitzarten die freie Teilbarkeit der Besitzungen aus, und geschlossene Güter waren daher in allen europ. Kulturstaaten während des Mittelalters sehr verbreitet. Überdies wurde seit dem 16. Jahrh. die Teilung landesgesetzlich verboten. In Frankreich brachte die Revolution die Beseitigung aller solcher Beschränkungen und unbegrenzte Parzellierungsfreiheit. Auch in Preußen und den meisten andern deutschen Staaten wurde im Anfange des 19. Jahrh. in Zusammenhang mit der Aufhebung aller feudalen Abhängigkeitsverhältnisse die Dismembrationsfreiheit principiell eingeführt. Die vielfach zerstörenden Wirkungen und namentlich die Ausbeutung derselben durch gewerbsmäßige «Güterschlächter» hatten jedoch eine ziemlich umfassende Reaktion der Gesetzgebung im Sinne einer erneuten Einschränkung der Dismembrationsfreiheit in mehrern Staaten zur Folge. Ein entsprechendes preuß. Gesetz vom 3. Jan. 1845 ist allerdings unterm 25. Aug. 1876 wieder beseitigt worden. Die Zerteilung der Güter und die Abveräußerung von Grundstücksparzellen ist mit Einführung der Grundbuchgesetzgebung auch in den neuen Provinzen freigegeben. Wo freilich die Unveräußerlichkeit durch den Lehens- und den Fideikommißverband gegeben oder bei bäuerlichen Erbgütern, bez. auch in Preußen durch das Höferecht (s. d.) begründet, oder wo der Bauer, wie bei den mecklenb. Erbpachtgütern, nicht Eigentümer ist, folgt daraus auch das Verbot oder die Erschwerung der D. Sonst ist die Freiheit der D. in Bayern (s. Roth, Bayr. Civilrecht §. 124),

Gotha (1873), Coburg (1869), Meiningen (1867), Anhalt (1875), in den Städten Sachsens (1843) und Reuß jüngerer Linie (1871) Regel oder die D. ganz freigegeben. Beschränkungen finden sich nur bezüglich der Waldungen in Bayern, Meiningen, Coburg. Für die Regel nur mit Genehmigung der Staatsbehörde erlaubt ist die D. bei Besitzungen über 5 Acker in Altenburg (1859) und in Sondershausen (1857). Bei ländlichen, geschlossenen Gütern ist in Sachsen nach Gesetz vom 30. Nov. 1843 nur die Abtrennung von einem Drittel gestattet. In Baden sind die geschlossenen Hofgüter, deren Verhältnisse durch Edikt vom 23. März 1808 und das bad. Landrecht geregelt sind, unteilbar, sofern das Bezirksamt nicht die Teilung gestattet. Das Gesetz vom 6. April 1854 verbietet die Teilung von Wald und Weiden unter 10 Morgen, sowie die von Ackerfeld und Wiesen unter $^1/_4$ Morgen bad. Maß, sofern nicht die Vereinigung der Parzelle mit angrenzenden Liegenschaften des Erwerbers bezweckt wird.

Im Großherzogtum Hessen (1871) ist bei Wiesen und Äckern die Bildung von Parzellen unter $^1/_4$ Morgen, in Weimar (1865) bei Wiesenplänen unter $^1/_2$ Acker, bei Artl- oder Lebenplänen unter 1 Acker, in Altenburg bei walzenden Grundstücken unter $^1/_2$ Acker verboten. In Württemberg (1853) soll eine Parzellenveräußerung von mehr als dem vierten Teil bei einem Besitz von wenigstens 10 Morgen erst 3 Jahre nach dem Erwerb, in Oldenburg, wo sonst die D. freigegeben ist (1873), von aus unkultivierten Staatsgründen eingewiesenen Anbauerstellen vor 30jährigem Besitze nur mit obrigkeitlicher Genehmigung stattfinden.

Als Gründe gegen die unbegrenzte Teilbarkeit der Grundstücke macht man namentlich die volkswirtschaftlichen Nachteile der Zwergwirtschaft (s. d.) geltend. Die Festsetzung einer Minimalgröße der Parzellen vollends erscheint überall da als logisch und fast selbstverständlich, wo eine Zusammenlegung (s. d.) der Grundstücke zwangsweise stattgefunden hat oder stattfinden kann. Andererseits spricht gegen die Beschränkung der Teilbarkeit das oft vorhandene Mißverhältnis zwischen der Bodenfläche und dem Betriebskapital, das häufig weit zweckmäßiger durch Verkauf eines Teils des Landes als durch Aufnahme von Hypothekenschulden verbessert werden kann. Zu Gunsten der kleinen Parzellen fallen ferner die socialpolit. und moralischen Vorteile in die Wagschale, welche bei sonst normalen Verhältnissen dadurch geboten werden, daß die ländlichen Arbeiter im stande sind, sich einen, wenn auch sehr kleinen Grundbesitz zu erwerben und ihn nach und nach zu vermehren. Die Entscheidung für oder wider die Dismembrationsfreiheit wird indessen nicht für alle Länder und Gegenden gleichmäßig getroffen werden können. Wo wegen günstiger Klima- und Bodenverhältnisse oder der durch Industrieentwicklung u. s. w. gebotenen Gelegenheit zu Nebenverdienst auch kleine Anwesen ihrem Inhaber eine auskömmliche Existenz bereiten, dabei den Industrie- und Landarbeitern eine gewisse Sicherheit des Einkommens gewähren, z. B. in so dicht bevölkerten und fruchtbaren Gegenden wie in der Rheinebene, hat die freie Teilbarkeit keine Nachteile, ist sogar vielleicht in socialpolit. Hinsicht erwünscht. Sie schließt aber dort, wo jene Voraussetzungen fehlen, wo die Wirtschaftsweise notwendig eine mehr extensive, auf Körnerbau und Viehzucht gerichtete bleiben muß und deshalb ein landwirtschaftliches Anwesen schon eine erhebliche Ausdehnung haben muß, wenn der Besitzer mit seiner Familie ausreichenden Unterhalt finden soll, die Gefahr in sich, daß der Kern der ländlichen Bevölkerung — der mittlere, wohlhabende Bauernstand — mit der Zeit gänzlich verschwindet und sich in ein Proletariat verwandelt. Hier sind Einrichtungen wie die preuß. Höferollen, welche den Erblassern wenigstens die Möglichkeit gewähren, das Gut einem Anerben ohne zu schwere Belastung geschlossen zu überliefern, oder wie die Hofgüter auf dem bad. Schwarzwald, durchaus angebracht. In Gegenden mit vorwiegenden Latifundien (s. d.) empfiehlt sich überall die teilweise Zerschlagung der großen Güter (s. Domänen) zur Schaffung eines seßhaften Arbeiter- und Bauernstandes.

Gegen eine gewissermaßen nur technische untere Grenze der Parzellengröße ist nicht viel einzuwenden; doch darf sie keine absolut feste sein, wie denn in Baden die Verwaltungsbehörde Ausnahmen von der Innehaltung des gesetzlichen Teilungsminimums gestatten kann. Dieselben Grundstücke, die früher für eine rationelle Ausnutzung zu klein schienen, können sich bei zunehmender Dichtigkeit der Bevölkerung, bei wachsender industrieller Entwicklung des betreffenden Landstrichs und namentlich bei Heranrücken der Ausläufer einer sich ausbreitenden Stadt als sehr ertragsfähig erweisen. Über den Kampf gegen das häufig mit wucherischen Vorgängen verknüpfte geschäftsmäßige Zerstückeln von Landgütern s. Güterschlächterei. — Vgl. Schneer, Die Dismembrationsfrage (Heidelb. 1845); Lette, Die Verteilung des Grundeigentums (Berl. 1858); Conrad, Agrarstatist. Untersuchungen (in den «Jahrbüchern für Nationalökonomie und Statistik», Jahrg. 1871—72, Jena).

Dismembrātor, s. Desintegrator und Mahlmaschinen.

Dismembrieren (neulat.), zergliedern, zerstückeln, zerteilen; s. Dismembration.

Dis-moll (ital. re diesis minore; frz. ré dièse mineur; engl. d sharp minor oder dis minor), die selten angewendete Moll-Tonart, bei der **f**, **c**, **g**, **d**, **a**, **e** um einen halben Ton erhöht werden, also sechs ♯ vorgezeichnet sind, gleich der parallelen Dur-Tonart **Fis-dur** (s. Ton und Tonarten).

Dison (spr. -song), Ort in der belg. Provinz Lüttich, 3 km nördlich von Verviers, an der Linie Chenée-Verviers der Belg. Staatsbahnen, hat (1890) 13271 E., bedeutende Woll- und Tuchindustrie.

Dispache (frz., spr. -pásch), die Berechnung des Schadens und der zu seinem Ersatze erforderlichen Beiträge von Schiff, Fracht und Ladung im Fall der großen Haverei (s. d.). Die D. wird in den deutschen Seeplätzen durch obrigkeitlich bestellte Personen, die Dispacheure, aufgemacht. Nach dem Reichskonsulatsgesetz vom 8. Nov. 1867 (§. 36) ist den Konsuln die Befugnis eingeräumt, auf Antrag des Schiffsführers die D. aufzumachen. In verschiedenen Konsularverträgen, welche das Deutsche Reich mit fremden Staaten abgeschlossen hat, ist die Aufmachung der D. durch den deutschen Konsul geradezu vorgeschrieben, falls die sämtlichen Beteiligten Deutsche sind und nicht Vereinbarungen zwischen den Reedern, Befrachtern und Versicherern entgegenstehen. Die Aufmachung der D. erfolgt am Bestimmungsort der Reise oder, falls dieser nicht erreicht wird, an dem Ort, wo die Reise endet. Verpflichtet, sie zu veranlassen, ist der Schiffer; berechtigt dazu jeder Interessent. Die D. wirkt unter den Beteiligten nicht wie ein Urteil, sondern ist nur eine vorläufig für sie festgestellte Schadenauseinandersetzung. Wer sich durch die D. benachteiligt glaubt, kann gerichtliche Entscheidung herbeiführen, indem er, je nach der Lage des Falles, sich auf Bezahlung der ihm zu viel auferlegten Beiträge verklagen läßt oder die andern Beteiligten auf Bezahlung höherer Beiträge verklagt. Nur wo partikularrechtlich, wie z. B. in Preußen, eine gerichtliche Bestätigung der D. vorgeschrieben ist, wird aus der gerichtlich bestätigten D. die Zwangsvollstreckung zugelassen. Für das Verhältnis zwischen Versicherer und Versichertem ist die D. in gewissen Beziehungen maßgebend und unanfechtbar. (Deutsches Handelsgesetzbuch Art. 839 fg.) Während das Deutsche Handelsgesetzbuch die Aufmachung einer D. nur für die große Haverei vorschreibt, bezeichnen die Allgemeinen Seeversicherungsbedingungen von 1867 in §. 142 die von ihnen im Falle der besondern Haverei bei Partialschäden vorgeschriebene Schadenberechnung ebenfalls als D. Zur Unterscheidung wird letztere wohl Partikulardispache, erstere Generaldispache genannt. Ein Beispiel einer D. ist abgedruckt bei Lewis, «Das Deutsche Seerecht», Bd. 2 (2. Aufl., Lpz. 1884); ferner mehrere Beispiele mit Erklärung bei Schiebe und Odermann, Die «Kontorwissenschaft» (9. Aufl., Lpz. 1889).

Dispacheur (frz., spr. -schöhr), s. Dispache.

Dispar (lat.), ungleich.

Disparagium (mittellat.), Mißheirat (s. d.).

Disparāt (lat.) heißen zwei Begriffe, die unter keinen gemeinsamen Gattungsbegriff fallen und also keine Vergleichung zulassen. Z. B. fallen Geld und Grün unter die gemeinsame Gattung Farbe, Quint und Quart unter die Gattung Tonintervall, wogegen die Begriffe Gelb und Quint unter keinen gemeinsamen Oberbegriff fallen, also keiner Vergleichung fähig sind.

Dispens, soviel wie Dispensation.

Dispensation (lat.), die Entbindung von der Verpflichtung, für einen bestimmten Fall einer Rechtsvorschrift zu gehorchen. Sie zu erteilen steht dem Staatsoberhaupt zu, in Deutschland unabhängig von der Konkurrenz der Landesvertretung; in England ist die Zustimmung des Parlaments erforderlich nach der Bill of rights (s. d.). Die D. sollte sich nur erstrecken auf Polizei-, Disciplinar- und solche Gesetze, welche die Verfügungsfähigkeit der Unterthanen oder die Gültigkeit einer Handlung im öffentlichen Interesse einschränken. Der Erlaß fiskalischer Gefälle (z. B. des Fideikommißstempels) führt leicht zu Streitigkeiten mit der Landesvertretung. Im Privatrechte darf die D. nicht eingreifen, und Verbrechen können durch D. nicht zu erlaubten Handlungen gemacht werden. Die neuern Staatsrechtslehrer halten die D. im Verfassungsstaat, wo die Verwaltung nach den Gesetzen zu führen ist, überhaupt für unstatthaft, sofern sie nicht vom Gesetz oder vom Gewohnheitsrecht zugelassen ist. Dies Gewohnheitsrecht wird aber überall in Anspruch genommen werden, wo die D. nicht ausdrücklich verboten ist; das ist von den deutschen Verfassungen nur in Luxemburg geschehen. — In der kath. Kirche steht die D. regelmäßig dem Papste zu, der sie indes auch durch die Bischöfe ausüben läßt. Letztern gebührt sie nur, soweit das Recht sie ihnen ausdrücklich beilegt. D. werden nach kanonischem Recht erteilt in forma gratiosa (der Erteilungsberechtigte prüft und entscheidet) oder commissaria (er beauftragt ein untergeordnetes Organ, zu prüfen und nach Befund zu entscheiden) und nur aus dringendem Grunde und unentgeltlich. Doch erheben die röm. Behörden Gebühren, welche im Mittelalter als reich fließende Finanzquelle ausgebeutet wurden. In der evang. Kirche erteilt das Konsistorium die D., in wichtigen Fällen der Landesherr in seiner Eigenschaft als Landesbischof. Von den reichsgesetzlichen Vorschriften über Ehehindernisse können, soweit dies zulässig, nur Staatsbehörden dispensieren.

Dispensatorium (lat.), s. Pharmakopöe.

Dispensieranstalt, in den Friedenslazaretten der deutschen Armee der zur Aufbewahrung der Arznei- und Verbandmittel sowie zur Bereitung von Arzneien bestimmte Raum. Je nach der Stärke der Garnison besteht eine D. erster, zweiter oder dritter Klasse oder nur ein Arznei- und Bandagenschrank. Der Dienst in den D. wird teils von Hilfsärzten oder einjährig freiwilligen Pharmaceuten, teils von Lazarettgehilfen und Krankenwärtern unter Aufsicht des Chefarztes versehen.

Dispensieren (lat.), austeilen; Arzneien bereiten; von einer Verpflichtung u. s. w. entbinden.

Dispergieren (lat.), zerstreuen.

Dispersion (lat.) oder Farbenzerstreuung, die Zerlegung des Lichts in die Elementarfarben durch Brechung. Fällt durch eine Spalte b ein dünnes Lichtbündel auf ein dreiseitiges, in der Figur im Durchschnitt dargestelltes Glasprisma s, so wird dasselbe von seiner geraden Richtung b d abgelenkt (s. Brechung der Lichtstrahlen, Bd. 3, S. 479 b) und zugleich in einen Farbenfächer r v aufgelöst,

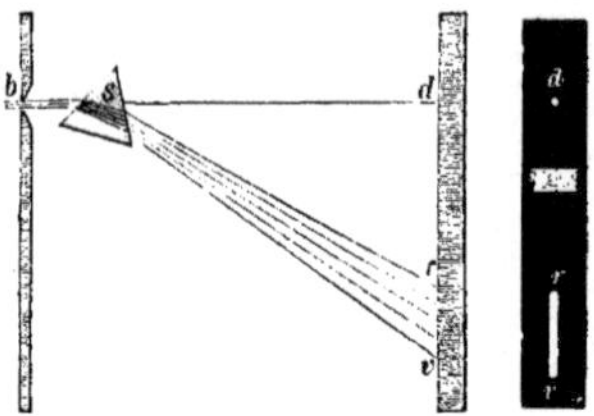

dessen Querschnitt auf einem gegenüberliegenden weißen Schirm sichtbar gemacht werden kann. Der am wenigsten abgelenkte Rand r des Fächers ist Rot, darauf folgen, mit immer stärkerer Ablenkung: Orange, Gelb, Grün, Blau und Violett. Dieses in die Länge gezogene Farbenbild heißt Spektrum (s. d.); seine Farben nennt man prismatische. Dieselben gehen in unmerklichen Abstufungen ineinander über. Die D. blieb rätselhaft, bis Newton zeigte, daß das weiße Licht aus einer sehr großen Zahl verschiedenfarbiger Lichtarten von verschiedenen Brechungsexponenten besteht, daß also bei der Brechung im Prisma diese in gleicher Richtung einfallenden farbigen Bestandteile ungleich abgelenkt, d. h. in einen Fächer aufgelöst werden. Das rote Licht hat den kleinsten, das violette den größten Brechungsexponenten. Man kann sich von dieser ungleichen Brechung der Farben überzeugen, indem man zwischen b und s erst ein tiefrotes, dann ein tiefblaues Glas bringt; im erstern Fall erscheint auf dem Schirm ein rotes, nach r zu gelegenes Bild des Spaltes, im zweiten Falle ein blaues, nach v zu gelegenes. Geht das Licht von einer Spirituslampe aus, auf deren

Docht Kochsalz gestreut ist, so erscheint etwas unterhalb r ein gelbes Licht des Spaltes, das nicht in die Länge gezogen und nicht verwischt ist, weil die Lampe nur einfaches gelbes Licht aussendet. Bringt man auf den Docht noch Chlorlithium, so erscheint noch ein rotes mehr nach r gelegenes Spaltbild. Der Unterschied zwischen den Brechungsexponenten der violetten und roten Strahlen eines bestimmten Stoffs heißt seine totale D. Je g[illegible] diese ist, desto stärker zerstreut (unter sonst gleichen Umständen) der betreffende Stoff das Licht, desto länger ist sein Farbenbild. Die Differenz der Brechungsexponenten zweier prismatischen Farbstrahlen, z. B. von Rot und Orange, Gelb oder Rot und Grün u. s. w., die einander näher als Rot und Violett liegen, nennt man partielle D.

Sowohl die totale als partielle D. sind, unter gleichen Umständen, je nach dem Stoff der Prismen, sehr verschieden. Bei kleinem Winkel der beiden vom Licht durchsetzten Prismenflächen ist das Spektrum eines Wasserprismas sehr kurz, eines Crownglasprismas (unter sonst gleichen Umständen) etwa zweimal so lang, eines Flintglasprismas fast viermal und eines Schwefelkohlenstoffprismas nahe sechsmal so lang als jenes erste Spektrum. Dabei sind überdies dieselben Farben innerhalb der Spektren ungleich ausgedehnt. Flintglas und Schwefelkohlenstoff zerstreuen nach Obigem das Licht sehr stark. Sehr groß ist auch die D. und daher das Farbenspiel der Diamanten. Die Länge des Spektrums hängt auch von der Größe des Einfallswinkels am Prisma ab; sie wächst, bei derselben Materie, mit der Größe des brechenden Kantenwinkels am Prisma und mit dem Abstand der weißen Wand, die das Farbenbild auffängt, von dem Prisma. Zur genauen Bestimmung der D. dienen die Fraunhoferschen Linien (s. d.) im Spektrum (s. d.).

Es giebt auch, nach der Entdeckung von Christiansen und Kundt (1870), eine anomale D., bei der die prismatischen Farben in einer ganz andern Ordnung als gewöhnlich auftreten; so z. B. hat das Spektrum eines mit Anilinrot gefüllten Prismas (Fuchsins) folgende sonderbare Farbenfolge: am wenigsten abgelenkt erscheint Violett, dann folgt Blau, das Grün wird vollständig absorbiert, hierauf folgt Rot, Orange und Gelb. Derartige anomale D. zeigen ferner: Anilinviolett, Anilinblau, übermangansaures Kalium und verschiedene andere Körper, die sich alle durch eine sehr starke Absorption gewisser Farben und durch farbigen metallischen Glanz, durch sog. Oberflächenfarben auszeichnen. Vor dem Rot im normalen Spektrum findet auch eine D. der dunkeln Wärmestrahlen, und im Überviolett eine D. der chemisch wirkenden Strahlen statt. (S. Spektrum.)

Dispersionsspektrum, s. Dispersion und Spektrum.

Displantieren (neulat.), verpflanzen, versetzen; Displantation, Verpflanzung.

Displicieren (lat.), mißfallen.

Dispondëus (grch.), Doppel-Spondeus, ein Versfuß von vier langen Silben, — — — —.

Disponénden (lat.), buchhändlerische Bezeichnung für das vom Sortimentsbuchhändler nicht verkaufte und an den Verleger auch nicht remittierte (s. Remittenden) Konditionsgut (s. d.), dessen weitere Belassung auf dem Lager des Sortimentsbuchhändlers der Verleger zur Buchhändlermesse (s. d.) gestattet.

Disponént (lat.), der, welcher von dem Eigentümer zur Leitung seines kaufmännischen oder Fabrikgeschäfts angestellt ist. Hat derselbe Prokura (s. d.) erhalten, so wird er Prokurist genannt.

Disponibel (lat.), verfügbar, zu Gebote stehend, z. B. disponible Gelder. — Disponible Quote, s. Vorbehalt. — Disponibilität, der Zustand des Disponibelseins, Verfügbarkeit.

Disponieren (lat.), verteilen, anordnen, verfügen; zu etwas disponiert sein, soviel wie geneigt, gestimmt sein. — Im Buchhandel bedeutet D. das Aufstellen von Disponenden (s. d.).

Disposition (lat.), Einteilung, Entwurf (z. B. für eine schriftliche Arbeit, einen Aufsatz); Verfügung, Anlage, Neigung zu etwas. — Im Recht ist D. jede rechtliche Verfügung. Das Gesetz oder der Gesetzgeber, die Obrigkeit, die vorgesetzte Staats- oder Kirchenbehörde u. s. w. treffen D. für diejenigen, welche der Anordnung Folge zu leisten haben. Der Erblasser disponiert maßgebend über sein Vermögen durch letztwillige Verfügung. Die Parteien treffen eine Verfügung, wenn sie einen Vertrag miteinander schließen. Die Partei ist nur frei, indem sie kontrahiert; durch den Vertrag wird sie dem Gegenkontrahenten gebunden. D. nennt man sowohl die Verfügung in ihrer Gesamtheit, das Testament, den Mietvertrag u. s. w., als die einzelne Bestimmung eines Rechtsgeschäfts. — Zur D. stellen im Handel, s. Dispositionsstellung.

D. im Heerwesen, Entwurf oder Plan zu einem kriegerischen Unternehmen (Marsch oder Gefecht), durch welchen den betreffenden Truppenteilen die ihnen zufallende Aufgabe mitgeteilt wird. Die deutsche Felddienstordnung von 1887 spricht nur vom Befehl (s. d.), nicht mehr von D.

Im Staatsrecht bezeichnet man als Stellung zur D. (abgekürzt: z. D.) die Versetzung in zeitweiligen Ruhestand, im Gegensatz zum aktiven Dienst, wie zur gänzlichen Pensionierung; dieselbe kann eine Gehaltsverminderung zur Folge haben (Wartegeld), im übrigen dauert das Beamtenverhältnis rechtlich fort. Beamte zur D. müssen sich jederzeit in ein anderes Amt berufen lassen. Alle Beamten können bei «Umbildung der Reichsbehörden» zur D. gestellt werden; außerdem hat der Kaiser dies Recht noch beim Reichskanzler, den Chefs, Direktoren und Abteilungsvorständen der Centralbehörden, den Räten und ständigen Hilfsarbeitern des Auswärtigen Amtes, den Militär- und Marineintendanten, den diplomat. und konsularischen Amtsträgern. Bei Offizieren erfolgt die Stellung zur D. durch denjenigen, welcher ernannt hat, und zwar entweder mit vollem Gehalt (Versetzung zu den Offizieren von der Armee) oder mit Pension. Die Offiziere zur D. bleiben im Militärverband, stehen demnach unter der Disciplinarordnung und militär. Kontrolle, müssen auch jederzeit der Wiedereinberufung zum Dienst folgen.

In der Medizin nennt man D. oder Krankheitsanlage diejenige Eigentümlichkeit des menschlichen Organismus, vermöge deren er zu gewissen Erkrankungen vorzugsweise geneigt ist. Die D. bildet also gewissermaßen die entferntere Ursache der Krankheit, welche letztere jedoch erst ausbricht, wenn noch eine veranlassende oder Gelegenheitsursache hinzukommt. Man unterscheidet eine allgemeine und eine besondere Krankheitsdisposition. Von ersterer spricht man, wenn eine Neigung des Körpers zur Erkrankung überhaupt vorhanden ist, und wenn jede beliebige Schädlichkeit leichter als bei andern Menschen eine Krankheit veranlaßt. Besondere D. findet statt, wenn sich (und zwar auch bei sonst kräftigen und widerstandsfähigen Naturen) nur zu einer oder einigen wenigen Krankheiten oder örtlichen Affektionen (z. B. der Haut, des Magens, der Luftwege) besondere Anlage zeigt. Im zarten Kindesalter und im hohen Greisenalter herrscht eine allgemeine D. zu vielerlei Krankheiten; im mittlern Lebensalter überwiegen die besondern D. Nicht selten geht die Krankheitsanlage ohne scharfe Grenzen in die wirtliche Krankheit über; man pflegt solche Zustände als Kränklichkeit oder Schwächlichkeit zu bezeichnen. Das Wesen der D. ist in den meisten Fällen nicht genau anzugeben. Die D. ist entweder angeboren und dann oft erblich (z. B. die D. zur Lungenschwindsucht, zu Epilepsie und Geisteskrankheiten), oder erworben infolge schädlicher Gewohnheiten und ungünstiger Lebensverhältnisse. Die angeborene Krankheitsanlage pflegt man wohl auch als Konstitutionsanomalie zu bezeichnen. Übrigens kann jede D. durch geeignete diätetische Maßregeln, durch Erziehung und Gewöhnung wieder verschwinden. (S. Abhärtung.) Vgl. Beneke, Die anatom. Grundlagen der Konstitutionsanomalien des Menschen (Marb. 1878); ders., Die Altersdisposition (ebd. 1879); Locher-Wild, Über Familienanlage und Erblichkeit (Zür. 1874).

Dispositionsbefugnis, das Recht über einen Gegenstand zu verfügen, auch Dispositionsfähigkeit (s. d.) genannt.

Dispositionsbeschränkung. Eine Beschränkung der Freiheit, sich zu verpflichten und seine Güter zu veräußern oder zu belasten, kann die Person im ganzen oder die Gebundenheit gewisser ihr gehöriger Güter betreffen. Die Entziehung der Dispositionsfähigkeit (s. d.) tritt ein durch Entmündigung (s. d.) wegen Geisteskrankheit (s. d.) oder wegen Verschwendung (s. Verschwender). Sie hat die Folge, daß dem Entmündigten ein Pfleger (s. d.) oder Vormund (s. d.) bestellt wird, welcher statt seiner handelt, sodaß die Handlungen, welche der Entmündigte selbst vornimmt, ohne rechtliche Wirkung bleiben. Eine Beschränkung der Dispositionsfähigkeit tritt noch jetzt für die Frau vielfach zufolge der Eingehung der Ehe ein (s. Ehefrau). Die D., welche sich auf die Gebundenheit gewisser Güter bezieht, kann ihren Grund haben in einer allgemeinen gesetzlichen Anordnung. So dürfen nach gemeinem Recht, nach der Preuß. Vormundschaftsordn. §. 42, Nr. 5, nach Sächs. Bürgerl. Gesetzb. §. 1942, nach Österr. Bürgerl. Gesetzb. §. 232 die unbeweglichen Güter eines Bevormundeten nur mit Genehmigung des Gerichts, nach franz. Recht nur mit der vom Gericht zu bestätigenden Genehmigung des Familienrats veräußert werden. Mit Eröffnung des Konkurses verliert der Gemeinschuldner das Recht, über sein zur Konkursmasse gehöriges Vermögen, d. i. nach der Deutschen Konkursordn. §. 1 dasjenige einer Zwangsvollstreckung unterliegende Vermögen, welches dem Gemeinschuldner zur Zeit der Eröffnung des Konkurses gehörte, zu verfügen. Man ist allgemein darin einverstanden, daß Veräußerungen, welche diesen gesetzlichen Veräußerungsverboten zuwider vorgenommen wurden, nichtig sind, sofern das einzelne Gesetz nicht etwas anderes bestimmt. Die Gebundenheit einzelner Güter kann auch ihren Grund in einer Verfügung des Civilrichters, des Strafrichters oder einer andern Staatsbehörde haben, wenn diese nach der Landesgesetzgebung zum Erlaß derartiger Verfügungen befugt ist. Diese Gebundenheit tritt ein bei dinglichen Arresten (s. d.), Einstweiligen Verfügungen (s. d.), Pfändungen (s. d.). Erfolgt die Verfügung im öffentlichen Interesse, so ist die Veräußerung absolut nichtig, und wenn sie im Interesse eines einzelnen Berechtigten, z. B. eines Gläubigers erfolgt, so ist sie zu dessen Nachteil unwirksam. Doch schreiben hier die Landesgesetzgebungen in der Regel vor, daß der Arrest auf Grundstücke oder Rechte an solchen, wenn er gutgläubigen Dritten gegenüber wirken soll, in dem Grundbuch eingetragen sein muß.

Die Gebundenheit kann endlich auch auf einer Privatverfügung beruhen. So, wenn ein Privatmann ein Gut, ein Kapital oder ein Vermögen dauernd milden Zwecken widmet, also eine Stiftung (s. d.) errichtet mit dem Verbot, daß die Güter dem Stiftungszweck nicht entzogen werden dürfen. Ebenso wenn ein Familienfideikommiß (s. d.) errichtet wird. Auf demselben Grunde beruht die Unveräußerlichkeit der Lehngüter. Endlich kann ein Erblasser im Interesse eines Familiengliedes oder sonstiger von ihm bedachten Personen anordnen, daß dasjenige, was er diesen Personen letztwillig zuwendet, weder veräußert noch von den Gläubigern soll angegriffen werden dürfen. Solche Verfügungen können wirksam gemacht werden, wenn der Erblasser einen Testamentsvollstrecker ernennt, zu dessen alleiniger Verfügung die Güter stehen sollen, oder wenn er bestimmt, daß für den Fall, daß ein Gläubiger des Bedachten die Zwangsvollstreckung oder Arrestierung solcher Güter verlangt, dieselben einer dritten Person zugehören sollen, sofern diese Verfügung ernstlich gemeint ist. Unter dieser Form einer Bedingung kann sich auch jemand eine Verfügungsbeschränkung selbst auflegen.

Dispositionsfähigkeit wird meistens gleichbedeutend gebraucht mit Handlungsfähigkeit als derjenigen Fähigkeit, durch Willenserklärung die rechtliche Wirkung zu erzeugen, auf deren Hervorbringung die Erklärung gerichtet ist; die Handlungsfähigkeit ist ausgeschlossen durch Geisteskrankheit, Entmündigung, zu geringes Alter u. s. w. Den Ausdruck Handlungsfähigkeit ersetzt der Deutsche Entwurf im Anschlusse an das preuß. Gesetz vom 12. Juli 1875 durch Geschäftsfähigkeit, vgl. Motive I, 129. In einem andern Sinne wird von D. oder auch Dispositionsrecht gesprochen als der Befugnis, über den Gegenstand des Rechtsgeschäfts in der durch dieses gegebenen Art zu verfügen. Nichtig ist ein Rechtsgeschäft, durch welches jemand über einen seiner Verfügung entzogenen Gegenstand verfügt; aber diese Regel hat erhebliche Ausnahmen, selbst der Eingriff in die Rechtssphäre eines andern wird durch dessen Einwilligung oder Genehmigung geheilt. Auch in der Verfügung über seine eigene Rechtssphäre kann jemand durch Gesetz, letztwillige Verfügung (z. B. des Vaters bezüglich des seinem Sohne hinterlassenen Vermögens), richterliche Anordnung (z. B. Arrest) oder Vertrag beschränkt sein. Alsdann ist im einzelnen zu prüfen, welche Bedeutung dem trotzdem abgeschlossenen Rechtsgeschäfte zukommt. Der Verfügung entzogen sind endlich gewisse Gegenstände (res extra commercium), öffentliche Plätze, Wege u. dgl. Ein über einen solchen, dem öffentlichen Verkehr gewidmeten Gegenstand abgeschlossenes privatrechtliches Geschäft ist ungültig. Es bleibt gültig, wenn dadurch der Gemeingebrauch des Gegenstandes nicht beeinträchtigt wird oder wenn z. B. das Rechtsgeschäft für den Fall abgeschlossen wird, daß die Sache dem Gemeingebrauch entzogen wird, und dieser Fall eintritt.

Dispositionsfonds, Bezeichnung für Positionen des Budgets, deren Verwendung dem freien Ermessen des Staatsoberhauptes oder der Minister anheimgestellt ist. Solche D. sind auch bei Kommunal- und ausgedehntern Privatwirtschaften zur Anwendung gelangt. In der Staatswirtschaft sind sie in der Regel «übertragbar», d. h. sie können für andere ähnliche Zwecke oder andere Jahre verwendet werden. Sie unterliegen der Kontrolle der Oberrechnungskammer, jedoch nur bezüglich der Gesamtsumme, während die geheimen Fonds dieser Kontrolle gar nicht unterworfen sind. — Geheime Fonds sind im Etat des Deutschen Reichs enthalten fürs Auswärtige Amt 500000 M., für den preuß. Kriegsminister 34500 M., für den Staatssekretär der Marine 15000 M.; im preuß. Etat findet sich ein D. «für allgemeine polit. Zwecke» von 93000 M. — Der große D. des Kaisers, der jedesmal mit der Feststellung des Reichsetats bewilligt wird, beträgt 3 Mill. M. Davon entfallen für Unterstützung von Witwen und Kindern von Invaliden des Deutsch-Französischen Krieges 350000 M. Daneben findet sich noch ein allgemeiner D. für den Reichskanzler mit 120000 M., ferner eine Reihe militärischer D., so für den Generalstab 78650 M. (Sachsen 21150 M., Württemberg 17550 M.), für Gnadenpensionen an Witwen und Waisen 1010000 M., für unvorhergesehene Ausgaben 43000 M., für die Kriegsakademie 17300 M., für die andern Erziehungs- und Bildungsanstalten 84900 M., für das neusprachliche Studium der Offiziere 48000 M. (Sachsen 4500 M.). — Der preuß. Etat weist einen D. des Königs von 1½ Mill. M. auf. Außerdem haben die meisten preuß. Minister erhebliche D., so (nach dem Etat von 1892/93) der Minister für öffentliche Arbeiten 80000 M., der Handelsminister 264500 M., der Minister des Innern 25500 M., der Landwirtschaftsminister 278000 M. für Lehrzwecke, 703420 M. für Zuchtzwecke, 310000 M. für Vereine, 68000 M. für Obst- und Weinbau, 100000 M. für landwirtschaftliche Polizei; der Kultusminister 315000 M. für Universitäten, 36000 M. für Gymnasien, 226560 M. für Seminarpräparandenwesen, 76000 M. für Turnwesen, 214000 M. für Elementarschulwesen und 75000 M. für Unterstützung von Unterbeamten.

Dispositionsgut, die zur Disposition gestellte Ware (s. Dispositionsstellung).

Dispositionsrecht, s. Dispositionsfähigkeit.

Dispositionsschein ist ein über hinterlegte Gelder, über welche der Einleger jederzeit verfügen kann, ausgestellter Empfangsschein.

Dispositionsstellung, im Handelsverkehr die Erklärung desjenigen, welchem eine Ware zugesendet wurde, an den Absender, daß er die Ware nicht annehme. War die Ware nicht bestellt, so ist der Empfänger, abgesehen von besondern Umständen, etwa einer bestehenden Geschäftsverbindung, in welcher jener Absender diesem Empfänger herkömmlich derartige Waren ohne Bestellung übersendet und dieser sie behalten und bezahlt hat, nicht verpflichtet, sich darüber zu erklären, ob er sie behalten will. Der Absender mag sie wieder abholen lassen. Hat aber der Empfänger die Ware angebrochen, über einen Teil verfügt und auch dann keine Erklärung abgegeben, so wird darin im Zweifel die Annahme der ganzen Ware zu erblicken sein. War die Ware gekauft und von auswärts an den Empfänger versendet, so hat Käufer allerdings ohne Verzug nach Ablieferung, soweit dies nach dem ordnungsmäßigen Geschäftsgange thunlich ist, die Ware zu untersuchen, und wenn sich dieselbe nicht als vertragsmäßig oder gesetzmäßig ergiebt, solches dem Verkäufer anzuzeigen (Handelsgesetzbuch Art. 347). Allein, welche Rechte er in diesem Falle ausüben will, braucht der Käufer nicht anzuzeigen; er braucht also die Ware nicht zur Verfügung zu stellen, kann vielmehr, auch wenn er die Ware zurückgeben will, dies Recht innerhalb der gesetzlichen Frist ausüben (s. Wandelungsklage), wenn er nur die Anzeige gemacht und sich in der Lage gehalten hat, die Ware zurückzugeben. Umgekehrt kann er auch, nachdem er die Ware zur Verfügung gestellt hatte, unter Vorbehalt seines Rechts, Preisminderung zu fordern (s. Minderungsklage), über dieselbe verfügen. — D. im Staatsrecht, s. Disposition.

Dispositionsurlaub. Im deutschen Heere werden bei allen Truppenteilen infolge einer den eigentlichen Bedarf überschreitenden Rekruteneinstellung einige Mannschaften des ältesten Jahrganges der aktiven Armee überzählig, welche zur Disposition des Truppenteils beurlaubt werden (s. Dienstpflicht). Das Nähere ist bestimmt in §. 82, Ziffer 2 der Deutschen Wehrordnung vom 22. Nov. 1888 und §. 60, Ziffer 5 des Reichsmilitärgesetzes.

Dispositiv (neulat.), in der schematischen Einrichtung des Budgets (Etats) derjenige Teil, welcher die für die Verwaltung der Einnahmen und Ausgaben bindenden Normen enthält, deren Verletzung eine der Volksvertretung gegenüber zu rechtfertigende und von ihr zu genehmigende Budgetabweichung (Etatabweichung) in sich schließt.

Dispositivgesetze (ergänzendes, vermittelndes Recht), solche Gesetze, welche eine Bestimmung nur für den Fall enthalten, daß nicht eine den Punkt ordnende rechtsgeschäftliche Verfügung getroffen ist. Die über das gesetzliche Erbrecht der Seitenverwandten erlassenen Gesetze sind D., denn der Erblasser kann ihre Anwendung durch Errichtung eines Testaments ausschließen. Die über das Rechtsverhältnis der Teilhaber einer offenen Handelsgesellschaft in Art. 90 fg. des Deutschen Handelsgesetzbuchs getroffenen Bestimmungen sind dispositiv, denn sie kommen nur zur Anwendung, wenn die Gesellschaft keine diese Punkte betreffende Vereinbarung getroffen hat. Den Gegensatz bilden die zwingenden Rechtssätze (gebietendes Recht); z. B. Grundeigentum kann unter Lebenden nur durch gerichtliche Auflassung übertragen werden; die Ausschließung der Haftung für zukünftige Arglist ist ungültig. Die Römer nannten das zwingende Recht jus publicum.

Disproportion (neulat.), Mangel an Ebenmaß, Unverhältnismäßigkeit.

Dispungieren (lat.), Rechnungen u. s. w. genau durchgehen, prüfen; Dispunktion, genaue, sorgfältige Prüfung.

Disput (lat.; frz. dispute, spr. -püht), Wortkampf, Wortwechsel; disputabel, streitig; disputieren, streiten, an einer Disputation (s. d.) teilnehmen.

Disputa (ital., eigentlich Disputa del sacramento, «Abendmahlsstreit»), eine auf Grund irrtümlicher Deutung des dargestellten Gegenstandes entstandene Bezeichnung für eines der berühmtesten

Freskogemälde Raffaels, darstellend die Verherrlichung des christl. Glaubens, das dieser, als er von Papst Julius II. 1508 nach Rom berufen ward, in der Stanza della Segnatura des Vatikans ausführte; einen Kupferstich (etwa 2,4 : 1,7 m) lieferte Jos. von Keller (1844—56).

Disputation (lat.), Wortkampf, besonders ein vor der Öffentlichkeit geführter gelehrter Streit, bei dem die eine Partei (der Opponent) das zu widerlegen sucht, was die andere (der Respondent oder Defendent) behauptet hat. Öffentliche D. waren früher sehr gebräuchlich, als Versuche, über abweichende Meinungen ins reine zu kommen, oder zum Zwecke der Übung oder zur Erlangung gelehrter, namentlich akademischer Würden und Rechte. Daher die Ausdrücke Inauguraldisputation, Habilitationsdisputation, Promotionsdisputation (disputatio pro gradu) u. s. w. Die Sitte der öffentlichen D. hat sich an den Universitäten teilweise noch erhalten, aber fast nur als Formalität.

Disputieren (lat.), einen Wortkampf, eine Disputation (s. d.) führen.

Disqualifizieren (neulat.), zu etwas unfähig, untauglich machen; Disqualifikation, mangelnde Befähigung, Untauglichkeit.

Disquirieren (lat.), genau untersuchen, erforschen; Disquisition, Untersuchung, besonders gelehrte Untersuchung.

Disraeli (spr. -rehli oder -rëihli), Benjamin, engl. Staatsmann und Schriftsteller, s. Beaconsfield, Graf von.

Disraeli (spr. -rehli oder -rëihli), Isaak, engl. Litterarhistoriker, geb. im Mai 1766 zu Enfield als einziger Sohn Benjamin D.s (1730—1816), eines venet. Kaufmanns, der sich 1748 in England niedergelassen hatte. D. erhielt seine erste Erziehung in der Schule zu Enfield, wurde dann nach Amsterdam und Leiden geschickt, wo er die neuern Sprachen und die Klassiker studierte, und ging 1786 nach Frankreich, dessen Sprache und Litteratur er genau kennen lernte. Nach seiner Rückkehr schrieb er einige Gedichte für «The Gentleman's Magazine» und veröffentlichte 1791 eine «Defence of poetry», die er jedoch selbst unterdrückte. Im Besitz eines unabhängigen Vermögens, war er im stande, sich seinem Lieblingsstudium, der Litteraturgeschichte, ganz zu widmen. Der 1. Bd. der «Curiosities of literature» erschien 1791, der 2. 1793 und der 3. 1817, im ganzen 6 Bde. bis 1834 (neue Aufl., 10 Tle., Lond. 1891 fg.). Diesem Werke schließen sich «Literary miscellanies» (1801), «Calamities of authors» (1812—13) und «Quarrels of authors» (1814) an, die, alle durch leichte und unterhaltende Darstellungsart ausgezeichnet, nicht wenig dazu beitrugen, in England die Vorliebe für litterarhistor. Forschungen zu verbreiten. Seine «Commentaries on the life and reign of Charles I.» (5 Bde., Lond. 1828—31), die ihm den Ehrendoktorhut von Oxford verschafften, sind toryistisch gefärbt; seine «Amenities of literature» (3 Bde., ebd. 1841) vollendete er, seit 1839 erblindet, mit Hilfe seiner Tochter. Eine Frucht seiner orient. Studien war die Erzählung «Mejnoun and Leila, the Arabian Petrarch and Laura» (1797); deutsch als «Der arab. Werther» (Lpz. 1804). D. starb auf seinem Landsitze Bradenham House (Bucks) 19. Jan. 1848; bereits 1817 war er nebst allen Kindern, darunter Benjamin (s. Beaconsfield), zum Christentum übergetreten. Seine gesammelten Werke (Lond. 1849—51, 1858—59, 1862—63) gab mit einer Skizze seines Lebens (zuerst «Curiosities», 1849) sein Sohn heraus.

Diß, Stadt in der engl. Grafschaft Norfolk, 32 km im SSW. von Norwich, links am Waveney, hat (1891) 3763 E., Flachsspinnerei und Bonneteriefabrikation.

Dissecieren (lat.), zerschneiden, zergliedern, zerlegen.

Dissektion (lat.), Zergliederung.

Dissektionsbrille, s. Brille (Bd. 3, S. 539 a).

Disseminieren (lat.), aussäen, ausbreiten (ein Gerücht); Dissemination, das Aussäen, Ausbreiten.

Dissen, Flecken im Kreis Iburg des preuß. Reg.-Bez. Osnabrück, 24 km von Osnabrück, am südl. Rande des Teutoburgerwaldes sowie an der Nebenlinie Brackwede-Osnabrück (Station D.-Rothenfelde) der Preuß. Staatsbahnen, hat (1890) etwa 1800 evang. E., Post, Telegraph, Volksbank, Mittelschule; bedeutende Fabrikation von Fleischwaren (die Fabrik von F. Homann verarbeitet jährlich 15000 Schweine und 3000 Rinder), Margarine, Segeltuch, Sackleinwand und Falzziegeln, Ziegeleien, Seilereien, Schweinezucht und -Handel. In der Nähe das Solbad Rothenfelde mit Saline und große Steinbrüche. — Der Ort war schon um 800 vorhanden als kaiserl. Pfalz Tissene oder Tistene; 822 wurde sie dem Bischof geschenkt; der letzte Inhaber starb 1236, worauf die Burg zerstört wurde.

Dissen, Ludolf, Philolog, geb. 17. Dez. 1784 zu Großen-Schneen bei Göttingen, studierte Philologie in Göttingen, habilitierte sich 1808 mit einer Schrift «De temporibus et modis verbi graeci», wurde 1812 außerord. Professor in Marburg, 1813 nach Göttingen zurückberufen und erhielt 1817 eine ord. Professur. D. starb 21. Sept. 1837. D.s Ausgaben des Pindar (Gotha 1830; 2. Aufl., von F. W. Schneidewin, 1843—47), des Tibullus (2 Tle., Gött. 1835) und des Demosthenes «De corona» (ebd. 1837) haben besonders hermeneutischen Wert. Seine Abhandlungen sind gesammelt in den «Kleinen lat. und deutschen Schriften» (nebst biogr. Erinnerungen von Fr. Thiersch, F. G. Welcker, K. O. Müller, Gött. 1839).

Disséns (lat. dissensus), Meinungsverschiedenheit.

Dissénters, früher Nonkonformisten (engl. Non-conformists), in England alle nicht zur Staatskirche gehörigen Protestanten, also vornehmlich Presbyterianer, Independenten, Methodisten, Baptisten, Unitarier, Irvingianer u. a. Sie erhielten 1689 Duldung, durch Aufhebung der Testakte 1829 bürgerliche Gleichberechtigung. Seit 1868 haben sie keine Abgaben mehr an die Staatskirche zu zahlen und seit 1871 Zutritt zu den Universitäten Oxford und Cambridge.

Dissentieren (lat.), anderer Meinung sein, anders denken, von der herrschenden Ansicht abweichen.

Dissĕntis, Dorf im schweiz. Kanton Graubünden, s. Disentis.

Disserieren (Dissertieren, lat.), einen wissenschaftlichen Gegenstand erörtern (schriftlich oder mündlich); Dissertation, gelehrte Abhandlung (s. d.), besonders auf Universitäten die zum Zweck der Habilitation oder der Erlangung der Doktorwürde verfaßte wissenschaftliche Abhandlung.

Dissertation (lat.), s. Disserieren.

Dissidénten (lat.), Gesamtbezeichnung für diejenigen Personen und Religionsgesellschaften, welche außerhalb der sog. Landeskirchen und des Judentums stehen. Das Dissidentengesetz von 1847 bahnte in Preußen den Freien Gemeinden (s. d.) den Weg. Die deutsche Reichsgesetzgebung, welche volle Religionsfreiheit bietet, kennt nach Aufhebung des Tauf- und Trauzwangs den Unterschied nicht mehr.

In Polen hießen alle Nichtkatholiken D., nämlich Lutheraner, Reformierte, Griechen, Armenier, jedoch mit Ausschluß der Wiedertäufer, Socinianer und Quäler. Der Ausdruck «dissidentes in religione» kommt zuerst in den Akten der Warschauer Konföderation von 1573 vor und bezeichnet beide Religionsparteien, Katholiken und Evangelische, die einander damals Duldung angelobten. Erst seit dem Konvokationstage von 1632 gebrauchte man die Bezeichnung D. allein für Nichtkatholiken. Der Vergleich von Sandomir (Consensus Sandomiriensis) 14. April 1570 verband die Protestanten, Reformierten und Böhmischen Brüder zu einer kirchlichen Gemeinschaft, welche durch den 1573 vom Könige beschworenen Religionsfrieden (Pax dissidentium) gleiche bürgerliche Rechte mit den Katholiken erhielt. Unter Sigismund III., 1586—1632, führten die Jesuiten und die Streitigkeiten der D. untereinander eine schnelle Reaktion herbei. Sehr viele, besonders angesehene Familien lehrten zur kath. Lehre zurück, und 1606—20 verloren die D. zwei Dritteile ihrer Kirchen. Nach und nach wurden ihnen ihre mehrmals bestätigten Rechte entzogen, besonders 1717 und 1718 unter August II., wo man ihnen das Stimmrecht auf dem Reichstage nahm. Noch schlimmer erging es ihnen seit 1733 unter August III., sie waren ganz der Willkür der kath. Geistlichkeit unterworfen; auf dem Pacifikationsreichstage von 1736 wurde ein altes Gesetz erneuert, vermöge dessen der König katholisch sein mußte. Nach der Thronbesteigung des letzten Königs Stanislaus II. August Poniatowski brachten die D., von Rußland, Dänemark, Preußen und England unterstützt, ihre Beschwerden auf dem Reichstage von 1766 an. Rußland, welches seinen Einfluß auf die poln. Angelegenheiten erweitern wollte, nahm sich ihrer besonders an und brachte 1767 einen Vertrag zu stande, durch den sie der kath. Partei wieder gänzlich gleichgestellt wurden; auch hob der Reichstag von 1768 die ihnen nachteiligen Beschlüsse auf. Aber erst 1775 erlangten die D. alle frühern Freiheiten wieder, mit Ausnahme des Rechts auf Senator- und Ministerstellen. Auch bei den spätern Teilungen Polens behielten die D. mit den Katholiken gleiche Rechte. — Vgl. Die Schicksale der polnischen D. (3 Tle., Hamb. 1770); Krasinski, Geschichte der Reformation in Polen (deutsch von Lindau, Lpz. 1841); Lukasiewitsch, Geschichtliche Nachrichten über die D. in Posen (deutsch von Balitzli, Darmst. 1843).

Dissidieren (lat.), auseinandergehen in den Ansichten, namentlich den religiösen; sich von der Kirche absondern (s. Dissidenten).

Dissimilär (frz.), unähnlich; Dissimilarität, Unähnlichkeit.

Dissimilation (lat.), in der Grammatik Gegensatz zu Assimilation: die Umwandlung oder Ausstoßung eines Lauts, um die Wiederkehr und Häufung ähnlicher zu vermeiden, z. B. althochdeutsch murmulōn, «murmeln», aus murmurōn; fogal, «Vogel» (got. fugl-s), aus flugla-s, zu «Flug», «fliegen» gehörig.

Dissimulieren (lat.), sich etwas nicht merken lassen, verheimlichen, sich verstellen; Dissimulation, Verheimlichung, Verstellung.

Dissipieren (lat.), zerstreuen, verschleudern; Dissipation, Zerstreuung, Zerstreutheit.

Dißna. 1) **Kreis** im nordöstl. Teil des Gouvernements Wilna, mit schlammigem und lehmigem Boden, hat 5899,7 qkm, 164493 E. (davon neben Weißrussen 40 Proz. Polen, 2 Proz. Litauer) und Ackerbau. — 2) **Kreisstadt** im Kreis D., 315 km nordöstlich von Wilna, am Einfluß des gleichnamigen Flusses in die westl. Düna, in 134 m Höhe, hat (1888) 8250 E. (47 Proz. Israeliten), Post, Telegraph, 2 russ., 1 kath. Kirche, 1 Synagoge, Ackerbau, Flußhafen; Handel mit Getreide, Flachs und Leinsamen. D. wurde 1563 poln. Stadt und kam 1793 zu Rußland.

Dissociation (lat.), «Trennung», «Auflösung»; in der Chemie nach Sainte-Claire-Deville jede durch erhöhte Temperatur eintretende Zersetzung einer chem. Verbindung in Produkte, die sich bei wieder eintretender Temperaturerniedrigung von neuem zu dem ursprünglichen Körper miteinander verbinden. Die Temperatur, bei der die D. beginnt, ist bei verschiedenen Körpern verschieden. So fängt kohlensaurer Kalk bei 450° an, sich in Calciumoxyd und Kohlensäuregas zu zersetzen, während Untersalpetersäure, N_2O_4, schon unterhalb 0° in 2 Moleküle Stickstoffdioxyd, NO_2, zu zerfallen beginnt. Bei der Temperatur, wo sich der Eintritt der D. zuerst zeigt (Anfangstemperatur der D.), ist ihr Betrag immer nur ein sehr geringer, sobald die Produkte in Berührung miteinander bleiben, und vollendet sich sehr langsam nur dann, wenn die Produkte räumlich voneinander getrennt werden, z. B. wenn man die aus dem kohlensauren Kalk entstehende Kohlensäure durch ein anderes indifferentes Gas entfernt. Mit steigender Temperatur wächst der Betrag der D., d. h. die relative Menge der Zersetzungsprodukte. Die Endtemperatur der D., d. h. die Temperatur, bei welcher der ursprüngliche Körper vollständig zerfallen ist, auch wenn man die Produkte nicht trennt, liegt meist weit über der Anfangstemperatur. Jedem Temperaturgrade zwischen Anfangs- und Endtemperatur entspricht dann ein ganz bestimmter prozentischer Betrag der Zersetzung, der in der Regel bei Temperaturerhöhungen nicht sogleich, aber nach kurzer Zeit erreicht wird und sich dann auch bei noch so langer Dauer des Einhaltens der bestimmten höhern Temperatur nicht mehr ändert. Von dem Eintritt und Verlauf der D. giebt für den Fall, daß die Produkte Gase oder Dämpfe sind, nur die abnorme Vergrößerung des Dampfvolums, oder, was dasselbe ist, die abnorme Verminderung der Dampfdichte (s. Avogadros Gesetz) Aufschluß, da gasförmige Produkte immer miteinander vollkommen gemischt sind und sich nur sehr unvollständig mittels Diffusion durch poröse Scheidewände trennen lassen. Die Dampfdichteermittelung aber giebt hier ein vortreffliches Mittel, um für jede Temperatur zwischen Anfang und Ende der D. den verhältnismäßigen Betrag derselben zu berechnen. So ist z. B. die normale Dampfdichte von $N_2O_4 = 3{,}179$ bei —11,5° C., bei 22° beträgt sie nur noch 2,7, was einem Gemenge von 80 Proz. N_2O_4 und 20 Proz. NO_2 entspricht. Bei 58° ist die Dichte $= 2{,}12$, der Dampf besteht dann aus $33^1/_3$ Proz. N_2O_4 und $66^2/_3$ Proz. NO_2, es ist also die Hälfte der ursprünglichen Verbindung dissociiert. Bei 148° endlich erreicht die Dampfdichte den Betrag 1,58, d. h. den Wert für die reine Verbindung NO_2, dann ist also N_2O_4 vollständig zersetzt.

Die Erscheinungen der D. erklären sich leicht durch die Anschauungen der mechan. Wärmetheorie. Wärme ist danach Molekularbewegung, die nicht ohne bestimmte oscillierende Eigenbewegung der das Molekül bildenden Atome möglich ist. Jeder Temperatur nun entspricht eine bestimmte Energie beider Bewegungen, sodaß bei Steigerung der erstern auch die letztere wächst. Wird die Energie der Atombewegung oder die Atomtemperatur eben groß genug, um die die Atome der Moleküle der Verbindung zusammenhaltende Affinität zu überwinden (Dissociationstemperatur), so tritt D. ein. In einer Masse von Molekülen von durch das Thermometer bestimmter Temperatur (Mitteltemperatur) können nun nie alle Moleküle gleiche Energie der eigenen oder Atombewegung haben, sondern es giebt solche von geringern und größern Energien, geringern und größern Molekular- und Atomtemperaturen, deren Verteilung um die Mitteltemperatur eine gleichmäßige ist. Da die Wärme sich durch Stöße der Moleküle gegeneinander fortpflanzt, so werden sich die Temperaturen der einzelnen Moleküle stetig ändern, aber es wird bei gleichbleibender Mitteltemperatur die relative Verteilung der Einzeltemperaturen doch dieselbe bleiben. Wird die Masse der Moleküle auf eine bestimmte Mitteltemperatur erhöht, so tritt ein Punkt ein (fur N_2O_4 bei —11,5°), bei dem die vorhandenen höchsten Einzeltemperaturen eben die Dissociationstemperatur überschreiten. Diese Moleküle, zunächst nur wenige, zerfallen (Anfang der D.). Sobald ihre Produkte durch Zusammenstoß mit andern Molekülen die Energie ihrer Bewegung (ihre Einzeltemperaturen) vermindern, werden sie sich im Falle räumlichen Zusammentreffens wieder miteinander verbinden. Dafür müssen nun aber eine gleiche Zahl von andern Molekülen die zur D. erforderliche höhere Einzeltemperatur annehmen, also ihrerseits zerfallen. Bei gleichbleibender Mitteltemperatur wird sich also auf die Dauer ein Gleichgewichtszustand zwischen der Anzahl der sich in jeder Sekunde zersetzenden und der sich aus den Zersetzungsprodukten zurückbildenden Moleküle einstellen. Steigt die Mitteltemperatur weiter, so vermehrt sich die relative Anzahl der Moleküle, deren Atomtemperaturen die Dissociationstemperatur überschreiten; es wächst demnach der Betrag der Zersetzung. Erreicht die Mitteltemperatur gerade die Höhe der Dissociationstemperatur, so ist die Hälfte der Moleküle mit höhern Einzeltemperaturen ausgestattet, muß also zerfallen. Die Mitteltemperatur daher, bei der 50 Proz. der Masse dissociiert ist (bei N_2O_4 58° C.), ist die wahre Dissociationstemperatur. Erst wenn diese Mitteltemperatur so hoch über letzterer liegt, daß auch die Moleküle von niedrigster Einzeltemperatur ihre Höhe erreichen, wird alles zersetzt sein (Ende der D., für N_2O_4 bei 148°). — Diese Verhältnisse erklären auch, weshalb D. schon eintritt bei Temperaturen, die niedriger liegen als die Bildungstemperaturen der betreffenden Verbindungen. So beginnt z. B. die D. des Wasserdampfes schon weit unterhalb der Temperatur der Knallgasflamme. Letztere liegt beträchtlich höher als der Schmelzpunkt des Platins. Wird eben geschmolzenes Platin in Wasser gegossen, so steigen in diesem große Gasblasen auf, die man ansammeln und dann als reines Knallgas, ein Gemenge von 2 Volumen Wasserstoff und 1 Volumen Sauerstoff, erkennen kann. Schon bei der Schmelztemperatur des Platins als Mitteltemperatur sind demnach Einzeltemperaturen vorhanden, die über der Dissociationstemperatur des Wassers liegen. Ihre relative Menge wird noch weit beträchtlicher bei der wesentlich höhern Temperatur der Knallgasflamme, andererseits wird aber auch bei ihr noch immer der relative Betrag der Einzeltemperaturen, welche die Dissociationstemperatur noch nicht erreichen, wesentlich größer sein.

Dissociationsvertrag, der von den Gesellschaftern bei und über Auflösung der Gesellschaft geschlossene Vertrag.

Dissociieren (lat.), trennen, entzweien; eine Verbindung aufheben (s. Dissociation).

Dissogónie (grch.) nennt Chun eine bisjetzt bloß bei *Eucharis* unter den Rippenquallen (s. d.) beobachtete Art der Fortpflanzung. Diese Tiere werden nämlich zweimal im Leben fortpflanzungsfähig, einmal als Larve und nach längerer steriler Zwischenzeit wieder im ausgebildeten Zustande.

Dissolūbel (lat.), auflöslich, schmelzbar.

Dissolūt (lat.), ungebunden, ausschweifend, liederlich; *Dissolution*, Auflösung, Ausschweifung.

Dissolventĭa (lat.), s. Zerteilende Mittel.

Dissolvieren (lat.), auflösen, zergehen lassen, schmelzen, zerlassen.

Dissolving Views (engl., spr. wjuhs), s. Nebelbilder.

Dissonánz (lat.), Mißklang; Mißhelligkeit. In der Musik im Gegensatz zu Konsonanz (s. d.) das Verhältnis zweier oder mehrerer Töne, deren Zusammenklang nicht eine ruhige befriedigende Harmonie, sondern das Gefühl der Unruhe und das Verlangen nach Auflösung in einen größern Wohlklang hervorruft. Der Begriff der D. hat mit den Zeiten gewechselt; heute verstehen wir darunter den Zusammenklang zweier Töne, die in der Skala nebeneinander liegen: also Sekunden und die davon abgeleiteten Intervalle der Septimen und Nonen; in zweiter Linie auch übermäßige und verminderte Intervalle. Erscheinen die D. im vierstimmigen Satze, so unterscheidet man wesentliche und zufällige. Die wesentlichen führen bei ihrer Auflösung zur Bildung eines neuen Accords. Die zufälligen lösen sich ohne Veränderungen des Accords auf. In Ansehung des praktischen Gebrauchs der D. kommt teils die richtige kontrapunktistische Behandlung, teils ihre zweckmäßige ästhetische Anwendung in Betracht. Die Vorbereitung, Bildung, Auflösung und Vermeidung der Verdoppelung der D. lehrt die Theorie; der zweckmäßige Gebrauch derselben hängt jedoch von dem Talent des Tonsetzers ab. Auch in der Behandlung der D. weichen die einzelnen Kunstperioden und in ihnen die einzelnen Meister voneinander ab.

Dissuadieren (lat.), abraten, widerraten; *Dissuasion*, Abratung, Widerratung; *dissuasōrisch*, ab-, widerratend.

Dissylăbum (grch.), ein zweisilbiges Wort.

Distance (frz., spr. -tángß), s. Distanz.

Distánz (lat. distantĭa; frz. distance), Abstand, Entfernung.

Distanzchek, s. Check (Bd. 4, S. 133b).

Distanzfracht, im Seerecht derjenige Teil der Fracht, welcher nur für einen Teil der Reise bezahlt und nach dem Verhältnis des zurückgelegten Teils der Reise zur ganzen Reise berechnet wird. Nach deutschem Seerecht ist in dem Falle, daß das Schiff nach Antritt der Reise durch einen Zufall verloren geht, der Befrachter für die geborgenen oder geretteten Güter D. zu bezahlen verpflichtet, jedoch nicht über den geretteten Wert der Güter hinaus. Für die Berechnung der D. kommt außer dem Verhältnis der zurückgelegten Entfernung zu der noch zurückzulegenden Entfernung in Betracht das Verhältnis des Aufwandes an Kosten und Zeit, der Gefahren und Mühen, welche mit dem vollendeten Teil der Reise regelmäßig verbunden sind, zu denen des nichtvollendeten Teils. Wenn die Güter während der Reise durch einen Zufall verloren gehen, ist für sie D. nicht zu zahlen (Deutsches Handelsgesetzbuch Art. 632 und 633, 635). Mit dem deutschen Recht stimmt das finländ. Seerecht im wesentlichen überein, während die meisten übrigen Seerechte von ihm abweichen. Das franz., holländ., portug., span. Seerecht lassen den Anspruch auf D. nur unter bestimmten engern Voraussetzungen zu. Dem engl., amerik. und belg. Seerecht ist die D. fremd.

Distanzkauf. Soll bei einem Kauf, welcher wenigstens auf der Seite eines der beiden Kontrahenten ein Handelsgeschäft ist (Deutsches Handelsgesetzbuch Art. 277), die Ware von einem andern Orte übersendet werden, so hat das Handelsgesetzbuch für dieses Distanzgeschäft (im Gegensatz zum Platzgeschäft) besondere Vorschriften gegeben. Hat der Käufer über die Art der Übersendung nichts bestimmt, so gilt der Verkäufer für beauftragt, mit der Sorgfalt eines ordentlichen Kaufmanns die Bestimmung statt des Käufers zu treffen, insbesondere die Person zu bestimmen, durch welche der Transport der Ware besorgt oder ausgeführt werden soll (Art. 344). Ist der Kaufpreis nicht kreditiert, so kann der Verkäufer der Regel nach fordern, daß der Käufer Zug um Zug bei der Übergabe zahlt. Das Handelsgesetzbuch hat hierüber keine Bestimmung. Im Seeverkehr wird vielfach ausgemacht, daß die Zahlung oder Acceptierung eines Wechsels bei Übergabe des Konnossements (s. d.) zu erfolgen habe. Im Landverkehr pflegt der Verkäufer auch beim Verkauf gegen Kasse oder Accept soweit zu kreditieren, daß er zunächst die Ware sendet, um den Preis oder das Accept nach Empfang zu verlangen. Ist inzwischen der Käufer zahlungsunfähig geworden, so dient zur Sicherung des Verkäufers das Verfolgungsrecht (s. Aussonderung). Bezüglich Übergangs des Eigentums an der Ware bestimmt das Handelsgesetzbuch (Art. 649), daß die Übergabe des an Order lautenden Konnossements an denjenigen, welcher durch dasselbe zur Empfangnahme legitimiert wird, sobald die Güter abgeladen sind, für den Erwerb der von der Übergabe der Güter abhängigen Rechte dieselben rechtlichen Wirkungen hat wie die Übergabe der Güter. Darüber, wann beim Landverkehr das Eigentum der von auswärts übersendeten Ware übergeht, entscheidet beim Mangel handelsgesetzlicher Bestimmungen das Landesrecht. Nach gemeinem Recht geht, wenn — wie es die Regel ist — die Transportanstalt (Eisenbahn, Post), der Frachtführer oder Bote vom Absender und nicht vom Empfänger beauftragt war, Eigentum erst mit der Ablieferung an diesen über. Nach Preuß. Allg. Landrecht geht — unter der Voraussetzung, daß der Käufer demnächst die Ware annimmt, und wenn die Übermachung nach Anweisung des Käufers geschehen oder von diesem die Art derselben dem Gutbefinden des Verkäufers ausdrücklich oder stillschweigend überlassen ist — Eigentum mit der Übergabe an den Frachtführer über (I, 11, §§. 128, 129). — Dieselbe Bestimmung haben das Sächs. Bürgerl. Gesetzb. §. 204 und das Österr. Bürgerl. Gesetzb. §. 429 für den Fall, daß der Empfänger die Art der Übersendung bestimmt oder (österr.) genehmigt hat. Dagegen hat das Handelsgesetzbuch Art. 345 Bestimmung dahin getroffen, daß, sofern nach bürgerlichem Recht die Gefahr nicht schon mit einem frühern Zeitpunkt auf den Käufer übergeht, der Verkäufer die Gefahr des Transports trägt, wenn der Vertrag an dem Ort, wohin die Ware zu transportieren ist, zu erfüllen ist, sonst aber der Käufer die Gefahr seit der Übergabe der Ware an den Spediteur oder Frachtführer trägt. Hat aber der Käufer eine besondere Anweisung über die Art der Versendung erteilt, und ist der Verkäufer ohne dringende Veranlassung davon abgewichen, so ist er für den daraus entstandenen Schaden verantwortlich. Dem Käufer liegt eine durch Art. 347 geordnete Untersuchungspflicht ob (s. Ablieferung und Dispositionsstellung); er ist aber, wenn er die übersendete Ware beanstandet, verpflichtet, für die einstweilige Aufbewahrung derselben zu sorgen. Er kann, wenn sich bei Ablieferung oder später Mängel ergeben, den Zustand der Ware durch Sachverständige feststellen lassen. Dasselbe Recht hat der Verkäufer. Ist die Ware dem Verderben ausgesetzt und Gefahr im Verzuge, so kann Käufer die Ware in den durch Art. 343 geordneten Formen verkaufen lassen. Natürlich kann Verkäufer dasselbe Resultat durch eine Einstweilige Verfügung (s. d.) erreichen.

Distanzlatte, ein Maßstab, der in Verbindung mit einem optischen Meßinstrument Entfernungen unmittelbar zu messen gestattet. Am meisten wird die D. in Verbindung mit der Kippregel (s. d.) benutzt. Sie besteht dann aus einer etwas über 3 m langen, etwa 7 cm breiten und 2 cm dicken hölzernen Latte mit einem eisernen Schuh zum Einstoßen in den Erdboden und ist für den bequemern Transport zum Zusammenklappen eingerichtet. Die Latte ist mit weißer Ölfarbe gestrichen und trägt auf der Vorderseite, auf der Ausdehnung von 3 m, eine scharf markierte Einteilung in halbe Decimeter, von denen immer je 5 übersichtlich zusammengestellt sind; die ganzen Meter sind außerdem noch durch rote Striche und eiserne Querbolzen bezeichnet. (S. Entfernungsmesser.)

Distanzmesser, Bezeichnung für verschiedene Vorrichtungen, die zum Messen von Distanzen (Entfernungen) dienen. Die jetzt gebräuchliche Bezeichnung dafür ist Entfernungsmesser (s. d.).

Distanzpunkt, s. Augenpunkt.

Distanzritte, s. Dauerritte.

Distanzsignale der Eisenbahnen sollen gewisse Stellen der Bahn, z. B. Bahnübergänge, Drehbrücken, Bahnabzweigungen und Kreuzungen u. s. w., gegen einen sich ihnen nähernden Zug sicherstellen oder decken. Sie werden dazu in der nötigen Entfernung vor der zu deckenden Stelle aufgestellt und von dieser aus wird ihre Stellung auf elektrischem oder mechan. Wege bewirkt, oder mindestens veranlaßt. Meist geben die D. dem ankommenden Zuge nur das Signal «Fahrt frei» oder «Fahrt verboten», mitunter auch «Langsam fahren».

Distanzwechsel, s. Platzwechsel.

Distel, fast jede stachlige oder dornige Pflanze, vorzugsweise solche, welche kopfartige Blütenstände haben und deren Blütenhüllen aus dornig endigenden Hüllblättchen bestehen. Es sind meist Arten von

Carduus, Cirsium, Carlina, Onopordon, Silybum, Echinops, sämtlich zu der Familie der Kompositen gehörig. (S. die einzelnen Artikel.)

Distelfalter (Vanessa cardai *L.*), ein häufiger Tagschmetterling von 55 bis 65 mm Spannbreite, heller rotbrauner Grundfarbe mit schwarzen, an der Spitze der Vorderflügel auch weißen Flecken. Unterseite äußerst mannigfach gezeichnet, wenn auch einfach in der Färbung. Der Schmetterling ist dadurch merkwürdig, daß er fast auf der ganzen Erde, bis auf die Inseln der Südsee und Neuseeland, vorkommt, und daß er weiter sich gelegentlich in großen Scharen zusammenfindet und rätselhafte Wanderungen in ganz bestimmten Richtungen unternimmt. Seine grauschwarze, gelb gezeichnete Dornraupe lebt auf Brennesseln und Disteln in zusammengezogenen Blättern.

Distelfink, s. Stieglitz.

Disteli, Martin, Karikaturenzeichner, geb. 1. Mai 1802 zu Olten im Kanton Solothurn, studierte in Freiburg und Jena. Zwei große Karikaturen, die er auf die Wände des Karzers in Jena malte, erregten solches Aufsehen, daß der Karzer auf Befehl des Großherzogs, um diese Zeichnungen zu erhalten, geschlossen ward. Er besuchte dann einige Zeit die Münchener Akademie und lebte hierauf zu Olten. Seine Darstellungen zu Fröhlichs «Fabeln», von naivem Humor belebt, sind meisterhaft. Sodann wandte er sich der polit. Karikatur zu, vornehmlich in dem von ihm seit 1839 in Solothurn herausgegebenen «Schweiz. Bilderkalender». 1844 lieferte D. 16 radierte Blätter zu den Abenteuern des Freiherrn von Münchhausen. Er starb 18. März 1844 zu Solothurn. Vgl. Zehnder, Martin D. (Basel 1883).

Distelmeyer, Lampert, kurbrandenb. Kanzler, geb. 22. Febr. 1522 in Leipzig, studierte daselbst Theologie, Humanoria und röm. Recht und kam 1545 in die Kanzlei des Herzogs Moritz, aus der er 1547 in den Dienst der Lausitzer Stände und 1550, mittlerweile in Leipzig zum Doctor juris promoviert, an den Hof Joachims II. von Brandenburg gezogen wurde, wo er, seit 1558 als Kanzler, die Politik des Kurstaates leitete. Schon in dem Kriege gegen Karl V. 1552, dann bei dem Religionsfrieden von Augsburg 1555 wirkte er bedeutend mit im Sinne der prot. Politik, zu deren Sicherung er die alte Erbeinung mit Sachsen und Hessen erneuerte. 1569 verschaffte er dem Kurfürsten die Mitbelehnung auf das Herzogtum Preußen, woran sich 1573 die Aussicht auf die Erwerbung von Cleve-Jülich knüpfte: ein diplomat. Erfolg, den ihm Joachim II. mit der Erteilung des Ritterschlages vergalt. D. lann auch in seiner innern Politik, die auf straffe Ausbildung der Territorialmacht abzielte, als einer der Gründer des hohenzoll. Staates gelten. Er starb 12. Okt. 1588. Vgl. Heidemann, Ein Tagebuch des brandenb. Kanzlers L. D. (Berl. 1885).

Distelorden oder Andreasorden, schott. Orden, nach der Sage 787 durch Achajus und Hungus, Könige der Pikten und Scoten, zur Erinnerung an einen Sieg gestiftet, den sie dem heil. Andreas zu verdanken glaubten. Wiederhergestellt wurde er 1540 durch den schott. König Jakob V. und, nachdem er längere Zeit in Vergessenheit geraten war, nochmals 29. Mai 1687 von Jakob II. von Großbritannien. Mit der Vertreibung Jakobs verfiel er abermals, wurde 31. Dez. 1703 von der Königin Anna wiederhergestellt und 17. Febr. 1715 durch Georg I. bestätigt. Dieser veränderte die Statuten, behielt aber die ursprüngliche Zwölfzahl der Ritter bei, die immer schottische oder mit Schottland in Verbindung stehende Peers sind, und ordnete die jährliche Feier des Ordensfestes am 30. Nov. an. Weitere Änderungen der Statuten erfolgten 1717, 1827 und 1833. Die Ritter tragen an dunkelgrünem, über die linke Schulter geschlungenem Bande das Bild des heil. Andreas hinter einem Märtyrerkreuze, das er festhält, innerhalb ovaler goldener Umfassung mit der Ordens-Devise «Nemo me impune lacessit» («Niemand fordert mich ungestraft heraus»), sodann auf der Brust einen silbernen Stern, auf dem ein rundes goldenes Schild mit einer blühenden Distel in grünem Felde liegt, umgeben von der Ordensdevise. Bei Feierlichkeiten tragen die Ritter eine eigene Ordenstracht. Als Beamte des Ordens fungieren ein Dekan, ein Sekretär, ein Wappenkönig und ein Grünstab (usher of the green rod).

Distelzeisig, s. Stieglitz.

Distendieren (lat.), auseinanderspannen, dehnen; Distension, Ausdehnung, Umfang.

Disthen (von grch. sthénos, «Kraft», doppelkräftig durch Hauy benannt, weil auf den Spaltungsflächen das Ritzen in verschiedener Richtung abweichende Kraft erfordert und angeblich manche Krystalle beim Reiben auf Flächen von gleicher Glätte positiv, andere negativ elektrisch würden), ein triklines Mineral, in meist langgestreckten, breitsäulenförmigen Krystallen, die vorwiegend durch die Pinakoide (106° 15′) und durch Prismen gebildet werden, und nach mehrfachen Gesetzen verzwillingt sind. Die Härte ist nach verschiedenen Richtungen auffallend abweichend, auf den breiten Seitenflächen der Säulen der Länge nach 5 (mit dem Messer noch gut ritzbar), der Quere nach 7 (so hart wie Quarz); spec. Gewicht 3,5 bis 3,7. Das Mineral ist an sich farblos, aber häufig gefärbt, insbesondere bläulichweiß, berlinerblau und himmelblau (alsdann Cyanit genannt), auch grünlich, rötlich. Chemisch ist der D. das Zweidrittel-Aluminiumsilikat Al_2SiO_5 mit 36,9 Proz. Kieselsäure und 63,1 Thonerde, also ebenso zusammengesetzt wie der rhombische Andalusit. Säuren sind gänzlich ohne Wirkung. Das Hauptvorkommen ist im Glimmerschiefer und Quarz: die schönen blauen Krystalle in den hellen Schiefern am Monte-Campione im obern Tessinthal, die breiten blauen, oft krummschaligen Strahlen im Quarz des Pfitschthals bei Sterzing in Tirol; ferner am Greiner im Zillerthal, bei Petschau in Böhmen, Pontivy im franz. Depart. Morbihan; auch in Granuliten und Eklogiten; intensiv dunkle und doch klare, abgerollte Krystalle finden sich in den Goldseifen des südl. Urals. In Wermland bildet der Cyanit selbständige Lager von mehrern Klaftern Mächtigkeit. Die schmalen Strahlen des D., bald weiß, bald durch Kohlenstoff grau und schwarz gefärbt, und büschelförmig gehäuft, nannte Werner Rhäticit.

Distichiăsis (grch.), ein fehlerhafter Staud der Augenwimpern, die in mehrern Reihen hintereinander angeordnet, zum Teil ciuwärts gegen den Augapfel gerichtet sind und ihn fortwährend reizen.

Distichon (grch.), eine zweizeilige Strophe, vorzugsweise ein aus Hexameter und Pentameter bestehendes Zeilenpaar; z. B. Schillers D. auf das D.:

Im Hexameter steigt des Springquells flüssige Säule,
Im Pentameter drauf fällt sie melodisch herab.

Die Griechen und ihre Nachahmer, die Römer, wandten das D. namentlich an für die Elegie, und es wurde deshalb auch der **elegische Vers** genannt; ferner für das Epigramm, worin die Deutschen nachfolgten. Besonders bekannt ist unter dem Namen «Disticha» eine Reihe lat. Sittensprüche, welche auch als Cato (s. d.) bezeichnet werden.

Distinguieren (lat.), unterscheiden, mit Auszeichnung behandeln; **distinguiert**, ausgezeichnet, vornehm; **distinkt**, unterschieden, bestimmt, deutlich; **Distinktion**, Unterscheidung, Hervorhebung, Auszeichnung; hoher Rang, hoher Stand; **distinktīv**, unterscheidend, hervorhebend, auszeichnend. Distinguendum est inter et inter, man muß einen Unterschied machen zwischen diesem und jenem.

Distinktionssterne, sternförmige Abzeichen aus Metall, Seide oder Wolle, dienen zur Unterscheidung der verschiedenen militär. Grade (s. Gradsterne).

Distŏma haematobium, ein Parasit des Menschen, s. Blutharnen.

Distŏmen, s. Saugwürmer.

Distonieren, s. Detonieren.

Distorquieren (lat.), verdrehen, verrenken, verstauchen; **Distorsion**, die durch übermäßige Dehnung der Gelenkbänder entstehende Verstauchung der Gelenke (s. Verstauchung).

Distorsion (lat.), s. Distorquieren.

Distrahieren (lat.), auseinander ziehen, zerstreuen, die Aufmerksamkeit von etwas ablenken, veräußern.

Distraktion (lat. distractĭo), Auseinanderziehung, Zerstreuung, Veräußerung; distractio bonōrum, Vermögensveräußerung; distractio pignŏris, Pfandveräußerung. In der franz. Rechtssprache wird **Distraktionsklage** die Klage desjenigen genannt, welcher an gepfändeten unbeweglichen Sachen das Eigentum in Anspruch nimmt und deshalb Freigebung aus der Pfändung verlangt.

Distretti militāri, in Italien die den deutschen Bezirkskommandos entsprechenden Militärbehörden, denen die Leitung des Ersatzgeschäfts und der Mobilmachung sowie die Aufstellung der Kriegsformationen der Mobil- (Landwehr) und Territorialmiliz (Landsturm) zufällt. Das Gesetz vom 30. Sept. 1873 schuf zunächst nur 63 D. m., bei denen 176 Distriktscompagnien (mit Einschluß der Stäbe 1155 Offiziere und 6875 Mann) als Stämme für die Landwehr aufgestellt wurden. Das Gesetz vom 7. Juli 1875 erhöhte die Zahl auf 88 mit je zwei aktiven Distriktscompagnien, doch erfolgte die Errichtung der neuen D. m. nur allmählich (1878 bestanden deren 77). Die D. m. waren in 5 Rekrutierungszonen gegliedert, aus denen jeder Truppenkörper des stehenden Heers seinen Ersatz zu annähernd gleichen Teilen bezog, nämlich: Piemont, Lombardei mit Venedig, Mittelitalien, Neapel, Calabrien mit Sicilien. In den Alpenbezirken sind keine D. m. vorhanden, da sich die Alpentruppen rein territorial ergänzen. 20 D. m. sind D. m. principali di mobilitazione und besitzen große Centralmagazine für Armeefuhrwerk und Ausrüstungsstücke der Infanterie und Schützen; 13 derselben liegen an den oberital. Bahnen und liefern das für die Feldarmee, deren Fußtruppen in Friedensstärke nach dem Versammlungsraume im Pothale abrücken, erforderliche Material, die übrigen sieben (in Genua, Lucca, Florenz, Rom, Caserta, Neapel, Palermo) geben die Feldausrüstung an die zur Küstenverteidigung bestimmten Fußtruppen ab. Das Gesetz vom 29. Juni 1882 läßt die Zahl der D. m. unverändert, beschränkt jedoch die Zahl der in jedem vorhandenen aktiven Distriktscompagnien, deren gegenwärtig im ganzen Königreiche 98 vorhanden sind, auf 1 bis 2. Durch das 1. Juli 1884 in Kraft getretene Gesetz vom 8. Juli 1883 wurde Italien in 12 Armeekorpsbezirke und 24 Territorialdivisionen mit zusammen 87 Militärbezirken eingeteilt. Auf letztere sind die 98 Distriktscompagnien verteilt, aus denen im Mobilmachungsfalle Garnisontruppen gebildet werden sollen.

Distribuieren (lat.), verteilen, austeilen; **Distribution**, Austeilung, Verteilung.

Distribūtion der Masse nannte man im gemeinrechtlichen Konkursprozeß die Verteilung der Konkursmasse unter die Konkursgläubiger. Die durchgreifende «Distribution» erfolgte auf Grund eines **Distributionsbescheids**, welcher eine Angabe des reinen Bestandes der Masse, eine auf das Kollokationsurteil (s. d.) oder Prioritätsurteil gegründete Bezeichnung der zu befriedigenden Gläubiger und die Anberaumung eines Termins zur Empfangnahme der Gelder erteilte. Dieser Termin wurde **Distributionstermin** genannt. (S. auch Verteilungsverfahren.)

Distributionsbescheid, s. Distribution der Masse.

Distributionsformel (**Spendeformel**), Spruchformel, die beim Abendmahl die Darreichung des Brotes und Weines begleitet. Aus der ältesten Kirche wird eine D. nicht überliefert. Erst die Apostolischen Konstitutionen haben im 8. Buch die Formel: «Der Leib Christi, das Blut Christi, der Trank des Lebens». Diese D. blieb üblich bis auf die Zeit Gregors d. Gr. Von da an bildeten sich verschiedene Erweiterungen der D. Die D. des röm. Meßkanon lautet: «Corpus domini nostri Jesu Christi custodiat animam tuam in vitam aeternam» («Der Leib unsers Herrn Jesu Christi bewahre deine Seele zum ewigen Leben»). Diese D. behielt Luther in seiner «Formula missae» von 1523 bei. In seiner deutschen Messe von 1526 dagegen gab er keine D. Von Bugenhagen überhaupt mißbilligt, blieb sie in seinen norddeutschen Kirchenordnungen fort. Aber anderswo bildete sie sich doch in dem **lutherischen Ritus** heraus, im 17. Jahrh. öfter konfessionell geschärft (der **wahre** Leib, das **wahre** Blut u. s. w.). Jetzt lautet sie meistens: «Nehmet hin und esset (trinket); das ist der Leib (das Blut) unsers Herrn Jesu Christi, am Stamm des Kreuzes für euch gegeben (für euch vergossen zur Vergebung eurer Sünden), der (das) stärke (und bewahre) euch im wahren Glauben zum ewigen Leben». Zu Grunde liegen die Einsetzungsworte Matth. 26, 26. Der **reformierte** Ritus kennt nach Zwinglis und Calvins Anordnung eine D. nicht. In den außerdeutschen reform. Kirchen fehlt sie meistens. In den deutsch-reform. Kirchen gebraucht man eine D. nach den von Paulus überlieferten Einsetzungsworten 1 Kor. 11.

Distributionstermin, s. Distribution der Masse.

Distributīv (lat.), einteilend, verteilend; **Distributivpartikeln**, Einteilungswörter, z. B. bald — bald, teils — teils; **Distributivsätze**, Sätze, die mit solchen Partikeln gebildet sind; **Distributivzahlen**, Zahlen, welche auf die Frage: wie viel jedesmal? antworten (s. Zahlwörter).

District of Columbia, s. Columbia (Bd. 4, S. 442 b).

Distrikt (lat.), Bezirk, Kreis. Über die D. in Bayern, s. Bayern (Bd. 2, S. 561 fg.). In der preuß. Provinz Posen sind mehrere Gemeinden zu einem D. vereinigt, in dem ein Distriktskommissar die polizeilichen Befugnisse ausübt.

Distriktsverleihung, im ältern deutschen Bergrecht die Verleihung des Bergregals in einem größern Bezirk, im Gegensatz zur Specialverleihung für bestimmte Grubenfelder.

Distrīto federāl, Bundesdistrikt um die Hauptstadt der Republik Mexiko, 1200 qkm groß, mit (1890) 475 737 E. mit der Stadt Mexiko selbst und 4 Unterdistrikten.

Distrōphisch (grch.), zweistrophig; Distrōphon, ein zweistrophiges Gedicht.

Disturbieren (lat.), beunruhigen, stören; Disturbation, Beunruhigung, Störung.

Disulfīde, Sulfide (s. d.), die zwei Atome Schwefel im Molekül enthalten.

Ditaīn (Echitamin) und Ditamin (Echitenin) sind Alkaloïde, die sich in der auf den Philippinen als Fiebermittel angewendeten Ditarinde (s. d.) vorfinden.

Ditamīn, s. Ditain.

Ditarinde (Cortex Dita s. Tabernae montanae), die bitter und aromatisch schmeckende Rinde von Alstonia scholaris *R. Br.*, einem im malaiischen Archipel heimischen Baume aus der Familie der Apocynaceen, enthält ein dem Chinin ähnliches Alkaloïd, das Ditain (s. d.).

Ditetragonāle Pyramide, eine dem tetragonalen System zugehörige Krystallform, die von 16 untereinander gleichen, ungleichseitigen Dreiecken begrenzt ist. Die D. P. sind fast niemals selbständig, sondern nur in Kombination mit andern tetragonalen Formen beobachtet worden, z. B. am Zirkon, Zinnstein, Vesuvian. Ihr Zeichen ist bei Weiß a:na:mc, bei Naumann mPn.

Ditfurt, Dorf im Kreis Aschersleben des preuß. Reg.-Bez. Magdeburg, 7 km nordöstlich von Quedlinburg, an der Bode und an der Linie Wegeleben-Thale der Preuß. Staatsbahnen, hat (1890) 2182 evang. E., Postagentur, Telegraph, bedeutenden Ackerbau und gehörte früher zum Stift Quedlinburg.

Dithēcisch (grch.), zweifächerig, gewöhnlich von den Antheren gebraucht (s. Staubgefäße).

Ditheïsmus (grch.), Glaube an zwei Götter.

Dithionige Säure, s. Unterschweflige Säure.

Dithmar, Bischof von Merseburg, s. Thietmar.

Dithmarsche Krankheit, s. Aussatz und Radesyge.

Dithmarschen, der westlichste Teil des Herzogtums Holstein, zwischen der untern Elbe und der untern Eider, zur preuß. Provinz Schleswig-Holstein gehörend, bildete ursprünglich einen Gau des nordalbing. Sachsens (Nordalbingien) und wurde zugleich mit diesem von Karl d. Gr. 804 unterjocht und zum Christentum bekehrt. Seit 936 gehörte D. den Grafen von Stade, seit 1062 dem Erzbischof von Bremen. Als die D. 1144 den Grafen Rudolf von Stade erschlugen, wurden sie von Heinrich dem Löwen hart gezüchtigt und erhielten durch diesen einen eigenen Grafen. Nach Heinrichs Sturz übergab Kaiser Friedrich I. 1180 die Grafschaft Stade nebst D. an das Erzbistum Bremen; aber die Bevölkerung widerstrebte hartnäckig der neuen Landesherrschaft, und nach wiederholten erfolglosen Aufständen unterwarf sie sich unter Vorbehalt ihrer Freiheiten dem Bischofe von Schleswig. 1200 ward D. von den Dänen unterworfen, trat aber nach deren Niederlage bei Bornhöved (1227) wieder in eine lose Abhängigkeit von dem Erzstift Bremen. Von der Geest aus besiedelt, nicht umgekehrt, nur wenig mit fries. Einwanderern (z. B. von der frühern Insel Büsum) gemischt, bildete D., als eine Bauernrepublik, einen geschlossenen Geschlechterverband mit «Kluften» als Unterabteilungen. Das Geschlecht der Vogdemannen war in Besitz der frühern Regalien des Erzbischofs. An der Spitze der spätern 5 Distrikte (Döffte) standen Vögte aus dem einheimischen Adel, dessen Verschwinden aus der Art der Besiedelung der Marsch zu erklären ist. «Schließer» und «Geschworene» hatten in den einzelnen Kirchspielen die Gerichtsbarkeit. Erst 1447 wurden die Achtundvierziger als höchste Landesbehörde eingesetzt. Ursprünglich bestand die Landesversammlung aus allen freien Grundbesitzern, seit dem 14. Jahrh. etwa bildete sich ein Repräsentativsystem aus, die sog. «Vollmacht des Landes», die aus den Achtundvierzigern, als dem höchsten Gericht, aus 50 Schließern und 300 Geschworenen aus allen Kirchspielen bestand und in der letzten Zeit in Heide ihre Versammlungen abhielt. Die erste niederdeutsche Aufzeichnung des Landrechts stammt aus dem J. 1321; 1447 abgeändert, ward es 1497 gedruckt, 1567 verbessert, 1711 zu Glückstadt neu aufgelegt. — Lange haben die holstein. Landesherren danach getrachtet, sich D. zu unterwerfen; aber die Eroberungszüge von 1322 und 1404 wurden mit großem Verlust zurückgeschlagen. Dagegen erlangte Christian I., König von Dänemark und Herzog von Schleswig-Holstein, daß Kaiser Friedrich III. 14. Febr. 1474 das Land D. förmlich dem Herzogtum Holstein einverleibte, was vorläufig aber keine praktischen Folgen nach sich zog. Erst Christians Söhne und Nachfolger, der dän. König Hans und Herzog Friedrich I. von Gottorp, versuchten wieder die Unterjochung D.s, erlitten jedoch 17. Febr. 1500 beim Dusend-Düwels-Warf, südlich vom Dorfe Hemmingstedt, eine furchtbare Niederlage; das dän. Reichspanier und eine unermeßliche Beute blieb auf dem Schlachtfelde zurück. Dieser Sieg der Bauern über das fürstl. Heer, der daheim und auswärts in Liedern gefeiert wurde, verschaffte dem Bauernfreistaat noch mehr als 50 Jahre äußern Frieden. Aber die Reformation veranlaßte neue Stürme im Innern; zu Heide mußte Heinr. Moller (s. Heinrich von Zütphen) 10. Dez. 1524 als einer der ersten Blutzeugen der evang. Kirche auf dem Scheiterhaufen sterben; doch allmählich drang die neue Lehre durch. Endlich vereinigten die damaligen drei Landesherren von Schleswig-Holstein, der dän. König Friedrich II. und die Herzöge Johann und Adolf, sich wieder zu einem gemeinschaftlichen Angriff, und nach mehrern unglücklichen Kämpfen mußte D. sich unterwerfen (Juni 1559), behielt aber seine Verfassung. Die drei Eroberer teilten sich in die Landschaft; aber nach dem Tode des Herzogs Johann erfolgte 1581 eine neue Teilung in zwei Hälften, welche noch besteht: Süderdithmarschen mit der Hauptstadt Meldorf fiel dem König Friedrich II. zu, Norderdithmarschen mit der Hauptstadt Heide dem Herzog Adolf von Gottorp. Infolge des Tauschvertrags von 1773 (s. Dänemark, Bd. 4, S. 768a) ging auch Norderdithmarschen zugleich mit den übrigen gottorpischen Besitzungen an das dän. Königshaus über, und durch die Ereignisse von 1864—66 wurde D. dem Königreich Preußen einverleibt. Es bildet, durch die Eindeichung der Marschen vom 13. Jahrh. an sehr vergrößert, jetzt die beiden Kreise Norderdithmarschen (601,5 qkm mit [1890] 36 217 E.) und **Süderdithmarschen** (746 qkm mit 43 611 E.). Die alte Volkstracht ist noch nicht ganz geschwunden. Mit Bezug auf die Eroberung D.s nahm das schlesw.-holstein. (Oldenburger) Fürstenhaus dafür als Wappenzeichen einen silbernen geharnischten Reiter mit gezücktem Schwert im roten Felde. Das Landessiegel des vormaligen Freistaates D. zeigte das Bild der Jungfrau Maria mit dem Jesuskinde und des heil. Oswald. — Vgl. Joh. Adolfi, genannt Neocorus, Chronik des Landes D. Aus der Urschrift hg. von Dahlmann (2 Bde., Kiel 1827); Urkundenbuch zur Geschichte des Landes D., hg. von Michelsen (Altona 1834), und Michelsen, Sammlung altdithmarscher Rechtsquellen (edd. 1842); Nitzsch, Das alte D. (Kiel 1862); Kolster, Geschichte D.s. Nach F. K. Dahlmanns Vorlesungen (Lpz. 1873); R. Chalybaeus, Geschichte D.s bis zur Eroberung des Landes im J. 1559 (Kiel 1888).

Dithymöldijodid, s. Aristol.

Dithyrámbus (grch.), ein Beiname des Dionysos (s. d.), dann ein begeistertes Lied auf diesen Gott, später auch auf andere Götter und Heroen, unter Begleitung von Musik, vorzugsweise Flötenspiel, und in Verbindung mit mimischer Darstellung. Die Heimat des D. ist wahrscheinlich Phrygien. Kunstmäßige Form gab ihm Arion. Weiter ausgebildet wurde er von Lasos von Hermione, Simonides von Keos, Pindar u. a. In Attika entwickelte sich neben dem D. die Tragödie, ohne daß man deshalb dort aufhörte, ihn zu pflegen. Doch entartete diese Dichtart früher als andere. Die Begeisterung des ältern D. wurde durch Schwulst, der hohe Schwung der Musik durch überfeinerte Melodien, Mischung der verschiedenen Tonarten und virtuosenhaften Vortrag ersetzt und verdorben. Schon gegen Ausgang des 5. Jahrh. v. Chr., seit Melanippides von Melos, begann diese Entartung. Seiner Richtung folgten Philoxenus von Kythera, Timotheus von Milet, Kinesias von Athen u. a. Durch diese Dichter-Komponisten verlor der D. seinen religiösen Gehalt und seine strengere Kunstform, die Gliederung in Strophen und Gegenstrophen, und an Stelle des Vortrages durch Chöre (s. d.) trat der durch einzelne Virtuosen. Erhalten sind nur wenige Fragmente von Dithyramben, hg. von Bergk in den «Poetae lyrici graeci» (4. Aufl., 3 Bde., Lpz. 1878—82); griechisch und deutsch finden sie sich in «Griech. Lyriker» (hg. von Hartung, Bd. 6, edd. 1857).

Ditiōn (lat.), Macht, Gewalt über jemand, Herrschaft; Machtgebiet.

Dito, auch Ditto, abgekürzt do., vom ital. detto, d. h. das Vorbesagte, Nämliche, Gleiche; ferner soviel wie gleichfalls, ebenso, wird gebraucht, um Bezeichnungen, die mehrmals nacheinander oder in Rechnungen u. dgl. untereinander vorkommen, nicht wiederholen zu müssen.

Dito (ital., das lat. digitus, «Finger», «Zoll») hieß, nachdem unter der franz. Herrschaft im größten Teile Italiens das franz. metrische System eingeführt worden war, amtlich das Centimeter = $^1/_{100}$ m. Dieses System blieb im Lombardisch-Venetianischen Königreiche und in Venetien unter der österr. Herrschaft bis zur Einverleibung in das Königreich Italien (1859, bez. 1866) bei den Behörden in Anwendung, während im übrigen Verkehr die ältern örtlich verschiedenen Größen dienten. Unter diesen kam ein D. in Mailand vor, wo er $^1/_{12}$ des Piede oder Fußes und = 3,62054 cm war.

Ditŏmie (grch.), Zweiteilung, Halbierung.

Dito und Idem, Pseudonym, s. Elisabeth, Königin von Rumänien, und Kremnitz, Mite.

Ditriglȳph (grch.), der Raum zwischen zwei Triglyphen im Fries der dor. Säulenordnung (s. d.).

Ditrochäus (grch.), ein aus zwei Trochäen (s. d.) zusammengesetzter viersilbiger Versfuß, — ◡ — ◡, z. B. Hausgenosse.

Dits (frz., spr. di), d. i. Sprüche, s. Fabliaux.

Dittanakläsis, s. Doppelflügel.

Dittenberger, Karl Friedr. Wilhelm, Philolog, geb. 31. Aug. 1840 zu Heidelberg, studierte in Jena und Göttingen, war Gymnasiallehrer in Göttingen (zugleich Privatdocent an der Universität), Berlin, Rudolstadt, Quedlinburg und ist seit 1874 ord. Professor der klassischen Philologie an der Universität Halle. Er veröffentlichte: «Inscriptiones atticae aetatis romanae» (Bd. 3 des von der Berliner Akademie herausgegebenen «Corpus inscriptionum atticarum», Berl. 1878—82), «Sylloge inscriptionum graecarum» (2 Bde., Lpz. 1883), «Corpus inscriptionum graecarum Graeciae septentrionalis», Bd. 1 (Berl. 1892) und bearbeitete seit der 6. Auflage die Kranersche Ausgabe von Cäsars «De bello gallico» (15. Aufl., edd. 1890).

Dittersbach, Dorf im Kreis Waldenburg des preuß. Reg.-Bez. Breslau, 4 km südlich von Waldenburg, an der Linie Görlitz-Kohlfurt-Glatz der Preuß. Staatsbahnen, hat (1890) 7302 (3690 männl., 3612 weibl.) E., Post, Telegraph, Fernsprecheinrichtung; kath. Kirche, kath. und evang. Schule, Zündholzfabrik (mit Versand nach Amerika und China), Steinkohlenbergbau (Zechen Melchior- und Amagrün), Garnbleicherei und Rindviehzucht. Auf dem Gipfel des Schloßbergs befindet sich die Ruine einer 1366 erbauten Burg. D. gehört dem Fürsten von Pleß.

Dittersbach, Dorf im Gerichtsbezirk Böhmisch-Kamnitz der österr. Bezirkshauptmannschaft Tetschen in Böhmen, nahe der sächs. Grenze, Mittelpunkt der böhm. Schweiz, hat (1890) 593 deutsche E., Post, Telegraph, eine Zwirnfabrik, Weberei, Ackerbau und Viehzucht. Die seltsamen Felsformationen des Sandsteins in der Umgebung, **Dittersbacher Felsen**, werden von Reisenden häufig besucht. Der Felsenkessel hat einen Durchmesser von mehr als 1100 m. In einer Höhe von 350 m spalten sich die Sandsteinwände und bilden zahlreiche schroffe Säulen und spitze Felskegel.

Dittersdorf, ungar. Gyergyó-Ditró, Groß-Gemeinde im Stuhlbezirk Gyergyó-Szent-Miklós des ungar. Komitats Csik in Siebenbürgen, hat (1890) 5811 magyar. röm.-kath. E. (310 Rumänen), darunter 436 Griechisch-Katholische, Post und einen Sauerbrunnen, dessen Wasser dem Säuerling zu Borszék ähnlich ist und häufig auch als Borszéker Sauerwasser in den Handel kommt.

Ditters von Dittersdorf, Karl, Komponist, geb. 2. Nov. 1739 zu Wien, entwickelte frühzeitig auf der Violine musikalisches Talent, sodaß ihn der Generalfeldzeugmeister Prinz Joseph von Hildburghausen als Kammerknaben ins Haus nahm und ihn von Trani auf der Violine, vom Hofkapellmeister Bono in der Komposition ausbilden ließ. Er erhielt 1760 Anstellung am Hoforchester, reiste dann 1761 mit Gluck nach Italien, verließ aber 1765 den kaiserl. Dienst, um beim Bischof von Großwardein als Kapelldirektor einzutreten. Fünf Jahre blieb er in dieser Stellung, während welcher Zeit er seine ersten

Opern und Oratorien komponierte. D. ging 1770 an den Hof des Fürstbischofs von Breslau, Grafen Schafgotsch, der damals zu Johannisberg in Schlesien residierte. Dieser verlieh ihm den Posten eines Forstmeisters des Fürstentums Neisse und wirkte ihm auch 1773 ein Adelspatent (mit dem Prädikat von Dittersdorf) aus. So zu Johannisberg in glücklichen Verhältnissen lebend, komponierte D. eifrig für die Privatkapelle und das Theater seines Patrons. In dieser Zeit schuf er die durch Erfindung, Laune und Gewandtheit in der musikalischen Deklamation ausgezeichneten komischen Opern «Doktor und Apotheker» (neu hg. von Kleinmichel), «Hieronymus Knicker» (neu hg. von Kleinmichel), «Das rote Käppchen» die Oratorien «Esther» und «Hiob» und vie[illegible]Instrumentalsachen. Nach dem Tode des Fürstbischofs (1795) geriet D. durch Dienstentlassung und Gichtleiden in äußere Bedrängnisse. Ein Freiherr von Stillfried nahm ihn und seine Familie zu sich auf die Herrschaft Rothlhotta (bei Neuhaus in Böhmen), wo er 1. Okt. 1799 sein Leben beschloß, zwei Tage nach Vollendung seiner «Lebensbeschreibung von ihm selbst» (hg. von K. Spazier, Lpz. 1801), die er seinem Sohne in die Feder diktiert hat. D. war ein sehr fruchtbarer Komponist und hat mehr als 30 Opern (deutsch und italienisch), gegen 60 Sinfonien, mehrere Oratorien und Kantaten, viele Sachen für Violine und andere Instrumente, Streichquartette u. s. w. hinterlassen, unter welchen Kompositionen die genannten, noch jetzt auf deutschen Theatern gegebenen drei komischen Opern hervorragen.

Dittes, Friedr., Schulmann, geb. 23. Sept. 1829 zu Irfersgrün im sächs. Vogtlande, erst zum Volksschullehrer vorgebildet und als solcher thätig, bezog 1851 die Universität zu Leipzig, wurde 1860 Subrektor der Realschule und des Gymnasiums zu Chemnitz, 1865 Schulrat und Seminardirektor in Gotha und 1868 Director des Pädagogiums in Wien. Hier entfaltete er eine reiche pädagogische Wirksamkeit und fand auch Gelegenheit, politisch thätig zu sein, indem er 1870–73 Mitglied des niederösterr. Landesschulrats war und 1873–79 den dritten Wiener Kreis als Deputierter im österr. Reichsrat vertrat. Der liberalen Richtung angehörig, trat er hier entschieden für Hebung der Schule, namentlich der Volksschule, und für eine freiere Gestaltung des Kirchenwesens ein. In gleichem Sinne hatte er schon früher gewirkt, namentlich 1864 auf der Lehrerversammlung in Chemnitz, und dadurch Anstoß zur Reform des sächs. Seminarwesens sowie mittelbar der sächs. Volksschule überhaupt gegeben. Unter dem Ministerium Taaffe wurde D. in mancherlei amtliche Konflikte verwickelt, die ihn 1881 veranlaßten, seine Pension zu nehmen. In philos. Beziehung haben Beneke und Herbart einen wesentlichen Einfluß auf D. ausgeübt; praktisch steht er im wesentlichen mit Pestalozzi und Diesterweg auf einem Boden. Unter seinen Schriften sind zu nennen: «Das Ästhetische nach seinem Grundwesen und seiner pädagogischen Bedeutung» (Lpz. 1854), «Über Religion und religiöse Menschenbildung» (Plauen 1855), «Grundriß der Erziehungs- und Unterrichtslehre» (Lpz. 1868; 6. Aufl. 1878), «Geschichte der Erziehung und des Unterrichts» (ebd. 1871; 6. Aufl. 1878), «Lehrbuch der praktischen Logik» (7. Aufl., ebd. 1884), «Lehrbuch der Psychologie» (7. Aufl., ebd. 1884), «Methodik der Volksschule» (4. Aufl., ebd. 1878); die letztgenannten fünf Schriften sind auch in eine Gesamtausgabe vereinigt u. d. T. «Schule der Pädagogik» (ebd. 1876; 2. Aufl. 1891) erschienen. Nach Lübens Tode (1873) redigierte er bis 1885 den «Pädagogischen Jahresbericht» (Lpz.); seit 1878 giebt er das «Pädagogium, Monatsschrift für Erziehung und Unterricht» heraus. Vgl. Kolatschek, Das Wiener Pädagogium von 1868 bis 1881 (Lpz. 1886).

Ditto, s. Dito.

Dittrich, Joh. Georg, Pomolog, geb. 11. April 1783 zu Gotha, gest. 10. März 1842 als Hofküchenmeister daselbst, Verfasser eines «Systematischen Handbuchs der Obstkunde» (3 Bde., Jena 1837–41) und anderer die Förderung des Obstbaues bezweckender Schriften, so unter andern einer praktischen Anleitung zur Erziehung kräftiger Obstbaum-Hochstämme nach einer damals neuen Methode (durch Zurückschnitt des Haupttriebes), welche als Dittrichsche Methode noch heute geschätzt und vielfach in Anwendung ist. Auch über Obstverwertung hat D. geschrieben. Bei seiner systematischen Beschreibung der Obstsorten legte er zuerst Wert auf die Reifezeit der Früchte und unterschied danach die Ordnungen der Sommer-, Herbst- und Winterfrüchte.

Ditzenbach, Dorf im Oberamt Geislingen des württemb. Donaukreises, im Thale der Fils, hat (1890) 487 E. Das früher viel besuchte Bad (Eisensäuerling) ist jetzt in eine Wohlthätigkeitsanstalt der Kongregation der Barmherzigen Schwestern in Gmünd umgewandelt. Doch dauert der Versand des Wassers fort. Unter den Bewohnern sind viele Gipser. Auf einem Bergvorsprunge die Ruinen des Schlosses Hiltenburg, 1516 von Herzog Ulrich zerstört. Das Dorf kam 1806 an Württemberg.

Diu (im Sanskrit Dwīpa, d. h. Insel), eine 52,5 qkm große Insel an der Südküste der zu der indobrit. Präsidentschaft Bombay gehörenden Halbinsel Gudschrat, 20° 43′ nördl. Br. und 71° 2,5′ östl. L., mit (1881) 12636 E., seit 1515 im Besitze der Portugiesen. Nachdem der Beherrscher von Gudschrat, Sultan Bahādur-Schāh, ihnen 1535 verstattet hatte, sich daselbst zu befestigen, war D., begünstigt durch seine Lage am Eingange des Golfs von Cambay, ein sehr wichtiger Handelsplatz, namentlich auch Hauptsitz des Sklavenhandels. Die Insel wurde 1670 von den Arabern verwüstet. — Die befestigte, teilweise verfallene Stadt D., am östl. Ende der Insel, mit (1881) 10636 E., ist Sitz des dem Generalgouverneur von Goa untergeordneten Gouverneurs. Das alte Dominikanerkloster dient heute als Militärspital, das Jesuitenkollegium (seit 1601) ist in eine Kathedrale verwandelt.

Diureïde nennt man organische Verbindungen, in denen zwei Moleküle Harnstoff enthalten sind, während die gewöhnlichen Ureïde (s. d.) nur ein Molekül enthalten. Manche kommen in der Natur vor als Produkte des tierischen Lebens, wie die Harnsäure, Xanthin, Hypoxanthin, Guanin, Allantoïn und Carnin, oder in Pflanzen, wie Theobromin und Caffeïn. Andere, wie das Alloxantin und die Purpursäure, sind auf künstlichem Wege erhalten worden. Wie die Ureïde, haben auch die D. den Charakter von Säuren. Durch chem. Mittel läßt sich Harnstoff aus ihnen abspalten, wobei sich aus den D. zunächst einfache Ureïde bilden. Über die Konstitution der einzelnen Substanzen vgl. die betreffenden Artikel.

Diurēsis (grch.), Harnentleerung.

Diuretica (grch.), s. Harntreibende Mittel.

Diuretīn (Theobrominum natriosalicylicum), ein Doppelsalz des Theobromins (s. d.), bestehend ans gleichen Molekülen von Theobromin-Natrium und Natriumsalicylat, ist ein weißes krystallinisches Pulver, das in kaltem Wasser wenig, in heißem Wasser leicht löslich ist. Das D. entwickelt infolge direkter Reizung der Nierenepithelien eine beträchtliche harntreibende Wirkung und wird in Tagesdosen von 5 bis 7 g bei Wassersucht infolge von chronischen Nieren- und Herzkrankheiten angewendet.

Diuretische Mittel (Diuretica), s. Harntreibende Mittel.

Diurna, s. Tagfalter.

Diurnāle (lat.), ein Auszug aus dem Brevier (s. d.), enthält die am Tage zu betenden Horen (s. Horae canonicae).

Diurnist, soviel wie Diätar (s. Diäten).

Dius Fidius, ein besonderer Beiname des altitalischen Himmelsgottes Jupiter als Schützers der Wahrheit und Rächers der Untreue. Er ist besonders Schwurgott (daher die Formel medius fidius), und man schwur bei ihm nur unter freiem Himmel. Der volle Name des Gottes, unter dem er auch in Rom einen Tempel auf dem Quirinal besaß, war, wie Inschriften beweisen, Semo Sancus Dius Fidius.

Div., auf Rezepten Abkürzung für divide (lat.), d. h. teile, oder für dividātur, d. h. es werde geteilt; auch für Divus (der Göttliche, Selige) und Diva (s. d.), sowie für Divisi (s. d.).

Diva (ital., «die Göttliche»), Prädikat einer vergötterten Frau (der Kaiserinnen im alten Rom, s. Divus), einer gefeierten Dame, besonders auch einer gefeierten Sängerin.

Divagieren (lat.), abschweifen, herumschweifen; Divagation, Abschweifung.

Divalia, Fest der Angerona (s. d.).

Divae memoriae (lat.), seligen Angedenkens.

Divan (pers.), s. Diwān.

Divāno, abessin. Münze, s. Dimano.

Divarikation (neulat.), die Verästelung der Adern.

Divellieren (lat.), auseinander reißen.

Divergént, Divergénz, s. Divergieren.

Divergieren (lat.), auseinander laufen, figürlich: anderer Meinung sein; divergent und divergierend, auseinander laufend; Divergenz, das Auseinanderlaufen, die Meinungsverschiedenheit. Divergierende Linien, gerade, einander schneidende Linien, wenn man sie nach der Seite hin betrachtet, nach der sie auseinander laufen; sie divergieren von ihrem Schnittpunkte aus nach beiden Seiten. Divergierende Parabeln, nach Newton Parabeln, bei denen die Richtungen zweier symmetrisch liegender Teile einen immer größern Winkel untereinander bilden, je weiter sie vom Scheitel entfernt sind. Divergierende Hyperbeln, Linien dritter Ordnung, deren Schenkel ihre erhabenen Seiten gegeneinander lehren. Divergierende Reihen, s. Reihen.

Divérs (lat.), verschieden; Diverse (diversa), Verschiedenes (verschiedene Waren, Konten, Debitoren, Kreditoren u. s. w.), eine im Warenhandel und in der Buchhaltung häufig vorkommende Bezeichnung. Diversität, Verschiedenheit.

Diversion (lat.), Ablenkung. In der Kriegführung eine strategische Unternehmung, die den Feind in anderer Richtung, als in welcher die diesseitigen Hauptoperationen unternommen werden sollen, beschäftigt und diese letztern dadurch, daß sie einen Teil der feindlichen Streitkräfte ablenkt, erleichtert. Was taktisch, d. h. in Bezug auf den unmittelbaren Waffenerfolg im Gefecht, durch Scheinangriff (Demonstrative) oder bloße Bedrohung (Demonstration) eines Punktes erreicht wird, geschieht strategisch, d. h. in Bezug auf die ganze Kriegslage, durch D. Diese kann entweder durch einen Teil der eigenen oder einer verbündeten Kriegsmacht, die zu obigem Zwecke verwendet wird, geschehen und ist dann D. im eigentlichen und engern Sinne (Einfall des Klapkaschen Korps in Ungarn 1866; franz. Flotte in der Ostsee 1870); oder sie wird selbständig auf einem ganz andern Kriegsschauplatz durch einen neu auftretenden Gegner hervorgebracht (Aufmarsch einer preuß. Armee am Rhein während des ital. Krieges 1859; Eröffnung der Feindseligkeiten von seiten der Serben im Dez. 1877 während des Russisch-Türkischen Krieges); oder endlich wird sie durch polit. Verwicklungen und Begebenheiten erzeugt, die den Feind hindern, seine volle Streitkraft auf demjenigen Schauplatz zu entfalten, auf dem der Schwerpunkt des Krieges liegt (Oktoberaufstand in Wien 1848 während des österr.-ungar. Krieges; Österreichs diplomat. Intervention gegen Rußland im Krimkriege). (Über den verwandten Begriff Jalousiegeben s. d.)

Divertieren (frz.), ergötzen, belustigen.

Divertikel (lat. Diverticŭlum), in der pathol. Anatomie ein blind endigender Anhang oder seitlicher Fortsatz der Höhlung eines Organs, verbunden mit Vortreibung von dessen Wandungen. Solche krankhafte Ausbuchtungen finden sich bisweilen an der Speiseröhre, dem Darmkanal (Darmanhang), an der Harnblase und Harnröhre und können unter Umständen durch ihre Beschwerden ein chirurg. Eingreifen erfordern.

Divertimento, ital. Ausdruck für die in Suitenform gehaltene Instrumentalmusik. Am häufigsten erscheint der Name in der Mozartschen Zeit für Serenaden von Blasinstrumenten. Als D. (frz. Divertissement, engl. Entertainment) bezeichnet man auch allerlei lediglich zum Zwecke der Unterhaltung zusammengestellte oder in größere Werke eingelegte Musikstücke leichtern Charakters, Tänze u. s. w.

Divertissement (frz., spr. -wärrtißmáng), s. Divertimento.

Dives (spr. dihw). 1) **Fluß** im nördl. Frankreich, entspringt im Depart. Orne, zwischen Hügeln, welche zum nördl. Perche gehören. Unterhalb von Trun tritt er ins Depart. Calvados und geht nach einem Laufe von 100 km, von denen 28 schiffbar sind, in das Meer. — 2) Dorf im Kanton Dozulé, Arrondissement Pont-l'Évêque des franz. Depart. Calvados, an der ins Meer gehenden Dives und der Linie Le Mans-Mézidon-Villers-sur-Mer der Franz. Westbahn, hat (1891) 1441 E., Post und Semaphor, einen Hafen am Kanal La Manche, Seebäder, Viehzucht, Salinen und Fischerei. Ehemals war der Hafen einer der wichtigsten in der Normandie; von hier lief 1066 Herzog Wilhelm aus, an welche Fahrt eine Säule erinnert.

Divĭde et impĕra! (lat.), «trenne und herrsche!» d. h. schaffe Parteiungen, um selbst zu herrschen.

Dividénde (lat., «Zu Verteilendes») ist die gebräuchliche, bei der Aktien- und Aktienkommanditgesellschaft in der Regel gesetzliche, Bezeichnung des zur Verteilung an die Mitglieder bestimmten periodischen Gewinnes in Vereinsform betriebener Unternehmungen. Die Periode wird in der Regel durch das Geschäftsjahr gebildet, und es kann die Verteilung bei der Aktien- und Aktienkommanditgesellschaft wie bei der Erwerbs- und Wirtschaftsgenossenschaft

(s. d.) sowohl in Deutschland wie in Österreich erst nach Genehmigung der Bilanz des abgelaufenen Geschäftsjahres seitens der Generalversammlung (s. d.) erfolgen, sodaß die bei manchen ältern Gesellschaften in Gebrauch gewesene Vorauszahlung eines Bruchteils des voraussichtlichen Jahresgewinnes mit Ablauf des ersten Halbjahres, sog. Abschlagsdividende, von den jurist. Schriftstellern für unzulässig erachtet wird. Einzelne halten die Zahlung der Abschlagsdividende nur insoweit für zulässig, als sie aus dem Reingewinn eines frühern Jahres, einer Dividendenreserve geleistet wird. Wo sie aus den Einkünften des laufenden Jahres gezahlt wird, erachtet man die Mitglieder des Vorstandes nach dem Deutschen Handelsgesetzbuch Art. 226 für haftbar. Der ganze Betrag des der genehmigten und richtigen Bilanz entsprechenden Jahresgewinnes ist nach Abzug der für den gesetzlichen Reservefonds oder nach dem Statut für andere Zwecke zu verwendenden Beträge als D. zur Auszahlung zu bringen, wenn nicht das Statut die Höhe der D. ausdrücklich in das Ermessen der Generalversammlung gestellt hat. Letzternfalls kann die Generalversammlung nach billig auszuübendem Ermessen den Betrag der D. beschränken und den zurückbehaltenen Teil des Gewinnes zu andern Zwecken innerhalb des Unternehmens, wie Vermehrung des Betriebsfonds, besondern Reserven, verwenden. Mitunter geschieht dies zur Anlegung einer Dividendenreserve, um daraus für spätere ungünstige Jahre die auszuzahlende D. zu vermehren. Bei den deutschen Erwerbs- und Wirtschaftsgenossenschaften ist seit dem Gesetz vom 1. Mai 1889, mangels besonderer Festsetzung im Statut, der Gewinn dem Geschäftsanteil des Genossen, bis dieser Anteil seine statutgemäße Höhe erreicht hat, zuzuschreiben, sodaß bis dahin keine Dividendenauszahlung stattfindet. Konkurrieren bei der Verwendung des Gewinnes verschiedene Gattungen von Aktien (s. Prioritätsaktien), oder neben dem Dividendenbezug andere statutgemäße Verwendungszwecke, so sichert das Statut häufig den Aktien einer Gattung oder allen Aktien einen Dividendenbezug in Höhe eines bestimmten Prozentsatzes ihres Nominalbetrages in erster Reihe zu. Mißbräuchlich werden diese Bezüge mitunter Zinsen genannt, während sie nur, soweit Gewinn vorhanden ist, gewährt werden können. Reicht der Gewinn zur Deckung dieser Bezüge nicht zu, so tritt kein Nachbezug des Ausfalls aus den Gewinnen späterer Jahre ein, sofern nicht ein Nachbezugsrecht im Statut festgesetzt ist. Derjenige Teil der D., der über diese in erster Reihe zu gewährenden Beträge hinaus den Aktionären noch zufallen soll, soweit nach Deckung anderer Ansprüche, wie z. B. auch Tantièmen, noch Gewinn verfügbar bleibt, heißt Rest- oder Superdividende. Aus besondern Gründen wird mitunter für die Aktien von Dritten, welche am Zustandekommen des Unternehmens interessiert sind, insbesondere vom Staat oder einer Gemeinde, eine Minimaldividende mit oder ohne Zeitbeschränkung garantiert. In diesem Falle kann auch die Zahlung einer den garantierten Prozentsatz nicht überschreitenden Abschlagsdividende vor Schluß des Geschäftsjahres unbedenklich erfolgen.

Vor der Wiederergänzung des Aktienkapitals sowie der Geschäftsanteilsbeträge der Genossen bei der Genossenschaft, soweit diese Beträge durch Verlust vermindert sind, besteht kein zur Verteilung als D. geeigneter Gewinn. In Höhe der Beträge, welche in Verletzung dieses Grundsatzes zu Unrecht als D. verteilt sind, werden die, wenn auch nur durch Mangel an Sorgfalt, schuldigen Vorstandsmitglieder und die Aufsichtsratsmitglieder, die es wissentlich, ohne einzuschreiten, geschehen ließen, bei der Aktienkommanditgesellschaft auch die schuldigen persönlich haftenden Gesellschafter, solidarisch zur Erstattung verpflichtet. Das Gleiche gilt bei den Aktienunternehmungen im Falle der Nichtbeachtung anderer Erfordernisse einer richtigen Bilanz. Dagegen braucht der Aktionär, anders wie der Genosse, die in gutem Glauben empfangene D. nicht zurückzugeben.

Gewöhnlich werden mit den Aktien Dividendenscheine für eine Reihe von Jahren nebst Talon (s. Coupons), der zur Erhebung der spätern Serie von Dividendenscheinen nebst neuem Talon legitimiert, ausgegeben. Die Dividendenscheine pflegen auch bei Namensaktien auf den Inhaber zu lauten. Durch Übertragung des Dividendenscheins ohne die Aktie wird aber nur das Recht auf Erhebung der festgestellten D., nicht das Recht auf Feststellung übertragen. In der Regel setzt das Statut eine Präklusivfrist von 4—5 Jahren von der Fälligkeit ab für die Erhebung der D. fest. Beim Verkauf einer Aktie gilt nach dem Geschäftsgebrauch das Recht auf die D. für das laufende Geschäftsjahr als mitverkauft; an den deutschen und österr. Börsen sind dem Verkäufer für die Zeit von Beginn des laufenden Geschäftsjahres bis zur Lieferung der Aktie sog. Börsenzinsen nach einem usanzmäßig feststehenden Satze, gewöhnlich 4 oder 5 Proz., vom Käufer besonders zu vergüten. Aktien von liquidierenden oder in Konkurs geratenen Gesellschaften werden aber zinsfrei gehandelt.

Dividendencoupons, Dividendenscheine, s. Coupons und Dividende.

Dividéndus (lat.), s. Division (arithmet.).

Dividieren (lat.), teilen (als Rechnungsoperation), s. Division.

Dividivi oder Libidibi heißen die Früchte der in Südamerika und Westindien einheimischen Caesalpinia coriaria *Willd.* Sie sind etwa 5 cm lang, flach, schnecken- oder S-förmig gebogen, außen glatt und kastanienbraun, oft jedoch durch Abspringen der obern Schicht rauh und heller, und enthalten linsenförmige harte braune Samen. Sie enthalten reichliche Mengen einer eigentümlichen Gerbsäure und kommen seit Anfang des 19. Jahrh. nach Europa, wo sie zum Gerben und Schwarzfärben Verwendung finden. Columbia führte 1889 rund 4200000 kg aus, Maracaibo 3400000 kg. Der Hauptexport nach Deutschland erfolgt über Hamburg, welcher Platz 1891 50000 Doppelcentner im Werte von 1 Mill. M. einführte. Die Verpackung geschieht in Säcken zu 30—40 kg.

Divīna Commedīa, s. Dante Alighieri.

Divinatĭo, s. Divination.

Divination (lat.), Ahnung oder Vorgefühl zukünftiger Ereignisse, beruht entweder auf abergläubischen Vorstellungen (s. Mantik, Weissagung), oder auf einer raschen, umsichtigen und eindringenden Kombination aller Umstände, die ein zukünftiges Ereignis mehr oder minder wahrscheinlich machen, und über die der Divinierende selbst sich keine genaue Rechenschaft geben kann. In diesem Sinne spricht man von der D. des Menschenkenners, des Staatsmanns, des Feldherrn u. s. w. — Im altröm. Recht ist D. (Divinatio) die richterliche Untersuchung, die nach bestimmten moralischen Voraussetzungen festzustellen hatte, welchem von mehrern Anklägern die Hauptanklage zufallen sollte (z. B. in der Anklage gegen Verres, ob Cicero oder Cäcilius der Hauptankläger sein sollte).

Divinatörisch, auf Divination (s. d.) beruhend; divinatorische Kritik, eine auf der genauesten Vertrautheit mit der Denk- und Redeweise eines Schriftstellers beruhende Kritik, infolge deren der Kritiker oft unmittelbar das Richtige findet.

Divio, im Altertum Name der Stadt Dijon (s. d.).

Divis (lat.), im Buchdruck Teilungszeichen, Bindestrich (in der Fraktur: =, in der Antiqua: -).

Diviseur (frz., spr. -wisöhr), Vorrichtung, durch welche in den Gruben der Aborte die festen Abfallstoffe von den flüssigen getrennt werden.

Divisi (ital., abgekürzt div., «geteilt») bedeutet in den Orchesterstimmen von Streichinstrumenten, daß die zwei- oder mehrstimmig vorkommenden Stellen nicht als Doppelgriffe gespielt werden, sondern die Instrumente sich teilen sollen.

Divisibel (lat.), teilbar; Divisibilität, Teilbarkeit (s. d.).

Division (lat., d. i. Teilung), in der Arithmetik die vierte Grundoperation, die finden lehrt, wie viel mal die eine zweier Zahlen, der Divisor, in der andern, dem Dividendus, enthalten ist. Die Zahl, die hierbei gefunden wird, heißt der Quotient; sie muß, mit dem Divisor multipliziert, den Dividendus zum Produkte geben. Wenn der Divisor unbenannt ist, so ist der Quotient ein Teil des Dividendus. Wenn der Divisor mit dem Dividendus gleichbenannt ist, so ist der Quotient unbenannt und giebt das Verhältnis des Dividendus zum Divisor an; die D. bedeutet in diesem Falle Messung des Dividendus nach dem Divisor. Die Bezeichnung der D. geschieht entweder durch den Doppelpunkt, z. B. 15:6 oder, durch einen wagerechten oder schrägen, zwischen Dividendus und Divisor gesetzten Strich, z. B. $\frac{15}{6}$ oder $^{15}/_{6}$. In jenem Falle steht der Dividendus zuerst, vor dem Doppelpunkt, in diesem über dem Striche; beide Beispiele bedeuten also: 15 dividiert durch 6. Eine D. kann «aufgehen» oder nicht; im erstern Falle, nämlich wenn der Dividend ein ganzes Vielfaches vom Divisor ist, erhält man als Quotient eine ganze Zahl, z. B. 20:4=5; geht die D. nicht auf, so schreibt man das Resultat in der Regel in Form eines Decimalbruchs, z. B. 15:6 = 2,5.

Division (auch Truppendivision), im Heerwesen 1) eine seit Ende des 18. Jahrh. eingeführte Heeresabteilung, die aus allen Waffengattungen zusammengesetzt ist. Nachweislich hat sie zuerst Herzog Ferdinand von Braunschweig im Siebenjährigen Kriege in seiner aus den Kontingenten verschiedener Bundesgenossen Preußens zusammengesetzten Armee eingeführt. Später hatten sie die Franzosen in den Revolutionskriegen. 1805 wurde die ganze preuß. Armee auf Scharnhorsts Vorschlag in D. eingeteilt, wobei freilich auf Kosten ihrer Selbständigkeit auch die gesamte Kavallerie den einzelnen Infanteriedivisionen zugeteilt und dadurch in ihrer unter Friedrich d. Gr. so berühmten Wirksamkeit gehemmt wurde. Jetzt haben fast alle Heere D. als Unterabteilungen der Armeekorps, die meist aus 2 (zuweilen auch 3) D. bestehen. Die Armeen kleinerer Staaten bestehen nur aus D. Eine neuere Truppendivision besteht in der Regel aus 2 Infanteriebrigaden zu je 2—3 Regimentern à 3—4 Bataillonen, einer Anzahl Batterien (in Preußen 1 Feldartillerieregiment zu 2 Abteilungen zu je 3 Batterien) und einer Anzahl Schwadronen (s. Divisionskavallerie), die aber in vielen Armeen nicht ständig dazu gehören, sondern den D. in jedem Falle nach Bedarf vom Armeekorps zugeteilt werden. Ferner gehören dazu: oft 1 Jägerbataillon (in Preußen einer der Infanteriebrigaden zugeteilt), 1—2 Feldpioniercompagnien mit einem Divisionsbrückentrain und ein Sanitätsdetachement. So ist eine D. wohl geeignet, selbständige Aufgaben auszuführen, zumal wenn sie vorübergehend vom Armeekorps die nötigen Munitions- und Proviantkolonnen sowie Feldlazarette überwiesen erhält. Die Stärke einer D. schwankt in den einzelnen Staaten zwischen 10000 und 20000 Mann. Eine auf einer Straße marschierende mobile Infanteriedivision mit ihrer ungefähren Stärke von 15000 Mann hat eine Marschlänge von etwa 13 km. In Deutschland wird eine Infanteriedivision von einem Generallieutenant, zuweilen von einem Generalmajor befehligt, dem ein Generalstabsoffizier und die Adjutantur zur Seite stehen. Zum Stabe einer D. gehören ferner: der Divisionsarzt, der Auditeur und die Divisionspfarrer. Im Frieden ist aus administrativen Gründen vielfach die gesamte Kavallerie brigadenweise (zu 2—3 Regimentern) den Infanteriedivisionen unterstellt.

2) Ein Teil der Kavallerie ist schon im Frieden in Kavalleriedivisionen formiert, die dann einzelnen Armeekorps zugewiesen sind. Im Kriege werden infolge der günstigen Erfahrungen, die Deutschland mit dieser Institution 1870/71 gemacht hat, aus der großen Masse der nicht den D. zugeteilten Kavallerie Kavalleriedivisionen formiert. Es sind dies völlig selbständige Heereskörper, bestehend aus 3 (zuweilen auch 2) Kavalleriebrigaden zu je 2 (zuweilen 3) Regimentern, 1—2 reitenden Batterien, einem Pionierdetachement (event. mit Brückentrain) und einem Sanitätsdetachement. Sie werden mit den nötigen Kolonnen für den Munitions-, Proviant- und Fourageersatz ausgerüstet und mit den Armeekorps den einzelnen Armeen eines Heers zugeteilt oder ganz selbständig mit besondern Aufträgen unmittelbar von der obersten Heeresleitung entsendet. So eilen sie von Beginn des Feldzugs an mehrere Tagemärsche der eigenen Armee voraus. Die Bewaffnung und Ausbildung der modernen Kavallerie mit schnellfeuernden Karabinern befähigt die Kavalleriedivision auch zum Fußgefecht; die reitende Artillerie verleiht ihrem Gefecht den nötigen Nachdruck, besonders auch, wo es sich um Ortsgefechte handelt. Je wichtiger bei der heutigen Kriegführung ein Orientiertsein der eigenen Heeresleitung über den Aufmarsch und die Maßnahmen des Gegners ist und je notwendiger ein Verschleiern der eigenen Bewegungen gegenüber den Rekognoscierungen der feindlichen Kavallerie wird, desto mehr gewinnt die Thätigkeit der Kavalleriedivisionen vor der Front und auf den Flanken der Armee an Wert. Mit Recht wird die Kavallerie das Auge und das Ohr der obersten Heeresleitung genannt. — In der Schlacht können die Kavalleriedivisionen, richtig verwendet, trotz der Überlegenheit der Feuerwaffen noch viel leisten; bei der Verfolgung finden sie ein reiches Feld der Thätigkeit. Wo sie im Frieden noch nicht bestehen, werden sie wenigstens periodisch zu Übungszwecken zusammengestellt. Die Formierung ständiger Kavalleriekorps aus mehrern D., wie sie früher stattfand, ist in der

neuern Kriegführung nicht mehr angängig. Die Zuteilung von fahrender Infanterie oder reitenden Schützen an Kavalleriedivisionen ist versucht worden, bewährt sich aber als ständige Einrichtung nicht.

3) D. heißt in einigen Armeen (in Deutschland nicht) eine taktische Unterabteilung der Infanterie-, Kavallerie- oder Artillerieregimenter, bestehend aus 2 Compagnien, Eskadrons oder 2—3 Batterien.

4) Zur Zeit der Lineartaktik (18. Jahrh.) nannte man D. die 3 oder 4 Unterabteilungen eines zum Exerzieren oder zum Gefecht formierten Bataillons. Die Compagnien hatten damals nur eine administrative Bedeutung.

5) In der deutschen Marine bedeutet D. a. eine Unterabteilung eines Geschwaders oder einer Flottille. Eine Torpedobootsdivision besteht aus 4—6 Torpedobooten, die durch ein Divisionsboot (s. d.) geleitet werden; b. einen Teil der Besatzung eines Kriegsschiffs, etwa dem Compagnieverband der Marineteile am Lande entsprechend. Als Manöverdivision werden die Mannschaften bezeichnet, die beim Segelmanöver die Bedienung eines Mastes zu übernehmen haben. So spricht man z. B. von der Großmastdivision.

Divisiōnis beneficium (lat.), s. Bürgschaft.

Divisionsarzt, in der deutschen Armee die Bezeichnung für den ärztlich-technischen Ratgeber des Divisionscommandeurs und ärztlichen Leiter des Sanitätsdienstes innerhalb einer Division. Die D. sind im Frieden bisher nicht etatisiert, sondern versehen ihren Dienst neben den regimentsärztlichen oder sonstigen obermilitärärztlichen Funktionen. Im Kriege hat der D. unter andern den Hauptverbandplatz (s. d.) auszuwählen und den Dienst auf demselben zu leiten.

Divisionsbezirk, in den Staaten, in denen die Armee nicht ständig in Armeekorps, Divisionen, Brigaden u. s. w. gegliedert, sondern das Gesamtgebiet in Militärdivisionen geteilt ist (wie es z. B. in Frankreich bis 1871 war), das Gebiet einer Militärdivision, an deren Spitze ein Generallieutenant steht, der die in dem Bezirk garnisonierenden Truppenteile unter seinem Befehl hat.

Divisionsboote, in der deutschen Marine eine Art großer Torpedoboote (s. d.), von denen je eins die Führung einer Torpedobootsdivision hat. Sie haben den Zweck, den kleinen Torpedobooten die Navigierung zu erleichtern. Die D. können auch als Torpedobootsjäger (s. d.) verwendet werden.

Divisionsbrückentrain, s. Brückentrain.

Divisionsgericht. Die D. bestehen aus dem Commandeur der Division als Gerichtsherrn und den Divisionsauditeuren. Die D. haben 1) die höhere Gerichtsbarkeit über alle zum Divisionsverband gehörenden Militärpersonen; 2) die niedere Gerichtsbarkeit über alle zum Dienstbereich des Divisionscommandeurs gehörenden Unteroffiziere, Gemeine und Militärunterbeamte, die keinem Regimentsgericht der Division unterworfen sind. (S. Militärgerichte.)

Den D. stehen gleich die Militärgerichte der Landgendarmerie, des Berliner Invalidenhauses, der Marinestationen der Ostsee, der Nordsee und der ostasiat. Station. In Bayern besteht das bei dem Divisionskommando gebildete Militärbezirksgericht aus dem Divisionscommandeur als Vorstand, einem Oberstabsauditor als Direktor, einem Stabsauditor, drei Hauptleuten, und vier Regimentsauditoren als Richtern und einem Bataillonsauditor als rechtskundigen Sekretär. (S. Militärgerichtsbarkeit, Militärstrafverfahren.) In Österreich kommen bei den Divisionen Militärgerichte als mobile Gerichte vor, während die stabilen Militärgerichte Garnisonsgerichte sind, zusammengesetzt aus dem Militär-, Stations- oder Festungskommandanten, welchem die Gerichte beigegeben sind, als Gerichtsvorstand, einem oder mehrern Auditoren, Personen des Soldatenstandes und einem beeideten Schriftführer.

Divisionskavallerie, die einer Infanteriedivision in Kriegen dauernd zugeteilte Kavallerie, welcher besonders die Aufgabe zufällt, innerhalb der taktischen Sphäre der betreffenden Division den Aufklärungs- und Sicherheitsdienst auszuüben und überhaupt (auch im Gefecht) im engsten taktischen Verbande mit der Division zu wirken. Den Inbegriff der Thätigkeit solcher größern Infanteriekörpern zugeteilter Kavallerieabteilungen bezeichnet man (im Gegensatz zur Thätigkeit der Kavalleriedivisionen, s. Division, militär., 2) generell als Thätigkeit der D. Im deutschen Heere wird im Kriege grundsätzlich jeder Infanteriedivision ein Kavallerieregiment zu 4 Eskadrons dauernd zugeteilt, welche Einrichtung sich in den Kriegen von 1866 und 1870/71 als zweckmäßig bewährt hat; die so bemessene Stärke der D. reicht zur Erfüllung der ihr gestellten Aufgaben gerade aus, wobei an Mann und Pferd sehr bedeutende Anforderungen gestellt werden müssen. In den andern Armeen sind bestimmte Festsetzungen über die Zuteilung von D. an die Infanteriedivisionen nicht bekannt.

Divisionsschulen, von 1816 bis 1818 Brigadeschulen genannt, in Preußen ehemals militär. Bildungsanstalten, welche die Bestimmung hatten, Offiziersaspiranten der Infanterie und Kavallerie auszubilden. Bis 1828 zerfiel diese Ausbildung in einen zweijährigen Kursus, der die allgemein wissenschaftliche Ausbildung behufs Ablegung des Fähnrichsexamens, und in einen darauf folgenden einjährigen Kursus, der die fachwissenschaftliche Ausbildung behufs Ablegung des Offiziersexamens umfaßte; 1828 wurde der allgemein wissenschaftliche Kursus aufgehoben und zum Besuch der D. wurden nur solche Aspiranten zugelassen, welche bereits Fähnrich waren. Anfangs bestanden D. bei jeder Division, 1850 wurden die beiden D. eines jeden Armeekorps als «Vereinigte Divisionsschule» zusammengezogen und seit 1859 erfolgte die Umwandlung der D. in die jetzt bestehenden Kriegsschulen (s. d.).

Divisio parentis inter liberos (lat.), s. Teilung der Eltern unter den Kindern.

Divisor (lat.), s. Division (arithmet.).

Divisorium (neulat.), Teilungswerkzeug; die Teilscheibe der Uhrmacher; im Buchdruck die hölzerne Gabel oder Klammer am Tenakel der Setzer, womit das Manuskript gehalten wird (s. Buchdruckerkunst, Bd. 3, S. 661b).

Divonne (spr. -wönn), Flecken im Kanton und Arrondissement Gex des franz. Depart. Ain, 8 km nordöstlich von Gex, am Fuße des 757 m hohen Crêt Mourex, bei der Quelle der in den Genfersee mündenden Versoix, hat (1891) 766, als Gemeinde 1560 E., Post, Telegraph, Schmieden, Sägemühlen und außerdem eine der besuchtesten Kaltwasserheilanstalten.

Divorce (frz., spr. -wörß), Ehescheidung; divortieren, (ein Ehepaar) scheiden; auch auseinander gehen, sich trennen (von Eheleuten).

Divulgieren (lat.), etwas unter das Volk bringen, kundmachen; Divulgation, Kundmachung.

Divulsion (lat.), Zerreißung.

Divus (lat., weiblich: diva), göttlich, Prädikat vergötterter Menschen, namentlich in der röm. Kaiserzeit Ehrentitel verstorbener Kaiser.

Diwân (pers.), ursprünglich Register (Militärrollen), dann deren Herstellungs- bez. Aufbewahrungsort (Kanzlei-Archiv). Später wurde der Ausdruck auch auf den Staatsrat (im Türk. Reiche) übertragen, dann auf den Versammlungssaal des Staatsrates; endlich bezeichnet es überhaupt einen Versammlungsort zur Beratung und Rechtssprechung. Von der Einrichtung eines solchen, nämlich der die Wände entlang laufenden Polsterbank, ist der nur in europ. Sprachen gebräuchliche Ausdruck D. für eine Art Sofa entlehnt (s. Bett, Bd. 2, S. 912a). Ferner bezeichnet D. eine Liedersammlung, namentlich die nach dem Endbuchstaben alphabetisch geordnete Gedichtsammlung der Ghaselen eines und desselben Verfassers. Durch Goethes «Westöstlichen D.» ist D. in der Bedeutung Liedersammlung eingebürgert worden.

Diwâno, Divano, heißt in Abessinien der ägypt. Para von 1/40 ägypt. Piaster (s. d.), als Bruchteil des Goldpiasters = 0,519 Pf. Gegenwärtig gilt der D. in Abessinien etwa 1/800 österr. Konventions-Speciesthaler oder Maria-Theresiathaler (s. d.), also etwa 3/8 Pf. (S. auch Dahab.)

Diwisch, Prokop, Naturforscher, geb. 1. Aug. 1696 zu Senftenberg in Böhmen, trat 1720 in den Prämonstratenserorden, erhielt 1726 die Priesterweihe und wurde Professor der Philosophie und Theologie am Stift zu Bruck. Er wurde 1740 Pfarrer in Brenditz bei Znaim, wo er 21. Dez. 1765 starb. D. wies 1750 das Ausströmen der Elektricität aus Spitzen nach und stellte 15. Juni 1754, also vor Franklin, auf seinem Pfarrhof den ersten Blitzableiter mit eigentümlichen Saugvorrichtungen unfern seines Wohnhauses auf. In seinem Todesjahr erschien: «Längst verlangte Theorie der meteorolog. Elektricität» (Tüb. 1765; 2. Aufl. 1768). D. erfand ferner ein musikalisches Instrument genannt Denisdor. — Vgl. Frieß, Prokop D. (Olmütz 1884).

Diwra, türk. Stadt, s. Dibra.

Dixcove oder Nsuma, brit. Ort an der Goldküste in Oberguinea, in der Provinz Ahanta; eine kleine Festung von strategischer Bedeutung, nahe dem Kap der drei Spitzen.

Dixi (lat.), ich habe gesprochen, Formel für den Schluß einer Rede in lat. Sprache. D. et salvāvi animam meam, ich habe gesprochen (wie es meine Pflicht war) und meine Seele gerettet, d. h. ich bin schuldlos, wenn meine Warnung in den Wind geschlagen wird, ein auf Hesekiel 3, 18–21 und 33, 8 und 9 beruhender sprichwörtlicher Ausdruck.

Dixmuiden (spr. -meud'n; frz. Dixmude, spr. dißmühd), Stadt in der belg. Provinz Westflandern, an der kanalisierten Yser und an den Linien Lichtervelde-Veurne und D.-Nieuport (17 km) der Belg. Staatsbahnen, hat (1890) 4133 E., Leinenindustrie, Handel mit Butter und Vieh. In der St. Nikolauskirche eine Anbetung der drei Könige von Jordaens und ein im reichsten Flamboyantstil zu Anfang des 16. Jahrh. erbauter Lettner.

Dixon (spr. dicks'n), Hauptort des County Lee im nordamerik. Staate Illinois, 158 km westlich von Chicago in ackerbautreibender Gegend am Rock River, ist Eisenbahnknotenpunkt und hat 5000 E.

Dixon (spr. dicks'n), Richard Watson, engl. Dichter und Historiker, geb. 1833 zu Islington (London), studierte zu Oxford Theologie und wurde Geistlicher zu Warkworth bei Alnwick, dann in Newcastle on Tyne. 1861 erschien von ihm: «Christ's Company, and other poems», 1864 «Historical odes, and other poems». Auch gründete er mit Rossetti u. a. die Zeitung «The Oxford and Cambridge Magazine», die im Sinne der präraffaelischen Kunstrichtung (s. Englische Litteratur) wirkte. Neuerdings pflegte D. auch die Geschichtsdarstellung, wovon die «History of the Church of England» (Bd. 1–4, 1878–91) Zeugnis ablegt. Poet. Werke D.s sind noch: «Mano, or a poetical history of the time of the close of the 10th century» (1883; 2. Aufl. 1891), «Odes and eclogues» (1884), «Lyrical poems» (1885), «The story of Eudocia and her brothers» (1887).

Dixon (spr. dicks'n), William Hepworth, engl. Schriftsteller, geb. 30. Juni 1821 zu Newton-Heath, wandte sich dem Studium der Rechte und litterar. Bestrebungen zu und war bis 1869, seit 1853 als Hauptredacteur, am «Athenaeum» thätig. Für die «Daily News» schrieb er 1848 eine Reihe von Aufsätzen über sociale Fragen, z. B. «On the literature of the lower orders»; von seiner Darstellung des Londoner Gefängniswesens wurde ein besonderer Abdruck («The London prisons», Lond. 1850) veranstaltet. Diese Untersuchungen gaben auch zu D.s Biographie des Menschenfreundes Howard Anlaß («John Howard, a memoir», Lond. 1849), die 5 Auflagen erlebte. Ihr folgte «William Penn, a historical biography» (Lond. 1850), die Macaulays irrige Angaben über den berühmten Quäker berichtigt und hauptsächlich D.s Ruf begründete. Nach der Veröffentlichung der Flugschrift «The French in England» (Lond. 1852), in der er die Grundlosigkeit der Invasionsfurcht nachwies, sammelte er in den Bibliotheken zu Paris, Venedig und Rom den Stoff zu einer Geschichte der engl. Republik nach gleichzeitigen Urkunden. Eine Episode daraus ist «Robert Blake, admiral and general at sea» (Lond. 1852), die das Andenken dieses Seehelden auffrischte. Ebenso anziehend war D.s «Personal history of Lord Bacon» (Lond. 1861), worin er viele unbekannte oder vergessene Thatsachen beibrachte, um den Begründer der neuern Philosophie von Anklagen zu reinigen. Schätzbare Beiträge zur engl. Geschichte bilden die von ihm in den Archiven von Kimbolton-Castle aufgefundenen Urkunden, die unter seiner Hilfe der Herzog von Manchester in «Court and society of England from Elizabeth to Anne» (2 Bde., Lond. 1864) veröffentlichte. 1864 unternahm D. eine Reise durch die europ. Türkei nach Kleinasien, Ägypten und Palästina, als deren Frucht «The Holy Land» (2 Bde., Lond. 1865; deutsch, Jena 1870) erschien. 1866 bereiste er die Vereinigten Staaten und widmete besonders dem amerik. Sektenwesen eingehende Studien, die er nebst andern Ergebnissen in dem vielgelesenen Werke «New America» (2 Bde., Lond. 1867; 8. Aufl. 1869; deutsch, Jena 1868) niederlegte. Neue Materialien zur Geschichte der Religionsschwärmerei verarbeitete er in «Spiritual wives» (2 Bde., Lond. 1868; deutsch «Seelenbräute» von Frese, Berl. 1868), einem Werke, das durch die Offenheit in der Behandlung gewisser spiritistisch-sensualistischer Vorgänge großes Aufsehen hervorrief. Seine nächste histor. Arbeit «Her Majesty's Tower» (4 Bde., Lond. 1869–71; 7. Aufl. 1885; deutsch, 2 Bde., Berl. 1870) gab eine Geschichte des

Towers bis auf die neueste Zeit. Inzwischen bereiste D. Rußland, ebenfalls mit besonderer Rücksicht auf das dortige Sektenwesen, und teilte die Reiseeindrücke in «Free Russia» (2 Bde., Lond. 1870; deutsch, Berl. 1870) mit. Hierauf folgte nach einer Reise in die Schweiz das ähnlich gehaltene Werk «The Switzers» (Lond. 1872; deutsch, Berl. 1872). Als letzte histor. Arbeit ist endlich die auf archivalischen Forschungen beruhende «History of two queens: Catharine of Aragon and Anne Boleyn» (4 Bde., Lond. 1873—74) und «Royal Windsor» (4 Bde., 1878—79) zu nennen, während eine 1875 unternommene neue Reise nach Amerika ihn zu dem die ethnolog. Probleme der nordamerik. Republik erörternden Werke «White conquest» (2 Bde., Lond. 1875) und Englands Erwerbung von Cypern zu der ebenfalls als Frucht einer Reise erscheinenden Schrift «British Cyprus» (edd. 1879) veranlaßte. Außerdem erschienen die Romane «Diana, Lady Lyle» (3 Bde., Lond. 1877; deutsch, Berl. 1879) und «Ruby Grey» (3 Bde., Lond. 1878). D. starb 27. Dez. 1879 in London.

Diyamir, Berg im Himalaja, s. Dajarmür.

Dizful, pers. Stadt, s. Disfûl.

Dizier, Saint, franz. Stadt, s. Saint Dizier.

Dj . . ., damit beginnende orient. Wörter, welche man hier vermißt, sind unter Dsch . . . aufzusuchen.

Djak (russ.), d. h. Sekretär, Schreiber, abgeleitet vom griech. diakonos, weil in Rußland die ersten Schriftkundigen Geistliche waren und Glieder der niedern Geistlichkeit als Schreiber benutzt wurden. Im Moskauer Zarentum bilden die Schreiber in den Behörden eine Klasse, die zu den Dienstleuten (s. d.) zählte, aber doch vielfach zu den übrigen Dienstleuten im Gegensatz stand. Ein Sekretär hieß djak, der Untersekretär poddjačij. Ihre ganze Bildung bestand in der Kenntnis des Kanzleigeschäftsganges. Da die ganze Verwaltung nicht nach festen Gesetzen, sondern nach dem Ermessen des Zaren und seiner Ratgeber und nach augenblicklichen Verordnungen geführt wurde, so beherrschten diese Beamten die Geschäfte durch ihre Kenntnis der Formalitäten und der Details in der Masse der Verordnungen. Bei den obern Klassen, die ohne diese Beamten ratlos waren, waren sie verachtet, beim Volke wegen Käuflichkeit und Erpressung verhaßt. Das Wort poddjačij wird heute noch zur Bezeichnung einer verrotteten und bestechlichen Bureaukratie gebraucht. Die Gesamtheit der bureaukratischen Beamten wurden unter dem Namen prikaznyje ljudi zusammengefaßt. Angesehen waren die dumnyje djaki, die an der Spitze der Kanzlei der zarischen duma, des Bojarenrats, standen und etwa Staatssekretären entsprachen.

Djaköva (Diakowa) oder Gjakovica, Stadt im Sandschak Ipek des türk. Wilajets Kosovo (Albanien), an einem Zuflusse des Weißen Drin, 30 km nordwestlich von Prizren, in 393 m Höhe, in kahler Umgebung, hat etwa 25000 E., meist mohammed. Albanesen, in der Umgegend vorwiegend kath. Miriditen.

Djakovo, ungar. Stadt, s. Diakovár.

Djambi (Jambi), Vasallenstaat der Niederländer auf der Insel Sumatra, zwischen Indragiri und Palembang gelegen, wird von dem Flusse D. durchflossen, der, mit 2 Quellarmen entspringend, die östl. Alluvialebene durchfließt und unter 1° südl. Br. in die Chinesische Südsee mündet. Der Staat bildet einen Teil der Residentschaft Palembang (s. d.) und hat 76000 malaiische E., denen sich javan. Elemente beigemischt haben. Der Hauptort D. liegt am Flusse, 60 km oberhalb der Mündung.

Djangeh, afrik. Negerstamm, s. Dinka.

Djäus, s. Dyäus.

Djavefett, s. Bassiafette.

Djebeil, Dschebail, das alte Byblos (s. d.).

Djebel, s. Dschebel.

Djeduschka, s. Domowoj.

Djenne, Dschenne, s. Massina.

Djeryb, der türk. Name des Hektars von 100 Murabba'i-â'chary oder 100 a.

Djewad Pascha, s. Dschewad Pascha.

Djilolo, die größte Molukkeninsel, s. Halmahêra.

Djocjakarta, s. Dschokschakarta.

Djoma, Nebenfluß der Bjelaja, s. Dema.

Djong (Dschong), niederländ.-ostind. Feldmaß, s. Bouw.

Djordjic (spr. dschordschitsch), Ignaz, dalmatin. Dichter, s. Gjorgjić.

Dlugosz (spr. -osch), Jan, lat. Longinus, poln. Historiker, geb. 1415 in Brzeznica, Schüler der Krakauer Universität, 1436 Krakauer Domherr, starb als designierter Erzbischof von Lemberg 19. Mai 1480. Seine Gönner, Bischof Zbygniew von Krakau, dann König Kasimir, benutzten ihn zu wichtigen Sendungen nach Rom, Ofen, Prag u. a.; er leitete die Erziehung der Söhne des Königs; zahlreiche fromme und wohlthätige Stiftungen (für Universitätsschüler) gehen auf ihn zurück. D. ist einer der namhaftesten Historiker des 15. Jahrh. Sein Hauptwerk, die Frucht 25jähriger Mühen, ist die «Historia polonica» in 12 Büchern (1. Ausg., 1.—6. Buch, Dobromil 1615; 2. in 13 Büchern, 2 Bde., Lpz. 1711—12, durch van Huyssen); sie umfaßt die Gesamtgeschichte Polens und seiner Nachbarländer, auf Grund des ausgedehntesten Quellenstudiums, getragen von strenggläubigem und nationalpatriotischem Sinne. Die Darstellung der ältern Geschichte wird oft nur rhetorische Ausschmückung der Quellen; von größerm Werte dagegen ist die des letzten Jahrhunderts (1386—1480, Buch 10—12), als die einzige zusammenhängende Schilderung jener Zeit. Wichtig sind seine Sammelwerke: «Liber beneficiorum dioecesis Cracoviensis» (3 Bücher), eine Beschreibung des Krakauer Sprengels, seiner Kirchen und Klöster und ihrer Gerechtsame; dann «Lites et res gestae inter Polonos ordinemque cruciferorum», die Prozeßakte zwischen Polen und dem Ordensstaate (hg. von Graf T. Dzialynski, 3 Tle., Posen 1855—56); die Bischofskataloge aller altpoln. Diöcesen. Außerdem verfaßte er «Vita beatissimi Stanislai» (Krak. 1511 u. ö.; deutsch, Gratz 1595), «Vita beatissimae Kingae», «Banderia Prutenorum» (Abbildung und Beschreibung der 1410 und 1431 von den Polen erbeuteten Ordensbanner) u. a. Eine Gesamtausgabe seiner Werke unternahm Graf Alexander Przezdziecki (14 Bde., Krak. 1863—87).

D. m., in Musikwerken Abkürzung für destra mano (ital.), d. h. mit der rechten Hand.

D. M., in England Abkürzung für Doctor Medicinae, auch für Doctor of Music. (Vgl. Dii.)

Dmitrij, s. Demetrius (russ. Großfürsten).

Dmitrijew. 1) Kreis im nordwestl. Teil des Gouvernements Kursk, hat 3174,8 qkm, 116046 E. (Großrussen), Ackerbau und Zuckerfabriken. — 2) D., auch Dmitrowsk, Dmitroslawsk und Dmitroslawl, **Kreisstadt** im Kreis D., 107 km nordwestlich von Kursk, an der zum Sejm gehenden Usoscha, hat (1888) 4313 E., 1 Kirche,

Talgsiedereien, Ziegeleien, Handel mit Getreide, Hanf und Talg. D. war bis 1779 Dorf.

Dmitrijew, Iwan Iwanowitsch, russ. Dichter, geb. 20. (9.) Sept. 1760 im Gouvernement Simbirsk, kam 1774 auf die Schule des Semenowschen Garderegiments in Petersburg, wurde 1780 mit dem Derschawinschen Kreis bekannt, veröffentlichte seine ersten Versuche, ein Lied «Das Täubchen» und eine Erzählung «Die Frau nach der Mode» in Karamsins «Moskauer Journal» (1791) und wendete sich auf Karamsins Rat ausschließlich der leichtern Lyrik zu. 1795 trat er in den Civildienst, 1802 zog er nach Moskau, trat in nahen Verkehr mit Karamsin und begann eine rege übersetzerische Thätigkeit. 1810—14 war er Justizminister und zog sich dann nach Moskau zurück, wo er 15. (3.) Okt. 1837 starb. Er gehörte zu den «Karamsinisten» und bekämpfte wie diese den Pseudoklassicismus (Satire «Fremde Meinung» [Cužoj tolk]). Sein Hauptwerk ist die Übersetzung der Lafontaine'schen Fabeln. Seine Arbeiten im «Moskauer Journal» und im «Boten Europas», besonders aber die Sammlung seiner Gedichte «Auch meine Kleinigkeiten» trugen ihm großen Ruhm ein. In seinem 66. Jahr schrieb er seine Memoiren («Ein Überblick über mein Leben», 3 Tle., Mosk. 1866). Eine Ausgabe seiner Werke erschien in Moskau 1795 (3 Bde.; 6. vom Dichter selbst stark gekürzte Ausg., mit Biographie vom Fürsten P. Wjasemskij, 2 Bde., Petersb. 1823). Die Fabeln wurden neu herausgegeben Moskau 1838, Petersburg 1866.

Dmitroslawl (Dmitroslawsk, Dmitroswapsk), s. Dmitrijew (Kreis und Kreisstadt).

Dmitrow. 1) **Kreis** im nordöstl. Teil des russ. Gouvernements Moskau, im Westen hügelige Hochebene, im Norden sumpfige Wälder, hat 2433,2 qkm, 144802 E., Baumwollspinnerei und Weberei, Tuch- und Porzellanfabriken, Anfertigung von Wattwerk, Handschuhen, Koffern u. s. w. — 2) **Kreisstadt** im Kreis D., 70 km nördlich von Moskau, an der Jachroma, hat (1888) 9154 E., Post, Telegraph, 8 Kirchen, 1 Mönchskloster, 2 Tuchfabriken, 4 Gerbereien, Gemüsebau und bedeutenden Handel mit Gemüse und Getreide. — D. soll 1154 gegründet und einem Enkel Monomachs, Dmitrij, zu Ehren benannt sein; es wurde 1781 Kreisstadt.

Dmitrowsk. 1) **Kreis** im südwestl. Teil des russ. Gouvernements Orel, wenig bewaldete Hochebene, hat 2463 qkm, 94864 E., und Ackerbau. — 2) **Kreisstadt** im Kreis D., 94 km südwestlich von Orel, an der Nerussa, hat (1888) 6984 E., Post, Telegraph, 4 Kirchen, Handel mit Hanf, Hanföl, Getreide, Talg. — D., von dem ehemaligen moldauischen Hospodaren Dmitrij Kantemir, der 1711 von Peter d. Gr. in dortiger Gegend 1000 Höfe erhielt, als Dorf gegründet, ging 1723 an die Krone über und wurde 1782 Kreisstadt.

D-moll (ital. re minore; frz. ré mineur; engl. d minor), die Moll-Tonart, bei welcher der Ton h um einen halben Ton erniedrigt wird, also 1 ♭ vorgezeichnet ist; parallele Dur-Tonart ist F-dur (s. Ton und Tonarten).

D. M. S., auch nur D. M., s. Dii.

Dne., hinter Pflanzennamen Abkürzung für Joseph Decaisne (s. d.).

Dnjepr, im Altertum Borysthenes, seit dem 4. Jahrh. n. Chr. Danapris, bei den Türken Usu oder Usy, bei den Tataren Eksi, nach der Wolga und Donau der größte Strom Europas, entspringt in den Sümpfen des Wolkonskijwaldes aus dem See Mschara (im Kreis Bjelyj des Gouvernements Smolensk), unweit der Quellen der Wolga und der Düna, fließt südlich durch neun Gouvernements und mündet in den Dnjepr-Liman (s. d.) des Schwarzen Meers. Seine Länge mit Ausschluß des Liman beträgt 2146,4 km. Der kurze südl. Oberlauf des D. reicht bis Dorogobusch, von da an wendet er sich westlich bis unterhalb Smolensk, von Orscha an südlich, wobei das rechte Ufer höher wird als das linke. Unterhalb Kiew durchbricht er in südöstl. Richtung und in vielen Krümmungen die Steppenfläche der Ukraine; bis Kremmentschug finden sich zahlreiche Sandbänke im Flußbett, von da bis Jekaterinoslaw werden die Ufer höher und enger, und es folgen nun in südl. Richtung auf einer Strecke von 70 km in einem engen von Granitfelsen gebildeten Thal die sog. Porogi (Klippen, Stromschnellen), d. h. Felsblöcke, die in Reihen quer durch das Flußbett gehen und über die das Wasser mit Getöse hinwegschäumt. Es werden 10 Hauptgruppen solcher Klippen gezählt. Die Schiffahrt über sie ist nur bei Hochwasser und mit Hilfe der Lotsen in Lozmanskaja Kamenka möglich. Die Bemühungen, durch Sprengen der Felsblöcke besseres Fahrwasser zu erzielen, sind bisher ohne durchgreifenden Erfolg geblieben. Das Gefälle beträgt auf dieser Strecke etwa 50 m. Im Unterlauf von Alexandrowsk an nimmt der D. eine südwestl. Richtung, spaltet sich oft in Arme, die Inseln bilden, und mündet 28 km unterhalb Cherson. Hauptnebenflüsse sind rechts die Beresina, der Pripet, Teterew, Ingulez, links der Sosch, die Desna (s. d.), die Sula, Worskla, Samara. Das Flußgebiet des D. beträgt 526956 qkm, wovon 3279,9 qkm auf österr.-ungar. Gebiet (Galizien) liegen. Schiffbar wird der D. schon bei Dorogobusch, doch erst vom Gouvernement Mohilew an hat er Bedeutung für den Handel. Dampfschiffe gehen zwischen Orscha und Jekaterinoslaw, und zwischen Alexandrowsk und Cherson. 1889 befuhren den D. 10175 Schiffe und 10091 Flöße mit 77757000 Pud Fracht im Wert von 38818000 Rubel. Der D. ist eisfrei bei Dorogobusch 248, bei Cherson 280 Tage. Er steht mit der Ostsee durch drei Wasserstraßen in Verbindung: mittels der Düna durch die Beresina und den Beresinakanal; mittels des Niemen durch den Pripet, die Jasiolda und den Oginschen Kanal; mittels der Weichsel durch den Pripet und den Dnjepr-Bugkanal (s. d.).

Dnjepr-Bugkanal oder Königlicher Kanal, Kanal im Kreis Kobrin des russ. Gouvernements Grodno, verbindet den zum westl. Bug und mit diesem zur Weichsel gehenden Muchawez mit der Pina (Nebenfluß des zum Dnjepr gehenden Pripet) und ist 80 km lang, 10,6 m breit, 1,5 m tief. Er wurde unter König Stanislaus August von Polen begonnen, aber erst 1841 vollendet und dient namentlich zur Beförderung von Getreide, Bauholz u. s. w. nach Warschau, Danzig, Pillau. 1889 passierten die Pina bei der Stadt Pinsk 167 Dampfer, 568 Frachtkähne und 19473 Flöße. Die Entfernung vom Schwarzen Meer bis zur Ostsee über den D. beläuft sich auf 2614 km.

Dnjepr-Liman (tatar. Usu-Limani), Meerbusen an der Nordküste des Schwarzen Meers, an den Mündungen der Flüsse Dnjepr und Bug, 60 km lang und bis 17 km breit. Sein nordöstl. Ufer ist hoch, das südliche niedrig und sandig; der Grund schlammig, mit vielen Sandbänken, durch die ein

Kanal geführt ist. Das Wasser ist schwach salzig und wird durch frische Winde um 0,5 m gehoben oder gesenkt. Eine Reede ist bei Otschakow. Der D. war schon im Altertum durch seinen Fischreichtum bekannt.

Dnjeprowsk. 1) Kreis im westl. Teil des russ. Gouvernements Taurien am Schwarzen Meer, zwischen der Dnjeprmündung und dem Siwasch, hat 15463,1 qkm, 151778 E., bedeutende Schafzucht und Salzgewinnung. Kreisstadt ist Aleschki (s. d.), das ehemals ebenfalls D. hieß. — 2) **Kreis** und **Kreisstadt** im russ. Gouvernement Jekaterinoslaw, s. Werchnednjeprowsk.

Dnjestr, im Altertum Tyras, seit dem 4. Jahrh. n. Chr. Danastris, türk. Turla, zum Becken des Schwarzen Meers gehöriger Strom im südöstl. Europa, entspringt im Kreis Sambor in Galizien auf dem Nordabhang der Karpaten, unweit der Quellen des San, fließt zuerst in nordöstl., dann in südöstl. Richtung, bildet zwischen der Mündung des Onut (von rechts) und des Zbrucz (von links) die Grenze zwischen Galizien und Bessarabien, geht dann ganz auf russ. Gebiet über, bildet die Grenze zwischen Bessarabien einerseits und Podolien und Cherson andererseits und mündet in den Dnjestr-Liman (s. d.) an der Nordwestküste des Schwarzen Meers. Seine Länge mit dem Liman beträgt 1372 km, wovon 478 auf Galizien, 47 auf das Grenzgebiet, 847 auf Rußland kommen; sein Flußgebiet 76862 qkm (34100 in Galizien, 42762 in Rußland). Der Lauf des D. ist voller Krümmungen, die Strömung reißend, die durchschnittliche Breite beträgt 20, die größte Tiefe 6 m, die Ufer sind felsig. Im Flußthal befinden sich viele Seen, die durch das regelmäßige zweimalige Hochwasser im Frühjahr und im Juli oder August gebildet werden. Steine und Sandbänke im Flußbett hindern die Schiffahrt. Unterhalb Jampol werden durch Granitmassen die Jampolschen Porogi oder Stromschnellen gebildet. Doch ist durch dieselben ein Kanal gehauen und die Dampfschiffahrt beginnt schon bei Chotin. 1889 verkehrten auf dem D. 2893 Schiffe und 1127 Flöße mit 14132000 Pud Fracht im Werte von 7568000 Rubel. Er ist bei Mohilew 291 Tage eisfrei. Bedeutende Nebenflüsse sind nur im Oberlauf: der Stryj (von rechts), der Sereth (von links) u. a.

Dnjestr-Liman, Meerbusen des Schwarzen Meers, der den Dnjestr (s. d.) aufnimmt. Er ist 42 (von der Dnjestrmündung an 32) km lang, 8—9 km breit, seicht, für die Schiffahrt schwierig, aber fischreich.

Dnjestr-Staatsbahn, von Chyrów nach Stryj, mit Zweigbahn Drohobycz-Boryslaw (112,5 km, eröffnet 31. Dez. 1872), ist der k. k. Betriebsdirektion in Krakau unterstellt (s. Österreichisch-Ungarische Eisenbahnen).

Do., Abkürzung für Dito (s. d.).

Doāb oder Duāb, die in Nordindien gebräuchliche pers. Bezeichnung (von dō = 2 und āb = Wasser, Fluß) der zwischen zwei sich vereinigenden Strömen gelegenen Landzunge. D. schlechthin wird gewöhnlich das Land zwischen Ganges und Dschamna genannt. Zwischen den Flüssen des Pandschabs und dem Indus befinden sich 5 D., s. Pandschab.

Do'ân, Thal im südl. Arabien, Landschaft Ober-Hadramaut, östlich von Jemen, merkwürdig durch seinen gewundenen Lauf, seine Tiefe und Breite. Auf der Strecke von Ribât bis Seïf zählt man 14 Städte und 10 Dörfer und unter den erstern manche von 10000 E. Bei einer Schwefeldämpfe aushauchenden Quelle ist nach dem Glauben der Araber der Eingang zur Hölle.

Döbbelin, Schauspieler, s. Döbelin.

Dobberan, Stadt, s. Doberan.

Dobberschütz, poln. Dobrzyca, Stadt im Kreis Krotoschin des preuß. Reg.-Bez. Posen, 26 km im NO. von Krotoschin, nahe an der zur Warthe gehenden Lutinia, hat (1890) 1344 E., darunter 424 Evangelische und 102 Israeliten, Post, Telegraph, Vorschußverein; Maschinenbauanstalt und Eisengießerei und Landwirtschaft.

Dobbert, Eduard, Kunsthistoriker, geb. 25. März 1839 in Petersburg, studierte in Dorpat, Jena, Berlin und Heidelberg Geschichte, wirkte bis 1869 in Petersburg als Lehrer und gab 1866 die «Petersburger Wochenschrift» heraus. Seit 1869 widmete er sich ganz der Kunstgeschichte, verlebte die nächstfolgenden Jahre in München und auf Studienreisen in Rußland und Italien und habilitierte sich 1873 mit der Schrift «Über den Stil Niccolo Pisanos und dessen Ursprung» (Münch. 1873) an der Universität München. Hierauf wurde er nach Berlin als Lehrer an die Akademie der Künste und an die damalige Bauakademie und Gewerbeakademie (seit 1879 zur Technischen Hochschule vereinigt) berufen und 1874 zum Professor ernannt. Er schrieb u. a.: «Die Darstellung des Abendmahls durch die byzant. Kunst» (Lpz. 1872), «Beiträge zur Geschichte der ital. Kunst gegen Ausgang des Mittelalters» (ebd. 1878), «Der Triumph des Todes im Campo santo zu Pisa» (in dem «Repertorium für Kunstwissenschaft», Bd. 4, Stuttg. 1881), «Zur Geschichte der Elfenbeinskulptur» (Bd. 8, ebd. 1885), «Das Abendmahl Christi in der bildenden Kunst bis gegen den Schluß des 14. Jahrh.» (Bd. 13, ebd. 1890 fg.), «Gottfried Schadow» (Berl. 1887), «Zur Entstehungsgeschichte des Crucifixes» (im «Jahrbuch der königlich preuß. Kunstsammlungen», Bd. 1, 1880), «Duccios Bild: Die Geburt Christi in der königl. Gemälde-Galerie zu Berlin» (Bd. 6, Berl. 1885).

Dobbertin, Dorf im mecklenb. Klosteramt D. (4922 E., 2444 männl., 2478 weibl.), 21 km im SW. von Güstrow, am Javirsee, hat (1890) 599 E., Post, Telegraph, ein 1238 gestiftetes ehemaliges Cistercienser-Nonnenkloster, jetzt Jungfrauenkloster genannt (251 qkm Gebiet, 10 Kirchdörfer, darunter Mestlin, 26 Kloster- und 4 ritterschaftliche Güter), Industrieschule, Kranken-, Armenhaus; Mühlen, Kalkbrennerei.

Dobczyce (spr. dóbtschüze), Stadt in der österr. Bezirkshauptmannschaft Wieliczka in Galizien, an der rechts zur Weichsel gehenden Raba, hat (1890) 3329 poln. E., Post, Bezirksgericht (45 Gemeinden, 48 Ortschaften, 38 Gutsgebiete, 24174 E.), Burgruine, Tuchweberei und war früher befestigt.

Döbel, Holzpflock, s. Dübel.

Döbel (Squalius, s. Leuciscus), eine Untergattung von Süßwasserfischen aus der Familie der Karpfen und der Gattung der Weißfische, welche in Mitteleuropa durch zwei, häufig miteinander verwechselte Arten vertreten ist. Bei der größern Art, dem eigentlichen D., Aitel, Dickkopf, Alat (Squalius cephalus *L.* s. dobula *Leib.*), ist der Kopf breit, gewölbt, das Maul sehr weit; der Rücken rund, braun oder schwarzgrün; die Seiten gelblich; After- und Bauchflossen rot, die andern Flossen schwärzlich. Er wird bis zu 60 cm lang und in seltenen

Fällen bis 4,5 kg schwer, lebt in der Jugend von Würmern und Insekten, später von kleinen Fischen, Krebsen, Fröschen, selbst Mäusen und hat ein kurzes, weißes, mit reichlichen Gräten gespicktes mageres Fleisch, weswegen er auch mehr als Futter für andere Fische, denn als Speise für den Menschen geschätzt ist. Die kleinere Art, der **Hasel, Häsling** (Squalius leuciscus *L.*), ist gestreckter, der Kopf schmächtiger, spitzer, der Rücken schwarzblau, die Länge höchstens 20 cm. Der Fisch gilt als guter Köder für Forellen und wird deshalb an vielen Orten auch **Angelfisch** genannt.

Döbel, Heinr. Wilh., Forstmann, geb. 1699 im sächs. Erzgebirge, einer der bedeutendsten «hirsch- und holzgerechten» Jäger seiner Zeit, besuchte nach Vollendung seiner Lehrzeit von 1717 an die Wälder und Jägereien Deutschlands. Nach einer wechselvollen Laufbahn befand er sich um 1733 als Oberpileur am Hofe des Kurfürsten Friedrich August II. in Hubertusburg. Um 1757 soll er Förster zu Falkenberg und Schmeckendorf (in Sachsen) gewesen sein. D. starb nach 1760 in Warschau oder in Pleß. Die Jägerei stand ihm viel höher als das Forstwesen. Seine bedeutendste Schrift erschien 1746 (Leipzig) u. d. T. «Neu eröffnete Jäger-Practica oder der wohlgeübte und erfahrene Jäger. Darinnen eine vollständige Anweisung zur ganzen, hohen und niedern Jagdwissenschaft» (4 Tle., mit vielen Kupfertafeln; 4. Aufl., 3 Tle., 1828, hg. von K. F. L. Döbel und F. W. Benicken).

Dobelbad, s. Tobelbad.

Döbeldecke, s. Docke (Bd. 4, S. 857 a).

Döbelin (auch **Döbbelin**), Karl Theodor, Schauspieler, geb. 27. April 1727 zu Königsberg i. Pr., ging, nachdem er in Halle und Leipzig Jura studiert hatte, vorher auch einige Zeit Soldat gewesen war, zur Gesellschaft der Neuberin, nahm 1752 ein Engagement bei der Schuch, 1754 bei der Ackermannschen Gesellschaft an und gründete 1756 in Erfurt eine eigene Gesellschaft, deren Vorstellungen im April ihren Anfang nahmen. Schon in der zweiten Stadt seiner direktorialen Wirksamkeit, in Wien, mußte er seine Gesellschaft aufgeben; auch eine neue, die er 1757 begründete und mit welcher er in Köln und Düsseldorf spielte, löste sich 1758 wieder auf. Bis 1766 war D. abermals Mitglied der Ackermannschen, dann der Schuchschen Gesellschaft und gründete 1767 die dritte Gesellschaft, die er bis 1789 leitete, dann aber an den Hof in Berlin abtrat und die somit die Grundlage des Berliner Hoftheaters wurde. D. starb 10. Dez. 1793 zu Berlin. Er verstand nicht nur viele der besten Kräfte (u. a. Fleck, Christ, Madame Schick, Mattausch) um sich zu scharen, sondern erstrebte auch mit Bewußtsein die Reform der Bühne. Er brach dem Lessingschen Drama und damit dem Drama der Zukunft in glänzender Weise die Bahn. Seine Unternehmungslust hielt das Berliner Theaterleben in Fluß.

Dobell, Sydney Thompson, engl. Dichter, geb. 1824 zu Cranbrook in Kent, trat 1850 mit dem dramat. Gedichte «The Roman» mit Beifall als Schriftsteller auf. Darauf hielt er sich einige Zeit in der Schweiz auf, später, bis 1857, in Edinburgh, endlich auf den Cotswold Hills bei Gloucester. Von seinen Dichtungen sind noch weiter zu nennen: «Balder. Part the first» (Lond. 1854), «Sonnets on the war» (ebd. 1855), zusammen mit A. Smith; «England in time of war» (ebd. 1856), «England's day» (1871), eine geistreiche Herausforderung an Bismarck, Präsident Grant und Gortschakow in lyrischer Form; eine kleinere Sammlung Verse u. d. T.: «Love. To a little girl» (1863). Ferner veröffentlichte D. eine Flugschrift «Of parliamentary reform; a letter to a politician» (Lond. 1865), die für eine klassenmäßige Abstufung des Wahlrechts eintrat. Er starb 1874. Nach seinem Tode erschienen: «The poetical works of Sydney D., with introductory notice and memoir by J. Nichol» (2 Bde., Lond. 1875), «Thoughts on art, philosophy and religion» (hg. von Nichol, ebd. 1876), «The life and letters of Sydney D., edited by Miss E. Jolly» (2 Bde., ebd. 1878). D. war ein Dichter von lebendiger Einbildung und dichterischer Kraft, auch in der Form ein Meister, besonders im Blankvers.

Döbeln. 1) **Amtshauptmannschaft** in der sächs. Kreishauptmannschaft Leipzig, hat 583,93 qkm, (1890) 107 203 (53 490 männl., 53 713 weibl.) E., darunter 1724 Katholiken, in 6 Städten und 195 Landgemeinden. — 2) **Hauptstadt** der Amtshauptmannschaft D., 67 km südöstlich von Leipzig, zum Teil (innere Stadt) auf einer Insel der Freiberger Mulde, in fruchtbarer Gegend, in einem reizenden Thalkessel, an den Linien Leipzig-D.-Dresden, Röderau-Riesa-Chemnitz und der Nebenlinie D.-Mügeln (19,5 km) der Sächs. Staatsbahnen, ist Sitz der Amtshauptmannschaft, eines Amtsgerichts (Landgericht Freiberg), einer Bezirksschul-, Straßen- und Wasserbau-, Brandversicherungs- und Gewerbe-Inspektion und hat (1890) 13 892 (7361 männl., 6531 weibl.) E., darunter 334 Katholiken, in Garnison (1127 Mann) das 1. und 2. Bataillon des 139. Infanterieregiments, Post erster Klasse mit Zweigstelle, Telegraph, Fernsprechanstalt; Stadtkirche St. Nikolai mit kunstreichem, altertümlichem Altar; zwei Bürgerschulen, darunter eine auf dem Schloßberg, wo früher ein 1429 von den Hussiten zerstörtes markgräfl. Schloß stand, ein Stadttheater (1871), ein königl. Realgymnasium (1869 eröffnet, Rektor Dr. Rühlmann, 26 Lehrer, 16 Klassen, 207 Schüler), seit 1872 mit einer Landwirtschaftsschule (4 getrennte Klassen, 77 Schüler) verbunden, Bürgerschule, Handelsschule, Waisenhaus (1875) im Wappenhenschstift, städtische Sparkasse, Wasserwerk, Schlachthof (1888) und Pferdebahn. In der nördl. Vorstadt (Staupitzberg) liegt das Staupitzbad, eine Anstalt für irisch-römische, Kiefernadel- und andere Bäder. Die bedeutende Industrie erstreckt sich auf Wollspinnerei, Eisengießerei, Wagenbau, Metalldruckerei und -Prägerei, sowie Fabrikation von Tuch, Leder, namentlich Lack- und Kidleder, von landwirtschaftlichen Maschinen, lackierten Blechwaren, Brückenwagen, Cigarren, Silberwaren, Dachpappe, Holzcement, Asphalt, Feuerspritzen, Drechslerwaren und Klaviere; in der Umgebung werden Tuch, Papier, Pappe und Drahtstifte fabriziert. D. ist Mittelpunkt eines bedeutenden Getreidehandels mit Getreidebörse und hat ansehnlichen Butterhandel. — Vgl. Chronik von D. und Umgegend, hg. von Biltz und Hingst (2 Bde., Döbeln 1870—72).

Döben, Schloß bei Grimma (s. d.).

Dobeneck, Theolog, s. Cochlaeus, Johs.

Doberan, Dobberan, Stadt im Domanialamt D. (10 186 E., 5133 männl., 5053 weibl.) des

Großherzogtums Mecklenburg-Schwerin in der Herrschaft Rostock des ehemaligen Herzogtums Güstrow, Sommerresidenz des Großherzogs, 6 km von der Ostsee und 16 km von Rostock, an der Nebenlinie Rostock-Wismar der Mecklenb. Friedrich-Franz-Eisenbahn, hat (1890) 4348 E., darunter 16 Katholiken, Post erster Klasse, Telegraph, großherzogl. Domanialamt (zugleich Strandamt), Amtsgericht (Landgericht Rostock), Forstinspektion, Verwaltung des großherzogl. Haushalts, Superintendentur; in dem inmitten der Stadt gelegenen Park, dem Kamp, ein großherzogl. Schloß mit prächtigem Garten, sowie das neue Rathaus (1878) mit schönem Saale, am Alexandrinenplatz und am Rande des Prinzengartens das Prinzenpalais, das neue got. Gymnasium (1889), und das Postgebäude. An Stelle der 1186 im Rundbogenstil erbauten, 1232 geweihten und 1291 vom Blitz zerstörten Kirche wurde im 13. Jahrh. eine neue gotische erbaut, eine der schönsten Norddeutschlands, und 1368 geweiht; sie enthält viele alte Kunstschätze und Denkmäler sowie zahlreiche Gräber mecklenb. Fürsten. Angebaut ist die uralte Bülowkapelle und der Kreuzgang des von Pribislaw II. 1186 gegründeten Cistercienserklosters; dasselbe wurde 1552 säkularisiert. Neben der Kirche die 1879 restaurierte Heilige Blutskapelle mit Glas- und Wandmalereien, wo nach der Sage früher eine blutende Hostie aufbewahrt worden sein soll. Die Stadt hat eine Maschinenfabrik und Eisengießerei, Schokoladen-, Bonbon-, Senffabrik, Dampfsägewerk, drei Mühlen und wird wegen ihrer heilkräftigen Stahlquelle, 1820 entdeckt, viel besucht. Das 1822 erbaute Bad auf der Südseite der Stadt ist von prächtigen Anlagen umgeben und enthält ein pneumatisches Kabinett. Mit dem 6 km entfernten Seebad Heiligendamm (s. d.) ist D. durch Tertiärbahn verbunden. 2 km von D. das alte Kloster Althof. 1160 erbaute Pribislaw eine Kapelle, 1173 eine Abtei, die 1178 von den heidn. Wenden zerstört wurde. Das Kloster, seit 1323 zur Herrschaft Mecklenburg gehörig, wurde 1552 durch Herzog Johann Albrecht I. säkularisiert; die Kapelle, 1889 wiederhergestellt, dient der Gemeinde Althof als Kirche. D. wurde 1. Juli 1879 zur Stadt erhoben. — Vgl. Beschreibung von D. (Wism. 1857); Compart, Geschichte des Klosters D. bis zum J. 1300 (Rostock 1873).

Döbereiner, Joh. Wolfgang, Chemiker, geb. 15. Dez. 1780 auf Rittergut Bug bei Hof, erlernte zu Münchberg die Pharmacie, war seit 1799 zu Karlsruhe thätig und begründete 1803 in seiner Heimat eine chem.-technische Fabrik, mußte dieselbe aber nach 2 Jahren wieder aufgeben. Er wurde 1810 Professor der Chemie, Pharmacie und Technologie in Jena und starb daselbst 24. März 1849. Unter seinen vielfachen Entdeckungen erregte die der Entzündlichkeit des Wasserstoffs durch Platinschwamm und die Anwendung hiervon zur Herstellung der Platinfeuerzeuge (s. Feuerzeug) das meiste Aufsehen. Er schrieb namentlich: «Zur pneumat. Chemie» (4 Bde., Jena 1821—25), «Zur Gärungschemie» (edd. 1822; 2. Aufl. 1844), «Über neuentdeckte, höchst merkwürdige Eigenschaften des Platins u. s. w.» (edd. 1824), «Beiträge zur physik. Chemie» (Heft 1—3, edd. 1824—35) und «Zur Chemie des Platins» (Stuttg. 1836). Auch seine Lehrbücher der Chemie waren geschätzt. In Jena trat D. in nähere Beziehungen zu dem Großherzog Karl August von Weimar und zu Goethe, wie deren Briefe (hg. von Schade, Weimar 1856) an D. bekunden. Mit seinem Sohne, Franz D., der sich unter anderm durch eine «Kameralchemie» (3 Abteil., Dessau 1851—52) litterarisch bekannt gemacht, gab er ein «Deutsches Apothekerbuch» (3 Bde., Stuttg. 1840—55) heraus.

Dobiaschofsky, Franz, Historienmaler, geb. 23. Nov. 1818 in Wien, war an der Akademie daselbst Schüler von Führich und Kupelwieser. In seinen religiösen Werken, wie: Tod der heil. Cäcilia (1837), Abrahams Opfer, Ahasverus verurteilt Hamann zum Tode, Johannes in der Wüste (1843), Joseph erzählt den Brüdern seine Träume (1845), blieb er der Richtung jener beiden Meister treu; er weiß aber in seinen geschichtlichen und Genrebildern Romantik mit Realität bei gefälligem Vortrag zu verbinden. In Italien sammelte er zahlreiche Vorwürfe aus dem Volksleben, die er in stimmungsvollen Gemälden verwertete. Hierher gehört: Cimabue den Knaben Giotto als Hirtenknaben findend (1847), Der Traum einer Nonne, Römische Hirtenfamilie (1857), Ein Liebespaar in einem Garten sich küssend (1867; Hofmuseum in Wien). Von seinen Geschichtsbildern sind zu nennen: Kaiser Otto I. auf der Jagd mit Leopold dem Babenberger (1846), Herzog Albrecht III. als Besieger der heidn. Preußen nach Wien zurückkehrend (1847); die Errettung der Cimburgis aus den Klauen eines Bären durch Herzog Ernst den Eisernen (1850; Hofmuseum in Wien). Große monumentale Wandmalereien entwarf D. in der Neulerchenfelder Kirche und im Treppenhause der Wiener Hofoper; für die Elisabethkirche zu Wien malte er 1867 das Hochaltarbild: Das Rosenwunder der heil. Elisabeth. Er starb 7. Dez. 1867 in Wien.

Doblen, Flecken im Kreis Mitau des russ. Gouvernements Kurland, 30 km westlich von Mitau, an der Behrse, hat etwa 2000 E., Ruinen des 1263 von dem Heermeister Burchard Hornhausen erbauten Schlosses D., das im 16. Jahrh. eine hervorragende Stellung einnahm.

Doblēro («Doppelter»), eine bis 1848 gesetzliche Geldrechnungsstufe auf den Balearischen Inseln. Auf Mallorca war der in 2 Libra-Dinéros geteilte D. = $^1/_{17}$ Real de plata antiguo, auf Menorca = $^1/_{18}$ Real de plata antiguo oder alter span. Silberreal, demnach auf Mallorea = knapp 2,4 deutsche Pfennig oder 1,37 Kr. österr. Silberwährung; auf Menorca = 2,26 deutsche Pfennig oder 1,29 Kr. österr. Silberwährung. Ehemals wurde der D. für die Balearen in Kupfer ausgeprägt. (S. auch Real.)

Doblhoff-Dier, Anton, Freiherr von, österr. Staatsmann, geb. 10. Nov. 1800, zeichnete sich als Mitglied des niederösterr. Ständelandtags durch seine freisinnige Haltung aus und gehörte 1848 zu den Wortführern der Reformpolitik. Im Mai 1848 zum Handelsminister ernannt, wurde D. zu Kaiser Ferdinand, der sich nach Innsbruck geflüchtet hatte, gesandt und erwirkte dessen Rückkehr. Im Juli 1848 wurde er Minister des Innern im Kabinett Wessenberg und führte mit dem Finanzminister Krauß in den stürmischen Oktobertagen allein die Staatsgeschäfte, zog sich jedoch 12. Okt. zurück und lebte als Privatmann, bis er 6. März 1849 als Gesandter im Haag beglaubigt wurde. 1861 gab er auch den diplomat. Dienst auf und widmete sich der Bewirtschaftung seines großen Grundbesitzes und dem Studium der Landwirtschaft, in dieser Richtung auch schriftstellerisch thätig, ließ sich aber im nämlichen Jahre als Abgeordneter in den österr. Reichsrat wählen. Als solcher wie später als Mitglied des

Herrenhauses nahm er an der parlamentarischen Arbeit regen Anteil. D. starb 16. April 1872.

Döbling (Ober- und Unter-Döbling), ehemals Dorf in der österr. Bezirkshauptmannschaft und dem Gerichtsbezirk Währing in Niederösterreich, unmittelbar an der Nordwestseite von Wien am rechten Ufer der Donau, auf einer von W. nach O. geneigten Fläche, die in einer steilen Lehne gegen die Donau abfällt, jetzt mit Wien vereinigt, dessen XIX. Bezirk es mit mehrern andern Gemeinden bildet, hat (1890) 31890 E., Post, Telegraph, ein Gymnasium und gehört zu den ältesten Ansiedlungen im Lande. Der nördl. Teil des Ortes (Unter-Döbling) liegt in einer Einsenkung, durch welche der Krottenbach der Donau zufließt. Der geolog. Beschaffenheit seines Untergrundes (Löß) dankt der Ort seine großartigen unterirdischen Wein- und Bierlager, sodaß er namentlich als Stapelplatz des österr. und ungar. Weinhandels bezeichnet werden kann. Zu Ober-Döbling gehört die sog. Türkenschanze, ein großer, neuangelegter Park mit Aussichtsturm; hier hat bei der 2. Belagerung Wiens 1683 ein Lager der Türken gestanden. Bei D. die Anhöhe Hohe Warte mit schönem Ausblick auf Wien; dort ist der Sitz der österr. Centralanstalt für Meteorologie und Erdmagnetismus und eines israel. Blindeninstituts.

Doblōn, Goldmünze, s. Dublone.

Dobner, Gelasius, böhm. Historiker, geb. 30. Mai 1719 zu Prag, gest. daselbst 24. Mai 1790, war Mitglied des Piaristenordens und wußte die Einführung der Schulanstalten seines Ordens in Prag durchzusetzen. Die Ordensbrüder wählten ihn zum Rektor des Prager Kollegiums und zum Konsultor der Ordensprovinz. Wegen seiner bahnbrechenden Leistungen auf dem Gebiete der böhm. Geschichtschreibung erhielt D. von der Kaiserin Maria Theresia den Titel eines k. k. Historiographen. Noch jetzt sind seine Schriften und Quellenausgaben von wissenschaftlichem Wert. Die meisten seiner kleinern kritischen Aufsätze erschienen in den «Abhandlungen» einer böhm. Privatgesellschaft und in den «Abhandlungen der böhm. Gesellschaften der Wissenschaften». Von seinen größern Werken sind hervorzuheben: «Wenceslai Hagek a Liboczan Annales Bohemorum e bohemica editione latine redditi et notis illustrati» (6 Bde., Prag 1761—83) und «Monumenta historica Bohemiae nusquam antehac edita» (6 Bde., ebd. 1674—86).

Dobo, Hauptort der Aru-Inseln (s. d.).

Doboj, Marktflecken im Bezirk Tešanj des bosn. Kreises Banjaluka, in 172 m Höhe, gegenüber der Einmündung der Spreča in die Bosna, an der Linie Bosnisch-Brod-Serajewo der Bosnabahn und der Linie D.-Siminhan der Bosn. Staatsbahn, Sitz einer Expositur, hat (1885) 1749 meist mohammed. E. (181 Griechisch-Katholiken, 107 Katholiken und 18 Israeliten) und in Garnison 2 Compagnien des 7. Infanteriebataillons der bosn.-herzegowin. Truppe. D. war bei der Occupation 1878 Schauplatz von Kämpfen der Österreicher mit den Aufständischen und hatte als Stützpunkt der gegen Dolni Tuzla operierenden Division strategische Bedeutung.

Dobŏka, Komitat im Großfürstentum Siebenbürgen mit der Hauptstadt Szék, wurde 1876 mit dem angrenzenden Innerszolnoker Komitat unter dem Namen Szolnok-Doboka (s. d.) vereinigt.

Dobra, Burg, s. Daber.

Dobra, eine von 1722 bis 1835 geprägte portug. Goldmünze, ursprünglich zu 12800 Reïs Geltung, 1822 gesetzlich auf 15000 und 1847 auf 16000 Reïs erhöht, im Werte von 73,37 M. Nach demselben Fuße wurden in Brasilien bis 1833 Goldstücke zu 1 und zu ½ D. geprägt. Auch dort galt die D. ursprünglich 12800, später aber 32000 Reïs.

Döbraberg, der höchste Berg des Frankenwaldes im bayr. Reg.-Bez. Oberfranken, westlich von Hof, 794 m hoch.

Dobřany (spr. dobrschahni), böhm. Stadt, s. Dobrzan.

Dobrāo (spr. -bräung), eine bereits vor 1722 ausgeprägte portug. Goldmünze, ursprünglich zu 20000 Reïs, später auf 24000 und 1847 auf 30000 Reïs erhöht, im Werte von 137,57 M.

Döbrentey (spr. -täj), Gabriel, ungar. Schriftsteller und Dichter, geb. 1. Dez. 1786 zu Nagyszöllös im Komitat Veszprim, studierte seit 1806 in Leipzig Philologie und Geschichte. Später nach Siebenbürgen als Erzieher berufen, gründete er daselbst 1810 die ungar. Zeitschrift «Siebenbürg. Museum», die auf die Entwicklung der magyar. Sprache und Litteratur bedeutenden Einfluß übte. 1820 ging er nach Pest und gehörte zu den 22 Gelehrten, die 1827 den Plan und die Statuten der Ungarischen Akademie entwarfen. Er war dann Mitglied und 1831—34 Sekretär der Akademie und redigierte die von der letztern herausgegebenen «Alten ungar. Sprachdenkmäler» (3 Bde., Ofen 1838—42). Zugleich war er mit Andr. Fáy Direktor des neuerrichteten ungar. Nationaltheaters. D. starb 28. März 1851 auf seinem Landhause bei Ofen. Seine zahlreichen histor. Arbeiten, die er in den Zeitschriften veröffentlichte, sowie seine Jugendschriften sind von bleibendem Werte. Seine kleinern Gedichte, Oden, Epigramme, Elegien u. s. w. gehören ungeachtet ihrer oft schwülstigen Sprache zu den bessern Erzeugnissen der ungar. Litteratur. Durch Herausgabe der «Ausländischen Bühne» (2 Bde., Wien 1811—23) und der «Meisterwerke Shakespeares» (Ofen 1828) erwarb sich D. auch Verdienste um die ungar. Bühne.

Dobrilugk, Stadt im Kreis Luckau des preuß. Reg.-Bez. Frankfurt, in der Niederlausitz, an der zur Schwarzen Elster gehenden Kleinen Elster und an den Linien Berlin-Dresden und Halle-Sorau-Guben der Preuß. Staatsbahnen, hat (1890) 1492 meist evang. E., Post mit Zweigstelle, Telegraph, Amtsgericht (Landgericht Cottbus), Steueramt; Cigarren- und Tabaksfabrikation, Acker- und etwas Tabaksbau. Unmittelbar bei D. der Flecken Schloß-Dobrilugk mit 343 E., Oberförsterei, Schloßkirche, ehemals Klosterkirche, Klosterruinen und einem ehemals herzogl. sächsisch-merseburgischem Jagdschloß. — D. hat seinen Namen von dem von Markgraf Dietrich von der Lausitz 1165 gegründeten, 1540 vom Kurfürsten Johann Friedrich aufgehobenen Cistercienserkloster, das Walter von der Vogelweide als Toberlû kennt und welches 1852 abbrannte.

Dobřisch (spr. dobrschihsch), czech. Dobříš, Stadt in der österr. Bezirkshauptmannschaft Příbram in Böhmen, an der Straße von Příbram nach Prag, in einer der waldreichsten Gegenden des Landes, hat (1890) 3574, als Gemeinde 3800 czech. E. (etwa 100 Deutsche), Post, Telegraph, Bezirksgericht (357 qkm, 32 Gemeinden, 73 Ortschaften, 22579 E.), Landwirtschaft; in der Umgebung Teiche und ausgedehnte Waldungen, sowie ein Schloß mit schönem Park und Tiergarten, Eigentum des Fürsten von Colloredo-Mansfeld. Die Friedhofkapelle enthält die Familiengruft des Colloredoschen Hauses. Zur Besitzung gehört eine Dampfbrettsäge, eine

Brauerei und eine Branntweinbrennerei. — D. war früher eine Jagddomäne der böhm. Landesfürsten und wurde vom Kaiser Karl IV. und Wenzel oft besucht. Sigismund verpfändete das Gut an die Herren von Kolowrat. Unter Ferdinand II. gelangte dasselbe durch Kauf an den Grafen Bruno von Mansfeld, dessen Familie es bis 1780 besaß. Durch Heirat kam es an die Familie Colloredo.

Dobritsch, Stadt in Bulgarien, s. Basardschik.

Dobritschan, Mineralbad bei Saaz (s. d.).

Dobrjanka, Flecken im Kreis Gorodnja des russ. Gouvernements Tschernigow, 100 km nördlich von Tschernigow, an der Grenze des Gouvernements Mohilew, am Flusse Dobrjanka, hat (1885) 9368 E., eine Kirche, Viehhandel nach Petersburg. Der Ort wurde zu Ende des 17. Jahrh. von flüchtigen Raskolniken gegründet, die 1709 wegen ihrer Teilnahme am Kriege gegen die Schweden von Peter d. Gr. Land und Freiheit erhielten.

Döbrököz (spr. -kös), Groß-Gemeinde im Stuhlbezirk Dombovár des ungar. Komitats Tolna, am Kaposflusse und an der Linie Budapest-Fünfkirchen der Ungar. Staatsbahnen, hat (1890) 3721 röm.-kath. magyar. E., darunter 81 Israeliten, Post, Telegraph, drei Pußten und Ruinen eines alten Schlosses, 1543—1686 im Besitz der Türken. In der sehr fruchtbaren und waldreichen Gegend wird vortrefflicher Weißwein erzeugt.

Dobroljúbow, Nikolaj Alexandrowitsch, russ. Schriftsteller, geb. 5. Febr. (24. Jan.) 1836 in Nishnij-Nowgorod als Sohn eines Geistlichen, erhielt seine Erziehung im geistlichen Seminar zu Nishnij-Nowgorod, dann im Pädagogischen Institut zu Petersburg. Er starb 29. (17.) Nov. 1861. Seine litterar. Thätigkeit beschränkte sich im wesentlichen auf die Mitwirkung an der Zeitschrift «Der Zeitgenosse», doch wurde D. neben Tschernyschewskij, der sein Lehrer genannt werden kann, eine der hervorragendsten Persönlichkeiten der neuern russ. Litteratur als scharfer Kritiker und schlagfertiger Publizist im liberalen Sinne. Von seinen Artikeln sind besonders hervorzuheben: Die Abhandlungen über die Dramen Ostrowskijs u. d. T. «Das dunkle Reich» (Bd. 3 der «Werke»). Seine Arbeiten wurden u. d. T. «Werke» herausgegeben (4 Bde., Petersb. 1862; neueste Aufl. 1885), Materialien zur Biographie (von Tschernyschewskij) finden sich im «Zeitgenossen» (1862, Nr. 1). Vgl. P. Bibikow, Über die litterar. Thätigkeit D.s (russisch, Petersb. 1862).

Dobromil. 1) **Bezirkshauptmannschaft** in Galizien, hat 686,77 qkm und (1890) 61 468 (30 334 männl., 31 134 weibl.) E., darunter 654 Evangelische, 13 020 Katholiken, 41 270 Griechisch-Unierte, 6518 Israeliten und 335 Militärpersonen, 9763 Häuser und 11 357 Wohnparteien, 96 Gemeinden mit 231 Ortschaften und 78 Gutsgebieten, und umfaßt die Gerichtsbezirke Bireza und D. — 2) **Stadt** und Sitz der Bezirkshauptmannschaft D., an der Linie Przemysl-Chyrow der Österr. Staatsbahnen, hat (1890) 2909, als Gemeinde 3237 meist poln. E., Post, Telegraph, Bezirksgericht (445,81 qkm, 54 Gemeinden, 63 Ortschaften, 38 Gutsgebiete, 31 573 ruthen. E.) und Holznägelfabrikation. In der Nähe das Basilianerkloster und das Dorf Lacko mit einer k. k. Salzsiederei.

Dobrouč Dolni (spr. -broutsch), czech. Name von Liebenthal (s. d.) in Böhmen.

Dobrowſky, Jos., der Begründer der slaw. Philologie, geb. 17. Aug. 1753 zu Gyermet unweit Raab in Ungarn, von böhm. Abkunft, kam in das Jesuitenkollegium nach Klattau und studierte seit 1768 in Prag. 1772 wurde er zu Brünn in den Jesuitenorden aufgenommen. Nach dessen Aufhebung 1773 lehrte er nach Prag zurück, um seine theol. Studien fortzusetzen. Von hier aus lieferte er dem Prof. Michaelis nach Göttingen Beiträge für seine «Orientalische Bibliothek» («Pragische Fragmente hebr. Handschriften»). Schon sein erster schriftstellerischer Versuch, «Fragmentum Pragense evangelii S. Marci, vulgo autographi» (Prag 1778), machte Aufsehen durch die Gelehrsamkeit, womit er die Unechtheit dieser angeblichen Urschrift des Markus nachwies. Durch die Herausgabe einer Zeitschrift über böhm. und mähr. Litteratur (Prag 1780—87) sah er sich in mehrfache Streitigkeiten verwickelt, gewann aber hierdurch auch an Ruf; 1787 ward er Vicerektor des Generalseminars zu Hradisch bei Olmütz und 1789 wirklicher Rektor, wurde aber schon im Juli 1790 bei Aufhebung der Generalseminarien der österr. Monarchie in Ruhestand versetzt. Zur Aufsuchung der für Böhmen wichtigen Handschriften reiste er 1792 nach Stockholm, Åbo, Petersburg und Moskau, 1794 durch Deutschland, Italien und die Schweiz. Nach der Rückkehr verfiel er in Geisteskrankheit und starb 6. Jan. 1829 in Brünn.

Unter D.s zahlreichen Schriften haben die sprachwissenschaftlichen die meiste Bedeutung. Dahin gehören: «Geschichte der böhm. Sprache und ältern Litteratur» (Prag 1792; 2. Aufl. 1818), «Die Bildsamkeit der slaw. Sprache» (ebd. 1799), «Lehrgebäude der bohm. Sprache» (ebd. 1809; 2. Aufl. 1819; böhmisch bearbeitet von Hanka, 2. Aufl., ebd. 1831), die erste und grundlegende wissenschaftliche Behandlung der czech. Sprache. Diesen Arbeiten über das Böhmische schließen sich noch an die «Glagolitica» (Prag 1807; 2. Aufl., von Hanka, 1832); die «Institutiones linguae slavicae dialecti veteris» (Wien 1822), die erste wissenschaftliche Darstellung des Kirchenslawischen, eins seiner Hauptwerke, das freilich sehr bald durch die Forschungen des ihn als Grammatiker überragenden russ. Gelehrten Vostokov veraltete; der «Entwurf zu einem allgemeinen Etymologikon der slaw. Sprachen» (Prag 1813; 2. Aufl., von Hanka, 1833) und die beiden Sammelwerke «Slavin» (6 Hefte, ebd. 1808; 2. Aufl., von Hanka, ebd. 1834) und «Slovanka» (2 Hefte, ebd. 1815). Unter D.s histor. Schriften sind die «Scriptores rerum Bohemicarum» (2 Bde., ebd. 1783—84) hervorzuheben. Seine letzte unvollendet gebliebene histor. Arbeit war die Ausgabe «Jordanis de rebus Geticis» für Pertz' «Monumenta Germaniae historica». Viele Abhandlungen D.s finden sich in den «Abhandlungen der böhm. Gesellschaft der Wissenschaften» (1784—1827) und andern Zeitschriften. Vgl. Palacky, Joseph D.s Leben und gelehrtes Wirken (Prag 1833); Briefwechsel zwischen D. und Kopitar, 1808—28 (hg. von Jagić, Berl. 1885).

Dobrudscha, rumän. Dobrogea, seit 1878 zu Rumänien gehörige, den südöstl. Teil dieses Königreichs bildende Landschaft auf der rechten Seite der untern Donau, wird von dieser im W. und N. umflossen, grenzt im O. an das Schwarze Meer, umfaßt 15 600 qkm.

Oberflächengestaltung. Die D. ist eine halbinselartig von dem Vorlande des östl. Balkan, dem Hügellande des östl. Bulgarien, nach N. vorspringende Hochfläche, welche die Donau zwingt, aus ihrem westöstl. Lauf nach N. umzubiegen, bis sie erst am Nordrande der Hochfläche wieder nach O. zum Schwarzen Meer sich zu wenden vermag. Dieser breite Höhenrücken der D. hat eine ungemein bunte geolog. Zusammensetzung aus krystallinen, paläozoischen und mesozoischen Formationen sowie aus ältern Eruptivgesteinen. Das von WNW. nach OSO. streichende Grundgebirge wird von einer mächtigen Lage von Löß bedeckt, besonders im S., die ein 100—200 m hohes wasserarmes Lößplateau bildet, welches in Steilrändern zur Donau und dem Meere abfällt. Im nördl. Teile erhebt sich ein kleines, bis 538 m hohes, bewaldetes Gebirge, das nach der Stadt Babadagh (s. d.) genannt wird und bei Macin in einem Gebirgssporn in die scharfe Biegung der Donau vorspringt. Das Hochland ist teils mit Getreidefeldern, teils mit Steppen bedeckt. Dazu kommt noch im O. ein Kranz von Sumpfniederungen und Strandlagunen, an denen eine lebhafte Salzgewinnung stattfindet, und im N. das sumpfige Delta der Donau, eine undurchdringliche und unbewohnte, meist von Schilf bedeckte Wildnis. Die Küste besitzt außer der Sulinamündung keinen sichern Hafen. Das Klima ist wegen der Sümpfe ungesund.

Die *Bevölkerung* betrug (1885) 175 284 E., d. i. 11 auf 1 qkm, darunter 16 500 Türken, 6540 Tataren (welche 1855 aus der Krim hier angesiedelt wurden), im J. 1864 eingewanderte Tscherkessen, Rumänen (besonders an der Donau entlang), 28 715 Bulgaren (vorzüglich am Razimsee), dazu in den Städten Griechen, Armenier und Juden. Auch giebt es 9 deutsche Kolonistendörfer mit zusammen 510 Familien. Die Bevölkerung treibt Getreidebau, Viehzucht, Bienenzucht, Fischerei, Salzgewinnung und in den Donau- und Küstenstädten bedeutenden Handel.

Das Land zerfällt in die beiden Kreise Tulcea und Küstendže (Constanţa); die wichtigsten Orte sind: an der Donau Rasova, Cernavoda, Hirsova, Măcin, Isaccea, Tulcea, Sulina; am Meer Caraorman, Küstendže (Constanţa), Mangalia; im Innern Babadagh (die frühere Hauptstadt) und Medjidia (Medschidieh). Von Cernavoda über Medjidia nach Küstendže zieht sich eine sumpfige Einsenkung, der Karasu, dem der Trajanswall (s. d.) und eine wichtige Eisenbahnlinie folgt.

Geschichte. Die D., seit 29 v. Chr. zur röm. Provinz Moesia gehörig, bildete seit der Verwaltungsorganisation Diocletians und Konstantins I. die Provinz Scythia minor; im Anfang der Völkerwanderung wohnten hier die Goten, im 7. Jahrh. besetzten Slawen das Land. 679 kam die D. unter die Herrschaft der Bulgaren, war 971—1186 byzantinisch, 1186—1396 abermals bulgarisch und 1396—1878 türkisch. Das Land hat ungeachtet der ungünstigen Bodenbeschaffenheit doch große strategische Wichtigkeit, indem es von N. her den kürzesten Weg zu den östl. Balkanpässen und also die bequemste Route nach Konstantinopel darbietet. Diesen schlugen die Russen 1828 mit Erfolg ein. Auch 1854 überschritten sie bei Braila, Galatz und Tulcea 23. März die Donau und nahmen 2. April am Trajanswall Stellung. Nach ihrem Rückzuge über die Donau unternahm im Hochsommer 1854 während des Orientkrieges eine franz. Division unter General Espinasse einen Zug in die D., auf dem sie durch Mangel, Hitze und Cholera empfindliche Verluste erlitt. Im Berliner Vertrag von 1878 wurde sie Rumänien einverleibt. Viele Türken und fast alle Tscherkessen sind seitdem ausgewandert. Vgl. Peters, Grundlinien zur Geographie und Geologie der D. (2 Bde., Wien 1867—68); Nacian, La Dobroudja (Par. 1886). Über die deutschen Ansiedler vgl. Bernh. Schwarz, Vom deutschen Exil im Skythenlande (Lpz. 1888).

Dobruschka, czech. Dobruška, Stadt im Gerichtsbezirk Opočno der österr. Bezirkshauptmannschaft Neustadt in Böhmen, an der Mettau, liegt teils in der Niederung, teils auf einer Berglehne und hat (1890) 2782, als Gemeinde 2954 czech. E., Post, Telegraph, schönen Stadtpark mit Ausstellungshalle; Weberei, Liqueurfabrik «La Ferme», Landwirtschaft, bedeutende Wochen- und Jahrmärkte in Getreide, Flachs und Garn.

Dobrzan (spr. dobrschan), czech. Dobřany, Stadt im Gerichtsbezirk Staab der österr. Bezirkshauptmannschaft Mies in Böhmen, an der zur Beraun gehenden Radbusa und an der Linie Pilsen-Eisenstein der Österr. Staatsbahnen, hat (1890) 4910 meist deutsche E., Post, Telegraph, in Garnison (440 Mann) die 4. bis 6. Eskadron des 14. böhm. Dragonerregiments «Fürst zu Windischgrätz». Südlich auf einer kleinen Anhöhe die neue Landesirrenanstalt, 1876—80 errichtet. Von D. führt eine Drahtseilbahn zu den Schächten der *Mantauer Kohlenwerke* (65 900 t Ausbeute).

Dobrzyca (spr. dobrschüza), preuß. Stadt, s. Dobberschütz.

Dobrzynski (spr. dobrschün-), Ignac Felix, poln. Komponist, geb. 25. Febr. 1807 zu Romanowa (Volhynien), war 1853—55 Direktor der poln. Oper in Warschau und starb 5. Okt. 1867. Bekannt ist D. geworden durch sein Lied «Święty Boze» («O, heiliger Gott»), das in ganz Polen populär geworden ist.

Dobschau, auch Topschau, Topscha, ungar. Dobsina, slowak. Dobšina, Stadt mit geordnetem Magistrat im ungar. Komitat Gömör, an der Linie Banreve-D. (70 km) der Ungar. Staatsbahnen, am Fuße eines Berges schön gelegen, hat (1890) 4643 E. (2997 Deutsche, 1852 Slowaken, 335 Magyaren), darunter 1346 Römisch-Katholische und 87 Israeliten; Post, Telegraph, gewerbliche Fachschule; 2 Hochöfen, 2 Dampfsägen, Dampfsteinschleiferei von Serpentinsteinen, Bienenzucht, Flachsbau und bedeutenden Bergbau auf Kupfer, Zinnober, Quecksilber, Kobalt, Nickel und Eisen. — D. ist um 1326 von deutschen Bergleuten angelegt. — In der Nähe ist die wundervolle Schlucht Straczena und die in neuerer Zeit berühmt gewordene *Dobschauer Eishöhle*. Dieselbe, in 848 m Höhe, besteht aus zwei vom Eise gebildeten Etagen. In der ersten (dem Eissalon) ist eine 4644 qm große Eisfläche, die Halle ist 11 m hoch, 120 m lang und 35—60 m breit; die Wölbung ist teils nackter Kalkfelsen, teils mit Eiskrystallen bedeckt. Vom Boden zur Decke und an den Wänden sind tropfsteinförmige Eisgebilde: Säulen, Pfeiler, Vorhänge. Auf dem Eisberge selbst führen 145 Stufen in die zweite Etage, den großen Eissaal, hinab. Hier befinden sich drei mächtige Eissäulen von 2 bis 3 m Durchmesser, der sog. Brunnen, die 10 m breite, 6 m hohe Eiswand, die Neue Säule und das Beduinenzelt, ferner der Korridor und die Laube mit schönen Eisbildungen. Die untere Etage endigt östlich in eine höhlenartig erweiterte, stets trockne Eisspalte, südlich in ein Felsentrümmerfeld, als Folge eines Höhleneinsturzes, dem die Eisbildung zu danken ist. Im Hochsommer schmilzt die obere

Eisschicht in der ersten Etage und das Eisparkett ist mit einer Wasserschicht von 2 bis 5 cm Dicke bedeckt. Die höchste Temperatur im Innern war +5° C. (bei +22,5° C. Außentemperatur); die tiefste (Dez. 1870) —8,75° C. (bei —25° C. Außentemperatur), die mittlere —3° C. Die Gesamtausdehnung beträgt 8874 qm, davon 7171 qm Eisfläche; die in der Höhle enthaltene Eismasse wird auf 125000 cbm berechnet. Sie wurde zum erstenmal von den Dobschauern Eugen Ruffinyi, Gustav Lang und Andreas Méga besucht, die 15. Juni 1870 in die bis dahin als «Eisloch» bekannte Tiefe eindrangen. Die Höhle hieß daher auch Ruffinyi-Höhle. Vgl. Krenner, Die Eishöhle von D. (Budapest 1874); Pelech, Das Straczenaer Thal und die Dobschauer Eishöhle (Jahrbuch [V.] des ungar. Karpatenvereins 1878); Siegmeth, Führer für Kaschau und das Abauj-Tornaer Höhlengebiet (Kaschau 1886).

Dobsina (spr. -schīna), ungar. Name von Dobschau (s. d.).

Dobson (spr. dobbs'n), William, engl. Bildnismaler, geb. 1610 in London, gest. 1646 in Oxford, bildete sich durch Kopieren nach Tizian und van Dyck und wurde nach des letztern Tode Hofmaler des Königs Karl I. Seine Bildnisse sind zumeist in England, z. B. das des Dichters Cleveland in der Bridgewatergalerie, das Familienbildnis im Devonshirehause in London, das Doppelbildnis seiner selbst mit seiner Frau in Hampton-Court, sein Selbstbildnis in der National Portrait Gallery zu London.

Dobson (spr. dobbs'n), William Charles Thomas, engl. Maler, geb. 1817 in Hamburg als Sohn eines engl. Kaufmanns, wurde 1836 Schüler der Akademie zu London. Unter seinen Gemälden sind hervorzuheben: Tobias und der Engel (1853), Die glücklichen Tage Hiobs (1856), Jesus mit seinen Eltern auf dem Wege nach Nazareth (1857), Der Jesusknabe im Tempel (1866), Die Heimkehr des Vaters (1874), Venetianisches Mädchen (1879), Bianca Capello (1883).

Doce, Rio (spr. dohße), Fluß in Brasilien, entspringt 28 km nordöstlich von Barbacena in Minas Geraes. Auf seinem sehr gewundenen, durch Wirbel und Stromschnellen gestörten Laufe von SSW. nach NNO. empfängt er von der Serra do Espinhaço zahlreiche Zuflüsse und durchmißt dann in Espirito-Santo noch 150 km, um unter 19° 35′ nördl. Br. 620 m breit, eine Barre bildend, ins Meer zu gehen. Seine Länge wird auf 750 km, sein Stromgebiet auf 100000 qkm geschätzt.

Docen, Bernhard Joseph, Germanist, geb. 1. Okt. 1782 zu Osnabrück, studierte 1799 in Göttingen (bei Heyne) und Jena Philologie, wirkte seit 1804 an der Staatsbibliothek zu München, seit 1811 als Kustos; er starb 21. Nov. 1828. D.s Hauptverdienst war, daß er die durch die Säkularisation der bayr. Klöster in München zusammengeströmten altdeutschen Litteraturschätze philologisch zu verwerten begann; er entdeckte u. a. das «Muspilli» und Wolframs «Titurel», den er freilich nicht als Wolframs Werk erkannte, und wies zuerst auf den Wert der altdeutschen Glossen und kleinen Prosastücke für die Geschichte der deutschen Sprache hin. Er veröffentlichte «Miscellaneen zur Geschichte der deutschen Litteratur» (2 Bde., Münch. 1809) und gab mit von der Hagen und Büsching das «Museum für altdeutsche Litteratur und Kunst» (Berl. 1809—11) heraus.

Docéndo discĭmus (lat.) oder Docendo discĭtur, durch Lehren lernen wir, sprichwörtlicher Ausdruck, welcher auf der Stelle des siebenten Briefes des jüngern Seneca: «Homĭnes dum dŏcent, discant», beruht.

Docént (lat.), Lehrender, Lehrer an einer Hochschule oder Universität, s. Privatdocent und Universitäten.

Dochart (spr. dockĕrt), Fluß in der schott. Grafschaft Perth, entspringt am 1113 m hohen Ben Lui, durchstromt den Loch D. und mündet, 21 km lang, in den Loch Tay.

Dochmius, in der Metrik der Alten ein fünfsilbiger Versfuß von der Grundgestalt ⏑ — —́ ⏑ —, die durch Ersetzung der Längen durch zwei Kürzen u. s. w. sehr mannigfach variiert werden kann.

Dochmĭus duodenālis *R. Leuck.* (Anchylostomum duodenale *Dub.*; s. Tafel: Würmer, Fig. 12, 13), ein Schmarotzer aus der Familie der Strongyliden (s. Haarwürmer), welcher in Italien, in der Schweiz, in Ägypten und Brasilien im Dünndarm des Menschen schmarotzt und die unter dem Namen Ägyptische Chlorose oder Gotthardkrankheit beschriebene Krankheit verursacht. Neuerdings wurde der gefährliche Parasit durch die wandernden ital. Arbeiter mehrfach auch nach Deutschland verschleppt und als Ursache der sog. Ziegelbrenneranämie erkannt. Das Männchen ist 6—10, das Weibchen 10—18 mm lang, der Körper walzenförmig, beim Männchen nach vorn etwas verjüngt, das Kopfende nach dem Rücken umgebogen. Die dünnschaligen ovalen Eier, welche 0,05 mm lang und 0,023 mm breit sind, werden im Furchungsstadium abgelegt und entwickeln sich im Wasser oder Schlamm zu einer rhabditisförmigen Jugendform, die wahrscheinlich durch das Trinkwasser in den menschlichen Darm gelangt. Die Krankheitserscheinungen, welche der Wurm verursacht, sind Abmagerung, Verdauungsstörungen, Schwindel und Ohrensausen, Herzklopfen sowie zunehmende Blutarmut und Entkräftung; häufig endet die Krankheit mit dem Tode. Die Behandlung besteht in der wiederholten Darreichung von Farnkrautextrakt, Thymol, Terpentinöl und andern Wurmmitteln.

Dochnahl, Friedr. Jak., Pomolog, geb. 4. März 1820 in Neustadt an der Hardt, nahm 1849 seinen Wohnsitz nach Wachendorf und Kadolzburg in Mittelfranken, wo er sich besonders durch die Gründung der Haffnerschen Baumschule sowie die Verbesserung des deutschen Obst- und Weinbaues, namentlich durch Einrichtung von Obstausstellungen, verdient machte; 1861 zog er nach Neustadt. Seinen Ruf als Pomolog und Önolog hat er vor allem der Einführung eines besondern pomolog. Systems und seiner Thätigkeit für eine rationelle Weinverbesserung im Sinne Chaptals, Galls und Petiots, und für künstliche Weinbereitung ohne Trauben und aus Obstfrüchten mit und ohne Gärung zu verdanken. Die Weinbereitung aus den Trebern auf kaltem Wege durch Auslaugen mit Weingeist und Wasser wird nach ihm Dochnahlisieren genannt. In neuester Zeit wirkt er als Sachkenner zur Verbreitung der edlern Weidenkultur. Er gab heraus: «Pomona. Zeitschrift für Obst- und Weinbau» (16 Jahrg., Nürnb. 1851—66), «Die Lebensdauer der Kulturpflanzen» (Berl. 1854), «Katechismus des Weinbaues» (2. Aufl., Lpz. 1873), «Sicherer Führer in der Obstkunde» (4 Bde., Nürnb. 1855—60), «Bibliotheca hortensis von 1750 bis 1860» (ebd. 1861), «Taxation der Obstbäume bei Bahnbauten», Preisschrift (Worms 1870), «Chronik von Neustadt an der Hardt» (Neustadt 1867), «Anleitung die

Holzpflanzen Deutschlands an ihren Blättern und Zweigen zu erkennen» (Nürnb. 1860), «Künstliche Weinbereitung» (3. Aufl., Frankf. 1878), «Die neue Weinbereitung mit und ohne Kelter» (ebd. 1873), «Der Weinkeller: Mitteilungen über Weinbau, Obst- und Traubenweinbereitung» (8 Hefte, ebd. 1873—76), «Adreßbuch der Weinhändler in Deutschland, Österreich-Ungarn und der Schweiz» (2. Aufl., Kreuznach 1880), «Die Band- und Flechtweiden und ihre Kultur als der höchste Ertrag des Bodens» (2. Aufl., Basel 1887). Außerdem hat D. mehrere Schriften neu bearbeitet, so: Metzgers «Gartenbuch», Hennes «Obstbaumschule» u. s. w.

Dochnahlisieren, s. Dochnahl.

Docht, der Teil der Kerze oder Lampe, durch den der Flamme die Leuchtstoffe zugeführt werden. In dem D. steigt durch Kapillarwirkung das Öl der Lampe aus dem Behälter in die Höhe, bei der Kerze wird das durch die strahlende Wärme der Flamme geschmolzene Fett, Stearin, Paraffin ebenfalls kapillarisch aufgesogen und der Flamme zugeführt. Da die Leuchtkraft der Flamme durch die geregelte Zuleitung des verbrennenden Körpers bedingt ist, so muß der D. der Beschaffenheit der einzelnen Leuchtstoffe angepaßt sein und muß bei dem einen Leuchtstoff eine stärkere Kapillarwirkung auszuüben im stande sein als bei dem andern, leichter beweglichen, leichter in den Kapillaren aufsteigenden. Man fertigt die D. fast immer aus Baumwolle an. Diese wird entweder nur zu lockern Fäden gesponnen, und mehrere solcher Fäden, lose zu einem runden Strang zusammengedreht, bilden den D., wie bei der einfachen Öllampe, oder die Dochtfäden werden geflochten, wie bei den Kerzen, oder endlich zu flachen oder runden Bändern gewirkt, wie bei den für Petroleum und Solaröl bestimmten Lampen. Die Dochtstärke und die Beschaffenheit seiner Fäden ist das Bestimmende für seine Kapillarwirkung; je nach der Natur der Leuchtstoffe wird daher für jede Dochtsorte eine bestimmte Anzahl von Fäden angewandt, und diese sind je nach diesen Umständen mehr oder weniger fest zu spinnen, sowie zu flechten resp. zu weben. Bei der Anfertigung der Kerzendochte ist noch der Anforderung zu genügen, daß der D. gleichmäßig mit dem Leuchtstoff und, ohne eine «Schnuppe» zu bilden, verbrennt. Zu diesem Zwecke wird der D. nicht mehr wie früher und wie jetzt noch bei Talgkerzen gedreht, sondern derartig geflochten, daß ein Teil der Fäden straff gespannt wird, während die übrigen lose herumgelegt werden. Durch diese einseitige Spannung neigt sich der obere, aus dem geschmolzenen Teile der Kerze hervorragende Teil des D. etwas zur Seite, sodaß seine Spitze beim Herabbrennen der Kerze in den äußersten Mantel der Flamme gerät und hier, ohne je aus demselben herausragen zu können, durch den zutretenden Sauerstoff verzehrt wird. Um die Verbrennung des D. zu befördern, sind vielfache Mittel empfohlen, so Imprägnierungen mit Salpeter, Kaliumchlorat, Borsäure u. a. Für Lampenbeleuchtung hat man auch unverbrennliche D. aus Asbestfasern oder Glasgespinst hergestellt, sie finden aber wenig Verwendung. [(Bd. 3, S. 209 a).

Dochtkohle für Bogenlampen, s. Bogenlicht.

Docil (lat.), gelehrig; Docilität, Gelehrigkeit.

Dock (engl., Plural Docks), für Schiffahrtszwecke bestimmtes Bauwerk. Man unterscheidet:

1) Nasse D. oder Flotthäfen, auch Flutbecken genannt, künstliche abschließbare Wasserbecken zur Aufnahme von Schiffen, vertreten die Stelle des Hafens. In ihnen wird das Wasser, welches bei Flut eingetreten ist, durch Absperrvorrichtungen zurückgehalten, sodaß die darin befindlichen Schiffe zu jeder Zeit von einer Stelle zur andern bewegt werden können. Man baut diese D. da, wo die Schiffe während der Ebbe auf den Grund geraten müßten und dadurch, besonders im beladenen Zustande, großen Schaden leiden würden; dann auch da, wo die Schiffe wegen mangelnder Tiefe nicht an das Ufer gelangen und Löschen und Laden nur zu einer gewissen Zeit der Flut stattfinden könnte.

2) Die trocknen D. sind feststehende, abschließbare, künstliche Wasserbecken, aus denen das Wasser beseitigt werden kann, wenn das Schiff eingefahren ist, wodurch das Fahrzeug trocken gelegt wird. Sie dienen zum Ausbessern und Untersuchen der Schiffe. Die Entleerung kann unmittelbar durch die Ebbe erfolgen. Das Schiff fährt bei Flut ein, das Becken wird abgeschlossen, das Wasser durch einen Kanal bei Ebbe entleert und der weitere Zutritt bei wieder steigender Wasserhöhe durch Absperren des Kanals verhindert. Dieses Verfahren ist jedoch nur dort möglich, wo, wie dies bei den D. von Long-Island der Fall ist, der Unterschied zwischen Ebbe und Flut bedeutend (6 m) ist. In andern Fällen muß das Entleeren ganz oder teilweise durch Auspumpen erfolgen. Zur Stützung des trocken gelegten Schiffs dienen allseitig angebrachte Streben; der Kiel ruht dabei auf Stapelklötzen, deren Oberflächen genau in derselben Ebene liegen. Das erste trockne D. in England wurde infolge einer Parlamentsakte von 1708 in Liverpool gebaut, ihm verdankt diese damals noch unbedeutende Stadt ihre jetzige Größe. Als Abschlußvorrichtungen werden bei trocknen und nassen D. entweder Thore wie bei den Schleusen oder schwimmende Pontons verwendet, welche vor die Einfahrtsöffnung gefahren und daselbst bis zum Grunde durch Einpumpen von Wasser niedergesenkt werden.

3) Die schwimmenden D. älterer Konstruktion bestanden aus einem hölzernen Kasten, dessen Längswände fest mit dem Boden verbunden waren, während die beiden Querwände durch je ein Paar Stemmthore oder eine Klappe mit horizontaler Achse gebildet wurden. Wenn diese Thore geöffnet und der Kasten mit Wasser gefüllt war, lag er so tief, daß ein Schiff hineinfahren konnte. Schloß man sodann die Thore und pumpte die Kammer aus, so hob sich das D., jedoch nicht so weit, daß die Thore geöffnet werden konnten. Gilbert ließ die Querwände weg und konstruierte Boden und Längswände als hohle Kästen, welche mit Wasser gefüllt und wieder leer geschöpft werden können. Die ersten D. dieser Art nannte man Balancedocks. (S. umstehende Fig. 1, gehobenes Schwimmdock; Fig. 1a, Querschnitt desselben.) Bei dem Röhrenschwimmdock von Clarke (umstehende Fig. 2 zeigt dasselbe versenkt, Fig. 3 gehoben) bestehen Dockboden und Wände aus mittels Gitterwerk verbundenen Röhren, aus denen das Wasser durch komprimierte Luft ausgepreßt wird. Bei dem berühmten Rostdock im russ. Kriegshafen von Nikolajew, von Clarke und Stanfield erbaut, sitzen an einem Längsponton eine Reihe von Querpontons, welche das Schiff zu tragen bestimmt sind und durch ein Gegengewicht an der andern Seite des Längspontons ausbalanciert werden. Veranlassung zum Bau desselben gab die Gestalt der Popowkas (s. d.). In neuerer Zeit werden

die schwimmenden D. sämtlich aus Eisen gebaut; auch hat man kurze Teildocks verwendet, die das Ausbessern des Bugs oder Hecks eines Schiffs ge-

Fig. 1a.

Fig. 1.

statten, während der Schiffskörper an seinem Ladeplatz im Wasser bleibt.

4) Zu den *feststehenden D. mit vertikaler Hebung* des Schiffs ist vorerst das in Nordamerika zur Anwendung gekommene *Schraubendock* zu zählen, bei dem das Schiff zwischen Pfahlreihen mittels Schrauben über Wasser gehoben wird, während bei den von Clarke erfundenen *hydraulischen D.* das Schiff zwischen Pfählen über eine Plattform fährt, die mittels hydraulischer Pressen samt dem Schiffe zum Emporsteigen gebracht wird. In den Victoria-Docks zu London hebt man auf diese Weise Schiffe bis zu 4000 t in einer Viertel- bis halben Stunde.

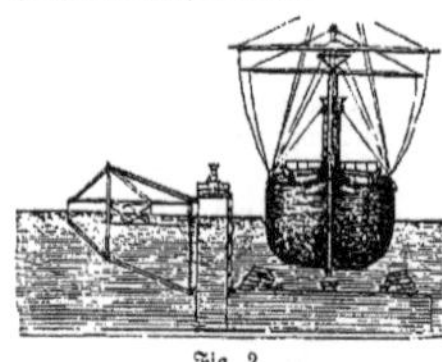

Fig. 2.

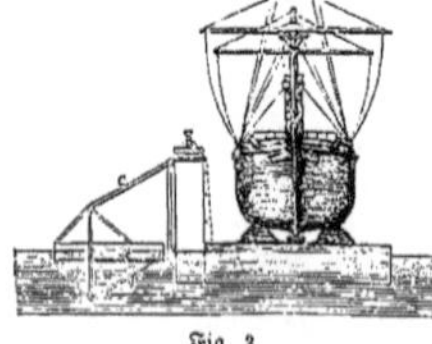

Fig. 3.

5) Man hat auch Dockanlagen ausgeführt, in welchen die Fahrzeuge erst gehoben, dann aber in der Längsrichtung auf Schleifbahnen ans Ufer gezogen und dort repariert werden, während das schwimmende D. inzwischen beliebig für andere Schiffe benutzt werden kann. Die erste derartige Anlage ist im österr. Kriegshafen von Pola für Schiffe bis zu 5300 t Gewicht ausgeführt. Ähnliche Anlagen bestehen zu Cartagena, Danzig u. s. w.

Großartige nasse D. finden sich an den Häfen Londons (s. d.), so die St. Katherine's-Docks, London-Docks, Commercial-Docks, Surrey-Docks, Westindia-Docks (die größten der Welt), Eastindia-Docks, Victoria- and Albert-Docks. Von den bedeutenden 27 D. zu Liverpool sind die wichtigsten die Prince's-, Waterloo- und New-North-Docks. In Deutschland finden sich beachtenswerte D. zu Wilhelmshaven, Hamburg und Bremerhaven. Eine wichtige Rolle spielen die D. auch als Vermittler zwischen Kanal- und Seeverkehr.

Im *Zollwesen* ist D. gleichbedeutend mit Zollniederlage (s. Entrepot).

Docke, *Dockenbrüstung*, *Dockengeländer*, s. Balustrade. — D. heißt auch ein Teil der Drehbank (s. d.). — D., in der Woll- und Baumwoll- und Seidenspinnerei ein durch Zusammendrehen und Falten von Garnsträhnen gebildeter Zopf, deren eine gewisse Anzahl zu einem Bündel vereinigt werden. — D., das weibliche Schwein, s. Schweine.

Dockendrehstuhl, s. Drehstuhl.

Dockenmaschine, soviel wie Klöppelmaschine.

Dockum, niederländ. Stadt, s. Dokkum.

Dock warrant, s. Warrant.

Dockweiler, Dorf im Kreis Daun des preuß. Reg.-Bez. Trier, 13 km im NO. von Gerolstein und 9 km im NW. von Daun, am Fuße des Erensberges (690 m), eines ehemaligen Kraters, in fruchtbarer Gegend, hat (1890) 395 kath. E., Post, Telegraph, alte Kirche (9. Jahrh.), zahlreiche eisen- und kohlensäurehaltige Mineralquellen. Die Umgebung ist durch vulkanische Formationen merkwürdig, das Dorf ist auf einem Lavastrom erbaut, in der Nähe befindet sich ein großes Basaltlager mit zahlreich vorkommenden Olivinkörnern, südlich Überreste aus der Römerzeit (Wasserleitung, Kastell, Grabhügel).

Doctor (lat.), s. Doktor.

Doctorandus (neulat.), einer der im Begriff ist sein Doktorexamen zu machen.

Dóczi (spr. dohzi), früher Dux, Ludw. von, ungar.-deutscher Publizist und Dichter, geb. 30. Nov. 1845 zu Ödenburg, studierte in Wien und Budapest die Rechte und widmete sich darauf zuerst in Wien, dann in Budapest ganz der Journalistik. 1867 wurde er Beamter im ungar. Ministerpräsidium des Innern, später im österr.-ungar. Ministerium des Auswärtigen, wo er als Hof- und Ministerialrat wirkt. Auch erhielt er den ungar. Adel. D. schrieb außer seinen publizistischen Arbeiten 1868 eine Tragödie «Utolsó próféta» («Der letzte Prophet»), ein Lustspiel «Csók» («Der Kuß»), mit dem er 1871 den Teleki-Preis der Akademie gewann und das auf ungar. und deutschen Bühnen (in seiner eigenen Bearbeitung) großen Erfolg hatte, die Schauspiele «Letzte Liebe» und «Marie Széchi» (beide auch deutsch erschienen), ferner das Lustspiel «Vegyes párok» («Gemischte Ehen») und «Vera grófnö» («Gräfin Vera») und zahlreiche Novellen (davon «Carmela Spadaro» auch deutsch) und Gedichte. Auch übersetzte er vorzüglich den ersten Teil von Goethes «Faust» (1872; neue Aufl. 1878), Schaufferts Lustspiel «Schach dem König» und zahlreiche Gedichte, besonders auch szekler Volksballaden. Seine Übersetzung der «Tragödie des Menschen» von Madách wurde in Deutschland mehrfach aufgeführt.

Dodaballa (Doda Balopur), s. Död-Balläpur.

Dodabetta, höchster Berg der Nilgiri (s. d.).

Död-Balläpur (Dodaballa oder Doda Balopur), d. h. Groß-Ballapur, zum Unterschied von Tschik-Ballapur, d. h. Klein-Ballapur (eine kleinere, 22 km nordöstlich von D. gelegene Stadt), ein unter 13° 14′ nördl. Br. und 77° 23′ östl. L. im Distrikt Bangalur des Radscha von Maisur (s. d.) gelegener Ort, hat (1881) 7032 E. (6197 Hindu und 831 Mohammedaner), Handel mit Baumwollzeug sowie ein starkes Fort von großem Umfange aus Erdwerken. Das Innere dietet vielfach Zeichen des Verfalls.

Dodd, Ralph, engl. Ingenieur und Architekt, geb. 1756 zu London, gest. 11. April 1822 zu Cheltenham, baute mehrere Brücken zu London und entwarf den Plan eines Tunnels unter der Themse zwischen Gravesend und Tilbury. Von seinen Schriften sind zu erwähnen: «Account of the principal canals in the known world» (Lond. 1795), «Observations on water» (ebd. 1805) und «Practical observations on the dry rot in timber» (1815).

Dodd, Rob., engl. Marinemaler, geb. um 1748, gest. vermutlich um 1810, verherrlichte in Gemälden die Großthaten der engl. Flotte und Schicksale einzelner Schiffe im Kampf mit den Elementen. Zu den berühmtesten Darstellungen dieser Art gehören: Schiffbruch des Kriegsschiffs Centaur, Kapitän Inglefield mit seinen Gefährten in einem Boote, Untergang der Flotte von Jamaika im Sturm 1782 (4 Bilder); Kampf der Fregatte St. Margaret und der franz. Amazone (1785); Die engl. Flotte bei Spithead vor dem brennenden engl. Linienschiffe The Boyle fliehend Mai 1795, ein Bild von 30 m Breite, genannt The nautic camp; Die Schlacht bei Trafalgar u. a. D. hat nach seinen eigenen Bildern Stiche geliefert, andere fertigte R. Pollard, meistens in Aquatintamanier.

Dodds, franz. Offizier, geb. 1842 in Senegambien (Westafrika), trat 1862 in die Schule von St. Cyr, wurde 1878 zum Major, 1887 zum Oberst befördert. Er hat sich in vielen Feldzügen hervorragend ausgezeichnet. 1870 befehligte er eine Compagnie der Marine-Infanterie bei Bazeilles, 1878 kämpfte er in Cayor, 1887/88 in Tongking und beteiligte sich 1888—91 an allen militär. Unternehmungen in Senegambien. Im Mai 1892 erhielt er das Oberkommando über das nach Dahome (s. d.) bestimmte Expeditionskorps. Am 29. Mai 1892 traf er in Kotonu an der Guineaküste ein, begann 17. Aug. von Porto Novo aus die Operationen, überschritt 2. Okt. den Weme bei Tahuë, schlug 4. Okt. einen Teil der feindlichen Streitkräfte bei Poguëssa, 27. Okt. am Kotofluß in die Flucht und stand nahe vor Abome, der Hauptstadt des Landes, bereit, die Entscheidungsschlacht dem König Behanzin zu liefern.

Dodecagynus, Dodecagynia, s. Dodekagyn.

Dodecandrus, Dodecandria, s. Dodekandrisch.

Dode de la Brunerie (spr. dohd'dĕ la brün'rih), Guillaume, Vicomte, Marschall von Frankreich, geb. 30. April 1775 zu Saint Georie (Depart. Isère), verließ die Genieschule zu Metz 1795 und nahm an den Kriegen der Republik und des Kaiserreichs auf fast allen europ. Kriegsschauplätzen sowie in Ägypten teil. Wiederholt leitete er größere Befestigungsarbeiten und zeichnete sich insbesondere in Spanien bei den Belagerungen von Saragossa und Badajoz aus. 1813 wurde ihm als Divisionsgeneral die Verteidigung von Glogau übertragen, das er erst, nachdem die Friedenspräliminarien abgeschlossen waren, auf Ludwigs XVIII. Befehl übergab. Als Napoleon 1815 von Elba nach Frankreich zurückkehrte, trat D. nicht in seine Dienste. 1823 begleitete er die nach Spanien einrückende franz. Armee als Chef des Geniewesens und veröffentlichte nach der Heimkehr «Précis des opérations contre Cadix 1823» (Par. 1824). Vom 1. Sept. 1840 ab wurde D. mit der obern Leitung der Befestigung von Paris betraut und führte dies Werk zu Ende; schon vorher war er nach General Rogniats Tode an die Spitze des Befestigungskomitees berufen worden. D. war seit Vauban der erste aus der Geniewaffe hervorgegangene franz. Marschall und starb im Ruhestande 28. Febr. 1851 zu Paris. Vgl. Moreau, Vie du maréchal D. (Par. 1852).

Dodeka (grch., d. h. Zwölf), namentlich in der Mathematik in Zusammensetzungen gebraucht.

Dodekadik, Dodekadisches Zahlensystem, s. Duodecimalsystem.

Dodekaëder (Zwölfflächner), eine von 12 Flächen begrenzte geometr. räumliche Figur. Reguläre D., d. h. solche, die von 12 gleich großen Flächen begrenzt sind, kommen mehrfach in der Natur als Krystalle vor, z. B. das Rhombendodekaeder (s. Tafel: Krystalle I, Fig. 3), das Deltoiddodekaeder (Taf. I, Fig. 19), das Pentagondodekaeder (Taf. I, Fig. 21).

Dodekagyn, dodekagynisch, Dodecagynus, zwölfweibig, eine Blüte, die zwölf Griffel oder Narben besitzt. Linné nannte die 11. Ordnung in den Klassen 1—13 seines Systems Dodecagynia; doch kommt nur in Klasse 11 diese Ordnung vor.

Dodekandrisch oder Dodecandrus, zwölfmännig, eine Blüte mit zwölf Staubgefäßen. Linné nannte in seinem System die 11. Klasse Dodecandria, rechnete aber nicht bloß diejenigen Pflanzen hierzn, deren Blüten 12 Staubgefäße haben, sondern auch solche, deren Blüten mit 12—19 freien, d. h. nicht miteinander verwachsenen Staubgefäßen versehen sind.

Dodekarchie (grch.), Zwölfherrschaft, insbesondere in der Geschichte des alten Ägypten die Zeit unmittelbar vor Psammetich, in der nach der sagenhaften Überlieferung der Griechen das Land von 12 Herrschern regiert wurde.

Dodekatemorion (grch.), der zwölfte Teil eines Kreises, besonders des Tierkreises in der Astronomie.

Dodekatheon *L.*, Pflanzengattung aus der Familie der Primulaceen (s. d.). Man kennt nur wenig Arten, die in Nordamerika und Nordostasien vorkommen. Es sind krautartige Pflanzen mit schönen weiß oder rot gefärbten Blüten. Einige werden deshalb häufig als Zierpflanzen gezüchtet, so z. B. D. integrifolium *Michx.* und D. Meadia *L.* Beide sind Freilandpflanzen, die selbst im Norden Europas noch unter leichter Decke den Winter überdauern. Sie blühen im Mai und Juni, lieben einen halbschattigen Standort und lassen sich durch Aussaat und Stockteilung leicht vermehren.

Dodendorf, Dorf im Kreis Wanzleben des preuß. Reg.-Bez. Magdeburg, an den Linien Magdeburg-Halberstadt und Staßfurt-Blumenberg-Magdeburg der Preuß. Staatsbahnen, hat (1890) 575 E., Postagentur, Telegraph und ist geschichtlich bekannt durch ein siegreiches Gefecht des Schillschen Korps, 5. Mai 1809, gegen königliche westfäl. Truppen. Zum Andenken hieran ist nördlich vom Dorfe ein Denkmal errichtet.

Döderlein, Ludw., Philolog und Schulmann, geb. 19. Dez. 1791 zu Jena, Sohn des Theologen Joh. Christoph D. (1745—92), studierte zu München, Heidelberg, Erlangen und Berlin Philologie, wurde 1815 Professor am Gymnasium in Bern, 1819 Rektor des Gymnasiums in Erlangen und Professor der Philologie an der Universität daselbst. Er starb 9. Nov. 1863. D. veröffentlichte Ausgaben der «Opera» (2 Bde., Halle 1841—47) und der «Germania» (lat. und deutsch, Erlangen 1850) des Tacitus, der «Episteln» (lat. und deutsch, 2 Bde., Lpz. 1856—58) und der «Satiren» (edd. 1860) des Horaz, sowie der «Ilias» (2 Bde., edd. 1863—64). Seine Hauptwerke auf etymolog.-lexikalischem Gebiete bilden die «Lat. Synonyme und Etymologien» (6 Bde., edd. 1826—38) und das «Homerische Glossarium» (3 Bde., Erlangen 1850—58), denen sich die «Lat. Wortbildung» (Lpz. 1839), das «Handbuch der lat. Synonymik» (edd. 1839; 2. Aufl. 1849) und das «Handbuch der lat. Etymologie» (edd. 1841) anschlossen. Hierzu kommen noch mehrere für den Gymnasialunterricht bestimmte Schriften. D.s Schul- und akademische Festreden, die viele stilistische Vorzüge besitzen, sind teilweise in den «Reden und Aufsätzen» (2 Bde., Erlangen 1843—47) und «Öffentlichen Reden» (Frankf. 1860) gesammelt erschienen. Sein Wirken schilderte C. von Jan im Programm der Erlanger Studienanstalt 1864.

Dodge (spr. doddsch), Mrs. Mary (Mapes), amerik. Jugendschriftstellerin, geb. 1828 zu Neuyork, war mit Donald G. Mitchell und Harriet Beecher-Stowe bei der Herausgabe von «Hearth and Home» thätig und schrieb 1864 ihre erste Erzählung: «The Irvington stories». Ihr zweites Werk: «Hans Brinker, or the silver skates» (1865), eine Kindergeschichte, die in Holland spielt, machte sie berühmt und wurde in viele Sprachen übersetzt. 1869 folgten «A few friends, and how they amused themselves», «Miss Malony on the Chinese question» (1870), «Rhymes and jingles» (1874), «Theophilus and others» (1876), «Along the way» (1879), «Donald and Dorothy» (1883). D. ist auch Herausgeberin der beliebten Jugendzeitschrift «St. Nicholas».

Dodge (spr. doddsch), Miß Mary Abigail, unter dem Pseudonym Gail Hamilton bekannte amerik. Schriftstellerin, geb. 1838 zu Hamilton (Massachusetts), wurde 1851 Lehrerin der Physik an der High School zu Hartford (Connecticut) und später Mitarbeiterin an verschiedenen Zeitungen. Ihre durch treffende Satire ausgezeichneten Erzählungen und Essays erschienen in mehrern Sammlungen, wie «Country living and country thinking» (Boston 1862), «Stumbling blocks» (1864), «Skirmishes and sketches» (1865), «Red letter days in Applethorpe» und «Summer rest» (1866), «Wool gathering» (1867), «Woman's wrongs» (1868), «Battle of the books» (1870), «Woman's worth» (1871), «Little folk life» (1872), «Child world» (2 Bde., 1872—73), «Twelve miles from a lemon» (1873), «Nursery noonings» (1874), «Sermons to the clergy» (1875), «First love is best» (1875), «What think ye of Christ» (1876), «Our common school system» (1880), «Memorial of Allen W. Dodge» (1881), «The insuppressible book» (1885).

Dodo (portug.), Vogel, s. Dronte.

Dodoens (spr. -duns), Rembert (lat. Rembertus Dodonäus), Botaniker, geb. 1517 zu Mecheln, studierte zu Löwen und erwarb sich hier schon in seinem 18. Jahre den Grad eines Licentiaten der Medizin. Er wurde 1548 als Stadtarzt in seiner Vaterstadt Mecheln angestellt, 1574 als Leibarzt des Kaisers Maximilian II. nach Wien berufen und blieb daselbst auch unter Rudolf II., dem Nachfolger Maximilians, bis 1579. Im J. 1582 lehrte er nach den Niederlanden zurück, nachdem er sich 2 Jahre lang in Köln aufgehalten hatte, und wurde Professor in Leiden. Hier starb er im März 1585. Die bedeutendste Schrift D.' ist das in zwei Auflagen zu Antwerpen erschienene und ins Französische (von Ch. de l'Escluse, 1557) und Englische übersetzte «Cruydeboeck» (mit 817 Abbildungen, 1554 und 1563).

Dodōna, der älteste Sitz des pelasgischen Zeuskultus, mit einem hochberühmten Orakel, welches von einem heiligen Eichbaume ausging, in dessen Rauschen man die Stimme des Gottes selbst zu vernehmen glaubte. Das älteste, in der Ilias genannte D. soll im innern Thessalien in der Gegend der Stadt Skotusa (der dunkeln, d. h. waldreichen) gelegen haben; als Priester und Propheten des Gottes nennt die Ilias «die mit ungewaschenen Füßen auf der Erde schlafenden» Seller. Dies thessalische D. aber hat vermutlich niemals existiert. Schon die Odyssee kennt nur das epirotische D., das im Innern dieser Landschaft am östl. Fuße des quellenreichen Tomarosgebirges in einem etwa 12 km langen und 300—1800 m breiten Thale des alten Gaues Hellopia lag. Auf einem Hügel erhob sich die Akropolis der alten Stadt D., deren Ruinen mit einem am Südwestabhange des Hügels befindlichen gut erhaltenen Theater unter dem Namen des Paläokastrons von Dramerchus bekannt sind. Östlich vom Theater, am Südabhange des Hügels und bis in die Ebene hinab, erstreckte sich ein geräumiges, von Mauern in Gestalt eines unregelmäßigen Vierecks umschlossenes Temenos (geweihter Platz), innerhalb dessen durch die von Konstantinos Karapanos in den J. 1875 und 1876 unternommenen Ausgrabungen die Überreste des Heiligtums des Zeus Naïos und seiner Kultgenossin, der Dione, sowie anderer zu Kultzwecken und zur Aufbewahrung von Weihgeschenken bestimmter Baulichkeiten gefunden wurden, ferner 24 Weihgeschenke aus Bronze, zum Teil von altertümlicher Roheit, zum Teil von hohem Kunstwerte, endlich 45 Inschriften und 84 Bleitafeln, auf welche die interessantesten Anfragen von Gemeinwesen und Privatleuten über die verschiedensten Interessen des täglichen Lebens und einige Antworten des Orakels geschrieben sind.

Nach den Angaben der alten Schriftsteller deuteten bejahrte Frauen, Peleiades (Tauben) genannt, das Rauschen der Wipfel des heiligen Eichbaums und das Gemurmel eines unter demselben entspringenden Quells. Dazu kam in späterer Zeit noch eine künstlichere Art von Weissagung mittels des Dodonäischen Erzkessels (s. d.). Eine von einigen griech. Schriftstellern wiederholte Erfindung ägypt. Priester ist die Herleitung des dodonäischen Orakels aus dem ägypt. Theben. Seitdem der ätolische Feldherr Dorimachus 219 v. Chr. die Orakelstätte plünderte, sank die Bedeutung des Orakels; in der Zeit des Strabo scheint es eine Zeit lang aufgehört zu haben; doch lebte es im 2. Jahrh. n. Chr. wieder auf, und bestand bis ins 3. oder bis zum Anfang des 4. Jahrh. fort, bis das Umhauen der heiligen Eiche durch einen illyr. Räuber ihm ein Ende machte. Vgl. Karapanos, Dodone et ses ruines (1 Bd. Text und 1 Bd. Tafeln, Par. 1878); Bursian, Die wissenschaftlichen Ergebnisse der Ausgrabungen in D. (in den «Sitzungsberichten der Bayrischen Akademie der Wissenschaften», philos.-philol. Klasse, Bd. 2, Münch. 1878); Wieseler, Über die Entdeckung von D. (in den «Nachrichten von der Gesellschaft der Wissenschaften und der Universität zu Göttingen», 1879, Nr. 1).

Dodonäischer Erzkessel (grch. Dodonaion chalkeion), bei den alten Griechen ein sprichwörtlicher Ausdruck für einen Schwätzer. In Dodona nämlich stand neben einem ehernen Kessel die Bronzestatue eines Knaben, der eine aus drei Ketten gebildete Geißel in der Hand hielt. Sobald der Wind die Geißel in Bewegung setzte, schlug sie an den Kessel an und brachte ihn zum Tönen. Die so entstandenen Töne wurden zur Weissagung benutzt.

Dodonäus, s. Dodoens, Rembert.

Dodrans (lat.), drei Viertel des As (s. d.); daher heres ex dodrante, ein Erbe, der drei Viertel erbt; dann drei Viertel des röm. Fußes (s. Palm).

Dodsley (spr. doddsli), Rob., engl. Dichter und Buchhändler, geb. 1703 zu Mansfield in Nottingham, ging nach London, wo er anfänglich Bedienter in vornehmen Häusern war. Seine ersten Gedichte u. d. T. «The Muse in livery, or the footman's miscellany» (1732) fanden großen Beifall. Sein Drama «The toy-shop» gelangte durch Popes Vermittelung zur Aufführung in Covent-Garden (1735). D. eröffnete hierauf eine Buchhandlung und schwang sich zum bedeutendsten engl. Verleger der Zeit empor. Er starb 25. Sept. 1764 zu Durham. Von seinen litterar. Unternehmungen verdienen vor allen «The annual Register» (seit 1758, zuerst hg. von Edm. Burke, bis auf die Gegenwart fortgesetzt) und «Select collection of old plays» (12 Bde., 1744; neu hg. von Reed, 1780; von Collier, 1825—27; von Hazlitt 1874—76 in 15 Bdn.) Erwähnung. Unter D.s Schriften nimmt das Trauerspiel «Cleone» die hervorragendste Stelle ein; andere Bühnenstücke findet man in «Miscellanies, or trifles in prose and verse» (2 Bde., 1745; 2. Aufl. 1877). Die «Economy of human life» (1750), ein angeblich auf ind. Manuskripten beruhendes Werk, das lange Lord Chesterfield zugeschrieben wurde, ist von D. Seine Gedichte finden sich in Chalmers «Works of the English poets» (Bd. 15, Lond. 1810).

Dodwell, Edward, engl. Altertumsforscher, geb. 1767, bereiste 1801—6 Griechenland, lebte dann in Italien und starb 14. Mai 1832 zu Rom. Seine «Classical and topographical tour through Greece» (2 Bde., Lond. 1819; deutsch von Sickler, 2 Bde., Meining. 1821) und seine «Cyclopian and Pelasgic remains in Greece and Italy» (Lond. 1834) sind für das Studium des Altertums wichtig.

Doelenstücke (spr. duhl-) nennt man jene holländ. Gemälde des 16. und 17. Jahrh., in denen die Mitglieder einer Schützengilde als Genossenschaft dargestellt wurden. Doele, eigentlich «Ziel», bezeichnet den Versammlungsort der Schützengilde, den Schießgraben oder Zielhof. Solche D., auf denen nur die Vorsteher der Gilde dargestellt waren, wurden Regentenstücke genannt. Die berühmtesten sind: «Die Georgsschützen» von Frans Hals (im Museum zu Haarlem), «Die Cloveniersschützen» (im Museum zu Haag); von van der Helst «Die Sebastiansschützengilde» und «Die Schützenmahlzeit» (beide im Museum zu Amsterdam).

Does (spr. duhs), Jak. van der, holländ. Maler, geb. 4. März 1623 zu Amsterdam, war ein Schüler von Nic. Moyaert, später von P. van Laar in Rom, wurde nach seiner Rückkehr in die Malergilde im Haag aufgenommen, deren Vorsteher er später wurde, und starb 17. Nov. 1673 in Sloten. Er malte besonders Landschaften, mit Schafen und Ziegen staffiert; seine Bilder zeichnen sich durch Naturwahrheit aus, doch haben seine landschaftlichen Gründe etwas Finsteres, Melancholisches. — Sein Sohn Simon van der D., geb. 1653, gest. 1717, folgte zum Teil der Richtung des Vaters, als Bildnismaler dem C. Netscher.

Doesborgh (spr. duhs-), Stadt in der niederländ. Provinz Gelderland östlich von Arnheim, an der Vereinigung der Oude Yssel und der Yssel, hat 4505 E. und eine alte, jetzt der reform. Gemeinde gehörende Kirche. Die Sage führt die Stiftung der Burg und den Namen der Stadt auf den röm. Feldherrn Drusus zurück. Jedenfalls bestand der Ort schon im 11. Jahrh.; 1585 ward die befestigte Stadt von den Spaniern gestürmt. D. ist der Geburtsort des Seehelden van Kinsbergen (geb. 1735, gest. 1819).

Doeskins (engl., spr. dohskinns), Rehfelle, s. Buckskin.

Döffingen, Pfarrdorf im Oberamt Böblingen des württemb. Neckarkreises, 6 km im SO. von Weilderstadt, an der Schwippe, hat (1890) 1028 E., Postagentur; Weberei, Landwirtschaft und Hopfenbau. D., ehemals Toffingen, gehörte den Grafen Calw, kam an die Pfalzgrafen von Tübingen und mit Böblingen an Württemberg. Es ist berühmt durch den Sieg des Grafen Eberhard des Greiners über die Städte 23. Aug. 1388, bei dem er seinen Sohn Ulrich verlor. Eine Gedenktafel und der Ulrichstein erinnern daran.

Doge (spr. dohdsche; im Deutschen immer dohsche gesprochen; lat. dux, «Herzog»; ital. duca), Name der gewählten, aber Fürstenrang besitzenden Regenten von Venedig und Genua. In Venedig wurde das Dogenamt schon 697 eingeführt, der Name «Herzog» von den benachbarten Langobarden übernommen; zu einem festen Bestandteil der Verfassung wurde es nach einigen Schwankungen, die das 8. und 9. Jahrh. gebracht hatten. Der erste D. war Paoluccio Anafesto, seine bedeutendsten Nachfolger sind Orseolo II., Sebastiano Ziani, Enrico Dandolo, Pietro Gradenigo, Marino Falieri, Francesco Foscari. Der letzte D. Luigi Manin dankte 12. Mai 1797 ab, vier Tage vor dem endgültigen Zusammenbruch der alten Republik. — Die Macht der D. war in fortwährendem Sinken begriffen. Ursprünglich in fast monarchischer Stellung, gestützt auf das ganze Volk, suchten sie im Kampf mit den hervorragenden Geschlechtern ihre Herrschaft erblich zu machen. Allein die Aristokratie, die 1032 den Satz zum Gesetz erhob, es dürfe sich kein D. mehr einen Mitregenten (condux) bestellen, gewann das Übergewicht und erhob sich allmählich zur Scheidewand zwischen D. und Volk und zum wahren Herren und Leuker der Republik, während der D. zu deren bloßem Ehrenhaupte und ausführendem Beamten herabsank. Nach der Schließung des großen Rates (s. Goldenes Buch) führte dies dahin, daß mehrere D. abdankten, einer mit Gewalt zur Annahme dieser Würde gebracht (Andrea Contarini, s. d., 1367) und ein Gesetz erlassen werden mußte (1339), welches die Ablehnung der Würde verbot. Der Versuch des D. Marino Falieri (s. d.), diese Adelsherrschaft zu stürzen, führte nur seinen eigenen Untergang herbei (1355). Die Wege, auf welchen die Aristokratie zur Schwächung der Macht des D. gelangte, waren folgende: Zuerst wurde die Neuwahl des D., von der schon 1177 das Volk ganz ausgeschlossen worden, an einen Ausschuß von 11, 36, bez. 41 Mitglieder des Patricierstandes gebracht und mit der Zeit durch ein kunstvolles Wahlverfahren die Bildung von Cliquen in dieser Wahlbehörde vollständig unmöglich gemacht. Der D. wurde ferner der ständigen Überwachung von zuerst zwei, dann sechs Räten unterstellt und gebunden an die Zustimmung in erster Linie der Signoria, aber auch der Quarantia und der Pregadi; dies waren lauter Ausschüsse des großen Rates, der nur aus Patriciern bestand und sich durch Kooptation ergänzte. Endlich wurde nach dem Aufstand des Jacopo Tiepolo (s. d.) 1310 der Rat der Zehn, die sog. Dieci inquisitori di stato, zuerst nur versuchsweise, dann bleibend eingerichtet und demselben als der obersten und unverantwortlichen richterlichen Behörde der Republik auch die Befugnis erteilt, den D. zu Geldstrafen, ja zur Absetzung und zum Tod (s. Falieri [Marino], Foscari [Francesco]) zu verurteilen. Das Privatleben und der Aufwand des D. und seiner Familie wurden strengen Bestimmungen unterworfen; seine Angehörigen wurden von den Staatsämtern ausgeschlossen, dem D. und seiner Familie der Besitz auswärtiger Güter verboten, die Heirat seiner Kinder in auswärtige Häuser untersagt und ein besonderes Gericht aus den fünf Correttori (s. d.) und drei der Staatsinquisitoren eingesetzt, welches nach dem Ableben des D. seine Amtsführung zu prüfen hatte, um nicht nur die Ehren zu bestimmen, die ihm zu erweisen seien, sondern auch die etwaigen Strafen, die im Fall der Entdeckung von Fehlern seine Hinterbliebenen trafen. — Genua führte nach dem Vorbild von Venedig das Dogenamt 1339 (erster Doge Simone Boccanera) in seine Verfassung ein, um durch die Zusammenfassung der obersten Gewalt in einer Hand aus den Wirren der Adelskämpfe und der Volksbedrückung herauszukommen, allein ohne Erfolg. Nachdem Genua 1396 unter franz. Oberherrschaft verfallen, wurde das Dogenamt wieder aufgehoben. Aufs neue fügte es 1528 Andrea Doria (s. d.) in die Verfassung ein, aber in streng aristokratischem Sinn; nur Mitglieder des Großen Rates von mindestens 50 Jahren und sehr vermögende Senatoren waren wählbar, die Amtsdauer war auf 2 Jahre beschränkt. Nachdem 1797 das Dogenamt hier wie in Venedig aufgehoben worden, lebte es in Genua noch einmal 1802—5 auf, fand aber seinen endgültigen Untergang mit der Einverleibung Genuas zuerst in das franz. Kaiserreich, dann in das Königreich Sardinien. — Vgl. Musatti, Storia della promissione ducale (Padua 1888); Molmenti, La dogaressa di Venezia (2. Aufl., Turin 1887).

Dogenmütze, Kopfbedeckung und Würdezeichen der ehemaligen Dogen von Venedig, eine auf festem Kronenreif sich erhebende, nach hinten in spitzem, kugelbesetztem Zipfel abhangende Mütze von Goldbrokat, in sog. phrygischer Form. Die Stelle einer Krone vertretend wurde die D. seitens der Dogen auch über ihr Wappenschild gesetzt. (S. Tafel: Kronen I, Fig. 23.)

Dogganey (Doggani) hieß eine ehemals für die brit.-ostind. Präsidentschaft Bombay ausgeprägte Kupfermünze, das Stück zu 1 Pie oder $^1/_{100}$ der Rupie, wonach das D. bis 1824 als Bruchteil der Sicca-Rupie = 2,05 deutschen Pfennig oder 1,03 Kreuzer österr. Silberwährung, später aber als Bruchteil der Bombay- (oder seit 1835 der neuen allgemeinen brit.-ostind.) Rupie = 1,9 deutschen Pfennig oder $^{19}/_{20}$ Kreuzern österr. Silberwährung war.

Doggen nennt man große, schwere Hunde von gedrungenem, höchst kräftigem Bau, mit stumpfen, breiten Schnauzen, kleinen Schlappohren, starkem, aufgerichtetem Schwanze und meist straffem Haarkleide. Sie sind die kräftigsten, mutigsten Hunde, wütend im Kampfe gegen Tiere und Menschen, die ihren Herrn mit Aufopferung ihres Lebens verteidigen, aber ihrer Plumpheit und Schwere, sowie des mangelhaften Geruchsinnes wegen zur Jagd nicht tauglich sind. Seit den ältesten Zeiten hat man sie besonders gern zu Kampfspielen mit wilden Tieren benutzt; jetzt richtet man die kleinern Arten besonders zur Rattenjagd ab. Man züchtet manche Abarten. Die bekanntesten sind die eigentlichen Bullenbeißer, Bulldoggen (Canis molossus, s. Tafel: Hunderassen, Fig. 16), mit breitem Leib und breiter Brust, dickem Kopf, kurzer Schnauze, die bei manchen tief gespalten ist, sodaß die Vorderzähne sichtbar sind, faltiger Haut, kurzen, sehr kräftigen Beinen. Sie haben meist einen tückischen, wilden Blick, sind aber treue Wächter und unverwüstliche Kämpfer. Eine gute Dogge kennt keine Furcht, sie fällt ebenso gut den wütenden Stier wie den Wolf oder den Löwen an. Die Spanier benutzten früher große D. zu ihren Jagden auf Indianer und Neger. Der Schädel der echten Dogge gleicht sehr demjenigen des Wolfs, das Gebiß ist oft nicht zu unterscheiden, die Schnauze aber meist kürzer. Man glaubt, daß die D., unter welchen die englischen (Mastiffs, Fig. 17), Ulmer oder deutschen (Fig. 8) und dänischen (Fig. 9) besonders geschätzt werden, von der Tibetdogge (Fig. 12) abstammen, die sich aber durch längere Behaarung, buschigen Schwanz und ihre Gemütsart unterscheidet und in Hochasien als Herdenwächter benutzt wird. Dieser Dogge stehen die Bernhardshunde (Bernhardiner, Fig. 14) am nächsten, deren echte Rasse jetzt ausgestorben ist; die Hunde, welche jetzt auf den Alpen als solche angegeben werden, sind meist dän. Hunde, d. h. eine Mischart von Dogge und Windhund mit straff anliegenden Haaren oder auch Mischlinge von dem letzten Bernhardshunde mit einer Schäferhündin. Barry, der berühmteste dieser Bernhardshunde, der im Museum von Bern ausgestopft steht, hat eine ziemlich lange Schnauze, dicken, schweren Leib, verhältnismäßig kurze Füße, halblanges Körperhaar und sehr buschigen Schwanz, sodaß er fast wie ein Mittelding zwischen einem großen Schäferhunde und einer Dogge erscheint. Die bekannten Leonberger Hunde kommen den Bernhardinern am nächsten; sie sind aus Züchtung von abgeleiteten Bernhardinern mit Neufundländern hervorgegangen. Der Mops (s. d. und Fig. 18) ist eine Dogge in Zwerggestalt.

Doggennase, angeborene Mißbildung der Nase, wobei die Nasenlöcher durch eine Furche getrennt sind, meist mit Spaltung in der Mittellinie der Oberlippe verbunden.

Dogger (Doggerboot), holländ. Hochsee-Fischerfahrzeuge, die auf der Doggerbank (s. d.) fischen.

Dogger, Name der mittlern oder braunen Juraformation (s. d.). Für den D. charakteristisch ist sein Reichtum an oolithischen Eisenerzen, die z. B. bei Aalen in Württemberg und in weiter Verbreitung in Lothringen auftreten. Unter den Petrefakten sind viele Ammoniten dem D. eigentümlich, besonders reich aber ist der D. an Brachiopoden, während Korallen nur selten erscheinen. (Vgl. die Abbildungen von einigen Leitfossilien auf den Tafeln: Petrefakten der Mesozoischen Formationsgruppe II und III bei Artikel Mesozoische Formationsgruppe.)

Doggerbank oder Luggerbank, große Sandbank in der Nordsee, im mittlern Teile derselben, zwischen 54° 15′ bis 55° 40′ nördl. Br. und zwischen 1° 40′ und 5° östl. L. von Greenwich, etwa 515 km lang und 64 km breit. Die Wassertiefe beträgt auf der Linie von Newcastle nach Tondern 25—29, in der Linie von Edinburgh nach Holmsland 54—90 m. Am Nordende der D. fischen die holländ. Schiffe, Dogger genannt, die besten Kabliaus, die in größter Menge namentlich in den Monaten November bis März und April dort anzutreffen sind. Der Grund der Bank besteht aus feinem grauem Sande, zum Teil mit Muscheln vermischt. Die D. ist die flachste Stelle der Nordsee; bei Nebel, wo die Schiffahrt in der Nordsee wegen der Verschiedenartigkeit der Gezeitenströmungen sehr schwierig ist, wird die D. von den Schiffen angelotet (d. h. mit dem Lot die Bank aufsuchen), um danach den Schiffsort bestimmen zu können. 5. Aug. 1781 fand auf der Bank eine Seeschlacht zwischen Engländern und Holländern statt.

Doggert (schwarzer; Döggut), soviel wie Birkenteer.

Dögling, Waltier, s. Delphine.

Dogma (grch.), in der Philosophie soviel wie Lehrsatz, d. h. ein Satz, der als Wissenschaft vorgetragen wird. Das dogmatische Verfahren im Unterschied vom skeptischen oder kritischen geht nicht auf Prüfung und (eventuell) Infragestellung der Fundamente des Wissens, sondern bloß auf Entwicklung des für völlig gesichert gehaltenen Wissens in lehrhafter Form aus. Dogmatismus, die Richtung in den Wissenschaften, die der Prüfung der Fundamente von vornherein abgeneigt ist, weil sie sich im Besitze des Errungenen völlig sicher glaubt; besonders im philos. Sinne die ungeprüfte Voraussetzung der Erreichbarkeit der Gegenstände mit Hilfe ein- für allemal gegebener, von selbst verständlicher Grundbegriffe und Grundsätze (Gegensatz: Skepticismus und Kriticismus, s. Kritik und Skepsis). — Über D. in der Religion s. Dogmatik.

Dogmătik (grch.), die wissenschaftliche Darstellung und Begründung der kirchlichen Glaubenslehre. Der Name kommt von Dogma (s. d.), das im kirchlichen Sprachgebrauche von der kirchlich festgestellten, mit normativem Ansehen für die Kirchenglieder bekleideten Lehre verstanden wird. «Anhänger des Dogma» hießen im kirchlichen Altertum die Glieder der allgemeinen Kirche im Unterschied von den Häretikern. Im engern Sinne ist D. die Glaubenslehre, daher schon frühzeitig zwischen dogmatischen und ethischen Sätzen unterschieden wird. (So schon Clemens Alexandrinus am Anfang des 3. Jahrh.) Sofern der kirchliche Lehrbegriff aus einer Reihe von Glaubenssätzen erwachsen ist, existiert das kirchliche Dogma immer nur als eine Mehrheit einzelner «Dogmen». Daher ging in der christl. Kirche sehr bald neben der dogmenbildenden Thätigkeit die dogmatisierende oder dogmenverbindende her. Die einfachste und älteste Form derselben war die Zusammenstellung der Hauptsätze der kirchlichen Lehre in der sog. Glaubensregel (s. d.), die in dem sog. Apostolischen Symbolum (s. d.) ihren Abschluß gefunden hat. Über die weitere Entwicklung der D. s. Theologie. Als Unterabteilungen der D. unterscheidet man: Bibliologie, die Lehre von den heil. Urkunden; Theologie im engern Sinne, die Lehre von Gott, wozu als Anhang die Lehre von den Engeln (Angelologie und Dämonologie) kommt; Anthropologie, die Lehre von der Schöpfung des Menschen und seiner Natur als geistlich-sittliches Wesen, wozu die Ponerologie (Lehre von der Sünde) kommt; Christologie und Soteriologie, die Lehre von der Person und dem Werke Christi, und Eschatologie, die Lehre von den letzten Dingen.

Unter den neuern Lehrbüchern der D. sind, außer den Werken streng orthodoxer Verfasser, wie Thomasius, Philippi, Kahnis, Luthardt, Frank, hervorzuheben: Twesten, Vorlesungen über die D. der evang.-luth. Kirche (1. Bd., 4. Aufl., Hamb. 1838; 2. Bd., 1. Abteil., ebd. 1837); C. J. Nitzsch, System der christl. Lehre (6. Aufl., Bonn 1851); Schleiermacher, Der christl. Glaube nach den Grundsätzen der evang. Kirche (5. Aufl., 2 Bde., Berl. 1861); Schweizer, Die christl. Glaubenslehre (2. Aufl., 2 Bde., Lpz. 1877); Lipsius, Lehrbuch der evangelisch-protestantischen D. (2. Aufl., Braunschw. 1879); Biedermann, Christliche D. (2. Aufl., 2 Bde., Berl. 1884—85); F. Nitzsch, Evangelische D. (2. Abteil., Freib. 1889—92). Die namhaftesten kath. Dogmatiker der neuern Zeit sind Möller (s. d.), Klee (s. d.) und Perrone. — Vgl. W. Herrmann, Geschichte der protestantischen

D. von Melanchthon bis Schleiermacher (Lpz. 1842); Gaß, Geschichte der protestantischen D. (4 Bde., Berl. 1854—67); Frank, Geschichte der prot. Theologie (3 Bde., Lpz. 1862—75); Heppe, D. des deutschen Protestantismus im 16. Jahrh. (3 Bde., Gotha 1857); Schweizer, Die prot. Centraldogmen in ihrer Entwickelung innerhalb der reform. Kirche (2 Bde., Zür. 1854—56); Schwarz, Zur Geschichte der neuesten Theologie (Lpz. 1856; 4. Aufl. 1869). (S. Dogmengeschichte.)

Dogmatiker, Anhänger des dogmatischen Verfahrens, Vertreter des Dogmatismus (s. Dogma); auch Lehrer oder Darsteller der Dogmatik (s. d.).

Dogmātisch, Dogmatismus, s. Dogma.

Dogmengeschichte, die wissenschaftliche Darlegung des geschichtlichen Entwicklungsganges der christl. Glaubenslehre. Das einheitliche Princip dieser Entwicklung ist das religiöse Princip des Christentums, oder die christl. Heilsidee, wie dieselbe allmählich in der Kirche erkannt und zum Teil unter langen Schwankungen und innern Kämpfen lehrhaft ausgeprägt worden ist. Die einzelnen Momente der christl. Heilsidee, in einzelnen lehrhaften Aussagen niedergelegt, sind die Dogmen, zu deren Entstehung immer zwei Momente zusammenwirkten, das unmittelbare religiöse Bewußtsein als solches oder die eigentümliche Grundbestimmtheit der Frömmigkeit in irgendeiner bestimmten Beziehung, und die von der jedesmaligen Weltanschauung mehr oder minder abhängige Reflexion über die im unmittelbaren Bewußtsein als solchem enthaltene religiöse Erfahrung. Die Veränderung und Fortbildung der Dogmen ist daher einerseits durch die innere Entwicklung des religiösen Erfahrungsgehalts als solchen, andererseits durch die Gesamtentwicklung der geistigen Bildung einer Zeit überhaupt und des philos. Denkens insbesondere bedingt. Da aber auch in einer und derselben Zeit verschiedene geistige Richtungen und wissenschaftliche Bildungsstufen nebeneinander bestehen, muß die D. auch die Mannigfaltigkeit nebeneinander geltend gemachter dogmatischer Anschauungen, namentlich sofern sie von verschiedenen Teilkirchen und Sekten ausgebildet worden sind, entwickeln. Während die D. früher nur beiläufig in der Dogmatik und besonders in der Kirchengeschichte abgehandelt wurde, ward sie in neuerer Zeit eine selbständige Wissenschaft. Sie ist vorzugsweise von Protestanten bearbeitet worden; dagegen hat sie in der kath. Kirche, weil diese in der D. die Einheit des Glaubens gefährdet sieht, keine Berechtigung. Nachdem durch Ernesti, Semler, Beck u. a. die Bahn gebrochen war, unternahm die Bearbeitung derselben in größerer Ausführlichkeit zuerst Münscher im Handbuch der christlichen D. (4 Bde., Marb. 1797—1809). Hatte dieses Werk die kritische Prüfung und Sichtung des Stoffs zum Hauptzwecke, so versuchte Baumgarten-Crusius in seinem Lehrbuch der christlichen D. (2 Bde., Jena 1831—32) und in seinem Kompendium der christlichen D., Abteil. 1 (Lpz. 1840), den Stoff zu einer gegliederten Einheit zu verarbeiten. Außerdem sind zu nennen die Lehrbücher von Münscher (Marb. 1811; 3. Aufl. von Neudecker, Cassel 1838), Engelhardt (2 Bde., Neustadt a. d. A. 1839), Hagenbach (2 Bde., Lpz. 1840—41; 6. Aufl. von Benrath 1888), F. C. Meier (Gießen 1840; 2. Aufl. 1854), Thomasius (2 Bde., Erlangen 1874—76; 2. Aufl. 1885—89) und vor allen von J. C. Baur (Stuttg. 1846; 3. Aufl., Lpz. 1867), Fr. Nitzsch (Bd. 1, Berl. 1870), A. Harnack (2 Bde., 2. Aufl., Freiburg 1888); ders., Grundriß der D. (ebd. 1891), und F. Loofs (2. Aufl., Halle 1890) sowie Gieselers Dogmengeschichte (6. Bd. vom Lehrbuch der Kirchengeschichte, hg. von Redepenning, Bonn 1855), Neander (Theol. Vorlesungen, 1. Abteil., hg. von Jacobi, 2 Bde., Berl. 1857), J. C. Baur (Vorlesungen über christliche D., hg. von F. F. Baur, 3 Bde., Lpz. 1865—67) und Landerer (neueste D. von Semler bis auf die Gegenwart, hg. von Zeller, Heilbronn 1881).

Dognácska (spr. dógnahtschka), Groß-Gemeinde im Stuhlbezirk Bogsán des ungar. Komitats Krassó-Szörény, an einem rechtsseitigen Nebenflüßchen des Karas, südöstlich von Resiczabanya, hat (1890) 3498 E. (2149 Rumänen, 1215 Deutsche), Post, Bergbau auf Kupfer, Zink, Blei, Eisen und Silber, Marmorbrüche, Eisenhämmer und Hüttenwerke.

Dohle (Kanal), s. Durchlaß.

Dohle, eine zur Familie der Rabenvögel (Corvidae) gehörige Vogelart, welche im System den Namen Dohlenrabe (Monedula turrium *Bschm.*) führt und unter den deutschen Rabenarten die kleinste ist, da sie kaum die Größe einer Taube und etwa eine Länge von 21 cm hat. Sie unterscheidet sich von den andern Raben durch den kurzen, starken, oben wenig gebogenen Schnabel, ist schwarz, am Unterleibe schwarzgrau, am Oberhalse aschgrau und am Grunde des Halses beiderseits mit einem weißgrauen Flecken gezeichnet. Die D. finden sich in Europa und Asien häufig, wo sie gesellschaftlich nisten und besonders gern auf Türmen und andern hohen Gebäuden wohnen. Sie wandern im Spätherbst nach Süden und kehren zeitig im Frühjahr wieder. Sie lernen einzelne Worte vernehmlich nachsprechen, auch die Töne mancher andern Tiere nachahmen, und nützen vielfach durch die Vertilgung von Insekten, Insektenlarven, nackten Schnecken, Feldmäusen u. dgl., welche ihnen zur Nahrung dienen. Die gezähmten D. haben mit Raben, Elstern und Hähern die Gewohnheit, glänzende Sachen wegzutragen und zu verstecken, gemein. Die 4—5 Eier der D. sind blaugrünlich, schwarzbraun und aschgrau getüpfelt. Die Nestjungen ähneln im Geschmacke jungen Tauben.

Döhlen, Dorf in der Amtshauptmannschaft Dresden-Altstadt der sächs. Kreishauptmannschaft Dresden, 1 km im SW. von Potschappel, im Plauenschen Grunde, Mittelpunkt des großen Steinkohlenbergbaues im Plauenschen Grunde, hat (1890) 2948 (1531 männl., 1417 weibl.) E., darunter 240 Katholiken, Amtsgericht (Landgericht Dresden); Gußstahlfabrik (564 Arbeiter, 20 Dampfkessel), Glashütte (583 Arbeiter), ferner Fabrikation von Chemikalien, Maschinen, Chamotte- und Thonwaren, feuerfesten Holzes (Xylolith) und Spirituosen. Die Güter D. mit Zaukeroda und Weißig sind vom Staate angekauft. Unter Zaukeroda beginnt der zur Ableitung der Grubenwässer des königl. Steinkohlenwerks dienende, bei Briesnitz in die Elbe mündende, 1817—36 mit einem Aufwand von 466218 Thlr. erbaute, 5864 m lange Elbstollen.

Dohlenrabe, s. Dohle.

Dohm, Christian Wilhelm von, Staatsmann und Historiker, geb. 11. Dez. 1751 zu Lemgo, war kurze Zeit Hofmeister der Söhne des Prinzen Ferdinand von Preußen, gab dann in Göttingen zusammen mit Boie das «Deutsche Museum» heraus, zu welchem er auch später, als er die Mitredaktion aufgegeben hatte, noch treffliche Beiträge lieferte. Nachdem er 1776 die Professur der Finanzwissenschaft und Statistik am Carolinum zu Braunschweig erhalten hatte, wurde er 1779 in Berlin als Geh. Archivar beim Departement der auswärtigen Angelegenheiten angestellt. Friedrich II. ernannte D. 1786 zum clevesschen Direktorialgesandten im Westfälischen Kreise und zum bevollmächtigten Minister am kurkölnischen Hofe, in welcher Stellung ihn Friedrich Wilhelm II., unter Erhebung in den Adelstand, bestätigte. Seine Bemühungen zur friedlichen Beilegung der Unruhen in Aachen und Lüttich blieben zwar ohne Erfolg, doch bewiesen sie, gleich der von ihm verfaßten Schrift: «Die Lütticher Revolution im J. 1789» (Berl. 1790), wie sehr ihm das Wohl dieser Länder am Herzen lag. Infolge des Eindringens der Franzosen mußte auch D. 1792 aus Köln flüchten. Er wurde darauf zu mehrern diplomat. Sendungen verwendet, insbesondere war er thätig für die Ausführung der im Baseler Frieden (s. d.) festgesetzten bewaffneten Neutralität Norddeutschlands. Friedrich Wilhelm III. ernannte ihn 1797 zum Gesandten bei dem Friedenskongreß zu Rastatt, nach dessen Beendigung D. wieder, wie schon vorher, das mühsame Verpflegungsgeschäft der Truppen innerhalb der Neutralitätsgrenzen übernehmen mußte. 1804 wurde er in Heiligenstadt Präsident der neuen Kriegs- und Domänenkammer für das Eichsfeld. Im Dez. 1806 begab er sich mit einer ständischen Deputation nach Warschau, wo er von Napoleon das Versprechen der Milderung der Kriegslasten erlangte und die Zersplitterung des Landes in zwei franz. Gouvernements abwendete. Nach dem Tilsiter Frieden scheute sich D. nicht, in westfäl. Dienste überzutreten; ja er ließ sich sogar zur Teilnahme an der Gesandtschaft nach Paris bestimmen, die den neuen König Jérôme begrüßen mußte. Im Dez. 1807 wurde er zum Staatsrat und schon im Februar darauf zum westfäl. Gesandten am Dresdener Hofe ernannt. Doch nahm er 1810 seine Entlassung und zog sich auf sein Gut Pustleben bei Nordhausen zurück, wo er 29. Mai 1820 starb. Unter D.s Schriften verdienen Erwähnung: «Geschichte des bair. Erbfolgestreits» (Frankf. 1779), «Über den deutschen Fürstenbund» (Berl. 1785), besonders aber «Denkwürdigkeiten meiner Zeit» (5 Bde., Lemgo 1814—19).

Dohm, Ernst, humoristischer Schriftsteller, geb. 24. Mai 1819 zu Breslau, studierte in Berlin und Halle Theologie und Philosophie, bekleidete dann eine Hauslehrerstelle zu Berlin und wurde später Mitarbeiter an verschiedenen belletristischen Zeitschriften, namentlich an Gubitz' «Gesellschafter» und am «Magazin für die Litteratur des Auslandes». Als Mitarbeiter des «Kladderadatsch» seit dessen Begründung (1848) thätig, übernahm er Anfang 1849 die Oberleitung dieses Blattes, die er seitdem ununterbrochen führte. Außerdem hat sich D. durch einige Lustspiele («Das erste Debut», 3. Aufl. 1860; «Ihr Retter», Schwank, 1862; «Der Trojanische Krieg», Berl. 1864), die Posse «Harte Steine» (mit F. Kaiser, 1866) und die «Sekundenbilder. Ungereimte Chronik» (Bresl. 1879) bekannt gemacht und Lafontaines «Fabeln» ins Deutsche übertragen (illustriert von Doré, Berl. 1876—77). D. war einer der schlagfertigsten, formgewandtesten Vertreter der polit. Satire in Deutschland. Er starb 3. Febr. 1883 in Berlin. — Seine Gattin, Hedwig D., geb. 20. Sept. 1833 zu Berlin, hat einige Schriften über die Frauenfrage, wie «Der Jesuitismus im Hausstande» (Berl. 1873), «Die wissenschaftliche Emancipation der Frau» (edd. 1874), «Der Frauen Natur und Recht» (edd. 1876), mehrere Lustspiele und den modern-realistischen Roman «Plein air» (edd. 1891) veröffentlicht. Als Anthologien sind wertvoll «Die span. Nationallitteratur in ihrer geschichtlichen Entwickelung» (Berl. 1865—67, mit zahlreichen trefflichen Verdeutschungen) und «Lust und Leid im Liede» (mit F. Brunold, 7. Ausg., Erf. 1887).

Dohme, Robert, Kunsthistoriker, geb. 17. Juni 1845 zu Berlin, studierte 3 Jahre lang Architektur und widmete sich dann der Kunstgeschichte. Er promovierte 1868 mit der Schrift «Die Kirchen des Cistercienserordens in Deutschland» (Lpz. 1869). 1869 wurde er zum Bibliothekar des Kaisers Wilhelm, 1874 auch zum Direktorialassistenten der Nationalgalerie ernannt. In dieser Stellung griff er als Redacteur des «Jahrbuchs der Preußischen Kunstsammlungen» thätig mit ein in die Bewegung, welche von der Berliner Kunstverwaltung ausging und den mächtigen Aufschwung der dortigen Kunstsammlungen herbeiführte. 1884 schied er aus der Nationalgalerie, um die Verwaltung der Kunstsammlungen des königl. Hauses zu übernehmen. Seit 1885 zugleich zum Bibliothekar des Kronprinzen bestellt, wurde er von diesem nach seiner Thronbesteigung zum Zweck der Reorganisation des Hofmarschallamtes zu dessen Direktor ernannt, bei der Thronbesteigung Kaiser Wilhelms II., der die Pläne seines Vaters aufgab, wurde er zur Disposition gestellt. Er veröffentlichte unter anderm: «Das königl. Schloß in Berlin» (40 Tafeln nebst einer baugeschichtlichen Studie, Lpz. 1875—76), «Geschichte der deutschen Baukunst» (Berl. 1885), «Das engl. Haus» (Braunschw. 1888). Mit Fachgenossen gab er heraus: «Kunst und Künstler des Mittelalters und der Neuzeit» (6 Bde., Lpz. 1876—80), «Kunst und Künstler der 1. Hälfte des 19. Jahrh.» (2 Bde., edd. 1886).

Dohna, ehemals Donin, Stadt in der Amtshauptmannschaft Pirna der sächs. Kreishauptmannschaft Dresden, 11,8 km von Dresden, 3 km im SW. von Mügeln, in 171 m Höhe, an der Müglitz, an der Nebenlinie Mügeln-Geising-Altenberg der Sächs. Staatsbahnen, hat (1890) 2734 (1361 männl., 1373 weibl.) E., darunter 186 Katholiken, Post, Telegraph; Fabrikation von Lampen, Blumentöpfen, Leder und Strohstoff, bedeutende Schlächterei und Viehhandel. Die alte Stammburg der Burggrafen von D. auf dem Schloßberge wurde 1402 geschleift. Vom 14. bis 16. (1572) Jahrh. war hier ein berühmter Schöppenstuhl, das Dohnsche Mal- und Ritterding, wo sogar das Ausland oft Urteile einholte. Die Stadt ist nach dem Brande 1813 neu aufgebaut.

Dohna, altes Dynastengeschlecht, das zuerst 1153 urkundlich erwähnt wird gelegentlich der Belehnung mit dem Burggrafentum D. bei Pirna in Sachsen durch Friedrich Barbarossa und das bereits im 13. Jahrh. sehr bedeutende Güter besaß. Nachdem Burg und Stadt D. von Markgraf Wilhelm von Meißen 1402 zerstört worden waren, wandte sich die Familie nach der Lausitz, Schlesien und Böhmen und erlangte 1423 den erblichen Burggrafenstand. Die noch blühenden Linien stammen von Heinrich von D., von dessen Söhnen Christoph die schles. und Stanislaus die preuß. Linie stiftete.

Der schlesischen (Wartenberger) Linie gehörte an Graf Abraham II. von D. (gest. 1613), Kammerpräsident in Böhmen und Landvogt der

Oberlausitz, einer der bedeutendsten Staatsmänner seiner Zeit. Sein Sohn, Karl Hannibal I. von D., ein gleich eifriger Katholik wie sein Vater, verfocht mit Eifer die Sache Kaiser Ferdinands II., wurde dafür kaiserl. Kammerpräsident in Schlesien und übte als solcher eine rücksichtslose, drückende Herrschaft daselbst. 1632 aus Breslau vertrieben, floh er nach Polen und starb 21. Febr. 1633 in Prag. Mit seinem Enkel Karl Hannibal II. erlosch 1711 die schles. Linie. Durch Kaiser Ferdinand III. war sie und das ganze Geschlecht 1648 in den Reichsgrafenstand erhoben worden.

Stifter der preußischen Linien war Burggraf Stanislaus zu D., dessen Nachkommen sich im 16. Jahrh. dem Protestantismus zuwandten. Sein Enkel, Fabian von D., geb. 1550, trat in des Pfalzgrafen Johann Kasimir Dienst, begleitete diesen im Kriege in den Niederlanden, nahm an einem Feldzuge des Königs Stephan von Polen teil und führte 1587 und 1591 deutsche Hilfsheere dem König Heinrich von Navarra (nachmals Heinrich IV.) zu. Später wurde er vom Kurfürsten Joachim Friedrich von Brandenburg zum Oberstburggrafen von Preußen ernannt. Er starb unverehelicht 1622. Von seines Bruders, des Grafen Achatius (gest. 1619), Söhnen stammen die meist noch blühenden Linien des Hauses D. ab, und zwar von Fabian II. (geb. 1577, gest. 1631) die lauckische (vertreten durch den Grafen Friedrich zu D., geb. 11. Juni 1844) und reichertswaldische (diese 1878 erloschen), von Christoph von D. (geb. 1583, gest. 1637) die schlobittensche und schlodiensche Linie. Die Majoratsherrschaften Lauck, Reichertswalde (beide seit 1878 vereinigt), Schlobitten-Pröckelwitz und Schlodien-Carwinden wurden 15. Okt. 1840 zur Grafschaft D. erhoben, und die jedesmaligen Besitzer derselben sind seit 12. Okt. 1854 erbliche Mitglieder des preuß. Herrenhauses.

A. Ahnherr der Linie Dohna-Schlobitten war Graf Alexander von D., geb. 25. Jan. 1661 zu Schloß Coppet am Genfersee. Er wurde 1691 kurbrandenb. Staatsminister, 1695 Generallieutenant und später Oberhofmeister des Kurprinzen, nachmaligen Königs Friedrich Wilhelm I. Seit 1713 Feldmarschall, starb er 25. Febr. 1728. — Sein Sohn, Graf Alexander Ämilius von D., starb bei Soor 30. Sept. 1745 den Heldentod. — Dessen Enkel, Graf Friedrich Ferdinand Alexander von Dohna-Schlobitten, preuß. Staatsminister, geb. 29. März 1771 auf Schloß Finkenstein in Preußen, machte in Frankfurt a. O., Göttingen und auf der Handelsschule zu Hamburg seine Studien, trat 1790 in den preuß. Staatsdienst, wurde 1801 Kammerdirektor zu Marienwerder und machte sich 1806 und 1807 um die Verproviantierung und Verteidigung der Weichselfestungen verdient. D. wurde 1808 an Stelle Steins Minister des Innern, führte viele Reformen, z. B. die Städteordnung, die neue Organisation der Staatsbehörden u. s. w. durch und schied 1810 aus dem Staatsdienste. 1812 wirkte er mit großem Eifer als Generallandschaftsdirektor zur Erweckung des Patriotismus und gehörte zu den Männern, welche die preuß. Landwehr ins Leben riefen. Kurz zuvor hatte ihn der König zum Civilgouverneur der Provinz Preußen ernannt. Er starb 21. März 1831. Vgl. Voigt, Leben D.s (Lpz. 1833). — Graf Karl Friedrich Emil von D., Bruder des vorigen, preuß. Feldmarschall und Oberstkämmerer, geb. 4. März 1784, trat 1798 in die preuß. Armee, zeichnete sich im Feldzuge von 1807 aus. Als Preußen 1811 das Bündnis mit Frankreich gegen Rußland schließen mußte, nahm D. den Abschied und ging nach Rußland, kämpfte bei Borodino und half die Konvention von Tauroggen zwischen York und Diebitsch (30. Dez. 1812) abschließen. Bei Errichtung der Russisch-Deutschen Legion erhielt er deren 2. Husarenregiment, das er 1813 und 1814 ruhmvoll führte, trat 1815 in preuß. Dienste zurück und wurde 1839 kommandierender General des 2., 1842 des 1. Armeekorps, 1848 General der Kavallerie, nahm 1854 den Abschied, den er als Generalfeldmarschall erhielt, und starb 21. Febr. 1859. Ihm zu Ehren erhielt 1889 das ostpreuß. Ulanenregiment Nr. 8 den Namen «Ulanenregiment Graf zu D.» — Jetziges Haupt der Linie Dohna-Schlobitten ist Graf Richard zu D., geb. 6. April 1807, Majoratsherr auf Schlobitten und Pröckelwitz, Landhofmeister im Königreich Preußen, erbliches Mitglied des Herrenhauses. — Sein Sohn, Richard Wilhelm zu D., geb. 17. Aug. 1843, ist Reichstagsabgeordneter (deutsch-konservativ) und Hofjägermeister vom Dienst.

B. Ahnherr der Linie Dohna-Schlodien war Graf Christoph von Dohna-Schlodien, geb. 2. April 1665 auf Schloß Coppet am Genfersee. Er nahm 1686 am Kriege gegen die Türken teil, war 1689 Commandeur des aus franz. Emigranten gebildeten Regiments im Feldzuge gegen Ludwig XIV., 1698 und 1699 Gesandter in London, wurde 1713 General der Infanterie, nahm 1716 seinen Abschied, zog sich auf seine Güter in Preußen zurück und starb 11. Okt. 1733. Er ist Verfasser der «Mémoires originaux sur le règue et la cour de Frédéric Ier, roi de Prusse» (Berl. 1833). Vgl. Voigt, Des Grafen Christoph von D. Hof- und Gesandtschaftsleben (in Raumers «Histor. Taschenbuch», Lpz. 1853). Die Söhne des Grafen Christoph wurden Stifter der Unterlinien: 1) Schlodien und Carwinden, evangelisch, begründet vom Grafen Karl Florus von D. (gest. 1765), gegenwärtig vertreten durch den Grafen Adolf zu D., geb. 30. Jan. 1846, Majoratsherr auf Schlodien und Carwinden, preuß. Kammerherr und Rittmeister a. D.; 2) Kotzenau, reformiert, begründet vom Grafen Wilhelm von D., gest. 1749, preuß. Generallieutenant, gegenwärtig vertreten durch Graf Wilhelm zu D., geb. 10. Jan. 1841. Vgl. Aufzeichnungen über die Vergangenheit der Familie D. Als Manuskript gedruckt (4 Bde., Berl. 1877—85); Die Donins. Aufzeichnungen über die erloschenen Linien der Familie D. Als Manuskript gedruckt (ebd. 1876).

Dohnen, Schleifen (Jägerspr.), Schlingen von Pferdehaaren zum Fangen von kleinem Federwild (Drosseln, Krammetsvögeln); dieselben werden an Bäumen oder auf dem Boden in bogenförmig eingesteckten Ruten befestigt. Die Aufeinanderfolge von D. nennt man Dohnensteig oder Dohnenstrich.

Dohnensteig, Dohnenstrich, s. Dohnen.

Dohrn, Anton, Zoolog, Sohn von Karl Aug. D., geb. 29. Dez. 1840 zu Stettin, studierte in Königsberg, Bonn, Jena und Berlin Zoologie und habilitierte sich 1867 als Privatdocent in Jena. Seine litterarisch-wissenschaftliche Thätigkeit erstreckte sich auf Entomologie, die er systematisch und embryologisch behandelte; auf mehrern Reisen an die deutsch, engl. und Mittelmeerküsten bearbeitete er die Meereskrustaceen. 1870 ging er nach Neapel und legte den Grund zur dortigen Zoologischen Station, welche unter seiner Leitung in 10 Jahren zu dem größten vorhandenen zoolog. Laboratorium erwachsen ist. Von seinen Schriften sind hervorzuheben: «Der Ursprung der Wirbeltiere und das Princip des Funktionswechsels» (Lpz. 1875), worin die bis dahin geltende Annahme von der Herkunft der Wirbeltiere von Amphioxus und Ascidien bestritten ward, «Pantopoda» (in «Fauna und Flora des Golfs von Neapel», Bd. 3, ebd. 1881) und «Studien zur Urgeschichte des Wirbeltierkörpers» (1882), in denen seine Ideen weiter ausgeführt sind.

Dohrn, Heinr., Parlamentarier, Bruder des vorigen, geb. 16. April 1838 in Braunschweig, studierte in Bonn, Zürich und Berlin Naturwissenschaften, unternahm dann größere Reisen in Europa, Afrika und Amerika zu wissenschaftlichen Zwecken, machte sich einen Namen als Konchyliolog und gehörte zu den Begründern des Pommerschen Museums in Stettin. D. war 1874—79 Mitglied des preuß. Abgeordnetenhauses für den Wahlkreis Randow-Greifenhagen; im Reichstag vertrat er 1874—78 und 1881—84 Uckermünde-Usedom-Wollin, seit 1890 Schweinitz-Wittenberg. Er gehörte ursprünglich zur nationalliberalen Fraktion, dann zur «Liberalen Vereinigung» und schloß sich mit letzterer der deutschfreisinnigen Partei an.

Dohrn, Karl Aug., Entomolog, Vater der beiden vorigen, geb. 27. Juni 1806 zu Stettin, studierte in Berlin die Rechte, gab aber die jurist. Laufbahn bald auf und widmete sich dem Kaufmannsstande. Seit 1831 machte er große Reisen durch Europa, Nordafrika und Südamerika und übernahm, 1838 nach Stettin zurückgekehrt, die Stellvertretung in der Direktion einer Zuckersiederei. Außerdem war er litterarisch thätig und veröffentlichte 1840—44 vier Bände Übersetzungen span. Dramen, sowie 3 Hefte schwed. Lieder. Nachdem er 1840 dem in Stettin gegründeten Entomologischen Verein, dem ersten in Deutschland, beigetreten war, widmete er sich mit großem Eifer der Käferkunde, übernahm 1843 das Präsidium des Vereins sowie die Redaktion der «Entomologischen Zeitung» und 1846—66 auch die der «Linnaea entomologica» in 16 Bänden. Auch übersetzte er Calderons «Cefalo y Poeris» (Stett. 1879) und dessen «No hay burlas con el amor» (ebd. 1880) ins Deutsche. Seine eigene Käfersammlung erweiterte er zu einer der bedeutendsten Privatsammlungen von etwa 50000 Arten. 1859 wurde er in das preuß. Abgeordnetenhaus gewählt, wo er sich der Fraktion Vincke anschloß. Er starb 4. Mai 1892 in Stettin.

Doiran, türk. Stadt, s. Dorijan.

Doire, Nebenfluß des Po, s. Dora.

Doit, holländ. Kupfermünze, s. Deut.

Doketismus (vom grch. dokein, d. h. scheinen), in der alten Kirche alle Lehrmeinungen, welche die in der biblischen Offenbarungsgeschichte erzählten Thatsachen nicht als wirklich geschehen, sondern als nur scheinbar wirkliche Abspiegelungen himmlischer und geistiger Vorgänge faßten, insbesondere aber die Menschheit Christi für Schein oder eine bloße zeitweilige Erscheinungsform erklärten. Alle häretischen Gnostiker huldigten feinerm oder gröberm D., mit Ausnahme derer, die, wie Karpokrates, Christus nur in die Kategorie weiser Menschen stellten. Im Anfange des 3. Jahrh. wird Jul. Cassianus in Alexandria als Stifter einer eigenen Doketensekte erwähnt, die eine Abart der Valentinianer (s. Valentinus) war.

Dokimäsie (grch.), im alten Athen die Prüfung der Befähigung zur Ausübung öffentlicher Ämter. Bei der Aufnahme unter die Epheben wurde der junge Bürger in einer Versammlung der Gaugenossen geprüft, ob er auf väterlicher und mütterlicher Seite von Bürgern abstammte, ob er keine Handlung begangen hatte, die ihn des Bürgerrechts unwürdig machte, und ob er die zum Kriegsdienst nötige körperliche Reife besäße. Ferner mußten sich alle Beamten vor ihrem Amtsantritt einer Prüfung unterwerfen, die sich jedoch nicht auf ihre wirkliche Befähigung zu dem Amt bezog, sondern auf ihre echt bürgerliche Abkunft, ihren Wandel, bei einzelnen Ämtern auch auf ihr Vermögen. Die Prüfung fand öffentlich statt, und jeder Anwesende konnte Einwendungen geltend machen. Der Zurückgewiesene hatte das Recht, an die Entscheidung eines Gerichtshofs zu appellieren, andererseits stand auch im Falle der Bestätigung jedem, der diese nicht für gerechtfertigt hielt, die Einleitung eines gerichtlichen Verfahrens zu. — Über D. oder Dolimastische Methode, Teil der analytischen Chemie, s. Probierkunst.

Dokkum, auch Dockum, eine mit Wällen und Gräben umgebene Stadt in der niederländ. Provinz Friesland, in fruchtbarer Gegend, 19 km im NO. von Leeuwarden am Trekvaartkanal und am Dokkumer-Diep, das die Stadt gegen O. mit der Lauwerzee verbindet und bei der Flut für die größten Seeschiffe fahrbar ist. D. hat ein schönes, mit einem Turm und Glockenspiel geziertes Stadthaus und 4158 E. Die Dokkumer «Nieuwe Zylen» sind das größte Schleusenwerk der Provinz.

Doktor (lat., «Lehrer») wurde im Mittelalter abwechselnd mit Scholastikus u. a., namentlich aber mit Magister als Bezeichnung für Lehrer gebraucht. Eine Art Ehrentitel wurde es im 12. Jahrh., wo mehrere Juristen (z. B. Irnerius) und im 13., wo die meisten Scholastiker mit auszeichnenden Beiwörtern diese Benennung erhielten. So wurde Thomas von Aquino Doctor angelicus oder communis, Bonaventura Doctor seraphicus, Alexander von Hales Doctor irrefragabilis, Duns Scotus Doctor subtilis, Roger Baco Doctor mirabilis, Wilh. Occam Doctor singularis, Gregorius von Rimini Doctor authenticus, Joh. Gerson Doctor christianissimus, Thom. Bradwardin Doctor profundus, Anton Andreä Doctor dulcifluus genannt. Anfang des 13. Jahrh. wurde D. zugleich mit Magister Titel des an der Universität zum Lehren Berechtigten, verliehen durch das Doktorenkollegium der Fakultät unter Mitwirkung des Kanzlers der Universität, unter Feierlichkeiten, die dem neuen D. große Kosten verursachten. Der Titel D. überwog in den Fakultäten der Juristen, Mediziner und Theologen, bei den Philosophen (Artisten) der Titel Magister, doch ward dieser auch in den andern Fakultäten statt D. gebraucht. Als im 14. Jahrh. Universitäten durch kaiserl. oder päpstl. Stiftungsbriefe (privilegia) gegründet wurden, wurde das Recht, D. zu ernennen vielfach als besonderes Recht verliehen, einigemal auch versagt. Doch blieb dieser zu fiskalischen Zwecken eingeführte Mißbrauch nur Ausnahme, es erhielt sich die Regel, daß mit der Gründung der Universität auch das Promotionsrecht verbunden ward. Kaiser und Papst verliehen auch selbst den Titel D. und weiter das sog. Hof-Pfalzgrafenrecht, den Doktortitel zu verleihen. Die so Promovierten nannte man Doctores bullati (von bulla, der Urkunde) im Gegensatz zu den auf Grund der vorgeschriebenen Studien und Prüfungen rite promoti. Diese Unsitte riß ein, weil die den D. verliehenen Privilegien (gesellschaftliche Ehrenrechte, bevorzugter Gerichtsstand u. s. w.) den ursprünglich nur zum Zwecke des Lehramtes geschaffenen Titel in eine Art Adelstitel verwandelt hatten. (S. Universitäten.) In neuerer Zeit ist der D. in Deutschland als akademischer Grad für alle Fakultäten gebräuchlich geworden und neben dem Licentiaten der Theologie der einzige akademische Grad von Bedeutung. Der Magistertitel gilt da, wo er noch verliehen wird als eine Vorstufe des D. Für die Habilitation als Docent an einer Universität ist der Doktortitel Vorbedingung, ebenso für einige andere gelehrte Berufsarten, Bibliothekare, Archivare u. s. w. mehr oder weniger notwendig oder erwünscht. Bei der Verleihung haben sich oft (auch in neuerer Zeit) Mißbräuche eingeschlichen; sie wurde bisweilen mehr als Einnahmequelle der Professoren behandelt, doch ist dagegen gerade aus Universitätskreisen heraus Abhilfe gefordert und im wesentlichen auch herbeigeführt worden. Die **Doktorpromotion**, d. h. die Erhebung zum D., erfolgt durch den Dekan der betreffenden Fakultät entweder nach vorher bestandener Prüfung (examen rigorosum) und nach Einreichung einer über einen gelehrten Gegenstand geschriebenen Dissertation, welche auf einigen Universitäten noch öffentlich verteidigt werden muß, oder auch ehrenhalber (honoris causa) bloß per diploma (durch Diplom). Als Abkürzung für die Bezeichnung des Titels ist D. und Dr. gebräuchlich. Vgl. M. Baumgart, Grundsätze und Bedingungen zur Erlangung der Doktorwürde bei allen Fakultäten der Universitäten des Deutschen Reichs, nebst einem Anhang, enthaltend die Promotionsordnungen der übrigen Universitäten mit deutscher Unterrichtssprache Basel, Bern, Zürich, Dorpat, Czernowitz, Graz, Innsbruck, Prag und Wien (4. Aufl., Berl. 1892).

D. ist auch ein Ehrentitel der Kirchenväter (Doctōres ecclesĭae). Doctōres gemarĭci heißen die jüd. Gelehrten, welche in der Gemara, Doctōres mischnĭăci diejenigen, welche in der Mischna erwähnt werden; beide werden auch Doctōres thalmudĭăci genannt. Vgl. G. Kaufmann, Geschichte der deutschen Universitäten, Bd. 1 (Stuttg. 1888).

Doktorpromotion, s. Doktor.

Doktrīn (lat.), Lehre, Wissenschaft, auch Lehrfach.

Doktrinär, sich an eine Doktrin klammernd, lehrhaft, für pedantisch-schulmeisterliches, die gegebenen Verhältnisse nicht berücksichtigendes, unpraktisches Verfahren gebraucht. In Frankreich wurden während der Restauration **Doktrinärs** die Mitglieder einer Fraktion der parlamentarischen Opposition genannt, die gegen die Politik der Willkür eine wissenschaftliche Staatslehre geltend machen wollten. Diese Fraktion war aus den Salons des Herzogs von Broglie hervorgegangen, hatte in der Kammer Royer-Collard zum Haupte und wurde in der Presse und den Vereinen durch Guizot vertreten. Ihre Hauptorgane waren «Le Globe», «Le Constitutionnel» u. a. Die Ausbildung des konstitutionellen Systems auf Grund der Charte Ludwigs XVIII. war das Losungswort dieser Männer.

Doktrinarismus, doktrinäres Wesen, Thun.

Dokumént (lat.) heißt im weitern Sinne jeder Gegenstand, welcher dazu dient, die Wahrheit einer zu erweisenden Thatsache, insonderheit für ein Rechtsverhältnis erheblichen Thatsache, zu bestätigen. Im engern Sinne versteht man darunter Urkunden oder Schriftstücke, im Gegensatz zu andern körperlichen Beweisstücken, wie Grenzsteinen, Wappen, beschädigten Sachen. Documenta communia (gemeinschaftliche Urkunden) sind Urkunden, die für das unter den Parteien bestehende Rechtsverhältnis errichtet sind, sich auf dies Rechtsverhältnis beziehen, sodaß die eine Partei von der andern die Vorlegung solcher in ihrem Besitz befindlichen Urkunden fordern kann. (Vgl. Kohler im «Archiv für die civilistische Praxis», Bd. 79, S. 22 fg.) — Documenta guarentigiata nannte man früher Urkunden, aus denen im Exekutivprozeß (s. d.) namentlich wegen Geldschulden geklagt werden konnte. Sie mußten enthalten den Grund der Forderung, deren Betrag, die eingetretene Zahlungszeit, die Person des Gläubigers und des Schuldners. Vgl. Urkunde und Urkundenbeweis.

Dokumentenschrift, s. Kanzleischrift.

Dol (D. de Bretagne), Hauptstadt des Kantons D. (137,19 qkm, 8 Gemeinden, 16881 E.) im Arrondissement St. Malo des franz. Depart. Ille-et-Vilaine, 24 km südöstlich von St. Malo, an dem in die Bai von Mont-St. Michel mündenden Quiou und an den Linien Avranches-Lamballe und St. Malo-Rennes der Franz. Westbahn, hat (1891) 3753, als Gemeinde 4814 E., Post, Telegraph, eine schöne Kathedrale aus dem 13. und 14. Jahrh., Ruinen einer Abtei, ein Collège, Austernkultur, Leinwand- und Konservenfabrikation, Tabaksbau, Branntweinbrennerei und Handel mit Getreide und Vieh. Ein im 12. Jahrh. angelegter, 36 km langer Damm schützt gegen die Einbrüche des Meers den 15000 ha mit 23 Gemeinden einnehmenden Marais de D., aus welchem nur im N. von D. der 65 m hohe Granithügel Mont-Dol und ein 12 m hoher Dolmen (Champ dolent) hervorragt.

Dol., musik. Abkürzung, s. Dolendo.

Dola, Mehrzahl Doli, kleinstes russ. Gewicht, $^1/_{96}$ des Solotnik, oder $^1/_{9216}$ des Pfundes = 0,044435 g (etwas weniger als $^4/_{90}$ g).

Dolabella, Beiname eines Zweigs des patricischen cornelischen Geschlechts. Bekannt sind besonders: Publius Cornelius D., der 283 v. Chr. als Konsul die kelt. Senonen in Oberitalien völlig vernichtete. Gajus D., der Gemahl von Ciceros Tochter Tullia, befehligte als Parteigänger Cäsars im Bürgerkriege 49 v. Chr. eine Flotte im Adriatischen Meere, verlor aber den größten Teil seiner Schiffe und mußte fliehen. 48 v. Chr. ließ er sich von einem Plebejer adoptieren, um Volkstribun werden zu können. Als solcher nahm er 47 die Gesetzesvorschläge des Prätors Cälius über Zinsen- und Schuldenerlaß wieder auf, was zu ernstlichen Unruhen führte. Er begleitete Cäsar in den Krieg nach Afrika und Spanien. Nach der Ermordung Cäsars trat er anfangs auf die Seite der Verschworenen, ließ sich dann aber von Antonius durch das Versprechen gewinnen, daß D. gemein mit ihm das Konsulat bekleiden und sich die Statthalterschaft von Syrien, die Cassius zugeteilt war, vom Volke übertragen lassen sollte. Ende des Jahres ging er nach Asien ab, überrumpelte zunächst in Smyrna den vom Senat gesandten Statthalter der Provinz, Gajus Trebonius, und tötete ihn, weil er Parteigänger des Cassius war, worauf er vom Senat für einen Feind des Staates erklärt wurde. In Syrien konnte D. jedoch gegen Cassius nichts ausrichten und gab sich, von diesem in Laodicea eingeschlossen, im Juni 43 v. Chr. selbst den Tod.

Dolcan (Dulcan, Dulzain, ital. dolce), Name der Flötenstimmen der Orgel; sie sind so konstruiert, daß beim Antönen nur eine geringe Menge Luft in die Pfeifen tritt, wodurch ein besonders sanfter und zarter Klang bewirkt wird. Das Dolcissimo ist ein noch zarteres Register. (Vgl. Dolzflöte.)

Dolce (ital., spr. doltsche), auch con dolcezza, musikalische Vortragsbezeichnung: sanft, lieblich (vgl. Dolcan).

Dolce (spr. doltsche), Carlo, ital. Maler, s. Dolci.

Dolce (spr. doltsche), Lodovico, ital. Dichter und Gelehrter, geb. um 1508 zu Venedig, wo er sein Leben zubrachte, sich durch Unterricht, litterar. Arbeit und als Korrektor der Drucker Giolito den Unterhalt erwarb und in großer Armut 1568 starb. Er verfaßte eine ungeheure Anzahl von Werken in Poesie und Prosa auf allen Gebieten der Litteratur, überall aber ist er flüchtig und mittelmäßig. Von seinen Schriften sind zu nennen: «Dialogo della pittura» (Vened. 1557; neue Ausg., Mail. 1863; deutsch von Cerri, Wien 1871, in «Quellenschriften für Kunstgeschichte», II), «Delle diverse sorti di gemme» (Vened. 1565), «Delle qualità, diversità e proprietà dei colori» (edd. 1565), «Tragedie» (edd. 1560, 1566 u. ö.), «Commedie» (edd. 1560 u. ö.), «L'Achille et l'Enea» (edd. 1571), «I quattro libri delle osservazioni» (edd. 1562), «Le prime imprese del Conte Orlando» (edd. 1572, episches Gedicht in 25 Gesängen), «Le Trasformazioni», Ovids Metamorphosen in Oktaven (edd. 1553 u. ö.).

Dolce far niente (ital., spr. doltsche far niente), das süße Nichtsthun, der holde Müßiggang.

Dolcesuōno (ital., spr. doltsche-), s. Dolcian.

Dolch, Kriegsmesser oder verkleinertes Schwert, gehört zu den ältesten Waffen und findet sich bereits unter den Steinwaffen. Als pugio wurde der D. zur röm. Kaiserzeit von den Kaisern als Zeichen des Rechtes über Leben und Tod getragen und auch an hochgestellte Offiziere als Auszeichnung verliehen. Über die mittelalterlichen Dolchformen des Skramasax, Miséricorde und Linkhand, über den malaiischen Kris und den schott. Dirk s. diese Artikel. Ein D., dessen Klinge sich beim Stoß in drei Teile teilte, wird den Femrichtern zugeschrieben.

Dolchstichtaube (Geotrygon cruenta *Lath.*), eine schöne Wildtaube von den Philippinen, erst seit neuerer Zeit lebend nach Europa eingeführt, jetzt in allen zoolog. Gärten und auch vielfach bei den Liebhabern verbreitet sowie neuerdings gezüchtet. Im allgemeinen ist ihre Haltung wenig dankbar und ihr Preis, 50—100 M. das Paar, ziemlich hoch. Ihren Namen erhielt die D. wegen des einer Stichwunde ähnlichen blutroten Fleckes in der Kropfmitte. Sie ist oberseits violett, schwach grünlich glänzend, mit hellgrauer Stirn, dunkelgraubraunen Schwingen und graubraunem, schwarz gebändertem Schwanz; an der ganzen Unterseite ist sie weiß. Die Augen sind rot und die Füße düster bläulichrot (s. Tafel: Tauben, Fig. 9).

Dolci (spr. doltschi) oder Dolce, Carlo, ital. Maler, geb. 25. Mai 1616 in Florenz, kam mit 9 Jahren in das Atelier Vignalis. 1646 wurde er in die Akademie seiner Vaterstadt aufgenommen und starb daselbst 17. Jan. 1686, von tiefer Schwermut ergriffen. D.s Art, heilige Gestalten zu malen, fand großen Beifall; das Süße, Weiche im Ausdruck seiner Köpfe, die träumerisch-wehmütige Stimmung seiner Marien und Magdalenen entsprach dem Geschmacke des Zeitalters ebenso sehr wie die Eleganz, mit der er dieselben darzustellen verstand. Dem Verlangen seiner Besteller folgend beschränkte er sich allmählich auf gewisse Motive, die in seinen Gemälden stets wiederkehren: Christus mit der Dornenkrone, Die Schmerzensmutter (Stich von Mandel), Die heil. Magdalena, Die heil. Cäcilie u. a. Eins seiner edelsten Werke ist: Die orgelspielende heil. Cäcilie, in der Dresdener Galerie; ebendort Herodias mit dem Haupte Johannes des Täufers, Christus Brot und Wein segnend. Die kaiserl. Galerie in Wien besitzt u. a. von ihm: Maria mit dem Christkind, und Die Allegorie der Aufrichtigkeit; die Alte Pinakothek in München: Madonna mit Christkind, Büßende Magdalena und Ecce homo. Von seinen Ölgemälden, von denen sich die Mehrzahl in Florenz befindet, sind ferner hervorzuheben: Heil. Andreas betet auf dem Gange zum Richtplatz sein Kreuz an (1646), Christus am Ölberg (Stich von Dröhmer), Heil. Rosa (1668; sämtlich nebst andern im Palast Pitti), Madonna mit Christkind, Der Friede, Die Poesie (im Palast Corsini). Sein Selbstbildnis (1674) befindet sich in den Uffizien zu Florenz. — Seine Tochter Agnese, gest. 1680, war ebenfalls Malerin; sie kopierte besonders die Originale ihres Vaters.

Dolciān (Dulcian, Dolcesuono, Kortholt, Sordune), Name des Fagotts (s. d.) im 16. und 17. Jahrh.

Dolcīno (spr. doltsch-), Fra, s. Apostoliker.

Dolcissimo (ital., spr. doltsch-; Superlativ von dolce), musikalische Vortragsbezeichnung für möglichst zart; auch ein Register der Orgel (s. Dolcan).

Dolde (Umbella), in der Botanik eine Form der monopodialen Blütenstände mit stark verkürzter Hauptachse, deren einzelne Verzweigungen mit je einer Blüte abschließen, ohne sich vorher weiter zu verzweigen (s. Blütenstand und zugehörige Tafel, Fig. 1d u. 5).

Doldengewächs, im weitern Sinne alle Pflanzen, deren Blüten in Dolden angeordnet sind; im engern Sinne die Umbelliferen (s. d.).

Doldenhorn, Gipfel der westl. Berneralpen, südwestlich von der Blümlisalp (s. d.), zwischen Öschinensee, Kander- und Doldenthal. Das Große D. erreicht eine Höhe von 3647 m, das Kleine 3488 m. Ersteres wird häufig bestiegen.

Doldentraube, Ebenstrauß (Corymbus), Blütenstände, bei denen die Blütenstiele zwar in verschiedener Höhe an der Hauptachse angefügt, aber von verschiedener Länge sind, sodaß sämtliche Blüten fast in eine Ebene zu liegen kommen (s. Blütenstand und zugehörige Tafel, Fig. 1c u. 4).

Doldrums, s. Kalmen.

Dôle, La (spr. dohl), Gipfel des Schweizer Juras, erhebt sich 12 km nordwestlich von Nyon im Kanton Waadt unweit der franz. Grenze zu 1678 m Höhe. Die Kette beginnt an dem wichtigen Col de la Faucille (s. d. und Dappenthal) und erstreckt sich in nordöstl. Richtung etwa 12 km lang bis zum Col de St. Cergues (1262 m), über den die Straße von Nyon in das Dappenthal führt. Der südwestl., franz. Teil bildet eine breite Hochfläche mit Alpweiden und Nadelwäldern; im nordöstl. Teile wird das Gebirge rauher und die eigentliche D. bildet einen felsigen Kamm. Die herrschenden Gesteine sind an den Abhängen Kalksteine der untern Kreideformation, auf der Höhe solche der obern Juraformation.

Dôle (spr. dohl). 1) **Arrondissement** des franz. Depart. Jura, hat 1181,66 qkm, (1891) 69278 E.,

138 Gemeinden und zerfällt in die 9 Kantone Chaumergy (89,05 qkm, 4905 E.), Chaussin (162,14 qkm, 8978 E.), Chemin (146,97 qkm, 7346 E.), Dampierre (129,33 qkm, 7607 E.), D. (121,13 qkm, 21 210 E.), Gendrey (84,29 qkm, 3437 E.), Montbarrey (191,94 qkm, 5465 E.), Montmirey-le-Château (115,80 qkm, 5187 E.), Rochefort (141,01 qkm, 5143 E.). — 2) **Hauptstadt** des Arrondissements D. rechts des Doubs, am Rhône-Rhein-Kanal, an den Linien Belfort-Dijon, D.-Poligny (41 km), D.-Chagny (84 km) und D.-Pontarlier-Grenze (48 km) der Franz. Mittelmeerbahn, in 224 m Höhe, in dem durch Fruchtbarkeit ausgezeichneten Val d'Amour, am Fuße und Abhange einer mit Weingärten bedeckten Anhöhe, unfern des 340 m hohen Mont-Roland, ist Sitz eines Gerichtshofs erster Instanz und eines Handelsgerichts, und hat (1891) 9818, als Gemeinde 14253 E., in Garnison das 19. Dragonerregiment und die 7. Traineskadron, eine gewaltige Domkirche, zahlreiche Fontänen, ein Kommunal-Collège, ein Jesuitenkollegium, eine Zeichenschule, eine öffentliche Bibliothek (40 000 Bände und 700 Manuskripte), Bildergalerie, Antiquitätenkabinett, Waisenhaus, Irrenanstalt; Eisenhütten, Kupfergießereien, Ackerbau- und Feuerlösch-Maschinenfabriken, Gießereien von eisernen Öfen, bedeutende Mehlmühlen, Töpfereien und Gerbereien, Fabriken von Chemikalien, Glas, Rübenzucker und Handel mit Korn, Mehl, Brettern, Kohlen, Käse. Aus der Römerzeit (Dola Sequanorum) stammen angeblich noch die Reste einer Wasserleitung und die Straße, welche von Lyon durch D. nach dem Rhein geht. — Im 12. Jahrh. wurde D. durch Friedrich Barbarossa befestigt. Seitdem war es Hauptstadt der Franche-Comté, 1422 der Sitz des Parlaments, von 1431 bis 1481 einer Universität, und eine starke Festung, die von Ludwig XIV. geschleift wurde. Am 6. Jan. 1814 forcierten hier die Österreicher unter Bubna den Übergang über den Doubs; 21. Jan. 1871 besetzte General von Manteuffel die Stadt.

Doléance (frz., spr. -ángß), Beschwerde, Klage.

Dolenci (d. i. Thalbewohner), Bewohner des Unterlandes, heißen in den slowen. Teilen von Österreich-Ungarn die Bewohner am untern Lauf der Flüsse im Gegensatz zu Gorenci, d. i. Bergbewohner, den Bewohnern am obern Laufe. So in der Steiermark die Bewohner des Luttenberger Weinlandes im Gegensatz zu ihren westl. Nachbarn, die Unterkrainer im Gegensatz zu den Oberkrainern.

Dolendo (ital.), auch dolente, abgekürzt dol., musikalische Bezeichnung für klagend, wehmütig.

Dolerit (vom grch. dolerós, «trügerisch», wegen der oft täuschenden Ähnlichkeit mit Diabasen), ein jungvulkanisches Eruptivgestein der Basaltfamilie, das ein gröberkörniges Gemenge von triklinem Feldspat (meist Labradorit), Augit, Olivin (bisweilen spärlicher vorhanden), Magnetit, auch Titaneisen darstellt, also aus denselben Mineralien besteht, die in dem Plagioklasbasalt ein dem bloßen Auge unentwirrbares, in dem Anamesit ein sehr feinkörniges Aggregat bilden. Ausgezeichnete Fundpunkte sind die Löwenburg im Siebengebirge, das Bergmassiv des Meißners in Hessen, die Grafschaft Antrim im nordöstl. Irland, Färöer, Island und Grönland. Auch manche moderne Laven, z. B. des Ätna, der Hekla, sind echte D., wogegen die eben genannten Vorkommnisse zur Tertiärzeit abgelagert wurden. Als Nephelindolerit bezeichnet man die z. B. am Katzenbuckel im Odenwald, im Vogelsberg, am Löbauer Berg in Sachsen auftretenden Gesteine, in denen bei sonst übereinstimmender Mengung der trikline Feldspat durch Nephelin vertreten ist.

Doles, Joh. Friedr., Kirchenkomponist, geb. 21. April 1716 zu Steinbach im Herzogtum Meiningen, erhielt in Schleusingen den ersten Musikunterricht und wurde dann in Leipzig, wo er Theologie studierte, Joh. Seb. Bachs Schüler in der Komposition. D. erhielt 1744 das Amt des Kantors in Freiberg und kam 1756 als Kantor an die Thomasschule und als Musikdirektor an den beiden Hauptkirchen nach Leipzig. 1789 pensioniert, starb er 8. Febr. 1797. In seinen zahlreichen Kompositionen, Messen, Motetten, Psalmen, Kantaten, Chorälen u. s. w., bekundet D. Gründlichkeit und Reinheit des Satzes; er besitzt jedoch weder große kontrapunktische Kunst noch eine hervorragende Kraft der Melodie und bestätigt mit seinen Werken im wesentlichen nur den Verfall der damaligen Kirchenmusik.

Dolet (spr. -leh), Etienne, Humanist und Buchdrucker, geb. 1509 in Orléans, studierte zu Padua, wurde um 1529 Sekretär der franz. Gesandtschaft in Venedig, kehrte aber bald nach Frankreich zurück, hielt sich erst in Paris auf, dann in Toulouse, wo er seit 1532 von neuem studierte und seine scharfe Feder ihm 1533 Gefängnisstrafe zuzog. 1535 ließ er sich in Lyon nieder, um seine «Commentariorum linguae latinae tomi duo» bei Sebast. Gryphius drucken zu lassen (1536—38). Sie sind dem König Franz I. gewidmet und trugen ihm (1537) ein zehnjähriges Druckprivileg für alle Bücher ein, die er verfassen oder herausgeben würde. 1538 eröffnete er eine Druckerei und verlegte bis 1544 zahlreiche fremde und eigene Werke. Im Verdacht der Ketzerei 1542 gefangen gesetzt, kam er zwar noch einmal frei mit einem Verdikt gegen 13 seiner Verlagswerke; aber 1544 wegen einer neuen Schrift («Le second Enfer etc.») angeklagt, wurde er als rückfälliger Ketzer verurteilt und 3. Aug. 1546 in Paris verbrannt. 1890 wurde ihm auf der Place Maubert in Paris ein Bronzestandbild (von Guilbert) errichtet. — Vgl. Jos. Boulmier, Études sur le 16e siècle. Est. D. (Par. 1875); R. Copl. Christie, E. D., the martyr of the renaissance (Lond. 1880; auch französisch durch C. Stryjenski, Par. 1886).

Dolgänen, Volksstamm von nur einigen hundert Individuen im Turuchanschen Gebiete des russ.-sibir. Gouvernements Jenisseisk, steht den Tungusen sehr nahe und beschäftigt sich mit Jagd und Renntierzucht.

Dolgelly, Hauptstadt der engl. Grafschaft Merioneth, im nördl. Wales, unweit der Küste, an einem Zufluß des Mawddach, in einem anmutigen Thale am Fuße des Cader Idris, von Touristen viel besucht, hat (1891) 2467 E., Wollspinnerei und Leinenfabrikation.

Dolgorúkij, Dolgorukow, eine der ältesten fürstl. Familien in Rußland, die ihren Ursprung von Rurik (s. d.) ableitet. Die namhaftesten Mitglieder sind:

Jurii Alexejewitsch D., der sich 1654 im Kriege gegen die Polen auszeichnete und 1671 mit grausamer Härte den Aufstand der donischen Kosaken dämpfte. Sein Sohn, Michail D., war Minister und Freund des Zaren Feodor, ältesten Bruders Peters d. Gr. Beide D., Vater und Sohn, wurden 15. Mai 1682, als sie Peter gegen die sich empörenden Strelitzen verteidigten, umgebracht.

Jakob Feodorowitsch D., geb. 1639, wurde 1687 als Gesandter nach Frankreich und Spanien gesandt, geriet nach der Schlacht von Narwa in schwed. Gefangenschaft. 1710 befreit, wurde er vom Zar zum Mitglied des neuerrichteten Senats ernannt. Er starb 5. Juli 1720. Sein Leben beschrieb Tyrtow (2 Bde., Moskau 1807—8).

Wassilij Wladimirowitsch D., geb. 1667, erwarb sich das Vertrauen Peters d. Gr. und erhielt bereits im Türkenkriege 1711 den Andreasorden. Am 22. Okt. 1709 unterzeichnete er das Bündnis mit Friedrich IV. von Dänemark; 1716 vertrat er gegen die Stadt Danzig die maßlosen Ansprüche Peters d. Gr. Trotzdem unterlag er 1718 den Intriguen Menschikows; als angeblicher Anhänger des Zarewitsch Alexej wurde er ins Exil geschickt. Katharina I. begnadigte ihn, Peter II. erhob ihn zum Generalfeldmarschall. Von der Kaiserin Anna wurde er wieder verbannt, von Elisabeth zurückgerufen und an Stelle Münnichs zum Vorsitzenden des Kriegskollegiums ernannt. Er starb 22. Febr. 1746.

Wassilij Lukitsch D., war 1700—6 seinem Oheim Wassilij Feodorowitsch, der Gesandter in Polen war, beigegeben, vertrat sodann Rußland 13 Jahre lang am dän. und 1716—23 am franz. Hofe in Versailles. Unter Peter II. wurde D. Mitglied des Geheimen Rates, nach dem Tode des jungen Kaisers verband er sich mit den Golizyns. Er zuerst machte den Vorschlag, die Kaiserkrone Anna Iwanowna anzutragen. Mit dem Fürsten Golizyn und dem Generalmajor Leontjew brachte er Anna zur Annahme der die wesentlichsten Herrscherrechte beseitigenden Urkunde vom 8. Febr. 1730. Nachdem die neue Kaiserin 19. März die ihre selbstherrschaftliche Macht fesselnden Bedingungen beseitigt, wurde D. nach Archangel verbannt und erlag schließlich dem Schreckensgericht, das Biron zur Sicherstellung der eigenen Zukunft für den Todesfall der Kaiserin Anna über die aus ihren Verbannungsorten herbeigeholten D. in Nowgorod verhängte. Dort wurde D. 6. Nov. 1739 enthauptet.

Alexej Grigorjewitsch D. und dessen Sohn Iwan Alexejewitsch suchten durch Verführungskünste jeder Art den unmündigen Kaiser Peter II. an sich zu fesseln; ihre Wünsche schienen ihrer Erfüllung nahe zu sein, als ersterer 11. Dez. 1729 seine Tochter Katharina mit Peter II. verlobte. Allein an dem zur Vermählung festgesetzten Tage starb der Kaiser, und unter der Kaiserin Anna verloren beide ihre Würden und ihr Vermögen. Alexej starb wahrscheinlich auf dem Wege nach Sibirien; Iwan Alexejewitsch wurde zusammen mit Wassilij Lukitsch D. in Nowgorod 6. Nov. 1739 hingerichtet.

Wassilij Michailowitsch D., geb. 1722, befehligte unter Katharina II. im russ. Heere und eroberte 1771 in wenig Tagen die Krim, weshalb er den Beinamen Krimskij erhielt. Er starb 10. Febr. 1782.

Als Dichter hat Iwan Michailowitsch D., geb. 18. April 1764, gest. Dez. 1823 in Petersburg, sich einen geachteten Namen gemacht. Seine Gedichte (Petersb. 1806; neue Aufl., 2 Bde., 1849) zeichnen sich durch Vaterlandsliebe aus. Auch seine 1788 begonnenen Memoiren sind lesenswert.

Peter Wladimirowitsch D., geb. 1807 zu Moskau, machte sich zuerst durch eine Geschichte seiner Familie («Skazanija o rodě knjazej D.», Petersb. 1840) und eine Sammlung russ. Genealogien (ebd. 1840—41) bekannt, denen er in franz. Sprache eine «Notice sur les principales familles de la Russie» (unter dem Pseudonym d'Almagro, Brüss. 1843; 3. Aufl., Berl. 1858) folgen ließ, die ihm die Ungnade des Kaisers Nikolaus zuzog. Er wurde nach Wjatka verbannt, erhielt jedoch später die Erlaubnis, nach Petersburg zurückzukehren, wo er sich der Ausarbeitung eines russ. Adelslexikons («Russkaja rodoslovnaja kniga», 4 Bde., 1854—57) widmete. Durch seine Schrift «La vérité sur la Russie» (Par. 1860; deutsch, 2 Bde., Sondersh. 1861—62) zog er sich ewige Verbannung aus Rußland zu. Er starb 17. Aug. 1868 zu Bern. Seine teils in russ., teils in franz. Sprache veröffentlichten Schriften, wie «De la question du servage en Russie» (Par. 1861), «La France sous le régime bonapartiste» (Lond. 1864), sind fließend und elegant geschrieben, aber unzuverlässig. In seinen «Mémoires» (Bd. 1 u. 2, Lief. 1, Genf 1867—71) ist besonders die Beleuchtung interessant, in der viele hervorragende Zeitgenossen erscheinen.

Dolgorúkij, Katharina Michailowna, Fürstin Jurjewskaja, zweite Gemahlin des Kaisers Alexander II. (s. d.), mit welcher dieser sich 31. Juli 1880 vermählte, gehört nicht dem berühmten Hause D. an. Nach des Kaisers Tode ging sie ins Ausland und veröffentlichte unter dem Pseudonym Victor Laferté: «Alexandre II. Détails inédits sur sa vie intime et sa mort» (Basel, Genf u. Lyon 1882).

Dolgorúkow, russ. Fürstenfamilie, s. Dolgorukij.

Dolhain (spr. dolăng), s. Limburg.

Doli, russ. Gewicht, s. Dola.

Doliana (Dholianá), Dorf im alten Kynuria auf der griech. Halbinsel Peloponnes, mit (1889) 1577 E. Hier fand 4. Juni 1821 zwischen Türken und Griechen ein für letztere siegreiches Gefecht statt.

Dolichokephälie (grch.), Langköpfigkeit, bezeichnet diejenige Form des menschlichen Schädels, bei welcher der größte Breitendurchmesser erheblich kürzer als der größte Längendurchmesser ist, höchstens aber 75 Proz. desselben beträgt. Menschen mit derartiger Schädelbildung nennt man Dolichokephälen. (S. Brachykephalie und Mesokephalie.)

Dolichönyx, Vogel, s. Paperling.

Dolichos *L.*, Pflanzengattung aus der Familie der Leguminosen (s. d.), Abteilung der Papilionaceen, mit gegen 20, meist in den wärmern Gegenden Afrikas, Asiens und Australiens wachsenden Arten. Es sind niederliegende krautartige Gewächse oder auch windende Halbsträucher mit dreizähligen Blättern und violetten oder weißen Blüten. Von mehrern Arten werden die bohnenähnlichen Samen und Hülsen gegessen. In Deutschland sind die Früchte bekannt als Fasel oder Dolichosbohne, in Südeuropa, z. B. in Italien, werden einige Arten angebaut, so die in Südamerika einheimische D. Lubia *Forsk.* Die ostindische D. biflorus *L.* wird in ihrer Heimat im großen angebaut, die Samen dienen als Viehfutter, die jungen Hülsen als Gemüse.

Dolichos, bei den altgriech. Wettspielen der Dauer- oder Langlauf. Die zu durchlaufende Strecke wird verschieden angegeben (7, 12, 20 und 24 Stadien). Die letzte Angabe, d. i. die zwölfmalige Durchmessung der Laufbahn in beiden Richtungen, scheint die zuverlässigste zu sein; danach waren gegen 4000 m zu durchlaufen.

Dolichosbohne, s. Dolichos.

Dolichosōma, schlangenartige Gattung der Stegocephalen, s. Mastodonsaurier.

Dolichōtis, südamerik. Nagetiergattung, s. Mara.

Dolina. 1) **Bezirkshauptmannschaft** in Galizien, hat 2497,83 qkm und (1890) 90929 (45634 männl., 45295 weibl.) E., darunter 2462 Evangelische, 10115 Katholiken, 65611 Griechisch-Unierte, 12818 Israeliten; 14958 Häuser und 18722 Wohnparteien, 87 Gemeinden mit 278 Ortschaften und 69 Gutsgebieten, und umfaßt die Gerichtsbezirke Bolechów, D. und Rozniatów. — 2) **Stadt** und Sitz der Bezirkshauptmannschaft D., an der Straße von Stryj nach Stanislau und an der Linie Stryj-Stanislau der Österr. Staatsbahnen (Erzherzog Albrecht-Bahn) und der Lokalbahn D.-Wygoda (9 km), hat (1890) 3032, als Gemeinde 8344 E. (1036 Deutsche, 1726 Polen, 248 Ruthenen), darunter etwa 2500 Israeliten, Post, Telegraph, Bezirksgericht (1341,53 qkm, 34 Gemeinden, 134 Ortschaften, 26 Gutsgebiete, 37534 E.); große Salzsiederei, Pottaschefabrik, Ziegelei und Landwirtschaft. 10 km südwestlich zwei Eisen-, Berg- und Hüttenwerke bei Weldzirz (2144 E.) und Mizun (1036 E.). Sie erzeugen Roh-, Stab- und Gußeisen, Gußwaren und Schwarzbleche, Pflüge und Kessel. Nördlich zieht sich eine Reihe von Salzquellen hin.

Dolinen (slowen., deutsch «Thal»), die Benennung der trichter- oder kesselförmigen Vertiefungen, welche die Oberfläche des Karstplateaus sowohl als die Bergabhänge oft dicht nebeneinander bedecken. Die Form der D. ist kreisrund oder unregelmäßig, die Tiefe sehr verschieden; es giebt solche von einem bis zu mehrern Hundert Metern Durchmesser; ihr Durchmesser im Triestiner Karst ist gewöhnlich 50—75 m groß. Nach unten verbinden Spalten sie mit Hohlräumen, in welche das Regenwasser einsickert. Sie sind entstanden durch Einsturz unterirdischer Höhlen, welche das fließende Wasser im Kalke geschaffen hat (s. Erdfall).

Doliŏlum, s. Salpen.

Dolium, s. Tonnenschnecken.

Doljiu (Dolschi), Kreis im Königreich Rumänien, in der Kleinen Walachei, mit 5633 qkm und (1885) 268147 E.; Hauptstadt ist Crajova.

Döll, Friedr. Wilh. Eugen, Bildhauer, geb. 1750 in Hildburghausen, studierte, vom Herzog Ernst von Gotha unterstützt, zuerst beim Bildhauer Ney, seit 1770 in Paris unter Houdon, dann 8 Jahre lang in Italien, besonders in Rom. 1781 wurde er Inspektor der herzogl. Kunstsammlungen in Gotha und starb daselbst 30. März 1816. Sein erstes Werk von Bedeutung war Winckelmanns Denkmal im Pantheon zu Rom. Er schuf ferner eine Anzahl Denkmäler (Leibniz zu Hannover, Lessing zu Wolfenbüttel, Kepler zu Regensburg) und Büsten (Raphael Mengs, Weiße u. a.) im Stile des trocknen Klassicismus. Ferner vollendete er eine Statue der Kaiserin Katharina II. von Rußland, als Minerva dargestellt, eine Minerva, Muse, Hygieia.

Döll, J. Ch., Botaniker, geb. 21. Juni 1808 zu Mannheim, starb 10. März 1885 in Karlsruhe, wo er längere Zeit hindurch das Amt eines Oberbibliothekars bekleidet hatte. Sein wertvolles Herbarium kam durch Kauf in den Besitz des Badischen Botanischen Vereins. Von seinen Werken ist besonders zu erwähnen: «Flora des Großherzogtums Baden» (3 Bde. Karlsr. 1855—62).

Dollar (spr. doll'r, entstanden aus dem deutschen «Thaler») ist die Geldeinheit, nach welcher gesetzlich seit dem 2. April 1792 in den Vereinigten Staaten von Amerika allgemein gerechnet wird. Das für den D. gebräuchliche Zeichen ist $. Als Rechnungsgröße teilt sich der D. (der ursprünglich Unit, d. i. Einheit, heißen sollte) in 100 Cents; der Name Mill für $^1/_{1000}$ des D. ist nicht in allgemeinen Gebrauch gekommen und die Bezeichnung Dime (s. d.) gilt nur für das Münzstück von $^1/_{10}$ D. Als Silbermünzstück war der D. anfänglich fast genau dem alten span. Piaster (s. d.), dem sog. Säulenpiaster, gleich. Nach dem ersten Münzgesetz vom 2. April 1792 wurden der Silberdollar und seine Teilstücke in einer Feinheit von 892,428 Tausendteilen, und der ganze D. in einem Gewicht von 416 engl. Troygrän oder 26,9564 g, mithin in einem Feingewicht von $371^1/_4$ Troygrän oder 24,0566 g ausgemünzt. Nach dem Gesetz vom 18. Jan. 1837 wurden die erwähnten Stücke in der Feinheit von 900 Tausendteilen ausgeprägt, der ganze D. $412^1/_2$ Troygrän oder 26,7296 g schwer, somit ganz im vorherigen Feingewicht, welches zum Preise von 180 M. für 1 kg Feinsilber 1,4434 norddeutsche Thlr. = 2,5259 Fl. süddeutsche Währung = 4,3302 deutsche Goldmark = 2,1651 Fl. österr. Silberwährung betrug. Bei einem Preise von 125 M. für 1 kg Feinsilber ist der D. nur = 3,0071 M. Das Gesetz vom 21. Febr. 1853 führte mit 2. Juni 1853 die Goldwährung ein, und damit trat der Silberdollar insofern in die Stellung einer bloßen Handelsmünze, als er von da an wesentlich nur für den Verkehr mit den Nachbarländern geprägt wurde, was bis 1872 geschah. Das am 28. Febr. 1878 erlassene Gesetz (die sog. Blandbill, s. d.) bestimmt, daß wieder ganze Silberdollars (sog. Standard D., d. h. Courantdollars, D. mit unbeschränktem Zwangskurs) ausgemünzt werden. Die Banken und der auswärtige Handel halten immer noch an der ausschließlichen Goldwährung fest; im Effektenverkehr der Börsen wird der Golddollar in der Regel zu 4,25 M. gerechnet. Der einfache Golddollar als Münzstück wurde schon infolge des Gesetzes vom 3. März 1849 geprägt und zwar 900 Tausendteile fein und $25^4/_5$ Troygrän oder 1,6718 g schwer, also im Feingewicht von 1,5046 g, sodaß er = 4,1979 deutsche Mark ist. Er wird für Staatsrechnung nicht mehr geprägt. Von Stücken mehrfacher D. werden seit 1837 solche zu 10 D. (einfache Eagles, s. d.), 5 D., $2^1/_2$ D., ferner seit 1849 solche zu 20 D. und seit 1853 Stücke zu 3 D. gemünzt. Für Kalifornien prägte man 1853 und die folgenden Jahre auch Stücke zu 90 D. und 50 D., welche, wie die während derselben Zeit ebenfalls besonders für diesen Staat gemünzten Stücke zu 20 und 10 D., zwar eine geringere Feinheit (880 bis 887 Tausendteile), aber ein entsprechend größeres Gewicht hatten. Aus der gegenwärtigen Alternativwährung ergiebt sich ein Zwangskursverhältnis (sog. gesetzliche Wertrelation) von $1:15^{85}/_{86}$ (15,9884). — Das erwähnte Münzgesetz von 1853 machte die Silberstücke zu $^1/_2$ D. und darunter zu Scheidemünzen und verminderte ihr Gewicht. Eine neue Silberdollar-Sorte entstand durch das mit 1. April 1873 in Kraft getretene Gesetz vom 12. Febr. 1873: der Trade D. (Handelsdollar), eine Nachahmung des alten span. Silberpiasters und noch um etwa 1 Proz. besser als dieser. Der Trade D. hat ein Gewicht von 420 Troygrän oder 27,2156 g, eine Feinheit von 900 Tausendteilen und demnach ein Feingewicht von 378 Troygrän oder 24,4940 g, sodaß er zum Preise von 125 M. für 1 kg Feinsilber = 3,0618 M. ist. Dieses Münzstück, das übrigens nur von Juli 1873 bis April 1878 geprägt wurde, und zwar im Gesamtbetrag von etwa 36 Millionen, war nicht für den einheimischen Umlauf bestimmt (es überragt an Silberinhalt den Standard D. um $1^9/_{11}$ Proz., da 55 Trade D. ebensoviel Silber enthalten, wie 56 Standard D.), es wurde für Private angefertigt und sollte in Ostasien den alten span. und den mexik. Piaster verdrängen. Diesen Zweck hat es jedoch nur vorübergehend und nur in geringem Maße erreicht. Die im Inland gebliebenen oder dahin zurückgekommenen Trade D. wurden umgeprägt; sie waren hier immer unbeliebt gewesen, obgleich sie bis Juli 1876 als Zahlungsmittel den Silberscheidemünzen gleichgestellt waren und daher für jede Zahlung bis zu 5 D. einschließlich gesetzlichen Umlauf hatten. Sie erlitten im Frühjahr 1879 in Neuyork 3 Proz. Verlust gegen Goldmünze. Von dem Metalldollar der Vereinigten Staaten muß der **Papierdollar** (Dollar Currency) unterschieden werden. Dieser ist teils Bundes- (Unions-) Papiergeld (welches wegen der grünen Rückseite der Scheine «Greenbacks», s. d., genannt wird), teils besteht er in den Noten der sehr zahlreichen Banken. Die Noten der Nationalbanken (s. Banknoten, Bd. 2, S. 376 b) werden infolge ihrer Sicherstellung dem Unionspapiergeld gleichgehalten und bilden bei Zahlungen an die Bundeskassen und von denselben (nur die Entrichtung der Zölle und der Zinsen für die Bundesschuld ausgenommen) sowie im Verkehr der Nationalbanken unter sich ein gesetzliches Zahlungsmittel. Das seit 1862 ausgegebene Unionspapiergeld war im allgemeinen Verkehr, nur Kalifornien ausgenommen, wo die reine Goldwährung beibehalten wurde, bis zum 2. Jan. 1879 die alleinige Währung; nur mußten die Einfuhrzölle in Metallgeld entrichtet werden, und auch die Zinsen der Nationalschuld wurden und werden noch jetzt in Goldwährung bezahlt. Seit der 1862 verfügten Aufhebung der Einlösung trat dieses Papiergeld in Verlust gegenüber dem Metallgeld, welcher Verlust 11. Juli 1864 seinen Höhepunkt mit 185 Proz. erreichte (100 D. Gold = 285 D. Papiergeld). Die Wiederaufnahme der Barzahlungen, d. i. die Bareinlösung des Unionspapiergeldes, ist 2. Jan. 1879 erfolgt. (S. auch Carolus-Dollar.)

Dollar (spr. doll'r), Stadt in der schott. Grafschaft Clackmannan, 9 km im NNO. von Alloa, nahe beim Devon und am Fuße der Ochilberge, hat (1891) 1807 E., eine 1818 gegründete D. Academy (800 Knaben und Mädchen), Ruinen des 1645 von Montrose verbrannten Campbell-Schlosses; Flachsspinnerei, Bleicherei und Kohlengruben. In der Nähe die Rumbling Bridge (tosende Brücke) über eine Schlucht des Devon.

Dollart, Mündungsbusen der Ems zwischen der holländ. Provinz Groningen und der preuß. Provinz Hannover gelegen, ist erst im 13. Jahrh. (1277 und 1287) durch Zerstörung von 385 qkm des fruchtbarsten Landes mit 50 Ortschaften entstanden. In den letzten 200 Jahren hat man aber besonders von dem holländ. Ufer aus große Strecken des Landes wieder gewonnen. Der D. ist gegen 20 km lang und 6—12 km breit.

Dollbord, die oberste starke Planke eines Bootes, auf die zum Auflegen der Riemen entweder eiserne Dollen (Pflöcke) oder Riemengabeln eingesetzt werden, oder bei den leichtern Booten, Kuttern und Jollen Runzeln eingeschnitten sind (s. Riemen).

Dollen, s. Dollbord und Dübel.

Dollfus, Jean, Industrieller, geb. 25. Sept. 1800 in Mülhausen im Elsaß, übernahm mit seinen Brüdern die vom Vater hinterlassene Kattundruckerei (gegründet 1746) und gab ihr eine große Ausdehnung. Auch gründete er die dortigen Arbeiterquartiere, schrieb mehrere freihändlerische Schriften, z. B. «Plus de prohibition» (1853) und war der letzte Maire von Mülhausen. Seit 1877 war er während dreier Legislaturperioden Abgeordneter des zweiten elsaß-lothr. Wahlkreises (Mülhausen) für den deutschen Reichstag und gehörte zu den Protestlern. Er starb 21. Mai 1887 in Mülhausen.

Sein Sohn Charles D., geb. 27. Juli 1827 in Mülhausen, war anfangs Advokat, später philos. Schriftsteller und Redacteur der «Revue moderne». Er schrieb: «Méditations philosophiques» (Par. 1865), «Étude sur l'Allemagne» (ebd. 1864), «La revanche de Sadowa» (1872) u. a. — Von den Brüdern Jean D.' und Teilhabern am Geschäft machte sich Daniel D., genannt Dollfus Ausset, geb. 1797 in Mülhausen, gest. daselbst 21. Juli 1870, durch Gletscherforschungen bekannt. Er schrieb: «Matériaux pour l'étude des glaciers» (13 Bde. mit Atlas, Par. 1864—73), «Matériaux pour la coloration des étoffes» (2 Bde., ebd. 1862) und «Passetemps équestre» (Straßb. 1865). Ein zweiter Bruder, Charles Emile D., geb. 10. April 1805, gest. 27. Aug. 1858, war Maire von Mülhausen und wiederholt Mitglied der Deputiertenkammer in Paris.

Die D.schen Fabriken gingen 1890 an die «Aktiengesellschaft für Textilindustrie, vormals Dollfus-Mieg & Cie.» in Mülhausen, Belfort und Paris über. Sie bestehen aus Baumwollspinnereien (50000 Spindeln) und Woll-, Baumwoll-, Halbseidenwebereien. Der Hauptzweig der Fabrikation sind Nähfäden, Bordiergarne u. a. (alle sog. Elsässer Fäden unter der Marke DMC) in Baumwolle, Wolle, Seide, Ramie u. s. w. Daneben besteht Bleicherei, Färberei und Appreturanstalt. Die Gesamtproduktion beträgt etwa 20 Mill. Frs. jährlich, das Aktienkapital 10 Mill. M. mit 6 Mill. M. Obligationen, die Dividende für 1890—91 9 Proz. An Wohltätigkeitseinrichtungen bestehen: ein Arbeiterreservefonds von 1 Mill. Frs., eine Alterskasse von 600000 Frs., eine Kinderbewahranstalt, zwei Arbeiterküchen, Waschhaus; ferner Arbeitersparkasse, eine Kollektiv-Mobiliar-Feuerversicherung und Kollektiv-Lebensversicherung für die Arbeiter. Anderwärts Versicherten wird ein Beitrag von 50 Proz. zur Prämie gewährt. An Ruhegehalten wird jährlich gezahlt etwa 27000 M., an Wöchnerinnen 5000 M. u. s. w.

Dollieren, Ausschlichten oder Falzen, eine Operation der Lederfabrikation, durch welche eine Egalisierung der gegerbten Häute bezweckt wird. Mittels eines eigenen Instruments, des Dolliereisens oder des Falzes, werden dabei alle hervorragenden Teile sorgfältig fortgeschnitten, um dem Leder an allen Stellen genau gleiche Dicke zu geben.

Döllinger, Ignaz, Anatom und Physiolog, geb. 24. Mai 1770 zu Bamberg, wo sein Vater Leibarzt des Fürstbischofs und Professor der Medizin war, widmete sich erst in seiner Vaterstadt, dann zu Würzburg, zuletzt in Wien und Pavia mediz. Studien. 1793 nach Bamberg zurückgekehrt, erhielt er hier eine Professur und ging 1803 als Professor der Anatomie nach Würzburg, wo er zu Schelling in freundschaftliche Beziehungen trat und eine neue anatom.-philos. Schule begründete. Er siedelte 1823 nach Landshut und 1826 mit der dortigen Universität nach München über, wo er 1837 zum Obermedizinalrat ernannt ward und 14. Jan.

1841 starb. Seit 1823 war er Mitglied der Bayrischen Akademie der Wissenschaften. In seinem frühern akademischen und litterar. Wirken, wie z. B. im «Grundriß der Naturlehre des menschlichen Organismus» (Bamb. 1805), bekundete sich D. als einen Anhänger der Schellingschen Naturphilosophie. Seine hervorragende Stellung in der Geschichte der Wissenschaft gründet sich jedoch weniger auf seine eigenen vergleichenden anatom. und physiol. Untersuchungen als auf die Anregungen, wodurch er seine Schüler bestimmte, in Deutschland die Lehre von der Entwicklung der organischen Wesen zu begründen. Von D.s Schriften sind noch zu nennen: «Grundzüge der Physiologie der Entwicklung des Zell-, Knochen- und Blutsystems» (Regensb. 1842), «Über den Wert und die Bedeutung der vergleichenden Anatomie» (Würzb. 1814), «Beiträge zur Entwicklungsgeschichte des Gehirns» (Frankf. 1814). Auch hat er sich um die Verbesserung des Mikroskops verdient gemacht. Vgl. Ph. F. von Walter, Rede zum Andenken an J. D. (Münch. 1841).

Döllinger, Johann Joseph Ignaz von, Sohn des vorigen, kath. Theolog und Historiker, geb. 28. Febr. 1799 zu Bamberg, studierte in Würzburg und in seiner Vaterstadt, ward 1822 zum Priester geweiht und Kaplan in Marktscheinfeld, 1823 Lehrer am Lyceum zu Aschaffenburg, 1826 ord. Professor der Kirchengeschichte und des Kirchenrechts an der Universität München. Er wurde 1847 zum Propst des Stifts St. Cajetan, 1868 zum lebenslänglichen Mitglied des Reichsrats sowie 1835 zum außerordentlichen, 1843 zum ordentlichen Mitglied der Münchener Akademie der Wissenschaften, deren Präsident er seit 1873 war, ernannt und starb 10. Jan. 1890. — In der ersten Hälfte seines Lebens ein energischer Vorkämpfer der Machtansprüche der röm. Kirche gegenüber dem Staat, durch seine Geschichtsbehandlung das Vorbild der modernen ultramontanen Geschichtschreibung, rang sich D. allmählich zu einem milden, freien und unbefangenen Katholicismus hindurch. Im ultramontanen Sinne beteiligte sich D. an den Streitigkeiten über die gemischten Ehen (1838), an den Erörterungen über die Kniebeugung der prot. Soldaten (1843) und seit 1845 als Vertreter der Universität an den Verhandlungen der bayr. Kammer. In der Zeit der Lola Montez, 1847, wurde er als Universitätsprofessor in den Ruhestand versetzt, wodurch er seinen Sitz in der Kammer verlor; König Maximilian II. setzte ihn 1849 wieder in sein Amt ein. Als Mitglied des Frankfurter Parlaments (1848—49) gehörte D. zu den bedeutendsten Führern der kath. Fraktion, welche sich bemühte, unter Berücksichtigung der völlig veränderten Verhältnisse der Kirche eine möglichst weitgehende Unabhängigkeit vom Staat und unbeschränkte Selbständigkeit in der Ordnung ihrer innern Angelegenheiten zu verschaffen. D. entwarf hier den Wortlaut der darauf bezüglichen Bestimmung, welche vom Frankfurter Parlament nur teilweise in die Grundrechte, dagegen von Preußen unverändert als Art. 15 der Verfassung aufgenommen und erst durch Gesetz vom 5. April 1873 wieder aufgehoben wurde. Unter D.s Schriften aus seiner ersten Periode sind zu nennen: «Die Lehre von der Eucharistie in den ersten drei Jahrhunderten» (Mainz 1826), die Vollendung von Hortigs «Handbuch der Kirchengeschichte» (Landsh. 1828), und die Neubearbeitung desselben u. d. T. «Geschichte der christl. Kirche» (Bd. 1 in 2 Abteil., ebd. 1833—35), «Lehrbuch der Kirchengeschichte» (Bd. 1 und Bd. 2, Abteil. 1, Regensb. 1836—38; 2. Aufl. 1843), «Die Reformation, ihre innere Entwicklung und ihre Wirkungen im Umfange des luth. Bekenntnisses» (3 Bde., ebd. 1846—48; 2. Aufl., 1. Bd., 1851), «Luther, eine Skizze» (Freiburg 1851; neuer Abdr. 1890). — Der Umschwung in seinen kirchenpolit. Überzeugungen vollzog sich namentlich seit seiner Romreise 1857 und erhielt seinen Abschluß durch das Vatikanische Konzil. Schon 1861 hielt er zu München im Odeon zwei Vorträge, in denen er die Möglichkeit einer Aufhebung der weltlichen Macht des Papstes und deren Folgen für die kath. Kirche besprach; der päpstl. Nuntius verließ infolgedessen ostentativ den Saal. Den heftigen Angriffen, welche D. deshalb erfuhr, stellte er die Schrift «Kirche und Kirchen, Papsttum und Kirchenstaat» (Münch. 1861) entgegen, worin er eingehend bewies, daß die weltliche Herrschaft des Papstes für das Gedeihen der kath. Kirche nicht notwendig sei. Noch heftigere Anfeindungen erfuhr D., als er 1863 gemeinschaftlich mit Haneberg eine kath. Gelehrtenversammlung nach München berief und als deren Vorsitzender eine Rede hielt über die «Vergangenheit und Gegenwart der kath. Theologie», welche nachdrücklich eine gründlichere wissenschaftliche Bildung des kath. Klerus forderte. Bald darauf erschienen seine, manche traditionelle Erdichtung aufdeckenden «Papstfabeln des Mittelalters» (Münch. 1863; 2. Aufl., hg. von J. Friedrich, Stuttg. 1890). Als das Vatikanische Konzil berufen wurde, um die päpstl. Unfehlbarkeit zu beschließen, war D. der bedeutendste und eifrigste derjenigen deutschen Theologen, welche die Verkündigung des neuen Dogmas zu hindern suchten. Schon vorher wies das von ihm mit seinem Kollegen Huber ausgearbeitete und unter dem Pseudonym «Janus» erschienene Buch «Der Papst und das Konzil» (Lpz. 1869) auf die Unhaltbarkeit des in Aussicht genommenen Dogmas hin; während des Konzils veröffentlichte D. in der Augsburger «Allgemeinen Zeitung» die «Römischen Briefe vom Konzil» (als Buch unter dem Pseudonym «Quirinus», Lpz. 1870), welche mit voller Entschiedenheit die Anschauungen der Opposition vertraten, und ließ «Erwägungen für die Bischöfe des Konziliums über die Frage der Unfehlbarkeit» in deutscher und franz. Ausgabe an die Mitglieder des Konzils verteilen. Ende August präsidierte er zu Nürnberg einer Versammlung von kath. Gelehrten, deren Erklärung gegen den Konzilsbeschluß den Anstoß zur altkath. Bewegung gab. Vom Erzbischof von München-Freising zur Unterwerfung aufgefordert, wies D. dies Ansinnen durch eine offene Erklärung vom 28. März 1871 zurück. Infolgedessen traf ihn am 17. April die Exkommunikation; doch ehrte die Münchener Universität den Exkommunizierten durch die fast einstimmige Wahl zum Rector magnificus, und die Universitäten Marburg, Oxford und Edinburgh ernannten ihn zum juristischen, Wien zum philos. Ehrendoktor. D. nahm auch an den ersten Verhandlungen zur Gründung einer altkath. Genossenschaft teil. Als aber der Wille der Mehrheit über seine Absicht hinaus, eine gegen das neue Dogma protestierende Sonderstellung innerhalb der Kirche einzunehmen, auf Bildung selbständiger Gemeinden drängte, zog er sich von der Bewegung zurück. Vgl. D.s Briefe und Erklärungen über die vatikanischen Dekrete aus den Jahren

1869—87 (Münch. 1890). — Die Frucht seiner irenischen Studien und Bestrebungen waren die Aufsehen erregenden «Vorträge über die Wiedervereinigung der christl. Kirchen», 1872 zu München gehalten, zuerst in der «Allgemeinen Zeitung» veröffentlicht (engl. «Lectures on the reunion of the Churches», Lond. 1872; deutsch als Buch Nördl. 1888); im Interesse einer Union der Altkatholiken mit der anglikan. und orient. Kirche berief und leitete D. 1874 und 1875 Konferenzen in Bonn, die zwar zu einer gegenseitigen Annäherung, aber zu keinem positiven Erfolg führten. Von seinen Schriften sind als streng wissenschaftlich noch zu nennen: «Hippolytus und Kallistus, oder die röm. Kirche in der ersten Hälfte des 3. Jahrh.» (Regensb. 1853), «Heidentum und Judentum. Vorhalle zur Geschichte des Christentums» (ebd. 1857), «Christentum und Kirche in der Zeit der Grundlegung» (ebd. 1860; 2. Aufl. 1868), «Sammlung von Urkunden zur Geschichte des Konzils von Trient» (Bd. 1: «Ungedruckte Berichte und Tagebücher», 2 Tle., Nördl. 1876), «Beiträge zur politischen, kirchlichen und Kulturgeschichte der letzten 6 Jahrh.» (3 Bde., Regensb. 1862—82), «Die Selbstbiographie des Kardinals Bellarmin» (mit Reusch, Bonn 1887), «Akademische Vorträge» (Bd. 1 u. 2, Nördl. 1888; Bd. 3, hg. von Lossen, Münch. 1891), «Geschichte der Moralstreitigkeiten in der röm.-kath. Kirche seit dem 16. Jahrh., mit Beiträgen zur Geschichte und Charakteristik des Jesuitenordens» (gemeinsam mit Reusch, 2 Bde., Nördl. 1889), «Beiträge zur Sektengeschichte des Mittelalters» (2 Bde., Münch. 1890). Nach seinem Tode erschienen: «Kleinere Schriften», hg. von Reusch (Stuttg. 1890), «Das Papsttum. Neubearbeitung von Janus, 'Der Papst und das Konzil', im Auftrag des Verfassers von J. Friedrich» (Münch. 1892). Vgl. Luise von Kobell, Ignaz von D., Erinnerungen (ebd. 1891); E. Michael, Ignaz von D. (Innsbruck 1892).

Dollmann, Georg von, Baumeister, geb. 21. Okt. 1830 in Ansbach, Schüler Klenzes, wurde von diesem bei dem Befreiungsdenkmal und der assyr. Abteilung der Glyptothek verwendet. 1864—66 führte er die griech.-russ. Kapelle (Mausoleum des Fürsten Sturdza) in Baden-Baden aus. 1866—67 baute er im Auftrage des Königs Ludwig I. von Bayern die Kirche der Münchener Vorstadt Giesing im got. Stil; diente lange Jahre hindurch als Hofarchitekt dem König Ludwig II. von Bayern und schuf dessen drei Schloßbauten: Linderhof im Stile Ludwigs XV. (1878 vollendet), Herrenchiemsee im Stile Ludwigs XIV. und Neuschwanstein bei Hohenschwangau im mittelalterlichen Burgenstile (die beiden letztern unvollendet). Seit 1881 war D. Oberbaudirektor, seit 1885 ist er außer Dienst.

Dollond, John, Optiker, Erfinder der achromatischen Fernrohre, geb. 10. Juni 1706 zu Spitalfields, von franz. Herkunft, mußte das Weberhandwerk ergreifen und beschäftigte sich daneben mit Optik und Astronomie. Sein ältester Sohn, Peter D., teilte die wissenschaftlichen Neigungen seines Vaters und begründete ein optisches Institut. Letzterer verband sich 1752 mit ihm und wendete von da an seinen ganzen Fleiß auf die Verbesserung der dioptrischen Fernrohre. Nach mehrfachen Versuchen in den J. 1757 und 1758, zu denen ihn die Untersuchungen von Klingenstierna veranlaßten, entdeckte er die ungleiche Zerstreuung der farbigen Lichtstrahlen in verschiedenen brechenden Mitteln und folgerte daraus die Möglichkeit, dioptrische Fernrohre zu verfertigen, die Bilder ohne die so störenden farbigen Ränder zeigten, wofür er von der königl. Societät zu London die Copleysche Medaille erhielt. Auch gelang es ihm, aus Flint- und Crownglas zusammengesetzte Objektivgläser zu verfertigen, die die ungleiche Brechbarkeit der Lichtstrahlen korrigierten und deshalb mit dem noch jetzt üblichen Namen achromatisch (s. d.) bezeichnet wurden. Kurz vorher zum Mitglied der königl. Societät ernannt, starb D. 30. Nov. 1761.

Sein schon erwähnter Sohn, Peter D., geb. 24. Febr. 1731, der mit seinem jüngern Bruder John (gest. 6. Nov. 1804) das optische Institut fortführte und die von dem Vater betretene Bahn weiter verfolgte, ist Verfasser des «Account of the discovery of refracting telescopes» (Lond. 1789). Er starb 2. Juli 1820 zu Kensington.

George D., Neffe des vorigen, geb. 25. Jan. 1774, gest. 13. Mai 1852, machte sich gleichfalls als Optiker sowie als Verfertiger von vortrefflichen Chronometern bekannt und hat zahlreiche Beiträge zu den «Philosophical Transactions» und den «Memoirs» der Londoner Astronomischen Gesellschaft geliefert. Vgl. Kelly, Life of John D. (3 Bde., Lond. 1808).

Dolma (türk., «Füllsel»), eine aus Reis und gehacktem Hammelfleisch bestehende Speise, die stark gewürzt als Füllsel in Hühnern, einer kleinen Kürbisart, jungen zarten Weinblättern u. dgl. durch den ganzen vordern Orient genossen wird und sich großer Beliebtheit erfreut.

Dolma-Bagdsche («gefüllter Garten»), kleine Vorstadt von Konstantinopel, am europ. Ufer des Bosporus, etwa 2,5 km von Galata zwischen Kabatasch und Beschik-Tasch (s. d.). Unmittelbar am Ufer liegt ein kaiserl. Palast, Dolma-Bagdsche-Serai, unter Abdul-Medschid 1850—55 von seinem Architekten Agop Bey Ballian auf der Stelle eines hölzernen Sommerpalastes aus der Zeit Selims III. erbaut, ein grotesker Marmorbau im Renaissancestil, 700 m lang; er bietet durch seine Ornamente, besonders die prachtvollen Thorbauten, einen herrlichen Anblick vom Bosporus aus; nach der Landseite ist er von prächtigen Gärten umgeben, aber durch eine hohe Mauer abgeschlossen. Das Innere wurde mit dem denkbar größten Luxus ausgestattet; berühmt ist der große Thronsaal im Mittelbau. Hier wurde 1877 das türk. Parlament eröffnet.

Dolman (türk.), ursprünglich ein Stück der ungar. Nationaltracht, eine Jacke ohne Schöße, auf der Vorderseite mit horizontalen Reihen von Schnüren und vertikalen Reihen von Knöpfen besetzt. Bei der Errichtung von Husarenregimentern nach ungar. Muster wurde überall der D. als Bekleidung derselben angenommen mit dem dazugehörigen Pelz. In der deutschen Armee ist der D. in der Mitte des 19. Jahrh. durch den Attila (s. d.) ersetzt worden.

Dolmar (Großer), Berg im Thüringerwald, im preuß. Reg.-Bez. Erfurt, 9 km im NNO. von Meiningen, ist 747 m hoch. Etwa 4 km im N. der dreite Kleine D.

Dolmen (kelt., Daul oder Dol = Tafel, Tisch, men = Stein) sind große, aus gewaltigen, unbehauenen Steinen erbaute Monumente aus der Vorzeit. Gewöhnlich sind 6, 8, 10, 20 und mehr große Blöcke nebeneinander so aufgestellt, daß sie ein Rechteck oder ein Oblongum bilden, die sog. Träger, auf denen ein oder mehrere breite Decksteine ruhen.

Aus den Funden schließt man, daß es Grabanlagen, wahrscheinlich von Fürsten und deren Familien waren. Man findet gewöhnlich in einem solchen D. mehrere Skelette, oft sogar Dutzende, gewöhnlich in hockender Stellung oder, wenn liegend, in gekrümmter Lage beigesetzt, oft mit zahlreichen Beigaben, bestehend aus Beilen, Lanzenspitzen, Dolchen, Messern u. s. w. von Feuerstein, durchbohrten Hämmern aus Granit, Diorit u. s. w. Ferner kommen als Schmucksachen oft Bernsteinperlen vor oder durchbohrte Tierzähne, die auf eine Schnur gereiht, besonders als Halsschmuck verwandt wurden. Auch Thongefäße, zum Teil ziemlich roh, zum Teil aber auch schon mit feinen Ornamenten verziert, sind nicht selten. Bronzegegenstände, selbst Eisensachen sind auch vereinzelt gefunden worden, doch rühren diese Fundstücke wohl aus spätern Zeiten her; denn die D. sind im nördl. Europa vor der Zeit der eigentlichen Bronzekultur und der Einwanderung der Kelten und Germanen erbaut. Da die Verbreitung der D. eine große ist, können sie nicht von einem einzigen Volke herstammen, wie man früher gemeint hat. Sie finden sich im südl. Schweden, in Dänemark, im westl. Deutschland, in einzelnen Teilen von Frankreich und Spanien, auf den Inseln des Mittelmeers, in Afrika und Kleinasien. Vgl. F. von Löher, Dolmenbauten und Hünengräber (in «Westermanns Monatsheften», Juli 1890). (S. Tafel: Urgeschichte I, Fig. 5.)

Dolmetsch oder Dolmetscher nennt man im allgemeinen diejenigen sprachkundigen Personen, welche die Verständigung zwischen Menschen, die verschiedene Sprachen sprechen, und von denen einer der Sprache des andern nicht mächtig ist, vermitteln. Das Wort stammt aus dem Türkischen (tilmač), von wo es durch das Slawische (poln. tlumacz, czech. tlumač) bereits ins Mittelhochdeutsche (tolmetsche, tulmetsche) gelangte. D. sind insbesondere dann zuzuziehen, wenn vor Gericht (oder andern Behörden) unter Beteiligung von Personen verhandelt wird, welche der Gerichtssprache (s. d.) nicht mächtig sind, es sei denn, daß die beteiligten Personen sämtlich, bei Prozeßverhandlungen also namentlich Richter, Gerichtsschreiber, Anwälte, Parteien, Zeugen, der fremden Sprache mächtig sind. Dieselbe Bestimmung gilt auch für notarielle Verhandlungen und Handlungen der freiwilligen Gerichtsbarkeit, z. B. Aufnahme von Testamenten. Vgl. für Preußen Gesetz vom 28. Aug. 1876, für Elsaß-Lothringen Reichsgesetz vom 12. Juni 1889. Der D. hat, sofern er nicht zugleich Gerichtsschreiber oder für Übertragungen der betreffenden Art im allgemeinen beeidigt ist, einen Eid dahin zu leisten, «daß er treu und gewissenhaft übertragen werde». Auch zur Verhandlung mit tauben oder stummen Personen wird, wenn nicht schriftliche Verständigung möglich, ein D. hinzugezogen. Vgl. Deutsches Gerichtsverfassungsgesetz §§. 186 fg. und Österr. Strafprozeßordn. §§. 163, 164, 198. (Vgl. Dragoman.)

Dolnja Tuzla. 1) Kreis in Bosnien, hat 8991 qkm und (1885) 313746 E., darunter 141218 Mohammedaner, 132730 Griechisch-Orientalische, 38590 Römisch-Katholische und 1051 Israeliten in 653 Gemeinden und zerfällt in die 10 Bezirke Bjelina (38455 E.), Brčka (42433 E.), D. T. (50204 E.), Gračanica (25747 E.), Gradačac (40439 E.), Kladanj (8761 E.), Maglaj (23148 E.), Srebrenica (26525 E.), Vlasenica (23085 E.), Zvornik (34949 E.). — 2) **Hauptstadt** des Kreises und Bezirks D. T., in 272 m Höhe, an der zur Spreča gehenden Jala und an der Zweigbahn Siminhan-Doboj der Bosnabahn, ist Sitz der Kreis- und Bezirksbehörden, eines griech.-orient. Bischofs und des Kommandos der 39. Infanteriebrigade und hat (1885) 7189 meist mohammed. E., darunter 1072 Griechisch-Orientalische, 795 Römisch-Katholische und 134 Israeliten, in Garnison das 19. ungar.-kroat. Jäger- und 7. bosn. Infanteriebataillon; bedeutenden Vieh- und Produktenhandel und in der Nähe große Salzsiedereien. Während der Besetzung Bosniens durch die Österreicher kam es hier 9. Aug. 1878 zu einem hartnäckigen, für die Österreicher glücklichen Kampfe, doch verstärkten sich am folgenden Tage die Insurgenten derart, daß erstere sich zum Rückzuge entschließen mußten.

Dolo, Hauptstadt des Distrikts D. (33427 E.) in der ital. Provinz Venedig, 21 km westlich von Venedig, an der Linie Padua-Venedig des Adriatischen Netzes, mit Trambahn nach Padua, Mestre und Fusina, hat (1881) 3216, als Gemeinde 6331 E., Post, Telegraph, eine stattliche Kirche; Mühlen, Schleusen, Werften und besuchte Märkte.

Dolomieu (spr. -mjöh), Déodat Guy Silvain Tancrède Gratet de, franz. Geolog und Mineralog, geb. 24. Juni 1750 zu D. in der Dauphiné, wurde schon als Kind in den Malteserorden aufgenommen und trat mit dem 18. Jahre sein Noviziat an, verließ aber bald den Waffendienst des Ordens und machte Reisen zu wissenschaftlichen Zwecken. Er lehrte 1791 nach Frankreich zurück, wurde 1796 zum Ingenieur und Professor an der Bergschule und bei Errichtung des Instituts zu dessen Mitglied ernannt. D. begleitete die Expedition nach Ägypten und erhielt zu Paris den Lehrstuhl der Mineralogie am Museum der Naturgeschichte, starb aber schon 26. Nov. 1801 zu Châteauneuf. Er schrieb: «Voyage aux îles de Lipari» (Par. 1783), «Mémoire sur le tremblement de terre de la Calabre» (Rom 1783), «Mémoires sur les îles Ponces» (Par. 1788), «Philosophie minéralogique» (1801) u. a. Nach D. ist der Dolomit (s. d.) benannt.

Dolomit (nach dem franz. Mineralogen Dolomieu genannt) oder Bitterkalk bezeichnet ein Gestein und zugleich auch das Mineral, aus dem dasselbe in seiner normalen Beschaffenheit besteht. Das Mineral D. krystallisiert (nicht rhomboëdrisch-, sondern) tetartoëdrisch-hexagonal und spaltet nach einem Rhomboëder von 106° 5' Polkantenwinkel; chemisch ist es ein Doppelcarbonat von Kalk und Magnesia von der Formel $CaMgC_2O_6$; das spec. Gewicht beträgt 2,872. Äußerlich läßt sich das Dolomitgestein oft kaum von dem Kalkstein, dem bloß aus kohlensaurem Kalk bestehenden Aggregat von Kalkspatindividuen, unterscheiden; es ist etwas härter und etwas schwerer als Kalkstein und braust auch in derben Stücken, nur viel schwächer, mit kalter Salzsäure. Das Dolomitgestein, das normal aus 54,35 Proz. Calcium- und 45,65 Proz. Magnesiumcarbonat zusammengesetzt ist, bildet bald statuenmarmor- oder zuckerähnliche, deutlich krystallinische, bald dichte, auch oolithische und cavernöse Varietäten (Rauchwacke) und tritt einerseits schon im Gebiet der alten krystallinischen Schiefer, andererseits in fast allen sedimentären Formationen jedweden Alters auf, am reichlichsten entwickelt im Devon, der obern Dyas, der Trias und dem Jura, vielfach in gewaltigen, höhlenreichen Felsformen mit zerrissenen, ruinenähnlichen Konturen (Gegend von Altenstein und Liebenstein in Thüringen, von

Muggendorf und Streitberg in der Fränkischen Schweiz, die landschaftlich berühmten, wildgestalteten Kolosse Südtirols im Fassa- und Ampezzothal). Wahrscheinlich hat man in vielen dieser Ablagerungen ehemalige Korallenriffe zu erblicken. Andere D. sind ursprünglich gewöhnliche Kalksteine gewesen, die durch Zufuhr einer Lösung von doppeltkohlensaurer Magnesia eine Umwandlung erlitten, oder sie sind aus schwach magnesiahaltigen Kalksteinen entstanden, in denen durch atmosphärische, kohlensäurehaltige Gewässer das Kalkcarbonat teilweise ausgelaugt und so das Magnesiumcarbonat erheblich angereichert wurde. Zwischen dem D. und dem Kalkstein stehen die sog. dolomitischen Kalksteine, die weniger Magnesia und mehr Kalk besitzen als der normale D. und eine sehr weite Verbreitung haben. Braunspat ist ein D. mit einem Gehalt an kohlensaurem Eisenoxydul, der deshalb bei der Verwitterung braun wird und auf Erzgängen sehr verbreitet erscheint. [Ostalpen.

Dolomītalpen (Südtiroler), Dolomiten, s.

Dolon-nor (d. h. die sieben Seen) oder Lama-miao (d. h. Lamakloster), Stadt in der südöstl. Mongolei, im Gebiet der Keschikten-Mongolen, 42° 16′ 6″ nördl. Br., 116° 19′ östl. L. von Greenwich, 1220 m ü. d. M., etwa 244 km nördlich von Peking, auf einer sandigen Hochfläche gelegen, hat gegen 30000 E. und ist wichtiger Stapelplatz der östl. Mongolei. Eine Handelsstraße verbindet D. mit Chaïlar, das 8—900 km im NNO. liegt. Die Chinesen tauschen hier Getreide, Tabak, Sättel, Zelte, Zaumzeug, Schmuck, Waffen u. s. w. gegen mongol. Ochsen, Pferde und Hammel ein. D. ist berühmt wegen seiner Metallgießereien; ausgezeichnete Statuen aus Kupfer, Eisen und Bronze gehen von hier durch die Mongolei nach Tibet, und fast alle buddhist. Länder erhalten aus den Werkstätten D.s ihre Götzenbilder, Glocken und Vasen. Der mongol. Teil der Stadt besteht aus zwei großen Klöstern mit 2000 Lamas oder Priestern.

Doloo, Stadt, s. Bornu.

Dolŏper, im Altertum ein illyr. Gebirgsvolk in Nordgriechenland, das namentlich auf der Westseite des südl. Pindus und nördlich vom Tymphrestos bis zum mittlern Achelous, aber auch östlich nach Thessalien hinein bis zum Othrys seine Sitze hatte.

Dolor (lat., Mehrzahl Dolōres), Schmerz; Dolores partus oder parturientium, Geburtswehen.

Dolōre (ital.), Schmerz; con dolore oder doloroso, schmerzlich.

Dolōres, Stadt in der argentin. Provinz Buenos-Aires, mit Buenos-Aires und der Küste durch Eisenbahn verbunden, hat 5000 E., ein Theater und ein Hospital.

Dolōres Hidalgo, in Mexiko, s. Guanaxuato.

Dolorōsa, s. Mater dolorosa und Pietà.

Dolorōso (ital.), s. Dolore.

Dolōs (lat.), betrügerisch, arglistig, hinterlistig; mit Absicht schadend (s. Dolus).

Dolschi, Kreis in Rumänien, s. Doljiu.

Dolus, ein dem röm. Rechte entlehnter Ausdruck, bezeichnet im bürgerlichen Recht die wissentliche, absichtliche Rechtsverletzung, welche zum Schadenersatz verpflichtet (s. Arglist und Betrug); im Strafrecht den auf Verletzung des betreffenden, vom Gesetze geschützten Gutes (s. Rechtsgut) gerichteten Willen. Er ist zu scheiden von der Fahrlässigkeit (s. d.). Er kann sich in verschiedenen Formen äußern: Absicht, Vorsatz. Absicht (s. d.) ist der auf Herbeiführung eines gewissen Erfolges gerichtete Wille. Vorsatz ist der verbrecherische Wille, welcher das in der Vorstellung des zu erwartenden Eintritts des rechtsverletzenden Erfolges liegende sittliche Gegenmotiv handelnd überwindet. Vorsätzlich handelt also der, welcher eine That will, obwohl er erkennt und das Bewußtsein hat, daß sie einen rechtsverletzenden Erfolg haben werde. Zur Strafbarkeit ist in der Regel dieser Vorsatz genügend und nicht jene Absicht erforderlich. Ob auch das Bewußtsein davon genügt, daß der Erfolg eintreten könne, das ist in Wissenschaft und Praxis streitig. Es wird aber die Frage mit Recht dann bejaht und der sog. D. eventualis angenommen, wenn der Thäter mit dem Erfolg, wenn er eintritt, einverstanden ist; es genügt, wenn der Thäter bei Begehung der That über das Vorhandensein eines zum gesetzlichen Thatbestande des Delikts gehörigen Thatumstandes im Zweifel ist und ungeachtet dessen auf die Gefahr hin, den vollen Thatbestand zu verwirklichen, handelt. Die Beweisfrage kann im einzelnen Falle schwierig sein, und es liegt die Gefahr nahe, daß jemand, der nur fahrlässig handelte, wegen Vorsatzes gestraft wird. Es läßt sich aber eine sichere Probe, ob das eine oder das andere vorliegt, machen, wenn man an der Hand der erhobenen Beweise die Frage stellt: Was würde der Thäter gethan haben, wenn er den Erfolg, der in Wirklichkeit eingetreten ist, vorher gekannt hätte? Muß man diese Frage dahin beantworten: Der Thäter würde die That nicht unterlassen haben, so ist ihm der eingetretene Erfolg zum Vorsatz zuzurechnen. Es würde also wegen Vornahme unzüchtiger Handlungen mit einem Kinde unter 14 Jahren derjenige nicht verurteilt werden können, welcher die That unterlassen haben würde, wenn er das wirkliche Alter gekannt hätte, wohl aber derjenige, welcher, im Zweifel über das Alter, auf die ihm bewußte Gefahr hin, daß das Kind noch nicht 14 Jahre alt sein könne, sich über die Zweifel hinwegsetzt. Eine richtige Anwendung der Lehre vom D. kann mancher Klage über zu große Milde gegenüber den in großer Menge vorkommenden Gewaltthätigkeitsverbrechen den Boden entziehen, sobald nur Richter und Geschworene die charakteristischen Merkmale für den eventuellen D. zu finden wissen, wie sie z. B. für den event. Tötungsvorsatz in Äußerungen, wie: «Mir ist alles gleich», «Heute muß ich noch einen kalt machen», «Tot muß er vor meinen Füßen liegen», die in den Gerichtshöfen oft gehört werden, gefunden werden können. Das Deutsche Strafgesetzbuch hat eine Definition des Begriffes des D. nicht gegeben. Es hat dafür die Ausdrücke: Absicht, Vorsatz, Wissentlichkeit. Die Rechtsprechung der Gerichtshöfe unter Führung des Reichsgerichts legt diese Ausdrücke im Sinne des D. aus und kennt namentlich auch den D. eventualis. Andere, früher übliche Unterscheidungen (D. praemeditatus, repentinus, subsequens, antecedens u. s. w.) haben kaum noch Bedeutung. — Im Civilrecht äußern sich die hauptsächlichsten Wirkungen des D. bei der Lehre von den Verträgen — der Schuldner haftet für die dolose Verletzung seiner Verbindlichkeiten und jeder Kontrahent für arglistige Täuschung des Gegenkontrahenten — und beim Schadenersatze aus unerlaubten Handlungen. Die Rechtsprechung des Reichsgerichts hat den D. eventualis auch auf Schadenersatzansprüche angewendet. «Wer Unerlaubtes thut, sei es auch in einigem Zweifel an der Rechtmäßigkeit des Thuns, unbekümmert, ob er fremde Rechte schädigt, handelt nicht fahrlässig, sondern arglistig, wenn er die Schädigung fremder Rechte für wahrscheinlich halten mußte»; aus diesem Gesichtspunkt ist z. B. Ersatz zu leisten wegen wissentlicher Verletzung eines fremden Warenzeichens (Gesetz vom 30. Nov. 1874, §. 14; Bolze, «Praxis des Reichsgerichts», Bd. 1, Nr. 305). Vgl. Frank, Vorstellung und Wille in der modernen Doluslehre (in der «Zeitschrift für die gesamte Strafrechtswissenschaft», hg. von Liszt, Bd. 10, Berl. 1890) und die dort gegebenen Litteraturbelege; Bünger, Über Vorstellung und Wille als Elemente der subjektiven Verschuldung (in derselben Zeitschrift, Bd. 6, 1886); Lucas, Die subjective Verschuldung (Berl. 1883).

Dolzflöte (verderbt aus dem ital. Flauto dolce), früher als Flûte douce bekanntes Instrument; jetzt führt nur noch in den Orgeln eine sanfte Flötenstimme diesen Namen (vgl. Dolcan).

Dolzig. 1) **Stadt** im Kreis Schrimm des preuß. Reg.-Bez. Posen, 13 km südlich von Schrimm, unweit großer Seen, hat (1890) 1559 E., darunter 95 Evangelische und 22 Israeliten, Post, Telegraph, Ringziegelofen, Stärkefabrik und Spiritusbrennereien auf den nahen Gütern Ostrowieczno, Trombinek und Polrzymnica. — 2) Dorf im Kreis Sorau des preuß. Reg.-Bez. Frankfurt, hat etwa 400 evang. E., Postagentur und Telegraph. Das nahe Rittergut D. mit Schloß, wo die deutsche Kaiserin Auguste Victoria geboren wurde, kaufte 1866 General Vogel von Falckenstein (s. d.), dessen Sohn gegenwärtig Besitzer ist.

D. O. M., röm. Tempelinschrift, Abkürzung für Deo Optĭmo Maxĭmo, d. h. dem besten, höchsten Gott (nämlich Jupiter, geweiht).

Dom (ecclesia cathedralis, ecclesia major) nennt man meist die Hauptkirchen eines ganzen Sprengels, welche sich durch Großartigkeit der baulichen Anlage auszeichnen. Mit ihnen ist meist ein Kapitel von Domherren (canonici regulares) verbunden, an dessen Spitze ein Propst und ein Dechant stehen. Doch werden auch die Kirchen der sog. Unter- oder Kollegiatstifter, d. h. Kirchen, mit denen ein Kollegium von Kanonikern verbunden ist oder war, häufig D. genannt, z. B. zu Goslar, Zeitz, Erfurt, Halle u. s. w. Das Wort lautet mittelhochdeutsch tuom, später Thum, Tum, Thumb. In Süddeutschland hat man statt dessen häufig die Bezeichnung Münster (Straßburg, Konstanz u. s. w.), ursprünglich (monasterium, d. i. Kloster) nur für Kloster- oder Stiftskirchen, namentlich bei den Reichsnonnenstiftern (Essen, Herford u. s. w.), doch auch für größere Pfarrkirchen (Ulm, Freiburg i. Br.). Der Gebrauch von D. im Sinne von Kuppel oder Kuppelkirche ist in Deutschland erst seit etwa dem letzten Viertel des 18. Jahrh. aufgekommen und lehnt sich an das franz. dôme (mittellat. doma, ital. duomo, span. domdo) an. Ebenso ist der Ausdruck Kathedrale (von Kathedra, der Stuhl, hier des Bischofs) in Deutschland erst im 18. Jahrh. gebräuchlich geworden. Der Ursprung sowohl des deutschen Wortes D. als des franz. dôme ist nicht ganz klar. Gewöhnlich führt man beide auf das lat. domus zurück, welches schon früh im Mittelalter im Sinne von Gotteshaus vorkommt. Da das charakteristische Merkmal größerer Gotteshäuser (lat. domus) des ältern christl. und roman. Baustils die Kuppel war, so blieb auch für die Zukunft dem franz. dôme die Bedeutung von Kuppel, Kuppelkirche.

Dom, Teil des Dampfkessels (s. d., Bd. 4, S. 724a).

Dom (vom lat. dominus), portug. Titel, s. Don.

Dom, der höchste Gipfel der Mischabelhörner (s. d.) im schweiz. Kanton Wallis, erhebt sich als scharfkantige Pyramide 18 km nördlich von der Dufourspitze des Monte-Rosa zu 4554 m Höhe. Er stürzt nach O. gegen den Feegletscher und das Saasthal mit schroffen Glimmerschieferwänden ab; westlich senken sich gegen das Nikolaithal der Festi- und der Kiengletscher. Mit dem Täschhorn (4498 m) im S. und dem Nadelhorn (4334 m) im N., ist er durch vergletscherte Kämme verbunden, darunter das Domjoch (4268 m) und Nadeljoch (4167 m).

Doma (grch., «Haus»), in der Krystallographie die Gesamtheit derjenigen Flächen, welche zwei krystallographische Achsen in gewissen Entfernungen schneiden, der dritten parallel gehen und dabei keine vertikale Stellung besitzen; durch diese nicht-aufrechte Stellung unterscheiden sich die D. daher von den Prismen. Bezieht sich der Parallelismus auf die makrodiagonale oder brachydiagonale Achse im rhombischen System, so redet man von Makrodomen (Querdomen) oder Brachydomen (Längsdomen), und diese Formen werden von je 4 Flächen gebildet. In dem monoklinen System müssen die der klinodiagonalen Achse parallel gehenden Klinodomen mit 4 Flächen, und die der orthodiagonalen Achse parallel gehenden Orthodomen unterschieden werden, welche letztern in ein positives und ein negatives Orthodoma mit nur je 2 Flächen zerfallen, je nachdem dasselbe in den spitzen oder stumpfen Winkelräumen des Achsenkreuzes gelegen ist. Im triklinen System zerfällt sowohl das Makro- als das Brachydoma in je 2 Flächenpaare.

Domairi, falsche Schreibung für Damiri (s. d.).

Domänen (vom mittellat. domanium, altlat. dominium, d. i. Herrschaft) nennt man diejenigen land- oder forstwirtschaftlich benutzten Güter, welche dem Staate gehören oder deren Einkünfte doch dem letztern ganz oder teilweise zufließen. Sie unterscheiden sich von andern privatwirtschaftlichen Erwerbsquellen des Staates, wie Eisenbahnen, Fabriken u. s. w., durch ihre histor. Stellung und ihren landwirtschaftlichen Charakter, von den Schatull- oder Kabinettsgütern aber dadurch, daß diese reines Privateigentum des Fürsten und seiner Familienglieder und in der Regel deren freier Verfügung und Vererbung nach Privatrecht unterworfen sind. Doch hat eine solche Trennung der D. von den Privatgütern in frühern Jahrhunderten in der Regel nicht stattgefunden. Ehe die D. von den reinen Privatgütern der Fürsten rechtlich geschieden waren, wurden sie auch Kammergüter genannt.

Die Fürstengeschlechter, die bei der staatlichen Neubildung Europas nach der Völkerwanderung emporkamen, waren infolge der Eroberung fremder Gebiete zugleich große Grundbesitzer, und sie bestritten die Kosten der Ausübung ihrer Rechte hauptsächlich aus eigenen Mitteln. Im weitern Verlaufe des Mittelalters erhielten in deutschen Ländern die Fürsten in ihrer Eigenschaft als Reichsbeamte Besitzungen angewiesen, welche Eigentum des Reichs waren und die sich nach und nach mit ihren Erbgütern vermischten. Der Domänenbesitz erfuhr endlich eine bedeutende Vermehrung durch die Einziehung der Kirchengüter infolge der Kirchenreformation und der Revolutionskriege. Auch wurden vielfach die durch Heirat oder Erbschaft erworbenen Güter mit den Kammergütern vermischt und als solche behandelt. Da aber in Deutschland der Grundsatz überall

Rechtens war, daß der Landesherr aus den D. nicht bloß seinen Unterhalt zu nehmen, sondern zunächst die Kosten der Landesregierung zu bestreiten habe, bevor er mit Ansprüchen auf Steuerbewilligung an die Landstände hervortreten könne, so ist eine Art von Kommunion zwischen der landesherrlichen Familie und dem Lande eingetreten, welches einer gütlichen Auseinandersetzung bedürftig ist und solcher in manchen der kleinern deutschen Territorien noch harrt. Es würde den hergebrachten rechtlichen Zuständen weder entsprechen, wenn die D. schlechthin als Staatsgut in Anspruch genommen würden, aus welchem die landesherrliche Familie, in so lange sie regiert, eine Civilliste bezieht, noch umgekehrt sie als landesherrliches Eigentum anzuerkennen, welches die fürstl. Familie unbelastet behalten dürfte, wenn sie nicht mehr regiert. In den größern Territorien freilich, zuerst in Preußen, wo die Staatsidee in der regierenden Familie schon früh sich geltend machte, ist die Eigentumsfrage in dem Sinne entschieden worden, daß die D. reines Staatsgut seien, dessen Einkünfte zu allgemeinen Staatszwecken und Staatsbedürfnissen zu verwenden sind und welches heute nicht ohne Zustimmung der Landesvertretung und nur zur Befriedigung allgemeiner Staatsbedürfnisse verschuldet oder veräußert werden darf. Wie schon Friedrich Wilhelm I. die sämtlichen Einkünfte der D. für die Staatskasse vereinnahmen und von denselben nur einen festen Betrag zur Schatulle in Ausgabe stellen ließ, so ist im Allg. Landrecht die moderne Auffassung endgültig formuliert worden. Eine Erinnerung an das alte Verhältnis ist in Preußen nur noch darin zu erblicken, daß ein Teil der Krondotation (im Betrage von 7,7 Mill. M.) als eine private, dem Könige vorbehaltene Rente erscheint, welche von den Domäneneinnahmen vorweg in Abzug zu bringen ist. Durch Verordnung vom 17. Jan. 1820 wurden die preußischen D. für die Gesamtsumme der damals vorhandenen Staatsschuld den Gläubigern verpfändet. Die ältern D. dürfen daher so weit nicht veräußert werden, als der Rest für den gegenwärtigen Betrag der ältern Staatsschuld (etwa 180 Mill. M.) keine genügende Sicherheit mehr bieten würde. Auch dürfen die betreffenden Einnahmen, abgesehen von der Kronrente, nur zur Verzinsung und Tilgung dieser ältern Schuld verwendet werden. Die deutschen Staaten haben fast alle einen bedeutenden Domänenbesitz. In Preußen bringt derselbe 1892 bei einem Umfang von 340500 ha (unter Ausschluß der Forsten) eine Reineinnahme von etwa 23 Mill. M. In Bayern ist der Domanialbesitz (1179,9 ha) ohne finanzielle Bedeutung; in Württemberg betrugen 1888/89 die Einnahmen aus demselben bei einem Umfang von 10264 ha etwa 672000 M., in Sachsen bei einem Besitz von 3239 ha etwa 206700 M., in Baden bei einem Umfang von 110758 ha 1856000 M. Die größte Ausdehnung hat das Domanium mit 559436 ha (42,5 Proz. der Gesamtfläche des Großherzogtums) in Mecklenburg-Schwerin, wo noch das ganze nicht ritterschaftliche, städtische oder klösterliche Gebiet, einschließlich der meist vererbpachteten Domänen-Bauerndörfer als Eigentum des Landesherrn gilt. — Von außerdeutschen europ. Ländern haben nur Rußland, Österreich und Schweden ausgedehnte staatliche Feldgüter, Frankreich besitzt fast nur Forstdomänen. Dort wie in Italien und England sind die Feldgüter des Fiskus an Private verkauft und teilweise verschleudert worden.

Während die öffentlichen Forsten (s. d.) überall der unmittelbaren staatlichen Bewirtschaftung unterliegen, giebt man heute mit gleichem Recht für öffentliche Landgüter wie für einzelne landwirtschaftliche Grundstücke im allgemeinen der Verpachtung auf Zeit (gewöhnlich 18 Jahre) den Vorzug. Die Verwaltung durch Staatsbeamte war früher auch hier üblich und bei sehr extensivem Betrieb ganz angebracht. Die Vererbpachtung der D. an bäuerliche Besitzer geschah hauptsächlich aus bevölkerungspolit. Motiven in bedeutendem Umfange während des 18. Jahrh. in Preußen und nach dortigem Beispiel auch anderweit. In neuerer Zeit (seit 1848 und besonders seit 1868) hat man mit bestem Erfolge auf dem mecklenb.-schwerin. Domanium mehrere tausend Erbpächterstellen geschaffen. — Bezüglich der viel erörterten Frage, ob die D. heute überhaupt noch beizubehalten seien, ist zu bemerken, daß die ältere Nationalökonomie bei deren Beantwortung sich ausschließlich im Rahmen der Produktions- und Finanzinteressen bewegte, während die neuere Volkswirtschaftslehre mehr die socialpolit. Gesichtspunkte in den Vordergrund rückt. Vom Produktionsstandpunkte erscheint eine Veräußerung heute für die Staatslandgüter nur ausnahmsweise angezeigt, weil die Domänenpächter erfahrungsmäßig keineswegs schlechter wirtschaften als die Eigentümer. Das finanzielle Interesse würde die Veräußerung nur unter der Voraussetzung als ratsam erscheinen lassen, daß der Zins aus dem Kaufpreise höher sein würde als die reine Pachtrente und der Staat etwa hoch zu verzinsende Schulden aus dem Verkaufserlöse tilgen könnte. Indessen ist zu berücksichtigen, daß sich die Pachtrente durch richtige Anwendung des Konkurrenzprincips steigern läßt. Aus socialpolit. Gesichtspunkten erscheint in Deutschland eine Veräußerung der D. in Gestalt von großen Gütern in keiner Weise angezeigt, da es gerade denjenigen (östl.) Landesteilen, in denen die meisten D. belegen sind, an Großgrundbesitz durchaus nicht fehlt. Wohl aber würde aus Rücksichten der innern Kolonisation (s. d.), zur Schaffung eines seßhaften Bauern- und Arbeiterstandes die Zerschlagung der D. überall da ins Auge zu fassen sein, wo der mittlere und kleinere Grundbesitz nur spärlich vertreten ist, wie man denn in Preußen in den vierziger und siebziger Jahren dieses Jahrhunderts jenen Weg schon zeitweilig betreten hat. Eine geeignete Form für derartige Veräußerungen bildet die Erbpacht (s. d.) oder die Errichtung von Rentengütern (s. d.). Die Veräußerung von Staatsforsten würde, selbst wenn sie finanzwirtschaftlich lohnend wäre, aus höhern, die Interessen der Zukunft wahrnehmenden Rücksichten, namentlich mit Hinsicht auf die klimatische Bedeutung des Waldes regelmäßig auszuschließen sein. — Vgl. A. Wagner, Finanzwissenschaft (3. Aufl., Bd. 1, §§. 30 u. 212 fg., Lpz. 1883); H. Ölrichs, Die Domänenverwaltung des preuß. Staates (2. Aufl., Bresl. 1888); H. Rimpler, Domänenpolitik und Grundeigentumsverteilung vornehmlich in Preußen (Lpz. 1888); Balck, Domaniale Verhältnisse in Mecklenburg-Schwerin (Wismar 1864); ders., Finanzverhältnisse in Mecklenburg-Schwerin (edd. 1877).

Domänenrente, die einer fiskalischen Domäne zustehende Rente, für deren Ablösung bisweilen andere Grundsätze bestehen als für die Ablösung anderer Renten. Vgl. das Preuß. Gesetz vom 26. April 1858, §. 3. — Mit D. wird auch bisweilen der Teil der Einkünfte der landesherrlichen

Kammergüter bezeichnet, welcher nicht zur Staatskasse fließt, sondern zur Civilliste verwendet wird.

Domanium (mittellat.), Domäne.

Domb, Dorf im Kreis Kattowitz des preuß. Reg.-Bez. Oppeln, 2 km im NW. von Kattowitz, hat (1890) 4138 E., eine Dampfmühle und in der Nähe das Eisenwerk Baildonhütte und die Kohlenzeche Waterloo.

Dombasle (spr. dongbahl), Matthieu de, franz. Agronom, geb. 26. Febr. 1777 zu Nancy, gest. daselbst 27. Dez. 1843. Namentlich ist die Einführung der Merinoschafzucht, die Anwendung verbesserter Maschinen und Geräte seinem Einflusse und seinem Vorbilde, das er durch die in Gemeinschaft mit Bertier zu Roville bei Nancy eingerichtete Musterwirtschaft gab, zu verdanken. Eine besondere Pflugkonstruktion hat seinen Namen erhalten. Er schrieb: «Descriptions des nouveaux instruments d'agriculture» (nach Thaers Werk aus dem Deutschen übersetzt, Par. 1822), «Calendrier du bon cultivateur» (ebd. 1821; 10. Aufl. 1860), «Economie politique et agricole» (ebd. 1861), «La richesse du cultivateur» (Brüss. 1863), «Traité d'agriculture» (4 Bde., Par. 1861—64), «Annales agricoles de Roville» (9 Bde., ebd. 1824—32; neue Aufl. 1861). Vgl. Bécus, Matthieu de D., sa vie et ses œuvres (Nancy 1874).

Dombes (spr. dongb), Landschaft im östl. Frankreich, jetzt zum Depart. Ain gehörig und etwa das Arrondissement Trévoux umfassend, ist feucht, ungesund und spärlich bevölkert. Indessen ist in neuester Zeit durch Austrocknung vieler Sümpfe das Klima teilweise gebessert. Auch sind Straßen und eine Eisenbahn (Lyon-Bourg) durchgelegt worden. — D. gehörte im 11. und 12. Jahrh. den mächtigen Herren von Baugé, kam dann an die Baronie von Beaujeu (Beaujolois) und 1527 an Frankreich, mit dem es 1762 schließlich vereinigt wurde.

Dombovár, Groß-Gemeinde und Hauptort des Stuhlbezirks D. (64673 E.) im ungar. Komitat Tolna, am Kaposflusse und am Baranyakanal, an den Linien Budapest-Fünfkirchen und Báttaszék-Zákány der Ungar. Staatsbahnen, besteht aus den beiden Groß-Gemeinden Ó-(Alt-)Dombovár mit 3300 magyar. röm.-kath. E. (522 Israeliten) und Uj-(Neu-)Dombovár mit 3967 magyar. kath. E. und hat Post, Telegraph, Landwirtschaft und Tabakbau.

Dombrowa, Bezirkshauptmannschaft und Markt in Galizien, s. Dąbrowa.

Dombrowka, zwei Dörfer im preuß. Reg.-Bez. Oppeln, an der Linie Breslau-Sosnowice (Station Georggrube) der Preuß. Staatsbahnen; Groß-Dombrowka, im Kreis Beuthen, 6 km östlich von Beuthen, mit (1890) 2327 E., Postagentur, Fernsprechverbindung und der Galmeigrube Samuelsglück; Klein-Dombrowka, im Kreis Kattowitz, 2 km im NW. von Schoppinitz, an der Brinitza und an der russ. Grenze, mit 5125 E., Rittergut, den Kolonien Burowietz, Pniaki und Czakai, Postagentur, Fernsprechverbindung, Steinkohlengrube Georg, Zinkhütte Paul und der Blei- und Silberhütte Walter-Croneck.

Dombrowski, Ernst, Ritter von, Sohn von Raoul D., geb. 7. Sept. 1862 zu Schloß Ullitz in Böhmen, trat 1878 in die Pionier-Kadettenschule zu Hainburg ein, schied 1881 aus derselben wegen eines Augenübels aus und widmete sich naturwissenschaftlichen Studien. Er lebte einige Zeit in Blasewitz bei Dresden als Redacteur des «Weidmann» und trat dann in die Dienste des Fürsten Reuß älterer Linie in Greiz. D. schrieb «Die mittelalterliche Jagdlitteratur Frankreichs» (Neudamm 1886), «Geschichte der Beizjagd» (1887), «Altdeutsches Weidwerk» (Bd. 1, Wien 1887), «Die Geweihbildung des Rothirsches» (1889); außerdem die Novellen: «Opfer» (1888), «Gertrud» (Klagenfurt 1889).

Dombrowski, Jaroslav, Teilnehmer an der Pariser socialistischen Revolution von 1871, geb. 1835 in Volhynien, trat in die russ. Armee, desertierte 1860 und wohnte der Expedition Garibaldis gegen Neapel bei. Auch an der Erhebung Polens 1863 nahm er Teil, flüchtete sodann nach Paris, wo er 1870 von dem Ministerium Cousin-Montauban mit der Bildung einer poln. Legion beauftragt wurde. Er selbst wurde durch die Einschließung von Paris verhindert, an den Kämpfen teilzunehmen, welche die von ihm gebildete Legion unter Garibaldi bestand. Der 18. März 1871 ausgebrochenen socialistischen Revolution schloß sich D. sogleich an und erhielt 7. April den Oberbefehl über die bei Asnières aufgestellten Streitkräfte. Am 10. April besetzte er diesen Ort und hielt sich darin bis 20. Am 6. Mai erhielt D. den Oberbefehl über die Verteidigung der Westseite von Paris und 9. Mai den Oberbefehl über die gesamten kommunistischen Streitkräfte. Im Kampfe mit den eindringenden Regierungstruppen fiel er 24. Mai.

Dombrowski (Dąbrowski), Joh. Heinr., poln. General, geb. 29. Aug. 1755 zu Pierszowice in der Woiwodschaft Krakau, trat 1792 aus kursächs. Diensten in die seines Vaterlandes und machte unter Stanislaus Poniatowski den Feldzug gegen Rußland mit. 1794 schloß er sich dem Aufstand unter Kosciuszko an. Einen Teil seiner damaligen Erlebnisse hat er u. d. T.: «Feldzug nach Großpolen» (Posen 1839; deutsch, Berl. 1845) niedergeschrieben. Nach Kosciuszkos Niederlage begab er sich zu Bonaparte nach Italien, wo er eine poln. Legion errichtete. Mit dem Frieden von Lunéville (9. Febr. 1801) hörte seine militär. Wirksamkeit in Italien auf. 1802 trat er als Divisionsgeneral in die Dienste der Cisalpinischen Republik, später in die des Königs von Neapel. Als Napoleon nach der Schlacht von Jena die Absicht zeigte, das Königreich Polen wiederherzustellen, erließen D. und Wybicki 1. Nov. 1806 einen Aufruf an ihre Landsleute, und bald zog D. an der Spitze zweier poln. Divisionen in Warschau ein, nahm danach an der Belagerung von Danzig teil und wurde bei Dirschau und Friedland, wo seine Divisionen viel zum Siege beitrugen, verwundet. 1807 und 1808 blieb er im Posenschen, vertrieb 1809 an der Spitze von fliegenden Korps die Österreicher aus der Gegend von Bromberg bis nach Galizien und befehligte 1812 eine Division des 5. Armeekorps. Auf dem Rückzuge der franz. Armee trug er zur Förderung des Übergangs über die Beresina wesentlich bei. Im Feldzuge von 1813 zeichnete er sich, mit seinen Polen einen Teil des 7. Armeekorps bildend, besonders in den Treffen bei Teltow, Großbeeren und Jüterbog aus. Bei Leipzig kämpfte er unter Marmont und verteidigte bis zuletzt die Hallesche Vorstadt. Nach Poniatowskis Tode übernahm er den Befehl über die poln. Truppen, kehrte nach der Abdankung Napoleons nach Polen zurück und wurde 1815 vom Kaiser Alexander zum General der Kavallerie und zum Senator-Woiwoden der poln. Landstände ernannt. Doch schon 1816 zog er sich auf sein Landgut Wina-Gora im Posenschen zurück und starb daselbst 6. Juni 1818. Vgl. Chodzko, Histoire des légions polonaises en Italie sous le commandement du Général D. (2. Aufl., 2 Bde., Par. 1829).

Dombrowski, Raoul, Ritter von, Neffe des vorigen, geb. 3. Juni 1833 zu Prag, trat in die österr. Armee ein, verließ aber 1856 als Oberstlieutenant den Militärdienst, studierte Land- und Forstwissenschaft auf der Akademie Hohenheim und ging nach größern Reisen auf seine Güter Ullitz und Jesna in Böhmen. Diesen Besitz verkaufte er 1872 und erwarb dafür die landtäfeligen Güter Kämen und Esche in Böhmen. 1876 siedelte D. nach Linz und 1877 nach Wien über; 1878 wurde er als Hofforstmeister in den Hofjagddienst berufen und 1883 zog er sich ins Privatleben zurück. Von ihm erschienen: «Harmvolle Lieder und harmlose Gedanken» (anonym, Prag 1862), «Die Urproduction und Industrie gegenüber den Forderungen unserer Zeit» (2. Aufl., edd. 1871), «Das Reh. Ein monographischer Beitrag zur Jagdzoologie» (Wien 1876), «Das Edelwild» (edd. 1878), «Der Fuchs» (edd. 1883), «Splitter» (edd. 1884), «Lehr- und Handbuch für Berufsjäger» (2. Aufl., edd. 1888), «Chronik der Jagdbeute», «Waldbrevier» (Lpz. 1885), «Der Wildpark» (Wien 1885), «Die Geweihbildung der europ. Hirscharten» (edd. 1885). Seit 1886 bearbeitet D. mit Fachautoritäten die «Allgemeine Encyklopädie der gesamten Forst- und Jagdwissenschaften», auch schrieb er für das von Lorey herausgegebene «Handbuch der Forstwissenschaft» (Tüb. 1888) den Abschnitt «Jagd», ferner «Das Jagdbrevier» (edd. 1890).

Dombruch, s. Drachenfels.

Domburg, Dorf und Seebad auf der Insel Walcheren in der niederländ. Provinz Seeland, 15 km nordwestlich von Middelburg, hat 1013 E. und schöne Spaziergänge durch prächtigen Laubwald nach Westhove, der ehemaligen Residenz der Bischöfe von Middelburg, und nach Westkapelle, wo die großartigen Seedeiche sehenswert sind. Am Strand bei D. sind mehrere Bilder der Göttin Nehalennia ausgegraben worden.

Domdechánt, Domdekan, s. Dekan.

Domen, Krystallform, s. Doma.

Domène, Lac (spr. -mähn), Bergsee im schweiz. Kanton Freiburg (s. Schwarzsee).

Domenichino (spr. -nikihno) oder Dominichino, Il, eigentlich Domenico Zampieri, ital. Maler, geb. 21. Okt. 1581 zu Bologna, bildete sich zuerst bei Denijs Calvaert, ging dann mit den Carracci nach Rom und malte dort im Farnese-Palaste. Durch den Kunstgönner Prälaten G. B. Agucchi erhielt er größere Aufträge, die ihn allmählich zu einem eigenen Stil führten. 1608 schuf er das von großartig realistischer Kraft getragene Fresko der Geißelung des heil. Andreas in der Andreaskapelle bei San Gregorio magno (im Wetteifer mit Guido Reni). 1609—10 malte er in der Kapelle des heil. Nilus zu Grotta Ferrata Geschichten aus dessen Leben, weiter in der Kirche San Luigi de' Francesi zu Rom Geschichten der heil. Cäcilia, damals auch sein bedeutendstes Altarbild, die letzte Kommunion des heil. Hieronymus (im Vatikan). Seit 1617 wieder in Bologna, malte er die Madonna del Rosario und die Ermordung des Märtyrers Petrus (beide in der dortigen Pinakothek). Von 1621 an lebte er wieder in Rom, mit zahlreichen Arbeiten für Gregor XV. u. a. als Baumeister und Maler beschäftigt. Dort schuf er sein reifstes Werk, die Geschichte des heil. Andreas an den Wänden, und die vier Evangelisten in den Kuppelzwickeln der Kirche San Andrea della Valle. Aus dieser Zeit stammt die treffliche Jagd im Borghese-Palast zu Rom. 1630 ging D. nach Neapel und malte dort, von dem Neide und den Drohungen der neapolit. Maler verfolgt, 10 Jahre lang (ausgenommen das Fluchtjahr 1634—35) die Geschichten des heil. Januarius in der Schatzkapelle des Doms. Er starb, mit den Vorbereitungen für das Kuppelbild beschäftigt, plötzlich 15. April 1641. D.s Bilder beruhen auf sorgfältigem Naturstudium und zeigen gewissenhafte Ausführung, festes Gefüge der Komposition und frische Färbung. In der Carracci-Schule nimmt er auch durch seine Landschaften eine besondere Stellung ein. Sie sind meist großartige Stimmungsbilder als Hintergrund histor. oder mytholog. Darstellungen. Hervorzuheben sind von seinen Gemälden: Diana von Aktäon überrascht (Florenz; Palast Pitti); Heil. Cäcilia, Rinaldo und Armida (Louvre zu Paris); Tobias und der Engel (Londoner Nationalgalerie); Susanna im Bade von den beiden Alten überrascht, Judith mit dem Haupte des Holofernes, Entführung der Europa (München; Alte Pinakothek); eine Caritas (Dresdener Galerie); Heil. Hieronymus in der Wüste, Opfer Abrahams (Madrid; Prado-Museum). D. war auch Baumeister. Er errichtete zum Teil die Villa Negroni, selbständig die Villen Belvedere in Frascati und Ludovisi in Rom. Endlich baute von 1626 an der Jesuitenpater Orazio Grassi nach seinen Plänen die später veränderte Ignatiuskirche in Rom. Vgl. Bolognini-Amorini, Vita del celebre pittore D. (Bologna 1839).

Domenico di Giovanni (spr. dschow-), ital. Dichter, s. Burchiello.

Domesday-book (engl., spr. dóhmsdehbuck, vom angelsächs. domesdaeg, «Tag des Gerichts») oder Domsdaybook, Liber judiciarius Angliae, ist der Name des großen Reichsgrundbuchs, das unter Wilhelm dem Eroberer 1083—86 zu stande gebracht ist und in beispielloser Ausführlichkeit ein Bild von dem damaligen Zustand des engl. Grundbesitzes giebt. Bestimmt, nach der Verteilung des Grundbesitzes die Leistung für den Staat zu regeln, giebt es den Besitzstand der einzelnen Personen zur Zeit der Aufnahme der Verzeichnisse an und dient bis heute ebenso wie der Geschichtsforschung so auch für mannigfaltige Fragen der Staatsverwaltung und der Rechtsverhältnisse als zuverlässige Grundlage. Auf der Basis dieses Grundbuchs ist seit Wilhelm II. die Verteilung der Heereslast nach sog. Ritterlehen und die genauere Ausbildung der Lasten- und Rechtsverhältnisse des engl. Lehnswesens im Laufe von etwa zwei Menschenaltern durch die Praxis des engl. Schatzamtes vollendet worden. Amtlich gedruckt ist das D. 1783 in zwei Foliobänden mit Nachträgen, von einzelnen Grafschaften sind seit 1862 bessere Separatabdrücke erschienen. Das Original ist im Public Record Office und kann von jedermann in Augenschein genommen werden. Vgl. Lappenberg, Geschichte von England (2. Bde., Hamb. 1834—37); Ellis, Introduction to the D. (1833); Freeman, History of the Norman Conquest (1879).

Domesnäs, Vorgebirge, das die Nordspitze des russ.-baltischen Gouvernements Kurland bildet, zwischen dem Rigaischen Meerbusen und der Ostsee; es ragt als schmales Riff 8 km ins Meer hinein, hat zwei Leuchttürme und einen schwimmenden Leuchtturm an der Nordspitze.

Domestĭci («Haustruppen»), Leibwache der röm. Kaiser, von Konstantin d. Gr. an Stelle der frühern Prätorianer begründet; ihr Anführer hieß comes domesticorum; Justinian vermehrte sie von 3500 auf 5000 (s. auch Domesticus).

Doméstics (engl.), ein amerik. Baumwollzeug, auch starke Futter- oder Hemdenkattune.

Domestĭcus (lat.), auf das Haus, die Familie bezüglich, dazu gehörig; heimisch, inländisch; Animalia domestica, Haustiere; Furtum domesticum, Hausdiebstahl; Jura domestica, einheimische Rechte, Landesgewohnheiten. In der vorkarolingischen Zeit hieß D. der Beamte, welcher das Krongut verwaltete; an seine Stelle trat unter den Karolingen der Hausmaier. Im spätern Mittelalter werden die Dienstmannen (Ministerialen) auch domestici genannt, das sind Dienstleute des Königs und der Großen, welche unter Befreiung von andern Dienstpflichten und Abgaben ausschließlich im Hofdienst oder als Reisige, auch wohl als höhere wirtschaftliche Aufsichtsbeamte verwendet wurden.

Domestikation, s. Domestizieren.

Domestiken (frz.), Bediente, Dienstboten.

Domestizieren (lat.), zum Haustier machen; davon: Domestikation.

Domeykit, Mineral, s. Arsenkupfer.

Domfreiheit, in Städten mit Domstiftern der dem Dom zunächst gelegene Raum, welcher ehemals unter der Gerichtsbarkeit des Domstifts stand und demgemäß der Ortsobrigkeit nicht unterworfen war.

Domfront (spr. dongfrónt). 1) **Arrondissement** des franz. Depart. Orne, hat 1241,10 qkm, (1891) 117924 E., 96 Gemeinden und zerfällt in die 8 Kantone Athis (149,30 qkm, 13591 E.), D. (262,28 qkm, 18090 E.), La Ferté-Macé (140,35 qkm, 15133 E.), Flers (125,01 qkm, 26432 E.), Juvigny-sous-Andaine (120,83 qkm, 9128 E.), Messei (135,35 qkm, 8814 E.), Passais (151,70 qkm, 10540 E.), Tinchebray (156,28 qkm, 16196 E.). — 2) **Hauptstadt** des Arrondissements D., 62 km nordwestlich von Alençon, in 215 m Höhe, auf einem steilen Felsen, an der Varenue und an den Linien Mayenne-D.-Caen und Alençon-D. (69 km) der Franz. Westbahn, ist Sitz eines Gerichtshofs erster Instanz, hat (1891) 2401, als Gemeinde 4932 E., Post, Telegraph, eine schöne Kirche (Notre-Dame-sur-l'Eau), ein Collège und bedeutenden Handel mit Pferden.

Domgymnasien, s. Domschulen.

Domherr, Mitglied des Domkapitels (s. d.).

Domicélla, s. Breitschwanzloris.

Domicellār (mittellat.), Stiftsherr, der noch nicht Sitz und Stimme im Kapitel hat.

Domĭna (lat.), Herrin; Kloster-, Stiftsvorsteherin, Abtissin.

Domĭna Abundĭa (in altfranz. Dichtungen Dame Habonde), wird in Schriften des Mittelalters als Überrest des Heidentums erwähnt, ein gütiges, freundliches Wesen, das den Menschen Gedeihen und Überfluß bringt, offenbar nahe verwandt mit der röm. Abundantia (s. d.).

Dominánte, in der Malerei der Grundton der Farbengebung, dem die andern Farben untergeordnet werden.

Dominánte (chorda domĭnans) heißt in der Musik der fünfte Ton (Quinta toni) der diatonischen Leiter; er führt den Namen darum, weil dieser fünfte Ton mit seinen Accorden (Dreiklängen, Septimen- und Nonenaccorden, insgesamt Dominantaccorde genannt) nächst der Tonika, dem Grundton und Centralpunkt einer Tonart, vor allen andern Tönen und ihren Accorden in derselben Tonart der bei weitem vorherrschende ist. Nächst dem ersten und fünften Ton ist noch der vierte einer Tonart (die Quarte) mit seinem Dreiklang viel gebraucht und für die Tonart entscheidend. Diese Quarte, die einen Ton unter der Quinte liegt, nennt man deshalb Unter- oder Subdominante, während die Quinte dann Oberdominante heißt. Ist von D. schlechtweg die Rede, so versteht man darunter stets die Quinte. Die D. hieß bei den Griechen Diapente, die Unterdominante Diatessaron.

Domingo, Republik, s. Santo Domingo.

Domingohanf, einer der zahlreichen, aus den Blattfasern mehrerer Agavearten sowie anderer zum Teil noch nicht botanisch genau bestimmter Gewächse gewonnenen, gewöhnlich unter dem Gesamtbegriff Aloëhanf (s. d.) zusammengefaßten Spinnstoffe, welcher aus Westindien nach Europa gebracht wird.

Dominguez (spr. -gez), Lopez, span. General, geb. um 1825, wurde 1850 Artillerielieutenant, 1860 während des marokk. Krieges Hauptmann und nahm 1868 unter seinem Oheim Serrano teil an der Revolution, die den Thron der Königin Isabella stürzte. Serrano ernannte ihn zum Brigadegeneral. Als solcher bekämpfte er 1873 den Kommunistenaufstand und übernahm 11. Dez. 1873 den Befehl über die vor Cartagena stehenden Truppen. Vergeblich hatten seine Vorgänger im Kommando (Campos und Ceballos) seit dem September die starke Seefestung, die der Hauptplatz des Aufstandes war, belagert. D. beschoß die Festung so wirksam, daß sie sich 12. Jan. 1874 ergab. Für diesen Erfolg wurde er zum Generallieutenant befördert, zog mit dem größten Teile seiner Truppen nach den bask. Provinzen und bekämpfte dort unter Serrano und Concha die Karlisten. Unter Alfons XII. übernahm D. als einer der Führer der dynastischen Linken 13. Okt. 1883 in dem Kabinett Possada de Herrera das Kriegsministerium. Das von ihm erlassene Dekret, wonach kein höheres Kommando länger als 3 Jahre in den gleichen Händen bleiben durfte, wurde ungünstig aufgenommen, da infolgedessen die bewährtesten Generale zur Disposition gestellt wurden. Sein Rücktritt erfolgte 18. Jan. 1884 zugleich mit dem des ganzen Kabinetts. 1886 wurde er in die Deputiertenkammer gewählt, wo er mit Romero-Robledo die span. Nationalpartei begründete.

Domĭnica (lat., zu ergänzen dies), Tag des Herrn, heißt der Sonntag, weil Christus an einem solchen auferstand. D. passiōnis, der Sonntag Judika; D. olivārum, palmārum, auch competentĭum, der Palmsonntag; D. sancta, der Ostersonntag; D. in albis, post albas, der Sonntag Quasimodogeniti (s. Albe); D. carniprivĭi sacerdōtum, s. Carniprivium; D. aurĕa, benedicta, duplex, der Sonntag Trinitatis; die Sonntage zwischen diesem und dem ersten Advent werden mit fortlaufender Zählung von 1 bis 26 als D. post (nach) trinitātis bezeichnet.

Dominica, frz. La Dominique, die größte der zum brit. Gouvernement der Leewardinseln gehörigen Kleinen Antillen in Westindien, zwischen Guadeloupe und Martinique, von jedem 35 km entfernt, ist durchaus vulkanischen Charakters. Trachyt setzt die Basis der Insel zusammen, welche einen langen Gebirgszug trägt, der in dem Morne Diablotin 1600 m Höhe erreicht. Im S. liegt der Schwefeldämpfe ausstoßende Krater La Soufrière. Das Klima ist feucht und heiß, der Boden fruchtbar. Es gedeihen alle Arten Tropengewächse, Kaffee, Zucker, Kakao, Indigo, Baumwolle, Bananen, Bataten, Gemüse und Obst. Die Berge sind meist mit Waldungen von Rosenholz und andern kostbaren Holzarten bedeckt. Wild, Geflügel, Schweine, auch wilde Bienen sind in Menge vorhanden, und der Fischfang ist sehr ergiebig. Aus den zahlreichen Solfataren gewinnt man Schwefel. D. hat 754 qkm und (1891) 29000 E., großenteils ehemalige Sklaven; unter den wenigen Weißen befinden sich Nachkommen der alten span. Bevölkerung, während die Ureinwohner, die Kariben, deren es 1790 noch 30 Familien gab, gänzlich verschwunden sind. Ausgeführt wird Kaffee, Zucker, Kakao, Luxushölzer, Schwefel und etwas Kupfererz. 1890 betrug der Wert der Einfuhr 57382, der der Ausfuhr 41009 Pfd. St. D. wird von einem Gouverneurlieutenant verwaltet, dem ein vollziehender Rat von 7 Mitgliedern und eine Gesetzgebende Versammlung von 14 Mitgliedern zur Seite steht, von denen 7 von der Krone ernannt und 7 vom Volke gewählt werden. Seit der Entdeckung durch Christoph Columbus, 3. Nov. 1493 (an einem Sonntage, daher ihr Name), machten sich England und Frankreich ihren Besitz streitig, bis sie 1814 in den unbestrittenen Besitz Englands kam. Hauptstadt ist Roseau oder Charlottetown an der Südwestküste mit befestigtem Hafen und 4700 E. — D. heißt auch eine der Marquesas-Inseln (s. Hiwaoa).

Dominica, Republik, s. Santo Domingo.

Dominicāle (mittellat.), das in der alten Kirche den Kommunizierenden von besonders dazu bestellten Ministranten beim Genuß des Sakraments untergehaltene Abendmahlstuch. Dann auch der am Sonntag zu verlesende Abschnitt aus der Bibel.

Dominichino, Il (spr. -nikihno), Maler, s. Domenichino.

Dominĭcum (lat.), Kirchenvermögen, Kirchenärar, ehemals auch die Kirche selbst; dann die Abendmahlsfeier oder Messe.

Dominicus, Stifter des Dominikanerordens (s. d.), gewöhnlich de Guzman zubenannt, obgleich nicht aus dem Geschlecht der Guzman stammend, 1170 zu Calaruega in Altcastilien geboren, bezog schon im 14. Lebensjahre die Universität zu Palencia, wurde 1194 Domherr an der Kathedrale zu Osma und später Subprior im Domkapitel. 1204 kam D. mit seinem Bischof nach Südfrankreich und wirkte hier den Albigensern durch Predigt entgegen. Er veranlaßte die Cisterciensermönche, die Predigt des kirchlichen Glaubens ebenso wie die Albigenser zu betreiben, indem sie paarweise, ohne allen Prunk und ohne Geld, in der schlichtesten Kleidung auszogen und allem Volke das Wort Gottes verkündeten. D. wurde vom Bischof Fulko von Toulouse unterstützt und gründete in dem Kloster zu Prouille die erste feste Niederlassung. 1215 begab sich D. nach Rom, um vom Papst Innocenz III. die Erlaubnis zu erwirken, seine Genossenschaft als neuen Orden einzurichten. Doch gewährte der Papst seine Bitte nur unter der Bedingung, daß er eine der schon vorhandenen Ordensregeln annehme. D. wählte die des heil. Augustin. Aber erst Honorius III. bestätigte 1216 den neuen Orden und ernannte D. zum Superior. 1217 kehrte D. nach Toulouse zurück und war für die Ausbreitung seines Ordens thätig; 1218 siedelte er nach Rom über und wurde vom Papst zum magister sacri palatii (Oberhofprediger) ernannt, ein Amt, das den Dominikanern verblieben ist. D. starb 6. Aug. 1221 zu Bologna und wurde 1233 heilig gesprochen; sein Gedächtnistag ist der 4. Aug. Vgl. Lacordaire, Vie de St. Dominique (Par. 1840; deutsch, 2. Aufl., Regensb. 1871); Caro, St. Dominique et les Dominicains (Par. 1853; deutsch, Regensb. 1854; 2. Aufl. 1871); Drane, Der heilige D. und die Anfänge seines Ordens (deutsch, Düsseld. 1890).

Dominieren (lat.), vorherrschen, beherrschen; dominikāl, den Herrn (Grundherrn) betreffend.

Dominikālsteuer (auch Grundgefällsteuer oder Gefällsteuer), die Steuer von den auf dem Grund und Boden ruhenden Gefällen. Ist ein Grundstück mit solchen Gefällen beschwert und will man den Ertrag des Grundstücks besteuern, so muß man die Gesamtsteuerlast auf den Berechtigten und Verpflichteten verteilen. Dies kann derart geschehen, daß die ganze Steuer vom Eigentümer erhoben, diesem aber das Recht gegeben wird, dem Berechtigten einen entsprechenden Abzug zu machen. Es kann aber auch eine besondere Steuer von den Gefällen erhoben werden, sodaß die Gefälle im Grundsteuerkataster gleich abgerechnet werden. Durch die Ablösung der auf den Grundstücken ruhenden Lasten, die in den meisten Staaten vollendet ist, hat die D. ihre Bedeutung fast ganz verloren. In Preußen z. B. fehlt sie ganz. In Bayern besteht sie noch bei einigen ältern Gefällen. Wer die Gefälle zu leisten und die Steuer hiervon nach Maßgabe des Grundentlastungsgesetzes vom 4. Juni 1848 nicht selbst zu tragen hat, kann ein Fünfzehntel des betreffenden Bezugs als «Steuerbeitrag» in Anspruch nehmen, der ihm dann an der Grundsteuer abgerechnet wird. In Baden werden nach dem Gesetz vom 23. März 1854 die «Steuern von Waldungen», Waldlasten, soweit sie in Holz bestehen, mit dem 25fachen Betrag ihres jährlichen Geldwertes am Waldsteuerkapital abgezogen und für den Nutzungsberechtigten zur Steuer veranlagt. Andere Waldlasten unterliegen einer besondern Steuer nur, wenn sie den Holzertrag oder sonstige Hauptnutzungen schmälern. Sie werden in diesem Falle zum 25fachen Geldwerte der durch sie jährlich veranlaßten Schmälerung berechnet. In Elsaß-Lothringen kann der Verpflichtete einen den Gefällen entsprechenden Teil der Grundsteuer von seiner Leistung in Abzug bringen.

Dominikāner (Fringilla larvata *Bodd.*), ein dem Graukardinal gleichgefärbter Fink aus Brasilien, aber ohne den roten Schopf. Als Käfigvogel beliebt, hält er sich bei Hirsefütterung recht lange. Das Paar kostet etwa 10 M.

Dominikānerorden oder Predigerorden (Ordo fratrum praedicatorum), ein 1215 von Dominicus (s. d.) gestifteter und von Papst Honorius III. 22. Dez. 1216 bestätigter Mönchsorden mit dem Privilegium, zur Bekehrung der Ketzer überall predigen und Beichte hören zu dürfen. Er hatte seine erste Niederlassung zu Toulouse, verbreitete sich aber rasch in Frankreich (hier hießen die Dominikaner häufig Jakobiner, weil ihre erste Niederlassung in Paris bei der Kirche zum heil. Jakob war), in Spanien und Italien. Auf dem ersten Generalkapitel zu Bologna 1220 wurde der D. zum Bettelorden gemacht und seinen Mitgliedern die Pflicht auferlegt, auf alle Einkünfte und Güter zu verzichten und sich ihren Unterhalt täglich zu erbetteln. Der dritte Großmeister, der heil. Raymund von Pennaforte, veranstaltete 1238 eine Sammlung der Ordensstatuten. An der Spitze des Ordens steht der anfangs auf Lebenszeit, später auf 6 Jahre gewählte Ordensgeneral, der im Kloster Maria sopra Mineroa zu Rom residiert. Jeder Landschaft steht ein Provinzialprior vor, jedem einzelnen Hanse, das mindestens 12 Mitglieder zählt, ein Konventualprior. Diesen Vorstehern gegenüber ist die Gesamtheit durch die Kapitel, d. h. durch alle 3 Jahre abzuhaltende allgemeine Versammlungen und durch ständige Definitoren vertreten. Die Hauptaufgabe des D. bestand in der Missionsthätigkeit unter den Ungläubigen, und seine Sendboten verdreiteten sich dald weithin. Doch auch innerhalb der Kirche betried er mit großem Eifer die Predigt des Wortes, die Verwaltung der Sakramente und namentlich die Pflege der kirchlichen Wissenschaften. Albertus Magnus und Thomas von Aquino sind die bedeutendsten aus dem D. hervorgegangenen Gelehrten, daucben Meister Eckardt, Joh. Tauler, Heinr. Suso, Savonarola, Las Casas, Vincentius Ferrerius, Vincenz von Beauvais. In dem jahrhundertelangen theol. Streit mit ihren Rivalen, den Franziskanern, verteidigten die Dominikaner den unendlichen Wert des Verdienstes Christi (satisfactio superabundans), hielten an einem gemäßigten Augustinismus fest, verwarfen die Lehre von der unbefleckten Empfängnis der Maria und wurden nach ihrem Theologen Thomas auch Thomisten (im Gegensatz zu den Scotisten, den Franziskauern) genannt. 1232 üdertrug ihnen Papst Gregor IX. die Inquisition und in ihrem Dienste machte sich der D. in Italien, Deutschland, Polen, Frankreich, Spanien und Portugal dald ebenso verhaßt als gefürchtet. Durch Martin V. wurde 1425 das Verdot Güter zu erwerden, aufgehoden; der Orden erhielt die Erlaubnis, Schenkungen anzunehmen, und war bald im Besitze reicher Pfründen. Indessen erzeugte das Bestreben, die Ordensregel in ihrer alten Strenge wiederherzustellen, eine Reihe neuer Kongregationen, unter denen die berühmteste die in Frankreich entstandene Kongregation des heil. Sakraments oder von der ursprünglichen Observanz durch Antonius le Qnieu (gest. 1676) ist. In seiner Blütezeit zählte der D. üder 150 000 Mitglieder in 45 Provinzen, darunter 11 außerhald Europas und 12 Kongregationen unter selbständigen Generalvikaren. Später wurden die Dominikaner ans den Schulen und von den Höfen vielfach durch die Jesuiten verdrängt und verlegten sich mehr auf die Mission, namentlich in Amerika und Ostindien. Die Französische Revolution drachte den D. noch mehr zurück; Lacordaire (gest. 1861) versuchte ihn wieder zu heden, geriet aber in heftigen Streit mit dem Ordensgeneral Jandel, der ihn fast ganz ins Lager der Jesuiten führte. Während des Klostersturms in Frankreich (1880) wurden 294 Dominikaner des Landes verwiesen, und jetzt haden sie noch Niederlassungen in Italien, Spanien, Österreich; Missionen vorzüglich in Amerika und Ostindien. Ihre Kleidung besteht in weißem Rod und weißem Skapulier mit kleiner, weißer spitzer Kapuze; deim Ausgehen tragen sie darüber eine schwarze Kutte mit schwarzer Kapuze. (Daher heißen sie in England die schwarzen oder die grauen Brüder.)

Das Wappen des Ordens zeigt einen Hund, welcher eine brennende Fackel im Maule trägt (daher die Bezeichnung «domini canes», d. h. «Hunde des Herru»), um die doppelte Aufgabe des Ordens zu versinnbildlichen, die Kirche zu dewahren vor dem Eindringen der Ketzerei und die Welt zu erleuchten durch die Predigt der Wahrheit.

Dominikanerinnen, eine weibliche Abteilung des D., lann man entweder auf das 1205 gestiftete Frauenkloster Prouille dei Toulouse zurückführen, oder auf das Kloster des heil. Sixtus zu Rom, wo Dominicus 1219 in verschiedenen Klöstern zerstreut und oft regellos lebende Nonnen zu strenger Zucht vereinigte. Sie besaßen gegen 300 Klöster und noch jetzt destehen solche in Italien, Österreich, Polen, Belgien und Amerika. Statt der Studien beschäftigen sie sich mit Handarbeit oder mit der Jugenderziehung. Ihre Kleidung besteht ans weißem Gewand mit schwarzem Mantel und Schleier. Ihre berühmteste Ordensschwester ist die heil. Katharina von Siena (s. d.).

Der D. hat auch einen dritten Zweig, sog. Tertiarier, von Dominicus unter dem Namen der Miliz Jesu Christi gestiftet und nach seinem Tode Brüder und Schwestern von der Buße des heiligen Dominicus genannt. Sie üdernehmen kein Gelübde, sondern dleiden in ihren weltlichen Verhältnissen, unterstützen ader nach Kräften die Bestrebungen des Ordens und waren namentlich die weltlichen Handlanger der Inquisition. Vgl. Danzas, Études sur les temps primitifs de l'ordre de St. Dominique (3 Bde., Poitiers 1874—75; Neue Folge, 2 Bde., Par. 1885—88); Kleinermanns, Der dritte Orden von der Buße des heil. Dominicus (Dülmen 1885); Denifle im «Archiv für Literatur und Kirchengeschichte des Mittelalters», 1885 u. 1890.

Dominikanerwitwe, Vogel, s. Witwer.

Dominikanische Republik (Republica Dominicana), der offizielle Name der Republik Santo Domingo (s. d.).

Dominion of Canada (spr. -minnĭen), s. Canada.

Dominique, La (spr. -nik), eine der Kleinen Antillen, s. Dominica (Insel).

Domino (ital., «Herr», besonders «Geistlicher») hieß früher in Italien und Spanien der große, mit einer Kapuze versehene Winterkragen, den die Geistlichen trugen, um Oberkörper, Kopf und Gesicht gegen die Witterung zu schützen. In der zweiten Hälfte des 16. Jahrh. wurde der Name auf den Überwurf übertragen, der noch jetzt auf Maskeraden an Stelle eines Charakterkostüms angelegt wird und in einem seidenen, gewöhnlich schwarzen Mantel besteht.

Domino, der Name eines Gesellschaftsspiels, das mit flachen, länglich-viereckigen Steinen (meist aus Elfendein, Knochen oder Ebenholz) gespielt wird. Sämtliche Steine sind auf der dunkelpolierten Kehrseite einander durchaus gleich, auf der lichtern Vorderseite dagegen, die in zwei Felder geteilt ist, durch eine verschiedene Anzahl eingelegter Punkte, Augen genannt, genau voneinander unterschieden. Die Zusammenstellung der Augenzahl auf beiden Feldern geht von 0 an gewöhnlich dis 6 oder 8 aufwärts, sodaß der niedrigste Stein (Blankpasch) auf beiden Feldern kein Auge, der nächste auf dem einen keins, auf dem andern eins u. s. f. zeigt, der höchste endlich, z. B. im gewöhnlichen D. dis 6, auf beiden Feidern je sechs Augen (Sechspasch) trägt. Demnach hat das Dominospiel von 0 dis 6 im ganzen 28, das bis 7 zusammen 36, das dis 8 im ganzen 45 Steine. Das Spiel selbst, an dem zwei oder mehrere Personen (am besten zwei) teilnehmen, deginnt durch Umlegen sämtlicher Steine zu einem durcheinander gemischten Haufen, aus dem danu jeder Teilnehmer eine bestimmte Anzahl (meist 6) heransnimmt. Der Rest dleidt, mit Ausnahme der beiden letzten Steine, zum sog. «Kaufen» liegen, was eintritt, wenn ein Spieler in seinem eigenen Steinvorrate keinen zum Fortsetzen des Spiels geeigneten Stein findet. Gewöhnlich setzt bei Beginn des Spiels derjenige an, der den höchsten Pasch aufweisen kann, bei den folgenden Spielen der Gewinner des vorhergehenden. An den ausgesetzten Stein fügen sich dann der Reihe nach Stein für Stein unter der Bedingung, daß nur Felder von gleicher Augenzahl aneinander kommen. Wer zuerst seine sämtlichen Steine abgesetzt hat, ist «Domino» (Herr) und hat das Spiel gewonnen. Kann aber kein Spieler weiter setzen, ohne noch kaufen zu können, so hat derjenige gewonnen, dessen Steine zusammengezählt die geringste Augenzahl ergeben. Es ist deshalb vorteilhaft, den Gegner zum Kaufen möglichst vieler Steine zu nötigen und dann derart zu setzen, daß «gesperrt» ist, d. h. kein Mitspieler mehr ansetzen kann, vorausgesetzt, daß man selbst weniger Augen in den Steinen hat als der Gegner. In neuer Zeit sind verschiedene Variationen des D. entstanden, unter anderm die sogenannte russ. Partie, bei der die Steine derart aneinander gesetzt werden, daß die sich berührenden Felder je zweier Steine zusammen sieben Augen (bei Dominospielen von 0 bis 6) zählen; Blankpasch, 6/1, 5/2 und 4/3 gelten hierbei als Pasch und dürfen nach Belieben an jeden Stein angesetzt werden. Auch verschiedene Glücksspiele können mit Dominosteinen an Stelle von Karten gespielt werden, z. B. Macao (s. d.). Über das Alter des Dominospiels sind sichere Angaben noch nicht ermittelt; eine Sage setzt den Ursprung in das 6. Jahrh.; es hat sich von Süden nach Norden, und zwar erst in der ersten Hälfte des 18. Jahrh. aus Italien nach Frankreich und dann nach Deutschland verbreitet. D. wird in Italien, Frankreich, Belgien, weniger in Norddeutschland gespielt.

Dominohafen, s. Labrador.

Dominus (lat.), Herr, Gebieter, Hausherr; im alten Rom Ehrentitel des Hausherrn (D. major) und des ältesten Sohnes (D. minor).

Dominus ac Redémptor noster (lat.), d. h. «Unser Herr und Erlöser», die nach diesen Anfangsworten benannte Bulle des Papstes Clemens XIV. vom 21. Juli 1773, durch welche er den Jesuitenorden aufhob.

Dominus vobiscum! (lat., «Der Herr sei mit Euch!»), Gruß des Priesters an das Volk (Salutatio ecclesiastica) beim Beginn jeden Teiles der kath. Messe, worauf die Gemeinde antwortet: Et cum spiritu tuo («und mit Deinem Geiste»). Die Formeln sind aus Ruth 2,4 und 2 Tim. 4,22 und verdeutscht auch in den luth. Gottesdienst übergegangen.

Domitia Lepida, s. Domitier.

Domitiánus, Titus Flavius, röm. Kaiser, Sohn des Vespasianus und der Flavia Domitilla, war 24. Okt. 51 n. Chr. in Rom geboren. Seine Jugend brachte er infolge des frühen Todes seiner Mutter und der vielfachen Abwesenheit seines Vaters von Rom ohne sorgfältige Leitung zu. Als das Heer des zum Kaiser ausgerufenen Vespasian gegen Rom heranrückte und der Oheim des D., der Stadtpräfekt Flavius Sabinus, sich mit D. und seinen Anhängern vor den anstürmenden Vitellianern auf das Kapitol zurückgezogen hatte, entging D. nur mit Mühe der Wut der letztern (19. Dez. 69). Tags darauf aber, als die Truppen des Vespasian die Stadt erobert hatten, wurde D. von den Soldaten als Cäsar, d. h. als kaiserl. Prinz begrüßt. Vespasian hielt D. grundsätzlich von allen wichtigen Staatsgeschäften fern, wenn er ihm auch mehrmals, aber nur als leere Form, das Konsulat übertrug, sodaß D. sich litterar. Studien und poet. Versuchen widmete. Auf diese Beschäftigung sah er jedoch später mit Verachtung herab. Nach Vespasians Tode versuchte D., freilich vergeblich, seinen Bruder Titus zu verdrängen, welcher ihm in seiner Großmut verzieh und ihn zum Teilnehmer und Nachfolger in der Herrschaft ernannte, die er 13. Sept. 81 wirklich antrat, nachdem Titus infolge eines heftigen Fieberanfalls (oder, wie das Altertum vielfach behauptete, an Gift, das ihm D. gegeben habe) plötzlich gestorben war.

D.' erste Regierungsjahre sind noch durch keins jener Verbrechen befleckt, welche die spätern schänden. Er verwandte bedeutende Summen auf die Wiederherstellung öffentlicher Gebäude, erließ eine Art Amnestie, suchte durch strenge Maßregeln der Unsittlichkeit zu steuern und führte strenge Aufsicht über die Beamten. Als aber der von seinem Vater hinterlassene Schatz durch seine zahlreichen Bauten, Spenden an das Volk und die Soldaten, Spiele u. dgl. erschöpft war, begann er, teils aus Furcht, teils aus Finanznot, gegen die angesehensten und vornehmsten Männer des Staates in der grausamsten Weise vorzugehen. Die kriegerischen Erfolge, welche sein Statthalter Gnäus Julius Agricola seit 77 n. Chr. in Britannien errang, machten seine Eifersucht rege und veranlaßten ihn, nachdem er selbst auf einem kurzen Feldzuge gegen die Chatten (83) keine Lorbeeren errungen, trotzdem aber 84 n. Chr. einen glänzenden Triumph gefeiert hatte, Agricola abzurufen. Von den Markomannen, die er für ihre Weigerung, ihm Hilfstruppen zu schicken, züchtigen wollte, erlitt D. eine schwere Niederlage und von dem Oberkönig der Dacier, Decebalus, mußte er durch Zahlung einer bedeutenden Geldsumme und Verpflichtung zu einem jährlichen Tribut den Frieden erkaufen. Dazu kam der 87—88 von Lucius Antonius Saturninus, dem Statthalter des obern Germanien, erregte, aber bald unterdrückte Aufstand, und 92 ein neuer Krieg an der mittlern Donau. Besonders seit 93 ist die Regierung des D. nur noch eine Kette von Willkürlichkeiten und Grausamkeiten, denen die besten Männer des Staates, wie Herennius Senecio, Arulenus Rusticus, Helvidius Priscus u. a. zum Opfer fielen. Seinen Vetter Flavius Clemens tötete er, seine Nichte Domitilla, dessen Gattin, verbannte er wegen ihrer «Hinneigung zum Judentum», wie Dio Cassius erzählt; ohne Zweifel ist aber damit das Christentum gemeint. Als er aber auch gegen seine Freigelassenen und Hausdiener seine Wut richtete, bildete sich unter diesen eine Verschwörung, von der auch die beiden Präfekten der Prätorianer und andere hochstehende Männer und selbst des D. Gemahlin wußten. D. wurde in seinem Schlafgemach 18. Sept. 96 von Stephanus ermordet und der Leichnam des Kaisers, dessen Andenken nach dem Beschlusse des von ihm besonders gehaßten und geknechteten Senats vertilgt werden sollte, von der alten Amme des D., Phyllis, verbrannt. Vgl. Imhof, Titus Flavius D. Ein Beitrag zur Geschichte der röm. Kaiserzeit (Halle 1857); Halberstadt, De Imperatoris Domitiani moribus et rebus (Amsterd. 1877).

Domitier, plebejische Familie in Rom, die namentlich aus zwei durch die Beinamen Ahenobarbus und Calvinus unterschiedene Linien bestand. Aus der Linie der Ahenobarbi ragen hervor:

Lucius Domitius Ahenobarbus war Gemahl von Catos Schwester Porcia und ein Anhänger der aristokratischen Partei. Er war 54 v. Chr. Konsul und wurde 49 zum Nachfolger Cäsars als Statthalter im jenseitigen Gallien bestimmt. Nach dem Ausbruche des Bürgerkrieges befehligte er die in Corfinium zusammengezogenen pompejanischen Truppen und geriet in die Hände Cäsars. Von diesem freigelassen und reich beschenkt, ging er nach Massalia (Marseille) und veranlaßte diese Stadt zum Widerstande gegen Cäsar. Als sie sich letzterm ergeben mußte, entkam Domitius. Er fiel auf der Flucht nach der Schlacht bei Pharsalus 48 v. Chr.

Gnäus Domitius Ahenobarbus, Sohn des vorigen, war mit seinem Vater in Corfinium und kämpfte mit bei Pharsalus, wurde aber 46 v. Chr. von Cäsar begnadigt. Doch schloß er sich der Verschwörung gegen diesen an und wurde 43 zur Verbannung verurteilt. Nachdem er während des Bürgerkrieges als Flottenführer unter Statius Murcus sich ausgezeichnet und nach der Schlacht von Philippi 42 v. Chr., während Statius zu Sextus Pompejus ging, mit seiner 70 Segel zählenden Flotte eine Zeit lang selbständig im Adriatischen und Ionischen Meere sich behauptet hatte, ging er mit dieser 40 v. Chr. zu Antonius über, unter dem er dann Statthalter von Bithynien war. Domitius wurde 32 v. Chr. Konsul. Das Jahr darauf ging er in Epirus kurz vor der Schlacht bei Actium zu Octavian über, starb aber bald nachher im Sept. 31.

Lucius Domitius Ahenobarbus, Sohn des vorigen, Gemahl der ältern Antonia, der Tochter des Marcus Antonius und der Schwester des Augustus Octavia, war 16 v. Chr. Konsul, 10 v. Chr. Statthalter von Afrika, und unternahm später als Statthalter, wie es scheint, von Illyricum einen glänzenden Kriegszug von der Donau aus durch ganz Deutschland bis über die Elbe. Er drang von allen röm. Heerführern am tiefsten in Deutschland vor. Im J. 1 v. Chr. wurde er als Oberbefehlshaber an den Rhein geschickt, wo er den Germanen gegenüber sehr vorsichtig auftrat. Er starb 25 n. Chr.

Gnäus Domitius Ahenobarbus, Sohn des vorigen, erhielt 28 n. Chr. die Tochter des Germanicus, die jüngere Agrippina, zur Gemahlin, die ihm den nachmaligen Kaiser Nero gebar. Er starb 39 n. Chr. Von seinen Schwestern war die eine an Gajus Passienus Crispus verheiratet, der sich aber von ihr trennte, um seine Schwägerin Agrippina zu heiraten. Nero ließ diese Schwester seines Vaters vergiften, um sich ihres Vermögens zu bemächtigen. Die andere Schwester des Domitius, Domitia Lepida, gebar dem Valerius Messala Barbatus die Messalina (s. d.) und war dann die Gemahlin des Appius Silanus, den Messalina töten ließ. Sie fiel 54 n. Chr. kurz vor dem Tode des Claudius als Opfer der Eifersucht der Agrippina.

Aus der Linie der Calvini, welche schon 332 v. Chr. durch Gnäus Domitius Calvinus zum Konsulat gelangte, sind hervorzuheben: Gnäus Domitius Calvinus, der 283 v. Chr. Konsul und 280 v. Chr., als Pyrrhus gegen Rom heranrückte, Diktator, sodann noch im gleichen Jahre der erste plebejische Censor wurde.

Gnäus Domitius Calvinus, Konsul 53 v. Chr., befehligte 49—46 v. Chr. im Bürgerkriege unter Cäsar. Im Kriege gegen Pharnaces erlitt er bei Nikopolis eine Niederlage. Nach Cäsars Ermordung sollte er im Auftrage des Antonius und Octavian eine Truppenabteilung über das Adriatische Meer nach Epirus übersetzen, ward aber überfallen und verlor fast die ganze Flotte. Nachdem er 40 v. Chr. nochmals Konsul gewesen war, besiegte er 37 als Statthalter in Spanien die Ceretaner, wofür ihm der Triumph zu teil ward.

Gnäus Domitius Corbulo, s. Corbulo.

Domitilla, Heilige der kath. Kirche, Gattin oder Nichte des röm. Konsuls Flavius Clemens, soll von Domitianus (s. d.) nach der Insel Pandataria oder Pontia verbannt worden sein. Andere nehmen zwei verschiedene Frauen dieses Namens an. Ausgrabungen in den röm. Katakomben haben auch eine Krypta der D. zu Tage gefördert, in der schon zu Ende des 1. Jahrh. Christen bestattet sein sollen.

Domitius, altröm. Familie, s. Domitier.

Dömitz, Stadt im Domanialamt D. (8484 E., 4210 männl., 4274 weibl.) im Großherzogtum Mecklenburg-Schwerin, im ehemaligen Herzogtum Schwerin, 38 km im WNW. von Wittenberge, nahe der preuß. Grenze, rechts an der Elbe, die hier die Neue Elde aufnimmt und an der Linie Wittenberge-Lüneburg-Buchholz der Preuß. Staatsbahnen und der Nebenlinie D.-Ludwigslust (30,3 km) der Mecklenb. Friedrich-Franz-Eisenbahn, auf einer Anhöhe in wiesenreicher Gegend, ehemals Festung, ist Sitz eines Amtsgerichts (Landgericht Schwerin), eines Domanial- und Deichamtes, einer Festungskommandantur und hat (1890) 2611 E., darunter 15 Katholiken, 36 Israeliten, Stadtkirche, Synagoge, Schloß, Kranken- und Armenhaus, Kalkbrennerei, Ziegelei, Schiffahrt und Handel. Die ehemaligen Festungsgebäude dienen als Militärstrafanstalt. — D. gehörte 1230, wo es Stadt ward, zu Mecklenburg-Prignitz, wurde 1328 an den Markgrafen Ludwig von Schwerin versetzt, 1372 mecklenburgisch und 1563 von Herzog Johann Albrecht befestigt. Im Dreißigjährigen Kriege wurde es mehrmals von den verschiedenen kriegführenden Parteien eingenommen. Am 22. Nov. 1638 schlug Bauer zwischen D. und Lenzen den sächs. Feldmarschall Marazin. 1733—47 war D. Residenz des Herzogs Karl Leopold. Am 15. Mai 1809 wurde die von Holländern besetzte Feste von Schill eingenommen und zum Waffenplatz gemacht.

Domizil (lat.), s. Domizilwechsel und Wohnsitz.

Domizilwechsel oder domizilierter Wechsel, ein Wechsel, bei dem der Zahlungsort ein anderer ist als der regelmäßige, nämlich als der Wohnort des Bezogenen beim gezogenen, des Ausstellers beim eigenen Wechsel (s. Wechseldomizil). Dieser vom Wohnort des Bezogenen oder Ausstellers verschiedene Zahlungsort heißt Domizil im engern Sinne. Es kann im Wechsel selbst (Zahlen Sie in ..., ich zahle in ...) oder durch einen Zusatz bei der Adresse des Bezogenen (Herrn A in L, zahlbar in B) bezeichnet werden; befugt dazu ist nur der Aussteller und zwar nur solange der Wechsel noch nicht acceptiert ist, nicht der Indossant (das Nähere bei Rehbein, Allg. Deutsche Wechselordn. Art. 21—24, Anm. 12). Entstanden ist der D. aus dem Bedürfnis, Wechsel, die auf entfernte, schlecht erreichbare, dem Handelsverkehr unbekannte Plätze gezogen sind, durch Domizilierung auf einen Wechselplatz begebbar und einkassierbar zu machen, oder beides zu erleichtern. Die Domizilierung kann aber auch dazu dienen, daß der Bezogene sein Guthaben am Domizil durch seinen Gläubiger erhebt, wie dies beim Ziehen für fremde Rechnung geschieht.

(S. Trassieren.) Regelmäßig gilt nämlich beim D. der Bezogene als derjenige, der die Zahlung am Domizil zu leisten hat. Es kann aber von vornherein oder nachträglich durch den Bezogenen eine andere Person bezeichnet werden, durch welche die Zahlung am Domizil geleistet werden soll (Herrn A in L, zahlbar durch oder bei Herrn B in H). In letzterm Falle spricht man von bestimmt-domiziliertem Wechsel im Gegensatz zum unbestimmt-domizilierten Wechsel, wo ein Zahlungsleistender, Domiziliat, nicht benannt ist. Wenn A in L an B in D zu zahlen und von C in H zu fordern hat, so kann er durch B auf sich ziehen, den Wechsel in H domizilieren, den C als Domiziliaten bezeichnen lassen und so durch C an B zahlen.

Das Besondere des D. ist, daß der Aussteller die Präsentation zur Annahme vorschreiben kann, namentlich um dem Bezogenen Gelegenheit zur Benennung des Domiziliaten zu geben; die Vorschrift zwingt den Wechselnehmer zur Präsentation, event. Protestaufnahme, weil er seinen Regreß gegen den Aussteller (und die Indossanten) verliert, wenn er es unterläßt. Außerdem aber muß bei Verlust jedes Wechselanspruchs, selbst gegen den Acceptanten eines gezogenen und den Aussteller eines eigenen Wechsels, bei bestimmt-domiziliertem Wechsel Protest mangels Zahlung erhoben werden, wenn der Domiziliat nicht zahlt. Diese Vorschrift beruht darauf, daß der Domiziliat als der Vertreter, Beauftragter des Bezogenen für die Zahlung gilt, aber nicht wechselmäßig verpflichtet ist, ebenso wie er auch nicht wechselmäßig berechtigt ist. Verpflichtet, einen domizilierten Wechsel zu nehmen, ist niemand, wenn die Domizilierung nicht bedungen ist.

Domjoch, s. Dom (Berggipfel).

Domkandidatenstift in Berlin, kirchliche Stiftung Friedrich Wilhelms IV. zur Vorbildung junger evang. Theologen für den Kirchendienst, entstand 1854 als ein Konvikt, in dem eine Anzahl examinierter Kandidaten der preuß. Landeskirche unter Oberaufsicht des ersten Oberhofpredigers ihre Studien fortsetzen, in Predigt, Katechese und Seelsorge, insbesondere durch Hausbesuche bei Armen und Kranken der Domgemeinde, sich üben und durch wissenschaftlichen Verkehr in freien Besprechungen sich gegenseitig anregen und fördern. Das Stift besitzt ein eigenes Gebäude mit Kapelle und ansehnlichen Einkünften. Aufsicht und Leitung im Innern führt ein Inspektor. Einige der Konviktualen sind zugleich Domhilfsprediger.

Domkapitel. Ursprünglich hatte jede Stadt einen Bischof und derselbe wurde durch die Geistlichen seiner Kirche beraten. Dies sog. Presbyterium nahm schon im 4. Jahrh. an einigen Kirchen eine mönchische Verfassung an. Aber jene vita canonica (so genannt, weil sie durch den allgemeinen christl. Kanon normiert war) fand weder überall noch dauernde Geltung, bis sie 761 durch Chrodegang von Metz für den dortigen Klerus neu festgestellt und weiterhin durch die Staatsgesetzgebung für alle Kirchen des Frankenreichs, an denen eine Mehrheit von Klerikern wirkte (Domstifter, wenn es bischöfl. Kirchen waren, sonst Kollegiatstifter), zur Regel erhoben wurde. Indessen erhielt sich diese Verfassung nicht auf die Dauer, das gemeinsame Leben zerfiel, und seit dem 11. Jahrh. lebten nur noch die Kanoniker einzelner Kirchen nach mönchischer Regel, die deswegen «regulierte» genannt wurden. Andererseits wurden die Kapitel bei den Domkirchen eine feste Einrichtung der Kirchenverfassung, und ihre Befugnisse stiegen immer höher; sie erlangten bedeutenden Einfluß auf die Regierung der Diöcesen, insbesondere seit ihnen allenthalben in Deutschland das Recht der Bischofswahl zugefallen war. Fast allenthalben wurde adlige Geburt der Mitglieder (Domkapitulare, Domherren, Kanoniker, Chorherren) für die Aufnahme gefordert. Durch die ihnen gebührende Autonomie regelten sie ihre Verhältnisse selbständig, hatten eigene Beamte besonders für die Verwaltung ihres meist sehr bedeutenden Vermögens und verstanden es bei jeder Wahl eines Bischofs, die bischöfl. Befugnisse mehr einzuengen. Dabei riß unter ihnen die Verweltlichung derartig ein, daß sie ihre Residenzpflicht (Einnahme der Amtssitze) vernachlässigten und ihre geistlichen Obliegenheiten durch Vikare wahrnehmen ließen. Nachdem die Säkularisation durch den Reichsdeputationshauptschluß (1803) die geistlichen Staaten in Deutschland und mit ihnen die alten reichen D. vernichtet hatte, haben die neu wiederhergestellten einen specifisch kirchlichen Charakter empfangen. Auch heute noch autonomische Korporationen, bilden sie den beratenden Senat des Bischofs, der sie in wichtigen Fällen befragen und in einzelnen nach ihrem Beschluß handeln muß. Von den alten Ämtern der D. haben sich erhalten das des Propstes und des Dekans, bald beide zusammen, bald eins allein. Ebenso die Officia des theologus und poenitentiarius. Wo Domvikare (Chorvikare) vorkommen, dienen sie zur Aushilfe, wo Ehrendomherren (nur in Altpreußen), ist diese Stellung eine Auszeichnung für verdiente Pfarrer. Über die Zusammensetzung der Domstifter, für welche jetzt nicht mehr der Adel Erfordernis ist, haben die deutschen Regierungen mit Rom Vereinbarungen getroffen. In Altpreußen, Hannover und der oberrhein. Kirchenprovinz gebührt ihnen die Wahl des Bischofs, sowie diejenige des Kapitularvikars bei erledigtem bischöfl. Stuhle. Die protestantischen D., wie sie sich in Preußen und Sachsen (Brandenburg, Naumburg, Merseburg, Zeitz, Meißen) erhalten haben, tragen keinerlei kirchlichen Charakter, sondern sind nur Vermögensmassen, deren Renten zur Belohnung ausgezeichneter Dienste von Staatsmännern und Feldherren verwendet werden. Vgl. von Below, Entstehung des ausschließlichen Wahlrechtes der D. (in «Histor. Studien», Heft 11, Lpz. 1883).

Domkapitulār, s. Domkapitel.

Domleschg, roman. Domliaschga oder Tomiliasca, das obstreiche Thal des einstigen Reichshofs Tomils im schweiz. Kanton Graubünden, die unterste der drei Thalstufen des Hinterrheins (s. Rhein). Die Westseite des Thales heißt Heinzenberg, roman. Montagna.

Dommel, Fluß in den Niederlanden und in Belgien, entspringt in der Landschaft Kempen der belg. Provinz Limburg, unweit der Grenze in der Provinz Brabant, östlich von Diest, in 75 m Höhe, fließt langsam nach N., tritt 6 km unterhalb Neerpelt in die niederländ. Provinz Nordbrabant ein, berührt Eindhoven und empfängt die Tongreep, die Rul, Beerse und die Tilburger Aa. Bei Herzogenbusch nimmt sie die Helmonder Aa auf und heißt nun Dieze; sie mündet nach einem Lauf von etwa 100 km beim Fort Crèvecoeur links in die Maas.

Dommer, Arey von, Musikschriftsteller, geb. 9. Febr. 1828 zu Danzig, studierte 1851—54 zu

Leipzig Musik, dann Philosophie und Kunstgeschichte. 1863 siedelte er nach Hamburg über, wo er Musikreferent am «Korrespondent» war und 1873 Sekretär der Stadtbibliothek wurde. Seit 1889 lebt D. in Marburg. Unter seinen Schriften sind hervorzuheben: «Elemente der Musik» (Lpz. 1862), «Handbuch der Musikgeschichte» (ebd. 1868; 2. Aufl. 1878), «Autotypen der Reformationszeit» (Hamb. 1881) und «Lutherdrucke aus der Hamburger Stadtbibliothek 1516—23» (Lpz. 1888). Auch bearbeitete er die zweite Auflage von Kochs «Musikalischem Lexikon» (Heidelb. 1865). Als Komponist hat D. nur einen achtstimmigen Psalm und vierstimmige Bearbeitungen von Melodien J. W. Francks herausgegeben.

Dommitzsch, Stadt im Kreis Torgau des preuß. Reg.-Bez. Merseburg, 12 km im NW. von Torgan unfern der Elbe, an der Nebenbahn Wittenberg-Torgau der Preuß. Staatsbahnen, hat (1890) 1883 E., darunter 21 Katholiken, Post, Telegraph, Amtsgericht (Landgericht Torgau), bedeutende Thonröhrenfabrik, Tischlerei und Töpferei.

Domnau, Stadt im Kreis Friedland des preuß. Reg.-Bez. Königsberg, 15 km im NO. von Eylan und 15 km im W. von Friedland, an einem zur Alle gehenden Bache, Sitz des Landratsamtes für den Kreis Friedland sowie eines Amtsgerichts (Landgericht Bartenstein), hat (1890) 1980 evang. E., Post, Telegraph, Fabrik landwirtschaftlicher Maschinen, Dampfmühle. Die in früherer Zeit vorhandene Burg, jetzt Rittergut, wurde 1324, die Stadt um 1400 erbaut.

Domnus (lat.), soviel wie Dominus, in der kath. Kirche nur von Menschen gebraucht, während Dominus nur von Gott gebraucht zu werden pflegt.

Domnus oder Donus, zwei Päpste. D. I., ein Römer von Geburt, regierte 676—678 und unterwarf das abtrünnige Erzbistum Ravenna wieder dem röm. Stuhl. — D. II. soll 974 kurze Zeit Papst gewesen sein; da aber feststeht, daß zwischen Benedikt VI. und Bonifacius VII. kein Papst regierte, so ist die Annahme wahrscheinlich, daß sein Name nur irrtümlich aus dem Titel Domnus Papa in das Verzeichnis der Päpste gekommen ist.

Domo d'Ossŏla (offiziell: Domodossola), Hauptstadt des Kreises D. (34457 E.) in der ital. Provinz Novara, in 305 m Höhe, im Eschenthale oder Val d'Ossola, an der Simplonstraße auf dem rechten Ufer der südwärts in den Lago Maggiore fließenden Tosa oder Toce, an der Linie Novara-Gozzano-D. (90 km) des Mittelmeernetzes, hat (1881) 2658, als Gemeinde 3577 E., Post, Telegraph, in seinem ältern Teile enge, winklige, im neuern dagegen breite, geräumige Straßen und schöne Plätze. Über die 3½ km nördlich gelegene Brücke von Crevola tritt die Simplonstraße aus der Felsschlucht der Diveria heraus; 1 km südwestlich der Kalvarienberg, bis zum Gipfel mit kleinen Kapellen besetzt; er trug einst die Burg Matarello. — Das Escheuthal, in seinem obern Teile auch Val Formazza, im mittlern Val Antigorio genannt, und D., im Mittelalter Domus Dei genannt, wurde von Karl d. Gr. als Grafschaft dem Bistum Novara verliehen. 1487 wurde die Stadt und das Thal, welche von den Schweizern 1416 erobert und 1425 unter Peter Rysig von Schwyz tapfer verteidigt worden waren, von den Walliser völlig verheert. Nach dem Aussterben der Sforza belehnte Karl V. den Grafen Franc. della Somaglia mit D. 1714 fiel es an Österreich, 1735 an Savoyen.

Dömös (spr. -mösch), Groß-Gemeinde im ungar. Komitat und Stuhlbezirk Gran (Esztergom), rechts der Donau, Station der Donau-Dampfschiffahrts-Gesellschaft, zwischen grünen Bergen und schönen Wäldern, hat (1890) 1260 E., Post. Auf einer beträchtlichen Bergspitze (Arpáshegy, d. i. Gerstenberg) erhob sich einst die Propstei D. (später Abtei St. Margareth), in der unter König Koloman (1095—1114) Herzog Almos und dessen Sohn Béla (später als Béla II. oder «der Blinde» König von Ungarn) gefangen gehalten und beiden die Augen ausgestochen wurden. Später verfiel die Propstei und wurde unter König Sigismund (1387—1437) in eine Abtei umgestaltet. Der Gubernator Johann Hunyady (1444—52) stellte die Propstei in ihrem alten Glanze wieder her. Diese erhielt sich bis zum Einbruch der Türken, welche sie zerstörten.

Domostroj (russ., «Haushaltung», «Ökonomie»), in der russ. Litteratur des 16. Jahrh. ein Buch, das Anweisungen über die bürgerliche Moral im Geiste der damaligen Zeit giebt und einen bedeutenden kulturhistor. Wert hat. Der Text, in dem es vorliegt, ist wahrscheinlich eine Kompilation aus frühern solchen Anweisungen, und als Kompilator gilt der Mönch Sylvester um 1560, der vielleicht auch selbst einige Kapitel des Buches verfaßt hat; als sicher wird dies angenommen vom 64. (Schluß-) Kapitel, das gleichsam eine Zusammenfassung des Ganzen giebt und deshalb auch der «Kleine D.» heißt. Der D. war seinerzeit sehr verbreitet; die Handschriften desselben reichen bis ins 17. Jahrh. Wieder aufgefunden und zuerst veröffentlicht wurde er von Golochwastow 1849 in Moskau («Zeitschrift der Gesellschaft für Geschichte und Altertümer», Nr. 1). Die eingehendste histor.-litterar. Abhandlung darüber schrieb J. S. Nekrasow (Mosk. 1872). Vgl. Brückner, D., ein Hausbuch aus dem 16. Jahrh. (in der «Russischen Revue», Bd. 4, Petersb. 1874).

Domowoj, auch Domowik, Djeduschka, Starik (Alterchen), Chozjain (Hausherr) u. s. w. genannt, ist der Hausgeist des russ. Volksglaubens. Er wird je nach den Gegenden verschieden beschrieben, so z. B. als kleines dickes Männchen, am ganzen Leibe fein behaart, bekleidet mit einem aschgrauen Bauernrock, aber stets barfuß und barhäuptig; in Häusern, wo der Herr verstorben ist, erscheint er gern in dessen Gestalt; er hat seine Wohnung hinter oder unter dem Ofen des Wohnhauses oder Badehauses, überhaupt überall wo ein Ofen ist, auch im Stall, auf der Tenne u. s. w. Der D. ist an sich nicht böse; wen er liebt, dem dient er in der Art der deutschen Heinzelmännchen, namentlich hat er Vorliebe für Pferde, reitet sie aber auch zuweilen in der Nacht müde und hat überhaupt eine Neigung zu allerlei Schabernack; man darf ihn daher nicht erzürnen. Vgl. Dal, O povĕrjach (2. Aufl., Petersb. 1800); Afanasjew, Vozzrĕnija Slavjan na prirodu (3 Bde., Mosk. 1869).

Dom Pedro II.-Bahn, jetzt Brasilianische Centralbahn, s. Brasilien (Bd. 3, S. 440a).

Dompĕlers (holländ.), s. Taufgesinnte.

Dompfaffe, Vogelgattung, s. Gimpel.

Dompierre d'Hornoy (spr. dongpiähr dornŏá), Charles Marius Albert, franz. Admiral, geb. 24. Febr. 1816 in Hornoy (Depart. Somme), trat 1828 in die franz. Marine ein, wurde 1854 Schiffskapitän, 1864 Konteradmiral, 1869 Generaldirektor im Marineministerium und nach dem Sturz des Kaiserreichs, 4. Sept. 1870 bis 28. Jan. 1871, interimistischer Marineminister. Im Febr. 1871 wurde er vom Depart. Somme in die Nationalversammlung gewählt, wo er sich der legitimistischen Rechten anschloß, gegen Thiers opponierte und zu dessen Sturz beitrug. Seit Juni 1871 Viceadmiral, ward er in dem ersten von Mac-Mahon gebildeten Kabinett Marineminister (24. Mai 1873 bis 23. Mai 1874), und 1876 vom Depart. Somme in den Senat gewählt, wo er sich wieder der Rechten anschloß und allen reaktionären Gesetzen seine Stimme gab. Nachdem er 1882 bei der Senatswahl unterlegen war, wurde er 1885 und 1889 wieder zum Mitglied der Deputiertenkammer gewählt.

Dompropst, der Propst (s. d.) in einem Domkapitel.

Domrémy-la-Pucelle (spr. dongrémih la püßell) im Kanton Coussey, Arrondissement Neufchâteau des franz. Depart. Vosges, 11 km nördlich von Neufchâteau, am linken Ufer der Maas, über welche hier eine Brücke von fünf Bogen führt und an der Linie Bologne (bei Chaumont)-Neufchâteau-Paguy der Franz. Ostbahn, hat (1891) 300 E. Man zeigt daselbst in einem Garten das Geburtshaus der Jungfrau von Orléans (La Pucelle, s. Jeanne d'Arc), welches durch eine Inschrift von 1481 («Vive labeur, vive le roi Louys») als solches bezeichnet wird; über dieser befindet sich eine von Ludwig XI. gesetzte bronzene Statue der gewaffneten Jungfrau in knieender Stellung. Das Haus wurde 1820 auf Befehl der Regierung wiederhergestellt, dicht daneben eine Freischule für Mädchen erbaut und gleichzeitig vor derselben ein Monument errichtet. Am 9. Mai 1843 ließ König Ludwig Philipp eine Bronzestatue der Jungfrau, gefertigt nach dem von seiner Tochter, der Prinzessin Maria, gearbeiteten Standbilde, im Innern des Geburtshauses aufstellen. Karl VII. befreite 1429 den Ort von jeder Abgabe, ein Vorrecht, welches erst durch die Revolution abgeschafft wurde.

Domschulen oder Kathedralschulen sind die Schulen des Mittelalters, die an den Bischofssitzen, bei den Dom- oder Kathedralkirchen bestanden, auch Stiftsschulen genannt mit einem Namen von weiterer Bedeutung, der auch für Schulen an andern, nicht bischöfl. Kirchen gebraucht wurde. Die D. wurden von Geistlichen des Domstiftes (Kanonikern) geleitet und waren zunächst dazu bestimmt, den Nachwuchs aus dem Adel für die geistliche Körperschaft des Domstiftes zu erziehen und wissenschaftlich auszubilden. Daneben nahmen sie auch arme Schüler als Nachwuchs für die niedere Geistlichkeit auf und gewährten vornehmen Laien Unterricht. Der Unterricht war derselbe wie in den Klosterschulen (s. d.), bestimmt durch das im Mittelalter allgemein geltende Lehrsystem der sieben freien Künste. Thatsächlich wurden in der Regel nur die sog. drei untern behandelt, und auch bei diesen traten Rhetorik und Dialektik weit zurück gegen die Grammatik, d. h. gegen die Erlernung der lat. Sprache. Die D. haben sich namentlich vom 8. Jahrh. an entwickelt, wo Bischof Chrodegang von Metz das Leben der Kanoniker regelte; sie hatten in den beiden nächsten Jahrhunderten ihre Blütezeit und sind von der Mitte des 11. Jahrh. an zurückgegangen, insbesondere infolge der Auflösung des kanonischen Lebens. Das Gymnasium zu Schleswig heißt noch jetzt Domschule, andere frühere D. heißen Domgymnasten, soz. B. die in Magdeburg, Halberstadt, Merseburg, Naumburg. Vgl. Specht, Geschichte des Unterrichtswesens in Deutschland von den ältesten Zeiten bis zur Mitte des 13. Jahrh. (Stuttg. 1885).

Domstadtl, czech. Domašov, Stadt in der österr. Bezirkshauptmannschaft und dem Gerichtsbezirk Sternberg in Mähren, an der Linie Olmütz-Troppau der Mährisch-Schles. Centralbahn, hat (1890) 1185 deutsche E., Post, Telegraph, Kunstmühle, Weberei, Landwirtschaft, 4 Sauerbrunnen und ist beliebte Sommerfrische. Bei D. erbeuteten im Siebenjährigen Kriege die Generale Laudon und Soskovič 30. Aug. 1758 einen großen Wagenpark der Preußen, wodurch Friedrich d. Gr. gezwungen wurde, die Belagerung von Olmütz aufzuheben. Zum Andenken hieran ist 5. Juni 1857 auf dem Schlachtfeld ein Denkmal errichtet.

Domstift, Domvikär, s. Domkapitel.

Don (ital. und span.), im Portugiesischen Dom, entstanden aus dem lat. dominus, d. h. Herr, ein Ehrentitel, der ursprünglich dem Papst, dann den Bischöfen und Äbten beigelegt wurde und der schließlich den Mönchen verblieb. In Italien führen ihn noch alle Priester. In Portugal kommt er nur dem Souverän und den Gliedern seiner Familie zu. In Spanien wurde er erst zur Belohnung für dem Staate geleistete Dienste verliehen; Philipp III. behielt ihn den Bischöfen, den Grafen, Hidalgos, den Vornehmen von echtem Adel und den Söhnen von Standespersonen vor; gegenwärtig ist er nur ein Höflichkeitstitel, der allen, die sich durch Kleidung und Manieren vom niedern Volk unterscheiden, zukommt. Er wird aber nie, wie im Ausland oft fälschlich geschieht, den Familiennamen, sondern stets nur dem Vornamen vorangesetzt. Die entsprechenden weiblichen Formen sind Donna, Doña (span.) und Dona (portug.). Es ist in Spanien Sitte, jemand auch nach flüchtiger Bekanntschaft nicht mit Señor und dem Familiennamen, sondern mit Don oder Doña und dem Vornamen anzureden und zu bezeichnen.

Don. 1) **Fluß** in der schott. Grafschaft Aberdeen, entspringt unweit des Cairngorm in 500 m Höhe und mündet 2,5 km nördlich von Aberdeen nach einem Laufe von 132 km in die Nordsee. Der Lachsfang im D. ist wichtig. — 2) **Fluß** in der engl. Grafschaft York, entspringt in den Penninischen Bergen auf der Grenze von Chester, fließt bis Sheffield (wo er schiffbar wird) nach SO., dann nach NO. über Doncaster und Thorne und mündet bei Goole, 112 km lang, in die Ouse.

Don, bei den Alten Tanais, nach der Wolga und dem Dnjepr der größte Strom des europ. Rußland, dessen Gebiet 430259 qkm einnimmt, entspringt im Gouvernement Tula aus dem Iwansee, durchströmt in einer Länge von 1855 km mit vielen Krümmungen die Gouvernements Rjasan, Tambow, Orel, Woronesch und das Land der Donischen Kosaken und ergießt sich, nachdem er sich unterhalb Rostow in drei Arme geteilt hat, von denen nur drei schiffbar sind, unweit Asow in das Asowsche Meer. Der obere Lauf des D. reicht bis zur Mündung des Woronesch und liegt ganz in niedrigem, sumpfigem Boden zwischen Waldungen, Gebüschen und Ackerfeldern, dann tritt er in das niedrige Steppenplateau Südrußlands, in welchem sein Bett tief eingeschnitten ist und durch dessen Kalkstein- und Kreidefelsen er sich bei der Katschalinskaja Staniza der Wolga bis auf 60 km nähert, von dieser durch die sog. Wolgahöhe geschieden. Eine Eisenbahn, die von Kalatsch nach Zarizyn führt, vermittelt die Verbindung mit der Wolga. Im untern Laufe des D. herrscht die südwestl. Richtung vor.

Hier liegen längs dem steilen rechten Ufer die donischen Weinberge. Im ganzen fließt der D. sehr ruhig und langsam, hat weder Fälle noch Strudel; doch finden sich zahlreiche seichte Stellen und Sandbänke.

Der D. nimmt 37 Nebenflüsse auf, von denen die Sosna und der nördl. Donez auf der rechten Seite, der Woronesch, der Choper, die Medwediza, Ilowlja und der Manytsch auf der linken Seite die wichtigsten sind. Der Fischfang ist besonders stark im Unterlauf. Der D. ist auf 1285 km schiffbar; regelmäßige Dampfschiffahrt besteht zwischen Kalatsch und Rostow (525 km), doch dringen Dampfer auch bis Pawlowsk, auf 1201 km, vor. 1889 befuhren den D. 3359 Schiffe und 1198 Flöße mit 18625000 Pud Fracht im Werte von 16178000 Rubel. Rostow und Taganrog sind die Centralstellen für die in den D. ein- und auslaufenden Schiffe, welche Getreide, Vieh, Holz, Kalk aus dem Innern nach dem Süden Rußlands führen. (S. Donische Bezirke, Donisches Gebiet, Donische Weine.)

Don, Name zweier engl. Botaniker, der Brüder David und Georg D. Der erstere, geb. 1800 zu Forfar, gest. 1841 zu London, war Professor am King's College zu London. Er schrieb: «Prodromus Florae Nepalensis etc.» (Lond. 1825) und «Outlines of a course of lectures on botany» (ebd. 1836). Georg D., geb. 1798 zu Forfar, gest. 1856 zu Kensington, schrieb: «A general history of the dichlamydeous plants etc.» (4 Bde., Lond. 1831—38).

Dona (lat.), Mehrzahl von Donum (s. d.).

Doña (span., spr. donnja; portug. Dona), s. Don (Titel).

Donacia, Rohr- oder Schilfhähnchen, eine 23 deutsche Arten aufweisende Gattung der Goldlaubkäfer (s. Goldkäfer) von ziemlich gestreckter Gestalt und mit einem Brustschild, das schmäler als die Flügeldecken ist. Die fadenförmigen, verhältnismäßig langen Fühler sind elfgliedrig, die Schenkel, besonders am hintersten Beinpaare, meist etwas verdickt. Die Farbe ist schwärzlich, blau, rot, grün, gelb, aber immer metallisch glänzend. Die Käfer, welche auf Wasserpflanzen, an den Ufern der Gewässer, auf feuchten Wiesen u. s. w. leben, neigen sehr zur Varietätenbildung. Die Larven hausen im Wasser an untergetauchten Trieben und Wurzeln der Wasserpflanzen.

Dona-Francisca, eine 1851 vom Hamburger Kolonisationsverein gegründete deutsche Kolonie im nördlichsten Teile des südbrasil. Staates Sta. Catharina, 20 km westlich von der Hafenstadt São Francisco, wird von zwei nur für flache Fahrzeuge schiffbaren Flüßchen bewässert. Der fruchtbare Boden und das treffliche Klima bieten die günstigsten Bedingungen; nur die tiefer liegenden Stellen sind sumpfig und unfruchtbar. Man baut Reis, Zuckerrohr, Mais, Mandioca, Bananen, treffliche Rüben, Gemüse, Ananas, Orangen, Kaffee, Tabak, Öl- und Gespinstpflanzen. Der Viehstand ist wegen Mangels an Weiden nur unbedeutend. Die ersten Ansiedler waren 118 Deutsche und Schweizer. Ihre Zahl stieg 1852—56 von 720 auf 1428 und belief sich 1885 auf 19825 Bewohner auf 1444 qkm, und zwar nicht nur ärmere Landleute und Handwerker, sondern auch wohlhabendere Kolonisten, die ihr Besitztum bearbeiten lassen. Infolgedessen ist ein Teil der ärmern Einwanderer als Tagelöhner oder Handwerker beschäftigt. Die meisten Bodenprodukte werden in der Kolonie selbst konsumiert. Der Hauptort, seit 1877 Stadt, ist Joinville, hat 2523 E., sechs Fabriken von Paraguaythee (s. d.), fünf Zuckermühlen, Ölmühlen, Sägemühlen, Reismühlen, sieben Tapioca- und Arrowrootmühlen. Der zweitgrößte Ort ist Annaburg. Etwa 70 km südlicher liegt Blumenau (s. d.). Vgl. Dörffel, Die Kolonie D. in der südbrasil. Provinz Sta. Catharina (Joinville 1882).

Donajec, Nebenfluß der Weichsel, s. Dunajec.

Donald (spr. donnĕld), Name mehrerer schott. Könige, aus deren Reihe die ersten vier der Sage angehören. D. V. Macalpin folgte seinem Bruder Kenneth (s. d.) als König des Alban genannten geeinten Reichs der Picten und Scoten und starb nach vierjähriger Regierung 864. — Unter seinem Großneffen, D. VI., hatte Schottland von dän. Anfällen viel zu leiden. Er starb 900. — D. Bane (Der Weiße), Bruder König Malcolms III., warf sich an der Spitze einer Nationalpartei gegen den von England unterstützten Duncan II., den Sohn und Thronerben Malcolms auf und verdrängte ihn 1094. Ein jüngerer Neffe, Edgar III., stürzte ihn 1097, und D. starb 1098 in der Gefangenschaft.

Donaldson (spr. donnĕlds'n), Thomas Leverton, engl. Architekt und Kunstschriftsteller, geb. 17. Okt. 1795 als Sohn eines Baumeisters. Nach einer fünfjährigen Studienreise in Frankreich, Italien und Griechenland, deren Ergebnisse er in «Pompeii illustrated» (2 Bde., 1827), «A collection of the most approved examples of doorways, from ancient buildings in Greece and Italy» (1833), «A collection of the most approved doorways, from modern buildings in Italy and Sicily» (1836) und «The temple of Apollo Epicurius at Bassa» (1838) niederlegte, wurde ihm 1841 in dem von ihm erbauten University College in London eine Professur der Architektur übertragen, die er bis 1864 innehatte. University College mit der berühmten Flaxman Gallery und der angrenzenden University Hall sind seine Hauptwerke. D. war auch Präsident der Royal Society of Architects. Er starb 1. Aug. 1885 in London. Außer den genannten Schriften erschienen «Architectural maxims and theorems» (1847), «Architectura numismatica» (1859), «Handbook of specifications» (1860; 2. Ausg. 1880), «Practical guide to architecture» (2. Aufl 2 Bde., 1871), «Temple à la Victoire» (Par. 1876).

Donalitius, Christian, litauischer Dichter, geb. 1. Jan. 1714 im Dorfe Lasdinelen (Kreis Gumbinnen), studierte 1732—37 in Königsberg Theologie, ward 1740 Rektor in Stallupönen, 1743 Pfarrer in Tolminkemen, wo er 18. Febr. 1780 starb. Seine Dichtungen, fünf Idyllen und sechs Fabeln in Hexametern, sind, abgesehen vom litauischen Gesangbuch und einigen Versuchen neuerer Zeit, die einzigen Kunstdichtungen in litauischer Sprache und ein klassisches Muster derselben. Vier von den Idyllen gab zuerst mit deutscher Übersetzung Rhesa heraus u. d. T. «Das Jahr in vier Gesängen, ein ländliches Epos aus dem Litauischen des Christian Donaleitis» (Königsb. 1818); die sämtlichen Dichtungen wurden mit litauisch-deutschem Glossar herausgegeben von Schleicher (Petersb. 1865), zuletzt von Nesselmann mit Übersetzung, Anmerkungen und Glossar (Königsb. 1869).

Donandi animo (lat.), in der Absicht, eine Schenkung zu machen.

Donar, in der german. Mythologie eine der höchsten Gottheiten, altsächs. Thunar, nordisch Thôr. Bei den Skandinaviern war er die erste Gottheit, um die sich eine Menge von Mythen gruppiert hat. Erst in der Wikingerzeit wird er hier von Odin verdrängt und erscheint bald in der Dichtung als dessen Sohn. Er wird dargestellt als Mann im besten Alter, mit langem rotem Bart, von kräftiger Gestalt, gutmütig, bieder und ehrlich, aber auch leicht erregbar und zornig. D. ist in erster Linie Gewittergott, der Donnerer. Als solcher führt er den Hammer Mjölnir, mit dem er die Blitze schleudert. Um diesen handhaben zu können, trägt er einen Eisenhandschuh. In dieser Eigenschaft als Gott des Gewitters faßten ihn die röm. Schriftsteller als Jupiter auf. Sein Hammer lebt noch jetzt im Volksglauben in verschiedenen Gegenden Deutschlands fort. Da das Gewitter aber Fruchtbarkeit erzeugt, ist D. auch der die Äcker befruchtende, der Segen bringende Gott, und hierin berührt er sich oft mit Wuotan. Deshalb wurde er hauptsächlich im Norden von den freien Bauern verehrt. Zum Schutze derselben und der Götter hat er viele Kämpfe mit den Riesen zu bestehen. Diese entwenden ihm auch beim Beginn des Winters seinen Hammer, und erst im Frühjahr erlangt er ihn wieder. Als Gott des Blitzes ist D. zugleich Gott des Feuers und als solcher Beschützer des häuslichen Herdes und der Familie. Mit seinem Hammer weiht er die Ehe und schenkt derselben Fruchtbarkeit. Auch die Gesundheit der Menschen schirmt er, und daher wurden ihm bei Krankheiten Opfer dargebracht. Hieraus erklären sich eine Menge Volksgebräuche: daß man in vielen Gegenden Deutschlands namentlich den Donnerstag, den dem D. geweihten Tag in der Woche, zu Hochzeiten wählt, daß man das Baden am Donnerstag für besonders gut hält u. dgl. Unter den Tieren sind dem D. der Storch, das Eichhörnchen, Rotkehlchen heilig; auch Böcke und Füchse stehen unter seinem Schutz. Unter den Bäumen ist ihm vor allem die Eiche geweiht (bekannt ist die Donarseiche in Hessen, die Bonifacius fällte). Eine Reihe von Orten, wie Donarsberg, Dorsheim u. s. w., haben D.s Namen bewahrt. Vgl. Uhland, Der Mythus von Thôr (Stuttg. 1836).

Donarium (lat.), Weihgeschenk.

Donarium, im Orangit aufgefundenes Element, das sich später als Thorium erwies.

Donāt, lat. Grammatik, s. Donatus, Älius.

Donatello, eigentlich Donato di Niccolò di Betto Bardi, ital. Bildhauer, geb. um 1386 zu Florenz, gehörte der Familie Donato an, die mehrere Gelehrte zu ihren Gliedern zählt und der Republik Venedig seit der Mitte des 16. Jahrh. mehrere Dogen gab. Seine ersten großen Marmorarbeiten waren der heil. Petrus und der heil. Markus an Or San Michele seiner Vaterstadt; früher war er besonders als Goldschmied thätig. Die ihn auszeichnende realistische Kraft offenbarte er zuerst an der Statue eines Greises im Senatorengewande am Glockenturm dieser Kirche, bekannt unter dem Namen Zuccone (Kahlkopf). Für das Baptisterium arbeitete er die büßende Magdalena aus Holz, in welcher Figur er den Realismus bis zur Häßlichkeit zu steigern wagte, und das Grabmal Johanns XXIII. Mit Brunelleschi reiste er nach Rom, um durch das Studium der Kunstschätze dieser Stadt sich zu vervollkommnen. Nach seiner Rückkehr in die Vaterstadt arbeitete er im Auftrag seines Gönners, des Cosimo de' Medici. 1433 entstanden die Kanzelreliefs für den Dom, welche ebenso wie die an der Kanzel im Prato tanzende Putten in ausgelassenen Bewegungen darstellen; etwas später die Bronzefiguren des David (Bargello) und der Judith (Loggia dei Lanzi). Eine Zierde von Or San Michele ist sein Marmorbild des heil. Georg. Von 1443 bis 1458 war er in Padua thätig, wo er Statuen und Reliefs für den Hochaltar des Doms und die berühmte Reiterstatue des Gattamelata ausführte. Auch in Venedig, Modena, Ferrara, später in Rom hat er gearbeitet und überall bestimmenden Einfluß auf die gesamte Kunstrichtung gewonnen. Viel beschäftigte sich D. auch mit Ergänzung alter Marmorbilder, die ihm trefflich gelang. Er starb 1466 zu Florenz. Obwohl beeinflußt von der Antike, schlug er doch für den formellen Ausdruck nicht die Bahn der Nachahmung ein, sondern machte das Studium der Natur zur Grundlage seiner neuen plastischen Richtung, an die später Michelangelo vielfach angeknüpft hat. Zu seinen Schülern gehören: Desiderio da Settignano, Benedetto da Majano, Nanni d'Antonio und D.s Bruder Simone. Vgl. die Lebensbeschreibungen von Eugen Müntz (Par. 1885), Schmarsow (Lpz. 1886), H. Semper (Innsbr. 1887), Trombetta (Rom 1887); ferner Semrau, D.s Kanzeln in San Lorenzo (Bresl. 1891).

Donāten (lat. Donāti und Donātae), Personen, die, ohne das vollständige Gelübde abzulegen, sich mit ihrem Vermögen in ein Kloster begeben und darin als Laienbrüder oder -Schwestern weltliche Dienste verrichten.

Donāti, Cesare, ital. Novellist, geb. 28. Sept. 1826 zu Lugo, nahm am Aufstand von 1848 lebhaften Anteil (auch durch eine Flugschrift: «Una parola agl' Italiani»), studierte in Pisa die Rechte und lebte hierauf journalistisch thätig in Florenz, bis er 1859 im Ministerium des Unterrichts angestellt wurde, wo er bis zum Direktor vorrückte. Er war zeitweilig Redacteur der Zeitschriften «L'Eco d'Europa», «Lo Spettatore», L'Indicatore letterario» und «L'Indipendenza italiana». Von seinen Schriften sind die bedeutendsten der mit einigen Freunden verfaßte «Dizionario della giurisprudenza toscana dal 1800 al 1850» (2 Bde., 1851—53) und die vielgelesenen Erzählungen: «Per un gomitolo», «Arte e natura», «Diritto e rovescio» (in 1 Bd., Flor. 1858), «Povera vita» (Mail. 1874), «Foglie secche» (ebd. 1874), «Buon anno! novelle e fantasie» (ebd. 1875), «Flora Marzia. Storia di mezzo secolo» (ebd. 1876), «Rivoluzione in miniatura, 1847—49» (ebd. 1876), «La Signora Manfredi» (Verona 1884).

Donāti, Giambattista, ital. Astronom, geb. 16. Dez. 1826 in Pisa, begann 1852 seine Laufbahn als praktischer Astronom an der Sternwarte in Florenz unter Leitung Amicis, dessen Nachfolger er 1864 wurde. Er entdeckte im Juni 1858 den nach ihm benannten glänzenden Donatischen Kometen, der nächst dem von 1811 der hellste des 19. Jahrh. gewesen ist, und beschäftigte sich mit dem Funkeln der Fixsterne, mit der Farbe der Sterne am Horizont, mit der irregulären Strahlenbrechung, mit den Spektren der Fixsterne, mit der Theorie des Nordlichts u. s. w. und beobachtete die totale Sonnenfinsternis 1860 in Spanien. Er veranlaßte die Regierung, 1860—72 eine neue Sternwarte auf dem Hügel von Arcetri bei Florenz zu erbauen. D. starb 19. Sept. 1873 zu Florenz.

Donatio Constantīni (lat.), Konstantinische Schenkung, eine Schenkung, welche nach der Lehre der Kirche im Mittelalter der Kaiser Konstantin dem Papste gemacht haben soll. Darüber gab es eine Urkunde, welche die Kirche für echt ausgab, die in Handschriften verbreitet, in ihrem entscheidenden Teile in einem Nachtrage zum Decretum Gratiani (s. d.) dist. 96 c. 14, dem Corpus juris canonici (s. d.) einverleibt wurde. Die Urkunde bezeichnete sich als Constitutum domini Constantini imperatoris. Der Kaiser legt darin das orthodoxe Glaubensbekenntnis ab, erzählt wie er vom Papst Sylvester getauft und hierbei von dem Aussatz geheilt sei. In Dankbarkeit erkennt er den Primat des Papstes über alle christl. Kirchen an und weist seiner geistlichen Umgebung den hohen weltlichen Würdenträgern entsprechende Stellungen an; dem Papst widmet er die Herrschaft über Rom, Italien und die abendländ. Provinzen, indem der Kaiser sich nach Byzanz zurückzieht; denn es sei nicht recht, daß da, wo das Haupt der christl. Religion herrsche, ein irdischer Kaiser Gewalt habe. Das Mittelalter glaubte an die Echtheit der Schenkung, selbst Geister wie Dante (Hölle 19, 115), der Verfasser des Sachsenspiegels (3, 63, §§. 1, 2) und Walther von der Vogelweide. Nur bestritten die auf Seiten der spätern Kaiser stehenden Juristen die Rechtsgültigkeit der Schenkung. Im 15. Jahrh. ist nachgewiesen, daß die ganze Urkunde eine dreiste Fälschung ist, deren Echtheit nun auch nicht mehr von der Kirche behauptet wird. Überwiegende Gründe sprechen dafür, daß die Fälschung in Rom im 8. Jahrh. zu praktischen Zwecken verübt ist. Vgl. Döllinger, Die Papstfabeln des Mittelalters (Münch. 1863); Brunner und Zeumer, Die Constantinische Schenkungsurkunde (Berl. 1888); Friedrich, Die Constantinische Schenkung (Nördl. 1889); Martens, Die falsche Generalkonzession Konstantins d. Gr. (Münch. 1889).

Donatio mortis causa (lat.), s. Schenkung von Todeswegen.

Donatio propter nuptias (lat., «Schenkung wegen der Hochzeit»), ein Vermögen, welches der röm. Ehefrau vom Manne für den Fall ausgesetzt wurde, daß die Ehe durch Schuld des Ehemanns getrennt wurde, ausgedehnt auf den Fall der Verarmung des Ehemanns und auf den Fall, daß die Ehe durch dessen Tod getrennt würde. Da ihre Höhe der von der Ehefrau eingebrachten Mitgift (Aussteuer) gleichgestellt wurde, so ward sie auch contrados (Wiederlage) genannt. Die röm. Bestimmungen wurden zum Teil auf die Wiederlage deutscher Partikularrechte übertragen, welche der Ehefrau bei kinderloser Ehe nach Österr. Bürgerl. Gesetzb. §. 1230 immer zum Eigentum, anderwärts nur wenn sie keine Kinder hat, sonst zum Nießbrauch und nur an einem Kindesteil zu Eigentum gehört. Auf dem Gedanken einer solchen Wiederlage beruht das Dotalicium der norddeutschen Partikularrechte. Die Witwe hatte einen gesetzlichen Anspruch auf ein von der Höhe ihres Eingebrachten abhängiges Wittum, welches ihr nach einigen Rechten in Kapital, gewöhnlich aber nur als Leibgeding zu einem erhöhten Zinsfuße ausgezahlt wurde. Dieses gesetzliche Dotalicium galt namentlich für die adlige Witwe und bei Lehngütern in den Ländern sächs. Rechts, ist aber hier meistens, namentlich im Königreich Sachsen, beseitigt.

Donatischer Komet, s. Donati, Giambattista und Kometen.

Donatisten heißen nach ihrem Bischof Donatus die Anhänger einer schismatischen Partei, die in Nordafrika im 4. Jahrh. von der kath. Kirche sich trennte, weil sie von den einzelnen Christen als Bedingung ihrer Zugehörigkeit zur Kirche, von den Geistlichen als Bedingung der wirksamen Sakramentsverwaltung volle sittliche Reinheit und von der Kirche die strengste Kirchenzucht forderte. Als in Karthago 311 Cäcilianus, ein den strenger gesinnten Gemeindegliedern verhaßter Geistlicher, zum Bischof gewählt und gegen alles Herkommen nicht durch den Primas von Numidien, sondern durch den als Auslieferer der heiligen Bücher an die heidn. Obrigkeit verdächtigten Bischof Felix von Aptunga geweiht wurde, sonderte sich die Partei der Rigoristen ab und erhob den Lektor Majorinus und nach dessen Tode 313 Donatus d. Gr. zum Bischof von Karthago. Dieser, der mit seinem gleichnamigen Freunde Donatus, Bischof von Casä Nigrä in Numidien, das Haupt der Partei war, gab ihr den Namen (pars Donati, Donatistae, Donatiani). Das Schisma verbreitete sich über ganz Nordafrika. Kaiser Konstantin d. Gr. übertrug die Untersuchung der Sache dem röm. Bischof Melchiades, welcher Cäcilian freisprach und Donatus für abgesetzt erklärte. Ebenso urteilte eine Synode zu Arles 314 und Konstantin selbst 316, als er durch die Appellation der D. zu einer persönlichen Entscheidung gedrängt ward. Er verbannte ihre Bischöfe, schloß ihre Kirchen, ließ sie jedoch bald wieder gewähren, als diese Maßregeln wenig Erfolg zeigten. Kaiser Constans griff neuerdings zur Gewalt und rief dadurch gewaltthätige, halbrevolutionäre Erscheinungen unter den D. hervor. Die extremen, fanatischen Elemente der Partei verbanden sich mit den unzufriedenen Bauern und zogen, kirchliche und socialistische Forderungen verschmelzend, als Cirkumcellionen (von cella, Bauernhütte) oder Agonistiker, d. h. Streiter (Christi), oder Campitae (von campus, Feld) heimatlos im Lande umher, zertrümmerten kath. Kirchen, übten Gewaltthat an ihren Gegnern, namentlich den kath. Geistlichen, und predigten von Freiheit und Brüderlichkeit. Nun griff der Staat nochmals zu den Waffen, und nach längerm Kampf ward 345 durch Taurinus wenigstens die äußere Ruhe wiederhergestellt. Das Schisma jedoch dauerte fort und mehrere Kaiser gingen noch mit scharfen Edikten gegen die D. vor. Ihr gewaltigster Gegner erstand ihnen in Augustinus (s. d.). 441 wurde zu Karthago eine große Disputation abgehalten, auf welcher 286 kath. und 279 donatistische Bischöfe zugegen waren. Der kaiserl. Kommissar sprach den Katholiken den Sieg zu, 414 wurden den D. alle bürgerlichen Rechte entzogen, 415 die Erlaubnis, gottesdienstliche Zusammenkünfte zu halten. Dennoch hielten sie sich, bis die ganze nordafrik. Kirche durch die Vandalen und Araber vernichtet wurde. Im Kampfe gegen die D. entschied die Kirche namentlich, daß der Wert der Sakramente objektiv in ihnen selber liege und nicht abhänge von der Würdigkeit des spendenden Subjektes, des Priesters. Vgl. Optatus Milevitanus, De schismate Donatistarum (Par. 1700); Ribbeck, Donatus und Augustinus (2 Bde., Elberf. 1857—58); Deutsch, Drei Aktenstücke zur Geschichte des Donatismus (Berl. 1875); Völter, Der Ursprung des Donatismus (Freiburg 1884).

Donativgelder, d. i. geschenkte Beisteuer, hießen in vielen deutschen Territorien die unverhältnismäßig geringen Beiträge, welche die Ritterschaft außer den die Lehnsdienste ablösenden Ritterpferdsgeldern zu den Staatsbedürfnissen bewilligte. Es sollte durch diese Benennung gegen jeden Schluß auf eine Steuerpflicht des ritterschaftlichen Grund

und Bodens Verwahrung eingelegt werden. Auch sonst werden außerordentliche, bei besondern Anlässen erhobene Abgaben als D. bezeichnet. Heute ist die Sache völlig gegenstandslos.

Donātor (lat.), der eine Schenkung Machende, Geber, Stifter; Donātrix, Geberin, Stifterin.

Donats Brustkaramellen, s. Geheimmittel.

Donātschnitzer, s. Donatus, Älius.

Donātus, Älius, röm. Grammatiker und Rhetor, lehrte um die Mitte des 4. Jahrh. n. Chr. zu Rom und verfaßte namentlich eine lat. Grammatik (Ars). Da sie aus den gleichen Quellen geschöpft ist, wie die Grammatiken des Charisius und des Diomedes, so stimmt sie vielfach mit ihnen überein. Auf ihr beruhte im Mittelalter der gesamte grammatische Unterricht, weshalb man auch die lat. Elementargrammatik geradezu den Donat und einen Verstoß gegen deren Regeln einen Donatschnitzer nannte. Der Donat war auch das erste der Bücher, auf das die Buchdrucker den Holzdruck anwendeten, und es gehören solche Exemplare des D. zu den größten bibliogr. Seltenheiten. Die beste Ausgabe der Grammatik nebst den Kommentaren ist die in den «Grammatici latini», hg. von Keil (Bd. IV, Fasc. 2, Lpz. 1864). Außerdem schrieb D. einen Kommentar zu Terenz, der als Kompilation von zwei oder drei Kommentaren überliefert und in den meisten ältern Ausgaben des Terenz abgedruckt ist, zuletzt in der von Klotz (2 Bde., Lpz. 1838—40). Auch einen Kommentar zu Virgil hat D. verfaßt, wovon das Vorwort nebst einer wertvollen Lebensbeschreibung Virgils und die Einleitung zu den «Bucolica» noch vorhanden ist. Von Älius D. zu unterscheiden ist der spätere Grammatiker (um 400 n. Chr.) Tiberius Claudius D., von dem ein unbedeutender Kommentar («Interpretationes») zu Virgils «Äneis» überliefert ist (gedruckt in Neapel 1535, in den Virgil-Ausgaben des G. Fabricius, Bas. 1551, und noch öfter).

Donātus, Stifter der Donatisten (s. d.).

Donau, bei den Alten Danubius und im untern Laufe, der ihnen zuerst bekannt war, Ister genannt, nächst der Wolga Europas längster und mächtigster Strom, der bedeutendste Zufluß des Schwarzen Meers, die große Wasserstraße zwischen der Mitte und dem Osten des Erdteils, entsteht im Großherzogtum Baden aus der Vereinigung der am Ostabhange des Schwarzwaldes entspringenden 30—40 km langen Bäche Breg und Brigach. Die Breg oder Bregach hat ihre Quelle 7 km im NNW. von Furtwangen (848 m) in einer Höhe von 1000 m, zwischen den Bergen Roßeck und Briglirain, wo der Sattel der Wasserscheide gegen den nur 42 km entfernten Rhein (bei Breisach) 1126 m hoch liegt. Die Brigach entspringt etwa 9 km östlicher am Hirzwalde, 4 km im SW. von St. Georgen, fließt über Villingen, das nur 5 km von der Neckarquelle liegt, nimmt noch ein Riesel aus dem Schloßgarten von Donaueschingen (s. d.) auf, an welchem hergebrachterweise der Name D. haftet, und vereinigt sich unterhalb dieser Stadt in einer weiten sumpfigen Ebene, die einst ein Seebecken bildete, mit der Breg. Bei Donaueschingen liegt der Spiegel der D. noch 679 m ü. d. M.

Oberlauf. Von Geisingen an (24 km im N. von Schaffhausen am Rhein) bis Scheer unterhalb Sigmaringen (568 m) durchbricht sie raschen Laufs in einem mit steilen, zum Teil großartigen Felswänden besetzten und vielfach gekrümmten Thale den Jurazug der Rauhen Alb, und endigt damit in 535 m Höhe den ersten ihres Oberlaufs. Dieser steht in unterirdischer Verbindung mit der Radolfzeller Aach und damit mit dem Untersee, eine merkwürdige Bifurkation, die durch Versuche mit Färbung des Donauwassers bei Immendingen bewiesen wurde. In der zweiten Hälfte ihres Oberlaufs bis Passau fließt sie zunächst nordöstlich über Ulm (469 m) und Donauwörth (389 m) nach Regensburg (330 m) immer hart am Südfuße des Schwäbischen und von Donauwörth an des Fränkischen Jura. Bis Ulm begleiten sie zuweilen auf dem rechten Ufer hohe waldige Kuppen, obgleich sie auch schon durch mehrere kleinere sumpfige und moorige Ebenen (Donauriede, s. d.) fließt. Von Ulm ab, wo sie durch Aufnahme ihres ersten alpinen Zuflusses, der Iller, schiffbar geworden ist (78 m breit), ist ihr rechtes Ufer durchweg flach, das linke steil; ihre Umgebung ist mehrfach morastig, namentlich in dem großen Donaumoos (s. d.). Bei Donaustauf, am nördlichsten Punkte ihres ganzen Laufs, erreicht sie (234 m breit) den Bayrischen Wald und fließt, hart an seinen Fuß gedrängt, in südöstl. Richtung bis Passau (in 287 m Höhe).

Mittellauf. Bei Passau, wo der Inn die Wassermasse mehr als verdoppelt, beginnt der Mittellauf, der aus einer Reihe von Engen besteht, die von Thalweitungen unterbrochen werden. Zugleich betritt der Strom am rechten Ufer das österr. Gebiet. Gleich unterhalb Passau beginnt eine etwa 120 km lange Enge bis Krems hinab, zwischen den Südabfällen des Böhmer-, Greiner- und Manhartswaldes und den nördl. Ausläufern der Alpen (Sauwald), welche Enge aber durch das Linzer Becken (264 m) unterbrochen wird. Unterhalb Grein (218 m) finden sich die berühmten Schnellen des Schwalls und Strudels, wo der Strom auf nur 146 m eingeengt ist. Der einst gefährliche Wirbel ist durch die Sprengung der Felseninsel Hausstein unschädlich gemacht. Schon in den genannten Thalweiten zeigt die D. die ihr eigentümliche Bildung von zahlreichen Auen und Werdern, noch mehr aber in dem obersten und kleinsten der sog. Becken, dem von Tulln, in welches sie bei Krems eintritt, sich bis zu 1072 m Breite ausdehnend. Zwischen dem Leopolds- und Bisamberge bei Klosterneuburg nochmals eingeengt, gelangt sie in 153 m Höhe oberhalb Wien in die niederösterr. Tiefebene (das Wiener Becken). Sie verläßt diese sowie den deutsch-österr. Boden an der Marchmündung bei Theben (Dévény), wo sie zwischen dem Leithagebirge im Süden und den Ausläufern der Kleinen Karpaten eingeengt wird. Man verlegt oft an diese Stelle den Beginn des Unterlaufs (1714 km), obgleich die D. noch zweimal Gebirgsdurchbrüche zu machen hat, sodaß es viel richtiger erscheint, den Unterlauf von Orsova an zu rechnen. Nachdem sie die Strompforte (Porta Hungarica) zwischen Theben (130 m) und Preßburg passiert, tritt sie in das Becken der oberungar. Ebene ein und bildet hier zwei Inseln: die 87 km lange und gegen 25 km breite Große, und die 48 km lange Kleine Schütt, jene, 1500 qkm groß, zwischen der Neuhäusler und Großen D., diese zwischen der letztern und der Kleinen D. gelegen. Bei Komorn wieder zu einem einzigen Strom vereinigt, fließt die D. ostwärts nach Gran, wo sich das Becken zu schließen beginnt. Von hier bis Waitzen durchbricht sie wiederum die Visegráder Enge zwischen den von Süden herantretenden Höhen des Bakonyerwaldes und den Vorbergen der im N. befindlichen Neograder Karpaten. Bei Waitzen wendet sie sich südwärts über Budapest (110 m) der niederungar. Ebene zu, durch deren einförmige Steppen sie mit geringem Gefälle, in unzähligen Schlangenwindungen zwischen niedrigen, öden Sandufern, verpesteten Moorflächen und Sumpfwaldungen, inselreich und vielarmig dahinströmt. Ihre Tiefe beträgt zwischen Preßburg und Vének 6—37 m, unterhalb Ofen 8—12 m, ihre Breite 1000 m, zwischen Vének und Földvar 570—1260 m. Die von ihr gebildeten vier größten Inseln sind Szent Endré (Szent András-Insel zwischen Waitzen und Ofen), Csepel, Sar und Margita bei Mohács. Erst unterhalb der Draumündung bei Vukovár, wo sie von den syrmischen Hügeln (der Fruška Gora) nach OSO. gedrängt wird, fließt sie wieder bis Peterwardein (82 m) und Slankamen, wo sie ihren größten Zufluß, die Theiß, aufnimmt und hierdurch ihre Wassermenge wesentlich vermehrt, durch anmutigere Gegenden, zwischen Vukovár und Palanka nur 390 m, bei Semlin bis zu 1560 m breit und bis 14 m tief; hier wendet sich ihr Lauf von O. wieder nach S. bis Semlin und Belgrad (76 m), von wo aus sie die Grenze zwischen Ungarn und Serbien bis Orsova bildet. Bei Baziás treten links die Ausläufer der siebenbürg. Karpaten, rechts die der serb. Gebirge dicht heran und erzeugen zwischen hier und Kladovo die großartigste Flußenge Europas (128,6 km lang), Klissura oder das Eiserne Thor (s. d.). In ihr fällt der Fluß von 37,3 m Höhe auf 11 m und wird von 1900 mehrfach bis auf 100, einmal sogar auf 60 m Breite eingeengt, bei einer Wassertiefe von 20 bis 50 m, ja bis 75 m. Klippen und Felsbänke durchsetzen das Bett, und das Gefälle, welches zwischen Belgrad und Baziás nur 4 cm auf 1 km betragen hat, steigert sich hier auf 540 cm, ja im Eisernen Thor sogar auf einer Strecke von 750 m auf 13 m.

Unterlauf. Beim Endpunkt des Felsenthors beginnt der eigentliche Unterlauf. Die D. strömt zuerst in vielfach gewundenem Laufe gegen S., dann unterhalb Vidin von Akčar an über Nikopoli, Sistov (den südlichsten Punkt des ganzen Laufs), Rustschuk, Silistria und Rašova ostwärts in einer Breite von 700 bis 1000 m mit unbedeutendem Gefälle durch die große Ebene der Walachei zwischen weiten Sumpfniederungen, die von zahlreichen Nebenarmen des Stroms, von großen Lachen stehenden Wassers und toten Armen durchschnitten sind. Bei Cernavoda, nur 50 km vom Meere entfernt, verändert die D., von der vorliegenden Platte der Dobrudscha (s. d.) seitwärts gedrängt, plötzlich ihre östl. in eine nördl. Richtung über Hiršova und Braila, teilt sich auch in dieser Stromstrecke in ein Labyrinth von Armen und wird erst nach der Einmündung des Sereth durch die nördl. Platte von Galatz wieder in ihre frühere östl. Hauptrichtung gezwungen, worauf sie, außer dem Pruth, links zahlreiche, von den Nebengewässern gebildete Flußseen mit sich verbindet. Etwa 7 km oberhalb Tulcea (Tultscha) beginnt ihr Deltaland, eine 2558 qkm große Wildnis, mit 3 m hohem Schilfgrase bewachsen, in welchem sich Büffelherden, Wölfe und Scharen von Wasservögeln aufhalten. Die äußersten Mündungsarme liegen 89 km voneinander entfernt. Der linke (nördl.) Arm, mehrfach gespalten und seeartig erweitert, geht über Ismail nach 101 km langem Laufe als Kiliamündung mit sieben Armen ins Meer, dem er 63 Proz. der ganzen Donauwassermasse zuführt. Trotzdem erreicht seine Tiefe oft nicht 3 m und vor seiner Mündung zieht sich 4 km weit eine Untiefe mit nur 1 m Wasser. Der rechte Arm teilt sich unterhalb Tulcea in den (mittlern) Sulina- und den (südl.) St. Georgsarm. Ersterer von der zweiten Gabelung an noch 90 km lang, fließt fast genau östlich, und ist, obgleich er nur 7,4 Proz. der ganzen Wassermenge führt, der einzige durchweg schiffbare Arm. Seine Tiefe steigt bis zu 16 m, auf einer Barre hat er nur 5 m und vor der Mündung liegt ebenfalls eine bedeutende Barre. Er ist 100—130 m breit. (S. Sulina.) Der dritte, 6—11 m tiefe St. Georgsarm (türk. Khidr-illis) ist von der ersten Gabelung an 125, von der zweiten 110 km lang, hat aber auf der seine Mündung sperrenden Barre nicht mehr als 1,5 m Wasser. Die D. führt durchschnittlich 35,219 Mill. cbm Wasser per Stunde dem Meere zu.

Die Entfernung der Donauquelle von der Mündung des Stroms beträgt 1684, die Stromlänge 2860 km, von denen auf die schwäbische D. von der Bregquelle bis Ulm gegen 215 km, auf Bayern 366, also auf das Deutsche Reich (Oberlauf) 581, auf Deutsch-Österreich 373, auf Ungarn von Preßburg bis Orsova 940, auf die ganze Österreichisch-Ungarische Monarchie (Mittellauf) 1313, auf die bulgar.-rumän.-russ. Strecke (Unterlauf) 966 km entfallen. Das Stromgebiet umfaßt 817 100 qkm, wovon etwa ein Siebentel auf Deutschland, etwa vier Siebentel auf die Österreichisch-Ungarische Monarchie kommen. Abgesehen von den kürzern Wasserläufen hat die D. 120 Nebenflüsse, darunter 60 größere, von denen 34 als schiffbar bezeichnet werden. Die namhaftesten sind rechts Iller, Lech, Isar, Inn, Traun, Enns, Ybbs, Erlaf, Pielach, Traisen, Tulln, Wien, Schwechat, Fischa, Leitha, Raab, Sárviz, Drau, Save, Morava, Timok, Isker, Osma, Jantra und Lom; links Wörnitz, Altmühl, Naab, Regen, Ilz, Kleine und Große Mühl, Krems, Kamp, March, Waag, Gran, Eipel, Theiß, Temes, Schyl (Jinlu), Aluta (Oltu), Ardschisch (Arges), Jalomitza (Jalomita), Sereth, Pruth. Schiffskanäle im Donaugebiet sind der Main-Donau-Ludwigskanal (s. d.) in Bayern, der fürstl. Schwarzenbergsche Holzschwemmkanal, der die Moldau mit der Mühl (diese rechts mit der D.) verbindet, der Wien-Neustädter, der Bacser- oder Franzens- und der Begakanal in Ungarn. Das Projekt eines danubisch-pontischen Schiffskanals zwischen Cernavoda und Küstendže ist wegen der Terrainschwierigkeiten aufgegeben worden. Hingegen wird der Plan eines Donau-Oder-Kanals in Österreich ernstlich erörtert. Die D. ist, wie die meisten ihrer Nebenflüsse, besonders die ungarischen, sehr reich an Fischen, namentlich an Hausen, Huchen (Salmo hucho *L.*), Lachsen, Welsen und Karpfen. Früher erreichten die Hausen über 20 Ctr. Gewicht, die Störe 7 Ctr.; jetzt findet sich ersterer noch bis zu 8 Ctrn., letzterer zu 2—4 Ctrn.

Indem die D. ein Gebiet, das durch die Alpen und den Balkan einerseits und durch die deutschen Mittelgebirge und die Karpaten andererseits vom Meere geschieden wird, ostwärts mit der See verbindet, spielt sie eine bedeutsame Rolle als Vermittlerin des Handels zwischen Ost und West. Die Bedeutung wird erhöht durch die Verschiedenartigkeit der Bodenerzeugnisse und den reichen Wechsel der Völkerschaften, aber teils aus natürlichen, teils aus polit. Gründen beeinträchtigt. Die erstern liegen in der großen Menge von Hindernissen, welche zwei Drittel ihres Laufs der Schiffahrt darbieten, als auch darin, daß sich die D. in ein Binnenmeer ergießt, dessen enger Zugang jeden Augenblick verschlossen werden kann, und das durch weite Zwischenräume von den Weltmeeren geschieden ist. Dazu kommt noch, daß gerade der schiffbare untere Teil während des ganzen Mittelalters und der Neuzeit sich in den Händen nur halb civilisierter Völker befand. Erst in neuer Zeit hat der Verkehr auch trotz der Konkurrenz der Eisenbahnen einen hohen Aufschwung genommen.

Die **Schiffbarkeit** beginnt bei Ulm an der Illermündung für leichtere Ruderschiffe. Die Schwierigkeit der Bergfahrt hat hier seit 300 Jahren eine eigentümliche Industrie entwickelt. Es werden nämlich dreierlei flache Fahrzeuge (Hauptschiffe, Plätten und Zilten) gebaut, mit Waren nach Wien und der untern D. befrachtet und dort nach Abgabe der Ladung als Brenn- oder Nutzholz verkauft. Es gehen jährlich gegen 100 solcher Schiffe mit 60—70000 Ctr. Ladung auf diese Weise stromabwärts. Die Dampfschiffahrt beginnt erst bei Donauwörth, nachdem die bayr. Regierung seit 1838 an $8^1/_2$ Mill. M. auf die Verbesserung des Fahrwassers, Anlage von Häfen, die Entsumpfung weiter Strecken u. s. w. verwandt hat. Von Donauwörth an verkehren Dampfboote von 25 bis 58, von Passau bis Wien solche (Remorqueurs) von 80 bis 120 Pferdekräften, die von Passau an je nach dem Wasserstande 4000—9000 Ctr. befördern. Von Gönyö an führen eichene Zugschiffe (Razinen) bis zu 8000 Ctr. thal- und bergwärts, und neben ihnen verkehren Remorqueurs bis zu 400 Pferdekräften, welche 40000 Ctr. und darüber in 8—10 Warenbooten stromab und stromauf schleppen. Zwischen Gönyö und Baziás konzentriert sich überdies durch den Zutritt der schiffbaren Theiß, Drau und Save ein weitverzweigtes, der Thal- und Bergfahrt auf Tausende von Kilometern zugängliches Netz von Wasserstraßen. Allein unter Baziás wird dieser merkantilen Entwicklung wieder eine Schranke gesetzt durch das Eiserne Thor. Erst jenseits Orsova ist die Verkehrsbewegung eine um so regere, als hier See- und Flußschiffahrt zusammenfallen und die Ein- und Ausfuhr sich beinahe ausschließlich auf dem Strome konzentriert. Dampfboote von 150 bis 200 Pferdekräften, mit Rudern und Segeln ausgerüstete Flachboote (Csaiken) von 1500 bis 8000 Ctr. Tragfähigkeit und hochbordige Seeschiffe verkehren hier, letztere meist bis Braila und Galatz, aber auch noch weiter hinauf.

In Österreich-Ungarn, dem eigentlichen Donaustaate, ist für die Verbesserung der Schiffahrtsstraße Bedeutendes geschehen. Zunächst hat der früher berüchtigte «Wirbel» unterhalb Grein seit den durch Joseph II. bewirkten Sprengungen, namentlich aber durch die 1845 und 1853 ausgeführten Arbeiten seine Gefährlichkeit teilweise verloren. Für die Durchführung dieser Stromkorrektionen, mit Einschluß der bei Wien im Donaukanal sowie unterhalb Preßburg bis zur Einmündung der Raab oberhalb Gönyö hergestellten Uferschutz- und Dammbauten, hat die österr. Regierung von 1818 bis 1861 13550000 Fl. verausgabt. Die Hauptaufgabe für die **Regulierung** der D. innerhalb des österr. Gebietes lag aber bei Wien vor und ist, nachdem sie schon wiederholt ins Auge gefaßt worden war, seit 1869 zur thatsächlichen Lösung gelangt und der Hauptsache nach als vollendet zu betrachten. (S. Wien.) Die Regulierung der D. innerhalb des Wiener Beckens hat nicht nur ein örtlich beschränktes Interesse, sondern äußert auch einen belebenden Einfluß auf den Handel im Gebiete des ganzen Stroms. Diese mit sehr günstigem Erfolge durchgeführte Regulierung besteht in der Schaffung eines neuen, Wien bedeutend näher liegenden, 285 m (mit dem Inundationsgebiete 475 m) breiten und 3,2 m tiefen Bettes. Die ganze regulierte Strecke vom Kahlenbergerdörfel bis Fischamend ist 30 km lang, und diese Arbeiten haben bis 1879 29,3 Mill. Fl. gekostet. Bedeutender aber ist der Einfluß der Donauregulierung bei Wien insofern, als die dabei gemachten Erfahrungen verwertet werden sollen bei der von der ungar. Regierung bereits in Angriff genommenen Regulierung der beiden andern verbesserungsbedürftigen Strecken, von Preßburg bis Gönyö und am Eisernen Thor. Fördernd für diese letzte wichtigste Verbesserung ist schon der Staatsvertrag vom 13. März 1871 (Revision der Pariser Konvention von 1856), in dessen Art. 6 den Uferstaaten, wenn sie sich zur Beseitigung der Schiffahrtshindernisse an diesen Stellen verstehen, das Recht einer Taxe von allen Handelsschiffen zugestanden wird, welche von diesen Vorteilen Gebrauch machen, bis zur Tilgung der für die Ausführung der Verbesserungen aufgenommenen Schulden. Auf Grund der durch den Berliner Vertrag Österreich-Ungarn erteilten Ermächtigung ist die ungar. Regierung gegenwärtig im Begriffe, die großartige Regulierung des Eisernen Thors in Angriff zu nehmen. Zu diesem Zwecke haben durch den Verfasser des Regulierungsplanes und Leiter der bezüglichen Arbeiten, Ministerialrat Wallandt, die Sprengungsarbeiten im Sept. 1890 begonnen.

In früherer Zeit war die D. innerhalb Deutschlands noch stärker als der Rhein mit Zöllen belastet. Erst der Teschener Friede von 1779 bestimmte für Österreich und Bayern gemeinsame Benutzung der D., des Inns und der Salzach, und diese Bestimmungen wurden zwischen beiden Staaten im Vertrage vom 14. April 1816 erneuert. Sodann erfolgte zwischen Österreich und Bayern die Abschließung der Verträge vom 2. Dez. 1851, welche nach dem Grundsatze der Gegenseitigkeit den Verkehr auf den Wasserstraßen der beiden Staaten wesentlich erleichterten, aber das Privilegium der österr. Donauschiffahrtsgesellschaft gegen fremde Konkurrenz bestehen ließ. Außerdem räumte 1854 die Türkei den Waren und Schiffen, die von der obern, nichtösterreichischen D. kamen, bei ihrer Fahrt auf der untern dieselben Begünstigungen ein, welche die österr. Güter und Schiffe genossen. Die Donaumündungen gehörten seit dem Frieden von Bukarest 1812 samt dem Donaudelta, obwohl dieses vertragsmäßig neutrales Gebiet sein sollte, doch faktisch zu Rußland, welches, wenn auch nicht geflissentlich, wie man ihm vorwarf, die Versandung der Mündungen förderte, indem es nichts zu deren Beseitigung that und überdies eine drückende Überwachung der Schiffahrt eintreten ließ. Eine zwischen Österreich und Rußland 10. Sept. 1840 geschlossene Konvention, in welcher Abstellung der Schwierigkeiten an der Sulinamündung festgesetzt war, änderte nichts, und es stand zu befürchten, daß die Mündung des Hauptstroms von Centraleuropa sich endlich dem Verkehr gänzlich verschließen würde. Im Pariser Frieden vom 30. März 1856, Art. 16, wurden die Donaumündungen unter den Schutz des europ. Völkerrechts gestellt, indem man die D. in ihrem gesamten Laufe bis zum Ausfluß in das Schwarze Meer den Bestimmungen der Wiener Kongreß-Akte (Art. 108—116) über die internationalen Ströme unterwarf und den Schiffen aller Nationen zugänglich machte. Die Schiffahrt sollte auf dem ganzen Laufe des Stroms für alle Staaten frei sein und die Übelstände an den Mündungen gehoben werden. Um dies zu verwirklichen, wurden zwei Kommissionen ernannt: 1) die Europäische Donaukommission (s. d.), aus Delegierten von Frankreich, Großbritannien, Österreich, Preußen, Rußland, Sardinien und der Türkei bestehend und mit der Herstellung der Schiffbarkeit und Überwachung der Freiheit der Schiffahrt von Sulina bis Galatz beauftragt; 2) die permanente Kommission der Donau-Uferstaaten (s. d.) aus Abgeordneten von Österreich, Bayern, Württemberg und der Türkei, sowie aus Kommissarien für die Moldau, Walachei und Serbien, zur Ausarbeitung der Schiffahrts- und Strompolizeivorschriften.

Verkehr. Ungeachtet der vielfachen Hindernisse hat sich die Schiffahrt auf der D. stetig entwickelt. Die Begründung der Dampfschiffahrt ging von Österreich aus, für welches die Entwicklung des Verkehrs auf der D. eine Lebensfrage ist und zwar durch die Erste k. k. privilegierte Donau-Dampfschiffahrtsgesellschaft (s. d.).

Für die Befahrung der obern D. bestehen seit 1837 die sog. Württembergisch-Bayrische Dampfschiffahrtsanstalt (Regensburg-Linz) und eine andere für die Strecke Ulm-Regensburg. Ihr geringer Erfolg veranlaßte, daß in Bayern der Staat die Sache übernahm und eine Königlich Bayrische Dampfschiffahrtsanstalt einrichtete für Befahrung der Strecke Donauwörth-Linz. Dieselbe wurde jedoch 1862 an die genannte österr. Gesellschaft abgetreten. In neuerer Zeit haben sich nach Ablauf des Privilegiums auf deutschem und österr. Gebiet noch andere Gesellschaften gebildet, die jedoch nur eine lokale Bedeutung erlangen konnten, obgleich sie auf gewissen Strecken fühlbare Konkurrenz machen, darunter die Süddeutsche Donau-Dampfschiffahrtsgesellschaft (1890: 3 Dampfer mit 1300 Pferdekräften und 20 Schleppbooten, welche 563182 Doppelcentner Waren verschifften), die Raader Dampfschiffahrts-Aktiengesellschaft (7 Dampfer mit 590 Pferdekräften). Eine andere Konkurrenz findet die Dampfschiffahrt durch die Ruderschiffe, wenn auch wegen der Schwierigkeiten in nicht allzu h h Maße. Auf der deutschen D. verkehren Ruderschiffe fast nur bergab. 1887 kamen nach Passau in der Bergfahrt 336 Frachtendampfer und 799 Warenschleppschiffe mit 1282039 Doppelcentner Waren (879384 Doppelcentner Getreide); in der Thalfahrt 335 Frachtendampfer, 785 Schleppschiffe (1890) im ganzen 4383 Fahrzeuge mit 3810033 Doppelcentner Waren. Hiervon fuhren stromab 21,1, stromauf 78,9 Proz., mit Dampfern 88,2 und mit Ruderbooten 11,8 Proz. Unter den Waren befanden sich 2547339 Doppelcentner Getreide. In Wien kamen an (1890) 2733 Ruderfahrzeuge, darunter 885 Plätten, 1249 Hilfszillen und 599 Flöße mit 1036479 Doppelcentner (insbesondere Holz und Steine). In dem Wiener Donaukanal wurden eingeführt (1890) 3,15 Mill. Doppelcentner Waren (Holz und Steine). Mit Dampfern sind angekommen 3,63, abgegangen 1,13 Mill. Doppelcentner Waren. Die deutschen Nebenflüsse der D. kommen nur für die Flößerei in Betracht. Auf der untern D. ist die Schiffahrt mit Rudern und Segeln ziemlich bedeutend. Die rumän. Donauhäfen hatten 1888 folgenden Schiffsverkehr:

	Eingelaufen		Ausgelaufen	
	Schiffe	Tonnen	Schiffe	Tonnen
Galatz	1104	657498	1108	658140
Braila	1049	780251	1044	780364
» (Küstenverkehr)	2275	241845	2192	231740
Giurgiu	78	31956	79	32090
Sulina	619	520561	620	521454

Der gesamte Flußverkehr auf der D. (mit Zuflüssen) wurde in dem (sehr ungünstigen) J. 1865 auf 88936000 Ctr. berechnet (wovon etwa ein Viertel doppelt gerechnet sein möchte) und hat seitdem stetig zugenommen. Der größte Teil der Frachten, welche die D. trägt, besteht aus Rohprodukten, insbesondere Getreide. Es liefen (1890) aus der Sulinamündung aus 525 Segler mit 90188 t und 1303 Dampfer mit 1449257 t Ladung (darunter englische 778 Dampfer mit 983862 t, griechische 121 Segler, 114 Dampfer mit 164993 t, österr.-ungarische 3 Segler und 106 Dampfer mit 8056[illegible] t, türkische 380 Segler und 37 Dampfer mit 81585 t); insgesamt 1828 Schiffe mit 1,53 Mill. t. — In neuerer Zeit hat sich das europ. Eisenbahnnetz immer dichter auch den untern Teilen der D. genähert. Von den zahlreichen Anknüpfungspunkten desselben an den Fluß auf österr. Gebiet sind Baziás und Orsova (königl. Ungar. Staatsbahn) die letzten, und bei ihnen tritt der Eilverkehr nach dem Orient an die D., um sie bald wieder zu verlassen. Schon 1860 war, um den Umweg der D. um die Dobrudschaplatte abzukürzen, die 63 km lange Bahn Cernavoda-Küstendže erbaut worden, wozu 1866 die 225 km lange Bahn Rustschuk-Varna (in Bulgarien) kam. Rustschuk gegenüber bei Giurgiu sowie bei Galatz, Turnu-Magurele (Nikopoli gegenüber), Coradia und Turn-Severin treten die rumän. Bahnen an die D.

Die strategische Bedeutung der D. ergiebt sich schon aus der Menge der an ihr liegenden Festungen, wie Ulm, Ingolstadt, Komorn, Peterwardein, Neu-Orsova und bis 1878 auch Vidin, Nikopoli, Rustschuk, Silistria, Braila, Ismail. In allen größern Völkerbewegungen und Kriegen, von Darius und Alexander, von der röm. Herrschaft seit August, unter Trajan und Marc Aurel, von der Völkerwanderung, von Attila, Karl d. Gr., den Avaren-, Magyaren- und Mongoleneinbrüchen, von den Kreuzzügen, Rudolf von Habsburg, Hunyad und Suleiman, von Prinz Engen bis herab auf Napoleon, Kossuth und die russ.-türk. Kriege im 19. Jahrh. spielt die D. eine Rolle.

Litteratur. Kohl, Die D. (Triest 1853); Wallace, Auf der D. von Wien nach Konstantinopel u. s. w. (Wien 1864); Schmidl, Die D. von Ulm bis Wien (Lpz. 1858); ders., Die D. von Wien bis zur Mündung (ebd. 1859); Peters, Die D. und ihr Gebiet. Eine geolog. Skizze (Bd. 19 der «Internationalen wissenschaftlichen Bibliothek», ebd. 1876); Wolfbauer, Die D. und ihre volkswirtschaftliche Bedeutung (Wien 1880); Denkschrift der Ersten Privilegierten Donau-Dampfschiffahrtsgesellschaft (ebd. 1881); Götz, Das Donaugebiet, mit Rücksicht auf seine Wasserstraßen nach den Hauptgesichtspunkten der wirtschaftlichen Geographie dargestellt (Stuttg. 1882); Neusser, Neuester illustrierter Donauführer von Passan bis Sulina (Wien 1882); Kronprinz

Rudolf von Österreich, Fünfzehn Tage an der D. (ebd.); ferner über die Donaumündungen, besonders die von der Europäischen Donau-Kommission herausgegebenen Pläne und Kartenwerke: Plans comparatifs du Bras de Soulina (1867), Cartes du Delta du Danube etc. (1874), Hansford und Kuhl, Carte du Danube et de ses embranchements entre Braïla et la mer (7 Blätter, Lpz. 1875), von denen die letztere Karte im Buchhandel erschienen ist.

Donaubahn, untere, von Ulm nach Sigmaringen (92,6 km, 1869—73 eröffnet), obere D., von Rottweil nach Emmendingen (37,9 km, 1869—70 eröffnet), ist württemb. Staatsbahn (s. Württembergische Eisenbahnen).

Donauberge, Teil des Böhmerwaldes (s. d.).

Donau-Bulgaren, s. Bulgaren.

Donau-Dampfschiffahrtsgesellschaft (genauer Erste k. k. privilegierte D.), mit dem Sitz in Wien, begann 1830 ihre Fahrten auf der obern Donau (Wien-Pest), auf der untern 1834 (bis Orsova); 1835 dehnten sich die Fahrten bis Galatz, 1836 bis Konstantinopel aus (stromaufwärts bis Linz, später bis Donauwörth). Die Gesellschaft besitzt (1890) 192 Dampfer mit 16819 Pferdekräften, 770 eiserne und 6 hölzerne Transportfahrzeuge mit 276809 t Tragfähigkeit, 6 Baggerschiffe mit 89 Pferdekräften im Werte von 17,6 Mill. Fl.; sie beförderte (1890) auf dem Strome auf längern Strecken 1,76, auf Lokalstrecken 1,62 Mill. Passagiere und 2105641 t Waren, davon 42,2 Proz. Getreide. Die Einnahmen hierfür betrugen für Passagiere 1,93, für Frachten 8,4 u. s. w., zusammen 10,75, (1890) 12,31 Mill. Fl. Das Gebiet ihrer Fahrten erstreckt sich auf der Donau von Regensburg bis Sulina (2775 km), auf der Theiß von Csege an (489 km), auf der Save von Sisseck an (686 km), auf der Drau von Barcs an (151 km), am Begakanal (115 km), am Franzens- und Franz Josefs-Kanal (187 km), im Schwarzen Meer von Sulina bis Odessa (184 km), bis Batum (1038 km), zusammen also 5625 km. Diese Gesellschaft hatte auch im Anschluß an ihre Flußfahrten Seelinien nach Konstantinopel, Smyrna, Trapezunt und Saloniki eingerichtet, trat dieselben 1845 gegen Vergütung an den Österreichischen Lloyd zu Triest ab, übernimmt jedoch Güter nach Häfen des Schwarzen Meers auf Grund eines mit dieser Gesellschaft gemeinschaftlichen Tarifes. Personenfahrten werden unterhalten zwischen Passau-Linz-Wien, Wien-Budapest, Budapest-Semlin-Orsova, Orsova-Galatz sowie auf Drau, Theiß und Save. Die Tarife unterbieten noch die billigen Zonentarife der Eisenbahnen. Die D. besitzt auch Steinkohlenbergwerke bei Fünfkirchen und die Eisenbahn Mohács-Fünfkirchen (67,55 km). Die Hauptwerft ist in Alt-Ofen. Vgl. Almanach für die D. (Wien 1891).

Donau-Drau-Eisenbahn, von Báttaszék über Dombovár nach Zákány (166 km, eröffnet 1872—73), ist ungar. Staatseisenbahn (s. Österreichisch-Ungarische Eisenbahnen).

Donaueschingen, Stadt im bad. Kreis Villingen, in der ehemaligen fürstl. Fürstenbergischen Landgrafschaft Baar, am Zusammenfluß der Breg und Brigach, die nach ihrer Vereinigung und nach der Aufnahme der im fürstl. Schloßhofe (678 m) entspringenden Donauquelle den Namen Donau erhalten, sowie an der Linie Offenburg-Singen der Bad. Staatsbahnen, ist Sitz eines Bezirksamtes, Amtsgerichts (Landgericht Konstanz), einer Obereinnehmerei, Bezirksforstei, Straßen-, Bezirksbau- und Wasserbau-Inspektion, sowie der fürstl. Fürstenbergischen Verwaltung und hat (1890) 3596 meist kath. E., Post erster Klasse, Telegraph, ein schönes Residenzschloß des Fürsten zu Fürstenberg mit Bibliothek (60000 Bände, 1000 Handschriften und Inkunabeln), Gemälde-, Kupferstich- und Münzsammlung (im sog. Karlsbau), ausgedehnten Ökonomiegebäuden, namentlich Marställen, und großer Brauerei, sowie mit großen, u. a. durch einen Denkstein Lessings gezierten Gartenanlagen. Außerdem besitzt die Stadt eine kath. Pfarrkirche, evang. Kirche, Progymnasium, Gewerbeschule, ein ausgezeichnetes Archiv, zahlreiche wissenschaftliche und andere Vereine. D. ist auch Luftkurort (etwa 700 Kurgäste) mit Anstalten für Sol-, Dampf-, Fichtennadel- und Douchebäder (s. Tafel: Bäder II, Fig. 1, 2, 3). Es bestehen 2 Bürstenfabriken und große Viehmärkte. — D. kommt bereits 889 vor, wo Kaiser Arnulf Esgenga dem Kloster Reichenau schenkte. Der Name Tunoeschingen (nach einer Ritterfamilie Eschingen, die im 15. Jahrh. erlosch) erscheint urkundlich erst 1292. Später war es im Besitz verschiedener Herren. 1488 kam D. durch Kauf an die Grafen, spätern Fürsten zu Fürstenberg. Seit 1806 gehört es zu Baden. Etwa 7 km von D. liegen die Trümmer der Burg Fürstenberg, des fürstl. Stammhauses.

Donaufürstentümer, der frühere Name der beiden Fürstentümer Moldau und Walachei, welche jetzt das Königreich Rumänien (s. d.) bilden.

Donaukommission (Europäische), **Donaukonferenz,** s. Europäische Donaukommission. (Vgl. auch Kommission der Donau-Uferstaaten.)

Donaukreis. 1) Kreis im Königreich Württemberg, umfaßt neben altwürttemb. Gebieten die Benediktinerabteien Weingarten, Ochsenhausen und Zwiefalten, die Prämonstratenserabteien Roth, Schussenried, Weißenau und Marchthal, die Cistercienserfrauenabteien Heppach, Gutenzell, Baindt, die gefürstete Frauenabtei Buchau und die Deutschordenskomturei Altshausen; ferner einen großen Teil von ehemals Schwäbisch-Österreich (seit 1805), bestehend in Landvogteien, Donaustädten und Klöstern, endlich eine große Anzahl Grafschaften, Herrschaften, Ritterkantone und die ehemaligen Reichsstädte mit ihren Gebieten: Ulm, Biberach, Buchhorn, Leutkirch, Ravensburg, Wangen, Buchau, Isny, und grenzt im W. an Hohenzollern und Baden, im S. an den Bodensee und Bayern und im O. an Bayern. Der Hauptfluß ist die mitten durch den Kreis fließende Donau mit der Riß, Roth und Iller auf der rechten, der Lauter und Blau auf der linken Seite. Der nördlichste Teil des Kreises gehört teils noch zum Gebiete der fruchtbaren Neckarlandschaft, teils zur Schwäbischen Hochebene (Rauhe Alb), der südl. Teil liegt in der Abdachung zum Bodensee und hat etwas Weinbau. Sonst sind Äcker und Wald ziemlich gleichmäßig verteilt; Getreide wird reichlich gebaut, ebenso Flachs, Ölgewächse und Obst; die Rindviehzucht ist bedeutend, auch die Pferdezucht beträchtlicher als in den andern drei Kreisen des Landes. Der Bodenbenutzung nach sind 49 Proz. Äcker und Garten, 20 Proz. Wiesen und Weiden und 25 Proz. Waldungen. Der Kreis hat (1890) 6264,77 qkm, 573 Gemeinden, 487148 (236479 männl., 250669 weibl.) E., 77883 bewohnte Gebäude, 96117 Familienhaushaltungen, 8876 einzeln lebende selbständige Personen und 187 Anstalten mit 10327 männlichen und 3185 weiblichen Insassen. Unter der ortsanwesenden Bevölkerung waren 179136 Evangelische, 305276 Katholiken, 465 andere Christen und 2250 Israeliten sowie 8120 Militärpersonen. Hauptstadt und Sitz der Regierung und Verwaltung ist Ulm (s. d.).

Der Kreis zerfällt in die 16 Oberämter:

Oberämter	qkm	Gemeinden	Einwohner	Auf 1 qkm	Evangelische	Katholiken	Israeliten
Biberach	496,39	44	35121	71	4838	30237	20
Blaubeuren	368,95	32	20184	55	13421	6756	3
Ehingen	405,21	47	26555	65	3553	22997	4
Geislingen	393,04	37	32163	82	17146	14898	8
Göppingen	265,34	34	44854	169	38016	6439	314
Kirchheim	208,35	25	27941	134	27497	405	15
Laupheim	329,90	41	26215	79	3362	22357	491
Leutkirch	462,60	25	25012	54	1735	23265	5
Münsingen	554,24	48	24214	44	14623	9297	292
Ravensburg	445,50	23	39464	89	6070	33335	35
Riedlingen	429,14	53	26901	63	1068	25454	375
Saulgau	391,41	50	27978	71	1036	26919	5
Tettnang	274,29	22	23287	85	1799	21469	5
Ulm	415,33	37	58628	141	42365	15445	666
Waldsee	468,54	31	26958	57	963	25982	6
Wangen	356,54	24	21673	61	1644	20021	6

2) D. war auch bis 1837 die Bezeichnung von zwei Kreisen des Königreichs Bayern: 1) Oberdonaukreis, jetzt Regierungsbezirk Schwaben und Neuburg; 2) Unterdonaukreis, jetzt Regierungsbezirk Niederbayern.

Donauländebahn, von Penzing über Hetzendorf nach Donaulände (Kaiser-Ebersdorf), 23,5 km, 1861 und 1872 eröffnete Strecke der Kaiserin-Elisabethbahn, ist jetzt österr. Staatseisenbahn (s. Österreichisch-Ungarische Eisenbahnen).

Donau-Main-Kanal, s. Ludwigs-Donau-Main-Kanal.

Donaumoos (früher Schrobenhauser Moos), eine durch die Geschichte ihrer Kultur berühmt gewordene ebene und kahle, früher moorige und ungesunde Landstrecke auf dem rechten Donauufer, in den bayr. Kreisen Schwaben und Oberbayern zwischen Neuburg und Ingolstadt, Pöttmes und Schrobenhausen, ist 32 km lang, 2,5 (im W. bis 22) km breit und hat 110 km Umfang. Es wird von der Donau im N. und NW., von der Paar im S. und SO., von der Sandrach im NO. umschlossen. Die ganze Moosfläche ist von vielen in die Donau und Paar ausmündenden Kanälen und Gräben durchzogen, über die mehr als 2000 Brücken und Stege führen. Der Hauptkanal ist gegen 30 km lang. Durch die Trockenlegung des Mooses, welche unter dem Kurfürsten Karl Theodor 1796 vollendet wurde, hat man über 200 qkm kulturfähigen Boden gewonnen. Jetzt ist das D. nahezu vollständig entwässert und für Gras- und leichtern Getreide- sowie Hack- und Gartenfruchtbau sehr geeignet. Die Bevölkerung nährt sich außerdem vorzugsweise durch Gewinnung von Torf, der stellenweise 6—7 m mächtig ist. Sie bestand lange Zeit nur aus Kolonisten aus Baden und der Pfalz, die sich aber jetzt mit der Einwohnerschaft der umliegenden altbayr. Gebiete stark vermischt haben. Viele der ursprünglichen Kolonien sind jetzt ansehnliche Dörfer, wie Maxfeld, Karlshuld, Karlskron, Stengelheim, Klingsmoos und Ludwigsmoos.

Donauprovinz (türk. Tuna-Wilajet), ehemaliges türk. Wilajet, bestehend aus dem heutigen Fürstentum Bulgarien und der Dobrudscha.

Donauried heißen die großen moorigen Flächen, welche die Ufer der Donau kurz vor ihrem Eintritt aus württemb. in bayr. Gebiet bei Ulm und dann im bayr. Schwaben bis Donauwörth umsäumen. Zwischen dem Einflusse der Iller und dem der Roth erstreckt sich am rechten Ufer das Ulmer Ried von den Absenkungen der Rauhen Alb bis Gundelfingen längs der bayr.-württemb. Grenze am linken, dann von Dillingen bis Donauwörth am rechten Ufer das eigentliche D. Die ganze Längsausdehnung beträgt etwa 66, die größte Breite bis 10 km. Der Charakter des Rieds ist der eines alten, stark bruchigen Seebodens, auf Kies- und Sandlagen geringe Wiesen mit saurem Gras und nasse Äcker; doch hat Flußkorrektion und der Fleiß des Landmanns bereits große Strecken einer fruchtbringenden Kultur gewonnen. — Kleinere, als Ried bezeichnete Moorflächen finden sich auch in Württemberg schon zu beiden Seiten der Donau, so das Gögglinger Ried längs der Westernach und Riß, das Rottenacker Ried unterhalb Munderkingen und das Riedlinger Ried, von Riedlingen bis Scheer.

Donauschiffahrts-Akte, s. Flußschiffahrt und Kommission der Donau-Uferstaaten.

Donaustädte, Gesamtbezeichnung für die fünf württemb. Städte Munderkingen, Waldsee, Saulgau, Riedlingen und Mengen.

Donaustauf oder Stauf, Marktflecken im Bezirksamt Stadtamhof des bayr. Reg.-Bez. Oberpfalz, 10 km unterhalb Regensburg und 15 km oberhalb Wörth, am linken Ufer der Donau, in 328 m Höhe, am Fuße des Bayrischen Waldes und an der Straßenbahn Stadtamhof-D. (Walhallabahn, 9 km), ist eine Besitzung des Fürsten von Thurn und Taxis, dessen 1842 dicht am Ufer erbautes Sommerresidenzschloß mit schönem Garten bei dem großen Brande vom 4. März 1880, der fast den ganzen Flecken (an 100 Häuser) in Asche legte, zerstört wurde und hat (1890) 1079 meist kath. E., Postexpedition, Telegraph, Dampfer- und Trambahnverbindung mit Regensburg; landwirtschaftliche Fortbildungsschule, eine 1842 in byzant. Stile renovierte Wallfahrtskirche St. Salvator an einer Anhöhe und daneben die schon aus weiter Ferne sichtbare Walhalla (s. d.) und die Ruine der um 920 erbauten, 1634 zerstörten Feste Stauf auf steilem Felsen. 1803 kam D. mit Regensburg in den Besitz des Freiherrn von Dalberg, nach dem Wiener

Frieden von 1809 aber an Bayern und 1812 unter bayr. Hoheit an den Fürsten von Thurn und Taxis.

Donauthalbahn von Regensburg über Ingolstadt nach Neu-Offingen (169,8 km, 1874—77 eröffnet), mit Ingolstadt-Hochzoll (61,8 km), Saal-Kelheim (4,6 km) und Sinzing-Alling (4,1 km, 1875 eröffnet), ist bayr. Staatseisenbahn.

Donauuferbahn, verbindet sämtliche in Wien einmündende Bahnen; sie zweigt in Station Nußdorf der Kaiser Franz-Josephbahn ab und endet bei Kaiser-Ebersdorf, wo sie den Anschluß an die Kaiserin Elisabethbahn herstellt. Die nur dem Güterverkehr dienende, 13,5 km lange, 1870, 1878 und 1880 eröffnete D. ist österr. Staatsbahn. (S. Österreichisch-Ungarische Eisenbahnen.)

Donauwörth. 1) **Bezirksamt** im bayr. Reg.-Bez. Schwaben, hat (1890) 31 010 (15 300 männl., 15 710 weibl.) E., darunter 3476 Evangelische und 64 Israeliten; 6499 Haushaltungen in 70 Gemeinden mit 215 Ortschaften, darunter 3 Städte. — 2) **Unmittelbare Stadt** und **Hauptort** des Bezirksamtes D., 41 km im NW. von Augsburg, links der Donau, an der Mündung der Wörnitz in dieselbe und an den Linien Ingolstadt-Neuoffingen und Pleinfeld-Augsburg der Bayr. Staatsbahnen, wichtiger bayr. Donauhafen, ist Sitz eines Bezirksamtes, Amtsgerichts (Landgericht Neuburg a. D.), Landbauamtes, Rent-, Forst- und Aichamtes, hat (1890) 3725 (1726 männl., 1999 weibl.) E., darunter 410 Evangelische, Postamt, Bahnpostamt mit Zweigpostexpedition, Telegraph; 5 kath., 1 evang. Kirche, Gebäude der ehemaligen Benediktinerabtei «Zum Heiligen Kreuz» am Nordende der Stadt, 1029 vom Grafen Mangold von Dillingen gestiftet, jetzt dem Fürsten von Öttingen-Wallerstein gehörig, mit einer Verlagsanstalt (Cassianeum) kath. Schriften und einer Buchdruckerei; in der Gruft hinter der Nebenkapelle der Klosterkirche der Sarkophag Marias von Brabant, Gemahlin des Herzogs Ludwig des Strengen von Bayern. Ferner hat D. zwei kath. Pfarreien, kath. Dekanat, evang. Pfarrei, Kloster der Dominikanerinnen, Filiale der Barmherzigen Schwestern, Latein-, litterar.-technische Fachschule, Bierbrauerei, Leinweberei, Obst-, Getreide-, Flachs-, Hanfbau und Monatsviehmärkte (die bedeutendsten Bayerns mit Umsatz von je bis zu 300 000 M.).

D., 1030 Wörth, später Schwäbisch-Wörth genannt, lag an der seit dem Abbruch der Stadtmauer 1818 gänzlich zerstörten Burg Mangoldstein, die 900 von dem Grafen Hupald I. von Dillingen erbaut, von dessen Sohn Mangold Mangoldstein genannt und 1191 eine Besitzung der Hohenstaufen wurde. In der Mitte des 13. Jahrh. wurde D. der Sitz der Herzöge von Oberbayern. 1308 verwüstete Albrecht I. die Burg. 1348 ward die Stadt zur Reichsstadt erhoben, behauptete jedoch nur nach wechselvollen Kämpfen ihre Reichsunmittelbarkeit gegen Bayern. Als 1606 eine Prozession des Abts vom Kloster zum Heiligen Kreuz von der ganzen prot. Bevölkerung gehindert wurde, erklärte der Kaiser Rudolf II. die Stadt 3. Aug. 1607 in die Acht und übertrug die Vollziehung dem Herzoge Maximilian von Bayern. Dieser besetzte 17. Dez. 1607 die Stadt und behielt sie im Besitz, trotz der Einsprüche des Schwäbischen Kreises. Dies wurde einer der Anlässe zum Dreißigjährigen Kriege, in dem D. mannigfache Drangsale erlitt, 27. März 1632 von Gustav Adolf dem Herzog von Lauenburg durch Sturm entrissen und 1634 von König Ferdinand erobert ward. An dem nahegelegenen, von Kurfürst Max Emanuel befestigten Schellenberge (486 m), wurden 2. Juli 1704 die Bayern und Franzosen durch die Kaiserlichen unter Prinz Ludwig von Baden und dem Herzoge Marlborough völlig besiegt. Durch Kaiser Joseph I. erhielt D. 1705 seine Reichsunmittelbarkeit zurück. Doch schon im Frieden von Baden 1714 wurde es wieder an Bayern gegeben. Am 6. Okt. 1805 fand bei D. ein Gefecht zwischen den Franzosen unter Soult und den Österreichern unter Mack statt, infolgedessen letztere sich über die Donau zurückzogen. — Vgl. Steichele, Beiträge zur Geschichte des Bistums Augsburg (im «Archiv für die Pastoralkonferenzen im Bistum Augsburg», 3 Bde., Augsb. 1848—51); Königsdörfer, Geschichte des Klosters zum Heiligen Kreuz in D. (3 Bde., Donauwörth 1819—29); Stieve, Kampf um D. (Münch. 1875); Wörls Führer durch D. (Würzb. 1886).

Donawitz, Dorf in der österr. Bezirkshauptmannschaft und dem Gerichtsbezirk Leoben in Steiermark, 3 km von Leoben, an der Leoben-Vordernberger Eisenbahn, hat (1890) 3437, als Gemeinde 8038 E., Post, großartige Eisenwerke und Hochöfen der Alpinen Montangesellschaft mit (1886) 1800 Arbeitern und Kohlengruben (1600 Arbeiter). Nahebei auf steiler Felshöhe die alte Wallfahrtskirche Freienstein mit schöner Aussicht.

Donax, Stumpf- oder Dreieckmuscheln, eine aus 100 lebenden Arten bestehende, besonders die wärmern Meere bewohnende Gattung der Tellmuscheln (s. d.) mit stumpf abgeschnittenem Hinter- und verlängertem, abgerundetem Vorderende, großem, beilförmigem Fuße, womit sie sich schnellend fortbewegen. Sie werden zum Teil gegessen.

Don Benito, Stadt in der span. Provinz Badajoz (Estremadura), in 250 m Höhe, an den Abhängen eines Hügels links vom Guadiana und an der Eisenbahn Madrid-Ciudad-Real-Badajoz, hat (1887) 16 287 E., Weinbau und bedeutenden Handel mit Gemüse und Melonen. Die Franzosen siegten hier 19. März 1809.

Don Carlos, s. Carlos.

Doncaster (spr. dónkäßt'r), Stadt im West-Riding der engl. Grafschaft York, 54 km im S. von York, an dem zur Ouse gehenden Don, Knotenpunkt von 7 Bahnlinien, hat (1891) 25 936 E., eine got. St. Georgekirche von G. G. Scott, bedeutende Spinnereien und Webereien, Eisengießerei, Kohlenbergwerke und lebhaften Getreidehandel. Hier ist auch die Lokomotiven- und Wagenfabrik der großen Nordbahn. Bei D. werden jährlich im März und September große Pferderennen abgehalten. In der Nähe röm. Altertümer. Vgl. Tomlinson, History of D. (1887).

Donchéry (spr. dongscherih), Flecken im Kanton Sedan-Sud, Arrondissement Sedan, des franz. Depart. Ardennes, 5 km im W. von Sedan, rechts an der Maas, und an der Linie Mézières-Deutsche Grenze gegen Fontoy der Franz. Ostbahn und an der Straße nach Mézières, hat (1891) 1921 E. und Fabriken von Tuch- und Wollstoffen. In dem Hause eines Webers dicht an der Chaussee bei D. hatte Napoleon III. nach der Schlacht bei Sedan am frühen Morgen des 2. Sept. 1870 eine Zusammenkunft mit dem Grafen Bismarck. 2 km entfernt am jenseitigen Ufer der Maas das Dorf Frénois, in dessen Nachbarschaft, im Schlößchen Bellevue, noch an demselben Tage König Wilhelm den gefangenen Kaiser empfing und ihm das Schloß Wilhelmshöhe bei Cassel zum Aufenthaltsorte anwies.

Donders, Franz Cornelius, Augenarzt, geb. 27. Mai 1818 in Tilburg (Provinz Nordbrabant), studierte zu Utrecht, wurde 1840 Militärarzt in Vliessingen, später im Haag und 1842 Lehrer der Anatomie und Physiologie an der Militärschule in Utrecht, bis er 1847 einen für ihn besonders errichteten Lehrstuhl an der dortigen Universität erhielt, wo er sofort ein physiol. Laboratorium errichtete. Neben allgemeiner Physiologie und Gewebelehre lehrte er hier auch Ophthalmologie, errichtete das Nederlandsch Gasthuis voor Ooglijders, womit er einen wissenschaftlichen Kursus verband, wurde 1863 ord. Professor der Physiologie an der Utrechter Universität und erhielt 1866 durch die Regierung die Mittel zur Errichtung eines den Anforderungen der modernen Wissenschaft entsprechenden physiol. Laboratoriums, das 1867 vollendet wurde. Er starb 24. März 1889 zu Utrecht. Er schrieb: «Natuurkunde van den mensch» (deutsch von Theile u. d. T. «Physiologie des Menschen», Bd. 1, 2. Aufl., Lpz. 1859), «Anomalies of accommodation and refraction of the eye» (hg. von der Sydenham-Society; deutsch von Becker, Wien 1866), «De leer der stofwisseling als bron der eigenwarmte» (Utrecht 1845), eine der ersten Anwendungen des Gesetzes von der Erhaltung der Kraft auf den tierischen Organismus; «Mikrochem. Untersuchungen tierischer Gewebe» (im Verein mit dem niederländ. Chemiker G. J. Mulder, edd. 1846), «Die Lehre von den Augenbewegungen» (das sog. Dondersche Gesetz), «De harmonie van het dierlijk leven, openbaring van wetten» (edd. 1847), «Form, Mischung und Funktion der Gewebe und Grundformen» (edd. 1849), «Über die Natur der Vokale» (1858), worin bewiesen wird, daß jedem Vokal ein bestimmter Eigenton der Mundhöhle entspricht. Vermittelst des Noëmatachographs und Noëmatachometers lehrte D. zuerst die Dauer rein psychischer Prozesse bestimmen. Er erkannte zuerst im Chemismus der Atmung einen Dissociationsprozeß und hatte außerdem wichtigen Anteil an der Entdeckung seines Landsmannes Cramer über den Grund des Accommodationsvermögens. Auf ophthalmolog. Gebiete beziehen sich D.' Studien hauptsächlich auf die physiol. Optik, besonders auf die Refraktions- und Accommodationsanomalien, welche für alle spätern Forschungen hierüber bahnbrechend geworden sind; auch führte er die cylindrischen und prismatischen Brillen ein. Außerdem war D. Redacteur und Mitredacteur verschiedener Zeitschriften sowie Herausgeber der «Onderzoekingen gedaan in het physiologisch laboratorium der Utrechtsche Hoogeschool» (Utrecht 1849—57; 2. Folge, 1867 fg.). An dem von Graefe begründeten «Archiv für Ophthalmologie» hat D. wesentlichen Anteil. Vgl. Moleschott, Franciscus Corn. D. (Gießen 1888).

Dondo, Stadt am Quanza (Kuansa) in der portug. Kolonie Angola in Westafrika, mit 2800 E., ist durch eine regelmäßige Dampfschiffahrt mit dem Meer und mit Loanda verbunden. D. ist der Stapelplatz für den im Lucallathal in großen Mengen geernteten Kaffee. Von D. führt die große Karawanenstraße nach O. in das Reich Muatajamvos. Eng eingeschlossen von waldigen Hügeln leidet D. unter einem heißschwülen Klima, sodaß es die «Hölle» von Angola genannt wird.

Dondos, s. Albinos.

Dondúkow-Korssákow, Alexander Michailowitsch, Fürst, russ. Staatsmann, geb. 1822, trat als Offizier in ein Dragonerregiment, zeichnete sich in Kaukasien bei der Bekämpfung der Bergvölker sowie während des Orientkrieges 1854/55 aus, stieg schnell zum General auf und wurde als Generallieutenant Gouverneur von Kiew. In dieser Stellung that er sich als eifriges Mitglied der panslawistischen Partei hervor und wurde deshalb nach dem Frieden von San Stefano 1878 als Generalgouverneur mit der Organisation des neugeschaffenen Fürstentums Bulgarien betraut. Die Ausführung des Berliner Kongreßbeschlusses, wonach dies Fürstentum in Bulgarien und Ostrumelien zerlegt wurde, suchte D. zu hintertreiben und ermutigte die großbulgar. Partei durch die Aussicht auf russ. Unterstützung. Diese eigenmächtige polit. Thätigkeit zog D. wiederholt Zurechtweisungen des Kaisers zu, doch wurde er in seiner Stellung belassen und eröffnete 23. Febr. 1879 die erste Nationalversammlung des Fürstentums Bulgarien zu Tirnova, deren Verhandlungen er leitete. Aus Rücksicht auf die europ. Mächte lehnte es der russ. Kaiser ab, die Wahl D.s zum Fürsten von Bulgarien zu genehmigen, und wies denselben an, die Wahl der Versammlung auf den Prinzen Alexander von Battenberg zu lenken. D. erfüllte diesen Auftrag und führte im Juli 1879 den Fürsten Alexander von Bulgarien in die neue Stellung ein, worauf er nach Rußland zurückkehrte und 1. März 1880 an Stelle von Loris-Melikow als Generalgouverneur zu Charkow trat. Danach erfolgte seine Ernennung zum General der Kavallerie und die Berufung zum Mitgliede des Reichsrats sowie im Jan. 1882 die Ernennung zum Chef der Civilverwaltung und Oberbefehlshaber der Truppen in Kaukasien, von welchem Posten er 17. Juni 1890 enthoben wurde.

Doneau (spr. -noh), Rechtsgelehrter, s. Donellus.

Donegal (spr. dónnĕgahl). 1) **Grafschaft** im NW. Irlands (Provinz Ulster), wird im O. von Londonderry und Tyrone, im S. von Fermanagh und der Donegalbai, im W. und N. vom Atlantischen Ocean begrenzt, hat 4844,53 qkm und (1891) 185 211 E., d. i. 38 auf 1 qkm, gegen 296 488 in 1841 und 205 443 in 1881. Die felsigen Küsten bilden größere und kleinere Buchten, von denen die Lough-Swilly 66 km weit ins Land dringt. Im N. ist das Land gebirgig und wird von dem rauhen, im Errigal bis 750 m aufsteigenden Donegalgebirge durchzogen. Die Thäler sind fruchtbar, zum Teil weites Marschland. Überdies giebt es viel wüsten Boden, bedeutende Torflager und Seen, darunter Lake Eask im S. und Lake Nacung im NW. Größere Flüsse f . Der nördlichste Punkt, zugleich von ganz Irland, ist das 69 m hohe Vorgebirge Malin Head (55° 22′ nördl. Br.). Das Klima ist sehr feucht und das Getreide reift schwer; man baut Gerste, Hafer, Flachs und Kartoffeln. Die Grundbesitzungen sind zum Teil sehr groß, der Ackerbau befindet sich jedoch in schlechtem Zustande. Man treibt Viehzucht und Fischerei, zieht feinwollige Schafe und führt Heringe, Stockfische, Lachse und Forellen aus. Außerdem besteht Garnspinnerei, Leinwandweberei und Brennerei. Man findet Blei, verschiedene Thonarten und Schwefelkies. Seit 1889 fängt man auch an, die unermeßlich reichen Granitbrüche auszubeuten; Mountcharles liefert gute Bausteine, ausgezeichneter weißer Marmor kommt von Dunlewy. Bahnen gehen von Londonderry zur Donegalbai und nach Letterkenny. Zu den zahlreichen Altertümern gehören Reste eines uralten Schlosses auf dem Grianan of Aleich unweit Londonderry. Die Grafschaft sendet 4 Abgeordnete in das Parlament. Der Hauptort, Dorf Lifford am Zusammenfluß von Finn und Mourne, der zu Londonderry gehörigen Stadt Strabane gegenüber, ist ein ärmlicher Ort mit 570 E. Bedeutender ist Ballyshannon an der Ernemündung. — 2) **Marktstadt** in der Grafschaft D., an der Mündung des Eske in die Donegalbai, rings von Hügeln umgeben, hat (1891) 4145 E., einen Hafen, fünf Kirchen, Reste eines schönen Schlosses der O'Donnells und ein Franziskanerkloster. In der Nähe sind vielbesuchte Schwefelbäder.

Donellus, Hugo, eigentlich Doneau, Rechtsgelehrter, geb. 23. Dez. 1527 zu Châlon-sur-Saône, studierte zu Toulouse und Bourges und wurde 1551 an letzterm Ort Professor des röm. Rechts. Als eifriger Calvinist mußte D. 1572 fliehen und wandte sich nach Genf. 1573 wurde er Professor in Heidelberg, 1579 in Leiden, 1588 in Altdorf, wo er 4. Mai 1591 starb. Die Bedeutung D.' liegt vorzugsweise in seiner systematischen Methode, an die zuerst die civilistische Jurisprudenz des 19. Jahrh. wieder angeknüpft hat. Sein bestes Werk sind die «Commentarii de jure civili», ein umfassendes System des röm. Privatrechts und Prozesses (neu hg. von König und Bucher, 6. Aufl., 16 Bde., Nürnb. 1822—34). Vgl. Eyssell, Doneau, sa vie et ses ouvrages, traduit du latin par J. Simonnet (Dijon 1860); Stintzing, Hugo D. in Altdorf (Erlangen 1869).

Donetzkisches Hochplateau, soviel wie Donezsches Hochplateau (s. d.).

Donéz, auch Nördlicher Donez genannt, rechter Nebenfluß des Don, entspringt im russ. Gouvernement Kursk, in einer Hügellandschaft, durchströmt dann das Gouvernement Charkow, das Land der Donischen Kosaken, und ergießt sich etwas oberhalb der Kotschetowskaja Staniza nach einem Laufe von 1083 km in den Don. Sein Lauf ist bis zu der Stadt Smijew im allgemeinen südlich, hierauf südöstlich in zahlreichen Krümmungen bis zur Mündung. Im obern und zum Teil im mittlern Laufe fließt der D. vorwiegend durch Kreideformation, weiter unterhalb fast durchweg durch Kohlenformation, in welcher ausgedehnte Kohlenlager zu Tage treten. Das rechte Ufer, an welchem sich nicht selten weiße Kreidefelsen zeigen, ist überall höher als das linke, das nur selten Erhöhungen aufzuweisen hat. Die Schiffahrt ist infolge von Entwaldung an den Ufern nur noch unbedeutend und beschränkt sich auf die Frühlingsmonate; auch der Fischfang ist kaum nennenswert. Hauptnebenflüsse sind der Oskol und die Kalitwa. Das Flußgebiet umfaßt 98129 qkm.

Donez-Eisenbahn, auch Donez-Kohlenbahn genannt, s. Russische Eisenbahnen.

Donezscher Bezirk, im westl. Teil des Donischen Kosakengebietes in Südrußland, längs des Flusses Donez, ein hügeliges Steppenland mit fruchtbarer Schwarzerde, Steinkohlen- und Anthracitlagern, hat 20216,59 qkm, 288749 E., Viehzucht, auch Garten- und Ackerbau. Der Hauptort ist Kamenskaja Staniza.

Donezsches Hochplateau oder Donezsche Höhenkette heißt der Teil der donischen Steppe im südl. Rußland, welcher rechts am Flusse Donez liegt, unterhalb der Stadt Smijew beginnt und sich bis zur Mündung des Donez in den Don etwa 400 km weit hinzieht. Er umfaßt den westl. Teil des Landes der Donischen Kosaken, den nordöstlichen des Gouvernements Jekaterinoslaw und reicht noch ins Gouvernement Charkow hinein und hat einen Flächenraum von 45923 qkm. Die Erhebung steigt bis zu 100 m über die umliegende Ebene oder bis 244 m über den Meeresspiegel. An der Oberfläche ist das Plateau eben, zum größern Teil aber wellenförmig. Es wird in allen Richtungen von zahlreichen Bächen durchströmt, die aber im Sommer meist versiegen. Wald findet sich nur in den Flußthälern und Schluchten. Geologisch besteht das D. H. zu drei Vierteln aus der Steinkohlenformation; daneben befindet sich im SO. an beiden Ufern des Kalmius Granit, Porphyr, im NW. Mergel, am Unterlauf des Donez Kreide und Kalk und endlich an den Rändern des Plateau die zur Miocänformation gehörigen sog. Steppenkalke. Der die Steinkohlenformation umfassende Teil des D. H. heißt auch das Donezsche Steinkohlenbassin. Schon Peter d. Gr. hat auf die dortigen Steinkohlenlager hingewiesen, doch begann deren Abbau erst unter Katharina II. (Juli 1790). Bereits 1839 wurden 877000 Pud gewonnen, 1887 19889042 Pud Kohle und 27753814 Pud Anthracit. Der Gesamtvorrat an Steinkohle wird auf 1¼ Billionen Pud berechnet. Die Ausbeutung der Steinkohle wird dadurch sehr erleichtert, daß die kohlenführenden Schichten lediglich von geringen Schichten neuester Ablagerungen überdeckt oder auch anstehend zu treffen sind. Im gleichen Becken finden sich reiche Eisenerz- und Zinnoberlager, aus welchen Quecksilber gewonnen wird und zwar (1888) 3911 Pud, welche nicht nur den Gesamtbedarf Rußlands decken, sondern auch ausgeführt werden. Vgl. Le Play, Voyage scientifique de la Russie méridionale sous la direction de Anatole Demidoff (4 Bde., Par. 1839); Mendelejew im «Nordischen Boten» (russisch, Jahrg. 1889); Seliwanow, Die Steinkohlenbergwerte im Donezschen Bassin (russisch, Charkow 1892).

Dong (Dõng), die am meisten verbreitete Münze in Annam und Kambodscha, $^1/_{600}$ der Geldeinheit Kwan (Quân, d. h. Faden, Schnur), welche ihren Namen daher hat, daß die D. zu je 60 Stück an Schnüre angereiht und hierauf zu je 10 Schnüren zusammengebunden werden. Ein solches Bündel von 600 Stück nennen die Franzosen «enfilade» oder «ligature»; daher auch der deutsche Ausdruck Ligatur. 60 D. heißen ein Moht-tiên. Die Missionare brauchen dafür auch die Bezeichnung Tailon; die Engländer sagen dafür auch Mas (Mace, Mehs). Das D., auch Jpeh, in Kambodscha Peti genannt, ist eine Nachahmung des chines. Li oder Caly (s. d.). Bis zu Anfang des 19. Jahrh. prägte man das D., von welchem gegenwärtig annähernd 6000 Stück auf einen mexik. Piaster gerechnet werden, sodaß dasselbe (zum Preise von 125 M. für 1 kg Feinsilber) = reichlich $^1/_{20}$ Pf. deutsche Währung ist, teils aus Messing, teils aus Kupfer; später versuchte man die kupfernen Stücke durch bleierne zu ersetzen, und endlich benutzte man das im Lande sehr reichlich vorhandene Zink, das zugleich Blei und Eisen enthält und, zusammen mit diesen letztern beiden Metallen, im D. eine sehr zerbrechliche und leicht abnutzbare Legierung darstellt. Das D. soll eigentlich die Schwere des gleichnamigen Gewichts haben, d. i. 3,905 g, hat jedoch meist eine etwas geringere. Das D. hat in der Mitte ein viereckiges Loch, wie das chines. Li oder Cash, um aufgereiht werden zu können. In Niederkambodscha hat seit der franz. Besitznahme der mexik. Piaster (s. d.) das D. mehr und mehr, in der Hauptstadt Saigon fast ganz verdrängt, und es weichen dort selbst bei den Eingeborenen die D., um der neuen franz. Scheidemünze Platz zu machen.

Donge, Fluß in der niederländ. Provinz Nordbrabant, mündet bei Geertruidenberg in den Biesbosch.

Dongi-Dongi, s. Agar-Agar.

Dongio (spr. dondscho), Hauptort des Bezirks Bollenz (Blenio) im schweiz. Kanton Tessin, liegt langgestreckt links am Brenno und hat (1888) 586 kath. E.

Dongŏla bezeichnet im weitern, histor. Sinne die ehemals ägypt. Provinz Nubien (s. d.), während man im engern Sinne unter Dar D. nur den mittlern, am Nil gelegenen Teil derselben, und zwar das beträchtlich erweiterte Stromthal von 18½° nördl. Br. abwärts bis gegen den Ort Hannik hin (19° 42′ nördl. Br.) begreift. Diese Thalstrecke ist 260 km lang, meist völlig eben, fruchtbar und stellenweise sehr bebaut; vor allem zeichnen sich die zahlreichen Strominseln durch üppige Fruchtbarkeit aus. In den nicht angebauten Landstrichen giebt es Hyänen, Löwen und Gazellen, im Nil Krokodile und Nilpferde. Die wichtigsten Haustiere sind Pferd und Schaf. Im Dezember und Januar ist es bei Südostwind kühl, im April sind Stürme aus NW. gewöhnlich und die Luft ist voller Staub. Die Bewohner, größtenteils Dongolawi (nach Munzinger etwa 250000 im J. 1874), mit bronzener Hautfarbe, ausgezeichneter Gesichtsform, musterhaftem Körperbau und stark gelocktem, reichem Haupthaar, mit Barabra, Arabern und später eingewanderten Mamluken und Türken gemischt, treiben neben Viehzucht Ackerbau und gewinnen jährlich eine zwiefache Ernte. Datteln und Weizen werden in Menge ausgeführt. Die Dongolawi bekennen sich zum Islam und leben, von einheimischen Meliks oder Kaschefs gedrückt, trotz des Reichtums ihres Bodens in der größten Armut, weshalb starke Auswanderung nach südlichern Gegenden stattfindet. Hauptstadt ist Neu-Dongola, D. el-Djedideh der Araber, El-Ordeh der Türken, gewöhnlich Kasr-Dongola genannt, unter ägypt. Herrschaft ein blühender Ort am linken Ufer des Nils mit 10000 E., einem Kastell und wohlbesetzten Bazaren. Der Ort ward von den Mamluken gegründet, welche das 120 km weiter oberhalb rechts am Nil gelegene Alt-Dongola oder Dongola-Adschus (Dongola-Agusa) verlassen hatten. Letzteres war in altägypt. Zeit, wo es Dongul hieß, eine bedeutende Handelsstadt und ist jetzt ein armseliges Dorf, auf einer 30 m hohen Anhöhe gelegen, vereinsamt und fast verlassen, von unausgesetzten Winden beinahe im Sande begraben. — In D. konzentrierte sich im Mittelalter die Kultur und Macht Nubiens; in späterer Zeit hat es wie an Ausdehnung so an Fruchtbarkeit und Volksdichtigkeit bedeutend verloren. Im 18. Jahrh. wurden die Einwohner von den südlicher einheimischen Schaikieh-Arabern teils unterworfen, teils zur Auswanderung gezwungen. 1812 ließen sich die aus Ägypten vertriebenen Mamluken hier nieder und gründeten einen eigenen Staat; aber schon 1821 wurden sie von Ibrahim Pascha vertrieben und wandten sich westwärts in die Wüste, wo sie spurlos verschwunden sind. Seitdem war das Land ägyptisch und bildete mit Berber eins der Mudirije, in welche der ägypt. Sudan zerfiel, bis im Sept. 1885 die Mahdisten unter Mohammed-el-Kehir in D. einrückten, die ägypt. Beamten vertrieben und, nachdem im März 1886 die brit. Truppen den Sudan geräumt hatten, D. und Nubien in unbestrittenen Besitz nahmen, in dem sie sich noch heute behaupten.

Dongola-Adschus (Dongola-Angūsa), **Dongolawi,** s. Dongola.

Don gratuit (frz., spr. dong gratüih), d. i. freiwilliges Geschenk, nannte man die ehemals in Frankreich bei außerordentlichen Veranlassungen von den Ständen dem Könige als Geschenk bewilligte Steuer. Bei der Geistlichkeit wurde dieses D. g. zu einer ganz regelmäßigen, stetig durch deren 5jährige Versammlungen erneuerten Abgabe. Ebensolche Steuern gab es auch in den österr. Niederlanden und in einigen deutschen Hochstiften.

Dönhoff, uraltes westfäl. Adelsgeschlecht, benannt nach dem Danenhofe und begütert bei Oberwengern in der Grafschaft Mark in Westfalen. Schon 1420 mußten die D. ihre Güter von den Grafen von Vollmestein zu Lehen nehmen, bis diese Lehen 1577 verfielen. Der alte Rittersitz wurde nach 1816 zerstückelt. Um 1335 zog Hermann von D. nach Livland, um dem Deutschen Ritterorden die dortigen Heiden bekehren zu helfen, und erbaute an der Moise bei Wenden einen andern Danehof, der das Stammschloß aller spätern Linien des Geschlechts geworden ist. Von seinen Nachkommen, die mehrere, im vorigen Jahrhundert meist wieder ausgestorbene, Linien stifteten, wurden die Brüder Magnus Ernst, Sigmund Kaspar, Gerhard und Hermann, die Söhne Gerhards von der Linie Abbien, 11. Jan. 1633 vom Kaiser in den Reichsgrafenstand erhoben. Sigmund Kaspar, Graf von D. wurde 1637 vom König Wladislaw IV. wegen dessen Vermählung mit der Schwester des Kaisers Ferdinand III., Cäcilie Renata von Österreich, nach Wien geschickt, wo der Kaiser ihn 8. Aug. 1637 in den Reichsfürstenstand erhob. Seine Tochter Anna zählt zu den Stammmüttern des Königs Stanislaus Leszczynski. Seine Söhne verbanden sich mit dem Fürsten von Radziwill und Ossolinski, doch starb die fürstl. Linie um 1750 aus.

Sigmund Kaspars Bruder Magnus Ernst, Graf von D., geb. 10. Dez. 1581, ein trefflicher Offizier und gesuchter Diplomat, kämpfte in poln. Diensten gegen die Türken, Russen und Schweden und war beim Abschluß des Waffenstillstandes zu Stumsdorf 1635 gegenwärtig. Als Anhänger der Reformierten verließ er das jesuitische Polen und siedelte nach Preußen über, wo er Wolfsdorf (das jetzige Dönhoffstädt) erwarb. Er starb als Wojwode von Pernau 18. Juni 1642 zu Wilkam bei Gerdauen.

Seines Sohnes Friedrich (geb. 24. Nov. 1639, gest. 26. Febr. 1696), kurbrandenb. Geh. Rats und Generallieutenants, drei Söhne stifteten drei selbständige Linien, nämlich Boguslav Friedrich die 1816 erloschene Linie zu Dönhoffstädt, Alexander, nach dem Friedrich Wilhelm I. den Dönhoffsplatz in Berlin benannte, die 1838 erloschene Linie zu Beinunen und Otto Magnus die blühende Linie zu Friedrichstein.

Otto Magnus, Graf von D., geb. 18. Okt. 1665, Herr auf Friedrichstein, war preuß. Geh. Staats- und Kriegsminister und starb 14. Dez. 1717. Von ihm stammt

August Hermann, Graf von D., preuß. Diplomat, geb. 10. Okt. 1797 zu Potsdam, machte den Feldzug von 1815 als Freiwilliger mit, studierte von 1816 bis 1819 in Königsberg, Göttingen und Heidelberg, lebte darauf in der Schweiz und Italien, trat 1821 in den preuß. Staatsdienst und wurde zunächst im Auswärtigen Amte beschäftigt. Im Herbst 1823 wurde er der Gesandtschaft in Paris zugeordnet, 1825 zum Legationssekretär ernannt und nach Madrid, Anfang 1828 in gleicher Eigenschaft nach London versetzt und bald darauf zum Legationsrat befördert. 1833 wurde er zum Gesandten in München und 1842 zum Bundestagsgesandten ernannt. Nachdem er im Mai 1848 auf seinen Wunsch abberufen worden, zog er sich auf seine Güter zurück, wurde aber schon Anfang September an die Spitze der auswärtigen Angelegenheiten im Ministerium Pfuel gestellt, nach dessen Rücktritt er sich ins Privatleben zurückzog. Im Febr. 1849 wählte ihn der zweite Gumbinner Wahlkreis zum Abgeordneten in die Erste Kammer, von der er 1850 in das Staatenhaus nach Erfurt gesandt wurde. Im Sommer 1850 abermals zum Mitgliede der Ersten Kammer gewählt, schloß er sich hier der zur Rechten gehörigen, aber gemäßigten Partei Jordan an. Nach Umwandlung der Ersten Kammer in das Herrenhaus wurde er 18. Nov. 1861 zum erblichen Mitgliede ernannt. Er erhob 1859 die Herrschaft Friedrichstein zum Fideikommiß und starb als königl. Obergewandkämmerer 1. April 1874. — Sein Sohn August Karl, Graf von D., geb. 26. Jan. 1845, Besitzer des Fideikommisses Friedrichstein, wurde nach ihm das Haupt der Familie; er nahm teil an den Kriegen von 1866 und 1870, war von 1871 bis 1881 Gesandtschaftssekretär in Paris, St. Petersburg, München, Wien, London und Washington, trat dann aus dem Staatsdienst und ist jetzt Mitglied des Reichstags (deutsch-konservativ) und des preuß. Herrenhauses.

Sophie Julie Friederike Wilhelmine, Gräfin von D., geb. 17. Okt. 1767, Tochter des Majors Grafen Friedrich Wilhelm von D. aus der Linie Beinunnen, wurde, obwohl die Ehe mit der Königin nicht getrennt war, 11. April 1790 dem Könige Friedrich Wilhelm II. von Preußen zur linken Hand angetraut. Vor dem Ausbruch des Krieges gegen Frankreich stand sie an der Spitze der Friedenspartei, intriguierte viel wider die polit. Neigungen des Königs, wurde im Nov. 1793 vom Hofe verwiesen und starb 28. Jan. 1834. Die Gräfin gebar dem König zwei Kinder, Friedrich Wilhelm und Julie, die 1795 unter dem Namen eines Grafen und einer Gräfin von Brandenburg (s. d.) in den Grafenstand erhoben wurden.

Den Namen «Graf D.» führt jetzt das 7. ostpreuß. Infanterieregiment Nr. 44.

Donieren (lat.), schenken, beschenken.

Donische Bezirke, zwei Bezirke im Donischen Gebiet des europ. Rußland, beide vom Unterlauf des Don durchschnitten. — 1) Der Erste Donische Bezirk, der südlichere, hat 14384,8 qkm, 155206 E. (Russen), Ackerbau, Weinbau und Fischerei. Sitz der Verwaltung ist Konstantinowskaja Staniza. — 2) Der Zweite Donische Bezirk, nördlich vom vorigen, hat 31958,6 qkm, 214802 E. (Russen), bedeutende Viehzucht, Weinbau im Süden und Schiffahrt. Sitz der Verwaltung ist in Nishne-Tschirskaja Staniza.

Donische Kosaken, s. Don-Kosaken.

Donisches Gebiet (russ. Donskaja oblastj) oder Land der Donischen Kosaken, Gouvernement im südöstl. Teil des europ. Rußland, wird begrenzt im N. von den Gouvernements Woronesch und Saratow, im O. von dem letztern und Astrachan, im S. vom Gouvernement Stawropol und vom Kubanischen Gebiet, im W. vom Asowschen Meer, den Gouvernements Jekaterinoslaw, Charkow und Woronesch und hat 164607 qkm mit 1896113 E., d. i. 11,5 auf 1 qkm. Es liegt fast ganz im Flußgebiet des Don, nur im SW. münden der Mius und Kalmius direkt ins Asowsche Meer. Das linke Ufer des Don ist vorwiegend Steppenland. Eine Hochfläche bilden die Kreise Choper und zum Teil Ust-Medwediza. Am bedeutendsten sind die Höhen im Gebiete des Mius. Zwischen den Flußthälern sind Höhenzüge eingeschoben, von denen der zwischen dem Don und Donez der bedeutendste ist. Über die Steinkohlenlager im südwestl. Teil des Gebietes s. Donezsches Hochplateau. Der Boden ist fast durchweg fruchtbare Schwarzerde, das Klima unbeständig und ausgeprägt kontinental. Die Bevölkerung besteht vorwiegend aus Don-Kosaken (s. d.), die mit den übrigen Russen 98 Proz. ausmachen, dazu kommen noch 2 Proz. Kalmücken und 0,45 Proz. Deutsche. In kirchlicher Beziehung bildet das Gouvernement die Eparchie Don-Tscherkassk der russ. Kirche mit einem Erzbischof in Nowotscherkassk an der Spitze. Die Bewohner treiben Ackerbau, Wein-, Obst-, Gartenbau, Viehzucht, Fischerei und arbeiten in den Bergwerken; die Industrie ist wenig entwickelt, dagegen der Handel sehr rege, namentlich über die Handelsplätze Rostow am Don und Taganrog. An Eisenbahnen sind vorhanden von den Linien Grjasi-Zarizyn 355 km, Wolga-Don 54, Kursk-Charkow-Asow-Rostow 213, Donezbahn 122, Rostow-Wladikawkas 85, zusammen 829 km. Die Verwaltung steht unter dem Nakasnoj-Ataman der Kosaken. 1886 waren vorhanden 473 niedere, mittlere und Specialschulen mit 30392 Schülern, darunter 6298 Mädchen. In neuerer Zeit ist die Volksbildung unter dem Druck des Militärregime zurückgegangen; viele Schulen, darunter Gymnasien für Mädchen, sind geschlossen worden, um Kadettenschulen Platz zu machen. Das Gouvernement zerfällt in 9 Bezirke: den Tscherkasskischen, Donezschen, Ersten Donischen, Zweiten Donischen, Rostowschen, Salschen, Taganrogschen, Ust-Medwedizschen und Choperschen. Die Hauptstadt ist Nowotscherkassk. — 1887 wurden die bisher zum Gouvernement Jekaterinoslaw gehörigen Stadthauptmannschaft Taganrog und Kreis Rostow (bis zur Jeja gehend) mit dem D. G. verbunden.

Donische Weine, die am Flusse Don im südlichen europ. Rußland gebauten Weine. Die Weinberge liegen fast sämtlich auf dem rechten Ufer des Don und ziehen sich von Nowotscherkassk (lebhafter Weinhandelsplatz) bis zum Meere hin. Die jährliche Produktion beträgt gegen 140000 hl. Das Centrum derselben ist Zymlansk, wo gute Schaumweine erzeugt werden.

Donizetti, Gaëtano, ital. Opernkomponist, geb. 25. Sept. 1798 zu Bergamo, war zuerst Schüler von Sim. Mayr und studierte seit 1815 zu Bologna unter Pilotti und Pater Mattei. Zerwürfnisse mit seinem Vater veranlaßten ihn zum Eintritt in die österr. Armee. Mit seinem Regiment gelangte er nach Venedig, wo es ihm 1818 und 1819 gelang, seine Erstlingsopern «Enrico di Borgogna» und «Il Falegname di Livonia» auf die Bühne zu bringen und vom Militär loszukommen. D. widmete sich nun der Komposition mit solchem Eifer, daß er bis 1831, außer den genannten, 28 Opern schuf. Einen wesentlichen Schritt vorwärts that D. 1831 mit der Oper «Anna Bolena», mit der er in die Periode seines reifern und weniger leichtfertigen Produzierens eintrat und auch außerhalb Italiens Ruf gewann. In den nächsten Jahren komponierte er unter anderm die Opern «L'Elisire d'amore» (1832), «Il Furioso», «Parisina», «Torquato Tasso», «Lucrezia Borgia», (alle 1833), «Gemma di Vergi» (1834). Sodann wandte er sich nach Paris, wo sein «Marino Faliero» (1835) neben Bellinis «Puritanern» nicht recht zur Geltung kam. Dagegen hatte «Lucia di Lammermoor» (1835) in Neapel allgemeinen Erfolg und brachte ihm die Stelle eines Kontrapunktprofessors an der königl. Musikschule in Neapel ein. In dieser Zeit entstanden «Belisario» (1836), «Betly» (1836), «Roberto Devereux» (1837), «Maria di Radenz» (1838), «Gianni di Parigi» (1839). D. trat 1840 wieder in Paris auf und brachte daselbst zwei seiner besten Schöpfungen: «La Fille du régiment» und «La Favorite», sowie eine Umarbeitung des schon 1838 in Neapel komponierten, aber nicht aufgeführten «Poliuto» als «Les Martyrs» auf die Bühne. Noch günstiger aufgenommen wurden «Maria Padilla» in Mailand (1841) und (1842) die deutsch angehauchte «Linda di Chamounix» in Wien, für welche Oper er den Titel eines k. k. Hofkapellmeisters erhielt. 1843 wieder in Wien, führte D. «Maria di Rohan» auf, nachdem zu Anfang dieses Jahres in Paris der reizende «Don Pasquale» verdienten Beifall gefunden hatte, während «Dom Sébastien» in Paris (1843) kein Glück machte. Mit «Caterina Cornaro» (Neap. 1844) sollte seine Laufbahn beschlossen sein. Mitten in den Plänen für neue Arbeiten erkrankte D. 1845 an einem Gehirnleiden, von dem ihn der Tod 8. April 1848 zu Bergamo erlöste. — Die Gesamtzahl von D.s Opern wird auf 64 angegeben, ist aber zur Zeit noch nicht genau festgestellt. Jahre hindurch schrieb er durchschnittlich immer vier neue Opern. Nebenbei komponierte er noch verschiedene dramat. Kantaten, größere und kleinere Kirchensachen, viele Arietten, Kanzonetten und Duetten. Sein Talent war eins der reichsten, die die neuere Musikgeschichte aufzuweisen hat, gleicherweise ausgezeichnet durch poet. Kraft wie durch musikalische Erfindung. Es verdarb aber unter dem Mangel einer vollständigen Ausbildung und blieb jedem Einflusse des modischen Geschmacks preisgegeben. So gelangte D. weder zu einem Princip, noch zu einem Stil und füllte seine Werke mit den unglaublichsten Widersprüchen. Eine Zeit lang beliebt und bewundert, stehen sie heute in der Geschichte als Denkmäler des tiefsten Verfalls des Musikdramas, als die Produkte einer seichten Richtung, die die künstlerische Wahrheit der Unterhaltungssucht unterordnete. Verhältnismäßig am wenigsten getrübt erscheint D.s Begabung in seinen komischen Opern, von denen der «Liebestrank» die bedeutendste ist. Vgl. Alborghetti und Galli, «D., Mayr. Notizie e documenti» (Bergamo 1875).

Sein Bruder Giuseppe D., geb. um 1797 zu Bergamo, trat als Musikmeister in ein österr. Regiment und ging danu 1831 nach Konstantinopel, wo er die Militärmusik nach europ. Muster einrichtete. Er starb 10. Febr. 1856 in Konstantinopel.

Donjon (frz., spr. dongschóng), s. Bergfried. — D. heißt auch ein in ältern Festungen hier und da vorkommendes, meist in der Form kasemattierter Türme erbautes Verteidigungswerk, das auf einem besonders hervorragenden Punkt gelegen nach Art der Citadellen das Innere der Festung beherrschen und als letztes Reduit derselben dienen sollte. Zuweilen wird der D. auch als selbständiges detachiertes Werk angewendet.

Don Juan (spr. chuahn), eine der meist behandelten Gestalten der neuern Dichtung. Die ganze Erscheinung zeigt nahe Verwandtschaft mit den mythischen Figuren des Faust, Tannhäuser, Ahasverus, Fliegenden Holländers, Wilden Jägers, die im Trotz gegen die Gottheit untergehen; sie bildet das sensualistische Gegenstück zu dem spiritualistischen Faust. Aber jene sind auf german. Boden erwachsen, die Gestalt des D. J. auf romanischem, und so überwiegt in ihr fast durchaus die sinnliche Lust, das Grauenhafte. Jene sind Schöpfungen der Volkssage, D. J. ist die Erfindung eines bestimmten Dichters. Was man als ursprüngliche, sagenhafte oder geschichtliche Grundlage beizubringen versucht hat, ist nachträglich erfunden. Gabriel Tellez (Tirso de Molina) wurde durch den Kampf gegen die Statue in einer Scene von Lope de Vegas «Dineros son calidad» zu einem seiner bedeutendsten Dramen angeregt, dem «Burlador de Sevilla y conbidado de piedra» (um 1630; deutsch in Dohrns «Span. Dramen», Bd. 1, Berl. 1841), das wahrscheinlich er selbst in «Tan largo me lo fiais» (Neuausg. in «Coleccion de libros raros», Bd. 12, Madr. 1878) nochmals umarbeitete. Dem Helden D. J. lieh er den Namen der Tenorio, einer der bedeutendsten ausgestorbenen Sevillaner Familien. D. J. Tenorio ist wegen seiner Ausschweifungen nach Neapel verbannt, gewinnt dort unter der Maske ihres Verlobten nachts die Herzogin Isabella und flieht noch unerkannt vor der Entdeckung. Der Sturm wirft ihn an die Küste von Tarragona und er verführt die Fischerin Tisbea, welche ihm zu Hilfe gekommen ist, um sie sofort zu verlassen. In Sevilla täuscht er dann seinen Freund, den Marquis de la Mota, und in dessen Mantel jenes Geliebte, Doña Ana. Sie erkennt den Betrug, ruft um Hilfe, D. J. tötet ihren Vater, den Komtur, und entweicht. Während der Verdacht der That zunächst auf dem Marquis haftet, verführt D. J. durch Ehegelübde die Braut eines Landmanns und kehrt heimlich nach Sevilla zurück. Im Krenzgang der Kirche, wo der Komtur bestattet ist, fordert er im Zorn über die Grabschrift die Bildsäule heraus und ladet sie höhnend zum Essen. Die Statue erscheint und erwidert die Einladung. D. J. folgt ihr und stirbt vom Händedruck des Toten. Das Drama ist ungleichmäßig, enthält aber große Schönheiten; vor allem ist der Charakter D. J.s selbst vortrefflich durchgeführt. In Spanien ist es zunächst anscheinend nicht viel beachtet worden, nur eine Nachahmung Zamoras liegt vor. Sehr bald dagegen drang es nach Italien, wurde dort von Cicognini (gest. um 1650) und Giliberto (1652) bearbeitet. Die ital. Truppe in Paris spielte dort 1657 einen «Convitato di pietra», 1658 schrieben Dorimond in Lyon, 1659 Villiers in Paris (Nenausg. von Knörich, Heilbr. 1881) mit schlecht verstandenem Tttel «Le festin de Pierre, ou le fils criminel» wahrscheinlich nach Giliberto. Auf sie folgt Molières «D. J., ou le festin de pierre» (1665), später von Thom. Corneille in Verse gebracht. Er schließt sich wieder näher an Tirso an, benutzt aber auch Bestandteile der ital. Bearbeitungen, im ganzen wenig glücklich, zumal in der Behandlung der Hauptfigur. Nach ihm hat in Frankreich Rosimon (1669), in England

Shadwell (1676) den Stoff aufgenommen; unter offenbar überwiegendem Einfluß der franz. Stücke verpflanzt er sich nach Holland und auf die herumziehenden deutschen Bühnen des 18. Jahrh.; von da mit gebührendem Hervortreten des Dieners Hanswurst auf das deutsche Puppentheater. Auch als Oper wurde er schon im 17. Jahrh. mehrfach in Italien behandelt, von Gluck 1758 zu einem viel gegebenen Ballet verwertet, dann von Reghini, Cimarosa, Tritto, Albertini, Gazzaniga, den Cherubini fortsetzte, und noch spätern. Sie alle sind neben Mozarts unsterblichem Werk (1787) vergessen. Das Textbuch des ital. Abenteurers Daponte beruht wieder auf einer Verbindung der ital. Bearbeitungen mit Tirsos Schauspiel. — Im 19. Jahrh. hat das Thema eine große Anzahl von Dichtern angezogen, welche meist die Katastrophe ändern, alle eine subjektive Umgestaltung vornehmen. Nur den Namen haben mit dem ursprünglichen Typus noch gemein Schillers Balladenfragment und Byrons «Don Juan». Näher oder ferner stehen ihm Grabbes «D. J. und Faust», Lenaus bedeutende unvollendete Dichtung, Esproncedas «Estudiante de Sevilla», Zorrillas feurig-romantisches, viel gegebenes Drama und eine Reihe seiner Legenden, Campoamors geistreiche Bearbeitung, Mérimées «Les âmes du purgatoire» (1834), Dumas' «D. J. de Marana» (1836). Ferner behandelten den Stoff: Creizenach, Braun von Braunthal, Wiese, Hauch, Holtei, Mallefille, Roberge, Castil-Blaze, Laverdant, Levasseur, Ant. Hurtado, Fernandez y Gonzalez: alle Zeugen des mächtigen Eindrucks, den Tirsos Gedanke und Mozarts Musik hinterlassen haben. Vgl. Picatoste, D. J. Tenorio (Madr. 1883); Engel, Die Don Juansage (Dresd. 1887); R. M. Werner, Der Laufner D. J. Ein Beitrag zur Geschichte des Volksschauspiels (Hamb. 1891); Ch. Gounod, Mozarts D. J. (deutsch, Lpz. 1891).

Don Juan d'Austria (spr. chuahn), s. Johann [von Österreich.

Don-Kosaken oder Donische Kosaken, auch Donzen, heißen die Bewohner des Donischen Gebietes (s. d.). Dies bildet einen den Generalgouvernements gleichgestellten selbständigen Verwaltungsbezirk. Auch in militär. Hinsicht ist es den russ. Militärbezirken gleichgestellt, ohne indessen diese Bezeichnung zu führen. Die Civil- und Militärverwaltung gehen vielfach ineinander über. An der Spitze steht als oberster Civil- und Militärgewalthaber der Woißkowój-Nakásny-Ataman (s. Ataman). An der Spitze der neun Bezirke steht je ein Bezirksataman oder Bezirkschef. Über die allgemeinsten Grundzüge der Wehrverfassung des Don-Kosakenheers s. Kosaken. Die Truppen sind völlig im regulären Dienste ausgebildet und nur noch dem Namen nach irregulär. Sämtliche berittenen Regimenter (bis auf eins) und alle reitenden Don-Batterien stehen, soweit sie im Frieden aufgestellt sind, im Verbande von Kavalleriedivisionen der Armee. Im Frieden sind ständig aufgestellt: 1 Leibgarde-Kosakenregiment Sr. Maj. und 1 Leibgarde-Atamanregiment des Thronfolgers, jedes zu 4 Eskadrons; 17 Don-Kosakenregimenter zu je 6 Sotnien, 1 Leibgarde-Don-Kosaken-(reitende) Batterie Sr. Maj. und 7 Don-Kosaken-(reitende) Batterien, sämtlich zu je 6 Geschützen. Im Kriege besteht das Don-Heer aus: 1 Leibgarde-Kosakenregiment Sr. Maj., 1 Leibgarde-Atamanregiment des Thronfolgers, 1 Leibgarde-Reserve-Kosakenregiment, 51 Don-Kosaken-Reiterregimentern, sämtlich zu je 6 Sotnien, ferner 30 selbständigen Sotnien, 1 Leibgarde-Don-Kosaken-(reitende) Batterie und 21 Don-Kosaken-(reitende) Batterien zu je 6 Geschützen, sowie 1 Reitenden Ersatzbatterie zu 4 Geschützen. An Lokaltruppen (unberitten, für den Garnisondienst) bestehen im Frieden wie im Kriege 9 Lokalkommandos (Nowo-Tscherkassk, Taganrog, Rostow, Kamenskaja, Ust-Medwjediza, Urjupinskaja, Konstantinowskaja, Nischnetschirskaja, Welikoknjasheskaja). Die Kriegsstärke des Don-Heers beträgt ausschließlich Lokaltruppen und Heereswehr (Opoltschenie) rund 1600 Offiziere, 61000 Mann, 64000 Pferde und 136 Geschütze. Ein Teil der Mannschaften ist im Eisenbahndienste ausgebildet.

Die Bewaffnung der berittenen Regimenter besteht in Schaschka (Kosakensäbel) und Berdan-Kosakengewehr (gezogener Hinterlader, 10,7 mm Kaliber); die Pike (Lanze) führt nur das erste Glied. Die Batterien sind mit gezogenen Hinterlade-Stahlkanonen neuen Musters ausgerüstet, wie die Reitenden Batterien der regulären Armee. Der Schnitt der Uniform entspricht dem Armeeschnitt im allgemeinen; die Grundfarbe ist dunkelblau.

Dontage, Donnlage, Donnlägig, fälschlicher Ausdruck für Tonnlage (s. d.), Tonnlägig.

Donna (vom lat. domina), s. Don (Titel).

Donna è mobile, «die Frau ist veränderlich», sprichwörtliches Citat aus Verdis 1851 aufgeführter Oper «Rigoletto», deren Text von F. M. Piave ist. [Dona-Francisca.

Donna-Francisca, Kolonie in Brasilien, s.

Donndorf. 1) Dorf im Kreis Eckartsberga des preuß. Reg.-Bez. Merseburg, 22 km im NW. von Eckartsberga, nahe an der Unstrut und an der Nebenlinie Naumburg a. S.-Artern der Preuß. Staatsbahnen, hat (1890) 898 E., Postagentur, Telegraph und ein ehemaliges Nonnenkloster, jetzt Klosterschule (Progymnasium), 12. Juni 1561 gestiftet, unter dem Patronat des Freiherrn von Werthern-Bachra. — 2) Dorf im Bezirksamt Bayreuth des bayr. Reg.-Bez. Oberfranken, 5 km westlich von Bayreuth, hat (1890) 437 E. In der Nähe die Privatirrenanstalt St. Gilgenberg und das 1763 erbaute Schloß Fantasie auf dem Kamme eines dichtbewaldeten Hügels, mit prächtigem Park.

Donndorf, Karl Adolf, Bildhauer, geb. 16. Febr. 1835 zu Weimar, wo er bei Preller und Jäde seine künstlerische Laufbahn begann, die er 1853—61 bei Rietschel in Dresden fortsetzte, zum Teil mit an dessen Arbeiten beschäftigt. Nach dem Tode Rietschels erhielt er zusammen mit Kietz den Auftrag, das Lutherdenkmal in Worms zu vollenden. D. schuf die Statuen des Kurfürsten Friedrich des Weisen, Reuchlins, Savonarolas, Petrus Waldus und der Stadt Magdeburg. Für die Wartburg begann D. mehrere Figuren berühmter thüring. Landgräfinnen, deren Aufstellung indes unterblieb. 1870—71 folgte die Herstellung des Reiterdenkmals für Karl August von Weimar (1875). Ferner schuf D. das Cornelius-Denkmal (Erzstatue) für Düsseldorf (1879) und den Engel des Weltgerichts für die Grabkapelle des Schlosses Rheineck, 1880 das Denkmal R. Schumanns auf dem Friedhof in Bonn, 1883 das Burschenschaftsdenkmal in Jena, 1884 das Denkmal Joh. Seb. Bachs in Eisenach; ferner sind hervorzuheben das Goethe-Denkmal in Karlsbad, ein Monumentalbrunnen für Neuyork, der Façadenschmuck der Königl. Bibliothek zu Stuttgart, das Denkmal des Fürsten Karl Anton von

Hohenzollern zu Sigmaringen, das Freiligrath-Denkmal in Cannstatt und eine Anzahl von Büsten, darunter Bismarck, Moltke, der Ästhetiker Vischer u. s. w. D. lebt seit 1877 als Professor der Bildhauerkunst an der Kunstschule in Stuttgart.

Donne (spr. donn), John, engl. Dichter und Kanzelredner, geb. 1573 zu London, studierte zu Oxford und Cambridge die Rechte, trat zum Protestantismus über und hielt sich dann 3 Jahre lang in Spanien und Italien auf. Nach der Rückkehr Sekretär des Großsiegelbewahrers Lord Ellesmere, wurde er dann Geistlicher und erwarb sich schnell großen Ruf und Einfluß. 1621 ernannte ihn der König zum Dechanten der Paulskirche. Er starb 31. März 1631. Seine lyrischen Schöpfungen sind meist Gelegenheitsgedichte und zeigen ganz den leichtfertigen Charakter der Zeit. Höher stehen «Pseudo-Martyr» (1610), womit er Jakobs Gunst gewann, und «Polydoron» (1631). Seine Predigten erschienen nach dem Tode in 3 Foliobänden (1640, 1649 und 1660). Eine Gesamtausgabe seiner Werke (mit Memoir) gab H. Alford heraus (6 Bde., Oxf. 1839). Sein Leben beschrieb Isaak Walton (1640, in Bd. 1 von D.s Predigten; auch besonders hg. 1865). Vgl. A. J. Kempe, D. the first preacher (Lond. 1877).

Donner nennt man das dem Blitz (s. d.) folgende rollende Getöse, das sich, der Entstehung nach und in verkleinertem Maßstabe, dem Knistern des elektrischen Funkens einer Elektrisiermaschine sowie dem Knallen bei der Entladung einer Leidener Flasche vergleichen läßt. Wall (1708) machte zuerst auf die Ähnlichkeit des D. mit dem Geräusch eines elektrischen Funkens aufmerksam, worauf dann Franklin (1746—53) alle Gründe zusammenfaßte, die für die elektrische Natur des Blitzes und des ihn begleitenden D. sprachen. Daß der D. erst nach dem Blitze gehört wird, rührt daher, daß das Licht fast augenblicklich zum Auge gelangt, der Schall dagegen einer längern Zeit bedarf, um vom Orte seiner Entstehung zum Ohre zu kommen. Das Rollen des D. entsteht durch eine Zurückwerfung des Schalls von den Wolken und den festen Teilen (besonders Gebirgswänden) der Erdoberfläche. Das oft mehreremal sich wiederholende Anschwellen desselben dagegen ist eine Folge davon, daß der Blitz aus mehrern an verschiedenen Stellen zwischen den Wolken überschlagenden Funken gebildet ist, und somit der von diesen in verschiedenen Entfernungen vom Beobachter liegenden Punkten fast gleichzeitig ausgehende Schall zu verschiedenen Zeiten das Ohr des Beobachters erreicht. Hauptsächlich hat aber das Rollen sowohl wie das Anschwellen des D. seinen Grund in der gebrochenen Bahn des Blitzes. Die Regel, daß aus der Anzahl Sekunden, die zwischen Blitz und D. verstreicht, die Entfernung des Gewitters bestimmt werden könne, bezieht sich natürlich nur auf die dem Beobachter nächste Stelle eines Blitzes, und man kann sagen, daß die nächste Stelle des Blitzes ungefähr so viel mal 340 m vom Beobachter entfernt ist, als zwischen Blitz und D. Sekunden vergehen. Da der D. beim Übergang aus der dünnern Luft in die tiefern, dichtern Luftschichten sehr abgeschwächt wird, ist er schon auf geringe Strecken unhörbar; die größte zwischen Blitz und D. beobachtete Zeitdauer ist 72 Sekunden, die Entfernung des Gewitters daher 24 km, während heftiges Geschützfeuer auf 120 km Entfernung gehört wird. Nach Peytier und Hossard ist der D. in der Gewitterwolke selbst dumpf, wie von Pulver, das im Freien ohne Sprengung explodiert. Die Dauer des D. ist verschieden, nach Delisle bis zu 50 Sekunden.

Donner, Georg Raphael, Bildhauer, geb. 25. Mai 1692 zu Eßlingen bei Wien, erhielt seine künstlerische Ausbildung auf der Akademie in Wien und wurde 1724 zum kaiserl. Galeriebaudirektor ernannt. Um jene Zeit entstanden die trefflichen Reliefs, darstellend das Urteil des Paris und Venus in der Schmiede Vulkans. Trotz zahlreicher Kunstaufträge blieb D. von der Gunst des Publikums vernachlässigt, wozu sein Widerwille gegen Ceremonien und Formsachen beitrug. Nachdem D. einige Zeit in Salzburg gelebt hatte, wandte er sich nach Preßburg, wo er 1729 die Stelle eines fürstl. Esterházyschen Baudirektors erhielt. Während D.s zehnjährigen Aufenthalts in Ungarn entstanden die kolossale Reiterstatue des heil. Martin für die Hauptkirche in Preßburg (aus Blei), die Marmorstatue Kaiser Karls VI., zwei Marmorreliefs (Christus und die Samariterin, Hagar in der Wüste) für den Stephansdom in Wien (jetzt in der kaiserl. Kunstsammlung). 1739 ging D. nach Wien zurück; er schuf dort den Brunnen mit der Befreiung der Andromeda durch Perseus (aus Blei) für den Hof des Rathauses, sowie sein größtes Werk, den Brunnen am Neuen Markt, welchen die aus Blei gegossenen (durch bronzene Kopien ersetzten) Figuren der Vorsehung und der vier Hauptflüsse Niederösterreichs schmücken. (S. Tafel: Deutsche Kunst V, Fig. 4.) D. starb 15. Febr. 1741 zu Wien. Er gehört unter jene Bildhauer, die aus der manierierten Richtung des Bernini zum Naturstudium zurückstrebten. Auf diesem Wege gelangte er, ohne in Italien die Antike studiert zu haben, zu einer reinern Auffassung, die, im allgemeinen dem klassicistischen Rokoko zugehörig, feines Formgefühl und kühne geistvolle Erfindungsgabe verrät. Kleinere Arbeiten, Reliefs, Crucifixe, Porträte, meistens in Bleiguß gefertigt, sind in Wien im Privatbesitz. Vgl. Schlager, Georg Raphael D. (Wien 1853); Ilg, Album österr. Bildhauerarbeiten des 18. Jahrh. (ebd. 1880).

Donner, Joh. Jak. Christian, Philolog und Übersetzer, geb. 10. Okt. 1799 zu Krefeld, studierte in Tübingen Theologie und Philosophie, wurde Repetent am theol. Seminar zu Urach, dann am Stift zu Tübingen, 1827 Professor am obern Gymnasium zu Ellwangen, 1843 in Stuttgart. Er trat 1852 in den Ruhestand und starb 29. März 1875 in Stuttgart. D. hat seine Kunst des Übersetzens, mit Ausnahme der «Lusiaden» des Portugiesen Camões (Stuttg. 1833), nur den Klassikern des Altertums zugewandt. Es erschien von ihm: Juvenal (Tüb. 1821), Persius (Stuttg. 1822), Sophokles (Heidelb. 1839; 11. Aufl., 2 Bde., Lpz. 1889; sein bekanntestes Werk), Euripides (3 Bde., Heidelb. 1841—52; 3. Aufl. 1876), Äschylus (Stuttg. 1854), Homer (2 Bde., ebd. 1855—58; 2. Aufl. 1864—66), Aristophanes (3 Bde., Lpz. 1862), Pindar (ebd. 1860), Terenz (2 Bde., ebd. 1864), Plautus (3 Bde., ebd. 1864—65) und Quintus Smyrnäus (Stuttg. 1866).

Donnerbesen, s. Hexenbesen.

Donnerbücher enthalten die Bedeutung von Blitz und Donner für jeden Tag des Jahres. Sie wurden zur Zeit Ciceros aus dem griech. Urtext durch Figulus in die latein. Sprache übertragen.

Donnerbüchse, deutsche Bezeichnung für Bombarde (s. d.); die D. gehört zu den ersten Pulvergeschützen und führt den Namen im Gegensatz zu den ältern geräuschlosen Schießmaschinen.

Donnerkeile, s. Belemniten.

Donnerlegion (lat. legio fulminatrix, fulminata), Name der röm. Legion von Melitene in Kappadocien; sie wurde Anlaß zu der christl. Sage, daß die Errettung Marc Aurels und seines Heers von Wassermangel und Verdurstung durch Gewitterregen im Quadenkriege von 174, durch das Gebet jener Legion herbeigeführt sei, die ganz aus Christen bestanden habe. Man erdichtete im Zusammenhange damit ein (noch vorhandenes) den Christen Schutz verheißendes und deren Ankläger mit Strafe bedrohendes kaiserl. Reskript. Doch war der Name Fulminata jener Legion schon seit der Zeit des Kaisers Augustus vorhanden, hängt also mit jenem Ereignis nicht zusammen. Vgl. Keim, Aus dem Urchristentum (Zür. 1878); ders., Rom und das Christentum (Berl. 1881).

Donnermaschine, Vorrichtung zur Hervorbringung eines donnerähnlichen Geräusches auf der Bühne, von den Alten Bronteion (s. d.) genannt. Solcher Vorrichtungen giebt es sehr verschiedene: eine Eisen- oder Kupferblechtafel, schnell hin und her geschüttelt; ein schwerer mit Steinen gefüllter Wagen auf eckigen Rädern, der auf dem Schnürboden auf einer unebenen Fläche gefahren wird, u. a. Am gebräuchlichsten ist ein großes paukenähnliches Gestell, auf dem ein straff gespanntes Eselsfell mit Doppelschlägern bearbeitet wird. Das den Einschlag anzeigende Krachen bringen Kieselsteine, Gußstücke u. dgl. hervor, die in einem innen mit Querleisten benagelten Holzschlauch herabrollen.

Donnerpfeile (Donnerkeile), s. Belemniten.

Donnerpilz, s. Hexenpilz.

Donnersberg (Mons Jovis), nördlichste Berggruppe in der bayr. Rheinpfalz, nördlich der Hardt, ist 687 m hoch, besteht aus Porphyr, hat eine sargähnliche Gestalt und fällt von der 4 km breiten Hochfläche überall steil ab. An den untern Gehängen bedecken ihn herrliche Viehweiden, oben prächtige Buchen. Bis 415 m Höhe reifen echte Kastanien. Auf der Hochfläche sind Reste eines vielleicht von Römern oder Kelten aufgeführten Walles erhalten. Unter den durch bequeme Wege zugänglich gemachten Felsmassen ist der Moltkefels mit 16 ehernen Siegestafeln versehen. Die wildesten Partien sind die an der südöstlich sich herabsenkenden Schlucht des Wildensteiner Thales gelegenen, wo auch die Ruinen von Wildenstein stehen, und das nach SW. ziehende romantische Falkensteiner Thal. Vgl. Groß, Wegweiser auf den D. (Kreuznach 1878).

Donnersberger Bahn, von Kaiserslautern nach Enkenbach und von Langmeil bis hess. Grenze bei Alzey (38,94 km, 1873—75 eröffnet), gehört zu den pfälz. Nordbahnen.

Donnersmarck, s. Hendel von Donnersmarck.

Donnerstag (engl. Thursday, schwed. Torsdag, lat. dies Jovis, frz. Jeudi), der fünfte Tag der Woche, so genannt nach dem deutschen Gotte Donar (s. d.).

Dönniges, Franz Alexander Friedr. Wilh., Ritter von, Diplomat und Publizist, geb. 13. Jan. 1814 in Colbatz bei Stettin, widmete sich zu Bonn und Berlin staatswissenschaftlichen und histor. Studien und begann hierauf staatswissenschaftliche Vorlesungen an der Berliner Universität. Histor. Arbeiten führten ihn 1838 und 1839 nach Italien. 1841 wurde D. Professor in Berlin, folgte aber dem damaligen Kronprinzen, nachherigen Könige Max II. von Bayern, 1842 nach München und teilte hier dessen histor. und staatswissenschaftliche Studien. 1845—47 war D. von München fern, wurde aber 1847 als Bibliothekar des Kronprinzen wieder nach München berufen, 1851 zum Legationssekretär ernannt und zweiter Bevollmächtigter Bayerns bei den «Dresdener Konferenzen». Noch im Herbst desselben Jahres trat er jedoch aus dem Staatsdienste in das mehr persönliche Verhältnis zum Könige zurück. 1852 Ministerialrat im Ministerium des Auswärtigen, trat er 1855 abermals zurück und ging 1856 als Attaché der bayr. Gesandtschaft nach Turin. 1859 nahm D. Aufenthalt in der Schweiz, 1862 erfolgte seine Ernennung zum bayr. Geschäftsträger in der Schweiz, doch gab er diese diplomat. Stellung nach dem Tode Max II. auf (1864). 1865 siedelte er von Genf nach München über, wo er sich bestrebte, Bayern vom Kriege zurückzuhalten. Im Juli 1867 wurde D. zum außerordentlichen Gesandten in Bern ernannt, erhielt Anfang 1869 eine außerordentliche Mission nach Madrid und ging Febr. 1870 als bayr. Gesandter an den ital. Hof. Er starb 4. Jan. 1872 zu Rom. In seinen polit. Ansichten und Bestrebungen huldigte er einem gemäßigt-liberalen Fortschritt, in der deutschen Frage der «Triasidee». Die von ihm in Turin entdeckten kaiserl. Ratsbücher Heinrichs VII. gab D. u. d. T. «Acta Henrici VII.» (2 Bde., Berl. 1839) heraus und verarbeitete sie teilweise in einer unvollendeten «Geschichte des deutschen Kaisertums im 14. Jahrh.» (2 Tle., ebd. 1841—42). Für Rankes «Jahrbücher des Deutschen Reichs unter dem sächs. Hanse» bearbeitete er die «Jahrbücher unter der Herrschaft Kaiser Ottos I.» (ebd. 1840). Ferner erschienen von ihm: «System des freien Handels und der Schutzzölle» (ebd. 1847) und «Die deutsche Schiffahrtsakte und die Differentialzölle» (ebd. 1848) sowie eine deutsche Bearbeitung der «Altschott. und altengl. Volksballaden» (Münch. 1852).

Seine Tochter, Helene von D., bekannt durch ihr Verhältnis zu Lassalle (s. d.), der wegen dieser Beziehungen von dem walach. Bojaren Racowitza im Duell erschossen wurde, verheiratete sich erst mit diesem, später mit dem Schauspieler Siegwart Friedmann.

Donnlage, Donnlägig, s. Donlage.

Donnskale, s. Gunterskale.

Donon (spr. -nóng, Rougemont), 1008 m hoher Berg in den Vogesen, nordwestlich von Schirmeck im Unterelsaß, an der südöstl. Grenze von Lothringen. Über ihn führt die Dononstraße als Verbindung zwischen Molsheim (Unterelsaß) und Saarburg (Lothringen). Auf seinem Gipfel, der wegen seiner herrlichen Rundschau häufig besucht wird, finden sich Spuren röm. oder kelt. Tempelstätten.

Donoratico, Grafen von, Zweig der Familie Gherardesca (s. d.).

Donōso Cortés, Juan Francisco Maria, Marques von Valdegamas, span. Publizist, Rechtsgelehrter und Diplomat, geb. 6. Mai 1809 zu El-Valle in Estremadura, widmete sich zu Salamanca und Caceres den philos., zu Sevilla den juridischen Studien und wurde 1829 Professor der schönen Wissenschaften am Kollegium zu Caceres. Als 1832 König Ferdinand VII. schwer erkrankte und es wahrscheinlich wurde, daß seiner Tochter das Thronfolgerecht bestritten werden würde, überreichte D. C. der Königin-Regentin eine Denkschrift, worin er das Thronfolgerecht Isabellas II. als unbestreitbar darzustellen suchte. Dafür wurde D. C. im Febr.

1833 Offizial im Ministerium der Gnaden und Justiz, 1834 Sekretär der Königin. 1836 erhielt er das Amt eines Sektionschefs im Ministerium der Gnaden und Justiz und wurde später Sekretär des Ministerkonseils, auf welchen Posten er jedoch verzichtete, als infolge des Aufstandes von La Granja die Partei der Exaltados ans Ruder gekommen war. Zu den Cortes, die auf die konstituierenden folgten, wurde er als Deputierter der Provinz Cadiz gewählt. Nachher redigierte er mit Alcalá Galiano die Zeitschrift «El Piloto», dann einige Zeit die «Revista» von Madrid. Nachdem D. C. 1840—43 als Emigrant im Auslande gelebt, kehrte er nach Spanien zurück und wurde zum königl. Rat ernannt. 1849 war er Gesandter in Berlin, dann in Paris, wo er 3. Mai 1853 starb. Unter seinen Schriften (gesammelt mit Biographie von Tejado, 5 Bde., Madr. 1854—55) sind besonders zu erwähnen: «Consideraciones sobre la diplomacia, y su influencia en el estado politico y social de Europa» (Madr. 1834), «La ley electoral, considerada en su base y en su relacion con el espiritu de nuestras instituciones» (edd. 1835), «Lecciones de derecho politico» (edd. 1837). D. C. war nicht nur ein vielseitig gebildeter Staatsmann und gelehrter Jurist, sondern auch vorzüglicher Stilist und Redner und galt als erster Parlamentsredner Spaniens bis zur Zeit Olózagas. [s. Hutchinson, John Heiv.

Donoughmore (spr. donnĕmohr), Grafen von,

Donov. hinter wissenschaftlichen Namen von Tieren bedeutet Edward Donovan (spr. dónnŏwänn), einen engl. Naturforscher und Maler. Von ihm eine Reihe zoolog. Prachtwerke, u. a. «Natural history of British Quadrupeds etc.» (3 Bde. mit 72 Taf., Lond. 1810—20), «Natural history of British Birds» (11 Bde. mit 244 Taf., edd. 1794—1818), «The natural history of British Fishes» (5 Bde. mit 126 Taf., edd. 1802—8), «The natural history of British Shells» (5 Bde. mit 180 Taf., edd. 1803—4), «The natural history of British Insects» (16 Bde. mit 576 Taf., edd. 1792—1813), «Epitome of the natural history of the Insects of China» (neu hg. von Westwood, mit 50 Taf., edd. 1842) u. s. w.

Don Quixote (spr. kichohte, oder französiert: Don Quichotte, spr. dong kischótt), der Ritter von der traurigen Gestalt, Held des berühmten Ritterromans von Cervantes (s. d.); danach Bezeichnung für einen abenteuersüchtigen Narren, Schwärmer, Prahler. Donquichotterie (spr. dongkischott'rih), Donquichottiäde, abenteuerlicher Streich, abenteuerliche Erzählung.

Don Ranūdo, Bezeichnung für einen von bettelhaftem Adelstolz aufgeblähten Menschen, nach dem Titel («Don Ranudo de Colibrados») eines Lustspiels des dän. Dichters Ludwig von Holberg; Ranudo ist Anagramm von: O du Nar(r).

Donskoiwolle, eine Art südruss. Schafwolle.

Dont, Jak., Violinvirtuos und Komponist, geb. 2. März 1815 in Wien, wurde zuerst durch seinen Vater und später auf dem dortigen Konservatorium gebildet, an dem er seit 1873 als Professor des Violinspiels kurze Zeit wirkte. Er starb 17. Nov. 1888. Außer großern Violinkompositionen schrieb D. zahlreiche Etüden (gesammelt als «Gradus ad Parnassum») und sonstige treffliche Schulwerke für die Violine.

Dontgeschäft (spr. dong-), ist ein Börsengeschäft auf Zeit, bei dem der Käufer sich vorbehalten hat, zur Erfüllungszeit event. gegen Zahlung eines Reugeldes (einer Vor- oder Dontprämie) vom Vertrage zurückzutreten. Die betreffenden Papiere haben für solche Geschäfte einen besondern Kurs, welcher den der festen Zeitgeschäfte um einen wechselnden Betrag (Écart, s. d.) übersteigt. Diesem Prämienkurse wird nach der Gewohnheit der Pariser Börse im Kurszettel das Reugeld mit dem Zusatz «dont» beigefügt, sodaß also die Notiz z. B. lautet: 3 Proz. Rente 98.50 dont 1.50 oder auch abgekürzt 98.50/1.50, und durch diesen Gebrauch ist der Name D. entstanden. (S. Prämiengeschäfte.)

Dontprämie, s. Dontgeschäft.

Donum (lat.), Gabe, Geschenk; D. continentiae, Gabe der Enthaltsamkeit oder Keuschheit; D. docéndi, Lehrgabe; D. gratuitum, Gnadengeschenk (s. Don gratuit); D. matutināle, Morgengabe (s. d.).

Donum («osman. Joch»), bis zum 1. (13.) März 1874 gesetzliches türk. Feldmaß von 1600 Quadrat-Pik Hâledi = 900 Quadrat-Yards oder 7,525 a.

Donum superadditum (lat., «überschüssige Zugabe»), in der Lehre der röm.-kath. Kirche die anerschaffene leibliche, geistige und sittliche Vollkommenheit der ersten Menschen vor dem Sündenfall, weil diese Vollkommenheit zu der auch nach dem Falle nicht verloren gegangenen natürlichen Ausrüstung des Menschen gnadenweise hinzugefügt gewesen sein soll. Die Protestanten verwerfen diese Lehre, weil, was zur Menschheit gehört, nicht als eine zufällige, ohne Schaden der Menschennatur fehlende Zugabe betrachtet werden könne.

Donus, zwei Päpste, s. Domnus.

Donzen, s. Don-Kosaken.

Doo (spr. duh), George Thomas, engl. Kupferstecher, geb. 6. Jan. 1800 zu London, bildete sich daselbst und in Paris bei Gros aus. Er starb 13. Nov. 1886 in Sutton (Surrey). Aus der großen Zahl seiner Stiche in Linienmanier sind hervorzuheben seine Stiche nach Lawrence: Nature, Lord Eldon, Miß Murray, Lady Selina Meade, und die von Newton gemalten Shakespeareschen Gestalten. Auch nach ältern Meistern wie Sebastiano del Piombo, Correggio hat D. gestochen.

Doompalme oder Dumpalme, s. Hyphaene.

Doomsday-book (engl., spr. duhmsdehbuck), s. Domesday-book.

Doon (spr. duhn), Feldmaß der hinterind. Landschaften Aratan, im brit. Birma, = $6^1/_3$ engl. Acres oder 256,2916 a.

Doon (spr. duhn), Fluß in der schott. Grafschaft Ayr, geht aus dem See Enoch hervor, durchfließt den finstern Doonsee (9 km) und mündet 4 km südlich von Ayr in den Firth of Clyde. Der D. ist fischreich und berühmt durch die Gedichte von Burns.

Door, Anton, Musiker, geb. 20. Juni 1833 in Wien, trat früh als Klavierspieler auf, machte Kunstreisen ins Ausland und war dann in Moskau thätig. 1869 wurde er Professor der Klavier-Ausbildungsklasse am Konservatorium in Wien und hat in dieser Stellung ausgezeichnete Schüler gebildet (M. Rosenthal u. a.). Auf seinen Kunstreisen suchte D. namentlich die lebenden Tonsetzer bekannt zu machen und ihren Werken Geltung zu verschaffen.

Doornick, belg. Stadt, s. Tournai.

Döpler, Karl Emil (der Ältere), Historienmaler, geb. 8. März 1824 zu Warschau, widmete sich seit 1844 der Architekturmalerei und lebte dann einige Jahre als Illustrator in Neuyork. Er kehrte 1859 nach Europa zurück, war 1860—70 Kostümzeichner des

Theaters zu Weimar und Lehrer der Kostümkunde an der Kunstschule daselbst und ließ sich 1870 in Berlin nieder. D. hat sich um die histor. Behandlung des Kostüms sehr verdient gemacht durch die 500 Zeichnungen zur Aufführung von Wagners «Ring des Nibelungen» in Bayreuth, 1876. Von seinen Genrebildern sind zu nennen: Der Überfall, Die Witwe von Sadowa, Das Geheimnis. Außerdem malte er im Münchener Nationalmuseum in Fresko die Herzogin Maria Anna und den Herzog Karl von Zweibrücken, im Hanse Ravené in Berlin die vier Hauptfeste des Jahres und zahlreiche dekorative Wandgemälde in der Philharmonie und im Centralhotel zu Berlin.

Emil D., Sohn des vorigen, geb. 29. Okt. 1855 in München, Schüler seines Vaters und K. Gussows, ist als Aquarellmaler und Adressenzeichner bekannt. Von seinen Staffeleibildern sind zu erwähnen: Liebesleid und Liebesfreud' (zwei Jungfrauengestalten in altdeutscher Tracht; 1879), Modellpause (1887), Anfang vom Ende (1891); ferner 45 Illustrationen zu Carmen Sylvas «Mein Rhein».

Doppeladler, s. Adler (als Symbol).

Doppelaspirator, s. Aspirator.

Doppelatmer, s. Lungenfische.

Doppel-b, Vorsetzungszeichen in der Musik, besteht aus zwei nebeneinander gesetzten ♭ (♭♭) und erniedrigt eine Note um einen ganzen Ton.

Doppelbecher, Kredenzbecher, ein im 15. Jahrh. aufgekommenes, meist aus Silber gearbeitetes Trinkgefäß, das aus zwei halbkugel- oder kegelförmigen Schalen besteht, die so zusammengesetzt werden konnten, daß die obere kleinere den Deckel der untern größern, zugleich als Ständer dienenden Schale bildete. Im 16. Jahrh. nahm der D. eine andere Gestalt an; gewöhnlich bildete den größern Becher die Figur einer Dame in damaliger reicher Tracht. Ein solcher D. war bei Tafel für einen Herrn und dessen Dame bestimmt; letztere trank aus dem kleinen Becher, kehrte dann den größern um, der nun für den Herrn gefüllt wurde und mit einem Zuge geleert werden mußte, da das Gefäß nur auf dem Saum des Kleides der Figur niedergesetzt werden konnte.

Doppelbesteuerung im weitern Sinne ist die wiederholte Besteuerung eines und desselben Steuerobjekts innerhalb des nämlichen Staates oder seitens verschiedener Staaten. Sie tritt z. B. ein bei Ausländern, welche im Inlande ein steuerpflichtiges Gewerbe betreiben oder mit Grundbesitz ansässig sind, oder wenn der Gewinn einer Aktiengesellschaft sowohl bei dieser selbst als auch bei den Aktionären besteuert wird u. s. w. In diesen Fällen wird gewöhnlich neben einer Ertragssteuer eine Einkommensteuer entrichtet. Im engern und eigentlichen Sinne bezeichnet man indes nur die Heranziehung desselben Steuerobjekts in zwei verschiedenen Staaten als D., die infolge der Entwicklung des Verkehrswesens und der weitern Ausbildung der direkten Steuern zu größerer Bedeutung gelangt ist. In Ländern, in denen eine Reihe selbständiger Staatswesen zu einem Bundesstaat zusammengefaßt ist (z. B. Deutschland, Schweiz u. s. w.), wird die D. am leichtesten praktisch. Die D. im eigentlichen Sinne ist aus Rücksichten der Gerechtigkeit und Zweckmäßigkeit nicht zu billigen und ließe sich nur durch Ausbildung eines internationalen Steuerrechts beseitigen. Hierbei würde etwa der Grundsatz zu befolgen sein, daß Ertragsteuern dem Staat zufließen, in dem das Objekt gelegen ist, Personal-, Einkommen- und Verbrauchssteuern dagegen dem Staat, in welchem der Verbrauch erfolgt oder der Wohnsitz liegt. Einstweilen dürfte aber auf eine internationale Verständigung über die D. nicht zu rechnen sein, schon weil die Steuersysteme zu verschieden sind. Leichter ist die Regelung in den Bundesstaaten. Die Schweiz und Deutschland haben denn auch schon seit längerer Zeit die Beseitigung der D. gesetzlich geordnet, in der Hauptsache in gleicher Weise. Das deutsche Gesetz vom 13. Mai 1870 stellt folgende Grundsätze auf: ein Deutscher darf nur in demjenigen Bundesstaate zu den direkten Staatssteuern herangezogen werden, in dem er s[illegible] Wohnsitz hat oder, wenn er keinen Wohnsitz hat, sich aufhält. Hat jemand in seinem Heimatsstaate und noch in einem andern Bundesstaate einen Wohnsitz, so ist er nur in dem erstern steuerpflichtig. Der Grundbesitz und der Betrieb eines Gewerbes ist nur in dem Staate zu besteuern, in welchem jener liegt oder das Gewerbe betrieben wird. Gehalte, Pensionen u. s. w., die aus der Kasse eines Bundesstaates bezahlt werden, sind nur in dem Staate zu besteuern, der sie bezahlt. Das Reichsgesetz bezieht sich indessen nur auf Staatssteuern. Eine D. für Gemeindezwecke wird dadurch nicht verhindert. In dieser Beziehung sind für Preußen zur Vermeidung der D. der Gemeinden des preuß. Staates Bestimmungen in dem Gesetze vom 27. Febr. 1885 getroffen. Vgl. Zürcher und Schreiber, Kritische Darstellung der bundesrechtlichen Praxis, betreffend das Verbot der D. (Bas. 1882); Antoni, Die Steuersubjekte im Zusammenhalt mit der Durchführung der Allgemeinheit der Besteuerung nach den in Deutschland geltenden Staatsgesetzen (im «Finanz-Archiv», V, Stuttg. 1888).

Doppelbildmikrometer heißen in der Astronomie Mikrometer, die darauf beruhen, daß von jedem der beiden Gestirne, deren Winkelabstand zu messen ist, im Brennpunkt zwei Bilder erzeugt werden. Es kann dies geschehen dadurch, daß man das Objektiv in zwei getrennte und gegeneinander verschiebbare Hälften teilt (s. Heliometer) oder daß man das Okular teilt oder endlich daß man Prismen in den vom Objektiv erzeugten Strahlenkegel einschaltet. Das Princip der Messung ist bei den beiden letztern Arten von D. wesentlich das nämliche wie beim Heliometer; indessen haben sich im allgemeinen die D., bei denen die Verdoppelung der Bilder nicht durch das Objektiv selbst, sondern durch eine im Okular angebrachte Vorrichtung bewirkt wird, in der Praxis nicht bewährt.

Doppelbindung zwischen Elementaratomen kann nur dann erfolgen, wenn die letztern mehrwertig sind. Sie besteht nach der Ansicht der neuern Chemie darin, daß zwei mehrwertige Elementaratome sich unter Aufwand von je zwei ihrer Wertigkeiten miteinander chemisch vereinigen. So findet z. B. D. zweier zweiwertiger Sauerstoffatome im Molekül des Atmosphärsauerstoffgases, $O{=}O$, statt, während im Ozon drei Sauerstoffatome jedes mit zwei andern nur einfach gebunden sind: $\overset{O}{O{-\!-\!-}O}$. Sind die durch D. aneinander gefesselten Elementaratome drei- oder noch mehrwertig, so können sie weiter mit andern Elementen vereinigt sein, z. B. sind in den sog. Azoverbindungen, wie im Azobenzol, $C_6H_5{-}N{=}N{-}C_6H_5$, zwei dreiwertige Stickstoffatome untereinander doppelt und jedes mit seiner dritten Valenz an ein anderes Element oder

Radikal, hier Phenyl, C_6H_5, gebunden. D. kommt namentlich häufig zwischen Kohlenstoffatomen vor und spielt in der organischen Chemie eine große Rolle. Der einfachste Körper dieser Art ist das Äthylen $\begin{matrix}H\\H\end{matrix}\!>\!C=C\!<\!\begin{matrix}H\\H\end{matrix}$ (s. Ungesättigte Verbindungen). D. kann aber auch zwischen zwei verschiedenen Elementaratomen eintreten. So ist sie z. B. zwischen Kohlenstoff und Sauerstoff einmal im Kohlenoxyd $C=O$, zweimal im Kohlensäuregas anzunehmen $O=C=O$.

Doppelboden, auf eisernen Schiffen, hat den Zweck, dem Schiff bei Verletzung des äußern Schiffsbodens infolge von Auflaufen auf Steine u. s. w. die Schwimmfähigkeit zu erhalten; der D. ist je nach Größe des Schiffs mehr oder weniger hoch über dem Kiel angebracht, der Zwischenraum zwischen der Außenhaut und dem D. ist durch eine große Zahl von Querschotten (s. d.) längs und quer in möglichst viele wasserdicht abgeschlossene Einzelzellen geteilt, damit bei Verletzungen ein möglichst geringer Raum voll Wasser läuft. Durch ein kompliziertes Röhren- und Schleusensystem können die einzelnen Zellen leergepumpt werden; gleichzeitig kann dasselbe dazu benutzt werden, mit Absicht bestimmte Zellen mit Wasser zu füllen, um damit dem Schiff einen Ballast zu geben, der mit leichter Mühe nach Belieben wieder entfernt werden kann.

Doppelbrechung, die Zerlegung eines Lichtstrahls in zwei beim Durchgang durch einen anisotropen Körper (s. Isotrop). Durchsichtige amorphe Körper, wie Glas, besitzen nur einfache Brechung, doch läßt sich auch in ihnen durch einseitigen Druck, durch starke Erhitzung und rasche Abkühlung ein gewisser Grad von D. erzielen. Die Krystalle des quadratischen und hexagonalen Systems, wie gelbes Blutlaugensalz und Kalkspat, sind optisch einachsig, d. h. es giebt in ihnen nur eine Richtung, nach der keine D. stattfindet, und diese Richtung, die man als optische Achse bezeichnet, fällt mit der krystallographischen Hauptachse zusammen. Nach allen übrigen Richtungen wird der Lichtstrahl in zwei Strahlen gespalten, wovon der eine, der ordinäre Strahl, nach allen Richtungen im Krystall hin den gleichen Brechungsexponenten hat, während der Brechungsexponent des andern, des extraordinären Strahls, sich je nach der Richtung ändert, in der er den Krystall durchläuft. Die D. hängt mit der Polarisation des Lichts auf das engste zusammen, denn die beiden Strahlen sind rechtwinklig zueinander polarisiert, die Schwingungsebene des einen ist stets rechtwinklig zur Hauptachse, die Polarisation des andern findet in der Ebene des Hauptschnitts, d. h. in der Ebene statt, die man durch den Lichtstrahl und die Hauptachse gelegt denken kann. Die Krystalle der drei letzten Krystallsysteme haben zwei optische Achsen, sie sind optisch zweiachsig. Im polarisierten Licht zeigen doppelbrechende Krystallplatten schöne Farbenerscheinungen (s. Chromatische Polarisation). Die D. des Lichtes wurde von Bartholin am Doppelspat entdeckt (1669). Die Kenntnis ihrer Gesetze verdankt man Huygens (1678), Young (1800—14), Malus (1808—11), Arago (1811), Fresnel (1815—22), Cauchy (1836), Neumann (1843) u. a. — Auch weiche plastische Körper, selbst Flüssigkeiten können, wie (1873) Mach, Maxwell und Kundt gefunden haben, unter Umständen doppelbrechend werden. Die Stärke dieser D. hängt von der Geschwindigkeit der Formänderung ab und besteht nur während der Formänderung. Canadabalsam, sirupdicke Phosphorsäure, geschmolzenes Glas erweisen sich bei schnellen Formänderungen als doppelbrechend. Wenn ein massiver Cylinder in einem hohlen feststehenden von derselben Achse sich rasch dreht, während der Zwischenraum mit gewissen Flüssigkeiten ausgefüllt ist, zeigen dieselben beim Hindurchsehen D. So verhält sich Leimlösung, Olivenöl, Canadabalsam, während z. B. Glycerin keine D. zeigt.

Doppelcaffinet, s. Cassinet.

Doppelchor, in der Musik eine in zwei Gruppen von gewöhnlich je vier Stimmen geteilte Gesangmasse, die kunstmäßig miteinander verbunden ist. Der D. eignet sich zur Darstellung kontrastierender Massen. Sein Ursprung liegt in den uralten Gegenchören. (S. Antiphonie und Anthem.)

Doppelcyanide entstehen durch die Auflösung von unlöslichen Cyanmetallen, z. B. Silbercyanid oder Nickelcyanid, in Cyankaliumlösung:

$$AgCN + KCN \text{ oder } Ni(CN)_2 + 2KCN \text{ u. s. w.}$$

Je nach ihrem Verhalten zerfallen sie in 2 Klassen. Die einen werden durch Mineralsäuren zersetzt, indem Blausäure frei wird und das unlösliche Metallcyanid sich ausscheidet, z. B.:

$$\underset{\text{Silbercyanid-cyankalium}}{AgCN \cdot KCN} + HNO_3 = AgCN + \underset{\text{Blausäure}}{HCN} + KNO_3.$$

Andere aber verhalten sich wie die Salze eigentümlicher zusammengesetzter Säuren, aus denen die Blausäure durch Säuren nicht in Freiheit gesetzt wird. Zu diesen D. gehören das gelbe und rote Blutlaugensalz.

Doppeldamast, s. Damast.

Doppeldiachylonpflaster, s. Gummipflaster.

Doppeldiopter, s. Diopter.

Doppel-Dwarslinie, s. Dwarslinie.

Doppelehe (Bigamie) heißt das Eingehen einer zweiten Ehe, während beide Teile oder doch der eine wissen, daß sie durch eine noch bestehende Ehe gebunden sind. Die zweite Ehe ist nichtig (s. Ehehindernis). Während man früher die D. als einen unter der Form einer zweiten Ehe begangenen fortgesetzten Ehebruch auffaßte und demnach die Vollendung des Delikts erst von dem Beischlafe an datierte, legt man in neuerer Zeit das Hauptgewicht auf die mit Mißbrauch der Eheschließungsform konkurrierende Verletzung der ehelichen Treue, sodaß die Vollendung des Delikts lediglich in der Eingehung einer (neuen) ehelichen Verbindung liegt. Von diesem Gesichtspunkt geht auch das Deutsche Reichsstrafgesetzbuch (§. 171), das Österr. Strafgesetz von 1852 (§§. 206—208) und der Österr. Entwurf von 1889 aus, wobei es übrigens nur formelle Gültigkeit der frühern Ehe und das Bewußtsein von dem Bestehen der ersten Ehe erfordert. Es tritt Zuchthaus bis zu 5 Jahren, bei mildernden Umständen Gefängnis nicht unter 6 Monaten ein, und die Strafverfolgung verjährt erst von dem Tage an, an welchem eine der beiden Ehen aufgelöst, ungültig oder nichtig erklärt wird. Ein Religionsdiener oder Personenstandesbeamter, welcher wissend, daß eine Person verheiratet ist, eine neue Ehe derselben schließt, wird (nach §. 338) mit Zuchthaus bis zu 5 Jahren bestraft.

Doppelflinte, s. Jagdgewehre.

Doppelflöte, eine achtfüßige Orgelstimme von starkem Ton.

Doppelflügel (Diplasion, Vis-à-vis), ein jetzt veralteter Flügel mit Klaviaturen an jedem der beiden Enden, sodaß zwei sich gegenübersitzende Personen zugleich spielen konnten. Jede Klaviatur hatte ihren eigenen Saitenbezug. Im 18. Jahrh. wurden die D. in verschiedenen Formen (auch Pianino mit aufrechtstehenden Saiten, z. B. die Dittanaklasis von 1802) gebaut.

Doppelfuge, in der Musik eine Fugenkomposition, die aus zwei Themen entwickelt ist. Meist sind diese beiden Themen oder Hauptgedanken so erfunden, daß sie gleichzeitig vorgetragen werden können.

Doppelgänger, eine Art Zweiten Gesichts (s. d.), ist die Bezeichnung für Personen, die infolge krankhafter Einbildungskraft sich selbst verdoppelt wähnen, d. h. ihre eigene Erscheinung noch einmal außer sich zu sehen glauben (s. Geisterseherei). — Im gewöhnlichen Leben bezeichnet man als D. zwei Personen, die sich zum Verwechseln ähnlich sind.

Doppelgebisse bei Pferden und Rindern bestehen darin, daß die Milchschneidezähne neben den bereits hervorgebrochenen Ersatzschneidezähnen noch eine Zeit lang bestehen bleiben.

Doppelgegensprechen, telegraphisches (Quadruplextelegraphie), entsteht bei Anwendung einer Einrichtung zum Gegensprechen (s. d.) bei einer dazu passenden Art des Doppelsprechens (s. d.) und ermöglicht die gleichzeitige Beförderung von vier Telegrammen auf derselben Leitung, und zwar in jeder Richtung zwei. Die Möglichkeit des D. haben Dr. Stark in Wien und Professor Bosscha in Leiden schon 1855 dargethan; Karl Maron entwarf 1863 zugleich mit seinem Brücken-Gegensprecher (s. Gegensprechen) auch dessen Verwertung für D. Die erste praktisch brauchbare Anordnung aber haben Edison und Prescott 1874 angegeben. Die nachstehend erläuterte Weise des D. ist seit 1877 in England in Gebrauch; sie wurde 1876 von Gerritt Smith angegeben. Jedes der beiden Ämter I und II, von denen in beistehender Figur Amt I skizziert

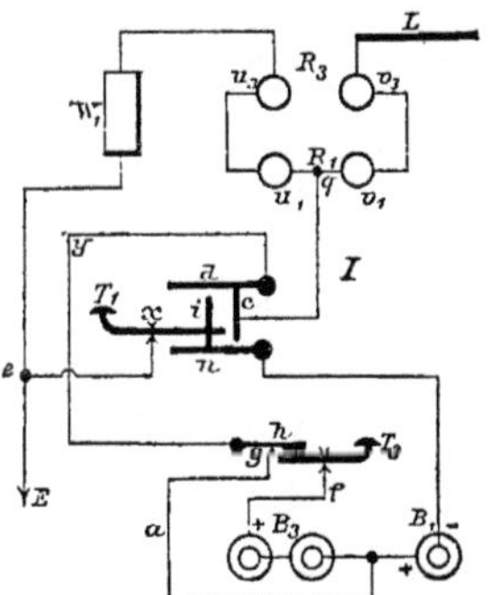

ist, bekommt zwei Taster und zwei Relais (s. Elektrische Telegraphen), z. B. I die Taster T_1 und T_3 und die Relais R_1 und R_3; von letztern sollen die mit T_2 oder T_4 in II gegebenen Zeichen hervorgebracht werden, die von T_1 und T_3 gegebenen dagegen von R_2 oder R_4. T_1 und T_2 arbeiten mit Wechselströmen (s. Telegraphen-Schaltungen); für gewöhnlich liegt die Feder n an dem Knopfe i des Tasterhebels, die Feder d am Block c, beim Niederdrücken des Tasterhebels und dessen Drehung um seine Achse x legt sich n an c und i hebt d von c ab; in I geht nun bei ruhendem Taster der negative Strom der Batterie B_1 über n und i nach der Erde E, der positive Strom über d und c nach Leitung L; in II geht der positive Strom der entsprechenden Batterie B_2 nach E, der negative nach L; die Ströme von B_1 und B_2 verstärken sich also, und das Gegensprechen (s. d.) kann mit T_1, T_2, R_1 und R_2 vollzogen werden; es ist dazu nötig, daß die polarisierten Relais R_1 und R_2 bloß auf einen Strom von bestimmter Richtung (aber beliebiger Stärke) ansprechen. In die von q aus sich einerseits nach L und andererseits nach dem in einem lokalen Stromkreise liegenden Widerstande W_1 und nach e abtrennenden Zweigstromkreise sind nun in I hinter den Rollen u_1 und v_1 des Relais R_1 noch die Rollen u_3 und v_3 des Relais R_3 eingeschaltet; ähnlich u_4 und v_4 von R_4 in II; R_3 und R_4 sind gewöhnliche Relais, sprechen aber nur an, wenn in ihnen ein Strom (von beliebiger Richtung) von entsprechender Stärke wirkt, nicht aber auf den Strom von B_1 und B_2. T_3 und T_4 nun arbeiten mit Stromverstärkung. Wird der Taster T_3 niedergedrückt, so hebt er den Hebel h von dem Kontakt g und unterbricht dadurch den bisherigen Stromweg für B_1 über a und y nach d, tritt aber selbst mit h in Berührung und schließt so den Stromweg f, h, y, d, in welchem nun B_1 und B_3 hintereinander geschaltet sind; da nun B_3 und B_4 dreimal so stark sind als B_1 und B_2, so hat jetzt der Strom die vierfache Stärke, seine Richtung aber ist durch die Lage des Tasters T_1 bedingt. Eine Schwierigkeit liegt nun darin, daß z. B. R_3 die Schließungsweise des Lokalkreises durch seinen Empfänger nicht ändern darf, wenn auf T_2 gearbeitet wird, während T_4 dauernd niedergedrückt bleibt. Smith hat dazu dem Relais eine eigentümliche Einrichtung gegeben, bei welcher es den Lokalstrom geschlossen hält, so lange sich sein Ankerhebel in der Mittelstellung befindet, ihn aber unterbricht und unterbrochen hält, so lange ein Strom den Hebel nach v_3 oder ein anders gerichteter ihn nach u_3 hinzieht; bei jedem Richtungswechsel des Telegraphierstroms wird dabei der Lokalstrom nur ganz verschwindend kurze Zeit geschlossen. Befinden sich alle vier Taster in ihrer Ruhelage, so kann kein Relais ansprechen, weil in v_3 und v_4 der Strom zu schwach ist, in v_1 und v_2 aber seine Richtung nicht die rechte ist. Werden alle vier gedrückt, so müssen alle vier Relais arbeiten, weil der Strom jetzt eine andere Richtung und auch die nötige Stärke besitzt. Umständlicher sind die Stromverhältnisse in der Linie L und den vier Relais anzugeben, wenn zwei oder drei Taster zugleich niedergedrückt werden, doch findet sich, daß jedes Relais (z. B. R_1) stets arbeitet, wenn der zu ihm gehörige Taster (z. B. T_2) niedergedrückt wird, sei es allein, oder mit einem, oder mit mehrern der andern drei Taster.

Doppelgewebe, verschiedenartige Stoffe, wie Piqué und manche Arten Teppiche, die durch regelmäßiges, teilweises Zusammenweben zweier aufeinander liegenden, meist glatten Zeuge hergestellt werden, wobei durch die Art des Zusammenwebens das Muster hervorgebracht wird.

Doppelglieder, Symptom der Englischen Krankheit (s. d.).

Doppelgriffe heißen in Tonstücken für Streichinstrumente die Stellen, an denen der Spieler auf demselben Taktteil mehrere Töne zugleich anzugeben hat. Die vereinzelte Einmischung von D. in den Satz ist selten. In der Regel treten sie in längern Reihen auf: in der Passage als sog. Parallelen von Terzen, Sexten, Oktaven und als drei- und vierstimmige Zusammensetzungen aus diesen Intervallen. Von dieser einfachen Form aus hat sich vom Ende des 17. Jahrh., namentlich durch deutsche Komponisten, wie Bider, die Kunst des Spiels in D. bis zu wirklicher, durchgeführter Polyphonie entwickelt. Klassische Beispiele sind in S. Bachs Sonaten für Violinsolo und für Cellosolo enthalten. — In der neuern Klaviermusik ist es die Regel, daß jede Hand in D. spielt; nur bei schnellen Gängen bilden sie hier eine Schwierigkeit.

Doppelhaken, s. Handfeuerwaffen.

Doppelhäuer oder Vollhäuer, Bergarbeiter, die durch Erfahrung und Geschick zu selbständigen Arbeiten geeignet sind. Diese Bezeichnung kommt indes nur in Erzgruben vor, in Kohlengruben kennt man nur Schlepper für die Förderung und Häuer für die Gewinnungsarbeiten.

Doppelhiebe (Fechtkunst), mehrere rasch hintereinander ausgeführte Hiebe.

Doppelhornvogel, s. Nashornvogel.

Doppelhundezahn, s. Dicynodon.

Doppeljoch, s. Anschirren und Joch.

Doppelkämpfer, Truppen, die gleichmäßig zum Kampf zu Fuß wie zu Pferde verwendbar sein sollen. Derartige Formationen sind zu verschiedenen Zeiten mehrfach versucht worden, nie ist aber eine solche Zwitterwaffe im stande gewesen, die Vorzüge beider Waffen, die sie ersetzen soll, zu vereinigen und gleichzeitig ihre Schwächen zu vermeiden. Der erste historisch bekannte Versuch dieser Art sind die Dimachae Alexanders d. Gr. Seit Einführung der Feuerwaffen traten derartige Zwitterbildungen meist unter dem Namen Dragoner (s. d.) auf.

Doppelkapelle, Doppelkirche, nennt man jene meist in Schlössern vorkommenden mittelalterlichen Anlagen, in der sich zwei meist kleine Kirchen übereinander, nur durch eine Öffnung im Boden der obern unter sich verbunden, vorfinden. Der Zweck derselben ist nicht völlig klar, doch darf man annehmen, daß Herrschaft und Dienerschaft getrennt in ihnen ihren Gottesdienst hatten, oder daß die Unterkapelle als Gruft benutzt wurde. Das älteste Beispiel der D. in Deutschland scheint die neben dem Dom zu Mainz zu sein (1135), die bekannteste ist die zu Schwarz-Rheindorf (gegenüber Bonn, 1151).

Doppelkeil-Verschluß, s. Geschütz.

Doppelkirche, s. Doppelkapelle.

Doppelkolonne, im allgemeinen jede Kolonne, die aus zwei dicht aneinander geschobenen Kolonnen zusammengesetzt ist, deren vorderste Staffel also aus zwei gleichnamigen Unterabteilungen (z. B. Zügen) verschiedener höherer Abteilungen (z. B. Compagnien) besteht. Eine solche D. war z. B. die früher übliche «Kolonne nach der Mitte». Im jetzigen deutschen Exerzierreglement bezeichnet D. diejenige Formation des Bataillons, bei der seine 4 Compagniekolonnen zu je 2 neben- und hintereinander stehen.

Doppelkreuz, Vorsetzungszeichen in der Musik, wird durch zwei Kreuze (♯♯) oder auch durch ein schiefes (Andreas-) Kreuz (×) ausgedrückt und erhöht eine Note um einen ganzen Ton (s. auch Kreuz).

Doppellauter, s. Diphthong.

Doppellöcher, s. Saugwürmer.

Doppelmarke heißt diejenige für die reichsgesetzliche Invaliditäts- und Altersversicherung zu verwendende Beitragsmarke, welche die Marke zweiter Lohnklasse der zuständigen Versicherungsanstalt mit der dem Reich geschuldeten Zusatzmarke (§. 121, Ziff. 219) verbindet. Sie muß obligatorisch bei Selbstversicherung sowie bei freiwilliger Fortsetzung und Erneuerung des Versicherungsverhältnisses entrichtet werden. (S. Freiwillige Versicherung.) Es giebt 31 D., weil jede Versicherungsanstalt, deren es 31 giebt, eine D. haben muß. Der Wert der Zusatzmarke beträgt bis auf weiteres 8 Pf., sodaß die D., da die Marke zweiter Lohnklasse der Versicherungsanstalt bis auf weiteres auf 20 Pf. validiert, einen Wert von 28 Pf. darstellt.

Doppelnadeltelegraph, s. Elektrische Telegraphen.

Doppelpapier, ein meist als Zeichen-, Kupferdruck- und Notenpapier verwendetes sehr dickes Papier, das durch Vereinigung zweier noch weichen Blätter zwischen den Preßwalzen der Papiermaschine hergestellt wird.

Doppelposten, ein von einer Feldwache ausgestellter Infanterieposten von 2 Mann, die gewöhnlich nach 2 Stunden abgelöst werden und dann 4 Stunden Ruhe haben. Jeder D. besteht somit aus 3 Ablösungen (Nummern) oder 6 Mann. Die Entfernung der D. von der Feldwache soll für gewöhnlich nicht über 3—400 m betragen. Die beiden ruhenden Ablösungen befinden sich meist bei der Feldwache selbst und der Posten ist dann ein gewöhnlicher D.; steht derselbe an einem besonders wichtigen oder gefährdeten Punkt, so bleiben die beiden ruhenden Ablösungen auch während der Ruhe bei dem Posten, der dann einen Unteroffizier als besondern Commandeur erhält und Unteroffizierposten genannt wird. Ein Unteroffizierposten mit besonderer Bestimmung ist der Durchlaßposten (s. d.). Unteroffizierposten werden auch selbständig, d. h. ohne Unterordnung unter eine Feldwache ausgestellt und bilden dann gewissermaßen eine kleine Feldwache für sich. Zu den drei Ablösungen des D. treten in solchem Falle einige Mannschaften für den Patrouillendienst hinzu, sodaß ein selbständiger Unteroffizierposten aus einem Unteroffizier und 10 oder 12 Mann besteht.

Doppelpunkt, Interpunktionszeichen, s. Kolon.

Doppelpunkte (Geometrie), s. Singularitäten.

Doppelriemen, ein Transmissionsriemen, der aus zwei aufeinander genähten Riemen besteht. Man wendet ihn an, wenn die Riemendicke bei gegebener Breite stärker sein muß, als bei einfachem Riemen erreichbar ist. Die D. werden selten verwendet, da sie weniger biegsam sind als einfache Riemen.

Doppelsalze sind solche Salze, die nur eine Säure, aber mit dieser mehrere basische Bestandteile verbunden enthalten. Meist sind die Säuren dann mehrbasische. Die Alaune (s. d.) sind z. B. D. der Schwefelsäure, das Phosphorsalz (s. d.) ein Doppelsalz der Phosphorsäure. Doch kommen auch D. einbasischer Säuren, namentlich Haloïdsalze vor, z. B. $HgKCl_3$ und HgK_2Cl_4 u. a. m. (S. Doppelcyanide).

Doppelscharlach, ein Azofarbstoff, durch Diazotieren von Naphthylaminsulfosäure und Kombination mit β-Naphtholsulfosäure gewonnen.

Doppelschlag, eine in der heutigen Musik sehr gebräuchliche, durch das Zeichen ∾ über der Note angegebene Verzierung, durch die die Hauptnote sowohl oben wie unten einen Vorschlag erhält.

Doppelschleichen, s. Ringelechsen.

Doppelschlußmaschine, s. Compounddynamomaschine.

Doppelschnepfe, die große Becassine (s. Becassinen); auch der große Brachvogel (s. d.).

Doppelschreiber, telegraphischer, s. Elektrische Telegraphen.

Doppelschwefeleisen, s. Eisensulfide.

Doppelsehen, Diplopie, tritt beim Sehen mit beiden Augen (binokulares D.) ein, wenn die Eindrücke beider Augen nicht zu einem verschmolzen, sondern gesondert wahrgenommen werden, und zwar sowohl unter normalen Verhältnissen, als auch namentlich bei Funktionsstörungen der das Auge bewegenden Muskeln (s. Auge, Bd. 2, S. 108a). Auch beim Sehen mit einem Auge können Doppelbilder entstehen (monokulares D.), wenn durch ein eigentümliches Verhalten der Regenbogenhaut oder der Krystallinse oder durch das Pupillargebiet sperrende Schwarten der in das Auge fallende Strahlenkegel in zwei zerlegt wird, die gesondert die Netzhaut treffen, in ähnlicher Weise, wie beim Scheinerschen Versuche (s. d.). Zerfällt der Strahlenkegel in drei oder mehr Teile, so werden entsprechend viel Bilder wahrgenommen (Triplopie u. s. w.).

Doppelseitige Klagen, Klagen, welche zu einer Verurteilung des Klägers führen können. Das röm. Recht zählte dahin die Klage auf Teilung gemeinsamer Gegenstände, die Grenzscheidungsklage, die Klage auf Erhaltung eines Besitzstandes. Es ist bestritten, ob der Zweck dieser Klagen heutzutage nicht allein an die Erhebung der Widerklage (s. d.) zu knüpfen ist.

Doppelseitige Schuldverhältnisse oder auch Gegenseitige Schuldverhältnisse, die voneinander abhängigen Verbindlichkeiten aus Geschäften, welche einen Austausch von Leistung und Gegenleistung betreffen, aus den synallagmatischen Verträgen wie Tausch, Kauf, Sachmiete, Dienstmiete, Werkverdingung, Gesellschaftsvertrag. Bei ihnen gilt der Grundsatz, daß, wenn nicht das Gesetz, der Vertrag oder die Natur der Sache etwas anderes fordern, keiner von beiden Teilen vorzuleisten braucht. Vielmehr kann jeder nur die Gegenleistung fordern, wenn er seinerseits zu erfüllen bereit ist: «Zug um Zug». Soweit er das nicht ist, steht seiner Klage die Einrede des nicht erfüllten Vertrags (exceptio non adimpleti contractus), und wenn bereits geleistet ist, die Leistung aber mangelhaft war, die Einrede des nicht ordnungsmäßig erfüllten Vertrags (exceptio non rite adimpleti contractus) entgegen. Nur dürfen diese Einreden nicht zur Schikane mißbraucht werden. Ist die Hauptsache gewährt und fehlt nur noch eine Kleinigkeit, so hat der Beklagte nur einen Abzug am Preise zu machen.

Doppelsöldner, in den Landsknechtsheeren Söldner, die durch längere Dienstzeit, bessere Bewaffnung oder edle Herkunft das Anrecht auf doppelten oder überhaupt höhern Sold bejahen. In den Regimentern Kaiser Karls V. zählte man zu den D. alle Mannschaften mit mehr als 4 Fl. Monatssold, nämlich die Doppelhakenschützen und die mit Hellebarden oder mit Schlachtschwertern Bewaffneten; aber nur diejenigen, die vollen Harnisch trugen, empfingen wirklich doppelten Sold. Schon sechs D. bildeten eine Rotte, während die aus Pikenieren und Schützen zusammengesetzten Rotten zehn Mann stark waren. — D. gab es auch bei andern Völkern und zu allen Zeiten in den Söldnerheeren.

Doppelspat, s. Kalkspat.

Doppelspion, ein im diesseitigen Dienst stehender Spion (s. d.), der, um seine Thätigkeit desto wirksamer ausüben zu können, scheinbar als Spion in die Dienste des Feindes getreten ist. Ist ein solcher D. eine für uns unbedingt zuverlässige Persönlichkeit, so kann er ausgezeichnete Dienste leisten; da die obige Voraussetzung aber nur sehr selten zutreffen wird, so ist einem D. gegenüber die größte Vorsicht zu beobachten, da er sonst leicht an der diesseitigen Sache zum Verräter werden kann. Abgesehen davon, daß man ihm die eingehende Kenntnis der diesseitigen Verhältnisse möglichst vorenthalten muß, soll man selbst in den ihm erteilten Aufträgen Wesentliches mit Unwesentlichem und gänzlich Überflüssigem vermischen, damit im Falle des Verrates der Feind nicht aus der Stellung der Fragen die Absichten des Auftraggebers erraten kann.

Doppelsprechen, telegraphisches (Diplextelegraphie), diejenige Art der Doppeltelegraphie (s. d.), bei welcher zwei Telegramme zugleich in der nämlichen Richtung auf derselben Leitung befördert werden. Das D. wird nur selten für sich allein angewendet, gewöhnlich in Verbindung mit dem Gegensprechen (s. d.) als Doppelgegensprechen (s. d.).

Doppelsterne, Verbindungen von zwei oder mehrern dicht beieinander stehenden Sternen. Während das bloße Auge am Himmel nur einige wenige Sterne dicht beieinander erblickt, zeigt sich bei Anwendung des Fernrohrs, daß derartige Sternkombinationen in großer Zahl am Himmel vorhanden sind. Als eigentliche D. bezeichnet der Astronom indessen nur diejenigen Sternpaare, deren Distanz höchstens 32″ beträgt. Man unterscheidet optische oder scheinbare und physische oder wirkliche D. Bei erstern stehen die beiden den Doppelstern bildenden Sterne, die Komponenten, in keinem nähern Zusammenhang miteinander und sind sich nicht räumlich benachbart; wir sehen sie nur scheinbar nebeneinander, weil sie fast auf derselben Gesichtslinie hintereinander stehen, in Wirklichkeit sind sie durch unermeßliche Räume voneinander getrennt. Die wirklichen D. hingegen sind sich auch räumlich benachbart und physisch miteinander verbunden. Ihr gegenseitiger Abstand ist derartig, daß sie miteinander ein System bilden und sich umeinander oder vielmehr beide um einen gemeinsamen Schwerpunkt in geschlossenen, mehr oder weniger elliptischen Bahnen bewegen. Die hellere Komponente nennt man den Haupt- oder Centralstern, die schwächere den Begleiter. D. von sehr geringem Abstand geben ein vortreffliches Mittel ab, um die Güte eines Fernrohrs zu prüfen. Beobachtungen, die sich über mehrere Jahrzehnte erstrecken, haben bei einer großen Zahl von D. mehr oder weniger große Veränderungen ihrer gegenseitigen Lage, und zwar Drehungen des einen Sterns um den andern nachgewiesen, die ihre Erklärung nur in einer Bewegung der beiden Komponenten um einen gemeinsamen Schwerpunkt finden können. Meist ist der Begleiter viel kleiner als der Hauptstern, doch kommt es verhältnismäßig häufig vor, daß beide Komponenten an Helligkeit fast gleich sind. Gewöhnlich leuchten beide Sterne in einerlei Farbe; viele sind von ungleich tiefer Farbe, etwa der fünfte Teil aber von ungleicher Farbe. Oft sind die Farben der zusammengehörigen Sterne in der Art verschieden, daß die eine die Ergänzungsfarbe der andern ist. Hellgelb mit Blau und Gelb oder Rot mit Blau finden sich am häufigsten; seltener Grün mit Blau.

Die Entdeckung der D. im engern Sinne datiert erst seit Erfindung des Fernrohrs, da auch das schärfste Auge zwei Sterne, die näher als 2′ aneinander stehen, nicht voneinander zu trennen vermag. Schon Galilei war ihr Dasein bekannt. Als erster Beobachter von D. muß Ch. Mayer in Mannheim bezeichnet werden. Doch erst W. Herschel machte in ihrer Erkenntnis bedeutendere Fortschritte. Ursprünglich von der Absicht ausgehend, die D. nach Galileis Vorschlag zur Bestimmung von Sternparallaxen zu benutzen, bemerkte er im Laufe seiner Messungen bald, daß das nahe Zusammenstehen zweier Sterne in den meisten Fällen kein zufälliges sei, sondern daß beide Sterne durch gegenseitige Anziehung miteinander verbunden seien. Die Zahl der von ihm seit 1778 bis zu seinem Tode beobachteten D. betrug über 800. Herschels Arbeiten wurden von W. Struve in Dorpat fortgesetzt, der planmäßig den Himmel nach D. durchforschte und die Resultate seiner Arbeit in den «Stellarum duplicium et multiplicium mensurae micrometricae» (Petersb. 1837) und den «Stellarum fixarum imprimis duplicium et multiplicium positiones mediae» (edd. 1852) niederlegte. Über 3000 D. sind von ihm aufgesucht und gemessen worden. Die Söhne von W. Herschel und W. Struve, J. Herschel und O. Struve, setzten die Arbeiten ihrer Väter auf diesem Gebiete fort. Ihren Bemühungen und denen einer langen Reihe neuerer Beobachter verdanken wir die Kenntnis von etwa 10000 D. In neuester Zeit ist es namentlich Burnham gelungen, eine große Zahl sehr enger D. aufzufinden. Durch Benutzung des mächtigen Refraktors der Lick-Sternwarte vermochte er auch bei vielen hellen Sternen, die man unzweifelhaft für einfache hielt, Begleiter nachzuweisen, die nur 0,5″ und noch weniger von ihrem Hauptstern abstehen. Man kann daher annehmen, daß vielleicht der größte Teil der Fixsterne überhaupt als D. bezeichnet werden muß und daß lediglich die geringe Entfernung ihrer Komponenten ihr Erkennen als solche verhindert. Verhältnismäßig groß ist auch die Zahl der mehrfachen Sterne; so finden sich z. B. in Struves Werk 2 fünffache, 9 vierfache und 119 dreifache Sterne angegeben. — W. Herschel stellte 1802 nach mehr als 20jährigen Beobachtungen die nunmehr fest begründete Ansicht auf, daß die D. zum größten Teil nichts anderes seien als Sternsysteme, bestehend aus 2 (zuweilen auch mehr) Sternen, die sich in regelmäßigen Bahnen um einen gemeinsamen Schwerpunkt bewegen. Wirklich berechnet ist erst eine verhältnismäßig kleine Zahl von Doppelsternbahnen, da das zur Ableitung sicherer Resultate nötige Beobachtungsmaterial erst innerhalb großer Zeiträume zu beschaffen ist. Die Umlaufszeiten der D. sind außerordentlich verschieden. Von den uns bekannten Bahnen hat die geringste wahrscheinlich δ Equulei, 7 oder 14 Jahre; meist ist dieselbe aber weit größer und beträgt z. B. für Kastor in den Zwillingen gegen 1000 Jahre. Die wirkliche Größe ihrer Bahnen ist uns übrigens fast bei allen D. unbekannt, da wir ihre Entfernungen von der Erde noch so gut wie gar nicht kennen. Zu den wenigen, wo dies wirklich der Fall ist, gehört α Centauri auf der südl. Halbkugel. Die halbe große Achse seiner Bahn beträgt 27 Erdbahnhalbmesser oder 4000 Mill. km und die Gesamtmasse seiner beiden Komponenten 0,8 der Sonnenmasse. Einzelne D. können uns infolge der Lage ihrer Bahnebene auch zeitweilig als einfache Sterne erscheinen. Wenn nämlich die Ebene der Bahn eines Doppelsterns durch die Erde geht, so muß uns die Bewegung des Begleiters um seinen Hauptstern als geradlinig erscheinen und dann müssen sich während eines jeden Umlaufes die beiden Sterne zweimal decken. Derartige D. sind z. B. ζ im Hercules und γ in der Jungfrau. Es kann auch vorkommen, daß man von den beiden Komponenten eines Doppelsterns überhaupt immer nur die eine sieht, weil nur die eine leuchtend, die andere dunkel ist. Vorausgesetzt, daß ein derartiger Doppelstern eine Eigenbewegung (s. d.) besitzt, so kann dieselbe nicht geradlinig sein, sondern muß in einer Schlangenlinie vor sich gehen, und diese Form der Eigenbewegung verrät seinen Charakter als Doppelstern. Dieser Fall liegt vor bei Sirius und Procyon. Aus der Form ihrer Eigenbewegung schloß Bessel, daß beide D. seien; C. A. F. Peters berechnete für Sirius die Bahn als Doppelstern, und in der That fand 1862 A. Clark den Begleiter als Stern 8. bis 9. Größe auf. Für Procyon, dessen Umlaufszeit nach Auwers 40 Jahre beträgt, ist der Begleiter noch nicht aufgefunden worden, da er jedenfalls weit schwächer als der des Sirius ist.

In allerneuester Zeit hat die Kenntnis der D. durch die Spektralanalyse eine unerwartete Erweiterung erfahren. Indem man spektroskopisch bei einer Anzahl von hellen Sternen ihre Geschwindigkeit im Visionsradius (s. d.) bestimmte, zeigte sich, daß bei einigen derselben diese Geschwindigkeit nach Größe und Richtung veränderlich ist und zwar derart, daß man notwendigerweise schließen muß, daß diese Sterne sich in mehr oder weniger kreisförmigen Bahnen mit sehr kurzer Umlaufszeit bewegen. Nach den Gesetzen der Mechanik ist dies nur dann möglich, wenn diese Sterne, die selbst bei Anwendung der stärksten optischen Hilfsmittel als einfache erscheinen, thatsächlich nicht einfache, sondern Systeme von zwei oder mehr Körpern sind, die sich je um ihren gemeinsamen Schwerpunkt bewegen, also D. sind. Wir haben es hier mit D. von der bisher ganz unbekannt kurzen Umlaufszeit von nur wenigen Tagen zu thun. Von dieser neuen Klasse physischer D. sind zu nennen β im Perseus oder Algol, β im Fuhrmann und ζ im Großen Bären oder Mizar. Bei Algol ist der Begleiter dunkel und die Ursache seines periodischen Lichtwechsels. Die Erweiterung unserer Kenntnis der D. nach dieser Richtung hin verdanken wir Vogel und Pickering.

Doppelstiftapparat, Schreibtelegraph mit zwei Schreibstiften zum Schreiben zweizeiliger Schrift, s. Elektrische Telegraphen.

Doppel-T-Anker, s. Cylinder-Induktor.

Doppeltarif, s. Differentialzölle.

Doppeltelegraphie heißt die gleichzeitige mehrfache Telegraphie (s. d.), sofern höchstens zwei Telegramme in jeder Richtung zugleich auf derselben Leitung befördert werden. Die D. zerfällt in das Gegensprechen (s. d.) oder Duplextelegraphie, das Doppelsprechen (s. d.) oder Diplextelegraphie und das Doppelgegensprechen (s. d.) oder Quadruplextelegraphie. Die D. ist Anfang der fünfziger Jahre in Deutschland und Österreich erfunden und später vielfach verbessert worden, wird aber nur in verhältnismäßig beschränktem Umfange benutzt; dagegen bietet sie hohes theoretisches Interesse. Die D. wird vielfach auf Seekabeln angewendet, auf Landlinien besonders in Amerika, und zwar in der Regel als Doppelgegensprechen. In Europa hat sich neuerdings besonders F. van Rysselberghe in Brüssel bemüht, die bereits

1877 von E. Zetzsche angeregte gleichzeitige Benutzung derselben Telegraphenleitung zum Telephonieren und zum Arbeiten mit Morse-Telegraphen zu verwerten, und dies namentlich auch auf Leitungen, in denen, weil sie mit andern Telegraphenleitungen auf einem gemeinschaftlichen Gestänge angebracht sind, die aus den letztern herrührenden Induktionswirkungen in hohem Grade störend wirken. Solche Einrichtungen sind zuerst in Brüssel, in jüngster Zeit auch zwischen Brüssel und Paris sowie zwischen Wien und Brünn in Betrieb genommen worden.

Doppelte strategische Umgehung, s. Strategische Umgehung.

Doppeltier, s. Saugwürmer.

Doppel-T-Induktor, s. Cylinder-Induktor.

Doppeltkohlensaures Kalium, s. Kaliumcarbonate. [bicarbonat.

Doppeltkohlensaures Natrium, s. Natrium-

Doppeltuch, ein zu dicken Winterkleidern benutztes tuchartiges Doppelgewebe, dessen rechte (obere) Seite gewöhnlich feiner als die linke (untere) ist und dessen Muster meist in Rippen, Ranten, einer Art Moirierung, Wellenlinien u. s. w. besteht. Die linke Seite ist ziemlich stark gerauht, aber nur wenig geschert, um den Stoff möglichst warmhaltend zu machen.

Doppelversicherung. Da die Versicherung gegen einen Schaden, welcher durch Verlust oder Beschädigung von Sachen u. dgl. entsteht, nicht zu einem Vermögensvorteil führen soll, so darf der Versicherungsnehmer daraus, daß er für denselben Schaden bei zwei Versicherern Versicherung genommen hat, nicht den Vorteil ziehen, daß ihm mehr gezahlt wird. Nach dem Deutschen Handelsgesetzbuch Art. 791 hat eine gleichzeitige Abschließung mehrerer Versicherungsverträge gegen Seegefahr, bei welcher der Gesamtbetrag der Versicherungssummen den Versicherungswert übersteigt, die Folge, daß alle Versicherer nur in Höhe des Versicherungswerts, der Einzelne pro rata nach dem Verhältnis seiner Versicherungssumme zu dem Gesamtbetrage der Versicherungssummen haftet. Wird ein Gegenstand, welcher bereits zum vollen Wert versichert ist, nochmals versichert, so hat die spätere Versicherung insoweit keine rechtliche Geltung, als der Gegenstand auf dieselbe Zeit und gegen dieselbe Gefahr bereits versichert ist. Ist durch die frühere Versicherung nicht der volle Wert versichert, so gilt die spätere Versicherung, insoweit sie auf dieselbe Zeit und gegen dieselbe Gefahr genommen ist, nur für den noch nicht versicherten Teil des Werts (792). Daß diese Bestimmungen des Art. 792 analog auf andere Versicherungen anzuwenden seien, läßt das Reichsgericht nicht gelten. Nach einer Plenarentscheidung vom 17. Dez. 1881 («Entscheidungen des Reichsgericht in Civilsachen», Bd. 6, Nr. 47) gewinnt in einem solchen Falle der D. der Versicherungsnehmer nach gemeinem Recht nur einen zweiten solidarischen Schuldner neben dem ersten, also so, daß der eine von seiner Haftung für die Schuld befreit wird, wenn der andere bereits für denselben Schaden Vergütung gewährt hat, unbeschadet der Wirksamkeit der Policebedingungen, welche für den Fall, daß der Versicherungsnehmer bei Abschluß der zweiten Versicherung nicht die frühere Versicherung anzeigt, den Verlust seiner Ansprüche aus dieser zweiten Versicherung androhen. Das Preuß. Allg. Landr. II, 8, §. 2001 legt dem Versicherungsnehmer die gesetzliche Verpflichtung auf, anzuzeigen, ob er bereits an einem andern Orte Versicherung genommen oder zu deren Schließung Order erteilt habe (§. 2002). Wer bei solcher Anzeige eine vorsätzliche Unrichtigkeit zum Schaden des Versicherers oder eines Dritten begeht, soll sein Recht aus beiden Versicherungen verlieren (§. 2003). Ist aber die Anzeige aus grobem oder mäßigem Versehen unterlassen, so soll nur die älteste Versicherung bei Kraft bleiben, der Versicherungsnehmer aber die Police aus der jüngsten Versicherung zahlen. Das Österr. Bürgerl. Gesetzbuch hat hierüber keine Bestimmung getroffen.

Doppelverwandtschaft ist vorhanden, wenn jemand von solchen Eltern abstammt, welche schon miteinander verwandt waren, z. B. der Onkel heiratet die Nichte. Ferner wenn jemand von solchen Personen abstammt, die, ohne untereinander verwandt zu sein, einen dritten gemeinschaftlichen Verwandten haben; z. B. ein Witwer heiratet die Tochter einer Witwe, die Witwe aber dessen Sohn und aus beiden Ehen stammen Kinder. Oder ein Mann heiratet hintereinander zwei Schwestern. Die Doktrin stellt den durch das Sächs. Bürgerl. Gesetzb. §. 2032 bestätigten Satz auf, daß bei Erbschaften die mehrfache Verwandtschaft unberücksichtigt bleibt, wenn nach Köpfen geteilt wird. Wird aber nach Stämmen geteilt, erhält der einzelne, der zu verschiedenen Stämmen gehört, mehrfache Erbportionen. Entsprechend der Deutsche Entwurf §. 1967.

Doppelvitriol, s. Adlervitriol.

Doppelvorschlag, musikalische Verzierung, besteht aus zwei kurzen Tönen, die einer Hauptnote vorgesetzt sind.

Doppelwährung (auch Mischwährung oder, nach einem von Cernuschi eingeführten Ausdruck, Bimetallismus) bedeutet jene Ordnung des Münzwesens, bei welcher sowohl Gold- als auch Silbermünzen mit unbeschränkter gesetzlicher Zahlungskraft und in einem festen Wertverhältnis zueinander als rechtlich gleichstehende Courantmünzen eines Landes zugelassen sind. Derartige Münzsysteme kommen bereits in frühester Zeit vor; namentlich hat das älteste bekannte Münzsystem, das babylonische, Gold- und Silbermünzen in dem festen Wertverhältnis von 1:13⅓ (d. h. ein Gewichtsteil Gold gleichgesetzt 13⅓ Gewichtsteilen Silber) besessen. Desgleichen schreiben auch die deutschen Reichsmünzordnungen des 16. Jahrh. einen festen Preis des Silbers zum Golde vor. Ähnliches war auch in England seit Eduard III. der Fall, und in Frankreich bestand seit 1726 ein gesetzliches Wertverhältnis zwischen Gold und Silber von 1:14⅝.

Zur vollständigen Gleichberechtigung der beiden Metalle im modernen Sinne ist erforderlich, daß jeder Private berechtigt sei, beide Metalle in beliebigen Mengen gegen Entrichtung der Prägegebühr zu vollwertigen gesetzlichen Münzen ausprägen zu lassen. Wird aber einem der beiden Metalle die freie Zulassung zur Prägung entzogen, so entsteht die sog. hinkende Währung (étalon boiteux). Anlaß zu einer derartigen Maßnahme giebt gewöhnlich der Umstand, daß sich das Handelswertverhältnis zwischen beiden Metallen, d. i. das sich aus den Preisen der beiden Metalle ergebende Wertverhältnis, erheblich verschoben hat. In diesem Falle wird es vorteilhaft, die in dem Münzgesetz zu niedrig bewerteten Metallmünzen einzuschmelzen oder ausschließlich zu Zahlungen ins Ausland zu verwenden, wobei eben der innere Wert entscheidend ist, während es umgekehrt gewinnbringend ist, das im Münzgesetz zu hoch veranschlagte Metall herbeizuschaffen und aus demselben Münzen ausprägen zu lassen. Das unterschätzte Metall vermindert sich also, das überschätzte nimmt zu und wird allmählich alleinige Währung, wie es denn in der That sehr naheliegend ist, daß, wenn einer Zahlungspflicht mit einem gewissen Gewicht Goldes und einem gewissen Gewicht Silbers genügt werden kann, eben ausschließlich jenes gewählt wird, welches das minderwertige ist. Steigt also beispielsweise das Gold über den im Münzgesetz ausgesprochenen Silberpreis, so werden Goldmünzen seltener und können sich überhaupt nur im Verkehr erhalten, wenn für sie ein Agio gewährt wird; dann tritt aber die Notwendigkeit ein, sich mit dieser Thatsache, also mit der Entwährung des Goldes zu befreunden oder eine Änderung im Münzwesen vorzunehmen, d. h. die Goldmünzen dem neuen Wertverhältnis entsprechend leichter auszuprägen.

Ähnliche Vorkommnisse sind wiederholt eingetreten. So hatte das franz. Münzgesetz vom J. 1803 die D. nach dem Wertverhältnis von 1 : 15½ angenommen. Von 1820 an hob sich der Silberpreis des Goldes im Handel etwas über den gesetzlichen, das unterschätzte Gold floß ab, es herrschte Silbercirkulation und Gold genoß ein Agio. Ein Umschwung trat infolge einer Verschiebung des Wertverhältnisses der edlen Metalle durch die kaliforn. und austral. Goldausbeute ein, was in den Ländern des franz. Münzwesens von 1850 bis 1865 eine zunehmende Ersetzung der Silber- durch Goldmünzen bewirkte. Der eintretende Mangel an Silbermünzen führte zunächst zur sog. Lateinischen Münzkonvention (s. d.) vom 22. Dez. 1865 zwischen Frankreich, Belgien, der Schweiz und Italien. 1868 trat auch Griechenland bei. Das Sinken des Silberpreises und die vermehrten Ausprägungen der (unbequemen) Fünffrancsstücke veranlaßten jedoch seit 1874 Vereinbarungen behufs Beschränkung dieser Ausprägungen und 1877 wurde die Silbercourantprägung gänzlich eingestellt.

Die Mißlichkeiten solcher Schwankungen im Geldwesen sind nicht zu verkennen, und um den Gefahren zu begegnen, die sich aus der D. wiederholt ergeben haben, denkt die neuere bimetallistische Lehre vorzüglich an einen internationalen Währungsvertrag. Gerade die Erfahrungen beim franz. Münzwesen lenkten auf diese Idee. Denn da man in Frankreich sowohl Gold und Silber ausprägen, wie auch Gold- und Silbermünzen zum Nennwerte erhalten und einschmelzen konnte, so war es dort immer möglich, 1 kg Gold gegen 15½ kg Silber umzutauschen und umgekehrt, und wirkte diese Möglichkeit den Schwankungen im Wertverhältnisse entgegen. Dies ging aber nur so lange, als es der franz. Münzvorrat gestattete; dieser war aber naturgemäß im Verhältnis zum Weltverkehr ein beschränkter und ermöglichte jene Operation nicht auf die Dauer. Wenn aber alle Kulturstaaten die D. einführen und Gold und Silber frei ausprägen wollten, so glaubt man, daß einerseits die wichtigste Veranlassung der Preisschwankungen der beiden Edelmetalle wegfiele, also auch die Ausfuhr des unterschätzten Metalls aus dem Münzgebiet, andererseits würde der Münzvorrat so groß werden, daß er praktisch genommen als unerschöpflich gelten könnte. Als Vorteil einer solchen Einrichtung wird insbesondere geltend gemacht, daß damit nicht nur das Wertverhältnis der beiden Metalle, sondern der Geldwert überhaupt beständiger würde, während jetzt ein Goldmangel und damit ein Steigen des Goldwertes, d. i. des Geldwertes drohe, ja, wie man aus der Preisbewegung seit den siebziger Jahren schließt, bereits eingetreten sei, was die produzierenden Klassen zu Gunsten der Rentner arg benachteilige. Der Goldvorrat sei eben zu klein, um für den Geldbedarf allein auszureichen.

Die Idee einer internationalen Vereinbarung wurde schon 1855 von Schübler in Anregung gebracht, sie fand aber erst eine größere Beachtung infolge der unermüdlichen Agitation, die Cernuschi (s. d.) 1876 begann, unterstützt durch die inzwischen eingetretene starke Entwertung des Silbers. Auf der internationalen Münzkonferenz, die im Aug. 1878 ohne Beteiligung Deutschlands in Paris stattfand, traten die Vereinigten Staaten, welche überhaupt die Konferenz veranlaßt hatten, bereits ganz bestimmt für internationale D. mit freier Silberprägung nach einem einheitlichen Wertverhältnis ein, nachdem sie ihrerseits durch die in demselben Jahre angenommene Blandbill (s. d.) mit der Wiederausmünzung von Silberdollars vorangegangen waren. Die Vertreter Italiens und Hollands zeigten sich dem bimetallistischen Projekt nicht abgeneigt, Frankreich hielt sich noch in Reserve, während England, Belgien, die Schweiz und Schweden principiell an der reinen Goldwährung festhielten. Im April 1881 trat eine neue Münzkonferenz in Paris zusammen, die auch vom Deutschen Reich beschickt wurde. Frankreich war jetzt mit Amerika in dem bimetallistischen Programm einig; Italien, Holland und Spanien waren ebenfalls bereit, einer solchen Union beizutreten; Deutschland begnügte sich mit einigen Zugeständnissen an den Bimetallismus hinsichtlich der Prägung von Silberscheidemünzen, im wesentlichen hielt es jedoch an der reinen Goldwährung fest. Die übrigen Goldwährungsstaaten thaten dasselbe, England mit der Zusage, daß es die ind. Silberwährung aufrecht erhalten wolle und daß die Bank wieder einen Silbervorrat halten werde, wenn die D. in den übrigen Ländern zur Geltung gelange. Der Pariser Münzkongreß 1889 hatte keinen offiziellen Charakter, sondern war eine private Vereinigung. Nov. 1892 soll auf Anregung der Vereinigten Staaten, welche besonders durch die Entwertung des Silbers bedroht sind, und deren Münzpolitik zur Rehabilitierung des Silbers neigt (s. Windombill), eine neue Münzkonferenz zur Beratung der Silber- und Währungsfrage in Brüssel zusammentreten, deren Beschickung von den meisten Staaten zugesagt ist. Die bimetallistische Agitation hat in Deutschland in neuerer Zeit vorzugsweise in den landwirtschaftlichen Kreisen Boden gefaßt; die Führung der Bewegung ist in den Händen von Kardorffs, Dr. Arendts u. a. Die Hoffnungen, welche die Landwirte auf den Bimetallismus und die durch denselben bewirkte Stützung des Silberwertes setzen, beruhen hauptsächlich auf der Annahme, daß die Konkurrenz des ind. Weizens bei einer Erhöhung des Wechselkurses von London auf Indien bedeutend zurückgedrängt und ein wachsender Druck der Hypothekarlasten bei steigendem Goldwert hintangehalten würde. Übrigens hat der Bimetallismus in England selbst Freunde gewonnen und dies führte zur Einsetzung einer königl. Untersuchungskommission über die Geldverhältnisse, bei welcher sich die Parteien in gleicher Stärke gegenüberstanden. Nach wie vor ergaben sich aber gegen die Wahrscheinlichkeit des Zustandekommens und den Erfolg einer internationalen D. gewichtige Bedenken. Thatsächlich sind die Interessen und die Lage der einzelnen Länder höchst verschieden und namentlich ist mit der wachsenden Vorliebe für den Gebrauch von Gold als Geld sowie mit dem Mißtrauen zu rechnen, welches die letzte Wertbewegung gegen das Silber erzeugt hat und welches durch die künstliche Stütze eines Währungsvertrages wohl nicht gänzlich zu bannen wäre. Nebstdem wäre auch dann noch immer ein außerhalb der Münzunion stehendes Münzgebiet vorhanden und somit die Gelegenheit zu Störungen gegeben. Auch wird nicht ohne Grund die Besorgnis geäußert, daß die Einführung der ungeheuern Silbermengen in das Geldwesen angesichts der enormen Silberproduktion zu einer bedeutenden Erschütterung und einem dauernden Sinken des Geldwertes führen müßte. Immerhin ist möglich, daß die bimetallistischen Bestrebungen zwar nicht zu einem internationalen Doppelwährungsbund führen, wohl aber dem Zustandekommen beschränkterer internationaler Abmachungen auf dem Gebiete des Münzwesens dienlich sind. An einer gedeihlichen Lösung der Silberfrage sind alle Staaten interessiert, teils durch den Besitz von immer unterwertiger werdenden Silbermünze (wie der Thaler, Fünffrancsstücke), teils durch die Gefahr einer Goldwertsteigerung bei wachsender Demonetisierung des Silbers, teils durch ihre unter den Kurssprüngen leidenden Beziehungen zu Silberwährungsländern, was insbesondere vom Verhältnis Englands zu Indien gilt. (Vgl. auch Edelmetalle, Goldwährung, Silberwährung.)

Litteratur. Bimetallisten: Wolowski im «Journal des Économistes», Juni 1867; ders., La question monétaire (2. Aufl., Par. 1869) und L'or et l'argent (2. Aufl., ebd. 1870); Cernuschi, Or et argent (ebd. 1874); ders., La monnaie bimétallique (ebd. 1876) und verschiedene Broschüren; Seyd, Die Münz-, Währungs- und Bankfragen in Deutschland (Elberf. 1871); ders., Der Hauptirrtum in der Goldwährung (Rudolst. 1880); Laveleye, La monnaie bimétallique (Brüss. 1876); ders., La question monétaire en 1880 et en 1881 (ebd. 1881); O. Arendt, Die vertragsmäßige D. (2 Tle., Berl. 1880); ders., Der Währungsstreit in Deutschland (ebd. 1886); von Kardorff-Wabnitz, Die Goldwährung (ebd. 1880); Schäffle, Für internationale D. (Tüb. 1881); Ad. Wagner, Für bimetallistische Münzpolitik Deutschlands (1. u. 2. Aufl., Berl. 1881). — Monometallisten: Soetbeer, Die hauptsächlichsten Probleme der Währungsfrage (in den «Jahrbüchern für Nationalökonomie», 1872); ders., Litteraturnachweis über Geld- und Münzwesen (Berl. 1892); Roscher, Betrachtungen über die Währungsfrage der deutschen Münzreform (ebd. 1872); Bamberger, Reichsgold (1.—3. Aufl., Lpz. 1876); Nasse, Die Währungsfrage (in den «Preuß. Jahrbüchern», Bd. 55). Vgl. ferner Conférence monétaire internationale. Procès-verbaux (2 Bde., Par. 1881), Royal Commission appointed to inquire into the recent changes in the relative values of the precious metals (2 Bde., Lond. 1887—88) und darüber Lexis in den «Jahrbüchern für Nationalökonomie» (1889), Denkschrift über den Gang der Währungsfrage seit dem J. 1867, verfaßt im k. k. Finanzministerium (Wien 1892).

Doppelwandgranaten, Granaten, deren cylindrischer Teil aus zwei konzentrisch übereinander gegossenen Cylindern besteht; jeder dieser Cylinder ist durch Einkerbungen noch weiter planmäßig geschwächt, sodaß beim Krepieren der D. mehr Sprengstücke entstehen als bei einer Granate mit einfacher Wand. Die D., 1865 vom belg. Offizier Bassompierre vorgeschlagen, sind Vorläufer der Ringgranate (s. d.).

Doppelwappen, s. Ehewappen.

Doppel-Wasserstandszeiger, s. Dampfkessel (Bd. 4, S. 727a).

Doppelzüge, s. Schiebezüge.

Doppelzünder (frz. fusée à double effet), eine Vereinigung von Brenn- und Aufschlagzünder, wie sie in neuerer Zeit für Shrapnels und Sprenggranaten angewandt wird. Der Grundgedanke ist hierbei, wegen der häufig vorkommenden Unregelmäßigkeiten in den Brennzeiten der Brennzünder, beim direkten Treffen ins Ziel oder einem diesseit des letztern erfolgenden Aufschlag des Geschosses den Aufschlagzünder in Wirksamkeit treten zu lassen und damit noch eine gewisse Wirkung zu erreichen, die ohnedem ganz ausbleiben würde. Die ersten Konstruktionen dieser Art rühren von Armstrong und dem Belgier Romberg her. Erstere war bei den englischen gezogenen Geschützen von 1860 eingeführt. Frankreich hat in neuerer Zeit den D. (fusée mixte) für die Feldshrapnels angenommen. Deutschland besitzt für die Shrapnels der Mörser und Haubitzen den D. c/85, für die der Feldartillerie den D. c/86 und für die Sprenggranate c/88 einen besonders konstruierten D. c/88. (S. Zünder.)

Doppia, d. h. die Doppelte, Doppeltes Stück, verschiedene frühere ital. Goldmünzen, im Werte zwischen 71,13 M. (in Genua) und 13,99 M. (in Rom und Bologna) schwankend.

Doppietta, ehemalige Goldmünze der Insel Sardinien im Werte von 7,99 M.

Doppler, Christian, Mathematiker und Physiker, geb. 30. Nov. 1803 zu Salzburg, besuchte 1822—23 das Polytechnikum in Wien, studierte dann in Salzburg, wurde 1829 Assistent und öffentlicher Repetitor für höhere Mathematik am Polytechnikum in Wien, 1835 Professor der Mathematik an der ständischen Realschule in Prag und übernahm 1841 auch die Professur der Elementarmathematik und praktischen Geometrie an der Technischen Lehranstalt in Prag. 1847 ging er als Bergrat und Professor der Physik und Mechanik an die Bergakademie nach Schemnitz, 1848 an das Wiener Polytechnikum als Professor der praktischen Geometrie; 1851 wurde er Direktor des physik. Instituts der Wiener Universität. D. starb 17. März 1853 in Venedig. Seine zahlreichen wissenschaftlichen Abhandlungen sind in Fachzeitschriften zerstreut. Die bedeutendste Schrift D.s ist: «Über das farbige Licht der Doppelsterne u. s. w.» (Prag 1842); sie enthält das wichtige Dopplersche Princip (s. d.). Außerdem veröffentlichte er: «Über eine wesentliche Verbesserung der katoptrischen Mikroskope» (Prag 1845), «Beiträge zur Fixsternkunde» (ebd. 1846), «Methode, die Geschwindigkeit, mit der die Luftmoleküle beim Schalle schwingen, zu bestimmen» (ebd. 1846), «Versuch einer systematischen Klassifikation der Farben» (ebd. 1848), «Optisches Diastemometer (Distanzmesser)» (ebd. 1845), «Arithmetik und Algebra» (2. Aufl., Wien 1851) u. s. w.

Dopplersches Princip, der von Christian Doppler (s. d.) zuerst (1842) ausgesprochene Grundsatz, daß eine Änderung der Tonhöhe eintreten muß, wenn die Tonquelle sich schnell gegen den Beobachter bewegt oder schnell von demselben entfernt. Im ersten Falle erhält nämlich das Ohr mehr, im zweiten Falle weniger Schwingungen in der Sekunde als bei ruhender Tonquelle. Der Ton ist also beziehungsweise subjektiv erhöht oder vertieft. Analog verhält es sich, wenn die Tonquelle ruht und der Beobachter sich derselben mit großer Geschwindigkeit nähert oder von ihr entfernt. Die Richtigkeit vom D. P. wurde experimentell zuerst (1845) von Buys-Ballot und später von Scott Russell mittels entsprechender Tonquellenbewegung auf Eisenbahnen nachgewiesen. Dann erfolgten auch beweisende Versuche mittels rasch rotierender Pfeifen von Mach (1860) und mit Hilfe bewegter Stimmgabeln von König (1863). Die Experimente beider beruhen auf der Lehre von den Schwebungen oder Stößen. Bewegt man von zwei gleichgestimmten Stimmgabeln auf Resonanzkästchen die eine, so entstehen durch die scheinbare Verstimmung der bewegten Gabel sofort Schwebungen. Das D. P. läßt sich auch auf die Optik, namentlich zur Erklärung der Farbenänderung äußerst schnell bewegter Fixsterne anwenden (s. Eigenbewegung der Fixsterne). Auch hat Huggins (1868) das D. P. benutzt, um bei den Spektralbeobachtungen der Fixsterne gewisse Verschiebungen der Spektrallinien gegen das Violett hin dadurch zu erklären, daß er eine relative Bewegung jener Fixsterne gegen die Erde annahm, wie dies Mach schon (1860) vorgeschlagen hatte.

Dor, Negervolk in Äquatorialafrika, s. Bongo.

Dor, Doros, Dora, von den Phöniziern gegründete, den israel. Königen tributpflichtige Stadt Palästinas, 14 km nördlich von Cäsarea am Meere. Von den Persern an Eschmunazar von Sidon gegeben, wird sie später von dem Makkabäer Alexander Jannäus erobert, durch Pompejus 63 v. Chr. aber Freistadt. Ihre Ruinen (Felsengräber, Turm, Hafen, Säulenbau, Römerstraße) heißen jetzt Bordsch oder Chirbet Tantura, nördlich neben dem kleinen Dorf Tantura am Meere.

Dora (frz. Doire), zwei linke Nebenflüsse des Po in Piemont. 1) Die D. Baltĕa entspringt am Ostabhange des Montblanc-Massivs mit zwei Quellen am Col Ferret (2492 m) und am Col de la Seigne (2532 m). Etwa 2 km oberhalb Courmayeur vereinigen sich beide und der Fluß tritt in das Val d'Entrèves, dann bei Pré St. Didier (1000 m) in das Aostathal, welches er zuerst in südöstl., später in östl. Richtung durchfließt. Bei St. Vincent (543 m) wendet er sich wieder nach SO. und gelangt durch eine Reihe abwechselnder Engpässe und Thalweiten nach Ivrea (269 m), wo er in die Ebene hinaustritt. Im Ober- und Mittellaufe ein wildes Bergwasser mit zahlreichen Stromschnellen und Wasserfällen, wird er von Ivrea an schiffbar und ist mit der Sesia durch mehrere Kanäle verbunden. Nach 150 km langem Laufe mündet er 4 km oberhalb Crescentino in den Po. Die wichtigern Zuflüsse sind links: der vom Matterhorn kommende, bei Aosta mündende Bullier; die die Gewässer des Matterjochs bei Châtillon in die D. Baltea führende Tournanche und die Lesa oder Lys aus dem Val Gressonay; die Thuille vom Kleinen St. Bernhard und die Bäche von Val Grisanche, Val des Rhêmes, Val Savaranche und Val de Cogne. — 2) Die D. Ripăria entspringt als Ripa an der Punta Ramière in den nordl. Cottischen Alpen, biegt bei Cesana (1348 m) am Fuße des Mont-Genèvre von NW. nach NO. um, empfängt bei Oulx (1121 m) links die Bardonnèche, wendet sich bei Susa (501 m) nach O. und tritt dann in die piemont. Ebene. Nach 120 km langem Laufe ergießt sich der Fluß 2 km nördlich von Turin (240 m) in den Po. Die Mont-Cenis-Bahn durchzieht das Thal der D. Riparia von Turin bis Oulx.

Dora, Badeort bei Delatyn (s. d.) in Galizien.

Dora, Stadt an der Küste Palästinas, s. Dor.

Dora Baltĕa, s. Dora (Flüsse).

Doräden heißen zwei Fischarten, die unechte oder Goldmakrele (s. d.) und die echte, eine Art der Meerbrassen (s. d.). — Dorade ist auch die Bezeichnung für die südamerik. Gattung Doras aus der Familie der Welse.

Dora d'Istria, mit ihrem eigentlichen Namen Helene Ghika, Fürstin Kolzow-Massalsky, rumän. Schriftstellerin, Tochter des Ministers Michael Ghika, geb. 22. Jan. (3. Febr.) 1828 zu Bukarest, erhielt unter Leitung des gelehrten Griechen Gregor Pappadopulos eine sorgfältige Erziehung. Ihre weitere Ausbildung empfing sie seit 1841 im Auslande, zunächst in Dresden, dann in Wien, Venedig und Berlin. Ende 1848 kehrte D. in ihr Vaterland zurück und vermählte sich im Febr. 1849 mit dem Fürsten Alexander Kolzow-Massalsky. Nachdem sie mit ihrem Gatten eine Reihe von Jahren in Rußland verbracht, wandte sie sich im April 1855 wieder nach dem westl. Europa, zunächst nach der Schweiz, machte dann mehrere größere Reisen und hielt sich schließlich bis zu ihrem 17. Nov. 1888 in ihrer Villa bei Florenz erfolgten Tode meist in Italien auf. In ihrer ersten Schrift: «La vie monastique dans l'Église orientale» (Par. 1855; 2. Aufl., Genf 1859), erklärt sie das Mönchtum für das hauptsächlichste Hindernis der Civilisation im östl. und südl. Europa. In «La Suisse allemande» (4 Bde., Genf 1856; deutsch, 3 Bde., 2. Aufl., Zür. 1860) erörtert sie die Ursachen des Einflusses der deutschen Ideen auf die moderne Civilisation; in «Les femmes en Orient» (2 Bde., Zür. 1860) die Mittel zur Verbesserung der Lage des weiblichen Geschlechts im östl. Europa. In dem Werke «Des femmes, par une femme» (2 Bde., 2. Aufl., Brüss. 1869) stellt sie die deutsche Gesellschaft der romanischen gegenüber. Die «Excursions en Roumélie et en Morée» (2 Bde., Zür. 1863) führen den Nachweis, daß Griechenland im Altertum dieselbe Rolle gespielt habe, welche Deutschland in der modernen Welt einnimmt. In der Schrift «Au bord des lacs helvétiques» (Genf 1861) vereinigte sie eine Anzahl Novellen, die schon vorher in der «Revue des deux Mondes» erschienen waren. Ihre Studien über die Dichtung der Albanesen regten unter den letztern eine litterar. und nationale Bewegung an, als deren Ergebnisse die Schriften von Camarda («A Dora d'Istria gli Albanesi», Livorno 1871), Dorsa, De Rada, Spata, Joubany u. a. zu betrachten sind. Zu ihren letzten Arbeiten gehören: «Gli Albanesi in Rumenia. Storia dei principi Ghika nei secoli XVII, XVIII, XIX» (Flor. 1873), «La poésie des Ottomans» (1877). D. hat außerdem eine bedeutende Anzahl Essays histor. und litterar. Inhalts in deutschen, franz., ital. und griech. Zeitschriften und Zeitungen veröffentlicht. D. hat sich auch als Malerin hervorgethan und in Petersburg für zwei Landschaften einen Preis erworben. Viele gelehrte Gesellschaften Italiens, Amerikas und des griech. Orients erteilten ihr die Ehrenmitgliedschaft; die griech. Kammer ernannte sie im April 1868 zur Großbürgerin Griechenlands. Vgl. Pommier, Profils contemporains; la comtesse D. (Brüss. 1863); Cecchetti, Bibliografia della principessa D. 1855—68 (Vened. 1868), später umgearbeitet u. d. T. D. e la poesia albanese (edd. 1871); Cortambert, Les illustres voyageuses (2. Aufl., Par. 1866); Yriarte, Portraits cosmopolites (edd. 1870).

Dorage (frz., spr. -rahsch'), Vergoldung.

Dorak el-Atif, Stadt in der pers. Provinz Chusistan, 90 km östlich von Basra, am Dscherahi, von dem aus hier ein Kanal zum Karun und zum Schatt el-Arab geht, hat etwa 6000 E., ist schlecht gebaut, von einem Erdwall umgeben und liegt mitten in ungesunden Sümpfen, welche der Dscherahi und der Karun während eines Teils des Jahres unter Wasser halten. Die Stadt ist Residenz eines bald unabhängigen pers. Scheich, der mit 20000 Fußsoldaten und 5000 Reitern die Grenze gegen Irak-Arâbi zu schützen hat. Die infolge des Salzgehalts unergiebige Ebene heißt das Dorakistân oder Kabân.

Dorakistân, s. Doral el-Atif.

Doran, John, engl. Schriftsteller, geb. 11. März 1807 in London, empfing seine Erziehung in Deutschland und Frankreich und schrieb schon 1824 das Melodrama «Justice, or the Venetian jew», das am Surreytheater in London aufgeführt wurde. Er war 1841—52 Redacteur der «Church and State Gazette», auch mehrmals des «Athenaeum». Sein erstes größeres Werk war «History and antiquities of the borough and town of Reading in Berkshire» (1835). Es folgten: «Filia dolorosa, memoirs of the duchess of Angoulême» (mit Mrs. Romer, 1852), «Life of Dr. Edw. Young» (im 1. Bd. von Youngs «Works», 1854), «Habits and men» (1855), «Lives of the queens of England of the house of Hanover» (2 Bde., 1855; 4. Aufl. 1875), «Knights and their days» (1856), «Monarchs retired from business» (2 Bde., 1857), «A history of court-fools» (1858), «New pictures and old panels» (1859), «A book of the princes of Wales» (1860), «A memoir of Queen Adelaide» (1856), «Their Majesties' servants» (1864; neue Ausg., von Lowe, 1888), eine Geschichte der engl. Bühne von Betterton bis Kean, «Saints and sinners» (1868), dann sein anziehendstes Buch: «A lady of the last century (Mrs. Elizabeth Montague), illustrated in her unpublished letters» (1873), «London in Jacobite times» (2 Bde., 1877—79), «Memoirs of our great towns» (1878), «In and about Drury Lane» (1881), welche Werke große Belesenheit an den Tag legen, wennschon der wissenschaftliche und litterar. Wert nicht sehr hoch steht. Außerdem gab er «The last journals of Horace Walpole» (2 Bde., 1859) und «'Mann' and manners at the court of Florence 1740—86» (2 Bde., 1876), Sir Horace Manns Briefe an Walpole, heraus und nahm an den vom Herzog von Manchester geleiteten «Kimbolton Papers» teil. 1873—78 leitete D. die eigenartige vielgelesene litterar. Wochenschrift «Notes and Queries». Er starb 25. Jan. 1878 in London.

Dorant, s. Antirrhinum; weißer D., s. Achillea.

Dora Riparia, s. Dora (Flüsse).

Dorat (spr. -rah), Claude Jos., franz. Dichter, geb. 31. Dez. 1734 zu Paris, widmete sich anfangs dem Rechtsstudium, dann dem Militärstande, bis er sich ganz seinen dichterischen Neigungen überließ. Er schrieb Trauerspiele, die aber wenig Beifall fanden; besser gelangen ihm kleine, seiner Zeit vielbewunderte Erzählungen, Lieder und poet. Episteln. Die didaktischen Gedichte der Engländer veranlaßten ihn, die Theorie der Schauspielkunst in der Form eines Lehrgedichts: «La déclamation théâtrale» (1771), zu entwickeln. Unter seinen Lustspielen fanden «La feinte par amour» (1733) und «Le célibataire» (1776) den meisten Beifall. D. war der erste franz. Schriftsteller, der in seinem Werke «L'idée de la poésie allemande» seine Landsleute auf die deutsche Litteratur nachdrücklich aufmerksam machte. Mehrere Jahre war er Herausgeber des «Journal des Dames». Er starb 29. April 1780 zu Paris. Seine sämtlichen Werke erschienen in 20 Bänden (Par. 1764—80); «Œuvres choisies» in 3 Bänden (edd. 1786 u. ö.). Vgl. Desnoiresterres, Le chevalier Cl. D. et les poètes légers au XVIIIe siècle (Par. 1887).

D'Orb., bei naturwissenschaftlichen Namen Abkürzung für den Paläontologen Alcide Dessalines d'Orbigny (s. d.).

Dörböt, Stamm der Kalmücken (s. d.).

Dorchester (spr. dortschĕst'r), Hauptstadt der engl. Grafschaft Dorset, an dem in die Poolebai des Kanals gehenden Frome, hat (1891) 7946 E., ein Museum mit röm. und brit. Altertümern, Ruinen eines Schlosses; Tuchfabriken, Viehmärkte und Handel mit Butter und Schafen, die auf den nahen Hügeln in großer Zahl gehalten werden. 1889 ward W. Barnes, dem Dichter von Dorsetshire, in D. ein Standbild errichtet. In der Nähe Maumbury Ring, ein vorzüglich erhaltenes röm. Amphitheater, das 12000 Zuschauer faßte, und Maiden Castle, ein verschanztes Lager aus brit. Zeit (vielleicht das Dunium des Ptolemäus). — D., das kelt. Durnovaria wurde von den Römern befestigt. Vgl. Case, Guide to D. (ursprünglich vom Dichter Barnes verfaßt).

Dorchester (spr. dortschĕst'r), bis 1869 eine selbständige Stadt im nordamerik. Staate Massachusetts, seitdem als 16. Bezirk in den Verband von Boston (s. d.) aufgenommen, wurde 1630 von den Puritanern gegründet und blühte besonders durch den von ihnen zuerst betriebenen Stockfischfang.

Dordogne (spr. -dónnj, lat. Duranius), rechter Nebenfluß der Garonne, entsteht im franz. Depart. Puy-de-Dôme in 1720 m Höhe am Puy-de-Sancy aus der Vereinigung der Dore mit der 35 m hohen Cascade du Serpent und des Höllenbachs, fließt an den Mont-Dore-Bädern (1047 m) vorbei, tritt nach Aufnahme der Rhue bei den Ruinen des Schlosses Madic in enge, zwischen 150—250 m hohen steilen Wänden gelegene Felsschluchten ein. Diese erweitern sich erst beim Eintritte der Maronne. Die D. bildet erst die Grenze zwischen den Depart. Puy-de-Dôme und Cantal auf der einen und Corrèze auf der andern Seite, durchströmt dann in westl. Richtung die Depart. Lot, Dordogne und Gironde und ergießt sich nach einem 490 km langen Laufe unterhalb Bourg, 1200 m breit, in die Garonne, die von hier ab den Namen Gironde annimmt. Die D. ist 300 km weit aufwärts bis Souillac schiffbar, und Seeschiffe können bis zur Stadt Libourne (43 km weit) hinauffahren. Sie nimmt rechts die Vézère mit der Corrèze und die Isle mit der Dronne (beide schiffbar), links die Cère auf. Ihr oberes Thal (bis Lalinde) ist sehr romantisch und schön, das untere außerordentlich fruchtbar.

Dordogne (spr. -dónnj), Departement in Südfrankreich, nach dem Flusse D. benannt, besteht aus der Landschaft Périgord und Teilen von Agenois,

Limousin und Angoumois, wird von den Departements Haute-Vienne, Charente, Charente Inférieure, Gironde, Lot-et-Garonne, Lot und Corrèze umgeben, hat 9182,56, nach Berechnung des Kriegsministeriums 9223 qkm, (1891) 478471 E., d. i. 51 auf 1 qkm, darunter 758 Ausländer, und zerfällt in die 5 Arrondissements Périgueux, Bergerac, Nontron, Ribérac und Sarlat mit 47 Kantonen und 585 Gemeinden. Hauptstadt ist Périgueux. D. gehört zum 12. Armeekorps. D. ist im N. von Verzweigungen des Berglandes von Limousin durchzogen, im S. von den letzten Vorstufen des Hochlandes von Auvergne erfüllt. Der Kalksteinboden ist teils von Sand-, teils von Kreidefeldern, teils von Feuersteinen und mit Kies untermengtem Thon überlagert. Die höher liegenden Gegenden tragen Heidekraut und Ginster. Die einzigen schiffbaren Flüsse (innerhalb des Departements auf 287 km) sind die D., Vézère und Isle. Das Klima, mitunter stürmisch, ist im ganzen mild und mit Ausnahme der sumpfreichen Landschaft Double sehr gesund; der Boden im Durchschnitt wenig fruchtbar. Der Getreideertrag reicht nur mit Hilfe der Kastanien zur Ernährung der Einwohner aus. Auf 142000 ha Weizen- und 10000 ha Roggenboden wurden (1890) 2280000 und 240000 hl Frucht erzielt. 32279 ha Weinberge lieferten 90623, im Durchschnitt von 1880 bis 1889 aber 194874 hl Wein; gesucht sind besonders die Weißweine von Rossignol, Gouts, Brantôme und Montbazillac. Außerdem wird Obst und Tabak, in den Uferlandschaften Zwiebeln und Knoblauch gebaut. Berühmt sind die Trüffeln von Périgord. 1887 gab es: 498700 Schafe, 198000 Schweine, 145000 Rinder, 21000 Esel, 17100 Pferde und 3500 Maultiere. Das Mineralreich liefert Eisen, Marmor, Alabaster und (1888) 8000 hl Kohlen. Bei dem Dorfe Miremont findet sich eine große Tropfsteinhöhle. Die Industrie ist ohne Bedeutung. Am wichtigsten ist der Hammerbetrieb, die Messerwaren- und Papierfabrikation, deren Erzeugnisse nebst Wein, Branntwein, Obst, Kastanienholz, Trüffeln, Trüffelpasteten, Geflügel, Schinken, Steinen die Hauptgegenstände des Ausfuhrhandels bilden. Das Departement wird von der Eisenbahnlinie Limoges-Bordeaux (Orléansbahn) durchschnitten, von der bei Périgueux drei Zweiglinien abgehen. Es besitzt im ganzen 463 km Eisenbahn, (1886) 368,2 km Nationalstraßen, ein Lyceum und zwei Collèges. Vgl. Ad. Joanne, Géographie du département de la D. (1889); Répertoire topographique du département de la D. (1876).

Dordrecht, auch Dortrecht, von den Holländern meist abgekürzt Dordt genannt, reiche Handelsstadt der niederländ. Provinz Südholland (die dritte des Königreichs), 19 km südöstlich von Rotterdam, an der sich hier in drei Arme (Noord, Kil und Oude-Maas) spaltenden Merwede, auf einer vor dem Entstehen des Biesbosch (s. d.) mit dem festen Lande verbundenen Insel, an den Linien Breda-Rotterdam der Niederländ. Staatseisenbahn und Elst-D. (94 km) der Holländ. Eisenbahngesellschaft, hat (1891) 32934 E., Öl-, Getreide- und Sägemühlen, Eisengießereien, Salzsiedereien, Seilerwerkstätten, Bleichen, Werften und bedeutenden Handel mit Rheinwein und Holz, sowie auch Ausfuhr von Tabak, Zucker, Getreide und Leinwand. D. bietet mit seinen Giebelhäusern den Typus einer altholländ. Stadt und besitzt eine 1339 erbaute, 97 m lange und 40 m breite got. Kirche (Groote Kerk), mit 27 m hohem, auf 56 Pfeilern ruhenden Mittelschiff und Turm (365 Stufen), sowie eine neue Eisenbahnbrücke. Die breiten und tiefen Flüsse bilden ein geräumiges Hafenbecken, worin die größten Seeschiffe bis an die Stadt gelangen können. — D. wurde 1018 vom Grafen Dietrich III. von Holland, dem Kaiser und dem Bischof von Utrecht zum Trotz, auf dem Gebiete des letztern gegründet und wurde der Stützpunkt der sich bildenden holländ. Macht. Im Mittelalter war es die reichste und wichtigste Handelsstadt des Landes und Mitglied der Hansa; hier wurde 1572 die erste Versammlung der freien Staaten von Holland gehalten. Vom 13. Nov. 1618 bis 9. Mai 1619 fand hier die Synode (s. Dordrechter Synode) statt, durch welche die Stadt, die schon in polit. Beziehung großen Einfluß auf das ganze Land hatte, solchen auch auf die Entwicklung der reform. Kirche ausübte. D. ist Geburtsort von Paul Merula oder Merle, Joh. de Witt, den beiden Malern Jacob und Albert Cuyp (Vater und Sohn) und Ary Scheffer, dem 1862 ein Standbild errichtet wurde.

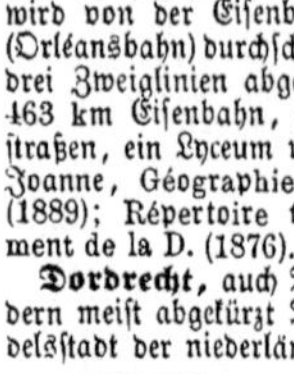

Dordrecht, Hauptstadt des Bezirks Wodehouse (s. d.) in der Kapkolonie mit (1886) 800 E.

Dordrechter Synode, zur Beilegung der Arminianischen Streitigkeiten vom 13. Nov. 1618 bis 9. Mai 1619 abgehalten. An der Spitze der Arminianer (s. d.) standen damals die Hauptführer der republikanischen Partei, Oldenbarneveldt, Hugo Grotius und Hogenbeet, dagegen trat Moritz von Oranien auf die Seite der Kontraremonstranten. Nachdem jene drei Führer 28. Aug. 1618 verhaftet waren, wurde der jahrelange Streit, ob eine Generalsynode der gesamten reform. Kirche oder eine Nationalsynode sämtlicher holländ. Staaten oder nur einzelne Provinzialsynoden berufen werden sollten, um den kirchlichen Streit beizulegen, zu Gunsten der Abhaltung einer Nationalsynode entschieden, zu welcher jedoch auch Abgesandte der wichtigsten auswärtigen Kirchen eingeladen werden sollten. Außer Anhalt, Brandenburg und Frankreich schickten alle reform. Kirchen Vertreter und beauftragten dieselben sämtlich, gegen die Arminianer zu stimmen. In demselben Sinne waren auch unter dem zunehmenden Einfluß Moritz' von Oranien in Holland die Wahlen der Provinzialsynoden ausgefallen. Zum Präsidenten wählte man den heftigsten Gegner der Arminianer, Joh. Bogerman, Prediger zu Leeuwarden. In der 22. Sitzung am 6. Dez. erschienen die Arminianer; Episcopius (s. d.) überreichte den auswärtigen Theologen eine ausführliche Apologie seiner Lehre und verteidigte dieselbe in einer wirkungsvollen Rede, in welcher zugleich erklärt war, daß die Arminianer die Gegenpartei nicht als Richter und den Spruch der Synode so wenig anerkennen könnten wie die Protestanten die Beschlüsse des Tridentiner Konzils. Um alles Disputieren abzuschneiden, gab die Synode den Arminianern auf, ihre Verteidigung nur schriftlich zu führen, mündlich dagegen nur auf bestimmt vorgelegte Fragen zu antworten. Als diese in der 57. Sitzung 14. Jan. 1619 energisch das Recht freier Verteidigung forderten, schloß der Vorsitzende sie von der Versammlung aus. Jetzt wurde die

Darstellung der Arminianischen Lehre von der Synode selbst vorgenommen und beschlossen, alle Arminianer aus den kirchlichen Ämtern zu entfernen. In der 145. Sitzung 9. Mai 1619 ward die Synode geschlossen. Sie bedeutet für die reform. Kirche dasselbe, wie die Einführung der Konkordienformel für die lutherische, nämlich den Sieg des strengsten Dogmatismus. — Vgl. Acta Synodi nationalis Dortrechti habitae (Dordrecht 1620); Acta et scripta synodalia Dordracena Ministrorum Remonstrantium (Harderwyk 1620); Al. Schweizer, Die prot. Centraldogmen in ihrer Entwicklung innerhalb der reform. Kirche (2. Hälfte, Zür. 1856).

Dordt, s. Dordrecht.

Dore (spr. dohr), Fluß im franz. Depart. Puy-de-Dôme, entspringt in der Mitte von 1000 bis 1100 m hohen Granitbergen, fließt zunächst nach SO., wendet sich bei Dore-l'Eglise plötzlich nach N., nimmt die etwas längere Dolore auf und mündet in 268 m Höhe nach 130 km langem Laufe in den Allier. Von Ambert abwärts benutzt die Eisenbahn ihr Thal.

Dore, ein Eingeborenendorf im niederländ. Gebiete von Neu-Guinea, am Fuße des Arfakgebirges an der Geelvinkbai, war Ausgangspunkt verschiedener Forschungsreisender und ist Niederlassung einer niederländ. und der Berliner Missionsgesellschaft.

Doré, Gustave, franz. Zeichner und Maler, geb. 6. Jan. 1833 zu Straßburg, kam 1847 nach Paris, wo er als Zeichner für das «Journal pour rire» arbeitete. Mit einer lebhaften Phantasie und einer gewandten Hand begabt, entwickelte er seitdem eine staunenswerte Fruchtbarkeit. Skizzen, Phantasiebilder, Genrestücke, Werke aller Art förderte er in großer Zahl zu Tage. Doch erst 1854, bei der Veröffentlichung des «Musée anglo-français», das er mit Philippon stiftete, gelang es ihm, die Aufmerksamkeit in höherm Grade auf sich zu ziehen. Der franz. Feldzug in der Krim gab ihm Gelegenheit zu Darstellungen von Heldenthaten franz. und engl. Soldaten, in denen lebendige Auffassung sich mit hervorragendem Verständnis für malerische Wirkung verbindet. D. lieferte die Illustrationen für die Werke Rabelais' (1854), zu E. Sues «Ewigem Juden», zu Dantes «Hölle» (1861), zu Perraults «Märchen» (1862), zu «Don Quixote» (1863), zur Bibel (2 Bde., 1865), zu Lafontaines «Fabeln» (1866), Ariosts «Rasendem Roland». Die Bibel und «Inferno» zeichnen sich vor seinen übrigen Arbeiten durch Großartigkeit, die Märchen durch reiche Poesie aus. Viel verdankt D. den Holzschneidern, die seine Werke vervielfältigten (Pannemaker, Pisan u. a.) und besonders die theatralische Seite seiner Begabung und die häufige Anwendung des malerischen Effekts mit weiß und grell einfallenden Blitzlichtern auszubilden verstanden. Neben dieser umfassenden Thätigkeit als Zeichner fand D. noch Zeit, die Malerei in ähnlichem Umfang zu betreiben. Doch fanden D.s Gemälde in Frankreich weniger Beifall als im Auslande, zumal in England und Nordamerika; zu erwähnen sind: Francesca da Rimini (1861), Tod des Orpheus (1869), Christliche Märtyrer im Cirkus (1874). In London befindet sich die «Doré-Galerie», die zahlreiche Ölgemälde und Handzeichnungen des Malers enthält; hervorzuheben sind: Christus vom Prätorium herabschreitend (1872), Christi Einzug in Jerusalem (1876), Die eherne Schlange (1877), Moses vor Pharao (1878). Auch als Bildhauer hat sich D. einen Namen gemacht, namentlich durch die Parze, die Amor vergebens um Schonung eines Lebensfadens anfleht (1878), und durch die Ägypterin, die ihren Knaben emporhält, um ihn vor dem Biß einer Schlange zu schützen (1879). Auf der Pariser Weltausstellung 1878 erregte eine sehr große Vase Aufmerksamkeit, an der der Künstler die neckischen Geister des Weins in einer Reihe übereinander purzelnder Gestalten dargestellt hatte. D. starb 23. Jan. 1883 zu Paris. — Vgl. Delorme, G. D. Peintre, sculpteur, dessinateur et graveur (Par. 1879); Roosevelt, G. D. Life and reminiscences (Lond. 1885).

Dorelotèrie (vom franz. dorloter, «verzärteln»), allerlei Bandwaren und Fransen.

Dorēma *Don.*, Pflanzengattung aus der Familie der Umbelliferen (s. d.) mit zwei Arten in Persien und Belutschistan, ausdauernden krautartigen Pflanzen mit Fiederblättern und gelben Blüten. Am wichtigsten ist D. ammoniacum *Don.* (Ammoniakpflanze), in den Steppen des westl. Asien häufig. Sie enthält einen Milchsaft, der ohne äußere Verletzung am Stamm und an der Wurzel hervorquellen soll und zu einer harzigen Masse erstarrt. Dieses Harz kommt als Ammoniakgummi (s. Ammoniak [Drogue]) in den Handel und findet sowohl in der Medizin wie in der Technik Verwendung.

Do, re, mi, fa, sol, la, si, s. Solmisation.

Dörenschlucht, s. Lippischer Wald.

Dorer, griech. Volksstamm, s. Dorier.

Dorer, Robert, Bildhauer, geb. 13. Febr. 1830 zu Baden im Kanton Aargau, kam 1846 nach München in das Atelier Schwanthalers, 1849 nach Dresden in das Atelier Rietschels und arbeitete nach dessen Tode unter Hähnel. 1859 besuchte er Italien, wandte sich dann wiederum nach Dresden, wo er 1863 den Entwurf zu einem Nationaldenkmal für Genf fertigte, das die Aufnahme dieser Stadt in die Eidgenossenschaft feiert (1869 enthüllt). 1867—69 führte er für das Kasino in Bern acht Statuen berühmter Berner in Sandstein aus. Hierauf begann D. das Modell zu einem als Brunnen gedachten Nationalmonument für Bern; die Höhe desselben krönt die Gruppe der drei schwörenden Schweizer, während das Piedestal von drei sitzenden Figuren (Germania, Gallia und Italia) umgeben ist. Ferner schuf er eine Kolossalgruppe auf der Attika des Verwaltungsgebäudes der Versicherungsgesellschaft Helvetia in St. Gallen, zwei Figuren Kunst und Wissenschaft für das Kunstmuseum daselbst u. s. w. D. lebt seit 1872 zu Baden im Kanton Aargau.

Dorer-Egloff, Eduard, schweiz. Dichter, geb. 7. Nov. 1807 zu Baden im Kanton Aargau, studierte die Rechte und bekleidete mehrere hohe Ämter in seinem Heimatskanton, bis er 1841 den Staatsdienst verließ, um sich gänzlich der Dichtkunst und Wissenschaft zu widmen. Er starb 24. März 1864. D. schrieb: «Luise Egloff, die blinde Naturdichterin» (Aarau 1843), «Blätter und Blüten» (ebd. 1852), «Lenz und seine Schriften» (Baden 1857), «Kleine Schriften» (1. Bdchn., Lpz. 1858), «Die Ehrentöchter oder deutsche Frauenwürde» (ebd. 1862), «Gedichte» (Aarau 1868), sowie das Fastnachtsspiel «Der Affe von Arezzo» (1852).

Dorf, im histor. Sinne eine in sich zusammenhängende Ortschaft, von welcher aus eine dazu gehörige Gemarkung von den bäuerlichen Einwohnern landwirtschaftlich ausgenutzt wird (s. Dorfsystem). In der Gegenwart pflegt man indes jede Ortschaft ein D. zu nennen, welche nicht die städtische Gemeindeorganisation besitzt (s. Gemeinde). Das D. ist meistens zugleich eine Landgemeinde, jedoch ist der letztere Begriff umfassender, da mehrere D. zu einer ländlichen Samtgemeinde und auch mehrere isolierte Höfe zu einer Landgemeinde verbunden sein können (so häufig in Westfalen und der Rheinprovinz). Die geringere Leistungsfähigkeit der D. gestattet nicht wohl, ihnen Selbstverwaltungsbefugnisse in gleichem Maße, wie den Städten, einzuräumen; sie werden vielmehr viele Aufgaben der Selbstverwaltung nur als Glieder weiterer Verbände (Ämter, Kreise) übernehmen können. In wirtschafts- und gewerbepolit. Beziehung dagegen sind gegenwärtig alle Unterschiede zwischen Stadt und D. beseitigt, namentlich auch die Gesetze, nach welchen der Betrieb vieler Handwerke auf dem Lande verboten war. Manche D. haben sich überhaupt von der Landwirtschaft fast gänzlich abgewandt und einen durchaus industriellen Charakter angenommen. Es sind dies besonders solche Orte, welche in neuerer Zeit in Anlehnung an neugegründete Fabriken und Eisenbahnstationen entstanden sind und vorläufig noch eine genügend große Einwohnerzahl nicht besitzen, um eine städtische Gemeindeverfassung zu erhalten.

Dörfel, Georg Samuel, Geistlicher und Astronom, geb. 11. Okt. 1643 zu Planen im Vogtlande, gest. 6. Aug. 1688 als Superintendent zu Weida. Aus eigenen Beobachtungen des Kometen 1680 folgerte er, noch bevor das Newtonsche Attraktionsgesetz bekannt wurde, daß sich der Komet in einer Parabel, in deren Brennpunkt die Sonne stände, bewegen müsse. Diese in der Kometenastronomie epochemachende Entdeckung veröffentlichte er in der Schrift «Astronom. Beobachtungen des großen Kometen» (Plauen 1680).

Dorfpoesie, höfische, wird nach Lachmanns Vorgang die Dichtweise Neidharts von Reuenthal (s. d.) und seiner Nachahmer genannt. Sie schildert in der Form von Tanzliedern das Glück, das der Ritter bei den Dorfschönen hat, die ihn ihren tölpelhaften Liebhabern weit vorziehen. Ferner erzählt sie balladenartig von den wüsten Raufereien der reichen österr. Bauern, ihrer feigen Prahlerei und ihrem geschmacklosen Kleiderluxus. Diese karikierenden Darstellungen des Bauernlebens waren natürlich nicht für ein bäurisches, sondern für ein höfisches Publikum bestimmt. Doch mögen sie trotz ihrer eleganten Form an volkstümliche Spottpoesie anknüpfen. Walther von der Vogelweide beklagte das Eindringen dieser ihm roh erscheinenden Dichtart. Vgl. von Liliencron, in der «Zeitschrift für deutsches Altertum», Bd. 6; Bielschowsky, Geschichte der deutschen Dorfpoesie I (Berl. 1890).

Dorfschule, s. Schulen.

Dorfsystem. 1) Das altgermanische Dorf. Ein sehr großer Teil der deutschen Dörfer in den alten Volkslanden westlich der Elbe stammt aus der Zeit des ersten Seßhaftwerdens der Germanen gegen Ausgang der Völkerwanderung. Die Form der gemeinschaftlichen Ansiedelung in geschlossenen Dörfern war bei der Mehrzahl der german. Stämme üblich. In Westfalen und am Niederrhein fanden sich allerdings schon zur Zeit des Tacitus Einzelhöfe inmitten eines geschlossenen Komplexes von Ländereien (s. Hofsystem), im übrigen aber war die Regel, daß eine Anzahl oft unter sich verwandter Familien ein Dorf begründeten und von diesem Wohnsitz aus, anfangs wohl gemeinschaftlich, von der vielleicht mit noch andern Genossen (der Hundertschaft) in Besitz genommenen Mark (s. d.) nach und nach die geeignetsten Stücke rodeten und in Bewirtschaftung nahmen. In den verschiedenen Abteilungen der Feldmark, den sog. Gewannen (s. d.), die durch die Reihenfolge der Urbarmachung entstanden oder auch nach Lage und Naturverhältnissen abgegrenzt waren, erhielt jede vollberechtigte Dorffamilie einen Anteil, dessen Flächeninhalt sich nach der Möglichkeit der Bearbeitung an einem Arbeitstage (Tagewerk, Arbeitsmorgen) richtete. Jedes dieser Stücke umfaßte also einen Morgen. Die Gesamtheit dieser zerstreuten Teile bildete nebst Haus, Hof und Garten und dem Nutzungsrechte an dem gemeinschaftlichen, hauptsächlich aus Wald und Weide bestehenden Marklande die sog. Hufe (s. d.). Die absolute Größe derselben war nach Klima und Bodenbeschaffenheit verschieden, da sie sich, abgesehen von dem genannten, für das Ackermaß entscheidenden Gesichtspunkte, nach der Rücksicht bestimmte, daß eine Familie durch ihre Bewirtschaftung ausreichenden Unterhalt finden könne. Während die Hofplätze und Hausgärten von Anfang an festes Sondereigentum wurden, gingen die Hufenanteile in den einzelnen Gewannen (die Ackergrundstücke) im ersten Jahrtausend der deutschen Geschichte in das Privateigentum der Bauern über. (Hinsichtlich der bis in die neueste Zeit vereinzelt vorkommenden periodischen Verlosung der Gewannstücke s. Gehöferschaften.) Die Felder unterlagen jedoch bis in die neueste Zeit gewissen gemeinsamen Nutzungen, namentlich der Brachweide- und Stoppelweideberechtigung aller Hufner (s. Gemeinheit). Nur die gemeine Weide und der gemeine Wald (s. Allmende) sind bis zur Gegenwart in großem Umfange Gesamteigentum, wenn nicht aller Dorfbewohner, so doch der eine sog. Realgemeinde (s. d.) bildenden alteingesessenen Hofeigentümer geblieben. — Die geschilderte Form des D. findet man, wenn auch vielfach nur noch in verwischten Zügen, fast überall, wo sich Germanen angesiedelt haben, außerhalb Deutschlands in Dänemark und Schweden, in einem Teil von Frankreich und England. Über ähnliche Agrarverfassungen anderer Völker vgl. Feldgemeinschaft und Mir. Die Zerstreuung der Ackergrundstücke des einzelnen Besitzers über die ganze Feldmark — die im Laufe der Zeit durch Teilungen im Wege des Kaufs und der Erbschaft fortwährend zunehmende sog. Gemengelage — und die Nutzungsberechtigungen an den Ackerländereien bedingen eine starke Fesselung der wirtschaftlichen Persönlichkeit der einzelnen Besitzer, sie führen zu dem sog. Flurzwange (s. d.) und haben bewirkt, daß die deutsche Bauernwirtschaft länger als durch ein Jahrtausend fast unverändert geblieben ist, namentlich an der alten Dreifelderwirtschaft festgehalten hat. Die Aufhebung der Gemengelage und der gemeinsamen Nutzungsberechtigungen war die Aufgabe der modernen Gemeinheitsteilungs- und Zusammenlegungs-Gesetzgebung (s. Zusammenlegung der Grundstücke).

2) Das deutsche Kolonialdorf. Neben dem altgermanischen D. findet sich in Deutschland in großer Verbreitung noch eine andere Form der dorfmäßigen Ansiedelung, welche einer spätern Zeit angehört und einer mehr fortgeschrittenen individualistischen Rechtsanschauung entspricht. Ihr Wesen besteht darin, daß sie die Forderung einer vollständigen Trennung der einzelnen Anteile an der Ackerflur verwirklicht. Die Hufen liegen einander parallel in

zusammenhängenden Streifen etwa senkrecht zu der bisweilen stundenlangen Dorfstraße. Die Gehöfte befinden sich bandartig am Kopf oder erstrecken sich durch die Mitte der Streifen. Die Allmende, welche auch hier meist nicht fehlt, befindet sich weiter ab von der Ansiedelung. Die Planmäßigkeit der geschilderten Anlage weist auf grundherrliche Veranstaltung hin, sie kennzeichnet die Form, in welcher sich die grundherrliche Kolonisation Deutschlands vollzogen hat. Die Ausbreitung der Deutschen außerhalb ihrer ursprünglichen Ansiedelungen begann im westl. Deutschland schon zur Zeit der Karolinger und erreichte dort ihren Höhepunkt im 12. und 13. Jahrh. Aus dieser Zeit stammen die Kolonialdörfer (Hagen- oder Waldhufen) in den Thälern der Vogesen, des Odenwaldes und Spessarts, in den Ardennen, dem Südharz, in Franken. In größerer Verbreitung aber tritt das Kolonialdorf — unter der Bezeichnung von vlämischen, fränk., westfäl. u. s. w. Hufen nach der Herkunft der Ansiedler, auch von Marschhufen und in Preußen kulmischen Hufen — in denjenigen Teilen Deutschlands auf, welche als reines Kolonialgebiet der Deutschen zu betrachten sind: im alten Slawenlande östlich der Elbe, Saale und Regnitz. Die dortigen Kolonialdörfer stammen vorwiegend aus dem 12. bis 14. Jahrh. Sie nehmen große zusammenhängende Striche ein in Nord- und Mitteldeutschland bis über die Weichsel hinaus und bis zur Oder, im Süden bis zu den Karpaten und den Steirischen Alpen hin. Die Geschäftsführung bei den mittelalterlichen Kolonisationen im Osten lag in den Händen eines Erbschulzen, der dafür eine größere Hufe, das Schulzengut, und das Recht erhielt, mehr Schafe auf die Stoppeln und die Allmende zu schicken; bisweilen blieb derselbe auch von Abgaben befreit. — Die Anlage des deutschen Kolonialdorfs ermöglicht von vornherein eine freiere Wirtschaftsweise, die Hufen behalten selbst bei eintretenden Parzellierungen immer gut abgerundete Planstücke. Die Auslegung von geschlossenen Streifen ist durch die Natur der Verhältnisse in Kolonialdörfern so sehr geboten, daß man dieselbe Anordnung unter anderm in den franz. Kolonien am St. Lorenz in Nordamerika findet. Indessen fehlte es auch in deutschen Kolonialdörfern nicht an sehr störenden gemeinsamen Nutzungen des Ackerlandes; die Behutung der nicht bestellten Grundstücke, der Stoppel- und Brachfelder war überall althergebracht. Man konnte sich dem nur durch Einzäunen des Landes entziehen, mußte aber dann wenigstens den Übergang der Gemeindeherde gestatten. Auch hier hat erst die moderne Gemeinheitsteilungs-Gesetzgebung Abhilfe geschaffen.

Neben den Kolonialdörfern kommen im östl. Deutschland und in Österreich auch die alten Gewanndörfer, und zwar in überwiegender Zahl vor. Außerdem finden sich dort vereinzelt zwischen den deutschen noch altslawische Anlagen, wo die Gehöfte um einen kreisrunden, oft nur von einer Seite zugänglichen Dorfplatz liegen. Die Gehöfte verbreitern sich gegen das Feld zu und waren in alter Zeit durch feste Hecken mit Graben zur Verteidigung umgeben. Das sind die sog. Rundlinge. Von der slaw. Feldeinteilung — in blockartigen Stücken — ist nur wenig erhalten.

3) Die Weiler. Endlich ist noch eine besondere Form der dorfartigen Ansiedelung zu erwähnen, welche in Süddeutschland auf bergigen Höhen und Hängen, in Heiden und sonstigen ungünstigen Lagen häufig vorkommt. Die Grundbesitzkomplexe der einzelnen Bauern bestehen hier aus unregelmäßigen und ungleich großen Blöcken, teils in Parzellen verteilt, teils in sich geschlossen und jedenfalls ganz abweichend von der volkstümlichen Besiedelungsweise gesetzt. Auf diesen Fluren bestehen selten größere Dörfer, sondern meist nur Weiler, aus wenigen Gehöften bestehend, und große Einzelhöfe. Man führt diese Besiedelungsform ebenfalls auf grundherrliche Veranstaltung zurück. (Vgl. auch Bauernhaus.) — Vgl. Meitzen, Der Boden und die landwirtschaftlichen Verhältnisse des preuß. Staates, Bd. 1 (Berl. 1868), und dessen Aufsätze in Schönbergs «Handbuch der polit. Ökonomie», Bd. 2 (Tüb. 1886) sowie über Ansiedelung im «Handwörterbuch der Staatswissenschaften» (1. Bd., S. 291 fg., Jena 1889).

Dorgāli, Dorf im Kreis Nuoro der ital. Provinz Sassari auf der Insel Sardinien, unweit des Meers, hat (1881) 4364 E., Post, Telegraph und eine Gewehrfabrik; hier wurde 1882 eine große Stalaktitenhöhle mit 15 unterirdischen Gängen entdeckt.

Dorheim, Dorf bei Bad Nauheim (s. d.).

Doria, altes, meist ghibellinisches Adelsgeschlecht in Genua, das mit den Fieschi, Grimaldi und Spinola an der Spitze der Aristokratie stand; seine wichtigsten Mitglieder sind: Antonio D., 1154 einer der vier Konsuln, brachte Genuas Handel und Schiffahrt zu hoher Blüte. Andrea D. gewann durch Heirat mit der Tochter von Barrisone d'Arborea einen Teil von Sardinien, wo das Geschlecht auch später ruhmvoll für Genua kämpfte. Perceval D., 1260 Statthalter der Mark Ancona, des Herzogtums Spoleto und der Romagna, war einer der tapfersten Heerführer König Manfreds. An den Kämpfen der genues. Geschlechter um die Herrschaft nahmen die D. hervorragenden Anteil. Nach ihrem Siege in Verbindung mit den Spinola über die Grimaldi und Fieschi beherrschte Oberto D. gemeinsam mit einem Spinola Genua. Er vernichtete 2. April 1284 mit seinem Sohne Corrado in der Seeschlacht bei Meloria die Flotte und Seemacht Pisas für immer (s. Gherardesca). Unter Corrado D., der mit Oberto Spinola die Herrschaft teilte, schlug Lamba D. 8. Sept. 1297 bei den Curzolaren die venet. Flotte unter Andrea Dandolo vollständig. 1309 entzweiten sich die D. und Spinola; die Spinola wurden vertrieben. Allein der Kampf dieser führenden Geschlechter hatte nur das Emporkommen anderer und das Aufsteigen der Macht der Popolaren in Genua zur Folge. Dies trieb die D., außerhalb Genuas auf der See ihre Thätigkeit zu suchen, wo sie nun im 14. bis 16. Jahrh. eine Reihe der glänzendsten Flottenführer stellten, außer Antonio D., der in Flandern für Philipp IV. von Frankreich kämpfte, namentlich Filippo D. und Paganino D. Jener bekämpfte die Venetianer, die ihn auf der Rückkehr von einem Krieg auf der Krim angegriffen, im Griechischen Meer mit Glanz (1340 und 1350) und unternahm auf eigene Faust die Eroberung von Tripolis. Der Wiederverkauf desselben an die Saracenen und die Auslieferung der Verkaufssumme und Beute an Genua söhnte dieses mit ihm wieder aus und nun wandte er sich (1356) zu einem Plünderungszug gegen die Küste von Catalonien, um die Aragonier für ihr Vordringen auf Sardinien zu züchtigen. — Paganino (gest. um 1358) begab sich nach einem Plünderungszug in der Adria nach dem Griechischen Meer, wo er am Athos sich gegen die verbündete Flotte der Venetianer, Aragonier und Griechen 13. Febr. 1352 in einem furchtbaren Seekampfe schlug, der Tag und Nacht unter entsetzlichem Sturm währte und den Genuesen selbst ungeheure Verluste kostete. Während Pisani, der venet. Admiral, sich nach Kreta zurückzog, zwang nun Paganino D. Johann Kantakuzenu, den er in Konstantinopel im Verein mit den Türken belagerte, zum Separatfrieden. Die Niederlagen, welche Antonio Grimaldi (1353) erlitt, rächte Paganino D. und sein Neffe Giovanni D. 1354 durch Plünderung von Korfu und gänzliche Besiegung Pisanis bei Portolongone, was Genua einen günstigen Frieden (s. Fatieri [Marino]) verschaffte. — In dem Kriege von Chioggia befehligten die Flotte Genuas wieder zwei D., Luciano und Pietro, welche beide vor Venedig den Tod fanden (29. Mai 1379 und 22. Jan. 1380).

In der Zeit der Fremdherrschaft und innern Anarchie in Genua im 15. Jahrh. kämpften die D. gegen die Fieschi, ohne eine ausschließlich führende Stellung zu gewinnen. Erst im 16. Jahrh. kam das Geschlecht wieder zu vollem Glanze durch Andrea D., geb. 30. Nov. 1468 zu Oneglia. Einer ärmern Seitenlinie entsprossen, bildete er sich unter dem Herzog Federigo von Urbino und Alfonso, dem Prinzen, dann König von Neapel, zum Feldherrn und Staatsmann aus. Er begleitete letztern, als er von Karl VIII. verjagt worden, 1494 nach Sicilien und machte dann, als Johanniterritter, eine Wallfahrt nach Jerusalem. 1495 zurückgekehrt, kämpfte er gegen Gonsalvo de Cordova, dann unter Lodovico Sforza und verteidigte hierauf Sinigaglia für den ihm anvertrauten Sohn Federigos von Urbino gegen Cesare Borgia und Papst Julius II. Nach Genuas Rückkehr unter franz. Schutzherrschaft blieb er dessen Admiral und machte sich als solcher den afrik. Korsaren furchtbar. Als er aber den innern Unruhen weichen mußte, trat er in die Dienste Franz' I. von Frankreich und fügte, Admiral der franz. Flotte seit 1524, Karl V. beträchtlichen Schaden zu. Die Flotte, welche Franz I. nach der Schlacht von Pavia in die Gefangenschaft nach Spanien führte, war D. im Begriff anzufallen, als ihn dieser selbst, der das Äußerste zu fürchten hatte, davon abhielt. D. trat nun an die Spitze der Flotte Clemens' VII., um 1527 wieder bei Franz I. die Admiralsstelle zu übernehmen und Genua zu belagern, das er nach seiner Kapitulation so einsichtig mit Getreide versorgte, daß er sich die Herzen seiner Mitbürger gewann. Als Franz I., der ihm große Zusagen gemacht, ihn zurücksetzte, trat er auf die Seite Karls V. über, bewirkte dadurch das vollständige Scheitern der franz. Unternehmung in Neapel und erwarb sich die thatsächliche Herrschaft über Genua, wo er 12. Sept. 1528 gelandet war; er befestigte die Republik durch Ausrottung der friedensstörenden Adorni und Fregosi und durch Aufstellung einer neuen Verfassung, die dann in der Hauptsache bis zur Auflösung des Staates bestand. Der Kaiser ernannte ihn zu seinem obersten Seeadmiral, verlieh ihm das Fürstentum Melfi und die Herrschaft Tursi; mit gutem Grund, denn Andrea D.s Vorgehen gegen die afrik. Piraten und die glückliche Wegnahme des türk. Coron und Patras (1532) schützte die ungar. wie die span. Besitzungen der Habsburger vor dem ungeteilten Anprall der Ungläubigen. Ebenso leitete er 1535 die Eroberung von Tunis durch Karl V., und als 1541 der Kaiser gegen D.s Rat ein gleiches Unternehmen gegen Algier wagte, rettete er die kaiserl. Macht vor dem gänzlichen Untergange. Auch Andrea D. hatte dabei einen Teil seiner Galeeren verloren, war aber bereits 1543 wieder so stark gerüstet, daß er Cheir-eddin Barbarossa von der franz. Flotte vor Nizza abschneiden konnte. Alt und mit Staatsgeschäften überhäuft, nahm Andrea D. seinen Neffen Gianettino D. zum Stellvertreter auf der See an, und dieser rechtfertigte das Vertrauen als Befehlshaber. Aber minder besonnen und staatsklug als sein Oheim, erbitterte er durch Übermut Bürger und Adel, was 3. Jan. 1547 zum Ausbruch der Verschwörung des Fiesco (s. d.) führte, die ihm das Leben kostete. Noch im hohen Alter unternahm Andrea D. persönlich mehrere Seezüge, verjagte 1554 die Franzosen aus Corsica und starb als erster Bürger der Freien Stadt 25. Nov. 1560. Vgl. C. Sigonio, De vita et rebus gestis Andreae Aureae Melphiae principis (Genua 1586); Guerrazzi, Vita di Andrea D. (2 Bde., Mail. 1864, 1874); Cappelloni, Vita e gesti del principe D. (Vened. 1565 u. ö.); Petit, André D., un amiral condottière au XVIe siècle (Par. 1887).

Giovanni Andrea D., Sohn Gianettinos, erlangte schon als Jüngling in Land- und Seeschlachten Ruhm. 1556 übernahm er den Oberbefehl über die im Dienste Philipps II. stehende genues. Flotte und 1560 befehligte er ein span. Belagerungsheer vor Tripolis. Nachdem er 1564 eine Seeschlacht unweit Corsica gewonnen, hinderte er als Befehlshaber des span. Hilfsgeschwaders (1570) die Eroberung des venet. Cypern durch die Osmanen nicht und bedeckte sich auch in der Schlacht von Lepanto (1571) unter Don Juan d'Austria nicht mit Ruhm. Von seinem Großoheim Andrea erbte er 1560 das Fürstentum Melfi, die Herrschaft Tursi und viele andere Besitztümer im genues., mailänd. und sardin. Gebiete. Er starb 1606 und hinterließ zwei Söhne, von denen Innocenz 1642 als Kardinal starb, während Andrea als letzter Sproß das Geschlecht fortpflanzte. Die Familie D. teilt sich gegenwärtig in mehrere Zweige. Die Linie Andrea D.s repräsentiert der Fürst Alfonso Maria Doria-Pamphili-Landi in Rom (geb. 25. Sept. 1851), Fürst von Melfi und Valmontone, zugleich Erbe der 1761 im Mannsstamm ausgestorbenen Familie Papst Innocenz' X. (Pamphili) und Besitzer des Palastes Andrea D.s in Genua. Ein Nebenzweig sind die Fürsten von Angri in Neapel. Die D. von Tursi, auch von Giovanni Andrea stammend, sind in den Colonna von Paliano (s. d.) aufgegangen. Zu Genua blühen die Lamba-Doria in mehrern Linien.

Dorididae, Sternschnecken, eine aus 23 Gattungen und etwa 200 Arten bestehende Familie der Hinterkiemer (s. d.), ohne Schale und Mantel, mit blatt- und fiederförmigen Kiemen um den hinten auf der Mittellinie des Rückens gelegenen After. Die meist lebhaft gefärbten Arten sind in der Regel klein, doch erreichen einige eine ansehnliche Größe. Wenn die D. auch im allgemeinen den Aufenthalt in der Nähe der Küsten bevorzugen, so fehlen sie doch auch in der Tiefsee nicht.

Dorier (Dorer), griech. Volksstamm, der seine namentlich im Gegensatze zu den Joniern (s. d.) scharf ausgeprägte Stammeseigentümlichkeit, die sich hauptsächlich in der Sprache (dor. Dialekt), in der Musik und der mit dieser engverknüpften Poesie (dor. Tonart und dor. Lyrik) sowie in der Baukunst (dor. Baustil) zeigt, in seinen frühesten Wohnsitzen im europ. Griechenland, in Thessalien und in der Landschaft Doris (s. d.) am Öta zuerst entwickelte und im Peloponnes weiter ausbildete. Den Peloponnes besetzten die D. infolge der sog. Dorischen Wanderung (angeblich um 1104 v. Chr.) unter Führung der Herakliden (s. d.) zum größern Teile (die Landschaften Argolis, Lakonien und Messenien wurden ganz dorisiert). Auch ein Teil der Küste des südl. Kleinasien und der davorgelegenen Inseln (die asiat. Doris) kam in ihren Besitz. Nach einigen Inseln des Ägäischen Meers, wie Melos und Thera, ferner nach Kreta und Cythera waren die D. schon vor der Einwanderung in den Peloponnes von Naupactus aus gelangt. Von Korinth und von Lakonien aus wurden im westl. Hellas, auf Sicilien und in Unteritalien Kolonien gegründet, die bald zu hoher Blüte gelangten; ebenso von den dorisierten Megarern am Bosporus, am Pontus Euxinus und auf Sicilien. Von Thera aus sind dor. Ansiedelungen in der Cyrenaika gegründet worden. Der Staat, in welchem der dor. Volkscharakter nach allen Seiten hin am schroffsten sich ausprägte, war Sparta, dessen gewöhnlich auf Lykurgus zurückgeführte polit. Einrichtungen unter Einwirkung der eigentümlichen militär.-polit. Lage der Spartiaten das Muster einer fast nur auf kriegerische Tüchtigkeit abzielenden, alles Individuelle mit eiserner Konsequenz den Zwecken des Gemeinwesens unterordnenden Verfassung darboten. In neuerer Zeit ist durch von Wilamowitz-Möllendorff («Einleitung in die attische Tragödie», Berl. 1889) die Behauptung aufgestellt worden, die D. seien ursprünglich keine Griechen, sondern Barbaren (Illyrier) gewesen, die erst nach der Unterwerfung griech. Landschaften hellenische Sprache angenommen hätten. Vgl. Karl Otfr. Müller, Die D. (2. Ausg. von Schneidewin, 2 Bde., Bresl. 1844); E. Curtius, Griech. Geschichte (6. Aufl., Bd. 1, Berl. 1887).

Dorigny (spr. -rinnjih), Nicolas, franz. Kupferstecher, geb. 1657 in Paris, Sohn des Kupferstechers Michael D. (geb. um 1617, gest. 1666), hielt sich mehr als 20 Jahre in Italien auf. Um die Kartons Raffaels zu Hamptoncourt zu stechen, ward er 1711 von Georg I. nach England berufen und wegen der bewiesenen Meisterschaft zum Ritter erhoben. Nach seiner Rückkehr nach Frankreich 1724 wurde er 1725 Mitglied der Akademie in Paris und starb daselbst 1746. Seine besten Stiche außer jenen Kartons sind die Verklärung (1709) nach Raffael, die Fabel der Psyche (12 Blätter) nach demselben und die Apotheose der heil. Petronilla nach Guercino.

Dorijan oder Doiran, Stadt im türk. Wilajet und Sandschak Saloniki, östlich vom Fluß Vardar am Dorijan-See, Sitz eines griech. Bischofs, hat über 5000 E., Acker- und Gartenbau sowie Handel mit Getreide und Fischen. In der Nähe Ruinen der alten Stadt Doberos.

Döring, Heinrich, Schriftsteller, geb. 8. Mai 1789 zu Danzig, studierte seit 1814 in Jena Philosophie und Theologie und ließ sich dann als Privatgelehrter daselbst nieder. Er starb 14. Dez. 1862. D. hat sich hauptsächlich als Biograph bekannt gemacht; er schrieb unter anderm die Lebensbeschreibungen von Schiller (Weim. 1822; 2. Aufl. 1832), Herder (edd. 1823; 2. Aufl. 1829), Klopstock (edd. 1825), Jean Paul (Lpz. 1832), Bürger (Berl. 1826; 2. Aufl. 1847) u. s. w. Unter seinen histor. Werken ist hervorzuheben: «Die Thüringer Chronik» (2. Aufl., Erfurt 1847). Seine Dichtungen haben geringen Wert.

Döring, Theodor, eigentlich Häring, Schauspieler, geb. 9. Jan. 1803 zu Warschau, wo sein Vater preuß. Salzinspektor war, besuchte das Joachimsthalsche Gymnasium zu Berlin, wurde jedoch durch unglückliche Familienverhältnisse gezwungen, sich dem Handelsfache zuzuwenden. Nachdem er mit Erfolg in der Urania aufgetreten war, widmete er sich gänzlich dem Theater und debütierte bei der Gesellschaft des Direktors Hurray 25. Jan. 1825 als Julius («Armer Poet») in Bromberg. Er begleitete dann die Gesellschaft nach Marienburg, Graudenz, Elbing, Thorn u. s. w. Unter kümmerlichen Verhältnissen kam er 1826 nach Breslau. Hier entwickelte sich sein Talent für komische Rollen, und nach dem Abgange des Komikers Wohlbrück übernahm er dessen Fach mit vielem Glück. Seit 1828 Mitglied des Mainzer Theaters, kam er 1833 nach Mannheim und nach Gastspielen in Karlsruhe und Hamburg an das Stadttheater des letztern Ortes. 1838 wurde er Seydelmanns Nachfolger in Stuttgart; 1843 erhielt er ein Engagement beim Hoftheater in Hannover. Nach Seydelmanns Tode wurde er 1845 dessen Nachfolger an der Berliner Hofbühne, der er bis zu seinem 17. Aug. 1878 erfolgten Tode angehörte. D. besaß eine seltene Schärfe der Auffassung und dabei das biegsamste und überraschendste Nachahmungsvermögen. Lange Zeit waren die humoristischen Charakterrollen: Falstaff, Richter Adam, Malvolio, Elias Krumm, Piepenbrink und Banlier Müller seine bedeutendsten; später spielte er auch die Rollen des Charakterfachs in der Tragödie in wirkungsvoller Weise: Lear, Shylock, Franz Moor und Nathan. Sein Mephistopheles war der echte Vollsteufel, allerdings nicht ganz frei von Karikatur.

Dorippe, s. Krabbe.

Doris, der 48. Planetoid.

Doris, die kleinste unter den selbständigen griech. Landschaften, lag im Centrum von Mittelgriechenland, zwischen Malis, Ötäa, Lokris und Phokis, umfaßte die südl. Abhänge des Öta, die nordwestlichsten des Parnaß, das von beiden eingeschlossene Thal des Flusses Pindus und das oberste Gebiet des Kephisus. Ursprünglich von Dryopern bewohnt und daher Dryopis genannt, wurde das Land von den Doriern (s. d.), als dieselben bei dem Beginn ihrer Wanderung von Thessalien aus südwärts zogen, besetzt und später von den übrigen Angehörigen des Stammes als ihr eigentliches Mutterland betrachtet. Da das Ländchen wenig fruchtbar und von der Verbindung zur See abgeschnitten war, hatten die dort zurückgebliebenen Einwohner den Spitznamen «die Hungerdorier» (Limodorieis) erhalten. D. hatte vier Städte: Erineos, Kytinion, Bolon und Pindos (Akyphas), die, eine Tetrapolis bildend, in den Kämpfen zwischen den Phociern, Ätoliern und Macedoniern wiederholt verwüstet wurden und zur Zeit der röm. Herrschaft zu völliger Unbedeutendheit herabgesunken waren. Vgl. Lolling, Zur Topographie von D. (in den «Mitteilungen des Archäologischen Instituts zu Athen», Bd. 9, 1884). — Im heutigen Griechenland bildet D. eine Eparchie des Nomos Phthiotis und Phokis, welche wesentlich das im Altertum den ozolischen oder westl. Lokrern gehörige Gebiet umfaßt.

D. hieß auch eine Landschaft im südwestlichsten Kleinasien, ein Teil der Küste von Karien nebst den Inseln Kos, Rhodus, Nisyrus, Kalymna u. s. w., wo die Dorier vom Peloponnes aus Niederlassungen gegründet hatten. Die sechs Hauptstädte Jalysus,

Kamirus, Lindus, Halicarnassus, Knidus und Kos waren zeitweise zu einem Bunde vereinigt, einer Hexapolis, die aber frühzeitig durch den Ausschluß der Stadt Halikarnaß in eine Pentapolis verwandelt wurde. Eine bedeutende polit. Rolle hat später namentlich Rhodus gespielt. Auf dem Vorgebirge Triopion bei Knidus feierten diese Dorier ihre gemeinsamen Bundesfeste.

Dorischer Dialekt, s. Griechische Sprache.

Dorische Säule, Dorischer Stil, s. Säulenordnung und Griechische Kunst.

Dorische Tonart, bei den Griechen die erste und wichtigste Tonreihe, nach der die Hauptgesänge und Hauptinstrumente eingerichtet waren. Sie umfaßte (von oben nach unten) die sieben Töne e d c h a g f (e), hatte also zwei Halbtöne. Sie wurde im Mittelalter irrtümlich die Phrygische Tonart genannt, während die wirkliche Phrygische Tonart der Griechen (unser D-moll) den Namen der Dorischen erhielt.

Dorische Wanderung, s. Dorier.

Dorismus, Eigentümlichkeit des dor. Volkscharakters, des dor. Dialekts, der dor. Baukunst u. s. w.

Dorking, Stadt in der engl. Grafschaft Surrey, in einem Thale der nördl. Downs in der Nähe von Box Hill, an dem zur Themse gehenden Mole und Eisenbahnknotenpunkt, hat (1891) 7132 E. und berühmte Geflügelzüchterei (s. Dorkinghuhn). In der schönen Umgebung viele Landsitze.

Dorkinghuhn, benannt nach der Stadt Dorking (s. d.), ist in England aus dem ursprünglich einheimischen Huhn zum stattlichen Sporthuhn erzüchtet worden und kann als die eigentliche engl. Nationalhühnerrasse gelten. Das sehr volle und dichte Gefieder ergiebt mehrere Farbenschläge: graue, silbergraue, gesperberte und weiße D. Das D. gehört in der Heimat zu den wertvollsten Fleischhühnern, erhält sich aber bei uns nur schwierig.

Dorlisheim, Dorf im Kreis und Kanton Molsheim des Bezirks Unterelsaß, 3 km südlich von Molsheim, an der Linie Zabern-Schlettstadt der Elsaß-Lothr. Eisenbahnen, Sitz eines Konsistoriums augsburg. Bekenntnisses, hat (1890) 1794 E., darunter etwa 500 Katholiken, Postagentur, Telegraph, eine bemerkenswerte Kirche (roman. Basilika); Woll- und Baumwollfärberei, Appretur sowie bedeutenden Wein- (214 ha) und Obstbau. Von der 1011 durch Bischof Werner bei D. gegründeten Komturei des heil. Johann, die ursprünglich den Tempelrittern gehörte, sind noch Spuren vorhanden. D. erscheint 736 als Dorloshaim, 976 als Torolfesheim.

Dormant (frz., spr. -máng), schlafend, ruhend; als Substantiv soviel wie Tafelaufsatz.

Dormant partner (engl., spr. dohrmĕnt), auch Sleeping partner, in England ein Gesellschafter, welcher sich nicht thätig am Betrieb der Gesellschaftsgeschäfte beteiligt, aber gleich einem thätigen Gesellschafter haftbar ist, sobald seine Teilhaberschaft bekannt wird; er ist zu unterscheiden von einem Kapitalisten, der, ohne Gesellschafter zu werden, einer Gesellschaft Geld vorschießt und statt der Zinsen einen Anteil am Nutzen hat.

Dormeuse (frz., spr. -möhs'), bequemer Stuhl, Reisewagen, in dem man ausgestreckt schlafen kann; auch Schlaf- oder Negligéhaube.

Dormitiv (neulat.), Schlafmittel.

Dormitor, Berg in Montenegro, s. Durmitor.

Dormitorium (lat.), Schlafsaal, besonders in Klöstern.

Dorn (Spina), in der Botanik ein in eine stechende Spitze auslaufender verkürzter Ast. Demgemäß enthält jeder D. auf dem Querschnitt einen Markkörper, einen Holz- und Rindenring. Dagegen versteht man unter Stachel (aculeus) ein aus lauter Parenchymzellen bestehendes spitzes, stechendes Anhangsorgan der Oberhaut. Ein Stachel läßt sich von der Oberfläche der Pflanze leicht abbrechen, ohne daß dadurch der Pflanze eine wesentliche Verletzung zugefügt wird; dagegen ist zum Abbrechen eines D. größere Gewalt nötig, weil derselbe mit dem Holzkörper des Zweiges oder Stammes, an dem er sitzt, zusammenhängt. Die Rosen haben Stacheln, die Schlehen D. Im gewöhnlichen Leben pflegen D. und Stachel verwechselt zu werden. Außer den echten D. und Stacheln kommen im Pflanzenreiche noch viele stechende Gebilde vor, die in der beschreibenden Botanik bald als D., bald als Stacheln bezeichnet zu werden pflegen. Dahin gehören z. B. die bei der gemeinen Robine oder unechten Akazie (Robinia pseudacacia *L.*) zu beiden Seiten des Blattstiels befindlichen Dorngebilde, die in D. umgewandelte Nebenblätter (Stipulardornen) sind, sowie die an den Blättern der Disteln befindlichen sog. Stacheln; letztere sind über den Blattrand hervortretende, von verholzten Zellen umhüllte Gefäßbündelenden.

Dorn (techn.), ein aus einem cylindrischen oder kegelförmigen Stahlstäbchen von verschieden gestaltetem Querschnitt bestehendes Werkzeug, das in der Bearbeitung der Metalle bei verschiedenen Gelegenheiten angewendet wird, um gebogene oder ringförmige Gegenstände unbeschadet ihrer innern Form auf ihrer äußern Oberfläche bearbeiten, oder ein im Werkstück hergestelltes Loch erweitern und ausbilden zu können («Schmieden über dem Dorn»); auch ein dem Treibstöckchen ähnliches, aber kleineres Werkzeug der Blecharbeiter; außerdem der feste Kern, mit welchem dünnwandige Röhren ausgefüllt werden, um bei der Herstellung gegen das Einknicken gesichert zu sein; endlich bei manchen Schlössern ein im Schlüsselloch befindlicher Stift. (S. Dornschloß.)

Dorn, Alexander von, Volkswirt der freihändlerischen Richtung, geb. 9. Febr. 1838 in Wiener-Neustadt, trat nach vollendeten Universitätsstudien (1858) in den österr. Staatsdienst und wurde 1863 als offizieller Berichterstatter zur türk. Ausstellung nach Konstantinopel gesandt. Der von ihm erstattete Bericht erschien in Leipzig 1864. 1868 trat er aus dem Staatsdienst und übernahm die Redaktion des volkswirtschaftlichen Teils des «Pester Lloyd», 1872 die Redaktion der «Triester Zeitung». Seit 1883 in Wien lebend, gründete er 1884 die «Volkswirtschaftliche Wochenschrift», 1888 den «Exportcompaß», ein kommerzielles Jahrbuch für die Interessen des österr.-ungar. Ausfuhrhandels, 1889 ein Verlagsgeschäft unter der Firma «Volkswirtschaftlicher Verlag Alexander Dorn» (nunmehr Kommanditgesellschaft auf Aktien). Er veröffentlichte ferner «Pflege und Förderung des gewerblichen Fortschritts durch die Regierung in Württemberg» (Wien 1863), «Aufgaben der Eisenbahnpolitik» (Berl. 1874), «Kriegsmarine und Volkswirtschaft in Österreich-Ungarn» (Wien 1885) und redigierte das von Lehnert, Zehden u. a. herausgegebene illustrierte Werk «Die Seehäfen des Weltverkehrs» (2 Bde., ebd. 1889 fg.).

Dorn, Heinr. Ludw. Edmund, Musiker, geb. 14. Nov. 1804 zu Königsberg, erhielt seine musikalische Ausbildung besonders in Berlin unter L. Berger, Zelter und Bernh. Klein, bekleidete seit 1828 Musikdirektorstellen in Königsberg, Leipzig, Hamburg, Riga, Köln (1843) und wurde 1849 Nicolais Nachfolger als Kapellmeister an der königl. Oper in Berlin. Wider Willen 1869 pensioniert, lebte er als Musiklehrer und Kritiker in Berlin, wo er 10. Jan. 1892 starb. Mehrere Opern von ihm (unter diesen die «Nibelungen», 1854) gelangten zur Aufführung, ohne sich einbürgern zu können. Unter seinen Liedern sind besonders die humoristischen beliebt geworden. Als gewandter Dirigent wurde D. allgemein geschätzt. Er veröffentlichte «Aus meinem Leben» (6 Bdchn., Berl. 1870—79).

Dorn, Joh. Albrecht Bernh., Orientalist, geb. 11. Mai 1805 zu Scheuerfeld im Herzogtum Coburg, studierte in Halle und Leipzig zuerst Theologie, dann orient. Sprachen. Nachdem er sich 1825 zu Leipzig habilitiert hatte, erhielt er 1826 einen Ruf als ord. Professor der morgenländ. Sprachen an die Universität in Charkow, wurde 1835 Professor der Geschichte und Geographie Asiens am Orientalischen Institut in Petersburg und nach Aufhebung dieses Lehrstuhls 1843 Oberbibliothekar der kaiserl. öffentlichen Bibliothek. Die Ernennung D.s zum Mitgliede der Akademie der Wissenschaften und zum Direktor des Asiatischen Museums war bereits 1839 und 1842 erfolgt. Die Jahre 1860 und 1861 verbrachte D. auf einer wissenschaftlichen Reise in den Kaukasus, nach Masenderan und Gilan. Er starb in Petersburg 31. Mai 1881. Seine amtliche Stellung veranlaßte D. zur Bearbeitung des «Catalogue des manuscripts et xylographes orientaux» (Petersb. 1852) sowie des Werkes «Das Asiatische Museum der kaiserl. Akademie der Wissenschaften» (ebd. 1846). D.s wissenschaftliche Bestrebungen waren vorzüglich auf Erforschung der Geschichte und Sprache der Afghanen sowie auf die Geschichte, Geographie und Sprachen Kaukasiens und der südl. Küstenländer des Kaspischen Meers gerichtet. In dieser Beziehung sind zu nennen: «Grammatische Bemerkungen über die Sprache der Afghanen» (Petersb. 1840), «A chrestomathy of the Pushtu or Afghan language» (mit Glossar, ebd. 1847) und die «History of the Afghans, translated from the Persian of Neamut-Ullah» (2 Bde., 1829—36), die Ausgaben verschiedener orient. Quellenschriften über «Geschichte von Tabaristan, Rujan und Masenderan» (Petersb. 1850) und Gilans (ebd. 1858), von Ali ibn Schemseddins «Chanisches Geschichtswerk» (ebd. 1857) und «Auszüge aus mohammed. Schriftstellern, betreffend die Geschichte und Geographie der südl. Küstenländer des Kaspischen Meers» (ebd. 1858). In den «Beiträgen zur Kenntnis der iran. Sprachen», Bd. 1 u. 2 (ebd. 1860—66), veröffentlichte er in Verbindung mit Mirsa Mohammed Schafy die ersten Texte in dem pers. Dialekt von Masenderan. Ein Ergebnis seiner Reise in den Kaukasus war das umfangreiche Werk: «Caspia. Über die Einfälle der alten Russen in Tabaristan» (Petersb. 1875).

Dornach, Fabrikort im Kanton Mülhausen-Süd, Kreis Mülhausen des Bezirks Oberelsaß, 3 km westlich von Mülhausen, dessen Vorort es geworden ist, an den Linien Mülhausen-Colmar und Mülhausen-Wesserling der Elsaß-Lothr. Eisenbahnen, im Anfang des 19. Jahrh. mit nur 250 E., hat (1890) 5657 meist kath. E., Post zweiter Klasse, Telegraph; bedeutende Baumwoll- und Wollspinnereien sowie -Webereien, Packleinwandfabriken und die berühmte photogr. Anstalt Braun, Clément & Cie. (s. d.). D. (1216 Turnache) gehörte einst der adligen Familie zu Rhein, deren dortiges Schloß noch erhalten ist.

Dornach, Dornach-Brugg, Pfarrgemeinde und Dorf in der Schweiz, s. Dorneck.

Dornauszieher, antike Bronzefigur eines auf einem Felsblock sitzenden nackten Knaben, der sich einen Dorn aus der Sohle des linken Fußes zieht. Sie befindet sich in der neuen Kapitolinischen Sammlung in Rom. Die frühere Ansicht, nach welcher die Figur in die hellenistische Zeit gesetzt wurde, hat sich neuerdings als irrig erwiesen. Der frische Naturalismus sowohl in der Auffassung des Motivs als auch in der stilistischen Durchführung läßt in ihr das Werk eines griech. Künstlers aus der ersten Hälfte des 5. Jahrh. v. Chr. vermuten. Eine Replik in Marmor besitzt das Museum in Berlin, eine andere das Britische Museum in London. Modern ist das Motiv von G. Eberlein in einer Statue (Nationalgalerie zu Berlin) behandelt.

Dorna-Watra, Markt in der österr. Bezirkshauptmannschaft Kimpolung in der Bukowina, nahe der siebenbürg. Grenze, an der Goldenen Bistritza, wo das von hohen bewaldeten Bergen umsäumte Thal sich mit dem schönen Thal der Dorna vereinigt, hat (1890) 4309 meist rumän. E. (etwa 1000 Deutsche), Post, Telegraph, Bezirksgericht (6 Gemeinden und Ortschaften, 2 Gutsgebiete, 12163 E.) und ist in der neuesten Zeit durch seine kräftigen Eisenquellen beliebt geworden.

Dornbach, früher westl. Vorort von Wien und zu dessen Polizeirayon gehörig, und ehemals Dorf in der niederösterr. Bezirkshauptmannschaft und dem Gerichtsbezirk Hernals, seit 1890 mit den Gemeinden Hernals und Neuwaldegg den XVII. Gemeindebezirk (Hernals) von Wien bildend, hat (1890) 3370 E., Post und Telegraph. D. ist ein wegen seiner landschaftlichen Reize von den Wienern bevorzugter Sommeraufenthaltsort und durch Pferdebahn mit Wien verbunden. An D. grenzt unmittelbar der kleine, aber mit prachtvollen Villen geschmückte, nunmehr ebenfalls mit Wien (XVII. Bezirk) vereinigte Ort Neuwaldegg (1890: 358 E.), in dessen Gebiet sich der große, von Feldmarschall Graf Lacy 1766—96 mit großen Kosten angelegte Naturpark (363 ha) befindet, der nach dem Tode Lacys 1801 in den Besitz der fürstl. Schwarzenbergschen Familie überging. Lacy ließ auch das Schloß in seiner jetzigen Gestalt umbauen.

Dörnberg, Ferd. Wilh. Kaspar, Freiherr von, bekannt durch sein Unternehmen gegen den König Jérôme von Westfalen 1809, geb. 14. April 1768 in Hausen bei Hersfeld, stammte aus einer alten Familie Hessens. Er trat in hess., dann 1796 in preuß. Kriegsdienste, kämpfte 1806 bei Jena, geriet mit Blüchers Korps zu Lübeck in franz. Gefangenschaft, ging nach England, um dort für einen Aufstand in Hessen gegen die Franzosen zu wirken, und war unter König Jérôme von Westfalen Oberst der Gardejäger. Empört über die Bedrückung seines Vaterlandes, nahm er an den geheimen Verbindungen teil, die durch ganz Deutschland zur Abwerfung des fremden Jochs unterhalten wurden. Ein Aufstand war für ganz Niederhessen im Anschluß an die Versuche von Hirschfeld, Katt, Schill und des Herzogs von Braunschweig unter D.s Leitung vorbereitet, brach aber gegen dessen Willen zu früh aus. D. flüchtete auf die Nachricht aus Cassel, stellte sich in Homburg 22. April 1809 an die Spitze der Aufständischen und führte die undisciplinierten, kaum bewaffneten Scharen auf Cassel zu. Die Hoffnung, daß die Truppen übergehen sollten, erfüllte sich nicht, und wenige Schüsse genügten, um die Haufen zu zerstreuen. D. flüchtete nach Böhmen, wo er in das vom Herzog von Braunschweig geworbene Korps trat, während er zu Cassel als Hochverräter zum Tode verurteilt ward. Er teilte die Unternehmungen und Schicksale dieses Korps, trat dann 1812 in russ. Dienste und machte im Korps des Grafen Wittgenstein den Krieg gegen Frankreich mit. In dem Gefecht bei Lüneburg 2. April 1813 schlug er den franz. General Morand und belagerte 1814 Diedenhofen. Nach dem Frieden trat er als Generalmajor in hannöv. Dienste, wurde später Generallieutenant und der hannöv. Gesandtschaft zu Petersburg zugeteilt, wo er von 1842 an den Gesandtschaftsposten bekleidete. Er starb 19. März 1850 zu Münster. Vgl. Lyncker, Geschichte der Insurrektionen wider das westfäl. Gouvernement (Cassel 1857).

Dornbirn, Marktflecken in der österr. Bezirkshauptmannschaft Feldkirch in Vorarlberg, in 432 m Höhe, an der rechtsseitigen Lehne des Rheinthals, ehe dasselbe an den Bodensee tritt, an der Dornbirner Ach, gegen welche große Schutzbauten aufgeführt sind und die zugleich die großen Wasserkräfte für die Fabriken liefert, und an der Linie Bludenz-Lindau (Vorarlbergbahn) der Österr. Staatsbahnen, hat (1890) 4576, als Gemeinde (Markt, Haselstauden, Oberdorf und Hatlerdorf) 10678 E., Post, Telegraph, Fernsprecheinrichtung, Bezirksgericht (7 Gemeinden, 23876 E.), Kommunal-Unterreal- und k. k. Stickereischule; Maschinenfabrik, Eisen- und Gelbgießerei, Bijouteriewarenfabrik, 5 Baumwollspinnereien und mechan. Webereien, 2 Cottondruckereien und Mustersennerei nach schwed. System.

Dornburg, Stadt im sachs.-weimar. Verwaltungsbezirk Apolda, 9 km nordöstlich von Jena, links der Saale, an der Linie Großheringen-Saalfeld der Saal-Eisenbahn (Bahnhof im Thale), auf einem steilen Felsen (80 m) höchst malerisch gelegen, hat (1890) 684 meist evang. E., Postagentur, Telegraph; drei Schlösser, von denen das nördlichste, jetzt Sitz einer Forstinspektion, schon zu Ottos I. Zeiten eine kaiserl. Pfalz war; das mittelste, von Herzog Ernst August 1724—48 erbaut, dient dem Großherzog zeitweilig als Sommerresidenz, während das südlichste nach dem Tode Karl Augusts eine Zeit lang (1828) von Goethe bewohnt wurde. — D. kommt schon 937 als Stadt vor und die kaiserl. Pfalz war häufig der Aufenthalt der sächs. Kaiser. Auch wurden hier von diesen mehrere Reichstage gehalten. Nachdem Kaiser Heinrich IV. 1081 D. dem Grafen Wiprecht von Groitzsch geschenkt hatte, wechselte es oft die Besitzer, bis es 1486 an den Kurfürsten von Sachsen verkauft wurde. Später gehörte es der herzogl. Linie von Sachsen-Jena und fiel 1698 an Sachsen-Weimar.

Dornbusch, die Nordspitze der Insel Hiddensee nordwestlich von Rügen.

Dorndreher, s. Würger.

Dorneck oder Dornach, Pfarrgemeinde im Bezirk Dorneck-Thierstein (s. d.) des schweiz. Kantons Solothurn im Birsthale unweit der Grenze der Kantone Basel und Bern, an der Linie Biel-Delsberg-Basel (Bahnhof D.-Arlesheim) der Jura-Simplonbahn, hat (1888) 1249 E., darunter 123 Evangelische und besteht aus den beiden Dörfern D. und Dornach-Brugg. Ersteres liegt von Weinbergen und Kornfeldern umgeben in 334 m Höhe, $8^{1}/_{2}$ km südlich von Basel auf der rechten Thalseite am Fuße der Schartenfluh (501 m), eines Juravorsprunges, mit der Ruine der alten Burg D. und besitzt eine große Kirche mit dem Grabmal des berühmten franz. Mathematikers Maupertuis (gest. 1759). Dornach-Brugg, $1^{1}/_{4}$ km nordwestlich von D. in 294 m Höhe an der Birs und der Linie Biel-Delsberg-Basel der Jura-Simplon-Bahn gelegen, ist Amtssitz des Bezirks D. und hat ein Kapuzinerkloster, eine stattliche, 1823 vollendete Steinbrücke mit einer Nepomukstatue und große Chappespinnereien. 1813 riß ein Hochwasser der Birs die alte Brücke und den an dieselbe gebauten Gefängnisturm weg, wobei 37 Menschen ihren Tod fanden. In einiger Entfernung bei Arlesheim (345 m) auf waldiger Höhe das ehemalige fürstbischöfl. Schloß Birseck, jetzt Privatbesitz, mit schönem Park und merkwürdigen Grotten. Bei D. wurde 22. Juli 1499 das Heer des Schwäbischen Bundes von den Eidgenossen geschlagen. Die Burg wurde 1798 von den Franzosen nach kurzer Verteidigung eingenommen, von den Landleuten eingeäschert und der Amtssitz darauf nach Dornach-Brugg verlegt.

Dorneck-Thierstein, Bezirk im schweiz. Kanton Solothurn, hat 177 qkm, (1888) 12707 E., darunter 530 Evangelische, in 23 Gemeinden. Haupterwerbsquellen der Bewohner sind Land- und Alpwirtschaft, Viehzucht, Wein- und Obstbau, Seidenweberei und Uhrmacherei. Früher eine Besitzung der Grafen von Thierstein, kam das Amt im 15. Jahrh. kaufweise an Solothurn, dessen Landvögte bis 1798 auf der Burg D. residierten.

Dorneidechse, Schleuderschwanz, Hardun (Stellio vulgaris *Latr.*), eine in Asien, Afrika und auch im südl. Europa (Türkei, griech. Inseln) heimische Art von Erdagamen (s. Agamen), die meist braungelb gefärbt ist und einen kräftigen, mit Hornstacheln besetzten Schwanz besitzt. Sie wird gegen 40 cm lang und klettert auf Mauern u. s. w. äußerst geschickt und flink.

Dorner, Aug. Johannes, prot. Theolog, Sohn des folgenden, geb. 13. Mai 1846 zu Schiltach (Baden), studierte in Berlin, Göttingen und Tübingen, wurde 1869 Vikar in Neuhausen ob Eck in Württemberg, im selben Jahre Hilfsprediger der deutschen Gemeinden zu Lyon und Marseille, 1870 Repetent in Göttingen, 1874 Professor und Mitdirektor des Wittenberger Predigerseminars, 1890 ord. Professor in Königsberg. D. schrieb: «De Baconis philosophia» (Berl. 1867), «Augustinus, sein theol. System und seine religionsphilos. Anschauung» (ebd. 1873), «Über die Principien der Kantischen Ethik» (Halle 1875), «Zur Erinnerung an den 100jähr. Geburtstag von F. W. J. von Schelling» (Gotha 1875), «Predigten vom Reiche Gottes» (Berl. 1880), «Kirche und Reich Gottes» (Gotha 1883), «Dem Andenken von J. A. Dorner» (ebd. 1885), «Das menschliche Erkennen. Grundlinien der Erkenntnißtheorie und Metaphysik» (Berl. 1887); seit 1889 berichtet D. in Lipsius' «Theol. Jahresbericht» über die dogmatische Litteratur.

Dorner, Isaak August, prot. Theolog, geb. 20. Juni 1809 zu Neuhausen ob Eck in Württemberg, studierte zu Tübingen, wurde 1834 Repetent in Tübingen, 1838 daselbst außerord. Professor, 1839 ord. Professor in Kiel, 1843 Professor und Konsistorialrat in Königsberg, nahm 1846 an der

Generalsynode teil und wurde 1853 nach Göttingen, endlich 1861 an die Universität Berlin und als Oberkonsistorialrat in den Oberkirchenrat berufen. Nachdem er 1883 als Professor, 1884 als Mitglied des Oberkirchenrats in den Ruhestand getreten war, starb er 9. Juli 1884 in Wiesbaden. D. war einer der bedeutendsten Vertreter des spekulativen Zweigs der deutschen sog. Vermittelungstheologie, welche sich an Schleiermacher und Hegel anschloß; besonders während der Ära Falk-Herrmann übte er auf die kirchliche Entwicklung Preußens einen tiefgehenden Einfluß aus. Seine Hauptwerke sind: «Entwicklungsgeschichte der Lehre von der Person Christi» (Stuttg. 1839; neu bearbeitet, 2 Tle. in 4 Bdn., Stuttg. und Berl. 1845—56), «Geschichte der prot. Theologie» (Münch. 1867), «System der christl. Glaubenslehre» (2 Bde., Berl. 1879—81; 2. Aufl. 1886—88), «System der christl. Sittenlehre» (hg. von A. Dorner, ebd. 1885); ferner sind zu nennen: «Der Pietismus, insbesondere in Württemberg» (Hamb. 1840), «Über Jesu sündlose Vollkommenheit» (Gotha 1862), «Gesammelte Schriften aus dem Gebiete der systematischen Theologie, der Exegese und Geschichte» (Berl. 1883); auch ist D. Verfasser einer Reihe kirchenpolit. Schriften, so: «Das Princip unserer Kirche» (Kiel 1841), «Sendschreiben über Reform der evang. Landeskirchen an C. J. Nitzsch und Jul. Müller» (Bonn 1848), «Über die gegenwärtige Krisis des kirchlichen Lebens» (Gött. 1854), «Gutachten der theol. Fakultät zu Göttingen über die gegen die Theologie des Dr. Baumgarten erhobene Beschuldigung fundamentaler Abweichung von der kirchlichen Lehre» (anonym, Gotha 1859). Vgl. die Erinnerungen an ihn von Kleinert (Berl. 1884), Heinrici (1884), von der Goltz (Gotha 1885) und A. Dorner (ebd. 1885), sowie Briefwechsel zwischen Martensen und D. (2 Bde., Berl. 1888).

Dorner, Joh. Jak., Landschaftsmaler, geb. 7. Juli 1775 zu München, ging von den klassischen Studien zur Kunst über, in deren Studium ihn vorzüglich die Unterstützung des Kurfürsten Max Joseph förderte. Der Fürst sendete ihn 1802 nach der Schweiz und nach Paris und stellte ihn 1808 als Galerie-Inspektor an. Seine Werke, die am zahlreichsten in der Neuen Pinakothek in München, in der Galerie zu Schleißheim und in der fürstlich Thurn und Taxisschen Galerie zu Regensburg zu finden sind, entlehnen ihre Vorwürfe zumeist dem bayr. Oberlande, worin er als einer der Bahnbrecher für die Kunst des 19. Jahrh. erscheint. Er starb 14. Dez. 1852 in München.

Dörner (Saigerdörner), s. Zinn.

Dorngewehr, eine vom franz. Obersten Thouvenin (s. d.) 1844 vorgeschlagene Büchsenkonstruktion, bei der das cylindrokonische Geschoß mittels des Ladestocks auf einen am Boden der Seele angebrachten Stahldorn aufgetrieben und so mit den Zügen in Berührung gebracht wurde. Das D. wurde durch die Anwendung der Expansionsgeschosse nach Minié (s. d.) verdrängt. (S. Handfeuerwaffen.)

Dorngrasmücke, s. Grasmücke.

Dorngrundel, Fischart, s. Schmerlen.

Dornhai (Spinax acanthias *Cuv.*, Acanthias vulgaris *Risso*, s. Tafel: Fische VIII, Fig. 2), einer der häufigsten Haie in den europ. Meeren. Er wird bis 1 m lang und ist oben schieferblaugrau, unten weiß. Das Weibchen gebiert je 4—6 lebendige Junge. Das Fleisch, obwohl von unangenehmem Geruch, wird gegessen.

Dornhan, ehemals Turnheim, Stadt im Oberamt Sulz des württemb. Schwarzwaldkreises, 9 km im SW. von Sulz, sehr hoch gelegen, hat (1890) 1608 E., Postagentur, Telegraph, Wasserleitung; Eisengruben und Mineralquellen. Herzog Ludwig von Teck umgab D. 1256 mit Mauern; 1380 erhielt Eberhard der Greiner die Schutzherrlichkeit über die Stadt, die durch die Reformation württembergisch wurde.

Dornoch (spr. -nöck), Hauptstadt der schott. Grafschaft Sutherland und ein besuchtes Seebad, liegt am Dornoch-Firth, an dessen 24 km breitem Eingang der Leuchtturm Tarbet-Neß steht, 48 km nördlich von Inverneß, hat (1891) 514 E., eine alte Kathedrale (1222—45), als Pfarrkirche 1837 neu aufgebaut und Fischerei.

Dornröschen, die schöne Königstochter in dem Märchen gleichen Namens, die, von einer Spindel gestochen, mit dem ganzen Hofe ihres Vaters in einen 100jährigen Schlaf verfällt, bis nach dieser Zeit ein Prinz die Dornenhecke, die um das Schloß gewachsen ist, durchdringt und alles aus dem Schlafe weckt und D. selbst heimführt. Das deutsche Märchen (Grimm 50) schließt mit dem Erwachen und der Heirat D.s. Die franz. Version Perraults «La belle au bois dormant», sowie die neapolitanische (in Basiles «Pentamerone») erzählen weiter, wie des Prinzen Mutter das von diesem geheimgehaltene Liebesverhältnis entdeckt und die Geliebte ihres Sohnes sowie deren Kinder vergebens umzubringen versucht. Der Versuch, das Märchen mit der Siegfriedsage in Verbindung zu bringen und es mythologisch zu deuten, kann nicht als gelungen bezeichnet werden.

Dornschloß, ein Schloß mit Rohrschlüssel, bei welchem, um ein Schwanken des Schlüssels beim Gebrauch zu vermeiden, im Schlüsselloch ein eiserner Stift (Dorn) angebracht ist, auf den mit geringem Spielraum die Höhlung des Schlüsselrohrs paßt.

Dornschwanz oder Dabb (Uromastix spinipes *Merr.*), eine plumpe, 70—80 cm lange und zu den Erdagamen (s. Agamen) gehörende pflanzenfressende Echse, die in den steinigen Gegenden Ägyptens und Palästinas lebt und mit ihrem ansehnlichen, ringweise angeordnete Hornstacheln tragenden Schwanz kräftig um sich schlägt.

Dornstein, der Niederschlag, der sich beim Gradieren der Salzsolen auf den Dornen der Gradierwände als steinige Inkrustation absetzt. Je nach der Zusammensetzung der Solen ist der D. verschieden. Enthalten die Solen Bicarbonate der alkalischen Erden, so zersetzen sich diese Salze in Berührung mit der Luft, geben die Hälfte der Kohlensäure ab und scheiden kohlensauren Kalk, bez. kohlensaure Magnesia als graue, gesinterte erdige Masse ab. Bei Gegenwart von Eisenoxydulbicarbonat wird gelbes oder braunes Eisenoxydhydrat abgelagert. Vorhandener schwefelsaurer Kalk krystallisiert meist erst bei zunehmender Konzentration auf den Dornen und überzieht dieselben mit einer auf dem Bruch krystallinischen Masse. Sind alle diese Salze zugegen und wird die Sole über mehrere Gradierwerke geleitet, so besteht der D. des ersten Gradierwerks meist aus Eisenoxydhydrat und kohlensauren Erden und ist braun gefärbt, während der des zweiten meist grauweiß ist und vorzugsweise aus Gips besteht.

Dornstetten, Stadt im Oberamt Freudenstadt des württemb. Schwarzwaldkreises, auf einem schmalen Bergrücken, an der Linie Schiltach-Eutingen der Württemb. Staatsbahnen, zerfällt in die mit Mauern umgebene Altstadt und die neue Vorstadt, und hat (1890) 1022 E., Post, Telegraph und Revieramt.

Dornteufel, eine Art der Erdagamen, s. Moloch.

Dorobanzen, die Territorial-Infanterieregimenter des rumän. Heers, deren Dienstpflicht 9 Jahre (5 Jahre in der aktiven Territorialarmee und 4 Jahre in der Reserve) beträgt und mit dem 21. Lebensjahre beginnt; nach dem Ausscheiden aus der Territorialarmee sind die D. noch bis zum 37. Lebensjahre in der Landwehr (genannt Militie) und sodann bis zum 46. Jahre einschließlich in dem Landsturm (genannt Glóte) dienstpflichtig. Die bisherigen 8 Infanterieregimenter sind mit den schon vorhandenen 33 Dorobanzenregimentern verschmolzen. Jedes Dorobanzenregiment besteht jetzt aus 3 Bataillonen zu je 4 Compagnien, und zwar aus einem ständigen und zwei territorialen Bataillonen. Die Regimenter tragen Nummern und führen neben der Bezeichnung des Aushebungsbezirks auch Namen früherer rumän. Fürsten und Feldherren. Ein Bataillon besteht in Friedenszeiten aus 400 Mann, also jede Compagnie zu 100 Mann gerechnet, in Kriegszeiten aus 808 Mann (jede Compagnie 202). Die Mannschaft ist gut ausgebildet und durchaus kriegstüchtig, wie sich im Russisch-Türkischen Kriege namentlich vor Plewna gezeigt hat.

Dorogobusch. 1) **Kreis** im mittlern Teil des russ. Gouvernements Smolensk, hügelig, am Dnjepr, mit Lettenboden, hat 3821 qkm, 88153 E. (Weißrussen), Ackerbau, wenig Industrie. — 2) **Kreisstadt** im Kreis D., 98 km östlich von Smolensk, an beiden Ufern des Dnjepr und 25 km südlich der Station D. der Eisenbahn Moskau-Brest; hat (1885) 8721 E., Post und Telegraph, 12 Kirchen, ein altes Festungswerk mit Erdwällen, Handel mit Hanf, Leinsamen, Leder und Talg.

Dorohoi, Hauptstadt des Kreises D. (2256 qkm, 127017 E.) in Rumänien, im nordwestl. Teil der Moldau unweit der österr. Grenze, an der Linie Leorda-D. (21,50 km) der Rumän. Staatsbahnen, hat 15000 E., zur Hälfte Juden. In der Nähe ist die Erziehungsanstalt Pomirla, eine Privatstiftung.

Doronicum *L.*, Gemswurz, Gamswurzel, Pflanzengattung aus der Familie der Kompositen (s. d.) mit gegen 12 Arten in Europa und den gemäßigten Gegenden Asiens, besonders auf Gebirgen. Es sind ausdauernde Kräuter mit dickem, oft tuolligem Wurzelstock, schlanken Stengeln, langgestielten Grundblättern und einzeln stehenden, langgestielten Blütenkörbchen mit goldgelben Strahl- und Scheibenblüten. Ihre Wurzeln gelten in den Alpen für sehr heilkräftig und waren offizinell, namentlich die von D. pardalianches *L.*, einer häufig zur Zierde in Gärten gehaltenen Pflanze, die schon im April zu blühen beginnt. Ebenso wird die im Kaukasus und in Sibirien einheimische D. caucasicum *M. B.* in Deutschland häufig als frühblühende Zierpflanze kultiviert.

Doros, Stadt an der Küste von Palästina, s. Dor.

Dorothéa (grch., d. h. Gottesgabe), mehrere Heilige. Die abendländ. Martyrologien erzählen, eine D., aus Cäsarea in Kappadocien gebürtig, habe unter der Regierung Diocletians 6. Febr. mit Theophilus den Märtyrertod erlitten. Bekannter und als Schutzheilige Preußens verehrt ist eine andere D., die, ein einfaches Bauernmädchen, bis in ihr 44. Jahr verheiratet in Danzig gelebt und neun Kinder geboren hatte, als sie 1384 eine Zelle im Dome zu Marienwerder bezog, sich hier einem streng ascetischen Leben hingab und noch in demselben Jahre starb. Das Volk verehrte sie als Heilige und auf ihrem Grabe geschahen Wunder; aber die Heiligsprechung unterblieb, weil D. einen Hochmeister des Deutschen Ordens in der Hölle erblickt und dem Orden den Untergang vorausgesagt hatte.

Dorothea, Kurfürstin von Brandenburg, zweite Gemahlin des Großen Kurfürsten, geb. 28. Sept. 1636 als Prinzessin von Holstein-Glücksburg, heiratete 17jährig den Herzog Christian Ludwig von Lüneburg, der, ohne Kinder zu hinterlassen, 1665 starb. Drei Jahre darauf vermählte sich D. mit Kurfürst Friedrich Wilhelm, der an ihr eine kluge und treu hingebende Genossin und eine eifrige Pflegerin in den Jahren des Alters und bei seinen Leiden erwarb. Auch in den Staatsangelegenheiten gewährte ihr der Kurfürst einen nicht unerheblichen Einfluß. In 8 Jahren gebar sie ihm noch 7 Kinder, geriet aber mit seinen Kindern aus erster Ehe in Zerwürfnisse, die sich schließlich so steigerten, daß man sie sogar verdächtigte, den Tod des Markgrafen Ludwig, der im April 1687 plötzlich starb, herbeigeführt zu haben; Kurprinz Friedrich, der in Berlin sich seines Lebens nicht mehr sicher glaubte, entwich mit seiner Gemahlin nach Hannover, von wo ihn erst der strenge Befehl des Vaters zurückbrachte. Jedenfalls ist der gegen Dorothea laut gewordene Verdacht durchaus unbegründet; auch die Vorwürfe, sie habe den Kurfürsten zu einem Testament bewogen, durch das den brandenb. Hausverträgen entgegen die Einheit des Staates zu Gunsten ihrer Söhne aufgehoben worden, sind von der neuern Forschung überzeugend widerlegt worden. Durch das Testament von 1686 wurden für die Söhne der D. keine selbständigen Fürstentümer von dem brandenb. Staate abgetrennt; vielmehr wurden ihnen nur einzelne Provinzen, wie Halberstadt, Minden, Ravensberg, zugewiesen, damit aus ihren Einkünften den nachgeborenen Söhnen feste Dotationen, ein standesgemäßes Einkommen sichergestellt würde, Maßregeln, die nach den vielen Todesfällen, und da noch keine Enkel vorhanden, für den Fortbestand der Familie erforderlich erschienen. Praktische Bedeutung hat das Testament nicht gewonnen, da Friedrich III. es nach seinem Regierungsantritt mit Zustimmung des Kaisers für ungültig erklärte. Die zwei ältesten Söhne der D. begründeten später die brandenb. Nebenlinien der Markgrafen von Schwedt und der Markgrafen von Sonnenburg, die 1788 und 1762 erloschen. D. galt als eine gute Haushälterin, die zu Gunsten ihrer zahlreichen Kinder ihren Besitz zu mehren wußte. Ein großes Grundstück, das ihr der Kurfürst in Berlin schenkte, zerlegte sie und verkaufte die Teile als Bauplätze; so entstand im Nordwesten der Stadt ein neuer Stadtteil, die Dorotheenstadt, im Süden begrenzt durch die große Lindenallee, in der sie selbst den ersten Baum gepflanzt hat. D. überlebte ihren Gemahl nur ein Jahr; sie starb auf einer Badereise in Karlsbad 6. Aug. 1689. Vgl. Droysen, Das Testament des Großen Kurfürsten (in «Geschichte der Preuß. Politik», Teil IV, Abteil. 4, Lpz. 1870); Pierson, Kurfürstin D. (Berl. 1886).

Dorothea Sibylla, Herzogin von Brieg, Tochter des Kurfürsten Johann Georg von Brandenburg, geb. 19. Okt. 1590, ward 1610 die Gemahlin des Herzogs Johann Christian von Brieg und starb 19. März 1625. Der Übertritt des Fürsten zum reform. Bekenntnis wird mit Recht auf ihren

Einfluß zurückgeführt, der überhaupt ein großer und segensreicher war und ihr im Volk den Namen «de liebe Dorel» verschaffte. Die angeblich dem Tagebuch eines Zeitgenossen entnommenen, 1830 in Brieg erschienenen «Denkwürdigkeiten aus dem Leben der Herzogin D. S. u. s. m.» wurden 1838 von Wuttke als eine Fälschung des Herausgebers Koch, Syndikus in Brieg, nachgewiesen. Vgl. Hesekiel, Das liebe Dorel (Berl. 1850); A. Stein, Die liebe Dorel (Halle 1878).

Dorothea, Anna Charlotte, Herzogin von Kurland, geborene Reichsgräfin von Medem, Gemahlin von Peter Biron, s. Biron (Bd. 3, S. 34a).

Dorothea Marie, Herzogin von Sachsen-Weimar, die Stammmutter der vier jetzt regierenden Sachsen-Ernestinischen Fürstenhäuser, Tochter des Fürsten Joachim Ernst von Anhalt-Zerbst, geb. 2. Juli 1574, vermählt 7. Jan. 1593 mit Herzog Johann von Sachsen-Weimar, der 31. Okt. 1605 starb. Von ihren Söhnen wurden Wilhelm der Stifter der Linie Sachsen-Weimar und Ernst der Fromme Stifter der drei Sachsen-Gothaischen Linien in Coburg-Gotha, Meiningen und Altenburg. Ein dritter Sohn ist Bernhard, der berühmte Feldherr der Protestanten im Dreißigjährigen Kriege. D. M. starb an den Folgen eines Sturzes vom Pferde 18. Juli 1617.

Dorow, Wilh., Altertumsforscher, geb. 22. Mai 1790 zu Königsberg, ging nach Paris, wo er 1812 als Attaché bei der preuß. Gesandtschaft angestellt war. Vom Staatskanzler Hardenberg mehrfach zu diplomat. Sendungen verwendet, wurde D. nach der Einnahme von Paris zur Centralhospitalverwaltung nach Frankfurt gesendet. 1816 kam er als preuß. Gesandtschaftssekretär nach Dresden, 1817 nach Kopenhagen, mußte aber diesen Posten wegen Krankheit niederlegen. Er widmete sich nun archäol. Forschungen, wurde 1820 Direktor der Verwaltung für Altertumskunde im Rheinlande und Westfalen und begründete das Museum vaterländischer Altertümer in Bonn. 1822 wurde er dem auswärtigen Ministerium zugewiesen, 1824 pensioniert und machte 1827 eine Reise nach Italien, wo er Veranlassung zu bedeutenden Ausgrabungen und Entdeckungen im alten Etrurien gab und die im Museum zu Berlin aufgestellte Sammlung etrur. Altertümer erwarb. Später lebte er in Halle, wo er 16. Dez. 1846 starb. Von seinen Schriften sind zu erwähnen: «Opferstätten und Grabhügel der Germanen und Römer am Rhein» (2 Abteil., Wiesb. 1819—21; 2. Aufl. 1826), «Denkmale german. und röm. Zeit in den rhein.-westfäl. Provinzen» (2 Bde., Stuttg. 1823—27), «Denkmäler alter Sprache und Kunst» (2 Bde., Bonn u. Berl. 1823—27), «Etrurien und der Orient u. s. w.» (Heidelb. 1829), «Voyage archéologique dans l'ancienne Étrurie» (Par. 1829). Aus seiner reichen Autographensammlung veröffentlichte er «Facsimile und Handschriften» (4 Hefte, Berl. 1836—38), ferner «Erlebtes aus den J. 1813—20» (2 Bde., Lpz. 1843), «Erlebtes aus den J. 1790—1827» (2 Bde., ebd. 1845), «Briefe preuß. Staatsmänner» (Bd. 1, ebd. 1843), «Denkschriften und Briefe» (anonym, 5 Bde., Berl. 1838—40).

Dorozsma (spr. dóroschma), Groß-Gemeinde im Stuhlbezirk diesseits der Theiß (Tiszáninneni) des ungar. Komitats Csongrád, westlich von Szegedin, an der Linie Budapest-Verciorova der Ungar. Staatsbahnen, hat (1890) 12325 magyarische röm.-kath. E., Post, Telegraph, bedeutende Rindviehzucht in der fruchtbaren Umgebung und vier bevölkerte Pußten (Atotháza, Ülles, Göböljárás, Seregélyes). In der Umgebung sind mehrere salzige Seen, deren Wasser auch zu Heilbädern gebraucht wird. Im März 1879 wurde der Ort gleich Szegedin durch die Theiß zerstört, hat sich aber wieder ziemlich erholt.

Dorp, Stadt, seit 1. Jan. 1889 mit Solingen (s. d.) vereinigt.

Dorpat. 1) Kreis im nordöstl. Teil des russ. Gouvernements Livland, östlich vom Peipussee begrenzt, eine ebene, im NW. erhöhte, im S. hügelige Landschaft, hat 7143,2 qkm, 184596 E. (meist Esthen), Getreide- und Kartoffelbau, Viehzucht und Brennerei.

2) D., russ. Derpt, altruss. Jurjew, esthnisch Tartolin, lettisch Tehrpata, **Kreisstadt** im Kreis D., an beiden Ufern des schiffbaren Embach (der Hauptteil rechts), über den eine steinerne und eine hölzerne Brücke führen, zwischen Hügeln gelegen, an der Linie D.-Taps der Baltischen und an der Nebenlinie Walk-D. der Pskow-Rigaer Eisenbahn, mit Dampfschiffahrt auf dem Embach, dem Peipus- und Pskower-See bis Pskow, ist gut gebaut, hat gerade, zum Teil bergige Straßen und (1888) 30970 E. (1892 auf 40000 geschätzt), meist Esthen und Deutsche, aber auch Russen, Letten und Israeliten, 4 prot., 1 röm.-kath., 2 russ. Kirchen und eine Büste Barclay de Tollys auf dem gleichnamigen Platz. Auf dem Dom- oder Schloßberge (35 m) mit schöner Ruine eines Domes (1228 erbaut, 1598 abgebrannt) befinden sich die Sternwarte mit dem ältesten großen Frauenhoferschen Refraktor, die Anatomie und drei mediz. Kliniken, die Universitätsbibliothek (1/4 Mill. Bände), schöne Gartenanlagen und Promenaden mit dem Denkmal des Naturforschers Karl Ernst von Baer (von Opekuschin, 1886 errichtet).

Behörden, Militär. D. ist Sitz eines Friedensrichterplenums (zweiter Instanz), dreier Friedensrichter und der beiden Oberbauerngerichte des Kreises D. Die Verwaltung liegt in den Händen der Stadtverordneten und des von ihnen gewählten Stadtamtes. Nach D., das bisher ohne Militär war, sollten im Herbst 1892 zwei Bataillone des 95. Krasnojarschen Infanterieregiments, dazu der Stab der 23. und 24. Infanteriedivision, zu der jenes Regiment gehört, und der Korpsstab des neugebildeten 18. Armeekorps gelegt werden.

Unterrichtswesen. Die Universität, der hübschen Lage wegen das «nordische Heidelberg» genannt, war bis vor kurzem eine deutsche Hochschule; sie wurde 1630 vom König Gustav Adolf von Schweden als Gymnasium gegründet und 1632 zur Universität erhoben. Infolge der Eroberung der Russen (1656) löste sie sich auf, wurde nach Reval (1657—62) verlegt, aber 1690 wieder in D. hergestellt. 1704 von den Russen abermals aufgelöst, wurde sie nach Pernau verlegt und ging 1710 ganz unter. Das Versprechen Peters d. Gr., die livländ. Universität zu erhalten, wurde erst durch die Stiftungsurkunde Alexanders I. (12. Dez. 1801) erfüllt. Die Universität wurde zu einer Pflanzstätte deutscher Wissenschaft und stand in regem Verkehr und Austausch von Lehrkräften mit den Universitäten Deutschlands. Diese Blüte dauerte bis über die Mitte der achtziger Jahre, wo die russ. Regierung mit ihren Russifizierungsmaßregeln hervortrat. Diese betrafen zwar zunächst nur die Mittelschulen (1886); doch wurde schon nach dem Ukas vom Febr. 1889 eine Reorganisation der jurist. Fakultät (damals 5 Lehrstühle und 1 Docent) vorgenommen: einer der beiden Lehrstühle für baltisches Recht wurde aufgehoben und dafür ein Lehrstuhl für russ. Privatrecht und russ. Civilprozeß errichtet, dem andere Lehrstühle (1892 im ganzen neun) für russ. Recht folgten. Nur noch zwei Rechtsgegenstände (baltisches Recht und Völkerrecht) werden deutsch vorgetragen. Der kaiserl. Ukas vom 20. Nov. 1889 hob die Autonomie der Universität auf und legte die Verwaltung derselben (Ernennung des Rektors, Prorektors und der Dekane, Berufung der Docenten u. s. w.) in die Hände des russ. Unterrichtsministers. Die Gehalte und Pensionen wurden 1892 verbessert, aber nur zu Gunsten der Professoren und Docenten, die ihre Vorträge in russ. Sprache halten. In der mediz. Fakultät (13 Lehrstühle) ist die russ. Lehrsprache bisher in 3 Lehrstühle eingedrungen, in der histor.-philos. Fakultät (11 Lehrstühle) in 5 (wovon jedoch drei: russ. Sprache, russ. Geschichte und slaw. Sprachwissenschaft, schon früher russisch vorgetragen wurden), in der physik.-mathem. Fakultät (10 Lehrstühle) in 2, wobei aber 4 Lehrstühle der Besetzung durch den Minister harren. Nur die theol. Fakultät ist bisher unberührt geblieben, doch droht ihr Auflösung und Verlegung als luth. Seminar ins Innere Rußlands. Die Zahl der Studenten betrug (Sommer 1892) 1682; darunter 1020 aus den Ostseeprovinzen, 655 aus dem übrigen Russischen Reich mit Einschluß Polens (viele Deutsche) und 7 Ausländer. Die höchste Ziffer war 1890 mit 1812 Studenten erreicht worden. — Vgl. Die deutsche Universität D. im Lichte der Geschichte und der Gegenwart. Eine histor. Studie auf dem Gebiet östl. Kulturkämpfe (1. bis 3. Aufl., Lpz. 1882); Hasselbladt und Otto, Von den 14000 Immatrikulierten D.s (Dorpat 1891).

Neben der Universität besitzt D. eine Veterinäranstalt (seit 1846, ganz russifiziert), ein russ. Lehrerseminar (das deutsche wurde 1889 von der Regierung aufgehoben), ein Kron-(Staats-)Gymnasium (450 Schüler; seit 1892 völlig russifiziert, nur in den Religionsstunden darf noch die deutsche und esthnische Sprache angewendet werden), zwei Privatgymnasien (500 Schüler), eine Realschule (300 Schüler), drei höhere Mädchenschulen und viele niedere Schulen, die alle mehr oder weniger rasch in der Russifizierung begriffen sind. Eine vierte höhere Mädchenschule hat sich 1892, um den Regierungsmaßregeln zu entgehen, selbst aufgelöst.

Unter den **Vereinen** und **Gesellschaften** sind zu nennen: die Livländisch-Ökonomische Societät (seit 1802), die Gelehrte Esthnische Gesellschaft (seit 1838), Verein zur Förderung der Landwirtschaft und des Gewerbfleißes, der Hausfleißverein, der Handwerkerverein (mit über 1000 Mitgliedern und einem Theater), vier deutsche, ein russischer, zwei esthnische Klubs u. s. w. In D. erscheinen vier deutsche und vier esthnische **Zeitungen**, unter letztern das Tageblatt «Postimees».

Industrie und Handel. D. hat 3 deutsche, 1 russische, 2 esthnische Buchhandlungen, 3 größere und 2 kleinere (esthnische) Buchdruckereien, 4 Dampfsägemühlen, Brennereien, 2 Tabakfabriken und 4 Bierbrauereien. Der Handel, besonders in Flachs und Holz, ist nicht unbedeutend. Alljährlich vom 7. bis 28. Jan. findet der sog. große deutsche Jahrmarkt statt, im August stark besuchte landwirtschaftliche Ausstellungen mit Wettrennen u. s. w. An Kreditinstituten sind vorhanden: die Dorpater Bank, Filiale der Kommerzbank in Pskow, die Esthnische Distriktsverwaltung des livländ. (Güter-)Kreditvereins, die Bauernrentenbank, der Livländische Stadthypotheken- und der Städtische und Livländische Feuerassekuranz-Verein.

Geschichte. An der Stelle D.s gründete der russ. Großfürst Jaroslaw 1030 eine Feste Jurjew, die sich aber nicht hielt; die Esthen blieben frei, bis 1224 der Deutsche Orden den befestigten Domberg erstürmte. D. wurde hierauf 1225 der Sitz eines Bischofs, dessen Schloß an der Stelle der heutigen Sternwarte stand, und bald nahm die Stadt infolge der deutschen Einwanderung und der günstigen Lage als Handelsplatz einen bedeutenden Aufschwung, namentlich seitdem sie sich im 14. Jahrh. der Hansa angeschlossen hatte. 1525 wurde in D. die Reformation eingeführt, 1558 belagerte Iwan der Schreckliche die Stadt, die sich durch Kapitulation ergab; bald darauf wurde der Bischof nach Rußland abgeführt und die Verbindung mit der Hansa aufgehoben. 1565 wurden die Einwohner nach Rußland fortgeführt und die Stadt zerstört. 1582 kam sie mit dem größten Teil Livlands an Polen, 1625 an Schweden. 1656—60 war sie wieder in den Händen der Russen und gelangte definitiv an dieselben 1704 im Nordischen Krieg. 1708 wurde D. von den Russen aus Furcht vor Karl XII. vollständig zerstört und sämtliche Einwohner wurden ins Innere Rußlands abgeführt. 1775 zerstörte ein Brand die Stadt fast gänzlich; 1800 hatte sie 3500, 1851 12600 E. Die Justizreform (1889) beseitigte mehrere autonome Kreisbehörden und setzte an die Stelle derselben Regierungsinstitute mit russ. Amtssprache. — Vgl. Hausmann, Aus der Geschichte der Stadt D. (Dorpat 1872).

Dörpfeld, Friedr. Wilh., pädagogischer Schriftsteller, geb. 1824 zu Selscheid in der Gemeinde Wermelskirchen (Kreis Lennep), besuchte das Zahnsche Institut auf Fild bei Mörs und das Seminar in Mörs. Er war 1844—48 Lehrer am Zahnschen Institut, 1848—49 an der Schule zu Heidt bei Ronsdorf, 1849—79 Hauptlehrer zu Wupperfeld bei Barmen. Jetzt lebt er als Emeritus in Ronsdorf bei Barmen. In seinen pädagogischen Schriften wie in dem seit 1857 von ihm herausgegebenen «Evang. Schulblatt» vertritt D. die Herbartsche Pädagogik in positiv christlichem Sinne, kämpft aber zugleich gegen die Abhängigkeit der Schule von kirchlichen und polit. Interessen. Von seinen Schriften verdienen Erwähnung: «Die freie Schulgemeinde auf dem Boden der freien Kirche im freien Staate» (Gütersloh 1863), «Die drei Grundgebrechen der hergebrachten Schulverfassungen» (Elberf. 1869), «Beitrag zur Leidensgeschichte der Volksschule» u. s. w. (Barmen 1883), «Grundlinien einer Theorie des Lehrplans» (Gütersloh 1873), «Enchiridion der biblischen Geschichte» (14. Aufl., ebd. 1888), «Beiträge zur pädagogischen Psychologie» (Heft 1, 3. Aufl., Gütersloh). Vgl. Höfler, Friedr. Wilh. D. (Lpz. 1890).

Dörpfeld, Wilh., Archäolog, Sohn des vorigen, geb. 26. Dez. 1853 in Barmen, studierte an der Bauakademie in Berlin, war 1877 als Bauführer unter Oberbaurat Adler thätig, nahm vom Herbst 1877 bis 1881 an den Ausgrabungen in Olympia teil und hatte vom Herbst 1878 an deren technische Leitung. Im Jan. 1882 erhielt er eine Anstellung als Architekt am Deutschen Archäologischen Institut in Athen und wurde 1886 zweiter, 1887 erster Sekretär desselben. Er veranstaltete außer in Olympia noch an verschiedenen andern Orten Ausgrabungen, zum Teil mit Schliemann. D. war Mitarbeiter an dem Werk «Ausgrabungen zu Olympia» (2. Ausg., 5 Bde., Berl. 1877—81) und an den Werken Schliemanns: «Troja» (Lpz. 1884) und «Tiryns» (ebd. 1886). Zahlreiche Aufsätze von ihm in verschiedenen Fachzeitschriften, namentlich in den «Mitteilungen des Archäologischen Instituts zu Athen», sind der antiken Architektur und Metrologie gewidmet.

Dorregarāy, Don Antonio, Marques de Eraul, span.-karlistischer General, geb. um 1820, focht bereits 1836—39 im Heere des Don Carlos, trat dann in die königl. Armee über, zeichnete sich 1859 im marokk. Kriege aus und war 1866—68 als höherer Polizeibeamter in der Habana thätig, wo er sich als höchst bestechlich zeigte. Nach der Revolution von 1868 lebte er erst einige Zeit in Zurückgezogenheit, trat 1872 als Oberstlieutenant in den Dienst des Don Carlos (des sog. Königs Karl VII.), schlug die Regierungstruppen bei Los Arcos und 5. Mai 1873 bei Eraul und wurde für diese Waffenthat Generallieutenant und Marques. Am 26. Juni schlug er bei Arroniz den General Postilla und 25. Aug. bei Dicastillo den General Santa-Pan und nahm Portugalete, die Hafenstadt von Bilbao. Im Mai 1874 wurde D. Generalkapitän der karlistischen Armee. Durch seine Proklamation von Estella vom 17. Juni 1874, in der er den Krieg ohne Pardon ankündigte, drückte er dem Karlistenaufstande den Stempel der Barbarei auf und bestimmte dadurch die europ. Großmächte, der Madrider Regierung Serranos durch offizielle Anerkennung ihre moralische Hilfe zu leihen. Im Juni 1874 schlug D. das Heer Conchas vor Estella zurück, wurde hierbei verwundet und begab sich zur Wiederherstellung nach Paris. Nach der Rückkehr übernahm er den Befehl über die Armee in Valencia und wich vor der Übermacht Jovellars über Barbastro nach Navarra. Als im Febr. 1876 Don Carlos den Widerstand aufgab, flüchtete D. mit ihm nach England, wo er 31. März 1882 starb.

Dörren, s. Darren.

Dörrgemüse oder Gemüsepräserven werden in der Weise hergestellt, daß man die betreffenden frischen Gemüse (Möhren, Weißkohl, Schnittbohnen, Petersilie, Sellerie, Kohlrabi, Zwiebein, Schnittlauch u. s. w.) abputzt und wäscht und hierauf in schief liegenden Röhren auf Horden in einem 60° warmen Luftstrom trocknet. Beim Gebrauche werden sie nur im Wasser aufgeweicht und genau wie frische Gemüse behandelt. Der Preis der D. ist kaum ein höherer als für frische Gemüse zu nennen. Fabrikationsorte sind u. a. Heilbronn am Neckar (C. H. Knorr), Münsterberg in Schlesien (Karl Seidel & Co.), Cöthen (Gebr. Behr).

Dörring, Ferd. Johs. Wit von, polit. Abenteurer, s. Wit.

Dorsāl (neulat.), zum Rücken (dorsum) g[illegible], darauf bezüglich.

Dorsch (Gadus callarias *L.*), eine zur Gattung Schellfisch gehörige Fischart. Er ist graugelb, braun gefleckt, der Oberkiefer länger als der untere, die Schwanzflosse abgestutzt, und die Seitenlinie verläuft krumm; Rückenflossen sind drei vorhanden. Die Schuppen sind klein, weich und glatt; das Fleisch ist weiß, leicht in Lagen teilbar, schmackhaft und gesund. Dieser Fisch ist daher ein beliebter Speisefisch, der meist frisch gegessen, selten gesalzen oder geräuchert wird. Er findet sich häufig in der Ostsee, selten in der Nordsee, wo dagegen der echte Schellfisch (Gadus aeglefinus *L.*) häufig ist. In Norwegen wird der Kabeljau auch D. (Torsk) genannt und viele Naturforscher halten den D. nur für eine Spielart des Kabeljaus.

Dorsēt, engl. Marquis-, Grafen- und Herzogstitel der Familie Grey (s. d.) und Sackville. Der erste Graf von D. aus letzterm Hause war Thomas Sackville, geb. 1536, der als Lord Buckhurst ins Oberhaus trat. Er wurde nach seines Gegners Leicester Tod von Elisabeth zum Großschatzmeister und von Jakob I. zum Grafen von D. erhoben und starb 1608. Er ist bekannt als Dichter des «Mirrour of magistrates» (1559), eines erzählenden Gedichts, und führte in dem mit Thomas Norton zusammen verfaßten Trauerspiel «Ferrex and Porrex», zuweilen auch «Gorboduc» genannt, zuerst und mit durchschlagendem Erfolg den fünffüßigen Jambus in die Tragödie ein. — Sein Enkel Edward Sackville, Graf von D., geb. 1590, wurde von Jakob I. in wichtigen Staatsgeschäften verwendet und verteidigte im Unterhaus den der Bestechung beschuldigten Kanzler Bacon von Verulam. Auch bei Karl I. genoß er großes Vertrauen und nahm zwischen diesem und dem Parlament eine vermittelnde Stellung ein, bis der Bürgerkrieg ausbrach, in dem er auf die königl. Seite trat. Er starb 1652. — Charles Sackville, Graf von D., Dichter und Staatsmann, geb. 1637, stand bei Karl II. in großem Ansehen, wurde aber von Jakob II. wegen seines Widerstands gegen dessen despotische Übergriffe seines Amts als Lordstatthalter von Sussex enthoben und stand bei Beginn der Revolution von 1688 mit Wilhelm III. in Verbindung, an dessen Hof er als Mäcen hochgeachtet war. Er starb 1706. Seine Gedichte, darunter das Seemannslied «To all you ladies now at land», sind gesammelt in Samuel Johnsons «The English poets, from Chaucer to Cowper» (Lond. 1780 u. ö.). Sein Sohn Lionel Cranfield wurde 1720 von Georg I. zum Herzog von D. erhoben. — Der Herzogstitel erlosch mit Charles Germain, Viscount Sackville (gest. 29. Juli 1843).

Dorsēt (Dorsetshire), Grafschaft im südl. England, begrenzt im S. vom Kanal, welcher hier die Halbinseln Purbel und Portland bildet, im W. von der Grafschaft Devon, im NW. und N. von Somerset und Wiltshire und im O. von Hampshire, hat 2538,36 qkm und (1891) 194 487 E., d. i. 76 auf 1 qkm. Der Boden, vorherrschend Kreide, ist im ganzen flach, aber von Reihen niedriger gerundeter Berge, den Dorset Heights (bis 278 m) durchzogen, die mit malerischen Steilküsten zum Kanal abfallen. Die Höhen werden von den Flüssen Stour und Frome durchbrochen. Einzelne Striche sind sehr fruchtbar, das Klima ist außerordentlich mild. Östlich des untern Stour erstreckt sich ein beträchtlicher Wald, und Poole an der Studland Bai ist von Torfmooren umgeben. Der Boden hat überwiegend Weiden und Wiesen, daneben Acker-, Hanf- und Flachsbau, Schafzucht und Fischerei, sowie Woll-, Hanf- und Leinspinnerei, Weberei und Handel mit den Landeserzeugnissen. Purbet liefert ausgezeichnete Töpfererde, Purbel und Portland vorzügliche Quadersteine. Hauptstadt ist Dorchester (s. d.). Vier wichtige Eisenbahnen durchziehen D. Von der

Grafschaft werden 4 Abgeordnete ins Parlament geschickt. D. ist das Land der alten Durotriges. Vgl. Worth, Dorsetshire (1882); Hutchins, History of the county of D. (3. Aufl., 1861—73).

Dorsetshire (spr. -schir), s. Dorset.

Dorsten, Stadt im Kreis Recklinghausen des preuß. Reg.-Bez. Münster, an der Lippe und an den Linien Quakenbrück-Oberhausen, Wesel-Haltern und Essen-Winterswyk der Preuß. Staatsbahnen, hat (1890) 3601 E., darunter 343 Evangelische und 27 Israeliten, Post erster Klasse, Telegraph, Amtsgericht (Landgericht Essen); vier kath., eine evang. Kirche, Progymnasium (seit 1642), höhere Mädchenschule im Kloster der Ursulinerinnen, Niederlassung der Franziskaner, Anstalt für Epileptische; Schiffbau, Eisengießerei und Maschinenfabrik, sowie Garnbleicherei, Fabrikation von Teppichen, Glas, Papier, Seife, Asphaltpapier und Fischernetzen; Holzschneidemühlen.

Dorstenia *L.*, Pflanzengattung aus der Familie der Urticaceen (s. d.) mit 45 Arten, meist in den Tropen Amerikas und Afrikas. Es sind ausdauernde Kräuter oder kleine Sträucher mit knolligem Wurzelstock oder kurzen Stämmen, langgestielten, einfachen Blättern und gestielten, achselständigen Blütenständen von kuchen- oder scheibenförmiger Gestalt, die auf ihrer fleischigen Oberfläche kleine eingeschlechtige Blüten eingesenkt tragen. Die männlichen Blüten bestehen aus zwei bis vier Staubgefäßen, die weiblichen aus einem Fruchtknoten mit seitenständigem Griffel und zweispaltiger Narbe. Die Frucht ist ein kleines Nüßchen. Die Dorstenien haben scharfe und gewürzhaft schmeckende Wurzeln und gelten für wirksame Mittel gegen den Biß giftiger Schlangen. Der als **Bezoar-** oder **Giftwurzel** in den Handel kommende Wurzelstock der westindischen D. contrayerva *L.* hat gewürzhaft bittern Geschmack und diente als schweißtreibendes Mittel. Auch D. brasiliensis *Lam.* und D. Houstoni *L.* (Brasilien) liefern Bezoarwurzel.

Dorstfeld, Dorf im Landkreis Dortmund des preuß. Reg.-Bez. Arnsberg, an der Emscher und der Linie Essen-Dortmund der Preuß. Staatsbahnen, mit Dortmund zusammenhängend und durch Pferdebahn verbunden, hat (1890) 5220 E., darunter 3126 Evangelische, 2007 Katholiken und 77 Israeliten, Post, Telegraph, Wasserleitung, elektrische Straßenbeleuchtung, Krankenhaus; Steinkohlengruben D. und Karlsglück und bedeutenden Viehhandel.

Dorsum (lat.), der Rücken; D. manus, der Handrücken.

Dortmund. 1) **Landkreis** ohne Stadt D. im preuß. Reg.-Bez. Arnsberg, hat 245,60 qkm, (1890) 77 834 E., 1 Stadt und 59 Landgemeinden.

2) **Stadt** und **Stadtkreis**, früher Reichsstadt und Mitglied der Hansa, die ansehnlichste Stadt Westfalens, liegt 51° 31' nördl. Br. und 7° 28' östl. L. von Greenwich, in 80 m Höhe, und 2 km östlich von der Emscher am Hellwege (wovon jetzt noch die Hauptstraße den Namen Osten- und Westenhellweg führt) in fruchtbarer Gegend.

An Stelle der ehemals starken Mauern sind Promenaden (Westwall, Königswall, Schwanenwall u. s. w.) getreten, die der innern Stadt ein modernes Aussehen geben; die äußern Stadtteile sind größtenteils regelmäßig angelegt. (S. den Situationsplan, S. 457.) Von der Gesamtfläche (2766 ha) sind 407 ha mit Häusern bebaut, 219 ha sind Wege, Straßen und Eisenbahnen, 2 ha Wasserfläche, 2138 ha sind gärtnerisch und landwirtschaftlich benutzt.

Bevölkerung. D. hatte 1816: 4465, 1880: 66 544, 1885: 78 435, 1890: 89 663 E. (d. i. eine Zunahme [1885/90] von 2,66 Proz.), darunter 47 816 Evangelische, 40 384 Katholiken, 157 andere Christen und 1306 Israeliten; 4830 Wohnhäuser, 18 143 Haushaltungen und 10 Anstalten. Die Zahl der Geburten betrug (1890) 3698, darunter 94 Totgeborene, der Todesfälle 2043, der Eheschließungen 908. 1890 zogen 15 248 Personen zu, 13 133 ab.

Von Bauwerken sind hervorzuheben: die große Reinoldikirche, eins der hervorragendsten Bauwerke Westfalens im Übergangsstil (13. Jahrh.), mit Glasmalereien, vorzüglicher Orgel (1450) und Turm (1519 zum Teil erneuert), daneben die hohe Marienkirche, im roman. Stil nach 1150 erbaut, mit got. Chor (1350), die vollständig renovierte Petrikirche mit spätgot. Altarwerk (36 Gemälde) und Schnitzerei, die gotische kath. Pfarrkirche, ehemals Dominikanerkirche, 1353 vollendet, mit Altargemälde von Vikt. und Heinr. Dünwegge aus D. (1521); das alte reichsstädtische Rathaus, in der zweiten Hälfte des 13. Jahrh. begonnen, im roman. Stil mit got. Façade, das Kriegerdenkmal am Hohen Wall, 1881 enthüllt, zwei kleinere Denkmäler am Königswall für 1866 und 1870/71, ferner das alte Landwehrzeughaus, die Schulgebäude und die Gebäude des Oberbergamtes, Landgerichts und Luisenhospitals.

Verwaltung. Die Stadt wird verwaltet von einem Oberbürgermeister (Schmieding, seit 1886, 12 000 M.), Bürgermeister (Arnecke, lebenslänglich, 8400 M.), 12 Magistratsmitgliedern (4 besoldet), 42 Stadtverordneten und hat freiwillige Feuerwehr (286 Mann), sowie ein bedeutendes städtisches Wasserwerk (1889/90: 188 106 m Rohrnetz), welches gleichzeitig die Nachbarstadt Hörde und die ganze Umgegend nebst vielen gewerblichen Anlagen und Bierbrauereien (zusammen etwa 150 000 E.) mit Wasser aus der Ruhr (jährlich etwa $9^{3}/_{4}$ Mill. cbm) versorgt (jährlicher Überschuß etwa 415 000 M.) und das großartige Kanalsystem der Stadt spült. Die beiden öffentlichen und die private Gasanstalt (57 km Hauptrohre) lieferten (1889) 4,438 Mill. cbm Gas, darunter 569 800 cbm zur öffentlichen Beleuchtung (882 Flammen) und 124 500 zu technischen Zwecken (50 Gasmotoren).

Auf dem städtischen Schlachthof wurden (1890) aufgetrieben 30 103 Rinder, 27 239 Schweine, 12 192 Kälber und 2607 Hammel, davon auf dem Schlachthof geschlachtet 7082, 17 820, 7963, 2217.

Behörden. D. ist Sitz des Landratsamtes für den Landkreis D., eines Landgerichts (Oberlandesgericht Hamm) mit 8 Amtsgerichten (D., Hamm, Hörde, Camen, Kastrop, Soest, Unna, Werl) und einer Kammer für Handelssachen, eines Amtsgerichts, Hauptsteueramtes, einer Reichsbankhauptstelle, Handelskammer für den Kreis D. und eines Oberbergamtes (s. Bergbehörden; mit 1 Inspektion, 11 Bergrevierämtern und 1 Salzamt) für die Provinz Westfalen mit Ausnahme des Herzogtums Westfalen, der Grafschaften Wittgenstein-Wittgenstein und Wittgenstein-Berleburg, des Fürstentums Siegen und der Ämter Burbach und Neukirchen, für die Kreise Rees, Essen und Duisburg, den nördlich der Düsseldorf-Schwelmer Straße belegenen Teil der Kreise Düsseldorf und Elberfeld sowie für die Reg.-Bez. Osnabrück und Aurich.

Unterrichts- und Bildungswesen. D. hat ein städtisches evang. Gymnasium, 24. Aug. 1543 von dem Rate der freien Reichsstadt D. gestiftet (Direktor Dr. Weidner, 24 Lehrer, 16 Klassen, 465 Schüler), städtisches paritätisches Realgymnasium, seit 1879 vom Gymnasium getrennt (Direktor Dr. Meyer, 27 Lehrer, 14 Klassen, 340 Schüler), Gewerbeschule, 1866 gegründet (Direktor Dr. Behse, 21 Lehrer, 14 Klassen, 500 Schüler), paritätische höhere Mädchenschule, 1867 gegründet (409 Schülerinnen). Ferner bestehen 22 Volksschulen mit 225 Klassen, 164 Lehrern, 70 Lehrerinnen, 7858 Schülern und 7817 Schülerinnen und mehrere private Erziehungsanstalten, endlich eine Fortbildungsschule für allgemeine Bildung (34 Lehrer, 664 Schüler) und 2 Kinderbewahranstalten.

Das Stadttheater (Spielzeit 6—7 Monate) hat 1000 Plätze.

Vereinswesen und Kassen. Von den zahlreichen Vereinen verdienen Erwähnung der Historische Verein für D. und die Grafschaft Mark, der sich besonders die Erforschung der reichen Geschichtsquellen des städtischen Archivs zur Aufgabe gemacht hat (s. unten Litteratur), ferner der Landwirtschaftliche Kreisverein, der Gartenbauverein für Westfalen, der Musikverein und der Verein der techn. Grubenbeamten. Die 22 Krankenkassen (darunter 1 Orts-, 16 Betriebs- und 5 Innungskassen) hatten (1890) 13984 Mitglieder und 425468 M. Vermögen, 566356 M. Einnahmen und 486174 M. Ausgaben.

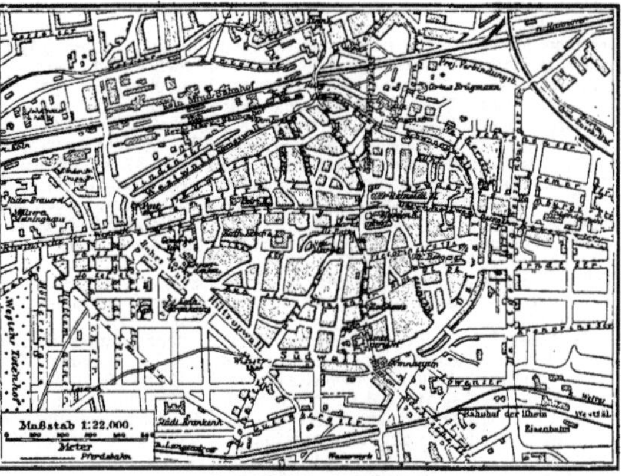

Dortmund (Situationsplan).

Im J. 1892 erschienen 4 tägliche Zeitungen, darunter die «Dortmunder Zeitung für Wohnungs- und Arbeitsmarkt».

Wohlthätigkeitsanstalten. Das städtische Waisenhaus hat im Durchschnitt 140 Zöglinge und erfordert jährlich etwa 8000 M.; die städtische Kinderpflegeanstalt 430 Zöglinge und 8500 M. Das Krankenhaus hat 300 Betten. Die Ausgaben für die städtischen allgemeinen Krankenanstalten betragen jährlich 117914 M., wozu die Stadt etwa 15000 M. beiträgt. Im städtischen Leihhaus waren (Ende 1889/90) 7000 Pfänder vorhanden im Werte von 49131 M.

Industrie und Handel. D. ist vermöge seiner günstigen Lage im Rheinisch-Westfälischen Kohlenbecken (s. d.) sowie im fruchtbarsten Teil Westfalens ein Hauptsitz der Industrie und des Handels für den ganzen Westen Deutschlands geworden. Der vereinigte Bahnhof der Köln-Mindener und Bergisch-Märkischen Eisenbahn nimmt einen gewaltigen Flächenraum ein und umfaßt großartige Werkstätten und Anlagen für Wagen- und Lokomotivenbau mit mehr als 1000 Arbeitern. Westlich von D. liegt die «Dortmunder Union», eine großartige Anlage (über 7000 Arbeiter) zur Fabrikation von Material zu Eisenbahn- und Brückenbauten, mit Hochöfen, Walzwerken u. s. w. In unmittelbarer Nähe der Stadt befinden sich eine große Anzahl von Steinkohlenzechen, deren Belegschaften nach Tausenden von Arbeitern zählen und die die Anlage von großartigen Hüttenwerken (außer der «Union» die «Rote Erde» [s. d.]), Stahlwerken (Hösch), Hochöfen (Born), Maschinenfabriken (Deutschland, Wagner & Comp., Schüchtermann & Kremer), Gießereien und Brückenbauanstalten, sowie den Plan eines Rhein-Ems-Kanals zur billigen Verfrachtung der Kohle nach den Nordseehäfen hervorgerufen haben. Neben der Stearin- und Seifenfabrikation hat die Bierbrauerei eine große Bedeutung erlangt. Die wichtigsten der 30 Brauereien sind die Aktienbrauerei (vormals Herberz & Comp., 1059000 M. Aktienkapital, Bierabsatz 1890/91: 109542 hl, Reingewinn 365347 M.), Kloster- und Kronenbrauerei, Löwenbrauerei (2 Mill. M. Aktienkapital, Bierabsatz 1890/91: 88660 hl, Reingewinn 265745 M.), Unionbrauerei (2 Mill. M. Aktienkapital, Bierproduktion 1890/91: 126807 hl, Reingewinn 409017 M.). Ferner bestehen Fabrikation von Drahtseilen, Werkzeugen aller Art, feuerfesten Schränken, Nähmaschinen, Ziegeleien, bedeutende Mahl- und Holzschneidemühlen.

In D. haben ihren Sitz die 6. Sektion der Rheinisch-Westfälischen Hütten- und Walzwerks-, 1. Sektion der Rheinisch-Westfälischen Maschinenbau- und Kleineisenindustrie-, 10. Sektion der Ziegelei-, 9. Sektion der Brauerei- und Mälzerei-, 2. Sektion der Rheinisch-Westfälischen Baugewerks-Berufsgenossenschaft.

Der bedeutende Handel (besonders Holz- und Getreidehandel) wird gefördert durch eine Handelskammer und Reichsbankhauptstelle.

In die städtische Sparkasse (seit 1841) waren (Ende 1889) auf 22619 Bücher 22,270 Mill. M. eingezahlt. Der Dortmunder Bankverein (3001500 M. Aktienkapital) hatte (1891) 225228 M. Reingewinn.

Verkehrswesen. D. hat drei Bahnhöfe: Vereinigter Bahnhof der Köln-Mindener nud Bergisch-Märkischen Eisenbahn im N., Bahnhof der Rhein.-Westfäl. Eisenbahn im S. und D.-Gronau-Enscheder Bahnhof im O. und liegt an den Linien Hannover-Köln, Hagen-Lüttringhausen-D. (22,3 km), D.-Welver (35,8 km), D.-Oberhausen (55,5 km), Hagen-Witten-D. (31,1 km), Hamm-D.-Essen (77,8 km) der Preuß. Staatsbahnen und an der D.-Gronau-Enscheder Eisenbahn (96,1 km). Ein Kanal von D. nach den Emshäfen, für den durch Gesetz vom 9. Juli 1886 vom Staat 64 Mill. M. bewilligt wurden, ist im Bau begriffen.

Die Allgemeine Lokal- und Straßenbahn (seit 1881) hatte (1891) 12,72 km Betriebslänge, 35 Wagen, 46 Pferde, 8 Lokomotiven und beförderte 1838000 Personen auf den 3 Linien: Steinplatz-Fredenbaum, Bahnhof-Hörde, Dorstfeld-Funkenburg.

D. hat ein Postamt erster Klasse mit 3 Zweigstellen, Telegraphenamt erster Klasse, Fernsprecheinrichtung (seit 1886) innerhalb der Stadt mit 484 km Leitungsnetz und 289 Fernsprechstellen sowie Fernsprechverbindung mit den rhein.-westfäl. Industriebezirken. Der gesamte Post- und Telegraphenverkehr betrug (1889) im Eingang: 5406500 Briefe, Postkarten, Drucksachen u. s. w., 276887 Pakete ohne, 40174 Briefe und 4943 Pakete mit Wertangabe, 60250 Postnachnahmesendungen und Auftragsbriefe, 89263 Telegramme, ferner 1700853 Zeitungsnummern; im Ausgang: 7314900 Briefe u. s. w., 213024 Pakete ohne, 33481 Briefe und 4163 Pakete mit Wertangabe, 83991 Telegramme. Der Wert der ausgezahlten Postanweisungen betrug 16,803, der eingezahlten 15,164 Mill. M.

4 km nördlich der Stadt und durch Pferdebahn mit ihr verbunden der vielbesuchte Vergnügungsort Fredenbaum mit großen Parkanlagen. D. ist Geburtsort von Friedrich Arnold Brockhaus und Wilhelm Lübke.

Geschichte. Die ältere Geschichte der Stadt ist sagenhaft ausgeschmückt. Zuerst erwähnt wird sie 899. Heinrich II. hielt in D. 1005 eine Synode und 1016 einen Reichstag ab, auch Kaiser Friedrich I. saß bei Gelegenheit des Reichstags 1180 hier als Stuhlherr zu Gericht. Da die Dortmunder Bürger Zollfreiheit im ganzen Deutschen Reiche erhielten, entwickelte sich die Reichsfreiheit der Stadt, und der Handel blühte im 12. und 13. Jahrh. so empor, daß die Dortmunder Kaufherren sich an den Niederlassungen an den deutschen Ost- und Nordseeküsten bis Preußen, Polen und Rußland (Nowgorod), auch Dänemark und Schweden und namentlich auch in England (zu London den Stahlhof) beteiligen konnten. Die Stadt wurde wahrscheinlich im 10. Jahrh. so stark befestigt, daß die Redensart entstand: «So vast as Dürpen». Die Dortmunder hielten 1387—89 nicht nur eine 21monatige Belagerung seitens des Erzbischofs von Köln und des Grafen Engelbert von der Mark mit 47 andern Herren und Rittern aus, sondern zerstörten auch deren Bollwerke und Schlösser (die Ravenburg) und erkämpften sich einen ehrenvollen Frieden. Die infolge der Belagerung entstandene Finanznot war jedoch so groß, daß die Stadt trotz der drückendsten Steuern sich 1399 vor dem vollständigen Bankerott sah. Die Folge davon war, daß die adligen und Patriciergeschlechter, welche die Stadt rein aristokratisch regiert hatten, durch eine Revolution der übrigen Bürgerschaft um 1400 gezwungen wurden, aus den sechs Gilden je ein Mitglied in den Rat aufzunehmen. Später sank D. mehr und mehr und hatte nach dem Dreißigjährigen Kriege nur noch 3000 E. Es wurde 1803 dem Prinzen von Nassau-Oranien zugeteilt, im Okt. 1806 von franz. Truppen besetzt, 1. März 1808 von Napoleon I. an den Großherzog von Berg abgetreten, darauf Hauptort des Ruhrdepartements und fiel 1815 an Preußen. Das städtische Archiv zu D. enthält wichtige Urkunden, namentlich aus der Zeit, wo hier noch der höchste Freistuhl des Femgerichts auf «Roter Erde» stand. Als Wahrzeichen dieses Gerichts steht noch auf einer kleinen Anhöhe westlich vom Bahnhof der Bergisch-Märkischen Bahn eine der beiden alten Femlinden, durch Eisendrähte aufrecht erhalten, darunter der Steintisch «mit des Reiches Aar», auf welchem «das nackte Schwert einst und die Weidenschlinge» lag. — Nach D. ist auch der Dortmunder Receß oder Vertrag benannt, welcher 10. Juni (neuen Stils) 1609 auf dem Rathaus zwischen dem Kurfürsten Johann Sigismund von Brandenburg und dem Pfalzgrafen Philipp Ludwig von Neuburg in betreff des Jülich-Cleveschen Erbfolgestreits geschlossen wurde, und demgemäß beide Teile bis zur völligen Ausgleichung die Erbschaft des Herzogs Johann Wilhelm von Jülich (Jülich, Berg, Cleve, Mark, Ravensberg und Ravenstein) gemeinschaftlich verwalten lassen wollten.

Vgl. die Publikationen des Historischen Vereins zu D.: Beiträge zur Geschichte D.s (5 Bde., Dortm. 1875—87, mit Arbeiten von Rübel, Döring, Prümer, Sauerland, Mette); Nederhoffs Chronica Tremoniensium, hg. von Röse (ebd. 1880); Dortmunder Urkundenbuch, bearbeitet von Rübel und Röse (Bd. 1 u. 2, 1881—90; die Dortmunder Chroniken sind als 20. Band der «Chroniken der deutschen Städte», Lpz. 1887, erschienen); Frensdorff, Dortmunder Statuten (Hansische Geschichtsquellen, Bd. 3, Halle 1882).

Dortmunder Receß (Dortmunder Vertrag), s. Dortmund (Geschichte).

Dortrecht, s. Dordrecht.

Dorum, Flecken im Kreis Lehe des preuß. Reg.-Bez. Stade, hat (1890) 1692 E., Post, Telegraph, Amtsgericht (Landgericht Verden), schöne Kirche (13. Jahrh.) und Rektoratschule. An der Mündung eines von D. kommenden Siels in das Wattenmeer liegt der kleine Hafen Dorumer Siel.

Dorure (frz., spr. -rühr), Vergoldung; Dorures, reiche Zeuge und Stickereien, Spitzen mit Goldtressen u. s. w.

Doryläum, alte Stadt in der kleinasiat. Landschaft Phrygia Epiktetos am Flusse Tymbres (jetzt Pursak), hauptsächlich als Knotenpunkt der nach Pessinus, Prusa, Ancyra und Apamea führenden Straßen von Wichtigkeit, auch durch warme Bäder bekannt, lag an der Stelle des jetzigen Eski-Scheher. 1. Juli 1097 erkämpften sich die Kreuzfahrer unter Bohemund durch einen großen Sieg bei D. den Durchzug durch das Seldschukenreich Ikonium.

Doryphöros (grch., «Speerträger», von dory, «Speer»), eine Statue des Polyklet, welche ehedem von den Künstlern als eine kanonische Musterfigur geschätzt und daher vielfach, namentlich in der röm. Kaiserzeit, als Vorbild benutzt wurde. Unter den antiken Nachbildungen gilt als die beste die in der Palästra von Pompeji gefundene, jetzt im Museo nazionale zu Neapel befindliche; eine andere ist im

Vatikan zu Rom. Vgl. Friederichs, Der D. des Polyklet (Berl. 1863).

Dos (frz., spr. do), Rücken; dos-à-dos (spr. dosadoh), Rücken gegen Rücken, mit dem Rücken gegeneinander gekehrt (Gegensatz: vis-à-vis). — D. d'âne (spr. dahn, «Eselsrücken»), ein spitz zulaufender Gewölbebogen.

Dos (lat.), Mitgift (s. d. und Ausstattung).

Dös, schwed. Ausdruck für Dolmen (s. d.).

Dosa, ungar. Bauernanführer, s. Dozsa.

Dôseh (arab., «Treten»), eine merkwürdige Ceremonie, deren Schauplatz bis 1880 alljährlich am 12. des Monats Rabi'al-auwal, als am Geburtstage Mohammeds (Môlid en-nebi), der sog. Esbekijjeplatz in Kairo war. Die in Ägypten viel verbreiteten und durch ihre Fähigkeit im Schlangenbändigen berühmten Sa'dija-Derwische halten an diesem Tage im Gefolge ihres Scheichs eine Prozession. Am Nachmittag erscheint der Scheich unter Vorantragung der Ordensfahnen an der Spitze eines langen Zugs von Derwischen zu Pferde auf dem vorgenannten freien Platz, wo sich 2—300 junge Männer, dicht aneinandergereiht, je ein Kopf zwischen zwei Fußpaaren und je ein Fußpaar zwischen zwei Köpfen, das Antlitz nach unten gekehrt, auf den Boden legen und gleichsam ein Straßenpflaster bildeten, über welches die ganze Prozession mit dem Scheich zu Pferde hinwegging. Es sollen hierbei keine Verletzungen vorgekommen sein, was als ein wunderbarer Beweis der Wohlgefälligkeit der Feier bei Gott galt. In Kairo wurde die D., welche von den orthodoxen Theologen immerfort Mißbilligung erfuhr, seit 1881 abgeschafft. Vgl. Lane, Manners and customs of the modern Egyptians (2. Bd., 5. Aufl., Lond. 1871) und die bildliche Darstellung der D. in Ebers' «Ägypten in Bild und Wort» (2. Aufl., 1. Bd., Stuttg. 1879).

Dosen (von dem holländ. doos, dooze), kleine viereckige oder runde Behältnisse, schachtel- oder büchsenartige Gefäße, die mehr lang und breit als hoch sind, durch einen mittels Scharniers befestigten oder auch abnehmbaren Deckel geschlossen werden können und zur Aufbewahrung von allerlei trocknen Substanzen, wie Schnupf- und Rauchtabak, Zucker u. s. w. dienen. Man verfertigt dieselben aus edlen und unedlen Metallen, Holz, Horn, Glas, Porzellan, Alabaster, Serpentin, Elfenbein, Schildpatt, Hartgummi und mancherlei künstlich erzeugten oder eigentümlich präparierten Materialien. Die Fabrikation der Schnupftabaksdosen oder Tabatièren hatte sich, als die Sitte des Schnupfens in allen Schichten der Bevölkerung Verbreitung gefunden (während der letzten Jahrzehnte des 16. und in der ersten Hälfte des 17. Jahrh.), zu einem selbständigen Industriezweig entwickelt, ist aber im 19. Jahrh. wieder merklich zurückgegangen. Tabatièren aus Gold, auch wohl mit Perlen und Edelsteinen besetzt, graviert, mit fein emaillierten Gemälden, sog. Dosenstücken, geschmückt oder auch mit Spielwerken versehen (Spieldosen), waren früher ein beliebter Luxusartikel, besonders zu Ehrengeschenken. In neuerer Zeit wird die Herstellung von Tabaksdosen aus Papiermaché (Müllersche oder Stobwassersche D.), häufig mit in schwarzen Lack eingelegter Perlmutter verziert, schwungbaft betrieben, und zwar zeichnen sich hierin in Deutschland die Fabriken von Berlin, Braunschweig, Freiberg, Altenburg, Schmölln, Ensheim in der Pfalz namentlich durch treffliche Lackierung und feine Malerei aus. Die sog. russischen Tuladosen bestehen aus einer Silberkomposition, in welche mit Schwefelsilber die in schwarzer Farbe erscheinende Zeichnung eingeschmolzen (nielliert) ist. Im Elsaß und in Tirol werden einfache D. aus Birkenholz, meist von eirunder Form verfertigt. Die schottischen D. bestehen aus sehr schön lackiertem und mit gegittertem Muster bemaltem Holz und haben ein eigentümliches hölzernes Scharnier. In England fabriziert man D. aus hornartig steifem, meist schwarz gebeiztem und mit Gold oder Silber verziertem Leder. In Oberstein an der Nahe werden D. aus Achat, in Zöblitz im sächs. Erzgebirge solche aus Serpentin gedreht. Auch hat man öfters Seemuscheln von hübscher Form und Färbung zur Herstellung von D. verwendet. — Eine große Bedeutung hat gegenwärtig durch die Massenherstellung von Konserven die Fabrikation luftdichter Blechdosen (s. Blechbüchsen) gewonnen, wobei die Handarbeit zum großen Teil durch Maschinenarbeit verdrängt worden ist. Dabei ist gegenwärtig der Begriff Dose ein weniger eng begrenzter als früher, indem man so auch die mehr cylindrischen Blechgefäße nennt, in denen Früchte, engl. Biskuits u. s. w. versendet und aufbewahrt werden.

Wenn bei mathem. und physik. Instrumenten, wie der Wasserwage, dem Kompaß, dem Thermometer, von Dosenform die Rede ist, versteht man darunter die Form einer kreisrunden Dose mit besonders aufgesetztem Deckel.

Dosenform, s. Dosen.

Dosenlibelle, s. Dosenniveau.

Dosenniveau (spr. -niwoh), Dosenlibelle, ein ziemlich unvollkommenes Instrument zum annähernden Horizontalstellen eines Tisches (Meßtischplatte u. dgl.), besteht aus einer flachen, kreisrunden Meßsingbüchse, die oben mit einer im Innern konkav ausgeschliffenen Glasplatte geschlossen ist; die untere Fläche ist parallel der Tangentialebene, die man sich im höchsten Punkte an die Kugelfläche der Glasplatte gelegt denken kann. Das Innere der Büchse wird mit Weingeist oder besser Äther so angefüllt, daß nur eine kleine Luft-(Dampf-)blase darin bleibt, welche infolge ihrer Leichtigkeit das Bestreben hat, stets die höchste Stelle des Raumes einzunehmen. Äußerlich ist genau konzentrisch mit der Mitte der Glasplatte ein der Größe der Luftblase entsprechender Ring eingeschliffen, eingeätzt oder aufgemalt, mit welchem die Luftblase konzentrisch einspielen muß, sobald die Unterlage horizontal steht. Die Füllung der Büchse erfolgt durch ein im Boden befindliches, mit einer Schraube verschlossenes Loch. (Vgl. Libelle.)

Dosenschildkröte (Terrapene), eine Gattung der Landschildkröten (s. d.) mit hochgewölbtem Rückenschild, zwölfplattigem, aus zwei beweglich miteinander verbundenen Stücken bestehendem Brustpanzer. Zwischen den Zehen sind Schwimmhäute. Man kennt 4 Arten, die sich zum Teil im südl. Nordamerika, zum Teil auf den Sunda-Inseln bis Neuguinea und in Südchina finden.

Dosenschriftgeber, ein telegr. Stiftautomat, s. Automatische Telegraphie.

Dosenstücke, s. Dosen.

Dosieren, in der Champagnerfabrikation das Zusetzen einer Lösung von Zucker in starkem Wein oder Cognac (s. Schaumweine).

Dosierung des Schießpulvers, das Mengungsverhältnis der drei Bestandteile desselben (Salpeter, Kohle, Schwefel), das zwar im allgemeinen durch die Stöchiometrie vorgeschrieben ist, aber durch das Herstellungsverfahren wesentliche Änderungen erleidet (s. Schießpulver).

Dosis (grch.), Gabe; in der Heilkunde die Gewichts- oder Maßmenge eines Arzneimittels (s. d., Bd. 1, S. 960 b), welche man auf einmal reicht.

Dosithéos, Patriarch von Jerusalem 1669—1707, aus der vornehmen byzant. Familie Notaras, der Hauptführer der neuen Entwicklung der griech. Kirche im 17. Jahrh., fanatischer Kämpfer gegen Katholiken und die reform. Kirche, die damals unter Cyrillus Lukaris (s. d.) die orthodoxe Kirche zu gewinnen strebte. Gegen die Protestanten hielt er 1672 eine Synode zu Jerusalem ab, deren Akten eine noch jetzt zutreffende Erklärung der griech. Kirche gegen die Protestanten bilden. Unter seinen zahlreichen theol. Werken, meist von der auf seine Veranlassung in Jassy gegründeten Buchdruckerei gedruckt, zeichnet sich die «Geschichte der Patriarchen von Jerusalem» («Ἱστορία περὶ τῶν ἐν Ἱεροσολύμοις πατριαρχευσάντων», Bukarest 1715) aus, die die gesamte Kirchengeschichte unter starker Anfeindung der Abendländer darstellt, für seine Zeit aber auch Quellenwert hat.

Dosithéus, griech. Grammatiker des 4. Jahrh. n. Chr., übersetzte eine lat. Grammatik, welche auf den gleichen Quellen wie die Grammatiken des Charisius und Diomedes beruhte, ins Griechische. Dieselbe ist in den «Grammatici latini» (hg. von Keil, Bd. 7, Lpz. 1880) enthalten. Ungleich wertvoller ist ein griech.-lat. Gesprächswörterbuch («Hermeneumata»), das bis auf die neueste Zeit ebenfalls D. zugeschrieben wurde, aber mit Unrecht, da der Verfasser, wie er selbst sagt, am Anfang des 3. Jahrh. lebte. Diese Schrift zerfiel in zwei Bücher Glossen und zehn Bücher Übungsstücke, von denen vier verloren sind. Eine Ausgabe der «Hermeneumata» liefert Krumbacher in dem «Corpus glossariorum latinorum» von Goetz (1888 fg.).

Dosse, rechter Nebenfluß der Havel, entspringt nordwestlich von Wittstock auf der Grenze der preuß. Provinz Brandenburg und Mecklenburgs, fließt südlich bis nahe an den Rhin, wendet sich dann kanalisiert nach W. und mündet unweit Wehlgast. Sie ist 120 km lang, an der Mündung 33 m breit und nur von Hohenofen an 17 km weit für kleine Kähne schiffbar.

Dossenbach, Dorf im Amtsbezirk Schopfheim des bad. Kreises Lörrach, 4 km im SW. von Wehr in Baden, hat (1890) 366 evang. E. und ist bekannt durch die Niederlage der bad. Freischaren durch württemb. Truppen 27. April 1848.

Dosséнnus, s. Atellanen.

Dossier (frz., spr. -ßieh), eigentlich Aktendeckel, Sammlung der auf eine Angelegenheit bezüglichen Schriftstücke in einer Hülle (chemise).

Dossieren oder Doucieren (frz. doucir), das Klarschleifen der Gläser (s. Glas).

Dosso Dossi, Giovanni, eigentlich Giovanni di Niccolò Lutero, ital. Maler, geb. um 1479 im Mantuanischen, gest. 1542, wahrscheinlich Schüler von Lorenzo Costa in Ferrara, arbeitete viel mit seinem jüngern Bruder, soll dann in Italien gereist und mit Raffael in Rom in Berührung gekommen sein. Seit 1527 verweilte er vorzugsweise in Ferrara, wo er für den Herzog die Fresken im Kastell malte. Später entwarf er Zeichnungen für die herzogl. Majolikenfabrik in Ferrara. 1536 entstand Christus unter den Schriftgelehrten für den Dom zu Faenza (jetzt verschollen), 1542 das Altarbild der Brüderschaft della morte zu Modena. Seine schönsten Werke sind: die phantastisch großartige Circe (in der Galerie Borghese zu Rom), die thronende Madonna (Galerie zu Ferrara), der heil. Sebastian (in der Brera zu Mailand), eine heilige Familie (Galerie zu Hampton Court). Die Dresdener Galerie besitzt unter andern: Der Erzengel Michael auf den Satan herabstürmend, Die vier Kirchenväter; die kaiserl. Galerie zu Wien einen heil. Hieronymus. Durch Großartigkeit der Formenbildung, leuchtende Pracht des Kolorits und kühne poet. Empfindung gleich ausgezeichnet, nimmt D. in Ferrara eine ähnliche Stellung ein, wie Tizian in Venedig, Correggio in Parma. Nach seinem Beinamen D., den er erst um 1532 angenommen, bedeutete er sich als Monogramm eines durch ein D geschobenen Knochens (ital. osso).

Sein Bruder Battista, gest. 1546, der mit ihm gemeinsam arbeitete, scheint in erster Linie Landschafter gewesen zu sein. Seine beachtenswertesten Arbeiten sind in der Villa Monte-Imperiale bei Pesaro erhalten.

Dost, Pflanzengattung, s. Origanum.

Dost Muhammad Chan, afghan. Fürst, geb. um 1770 aus dem Geschlecht der Bariksai als Sohn Fath-Alis, eines afghan. Ministers unter dem Durraner Timur, machte sich nach Schah Schudschas Entthronung und nach dem Sturze der Durrani-Dynastie 1823 zum Beherrscher von Kabul und behauptete seine Herrschaft unter vielen Kriegen gegen die Engländer, Perser und die nördlich von Afghanistan belegenen kleinen Staaten (s. Afghanistan, Bd. 1, S. 171 b). 1839 mußte er sich den Engländern gefangen geben und wurde erst 1842 freigelassen; inzwischen trat sein Sohn Akbar an die Spitze des Reichs. Die Versäumnisse seiner Jugend suchte er dadurch gut zu machen, daß er noch in reifem Mannesalter Lesen und Schreiben lernte und den Koran studierte. 1855 schloß er mit den Engländern ein Schutz- und Trutzbündnis und wurde von ihnen als Emir von Afghanistan anerkannt. In hohem Alter entriß er noch Herat den Persern und starb drei Tage nach Erstürmung der Stadt, 29. Mai 1863. Ihm folgte sein Sohn Scher-Ali Chan.

Dostojéwskij, Fedor Michajlowitsch, russ. Novellist, geb. 11. Nov. (30. Okt.) 1821 zu Moskau, wo sein Vater Arzt am Marienhospital war, kam 1837 nach Petersburg auf die Ingenieurschule, trat dann als Unterlieutenant ins Militär, nahm 1844 seinen Abschied und widmete sich ganz der Litteratur. Er gehörte dem Bjelinskijschen Kreise an. 1846 erschien seine erste Novelle «Arme Leute», deren Stoff dem Petersburger Beamtenproletariat entnommen ist. Dieser folgten andere Novellen, die ebenfalls das kleinbürgerliche Leben behandeln («Der Doppelgänger», «Herr Prochartschin», «Ein schwaches Herz», «Netotschka Neswanow»). 1849 in die sog. «Petraschewskijsche Verschwörung» verwickelt, wurde D. zum Tode verurteilt, aber zu 10jähriger Zwangsarbeit in Sibirien begnadigt; 1854 mußte er als Gemeiner in die Armee treten. Bei der Thronbesteigung Alexanders II. begnadigt, ging er nach Twer und später nach Petersburg, wo er eine lebhafte schriftstellerische Thätigkeit entfaltete. Er starb 9. Febr. (28. Jan.) 1881. Sein erster großer Roman «Die Erniedrigten und Gekränkten» erschien in dem Journal «Die Zeit» 1861; ferner schrieb er «Die Memoiren aus dem toten Hause» (eine Schilderung des sibir. Sträflingslebens, in der «Zeit» 1861—62;

deutsch «Aus dem toten Hause», 2. Aufl., Dresd. 1886), «Verbrechen und Strafe» (im «Russ. Boten» 1867; deutsch «Raskolnikow», übersetzt von W. Hendel, 2. Aufl., Münch. 1886; dramatisiert von Zabel), «Der Idiot» (im «Russ. Boten» 1868), «Dämonen» (Petersb. 1871—72), «Junger Nachwuchs» (in den «Vaterländischen Memoiren» 1875; deutsch von Stein, Berl. 1886), «Die Brüder Karamasow» (im «Russ. Boten» 1879—80; deutsch, Lpz. 1884). Als Kritiker und Publizist schrieb D. in den sechziger Jahren für seines Bruders Zeitschriften «Die Zeit» und «Die Epoche», 1873 begann er «Das Tagebuch eines Schriftstellers» in des Fürsten Meschtscherskijs Wochenschrift «Der Staatsbürger», gab dasselbe gesondert als Monatsschrift 1876—77 heraus, worauf es 1880 wieder zu erscheinen begann. Eine vollständige Ausgabe seiner Werke und Briefe erschien in 14 Bdn. (Petersb. 1882—83). Vgl. Biographie, Briefe und Notizen aus dem Tagebuch F. M. D.s (Petersb. 1883); A. v. Reinholdt im 29. Bd. der «Baltischen Monatsschrift»; de Vogüé in der «Revue des deux Mondes» (1883), ferner desselben «Roman russe» (Par. 1886); Brandes, F. M. D. (deutsch, Berl. 1890).

Michael D., Bruder des vorigen, machte sich gleichfalls in der russ. Litteratur einen Namen, unter anderm durch seine Übersetzung von Schillers «Don Carlos» (1848) und Goethes «Reineke Fuchs» (1861). Seine Zeitschrift «Die Zeit» wurde 1863 unterdrückt; er hatte eine neue, «Die Epoche», begonnen, als er 22. (10.) Juli 1864 zu Pawlowsk starb.

Dotālbauern, s. Dotalen.

Dotālen (Dotalbauern, Kirchen- und Pfarrdotalen) wurden in Sachsen Bauern genannt, welche wegen ihrer Grundstücke einem Kirchen- oder Pfarrlehn zu Diensten und Zinsen verpflichtet waren und gewöhnlich unter eigenen Pfarrdotalgerichten standen.

Dotālgrundstücke heißen Grundstücke, welche zur Mitgift (dos) einer Ehefrau gehören, während der Dauer der Ehe. Besteht in der Ehe der Güterstand der allgemeinen Gütergemeinschaft oder Errungenschaftsgemeinschaft oder ein gemischter Güterstand, so spricht man nicht von D. Nach röm. Rechte sind D. zum besten der Ehefrau der Veräußerung durch Rechtsgeschäft des Ehemanns vermöge eines Verbotsgesetzes entzogen. Der Ehemann allein darf sie weder verkaufen, noch verpfänden, noch dingliche Rechte daran einräumen, noch mit dem Grundstücke verbundene dingliche Rechte aufgeben. Die Einwilligung der Ehefrau während der Ehe macht die Rechtsgeschäfte nicht wirksam; hingegen können die Rechtsgeschäfte wirksam werden durch Genehmigung nach Auflösung der Ehe sowie dann, wenn die D. nach Auflösung der Ehe seitens des Ehemanns erworben werden. Anders steht es, wenn nicht das Grundstück, sondern dessen Schätzungswert Gegenstand der Mitgift war. — Der Code civil und das Badische Landr. Art. 1554 entziehen, sofern nach dem Ehevertrage sog. Dotalrecht gilt und etwas Abweichendes nicht im Vertrage bestimmt ist, die D. der Veräußerung, selbst unter Zustimmung der Ehefrau, mit wenigen in den Art. 1555 fg. bestimmten Ausnahmen. — Das Sächs. Bürgerl. Gesetzb. §. 1674 gestattet bei seinem gesetzlichen Güterstande die Veräußerung der Gegenstände des eheweiblichen Vermögens seitens des Ehemanns mit Einwilligung der Frau; ähnlich das Preuß. Allg. Landr. II, 1, §. 232, welches aber ausdrückliche Einwilligung in Schriftform erfordert, während das Österr. Bürgerl. Gesetzb. §. 1228 sich darauf beschränkt, die Ehefrau als Eigentümerin, den Ehemann als Nutznießer zu bezeichnen.

Dotalicium (Dotalitium, lat.), s. Donatio propter nuptias.

Dotālklage, die Klage, mit welcher nach röm. Recht die Dos (Mitgift) nach Auflösung der Ehe von dem Ehemann oder dessen Erben als Beklagten zurückgefordert wurde. Kläger waren, wenn durch Vertrag nicht etwas anderes bestimmt war, der Vater oder väterliche Ascendent, von welchem die Dos herrührte, oder die Ehefrau oder deren Erben, wenn die Dos an sie fiel.

Dotālsystem, dasjenige System des ehelichen Güterrechts, welches dem röm. Rechte zu Grunde liegt (römisches D.). Der Grundgedanke ist, daß die Ehe einen Einfluß auf die vermögensrechtlichen Verhältnisse der Ehegatten nicht ausübe und daß dem überlebenden Ehegatten nur ein sehr eingeschränktes gesetzliches Erbrecht zusteht (wenn leibliche Verwandte des Verstorbenen nicht vorhanden sind; sonst ein Erbrecht der armen Witwe auf ein Viertel). Nur wenn dem Ehemanne durch ein besonderes Rechtsgeschäft, die Bestellung einer Mitgift (dos), ein Beitrag zu den ehelichen Lasten gegeben wird, gelangen besondere Rechtssätze auf das dadurch begründete Rechtsverhältnis zur Anwendung. Im wesentlichen auf demselben Boden steht das Österr. Bürgerl. Gesetzb. §§. 1218—1266. Das letztere weicht hauptsächlich darin ab, daß der Ehemann im Zweifel und, solange die Ehefrau nicht widerspricht, auch der letztern freies Vermögen (sog. Paraphernalgut) zu verwalten hat. — Nach dem röm. Rechte gehört während des Bestehens der Ehe die Mitgift (dos) dem Ehemanne, er kann als Eigentümer darüber nach Belieben verfügen. Für den Fall der Auflösung der Ehe ist er aber zur Rückgabe der Dotalsachen verpflichtet; auf Grund dieser Verpflichtung ist er schon während der Ehe für jede Versäumnis der in eigenen Sachen sonst bewährten Sorgfalt verantwortlich. Abgesehen von Dotalgrundstücken (s. d.), ist er zu wirksamer Veräußerung und Verpfändung befugt. Zur Sicherung des der Ehefrau nach Auflösung der Ehe zustehenden Rechts kann die Frau die Gegenstände der Mitgift schon während der Ehe fordern, wenn der Mann in Vermögensverfall gerät oder durch Verschwendung die Mitgift gefährdet. — Das röm. Dotalrecht gilt nur in einem kleinen Teile von Deutschland und hier gewöhnlich nur mit Modifikationen, die sich teils darauf erstrecken, daß der Ehemann statt des Eigentums an den Grundstücken nur den Nießbrauch hat, teils darauf, daß sich dies Recht des Ehemanns nicht bloß auf das Vermögen der Ehefrau erstreckt, welches ausdrücklich als Heiratsgut bestellt und eingebracht ist (Illaten), sondern auch auf das übrige Vermögen (Paraphernen), soweit die Ehefrau nicht der Verwaltung des Ehemanns widerspricht oder sich dasselbe nicht zur besondern Verwaltung vorbehalten hatte (Rezeptitien). Auch steht dem überlebenden Ehegatten regelmäßig ein Erbrecht in einen Teil des Vermögens des Verstorbenen zu. Man hat dies System das modifizierte D. genannt. Welchen genauern Inhalt das mit diesem Namen bezeichnete eheliche Güterrecht in dem einzelnen Rechtsgebiet hat, läßt sich nur nach dessen partikularen Rechtsnormen bestimmen. Vgl. Stobbe, Deutsches Privatrecht, Bd. 4, §. 235, und Roth, Deutsches Privatrecht, Bd. 2, §§. 95 fg.

Dotation (lat.), Ausstattung; im Civilrecht die Gewährung einer **Mitgift** (dos), ingleichen die Entschädigung für den Verlust der Geschlechtsehre, welche eine außerehelich Geschwängerte von dem Schwängerer zu empfangen hat. Der röm. Klerus, der die Familienbegriffe gern auf die Kirche übertrug, forderte von dem Gründer einer kirchlichen Anstalt als geistlichem Vater derselben, daß er sein Kind, d. h. die Stiftung, mit gehörigen Mitteln ausstatte, dotiere. In diesem Sinne spricht man noch gegenwärtig von kirchlichen D., von Kirchen- und Pfarrdotalen, desgleichen, unter Übertragung der nämlichen Bezeichnung auf weltliche Verhältnisse, von D. einer Anstalt, eines Ordens. Bei den Langobarden hießen D. die Grundstücke, mit welchen der König seine Vasallen in eroberten Ländern belieh. Etwas Ähnliches begründete in neuerer Zeit Kaiser Napoleon I. Er verlieh seinen ausgezeichnetsten Anhängern und Generalen die durch Eroberung ihm selbst oder dem franz. Reiche vorbehaltenen Güter fremder Staaten und nannte diese Verleihungen D.; mit ihnen waren teilweise Hoheitsrechte verbunden, teilweise bestanden sie aus einem Adelstitel mit einer entsprechenden D. an Renten oder Gütern. So wurde zuerst 1806 dem Marschall Berthier das von Preußen abgetretene Fürstentum Neuchâtel verliehen, Talleyraud zum Herzog von Benevent, Bernadotte zum Herzog von Pontecorvo erhoben. Dieselben waren souveräne Fürsten, aber zugleich Vasallen des Kaiserreichs. Marschall Lefèbvre erhielt 1807 den Titel eines Herzogs von Danzig und eine dem entsprechende D. aus den franz. Domänen, und auf gleiche Weise geschah es mit dem Marschall Davout, der erst als Herzog von Auerstädt, dann als Fürst von Eckmühl mit Domänen ausgestattet wurde. Neben den Reichslehen Parma und Piacenza, die keine landesherrlichen Rechte hatten, besaß teils Napoleon selbst teils der franz. Staat in allen Teilen Italiens unermeßliche Renten und Güter, mit denen die neuen Fürsten, Grafen, Barone, Ritter und Mitglieder der Ehrenlegion vom Kaiser dotiert wurden. Ein geheimer Artikel im Pariser Frieden von 1814 hob in den fremden Ländern diese D. und alle darauf bezüglichen Ansprüche mit **einem** Schlage auf. Zu erwähnen sind noch die nach manchen Verfassungen zulässigen Belehnungen mit Staatsgütern zur Belohnung ausgezeichneter Verdienste um den Staat u. s. w., ferner die nach dem Deutschen Kriege von 1866 und dem Deutsch-Französischen Kriege von 1870—71 aus den betreffenden Kriegskontributionen entnommenen besondern D. an die bedeutendsten Staatsmänner, Feldherren und an die Kriegsminister der norddeutschen, resp. der deutschen Armeen. (S. ferner auch Krondotation.) In neuester Zeit sind D. durch Gesetz oder im Verwaltungswege seitens des preuß. Staates und anderer deutschen Staaten an die Kommunalverbände der Kreise und Provinzen zur Einrichtung bez. Erweiterung der Selbstverwaltung gegeben worden (preuß. Gesetz vom 30. April 1873 und 8. Juli 1875).

Dotationspflicht, die Pflicht, eine Aussteuer (dos) zu geben, s. Ausstattung.

Dotis, Marktflecken in Ungarn, s. Totis.

Dotter (Dötter), Ölpflanze, s. Camelina.

Dotter, Eigelb, s. Ei.

Dotterblume, s. Caltha.

Dotterfurchung oder Dotterklüftung, s. Ei.

Dottersack, derjenige Teil des Dotters, welcher bei den Embryonen vieler Wirbeltiere (s. Embryo) nicht mit in den während der Entwicklung an der Bauchseite sich schließenden Darm aufgenommen wird. Er hängt als ein gestieltes Bläschen z. B. am Bauch der jungen Fische noch ziemlich lange, nachdem sie das Ei verlassen haben, und sein Inhalt wird allmählich resorbiert.

Dottöre (ital., «Doktor»), eine komische Figur der altital. Komödie, einen gelehrten Pedanten (Doktor aus Bologna) darstellend; seine Maske hatte eine schwarze Nase und rote Backen.

Dotzauer, Joh. Justus Friedr., Violoncellvirtuos, geb. 20. Jan. 1783 in Häselrieth bei Hildburghausen, Schüler von Kriegck und B. Romberg. Von 1811 bis zu seiner Pensionierung 1850 war er Mitglied der Hofkapelle in Dresden, wo er an seinem Sohn Louis (geb. 7. Dez. 1811), K. Schuberth, Drechsler u. a. treffliche Schüler zog. Er starb 6. März 1860 in Dresden. Als Komponist hat D., einer der ersten Cellisten seiner Zeit, für sein Instrument Bedeutendes geschrieben; seine Messen, Ouverturen, Sinfonien, die Oper «Graziosa» dagegen vermochten nicht Boden zu fassen.

Dou (spr. do-u), Douw oder Dow, Gerard, holländ. Genremaler, geb. 7. April 1613 zu Leiden, gest. Febr. 1675, Sohn eines Glasmalers, erhielt seine künstlerische Bildung bei seinem Vater, zuletzt unter Rembrandts Leitung. Er wandte sich in selbständiger Entwicklung einer sorgfältigen, am einzelnen haftenden Betrachtungsweise der Dinge zu, deren Reiz in der bestimmten Wiedergabe der Natur liegt. Dieses Verfahren wußte er durch harmonische Behandlung und vollendete Durchbildung des Helldunkels zu unterstützen. Die von ihm gewählten Vorwürfe gehören fast ausschließlich dem Kreise des kleinbürgerlichen Lebens an. Er schildert das stille Glück der Häuslichkeit, des alltäglichen Verkehrs und friedlichen Gewohnheitslebens, das er mit allen den mannigfaltigen Nebendingen ausstattet, die dessen Behagen und Zierde bilden. D.s Bilder, die in kleinen, den Gegenständen angemessenen Maßverhältnissen gehalten sind, wurden bereits zur Zeit des Meisters hoch bezahlt. D.s Werke, besonders seine Selbstbildnisse, sind fast in allen Galerien zu finden. Er hinterließ treffliche Schüler, wie Metsu, Schalken, F. van Mieris.

Douai (spr. düäh). 1) **Arrondissement** des franz. Depart. Nord, hat 475,10 qkm, (1891) 133037 E., 66 Gemeinden und zerfällt in die 6 Kantone Arleux (87,41 qkm, 13931 E.), Douai-Nord (59,54 qkm, 24617 E.), Douai-Ouest (63,41 qkm, 29819 E.), Douai-Sud (57,83 qkm, 23993 E.), Marchiennes (103,35 qkm, 23401 E.), Orchies (103,56 qkm, 17276 E.). — 2) **Hauptstadt** des Arrondissements D. und der Kantone Douai-Nord, Douai-Ouest und Douai-Sud, 32 km südlich von Lille, in 24 m Höhe, an den Linien Cambrai-D., Paris-Lille-D.-Quiévrain und D.-Orchies (21 km) der Franz. Nordbahn, dem Canal de la Sensée oder dem Scarpekanal gelegen, und durch diesen sowie durch andere Kanäle und die Schelde mit den meisten Handelsstädten des Departements und Belgiens verbunden, ist Festung erster Klasse, Sitz des Kommandos der 1. Feldartilleriebrigade, eines Appellhofs für zwei Departements, eines Gerichtshofs erster Instanz, dreier Friedensgerichte, einer Handelskammer (seit 1872), eines Gewerberats und hat (1891) 20123, als Gemeinde 29909 E., in Garnison das 15. und 27. Feldartillerieregiment; ein Bauarsenal, ein Artilleriemagazin (einst Kartäuserkloster), eine großartige Kanonengießerei (an Stelle des ehemaligen Schlosses), große Kasernen; Fabriken von Feilen, Sirup, Öl, Glas, Farben, Emballagepapier, Brauereien, Gerbereien, Salzsiedereien und lebhaften Handel mit Korn, Ölsaat, flandr. Lein und andern Samen, wofür hier ein Hauptdepot besteht. Unter den öffentlichen Gebäuden zeichnen sich die Notre-Dame-, die St. Jakobs- und besonders die St. Peterskirche, der Justizpalast, das Rathaus mit einem 40 m hohen Glockenturme und das Zeughaus aus. Es befinden sich hier ein großes Lyceum, eine Artillerieschule, ein Collège der engl. Benediktiner, ein Lehrer- und ein Lehrerinnenseminar, Zeichenschule, öffentliche Bibliothek (55000 Bände, 1800 Manuskripte), ein ausgezeichnetes Museum für Naturalien, Altertümer und Gemälde, ein botan. Garten mit einem Standbilde des hier geborenen Bildhauers Giovanni da Bologna (gest. 1608) und drei Zeitungen. Die Stadt ist mit einer dreifachen Reihe von Festungswerken (15. u. 16. Jahrh.) umgeben. — D. (lat. Duacum) gehörte im Mittelalter den Grafen von Flandern, seit 1384 den Herzögen von Burgund, nach deren Aussterben es einen Teil der span. Niederlande bildete und Sitz des flandr. Parlaments und einer von König Philipp II. 1562 gestifteten Universität war, bis es unter Ludwig XIV. 1667 von den Franzosen erobert wurde. Zwar ward es 1710 durch Marlborough wieder genommen, mußte sich aber 1712 von neuem an Frankreich ergeben, dem es durch den Utrechter Frieden 1713 für immer zufiel. Vgl. Duthilloeul, D. ancien et nouveau (Douai 1860); G. Cardon, La fondation de l'université de D. (Par. 1892).

Douane (frz., spr. düahn; ital. dogana; span. und portug. aduana), ein Wort orient. Ursprungs (entstanden durch Umgestaltung aus dem pers.-arab. Diwân, s. d.), welches seit den Zeiten der Kreuzzüge, zunächst in den Seestädten des Mittelmeers, die bestimmte Bedeutung von Zoll oder Maut erhielt. In Frankreich versteht man darunter Zollhaus oder Mautbureau, dann auch die Gesamtheit der zur Erhebung der Zölle und zur Abwehr der verbotswidrigen Ein-, Aus- und Durchfuhr getroffenen Einrichtungen und der aufgestellten Beamten (Douaniers). In dieser Bedeutung wird das Wort, obzwar nicht amtlich, auch in Deutschland gebraucht. (S. Zoll.)

Douanier (frz., spr. duanieh), s. Douane.

Douarnenez (spr. duarnĕnähs), Hauptstadt des Kantons D. (171,01 qkm, 7 Gemeinden, 31896 E.) im Arrondissement Quimper des franz. Depart. Finistère, 22 km nordwestlich von Quimper, an der nach D. benannten Bai des Atlantischen Oceans und an der Linie Quimper-D. (24 km) der Orléansbahn, hat (1891) 10021 E., einen Hafen, Schiffbau, bedeutende Sardinenfischerei (700 Boote mit 2500 Seeleuten) und Sardinenhandel. Die Bai von D. ist eine der schönsten in Europa.

Douay (spr. düäh), franz. Stadt, s. Douai.

Douay (spr. düäh), Charles Abel, franz. General, geb. März 1809 in Besançon, erhielt seine Bildung auf der Militärschule zu St. Cyr, trat in die Armee ein, wurde 1848 Kommandant des 8. Jägerbataillons in Algier, 1855 für Auszeichnung im Krimfeldzuge, namentlich bei der Erstürmung des Malakowturms, zum Obersten befördert, erhielt 1859 für Auszeichnung bei Solferino den Rang eines Brigadegenerals und eine Brigade der Armee von Paris. Er wurde 1866 Divisionsgeneral und kommandierte bis 1869 die 7. Territorial-Militärdivision zu Alençon. Dann wurde ihm die obere Leitung der Militärschule zu St. Cyr übertragen. Bei Beginn des Deutsch-Französischen Krieges übernahm er das Kommando der 2. Division des 1. Armeekorps (Mac-Mahon), die dessen Vorhut bildete. Er fiel 4. Aug. 1870 bei Weißenburg.

Douay (spr. düäh), Felix Charles, franz. General, Bruder des vorigen, geb. 24. Aug. 1816 zu Paris, trat 1832 in die Marine-Infanterie ein, nahm 1849 an der Expedition nach Rom, 1853 an dem Feldzuge in Algerien und 1854 am Orientkriege teil. In dem Italienischen Kriege von 1859 kämpfte er mit bei Magenta und Solferino und wurde Brigadegeneral. 1862 wurde er mit den Verstärkungen nach Mexiko geschickt, wurde Jan. 1863 zum Divisionsgeneral befördert und schlug den mexik. General Uraga, der Mexiko mit 15000 Indianern bedrohte. Nach seiner Rückkehr nach Frankreich März 1867 wurde er Adjutant des Kaisers. Beim Ausbruch des Deutsch-Französischen Krieges erhielt D. den Oberbefehl über das 7. Armeekorps, das sich bei Belfort sammelte und von dem eine Division an der Schlacht von Wörth teilnahm. Nach der dortigen Niederlage wurde D. mit dem Reste seiner Truppen nach Châlons berufen, kämpfte 31. Aug. bei Mouzon und 1. Sept. bei Floing und Illy gegen das 5. und 11. preuß. Korps und geriet bei der Kapitulation von Sedan 2. Sept. 1870 in deutsche Kriegsgefangenschaft. Nach dem Friedensschlusse erhielt er den Oberbefehl über die bei Auxerre formierten Truppenkörper, mit denen er in den Kämpfen gegen die Pariser Commune 6. Mai Boulogne besetzte und nach einer Reihe von Gefechten der erste war, der 22. Mai in die Hauptstadt eindrang. Seiner entschlossenen Führung und Umsicht ist die Rettung des von den Kommunisten in Brand gesteckten Louvre (26. Mai) zu danken sowie ferner am nächsten Tage die Einnahme des Stadtbezirks Belleville. Wenige Tage nach der Unterwerfung der Stadt wurde D. mit seinem Armeekorps nach Lyon gesandt und ihm das Kommando der Territorial-Militärdivision der Rhône übertragen. Nach der Reorganisation der franz. Armee 1873 erhielt er das Kommando des 6. Armeekorps in Châlons-sur-Marne, wurde Mitglied der Verteidigungskommission und 1879 einer der neu ernannten Generalinspecteure. Er starb 4. Mai 1879 zu Paris.

Doubl. hinter lat. Schmetterlingsnamen Abkürzung für Edward Doubleday (spr. döbbĕldeh), einen engl. Entomologen, geb. 1811, gest. 1849. Er gab mit John O. Westwood ein Prachtwerk heraus «The genera of butterflies, or diurnal lepidoptera etc.» (2 Bde. mit 86 kolor. Taf., Lond. 1852).

Double (frz., spr. duhbl, «doppelt»), Duplex, alte franz. Silber-, später Kupfermünze im Werte von 2 Deniers (s. d.), kam gegen Ende des 17. Jahrh. außer Gebrauch.

Doublestoff (spr. duhbl-), soviel wie Doppelgewebe (s. d.), besonders auch ein zu Damenmänteln benutzter sehr dicker Wollstoff.

Double stout (engl., spr. döbbl staut), ein Bier, s. Porter.

Doublette (frz., spr. dub-), ein zweimal vorhandener Gegenstand, besonders in Sammlungen (von Büchern, Kunstgegenständen u. s. w.); eine Zeitungsnachricht, die aus Versehen zweimal in demselben Blatte abgedruckt ist; ferner Gegenstände, die zu Paaren verkauft werden; eine Art der Edelstein-

Imitationen (s. d.); in der Gärtnerei eine Blume, namentlich eine Nelke, welche außer der Grundfarbe nur noch eine Farbe in bandförmigen Streifen hat; eine D. machen, aus einem Doppelgewehr zwei Tiere unmittelbar nacheinander erlegen.

Doublieren (frz., spr. dub-), verdoppeln, aber auch im weitern Sinne vervielfachen, ein dem Zwirnen des Garns, namentlich der Seide, vorausgehendes Verfahren, nach welchem so viele Fäden, als zusammengedreht werden sollen, zusammengeführt und parallel nebeneinander liegend auf eine gemeinsame Spule gewunden werden; auch diejenige Operation der Spinnerei, durch welche eine Anzahl von Watten, resp. Bändern zu einem Ganzen verarbeitet werden (s. Spinnerei); in der Metallbearbeitung das Auswalzen zweier übereinander gelegten Bleche (s. Plattieren). — Im militärischen Sinne besteht das D. darin, daß zwei ursprünglich nebeneinander stehende Mann sich hintereinander setzen und umgekehrt. Im 17. Jahrh. wurde z. B. das D. angewendet, um die für gewöhnlich in 6 Glieder formierten Musketiere zum Feuergefecht auf 3 Glieder zu setzen. Im heutigen Sprachgebrauch kennt man nur noch das Eindoublieren, d. h. das Einschieben von Abteilungen oder einzelnen Rotten und Mannschaften zwischen die Abteilungen, Rotten oder Mannschaften der bisherigen Frontlinie. — Über D. beim Billardspiel s. Billard.

Doubliermaschine (spr. dub-), s. Spinnerei.

Doublure (frz., spr. dublühr), Unterfutter, Aufschlag an Röcken u. s. w.

Doubs (spr. du; lat. Dubis), der größte Zufluß der Saône im östl. Frankreich, im Winter ein reißender Strom, im Sommer ein schwacher Bach, entspringt in 937 m Höhe, 1,5 km im SW. und oberhalb Mouthe am Fuße des Mont-Noir im Juragebirge, durchfließt den Lac de St. Point, geht in nordöstl. Lauf über Pontarlier und Morteau und bildet den kleinen Lac des Brenets, dann den 27 m hohen Wasserfall Saut du D. Darauf bildet er die Grenze gegen die Schweiz, welche er oberhalb Soubey betritt, wendet sich bei St. Ursanne, durch den Mont-Terrible (1000 m) gezwungen, plötzlich nach W., tritt wieder in Frankreich ein und geht hier unterhalb St. Hippolyte, wo er links den forellenreichen Dessoubre aufnimmt, durch ein Querthal der Montagnes du Lomont nach N. bis Audincourt. Hier nimmt er gleich darauf rechts die Allaine auf, wird schiffbar, wendet sich dann in seinem dem obern fast parallelen Unterlaufe, von der Eisenbahn begleitet, nach SW. über Baume-les-Dames und Besançon (236 m), über Dôle im Depart. Jura, wo er links die Loue aufnimmt, und mündet im Depart. Saône-et-Loire bei dem Dorfe Verdun in 176 m Höhe in die Saône, nach einem vielfach gewundenen Laufe von 430 km, während der direkte Quellabstand nur 95 km beträgt. Sein oberes Thal bis gegen Montbéliard ist eng und felsig, oft zwischen senkrechten Felswänden eingeschlossen, das untere dagegen weit und waldig. Seinen Lauf benutzt zum Teil der Rhein-Rhônekanal (s. d.).

Doubs (spr. du), Departement, nach dem Flusse D. benannt, aus etwa einem Drittel der Franche-Comté und der ganzen Grafschaft Mömpelgard gebildet, wird im O. und SO. von der Schweiz, im SW. von dem Depart. Jura, im NW. und N. von Haute-Saône und Belfort begrenzt, hat 5227,55, nach Berechnung des Kriegsministeriums 5315 qkm, (1891) 303081 E. (gegen 310963 im J. 1886), d. i. 57 auf 1 qkm, darunter 14457 Ausländer, und zerfällt in die 4 Arrondissements Beaume-les-Dames, Besançon, Montbéliard, Pontarlier mit 27 Kantonen und 638 Gemeinden. Hauptstadt ist Besançon. Außer dem D. (über 300 km Lauf im Departement) und seinen Zuflüssen ist noch der Saônezufluß Ognon an der Nordwestgrenze zu nennen. Über vier Fünftel der Bodenfläche sind Gebirgsland des Jura (s. d.). Man unterscheidet drei Regionen. Die erste ist von Kalksteinfelsen durchschnitten, die im Mont-d'Or bis 1463 m aufsteigen und, auf ihrem Rücken fast vegetationslos, nur an den südl. Abhängen mit Weiden und Tannenwäldern bedeckt sind. Man baut hier etwas Gerste und Hafer; die Häuser stehen vereinzelt; die Bewohner sind kräftig, redlich und gastfrei. In der mildern Mittelregion gedeiht Roggen und beginnt der Weizen-, an günstig gelegenen Stellen der Weinbau; die Höhen sind mit Eichen, Buchen und Tannen bewaldet. Die untere Region, mit Bergen von über 300 m, ist sehr fruchtbar, reich an Korn und Getreide, stark bevölkert. Die meisten Hochebenen sind von Sümpfen und ehemaligen Seebecken bedeckt. Am Fuße ihrer Berge wechseln Seen, Moräste, Torfmoore, Höhlen, deren Verschlingungen unterirdische Labyrinthe bilden, Grotten, Bergwerke und Mineralquellen miteinander ab. Das Klima ist veränderlich, regnerisch und rauh. Der Ackerbau hat in neuester Zeit große Fortschritte gemacht. 1890 wurden auf 38522 ha 731918 hl Weizen, auf 1593 ha 29470 hl Roggen und in 6911 ha Weinpflanzungen 45327 hl Wein gebaut. Die Viehzucht liefert starke Pferde (1887: 19897), Rinder (138319), Schweine (48102), Schafe u. s. w. Die Käsebereitung ist nicht unbedeutend. Das Mineralreich liefert Marmor, Bausteine, Eisenerz, Thon, Torf und Salz. Wichtige Industriezweige sind Glockengießerei, Nagelfabrikation, Maschinenbau, die Papier- und Lederfabrikation, Spinnerei und Weberei, Branntweinbrennerei, Absinthdestillation, Ziegel- und Gipsbrennerei; am bedeutendsten ist die Uhrmacherei, welche, hauptsächlich in Besançon betrieben, jährlich etwa 400000 Uhren liefert. Der Handel mit Uhren, Eisenwaren, Holz, Vieh, Butter und Käse ist beträchtlich. Die Haupteisenbahnlinie des Departements ist die von Belfort über Besançon nach Dôle. Überhaupt besitzt es deren 376,6 km; ferner (1886) 306,9 km Nationalstraßen, ein Lyceum und 4 Collèges. Vgl. Joanne, Géographie du département du D. (1889).

Doucement (frz., spr. dußmáng), sanft, sachte, leise.

Doucet (spr. dußeh), Charles Camille, franz. Bühnendichter, geb. 16. Mai 1812 zu Paris, wurde Advokat und trat 1837 in die Domänenverwaltung, widmete sich aber später ganz der Dichtkunst. Auf dem Odeontheater gelangten zur Aufführung seine Lustspiele: «Un jeune homme» (1841), «L'avocat de sa cause» (1842), «Le baron Lafleur» (1842), «La chasse aux fripons» (1846), «Le dernier banquet de 1847» (1847), «Les ennemis de la maison» (1850) und «Le fruit défendu» (1857); letzteres Stück und das 1860 auf dem Théâtre français aufgeführte Schauspiel «La considération» (1860) sind die gelungensten Werke D.s. Außerdem schrieb er noch eine große Anzahl von Gelegenheitsstücken und lange Zeit für den «Moniteur» das Feuilleton der Theaterkritik. Erwähnung verdienen noch seine lyrischen Scenen: «Velasquez» (1847) und «La barque d'Antonio» (1849), beide von der Akademie der schönen Künste preisgekrönt. D. wurde 1853 als Abteilungschef für Beaufsichtigung der Theater in das Staatsministerium berufen und 1863 zum Direktor der Theaterverwaltung im kaiserl. Hausministerium ernannt. 1865 wurde er Mitglied der Französischen Akademie und seit 1876 ihr ständiger Sekretär. Seine «Comédies en vers» (2 Bde.) erschienen 1855, seine «Œuvres complètes» 1875 (2 Bde.) zu Paris.

Douceur (frz., spr. dußöhr), eigentlich Süßigkeit, dann Trinkgeld; Douceurs, Schmeicheleien.

Douceurgelder (spr. dußöhr-), besondere Gebühren in Geld, die ganzen Truppenteilen oder einzelnen Personen unter bestimmten Verhältnissen oder für besondere Leistungen neben ihren sonstigen dienstlichen Bezügen zustehen. Friedrich d. Gr. bestimmte z. B. in dem «Unterricht für die Generale» für jede Rangstufe der Offiziere sowie für die Mannschaft gewisse D. für den Fall, daß die Winterquartiere in Feindesland bezogen wurden. Nach dem «Armee-Verordnungsblatte» vom 11. Juli 1871 heißen auch die den deutschen Truppen für eroberte Trophäen bewilligten Geldbeträge D. oder Geschützgelder und verbleiben dem betreffenden Regiment, welches dieselben zinsbar anlegt und die Zinsen für die Offiziere und die Mannschaft verwertet. Es werden gezahlt für jedes «im offenen Gefechte während seines Gebrauchs bei feindlicher Gegenwehr mit stürmender Hand» genommene Geschütz 60 Dukaten und für jedes «im offenen Gefechte» genommene feindliche Feldzeichen (Fahne oder Standarte) 40 Dukaten. Die D. können an die bei der Eroberung thätig gewesenen Mannschaften entsprechend verteilt werden, wenn ihr Betrag bei einem Regiment weniger als 1500 M. beträgt. — In Österreich-Ungarn werden auch andere, selbst Friedensverdienste mit D. belohnt.

Douche (frz., spr. dusch; deutsch: Dusche), die Art von Bad, wobei die Flüssigkeit (tropfbare oder dampfförmige) mit einer gewissen Gewalt, aber in einen mehr oder weniger feinen Strahl verengt, auf den Körper auftrifft. Man unterscheidet Wasser-, Dampf- und Luftdouchen; ferner kalte, warme und abwechselnd kalt und warme (die sog. schottische) D. Sodann Tropfdouche (das Tropfbad), die fortwährend feine Überströmung oder Berieselung (Irrigation); die Regendouche oder Brause (Regenbad, Staubbad), mit mehr oder weniger starkem Strahl, bei welcher das Wasser aus einem hochgelegenen Behälter oder aus einer Wasserleitung durch einen Brausenkopf auf den Badenden ausströmt; die absteigende (gewöhnlich von mehr oder weniger hoch herabstürzendem Wasser) und die aufsteigende D. (von unten nach oben getrieben). Letztere erzeugt man entweder (wie bei Fontänen) durch den Druck einer höhern Wassersäule in einem heberartigen Rohr, oder mittels besonderer Maschinen (Klysopompe, Klyshelice, Hydroklyse, Irrigateur u. dgl.). Man leitet die D. bald gegen die Außenfläche des Körpers, bald in innere Höhlen desselben, besonders in den Mastdarm und in die weiblichen Genitalien hinein, entweder stoßweise oder in kontinuierlichem Strom. Die D. gehören zu den kräftigsten Heilmitteln und sind neuerdings immer mehr an Schätzung bei Ärzten und Laien gestiegen; man bedient sich ihrer mit großem Erfolg bei manchen Lähmungen, Geschwülsten, bei Frauenkrankheiten u. dgl. Sie wirken auf die Stelle, wo sie auftreffen, mechanisch erschütternd (daher nach Umständen abspülend, reinigend, zu Thätigleiten, besonders Kontraktionen anregend) und nach dem Grad ihrer Temperatur bald das Blut hinwegtreibend, bald herzulockend, daher bald entzündungsteigernd, bald entzündungswidrig. Als sehr starke Mittel können die D. aber auch sehr leicht schaden, besonders wenn sie ohne ärztliche Verordnung oder im Übermaß gebraucht werden; insbesondere kann vor der übermäßigen Anwendung der kalten D. auf den Kopf wegen ihrer stark anregenden und dadurch oft nachteiligen Wirkung auf das centrale Nervensystem nicht eindringlich genug gewarnt werden. (S. Bad, Bd. 2, S. 253 b.)

Doucieren (frz., spr. duß-), s. Dossieren.

Doucin (frz., spr. dußäng), s. Strauchapfel und Wildling.

Doué oder Doué-la-Fontaine (spr. düeh la fongtähn; im Altertum Doadum oder Theoduadum), Hauptstadt des Kantons D. (233,20 qkm, 14 Gemeinden, 12462 E.) im Arrondissement Saumur des franz. Depart. Maine-et-Loire, 17 km südwestlich von Saumur, in 64 m Höhe am Doué-Bache, einem hier entstehenden Nebenfluß des Layou, und an der Linie Angers-Poitiers der Franz. Staatsbahn, hat (1891) 3182, als Gemeinde 3271 E., Post, Telegraph, zwei Fontäuen, Ruinen einer Kirche aus dem 13. Jahrh.; Steinkohlenlager, Gerberei, Ölfabriken; Handel mit Leinwand, Vieh und Eisen.

Doughty (spr. dauti), Charles Montagu, Forschungsreisender, geb. 19. Aug. 1843 in Theberton Hall (Suffolk), widmete sich während seiner Studienzeit in einer Marineschule, später in Cambridge vorwiegend den Naturwissenschaften. Sein zweijähriger Aufenthalt in Mittel- und Nordarabien hatte reiche wissenschaftliche Ergebnisse. D. entdeckte zahlreiche Inschriften und Denkmäler (Madâïn Sâlih) von großer Wichtigkeit für die alte Geschichte Arabiens; sein großes Reisewerk «Travels in Arabia deserta» (2 Bde., Cambridge 1888) zeichnet sich durch scharfe Beobachtung der geogr., naturhistor., archäol. und ethnogr. Verhältnisse der bereisten Striche aus. Vgl. Renan, Documents épigraphiques recueillis dans le nord de l'Arabie par D. (anonym, Par. 1884); Berger, L'Arabie avant Mahomet d'après les inscriptions (ebd. 1885).

Dougl., bei botan. Namen Abkürzung für David Douglas (spr. döggläß), geb. 1799 zu Scone bei Perth in Schottland, gest. 12. Juli 1834 auf Hawaii, machte sich besonders um Erforschung der Flora von Nordamerika verdient.

Douglas (spr. döggläß), Hauptstadt der engl. Insel Man in der Irischen See, an der Mündung des Flusses D., hat (1891) 19440 E., besuchte Seebäder, große Landungsbrücke, am Strande drei Hafendämme und schöne Spaziergänge; die Bewohner treiben Küstenschiffahrt, Fischerei und Gerberei. Villen, Gärten und Terrassen umgeben die Stadt. Etwas nordöstlich Castle Mona, früher Residenz der Herzöge von Atholl, jetzt Hotel. D. hat im Sommer tägliche Dampferverbindung mit England.

Douglas (spr. döggläß), Dorf in der schott. Grafschaft Lanark, am Douglas, 7 km im SW. von Lanark, hat 1262 E., Ruinen des von W. Scott in seinem «Castle Dangerous» beschriebenen D. Castle; Gewinnung von Steinkohlen und Bausteinen. Die verfallene St. Brideskirche war früher Grabkapelle der Familie D.

Douglas (spr. dögglåß), eins der berühmtesten und weitverzweigtesten Geschlechter Schottlands, soll von einem Krieger abstammen, der 770 durch seine Tapferkeit eine von dem Scotenkönig Solvathius gegen Donald, König der westl. Inseln, gelieferte Schlacht entschied und wegen seiner dunkeln Gesichtsfarbe in kelt. Sprache Dhu glas (der schwarze Mann) genannt wurde. Er erhielt zur Belohnung seines Heldenmuts Ländereien in der Grafschaft Lanark. Nach andern wäre die Familie flamänd. Ursprungs und erst im 12. Jahrh. nach Schottland gekommen. — William de D. «der Kühne» war der jüngere zweier Söhne von Sir William de D. «Langbein», seit 1288 Lord D. Gegner John Baliols (s. d.) und Eduards I. von England, geriet er zweimal in engl. Gefangenschaft, in der er 1298 starb. Seine Güter gab Eduard I. an Sir Robert Clifford. Sein ältester Sohn, Sir James de D., «der Gute», treuer Genosse von Robert Bruce, focht mit bei Bannockburn, war ein Krieger von gefürchteter Tapferkeit, lag in beständigem Grenzkampf mit den Engländern und erhielt im Frieden von Eduard III. auch die in England liegenden Besitzungen zurück. Nach seines Königs, Robert Bruces, Befehl sollte er nach dessen Tod (1329) sein Herz ins Gelobte Land zur Bestattung bringen, fiel aber in Spanien, wo er König Alfons XI. von Castilien gegen die Mauren half (25. Aug. 1330). Im Heiligen Land ist er nicht gewesen. Sein Sohn, William Lord D., fiel 1333 bei Halidon-Hill (s. d.). Sir Archibald D., jüngster Bruder des «guten» Lord James, einer der Regenten für König David II., fiel wie sein Neffe 1333 in der unglücklichen Schlacht bei Halidon-Hill. Sein Sohn, Sir William D., kämpfte gegen die Engländer und tötete seinen Verwandten Sir William D., Ritter von Liddesdale, wegen verräterischer Beziehungen zu Eduard III. Dieser Ritter von Liddesdale ist fälschlich als natürlicher Sohn des «guten» Lord James D. angesehen worden, sein Vater James und der «gute Lord» waren Vetterskinder. Sir William wurde 1358 von König David II. zum ersten Grafen von D. erhoben. Er starb 1384. Sein natürlicher Sohn, George D., wurde erster Graf Angus (s. unten) von der Douglas-Linie, sein ehelicher Sohn, James, zweiter Graf D., lebte wie sein Vater in Grenzkämpfen mit den Engländern und fiel 1388 jung und ohne Erben. Die Grafenwürde ging über auf einen unehelichen Sohn des «guten Lord» James D., Archibald D., dritten Grafen D., «den Grimmigen». Er war ein energischer und kühner Grenzhäuptling. Dessen Sohn Archibald, vierter Graf D., trug Mitschuld an der Ermordung des schott. Thronerben, des Herzogs von Rothesay, des Sohnes Roberts III., 1402. In demselben Jahr wurde er Gefangener von Percy Heißsporn, an dessen Verschwörung gegen Heinrich IV. von England er darauf teilnahm. In der Schlacht von Shrewsbury geriet er 1403 in eine bis 1408 dauernde engl. Gefangenschaft. Er nahm weiter an Grenzkämpfen teil; 1423 führte er Karl VII. von Frankreich schott. Hilfstruppen zu und wurde von diesem zum Herzog von Touraine erhoben. Bei Verneuil wurde er 17. Aug. 1424 geschlagen und getötet. Weil er in allen Unternehmungen Unglück hatte, erhielt er den Beinamen «Tyneman», der Verlierer. Sein Sohn Archibald, fünfter Graf D. und zweiter Herzog von Touraine, behielt von s[illegible] Herzogtum nur den Titel, war nach Ja[illegible] Tod (1437) einer der Regenten für den unmündigen Jakob II. und wurde Generalstatthalter des Reichs, starb aber schon 1439. Seine beiden Söhne, William, sechster Graf D. und dritter Herzog von Touraine, und David D. wurden von den Neidern der Macht ihres Hauses, an deren Spitze der Kanzler Crichton stand, 1440 hingerichtet; ihr Großonkel, James, wurde siebenter Graf D., die Herzogswürde von Touraine blieb erloschen. Dieser James, «der Dicke» zubenannt, that nichts, seine Neffen zu rächen, sondern stand mit Crichton auf gutem Fuß, er starb schon 1443. Sein Sohn William, achter Graf D., erzwang neben Crichton den leitenden Regierungseinfluß und drängte sogar den König Jakob II. in den Hintergrund, sodaß dieser, seiner Vormundschaft überdrüssig, ihn 21. Febr. 1452 in Stirling-Castle mit eigener Hand erdolchte. Sein Bruder James, der ihm als neunter Graf D. folgte, erhob sich gegen Jakob II., unterlag aber völlig. Seine Macht wurde gebrochen, seine Güter ihm genommen und an Seitenlinien verteilt. Nach langer Verbannung zurückgekehrt, starb er in Schottland 14. Juli 1488, ohne Kinder zu hinterlassen. Mit ihm erlosch die ältere Linie der Grafen von D.

Der natürliche Sohn des ersten Grafen D. und der Schwester und Erbin des dritten kinderlosen Grafen Angus von der Linie Stuart, George D., erhielt trotz seiner unehelichen Herkunft von König Robert II. 1389 die Grafschaft Angus übertragen und heiratete eine Stuart, Tochter Roberts III. Er starb als engl. Kriegsgefangener 1402. Auch sein Sohn William D., zweiter Graf Angus, war ein eifriger Kämpfer gegen England; er starb 1437. Ihm folgten seine beiden Söhne, der kinderlos 1452 sterbende James D., dritter Graf Angus, und George D., vierter Graf Angus, der bei Erhebung des neunten Grafen D. und seiner Anhänger gegen König Jakob II. (s. oben) zur königl. Partei stand und bei der Ächtung desselben einen Teil von dessen Besitzungen erhielt. Er starb 1462. Sein Sohn Archibald D., fünfter Graf Angus, «der große Graf», auch «Bell the Cat» genannt, bekämpfte König Jakob III. im Bunde mit dessen Bruder Herzog von Albany (s. Stuart) und Eduard IV. von England. Auch später noch verhielt er sich schwankend, verhandelte mit Heinrich VII. von England gegen Jakob IV., versöhnte sich wieder mit diesem und starb 1514. Dessen dritter, einzig ihn überlebender Sohn war Gawin D., Bischof von Dunkeld, ein bekannter Dichter; er schrieb «The Palis of Honoure» und «King Hart», zwei Allegorien, und eine Übersetzung der Äneide (Lond. 1553; neue Ausgaben mit dem Leben des Verfassers Edinb. 1710 u. 1839), deren Wert darin liegt, daß sie der erste Versuch der Art war. Seine gesammelten Werke sind herausgegeben von Small, «Works of Gavin D.» (4 Bde., Edinb. 1874). Er nahm auch teil an den polit. Wirren seiner Zeit und starb als Verbannter 1522 in London. Seines Vaters Nachfolger war der Sohn seines bei Flodden gefallenen Bruders, Archibald D., sechster Graf Angus. Er heiratete die Witwe König Jakobs IV. und Tochter Heinrichs VII. von England, Margarete, besaß zeitweise großen Einfluß und spielte besonders in den Beziehungen Schottlands zu England eine Rolle. 1528 ließ Margarete sich von ihm scheiden, er wurde als Hochverräter geächtet und mußte nach England fliehen. Erst 1543 nach Jakobs V. Tode erhielt er Würde und Besitz zurück und verfocht wieder mit Eifer die Interessen seines Landes; er starb 1557. In allen Kämpfen hatte ihm sein jüngerer

Bruder, Sir George D. von Pittendriech, zur Seite gestanden, der Vater von James D., bekannter unter dem Namen des Grafen von Morton, einem Titel, den er durch seine Gattin Elisabeth, die Erbin James', des dritten Grafen von Morton, 1553 erhielt. Er war Mitglied der ersten Kongregation der protestantischen schott. Lords 1557; unter Maria Stuart nahm er als Lordkanzler zuerst eine vermittelnde Haltung an, aber als die Königin eine kath. Politik einschlug, trat er zu ihren Gegnern. Er war 1566 unter den Genossen Darnleys bei der Ermordung von Marias Sekretär Rizzio und mußte vor Maria nach England entweichen. Bald wurde er begnadigt und schloß sich mit Bothwell und Murray dem Bunde gegen Darnley an, ebenso nachher gegen Bothwell. Als Maria in die Gefangenschaft der Lords gekommen war, brachte er sie nach Lochleven, und er vor allen entschied nach ihrem Entkommen den letzten Kampf bei Langside (1568). Mit Murray erschien er in England als einer der Ankläger gegen die des Gattenmordes beschuldigte schott. Königin. Nach der Ermordung des Regenten Murray (1570) setzte er die Einsetzung von Darnleys Vater Lennox durch, nach dem Tod von dessen Nachfolger Graf Mar (1573) wurde er selbst Regent. Mit Kraft und Energie waltete der verschlagene Mann seines Amtes, schlug die kath. Partei der gefangenen Königin Maria mit engl. Hilfe nieder und ließ die Häupter hinrichten. Aber die Widersacher, die seine Härte und Anmaßung erweckten, nötigten ihn, sein Amt vorübergehend niederzulegen (1578), ein Komplott von Günstlingen des mündig gewordenen Jakob VI. brachte ihn ganz zu Fall, er wurde vor Gericht gestellt und 2. Juni 1581 öffentlich zu Edinburgh enthauptet.

Der Titel eines Grafen Angus war vom sechsten Grafen Archibald auf seinen Neffen David D., Mortons Bruder, übergegangen, und diesem folgte sein einziger Sohn Archibald D., achter Graf Angus. Ihm wurden 1587 die von seinem Oheim Morton ihm zugedachten Güter und der Titel eines Grafen von Morton bestätigt. Da er schon 1587 ohne männlichen Erben starb, so gingen seine Titel auf zwei Seitenlinien über. Die Würde eines Grafen Morton erhielt William D. von Lochleven (gest. 1606), dessen Nachkommen sie noch führen, jetziger Inhaber ist Sholto D., einundzwanzigster Graf von Morton, geb. 5. Nov. 1844. Den Titel eines Grafen Angus erhielt Sir William D. von Glenbervie (gest. 1591). Dessen Enkel William D., elfter Graf Angus (gest. 1660), war Anhänger Karls I., der ihn 1633 zum Marquis von D. erhob und zu wichtigen Verhandlungen bei seinem beginnenden Zerwürfnis mit Schottland benutzte. Ihm folgte als zweiter Marquis sein Enkel James D. (gest. 1700), dessen Sohn Archibald D. 1703 zum Herzog von D. erhoben wurde, aber erbelos starb (1761). Die Herzogswürde erlosch, das Marquisat kam an den siebenten Herzog von Hamilton (s. d.), einen Nachkommen des jüngern Sohnes des ersten Marquis D. Der Schwestersohn des Herzogs von D., Archibald Stuart, geb. 1748, erbte nach einem langen Prozeß die alten Familiengüter, nahm den Namen D. an und ward 1790 als Lord D. von Douglas-Castle zum Peer erhoben. Ihm folgten seine drei Söhne Archibald, Charles und James, die aber alle kinderlos starben, der letzte 6. April 1857. Vgl. Hume of Godscroft, History of the House of D. (Lond. 1644), und Fraser, D. Book.

Douglas (spr. döggläß), Stephen Arnold, nordamerik. Politiker, geb. 23. April 1813 zu Brandon im Staate Vermont, genoß eine dürftige Erziehung und ließ sich 1834 als Advokat in Jacksonville (Illinois) nieder. Er wurde bald einer der Führer der demokratischen Partei seines Staates, die ihn im Febr. 1841 zum Richter des Obergerichts von Illinois erwählte. 1843 legte er dieses Amt nieder, da er in den Vereinigten-Staaten-Kongreß gewählt worden war, dem er bis zu seinem Tode, und zwar bis 1847 als Abgeordneter, von 1847 an als Senator angehörte. D. war während des größten Teils seiner parlamentarischen Laufbahn ein entschiedener Parteigänger des Südens, so trat er namentlich für alle auf Ausdehnung des Sklavereigebietes gerichteten Bestrebungen energisch ein, sprach sich für die Annexion von Texas und Eroberung von Cuba aus und suchte bei Gelegenheit der Oregon-Bill (Aug. 1848) die Missouri-Linie bis zum Stillen Ocean auszudehnen. Als Vorsitzender des Ausschusses für die Territorien, war seine Stellung zu der Sklavereifrage ein Umstand von nationaler Bedeutung. Als im Herbst 1853 die Nebraska-Bill eingebracht wurde, veränderte D. seinen Standpunkt und verlangte im Gegensatz zum Herkommen, daß alle die Sklaverei betreffenden Angelegenheiten auf Grund «des großen Princips der Selbstregierung» den Bewohnern der Territorien und der später aus ihnen gebildeten Staaten zur ausschließlichen Entscheidung überlassen bleiben sollten. Diese sog. Squatter-Souveränitätslehre befriedigte keine der streitenden Parteien. Seine bisherigen Freunde betrachteten sie als ein Angebot ihres Urhebers auf die Präsidentschaft; dem Süden ging sie nicht weit genug, indem er für sich das Recht beanspruchte, mit seinen Sklaven wie mit jedem andern Eigentum in die Territorien gehen zu können, während der Norden diese als freies und der Sklaverei verschlossenes Gebiet betrachtet wissen wollte. Diese einander entgegengesetzten Ansichten führten zunächst zu den Kansas-Wirren (s. Kansas), in denen der Süden unterlag, dann aber zur Zersplitterung der demokratischen Partei selbst, deren südl. Flügel im April 1860 Breckinridge und deren nördlicher bald darauf D. zu seinem Präsidentschaftskandidaten ernannte. Beide erlitten eine Niederlage, da der Republikaner Lincoln Nov. 1860 gewählt wurde. Bei dem einige Monate später ausbrechenden Bürgerkriege trat D. mit großer Energie für die Erhaltung der Union ein und unterstützte seinen frühern Gegner Lincoln uneigennützig mit Rat und That. Er starb 3. Juni 1861 auf einer Reise zu Chicago. Vgl. Sheahan, Life of D. (Neuyork 1860).

Douglass (spr. döggläß), Frederick, amerik. Redner und Journalist, als Sklave von einer schwarzen Mutter 1817 auf einer Pflanzung bei Easton im Staate Maryland geboren, kam nach Baltimore zu Verwandten seines Herrn, denen er 1838 entlief. Er gelangte nach Neubedford, wo er sich einige Jahre als Arbeiter ernährte. 1841 hielt er auf einer Antisklavereiversammlung eine so glänzende Rede, daß er zum Agenten der Antisklavereigesellschaft von Massachusetts ernannt wurde. Als solcher bereiste er 4 Jahre lang die Staaten von Neuengland. 1844 veröffentlichte er eine Autobiographie und begab sich dann nach England, wo er das Publikum durch seine gegen die Sklaverei gerichteten Vorträge begeisterte. Seine engl. Freunde kauften ihn 1846 aus der Sklaverei los. Nach Amerika zurückgekehrt, gab er seit 1847 «Frederick Douglass's Paper» in Rochester und dasselbe Blatt später u. d. T. «The Northern Star» heraus. Als 1859 der Gouverneur von Virginien seine Verhaftung bei dem Gouverneur von Michigan wegen seiner angeblichen Beteiligung an dem Brownschen Zuge (s. Brown, John, Bd. 3, S. 589) nachsuchte, flüchtete D. nach England, lehrte aber bereits nach einigen Monaten zurück. 1861 nach Ausbruch des Bürgerkrieges drang er bei Lincoln auf die Errichtung von Negerregimentern und auf die Emancipation der Sklaven. Nach dem Kriege hielt er Vorlesungen und wurde 1870 intellektueller Herausgeber von «The New National Era» (Washington). 1886 reiste er nach England, um über den Fortschritt der befreiten Neger Vorlesungen zu halten. Eine Selbstbiographie erschien von ihm 1845; ferner schrieb er noch «My bondage and my freedom» (1855) und «Life and times of Frederick D.» (1881 u. ö.).

Douglastanne (Douglasfichte, spr. dögg-läß-), s. Hemlockstannen.

Douletschâh oder Dauletschâh (ibn Alâuddaula ul-Bachtischâh al-Ghâsi), aus Samarkand, pers. Litterarhistoriker, verfaßte 1487 die chronologisch geordnete, mit zahlreichen Citaten versehene, aber nicht immer zuverlässige «Taskirat uschschu'arâ» oder Biographien von (140) Dichtern in sieben Büchern und einem Anhang mit Biographien zeitgenössischer Poeten. Er widmete sein Werk dem Mir Ali Schir (1440—1500), Wesir der Timuriden Abû Sa'id und Sultân Husain und selbst Dichter. D. starb 1495. Das Werk ist nicht gedruckt, wurde aber auszugsweise von Silvestre de Sacy übersetzt in den «Notices et extraits des manuscrits etc.» (Bd. 4) und von Hammer für die Bearbeitung seiner «Geschichte der schönen Redekünste Persiens» (Wien 1818) excerpiert. Vullers gab in pers. Original und lat. Übersetzung die Biographien des Firdusi («Fragmente über die Religion des Zoroaster», Bonn 1831), des Hâfis (Gieß. 1839) und des Anwari (ebd. 1858) heraus. Handschriftlich ist das Werk D.s in mehrern Bibliotheken in Oxford, Wien, Petersburg und im Britischen Museum vorhanden. Vgl. Rieu, Catalogue of Persian manuscripts.

Doullens (spr. duláng). 1) **Arrondissement** des franz. Depart. Somme, hat 659,99 qkm, (1891) 51588 E., 89 Gemeinden und zerfällt in die 4 Kantone Acheux (168 qkm, 11406 E.), Bernaville (170,26 qkm, 8991 E.), Domart (162,20 qkm, 14395 E.), D. (159,53 qkm, 16796 E.). — 2) **Hauptstadt** des Arrondissements und des Kantons D., 30 km nördlich von Amiens, am Fuße von 140 m hohen Hügeln, an dem Küstenflusse Authie und an den Linien Amiens-Canaples-D.-Frévent, Arras-D. (36 km) der Franz. Nordbahn und der Lokalbahn D.-Albert (12 km), ist Sitz eines Gerichtshofs erster Instanz, hat (1891) 3294, als Gemeinde 4631 E., Post, Telegraph, eine Ackerbaukammer und ein Zuchthaus für Frauen (in der schönen Citadelle); Baumwollspinnereien, Sägemühlen, Öl-, Papier- und Lederfabriken.

Doultonware (spr. dohlt'n-), vorzügliche Steinzeuggefäße der Fabrik von Doulton & Watts in Lambeth (London). Sie machte sich zuerst bekannt durch ihre originellen Nachahmungen des niederrhein. Steinzeugs und hat dann ihre Kunstarbeiten nach der malerischen Seite hin ausgedehnt. Die Pariser Weltausstellung von 1889 zeigte von ihr riesenhafte Vasen als Jardinièren und große landschaftliche Wandgemälde aus gebrannten und glasierten Fliesen zusammengesetzt.

Doune (spr. duhn), Dorf in der schott. Grafschaft Perth, 10 km im NW. von Stirling, an einem Zufluß des Teith, hat 996 E., die meist in den Baumwollfabriken von Deanston (1,5 km westlich) arbeiten, und Ruinen von D. Castle aus dem 15. Jahrh. Der Teith ist bei D. durch eine Brücke (1535) überspannt.

Dour (spr. duhr), Gemeinde des Borinage in der belg. Provinz Hennegau, an den Linien Mons-D.-Quiévrain und D.-Franz. Grenze der Belg. Staatsbahnen, hat (1890) 10533 E., Kohlengruben, Koksfabriken und eine mechan. Bindfadenfabrik.

Dourbie (spr. durbih), linker Nebenfluß des Tarn im franz. Depart. Aveyron, entspringt in den Espérou-Bergen, nimmt links den Durzon auf, während sie auf der rechten Seite der Trévezet, da er sich in den Schlünden der Causse verliert, nicht erreicht, durchfließt zwischen der Causse noire und dem Larzac eine Spalte und mündet in 350 m Höhe oberhalb Millau. Ihr äußerst malerischer Lauf ist etwa 70 km lang.

Dourdan (spr. durdáng), Hauptstadt der Kantone Dourdan-Nord (218,84 qkm, 18 Gemeinden, 11097 E.) und Dourdan-Sud (315,34 qkm, 24 Gemeinden, 12487 E.) im Arrondissement Rambouillet des franz. Depart. Seine-et-Oise, 22 km südöstlich von Rambouillet, nahe am Walde von D., an der zur Seine gehenden Orge und an der Linie (Paris-) Brétigny-Tours über Vendôme der Orléansbahn, hat (1891) 2806, als Gemeinde 3108 E., Post, Telegraph, Reste eines von Philipp August gebauten Schlosses; Fabrikation von Strumpf- und Perlmutterwaren, Baumwollspinnereien und Handel mit Getreide, Holz, Vieh, Wolle und Wein.

Douro (spr. doiru), portug. für Duero (s. d.).

Dousse-alin, s. Burejagebirge.

Do, ut des und **Do, ut facias** (lat.), s. Contractus.

Douville (spr. duwil), Jean Baptiste, ein um 1794 in Frankreich geborener Abenteurer, welcher, nachdem er in den Besitz eines ansehnlichen Vermögens gelangt war, von 1815 an Afrika, Asien und Amerika bereiste. 1832 erschien seine «Voyage au Congo et dans l'intérieur de l'Afrique équinoxiale, fait dans les années 1828—30» (3 Bde.). D. war Sekretär der Geographischen Gesellschaft zu Paris, von welcher ihm die Preismedaille für die wichtigste 1830 gemachte Entdeckung zuerkannt wurde, wie er auch zum Ehrenmitglied der Geographischen Gesellschaft zu London erwählt wurde. In dem «Edinburgh Philosophical Journal» wies aber gleich nach dem Erscheinen des Werks Cooley nach, daß D. während der angegebenen Reisejahre als Sprachlehrer in England gelebt habe und die Reise also fingiert und nur eine Bearbeitung älterer portug. Expeditionen sei. 1835 ließ sich D. als Arzt zu Formigas in Brasilien nieder, wo er bald nachher ermordet wurde.

Douw, Gerard, holländ. Genremaler, s. Dou.

Douzette (spr. dusétt), Louis, Landschaftsmaler, geb. 25. Sept. 1834 zu Triebsees in Vorpommern, kam 1856 nach Berlin, wo er zunächst Dekorationsmaler war. 1864 arbeitete er kurze Zeit im Atelier von H. Eschke. Hier machte er den Versuch, die

Mondnacht bildlich darzustellen. Seitdem pflegt D. vorzugsweise diese Art von Gemälden, welche er durch Studien in Frankreich, Italien und Deutschland, vorzugsweise aber an der Ostseeküste zu hoher Vollkommenheit und Vielseitigkeit ausbildete. Hervorzuheben sind: Schwedisches Müllergehöft im Mondschein, Mondnacht am Bollwerk (1874), Mondnacht im Golf von Venedig (1876; Melbourne), Waldwiese in heller Mondnacht (1879), Winterhafen bei aufgehendem Mond (1880; Antwerpen), Mondnacht am Fjord (1883; Dresdener Galerie), Alt-Prerow auf dem Darß (1886; Berliner Nationalgalerie), Mondnacht am Prerowstrom (1886; Prag), Meerbucht an der Ostsee (1889), Hafen von Lübeck im Mondschein (1891) u. s. w.

Dove (spr. döww), linker Nebenfluß des Trent in England, bildet die Grenze von Derbyshire und Staffordshire. Er entspringt am Axe Edge und fließt nach S. über Ashbourne und Uttoxeter und mündet nach 72 km Laufes unterhalb Burton. Das Dovethal ist eins der malerischsten Englands.

Dove, Alfred, Historiker, Sohn des folgenden, geb. 4. April 1844 zu Berlin, studierte 1861—66 in Heidelberg und Berlin Medizin und Naturwissenschaften, später Geschichte, und widmete sich anfänglich dem Schulfach, sodann der publizistischen Laufbahn. 1870 übernahm er die Redaktion der «Grenzboten», legte sie jedoch Ende desselben Jahres nieder und trat an die Spitze der neubegründeten Zeitschrift «Im neuen Reich». 1874 wurde er als außerord. Professor der Geschichte nach Breslau berufen, 1879 ord. Professor daselbst und 1884 als solcher nach Bonn versetzt, verließ aber Ostern 1891 den Bonner Lehrstuhl, um zur publizistischen Thätigkeit zurückzukehren und lebte seitdem in München als Herausgeber der wissenschaftlichen Beilage zur «Allgemeinen Zeitung», seit Ostern 1892 zugleich als Chefredacteur des Hauptblattes. Ende 1892 trat er von diesen Stellungen zurück. Seine Arbeiten berühren teils die ital. Geschichte, wie «Die Doppelchronik von Reggio und die Quellen Salimbenes» (Lpz. 1873), teils die deutsche Biographie (wesentlicher Anteil an der von Bruhns herausgegebenen wissenschaftlichen Biographie A. von Humboldts, ferner «Die Forsters und die Humboldts», ebd. 1881, u. a. m.). Von seiner «Deutschen Geschichte im Zeitalter Friedrichs d. Gr. und Josephs II.» (in der «Heeren-Ukertschen Sammlung») erschien 1883 ein erster Halbband. Von 1886 bis 1890 gab D. den Nachlaß L. von Rankes (den Abschluß seiner «Weltgeschichte» und seiner «Sämtlichen Werke»), 1891 die letzten Bände der parlamentarischen Reden Bismarcks (in der Kollektion Spemann) heraus.

Dove, Heinr. Wilh., Physiker, geb. 6. Okt. 1803 zu Liegnitz, besuchte die dortige Ritterakademie und widmete sich seit Ostern 1821 erst zu Breslau, dann seit 1824 zu Berlin mathem. und physik. Studien. Ostern 1826 habilitierte er sich als Privatdocent zu Königsberg und erhielt daselbst im Sommer 1828 eine außerord. Professur, die er Michaelis 1829 mit einer solchen in Berlin vertauschte. Hier wurde er 1837 in die Akademie der Wissenschaften aufgenommen und 1845 zum ord. Professor befördert. 1867 wurde er Vicekanzler der Friedensklasse des preuß. Ordens pour le mérite. D. starb 4. April 1879 zu Berlin. Obgleich sich die wissenschaftlichen Leistungen D.s auf alle Gebiete der gesamten Physik erstrecken, gründet sich doch sein Ruf vorzugsweise auf seine epochemachenden Arbeiten in den Gebieten der Meteorologie, Atmosphärologie und Klimatologie, welche Wissenschaften durch ihn ihre wahre Begründung sowie eine fruchtbringende Umgestaltung erfahren haben. Das von ihm aufgestellte und nach ihm benannte Gesetz der Drehung der Winde (s. Dovesches Gesetz) galt lange Zeit als allgemeine Windtheorie, bis Galton (1863) und Buys-Ballot das neuere allgemeine cyklonische Windgesetz aufstellten. Allein auch D. hatte schon früher die cyklonische Natur der Winde erkannt, und Galton knüpfte eigentlich an D.s Ansicht über das cyklonische Wesen der Winde an. Als seine Hauptwerke sind zu nennen: «Meteorolog. Untersuchungen» (Berl. 1837), «Über die nichtperiodischen Änderungen der Temperaturverteilung auf der Oberfläche der Erde» (6 Tle., ebd. 1840—59), «Über den Zusammenhang der Wärmeveränderungen der Atmosphäre mit der Entwickelung der Pflanzen» (ebd. 1846), «Temperaturtafeln» (ebd. 1848), «Monatsisothermen» (ebd. 1850) und «Verbreitung der Wärme auf der Oberfläche der Erde. Erläutert durch Isothermen, thermische Isanomalen und Temperaturkurven» (ebd. 1852). Ferner gehören hierher: «Die Monats- und Jahresisothermen in der Polarprojektion» (ebd. 1864), die «Darstellung der Wärmeerscheinungen durch fünftägige Mittel» (3 Tle., ebd. 1856—70) und «Die Witterungserscheinungen des nördl. Deutschlands, 1850—63» (ebd. 1864). Hieran reihen sich noch: «Das Gesetz der Stürme» (ebd. 1857; 4. Aufl. 1873), «Die Stürme der gemäßigten Zone» (ebd. 1863), «Klimatologische Beiträge» (2 Tle., ebd. 1857—69), «Klimatologie von Norddeutschland» (2 Tle., ebd. 1868—71), «Eiszeit, Föhn und Sirocco» (ebd. 1867), «Der schweiz. Föhn» (ebd. 1868) u. s. w. Andern Gebieten der Physik gehören an: «Über Maß und Messen» (2. Aufl., ebd. 1835), «Untersuchungen im Gebiete der Induktionselektricität» (ebd. 1843), «Über Wirkungen aus der Ferne» (ebd. 1845), «Über Elektricität» (ebd. 1848), «Darstellung der Farbenlehre» (ebd. 1853), ferner «Optische Studien» (ebd. 1859), «Anwendung des Stereoskops, um falsches von echtem Papiergeld zu unterscheiden» (ebd. 1859) und «Der Kreislauf des Wassers auf der Oberfläche der Erde» (ebd. 1866); von ihm ist auch eine «Gedächtnisrede auf A. von Humboldt» (ebd. 1869). Auf D.s Betrieb wurde zu Berlin das Königliche Meteorologische Institut ins Leben gerufen, das bis zu seinem Tode unter seiner Leitung stand und sein Beobachtungssystem auch auf einen großen Teil des übrigen Deutschland ausdehnte.

Dove, Richard Wilh., Kirchenrechtslehrer, ältester Sohn des vorigen, geb. 27. Febr. 1833 zu Berlin, studierte dort und in Heidelberg Rechtswissenschaft und habilitierte sich 1859 zu Berlin mit der Abhandlung: «Untersuchungen über die Sendgerichte», welche später erweitert in der «Zeitschrift für Kirchenrecht» (Bd. 4 u. 5) erschien; daneben war er seit Jan. 1860 als Hilfsarbeiter im Evangelischen Oberkirchenrate zu Berlin thätig. Ostern 1862 wurde er außerord. Professor, 1863 ord. Professor in Tübingen, 1865 in Kiel, 1868 in Göttingen. Am 14. Dez. 1870 wies er als Prorektor der Georgia Augusta brit. Einmischungsgelüste in den Deutsch-Französischen Krieg zurück (vgl. seine Schrift: Einige Gedenkblätter aus der Geschichte der Georgia Augusta, Gött. 1887). Im März 1871 wählte ihn der Kreis Duisburg in den ersten Deutschen Reichstag; 1873 wurde D. zum Mitgliede des neuerrichteten königl. Gerichtshofs für kirchliche Angelegenheit ernannt, 1875 auf Präsentation der Universität Göttingen ins Herrenhaus berufen. D.s litterar. Arbeiten sind zum großen Teil in der von ihm 1860 in Verbindung mit andern gegründeten «Zeitschrift für Kirchenrecht» in Druck erschienen. Besondere Beachtung verdient seine Arbeit über «Ämilius Ludwig Richter und seine Zeit» (Bd. 7), welche die kirchenrechtlichen Bewegungen der neuern Zeit in großen Zügen vorführt. Auch besorgte er die neuen Bearbeitungen von Richters «Lehrbuch des Kirchenrechts» (8. Aufl., Lpz. 1877—86). — Sein Sohn Karl D., geb. 12. Nov. 1863 zu Tübingen, Privatdocent an der Universität Berlin, schrieb «Das Klima des außertropischen Südafrika» (Gött. 1888), «Kulturzonen von Nord-Abessinien» (Gotha 1890) und ging 1892 nach Kapstadt und Deutsch-Südwestafrika.

Dover (spr. dohw'r), Municipalstadt und Parlamentsborough in der engl. Grafschaft Kent, 114 km von London, an der schmalsten, 33,5 km breiten Stelle des Kanals, dem Pas de Calais oder Strait of D., 45 km von Kap Gris-Nez, 50 von Boulogne, am Ausgange des romantischen, von Kreidefelsen umschlossenen Thals des Dour, hat mit der Besatzung (1891) 33418 E., ein schönes got. Stadthaus, zwei altertümliche Kirchen, St. Mary und Old St. James, Reste einer Benediktinerabtei, ein Zuchthaus, Museum, College, Seemannshaus, Seebäder und zahlreiche Hotels. Die Höhen im O. der Stadt tragen die ausgedehnten Festungswerke von D. Castle, die, von den Römern angelegt, von Sachsen und Normannen verstärkt, jetzt 22 ha bedecken und mit Wällen und Gräben, dombenfesten Magazinen und Kasernen ausgestattet sind. Der von Heinrich II. erbaute Turm (28 m) gewährt eine schöne Aussicht auf die Stadt und über das Meer bis Calais. Neu ist Fort Burgoyne. Starke Befestigungen zeigen auch die Anhöhen im W., welche durch eine Schlucht von dem schroffen Shakespeare-Felsen (106 m) getrennt sind. Der Hafen ist nur bei Flut überall größern Schiffen zugänglich; die Passagierdampfer legen an dem Admiralty Pier, einem Damm von 450 m Länge mit 3 Landungsstellen an. Der Außenhafen ist seicht, der Granville Dock hat 7, der Wellington Dock 4,5 m Tiefe. Regelmäßiger Personenverkehr besteht mit Ostende und Calais, täglich drei- bis viermal in 4—5 bezüglich 5—6 Stunden, und neben der strategischen Wichtigkeit als Schlüssel Englands ist es dieser stetig wachsende Verkehr, der D. seine Bedeutung verleiht. Erweiterungsbauten am Hafen sind geplant. Der Handel ist unbedeutend. Die Einfuhr (Getreide, Obst, Holz, Ölsamen, Woll- und Seidenfabrikate) betrug (1889) 6,35 Mill. Pfd. St., die Ausfuhr (Maschinen, Werkzeuge, Papier- und Kurzwaren) nur 2,73 Mill. Pfd. St., darunter 1,52 Mill. Wiederausfuhr. Im Schiffsverkehr (7787 Schiffe mit 1,57 Mill. t, darunter 6474 Dampfer mit 1,46 Mill. t) herrscht die brit. Flagge vor. Drei unterseeische Kabel verbinden D. mit dem Festlande. — D. Castle galt seit Wilhelm I. als unnehmbar; doch gelang 1642 dem Parlamentsheere die Eroberung durch List. Die Anlage der neuen Befestigungen begann, als die Landung Napoleons I. von Boulogne aus drohte. (S. beistehenden Situationsplan.)

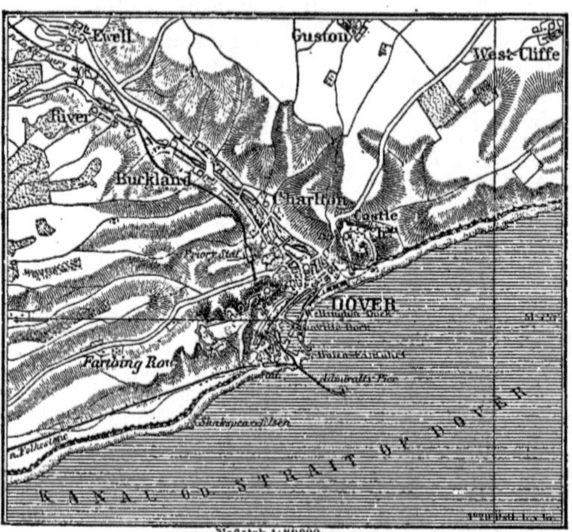

Dover (Situationsplan).

Dover (spr. dohw'r). 1) **Hauptstadt** des County Strafford in New-Hampshire am Cocseco, 19 km vom Meere, ist Eisenbahnknotenpunkt und hat (1890) 12790 E., Fabrikation von Schuhen, Kaschmirs, Seife, Leim, Eisen- und Messinggießerei sowie bedeutende Kattundruckerei. Es ist die älteste Stadt des Staates, gegründet 1623. — 2) **Hauptstadt** des Staates Delaware und des County Kent, mit 3061 E., einer Methodistenschule und bedeutendem Obstversand.

Dovesches Gesetz. Nach Doves Ansicht werden die Veränderungen der Witterung durch Abwechselung von Polar- und Äquatorialströmen bedingt. Ein Polarstrom, der erst als Nordwind auftritt, wird durch die Achsendrehung der Erde auf seinem Weg nach und nach in Nordost bis Ost übergehen. Setzt dann eine südliche oder äquatorial-strömung ein, so geht die Drehung der Windfahne durch Südost nach Süd vor sich. Der Äquatorialstrom wird über Südwest nach West durch die Achsendrehung der Erde abgelenkt; die Drehung geht über Nordwest nach Nord weiter, wenn dann ein Polarstrom einsetzt. Diese regelmäßige Drehung der Fahne N-O-S-W-N nennt man die Rechtsdrehung oder das Ausschießen des Windes. Das von Dove ausgesprochene Gesetz heißt das Drehungsgesetz des Windes oder auch einfach das D. G. Dreht sich der Wind in der entgegengesetzten Richtung N-W-S-O-N, so nennt man dies

Rückdrehung oder Krimpen. Findet das Krimpen rasch und sprungweise statt, so spricht man vom Zurückspringen des Windes.

D'Ovidio, Francesco, ital. Philolog und litterarhistor. Kritiker, geb. 5. Dez. 1849 zu Campobasso, studierte zu Neapel und Pisa, ward Lehrer der klassischen Philologie und Litteratur am Lyceum zu Bologna, dann zu Mailand, und ist seit 1876 Professor der roman. Philologie an der Universität zu Neapel. Seine zahlreichen Schriften, meist in Zeitschriften veröffentlicht, zeichnen sich durch gediegene Gelehrsamkeit und kritischen Scharfsinn aus. Mehrere sind gesammelt in dem Bande «Saggi critici» (Neapel 1879). Außerdem sind zu nennen: «Dell'origine dell'unica forma flessionale del nome italiano» (Pisa 1872), «Delle voci italiane che radoppiano una consonante prima della vocale accentata» (1877), «Il vocalismo tonico italiano» (1878), «Storia della letteratura latina» (Mail. 1879), «Grammatica spagnuola» (Imola 1879), «Grammatica portoghese» (edd. 1881), «D'un recente libro del Delbrück, della traduzione italiana del Merlo e di due nuove Dissertazioni del Whitney. Critica glottologica» (Turin 1882), «Il Tasso e la Lucrezia Bendidio-Machiavelli» (Rom 1882), «Die ital. Sprache» (in Gröbers «Grundriß der roman. Philologie», Bd. 1, Straßb. 1888) u. s. w.

Dovizio, Bernardo, ital. Dichter, s. Bib(b)iena.

Dovre oder Dovrefjeld, südwestl. Ausläufer des schwed.-norweg. Grenzgebirges Kölen, der sich bei Röraas unter 63° nördl. Br. abzweigt und an Höhe den Kölen weit überlegen ist. D. ist ein Felsenplateau von etwa 650 m durchschnittlicher Höhe und bis 100 km breit. Im W. stürzt das Gebirge mit senkrechten Klippenwänden ins Meer, nachdem es bei Romsdalsfjorden Alpencharakter angenommen und mit dem etwa 1300 qkm großen Gletscher Jostedalsbräen (s. d.) einen bedeutenden Teil der großen nördlich vom Sognefjord gelegenen Halbinsel erfüllt hat. Bis zur Erforschung des östlich gelegenen Jotunfjelds galten einzelne Kuppen von D. (Snehaetten, 2306 m) als die höchsten Gebirge Norwegens und somit auch des skandinav. Nordens. Die 1880 eröffnete Eisenbahn Kristiania-Throndhjem geht in 670 m Höhe quer über die Hochebene, dicht bei der Kupfermine Röraas (s. d.) vorbei. Auf D. wurden «Fjeldstuer» (Alpenhütten) schon im 12. Jahrh. aufgeführt.

Dovrefjeld (spr. -fjäll), s. Dovre.

Dow, Gerard, holländ. Genremaler, s. Dou.

Dowden (spr. daud'n), Edward, engl. Litterarhistoriker, geb. 3. Mai 1843 zu Cork, studierte am Trinity College zu Dublin, an dem er später Professor der engl. Litteratur wurde. Er schrieb: «Shakspere, his mind and art» (1875; 5. Aufl. 1880; deutsch von Wagner, Heilbronn 1879), «Studies in literature: 1789—1877» (1878; 2. Aufl. 1882), «R. Southey» (1879), dessen Briefwechsel mit seiner Braut und mit Shelley er (1881) herausgab, «Life of P. B. Shelley» (2 Bde., 1886), dessen «Poetical works» er auch herausgab (Lond. 1890), «Transcripts and studies» (1888), auch eigene «Poems» (1876) und lieferte Einleitungen zu Ausgaben von Shakespeares «Sonetten» (1881), «The passionate pilgrim» (1883), «Romeo and Juliet» (1884), zu «The International Shakspere» (1887), zu Spenser (1882), Goethes «Wilhelm Meister» (1890); endlich gab er Sir H. Taylors Briefwechsel (1888), Wordsworths und Coleridges erste Gedichte (1890) und Wordsworths Werke (1891 fg.) heraus. D. gilt als einer der feinsinnigsten engl. Litterarhistoriker. Bis 1890 war er auch Präsident der engl. Goethe Society.

Dowersches Pulver, Pulvis Ipecacuanhae opiatus s. Doweri, benannt nach seinem Erfinder, dem engl. Arzt Thomas Dower (gest. 1741 zu London), ist eine Mischung aus 1 Teil Opium, 1 Teil Brechwurzelpulver und 8 Teilen Milchzucker. Nach der ursprünglichen Vorschrift wurde an Stelle des Milchzuckers Kaliumsulfat verwendet. Es ist ein beliebtes und bewährtes Mittel gegen Durchfälle, auch als schlafbefördernbes und schweißtreibendes Mittel üblich. Es gehört zu den vorsichtig aufzubewahrenden Arzneimitteln. (S. Opium.)

Dowlais (spr. daulis), Dorf in der engl. Grafschaft Glamorgan in Wales, unweit Merthyr-Tydfil, hat 20000 E. und großartigen Hüttenbetrieb der D. Iron and Steel Works (etwa 20000 Arbeiter).

Dowlas (spr. dauläß), engl. Bezeichnung für die schwersten, dicht gearbeiteten Sorten der Leinwand, entspricht also etwa dem deutschen «Hausleinen», s. Creas.

Dowlutabād, indobrit. Stadt, s. Daulatābād.

Down (spr. daun), die östlichste Grafschaft der irländ. Provinz Ulster, zwischen den Grafschaften Louth, Armagh, Antrim und der Irischen See, welche mit einem Arme, dem Lough Strangford, tief in das Land eindringt und mit den Baien von Carlingford und Belfast die Süd- und Nordgrenze und im SO. die Dundrumbai bildet. D. hat 2478,20 qkm, (1891) 266 893 E., d. i. 108 auf 1 qkm, gegen 299 866 im J. 1861 und 269 927 im J. 1881. Der Newry fließt in die Bai von Carlingford, der Bann gegen N. in den großen Landsee Neagh; ein Kanal verbindet beide, sowie den in die Bai von Belfast mündenden Lagan mit dem Lough Neagh. Die Küsten sind meist flach. Der größte Teil ist ein fruchtbares Hügelland, nur im SW. erhebt sich die kahle Granitkette der Mourneberge, im Eagle Mount zu 637, im Slieve Beg zu 727 m. Das Klima ist gemäßigt und gesund. Nahezu die Hälfte der Fläche ist zum Ackerbau geeignet. Man baut wenig Roggen, viel Gerste und Kartoffeln, namentlich aber Flachs, dessen Verarbeitung die Hauptbeschäftigung bildet. Außerdem wird Vieh-, besonders Pferde-, Schweine- und Schafzucht, Fischerei, etwas Bergbau auf Kupfer, Blei und Silber und Leinweberei getrieben. D. schickt zwei, die Stadt Newry einen Abgeordneten ins Parlament. Hauptstadt ist Downpatrick (s. d.).

Downingstreet (spr. dauningstriht), Straße in London im Stadtteil Whitehall, in der die Ministerien des Auswärtigen, des Innern und der Kolonien liegen.

Downpatrick (spr. daunpätt-), Hauptort der irischen Grafschaft Down, nahe dem Südwestende des Lough Strangford, 37 km im SSO. von Belfast, hat (1881) 3419 E., Musselinindustrie, Küstenhandel und Leinenfabrikation. D., im alten Stile neu gebaut, ist Sitz des Bistums von Down und besitzt eine uralte Kathedrale, 1790 restauriert, in welcher der heil. Patrick begraben liegen soll. Etwa 3 km entfernt die von Katholiken am Johannistage als wunderthätig besuchten Struel-Quellen.

Downs (spr. dauns), d. h. Dünen, im südl. England zwei Reihen von Kreidehügeln, North-Downs und South-Downs, welche zwischen sich eine langgestreckte fruchtbare, starkbesiedelte Mulde fassen, «The Weald» genannt, jetzt im ganzen entwaldet. Beide Reihen sind an ihrem westl. Anfang miteinander verbunden.

Vom Ostende der Salisbury-Ebene, in deren N. die Marlborough-Hügel (bis 295 m) liegen, erstreckt sich ein breiter Zug von Kreideland mit dem 296 m hohen Inkpen-Beacon nach O. hin und teilt sich in zwei Zweige: der nördliche, die 100—295 m (Botley-Hill) hohen North-Downs, zieht sich 194 km weit als schmale, nach N. steil und nach S. allmählich abfallende Hügelreihe gerade nach O. hin, allmählich breiter werdend, bis er in den Nord- und Süd-Forelands und den Klippen von Dover und Folkestone endet. Die 130 km langen South-Downs, ebenfalls gegen N. steil abfallend, ziehen von Eastbourne (Beachy-Head) durch das südl. Sussex bis zur Grenze von Hampshire und schließen sich an die Dorset-Hügel an. Ihre Höhe ist 35—269 m (Ditchling-Beacon) und sie ziehen als niedrige, flach gestutzte Rücken oder leicht gekrümmte, höchst einförmige Linie von WNW. nach SO. Ein gleichmäßiger, schöner Grasteppich bedeckt sie, von zahlreichen Schafherden (den berühmten South-Down-Schafen) belebt. (S. England.)

Downtonpumpe (spr. daunt'n-), eine besonders auf Schiffen benutzte Handpumpe, bei welcher in einem Pumpencylinder drei Kolben übereinander derart angeordnet sind, daß die Kolbenstangen der unten befindlichen Kolben durch die darüber befindlichen Kolben wasserdicht hindurchgehen. Die Bewegung der Kolben wird von einer dreimal gekröpften Kurbelwelle abgeleitet. Die Kurbeln sind dabei um 120° versetzt. Die D. hat den Vorteil geringen Raumbedarfs.

Dowsongas, s. Wassergas.

Doxāle (mittellat.), in kath. Kirchen das den hohen Chor vom Hauptschiff trennende Gitter.

Doxogrāphen (grch.), Schriftsteller, welche die Lehren (doxai) der Philosophen zu histor. Überblick sammelten. Ein Grundwerk dieser Art waren Theophrasts 18 Bücher «Physikai doxai». Hieraus sind durch Zwischenglieder die dem Plutarch mit Unrecht zugeschriebenen «Placita philosophorum» geflossen. Vgl. Doxographi graeci, hg. von Diels (Berl. 1879).

Doxolōgie (grch.), im allgemeinen ein Gesang zum Preise Gottes; in der christl. Kirche namentlich der Schluß des Vaterunsers («Denn Dein ist das Reich» u. s. w.), der Lobgesang der Engel Luk. 2, 14 sowie das kleine und das große Gloria. Das kleine Gloria (Gloria patri) oder die kleine D. lautete ursprünglich: Gloria patri et filio et spiritu sancto (Ehre sei dem Vater und dem Sohne und dem Heiligen Geiste); schon im 4. Jahrh. wurde es erweitert durch den Zusatz: «wie es war von Anbeginn, wie es ist und sein wird von Ewigkeit zu Ewigkeit». Das große Gloria (Gloria in excelsis) oder die große D. besteht aus dem Lobgesange Luk. 2, 14: «Ehre sei Gott in der Höhe» u. s. w. mit einem angefügten Gebet an Gott und Christus. Diese beiden D. bilden, in lat. Sprache nach mehrfachen Melodien gesungen, einen wichtigen Bestandteil der röm.-kath. Liturgie und haben sich auch in der luther. Gottesdienstordnung erhalten, lange Zeit sogar in lat. Sprache.

Doyen (frz., spr. döaiäng), vom lat. decanus, d. i. der Vorgesetzte von zehn Mann, in der Kirche der Dechant, bei den Universitäten der jeweilige Repräsentant der Fakultät (Dekan), in legislativen Versammlungen der Alterspräsident, welcher den Vorsitz führt, bevor der definitive Präsident gewählt ist; in der Diplomatie der Vertreter des Diplomatischen Korps (s. d.).

Doyen (spr. döaiäng), Gabriel François, franz. Maler, geb. 1726 zu Paris, war Schüler Vanloos, lebte 1748—55 in Italien, wurde 1777 Hofmaler des Prinzen von Artois, dann Professor der Kunstakademie, 1791 Direktor der Kunstakademie zu Petersburg, wo er 5. Juni 1806 starb. D. malte farbig prächtig, dekorativ wirkungsvoll, namentlich in der Verkürzung. Seine Hauptwerke sind: Der Tod der Virginia (1758), vom Prinzen von Turenne angekauft; Venus von Diomedes verwundet, Odysseus den jungen Astyanax suchend, beide für den Herzog von Parma; Triumph der Amphitrite (im Louvre), ferner Die Rettung der Stadt Paris durch die heil. Genoveva, jetzt in der Kirche des heil. Rochus daselbst, sein bedeutendstes Werk; Der Tod des heil. Ludwig in Tunis, 1773 gemalt; die Malereien in der Georgskapelle des Invalidenhotels; die Dekorationen zur Krönung Ludwigs XVI. in Reims 1774, andere Gemälde in der Kunstakademie und in der Eremitage zu Petersburg (die Fresken im Winterpalast daselbst zerstörte der Brand 1838). Ferner malte er Bildnisse, z. B. das des Dichters Crébillon.

Dózsa (spr. dohscha) oder Dosa, Georg, Anführer des ungar. Bauernaufstandes 1514, war von Geburt ein Szekler, hatte sich im Zweikampfe mit einem Türken ausgezeichnet und war deshalb vom König mit dem Adel beschenkt worden. Ihn wählten die Kreuzfahrer (Kuruczen, s. d.), die sich auf den Ruf des Kardinal-Primas Thomas Bakacs zusammengethan, hauptsächlich Bauern, verarmte Edelleute, Priester und Mönche, zum Anführer. Eine vollständige Vernichtung der Adelsherrschaft anstrebend, rief er die untern Volksklassen zu den Waffen. Auf 60000 Mann soll die Zahl der Aufständischen gestiegen sein. Es begann nun ein allgemeines Morden und Plündern; im ganzen Lande wurden die Adligen von den aufständischen Bauern verfolgt. D. zog nach Niederungarn, lieferte hier den Truppen des Temeser Grafen Stephan Báthory mehrere siegreiche Treffen, nahm die Stadt Csanád sowie eine Reihe fester Schlösser und belagerte die Festung Temesvár. Hier aber wurde sein zusammengelaufenes Bauernheer vom siebenbürg. Woiwoden Johann Zápolya vernichtet, nachdem er selbst bei einer Rekognoscierung gefangen war (Ende Juli). D. wurde auf einen glühend gemachten eisernen Thron gesetzt, aufs Haupt ihm eine ebenfalls glühende eiserne Krone, in die Hand ein solches Scepter gedrückt, und er dann mit glühenden Zangen zu Tode gepeinigt. Infolge dieses Bauernaufstandes wurde der ungar. Bauer zu vollständiger Hörigkeit verurteilt. Joseph Eötvös hat diesen Aufstand zum Stoffe seines Romans «Magyarország 1514 ben» (Pest 1847; deutsch von Dux u. d. T. «Der Bauernkrieg in Ungarn», 3 Bde., ebd. 1850) gewählt.

Dozy (spr. -sih), Reinhart, Orientalist und Historiker, geb. 21. Febr. 1820 zu Leiden, widmete sich seit 1837 auf der dortigen Universität philol. und histor., besonders aber orient. Studien. Nachdem er 1844 die Doktorwürde erworben, erhielt er eine Anstellung bei der Sammlung orient. Handschriften zu Leiden. 1850 wurde er außerord., 1857 ord. Professor der Geschichte, starb jedoch schon 29. April 1883. Seinen Ruf als Kenner des Arabischen begründete D. bereits mit seiner ersten umfangreichern Schrift, dem «Dictionnaire détaillé des noms des vêtements chez les Arabes» (Amsterd. 1845), vom Niederländischen Institut gekrönt. Demselben ließ er eine Reihe von Textausgaben sowie von selbständigen Werken folgen, die über die Geschichte der Araber im nordwestl. Afrika und in Spanien während des Mittelalters ein ganz neues Licht verbreiten. Dahin gehören: «Scriptorum arabum loci de Abbadidis» (3 Bde., Leid. 1846—63), die Ausgaben von Abd-al-Wahid al Marrekoschis «History of the Almohades» (edd. 1847; 2. Aufl. 1881), Ibn-Badruns «Commentaire historique sur le poème d'Ibn-Abdoun» (edd. 1848; mit Einleitung, Noten, Glossar und Index), und von Ibn-Adharis «Histoire de l'Afrique et de l'Espagne» (2 Bde., edd. 1848—51); ferner die «Recherches sur l'histoire et la littérature d'Espagne pendant le moyen âge» (edd. 1849; 3. sehr vermehrte Aufl., 2 Bde., 1881) und «Al-Makkari, analectes sur l'histoire et la littérature des Arabes d'Espagne» (mit Dugat, Krehl und Wright, 2 Bde., edd. 1855), an dessen Textbehandlung sich die «Lettre à M. Fleischer» (edd. 1871) anschließt; «Le calendrier de Cordoue de l'année 961. Texte arabe et ancienne traduction latine» (edd. 1873), endlich sein eigentliches Hauptwerk, die «Histoire des Musulmans d'Espagne jusqu'à la conquête de l'Andalousie par les Almoravides» (4 Bde., edd. 1861; deutsch, 2 Bde., Lpz. 1874). An der Bekanntmachung der reichen handschriftlichen Schätze der Leidener Bibliothek war er durch seine Mitarbeit am «Catalogus codicum orientalium bibliothecae Lugduno-Batavae» (5 Bde., Leid. 1851—75) und durch seine «Notices sur quelques manuscrits arabes» (edd. 1847—51) beteiligt. Im Verein mit De Goeje gab er heraus Edrisis «Description de l'Afrique et de l'Espagne, texte arabe, traduction, notes et glossaire» (Leid. 1866); mit Engelmann: «Glossaire des mots espagnols et portugais, dérivés de l'arabe» (2. Aufl., edd. 1869). Sehr wichtig sind D.s Beiträge zur arab. Lexikographie, welche in seinem letzten großen Werke: «Supplément aux dictionnaires arabes» (2 Bde., Leid. 1877—80) zusammengefaßt sind. Für weitere gebildete Kreise ist sein Buch über den Islam: «Het Islamisme» (Harlem 1863; franz. von Chauvin, Leid. 1879) berechnet, woran sich als Anhang «De Israëlieten te Mekka» (Harlem 1864; deutsch, Lpz. 1864) anschloß.

Dr., Abkürzung für Doctor (s. Doktor).

Draâ, Dirâa, Ellenmaß, s. Pik.

Draa, Fluß (Wadi) im südl. Marokko, entspringt am Südostabhang des centralen Atlas und durchströmt die fruchtbare Oase El-Draa. Unter 29° nördl. Br. biegt er nach W. um, verliert fast plötzlich sein Wasser und erreicht in 28° 19′ nördl. Br. den Atlantischen Ocean. Nur nach der Schneeschmelze erreicht das Wasser im Flußlaufe das Meer; sonst befinden sich auf der 150 m breiten Thalsohle des am obern Rande bis 2000 m breiten Flußthales Gerstenfelder und Weideplätze zwischen unfruchtbaren und sandigen Stellen. Der Haupt- und Marktort im dichtbevölkerten El-Draa heißt Tamagrut. Der D. gilt als Südgrenze des Sultanats Marokko.

Drac (spr. drack), Dragon, reißender Fluß der Französischen Alpen, entspringt als D. noir oder D. d'Orcières zwischen 2—3000 m hohen Bergen im Depart. Hautes-Alpes, wendet sich, durch den D. blanc oder D. de Champoléon verstärkt, in dem schönen Thale von Champsaur nach NW. und tritt in das Depart. Isère. Dort fließt er bald durch tiefe Schluchten, bald über ein steiniges, bis 1000 m breites Bett. Er nimmt rechts die wilde Romanche mit dem Vénéon, links Ebron und Gresse auf und ergießt sich seit Erbauung der Deiche schon unterhalb Grenoble in die Isère. Seine Länge beträgt 150 km, sein Stromgebiet 3220 qkm.

Drač (spr. drahtsch), der Name für Durazzo (s. d.).

Dracaena *L.*, Drachenbaum, Blutbaum, Pflanzengattung aus der Familie der Liliaceen (s. d.). Man kennt etwa 35 Arten, die durch die tropischen und subtropischen Gegenden beider Halbkugeln weite Verbreitung besitzen. Es sind meist baumartige Gewächse, die durch palmenartigen Wuchs, schwertförmige Blätter, welche in einer dichten Spirale an der Spitze des cylindrischen Stammes gesammelt sind, ein glockenförmiges, sechsspaltiges, unterständiges Perigon und einen dreifächerigen Fruchtknoten charakterisiert sind. Von der ihr nahe verwandten Gattung Cordyline unterscheidet sich D. dadurch, daß sich in jedem Fache des zu einer Beere auswachsenden Fruchtknotens nur eine, bei jener aber 8—14 Samenknospen befinden und aus dem Wurzelstocke sich Ausläufer entwickeln, was bei D. niemals vorkommt. Trotz dieser Unterschiede aber führt man die Arten der Gattung Cordyline häufig unter dem Namen D., da sie in ihrer allgemeinen Erscheinung vollkommen übereinstimmen. Die Arten der Gattung D. und Cordyline besitzen die Eigentümlichkeit, daß ihre Stammorgane mittels einer meristematischen Zellschicht fortwährend in die Dicke wachsen können.

Eine der am längsten bekannten Arten dieser Gattungen ist D. draco *L.*, der Drachenbaum der Canarischen Inseln, aus dessen Stamm ein an der Luft erhärtendes Harz quillt, das Drachenblut (s. d.). Weltberühmt war ein dieser Art angehöriger Baumriese bei Orotava auf Teneriffa, dessen Alter auf 6000 Jahre geschätzt wurde und dessen Stamm 1799 einen Umfang von 13 m und eine Höhe von 24 m besaß. Er wurde am 2. Jan. 1868 vom Sturm niedergeworfen. Einige andere Arten sind geschätzte Zierpflanzen des Warmhauses, wie z. B. D. umbraculifera *Jacq.* aus Java mit einer breiten Krone langer dunkelgrüner, riemenförmiger Blätter; D. Goldieana *Hort.*, eine prächtige neuere Art mit silberweiß marmorierten Blättern aus dem tropischen Westafrika; D. marginata *Lam.* aus Madagaskar mit braungeränderten Blättern; D. arborea *Link.*, eine afrik. Art mit dichtgestellten lebhaft grünen Blättern. Die beiden letztgenannten Arten sind als gute Zimmerpflanzen bekannt. Dies ist auch bezüglich der in den Gärten meistens unter dem Namen Aletris fragrans *L.* bekannten D. fragrans *Gawl.*, einer aus Sierra Leone stammenden Art mit breiten hellgrünen Blättern und wohlriechenden Blüten der Fall. Zwei schöne Abarten derselben, var. Lindenii und var. Massangeana mit goldgelb bandierten und gestreiften Blättern, halten sich dagegen nicht so gut im Zimmer und haben nur für Gewächshäuser als Zierpflanzen einen großen Wert. Die Vermehrung geschieht durch Samen oder durch zerschnittene Stammstücke, deren Adventivknospen im Warmbeet leicht austreiben und schnell zu jungen Pflänzchen heranwachsen. (S. Cordyline.)

Drach, Johann, Theolog, s. Draconites.

Drache, Feuerwerkskörper, s. Drehfeuer.

Drache, fliegender (Draco volans *L.*; s. Tafel: Echsen III, Fig. 2), ein Tier aus der Familie der Baumagamen (s. Agamen), dessen erste 5—6 falschen, das Brustbein nicht erreichenden Rippen sich nicht nach innen krümmen, sondern seitwärts aus dem

Körper hervorragen und einer zwischen ihnen flughautartig ausgespannten Hautfalte zur Stütze dienen. Mit Hilfe dieses Fallschirms und ihrer kräftigen bekrallten Füße bewegen sich die höchstens 30 cm (über die Hälfte davon kommt auf den Schwanz) messenden Tierchen, äußerst geschickt kletternd und springend, aber nicht fliegend, auf den Bäumen, ihrer aus Insekten bestehenden Nahrung nachgehend. Sie sind prächtig gefärbt: metallisches Grün und Braun mischt sich mit Orangegelb und Rosenrot, schwarze oder silberfarbene Binden und Linien durchziehen das Ganze. Die Heimat des Tieres sind die Sunda-Inseln; 17 verwandte Arten bewohnen das südl. Asien, ausgenommen Ceylon.

Drache (mythologisch und symbolisch). Der D. spielt in den Sagen und Mythologien fast sämtlicher Kulturvölker eine bedeutende Rolle, und zwar vorzugsweise als Schatzhüter oder als Gewitterdämon. Er ist ein fabelhaftes schlangenartiges Tier von ungeheurer Größe, mit furchtbarem Blick, oft mehrköpfig und mit vergiftendem Hauche. Im griech. Mythus bewacht er die goldenen Äpfel der Hesperiden, wird von Herakles getötet und durch Hera als Sternbild an den nördl. Himmel versetzt. In Kolchis behütet er das Goldene Vließ und wird von Jason überwunden. Ferner gehören hierher der delphische D. (Python, s. d.), den Apollon, und der thebanische D., Wächter der Quelle Dirke, den Kadmos (s. d.) erlegte. In der klassischen Kunst ist seine Darstellung nicht häufig und stets gemäßigt. In der nordischen Sage umspannt der D. als Midgardsschlange (s. Jörmungandr) das ganze Erdenrund; in Drachengestalt hütet Fafnir (s. d.) den Nibelungenhort. In der altdeutschen Kunst, namentlich der Ornamentik der roman. Periode, wird er mit Vorliebe angebracht, gewöhnlich in Schlangen- oder Eidechsenform. Die Kirche verlieh ihm, um seine Darstellung ihren Zwecken dienstbar zu machen, die Bedeutung der Paradiesesschlange und des Teufels; als letzterer spielt er noch heute im Aberglauben eine Rolle, indem er solchen, die mit ihm im Bunde stehen, durch den Schornstein Schätze ins Haus bringen soll. Der D. als Teufel findet vielfach Verwendung unter den Attributen der Heiligen (Michael, Georg, Longin, Margareta u. s. w.). Nachdem sein Bild lange, und zwar schon bei den alten Griechen, als Schmuck des Helms und Auszeichnung des Schildes gedient, ward es endlich auch Feldzeichen und Wappenschild. Es war das Heerzeichen der Dacier, und auch die röm. Kaiser bedienten sich desselben seit Konstantin. In der nordischen Sage ist Sigurds Helm mit einem D. geschmückt. Die alten Sachsen hatten ihn neben andern als Feldzeichen, Otto IV. auf seinem Fahnenwagen und die engl. Könige seit Wilhelm dem Eroberer im Panier. In der Begleitung des Papstes erschienen bei öffentlichen Prozessionen Soldaten, die auf einer Lanze das Drachenbild unter dem Kreuze trugen, Draconarii, welchen Namen auch die Träger der Drachenfahne der röm. Kaiser führten. Die neuere Heraldik kennt den D. als Figur im Schilde, auf dem Helme und als Schildhalter. China führt einen D. im Staatswappen (s. Bd. 4, S. 199b und 200a). In der Numismatik kommt der D. als Münzbild, namentlich auf den Münzen Chinas und Japans vor.

Drache (Papier- oder Kinderdrache), ein angeblich von Archytas aus Tarent (um 400 v. Chr.) erfundener einfacher Flugapparat, bestehend aus einem etwa in Form eines Deltoids (s. d.) über ein lat. Kreuz (zwei gekreuzte Holzstäbe) gezogenen Stück Papier oder Leinwand; an den vier Enden des Kreuzes befinden sich Schnuren, die im Schwerpunkte der beiden Dreiecke des Deltoids vereinigt und mit einer langen aufgespulten Schnur verbunden werden. Am untern spitzen Ende des D. hängt ein sog. Schweif aus Papierstücken, die in einer Schnur eingeknüpft sind, etwa sechsmal so lang als der Drachenkörper selbst. Er kommt schon im frühen Altertum in China in mancherlei Formen vor und ist daselbst noch als Spielzeug bei alt und jung sehr beliebt. Im wesentlichen stellt der D., da er immer in schräger Richtung aufgeworfen wird, eine schiefe Ebene vor, die vom Winde unter verschiedenen Winkeln getroffen werden kann. Es stelle in beistehender Figur a d die

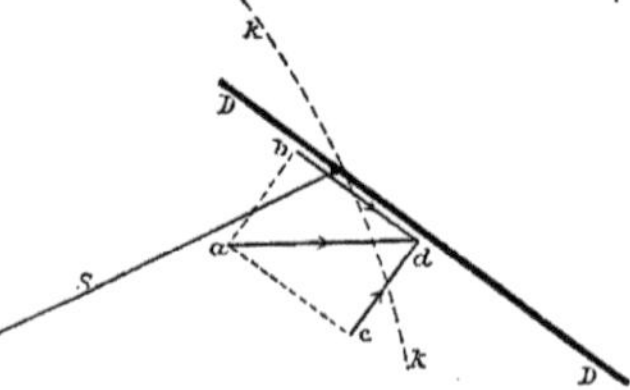

Richtung und Größe der Resultante aller Windkräfte vor, die auf die Fläche des D. wirken. Nun wird a d zerlegt in die beiden Komponenten c d und b d. Letztere gleitet wirkungslos an der Fläche D D des D. hin, während c d ihn zum Steigen bringt. Vermöge der zur Ebene des D. senkrechten Komponente c d sollte dieser Flugapparat senkrecht zu seiner Fläche bewegt werden, wegen der Schnur s aber wird er gezwungen, sich in dem Kreisbogen k k aufwärts zu bewegen. Bei ruhiger Luft muß der den D. mittels Schnur haltende Knabe derart laufen, daß die rasch bewegte Drachenfläche den Wind erzeugt. Das Princip der schiefen Ebene findet auch bei den Luftschrauben Verwendung, mit Hilfe welcher man versucht hat, dynamische Flugmaschinen in Bewegung zu setzen; teilweise benutzen dasselbe auch unbewußt die Vögel. Vgl. Euler, Mathem. Theorie der D. (Berliner Akademie 1756).

Der D. hat eine wissenschaftliche Verwertung gefunden durch Franklin, welcher mit demselben zeigte, daß die Wolken elektrisch sind. Er ließ (1752) einen papiernen, mit einer gut leitenden Spitze versehenen D. an einer Hanfschnur aufsteigen. Als diese durch den Regen naß und dadurch besser leitend geworden war, konnte er aus einem Schlüssel, welcher an der Schnur befestigt war, elektrische Funken ziehen und mit denselben Leidener Flaschen laden. Die Schnur selbst wurde an einem Seidentuche isoliert gehalten. Man hat seitdem wiederholt solche D. zur Untersuchung der Luftelektricität angewendet und nennt sie dann elektrische D. Fast gleichzeitig mit Franklin und ohne von dessen Versuchen mit dem elektrischen D. etwas zu wissen, hat de Romas dieselben Experimente mit dem D. angestellt. Er fand, daß die Luft schon elektrisch ist, wenn noch keine Spur von Gewitter vorhanden ist. Schon vor Franklin ließ (1749) Wilson ein System von D. aufsteigen, um die Temperatur in den obern Luftschichten zu bestimmen.

Drache, Sternbild am nördl. Himmel, das sich zwischen dem Großen und Kleinen Bären hindurchzieht und viele Doppelsterne und mehrfache Sterne enthält. Im D. steht ein heller planetarischer Nebel, dessen Spektrum auf das Vorhandensein von Wasserstoff und Stickstoff deutet.

Drachen, die ungedeckten Fahrzeuge der normann. Wikinger des 6. bis10. Jahrh., die in ihrer Bug- und Heckform die Gestalt von D. darstellten. Sie wurden durch Raasegel, je eins an 1—3 Masten, und durch Ruder fortbewegt. (S. Schiffahrt.)

Drachenbaum, Pflanzengattung, s. Dracaena.

Drachenblut (Sanguis Draconis, Resina Draconis) ist der Name für ein Harz verschiedener Abstammung. Der heutige Handel versteht darunter ausschließlich das Harz von Calamus draco *W.*, einer in Ostindien einheimischen Rotangpalme (s. Calamus); es sitzt als feste brüchige Masse an den Früchten. Zu seiner Gewinnung werden die Früchte in Säcken so lange geschüttelt, bis das Harz abspringt. Die Harzmasse wird dann durch Wasserdampf oder an der Sonne erweicht und zu Stangen verschiedener Größe geformt, die in Streifen von Palmblättern eingeschlagen werden (D. «in Bast»). Eine geringere Sorte gewinnt man durch Auslochen der Früchte mit Wasser, wobei sich das Harz an der Oberfläche sammelt, durchgeseiht und in Kuchen geformt wird (D. «in Masse»). Man bringt beide Sorten in Kisten von etwa 50 bis 60 kg Inhalt in den Handel. Hauptproduktionsgegenden sind die Sunda-Inseln, Ausfuhrhafen Singapur (etwa 300 Doppelcentner jährlich). D. ist ein sprödes, dunkelrotes, geruch- und geschmackloses Harz, das zwischen 80—120° C. schmilzt, zerreiblich ist und sich in Alkohol, Benzol, Schwefelkohlenstoff, ätherischen und fetten Ölen löst. Früher als Arzneimittel benutzt, wird es jetzt nur noch zur Färbung der Tischlerpolitur und der Firnisse angewandt. Die sonst als D. bekannten Harze stammen besonders von Dracaena draco (s. Dracaena) und Croton draco (s. Croton); sie sind äußerlich dem D. ähnlich, aber in Benzol und Schwefelkohlenstoff nicht löslich. Aus dem europ. Handel sind dieselben verschwunden. Vgl. Lojander, Zur Kenntnis des D. (1886).

Drachenblut (Wein), **Drachenburg**, s. Drachenfels.

Drachenfels. 1) Die steilste der 7 Trachytkuppen des Siebengebirges (s. d.) bei Königswinter, rechts am Rhein, 325 m hoch (277 m über dem Rhein), seit 1836 wegen der Steinbrüche (Dombruch), aus welchem auch in neuerer Zeit großenteils das Material zum Ausbau des Kölner Domes genommen wurde, im Besitze des preuß. Staates. Die Drachenburg, von welcher nur noch die etwa 21 m hohe Mittelwarte übrig ist, soll vom Erzbischof Friedrich I. von Köln erbaut sein. 1632 nahmen die Schweden, 1633 die Spanier die Feste, welche bald nachher Kurfürst Ferdinand schleifen ließ. Jetzt führt den Namen ein gotisches, reich ausgestattetes Schloß des Baron von Sarter. Die Platte des D., welche eine prächtige, weite Aussicht gewährt, ziert eine 15 m hohe got. Spitzsäule. An der Domkaul wächst ein roter Wein, der unter dem Namen Drachenblut bekannt ist. Auf halber Höhe, oberhalb der Weinberge, befindet sich die Drachenhöhle, in welcher nach der Sage der Drache hanste, welchen Siegfried erschlug. Seit 1883 führt eine Zahnradbahn (s. Drachenfelsbahn) mit einer Maximalsteigung von 20 Proz. auf den D. — 2) Gipfel der Hardt in der bayr. Rheinpfalz, 10 km südwestlich von Dürkheim, 571 m hoch; unter der Plattform wölbt sich ein weiter, höhlenartiger Felsbogen. Auch hierher verlegt die Sage Siegfrieds Drachenbesiegung.

Drachenfelsbahn, von Königswinter auf die Höhe des Drachenfels (s. d.), erste in Deutschland für den Personenverkehr nach dem System Riggenbach (s. Bergbahnen) erbaute Zahnradbahn der Allgemeinen Lokal- und Straßenbahngesellschaft zu Berlin (s. Deutsche Lokal- und Straßenbahngesellschaft) von 1520 m Länge und 1 m Spurweite; eröffnet 16. Juli 1883. Anlagekosten 354 500 M.

Drachenhöhle, s. Drachenfels.

Drachenkopf, der aufsteigende Knotenpunkt (s. Knoten) der Mondbahn. (S. Drachenschwanz.) — In der Baukunst heißt D. der mit einer drachenkopfähnlichen Rohröffnung versehene Ausguß der Dachrinnen (s. d.). — D., Pflanzengattung, s. Dracocephalum.

Drachenköpfe (Scorpaenidae), eine Familie der Panzerwangen (s. d.), bestehen aus 23 Gattungen und gegen 120 Arten. Der Körper ist länglich, zusammengedrückt, beschuppt oder seltener nackt und oft am Kopfe mit Stacheln und eigentümlichen fadenförmigen Anhängen versehen. Die Tiere halten sich auf dem Boden aller Meere auf und können mit den Stacheln der Rückenflossen, welche öfters mit einer Giftdrüse in Verbindung stehen, sehr gefährliche und außerordentlich schmerzhafte Verletzungen verursachen.

Drachenmonat, der Zeitraum, innerhalb dessen der Mond die auf- und niedersteigende Knotenlinie vollendet, also zweimal die Ekliptik in Knoten (s. d.) durchschneidet. Die Zeitdauer beträgt 27 Tage 5 Stunden 5 Minuten 36 Sekunden.

Drachenorden (schung-lung-pao-sing), chines. Militärorden, gestiftet 1863 für europ. Offiziere, die China während des Tai-ping-Aufstandes Dienste geleistet hatten, hat drei Klassen und besteht in einer goldenen, einer silbernen und einer bronzenen Medaille, auf der sich zwei Drachen befinden; wird an hellgelbem Bande auf der linken Brust getragen. — Am 19. Dez. 1881 wurde der Orden vom doppelten Drachen gestiftet, eine aus fünf Klassen bestehende Auszeichnung für Europäer. Die Orden der ersten Klasse sind rechteckig, die übrigen rund; alle zeigen zwei Drachen in je nach den Klassen verschiedenem Felde.

Drachenphotographie, s. Ballonphotographie.

Drachenschwanz, der absteigende Knotenpunkt (s. Knoten) der Mondbahn. (S. Drachenkopf.)

Drachenstärling, s. Stärlinge.

Drachentaube oder Dragon, auch Dragonertaube, s. Orientalische Tauben.

Drachenthaler, s. Tael.

Drache zu Babel, ein apokryphisches Stück des Alten Testaments, mit dem «Bel zu Babel» ursprünglich griechisch verfaßt und sehr jungen Datums, bildet in der alexandrinischen Übersetzung einen Anhang zum kanonischen Buche Daniel. Wie der «Bel» die heidn. Göttermahlzeiten, so persifliert der «Drache» den heidn. Tierdienst und verherrlicht den Daniel, der einen göttlich verehrten Drachen durch einen Kuchen tötete, dafür in den Löwenzwinger geworfen wurde, aber durch die Hilfe des Gottes der Juden unversehrt blieb. Hierdurch weist sich der Gott Daniels als alleiniger Gott aus. Von geschichtlicher Wahrheit kann bei dieser Erzählung noch weniger die Rede sein als bei dem Abschnitt des Buches Daniel (Kap. 6), welchem das Stück nachgebildet ist.

Drachmann, Holger Henrik Herholdt, dän. Dichter, geb. 9. Okt. 1846 zu Kopenhagen, besuchte seit 1865 die Kunstakademie daselbst und widmete sich zuerst unter Sörensen der Marinemalerei, seit 1871 aber, von G. Brandes beeinflußt, der Litteratur, in der er bald einen hervorragenden Platz unter den Vertretern der realistischen Schule einnahm. Sein unsteter Geist trieb ihn in die Fremde. Er besuchte die meisten europ. Hauptstädte, zerfiel, nach Kopenhagen zurückgekehrt, mit Brandes und seiner Partei, wandte sich immer mehr einer nationalen Richtung zu und besingt namentlich die Sitten des einfachen Mannes. Seit 1885 lebt er ständig in Kopenhagen und erhält von der Regierung einen jährlichen Dichtergehalt. Seine dichterischen Leistungen sind in der Regel keck hingeworfen und bekunden die Vorzüge sowie die Mängel der Improvisation. Hervorzuheben sind die lyrischen Sammlungen: «Digte» (1872), «Dæmpede Melodier» (1875), «Sange ved Havet» (1877), «Ranker og Roser» (1879), «Gamle Guder og nye» (1881) unter dem Pseudonym Svend Tröst, sowie die erzählenden Gedichte: «Prinsessen og det halve Kongerige» (1878) und «Østen for Sol og vesten for maane» (1880). Von seinen novellistischen Arbeiten sind zu nennen: «Ungt blod» (1876), «En overkomplet» (1876), «Tannhäuser» (1877) und besonders «Derovre fra grænsen» (1877), das in 2 Jahren 6 Auflagen erzielte, sowie die vorzüglichen Erzählungen «Paa Sømands tro og love» (1878), «Lars Kruse» (1879), «Rejsebilleder» (1882). D.s «Strand-Novellen» verdeutschte E. von Engelhardt (Lpz. 1881), ausgewählte «Meerbilder» Zschalig (Dresd. 1891). Auch auf dem Gebiete des Dramas hat sich D. versucht. Die Märchenkomödien «Es war einmal» (1886) und «Tausend und eine Nacht» (1891) hatten durchschlagenden Erfolg. Neuere Veröffentlichungen von D. sind: «Troldtøj. Folkesagn i Nutidsliv» (1.—9. Heft, Kopenh. 1889—90), «Forskrevet» (ebd. 1890) und «Tarvis» (ebd. 1891).

Drachme, altgriech. Silbermünze von verschiedenem Werte, die Einheit der griech. Silbermünzen. Der Wert der D. war in verschiedenen Gegenden sehr verschieden; in Ägina, wo sie 6,54 g wog, hatte sie den größten Wert. In Athen war sie 4,36 g schwer. 6000 D. enthielt das attische Talent, 100 D. die Mina, und 6 Obolen gingen auf die D. Außer den einfachen gab es auch mehrfache D., die doppelte (Didrachma), die dreifache (Tridrachma), die vierfache (Tetradrachma) und die zehnfache (Dekadrachma). Bis in die Diadochenzeit wurde die D. sehr rein ausgeprägt, dann immer mehr Kupfer zugesetzt, besonders durch die syr. und ägypt. Könige.

Auch die Geldeinheit des heutigen Königreichs Griechenland heißt seit 1833 D. Dieselbe wird in 100 Lepta (Einzahl Lepton) geteilt. Die frühere neugriechische D. war ein Stück von 900 Tausendteilen Feinheit, 4,447 g Gewicht und also 4,0293 g Feingewicht, daher (zum Preise von 180 M. für 1 kg Feinsilber oder den Thaler zu 3 M. gerechnet) = 0,7253 deutschen Goldmark oder 0,3626 Fl. österr. Silberwährung; sie sollte den sechsten Teil des Colonnato oder alten span. Piasters vorstellen. Infolge des Gesetzes vom 10. (22.) April 1867 und des 26. Sept. (8. Okt.) 1868 erfolgten Beitritts Griechenlands zu der sog. Lateinischen Münzkonvention ist die neue D. dem franz. Franken gleich, und sind seit dem 1. (13.) Jan. 1883 erfolgten Inslebentreten der Franken- (oder Neudrachmen-) Währung 100 alte D. = 89 neue D.; für die Dauer der mit Ausgabe von auf Neudrachmen lautenden Banknoten 1871 begonnenen Übergangsperiode, in welcher die Rechnung nach alten D. fortdauerte, waren 100 neue D. = 112 alten D. zu rechnen. Von griech. Goldmünzen des Frankenfußes sind bisher nur 20-Drachme-Stücke hergestellt worden. Neue Silberstücke zu 5, 2, 1, 1/2 und 1/5 D. sind im Umlauf. Sämtliche Einfuhrzölle werden zufolge eines Gesetzes vom 24. April (6. Mai) 1880 in neuen D. oder Franken erhoben, ohne Ermäßigung ihres Satzes, sodaß sie von da an um 12 Proz. erhöht sind; seit Ende 1886 versteht sich der Zolltarif in Golddrachmen, die Zahlung kann aber auch in Silbermünzen der Lateinischen Münzkonvention (s. d.) mit 15 Proz. Zuschlag erfolgen.

Von griech. Münzen der neuen Währung sieht man hauptsächlich die Bronzestücke zu 1, 2, 5 und 10 Lepta, welche nach dem franz. Münzfuße geprägt werden. In der Umschrift heißt das Stück von 5 Lepta auch Obolos, das von 10 Lepta auch Diobolon. Gold genießt gegen Papiergeld (Banknoten) ein Aufgeld (Agio) von etwa 20 Proz. (120 D. Papier = 100 D. Gold), sodaß also die D. in Banknoten = etwa 5/6 D. oder Franken in Gold = 0,675 M. ist.

Außerdem ist die D. auch ein Gewicht von verschiedener Schwere. In England und den Vereinigten Staaten bildet sie unter dem Namen Dram den 16. Teil der Handelsgewichtsunze (Ounce avoirdupois, abgekürzt oz. avdp.) oder 1/256 Handelspfund = 1,7718 g; in der Türkei, wo sie Dirhem (s. d.) heißt, Griechenland und den andern Balkanstaaten, sowie Ägypten und Tripolis (Nordafrika) ist sie 1/400 der Oka; in Griechenland ist die durch Gesetz vom 28. Sept. 1836 eingeführte «königliche D.» = 1 g nicht in den Verkehr eingedrungen; sogar die Zollämter bedienen sich dort noch der alten Gewichtsdrachme, des Dramion oder Drami (1/400 der alten Oka) = 3 1/5 neue D. oder Gramm.

Bis zur Einführung des metrischen Systems war D. in Deutschland auch ein Apothekergewicht (s. d.), 1/8 Unze oder 1/96 Apothekerpfund = (in den einzelnen Staaten verschieden) 3,65 bis 3,90 g und zerfiel in 3 Strupel zu 20 Gran. Vgl. Gran und Gros.

Dracocephălum *L.*, Drachenkopf, Pflanzengattung aus der Familie der Labiaten (s. d.) mit gegen 30 meist mediterranen Arten. Es sind ausdauernde krautartige Gewächse mit blauen oder rötlichen, seltener weißen Blüten. Die in der Moldau und auch in Nordasien heimische D. moldavicum *L.*, Türkische Melisse, vielfach in Gärten gehalten, war offizinell und wurde wie die eigentliche Melisse (s. Melissa) als Theeaufguß verwendet. Ebenso D. canariense *L.* (Canarische Inseln). Außer diesen werden noch einige, wie D. nutans *L.*, als Zierpflanzen in Gärten kultiviert.

Draconites, Johann, deutsch Drach oder Trach, luth. Theolog, geb. 1494 zu Karlstadt in Franken (daher öfter Karlstadt genannt), studierte in Erfurt und ward hier Lehrer an der philos. Fakultät und Kanonikus an der St. Severinkirche. Wegen seiner Hinneigung zu Luther 1521 aus Erfurt vertrieben, ging er nach Wittenberg und 1523 nach Miltenberg in Kurmainz als luth. Prediger. Durch die Katholiken von hier vertrieben, kam D. als Prediger nach Waltershausen bei Gotha (1524), legte aber 1526 sein Amt nieder und zog nach Erfurt. 1534 wurde D. Prediger und Professor in

Marburg, wo er auch als Ratgeber bei wichtigen kirchlichen Verhandlungen wirkte. Hierauf ging er 1547 nach Lübeck, 1551 als Prediger und Professor der Theologie nach Rostock; als seine Beförderung zum Superintendenten (1557) die Unzufriedenheit der Geistlichen erregte, die ihm Heterodoxie vorwarfen, und eine fürstl. Kommission ihm (1560) befahl, die Superintendentur niederzulegen, begab sich D. wieder nach Wittenberg. Für kurze Zeit als Präsident des pomesanischen Bistums nach Marienwerder übergesiedelt, kehrte D. schon 1561 nach Wittenberg zurück und starb hier 18. April 1566. Sein Hauptwerk ist «Gottes Verheißungen in Christo» (2 Bde., Lübeck 1549—50); seine Bibelpolyglotte ist nur zum Teil gedruckt. Sie giebt den Text, zeilenweise einen unter dem andern, hebräisch, chaldäisch, griechisch, lateinisch, deutsch, darunter erläuternde Anmerkungen, vor allem zu den messianisch gedeuteten Stellen.

Dracontius, Blossius Ämilius, christl. Dichter des 5. Jahrh., Advokat in Karthago, verfaßte neben verschiedenen kleinern Epen meist über Stoffe der alten Mythologie (hg. von Duhn, Carmina minora, Lpz. 1873) u. d. T. «De Deo» eine Schöpfungsgeschichte in lat. Hexametern, die vom Erzbischof Eugenius von Toledo 100 Jahre später vollendet wurde. (Ausgabe von Carpzow, Helmstedt 1794, in Mignes «Patrologie», Bd. 60.)

Draco volans, Reptil, s. Drache, fliegender.

Dracuncŭlus medinénsis, s. Haarwürmer.

Draden, älteres Garnmaß in Danzig, der Haspelfaden von 3½ alten Danziger Ellen, zu 92 engl. Zoll (statt eigentlich 91,9) gerechnet, war = 2,334 m.

Dragalj oder Dragali, auch Dragayl, österr. Fort in Dalmatien, nördlich der Bocche di Cattaro, dicht an der Grenze von Montenegro gelegen.

Dragaşani (spr. -schâni), Dorf auf der Straße von Crajova nach Rimnicu in der Kleinen Walachei in wichtiger strategischer Lage. Dort wurden nach dem Ausbruch der griech. Revolution 19. Juni 1821 gegen 6500 Panduren und walach. Reiter nebst 500 Hierolochiten (s. Heilige Schar) unter Alex. Hypsilantis von 8000 Türken geschlagen. Die Niederlage war so gewaltig, daß Alex. Hypsilantis nach wenigen Tagen ins österr. Gebiet seine Zuflucht nehmen mußte.

Drage, rechter Nebenfluß der Netze, entspringt 8 km im SSO. von Polzin im preuß. Reg.-Bez. Köslin aus dem obern in 158 m Höhe gelegenen See bei Liepen, strömt durch den Dratzig- und Groß-Lübbesee, durchfließt in südl. Richtung einen Teil der Provinz Brandenburg, bildet im untern Laufe die Grenze zwischen Brandenburg und Posen und geht unweit des Bahnhofs Kreuz in die Netze. Zu ihr fließen das 23 km lange flößbare Körtnitzfließ von Märkisch-Friedland her, das 38 km weit flößbare Plötzenfließ aus dem Mustermitzer See und rechts das 14 km flößbare Merenthiner Fließ. Bei Pohlenbrück, 65 km oberhalb der Mündung, beginnt die Flößerei; schiffbar ist sie auf 37,66 km; ihre gesamte Länge beträgt 165 km, ihr Gefälle 125 m.

Dragées (frz., spr. draschéh), mit einem Gemisch von Tragantgummi und Zucker oder Zucker, Gummilösung und Stärkemehl überzogene Früchte, Gewürze (Mandeln, Anis, Koriander u. s. w.) und Zuckerkörner. Das Überziehen der Früchte u. s. w. geschieht in dem sog. Dragierkessel (s. nachstehende Figur), der mit dem abgehenden Dampf der Betriebsmaschine geheizt wird, sodaß die Dragiermasse fortwährend den richtigen Grad der Dünnflüssigkeit behält. Dadurch, daß die mit der Dragiermasse in den Kessel gebrachten Früchte bei der Umdrehung des Kessels beständig an den Wänden des letztern umherkollern und durcheinander geworfen werden, umhüllen sich dieselben mit der Dragiermasse. Das Überziehen der Bonbons kann nicht im Kessel stattfinden, da sie durch die Wärme flüssig werden und durch das Umherwerfen zerbrechen würden; dieselben werden daher mit der Hand dragiert. Der sog. Streuzucker gehört auch hierher; bei ihm besteht der Kern nicht aus Früchten, sondern aus kleinen Zuckerkörnchen, die man von gestoßenem Hutzucker abgesiebt hat.

Draggen, eine Art Anker (s. d., Bd. 1, S. 646 b).

Draghi (spr. -gi), Antonio, ital. Komponist, geb. 1642 zu Ferrara, gest. daselbst 18. Jan. 1700, nimmt eine hervorragende Stelle unter den Musikern ein, die im 17. Jahrh. die ital. Oper in Deutschland einführten. D. wirkte über 25 Jahre am Wiener Hof und schrieb für diesen die bei Festlichkeiten erforderlichen Opern im Stile der Cavallischen Schule. Die Hofbibliothek zu Wien besitzt von ihm handschriftlich 81 volle Opern und ziemlich ebensoviel Einakter.

Dragierkessel (spr. draschihr-), s. Dragées.

Dragomán (vom arab. Worte terdschumân) heißt bei den Europäern im Orient ein Dolmetscher. Der Pforten-Dragoman, durch den früher die diplomat. Verhandlungen der europ. Mächte mit dem Diwan vermittelt wurden, war bis zu dem griech. Aufstande (1821) ein griech. Christ. Seit jener Zeit wird der Posten durch Türken besetzt, hat aber bei der Zunahme der Kenntnis europ. Sprachen unter den Pfortenbeamten seine ehemalige Wichtigkeit verloren. Auch die fremden Botschafter, Gesandten und Konsuln in der Levante halten einen oder mehrere D. Diese waren früher der Regel nach Levantiner, in neuern Zeiten aber haben die meisten Staaten einheimische Beamte für diesen wichtigen Posten herangebildet.

Dragománow, Michael, russ. Schriftsteller, geb. 18. (6.) Sept. 1841 zu Hadjatsch im Gouvernement Poltawa, nahm schon als Student an der sogenannten ukrain. Bewegung teil, wurde 1870 Professor der Geschichte in Kiew, aber 1876 wegen einer Kritik des russ. Unterrichtssystems abgesetzt. Er lebte fortan in Genf und ist seit 1888 Professor der Geschichte an der Universität Sofia in Bulgarien. In Genf entwickelte D. eine umfängliche litterar. Thätigkeit durch Herausgabe populärer Schriften in kleinruss. Sprache und seit 1877 einer ukrain. Revue «Hromada» («Die Gemeinde»). Zugleich wirkte er in liberalem Sinne für eine Reorganisierung und föderative Gestaltung Rußlands mit voller Gleichberechtigung aller Völkerschaften und schrieb «Le tyrannicide en Russie» (1881), «Der kleinruss. Internationalismus» (im «Jahrbuch für Sozialwissenschaft und Sozialpolitik»), «Die osteurop. Völker und die Propaganda des Sozialismus in der Volkssprache» (russisch, 1880), «La Pologne historique et la démocratie moscovite» (1881) u. s. w. D. gab heraus: «Histor. Lieder des kleinruss. Volkes» (gemeinsam mit M. Antonowitsch, Bd. 1—2, Kiew 1874—75; franz. Auszug von A. Chodzko, Par. 1879), denen sich anschlossen: «Die polit. Lieder des ukrain. Volkes im 18.—19. Jahrh.» (Genf 1883—85) und «Die neuern polit. Lieder des ukrain. Volkes» (ebd. 1881), ferner eine «Sammlung der kleinruss. Volksmärchen und Sagen» (Kiew 1876). In dem «Sbornik» des bulgar. Unterrichtsministeriums veröffentlichte er vergleichende Studien über slaw. Legenden und Sagen.

Dragomirna, großes Basilianerkloster bei Suczawa (s. d.).

Dragomirow, Michail Iwanowitsch, russ. General, geb. 1830, besuchte die Kriegsakademie in Petersburg und wurde dann Professor der Taktik an derselben. 1861 zum Obersten ernannt, nahm er 1866 als Militärattaché an dem Preußisch-Österreichischen Kriege teil, wurde 1868 Generalmajor und Chef des Generalstabs in Kiew, dann Kommandant der 14. Division. 1877 führte er die russ. Avantgarde, zeichnete sich beim Übergang über die Donau aus und wurde am Schipkapaß schwer verwundet. Nach dem Kriege wurde er Direktor der Kriegsakademie und ist seit 1889 General der Infanterie und Generalkommandant des Militärbezirks Kiew. D. gilt für den bedeutendsten Taktiker der russ. Armee. Er schrieb in russ. Sprache «Über die Ausschiffung der Truppen» (Petersb. 1857), «Vorlesungen über Taktik» (ebd. 1867 u. ö.), «Skizzen des österr.-preuß. Krieges im Jahre 1866» (ebd. 1867; deutsch in zwei Übersetzungen, Berl. 1868), «Leitfaden für den Kampf» (Petersb. 1871), «Leitfaden zur Vorbereitung der Truppen für den Kampf» (3 Tle., ebd. 1885—87; deutsch von Freiherr von Tettau, Tl. 1—2, Hannov. 1889). Letzterer übersetzte ferner noch eine Reihe einzelner Abhandlungen von D. und gab sie heraus u. d. T. «Gesammelte Aufsätze» (Hannov. 1890) und «Neue Folge gesammelter Aufsätze» (ebd. 1891).

Dragon (spr. -gong), Fluß, s. Drac.

Dragon, Pflanze, s. Artemisia. — Über die D. genannte Taube s. Orientalische Tauben.

Dragonaden, Bezeichnung für die durch Ludwig XIV. und seinen Minister Louvois unternommene gewaltsame Bekehrung der franz. Protestanten durch Dragoner. 1681 legte Louvois, vom Intendanten Marillac beraten, nach dem Muster eines schon 1626 und 1661 erprobten Verfahrens zunächst nach Poitou ein Dragonerregiment und befahl, die Protestanten mit doppelter Einquartierung zu belasten. Allmählich aber dehnte er diese Maßregel über das ganze Land aus und erlaubte den Soldaten, die hartnäckigen Anhänger des Protestantismus zu mißhandeln und zu plündern. Dieses Verfahren nannte man dragonades, la mission bottée oder les conversions par logements. Vgl. Schott, Aufhebung des Edikts von Nantes (Halle 1885).

Dragoner, eine aus den Arkebusieren hervorgegangene Gattung der Reiterei, welche im Gegensatz zu den mit Degen und Lanze kämpfenden Streitern das Hauptgewicht auf die Feuerwaffe legte und somit als eine berittene Infanterie zu betrachten war; in den Soldatenliedern des Dreißigjährigen Krieges wird eine scharfe Unterscheidung gemacht zwischen Regimentern zu Pferde, Regimentern zu Fuß und Regimentern D., woraus die Doppel- oder auch Zwitterstellung dieser Truppe deutlich hervorgeht. Die D. waren ursprünglich schwer gerüstet und mit einem längern Feuerrohr (Petrinal), zwei Pistolen und einem langen Raufdegen bewaffnet. Gustav Adolf, der in der Beweglichkeit der Reiterei einen Hauptfaktor ihres Erfolges erblickte, nahm den D. die schwere Rüstung, von denen sie nur die eiserne Haube behielten; das Fußgefecht trat in den Hintergrund und die D. wurden den eigentlichen Reiterregimentern immer ähnlicher. In Brandenburg waren unter dem Großen Kurfürsten die Reiterregimenter und Dragonerregimenter nur wenig voneinander verschieden, später trat aber bei letztern wieder die eigentümliche Neigung hervor, zu ihrer ursprünglichen Verwendung als «berittene Infanterie» zurückzukehren. Unter Friedrich Wilhelm I. exerzierten die D. ebenso oft zu Fuß wie zu Pferde, sie führten eine Bajonettflinte und ihre Spielleute große Trommeln. Unter Friedrich d. Gr. dagegen wurden die D. wieder in echt kavalleristischem Geist erzogen und gebraucht und sie sind dann in allen europ. Heeren teils als schwere, teils als leichte Kavallerie angesehen und behandelt worden. Kaiser Nikolaus von Rußland machte den Versuch, die D. wieder und zwar in großem Stile als berittene Infanterie zu verwenden. Das als selbständiges Armeekorps unter Zuteilung von reitender Artillerie und reitenden Pionieren formierte Dragonerkorps (jedes Regiment bildet aus acht abgesessenen Eskadrons ein vollständiges regelrecht formiertes Infanteriebataillon, während zwei weitere Eskadrons mit Lanzen bewaffnet behufs kavalleristischer Verwendung zu Pferde bleiben) bewährte sich indessen nicht und wurde bereits unter seinem Nachfolger Alexander II. wieder aufgelöst und die Dragonerregimenter in derselben Weise formiert wie die andern Kavallerieregimenter. Neuerdings ist die ganze russ. Linienkavallerie in D. umgewandelt, welche mit Bajonettgewehren bewaffnet sind und bei denen das Fußgefecht eine sehr bedeutende Rolle spielt. In Deutschland sind die D. neuerdings, wie überhaupt die ganze Kavallerie, mit der Lanze bewaffnet, nebenbei für das nur als Notbehelf betrachtete Fußgefecht mit einem Karabiner.

Die deutsche Kavallerie zählt (1892) 28 Dragonerregimenter, nämlich: Preußen 2 Garderegimenter und Nr. 1—16, Mecklenburg Nr. 17, 18, Oldenburg Nr. 19, Baden Nr. 20—22, Hessen Nr. 23, 24, Württemberg Nr. 25, 26; außerdem gehören die sechs bayr. Chevaulegersregimenter (s. Chevaulegers) zur Dragonergattung. — In Deutschland zählen die D. zur leichten Kavallerie, in Frankreich zur mittlern, sog. Linienkavallerie; England hat dem Namen nach schwere und leichte Dragonerregimenter. (S. auch Landdragoner.)

Dragonetti, Domenico, ital. Kontrabassist, geb. 7. April 1763 zu Venedig, erhielt Unterricht von Bernini (Kontrabassist an der Markuskirche) und wurde 1782 dessen Nachfolger, wandte sich aber 1794 nach London, wo er 16. April 1846 starb. Im Londoner Musikleben war D. 50 Jahre lang eine allbekannte, unersetzliche Persönlichkeit; den Kontrabaß handhabte er, von keinem erreicht, so leicht wie andere das Violoncell. Seine allgemeine musikalische Bildung ist durch die große Sammlung alter Opernpartituren bezeugt, die er dem Britischen Museum vermachte. Für sein Instrument hat er Sonaten und Konzerte komponiert, die aber schon deshalb Raritäten blieben, weil außer ihm fast niemand im stande war, sie auf dem Kontrabaß zu spielen.

Dragonne (frz.), s. Faustriemen.

Dragons (frz., spr. -ōng), silberne, mit farbiger Seide durchwirkte Achselstücke der höhern Offiziere und der Lieutenants zur See.

Dragör, Ort auf der dän. Insel Amager (s. d.).

Dragsholm (jetzt Adlersborg), Stammgut der Nachkommen Curt Adelaers (s. d.), vorher königl. Schloß im NW. der Insel Seeland, ist bekannt als Staatsgefängnis, wo unter andern auch Bothwell, Maria Stuarts dritter Gemahl, von 1573 bis zu seinem Tode 1578 gefangen saß.

Draguignan (spr. -ginjáng). 1) **Arrondissement** des franz. Depart. Var, hat 2727,50 qkm, (1891) 81484 E., 62 Gemeinden und zerfällt in die 11 Kantone Aups (303,14 qkm, 4168 E.), Callas (203,38 qkm, 5998 E.), Comps (292,14 qkm, 2565 E.), D. (228,14 qkm, 15250 E.), Fayence (327,96 qkm, 8369 E.), Fréjus (459,18 qkm, 13985 E.), Grimaud (268,51 qkm, 7297 E.), Lorgues (172,55 qkm, 7096 E.), Le Luc (221,43 qkm, 7074 E.), Saint Tropez (162,41 qkm, 5562 E.), Salernes (88,66 qkm, 4120 E.). — 2) **Hauptstadt** des franz. Depart. Var sowie des Arrondissements D., an der Nartuby, welche in den Argens fließt, in 216 m Höhe, am Fuße des Malmont (656 m) und an der Linie Les Arcs-D. (13 km) der Franz. Mittelmeerbahn sowie an der Dampfstraßenbahn Meyrargues-D.-Grasse, in anmutiger und reicher Gegend, ist Sitz eines Präfekten, eines Gerichtshofs erster Instanz, Assisenhofs, Handels- und Friedensgerichts, einer Ackerbau- und Gewerbekammer, hat (1891) 7965, als Gemeinde 9816 E., Post, Telegraph, ein neues Präfekturgebäude, eine schöne got. Kirche, einen Justizpalast, ein Theater, Hospital, Gefängnis, Kommunal-Collège, eine Hebammenschule, ein Lehrerseminar, eine Bibliothek (15000 Bände), eine Gemälde-, Münz- und Naturaliensammlung, einen botan. Garten mit vielen exotischen Pflanzen, Wein- und Gartenbau; Seidenspinnerei, Seifen-, Öl-, Branntwein- und Lederfabrikation sowie lebhaften Handel mit Wein und Olivenöl.

Dragut oder Thorgu, Bei von Tripolis und bekannter Seeräuber, geboren in einem kleinasiat. Dorfe, diente unter Cheir-eddin (s. d.) von Algier und plünderte und verwüstete seit 1546 die ital. Südküsten. Nachdem er 1551 den Maltesern Tripolis entrissen, wurde er vom Sultan zum Bei dieses Gebietes ernannt. Er landete 1553 auf Corsica und nahm Bastia, verteidigte sodann seine Herrschaft gegen den span. Vicekönig Cerda von Sicilien sowie gegen mehrere afrik. Fürsten. Als er 1565 dem Sultan Suleiman II. zur Eroberung von Malta zu Hilfe kam, fiel er 23. Juli bei der Einnahme des Forts St. Elmo.

Drahem, Gewicht in der Türkei u. s. w., s. Dirhem.

Draht, diejenige Form der dehnbaren Metalle, die bei nur geringem Querschnitt eine große, nicht bestimmte Länge besitzt. D. wird hauptsächlich aus Eisen, Stahl, Silber, Gold, Kupfer, Messing, Tombak und Neusilber hergestellt, doch kommen für einzelne Zwecke auch Platin-, Aluminium-, Magnesium-, Zinn-, Zink- und Bleidraht im Handel vor. Meist hat der D. kreisrunden Querschnitt, doch wird auch solcher von flachem, ovalem, dreieckigem, viereckigem, halbrundem, halbmondförmigem, sternförmigem und noch anders gestaltetem Querschnitt erzeugt, der als façonnierter D., Façondraht, Dessin- oder Formdraht bezeichnet wird. Die Stärke des D. ist im allgemeinen eng begrenzt, aber innerhalb dieser Grenzen eine sehr verschiedene. Für gewöhnliche Verbrauchszwecke beträgt dieselbe 0,2 bis 12 mm; für besondere Zwecke, wie bei der Herstellung der Gold- und Silbertressen, verwendet man D. von 0,04 bis 0,05 mm. Der D. wird am häufigsten durch Ziehen, stärkerer, besonders Eisendraht, durch Walzen (Walzdraht), Bleidraht (s. d.) sowie Zinndraht durch Pressen hergestellt. Bei allen diesen Bearbeitungsmethoden muß das verwendete Material vorher in eine passende Form gebracht werden, was je nach der Natur desselben durch Gießen, Schmieden, Walzen oder durch Abschneiden schmaler Streifen von gegossenen oder gewalzten Platten geschieht. Die eigentliche Verarbeitung zu D. ist gleichfalls eine verschiedene und durch die Art des betreffenden Materials bedingt.

Der in den technischen Gewerben die ausgedehnteste Anwendung findende Eisendraht, zu dem man nur festes, reines und zähes Stabeisen benutzt, wird bis zu einer Stärke von 3 mm abwärts durch Walzen hergestellt. Die in einem Gestell übereinander befindlichen Walzen sind auf ihrer ganzen Fläche mit eingedrehten Rillen (Kaliber) von stufenweise abnehmender Weite versehen, die bei der Berührung je zweier Walzen aufeinander passen und vermöge ihrer Form einen allmählichen Übergang vom quadratischen durch den ovalen zum runden Querschnitt bilden. Sobald der zu walzende Stab, der weißglühend in das erste etwa 25 mm im Quadrat haltende Kaliber tritt, dieses verläßt, wird er in ein zweites, dann in ein drittes, viertes u. s. w. geführt, worauf er, noch rotglühend aus dem letzten Kaliber kommend, auf einen Haspel gewickelt wird. Nach der Anordnung des Engländers Bedson wird der zu walzende Stab der Reihe nach durch eine Anzahl kleiner, nur je ein Kaliber enthaltende Walzenpaare geleitet, die abwechselnd liegend und stehend gelagert sind, sodaß, da das Kaliber jeden folgenden Paares kleiner ist, der D. in einem einzigen Durchzug auf die gewünschte Dicke gebracht wird. Die Ansammlung des D. zwischen zweien der Walzenpaare wird hierbei dadurch verhindert, daß die aufeinander folgenden Walzen mit derart vermehrter Umfangsgeschwindigkeit rotieren, daß sie alle in gleichen Zeiten auch gleiche Drahtvolumen ausgeben. Aus diesem Walzdraht werden die feinern D. durch Ziehen auf der durch Elementarkraft in Thätigkeit versetzten, in beistehender Figur dargestellten Ziehbank (Leierwerk) hergestellt.

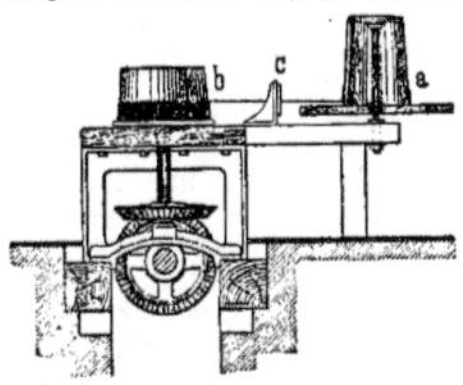

Der D. ist hier auf der hölzernen Trommel a aufgewickelt; das eine Ende desselben wird, vorn etwas angespitzt, durch die Löcher des aus einer gehärteten Stahlplatte bestehenden, an der Ziehbank befestigten Zieheisens c geführt und hierauf auf die eiserne Trommel b, die mittels konischer Zahnräder angetrieben wird, aufgewickelt und so durch das Zieheisen gezogen, wobei der Durchmesser der letzten der in abnehmender Größe vorhandenen Öffnungen die Stärke des betreffenden D. bestimmt. Statt der beschriebenen Ziehbank wird, besonders bei stärkerm D., eine sog. Schleppzangenziehbank angewendet, bei der das zugespitzte Drahtende nach dem Einstecken in das Ziehloch in eine auf einem Support befestigte Zange eingeklemmt und letztere mittels Windetrommel und Zugseil oder -Kette angezogen wird. Ist die Zange am Ende ihrer Bahn angelangt, so muß sie wieder vorgebracht und der D. von neuem gefaßt werden. Der D. wird in kaltem Zustande gezogen, und es kann daher die jedesmalige Querschnittsverminderung nur eine geringe sein; die hierdei durch die gewaltsame Verdichtung des Metalls verursachte Sprödigkeit desselben wird durch von Zeit zu Zeit wiederholtes Ausglühen des D. beseitigt.

Stahldraht wird in derselben Weise hergestellt; Kupfer-, Tombak- und Messingdraht aus gegossenen und nachher überschmiedeten Stäben oder aus von Platten abgeschnittenen Streifen gezogen. Bei Gold- und Silberdraht unterscheidet man echten und unechten, letzterer auch leonischer oder lyonischer D. (wahrscheinlich nach der Stadt Lyon) genannt. Echter Silberdraht besteht ganz aus feinem Silber; echter Golddraht aus mit Gold nur dünn überzogenem Silber, unechter Silberdraht und unechter Golddraht aus Kupfer, das mit einem dünnen Überzug von Edelmetall versehen ist. Der zwischen zwei Walzen zu einem schmalen, dünnen Bändchen geglättete Gold- und Silberdraht, Lahn genannt, wird zu glanzvollen Geweben und Posamenten verarbeitet. Cementierter D., der mit der Farbe des Tombaks oder Messings die Zähigkeit des Kupfers vereinigt, wird dadurch erzeugt, daß man eine Kupferstange vor der Verarbeitung zu D. in einem verschlossenen Behälter der Einwirkung von Zinkdämpfen aussetzt, wodurch sich die Oberfläche mit einer dünnen Tombak-, resp. Messingschicht überzieht. Die feinsten Gold- und Silberdrähte werden nicht durch Zieheisen, sondern durch in Messing gefaßte, mit sehr feinen Löchern versehene Edelsteine (namentlich Rubine und Saphire), die sog. Steinlöcher, gezogen.

Die Kunst, aus Metall dünne Fäden zu erzeugen, scheint sehr alt zu sein, denn schon in den frühesten Zeiten der Kulturentwicklung wurde D. zu Waffen, Kleidern und Schmucksachen benutzt. Derselbe wurde anfangs nur durch Rundhämmern oder Rundfeilen schmaler Blechstreifen verfertigt. Zwischen 1360 und 1400 soll ein Nürnberger Namens Rudolph das Drahtziehen auf Handziehbänken erfunden haben, doch kommen in Augsburg schon 1351 Drahtzieher und Drahtmüller vor. Das Ziehen des feinen Gold- und Silberdrahts wurde in Frankreich ausgebildet und fand erst in der Mitte des 16. Jahrh. in Deutschland Verbreitung. 1592 fertigte Friedrich Hagelsheimer, genannt Held, in Nürnberg den feinsten Gold- und Silberdraht zum Weben und Sticken. In England scheinen erst 1590 Eisendrahtmühlen in Gebrauch gekommen zu sein. Seit dem Anfange dieses Jahrhunderts wird starker D. durch Walzen hergestellt.

Gegenwärtig wird der beste Gold- und Silberdraht in Lyon, Paris, Amsterdam, Brüssel, Wien, Berlin, Augsburg, Genf, der beste Eisen- und Messingdraht in Aachen, Iserlohn, am Harz, in Salzburg, Zella, Neustadt-Eberswalde verfertigt. Auf die Verwendung des D. sind heute mehrere wichtige Industrien gegründet. In ausgedehntester Weise wird der Eisen- und, seit Einführung des Gußstahls, der Stahldraht im Maschinenbau als Material der Drahtseile (s. d.) gebraucht. Eine andere wichtige Verwendung des Stahldrahts ist die zu Drahtbürsten und zu den Saiten musikalischer Instrumente. Eisendraht dient zur Herstellung der Drahtstifte (s. d.), sowie zur Herstellung der als Siebe allgemein in Gebrauch befindlichen Drahtgewebe (s. d.). Der feinste Eisendraht ist ein unentbehrliches Material der Blumenfabrikation. Eine hohe Bedeutung hat der Kupferdraht durch seine Leitungsfähigkeit für die Zwecke der Elektrotechnik gewonnen, für Telegraphen- und Telephonleitungen hat in neuester Zeit auch der Phosphorbronzedraht Aufnahme gefunden. Verschiedene Arten von D. werden zu groben und feinen Flechtarbeiten benutzt. Auf der Verwendung des Gold- und Silberdrahts beruht die an Schmuckgegenständen so beliebte Filigranarbeit und die Fabrikation der sog. Leonischen Waren (s. d.). In fabrikmäßigem Betrieb werden feine Gold- und Silberdrähte zu Tressen, Stickereien, Gold- und Silbergespinsten produziert. — Trotz der auswärtigen, namentlich engl. Konkurrenz behauptet Deutschlands Drahtindustrie auf dem Weltmarkt das Übergewicht. Eingeführt wurden an Eisen- und Stahldraht aller Art 1891 in Deutschland 5692 t im Werte von 1913000 M., ausgeführt dagegen 167471 t im Werte von 23494000 M. Den meisten gewalzten und gezogenen D. liefert Rheinland-Westfalen. Die auf die Verarbeitung des Eisendrahts gegründete Drahtwarenindustrie (Drahtgeflechte, -Gewebe, -Gitter, -Zäune, -Siebe, -Seile, -Bürsten, -Matratzen) ist gleichfalls namhaft entwickelt, findet sich außer Rheinland-Westfalen in Berlin, Breslau, Gleiwitz, Dresden, Nürnberg, Hamburg, Magdeburg, Saalfeld und sonst an vielen Orten zerstreut. Die Ausfuhr begreift, während die Einfuhr gering ist, ansehnliche Posten, wird aber statistisch nicht besonders aufgeschrieben, ist vielmehr unter groben und feinen Eisenwaren mit enthalten. Bekannt ist nur, daß 1891 an Drahtseilen 1671 t (Wert 835000 M.), an Drahtstiften 49709 t (Wert 8202000 M.) ausgeführt wurden. Für Gold- und Silberdraht sind die Hauptplätze: Nürnberg, Pforzheim, Berlin, Hanau; für Kupferdraht: Berlin, Barmen, Heddernheim bei Frankfurt a. M., Eisleben, Flensburg, Altona, München, Iserlohn, Lüdenscheid; für Bleidraht: Aachen, Düsseldorf, Breslau; für Zinkdraht: Aachen, Breslau, Oberschlesien.

In der Spinnerei bedeutet D. soviel wie Drehung, weshalb man von zwei-, drei- und mehrdrähtigem Garn spricht, indem durch den größern oder geringern Grad der Drehung die Feinheit und Festigkeit, d. h. Güte des Garns bedingt wird.

Drahtband, s. Bandfabrikation (Bd. 2, S. 360a).

Drahtbrücke, s. Hängebrücken.

Drahtbürste oder Kratzbürste, ein aus dünnem Stahldraht hergestelltes bürstenähnliches Werkzeug, das zur Reinigung von Flaschen, Siederohren, in Gießereien zum Putzen der frisch gegossenen Stücke, um dieselben von anhaftendem Sand zu befreien, als Haarbürste zum Säubern der Haustiere, sowie in den feinsten Sorten als Kopfbürste benutzt wird.

Drahtgewebe, Metalltuch, ein mit wenigen Ausnahmen nur aus Eisen- und Messingdraht in Größen von 10 bis 30 und noch mehr Meter Länge und 220—1500 mm Breite hergestelltes, meist glattes, seltener geköpertes Gewebe, das hauptsächlich zu Sieben Verwendung findet. Die gröbsten haben Öffnungen von 12 mm im Quadrat; bei den feinsten gewöhnlich vorkommenden Sorten kommen etwa 2000 Öffnungen auf 1 qcm, doch werden auch solche mit über 5000 Öffnungen auf 1 qcm hergestellt. Die Herstellung erfolgt (bei Eisendraht in durch Ausglühen erweichtem Zustande) teils auf Stühlen, sog. Siebmacherrahmen, die nur die Anfertigung von 2 m Länge nicht übersteigenden Stücken gestatten, teils auf solchen, mittels deren man endlose Gewebe zu liefern im stande ist und die meist mit dem gewöhnlichen Leinweberstuhl Ähnlichkeit haben. Um dem D. eine ebene Oberfläche zu geben und die gegenseitige Verschiebung der Einzeldrähte, also auch die Änderung der Maschenweite, zu verhindern, wird dasselbe zuweilen zwischen Walzen plattgedrückt. Weitläufig hergestellte D. werden in flacher Form, mit Ölfarbe angestrichen oder bemalt, zu Jalousien verwendet oder, in runde oder ovale Gefäßform gepreßt, als Körbchen, Schüsselglocken u. s. w. benutzt.

Drahtglas, ein von der Aktiengesellschaft für Glasindustrie (vormals Friedrich Siemens) in Dresden in den Handel gebrachtes Fabrikat (D. R.-P. Nr. 46278 und Nr. 60560), das aus Glasplatten besteht, in die ein weitmaschiges, leinwandbindiges Eisendrahtgewebe eingelegt ist. Letzteres wird bei der Herstellung in die noch teigige Glasmasse eingelegt und ist von dieser bei den fertigen Platten vollständig umschlossen, also vor Rost geschützt. Durch dieses Drahtgewebe, das die Lichtdurchlässigkeit nur unerheblich schwächt, erhalten die Glasplatten eine bedeutende Widerstandsfähigkeit gegen Stoß, Druck und schroffen Temperaturwechsel, selbst direktes Feuer, da bei entstehenden Rissen der Zusammenhalt der Glasmasse nicht zerstört wird. Wegen dieser Eigenschaften wird das D. mit Vorliebe zu Dachdeckungen und lichtdurchlässigen Fußböden verwendet. Es eignet sich auch in Form von Hohlglas zu Abdampfschalen, Pfannen u. s. w. für die chem. Industrie sowie zu Schutzgläsern für Wasserstandsgläser und zu Cylindern und Laternengläsern für Sicherheitslampen. Fensterscheiben aus D. sind diebessicher, da sie nicht mit dem Diamanten zerschnitten werden können. Die geringste Stärke des jetzt in den Handel kommenden D. ist 8 mm, die größte 60 mm. Vgl. Hartig, Über die Biegungsfähigkeit des D. (im «Civilingenieur», Bd. 38, Heft 3), sowie die von der Prüfungsanstalt für Baumaterialien an den technischen Staatslehranstalten zu Chemnitz ausgestellten Gutachten vom 29. Dez. 1891 und 13. Jan. 1892. [S. 650 a).

Drahtheftmaschine, s. Buchbinderei (Bd. 3,

Drahthindernisse werden durch Pfähle, die mittels Eisendraht verbunden sind, hergestellt und spielen besonders in der Feldbefestigung eine wichtige Rolle. Man unterscheidet Drahtzäune, welche mehr als Abschluß dienen (an Stelle von Palissadierung) und aus 2—3 m voneinander entfernten Pfählen gebildet werden, die durch horizontal geführte starke Drähte mehrfach verbunden sind, Drahtnetze und Drahtverflechtung, welche eine gewisse Breite des Geländes (10 m und darüber) bedecken und ungangbar machen. Beim Drahtnetz werden in Abständen von etwa 2 m Pfähle von 1,70 m Länge und 10 cm Stärke so tief eingeschlagen, daß sie in verschiedenen Höhen, 80—1,20 cm, frei stehen. Die Drähte, teils von größerer, teils von geringerer Stärke, werden abwechselnd steigend und fallend geführt, um die Bildung horizontaler Flächen zu vermeiden, welche durch Auflegen von Brettern leicht überbrückt werden könnten. Da dieses Hindernis die eigene Feuerwirkung nicht beeinträchtigt, erst in der Nähe zu sehen und durch Geschützfeuer kaum zu zerstören ist, so muß es als eins der zweckmäßigsten Hindernisse betrachtet werden. Als D. für Privatzwecke dient u. a. der Stachelzaundraht (s. d.). [liche.

Drahtkanonen, s. Metallkonstruktion, künst-

Drahtkurtine, s. Eiserner Vorhang.

Drahtlehre, Drahtmaß, ein zum Messen der Dicke von Drähten dienendes Gerät, gewöhnlich von derselben Konstruktion wie die Blechlehre (s. d.). Der principielle Unterschied von dieser besteht nur darin, daß die Angabe gewöhnlich nicht in einer der gebräuchlichen Maßeinheiten (Millimeter) erfolgt, sondern an dem der Dicke des Drahts entsprechenden Ausschnitt eine Zahl angebracht ist, welche die einer gewissen Verabredung entsprechende Drahtnummer angiebt; für die Numerierung sind in den einzelnen Ländern verschiedene Systeme üblich. Nach der 1873 verabredeten deutsch-österreichischen D. sind die einzelnen Nummern so gewählt, daß deren Division mit 10 die Drahtdicke in Millimetern ergiebt; Draht Nr. 25 hat also eine Dicke von 2,5 mm.

Drahtluftbahnen, s. Drahtseilbahnen.

Drahtmaß, s. Drahtlehre.

Drahtnägel, s. Drahtstifte.

Drahtnetz, s. Drahthindernisse.

Drahtrinnen, Drahtschienen, nennt man in der Chirurgie angewandte Lagerungsapparate, besonders behufs Lagerung entzündeter und verletzter Extremitäten.

Drahtsaiten wurden früher in verschiedener Stärke bei den Klavierinstrumenten an Stelle der seit dem 19. Jahrh. üblichen Stahlsaiten verwendet. Meist waren die D. sehr dünn, weil der Anschlag durch Tangentenstifte (beim Klavichord) oder durch Federkiele (beim Spinett und Klavicymbel) geschah, also wenig kräftig war. Der Klang ist demgemäß schwach und etwas näselnd («drahtig»).

Drahtschere, eine zum gleichzeitigen Zerteilen einer größern Anzahl von Drähten dienende Schere, deren Blätter zur Verhütung des Verdrückens der Drähte einen nicht zu großen Zuschärfungswinkel besitzen und beim Schluß nur wenig übereinander greifen. Um die Drahtenden genau rechtwinklig abzuschneiden, bedient man sich auch zweier, dicht aufeinander liegender und mittels Hebelgriffen gegeneinander verdrehbarer, gehärteter Stahlplatten, die der Drahtstärke angepaßte Bohrungen oder Einschnitte zum Einschieben des Drahtes besitzen.

Drahtseil, ein aus Eisen- oder Stahldrähten zusammengedrehtes Seil. Hauptsächlich sind die D. als Förderseile beim Grubenbetrieb, bei Drahtseilbahnen, beim Brückenbau, als Transmissionen auf weitere Entfernungen (s. Seiltrieb), statt der Ketten bei der Schleppschiffahrt, als Tauwerk der Schiffe und bei Hebevorrichtungen in Gebrauch. Die erste Anwendung fanden die D. im Grubenbetrieb, für welchen sie 1827 in einer Grube bei Clausthal im Harz durch den Oberbergrat Albert eingeführt wurden. Diese ältern Seile waren einfach aus einer Anzahl von Drähten zusammengedreht. Die Herstellung der jetzt meist gebräuchlichen runden D. geschieht in der Weise, daß zunächst eine kleinere Anzahl, gewöhnlich 6—8 Drähte, spiralig zu einer sog. Litze zusammengedreht werden. Für den Draht, welcher in der Mitte liegt und um den die Windung erfolgt, ist daher zur Erzielung möglichster Biegsamkeit des Seils gut ausgeglühtes weiches Material zu wählen. Meist wird derselbe durch eine Schnur aus Hanf, die sog. Hanfseele ersetzt. Eine Anzahl solcher Litzen werden wiederum spiralig um eine den innen bleibenden Raum ausfüllende Hanfseele herumgelegt und zu einem D. zusammengewunden. Man erreicht dadurch, daß sämtliche Drähte möglichst gleichmäßig beansprucht werden. Beistehende Fig. 1 stellt den Querschnitt eines sechslitzigen Seils dar, bei welchem die Seele der einzelnen Litzen aus Drähten gebildet ist und sechs Drähte um den Kerndraht gewunden

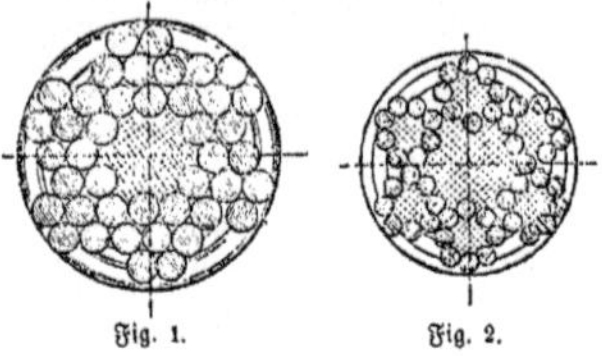

Fig. 1. Fig. 2.

sind. Die sechs Litzen sind zu einem D. mit Hanfseele zusammengedreht. Fig. 2 zeigt den Querschnitt eines gleichfalls sechslitzigen Seils mit Hanfseele, bei welchem je acht um eine Hanfseele gewundene Drähte eine Litze bilden. Während in der ersten Zeit die D. durch Handarbeit mit Anwendung eines Drehschlüssels in einer der Fabrikation der Hanfseile ähnlichen Weise hergestellt wurden, führte der gesteigerte Bedarf bald zur Konstruktion von Drahtseilmaschinen. Die ersten derartigen Maschinen, wie die von dem Mechaniker Wurm in Wien konstruierte, beruhten in ihrer Wirkungsweise auf der Nachahmung der Handarbeit. Die neuern Konstruktionen, Drahtseilspinnmaschinen genannt, sind kombinierte Litzen- und Seilmaschinen, sodaß zuerst die Litzen und aus diesen von derselben Maschine die fertigen Seile hergestellt werden. — Eine weniger verbreitete Gattung der D., welche hauptsächlich als Förderseile benutzt wird, sind die Flach- oder Banddrahtseile, welche durch die Vereinigung mehrerer der beschriebenen Litzen oder Rundseile derart gebildet werden, daß man dieselben parallel nebeneinander mittels Nähdrahts, Schrauben oder Nieten befestigt. Sowohl Rund- als Flachseile werden in neuester Zeit zur Vermeidung der Oxydation häufig aus verzinktem Drahte hergestellt; andernfalls müssen die D. mit einem gegen Rost schützenden Anstrich (z. B. Teer) versehen werden. Die bedeutendste Drahtseilfabrik Deutschlands ist die von Felten & Guilleaume in Köln a. Rh.

Drahtseilbahnen werden im weitern Sinne alle Bahnen genannt, bei denen zur Beförderung der Fahrzeuge das Seil Anwendung findet. Im engern Sinne versteht man darunter gewöhnlich diejenigen Bahnen, bei denen das Seil als Zugmittel dient, und bezeichnet im Gegensatz hierzu diejenigen Bahnen, bei denen das Seil die Laufbahn oder das Gleis bildet, mit Drahtluftbahnen oder schwebenden D., auch Seilzugbahnen, Luftseilbahnen, Hängebahnen.

Die D. mit Zugseil besitzen feste Schienengleise; sie kommen wie die Zahnradbahnen (s. Bergbahnen) zur Anwendung, wenn es sich darum handelt, kurze Strecken mit außergewöhnlichen Steigungen (s. Eisenbahnbau) zu überwinden, wo der Lokomotivbetrieb nach dem sog. Adhäsionssystem (s. Eisenbahnsysteme) ausgeschlossen ist, und gehören daher zu den außergewöhnlichen Eisenbahnsystemen. D. haben schon bestanden, ehe man Lokomotiveisenbahnen kannte; sie dienten ursprünglich nur zur Beförderung von Erzen, Steinen, Kohlen u. s. w., erst in neuerer Zeit wurden sie auch zur Personenbeförderung eingerichtet. Am einfachsten gestalten sich die D., wenn die Lasten ausschließlich in der Richtung des Gefälles zu bewegen sind; die auf dem einen Gleis absteigenden beladenen Fahrzeuge werden mittels eines Seiles, das auf dem Gipfel der Bahn über eine Umkehrrolle geführt ist, mit den auf dem andern Gleis aufsteigenden leeren Fahrzeugen verbunden und ziehen letztere vermöge der natürlichen Schwerkraft nach oben. Derartige D. sind unter dem Namen «Bremsberge» (s. Grubenbau) beim Bergwerksbetrieb, Erdarbeiten u. s. w. gebräuchlich. Sind dagegen auch die Lasten bergan zu befördern, so muß eine besondere Betriebskraft angewendet werden. Derartige D. werden gewöhnlich mit Lokomotiven oder mit feststehenden Dampfmaschinen betrieben; neuerdings ist auch die Elektricität als bewegende Kraft benutzt worden. Im Eisenbahnverkehr haben die D., auch Seilebenen genannt, schon frühzeitig Verwendung gefunden (s. Bergbahnen und Seilebenen).

Zu den D. gehören auch die als Kabelbahnen bezeichneten Straßenbahnen mit Seilbetrieb (s. Straßenbahnen).

Die D., bei denen das Seil als Laufbahn dient, finden für Bergwerks- und andere gewerbliche Zwecke Anwendung (s. Seilbahnen).

Drahtseilbrücke, s. Hängebrücken.

Drahtseilmaschinen, **Drahtseilspinnmaschinen**, s. Drahtseil.

Drahtseiltrieb, s. Seiltrieb.

Drahtsieb, s. Drahtgewebe.

Drahtspanner, ein kleines Werkzeug zum Straffziehen der Drähte von Obstspalieren und Schnurbäumen. Die gebräuchlichste Form besteht aus einem ovalen eisernen Ring, durch dessen Mitte eine kleine Welle geht. Das Ende des anzuspannenden Drahtes wird durch ein in der Mitte der Welle befindliches Loch gesteckt, umgebogen und straff angezogen, die Welle vermittelst eines kleinen Schlüssels umgedreht, wodurch sich der Draht um die Welle wickelt und somit straff gespannt wird. Ein kleines Zahnrad verhindert das Zurückdrehen der Welle. Für jeden einzelnen Längsdraht ist ein D. erforderlich, der daran sitzen bleibt, um die Spannung desselben zu erhalten und dieselbe von Zeit zu Zeit erneuern zu können.

Drahtstifte oder Drahtnägel, auch Pariser Stifte genannt, aus rundem, seltener aus viertantigem Eisen-, nur zuweilen aus Kupfer- oder Messingdraht, ohne Hilfe des Feuers, mittels geeigneter Maschinen (s. Drahtstiftmaschine) hergestellte Stifte von sehr verschiedener Stärke und Größe, die für die mannigfachsten Zwecke, hauptsächlich aber in der Tischlerei vielfache Verwendung finden.

Drahtstiftmaschine, eine vollkommen selbstthätig arbeitende Maschine, die zur Herstellung der Drahtstifte oder Drahtnägel dient. Die Verarbeitung des in Rollen in die Maschine gebrachten Drahts zerfällt in das Geraderichten des Drahts, die Anbringung eines Kopfes am Drahtende, die Verschiebung des Drahts um die Stiftlänge, das Zuspitzen des Stifts und das Abtrennen und Auswerfen desselben. D. wurden zuerst in Frankreich gebaut und später von deutschen Konstrukteuren verbessert. Gegenwärtig sind es in Deutschland hauptsächlich die Firmen Malmedy & Hibby (vormals Malmedy & Schmitz) in Düsseldorf und Jakob Beylen in Köln a. Rh., die den Bau von D. betreiben. Die beistehende Abbildung zeigt den Grundriß einer solchen Maschine. Die Hauptwelle w, die etwa

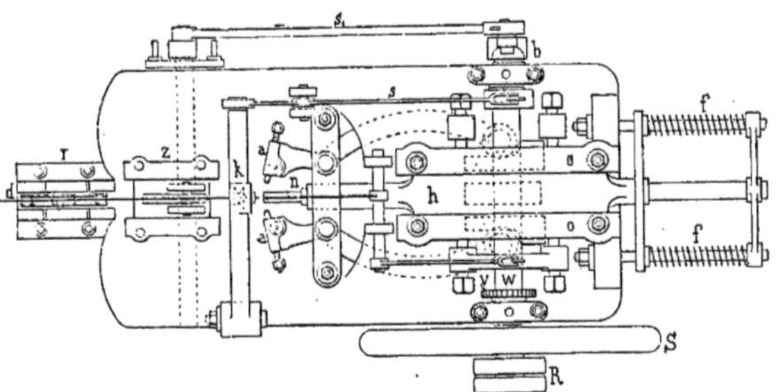

120—160 Umdrehungen in der Minute macht, trägt außer den die verschiedenen Bewegungen der Maschine bewirkenden Excentern eine feste und eine lose Riemenscheibe R und ein schweres Schwungrad S; v ist ein gleichfalls auf der Hauptwelle sitzendes, auf einem Teile seines Umfangs gezahntes Sperrrad, gegen das mittels einer Feder ein Sperrkegel gedrückt wird, um die Welle w gegen den Rückgang zu bewahren, wenn sich der Hammer h in der zurückgezogenen Stellung befindet und die Federn f die Welle w zurückzudrehen streben.

Der Gang der Operation ist folgender. Der von der Trommel kommende Draht d wird in dem Richtwerk r gerade gerichtet, wobei er von dem Zangenmechanismus z und der Klemme k derart erfaßt wird, daß er aus der letztern etwas hervorragt. Der in den Gleitschienen o geführte Hammer h wird durch ein Excenter zurückgezogen und dann losgelassen; durch den Druck der Federn f schnellt der Hammer kräftig gegen den Draht und bildet mit seinem eingesetzten Stempel n den Kopf des Stifts. Hierauf wird der Hammer sofort wieder zurückgezogen, wobei sich durch Einwirkung der Zugstange s die Klemme öffnet und, durch das Excenter b und die Stange s_1 bewegt, der Zangenmechanismus den Stift um die beliebig bestimmbare Schaftlänge vorschiebt. Die Klemme schließt sich alsdann wieder, und der Nagel wird durch die ihn fassenden Schneidbacken a a angespitzt. Wenn die letztern wieder auseinander gegangen sind, wird der Nagel durch eine höchst sinnreich konstruierte Vorrichtung abgebrochen und ausgeworfen, worauf der Hammerkopf wieder gegen den Draht schnellt und einen neuen Nagelkopf bildet. Auf diese Weise können 7000—9500 Nägel in der Stunde hergestellt werden. Die beschriebene Maschine ist franz. Konstruktion; die Maschinen der deutschen Fabriken weichen von derselben namentlich insofern ab, als hier das Vorschnellen des Hammers durch eine meist von der Decke herabhängende große Holzfeder bewirkt wird, die von dem Hammer beim Rückgang gespannt wird.

Drahtverflechtung, s. Drahthindernisse.

Drahtwebstuhl, s. Drahtgewebe.

Drahtwurm nennt man die Larven gewisser Schnellkäfer (s. d.). Der Körper dieser Larven ist cylindrisch, besteht außer dem Kopfe aus zwölf Ringen, ist geld gefärbt und besitzt drei Paar fünfgliedrige, in einen Haken endigende Füße und hat auf den ersten Blick große Ähnlichkeit mit dem der sog. Mehlwürmer. Das Vorhandensein von Augen ist nicht sicher nachgewiesen; vielleicht befindet sich je eins hinter den zwei am Kopfe sitzenden Fühlern. In der Landwirtschaft versteht man unter D. im speciellern die Larve des Saatschnellkäfers Agriotes (Elater) lineatus *L.* Die D. sind große Feinde der Landwirtschaft, da dieselben sowohl im Herbst als im Frühjahr die Wurzeln aller Kulturpflanzen, namentlich aber des Weizens, der Gerste und der Zuckerrüben, benagen und durchbeißen und dadurch das Absterben, jedenfalls das Verkümmern der betreffenden Pflanzen verursachen. Ein sicheres Mittel gegen den D. giebt es nicht; im allgemeinen sagt ihnen fester Boden weniger zu als lockerer, weshalb das Walzen des Bodens die Thätigkeit der D. hindert. — Vgl. Taschenberg, Naturgeschichte der wirbellosen Tiere, welche in Deutschland den Feld-, Wiesen- und Weidekulturpflanzen schädlich werden (Lpz. 1865); ders., Das Ungeziefer der landwirtschaftlichen Kulturpflanzen (ebd. 1877).

Drahtzange, ein entweder zum Abkneipen oder zum Biegen dünner Drähte dienendes Werkzeug (s. Zange); auch die Ziehzange der Drahtzieher (s. Draht).

Drahtzaun, s. Drahthindernisse.

Drain, s. Drains.

Drainage (engl., spr. drehnĕdsch; frz., spr. dränahsch), s. Drainierung; in der Chirurgie, s. Wunde.

Drainierung oder Drainage (vom engl. drain [spr. drehn], d. i. Ableitungskanal, und drainage, Feuchtigkeitsabführung), die Entwässerung des Bodens vermittelst unterirdischer Abzüge. Die D. ist eine Erfindung der Engländer und wurde schon Mitte des 18. Jahrh. in der Weise hergestellt, daß man mittels des sog. Maulwurfspfluges (s. Tafel: Drainierung, Fig. 10) unterirdische Kanäle anlegte. Da diese aber nur einen Sommer überdauerten, so zog man Gräben, welche mit Steinen (Feldsteindrain, Fig. 1), Reiswellen (Faschinendrain, Fig. 4) u. dgl. gefüllt und mit Rasen und Erde wieder bedeckt wurden. Solche Abzüge oder Andauchen waren kostspielig und wenig dauerhaft, weil sie sich mit der Zeit verschlämmten. Man verfuhr daher in der Weise, daß man entweder auf die Grabensohle glatte Ziegel und auf diese Hohlziegel legte, wodurch ein gewölbter Kanal entstand, welcher bei gehörigem Gefälle stets offen blieb (Hohlziegeldrain, Fig. 12), oder daß man, namentlich auf nassen, torfigen Wiesen, einen Graben in zwei Abstufungen aushob, sodaß der obere Teil rechts und links eine Auflage bot, auf welche ein starker Rasen und auf diesen die aus dem Graben gehobene Erde in möglichst großen Blöcken gelegt wurde (*Hohldrain*, Fig. 6). Dies leitete endlich über zur D. mittels gebrannter Thonröhren (*Drainröhren*), der einfachsten, zweckmäßigsten und billigsten Anlage. Die *Drainröhren* (Fig. 5) werden in der Länge von etwa 30 cm und einem Durchmesser von 4 bis 10 cm aus gut zubereitetem Thon vermittelst eigener Maschinen angefertigt (s. Thonwarenfabrikation). Die Gräben, in welche die Röhren zu liegen kommen, werden mit Hilfe besonderer *Drainspaten* (Fig. 13) in möglichst nach unten zugespitzter Form ausgehoben (Fig. 3), die Sohle dann mit Hilfe eines besondern Werkzeugs, des *Schwanenhalses* (Fig. 9), geglättet, die Röhren von oben mittels der Legestange auf die Sohle gelegt (Fig. 2) und der Graben wieder zugeworfen. Die Fugen der Röhren brauchen nicht miteinander verbunden zu sein, sondern müssen nur möglichst genau aufeinander passen. Die Mündungen der Drainröhren in Gräben u. s. w. verschließt man, um das Hineinkriechen kleiner Tiere zu verhüten, entweder durch einen mehrfach umgebogenen Draht oder durch ein gitterartig durchschnittenes Stück Eisenblech oder auch, namentlich in neuester Zeit, durch eine *Drahthaube*, die den Schmutz leichter durchfallen läßt und sich infolgedessen nicht verstopft. Sehr viel kommt auf die richtige Anlage der Drains in Beziehung auf sorgsames Legen der einzelnen Röhren sowie auf Tiefe, Entfernung und Richtung der Stränge an, wenn die D. ihren Zweck erfüllen soll. Allgemein gültige Vorschriften lassen sich in dieser Hinsicht allerdings nicht geben, da hierbei die Beschaffenheit des Bodens, ob Thon, Lehm oder Sand, der Stand des Grundwassers u. s. w. maßgebend sind. Im allgemeinen legt man die Rohrleitungen 1,25 bis 3 m tief und das 10- bis 25fache der Tiefe voneinander entfernt an. Je tiefer die Drains gelegt werden, desto weiter ist in der Regel die Entfernung der einzelnen Stränge und umgekehrt. Die Kosten der Drainage sind dem entsprechend auch sehr verschieden und schwanken innerhalb 150 und 300 M. pro Hektar.

Man unterscheidet *Saug-* und *Sammeldrains*; erstere dienen zur Aufsaugung des Wassers aus dem Acker und werden meistens parallel in der Richtung des stärksten Gefälles, selten als Kopfdrains in schiefer Richtung quer über den Abhang eines Feldes gezogen; letztere sollen das in den Saugdrains angesammelte Wasser ableiten. Die D. kann, je nach dem Bodenprofil, nach einfachem und nach kombiniertem System angelegt werden, was durch die Abbildungen in den Fig. 7 (einfaches System) und Fig. 8 (zusammengesetztes System) verdeutlicht wird. In neuester Zeit vertritt Kreiskulturingenieur Merl in Speier eine neue Theorie der Bodenentwässerung, die darin gipfelt, daß die *Kopfdrainage* der bisher üblichen *Paralleldrainage* vorzuziehen ist, da jeder wirksame Punkt einer Drainage (Stoßfuge) eine Fläche von der Form eines Kegelschnittes entwässert. Infolge der Ableitung des überschüssigen Wassers aus dem Boden bringt die D. eine ganze Reihe erheblicher Vorteile für das Wachstum der Pflanzen mit sich; die hauptsächlichsten sind: Erhöhung und größere Gleichmäßigkeit der Bodentemperatur, freier Zutritt der Luft zum Boden und dadurch Verstärkung der Bodenthätigkeit und der Düngerwirkung, Erleichterung der Bodenbearbeitung namentlich im Frühjahr, Verhütung des Auswinterns der Pflanzen, Gewährung eines gesicherten Standortes und einer größern Mannigfaltigkeit in der Art der Kulturpflanzen und aus allen diesen Gründen Vermehrung und Verbesserung der geernteten Früchte. Auf Wiesen wird das Bewässern mit der D. durch das *Petersensche Wiesenbausystem* verbunden. Fig. 11 zeigt ein Petersensches Ventil, das geöffnet die Entwässerung der Wiese durch D. bewirkt, geschlossen das Wasser zum Aufsteigen zwingt und so die Wiese bewässert (s. Bewässerung und Wiesen).

Unter D. versteht man auch die Trockenlegung von Gebäudegründen sowie die Abfuhr der Abfallstoffe aus den Städten durch Kanäle.

Vgl. Barral, Drainage (Bd. 1 u. 2, 2. Aufl., Par. 1856; Bd. 3 u. 4, 1860); French, Farm drainage (Neuyork 1871); Dempsey, Drainage of towns and buildings (6. Aufl., Lond. 1874); Perels, Die Trockenlegung versumpfter Ländereien mit besonderer Berücksichtigung der Drainage (Lpz. 1877); Vincent, Die Drainage, deren Theorie und Praxis (6. Aufl., ebd. 1882); ders., Bewässerung und Entwässerung der Äcker und Wiesen (3. Aufl. 1890); Fuchs, Der Petersensche Wiesenbau (Berl. 1885); Kreuter, Handbuch der Drainage (3. Aufl., Wien 1887); F. Merl, Neue Theorie der Bodenentwässerung (Ansbach 1890).

Drainröhren, s. Drainierung und Thonwarenfabrikation.

Drains (engl., spr. drehns, Mehrzahl zu drain, «Ableitungskanal»), im Bankwesen, s. Banknoten. In der Chirurgie sind D. offene Röhren aus Gummi, Glas, Metall u. s. w., mit seitlichen Löchern zur Ableitung der Wundsekrete aus den Wunden. (S. Wunde.)

Drainspaten, s. Drainierung.

Draisine (fälschlich gesprochen: drä-), ursprünglich *Laufmaschine* genannt, eine vom großherzoglich bad. Forstmeister *Karl von Drais*, Freiherrn von Sauerbronn, geb. 1784, gest. 1851, im J. 1817 in Mannheim erfundene, von dem Engländer Knight verbesserte Maschine zum Selbstfahren mit zwei hintereinander befindlichen Rädern, zwischen welchen als Sitz ein Sattel nebst Bügel zum Aufstemmen der Arme angebracht war. Die Fortbewegung erfolgte, indem der Fahrende seine Füße abwechselnd gegen die Erde stieß. Auf ebenen Wegen konnten auf diese Weise 7—8 km in der Stunde zurückgelegt werden, doch war dabei die Anstrengung des Fahrenden größer, als wenn er die gleiche Entfernung laufend zurückgelegt hätte, weshalb die Erfindung bald in Vergessenheit geriet. Später wurden auch mit Kurbeln und Zahnrädern versehene Fahrmaschinen als D. bezeichnet. In neuerer Zeit hat die der D. zu Grunde liegende Idee in dem aus Amerika herübergekommenen Velociped (s. d.) eine neue Gestalt gewonnen. Ein von der eigentlichen D. verschiedenes, aber nach ihr benanntes Fahrzeug zur Fortbewegung durch Muskelkraft wird jetzt auf Eisenbahnen zum Befahren kürzerer Strecken benutzt. (S. Betriebsmittel der Eisenbahnen, Bd. 2, S. 906 a, und die Fig. 9 auf der dazu gehörigen Taf. II.) *Dampfdraisinen* nennt man durch Dampf betriebene Fahrzeuge, welche aus einer Art kleiner Lokomotive mit Tender und einem Personencoupé bestehen.

Drake (spr. drehk), Sir Francis, engl. Weltumsegler, geb. 1545 zu Tavistock in Devonshire als Sohn eines Matrosen. Nachdem er eine Reise nach der Küste von Guinea gemacht, fuhr er mit einem Schiff nach Westindien, das dort von den Spaniern konfisciert wurde. 1567 erhielt er den Befehl des Schiffs Judith, benahm sich in dem unglücklichen Gefecht, wel-

DRAINIERUNG.

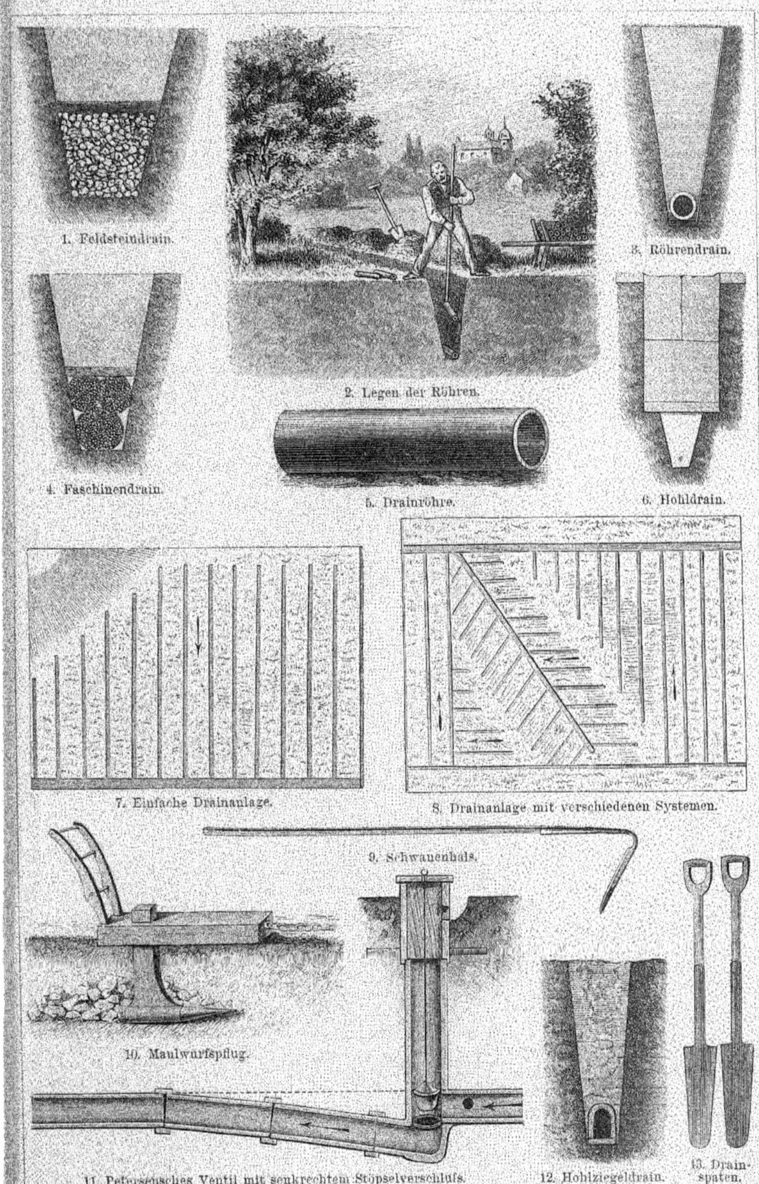

1. Feldsteindrain. 2. Legen der Röhren. 3. Röhrendrain. 4. Faschinendrain. 5. Drainröhre. 6. Hohldrain. 7. Einfache Drainanlage. 8. Drainanlage mit verschiedenen Systemen. 9. Schwanenhals. 10. Maulwurfspflug. 11. Petersensches Ventil mit senkrechtem Stöpselverschluſs. 12. Hohlziegeldrain. 13. Drainspaten.

Brockhaus' Konversations-Lexikon. 14. Aufl.

ches Hawkins gegen die Spanier in dem Hafen von Veracruz zu bestehen hatte, mit vieler Tapferkeit und entkam mit seinem Fahrzeuge. In den J. 1570—72 unternahm er drei eigene Züge nach Westindien, die so günstig ausfielen, daß er 1576 der Königin Elisabeth einen Plan vorlegen durfte, durch die Magalhães-Straße in die Südsee zu dringen, um hier die Spanier anzugreifen, und daß er auch durch die Königin die Mittel erhielt, eine Flotte von fünf Schiffen für diesen Zweck auszurüsten. Mit diesen ging er 13. Dez. 1577 (nach andern 15. Nov. oder Sept.) von Plymouth ab, erreichte 20. Aug. 1578 die Magalhães-Straße, am 6. Sept. die Südsee und kam nach mehrfachen Unfällen 20. Nov. im Angesicht der Insel Mocha im NNW. von Valdivia, vor Chile, an, wo er seine Flotte sammelte. Dann setzte er seinen Kurs nach Norden fort, wobei er jede Gelegenheit wahrnahm, sich span. Schiffe zu bemächtigen und Landungen zu machen. Dann folgte er der Küste Nordamerikas bis zu 48° nördl. Br., weil er hoffte, eine Durchfahrt in den Atlantischen Ocean zu finden. Getäuscht in seiner Erwartung sah er sich durch die Kälte genötigt, bis 38° zurückzugehen; er nannte die Küste Neualbion. Am 29. Sept. 1579 richtete er seinen Lauf nach den Molukken und gelangte 4. Nov. nach Ternate. An der Küste von Celebes entkam er 9. Jan. 1580 mit genauer Not dem Schiffbruch, legte bei Java und am Kap der Guten Hoffnung an und ankerte 5. Nov. wieder in Plymouth. So war zum zweitenmale eine Erdumsegelung gelungen. Am 4. April 1581 kam Elisabeth selbst auf der Themse nach Deptford, wo D.s Schiff vor Anker lag, schlug ihn zum Ritter und übergab ihm den Befehl über eine Flotte von 23 Schiffen, mit welcher er 15. Sept. 1585 auslief und 16. Nov. vor Santiago auf den Inseln des Grünen Vorgebirges so unerwartet erschien, daß die Stadt sogleich genommen wurde. Von dort segelte die Expedition nach Westindien, nahm Santo-Domingo, Cartagena, zerstörte die Forts der Spanier in Ostflorida und traf 28. Juli 1586 in Plymouth ein, nachdem sie den Feinden eine auf 600000 Pfd. St. geschätzte Beute abgenommen. Nachdem er 1587 im Hafen von Cadiz eine Abteilung der berühmten Armada verbrannt hatte, wurde er 1588 Viceadmiral unter Lord Effingham, dem er die span. Flotte vernichten half. Nachher erhielt er das Kommando des Geschwaders, welches 1589 Don Antonio auf den Thron von Portugal setzen sollte; allein dies Unternehmen scheiterte wegen des Mißverständnisses zwischen D. und dem General der Landtruppen. Eine neue Expedition D.s gegen die Spanier in Westindien 1594 schlug fehl, und als auch eine Unternehmung gegen Panama mißlang, verfiel D. in ein schleichendes Fieber, das sein Leben 5. Jan. 1596 (27. Dez. 1595 alten Stils) endete. D. hat die Kartoffeln zuerst nach Europa gebracht, weshalb ihm 1853 zu Offenburg in Baden ein Standbild errichtet wurde. Sein Denkmal in Plymouth wurde 14. Febr. 1884 enthüllt. — Vgl. Barrow, Life of D. (Lond. 1843; 2. Aufl. 1861); Sir Francis D. his voyage 1595 (in den Publikationen der «Hakluyt Society», Bd. 4., ebd. 1850); The world encompassed by Sir Francis D. («Hakluyt Society», Bd. 17, ebd. 1856); Julian Corbett, Sir Francis D. (ebd. 1891).

Drake, Friedrich, Bildhauer, geb. 23. Juni 1805 in Pyrmont als Sohn eines Mechanikers. Nachdem er 4 Jahre als Mechanikergehilfe in Cassel gearbeitet, kam er durch eine nach dem Leben modellierte Büste eines Pyrmonter Verwandten Rauchs 1826 nach Berlin in Rauchs Atelier. Die erste selbständige Schöpfung war eine Madonna mit dem Kinde in Marmor; dann folgten die Gruppe des sterbenden Kriegers, dem ein Genius den Kranz der Ehren zeigt, eine Winzerin in Marmor (Nationalgalerie zu Berlin). Daneben hatte sich D. bereits Anerkennung in Porträtstatuetten seines Lehrers Rauch, Schinkels, Schillers, Goethes und der beiden Humboldt erworben. Seine Geschicklichkeit für das Porträt bewährte D. 1836 an dem Standbilde für Justus Möser auf dem Domplatze zu Osnabrück. Mannigfache kleinere Arbeiten beschäftigten ihn dann neben der Ausführung der acht sitzenden Kolossalfiguren der preuß. Provinzen im Weißen Saale des Schlosses zu Berlin, welche er 1844 vollendete. Dieser Aufgabe folgten zwei Kolossalstatuen des Königs Friedrich Wilhelm III. in Marmor. Die eine, 1845 vollendet, für Stettin, die andere (1850) für den Berliner Tiergarten gefertigt. Um das runde Fußgestell der letztern Statue schlingt sich ein Relief, welches vielerlei Gestalten in heiterm Genuß des Lebens in der freien Natur zur Anschauung bringt. Dieser trefflichen Arbeit, zugleich der beliebtesten des Meisters, folgte der Krieger, dem die Victoria den Kranz reicht, eine der acht Gruppen auf der Schloßbrücke zu Berlin. Weiter schuf D. an Kolossalwerken die Büste des Naturforschers Oken und die Statue des Kurfürsten Johann Friedrich (1858) für Jena, die Marmorstatue des Fürsten Malte Putbus (1859) für Rügen, die Reiterstatue des Königs Friedrich Wilhelm III. für Köln (1864), die Statue Melanchthons für Wittenberg (1866), die Reiterstatue Kaiser Wilhelms I. für die Kölner Rheinbrücke (1867), die Bronzestatue Schinkels vor der Bauakademie zu Berlin (1869). Die Vorhalle des Museums in Berlin erhielt 1864 noch von seiner Hand die gelungene Marmorstatue seines Lehrers Rauch. Auch die 9 m hohe Victoria auf der 1873 enthüllten Siegessäule in Berlin und das Denkmal für die im Kriege 1870 und 1871 Gefallenen der Stadt Aachen (1872) sind sein Werk; endlich ist noch zu nennen sein Humboldt-Monument in Philadelphia und fünf Figuren zum Grabmal der Herzogin Elisabeth von Nassau in Wiesbaden. Von seinen Porträtbüsten sind die von Bismarck und Moltke, von Ranke und Raumer (Berliner Nationalgalerie) hervorzuheben. D. war Mitglied und Senator der Akademie zu Berlin sowie derer von Petersburg, Antwerpen, Rom und des Institut de France, und starb 6. April 1882 in Berlin.

Drake (spr. drehk), Samuel Gardner, amerik. Schriftsteller, geb. 11. Okt. 1798 zu Pittsburg, gründete 1828 die erste antiquarische Buchhandlung auf amerik. Boden, sammelte besonders Bücher zur ältern amerik. Geschichte, gründete 1847 die New England Historic Genealogical Society und machte sich durch Neuausgaben histor. Werke und eigene Forschungen höchst verdient. Er starb 14. Juni 1875. D. schrieb: «Biography and history of the Indians of North America» (Bost. 1832 u. ö.), «Old Indian chronicle» (1836), «Indian captivities or life in the wigwam» (1839), «Tragedies of the wilderness» (1841), «Life of Black Hawk» (1855), «Life of Tekennseh» (1855), «History and antiquities of Boston» (1855), «A brief memoir of Sir Walter Raleigh» (1862), «The witchcraft delusion in New England» (3 Bde., 1866), «Annals of witchcraft in New England, Albany» (1869), «A particular history of the five years, French and Indian war» (1870) u. a. m.

Drakenberge oder Kathlambaberge, Gebirge in Südafrika, im östl. Teil der Kapkolonie, beginnt als Fortsetzung der Stromberge etwa unter dem 31.° südl. Br., bildet in nordnordöstl. Richtung die Grenzmauer zwischen Basutoland einerseits und Kaffraria und Natal andererseits, steigt vom Giant Castle (2940 m) und Champagne Castle oder Kathkin Pil (3160 m) zum höchsten Gipfel, dem Mont-aux-Sources (3651 m), empor, am Treffpunkt der Grenzen von Basutoland, Natal und Oranje-Freistaat, und setzt sich als niedrigeres Kettengebirge mit dem Melanie-Berg (2200 m) bis zur Grenze von Transvaal fort, um von hier aus unter dem Namen Rand-, Steenkamp- und Zoutpans-Berge nach N. in die Thalebene des Limpopo auszulaufen. Von Natal führen die Straßen von Ladysmith über den Van Reenenpaß (1640 m) nach Harrysmith im Oranje-Staat und über Langs Neck (1260 m) nach der Südafrikanischen Republik.

Drakenborch, Arnold, niederländ. Philolog, geb. 1. Jan. 1684 in Utrecht, studierte in seiner Vaterstadt und in Leiden, wurde 1716 Professor der Geschichte und Beredsamkeit in Utrecht und starb 16. Jan. 1748. D.s Bearbeitungen des Silius Italicus (Utr. 1717) und des Livius (7 Bde., Amsterd. 1738—46; neu hg. von Klaiber, Stuttg. 1820—28 in 15 Bdn.) sind noch heute sehr brauchbar wegen der Fülle des darin aufgespeicherten Materials.

Drako (grch. Drakon), aus dem alten athenischen Adel (den Eupatriden), erhielt von seinen Standesgenossen als Archon Eponymos 621 v. Chr. den Auftrag, die bestehenden Rechtssatzungen und den Gebrauch der Gerichte aufzuzeichnen. Man gab dabei einerseits einer dringenden Forderung des Volks nach, welches dadurch der willkürlichen Gerechtigkeitspflege der Archonten und der Geschlechter ein Ende gemacht wissen wollte. Aber auf der andern Seite schuf D. aus dieser Kodifikation dem Adel eine Waffe gegen das Volk. Die außerordentliche Strenge dieser Gesetze, die das geringste Verbrechen, z. B. den Fruchtdiebstahl, ja sogar den Müßiggang, gleich der Beraubung der Tempel und dem Mord mit dem Tode bestraft haben sollen, ist sprichwörtlich geworden. D. war über die Härten des alten Gewohnheitsrechts noch weit hinausgegangen, hatte namentlich auch das alte strenge Schuldrecht noch bedeutend verschärft. So kam es, daß schon nach wenigen Decennien 594 v. Chr. Solon (s. d.) die Gesetzgebung des D. umgestalten mußte und nur das eigentliche Blutrecht und die auf das dabei zu beobachtende Prozeßverfahren bezüglichen Bestimmungen des D. in seine Gesetzgebung aufnahm. Es ist daher von diesen eine nähere Kunde geblieben, während über die übrigen Bestimmungen nur wenige Nachrichten überliefert sind. Die ausführlichste Kunde von D. giebt Aristoteles in der Schrift «Über den Staat der Athener». Durch die Strenge dieser Gesetzgebung wurde der Ausdruck Drakonische Strenge, Drakonische Gesetze sprichwörtlich.

Drall, die Windung der Züge (s. d.) in den neuern Feuerwaffen. Man unterscheidet zunächst die Richtung des D., ob rechts- oder linksläufig, und sodann die Größe oder Stärke; letztere kann auf der ganzen Länge des gezogenen Teils dieselbe bleiben (konstanter oder gleichmäßiger D.) oder nach der Mündung hin zunehmen (Progressivdrall, s. d.). Das Maß für die Größe des D. ist der Winkel, den die Führungskanten der Züge mit einer Parallele zur Seelenachse bilden, oder die Rohrlänge, in Kalibern ausgedrückt, auf der die Züge eine ganze Umdrehung machen oder machen würden. Die Größe des D., bei Progressivdrall des Enddralls, muß derart gewählt werden, daß je nach Gewicht und Länge des Geschosses sowie nach der Anfangsgeschwindigkeit desselben u. s. w. ein möglichst geringes Abweichen der Geschoßachse von der Tangente der Flugbahn und eine möglichst große Regelmäßigkeit des Fluges gewährleistet wird. Zu diesem Zweck muß der D. größer werden, wenn das Geschoß länger und seine Anfangsgeschwindigkeit kleiner wird.

Dram (spr. drämm), engl. und nordamerik. Gewicht, s. Drachme.

Drama (grch., «Handlung»), diejenige Dichtungsart, die nach bestimmten ästhetischen Gesetzen Begebenheiten der Vergangenheit als gegenwärtige Handlungen darstellt. Das D. tritt bei allen Völkern immer nur dann hervor, wenn bereits Epos und Lyrik zu voller Ausbildung gelangt sind; es verbindet die äußere Gegenständlichkeit der epischen mit der innern Gefühlswelt der lyrischen Poesie. Mit dem Epos hat es gemein, daß es eine fremde Welt, einen äußern Vorgang darstellt. Diesen Vorgang erzählt es aber nicht als einen vergangenen: es entfaltet ihn vielmehr vor unsern Augen. Die beteiligten Personen erscheinen vor uns und setzen in dem die Handlung weiter führenden Dialog und in dem meist einen Ruhepunkt bezeichnenden Monolog den freien Erguß ihrer Empfindungen und die Beweggründe ihres Thuns und Lassens auseinander. Man unterscheidet epische von dramat. Poesie wie Erlebnisse von Thaten; diese sind das Werk des Willens, der seinem in die Zukunft gerichteten Streben einen Zweck setzt und in sich selbst den Widerstreit von Gefühlen und Pflichten durchkämpft. So ist die Welt des Epos die von äußern Umständen bestimmte Begebenheit, die des D. die aus der Charaktereigentümlichkeit entspringende Handlung. Hieraus erwachsen alle dramat. Gesetze. Das dramat. Handeln beschränkt sich nicht auf die einfache störungslose Durchführung eines bestimmten Zwecks; sondern immer muß ein Kampf zweier Gegensätze vorhanden sein. Gerade durch den innern Konflikt, der mit Notwendigkeit zu einer entscheidenden Lösung hindrängt, unterscheidet sich die dramat. Handlung von der epischen Begebenheit. Jene ist um so tiefer, je innerlich notwendiger die Gegensätze gegeneinander gespannt sind. Daher die große sittliche Bedeutung des D. Es ist die Dialektik der sittlichen Weltordnung. Das D. ist eine Gattung der Poesie, und daher darf diese Dialektik der dramat. Handlung nicht in metaphysischer Begriffsmäßigkeit, sie muß vielmehr nur als der belebende Herzschlag lebendiger Personen erscheinen; sie ist Fleisch und Blut geworden, und das D. ist um so poetischer, je lebendiger und individueller die Personen sind, die diesen Kampf miteinander bestehen. Als Kunstwerk muß daher das D. vor allem nach sinnlicher Illusion streben. Deshalb stellten franz. Theoretiker früher den Kanon der sog. drei Einheiten, d. h. Einheit (s. d.) der Handlung, der Zeit (Beschränkung der Handlung auf die Zeit eines Sonnenlaufs oder höchstens 3 Tage) und des Ortes, als höchstes Gesetz auf. Allein diese Forderungen finden sich weder in Aristoteles' «Poetik», auf die sich jene beriefen, noch bei den Mustern der dramat. Kunst. Einheit der Zeit und des Ortes ist bedeutungslos; man hat dafür die Stetigkeit der Entwicklung und die Einheit der Weltlage gefordert; nur die Einheit der Handlung oder vielmehr (da oft auch verknüpfte Doppelhandlungen, wie in Shakespeares «König Lear», von höchster Wirkung sind) die der dramat. Idee ist unerläßlich. Wo diese nicht vorhanden ist, bleiben wir auf epischem Boden. Die mittelalterlichen Mysterien und die «Chronicled histories» der altengl. Bühne sind solche unreife Anfänge werdender Dramatik. Aus der ästhetischen Natur des D. und seiner fortschreitenden Entwicklung folgt innerhalb des scenischen Baues die Unterscheidung der Exposition (s. d.), der Peripetie (s. d.) und der Katastrophe (s. d.). Hiermit hängt die Einteilung des D. in 3 oder 5 Akte zusammen.

Auf dem Begriffe des dramat. Kampfes und dessen endlicher Lösung beruhen die hauptsächlichsten Gattungsunterschiede der dramat. Kunst. Es giebt drei Gattungen: das Trauerspiel (Tragödie), das Lustspiel (Komödie) und das Schauspiel oder D. im engern Sinne. Die Unterschiede entspringen aus der Verschiedenheit der Zwecke, welche die kämpfenden Individuen verfechten. Der Held des Trauerspiels ist ein Charakter, der einen ernsten, gediegenen, ja einen erhabenen Zweck und Gehalt hat. Seine Schuld ist, daß er sich wider die Allgemeinheit auflehnt, und dies muß er büßen. Das Lustspiel dagegen hat einen Helden, dessen Zweck schon in sich willkürlich, nichtig und verkehrt ist. Wir gewinnen auch hier, indem der Held zuletzt zum Bewußtsein seiner Thorheit kommt, das Gefühl von der siegreichen Macht der Vernunft und Wahrheit. So spiegeln erst Trauerspiel und Lustspiel zusammen die ganze sittliche Welt ab, indem beide in ihren Motiven auf gleiche Weise von den tiefsten Geheimnissen der Menschenbrust ausgehen und die innere Notwendigkeit eines sittlichen Weltlaufs zu zweifelloser Anerkennung bringen. Die dritte Gattung, das Schauspiel oder D. im engern Sinne, führt ernste Konflikte zu einem versöhnenden Ausgange. Es ist das Gewöhnliche bei den Indern, häufig bei den Spaniern. Aber indem es seinem Wesen nach von Haus aus auf eine einfache und friedliche Lösung hindrängt, stellt es häufig nur zufällige Gegensätze gegenüber. Der dramat. Konflikt bleibt dann ein äußerer: er bewegt sich nur in vorübergehenden Irrungen und Mißverständnissen. Dadurch wird die Geschichte, die sich vor unsern Augen abspielt, eine persönliche ohne allgemeine Bedeutung, nicht ein Spiegelbild der Menschheit. Ein solches Schauspiel unterhält nur, erschüttert und erhebt nicht. In diesen Kreis fallen zumeist die sog. Konversations- und Salonstücke, die jetzt auf der Bühne in großer Breite herrschen. Diese treten meist ganz und gar aus dem Gebiete echter Poesie heraus, obschon sie für ein Repertoire, das alle Tage Neuigkeiten verlangt, ein Bedürfnis und notwendiges Übel sind. Auch gehen heute die Gattungen vielfach ineinander über. — Vgl. A. W. Schlegel, Vorlesungen über dramat. Kunst und Litteratur (3 Bde., Heidelb. 1809—11; 2. Aufl. 1817); Hettner, Das moderne D. (Braunschw. 1852); Freytag, Die Technik des D. (Lpz. 1863; 6. Aufl. 1890); Klein, Geschichte des D. (Bd. 1—13, ebd. 1865—76); Prölß, Geschichte des neuern D. (3 Bde., ebd. 1880—83); Klaar, Das moderne D. (3 Tle., Prag 1882—84).

Drama, Hauptstadt des Sandschaks D. im türk. Wilajet Saloniki (Macedonien), östlich von Seres, hat 7500 meist türk. E., Baumwoll- und Tabakbau, Baumwollspinnerei und Tabakhandel. D. liegt an der Stelle des alten Drabeskos.

Dramătik (grch.), dramat. Poesie; auch Lehre vom Drama; Dramatiker, Schauspieldichter; dramătisch, auf das Drama bezüglich, in der Art des Drama, voll Leben und Handlung; dramatisieren, einen Stoff zum Drama verarbeiten.

Dramatúrg (grch.), im engern Sinne der von einer Theaterleitung angestellte Beamte, dem die Prüfung der zur Aufführung eingereichten Stücke, die etwa erforderliche Einrichtung derselben sowie die Abfassung von Gelegenheitsgedichten, Prologen, Festspielen, eingelegten Coupletstrophen obliegt. Im weitern Sinne nennt man D. die Verfasser theoretischer Werke über das Drama und die dramat. Darstellung (s. Dramaturgie) und auch hervorragende Theaterkritiker, besonders solche, die ihre Besprechungen gesammelt herausgegeben haben.

Dramaturgie (grch.) bezeichnet zunächst die Theorie der dramat. Poesie. Da aber diese mit der Kunst der dramat. Vorstellung eng zusammenhängt, so hat man das Wort D. dann auf die Theorie der Schauspielkunst (s. d.) angewendet. Wenn man unter D. die Theorie des Dramas versteht, so ist die «Poetik» des Aristoteles die älteste D. und alle ästhetischen und litterarhistor. Lehrbücher und Monographien, die vom Drama handeln, gehören in diese Klasse. Soll aber D. Drama und dramat. Darstellung zugleich umfassen, so war die erste D. die Lessings, denn von den «Schildereien der Kochschen Bühne» kann nicht die Rede sein. Was sich an Lessing anlehnte, wie Bode und Claudius («Dramaturgisches Etwas», 1774), Schink («Dramaturgische Fragmente», 4. Bde., Graz 1781—84), Fr. L. Schmidt («Dramaturgische Aphorismen», 2 Bde., Hamb. 1820—28) und Fr. Gl. Zimmermann («Dramaturgische Blätter für Hamburg», 1. und 2. Jahrg. 1821—22, «Neue dramaturgische Blätter», 1. und 2. Jahrg. 1827—28, «Dramaturgie», 2 Bde., Hamb. 1840), ist, mit Lessing verglichen, bedeutungslos, wenn auch manches einzelne bei ihnen, sowie in Ifflands «Almanach für das Theater» (1807 fg.) und Schreyvogel-Wests «Dramaturgischen Aufsätzen», nicht ohne Wert ist. Eine neue Periode beginnt mit Börnes und Tiecks «Dramaturgischen Blättern». Ludwig Tieck schrieb in einer Zeit, in der dramat. Dichtung und Schauspielkunst bereits in Verfall geraten; doch in der Erinnerung an die großen Meister und Muster hob er die Feinheiten dramat. Dichtung und Schauspielkunst um so nachdrücklicher hervor. Börne betonte besonders die Beziehungen des Theaters zur ganzen geistigen Bewegung der Zeit. Diesen beiden haben sich in neuerer Zeit Gutzkow, Stahr («Oldenburgische Theaterschau», 2 Bde., Oldenb. 1845), Rötscher («Dramaturgische Skizzen und Kritiken», Berl. 1847) und Frenzel («Berliner D.», 2 Bde., Hannov. 1877) in würdiger Weise angeschlossen. Besonders ist aber auch in neuester Zeit viel für die Theorie der dramat. Darstellung gethan worden. Nachdem hier namentlich J. J. Engel, dessen «Ideen zur Mimik» (Berl. 1785 u. ö.) bleibenden Wert behalten, und Thürnagel vorangegangen waren, faßte Rötscher in «Die Kunst der dramat. Darstellung» (ebd. 1841) die ganze Theorie gründlich, doch in einer mehr für den gelehrten Dramaturgen als für den praktischen Schauspieler geeigneten Weise zusammen. — Vgl. Freytag, Technik des Dramas (6. Aufl., Lpz. 1890); Bulthaupt, D. der Klassiker (2 Bde., Oldenb. 1882; 4. Aufl., als D. des Schauspiels, 3 Bde., 1891); R. Prölß, Katechismus der D. (Lpz. 1877); von Berger, Dramaturgische Vorträge (Wien 1890—91); Gartelmann, Dramatik. Kritik des aristotelischen Systems und Begründung eines neuen (Berl. 1892).

Dramburg. 1) **Kreis** im preuß. Reg.-Bez. Köslin, hat 1171,55 qkm, (1890) 35779 (17488 männl., 18291 weibl.) E., 3 Städte, 52 Landgemeinden und 50 Gutsbezirke. — 2) D., ehemals Drage- oder Draweburg, **Kreisstadt** im Kreis D., an der Drage und an der Nebenlinie Ruhnow-Neustettin-Konitz der Preuß. Staatsbahnen, Sitz eines Landratsamtes und Amtsgerichts (Landgericht Stargard), hat (1890) 5723 (2818 männl., 2905 weibl.) E., darunter 38 Katholiken und 165 Israeliten, Post zweiter Klasse, Telegraph, königl. Gymnasium (Direktor Dr. Queck, 11 Lehrer, 8 Klassen, 204 Schüler), Schullehrerseminar, Präparandenanstalt, Vorschußverein, Kreissparkasse, Krankenhaus; Tuchfabrikation, Ackerbau und Viehzucht.

Dramion (Drami), griech. Gewicht, s. Drachme.

Dramm, Gewicht in der Türkei u. s. w., s. Dirhem.

Dramma per musica, die gewöhnliche ital. Bezeichnung für Oper (s. d.).

Drammen, Seestadt im norweg. Amt Buskerud, in schöner Gegend am nördl. Ende des Drammensfjord, einem westl. Arme des Kristianiafjord, an der Mündung der kurzen, aber sehr wasserreichen Drammenself und an den Linien D.-Randsfjord (89 km) und Kristiania-D. (53 km), ist Sitz des Amtmanns und hat (1885) 19601 E. Der Ort besteht aus den drei durch Wasserläufe voneinander geschiedenen Städten Bragernäs, Strömsö und Tangen, welche durch Brücken miteinander verbunden sind. Nach den verheerenden Bränden von 1866 und 1870 ist der größte Teil der Stadt neu erbaut worden. Haupterwerbszweige sind beträchtliche Bierbrauerei, Tabaksfabrikation, Gerberei sowie großartige Sägemühlen, Schiffswerfte, Baumwollspinnerei, Weberei, Eisengießerei und sehr ausgedehnter Handel, besonders Holzausfuhr. Am bedeutendsten ist der auswärtige Verkehr mit England und Holland. Die Tonnenzahl der ankommenden Schiffe betrug (1888) 86301, der abgehenden 147977, die Zahl der eigenen Schiffe (Ende 1888) 191 mit 62424 t. Auch der Binnenhandel ist lebhaft. Mit Kristiania ist D. durch regelmäßige Dampfschiffahrt verbunden.

Drammensfjord, s. Kristianiafjord.

Dramolet (frz., spr. -leh, Dramolett), ein kurzes Drama.

Dramura, rumän. Gewicht, s. Dirhem.

Dran, rechter Nebenfluß der Drau in der südl. Steiermark, entspringt in mehrern Quellbächen im Bachergebirge, die sich oberhalb Plankenstein, wo der Fluß von der Südbahn überbrückt ist, am Fuße eines Drau- und Savegebiet trennenden Höhenzugs sammeln. Von dort fließt die D. vorwiegend östlich, rechts teilweise von mäßigen Hügeln, links von durchweg flachen, stellenweis sumpfigen Ufern gesäumt und mündet unterhalb Pettau in die Drau. Sie treibt viele Mühlen, Stampfen und Brettsägen.

Drance (spr. drangß, D. de Savoie) oder Dranse, Fluß, entsteht aus drei Quellbächen im Depart. Haute-Savoie, an der Ostgrenze des Chablais, fließt durch ein enges, tief eingeschnittenes Thal und mündet zwischen Evian und Thonon nach 44 km langem Laufe in den Genfersee, in den sie einen großen Schuttkegel vorschiebt. — D. (Dranse), Nebenfluß der Rhône, s. Bagne.

Drangiāne (Drangiana, pers. Zaranka, «Land des Sees»), alte Landschaft im iran. Hochland, das Gebiet um den Hamunsumpf, sehr fruchtbar, obgleich im Süden und Westen von Wüsten eingeschlossen. Die Perser dehnten ihre Grenzen nordwärts bis über den obern Heri-rud aus. Die Einwohner hießen Zaranken (Sarangen) und trugen hohe Wasserstiefel und lange Lanzen. Um 130 v. Chr. ward die Südhälfte des Landes von den Saken besetzt und Sakastane genannt (jetzt Seistan).

Dranmor, s. Schmid, Ferdinand von.

Dranse (spr. drangß), Nebenfluß der Rhône, s. Bagne. — D., Zufluß des Genfersees, s. Drance.

Dransfeld, Stadt im Kreis Münden des preuß. Reg.-Bez. Hildesheim, 15 km im SW. von Göttingen, in 302 m Höhe, an der Linie Hannover-Cassel der Preuß. Staatsbahnen, die hier die Wasserscheide zwischen Leine und Weser überschreitet, hat (1890) 1470 E., darunter 12 Katholiken und 80 Israeliten, Post, Telegraph. In der romantischen Umgebung die Basaltkuppen des Hohenhagen, Dransberges, Hengelsberges und Sesebühels; am Hohenhagen (507 m) ein Basaltsteinbruch, am Sesebühel ein umfangreiches Mergellager. Im N. der Stadt eine sehr gut erhaltene altgerman. Verschanzung, die Hünenburg.

Drap (frz., spr. dra), eigentlich überhaupt ein derber, fester Stoff, jetzt meist ein solcher von tuchartigem, auch geköpertem Gewebe. So bezeichnet D. d'Abbeville ein leichtes franz. Tuch, das ursprünglich in der Stadt Abbeville erzeugt wurde; D. d'or und D. d'argent (spr. darschāng), broschierte Seidenstoffe, deren Muster (Blumen u. s. w.) aus Gold-, resp. aus Silberfäden besteht; D. de Berri, einen zweiseitigen, vierbindigen Köper, ein Köpertuch (nach dem ehemaligen Herzogtum Berri so genannt), das vorzüglich fest gewalkt und daher sehr stark und wasserdicht ist; D. de soie (spr. ßŏá), einen lederartig starken Seidenstoff von drei-, vier- oder fünfbindigem Köper; D. de dames (spr. dam), Damentuch, ein leichtes, feines Halbtuch, meist von schwarzer Farbe.

Drap., bei naturwissenschaftlichen Namen Abkürzung für den franz. Konchyliologen Jacques Philippe Raymond Draparnaud (spr. -noh), geb. 3. Juni 1772 zu Montpellier, gest. daselbst 1. Febr. 1805 als Professor der Naturgeschichte; er schrieb «Histoire naturelle des mollusques de la France» (Par. 1805).

Drapa, eine in der altnord. Dichtung häufig vorkommende Gedichtsform, die namentlich vom 10. bis 13. Jahrh. in Blüte war. Sie war meist in der Dróttkvaettstrophe und sehr künstlich gebaut. In der Regel zerfällt die D. in drei Teile, deren mittlerer den Stef oder den Kehrreim, d. h. eine regelmäßig wiederkehrende Halbstrophe, enthält. Die D. wurde teils zum Lobe einzelner Personen (so die Olafsdrapa, Knutsdrapa, Eireksdrapa), teils zur Verherrlichung ganzer Stämme (so die Jomsvikingadrapa, die Isländingadrapa) gedichtet. Galt sie einem Gestorbenen, so hieß sie Erfidrapa; behandelte sie eine Liebesepisode, Mansöngsdrapa. Auch zum Lobe Christi, zur Verherrlichung des heiligen Kreuzes (Kroßdrapa), zum Preise der Heiligen wurden D. gedichtet, bis im 15. Jahrh. diese Dichtungsgattung den leichtern Reimen, den Rimur, weichen mußte. Vgl. Möbius in der «Germania» (18. Bd.).

[Drap.

Drap d'argent, Drap d'or, Seidenstoffe, s.

Drap d'or (frz., spr. dra; Conns textilis *L.*), Goldenes Netz, eine schöne hellgelbe, mit braunen Längswellenlinien und weißen dreieckigen Flecken verzierte, bis 10 cm lang werdende Kegelschnecke (s. d.) des Indischen Oceans.

Drapeau (frz., spr. -poh), Fahne, Papier; D. blanc (spr. blang), in Frankreich das weiße Panier mit den Lilien, das Parteizeichen der Bourbonen; D. rouge (spr. ruhsch), die Fahne der roten Republik.

Draper (spr. drehp'r), Henry, amerik. Naturforscher, Sohn des folgenden, geb. 7. März 1837 im Staate Virginien, promovierte 1858 an der mediz. Fakultät der Universität der Stadt Neuyork mit einer Schrift über die Funktion der Milz, die weitgehende Aufmerksamkeit erregte, und war von 1860 bis 1873 daselbst Professor der Physiologie und der analyt. Chemie. D. hat das große Teleskop zu Hastings am Hudson konstruiert, und ist durch seine Erfolge auf dem Gebiete der astron. Photographie bekannt. Mit Hilfe derselben entdeckte er 1877 Oxygen in der Sonne. Er erzielte die größten bisjetzt angefertigten Photographien des Mondes (1,30 m im Durchmesser). Er starb 20. Nov. 1882. Vgl. Biographien in «American Journal of Science» (Febr. 1883) und «Biographical memoirs of the National Academy of Sciences» (Bd. 3).

Draper (spr. drehp'r), John William, amerik. Chemiker und Physiolog, geb. 5. Mai 1811 in St. Helens bei Liverpool, studierte Chemie in London und ging 1833 nach Amerika, wo er seine Studien in Philadelphia fortsetzte. Bald nach 1836 zum Professor der Chemie am Hampden-Sydney-College (Virginien) ernannt, folgte er 1839 einem Rufe an die Universität Neuyork, die ihn 1850 auch zum Professor der Physiologie ernannte und 1874 zum Präsidenten ihrer naturwissenschaftlichen und mediz. Abteilung erwählte. D. starb 4. Jan. 1882 auf seinem Landsitze in Hastings-on-Hudson. Unter seinen etwa 200 Schriften sind hervorzuheben: «Treatise on the forces which produce the organization of plants» (Neuyork 1844), «Text-book on chemistry» (1846), «Natural philosophy» (1847), «Human physiology, statical and dynamical» (1856), «History of the intellectual development of Europe» (1862; deutsch von Bartels, 2. Aufl., Lpz. 1871), «History of the American civil war» (3 Bde., 1867—70), «Scientific memoirs» (1878). Berühmt ist seine «History of the conflict between religion and science» («Geschichte der Konflikte zwischen Religion und Wissenschaft», als Bd. 13 der «Internationalen wissenschaftlichen Bibliothek», Lpz. 1875). — Vgl. Memoir of J. W. D. by George F. Barker (in den «Biographical Memoirs of the National Academy of Sciences», Bd. 2).

Draperie (frz., spr. drap'rih), eine Dekoration (s. d.), die mit frei aufgehängten oder in Falten gelegten Geweben (draps) hergestellt ist. Früher verstand man unter D. auch die Festdekoration wie sie noch jetzt bei besondern Anlässen an Straßen und Plätzen angebracht wird. Jetzt versteht man unter D. ausschließlich die Ausschmückung der Stuben mit kunstreich gelegten oder geschnittenen Stoffen oder das einzelne Arrangement in diesen. In dieser Kunst hat man in Deutschland große Fortschritte gemacht, namentlich indem man den schweren Webarten ihre natürlichen, vollwirkenden Falten beließ. Die D. ist im wesentlichen Sache des Tapezierers. Vgl. Luthmer, Werkbuch des Tapezierers (Berl. 1884—87); Hirth, Das deutsche Zimmer (3. Aufl., Münch. 1886).

Drapeyron (spr. -peróng), Ludovic, franz. Geschichtsforscher, geb. 26. Febr. 1839 zu Limoges, besuchte die höhere Normalschule in Paris und wurde dann Lehrer der Geschichte in Besançon, später am Lycée Charlemagne in Paris. Unter seinen Schriften sind hervorzuheben: «L'empereur Héraclius et l'empire byzantin au VIIe siècle» (1869), «Séparation de la France et de l'Allemagne aux IXe et Xe siècles» (1870), «L'aristocratie romaine et le Concile» (anonym, 1870), «Organisation de l'Austrasie et la création de l'Allemagne» (1869), «Essai sur le caractère de la lutte de l'Aquitaine et de l'Austrasie sous les Mérovingiens et les Carolingiens» (1878).

Drapieren (frz.), mit Stoffen bekleiden, Gewänder künstlerisch in Falten legen (s. Draperie).

Drapierer (Drapier), Großbeamter des Deutschen Ordens, der die Ordensglieder bekleidete und bewehrte.

Drasche, Anton, Mediziner, geb. 1. Juli 1826 zu Lobendau in Böhmen, studierte zu Prag, Leipzig und Wien und leitete 1854 im Auftrage der Regierung den mediz. Unterricht der ägypt. Mediziner. Er habilitierte sich 1858 für specielle mediz. Pathologie und Therapie an der Wiener Universität und wurde 1874 zum außerord. Professor der Epidemiologie ernannt; als Primärarzt ist er seit 1866 Vorstand einer mediz. Abteilung des Allgemeinen Krankenhauses in Wien. D. ist seit 1880 Mitglied des obersten Sanitätsrats. Bedeutenden Ruf verschafften ihm insbesondere seine Arbeiten über Cholera und über Herzkrankheiten (veröffentlicht in der «Wiener mediz. Wochenschrift» und in andern Fachzeitschriften). Er hat die Strophantustinktur in die Therapie der Herzleiden eingeführt und in fünf Choleraepidemien (1850, 1854, 1855, 1866 und 1873) teils Abteilungen, teils Choleraspitäler selbständig geleitet.

Draeseke, Felix, Komponist, geb. 7. Okt. 1835 zu Coburg, besuchte 1852—55 das Leipziger Konservatorium. Mit Hans von Bülow und Liszt bekannt geworden, wurde D. einer der entschiedensten Verfechter der sog. Zukunftsmusik, für die er in zahlreichen Zeitungsartikeln mit jugendlicher Begeisterung eintrat. Nach kürzern Aufenthalten in Berlin, Dresden und München siedelte sich D. 1862 in Lausanne an, wo er bis 1875 als Lehrer am Konservatorium thätig war. Er bereiste dann Frankreich, Spanien, Algerien und Italien. 1876 ging er nach Dresden, wo er als Lehrer der Komposition (seit 1884 am königl. Konservatorium) thätig ist und 1892 den Professortitel erhielt. D. veröffentlichte eine Reihe größerer Kompositionen, von denen 3 Sinfonien, 2 Opern («Gudrun» und «Herrat»), 1 «Adventlied» und 1 «Requiem» für Chor, Soli und Orchester, eine Kantate «Columbus» (für Männerchor), 10 Hefte Gesänge für 1 Stimme, verschiedene Hefte Pianoforte-Kompositionen (darunter die Sonate op. 6), 1 Klavierkonzert, 2 Streichquartette, 1 Klavierquintett, eine Sonate für Pianoforte und Klarinette, 18 Kanons zu 6, 7 und 8 Stimmen (für Pianoforte), 2 sinfonische Vorspiele, zu Kleists «Penthesilea» und Calderons «Leben ein Traum», hervorzuheben sind. Außerdem veröffentlichte er als schätzenswerte Beiträge zur musikalischen Theorie eine «Anweisung zur kunstgerechten Modulation», «Die Beseitigung des Tritonus» und eine humoristische «Lehre von der Harmonie».

Dräseke, Joh. Heinr. Bernh., prot. Kanzelredner, geb. 18. Jan. 1774 zu Braunschweig, studierte zu Helmstedt, wurde 1795 Prediger zu Mölln im Lauenburgischen und 1804 zu Ratzeburg. Hier veröffentlichte er «Predigten für denkende Verehrer Jesu» (5 Bde., Lüneb. 1804—12 u. ö.). 1814 als Prediger nach Bremen berufen, arbeitete er auf Reformation des deutschen Staatslebens hin und geriet dadurch in den Verdacht demagogischer Gesinnung; seine «Predigten in der Zeit der Erlösung Deutschlands», auch u. d. T.: «Deutschlands Wiedergeburt» (3 Bde., Lübeck 1814; 2. Aufl., 2 Bde., Lüneb. 1818), veranlaßten eine Vorstellung des Bundestags an den Bremer Senat. In Bremen entstanden ferner «Predigten über die letzten Schicksale unsers Herrn» (2 Bde., Lüneb. 1816 u. ö.), «Predigten über freigewählte Abschnitte der Heiligen Schrift» (4 Bde., ebd. 1817—18), «Christus an das Geschlecht dieser Zeit» (ebd. 1819; 3. Aufl. 1820), «Gemälde aus der Heiligen Schrift» (4 Samml., ebd. 1821—28), «Vom Reich Gottes. Betrachtungen nach der Schrift» (3 Bde., Brem. 1830). Durch letztere sowie durch seine Schrift zu Gunsten der Union: «Über den Konfessionsunterschied der prot. Kirchen» (Lüneb. 1818) auf D. aufmerksam geworden, ernannte ihn Friedrich Wilhelm III. von Preußen 1832 zum Domprediger, Direktor des Konsistoriums und evang. Bischof der Provinz Sachsen in Magdeburg. Infolge der Angriffe, die D. wegen seines Einschreitens gegen den rationalistischen Prediger Sintenis 1840 erfuhr, nahm er 1843 seine Entlassung; auf Wunsch des Königs zog er nach Potsdam, wo er 8. Dez. 1849 starb. Sein Sohn Timotheus D. gab noch «Nachgelassene Schriften» (Predigten, 2 Bde., Magdeb. 1850—51) heraus.

Draskovich (spr. draschkówitsch), altes kroat. Adelsgeschlecht, das seit dem 14. Jahrh. in der Geschichte Kroatiens und Ungarns eine Rolle spielt. Es führt das Prädikat «von Trakostian», eine Linie auch «von Stramberg». Georg D., geb. 5. Febr. 1515, widmete sich dem geistlichen Stande, ward 1546 Großpropst in Preßburg, dann Bischof von Fünfkirchen, Erzbischof von Kalocsa und erhielt 1585 die Kardinalswürde; er starb 31. Jan. 1587. — Joseph Kasimir D., geb. 4. März 1714, wurde 1745 Oberstlieutenant, 1749 Oberst und 1750 Generalmajor. Im Siebenjährigen Kriege zeichnete er sich besonders aus (Schlacht bei Görlitz, Erstürmung des Schlosses Schreckenstein, Belagerungen von Olmütz und Glatz, Befreiung von Jägerndorf u. a.). 1762 wurde D. von den Preußen gefangen. Seit 26. Febr. 1763 Feldzeugmeister, erhielt er das Generalkommando in Siebenbürgen, wo er 9. Nov. 1765 starb. — Johann (gewöhnlich Janko) D., geb. 20. Okt. 1770 zu Agram, diente erst in der Armee, wurde 1817 k. k. Kämmerer und beteiligte sich eifrig an der nationalen Bewegung der Kroaten. 1832 wurde er Deputierter des ungar. Landtags, 1836 wirklicher Banaltafelbeisitzer, 1852 k. k. Wirkl. Geheimrat. Er starb 14. Jan. 1856 zu Radkersburg.

Drassus, s. Sackspinnen.

Drastica, s. Drastisch.

Drastisch (grch.) bezeichnet alles, was stark oder kräftig wirkt. Drastische Arzneien (Drastica) nennt man daher in der Medizin besonders die heftig wirkenden und scharfen Abführmittel (s. Abführen). In der Ästhetik heißen diejenigen Schilderungen oder Darstellungen der redenden oder bildenden Kunst drastisch, welche von unmittelbar treffender, schlagender Wirkung sind, oft mit dem Nebenbegriff der Übertreibung. Der Sprachgebrauch bezeichnet mit dem Worte besonders gern das komisch Wirkende.

Dratziger (oder Draziger) **See,** See im Kreis Neustettin der preuß. Provinz Pommern. In seiner kreuzförmigen Gestalt 12 km lang und 8 km breit, von der Drage durchflossen, ist er einer der größern Seen auf dem Seeplateau Hinterpommerns. In ihm liegen zwei Inseln, der Kalkwerder und der Jungfernwerder.

Drau, Drava, Drave, einer der bedeutendsten Nebenflüsse der Donau, entspringt auf der Toblacher Heide 1228 m hoch im Pusterthale Tirols aus zwei Hauptquellen und bildet nächst dem Rhônethal das längste Alpenthal (334 km). Bei Innichen (1166 m) nimmt sie rechts den Sextenbach auf, fließt durch die Enge der einst befestigten Lienzer Klause in die Thalweitung von Lienz, wo sie sich mit der Isel vereinigt, und erreicht bei Ober-Drauburg (610 m) Kärnten. Bis hier ein unbedeutender Fluß, tritt sie, nachdem sie links die Möll, Lieser, Gurk und Lavant, rechts bei Villach (486 m) die Gail aufgenommen hat, in ein geöffnetes, niedriges Berg- und Hügelland. Bei Unter-Drauburg betritt sie Steiermark, im N. durch den Poßruck, im S. vom Bachergebirge eingeengt, bis Marburg (269 m). Von hier durchfließt sie, links die Pößnitz, rechts die Mißling und Dran aufnehmend, über Friedau die südl. Steiermark, bildet dann die Grenze zwischen Ungarn, Kroatien und Slawonien, durchströmt langsamen und gewundenen Laufs teilweise sumpfige Niederungen, nimmt bei Alt-Legrád ihren größten Zufluß, die 438 km lange Mur (s. d.) auf und fällt als ein wasserreicher Strom bei Almas unterhalb Esseg in die Donau. Ihre Länge beträgt 749 km, der Abstand von der Quelle zur Mündung 532,5 km. Ihre Breite beträgt bei Esseg 320 m. Dort erreicht sie eine Tiefe von 6 m. Die Länge ihres schiffbaren Laufs, von Villach an, beträgt 610 km, wovon 152 km von Bárcs ab mit Dampfern befahren werden. Die Regulierung der D. wurde von der ungar. Regierung 1874 begonnen. Seitdem sind 62 Durchstiche ausgeführt, die den Lauf des Flusses um 75 km abkürzen.

Draufbohrer, soviel wie Drehbohrer, s. Bohrer (Bd. 3, S. 236 b).

Draufgabe (Draufgeld), s. Arrha.

Draupnir, in der nordischen Mythologie der kostbare Ring, den einst die Zwerge für Odin, den höchsten Gott, schmiedeten. Er ist das Symbol der Sonne, aus dem sich diese allnächtlich von neuem erzeugt. Als solches befindet er sich nicht nur im Besitz des Odin, sondern auch des Frey, einer andern Gestalt des ursprünglichen Himmelsgottes. Im Mythus vom Tode Baldrs giebt Odin den Ring dem geliebten Sohne mit auf den Scheiterhaufen als das teuerste seiner Kleinode, ein schönes Bild vom Absterben der Sonne in der kalten Jahreszeit. D. heißt «der Tropfer»; er hat seinen Namen daher, daß jede Nacht aus dem alten ein neuer Ring für den nächsten Tag träufelt.

Drausensee, See auf der Grenze der Provinzen Ost- und Westpreußen, südöstlich von Elbing, 10 km lang und 4 km breit, ist der Rest eines großen Seenbeckens, das sich einst wohl bis Preußisch-Holland erstreckte; er vermittelt den lebhaften Verkehr zwischen den Oberländischen Seen, mit welchen er durch den Elbing-Oberländischen Kanal in Verbindung steht, und seinem Zufluß, der Sorge, einerseits, sowie durch seinen Abfluß, die Elbing, mit der

Stadt Elbing anderseits. In den D. ergießen sich aus dem kleinen Werder die Thiene und von der Höhe die Sorge, welche unweit Saalfeld entspringt und von Dallstädt an auf 8,3 km schiffbar ist; ferner die Weeske aus dem Narienſee (über Preußisch-Holland) und die Klappe; mit letzterer beginnt der Elbing-Oberländische Kanal (s. d.).

Drava (Drave), s. Drau.

Drâvida, Drawida, Volks- und Sprachstamm Indiens, welcher eine von der mittelländischen (kaukasischen) und von der hochasiatischen (mongolischen) verschiedene Rasse bildet. Der Name D. wird von den europ. Gelehrten in ganz anderm Sinne gebraucht als von den indischen. Diese kennen fünf Dravidastämme (Pantschadrâvidam): Telinga, Karṇâṭakat, Marâṭhi, Gurjara, Drâvida (Tamil), womit die Kulturvölker des Dekan zusammengefaßt werden. Die europ. Gelehrten dagegen bezeichnen mit dem Worte diejenigen Völker, welche vor der Einwanderung der Arier Indien bewohnten. Anthropologisch sind sie gleichartig, sprachlich (s. Dekanische Sprachen) aber zerfallen sie in zwei scharfgetrennte Teile: die D. im engern Sinne und die Kolarier (s. d.), zu denen auch die jetzt fast ganz hinduisierten Stämme Radschastans (die Bhi, Mina u. s. w.) gehörten. Die Gegensätze zwischen den Ariern und «der schwarzen Haut» (Rigveda) war auch den Alten (Herodot) wohl bekannt. Der Einbruch der Arier (des sog. Sanskritvolks) mag um 2000 v. Chr. stattgefunden haben, da die ältesten litterar. Denkmäler der Arier, die vedischen Hymnen, von ihrem Leben im heutigen Pandschab und von dem allmählichen Vordringen ins Gangesland Kunde geben, aber vom Dekan so gut wie nichts wissen. Die immer kraftvoller vordringenden Arier unterwarfen die dunkelfarbige Urbevölkerung und reihten sie als dienende Kaste den drei alten freien Kasten der Priester, Krieger und Landbebauer an, während andere Teile in die Wälder flohen, wo sie als vogelfreie Barbaren galten. Am tiefsten gedrückt wurde die alte Bevölkerung Bengalens. Ganz anders vollzog sich die Brahmanisierung des Dekans, wo einerseits die wilden Stämme durch das gebirgige Terrain besser geschützt waren, andererseits aber vielleicht schon älterer Kultur gegenüber trat. So hat das Tamil ein altes eigenes Wort für «schreiben». Daß zwischen dravidischen Priestergeschlechtern und den Ariern Kompromisse stattfanden, wodurch die erstern als Brâhmanas anerkannt wurden, ist bekannt. Das Vordringen der arischen Kultur geschah hauptsächlich durch die Waldsiedeleien der Brâhmanas auf durchaus friedlichem Wege. Deswegen haben die D. (im engern Sinne) trotz der Annahme des Hindutums, das sie in eigener Weise fortbildeten, ihre eigenen Sitten und ihre Muttersprachen bewahrt. Wahrscheinlich bei dem ersten Einbruch der Arier zur Seite geschoben sind die im Berglande Belutschistans wohnenden Brahui (s. d.). Da die Kulturvölker unter den D. (Tamulen, Malabaren, Telugu, Kanaresen) mehr oder weniger Blutmischungen mit den Ariern eingegangen sind, so ist der relativ reinste physische Typus bei den Bergvölkern zu suchen. — Vgl. Lassen, Ind. Altertumskunde, Bd. 1 (2. Aufl., Lpz. 1854—56); Duncker, Geschichte des Altertums, Bd. 3: Die Arier am Indus und Ganges (5. Aufl., ebd. 1879); Graul, Reise nach Ostindien (5 Bde., ebd. 1854—56); Oppert, On the ancient inhabitants of Bharatavarsha (Madras 1889); Risley, Tribes and castes of Bengal (2 Bde., Kalk. 1892).

Dravidische Sprachen, s. Dekanische Sprachen.

Drawback (engl., spr. drahbäck), im allgemeinen Rückvergütung bei der Wiederausfuhr verzollter Waren, ferner auch die Ausfuhrvergütung bei Produkten, die, wie z. B. Branntwein, mit einer innern Steuer belastet sind, während die eigentlichen Ausfuhrprämien, welche namentlich in der merkantilistischen Zeit häufig vorkamen, in England «bounties» genannt wurden. Mit der Einführung und Verallgemeinerung zoll- und steuerfreier Lager (sog. bonded stores) sind die D. mehr und mehr außer Gebrauch gekommen. Auch in Frankreich hat sich der Ausdruck D. eingebürgert im Gegensatz zu «primes», den eigentlichen Ausfuhrprämien und denjenigen Prämieu, welche das frühere franz. Protektionssystem für gewisse Fabrikate, z. B. für Wollstoffe, Zucker, wegen der bestehenden Rohstoffzölle gewährte, ohne daß der Nachweis der Einfuhr des Materials geliefert zu werden brauchte. In andern Fällen aber verlangte man wenigstens die Vorzeigung von Quittungen über eine, gleichviel wo und von wem, geleistete Zollzahlung, und die Rückvergütung auf Grund solcher Quittungen, die einen förmlichen Handelsartikel bildeten, war das D. im engern Sinne. (S. Exportbonifikation und Ausfuhrprämien.)

Drawida, s. Drâvida.

Drawing-Room (engl., spr. dräing ruhm; richtiger withdrawing-room, von to withdraw, «sich zurückziehen»), Gesellschaftszimmer, Salon. D. des Königs oder der Königin heißt der Empfang, bei welchem die Personen erscheinen, die das Recht haben, bei Hofe vorgestellt zu werden.

Dräxler, Karl Ferdinand, Dichter unter dem Namen Dräxler-Manfred, geb. 17. Juni 1806 zu Lemberg, studierte in Prag, Wien und Leipzig erst die Rechte, danu Philologie und gab 1826 und 1829 zu Prag zwei Bändchen «Romanzen, Lieder und Sonette» heraus. Von 1829 bis 1837 lebte er als Journalist zu Wien, danu in verschiedenen Städten Deutschlands, war 1845—52 Redacteur der «Darmstädter Zeitung» und wurde 1846 meining. Hofrat, 1853 Dramaturg des Darmstädter Hoftheaters. D. starb 31. Dez. 1879 in Darmstadt. Er veröffentlichte noch: «Gedichte» (Frankf. 1838; 3. Aufl. 1848), «Freud und Leid» (Hannov. 1858), «Momente» (Frankf. 1866) und den Romanzencyklus «Sonnenberg. Kunden und Sagen» (Siegen 1845), sowie verschiedene Novellen und Romane, die einen höhern künstlerischen Wert nicht besitzen, während seine spätern Gedichte eine an Rückert geschulte Formvollendung aufweisen.

Drayton (spr. dreht'n), Michael, engl. Dichter, geb. 1563 zu Hartshill in Warwick, begann die dichterische Laufbahn mit «The harmonie of the church» (1591), worauf 1593 «Idea, the shepherd's garland, fashioned in nine eclogs» folgte. Seine Hauptwerke sind die histor. Dichtung «Mortimerados» (1596), die in etwas veränderter Gestalt 1603 als «The barrons' warres» erschien, «England's heroical epistles» (1598), «The Polyolbion» (1613—22), eine poet. Topographie Englands in 30000 Alexandrinern (neue Ausgabe von Hoozer, Lond. 1876), und «Nymphidia or the court of fairy» (1627). Von seinen kürzern Gedichten «Poems lyric and heroic» (1606) ist das beste «The ballad of Aymcourt». 1626 wurde er Poet Laureate, starb 1631 und wurde in der Westminster-Abtei beigesetzt. Er zeichnet sich durch große Phantasie, durch edle Sprache und kräftigen Versbau aus. Seine «Works» erschienen

London 1748 und 1752 (4 Bde.). Eine Neuausgabe besorgte Hoozer (3 Bde., Lond. 1876).

Drayton-in-Hales (spr. dreht'n in hehls), Stadt in England, s. Market-Drayton.

Draziger See, s. Dratziger See.

Dr. D. S. oder D. D. S., Abkürzung für Doctor of dental surgery (engl., spr. denntĕl ßördschĕri), d. h. Doktor der Zahnheilkunde, Titel amerik. Zahnärzte.

Drebbel, Cornelius von, holländ. Physiker und Mechaniker, geb. 1572 zu Alkmaar, studierte Medizin, Chemie und Mathematik und wurde Erzieher der Söhne Kaiser Ferdinands II. Später begab er sich nach London, wo er 1634 starb. D. galt mit Unrecht früher als Erfinder des Thermometers auf Grund seines Werks «De natura elementorum» Hamb. 1621); auch ist unsicher, ob er oder ein sonst unbekannter Niederländer Niklas D. der Erfinder der Scharlachfarbe aus Cochenille und Zinnsalzlösung ist.

Dreber, Heinr. Franz- (eigentlich Heinrich D., da er den Namen Franz-Dreber von Verwandten annahm, in deren Hause er aufwuchs), Maler, geb. 9. Jan. 1822 in Dresden, Schüler der dortigen Akademie und Adr. Ludwig Richters, widmete sich ausschließlich der Landschaftsmalerei. 1843 begab er sich mit Unterstützung der Akademie nach Italien, wo die Umgebung Roms, namentlich die Berge von Albano und das Sabinergebirge ihm die Anregung lieferten für seine ernsten, dabei mit warmer Liebe für Einzeldurchbildung ausgeführten Landschaftsentwürfe, welche meist mit biblischen oder mytholog. Gestalten versehen wurden. Seine besten Staffeleibilder sind: Landschaft mit dem barmherzigen Samariter (1848; Galerie zu Dresden), Landschaft mit der Jagd der Diana und Herbstmorgen im Sabinergebirge (beide in der Nationalgalerie zu Berlin), Sappho am Meeresstrande (Galerie Schack zu München), mehrere Campagnabilder mit Pan oder Silen oder Ruth und Boas, Strandbilder mit Iphigenia oder Odysseus u. s. w. Er starb 3. Aug. 1875 zu Anticoli di Campagna bei Rom.

Drebkau, Stadt im Kreis Calau des preuß. Reg.-Bez. Frankfurt, an der Linie Cottbus-Großenhain der Preuß. Staatsbahnen, hat (1890) 1191 E., darunter 15 Katholiken, Post, Telegraph, evang. Kirche; Vorschußverein, 2 Dampfmühlen, Genossenschaftsbrennerei. In der Nähe Rittergut und Schloß D.

Drechselbank, soviel wie Drehbank (s. d.).

Drechseln, s. Drehen.

Drechsler, Gustav, Landwirt, geb. 18. Juni 1833 in Clausthal am Harz, studierte in Jena und München und übernahm 1859 die Verwaltung des ihm gehörenden Rittergutes Crimderode bei Ilfeld. Seit 1866 widmete er sich in Halle von neuem dem Studium und habilitierte sich 1867 in Göttingen. Hier gründete er ein landwirtschaftliches Institut, zu dessen Direktor er ernannt wurde; zugleich wurde er 1871 ord. Professor. 1885 wurde er in das preuß. Abgeordnetenhaus, 1887 in den Deutschen Reichstag gewählt, wo er der Deutschen Reichspartei angehörte. 1889 zum Kurator der Universität Greifswald ernannt, starb er dort 14. Okt. 1890. Eine umfassende Thätigkeit hat D. auf dem Gebiete des landwirtschaftlichen Vereins- und Genossenschaftswesens entwickelt. Von seinen Schriften sind zu nennen: «Die Statik des Landbaues» (Gött. 1869), «Der landwirtschaftliche Pachtvertrag» (2 Bde., Halle 1871, vom Landwirtschaftlichen Centralverein der Provinz Sachsen gekrönte Preisschrift), «Die Entschädigungsberechnung expropriierter Grundstücke» (Gött. 1873), «Das landwirtschaftliche Studium an der Universität Göttingen» (ebd. 1875 und Berl. 1885), «Steigerung des Reinertrags durch den Getreidebau» (1882), «Theorie der Düngung» (1885). In Gemeinschaft mit W. Henneberg gab er das «Journal für Landwirtschaft» (Berlin) heraus.

Drechsler, Karl Aug. Eduard, Jurist, geb. 14. März 1821 zu Stavenhagen (Mecklenburg), studierte in Heidelberg und Rostock und wurde 1844 Advokat in Rostock. 1848 in die Frankfurter Nationalversammlung gewählt, schloß er sich dem linken Centrum (Württemberger Hof) an. 1850 wurde er Mitglied des Magistratskollegiums zu Parchim, dem er als Bürgermeister und Dirigent des Magistratsgerichts bis 1864 angehörte, hierauf in das Oberappellationsgericht der vier Freien Städte zu Lübeck berufen. 1868—70 gehörte er der Kommission an, welche die Entwürfe zu den Justizgesetzen ausarbeitete, wurde 1870 erster Vicepräsident des Bundes-, demnächst Reichsoberhandelsgerichts, 1879 Präsident des ersten Senats am Reichsgericht.

Drecht, kleiner Fluß in Holland, s. Amstel.

Dreckhinken, Moderhinke, der Schafe ist ein in einer Herde verbreitetes Lahmgehen, das durch seine Ausbreitung auf zahlreiche Tiere mit Aphthenseuche (s. Maul- und Klauenseuche) verwechselt werden könnte, sich von dieser aber dadurch unterscheidet, daß es durch Entzündung infolge von Unreinlichkeit (bei andauernder feuchter Witterung) entsteht und auf andere Schafe nicht übertragen werden kann.

Dreckwagen, Spottname der sog. Groben, einer Partei der Taufgesinnten (s. d.).

Dredge (engl., spr. dreddsch), Dregge, s. Schleppnetz.

Dred-Scott-Entscheidung wird eine Entscheidung des höchsten Gerichtshofs in den Vereinigten Staaten von Amerika vom J. 1857 genannt, die dadurch bemerkenswert ist, daß sie die Grundsätze der Nebraska-Bill (s. d.) zu bestätigen und den Vereinigten Staaten das Recht abzusprechen schien, die Sklaverei in den Territorien zu verbieten. Ein Sklave, Dred Scott, verklagte seinen Herrn wegen thätlicher Beleidigung und glaubte sich dazu berechtigt, weil ihn sein Herr in den freien Staat Illinois gebracht hatte und dann in ein Territorium, worin durch den Missouri-Kompromiß (s. d.) die Sklaverei verboten war. Der Oberrichter Taney entschied, daß 1) Scott als Neger nicht klagen könne, und daß 2) der Missouri-Kompromiß verfassungswidrig wäre. Die Republikaner erklärten diese Entscheidung für nicht den Thatsachen entsprechend und deshalb nicht bindend. — Vgl. Benton, Dred Scott Case, historical and legal examination (Neuyork 1857).

Dreesch (Dreisch), **Dreeschwirtschaft**, s. Koppelwirtschaft.

Dreget, Sammetmesser oder Sammethaken, ein messerartiges Werkzeug zum Aufschneiden der Sammetmaschen zur Herstellung des geschnittenen oder gerissenen Sammets.

Drehaspirator, s. Aspirator.

Drehbank oder Drechselbank, die älteste und wegen ihrer vielseitigen Verwendbarkeit noch heute am häufigsten benutzte Werkzeugmaschine zur Bearbeitung von Metallen, Holz, Horn, Meerschaum, Bernstein u. s. w. Schon im Altertum kannte man die D.; Plinius nennt Theodoros von Samos ihren Erfinder und erwähnt, daß der Bildhauer Phidias sich ihrer bedient habe.

Die D. dient zur Bearbeitung der Oberfläche der Arbeitsstücke mit Hilfe eines schneidenden Werkzeugs, des Drehstahls (s. d.). Hierbei findet eine doppelte Bewegung statt: das Arbeitsstück, das zu diesem Zwecke in geeigneter Weise auf der D. befestigt wird, dreht sich unausgesetzt um seine in jedem Falle wagerecht liegende Achse, während der Stahl, der die zweite Bewegung ausführt, längs der Oberfläche gleitet. Bei verschiedener Bewegungsrichtung des Werkzeugs können hierbei verschiedene Körperformen entstehen. Erfolgt die Bewegung parallel zur Drehungsachse des Arbeitsstücks, so entsteht eine Cylinderfläche, das Werkzeug beschreibt in Wirklichkeit auf der Oberfläche des Arbeitsstücks eine Schraubenlinie, deren Windungen dicht aneinander liegen, während bei rascherer Bewegung des Werkzeugs Schraubengänge auf einer cylindrischen Oberfläche eingeschnitten werden, weshalb die D. auch als Schraubenschneidemaschine (s. d.) verwendet werden kann. Bewegt sich das Werkzeug nach einer geraden Linie, welche einen Winkel gegen die Drehungsachse einschließt, so entsteht eine Kegelfläche; bewegt sich aber das Werkzeug nach einer unregelmäßig verlaufenden Linie, so entstehen Körper, deren Profil der Form jener Linie entspricht, während ihr Querschnitt an allen Stellen Kreisform besitzt. In allen diesen Fällen heißt die Arbeit **Runddrehen**. Eine Abart des Runddrehens ist das **Ausdrehen**, bei dem nicht die äußern Flächen der Arbeitsstücke, sondern die innern Flächen hohler Gegenstände durch Runddrehen vermittelst eines hakenförmig gestalteten Werkzeugs bearbeitet werden. Erfolgt die Bewegung des Werkzeugs nach einer geraden Linie, die rechtwinklig gegen die Drehungsachse gerichtet ist, so entsteht eine ebene Fläche, und die Arbeit heißt **Plandrehen**. Endlich kommt der Fall vor, daß das Werkzeug wie beim Runddrehen bewegt wird, außerdem aber während eines Umlaufs des Arbeitsstücks seinen Abstand von diesem ändert, sodaß es zwar nach beendigtem Umlaufe wieder in den ursprünglichen Abstand zurückgekehrt ist, inzwischen aber sich dem Arbeitsstücke wechselweise genähert und sich von ihm entfernt hat: es entstehen alsdann Körper, deren Querschnitte nicht Kreisform besitzen, sondern durch irgend eine andere geschlossene Figur gebildet werden, deren Form von der Art und Weise der erwähnten Näherung und Entfernung abhängig ist. Auf diese Weise lassen sich prismatische Körper herstellen, deren Seitenflächen geradlinig oder gekrümmt sein können, und die Arbeit heißt **Passigdrehen**. Eine besondere Art derselben ist das **Ovaldrehen**, wobei der Querschnitt des Arbeitsstücks eine Ellipse bildet (s. Ovalwerk).

Abgesehen von der verschiedenen Größe und der abweichenden Einrichtung ist die Gesamtanordnung der D. wesentlich die gleiche. Auf einem aus Gußeisen (selten aus Holz) gefertigten Rahmen a (s. nachstehende Fig. 1), dem **Drehbanksbett**, sind die zur Befestigung und Bewegung des Arbeitsstücks wie zur Unterstützung des Werkzeugs dienenden Teile angeordnet. Nur bei sehr kleinen D. dient ein prismatischer, wagerecht liegender Stab zur Befestigung jener Teile (**Prismadrehbänke**). Die Oberfläche des Bettes muß vollständig eben bearbeitet sein und wagerechte Lage haben. An dem linken Ende des Bettes jeder D. befindet sich das Lager b zum Tragen der Welle, die den Antrieb aufnimmt und auf das Arbeitsstück überträgt. Jene Welle heißt die **Drehbankspindel**, das Lager die **Spindeldocke** oder der **Spindelstock**. Bei der in Fig. 1 abgebildeten D. erfolgt der Antrieb von einem Fußtritte aus und wird durch eine Schnurscheibe auf die Schnurrolle übertragen, die auf der Drehbankspindel befestigt ist. Das rechte Ende der Drehbankspindel ragt aus der Spindeldocke heraus und trägt eine eingeschraubte kegelförmige Stahlspitze. Der Spindeldocke gegenüber an der rechten Seite der D., und zwar auf dem Drehbanksbette verstellbar, ist die **Spitzdocke**

Fig. 1.

oder der **Reitstock** c angeordnet. Die Spitzdocke trägt einen vermittelst Schraube und Handrädchens wagerecht verstellbaren Stab, den **Reitnagel** oder die **Pinne**, der an der der Spindeldocke zugekehrten Seite ebenfalls in einer Stahlspitze endigt. Beide Spitzen — die der Spindeldocke und die der Spitzdocke — befinden sich genau in einer wagerechten Linie, und zwischen ihnen werden längere Arbeitsstücke eingeklemmt. Eine von einer Spitze zur andern gezogene gerade Linie bildet demnach die Drehungsachse des Arbeitsstücks. Um die Bewegung der Drehbankspindel auf das zwischen den Spitzen eingespannte Arbeitsstück zu übertragen, schraubt man auf dem Kopfe der Spindel eine Scheibe d (**Mitnehmerscheibe** genannt) auf, mit einem Stifte, dem **Mitnehmer**, der beim Umlaufen der Scheibe sich hinter einen Vorsprung des Arbeitsstücks legt und hierdurch dieses ebenfalls in Umdrehung versetzt. Besitzt das Arbeitsstück nicht an und für sich schon einen für diesen Zweck geeigneten Vorsprung oder Ansatz, so schraubt man einen solchen auf (**Dreherherz**). Bezüglich der Mitnehmerscheibe vgl. auch Fig. 2. Solche D., die vorzugsweise zum Drehen zwischen Spitzen bestimmt sind, heißen **Spitzendrehbänke**. Die in Fig. 1 abgebildete D. ist zum Drehen aus freier Hand bestimmt und besitzt eine Vorrichtung e, die aus einer verstellbar gemachten Krücke, auf welcher der mit der Hand gehaltene Drehstahl ruht, besteht und **Auflage** oder **Vorlage** heißt. Bei vollkommenern D. dagegen (vgl. Fig. 2) besteht jene Vorrichtung aus mehrern gegeneinander verstellbaren Teilen, in die der Drehstahl fest eingespannt wird, und wird in diesem Falle **Support** (auch **Kreuzsupport**, da die Teile rechtwinklig gegeneinander verstellbar sind) genannt (s. Kreuzsupport). Die Bewegung wird hier durch Drehung von Schrauben, also in sichererer Weise bewirkt, als bei Benutzung einer einfachen Auflage. Größern D. pflegt man nun auch eine Vorrichtung zu geben, die eine selbstthätige Bewegung des Werkzeugs, sobald es in entsprechender Weise eingespannt worden ist, ermöglicht. Bei der in Fig. 2 abgebildeten D. dient die an der Vorderseite des Bettes gelagerte, mit Schraubengewinde versehene Welle f, die sog. Leitspindel, diesem Zwecke. Sie erhält durch Vermittelung der an der linken Stirnseite der D. sichtbaren Getriebe von der Drehbankspindel aus eine langsame Drehung. Beim Runddrehen läßt man die Leitspindel durch eine an der Unterseite des

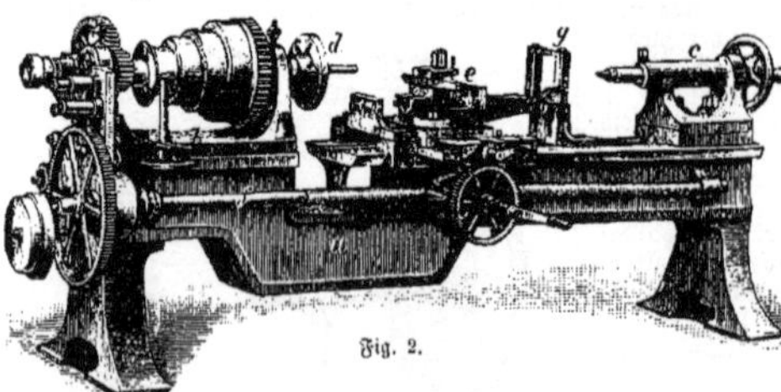

Fig. 2.

Supports befindliche Schraubenmutter hindurchgehen, sodaß der Support samt dem Werkzeuge längs des Drehbanksbettes vorwärts geschoben wird, sobald die Leitspindel sich dreht; beim Plandrehen dagegen benutzt man die Leitspindel lediglich als Welle, von der aus mit Hilfe der in der Abbildung unter dem Support sichtbaren Getriebe die Bewegung auf den betreffenden Schieber des Supports fortgepflanzt wird. Bei der in Fig. 2 abgebildeten D. ist ferner g eine Lünette, d. h. eine Hilfsdocke, welche langen

Fig. 3.

dünnen Gegenständen, z. B. Transmissionswellen, als Unterstützung dient, um sie beim Runddrehen vor dem Verbiegen zu schützen oder ihnen beim Plandrehen der Endfläche die erforderliche Auflagerung zu geben.

Sollen Gegenstände von großem Durchmesser und geringer Breite rund oder plan gedreht werden, z. B. Räder, so ist jene beschriebene Befestigung zwischen den beiden Spitzen der Spindel- und Spitzendocke nicht anwendbar. An Stelle der Mitnehmerscheibe wird in diesem Falle eine größere, mit durchgehenden Schlitzen und Öffnungen versehene Scheibe, die Planscheibe, aufgeschraubt, auf welcher nun das Arbeitsstück mit Hilfe von Schrauben oder Klammern, die durch die erwähnten Öffnungen hindurchgehen, befestigt wird. Bei der in Fig. 2 abgebildeten D. ist das Bett unmittelbar vor der Spindeldocke gekröpft, damit hier auch für eine etwas größere Planscheibe der erforderliche Raum gewonnen werde. Die Anordnung einer D. mit noch größerer Planscheibe ist in Fig. 3 dargestellt. d ist die Planscheibe; die übrigen Teile sind mit den nämlichen Buchstaben wie in Fig. 1 und 2 bezeichnet. Abgesehen von den stärkern Abmessungen aller einzelnen Teile beruht der Unterschied der Einrichtung dieser D. (gewöhnlich Planscheibendrehbank genannt, weil hier die Planscheibe einen wesentlichen Bestandteil ausmacht) im Vergleich zu der Einrichtung der früher besprochenen hauptsächlich in dem Fortfallen der Füße zum Tragen des Bettes, welches unmittelbar auf dem Fundament aufruht. Geht der Durchmesser der Planscheibe endlich über 3 m hinaus, so sieht man davon ab, die D. auch zum Spitzendrehen zu benutzen. Der Spitzenstock fällt weg; statt des Längsbettes geht ein Querbett in der Richtung der Planscheibenebene vor dieser vorbei, auf welcher der Support sich bewegt. Die D. heißt dann Plandrehbank.

Soll die D. besondern Zwecken dienen, so kann ihre Einrichtung im einzelnen mehr oder minder weit gehende Änderungen erleiden, oder man kann sich besonderer Ergänzungsteile bedienen (vgl. Duplexdrehbank). Soll z. B. die D. zum Abdrehen gegliederter Gegenstände (Treppendocken, Thürgriffe u. s. w.) benutzt werden, so pflegt man einen sog. Kurvensupport zu benutzen. Auf dem Drehbankbette wird eine Platte befestigt, deren Rand dem Profil des abzudrehenden Gegenstandes entsprechend ausgeschnitten ist. Der Support wird durch die Leitspindel wie gewöhnlich längs des Bettes bewegt; das Werkzeug aber befindet sich auf einem rechtwinklig gegen die Drehungsachse beweglichen Schieber, der durch ein Gegengewicht gegen den Rand jener Platte gedrückt wird. Bei der Bewegung des Supports gleitet demnach das Werkzeug, dem Rande der Platte folgend, ein- und auswärts, wie es der Form des abzudrehenden Arbeitsstücks entspricht. Ebenso hat man Kugelsupporte zum Abdrehen von Kugelflächen; Vorrichtungen zum Passigdrehen, bei denen das Werkzeug ebenfalls auf einem ein- und auswärts gleitenden Schieber befestigt ist, u. s. w.

Außer zum Drehen im eigentlichen, oben erläuterten Sinne kann man die D. auch zum Fräsen benutzen (s. Fräsen, Fräsmaschine), indem man das Werkzeug mit der Drehbankspindel in Umlauf setzt und das Arbeitsstück auf dem Support befestigt; man kann sich ihrer sodann zum Bohren und Ausbohren bedienen (s. Bohren, Cylinderbohrmaschine); eine fernere wichtige Verwendung ist die Herstellung von Hohlkörpern aus Metallblechen durch Drücken (s. Blechbearbeitung, Bd. 3, S. 106 a), u. s. w. Vgl. Fr. Neumann, Handbuch der Metalldreherei (4. Aufl. von Hartmanns Handbuch, Weimar 1882).

Drehbanksbett, Drehbankspindel, s. Drehbank (S. 493 a).

Drehbasse, s. Basse.

Drehbogen, soviel wie Bohrrolle, s. Bohrer (Bd. 3, S. 238 b).

Drehbohrer, s. Bohrer (Bd. 3, S. 238 b).

Drehbrücken, Bewegliche Brücken (s. d.), bei denen sich das Brückentragwerk um eine senkrechte Achse dreht, die zwischen den Endpunkten des beweglichen Teiles liegt. Die Drehachse ist als Zapfen ausgebildet und befindet sich gewöhnlich auf einem Pfeiler, Drehpfeiler; auf diesem sind konzentrisch

Brücke über den Missouri bei Atchison.

mit dem Zapfen Laufräder oder Rollen angeordnet, die bei der Drehung das Gewicht des Tragwerks aufnehmen und in einem untern auf dem Pfeiler befindlichen und in einem obern am Tragwerk befestigten Laufkranz laufen. Die D. wurden seit dem Beginn des Eisenbahnbaues vielfach an Stelle der Zugbrücken (s. d.) angewendet. Bei kleinen Anlagen erfolgt die Drehung durch Menschenkraft, setzt meist durch hydraulische oder pneumat. Apparate oder Zahnradmaschinen. Die erste eiserne Drehbrücke entwarf der Engländer Walter (1804). Von den größten D. sind zu erwähnen: die im Hafen von Neuyork (mit einem Drehfeld von 149 m), die ebenfalls bei Neuyork befindliche Raritanbai-Drehbrücke (mit einem Drehfeld von 144 m), die oberhalb St. Louis über den Mississippi (1873; mit einem Drehfeld von 135,3 m Länge), die über den Missouri zwischen St. Joseph und Atchison (s. vorstehende Figur, zweiflügelig, mit einem Drehfeld von 122 m) und die zu Brest (s. d., Bd. 3, S. 516 a).

Drehen, die Bewegung eines Körpers um eine Achse (s. Rotation). — Bei den Leibesübungen finden Drehungen häufig Anwendung; geschehen sie in der Längenachse, so ist es Umkehren links oder rechts, in der Breitenachse ist es Überdrehen vor- oder rückwärts, in der Tiefenachse ist es Seitdrehen links oder rechts. Je nach den Durchmessern, Kreisbogen, spricht man von 1/8, 1/4, 1/2, 3/4 und ganzer Drehung. Drehungen in der Längenachse nach einer und derselben Richtung heißen Walzdrehungen. Diese liegen allen Rundtänzen zu Grunde, daher wird Tanzen auch Walzen genannt. Drehungen vor-, rück- oder seitwärts immer nach einer Seite, wie beim Gerätturnen, heißen Wellen. Das D. einer Reihe um ihre Achse, welche an den Enden, in der Mitte oder auch außerhalb liegen kann, heißt Schwenken.

Drehen, Drechseln oder Abdrehen, heißt die Zerspanung einer oberflächlichen Schicht an einem Werkstück dadurch bewirken, daß demselben eine Drehbewegung mitgeteilt wird, während das Schneidwerkzeug, der Drehstahl (s. d.), eine Schiebungsbewegung empfängt (s. Drehbank). Auch bezeichnet man mit D. denjenigen Teil des Spinnprozesses, durch welchen ein lockeres Faserband verdichtet, gefestigt wird und der so entstandene Faden Rundung erhält (s. Spinnerei). Ferner nennt man D. in der Thonwarenfabrikation die Verarbeitung des Thons zu runden Gegenständen mittels der Drehscheibe (s. Thonwarenfabrikation).

Dreher, mit Drehkrankheit (s. d.) behaftete Schafe. — Über den D. als Tanz s. Ländler.

Dreher, Anton, österr. Industrieller, geb. 7. Juni 1810 in Wien, lernte als Braubursche in Bayern und England das Verfahren bei Herstellung der untergärigen Biere kennen, und verpflanzte es in die Heimat. 1836 übernahm er von seiner Mutter das alte Brauhaus zu Klein-Schwechat bei Wien, und erzeugte gleich während der ersten Campagne 14200 hl Bier, das großen Beifall fand. Die Brauerei wurde von Jahr zu Jahr größer und umfaßt 1892 ein Areal von 16,5 ha, wovon 6,3 ha überwölbt und größtenteils unterirdische Räume sind. Der Betrieb erfolgt durch Dampf- und Wasserkraft, mit über 1000 Arbeitern und 60 eigenen Eisenbahnwaggons für den Export. Während des stärksten Betriebes werden täglich 1000—1200 hl Malz verarbeitet. Vom 1. Dez. 1891 bis 1. Okt. 1892 wurden 550000 hl Bier erzeugt. D. wurde 1861 zum Abgeordneten im niederösterr. Landtag und im Reichsrat gewählt. Er starb 27. Dez. 1863. Nach einer vormundschaftlichen Verwaltung übernahm sein Sohn Anton D., geb. 21. März 1849, das Geschäft, das 1867 mit Erfolg den Ausschank bei der Pariser Weltausstellung übernahm und sich durch energische Pflege des Exports einen Weltruf erworben hat. Außer der Brauerei in Klein-Schwechat besitzt D. noch Brauereien zu Steinbruch bei Budapest (Produktion 1892: 400000 hl Bier), zu Michelob bei Saaz (jährlich 40000 hl) und in Triest (jährlich 56000 hl). Das D.sche Lagerbier hat zuerst die seitdem beliebt gewordene Richtung der lichten, malzreichen Biere eingeschlagen.

Dreherherz, s. Drehbank (S. 493 b).

Drehfeuer, eine Gruppe der Feuerwerkskörper (s. d.); bei ihm kommen Treibsätze zur Anwendung. Hierher gehören die Pastillen, mit spiralförmig auf eine hölzerne Achse aufgewickelter Hülse; die Achse wird auf einen Nagel gesteckt und durch die Rückwirkung der aus der Hülse bei der Entzündung ausströmenden Gase das Ganze in rasche Umdrehung versetzt, wodurch das entwickelte Licht einen Feuerkreis beschreibt; der Umläufer, eine um die Mitte drehbar angebrachte, mit funkengebendem Treibsatz geladene Hülse, welche den geschlossenen Enden zunächst mit seitlichen Öffnungen versehen ist; die Tourbillons (Tafelraketen), welche aufsteigen, indem sie sich horizontal um ihre Achse drehen; endlich der an einem Draht hin- und hergleitende Drache oder das Schnurfeuer.

Drehgefach (Tourniquet), eine am Zugang zu Ausstellungen angebrachte Einrichtung, die unter Anwendung einer drehbaren Flügeltrommel den Eintritt von Personen nur so gestattet, daß deren Anzahl mittels eines Zählwerks festgestellt wird. Die nebenstehende Abbildung zeigt eine neuere Ausführung eines D. in Schmiedeeisen.

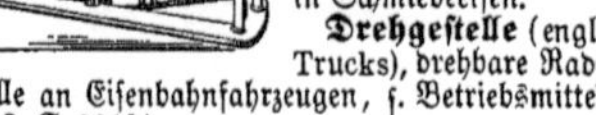

Drehgestelle (engl. Trucks), drehbare Radgestelle an Eisenbahnfahrzeugen, s. Betriebsmittel (Bd. 2, S. 904 b).

Drehherd, s. Aufbereitung der Erze.

Drehkäfer, s. Taumelkäfer.

Drehkran, s. Kran.

Drehkrankheit oder Drehsucht, auch Kopfdrehe, Taumelsucht, Blasenschwindel, Tölpischsein genannt, eine Krankheit, die fast ausschließlich Schafe, in seltenen Fällen auch Rinder und Ziegen befällt. Die D. kennzeichnet sich durch ausgesprochene Bewegungsstörungen. An Stelle eines normalen Ganges bemerkt man sog. Zwangsbewegungen, denen die Tiere willenlos unterworfen sind. Je nach der Eigenart dieser Zwangsbewegung unterscheidet man in der Praxis Dreher, wenn sie sich im Kreise bewegen (Manègebewegung), Traber und Würfler, wenn sie hochtrabend und den Kopf gesenkt sich nach vorn bewegen und dabei häufig stolpern und fallen, ferner Taumler, Schwindler, Seitlinge, wenn sich die Tiere beim Gehen seitlich zu unterstützen suchen, das Gleichgewicht aber häufig verlieren und dabei nach der Seite umfallen. Schließlich beobachtet man noch die Zeigerbewegung, bei der die Schafe sich um einen festgestellten Fuß drehen. Alle diese Bewegungsstörungen werden herbeigeführt durch die Einwanderung des blasenartigen Drehwurmes in das Gehirn. Durch Einwanderung desselben in das Rückenmark entsteht die sog. Kreuzdrehe, bestehend in Kreuzschwäche, Schwanken im Hinterteil (Kreuzdreher, Kreuzschläger) und schließlicher Lähmung eines oder beider Hinterfüße. Der Drehwurm (Gehirnblasenwurm, Gehirnquese) ist die ungeschlechtliche Vorstufe des Quesenbandwurmes (Taenia coenurus *Siebold.*, s. Bandwürmer), der hauptsächlich im Darm von Schäfer- und Fleischerhunden schmarotzt. Mit dem Kote solcher Hunde gelangen die Bandwurmeier auf die Weidegräser, werden mit diesen von den Schafen aufgenommen und entwickeln sich in denselben nach erfolgter Wanderung vom Magen bis zum Gehirn oder Rückenmark zu dem Blasenwurm. Umgekehrt werden die Hunde durch Verfüttern des Gehirns drehkranker Schafe mit Bandwurmbrut infiziert. Auf der Innenwand des Gehirnblasenwurms entwickeln sich nämlich mehrere hundert Stück stecknadelkopfgroßer Gebilde, sog. Ammen, die im Darme von Hunden und Füchsen zu Quesenbandwürmern sich umbilden.

Die D. der Schafe und der übrigen Haustiere ist eine unmittelbare Folge des Druckes des heranwachsenden Drehwurmes auf die umgebenden Gehirnteile. Durch Anbohren des Schädeldaches (Trepanieren) oder Anstechen (Troikarieren) läßt sich mitunter eine Entfernung des Drehwurmes und damit Heilung bewerkstelligen. Vorgebeugt aber wird dem Übel dadurch, daß man den Schäferhunden regelmäßig ein Bandwurmmittel (z. B. Farnkrautextrakt 2—8 g oder Arekanuß 10—20 g) verabreicht und die Exkremente hierauf gründlich beseitigt, sodaß sie selbst und nach ihrem Zerfall der etwaige Inhalt an Bandwurmeiern von den Schafen nicht zufällig genossen werden können, und andererseits dadurch, daß man die Köpfe drehkranker Tiere durch Verbrennen vernichtet und sie nicht den Hunden als Leckerbissen vorwirft. Vgl. Zürn, Die tierischen Parasiten in und auf dem Körper der Haussäugetiere (2. Aufl., Weim. 1882).

Drehleier (Bauernleier, Bettlerleier, frz. Vielle; engl. Hurdy-gurdy), ein als Organistrum zuerst im 10. Jahrh. abgebildetes Musikinstrument, ähnlich einer Guitarre mit zwei Saiten, die durch eine Art Klaviatur an der Seite des Halses verkürzbar sind, unten aber über ein durch eine Kurbel drehbares, mit Kolophonium bestrichenes Rad laufen. Es wurde oft von zwei Personen gespielt: die eine drehte das Rad, wodurch die Saiten angestrichen wurden, die andere spielte auf der Klaviatur und bestimmte dadurch den Ton der Saiten melodisch. Später fügte man noch einige Saiten hinzu, die zwar auch über das Rad liefen und von ihm angestrichen wurden, aber von der Klaviatur nicht berührt wurden, also immer nur in demselben Tone fortschnurrten. Diese Saiten hießen Hummeln (s. d.), das Instrument selbst später Symphonie und Chifonie, seit dem 16. Jahrh. mit dem frühern Namen der Fiedel: Vielle. Vom 10. bis 12. Jahrh. war es wahrscheinlich von gleicher Bedeutung wie jetzt das Klavier. In Deutschland sank die D. in Mißachtung, man überließ sie den Bettlern; jetzt ist sie durch die Drehorgel (s. d.) fast ganz verdrängt. In Frankreich hatte die D. im 17. und 18. Jahrh. eine zweite Blütezeit. Erhalten hat sie sich noch bei den mit Murmeltieren umherziehenden Savoyardenknaben.

Drehling, Pilz, s. Austernschwamm. — D. als Waffe, s. Revolver.

Drehmeißel wird jeder speciell zur Holzbearbeitung dienende Drehstahl (s. d.) genannt. Die D. unterscheiden sich von den Drehstählen der Metallarbeiter namentlich durch die spitzwinkliger zugeschärfte Schneide. Die Hauptarten der D. sind die Röhre (rinnenförmig gestaltet und zum Vordrehen [Schruppen] verwendet) und der Meißel schlechthin (zum Fertigdrehen, Abschlichten, Ausdrehen von Nuten u. s. w.). Außer diesen Hauptformen hat man für besondere Zwecke eine Anzahl Stähle, z. B. den Spitzstahl (zum Bearbeiten härterer Hölzer), den Ausdrehstahl (zum Ausdrehen hohler Formen), das Baucheisen (zum Ausdrehen bauchiger Höhlungen), ferner verschiedene Façon- oder Dessinstähle zum Drehen zusammengesetzter Profile.

Drehmesser, s. Drehstahl.

Drehmoos, s. Funaria.

Drehorgel, Leierkasten, eine kleine tragbare Orgel mit einer Kurbel, die die Ventile der kleinen Orgelpfeifen vermittelst einer mit Stiften versehenen Walze öffnet und zugleich die den Wind für die Pfeifen erzeugenden Blasbälge in Bewegung setzt. Sie kam im 19. Jahrh. als Ersatz der ältern Drehleier (s. d.) auf.

Drehpfahl, hölzernes Gestell, das in den Reepschlägereien zum Zusammendrehen der Schiffstaue dient.

Drehpfeil, s. Bolzen (Geschosse).

Drehpistole, deutsche Bezeichnung für Revolver.

Drehpunkt des Auges, s. Auge (Bd. 2, S. 107a).

Drehrolle, die auf der Spindel der Bohrrolle (s. Bohrer, Bd. 3, S. 238b) sowie des Drehstuhls (s. d.) sitzende Rolle, über die der Riemen (oder die Darmsaite) des Fiedelbogens (Drehbogens) geschlungen wird. Mit D. bezeichnet man auch die Wäschemange (s. Mange).

Drehscheibe im Eisenbahnwesen, s. Eisenbahnbau. — D. in der Töpferei, s. Thonwarenfabrikation.

Drehschieber, ein Organ zur Dampfverteilung bei Dampfmaschinen (s. d., Bd. 4, S. 740a) oder zur Druckwasserverteilung in hydraulischen Maschinen, dessen Dichtungsfläche cylindrisch oder konisch ist und das entweder eine rotierende oder schwingende Bewegung macht.

Drehstahl, Drehmesser, das beim Drehen auf der Drehbank (s. d.) benutzte Werkzeug, für Holzdreherei auch Drehmeißel (s. d.) genannt. Es besteht ans einem Stahlstabe, dessen vorderes Ende zu einer Schneide ausgearbeitet ist und der entweder von der Hand geführt (Handstahl) oder in dem Support der Drehbank (s. Kreuzsupport) befestigt wird (Supportstahl). In dem erstern Falle pflegt er mit einem hölzernen Heft zum Festhalten versehen zu sein, während die Supportstähle vierkantige Eaden besitzen. Man pflegt Schrupp- oder Schrotstähle, Spitzstähle und Schlichtstähle zu unterscheiden. Der Schruppstahl, zur Abnahme grober Späne bei der ersten Bearbeitung bestimmt und in der Holzdreherei Röhre genannt, hat eine abgerundete (bogenförmige) Schneidkante; der Spitzstahl, in solchen Fällen benutzt, wo feinere Späne genommen werden sollen, endigt in einer Spitze (wobei die in der Spitze zusammenlaufenden Kanten als Schneiden dienen); der Schlichtstahl hat eine geradlinige, schmalere oder breitere Schneidkante und dient zur Abnahme der von jenen Stählen hinterlassenen Spuren, also zur letzten Vollendung der Arbeit. Zum Ausdrehen besonderer Formen hat man Façonstähle (Dessinstähle), wie z. B. beim Abdrehen der Spurkränze von Eisenbahnwagenrädern. Eine besondere Form der Façonstähle sind die zum Schraubenschneiden benutzten Strähler (s. Schraubenschneidemaschine).

Drehstrom bezeichnet in der Elektrotechnik nach Dobrowolsky ein Bündel von n um $\frac{1}{n}$ in der Phase gegeneinander verschobenen Wechselströmen. Der Name hat sich durch die Lauffen-Frankfurter Kraftübertragung bereits auch in die engl. und franz. technische Terminologie eingeführt. Bezeichnender ist der andererseits vorgeschlagene Name Mehrphasenstrom. (S. Dynamomaschinen.)

Drehstuhl, eine für die feinsten Metallarbeiten namentlich der Uhrmacher und Mechaniker unentbehrliche, in ihrer Wirksamkeit der Drehbank (s. d.) ähnliche Vorrichtung, die gewöhnlich kein eigenes Gestell besitzt, sondern in den Schraubstock eingespannt oder mittels kleiner Füße auf dem Werktisch befestigt wird. Nach der besondern Einrichtung werden Stiften- und Dockendrehstühle unterschieden, je nachdem das Werkstück zwischen Spitzen eingespannt oder auf einer Mitnehmerscheibe resp. in einem Bohrfutter befestigt wird. Die Bewegung der Spindel geschieht meist, abweichend von der bei der Drehbank üblichen, durch einen Drehbogen, der über einer auf der Spindel sitzenden Drehrolle hin und her geführt wird, ähnlich wie bei der Bohrrolle. (S. Bohrer, Bd. 3, S. 238b.)

Drehsucht, s. Drehkrankheit.

Drehturm, s. Panzerdrehturm.

Drehung der Polarisationsebene. Wenn linear polarisiertes Licht (s. Polarisation des Lichts) längs der optischen Achse des Quarzes fortschreitet, wird im rechtsdrehenden Quarz die Polarisationsebene für das das Licht aufnehmende Auge im Sinne des Uhrzeigers gedreht; umgekehrt im linksdrehenden Quarz. Die Drehung ist größer für die stärker brechbaren Strahlen, weshalb senkrecht zur Achse geschnittene Quarzplatten im Polarisationsapparat Farben zeigen. Auch in manchen Lösungen (Zucker, Dextrin u. s. w.) treten solche Erscheinungen auf. Fresnel erklärt die Drehung durch das Fortschreiten zweier entgegengesetzt schwingender cirkular polarisierter Strahlen von ungleicher Fortpflanzungsgeschwindigkeit. (S. Saccharimetrie.)

Drehungsgesetz des Windes, s. Dovesches Gesetz.

Drehwage, s. Torsionswage.

Drehwüchsigkeit nennt man in der Botanik eine Eigentümlichkeit vieler Holzgewächse, hauptsächlich mancher Bäume, die darin besteht, daß die Stämme Torsionen zeigen, sodaß der Verlauf der Fasern nicht genau vertikal, sondern schraubenlinig ist. Diese D. zeigt sich sehr deutlich bei den Kiefernarten, Eichen, Edelkastanien, Roßkastanien, Fichten, Pappeln, Eschen, Birken und vielen Obstbäumen. Der Neigungswinkel der Schraubenlinie kann sehr verschieden sein; bei Punica granatum *L.* (Granatapfel) beträgt er bis 45°, bei der Roßkastanie 10—12°, bei Pinus silvestris *L.* 5—10°, bei den Pappeln und Birken 3—4°. Eine ständige Erscheinung ist die D. bei allen windenden Pflanzen, und hier kennt man auch die Gründe dafür, es sind nämlich die

Torsionen eine naturgemäße Folge des Windens, weil durch einige Bewegungserscheinungen der Pflanzen, die für Zustandekommen der Windungen unbedingt notwendig sind, Drehungen in den Stammorganen der betreffenden Pflanzen hervorgerufen werden. Diese Drehungen müssen sich bei später erfolgendem Dickenwachstum der Schlingpflanze sowohl als der von ihr umschlungenen Stütze noch verstärken. Über die forstliche Unterscheidung nachsonniger und widersonniger Drehwüchsigkeit s. Holz.

Drehwurm, Quese, s. Bandwürmer und Drehkrankheit.

Drei-Ähren, frz. Trois-Epis, Kur- und Wallfahrtsort im Kanton Kaysersberg, Kreis Rappoltsweiler des Bezirks Oberelsaß, zur Gemeinde Niedermorschweier (715 E.) gehörig, 15 km westlich von Colmar und 8 km nordwestlich von Türkheim, in 741 m Höhe auf einem Bergrücken zwischen dem Münsterthale und dem Thale von Urbeis, hat Postagentur und Fernsprechverbindung und ist ein im Sommer sehr besuchter Luftkurort. Ursprung der Wallfahrt und vermutlich der Kirche fällt ins Ende des 15. Jahrh. 1651 wurde dabei ein mit regulierten Augustiner-Chorherren besetztes Kloster gestiftet und 1661 den Antonitern von Isenheim untergeordnet. An ihre Stelle traten später Cistercienser, dann Kapuziner. Das Kloster wurde 1793 aufgehoben. Kirche und Kloster wurden in der Revolutionszeit durch Einwohner von Ammerschweier gekauft, 1804 erfolgte die Wiederherstellung des Gottesdienstes und der Wallfahrt.

Dreibätzner, s. Batzen.

Dreiberg, in der Heraldik ein aus drei Wölbungen bestehender Hügel, dessen mittlere Erhöhung die beiden Seitenwölbungen überragt; erscheint meist aus dem Schildesfuß wachsend und dient gewöhnlich andern Bildern zum Fuß- oder Stützpunkt.

Dreibergen, Strafanstalt bei Bützow (s. d.).

Dreiblatt, Pflanzengattung, s. Menyanthes.

Dreiblatt, ein Gesellschaftskartenspiel, das mit 52 Karten von zwei bis vier Teilnehmern gespielt wird, von denen jeder drei Blätter erhält. Weiteres s. Tippen.

Dreibund, Bezeichnung des seit Anfang des J. 1883 zwischen Deutschland, Österreich-Ungarn und Italien bestehenden und wiederholt (März 1887 und zuletzt Juni 1891 auf 6 Jahre) erneuerten Defensivbundes (s. das Nähere unter Deutschland und Deutsches Reich, Österreich-Ungarn und Italien).

Dreidecker, s. Deck.

Dreieck, eine von drei Linien (Seiten) eingeschlossene Figur. Nach der Beschaffenheit der Seiten kann man die D. in geradlinige, krummlinige und gemischtlinige einteilen, je nachdem sie nur von geraden, oder nur von krummen, oder von geraden und krummen Linien zugleich eingeschlossen werden. Von den krummlinigen D. werden diejenigen besonders betrachtet, deren Seiten Bogen größter Kugelkreise sind, welche D. mithin auf der Oberfläche einer Kugel liegen, weshalb sie *sphärische* oder *Kugeldreiecke* heißen. Die geradlinigen D., die zugleich ebene D. sind, bilden einen wichtigen Gegenstand der ebenen Geometrie und werden auf doppelte Weise eingeteilt, nämlich nach der relativen Größe ihrer Seiten in gleichseitige, in denen die drei Seiten gleich sind, gleichschenklige, in denen nur zwei Seiten gleich sind, ungleichseitige, in denen alle Seiten ungleich sind; ferner nach der Beschaffenheit ihrer Winkel in rechtwinklige, die einen rechten und zwei spitze, stumpfwinklige, die einen stumpfen und zwei spitze, und spitzwinklige, die nur spitze Winkel enthalten. Die beiden letzten Klassen nennt man auch schiefwinklige D. Aus gegebenen Elementen eines D. seine übrigen Elemente zu berechnen, lehrt die Trigonometrie (s. d.). — Das D. hat auch eine magische Bedeutung, z. B. in doppelter Durchkreuzung als Freimaurerzeichen, als jüd. Abzeichen, auch im Abrakadabra (s. d.).

Dreieck, Sternbild am nördl. Himmel, in dem aber nur drei Sterne heller als fünfter Größe sind. Diese drei bilden die kenntliche Figur des D. Einige Sterne sind Doppelsterne und ein spiralförmiger Nebelfleck steht in diesem Sternbilde.

Dreiecke sind Geräte, welche zum Zeichnen, besonders für das technische Zeichnen gebraucht werden. (Über ihre Anwendung s. Zeichnen II.) Brauchbare D. müssen genaue Winkel und gerade Kanten haben. Für gewöhnlich arbeitet der Zeichner mit zwei D.: das eine hat einen rechten Winkel, einen zu 60° und einen zu 30°, das andere einen rechten Winkel und zwei zu je 45° (s. beistehende Fig. 1 und 2). Die Größe der D. richtet sich nach der der anzufertigenden Zeichnungen. Zum Zeichnen von Böschungen sind besondere Böschungs- und von Weichen in Bahnhofsplänen Weichendreiecke im Handel erhältlich. Zum Zeichnen von Achtecken werden D. mit einem rechten Winkel, einem von 22½° und einem von 67½° gebraucht. Auch für Schattenkonstruktionen sind besondere Schattenwinkel und für axonometrische Zeichnungen besondere Schiebedreiecke zu erhalten. Die D. sind meistens aus Holz, Mahagoni mit Ebenholzeinfassung oder Eichenholz mit Ahorneinfassung, letztere allerdings weniger dauerhaft, mit eingelegten Federn in den Ecken gefertigt. Ferner sind solche aus schwarzem Hartgummi (etwas schmutzig und veränderlich), Metall (sehr genau, aber teuer), Glas (sehr sauber und durchsichtig, aber zerbrechlich) und neuerdings aus Celluloid (sauber, nicht zerbrechlich und gut durchsichtig) im Gebrauche.

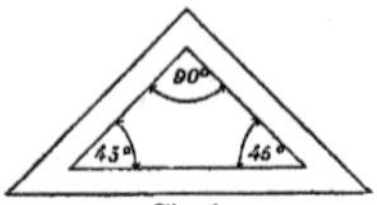

Fig. 1. Fig. 2.

Dreieckiges Bein (Os triquetrum), einer der acht Handwurzelknochen, s. Hand.

Dreieckmuscheln, s. Donax.

Dreiecksaufnahme, s. Triangulation.

Dreiecksköpfe, s. Grubenottern.

Dreieichenhain, auch bloß *Hain* oder *Hain in der Dreieich*, Stadt im Kreis Offenbach der hess. Provinz Starkenburg, zwischen Darmstadt und Frankfurt a. M., hat (1890) 1271 E., Postagentur, Fernsprechverbindung, eine vollständig erhaltene Ringmauer, Ruinen des Schlosses *Hain* oder *Hagen*, der Sage nach von Karl d. Gr. erbaut, der in dem großen Reichsforst, der *Dreieich*, von dem die Stadt ihren Namen hat, oft gejagt haben soll, später erbliches Lehn der Herren von Hagen und von Falkenstein, kam im 15. Jahrh. an die Grafen von Isenburg. Von den zahlreichen Weihern ist der Woog unmittelbar an der Burg der schönste. In der Nähe Schloß Philippseich mit schönem Park. — D. soll von den Römern erbaut sein und als röm. Ansiedelung den Namen Indagine geführt haben. Man hat Münzen mit Trajans Bildnis und einen röm. Grabstein gefunden. Im Reformationszeitalter hatte D. sehr unter religiösen Kämpfen zu leiden.

Dreieinigkeit, s. Trinität.

Dreienbrunnen, ein in der unmittelbaren Nähe der Stadt Erfurt und südwestlich von derselben liegender Komplex von Gemüsegärten, von drei Seiten geschützt, nur gegen Westen offen und durch den Thüringerwald nicht immer günstig beeinflußt, von mehrern Quellen reichlich bewässert und durch die Güte seiner Produkte weit berühmt. Die gesamte nur etwa 24 ha haltende Fläche ist dergestalt geordnet, daß zwischen je zwei bis 1 m und darüber hohen Beeten (Jähnen) ein mehr oder weniger breiter wasserführender Graben (Klinge) liegt, welcher entweder nur zur Bewässerung oder zugleich auch zur Kultur der Brunnenkresse benutzt wird. Die natürliche Fruchtbarkeit des Bodens wird durch jährlich wiederholte Düngung und reichliche Bewässerung wesentlich erhöht und ermöglicht durch Vor-, Zwischen- und Nachpflanzung eine dreifache Ernte. Dieses Kultursystem wurde zuerst von Christian Reichart, dem Verfasser des seinerzeit berühmten «Land- und Gartenschatzes», auf seinem Besitztum ausgeführt und breitete sich allmählich über die gesamte Fläche aus. Die Hauptprodukte sind Blumenkohl, Kohlrabi, Sellerie und Brunnenkresse.

Dreier, im frühern norddeutschen Thalergebiete der Name des kupfernen Dreipfennigstücks, das jenach der Einteilung des Groschens der 100. oder 120. Teil des Thalers war (s. Dreiling und Sechser).

Dreifach-Expansionsmaschine, s. Dampfmaschine (Bd. 4, S. 737 b).

Dreifaltigkeit, s. Trinität.

Dreifaltigkeitsberg, Berg im württemberg. Schwarzwaldkreise, Oberamt Spaichingen, der vordere Gipfel des Heubergs in der Baar-Alb, mit der Dreifaltigkeitskirche und der Burgruine Baldenberg, ist 984 m hoch.

Dreifaltigkeitsorden, s. Trinitarierorden.

Dreifelderwirtschaft, ein System des Ackerbaues, bei welchem mit Zuhilfenahme der Brache nur Körner- oder Getreidebau betrieben wird (s. Betriebssystem).

Dreifuß (grch. tripūs), ein meist ehernes Gerät des griech. Altertums, das, ursprünglich als ein von einem dreifüßigen Gestell gehaltener Kessel, dann auch anders geformt, z. B. als Tisch, im häuslichen und gottesdienstlichen Gebrauch vorkommt, in letzterm namentlich in Verbindung mit dem Apollondienst zu Delphi, wo die Pythia, auf dem berühmten D. sitzend, weissagte. Bei Homer kommen D. häufig als Kampfpreise sowie als Ehrengeschenke vor. Nachmals dienten sie, in besonders kunstvoller Arbeit und mit Inschriften versehen, teils ebenfalls als Preise, vorzüglich bei musischen Wettkämpfen zu Ehren des Apollon und Dionysos, teils als Weihgeschenke in die Tempel und Tempelbezirke, namentlich des Apollon. In Athen wurde der von dem Choregen als Siegespreis erhaltene D. auf dem Dache eines zu diesem Zweck erbauten Rundtempelchens (s. Choregische Monumente und Lysikratesmonument) aufgestellt, und es hieß davon die Straße am östl. Abhang der Akropolis «Dreifüße» (hoi tripodes). Vgl. K. O. Müller, De tripode Delphico (Gött. 1820, in den «Kunstarchäologischen Werken», I); Wieseler, Über den delphischen D. (ebd. 1871); Reisch, Griech. Weihgeschenke (Wien 1890). — In der christl. Kunst ist der D. Attribut der heil. Jutta. — In verschiedenen Gewerben, bei Küfern, Töpfern u. s. w., als Küchengerät und in chem. Laboratorien ist der D. ein seiner vorzüglichen Stabilität wegen zum Aufsetzen mannigfaltiger Gegenstände gebräuchliches dreifüßiges Gestell; im Maschinenbau ein Hebezeug (auch **Dreifußkran**), dessen Gerüst in charakteristischer Form durch drei feststehende gegeneinander geneigte, an den Spitzen verbundene Pfähle oder Bäume gebildet wird. (S. Kran.)

Dreifußkran, s. Dreifuß und Kran.

Dreigestrichen, s. Eingestrichen.

Dreigeteilter Nerv (Trigeminus), s. Gehirn.

Dreiherrenspitz, Hochgipfel der Venedigergruppe (s. d.), im westl. Hauptkamm der Hohen Tauern (s. Ostalpen), erhebt sich als schlanke Firnpyramide, 9 km westlich vom Groß-Venediger, auf der Wasserscheide zwischen Inn, Drau und Etsch zu 3505 m Höhe. Nach N. stürzt der Berg in senkrechten Gneiswänden gegen das Krimmlerkees ab, dessen Gletscherbach durch die Krimmler Ach und die Salzach dem Inn zugeführt wird. Nach W. senken sich zwei kleine Gletscher gegen das obere Ahrenthal und senden ihre Abflüsse durch Rienz und Eisack der Etsch zu. Vom Südabhang steigt gegen das Umbalthal das mächtige Umbalkees hinab, dessen Ausfluß sich in die Isel und mit dieser in die Drau ergießt. Vom Umbalkees ins obere Ahrenthal (Prettau) führen an dem D. vorbei Hochpässe über das Vordere und das Hintere Umbalthörl (2826 m und 2917 m). 1866 zum erstenmal bestiegen, wird der Berg jetzt nicht selten, meist von der Klarahütte (2103 m) am Umbalkees aus besucht. Seinen Namen hat der D. davon erhalten, daß an ihm im Mittelalter die Länder der Bischöfe von Salzburg, der Grafen von Tirol und der Grafen von Görz zusammenstießen.

Dreiherrensteine, Marksteine, welche an der Stelle stehen, wo drei verschiedene Staatsgebiete zusammenstoßen; am bekanntesten ist der Dreiherrenstein auf dem Rennsteig des Thüringerwaldes, westlich vom Gipfel des Inselsberges, wo sich gothaisches, meiningensches und preußisches (ehemals kurhess. Exclave Schmalkalden) Gebiet berühren.

Dreihorn (Geotrupes Typhoeus *L.*, s. Tafel: Käfer I, Fig. 9), eine Art der Mistkäfer (s. d.) von glänzendschwarzer Farbe, 16—20 mm lang; beim Männchen hat das Halsschild an jeder Seite und in der Mitte ein nach vorn gerichtetes Horn. In Deutschland stellenweise auf Schaftriften nicht selten.

Dreijährig-Freiwillige. Wer freiwillig, d. h. vor Beginn seiner Militärpflicht, zu drei- oder (bei der Kavallerie) vierjährigem Dienst eintreten will, hat einen Meldeschein beim Civilvorsitzenden der Ersatzkommission nachzusuchen und zu diesem Zweck vorzulegen: a. die Einwilligung des Vaters oder Vormundes, b. die obrigkeitliche Bescheinigung, daß der sich Meldende durch Civilverhältnisse nicht gebunden ist und sich tadellos geführt hat. Diese Meldescheine gelten nur bis zum April des nächsten Jahres. Diesen Leuten steht die Wahl des Truppenteils innerhalb des Deutschen Reichs frei. Sofortige Einstellung solcher Freiwilligen findet nur wenn Stellen offen sind und nur zwischen 1. Okt. und 31. März statt; außerhalb dieser Zeit nur für solche Freiwillige, welche auf Beförderung dienen oder in ein Musikkorps eintreten wollen.

Dreikaiserbund, das auf einer Zusammenkunft in Berlin im Sept. 1872 zur Aufrechterhaltung des europ. Friedens vereinbarte Bündnis der Kaiser von Deutschland, Österreich und Rußland, das längere Zeit die ganze europ. Politik beherrschte, die Friedensfreunde anzog und die Kriegslustigen in Schranken hielt. Italien suchte 1873 Fühlung mit demselben zu bekommen und an ihm einen Rückhalt gegen die damaligen klerikalen Bestrebungen Frankreichs zu finden. Sogar den Ausbruch des Russisch-Türkischen Krieges (1877) überdauerte dieser D. Als aber Rußland durch den Vertrag von San Stefano sich zum Herrn auf der Balkanhalbinsel machen zu wollen schien, wodurch die österr. Handelsinteressen aufs schwerste bedroht wurden, erlitt der Bund einen starken Stoß. Auch der zur Regelung der orient. Verhältnisse berufene Berliner Kongreß (s. d.), vom 13. Juni bis 13. Juli 1878, hatte eine bedeutende Mißstimmung Rußlands gegen Deutschland und Österreich zur Folge. In Rußland sprach man sich voll Erbitterung darüber aus, daß Bismarck nicht die wesentlichsten Punkte des Vertrags von San Stefano in den Berliner Friedensvertrag aufgenommen hatte, und daß vollends Österreich, das sich an jenem Kriege gar nicht beteiligt hatte, ein europ. Mandat zur Besetzung Bosniens und der Herzegowina übertragen worden war. Fürst Gortschakow und der Kriegsminister Miljutin machten aus ihrem Haß gegen Deutschland und aus ihrem Streben nach Herstellung einer russ.-franz. Allianz kein Hehl. Eine neue Konstellation der europ. Mächte ergab sich daraus. Deutschland und Österreich noch dringender als bisher aufeinander gewiesen, schlossen die Defensivallianz vom 7. Okt. 1879. Wenn auch die persönlichen guten Beziehungen des preuß. und russ. Herrscherhauses auch nach der Thronbesteigung des zur nationalruss. Partei neigenden Kaisers Alexanders III. (13. März 1881) bestehen blieben und 15. Sept. 1884 zu Stierniewice sogar noch einmal eine Zusammenkunft der drei Kaiser stattfand, so war doch der D. als solcher thatsächlich gelöst, und die Ereignisse in Bulgarien 1885 und 1886 führten vollends zur Ausbildung des Gegensatzes zwischen Rußland und Frankreich auf der einen und Deutschland, Österreich und Italien auf der andern Seite (s. Dreibund).

Dreikaiserschlacht, s. Austerlitz.

Dreikanter, s. Sandschliffe.

Dreikapitelstreit, eine Episode der monophysitischen Streitigkeiten. Um die durch die Synode von Chalcedon (451) aus der Kirche ausgeschlossenen Monophysiten (s. d.) wiederzugewinnen, erließ Kaiser Justinian I. 544 ein Edikt, durch welches die sog. drei Kapitel verdammt wurden, nämlich die Person und Schriften der drei Bischöfe Theodor von Mopsuestia, Theodoret von Cyrus und Ibas von Edessa. Die Monophysiten wurden dadurch nicht gewonnen, dagegen erhob sich ein neuer Streit um «die drei Kapitel», d. h. um die Frage, ob diese Schriften der Lehre des Nestorius günstig, also ketzerisch und mit Grund verdammt seien oder nicht. Die griech. Kirche fügte sich, die abendländische widersprach, der röm. Bischof Vigilius schwankte; aber die ökumenische Synode zu Konstantinopel von 553 bestätigte das kaiserl. Edikt.

Dreiklang, ein Accord, der aus einem Grundton, dessen Terz und Quinte gebildet wird. Es giebt folgende: 1) den *harten* (*Dur*-) D., bestehend aus einer großen und einer kleinen Terz (jede Tonart enthält drei solche D., z. B. C-dur: c e g, f a c, g h d); 2) den *weichen* (*Moll*-) D., der umgekehrt aus einer untern kleinen und einer obern großen Terz besteht (ebenfalls drei in jeder Tonart, z. B. in C-dur: d f a, e g h, a c e); 3) den *kleinen* oder *verminderten* D., der aus zwei kleinen Terzen zusammengesetzt wird und in jeder Dur-Tonart *einmal* (auf der 7. Stufe), in Moll *zweimal* (auf der 2. und 7. Stufe) vorkommt; 4) den *übermäßigen* D., der aus zwei großen Terzen besteht, z. B. c e gis; er wird gebildet auf der dritten Stufe in Moll, doch als selbständiger Accord nicht gebraucht. Die D. der 1., 4. und 5. Stufe heißen auch *Hauptdreiklänge*, weil sie unter allen am meisten verwendet werden und namentlich beim Wechsel der Tonart innerhalb eines Satzes entscheidend mitsprechen. Die drei Töne jedes D. können nach Bedarf beliebig umgestellt, sie können verdoppelt und vervielfältigt werden. Die hierdurch entstehenden Bildungen unterscheidet man nur in Bezug auf obersten (Sopran) und untersten (Baß) Ton. Liegt der Grundton im Sopran, so sagt man der D. hat *Oktavlage*; man spricht von *Terzlage*, wenn die Terz, von *Quintlage*, wenn die Quint oben liegt. Liegt der Grundton im Basse, so heißt der D. *Grunddreiklang*; liegt im Baß die Terz, so heißt der Accord die erste Umkehrung des D. oder *Sextaccord* (Bezifferung: 6 oder $\frac{6}{3}$); liegt im Baß die Quint, so heißt der Accord zweite Umkehrung oder *Quartsextaccord* des D. (Bezifferung: $\frac{6}{4}$).

Dreiklangpfeife, eine Dampfpfeife, eine Vereinigung von drei Pfeifen in einem Gehäuse darstellend, deren Töne auf den ersten, dritten und fünften Ton der Tonleiter abgestimmt sind. Diese Dampfpfeife (hergestellt von Crosby Steam Gage & Valve Co. in Boston) ist infolge ihres angenehmen und weithin hörbaren Tones auf Seeschiffen vielfach in Gebrauch.

Dreiklassenwahlsystem, das für die Wahlen zum Abgeordnetenhaus (der Zweiten Kammer) in Preußen durch Verordnung vom 30. Mai 1849 eingeführte Wahlsystem. Die Bestimmungen derselben wurden in die Verfassung vom 31. Jan. 1850, Art. 71, aufgenommen und mit deren Einführung in den neuen Provinzen (1. Okt. 1867) auch für diese maßgebend. Die Urwähler eines Urwahlbezirks werden nach Maßgabe der von ihnen zu entrichtenden direkten Staatssteuern in drei Abteilungen geteilt, in der Art, daß auf jede Abteilung ein Drittel der Gesamtsumme der Steuerbeträge aller Urwähler fällt. Die erste Abteilung besteht aus den Urwählern, auf welche die höchsten Steuerbeträge bis zum Belauf eines Drittels der Gesamtsteuer fallen. Die zweite Abteilung besteht aus den Urwählern, auf welche die nächst niedrigen Steuerbeträge fallen. Die dritte Abteilung umfaßt die am niedrigsten besteuerten Urwähler. Das System ist in den preuß. Städteordnungen auf die Wahl der Stadtverordneten ausgedehnt. Infolge der veränderten Steuergesetzgebung, welche die niedrigsten Einkommen von der neu eingeführten Einkommensteuer ganz frei ließ, wurde durch Gesetz vom 24. Juni 1891 bestimmt, daß für jede nicht veranlagte Person ein Steuerbetrag von 3 M. an Stelle der bisherigen Klassensteuer zum Ansatz zu bringen sei. Es wird darüber geklagt, daß diese Bestimmung nicht genüge, um eine weitere Verschiebung des Wahlrechts zu Gunsten der höher Besteuerten zu verhindern; infolge des Anwachsens des Reichtums und seiner größern Kundbarkeit zufolge der eingeführten Selbsteinschätzung nimmt die Anzahl der Wähler der höhern Klassen, wenigstens in den großen Städten, bei dieser Art der Teilung bedeutend ab und die Masse der Wähler in der dritten Abteilung immer mehr zu. Es wurde daher (1892) von der Regierung eine Änderung des D. beabsichtigt.

Dreiklauenschildkröte, bissige (Trionyx ferox *Schweigg.*), Name einer bis $1^1/_2$ m langen Flußschildkröte im südl. Nordamerika, die wegen ihrer Gefräßigkeit und Bissigkeit ziemlich gefürchtet ist. Sie wird wegen ihres außerordentlich schmackhaften Fleisches eifrig gejagt.

Drei Könige, nach der christl. Sage die Matth. 2, 1 fg. erwähnten Magier, die unter der Leitung eines Sterns aus Arabien nach Bethlehem kamen, um den neugeborenen Messias anzubeten und ihm Gold, Weihrauch und Myrrhen darzubringen. Später folgerte man aus diesem dreifachen Geschenke, daß es deren drei, und aus Psalm 72, 10; Jes. 49, 7, daß es Könige gewesen seien; die ihnen beigelegten Namen Melchior, Kaspar und Balthasar kennt schon Beda. Als die ersten Heiden, denen die Geburt des Heilands durch eine außerordentliche Sternerscheinung kundgethan worden sei, wurden sie namentlich am Feste Epiphania (s. d.) gefeiert. Im Kalender sind die drei Tage unmittelbar nach Neujahr nach ihnen benannt. Im Gemälde wurde die «Anbetung der Heiligen drei Könige» dargestellt von: Gentile da Fabriano (Florenz, Akademie), Fiesole (Florenz, San Marco), Meister Stephan (Köln, Dombild), R. van der Weyden (München, Alte Pinakothek), Bouts (ebd.), Benozzo Gozzoli (1457; Palazzo Riccardi in Florenz), Mantegna (Florenz, Uffizien), Botticelli (ebd.), Dom. Ghirlandajo (1487; ebd.), Dürer (1509; ebd.), Paolo Veronese (Dresden, Museum), Rubens (in den Museen zu Antwerpen, Brüssel, Madrid und besonders in der Johanniskirche zu Mecheln).

Dreikönigsbündnis, das Bündnis, welches die Könige von Preußen, Hannover und Sachsen 26. Mai 1849 nach dem Scheitern des Verfassungswertes der Frankfurter Nationalversammlung zur Entwicklung der deutschen Verfassung im Sinne eines Bundesstaates unter preuß. Leitung schlossen, das sich aber durch Lossagung Hannovers und Sachsens bald wieder auflöste.

Dreikronenkrieg oder Nordischer siebenjähriger Krieg, der von 1563 bis 1570 zwischen Schweden und Dänemark geführte Krieg, der durch die verschiedenen Handelsinteressen beider Länder hervorgerufen wurde. Äußerer Anlaß zum Ausbruch der Feindseligkeiten war, daß der dän. König Friedrich II. die drei Kronen des schwed. Wappens, ein Denkzeichen der Kalmarer Union, nicht aus dem seinen entfernen wollte. Der Krieg wurde zu Wasser und zu Lande mit Aufbietung aller Kräfte geführt. Ein Teil der dän. Flotte wurde durch einen Sturm vernichtet, doch gewannen die Dänen auf dem Lande namhafte Vorteile unter Daniel von Rantzau (s. d.) und Franz Brockenhuus. Rantzau siegte 20. Okt. 1565 bei Svarteraa über ein, dem seinigen an Zahl dreimal überlegenes schwed. Heer, vernichtete 1567 zwei feindliche Heere, drang tief in das Innere Schwedens ein, mußte aber, als der Winter und Mangel an Lebensmitteln die Fortsetzung der Operationen unmöglich machten, wieder umkehren. Der Friede zu Stettin 1570 machte dem Kampfe ein Ende und löste den letzten Rest der ehemaligen Vereinigung der nordischen Reiche.

Dreilappig, s. Blatt (Bd. 3, S. 86 a).

Dreiläufer (Jägerspr.), ein zu drei Viertel angewachsener Hase. — D. ist auch der Name eines Gewehrs, s. Jagdgewehre.

Dreileitersystem, das von Hopkinson herrührende, 1884 patentierte elektrische Verteilungssystem, bei dem die Verbrauchsstellen, in zwei möglichst gleiche Gruppen geteilt, zwischen drei Leitungen derart angeordnet sind, daß der mittlere Leiter gleichzeitig Zuleitung für die eine und Rückleitung für die andere der beiden Gruppen ist (s. nachstehende Skizze, bei der D D die Dynamomaschine bedeuten), sodaß derselbe keinen Strom führt, wenn der Stromverbrauch in beiden Hälften wirklich absolut gleich

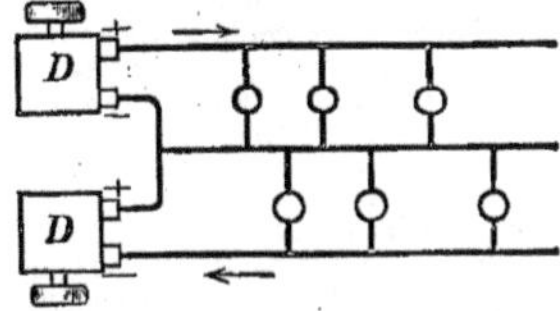

ist, und auch wenn dies nicht der Fall ist, nur die Differenz des Verbrauchs beider Hälften aufnimmt. Der Mittel- oder, wie er aus diesem Grunde auch genannt wird, der Nullleiter könnte also theoretisch sehr schwach ausgeführt werden; thatsächlich macht man ihn aber aus Rücksicht auf die Gleichartigkeit der zu verwendenden Kabel vielfach von gleichem Querschnitt wie die Außenleiter. Nichtsdestoweniger erspart man sehr bedeutend an Leitungsmaterial; denn, da infolge der Teilung in zwei Hälften der einzelne Leiter nur Strom für die halbe Zahl der Lampen zu führen hat, der Verlust im Leiter aber dem Quadrat der Stromstärke proportional ist, so kann bei gleichem Verlust der Widerstand viermal so groß und infolgedessen der Querschnitt = $^1/_4$ desjenigen für Hin- und Rückleitung des alten Zweileitersystems gewählt werden, sodaß folglich der Verbrauch an Kupfer für das neue System im Verhältnis zu dem des alten bei gleicher Stärke des Mittelleiters sich verhält wie 3 : 8. Noch günstiger wird das Verhältnis, wenn man den Mittelleiter entsprechend seiner geringen Belastung, die sich erfahrungsgemäß zu der der Außenleiter höchstens wie 1 : 10 verhält, dünner wählt. Das Verhältnis des Kupferaufwandes für die beiden Systeme ist dann nur noch etwa 2 : 5. In der Ersparung noch bedeutend weiter geht das Fünfleitersystem, wonach die Elektricitätswerke Wien-Neubadgasse, Trient, Königsberg und Paris-Clichy gebaut sind. Weiter dürfte man in der Teilung aber wohl kaum gehen können, da schon das Fünfleitersystem bei der Installation größere Schwierigkeiten bietet.

Dreiling, kleine Silbermünze, zu 3 Pf. = $^1/_4$ Schill. Lübecker Währung, zuerst zu Anfang des 15. Jahrh. in den Hansestädten ausgeprägt; später Scheidemünze der Reichswährung als $^1/_{128}$ Thaler; zuletzt als Silbermünze in Hamburg, als Kupfermünze in Mecklenburg-Schwerin und den Landstädten Rostock und Wismar geprägt.

D. hieß auch ein älteres österr. Weinmaß von 24 Wiener Eimern = 13,58136 hl.

Dreimalschmelzerei, ein Verfahren der Eisenerzeugung (s. d.).

Drei Männer im feurigen Ofen. Nach dem sagenhaften Bericht des Buches Daniel (3, 1—30) befanden sich unter den mit Daniel (s. d.) Deportierten und am Hofe Nebukadnezars erzogenen jüd. Jünglingen drei, Anania, Misael und Asaria (oder nach Dan. 1, 7 Sadrach, Mesach und Abednego), die vor einem auf königl. Befehl errichteten Götzenbilde nicht niederfallen wollten und deshalb gebunden in einen glühenden Ofen geworfen wurden, aber mit Hilfe eines Engels völlig unversehrt blieben. Infolge davon bekannte sich der König zur Verehrung Jahwes. In der alexandrinischen Übersetzung des Daniel steht außerdem ein Gebet des Asaria und ein Gesang der Drei Männer im Feuer. Beide Stücke sind apokryphisch und von Luther mit den übrigen Apokryphen übersetzt.

Dreimaster, unseemännische Bezeichnung derjenigen großen Seeschiffe, welche drei Masten führen. Von den Kauffahrteischiffen gehören hierzu die Vollschiffe, Barken und Schonerbarken; von den Kriegsschiffen Fregatten und Korvetten sowie früher die Linienschiffe. — D. heißt auch der dreieckige Filzhut z. B. der Seeoffiziere.

Dreimastgaffelschoner, ein dreimastiges Schiff, das in allen Masten nur Gaffelsegel und Gaffeltopsegel führt. Die D. sind besonders an der nordamerik. Westküste für die China- und Japan-Fahrt, bei der meist mit Wind querein oder «beim Wind» gesegelt wird, beliebt. Auch moderne Kriegskreuzer und Passagierdampfer führen diese Takelage.

Dreimastschoner, s. Schonerbark.

Dreipaß, Drypaß, nennt man in der mittelalterlichen Baukunst eine Figur, die aus den Außenlinien dreier Kreise besteht, die in einen großen gestellt sind und dessen Halbmesser zum Durchmesser haben. Diese Form erscheint namentlich im got. Maßwerk (s. d.). Oft erscheinen auch an Stelle der sich bildenden einspringenden Winkel (Nasen) die Spitzen eines in den D. gezeichneten Dreiecks (s. beistehende Figur). Diese Figur nennt man in der Numismatik D., wo sie namentlich auf Münzen des Mittelalters erscheint und Bild (z. B. auf den Goldgulden meist den Reichsapfel) oder Inschrift einschließt. Besteht die Figur aus vier Bogen und vier Ecken, so nennt man sie einen Vierpaß. Derartige Figuren finden sich z. B. auf den alten sächs. Groschen aus dem 14. und 15. Jahrh., den rhein. Goldgulden, Radderaldus und andern.

Dreisam, linker Nebenfluß der Elz im Großherzogtum Baden, entsteht in dem Zartner Thal östlich von Freiburg aus vielen Bächen, von denen einer bei Breitnau in 925 m Höhe entspringt und das Höllenthal durchfließt, ein anderer von St. Märgen (840 m), ein dritter von St. Peter (682 m), ein vierter als Osterbach vom Feldberge her, ein fünfter von Schauinsland herabkommt. Nach ihrer Vereinigung durchfließt sie Freiburg i. Br. (242 m) und mündet bei Riegel in die Elz. Der nach NNW. gerichtete Unterlauf von Freiburg an ist zur Verhütung von Überschwemmungen kanalisiert (Dreisamkanal).

Dreisatz, s. Trente et un.

Dreisch, soviel wie Dreesch, s. Koppelwirtschaft.

Dreischenkel (Triquetra), eine aus drei in einen Kreis und unter sich verschlungenen Kreisbogen bestehende mystische Figur, wahrscheinlich Symbol der heiligen Dreieinigkeit, oft als Ornament in roman. Kirchen angewandt.

Dreischlitz (Triglyph), Bauteil der dor. Säulenordnung (s. d.).

Dreischneuß, eine got. Rosette, die aus drei in einem Kreis nebeneinander liegenden Fischblasen (s. d.) besteht (s. beistehende Figur).

Dreischürig, Bezeichnung von Wiesen, auf denen das Gras dreimal jährlich gemäht wird.

Dreisesselberg oder Dreisteinemark, ein 1336 m hoher Gipfel des südl. Böhmerwaldes, da, wo Böhmen, Bayern und Oberösterreich zusammentreffen, besteht aus Granitblöcken und gewährt weite Aussicht; von den obersten, drei Sitzplätze bietenden Blöcken sieht man je eins der drei Länder.

Dreisesselkopf, eine 1680 m hohe Erhebung des Lattengebirges in den Reichenhaller Alpen (s. Ostalpen). Der höchste Punkt ist der etwas südlicher gelegene Karkopf (1737 m).

Dreisinnige, s. Taubstumme Blinde.

Dreissēna, Muschelgattung, benannt nach Peter Dreissen, ehemaligem Apotheker zu Mazeyth in Belgien, s. Wandermuschel.

Dreißigacker, Dorf im Kreis Meiningen des Herzogtums Sachsen-Meiningen, 2 km im SW. von Meiningen, in 425 m Höhe, hat (1890) 618 E. und ein Schloß, in dem sich 1801—43 eine berühmte Forstanstalt befand.

Dreißiger. 1) Name des frühern nach dem Konventions-20-Guldenfuß ausgeprägten österr. Silbermünzstücks zu 30 Kr. oder $^1/_2$ Fl., gemäß der Konvention vom 21. Sept. 1753 aus der feinen Wiener Mark 48, aus der feinen Wiener-Kölnischen Mark 40 Stück; Feinheit $13^1/_3$ Lot oder $^5/_6 = 833^1/_3$ Tausendteile; Gewicht 7,0167 g; Feingewicht 5,84725 g; Wert (den Thaler des norddeutschen 30-Thalerfußes zu 3 deutschen Mark gerechnet) 1 deutsche Mark $5^1/_4$ Pf. = $52^5/_8$ Kr. jetzige österr. Währung. Später, seit etwa 1775, wurde der D. in geringerer Feinheit, 10 Lot oder $^5/_8 = 625$ Tausendteile, ausgemünzt, aber entsprechend schwerer, nämlich im Gewicht von 9,3556 g, demnach in dem vorherigen Feingewicht und Werte. — 2) D., auch Zweiunddreißiger, früher ein Getreidemaß in Bayern (mit Ausnahme Rheinbayerns), $^1/_{32}$ des Metzens oder $^1/_{192}$ des Schäffels, $= 1^1/_{12}$ Flüssigkeits-Maßkannen = 1,1581 l.

Dreißigjähriger Krieg, der furchtbare, von 1618 bis 1648 auf deutschem Boden ausgefochtene Krieg, der, aus dem religiösen Gegensatz des Protestantismus und Katholicismus im Reiche entsprungen, durch die Einmischung der Außenmächte schließlich ein Kampf um rein äußere Ziele der Macht und des Besitzes geworden ist.

I. Vorgeschichte. Die Zeit seiner Vorbereitung liegt in dem mit dem Augsburger Religionsfrieden (1555) beginnenden Zeitalter der Gegenreformation. Der Religionsfrieden (s. d.) hatte dem Glaubenskampf keinen Abschluß gegeben; er war nur dem dringenden Friedensbedürfnis beider Parteien entsprungen und stellte die Lösung wichtiger Fragen ganz der Zukunft anheim, nur um für den Augenblick Ruhe gewähren zu können. Einzelne Bestimmungen wurden von jeder Partei anders ausgelegt, oder überhaupt nur von einer Partei anerkannt, so besonders der Ausschluß geistlicher Lande von der sonst den Reichsständen gewährten Glaubensfreiheit und die Frage der Gewissensfreiheit der Unterthanen in diesen geistlichen Landen. Ferner war durch den Religionsfrieden von 1555 nur den Anhängern der Augsburger Konfession, nicht aber den Calvinisten Duldung gewährt worden. Jede Partei aber suchte natürlich den Frieden in ihrem Sinne auszulegen und durchzuführen. Die Protestanten hielten sich für berechtigt, alle in ihren Machtbereich fallenden großen und kleinen geistlichen Stifter zu säkularisieren und ihrem Bekenntnis zu gewinnen. Die Katholiken erkannten das Recht nicht an, aber auch nicht die Rechte der prot. Unterthanen in den dauernd dem Katholicismus zugesprochenen geistlichen Landen. Während nun auf prot. Seite nach dem Aufschwung der vergangenen Jahre (s. Reformation) ein schwächliches Erlahmen folgte, zeigte sich auf kath. Seite ein Zusammenraffen aller Kräfte, um den in Deutschland fast ganz verlorenen Boden zurückzugewinnen. Die Beschlüsse des Tridentiner Konzils (s. d.) gaben die Waffen, und zu ihrer Führung trat vor allem der Jesuitenorden hervor. Die jesuitische Politik rücksichtsloser Propaganda fand Eingang an den Höfen leitender kath. Fürsten in Deutschland, vor allem beim Kaiser und in Bayern; Schritt um Schritt wurden die in Thatenscheu und Kurzsichtigkeit befangenen prot. Fürsten zurückgedrängt. Jede prot. Regung in bisher kath. Gebieten wurde kräftig unterdrückt. 1607 ging Herzog Maximilian I. von Bayern so weit, daß er auf ein höchst parteiisches Urteil des katholischen kaiserl. Reichshofrats hin die prot. Reichsstadt Donauwörth politisch und religiös vergewaltigte. Diese äußerste Gefahr brachte endlich mehrere prot. Fürsten zum engern Anschluß aneinander. 1608 wurde in Ahausen die bald sich erweiternde prot. Union abgeschlossen, welcher dann 2 Jahre darauf unter Führung Maximilians von Bayern die vornehmlich das kath. Süddeutschland umfassende kath. Liga gegenübertrat. Zu dem entscheidenden Ausbruch der Feindseligkeiten führte endlich der Gegensatz in den kaiserl. Erblanden.

Hier hatten 1609 Matthias in der «Konzession» den Österreichern, vor allem aber Rudolf II. den Böhmen in dem «Majestätsbrief» große religiöse Zugeständnisse machen müssen, und diese letztern hatte Matthias bei seinem Regierungsantritt bestätigt. Es hatten damit die böhm. Stände der Herren, Ritter und Städte sowie die Unterthanen auf königl. Gütern (wozu gemeinhin auch die geistlichen Güter gerechnet wurden) nicht nur Gewissensfreiheit, sondern auch das Recht des Kirchenbaues in ihren Gebieten erhalten. Als aber in Klostergrab und in Braunau die prot. Unterthanen wider den Willen ihrer Oberherren, des Erzbischofs von Prag und des Abtes von Braunau, Kirchen zu bauen anfingen, ließ die Regierung die in Klostergrab erbaute niederreißen und die zu Braunau schließen (1614) und setzte in die Landesregierung in überwiegender Mehrzahl Katholiken ein. So entfesselte sie die in Böhmen längst gärende Unruhe zu wilder revolutionärer Erhebung. Die mit ihren Bitten vom Kaiser abgewiesenen böhm. Stände traten eigenmächtig in Prag zusammen, Abgeordnete von ihnen begaben sich 23. Mai 1618 zu den kaiserl. Statthaltern aufs Schloß, nach hitzigem Wortgefecht wurden die verhaßtesten derselben, Martinitz und Slavata und mit ihnen der ganz unschuldige Sekretär Fabricius ergriffen und zum Fenster hinaus in den Schloßgraben gestürzt. Sie kamen ohne erheblichen Schaden davon. Mit dem Fenstersturz aber war gleichsam die Kriegslosung gegeben.

II. Der böhmisch-pfälzische Krieg (1618—23). Der böhmische Krieg nahm sofort mit der Erhebung der Böhmen und der Gegenrüstung der kaiserl. Regierung gegen ihre rebellischen Stände seinen Anfang. Beide Parteien sahen sich nach Bundesgenossen um. Die Böhmen unter Führung des Grafen Thurn erhielten Beistand von den Mächten der prot. Union unter Führung Mansfelds; sie drangen zuerst siegreich vor und bedrohten Wien. Als nach Matthias' Tode Ferdinand II. (1619—37) in den Erblanden und in der Kaiserwürde folgte, erklärten die Böhmen diesen fanatischen Jesuitenzögling für abgesetzt und erhoben das Haupt der Union, den Kurfürsten Friedrich V. von der Pfalz, zum böhm. König (1619). Aber bei den prot. Genossen im Reich fand dieser keine Unterstützung, ebensowenig bei seinem Schwiegervater, Jakob I. von England, auf dessen Hilfe er gerechnet hatte. Der Kaiser hingegen erhielt Hilfe von den span. Habsburgern und vor allem von der kath. Liga unter Bayerns Führung; ja die Eifersucht gegen den calvinischen Pfälzer und die Hoffnung auf Landgewinn ließ das größte prot. Territorium, Kursachsen, den Gegnern seines Glaubens beitreten. Der einzige thätige Verbündete Friedrichs V., Bethlen Gabor von Siebenbürgen, der mit Thurn vereint bis in die Nähe von Wien vordrang, richtete nichts weiter aus. Das unter Tilly heranrückende Heer der Liga warf zunächst das mit Schlesien und Mähren gleichfalls aufständische Erzherzogtum Österreich nieder und schlug dann Friedrich V. und die Böhmen vollständig in der Schlacht am Weißen Berge bei Prag 8. Nov. 1620. Friedrich floh geächtet nach Norddeutschland, bis er schließlich in Holland eine Zuflucht fand. Über die Böhmen und ihre Genossen in Mähren, Schlesien und Österreich erging ein hartes Strafgericht; Bluturteile, Verbannungen, die größten Gütereinziehungen folgten, jede Religionsfreiheit wurde vernichtet; binnen wenigen Jahren war das zuvor fast ganz prot. Land dem Katholicismus zurückgewonnen.

Die Verbindung der aufständischen Böhmen mit dem Kurfürsten von der Pfalz hatte zur unmittelbaren Folge, daß nun von den Siegern der Rachezug auch gegen Friedrichs Lande ausgedehnt wurde und damit an den böhmischen sich unmittelbar der pfälzische Krieg anschloß. Schon waren span. Truppen unter Spinola in die Rheinpfalz eingedrungen, wohin sich der Söldnerführer Mansfeld mit seinen Scharen geworfen hatte; dieser und Christian von Braunschweig traten für den geflüchteten Pfälzer Kurfürsten ein, dessen unglückliches Land freilich schwer unter ihren zuchtlosen Banden zu leiden hatte. Die Union aber dachte an keinen weitern Kampf und löste sich gerade in dieser entscheidenden Zeit auf. Nun rückte Tilly, um die über Friedrich V. verhängte Reichsacht zu vollstrecken, in die Oberpfalz ein. Da aber erschien der geächtete Kurfürst plötzlich wieder in der Pfalz; es kam zum Kampfe, und bei Wiesloch wurde Tilly von Mansfeld und einem dritten Pfälzer Parteigänger, dem Markgrafen Georg Friedrich von Baden-Durlach, 27. April 1622 geschlagen. Als aber die beiden Verbündeten sich gleich nach der Schlacht trennten, vernichtete Tilly mit Hilfe der Spanier zuerst das Heer des Markgrafen bei Wimpfen (6. Mai) und besiegte dann Christian von Braunschweig bei Höchst (20. Juni). Bei den nun eingeleiteten Friedensverhandlungen aber ließ sich Friedrich V. von den gleisnerischen Versprechungen der habsburg. Diplomaten täuschen; er entließ Mansfeld und Christian von Braunschweig aus seinen Diensten. Nach dem Abzuge dieser Söldnerscharen aber war die Pfalz gänzlich in die Hände der Kaiserlichen gegeben. Sie wurde von Tilly völlig besetzt, verwüstet und ausgeplündert. Heidelberg mit den Schätzen der Bibliotheca Palatina, Mannheim und Frankenthal fielen in seine Hände, und nach anfänglichem Widerstand von Brandenburg und Sachsen wurde auch die Kurwürde von der Pfalz genommen und auf den Bayernherzog Maximilian übertragen (1623). Zugleich erhielt dieser die Oberpfalz, und der Kurfürst von Sachsen wurde mit der Verpfändung der Lausitz für seine Hilfe gegen die Glaubensgenossen belohnt. Christian von Braunschweig, der sich zunächst nach den Niederlanden, dann nach Westfalen gewendet hatte, wurde hier 6. Aug. 1623 noch einmal von Tilly bei Stadtlohn geschlagen.

III. Der niedersächsisch-dänische Krieg (1625—30). Im Verlauf des pfälz. Krieges waren bereits die Lande des norddeutschen niedersächs. Kreises durch Einlagerung der ligistischen Truppen in Mitleidenschaft gezogen worden. Da diese Truppen jetzt nicht entlassen wurden, so dachten diese Länder besorgt an Widerstand und traten in Verbindung mit König Christian IV. von Dänemark, der als Besitzer Holsteins zu den Ständen dieses Kreises gehörte. Dieser aber knüpfte weitere Beziehungen zu den großen Außenmächten Frankreich, England und den Niederlanden an, die mit Eifersucht den siegreichen Kraftaufschwung der verbündeten deutschen und span. Habsburger angesehen hatten; sie alle verpflichteten sich zur Truppenhilfe in dem weiter geführten Kampf (1625). Die Aussichten der bisherigen Sieger gegenüber einer solchen europ. Vereinigung waren trübe genug; da brachte zweierlei die Rettung: die baldige Abziehung Frankreichs und Englands von jeder nachhaltigen Kriegführung durch schwere innere Wirren und das Vortreten einer neuen Macht auf kaiserl. Seite in Wallenstein. Dieser stellte 1625 für den völlig mittellosen Kaiser ein großes Heer ins Feld und rückte mit diesem neben Tilly gegen Norddeutschland vor. Er schlug Mansfeld bei der Dessauer Elbbrücke (25. April 1626) und verfolgte ihn durch Schlesien und Mähren nach Ungarn, wo beide Heere durch Strapazen und Entbehrungen furchtbar litten. Mansfeld selbst starb 30. Nov. 1626; mit seinem Genossen Bethlen Gabor schloß Wallenstein Frieden. Der durch ein Wallensteinsches Hilfskorps verstärkte Tilly hatte unterdes den Dänenkönig Christian bei Lutter am Barenberge (27. Aug. 1626) völlig geschlagen und war Herr fast des ganzen niedersächs. Kreises geworden. 1627 rückte Wallenstein mit ihm gemeinsam bis Holstein vor; aber ihre Eifersucht ließ sie nicht zusammenbleiben: Wallenstein nahm Schleswig und Jütland, verjagte die Herzöge von Mecklenburg, mit deren Landen ihn der Kaiser belehnte, und ging daran, mit der Bezwingung der Ostseeplätze eine kaiserl. Meeresherrschaft anzubahnen. Seine Pläne aber scheiterten durch die heldenmütige Verteidigung von Stralsund, dessen Belagerung er Anfang Aug. 1628 aufgeben mußte. Nun drängte er zum Frieden mit Dänemark, der auch 12. Mai 1629 zu Lübeck geschlossen wurde. Christian IV. erhielt die eroberten Länder Holstein, Schleswig und Jütland zurück, mußte aber auf seine fernere Einmischung in die deutschen Angelegenheiten verzichten. Inzwischen hatte der von fanatisch kath. Beratern geleitete Kaiser 6. März 1629 das Restitutionsedikt erlassen, das alle von den Protestanten seit 1552 in Besitz genommenen geistlichen Güter wieder zurückforderte. Gerade wurde mit der Durchführung dieser revolutionären Forderung begonnen, als Ferdinand selbst sich seiner festesten Stütze berauben ließ. Die auf Wallenstein und die von ihm verfochtene kaiserl. Souveränität eifersüchtigen Fürsten der kath. Liga nötigten auf einem Kurfürstentag zu Regensburg 1630 den schwachen Kaiser zur Entlassung Wallensteins.

IV. Der schwedische Krieg (1630—35). Für den Sturz Wallensteins hatte in Regensburg mit besonderm Eifer der erbitterte Gegner des Hauses Habsburg, der franz. Staatsleiter Kardinal Richelieu gewirkt. Er stand damals bereits in einer bald zu förmlichem Bundesabschluß führenden Verbindung mit König Gustav Adolf von Schweden, der sich zum eigenen Eintritt in den Krieg rüstete. Das Vordringen kaiserl. und kath. Herrschaft bis an die Ostseeküste, der von Wallenstein aufgestellte Plan einer kaiserl. Meeresherrschaft hatten den Schwedenkönig auf das empfindlichste berührt, da er selbst die Macht über die Ostsee anstrebte und bei einem Vordringen des Katholicismus in Norddeutschland seinen eigenen Thron durch die kath. Wasas in Polen gefährdet sah. Gustav Adolf erschien 4. Juli 1630 mit 13000 Mann auf der Insel Usedom; er hoffte nach seiner Landung auf den Beitritt der niedergeworfenen prot. Fürsten, als deren Befreier er erschien. Aber schon den Herzog Bogislaw XIV. von Pommern mußte er mit Gewalt zu einem Bundesvertrage zwingen, nur Stadt und Erzstift Magdeburg, Hessen-Cassel und Sachsen-Weimar traten ihm frühzeitig bei; vor allem widerstrebten ihm sein Schwager Georg Wilhelm von Brandenburg und Johann Georg von Sachsen. Norddeutschland hatte Gustav Adolf schnell von den Kaiserlichen gesäubert, Frankfurt a. O. genommen und wollte nun zum Entsatz des von Tilly mit seiner ganzen Heeresmacht umlagerten Magdeburg abrücken, sobald er der beiden Kurfürsten versichert war. Deren Zögern aber verschuldete es, daß Magdeburg 20. Mai 1631 von Tilly erobert und grauenvoll verwüstet wurde. Den Brandenburger zwang Gustav Adolf endlich durch Drohungen zum Anschluß, den Sachsen brachte der heranrückende Tilly dazu, seine Zuflucht beim Schwedenkönig zu suchen. Bis zum letzten Augenblick hatten beide Kurfürsten den Gedanken gehegt, zwischen den großen kämpfenden Parteien eine friedlich vermittelnde Stellung einnehmen zu können. Durch ihre Kontingente verstärkt trat nun Gustav Adolf Tilly bei Breitenfeld gegenüber und brachte ihm 17. Sept. 1631 eine vernichtende Niederlage bei. Der Sieg war epochemachend, weil die neue bewegliche Taktik der Schweden und das Feldherrntalent Gustav Adolfs über die schwerfällige alte span. Kriegskunst, wie sie Tilly vertrat, triumphierte, und weil mit diesem Tag der Protestantismus für Norddeutschland gerettet, das Restitutionsedikt vernichtet war. Siegreich zog der König durch Thüringen und Franken, hielt während des Winters in Mainz Hof, brach im nächsten Frühjahr gegen Süddeutschland auf, zog sodann in Nürnberg ein, schlug 15. April 1632 am Lech zum andernmal Tilly, welcher in der Schlacht tödlich verwundet wurde, nahm Augsburg und war im Mai Herr von München.

In dieser höchsten Not wandte sich Kaiser Ferdinand an den schnöde entlassenen Wallenstein, der gegen die Zusicherung vollkommenster Selbständigkeit in polit. und militär. Führung den Oberbefehl übernahm. Er eroberte Prag und zog gegen Sachsen, mit dessen Kurfürsten er bereits in Unterhandlung stand. Auf diese Kunde ließ Gustav Adolf den General Banér in Bayern und Bernhard von Weimar in Schwaben zurück und eilte Wallenstein entgegen, der sich aber bereits bei Weiden mit dem bayr. Heere vereinigt hatte und gegen die Schweden vorrückte. Gegenüber dem in Nürnberg verschanzten König bezog Wallenstein im Juni ein großes Lager bei Fürth, wies siegreich die schwed. Sturmversuche (3. und 4. Sept. 1632) ab, wandte sich nach Gustav Adolfs Abzug (8. Sept.) gegen Sachsen und stellte sich dem aus Bayern heraneilenden König bei Lützen 16. Nov. 1632 zur Schlacht. Nach blutigem Ringen behauptete das schwed. Heer das Feld, aber die Bedeutung des Tages lag darin, daß Gustav Adolf gefallen war.

Die von ihm vereint geleitete Politik und Kriegführung wurden nun getrennt, erstere übernahm sein Kanzler Axel Oxenstierna, letztere die Generale Bernhard von Sachsen-Weimar, der die Hauptmacht befehligte, Gustav Horn und Banér. Es gelang dem Kanzler in dem Vertrage von Heilbronn 23. April 1633, die Stände des schwäb.-fränk., ober- und niederrhein. Kreises am schwed. Bündnisse festzuhalten, jedoch Sachsen und Brandenburg traten zurück. Bernhard zog nach Franken und ließ sich mit den geistlichen Landen von Würzburg und Bamberg als einem Herzogtum Franken durch den schwed. Kanzler belehnen. Verwüstend durchzog er Bayern und fügte dem Gegner durch die Wegnahme von Regensburg 14. Nov. 1633 eine empfindliche Schlappe zu. Währenddessen hatte Wallenstein in Böhmen sein Heer neu ergänzt, er stand in Schlesien den sächs., brandenb. und schwed. Truppen gegenüber und suchte mehr durch Verhandlung als durch Kriegführung zu wirken. Den schleppenden Forderungen gab er durch einen Sieg über die Schweden bei Steinau 13. Okt. 1633 Nachdruck, säuberte Schlesien und war auf dem Marsch gegen Brandenburg, als ihn die Siege Bernhards nach Süden riefen. Er zog durch Böhmen, stieß gegen die Donau vor, scheute aber vor einem Winterfeldzug und bezog Winterquartiere in Böhmen. Darüber kam der längst lebendige Zwiespalt zwischen ihm und dem kaiserl. Hofe zu offenem Ausbruch. Wallenstein suchte sich seines Heers zu versichern und dann die Sache des Kaisers zu verlassen, der bereits mit Absetzung des Generals drohte. Die offene Verbindung Wallensteins mit den Schweden wurde durch seine Ermordung in Eger 25. Febr. 1634 verhindert. Des Kaisers Sohn Ferdinand, für den Gallas den eigentlichen Oberbefehl führte, trat an Wallensteins Stelle; er zog die Donau aufwärts und schlug Bernhard und Horn bei Nördlingen 6. Sept. 1634, worauf Franken und Schwaben von den kaiserl. Kriegsvölkern überflutet wurden. Eine weitere Folge des Sieges war, daß der um sein Land besorgte Kurfürst von Sachsen den Prager Frieden 30. Mai 1635 schloß, der ihm die Lausitz und Magdeburg, aber in der Glaubensfrage nur geringe Zugeständnisse des Kaisers, diese obendrein zeitlich beschränkt, brachte. Brandenburg, Mecklenburg, Sachsen-Weimar und mehrere Reichsstädte traten dem Prager Frieden bei und bestätigten damit den Sieg der kath. Reaktionspolitik des Kaisers. Im folgenden Jahr auf einem Kurfürstentag zu Regensburg setzte dieser auch die Wahl seines Sohnes Ferdinand zum Nachfolger im Reich durch, der dann 1637 als Ferdinand III. den Thron bestieg.

V. Der schwedisch-französische Krieg (1635—48). Jetzt entschloß sich Richelieu, nicht nur mit diplomat. Verhandlungen und Hilfsgeldern, sondern mit der vollen Macht Frankreichs in den Krieg einzutreten, in dem das religiöse Interesse hinter polit. Machtfragen und Eroberungsgelüsten der Außenmächte nun ganz zurücktrat. Der schwed. General Banér, der zuerst aus Sachsen weichen mußte, siegte bei Dömitz (1. Nov. 1635), verheerte Brandenburg, dann Sachsen und schlug bei Wittstock (4. Okt. 1636) im Brandenburgischen die vereinigten Sachsen und Kaiserlichen vollständig. Bernhard von Weimar hatte mit Frankreich einen Subsidienvertrag geschlossen, vertrieb die kaiserlich-ligistischen Truppen aus dem Elsaß und schlug den General von Werth bei Rheinfelden (3. März 1638). Sein Gedanke war, für das durch die Nördlinger Schlacht verlorene Herzogtum Franken sich Ersatz im Elsaß zu suchen. Nach langwieriger Belagerung nahm er 19. Dez. 1638 Breisach, starb aber schon 18. Juli 1639, und Frankreich wußte sich geschickt in den Besitz seines Heers und seiner Eroberungen zu setzen. Im Frühjahr 1640 wich Banér vor der allmählich sich ansammelnden kaiserl. Macht aus Böhmen und vereinigte sich mit den Hessen und Braunschweigern, wurde aber samt diesen bis Hessen und Westfalen getrieben. Als 1640—41 der Reichstag zu Regensburg tagte, erschien Banér mitten im Winter, Jan. 1641, vor der Stadt, und nur ein plötzlich eintretendes Thauwetter, das den Übergang über die Donau hinderte, rettete dieselbe. An den Folgen der Strapazen dieses Winterfeldzugs starb Banér 20. Mai 1641 zu Halberstadt, und an seine Stelle trat Torstenson, der siegreich durch Brandenburg und die Lausitz nach Schlesien drang, dies eroberte und eine heranrückende kaiserl. Armee unter Erzherzog Leopold Wilhelm und Piccolomini bei Breitenfeld 2. Nov. 1642 vernichtend schlug. Er nahm Leipzig und drang durch Mähren nach Böhmen in die kaiserl. Erblande ein, als ihn das neue Eintreten Christians IV. von Dänemark in den Krieg 1643 nach Norden rief, wo er Holstein und Schleswig eroberte und in Jütland einrückte. Geschickt wich er dem ihm nachgesandten Gallas aus, dessen Heer auf dem Rückmarsch nach Böhmen völlig zu Grunde ging. Ein neues kaiserl. Heer unter Hatzfeld und Götz vernichtete Torstenson 6. März 1645 in der Schlacht bei Jankau, nahm mit dem siebenbürg. Fürsten Rakoczy verbündet Mähren und bedrohte Wien. Den Krieg mit Dänemark beendete Wrangel durch den Frieden von Bromsebro 1645. Wrangel wurde noch in demselben Jahr Torstensons Nachfolger im Kommando, das dieser seiner körperlichen Leiden wegen niederlegte.

Auf dem südlichen und westlichen Kriegsschauplatz hatte das franz. Heer im Jan. 1642 unter Guébriant einen Sieg über die Kaiserlichen bei Kempen am Niederrhein erfochten. Nach Guébriants Tod erlitt es durch Mercy und Werth eine schwere Niederlage bei Tuttlingen, 24. Nov. 1643; Mercy behauptete sich glücklich und brachte den Franzosen mehrfache Verluste bei. Erst die Niederlage bei Allersheim in der Nähe von Nördlingen, wo Mercy (3. Aug. 1645) fiel, veränderte die Lage, und die Gefahr des vereinigten Vorbringens der Schweden und Franzosen nach Bayern war nun nicht mehr abzuwenden. Im Spätsommer 1646 gingen die vereinigten Heere durch Schwaben nach Bayern vor und nötigten durch furchtbare Verwüstungen des Landes den Kurfürsten Maximilian in dem Ulmer Waffenstillstande (14. März 1647) zum Abfall vom Kaiser. Wrangel wandte sich jetzt siegreich nach Böhmen, während Turenne auch Mainz und Hessen-Darmstadt zum Waffenstillstand nötigte. Doch bald darauf brach Kurfürst Maximilian den Vertrag und trat wieder auf die Seite des Kaisers; Werth und Holzapfel, der neue kaiserl. General, vertrieben Wrangel aus Böhmen. Turenne lehrte indessen nochmals zurück und vereinigte sich mit Wrangel. Holzapfel wurde nun bei Zusmarshausen unweit Augsburg besiegt (17. Mai 1648) und der bayr. General Gronsfeld über den Lech zurückgedrängt, sodaß Bayern neuerdings die ganze Last eines verheerenden Zugs empfand, während der Kurfürst nach Salzburg entfloh. Zu gleicher Zeit war der schwed. General Königsmark in Böhmen eingedrungen, hatte durch einen nächtlichen Überfall die Kleinseite von Prag eingenommen und stand im Begriff, auch die Altstadt anzugreifen, als die Kunde erscholl, daß der Friede geschlossen sei. Durch ein Spiel des Zufalls endete der Krieg somit an derselben Stelle, wo er begonnen hatte. Die Friedensverhandlungen, die schon 1641 zu Hamburg eröffnet, dann seit 1644 in Münster und Osnabrück geführt worden waren, hatten nach endlosen Verschleppungen in dem Westfälischen Frieden (s. d.) 24. Okt. 1648 ihren Abschluß gefunden. Aber dieser Friede legte Deutschland nur neue schwere Opfer an die Fremden auf und machte es zu einem widerstandsunfähigen Konglomerat kleiner und kleinster selbständiger Territorien neben einer ganz schattenhaften Centralgewalt.

Entsetzlicher jedoch als all dieses waren für Deutschland die Folgen des Krieges selbst. Die Leiden, welche die zügellosen Kriegsbanden über das Land gebracht hatten, sind geradezu sprichwörtlich geworden. Kaum ein Winkel Deutschlands ist verschont geblieben, über manche Gegenden ist das Elend wieder und wieder von neuem gekommen. Dazu gesellten sich die endlosen Kontributionen, die wirtschaftlichen Schäden durch den bald herrschenden Geldmangel und die ihm nachfolgende Geldverschlechterung. Handel und Industrie waren bis auf die Wurzel zerstört. Der Wohlstand Deutschlands war völlig vernichtet. Böhmen hatte zwei Drittel seiner Bewohner verloren, andere Teile Mitteldeutschlands noch mehr, in der Grafschaft Henneberg schätzte man den Rückgang der Bevölkerungszahl auf 75, den der Wohnungen auf 66, der Haustiere auf 80 Proz., das glänzende Augsburg zählte von mehr als 40000 Bewohnern noch etwa 20000. Man kann annehmen, daß Deutschland insgesamt die Hälfte seiner Bevölkerung und zwei Drittel des beweglichen Vermögens verloren hatte. Es waren vor allem die wirtschaftlichen Grundlagen zerstört, auf welchen ein Neubau hätte stattfinden können, nicht nur das Kapital fehlte völlig, sogar der Boden war auf lange Strecken durch den jahrzehntelangen Mangel an Anbau und Pflege zur Wüste geworden. Die Urbarmachung versumpfter Landstriche der Norddeutschen Tiefebene im 18. und 19. Jahrh. bestand zum guten Teil in Wiedergewinnung alten, seit dem großen Krieg verwilderten Landes. Hand in Hand mit dem wirtschaftlichen Verfall ging der Verfall in Sitte und Geistesleben, Deutschland mußte sein nationales Leben noch einmal von vorn beginnen.

Litteratur. Die gleichzeitigen Nachrichten und Flugschriften sind gesammelt in Lundorps Acta publica (4 Bde., Frankf. 1621—25; 2. Aufl., 18 Bde., 1668—1721, nebst der Fortsetzung von Martin Meyer in 4 Bdn.) und Abelins Theatrum Europaeam (3 Bde. bis 1637; von andern fortgeführt bis 1718 in Bd. 4—21); eine wüste Zusammenstellung von Materialien giebt von Khevenhiller, Annales Ferdinandei, 1578—1637 umfassend (beste Ausgabe Lpz. 1721—26). Von spätern Werken sind zu nennen: Schillers Geschichte des D. K., in 5 Büchern (zuerst 1791—93); von Hurter, Geschichte Kaiser Ferdinands II. und seiner Eltern (11 Bde., Schaffh. 1850—64); vom militär. Gesichtspunkt aus: Dujarry von La Roche, Der D. K. (3 Bde., ebd. 1851—52); Heilmann, über das Kriegswesen im D. K. (Meiß. 1850). — Von der neuen allgemeinen Litteratur über den Krieg vgl.: als bestes Werk Gardiners The Thirty Years' war (in «Epochs of modern History», Oxford 1874; dann öfter aufgelegt); ferner Gindely, Illustrierte Geschichte des D. K. (3 Abteil., Lpz. u. Prag 1882—84); das große Werk von Gindely, Geschichte des D. K. (Bd. 1—4, 1869—80), ist nicht über die erste Kriegsperiode hinausgekommen; Ritter, Deutsche Geschichte im Zeitalter der Gegenreformation und des D. K. (Stuttg. 1890 fg.). Ein vorzügliches Kulturbild giebt Grimmelshausens «Simplicissimus».

Dreißigste, der, der aus dem altdeutschen Rechte entlehnte Brauch, daß innerhalb dreißig Tagen nach dem Tode des Erblässers die Ausübung des Erbrechts nicht stattfinden durfte. Der Verstorbene wird als innerhalb jenes Zeitraums aus der Rechtsgemeinschaft der Familie noch nicht ausgeschieden angesehen; deshalb wurde auch erst nach Ablauf des Zeitraums am dreißigsten Tage nach dem Tode eine kirchliche und weltliche Totenfeier gehalten. Die Einrichtung wird näher geregelt im Sachsenspiegel. Nachdem sich jener Glaube verloren hat, ist die Rechtssitte zum Teil, unter Zugrundelegung anderer Gedanken (Pietät gegen das Andenken des Verstorbenen, Schonung des überlebenden Ehegatten u. s. w.), beibehalten worden. Vgl. Sächs. Bürgerl. Gesetzb. §. 2249; Code civil Art. 1570; Österr. Bürgerl. Gesetzb. §. 1243. In das Preuß. Allg. Landrecht sind Vorschriften entsprechenden Inhalts nicht aufgenommen. Vgl. Homeyer, Der D. (Berl. 1864).

Dreißigthalerfuß, s. Münzfuß.

Dreißig Tyrannen, s. Tyrannis.

Dreisteinemark, Berggipfel, s. Dreisesselberg.

Dreistimmig, ein Tonstück, das vom Anfang bis zum Ende von drei Stimmen (vokalen oder instrumentalen) ausgeführt wird. Da der Accord als Dreiklang nur aus drei Tönen besteht, so ist ein Tonsatz von drei Realstimmen zur Darstellung der musikalischen Harmonie vollständig genügend; er bedarf aber einer größern Gewandtheit in der Satzkunst. Der dreistimmige Satz bildete früher die Grundlage sowohl in Gesang- wie Instrumentalsätzen. Im Sologesang heißt ein dreistimmiges Stück Terzett (s. d.), im Solistenspiel Trio (s. d.).

Dreiteilige Walze, s. Ackerwalze.

Dreiviertelstab, im Bauwesen ein Profilglied, das aus einem im Querschnitt über den Halbkreis hinausgehenden, meist nach unten gesenkten Wulst besteht.

Dreiwegehahn, s. Hahn (technisch).

Dreizack, wird vorzugsweise dem Poseidon (Neptun), zuweilen auch andern Meergöttern, wie z. B. Nereus, als Symbol der Herrschaft über das Meer beigegeben. Er besteht aus einem Stabe, an dessen einem Ende sich drei kurze Zinken mit Doppelhaken befinden, ähnlich dem Fischerwerkzeug (der Fuscina) der Italiener, womit sie noch heute große Fische, namentlich den Spada, stechen. Von den griech. Münzen des Altertums haben z. B. Trözen und Pästum den D. als Zeichen. Vgl. Wieseler, De diis tridentem gerentibus (Gött. 1872).

Dreizählig, s. Blatt (Bd. 3, S. 86a).

Dreizehenfaultier, s. Faultiere.

Dreizeher, Gruppe der Käfer (s. d.).

Dreizehn (frz. jeu de treize), ein Gesellschaftskartenspiel franz. Ursprungs. Der durchs Los erwählte Bankhalter zählt hier beim offenen Auflegen der Karten eines Spiels von 52 Blättern von 1 bis 13 und zieht alle Einsätze ein, sobald bei der Wiederholung dieses Verfahrens nur zwei der zusammenfallenden Karten übereinstimmen. Das As bedeutet hier 1, der Bube 11, die Dame 12 und der König 13; auf die Farben kommt dabei nichts an.

Drell, Drillich oder Zwillich werden im Gegensatz zu Damast alle einfach gemusterten, nicht auf Zug- oder Maschinenstühlen, sondern durch Fußarbeit hergestellten geköperten Leinengewebe genannt. Im allgemeinen versteht man unter D. einen dreibindigen Köper, auf dessen rechter Seite zwei Drittel der besonders fadenreichen Kette sichtbar sind. Den hauptsächlichsten Verwendungen entsprechend, durch welche die Feinheit sowie die Art des Gewebes bedingt wird, hat der D. verschiedene Namen: Sackdrillich, grob, ungebleicht, drei- oder vierbindiger Köper; Bettdrell, gebleicht oder ungebleicht, bald in der Art des fünfschäftigen Atlas gewebt (Atlasdrell), bald mit Köperstreifen, immer aber sehr dicht und fest gearbeitet; Tischdrell, verschiedenartig geköpert oder atlasartig gewebt; Schachwitz, mit schachbrettförmigen Mustern, sog. Steinmustern; Handtuchdrell, meist mit Steinmustern in vierbindigem Köper (Zwillichgrund) oder fünfschäftigem Atlas, auch gestreift oder mit allerlei kleinen Mustern. Außerdem bezeichnet man auch als D. zahlreiche Arten in der Kette aus Baumwolle, im Einschlag aus Leinengarn bestehender oder auch ganz baumwollener Zeuge, welche als Ersatz des leinenen D. zu Bettüberzügen, Beinkleidern, Tafelzeug, Handtüchern (für letztere Zwecke meist abgepaßt) verwendet werden.

Drempel nennt man in der Baukunst kleine hölzerne Säulen oder Spreizen. — Im Kanalbau heißt D. derjenige Absatz im Boden einer Schleuse, gegen den sich die Thore legen; seine Oberkante ist in ihrer Höhenlage maßgebend für die Tauchtiefe der Schiffe. Daher wird auch wohl im besondern jene Oberkante D. genannt und ihre Höhenlage in den Schleusenzeichnungen durch eine Zahl angegeben. — Über D. im Schiffbau s. Pforten.

Drengfurth, Stadt im Kreis Rastenburg des preuß. Reg.-Bez. Königsberg, 21 km im NO. von Rastenburg, an der Omet und am Fuße der Fürstenauer Berge, hat (1890) 1693, mit dem unmittelbar westlich daranstoßenden Dorf Vorstadt D., etwa 2500 evang. E., Post, Telegraph, evang. Kirche und Darlehnsverein. Nordöstlich von D. der Teufelsberg und Rehsauer See.

Drenkmann, Edwin, Jurist, geb. 6. Juni 1826 in Oppeln, studierte in Breslau und Berlin Rechtswissenschaft, trat in den preuß. Justizdienst, wurde 1862 erster Staatsanwalt beim Kammergericht in Berlin, 1865 Appellationsgerichtsrat in Halberstadt, 1869 Kammergerichtsrat, 1872 Obertribunalrat, 1874 Vicepräsident bei dem Appellationsgericht in Posen, 1876 erster Präsident des Appellationsgerichts in Marienwerder, 1879 Senatspräsident beim Reichsgericht in Leipzig. In dieser Stellung führte er den Vorsitz im zweiten Strafsenat, zuletzt auch in den Plenarsitzungen der Strafsenate; zugleich war er Vorsitzender des zur Entscheidung in den Fällen des Hochverrats und des Landesverrats gegen den Kaiser oder das Deutsche Reich berufenen vereinigten zweiten und dritten Strafsenats. 1889 wurde D. zum Präsidenten des Kammergerichts in Berlin ernannt und ihm der Charakter als Wirkl. Geh. Oberjustizrat verliehen. 1890 wurde er vom König zum lebenslänglichen Mitglied des preuß. Herrenhauses und zum Kronsyndikus ernannt.

Drente, niederländ. Provinz, s. Drenthe.

Drentelen, Alexander Romanowitsch, russ. General und Staatsmann, geb. 1820 im Gouvernement Kiew, trat 1838 in die Armee ein, wurde 1850 Oberst, 1859 Generalmajor, 1865 Generallieutenant, 1867 Generaladjutant und Gehilfe des Präsidenten des Komitees zur Reorganisation der Truppen. 1872 wurde D. Kommandant des Militärbezirks Kiew und übernahm 1877 beim Ausbruch des Russisch-Türkischen Krieges den Oberbefehl über die im Rücken der Operationsarmee nördlich von der Donau aufgestellten Truppen. Nach der Ermordung des Generals Mesenzow 16. Aug. 1878 wurde D. zum Chef der Dritten Abteilung der geheimen Kanzlei des Kaisers ernannt und hatte als solcher die Leitung der polit. Polizei des gesamten russ. Reichs in seiner Hand. Wie sein Vorgänger, war auch D. das Ziel eines nihilistischen Attentats (25. März 1879). Als nach dem Attentat im Winterpalais (17. Febr. 1880) Loris-Melikow mit diktatorischer Gewalt ausgestattet und als Minister des Innern zugleich Chef der Dritten Abteilung wurde, trat D. 11. März von diesem Posten zurück; er wurde zum Mitglied des Reichsrats und im Mai zum Generalgouverneur in Odessa ernannt, 1881 dann in derselben Stellung nach Kiew versetzt. D. starb 27. (15.) Juli 1888 in Kiew.

Drenthe oder Drente, die am wenigsten bevölkerte Provinz des Königreichs der Niederlande, grenzt im O. an Preußen, im N. an Groningen, im W. an Friesland und im S. an Overyssel, hat 2652,38 qkm und (1891) 132495 E. Der mittlere Teil des Landes liegt etwa 13 m, in den höchsten Punkten gegen 16 m über der Umgebung, zu welcher er nach allen Seiten sanft abfällt, und ist, wie diese, völlig eben. Die Bodenfläche besteht aus großen Veenen (Fennen), Heidefeldern, Torfmooren und mit Steinen vermischten Sandflächen. Die bedeutendsten Veenen sind Smilder-Veenen gegen Friesland und das Grenz- und Bourtanger Moor an der Ostgrenze. Flüsse sind nicht vorhanden, nur Bäche und kleine Seen. Zur Entwässerung und zur Kommunikation sind verschiedene Vaarten oder Kanäle angelegt. Der Drenthsche Hauptkanal (Hoofdvaart) geht von Meppel gegen NNO. in die Gegend von Assen, der Nord-Wilhelmskanal (Noord-Willemsvaart) von dort nach Groningen. Von ersterm ziehen sich die Hoogeveensche Vaart und der Oranjekanal quer durch das Land, letzterer durch das früher als öde Heide berüchtigte Ellersfeld. Man hat allmählich den nur mit kümmerlicher Weide bewachsenen Heideflächen sowie den Torfmooren immer mehr Terrain für die Kultur abgewonnen, hauptsächlich durch das Rasen- und Moorbrennen. Weizen wird nicht gebaut, nur Roggen, Buchweizen, Hafer, Kartoffeln, Rüben und Kohl. Neben der Viehzucht mit Buttergewinnung ist die Bienenzucht von Wichtigkeit. Der Torf, dessen Gräberei, Transport und Verkauf ungefähr 8000 Personen beschäftigt, bildet ein Hauptgeschäft der Bevölkerung. Im ganzen sind 54 Proz. des Bodens unbebaut, 13 Proz. Ackerbau und 24,7 Proz. Weide und Wiese. Die Industrie ist unbedeutend und beschränkt sich auf Woll-, Lein- und Kalikoweberei. Die Provinz zählt 34 Gemeinden, von denen 19 weniger als 3000 E. haben. Die Hauptstadt ist Assen (s. d.), bedeutender ist Meppel (s. d.). In der Provinz sind in großer Anzahl berühmte Hünengräber. — Im Mittelalter gehörte D. als Grafschaft zum Deutschen Reich, mit der unter Kaiser Heinrich III. die Bischöfe von Utrecht belehnt wurden. 1522 brachte sie Herzog Karl von Geldern an sich, war aber bald (1536) genötigt sie an Kaiser Karl V. abzutreten. Zur Zeit der Republik war D. Mitglied der Union, hatte aber wegen seiner Geringfügigkeit keinen Sitz in den Generalstaaten. [Drenthe.

Drenthscher Hauptkanal, Hoofdvaart, s.

Drepanididae, s. Honigvögel.

Drepanocarpus *G. Mey.*, Pflanzengattung aus der Familie der Leguminosen (s. d.). Man kennt nur wenige Arten, eine ist im tropischen Afrika einheimisch, die übrigen gehören dem tropischen Asien an. Es sind hohe Bäume oder kletternde Sträucher mit unpaarig gefiederten Blättern und roten oder weißen Blüten. Die in Afrika vorkommende D. senegalensis *Nees.* (Pterocarpus erinaceus *Lam.*) liefert eine Sorte des afrik. Kino, das heute von andern Sorten im europ. Handel verdrängt ist.

Drepănon (grch.), auf den Kriegsschiffen der Alten die Sichel, mit der man das Tauwerk der feindlichen Schiffe zu zerschneiden suchte; auch die Sichel an den Streitwagen der Perser.

Drepănum. 1) **Stadt** an der Westküste Siciliens, 261 v. Chr. von Hamilkar gegründet, berühmt durch die Niederlage, die die Karthager der röm. Flotte 249 v. Chr. hier beibrachten; die Stadt heißt jetzt Trapani, das gleichnamige Vorgebirge Capo Grosso. — 2) **Stadt** am Astacenischen Meerbusen in Bithynien, als Geburtsort der Mutter Konstantins d. Gr. seit dem 4. Jahrh. auch Helenopolis genannt, das jetzige Hersek.

Dreschen, die Arbeit, wodurch die Samen von Nutzpflanzen mittels mechan. Verrichtungen gewonnen werden. Letztere sind auch in der Gegenwart noch bei den verschiedenen Völkern von der mannigfachsten Art; die älteste ist jedenfalls das Ausschlagen der Körner auf Brettern und Steinen gewesen, wie solches noch in Japan und teilweise in Tirol üblich ist. Ein Fortschritt zeigte sich in der Anwendung von Stöcken und Ruten; in Mittel- und Ostafrika ist diese Methode jetzt noch in Gebrauch. Aus den Ruten hat sich nach und nach der Dreschflegel (s. Tafel: Landwirtschaftliche Geräte und Maschinen IV, Fig. 5) entwickelt, welcher in den verschiedenen Ländern die verschiedenartigsten Formen besitzt und bisher in allen gemäßigten Zonen das am allgemeinsten zum D. benutzte Gerät ist. Doch schon sehr frühe begann man, die Drescharbeit von den Menschen auf die Tiere zu übertragen, und zwar in der Weise, daß letztere das Getreide austraten. Die Juden verwandten dazu Ochsen, die Römer dagegen Pferde, mittels deren auch gegenwärtig noch in allen südl. und östl. Ländern Europas sowie in Südamerika gedroschen wird. Aus der direkten Verwendung der Zugtiere zum D. entwickelten sich bei den Ägyptern, Galliern, Karthagern und Römern die Dreschwalzen, Dreschwagen und Dreschschlitten, Geräte, welche von den Tieren über das ausgebreitete Getreide hin und her gezogen wurden. In neuerer Zeit bedient man sich in allen hochkultivierten Ländern zum D. vielfach der Dreschmaschinen (s. d.).

Dreschflegel, s. Dreschen.

Dreschgärtner, kontraktlich gebundener Tagelöhner, der einen verhältnismäßig geringen Tagelohn, dagegen seine Wohnung mit etwas Garten, eine Fläche Landes zum Anbau von Roggen, Kartoffeln und meist auch Flachs erhält. Im Winter wird der D. beim Ausdreschen des Getreides gegen einen Anteil der gewonnenen Frucht beschäftigt.

Dreschmaschinen. Schon zu Beginn des 18. Jahrh. wurden in Europa, und besonders in England, zahlreiche, aber erfolglose Versuche angestellt, um das Dreschen (s. d.) durch Maschinen auszuführen. Erst 1785 konstruierte A. Meikle in Tyrringham (Schottland) eine derartige Maschine, welche sich als praktisch verwendbar erwies und deren Princip im wesentlichen bei den heutigen Schlagleisten-Dreschmaschinen gültig ist. Neben diesem System hat sich ein anderes, 1831 von dem Amerikaner G. Turner in Aurelius (Neuyork) erfundenes System, das der Zapfen- oder Stiften-Dreschmaschinen, entwickelt, welches gegen 1860 von Moffit nach Europa gebracht wurde und deshalb auch teilweise unter diesem Namen bekannt ist. Die Einführung der D. ging nur sehr langsam vor sich, was daraus zu ersehen ist, daß erst 1841 die erste nach Deutschland kam, nachdem 1831 ein Aufstand der landwirtschaftlichen Arbeiter in England gegen die D. nur durch Waffengewalt niedergekämpft werden konnte. Man kann heute im wesentlichen sämtliche D. nach folgenden Gesichtspunkten einteilen: a. nach dem eigentlichen System in Schlagleisten- (schottische) und in Stiften- (amerikanische) Dreschmaschinen; b. nach der Art der Einlage des Getreides in Lang- und Breit-Dreschmaschinen; c. nach dem benutzten Motor in Hand-, Göpel- und Dampf-Dreschmaschinen.

Bei den Schlagleisten-Dreschmaschinen bewegt sich eine horizontal liegende, mit horizontalen Leisten versehene Trommel (s. Tafel: Dreschmaschinen, Fig. 7) mit g Geschwindigkeit um ihre eigene Achse (im Mittel 1000 Umdrehungen pro Minute), wobei sie zur Hälfte ihres Umfangs von einem, ebenfalls mit horizontalen Leisten besetzten, feststehenden Mantel umschlossen wird, derart, daß zwischen Trommel und Mantel nur ein kleiner Zwischenraum bleibt. Letztern muß das zu dreschende Getreide passieren, wobei die Körner aus den Ähren ausgeschlagen werden. Die Stiften- oder Zapfen-Dreschmaschinen unterscheiden sich von dem ebengenannten System dadurch, daß Trommel (Fig. 6) und Mantel, welcher die erstere aber nur zu einem kleinen Teile umschließt, mehrere Reihen hervorragender, dicht aneinander vorüber-

DRESCHMASCHINEN.

1. Göpel-Dreschmaschine.

2. Dampf-Dreschmaschine mit Stakvorrichtung (Stroh-Elevator).

3. Längsdurchschnitt einer Dampf-Dreschmaschine.

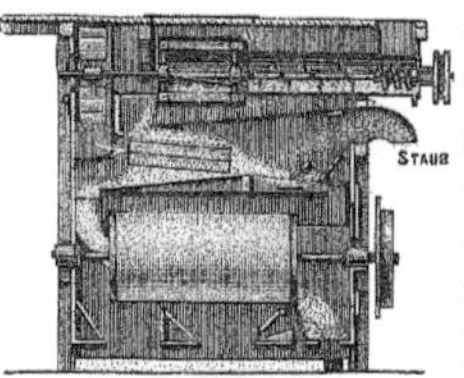

4. Querdurchschnitt einer Dampf-Dreschmaschine.

5. Hand-Dreschmaschine.

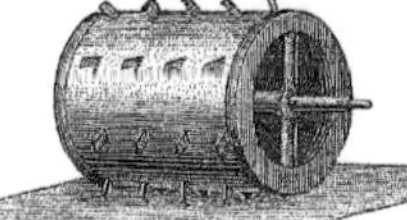

6. Trommel einer Stiften-Dreschmaschine.

7. Trommel einer Schlagleisten-Dreschmaschine.

gleitender Stifte besitzen. Die Stiften-Dreschmaschinen, welche man hauptsächlich bei kleinern Verhältnissen anwendet, sind stets Lang-Dreschmaschinen, d. h. die Garben werden der Länge nach eingelegt; die Schlagleisten-Dreschmaschinen können dem Lang- und dem Quersystem angehören, d. h. die Einlage der Garben kann der Länge und der Quere nach erfolgen.

Nach dem benutzten Motor unterscheiden sich die Hand-, Göpel- und Dampf-Dreschmaschinen nicht nur durch die Größe ihrer Leistung, sondern auch durch die Zahl der einzelnen Arbeitsverrichtungen. Während die Hand-Dreschmaschinen (Fig. 5) nur die Körner von den Ähren trennen, wird von der Göpel-Dreschmaschine (Fig. 1) nicht nur das Stroh von den Körnern gesondert, sondern auch die letztern von der Spreu gereinigt, von der Dampf-Dreschmaschine (Fig. 2, 3 und 4) das Korn noch besser gereinigt und gesichtet, also marktfertig geliefert, häufig auch noch das Stroh mit Hilfe eines Elevators aufgestapelt. Die Hand-Dreschmaschinen gehören fast immer dem Stiftensysteme an, die Göpelmaschinen werden nach beiden Systemen gebaut, die Dampf-Dreschmaschinen haben meist eine Schlagleistentrommel und das Getreide wird der Breite nach derselben zugeführt.

Hinsichtlich der Preise und Leistungen der verschiedenen Arten ist folgendes zu bemerken: Hand-Dreschmaschinen kosten im Mittel 200 M. und dreschen mit 4 Mann an der Kurbel 500—600 kg Garben in der Stunde; bei den Göpel-Dreschmaschinen ist die Größe und infolgedessen auch Preis und Leistung sehr verschieden; ersterer schwankt zwischen 200 und 2400 M.; letztere beträgt pro Pferd 300—500 kg Garben pro Stunde; noch weniger genau sind bestimmte Angaben in dieser Richtung über die Dampf-Dreschmaschinen. Die Stiften-Dreschmaschinen kosten etwa 2000 M., die Schlagleisten-Dreschmaschinen pro Meter Breite der Schlagwelle 2500 M.; die Leistung beläuft sich auf 400—800 kg Garben pro nominelle Pferdekraft und Stunde. Die Hauptvorzüge der D. gegenüber der Handarbeit bestehen in dem reinern Ausdrusche, also in der vollkommenern Gewinnung der Körner, in größerer Billigkeit und in der Möglichkeit, zu jeder Zeit, also auch während der Ernte, sehr viel Getreide ausdreschen zu können und dadurch die kostspielige Bergung in Scheunen u. s. w. zu umgehen. — Vgl. Perels, Handbuch des landwirtschaftlichen Maschinenwesens (2. Aufl., 2 Bde., Jena 1880); Fritz, Handbuch der landwirtschaftlichen Maschinen (Berl. 1880); Wüst, Landwirtschaftliche Maschinenkunde (2. Aufl., ebd. 1889).

Dreschtenne, der zum Dreschen (s. d.) bestimmte Raum in der Scheune (s. d.), der mit einem harten Estrich aus Lehm, Kalk, Steinplatten oder Holz versehen ist.

Dresda, der 263. Planetoid.

Dresden. 1) **Kreishauptmannschaft** (früher Kreisdirektion) des Königreichs Sachsen, bildet die Mitte und ist landschaftlich der schönste Teil des Landes. Sie zieht sich quer durch das Land zu beiden Seiten der Elbe und grenzt im N. an die preuß. Provinz Sachsen, im O. an die Kreishauptmannschaft Bautzen, im S. an Böhmen, im W. an die Kreishauptmannschaften Zwickau und Leipzig. Die Elbe, deren Thal reich an Obst und Wein ist, durchfließt die Kreishauptmannschaft von SO. nach NW. und teilt sie in zwei Teile, einen kleinern östlichen und einen größern westlichen; sie nimmt hier links die Biela, Gottleuba, Müglitz, Weißeritz, Triebisch, Jahna und Döllnitz, rechts die Kirnitzsch, Wesenitz, den Lachsbach mit Polenz, die Sebnitz und Prießnitz auf. Das südl. Hochland besteht aus den nordöstlichsten Teilen des Erzgebirges, aus dem Elbsandsteingebirge oder der Sächsischen Schweiz und dem südwestlichsten Teile des Lausitzer Gebirges; der nördl. Teil ist Tiefland. 45 Proz. des Bodens sind Äcker und Gärten. Der Kohlenbergbau und die Sandsteingewinnung sind sehr ergiebig. Die Industrie ist fast in allen ihren Gruppen vertreten, besonders in der Schokolade-, Mühlen-, Holzstoff-, Holzwaren-, Strohhut-, Blumen-, Thonwaren-, Porzellan-, Eisen-, Papier-, Leder-, Textil-, Maschinen-, Tabak-, Blechwaren-, Kartonnagen-, chemische und Kunst-Industrie.

Die Kreishauptmannschaft hat 4336,86 qkm und (1890) 950530 (460633 männl., 489897 weibl.) E., 34 Städte mit 243,24 qkm, 433508 (210690 männl., 222818 weibl.) E. und 931 Landgemeinden mit 4093,62 qkm und 517022 (249943 männl., 267079 weibl.) E., 199111 Familienhaushaltungen mit 876971 Haushaltungsmitgliedern, 40955 Aftermietern und Schlafleuten und 6054 Besuchsfremden, 20073 einzeln lebende Personen mit eigener Hauswirtschaft und 1127 Anstalten für gemeinsamen Aufenthalt mit 20189 männl. und 6100 weibl. Insassen. Unter der ortsanwesenden Bevölkerung waren 901096 Evangelische, 43001 Katholiken (312 Griechisch-Katholische), 3287 andere Christen und 2999 Israeliten; ferner 13307 Militärpersonen. 924094 waren deutsche Reichsangehörige, 20910 Österreicher, 4211 andere Europäer und 1298 Angehörige außereurop. Staaten. 1891 waren vorhanden 3188 Fabrikanlagen, darunter 1073 mit Dampfbetrieb, 1337 mit sonstigen elementaren oder tierischen Motoren, ferner 1809 feststehende Dampfmaschinen mit 32914 durchschnittlich ausgeübten Pferdestärken. Die Zahl der beschäftigten Arbeiter betrug 79346 (59853 männl., 19493 weibl.), darunter solche über 12 bis 14 J. alt 1471 (1059 männl., 412 weibl.), über 14 bis 16 J. alt 5218 (3834 männl., 1384 weibl.).

Die Kreishauptmannschaft zerfällt in folgende Amtshauptmannschaften:

Amtshauptmannschaften	qkm	Bewohnte Gebäude	Einwohner	Auf 1 qkm	Evangelische	Katholische	Israeliten
Stadt Dresden	31,00	9815	276522	8829	249310	22092	2616
Dippoldiswalde	652,11	7074	52766	80	52014	709	3
Dresden-Altstadt	247,94	7188	106011	428	101241	4525	74
Dresden-Neustadt	366,57	10806	102543	280	97848	4387	79
Freiberg	653,98	12009	116328	178	114351	1761	58
Großenhain	795,71	9632	72043	90	70662	1302	32
Meißen	683,17	11894	101646	149	99180	2371	40
Pirna	906,06	13892	122671	135	116490	5854	97

2) **Haupt- und Residenzstadt** des Königreichs Sachsen, selbständige Stadt und Hauptort der Kreishauptmannschaft D. sowie der Amtshauptmannschaften Dresden-Altstadt und Dresden-Neustadt, liegt 51° 3′ 13″ nördl. Br. und 13° 44′ östl. L. von Greenwich, 105 m (Elbspiegel) bis 116 m (Fixpunkt im Sächs.-Böhm. Bahnhof) hoch, in einer reizenden Thalebene zu beiden Seiten der Elbe und gehört durch seine Lage sowie durch seine Bauart zu den schönsten Städten Deutschlands.

Die Stadt hat ohne Strehlen und Striesen eine Ausdehnung von 7100 m von O. nach W. und von 7800 m von N. nach S. und 49,4 km Umfang. Von der Gesamtfläche (3100 ha) sind 869 ha mit Häusern bebaut, 464 ha sind Straßen, Wege und Eisenbahnen, 1639 ha landwirtschaftlich benutzt und 128 ha Wasserfläche. Der mittlere Luftdruck betrug (1889) 751 mm, die mittlere Jahrestemperatur 8,6° C. (+ 30,5° Maximum, — 14,8° Minimum), die Niederschlagsmenge 858 mm. (Hierzu ein Stadtplan, mit Verzeichnis der Straßen und öffentlichen Gebäude, und ein Plan: Dresden und weitere Umgegend.)

Bevölkerung. Die ortsanwesende Bevölkerung betrug 1834: 73614, 1849: 94092, 1852: 104500, 1858: 117750, 1861: 128152, 1871: 177040, 1875: 197295, 1880: 220818, 1885: 246088, 1890: 276522, mit Einschluß der 1. Jan. und 1. Juli 1892 einverleibten Vororte Strehlen und Striesen 289844 E., das ist eine Zunahme (1885—90), ohne Strehlen und Striesen, von 30434 (12,1 Proz.) oder durchschnittlich jährlich 6087 Personen. Dem Religionsbekenntnis nach waren von den 289844 E. 258994 Lutherische, 2270 Reformierte, 391 sonstige Evangelische, 22650 Römisch-, 302 Deutsch- und 258 Griechisch-Katholische, 849 Anglikaner, 279 Dissidenten, 1085 sonstige Christen und 2671 Israeliten. 1890 wurden gezählt 10644 dewohnte (83 undewohnte) Wohnhäuser, 303 andere dewohnte Gebäude, 61216 Familienhaushaltungen mit 244878 Haushaltungsmitgliedern, 26172 Aftermietern und Schlafleuten und 2398 Besuchsfremden, 5584 einzeln lebende selbständige Personen, 375 Anstalten mit 12515 männl. und 3881 weibl. Insassen. Von den Einwohnern waren 276066 deutsche Reichsangehörige, 9776 Österreicher, 2828 andere Europäer und 1163 Angehörige außereurop. Staaten. Die Zahl der Geburten betrug (1891) 9479, darunter 386 Totgeburten, der Eheschließungen 2883, der Sterbefälle 5400. In Garnison (9379 Mann) liegen das Leibgrenadierregiment 100, Grenadierregiment 101 Kaiser Wilhelm, König von Preußen, Schützenregiment 108 Prinz Georg, Gardereiterregiment, die 1. bis 3. Abteilung des 12. Feldartillerieregiments, das Pionierbataillon 12, Trainbataillon 12 und Jägerbataillon 13. Rechnet man zu der Einwohnerzahl von (1890) noch diejenige der Vororte, welche baulich mit der Stadt zusammenhängen, nämlich Blasewitz (4828 E.), Plauen (7459), Löbtau (12908), Pieschen (12422) sowie diejenige der Ortschaften, welche durch wirtschaftliche Interessen mit der Hauptstadt verbunden sind, nämlich Gruna mit Neugruna (1636), Zschertnitz (262), Räcknitz (381), Wölfnitz (198), Cotta (6080), Übigau (909), Mickten (1299), Trachau (1925), Loschwitz (4331) und Weißer Hirsch (819), mit zusammen 57457 E., so ergiebt sich für das wirtschaftliche Weichbild von Groß-Dresden eine Einwohnerzahl (1890) von 345301.

Ehrenbürger der Stadt sind: König Albert, Prinz Georg, Fürst Bismarck, Staatsminister a. D. von Nostitz-Wallwitz, Geh. Hofrat Ackermann, Bildhauer Professor Dr. Schilling und Oberbürgermeister Dr. Stübel.

Anlage, Brücken. D. besteht aus der Altstadt (mit der königl. Residenz) und 5 Vorstädten (der Pirnaischen, Johann-, See-, Süd- und Wilsdruffer Vorstadt), insgesamt 1473 ha, am linken Elbufer; aus der von dieser durch die Weißeritz getrennten Friedrichstadt (649 ha, darunter 457,07 ha Feld, Wiese und Wald), die 1670 an der Stelle des ehemaligen Dorfs Ostra von Joh. Georg II. angelegt und 1730 so benannt wurde; danu aus der Neustadt am rechten Elbufer, die diesen Namen erst 1732 erhielt, während sie bis dahin Alt-Dresden hieß, und zusammen mit ihren Vorstädten, der Antonstadt (östlich) und der Leipziger Vorstadt (nördlich und westlich), 737 ha enthält. Hieran schließt sich der selbständige Gutsbezirk Albertstadt (Sitz der Militäretablissements) mit 273,65 ha. Auf dem linken Ufer treten die das Thal einfassenden und dessen ungefähr 100 m über dem Meeresspiegel gelegene Sohle um weitere 80—100 m überragenden Höhenränder ziemlich weit zurück. Auf dem rechten Ufer erhedt sich der Boden unmittelbar hinter der Stadt zu einer waldbedeckten Hochfläche. Der nach Süden gewendete Abfall dieses Hochlandes gegen den Strom hin ist oberhalb der Stadt von Loschwitz bis Pillnitz stellenweise zur Weinkultur verwendet. Die in einer ununterbrochenen Reihe malerisch üder die Gehänge zerstreuten Villen bilden mit den Dörfern Loschwitz, Wachwitz, Niederpoyritz, Hosterwitz und Pillnitz eine Zierde des Elbthals. Auch die unterhalb der Stadt, besonders die auf dem rechten Elbufer gelegenen Anhöhen wurden bis zur Stadt Meißen zum Weinbau benutzt; seit Auftreten der Reblaus dienen sie zum Teil der Erdbeerzucht. Sie sind namentlich bei den Dörfern Lößnitz und Kötzschenbroda mit zahlreichen Landhäusern bedeckt, die zum großen Teile auch während des Winters bewohnt werden. Auf dem rechten Ufer besteht der Boden der Stadt vorherrschend aus Sand, auf dem linken aus Lehm.

Seit dem Abbruch der Festungswerke der Altstadt (1811—26) ist D. nach allen Seiten offen. Die auf dem Boden der niedergelegten Befestigungen entstandenen Anlagen, sog. Alleen (Johannes-, Friedrichs-, Maximilians- und Moritzallee), werden in eine Ringstraße umgewandelt.

Zur Verbtudung zwischen Alt- und Neustadt dienen drei Brücken. Die sog. Alte Brücke oder Augustusbrücke aus dem 12. bis 13. Jahrh., 1727—31 verbreitert, ist, nachdem mehrere Pfeiler verschüttet worden sind, 402 m lang, 11 m breit und ruht auf 16 Bogen; sie wurde 19. März 1813 durch den franz. Marschall Davout zur Deckung seines Rückzugs teilweise gesprengt. Etwa 1000 Schritt adwärts die 1852 vollendete Marienbrücke, zugleich Eisenbahnbrücke, ist 231 m lang, 20 m breit, hat 12 Bogen von üder 28 m Spannung und setzt sich südlich landeinwärts noch eine lange Strecke als Viadukt fort (Gesamtlänge 1742 m); sie wird demnächst erheblich verdreitert. Stromaufwärts der Augustusbrücke die Albertbrücke, 1875—77 für 2075000 M. erdaut, verbindet die Pirnaische Vorstadt mit Neustadt, ist 316 m lang, 18 m breit, mit

Verzeichnis

der

Strafsen und Plätze.

Adlergasse. B 5.
Ahornstr. E 2.
Alaunplatz. B 3.
Alaunstr. D. E 3. 4.
Albertbrücke. E 4. 5.
tz. D 4.
— (Strehlen). E. F 8.
Albrechtsstr. D. E 6. 7.
Altmarkt. C 9.
Amalienstr. D. E 9.
Ammonstr. B. C 5. 6.
Annenstr. C 5. 6.
Antons. F 4.
Antonsplatz. B. C 9.
Antonstr. D 4.
Arndtstr. F. G 3.
Auenstr. C. D 3.
Augustusbrücke. D 5.
Augustusstr. C 8.
Ausschiffungsplatz, am, lb der Albertbrücke. F 4.
— unterhalb der Albert- e. E 5.
— an der Marienbrücke. C 4.
Bachstr. F 3.
Bankstr. D 6.
Bauhofstr. B 5.
Baumstr. F 3.
Bautzener Str. E 4.
Beethovenstr. (Strehlen). B 7. 8.
Bergstr. C 6—8.
Berliner Str. B 5.
Bernhardstr. C 7.
Beuststr. B 7.
Birkengasse (jetzt Nieritzstr.). D 4.
Birkenwäldchen. G 4. 5.
Bischofsweg. C—F 2. 3.
Bismarckplatz. C 7.
Bl r Str. E—G 5.
Blochmannstr. E 6.
Bl r. E. F 4. 5.
Böhm. Str. E 4.
Breitestr. C 9.
er Schlag, vor dem. A 4.
Brückenstr. E. F 1. 3.
Brüdergasse, grofse. C 9.
— e. C 9.
he Gasse. D 8.
Brühlsche Terrasse. C. D 8.
Buchenstr. D. E 2.
Bürgerstr. C 2.
Bürgerwiese. B 6. 7.
Canalettostr. E. F 6.
Carola-Allee. E. F 2. 3.
Carolabrücke. E. F 2.
tr. C 6.
Carolasee. E. F 8.
Carusstr. B 6.
Chemnitzer Str. A. B. C 6. 7. 8.
Christianstr. C. D 6.
Cirkusstr. D. B 5. 6.
Concordienstr. B. C 2.
— (Strehlen). F 9.
Cottaerstr. A 6.
Cranachstr. B 5.
Dippoldiswaldaer e. C 6.
Dippoldiswaldaer Platz. C 6.
Dohnaerstr. (Strehlen). B 9.
Dorotheenstr. (Strehlen). B 9.
Drehgasse. B 5.
Drescherhäuser. A 6.
Dürerstr. E. F 5.
Ehrlichstr. B. C 5.
Eisenbergerstr. C 3.
Eisenstuckstr. B 7.
Elbberg. D 5.
Eliasplatz. B 5.
Eliasstr. E 5. 6.
Elisenstr. E 5.
Elsasserstr. E 5.
Erlenstr. D 2.
Eschenstr. B 3.
r. (Albertstadt). B 1.
Fabrikstr. B 6.
Falkenstr. C 6.
Feldgasse. C 6.
Feldschlöfschen. B 7.
Feldschlöfschenstr. B 6.
Ferdinandplatz. B 6.
Ferdinandstr. D 6.
Fichtenstr. B 2.
Fischhofplatz. C 5.
Blemmingstr. C 5.
Florastr. B 6.
Bl tr. B 5.
Förstereistr. B 3.
Borststr. F 3. 4.
Franklinstr. B 7. 8.
Frauenkirche, an der. D 8.
Frauenstr. C. D 9.
Freibergerplatz. C 5. 6.
Freibergerstr. B. C 5. 6.
Friedensstr. B 3.
Friedric e. C. D 9.
Friedrichsbrücke. C 5.
Friedrichstr. B 4.
Friesengasse. D 9.
Fritz Reuterstr. D 3.
Fröbelstr. B 5.
Frohngasse, grofse. C. D 9.
tr. E 3.
Fürstenplatz. F 6.
Fürstenstr. F. G 5. 6.
Gabelsbergerstr. B 5.
Galeriestr. C 9.
Gärtnergasse. B 6.
Garten und Villa Sr. Majestät des Königs (Strehlen). E 8.
Garten des Prinzen Georg. D 6. 7.
Gartenstr. C 7.
Gehestr. C 2. 3.
Gellertstr. D 7.
Georgplatz. D 6.
Georgenstr. B 4.
Gerbergasse. C 5.
Gerichtsstr. B 5.
Gewandhausstr. D 9.
Glacisstr. E 4.
tr. G 5.
Görlitzer Str. B 3.
tr. D 7.
Grenadierstr. D 3.
Grofsenhainer Platz. C 3.
Grofsenhainerstr. C. D 1. 2. 3.
Grunaer Str. D. E 6.
Grünestr. C 5.
Güntzplatz. C 9.
Güterbahnhofstr. B. C 6.
v tz (Strehlen). B 8.
v Adolfstr. ehlen). B 8.
Gutschmidbrunnen. B 9.
Gutzkowstr. D 7. 8.
Hafenstr. C 4.
Hahnebergstr. B 7.
Hassestr. G 5.
Hauptallee. B 6. 7.
Hauptstr. D 4.
Haydnstr. F 6.
Hechtstr. D 2. 3.
Heinrichstr. D 4.
Helgolandstr. D 3.
Hellerstr. D 3.
Herkulesallee. B 6. 7.
Hermannstr. (Strehlen). F 9.
Hermannstr. D 3.
Hohenthalplatz. B 4.
Hohenzollernstr. A 6. 7.
Hohestr. B. C 7.
Hohnsteinerstr. E. F 3.
Holbeinplatz. B 5.
Holbeinstr. E. F 5. 6.
Holzhofgasse. B 4.
Hospitalplatz. D 4.
Hospitalstr. D. E 4.
Hübnerstr. C 7.
Humboldtstr. C 6.
Institutsgasse. B 5.
Jagdweg. B 6.
Jägerstr. B 3.
Jakobsgasse. C 6.
Johannesallee. C. B 6.
Johannesstr. D 9.
Johann-Georgen-Allee. D 6.
Johann Meyer-Str. D 2. 3.
Jordanstr. D. B 3.
Josephinenstr. C 6.
Josephstr. (Strehlen). E 8. 9.
Jüdenhof. C. D 9.
Julius -Str. (Strehlen). B 8.
Kaiserstr. D 4.
Kaiser Wil lms-Platz. D 4.
Kaitzer Str. B. C 7.
Kamenzer Str. E 3.
Kamelienstr. F 5.
e. C 5. 6.
Kanonenstr. C. D 1. 2.
n. C 8.
Karlstr. B 4.
Karolinenstr. D 4.
Kasernenstr. D 4.
Katecl r. D 9.
Katharinenstr. D. E 3.
Kaulbachstr. B 6.
Kiefernstr. D 2.
Kirchgasse, e. C 9.
— e. D 9.
e, grofse. D 5.
Königstr. D 4.
ig Johann-Str. C. D 9.
Königsbrücker Platz. E 2.
Königsbrücker Str. D. E 2—4.
tz (Albertstadt). B 2.
Konradstr. D 3.
Kreutzerstr. B 5.
Kreuzkirche, an der. C. D 9.
Kreuzstr. B 9.
Kreuzweg, oberer. D 4.
— unterer. B 4.
Kunadstr. B 6. 7.
Kurfürstenplatz. E 4.
Kurfürstenstr. B 4.
Kurze Str. B 6.
Laboratoriumstr. (Albertstadt). F 1.
Lärchenstr. B 2.
Landhausstr. D 9.
Langebrücker Str. B 2. 3.
Langestr. D 6.
Leipzigerstr. C. D 2. 3. 4.
Lennéstr. D. E 6. 7.
Lessingstr. D 7.
Lubnitzer Str. B. C 7.
— (Strehlen). E 8. 9.
Biebigstr. C 7.
Liliengasse. C 6.
Lindenauplatz. D 7.
Lindenaustr. C. D 7.
Lindengasse. D 7.
äuer Str. F 3.
Löbtauer Str. A. B 5. 6.
Löfsnitzstr. B 3.
Löwenstr. E 4.
Lortzingstr. B 5. 6.
tr. D. E 3. 4.
Ludwig Richter-Str. F 6.
tr. B 6. 7.
Magazinstr. D 4.
Margaretenstr. B 9.
Marienallee und Albertstr. F 2. 3.
Marienbrücke. C 4.
Marienstr. B. C 9.
Markgra r. E 3. 4.
Markt, m. D 4.
tz (Pieschen). B 2.
Marschallstr. D. E 5.
Marschnerstr. B 5.
in Lutherstr. B 4.
Maschinenhausstr. D 3. 4.
Maternistr. C 6.
nstr. E 5. 6.
Mauer, an der. C 9.
Maximiliansallee. D 9.
Maxstr. C 5.
Meifsner Str., grofse. D 4.
Melanchthonstr. E 4.
Menageriestr. B 4. 5.
Mittelstr. C 5.
Mockritzerstr. (Strehlen) E. F 9.
tz. B 6.
e. B. E 9.
Moritzstr. D 9.
Moritzburger Str. C 2.
r. C. D 6. 7.
Mozartstr. (Strehlen). E 7.
Münzgasse. B 8.
Neuegasse. B 5. 6.
Neumarkt. B 8. 9.
Niedergraben. D 4.
Nieritzstr. (früher Birkengasse). B 4.
Nordstr. E. F 3.
Nossener Str. B 7.
Obergraben. D 4.
Oppellstr. D. B 2. 3.
Orangeriegebäude. C 5.
Oskarstr. (en). E 8.
Ostr. C 2.
Oststr. (Strehlen). F 8. 9.
tr. D 7.
e. C 4. 5.
Ostragehege, grofses. A—C 2—4.
— s. C 4. 5.
Ostravorwerk (K. Kammergut). B 4.
Packhofstr., e. C. D 5.
— e. C 5.
(Strehlen). E 8.
Palmstr. C 5.
Papiermühlengasse. B 6.
Parkstr. B 7.
Paulstr. B 3.
Pestalozzistr. E 5.
e. B 5.
Pfarrgasse. C 9.
Pfotenhauerstr. F. G 4. 5.
er Str. D. B 5. 6.
Pirnaische Chaussee. E. F 6. 7.
Pirnaischer B ta. D 9.
Pirnaische Str. D. B 6.
e Str., e. C 6.
Plauensche Gasse, kleine. C 6.
Plauenscher Platz. C 6.
Poliergasse. C 6.
Poppitz. C 6.
Portikusstr. B 6.
Postplatz. B. C 9.
Prager Str. C. B 6. 7.
Priefsnitzstr. E 3. 4.
Prinz Georg-Allee (Albertstadt). D. E 1. 2.
Prinzenstr. G 5.
tr. E 4.
B 3. 4.
Rabenerstr. B 7.
Radebergerstr. F 3. 4.
Räcknitzstr. B 6. 7.
Rähnitzgasse. D 4.
Rampische Str. D 9.
Reichenbachstr. C. D 7. 8.
Reichsstr. C 7. 8.
Reichsplatz. C 8.
Reickerstr. (Strehlen). F 8. 9.
Reissigerstr. B 5. 6.
Reitbahnstr. C 6.
Residenzstr. (Strehlen) E 8.
Richard Wagner-Str. (Strehlen). B 7. 8.
Rietschelstr. B 5.
Ritterstr. B 4.
Rosenstr. B. C 6.
Rosmaringasse. C 9.
S e. E 5.
S latz. E 5.
Sängerstr. F 3.
S lgasse. D 8. 9.

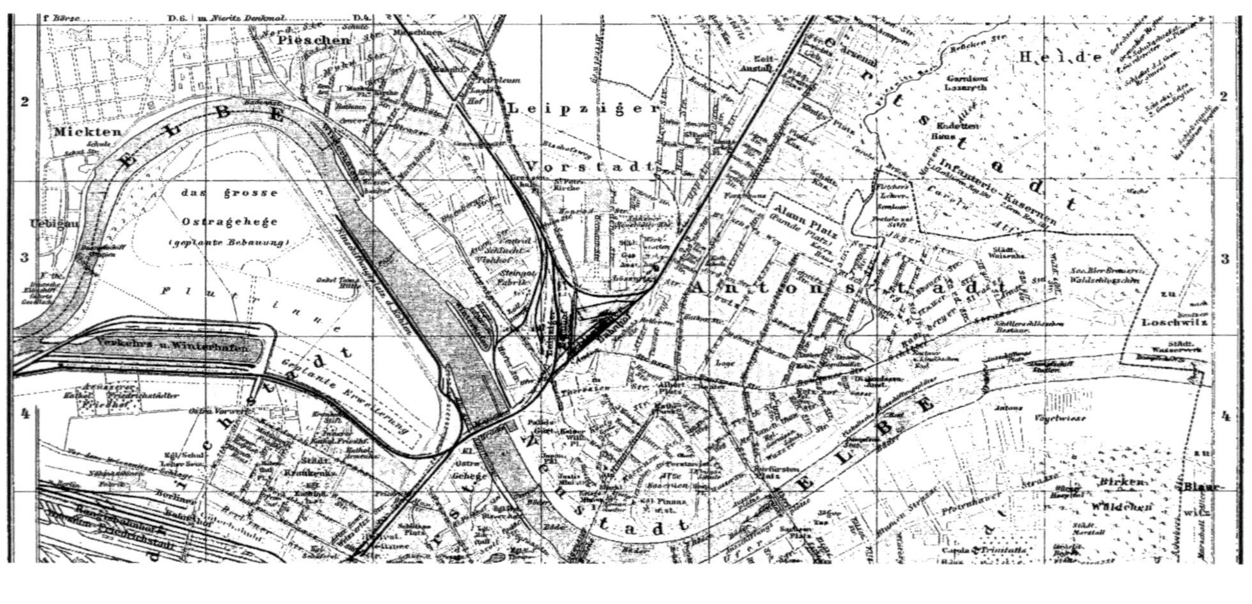

Pieschen
Mickten
Uebigau
E l b e
Leipziger Vorstadt
das grosse Ostragehege (geplante Bebauung)
Flutrinne
Verkehrs u. Winterhafen
geplante Erweiterung
Alaun Platz
Antonstadt
Neustadt
Heide
Garnison Lazareth
Kadetten Haus
Infanterie-Kasernen
zu Loschwitz
Vogelwiese
Birken Wäldchen
Friedrichstadt
Krankenhs.
Albert Platz
2
3
4

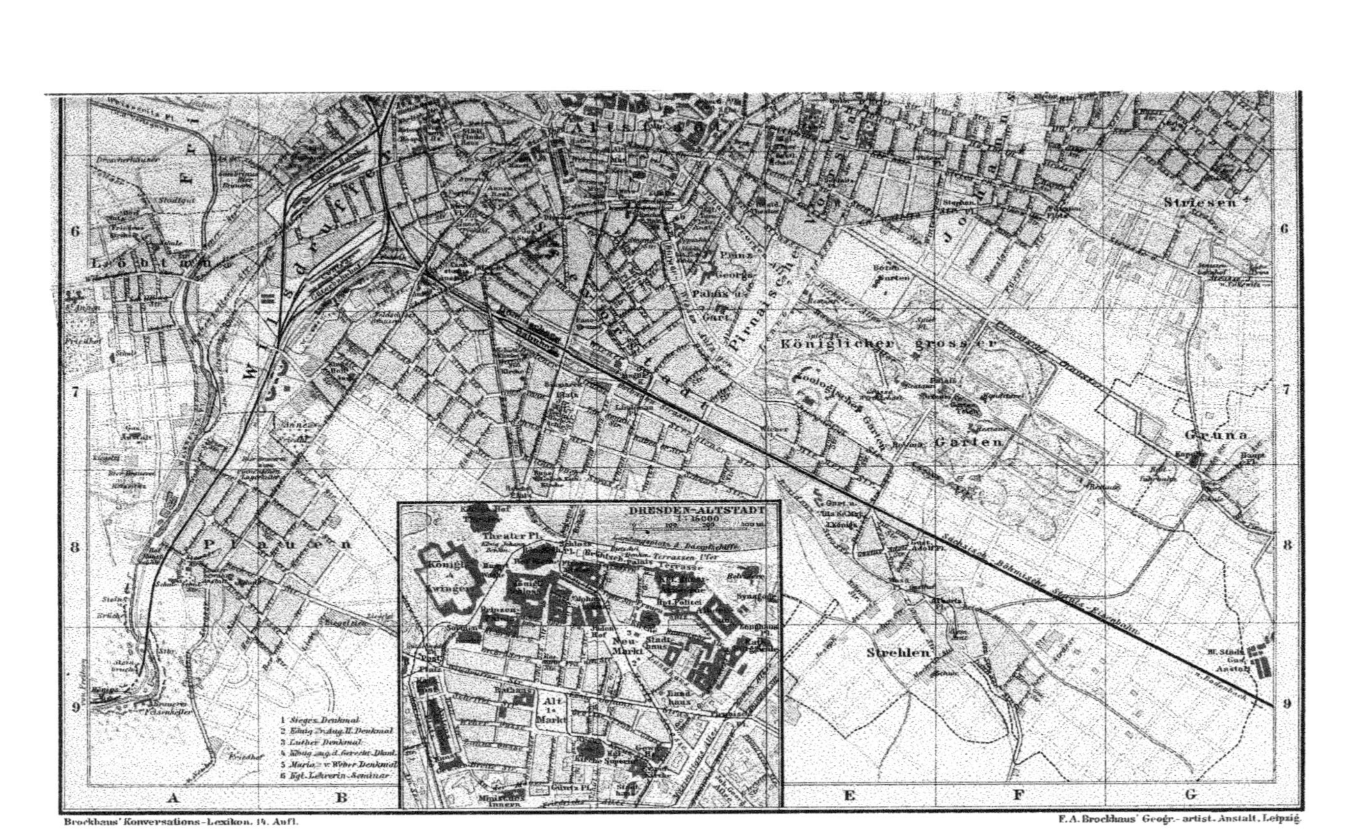

Brockhaus' Konversations-Lexikon. 14. Aufl.
F. A. Brockhaus' Geogr.-artist. Anstalt, Leipzig.

Schäferstr. B 4. 5.
Schanzenstr. B 2.
Scheffelstr. C 9.
Scheunenhofstr. B 3.
Schiefsgasse, grofse. D 9.
—— [illegible]de. B 9.
Schiefshaus, am. C 5.
Schillerstr. F. G 3. 4.
Schlofsplatz. C 8.
Schlofsstr. C 9.
Schnorrstr. C. D 7. 8.
—— (Strehlen). E 8.
Schönbrunnstr. B 3.
Schönfelder [illegible]tr. B 3.
Schössergasse. C 9.
Schreibergasse. C 9.
Schubertstr. G 4. 5.
Schützengasse. C 5.
Schützenplatz. C 5.
Schuhmachergasse. D 9.
Schulgasse. C 9.
Schulgutstr. E 5.
Schumannstr. B 6.
Schweizerstr. B. C 7.
Sebnitzerstr. E 3.
Sedanstr. C 7.
—— [illegible]en). E 8. 9.
See, [illegible] C 6.
Seestr. C 9.
Seidnitzer Platz. E 6.
Seidnitzer Str. E 6.
Seilergasse. C 6.
Seminarstr. B 5.
Semperstr. B 7. 8.
Serrestr. B 5. 6.
Sidonienstr. C. D 6. 7.
Silbermannstr. F 5. 6.
Sophienstr. C 9.
Sporergasse. C 8. 9.
Stärkengasse. C 5.
Stallstr. C 5.
[illegible]str. D. E 5.
Stephanienplatz. F 6.
Stephanienstr. B 5. 6.
Sternplatz. C 6.
Stiftsbrücke. B 5.
Stiftsstr. C 5.
Stolpener Str. F 3. 4.
Strehlener Str. C. D 7. 8.
Striesener Platz. B. F 6.
Striesener Str. F 6.
Struvestr. D 6. 7.
Tannenstr. B 2.
[illegible]g. C 8.
Tatzberg. B 5.
Terrassengasse. D 8.
Terrassenufer. B. K 5.
Thalstr. B 3. 4.
[illegible] C 8.
Theresienstr. D 4.

Tieckstr. E 4.
Tiergarten[illegible]tr. E 7.
[illegible]r Str. F 6.
Töpferstr. B 8.
[illegible]tr. F. G 5.
[illegible]r. C. D 6.
Turnerweg. B 3. 4.
Uferstr. C. D 4.
Uhlandstr. B 7. 8.
Victoriastr. B 6.
Vorwerkstr. B 4.
Wachsbleichgasse. B 4. 5.
[illegible]ausstr. C. D 6.
[illegible] G 3.
Wallstr. C 9.
Walpurgisstr. D 6.
[illegible]tr. A 5.
Wasaplatz. E 8.
[illegible] B 8.
[illegible]tr. E 4.
Webergasse. C 9.
[illegible]tr. C 6.
Weintraubenstr. E 4.
Weifsegasse. D 9.
Weifseritzmühlgraben, am. A 7.
Weifseritzstr. B. C 5.
[illegible]tr. C. D 7. 8.
Wettinerstr. B. C 5.
[illegible]tr. C 6. 7.
Wiener Platz. D. B 7.
[illegible]r Str. C. D. E 7. 8.
[illegible]r. D 4. 5.
Wilsdruffer Str. C 9.
[illegible] C 7.
[illegible] D 2.
Wintergartenstr. E. F 5. 6.
[illegible]r. B 5.
Wolfsgasse. B 4.
Zahnsgasse. C 9.
Zellesche Str. B. C 7.
Zeughausp[illegible]tz. D. E 8. 9.
Ziegelscheune, an der. A. B 6.
Ziegelstr. E 5.
[illegible]er Str. F 3.
Zöllnerstr. B 5. 6.
Zwickauer Str. B 6. 7.
Zwingerstr. C 5.

Kirchen.

Anglikanische Kirche. D 7.
Annenkirche. C 6.
Dreikönigskirche. D 4.
Erlöserkirche (Striesen). G 5.
Frauenkirche. D 8.
Friedenskirche. A 6.
Johanneskirche. E 5.
Kath. Hofkirche. C 8.
Kath. Pfarrkirche (Neustadt). D 4.
—— —— (Friedrichstadt). B 4.
Kirche (Plauen). A 8.
Kreuzkirche. C. D 9.
Markuskirche (Pieschen). B 2.
Martin Lutherkirche. E 4.
Matthäuskirche. B 4.
St. Pauli-Kirche. D. B 2.
St. [illegible] K[illegible]che. D 3.
Reformierte Kirche. D 6.
Russische Kirche. C 8.
S[illegible]es [illegible]aus. C 7.
Sophienkirche. C 9.
Trinitatiskirche. B 5.
Waisenhauskirche. B 6.

Friedhöfe.

Friedhof, [illegible]ter Annen-. C 6.
—— [illegible]er Annen-. B 7.
—— neuer [illegible]n- (Löbtau). A 6. 7.
—— Elias-. E 5.
—— Friedrichstadt-. A 4.
—— israel., alter. E 4.
—— —— neuer. G 5.
—— kath. (äufserer). A 4.
—— —— (innerer). B 4.
—— alter Neustädter. D 3.
—— [illegible]uer [illegible]städter (St. Pauli). D 1.
—— Trinitatis-. F 5.

Behörden, öffentliche Gebäude, Denkmäler, Sehenswürdigkeiten u. s. w.

Akademie [illegible]bau). D 8.
Albertinum. D 8.
Altertums-Museum. F 7.
Arsenal. E. F 2.
Artilleriekaserne. D 1.
Belvedere. D 8.
Berliner Bahnhof. A 5.
Blockhaus. D 5.
Böhm. Bahnhof. C 7.
Börse. D 6.
Botanischer Garten. E 6.
[illegible]es Palais. D 8.
Denkmal König [illegible]ugust d. Starken. D 4.
—— Anton d. Gütigen. C 5.
Denkmal König Friedrich August d. Gerechten. C 8.
—— Friedrich August II. B 9.
—— [illegible]s Königs Johann. C 8.
—— Körner-. D 6.
—— Luther-. D 9.
—— Nieritz-. D 4.
—— Rietschel-. D 8.
—— Sieges-. C 9.
—— Weber-. C 9.
Di[illegible] B 4.
Exerziergebäude [illegible]bert-[illegible]. B 3.
Freimaurerinstitut. B 5.
Freimaurerlogen. C 5.
—— in [illegible]t. E 4.
[illegible], Königl. B 4.
Gasanstalten (Altstadt). B 5.
—— [illegible] D 3.
—— [illegible] G 9.
Gerichtsgebäude (Altstadt). B 5.
Gewandhaus. B 9.
Grenadierkasernen ([illegible]bert-[illegible]tadt). F. G 2. 3.
[illegible]r Garten. D. E. F 6. 7. 8.
[illegible]hof ([illegible]adt). B 6.
Handelsschule. C 5.
Hauptsteueramt. C 5.
Hauptwachen. C 3.
—— (Albertstadt). F 3.
Herzogin Garten. C 5.
Hohenthalhaus. B 4.
Jägerkaserne. B 5.
Japanisches Palais. D 4.
[illegible] C 8.
Justizgebäude. B 5.
Kadetten[illegible]s [illegible]dt). F 2.
Kavalleriekaserne. D. B 1. 2.
Kette, Deutsche Elbschifffahrts-Gesellschaft. A 3.
Kohlenbahnhof. B 5. 6.
Kommandantur. B 5.
Kunstakademie. B 8.
Kunstgewerbeschule, Königl. C 9.
Laboratorium (Albertstadt). B 1.
Landhaus. B 9.
Lei[illegible]ger Bahnhof. D 3. 4.
Lehrerin-Seminar, Königl. B 9.
Linckesches Bad. F 4.
Marienhof (Trachenberg). D 1.
Markthalle. C 9.
Marstall, [illegible]gl. C 5.
—— städt. C 5. 6.
—— —— G 5.
M[illegible]nbahnhof (Pieschen). C 2.
M[illegible]talt (Albert-[illegible]). E 2.
Militärgerichtsgebäude (Albertstadt). B 2.
Ministerium, Finanz-. C 8.
—— —— (Neubau). D 5.
—— [illegible]s Innern. C 9.
—— Justiz-. B 4.
—— des Königs. B 4. 5.
—— Kriegs-. B 5.
[illegible]ktion. B. C 9.
Oppenheimer Haus. D 6.
Packhof. C 5.
Palais am Taschenberg. C 8. 9.
—— Gr. Garten. F 7.
Palaisgarten. C. B 4.
Panorama. C 7.
Pestalozzistift. B 3.
Pionierkaserne. B 2.
Polizeigebäude, Königl. B 8.
Prinzenpalais ([illegible]e Str.). B 6.
—— am Taschenberg. C 8. 9.
Proviantmagazin (Albertstadt). E 1. 2.
Pulvermagazine (Albertstadt). F 1.
Rathaus [illegible] C 9.
—— [illegible] B 4.
—— (Pieschen). B 2.
Reichsbank. B 6.
Schillerschlöfschen. F 3.
Schlachthof. C 3.
Schlesischer Bahnhof. D 3. 4.
Schlofs, Königl. C 8.
Schützenkaserne. E 2. 3.
Schullehrerseminar (Fletcher). B 3.
—— Königl. (Friedrich-[illegible]). A. B 4.
[illegible]us an [illegible]r Kreuzkirche. B 9.
—— Landhausstr. D 9.
Strafsenbauhof, städt. B 5.
Superintendentur. D 9.
Synagoge. B 8.
Telegraphenamt. C 5.
Theater, Albert- (Neust.) D 4.
Theater, Hof- (Altst.) C 8.
—— Residenz-. D. E 6.
Trainkaserne (Neustadt). D 1.
Victoriasalon. D 6.
Villa Sr. Majestät d. Königs (Strehlen). E 8.
Waldschlöfschen. G 3.
Wasserbauhof. B. C 2. 3.
Wasserwerk (Loschwitz). G 4.
Werkstättenbahnhof. D 3.
Winterhafen. B 2. 3. u. C 3. 4.
Zoll- und Steueramt. C 5.
Zoologischer Garten. E 7.
Zwinger. B. C 8.

Höhere Schulen.

Gymnasium, Königl. in Neu-[illegible]t. E 4.
—— [illegible]dt (Kreuzschule). B 6.
—— Vitzthumsches. C 6.
—— Wettiner. C 5.
Realgymnasium (DreiKönig-[illegible]e, Altstadt). E 4.
Technische Hochschule, Königl. C 7.
Ti[illegible]he Hoc[illegible]ule. E 5. 6.

Kranken- und Versorgungsanstalten.

[illegible]lt, [illegible]dt. E 2.
Armenhaus, städt. B. C 5.
—— [illegible] B 4.
Blindenanstalt. B. C 6.
Bürgerhospital (Friedrichstadt). B 4.
—— (Neubau). G 4.
Carolahaus. F 5.
Ehrlichsches [illegible]tift. B. C 5.
Findelhaus. C 5.
Frauenklinik. B 4. 5.
Garnisonlazarett (Albertstadt). F 2.
Josephinenstift. C 6.
Kinderheilanstalt. B 7.
Kinderbesserungsanstalt Marienhof (Trachenberg). D 1.
[illegible]ift, [illegible] B 4.
Krankenhaus, städt. B 4. 5.
Maternihospital. B 5.
Siechenhaus, städt. B 5. 6.
Stadtarmenhaus. B. C 5.
Taubstummenanstalt. C 6.
Versorgehaus. B. C 5.
Waisenhaus. F 3.

vier Strombogen von je 31 m Spannung und mehrern Landbogen. Die Verlegung der wegen ihrer engen und zum Strom schiefwinklig stehenden Pfeiler der Schiffahrt hinderlichen Augustusbrücke um einige Meter stromabwärts ist geplant, der Bau einer neuen (vierten) Brücke zwischen derselben und der Albertbrücke hat (1892) degonnen.

Straßen, Plätze, Denkmäler. Die Stadt hat 383 Straßen und Gassen, 41 freie Plätze und mehrere öffentliche Gärten; unter letztern der Herzogingarten in der Altstadt und der Palaisgarten in der Neustadt. Die Hauptadern des Verkehrs sind vom Freiberger bis zum Pirnaischen Platze die Annen-, Wettinerstraße, Ostraallee, Postplatz, Wilsdrufferstraße, Altmarkt und die 1888 durchgebrochene König Johannstraße, vom Schloßplatz bis zum Böhmischen Bahnhof die Schloß-, See- und Pragerstraße; ferner die Franen-, Landhaus-, Moritz-, Marschall-, Pillnitzer, Grunaer Straße und die Johann Georgenallee in der Altstadt und deren Vorstädten; die Hauptstraße, die große Meißner, Leipziger, Bautzner, Schiller- und Königsbrückerstraße in der Neu- und Antonstadt. Größere öffentliche **Plätze** sind in den Stadtteilen links der Elbe der Altmarkt, Neumarkt, Pirnaische, Dippoldiswalder und Georgplatz, der Schloßplatz, Theaterplatz, Bismarck- und Moltkeplatz, Ferdinand-, Freiberger, Güntz- und Holbeinplatz; ferner in der Neustadt der Markt, Kaiser Wilhelm-, Albert-, Kurfürsten- und Alaun-(Parade-)platz. Die hauptsächlichsten **Denkmäler** sind das Denkmal Friedrich Augusts I. im Zwinger, sitzende Figur in Erz von Rietschel, 1843 enthüllt, mit Unterbau von Granit, Architektur und Figuren aus Kanonenmetall und mit allegorischen Gestalten am Sockel; auf dem Theaterplatz Reiterstandbild des Königs Johann auf 3 m hohem Syenitsockel von Schilling, zum Wettinfest 18. Juni 1889 enthüllt; Standbild Karl Marias von Weber in den Anlagen am Museum, nach Rietschels Entwurf in Lauchhammer gegossen und 11. Okt. 1860 enthüllt; Standbild des Königs Friedrich August H. von Hähnel, Bronzeguß auf Granitpostament, 3. Ang. 1867 enthüllt; vor der Frauenkirche das 1885 errichtete Lutherdenkmal, Bronzeguß nach dem für das Wormser Denkmal von Rietschel entworfenen Modell und dem von Rietschel selbst modellierten Kopfe Luthers, beide auf dem Neumarkt; auf dem Georgsplatz vor der Kreuzschule das Bronzestandbild Theodor Körners, nach Hähnels Modell von Lang & Herold in Nürnberg gegossen, 18. Okt. 1871 enthüllt; rechts und links davon die Büsten von Julius Otto (von Kietz) und Karl Gutzkow (von Andresen); auf der Terrasse das Rietscheldenkmal von Schilling (21. Febr. 1876); auf dem Altmarkt seit 1880 das Siegesdenkmal für 1870/71 (eine Germania nach Henzes Modell, in Marmor ausgeführt von Cellai in Florenz, am Sockel vier Idealgestalten); das sog. Moritzmonument, eine vom Kurfürsten August seinem 1553 bei Sievershausen gefallenen Bruder Moritz gewidmete Figurengruppe von Sandstein, 1870/71 erneuert; auf dem Neustädter Markt das Reiterstandbild Augusts II. des Starten, von Wiedemann (Augsburg) in Kupfer getrieden und vergoldet, 1736 errichtet; in den Anlagen an der Weißeritz die eiserne Kolossalbüste des Königs Anton, nach Rietschels Modell und vergoldet, 27. Dez. 1835 enthüllt; an der Theresienstraße das Denkmal des Jugendschriftstellers Nieritz, von Kietz; auf der Brühlschen Terrasse das Bronzestandbild des Architekten G. Semper, von Schilling, 1. Sept. 1892 enthüllt. Eine zweite Gruppe von Denkmälern bilden die **Monumentalbrunnen.** Aus früherer Zeit stammt die berühmte Neptunsgruppe im Park des ehemaligen Marcolinischen Palais, nach Longuelunes Entwurf von Mattielli ausgeführt, 1874/75 erneuert; der «Cholerabrunnen» auf dem Postplatz, nach Sempers Zeichnung 1844 von dem Freiherrn von Gutschmid errichtet, 1891 erneuert, der Nymphenbrunnen auf dem Moltkeplatz, nach Broßmanns Modell 1866 errichtet; der Gänsediebbrunnen auf dem Ferdinandsplatz, seit 1880 mit einer von Rob. Diez modellierten, von Bierling in Dresden gegossenen Figur des Gänsediebs; endlich die von Hähnel modellierte Bronzefigur des heil. Georg mit dem Lindwurm auf dem St. Georgsbrunnen neben der Sophienkirche (1887).

Kirchen. Unter den 24 Kirchen (15 evangelische, 5 katholische) nimmt wegen ihrer architektonischen Schönheit den ersten Platz ein die Frauenkirche am Neumarkt, 1726—38 von George Bähr erdaut und bis 1745 von Schmidt vollendet, mit hoher Kuppel und Laterne (95 m), und einem prächtigen Hochaltar in Barockstil (s. Tafel: **Altäre II**, Fig. 6); ferner die kath. Hofkirche, der Augustusbrücke gegenüber, 1737—56 nach dem Plane des Italieners Chiaveri im Barockstil aufgeführt (über 1 Mill. Thlr.), mit Turm (85 m) und derühmter Orgel von Silbermann; oden auf den Brüstungen und an den Eingängen 78 Heiligenbilder in Sandstein von Mattielli, im Innern ein früher berühmtes Altarbild: Christi Himmelfahrt von Raphael Mengs; unter der Sakristei die Gruft der königl. Familie, ein dedeckter Gang führt nach dem ersten Stockwerk des Schlosses; die evang. Hof- und Sophienkirche, dem Zwinger gegenüber, nach der Kurfürstin Sophie denannt, ursprünglich Klosterkirche der Grauen Brüder, aus dem 13. und 14. Jahrh., Ende des 16. Jahrh. von Christians I. Witwe wieder zum Gottesdienst eingerichtet, 1864—68 nach dem Plane von Prof. Arnold in got. Stil erneuert und mit zwei Türmen versehen, im Innern 1875 wiederhergestellt, die Skulpturen an der West-, Nord- und Ostseite sind von Schwent und Kietz. Die Kreuzkirche, nach dem preuß. Bombardement (1760) 1764—92 anfänglich nach dem Plane des Baumeisters Schmidt, später nach dem von Exner umgeänderten Plane neu aufgebaut, hat einen viel besuchten Turm (95 m); die Johanniskirche an der Pillnitzerstraße, 1878 von Möckel in got. Stil vollendet, hat im Innern reichen Skulpturenschmuck; die Annenkirche aus dem 16. Jahrh., nach der Zerstörung im Siebenjährigen Kriege wieder aufgebaut, mit Turm (57 m) von 1823; die Anglikanische Kirche (All Saints' Church), 1868—69 nach dem Entwurf von St. Aubin (London) von Pieger erbaut; die kaiserlich russ. Gesandtschaftskirche, 1872—74 nach dem Entwurf des russ. Staatsrats Bosse erdaut. Im Bau befindet sich die Trinitatiskirche.

Von den Kirchen in Neustadt sind zu erwähnen: die Dreikönigskirche an der Hauptstraße erdaut 1732—39 mit 94 m hohem Turm von 1854—57, an diesem sieben Statuen, die vier Evangelisten und heil. drei Könige, von Hähnel; die kath. Pfarrkirche, 1863 nach Bothens Entwurf vollendet; über dem Portal ein Christus von Hähuel, im Schild des Rundbogens eine Maria auf Goldgrund von Kriebel, Altargemälde von Schönherr; die St. Petri- und St. Pauli-kirche; die Lutherkirche, nach dem Entwurf von Giese und Weidner 1887 in got. Stil vollendet.

Ferner bestehen noch zahlreiche andere Kirchen, wie die Reformierte (eine neue im Bau), Matthäus-, Schottische (Presbyterian Service), Deutschkatholische, ehemals Waisenhaus-, und die Amerikanische Episkopalkirche (St. John's Church), die Zionskirche der Evangelischen Gemeinschaft und die Kapellen der separierten evang.-luth. St. Trinitatis- und der Apostolischen Gemeinde. Die Synagoge südlich des Belvedere ist 1838—40 nach dem Plane von Semper im orient. Stil erbaut.

Friedhöfe. Im Gebiete oder an den Grenzen der Stadt bestehen 13 Friedhöfe, von denen drei geschlossen sind; auf dem Eliasfriedhof, 1680 zur Zeit der Pest angelegt und bis 1876 benutzt, ruhen Kapellmeister Naumann (gest. 1801), die Oberhofprediger Reinhard (gest. 1812) und von Ammon (gest. 1850), Direktor Lohrmann (gest. 1840), Frau Joh. Renner, Schillers «Gustel von Blasewitz» (gest. 1856); auf dem Trinitatiskirchhofe, seit 1815, ruhen Robert Reinick (gest. 1852), Theodor Hell (gest. 1856), Kapellmeister Reissiger (gest. 1859), Wilhelmine Schröder-Devrient (gest. 1860), Rietschel (gest. 1861), Major Serre (gest. 1863), Geheimrat Dr. Carus (gest. 1869) u. a.; auf dem 1677 angelegten Neustädter Friedhofe, wo sich auch der Totentanz (1534) befindet, ruhen: Adelung (gest. 1806), Elisa von der Recke (gest. 1833), Tiedge (gest. 1841), von Rumohr (gest. 1843), dessen Denkmal von Christian VIII. von Dänemark gestiftet und von Semper entworfen ist, Gustav Nieritz (gest. 1876); der neue Neustädter Friedhof ist 1862, der Annenfriedhof an der Chemnitzer Straße 1848 eröffnet; auf letzterm ruhen Emil Devrient (gest. 1872) und Dawison (gest. 1872), Julius Schnorr von Carolsfeld (gest. 1872), Hermann Langer (gest. 1889); der neue Friedhof in Löbtau ist 1875 eingeweiht und erhielt an der Außenwand der Leichenhalle vier von der Tiedgestiftung geschenkte, von Engelke entworfene Marmorreliefs; auf dem alten kath. Friedhof in Friedrichstadt, 1721 angelegt, ruhen: K. M. von Weber (gest. 1826 in London), Friedr. von Schlegel (gest. 1829); der neue kath. Friedhof ist 1875 eingeweiht; die neueste Kirchhofsanlage ist der Johannisfriedhof auf Tolkewitzer Flur.

Weltliche Bauten. Das königl. Schloß, ein umfängliches, aber unregelmäßiges Gebäude mit zwei Höfen, von Herzog Georg 1534 angelegt, von dessen Nachfolgern, namentlich Anfang des 18. Jahrh. durch August den Starken, bedeutend erweitert, hat an der der kath. Hofkirche zugewendeten Hauptfaçade über dem Grünen Thor eine Galerie (1549—50) und einen Turm (101 m), am Georgenthor (1534—37), der überwölbten Durchfahrt in die Schloßstraße, zierliche Renaissancesäulen. Im «Großen Hof» sind bemerkenswerte Treppentürme in den Ecken; den Thron- und Bankettsaal zieren großartige, 1845 vollendete Freskomalereien von Bendemann. Seit 1889 wird das Schloß einem umfassenden Umbau unterzogen; die Seitenfaçade am Theaterplatz ist 1891 im Stil des 17. Jahrh. erneuert worden. Östlich stößt an das königl. Schloß das alte Stallgebäude an, dessen Außenwand in der Augustusstraße 1874 von W. Walther mit der Sgraffito-Darstellung eines Reiterzugs sächs. Fürsten aus dem Hause Wettin (seit 1089) geschmückt wurde. Der Zwinger (s. Tafel: *Deutsche Kunst* III, Fig. 2), ein 1711—22 errichteter Prachtbau, dessen sieben durch eine einstöckige Galerie verbundene Pavillons einen 117 m langen und 107 m breiten Raum umschließen, sollte nach dem Plane von Pöppelmann, des Architekten Augusts II., den Vorhof eines großartigen Schlosses bilden; in Einzelarbeiten zeigt sich der Rokokostil, sonst ist der Bau wohl die glänzendste und anmutigste Verkörperung des Barockstils (vgl. Hettner, Der Zwinger in D., Lpz. 1874). In der nordwestl. Ecke des Gebäudes das sog. Dianabad, ein rings umschlossener Brunnenhof. Die vierte Seite des Zwingers ist durch das nach Sempers Plänen in edlem Renaissancestil ausgeführte Museum, eine der besten Schöpfungen neuerer Architektur, geschlossen worden. Der Bau wurde 1846 begonnen, bis zur Mairevolution 1849 von Semper geleitet und 1855 vom Hofbaumeister Krüger vollendet (Kosten 440 000 Thlr.). In der Mitte eine hohe Durchfahrt mit kleiner Kuppel, zahlreiche Darstellungen aus Sage, Religion und Geschichte, auf der Nordseite der antiken Welt, auf der Südseite der christl.-romantischen Zeit entnommen, am Portal der Hofseite die Sandsteinfiguren Raffael (s. Tafel: *Deutsche Kunst* V, Fig. 5) und Michelangelo von Hähnel, auf der Attika Giotto, Holbein, Dürer, Goethe von Rietschel; Dante und Cornelius von Hähnel. Dem Zwinger östlich gegenüber das Prinzenpalais oder Palais am Taschenberge, jetzt Wohnung des Prinzen Friedrich August, 1715 erbaut, 1755 verschönert und seit 1843 mehrfach umgebaut, mit einer Kapelle und der Sekundogenitur-Bibliothek (20 000 Bände). Das Brühlsche Palais, 1737 vom Reichsgrafen Heinrich von Brühl erbaut, war 1813—14 Sitz des fremden Gouvernements, diente vom 27. Dez. 1850 bis Mai 1851 zur Abhaltung der Dresdener Konferenzen. Es wird auf seiner nach der Elbe zu gelegenen Rückseite von einem Festungswalle begrenzt, auf welchem 1738 vom Grafen Brühl ein Garten angelegt wurde, der seit 1815 vom Schloßplatze aus durch eine von dem russ. Gouverneur Fürsten Repnin angelegte großartige Freitreppe, mit vier vergoldeten Sandsteinfiguren (Abend, Nacht, Morgen, Mittag) von Schilling, zugänglich, die berühmte Brühlsche Terrasse bildet. Auf der Stadtseite der Terrasse befinden sich die Neubauten der Akademie der Künste und das ehemalige Zeughaus, jetzt unter dem Namen Albertinum zur Aufnahme des Museums der Bildwerke und des Hauptstaatsarchivs umgebant, am östl. Ende das Restaurationsgebäude Belvedere.

Ferner sind in der Altstadt zu erwähnen dgs neue, nach Pläneu Gottfr. Sempers, unter der Leitung seines Sohnes Manfred errichtete Hoftheater (über 4 Mill. M.), nördlich vom Zwinger und etwas weiter westlich als das 1838—41 von Semper erbaute, 21. Sept. 1869 abgebrannte Gebäude, ein Prachtbau im Renaissancestil. Es ist 82 m breit und 78 m tief und wurde 2. Febr. 1878 eröffnet, nachdem der Grundstein 26. April 1871 gelegt war. Die Hauptfaçade nach der kath. Hofkirche zu ist ein Halbrund, in dem der Vorraum und über demselben der Zuschauerraum (für 2000 Personen) aus dem Baukörper vortreten, während hinten der Bühnenraum hoch emporragt. Den Haupteingang markiert ein der Mitte der Rundung vorgelegter turmartiger Bauteil, gekrönt von Schillings Bronze-Quadriga (Dionysos und Ariadne auf dem Pantherwagen). Die sich darunter öffnende Nische ist durch Malereien von Kießling geschmückt. Die Balustraden über der Exedra tragen Statuenpaare, welche die dramat. Konflikte in typisch gewordenen Gestalten zur Anschauung bringen (Zeus-Prometheus, Kreon-Antigone u. a.). Die obern Vestibüle und das obere Foyer sind mit prächtigen Malereien von Choulant, Ehme, Preller, Rau u. a. versehen, die Deckengemälde sind von Hofmann, Gonne und Grosse, die Deckenmalereien im Zuschauerraum von J. Marschall, der Vorhang von Keller. Im Foyer ist 1892 eine von Professor Kietz modellierte Marmorbüste Rich. Wagners, ein Geschenk der Tiedge-stiftung, aufgestellt. (Vgl. Prölß, Geschichte des Hoftheaters zu D. Von seinen Anfängen bis zum J. 1862, Dresd. 1878.) Südlich vom Theater, zwischen Schloß und Zwinger, die 1831—33 nach Schinkels Entwurf für 120000 M. erbaute Hauptwache mit einer von sechs ion. Säulen getragenen Vorhalle und den Statuen der Saxonia und des Mars. Ferner sind zu erwähnen das Gebäude der (1864 aufgehobenen) Chirurgisch-Medizinischen Akademie, früher Residenz des Herzogs Karl von Kurland; das Land- und Ständehaus, 1773 durch Krubsacius erbaut; die neue Oberpostdirektion, 1881 von Zopff vollendet; das 1741 erbaute, mit Turm versehene, 1864 im Innern umgebaute und erweiterte Rathaus am Altmarkt; das königl. Polizeigebäude (vormals Coselsches Palais); das 1859 aufgeführte Superintendenturgebäude; das Gartenpalais des Prinzen Georg an der Zinzendorfstraße; das 1842 vom Hofbaumeister von Wolframsdorf erbaute massive Orangeriehaus, ausgezeichnet durch seine reiche Façade und Bildwerke von Hähnel, und das mit mehrern Werken Rietschels (Sphinxe und allegorische Büsten) gezierte Logengebäude, beide an der Ostraallee; das 1838 nach Sempers Plane errichtete Gebäude des vereinigten Materni-, Brückenhofs- und Bartholomäihospitals (Freibergerstraße) und die 1864 vollendeten, mit den Statuen der Saxonia und Bohemia dekorierten Administrations- und Stationsgebäude der königl. Staatseisenbahnen in der Wienerstraße; die 1864—65 nach Plänen von Arnold in got. Stile errichtete Kreuzschule am Georgsplatz, mit Fresken von A. Dietrich in der Aula; das nach dem Plane des Stadtbaurats Friedrich im Renaissancestil erbaute Annen-Realgymnasium in der Humboldtstraße, mit Fresken von Diethe in der Aula; das 1872—75 nach Plänen Rud. Heyns ausgeführte Polytechnikum (Kosten 2½ Mill. M.) am Bismarckplatz; die neue Jägerkaserne an der Albertbrücke, mit Ecktürmen; das Landgerichtsgebäude in der Pillnitzerstraße, mit Skulpturen von Bäumer und das nach Plänen des Baurats Arwed Roßbach (Leipzig) 1892 vollendete neue Amtsgericht in der Lothringerstraße; das große neue Lagerhaus, nahe der Marienbrücke, die Börse im Renaissancestil, das Carola-(Kranken-)Haus und das 1892 vollendete Victoriahaus mit prächtigen Façaden in deutscher Renaissance.

In Neustadt sind hervorzuheben: das 1892 umgebaute Blockhaus; der Jägerhof; das jetzt zu wissenschaftlichen und Kunstsammlungen dienende, 1715—17 von Jean de Bodt für den Grafen Flemming erbaute, dann von August dem Starken erworbene, 1730 erweiterte und zur Aufnahme von Sammlungen (s. unten) bestimmte Japanische Palais mit seinem, treffliche Aussichten bietenden Garten (der «Palaisgarten»); das Rathaus mit Turm; das 1871—73 von Schreiber erbaute Alberttheater mit Skulpturen von Menzel und Henze, Sgraffitobildern von Dietrich und Deckengemälden von Ehme, und das Gebäude des 1874 eröffneten Königlichen Gymnasiums. Gegenüber der Brühlschen Terrasse erhebt sich das neue Finanzministerium, hinter diesem die Dreikönigsschule sowie das neue Neustädter Amtsgericht; die ausgedehnten alten Militärgebäude der innern Neustadt werden bald einer großen Zahl neuer staatlicher und städtischer Prachtbauten weichen. In der Friedrichstadt sind nennenswert das 1813 während des Waffenstillstandes von Napoleon bewohnte, jetzt als Stadtkrankenhaus benutzte Marcolinische Palais mit großartigen Gartenanlagen.

Von den Privathäusern zeichnen sich besonders aus: Oppenheims Palais an der Bürgerwiese, erbaut nach Entwürfen von Semper; das sog. Venetianische Haus an der Elbe, erbaut von Bothen; das Struvesche Palais in der Wienerstraße, erbaut von Nicolai; das ehemalige, mit trefflichen Reliefmedaillons gezierte Wohnhaus Rietschels auf der Zinzendorfstraße; Villa Rosa von Semper u. a.

Im N. schließt sich an die Antonstadt die mit einem Aufwande von etwa 20 Mill. M. erbaute Albertstadt an mit den meisten Kasernen der Garnison und den Gebäuden für sämtliche militär. Anstalten des (12.) sächs. Armeekorps, besonders das ausgedehnte Arsenal (Zeughaus, Werkstätten und Fuhrwerksdepot enthaltend), Montierungskammern, Pulvermühle, Magazine, Bäckerei, Kadettenhaus, Reitanstalt, Militärstrafanstalt, Lazarett u. s. w.

Verwaltung. Die Stadt D. wird verwaltet von einem Oberbürgermeister (Dr. Stübel, seit 1878, lebenslänglich, 12000 M.), Bürgermeister (Bönisch, seit 1884, lebenslänglich, 9600 M.), 31 Stadträten (13 besoldet), je 5 Assessoren und Referendaren, 72 Stadtverordneten (Vorsteher Geh. Hofrat Ackermann) und einem königl. Polizeipräsidium (Präsident Schwauß) mit 5 Polizeiräten, 1 Polizeihauptmann, 1 Fremdenpolizeikommissar, 2 Kriminalkommissaren, 13 Inspektoren, 16 Wachtmeistern und 320 Gendarmen. Die Berufsfeuerwehr (seit 1868) bestand Ende 1890 aus einem Branddirektor, Brandmeister, Feldwebel, 14 Ober- und 113 Feuerwehrleuten und hat je ein Depot in Alt- und Neustadt, neun Feuerwachen, 67 Feuermelder (davon 65 mit Fernsprechverbindungen), 30 Spritzen und Fahrzeuge. Drei städtische Gasanstalten (1828, 1864, 1865 erbaut) gaben ab (1891) 20,365 Mill. cbm Gas, darunter 3,522 Mill. cbm zur öffentlichen Beleuchtung für 6402 Flammen und 1,717 Mill. cbm zu technischen Zwecken (254 Gasmotoren, darunter 38 zur Erzeugung elektrischen Lichts). Elektrische Beleuchtung findet sich in einer Anzahl von Privatgebäuden.

Das neue Wasserwerk, 1871 oberhalb Neustadt am Fuße der Saloppe für 7,5 Mill. M. angelegt, lieferte aus zwei Hauptbrunnen, aus denen das Wasser durch Dampfkraft nach dem Hochreservoir (60 m über der Elbe) beim Fischhause gehoben wird, (1891) 7,844 Mill. cbm vorzügliches Trinkwasser; die alten Wasserkünste sind wieder in Betrieb gesetzt. Die Ausdehnung des Rohrnetzes der Wasserleitung betrug (1889) 167,056, die der Kanäle 150,202 km. Der große Schlacht- und Viehhof befindet sich in der Leipziger Straße. Der Bau einer zweiten und dritten Markthalle außer der 1893 vollendeten auf dem Antonsplatz ist geplant.

Finanzen. Der Haushaltplan für 1891 schließt ab in Einnahme mit 7,503 Mill. M., in Ausgabe mit 7,419 Mill. M., für Armen- und Krankenwesen 1096338 M., für Straßenreinigung 375871 M., für Straßensprengung 95702 M., für Tiefbauten 716 147 M., Gartenanlagen 103 716 M., öffentliche Beleuchtung 387 908 M., Polizei 370 993 M. und für die städtischen Sammlungen und Denkmäler 33 724 M. Das Vermögen betrug Ende 1891 31 381 410 M., darunter die Gasanstalten und Wasserwerke mit je $8\frac{1}{2}$ Mill. M.; hierzn lommen 2 Mill. M. Schulausgaben. Zu den Einnahmen tragen außer den direkten Steuern besonders dei die Eingangsabgaben auf Verzehrungsgegenstände (1,8 Mill. M.), die Überschüsse der Gasanstalten (861 196 M.) und die Grundstückserträge (850 704 M.). Es wurden aufgewendet für Verzinsung und Tilgung von Anleihen 1 271 164 M. Die Anleiheschulden betrugen (Ende 1891) $25\frac{1}{2}$, der Wert des städtischen Grundbesitzes $31\frac{1}{2}$ Mill. M. Unter der Verwaltung der Stadt stehen gegen 400 Stiftungen mit einem Vermögen von 19,284 Mill. M. Neben 124 228 einkommensteuerpflichtigen physischen Personen gab es (1890) 2334 steuerfreie mit einem Einkommen unter 300 M. Über 60 000 bis zu 2 750 000 M. Einkommen hatten 105 physische und 37 jurist. Personen. Das Gesamteinkommen der Dresdener nach Abzug von 24,2 Mill. M. Schuldzinsen wurde 1891 zu 321,2 Mill. M. eingeschätzt, d. i. ein Fünftel des Gesamteinkommens des Königreichs. Hiervon flossen 41,9 Mill. M. aus Grundbesitz, 61,1 aus Renten, 143,3 aus Gehalt und Löhnen und 95,1 aus Handel und Gewerbe.

Behörden. D. ist Sitz der königl. Regierung sowie der höchsten Landesbehörden, der Kreishauptmannschaft D., der Amtshauptmannschaften Dresden-Altstadt und Dresden-Neustadt, des Oberlandesgerichts für das Königreich Sachsen (Landgerichte Bautzen, Chemnitz, D., Freiberg, Leipzig, Plauen, Zwickau), eines Landgerichts mit 14 Amtsgerichten (Altenberg, Döhlen, D., Großenhain, Königstein, Lauenstein, Lommatzsch, Meißen, Pirna, Radeberg, Radeburg, Riesa, Schandau, Wilsdruff) und zwei Kammern für Handelssachen, des evang.-luth. Laudeskonsistoriums, des apostolischen Vikariats, je zweier Superintendenturen und Bezirksschulinspektionen, der Zoll- und Steuerdirektion, Generaldirektion der Staatseisenbahnen, zweier Eisenbahnbetriebsoberinspektionen zu Altstadt (344,91 km Bahnlinien) und Neustadt (320,70 km), eines Landbauamtes, einer Oberforstmeisterei, einer Straßen- und Wasserbauinspektion, des Landeskulturrats, einer kaiserl. Oberpostdirektion für die Bezirke der Kreishauptmannschaften D. und Bautzen mit 298 Verkehrsanstalten und 2000,08 km oberirdischen Telegraphenlinien (12 775,36 km Leitungen, einschließlich 6739,31 km Stadtfernsprechanlagen), einer Reichsbankstelle, einer Handels- und Gewerbekammer, einer königl. Kommandantur, des Generalkommandos des 12. (königl. sächs.) Armeekorps und der Kommandos der 23. und 32. Division, 45., 46., 63. und 64. Infanterie-, 23. und 32. Kavallerie-, 12. Artilleriebrigade. Durch Gesandtschaften sind vertreten Bayern, Großbritannien (Geschäftsträger), Österreich-Ungarn, Preußen, Rußland (Ministerresident).

Unterrichts- und Bildungswesen. Die Technische Hochschule ist, 1828 als «Technische Bildungsanstalt» gegründet, nach der Studienordnung vom 18. Febr. 1871 in eine Hochschule mit dem Namen «Königl. Polytechnikum» verwandelt, heißt seit Ostern 1890 amtlich «Königl. sächs. Technische Hochschule». Sie zerfällt in die mechanische, Ingenieur-, Hochbau-, chemische und allgemeine Abteilung und hatte (im Sommer 1892) 60 Professoren und Docenten und 406 Studierende, darunter 28 Hörer und 135 Hospitanten. Der Staatszuschuß beträgt etwa 260 000 M. Die Tierarzneischule (15 Lehrkräfte, 131 Studierende) wurde 1889 zur Hochschule erhoben. An Gymnasien bestehen: Städtisches Gymnasium zum Heiligen Krenz mit Alumneum (Kreuzschule, 1300 zuerst erwähnt, 1539 aus einer kath. Schule in ein evang. Gymnasium verwandelt, Rektor Dr. Stürenburg, 34 Lehrer, 18 Klassen, 590 Schüler, darunter je 32 Alumnen und Kurrendaner); das Vitzthumsche Gymnasium mit Internat (1638 durch Testament des Rudolf Vitzthum von Apolda gestiftet, seit 1828 öffentliche Lehranstalt, Rektor Dr. Bernhard, 19 Lehrer, 9 Klassen, 206 Schüler, darunter 33 Interne); das Königl. Gymnasium in der Neustadt (1874 eröffnet, Rektor Dr. Wohlrab, 40 Lehrer, 21 Klassen, 559 Schüler); das städtische Wettiner Gymnasium (1879 gegründet, Rektor Dr. Meltzer, 33 Lehrer, 16 Klassen, 372 Schüler); ferner bestehen das städtische Realgymnasium in Dresden-Neustadt, Drei-Königsschule (zuerst 1465 erwähnt, seit 1851 vollständige Realschule, Rektor Dr. Vogel, 27 Lehrer, 15 Klassen, 433 Schüler); das städtische Realgymnasium Annenschule (1579 als Chorschule gestiftet, 1618 Lyceum, 1828 höhere Bürgerschule, 1850 Realschule, Rektor Dr. Örtel, 26 Lehrer, 15 Klassen, 548 Schüler); Realschule und Progymnasium in Dresden-Friedrichstadt (1772 gegründet, Direktor Dr. Krumbiegel, 16 Lehrer, 9 Klassen, 185 Schüler); städtische Realschule in Dresden-Johannstadt (1890 gegründet, 6 Lehrer, 4 Klassen, 142 Schüler); fünf private Real- und Erziehungsanstalten für Knaben (949 Schüler), 2 Mittelschulen für Knaben (281), zwei Schullehrerseminare, eine Turnlehrer- und Turnlehrerinnenbildungsanstalt, ein Lehrerinnenseminar mit höherer Mädchenschule, 17 höhere Mädchenschulen (1900), je 1 Volksschule für das männliche und weibliche Geschlecht (60 Schüler, 187 Schülerinnen), 2 staatliche, 22 städtische und 6 sonstige Volksschulen für beide Geschlechter (621 Klassen, 678 Lehrkräfte, 26070 Schulkinder), Taubstummenanstalt (201 Zöglinge), Landesblindenanstalt (110 Zöglinge), königl. Kadettenkorps (200 Kadetten); ferner giebt es eine Gartenbau- und eine Gewerbeschule, eine Baugewerken- und eine mit einem Gewerbemuseum verbundene Kunstgewerbeschule, eine öffentliche Handelslehranstalt, eine Garnisonschule, Anstalten für Nicht-Vollsinnige und Verwahrloste (36 Zöglinge), für Schwachbefähigle (50), für Verwahrloste (44), sowle zahlreiche Stifts- und Privatinstitute für Knaben und Mädchen, von Vereinen unterhaltene Lehranstalten verschiedener Art, Krippen, Kindergärten, Bewahranstalten, eine große Anzahl von Privatanstalten für Musikunterricht. Für die Katholiken insbesondere bestehen ein Progymnasium, eine Bürgerschule, 3 Bezirksschulen und das königl. Josephinenstift; für Israeliten die israel. Religionsschule.

Kunstinstitute und Vereine. Obenan steht die seit 1764 eröffnete königl. Akademie der bildenden Künste. Dieselbe zählt unter ihren Mitgliedern und Ehrenmitgliedern viele derühmte Namen, u. a. die Maler Pauwels, Scholtz (Geschichtsfach), Gonne (Genre), Preller und Öhme (Landschaft), die Bildhauer Schilling, Kietz, Diez, Henze, die Architekten Arnold, Giese, Eberhard, den Kupferstecher und Holzschneider Bürkner. Die königl. Hochschule für Musik hat 54 Lehrkräfte und 191 Studierende. Die königl. Kapelle, von Kurfurst Friedrich August I. begründet, ward durch Hasse und Naumann zu einem Stütz- und Glanzpunkt der Tonkunst in Deutschland; Paër wahrte und Weber mehrte ihren alten Ruhm; darauf folgten die Kapellmeister Reissiger, Krebs, Rietz, Wagner, Wüllner und Schuch. Das Hoftheater glänzte früher vorzüglich durch die ital. Oper; erst seit 1817 ward die deutsche Oper eingeführt und im Verlauf von kaum zwei Jahrzehnten zur ausschließlichen Geltung gebracht. Als Dramaturgen wirkten namentlich Tieck und Gutzkow. Die hervorragendsten Kräfte der Bühne waren Jenny Ney, Mitterwurzer, Schnorr und Tichatschek; Franziska Berg, Marie Bayer, Dawison, Emil Devrient. Neben den beiden Hoftheatern (das große in Altstadt mit 1500 Sitz- und 200 Stehplätzen, das Alberttheater in Neustadt mit 1700 Sitz- und 300 Stehplätzen) besitzt D. seit 1872 das Residenztheater in der Cirkusstraße. An Privatvereinen bestehen die Dreißigsche und die (von R. Schumann gestiftete) Dresdener Singakademie, ferner viele Gesangvereine (Orpheus, Liedertafel u. s. w.), ein Tonkünstler- und ein Orchesterverein; weiter der 1828 begründete Sächsische Kunstverein, welcher eine dauernde Kunstausstellung unterhält, der Verein für kirchliche Kunst und viele inmitten der Künstler selbst bestehende Genossenschaften. Der Pflege der Wissenschaften sind gewidmet: der Sächsische Altertumsverein, der Verein für die Geschichte Dresdens, die Isis (naturwissenschaftliche Gesellschaft), der Verein für Erdkunde, die Gesellschaft für Natur- und Heilkunde, Litterarischer Verein, Deutscher Sprachverein, der Pädagogische Verein u. s. w. Für Förderung der gewerblichen Interessen sind unter anderm thätig: die Flora und der Gärtnerverein, die Europäische Modenakademie, der Gewerbeverein und der Kunstgewerbeverein.

In D. erscheinen 9 Zeitungen und Anzeiger täglich, darunter der «Dresdner Anzeiger» (Amtsblatt der Behörden), die «Dresdner Nachrichten», mit Sonnabendswitzblatt (das verbreitetste, auch außerhalb am meisten gelesene Blatt), das königl. «Dresdner Journal», die «Dresdner Zeitung», die socialdemokratische «Sächsische Arbeiterzeitung» und 65 wöchentliche oder monatlich ein- oder mehrmals erscheinende, darunter «Fürs Haus» und «The Stranger's Guide».

Das rege geistige Leben wird durch weltberühmte Sammlungen für Wissenschaft und Kunst, durch treffliche Lehranstalten aller Art sowie zahlreiche gelehrte Gesellschaften und Vereine für künstlerische und gemeinnützige Interessen gefördert. Die großen Sammlungen für Wissenschaft und Kunst dankt es größtenteils den beiden Kurfürsten Friedrich August I. und II. (1693—1763), welche mit einem ungeheuern Kostenaufwande Kunstschätze jeder Art für ihre Residenz erwarben. Als die wichtigsten derselben sind hervorzuheben: Die königl. öffentliche Bibliothek im Japanischen Palais, unter Kurfürst August (gest. 1586) gegründet, mit 3—400 000 Bänden, 182 000 Dissertationen, 20 000 Landkarten, 3000 Handschriften, 2000 Inkunabeln, ausgezeichnet durch viele Seltenheiten. Hauptbestandteile sind die Bibliotheken des Grafen Bünau, welche 1764, und die des Ministers Brühl, welche 1768 angekauft wurde. Bedeutend ist auch die obenerwähnte Sekundogenitur-Bibliothek, durch die Kurfürstin Marie Antonie Walpurgis gestiftet, jetzt dem Prinzen Georg gehörig; ferner die Stadtbibliothek, die Bibliothek der technischen Hochschule und die der vormaligen Chirurgisch-Medizinischen Akademie (15 000 Bde.). Das Münzkabinett (im königl. Schloß), bereits unter Johann Georg II. angelegt, besonders unter König Friedrich August I. durch einzelne Seltenheiten und ganze Sammlungen (z. B. Madais Groschenkabinett, Baumgartens Dukatenkabinett, Aubers Sammlung sächs. Münzen, Reineckes und Birkhahns Sammlung mittelalterlicher Münzen) bereichert, ist von größter Bedeutung für die sächs. Münzkunde. Die Antikensammlung enthält außer einigen Denkmälern des ältesten griech. Kunststils (Kandelaberbasis von pentelischem Marmor) mehrere treffliche Bildwerke. Vgl. Hettner, Die Bildwerke der königl. Antikensammlung zu D. (4. Aufl., Dresd. 1881). Die königl. Porzellan- und Gefäßsammlung seit 1. Mai 1876 im «Museum Johanneum», einem Ende des 16. Jahrh. aufgeführten, 1745 umgebauten alten (bis 1855) Galeriegebäude am Neumarkt, enthält mehr als 15 000 chronologisch geordnete, für den Technologen und Kunstfreund merkwürdige Stücke von chines., japan., ostind., franz. und meißnischem Porzellan. Eine Reihenfolge des letztern zeigt die Fortschritte von den ersten Anfängen Böttgers bis zur jetzigen Vollendung.

Die Gemäldegalerie (im Museum; Direktor: Kari Woermann), wesentlich eine Schöpfung Augusts III. (1733—63), ist eine der bedeutendsten Kunstsammlungen. Sie enthält ungefähr 2500 Bilder und ist reich an ausgezeichneten Werken der Italienischen und Niederländischen Schule; die 100 Bilder aus dem Besitze des Herzogs Franz von Este (die Modenesische Galerie, 1745 erworben) sind überwiegend Meisterwerke ersten Ranges. Aus der Italienischen Schule sind hervorzuheben die Werke von: Raffael (Sixtinische Madonna; s. die Tafel bei Artikel: Raffael), Correggio (Die heilige Nacht, Thronende Madonna), Tizian (Zinsgroschen; s. die Tafel bei Artikel: Tizian), Palma Vecchio (Ruhende Venus, Die drei Schwestern), Andrea del Sarto (Abrahams Opfer), Paolo Veronese (Findung des Moses, Hochzeit zu Cana, Anbetung der Könige, Kreuztragung Christi), Giulio Romano (Heilige Familie), Guido Reni (Christus mit der Dornenkrone), Carlo Dolci (Heil. Cäcilia), Caravaggio (Die Kartenspieler), Battoni (Büßende Magdalena). Aus der Niederländischen Schule die Werke von: Rubens (Wildschweinsjagd, Neptun die Wogen beschwichtigend), van Dyck (Die drei Kinder Karls I.), Rembrandt (Raub des Ganymed, Opfer Manoahs, Doppelbildnis des Künstlers und seiner Gattin), Ruisdael (Das Kloster, Judenkirchhof), A. van der Werff (Verstoßung der Hagar), Snyders, Brueghel, Wouwerman, Dou, Teniers, Ostade, Potter, Hondekoeter, Metsu, A. van de Velde. Unter den Werken deutscher Meister ist hervorzuheben: H. Holbeins des Jüngern Madonna (s. die Tafel bei Artikel: Holbein) sowie das Bildnis des Morette, ferner Dürers Christus am Kreuz (s. die Tafel bei Artikel: Dürer). Aus der Französischen Schule sind mehrere Bilder von N. Poussin und die Landschaften Claude Lorrains (s. die Tafel bei Artikel: Claude Lorrain) hervorzuheben. Besondere Abteilungen bilden die Ansichten von D. und andern sächs. Gegenden von Canaletto sowie 185 Pastellgemälde. Auch sind der Galerie, als schätzbar für die Kunstgeschichte, sechs nach Raffaels Zeichnungen in Wolle gewirkte Teppiche eingefügt. Vgl. Hübner, Verzeichnis der Dresdener Galerie (Dresd. 1856; 5. Aufl. 1880); K. Woermann, Katalog der tonigl. Gemäldegalerie zu D. (große und kleine Ausg., edd. 1887). Ebenfalls im Museum befinden sich die Sammlung der Kupferstiche und Handzeichnungen, mehr als 350000 Blätter, darunter die seltensten Stiche und Handzeichnungen der größten Meister der Italienischen, Niederländischen, Französischen, Englischen und Deutschen Schule umfassend und in 12 nach histor.-künstlerischen Gesichtspunkten geordnete Klassen eingeteilt. Die Sammlung der Gipsabgüsse, hauptsächlich gebildet aus den von Raphael Mengs in Italien gemachten und 1782 von ihm an die sächs. Regierung verkauften Abgüssen antiker Bildwerke und aus den Abgüssen der Elgin Marbles (s. d.) im Britischen Museum, ist jetzt mit dem Rietschelmuseum und dem Antikenkabinett zu einem großartigen Skulpturenmuseum im Albertinum (Direktor Professor Treu) vereinigt. Vgl. Hettner, Das königl. Museum der Gipsabgüsse zu D. (4. Aufl., Dresd. 1881). Das Grüne Gewölbe (im königl. Schloß), ein reicher Schatz von Edelsteinen, Perlen und Kunstarbeiten in Gold, namentlich deutsche aus dem 16. und 17. Jahrh., Silber, Krystall, Elfenbein (vorzugsweise aus der Zeit der Spätrenaissance und des Rokoko), seit 1832 durch einen Teil der vormaligen Kunstkammer vermehrt. Vgl. Erbstein, Das königl. Grüne Gewölbe zu D. (Dresd. 1884); Das Grüne Gewölbe zu D. (photogr. Prachtwerk mit Erläuterungen von Gräße, Berl. 1876 u. 1877). Die Gewehrgalerie (im Museum Johanneum), 2080 Stück seltener und ausgezeichneter Gewehre und Waffen. Das Historische Museum (im Museum Johanneum), aus der ehemaligen Kunst- und Rüstkammer gebildet, enthält viele künstlerisch oder geschichtlich bemerkenswerte Waffen, Rüstungen, Hausgerät, Kleidungsstücke, zahlreiche vortreffliche Arbeiten der ital. und deutschen Renaissance, die reichste derartige Sammlung im Deutschen Reiche, außerdem befinden sich hier Schnorrs Kartons zu den Freskogemälden aus der Geschichte Karls d. Gr., Kaiser Friedrichs I. und des deutschen Königs Rudolf I. im Münchener Festsaalbau. Das 1892 begründete Stadtmuseum in der Kreuzstraße dient der Geschichte D.s, das Körnermuseum in der Körnerstraße enthält Erinnerungen an Th. Körner und die Befreiungskriege. Das Zoologische, früher Naturhistorische Museum (im Zwinger), dessen frühere Schätze 6. Mai 1849 fast gänzlich ein Raub der Flammen wurden, ist seitdem wieder zu solcher Bedeutung gelangt, daß es den ersten derartigen Museen Deutschlands gleicht, in einigen Abteilungen sogar allen andern voransteht. Als besondere Sammlungen bestehen weiter das Mineralogische Museum (ebenfalls im Zwinger), namentlich in seiner geolog. Abteilung ausgezeichnet; der Physikalisch-Mathematische Salon (ebenfalls im Zwinger), der, zugleich zu astron. Beobachtungen benutzt, eine vollständige Sammlung ausgezeichneter mathem. und physik. Instrumente, Apparate und Modelle enthält. Schließlich verdient noch das Sächsische Kunstgewerbemuseum in der ehemaligen Polytechnischen Schule am Antonsplatz Erwähnung, das vorzugsweise in Gegenständen deutscher Renaissance gut versehen und dessen reichste Abteilung der Textilindustrie gewidmet ist.

Wohlthätigkeitsanstalten. Unter der großen Zahl sind besonders hervorzuheben: das Stadtkrankenhaus (Friedrichstadt) mit 710 Betten, die Diakonissenanstalt mit Krankenhaus, das Carolahaus (Krankenhaus und Krankenpflegerinnen-Bildungsanstalt des Albertvereins), das kath. Krankenstift, die Kinderheilanstalt (Krankenhaus), das königl. Entbindungsinstitut; ferner an Altersversorgungsanstalten das Vereinigte Frauenhospital, die Hohenthalsche Versorgungsanstalt, das Bürgerhospital und das Dienstbotenheim; ferner das Stadtwaisenhaus, die Kinderpfleg- und Bewahranstalten, das Findelhaus, das Versorgungshaus (früher Armenhaus), das Asyl für Sieche, die städtische Arbeitsanstalt, das Asyl für obdachlose Frauen, das Asyl für obdachlose Männer, das Asyl für erwachsene taubstumme Mädchen, das kath. Gesellenhaus und besonders noch die konigl. Landesblindenanstalt und die Taubstummenanstalt. Hierzu kommen die Kinderbesserungsanstalt, das Pestalozzistift und zahlreiche andere städtische oder auf Stiftungen beruhende Wohlthätigkeits- und Versorgungsanstalten. Die Stadt erhält eine Sparkasse mit mehrern Zweigstellen und zwei Leihhäuser. An Kranken- und Hilfskassen bestehen über 100. Der Gemeinnützige Verein veranstaltet öffentliche, unentgeltliche Vorträge, unterhält zehn Volksbibliotheken, Ferienkolonien u. s. w. Die Gehestiftung, durch den 22. Juni 1882 verstorbenen Kaufmann Gehe mit 2 Mill. M. dotiert, unterhält eine staatswissenschaftliche Bibliothek mit Lesezimmer und veranstaltet staatswissenschaftliche Vorträge und Lehrkurse unentgeltlich. Freimaurerlogen sind 1) die Loge Zu den drei Schwertern und Asträa zur grünenden Raute, 2) Zum goldenen Apfel, 3) Zu den ehernen Sänien.

Industrie und Handel. Zu den wichtigsten Zweigen gewerblicher Thätigkeit in D. und Vororten gehören die Fabrikation von Maschinen (besonders Müllerei- und Nähmaschinen), Klavieren (Rönisch), Fahrrädern (Seidel & Naumann), Wasserfahrzeugen (drei Werften), Eisenguß, Blechwaren, Beleuchtungsartikeln, Gold- und Silberarbeiten, Blattgold, Steingut (Villeroy & Boch), Hohlglas (Siemens), pharmaceutischen Chemikalien (Gehe & Co.), Tinte, Lack und Firniß und Seife, die Getreidemüllerei (Bienert), die Herstellung von Zuckerwaren und Schokolade, Bier (Felsenkeller, Feld- und Waldschlößchen, Hofbräuhaus), Malz, Konserven, Mineralwasser (Dr. Struve), Cigarren und Cigaretten, Kammgarn, Tapisseriewaren, Konfektionswaren, Leder (Bierling), Militäreffekten (Thiele), Gummiwaren, Möbeln, Korbwaren, Strohhüten, künstlichen Blumen, Strohstoff, Papier, Kartonnagen und Cotillonsachen (Gelbke & Benediktus), photographischen Papieren und Öldrucken. Hoher Blüte erfreut sich die Kunst- und Handelsgärtnerei sowie die Photographie. Der litterar.-artistische Verkehr wird durch 89 Buchhandlungen und Verlagsexpeditionen, 18 Kunst-, 20 Musikalienhandlungen, 22 Antiquariate und etwa 100 Buch- und Steindruckereien unterhalten. Aufang 1891 bestanden 421 feststehende Dampfkessel, 370 feststehende Dampfmaschinen wit 4899 durchschnittlich ausgeübten Pferdestärken sowie 754 Fabrikanlagen mit 28342 (8370 weidlichen) Fabrikarbeitern.

In D. haden ihren Sitz die Invaliditäts- und Altersversicherungsanstalt für das Königreich Sachsen, Laud- und Forstwirtschaftliche Berufsgenossenschaft für das Königreich Sachsen, Sächsische Holzberufsgenossenschaft, Sächsische Baugewerksberufsgenossenschaft und ihre 1. Sektion, 7. Sektion der Knappschafts-, 7. Sektion der Steinbruchs-, 2. Sektion der Glas-, 4. Sektion der Töpferei-, 6. Sektion der Ziegelei-, 2. Sektion der Lederindustrie-, 17. Sektion der Müllerei-, 9. Sektion der Brennerei-, 9. Sektion der Fuhrwerks-Berufsgenossenschaft, die 3. Sektion der Berufsgenossenschaft der Feinmechanik und die 4. Sektion der Berufsgenossenschaft der Gas- und Wasserwerke.

Der Handel erstreckt sich auf Kolonialwaren, Wein, Obst, Vieh, Getreide, Kohlen, Metalle, Papier, Holz, Steine, Droguen und Strohgeflechte, steht aber trotz der günstigen Lage hinter dem anderer gleich großer Städte zurück. Dem Bankwesen dient die Börse, dem umfangreichen Getreide- und Produktenhandel die Produkten- und Handelsbörse, dem Kleinverkehr vier Kram-, vier Roß- und Viehmärkte, ein Woll- und ein Sämereimarkt. D. hat eine Handels- und Gewerbekammer für die Kreishauptmannschaft D. und die Amtshauptmannschaften Grimma und Oschatz sowie Konsulate für Argentinien, Bayern, Brasilien, Chile, Columbia, Dänemark, Dominikanische Republik, Griechenland, Guatemala, Hawail, Italien, Niederlande, Paraguay, Persien, Peru und Bolivia, Portugal, Salvador, Schweden und Norwegen, Spanien, Türkei und Vereinigte Staaten. In die Sparkasse zahlten (1890) 208177 Personen 13,068 Mill. M. ein und 130425 Personen hoden 10,859 Mill. M. ad. D. ist Sitz der königl. Sächsischen Altersrentenbank, der königl. Sächsischen Landrentenbank und der königl. Sächsischen Landeskulturrentenbank und hat mehrere große Banken, darunter die Sächsische (Noten) Bank und die Dresdner Bank (s. d.) sowie audere zahlreiche Bank- und Wechselgeschäfte, Spar-, Vorschuß- und Kreditvereine. Für die Elbschiffahrt bestehen die Sächsisch-Böhmische Dampfschiffahrtsgesellschaft, die Deutsche Elbschiffahrtsgesellschaft «Kette», die Dampfschiffahrtsgesellschaft «Vereinigte Schiffer» und die Österreichische Nordwest-Dampfschiffahrtsgesellschaft.

Verkehrswesen. D. hat vier Bahnhöfe und liegt an den Linien Elsterwerda-D. (54,5 km, Berliner und Böhmischer Bahnhof), Röderau-D. (50,6 km, Leipziger und Böhmischer Bahnhof), Görlitz-D. (102,2 km, Schlesischer und Böhmischer Bahnhof), Leipzig-Riesa-D.-Bodenbach (180,8 km, Leipziger und Böhmischer Bahnhof), Leipzig-Döbein-D. (132,5 km, Leipziger und Böhmischer Bahnhof), D.-Chemnitz-Reichenbach (151,2 km, Schlesischer und Böhmischer Bahnhof) der Sächs. Staatsbahnen. Der Gesamtpersonenverkehr auf sämtlichen Bahnhöfen detrug (1891) 8757263 Personen. Außerordentlich stark entwickelt ist der Vorortsverkehr (nach und von Potschappel, Radebeul, Kötzschenbroda und Niedersedlitz 1891 allein mehr als 2 Mill. Personen), an Sommersonntagen müssen zuweilen über 50 Sonderzüge eingelegt werden. Der Güterverkehr (ohne Transit) detrug (1891) 2386894 t. Allein an Kohlen gingen 548561 t mit der Eisenbahn und 89841 t auf der Elbe ein. Die Bahnhöfe in Dresden-Neustadt, die Verbindung derselben mit dem Böhmischen Bahnhof sowie der Berliner Bahnhof sind (1892) in einem Um- bez. Neubau (35 Mill. M.) degriffen (auf dem Stadtplan in grünem Überdruck angegeden), wodei die kreuzenden Straßen unterführt und vier für Güter- und Personenverkehr völlig gesonderte Gleise gebaut werden. Die an delden Elbufern befindlichen Auslade- und Hafenanlagen sind mit Anschlußgleisen versehen. Gleichzeitig mit den Bahnhofsumbauten wird im Westen der Stadt, im großen Ostragehege zwischen den äußern Friedhöfen der Friedrichstadt und der Hauptallee nach Übigau, ein großer Verkehrs- und Winterhafen (1265 m lang, bis 150 m breit, 7 Mill. M.) angelegt, der für Handel und Schiffahrt der Stadt von großer Bedeutung sein wird. Dieser Hafen ist 144000 qm groß, liegt mit seiner Sohle 99,3 m über der Ostsee und soll 240 größern Elbfahrzeugen Unterkunft bieten.

Die Pferdebahn (The Tramways Company of Germany, seit 1872) hatte (1891) 46,8 km Betriebslänge, 123 Wagen, 807 Pferde und beförderte 16,7 Mill. Personen, die sich auf zehn Linien verteilen: Böhmischer Bahnhof-Blasewitz, Böhmischer Bahnhof-Tannenstraße-Arsenal, Postplatz-Plauen, Postplatz-Albertttheater-Waldschlößchen, Postplatz-Löbtau, Postplatz-Pieschen, Georgsplatz-Schlesischer Bahnhof, Schäferstraße-Altmarkt-Striesen, Reichsstraße-Albertbrücke-Alaunplatz, Albertplatz-Neumarkt-Zoologischer Garten-Strehlen. Das Straßenbahnnetz ist seit 1890 durch die «Deutsche Straßenbahngesellschaft» (1891: 31 km Betriebslänge, 58 Wagen, 292 Pferde, 4,4 Mill. beförderte Personen) um folgende Linien erweitert worden: Friedrichstraße-Striesen-Blasewitz, Theaterplatz-Uhlandstraße, Neustädter Bahnhöfe-Bergkeller, Böhmischer Bahnhof-Neustädter Bahnhöfe, Albertplatz-Wilder Mann und St. Pauli-Friedhof. Ferner destehen folgende Omnibuslinien: Waldschlößchen-Weißer Hirsch, Cotta-Brießnitz-Leutewitz-Schusterhaus-D. (Schäferstraße), Wölfnitz-Löbtau-D. (Wettinerstraße), D. (Arsenal)-Klotzsche, D. (Hotel Reichspost)-Plauen-Gittersee sowie 470 Droschken und 120 zweispännige Fiaker.

Post und Telegraph. D. hat (1892) 16 Postämter erster Klasse mit Telegraphenbetrieb, ein kaiserl. Telegraphen- und ein Stadtfernsprechamt sowie 297 Briefkästen; außerdem bestehen Postämter in Blasewitz, Löbtau, Pieschen, Plauen, Dresden-Striesen und Dresden-Strehlen. Die Zahl der eingegangenen Briefe, Postkarten, Drucksachen und Warenproben betrug (1891) 25,5 Mill., Pakete ohne Wertangabe 1715929, Briefe und Pakete mit Wertangabe 193938 Stück, Postnachnahmesendungen und Aufträge 140575 Stück (6168972 M.); auf Postanweisungen wurden ausgezahlt 85,7 Mill. M., eingezahlt 52,2 Mill. M.; die Zahl der aufgegebenen Briefe, Postkarten u. s. w. 31603484, der Briefe und Pakete mit Wertangabe 174777, ohne Wertangabe 1890702 Stück. Der Telegrammverkehr umfaßte 330079 Stück im Eingang und 310873 im Ausgang. Die Fernsprecheinrichtung hatte (1892) 2455 Stadtfernsprechstellen, bei denen 10616477 Gespräche stattfanden. Ferner hat D. Fernsprechverbindung mit Berlin, Leipzig, Chemnitz und einer großen Anzahl anderer sächs. Städte.

Der Schiffsverkehr auf der Elbe stellte sich auf den delden in D. endenden Linien (1891) auf 2782992 Personen. Dampferverbindungen bestehen elbaufwärts mit Loschwitz, Blasewitz, Pillnitz, Pirna, Wehlen, Rathen, Königstein, Schandau, Herrnskretschen, Tetschen, Aussig und Leitmeritz, elbabwärts mit Meißen, Riesa und Mühlberg. Im Bergverkehr der Eide detrug die Summe der in D. aus- und eingeladenen Güter 241161, im Thalverkehr 367843, zusammen 609004 t, einschließlich der Flöße 657057 t. Der Güterverkehr auf der Elbe in D. ohne den Durchgangsverkehr verhielt sich (1891) zu dem entsprechenden Verkehr der Eisenbahnen wie 21,6 : 78,4. Auf Elb- und Eisenbahnen zusammen detrugen die angekommenen und adgegangenen Güter 2804313 t. Mit dem Schiff werden meist Massengüter und zwar von der Unterelbe ankommend (234863 t), namentlich Düngemittel, Baumwolle, Eisen, Erde, Weizen, Roggen, Farbhölzer, Soda, Salpeter, Ölsaat, Heringe, Reis, Kaffee, Zucker, Fette, Petroleum, Teer und Steine, von der Oberelbe ankommend (213454 t) fast nur Sandsteine, Kohlen und Holz, nach der Oberelbe abgehend (6298 t) verschiedene Gegenstände und nach der Unterelbe abgehend (154389 t) hauptsächlich Zucker, Glas, Maschinen, Mehl, Steinkohlen und Steine befördert.

In D. sind folgende berühmte Männer geboren: die Generale Friedrich und Ernst von Aster, Oberst Karl von Aster, Friedr. Graf von Beust, Orientalist Joh. Gottlob Carpzov, Mineralog Charpentier, Schriftsteller Engelhardt (Richard Roos), Friedr. Wilh. von Erdmannsdorf, Dichter Jul. Hammer, Theod. Körner, Forschungsreisender Heinr. von Maltzan, Feldmarschall von Manteuffel, Mineralog Naumann, Mediziner M. E. A. Naumann, Jugendschriftsteller Gustav Nieritz, Geograph Oskar Peschel, Architekt Pöppelmann, Maler Ludw. Richter, J. H. K. von Wessenberg, Graf von Zinzendorf.

In seiner **Umgebung** (s. Situationsplan) hat D. eine Menge der reizendsten Partien. Von den nähern sind die beliebtesten: der Große Garten, zu welchem von der Bürgerwiese aus anmutige, nach Lennés Entwurf ausgeführte Parkanlagen führen, mit mehrern trefflichen Marmorgruppen, ferner mit dem 1860 auf Aktien gegründeten sehenswürdigen Zoologischen und dem neuen Botanischen Garten, mit dem in dem 1679 erbauten königl. Palais aufbewahrten Museum des Altertumsvereins; die Vorstadt Strehlen mit der Villa des Königs Albert, das Dorf Räcknitz mit Moreaus Denkmal, der Plauensche Grund mit der Felsenkellerbierbrauerei, die mit prächtigen Villen übersäten Anhöhen elbaufwärts über die Albrechtsschlösser und Loschwitz bis Pillnitz, das Dorf Blasewitz, die Dresdener Heide und elbabwärts die Lößnitz; von den entferntern: die Goldne Höhe, Tharand, Pillnitz mit dem eine weite Fernsicht bietenden Porsberg, Wesenstein im Müglitzthale, das Jagdschloß Moritzburg mit Landgestüt.

Geschichte. D. (Drežďzane, d. h. die Waldleute) entstand als slaw. Fischerdorf um die Frauenkirche zwischen der Elbe, einer Kette kleiner Seen und dem ausgedehnten Walde. Daneben erwuchs im Anschluß an den Elbübergang eine deutsche Stadtanlage, die zuerst 1206 erwähnt und 1216 als civitas bezeichnet wird. Sie war von Anfang an in den Händen der Markgrafen von Meißen, die sich früh auch ein festes Schloß hier bauten, aber Lehen des Bistums Meißen und wurde zuerst von Heinrich dem Erlauchten häufig als Residenz benutzt, unter dem auch die erste steinerne Elbbrücke erbaut wurde und D. Stadtrecht erhielt. Die Verwaltung führte anfangs ein landesherrlicher Schultheiß (villicus) mit «Geschwornen» (Schöffen) aus der Bürgerschaft; seit 1292 wird zuerst ein Bürgermeister genannt, dem ein aus dem verstärkten Schöffenkolleg bestehender und durch die Ratsordnung von 1470 gebildeter Rat zur Seite trat, bis endlich die Stadt ihre volle Selbstverwaltung (bald nachher auch die Obergerichtsbarkeit, zunächst pachtweise, 1484) erlangte. Zünfte bildeten sich in größerer Zahl erst im 15. Jahrh., und D. blieb im ganzen Mittelalter ein unbedeutender, armer Ort, der 1489 mit den Vorstädten, doch ohne das damals noch selbständige Städtchen Alt-Dresden rechts der Elbe, etwa 5000 E. zählte, obwohl er seit 1234 ein vielbesuchter Wallfahrtsort war (durch die Kreuzkirche) und ein Franziskanerkloster besaß. Erst seit die Stadt 1485 die gewöhnliche Residenz der Albertinischen Landesherren geworden war, begann sie aufzublühen. Am 15. und 16. Juli 1491 brannte die Stadt größtenteils ab.

Georg der Bärtige ließ D. neu befestigen und baute das Schloß im Renaissancestil um, Moritz verstärkte und erweiterte die Werke und vereinigte 1550 Alt- und Neu-Dresden zu einer Gemeinde. Die Einführung der Reformation erfolgte 1539 durch Heinrich den Frommen. Unter dem Dreißigjährigen Kriege hatte D. weniger zu leiden als andere Städte, und die Lücken seiner Bevölkerung füllten sich ziemlich rasch durch Aufnahme zahlreicher böhm. Auswanderer, die seit 1650 eine Gemeinde bildeten und den Anbau «auf dem Sande» rechts der Elbe begannen (Antonstadt). Eine Periode glänzender Bauten begann mit Johann Georg II. Unter den beiden Augusten, die zugleich die poln. Krone trugen, wurde D. auf mehrere Jahrzehnte nicht nur der Sitz eines der prunkvollsten, leichtfertigsten und geschmackvollsten Höfe von Europa, sondern auch eine Stätte mannigfaltiger und glänzender Kunstübung im Barock- und Rokokostil. Ganz neu baute der Kurfürst Friedrich August I. nach dem großen Brande von 1685 Alt-Dresden als «Neustadt» wieder auf (1732), mit neuen breiten Straßen, großen Kasernen, einer mächtigen Kirche und seinem in Kupfer getriebenen Reiterstandbilde; den Vorort Neustadt-Ostra im Westen erweiterte er zur Friedrichstadt (1730). Unter Friedrich August II. wurde die Frauenkirche vollendet und die kath. Hofkirche erbaut. Daneben erhoben sich zahlreiche schmuckvolle Adelspaläste. Zugleich entstanden die Kunstsammlungen und vor allem die Gemäldegalerie. Diese Blüte störten die Schlesischen Kriege wenig; nur am Ende des zweiten wurde D. nach der Schlacht bei Kesselsdorf 15. Dez. 1745 von preuß. Truppen besetzt und hier 25. Dez. der Friede geschlossen; erst der Siebenjährige Krieg machte dem Glanze ein Ende. Nachdem D. 9. Sept. 1756 den preuß. Truppen übergeben worden war, wurde es von diesen nach hartnäckiger Verteidigung, bei der die Pirnaische und Wilsdruffer Vorstadt in Flammen aufgingen, 5. Sept. 1759 auf Friedrichs d. Gr. Befehl unter dem Eindruck der Niederlage von Kunersdorf den Reichstruppen und Österreichern überliefert. 1760 versuchte Friedrich die Festung durch eine furchtbare Beschießung seit dem 14. Juli, die unter andern die Kreuzkirche und über 400 Häuser zerstörte, vergeblich zur Ergebung zu zwingen. In der langen Friedenszeit unter Friedrich August III. erholte sich D. seit 1763 rasch. Die zerstörten Stadtteile und Gebäude wurden wieder aufgebaut, die Einwohnerzahl stieg schnell. Schwere Zeiten kamen wieder mit den Napoleonischen Kriegen über die Stadt. Im Juni 1809 wurde sie von dem Korps des Herzogs von Braunschweig und den Österreichern besetzt, im Mai 1812 war sie der Schauplatz unaufhörlicher Truppenmärsche und glänzender Festlichkeiten zu Ehren Napoleons. Als dann zu Anfang 1813 die Franzosen zunächst vor den Verbündeten zurückwichen, ließ Marschall Davout, um sie aufzuhalten, 19. März einen Pfeiler der Elbbrücke sprengen. Nachdem 8. Mai die Franzosen wieder eingerückt waren, wurde D. von Napoleon in seinen Hauptwaffenplatz verwandelt, daher auch mit zahlreichen Schanzen zur Verstärkung der alten Festungswerke

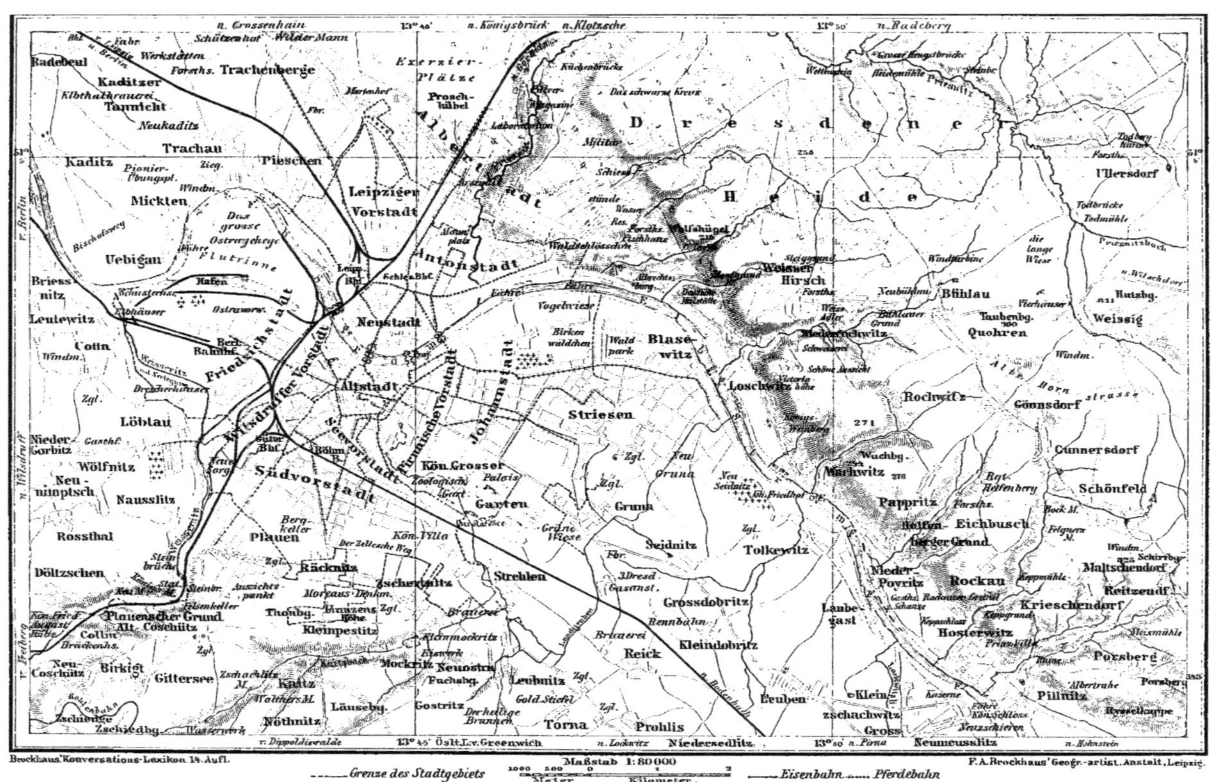

Brockhaus' Konversations-Lexikon 14. Aufl.

F. A. Brockhaus' Geogr.-artist. Anstalt, Leipzig.

Maßstab 1:80000

1000 500 0 Meter 1 2 Kilometer.

— Grenze des Stadtgebiets — Eisenbahn ..... Pferdebahn

umgeben. So gelang es ihm hier am 26. und 27. Aug. seinen letzten Sieg auf deutschem Boden zu erfechten (s. unten), und selbst nach der Schlacht von Leipzig behauptete St. Cyr die Stadt noch bis zum 11. Nov., worauf sie gänzlich ausgehungert kapitulierte. Mit der Rückkehr König Friedrich Augusts am 7. Juni 1815 begann eine Zeit langsamer Wiederherstellung aus tiefster Erschöpfung. Der schon 1811 begonnene Abbruch der Festungswerke wurde 1817 kräftig wieder aufgenommen und gab die Möglichkeit zu einer bedeutenden Erweiterung der Stadt. Rascher gestaltete sich die Bewegung, nachdem die Unruhen in Leipzig und Dresden (9. Sept. 1830) den Anstoß zur Städteordnung von 1832 gegeben hatten und Sachsen 1834 dem Zollverein beigetreten war. 1835 wurden sämtliche Vorstädte, auch die seitdem so benannte «Antonstadt» mit der innern Stadt zu einer Gemeinde vereinigt; durch Eröffnung der Elbdampfschiffahrt 1836 und die Erbauung von Eisenbahnen seit 1839 wurde D. rasch zu einem bedeutenden Mittelpunkte des deutschen Binnenverkehrs. Seitdem das Hoftheater sich dem deutschen Schauspiel und der deutschen Oper geöffnet hatte, brach für beide eine Zeit höchsten Glanzes an, und im Anschluß an den Hof Friedrich Augusts II. (1836—54) brachte G. Semper neben den Barock- und Rokokobauten des 18. Jahrh. eine neue geistvolle Renaissance namentlich in dem Hoftheater und der Gemäldegalerie zu wirkungsvoller Geltung, während die Malerei durch Schnorr, L. Richter und E. Bendemann, die Plastik durch E. Rietschel, E. Hähnel u. a. in hervorragender Weise vertreten wurde. Die furchtbare Hochflut der Elbe im März 1845, die einen Teil der Augustusbrücke wegriß, und das Notjahr 1847/48 konnten den Aufschwung nicht dauernd hindern, störender wirkten die polit. Stürme der Jahre 1848/49, während deren D. vom 3. bis zum 9. Mai 1849 der Schauplatz eines blutigen Straßenkampfes war, bei dem auch das alte Opernhaus und ein Teil des Zwingers eingeäschert wurden. 18. Juni 1866 besetzten die Preußen ohne Gegenwehr die Stadt, und auch nach der Rückkehr König Johanns am 3. Nov. behielt D. bis Ende 1867 eine teilweise preuß. Besatzung. 1870/71 hatte es Tausende franz. Gefangener zu beherbergen und sah 11. Juli 1871 den glänzenden Triumpheinzug der sächs. Truppen unter Kronprinz Albert. Im Juni 1889 fand die begeisterte Feier des Wettinjubiläums in D. ihren Mittelpunkt, und im Juni 1892 war D. der Schauplatz großartiger Huldigungen des Fürsten Bismarck, bei seiner Durchreise nach Wien zur Hochzeit seines Sohnes Herbert. Inzwischen machte das innere Leben der Stadt rüstige Fortschritte. Die Selbstverwaltung der Gemeinde allerdings erfuhr insofern eine Einschränkung, als 1850 die Gerichtsbarkeit, 1853 auch die Sicherheitspolizei an den Staat überging. Aber die Stadt breitete sich nach allen Richtungen weiter aus und dem parallel ging die Umwandlung in eine Fabrikstadt und die mächtige Steigerung seiner kommerziellen Bedeutung, teils durch die immer stärkere Verdichtung des sächs. Eisenbahnnetzes, teils durch den bedeutenden Aufschwung des Elbverkehrs, besonders seit der Einführung der Kettenschleppschiffahrt 1869. Seine alte Stellung als Kunststadt wußte D. namentlich für Bildnerei und Baukunst zu behaupten.

Litteratur. A. Weck, Der churfürstlichen sächs. Residentz und Haupt-Vestung D. Beschreib- und Vorstellung (Nürnb. 1680); J. C. Hasche, Diplomat. Geschichte von D. (4 Bde., Dresd. 1816—19); Klemm, Chronik der Stadt D. (2 Bde., ebd. 1833—37; Bd. 3 von Hilscher, ebd. 1838); Lindau, Geschichte der königl. Haupt- und Residenzstadt D. (2. Aufl., ebd. 1885); Otto Richter, Verfassungs- und Verwaltungsgeschichte der Stadt D. (Bd. 1—3, ebd. 1885—91); Urkundenbuch der Städte D. und Pirna (im «Codex diplomaticus Saxoniae regiae», II, 5, Lpz. 1876); Odeleben, Napoleons Feldzug in Sachsen 1813 (3. Aufl., ebd. 1840); von Waldersee, Der Kampf in D. im Mai 1849 (Berl. 1849); Montbé, Der Maiaufstand in D. (Dresd. 1850); Gottschalk, D. und seine Umgebungen (14. Aufl., ebd. 1880); Meinholds Führer durch D. (23. Aufl., ebd. 1891); Mitteilungen des Statistischen Bureau der Stadt D. (ebd. 1875 fg.); Müller, D. und die Sächsisch-Böhmische Schweiz (10. Aufl., Berl. 1886); Stiehler u. Häntzschel, D., D.s Umgebungen und die Sächsische Schweiz (16. Aufl., ebd. 1892); Gampe, D. und seine Umgebung (6. Aufl., Dresd. 1891).

Die Schlacht bei Dresden. Die Schlacht bei D. fand 26. und 27. Aug. 1813 zwischen den Franzosen unter Napoleon und dem Hauptheer der Verbündeten unter Fürst Schwarzenberg statt. Bei Eröffnung der Operationen nach dem vom 4. Juni bis 16. Aug. 1813 geschlossenen Waffenstillstande standen 60000 Franzosen in und bei D.; sie hatten die im März gesprengte Elbbrücke wiederhergestellt, die alte Befestigung durch neue Werke verstärkt und auch die Neustadt befestigt. Napoleon erwartete, daß die Verbündeten, deren Hauptheer (230000 Mann Österreicher, Preußen und Russen) unter Fürst Schwarzenberg bisher in Böhmen gestanden hatte, in die Lausitz eindringen würden, und rückte 17. Aug. mit den Garden von D. dorthin ab, um Ney gegen Blücher zu unterstützen. Das Hauptheer der Verbündeten brach 21. Aug. in Böhmen auf und marschierte in vier Kolonnen auf Leipzig, gab jedoch auf die Nachricht, daß Napoleon D. verlassen habe, diese Marschrichtung auf, schwenkte rechts und rückte gegen D. vor, um sich dieses wichtigen Platzes durch Handstreich zu bemächtigen, bevor Napoleon Entsatz bringen könne. Aber ehe sie diesen Plan ausführen konnten, hatte Napoleon Nachricht vom Anmarsche der Verbündeten gegen D. erhalten und war in drei Gewaltmärschen zurückgekehrt; er stand 25. Aug. abends mit der Garde, dem Korps Marmonts und dem Kavalleriekorps Latour-Maubourgs bei Stolpen, 22 km vor D., und hatte die Korps Victor und Vandamme aus der Lausitz an die Elbe gezogen, um bei Königstein den Strom zu überschreiten und von Pirna aus die Rückzugslinie der Verbündeten nach Teplitz zu bedrohen.

Kaiser Alexander wollte noch 25. Aug. die Überrumpelung von D., das nur von 20000 Mann besetzt war, versuchen, wozu 70000 Mann, am Abend sogar 100000 Mann, verfügbar waren, doch trat Fürst Schwarzenberg nebst andern Generalen diesem Plane entgegen, da die Truppen zu ermüdet seien, und an diesem Aufschube scheiterte das ganze Unternehmen. Man drängte lediglich die Vortruppen bis nahe an die Stadt zurück und besetzte die für den eigentlichen Angriff ausgewählte Stellung. Am 26. Aug. morgens sollte der allgemeine Angriff stattfinden. Auf dem rechten Flügel drangen die Russen um 7 Uhr vor und bemächtigten sich gegen Mittag eines der vor der Pirnaer Vorstadt liegenden Werke; da traf der Befehl ein, erst um 4 Uhr nachmittags den Angriff weiter fortzusetzen und bis dahin nur das Gewonnene zu halten. Links von den Russen hatten die Preußen mit Tagesanbruch den Angriff eröffnet und sich bis 8 Uhr bereits in Besitz der östl. Hälfte des Großen Gartens gesetzt, während die Franzosen einen Verhau im westl. Teile dieses Parks festhielten; auch hier wurde um Mittag das weitere Vordringen auf höhern Befehl eingestellt. In dem Raume zwischen den Preußen und dem Plauenschen Grunde gingen Österreicher vor, die das Dorf Planen und alle Gehöfte bis an die Freiberger Straße nahmen, ebenso jenseit des Grundes, wo die Franzosen nur wenig Truppen aufgestellt hatten, Löbtau, Klein-Hamburg, Altona und die Schusterhäuser. Um 11 Uhr erfuhr das Hauptquartier der Verbündeten, daß zahlreiche feindliche Kolonnen im Anmarsch seien, und bald danach, Napoleon sei eingetroffen. Man verlor mit Beratungen die Zeit und beschloß, um 4 Uhr nachmittags den allgemeinen Angriff wieder aufzunehmen, für den 150000 Manu mit 500 Geschützen verfügbar waren, während am folgenden Tage noch 50000 Mann Verstärkungen eintreffen mußten.

Um 4 Uhr rückten die Russen gegen die Pirnaer Vorstadt vor, wurden aber durch heftiges Geschützfener abgeschlagen und bis Striesen zurückgetrieben. Der franz. Angriff warf um 6 Uhr ihren rechten Flügel in den Wald von Blasewitz und vertrieb die Russen vom Windmühlenberge und aus Striesen; erst die Nacht machte dem beiderseits sehr verlustreichen Kampfe hier ein Ende. Die Preußen hatten den Großen Garten vollständig erobert und stürmten darauf gegen die Piruaer Vorstadt und die vor derselben liegenden Werke an, doch mißlang der mit unzulänglichen Kräften unternommene Sturm. Um 7 Uhr erfolgte unter Marschall Mortier der Gegenstoß der Franzosen in drei starken Kolonnen, die sich bis zum Einbruche der Nacht der nördl. Hälfte des Großen Gartens bemächtigten. Die Österreicher erstürmten zunächst die große Lünette am Moszinskischen Garten und suchten von dort aus in die Vorstadt einzudringen, mußten jedoch bald vor überlegenen Kräften zurückgehen. Westlich des Planenschen Grundes waren den Franzosen erhebliche Verstärkungen zugeführt worden, die die Österreicher dort keine weitern Fortschritte erreichen ließen.

Im Hauptquartier der Verbündeten wurde für den folgenden Tag die Fortsetzung des Angriffs beschlossen, obschon der rechte Flügel zurückgedrängt worden war. Es regnete die ganze Nacht, auch fehlte es bei den Verbündeten an Lebensmitteln, während die in den Vorstädten untergebrachten Franzosen gut verpflegt und auf 120000 Mann verstärkt worden waren. Napoleon beschloß, 27. Aug. morgens beide Flügel der Verbündeten anzugreifen. Schwarzenberg ließ den rechten Flügel (Wittgenstein) bereits in der Morgendämmerung auf die dahinter liegenden Höhen zurückgehen und räumte dadurch die nach Teplitz führende Straße. Vom linken Flügel wurden zwei österr. Divisionen und fast die gesamte Reiterei über den Plauenschen Grund nach der Mitte herangezogen, da auf dem linken Flügel die Verstärkungen (Klenau) erwartet wurden; letztere trafen jedoch nicht rechtzeitig ein, da die aufgeweichten Wege den Marsch verzögert hatten. Man hatte westlich des Plauenschen Grundes nur drei österr. Divisionen zur Hand, als am Morgen des 27. Aug. der franz. Angriff stattfand. Um 6 Uhr früh rückten die Korps Mortier und Ney gegen den rechten Flügel der Verbündeten vor, trafen bei Blasewitz und Gruna die russ. Nachhut und drängten diese nach Reick und Prohlis zurück; die preuß. Reservekavallerie kam den Russen zu Hilfe und machte diesen einen geordneten Rückzug möglich. Auf dem linken Flügel der Verbündeten griff das Korps Victor um 6 Uhr die Höhen zwischen dem Plauenschen Grunde und der Freiberger Straße an und drängte die Österreicher vor sich her, während der Köuig von Neapel mit den Kavalleriekorps Pajol und Latour-Maubourg (zusammen 20000 Pferde) den äußersten Flügel umging und bei Pennerich die zurückgehenden Kolonnen attackierte. Die Infanterie wurde niedergeritten und 13000 Mann (darunter 3 Generale, ferner 15 Fahnen und 26 Geschütze) wurden zu Gefangenen gemacht. Gegen 2 Uhr traf das Korps Klenau ein, bog aber nach Dippoldiswalde aus. Die Mitte der Verbündeten (Preußen und Österreicher) beschäftigte Napoleon bis gegen 3 Uhr durch heftiges Geschützfeuer, um die Unterstützung der Flügel zu verhindern. Als im Hauptquartier der Verbündeten die Niederlage des linken Flügels nachmittags bekannt wurde und die Nachricht eintraf, das 40000 Mann starke Korps Vandammes habe die Elbe bei Königstein überschritten und bedrohe die Straße nach Böhmen, wurde der Rückzug beschlossen und noch in der Nacht angetreten. — Vgl. Aster, Schilderung der Kriegsereignisse in und vor D. vom 7. März bis 28. Aug. 1813 (Dresd. 1844); Odeleben, Napoleons Feldzug in Sachsen 1813 (3. Aufl., ebd. 1840).

Dresden, Stadt in der engl. Grafschaft Stafford, ist thatsächlich ein Vorort von Longton (s. d.).

Dresden-Altstadt, Amtshauptmannschaft in der sächs. Kreishauptmannschaft Dresden, hat 249,46 qkm, (1890) 106011 (52600 männl., 53411 weibl.) E., 2 Städte und 96 Landgemeinden.

Dresden-Neustadt, Amtshauptmannschaft in der sächs. Kreishauptmannschaft Dresden, hat 371,26 qkm, (1890) 102543 (49015 männl., 53528 weibl.) E., 1 Stadt und 67 Landgemeinden.

Dresdner Bank. Dieses Institut ging hervor aus der Firma Michael Kaskel in Dresden, Dez. 1872; in Berlin wurde März 1881 eine Filiale errichtet; desgleichen 1892 eine in Hamburg durch Fusion mit der dortigen, Nov. 1871 errichteten Anglo-Deutschen Bank. — Das Aktienkapital war anfangs 9600000 M., dazu 1879: 5400000 M. und 1881: 9000000 M.; 1883, 1887 und 1889 weiter jedesmal noch 12000000 M., sodaß das Aktienkapital auf 60000000 M. gestiegen war; hierzu traten 1892: 9000000 M. behufs Fusion der Anglo-Deutschen Bank, und 1000000 M. wurde freihändig verkauft; das Aktienkapital beträgt daher jetzt 70000000 M. Der Reservefonds betrug laut Abschluß für 1891: 13000000 M. — Rentabilität 1873—91: 1½, 6, 5, 5½, 6½, 7, 9, 9, 9, 8, 8, 7½, 7½, 7, 7, 9, 11, 10, 7 Proz. — In den J. 1883—84 erwarb sich die Bank das Verdienst, den wegen großer Schwierigkeiten liegen gebliebenen Bau der Prag-Duxer Eisenbahn zu Ende zu führen.

Dresdner Friede, der zwischen Friedrich d. Gr. einerseits, Maria Theresia und Kurfürst August III. von Sachsen andererseits 25. Dez. 1745 zu Dresden abgeschlossene Friede, der den zweiten Schlesischen Krieg beendigte. (S. Schlesische Kriege.) Unterhändler waren von seiten Preußens der Minister Heinrich von Podewils, von seiten Österreichs Graf Fr. Harrach. Auf Grund der Konvention von Hannöver (26. Aug. 1745) wurde unter der Vermittelung des engl. Gesandten Graf Villiers der Friede vereinbart, durch den Friedrich II. der Besitz von Schlesien und Glatz bestätigt wurde, wogegen der König den Gemahl Maria Theresias als Kaiser Franz I. anerkannte. Sachsen zahlte eine halbe Mill. Thaler Kriegskosten und trat gegen schles. Enclaven in der Lausitz an Preußen die Stadt Fürstenberg und das Dorf Schidlo mit dem Oderzoll ab.

Dresdner Konferenzen, im Winter 1850/51 auf Grund der Olmützer Punktation vom 29. Nov. 1850 von Österreich und Preußen berufen zur Beratung und Ordnung der deutschen Verfassungsfragen. Sie fanden statt unter Beteiligung von Vertretern aller deutschen Staaten vom 23. Dez. 1850 bis 15. Mai 1851. Das Ergebnis war bei der völligen Unvereinbarkeit der preuß. und österr. Reformvorschläge der Beschluß, zum alten Bundestage in seiner frühern Form zurückzukehren.

Dressel, Albert, Schriftsteller, geb. 9. Juli 1808 zu Neuhaldensleben bei Magdeburg, kam in jungen Jahren zu archäol. Studien nach Rom, wo er als Privatgelehrter und Korrespondent der Augsburger «Allgemeinen Zeitung» lebte; während des Vatikanischen Konzils wurde er ausgewiesen, da man in ihm den Verfasser der «Römischen Briefe vom Konzil» vermutete; er starb 8. Nov. 1875 zu Rom. D. ist durch seine Ausgaben lat. Kirchenväter, besonders der «Patrum apostolicorum opera» (Lpz. 1857; 2. Aufl. 1863) bekannt; ferner veröffentlichte er «Clementis Romani quae feruntur homiliae XX nunc primum integrae» (Gött. 1853), «Clementinorum epitomae duae» (Lpz. 1859), «Aurelii Prudentii Clementis quae extant carmina» (2 Tle., ebd. 1860) und «Joh. Winckelmanns Versuch einer Allegorie, besonders für die Kunst» (ebd. 1866).

Dresseur (frz., spr. -ßöhr), derjenige, der Tiere abrichtet, dressiert (s. Dressur).

Dressierbock (Jägerspr.), ein mit Tuch umwickelter Stab, an dessen Enden kleine Hölzchen kreuzweise durchgestochen sind, damit der hingeworfene Stab leichter vom Hunde aufgenommen werden kann.

Dressieren (frz.), abrichten, s. Dressur.

Dressingmaschine oder Bürstmaschine, soviel wie Aufsetzbürste (s. d.); auch soviel wie Schlichtmaschine (s. d.); außerdem eine Art Kämmmaschine zur Zubereitung der Florettseide.

Dressoir (frz., spr. -ßoahr), Anricht-, Schenktisch.

Dressür (vom franz. dresser, «abrichten»), im allgemeinen die durch Abrichtung erreichte Unterordnung des tierischen Willens unter den des Menschen; im besondern die Abrichtung von Hunden und Pferden. Die D. des Pferdes kann verschiedene Zwecke haben: zum gewöhnlichen Reit- und Fahrgebrauch, zum militär. Dienst, für die höhere Reitkunst, für den Cirkus, für das Jagdreiten und für die Wettrennen. Jede D. soll das Pferd zur Entfaltung derjenigen Thätigkeiten in stand setzen, zu denen der Reiter dasselbe durch Einwirkungen und Zeichen (Hilfen) auffordert. Verständnis, Gehorsam und Körperausbildung sind Ziele der D. Die auf festen Grundsätzen beruhende Art und der logisch geordnete Zusammenhang der Dressurarbeiten zur Verwandlung des rohen Pferdes in ein diensthätiges bilden das System der D. Die Art und Weise, in welcher der Dressierende auf das Pferd einwirkt, um nach Anleitung des Systems das Pferd zum Verständnis und Gehorsam zu bringen und den Pferdekörper zu bearbeiten, ist die Methode der D. Die auf das System begründete Anordnung der Arbeiten, ihre Reihenfolge und Dauer bilden den Gang der D. Hilfsmittel der D. sowohl für die Campagnereiterei wie für die Schulreiterei sind das Longieren und das Pilieren. Rennpferde werden auf besondere Schnelligkeit und Ausdauer vorgebildet; ihre körperliche Erziehung ist eine eigenartige und wird unter der Bezeichnung Trainieren zusammengefaßt.

Dreux (spr. drö). 1) **Arrondissement** des franz. Depart. Eure-et-Loir, hat 1510,18 qkm, (1891) 65471 E., 126 Gemeinden und zerfällt in die 7 Kantone Anet (223,28 qkm, 10481 E.), Brezolles (252,50 qkm, 9925 E.), Châteauneuf (276,66 qkm, 8900 E.), D. (212,50 qkm, 17152 E.), La Ferté-Vidame (125,81 qkm, 2940 E.), Nogent-le-Roi (212,19 qkm, 10345 E.), Senonches (207,24 qkm, 5728 E.). — 2) **Hauptstadt** des Arrondissements D., in fruchtbarer Gegend an der Blaise und unweit deren Mündung in die Eure, 82 km westlich von Paris, an den Linien Paris-Laigle, Chartres-D. (118 km) der Franz. Westbahn und der Lokalbahnlinie D.-Elbeuf (90 km), ist Sitz eines Gerichtshofs erster Instanz, eines Handels- und eines Friedensgerichts, hat (1891) 7704, als Gemeinde 9364 E.; in Garnison einen Teil des 124. Infanterieregiments; Post, Telegraph, eine Statue des Dramatikers Rotrou, eine schöne, aber unvollendete Kirche (16. Jahrh.), ein sehr hohes, halb im got., halb im Renaissancestil erbautes Stadthaus (16. Jahrh.); Gerberei, Glas- und Mützenfabriken, Gipsbrennerei, Mühlen und bedeutenden Handel mit Holz, Kohlen, Wolle, Schlachtvieh, Eisen, Wein und Branntwein. — Am 19. Dez. 1562 wurde bei D. eine der blutigsten Schlachten der Hugenottenkriege geliefert, in welcher der Prinz von Condé in Gefangenschaft fiel; 1593 nahm Heinrich IV. die Stadt nach 14tägiger Belagerung ein. Die Mutter Ludwig Philipps erbaute hier 1816 auf der Plattform des Schlosses eine Kapelle in bizarrem got.-lombard.-byzant. Stil mit herrlichen Glasmalereien und der Familiengruft des Hauses Orléans. Hierher wurden 9. Juni 1876 die Leichen Ludwig Philipps und der andern im Exil verstorbenen Mitglieder der Orléanistischen Familie von Weybridge übergeführt. Im Deutsch-Französischen Kriege wurde D. im Nov. 1870 nach kurzem Widerstande seitens franz. Mobilgarden durch die 17. Division unter Treskow genommen.

Drevant (spr. -wáng), franz. Ortschaft mit altröm. Ruinen bei Saint Amand (s. d.).

Drevet (spr. -weh), Pierre, franz. Kupferstecher, geb. 1664 bei Lyon, lernte im Atelier Audrans und arbeitete zu Paris, wo er auch 1739 starb, meist nach Rigaud. Man hat von ihm die Bildnisse Ludwigs XIV. im Krönungsornat, des Kardinals Fleury, des Prinzen Conti, Boileaus und Rigauds selbst.

Sein Sohn, Pierre-Imbert, geb. 1697 in Paris, wo er 1739 starb, war Schüler seines Vaters, den er noch übertraf. Seine Bildnisse (Bossuet, Bernard nach Rigaud) wie die histor. Blätter (Darstellung im Tempel nach L. de Boullogne, anderes nach Coypel u. s. w.) stellen ihn neben die großen franz. Stecher jener Zeit, die Ausgezeichnetes in der malerischen Stichelführung zu erzielen wußten.

Auch sein Neffe Claude, geb. 1710 zu Lyon, gest. 1782 zu Paris, hat Verdienste auf demselben Gebiete. Zu seinen Hauptblättern gehören: der dornengekrönte Christus nach van Dyck und das Bildnis der Adrienne Lecouvreur nach Coypel. Vgl. A. Firmin Didot, Les D. (Par. 1876).

Drewenz, rechter Nebenfluß der Weichsel, entspringt im Hockerland der Provinz Ostpreußen in 165 m Höhe auf der Platte von Hohenstein, 8 km im SW. von Hohenstein, fließt zuerst nach NW. zum Drewenzsee (s. d.), betritt westpreuß. Gebiet, das sie im südwestl. Laufe durcheilt und bildet dann 8 km unterhalb Strasburg die Grenze zwischen Polen und Preußen; 7,5 km vor der Mündung, bei Lubicz, wo sie schiffbar wird, tritt sie wieder in Preußen ein und mündet oberhalb Thorn bei Ziotterie in die Weichsel. Sie ist 238 km lang und auf 150 km flößbar. Die D. empfängt rechts das Schillingsfließ oder den Warglitterkanal, auf 22 km flößbar, die schiffbare Liebe (s. d.), die aus dem Geserichsee kommende Eilenz; links die aus der hohen Gegend von Gilgenburg kommende Welle.

Drewenzsee, See auf der ostpreuß. Seenplatte bei Osterode, zieht zuerst westöstlich, biegt dann plötzlich nach NNW. um, ist 15 km lang, von der Drewenz (s. d.) durchflossen und durch den Elbing-Oberländischen Kanal (s. d.) mit Elbing verbunden.

Drewermannsches Verfahren (in der Zuckerfabrikation), s. Melassenentzuckerung.

Drewjänen (eigentlich «Holz- oder Waldleute») kommt in verschiedenen Gegenden als Bezeichnung slaw. Stämme vor; ein Teil der Polaben (s. d.) hieß so; am westl. Ufer der Jeetze zwischen den Städten Ülzen, Dannenberg, Lüchow lag ihr Gau, und davon heißt noch jetzt der Höhenzug westlich der Jeetze der untere und obere «Drawehn». Unter den russ. Stämmen führte in alter Zeit ein Teil der Bewohner des heutigen Volhynien, um die Städte Turow, Owrutsch, Iskorost südlich vom Pripet, diesen Namen (in der russ. Form Derewljane).

Drewohostitz (spr. drsche-), Stadt im Gerichtsbezirk Bistritz am Hostein der österr. Bezirkshauptmannschaft Holleschau in Mähren, östlich von Prerau, in fruchtbarem Hügellande, hat (1890) 1282 slaw. E., Post und Landwirtschaft. Das in der Bauform des 16. Jahrh. angelegte Schloß mit Turm und Bastionen, sowie das Gemeindehaus mit seinen vier Ecktürmchen und einem hohen Turme bezeichnen die frühere Bedeutung des Ortes.

Dreyer, Joh. Matthias, Dichter, geb. 1716 zu Hamburg, studierte in Leipzig die Rechte und lebte dann als Zeitungsredacteur und Gelegenheitsdichter in Hamburg. Er ist in seinen Gedichten witzig, oft sarkastisch und frivol, und mußte wegen seiner «Schönen Spielwerke beim Wein, Punsch, Bischof und Krambambuli» (Hamb. 1763), die der Senat öffentlich verbrennen ließ, auswandern. Erst 1766 durfte er nach Hamburg zurückkehren, wo er 20. Juni 1769 starb. Seine «Vorzüglichsten deutschen Gedichte» erschienen nach seinem Tode (Altona 1771). S. auch Bremer Beiträge.

Dreyer, Otto, prot. Theolog, geb. 4. Dez. 1837 zu Hamburg, studierte in Halle, Heidelberg und Göttingen, wurde 1863 Hilfsprediger in Gotha, später Pfarrer an der Augustinerkirche daselbst und Superintendent, 1891 Oberkirchenrat in Meiningen. D. ist ein Vertreter der liberalen Richtung und gehört dem Protestantenverein an. Unter seinen Schriften ist hervorzuheben: «Undogmatisches Christentum. Betrachtungen eines deutschen Idealisten» (Braunschw. 1888; 4. Aufl. 1890; vgl. die Gegenschrift von Kaftan: «Glaube und Dogma. Betrachtungen über D.s undogmatisches Christentum», 1. bis 3. Aufl., Bielef. 1889). Ferner veröffentlichte er außer «Predigten» (Gotha 1870): «Fester Glaube und freie Wissenschaft» (ebd. 1869), «Das einzige Erkennungszeichen religiöser Wahrheiten» (Brem. 1874), «Das Christentum und der Wunderglaube» (ebd. 1880). In dem von Lipsius herausgegebenen «Theol. Jahresbericht» bearbeitet D. die Predigt- und Erbauungslitteratur.

Dreyschock, Alexander, Pianofortevirtuos, geb. 15. Okt. 1818 zu Zack in Böhmen, konnte, kaum 8 J. alt, schon in öffentlichen Konzerten auftreten. Von W. Tomaschek zu Prag weiter gebildet, unternahm er seit 1838 größere Kunstreisen, auf denen namentlich seine Fertigkeit in Oktavengängen Bewunderung fand. Als Tonsetzer hat D. mehr als 90 Werke veröffentlicht, die als geschickte Virtuosenstücke eine Zeit lang Verwendung fanden. Seit 1862 wirkte D. als Professor am Konservatorium und als Direktor der kaiserl. Theatermusikschule zu Petersburg und starb 3. April 1869 zu Venedig. — Sein Bruder, R a i m u n d D., Violinist, geb. 30. Aug. 1824 zu Zack, Schüler von Pixis, unternahm 1844 mit ihm eine Kunstreise durch Deutschland, Belgien und Holland. Seit 1859 war er zweiter Konzertmeister und Lehrer am Konservatorium zu Leipzig, wo er 6. Febr. 1869 starb.

Dreyse, Joh. Nikol. von, Erfinder des Zündnadelgewehrs, geb. 20. Nov. 1787 zu Sömmerda als Sohn eines Schlossermeisters, fand in Paris in der von Napoleon I. begünstigten Gewehrfabrik des helvet. Offiziers Pauli Beschäftigung und konnte somit seiner besondern Neigung für die Technik der Feuerwaffen genügen. Die Versuche, die zu Anfang des 19. Jahrh. mit Umwandlung der Steinschloßgewehre zur Perkussionszündung gemacht wurden, lenkten D.s Aufmerksamkeit auf diesen Gegenstand, und er errichtete, nachdem er sich vielfach mit Herstellung von Zündpräparaten für Perkussionsgewehre beschäftigt hatte, unter der Firma Dreyse u. Collenbusch in Sömmerda eine Zündhütchenfabrik, die 1824 von der preuß. Regierung ein Patent erhielt. Seine weitern Versuche, den Entzündungsprozeß bei den Gewehren von außen nach innen zu verlegen, sowie eine sog. Einheitspatrone herzustellen, führte ihn 1827 zur Erfindung des Zündnadelgewehrs, das zunächst noch seine Ladung von vorn erhielt. Mit Unterstützung der preuß. Regierung arbeitete D. unausgesetzt an der Vervollkommnung seiner Feuerwaffe, bis ihm 1836 die Herstellung eines von hinten zu ladenden Zündnadel-Infanteriegewehrs gelang. Dieses wurde 1840 in Preußen angenommen, aber erst seit 1848 nach und nach verausgabt. (S. Zündnadelgewehr.) 1841 erhielt D. die Mittel zur Errichtung einer größern Gewehr- und Gewehrmunitionsfabrik. Eine der letzten Erfindungen D.s ist die eines für Sprenggeschosse eingerichteten Gewehrs, des sog. Granatgewehrs, dessen Einführung aber zufolge der Beschlüsse der internationalen Petersburger Konferenz (1868) unterbleiben mußte. In Anerkennung seiner Verdienste um die Bewaffnung der Armee wurde D. 1864 in den erblichen Adelstand erhoben. D. starb 9. Dez. 1867. Vgl. Nikolaus von D. und die Geschichte des preuß. Zündnadelgewehrs (Berl. 1866); von Plönnies, Das Zündnadelgewehr (Darmst. 1865).

Die Fabrik ging nun an seinen einzigen Sohn, den Geh. Kommissionsrat F r a n z v o n D., geb. 2. März 1822, über, der schon früher den technischen

Betrieb geleitet und mit Eifer für weitere Vervollkommnung und Fortentwicklung der Kriegsfeuerwaffen, insbesondere der Gewehre mit Repetiermechanismus unter und neben dem Laufe sowie mit Kasten unter dem Schloß gewirkt hat. 1870 vermehrte er die Gewehr- und Gewehrmunitionsfabrik durch Anlage einer Maschinenfabrik, verbunden mit Eisengießerei, in der außer Werkzeugmaschinen hauptsächlich Gegenstände für Eisenbahnbedarf gefertigt werden, sowie durch Erweiterung der Betriebsanlagen zur Herstellung von Revolvern und Seitengewehren. Besondere Sorgfalt verwendete Franz von D. auf die Konstruktion der Jagdfeuerwaffen. Die von ihm konstruierten, in den verschiedensten Ländern patentierten und vielfach eingeführten Jagdgewehre zeichnen sich aus durch Leichtigkeit der Handhabung und Schärfe des Schusses. Dieselben erfuhren 1889 dadurch eine wesentliche Vervollkommnung, daß die Zündnadel durch den Schlagbolzen ersetzt wurde, wodurch die Verschleimung der Schloßteile durch den Pulverrauch vermindert und die Schärfe des Schusses noch erhöht wird.

Driburg, Stadt im Kreis Höxter des preuß. Reg.-Bez. Minden, 19 km östlich von Paderborn, in einem fast kreisförmigen, von 13 Bergen eingeschlossenen Kesselthal des Eggegebirges, in 205 m Höhe, an der Aa und der Linie Soest-Holzminden der Preuß. Staatsbahnen, hat (1890) 2499 E., darunter 242 Evangelische und 59 Israeliten, Post, Telegraph, kath. und evang. Pfarrkirche; bedeutende Glasfabriken. 1 km östlich das seit 200 Jahren besuchte gräfl. Sierstorpffsche Bad D., von bewaldeten Bergen umgeben, mit kräftigen, kohlensäurehaltigen erdig-salinischen Stahlquellen (Trink- oder Hauptquelle, 11° C., Wiesen-, Luisen-, Kaiserstahl- und Wilhelmsquelle), die denen von Pyrmont gleichstehen, gut eingerichteten Bädern (gräfl. Sierstorpffsches und Kaiser Wilhelmsbad) und gräfl. Schloß. 2 km im SO. die Satzer Schwefelquelle, die den zu Schlammbädern benutzten Driburger Schwefelmoor bildet, und 4 km im SO. der Herster Brunnen mit einem dem Selterser ähnlichen Wasser, das in der Umgegend viel getrunken und auch verschickt wird, ähnlich dem nahen Schmechtener Methbrunnen. Zwischen Herste und Schmechten befindet sich der Bullerborn, ein von Gas durchhöhlter Moorhügel, der zu sieden scheint, und überall, wo er angestochen wird, die Luft mit Zischen entläßt. 2 km von D. die Ruinen der Iburg, einer alten sächs. Feste, die Karl d. Gr. 775 eroberte und dem Stift Paderborn schenkte. — Die Quellen bei D. waren schon zu Ende des 17. Jahrh. bekannt, allein erst seit 1782 kamen sie in größere Aufnahme. Vgl. Riefenstahl, Bad D. (2. Aufl., Paderb. 1883); Hüller, Bad D. in seinen Heilwirkungen skizziert (2. Aufl., Berl. 1873); D., das Bad und seine Umgebungen (2. Aufl., Höxter 1891).

Driedorf, Stadt im Dillkreis des preuß. Reg.-Bez. Wiesbaden, 12 km südwestlich von Herborn, am Rehbach, hat (1890) 624 E., Post, Telegraph, Oberförsterei und Schloßruine.

Driesen, Stadt im Kreis Friedeberg des preuß. Reg.-Bez. Frankfurt, in der Neumark, 13 km von Krenz, auf einer Insel in der Netze, an der Linie Berlin-Schneidemühl (Bahnhof Vordamm-Driesen) der Preuß. Staatsbahnen, hat (1890) 5104 E., darunter 307 Katholiken und 118 Israeliten, Post erster Klasse, Telegraph, Oberförsterei; Standbild von Balthasar Schönberg von Brenkenhof; Fabrikation von Tuch, Leinwand und Maschinen, Essigdestillationen, Brauereien, Seifensiederei, Gelbgießerei, Schiffahrt und Handel, bedeutende Dampfmahl- und Schneidemühlen. — D., der älteste Ort der Neumark, war ehedem eine wichtige Festung und in der ersten Hälfte des 15. Jahrh. ein Hauptstreitpunkt zwischen dem Deutschen Orden, der es 1408 von einem Herrn von der Osten gekauft hatte, und den Polen. Friedrich d. Gr. ließ die Festung schleifen.

Driffield, Great-Driffield (spr. greht drißfihld), Stadt im East-Riding der engl. Grafschaft York, 28 km nördlich von Hull, mit dem es durch Schiffahrtskanal verbunden ist, hat (1891) 5703 E., Fabrikation von Baumwolle, Seide, Dünger, sowie Getreidehandel.

Drift oder Driftformation nannte man in der Geologie früher nach dem Vorgange Lyells die Ablagerungen des nordischen Diluviums, indem man annahm, daß das betreffende Gesteinsmaterial auf ein vom Meere überflutetes Gebiet durch schwimmende Eisberge von den nordischen Gletschern her transportiert und dort beim Abschmelzen der Eismassen abgelagert worden sei. Diese Auffassung ist jetzt zu Gunsten der sog. Inlandeistheorie verlassen worden. (S. Diluvium und Eiszeit.) — D. im Seewesen, s. Abtrift.

Drifteis, s. Treibeis.

Driften, Triften, Treibströmungen oder Triftströme (engl. drift current), nannte Rennel im Gegensatz zu dem durch Temperatur- und Salzgehalt-Unterschiede erzeugten Seestrom (stream current) diejenige Meeresströmung, welche bloß durch die treibende Kraft unablässig in einer und derselben Richtung thätiger Winde auf der Oberfläche des Wassers hervorgebracht wird, daher nur seicht und langsam ist und in keiner andern Richtung laufen kann als in derjenigen, welche der Luftstrom ihr anweist, wohl aber, durch das Trägheitsgesetz unterstützt, zu einer wirklichen Strömung werden kann. In allen drei Oceanen finden sich zu beiden Seiten des Äquators bis ungefähr zum 20. Breitenparallel die sog. Passattriften oder Äquatorialströmungen von Ost nach West gerichtet, deren Geschwindigkeit wesentlich mit der Stärke des wehenden Passats sich ändert. Ebenso sind D. die in allen Oceanen zwischen 40 und 60° Nord- und eben solcher Südbreite auftretenden Westwindtriften, sowie die durch die Monsune erzeugten Strömungen. Selbst in der Nord- und Ostsee werden bei anhaltenden starken Westwinden Oberflächenströme deutlich wahrgenommen; ähnliche D. werden bei heftigem Sirocco und den darauf folgenden Vorastürmen im Adriatischen Meere beobachtet. Zu den D. im weitern Sinne sind auch die durch den Windstau (s. d.) verursachten Strömungen anzusehen, welche Sturmfluten (s. d.) erzeugen, wenn heftige Winde längere Zeit gegen eine Küste, besonders aber gegen Buchten wehen und so Wasseranhäufungen zur Folge haben. — Analytisch sind die D. zuerst durch Professor Zöppritz 1878 untersucht; nach ihm soll in 100 m Tiefe die Hälfte der Oberflächengeschwindigkeit, bei dauernd wehendem Winde, erst 240 Jahre nach Beginn des Windwehens erreicht werden. Vgl. Zur Theorie der Meeresströmungen (in Poggendorfs «Annalen» 1878, III).

Driggs-Schröder-Kanonen, nordamerik. Schnellfeuerkanonen kleinen Kalibers, die sich im Verschluß an Nordenfelt (s. d.), in der Rohr- und Munitions-Konstruktion an Hotchkiß (s. d.) anlehnen, ohne beide zu erreichen.

Drill, soviel wie Drell (s. d.); vgl. auch Drillen.

Drill, Affe, s. Pavian.

Drillbohrer, s. Bohrer (Bd. 3, S. 238 b). Der D. dient auch als chirurg. Instrument zur Anlegung von Stichkanälen im Knochen, um Knochenwundflächen zusammenzunähen.

Drillen (vom engl. to drill) nennt man in der Landwirtschaft die mit der Drillmaschine bewirkte Reihenstellung der Gewächse, verbunden mit gleichmäßig tiefer Unterbringung des Saatkorns. Als Erfinder der Drillkultur gilt der engl. Landwirt Jethro Tull (Ende des 17. Jahrh.), welcher zuerst die Engländer auf die Vorteile des Verfahrens aufmerksam machte, wenn auch das D. an sich, freilich ohne Maschinen, bei den Hindu und Chinesen schon lange bekannt gewesen ist und auch in Oberitalien schon im Mittelalter angewandt wurde. Die heutigen Drillmaschinen (s. Tafel: Landwirtschaftliche Geräte und Maschinen II, Fig. 13) bestehen aus einem zwischen den zwei Rädern aufgehängten, zur Aufnahme des Samens dienenden Kasten, einer durch die Transporträder der Maschine in Bewegung gesetzten Säevorrichtung und einer Reihe von Scharen, die mit der letztern verbunden sind und eine Furche ziehen, in welche das Getreide hineinfällt. Häufig sind an den Drillmaschinen besondere Apparate angebracht, welche das Zustreichen und Festwalzen der mit Korn beschickten Furche besorgen. Die eigentliche Säevorrichtung besteht entweder in Löffeln oder in Schöpfrädern, welche in das im Säekasten befindliche Getreide hineingreifen und dasselbe bei ihrer Drehung in das mit dem Schar verbundene Rohr und damit in die Furche fallen lassen.

Durch verschiedene Stellung der Drillschare sowie der Säeräder kann die Entfernung der Reihen untereinander sowie die Stärke der Aussaat reguliert werden. Die Spurweite der Drillmaschinen wechselt zwischen 1,88 und 3,77 m, der Preis zwischen 370 und 1180 M. und die Leistung beim Getreidedrillen beträgt für jedes Meter Maschinenbreite, wofür je ein Pferd nötig, 2—2,5 ha. Die großen Vorteile der Drillkultur beruhen hauptsächlich in folgenden Punkten: Die Früchte können nach dem Auflaufen mit der Hacke, selbst mit der Pferdehacke bearbeitet werden; man erspart ein bedeutendes Quantum an Saatgut; der Samen wird gleichmäßig tief untergebracht und gleichmäßig verteilt, wodurch nicht allein günstigere Keimungsbedingungen hergestellt, sondern auch schädliche Einflüsse während der Vegetation, namentlich Auswinterung und durch große Hitze hervorgerufene Austrocknung des Bodens, leichter überwunden werden; schließlich als Facit der genannten Verhältnisse quantitative und qualitative Erhöhung der Ernte. Vgl. Eisbein, Die Drillkultur (2. Aufl., Bonn 1880).

In der Sprache des Heerwesens bedeutete D. im 16. und 17. Jahrh. soviel wie Einexerzieren überhaupt; so noch im Englischen to drill, im Holländischen drilplaats, Exerzierplatz; im Deutschen wird es für das maschinenmäßige Einexerzieren gebraucht.

Drillich, soviel wie Drell (s. d.).

Drillichjacke, ein Bekleidungsstück, welches bei gymnastischen Übungen, zum Arbeitsdienst und als Hausanzug von den Gemeinen im preuß. Heere getragen wird. Unteroffiziere tragen statt der D. einen Drillichrock. Seit dem Juni 1892 ist jedoch die D. für Infanterie (ausschließlich Jäger) nicht mehr etatsmäßiges Bekleidungsstück. An ihre Stelle ist die Litewka (s. d.) getreten. Im Febr. 1890 ist auch für Offiziere ein Sommerrock aus Drillich oder weißem Leinen eingeführt worden, doch darf dieser, mit Chargenabzeichen versehen, nur beim Dienst in geschlossenen Räumen oder bei gymnastischen Übungen getragen werden.

Drillichrock, s. Drillichjacke.

Drilling, Gewehr, s. Jagdgewehre.

Drillinge (lat. trigemini), drei zu gleicher Zeit sich entwickelnde menschliche Embryonen, kommen nur selten zur Beobachtung; auf 7910 einfache Geburten entfällt nach Veit erst eine Drillingsgeburt, wogegen schon auf 89 Geburten eine Zwillingsgeburt gerechnet wird. D. kommen nur sehr selten entwickelt und lebensfähig zur Welt, meist werden schon eins oder mehrere von ihnen tot geboren oder sterben rasch nach der Geburt; doch sind einzelne Fälle bekannt, in denen alle drei Kinder am Leben erhalten wurden und sich später in normaler Weise entwickelten.

Drillkultur, Drillmaschine, s. Drillen.

Drillung, in der Physik und Mechanik, s. Torsion.

Drimys *Forst.* (Wintera *H. et B.*), Pflanzengattung aus der Familie der Magnoliaceen (s. d.) mit nur 5 Arten, einer in Südamerika, den andern in Australien, Neuseeland und Borneo. Es sind Bäume oder Sträucher mit immergrünen Blättern, infolge reichlich vorhandener Öldrüsen durchscheinend punktiert und aromatisch riechend. Von D. Winteri *Forst.* (Wintera aromatica *Murr.*) in Südamerika (Chile) war die Rinde als Cortex Winteranus verus offizinell und wurde gegen Fieber und Verdauungsschwäche gebraucht; D. granatensis *L.* (Brasilien) liefert die Cotorinde (s. d.).

Drin, Fluß im türk. Albanien, entsteht aus dem Schwarzen und dem Weißen D. Der erstere kommt aus dem 300 qkm großen, 690 m hoch gelegenen Ochrida-See, fließt in nördl. Richtung durch eine Reihe enger Schluchten bei Dibra, dann in offenem Thale am Westfuße des Schardagh dahin und vereinigt sich, wieder in tiefen Schluchten, mit dem Weißen D. bei Kukus nach einem Lauf von 120 km. Der Weiße D., von nahezu derselben Länge, kommt von den über 2000 m hohen nordalbanischen Alpen nahe der Südostecke von Montenegro, fließt nach O., dann nach S. durch die Ebene Metoja. Unterhalb der Vereinigung beider Quellflüsse schlängelt sich der D. durch Schluchten zwischen 1000 m hohen senkrechten Felsmassen und Stromschnellen und Fälle bildend nach NW., dann nach S., endlich nach W. Darauf tritt er in die Ebene von Skutari und mündet, südlich gewendet, unterhalb Alessio in das Adriatische Meer nach einem Gesamtlaufe von etwa 300 km Länge, nirgends schiffbar. Seit 1858 hat er aber einen Arm auf Skutari gerichtet, der sich mit der schiffbaren Bojana (s. d.) vereinigt. Er überschwemmt oft die untern Viertel von Skutari und macht sie ungesund; das Bojanafieber ist eins der mörderischsten längs der ganzen Küste.

Drina, rechter Nebenfluß der Save in Bosnien und Serbien, entsteht aus Tara und Piva, welche aus den Gebirgen des östl. Montenegro kommen, fließt durch die Herzegowina nach NW. bis Foča (479 m Höhe), durchbricht dann in östl. Richtung in einem gewundenen Querthal die Kalkgebirge des östl. Bosnien, nimmt von rechts den Lim auf und fließt dann nach N., unterhalb Višegrad die Grenze zwischen Bosnien und Serbien bildend. Unterhalb Zvornik wird sie für kleine Fahrzeuge schiffbar und mündet nach einem Lauf von 267 km Länge bei Rača. Andere Nebenflüsse sind Cehotina und Jadar rechts, Prača und Drinjača links. Ihr Gebiet umfaßt 18647 qkm.

Drissa. 1) **Kreis** im westl. Teil des russ. Gouvernements Witebsk, ein welliges Land mit Seen, Sümpfen, wenig fruchtbarem Boden, hat 3014,8 qkm, 77847 E., darunter drei Viertel Weißrussen, ein Fünftel Polen und etwa 2600 Letten; Landwirtschaft, besonders Flachsbau. D. gehörte zu den sog. infländischen (d. i. livländ.) Kreisen des Königreichs Polen. — 2) **Kreisstadt** im Kreis D., 168 km nordwestlich von Witebsk, an der Mündung der D. in die Düna und an der Eisenbahn Dünaburg-Witebsk, hat (1885) 3490 E., wovon gegen 70 Proz. Israeliten, Post und Telegraph, 1 russ., 1 kath. Kirche, 1 Synagoge, 5 israel. Bethäuser; Flußhafen und Handel mit Flachs. D. war 1812 Sammelpunkt der russ. Westarmee.

Dritte, der. Im bürgerlichen Recht ist es eine berühmte Frage, wie weit die Kontrahenten, welche im eigenen Namen und im eigenen Interesse einen Vertrag schließen, dem einen Kontrahenten eine Verbindlichkeit zu Gunsten eines D., welcher nicht Rechtsnachfolger des Mitkontrahenten wird, auflegen können, und ob und wann der D. ein eigenes Recht aus diesem Vertrage erwirbt (Verträge zu Gunsten D.). Nachdem das röm. Recht den Grundsatz aufgestellt hatte: alteri stipulari nemo potest (niemand kann sich zu Gunsten eines D. ein Versprechen geben lassen), haben die neuern Gesetzgebungen nur zögernd dem praktischen Bedürfnis Rechnung getragen. Teils durch Landesgesetze, teils durch die Praxis ist die Gültigkeit solcher Verträge für einzelne Fälle anerkannt, in denen der eine Kontrahent dem andern etwas gegen das Versprechen geleistet hat, das Empfangene oder einen gleichen Wert oder eine Gegenleistung einem D. zuzuwenden. Ich kann einem andern schenken mit der Verpflichtung, das Empfangene oder einen Teil als einen Gegenwert einem D. zuzuwenden; der D. hat eine Klage gegen den Empfänger (Code civil Art. 1121: «On peut stipuler au profit d'un tiers, lorsque telle est la condition d'une stipulation que l'on fait pour soi-même ou d'une donation que l'on fait à un autre»). Bei Lebensversicherungen, wo der Versicherungsnehmer die Prämie gezahlt, die Police aber hat auf den Namen eines D. (seiner Ehefrau, eines Kindes u. s. w.) stellen lassen, nimmt man allgemein an, daß, sofern die Statuten der Versicherungsgesellschaft nicht etwas anderes bestimmen, der D., auch wenn er bei Lebzeiten des Versicherungsnehmers nichts davon erfahren hat, und wenn er dessen Erbe nicht geworden ist, ein direktes Klagerecht gegen die Versicherungsgesellschaft auf die Lebensversicherungssumme hat; entweder so, daß ihm dasselbe, sofern er die Versicherung zu seinen Gunsten acceptiert hatte, auch von dem Versicherungsnehmer durch spätere Verfügungen nicht entzogen werden konnte (franz. Praxis), oder so, daß der Bedachte das Recht nur hat, soweit der Versicherungsnehmer später nicht anders verfügt hat (deutsche Praxis). Bei Schuldübernahmen gelegentlich der Abtretung eines Geschäfts mit Aktiven und Passiven erlangen die Gläubiger jedenfalls dann einen selbständigen Anspruch gegen den Übernehmer, wenn die Übernahme z. B. durch Versendung von Cirkularen, Bekanntmachung in Zeitungen an die Öffentlichkeit getreten ist. Der Käufer, welcher eine Hypothek übernimmt, wird dem Gläubiger dadurch verpflichtet. Bei Gutsabtretungen können die Eltern wirksam zu Gunsten der nicht zugezogenen Kinder deren Ansprüche auf ihre Abfindungen gegen den Annehmer feststellen. Sehr viel weiter geht der Deutsche Entwurf §. 412: «Wird in einem Vertrage von einem der Vertragschließenden eine Leistung an einen D. versprochen, so wird der D. hierdurch unmittelbar berechtigt, von dem Versprechenden die Leistung zu fordern, sofern aus dem Inhalt des Vertrags sich ergiebt, daß diese Berechtigung des D. gewollt ist.» §. 413: «Das Forderungsrecht des D. entsteht mit dem Zeitpunkte, in welchem es nach dem aus dem Inhalt des Vertrags sich ergebenden Willen der Vertragschließenden entstehen soll.» §. 414: «Solange das Forderungsrecht des D. auch nicht als ein bedingtes oder betagtes entstanden ist, kann das Versprechen der Leistung an den D. von den Vertragschließenden geändert oder wieder aufgehoben werden» u. s. w.

Das Ermessen eines D. kommt auf dem Rechtsgebiete häufiger in Betracht (s. Arbitrium). Auf dem Gebiete der letztwilligen Verfügung wird, obschon die Stellvertretung für die Errichtung einer solchen Verfügung ausgeschlossen ist, das Ermessen eines D. im gemeinen Rechte in mehrfacher Hinsicht für maßgebend erachtet. Selbst in Ansehung der Erbeinsetzung ist zulässig, daß ein D. den Erben auswählt, sofern nur der Erblasser den Kreis der Personen bezeichnet hat, aus welchem zu wählen ist, während die Erbeinsetzung, deren Wirksamkeit von dem nackten Willen eines D. abhängt, ungültig ist. Für das Vermächtnis wird allgemein angenommen, daß es zulässig sei, nicht nur die Entscheidung, wem oder was vermacht sei, dem vernünftigen Ermessen eines D., sondern auch die Wahl unter mehrern Möglichkeiten einem D. schlechthin zu überlassen. Ähnliche zum Teil weitergehende, zum Teil eingeschränktere Bestimmungen sind getroffen im Sächs. Bürgerl. Gesetzb. §§. 2086, 2087; Preuß. Allg. Landr. I, 12, §§. 49, 395; Bayrisches Landr. III, 2, §. 5. Anders Österr. Bürgerl. Gesetzb. §. 564 und Code civil.

Dritteldeckung bei Notenbanken, s. Bankdeckung und Banknoten.

Drittelgeviert, im Buchdruck, s. Ausschließung.

Drittel-Silber (frz. tiers-argent), eine von Moustet in Paris angefertigte Legierung von ein Drittel Silber und zwei Drittel Aluminium, die härter als Silber, leichter zu gravieren ist und zu Gabeln, Löffeln und ähnlichen Gebrauchsgegenständen verarbeitet wird. Eine andere mit demselben Namen belegte Legierung enthält nach Winkler: 59,06 Kupfer, 27,56 Silber, 9,57 Zink, 3,42 Nickel (s. Neusilber).

Dritter Stand, s. Tiers-état.

Drittschuldner, im Sinne der Deutschen Civilprozeßordnung (vgl. §§. 730, 736, 744) der Schuldner eines Schuldners, gegen welchen eine Geldforderung im Wege der Zwangsvollstreckung gepfändet werden soll. Zwecks der Pfändung erfolgt dem D. gegenüber das Verbot des Gerichts, an den Schuldner zu zahlen, und erst mit Zustellung des Pfändungsbeschlusses an den D. wird die Pfändung als bewirkt angesehen. (S. Pfändung.)

Driva, Fluß in Norwegen, entspringt auf dem Snehætten, dem höchsten Punkte des Dovrefjeld, strömt in reißendem Laufe erst nördlich durch das großartig wilde Drivthal, dann von Opdal an westlich durch Sundalen und fällt bei Sundal ins Meer, in seinem untern Laufe Sundalselv genannt. Seine Länge beträgt 110 km, sein Stromgebiet 2600 qkm. Die Thäler der D. leiden viel durch Lawinen, Bergstürze und Erdschlipfe.

Drniš (spr. -nisch), slaw. Name von Dernis (s. d.) in Dalmatien.

Dröbak, Stadt im norweg. Amt Akershus, am östl. Ufer des Kristianiafjords, der hier einen engen Sund bildet, hat (1885) 2091 E. Der Zugang zum Innern des Fjords wird durch die auf dem Kaholmene angelegte Festung Oskarsborg geschützt. D., im Sommer ein beliebtes Seebad, hat einige Ausfuhr, namentlich von Eis.

Drobisch, Gustav Theodor, Dichter und Schriftsteller, geb. 26. Dez. 1811 in Dresden, erhielt seine Gymnasialbildung zu Leipzig, wo er 1847—60 die «Zeitung für die elegante Welt» leitete, 1848—50 auch das «Witz- und Karrikaturen-Magazin» herausgab. Hierauf siedelte er nach Dresden über, wo er bis 1872 Mitredacteur der «Dresdner Nachrichten», bis 1877 der «Dresdner Presse» war und 15. April 1882 starb. D.s zahlreiche Schriften sind meist populär-humoristisch gehalten, wie «Humoresken und Satiren» (Lpz. 1845), «Amarillen und Bartnelken» (2 Bde., edd. 1857), «Kunterbunt» (Löbau 1865), «Humoristische Liedertafel» (Lpz. 1863), «Bunte Glasuren» (Dresd. 1865) u. s. w. Auch schrieb er einige Operntexte, Lustspiele, histor. Trauerspiele, Romane und Kinderschriften. Mit Marggraff gab er den «Hausschatz deutscher Humoristik» (2 Bde., Lpz. 1858—60) heraus, allein den «Humoristisch-musikalischen Kalender aus den J. 1852—54».

Drobisch, Karl Ludwig, Komponist, Bruder des folgenden, geb. 24. Dez. 1803 zu Leipzig, Schüler von Weinlig, wurde 1826 Musiklehrer in München und 1837 Kapellmeister der evang. Kirchen in Augsburg, wo er 26. Aug. 1854 starb. D. war hauptsächlich Kirchenkomponist. Außer Messen, Requiems u. s. w. schrieb er die Oratorien: «Bonifacius», «Des Heilands letzte Stunden» und «Moses auf Sinai». Vgl. W. Riehl, Musikalische Charakterköpfe, Bd. 3: «Zwei deutsche Kapellmeister» (2. Aufl., Stuttg. 1881).

Drobisch, Mor. Wilh., Mathematiker und Philosoph, geb. 16. Aug. 1802 zu Leipzig, widmete sich seit 1820 daselbst mathem. und philos. Studien, habilitierte sich 1824 in der philos. Fakultät, ward 1826 zum außerord. Professor der Philosophie, in demselben Jahre zum ord. Professor der Mathematik ernannt und erhielt 1842 dazu das Prädikat als ord. Professor der Philosophie, gab jedoch 1868 die Professur der Mathematik auf. Von Jugend auf gleichmäßig von Mathematik und Philosophie angezogen, strebte er, ohne beide Wissenschaften zu vermischen, die Mathematik mit philos. Gründlichkeit aufzufassen und zu lehren und auf die Probleme der Philosophie den Geist mathem. Klarheit und Strenge zu übertragen. Diese Richtung, geweckt durch Lichtenbergs, genährt durch Kants Schriften, erhielt später ihre bestimmte Ausbildung durch das Studium der Werke Herbarts. Aus dieser Überzeugung gingen folgende Schriften hervor: «Beiträge zur Orientierung über Herbarts System der Philosophie» (Lpz. 1834), «Neue Darstellung der Logik» (edd. 1836; 5. Aufl., Hamb. 1887), «Grundlehren der Religionsphilosophie» (Lpz. 1840), «Empirische Psychologie» (edd. 1842), «Erste Grundlehren der mathem. Psychologie» (edd. 1850), «De philosophia scientiae naturali insita» (edd. 1864), «Die moralische Statistik und die menschliche Willensfreiheit» (edd. 1867), «Über die Fortbildung der Philosophie durch Herbart» (edd. 1876), «Kants Dinge an sich und sein Erfahrungsbegriff» (Hamb. 1885), mehrere akademische Programme und eine Reihe von Abhandlungen in Fichtes «Zeitschrift für Philosophie» und in Allihns «Zeitschrift für exakte Philosophie». Auf seine mathem. Thätigkeit beziehen sich: «Philologie und Mathematik als Gegenstände des Gymnasialunterrichts» (Lpz. 1832), «Grundzüge der Lehre von den höhern numerischen Gleichungen» (edd. 1834), sowie größere und kleinere Abhandlungen in den Schriften der Königlich Sächsischen Gesellschaft der Wissenschaften.

Drogden, der zwischen den dän. Inseln Amager und Saltholm eingeengte Teil des Öresunds, der seiner Tiefe wegen von den meisten Schiffen dem breitern Flintrännan zwischen Saltholm und der schwed. Küste für die Fahrt durch den Sund vorgezogen wird. Untiefen teilen gegen Norden D. in eine östl. Rinne, Holländerdybet, und eine westliche, Kongedybet; letztere bildet in ihrem innern Teile den Hafen Kopenhagens.

Drogheda (spr. droggĕdĕ), Municipalstadt in den irischen Grafschaften Louth und Meath, 38 km nördlich von Dublin, an dem schiffbaren, von einem 28 m hohen Eisenbahnviadukt überspannten Boyne, 6 km von seiner durch Fort Richmond verteidigten Mündung in die Droghedabai, sowie an dem in den Königskanal führenden Droghedakanal. Die Stadt liegt größtenteils auf dem hohen linken Ufer, ist Sitz eines kath. Bischofs, hat (1891) 12 293 E., viele schöne Häuser, aber ärmliche Vorstädte, 7 Kirchen, 3 Kapellen, 7 Klöster, Reste einer alten Stadtmauer, ein Gefängnis, ein Theater, eine Leinwand- und eine Kornhalle. Die Industrie umfaßt drei Flachsgarnspinnereien, eine große Baumwollfabrik, Gerberei, eine Brauerei, Kornmühlen, Seifen- und Salzsiederei. Zum Hafen, aus dem Seeschiffe von 500 t bis an die Quais gelangen können, gehören (1888) 30 Schiffe von 4218 t, darunter 4 Dampfer, für die Ausfuhr von Landesprodukten nach Liverpool und Glasgow; es liefen ein 550 Schiffe mit 116 608 t. — Zu D. wurde 1152 eine Kirchenversammlung gehalten. In der Nähe am Boyne der 46 m hohe Obelisk zum Andenken an den Sieg Wilhelms III. über die Truppen Jakobs II. (1690). Am 11. Sept. 1649 erstürmte Cromwell die Stadt. Vgl. D'Alton, History of D. (2 Bde., 1844).

Droguen (frz.), Drogen, Droguerie- oder Apothekerwaren, diejenigen Waren, die ihre Anwendung in der Medizin und der Technik, oft in beiden zugleich, finden, namentlich die betreffenden Kräuter, Wurzeln, Rinden, Harze, Gummiarten, Gummiharze, Balsame und Chemikalien. In einem Teile Süddeutschlands nennt man dieselben Materialwaren, welcher Ausdruck anderwärts eine abweichende Bedeutung hat. Von der Droguenkunde handelt die Pharmakognosie. Der Droguen- oder Drogueriewarenhandel wird von den Droguisten als Groß- und Kleinhandel betrieben. Ersterer liefert der Natur der Sache nach seine Artikel hauptsächlich in die Hände der Apotheker und unterliegt hierbei keinen beschränkenden Bestimmungen. Der Kleinhandel mit D., durch welchen sich das Publikum mit den bezüglichen Waren häufig wohlfeiler versorgen kann als aus den Apotheken, ist, soweit dieselben als Heilmittel in Betracht kommen, in Deutschland beschränkenden gesetzlichen Bestimmungen unterworfen (Verordnung vom 27. Jan. 1890). Die Hauptplätze für den Großhandel mit D. sind in Deutschland neben den Seestädten: Berlin, Dresden (Gehe & Co.), Leipzig, Darmstadt, Stuttgart und Mannheim. — Vgl. Schwanert, Lehrbuch der pharmaceutischen Chemie (Braunschw. 1879—82); Schmidt, Ausführliches Lehrbuch der pharmaceutischen Chemie (2. Aufl., 2 Bde., ebd. 1887—90); Mercks Warenlexikon für Handel, Industrie und Gewerbe (4. Aufl., Lpz. 1890); Buchheister, Handbuch der Droguistenpraxis (2 Bde., Berl. 1891); A. Meyer, Wissenschaftliche Droguenkunde (2 Bde., ebd. 1891—92); Weidingers Warenlexikon der chem. Industrie und der Pharmacie (2. Aufl., Lpz. 1892).

Droguistenfachschulen. Unter diesem Namen haben die an vielen größern Plätzen Deutschlands (Berlin, Leipzig, Dresden, Hamburg u. a.) bestehenden Droguisteninnungen und -Vereine, deren Mitglieder meist Detaildroguisten sind, Privatschulen eingerichtet, in denen die Grundzüge der allgemeinen Waren- und speciellen Droguenkunde, der Botanik und Chemie sowie der kaufmännischen Wissenschaften gelehrt werden. Man bezweckt damit eine nach allen Seiten hin sachgemäße Erziehung des Hilfspersonals, sucht dies auch durch Herausgabe besonderer, von Fachmännern geschriebener und beim Unterricht benutzbarer Litteratur sowie neuerdings durch Einführung einer vorerst allerdings nur fakultativen Gehilfenprüfung in erhöhtem Grade zu erreichen. Außer diesen D. besteht noch in Braunschweig als Privatunternehmen, aber subventioniert vom Deutschen Droguistenverband, eine Droguistenakademie mit zweijährigem Lehrkursus, deren Besucher Droguistengehilfen sind, denen eine hervorragend gute Ausbildung (auch in Nebenfächern, wie chem. Analyse, Photographie u. s. w., soweit die Kenntnis für den Beruf als Droguist erforderlich erscheint) zu teil wird.

Dröhmer, Hermann, Kupferstecher, geb. 1820 zu Berlin, studierte auf der dortigen Akademie, unternahm 1847 eine Studienreise nach Paris, wo er sich 2 Jahre aufhielt, und brachte dann zwei weitere Jahre in London zu. 1851 kehrte er nach Berlin zurück, um sich dort dauernd niederzulassen. D. starb 9. Juli 1890 in Berlin. Er arbeitete in Mezzotinto und gemischter Manier meist nach modernen deutschen Malern, schuf aber auch einige treffliche Blätter nach Correggio (Johannes der Täufer, Leda, Jupiter und Jo). Die größte Verbreitung fanden seine Blätter: Esther vor Ahasver, Abschied Karls I. von seinen Kindern nach Schrader, Ehebrecherin vor Christus nach Plockhorst, Lautenspielerin nach C. Becker, Der junge Mozart am Hofe Maria Theresias nach Ed. Ender u. a.

Drohn, älteres Feldmaß in einigen Orten der preuß. Provinz Hannover, drei Viertel des frühern hannöv. oder Kalenberger Morgens = 90 hannöv. Quadratruten oder 23 040 hannöv. Quadratfuß = 19,6576 a.

Drohnen, Name der männlichen Bienen, s. Biene.

Drohóbycz (spr. -bütsch). 1) **Bezirkshauptmannschaft** in Galizien, hat 1456,14 qkm und (1890) 118 742 (58 951 männl., 59 791 weibl.) E., 18 625 Häuser und 25 920 Wohnparteien, 79 Gemeinden mit 213 Ortschaften und 57 Gutsgebieten und umfaßt die Gerichtsbezirke D., Medenice und Podbuż. — 2) **Stadt** und Sitz der Bezirkshauptmannschaft D., links der zum Dnjestr fließenden Tysmenica, in 309 m Höhe, an der Straße von Sambor nach Stryj, an der Linie Chyrów-Stryj (Dnjestrbahn) und der Zweiglinie D.-Borysław (11,6 km) der Österr. Staatsbahnen, hat (1890) 17 916 E. (etwa 6200 Deutsche, 4500 Ruthenen, der Rest Polen), darunter etwa 8700 Israeliten, Post, Telegraph, Bezirksgericht (702,22 qkm, 41 Gemeinden, 123 Ortschaften, 33 Gutsgebiete, 76 050 E., darunter etwa 20 200 Deutsche und 16 400 Polen, der Rest Ruthenen), schöne kath. Kirche im got. Stil, Basilianerkloster, Synagoge, Schloß mit ausgedehnten Gärten, Staatsgymnasium; Salzsiedereien, Ölmühlen, Naphtharaffinerien und bedeutenden Handel mit Vieh, Getreide, Töpferwaren, Leder, Petroleum und Produkten der Siedereien.

Drohung, Androhung, Bedrohung, die Ankündigung eines Übels, welches bestimmt und geeignet ist, die Willensfreiheit des Bedrohten zu beschränken und dessen Entschließungen zu beeinflussen. Sie kann ausdrücklich ausgesprochen oder durch konkludente Handlungen (Erheben der Faust, Anlegen des Gewehrs) angedeutet sein; das angedrohte Übel kann auch unmittelbar andere Personen als den Bedrohten selbst und Sachen treffen. Im Strafrecht kommt die D. vor bei der Widersetzlichkeit (s. d.), der Ausübung des Gottesdienstes (s. d.), dem Menschenraub (s. d.), der Entführung (s. d.), der Erpressung (s. d.), der Anstiftung (s. d.). In einzelnen Fällen ist die D. besonders qualifiziert. D. mit Gewalt (gegen einen Beamten) wird als Widerstand, D. mit Schießgewehr oder Axt einem Forst- oder Jagdbeamten gegenüber als qualifizierter Widerstand, D. mit einer strafbaren Handlung, durch welche ein Mitglied einer gesetzgebenden Versammlung verhindert wird oder werden soll, sich an den Ort der Versammlung zu begeben oder zu stimmen, als Verbrechen mit Zuchthaus oder Festung bis zu 5 Jahren, und gleiche D., durch welche ein Deutscher verhindert wird oder verhindert werden soll, in Ausübung seiner staatsbürgerlichen Rechte zu wählen oder zu stimmen (§§. 106, 107 des Deutschen Strafgesetzbuchs), als Vergehen mit Gefängnis von 6 Monaten bis zu 5 Jahren oder mit Festungshaft bis zu 5 Jahren, und endlich D. mit Mißbrauch der Amtsgewalt zum Zwecke der Vornahme, Duldung oder Unterlassung einer Handlung als Amtsvergehen (s. d.) bestraft (§. 339). Eine besondere Bedeutung hat die D., welche mit einer gegenwärtigen, auf andere Weise (also z. B. durch die Möglichkeit der Flucht) nicht abwendbaren Gefahr für Leib oder Leben des Bedrohten selbst oder eines seiner Angehörigen (s. d.) verbunden ist. Sie begründet einerseits Straflosigkeit für denjenigen, welcher durch eine so geartete D. zu einer an sich strafbaren Handlung gezwungen wird, und der Drohende erscheint dann selbst als Thäter, der sich des Bedrohten als willenlosen Werkzeugs zur Begehung der That bedient. Andererseits begründet die lebensgefährliche D., wenn durch sie (nicht durch eine einfache D.) eine Frauensperson zur Duldung unzüchtiger Handlungen genötigt wird, oder jemand beraubt wird, die Bestrafung wegen Notzucht (s. d.) und wegen Raub (s. d.). Eine selbständige Bedeutung endlich hat die D. in zwei Fällen: 1) im Falle des Landzwanges (s. d.), 2) im Falle der Bedrohung eines andern mit einem Verbrechen (§. 241); Bedrohung mit einem Vergehen (s. d.) oder einer Übertretung (s. d.) genügt nicht. Wenn aber A. dem B. gegenüber — ausdrücklich oder nicht ausdrücklich, bedingt oder unbedingt — sich dahin äußert, er werde ihn erstechen, so wird derselbe schon wegen dieser Äußerung bestraft (mit Gefängnis bis zu 6 Monaten oder mit Geldstrafe bis zu 300 M.). Diesem Fall ist der der Nötigung (s. d.) ähnlich. Das Österr. Strafgesetz von 1852 (§. 99) bestraft den, welcher in der Absicht droht, einzelne Personen, Gemeinden oder Bezirke in Furcht und Unruhe zu versetzen (Strafe: schwerer Kerker von 6 Monaten bis zu 5 Jahren). Der Österr. Strafgesetzentwurf von 1889 straft denjenigen, welcher einen andern mit rechtswidriger Zufügung von Nachteilen unter Umständen bedroht, welche geeignet sind, in dem Bedrohten die «Besorgnis vor der Ausführung hervorzurufen» (Gefängnis bis zu 6 Monaten oder Geldbuße) und außerdem den Landzwang. Vgl. John, Landzwang und widerrechtliche D. (Gött. 1852); Bruck, Zur Lehre von den Verbrechen gegen die Willensfreiheit (Berl. 1875).

Die civilrechtlichen Wirkungen der rechtswidrigen D. ordnen die Gesetzgebungen unter dem Gesichtspunkt einer durch D. veranlaßten rechtsgeschäftlichen Erklärung. Die betreffende Erklärung soll von dem, welcher sie abgegeben hat, angefochten, als nichtig erklärt werden dürfen. So im gemeinen Recht; Preuß. Allg. Landr. I, 4, §§. 32—51; Code civil Art. 1109, 1111—1117; Österr. Gesetzb. §§. 869—871, 875; Deutscher Entwurf, zweite Lesung, §. 98. Damit pflegt die Vorschrift verbunden zu sein, daß die Erklärung auch dem Dritten gegenüber ungültig ist, welcher Rechte aus derselben (mittelbar) ableitet; nur etwa mit einer für den redlichen Erwerber beweglicher Sachen und von durch den Eintrag im Grundbuch vermittelten Rechten günstigen Einschränkung. Rechtswidrig ist die D. auch dann, wenn mit Maßnahmen gedroht wird, zu denen der Drohende befugt ist, wenn er Vorteile erlangen will, auf welche er dem Bedrohten gegenüber keinen Anspruch hat. So, wenn der Prinzipal die Bürgschaft des Vaters für die von dessen Sohn dem Prinzipal unterschlagenen Gelder fordert, widrigenfalls der Prinzipal den Sohn dem Staatsanwalt anzeigen werde. Widerrechtliche und zum Schadenersatz an den Benachteiligten verpflichtende D. liegt aber auch vor, wenn der Bedrohte dadurch bestimmt wurde, eine beabsichtigte Erklärung nicht abzugeben, z. B. ein Testament nicht zu errichten, oder wenn der Bedrohte bestimmt wurde, Sachen aufzuopfern, ohne daß diese an den Drohenden gekommen sind, oder wenn er infolge der erlittenen Angst Schaden an seinem Körper genommen oder infolge dieses Notstandes einem Dritten Schaden zugefügt hat.

Droit (frz., spr. dröă), Recht, Rechtswissenschaft; D. d'aubaine, s. Aubaine; D. de visite, s. Besuchsrecht; D. coutumier (spr. kutümieh), Gewohnheitsrecht, im Gegensatz zum D. écrit (spr. ekrih), dem geschriebenen Recht, worunter namentlich das röm. Recht verstanden wird. Im Handelswesen bedeutet D. Abgabe, Auflage, Zoll, z. B. D. d'entrée (spr. dangtreh), Einfuhrzoll; D. d'exportation (spr. -taßióng), Ausfuhrzoll; D. de magasinage (spr. -nahsch), Lagergeld; D. de port (spr. pohr), Hafengeld u. s. w. Droits réunis (spr. reünih, vereinigte Gebühren) hießen bis 1814 in Frankreich die Abgaben von allen geistigen Getränken, Tabak, Salz, Spielkarten, Musikalien, Fuhrwerken u. s. w. Die Verwaltung dieser Abgaben besorgte die «Régie des droits réunis», der auch die Erhebung des städtischen Octroi zukam.

Droit de suite (spr. dröă dĕ ßwiht) wird in Frankreich das Verfolgungs- und Aussonderungsrecht des Verkäufers und Einkaufskommissionärs genannt (s. Aussonderung). Außerdem wird im franz. Recht die Befugnis des Hypothekargläubigers, sich an das ihm verpfändete Grundstück auch dann zu halten, wenn dasselbe sich nicht mehr im Besitz des Schuldners befindet, sondern auf einen Dritten übergegangen ist, als D. d. s. bezeichnet. (S. Hypothekarische Klage.)

Droitwitch (spr. dreutitsch), Stadt in der engl. Grafschaft Worcester, 35 km im SW. von Birmingham, mit dem Severn durch einen Kanal verbunden, ist Eisenbahnknotenpunkt, hat (1891) 4021 E. und berühmte Soolquellen, die in 50 m Tiefe entspringen, 30—40 Proz. Salz enthalten und zum Baden benutzt werden; das Salz gelangt auch zur Versendung (etwa 100000 t jährlich). Vgl. Bainbrigg, The D. salt springs (1873).

Drôle (frz., spr. drohl), Schalk, Spaßvogel, Schelm; Drôlerie (spr. drol'rih), Drolligkeit, Schnurre, Schwank, Posse.

Drollinger, Karl Friedr., Dichter, geb. 26. Dez. 1688 zu Durlach, studierte zu Basel, war Archivhalter zu Durlach und starb 1. Juni 1742 als Mitglied der Regierung zu Basel. Seine von Brockes und vielleicht auch schon von Haller beeinflußten lyrischen und didaktischen «Gedichte» (Basel 1743; neue Ausg. Frankf. 1745), die einen [illegible] feinen und klaren Geist verraten und Brockes' detaillierte Naturmalerei auf den Menschen übertragen wollen, erschienen erst nach seinem Tode, von J. J. Spreng herausgegeben. Vgl. W. Wackernagel, C. Fr. D., Akademische Festrede (Basel 1841); Th. Löhlein, C. Fr. D. (Programm, Karlsr. 1873).

Dromaeus, Vogel, s. Emu.

Drôme (spr. drohm), Fluß in der franz. Landschaft Dauphiné, entspringt beim Dorfe La Batie-des-Fonts am Eingange des Val de D. auf den Drôme-Alpen, fließt über Die und Crest und mündet unterhalb Valence nach einem wegen seines felsigen Bettes ziemlich reißenden, nicht schiffbaren Laufe von 118 km in die Rhône.

Drôme (spr. drohm), Departement in Südfrankreich, nach dem Flusse D. benannt, gebildet aus Teilen des niedern Dauphiné und einem Teile der Provence, liegt zwischen den Depart. Isère, Hautes- und Basses-Alpes, Vaucluse und Ardèche, hat 6521,55 (nach Berechnung des Kriegsministeriums 6560) qkm, (1891) 306419 E., d. i. 47 auf 1 qkm, gegen 314615 im J. 1886 und 326684 im J. 1861, und zerfällt in die 4 Arrondissements Die, Montélimar, Nyons, Valence mit 29 Kantonen und 379 Gemeinden. Hauptstadt ist Valence. D. gehört zum 14. Armeekorps. Etwa der dritte Teil gehört der Rhône-Ebene an und ist steinig und sandig. Ostwärts steigen die Berge amphitheatralisch bis zu 1600—2400 m zu den Drôme-Alpen an (s. Westalpen) und bilden Thäler, die durch Isère, D., Roubion mit Jabron und kleinere Bergströme bewässert werden. An der Rhône gedeihen Orangen zum Teil unter freiem Himmel, ebenso Mandel-, Öl-, Nuß- und Maulbeerbaum. Der Weinbau ist infolge der Verwüstungen der Reblaus sehr zurückgegangen, sodaß auf 13081 ha (1890) nur noch 125879, im Durchschnitt aber nur 83004 hl Wein gebaut werden, während man früher bis 333000 hl gewann. Berühmt sind der dunkle Eremitagewein (Städtchen Tain an der Rhône) und die Melonen und Trüffeln von Romans an der Isère. Auf 108000 ha wurden (1890) 1944000 hl Weizen, auf

13000 ha 260000 hl Roggen, außerdem Kartoffeln und Ölgewächse erzielt; 1887 gab es: 117600 Schweine, 431790 Schafe, 93625 Ziegen, 38545 Rinder, 18340 Pferde, Maulesel und Esel. Das Gebirge ist teils mit Buchen und Nadelholz, teils mit trefflichen Schafweiden bedeckt und liefert hauptsächlich Eisen. Die Hauptzweige der Industrie sind Weberei grober Tücher, Seidenspinnerei und Seidenweberei, daneben Woll- und Baumwollspinnerei, Manufakturen von Seidenstoffen und gefärbter Leinwand, Handschuhen, Seilerei, Saffian- und andere Gerberei, Färberei, Töpferei, Öl-, Glas- und Papierfabriken und Raffinerien. Der Handel, begünstigt durch die Rhôneschiffahrt und die Südbahn, bringt Brenn- und Bauholz, Wein, Seide, Wolle, Krepp, Raps, Oliven, Mandeln und Vieh zur Ausfuhr. D. besitzt 308,3 km National-, 384 km Departementalstraßen, (1886) 227,3 km Eisenbahnen, ferner 4 Collèges. Vgl. Joanne, Géographie du département de la D. (Par. 1889).

Drôme-Alpen (spr. drohm), s. Westalpen.

Dromedār, s. Kamele.

Dromia, s. Wollkrabbe.

Drömling, waldige Sumpfniederung in 66 m Höhe auf der Grenze von Braunschweig und den preuß. Provinzen Hannover und Sachsen, ist etwa 30 km lang und 30 km breit, wird in nordwestl. Richtung von der Aller, in südöstlicher von der Ohre und von vielen Entwässerungsgräben durchzogen, die nach der Ohre hin abfallen und unter denen der Fanggraben dazu bestimmt ist, die Wasser der Aller bei Flutzeit in die Ohre abzuleiten, sodaß dann eine Teilung der Gewässer in einer absoluten Höhe von etwa 65 m stattfindet. In alter Zeit hatte der D. eine größere Ausdehnung. Friedrich d. Gr. begann 1766 den preuß. Anteil entwässern zu lassen. Doch erst Friedrich Wilhelm II. führte das Werk 1788—96 zu Ende, wenn auch nicht ganz. Im D. sind sonach 4600 ha in Wiesen- und Weideland verwandelt worden, worin ansehnliche Rinder- und Pferdezucht getrieben und durch hohe Dämme der Verkehr unterhalten wird.

Dromōnes (grch., «Läufer»), eine Art schneller Ruderkriegsschiffe, die im frühesten Mittelalter in Oberitalien gebräuchlich, im 9. Jahrh. die gewöhnlichen Kriegsschiffe der Byzantiner waren.

Dromore (spr. -móhr oder drohm'r), Stadt in der irischen Grafschaft Down, am Lagan, Sitz eines kath. Bischofs, hat 2401 E., Fabrikation von Leinen und gestickten Musselinen.

Dromos (grch., «Lauf», «Rennen»), bei den gymnastischen Wettspielen der Hellenen der einfache Lauf, bei dem die 600 Fuß, also etwa 185 m lange Rennbahn nur einmal zu durchlaufen war. Auch wird diese selbst D. genannt. Sie war meist mit einem Gymnasium (s. d.) verbunden, doch gab es auch Dromen, die vereinzelt lagen, z. B. in Athen, Neapel.

Drömt. 1) Älteres Feldmaß auf der schlesw. Insel Fehmarn von 12 Scheffeln Saat zu gewöhnlich und durchschnittlich 36 Quadratruten (zu 256 Quadratfuß), also von 432 schlesw.-holstein. Quadratruten oder alten Hamburger Quadrat-Geestruten = 90,82 a. Der Scheffel Saat schwankte zwischen 28 und 50 Quadratruten und dem entsprechend auch das D. — 2) Früheres großes Getreidemaß in beiden Mecklenburg: a. in Mecklenburg-Schwerin gesetzliches Maß von 12 Scheffeln oder $^1/_8$ Last = 33894 Mecklenburg-Schweriner Kubikzoll = 4,625 hl; in Parchim, Grabow und Dömitz aber galt das große oder Parchimer D. von 12 Parchimer oder alten Berliner Scheffeln = 6,567 hl, und in Wismar das D. von 12 wismarschen Scheffeln = 4,732 hl; b. in Mecklenburg-Strelitz hatte das D. $12^1/_2$ Scheffel und der Scheffel war der Parchimer oder alte Berliner, sodaß das D. = 6,841 hl; bei Hafer (durch 1 Scheffel Zugabe) hatte es $13^1/_2$ Scheffel = 7,388 hl. — 3) Älteres Getreidemaß zweierlei Art, in Lübeck von 3 t oder 12 Scheffeln oder $^1/_8$ Last: a. Roggen- und Weizendrömt (auch für Gerste und Erbsen) = 4,163 hl; b. Haferdrömt (auf dem Markt für alle Früchte) = 4,742 hl. — 4) Älteres, bis um 1830 im Gebrauch gewesenes Getreidemaß zweierlei Art in Neuvorpommern von 4 t oder 12 Scheffeln oder $^1/_8$ Last: a. Roggen- und Weizendrömt = 5,162 hl; b. Haferdrömt = 5,6335 hl. Dieses Maß kam auch im übrigen Pommern vor.

Dronaz (spr. -nah, Pointe oder Pic de), auch Pointe des Lacerandes, schmaler Gipfel der Rossèregruppe in den Savoyer Alpen (s. Westalpen), $1^1/_2$ km nordwestlich der Paßhöhe des Großen Sankt Bernhard (s. d.) an der Grenze des schweiz. Kantons Wallis und der ital. Provinz Turin, auf der Wasserscheide zwischen der Drance (Rhône) und der Dora Baltea (Po), erhebt sich zu 2949 m Höhe. Der Berg besteht aus Anthracitsandstein und fällt gegen S., NO. und NW. mit steilen Felswänden ab. Auf der Nordseite ein kleiner Gletscher. Die Besteigung ist mühsam, aber lohnend.

Dronēro, Stadt in der ital. Provinz und im Kreis Cuneo, auf einer Vorhöhe der Cottischen Alpen, an der rechts zum Po gehenden Maira, mit Trambahn nach Cuneo, hat (1881) 7275 E., in Garnison die 20. bis 23. Compagnie des 2. Regiments Alpentruppen, eine Schloßruine (Roccabruna); Seidenbau, Leinweberei, Steinbrüche und Leinwandhandel.

Dronfield (spr. -fihld), Stadt in der engl. Grafschaft Derby, zwischen Sheffield und Chesterfield, hat (1891) 3438 E., Kohlengruben und Stahlwarenfabrikation.

Drongen, Ort in Belgien, s. Tronchiennes.

Dronne (spr. dronn), Fluß im südwestl. Frankreich, entspringt an der Südgrenze des Depart. Haute-Vienne, am Fuße eines 496 m hohen Bergstockes, aus einem Teiche, fließt in gewundenen, granitischen Schluchten nach SW., nimmt die Cole auf und bildet vom Einflusse der Rizonne an die Grenze der Depart. Dordogne und Charente. Sie mündet nach 180 km langem Laufe bei Coutras im Depart. Gironde in die Isle, die bald darauf in die Dordogne geht.

Dronte, Dodo oder Dudu (Didus ineptus *L.*), der Name eines ausgestorbenen Vogels aus der Gruppe der Tauben, über dessen systematische Stellung lange Zeit Zweifel herrschten; doch ist jetzt durch Owens berühmte Untersuchung des Skeletts seine Verwandtschaft mit den Tauben bewiesen. Außer den in mehrern ältern Reisebeschreibungen enthaltenen Abbildungen dieses Vogels in rohen Holzschnitten finden sich Darstellungen desselben vorzüglich auf holländ. Ölbildern, welche im ersten Viertel des 17. Jahrh. gemalt wurden, wie z. B. auf einem Paradies von Roelant Savery in Berlin, auf einem im Britischen Museum zu London befindlichen Ölbilde, das die Kopie eines in Holland nach einem lebenden Exemplar gemalten Originals ist und mit der von Bontius, der 1627—58 in Batavia als Arzt lebte und die brauchbarsten Nachrichten über den D. geliefert hat, gegebenen Abbildung am besten übereinstimmt. Schon Vasco de

Gama fand auf seiner Erdumschiffung 1497 die D., und zwar in großer Menge, auf einer an der Ostküste von Afrika gelegenen Insel (Mauritius), welche deshalb als «Schwaneninsel» in die Karte eingetragen wurde, weil die Mannschaft die D. der äußern Ähnlichkeit wegen Schwan nannte, obschon er keine Schwimmfüße hatte. Den einzigen bekannten Wohnsitz der D. bildete die genannte Insel, auf der auch die folgenden Seefahrer den Vogel zahlreich antrafen. Allein nach Verlauf von 125 Jahren nach Auffindung dieser Insel war der Vogel durch die Menschen bereits völlig ausgerottet. Ein von Leguat 1691 auf Rodriguez gefundener Vogel, den dieser Solitaire nannte, ist offenbar ein anderes Tier.

Die D. (s. die nachstehende Abbildung) war nach den Beschreibungen der ältern Seefahrer größer als der Schwan, ihr Körper dick und rund, ihr

Schnabel lang und hoch, mit langer Wachshaut am Grunde und mit einer bis unter die Augen reichenden Rachenspalte versehen, der Oberkiefer vorn aufgetrieben und an der Spitze hakenförmig herabgekrümmt. Ihre Füße waren kurz, stark und vierzehig; der Hals zeigte eine kropfartige Vorragung, und um den großen Kopf lag eine Hautfalte, in die sie den Kopf zurückziehen konnte. Letzterer war nebst dem Halse nur mit weichem Flaum bedeckt. Die Flügel waren äußerst klein, ohne steife Schwungfedern und daher zum Fliegen untauglich. Das Gefieder der D. war grau, an den Flügeln gelblichgrau; eigentliche Schwanzfedern fehlten. Die schlaffen Federn des Bürzels erschienen gleichfalls grau. Ein ausgestopftes Exemplar existierte noch 1755 in Oxford, wurde aber von den Motten zerstört, sodaß nur Kopf und Füße übrigblieben. Außerdem besaßen die Museen von Kopenhagen und Haarlem einige Reste. Viele Knochen wurden in letzter Zeit in oberflächlichen Ablagerungen auf Mauritius gefunden. Vgl. R. Owen, Memoir on the Dodo (Lond. 1866); Strickland und Melville, The Dodo and its kindred etc. (edd. 1848).

Drontheim, norweg. Stadt, s. Throndhjem.

Droogenbroeck (spr. -bruk), Jan van, vläm. Dichter (Pseudonym Jan Ferguut), geb. 18. Jan. 1835 zu St. Amands a. d. Schelde, studierte zu Lier unter Jan van Beers, wurde Volksschullehrer, dann Professor an der Musikschule zu Schaarbeek bei Brüssel und später Bureaubeamter beim Ministerium des Innern (Abteilung für Kunst und Wissenschaft). Seine Gedichte zeigen eine überaus reiche Fülle orient. Versformen, die er zuerst in die niederländ. Litteratur brachte. So schrieb er: «Makamen en Ghaselen» (Gent 1866; 2. Aufl. 1887) und die geschätzten Abhandlungen über ausländische Versformen: «Rhytmus en Rijm» (Mecheln 1883), «Algemeen Overzicht der in het Nederlandsch mogelijke versmaten» (Antw. 1874), «De Toepassing van het Grieksche en Latijnsche Metrum op de Nederlandsche Poëzie» (preisgekrönt, Brüss. 1886). Von seinen Kindergedichten «Dit zijn Zonnestralen» (edd. 1873) erschien 1884 die 6. Auflage.

Droop (Drop), ein Kran, s. Schwingkran.

Drop (d. h. Tropfen), vor 1826 ein kleines Gewicht in Schottland: a. 1/16 Unze (Ounce) oder 1/256 Pfund (Pound) des alten schott. Troygewichts oder sogenannten holländ. Gewichts, von 29,6875 engl. Troygrän = 1,9237 g; b. der nämliche Bruchteil des alten eigentlichen schott. Gewichts, von sehr verschiedener Größe, zwischen $1^1/_4$mal und $1^3/_4$mal der Schwere des vorgedachten D. Das D. entspricht als Pfundbruchteil der etwas leichtern Drachme oder dem Dram des engl. Handelsgewichts.

Dropacismus (vom grch. dropax, d. h. Pechpflaster), das Fortnehmen der Haare mittels eines Pechpflasters bei Kopfgrind u. dgl.

Drops (engl.), soviel wie Fruchtbonbons (s. d.).

Dropt, Fluß in Frankreich, s. Drot.

Droschken, s. Fiaker.

Drosēra *L.*, Pflanzengattung, s. Sonnentau.

Droseraceen, Pflanzenfamilie aus der Ordnung der Cistifloren (s. d.) mit 110 fast sämtlich sumpfliebenden, ausdauernden, krautartigen Arten in der ganzen gemäßigten und tropischen Zone, mit Ausnahme der Inseln des Stillen Oceans. Ihre Blätter sind in den meisten Fällen dicht mit Drüsenhaaren besetzt, die eine dicke klebrige Flüssigkeit an ihrer Spitze ausscheiden. Die Blüten sind zwitterig und bestehen aus einem vier- bis fünf-, seltener achtteiligen Kelch, 5 Blumenblättern, 4—20 Staubgefäßen und einem ein- bis dreifächerigen Fruchtknoten; die Zahl der Griffel ist meist fünf. Die Frucht ist eine Kapsel. Die meisten D. gehören zu den sog. Insektenfressenden Pflanzen (s. d.). Am bekanntesten sind die Arten der Gattung Drosera (s. Sonnentau) und die Venusfliegenfalle, Dionaea (s. d.).

Drosomēter (grch.), soviel wie Taumesser (s. d.).

Drosophila funebris *F.*, s. Essigfliege.

Drosophōr (grch.), Rafraîchisseur oder Staubspritze, Zerstäuber von Wasser oder andern Flüssigkeiten, besteht aus zwei durch einen Metallstreifen zusammengehaltenen dünnen Glas- oder Metallröhren, die mit ihren zugespitzten Enden dergestalt aufeinander treffen, daß das Ende der wagerechten Röhre die Öffnung der senkrechten zur Hälfte bedeckt. Stellt man nun letztere in ein Glas mit Flüssigkeit und bläst durch die wagerechte Röhre, so wird aus der obern Hälfte der senkrechten die Luft entfernt, die Flüssigkeit steigt in die Höhe und wird durch den Luftstrom nebelartig zerstäubt. In verbesserter Form ist der D. mit dem Gefäß verbunden, und an die Stelle der Lunge tritt ein kleiner Gummiball. Der D. wird zum Zerstäuben wohlriechender Essenzen oder Carbollösungen in Krankenzimmern, ferner zum Besprengen der Zimmerpflanzen und zur gleichmäßigen Verteilung flüssiger Insektenvertilgungsmittel auf Pflanzen benutzt. (S. Tafel: Gartengeräte, Fig. 21.)

Drosophyllum *Lam.*, Pflanzengattung aus der Familie der Droseraceen (s. d.) mit nur einer Art, die in Spanien vorkommt, D. lusitanicum *Link.* (S. Tafel: Insektenfressende Pflanzen, Fig. 5.) Sie gehört zu den sog. Insektenfressenden Pflanzen (s. d.) und ähnelt sehr den Arten der Gattung Drosera (s. Sonnentau), nur haben ihre etwas größern gelben Blüten mehr Staubgefäße, etwa 10—20. Sie hat einen strauchförmigen Wuchs, doch bleibt der Stamm niedrig, die Blätter sind lang und von linealer Form und wie bei den Drosera von zahlreichen Drüsen besetzt.

Drossel, Baumart, s. Erle.

Drossel, in der Jägersprache die Luftröhre des Hochwildes; Drosselknopf, deren vorderes Ende, der Kehlkopf.

Drossel (Turdus), der Name einer zu den eigentlichen Singvögeln gehörigen Vogelgattung, welche sich dadurch auszeichnet, daß der Lauf länger als die Mittelzehe und die Mundspalte höchstens so lang als der Lauf ist. Die Nasenlöcher sind der Schnabelwurzel genähert und eirund; die Bartborsten einzeln stehend, weder lang noch steif; der Schnabel mittelmäßig lang, gerade, mit sanft gebogener Firste; das Gefieder weich; die erste Schwungfeder der Flügel ist sehr kurz, die dritte und vierte am längsten. Die D. bilden eine umfangreiche, über 100 Arten zählende Gattung, deren Mehrzahl Europa, dem gemäßigten Asien und Nordamerika angehört. Eine kleinere Anzahl ist in dem tropischen Asien und Südamerika und in Afrika zu Hause. Die D. halten sich vorzugsweise auf dem Erdboden auf, hüpfen gewandt umher und suchen ihre Nahrung, die aus Insekten und deren Larven, Würmern, Schnecken und Beeren besteht. Die meisten sind angenehme Sänger, ja mehrere als solche besonders geschätzt, und viele machen wegen ihres saftigen, wohlschmeckenden Fleisches, das schon bei den Römern beliebt war, einen Hauptgegenstand der Jagd für Vogelsteller aus.

Die in Deutschland heimischen Arten ziehen meist im Winter nach S. und nisten bei uns oder noch weiter im N. Das Nest findet sich bald niedrig im Gebüsch, bald hoch in Bäumen, mit fest gewebten Wandungen und bisweilen innen mit Lehm ausgestrichen. Die Eier sind blau mit schwarzbraunen Flecken. Die vorzüglichsten Arten sind: die Rot-, Bunt-, Heide- oder Weindrossel (Turdus iliacus *L.*), die auf dem Zuge aus N. oder NO. im Oktober zu uns kommt, dann weiter nach S. zieht und in der Mitte des März in großen Schwärmen nach dem N. zurückkehrt. Sie ist unter den deutschen D. die kleinste, höchstens 23 cm lang, oben olivenbraun, unten weiß mit olivenbraunen Flecken, an den untern Flügeldeckfedern rostrot, und hat über dem Auge einen deutlichen hellgelben Streif, an beiden Seiten des Halses einen dunkelgelben Fleck. Die Färbung des Weibchens ist matter. Ihr Gesang wird im N., wo sie brütet, sehr geschätzt, weshalb sie auch dort Norwegische Nachtigall heißt; bei uns aber ist ihr Gesang nicht besonders schön, wenn auch anhaltend. Ihr Fleisch wird unter den D. als das vorzüglichste gerühmt.

Die Misteldrossel (Turdus viscivorus *L.*), auch Ziemer, Schnarre oder Großer Krammetsvogel genannt, ist oben hellolivengrau, unterseits gelblichweiß und schwarzbraun gefleckt. Nur die Mitte der Kehle ungefleckt. Die untern Flügeldeckfedern sind weiß, die obern nebst den drei äußern Schwanzfedern an der Spitze weiß gesäumt. Sie nistet in Deutschland überall und ist unter den deutschen D. die größte, meist 28—29 cm lang. Durch ihre große Vorliebe für den Mistelsamen wird sie die Verbreiterin dieser Schmarotzerpflanze. Ihr Gesang ist anmutig und laut, ihr Fleisch wohlschmeckend. Die Wacholderdrossel (Turdus pilaris *L.*) ist bei uns allgemein unter dem Namen Ziemer, Krammetsvogel (s. d.) bekannt, sie ist auf dem Oberrücken dunkelbraun, am Bauche weißlich mit schwarzbraunen Längsflecken, an Kopf und Bürzel bläulich aschgrau und auf den Flügeln ohne Querbinden. Sie brütet in Nordeuropa und zieht im Winter bis nach Nordafrika. Die Singdrossel (Turdus musicus *L.*, s. Tafel: Mitteleuropäische Singvögel II, Fig. 5) oder Zippe (s. d.) ist der vorigen Art sehr ähnlich. Die Schwarzdrossel (Turdus merula *L.*) oder Amsel (s. d.) gehört unter die größten Arten; ebenso die Ringdrossel (Turdus torquatus *L.*), auch Ringamsel, Schildamsel oder Schilddrossel genannt. Letztere mißt 28—30 cm und ist matt braunschwarz gefärbt, mit weißgrauen Federrändern und an der Oberbrust mit einem großen, ringkragenähnlichen, weißen oder weißlichen Flecken gezeichnet. Zwar bewohnt sie ganz Europa, ist aber nirgends gemein und namentlich in Deutschland nicht häufig. Sie liebt bergige Waldungen und die Mittelgebirge. Ihr Gesang ist unbedeutend, aber ihr zartes Fleisch geschätzt.

Zu den D. werden von vielen Ornithologen auch die Steindrosseln (Monticola s. Petrocincla) gerechnet, obgleich sie besser als eigene Gattung betrachtet werden. Zu ihnen gehören zwei als Sänger sehr geschätzte Arten. Die blaue D. (Blaudrossel, Monticola cyanea *L.*), auch Blaumerle, Einsamer Spatz genannt, ist ein südl. Gebirgsvogel, der an der Küste von Afrika, in Griechenland, Spanien, Oberitalien und Tirol, selten in der Schweiz vorkommt und nur auf hohen Gebirgen einsam wohnt; bloß in der Fortpflanzungszeit lebt er paarweise. Das Männchen ist an Kopf, Hals und Kehle schön aschblau, himmelblau überlaufen, der Unterrücken ist weiß, der Bürzel blau und Bauch und Seiten rostrot, der Schwanz rostgelblichrot. Das Weibchen ist braungrau, an der Kehle mit rostbräunlichen, schwarz eingefaßten Flecken, Füße und Schnabel sind bei beiden schwarz und die Mundwinkel gelb. Die Länge beträgt 20—22 cm. Der Gesang der Männchen ist vortrefflich und anhaltend und gilt überhaupt für einen der schönsten Vogelgesänge; deshalb sind sie als Stubenvögel, besonders in Malta und der Türkei, sehr geschätzt. Die Steindrossel (Monticola saxatilis *L.*), auch Steinmerle oder Steinrötel, welche ebenfalls in den Gebirgen des südl. Europa lebt und nur sehr selten die schles., böhm. und thüring. Gebirge besucht, ist gleichfalls als guter Sänger sehr geschätzt, doch kommt ihr Gesang dem der vorigen nicht ganz gleich. Sie gehört, wie die blaue D., unter die gelehrigsten Vögel. Das Männchen ist dunkelschieferblau, Flügel und Schwanz blau gesäumt. Die Länge beträgt 19—20 cm. Man bringt diese Vögel aus Italien, Tirol u. s. w. häufig in den Handel.

Die meisten D. des Handels sind jung aus dem Neste geraubt und aufgefüttert; alt eingefangene sind schwer einzugewöhnen, singen jedoch bei weitem schöner. Preis je nach Art und Kunstfertigkeit 6—20 M., vorzügliche Sänger bis 75 M. Alle D. gehören zu den beliebten Stubenvögeln; sie sind kräftig und ausdauernd, müssen aber trotzdem vorsichtig behandelt, in der Mauser gut verpflegt und namentlich wechselreich ernährt werden, dann dauern sie viele Jahre vortrefflich aus. Jede D. ist einzeln im besonders eingerichteten Drosselkäfig (s. Vogelbauer) zu halten, des Gesanges wie der Unverträglichkeit wegen. Für den Gesellschaftskäfig eignen sie sich nur, wenn derselbe recht groß und mit Strauchwerk reich ausgestattet ist. Als Futter giebt man ein Gemenge von geriebener Moorrübe, aufgeweichtem und tüchtig ausgedrücktem Weißbrot, Eierbrot, gehacktem Fleisch, Ei und Ameiseneier. Dazu Früchte, wie die Jahreszeit sie bringt. Weniger umständlich ist es, wenn man eins der vielen von den Vogelhändlern in den Handel gebrachten Dauerfutter anwendet, unter welchen das von G. Voß in Köln bereitete sich durch vorzügliche Mischung auszeichnet. Mehrere D. sind in der Gefangenschaft gezüchtet.

Drosseladern oder Drosselvenen (Venae jugulares), die zwei großen, an beiden Seiten des vordern Halses herablaufenden und sich innerhalb der Brust in die Hohladern einsenkenden Venenstämme. Jede dieser D. zerfällt in eine tiefer liegende (interna) und oberflächliche (externa), von denen die erstere das Blut aus dem Innern des Schädels (insbesondere aus dem Gehirn), die letztere mehr aus den äußern Teilen, beziehentlich dem Gesicht, herabführt. Bei Umschnürung des Halses (Drosselung) schwellen sie an, und das in ihren Zweigen zurückgehaltene Blut färbt das Gesicht blaurot und bewirkt gefährliche Blutanhäufung im Gehirn: Daher ihr Name (jugulare, erdrosseln). Bei blutarmen Personen entsteht in den D. ein sehr charakteristisches Geräusch, das sog. Nonnensausen oder Nonnengeräusch; auch giebt ihr Gefülltsein, Pulsieren u. s. w. wichtige Zeichen bei Herz- und Lungenkrankheiten ab. Ihre Verletzung ist, besonders bei Operationen am Halse, sehr gefährlich, nicht bloß wegen des heftigen und so unmittelbar aus dem Gehirn kommenden Blutverlustes, sondern auch deshalb, weil sehr leicht, wenn der Verletzte Atem einzieht, durch die offene untere Hälfte der Venen Luft hereindringt, die rasch ins Herz gelangend, augenblicklich töten kann. (S. Tafel: Die Blutgefäße des Menschen, Fig. II, 34.)

Drosselbeeren, s. Eberesche.

Drosselfisch (Cossyphus), s. Lippfische.

Drosselklappe, eine Vorrichtung zur Veränderung des freien Durchströmungsquerschnitts in Rohrleitungen für Dampf (seltener für Luft und Wasser). Zum vollständigen Absperren ist die D. nicht verwendbar, da infolge ihrer eigentümlichen Konstruktion ein absolut dampfdichter Schluß mittels derselben nicht zu erreichen ist. Wie die nachstehende Abbildung zeigt, besteht die Vorrichtung aus einem ausgedrehten cylindrischen Gehäuse b, das zum Einschalten in die Rohrleitung mit Anschlußflanschen versehen ist und im Innern eine flache elliptische Scheibe k, die eigentliche D., trägt, die durch eine mittels Stopfbüchse dampfdicht nach außen geführte Welle a mit dem Hebel h um ihre kleine Achse drehbar ist. Da der Dampfdruck auf beide Hälften der Scheibe k gleich ist, heben sich die auf die letztere ausgeübten Drehwirkungen auf, und es ist zum Zweck der Verstellung nur die schwache Reibung der Stopfbüchse zu überwinden. Die häufigste Anwendung fand die D. zur Regulierung des Ganges einer Dampfmaschine (s. d.). Moderne Dampfmaschinen werden durch D. nicht mehr reguliert; dagegen finden besonders für kleine Maschinen demselben Zwecke wie die D. dienende Drosselventile oft Anwendung, insbesondere das Universaldrosselventil von Schäffer & Budenberg, Magdeburg-Buckau.

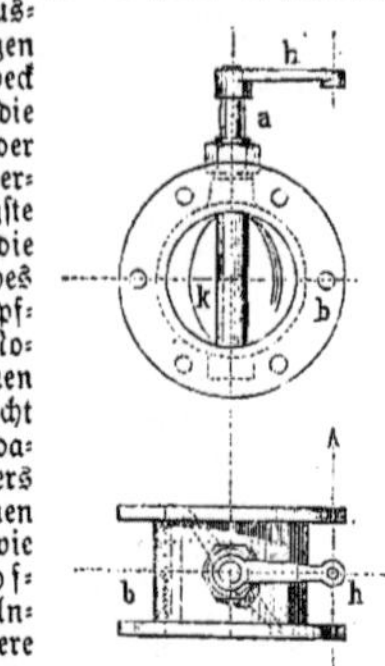

Drosselknopf, s. Drossel (Jägerspr.).

Drosselloch des Schädels, s. Gehirn.

Drosselmaschine (Drosselstuhl), s. Spinnerei.

Drosselrohrsänger (Calomoherpe turdoides *Boie*), der größte einheimische Rohrsänger (s. d.) von 22 cm Körperlänge, mit oben gelblichgrauem, unten weißgrauem Gefieder. Klettert ausgezeichnet im Schilf, hat knarrenden Gesang und ist jenseit der Alpen häufiger als in Deutschland.

Drosselstuhl (Drosselmaschine), s. Spinnerei.

Drosselvenen, s. Drosseladern.

Drosselventil, s. Drosselklappe.

Drossen, Stadt im Kreis Weststernberg des preuß. Reg.-Bez. Frankfurt, 25 km von Frankfurt, an der zur Warthe gehenden Lenze und an der Nebenlinie Reppen-Zielenzig-Meseritz-Rokietnice der Preuß. Staatsbahnen, ist Sitz des Landratsamts des Kreises Weststernberg und eines Amtsgerichts (Landgericht Frankfurt a. d. O.), hat (1890) 5058 E., darunter 71 Katholiken und 33 Israeliten, Post zweiter Klasse, Telegraph; seit 1864 ein Lehrerseminar sowie eine Präparandenanstalt; Wollspinnerei, Tuch- und Maschinenfabrikation, zwei Dampfmahlmühlen und Ackerbau. Die ehemaligen Sümpfe der Umgegend sind jetzt in Wiesen mit Torfstichen und in Gärten verwandelt. In der Nähe bedeutende Braunkohlenlager.

Drossinis, Georg, neugriech. Dichter, geb. 9. (21.) Dez. 1859 zu Athen, studierte die Rechte, widmete sich aber seit 1880 ganz der schönen Litteratur. Er lebte 1886—88 in Deutschland und erwarb 1888 die illustrierte Wochenschrift «Hestia». Er veröffentlichte fünf lyrische Sammlungen: «Spinnengewebe» (1880), «Tropfsteine» (1881), «Idyllen» (1885), «Strohblumen» (1890) und «Amaranta», d. i. Unverwelkliches (1891); außerdem die Prosaschriften: «Ländliche Briefe» (1882), «Drei Tage auf Tinos» (1883), «Erzählungen und Erinnerungen» (1886). Was seinen Werken eine bleibende Stelle sichert, ist die anmutige Einfachheit der Sprache und die ungeschminkte Wahrheit der Empfindung. Manches («Land und Leute in Nord-Euböa», 1874, die Novelle «Amaryllis» in «Hellen. Erzählungen», Halle 1887) übertrug A. Boltz ins Deutsche. Vgl. Marquis de Queux de St. Hilaire, G. D. in «Le monde poétique» (Par. 1887).

Drost, in Niedersachsen ehemals der Verwalter einer Vogtei; in Hannover seit 1822 Titel der Präsidenten der Regierungsbezirke (Landdrosteien). Der Titel Landdrost wurde für diese Beamten auch nach der Einverleibung Hannovers in die preuß. Monarchie beibehalten, ist aber seit 1885 beseitigt.

Droste-Hülshoff, Annette Elisabeth, Freiin von, Dichterin, Cousine des folgenden, geb. 10. Jan. 1797 auf dem Gute Hülshoff bei Münster, erhielt eine ausgezeichnete wissenschaftliche Bildung. Seit 1826 lernte sie in Koblenz, Köln und Bonn die dortigen ausgezeichneten Männer und Frauen kennen, kehrte aber bald auf das mütterliche Landgut Rüschhaus bei Münster zurück, wo sie den Wissenschaften, der Natur und der Poesie lebte. Wegen zunehmender Kränklichkeit zog sie 1841 auf Schloß Meersburg am Bodensee zu ihrem Schwager von Laßberg. Sie starb daselbst 24. Mai 1848. Es erschienen von ihr «Gedichte» (Münst. 1838; neue Ausg., 3. Aufl., Paderb. 1887), aus ihrem Nachlaß «Das geistliche Jahr nebst einem Anhang religiöser Gedichte» (Stuttg. 1852; neue Ausg., 2. Aufl., Paderb. 1883) und «Letzte Gaben» (Hannov. 1860). Auch als Novellistin hat sie sich versucht («Die Judenbuche»). Ihre «Gesammelten Schriften» wurden von L. Schücking, ihrem Freunde, herausgegeben (3 Bde., Stuttg. 1878—79). Eine neue Ausgabe besorgte Elisabeth Freiin von D., mit Biographie, Anmerkungen u. s. w. von W. Kreiten (4 Bde., Paderb. 1885—87). Die Gedichte, frei von jeder Phrase und Rhetorik, sind von großer Vollendung der Form und offenbaren eine hervorragende dichterische Kraft und einen entschiedenen Geist. Namentlich zeichnet die Dichterin sich aus auf dem Gebiete des Stimmungsbildes und der poet. Erzählung; tief wurzelt ihr poet. Wesen in der Natur und dem Volkstum ihres Heimatlandes Westfalen. In ihren religiösen Anschauungen huldigte Annette von D. einer streng kath. Rechtgläubigkeit. Vgl. Schücking, Annette von D. Ein Lebensbild (2. Aufl., Hannov. 1871); Briefe der Freiin Annette von D., hg. von Schlüter (2. Aufl., Münst. 1880); Claassen, A. E. Freiin von D., Leben und ausgewählte Dichtungen (2. Aufl., Gütersl. 1883); Ch. Hüffer, A. von D. und ihre Werke (Gotha 1886); Landois, A. von D. als Naturforscherin (Paderb. 1890); Jacoby, A. von D. (Hamb. 1890).

Droste zu Vischering, Clemens August, Freiherr von, Erzbischof von Köln, geb. 22. Jan. 1773 zu Vorhelm bei Münster, wurde daselbst gebildet, 1798 zum Priester geweiht und 1805 zum Kapitelsvikar der Diöcese Münster gewählt; er verwaltete dieses Amt im Sinne des strengsten Ultramontanismus. Das Verbot an die Studierenden seiner Diöcese, die kath.-theol. Fakultät zu Bonn, deren Rechtgläubigkeit er seit Hermes' (s. d.) Berufung bezweifelte, zu besuchen, und die Forderung, daß das Versprechen der kath. Erziehung sämtlicher Kinder nicht bloß für den Abschluß, sondern sogar für die bloße Proklamation gemischter Ehen Vorbedingung sein müsse, führte zu Verwicklungen mit der Regierung, die ihn veranlaßten, 1820 sein Amt niederzulegen. 1827 wurde er als Titularbischof von Calama Weihbischof seines Bruders Kaspar Max in Münster. Am 1. Dez. 1837 wurde er auf Veranlassung der Regierung zum Erzbischof von Köln gewählt. Sofort machte sich D. mit Eifer an die Unterdrückung des Hermesianismus, dessen päpstl. Verbot er erwirkte. Da D. in der Frage wegen der gemischten Ehen der 1834 zwischen der Regierung und dem damaligen Kölner Erzbischof Spiegel abgeschlossenen und vor seiner Wahl auch von ihm selbst anerkannten Konvention, nach welcher die kath. Kindererziehung nicht gefordert werden solle, entgegenhandelte, wurde er 1837 als wortbrüchig und Aufruhr erregend verhaftet und auf die Festung Minden gebracht, von wo er sich 1839 auf das Drostesche Familiengut Darfeld begeben durfte. Nach der Thronbesteigung Friedrich Wilhelms IV. wurde D. 1841 unter der ausdrücklichen Erklärung, daß die gegen ihn erhobenen Anklagen unbegründet gewesen seien, aus der Haft entlassen. Auf Wunsch des Papstes verzichtete nun D. 1842 auf die persönliche Verwaltung des Erzbistums und nahm den Bischof von Speier, von Geissel, zum Koadjutor mit dem Recht der Nachfolge an. Er starb 19. Okt. 1845 in Münster. Seine kirchenpolit. Ansichten legte er in seiner Schrift «Über den Frieden unter der Kirche und den Staaten» (Münst. 1843; 3. Aufl. 1848) dar. Ferner schrieb er: «Über die Religionsfreiheit der Katholiken» (2. Aufl., ebd. 1838), «Versuch zur Erleichterung des inneren Gebets» (ebd. 1833), «Über die Genossenschaften der Barmherzigen Schwestern» (ebd. 1833; 2. Aufl., ebd. 1838). Vgl. Görres, Athanasius (Regensb. 1837; 4. Aufl. 1838); Hase, Die beiden Erzbischöfe (Lpz. 1839); Muth, Cl. A. D. zu V., Erzbischof von Köln (Würzb. 1874); Maurenbrecher, Die preuß. Kirchenpolitik und der kölner Kirchenstreit (Stuttg. 1881).

Drot (Dropt, spr. drott), Nebenfluß der Garonne, entspringt am Capdrot im franz. Depart. Dordogne, durchfließt den Norden des Depart. Lot-et-Garonne, mündet nach 128 km langem Laufe im Depart. Gironde unterhalb der Stadt Gironde. Von Eymet an ist er mittels Schleusen auf 64 km schiffbar.

Drottningholm («Königininsel»), das prachtvollste unter den Lustschlössern der schwed. Könige, in reizender Lage auf der Mälar-Insel Lofö, 11 km nordwestlich von Stockholm. D. ward im Auftrage der Königin-Witwe Hedwig Eleonore (gest. 1715) von Nikodemus und Karl Gustav Tessin erbaut; Oskar I. ließ bedeutende Ausbesserungen ausführen; Oskar II. hat D. zu seiner Sommerresidenz gewählt. Besonders prachtvoll sind die Vorhallen, die Treppen, die Galerie und der Salon der Zeitgenossen des Königs Oskar I. Großartige Gartenanlagen im altfranz. Geschmack mit Springbrunnen und Statuen und ein schöner engl. Park stoßen zur Landseite an das Schloß. Im Park ließen König Adolf Friedrich und seine Gemahlin Luise Ulrika das sog. Schloß China und das Dorf Kanton, einige Häuser in chines. Stil, erbauen.

Drouais (spr. drüäh), Jean Germain, franz. Maler, geb. 25. Nov. 1763 in Paris, lernte bei seinem Vater, dem Bildnismaler François Hubert D. (1727—75), später bei David, dessen klassicistischer Malweise er f[illegible], und gewann 1784 den Rom-Preis mit dem [illegible] Das Kananäische Weib zu Füßen Christi (im Louvre). Es folgte 1785 der Sterbende Gladiator (gestochen von Monsaldy), und 1786 Marius in Minturnä, der den ausgesandten Mörder durch sein Wort zurückschreckt (im Louvre); endlich als sein letztes Werk: Philoktet. Er starb 13. Febr. 1788 in Rom.

Drouet (spr. drüeh), Jean Baptiste, franz. Politiker, geb. 8. Jan. 1763, war zuerst Dragoner, dann Postmeister zu St. Menehould. Als solcher erkannte er Ludwig XVI. bei dessen Versuche, aus Frankreich zu fliehen, und veranlaßte 21. Juni 1791 zu Varennes seine Gefangennahme. Er empfing für seine Dienstleistung 30 000 Frs., ward in den Konvent gewählt, schloß sich den Jakobinern an und stimmte für den Tod des Königs sowie für die radikalsten Maßregeln. Sept. 1793 erhielt er eine Sendung zur Nordarmee. Hier geriet er in Gefangenschaft und wurde nach dem Spielberg in Mähren abgeführt. Um zu entfliehen, sprang er 6. Juli 1794 vom Fenster seines Gefängnisses herab, brach aber ein Bein und wurde zurückgebracht. Mit Camus, Beurnonville u. a. wechselte man ihn Nov. 1795 zu Basel gegen die Herzogin von Angoulême aus, worauf er als ehemaliges Konventsmitglied in den Rat der Fünfhundert trat. In die Verschwörung des Babeuf verwickelt, ward er 1796 gefangen gesetzt; doch fand er Gelegenheit zu entfliehen und ging in die Schweiz. Nach seiner Freisprechung vor Gericht kehrte er nach Frankreich zurück, wo er 1799 als Unterpräfekt zu St. Menehould angestellt wurde. Während der Hundert Tage war er Mitglied der Deputiertenkammer; nach der zweiten Restauration wurde er 1816 als sog. Königsmörder aus Frankreich verbannt, lebte zunächst in Deutschland, später jedoch bis zu seinem 11. April 1824 erfolgten Tode unerkannt in Mâcon unter dem Namen Merger.

Drouet (spr. drüeh), Louis, franz. Flötist, geb. 1792 in Amsterdam, wurde auf dem Pariser Konservatorium gebildet, wirkte als Flötist an den Napoleonischen Höfen in Amsterdam und Paris, ging später nach London, wo er mit seinem Spiel mehr Glück hatte als mit einer daselbst errichteten Flötenfabrik. Nach vielen Kunstreisen kam D. 1836 als Hofkapellmeister nach Coburg und starb in Bern 30. Sept. 1873. Seine Flötenkompositionen sind zahlreich und gehaltvoll. Er gilt als Komponist des franz.-napoleonischen Volksliedes «Partant pour la Syrie», das ihm die Königin Hortense angeblich in die Feder diktiert hat.

Drouet d'Erlon (spr. drüch derlóng), Jean Baptiste, Graf, franz. Marschall, geb. 29. Juli 1765 zu Rheims, diente zuerst in der königl. Armee, wurde 1787 verabschiedet und trat 1792 in ein Freiwilligenbataillon ein. Nachdem er die Feldzüge 1793—96 mitgemacht hatte, 1799 zum Brigadegeneral und 1803 zum Divisionsgeneral ernannt war, zeichnete er sich als Chef des Generalstabs des Generals Lannes 1807 bei Friedland aus, kommandierte 1810 das 9. Korps in Portugal und focht dann unter Masséna in Spanien und 1814 unter Soult bei Toulouse. Ludwig XVIII. machte ihn zum Befehlshaber der 16. Militärdivision; März 1815 ging er mit allen Offizieren seiner Division zu Napoleon über und wurde von diesem zum Pair von Frankreich und Befehlshaber des 1. Korps ernannt. Als solcher kämpfte er bei Quatre-Bras und Belle-Alliance, floh dann geächtet und zum Tode verurteilt nach Deutschland, kehrte infolge der Amnestie vom 28. Mai 1825 nach Frankreich zurück, erhielt 1830 den Befehl der 12. Militärdivision und wurde, nachdem er von Sept. 1834 bis Aug. 1835 Generalgouverneur in Algérien gewesen, im Mai 1843 Marschall und starb 25. Jan. 1844 zu Paris.

Drouotsches Pflaster (spr. drüohsches), s. Spanische Fliegen.

Droussetwolf (von frz. droussette, spr. drußett), [s. Wollspinnerei.

Drouyn de l'Huys (spr. drüäng dĕ lüih), Edouard, franz. Staatsmann, geb. 19. Nov. 1805 zu Paris, besuchte daselbst die Rechtsschule, war 1833—36 Gesandtschaftssekretär im Haag, sodann Geschäftsträger in Madrid, erhielt 1840 die Direktion der Handelssachen im Ministerium des Auswärtigen und wurde 1842 im Depart. Seine-et-Marne in die Kammer gewählt, wo er als Gegner der Guizotschen Politik auftrat, sodaß er sein Amt aufgeben mußte. Nach der Februarrevolution 1848, die er durch seine Teilnahme an der Reformbewegung hatte vorbereiten helfen, in die Constituante, sodann in die Legislative abgeordnet, stimmte er in beiden Versammlungen mit der Rechten. Am 20. Dez. 1848 zum Minister des Auswärtigen im ersten Kabinett Ludwig Napoleons ernannt, unterstützte D. die Politik des Präsidenten gegen die Römische Republik und für die Wiederherstellung der päpstl. Herrschaft. Nachdem er 2. Juni 1849 sein Portefeuille an Tocqueville abgetreten hatte, ging er als Gesandter nach London, kehrte aber bald wieder zurück und übernahm in dem Übergangskabinett vom 10. bis 24. Jan. 1851 abermals das Auswärtige. In dieser Stellung half er den Staatsstreich vorbereiten, beteiligte sich nachher an der Konsultativ-Kommission und erhielt dann die Senatorwürde. Hierauf trat er 28. Juli 1852 zum drittenmal an die Spitze der auswärtigen Angelegenheiten. Der Ausbruch der orient. Wirren gab ihm Gelegenheit zur Begründung des Bündnisses zwischen Frankreich und England. Als besonderer Gesandter erschien er auch neben dem Baron Bourqueney April 1855 auf den Wiener Konferenzen. Die Geneigtheit, die er hier, in Verbindung mit Lord Russell, den Friedensvorschlägen Österreichs bewies, fand jedoch nicht den Beifall Napoleons III., und nach seiner Rückkehr sah er sich genötigt, 3. Mai 1855 sein Portefeuille dem Grafen Walewski zu überlassen. D. zog sich auf sein Landgut zurück und gab sogar 1856 als Senator seine Entlassung. Zur Rechtfertigung seines Verhaltens in der Orientalischen Frage veröffentlichte er die Schrift «Histoire diplomatique de la crise orientale etc.» (Brüss. u. Lpz. 1858). Mitte Okt. 1862 entschloß sich D. noch einmal, anstatt Thouvenels das Ministerium des Auswärtigen zu übernehmen. Im Mittelpunkt der Politik stand damals die ital. Frage. D. war als Freund Österreichs und Verehrer des Papstes bekannt, und man hielt daher diesen Portefeuillewechsel den Einheitsbestrebungen Italiens für sehr ungünstig; jedoch rechtfertigte der neue Minister weder die Hoffnungen der einen noch die Befürchtungen der andern. Er schloß 1863 den Handelsvertrag zwischen Frankreich und Italien und unterschrieb sogar die Übereinkunft vom 15. Sept. 1864, welche die Zurückberufung der franz. Truppen aus Rom entschied. Die von England gewünschte Unterstützung Dänemarks, 1864, in dem Konflikt mit Deutschland lehnte er ab. Während des Deutschen Krieges von 1866 erstrebte D. ein franz. Protektorat über das westl. und südl. Deutschland und Abtretung linksrheinischer Gebiete. Durch den franz. Gesandten in Berlin, Benedetti, forderte er 6. Aug. 1866 von Bismarck die Grenzen von 1814, Rheinbayern und Rheinhessen, Auflösung des zwischen dem Deutschen Bunde und Luxemburg bestehenden Verhältnisses, Aufhebung des preuß. Garnisonsrechts in der Festung Luxemburg und Abzug der preuß. Garnison aus Mainz und stellte für den Fall einer abschlägigen Antwort die Kriegserklärung Frankreichs in sichere Aussicht. Als Bismarck alle Forderungen zurückwies und Napoleon wegen ungenügender Rüstungen keinen Krieg anzufangen wagte, wurde D. als alleiniger Urheber dieses Fiasko bezeichnet und erhielt 1. Sept. seine Entlassung. Er starb 1. März 1881 zu Paris. — Vgl. B. d'Harcourt, Diplomatie et diplomates. Les quatre ministères de Monsieur D. (Par. 1882).

Droylsden (spr. dreulsd-), Stadt in der engl. Grafschaft Lancaster, 3 km westlich von Ashton-under-Lyne, am Rochdale-Kanal und an mehrern Eisenbahnen, hat (1891) 9482 E., Kattunweberei, Baumwollspinnerei und Färberei.

Droysen, Gustav, Geschichtschreiber, Sohn von Joh. Gustav D., geb. 10. April 1838 zu Berlin, studierte in Jena, Berlin und Göttingen Geschichte, habilitierte sich Herbst 1864 in Halle, wurde Ostern 1869 außerord. Professor in Göttingen und Herbst 1872 ord. Professor der Geschichte in Halle. Außer einer Reihe von kritischen Abhandlungen überwiegend zur Geschichte und Litteratur des 16. und 17. Jahrh. schrieb er: «Gustav Adolf» (2 Bde., Lpz. 1869—70), «Bernhard von Weimar» (2 Bde., edd. 1885), «Das Zeitalter des Dreißigjährigen Krieges» (in Onckens «Allgemeiner Geschichte in Einzeldarstellungen», Berl. 1887 fg., wovon jedoch nur erst 3 Lieferungen erschienen sind), und veröffentlichte einen «Allgemeinen histor. Handatlas» (Bielef. 1885).

Droysen, Joh. Gustav, Geschichtschreiber, geb. 6. Juli 1808 zu Treptow in Pommern, studierte zu Berlin Philologie und Altertumswissenschaft, wurde 1829 Lehrer am Gymnasium zum Grauen Kloster in Berlin und habilitierte sich 1833 an der dortigen Universität, an der er 1835 eine außerord. Professur erhielt. 1840 wurde D. Professor der Geschichte in Kiel und nahm eifrig Anteil an den Bewegungen für die deutsche Sache in den Herzogtümern. Die sog. Kieler Adresse (1844) war von ihm verfaßt; ebenso nahm er teil an der Abfassung der Schrift der neun Kieler Professoren über das «Staats- und Erbrecht des Herzogtums Schleswig» (Hamb. 1846). Als die dän. Regierung durch das Patent vom 28. Jan. 1848 eine dän. Gesamtstaatsverfassung in Aussicht stellte, empfahl D. als den einzig rechtlich möglichen Weg die gemeinsame Beratung dän. und schlesw.-holstein. Vertreter, ein Vorschlag, der freilich durch den raschen Gang der Ereignisse und die in Kopenhagen erfolgte Umwälzung überholt ward. Die infolge dieser Ereignisse 24. März 1848 in Kiel eingesetzte Provisorische Regierung der Herzogtümer sandte D. nach Frankfurt, um den Schutz des Bundestags anzurufen, und übertrug ihm dann die Stelle eines Vertrauensmanns beim Bundestage. Später zum Abgeordneten der Deutschen Nationalversammlung gewählt, zählte er zu den entschiedensten Anhängern der erbkaiserl. und konstitutionellen Partei. Er war Schriftführer des Verfassungsausschusses, dessen «Verhandlungen» (Lpz. 1849) er auch veröffentlichte. 1851 wurde D. Professor der Geschichte in Jena und 1859 in Berlin, wo er 19. Juni 1884 starb. D.s Studien waren anfangs vorzugsweise der Geschichte und Litteratur des griech. Altertums zugewandt, auf welchem Gebiete er sich namentlich als Übersetzer des Äschylus (2 Bde., Berl. 1832; 4. Aufl. 1884) und des Aristophanes (3. Aufl., 2 Bde., edd. 1881), sowie durch eine «Geschichte Alexanders d. Gr.» (edd. 1833; 4. Aufl., Gotha 1892) und die «Geschichte des Hellenismus» (2 Bde., Hamb. 1836—43; 2. Aufl., 3 Bde., Gotha 1877—78) bekannt gemacht hat. Seine spätere Thätigkeit wandte sich mehr der neuern Geschichte zu. Als Früchte dieser Studien sind zu nennen seine «Vorlesungen über das Zeitalter der Freiheitskriege» (2 Tle., Kiel 1846; 2. Aufl., Gotha 1886) und das «Leben des Feldmarschalls Grafen York von Wartenburg» (3 Bde., Berl. 1851—52; 10. Aufl., 2 Bde., Lpz. 1890). Auch einige kleinere Arbeiten («Über das Patent vom 3. Febr. 1847» und «Über Preußen und das System der Großmächte») hängen mit diesen Arbeiten zusammen. Ferner schrieb er mit Professor Samwer «Die Herzogtümer Schleswig-Holstein, Aktenmäßige Geschichte der dän. Politik» (1. u. 2. Aufl., Hamb. 1850). Auf seine Anregung und unter seiner Leitung begann in Berlin die Herausgabe der «Urkunden und Aktenstücke zur Geschichte des Großen Kurfürsten» (Bd. 1—13, Berl. 1864—90). Sein eigentliches Hauptwerk, die «Geschichte der preuß. Politik», hat er bis zum zweiten Jahrzehnt Friedrichs d. Gr. (5 Tle. in 13 Bdn., Berl. u. Lpz. 1855—81; Bd. 1—7 in 2. Aufl. 1868—72) fortgesetzt; ein 14. Bd. (Lpz. 1886), aus seinem Nachlaß herausgegeben, führt bis zum Beginn des Siebenjährigen Krieges. Von seinen histor.-kritischen Aufsätzen sind hervorzuheben: «Die Schlacht von Warschau 1656», «Das Testament des Großen Kurfürsten», «Zur Kritik Pufendorfs», «Kriegsberichte Friedrichs d. Gr. aus den beiden schles. Kriegen», «Zur Geschichte der preuß. Politik in den Jahren 1830—32»; eine Auswahl derselben wurde wieder abgedruckt in den «Abhandlungen zur neuern Geschichte» (Berl. 1876). In seinem «Grundriß der Historik» (Lpz. 1868; 3. Aufl. 1882) stellte er zuerst eine philos.-wissenschaftliche Theorie aller histor. Wissenschaften auf. Auf seine Veranlassung hat die Akademie der Wissenschaften zu Berlin die Sammlung und Herausgabe der Staatsschriften und der Politischen Korrespondenz Friedrichs d. Gr. begonnen. Auch hatte er später seine Studien zur griech. Geschichte wieder aufgenommen, wie seine Untersuchungen über die attischen Strategen, über das Finanzwesen der Ptolemäer, über Dionysius I., über das attische Münzwesen u. a. bezeugen.

Droyssig, Dorf im Kreis Weißenfels des preuß. Reg.-Bez. Merseburg, 8 km im SW. von Zeitz, an der Linie Zeitz-Camburg (1892 im Bau) der Preuß. Staatsbahnen, hat (1890) 1785 meist evang. E., Post, Telegraph, Schloß des Prinzen Hugo von Schönburg-Waldenburg, Kaiser Wilhelm-Denkmal (1890), königl. Lehrerinnenseminar mit Gouvernantenanstalt und Mädchenpensionat, 1852 vom Fürsten Schönburg gegründet.

Droz (spr. dro), François Xavier Joseph, franz. Moralphilosoph, geb. 31. Okt. 1773 zu Besançon, war einige Jahre Soldat, studierte dann in Besançon und erhielt eine Lehrerstelle an der Centralschule des Depart. Doubs. 1803 ging er nach Paris. Hier machte er sich zuerst bekannt durch den «Essai sur l'art d'être heureux» (Par. 1806; 8. Aufl. 1857; deutsch von Blumröder u. d. T. «Eudämonia», Ilmenau 1826). Gleichen Beifall fanden sein «Éloge de Montaigne» (Par. 1812; 3. Aufl. 1815) und der «Essai sur le beau dans les arts» (edd. 1815; 2. Aufl. 1826). 1823 veröffentlichte er: «De la philosophie morale, ou des différents systèmes sur la science de la vie» (5. Aufl., edd. 1843), ein Werk, das den Monthyonschen Preis erhielt und dem Verfasser die Französische Akademie eröffnete (1824). Auch in der «Application de la morale à la politique» (Par. 1825; deutsch von Blumröder, Ilmenau 1827) und der «Économie politique, ou principes de la science des richesses» (edd. 1829) zeigte sich

D. als eleganten Stilisten und geistreichen Denker. Sein Hauptwerk jedoch ist die «Histoire du règne de Louis XVI» (3 Bde., edd. 1838—42; 2. Aufl. 1858; deutsch von Luden, 3 Tle., Jena 1842). Er starb 5. Nov. 1850 in Paris. D. war in seinen ersten Schriften Anhänger der sensualistischen Philosophie des 18. Jahrh., in seinen letzten Verteidiger des kath. Christentums. In diesem Sinne schrieb er: «Pensées sur le Christianisme» (Par. 1844; 9. Aufl. 1860; deutsch von Reithmaier, Straub. 1844), wozu die «Aveux d'un philosophe chrétien», worin er seine Jugendsünden berichtet, einen Anhang bilden.

Droz (spr. dro), Gustave, franz. Schriftsteller, geb. 9. Juni 1832 zu Paris, war ursprünglich Maler, und schrieb seit 1864 für das illustrierte Wochenblatt «La Vie parisienne» eine Folge von Beiträgen. Diese frischen, mit schalkhaftem, bisweilen auch mit pikantem Humor geschriebenen Darstellungen, vornehmlich aus dem Ehe- und Junggesellenleben, fanden ungewöhnlichen Beifall, und die 3 Bände: «Monsieur, Madame et Bébé» (1866), «Entre nous» (1867) und «Le cahier bleu de Mlle. Cibot» (1868), in denen jene Beiträge gesammelt erschienen, erlebten binnen wenigen Jahren zahlreiche Auflagen. Ferner schrieb er: «Autour d'une source» (1869), «Babolein» (1872), «Les étangs» (1874), «Une femme gênante» (1875), «Tristesses et sourires» (1883), «L'enfant» (1885) u. a.

Droz (spr. dro), Numa, schweiz. Staatsmann und Publizist, geb. 27. Jan. 1844 zu La Chaux-de-Fonds, bildete sich durch Selbststudium so weit aus, daß er 1862 eine Lehrerstelle am Gymnasium zu Neuenburg antreten konnte. 1864 übernahm er die Redaktion der radikalen Zeitung «National suisse», 1869 wurde er in den neuenburg. Großen Rat, 1871 in die Regierung gewählt und übernahm die Leitung des Kirchen-, Schul- und Gemeindewesens. 1872 als Abgeordneter in den Ständerat gesandt, wurde er 1875 zum Präsidenten dieses Rates erwählt und zum Bundesrat ernannt. Das Departement des Innern, an dessen Spitze D. jetzt trat, vertauschte er 1879 mit dem des Handels und der Landwirtschaft, 1881 als Bundespräsident mit dem des Äußern, 1886 war er Vice-, 1887 Bundespräsident. 1. Jan. 1893 scheidet D. aus dem Bundesrat aus, um die Leitung des neugeschaffenen Bureaus für internationales Eisenbahntransportrecht zu übernehmen. Von seinen schriftstellerischen Arbeiten sind besonders zu nennen: das lehrreiche Buch «L'instruction civique» (2. Aufl., Genf 1886) und die vielen Artikel, die er als Mitarbeiter der «Bibliothèque universelle» und des «Journal de Droit international privé» veröffentlicht hat.

Droz (spr. dro), Pierre Jacquet, Mechaniker, geb. 28. Juli 1721 zu La Chaux-de-Fonds, ward Uhrmacher, vervollkommnete einzelne Teile des Uhrwerks und fertigte mehrere Automaten. Großes Aufsehen erregte besonders sein Schreibautomat, der durch ein im Innern der Figur befindliches Triebwerk Hände und Finger bewegte. D. starb 28. Nov. 1790 zu Biel.

Sein Sohn, Henri Louis Jacquet D., geb. 13. Okt. 1752 zu La Chaux-de-Fonds, beschäftigte sich unter Anleitung des Vaters mit Mechanik. In Paris erregte unter seinen Erfindungen namentlich ein Automat Aufsehen, darstellend ein junges Mädchen, das verschiedene Stücke auf dem Klavier spielte, dem Notenblatte mit Augen und Kopf folgte und nach beendigtem Spiele aufstand und die Gesellschaft grüßte. D. starb 18. Nov. 1791 in Neapel.

Jean Pierre D., ein Verwandter der vorigen, geb. 1746 zu La Chaux-de-Fonds, machte sich durch seine Erfindungen für die Münze bekannt. Er verband sich mit Boulton (s. d.) in Birmingham zur Prägung der engl. Kupfermünzen. Für die Pariser Münze fertigte er eine Prägmaschine, die von selbst die Platten auf den Prägstempel legte und die geprägten Münzen von diesem wegschob, auch mittels eines dreigeteilten Rings zugleich erhabene Schrift oder Verzierung auf dem Rande hervorbrachte. Nach seiner Rückkehr aus England ward er unter dem Direktorium als Aufseher der Medaillenmünze angestellt und blieb dies bis 1814. Er starb 2. März 1823 zu Paris.

D. R. P., Abkürzung für Deutsches Reichspatent.

Druck entsteht immer, wenn die Bewegung eines Körpers durch einen andern verhindert, also die Wirkung einer Kraft durch eine andere aufgehoben wird. So z. B. übt ein Körper auf seine feste Unterlage, die dessen Fallbewegung hindert, einen D. aus, dem wieder von jener Unterlage, infolge ihrer Kohäsion, ein D. entgegengesetzt wird. Die Größe des vermöge der Schwerkraft ausgeübten D. heißt Gewicht. Man mißt gewöhnlich die Druckkräfte durch Gewichte, die einen gleichen D. hervorbringen. So sagt man, der D. der Luft auf eine Fläche von 1 qm betrage 10333 kg oder auf die Fläche von 1 qcm angenähert 1 kg, d. h. die Fläche wird von der Luft ebenso stark gedrückt, als sie durch jene Gewichte würde gedrückt werden. (Vgl. Aërostatik.) Der D. pflanzt sich von einem Teile des Hindernisses zum andern fort; bei festen Körpern bloß nach solchen Richtungen, die mit der des D. selbst gleichlaufen, in tropfbaren und luftförmigen Flüssigkeiten aber gleichmäßig nach allen Richtungen. (Über den D. der Gase s. Kinetische Gastheorie.)

Drückbank, s. Blechbearbeitung (Bd. 3, S. 106 a).

Druckbaum, eine beim Bohren großer Metallgegenstände durch Handarbeit zur Anwendung kommende Vorrichtung, aus einer Kurbel von mehrern Meter Länge bestehend, welche als einarmiger Hebel benutzt wird, um auf die von der Hand gedrehte Bohrkurbel (s. Bohrer, Bd. 3, S. 238 b) einen starken Druck auszuüben. Zu diesem Zwecke ist das eine Ende des D. in irgend einer einfachen Weise festgehalten, auf das andere Ende wird Druck ausgeübt; in der Nähe des festgehaltenen Endes legt sich der D. auf die Bohrkurbel und überträgt auf diese den empfangenen Druck in verstärktem, dem Verhältnisse der Hebelarme entsprechendem Maße.

Druckblau, Handelsbezeichnung für einige Induline (s. d.).

Drückblech, verzinntes Eisenblech, das sich infolge großer, nach allen Richtungen gleicher Zähigkeit insbesondere zur Herstellung von Drückarbeiten auf der Drehbank eignet. Während früher nur die besten Bleche aus mit Holzkohlen erblasenem Eisen als gutes D. Verwendung fanden, ist es in neuester Zeit der Firma Joh. E. Bleckmann in Mürzzuschlag (Steiermark) sowie den Werken der österr. alpinen Montanindustrie gelungen, auch aus dem im Martinofen erzeugten Eisen vorzügliches D. herzustellen.

Druckelasticität, s. Elasticität.

Drucken, s. Buchdruckerkunst, Kupferdruck, Steindruck und Zeugdruckerei.

Drücken, ein Arbeitsverfahren der Metallbearbeitung, s. Blechbearbeitung (Bd. 3, S. 106 a).

Drücker, soviel wie Klinke; auch der Schneidstempel der Lochmaschine (s. d.); ferner ein Arbeiter, der das Drücken (s. Blechbearbeitung, Bd. 3, S. 106a) ausführt.

Druckerschwärze, Druckfarbe, s. Buchdruckfarbe.

Druckerzeichen, Signete, die bald nach Erfindung der Buchdruckerkunst aufkommenden, am Ende eines Druckes oder, was später vorwiegend der Fall ist, auf dem Titelblatt befindlichen Wappen und figürlichen Darstellungen in Holzschnitt oder Metallstich, durch welche die Drucker-Verleger häufig einen Druck als ihr Werk kennzeichneten. Die Sitte knüpfte teils an die alten Handwerker- und Fabrikzeichen, teils an den Gebrauch bürgerlicher Wappen an. Das älteste D. findet sich bereits in dem ersten voll datierten Buche, dem Psalterium des Fust und Schöffer von 1457. (S. nebenstehende Figur.) Häufig sind die Anfangsbuchstaben des Druckers oder Verlegers dem Zeichen beigegeben, z. B. W. C. im D. des William Caxton, manchmal auch der volle Name. Auch waren Anspielungen auf den Namen des Druckers als Zeichen von Anfang an sehr gewöhnlich, z. B. ein Drache in dem Wappen des Pet. Drach zu Speier, zwei gekreuzte Sensen in dem des Joh. Sensenschmidt zu Nürnberg. Der Druck- und Verlagsort giebt häufig Anlaß, das betreffende Städtewappen ganz oder zum Teil in das Druckerwappen aufzunehmen, z. B. das der Stadt Köln in das des Joh. Koelhoff. Unter den einfachern Zeichen sind Winkelhaken und Kreuze in verschiedenen Formen und mit allerhand Verzierungen am beliebtesten. Später kamen die symbolischen D. allgemein auf, in denen der Drucker oder Verleger die Idee, welche ihn bei seiner geschäftlichen Thätigkeit leitete, bildlich wiedergab (z. B. Anker, Füllhorn, eine Fortuna, die Erdkugel) und oft durch eine entsprechende Inschrift erläuterte, z. B. eine Schlange mit dem Zusatz «Prudentia». Motti von bekannten Druckern sind z. B. Non solus (B. und A. Elzevier), Aletheia pandamátor (J. Commelin), Virtute duce, comite fortuna (Seb. Gryphius). Für die ältern Zeiten sind die D. ein wichtiges Hilfsmittel zur Bestimmung von Drucken ohne Ort und Drucker. — An neuern Werken über die D., die zum Teil Nachbildungen von solchen enthalten, sind zu nennen: J. Ph. Berjean, Early Dutch, German and English printers' marks (Lond. 1866); L.-C. Silvestre, Marques typographiques (2 Bde., Par. 1867); Paul Delalain, Inventaire des marques d'imprimeurs et de libraires (ebd. 1886—88); P. Heichen, Die Drucker- und Verlegerzeichen der Gegenwart (Berl. 1892).

Druckfestigkeit, s. Festigkeit.

Druckflaschen nennt man die starkwandigen Glasflaschen, deren glatt abgeschliffener Hals mit einer Glasplatte bedeckt und mittels einer Schraubenvorrichtung luft- und dampfdicht verschlossen wird. Dieselben dienen anstatt der Autoklaven (s. d.) zum Erhitzen von Flüssigkeiten, bei denen sich ein zu hoher Druck entwickelt.

Drückfutter, s. Blechbearbeitung (Bd. 3, S. 106a).

Druckknopf, ein besonders bei Haustelegraphen benutzter einfacher Apparat, mittels dessen ein elektrischer Stromweg geschlossen oder unterbrochen werden kann. So kann z. B. in nachstehender Abbildung beim Niederdrücken des Knopfes m eine mit dem Drahte x verbundene Kontaktfeder auf einen mit dem Drahte a verbundenen Kontakt herabgedrückt und so ein Strom in ax nach einer Elektrischen Klingel (s. d.) gesendet werden. Umgekehrt könnte auch ein in ax vorhandener Strom mittels des D. unterbrochen werden, wenn beim Niederdrücken des Knopfes m die Feder vom Kontakt entfernt würde. Wird durch das Niederdrücken des Knopfes m sein Stromweg unterbrochen und ein anderer geschlossen, so gleicht der D. in seiner Wirkung dem Morsetaster. (S. Elektrische Telegraphen.)

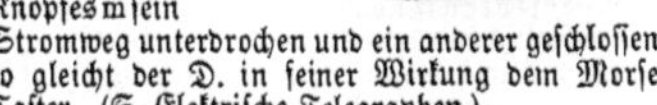

Druckknopf-Telephon, ein Telephon, an welchem zugleich ein Druckknopf (s. d.) angebracht ist, welcher beim Niederdrücken des Knopfes die bisher in die Leitung eingeschalteten Rufapparate sowie die Batterie oder den Induktor aus ihr ausschaltet und dafür das Telephon in die Leitung einschaltet, sodaß nun das Sprechen ermöglicht ist. Solche D. lieferten C. & E. Fein in Stuttgart schon gegen Ende der siebziger Jahre. 1885 wurde das D. in Frankreich in verschiedenen Formen und Größen ausgeführt und angewendet. Das eine davon besaß eine birnenförmige Gestalt und der Druckknopf befand sich an der Seite der Birne. Das in nachstehenden Fig. 1—3 abgebildete D. ist sehr handlich. In Fig. 1 steckt das D. in einem an die Wand angeschraubten Gehäuse (Fig. 3), in dem es mittels der vier seitlich vorstehenden Federn zangenartig festgehalten wird. Das D. allein ist in Fig. 2 abgebildet, zum Teil im Schnitt; es steht dann noch eine Leitungsschnur mit dem Gehäuse in leitender Verbindung. In Fig. 2 sieht man links den Druckknopf vorstehen; hinter diesem liegt die Elektromagnetrolle des Telephons, dahinter wieder die Sprechplatte und endlich das Mundstück. Solange das Telephon im Gehäuse steckt, drückt das Mundstück selbst auf einen in Fig. 3 sichtbaren Stift an der links liegenden Metallspange, hält diese von der darunter liegenden Metallbrücke entfernt und somit das Telephon ausgeschaltet. Will man rufen, so drückt man auf den Druckknopf; beim Herausnehmen des Telephons aus dem Gehäuse legt sich die Spange auf die Brücke und schaltet selbstthätig das Telephon ein.

Fig. 1.

Fig. 2.

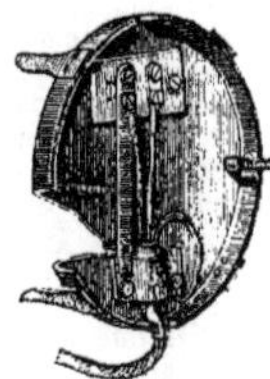
Fig. 3.

Druckkugel, überladene Trichtermine (s. d.).

Druckluft, s. Druckluftanlage.

Druckluftanlage, Preßluftanlage, ist eine Einrichtung zur Erzeugung von komprimierter Luft (Druckluft, Preßluft) und zur Verteilung derselben auf ein größeres Gebiet behufs industrieller Verwertung. D. fanden zuerst für Bergbauzwecke Anwendung, insbesondere beim Tunnelbau. Die Gesteinsbohrmaschinen wurden mit verdichteter Luft in Gang gesetzt und die verbrauchte Luft zur Ventilation der Arbeitsräume benutzt. Von großer Bedeutung für die Entwicklung der Einrichtungen für Erzeugung von komprimierter Luft sind dabei die von Sommeiller geschaffenen Luftkompressionsanlagen beim Bau des Mont-Cenistunnels. In neuester Zeit finden D. Verwendung zur Verteilung von Arbeit in Städten, speciell für das Kleingewerbe. Die Luft wird in besondern Centralen durch Kompressoren (s. Kompressionsmaschinen) mittels Dampfkraft komprimiert, in Sammelbehälter gedrückt und aus diesen durch ein Netz von Rohrleitungen (entsprechend den Gas- und Wasserleitungsröhren) in die Verbrauchsstellen verteilt, wo sie meist als Betriebsmittel für Motoren, dann auch zur Lüftung und Kälteerzeugung Verwendung findet. Die Thatsache, daß kleine Dampfmaschinen auch bei bester Ausführung pro Pferdestärke das Zwei- bis Dreifache an Betriebskosten gegenüber den großen modernen Dampfmaschinen verursachen, daß die Betriebskosten eines Gasmotors (s. d.) einem entsprechenden Dampfkleinmotor gegenüber nicht wesentlich verschieden sind und daß bei Verwendung von Druckluft die Anlage- und die Unterhaltungskosten eines Dampfkessels wegfallen, ermöglicht es, daß durch rationelle Einrichtung von D. dem Kleingewerbtreibenden die geringe, zum Betriebe seiner Hilfsmaschinen erforderliche Kraft zu einem Kostenbetrage zugänglich gemacht wird, der dem billigen Preise nahe kommt, für den der Großindustrielle sich durch große eigene Dampfmaschinenanlagen die Betriebskraft verschafft.

Große Ausbreitung hat der Druckluftbetrieb in Paris gefunden, wo nach dem System H. Popp von diesem mehrere Centralen in größtem Maßstabe angelegt sind. In der ältern Centralstation für Drucklufterzeugung waren insgesamt Dampfmaschinen von 4000 Pferdestärken in Betrieb; eine neue Centralanlage wird für 10000 Pferdestärken ausgeführt, es ist geplant, sie bis 24000 Pferdestärken zu vergrößern. In Deutschland ist 1891 die erste D. zur Kraftverteilung durch L. A. Riedinger, Augsburg, in Offenbach in Ausführung und Betrieb gekommen.

Eine D. umfaßt Einrichtungen zur Erzeugung, Fernleitung und Verwertung der Druckluft. Die Einrichtungen zur Erzeugung der Druckluft umfassen die Dampfmaschinenanlagen nebst den Kompressoren. Es finden vorteilhaft nur Maschinen bester Art, moderne Compoundmaschinen, die mit hohem Anfangsdruck arbeiten, Verwendung. Auch die Kompressoren sind, den neuesten Vervollkommnungen entsprechend, als Compoundkompressoren auszuführen, wenn ein möglichst ökonomischer Betrieb gesichert sein soll. Hierbei wird die Luftverdichtung in zwei Stufen nacheinander erzielt. Im ersten Kompressionscylinder wird die Luft auf etwa zwei Atmosphären komprimiert und geht von da in einen weitern Kompressor, in welchem die Verdichtung bis zum Enddruck weiter geführt wird, der bei der Pariser Anlage sechs Atmosphären Überdruck beträgt. Mit einem derartigen Compoundkompressor (Konstruktion Riedler) sind in Paris durch je eine von der Dampfmaschine geleistete Pferdestärke 10,4 cbm Luft pro Stunde von atmosphärischem Druck auf 6 kg Überdruck verdichtet worden. Die Fernleitung der Luft erfolgt in Röhren, welche nach Art der Wasserleitungs- und Gasröhren in die Erde verlegt werden. In dieser Leitung können zweierlei Verluste eintreten: einmal Verluste durch Entweichen von Luft aus Undichtheiten in den Röhren und Verbindungsstellen, dann Druckverluste durch Reibung der Luft an den Rohrwandungen und beim Durchströmen von Krümmungen, Absperrschiebern u. s. w. Der Verlust durch Entweichen von Luft durch Undichtheiten der Röhren und Verbindungsstellen hat sich bei sachgemäßer Ausführung der Anlage als unwesentlich herausgestellt. In betreff des Spannungsverlustes durch Reibung der Luft in den Rohrleitungen und fernere Widerstände haben Versuche von Riedler und Gutermuth an der Pariser D. ergeben, daß bei einer mittlern Luftgeschwindigkeit von 6,5 resp. 6 m pro Sekunde in einer Leitung mit Entwässerungsapparaten und Absperrschiebern ein Druckverlust von nur 0,05 resp. 0,07 Atmosphären für jeden Kilometer Leitungslänge zu rechnen ist. Der Durchmesser der Hauptleitung für die neue 10000 pferdige Centralanlage in Paris beträgt 500 mm im Lichten; sie wird aus genieteten Blechröhren hergestellt.

Die Verwertung der Druckluft geschieht in den Luftmaschinen. Als Druckluftmaschine kann jede Dampfmaschine Verwendung finden; es sind auch meist alte Dampfmaschinen als Druckluftmotoren benutzt worden, und erst in der neuesten Zeit hat man angefangen, speciell für Druckluftbetrieb eingerichtete Maschinen, insbesondere Kleinmotoren zu bauen, die sich aber principiell von den Dampfmaschinen nicht unterscheiden. Die Luft kann den Motoren direkt aus der Leitung zugeführt werden; es ist jedoch von bedeutendem Vorteile, die Druckluft vor der Zuführung zum Motor erst zu erwärmen. Diese Erwärmung, eine nachträgliche Energiezuführung, hat bei gleichbleibender Spannung eine Ausdehnung der Luft zur Folge und zieht den Luftverbrauch pro Pferdestärke und Stunde ganz bedeutend herab; außerdem wird bei Vorwärmung auch die Austrittstemperatur der Luft erhöht. Läßt man die Druckluft bei gewöhnlicher Bodentemperatur in die Maschine eintreten, so kann infolge der Expansion und Arbeitsleistung die Temperatur der Austrittsluft bis auf 40° C. Kälte herabgehen, was bei reinem Motorbetriebe der Luftmaschine wegen der möglichen Eisbildung Nachteile mit sich bringt. Bei Betrieb mit nicht vorgewärmter Luft kann aber diese kalte Austrittsluft zu Kühlungszwecken verwendet werden. Die Vorwärmung der Luft geschieht in Vorwärmeöfen. Von L. A. Riedinger in Augsburg werden diese derart ausgeführt, daß die Druckluft in einem schmiedeeisernen Spiralrohre um einen gußeisernen Füllschacht herumgeleitet wird, welcher auf dem unten eingebauten Rost das Brennmaterial (Koks) enthält. Kleine Luftmaschinen mit Expansion gebrauchen ohne Vorwärmung der Luft etwa 30 cbm, mit geringer Vorwärmung um etwa 50° C. gegen 24 cbm Druckluft für die effektive Pferdestärke und Stunde, während in Paris an einer ältern Dampfmaschine von etwa 70 Pferdestärken bei Vorwärmung der Druckluft bis auf

160° C. ein Luftverbrauch von etwa 13 cbm pro effektive Pferdestärke und Stunde ermittelt wurde.

Litteratur. Riedler, Neue Erfahrungen über die Kraftversorgung von Paris durch Druckluft «System Popp» (Berl. 1891); verschiedene Aufsätze in der Zeitschrift des Vereins deutscher Ingenieure (ebd. 1889, 1891, 1892).

Druckluftmotoren, s. Druckluftanlage.

Druckluftwerkzeuge, s. Preßluftwerkzeuge.

Druckpresse, s. Buchdruckerkunst (Bd. 3, S. 662 b).

Druckpumpe, s. Pumpe.

Druckregulator, s. Reducierventil.

Drucksachensendungen durch die Post. Als Drucksachen können im deutschen Reichspostgebiet sowie nach und von Österreich-Ungarn einschließlich Bosnien und der Herzegowina gegen die festgesetzte ermäßigte Taxe (bis zum Gewicht von 50 gr 3 Pf., über 50 bis 100 gr 5 Pf., über 100 bis 250 gr 10 Pf., über 250 bis 500 gr 20 Pf. und über 500 bis 1000 gr [1 kg] 30 Pf.) befördert werden: alle durch Buchdruck, Kupferstich, Stahlstich, Holzschnitt, Lithographie, Metallographie und Photographie vervielfältigten Gegenstände, welche nach ihrer Form und sonstigen Beschaffenheit für Beförderung mit der Briefpost geeignet sind. Die Drucksachen müssen frankiert sein. Für unzureichend frankierte Drucksachen wird dem Empfänger der doppelte Betrag des fehlenden Portoteils in Ansatz gebracht; Drucksachen, welche den vorgeschriebenen Bestimmungen nicht entsprechen oder unfrankiert sind, gelangen nicht zur Absendung.

Die D. müssen offen und zwar entweder unter Streif- oder Kreuzband, oder umschnürt, oder in einen offenen Umschlag gelegt, oder aber dergestalt einfach zusammengefaltet eingeliefert werden, daß ihr Inhalt leicht geprüft werden kann. Unter Band (Verschnürung) können auch Bücher, gleichviel ob gebunden, gefalzt oder geheftet, versandt werden; das Band muß sich leicht abstreifen lassen. Ferner sind auch Drucksachen in Form offener Karten, die jedoch die Bezeichnung «Postkarten» nicht tragen dürfen, zulässig. Jede Drucksache kann eine innere, mit der äußern übereinstimmende Aufschrift enthalten. Mehrere Drucksachen dürfen unter einer Umhüllung versendet werden, die einzelnen Gegenstände dürfen aber nicht mit verschiedenen Aufschriften oder besondern Umschlägen mit Aufschrift versehen sein.

Die Versendung von Drucksachen gegen die ermäßigte Taxe ist unzulässig, wenn dieselben, nach ihrer Fertigstellung durch Druck u. s. w., irgendwelche Zusätze oder Änderungen am Inhalt erhalten haben, wobei es keinen Unterschied macht, ob die Zusätze oder Änderungen geschrieben oder auf andere Weise bewirkt sind, z. B. durch Stempel, durch Druck, durch Überkleben von Wörtern, Ziffern oder Zeichen, durch Punktieren, Unterstreichen, Durchstreichen, Wegschaben, Durchstechen, Ab- oder Ausschneiden einzelner Wörter, Ziffern oder Zeichen u. s. w. Es ist jedoch Folgendes gestattet: auf der Außenseite den Namen und Stand des Absenders, die Firma, die Wohnung zu vermerken; auf gedruckten Visitenkarten die Anfangsbuchstaben üblicher Formeln zur Erläuterung des Zwecks der Übersendung der Karte handschriftlich, z. B.: U. G. z. w. (d. h. Um Glück zu wünschen); p. f. (d. h. pour féliciter) u. s. w. anzugeben; auf der Drucksache selbst den Ort, den Tag der Absendung, die Namensunterschrift oder Firmazeichnung, den Stand des Absenders handschriftlich oder auf mechan. Wege anzugeben oder abzuändern; den Korrekturbogen das Manuskript beizufügen und in demselben Änderungen und Zusätze zu machen, welche die Korrektur, die Form und den Druck betreffen, solche Zusätze auch in Ermangelung des Raumes auf besondern Zetteln anzubringen; Druckfehler zu berichtigen, gewisse Stellen des gedruckten Textes zu durchstreichen, um dieselben unleserlich, einzelne Stellen des Inhalts, auf welche die Aufmerksamkeit gelenkt werden soll, durch Striche bemerklich zu machen, bei Preislisten, Börsenzetteln und Handelscirkularen die Preise sowie den Namen des Reisenden und den Tag seiner Durchreise handschriftlich oder auf mechan. Wege einzutragen oder abzuändern; in den Anzeigen über die Abfahrt von Schiffen den Tag der Abfahrt handschriftlich anzugeben; bei Quittungskarten die durch das Invaliditäts- und Altersversicherungsgesetz vom 22. Juni 1889 zugelassenen Eintragungen handschriftlich oder auf mechan. Wege vorzunehmen, die Beitrags- und Doppelmarken aufzukleben und die aufgeklebten Marken zu entwerten oder zu vernichten; in die Sendungen mit Büchern, Musikalien, Zeitschriften, Landkarten und Bildern eine Widmung handschriftlich einzutragen, auf diesen Sendungen eine auf den Preis der übersandten Gegenstände bezügliche Rechnung beizufügen und letztere mit solchen handschriftlichen Zusätzen zu versehen, welche den Inhalt der Sendung betreffen und nicht die Eigenschaft einer besondern, mit diesem in keiner Beziehung stehenden Mitteilung haben; bei Bücherzetteln (s. d.) die bestellten oder angebotenen Werke auf der Rückseite handschriftlich zu bezeichnen und den Vordruck ganz oder teilweise zu durchstreichen oder zu unterstreichen; Modebilder, Landkarten u. s. w. auszumalen.

Die mittels des Hektographs, Papyrographs, Chromographs oder mittels eines ähnlichen Umdruckverfahrens, nicht aber mittels der Kopierpresse, auf mechan. Wege hergestellten Schriftstücke können sowohl im innern Verkehr Deutschlands als auch im Verkehr mit Österreich-Ungarn und mit den übrigen, dem Weltpostverkehr angehörenden Ländern gegen die ermäßigte Taxe für Drucksachen befördert werden, sobald gleichzeitig mindestens 20 vollkommen gleichlautende Exemplare am Postschalter eingeliefert werden.

Drucksachen mit Warenproben bis zum Gewicht von 250 gr sind gestattet, unterliegen aber der Taxe für Warenproben.

Im Weltpostverein und im Verkehr mit den andern nicht zu demselben gehörigen Ländern (Vereinsausland) gelten im allgemeinen dieselben Versendungsbestimmungen wie im Reichspostgebiete; die Taxe für Drucksachen wird erhoben mit 5 Pf. für je 50 gr bis zum Meistgewicht von 2000 gr = 2 kg. D. dürfen eine Längenausdehnung von mehr als 45 cm nicht überschreiten, dagegen können solche in Rollenform, deren Durchmesser 10 cm und deren Länge 75 cm nicht übersteigt, zur Beförderung zugelassen werden. Seit 1. Juli 1892 sind auch im Weltpostverein und im Vereinsausland Bücherzettel (hier Bücherbestellzettel genannt) zulässig zu einem Portosatz von durchgängig 5 Pf.

Drucksatz, s. Bergbau (Bd. 2, S. 762 b).

Druckschaden, eine durch Kummet-, Sielen- oder Satteldruck hervorgerufene Entzündung der Haut bei Pferden.

Druckstahl, s. Blechbearbeitung (Bd. 3, S. 106 a).

Drucktelegraphen, s. Elektrische Telegraphen.

Druckturbine, soviel wie Aktionsturbine (s. d.).

Druckverbände, s. Kompressivverbände.

Druckwalke, im allgemeinen jede Walkmaschine, die durch Druck, nicht durch Stoß, zur Wirkung gelangt (vgl. Walke, Tuchfabrikation, Appretur).

Druckwerk, eine Druckpumpe oder eine Verbindung von mehrern Druckpumpen zum Zwecke der Wasserförderung auf größere Höhen, wie dies bei der Wasserhaltung im Bergbau (s. d., Bd. 2, S. 762 b) und bei der Wasserversorgung (s. d.) vorkommt. — Den Namen D. führt auch die Balancierpresse (s. d.). Derselbe Name ist endlich für alle auf dem Wege des Kupferdrucks, Steindrucks und Buchdrucks hergestellten Erzeugnisse im Gebrauch.

Drude, Karl Georg Oskar, Botaniker, geb. 5. Juni 1852 zu Braunschweig, studierte 1870—74 in Braunschweig und Göttingen, erhielt die Kustodenstelle am Universitätsherbarium zu Göttingen, habilitierte sich 1876 daselbst und wurde 1879 als Professor der Botanik am Polytechnikum und Direktor des Botanischen Gartens nach Dresden berufen. Seine wichtigsten Schriften sind: «Palmae brasilienses» (in Martius' «Flora brasiliensis», Bd. 3, Tl. 2, Lpz. 1881), «Die Florenreiche der Erde» (Gotha 1884), «Atlas der Pflanzenverbreitung» (in «Berghaus' Physikal. Atlas», edd. 1886—87), «Handbuch der Pflanzengeographie» (Stuttg. 1890).

Druden (Truden), im altdeutschen Volksglauben weibliche Nachtgeister, die die Schlafenden ängstigten, Kinder und Haustiere schädigten und allerlei bösen Zauber trieben, gegen den der Drudenfuß (s. d.) oder auch der Drudenstein, d. i. ein im Wasser rundgeriebener Kalkstein mit einem natürlichen durchgehenden Loch, auch ein Hufeisen, ein Besen vor oder das Kreuzzeichen über der Thür als Schutzmittel dienten. In einzelnen Gegenden erscheint die Drude als ein guter, schöner, elbischer Geist, der zum Gefolge der Göttin Holda (Perchta) gehört. Der Glaube an sie haftete in Bayern, Tirol und Österreich am festesten.

Drudenfuß (Trudenfuß, Drudenkreuz, Alpfuß, Alpkreuz, Maarfuß, Pentagramm, in der Heraldik Pentalpha), eine aus zwei in einander verschränkten gleichschenkligen Dreiecken (ohne Basis) gebildete fünfeckige Figur (✯). Die Figur ist zeichnerisch in einem Zuge ausführbar. Der Ursprung dieses mystischen Zeichens verliert sich in das Altertum. Unter den geheimnisvollen Zahlen und Figuren der Pythagoräer findet es sich als Zeichen der Gesundheit. Aus der Schule der Philosophen ging es in das gewöhnliche Leben über. Häufig erscheint das Pentagramm auf griech. Münzen. Eine hohe Bedeutung erhielt es auch bei den verschiedenen gnostischen Sekten, und als Sinnbild der Pentas erscheint es auf den Abraxasgemmen. Im Mittelalter wurde es bei den Zauberformeln gebraucht und sollte eine Herrschaft über die Elementargeister ausüben (vgl. auch Goethes «Faust», I, Beschwörungsscene). Häufig war es auch das Abzeichen geheimer Gesellschaften. D. wurde es genannt, weil man sich seiner gegen Hexen oder Druden (s. d.) bediente, und noch gegenwärtig gebraucht der Aberglaube dieses Zeichen, um die Hexen von den Viehställen, Thürschwellen, Wiegen, Betten u. s. w. abzuhalten.

Drudenkreuz, s. Drudenfuß.

Drudenmehl, s. Lycopodium.

Drudenstein, s. Druden.

Druey (spr. drüeh), Karl, schweiz. Staatsmann, geb. 12. April 1799 zu Faong im Kanton Waadt, studierte die Rechte in Heidelberg, hielt sich längere Zeit in Paris und London auf und ließ sich dann als Anwalt im Waadtlande nieder, wo er 1828 Mitglied des Großen Rats wurde. Er nahm eifrigen Anteil an den Reformbestrebungen in der Schweiz und leitete 1845 die polit. wie religiös liberale Bewegung im Kanton Waadt, worauf er an die Spitze der neuen demokratischen Regierung gestellt wurde. Nach Annahme der neuen Verfassung der Schweiz wurde er in den Bundesrat gewählt, wo er 1849 Vicepräsident, 1850 Präsident war und später die Finanzen leitete. D. starb 29. März 1855 in Bern.

Druffel, August von, Geschichtschreiber, geb. 21. Aug. 1841 zu Koblenz, studierte Geschichte und Staatswissenschaften zu Innsbruck, Berlin und in Göttingen und trat dann bei der Historischen Kommission der Akademie zu München als Mitarbeiter ein. Nachdem er an den Feldzügen 1866 und 1870—71 teilgenommen, habilitierte er sich an der Universität München, wo er 1875 auch Mitglied der Akademie der Wissenschaften, 1885 ord. Honorarprofessor wurde und 23. Okt. 1891 starb. Er schrieb: «Kaiser Heinrich IV. und seine Söhne» (Regensb. 1862), «Beiträge zur Reichsgeschichte 1546—51» (3 Bde., Münch. 1873 fg., in «Briefe und Akten zur Geschichte des 16. Jahrh.»), «Viglius van Zwichem. Tagebuch des schmalkaldischen Donaukrieges» (edd. 1877), «Kaiser Karl V. und die Römische Kurie» (4 Abteil., edd. 1877—90), «Ignatius von Loyola an der Römischen Kurie» (edd. 1879), «Der elsäss. Augustinermönch Johannes Hoffmeister» (edd. 1879), «Beiträge zur militär. Würdigung des Schmalkaldischen Krieges» (edd. 1882), «Die bayr. Politik im Beginne der Reformationszeit 1519—24» (edd. 1885), und gab heraus: «Monumenta Tridentina. Beiträge zur Geschichte des Konzils von Trient» (3 Hefte, 1884—87).

Drugulin, W., Buchdruckerei, Schriftgießerei und Verlagsbuchhandlung in Leipzig, wurde 1829 von Friedr. Nies, geb. 6. Aug. 1804 in Offenbach, als «Friedr. Niessche Buchdruckerei und Schriftgießerei» gegründet, die hebr., griech., arab. Lettern und selbst Hieroglyphen schneiden und gießen ließ. Von 1856 bis 1868 war Karl B. Lorck Besitzer des Geschäfts, worauf es an den Kunsthändler Wilh. Eduard Drugulin, geb. 25. Febr. 1822, unter dessen Namen überging. Derselbe hatte 1856 das «Leipziger Kunstcomptoir» errichtet, das durch seine Kataloge («Bilder-Atlas», «Allgemeiner Porträtkatalog», «Allart von Everdingen») und Kunstauktionen bekannt war. Er erwarb die Matern und Stempel der Karl Tauchnitzschen Buchdruckerei und mehrere in Indien geschnittene orient. Schriften. Eine Specialität des Hauses wurden auch Drucke in mittelalterlichem Stil, wie die aus Anlaß der silbernen Hochzeit König Alberts von Sachsen gedruckte «Chronik des sächs. Königshauses und seiner Residenzstadt Dresden». Drugulin starb 20. April 1879. Nachfolger wurden seine Witwe, Frau Elisabeth Drugulin, geborene Krug von Nidda, und sein Schwiegersohn Johannes Baensch-Drugulin (s. Baensch, Familie), seit 1892 Vorsitzender des Vereins der Leipziger Buchdruckereibesitzer. 1892 hatte das Haus 231 orientalische, 246 Fraktur-, 417 Antiqua-, zusammen 894 Schriften (Proben in Drugulins «Kalender für den Orientalistenkongreß 1889—90»), 2 Dampfmaschinen (30 Pferdekraft), 13 Pressen, 7 Schriftgießmaschinen, Stereotypie und 92 beschäftigte Personen. Eine Hauptleistung war die dreifarbig gedruckte Prachtausgabe des Koran (1890—91).

Druiden (lat. Druĭdes; irisch druid), der Name der Priester bei den kelt. Völkern im alten Gallien und Britannien. In Gallien bildeten sie zu Cäsars Zeit einen geschlossenen, aber nicht erblichen Stand, der mit dem der Ritter (dem Adel) die Herrschaft über das übrige Volk teilte, von Kriegsdienst und Abgaben befreit war und an dessen Spitze ein oberster Druid stand. Als Priester besorgten sie den Dienst der Götter, namentlich auch die privaten und öffentlichen Opfer an den heiligen Orten. Auch die religiöse Geheimlehre ward von ihnen bewahrt und ausgelegt. Sie übten ferner die Kunst der Weissagung und entschieden als Richter in den Streitigkeiten zwischen einzelnen Personen wie zwischen Völkerschaften. Ferner trieben sie die Heilkunde, die Kenntnis der Gestirne, die Schreibkunst, die Magie. Jährlich hielten sie eine Versammlung im Gebiete der Carnuten (um Chartres) ab. Die Söhne der Vornehmen drängten sich zu ihrem Unterricht, der nur mündlich erteilt wurde und bis 20 Jahre währen konnte. Sie lehrten ein neues Leben nach dem Tode; ob eine eigentliche Seelenwanderung, ist unsicher. Kaiser Claudius hob den druidischen Gottesdienst auf, weil er mit Menschenopfern verbunden war. Nach dem 1. Jahrh. n. Chr. verschwindet der Name der D.; im 3. Jahrh. werden gallische Wahrsagerinnen als Druidinnen bezeichnet.

Als Centrum des Druidentums galt zu Cäsars Zeit Britannien, wohin auch Gallier zur völligen Ausbildung sich begaben. Auch hier verschwinden die D. in den Gebieten, die die Römer unterworfen hatten. Sie hielten sich bei den Iren und den Picten bis zur Annahme des Christentums. In der irischen Heldensage erscheinen sie noch als Zauberer, Wahrsager und Ärzte. — Vgl. Barth, Über die D. der Kelten (Erlangen 1826); d'Arbois de Jubainville, Introduction à l'étude de la littérature celtique (Par. 1883).

Druidenorden, ein Geheimbund, der 1781 zu London entstand und zunächst die gegenseitige Unterstützung der Mitglieder des Bundes bezweckte. In England zerfiel der Orden im Laufe der Zeit in viele unabhängig voneinander bestehende Gesellschaften; in Australien dagegen und noch mehr in Amerika hat er sich rasch verbreitet. Die erste Loge in Amerika wurde 1833 zu Neuyork errichtet; 1849 wurde die Bezeichnung Hain (grove) für Loge eingeführt und der Großhain der Vereinigten Staaten gegründet, unter dem die andern Haine stehen. Nach Deutschland wurde der D. 1872 gebracht; es besteht seit 1874 eine Reichsgroßloge von Deutschland in Berlin mit mehrern Distrikts-Großlogen und vielen Logen; sein Organ war früher der «Deutsche Erzdruide», später die «Deutsche Druidenzeitung» in Berlin. Man unterscheidet zwischen dem D. und dem Vereinigten alten Orden der Druiden; in Amerika und Deutschland ist nur der letztere vertreten.

Drumann, Karl Wilhelm August, Geschichts- und Altertumsforscher, geb. 11. Juni 1786 zu Danstedt bei Halberstadt, studierte seit 1805 erst zu Halle, dann zu Helmstedt Theologie, Geschichte und Altertumswissenschaft, wurde 1810 Lehrer am Pädagogium zu Halle, habilitierte sich daselbst 1812 als Privatdocent und folgte 1817 einem Rufe als außerord. Professor nach Königsberg, wo er 1821 die ord. Professur der Geschichte erhielt und 29. Juli 1861 starb. Sein Hauptwerk ist die «Geschichte Roms in seinem Übergange von der republikanischen zur monarchischen Verfassung, oder Pompejus, Cäsar, Cicero und ihre Zeitgenossen» (6 Bde., Königsb. 1834—44). Wiewohl die Behandlung des Stoffs verfehlt ist und die Darstellung alles Reizes ermangelt, enthält doch das Werk eine Fülle gründlicher Geschichtsstudien. Unter D.s übrigen Schriften sind noch die «Ideen zur Geschichte des Verfalls der griech. Staaten» (Berl. 1811), der «Grundriß der Kulturgeschichte» (Königsb. 1847), «Bonifacius VIII.» (2 Bde., ebd. 1852) und «Die Arbeiter und Kommunisten in Griechenland und Rom» (ebd. 1860) hervorzuheben.

Drumin, ein Alkaloid aus Euphorbia, in der Chirurgie als schmerzstillendes Mittel ähnlich wie Cocain angewandt.

Drummond (spr. drömm'nd), berühmtes schott. Geschlecht, leitet seinen Ursprung von einem gewissen Mauritius ab, der das Schiff kommandierte, auf dem Edgar Etheling, ein Sprößling des angelsächs. Königshauses, und seine Schwester, die Prinzessin Margareta, um 1060 von Ungarn nach England zurückkehrten. Als Margareta sich mit dem Schottenkönig Malcolm III. vermählte, begleitete Mauritius sie nach Schottland, wo er sich niederließ. Von ihm stammte im elften Gliede Sir John D. von Stobhall, dessen Tochter Annabella die Gemahlin Roberts III. (1390—1406) war, und die Ältermutter der königl. Familie Stuart und zahlreicher europ. Fürstenhäuser ist. Sein ältester Sohn. John D., war der Ahnherr der Lords D. und Grafen von Perth; von dem jüngern, William, stammte der Dichter William D. von Hawthornden (geb. 13. Dez. 1585, gest. 4. Dez. 1649), der wegen der Harmonie seiner Verse mit Spenser verglichen wird. Seine «Tears on the death of Meliades» (Edinb. 1613), ein Elegiencyklus auf den Tod des Prinzen Heinrich, Sohn Jakobs I., ferner «Forth feasting: a panegyric to the king's most excellent majestie» (ebd. 1617), namentlich aber seine Sonette erwarben ihm einen hohen Ruf. Seine gesammelten Werke gaben Sage und Ruddiman heraus (Edinb. 1711).

James D., erster Graf von Perth (gest. 1611), war der Urgroßvater James D.s, vierten Grafen von Perth, der, 1648 geboren, 1678 Mitglied des Geh. Rats und 1684 Kanzler von Schottland wurde. Seine Härte und Willkür zogen ihm allgemeinen Haß zu, der durch seinen Übertritt zum Katholicismus noch vermehrt wurde. Nach der Revolution von 1688 suchte er zu entfliehen, wurde jedoch in Stirling-Castle festgehalten, bis man ihn 1693 gegen einen Revers freiließ. Sodann begab er sich nach Frankreich zu dem vertriebenen König Jakob II., der ihn zum Herzog von Perth, Oberkammerherrn, Ritter des Hosenbandordens und Gouverneur des Prinzen von Wales ernannte. Er starb in St. Germain 11. März 1716. Seine «Letters from James, Earl of Perth, to his sister, the Countess of Errol» (Lond. 1845) wurden von der Camden Society veröffentlicht. — Sein Enkel, James D., Herzog von Perth, einer der eifrigsten Anhänger des Prätendenten Karl Eduard, focht tapfer in den Schlachten von Prestons-Pans (1745) und Culloden (1746) und starb 13. Mai 1746 auf der Fahrt nach Frankreich an Bord des Schiffs. — James D., Herzog von Melfort, war der Vater von Charles Edward D., Herzog von Melfort (geb. 1752), der 9. April 1840 zu Rom als Prälat der röm. Kirche und als apostolischer Protonotarius starb. — Sein Neffe, George D., geb. 6. Mai 1807, hatte Gelegenheit, sich der engl. Regierung dienstbar zu erweisen, worauf die über seine Vorfahren ausgesprochene Acht aufgehoben und er 1853 vom Oberhause als Graf von Perth und Melfort anerkannt wurde.

Von James, zweitem Lord D., stammte James Lord Maderty (1609), dessen Enkel William D. 1686 zum Viscount Strathallan erhoben ward. Er war ein treuer Diener Karls I., focht in Irland und bei Worcester und wanderte dann nach Rußland aus, wo der Zar Alexei Michailowitsch ihn als Generallieutenant anstellte. Nach der Restauration kehrte er in sein Vaterland zurück, ward Oberbefehlshaber der Truppen in Schottland und starb 1688. Da sein Enkel 1711 kinderlos starb, so ging der Titel auf William, den Nachkommen eines jüngern Sohnes des ersten Lords Maderty, über, der 1746, für die Sache der Stuarts kämpfend, bei Culloden den Tod fand. — Der Enkel desselben, James Andrew John Lawrence Charles D., geb. 1767, ward durch Parlamentsakte vom J. 1824 wieder in den Titel eines Viscount Strathallan eingesetzt, worin ihm 1851 sein ältester Sohn William Henry, geb. 5. Mai 1810, folgte. — Der jüngere Bruder des bei Culloden gefallenen Viscount Strathallan, Andrew D., wurde der Gründer des bekannten Bankierhauses D. in London. Teilhaber desselben war Henry D., geb. 5. Dez. 1786, Parlamentsmitglied für West-Surrey und ein Haupt der Irvingianer, zu deren Besten er einen ansehnlichen Teil seines großen Vermögens verwandte. Unter anderm erbaute er für sie zwei Kirchen und schrieb zur Verteidigung ihrer Grundsätze ein Werk «Revealed religion» (Lond. 1845). Er starb 20. Febr. 1860. — Zu einer andern Linie gehörte der Altertumsforscher Sir William D., geb. 1770, Gesandter in der Türkei (1803) und Palermo (1808). Er schrieb zahlreiche wissenschaftliche Aufsätze und Abhandlungen über Gegenstände aus der klassischen Altertumskunde und übersetzte die Satiren des Persius (Lond. 1798). Sein Hauptwerk ist: «Origines, or remarks on the origin of several empires, states and cities» (4 Bde., Lond. 1824—29). D. starb 29. März 1828 in Rom.

Drummond (spr. drömm'nd), Henry, engl. Geolog und theol. Schriftsteller, geb. 1851 zu Stirling in Schottland, studierte in Edinburgh zuerst Theologie, dann Naturwissenschaften und wurde 1877 außerordentlicher, 1884 ord. Professor der Naturwissenschaften am Free Church College zu Glasgow. Er bereiste 1883—84 Centralafrika, um die geolog. und botan. Verhältnisse der Länder am Njassa und Tanganika zu erforschen, und veröffentlichte hierüber: «Tropical Africa» (Lond. 1888; deutsch, 2. Aufl., Gotha 1891). 1890 unternahm er eine Reise nach Australien, Japan und den Neuen Hebriden. Großes Aufsehen erregte sein Werk «The natural law in the spiritual world» (Lond. 1883 u. ö.; deutsch u. d. T. «Das Naturgesetz in der Geisteswelt», 1. bis 4. Tausend, Bielef. 1892), worin er beabsichtigt, zu zeigen, daß dieselben Gesetze, die für die Naturwelt gelten, auch für das geistige, insbesondere religiös-sittliche Leben maßgebend seien. Obwohl D. darin seinen streng religiösen Standpunkt festhält und mit Gelehrsamkeit und Scharfsinn die Lehre der Kirche wissenschaftlich zu begründen versucht, rief das Werk doch eine Menge von Gegenschriften von orthodox-theol. Seite hervor. D. veröffentlichte noch: «The greatest thing in the world» (Lond. 1890; deutsch, 26. Aufl., Bielef. 1891), «Pax vobiscum» (Lond. 1890; deutsch, 10. Aufl., Bielef. 1892), «A changed life» (Lond. 1891; deutsch u. d. T.: Das Schönste im Leben», 6. Aufl., Bielef. 1891), «The program of Christianity» (Lond. 1892; deutsch, 5. Aufl., Bielef. 1892). — Vgl. Lüttens, Henry D.s Traktate (Riga 1891).

Drummondsee (spr. drömm'nd-), s. Dismal-Swamp.

Drummonds Kalklicht, auch Siderallicht, Knallgaslicht, Hydrooxygengaslicht, ein 1826 von dem engl. Ingenieur Drummond (spr. drömm'nd) zuerst angewandtes Licht, wird hervorgerufen, indem eine Knallgasflamme (Sauerstoff und Wasserstoff) auf einen durch ein Uhrwerk in langsame Rotation versetzten Kalkcylinder geleitet wird. Der Kalk gerät dabei in heftiges Glühen und strahlt ein Licht von blendendster Weiße aus. Ähnlichen Effekt erzielt man, wenn man komprimiertes Sauerstoffgas in eine auf den Kalkcylinder gerichtete Leuchtgasflamme strömen läßt (Carboxygenlicht). Solche intensive Lichter werden zu nächtlichen Leuchtturm- und Kriegssignalen, ferner zum Projizieren von Bildern mit dem Projektionsapparat sowie in der Photographie verwendet.

Drummond Wolff (spr. drömm'nd), Sir Henry, engl. Politiker und Diplomat, s. Wolff.

Drumo(u)chter Paß (spr. drömmahter), Paß im Grampiangebirge in Schottland, zwischen den Grafschaften Perth und Inverneß, ist 457 m hoch, bildet die Hauptstraße nach Nordschottland und wird von der Hochlandsbahn (Highland Railway) benutzt.

Drupa, lat. Bezeichnung für Steinfrucht (s. d.).

Druschinen, Druschinen, s. Druschina.

Druse, Kropf, eine dem Pferdegeschlecht eigentümliche Infektionskrankheit. Schütz fand als Erreger derselben einen kettenbildenden Mikrokokkus. Die D. befällt vorzugsweise junge Pferde und besteht in einem eiterigen Katarrh der Nase mit gleichzeitiger, zur Vereiterung neigender Entzündung der Kehlgangslymphdrüsen. Dabei fressen die Tiere schlecht und sind fieberhaft erkrankt. Die Krankheit dauert 2—3 Wochen. Bei abnormer Ausdehnung des Entzündungsprozesses auf die Rachenhöhle dagegen oder bei Aufnahme des Druseeiters in das Blut, wobei sich Eiterherde an den verschiedensten Körperstellen entwickeln (verschlagene D.), ist der Verlauf ein sehr langwieriger und gefahrdrohender. Durchschnittliche Todesziffer nur wenige Prozente. Behandlung: Lüftung des Stalles, leicht verdanliches Futter, Reinigung der Nase, Erweichung der Kehlgangsdrüsen durch Prießnitzsche Umschläge, Entleerung des Eiters aus denselben. Von der Verwendung käuflicher Drusepulver ist abzuraten, weil dieselben in der Regel verdorbene und unwirksame Stoffe enthalten. Vom Rotz unterscheidet sich die D. hauptsächlich dadurch, daß bei der letztern die Kehlgangsdrüsen vereitern, bei Rotz dagegen nicht.

Drüse (Glandula), s. Drüsen.

Drusen, technische Bezeichnung für Weinhefe. Dieselbe ist sehr reich an weinsteinsauren Salzen (Kalk- und Kalisalz) und wird daher von den Weinsäurefabriken aufgekauft.

Drusen (mineralog.), Hohlräume in Gesteinen, deren Wände mit krystallisierten Mineralien bedeckt sind, wie dies die umstehende Abbildung zeigt. Je nach der Verschiedenheit der die Wände überziehenden Krystallisationen unterscheidet man Quarzdrusen, Kalkspatdrusen u. s. w. Besteht die Kruste aus

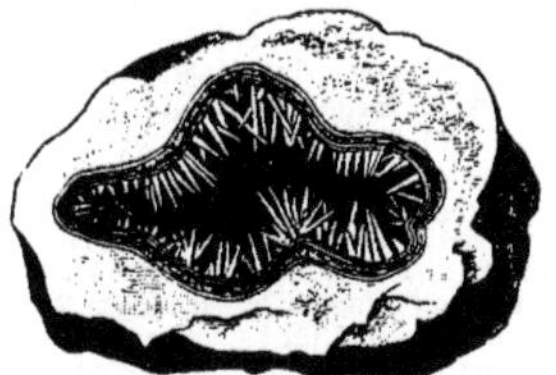

sehr feinen Kryställchen, so spricht man von einer Drusenhaut.

Drusen, Völkerschaft des Libanon, von dem sie vorzugsweise den Süden, wie die Maroniten (s. d.) den Norden einnehmen. Die ungefähre Grenzlinie des beiderseitigen Gebietes wird durch die Straße von Beirut nach Damaskus gebildet; südwärts und ostwärts überschreitet das drusische Gebiet den Nahr el-Litani (Leontes) und dehnt sich über die Hochthäler des Antilibanon und Großen Hermou aus. Ein anderer Drusenstamm wohnt im Hanran (s. d.), wohin im 18. Jahrh. 600 Familien übersiedelten, deren Nachkommen, durch spätere Zuzüge verstärkt, eine zusammenhängende Bevölkerung bilden. Die ganze Nation lann man auf nicht mehr als 83000 Seelen anschlagen; auch füllt sie das bezeichnete Gebiet nicht allein aus, vielmehr leben die D. in ihren Norddistrikten vorzüglich mit Maroniten, in den Süddistrikten vielfach mit Griechen und Melchiten untermischt. Einige Teile ihres Gebietes gehören zu den bestangebauten Stellen des Libanon; sie produzieren, wie die übrigen Bewohner des Gebirges, hauptsächlich Cocons und Olivenöl, weniger Wein, Tabak und Cerealien. Jedenfalls ist in der Völkerschaft ein beträchtliches autochthones Element enthalten, das aber, wie so viele andere syr. Stämme, durch den Einfluß des Islam und der arab. Einwanderung früh den verwandten arab. Dialekt annahm. (S. Nossairier.) Die Sonderstellung der D. unter den Bevölkerungen Syriens beruht weniger auf ihrem Ursprunge als auf ihrer Verfassung und ihrer Religion. Die D. sind tapfer, gastfrei, nüchtern, reinlich und fleißig, aber rachsüchtig und, wo es nationale Interessen gilt, rücksichtslos grausam. Vielweiberei ist bei ihnen selten. Sie bilden eine Adelsrepublik mit gelegentlich an die Spitze tretendem Führer. Die edeln Familien zerfallen in Scheichs und Emirs. In neuern Zeiten ist noch der türk. Titel Beg hinzugekommen, der, von osman. Machthabern einzelnen hervorragenden Männern erteilt, auf den erblichen Familienrang ohne Einfluß geblieben ist. Politisch spalten sich die D. des Libanon in zwei Parteien, die Dschumblatieh unter dem Hause Dschumblât, und die Jezbekieh unter dem Hause Abu-Naked; beide befehden sich gelegentlich in Zeiten äußerer Ruhe, lassen aber bei Kriegen die innern Mißhelligkeiten sofort fahren. Mehrere edle Familien, z. B. die Neßlân, halten sich diesen beiden Adelsverbindungen fern.

Die Religion der D. ist eine Geheimlehre, in der mohammed. Gnosticismus mit dem Christentum entlehnten Ideen und vielleicht sogar Resten syr. Naturdienstes vermischt ist. Das Volk teilt sich ihr gegenüber in Akkal, Wissende, Eingeweihte, und Dschahil, Unwissende. Letztere sind der aller religiösen Erkenntnis ermangelnde große Hanse, erstere bilden einen von Vermögen, Rang und Geschlecht unabhängigen Orden von verschiedenen Graden, worin der gemeine Bauer mit dem vornehmsten Emir gleichberechtigt erscheint. Eigentliche Priester haben die D. nicht, wohl aber besondere, der Andacht gewidmete Gebäude, Chalweh oder Klausen genannt, in denen sich auch Sammlungen ihrer heiligen Schriften und ihre Standarten finden, wie zu Ballin im Libanon und zu Hasbaia und Raschaia im Antilibanon. Als Religionsgenossenschaft nennen sie sich selbst Muahhidin, Bekenner der Einheit Gottes. Auf den einigen und reinen Gottesbegriff legt ihr Glaube großes Gewicht. Gott hat sich wiederholt und zuletzt in der Person des Fatimiden-Chalifen Hâkim-biamr-allah in menschlicher Gestalt den Erdbewohnern geoffenbart und ist 1021 n. Chr., um den Glauben seiner Diener auf die Probe zu stellen, von der Erde geschwunden; aber er wird seinerzeit mit Macht und Herrlichkeit wiederkommen, um seinen Getreuen das Reich der Welt zu verleihen. Jede seiner Menschwerdungen war von einer persönlichen Offenbarung seines Erstlingsgeschöpfes, der Allweisheit, begleitet, die zuletzt als Hamsa, der Sohn Alis, auftrat und in dieser Gestalt den Menschen die göttlichen Wahrheiten verkündete. Hamsa ist also der eigentliche Apostel des Tewhid, der Einheitslehre, wenngleich der Name der D. wohl von Mohammed ibn Ismail Darasi (gest. 1020) herzuleiten ist. Von der Allweisheit sind die Menschen erschaffen worden, und zwar in einer bestimmten Zahl, die weder der Verringerung noch der Vermehrung fähig ist, indem die Seelen bei dem Ableben eines Leibes in einen neugeborenen andern übergehen. Sie befinden sich also stets im Zustande der Wanderung, aber sie können je nach ihrer Liebe zur höchsten Vollkommenheit aufsteigen, und umgekehrt zur tiefsten Entartung niedersinken.

Geschichte. Zur Zeit der Kreuzzüge, wo die verwandte Sekte der Ismâ'iliden (s. Assassinen) eine so große Rolle spielte, scheinen die D. noch höchst unbedeutend gewesen zu sein. Nach eigenen Nachrichten hatten sie damals längst erbliche Häuptlinge, und zwar zunächst aus dem edeln Hause der Tanuch, dem um die Zeit des Mamluken-Sultans Kalaun (1280) das der Maan folgte. Diese, von dem Chalifen Abû-Bekr abstammend, wurden nachmals von den Türken als tributäre Fürsten des Gebirges anerkannt, gelangten im Anfang des 17. Jahrh. mit Fachr-ed-Din zu großem Ansehen und regierten bis zu ihrem Aussterben im 18. Jahrh. Ihre Würde ging auf die ihnen verwandten Schehâb über, die dieselbe ungefähr 130 Jahre lang bewahrten, bis der berühmteste Dynast des Geschlechts, der Emir Beschir, ihrer als ägypt. Parteigänger bei der Wiedereroberung Syriens durch die Pforte 1740 verlustig ging. Durch den Übertritt Beschirs zum maronitischen Christentum war inzwischen diese Sekte so gehoben worden, daß sie einer bloß drusischen Verwaltung nicht mehr unterstellt werden konnte, und nach blutigen Bürgerkriegen unter beiden verwandten Völkerschaften gab die Pforte auf Antrieb der Großmächte einer jeden eine besondere Regierung unter einem einheimischen Kaimâkam (Statthalter). Gleichwohl erneuerten sich die Kriege, und nach der Niedermetzelung maronitischer Christen durch die D., Sommer 1860, sah sich die Pforte veranlaßt, das einheitliche Regiment des Gebirges unter einem christlichen, aber nicht dem einheimischen Adel entnommenen Chef mit dem Titel Pascha herzustellen. Zugleich wurden Maßregeln getroffen, die feudalen Bande in der Nation, auf denen ihr Übergewicht im Kriege beruhte, zu brechen und den Adel seines Einflusses zu berauben. — Vgl. Silvestre de Sacy, Exposé de la religion des Druses (2 Bde., Par. 1838); Wildenbruch, Ein Blick auf den Libanon (Berl. 1860); Petermann, Reisen im Orient, Bd. 1 (2. Aufl., Lpz. 1865); Guys, La nation druse (Par. 1864); Lord Caernarvon, The Druses of the Lebanon (Lond. 1869). Am ausführlichsten behandelte Churchill die D. in «Residence at Mount Lebanon» (4 Bde., Lond. 1855—62).

Drüsen (Glandulae) nennt man eine große Anzahl unter sich wesentlich verschiedener Organe des tierischen und menschlichen Körpers, welche ziemlich unpassend unter diesem Namen zusammengefaßt werden. Zunächst lassen sich zwei große Gruppen von D. unterscheiden, die *echten* oder die *Absonderungsdrüsen* und die *unechten* oder *Blut- und Lymphdrüsen*. Die *Lymphdrüsen* (s. d.), kleine, derbe, bohnenförmige Organe, werden besonders vom Volksmunde als D. bezeichnet; in ihnen erleidet der aus der Nahrung gewonnene Chylus (s. d.) beträchtliche chem. Veränderungen und wird durch die Beimengung zahlreicher charakteristisch geformter Elemente, der sog. Chylus- oder Lymphzellen, in eine dem Blute vielfach ähnliche Flüssigkeit umgewandelt. Als *Blutdrüsen* unterscheidet man eine Gruppe von größern, den Lymphdrüsen verwandten Organen, welche, wie diese, gleichfalls durch die Bildung der weißen Blutkörperchen eine wichtige Rolle bei der Blutbildung spielen; hierher gehören die Milz (s. d.), die Schilddrüse (s. d.), die Thymusdrüse (s. d.).

Die *echten* D. sind sämtlich Absonderungsorgane, d. h. es wird in ihnen aus dem Blute eine besondere Flüssigkeit bereitet, welche durch einen Gang, den Ausführungsgang, abfließt. Dieser Gang mündet, je nach der Bestimmung der D., entweder auf die äußere Haut (*Schweißdrüsen*, *Talgdrüsen*, *Milchdrüsen*) oder auf die Schleimhaut, welche den gesamten Nahrungskanal, von der Mundhöhle bis zum After, auskleidet (*Schleimdrüsen*, *Speicheldrüsen*, *Magen- und Darmsaftdrüsen*). Nur zwei D. ergießen ihre Absonderungsflüssigkeit nicht direkt auf Haut oder Schleimhaut, sondern zuvor in ein Reservoir, in welchem sich das Sekret ansammelt, um dann von Zeit zu Zeit in Masse entleert zu werden; dies sind die Leber und die Nieren. Die von der Leber gebildete Galle wird zunächst in der Gallenblase aufgespeichert und von da durch einen besondern Kanal in den Darm ergossen. Eine ähnliche Rolle spielt die Harnblase gegenüber den Nieren, welche den Harn absondern. Hinsichtlich ihres Baues unterscheidet man traubenförmige und schlauchförmige D. Die *traubenförmigen* oder *acinösen* D. bestehen aus Gruppen von mikroskopisch kleinen runden Bläschen, welche wie die Beeren einer Traube an einem Stiele sitzen, nur daß die Beeren sowohl als der Stiel hohl sind. Mehrere solche Träubchen vereinigen sich, indem ihre Stiele zusammenfließen, zu einem größern Träubchen, mehrere solche zu einem noch größern, bis endlich alle Stiele in einen großen, den Ausführungsgang der D., zusammengeflossen sind. Daß man diesen traubenförmigen Bau nicht sogleich von außen erkennt, liegt daran, daß die einzelnen Läppchen der D. durch faseriges Gewebe fest untereinander vereinigt sind und außerdem gewöhnlich die ganze Drüse noch von einer bindegewebigen Kapsel umschlossen ist. Solche traubenförmige D. sind die Speicheldrüsen, die Schleimdrüsen, die Talgdrüsen, die Milch- oder Brustdrüsen und in gewissem Sinne auch die Lunge, welche freilich keine Flüssigkeit, sondern ein Gas, nämlich die Kohlensäure, absondert. Die *schlauchförmigen* oder *tubulösen* D. bestehen aus mikroskopisch feinen langen Röhrchen, welche entweder jedes für sich ausmünden (wie die Magensaft- oder Labdrüsen, die Darmsaftdrüsen, die Schweißdrüsen) oder sich untereinander vereinigen und einen gemeinschaftlichen Ausführungsgang haben (wie die zahlreichen Harnkanälchen der Niere). Entweder verlaufen diese Röhrchen gerade oder sie winden sich knäuelförmig zusammen (Schweißdrüsen, Harnkanälchen). Sowohl die Röhrchen der Schlauchdrüsen als die Bläschen der Traubendrüsen sind mit einer einfachen oder mehrfachen Schicht von cylindrischen oder plattenförmigen Zellen ausgekleidet, den sog. *Drüsenzellen* oder dem *Drüsenepithel*, welches die Hauptrolle bei der Absonderung (s. d.) spielt. Außerdem ist jedes Röhrchen oder Bläschen von einem dichten Netz feinster Äderchen umsponnen. Aus dem diese Äderchen durchströmenden Blute schwitzen gewisse Stoffe in die Epithelzellen hinüber, werden hier chemisch umgewandelt und gelangen als specifisches Drüsensekret aus den Röhrchen oder Bläschen durch den Ausführungsgang der D. an den Ort ihrer Bestimmung. Die Funktionen der D. werden durch die vom Willen ganz unabhängigen *Drüsennerven* beeinflußt, welche teils den Füllungsgrad der die einzelnen D. mit Blut versorgenden Blutgefäße regulieren, teils mit den Drüsenzellen selbst in Verbindung stehen und auf die qualitative Zusammensetzung des betreffenden Absonderungsprodukts von bestimmendem Einfluß sind. Wegen ihres großen Gefäßreichtums erkranken die D. sehr leicht und neigen namentlich zu entzündlichen Prozessen, die häufig mit Absceßbildung verbunden sind. Die chronische Entzündung mehr oder minder zahlreicher D. bedingt die sog. *Drüsenkrankheit* oder Skrofulose (s. d.).

Drüsen der Pflanzen, s. Haare.

Drusenbranntwein, ein durch Destillation der Drusen (s. d.) bereiteter Branntwein.

Drüsendarre, Kinderkrankheit, s. Darrsucht.

Drüsenepithēl, s. Drüsen.

Drüsenfrucht, s. Adenocarpus.

Drüsenhaare der Pflanzen, s. Haare.

Drusenhaut, s. Drusen (mineralog.).

Drüsenkrankheit, s. Skrofulose.

Drüsennerven, s. Drüsen.

Drusenöl, *natürliches Cognacöl* oder *Weinöl*, ein durch Destillation der Weinhefe gewonnenes Öl, das nach der Verdünnung mit entfuseltem Branntwein einen intensiven Weingeruch zeigt und zur Aromatisierung von künstlichem Cognac verwandt wird. Zur Darstellung werden 100 kg Hefe in einem Destillierapparat mit der gleichen Menge Wasser angerührt, mit 1 kg Schwefelsäure versetzt und durch direkt einströmenden Dampf der Destillation unterworfen. Es geht dabei in eine schwach alkoholische Flüssigkeit über, auf der schwarze Öltropfen schwimmen. Diese werden gesammelt und mit Wasser von neuem destilliert, wodurch das Öl farblos wird.

Echtes D., im Handel als Oleum vitis viniferae bezeichnet, kostet pro 1 kg 135 M.

Drüsenpest, s. Pest.

Drusenschwärze, s. Frankfurter Schwarz.

Drüsenträger, Pflanzengattung, s. Adenophora.

Drüsenzellen, s. Drüsen.

Druschina (Druzina, russ., spr. drusch-, d. h. Genossenschaft) hieß im alten Rußland die Leibwache des Fürsten, dann überhaupt eine Heerschar. Die Druschinen der Fürsten von Nowgorod bestanden in der ersten Zeit (nach 862) vorherrschend aus Normannen, später meist aus Slawen, Torken und andern Nomadenstämmen. Man unterschied eine ältere D., in welcher die Bojaren dienten, und eine jüngere, die aus Hofleuten und Edelknaben bestand. D. nannten sich auch die Abenteurer aus Nowgorod und Pskow, welche die Herrschaft dieser kriegerischen Republiken nach der Dwina und Kama verbreiteten. In den Chroniken verschwindet der Name D. gegen Ende des 15. Jahrh. Bei der von Alexander I. 1812 angeordneten Volksbewaffnung wurden je 1000 Mann der Reichsmiliz zu einer Abteilung vereinigt, die den Namen D. erhielt. Diese Bezeichnung ward bei dem während des Orientkrieges 1855 erfolgten Aufgebot der Miliz sowie in der Verordnung über die Organisation der Reichswehr vom J. 1876 für die Bataillone der Infanterie beibehalten und findet auch für die im Frieden aufgestellten irregulären Milizfußtruppen in Kaukasien (z. B. Grusinische D.) Anwendung.

Druskeniki, auch Druskienniki, Flecken im Kreis Grodno des russ. Gouvernements Grodno, 44 km nördlich der Stadt Grodno, reizend am Njemen (Niemen) gelegen, hat (1885) 450 E. und ist ein besuchter russ. Kurort (jährlich etwa 300 Kurgäste), mit Post und Telegraph, Badeanstalt und Badespitälern. Die Quellen enthalten meist Chlornatrium, aber auch viel Chlorcalcium.

Drusus, Beiname eines Zweigs des röm. Geschlechts der Livier und später auch einiger Clandier. Der Stifter der Linie, ein Livius unbekannten Vornamens und unbekannter Zeit, hatte in den Keltenkriegen einen gallischen Häuptling Namens Drausus getötet und daher den Beinamen erhalten.

Marcus Livius D., durch seine Tochter Großvater des Cato von Utica, war 122 v. Chr., als Gajus Gracchus sein zweites Tribunat bekleidete, dessen Amtsgenosse, zugleich aber auch sein polit. Gegner, und erhielt infolge seiner erfolgreichen Bemühungen, dem Gracchus die Volksgunst zu entziehen, den Beinamen eines Beschützers (patronus) des Senats. Er war 112 v. Chr. Konsul und kämpfte in diesem und dem folgenden Jahre siegreich von seiner Provinz Macedonien aus gegen die Scordisker im heutigen Serbien.

Sein Sohn, Marcus Livius D., dessen Enkelin Livia des Augustus Gemahlin wurde, war ausgezeichnet durch Beredsamkeit und Sittenstrenge und brachte als Tribun 91 v. Chr., um der Käuflichkeit der Gerichte zu steuern, die Lex judiciaria ein, wonach die Geschworenengerichte den Rittern wieder entzogen und dem Senat zurückgegeben werden sollten, unter gleichzeitiger Aufnahme von 300 Rittern in den Senat. Sein Antrag, in welchem er noch einige andere Gesetzesvorschläge zusammenfaßte, ging auch durch, wurde aber vom Senat für ungültig erklärt. Noch größern Widerstand fand sein anderes Gesetz, wonach den ital. Bundesgenossen das Bürgerrecht gewährt werden sollte. Die edelmütige Warnung vor Anschlägen gegen das Leben des einen Konsuls, die er diesem, seinem leidenschaftlichen Gegner, zugehen ließ, wurde dazu benutzt, um ihn als in die Pläne der Bundesgenossen verstrickt zu verdächtigen. Noch ehe es zur Abstimmung über das Gesetz kam, beseitigte den gefährlichen Reformer der Mordstahl. Sein Tod gab das Zeichen zum Ausbruch des Bundesgenossenkrieges.

Nero Claudius D. war der Sohn des Tiberius Claudius Nero und der Livia, von dieser 38 v. Chr. geboren, als sie bereits seit 3 Monaten mit Octavian verheiratet war, und der jüngere Bruder des nachmaligen Kaisers Tiberius. Nachdem er mit dem letztern 15 v. Chr. Rhätien und Noricum unterworfen hatte, die nun röm. Provinzen wurden, übertrug ihm Augustus Gallien, von wo er, nach Unterdrückung eines Aufstandes, 12 v. Chr. über den Rhein ging und so die Feldzüge gegen die Germanen eröffnete. Nachdem er durch einen Kanal einen Teil des Rheins mittels der Yssel in die heutige Zuidersee (welche damals mit dem Meere nur mittels eines unbedeutenden Flusses [Flevus] in Verbindung stand) und von da in die Nordsee geführt hatte (die fossa Drusiana, Drususgraben), kämpfte er gegen die Usipeter und Sigambrer im Flußgebiete der Lippe, schloß, wie schon früher mit den Batavern, auch mit den Friesen ein Bündnis ab und fuhr aus dem Lande der erstern auf jenem Kanal mit einer Flotte in die Nordsee, um die Bructerer an der Ems zu schlagen. In dem zweiten Feldzuge 11 v. Chr. drang er durch das Gebiet der Usipeter, die er unterwarf, und der Sigambrer bis zur Weser vor, schlug auf dem Rückmarsch einen Überfall der verbündeten german. Völkerschaften zurück und legte an der Lippe das Kastell Aliso (s. d.) und ein zweites auf dem Taunus, die Saalburg (s. d.), im Lande der Chatten an. Als diese 10 v. Chr. von den Römern abfielen, verheerte D., der nach dem vorigen Feldzuge in Rom triumphiert hatte, ihr Land und drang 9 v. Chr., als Konsul, tief ins Innere von Germanien bis zur Elbe ein. Hier versuchte er vergebens den Übergang, errichtete jedoch Siegeszeichen und trat, wie es heißt, durch die Erscheinung eines riesigen Weibes bewogen, das ihm in lat. Sprache sein nahes Ende geweissagt, den Rückzug an, auf welchem er, noch ehe er den Rhein erreicht hatte, infolge eines Sturzes vom Pferde starb, beklagt von Heer und Volk, dessen Liebe er durch seine Tapferkeit nicht minder als durch seine Milde und Freundlichkeit gewonnen hatte. Von seiner Gemahlin, der schönen und sittenreinen Antonia, der jüngsten Tochter des Triumvirs Antonius, hatte er drei Kinder, Germanicus (s. d.), den spätern Kaiser Claudius (s. d.) und Livilla.

Die Tochter Livilla heiratete, nachdem ihr erster Gatte Gajus Cäsar, Enkel des Augustus, 4 n. Chr. gestorben war, den D. Cäsar, einzigen Sohn des Kaisers Tiberius, geb. 10 v. Chr., der 14 n. Chr. den Aufstand der Legionen in Pannonien unterdrückte und 19 Marbod nötigte, sein Reich aufzugeben und zu den Römern zu fliehen. Sie ließ sich aber von Sejanus (s. d.), der D. als Tiberius' Thronfolger fürchtete, verführen und beide ließen D. 23 n. Chr. vergiften, worauf Livilla des Sejanus Gemahlin werden wollte. Tiberius ließ aber dies nicht zu, verlobte vielmehr Sejanus mit Julia, der Tochter der Livilla. Bevor aber diese Heirat zu stande kam, wurde Sejanus 31 n. Chr. gestürzt, und da auch das an D. begangene Verbrechen ans

Licht kam, wurde Livilla von Tiberius zum Tode verurteilt, nach einer andern Angabe sogar von ihrer greisen Mutter zum Hungertode verdammt.

Drususgraben oder Drususkanal (Drusiāna fossa), s. Drusus.

Družina, s. Druschina.

Dry (engl., spr. drei), trocken; vom Wein: stark, herben Geschmacks (s. Madeira).

Dryāde, Pflanzengattung, s. Dryas.

Dryāden (vom grch. drys, d. h. ursprünglich Baum, dann speciell Eiche) oder Hamadryaden, in der Mythologie der Griechen die Schutzgöttinnen der Bäume. Man glaubte, daß sie mit den Bäumen lebten und stürben, und daß die Pfleger der Bäume sich ihres besondern Schutzes zu erfreuen hätten. Der gleichen Vorstellung begegnet man bei andern Völkern, besonders bei den Germanen (Holzweibchen, Holzfräulein u. a.).

Dryand. hinter botan. Bezeichnungen Abkürzung für Jonas Dryander, geb. 1748, gest. 1810 in London. Er schrieb: «Catalogus bibliothecae historico-naturalis Josephi Banks» (5 Bde., Lond. 1796—1800).

Dryander, Ernst Hermann, prot. Theolog, geb. 18. April 1843 zu Halle als Sohn des Oberpfarrers und Konsistorialrats Hermann D. (gest. 1880), studierte in Halle und Tübingen, wurde 1867 Mitglied des Domkandidatenstifts zu Berlin, 1870 Adjunkt an demselben und Domstiftsprediger, 1872 Diakonus in Torgau, 1874 Prediger der evang. Gemeinde zu Bonn. Seit 1882 Pfarrer an der Dreifaltigkeitskirche zu Berlin, ist D. einer der tüchtigsten Kanzelredner der Reichshauptstadt. 1887 wurde er zum Mitglied des brandenb. Konsistoriums und zum Konsistorialrat ernannt, 1890 vom Kaiser mit dem Amte des stellvertretenden königl. Schloßpfarrers betraut, 1892 Generalsuperintendent der Kurmark. D. gehört der preuß. Mittelpartei an. Er veröffentlichte u. a.: «Evangelische Predigten» (1. u. 2. Samml.; 4. bez. 3. Aufl., Bonn 1889), «Predigten über das christl. Leben» (3. Aufl., ebd. 1890), «Das Evangelium Marci, in Predigten und Homilien ausgelegt» (Brem. 1891).

Dryas *L.*, Silberwurz, Dryade, Pflanzengattung aus der Familie der Rosaceen (s. d.) mit nur wenigen Arten, die in den Hochgebirgen der nördl. Halbkugel sowie in den arktischen Gegenden verbreitet sind. Die bekannteste Art ist die auf den Alpen häufige D. octopetala *L.* (s. Tafel: Alpenpflanzen, Fig. 12), eine kleine strauchartige Pflanze mit niederliegenden Zweigen, immergrünen Blättern und lebhaft weißgefärbten großen Blüten; die Früchtchen haben bei der Reife einen langen federartigen, silberglänzenden Fortsatz. Die Pflanze eignet sich als Zierpflanze für Gärten, wo sie in Topferde kultiviert wird.

Dryburgh-Abbey (spr. dreibörg äbbi), Abtei in der schott. Grafschaft Berwick, am Tweed, wurde 1150 gestiftet, aber 1322 und 1544 durch die Engländer teilweise zerstört. In einem Seitenschiff (St. Mary's Aisle) liegt Sir Walter Scott begraben.

Dryden (spr. dreid'n), John, engl. Dichter, geb. 9. Aug. 1631 zu Aldwinkle All Saints in Northampton, erhielt seine Bildung auf der Westminsterschule und der Universität Cambridge. Nach dem Tode seines Vaters suchte er sein Fortkommen in London unter dem Schutze Cromwells, den er in den «Heroic stanzas» (1658) verherrlichte, die durch Glanz der Sprache zuerst die Aufmerksamkeit auf D. lenkten. Kaum aber war das Haus Stuart zurückgekehrt, als er die Partei des Hofs ergriff und in der «Astraea redux» (1660) Karl II. begrüßte. Er ward dann Schauspieldichter und versuchte mit Davenant u. a. die engl. Bühne nach franz. Grundsätzen umzugestalten. Doch fand seine Partei bald lebhafte Gegner, und er selbst geriet dadurch wie durch seinen polit. Wankelmut in langwierige Streitigkeiten. Empfindlich traf der witzige Herzog von Buckingham in seinem «Rehearsal» (1671) D.s dramat. Richtung. Die Theaterstücke D.s sind Erzeugnisse eines feinberechnenden Verstandes ohne tieferes poet. Leben; in den Lustspielen spiegelt sich die ganze Sittenlosigkeit des Zeitalters ab. Auch in den andern poet. Werken zeigt er weniger Reichtum der Phantasie und Tiefe des Gefühls als außerordentliche technische Fertigkeit, so namentlich in dem histor. Gedicht «Annus mirabilis» (1666). Nach Davenants Tode 1668 zum Hofdichter ernannt, kam D. in engere Verbindung mit dem Hofe, dem er durch die gegen die Whigpartei gerichtete Satire «Absalom and Achitophel» (1681) sowie durch die noch gehässigere «The medal» schmeichelte. Das didaktische Gedicht «Religio laici» (1681 und 1684) verteidigt ohne den Ausdruck wahrer Überzeugung die geoffenbarte Religion gegen Papisten und Nonkonformisten. Unter Jakob II. ging D. zur kath. Kirche über und schrieb in diesem Sinne das allegorische Gedicht «The hind and the panther» (1687). Nach Jakobs Entthronung verlor er seine Stellen. Die in seiner damaligen bedrängten Lage entstandenen dichterischen Arbeiten haben ihm den meisten Ruhm gebracht, wie eine metrische Übersetzung des Virgil (1697), eine Ode auf den Cäcilientag, «Alexander's feast» (1725 von Händel komponiert), «Fables» (1700), poet. Erzählungen nach Chaucer, Boccaccio u. a. Um die engl. Kritik machte er sich durch mehrere Abhandlungen, die kritischen Vorreden zu seinen Schauspielen und den «Essay on dramatic poesy» (neue Ausgabe von T. Arnold, 1889) verdient. D. starb 1. Mai 1700 und ward in der Westminsterabtei begraben. Seine kritischen und prosaischen Werke hat Malone (4 Bde., Lond. 1800), seine poetischen Todd (4 Bde., ebd. 1812), Gilfillan (2 Bde., Edinb. 1855), Bell (5 Bde., Lond. 1871) und R. Hooper (5 Bde., ebd. 1891), seine sämtlichen Schriften W. Scott (18 Bde., ebd. 1808; 2. Aufl. 1821; revidiert von Saintsbury, Bd. 1—14, 1883—89) herausgegeben. Eine Auswahl der Gedichte («Select poems») erschien Oxford 1871. Eine Biographie D.s enthält S. Johnsons «Lives of the most eminent English poets» (neuere Aufl., 3 Bde., Lond. 1864—65). Vgl. auch Saintsbury, John D. (ebd. 1881; neue Aufl. 1888).

Dryobalănops *Gärtn.*, eine zur Familie der Dipterocarpaceen (s. d.) gehörende Baumgattung, von der nur eine Art bekannt ist, der auf Borneo und Sumatra wildwachsende ostindische Kampferbaum, D. camphora *Colebr.*, ein stattlicher Baum bis zu 40 m Höhe, mit säulenförmigem, weiß oder gelblich berindetem Stamm, ganzrandigen, lederartigen Blättern und einzeln stehenden Blüten, der den Borneo- oder Sumatrakampfer liefert (s. Kampfer).

Dryocŏpus, s. Spechte.

Dryŏper, altgriech. Volk, welches aus seinem alten Sitze (Dryopis) zwischen Öta und Parnaß durch die Dorier verdrängt wurde. Die zersprengten D. wanderten teils nach dem südl. Euböa, wo sie die Städte Karystos, Styra und Dystos gründeten und allmählich ionisiert wurden. Ein anderer Teil wanderte nach dem südl. Argolis, wo sie namentlich Hermione und Asine innehatten. Aus Asine durch die Argiver vertrieben, erhielten sie von den Spartanern Wohnsitze unweit des Vorgebirges Akritas in Messenien und gründeten dort ein neues Asine.

Dryophĭdae, Peitschenschlangen, eine Familie der harmlosen Schlangen (s. Innocua) mit sehr schlankem, gestrecktem Körper, langem spindelförmigem Kopfe, verlängerter, oft mit hornartigem Anhang versehener Schnauze. Die 5 Gattungen und 15 Arten leben in tropischen Gegenden der Alten und Neuen Welt und klettern nachts schlingend auf Bäume und Sträucher.

Dryopithēcus Fontāni *Lart.*, eine urweltliche Affenform, welche sowohl in dem Gebiß (s. nachstehende Figur, welche die Unterzähne des D. F. darstellt), als namentlich in Extremitätenknochen menschenähnlicher war, als es alle jetzt lebenden bisher bekannten anthropoiden Affenformen sind. Daher haben unter sämtlichen bisherigen Fossil-

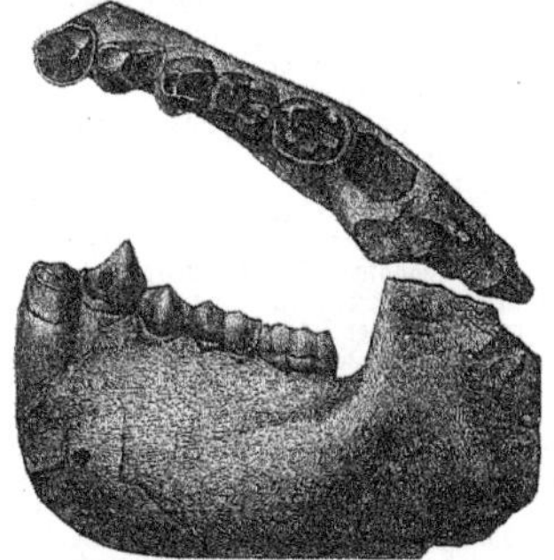

funden die Reste von D. F. nächst den fossilen Schädeln von Spy u. s. w., die von niederern als die gegenwärtig lebenden Menschenrassen stammen, weitaus das größte Interesse erregt, da man durch ihre Kenntnis der Lösung der Fr[illegible] von der Herkunft und Abstammung des Menschengeschlechts wesentlich näher gerückt war. Reste von D. F. sind auch in Deutschland im Tertiär von Eppelsheim bei Mainz gefunden worden.

Dryospīza canarĭa, s. Canarienvogel.

Drypaß, s. Dreipaß.

D. S., auf Rezepten Abkürzung für Detur, Signetur, d. i. man gebe, bezeichne; in der Musik für Dal segno (s. Al segno).

Dsaudsi, Hauptort der Insel Mayotta (s. Comoren).

D. Sc., in England Abkürzung für Doctor of Science (Doktor der Naturwissenschaften).

Dschabalpur (engl. Jubbulpore oder Jabalpur). 1) Division in den Centralprovinzen des Indobritischen Reichs, im N. von den Agentschaften Bundelkhand und Bagalkhand, im O. von der Division Tschatißgarh, im S. von Narbada und im W. von der Agentschaft Bhopal begrenzt, hat 49313 qkm, (1891) 2376510 E. (1881: 2201633 E., darunter 1655103 Hindu, 87060 Mohammedaner, 25014 Kabirpanthi, 30295 Dschain, 399559 nichtarische Ureinwohner) und zerfällt in die 5 Distrikte Damo, D., Mandla, Sagar, Seoni. — 2) Der Distrikt D. hat 10147 qkm und (1881) 687233 E. — 3) Hauptstadt des Distrikts D. und der Division D., unter 23° 11′ nördl. Br. und 79° 59′ östl. L. von Greenwich, 444 m hoch, an einem felsigen Hügel auf dem rechten Ufer der Narbada, hat (1891) 84560 E. (1881: 75705 E., darunter 55146 Hindu, 16916 Mohammedaner, 2391 Christen, 1041 Dschain), ist wichtiger Knotenpunkt für die East-Indian- und Great-Indian-Peninsula-Eisenbahn und eine umfangreiche, wohlgebaute, bedeutende Handelsstadt. Die bedeutendsten Gewerbezweige sind Baumwoll- und Teppichwebereien. Die stark bevölkerte Umgebung befindet sich in vortrefflichem Kulturzustande. In der Nähe sind mehrere kleine Seen und künstliche Teiche, die während der Regenzeit mächtig anschwellen und hierdurch der Stadt in militär. Hinsicht besondere Stärke verleihen. In der Umgegend finden sich mächtige Lager von fossilen Knochen gigantischer Säugetiere.

Dschâbir ibn Hajjân, arab. Gelehrter, s. Geber.

Dschâdschpur (engl. Jajpore), Stadt in Bengalen, Distrikt Katak der Division Orissa, unter 20° 51′ nördl. Br. und 86° 23′ östl. L. von Greenwich, am rechten Ufer der Baitarni, berühmt als Hauptquartier der Siwapriester und eines der vier Wallfahrtsgebiete, in das Orissa geteilt ist, hat (1882) 11233 E., darunter 10611 Hindu, 616 Mohammedaner. Die Pilger, welche den heiligen Tempel des Dschagannâth in Puri (s. d.) besuchen, passieren zum großen Teile D.

Dscha'far. 1) D. (ibn Mohammed) el-Ssâdik (der Wahrhaftige), ein Nachkomme des Ali, der sechste in der Reihe der 12 Imame der schi'itischen Mohammedaner, geb. 702, gest. 765. Er gilt als Hauptrepräsentant der auf Ali zurückgeführten geheimen Kenntnisse, und durch den Gleichlaut irregeleitet hat man mit seinem Namen auch die kabbalistische Wissenschaft des Dschafr in Verbindung gebracht, in welcher man ihm auch schriftstellerische Wirksamkeit zuschreibt. Er wird als Vater der kabbalistischen Pseudowissenschaften des mohammed. Orients betrachtet, und eine große Anzahl von Schriften über Astrologie, Wahrsagekunst, Gliederzucken u. a. m. wurde in seinem Namen überliefert. (S. auch Geber.) Seine Lebenszeit fällt mit dem Sturze der omajjadischen Dynastie zusammen, welcher aber nicht die Aliden, sondern die Abbâsiden zur Herrschaft brachte. Der Nachfolger des D. in der Würde des Imam wäre dessen Sohn Isma'il gewesen, der aber zu Lebzeiten seines Vaters starb; die Nachfolge ging demnach nach dem Glauben der Majorität der Schi'iten auf den jungen Sohn D.s, Musâ, über, während andere die Nachfolge im Imamat auf die Kinder des Isma'il forderen lassen und demnach Ismâ'iliten genannt werden. Auf dies Recht stützten die Fâtimiden ihre Herrscheransprüche. Die Sofidynastie in Persien (15. Jahrh.) leitet ihre Abstammung vom Imam Musâ ibn D. ab. — 2) D., Günstling des Hârûn al-Raschîd, s. Barmakiden.

Dschafaran-Inseln, s. Presidios.

Dschafna oder Dschafnapatam (singhalesisch Jalpannan, engl. Jafnapatam, das Galida des Ptolemäus), Stadt an der Südwestküste der Insel D., welche am Nordende der Insel Ceylon an der Palkstraße liegt, von Ceylon nur durch eine sehr schmale, für Schiffahrt unbrauchbare, nicht selten wasserarme Meeresstraße getrennt. Einige andere, ebenfalls sehr kleine Inseln decken den Zugang von der Palkstraße aus, sind zugleich aber der Schiffahrt hinderlich. Die Stadt hat ein von den Portugiesen erbautes, fest verfallendes Fort, (1891) 43092 E., die hauptsächlich von Fischerei und Handel mit der gegenüberliegenden Küste von Vorderindien leben.

Dschafnapatam, s. Dschafna.

Dschafr, s. Dscha'far.

Dschagannâth, Dschaggarnath, engl. oft Juggurnaut geschrieben, von Sanskrit Jagannâtha, «Herr der Welt», Beiname des Krischna. Über das Heiligtum des D. in Puri s. d.

Dschagatäi, Dschagatäisch, s. Tschagatai.

Dschagga, Landschaft in Deutsch-Ostafrika, liegt 1000—1800 m ü. d. M. auf der untersten, gegen 16 km breiten Terrasse des Kilima-Ndscharo-Gebirges und umfaßt die kleinen voneinander unabhängigen Negerreiche: Madschame, Naruma, Kiboso, Uru, Moschi, Kirua, Marangu, Rombo und Useri. Die Wohnstätten liegen auf scharf getrennten Bergrippen. Die Fruchtbarkeit ist bei den vielen sich in der Ebene zum Pangani sammelnden Bächen die üppigste; zwischen Wiesen von zartem Gras und zwischen Bananenhainen erstrecken sich die Felder mit Bohnen, Hirse, Mais, Bataten und Yams. Rinder, Schafe und Ziegen werden in Menge gehalten. Das Klima ist erfrischend, weil Abkühlung während der Nacht eintritt. Man hat in Moschi Maxima von 30° C. und Minima von 17,5° C. beobachtet. Die Bevölkerung, die Wadschagga, sind ein kräftiger, hochgewachsener Menschenschlag von etwas hellerer Hautfarbe als die Küstenneger, die Mädchen mit anmutigen, vollen Formen, bronzefarben. Die Jugend männlichen und weiblichen Geschlechts geht fast ganz nackt; die ältern Männer tragen ein Fell oder rötlich beschmierte Baumwollfetzen. List und verräterischer Sinn sind ihre charakteristischen Eigenschaften. Im engern Heimatgebiet schlagen sie sich mit wilder Tapferkeit. Die Sprache ist dem Kisuaheli verwandt. Ackerbau und Viehzucht werden den Weibern überlassen, die Männer, zu Kriegern erzogen, verlegen sich auf Jagd und Raub. — Mandara, der Häuptling von Moschi, hatte durch sein Entgegenkommen den Deutschen und Engländern gegenüber großen Ruhm erlangt. Er vergrößerte seinen Besitz durch Kriegszüge, die er im Bündnis mit den Massai bis nach Nord-Para ausdehnte. Er nahm im Mai 1885 die deutsche Schutzherrschaft an. Im Aug. 1887 wurde vom Freiherrn von Eberstein und Premierlieutenant Zelewski in Moschi eine Station der Deutsch-Ostafrikanischen Gesellschaft gegründet; Dr. Peters aber verlegte sie als «Kilima-Ndscharo-Station» der kaiserl. Schutztruppe im Aug. 1891 nach dem günstiger gelegenen Marangu. Die Befestigung der deutschen Herrschaft bedurfte indessen mehrerer Kriegszüge. Major von Wißmann unterwarf im Febr. 1891 nach heftigem Kampf den Häuptling Sinna von Kiboso; Dr. Peters schlug die Warombo im September desselben Jahres und Lieutenant von Bülow unternahm im Juni 1892 eine mißglückte Expedition, wobei er und Lieutenant Wolfrum fielen, gegen Meli, den Häuptling von Moschi, den Sohn des 1891 verstorbenen Mandara, worauf die Kilima-Ndscharo-Station zeitweise geräumt, nach wenigen Wochen aber von dem Chef Johannes wieder besetzt wurde. (Vgl. Deutsch-Ostafrika.)

Dschaggarnath, s. Dschagannath.

Dschahangir (d. h. Welteroberer), Großmogul 1605—27, Sohn und erster Nachfolger Akbars des Großen. Seine Regierung war ruhmreich und auch glücklich, wiewohl nicht durch kriegerische Eroberungen ausgezeichnet, sondern durch die einsichtsvolle Toleranz, welche von ihm fortwährend gegen den Hinduismus, namentlich auch gegen den Çiwakultus geübt wurde. Ein besonderes Wohlwollen seinerseits genossen die Dschain. Wie die meisten Beherrscher von Dehli aus dem Stamme der Timuriden, begünstigte und förderte D. den Handelsverkehr mit andern Völkern. Dieser Gesinnung verdankten die Engländer auch 1611 seine Erlaubnis zur Gründung ihrer ersten Handelsniederlassung in Vorderindien zu Surat seitens der Englisch-Ostindischen Compagnie. Schon 1604 hatte D. den Kapitän Hawkins als Gesandten von Jakob I. empfangen. Er starb 1627.

Dschahil, s. Drusen (S. 543 b).

Dschâhilijja, s. Arabische Sprache und Litteratur (Bd. 1, S. 789 a).

Dschâhnawi, Nebenfluß des Ganges (s. d.).

Dschain, Dschaina, Sanskrit Jaina, Name einer weit verbreiteten ind. Sekte, die gleichzeitig mit dem Buddhismus entstanden ist und mit diesem viele Berührungspunkte hat. Gestiftet wurde sie von Vardhamâna, dem jüngern Sohne eines Adligen aus dem Geschlechte der Nâja (Sanskrit Jñâta oder Jñâti) im heutigen Bihar. Im 31. Lebensjahre beschloß er der Welt zu entsagen, verteilte seinen Besitz und führte mehr als 12 Jahre ein mühseliges Wanderleben als Ascet. Im 13. Jahre, als er die höchste Erkenntnis erlangt zu haben glaubte, trat er als Religionsstifter auf und gründete die Sekte der Nigantha (Sanskrit Nirgrantha). Er selbst führte fortan den Kirchennamen Mahâvîra (der große Held) oder Dschina (der Besieger); nach letzterm Namen hat sich die Sekte später ausschließlich genannt. Nachdem er 29 Jahre lang als Lehrer gewirkt hatte und im 14. Jahre seiner Thätigkeit durch seinen Schwiegersohn Dschâmâli eine Spaltung hervorgerufen worden war, starb er zu Pava noch vor Buddha, dessen Tod um das J. 480 v. Chr. fällt. Nach seinem Tode fand eine zweite Spaltung der Gemeinde statt. Bis auf den heutigen Tag zerfallen die D. in zwei schon frühzeitig scharf voneinander getrennte Sekten, die sich gegenseitig befehden, in einigen Dogmen voneinander unterscheiden und eine völlig getrennte Litteratur haben: die Digambarâs, «die den Luftraum zum Kleid haben», d. h. splitternackt gehen, und die Çvêtâmbarâs, «die weiße Kleider haben». Der Hauptsitz der Digambarâs ist der Süden von Indien, aber sie sind auch im Norden häufig. Bereits Mahâvîra soll 13 Monate nach seiner Entsagung die Kleider abgelegt haben, und auch bei den Asceten der Çvêtâmbarâs gilt völlige Nacktheit als verdienstlich, ist aber durch den Fortschritt der Civilisation jetzt sehr eingeschränkt worden. Die Hauptsitze der D. sind heut Gudschrat, Radschputana und das Pandschab im W. und NW. von Indien und einzelne Länder des Dekans, besonders Kanara. Sie sind vorwiegend Kaufleute, die teilweise sehr begütert sind.

Mahâvîra hat in denselben Gegenden im östl. Indien gewirkt wie Buddha und hatte dieselben Freunde und Gegner wie dieser, der ihn schließlich in den Schatten gestellt hat. Beide Religionen unterscheiden sich vielfach nur durch die Terminologie, die ihnen aber wesentlich auch gemeinsam ist. Erscheint doch sogar unter den Namen des Mahâvîra auch der Name Buddha und unter denen des Buddha häufig Dschina; den D. eigen ist der Titel Tirthakara (Sanskrit Tîrthakara), «der Furtfinder», der bei den Buddhisten Bezeichnung der Irrlehrer ist.

bedienen sich die Buddhisten als Sprache des Pali, so die D. des Prakrit. Die Buddhisten lehren, daß ihrem Stifter 25 Buddhas, die D., daß dem ihrigen 24 Dschinas vorausgegangen sind. Wie den Buddhisten ist den D. (aber auch andern spekulierenden ind. Religionssystemen) das Endziel der Lehre die Befreiung von der Wiedergeburt, die im Pali Nibbâna, im Prakrit Nivvâna = Sanskrit Nirvâna, »das Erlöschen«, genannt wird. Beiden Religionen gelten als Weg dazu die »drei Kleinodien«, der rechte Glaube, die rechte Erkenntnis und der rechte Wandel. Unter dem rechten Glauben versteht der Dschainismus den Glauben, daß allein der Dschina den Weg zur Befreiung aus dem Kreislauf der Geburten gefunden hat und bei ihm allein alles Heil ist. Die rechte Erkenntnis ist die Lehre, daß die Welt unerschaffen und ewig ist. Es giebt keinen Gott, der sie erhält und leitet, alle Organismen sind beseelt, auch die Pflanze und der Stein; und die Seele ist stets mit Bewußtsein ausgestattet, aber verschiedenartig nach dem Körper, in dem sie sich befindet. Der Körper ist dem Tode unterworfen, aber je nach den Thaten des Menschen (kammam, Sanskrit karman) geht die ewige Seele sofort nach dem Absterben des einen Körpers in einen andern eines Wesens höherer oder niederer Gattung über, eine Wanderung, von der sie erst durch Eingehen in das Nirvâna befreit wird. Der rechte Wandel ist verschieden für den Asceten und Laien. Für den Asceten sind die fünf großen Gelübde bindend: nichts zu verletzen, nicht die Unwahrheit zu reden, nichts ohne Erlaubnis sich anzueignen, Keuschheit zu bewahren und als Ascet zu leben. Es ergiebt sich daraus eine große Zahl von Vorschriften über das Leben des Dschaina-Priesters. Der Laie gelobt nur sich fern zu halten von grober Schädigung der Wesen, von groben Unwahrheiten und grobem Eigentumsverbrechen; statt der Keuschheit gelobt er eheliche Treue, statt der völligen Entsagung Genügsamkeit und Vermeidung der Habgier. Auch für ihn wird dann noch eine große Reihe Einzelvorschriften über die Einrichtung seines Lebens, seine Nahrung, sein Verhalten zu andern u. dgl. gegeben, die zum größten Teil wieder mit den buddhistischen übereinstimmen. In der spätern Zeit ist der Stifter der Dschainalehre gerade wie der Buddha zu göttlicher Würde erhoben, Tempel und Denkmäler sind ihm errichtet und eine Art Kultus und Feste eingesetzt worden.

Die D. besitzen eine umfangreiche Litteratur. Die älteste ist in einem eignen Prakrit geschrieben, vor allem die heiligen Schriften der D., die sog. Anga, von denen sich elf in einer späten Redaktion bei den Çvetâmbarâs erhalten haben. Später bedienten sie sich auch des Sanskrits und haben auf allen Gebieten auch der weltlichen Litteratur Hervorragendes geleistet. Ihre Gesamtzahl betrug (1881) 1221885; davon lebten 498443 in der Präsidentschaft Bombay, 378672 in den Radschputenfürstentümern. Vgl. Bühler, Über die ind. Secte der Jaina (Wien 1887.)

Dschaintia (engl. Jatutia, Jyntia oder Japanta), ein in der Provinz Assam (Ostindien) gelegenes Gebiet zwischen 24° 55′ und 26° 7′ nördl. Br. und zwischen 91° 53′ und 92° 48′ östl. L., bis 1835 ein unabhängiger Staat, jetzt geteilt in die Dschaintia-Berge (engl. Jaintia Hills), die einen Teil des Distriktes Khasi- und Dschaintia-Berge und -Staaten (s. d.) bilden, und die Dschaintia-Ebenen (engl. Jaintia Plains), die zum Srîhatta- (engl. Sylhet-) Distrikte gehören. Mit dem Radscha von D. trat die angloind. Regierung zuerst während ihres Krieges mit Birma 1824 in Beziehung, als sie mit ihm einen Traktat schloß, der auch für seinen Nachfolger geltend gemacht wurde. Letzterer wurde aber 1835, als er drei engl. Unterthanen zum Zweck eines Menschenopfers hatte töten lassen, seines Reichs entsetzt und zu Srîhatta interniert. Die engl. Regierung annektierte seine Besitzungen, bildete später aber aus ihnen wieder 16 kleine Lehnsstaaten, welche an ihr ergebene eingeborene Häuptlinge übertragen wurden, über welche ein unter dem Chief-Commissioner von Assam stehender polit. Agent der Hügelstaaten die Aufsicht führte. Jetzt steht D. unter den Distriktsregierungen der Provinz Assam. Von Produkten von D. sind die daselbst in Menge vorkommenden Steinkohlen sowie Kalkstein hervorzuheben.

Dschaipur, engl. Jaipur, Jeypoor oder Jeypore (sanskrit. Jajapura). 1) Bedeutendes **Radschputenfürstentum** und tributpflichtiger Schutzstaat des Indobritischen Reichs, im östl. Radschputana, zwischen 25° 43′ und 28° 27′ nördl. Br. und zwischen 74° 50′ und 77° 15′ östl. L. von Greenwich, hat 37464 qkm, (1891) 2818023, gegen 1881: 2534357 E., worunter 2315219 Hindu, 170907 Mohammedaner, 552 Christen, 47672 Dschain; unter den Hindu sind 351004 Brahmanen, 124345 Radschputen, 242474 Banja, 227321 Dschat, 221565 Mina. Der Boden ist eben und erhebt sich im N. wenig mit einzelnen oder auch gruppierten Felsen. Er besteht teils aus vegetationslosem Sande mit bewässerten und fruchtbaren Oasen, teils aus Gras- und Weideland; nur der SO. ist fruchtbar. Im Sommer steigt die Wärme auf 45,5° C. im Schatten, während im Winter vielfach Reif vorkommt. Die Bevölkerung hält zahlreiche Viehherden, baut Getreide, Hülsenfrüchte, Baumwolle und Tabak, und mitten im Sande reifen in der trockensten Jahreszeit ungeheure Wasserkürbisse. Auch fertigt man emaillierte Goldarbeiten und Gewebe. Die Mina als Aboriginer und die Dschat (s. d.) sind betriebsame und geschickte Ackerbauer. Die Brahmanen finden sich hier häufiger als in dem übrigen Radschputana. Der herrschende Radschputenstamm (30000 Waffenfähige) leitet seinen Ursprung vom zweiten Sohne Ramas, des Königs von Oudh, ab. Das Land ist an fast unabhängige Lehnsleute (Thakur) verteilt. Die Staatseinnahmen betrugen 1891: 6554850, die Ausgaben 4984200 Rupien (einschließlich des Tributs). Der Staat hält ein Heer von 3578 Kavalleristen, 9599 Infanteristen und 716 Artilleristen mit 65 Kanonen. Von dem Staatseinkommen werden jährlich 715000 M. für öffentliche Werke, namentlich zum Zwecke der Bewässerung der Felder, verwendet. — 2) **Hauptstadt** des Radschputenfürstentums D., 222 km westsüdwestlich von Agra zwischen Hügeln gesund gelegen, hat (1891) 158890 E. (1881: 142578 E., darunter 100850 Hindu, 32951 Mohammedaner), zahlreiche Moscheen und Tempel, eine Citadelle, ein Zeughaus mit Einrichtung zum Gießen und Bohren von Geschützen und eine gut erhaltene, aber nicht benutzte Sternwarte. Man verfertigt Musseline und Kattune. In der Mitte der Stadt steht der großartige Residenzpalast des Radscha mit prachtvollen Gartenanlagen. D. wurde 1728 vom Radscha Dschai Singh II. (berühmter Astronom und Minister des Dehlikaisers Muhammad [1718—48]) gegründet und ist die regelmäßigste und schönste Hindustadt, von einem Wall und einer mit hohen Türmen versehenen Backsteinmauer umgeben und hat sieben feste Thore. — Die 8 km nördlich gelegene frühere Hauptstadt Amber (Amer), nach der früher der Staat benannt wurde und die als Sitz der Gelehrsamkeit berühmt war, ist seit der Gründung von D. fast ganz verödet. Sie wurde von Dschai-Singh II. verlassen, weil sie nach der Sage 1000 Jahre bestanden haben sollte und er, nach dem Glauben seiner Zeit, das zweite Jahrtausend in einer neuen Hauptstadt beginnen mußte.

Dschaisalmir (engl. Jeysulmere), ein Staat unter einheimischen Fürsten in Ostindien, zwischen 26° 5′ und 28° 23′ nördl. Br. und zwischen 62° 29′ und 77° 15′ östl. L., der westlichste Teil von Radschputana, nördlich von dem Tributstaat Bahawalpur der Provinz Pandschab, östlich von Bikanir und Dschodhpur, südlich von der Agentschaft Dschodhpur und westlich von der Division Sindh im Pandschab begrenzt, hat 42597 qkm, (1891) 115436, (1881) 108143 E., darunter 57484 Hindu, 28032 Mohammedaner, 1671 Dschain. Fast die Hälfte der Hindu sind Bhati-Radschputen, die infolge starken Opiumgenusses körperlich und geistig mehr und mehr entarten. Außerdem giebt es unter den Hindu (der Kaste nach) 6055 Brahmanen, 7981 Mahadschan, 403 Dschat (s. d.). D. ist eine weite, dürre, meist sandige und unfruchtbare Ebene, ein in verhältnismäßig neuerer Zeit gehobener Meeresboden. Dafür spricht auch die Menge des Seesalzes, von dem der sandige Grund allenthalben durchdrungen ist. Hin und wieder erheben sich (teils einzeln, teils zu Reihen verbunden) Dünen gleichende Sandhügel, zwischen denen sich Grasflächen befinden. Hier werden Dromedare, Pferde und Schafe gezüchtet. Während der Regenzeit bilden sich eigentümliche, Sari genannte Ansammlungen von Salzwasser, die teilweise jahrelang gefüllt bleiben, so der an der südl. Grenze gelegene Kanod-Sar, aus dessen Wasser die Bevölkerung ihren Bedarf an Salz bereitet, was eine Einnahmequelle des Fürsten bildet. An süßem Trinkwasser ist allenthalben Mangel, dasselbe findet sich erst in 75 bis 118 m Tiefe. — Die gleichnamige Hauptstadt von D., unter 26° 55′ nördl. Br. und 70° 57′ östl. L., wurde 1156 von Dschaißal, einem Bhati, an Stelle der frühern Hauptstadt Lodhoroa gegründet, ist Residenz des Mahā-Rāwāl oder Fürsten und hat (1881) 10965 E. und mehrere schöne Dschaintempel.

Dschajadēva (ind. Jayadeva), Name mehrerer ind. Dichter. Besonders bekannt ist D., der Verfasser des «Gītagōvinda». Er stammte aus dem Dorfe Kindubilva in Bengalen und lebte unter dem Könige Lakshmanasēna von Bengalen am Anfange des 12. Jahrh. n. Chr. Der «Gītagōvinda» schildert in 12 Gesängen die Liebe des Krischna und der Rādhā, ihren Liebeszwist und ihre Versöhnung. Es ist ein Gesangsspiel, eine Art lyrischen Dramas. Krischna, Rādhā und ihre Freundinnen treten darin im Wechselgesange auf; die zahlreichen Metren sind äußerst kunstvoll, die Sprache schwungvoll und feurig, Alliteration und Reim sind häufig verwendet, und es werden die Melodien angegeben, nach denen gesungen werden soll. Ohne Zweifel ist es nach einem Original in Prakrit gedichtet, worauf schon der Name gōvinda (Sanskrit gōpēndra, «Fürst der Hirten») hinweist. Wie das Hohe Lied, ist auch der «Gītagōvinda» mystisch gedeutet worden; schon in Indien hat man das Verhältnis von Krischna zu Rādhā als das von Gott zur Seele aufgefaßt, und in diesem verkehrten Sinne hat Edw. Arnold (Lond. 1875) das Werk übersetzt. Herausgegeben ist der «Gītagōvinda» mit lat. Übersetzung und Anmerkungen von Lassen (Bonn 1836), außerdem oft in Indien, zum Teil mit einheimischen Kommentaren (Bombay 1883). Ins Englische wurde er übersetzt von Sir William Jones («Works», Bd. 4, 1799) und daraus ins Deutsche von Majer (Weim. 1802) und Dalberg (Erfurt 1802). Eine meisterhafte, aber leider nicht vollständige, Übersetzung aus dem Original gab Rückert in der «Zeitschrift für die Kunde des Morgenlandes», Bd. 1 (Gött. 1837). Kein ind. Dichter übertrifft D. an Glut und Tiefe der Empfindung. Der «Gītagōvinda» ist bis heute ein Hauptbuch der Verehrer des Vischnu und wird noch an dem zu Ehren des Krischna gefeierten Feste Rāsa vorgetragen. D. dichtete auch in Hindī, und im Adi Granth, der Bibel der Sikh, befindet sich ein Gedicht von ihm in altem Hindī, das Trumpp herausgegeben und übersetzt hat (in den «Sitzungsberichten der Königl. Bayerischen Akademie», 1879).

Dschajanta-Berge und -Staaten, s. Khasi- und Dschaintia-Berge und -Staaten.

Dschalalpur, Stadt in der indobrit. Provinz Pandschab, rechts am Dschihlam, hat (1881) 12839 E.; es ist das alte Bucephala (s. Bucephalus).

Dschālandar (engl. Jalandhar, Jullundar oder Jallandar). 1) **Division** in der Lieutenant-Gouverneurschaft Pandschab des Indobritischen Reichs, zwischen 30° 57′ und 32° 59′ nördl. Br. und 75° 7′ und 77° 49′ östl. L. von Greenwich, hat (1891) auf 48733 qkm 3787945 E. (1881 auf 32558 qkm 2421781 E., darunter 1576112 Hindu, 687942 Mohammedaner, 150842 Sikh, 2860 Buddhisten, 2056 Christen, 1942 Dschain) und zerfällt in die 3 Distrikte D., Hoschiarpur und Kangra. Sie gelangte während des ersten Krieges der Engländer mit den Sikh in den Besitz der erstern und wurde durch den Friedensschluß von Lahaur (9. März 1846) vom Mahārādschā von Lahaur an dieselben abgetreten. Das Land ist fruchtbar, das Klima gesund. — 2) **Hauptstadt** des Distrikts und der Division D. im Pandschab, einst Residenz der Dynastie der Lodi-Afghanen, hat (1891) 66450 E. (1882 unter 52119 E. 31326 Mohammedaner, 18514 Hindu, 373 Dschain, 363 Sikh).

Dschalo, Oase in der Libyschen Wüste in Nordafrika unweit der Oase Audschila (s. d.), 32,3 m unter dem Meeresspiegel, 200 qkm groß, hat 100000 Palmen und 6000 E., Medschabra, arabisch redende Berber, die als gewandte Kaufleute in der ganzen Libyschen Wüste Handelsverbindungen haben. Da der Boden sehr salzhaltig ist, giebt es in der ganzen Oase kein trinkbares Wasser. Getreide und Datteln sind die Nahrung ihrer Bewohner, die auch einige Schaf- und Ziegenherden aber keine Rinder und Esel und nur wenig Pferde besitzen. Hauptort ist Lebba; außerdem giebt es noch 25 kleine Dörfer. D. ist Sitz eines Mudirs, der im Namen des Gouverneurs von Bengasi regiert; er beschränkt sich auf Einziehung von Steuern, da die Sekte der Senussi die Gewalt in Händen hat.

Dschalut, s. Jaluit.

Dschāmbhadschi, s. Bischnavis.

Dschambi, andere Schreibung für Djambi (s. d.).

Dschambu in Kaschmir, s. Dschamū.

Dschâmi', s. Moschee.

Dschâmi, Mewlanâ, eigentlich Abdur-Rahman ibn Ahmed, der berühmteste pers. Dichter seiner Zeit, geb. 1414, erhielt seinen Beinamen von seiner Heimat Dscham in der Provinz Chorassan. Der pers. Sultan Abu Said rief ihn an seinen Hof nach Herat; aber D., ein Anhänger der Lehren der Sufi, zog das beschauliche Leben den Vergnügungen des Hofs vor. Noch größeres Ansehen genoß D. bei dem Sultan Hossein Bähâdur Chân und dessen gelehrtem Vezier Mir Ali Schir. Als er 1492 starb, war die ganze Stadt in Trauer. Der Sultan ließ ihm auf öffentliche Kosten ein glänzendes Leichenbegängnis ausrichten. Er war einer der fruchtbarsten Schriftsteller Persiens und hinterließ über 40 Werke theol., mystischen und dichterischen Inhalts. Aus seinem «Diwan» gab Rückert reiche Auszüge (in der «Zeitschrift der Deutschen Morgenländischen Gesellschaft», Bd. 4 fg.). Sieben seiner anziehendsten Gedichte epischen und didaktischen Inhalts vereinigte er u. d. T. «Die sieben Sterne des Großen Bären». Dazu gehören: «Jusuf und Suleicha», eins der poetisch tiefsten Werke der pers. Sprache, das Rosenzweig im Original mit deutscher Übersetzung (Wien 1824) herausgab, Griffith metrisch ins Englische übertrug; die anmutige Dichtung «Medschnun und Leila» (französisch von Chézy, Par. 1807; nach derselben deutsch von Hartmann, 2 Bde., Amsterd. 1807); «Subhatu-l-Abrar», d. i. der Rosenkranz der Gerechten, ein moralisch-didaktisches Gedicht (Kalkutta 1811), und ein ähnliches Werk, «Tohfatu-l-Ahrar», Geschenk des Edeln (hg. von Falconer, Lond. 1848; übersetzt von Fitzgerald, ebd. 1856); das allegorische Epos «Salaman und Absal» (hg. von Falconer, ebd. 1850); endlich die beiden romantischen Epopöen «Chosru und Schirin» und «Das Buch von den Thaten Alexanders». Sein «Bäharistan», eine glückliche Nachahmung des «Gulistan» von Saadi, ist eine Sammlung von Anekdoten, Sittensprüchen, Biographien u. s. w. in Prosa und Versen (persisch und deutsch von Schlechta-Wssehrd, Wien 1846). Von seinen prosaischen, zum Teil noch nicht gedruckten Werken ist das berühmteste seine Geschichte des Mysticismus, «Nafahâtu-l-ins», d. i. der Hauch der Menschheit, das nebst einer systematischen Darstellung der Lehren des Sufismus das Leben von 604 berühmten Sufis enthält und woraus Sacy in den «Notices et extraits» (Bd. 12) interessante Auszüge veröffentlichte. Sehr geschätzt sind auch D.s Briefe, «Inshâ sive Rikaat» (Kalkutta 1811). Eine Anzahl von Liedern des D. hat Wickerhauser («Liebe, Wein und Mancherlei», Lpz. 1855) in das Deutsche übertragen. Eine Gesamtausgabe seiner poet. Werke erschien in Kalkutta (1811). Über D.s Leben und Schriften vgl. Vinc. von Rosenzweig, Biographische Notizen über Mewlânâ Abd ur-Rahmân D. nebst Übersetzungsproben (Wien 1840) und Wickerhauser, Blütenkranz aus D.s zweitem Diwan (ebd. 1858).

Dschamna (engl. Jumna, sanskrit. Jamuna), der bedeutendste rechte Nebenfluß des Ganges, der denselben von seiner Quelle an parallel und dann westlich und südlich begleitet und, gleich dem Ganges, von den Hindu für heilig gehalten wird. Die D. entspringt 31° 3′ nördl. Br., 78° 30′ östl. L. in der Alpenlandschaft Garhwal des Himalaja, an der Südwestseite der Dschamnotri-Piks in 6326 m Höhe, 1 km entfernt von den in 3307 m Höhe unter einer mächtigen Schneedecke aus einer Granitschlucht hervorbringenden sieben heißen (90,4° C.) Quellen Dschamnotri im NW. der Gangesquelle. Durch zahlreiche, zum Teil an Wassermasse reichere Alpenwasser (Berai-Ganga, Tons u. a.) verstärkt, durchströmt die D. das Siwalikgebirge und tritt nach einem reißenden Laufe von 163 km bei Radschamahall in 443 m Höhe in die ind. Ebene. Sie fließt dann an Dehli, Mathura, Agra, Itawa und Kalpi vorbei, um nach einem Gesamtlaufe von 1399 km bei Allahabad in den Ganges einzumünden, mit diesem das hindostan. Doab (s. d.) einschließend. An der Mündung ist die D. ziemlich so stark wie der Ganges, aber reißender und völlig klar. Die D. hat stellenweise hohe, steile Ufer und zeigt sich oberhalb Dehli wegen vieler Untiefen und Felsen unschiffbar. Die wichtigsten Nebenflüsse sind rechts der Tschambal (engl. Chumbul), der Sindh, die Betowa und der Ken (engl. Cane), links der Hindan, Sengur und Rind. Ein ausgedehntes Kanalnetz dient der Bewässerung und der Schiffahrt; der östl. Dschamnakanal ist 260, der westliche 690 km lang.

Dschamnotri, s. Dschamna.

Dschamrūd, engl. Fort am Ausgang des Chaibarpasses, s. Pischäwar.

Dschamschēd-dschi Dschidschibha'i (engl. Sir Jamshedji Jijiboy), ein sehr reicher Parsi-Kaufmann zu Bombay, daselbst geb. 15. Juli 1783 und gest. 14. April 1859, zeichnete sich durch seinen gemeinnützigen Sinn und die Freigebigkeit aus, mit welcher er einen großen Teil seiner Schätze, weit über 1 Mill. Pfd. St., zum besten seiner Vaterstadt verwandte, wodurch er seinen Namen mit deren Blüte eng verbunden hat. Namentlich verdankt das höhere Unterrichtswesen ihm sehr viel, z. B. das College und das Museum. Ähnliche Anstalten errichtete er in Surat und Udaipur. 1842 wurde D., als der erste Eingeborene von Indien, von der Königin von England zum Ritter, 1857 zum Baronet erhoben.

Dschamū (engl. Jammu oder Jummoo), auch Dschambu, Hauptstadt der gleichnamigen Provinz in Kaschmir sowie des Staates «Kaschmir und D.» (s. Kaschmir), unweit der Grenze des Pandschab, unter 32° 44′ nördl. Br. und 74° 54′ östl. L. in den südl. Vorbergen des Himalaja, an dem kleinen, sich in den Tschinab ergießenden Flusse Tawi, in 2500 m Höhe, ist wohlgebaut, hat (1873) 41817 E., besitzt einen Palast des Radscha, ein Fort und einen sehr geräumigen, zweckmäßig gebauten und reich versehenen Bazar.

Dschanawi, besser Dschähnawī, Nebenfluß des Ganges (s. d.).

Dschangal (Dschungel, engl. Jungle), der persische, in das Hindustani und von da in das Englische übergegangene Ausdruck für Wald. Die Europäer verstehen unter D. vielfach Busch- und Schilfdickicht, im Gegensatze zu dem eigentlichen Hochwald. D. finden sich häufig in Ostindien, namentlich am Fuße des Himalaja, in dem 30—45 km breiten Saume des Tarai, der sich von Assam westwärts bis zu der Dschamna erstreckt. Das Land bildet hier eine weite, stellenweise sumpfige, mit undurchdringlichem Gestrüpp und Schilfdickicht, hohem Grase, Bambus, Buschwerk, baumartigen Schling- und Kletterpflanzen bedeckte Niederung, eine Region der Fieber, der wilden Tiere (namentlich Tiger, Elefanten, Rhinocerosse, Büffel, Hirsche, Wildschweine und Riesenschlangen). Das lange Gras wird in der trocknen Jahreszeit niedergebrannt, um das Raubwild zu verscheuchen und das Vieh auf den neuen, sogleich aus der alten Grasung hervortretenden Sprossen zu weiden.

Dschansi, s. Dschhänsi.

Dschaora, mohammed. Staat in Centralindien (s. d., Bd. 4, S. 40a).

Dschapara, Residentschaft auf Java, s. Japara.

Dschask, Kap an der Südküste Persiens, beim Eingange zur Straße von Ormus; nördlich davon Fort D. mit 3000 E.

Dschassaur (sanskrit. Jaschohara, «Ruhmraub»), engl. Jessor(e), Distrikt der sog. Präsidentschaftsdivision der indobrit. Lieutenantgouverneurschaft Bengalen, hat 3046 qkm und (1881) 1577249 E., darunter 945297 Mohammedaner, 631439 Hindu. Das Land ist im allgemeinen flach und niedrig gelegen, durch eine Menge von Mündungsarmen des Ganges, unter denen die Madhumati, der Kamar und der Kabadak die beträchtlichsten sind, stark bewässert und, namentlich während der Regenzeit, häufigen Überschwemmungen ausgesetzt. Der Boden, aus Alluvialland bestehend, ist außerordentlich fruchtbar, das Klima aber ungesund, Fieber und andere Krankheiten erzeugend. Fauna wie Flora sind sehr reich und interessant. Unter den Bodenerzeugnissen für die Ausfuhr nehmen Reis, Zucker und Indigo die erste Stelle ein. Die Wälder sind mit wilden Tieren, wie Tiger, Panther, Bären, Schakalen erfüllt, außerdem kommen Hirsche, Wildschweine, Stachelschweine in Menge vor. — Der Hauptort des Distrikts, D., auch Kaßba genannt, liegt unter 13° 10′ nördl. Br. und 89° 15′ östl. L., hat (1881) 8495 E. (4511 Hindu, 3822 Mohammedaner), eine wohleingerichtete, 1838 gegründete Lehranstalt, in der junge Eingeborene im Englischen, Persischen und der Bengalisprache unterrichtet werden, und ist mit Kalkutta und Khulna durch Eisenbahn verbunden.

Dschāt (engl. Jat oder Jant, Mehrzahl Ja[u]ts), ein arischer Stamm Hindustans, verhältnismäßig unvermischt, an kriegerischem Sinn den Radschputen ähnlich, denselben in der Bodenkultur überlegen, vermutlich der Überrest der Indoskythen (die «Saka» der Inder und Perser), welche um 126 v. Chr. das Neubaktrische Reich überschwemmten, dann um 90 zerstörten und am Indus das Indoskythische Reich gründeten. Die D. selbst werden mit den Geten oder Massa-Geten (den Groß-Geten) des Altertums, und die Dhe, eine große Unterabteilung der D., mit den Dahä (nach Strabo am Kaspi-See) identifiziert. Schon 57 v. Chr. (Ära Samwat) schlug der ind. König Wikramāditya sie aus dem Pandschab zurück. Sie wohnten sodann später unter dem Namen D. als Bergstämme im Westen des Indus, wo noch jetzt im östl. Belutschistan D. leben, wurden aber 1026 n. Chr., wie Firischta berichtet, von Sultan Mahmūd von Ghasna besiegt und 1397 von Timur im Pandschab verfolgt und zum Teil ausgerottet. 1526 kämpften sie gegen Babar, als er ins Pandschab einfiel; auch später haben sie den Moguls viel zu schaffen gemacht. Um 1700 drangen sie aus ihrem damaligen Wohnsitze, dem Bari-Doab, zwischen Rawi und Satladsch, über den Satladsch ostwärts bis an die Dschamna, den rechten Nebenfluß des Ganges, vor. Die Großmoguls von Dehli gaben ihnen die Erlaubnis, sich in dem zwischen jenen beiden Flüssen gelegenen Doab anzusiedeln, wo sie jedoch bald als ein unruhiges und raubsüchtiges Volk die Geißel des Landes und ihrer eigenen Beschützer wurden. Während der Verwirrungen und Bürgerkriege nach Aurangsebs Tode (1707) wuchsen Ansehen, Landbesitz und Reichtümer der D. ungemein. In der großen Schlacht bei Panipat 1761 trugen sie durch Verrat zu der Niederlage der Mahratten bei und erhielten zur Belohnung von Schah Alam die Stadt Agra, deren Besitz sie durch stärkere Befestigung ihrer Hauptstadt Bharatpur (s. d.) sicherten. Nach dieser Stadt zogen sich nun auch die aus dem Doab u. s. w. vertriebenen D. größtenteils zurück und wurden daselbst von ihren eigenen, Radscha genannten Fürsten beherrscht.

Obgleich ursprünglich nur ein niedriger Stamm der Sudrakaste, maßten sich doch die D. Abstammung von der Kschatri- oder Kriegerkaste an, was durch ihr kräftiges, kriegerisches Wesen gerechtfertigt erschien. Selbst die Radschputen wußten sie in Respekt zu erhalten, und sogar die Briten lernten in ihnen alsbald die thatkräftigsten Widersacher kennen. General Lake schloß zwar 1803 ein Freundschaftsbündnis mit ihnen, aber es kam doch bald nachher zum Kriege. Obgleich Lake ihre Feste Bharatpur trotz viermaligen Sturmes nicht einnahm, so ergab sich der Radscha doch und zahlte 20 Lakh Rupien (nach damaligem Werte 3849057,6 M.). Das Land blühte von neuem auf, bis 1825, nach dem Tode von Radschah Baldeo Singh, wegen der Thronfolge innere Zwiste unter den D. und zugleich ein Zerwürfnis derselben mit den Engländern entstanden. General Combermeere erstürmte Bharatpur 17. Jan. 1826, schleifte die Festung und setzte den jungen Balwant Singh auf den Thron, dem 1853 (der 1852 geborene) Dschaßwant Singh folgte. Der Fürst hat zur brit. Armee ein Kontingent zu stellen, aber kein Schutzgeld zu zahlen. Die Staatseinkünfte betrugen (1882) 5720247 M. Das Land der D., eine weite Strecke westlich an der Dschamna, ist eins der fruchtbarsten und kultiviertesten in Hindustan. — Nächst dem Fürstentum Bharatpur ist unter den verschiedenen, sämtlich im Westen der Dschamna gelegenen Schutzstaaten der D. der bedeutendste Dholpur (3106 qkm, 250000 E.) mit der gleichnamigen Hauptstadt am Tschambal, 55,5 km südlich von Agra; die Dynastie ist eine Dschatfamilie; unter den 250000 Einwohnern sind aber nur 3932 D. — Die D. sind jetzt im ganzen nordwestl. Indien vertreten, besonders in Sindh, Radschputana (z. B. in Dschaipur, Bahawalpur, Dschodhpur) und am allermeisten im Pandschab, wo sie ein Fünftel der Bevölkerung bilden und das zahlreichste und schätzbarste Element der Ackerbaubevölkerung darstellen. Im ganzen beträgt ihre Anzahl jetzt 4½ Mill.

Dschaudpore, s. Dschōdhpur.

Dschauharî, Abû Naßr Ismâ'îl ibn Hammâd, Verfasser eines Wörterbuchs der arab. Sprache, stammte aus Farab, war türk. Abkunft, widmete sich dem Studium der klassischen arab. Sprache und machte zu diesem Behufe Reisen zu den beduinischen Stämmen Arabiens, welcher Umgang seine aus den alten Dichtern geschöpften Kenntnisse der Feinheiten der arab. Sprache vervollständigte. In sein Vaterland zurückgekehrt, ließ er sich in Nischapur (Chorassan) nieder, wo er infolge eines unglücklichen Sturzes von dem Dache seines Hauses 1002 starb. Die Resultate seiner Studien legte er in seinem berühmten Lexikon «Ssahâh» nieder, welches nach Art arab. Lexika nach den Endkonsonanten der Wortstämme angeordnet ist. Einen großen Teil desselben soll nicht mehr D. selbst, sondern aus den vorhandenen Materialien sein Schüler Ibrâhim al-Warrâk redigiert haben. Das Werk genießt noch heute großen Ansehens, nicht nur bei den Gelehrten des Morgenlandes, sondern auch in Europa, wo es als eine der vorwiegendsten Quellen der arab. Lexikographie benutzt worden ist. Es wurde wiederholt glossiert und kommentiert, auch Auszüge hat man daraus angefertigt. Es wurde auch ins Persische (von Abul Fadl Mohammed ibn Omar Dschemâl, Kalkutta 1812—14; 2. Ausg. 1832) wie ins Türkische (von Mustafa Wankûli, Konstant. 1728; weitere Ausgaben 1758, 1802 u. ö.) übersetzt. Aber auch in polemischen Schriften hat man versucht, Irrtümer des D. nachzuweisen und zu verbessern (vgl. Goldziher, Beiträge zur Geschichte der Sprachgelehrsamkeit bei den Arabern, 2. Heft, Wien 1872). Von dem arab. Texte, welchen der holländ. Gelehrte Everh. Scheid herauszugeben beabsichtigte (es erschien aber nur der 1. Teil, Harderwyck 1776), sind im Orient wiederholt Ausgaben erschienen, z. B. Bulak 1282 der Hidschra u. ö.; ein Auszug des D. («Muchtâr al-Ssahâh») von 'Abd el-Kâdir al-Râzi erschien Kairo 1287 der Hidschra.

Dschaulân, Landschaft in Palästina, s. Dscholan.

Dschaunpur (engl. Jaunpur). 1) **Distrikt** der Division Allahabad der indobrit. Lieutenantgouverneurschaft der sog. Nordwestprovinzen, mit 4024 qkm und (1881) 1209663 E., zwischen 25° 44′ und 26° 12′ nördl. Br., und 82° 10′ und 83° 8′ östl. L., gegen NW. von Oudh, gegen NO. von dem Distrikt Asamgarh, gegen O. von Ghasipur und gegen S. von Benares und Allahabad begrenzt. D. besteht allergrößtenteils aus niedrigem, in mittlerer Erhebung in nur 80 m Höhe gelegenem und nur in seinem südwestlichsten Teile stellenweise bis gegen 100 m sich erhebendem Flachlande. Hauptflüsse daselbst sind der Gumti, Sai und Barua. Der Boden ist fruchtbar und gut bebaut. — 2) **Hauptstadt** des Distrikts, 25° 41,5′ nördl. Br., 82° 43,5′ östl. L., wird von dem Flusse Gumti, der daselbst schiffbar ist, in zwei Teile, einen größern auf dem linken und einen kleinern auf dem rechten Ufer, getrennt, die durch die alte Brücke Akbars verbunden sind. D. hat (1881) 44845 E., darunter 25920 Hindu, 16832 Mohammedaner, 92 Christen, ein Fort, ein 800 m im Umfange haltendes, angeblich 1370 von Firos Schâh Tughlak, dem türk. Herrscher von Dehli, errichtetes massives Bauwerk aus Stein, welches in neuerer Zeit als Gefängnis benutzt wurde, und im Osten der Stadt eine sehr große, auffallend schön gebaute Moschee und in deren Nähe eine zweite, aber kleinere Moschee in ähnlichem Baustile.

Dscheb, Fluß in Ostafrika, s. Jub.

Dschebado, Dscherba, Insel an der Küste von Tunis im Meerbusen von Gabes, vom Festlande durch eine, an der schmalsten Stelle nur 500 m breite, seichte Meerenge getrennt, hat 1050 qkm, 40000 E. (meist der wahhâbitischen Sekte angehörende Berber), Fabrikation von seidenen und wollenen Stoffen, Fischfang, Ackerbau und erzeugt ausgezeichnete Weintrauben, Pfirsiche, Feigen, Datteln, Granatäpfel, Mandeln und Ölbäume. Hauptstadt ist Humt Suk («der Markt», arab. Suk) mit 3000 E., darunter viele Juden, die allein auf der Insel in regelmäßigen Häuservierteln wohnen. — D. ist das schon den Alten bekannte Meninx, die Insel der Lotophagen, von deren alter Hauptstadt Meninx noch Reste vorhanden sind. Seit 1881 ist D. von den Franzosen besetzt. [Byblos (s. d.).

Dschebail, Dschebel oder Djebeil, das alte

Dschebel (arab.) oder Djebel, Gebirge, Berg.

Dschedda, Hafenstadt von Mekka, s. Dschidda.

Dschehangir, verderbt aus Dschahângîr (s. d.).

Dschehennem, s. Dschennet.

Dschehol (Dzihol oder Jehol), s. Schehol.

Dschelada (abessin.), Affenart, s. Pavian.

Dschelâl ed-din Rûmi, der größte mystische Dichter der Perser, wurde in Balch 1207 geboren. Sein Vater, ein ausgezeichneter Lehrer der Philosophie und des Rechts, von dort vertrieben, wanderte nach Konia in Kleinasien aus, wo ihm nach seinem Tode (1231) sein Sohn als Lehrer nachfolgte. Hier wirkte letzterer bis zu seinem 16. Dez. 1273 erfolgten Tode in ununterbrochener Thätigkeit, versammelte einen großen Kreis von Schülern um sich und wurde der Stifter der Mewlewi (pers. Moulewi), des angesehensten Ordens der Derwische. Der im ganzen mohammed. Orient weitverbreitete Ruhm des D. gründet sich auf seinen «Diwan» oder die Sammlung seiner lyrischen Gedichte, die zu den schwungvollsten und ideenreichsten der orient. Poesie gehören. Eine Auswahl gab Rosenzweig (Wien 1838) in Text und Übersetzung heraus. Noch berühmter aber ist sein «Mesnewi», d. h. das in Reimpaaren verfaßte Gedicht, ein Name, der vorzugsweise sehr vielen in ähnlicher Form verfaßten Gedichten beigelegt wurde. Dieses Werk, welches seine Vorbilder, die «Hadika» (Ziergarten) des Senaji (gest. 1150) und das «Esrarname» (Buch der Geheimnisse) des Ferid ed-din Attar (gest. 1229) übertrifft, enthält in sechs Büchern 40000 Distichen und ist durchweg moralischen und ascetischen, allegorischen und mystischen Inhalts, sodaß Lehren und Betrachtungen mit Legenden und Erzählungen abwechseln. Der gebildete Perser sieht in diesem Gedichte die höchste Vollendung eines Erbauungsbuchs, ein Werk, dessen Aufnahme in Seele und Geist ihn sicher der höchsten Seligkeit, nämlich dem Einswerden mit der Gottheit entgegenführt und ihm als das Produkt höherer, unmittelbarer Gottesweihe erscheint. Vom orient. Standpunkt aus betrachtet, gehört das «Mesnewi» zu den bedeutsamsten Schöpfungen des mohammed. Geistes, wenn auch der Abendländer an Gedanken und Form vieles auszusetzen findet. Eine vollständige Ausgabe des «Mesnewi» mit türk. Übersetzung und Kommentar erschien in Bulak (6 Bde., 1835—36), eine andere in Konstantinopel (7 Bde., 1872), mehrere in Indien (Bombay 1847, Dehli 1863, Lakhnau 1865); eine Übersetzung des 1. Buches lieferte G. Rosen (Mesnewi oder Doppelverse, Lpz. 1849) und Redhouse (The Mesnewī of Mewlānā Jelālu 'd-din Muhammed, Er-Rūmī, Lond. 1881), der auch die Übersetzung einer 1353 verfaßten Biographie D.s von einem Schüler seines Enkels giebt. Vgl. Hammer in den Sitzungsberichten der Wiener Akademie (1851); Ethé, Morgenländ. Studien (Lpz. 1870).

Dschelam, verderbt aus Dschihlam (s. d.).

Dschelamgth, türk. Ort, s. Dschulamerg.

Dschem, El-, Flecken im östl. Tunesien, zwischen Susa und Sfaks, mit etwa 1000 E. Mitten zwischen zahlreichen Ruinen aus der röm. Kaiserzeit erhebt sich das in vielen Teilen sehr gut erhaltene Amphitheater in vier übereinander aufsteigenden Bogenreihen, fast von gleicher Größe wie das Kolosseum zu Rom. Die große Achse mißt 149, die kleine 124, die Höhe mehr als 30 m.

Dschem (von den europ. Schriftstellern Zizimus genannt), Sohn des türk. Sultans Mohammed II., Bruder des Sultans Bajazet II., geb. 1459, wurde als 16jähriger Jüngling von seinem Vater zum Statthalter der eben eroberten Provinz Karamanien ernannt, empörte sich aber nach dem Tode Mohammeds (1481) gegen seinen Bruder und eroberte Brussa, wo er zum Sultan ausgerufen wurde. Kurz nachher von Bajazets Feldherrn geschlagen, floh er nach Ägypten, gewann daselbst neue Anhänger und nahm den Kampf gegen seinen Bruder wieder auf. Von neuem geschlagen, flüchtete er zu dem Großmeister der Johanniter d'Aubusson nach Rhodus, der ihm gastfreie Aufnahme gewährte, aber, da er für das Leben D.s fürchtete, beschloß, ihn auf eine der Komtureien des Ordens nach Frankreich zu schicken. Zugleich schloß er (20. Aug. 1482) mit D. einen Vertrag, kraft dessen, wenn er zur Regierung käme, alle Häfen des türk. Reichs den Flotten des Ordens geöffnet, alle Jahre 300 Christen ohne Lösegeld freigegeben und dem Orden 150000 Goldgulden als Entgelt für gehabte Unkosten bezahlt werden sollten. Kurze Zeit nachher aber, als D. bereits in Frankreich war, ging der Großmeister auch mit Bajazet einen Vertrag ein, durch den der Orden sich verpflichtete, gegen verschiedene Vorteile D. in lebenslänglicher Gefangenschaft zu halten. Infolgedessen blieb D. in mehr oder weniger strengem Gewahrsam teils des Ordens, teils des Königs von Frankreich, teils des Papstes, dem er 1489 übergeben war, bis er 24. Febr. 1495 einem ihm wahrscheinlich auf Bajazets Antrag und auf des Papstes Alexander VI. Befehl beigebrachten Gift erlag. D. war ein hervorragender Dichter und Redner. Seine Gedichte sind in einem (noch nicht gedruckten) Diwan gesammelt, woraus Hammer-Purgstall in seiner «Geschichte der osman. Dichtkunst» (4 Bde., Pest 1836—38) interessante Proben mitgeteilt hat. Vgl. Thuasne, Djem-Sultan, fils de Mohammed II, frère de Bayezid II (Par. 1892).

Dschemar, s. Dschulamerg.

Dschema Rashuat, Stadt in Algerien, s. Nemours.

Dschemschid, ein mythischer König von Iran in der pers. Sage, ist der Yima khschaeta (Jima der Glänzende) des Avesta, der im goldenen Zeitalter herrschte und eine auserlesene Anzahl von Menschen und Tieren in seinem «Vara» (einer mythischen Burg) vor dem Untergang durch Kälte und Schnee, wie Noah vor der Sintflut, rettete. Bei den Indern war Yama der erste Mensch, später der Todesgott.

Dschemschidsi-Dschidsibhoy, verderbt aus Dschamschēd-dschī Dschīdschibha'ī (s. d.).

Dschengis-Chan, andere Schreibung für Dschingis-Chan (s. d.).

Dschenne (Djenne), Stadt in Afrika, s. Massina.

Dschennet (arab.) nennen die Mohammedaner das Paradies, im Gegensatz zu Dschehennem (Gêhinnôm, Gehenna), d. i. die Hölle.

Dscherasch, jetziger Name der Trümmer von Gerasa (s. d.) im Ostjordanlande.

Dscherba, Insel, s. Dschebado.

Dscherm, ein offenes Lastschiff mit zwei Masten und großen lat. Segeln, auf dem untern Nil hauptsächlich zur Zeit der Überschwemmung in Gebrauch.

Dscherm, früher Hauptstadt von Badachschan (s. d.).

Dschesairi-Bahri-Sefid («Inseln des Weißen Meers»), türk. Wilajet, hat 12860 qkm und (1888) 325800 E., umfaßt alle türk. Inseln des Ägäischen Meers, außer Kreta und Samos. Bis 1870 gehörte auch die Insel Cypern dazu. Sitz des Walis ist seit 1881 Chios.

Dschesire (arab., Mehrzahl Dschesâir), Insel; auch Halbinseln werden mit demselben Namen bezeichnet, z. B. Dschesiret el Arab, d. i. die Arabische Halbinsel.

Dschesiret Robân, Felseiland in der Meerenge von Bab el-Mandeb (s. d.).

Dschesla, ursprünglich ein Hohlmaß von 205,714 l Inhalt, jetzt eine Gewichtsgröße in Sansibar, und zwar, je nach den Waren, von verschiedener Schwere: bei Kauris = 349,8 engl. Handelspfund = 158,667 kg, bei ungeschältem Reis = 285 engl. Handelspfund = 129,274 kg, bei geschältem Reis = 390 engl. Handelspfund = 176,901 kg.

Dschessalmir, s. Dschaisalmir.

Dschessor(e), Dschessur, s. Dschassaur.

Dschewad Pascha, Ahmed, türk. General und Staatsmann, wurde 1850 in Syrien geboren und besuchte 1860—64 die Kadettenanstalt zu Kuleli am Bosporus, 1864—69 die Kriegsschule zu Pancaldi bei Pera. Darauf wurde er zum Adjutanten des Sultans Abd-ul-Asis ernannt und schrieb in dieser Zeit eine «Geschichte des türk. Militärwesens» (franz. Übersetzung «État militaire ottoman depuis la fondation de l'Empire jusqu'à nos jours», Par. 1882), durch die er seinen Ruf als Militärschriftsteller begründete. Bald darauf wurde er zum Bataillonschef befördert und dem in Syrien stationierten 5. Armeekorps zugeteilt. In dem Russisch-Türkischen Kriege 1877—78 wurde unter D. P.s Leitung Schumla neu befestigt und D. P. zum Generalstabschef der dortigen Truppen ernannt und zum Oberstlieutenant befördert. Am Friedenskongreß beteiligte er sich als Mitglied der internationalen Kommission zur Feststellung der Grenzen. 1884 wurde D. P. Brigadegeneral und türk. Bevollmächtigter in Montenegro, wo er 4½ Jahre blieb und viel dazu beitrug, die Beziehungen beider Staaten zu verbessern. Nach seiner Rückkehr wurde D. P. zum Inspecteur militaire ernannt. Bei Ausbruch der Unruhen in Kreta (1889) wurde er Generalstabschef der zur Unterdrückung derselben abgesandten Truppen und interimistischer Gouverneur. Als solcher stellte er die Ruhe wieder her und wurde 1890 zum Muschir erhoben. Sept. 1891 nach dem Sturz Kiamil Paschas ernannte ihn der Sultan zum Großvezier. D. P. gilt als ein dem Fortschritt geneigter Mann und ausgezeichneter Diplomat.

Dschhânsi (engl. Jhansi), oder vollständiger Dschhânsi Naoabad, Hauptort des gleichnamigen Distrikts der gleichnamigen Division (12906 qkm, [1891] 1000457 E.) in der indobrit. Lieutenantgouverneurschaft der sog. Nordwestprovinzen, unter 25° 28' nördl. Br. und 78° 37' östl. L., mit (1881) 2473 E., inmitten einer wilden und felsigen Gegend, ist während der Überschwemmungen des Betowa von den nächsten brit. Orten ganz abgeschnitten.

Dschidda oder Dschedda, Seestadt im türk.-arab. Wilajet Hedschas, 95 km im W. von Mekka, dessen Hafen sie ist, der wichtigste Platz am Roten Meere, streckt sich über 1 km weit am Rande einer völligen Wüste hin, hat breite, luftige Straßen mit hohen, gutgebauten Häusern aus Korallen- oder Madreporenkalk, zahlreichen Minarets und offenen und bedeckten Bazaren, die zu den besten des Orients gehören. Die Vorstädte bestehen nur aus elenden Beduinenhütten. Die Einfahrt durch die drei Eingänge in den von kleinen Korallenbänken erfüllten Hafen ist nicht ohne Gefahr. Die Stadt hat keine Gärten, keine eigenen Ausfuhrartikel, kein Quellwasser, sondern nur in Cisternen gesammeltes Regenwasser. Vor den Mauern liegt das von den Mohammedanern hochverehrte sog. «Grab Evas». Das Klima ist überaus schlecht und ungesund; die Temperatur ist häufig 40° C., wenn der Samum weht, 55°; der von der Küste wehende Westwind ist der schädlichste. Die Bevölkerung, etwa 20000, besteht aus einem Gemisch der verschiedensten orient. Völker. Die Hadschs oder Pilgerzüge nach Mekka sammeln sich hier aus allen Ländern der mohammed. Welt auf ihrem Hin- und Rückzug und machen ihre Geschäfte ab wie auf einer Börse. Mehr als 50000 Pilger kommen hier jährlich zu Schiffe an. Die Stadt, einst der Brennpunkt des ganzen Handelsverkehrs zwischen Arabien und den gegenüberliegenden Küsten Afrikas, hatte in seiner Blütezeit einen Handelsverkehr im Werte von etwa 32 Mill. M., während 1890 ein Warenumsatz von kaum 20 Mill. M. verzeichnet wird. Davon entfallen etwa 14,5 Mill. auf die Einfuhr und nur 5,5 Mill. auf die Ausfuhr. Unter den eingeführten Waren nehmen Manufaktur- und Textilwaren die erste Stelle ein mit 3 Mill. M. (von denen 55 Proz. auf England und 45 Proz. auf Indien entfallen), ferner Weizen mit 1,75 Mill., Kaffee mit 0,67 Mill., Thee mit 0,6 Mill., Zucker, Gerste, Reis, Butter, Gewürze und Droguen, Teppiche, Holz, Metalle und Petroleum, außerdem Bohnen, Tabak und Kohle. 1890 liefen 231 Dampfer mit 251666 t ein. In der Ausfuhr repräsentieren den größten Wert Perlmutterschalen mit 0,3 Mill. M., ferner Felle, Datteln, Hennah, Sennesblätter, Gummi, Honig und Wachs. Trotz der Bewachung der Ostküste Arabiens durch Kriegsschiffe werden noch immer aus den obern Nil- und Gallaländern Sklaven nach hier gebracht. — D. steht seit 1840 unter der Herrschaft der Türkei. Am 15. Juni 1858 richteten hier die Mohammedaner ein Blutbad unter den Christen an, wobei der engl. Vicekonsul Page und der franz. Konsul Eveillard ermordet wurden. Infolgedessen ward 25. Juli die Stadt durch ein dreitägiges, 5. Aug. wiederholtes Bombardement von seiten des brit. Schiffes Cyclop gezüchtigt. Vgl. Freiherr von Maltzan, Meine Wallfahrt nach Mekka (Bd. 1, Lpz. 1865).

Dschidschelli, Küstenstadt im Arrondissement Bougie des franz. Depart. Constantine in Algerien, 110 km nordwestlich von Constantine. Die nach dem Erdbeben vom 21. Aug. 1856 neuerbaute Stadt liegt auf einer landfest gewordenen Insel, hat (1891) 3885, als Gemeinde 5843 E., Post, Telegraph, einen Hafen mit Leuchtturm, Kasernen, ein Hospital, Mühlen und Handel mit Wolle, Metallen, Holz und Getreide. Der europ. Stadtteil mit breiten Straßen ist durch Festungsmauern von dem maurischen getrennt. Die Reede ist wegen der heftigen Winde, welche im Winter wehen, sehr ungünstig. Die Umgegend ist stark bevölkert, das Hinterland reich an Wald und Metallen. — D., das Igilgilis der Römer, war in der christl. Periode Bischofsstadt und im 16. Jahrh. Hauptsitz der Seeräuberei. Die Franzosen eroberten die Stadt 22. Juli 1664, mußten sie aber an die Türken abtreten; 13. Mai 1839 nahmen sie den Ort zum zweitenmal ein.

Dschifut-Kale, s. Bachtschisaraj.

Dschigat, Stadt in Ostindien, s. Dwârakâ.

Dschiggetâi (mongol., d. i. «Langohr»), Halbesel (Equus hemionus *Pallas*; s. Tafel: Einhufer, Fig. 3), eine prächtige, wilde Pferdeart des östl. Mittelasiens, besonders der Hochebenen der Mongolei. Der Kopf ist eselartig, die Ohren größer als beim Pferde, aber kleiner als beim Esel, der Hals schön rund und proportioniert, die Füße fein und zierlich gebaut, der Schwanz kurz und nur quastenartig am Ende behaart, die Mähne kurz, aufgerichtet. Ein schönes Isabell ist die Hauptfarbe, die am Bauche und der Schnauze in Weiß, auf dem Rücken in Dunkelbraun übergeht. Die D. leben in Trupps bis zu 20 Stück, meist aus Stuten und Jungen bestehend, die von einem einzigen Hengste geführt werden; sie wandern über große Strecken, besonders im Herbste, sind aber sehr scheu. Das Fleisch gilt bei den Tungusen für einen Leckerbissen; das Fell wird teuer bezahlt; die Schweifquaste gilt als Amulett und Heilmittel. Man hat das schöne Tier in seinem Vaterlande nie gezähmt, aber neuerdings in Europa mit Esel, Quagga, Zebra und Pferd gekreuzt. Die Blendlinge scheinen zur Arbeit tüchtig. Die D. aus reinem Blut dagegen, von welchen sich Exemplare in fast allen Tiergärten befinden, haben bisjetzt den Zähmungsversuchen zum Einfahren, von denen man sich günstigen Erfolg versprach, widerstanden.

Dschigiten, ursprünglich im Kaukasus diejenigen berittenen Krieger, welche sich durch große Gewandtheit in der Beherrschung des Pferdes, Ausdauer, Kühnheit und Geschicklichkeit in Führung der Waffen auszeichneten. Unter Dschigitowka versteht man das wilde Reiten der Kosaken, wobei dieselben im vollsten Laufe ihrer Pferde feuern, sich unter dem Leibe des Pferdes verbergen, herabspringen, wieder aufsitzen u. s. w. — Östlich vom Kaukasus werden die Kirgisen und sonstigen Nomaden, welche gegen Sold sich den Russen anschließen, D. genannt. Dieselben dienen als Wegweiser, als Ordonnanzen, als Kundschafter; ihre Reiterleistungen sind ganz hervorragend.

Dschigitowka, s. Dschigiten.

Dschihâd (arab.), der Glaubenskrieg der Mohammedaner, der Aufruf an die Nicht-Mohammedaner, den Islam anzunehmen. Im D. thätig zu sein, ist die Pflicht des Beherrschers der Gläubigen. Wer im D. fällt, wird als Märtyrer (Schahid) betrachtet, und der Lohn, der eines solchen im Paradies wartet, wird bereits im Koran, aber noch mehr in der spätern mohammed. Legende in überschwenglicher Weise ausgemalt. Der einzelne Religionskrieger heißt Mudschâhid.

Dschihanghir, verderbt aus Dschahângîr (s. d.).

Dschihlam (engl. Jehlam), später auch Behat oder Bihat, der westlichste der fünf Flüsse, welche östlich vom Indus die ostind. Provinz Pandschab (Fünfstromland) durchströmen, entspringt in Kaschmir unter 34° 8' nördl. Br. und 75° 48' östl. L. und tritt, etwa 150 m breit und hier überbrückt, durch den Paß von Baramula (s. d.) in der Pir Pandschal genannten Gebirgskette nach einem zuerst westlichen, später mehr südl. Laufe von 208 km in das Pandschab über. Südlich von Dschalalpur verbindet er sich mit dem Tschinab, dann mit dem Rawi, die der Satladsch dem Indus zuführt. Das zwischen dem D. und dem Tschinab gelegene Land bildet das sog. Dschetsch-Doab. Merkwürdig ist der Reichtum an Krokodilen. Der D. war der Hydaspes (s. d.) des Altertums. Bei Dschalalpur fand wahrscheinlich die Schlacht zwischen Alexander von Macedonien und dem ind. König Porus statt.

Dschilôlo, die größte Molukkeninsel, s. Halmahéra.

Dschimbala, Nigerinsel, s. Debo.

Dschina, s. Dschain.

Dschingis-Chan, richtiger Tschinggis-Chân, eigentlich Temudschin, berühmter mongol. Eroberer, geb. 1162 am Onon, war der Sohn des mongol. Hordenführers Jisugei Baghatur, der über ungefähr 40000 Familien gebot und dem Tatarchan der östl. Tatarei zinsbar war. Als er 13 J. alt war, starb sein Vater, und nun führte die Mutter die Regentschaft. Die Oberhäupter der unterworfenen Stämme versuchten zwar sich freizumachen, wurden jedoch von D.s Mutter unterworfen. Bald darauf schlug D. die Taidschut und legte durch diesen Sieg den Grund zu seiner künftigen Macht. 1196 setzte er Wang-Chan, das Oberhaupt der Keraït, der durch seine Brüder den Thron verloren hatte, wieder in seine Herrschaft ein. In der Folge jedoch schloß sich Wang-Chan den Feinden D.s an; es kam zum Kriege zwischen beiden, und in einer Schlacht (1202) verlor Wang-Chan mehr als 40000 Mann und auf der Flucht das Leben. Der Sieg über Tajan, den Chan der naimanschen Tataren, am Amurflusse 1203 sicherte D. die Oberherrschaft über einen großen Teil der Mongolei und den Besitz der Hauptstadt Karakorum. Nachdem D. zu Anfang 1206 von den unterworfenen Horden zum Chakan oder Fürst der Fürsten ausgerufen worden war, ward das Land der höher gebildeten Uiguren, im Mittelpunkte der Tatarei, unterjocht, und D. war nun Herr des größten Teils der Tatarei. Zugleich nahm er auf Grund der Prophezeiung eines Schamanen, die ihm die Weltherrschaft verhieß, den Namen D. an. Bald darauf begann er 1209 mit Hilfe der Kitan die Eroberung Chinas. Nach sechsjährigem Kriege wurde die Hauptstadt Jen-king, nachmals Pe-king, 1215 erobert und damit die Eroberung des nördl. China, welches damals unter der Dynastie Kin stand, vollendet. Die Ermordung der Gesandten D.s an den Chan Mohamed ben-Tukùsch von Khowaresm (das heutige Chiwa) durch diesen selbst veranlaßte 1216 den Angriff auf Turkestan mit einem Heere von 700000 Mann. Die Städte Buchara, Samarkand und Chiwa wurden erstürmt und verbrannt, und mehr als 200000 Menschen kamen dabei um, darunter Chan Mohamed ben-Tukùsch selbst. Dabei fand auch die kostbare Bibliothek von Buchara 1220 ihren Untergang. In den nächsten Jahren dehnte D. seine Herrschaft bis Balch und Herat sowie an die Ufer des Dnjepr aus, nachdem die Russen am Flusse Kalka, jetzt Kalmius im Gouvernement Jekaterinoslaw, 1223 durch seinen Sohn Tschutschin eine große Niederlage erlitten hatten. 1225 zog er gegen den König von Si-hia oder Tangut durch die Wüste Gobi und vernichtete in einer Schlacht auf dem gefrorenen See Kuku-nor das feindliche Heer, das 500000 Mann gezählt haben soll. Bald wurde auch die Hauptstadt von Tangut erobert und verwüstet. Mit neuen Eroberungsplänen beschäftigt, starb D. 18. Aug. 1227, nachdem er das Reich unter seine vier Söhne geteilt hatte. Er wurde mit großer Pracht zu Tangut begraben. Das einzige jetzt bekannte Denkmal D.s ist eine in den Ruinen von Nertschinsk aufgefundene Granittafel mit einer mongolischen, von Schmidt in Petersburg und später von Dorschi Bansarow erklärten Inschrift. Vgl. Ssanang-Ssetsen, Geschichte der Ostmongolen (übersetzt von J. J. Schmidt, Petersb. 1829); D'Ohsson, Histoire des Mongols, depuis Tschinguiz-khan jusqu'à Timour Beg ou Tamerlan (4 Bde., Haag u. Amsterd. 1834—35); Erdmann, Temudschin der Unerschütterliche (Lpz. 1862); De la Croix, Histoire de Ghenghizchan (Par. 1710); Howorth, History of the Mongols from the 9th to the 19th century, Bd. 1 (Lond. 1876).

Dschinn (arab.), eine Gattung von Teufeln, im weitern Sinne Dämon, namentlich den Menschen feindlicher, auch als Beiname von Personen zur Bezeichnung listigen Wesens. Die D. sind die türk. Wüstengenien der arab. Sage, die aber auch z. B. die Schlösser Jemens erbaut haben sollen (sie errichteten auf Salomos Geheiß den Palast der Königin von Saba, auch die Schlösser von Persepolis und Palmyra). Die Irrsinnigen gelten als von D. besessen. Vgl. Wellhausen, Reste arab. Heidentums (Berl. 1887).

Dschinni, Djenne, Stadt in Afrika, s. Massina.

Dschipefluß, in Deutsch-Ostafrika, s. Pangani.

Dschipesee, See in Deutsch-Ostafrika, südlich vom Kilima-Ndscharo-Gebirge, 729 m ü. d. M., 16 km lang und 5 km breit. Sein Wasser ist wohlschmeckend, aber von ockergelber Färbung. Am Ostufer erheben sich einige Hügelreihen, die in eine wasserlose Wüste übergehen. Die Westseite bedeckt roter Lehmboden. Das Nordende biegt gegen W. in einen breiten Sumpf von Papyrusstauden um, dem nach S. der Rufu, ein Hauptarm des Pangani (s. d.) entströmt. Als Zufluß erhält er von N. den klar fließenden Lumi, welcher im Kilima-Ndscharo-Gebirge entspringt.

Dschirdscheh, Stadt in Ägypten, s. Girgeh.

Dschisak. 1) Kreis im nördl. Teil des russ.-centralasiat. Gebietes Samarkand, hat 29375,1 qkm, 13000 Kibitken mit 65000 E. — 2) **Kreisstadt** im Kreis D., nordöstlich von Samarkand, hat (1885) 21800 E., früher eine bucharische Festung, die 30. Okt. 1866 von den Russen eingenommen wurde.

Dschisjeh (arab., d. i. Kopfsteuer), s. Charâdsch.

Dschiti-Schahar, s. Jetti-schahr.

Dschjeng, Negerstamm, s. Dinka.

Dschodhpur (engl. Jodhpur, Joudpore) oder Marwar. 1) Staat, der größte von den administrativ zu der Präsidentschaft Bombay gehörenden, dem indobrit. Reiche tributären Schutzstaaten der Radschputen, im westl. Radschputana, hat auf 84800 qkm (1891) 2524030 E. (1881 waren unter 1750403 E. 1421891 Hindu, 155802 Mohammedaner, 172404 Dschain, 207 Christen). Der südwestwärts fließende Luni bildet die Grenze zwischen dem dürren, sandigen Nordwesten und dem teils steinigen, teils fruchtbaren Südosten. Gegen Osten erhebt sich das Land in der Arawalikette zu 1040—1390 m Höhe. Der Süden ist ebenfalls gebirgig, und im Westen scheidet ein Gebirgszug die Wüste Thar in einen größern östl. und einen kleinern westl. Teil. Die Temperatur, im Sommer sehr hoch, sinkt im Winter mitunter unter den Gefrierpunkt, das Klima ist im allgemeinen gesund. D. hat Getreide- und Baumwollbau sowie Aufzucht von Kamelen, Pferden, Büffeln und Rindvieh, Fabrikation von Baumwollzeugen, Waffen, Leder-, Glas- und Drechslerwaren (die Elfenbeindrechslerei D.s ist berühmt); auch kommen schöner Marmor, Eisen, Blei und Alaun vor. Nur der Handel mit Salz, das aus dem Boden, meist aber aus Seen, namentlich dem zum Teil zu D. gehörenden großen Sambharsee, gewonnen wird, ist von Bedeutung. Von den Bewohnern sind fünf Achtel Dschat (s. d.), zwei Achtel Radschputen, der Rest Mina, Tscharan und Bhil. Die Landessprache ist das Marwari, eine dem Hindi verwandte Mundart. — Der Landesherr mit dem

Titel Maharadscha ist ein Nachkomme von Rahtor Radschput, König von Kanaudsch, der 1459 die Stadt D. gründete. Man Singh unterstützte 1804 den Mahrattenfürsten Hollar; doch kam 6. Jan. 1818 zwischen ihm und der engl. Regierung ein Vertrag zu stande, in welchem er sich unter den Schutz der letztern stellte und ihr hierfür den bis dahin an den Sindhia der Mahratten bezahlten Tribut entrichtete (108000 Rupien, später ermäßigt auf 98000 Rupien, nach damaligem Werte 188604 M., nach jetzigem Werte 132880 M.). Das von ihm unter dem Namen der Dschodhpurlegion zu dem engl.-ind. Heere gestellte Kontingent von 1500 Reitern nahm 1857 an der Sipahi-Empörung Anteil, wurde aufgelöst und an seine Stelle trat ein anderes Hilfskorps unter dem Namen Erinpura Irregular Force. Die Staatseinkünfte betragen jährlich ungefähr 40 Lakh Rupien (nach jetzigem Werte 5423672 M.). — 2) **Hauptstadt** des Staates, unter 26° 17' nördl. Br. und 73° 4' östl. L., am Rande einer waldigen, aber zugleich angebauten Ebene und am Südende eines 37 km langen Höhenzugs gelegen und von der Citadelle mit dem Residenzpalast überragt, hat einige schöne Tempel, eine in den Fels gehauene Schatzkammer und (1891) 61849 E. Eine neue Wasserleitung liefert jetzt gutes Wasser. Etwa 60 km im SSO. von ihr, an dem Knotenpunkt von zwei großen Handelsstraßen, liegt die Stadt Pali, der Hauptmarkt von West-Radschputana, mit 50000 E., Krongut des Maharadscha, das jährlich 204295 M. Zolleinkünfte bringt.

Dschôf (El-) oder Dschâuf, d. h. Einsenkung, heißen verschiedene Landschaften Arabiens. Die eine liegt an der Südostgrenze von Jemen, im NO. von Sana, wo sich zahlreiche himjaritische Ruinen befinden. Das bekannteste D. liegt mitten in der großen Centralwüste, am Südostende des Wadi-Sirhan, und ist eine sehr fruchtbare Oase in 500 m Höhe zwischen dem Dschebel-Schammar und dem Hauran mit der Stadt Dschof-Amir.

Dschofra, Oase in der Sahara, nördlich von Fessan, zu dem es politisch gehört, 2000 qkm groß, von denen höchstens 100 qkm nutzbar, ist rings von Hügeln (200 m) umgeben und wird durch eine von N. nach S. gehende Bergkette in zwei gleiche Teile zerlegt. Die 6000 E. sind Araber und Berber; diesen gehört die Oase, jene können die Palmen darin erwerben. Der Boden läßt viel Getreide, Datteln und Südfrüchte gedeihen; die Bewohner sind daher keine Kaufleute. Hauptstadt mit einem Drittel der Gesamtbevölkerung ist Sokna; östlich Hon und die «heilige» Stadt Wadan.

Dschôgi, neuind. Jōgī; Sanskrit yōgin (Nominativ yōgī), «ein der Meditation sich Hingebender», Name der ind. Büßer brahmanischen Glaubens im Gegensatz zu den Fakirs, den Büßern mohammed. Glaubens. Die D. üben noch heute dieselben Bußübungen aus, die schon in den alten Sanskritwerken geschildert und als verdienstlich empfohlen werden. Auch als Beschwörer treten sie auf. Vgl. von Bohlen, Das alte Indien (Königsb. 1830).

Dschohor (Djohor), Malaienstaat im südlichsten Teil der Malaiischen Halbinsel von der brit. Besitzung Malaka bis zum Kap Romania. Der Beherrscher führt den Titel Sultan und hat 1885 einen Freundschaftsvertrag mit England geschlossen. Das Reich D. (kein engl. Schutzstaat im eigentlichen Sinne) war eine Kolonie von Malaka und früher, namentlich bevor die Holländer den Portugiesen Malaka entrissen (1641), weit mächtiger und umfangreicher als gegenwärtig, da auch alle zwischen der Halbinsel, Banka und Borneo gelegenen Inseln, so auch Singapur, zu ihm gehörten. — Der Hauptort D., Residenz des Sultans, an der Südküste gelegen, ist klein, ärmlich und schwach bevölkert.

Dschokschakarta (Djocjakarta), der zweitgrößte niederländ. Vasallenstaat, mit einem Sultan an der Spitze, auf der Insel Java, nördlich von der Residentschaft Kadu und einem Teil des niederländ. Vasallenstaates Surakarta, östlich von letzterm, südlich von dem Indischen Ocean und westlich von der Residentschaft Bagelen begrenzt, hat 3089 qkm, (1891) 785473 E., darunter 2097 Europäer und 4417 Chinesen. D., im allgemeinen fruchtbar, erstreckt sich von den Vulkanen Merbabu und Merapi wellenförmig gegen Süden zum Meere und erhebt sich nur stellenweise in Hügelketten. Kaffee, Zucker, Indigo und Tabak sind die wichtigsten Kulturgewächse. — D. bildete noch bis zur Mitte des 18. Jahrh. die westl. Hälfte des mächtigen Reichs Mataram in Centraljava. Die Regierung der Niederländisch-Ostindischen Compagnie trennte 13. Febr. 1755 dieses von dem sog. Kaiser von Java beherrschte Reich in das Kaiserreich Surakarta und das Sultanat D. 1812, während der Zwischenregierung der Engländer, wurde von Sir Stamford Raffles ein Traktat mit dem Kaiser von Surakarta und dem Sultan von D. geschlossen, wobei beide Fürsten einen Teil ihres Gebietes an die Engländer abtreten mußten. Eine noch beträchtlichere Abtretung wurde nach Beendigung des Krieges 1825—30 von der niederländ. Regierung auferlegt. D. verlor die Residentschaften Bagelen und Banjumas. Gegenwärtig sind beide Fürstentümer in administrativer Hinsicht nichts als Residentschaften von Java, deren Beherrscher gegen bedeutende Jahrgelder auch die Jurisdiktion und die Ausübung der Polizei an die niederländ. Regierung abgetreten haben. — Der Hauptort D., Sitz des Sultans und des niederländ. Residenten, liegt in anmutiger Gegend unweit der Küste, hat (1891) 57545 E., starke Garnison und ist durch Eisenbahnen mit Surabaja, Samarang und dem Hafen Tjelatjap verbunden.

Dscholân (Dschaulân), die östlich vom Tiberias-See und dem Jordan gelegene vulkanische Landschaft zwischen dem Jarmuk im S., dem Nahr el-Allân im O. und dem Hermon im N. Im Alten Testament ist sie das Gebiet der aramäischen Stämme Gesur und Maëcha (Maacha), der entsprechende Name Golan eignet aber einer Stadt, nach der später, z. B. schon von Josephus, die Landschaft Gaulanitis genannt wird. Sie hatte ihre größte Blütezeit vom 2. bis 7. Jahrh. unter der Herrschaft der christl. Ghassanidenkönige, die die Statthalter der Cäsaren über die Araberstämme waren. Gegenwärtig ist der nördl. Teil des D. Weidegrund der Beduinen, während nur in dem kleinern südl. Teile seßhafte Bauern wohnen. Um el-Kunētra sind seit 1878 Tscherkessen aus der europ. Türkei angesiedelt.

Dscholiba, Fluß, s. Niger.

Dscholof, Woloff, Negervolk in Senegambien, s. Joloff.

Dschong, Djong, niederländ.-ostind. Feldmaß, s. Bouw.

Dschonke, Dschunke (von dschuen im Hochchinesischen, nach der Mundart von Kanton dschonk, d. h. Schiff), ein chines. Fahrzeug aus der Kindheit der Schiffsbaukunst. Die größern D. haben 4—500 t Gehalt, drei Masten ohne Verlängerungen (Stengen) und ebensoviele Segel, die aus Matten gefertigt sind und sich beim Herunterlassen in eine Reihe Falten zusammenlegen lassen. Die D. sind leicht und ohne viel Kunst zusammengefügt, sodaß sie schwere See und die Schüsse von schwerem Geschütz nicht ertragen. Ihre Form ist äußerst plump und schwerfällig. In der Mitte niedrig, gehen sie krumm nach vorn und hinten aufwärts. Sie können nicht lavieren, sondern nur mit günstigem Winde fahren und machen daher zwischen China und Singapur oder Java jährlich nur eine Reise hin und zurück, weil dort halbjährige Winde (Monsuns) wehen, die nur auf einer Tour günstig sind. Die Kriegs-Dschonken unterscheiden sich von den Handels-Dschonken durch bessere und schärfere Bauart. Sie sind vortreffliche Segler, aber meist nur für Flüsse und Küsten bestimmt, da sie die schwere See nicht bewältigen können. Jede chinesische D. hat an jeder Seite ihres Bugs ein großes Auge gemalt, weil nach der Meinung der Chinesen ohne dieselben das Fahrzeug seinen Weg nicht finden kann.

Dschub, Fluß in Nordostafrika, s. Jub.

Dschubbe (arab.), das aus Tuch oder Wollstoff angefertigte Obergewand des orient. Mannes. Es wird vorn offen getragen, hat enge, nicht ganz an das Handgelenk reichende Ärmel, aus dem die Ärmel des Unterkleides Entari (s. d.) hervorragen, und reicht bis zu den Knöcheln herab. In Syrien ist D. heute ein bis auf die Füße herabreichender europ. Mantel mit weiten Ärmeln.

Dschudi, Gebirge, s. Ararat (Hochebene).

Dschuf, El- (arab. «Leib»), Landschaft in der Westsahara, die tiefste Einsenkung dieses Teils der Wüste, nach Lenz aber in keinem Punkte unter 120 m über dem Meeresspiegel liegend; eine Dünenregion ganz ohne Weide, durch die die Straße von Marollo nach Timbuktu führt. Im Norden das Dorf Taudeni mit berühmter Salzlagerstätte.

Dschufut-Kale, s. Bachtschisaraj.

Dschuga, Dschulacha, Dorf, s. Dschulfa.

Dschulamerg (Dschulameck), ursprünglich im Armenischen Dschelamath, bei den Kurden abgekürzt Dschemar, Ort im türk. Kurdistan, im obern Thale des Großen Zab, nahe rechts am Flusse und am Fuße eines 1715 m hohen, das Schloß tragenden Felsens, etwa 200 km im NNO. von Mosul. D. ist der Hauptort im Bezirke des wilden kurdischen Stammes der Hakkiari, mitten im Lande der Nestorianersekte der Chaldäer oder Chaldani.

Dschulfa, armenisch Dschuga, türk. Dschulacha, Dorf im Kreis Nachitschewan des Gouvernements Eriwan in Russisch-Transkaukasien, 194 km südöstlich von Eriwan, links am Aras und an der Karawanenstraße von Tiflis nach Persien, hat 200 E., Post und Telegraph und 24 meist in Trümmern liegende Kirchen. D. war im Altertum eine große Stadt mit 8000 Familien. Als Schah Abbas 1603 Armenien eroberte, zwang er die Bewohner von D. nach Ispahan in Persien überzusiedeln, wo sie eine besondere Vorstadt, Nor-Dschuga (Neu-Dschulfa), bildeten. Durch D. gehen jährlich etwa 80—90 Karawanen mit türk. und pers. Waren im Werte von 1,6 Mill. Rubel.

Dschum'a (arab.), soviel als Versammlung. Besonders wird im Islam dies Wort zur Bezeichnung der Gemeindeversammlung angewendet, welche Freitags um Mittag in dem Dschâmi', d. i. dem versammelnden Gotteshaus, behufs der Anhörung der Chutba (s. d.) stattfindet. Der Freitag heißt danach im Arabischen Jôm el-Dschum'a, Versammlungstag, im Türkischen Dschuma Günü. Auch in Ortsnamen begegnet man häufig dem Worte D. und zwar für Flecken und Städte, in denen ein Freitags-Wochenmarkt abgehalten wurde oder noch wird, so Eski-Dschuma (Altdschuma) westlich von Schumla im Fürstentum Bulgarien, D. am obern Strymon u. a. m.

Dschumblatieh, s. Drusen (S. 543a).

Dschunaid, eine der hervorragendsten Autoritäten des Sufismus (s. d.) in seiner ältern Periode, lebte in Bagdad und starb daselbst 909.

Dschungel, s. Dschangal.

Dschungel-Huhn (Gallus Stanleyi *Gray*), s. Kammhühner.

Dschunke, soviel wie Dschonke (s. d.).

Dschunkówskij, Stepan Semenowitsch, russ. Staatsmann und Gelehrter, geb. 5. Jan. 1763 zu Lebedin aus einer kleinruss. Familie, empfing seine Erziehung in dem Kollegium zu Charkow. Nach einem siebenjährigen Aufenthalt in England lehrte er über Frankreich und Deutschland 1792 nach Petersburg zurück und wurde zum Hofrat und Lehrer der Töchter Kaiser Pauls ernannt. 1802 wurde D. Direktor im Departement der Staatswirtschaft und öffentlichen Banken, welches Amt er bis 1828 bekleidete. Fast alle Reformen, die in dieser Zeit in den wirtschaftlichen Verhältnissen Rußlands stattfanden, hat man seiner Einwirkung zu verdanken. Die von ihm angebahnte Abschaffung der Leibeigenschaft scheiterte jedoch an dem Widerstande des Adels und der Bureaukratie. Auch als beständiger Sekretär der Ökonomischen Gesellschaft, zu welchem Posten er 1803 erwählt wurde, entfaltete er eine nützliche Thätigkeit. Er starb 15. April 1839 zu Petersburg. Von seinen Schriften ist ein im Stil Delilles gehaltenes Lehrgedicht über Gartenbau (2. Aufl., Charkow 1810) und das hauptsächlich von ihm bearbeitete «Neue und vollständige System der Landwirtschaft» (15 Bde., Petersb. 1817) zu nennen.

Dschurdschéwo, rumän. Stadt, s. Giurgiu.

Dschurdschura, Gebirgsstock im kleinen Atlas (s. d.).

Dschut, soviel wie Jute (s. d.).

Dsikr, s. Derwisch.

Dsilhiddsche, s. Dsul-hiddsche.

Dsilka'da, s. Dsul-ka'da.

Dsieja, Nebenfluß des Amur, s. Seja.

Dso, s. Kuki und Lohitavölker.

Dsongarei, s. Dsungarei.

Dsp., Abkürzung für Deutschenspiegel (s. d.).

Dsulfikar (arab., «das mit Rückenwirbeln begabte»), Name eines Schwertes des 'Ali. Mohammed hatte dasselbe von einem Ungläubigen erbeutet und schenkte es dem 'Ali. Es wurde lange Zeit in der abbâssidischen Familie bewahrt und vererbt. Die Fâtimiden (s. d.) gaben vor, das Schwert, mit welchem sie sich umgürteten, sei das D.

Dsul-hiddsche oder Dsilhiddsche, der 12. Monat des mohammed. Mondjahrs, in dessen erste 10 Tage die Ceremonien des Haddsch (s. d.) fallen.

Dsul-ka'da oder Dsilka'da, der 11. Monat des mohammed. Mondjahrs.

Dsungarei (Söngarei, Dsongarei), nach den Dsungären, einem westmongol. Volke, benannter Teil des unter chines. Herrschaft befindlichen westl. Innerasiens. Der Name wird von den Europäern willkürlich bald einem größern, bald einem kleinern Gebiete gegeben, umfaßt aber immer die Gebiete Tarbagatai (s. d.) und Kurkara-ussu zwischen dem Irenchabirga und dem Ektag Altai,

d. h. teils das dortige Hoch- und Gebirgsland mit dem Sairam-nor und dem Thale des Boro-talo, teils die Seen Edi-nor, Ajar-nor und Ulungur und die dazu gehörigen Flußthäler des Kuitun und Urungu nebst der dazwischen liegenden Wüste und dem obern Thale des Irtysch. Im weitern Sinne rechnet man das eigentliche Ili (s. d.) mit Kuldscha dazu, sodaß der Begriff dem des Thien-schan-pe-lu der Chinesen entspricht; im weitesten Sinne giebt man der D. eine nur für die kurze Zeit der Dsungarenherrschaft im Tarim-Thale gerechtfertigte Ausdehnung auf das chines. Turkestan, sodaß dieser Begriff sich (s. Karte: Innerasien bei Artikel Asien) mit dem Ili der Chinesen im weitesten Sinne deckt.

Die Dsungaren hatten diesen Namen von dsön oder söu (links) und ghar (Hand) erhalten, weil sie den linken Flügel des mongol. Heers einnahmen. Bei den Chinesen hießen sie ursprünglich Ölöt (Oirat), unter welchem Namen sie auch durch die jesuitischen Missionare in Europa bekannt geworden sind. Galdan oder Boschoktu-Chan, ein Fürst dieses Volks, suchte um das J. 1671 die Rolle Dschingis-Chans zu erneuern, sich der Mongolei und Mittelasiens zu bemächtigen und nach China vorzudringen. Hier fand er aber in den Mandschu überlegene Gegner. Galdan und seine Nachfolger wurden in mehrern Schlachten besiegt, und die Chinesen drangen weit nach Mittelasien vor und besetzten nicht nur die eigentliche D., sondern auch die südlich von ihr gelegene Kleine Bucharei oder Ost-Turkestan mit den Hauptstädten Jarkand und Kaschgar. Beide Länder hatten zur Zeit der Blüte das Dsungarenreich gebildet, das vom Kuen-lun bis zum Altai- und Tan-nu-Gebirge, vom Balchaschsee bis zum Quellbezirk der Selenga reichte und in westöstl. Richtung vom Thien-schan oder Himmelsgebirge durchzogen wurde, auch nachdem die Dsungaren ihre Eroberungen in Tibet und die nördl. Gebiete der Chalcha-Mongolen wieder hatten aufgeben müssen. Gegen Ende des 17. Jahrh. hatte sich Tsewang-Rabdan, der Neffe des Galdan, in NW. unabhängig gemacht, und letzterer, von den Chinesen im O. bedrängt, fand nach der Schlacht am Tula-Flusse 1696 seinen Tod. Die Turguten, ein anderer Zweig der West-Mongolen, wanderten 1703 nach dem Kaspischen Meere aus und unterwarfen sich der russ. Herrschaft. In dem 1710 ausgebrochenen Kriege wurden die Chinesen zurückgeschlagen und die Dsungaren eroberten Tibet, welches indes 1720 von den Chinesen besetzt wurde. Erst gegen die Mitte des vorigen Jahrhunderts drangen die Chinesen gegen ihren ehemaligen Bundesgenossen, den damaligen Herrscher der Dsungaren, Amursana, vor und vernichteten 1759 das Dsungarenreich gänzlich. 1771 kehrten die ausgewanderten Turguten vom Kaspischen Meere zurück und wurden in verschiedenen Teilen des Reichs angesiedelt.

Die Chinesen nannten ihre neue Eroberung Sin-tsiang oder Hsin-chiang und zerteilten dasselbe in die Provinzen Thien-schan-pelu und Thien-schan-nan-lu, d. h. die Nord- und Südprovinz des Himmelsgebirges. Letztere war Ost-Turkestan (s. d.), erstere die eigentliche D. (S. Ili.) Bemerkenswert ist die sog. Dsungarische Mulde mit dem Ulungur-See und dem Thale des Schwarzen Irtysch, da sie einen bequemen Ausgang aus der Mongolei nach NW. bietet und einst dem großen Binnensee, dem Han-hai (s. Gobi), als Abfluß gedient haben soll. Die D. scheint zur Hauptstraße des Verkehrs zwischen dem Chinesischen und Russischen Reiche bestimmt zu sein. Die russ. Städtereihe am Irtysch schließt sich als Fortsetzung an die am Fuße des Thien-schan gelegene Städtereihe an, welche schon seit Jahrhunderten den Karawanen aus China ihre Richtung vorgezeichnet hat. Ohne Zweifel hat das Thal des gegen Westen in den Balchaschsee fließenden Ili, welches der wichtigste Landesteil der D. war, in den verschiedenen Völkerwanderungen Mittelasiens eine Hauptstraße und Hauptstation gebildet. Seit 1759 haben die Chinesen das Land durch Militärkolonien von Mandschu, Ölöt, Turgut u. s. w., besonders aber durch Verbannte ans China bevölkert. Der Aufstand der mohammed. Dunganen (s. d.) wurde 1878 vollständig niedergeschlagen.

Dt., Abkürzung für dedit (lat.), er hat gegeben, d. h. hat bezahlt.

D. T., (früher) Abkürzung für Dakota Territory [(ist seit 1889 Staat).

Duāb, s. Doāb.

Duāl, s. Dualis.

Dualin, ein von Dittmar 1868 erfundenes Sprengmaterial, das zu den Dynamiten (s. d.) und speciell zu den Abeliten (s. d.) gehört; es besteht aus 50 Teilen Nitroglycerin, 30 Teilen nitrierten Sägespänen und 20 Teilen Kalisalpeter, oder aus 80 Teilen Nitroglycerin und 20 Teilen Nitrocellulose.

Duālis, abgekürzt Duāl (vom lat. duo, «zwei»), in der Grammatik eine Form des Nomens, Pronomens oder Verbums, durch die man eine Zweiheit von Dingen, oder daß eine Handlung von Zweien ausgeführt werde, bezeichnet. Die meisten indogerman. Sprachen zeigen in älterer Zeit den D. noch, so das Altgriechische, in andern hat er sich früh verloren und ist durch den Plural ersetzt. Von den german. Sprachen hat nur das Gotische den D., aber bloß am persönlichen Fürwort der ersten und zweiten Person und am Zeitwort, die andern zeigen nur Reste desselben; ein solcher ist z. B. das bayr.-österr. enker, «euer», eigentlich «euer beider». Vgl. W. von Humboldt, Über den D. (Berl. 1828).

Dualismus (vom lat. duo, «zwei»), in der Philosophie im Gegensatz zum Monismus (s. d.) die Ansicht, die den Gegensatz des Materiellen und Geistigen (oder Physischen und Psychischen) nicht in eine höhere Einheit aufheben will, sondern auf das Dasein von zweierlei ganz verschiedenen Substanzen (Materie und Geist, bei Descartes die «ausgedehnte» und «denkende» Substanz) deutet; in weiterm Sinne jede Lehre, die eine letzte unaufhebliche Zweiheit (z. B. ein gutes und böses Princip) in den Dingen annimmt. — In der Physik ist D. die Annahme zweier elektrischer, sowie die Annahme zweier magnetischer Fluida. Franklin, der positiven und negativen elektrischen Zustand durch Überfluß und Mangel Eines elektrischen Fluidums erklärte, stand als Unitarier den Dualisten gegenüber. — Ebenso gab es sonst in der Chemie eine durch Berzelius begründete dualistische Theorie, die annahm, daß jeder zusammengesetzte Körper, wie groß auch die Anzahl seiner Bestandteile sein möge, in zwei Teile zerlegt werden könne, von denen der eine positiv, der andere negativ elektrisch sei. (S. Elektrochemische Theorie.) — In der Politik bezeichnet man mit D. ein Verhältnis, welches besteht, wenn in einem Bundesstaate oder Staatenbunde zwei größere, gleich mächtige Staaten an der Spitze stehen und, wenn sie auch nicht formell die Exekutive in den Händen haben, so doch faktisch von maßgebendem Einfluß auf die Leitung der Bundesangelegenheiten sind, wie dies im frühern Deutschen Bunde bei Österreich und Preußen der Fall war. Auch die Teilung des Machteinflusses unter zwei gleich mächtige Einzelteile (Reichshälften oder dgl.) im Gesamtreiche, wie in der Österreichisch-Ungarischen Monarchie, wird als D. bezeichnet.

Dualistisch-chemische Theorie, s. Dualismus und Elektrochemische Theorie.

Dualla, Negerstamm in Kamerun (s. d.).

Duār, Landstrecken am Himalaja, s. Dwār.

Duars (arab.), die das Zelt des Anführers umgebenden Zeltkreise bei den Nomaden des nördl. Afrika; größere Lager, z. B. die Smala des Emir Abd-el-Kader, haben zuweilen aus mehr als 1000 D. bestanden. Die zum Schutze der Grenzen Algeriens von den Franzosen in kleinen Abteilungen verwendeten Spahis lagern ebenfalls in D. In großen Lagern umgeben die D. der einzelnen Geschlechter und Stämme das Zelt des obersten Heerführers, welches von den Zelten des Gefolges unmittelbar umschlossen wird.

Dub. hinter botan. Beschreibungen Abkürzung für Jean Etienne Duby (spr. dübih); er lebte Anfang des 19. Jahrh. als Pfarrer in Genf und schrieb u. a.: «Mémoire sur la famille des primulacées» (Genf 1844).

Duban (spr. dübáng), Jacques Félix, franz. Architekt, geb. 14. Okt. 1797 in Paris, besuchte die Kunstschule und studierte 1824—29 in Italien eifrig die Werke der Antike und der Renaissance. Nach Paris zurückgekehrt, wurde er 1834 mit dem Ausbau der École des beaux arts beauftragt. D. leitete 1845 die Wiederherstellung der Schlösser Blois und Dampierre. Infolgedessen wurde er zum Architekten des Louvre ernannt. Auch hier fand die fein empfundene und meisterhafte Art, mit welcher er die Façade des alten Flügels auf der Flußseite und das Innere der Apollogalerie dem ursprünglichen Zustande entsprechend ausbildete und die unvollendet gebliebenen Teile vervollständigte, allgemeine Anerkennung. D. starb 20. Dez. 1870 in Bordeaux.

Dubarry (spr. dü-), Marie Jeanne Bécu, Gräfin, Geliebte Ludwigs XV. von Frankreich, geb. als Tochter des Steuerbeamten Vaubernier 19. Aug. 1743 (nicht 1746) zu Vaucouleurs, kam, nachdem sie unter dem Namen einer Mademoiselle Lange bei einer Modehändlerin gearbeitet hatte, als Freudenmädchen zu der berüchtigten Gourdon. Graf Jean D., in dessen Hause sich vornehme Spieler versammelten, nahm sie zu sich, um mit ihrer Schönheit zu spekulieren; durch ihn lernte sie der königl. Kammerdiener Lebel kennen, der sie dem fast 60jährigen König zuführte. Ludwig XV. war bald so sehr von ihr gefesselt, daß er sie bei sich behielt, ihre Vermählung mit dem unschädlichen Bruder des Grafen bewirkte und sie 1769 sogar bei Hofe einführte. In die eigentlichen Regierungsangelegenheiten mischte sich die D. nicht, weil sie zu ungebildet und zu träge war, aber die der Politik des Ministers Choiseul feindselige Hof- und Priesterpartei gebrauchte den persönlichen Einfluß der D. zur Durchführung ihrer Intriguen gegen diesen. Choiseul erhielt den Abschied (1770), und die D. brachte den Herzog von Aiguillon ans Ruder. Nach dem Tode Ludwigs XV. 1774 wurde sie verhaftet und nach einem Kloster bei Meaux gebracht; doch durfte sie sehr bald in ihr Schloß Luciennes bei Marly zurückkehren, wo sie mit großem Glanz lebte. In der ersten Zeit der Revolution ließ man sie ungestört, dann aber ließ Robespierre sie wegen ihrer aristokratischen Beziehungen vor Gericht stellen und 8. Dez. 1793 guillotinieren. Vgl. de Goncourt, La Du Barry (Par. 1878); Vatel, Histoire de Madame Du Barry (3 Bde., ebd. 1882—83).

Dubbeln, Dorf im Kreis Riga des russ. Gouvernements Livland, 24 km westlich von Riga, am Rigaischen Meerbusen und an der Tukkumschen Eisenbahn (Riga-Tukkum), besteht aus kleinen Häusern und Villen und ist nebst den in der Nähe liegenden Landsitzen Majorenhof, Karlsbad, Bilderlingshof u. a. ein vielbesuchter Badeort.

Dubbeltje (d. i. Doppelter) nennt man in den Niederlanden im Kleinverkehr den Geldbetrag von 10 Cents oder $^1/_{10}$ Fl., wie früher (bis 1816) den gleichbedeutenden von 2 Stübern (daher der Name), für welchen letztern eine Silberscheidemünze vorhanden war, wie es seitdem eine solche von 10 Cents giebt. Da die Niederlande (wie das Deutsche Reich) thatsächlich Goldwährung haben, so kann man das D. auch als ein Hundertel des 10-Gulden-Stückes (des sog. Tientje) berechnen. Dann ist es = 16,874 Pf. (Vgl. Stüber.)

Dübel (Dippel, Dibbel, Döbel, auch Dollen), Bezeichnung für cylindrische oder wenig verjüngt zugeschnitzte Holzpflöcke, welche in eine, in die Mauer oder überhaupt in Stein gemeißelte Vertiefung zu dem Zwecke eingetrieben werden, um Bildernägel, Spiegelhaken, Bankeisen oder Schrauben u. s. w. besser daran zu befestigen. Sie kommen ferner bei verschiedenen Arten des Holzverbandes (s. d.) vor. Auch eiserne kurze Bolzen, die zum Versetzen von Steinen, z. B. den got. Fensterpfosten, Maßwerk u. s. w. dienen, werden so genannt. Man pflegt sie zur bessern Befestigung mit dem Steine aufzuhauen und mit Gips, Cement, Blei u. s. w. zu vergießen, wohl auch zur Vermeidung des Rostens zu verzinken oder zu verzinnen.

Dübeleisen, Vorrichtung zur Herstellung hölzerner Dübel (s. d.), besteht aus einem in einem Holzklotz befestigten Eisen, auf dessen oberm Querstück mehrere scharfrandige Hohlcylinder mit aufwärts stehender Schneide angebracht sind. Das rauh zugehauene Holzstück wird auf einen der Schneidcylinder aufgesetzt und durchgetrieben. Indem die scharfe Kante des Werkzeugs ringsum alles dieselbe überragende Holz vollständig hinwegnimmt, erhalten die unten herausfallenden Stifte eine vollkommen runde und cylindrische Form.

Düben, Stadt im Kreis Bitterfeld des preuß. Reg.-Bez. Merseburg, 15 km von Eilenburg, an der Mulde, hat (1890) 3048 (1468 männl., 1580 weibl.) E., darunter 37 Katholiken, Post zweiter Klasse, Telegraph, Amtsgericht (Landgericht Torgau), Steueramt, Forstkasse; Stadtkirche, altes Schloß, Rathaus, großen Stadtpark, Bürgerschule, kath. Privatschule; Alaunwerk vor der Stadt, Korbmacherei, Schuhmacherei, Fabrikation von Leder und landwirtschaftlichen Maschinen, 5 Mahl- und Schneidemühlen, 1 Mahl- und Ölmühle, 3 Schiffmühlen, Holzhandel und Viehmärkte. Die Umgebung des Ortes ist reich an schönen Waldpartien. Etwa 4 km entfernt im Kirchenforst der sog. Gesundbrunnen, eine stark eisenhaltige Quelle. In der nahen Dübener Heide mehrere Hammer- und Hüttenwerke, Papiermühle u. s. w. — D., schon 981 erwähnt, war ehemals Sitz von Burggrafen. Hier schloß 4. Sept. 1631 Gustav Adolf das Bündnis mit Kurfürst Johann Georg I. von Sachsen.

Napoleon I. verweilte im Schlosse vom 10. bis 14. Okt. 1813, vor der Schlacht bei Leipzig.

Dubensee, in Wallis, s. Daubensee.

Dubgras, s. Cynodon.

Dubhe (arab.), Stern 2. Größe im Großen Bären (α Ursae majoris).

Dubk, czech. Name von Eichwald (s. d.) in Böhmen.

Dubica (spr. dúbitza). 1) D., auch Türkisch-Dubica oder Bosnisch-Dubica genannt, **Stadt** im Bezirk Kostajnica des bosn. Kreises Banjaluka, ehemalige türk. Grenzfestung, rechts der Una, 11 km oberhalb ihrer Mündung in die Save, ist Sitz einer Expositur und hat (1885) 2816 mohammed. E. (438 Griechen, 97 Katholiken). An dieser Stelle soll das röm. Prätorium gestanden haben. — D. gehörte einst dem Johanniterorden und war wiederholt ein Zankapfel zwischen Österreich und der Pforte. 1483 schlugen hier die Kroaten unter Francopani, 1513 unter Banus Berislavitsch die Türken; 1685 und 1687 wurde es von den Kaiserlichen erstürmt, im Passarowiczer Frieden aber 1718 an die Pforte zurückgegeben, und 26. Aug. 1788 zwang es Laudon zur Kapitulation. — 2) D., Österreichisch-Dubica, Türkisch-Dubica gegenüber, **Politische Gemeinde** im Stuhlbezirk Kostajnica des Komitats Agram in Kroatien und Slawonien, im ehemaligen Banalbezirke der kroat.-slawon. Militärgrenze, an der Linie Sissek-Brod der Ungar. Staatsbahnen, hat (1890) 6328 kroat. E., darunter 2795 Römisch-Katholische und 3517 Griechisch-Orientalische, eine griech.-orient. und röm.-kath. Kirche; Wein- und Obstbau und lebhaften Handel mit Holz und Schweinen aus den ausgedehnten Waldungen der Umgebung.

Dubiecko (spr. -étzko), Stadt in der österr. Bezirkshauptmannschaft Przemysl in Galizien, westlich von Przemysl, hat (1890) 1699 poln. E., darunter etwa 660 Israeliten, Post, Telegraph, Bezirksgericht (21 Gemeinden, 25 Ortschaften, 19 Gutsgebiete, 20026 E.), ein schönes Schloß des Grafen Krasicki am San mit großem Park sowie Bergbau auf Salz und Naphtha (Petroleum). D. ist Geburtsort des poln. Dichters J. Krasicki.

Dubienka, Stadt im Kreis Grubjeschow des russ.-poln. Gouvernements Lublin, links am Bug, hat (1885) 4686 meist israel. E., Post, Schiffahrt auf dem Bug. Hier kämpfte 17. Juli 1792 Kosciuszko mit 4000 Polen gegen 18000 Russen. Von diesen fielen 4000, von den Polen 90. Doch mußten letztere der Übermacht weichen.

Dubin (Dupin), Stadt im Kreis Rawitsch des preuß. Reg.-Bez. Posen, 4 km südlich von Jutroschin, hat (1890) 729 meist kath. E., Postagentur, Fernsprechverbindung, kath. Parrkirche.

Dubiös (lat.), zweifelhaft; Dubiösen, unsichere Ausstände.

Dubis, s. Doubs (Fluß).

Dubitza, andere Schreibung für Dubica (s. d.).

Dubium (lat.), Zweifel; in dubio, im Zweifel, im Zweifelsfalle.

Dublin (spr. döbblĭn). 1) **Grafschaft** der irischen Provinz Leinster, hat 918,18 qkm, (1881) 418152 und (1891) 429111 E., d. i. 467 auf 1 qkm, darunter 77 Proz. Katholiken. Das Land ist im S. bergig, nördlich des Liffey eine wellenförmige, fruchtbare und vortrefflich angebaute Ebene mit vielen Buchten und Küsteneilanden. Flüsse sind Liffey, Dodder, Tolla; der Königs- und der Große Kanal fördern die Binnenschiffahrt. Der Erwerb der dichten Bevölkerung beruht auf Acker- und Gartenbau, bedeutender Fischerei, Hummer- und Austernfang, Viehzucht und Weberei. An Mineralien werden Kupfer, Blei und gute Bausteine (Granit) gewonnen. Von Interesse sind vier Cromlechs und zahlreiche Ruinen von Abteien, Kirchen und Burgen. Die Grafschaft zerfällt in neun Baronschaften und schickt zwei Abgeordnete ins Parlament, vier andere die Hauptstadt, zwei die Universität.

2) **Hauptstadt** von Irland sowie der Grafschaft D., Parlamentsborough und Municipalstadt, eine der schönsten Städte Europas,

liegt unter 53° 20′ nördl. Br. und 6° 9′ westl. L., im Hintergrunde der fast 15 km langen und zwischen Howth-Head und Dalkey 9 km breiten höchst malerischen Dubliner oder Liffeybai. Die Jahrestemperatur beträgt 9,5° C., die des Juli 15,4, die des Januar 4,7° C. (Hierzu Plan: Dublin.)

D. hatte 1644: 8159, 1777: 137000, 1804: 152000, 1871: 246326, 1881: 248525, mit den Vorstädten 349688, 1891: 254709 bez. 361891 E., darunter 80 Proz. Katholiken, der Rest meist Anglikaner.

Anlage, Straßen, Plätze. D. ist elliptisch gebaut, von einer breiten, 14 km langen Landstraße (Circular Road) umgeben und von den Vorstädten durch den Grand- und den Royalkanal getrennt. Der Liffey, von schönen, 4 km langen Granitquais eingefaßt, von 7 steinernen und 4 eisernen Brücken überspannt, scheidet die Stadt in einen nördl. und einen südl. Teil. Der südl. Stadtteil ist jünger und enthält die schönsten Straßen und Gebäude. Im allgemeinen nimmt den SO. und NO. der Reichtum, den NW. der Mittelstand, den SW. die Armut ein. D. hat meist regelmäßige und breite, gut gepflasterte Straßen. Die schönste ist Sackville-Street mit der Rotunda im N., der Carlisle-Bridge im S., dem Generalpostamt, vielen Hotels, glänzenden Läden und der 41 m hohen Nelson-Säule in der Mitte. Der größte Platz ist St. Stephens-Green (8,1 ha) mit der Reiterstatue Georgs II. und der Statue des Grafen Eglinton, Vicekönigs von Irland, der schönste ist Merrion-Square mit der Nationalgalerie; der College-Park mit der Reiterstatue Wilhelms III., an der Bank und der Westseite der Universität, läuft in die Dame-Street, die belebteste Geschäftsstraße, aus. Der Phönixpark (729 ha) am Westende der Stadt, einer der größten und schönsten der Welt, enthält die Residenz des Vicekönigs und die Wohnungen der Sekretäre, einen Exerzierplatz, Militärhospital, Konstablerkaserne, ein Erziehungshaus für Soldatenkinder, einen zoolog. Garten, den Wellington-Obelisken (62,5 m) und den Phönix-Pfeiler zum Andenken an die Ermordung des Lord Cavendish und Th. Burkes (6. Mai 1882).

Bauten. Die hervorragendsten Gebäude sind: das weitläufige Schloß (the Castle), ursprünglich eine Festung aus dem 13. Jahrh., Sitz der obersten Landesbehörden, mit den Staatszimmern des Vicekönigs, dem Versammlungssaal des Geheimen Rats, dem Staatsarchiv (im Birminghamturm), der Schatzkammer, dem Zeughaus, der neuen Burgkapelle, dem Ballsaal oder der St. Patricks-Halle, ferner die jetzt als Warenlager benutzte Linnenhalle, die Commercial-Buildings mit der Börse, die Handelskammer, die neue Royal-University, früher Ausstellungspalast, die Freimaurerhalle, die Bank von Irland (ehemals Parlamentshaus), die vier hohen Gerichtshöfe (Four Courts) mit hohem Dom und einer 137 m langen Front am Flusse und den Statuen berühmter Rechtsgelehrter. Auf Leinster Lawn steht ein Denkmal des Prinz-Gemahls Albert, in Westmoreland-Street das des Dichters Moore und des Republikaners Smith O'Brien; die schöne O'Connellbrücke trägt eine Statue O'Connells. D. hat an 100 gottesdienstliche Gebäude, darunter 2 prot. Kathedralen, und 18 Klöster. Architektonisch bemerkenswert sind: die altehrwürdige, schon 890 vorhandene, 1190 neu begonnene, 1362 abgebrannte, 1865 auf Kosten eines Privatmannes neu erbaute Kathedrale St. Patrick, mit den Grabmälern Swifts und des Marschalls Schomberg, und die Kathedrale Christ-Church, 1190 gebaut und seit 1871 auf Kosten von H. Roe großartig restauriert.

Behörden. D. ist Sitz des Vicekönigs von Irland, sämtlicher obersten Verwaltungsbehörden und Gerichte, der Landkommission, eines kath. (seit 1214) und eines anglikan. Erzbischofs. Die Stadt zerfällt in 15 Bezirke (Wards). Die Korporation besteht aus dem Lord-Mayor (2000 Pfd. St.), 15 Aldermen und 45 Räten. Die Polizei steht unter Aufsicht des Staates.

Unterrichts- und Wohlthätigkeitsanstalten. Das hervorragendste Bildungsinstitut ist das **Trinity-College**, ein stattlicher Bau in korinth. Stil, mit Standbildern Oliver Goldsmiths und Edmund Burkes, einer Bibliothek (220000 Bände und kostbare irische Manuskripte), einer Kapelle, Altertums-, naturhistor. und geolog. Museum, einer Sternwarte, Druckerei und einem schönen Collegepark. Trinity-College ist nach dem Muster der Universität Cambridge (s. d.), vorzuglich des dortigen Trinity-College eingerichtet. Die vorherrschende Religion ist die anglikanische. An der Spitze steht der Provost, ein Doctor theologiae der anglikan. Kirche. Ihm zunächst 7 Senior-Fellows, darunter nur ein Late. Der Provost und die Senior-Fellows bilden das Board, dem seit 1874 ein Studienrat zur Seite steht. Der Unterricht wird größtenteils von den 26 Junior-Fellows und den Professoren erteilt. Die Universität wird von einem Kanzler und Vicekanzler, dem Provost des Trinity-College, 2 Proctors und 2 Deans verwaltet. Die Zahl der Studierenden betrug (1891) 1193. Etwa 300 von diesen wohnen in der Universität; die übrigen, in Stadt und Laud zerstreut, nehmen nur an den Prüfungen (zweimal im Jahre) teil. Die blühende mediz. Fakultät, die beinahe die Hälfte der Universität ansmacht, hat einen abgesonderten Flügel des Gebäudes im Park; sie dispensiert nicht vom Besuch der Collegia. Die etwas im Sinken begriffene theol. Fakultät (jährlich etwa 200 Studenten) versieht nicht bloß Irland, sondern auch teilweise England mit Kandidaten des anglikan. Predigtamtes. Die Universität feierte 1892 ihr 300jähriges Bestehen. Die 1880 gegründete Royal-University steht allen ohne Rücksicht auf Konfession oder Geschlecht offen und befaßt sich mit allen Gegenständen des Unterrichts, außer mit Religion. Dieselbe ist nur Prüfungsanstalt zum Zwecke der Verleihung akademischer Würden an die mindestens 3 Jahre immatrikulierten Studenten. Der Unterricht in dem von der Royal-University vorgeschriebenen Studienprogramm wird erteilt an fünf oder sechs Zweig-Colleges oder Akademien. Die wichtigsten von diesen sind die drei Queen's-Colleges von Belfast, Cork und Galway. Die Roman-Catholic-University in St. Stephens-Green zu D., sowie das College des heil. Patrick in Maynooth, 15 Meilen westlich von D., sorgen für den Unterricht kath. Zöglinge. Seit 1866 besteht eine Damenakademie, Alexandra-College, in Earlsfort-Terrace, wo etwa 400 junge Irländerinnen sich in Lateinisch, Griechisch, Philosophie, neuern Sprachen, Mathematik und Naturwissenschaften für das Studium auf der Royal University vorbereiten. Die Colleges der Ärzte und Wundärzte (Physicians und Surgeons) erteilen Diplome in der Medizin. King's-Inn ist eine Schule für Rechtspraktikanten. Mit der Ackerbauschule in der Vorstadt Glasnevin ist eine Musterwirtschaft verbunden. Außerdem giebt es Arzneischulen in Verbindung mit Krankenhäusern, ein Lehrerseminar, eine kath. Missionsanstalt, ein Wesleyan College, ein Royal College of Science mit mineralog. Museum. Für das Volksschulwesen sorgen das National Board als Landesbehörde, die Church Education Society, die Christian Brothers und andere kath. Orden als Vertreter der Sekten. Die 1782 gestiftete königl. Irische Akademie besitzt ein archäolog. Museum und eine Bibliothek nebst Sammlung altirischer Handschriften und läßt «Transactions» und «Proceedings» erscheinen. Die 1731 gegründete Royal-Dublin-Society «zur Beförderung der Agrikultur und anderer nützlicher Künste und Wissenschaften», ein Verein von etwa 1000 Privatleuten, Gelehrten und Pächtern zur Veranstaltung von landwirtschaftlichen Ausstellungen und von Vorträgen über naturwissenschaftliche und ökonomische Fragen, tagt im ehemaligen Palais des Herzogs von Leinster, wo auch ein Museum, und wird von der Regierung unterstützt. Ausstellungen von Gemälden und Skulpturen enthält die Nationalgalerie. Neue Räume für ein naturwissenschaftliches Museum und eine große Landes-Bibliothek sind 1890 eröffnet worden. Außerdem giebt es mediz. Vereine sowie Gesellschaften für Zoologie, Geologie, Chemie, Naturgeschichte, Pharmacie, Statistik, irische Altertümer, Ackerbau, Gartenbau, Civilingenieure u. s. w. D. besitzt vier große Theater, darunter Gaiety- und Queenstheater. Es bestehen 19 Krankenhäuser mit mehr als 2000 Betten, darunter Steeven's Hospital, Swift- oder St. Patrick-Hospital, das 1679 gegründete große königl. Hospital in einer ehemaligen Johanniterpriorei, ein Invalidenhaus (Kilmainham-Hospital), eine Irren- und zwei Taubstummenanstalten, ein Findelhaus, ein großes Nord-Union-Arbeitshaus (Asyl für 2300 alte Leute) und mehrere Waisenhäuser. Außerdem befinden sich in D. 4 Kasernen, 4 Kriminal-, 3 Schuldgefängnisse und 2 Zwangsarbeitshäuser. Die wichtigsten Zeitungen sind: «Freeman's Journal», «Morning Mail», «Nation», «Daily Express» und «Irish Times».

Die **Umgegend** ist von großer landschaftlicher Schönheit. Auf dem Kirchhof des 3 km entfernten Dorfes **Glasnevin** steht ein Denkmal für Daniel O'Connell, ein 45 m hoher Granitturm im Stil der alten irischen Türme; ebenda, an der Tolka, befindet sich der 17,5 ha große botan. Garten, 1790 gegründet. 10 km im SO. der wichtige Hafen und Badeort **Kingstown** (s. d.).

D. ist Geburtsort Ussers, der Dichter Swift und Steele, Sheridans, Thomas Moores und des Herzogs von Wellington.

Verkehrswesen und Handel. Dem Verkehr im Innern dienen Cabs und Tramways. Der Große und der Königskanal vermitteln die Verbin-

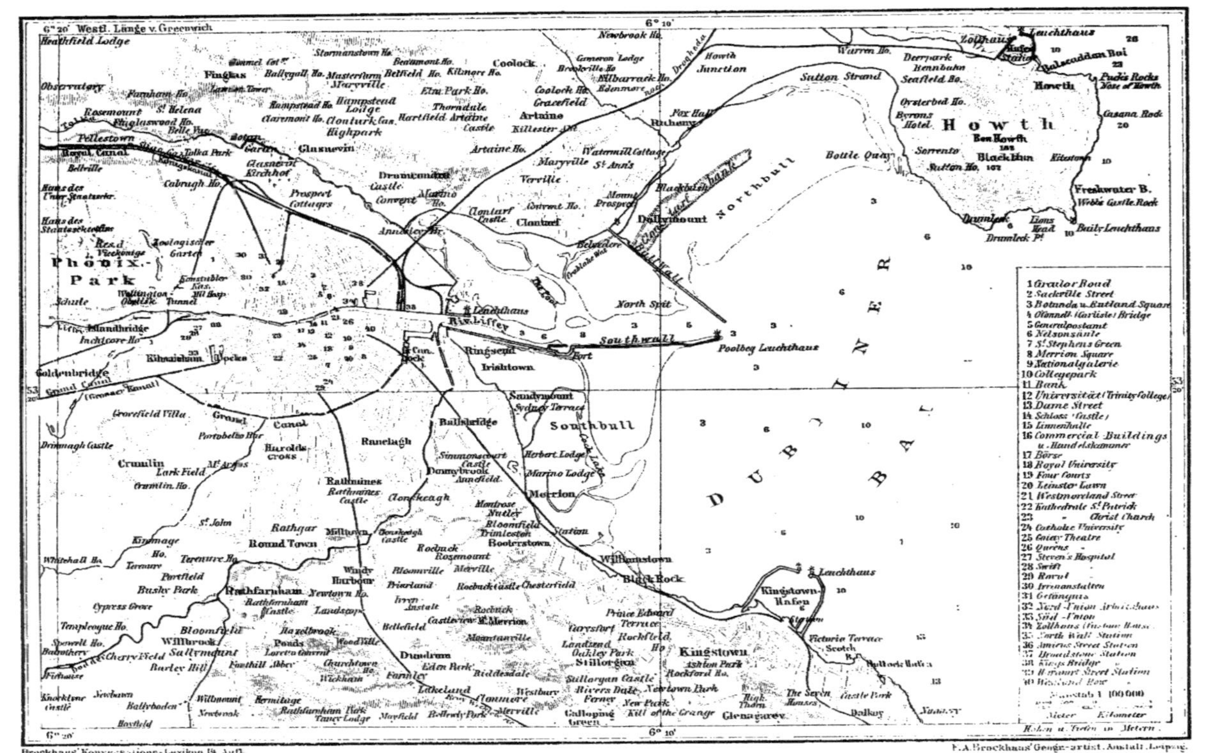
6° 20' Westl. Länge v. Greenwich
6° 10'
Finglas
Coolock
Glasnevin
Artaine
Phönix-Park
Zoologischer Garten
Riv. Liffey
Howth
Ben Howth
Baily Leuchthaus
Freshwater B.
Northbull
Southbull
Poolbeg Leuchthaus
Southwall
North Spit
Clontarf
Dollymount
Ringsend
Irishtown
Sandymount
Kilmainham
Inchicore
Goldenbridge
Grand Canal
Royal Canal
Crumlin
Harolds Cross
Ranelagh
Rathmines
Rathgar
Round Town
Rathfarnham
Milltown
Donnybrook
Merrion
Booterstown
Williamstown
Black Rock
Kingstown
Kingstown Hafen
Stillorgan
Dundrum
Dalkey
Glenagarey
Dubliner Bai
1 Gratlor Road
2 Sackville Street
3 Rotunda u. Rutland Square
4 O'Connell (Carlisle) Bridge
5 Generalpostamt
6 Nelsonsäule
7 St. Stephens Green
8 Merrion Square
9 Nationalgalerie
10 Collegepark
11 Bank
12 Universität (Trinity College)
13 Dame Street
14 Schloss (Castle)
15 Linnenhalle
16 Commercial Buildings u. Handelskammer
17 Börse
18 Royal University
19 Four Courts
20 Leinster Lawn
21 Westmoreland Street
22 Kathedrale St. Patrick
23 " Christ Church
24 Catholic University
25 Gaiety Theatre
26 Queens "
27 Steven's Hospital
28 Swift "
29 Rarol "
30 Irrenanstalten
31 Gefängnis
32 Nord-Union Arbeitshaus
33 Süd-Union "
34 Zollhaus (Custom House)
35 North Wall Station
36 Amiens Street Station
37 Broadstone Station
38 Kings Bridge "
39 Harcourt Street Station
40 Westland Row "
Maßstab 1 : 100 000
Meter Kilometer
Höhen u. Tiefen in Metern.
Brockhaus' Konversations-Lexikon 14. Aufl.
F.A. Brockhaus' Geogr.-artist. Anstalt, Leipzig.

dung mit dem vielverzweigten Flußgebiet des Shannon. Bahnlinien gehen in den Richtungen nach Belfast, Sligo, Galway, Cork, Limerick und Wexford. North-Wall-Station verbindet die drei Hauptbahnhöfe. Der Zugang von der Reede zur Liffeymündung ist durch zwei Däunne, Southwall von Ringsend und Bull Wall von Clontarf aus, offen gehalten, aber nur kleinern Seeschiffen zugänglich. Die wachsende Versandung des Hafens (große Dampfer müssen 7 km von den Docks entfernt ankern) hat das Aufblühen Kingstowns am Süd-ufer der Reede zur Folge gehabt. Doch sind in den letzten Jahren durch Baggern des Flusses und Vertiefen des Hafens Verbesserungen vorgenommen worden, die bis 1891 schon 473976 Pfd. St. gekostet hatten. Die neuen Docks des Zollhauses sind 5 m tief. 1890 verkehrten in D. 10936 Schiffe mit 2,76 Mill. t; der Hauptanteil fällt auf die Küstenschiffahrt (10166 Fahrzeuge). Fünf Achtel der Schiffe trugen brit. Flagge. Regelmäßige Dampferverbindung besteht mit Belfast, Queenstown (Cork), Glasgow, Whitehaven, Liverpool, Holyhead, Milford und Bristol. Im Handel überwiegt die Einfuhr ganz bedeutend; sie betrug 1889 2,28 Mill. Pfd. St. (gegen 2,07 und 2,33 in den Vorjahren) und besteht vornehmlich aus Nahrungsmitteln: Getreide (1803000 Quintals), Fische, Margarine, Früchte, Wein, Zucker; Düngemittel, Glas, Holz, Petroleum und Metalle, roh und in Fabrikaten. Unter den Ausfuhrgegenständen sind Düngemittel (im Werte von 1890: 15742 Pfd. St.), Bier und Ale (16994 Pfd. St.), Wolle (24631 Pfd. St.) sowie Metallwaren wichtig. Der Gesamtwert beträgt nur 105611 Pfd. St. Die Gesamtausfuhr von Vieh betrug (1890) 236354 Stück Rindvieh, 281205 Schafe, 252281 Schweine, 11682 Pferde. Die Industrie, welche unter dem Mangel von Wasserkraft und Kohlen leidet, ist vornehmlich auf Maschinenbau, Gießerei, Kutschen-, Möbel- und Tabakfabrikation sowie Brauerei gerichtet. Die Whiskybrennereien sind berühmt. Die größte Porterbrauerei ist Guineß Company (1400 Arbeiter, 5,2 Mill. Pfd. St. Kapital). In der Leinenindustrie ist D. von Belfast längst überflügelt. Vier große Banken dienen dem Geldverkehr. Konsulate haben in D.: Argentinien, Belgien, Chile, Deutsches Reich, Frankreich, Griechenland, Niederlande, Spanien, Türkei; Vicekonsulate: Dänemark, Österreich-Ungarn, Portugal, Rußland Schweden und Norwegen.

Geschichte. D., vielleicht das Eblana des Ptolemäus, irländ. Ballyath-Cliath (Stadt an der Hürdenfurt), wurde bereits 448 durch den heil. Patrick zum Christentum bekehrt, 851 von den Dduen erobert und unter dem Namen Dubhlin, d. h. schwarzes Wasser, mit Mauern umgeben, und war im frühen Mittelalter Sitz eines normann., von 851 an eines dän. Königshauses, das 948 den christl. Glauben annahm. Diese Fürsten wurden zwar von den Iren mehrmals verdrängt, kehrten aber immer wieder zurück und wußten sich trotz der Niederlagen von 978, 999 und 1014 (in der Schlacht bei Clontarf) zu behaupten. König Sitric gründete 1038 das Bistum D., welches 1214 zum Erzbistum erhoben ward. Bis zum Ende des 12. Jahrh. gehörte D. abwechselnd dem König Godred Cowan von Man, der es 1066 eroberte, den Dänen, die es wiedernahmen, und dem König MacMurrough von Leinster. 1169 kam es durch Richard von Clare, Grafen von Pembroke, genannt Strongbow, für immer in die Hände der Engländer. Am 12. Nov. 1172 huldigte es Heinrich II. und bildete bis zum 15. Jahrh. eine besondere Grafschaft. Die erste Charte stammt von 964, die zweite von 1173, die dritte von 1605. Im J. 1487 fand hier der Prätendent Lambert Simnel Beistand gegen Heinrich VII., und 1659 nahm die Stuartsche Partei das Schloß ein und proklamierte Karl II. Bis auf O'Connell und die neueste Zeit herab hatte die polit. und kirchliche Opposition Irlands gegen die engl. Regierung gewöhnlich ihren Hauptherd in D. — Vgl. Gilbert, History of the city of D. (3 Bde., Dublin 1859); Black, Guide to D. (19. Aufl., Edinb. 1886).

Dublōne, span. Doblon, d. i. Doppelte, doppeltes Stück, heißt eine von 1786 bis 1848 in Spanien und auch später noch im ehemals span. Amerika, bis 1861 in Mexiko ausgeprägte Goldmünze von 4 Pistolen, in der ursprünglichen Geltung von 16 Silberpiastern; häufiger führt sie den Namen Onza (Unze), bisweilen auch den Namen Quadrupel (Vierfache). Der gesetzliche Goldinhalt der in Spanien und der in Mexiko geprägten D. ist (zu 2790 M. für 1 kg Feingold) = 66,0707 deutsche Mark (gesetzliche Feinheit 875 Tausendteile, Gewicht 27,0643 g, Feingewicht 23,6813 g). Der Kurs in Paris ergiebt für spanische, columbische und mexikanische D. etwa 66 M. für das Stück, trotz der namentlich bei den beiden ersten vorhandenen Abnutzung, was sich nur durch den (unbeabsichtigten) Silberinhalt erklärt. Das Feingewicht der mittelamerik. Stücke ist meist etwas geringer, ebenso das der südamerikanischen D. (mit Ausnahme der columbischen), sodaß man es etwa = 65 M. 10 Pf. schätzen kann. Nach dem Dublonenfuß von 1786 wird noch jetzt in der philippin. Münzstätte zu Manila und in den mexik. Münzstätten geprägt; erstere liefert jedoch nur $^1/_4$, $^1/_8$ und $^1/_{16}$ D. (= 4, 2 und 1 Piaster), während aus letztern (seit 1861) nur der Hidalgo (s. d.) sowie dessen Doppeltes und Teilstücke hervorgehen. Der Goldinhalt des in Spanien von 1848 bis 1850 geprägten Doblon de Isabel oder der Isabelina von 100 Reales de vellon (s. Real) ist 20,935 deutsche Mark (Feinheit 900 Tausendteile, Gewicht 8,3372 g, Feingewicht 7,5035 g), der des von 1850 bis mit 1853 geprägten gleichbenannten span. Stücks 20,63 deutsche Mark (Feinheit 900 Tausendteile, Gewicht 8,2159 g, Feingewicht 7,39435 g), der des von 1854 bis 1864 ausgemünzten ebenso benannten Stücks, sowie des von 1864 bis 1868 geprägten Doblon (zu 10 Escudos oder 100 Reales) 21,06 deutsche Mark (Feinheit 900 Tausendteile, Gewicht 8,3871 g, Feingewicht 7,5484 g). Infolge des Münzgesetzes vom 19. Okt. 1868 werden in Spanien seit dessen Übergang zum franz. Münzfuß keine D. mehr ausgemünzt; die span.-amerik. Freistaaten, mit Ausnahme von Mexiko, hatten schon früher die Prägung nach dem altspan. Münzfuß von 1786 eingestellt. Die D. nach letzterm Münzfuß und die von 1854 bis 1868 geprägte Isabelina (der Centen oder Hunderter) sind in Spanien zu 80 und 25 Pesetas (Franken) tarifiert und genießen ein Aufgeld (erstere von etwa $1^1/_2$, letztere von etwa 4 Proz.). D. oder Onzas nach andern Münzfüßen werden noch jetzt in Südamerika geprägt und zwar sämtlich 900 Tausendteile fein: in Bolivia die Onza seit 1871, Gewicht 25 g, also = 62,775 M. (von den Staatskassen in Bolivia, wenigstens früher, zu $17^1/_2$ Bolivianos ausgegeben und angenommen, s. Boliviano); die bolivianische D. = $^1/_5$ Onza; in Columbia ist die Onza von 20 Pesos seit 1857 dem 100-Frs.-Stück gleich,

= 81 M.; in Chile ist seit 1860 der Doblon von 5 Pesos die Hälfte des Condor (s. d.), in Peru ein Goldstück von 5 Soles = 25 Franken oder 20,25 M. (S. auch Alfonsino, Peseta, Peso, Piaster und Pistole.)

In Spanien führten ferner früher zwei verschiedene, zum Teil bis 1864 bei der Bestimmung der Wechselkurse auf das Ausland üblich gewesene Geldeinheiten (sog. Wechselmünzen) den Namen D.: 1) Golddublone (Doblon de oro) = 1¼ Wechseldublone = 5 Wechselpiaster (Pesos de cambio) = 40 alte Silberrealen (Reales de plata antiguos, s. Real) oder 17 Golddublonen = 64 Silberpiaster; 2) Wechseldublone (Doblon de cambio) = ⅘ Golddublone, wonach 85 Wechseldublonen = 256 Silberpiaster. In Malaga waren die ebengedachten beiden D. um 1/256 geringer im Werte, sodaß 85 Wechseldublonen = 255 Silberpiaster, oder 1 Wechseldublone = 3 Silberpiaster. Nächstdem kam gleichzeitig im Binnenhandel Spaniens unter den sog. neuen oder Provinzial-Geldrechnungsstufen die «neue Silberdublone» (Doblon de plata nuevo) oder «Provinzialdublone» (Doblon provincial) = 60 Reales de vellon oder 3 Silberpiaster vor.

Dübner, Friedr., Philolog und Kritiker, geb. 21. Dez. 1802 zu Hörselgau im Gothaischen, studierte zu Göttingen und wirkte 1826—31 als Professor am Gymnasium zu Gotha, wo er unter anderm eine ausgezeichnete kritische Ausgabe des Justin (Lpz. 1831) und des Persius (ebd. 1832) veröffentlichte. Hierauf ging er auf Einladung des Buchhändlers Firmin Didot nach Paris, um an der neuen Ausgabe des «Thesaurus linguae graecae» von Stephanus (9 Bde., Par. 1831—65) thätig zu sein. Für die von derselben Firma herausgegebene Sammlung griech. Schriftsteller lieferte D. Ausgaben der «Moralia» von Plutarch, des Arrian, Maximus Tyrius, Himerius, der Scholien zu Aristophanes und Theokrit, endlich der griech. Anthologie (mit vollständigem kritischem Apparat, 2 Bde., 1864—72). Seine Kritik der franz. Methode des Unterrichts in den alten Sprachen veranlaßte manche Veränderung auf diesem Gebiete. D., der 1845 zum Katholicismus übergetreten war, starb 13. Okt. 1867 in der Nähe von Paris. Vgl. Sainte-Beuve, Discours à la mémoire de D. (Par. 1868).

Dubno. 1) **Kreis** im westl. Teil des russ. Gouvernements Wolhynien, an der galiz. Grenze, ein Hochplateau mit Ausläufern der Karpaten, hat 3958,7 qkm, 150400 E. (darunter 11000 Katholiken, 13000 Israeliten), Ackerbau, Viehzucht. — 2) **Kreisstadt** im Kreis D., 246 km westlich von Schitomir, auf einer Halbinsel der durch den Styr zum Pripet gehenden Itma, von allen Seiten mit Wasser und Sümpfen umgeben, an der Linie Sdolbunowo-Radziwilow der Russ. Südwestbahn, ist Sitz der Kommandos der 11. Kavalleriedivision und deren erster Brigade sowie der ersten Brigade der 11. Infanteriedivision und hat (1885) 7441 E., meist Israeliten, Post und Telegraph, in Garnison das 41. Infanterieregiment, 32. Dragonerregiment Tschugujew des Kaisers und 1 Compagnie Festungsartillerie; ein Schloß, 5 russ., 1 kath. Kirche, 1 kath. Mönchskloster, 1 Synagoge, 14 israel. Bethäuser.

Duboc (spr. dübock), Edouard, Pseudonym Robert Waldmüller, Schriftsteller, geb. 17. Sept. 1822 in Hamburg als Sohn Edouard D.s (des Verfassers der «Dignité de l'homme», eines in Hamburg verheirateten Franzosen), war ursprünglich für den Handelsstand bestimmt, wendete sich aber bald der Litteratur zu, bereiste 1854—58 Italien, Griechenland u. s. w. und ließ sich dann in Dresden nieder. Trotz seiner überall durchdringenden Bildung giebt sich D. als Dichter schlicht und gemütvoll. Eine überaus reiche Menschenkenntnis verwendet er ohne moderne Übertreibung. Aus der großen Anzahl von Romanen, Novellen und lyrischen Dichtungen, die er veröffentlichte, sind hervorzuheben: «Unterm Schindeldach», Idyllen (Hamb. 1851), «Dichters Nachtquartiere» (ebd. 1853), «Irrfahrten» (Berl. 1853), «Merlins Feiertage» (Hamb. 1853), «Lascia passare» (ebd. 1857), «Gedichte» (ebd. 1857), «Unterm Krummstab» (Lpz. 1858), «Dorfidyllen» (Stuttg. 1860), «Novellen» (Berl. 1860), «Wanderstudien» (Lpz. 1861), «Gehrt Hansen», Roman (4 Bde., Berl. 1862), «Mirandola», «Fra Tedesco» (Lpz. 1866), «Baronisiert», «Passiflora» (ebd. 1868), «Die kleine Gipsgießerin» (ebd. 1869), «Eusebius Hußler» (Hamb. 1871), «Das Vermächtnis der Millionärin», Roman (3 Bde., Lpz. 1870), «Die tausendjährige Eiche im Elsaß» (Berl. 1870), «Eusebius Hußlers Selbstbekenntnisse» (Hamb. 1871), «Leid und Lust» (3 Bde., Stuttg. 1874), «Schloß Roncanet», Roman (4 Bde., Hannov. 1874), die elegische Dichtung «Walpra» (Lpz. 1873), «Der Sekundant» (Bresl. 1878), «Die Verlobte» (ebd. 1879), «Die Somosierra» (Stuttg. 1881), «Don Adone», Roman (2 Bde., Bresl. 1883), «Maddalena», Novelle (Augsb. 1883), «Darja», Roman (2 Bde., Lpz. 1884), «Auf der Leiter des Glücks. Blond oder Braun? Zwei Novellen» (ebd. 1884), «Um eine Perle» (2 Bde., ebd. 1885), «Das Geheimniß», Doppelnovelle (Rost. 1887). D. schrieb ferner ein Trauerspiel «Brunhild» (ebd. 1873), ein mehrfach aufgeführtes Schauspiel «Die Tochter des Präsidenten» (Dresd. 1880), verdeutschte Tennysons «Enoch Arden» (Hamb. 1867; 34. Aufl. 1892) und «In memoriam» u. d. T. «Freundes-Klage» (4. Aufl., ebd. 1876), Dichtungen François Coppées u. d. T. «Kleine Geschichten aus Frankreich» (Stuttg. 1881), und gab die «Dramat. Werke» der Prinzessin Amalie von Sachsen (6 Bde., Lpz. 1873—74) sowie deren «Memoiren» (Dresd. 1882) im Auszuge heraus.

Duboc (spr. dübock), Julius, Schriftsteller, Bruder des vorigen, geb. 10. Okt. 1829 zu Hamburg, studierte seit 1849 zu Gießen und Leipzig Philosophie und Geschichte, reiste mehrere Jahre und beendete seine Studien 1859 zu Berlin. Hierauf war er Mitarbeiter an verschiedenen liberalen Blättern (1864—70 an der «National-Zeitung») und siedelte dann nach Dresden über. Von seinen größern publizistischen und philos. Schriften sind zu erwähnen: «Geschichte der engl. Presse» (nach Grant, Hannov. 1873), «Die Psychologie der Liebe» (ebd. 1874; 2. Aufl., Hamb. 1883), «Das Leben ohne Gott» (Hannov. 1875), «Der Optimismus als Weltanschauung» (Bonn 1881), «Die Tragik vom Standpunkt des Optimismus» (Hamb. 1886), «Hundert Jahre Zeitgeist in Deutschland» (Lpz. 1889), «Grundriß einer Trieblehre» (ebd. 1892). Außerdem hat D. eine Reihe Essays philos. und socialpolit. Inhalts in Zeitschriften veröffentlicht, die er u. d. T. «Gegen den Strom. Gesammelte Aufsätze» (Hannov. 1877) und «Reden und Ranken. Studienblätter» (Halle 1879) zusammenstellte; ähnlich Aufsätze als «Plaudereien und Mehr» (Hamb. 1884) und «Herzensgeschichten. Ein Novellenstrauß» (Dresd. 1888). Unter dem Pseudonym Julius Lanz schrieb er ein einaktiges Drama «'s Herzblattl».

Duboccage (spr. dübokahsch'), Marie Anne, geborene Le Page, franz. Dichterin, geb. 22. Okt. 1710 zu Rouen, erhielt ihre Bildung im Kloster L'Assomption zu Paris und vermählte sich mit Pierre Josephe Fiquet D. Erst 1746 veröffentlichte sie ein kleines Gedicht und versuchte dann eine Nachahmung Miltons in dem «Paradis terrestre» (Lond. 1748), auch bearbeitete sie Geßners «Tod Abels» und mehrere engl. und ital. Werke. Unter ihren eigenen Schriften ist das Epos «La Colombiade» (Par. 1756) das bedeutendste. Die Tragödie «Les Amazones» (1749) wurde günstig aufgenommen. Ihre «Lettres sur l'Angleterre, la Hollande et l'Italie» (deutsch, Dresd. 1776) geben Nachricht von den Huldigungen, die sie auf einer Reise in den genannten Ländern erntete. Sie starb 8. Aug. 1802 in Rouen. Ihre Werke erschienen in Lyon (3 Bde., 1762 u. ö.) und ihre «Œuvres poétiques» zu Paris (2 Bde., 1788).

Du Bois, Ort im County Clearfield im nordamerik. Staate Pennsylvanien, nordöstlich von Pittsburgh, ist Eisenbahnknotenpunkt, hat 6000 E., Kohlenförderung, Gerberei und Schmierölfabrikation.

Dubois (spr. düböá), Edmond Paulin, franz. Nautiker, geb. 12. Juli 1822 in Brest, besuchte die Marineschule daselbst und wurde später Schiffsfähnrich, verließ aber 1846 den Seedienst und wurde 1851 Professor der Hydrographie an der Marineschule zu Brest, wo er 1855 den Lehrstuhl für Astronomie und Nautik erhielt. D. ist Erfinder eines Gyroskops und eines Kompasses mit doppelter Nadel zur Bestimmung der durch das Eisenwerk eines Schiffs verursachten Abweichung. Er schrieb: «Cours d'astronomie» (1858; 2. Aufl. 1865), «Cours d'astronomie nautique et de navigation» (1859; 2. Aufl. 1869), «Étude historique et philosophique sur les mouvements du globe» (1861), «Les passages de Vénus sur le disque solaire» (1873), «Le surmenage intellectuel de l'École navale et l'instruction des officiers de marine». Seine Werke zeichnen sich durch Klarheit der Darstellung aus. Seit 1871 gab er die «Éphémérides astronomiques» heraus. D. starb 11. Nov. 1891 zu Brest.

Dubois (spr. düböá), François Clément Théodore, franz. Komponist, geb. 24. Aug. 1837 zu Rosnay (Marne), studierte am Pariser Konservatorium, an dem er seit 1871 als Professor der Harmonie wirkt. Außerdem ist D. Organist an der Madeleinekirche. Er hat sich durch Kompositionen aller Gattungen bekannt gemacht: Opern, Oratorien, Orchester-, Kammer- und Kirchenmusik; mit dem Oratorium «Das verlorene Paradies» erhielt er 1878 den von der Stadt Paris ausgesetzten Preis.

Dubois (spr. düböá), Guillaume, Kardinal und franz. Minister, geb. 6. Sept. 1656 zu Brive-la-Gaillarde (Auvergne) als der Sohn eines Apothekers, kam als 13jähriger Knabe nach Paris in das Kollegium St. Michel, wo er sich tüchtige Kenntnisse erwarb, und wurde dann Hauslehrer. Persönliche Beziehungen führten ihn dem Herzog von Orléans zu, der ihn zum Erzieher seines Sohnes machte. Klugheit, Gewandtheit, Witz brachten den häßlichen Mann bei seinem Brotherrn, insbesondere aber seine Nachsicht gegen seines Zöglings Ausschweifungen, die er beförderte, bei diesem in Ansehen und Vertrauen; auch dem König machte er sich wertvoll und erhielt von ihm außer der Abtei St. Just in der Picardie eine diplomat. Anstellung in London, die ihm förderlich blieb. Nach seiner Rückkehr war er unter dem Titel eines Sekretärs im nächsten Vertrauen des Herzogs von Orléans, seines Zöglings, und als dieser 1715 die Regentschaft übernahm, wurde gegen die Abmahnungen der einflußreichsten Personen der Abbé, cynisch, gesinnungslos und hochbegabt gleich seinem Herrn, ein getreuer Anhänger der Familieninteressen der Orléans den span. Bourbonen gegenüber, zum Mitglied des Conseils erhoben. Der Ausbruch des Krieges mit Spanien veranlaßte den Herzog, D. nach dem Haag zu senden, wo wesentlich durch ihn 2. Aug. 1718 die Quadrupelallianz zu stande kam. Zur Belohnung erhielt er vom Regenten das Ministerium des Auswärtigen, das Erzbistum von Cambrai, den Kardinalshut und den Vorsitz in den Versammlungen des franz. Klerus wie des Ministeriums und wurde auch zum Mitgliede der Akademie ernannt. D. suchte die Regierung den Jesuiten wieder zu nähern. Seine Verwaltung war geschickt, ohne einen größern Zug zu besitzen. Er starb 10. Aug. 1723. Vgl. Sévelinges, Mémoires secrets et correspondance inédite du cardinal D. (2 Bde., Par. 1815); Jobez, La France sous Louis XV, Bd. 1 u. 2 (ebd. 1864—65); Seilhac, L'abbé D. (2 Bde., ebd. 1862); Fontaine de Rambouillet, La Régence et le cardinal D. (ebd. 1886).

Dubois (spr. düböá), Louis, belg. Maler, geb. 1830 zu Brüssel, gest. daselbst 28. April 1880, galt als hervorragender Vertreter der realistischen Schule in Belgien. Seine Bilder zeigen eine Fülle von Leben und Farbe, sind aber zuweilen nachlässig in der Zeichnung und der Komposition. Er malte mit großem Geschick Charakter-, Landschafts- und Tierstücke. Die bedeutendsten seiner Schöpfungen sind: Die Störche (1860; Museum zu Brüssel), Der Chorknabe, Einsamkeit, Heideland, Billardspielerin, Totes Reh, Die Mühle, Die Schelde, Herbstlandschaft aus den Ardennen, Die Maas bei Dordrecht.

Dubois (spr. düböá), Paul, franz. Bildhauer, geb. 18. Juli 1829 in Nogent-sur-Seine, widmete sich anfangs in Paris der jurist. Laufbahn, trat dann 1856 in das Atelier des Bildhauers Toussaint. Zwei Jahre darauf ging er nach Italien, wo er sich für den Realismus der ital. Frührenaissance begeisterte. Seine Erstlingsarbeit war 1864 die Bronzestatue des jungen Johannes des Täufers, ein Werk trefflich wahrer und doch stilvoller Auffassung, voll Leben und Empfindung. Wie von einem leisen Hauch der Antike durchweht ist der 1874 in Marmor ausgeführte Narziß, der sich enthüllend sein Bild in der Quelle erblickt. Allgemeine Anerkennung verschaffte ihm 1867 der Florentinische Sänger (Marmor; Bronzereproduktion im Luxembourg), ein Knabe in der Tracht des Quattrocento, der seinen Gesang mit der Laute begleitet. In demselben Jahre vollendete er die Madonna mit dem Kinde, eine der seelenvollsten Schöpfungen der religiösen Skulptur; 1869 folgte die Statue des Gesanges für die Façade der neuen Oper zu Paris, 1873 die Eva. Das an Größe und Vollendung bedeutendste Werk D.' sind die Skulpturen an dem 1874 in der Kathedrale zu Nantes errichteten Grabmal des Generals Lamoricière. Die architektonische Anordnung ist von Boitte, von D. die liegende Gestalt des Generals in einem tempelartigen Bau und die vier allegorischen Gestalten an den Ecken: Liebe, Weisheit, Glaube, Tapferkeit, Figuren, die durch Reinheit der Formen und Innigkeit der Empfindung zu dem besten gehören, was die gleichzeitige franz. Plastik hervorgebracht hat. Ferner schuf er das Reiterstandbild der Jeanne d'Arc für Reims (1889). Auch in Porträtbüsten hat sich D. als Meister bewährt; für das Doppelporträt seiner Kinder erhielt er 1876 die erste Medaille. Der Herzog von Aumale übertrug ihm die Ausführung einer Reiterstatue des Connétable von Montmorency für das Schloß Chantilly.

Du Boisgobey (spr. dübŏaggobeh), Schriftsteller, s. Boisgobey.

Duboisia, Pflanzengattung aus der Familie der Scrophulariaceen (s. d.) mit nur zwei austral. Arten, Sträucher mit ganzrandigen Blättern, achselständigen Blüten und beerenartigen Früchten. D. Hopwoodi *F. v. Müll.*, Pituripflanze, bewohnt die innern Wüstengegenden von Neusüdwales und Queensland bis nahe an die Westküste von Australien. Die Zweigspitzen liefern gekaut das als Reizmittel bei den Eingeborenen beliebte Piturigift. D. myoporoides *R. Br.* (Ostaustralien und Neucaledonien) liefert das Duboisin (s. d.).

Duboisin, ein Alkaloïd, welches von der Duboisia (s. d.) myoporoides *R. Br.* herstammt, stellt eine bräunliche hygroskopische alkalisch reagierende Masse dar, welche sich in Wasser schwer, in Alkohol und Äther leicht löst. Das D. bewirkt, im Auge örtlich angewendet, sofortige Erweiterung der Pupille und Lähmung des Accommodationsapparats; es übertrifft das Atropin, mit dem es sonst hinsichtlich seiner physiol. Allgemeinwirkungen übereinstimmt, an Schnelligkeit und Dauer der pupillenerweiternden Wirkung und wird deshalb diesem in der Augenheilkunde vielfach vorgezogen.

Du Bois-Reymond (spr. dübŏá remóng), Emil, Physiolog, geb. 7. Nov. 1818 zu Berlin, studierte seit 1837 Philosophie und Theologie, widmete sich aber bald den Naturwissenschaften. Nachdem er sich im Sommer 1838 zu Bonn mit Geologie beschäftigt, studierte er zu Berlin zuerst Physik und Mathematik, ging 1839 zur Medizin über und trieb unter Johannes Müllers Leitung vorzugsweise Anatomie und Physiologie. Bereits 1841 begann er Untersuchungen über tierische Elektricität. Als erste Früchte derselben erschienen die Abhandlung: «Über den sog. Froschstrom und die elektromotorischen Fische» (in Poggendorffs «Annalen», 58. Bd., Jahrg. 1843) und die Doktordissertation «Quae apud veteres de piscibus electricis exstant argumenta» (Berl. 1843). Vollständig teilte D. jedoch die Ergebnisse seiner langjährigen Versuche erst später in seinem Hauptwerke, den «Untersuchungen über tierische Elektricität» (1. Bd., Berl. 1848; 2. Bd., 1. Abteil., 1849, 2. Abteil., 1860—84) mit, in denen er über das seit hundert Jahren vermutete, aber nie bewiesene elektrische Verhalten der Muskeln und Nerven in Ruhe und Thätigkeit ein ungeahntes Licht verbreitete. Bei einem Aufenthalte in Paris 1850 wußte er seinen von franz. Gelehrten angezweifelten Entdeckungen Anerkennung zu verschaffen; 1852, 1855 und 1866 hielt er darüber in London Vorträge. 1851 wurde D. in die Berliner Akademie der Wissenschaften erwählt, deren beständiger Sekretär er seit 1867 ist. Von 1849 bis 1855 war er Lehrer der Anatomie an der Kunstakademie und Gehilfe am Anatomischen Museum; 1855 wurde er außerord. Professor und 1858 an Stelle seines Lehrers Johannes Müller ord. Professor der Physiologie an der Universität zu Berlin. Unter ihm erstand hier 1877 das an Mitteln und Lehrkräften reichste physiol. Institut in Deutschland. D. ist einer der namhaftesten Vertreter der sogenannten physik. Richtung in der Physiologie. Nach seiner Ansicht hat die Physiologie die Bestimmung, die Physik und Chemie der Lebensvorgänge zu sein. Er gehört der Gruppe Brücke, Helmholtz und Ludwig an, durch welche der sog. Vitalismus endgültig aus der deutschen Wissenschaft vertrieben wurde. Als Sekretär der Akademie und als zweimaliger Rektor der Universität hatte D. vielfach Veranlassung zu öffentlichen Reden, in welchen er sich weit über den Kreis seiner Fachwissenschaft hinaus zu äußern pflegt. Dieselben sind 1885—87 in zwei Bänden gesammelt in Leipzig erschienen. Hervorzuheben sind darunter: «Voltaire als Naturforscher», «Der deutsche Krieg», «Über die Grenzen des Naturerkennens» (aus dieser Arbeit stammt sein berühmtes Wort «Ignorabimus»), «Über eine Akademie der deutschen Sprache», «La Mettrie», «Darwin versus Galiani», «Kulturgeschichte und Naturwissenschaft», «Friedrich II. und J. J. Rousseau», «Die sieben Welträtsel», «Goethe und kein Ende», «Gedächtnißrede auf Johannes Müller», «Über die Übung», «Chamisso als Naturforscher» u. a. m. D.s fachwissenschaftliche Arbeiten von 1856 bis 1876 liegen gleichfalls in zwei Bänden gesammelt vor (Lpz. 1875—77). Einen seiner Schüler, C. Sachs, entsandte er mit den Mitteln der Humboldt-Stiftung nach den Llanos von Venezuela, dem Lande des Zitteraals. Als Sachs bald nach seiner Rückkehr bei einer Gletscherbesteigung um das Leben kam, gab D. nach dessen hinterlassenen Tagebüchern seine «Untersuchungen am Zitteraal (Gymnotus electricus)» (Lpz. 1881) heraus. Endlich redigierte D. von 1859 bis 1877 in Verbindung mit Reichert das von Johannes Müller begründete «Archiv für Anatomie und Physiologie» (Leipzig), seit 1877 allein das davon abgespaltene «Archiv für Physiologie» (Leipzig).

Du Bois-Reymond (spr. dübŏá remóng), Paul, Mathematiker, Bruder des vorigen, geb. 2. Dez. 1831 zu Berlin, studierte in Zürich Medizin und schrieb 1853 über den blinden Fleck im Auge; er wandte sich dann in Königsberg unter Franz Neumann und Richelot der Mathematik zu, habilitierte sich 1865 zu Heidelberg, wurde 1870 ord. Professor in Freiburg, 1874 in Tübingen und 1884 in Berlin. Er starb auf einer Reise 7. April 1889. Seine Arbeiten betreffen partielle Differentialgleichungen, bestimmte Integrale, Untersuchungen über Konvergenz («Die allgemeine Funktionentheorie», Tüb. 1882).

Dubowka, Flecken (posad) im Kreis Zarizyn des russ. Gouvernements Saratow, 51 km nordnordöstlich von Zarizyn, rechts der Wolga, an der Mündung der D. und an der Poststraße nach Astrachan, hat (1889) 14572 E., 5 Kirchen, Melonenbau, Fischfang, Talgschmelzereien und Senffabriken. D., früher der Hauptstapelplatz für den Warenverkehr von der Wolga zum Don, hat durch die Wolga-Don-Eisenbahn (Zarizyn-Kalatsch) an Bedeutung verloren.

Dubray (spr. dübräh), Vital, franz. Bildhauer, geb. 27. Febr. 1818 zu Paris, bildete sich unter der Leitung von Ramey. Von seinen Hauptwerken sind zu nennen: Der predigende Johannes der Täufer (1842), Spontini mit dem Genius der Musik (1846), die Bronzestatue der Heldin Jeanne Hachette in Beauvais (1851), die Bronzegruppe des siegreichen Amor (1853), die Marmorstatue des Generals Ch. Abbatucci in Ajaccio (1854), die 16 Bronzereliefs am

Denkmal der Jeanne d'Arc in Orléans (1855), die Statuen Napoleons III. und der Kaiserin Josephine (im Museum zu Versailles), des Kardinals Fesch in Ajaccio (1857), die Bronzestatue des Rechtsgelehrten Rob. Pothier in Orléans (1859); ferner die Statuen am Giebelfeld des Théâtre de la Gaîté in Paris (1864), das Reiterstandbild Napoleons I. in Rouen (1865), Ödipus und die Sphinx (1868), die Statue Joseph Bonapartes zu Corte auf Corsica (1869), die Statue des Sampiero Corso für Ajaccio (1887).

Dubrovnik, slaw. Name von Ragusa (s. d.).

Dubs, Jak., schweiz. Staatsmann und Jurist, geb. 26. Juli 1822 zu Affoltern im Kanton Zürich, wurde 1846 Verhörrichter im Kanton Zürich, 1849 Staatsanwalt, gleichzeitig eidgenössischer Verhörrichter und später Bundesrichter. 1847 wählte ihn sein heimatlicher Kreis in den Großen Rat des Kantons, dessen Präsident er öfters wurde. 1849 vom Kreise Zürich in den Nationalrat gewählt und 1854 zu dessen Präsidenten ernannt, beteiligte sich D. lebhaft an der Konstituierung der neuen Bundeseinrichtung. Gleichzeitig kämpfte er als Journalist mit seinen polit. Freunden zuerst gegen die konservative Partei (1851), später (1854) gegen eine socialdemokratische Fraktion. Er wurde 1855 zum Regierungspräsidenten, Direktor des Erziehungswesens und Mitglied des Kirchenrats erhoben, welche Stellung er bis 1861 bekleidete. Unter seiner Leitung kam das Gesetz über das gesamte Unterrichtswesen des Kantons Zürich und ein revidiertes Gesetz über das Kirchenwesen zu stande. 1855 trat er in den Ständerat über, in dem er bis 1861 verblieb, und der ihn 1857 zu seinem Präsidenten wählte. Sein nüchternes, vorsichtiges Verhalten in der Savoyer Frage führte zum Bruche mit den Führern der radikalen Partei.

Dessenungeachtet wurde D. 1861 zum Mitglied des Bundesrats gewählt, 1864 zum schweiz. Bundespräsidenten ernannt. In letzterer Stellung trat er namentlich für den schweiz.-franz. Handelsvertrag und die damit verknüpfte Judenemancipation in die Schranken und kämpfte 1865—66 für eine Partialrevision der Bundesverfassung, die jedoch scheiterte. Als Vorstand des Justizdepartements hat sich D. namentlich um die Ausarbeitung eines schweiz. Handelsgesetzbuchs mit Wechselordnung verdient gemacht. Mit dem demokratisch-centralistischen Revisionsprojekt der Bundesverfassung von 1872 konnte sich D. nicht befreunden, sondern trat an die Spitze der föderalistischen Opposition gegen dasselbe und trug viel zur Verwerfung dieses Entwurfes bei. Dadurch in Zwiespalt mit seinen Kollegen geraten, legte er sein Amt als Bundesrat nieder, blieb aber, in der Waadt in den Nationalrat gewählt, Mitglied der Bundesversammlung, in der er nun kräftig für das weniger einschneidende Revisionsprojekt von 1874 (besonders die Reorganisation des Bundesgerichts) eintrat, das denn auch mit starker Majorität angenommen wurde. 1875 von den eidgenössischen Räten in das neugestaltete Bundesgericht berufen, ließ er sich in Lausanne nieder, wo er 13. Jan. 1879 starb. 1880 wurde ihm auf dem Ütliberge bei Zürich ein Denkmal gesetzt. Auf jurist. Gebiet schrieb er den «Entwurf eines Strafgesetzbuchs für den Kanton Zürich» (Zür. 1855) und «Das öffentliche Recht der schweiz. Eidgenossenschaft» (2 Bde., ebd. 1878). Vgl. Zehnder, Dr. Jakob D., ein schweizer Republikaner (anonym, ebd. 1880).

Dubufe (spr. dübüf), Edouard, franz. Maler, geb. 30. März 1820 in Paris, empfing den ersten Unterricht von seinem Vater Claude Marie D. (gest. 1864), einem geschätzten Porträtmaler, und nachher bei P. Delaroche. Er widmete sich anfangs ohne besondern Erfolg der Geschichtsmalerei, in der er Vanloo und Natoire zum Muster nahm. Zu nennen sind: Tobias, die Toten begrabend (1844), Der Gefangene von Chillon (1846), Der verlorene Sohn (1866), Einzug Christi in Jerusalem, Die wunderbare Speisung (gestochen von Gautier). 1848 reiste er nach England, wo er zwei Jahre blieb und sich seit 1852 vorzugsweise mit Bildnismalen beschäftigte; er erlangte in diesem Fache den gleichen Ruf wie sein Vater. Zu seinen besten Bildnissen gehören die der Kaiserin Eugenie und des Komponisten Gounod. Er starb 10. Aug. 1883 in Versailles.

Dubuque (spr. djubūhk), Hauptstadt des County D. im nordamerik. Staate Iowa, am Westufer des Mississippi, wurde 1788 von einem Halbfranzosen D. besiedelt und ist die älteste Niederlassung des Staates. Seit 1833 dauernd bewohnt, wurde es 1840 inkorporiert und hatte 1850: 3108, 1880: 22254 und 1890: 30311 E., lebhaften Großhandel (Getreide, Bauholz und Fleischkonserven) und beträchtliche Industrie. D. ist Eisenbahnknotenpunkt, hat bedeutende Flußschiffahrt und war früher einer der wichtigsten Bleiverschiffungsplätze. Die Stadt zieht sich vom Fluß aus an den Höhen (Bluffs) empor, der untere Teil umfaßt den Geschäftsverkehr, während die Straßen des obern Teils meist mit Wohnhäusern besetzt sind. D. hat ein Zollamt der Vereinigten Staaten, Stadthaus, Gerichtshaus, Landamt und eine Anzahl stattlicher Kirchen. Unter den Zeitungen befindet sich eine deutsche.

Duc (frz., spr. dück; ital. duca; engl. duke), Herzog, in Frankreich die Rangstufe des Adels zwischen Prince und Marquis.

Duc (spr. dück), Joseph Louis, franz. Architekt, geb. 25. Okt. 1802 zu Paris, besuchte die École des beaux-arts zu Paris und reiste 1826 nach Rom, wo er bis 1831 blieb. Nach seiner Rückkehr wurde er mit der Ausführung der Julisäule in Paris beauftragt, die 1840 eingeweiht wurde. Sein Hauptwerk ist der im Stil des Néo-grecque gehaltene Ausbau des Justizpalastes mit der 1868 errichteten Salle des Pas-Perdus und der prächtigen Westfaçade gegen die Place Dauphine. Er starb 22. Jan. 1879.

Duca (ital.), Herzog.

Ducādo, ältere span. Geldrechnungsstufe verschiedener Art, zum Teil bis 1864 gebräuchlich gewesen. Hauptsächlich bei Bestimmung der Wechselkurse auf das Ausland: Wechselducado (Ducado de cambio) von 375 sog. alten Silber-Maravedises, geteilt in 20 Sueldos zu 12 Dineros; 289 Wechselducados = 300 Silberpiaster (s. Piaster); in Malaga war der Wechselducado um $^1/_{256}$ geringer.

Du Camp (spr. dükáng), Maxime, franz. Schriftsteller, geb. 8. Febr. 1822 zu Paris, bildete sich anfänglich zum Maler aus. Von 1844 bis 1845 machte er mit seinem Freunde Gustav Flaubert eine Orientreise. Nach seiner Rückkehr beteiligte er sich als Nationalgardist an den Junikämpfen, trat 1849 eine zweite Orientreise an und besuchte Ägypten, Nubien, Palästina und Kleinasien; er brachte eine reiche Sammlung von Photographien heim, die er für ein Buch über Ägypten verwendete, die erste Schrift, welche Photographie und Schriftdruck miteinander vereinigte. 1851 begründete er mit Laurent-Pichat und Louis Ulbach die «Revue de Paris», die aber 1858 nach dem Orsinischen Bombenattentat unterdrückt wurde. 1860 machte er Garibaldis Expedition nach Sicilien mit. Seitdem war er ein eifriger Mitarbeiter der «Revue des deux Mondes»; hier veröffentlichte er artikelweise, dann in Buchform sein bedeutendstes Werk: «Paris, ses organes, ses fonctions, sa vie dans la seconde moitié du XIXe siècle» (6 Bde., 1869—75; 7. Aufl. 1884). Von seinen spätern Werken sind hervorzuheben: «Souvenirs de l'année 1848» (1876), «Les ancêtres de la Commune, l'attentat Fieschi» (1877), «Les convulsions de Paris» (4 Bde., 1878—79), worin er die verschiedenen Episoden des Aufstandes des 18. März und der Maitage 1871 erzählt und über manche dunkle Punkte Licht verbreitet; «Souvenirs littéraires» (2 Bde., 1882—83), «La charité privée à Paris» (1884; 3. Aufl. 1887; deutsch, Hannov. 1884), «La Croix rouge de France» (1889), «Théophile Gautier» (1890) u. s. w. Auch als Dichter und Romanschriftsteller hat sich D. bekannt gemacht; Erwähnung verdienen von seinen Gedichten: «Les chants modernes» (1855; neue Ausg. 1860) und «Les convictions» (1858); von seinen Romanen: «Mémoires d'un suicidé» (1853; neueste Aufl. 1890), «Les six aventures» (1857), «L'homme au bracelet d'or» (1862) und «Une histoire d'amour» (1889). Seit 1880 ist er Mitglied der Akademie.

Ducange (spr. dükángsch), Charles Dufresne, Sieur, franz. Gelehrter, s. Dufresne.

Ducange (spr. dükángsch), Victor Henri Joseph Brahain, franz. Romanschriftsteller und Dramatiker, geb. 24. Nov. 1783 im Haag, war der Sohn eines Gesandtschaftssekretärs. Nachdem er in dem franz. Handelsministerium ein geringes Amt bekleidet, ging D. nach England, kehrte aber bald zurück und lebte von seiner Feder. Seine ersten Romane, «Agathe» (2 Bde., Par. 1819) und «Valentine» (3 Bde., ebd. 1821), gefielen; da er aber in «Valentine» von den royalistischen Banden begangene Excesse mit grellen Farben geschildert hatte, wurde D. angeklagt, die Sitten verletzt und den Bürgerkrieg gepredigt zu haben, und zu 6 Monaten Gefängnis verurteilt. Dann redigierte er ein Blatt «Le Diable rose»; aber wieder wurde er zu 40 Tagen Gefängnis verurteilt, angeblich weil er die Französische Akademie gröblich beleidigt habe. Als er auch nach der Veröffentlichung von «Thélène ou l'amour et la guerre» (4 Bde., 1823) auf Antrag des Kriegsministeriums 2 Monate Gefängnis erhielt, flüchtete sich D. nach Belgien und kam erst 1825 zurück. Er starb 15. Okt. 1833 zu Paris. D. verfaßte noch die Romane: «Léonide ou la vieille de Surène» (5 Bde., Par. 1823), «Le médecin confesseur» (6 Bde., ebd. 1825), «Les trois filles de la veuve» (6 Bde., ebd. 1826), «La Luthérienne» (6 Bde., 1825), «L'artiste et le soldat» (5 Bde., ebd. 1827), «Marc Loricot» (6 Bde., ebd. 1832). Sein Stil ist oft hart und wenig gefeilt, aber die spannende Handlung und die Zuthat des Schrecklichen und Schaudererweckenden verschaffte seinen Romanen zahlreiche Leser. Einen größern Ruf erwarb sich D. als Dramatiker; mehrere Stücke von ihm blieben im Repertorium der Theater Ambigu und Gaité; es sind: «Il y a seize ans» (1831), «Trente ans ou la vie d'un joueur», sein Meisterwerk (1827), «Calas» (1819), «Le colonel et le soldat» (1820), «Le jésuite» (mit Guilbert de Pixérécourt, 1830), «La fiancée de Lammermoor» (1828) u. a.

Ducasse (frz., spr. dükáß; vom lat. dedicatio), in den wallonischen Städten und Dörfern Belgiens Bezeichnung der Kirchweihfeste. Die bekanntesten sind die D. von Mons, am Sonntag Trinitatis, und von Namur, 2. Juli.

Du Casse (spr. dükáß), Pierre Emanuel Albert, Baron, franz. Militärschriftsteller, geb. 1813 zu Bourges, trat aus der Militärschule von St. Cyr in die Armee, nahm an den Kämpfen gegen die Kabylen in Algerien teil, wurde darauf in den Generalstab versetzt und 1854 unter Beförderung zum Stabsoffizier zum persönlichen Adjutanten des Prinzen Jérôme Napoleon ernannt; später trat er in die innere Verwaltung über und erhielt eine Anstellung beim Rechnungshofe. 1880 nahm er seinen Abschied. D. beschäftigte sich vorzugsweise mit histor. Studien, deren Ergebnisse er in einer Reihe namhafter Werke veröffentlicht hat. Er schrieb: «Rambures, épisodes des guerres du temps de Charles VII» (Limoges 1845), «Précis historique des opérations de l'armée de Lyon en 1814» (Par. 1849), «Opérations du 9e corps de la grande armée en Silésie, 1806 et 1807» (2 Bde. mit Atlas, ebd. 1851), «Mémoires pour servir à l'histoire de la campagne de Russie» (1852), «Histoire des négociations diplomatiques relatives aux traités de Morfontaine, de Lunéville et d'Amiens» (3 Bde., 1855), «Précis historique des opérations militaires en Orient, 1854 et 1855» (1857), «Les trois maréchaux d'Ornano» (1862), «Histoire anecdotique de l'ancien théâtre en France» (2 Bde., 1864), «Le général Arrighi de Casanova duc de Padoue» (2 Bde., 1866), «Le général Vandamme et sa correspondance» (2 Bde., 1870), «Journal authentique du siège de Strasbourg» (1871), «La guerre au jour le jour, 1870—71» (1875), «Les rois frères de Napoléon» (1883). D. gab außerdem die «Mémoires et correspondance politique du roi Joseph» (2. Aufl., 10 Bde., 1856—58), «Mémoires et correspondance politique et militaire du prince Eugène Beauharnais» (10 Bde., Par. 1858—60) und «Supplément à la correspondance de Napoléon I» (1887) heraus.

Ducāto, Silbermünze, s. Dukaten (S. 584 b).

Ducāto, Kap, s. Leukadia.

Ducaton (frz., spr. dükatóng, im Volksmund «Dicke Tonne»), zuerst 1598 ausgeprägte Silbermünze der ehemaligen österr. Niederlande im Werte von 5,20 M.; seit 1659 nach dem Gepräge auch Ruiter oder Rijder genannt und als Handelsmünze hauptsächlich für den ostind. Handel geprägt, im Werte von 5,49 M.

Ducatōne, ältere Silbermünze von Mailand und Mantua im Werte von 5,39 M.; ferner eine auch Giustina genannte, bis 1797 ausgeprägte venet. Silbermünze im Werte von 4,77 M.

Duccio di Buoninsegna (spr. dutscho -ßennja), Maler von Siena, der einer ähnlichen Richtung wie Cimabue in Florenz folgte. Er pflegt als der Gründer der neuen Malerei betrachtet zu werden. D. d. B. war der Sohn, nach andern nur der Schüler des Sienesers Segna oder Buoninsegna. Nähere Nachrichten über sein Leben hat man nicht. Nur so viel ergiebt sich aus zuverlässigen Quellen, daß er schon 1282 als Meister in Siena ansässig war und 1308—11 ein großes Altarwerk für den dortigen Dom vollendete; dort befindet es sich noch jetzt, aber in Vorder- und Rückseite auseinander gesägt, im Chor und in der Opera del Duomo. Die Vorderseite stellt dar die Madonna mit dem Kinde, von

Engeln, Heiligen und den vier Schutzpatronen der Stadt umgeben, die Rückseite in 26 kleinen Feldern die Leidensgeschichte Jesu. An Großartigkeit zwar Cimabue nicht gleich, zarter und milder in der Empfindung, wetteifert D. d. B. mit jenem an malerischem Können, auch war er noch in der byzant. Richtung befangen. Sein Hauptwerk ist 1850, von Emil Braun nach Zeichnungen von Franz von Rhoden und von Bart. Bartoccini gestochen, in der Hälfte der Originalgröße der 26 Bilder herausgegeben worden. Andere kleinere Bilder bewahrt die Akademie in Siena.

Duc d'Albe, s. Dückdalbe.

Duce et auspice (lat.), «unter Führung und Leitung», Devise des franz. Ordens vom Heiligen Geist, s. Heiliger-Geist-Orden.

Du Cerceau (spr. düßerßoh), Androuet, franz. Architektenfamilie. Ihr erstes berühmtes Mitglied war Jacques Androuet D. Er lebte im 16. Jahrh., bereiste Italien und beschäftigte sich besonders mit der Wiedergabe antiker Bauwerke im Stich. So veröffentlichte er: «Praecipua romanae antiquitatis ruinarum monumenta» (25 Tafeln); ferner das für die Geschichte der Renaissancebauten in Frankreich wichtige Werk «Les plus excellents bastiments de France» (2 Bde., 1576 u. 1579). Auch fertigte er zahlreiche architektonische und kunstgewerbliche Entwürfe. — Sein Sohn, Jacques Androuet D., gest. 1614, baute 1578 den Pont-Neuf in Paris. Dessen Sohn Jean Androuet D. baute 1624—30 das Hôtel Sully und das Hôtel Bretonvilliers; 1639 begann er den Pont au Change in Paris. Vgl. De Geymüller, Les D. (in der «Bibliothèque internationale de Part», Par. 1887).

Duch. hinter lat. Pflanzennamen Abkürzung für Antoine Nicolas Duchesne (spr. düschähn), Professor der Naturgeschichte zu Paris, geb. 7. Okt. 1747, gest. 18. Febr. 1827.

Du Chaillu (spr. düschäjüh), Paul Belloni, Afrikareisender, geb. 31. Juli 1835 zu Paris als Sohn eines Kaufmanns, der an der Gabunmündung in Westafrika Handel trieb, eignete sich die Kunde von Land und Volk jener Gegenden, die Sprache der Mpongwe und naturgeschichtliche Kenntnisse an, unternahm 1851 Reisen landeinwärts in der Nähe des Gabun und ging 1855 nach Nordamerika. Von der Academy of Natural Sciences zu Philadelphia erhielt er den Auftrag, seine botan. und zoolog. Untersuchungen tiefer nach dem Innern von Afrika auszudehnen. Während vierjähriger Wanderungen gelang es ihm, den Ogowe in seinem untern Laufe zu erforschen und eine reiche naturhistor. Ausbeute (Gorillas) zu gewinnen. Sein Reisebericht «Explorations and adventures in Equatorial Africa» (Lond. 1861; deutsch, Berl. 1862) erregte außerordentliches Aufsehen. Da die Wahrhaftigkeit seiner Berichte aber anfangs, namentlich von Gray und Barth, angefochten wurde, unternahm D. 1863 eine zweite Expedition. Infolge Verluste der astron. Instrumente an der Mündung des Fernand-Vaz ein ganzes Jahr aufgehalten, trat er erst Okt. 1864 die Reise ins Innere an, besuchte die Wasserfälle des in den Ogowe mündenden Ngunië und gelangte dann ostwärts durch endlose Wälder zu den Aschango bis jenseit des 12. Meridians (östlich von Greenwich), wurde aber 1865 durch Ausbruch einer Epidemie und durch Feindseligkeiten der Eingeborenen zur Rückkehr genötigt. Dieser Reise verdankt die Geographie eine Reihe wertvoller Ortsbestimmungen und Höhenmessungen sowie neue Aufschlüsse über diese Teile des äquatorialen Westafrika. Auch schrieb D. über das Zwergvolk der Abongo (oder Obongo). Er berichtete über seine zweite Reise in «A journey to Ashango-Land and further penetration into Equatorial Africa» (Lond. 1867). Seine weitern ethnogr. Erfahrungen veröffentlichte er in den Arbeiten: «My Apingi kingdom, with life in the great Sahara» (ebd. 1870) und «The country of the dwarfs» (ebd. 1872). Die J. 1871—78 verbrachte er in Schweden, Lappland und Nordfinland und berichtete darüber in «The land of the midnight sun» (2 Bde., Lond. 1881; deutsch von Helms, Lpz. 1882).

Duchange (spr. düschángsch'), Gaspard, franz. Kupferstecher, geb. 1662 in Paris, gest. daselbst 6. Jan. 1757, war ein Schüler J. Audrans. Seine Blätter zeichnen sich durch eine außerordentliche Weichheit in der Behandlung aus. Er stach meist mytholog. Gegenstände oder weibliche Bildnisse; Hauptblätter sind: Jo, Leda, Danaë nach Correggio u. a.

Duchâtel (spr. düschatéll), Charles Marie Tannegui, Graf, franz. Staatsmann, geb. 19. Febr. 1803 zu Paris, studierte die Rechte, wurde Advokat und nahm seit 1823 als Anhänger der Doktrinärs thätigen Anteil an dem «Globe» und der «Revue française». In seinem Buche «De la charité dans ses rapports avec l'état moral et le bien-être matériel des classes inférieures de la société» (Par. 1829; 2. Aufl. 1836 u. d. T. «Considérations d'économie politique») zeigte sich D. als Anhänger der Theorie von Malthus (s. d.). Nach der Julirevolution 1830 ward D. als Staatsrat dem Finanzministerium beigeordnet. Durch die Ministerialveränderung vom 11. Okt. 1832 verlor er seinen Posten, wurde aber dafür als Abgeordneter im Depart. Charente-Inférieure in die Kammer gewählt. 1834 trat er als Handelsminister ins Kabinett, aus dem er Febr. 1836 mit den übrigen Doktrinärs ausschied. Vom Sept. 1836 bis 7. März 1837 war er Finanzminister und gehörte nach seinem Rücktritt zu den eifrigsten Gegnern des Ministeriums Molé. Nach der Ministerkrisis und dem Aufstand von 1839 erhielt er 13. Mai in dem von Marschall Soult gebildeten Ministerium das Portefeuille des Innern. Am 25. Jan. 1840 legte er mit den übrigen Kollegen sein Amt nieder, nahm jedoch schon 29. Okt. seinen Platz als Minister des Innern im Guizotschen Kabinett wieder ein. Seit der Februarrevolution von 1848 zog sich D. gänzlich vom polit. Schauplatz zurück. Er starb 5. Nov. 1867 zu Paris. Zu erwähnen sind die von ihm herausgegebenen «Documents statistiques sur la France» (Par. 1833). Vgl. Vitet, Le comte D. (2. Aufl., ebd. 1875).

Du Châtel (spr. düschatéll), Marquis von, s. Crozat.

Du Châtelet (spr. düschat'leh), Gabrielle Emilie, Marquise, s. Châtelet.

Duché (spr. düscheh), in Frankreich eine zur Würde eines Herzogtums erhobene Herrschaft, die bei der Krone unmittelbar zu Lehn ging. Man unterschied D. pairie (spr. pärih), welcher mit dem Besitze der Herrschaft zugleich die Pairswürde erteilte, und D. simple (spr. ßängpl, D. par simple brevet), bloßer Titel.

Duchenen, jüdisch-deutsche Bezeichnung für «Priestersegen sprechen», kommt von dem talmudischen Duchan, dem Standort des Priesters beim Segensprechen im Tempel zu Jerusalem.

Duchenius, s. Duchesne, André.

Duchenne (spr. düschénn), Guillaume Benjamin, nach seiner Vaterstadt gewöhnlich Duchenne de Boulogne genannt, der Begründer der modernen Elektrotherapie, geb. 17. Sept. 1806 zu Boulogne-sur-Mer, wo er sich, nachdem er in Paris Medizin studiert hatte, 1831 als praktischer Arzt niederließ. Schon frühzeitig beschäftigte er sich mit den Heilwirkungen der Elektricität; um über ein reichhaltigeres Krankenmaterial für diese Studien zu verfügen, siedelte er 1842 nach Paris über und widmete sich fortan ausschließlich elektrodiagnostischen und elektrotherapeutischen Forschungen. Sein Hauptverdienst ist die von ihm zuerst angegebene Methode der Lokalisierung des elektrischen Stroms, indem er zuerst nachwies, daß man durch geeignete Applikationsmethoden den Faradischen Strom auf gewisse, unter der Haut bis zu einer gewissen Tiefe gelegene Teile lokalisieren könne (s. Elektrotherapie); ein weiteres Verdienst erwarb er sich um die Muskelphysiologie, indem er die von ihm ausgebildete Methode isolierter elektrischer Erregung der einzelnen Muskeln zur funktionellen Prüfung derselben und zu genauer Bestimmung ihrer vereinzelten oder kombinierten Wirkung benutzte. Auch die Pathologie des Nervensystems verdankt ihm wichtige Untersuchungen und Entdeckungen, besonders durch seine klassischen Schilderungen der progressiven Muskelatrophie, der Bulbärparalyse oder Duchenneschen Lähmung, der spinalen Kinderlähmung, der Rückenmarksschwindsucht, der partiellen Lähmungen u. a. D. starb 15. Sept. 1875 in Paris an einer Gehirnblutung. Er schrieb: «De la valeur de l'électricité dans le traitement des maladies» (Par. 1850), «De l'électrisation localisée et de son application à la pathologie et à la thérapeutique» (edd. 1855; 3. Aufl. 1872; deutsch von Erdmann, Lpz. 1856), «Mécanisme de la physionomie humaine, ou analyse électro-physiologique de l'expression des passions» (mit 72 photogr. Figuren, Par. 1862), «Physiologie des mouvements, démontrée à l'aide de l'expérimentation électrique et de l'observation clinique» (edd. 1867).

Duchesne (spr. düschähn), André, lat. Chesnius, Duchenius, Quercetanus, franz. Geschichtschreiber, geb. im Mai 1584 zu Isle-Bouchard in Touraine, studierte zu London und Paris Geschichte und Geographie. Er wurde königl. Geograph und unter dem Ministerium Richelieus königl. Historiograph. D. starb 30. Mai 1640. Wichtig ist besonders seine Sammlung der «Historiae Francorum scriptores coaetanei ab ipsius gentis origine ad Philippi IV. tempora» (5 Bde., Par. 1636—49), die sein Sohn François D. (geb. 1616, gest. ebenfalls als königl. Historiograph 1693) vom dritten Bande an fortführte. Unter seinen übrigen zahlreichen Schriften verdienen Erwähnung: «Historiae Normannorum scriptores antiqui 838—1220» (Bd. 1, Par. 1619), «Histoire d'Angleterre, d'Écosse et d'Irlande» (edd. 1614; vermehrt 1634 u. 1657), «Histoire des papes jusqu'à Paul V» (2 Bde., 1616 u. 1645), «Histoire généalogique de la maison de Montmorency et de Laval» (Par. 1624), die «Histoire généalogique de la maison de Vergy» (edd. 1625). D. soll mehr als hundert Folianten in Handschriften hinterlassen haben.

Duchesne (spr. düschähn), Père, franz. Demagog, s. Hébert, Jacques René.

Duchesnois (spr. düschänöá), Catherine Joséphine, eigentlich Rafin, franz. Tragödin, geb. 5. Juni 1777 zu St. Saulves bei Valenciennes, debütierte daselbst 1795 und, nachdem sie den Unterricht des Schauspielers Florence genossen hatte, 1802 auf dem Théâtre français in Paris als Phädra. Bis 30. Mai 1833 gehörte sie dieser ersten Bühne Frankreichs an, seit 1804 als Sociétaire. Sie starb 8. Febr. 1835 zu Paris. Am glänzendsten entfaltete die D. ihr außergewöhnliches Darstellungstalent als Semiramis, Roxane und Hermione, unterstützt durch ihre mehr elegante als majestätische Erscheinung und ihre angenehme, sonore Stimme.

Duchesse (frz., spr. düschéß; ital. duchessa, spr. dukéssa), Herzogin.

Duchoborien, s. Duchoborzen.

Duchoborzen («Geisteskämpfer»), eine Sekte in Rußland, die in mancher Beziehung an die Quäker erinnert. Sie berufen sich auf ein inneres Licht, schätzen die äußere Kirche mit ihren Priestern und Sakramenten gering, verwerfen das Zeichen des Kreuzes und die Trinitätslehre, verweigern Eid und Kriegsdienst. Die D. traten zuerst unter der Regierung Peters d. Gr. und der Kaiserin Anna in Moskau und andern Städten auf. Unter Katharina II. und Paul I. wurden sie hart bedrückt, während Alexander I. ihnen Duldung angedeihen ließ und ihnen 1804 das Gouvernement Taurien zum Wohnsitz anwies. 1841 wurden sie aber nach dem Distrikt Achalkalaki in Transkaukasien versetzt, wo sie, gegen 3000 an Zahl, in sieben Dörfern wohnen und sich mit Viehzucht beschäftigen. Das von ihnen bewohnte Land wird auch Duchoborien genannt.

Duchowschtschina. 1) **Kreis** im westl. Teil des russ. Gouvernements Smolensk, teils ebene, teils hügelige Landschaft mit tiefen, zum Dnjeprgebiet gehörigen Flußthälern, hat 4222,5 qkm, 90881 E., Ackerbau, Flachs- und Hanfbau. — 2) **Kreisstadt** im Kreis D., 56 km nordöstlich von Smolensk, an den Flüßchen Chwostez und Zarewitsch und an der Poststraße nach Bjelyj, hat (1885) 3636 E., Post, Telegraph, 4 Kirchen; Gerbereien, Talgsiedereien, Handel mit Getreide, Hanf, Tabak.

Duchsing, s. Dusing.

Ducht oder Duft, der aus Kabelgarnen gedrehte Bestandteil eines Taues, wie deren drei oder vier zur Bildung eines solchen erforderlich sind.

Duchten, die Sitzbänke in Booten; Segelduchten, diejenigen, in welche die Bootsmasten hineingestellt werden.

Ducis (spr. düßihß), Jean François, französischer dramat. Dichter, geb. 22. Aug. 1733 zu Versailles, trat zuerst erfolgreich auf mit einer Bearbeitung von Shakespeares «Hamlet» (1769). Obwohl er selbst kein Englisch verstand, ließ er 1772 «Roméo et Juliette» folgen und bearbeitete später noch: «Le roi Lear» (1793), «Macbeth» (1784), «Jean sans terre» (1791) und «Othello» (1792), indem er Shakespeares Dichtungen den Formen und Regeln der klassischen Bühnenüberlieferung anpaßte und zugleich dem damals herrschenden Geschmack für das Empfindsame Zugeständnisse machte. Auch auf griech. Vorbilder ging D. zurück, in «Oedipe chez Admète» (1780) vereinigte er Sophokles mit Euripides; «Abufar, ou la famille arabe» (1795), ein Stück seiner eigenen Erfindung, wurde beifällig aufgenommen. D. wurde 1778 Mitglied der Akademie und später Sekretär bei dem Grafen von Provence, dem nachmaligen König Ludwig XVIII. Ein treuer Anhänger der Bourbons, lehnte er unter Napoleon I. die jährlich 40 000 Frs. eintragende Stelle eines

Senators ab und lebte während des ersten Kaiserreichs in der größten Zurückgezogenheit zu Versailles. Er starb ebenda 31. März 1816. Seinen «Œuvres» (4 Bde., Par. 1827) schließen sich an die «Œuvres posthumes» (2 Bde., edd. 1827). «Lettres de J. F. D.» wurde von Albert herausgegeben (edd. 1879). Vgl. Campenon, Essai de mémoires, ou lettres sur la vie et les œuvres de D. (Par. 1824); Leroy, Études sur la personne et les écrits de D. (edd. 1832; 3. Aufl., edd. 1835).

Duck (Duk, eigentlich Duke, engl.) oder Kleideraffe, s. Schlankaffen.

Duck, Jacob A., holländ. Genremaler, häufig mit dem bekanntern Jan le Ducq verwechselt, ist jedoch älter als letzterer; seine Blütezeit fällt um 1630—40. Er war in Haarlem thätig. Am häufigsten kommen von ihm Kriegsscenen, Plünderungen, Räubergeschichten u. dgl. vor. Seine Farbengebung ist kräftig, besitzt aber keine besondern koloristischen Reize. Bilder von ihm findet man in allen größern Sammlungen.

Dückdalbe, im Seebau ein zur Befestigung der Schiffe dienendes festes Gerüst aus eingerammten und unter sich verbundenen Pfählen inmitten des freien Wassers eines Hafens. Im Hamburger Hafen werden die D. 4—5 m tief eingerammt, je 3, 9 oder 13 zu einem Gerüst verbunden und oft mit einem Eisbock (s. d.) in Verbindung gebracht. Der Name D., eigentlich Duc d'Albe, rührt vom Herzog von Alba her, der die D. eingeführt haben soll; nach andern stammt die Bezeichnung von den Holländern, die beim Einrammen der Pfähle den Herzog von Alba zwischen Pfahl und Rammbär wünschten.

Duckelbau, eine u. a. noch beim Erdwachsbergbau in Ostgalizien übliche, sehr unrationelle Abbauweise, mit der man von der Sohle einer Duckel (d. h. eines gewöhnlich nur 1 m weiten Schachtes von geringer Tiefe) aus so lange das nutzbare Mineral herausnimmt, bis der Schacht zusammenzubrechen droht. Derartige Duckeln stehen in Entfernungen von oft nur 12 m voneinander.

Ducker oder Hegoleh (Cephalolophus Madoqua *Rüpp.*), Antilope von Rehgröße aus Süd- und Ostafrika, mit langem Haarschopf zwischen den Hörnern (Kopf des D. s. Tafel: Antilopen III, Fig. 5).

Dücker (vom holländ. duiken, d. h. bücken, krümmen, unter dem Wasser gehen), ein Durchlaß (s. d.) unter den in der Ebene laufenden Straßen, Eisenbahnen oder Kanälen, welcher so tief in das Erdreich eingesenkt wurde, daß er vom Wasser gefüllt bleibt (s. Siphon).

Dücker, Eugen, Maler, geb. 10. Febr. 1841 zu Arensburg auf der livländ. Insel Ösel, bezog 1859 die Petersburger Akademie, erhielt nach beendigtem Studium 1862 die große goldene Medaille und das damit verbundene sechsjährige Reisestipendium. D. bereiste darauf Deutschland, Holland, Belgien, Frankreich und Italien, ließ sich schließlich in Düsseldorf nieder und wurde daselbst 1873 Professor an der Akademie. Den Stoff zu seinen Bildern entnahm D. zum größten Teil der nordischen Heimat, den Ufern der Nord- und Ostsee und den Inseln Rügen und Sylt, wobei er hauptsächlich durch die Stimmung und Beleuchtung auf den Beschauer zu wirken sucht. Seine bedeutendsten Gemälde sind: Der Sumpf (im Besitz des Kaisers Alexander III.), Der Sturm (Petersburger Akademie), Am Ostseestrande (Dresdener Galerie), Erinnerung an Rügen (Königsberger Museum) und Abenddämmerung (Mönchgut auf Rügen; 1878, Berliner Nationalgalerie). 1886 erhielt er die große goldene Medaille für ein Strandbild von Arcona. Auf der Internationalen Kunstausstellung zu Berlin 1891 sah man von ihm: Nach dem Sturm, An der Ostsee; 1892: Sommerabend, Spätsommertag auf Rügen.

Duckstein, s. Cement und Traß.

Duckwitz, Arnold, Politiker, geb. 27. Jan. 1802 zu Bremen, widmete sich dem Kaufmannsstande und ließ sich, nachdem er mehrere Jahre in England und den Niederlanden zugebracht, 1829 in seiner Vaterstadt nieder. Er machte sich bald verdient um die Verbesserung der Weserschiffahrt und Einführung der Dampfschiffahrt, suchte auch der Idee einer deutschen Zolleinheit Eingang zu verschaffen durch seine Schrift: «Über das Verhältnis der freien Hansestadt Bremen zum Deutschen Zollverein» (anonym, Bremen 1837). 1841 zum Mitgliede des bremischen Senats erwählt, brachte er 14. April 1845 Verträge über Anlegung einer Eisenbahn zwischen Hannover und Bremen, Feststellung von Grundsätzen im Verkehre, ein Kartell zum Schutze der beiderseitigen Steuern und eine Übereinkunft zur Schiffbarmachung der Weser unterhalb Bremen für Seeschiffe zu stande. Auf D.' Anregung erfolgte ferner die Herstellung einer deutsch-amerik. Dampfschiffahrtslinie, wie er auch 1847 mit der amerik. Postverwaltung einen günstigen Vertrag abschloß. Im März 1848 wurde D. zum Vorparlament und hier in den Fünfzigerausschuß gewählt. Im Juni 1848 vom bremischen Senat zum Kommissar für die nach Frankfurt a. M. ausgeschriebene Beratung über die deutschen Handelsverhältnisse bestimmt, schrieb er ein «Memorandum, die Zoll- und Handelsverfassung Deutschlands betreffend» (Bremen 1848) und erhielt hierauf die Berufung zum Reichsminister des Handels; allein die Verhältnisse verhinderten ihn, die Umgestaltung der deutschen Zoll- und Handelsverfassung zu vollenden. Doch ermöglichte D. die Errichtung einer deutschen Kriegsmarine, über die er in der Schrift «Über die Gründung der deutschen Kriegsmarine» (Bremen 1849) berichtet. Im Mai 1849 kehrte er in seine Vaterstadt zurück und übernahm hier im Sept. 1849 wiederum das Amt eines Mitglieds des Senats. In den J. 1854—56 leitete D. die Unterhandlungen zur Feststellung des Verhältnisses Bremens zum Zollverein, die zum Abschlusse des Vertrags vom 26. Jan. 1856 führten. D. war 1857—63 und 1866—73 Bürgermeister von Bremen. Er nahm auch an dem Frankfurter Fürstenkongreß 1863 als Vertreter Bremens teil. Er gab noch heraus «Denkwürdigkeiten aus meinem öffentlichen Leben 1841—66» (Bremen 1877) und starb als Senator 19. März 1881 zu Bremen.

Duclairente (spr. düklähr-), s. Hausente.

Duclerc (spr. düklähr), Charles Théodore Eugène, franz. Politiker, geb. 9. Nov. 1813 zu Bagnères de Bigorre (Depart. Hautes-Pyrénées), war anfangs Korrektor, dann Redacteur verschiedener Zeitungen, des «Bon Sens» (1836—38), der «Revue du Progrès» (1838), des «National» (1840—46). Als Mitarbeiter an dem von Pagnerre herausgegebenen «Dictionnaire politique» (Par. 1842) machte er sich durch Artikel über finanzielle Fragen und das Eisenbahnwesen bekannt. Während der Revolution von 1848 wurde er 25. Febr. Adjunkt des Maire von Paris, dann (6. März) Unterstaatssekretär der Finanzen und 10. Mai Minister der

Finanzen. In den Mai- und Junitagen bekämpfte er mit Eifer die Maßregeln des Belagerungszustandes und trat nach der Ernennung Cavaignacs zum Inhaber der exekutiven Gewalt aus dem Ministerium. Nach Auflösung der Konstituierenden Versammlung zog er sich von dem polit. Leben zurück, betrieb mehrere industrielle Unternehmungen, leitete in Spanien die Kanalisierung des Ebro und trat dann an die Spitze der Finanzgesellschaft des span. «Crédit mobilier». Bei den Wahlen vom 8. Febr. 1871 wurde er Abgeordneter des Depart. Basses-Pyrénées, Mitglied, dann Präsident der republikanischen Linken und that sich als Redner besonders in finanziellen Fragen hervor. Vicepräsident der Nationalversammlung seit 1875, ward er in demselben Jahre zum lebenslänglichen Senator und 1876 zum Vicepräsidenten des Senats gewählt. Im Aug. 1882, nach dem Sturz des zweiten Ministeriums Freycinet, beauftragte ihn Grévy mit der Bildung eines neuen Ministeriums, worin D. außer dem Vorsitz das Portefeuille der auswärtigen Angelegenheiten übernahm. Infolge der Ministerkrisis, die durch das 15. Jan. 1883 vom Prinzen Napoleon erlassene Manifest veranlaßt wurde, trat D. 28. Jan. mit seinem Kabinett zurück. Er starb 21. Juli 1888 zu Paris.

Duclos (spr. düklóh), Charles Pinot, nicht Pineau, franz. Schriftsteller, geb. 12. Febr. 1704 zu Dinan in der Bretagne, kam in früher Jugend nach Paris, wo er sich der Litteratur widmete. Er veröffentlichte zuerst Romane, von denen die «Confessions du comte de ***» (Amsterd. 1742) großen Beifall fanden. Nach seinem ersten geschichtlichen Werke: «Histoire de Louis XI» (4 Bde., 1745), gab D. «Considérations sur les mœurs de ce siècle» (1749) heraus, in denen er sich als geistreicher und gewandter Charakterzeichner zeigte, sodann als Fortsetzung die «Mémoires pour servir à l'histoire des mœurs du XVIIIᵉ siècle» (1751). Vorzügliches leistete er in den «Mémoires secrets des règnes de Louis XIV et de Louis XV», die er schrieb, nachdem er zum Historiographen an Voltaires Stelle ernannt worden war, die aber erst später erschienen (2 Bde., Par. 1791; neue Ausg. 1864; deutsch von Huber, 3 Bde., Berl. 1792—93). Er wurde 1747 Mitglied der Akademie, als deren Sekretär er die Redaktion des «Dictionnaire de l'Académie» (1762) zu besorgen hatte. Die Frucht einer Reise, die er 1766 nach Italien machte, sind die «Voyage en Italie, ou considérations sur l'Italie» (1791; deutsch von Schleusner, Jena 1792). D. starb 26. März 1772 in Paris. Seine «Œuvres complètes» gaben Desessarts (Bd. 1, Par. 1797—1807), später Bélin (3 Bde., ebd. 1821) und Auger (9 Bde., ebd. 1821) heraus. Vgl. Barni, Les moralistes français au XVIIIᵉ siècle (Par. 1873); Peigné, Charles D. (ebd. 1867); L. Mandon, «De la valeur historique des mémoires secrets de D. (Montpellier 1872).

Du-Comment (student., spr. kommáng) oder Duz-Comment, der Verkehr auf Du und Du; früher auch die Bestimmung, daß alle Studenten einer Universität sich mit Du anreden müssen. Dieser D. herrschte u. a. in Jena, Halle und Leipzig, ist aber jetzt in Deutschland überall verschwunden und findet sich nur noch in Dorpat unter den Studenten deutscher Nationalität.

Ducos (spr. dükóh), Roger, Graf, franz. Politiker, geb. 23. Juli 1754 zu Dax (Landes), war beim Ausbruche der Revolution Advokat, kam 1792 in den Nationalkonvent und stimmte hier für die Verurteilung Ludwigs XVI. Jan. 1794 zum Präsidenten des Jakobinerklubs gewählt, verstand er durch kluge Zurückhaltung den Sturz der Partei zu überdauern. Sein Einfluß begann nach der Empörung des 13. Vendémiaire (5. Okt. 1795) wieder zu steigen. Als Mitglied des Rates der Alten ward er 4. Sept. 1797 dessen Präsident, wurde aber 1798 ausgeschlossen und zog sich in das Privatleben zurück, aus dem ihn Barras Juni 1799 zum Mitglied des Direktoriums erhob. Bei den Vorbereitungen zum Sturze der Regierung trat D. rückhaltlos den Entwürfen Sieyès' bei, wofür er nach der Katastrophe vom 18. Brumaire (9. Nov. 1799) mit diesem und Bonaparte zum Mitglied des provisorischen Konsulats gemacht wurde. Als er dann Lebrun sein Amt überlassen mußte, ward er als Vicepräsident in den Senat versetzt und bei Errichtung des Kaiserreichs in den Grafenstand erhoben, 1815 aber, nach Napoleons Rückkehr, zum Pair ernannt. Nach der zweiten Restauration mußte D. als sog. Königsmörder Frankreich verlassen und fand bei Ulm 16. März 1816 durch Umwerfen seines Wagens den Tod.

Du Couret (spr. dükureh), genannt Abdul Hamid Bei, franz. Abenteurer, geb. 1812 zu Hüningen, bereiste 1834 die Nilländer und Abessinien, trat zum Islam über, pilgerte nach Mekka und durchzog Arabien und Persien, worauf er 1847 nach Frankreich zurückkehrte. Später ging er wieder nach Kairo, wo er 1. April 1867 starb. Die Zuverlässigkeit seiner Reiseberichte («Les mystères du désert», 1859, und die in den «Impressions de voyage» von A. Dumas veröffentlichte Schrift «L'Arabie heureuse», 1860) ist namentlich von H. Kiepert angegriffen worden.

Ducpétiaux (spr. dückpetióh), Edouard, belg. Publizist, Mitglied der Belgischen Akademie, geb. 29. Juni 1804 zu Brüssel, betrat die Advokatenlaufbahn in seiner Vaterstadt und that sich als Mitarbeiter am Brüsseler Oppositionsblatt «Courrier des Pays-Bas» hervor. Ein polit. Preßprozeß brachte ihm 1828 ein Jahr Gefängnis ein. Nach der Revolution, an deren Kämpfen er sich in aktiver Weise beteiligte, erhielt er, bereits durch seine 1827 erschienene Schrift gegen die Todesstrafe bekannt, die Stelle eines Generalinspektors der belg. Gefängnisse und Wohlthätigkeitsanstalten, legte aber 1861 infolge von Differenzen mit der liberalen Regierung dieses Amt freiwillig nieder. Einen thätigen Anteil nahm D. später an den statist. und ökonomischen Kongressen. Er starb 21. Juli 1868 in Brüssel. Von seinen zahlreichen Schriften sind hervorzuheben: «De la condition physique et morale des jeunes ouvriers» (2 Bde., Brüss. 1843), «Mémoire sur le paupérisme des Flandres» (ebd. 1850), «Budgets économiques des classes ouvrières en Belgique» (ebd. 1855), «La question de la charité et des associations religieuses en Belgique» (ebd. 1858). Neben seiner eifrigen Mitwirkung an der Reform des Gefängniswesens in Belgien verdient auch seine Schöpfung, die Strafanstalt (École de réforme) für junge Sträflinge zu Ruysselede (Flandern), Erwähnung. Vgl. A. Neut, Édouard D. Notice biographique (Brüss. 1868).

Ducq (spr. dück), Jan le, holländ. Tiermaler, geb. 1636 im Haag, war Schüler von Paul Potter, soll 1671 als Direktor der Akademie im Haag gestorben sein. D. malte Tierstücke in der Weise Potters; doch erreichte er nicht die Weichheit seines Meisters. Dagegen sind seine Zeichnungen, die er in schwarzer und roter Kreide ausführte, sehr geschätzt. Unter seinen Kupferstichen zeichnet sich eine Folge von acht Blättern mit Hunden aus.

Ducrot (spr. dükroh), Auguste Alexandre, franz. General, geb. 24. Febr. 1817 zu Nevers, besuchte die Militärschule von St. Cyr, diente dann in Algerien, wurde 1857 Brigadecommandeur und führte als solcher bei der Expedition nach Syrien eine Infanteriebrigade, 1859 eine Brigade des 3. Armeekorps. 1865 wurde er Divisionsgeneral und erhielt bei Beginn des Deutsch-Französischen Krieges 1870 das Kommando der 1. Division des 1. Armeekorps unter Mac-Mahon, nahm an der Schlacht bei Wörth teil, übernahm bei Sedan nach Mac-Mahons Verwundung den Oberbefehl, den er aber gleich darauf an Wimpffen abtreten mußte, und wurde durch die Kapitulation von Sedan kriegsgefangen. Hier wurde er auf sein Ehrenwort, sich in Pont-à-Mousson zu stellen, entlassen. Er stellte sich zwar, floh jedoch, als Arbeiter verkleidet, nach Paris, wo ihm Trochu den Oberbefehl über die zweite Armee (13. und. 14. Korps) übertrug. Eine offensive Rekognoscierung, die er 19. Sept. 1870 in der Richtung nach Villeneuve-St. George unternahm, wurde zurückgeworfen, ebenso ein Angriff auf die deutschen Stellungen vor Rueil und Buzanval 21. Okt. Bei dem großen Ausfalle, den die Franzosen 30. Nov. gegen die Stellungen der Sachsen und Württemberger unternahmen (s. Champigny), kommandierte D. die Ausfalltruppen, sah sich aber 4. Dez. genötigt, hinter die Forts zurückzugehen. Bei dem letzten großen Ausfall vom 19. Jan. 1871 (Schlacht am Mont-St. Valérien) kommandierte er die Kolonne des rechten Flügels, die auf Buzanval vorrücken sollte, traf aber zwei Stunden zu spät auf dem Gefechtsfelde ein und trug dadurch viel zu dem Mißlingen des ganzen Unternehmens bei. Noch vor der Kapitulation von Paris wurde D. in Disponibilität versetzt und danach in die Nationalversammlung gewählt. Im Sept. 1872 übertrug ihm Thiers den Befehl über das 8. Armeekorps in Bourges, 29. Nov. 1873 legte D. sein Mandat als Abgeordneter nieder. Er veröffentlichte «La vérité sur l'Algérie» (Par. 1871), einen ziemlich wertlosen Bericht über die Kapitulation von Sedan: «La journée de Sedan» (ebd. 1871; 6. Aufl. 1877), und einen bessern über die Verteidigung von Paris: «La défense de Paris» (4 Bde., ebd. 1875—78). Später verwickelte er sich in die auf den Umsturz der Republik gerichteten Bestrebungen der klerikalen Partei, der er mit großer Beflissenheit diente. Er beteiligte sich auch an dem vom Ministerium Rochebouët für den 13. Dez. 1877 geplanten Staatsstreich und traf in seinem Korpsbezirk die erforderlichen Vorbereitungen. Daraufhin wurde er 10. Jan. 1878 seines Kommandos enthoben, blieb jedoch noch Mitglied des Landesverteidigungs-Komitees bis zum März 1879, wo er aus der aktiven Generalität ausschied und sich nach Versailles zurückzog. Daselbst starb er 16. Aug. 1882.

Ducrotay de Blainville (spr. dükrotäh dĕ blängwil), Henri Marie, franz. Zoolog und Anatom, geb. 12. Sept. 1778 zu Arques bei Dieppe, kam frühzeitig nach Paris und widmete sich hier dem Studium der Medizin und der Naturwissenschaften unter Cuvier. D. d. B. wurde 1812 Professeur-Adjoint der vergleichenden Zoologie, Anatomie und Physiologie an der Pariser Universität, zugleich Professor der Naturgeschichte am Athenäum, 1825 Mitglied des Instituts und 1832 der Nachfolger Cuviers als Professor der vergleichenden Anatomie am Museum der Naturgeschichte. Er starb 1. Mai 1850. D. d. B. wirkte für seine Wissenschaft nicht bloß durch Bildung zahlreicher Schüler, sondern vorzüglich durch eine lange Reihe von größern Werken und einzelnen Abhandlungen. Letztere sind meist in dem «Journal de physique», das er als Hauptredacteur von 1817 bis 1825 leitete, in den von den Professoren des Jardin du Roi herausgegebenen naturhistor. Sammelwerken, in den «Annales françaises et étrangères d'anatomie et de physiologie», in dem «Journal» des Instituts und andern periodischen Schriften enthalten. Von seinen größern Arbeiten sind hervorzuheben: die Beiträge zur «Faune française» (29 Lfgn., Par. 1821—30), «De l'organisation des animaux» (Bd. 1, Straßb. 1822), «Cours de physiologie générale et comparée» (3 Bde., Par. 1835), «Ostéographie» (26 Lfgn. mit Kupfern, ebd. 1839—54). Einzelne Klassen des Tierreichs betreffen die «Notes et additions» zu Grundlers franz. Übersetzung von Bremsers Werke über die Eingeweidewürmer (2 Bde., ebd. 1824—37). Ferner sind zu nennen: «Manuel de malacologie et de conchyliologie» (Par. 1825—27) und «Manuel d'actinologie et de zoophytologie» (ebd. 1834—37, mit 100 Tafeln). Von Monographien sind die über Ornithorhynchus und Echidna (Par. 1812), Hirudo (ebd. 1827) und die Belemniten (Straßb. 1827) ziemlich umfangreich; Ricard, Étude sur la vie et les travaux de M. D. d. B. (Par. 1890).

Ductus (lat.), Zug, besonders der Buchstaben beim Schreiben; in der Anatomie soviel wie Gang; z. B. D. choledŏchus, Gallengang; D. pancreaticus, Ausführungsgang der Bauchspeicheldrüse; D. Stenoniānus, Ausführungsgang der Ohrspeicheldrüse (Parotis).

Duc van Tholl (spr. dück), Tulpenart, s. Tulipa.

Dud, s. Fessanwurm.

d'Ud. hinter lat. Tierbenennungen ist Abkürzung für Jul. d'Udekem, belg. Naturforscher.

Duda (Dudka), russ. Blasinstrument, besteht aus zwei Rohrpfeifen von verschiedener Länge mit je drei Löchern und wird mittels eines einzigen Mundstücks behandelt, ähnlich der altgriech. Doppelflöte.

Du Deffand (spr. dü deffáng), Marie Anne de Vichy-Chamrond, Marquise, franz. Salondame, geb. um 1697, wurde in einem Kloster in Paris erzogen und vermählte sich 1718 mit dem Marquis D. Sie trennte sich aber bald von ihm und führte von nun an ein sehr freies Leben, soll auch die Geliebte des Herzogs von Orléans gewesen sein, schloß aber dann ein innigeres Verhältnis mit dem Präsidenten Hénault, das bis zu dessen Tode (1770) bestand, und versammelte in ihren Salons die gefeiertsten Geister der Nation, was auch noch fortdauerte, als sie 1753 erblindete und in das Kloster St. Joseph zog. Erst als sich 1758 ihre Gesellschafterin Frl. von l'Espinasse (s. d.) von ihr trennte und den besten Teil ihrer Gesellschaft, besonders d'Alembert, mit sich zog, vereinsamte ihr Salon; doch fand sie Trost in dem innigen Verhältnis zu dem geistreichen Horace Walpole (s. d.). Sie starb 23. Sept. 1780 in Paris. Trotz ihrer Geistesgaben fehlte es ihr an Ernst und wahrem Gefühl. Als Schriftstellerin zeichnet sie sich durch klaren Stil und treffendes Urteil aus. Ihre «Correspondance» mit d'Alembert, Hénault, Montesquieu u. a. wurde 1809 in 2 Bänden veröffentlicht (neue Ausg. 1865), ihre «Lettres à Walpole» (zugleich mit denen an Voltaire) erschienen in

4 Bände (Lond. 1810). Saint Aulaire gab 1859 ihre «Correspondance inédite» (meist Briefe an die Herzogin von Choiseul) heraus. Vgl. Asse, Mlle. de Lespinasse et la Marquise D. (Par. 1877).

Dudelsack (Sackpfeife), Blasinstrument (grch. askaulos; lat. tibia utricularis), schon dem Altertum bekannt, bis um das 18. Jahrh. fast in ganz Europa verbreitet und in verschiedenen Ländern (Polen, Schottland, Süditalien, dem südl. Frankreich u. s. w.) noch jetzt unter den Landleuten gebräuchlich, klingt scharf und näselnd. Er besteht aus einem ledernen Schlauch oder Sack, der das Windbehältnis ausmacht. Auf der obern Seite desselben befindet sich eine Röhre, durch die der Spieler den Wind in den Schlauch bläst, den er vor sich hält, um ihn zugleich mit dem Arme an sich zu drücken und dadurch den Druck der Luft zu vermehren. Auf der entgegengesetzten Seite ist ein der Oboe ähnliches Instrument mit sechs Tonlöchern im Schlauche befestigt, das den Wind aus dem Schlauche erhält und als Melodiepfeife wie die Oboe behandelt wird. Nächst diesem sind noch einige stets in einem einzigen tiefen Tone fortklingende Pfeifen, sog. Hummeln (s. d.) an der Seite oder auch oberhalb des Schlauchs befestigt, die ebenfalls aus demselben den Wind erhalten. Zu Anfang des 17. Jahrh. kannte man (nach Prätorius) vier an Größe verschiedene Gattungen D., nämlich den (polnischen) Bock, die Schäferpfeife, das Hummelchen und die Dudey. In Calabrien ist der D. (Piva, Cornamusa) noch allgemein im Gebrauch; in Schottland ist er als Bagpipe Nationalinstrument, wird bei schott. Regimentern anstatt der Trompeten gebraucht und übertrifft jedes andere Instrument durch weittragenden Ton. Auch in den andern Ländern Europas spielte er besonders im 17. und 18. Jahrh. eine große Rolle selbst in den Hofkreisen, wo man kostbar durch Stickerei u. dgl. verzierte Instrumente liebte. Eine besondere Art war die franz. Musette.

Duden, Konrad Alexander Friedr., bekannt durch seine Thätigkeit auf dem Gebiete der deutschen Rechtschreibung, geb. 3. Jan. 1829 auf dem Gute Bossigt bei Wesel, studierte in Bonn Philologie, wurde 1859 Gymnasiallehrer in Soest, 1867 Prorektor. 1869 wurde er nach Schleiz berufen, um das dortige Gymnasium nach preuß. Muster zu organisieren, 1876 Direktor des Gymnasiums zu Hersfeld. Er veröffentlichte «Anleitung zur Rechtschreibung» (2. Aufl., Lpz. 1878), «Die deutsche Rechtschreibung» (ebd. 1872), «Die Zukunftsorthographie nach den Vorschlägen der (Berliner) Konferenz» (ebd. 1876), «Vollständiges orthographisches Wörterbuch der deutschen Sprache» (3. Aufl., ebd. 1887), «Orthographischer Wegweiser für das praktische Leben» (2. Aufl., ebd. 1884), die Neubearbeitung der «Grundzüge der neuhochdeutschen Grammatik» von Fr. Bauer (21. Aufl., Münch. 1891), «Die Verschiedenheiten der amtlichen Regelbücher über Orthographie» (ebd. 1886), «Die neuhochdeutsche Etymologie» (Münch. 1893).

Duderhoffsche Berge, Höhen im Kreis Zarskoje-Selo des russ. Gouvernements Petersburg, südlich von Zarskoje-Selo und südöstlich von Krasnoje-Selo, unmittelbar an der Baltischen Eisenbahn, 165 m hoch mit einer kaiserl. Villa in schweiz. Stil. Nördlich daran breitet sich das große Zeltlager von Krasnoje-Selo aus.

Duderstadt. 1) **Kreis** im preuß. Reg.-Bez. Hildesheim, hat 228,93 qkm und (1890) 25568 (11619 männl., 13949 weibl.) E., 1 Stadt und 29 Landgemeinden. — 2) Selbständige **Stadt** und **Hauptort** des Kreises D., 18 km östlich von Göttingen in einem fruchtbaren Thale (früher «Goldene Mark» genannt), an den Flüßchen Brehme und Hale und an der Nebenlinie Wulften-D. der Preuß. Staatsbahnen, hat (1890) 4809 (2220 männl., 2589 weibl.) E., darunter 1496 Evangelische und 81 Israeliten, Post zweiter Klasse, Telegraph, Landratsamt, Amtsgericht (Landgericht Göttingen); eine schöne kath. Kirche aus dem 14. und eine protestantische aus dem 13. Jahrh., altes Rathaus, Mariensäule (12,5 m); bischöfl. Rektoratsschule (seit 1887), früher kath. Progymnasium (seit 1830), 1669 als Gymnasium gegründet, ein königl. simultanes Realprogymnasium, höhere kath. und höhere paritätische Mädchenschule (Ursulinerinnenkloster); Fabrikation von Flanell, Woll- und Baumwollstoffen, Handschuhen und Cigarren; Lohgerbereien, Tabakbau, Getreide- und Pferdemärkte. — Die Stadt, urkundlich zuerst 929 erwähnt, kam 974 an das Stift Quedlinburg, 1358 an das Erzstift Mainz, 1802 an Preußen, 1808 an Westfalen, 1816 an Hannover und 1866 wieder an Preußen.

Dudevant (spr. düd'wáng), Amantine Lucile Aurore, Baronin von D., geborene Dupin, franz. Romanschriftstellerin, schrieb unter dem Namen George Sand. Sie wurde 5. Juli 1804 zu Paris geboren; ihr Vater, Maurice Dupin, der unter der Republik und dem Kaiserreich als Offizier mit Auszeichnung gedient hatte und 1808 starb, war der Enkel des berühmten Marschalls Moritz von Sachsen. Sie wuchs auf dem Schlosse Nohant (bei La Châtre in Berry) unter der Obhut ihrer Großmutter, Mad. Dupin de Francueil, im freien Verkehr mit den Landkindern auf und vollendete ihre Erziehung 1817—20 bei den Englischen Fräulein in Paris. Frühzeitig lernte sie J. J. Rousseau kennen, dessen Glauben an die ursprüngliche Güte des Menschen und an die Verderbtheit der Gesellschaft auch ihr Evangelium wurde. Sie wurde 1822 mit dem Baron D. verheiratet, konnte aber in diesem Bunde ihr Glück nicht finden; 1831 trennten sich die Gatten, Frau D. ging nach Paris. Eine förmliche Scheidung (1836), wobei sie ihre Kinder zurückerhielt, erlangte sie auf gerichtlichem Wege. Durch das Bedürfnis nach Unabhängigkeit und nach einem Lebensberuf zur Litteratur geführt, schrieb sie mit ihrem Freunde Jules Sandeau (s. d.) den Roman «Rose et Blanche» (1831), der unter dem Namen Jules Saud herauskam. Berühmt wurde dies Pseudonym mit dem andern Vornamen «George» durch ihre Romane «Indiana» (1832), «Valentine» (1832), «Lélia» (1833), die ein ursprüngliches kraftvolles Talent offenbarten. In diesen charakteristischen Seelengemälden, von oft deklamatorischem Vortrag, wurde das Recht freier Herzenswahl verkündet und eine aus den persönlichen Erfahrungen der Verfasserin hervorquellende Tendenz der Auflehnung gegen lieblosen Zwang der Ehe ausgesprochen. Auch die folgenden Werke entstanden unter der unmittelbaren Wirkung eigener Schmerzen und Empfindungen; so erschienen, nachdem sie 1833 mit A. de Musset eine Reise nach Italien gemacht und in Venedig mit ihm gebrochen hatte, außer «Jacques» (1834), worin sie ihr Ideal des Liebhabers zeichnet, in der «Revue des deux Mondes» die Romane: «Leone Léoni» (1835), «André» (1835), «Mattea», «Simon», «Mauprat» (1837), «La dernière Aldini», «L'Uscoque», «Spiridion» (1839) und die Briefe aus Italien («Lettres d'un voyageur», 1834). Um 1840 wird George Sand durch ihre Verbindung mit Lamennais und besonders mit P. Leroux dazu verführt, in ihren Romanen für socialpolit. Reformideen Anhänger zu werben. Mit dem «Compagnon du tour de France» (1840) beginnt der socialistische Feldzug. In demselben Geiste sind geschrieben «Horace» (1842), «Jeanne» (1844), «Le meunier d'Angibault» (1845), «Le péché de M. Antoine» (1847). Dagegen ist «Consuelo» (1842—44) tendenzfrei geblieben und vornehmlich aus den musikalischen Anregungen, die ihr das intime Verhältnis mit Chopin gewährte, mit dem sie 1838—39 den Winter in Mallorca zubrachte, hervorgegangen. Die Fortsetzung dieses Romans «La Comtesse de Rudolstadt» (1843—45) läuft wieder in mystischen Socialismus aus. Eine Abwendung von der Tendenzschriftstellerei vermitteln «Teverino» (1846), «Lucrezia Floriani» (1847), «Le Piccinino» (1848) und die idealisierenden, aber köstlich naiven Bauerngeschichten aus Berry «La mare au diable» (1846), «François le Champi» (1846—48). Die Februarrevolution riß auch D. mit fort; sie schrieb im Dienste der provisorischen Regierung (in den «Bulletins du Ministère de l'intérieur» und «Lettres au peuple») und begründete das demokratische Wochenblatt «La Cause du Peuple». Aber nach den blutigen Junitagen zog sie sich zurück, um in Nohant ihre Ruhe wiederzufinden, deren erste Frucht die prächtige Dorfgeschichte «La petite Fadette» (1850) war. Mit Eifer bestrebte sie sich in dieser Epoche, auch auf der Bühne festen Fuß zu fassen, indem sie ihren Roman «François le Champi» (1849) dramatisierte, in «Claudie» (1851) ein vortreffliches Gemälde ländlicher Sitte ihrer Heimat schuf und in «Le mariage de Victorine» (1851) mit Sedaines «Philosophe sans le savoir» wetteiferte und noch andere Stücke verfaßte. Außerdem schrieb sie noch gegen 40 Romane, unter denen einige ihre reifsten Schöpfungen sind, die, wie «Jean de la Roche» (1860) und «Le Marquis de Villemer» (1861; dramatisiert 1864), den geistigen Reichtum ihrer Erfindungs- und Darstellungsgabe glänzend bewähren. Es seien noch genannt: «Elle et Lui» (1859), eine Erzählung von biogr. Interesse, worin D. ihre Jugendbeziehungen zu A. de Musset in wenig zarter Weise behandelte und dessen Bruder Paul zu der verletzenden Antwort «Lui et Elle» veranlaßte; «Mademoiselle la Quintinie» (1863), eine Antwort auf Feuillets «Histoire de Sibylle», «Laura» (1865), «La confession d'une jeune fille» (1865), «Pierre qui roule» (1870), «Contes d'une grand'mère» (1873) u. a. 1854 hatte D. im Feuilleton der «Presse» ihre Memoiren veröffentlicht u. d. T. «Histoire de ma vie» (deutsch von Glümer, 12 Bde., Lpz. 1854—56). Später stellte sie ihre Erlebnisse in «Impressions et souvenirs» (Par. 1873) dar. Nach dem Staatsstreich 1851 lebte sie auf ihrem Schlosse zu Nohant, wo sie auch 8. Juni 1876 starb und 10. Juni beerdigt ward. 1877 wurde ihr eine vom Bildhauer Clésinger gefertigte Statue im Foyer des Théâtre français zu Paris aufgestellt. Eine Gesamtausgabe ihrer Werke erschien 1862—83 zu Paris in 96, mit Nachträgen in 109 Bänden; dieselbe enthält auch ihre Korrespondenz aus den J. 1812—76.

George Sand wird mit Recht nicht bloß zu den großen Romandichtern gezählt, sondern auch zu den hervorragendsten Meistern der franz. Sprache. Phantasie, Lebendigkeit der Erzählung, unübertrefflicher Reiz der Beschreibung, das wunderbare Talent, alles, was sie mit ihrer Feder berührt, zu verwandeln, zu verschönern und zu idealisieren, alles dies verbindet sich in ihren Schriften mit dem Ton warmer Empfindung und leidenschaftlicher Beredsamkeit, die in rasch dahinströmender, aber klarer Sprache ihren wohlthuenden Ausdruck findet. Vgl. Katscher, George Sand (in «Unsere Zeit», Jahrg. 1876, 2. Hälfte); Mirecourt, George Sand (eine Skizze als Beigabe zu ihrer «Histoire de ma vie», 1855); Haussonville, George Sand (Par. 1878); Caro, George Sand (ebd. 1888).

Ihr Sohn, Maurice D., geb. 1825 zu Paris, gest. 4. Sept. 1889 in Nohant, ebenfalls Schriftsteller unter dem Pseudonym Maurice Sand, hat unter anderm ein interessantes Buch über die Charakterrollen der ital. Komödie, «Masques et bouffons» (2 Bde., Par. 1860), geschrieben. Ein anderes Werk «Légendes rustiques» (ebd. 1858), eine Sammlung franz. Volksmärchen, ist eine gemeinschaftliche Arbeit von ihm und seiner Mutter. Seine Gattin ist die Tochter des berühmten Kupferstechers Calamatta.

Dudey, eine Art des Dudelsackes (s. d.).

Dudik, Beda Franz, Geschichtschreiber, geb. 29. Jan. 1815 in Kojetein bei Kremsier, besuchte die philos. Lehranstalt in Brünn und die Franzens-Universität in Olmütz, trat 1836 in den Orden der Benediktiner zu Raigern und empfing 1840 die Priesterweihe. 1851 unternahm er eine Reise nach Schweden und 1852 eine zweite nach Rom, deren Resultate er in den «Forschungen in Schweden für Mährens Geschichte» (Brünn 1852) und dem «Iter Romanum» (Wien 1855) niederlegte. D. habilitierte sich 1855 als Privatdozent für histor. Quellenstudium an der Universität Wien und ward 1859 zum Landeshistoriographen für Mähren ernannt. 1853—59 war er mit Anlegung eines Centralarchivs des Deutschen Ritterordens in Wien beschäftigt. Zu archivalischen Zwecken bereiste er 1870 Frankreich, Belgien und Holland, 1874 und später mehrere Male Rußland. Er starb 18. Jan. 1890 in Brünn. Sein Hauptwerk ist die «Allgemeine Geschichte Mährens» (Bd. 1—10, Brünn 1860—82), wovon 3 Bde. (8—10, Kulturgeschichte der Přemysliden-Zeit) auch in czech. Sprache erschienen sind. Ferner schrieb er «Geschichte des Benediktinerstifts Raigern» (2 Bde., Brünn 1849; Wien 1868), «Mährens Geschichtsquellen» (Brünn 1850), «Des Herzogtums Troppau ehemalige Stellung zur Markgrafschaft Mähren» (Wien 1857), «Des hohen Deutschen Ordens Münzsammlung in Wien» (Prachtausgabe mit 32 Kupfertafeln, ebd. 1858), «Waldstein» (ebd. 1858), «Kleinodien des hohen Deutschen Ritterordens in Wien» (Prachtwerk in Groß-Imperial mit 60 Photographien, ebd. 1866), «Geschichtliche Entwickelung der Buchdruckerkunst in Mähren 1486—1621» (Brünn 1879), «Schweden in Böhmen und Mähren 1640—50» (Wien 1879), «Preußen in Mähren 1742» (ebd. 1869).

Dudka, Blasinstrument, s. Duda.

Dudley (spr. döddli), Parlamentsborough und Municipalstadt in der engl. Grafschaft Worcester, 13 km im WNW. von Birmingham, hat (1891) 45740 E., Ruinen einer 1161 gestifteten Priorei, eine Kirche mit Denkmälern und Glasmalereien, weit ausgedehnte Eisen- (besonders Nägel, Schraubstöcke und Ambosse) und Glasfabriken. In der

Nähe Steinbrüche, Eisenwerke und Kohlengruben; der Handel ist bedeutend und wird durch den zum Grand-Junction-Kanal führenden Dudley-Kanal gefördert. In dem Steinkohlenfelde von D. befinden sich schon jahrelang Millionen Centner Kohlen durch Selbstentzündung in Brand. Auf einer Anhöhe 5 km von der Stadt liegt Dudley-Castle, eine schöne Ruine, die eine, besonders nachts, großartige Rundsicht über den Kohlenbezirk mit seinen Hochöfen und Fabriken gewährt.

Dudley (spr. döddli), engl. Familie, trägt ihren Namen von Schloß und Lordschaft D. in Staffordshire, die seit Heinrichs II. Zeit in den Händen des Hauses Somery waren. 1321 ging der Besitz und der Titel eines Lord D. durch Heirat mit der Erbin über auf John von Sutton, ersten Lord D. Dessen Nachkomme, John, sechster Lord D., focht unter Heinrich V. in Frankreich, im Rosenkrieg auf Seite der Lancaster gegen York, schloß aber nach Eduards IV. Thronbesteigung Frieden mit diesem und stand schließlich in hohem Ansehen bei ihm; er starb 1487. Da sein ältester Sohn Edmund schon vor ihm gestorben war, so folgte ihm in der Peerswürde sein Enkel Edward (gest. 1531), diesem sein Sohn John D., der, etwas schwachen Geistes, alle seine Güter an seinen Verwandten John D., den Herzog von Northumberland (s. d.) verkaufte, weshalb man ihn Lord Quondam nannte. Er starb 1553 in völliger Armut. Sein Sohn Edward kämpfte in Irland (1536) und Schottland (1546), erhielt 1554 die väterlichen Güter von Maria I. zurück und starb 1575. Ihm folgte sein Sohn Edward, der 1643 starb mit Hinterlassung nur einer Enkelin Frances (gest. 1697), die den Sohn eines reichen Goldschmieds, Humble Ward, heiratete, der 1644 zum Lord Ward erhoben wurde. Ihr Sohn Edward erbte von beiden Eltern die Titel eines Lord D. und Ward, sein Großneffe John (gest. 1774) wurde 1763 zum Viscount erhoben.

Dessen Enkel, John William Ward, vierter Viscount, seit 1827 Graf D., engl. Staatsmann und Gelehrter, geb. 9. Aug. 1781, trat schon 1802 ins Unterhaus und wurde dort bald ein Führer der gemäßigten Tories. Unter Canning wurde er 1827 Staatssekretär des Auswärtigen und in demselben Jahr in den Grafenstand erhoben. Seitdem Wellington die Leitung der Regierung übernommen hatte, lebte er zurückgezogen. Er war ein Mann von mannigfachen Talenten, gründlicher Gelehrsamkeit und dem edelsten Charakter, aber von einer Excentricität, die zuletzt in völlige Geisteszerrüttung überging. Bulmer hat ihn in seinem «Pelham» unter dem Namen Lord Vincent gezeichnet. Er starb 6. März 1833 zu Norwood. — Mit ihm erlosch der Titel D.; die Baronie Ward mit den Familiengütern fiel jedoch einem entfernten Verwandten, dem Geistlichen William Humble Ward, zu. Für dessen Erben William, geb. 1817, bekannt durch seinen Reichtum und Kunstsinn, wurde 1860 der Titel eines Grafen von D. erneuert. Ihm folgte 1885 sein ältester Sohn William Humble Ward, zweiter Graf von D., geb. 25. Mai 1867.

Edmund D., Jurist und Staatsmann unter Heinrich VII., war wahrscheinlich ein Enkel des oben genannten John, sechsten Lord D. Er und Sir Richard Empson waren vornehmlich die Werkzeuge des fiskalischen Mißbrauchs der Rechtspflege gewesen, sodaß auf sie die ganze Fülle der Unzufriedenheit sich wandte. Heinrich VIII. gab diesem allgemeinen Haß nach, schickte D. und Empson in den Tower und ließ sie 18. Aug. 1510 enthaupten. — D.s etwa 1502 geborener Sohn John D., Viscount Lisle, war der spätere Graf Warwick und Herzog von Northumberland (s. d.), Regent unter Eduard VI., der unter Maria I. 1553 enthauptet wurde. Er hatte fünf Söhne, von denen der älteste 1553 ohne Kinder starb; der zweite fiel 1555 bei St. Quentin; der dritte, Ambrosius D., erhielt einen Teil der Güter und den Titel eines Grafen von Warwick zurück (1561), starb aber ohne Erben 1589; der vierte war der bekannte Günstling der Königin Elisabeth, Robert D., Graf Leicester (s. d.); der fünfte, Guildford D., wurde als Werkzeug väterlicher Politik mit Johanna Grey verheiratet und starb mit seiner Gattin 1554 auf dem Blutgerüst.

Der Graf Leicester hatte aus einer heimlichen Ehe mit der verwitweten Lady Sheffield einen Sohn Robert D., der trotz aller Mühen nicht die Anerkennung seiner Legitimität erlangen konnte. Er verließ deshalb England, machte große Seereisen und ließ sich, nachdem ihm unter Jakob I. seine Besitzungen genommen waren, in Florenz nieder. Hier trat er zur röm. Kirche über, verschaffte sich Ruf als Mathematiker, Ingenieur und Schiffsbaumeister und wurde von Kaiser Ferdinand II. zum Grafen Warwick und Herzog von Northumberland im Römischen Reich ernannt (1620). D. starb 6. Sept. 1649. Er schrieb mehrere Werke, darunter «Dell'Arcano del mare» (3 Bde., Flor. 1646 u. 1647). Seine Gattin Alice, die ihm sieben Töchter geboren, hatte er mit einer Geliebten verlassen; sie wurde 1644 in eigenem Recht zur Herzogin von D. erhoben und starb 1689.

Dudu oder Dodo, ausgestorbene Vogelart, s. Dronte. — D. heißt auch der Aruwimi (s. d.).

Dudweiler, Gemeinde im Kreis Saarbrücken des preuß. Reg.-Bez. Trier, 6 km im NO. von Saarbrücken, am Sulzbache und an der Linie Bingerbrück-Saarbrücken der Preuß. Staatsbahnen, hat (1890) 12236 (6308 männl., 5928 weibl.) E., Post, Telegraph; Kohlengruben, Eisenwerk, Fabrikation von Thomasschlacken und feuerfesten Steinen, Gasanstalt. Unweit der sog. brennende Berg, ein seit mehr als 150 Jahren brennendes Steinkohlenflöz, dessen Oberfläche kraterförmig einsinkt.

Dūe (ital.), zwei; due volte, zweimal; a due voci (spr. wohtschi), für zwei Stimmen, zweistimmig.

Duell, s. Zweikampf.

Duellier, röm. Geschlecht, s. Duilier.

Duenna (Dueña, span., spr. -ennja), soviel wie Donna, besonders Hüterin, Ehrenwächterin, Aufseherin eines jungen Mädchens.

Duérne, Lage von zwei ineinander gesteckten und dem entsprechend paginierten Bogen.

Duēro, portug. Douro (lat. Durius), einer der Hauptflüsse der Pyrenäischen Halbinsel, entspringt im NW. der span. Provinz Soria, nahe der Grenze von Burgos und Logroño in einer Laguna am Südabhange des 2252 m hohen Pico de Urbion. Er fließt fast östlich, dann südöstlich, bei Soria (1050 m), unterh des alten Numantia, südlich und wendet sich bei Almazan (in 988 m Höhe) nach W., als tiefe Einsenkung der altcastil. Hochebene. Von Miranda de D. bildet der Fluß in südwestl. Richtung 105 km weit die Grenze zwischen Spanien und Portugal. In der Schlucht von Bemposta oder Peredo, nahe der Tormesmündung, ist die engste Stelle seines Laufes. Auf portug. Boden, von Torre do Moncorvo an, beginnt sein Unterlauf. Nach dem Sturze (Cachão) bei São João da Pesqueira wendet er sich wieder nach Westen, durchfließt das Weinland Ober- und Nieder-Douro (s. Alto-Douro) und mündet bei São João da Foz 4 km unterhalb Oporto. Innerhalb Spaniens ist er ein fast überall von Steilufern begrenzter, schmaler, aber tiefer Fluß, der bei seiner Wassermasse, ungeachtet des sehr starken und ungleichen Gefälles, leicht schiffbar gemacht werden könnte. Bisher wird regelmäßige Schiffahrt nur innerhalb Portugals, wenigstens für die Thalfahrt, auf ihm betrieben, von Torre de Moncorvo abwärts. Doch gehen zwischen hier und Oporto nur mäßige Flußschiffe, 130 km weit. Das Riff, welches bei São João da Pesqueira früher den D. sperrte, ist durch Sprengungen fast unschädlich gemacht worden. Oberhalb Oporto ist der D. nur 130 m, am Hafen 300 m breit, und unterhalb der Stadt erweitert er sich zu einem 850 m breiten Bassin. Seine Mündung, kaum 150 m breit, ist durch Riffe und Sandbänke eingeengt und vor derselben liegt eine doppelte Barre, über der zur Flutzeit 6,5 m Wasser stehen und an der die See bei starken Westwinden heftig brandet. Seeschiffe können oft wochenlang nicht einlaufen. Bei Oporto beträgt die Wassertiefe im Mittel 4—15 m. Die Länge des D. beträgt 786 km, davon 255 km in Portugal, sein Gebiet, das fast das ganze Hochland von Altcastilien und Leon umfaßt, 78933 qkm. An Länge steht er nur dem Tajo und an Größe des Gebietes nur dem Ebro nach. Die wichtigsten Nebenflüsse sind rechts: Pisuerga, Valderaduey, Esla und in Portugal Sabor, Tua und Tamega; links: Adaja, Tormes, Agueda und in Portugal der Coa.

Duett (ital. Duetto), ein Tonstück für zwei Stimmen (Singstimmen oder Instrumente), die einander durchaus gleich, also beide Hauptstimmen sein müssen. Demnach ist das D. ein Tonstück polyphoner Satzart, im Gegensatz zu der bloßen Zweistimmigkeit, bei der die eine melodieführende Stimme durch die andere nur harmonisch unterstützt, homophonisch sekundiert wird. Beim eigentlichen D. ist jede Stimme individuell entwickelt; es setzt daher zwei Personen voraus, die entweder durch einen Gegenstand gleich- oder ungleichartig angeregt werden. Das gleichartige Empfinden soll aber nicht die Individualität des Aussprechens, die Selbständigkeit vermissen lassen, und es soll keine Person (oder Stimme) der andern untergeordnet erscheinen. Bei der Ungleichartigkeit der Empfindung versteht sich die Verschiedenheit des Ausdrucks von selbst. Sowohl das D. für Sing- als das für Instrumentalstimmen unterliegt gleichmäßig jenen Grundbestimmungen, und es ergiebt sich ein Unterschied nur in Hinsicht auf technische Mittel, Art der Klangorgane u. s. w., wie auch beide Gattungen von ihrem Grundcharakter der Stimmenselbständigkeit nichts einbüßen dürfen, wenn ihnen eine Begleitung irgendwelcher Art beigegeben ist. Das Instrumentalduett wird zur Unterscheidung vom Vokalduett häufig Duo genannt; doch braucht man auch die Benennungen D. und Duo sehr oft vermischt. Das Vokalduett als Kunstsatz findet sich bereits bei den Motettkomponisten des 16. Jahrh., doch erhielt es seine Ausbildung erst seit 1600 mit Einführung eines selbständigen Grundbasses in die Komposition, denn das D. als zweistimmiger Satz verlangt wegen seiner harmonischen Armut nach Stütze und harmonischer Füllung, was ihm durch den neu aufkommenden Grundbaß vollauf gewährt wurde. In Verbindung mit diesem bildete das D. sich seit der Mitte des 17. Jahrh. als sog. **Kammerduett** (Duetto da camera) aus und erreichte damit seine kunstvollste Gestalt. Der größte Meister hierin war A. Steffani um 1700. Die Form des Kammerduetts ging in die Opern und Oratorien über und findet sich am schönsten ausgebildet bei Händel. Das weniger künstliche, mehr bühnenmäßige D. wurde seit A. Scarlatti in der Oper heimisch und ist seither nach scenischen Rücksichten oft sehr breit und wirksam entwickelt, wie z. B. das D. im vierten Akt der «Hugenotten» von Meyerbeer.

Duetto, d. h. Zweifacher, Kupfermünze im ehemaligen Toscana und in Lucca im Werte von 2 Soldi oder 2 Quattrini.

Due volte, s. Due.

Duf., bei naturwissenschaftlichen Namen Abkürzung für Jean Marie Léon Dufour (s. d.).

Dufau (spr. düfoh), Pierre Armand, franz. Volkswirt und Publizist, geb. 15. Febr. 1795 in Bordeaux, wurde 1815 Lehrer und 1840 Direktor am Pariser Blindeninstitut. Er trat 1855 mit dem Titel eines Ehrendirektors in Ruhestand und starb 25. Okt. 1877 zu Paris. D. gehörte 1851 zu den Gründern der franz. Gesellschaft zur Unterstützung der Blinden. Er schrieb: «Plan de l'organisation de l'institution des jeunes aveugles» (Par. 1833), «Traité de statistique» (1840), «Lettres sur la charité» (1847), «Statistique comparée des aveugles» (1854), «De la réforme du mont-de-piété» (1855); auch gab er mit Gnadet ein «Dictionnaire de la géographie ancienne et moderne» (2 Bde., Par. 1820) heraus.

Dufaure (spr. düfohr), Jules Armand Stanislas, franz. Staatsmann, geb. 4. Dez. 1798 zu Saujon (Depart. Charente-Inférieure), studierte zu Paris die Rechte, ließ sich 1824 in Bordeaux als Advokat nieder und trat 1834 als Deputierter in das polit. Leben ein. Unter dem Ministerium Thiers 1836 zum Staatsrat ernannt, gab er noch im nämlichen Jahre seine Entlassung und machte dem Ministerium lebhafte Opposition. Unter Soult übernahm er 12. Mai 1839 das neu eingerichtete Ministerium der Staatsbauten, trat aber zurück, als der Antrag wegen der Dotation für den Herzog von Nemours verworfen ward. Seitdem stimmte er in allen wichtigen Fragen mit der Opposition und wurde 1844 das Haupt einer Art von Mittelpartei. Nach der Februarrevolution von 1848 zum Volksrepräsentanten gewählt, schloß er sich der Republik an. Cavaignac berief ihn 13. Okt. 1848 ins Ministerium des Innern; bei der Präsidentenwahl zeigte er sich als dessen eifrigster Anhänger und legte 20. Dez. sein Amt nieder, als Napoleon den Sieg davongetragen hatte. Trotzdem ließ er sich bestimmen, 2. Juni 1849 wieder das Ministerium des Innern zu übernehmen, das er bis zum 31. Okt. behielt. Nach dem Staatsstreich vom 2. Dez. 1851 trat D. ins Privatleben zurück und hielt sich während der Dauer des zweiten Kaiserreichs von der Politik fern. Er wurde Juli 1852 auf der Pariser Advokatenliste eingeschrieben und 1863 an Pasquiers Stelle zum Mitglied der Französischen Akademie ernannt. Am 8. Febr. 1871 wählten ihn vier Departements in die Nationalversammlung, wo er für Charente-Inférieure im linken Centrum Platz nahm und 16. Febr. den Antrag stellte, Thiers zum Chef der Exekutivgewalt zu ernennen. In dem 19. Febr. gebildeten Kabinett übernahm er das Justizministerium; er fiel mit Thiers 24. Mai 1873, übernahm jedoch wieder dasselbe Portefeuille im Ministerium Buffet, 11. März 1875, und verteidigte bei der Beratung des Gesetzes über die Abgeordnetenwahlen die Arrondissementsabstimmung gegenüber der von der Linken (Gambetta) verlangten Listenwahl. Am 12. Aug. 1876 wurde er vom Senat selbst an Casimir Périers Stelle zum lebenslänglichen Mitglied erwählt. In dem Kabinett vom 9. März 1876 übernahm er die Ministerpräsidentschaft, die Justiz und den Kultus, bekämpfte die Anträge auf Erteilung einer allgemeinen Amnestie, war aber der Abgeordnetenkammer zu klerikal, weshalb er 2. Dez. seine Entlassung gab. Jedoch schon 14. Sept. 1877 wurde er aufs neue zur Bildung eines Ministeriums berufen, worin er die Präsidentschaft und die Justiz übernahm. Da der Präsident Mac-Mahon nicht in die Absetzung mehrerer bonapartistisch gesinnter Generale willigen wollte, bot D. seine Entlassung an. Jener aber kam ihm zuvor und kündigte 30. Jan. 1879 seinen Rücktritt von dem Posten eines Präsidenten der Republik an, worauf auch D. 1. Febr. sein Amt niederlegte. Sein Klerikalismus ließ ihn März 1880 im Senat die Ferryschen Unterrichtsgesetze mit Entschiedenheit bekämpfen. Er starb 28. Juni 1881 zu Paris. Vgl. Picot, Études d'histoire parlementaire. M. D., sa vie et ses discours (Par. 1883).

Dufay (spr. düfäh), Guillaume (Willem), Musiker, geb. gegen 1400 zu Cambrai, nach andern zu Chimay (Hennegau), gest. 27. Nov. 1474 zu Cambrai, das Haupt der ersten niederländ. Tonschule, ist der erste Komponist, in dessen Werken eine vollständig ausgebildete Kunst hervortritt, der Vater unserer mehrstimmigen Musik. Vgl. X. Haberl, Bausteine für Musikgeschichte, Heft 1 (Lpz. 1886).

Duffek, Nikolaus, Lustspieldichter, Pseudonym Julius Rosen, geb. 8. Okt. 1833 zu Prag, studierte daselbst die Rechte, wandte sich aber bald ganz der Bühnenschriftstellerei zu. Er war 1860—66 in Prag Beamter im Preßbureau bei der Polizei, nahm dann seinen Abschied und wurde am Carl-Theater in Wien erst Dramaturg, dann Regisseur; seit 1874 leitete er mit Josefine Gallmeyer das sog. Strampfer-Theater in Wien, gab es infolge des großen Börsenkrachs auf und ward Regisseur am Berliner Wallner-Theater. Dann wirkte er längere Jahre als eine Hauptstütze des Wiener Stadttheaters unter Heinrich Laube, wurde 1888 Oberregisseur des Thaliatheaters zu Hamburg und starb 4. Jan. 1892 zu Görz. Von seinen Lustspielen, die durch gesunde, oft derbe Komik wirken, waren erfolgreich: «Nullen», «O diese Männer», «Das Schwert des Damokles», «Schwere Zeiten», «Größenwahn», «Zitronen», «Kanonenfutter», «Ein Knopf», «Falbsche Tage». Seine nicht vollständigen «Gesammelten dramat. Werke» erschienen in Berlin (14 Bde., 1870—88). Für Wiener Blätter schrieb D. Feuilleton-Romane.

Düffel, auch Sibirienne genannt, ein dem Fries ähnliches tuchartiges Gewebe.

Dufferin und Awa (spr. döff-), Frederick Temple Hamilton Blackwood, Marquis von, engl. Diplomat, einziger Sohn des vierten Lord D., geb. 21. Juni 1826 in Florenz, ward in Eton erzogen, folgte, noch minderjährig (Juli 1841), seinem Vater in der irischen Baronie und setzte dann seine Studien in Oxford fort. Während des Hungerjahres 1846—47 bereiste er Irland und veröffentlichte seine Erfahrungen in der Schrift «Narrative of a journey from Oxford to Skibbereen, during the year of the Irish famine» (Oxford 1847). Die Verleihung der engl. Peerswürde 1850 eröffnete ihm mit einem Sitz im Hause der Lords den Weg zu polit. Auszeichnung. 1855 begleitete er Lord John Russell auf dessen Sendung nach Wien, 1859 unternahm er in seiner Jacht eine Reise nach Island und Spitzbergen, die er in den «Letters from high latitudes» (8. Aufl. 1887; deutsch, Braunschw. 1860), einem ebenso geistreichen als unterhaltenden Buche, schilderte. Das Jahr darauf schickte Lord Palmerston ihn als engl. Kommissar nach Syrien, wo er an den Verhandlungen wegen der dort vorgekommenen Christenmetzeleien hervorragenden Anteil nahm. 1864—66 war er unter Lord Palmerston und Lord Russell zuerst Unterstaatssekretär für Indien, dann im Kriegsministerium. Nachdem er sich an der Irischen Frage durch die Schriften «Contributions to an inquiry into the state of Ireland» (1866), «Irish emigration and the tenure of land in Ireland» (1868) und «Mr. Mill's plan for the pacification of Ireland examined» (1868) beteiligt hatte, wurde er unter Gladstone Dez. 1868 Kanzler für das Herzogtum Lancaster und, nachdem er Nov. 1871 zum Viscount Clandeboye und Grafen D. erhoben war, April 1872 Generalgouverneur von Canada. D.s dortige Verwaltung wurde von entschiedenem Erfolge gekrönt, sodaß er auch unter Disraeli (Beaconsfield) im Amt blieb, der ihn 1879 als außerordentlichen Gesandten und bevollmächtigten Minister nach Petersburg schickte. Auch dort bewährte er sich vortrefflich, und von noch größerm Erfolg war seine Thätigkeit als Botschafter in Konstantinopel 1881—84 während der ägypt. Wirren; Nov. 1882 bis April 1883 weilte er in Ägypten selbst, um die Neuordnung der Verwaltung zu unterstützen. 1884 kam er als Vicekönig nach Indien, wo ihm die Lösung der afghan. Grenzfrage mit Rußland und die Expedition gegen Birma zufiel. 1888 vertauschte er diesen Posten mit dem des Botschafters in Rom und wurde zum Grafen Awa und Marquis von D. und Awa erhoben. Nov. 1891 wurde ihm nach dem Tode des Lordschatzmeisters Smith die Würde eines Lord Warden of the Cinque Ports übertragen, Dezember desselben Jahres wurde er zum Botschafter in Paris ernannt. Eine Sammlung seiner «Speeches and Addresses» erschien London 1882, seine «Speeches delivered in London 1884—88» ebd. 1890. Seine Gattin schrieb «Our viceregal life in India» (Lond. 1889) und veröffentlichte «My Canadian Journal 1872—78» (ebd. 1892).

Dufour (spr. düfuhr), Jean Marie Léon, franz. Entomolog, geb. 1782 in St. Sever (Depart. Landes), gest. 18. April 1865 als praktischer Arzt daselbst, hat sich besonders durch zahlreiche anatom. Untersuchungen über Spinnen und Insekten sowie durch Beobachtungen über die Metamorphosen der letztern bekannt gemacht und von 1811 bis 1861 zahlreiche Abhandlungen in den «Annales des sciences naturelles» und «Annales de la Société entomologique de France» publiziert. Er entdeckte die parasitischen Gregarinen und veröffentlichte u. a. «Recherches sur les hémiptères» (Par. 1833).

Dufour (spr. düfuhr), Wilh. Heinr., schweiz. General, geb. 15. Sept. 1787 zu Konstanz, widmete sich zu Genf, dem Heimatsorte seiner Eltern, mathem. und jurist. Studien. 1807 trat er in die Polytechnische Schule zu Paris, wurde 1809 Genieoffizier, leitete als solcher in Korfu den Festungsbau, machte die letzten Feldzüge Napoleons mit und zeichnete sich, 1815 zum Kapitän befördert, bei der Befestigung und Verteidigung von Grenoble (Fort L'Ecluse) aus. Nach Wiedervereinigung Genfs mit der Schweiz trat er in deren Dienste, wurde Direktor der Militärschule zu Thun, wo auch Napoleon III. unter ihm seine militär. Studien machte, stieg bis 1827 zum Oberst im eidgenössischen Generalstabe, wurde 1831 Chef des Generalstabes und bald darauf Oberstquartiermeister. Im Okt. 1847 als General an die Spitze des eidgenössischen Heers gegen die Sonderbundskantone berufen, führte D. den Krieg innerhalb eines Monats zum glücklichen Ende. Er ging hier mit großer Vorsicht und Bedachtsamkeit zu Werte und zeigte gegen die überwundenen Mitbürger eine ebenso kluge als humane Schonung. Auch 1849 bei der Grenzbesetzung im bad. Aufstande, 1856 beim Ausbruch des Neuenburger Konflikts mit Preußen, und 1859 bei der Grenzbesetzung im Italienischen Kriege war er wieder zum Oberbefehlshaber des eidgenössischen Heers bestimmt. Der gemäßigtkonservativen Partei angehörend, trat er im Großen Rate von Genf dem persönlichen Regiment Fazys energisch entgegen und wurde 1848 von einem bernischen Wahlkreise in den Nationalrat gewählt. Zuerst als Nationalrat, dann als Ständerat gehörte er bis 1870 der Bundesversammlung an und wurde mehrmals mit Missionen an Napoleon III. betraut. Auch an dem Abschluß der Genfer Konvention (s. d.) 1864 nahm er als Delegierter der Schweiz und Präsident des Kongresses in hervorragender Weise Anteil. Seine letzten Lebensjahre brachte er zurückgezogen, mit mathem. und histor. Studien beschäftigt, auf seinem Landgute in Contamines bei Genf zu, wo er 14. Juli 1875 starb. Sein Denkmal (Reiterstatue von Lang) zu Genf wurde 2. Juni 1884 enthüllt.

Ihm zu Ehren wurde die höchste Spitze des Monte-Rosa **Dufourspitze** genannt. Auch die «Topogr. Karte der Schweiz» im Maßstab 1:100000 (25 Blatt, 1842—65), ein Meisterwerk der neuern Kartographie, trägt seinen Namen. Als Zeugnis seiner gelehrten kriegsgeschichtlichen Forschungen gilt das «Mémoire sur l'artillerie des anciens et sur celle du moyen âge» (Par. und Genf 1840). Die neuere Kriegführung behandeln: «Mémorial pour les travaux de guerre» (Genf und Par. 1820), «De la fortification permanente» (2. Aufl., Genf 1854) und «Cours de tactique» (2. Aufl. 1851; deutsch von Tscharner, Zür. 1841). Von seinen mathem. Schriften sind zu nennen: «Instruction sur le dessin des reconnaissances militaires» (Genf 1827), «Géométrie perspective avec des applications à la recherche des ombres» (ebd. 1857). Aus seinem Nachlaß erschien: «La campagne du Sonderbund et les évènements de 1856» (Neuchâtel 1875; deutsch, Basel 1876). Vgl. Senn-Barbieux, Das Buch vom General D. (3. Aufl., Lpz. 1886); Ochsenbein, General D. (Bern 1881; 3. Aufl. 1886).

Dufrénoy (spr. düfrenŏá), Pierre Armand, franz. Mineralog und Geognost, geb. 5. Sept. 1792 zu Sevran im Depart. Seine-et-Oise, gest. 20. März 1857 als Generalinspektor der Bergwerke und Direktor der kaiserl. Bergwerksschule. Er schrieb: «Voyage métallurgique en Angleterre» (mit Elie de Beaumont, 2. Aufl., 2 Bde. u. 2 Atlanten, 1837—39), «Mémoires pour servir à une description géologique de la France» (mit Beaumont, 4 Bde., 1836—38), «Explication de la carte géologique de la France» (mit Beaumont, 2 Bde., 1841—48), «Traité complet de minéralogie» (3 Bde., 1844—45; 2. Aufl., 4 Bde. mit Atlas, 1856—59).

Dufrenoysit, rhombisches, schwärzlich bleigraues, lebhaft metallglänzendes Mineral von der Zusammensetzung $2 PbS + As_2S_3$ (22,10 Proz. Schwefel, 20,72 Arsen, 57,18 Blei). Es findet sich besonders im Binnenthal (Oberwallis). Wiser nannte es Binnit (s. d.).

Dufresne (spr. düfrähn), Charles, Sieur Du Cange, daher oft bloß **Ducange** genannt, franz. Gelehrter, geb. 18. Dez. 1610 zu Amiens, erhielt die erste wissenschaftliche Bildung daselbst im Jesuitenkollegium, studierte in Orléans die Rechte, wurde 1631 Parlamentsadvokat in Paris, widmete sich aber bald in seiner Vaterstadt ausschließlich wissenschaftlichen Studien. In Amiens kaufte er sich 1645 eine königl. Schatzmeisterstelle, floh aber 1668 vor der Pest nach Paris, wo er 23. Okt. 1688 starb. Seine beiden Hauptwerke sind: das «Glossarium ad scriptores mediae et infimae latinitatis» (3 Bde., Par. 1678; hg. von den Benediktinern, 6 Bde., ebd. 1733—36, Vened. 1737 und Basel 1762) und das «Glossarium ad scriptores mediae et infimae graecitatis» (2 Bde., Lyon 1688). Supplemente zu dem erstern Werke lieferte der Benediktiner Carpentier (4 Bde., ebd. 1766) und einen Auszug daraus u. d. T. «Glossarium manuale ad scriptores etc.» besorgte Adelung (6 Bde., Halle 1772—84). Eine neue Ausgabe mit den Zusätzen des Genannten sowie anderer besorgte Henschel (7 Bde., Par. 1840—50), Diefenbach ein «Supplementum» (Frankf. 1857 und 1867). Eine neue Ausgabe des ganzen Werkes mit den Supplementen ist von L. Favre veranstaltet worden (Niort 1882—88). Durch beide Werke hat sich D. um das Studium der Geschichte des Mittelalters und insbesondere um das der Diplomatik ein ausgezeichnetes Verdienst erworben. Unter seinen histor. Werken sind die «Histoire de l'empire de Constantinople sous les empereurs français» (Par. 1657) und die «Historia Byzantina» (ebd. 1680) hervorzuheben. Wertvoll sind auch seine Ausgaben des Joannes Cinnamus (ebd. 1670), des Zonaras (2 Bde., ebd. 1686) und des «Chronicon Paschale» (hg. von Baluze, ebd. 1689; Vened. 1729). 1869 veröffentlichte Rey D.s noch ungedrucktes Werk: «Des principautés d'outre-mer» u. d. T. «Les familles d'outre-mer». Vgl. Hardouin, Essai sur la vie et sur les ouvrages de Charles Dufresne Du Cange (1849); Feugère, Étude sur Du Cange (1852; im «Journal de l'Instruction publique»). In Amiens wurde ihm 1849 ein Denkmal errichtet.

Dufresny (spr. düfränih), Charles de la Rivière, franz. Lustspieldichter, geb. 1654 zu Paris, war ein Großenkel der unter dem Namen La belle jardinière d'Anet bekannten Geliebten Heinrichs IV. Dieser Umstand verschaffte ihm die Protektion Ludwigs XIV.; er ward königl. Kammerdiener und später Aufseher der königl. Gärten. Hier führte er zuerst den engl. Geschmack ein. Leichtsinnig und verschwenderisch, verkaufte er seine Stellen für eine mäßige Summe, später auch eine Leibrente von 3000 Livres. Mit Regnard, der ihn weit überragte, arbeitete er sodann für das Theater. Die Entwicklungen seiner Stücke sind meist schwach, der Witz oft matt; doch gehören immerhin seine Lustspiele, namentlich «L'esprit de contradiction», «Le double veuvage», «Le mariage fait et rompu», zu den bessern Konversationsstücken der Franzosen. D. erhielt 1710 durch eine neue Gunst des Königs das Privilegium für den «Mercure galant», das er 1713 wieder verkaufte. Er starb 6. Okt. 1724 zu Paris. D.s Werke erschienen mehrmals gesammelt (6 Bde., Par. 1731; 4 Bde., 1747 u. 1779); eine Auswahl besorgte Auger (2 Bde., edd. 1801). Erwähnung verdienen noch seine «Poésies diverses», «Nouvelles historiques» (Leiden [Paris] 1692) und «Les amusements sérieux et comiques» (Par. 1707; neue Ausg. 1869). Das letzte Werk hat Montesquieu als Vorbild zu seinen «Lettres persanes» benutzt.

Duft, Bestandteil der Tane, s. Ducht.

Duft., hinter lat. Käfernamen Abkürzung für Kaspar Duftschmidt, österr. Entomolog (geb. 19. Nov. 1767, gest. 17. Dez. 1821). Er veröffentlichte «Fauna austriaca» (Linz u. Lpz. 1812—25; bloß drei über Käfer handelnde Teile sind erschienen).

Duftanhang oder Rauhreif entsteht, wenn sich der Wassergehalt der Luft bei sinkender Temperatur in Gestalt von Eiskrystallen, Eisnadeln an hervorragenden Gegenständen, so namentlich an Ästen, Nadeln und Blättern der Bäume ansetzt. Die Belastung ist dadurch manchmal so groß, daß Äste und Gipfel abbrechen (Duftbruch).

Duftbruch, s. Duftanhang.

Duft- und Riechstoffe, s. Parfümerie.

Dug., bei naturwissenschaftlichen Namen Abkürzung für Antoine Louis Dugès (s. d.).

Dugès (spr. düschäh), Antoine Louis, franz. Arzt und Naturforscher, geb. 19. Dez. 1797 zu Landrecies im franz. Depart. Nord, war Professor der Pathologie in Montpellier, wo er 1. Mai 1838 starb. Er machte sich bekannt als vergleichender Anatom durch Untersuchungen über Spinnentiere und Milben, über die Entwicklung der froschartigen Amphibien und die Vergleichung der Glieder bei den Wirbeltieren überhaupt und veröffentlichte: «Manuel d'obstétrique» (3. Aufl. 1840), «Recherches sur les batrachiens» (1834), «Physiologie comparée» (3 Bde., 1838—39).

Dughet (spr. dügeh), Gaspard, s. Poussin.

Dugong (malaiisch, Halicore cetacea *Illiger*; s. Tafel: Sirenen, Fig. 1) oder Seejungfer, ein zu der Familie der pflanzenfressenden Waltiere oder Seekühe (Sirenia) gehörendes Tier, das die Gewässer des Indischen Archipels, den Persischen Golf, das Rote Meer und die Ostküste des tropischen Afrikas bewohnt und den amerik. und westafrik. Manatis entspricht. Ob der in der Torresstraße sich findende D. eine besondere Art ist, läßt sich noch nicht mit Bestimmtheit sagen. Der D. ist 3—5 m lang und hat eine plumpe Fischgestalt mit großer, wagerechter, halbmondförmig ausgerandeter Schwanzflosse. Die kurzen Brustflossen stehen weit vorn; der runde Kopf hat sehr kleine Augen, kaum bemerkbare Ohröffnungen ohne äußeres Ohr; die wulstige, mit starken Schnurren besetzte Oberlippe hängt über das Maul herab. Ober- und Unterkiefer sind in ihrem vordern Teile stark nach unten gebogen und im erstern stecken zwei stumpfe Schneidezähne, die bei dem Männchen wie kurze Hauer ausgebildet sind. Der Rücken ist blaugrau, der Bauch weiß, die dicke Haut mit spärlichen Haaren besetzt. Die harmlosen Tiere schwimmen in Familien am Ufer umher, schnarchen laut beim Atmen, nähren sich von Seepflanzen, die sie förmlich abweiden, und hängen mit rührender Liebe aneinander, sodaß beim Harpunieren eines Gesellschaftsgliedes meist die ganze Familie gefangen wird. Die Malaien machen auf den D. des Felles, Fettes und Fleisches, besonders aber der Zähne halber Jagd, da sie letztere für zauberkräftig in gewissen Krankheiten halten.

Duguay-Trouin (spr. dügä trüäng), René, franz. Seeheld, geb. 1673 zu St. Malo als Sohn eines Reeders, machte 1689 auf einer von seiner Familie ausgerüsteten Fregatte seine erste Seereise; 1691—97 führte er in dem Kriege gegen England und Holland mit größter Auszeichnung mehrere private und Staatskaper. Einmal gefangen, wurde er auf romantische Weise von einer jungen Engländerin befreit. 1697 erhob ihn Ludwig XIV. zum Fregattenkapitän der königl. Flotte. Auch in dieser Eigenschaft wechselte seine Thätigkeit in dem Spanischen Erbfolgekriege zwischen Kaper- und eigentlichem großem Kriege; neben ritterlichem Heldenmute besaß er Fähigkeiten und Interessen des Technikers. Im Verein mit dem Grafen Forbin griff er 1707 die engl. Flotte an, die dem Erzherzog Karl von Österreich, dem Nebenbuhler Philipps V. von Spanien, Waffen und Lebensmittel zuführte, und zerstörte nicht allein die 60 Transportschiffe, sondern auch die vier großen Kriegsschiffe, die die Bedeckung bildeten. D. nahm Sept. 1711 die für uneinnehmbar gehaltenen Festungswerke von Rio de Janeiro und wurde hierauf in den Adelstand erhoben. Er wurde zum Geschwaderchef befördert, unter der Regentschaft des Herzogs von Orléans in den Rat für Indien berufen und 1731 zur Wahrung der polit. und kommerziellen Interessen Frankreichs in die Levantegewässer entsendet. D. starb 1736. Seine «Mémoires» wurden ohne D.s Wissen (2 Bde., Amsterd. 1730; in Neubearbeitung von Beauchamps, 2 Bde., Par. 1740) herausgegeben. Vgl. Richer, La vie de René D. (Par. 1784; 4. Aufl. 1816); La Landelle, Histoire de D. (edd. 1844; 2. Aufl. 1876; vorsichtig zu benutzen); Voillard, Vie de D., écrite par lui-même (edd. 1884); Félix de Bona, Histoire de D. (Lille 1890).

Duguesclin (du Guesclin; spr. dügäkläng), Bertrand, Connétable von Frankreich, wurde um 1320 auf einem Schlosse bei Rennes geboren. In bäuerlicher Umgebung wuchs er ohne Unterricht, außer in den ritterlichen Künsten, auf. Im 17. Jahr trug er auf einem Turnier den Preis davon; 1342 bethätigte er sich zuerst im Kriege. Als König Johann II. 1356 bei Maupertuis von den Engländern gefangen war, leistete D. dem Dauphin (später Karl V.) wichtige Dienste, besonders 1357 durch die ruhmvolle Verteidigung von Rennes und Mai 1364 durch den Sieg bei Cocherel (an der Eure), der ihm die Würde eines Grafen von Longueville und Marschalls der Normandie eintrug. Sept. 1364 ward er von den Engländern bei Auray gefangen und erst gegen ein Lösegeld von 100 000 Frs., das der König, der Papst und andere Fürsten zusammenschossen, wieder freigegeben. Hierauf wurde er dem Grafen Heinrich II. von Trastamare gegen seinen Bruder, den König Peter den Grausamen von Castilien, zu Hilfe nach Spanien geschickt, jedoch von Eduard, dem Schwarzen Prinzen, geschlagen und wieder gefangen (1367). Nachdem er durch eine große Summe aufs neue gelöst war, half er Trastamare März 1369 den Sieg bei Montiel erringen, wodurch dieser zur Krone von Castilien gelangte; D. wurde dafür zum Connétable von Castilien erhoben. Nun rief ihn aber Karl V. für den Kampf gegen England zurück und erhob ihn auch zum Connétable von Frankreich. Seit 1370 focht D. dann gegen die Engländer und trug am meisten dazu bei, daß diese im nächsten Jahrzehnt fast alle ihre Besitzungen in Frankreich verloren. Wegen der Annexion der 1373 von ihm eroberten Bretagne überwarf er sich 1378 zeitweilig mit dem König. Als er 1380 Châteauneuf de Randon (bei Le Puy) belagerte, erkrankte er und starb 13. Juli 1380. Sein Verdienst war es, daß die undisciplinierten, das eigene Land gefährdenden Söldnerbanden zu gutgeübten Compagnien umgestaltet wurden, die er in raschen Märschen und Überfällen schlagfertig und kriegstüchtig machte. Vgl. Guyard de Berville, Histoire de Bertrand D. (neue Aufl., Tours 1874); Jameson, Life and times of Bertrand D. (Lond. 1868); Luce, Histoire de Bertrand D. (2. Aufl., Par. 1883).

Duhamel (spr. düämell), Jean Marie Constant, franz. Mathematiker, geb. 5. Febr. 1797 zu St. Malo, besuchte die Polytechnische Schule zu Paris und wurde dann Studiendirektor an derselben, 1851 Professor der höhern Mathematik an der Universität zu Paris. Er starb 29. April 1872 zu Paris. Außer vielen Arbeiten in Fachzeitschriften, die sich meist auf Wärmetheorie und analytische Mechanik beziehen, schrieb D.: «Cours d'analyse» (2 Bde., 1840—41), «Cours de mécanique» (2 Bde., 3. Aufl. 1863), «Éléments du calcul infinitésimal» (2 Bde., 3. Aufl. 1874), «Des méthodes dans les sciences de raisonnement» (5 Bde., 1866—72).

Duhamel du Monceau (spr. düämell dü mongßoh), Henri Louis, franz. Botaniker, geb. 1700 zu Paris, beschäftigte sich hauptsächlich mit Botanik und Baumzucht; auch entdeckte er die von einem Pilze herrührende Krankheit der Safranpflanze. 1728 wurde er bereits Mitglied der Akademie der Wissenschaften in Paris. Auch im Seewesen war D. d. M. thätig und machte als Marine-Inspektor Reisen in den Küstengegenden Frankreichs und Englands. Er starb 12. Aug. 1781 zu Paris. Seine Hauptwerke sind: «Traité des arbres et arbustes, qui se cultivent en France en pleine terre» (2 Bde., Par. 1755; deutsch, Nürnb. 1763; 2. Ausg. bekannt als «Nouveau Duhamel» von Et. Michel u. a., 7 Bde., Par. 1801—19), «La physique des arbres» (2 Bde., Par. 1758; deutsch, Nürnb. 1764), «Traité des arbres fruitiers» (2 Bde., Par. 1768; von Poiteau und Turpin, 6 Bde., ebd. 1808—35; deutsch herausg. u. d. T.: «Pomona gallica oder von Obstbäumen», Nürnb. 1771—83).

Dühring, Eugen Karl, philos. und nationalökonomischer Schriftsteller, geb. 12. Jan. 1833 zu Berlin, studierte daselbst die Rechte und war 1856—59 als Referendar bei dem Kammergericht angestellt, wandte sich aber infolge eines Augenleidens, das später zu völliger Erblindung führte, dem Studium der Philosophie und der Nationalökonomie zu und habilitierte sich 1864 als Privatdocent für diese beiden Fächer an der Berliner Universität. Wiederholte Konflikte mit der Professorenschaft, der er Nepotismus vorwarf, veranlaßten 1877 seine Entfernung aus dem Lehrkörper der Universität. Er veröffentlichte eine Reihe kritisch-philos. und national-ökonomischer Schriften, worin er die Nationalökonomie durch eine Verbindung mit den exakten Naturwissenschaften zu fördern strebte und als ein Anhänger des amerik. Nationalökonomen H. C. Carey erscheint. Seine philos. Anschauung ist ein abstrakter Materialismus mit optimistischer Färbung. Hervorzuheben sind: «Kapital und Arbeit» (Berl. 1865), «Der Wert des Lebens» (Bresl. 1865; 4. Aufl., Lpz. 1891), «Natürliche Dialektik» (Berl. 1865), «Kritische Grundlegung der Volkswirtschaftslehre» (ebd. 1866), «Die Verkleinerer Careys und die Krisis der Nationalökonomie» (Bresl. 1867), «Kritische Geschichte der Philosophie» (Berl. 1869; 3. Aufl., Lpz. 1878), «Kritische Geschichte der allgemeinen Prinzipien der Mechanik» (Berl. 1873; 3. Aufl., Lpz. 1887), die wertvollste seiner Schriften, mit dem ersten Preis der Beneke-Stiftung zu Göttingen gekrönt, «Kritische Geschichte der Nationalökonomie und des Sozialismus» (3. Aufl., Lpz. 1879), «Kursus der National- und Sozialökonomie» (Berl. 1873; 2. Aufl., Lpz. 1876), «Kursus der Philosophie als streng wissenschaftlicher Weltanschauung» (Lpz. 1875), «Der Weg zur höhern Berufsbildung der Frauen und die Lehrweise der Universitäten» (2. Aufl., ebd. 1885), «Neue Grundgesetze zur rationellen Physik und Chemie» (ebd. 1878), «Logik und Wissenschaftstheorie» (ebd. 1878), «Die Judenfrage als Rassen-, Sitten- und Kulturfrage» (3. Aufl., Karlsr. 1886), «Die Überschätzung Lessings und dessen Anwaltschaft für die Juden» (ebd. 1881), «Sache, Leben und Feinde» (ebd. 1882), «Der Ersatz der Religion durch Vollkommeneres und die Ausscheidung alles Judentums durch den modernen Völkergeist» (Karlsr. und Lpz. 1883), «Die Größen der modernen Literatur, populär und kritisch nach neuen Gesichtspunkten dargestellt» (Lpz. 1892). — Vgl. Druskowitz, Eugen D. Eine Studie zu dessen Würdigung (Heidelb. 1888); Döll, Eug. D. Etwas von dessen Charakter, Leistungen und reformatorischem Beruf (Lpz. 1892).

Duida, Cerro, granitischer Gebirgsstock in der südamerik. Republik Venezuela, an der Westseite des Parima-Gebirgssystems, am rechten Ufer des obern Orinoco, erreicht 2475 m. Nach S. und W. fällt er steil ab; sein Gipfel ist kahler Fels, aber sein Fuß steht in endlosen Urwäldern. An seinem Fuße beginnt die Bifurkation des Orinoco.

Duiffopruggar, s. Tieffenbrucker.

Duilier (oder Duellier), röm. plebejisches Geschlecht, aus dem namentlich Gajus Duilius berühmt ist, der als Konsul 260 im ersten Punischen Kriege mit der ersten römischen, nach dem Muster eines karthagischen Schiffs erbauten Kriegsflotte den ersten großen Seesieg der Römer über die Karthager bei Milä an der Nordküste von Sicilien, besonders durch Anwendung der von ihm erfundenen Enterhaken, erfocht. Das Andenken an den Sieg ward, nachdem D. im Triumph in Rom eingezogen war, durch Aufstellung einer mit den Schiffsschnäbeln der eroberten Schiffe gezierten Säule (Columna rostrata) erhalten. Die jetzt zu Rom befindliche Säule ist nur eine moderne Nachbildung, in welche der Rest der antiken, aus der Zeit des Kaisers Claudius stammenden Inschrift eingelassen ist.

Duilius, Gajus, s. Duilier.

Duim (spr. deum), Daumen, die ältere holländ. Bezeichnung für Centimeter.

Duingen, Flecken im Kreis Alfeld des preuß. Reg.-Bez. Hildesheim, 12 km im SO. von Lauenstein, 10 km im NW. von Alfeld, in 203 m Höhe, hat (1890) 1041 evang. E., Postagentur, Telegraph; in der Umgebung Stein- und Braunkohlen-, Gips-, Schwefel-, Asphaltgruben sowie ein vortreffliches Thonlager und eine bedeutende Töpferei, die gute braune Steingutwaren liefert. Die Duinger Berge gehören den im NW. des Oberharzes liegenden Trias-, Jura- und Kreiderücken an, zu welchen auch die Bergzüge des Hils und des Ith gehören.

Duino, deutsch Tibein, Flecken und Schloß im Gerichtsbezirk Monfalcone der österr. Bezirkshauptmannschaft Gradisca, in der Grafschaft Görz und Gradisca, an der Mündung des Timavo ins Adriatische Meer und an der Linie Triest-Nabresina-Cormons der Österr. Südbahn, hat (1890) 491, als Gemeinde 948 meist slowen. E., Post, Telegraph, Wein- und Olivenbau sowie Seefischerei. Das Schloß, jetzt Eigentum der fürstl. Familie von Hohenlohe, auf steilem Felsenufer malerisch gelegen, hat einen mittelalterlichen Turm, schwebeude Gärten, unterirdische Gänge, Rüstkammer, Kaserne und eine Kirche mit dem Hospiz der ehemaligen Ordensbrüder der heil. Maria. Von den Altanen überschaut man den ganzen Triester Golf und einen Teil der Alpen nach beiden Seiten.

Duisburg, Stadt und Stadtkreis (37,53 qkm) im preuß. Reg.-Bez. Düsseldorf, 22 km nördlich von

Düsseldorf, an dem Rhein und Ruhr verbindenden 4,5 km langen, für Schiffe mit 14000 Ctrn. und mehr Tragfähigkeit fahrbaren Duisburger Kanal. D. ist Sitz eines Landgerichts (Oberlandesgericht Hamm) mit 8 Amtsgerichten (Dinslaken, D., Emmerich, Mülheim a. d. Ruhr, Oberhausen, Rees, Ruhrort, Wesel) und Kammer für Handelssachen, eines Amtsgerichts mit Rheinschiffahrtsgericht erster Instanz, Hauptsteueramtes und hatte 1880: 41242, 1885: 47519, 1890: 59285 (30812 männl,. 28473 weibl.) E., d. i. eine jährliche Zunahme (1885/90) von 4,41 Proz., darunter 27248 Evangelische, 31212 Katholiken, 351 andere Christen und 474 Israeliten, 4671 Wohnhäuser, 11456 Haushaltungen und 34 Anstalten. Die Zahl der Geburten betrug (1890) 2658, darunter 78 Totgeborene, Sterbefälle 1507, Eheschließungen 523. Die Stadt hat eine Salvatorkirche, 1850 restauriert, eine der schönsten got. Kirchen des 15. Jahrh., mit schönen Wandmalereien im Innern und einem Grabmal Mercators, ein Brunnendenkmal von Gerhard Mercator, 1878 errichtet; ein königl. Gymnasium (1559 gegründet, Direktor Dr. Schneider, 17 Lehrer, 9 Klassen mit 248 Schülern, 3 Vorklassen mit 30 Schülern), städtisches paritätisches Realgymnasium (1831 gegründet, Direktor Dr. Steinbart, 22 Lehrer, 12 Klassen mit 313 Schülern, 3 Vorklassen mit 57 Schülern), paritätische höhere Mädchenschule, Mittelschule, Heizer- und Maschinisten-, Handwerkerfortbildungsschule, Diakonenkrankenhaus, St. Vincenzhospital, städtisches Wasserwerk (1889/90: 3557055 cbm Förderung), Kanalisation (8,3 km Kanallänge) und Gaswerk (1889: 2,574 Mill. cbm Gasabgabe, davon 177000 cbm zu technischen Zwecken, 36 Gasmotoren, 585 öffentliche Flammen). Die elektrische Centralanlage (seit 1. Dez. 1889) speist 39 Bogenlampen; außerdem bestehen 25 Einzelanlagen. In der städtischen Sparkasse waren (Eude 1889) auf 7061 Bücher 4486836 M. eingezahlt; ferner bestehen noch die Duisburger-Ruhrorter Bank, Kreditbauk und Handelskammer für den Stadtkreis D. Die Stadt hat einen Hafen, bedeutende Schiffswerfte und ist nach Ruhrort der Hauptstapelplatz für die Ruhrkohle und Sitz einer großen Eisenindustrie. Die Industrie erstreckt sich vorzugsweise auf die Fabrikation von Tabak, Stahl- und Kupferwaren, Chemikalien, Ultramarin, Soda, Schwefelsäure, Anthracen-Pottasche, Chlorkalk, feuerfeste Produkte, Alaun, blausaures Kali, Berlinerblau, Stearin, Seife, Dachpappe und Stärke. Ferner bestehen eine Zuckerraffinerie (die an Rohzucker jährlich etwa 5000 t verarbeitet), 2 Baumwollspinnereien, 2 Webereien, 1 Fabrik für den Bau fester Brücken, 7 Walzwerke für Stabeisen, Blech und Façoneisen, 1 Walzwerk für Messing und Kupfer, 3 Maschinenfabriken, 3 Hochofenwerke mit 12 Hochöfen, 1 Kupferhütte, 9 Dampfsägewerke, 4 Eisengießereien, Röhren- und Gußstahlfabrik, 2 Kesselschmieden, 4 Schiffswerften, 1 Seidengazeweberei, 2 Dampfmühlen und Brauereien. D. ist Sitz der Westdeutschen Binnenschiffahrts-Berufsgenossenschaft. Der Haudel erstreckt sich auf Kolonialwaren, Wein, Getreide, Holz und Kohlen.

Verkehrswesen. D. hat 2 Bahnhöfe (D. und D.-Hochfeld) und liegt an den Linien Köln-Oberhausen und Krefeld-Styrum-Mülheim der Preuß. Staatsbahnen. Der Gesamtgüterverkehr betrug (1889) 3028204 t, darunter 683050 t im Ausgang; in Bezug auf den Eisenbahngüterverkehr nimmt D. nach Berlin (5 Mill. t) die zweite Stelle unter den Städten des Deutschen Reichs ein. Die Pferdebahn hatte eine Gleislänge von 14 km, 22 Wagen, 20 Pferde und beförderte 746940 Personen. Der Verkehr auf dem Postamt erster Klasse mit Zweigstelle und dem Telegraphenamt erster Klasse betrug im Eingang: 2331800 Briefe, Postkarten, Drucksachen u. s. w., 163681 Pakete ohne, 24015 Briefe und 3161 Pakete mit Wertangabe, 28810 Postnachnahmesendungen und Postauftragsbriefe; im Ausgang: 2,9 Mill. Briefe u. s. w., 109217 Pakete ohne, 23818 Briefe und 3145 Pakete mit Wertangabe, 861702 abgesetzte Zeitungsnummern. Der Wert der ausgezahlten Postanweisungen betrug: 9,665, der eingezahlten 7,454 Mill. M. Der Telegrammverkehr betrug 102642 Stück, darunter 48270 aufgegebene. Der Schiffsverkehr betrug 1889:

	Angekommen	Abgegangen
Personenschiffe	7	7
Schlepper	575	610
Güter- und Segelschiffe:		
a. unbeladen	4 027	1 728
b. beladen überhaupt	3 977	5 214
Darunter Dampfer	99	198
Ladung in Tonnen:		
a. überhaupt	1 164 706	1 921 293
b. in Dampfern	8 107	32 452
c. Flöße	117 305	—

D. ist ein sehr alter Ort, der zur Zeit der Römer Castrum Deutonis hieß, danu unter den fränk. Königen als Dispargum oder Duispargum (Drusiburgum) erwähnt wird und später (1129) Freie Reichsstadt war, bis er 1290 an Cleve und hierauf an Brandenburg kam. Die 1655 begründete Universität wurde 1806 aufgehoben. Gerhard Mercator hat 42 Jahre hier gelebt. Vgl. Beiträge zur Geschichte der Stadt D. (Heft 1 u. 2, Duisb. 1881—83).

Duisburger Kanal, s. Duisburg.

Duit (spr. deut), holländ. Kupfermünze, s. Deut.

Duiveland (spr. deuve-, d. h. Taubenland), der östl. Teil der niederländ. Insel Schouwen, Provinz Seeland. Die Bewohner der sechs darauf gelegenen Dörfer treiben Krappbau.

Duj., bei naturwissenschaftlichen Namen Abkürzung für Felix Dujardin (s. d.).

D. u. j., Abkürzung für Doctor utriusque juris, Doktor beider Rechte (nämlich des römischen und kanonischen Rechts), vgl. Utriusque juris.

Dujardin (spr. düschardäng), Felix, franz. Naturforscher, geb. 5. April 1801 zu Tours, war 1827—34 Professor der Geometrie und Chemie zu Tours, dann Professor der Geologie und Mineralogie zu Toulouse und seit 1839 Professor der Zoologie und Botanik zu Rennes, wo er 8. April 1860 starb. D. war der erste Forscher, welcher den Ehrenbergschen Ansichten über Infusionstierchen siegreich entgegentrat und nachwies, daß diese wie die Rhizopoden aus einer lebenden Grundsubstanz bestehen, welche er «Sarcode» nannte, wodurch er den Weg zu den heute über Zellenbildung und Protoplasma geltenden Ansichten den Weg dahnte. Ebenso bedeutend sind seine Untersuchungen über Eingeweidewürmer. D. war auch der erste, welcher die Entstehung von Medusen als Knospen von Polypen nachwies. Er veröffentlichte hauptsächlich: «Histoire naturelle des zoophytes infusoires» (1841), «Histoire naturelle des helminthes» (1844), «Histoire naturelle des échinodermes» (1861).

Dujardin (düschardäng), Karel, holländ. Maler, geb. um 1625 zu Amsterdam, war ein Schüler von Berghem und zeichnete sich in Landschaften, Tierstücken und Bambocciaden aus. Sehr jung ging er nach Italien, ließ sich darauf in Amsterdam nieder, ging später nach Venedig und starb hier 20. Nov. 1678. D.s Kolorit zeichnet sich durch einen klaren, metallisch kühlen Ton aus. Seine Gemälde sind selten. Auch giebt es von ihm 53 Radierungen.

Dujardin-Beaumetz (spr. düschardäng bomäß), Georges, franz. Mediziner, geb. 27. Nov. 1833 in Barcelona, studierte in Paris, wurde 1865 Chef de clinique an der Pariser Fakultät, 1870 Hospitalarzt und erwarb sich während der Belagerung von Paris besondere Verdienste. Er schrieb: «Les troubles de l'appareil oculaire dans les maladies de la moëlle», «L'emploi du phosphore en médecine», «Leçons de clinique thérapeutique» (Par. 1878—81; hg. von Carpentier-Méricourt), «Recherches expérimentales sur la puissance toxique des alcools» (edd. 1879, mit Audigé), «Dictionnaire de thérapeutique, de matière médicale etc.» (4 Bde., edd. 1883—89), «L'hygiène thérapeutique» (1888). Ferner begründete er auch 1888 das «Annuaire de thérapeutique».

Du jour (frz., spr. düschuhr, «vom Tage»), der in bestimmter Ordnung von einer dienstthuenden Person auf die andere übergehende Tagesdienst. — Im innern Dienst der Truppen bezeichnete man früher mit D. die Dienstthätigkeit desjenigen Offiziers, Unteroffiziers oder Soldaten, der die allgemeine Ordnung und den pünktlichen Dienstbetrieb für die Dauer eines Tags zu überwachen oder selbst wahrzunehmen hat. Derartige Du jour-Dienste giebt es vielerlei: Für jede Kaserne z. B. wird für jeden Tag ein Offizier (Offizier-Kasernen-du jour) kommandiert, der die polizeiliche Ordnung in der ganzen Kaserne zu überwachen hat; für jede Compagnie ein Unteroffizier (Compagnie-du jour) für die Überwachung der Ordnung innerhalb des Revieres der eigenen Compagnie; ferner für jede Stube ein Gemeiner (Stuben-du jour), der die allgemeine Reinlichkeit der Stube, das Öffnen und Schließen der Fenster sowie die Heizung der Öfen besorgt. Ein Offizier-Bataillons-du jour muß für alle kleine Dienstverrichtungen im innern Dienst des Bataillons zur Verfügung stehen; in jeder Garnison steht für die Dauer von 24 Stunden ein Offizier du jour (je nach der Größe der Garnison ein Stabsoffizier, Hauptmann oder Lieutenant) an der Spitze des ganzen Wachtdienstes und kontrolliert die Wachen und Posten. — Für diesen allgemeinen Ausdruck D. sind im deutschen Heere in neuerer Zeit verschiedene, den Verhältnissen entsprechende deutsche Ausdrücke getreten: Offizier vom Kasernendienst, vom Tagesdienst, vom Ortsdienst u. s. w.

Duk (Kleideraffe), s. Schlankaffen.

Dukadschin, Stamm der Albanesen (s. d., Bd. 1, S. 315 b).

Dukas, der Name einer der großen Adelsfamilien, die namentlich mit dem 11. Jahrh. im Byzantinischen Reiche in den Vordergrund traten. Ein D. wurde unter Kaiser Isaak Komnenos erster Staatsminister und bei dessen Rücktritt selbst Kaiser (1059—67) als Konstantin X. (s. d.). Seit dieser Zeit treten die D. (von denen nachher Irene die Gemahlin des Kaisers Alexios I. Komnenos war) andauernd in den höchsten Verwaltungs- und Armeeämtern auf. Konstantins Sohn, Michael VII. (s. d.), war 1071—78 Kaiser. Auch später trugen noch Glieder der Familie, Alexios V. (s. d.) D. Murtzuphlos und Johannes III. (s. d.) D. Batatzes, die griech. Krone.

Johannes D., der bei der Eroberung Konstantinopels durch die Türken 1453 nach Lesbos floh und Minister der dortigen Fürsten wurde, ist der Verfasser einer byzant. Geschichte, die die Jahre 1341—1462 umfaßt. Sie wurde herausgegeben von Boullaud (Par. 1649; Vened. 1729) und von J. Bekker in dem «Corpus scriptorum historiae Byzantinae» (Bonn 1834).

Dukaten, weitverbreitete Goldmünze, deren Name wahrscheinlich aus Griechenland stammt. Die byzant. Kaiser Konstantin X. (1059—67 n. Chr.) und sein Sohn Michael VII. (1071—78) nannten sich nach ihrem Familiennamen auf ihren sehr stark umlaufenden Münzen, den sog. Byzantinern (s. d.), auch «Dukas» (Δουκας), und das wurde die gewöhnliche Bezeichnung der von Konstantinopel nach Sicilien und dem festländischen Italien gelangenden Goldstücke. Der Name findet sich schon um das Jahr 1100. Im J. 1100 galt der D. in Neapel 5 Tarenos regis, wie auch der bis 1865 dort die Geldeinheit bildende Silberdukaten (Ducato del regno, s. unten) in 5 Tari geteilt wurde. Seit dem 12. Jahrh. wurden die D. in Italien sehr häufig geprägt, seit dem Schlusse des 13. Jahrh. (1284) namentlich in großer Anzahl in Venedig, wo sie den Namen Zecchini (s. d.) erhielten; ebenso seit dem ersten Viertel des 14. Jahrh. in Ungarn und Böhmen, wo sie die ebenfalls den Byzantinern nachgeahmten Florentiner Gulden (s. d.) ersetzen sollten und daher auch Floreni (Gulden) genannt wurden. Allmählich folgten mit der Prägung solcher Goldgulden andere Staaten, besonders viele deutsche, und seitdem man ihren Gehalt vielfach verringert hatte, kam in Deutschland für die bessern Sorten der Name Dukat oder D. auf, der sich hier im Anfange des 14. Jahrh. findet. Die Reichsmünzordnung von 1559 nahm den D. als Reichsmünze auf; 67 Stück sollten eine kölnische Mark wiegen und die Feinheit $23^2/_3$ Karat = $986^1/_9$ Tausendteile sein; von solchen D. nach dem «Reichsfuß» (ad legem imperii) hat, wenn man die frühere deutsche Vereinsmart (der Zollvereinsstaaten) zu Grunde legt, das Stück ein Gewicht von 3,4904 g; wenn man im besondern die Prägung in Österreich-Ungarn ins Auge faßt, das Stück ein Gewicht von 3,4909 g (Feingewicht 3,4424 g, zum Preise von 2790 M. für 1 kg

Feingold = 9,6043 deutsche Mark). In Deutschland prägten, meist bis 1840, Anhalt-Bernburg, Baden, Bayern, Braunschweig, Frankfurt a. M. (bis 1856), Hamburg, Hannover, Kurhessen, Hohenzollern-Hechingen, Schaumburg-Lippe, Lübeck, Mecklenburg-Schwerin, Nassau, Preußen, Königreich Sachsen (bis 1838), Schwarzburg-Rudolstadt, Württemberg (bis 1842) D., größtenteils aber nur $23\frac{1}{2}$ Karat = $979\frac{1}{6}$ Tausendteile fein und daher um ein weniges geringer an Feingewicht und Wert. Die österreichischen D. sind seit 1857 nicht mehr eine eigentliche Landesmünze, sondern bloße Handelsmünze; sie werden jetzt auf Verlangen von der österr. Münzstätte zu Wien und der ungarischen zu Kremnitz nach dem erwähnten (einheitlichen) Münzfuß, aber je mit besonderm Stempel, gegen eingeliefertes Gold geprägt. Von den österr.-ungar. Sorten war der frühere besondere ungar. oder Kremnitzer D. (in Kremnitz geprägt) und der böhmische, bei gleichem Gewicht mit dem österreichischen D., $23\frac{3}{4}$ Karat oder $989\frac{7}{12}$ Tausendteile fein (= 9,6381 deutsche Mark). Außer einfachen D. wurden in manchen Staaten auch mehrfache D. geprägt, in Österreich doppelte und vierfache, und noch jetzt münzt man in Österreich-Ungarn vierfache D.; ferner prägte man hier und da Teilstücke des D. bis zu $\frac{1}{32}$ D. herab (die sog. Linsendukaten, ehemals in Regensburg). In der Schweiz haben früher D. geprägt die Kantone Basel, Bern, Luzern, St. Gallen, Schwyz, Solothurn, Unterwalden, Uri und Zürich. Polen prägte bis 1812 und wieder 1831 (während des Aufstandes) ebenfalls D., die den deutschen an Feinheit zum Teil etwas nachstehen. Die bis 1875 geprägten niederländischen oder holländischen D. waren ebenfalls nicht für den inländischen Umlauf bestimmt, sondern bloße Handelsmünzen, wurden also nur auf Bestellung gemünzt. Nach dem Gesetz von 1847 ist das Gewicht eines Stücks derselben 3,494 g, die Feinheit 983 Tausendteile, das Feingewicht also 3,4346 g = 9,5825 deutsche Mark; es wurden auch doppelte D. ausgemünzt. Infolge des Gesetzes vom 6. Juni 1875 haben die Niederlande die Dukatenprägung eingestellt. (S. auch Zechine.) Dänemark prägte bis 1827 sog. Speciesdukaten (seit 1671), 67 Stück aus der rauhen kölnischen Mark, $23\frac{1}{2}$ Karat oder $979\frac{1}{6}$ Tausendteile fein (also wie Hamburg); ferner geringere, sog. Courantdukaten zu 12 Mark (oder 2 Rigsdaler) dän. Courant (seit 1757), von diesen letztern 75 Stück aus der rauhen kölnischen Mark, 21 Karat oder 875 Tausendteile fein. In Schweden wurden von 1835 bis 1868 D. geprägt, 125 Stück aus dem rauhen Pfund (Schalpfund), $\frac{40}{41}$ also 975,6 Tausendteile fein und 3,4856 g schwer, bei einem Feingewicht von 3,4006 g = 9,4877 M. Auch doppelte und vierfache D. münzte man in Schweden. Rußland hat, abgesehen von der ihm gestatteten Nachprägung niederländischer D., seit 1170 sog. Speciesdukaten geprägt, welche = 9,3799 deutsche Mark waren, danu seit 1718 Andreasdukaten (vom Prägebild so genannt) von größerm Gewicht, aber geringerer Feinheit und 8,9261 deutsche Mark wert. Ferner seit 1797 D. in der Feinheit von $94\frac{2}{3}$ Solotnik oder $\frac{71}{72}$ = $986\frac{1}{9}$ Tausendteile, $117\frac{1}{2}$ Stück aus dem rauhen Pfund, daher 3,4852 g schwer, im Feingewicht von 3,4368 g = 9,5887 deutsche Mark; sodann seit 1810 sog. Nationaldukaten, welche in neuester Zeit nicht mehr ausgemünzt werden; von den letztern existieren zwei Arten: 1) die bis 1814 geprägten, gesetzlich $117\frac{1}{2}$ Stück aus dem rauhen russ. Pfund, 94 Solotnik oder $\frac{47}{48}$ = $979\frac{1}{6}$ Tausendteile fein, daher 3,4852 g schwer, im Feingewicht von 3,4126 g = 9,5211 deutsche Mark; 2) die seit 1814 geprägten in dem gleichen Gewicht (meist aber etwas leichter befunden), doch nur 92 Solotnik oder $\frac{23}{24}$ = $958\frac{1}{3}$ Tausendteile fein, mithin im Feingewicht von 3,3400 g = 9,3186 deutsche Mark. Von 1834 bis 1885 wurden in Rußland sog. Imperialdukaten geprägt, die nicht mit der Hauptgoldmünze des Landes, den Halbimperialen (s. Imperial) zu verwechseln sind. Der Imperialdukaten («Imperial zu 3 Rubeln») oder jetzt auch sog. russische D. ist ein Stück von 3 Rubeln Gold; er hat gesetzlich das Gewicht von 3,9264 g und die Feinheit von 88 Solotnik oder von $\frac{11}{12}$ = $916\frac{2}{3}$ Tausendteile, demnach das Feingewicht von 3,5992 g = 10,0418 deutschen Mark. Die russ. Platin-Dukaten oder weißen D. s. Platinmünzen.

Silberdukaten wird eine frühere niederländ. silberne Fabrikations- oder Handelsmünze beibenaunt, deren eigentlicher Name, wie der einer verwandten neuern Reichsmünze, Reichsthaler (Rijksdaalder) ist. Der Silberdukaten war = $2\frac{1}{2}$ Fl., nach den Gesetzen vom 28. Sept. 1816 und 22. März 1839 28,078 g schwer, 868 Tausendteile fein, im Feingewicht von 24,3717 g = (zum Preise von 180 M. für 1 kg Feinsilber, oder den deutschen Thaler zu 3 M. berechnet) 4,3869 deutsche Mark oder 2,1935 österr. Silbergulden. Ebenso (Ducato d'argento) oder Venediger D. (Ducato veneto) hieß eine bis 1797 ausgeprägte Silbermünze der ehemaligen Republik Venedig von 8 Lire piccole (kleinen Lire), welche nach den gesetzlichen Bestimmungen 22,7734 g schwer, 826,389 Tausendteile fein, im Feingewicht von 18,8197 g und (das Kilogramm Feinsilber zu 180 M. oder den deutschen Thaler zu 3 M. gerechnet) = 3,3875 Mark oder 1,6938 österr. Silbergulden galt.

Ducato (Dukaten) oder Ducato del regno (Reichsdukaten) hieß die bis 1865 üblich gewesene Rechnungs- und Münzeinheit des vormaligen Königreichs beider Sicilien (Neapel und Insel Sicilien), eine Silbermünze, die vom jetzigen Königreich Italien, ihrem Silberinhalt ziemlich genau entsprechend, zu $4\frac{1}{4}$ ital. Lire oder Franken (= 3 M. $44\frac{1}{4}$ Pf.) tarifiert wurde. Im Großherzogtum Toscana verstand man unter Ducato eine Summe von 7 toscan. Lire = 5,88 Frs. oder 4,763 M.

Das Dukatengewicht war bis vor kurzem eine an einigen deutschen Plätzen und in Österreich-Ungarn für die Goldwaren, besonders die in der Feinheit der D. gearbeiteten, übliche Gewichtsgattung, deren Einheit die Schwere des vollwichtigen D. war und gleichfalls D. genannt wurde (s. As).

Dukaten-As (Dukaten-Gran), s. As.

Dukatenfalter (Dukatenvogel), s. Feuerlinge.

Duke (engl., spr. djuhk), Herzog.

Duke of York (spr. djuhk), Atafu oder Oatafu, eine der Koralleninseln der Uniongruppe oder Tokelau-Inseln im Großen Ocean, im NW. der Samoa-Inseln, zwischen diesen und den Phönixinseln, in 8—11° südl. Br. Sie hat auf 3 qkm etwa 140 Bewohner. — D. o. Y. ist auch der ehemalige Name der zu dem Bismarck-Archipel gehörenden Insel Neu-Lauenburg (s. d.).

Düker, Karl Gustav, Graf, schwed. Feldmarschall, geb. 1663 in Livland, nahm zunächst franz. Dienste, trat aber bei Ausbruch des Nordischen Krieges als Generaladjutant Karls XII. in die schwed. Armee und wurde 1700 in der Schlacht bei Narwa verwundet. 1704 nahm er rühmlich teil an der Erstürmung von Lemberg und schlug 1706 bei Wilna die Russen unter General Bauer. Nach der Schlacht von Poltawa (1709) kriegsgefangen, gelangte er bald wieder auf freien Fuß, befehligte unter General Steenbock 1710 in der Schlacht bei Helsingborg gegen die Dänen und erhielt 1712 das Kommando über die zur Verstärkung der Besatzung von Stralsund abgesandten Truppen. Von hier aus unternahm D. erfolgreiche Streifzüge und nahm unter Steenbocks Oberbefehl teil an den Schlachten von Damgarten gegen die Sachsen und gegen die Dänen bei Gadebusch. D. war Kommandant von Stralsund, als Karl XII. nach seinem abenteuerlichen Ritt von der Türkei 22. Nov. 1714 dort anlangte, und verteidigte die Festung unter dem Oberbefehl des Königs, bis er sich 23. Dez. 1715 dem Fürsten Leopold von Anhalt-Dessau ergeben mußte. Er kehrte nach Schweden zurück und erhielt den Befehl über alle gegen Norwegen im Felde stehenden Truppen. Nach dem Tode Karls (1718) trat D. für die Thronfolge der jüngern Schwester Karls, Ulrike Eleonore, ein, ward bald darauf zum Feldmarschall ernannt und in den Grafenstand erhoben und als solcher zum letzten schwed. Generalgouverneur von Livland berufen. Er starb 3. Juli 1732 als Präsident des Kriegskollegiums in Stockholm. Vgl. Raust, Lebensgeschichte der vier schwed. Feldmarschälle Rehnschild, Steenbock, Meyerfeld und D. (Lpz. 1753).

Duke Town-Niederlassung (spr. djuhk tauu), engl. Ansiedelung in Calabar (s. d.).

Dukinfield (spr. döckinfihld), Stadt in der engl. Grafschaft Chester, bei Ashton-under-Lyne, an der Tames und einem Kanal, an der Eisenbahn Manchester-Sheffield, hat (1891) 17408 E., Baumwollspinnereien und Kohlenbergwerke.

Dukla, Stadt in der österr. Bezirkshauptmannschaft Krosno in Galizien, am Jasiolkabache, hat (1890) 3006 poln. E., Post, Telegraph, Bezirksgericht (32 Gemeinden, 47 Ortschaften, 29 Gutsgebiete, 25287 poln. E., darunter etwa 7000 Ruthenen); ein gräfl. Mecinskisches Palais mit Park, Tuch- und Leinwandfabrikation und Handel mit Naphtha, Eiern und Butter. Im Süden von D. ist der bequemste und besuchteste Karpatenübergang, der Duklapaß (502 m), der jedoch seit Eröffnung der Ungar.-Galiz. Bahn über Lupkow sehr an Bedeutung verloren hat. Durch den Duklapaß rückte im Juni 1849 eine Hauptkolonne der russ. Interventionsarmee aus Galizien nach Ungarn ein.

Duklapaß, s. Dukla.

Duktil (lat.), streckbar, hämmerbar; Duktilität, Streckbarkeit, Hämmerbarkeit.

Duktion (lat.), Führung.

Duktus (lat.), s. Ductus.

Dulaure (spr. dülohr), Jacques Antoine, franz. publizistischer und histor. Schriftsteller, geb. 3. Dez. 1755 zu Clermont in der Auvergne, wurde vom Depart. Puy-de-Dôme im Sept. 1792 als Abgeordneter in den Nationalkonvent gewählt, wo er zur Partei der Gironde gehörte. Bei deren Sturze rettete er sich in die Schweiz, lehrte nach dem 9. Thermidor (27. Juli 1794) zurück und ward dann in den Rat der Fünfhundert gewählt, wo er sich besonders dem Unterrichtswesen widmete. Seit der Errichtung des Konsulats zog er sich von der Politik zurück. D. starb 19. Aug. 1835 zu Paris. Unter seinen Schriften sind hervorzuheben: «Description des principaux lieux de France» (6 Bde., Par. 1788—90), «Histoire critique de la noblesse» (edd. 1790; deutsch, Zür. 1792) und andere Schriften gegen den Adel, abgedruckt in der «Histoire abrégée des différents cultes» (2. Aufl., 2 Bde., Par. 1825), ferner «Histoire civile, physique et morale de Paris» (7 Bde., edd. 1821 u. ö.; fortgeführt von Leynadier, 5 Bde., edd. 1862, und von Rouquette, 1875 fg.), «Esquisses historiques des principaux événements de la révolution française..., jusqu'au rétablissement de la maison de Bourbon» (6 Bde., edd. 1823—25 u. ö.), «Histoire de la révolution française depuis 1814—30» (mit Vierne u. a., 8 Bde., edd. 1834—41), «Les religieuses de Poitiers, épisode historique» (edd. 1826). Außerdem gab er von 1790 an das Journal «Évangélistes du jour» heraus, das gegen die Verfasser der «Actes des Apôtres» gerichtet war.

Dulbend (pers.) oder Tülbend, von Türbe (s. d.) abgeleitet, Tüllbund, der Turbanbund, ein Streifen baumwollenen oder seidenen Zeuges, das im Orient um die tassenförmige filzene Kopfbedeckung, die Kappe (kauk), der Männer gewunden, dieser die Turbangestalt giebt. Die Dulbendmacher (Dulbendschian) stehen unter dem Patronate des Propheten, welcher vor seiner Verheiratung in Syrien mit D. handelte. Größe und Farbe des D. bezeichnen den Unterschied der Stände, doch kommt derselbe nach Einführung des Fes immer mehr ab.

Dulcamāra, Pflanze, s. Solanum.

Dulcamarin, ein Bitterstoff von der Zusammensetzung $C_{22}H_{34}O_{10}$, der in den Stengeln von Solanum dulcamara *L.* (Bittersüß) enthalten ist. Er ist in Wasser schwer, in Alkohol leicht löslich.

Dulcan, Orgelstimme, s. Dolcan.

Dulce est desipere in loco, s. Desipere in loco.

Dulce et decōrum est pro patrĭa mori («Süß und ehrenvoll ist's, für das Vaterland zu sterben»), Citat aus Horaz' «Oden» (III, 2, 13); die Worte sind einer Stelle des griech. Dichters Tyrtäus nachgebildet.

Dulcian, s. Dolcian.

Dulcigno (spr. -tschinnjo), türk. Olgun, alban. Ulkjin, slaw. Ulciug, bei den Alten Olcinium, Hafenstadt in Montenegro, bis 1880 zum türk. Wilajet Skutari gehörig, 15 km im NW. der Bojanamündung, hat 2000 E., ein unbedeutendes Fort, Handel mit Öl und Bauholz und zwei Häfen, von denen der größere, Val di Noce, Schiffe von mehr als 200 t Gehalt aufzunehmen vermag, aber eine sehr schlechte Einfahrt besitzt.

D. gehörte bis um das J. 1180 zum Byzantinischen Reiche, obwohl alles umliegende Land im 7. und 8. Jahrh. von Slawen besetzt wurde, dann den Serben und nach dem Tode Stephan Duschans (1355) den Balscha (s. d.), von 1421 ab zu Venedig und seit 1571 den Türken, unter deren Herrschaft die Bevölkerung das Adriatische Meer weithin durch Seeräuberei unsicher machte. Hier erlitten die Venetianer 4. Aug. 1718 eine große Niederlage, ihre Belagerungsflotte und Kriegsheer wurden durch Seesturm und die Ausfälle der Türken vernichtet. Während des Russisch-Türkischen Krieges wurde D. 1878 von den Montenegrinern erstürmt, aber gemäß den Bestimmungen des Berliner Friedens wieder geräumt; 1880 kam die Türkei mit Montenegro jedoch dahin überein, D. anstatt des Gebietes von Gusinje an Montenegro abzutreten; dem widersetzte sich die fanatische Bevölkerung, ließ sich auch durch das Erscheinen einer Flotte der europ. Großmächte und die Drohung, Stadt und Fort zu beschießen, nicht einschüchtern; die Montenegriner sahen von einer gewaltsamen Einnahme D.s ab und verlangten die Übergabe der Stadt in Ausführung des Vertrags. Auf Anraten Deutschlands und Frankreichs befahl der Sultan im Oktober die Übergabe des Platzes, welcher 17. Nov. 1880 von den türk. Truppen unter Derwisch Pascha eingeschlossen und nach kurzem, aber heftigem Kampfe 23. Nov. besetzt und an Montenegro ausgeliefert wurde.

Dulcin, s. Dulcit.

Dulcinĕa von Toboso, die Geliebte des Don Quixote in Cervantes' Roman; dann scherzhaft D. soviel wie Geliebte.

Dulcīnus oder Doicino, s. Apostoliker.

Dulcīt, Dulcin, Dulcose, Melampyrin, Evonymit, eine krystallisierte, süßlich schmeckende, dem Mannit ähnliche und mit diesem isomere Substanz von der Zusammensetzung $C_6H_{14}O_6$. Der D. wird aus einer von Madagaskar eingeführten Mannasorte unbekannter Abkunft (Dulcitmanna) durch Auflösen derselben in heißem Wasser und Auskrystallisierenlassen gewonnen. Er findet sich auch in vielen Pflanzen, besonders Melampyrum-Arten und in der Cambiumschicht der Zweige von Evonymus europaea *L.* Der D. bildet farblose, glänzende, durchsichtige Prismen, ist in Wasser löslich, in Alkohol schwer, in Äther unlöslich und schmilzt bei 188°. Der D. ist ein sechswertiger Alkohol: $CH_2OH \cdot CHOH \cdot CHOH \cdot CHOH \cdot CHOH \cdot CH_2OH$ und steht in demselben Verhältnis zur Galaktose, wie der Mannit zum Traubenzucker. Er entsteht aus der Galaktose durch Reduktion mit Natriumamalgam. Beim Erhitzen auf 200° geht er unter Verlust von Wasser in Dulcitan, $C_6H_{12}O_5$, über; mit Salpetersäure oxydiert, liefert er Schleimsäure.

Dulcitān, Dulcōse, s. Dulcit.

Duldung, s. Toleranz.

Dulk, Albert Friedr. Benno, Schriftsteller, geb. 17. Juni 1819 zu Königsberg, studierte seit 1837 Medizin und Naturwissenschaften, ging 1844 nach Gumbinnen in Ostpreußen, wo er sein erstes Drama «Orla» schrieb (Zür. u. Winterthur 1844; 2. Aufl., Mannh. 1847). 1845 wurde er aus Leipzig, wohin er sich zur Fortsetzung seiner Studien begeben hatte, wegen Teilnahme an studentischen Unruhen ausgewiesen, promovierte in Breslau, konnte aber vom Ministerium Eichhorn die Erlaubnis, in Königsberg Vorlesungen zu halten, nicht erlangen. 1848 schrieb er das revolutionäre Drama «Lea». Beim Beginn der Reaktion verließ er Deutschland und ging in den Orient; 1850 von dort zurückgekehrt, lebte er am Genfersee und arbeitete an dem Werke: «Stimme der Menschheit» (2 Bde., Lpz. 1875—80), schrieb auch sein durch geniale Einzelnheiten ausgezeichnetes Schauspiel «Jesus der Christ, ein Stück für die Volksbühne» (Stuttg. 1865); in dem Drama «Simson» (edd. 1859) behandelte er den Kampf zwischen Judentum und Heidentum. Weitere dramat. Werke sind: «Konrad der Zweite. Histor. Schauspiel» (2 Bde., Lpz. 1867), «Willa», Schauspiel (Wien 1875), die polit. Komödie «Die Wäude» (mit O. Seemann; Königsb. 1848), die von Abert komponierte Oper «König Enzio», die Lustspiele «Das Mädchenkleeblatt» (1865) und «Die Gemsjagd». 1858 zog D. nach Stuttgart, 1871 nach dem nahen Untertürkheim. Infolge seiner immer mehr dem Socialismus und radikalen Theorien sich zuwendenden Geistesrichtung sprach er sich in dem Flugblatt «Patriotismus und Frömmigkeit» (Kaisersl. 1871) gegen die Fortsetzung des Krieges von 1870 und den Franzosenhaß aus. 1872 bereiste er Lappland und veröffentlichte darüber in Verbindung mit H. Hartung: «Fahrten durch Norwegen und die Lappmark» (Stuttg. 1877). Werke ähnlichen religionsphilos. Inhalts sind noch: «Der Tod des Bewußtseins und die Unsterblichkeit» (Lpz. 1863), «Tier oder Mensch» (edd. 1872), «Was ist von der christl. Kirche zu halten?» (Zür. 1877), «Die Moral der Freidenker, Flugblatt des deutschen Freidenkerbundes» (die erste deutsche Freidenkergemeinde gründete D. 1882 in Stuttgart), «Der Irrgang des Lebens Jesu» (2 Bde., Stuttg. 1884—85). Er starb 30. Okt. 1884 in Stuttgart. D. besaß empfänglichen Sinn für alle geistigen und socialen Bestrebungen und eine starke Begabung für das pathetische Drama.

Dülken, Stadt im Kreis Kempen des preuß. Reg.-Bez. Düsseldorf, 4 km westlich von Viersen, 15 km von der niederländ. Grenze, an der Linie München-Gladbach-Venlo und der Nebenlinie D.-Brüggen (14,7 km) der Preuß. Staatsbahnen, hat (1890) 8526 E., darunter 568 Evangelische und 106 Israeliten, Post zweiter Klasse, Telegraph, Fernsprecheinrichtung, Amtsgericht (Landgericht Cleve), königl. Steuerkasse, Steuer- und Katasteramt; evang. und kath. Kirche im got. Stil, Synagoge, Realprogymnasium, höhere Mädchenschule, Handwerker-Fortbildungsschule, israel. Privatschule; Kranken-, Waisen-, Altersversorgungshaus, Gemeindesparkasse, Gewerbebank, städtische Gas- und Wasserleitung; Fabrikation von Seiden- und Sammetwaren, Plüsch, Zwirn, Leinenwaren und Cigarren, Flachsspinnereien (Aktiengesellschaft Niederrheinische Flachsspinnerei), Baumwollspinnerei, Färbereien und Appreturen, Eisengießereien und Bierbrauereien. Die Stadt wird mit der Landgemeinde D. (3686 E.) zusammen verwaltet. — D. wird bereits 1135 erwähnt und ist seit 1390 Stadt. Vgl. Norrenberg, Chronik der Stadt D. (in den «Beiträgen zur Lokalgeschichte des Niederrheins», Bd. 3, Viersen 1874).

Dullen oder Dollen, s. Dollbord.

Duller, Eduard, Dichter und Historiker, geb. 8. Nov. 1809 zu Wien, studierte daselbst Philosophie und Rechtswissenschaften, beschäftigte sich aber daneben früh mit poet. Versuchen. Bereits in seinem 17. Jahre schrieb er sein 1828 mit Beifall aufgeführtes Drama: «Meister Pilgram» (Wien 1829), dem 1830 die Tragödie «Der Rache Schwanenlied» (Stuttg. 1834) folgte. Die seinem freisinnigen Streben ungünstigen österr. Verhältnisse veranlaßten ihn, nach München zu gehen, wo er u. a. einen Balladenkranz: «Die Wittelsbacher» (1831), veröffentlichte. Nachdem er seit 1832 in Trier gelebt, wo er mit Sallet den innigsten Freundschaftsbund schloß und sein dramat. Gedicht «Franz von Sidingen» schrieb, wandte er sich 1834 nach Frankfurt a. M., 1836 nach Darmstadt und nahm daselbst an der deutschkath. Bewegung hervorragenden Anteil. 1849 siedelte er nach Mainz über, wurde daselbst 1851 Prediger der deutschkath. Gemeinde und starb 24. Juli 1853 zu Wiesbaden. D. hat als Journalist, Dichter und Geschichtschreiber eine große Fruchtbarkeit entwickelt und in fast allen seinen Schriften lebhaft für den religiösen Freisinn gekämpft. Seine bedeutendste Leistung auf lyrischem Gebiet ist «Der Fürst der Liebe» (Lpz. 1842; 2. Aufl., Cassel 1854); kleinere Dichtungen enthalten die «Gedichte» (Berl. 1845). Tendenziös sind die histor. Romane «Kronen und Ketten» (3 Bde., Frankf. 1835), «Loyola» (3 Bde., ebd. 1836) und «Kaiser und Papst» (4 Bde., Lpz. 1838). D.s Erfolg als Geschichtschreiber begreift sich nur aus seiner liberal polit. Gesinnung. Sein Hauptwerk ist die «Vaterländische Geschichte» (5 Bde., Frankf. 1852—57), die von Hagen fortgeführt wurde. Sonst sind noch zu nennen: «Geschichte des deutschen Volks» (Lpz. 1840; 3. Aufl., 2 Bde., Berl. 1846; umgearbeitet von Pierson, 1861; 7. Aufl., 2 Bde., 1891), «Geschichte der Jesuiten» (Berl. 1845; 3. Aufl. von Rosenthal, Brandenb. 1861), eine Fortsetzung zu Schillers «Geschichte des Abfalls der Vereinigten Niederlande» (3 Bde., Köln 1841), «Maria Theresia» (2 Bde., Wiesb. 1844; 2. Aufl. 1846—47), «Erzherzog Carl von Österreich» (Wien 1844—47).

Dullerche, die Heidelerche, s. Lerche.

Düllschraube, s. Bergbohrer.

Dülmen. 1) **Standesherrschaft** des Herzogs von Croy im Kreis Koesfeld des preuß. Reg.-Bez. Münster in Westfalen, ist 3060 qkm groß. — 2) **Stadt** und **Hauptort** der Standesherrschaft D., 24 km im SW. von Münster, 16 km im SO. von Koesfeld, in sumpfiger Ebene, an der Linie Wanne-Münster der Preuß. Staatsbahnen und an der Dortmund-Gronau-Enscheder Eisenbahn (2 Bahnhöfe), hat (1890) 4903 (2361 männl., 2542 weibl.) E., darunter 245 Evangelische und 91 Israeliten, Post zweiter Klasse, Telegraph, Amtsgericht (Landgericht Münster); herzogl. Residenzschloß, kath. und evang. Kirche, Krankenhaus; Dampfmahlmühle, Bierbrauereien, Maschinen- und Leinenfabriken, Färbereien und Eisenwerke (Prinz Rudolfshütte). Zwischen D. und Haltern das Schloß Sythen, Eigentum des Grafen Westerholt-Gysenburg, in dessen Nähe Pippin 758 die Sachsen schlug. Als Nonne von D. wird die stigmatisierte Jungfrau Anna Katharina Emmerich (s. d.) bezeichnet.

Dulon, Friedr. Ludw., blinder Flötenvirtuos, geb. 14. Aug. 1769 zu Oranienburg, machte sich seit 1790 auf zahlreichen Konzertreisen als einer der ersten Flötisten bekannt. 1796—1800 hatte er eine Anstellung am Petersburger Hofe, lebte sonst meist in Stendal, seit 1823 in Würzburg, wo er 7. Juli 1826 starb. Von D. erschienen mehrere Flötenkompositionen sowie eine Autobiographie (hg. von Wieland, 2 Bde., Zürich 1807).

Dulong (spr. dülóng), Pierre Louis, franz. Physiker und Chemiker, geb. 12. Febr. 1785 zu Rouen, besuchte die Polytechnische Schule in Paris, studierte Physik und Chemie, wurde 1820 Professor der Physik an der Polytechnischen Schule, 1830 Studienrektor derselben, 1823 Mitglied der franz. Akademie der Wissenschaften und 1832 deren ständiger Sekretär. Er starb 19. Juli 1838. D. hat sich durch eine Reihe chem. und physik. Forschungen einen Namen gemacht. Unter den erstern ist namentlich charakteristisch seine Arbeit über die Zusammensetzung des Chlorstickstoffs (1811), wobei er durch Explosionen dieser gefährlichen Verbindung ein Auge und drei Finger verlor. Seine bedeutendste Arbeit ist die mit Petit gemeinschaftlich ausgeführte Bestimmung der Atomwärmen der Elemente (s. Dulong-Petitsches Gesetz).

Dulong-Petitsches Gesetz, das von Dulong (s. d.) und Petit 1819 gefundene Gesetz, welches lautet: «Die specifische Wärme, multipliziert mit dem Atomgewicht, giebt für alle Grundstoffe im festen Aggregatzustand nahezu dasselbe Produkt.» Das Produkt wurde später (von Kopp, 1864) Atomwärme genannt und beträgt, bezogen auf die neuern Atomgewichte, im Mittel 6,38. Doch ist sie für Schwefel und Phosphor 5,4, für Fluor 5, für Silicium 3,8, Bor 2,7 und Kohlenstoff 1,8. Über die Ursache dieser Abweichungen sind verschiedene Hypothesen ausgesprochen worden. Man hat das Gesetz von der Atomwärme zur gegenseitigen Kontrolle der Zahlen, die für die specifischen Wärmen und Atomgewichte durch Versuche gefunden worden sind, mit Erfolg angewendet. Das Gesetz wurde später (1831) von Neumann noch erweitert, indem er fand: Die Atomwärme chemisch ähnlich zusammengesetzter Stoffe geben konstante Zahlen, die jedoch, je nach der Gruppe der Verbindungen, verschiedene Werte zeigen; so z. B. ist die Atomwärme von Magnesium-, Zink-, Kupfer-, Quecksilber- und Bleioxyd 10,93, für Eisen-, Chrom-, Antimon- und Wismutoxyd 26,9, für Chlorkalium, Chlornatrium und Chlorsilber 12,75. Kopp hat (1864) das hierher gehörige Material tabellarisch zusammengestellt und dann noch, unter Berücksichtigung der oben angeführten Ausnahmen zum D. G., das zuletzt angeführte Neumannsche Gesetz weiter geführt, indem er allgemeiner zeigte, was früher (1844) Regnault nur für Legierungen dargethan hatte: Die Atomwärmen fester Verbindungen sind gleich der Summe der Atomwärmen ihrer Elemente. Bezüglich der einfachen Gase ergab sich, nach Regnault, daß bei gleichen Volumen, oder auch bei gleichen Gewichten (für gleichen Druck und dieselbe Temperatur) die Atomwärme aller einfachen Gase gleich ist, und zwar für gleiche Gewichte im Mittel 3,4.

Dulongs Formel zur Berechnung der Brennkraft, s. Heizeffekt, absoluter.

Dult, Markt, Messe, s. Indult.

Dulun, Maß für Weinberge in Smyrna und Umgebung, eine Fläche von 45 Schritten im Geviert.

Duluth (spr. dju-), Hauptstadt des County St. Louis und Einfuhrhafen im nordamerik. Staate Minnesota am Westende des Obern Sees, ist bedeutender Eisenbahnknotenpunkt mit (1890) 33115 E. (gegen 3483 im J. 1880), hat ein großes Opernhaus, Börse, 6 Banken und 8 Schulen, ferner Hochöfen, Brauereien, Schweineschlächtereien und Säge- und Mahlmühlen, lebhaften Handel mit Holz, Getreide, Kohlen, Eisen und Fischen. 1890 kamen über 23 Mill. Bushel Weizen in D. an.

Dulwich (spr. döllitsch), Dorf in der Grafschaft Surrey, 8 km im S. von der Londoner St. Paul-Kathedrale, hat gegen 5000, als parliamentary division von Camberwell (1891) 83272, (1881) 61676 E. und ein 1612 von dem Schauspieler Ed. Alleyne gegründetes Dulwich-College mit 600—700 Schülern, schönem Schulgebäude, bedeutendem Grundbesitz, reichen Stipendien und berühmter Gemäldegalerie (mit Bildern von Murillo, Raffael, Rubens, Tenier, Rembrandt, Poussin und Wouwerman).

Dulzain, Orgelstimme, s. Dolcan.

Dum., bei naturwissenschaftlichen Namen Abkürzung für André Marie Constant Duméril (s. d.).

Duma (russ.), Rat, sowohl im Sinne einer Beratung als der Gesamtheit der Beratenden. Bei den ältesten russ. Fürsten bildeten die Spitzen ihrer Gefolgschaft, die Bojaren, den Rat. Im moskauischen Großfürstentum hieß der Rat Bojarskaja duma, später auch Carskaja duma. An den Bojarenrat gelangten alle vom Zaren zu entscheidende Sachen aus den Centralbehörden (Prikaz). Unter dem Zaren Alexei verlor die D. allmählich ihre Bedeutung, indem der Zar nach seinem Ermessen gewisse

Sachen entschied, ohne sie überhaupt in die Bojarenduma dringen zu lassen. Die D. bestand bis in die Zeit Peters d. Gr., der ihren kollegialen Charakter beseitigte. Seit 1707 wird sie nicht mehr erwähnt. An ihrer Stelle wurde später der Senat (s. d.) errichtet. Die Landestage (zemskij sobor) des moskauischen Zartums wurden als zemskaja duma bezeichnet. Später kam das Wort außer Gebrauch. In der russ. Städteordnung von 1870 wird D. zur Bezeichnung der Stadtverordnetenversammlung gebraucht. (S. Gorod.)

Duma, Dumka (russ.), Bezeichnung für eine Art kleinruss. Volkslieder, meist epischen, aber auch lyrischen Inhalts, mit verschiedenartigem Versmaß. Sie werden von den Kobsaren oder Banduristen unter Begleitung der Kobsa und Bandura (s. d.) gesungen. Den Hauptinhalt bilden die Kämpfe der Kosaken mit den Türken und Tataren (16. und 17. Jahrh.), später auch die mit den Lechen (Polen). In neuerer Zeit wird der Name D. auch zuweilen für Kunstdichtungen und in der Musik angewendet.

Dumanoir (spr. dümanŏahr), Philippe François Pinel, franz. Dramatiker, geb. 31. Juli 1806 auf Guadeloupe, wurde in Paris erzogen und studierte die Rechte, wandte sich aber bald der dramat. Schriftstellerei zu. Er schrieb teils allein, teils in Gemeinschaft mit andern Autoren gegen 200 Stücke, von denen hervorzuheben sind: «La marquise de Prétintaille» (1835), «Les premières armes de Richelieu» (1839), «L'école des agneaux» (1855), «Le camp des bourgeoises» (1855), «Les femmes terribles» (1858), «La maison sans enfants» (1863). D. starb 16. Nov. 1865 in Pau. Viele seiner Vaudevilles sind eigens für die Schauspielerin Déjazet geschrieben.

Dumas (spr. dümah), Alexandre, der Ältere («D. père»), franz. Bühnendichter und Romanschriftsteller, Sohn des Generals Alexandre Davy D., geb. 24. Juli 1803 zu Villers-Cotterets in der Picardie, wurde von seiner verwitweten Mutter erzogen, erhielt aber einen nur dürftigen Unterricht. Nachdem er einige Zeit Schreiber bei einem Notar gewesen, ging er 1823 nach Paris, wo ihm der General Foy, Freund und Waffengefährte seines Vaters, eine Kopistenstelle auf dem Sekretariat des Herzogs von Orléans (Ludwig Philipp) verschaffte. 1826 veröffentlichte er einen Band Novellen und schrieb mit einigen andern zusammen ein Vaudeville, das an der Porte St. Martin mit Erfolg aufgeführt wurde. Nun versuchte er sich im höhern dramat. Genre und ließ 1829 auf dem Théâtre français sein histor. Drama «Henri III et sa cour» aufführen. Dieses Stück ward als ein gelungenes Werk der neuen romantischen Schule betrachtet und machte großes Aufsehen. Der junge Dichter wurde vom Herzog von Orléans, der der ersten Vorstellung (11. Febr. 1829) beigewohnt hatte, schon am andern Tage zum Bibliothekar ernannt. Nach der Julirevolution stieg sein litterar. Ruf mehr und mehr durch verschiedene, schnell aufeinander folgende Dramen: «Charles VII chez ses grands vassaux» (1831), «Napoléon Bonaparte» (1831), «Richard Darlington» (mit Beudin und Goubaux, 1831), «Antony» (1831), «Térésa» (1832) und «Angèle» (1833). Diese Werke waren der erste glänzende Aufschwung der romantischen Dramatik und übten durch die excentrische Darstellung und leidenschaftliche Sprache eine mächtige Wirkung aus. Die nachfolgenden Dramen: «Catherine Howard» (1834), «Don Juan de Maraña» (1836), «Paul Jones» (1838), worin Schrecken und Entsetzen erregende Situationen noch mehr gehäuft waren, fanden weniger Beifall. Glücklicher war D. mit einer Reihe von Komödien, von denen sich «Mademoiselle de Belle-Isle» (1839), «Un mariage sous Louis XV» (1841) und «Les demoiselles de Saint-Cyr» (1843) als Stücke von wirklich bleibendem Werte auf der Bühne erhielten. Neben dieser großen Produktivität auf dramat. Gebiete erwarb sich D. zugleich in andern Litteraturgattungen eine hervorragende Stelle unter den Schriftstellern seiner Nation. Er schrieb Romane, Novellen, Memoiren, Reisebilder, Sittengemälde, Skizzen u. s. w., die er meist als Feuilletons in den gelesensten Tagesblättern erscheinen ließ und die alle ungemein gefielen. Aus der großen Menge derselben sind besonders hervorzuheben: «Les trois mousquetaires» (8 Bde., Par. 1844), «Vingt ans après» (10 Bde., edd. 1845), «Le vicomte de Bragelonne» (26 Bde., edd. 1848—50), die als Fortsetzungen des ersten gelten sollten, «Le comte de Monte-Cristo» (12 Bde., edd. 1844—45) und «La reine Margot» (6 Bde., edd. 1845). Außerdem: «Le chevalier de Maison-Rouge» (6 Bde., edd. 1846), «La dame de Montsoreau» (8 Bde., edd. 1846), «La Régence» (2 Bde., edd. 1849) u. a.

Im J. 1846 begleitete D. als Historiograph den Herzog von Montpensier auf dessen Heiratsreise nach Spanien, von wo aus er auch die Nordküste Afrikas besuchte. Nach seiner Rückkehr eröffnete er ein eigenes Theater (Théâtre historique) zur Aufführung seiner Stücke. Er arbeitete seine berühmtesten Romane zu Schauspielen um und brachte dieselben mit großem Erfolge zur Aufführung, doch nötigte ihn die Februarrevolution, sein Theaterunternehmen aufzugeben. Da auch zwei Zeitungen, mit denen er in der damaligen Zeitlage eine einflußreiche Rolle zu spielen hoffte, mißglückten, mußte er 1852 aus finanziellen Rücksichten eine Zuflucht in Belgien suchen. Nach seiner Rückkehr nach Paris gab er 1853 nacheinander wieder die Journale «Mousquetaire» (1853) und «Monte-Cristo» (1857) heraus, die jedoch beide nur kurze Zeit bestanden. Später beteiligte er sich an Garibaldis Feldzügen in Sicilien und Neapel, die er in «Les Garibaldiens» (1861) beschrieb, und war 1860 einige Monate Direktor der Museen zu Neapel. Nach kurzer Zeit erschien er wieder in Paris, wo er aufs neue an die Spitze eines Theaterunternehmens, des Grand théâtre parisien in der Vorstadt St. Antoine, trat.

D.' spätere Erzeugnisse übten nicht mehr dieselbe Anziehungskraft aus wie seine frühern. Nach seinen eigenen Eingeständnissen hat er einen großen Teil der unter seinem Namen veröffentlichten Schriften gar nicht selbst verfaßt, sondern nur konzipiert und zugeschnitten. Aber auch hier ist die Geschicklichkeit anzuerkennen, womit er den Materialien, welche ihm von allen Seiten zugetragen wurden, oder die er sich, vielleicht nicht immer auf gewissenhafte Weise, aneignete, den Stempel seiner Eigentümlichkeit aufzudrücken wußte. Als seine Bühnenstücke keinen Erfolg mehr hatten, begann D. im Theater St. Germain öffentliche Vorlesungen zu halten, die jedoch bald verboten wurden. Seit 1865 setzte er dieselben im Auslande fort; er besuchte Wien, Pest und Venedig; doch scheiterten seine Vorträge an der Gleichgültigkeit des Publikums. Mißmutig kehrte er nach Frankreich zurück. Seine beiden letzten Erzählungen: «Histoire de mes bêtes» (Par. 1867) und «Nanon ou la guerre des femmes» (edd. 1867) fanden nur geringen Beifall und nun wandte D. der Litteratur den Rücken. Er gründete eine Saucenfabrik, hatte aber auch hier kein Glück; er wurde leidend und starb während der Belagerung von Paris im Dörfchen Puys bei Dieppe 5. Dez. 1870. Sein Denkmal (Statue von Gustav Doré) wurde 4. Nov. 1883 auf dem Platze Malesherbes in Paris, ein anderes (von Carier-Belleuse) 25. Mai 1885 zu Villers-Cotterets enthüllt.

Von D.s Werken existieren mehrere Gesamtausgaben, so eine in 300 Bänden und eine illustrierte Ausgabe in 50 Bänden; eine besondere Ausgabe von seinen dramat. Stücken erschien u. d. T.: «Théâtre d'Alexandre D. père» (15 Bde., Par. 1864 fg.). Vgl. A. Dumas, Mes mémoires (22 Bde., 1852—54; neue Ausgabe in 10 Bänden); Fitzgerald, The life and adventures of Alexander D. (2 Bde., Lond. 1872); Glinel, A. D. et son œuvre (Reims 1884); Blaze de Bury, A. D. sa vie, son temps, son œuvre (Par. 1885).

Dumas (spr. dümah), Alexandre, der Jüngere («D. fils»), franz. Roman- und Bühnendichter, Sohn des vorigen, geb. 28. Juli 1824 zu Paris, begann als Siebzehnjähriger seine litterar. Laufbahn mit dem Band Gedichte: «Les péchés de jeunesse». Er begleitete dann seinen Vater nach Spanien und Nordafrika und veröffentlichte nach der Rückkehr einen Roman in dessen Manier: «Aventures de quatre femmes et d'un perroquet» (6 Bde., Par. 1846—47), der wenig Beachtung fand. Hierauf warf er sich auf die Darstellung der zweifelhaften Sitten und Charaktere des Pariser Genußlebens und schilderte diese Welt mit scharfer Beobachtungsgabe in leichtem, gefälligem Stile, indem er zugleich schon mit gewandter Dialektik die wahre Moral gegen die großstädtische Verderbtheit und den Sittencodex der Gesellschaft in Schutz nahm. Solche Romane von ihm sind: «La dame aux camélias» (2 Bde., 1848), «Le roman d'une femme» (4 Bde., 1848), «Diane de Lys» (3 Bde., 1851), «La boîte d'argent» (1855), «La vie à vingt ans» (1856), die seinen Ruf zugleich in Frankreich und im Auslande begründeten. Den größten Erfolg hatte «La dame aux camélias», worin in der wenig idealisierten Geschichte einer an der Schwindsucht gestorbenen Dirne das Problem der Rettung einer Verlorenen durch die Macht reiner Liebe mit rührendem Effekt behandelt wurde. D. bearbeitete den Stoff auch als Drama unter gleichem Titel und wußte auch hier dauernd das empfindsame Interesse nicht allein des Pariser Publikums zu erregen. Auch in den erfolgreichen Dramen «Diane de Lys» (1853) und «Le demi-monde» (1855) sind gefallene Frauen die Heldinnen. Die folgenden Stücke: «La question d'argent» (1857), «Le fils naturel» (1858), «Un père prodigue» (1859) fanden gleichfalls beifällige Aufnahme; das einzige von allen seinen Stücken, das gänzlich durchfiel, war «L'ami des femmes» (1864). Sodann folgten: «Le supplice d'une femme» (1865; gemeinschaftlich mit E. de Girardin), «Les idées de Madame Aubray» (1867), «Le filleul de Pompignac» (1869), «Une visite de noces» (1871), «La Princesse Georges» (1872), «La femme de Claude» (1873), «Monsieur Alphonse» (1873), «L'étrangère» (1876), «Les Danicheff» (1876; gemeinschaftlich mit dem Russen Corvin und unter dem Pseudonym Pierre Newski erschienen), «La comtesse Romani» (1876; gemeinschaftlich mit G. Fould und unter dem Namen Gustave de Jalin erschienen), «Joseph Balsamo» (1878; aus dem Roman D.' des Ältern ausgezogen und unter dessen Namen veröffentlicht). Von den letzten Stücken wurde «Denise» (1885) abgelehnt, während «Francillon» (1887) trotz seiner Paradoxien enthusiastische Aufnahme fand.

Als dramat. Dichter hat D. einen eigentümlichen Entwicklungsgang durchgemacht und Werke von sehr verschiedener Beschaffenheit hervorgebracht. Die Stücke aus seiner ersten Zeit (1852—59) bewirkten eine rasche und entscheidende Umwandlung der franz. Bühne und erzeugten den seitdem darauf herrschend gebliebenen Realismus, der Stoffe der Gegenwart behandelt und ihre Sprache redet. «Le demi-monde» ist unstreitig sein bestes Lustspiel, da es ohne aufdringliche Tendenz und dem wirklichen Leben abgelauscht ist. Auch in seinen spätern Werken, wie «La visite de noces», «La Princesse Georges» u. s. w., in denen die tendenziöse Färbung schon schärfer hervortritt, zeigt sich noch ein fleißiges Studium der Wirklichkeit und die eigentümliche Schärfe der Beobachtung, welche die Stücke seiner frühern Zeit auszeichnet, in denen zwar auch schon das Recht gefallener Frauen auf die Achtung und Sympathie der Männer, das Wünschenswerte der Ehescheidung und andere Lieblingsideen des Dichters zur Sprache kommen, aber auf eine Art, die man sich gefallen lassen kann, weil dieselben in einer lebendigen und natürlichen Handlung vorgeführt werden. Den Tendenzstücken seiner dritten Periode fehlt es dagegen an wirklichem Leben; alles darin ist falsch oder schief: Situationen, Charaktere, Sprache und Leidenschaften. D. wähnt sich berufen, die Gesellschaft zu bessern und umzugestalten, und seine Stücke sind dazu bestimmt, seinen Reformideen und socialen Hypothesen Ausdruck zu verleihen. Für diese trat er auch ein in dem Roman «L'affaire Clémenceau» (1866; auch als Drama bearbeitet 1890) und einer Reihe von Broschüren: «Une lettre» und «Nouvelles lettres sur les choses du jour», «L'homme-femme», «Tue-la!», «Les femmes qui tuent et les femmes qui votent» (1872—80) und in der Streitschrift «La question du divorce» (1880). In der Ausgabe seines «Théâtre complet» (6 Bde., Par. 1868—79) ist jedes seiner Stücke mit einer Vorrede eingeleitet. D. wurde 1875 in die Französische Akademie aufgenommen. Vgl. Lacour, Trois théâtres (Par. 1880).

Dumas (spr. dümah), Alexandre Davy, franz. General, geb. 25. März 1762 auf Santo Domingo, war der natürliche Sohn des Marquis Pailleterie und einer Negerin, trat 1786 als Husar in die franz. Armee, wurde schon 1793 Divisionsgeneral und übernahm den Befehl über die Alpenarmee, mit der er bis an den Mont-Cenis vordrang. Im Oktober desselben Jahres mußte er den Oberbefehl in der Vendée übernehmen, wo ihn seine Mäßigung bei der Regierung in Ungunst brachte. Seit 1795 kämpfte er in Italien, ging dann unter Joubert nach Tirol und machte 1798 die Expedition nach Ägypten mit. Auf dem Rückwege an die Küste Unteritaliens verschlagen, ward er von der neapolit. Regierung längere Zeit in einem feuchten Kerker unter Mißhandlungen gefangen gehalten, sodaß er für den Dienst untauglich wurde. Er starb 26. Febr. 1806 in Villers-Cotterets.

Dumas (spr. dümah), Jean Baptiste, franz. Chemiker, geb. 15. Juli 1800 zu Alais, studierte in Genf und Paris Chemie, wurde 1823 Repetent an der Polytechnischen Schule in Paris, hierauf Professor der Chemie erst am Athénée, dann an der Sorbonne und 1832 Miglied der Académie des sciences. Seine Arbeiten über organische Chemie, seine Entdeckung der Substituierbarkeit des Wasserstoffs durch die Halogene und Sauerstoff, die Abhandlungen über Atomgewicht, Schwefeläther u. a. m. machten ihn berühmt. 1848 wurde er vom Norddepartement zum Abgeordneten gewählt. Im Ministerium vom 31. Okt. 1849 übernahm er das Portefeuille des Ackerbaues und Handels, das er bis zum Rücktritte dieses Kabinetts im April 1851 bekleidete. Unter dem Kaiserreich wurde er dann Senator und Mitglied des höhern Unterrichtsrates und war 1861—63 dessen Vicepräsident. 1875 wurde D. Mitglied der Französischen Akademie und starb 11. April 1884 in Cannes. Seine Lehrvorträge an der Sorbonne wurden von Bineau als «Leçons sur la philosophie chimique» (Paris 1837; deutsch von Rammelsberg, Berl. 1839) herausgegeben. Die «Bulletins» und «Mémoires» der Akademie, sowie die franz. Fachzeitschriften enthalten von ihm viele Abhandlungen. Sein Hauptwerk ist der «Traité de chimie appliquée aux arts» (8 Bde., Par. 1828—45; deutsch von Buchner, 8 Bde., Nürnb. 1844—49). Außerdem ist hervorzuheben der «Essai de statique chimique des êtres organisés» (Par. 1841; 3. Aufl. 1844; deutsch von Vieweg, Lpz. 1844). Vgl. Aug. Wilh. Hofmann, Zur Erinnerung an Jean Baptiste D. (Berl. 1885); Maindron, L'œuvre de D. (Par. 1886).

Dumas (spr. dümah), Matthieu, Graf, franz. General, geb. 23. Dez. 1753 zu Montpellier, nahm als Adjutant Rochambeaus an dem nordamerik. Unabhängigkeitskriege teil und organisierte nach seiner Rückkehr mit Lafayette die Pariser Nationalgarde; nach der Auflösung der Gesetzgebenden Versammlung (21. Sept. 1792) fand er eine Freistatt in der Schweiz. Nach Einsetzung des Direktoriums (28. Okt. 1795) wurde er in den Rat der Alten gewählt; jedoch als Gemäßigter in die Proskription des 18. Fructidor (4. Sept. 1797) verwickelt, floh er nach Hamburg. Bonaparte rief ihn 1800 zurück und ernannte ihn zum Chef des Generalstabes der sog. Reservearmee, mit der er die Alpen überstieg. D. wurde 1802 Staatsrat, 1805 Divisionsgeneral und unter Joseph Bonaparte neapolit. Kriegsminister und Großmarschall des Palastes. Er folgte dem König auch nach Spanien und war hier Generaladjutant der kaiserl. Armee. Der Kaiser rief ihn aber bald zurück, worauf er dem Feldzuge gegen Österreich beiwohnte und 12. Juli 1809 den Waffenstillstand von Znaim abschloß. Im Kriege von 1812 versah er das Amt eines Generalintendanten in der Armee, ebenso 1813, wo er mit der Besatzung von Dresden gefangen wurde. 1814 von Ludwig XVIII. zum Staatsrat ernannt, erhielt er 1822 seine Entlassung, trat, nachdem er 1827 in die Kammer gewählt worden, zur Opposition über und gehörte 1830 zu den 221 Deputierten, die durch ihre Adresse die Julirevolution einleiteten. Nach dem Sturze Karls X. organisierte er unter Ludwig Philipp abermals die Pariser Nationalgarde und ward zum Befehlshaber aller Nationalgarden von Frankreich ernannt, worauf er 1831 die Pairswürde erhielt. Er starb fast ganz erblindet 16. Okt. 1837 zu Paris. In der militär. Litteratur hat er sich durch mehrere Werke bekannt gemacht, unter denen namentlich der «Précis des évènements militaires, ou essai historique sur les campagnes de 1799 à 1814» (19 Bde. und 8 Atlanten, Par. 1816—26; deutsch, 5 Bde., Stuttg. 1820—25) hervorzuheben ist. Seine die Zeit von 1770 bis 1836 umfassenden «Souvenirs» hat sein Sohn (3 Bde., Par. 1839) herausgegeben.

Dumas-Brenner (spr. dümah), s. Argandsche Lampen.

Dumbarton (spr. dömmbáhrt'n) oder Dunbarton. 1) **Grafschaft** im südl. Schottland, vormals Lennox genannt, in zwei getrennten Teilen zwischen Perth, Stirling, Lanark, Renfrew und dem Clydebusen gelegen, hat 698,8 qkm und (1891) 94 511 E., d. i. 135 auf 1 qkm, gegen 73 321 im J. 1881, wird von westl. Zweigen des Grampiangebirges erfüllt, die, meist mit Heide bewachsen, im Ben Vorlich 1006 m erreichen. Nur ein kleiner Teil ist eben; auch die Hügel sind bis zu den Gipfeln bebaut. Unter den zahlreichen Seen ist der fischreiche Loch Lomond (s. d.). Der Boden, von dem nur 27 Proz. bebaut, bietet Eisen, Steinkohlen, Schiefer- und Bausteine im Überfluß, auch zieht man Rinder, Schafe und Schweine. Herings- und Lachsfischerei ist beträchtlich, wichtiger aber die Industrie in Wolle, Baumwolle, Papier und Eisen, sowie Bergbau auf Eisen und Steinkohlen. D. hat im Parlament einen Abgeordneten. — 2) **Hauptstadt** der Grafschaft D., an der Dumbartonshire-Eisenbahn, 20 km im NW. von Glasgow, in schöner Lage, am Leven unweit seiner Mündung in den Clyde, hat (1891) 16 908 E., Kattundruckerei, Bleichen, Seilerbahnen, lebhaften Verkehr, Handel vom Flußhafen aus und Schiffahrt nach Port-Glasgow, Greenock und Glasgow. Die Neubelebung des Schiffsbaues verdankt D. den Reederfirmen M'Millan und Denny.

Dumbell nebŭla (spr. dömm-), s. Fuchs [(Sternbild).

Dumb-Show (spr. dömm schoh), eine Art Pantomime (s. d.) im ältern engl. Drama, die den Inhalt eines Stücks oder Akts im voraus darstellt. Man findet sie noch bei Shakespeare in «Hamlet» (wo H. den König auf die Probe stellt) und in «Cymbeline»; doch statt ihrer wie bei Euripides (s. Chor) den berichtenden Chorus, so in «Heinrich V.», in «Perikles» D. und Chorus. Nach Shakespeare erreicht die Anwendung der D. ihr Ende.

Duméril (spr. dümerill), André Marie Constant, franz. Zoolog, geb. 1. Jan. 1774 zu Amiens, wurde 1794 Prosektor in Rouen, 1799 Chef der anatom. Arbeiten an der Medizinischen Schule in Paris, 1801 Professor der Anatomie, 1818 der Pathologie an der mediz. Fakultät. Ferner hatte er seit 1825 den Lehrstuhl für Amphibien- und Fischkunde am Jardin des Plantes inne; seit 1816 war er Mitglied der Akademie der Wissenschaften. Er starb 2. Aug. 1860 in Paris. D. veröffentlichte u. a.: «Zoologie analytique» (Par. 1806; deutsch von Froriep, Weim. 1806), «Erpétologie générale» (mit Bibron, 8 Tle., 1834—54), «Ichthyologie analytique» (Par. 1856), «Entomologie analytique» (2 Bde., ebd. 1860).

Duméril (spr. dümerill), Auguste Henri André, Sohn des vorigen, geb. 30. Nov. 1812 zu Paris, studierte Medizin, ward 1840 Assistent, 1847 Professor der Geologie am Collège Chaptal und 1857 Direktor des Naturhistorischen Museums. Er starb 12. Nov. 1870 in Paris. Von seinen Schriften sind zu nennen: «Histoire naturelle des poissons» (2 Tle. in 3 Bdn. mit Tafeln, 1865—70), «Des modifications de la température animale sous l'influence des médicaments» (Par. 1853).

Duméril (spr. dümerill), Edelestand, franz. Gelehrter, geb. 1801 zu Valognes in der Normandie, lebte größtenteils in Paris und starb 24. Mai 1871 in Passy. Seine litterar. Thätigkeit begann 1846 mit der Herausgabe altfranz. Texte, indem er als Ergänzung zu dem von P. Paris publizierten «Garin le Loherain» (2 Bde., 1833—35) die Fortsetzung dazu «La mort de Garin» (Par. 1846) veröffentlichte. Daran schloß sich die Ausgabe des Romans «Flore et Blancheflor» (edd. 1856). Besonders verdient gemacht hat er sich um die lat. Poesie des Mittelalters durch die Sammlungen «Poésies populaires latines antérieures au XIIe siècle» (edd. 1843) und «Poésies latines du moyen âge» (edd. 1847). Der Altertumskunde gehören seine Schriften «Essai sur l'origine des runes» (1844), «Des formes du mariage pendant le moyen âge» (1861) und seine gesammelten «Études sur quelques points d'archéologie et d'histoire littéraire» (1862) an. Auch die Geschichte des Theaters beschäftigte ihn mehrfach; hierher gehören die «Origines latines du théâtre moderne» (1849) und die «Histoire de la comédie» (2 Bde., 1864—69), die sich zur Aufgabe stellt, den Ursprung der Komödienfiguren des Polichinelle u. a. bis ins Altertum zurückzuführen.

Dumersan (spr. dümerßáng), Théophile Marion, franz. Numismatiker und Vaudevilledichter, geb. 4. Jan. 1780 im Schloß Castelnau bei Issoudun, wurde 1795 Adjunkt Millins, des Oberaufsehers des Münzkabinetts. In Gemeinschaft mit Mionet begann D. eine neue Klassifizierung der Münzen nach Eckhels Grundsätzen. 1842 erhielt er den Titel als Konservator. Frühzeitig trat D. auch als Vaudevillist auf. Von 1798 bis 1799 schrieb er 18 Stücke, darunter «Arlequin perruquier ou les têtes à la Titus», «Sans prétention», «L'ange et le diable», ein damals mehr als hundertmal aufgeführtes fünfaktiges Drama, u. s. w. Von seinen zahlreichen Stücken hatten am meisten Erfolg «Les Saltimbanques» (1838), sein bestes Werk, das in seiner Gattung als klassisch gilt. Erwähnung verdienen noch: «M. Botte» (1803), «Les Anglaises pour rire» (1814), «Mad. Gibou et Mad. Pochet» (1832). Ferner veröffentlichte er: «Notice des monuments exposés dans le cabinet des médailles et antiques» (1819 u. ö.) und andere Schriften zur Münzkunde; auch gab er eine Sammlung franz. Volkslieder heraus: «Chansons nationales et populaires de la France» (1845; neue Ausg. 1866), und eine «Histoire de la chanson» (1845). Er starb 13. April 1849 zu Paris.

Dumesnil (spr. dümenill), Marie Françoise Marchand, franz. Tragödin, geb. 7. Okt. 1711 bei Alençon, debütierte 1737 als Klytämnestra auf dem Théâtre français in Paris, gab hochtragische Rollen, auf die sie ihre ganze Beanlagung hinwies und in denen sie Großes leistete. Sie war seit 1738 Sociétaire des Théâtre français, zog sich 1776 von der Bühne zurück und starb 20. Febr. 1803 zu Boulogne. Vgl. Coste d'Arnobat, Mémoires de Marie-Françoise D. (Par. 1800).

Dumfries (spr. dömmfrihß). 1) Grafschaft im W. Südschottlands, nördlich vom Solway Firth, umfaßt 2856,8 qkm mit (1891) 74308 E., d. i. 26 auf 1 qkm. Das Land wird von Zweigen der Cheviothills durchzogen, ist größtenteils bergig, namentlich im N., und auf weiten Strecken mit Heide, hier und da mit Moor bedeckt. Der Louther-Hill erreicht 769, der Queensberry-Hill 689 m. Kaum ein Drittel der Bodenfläche ist angebaut. D. wird vom Nith, Annan und Esk bewässert, hat mildes, aber feuchtes Klima, an den fischreichen Flüssen ergiebigen Ackerboden und auf den Thalgeländen Vieh-, besonders Schafweiden. Am Fuße des Hart-Fell (804 m), an der Grenze gegen Selkirk, finden sich reiche Steinkohlenlager, bei Moffat Alaunwerke, im Leadhill, an der Grenze von Lanark, Gruben für Blei, Kupfer, Antimon und Mangan. Auch gewinnt man Kalk, Gips und Bausteine. Die Industrie im Flachlande erstreckt sich auf Baumwollspinnerei und Tuchfabrikation. Die Häfen am Solway-Firth treiben Küstenhandel. Vier Eisenbahnen durchziehen die Grafschaft. Die zahlreichen Altertümer sind bretonische und röm. Lager, Cairns, Türme, dän. Säulen und Schloßruinen. Im Parlament hat D. einen Abgeordneten. — 2) **Hauptstadt** der Grafschaft D., Parlamentsborough, 148 km im SSO. von Glasgow, links am schiffbaren Nith, gilt als Hauptstadt von Südschottland. Die Stadt hat (1891) 13074 E., als Parlamentsbezirk 26183 E., eine stattliche Kirche an Stelle des ehemaligen Schlosses, ein schönes Stadthaus (Mid Temple), eine Handelshalle, Postgebäude (1888), zwei Bibliotheken, ein Handwerkerinstitut, Theater, Zuchthaus, Crichton-Institution und Irrenanstalt. Auf dem Kirchhof der St. Michaeliskirche steht das Mausoleum des Dichters Robert Burns, dessen Wohnhaus auch erhalten ist. Die Gewerbthätigkeit erstreckt sich auf Fabrikation von Hüten, Woll-, Strumpf- und Korbwaren, Leder und Schuhen, Bierbrauerei und Holzhandel. D. ist auch der Haupt-Rinder- und Schweinemarkt Schottlands. In der Vorstadt Maxwelltown eine Sternwarte und Museum.

Dumfries Burghs (spr. dömmfrihß börgs), Gruppe schott. Städte (Dumfries, Annan, Kirkcudbright, Lochmaben, Sanquhar), die ein gemeinsames Parlamentsmitglied wählen.

Dümichen, Johs., Ägyptolog, geb. 15. Okt. 1833 zu Weißholz bei Großglogau in Schlesien, studierte 1852—55 zu Berlin und Breslau Theologie und Philologie und besuchte 1859—62 nochmals die Universität zu Berlin, um unter Lepsius und Brugsch ägyptologische Studien zu machen. Okt. 1862 trat D. seine erste Reise nach Ägypten und Nubien an, die er auf einen großen Teil des Sudan ausdehnte und von der er erst April 1865 zurückkehrte. Eine zweite Reise nach Ägypten machte D. 1868 in Gemeinschaft mit der von Aden zurückkehrenden photogr. Abteilung der Expedition, welche zur Beobachtung der Sonnenfinsternis nach Asien gesandt worden war. Die Resultate dieser Expedition veröffentlichte D. in einem Prachtwerke (2 Bde., Berl. 1869—70). Eine dritte und vierte Bereisung des Nilthals folgte 1869 bei der Einweihung des Sueskanals. Bei Begründung der kaiserl. Universität Straßburg wurde D. als Professor der Ägyptologie dahin berufen. 1875—76 weilte er abermals in Ägypten, um einige auf frühern Reisen begonnene Arbeiten in thebanischen Gräbern und im Tempel von Dendera zu vollenden. Er ließ damals die mit großen Schwierigkeiten verknüpfte Freilegung des Denderatempels ausführen und kopierte dann die durch jene Freilegung zu Tage gekommenen Hieroglyphentexte, unter denen sich die von ihm besonders gesuchten, auf den Bau des Tempels bezüglichen Inschriften befanden. Die Ergebnisse seiner Forschungen hat er vorzugsweise in folgenden Werken niedergelegt: «Bauurkunde der Tempelanlagen von Dendera» (Lpz. 1865), «Geogr. Inschriften altägypt. Denkmäler» (2 Bde. Tafeln und 1 Bd. Text, edd. 1866), «Altägypt. Kalenderinschriften» (edd. 1866),

«Histor. Inschriften altägypt. Denkmäler» (2 Bde., edd. 1867—68), «Die Flotte einer ägypt. Königin aus dem 17. Jahrh. vor unserer Zeitrechnung» (edd. 1868), «Der Felsentempel von Abu-Simbel und seine Bildwerke und Inschriften» (Berl. 1869), «Resultate einer auf Befehl Sr. Majestät des Königs Wilhelm von Preußen 1868 nach Ägypten gesendeten archäol.-photogr. Expedition» (2 Bde.; Bd. 1: Bildliche Darstellungen und Inschriften nach Kopien des Verfassers mit erläuterndem Text; Bd. 2: Photogr. Aufnahmen und Erläuterungen, edd. 1871), «Baugeschichte des Denderatempels und Beschreibung der einzelnen Teile des Bauwerks nach den an seinen Mauern befindlichen Inschriften» (Straßb. 1877), «Die Oasen der Libyschen Wüste» (edd. 1878), «Die kalendarischen Opferfestlisten im Tempel von Medinet-Habu» (Lpz. 1881), «Geschichte des alten Ägyptens», I (Geographie des alten Ägyptens; Berl. 1879; in der von W. Oncken herausgegebenen «Allgemeinen Geschichte in Einzeldarstellungen»), «Der Grabpalast des Patuamenap in der thebanischen Nekropolis», I (Lpz. 1884).

Dumka, s. Duma.

Dummkoller, Pferdekrankheit, s. Koller.

Dümmler, Ernst, Geschichtschreiber, geb. 2. Jan. 1830 zu Berlin als Sohn des Buchhändlers F. D., studierte in Bonn und Berlin, habilitierte sich Ostern 1855 in Halle für Geschichte und wurde daselbst, wo er zuerst ein histor. Seminar begründete, 1858 zum außerord., 1866 zum ord. Professor ernannt. Daneben wirkte er seit 1859 erst als Schriftführer, dann als Vicepräsident des Thüringisch-Sächsischen Altertumsvereins in Halle, seit 1876 als Vorsitzender der Historischen Kommission für die Provinz Sachsen, seit 1871 als ordentliches Mitglied der Historischen Kommission in München, seit 1875 als Mitglied der Centraldirektion für die Herausgabe der «Monumenta Germaniae» in Berlin und in dieser als Leiter der Abteilung Antiquitates, seit 1875 als Mitglied des Verwaltungsausschusses des Germanischen Nationalmuseums in Nürnberg. Im Mai 1888 wurde D. Vorsitzender der Centraldirektion der «Monumenta Germaniae» und siedelte nach Berlin über, wo er bald auch als ordentliches Mitglied in die Akademie der Wissenschaften eintrat. Von den litterar. Arbeiten D.s sind außer zahlreichen Aufsätzen in wissenschaftlichen Zeitschriften zu nennen: «De Arnulfo Francorum rege» (Berl. 1852), die mit zwei Preisen gekrönte «Geschichte des Ostfränkischen Reiches» (2 Bde., Lpz. 1862—65; 2. Aufl., 3 Bde., 1887—88; erschienen als Bestandteil der von der Historischen Kommission in München herausgegebenen «Jahrbücher der deutschen Geschichte»), «Kaiser Otto der Große» (edd. 1876; aus dem Nachlaß von Köpke vollendet). Ferner: «Piligrim von Passau und das Erzbistum Lorch» (edd. 1854), «Das Formelbuch des Bischofs Salomo III. von Konstanz» (edd. 1857), «St. Gallische Denkmale aus der karolingischen Zeit» (Zürich 1859), «Auxilius und Vulgarius. Quellen und Forschungen zur Geschichte des Papsttums im Anfang des 10. Jahrh.» (Lpz. 1866), «Gesta Berengarii imperatoris» (Halle 1871), «Anselm, der Peripatetiker, nebst andern Beiträgen zur Litteraturgeschichte Italiens» (edd. 1872). Mit Wattenbach vollendete er 1873 den von Jaffé unfertig hinterlassenen sechsten Band seiner «Bibliotheca rerum Germanicarum» als «Monumenta Alcuiniana». Endlich erschienen der erste und zweite Band der «Poetae latini aevi Carolini» als Anfang einer neuen Abteilung der «Monumenta Germaniae» (Berl. 1881—84); schon vorher eine zweite auf Pertz beruhende Ausgabe der «Liudprandi opera» (in «Scriptores rerum Germanicarum», Hannov. 1877).

Dümmlers Verlagsbuchhandlung, Ferd., in Berlin, seit 1886 im Besitz von Hugo Bernstein, geb. 13. Dez. 1856, Inhaber der Buchdruckerei G. Bernstein (Dampfmaschine von 20 Pferdekräften, 11 Pressen, 93 Personen) und seit 1887 mit dem Verlage von Gustav Hempel (s. d.) verbunden. Sie wurde 1808 vom Kammergerichtsassessor Julius Eduard Hitzig (s. d.) begründet und ging 1815 über an Ferdinand Dümmler, geb. 23. Okt. 1777 in Battgendorf bei Cölleda, gest. 15. März 1846, dessen bekanntestes Unternehmen Zumpts «Lateinische Grammatik» (1818 u. ö.) war. Sein Nachfolger wurde 1848 Dr. Julius Harrwitz, geb. 1819 in Breslau, gest. 22. März 1875, seit 1852 gemeinsam mit Julius Goßmann, der dann von 1875 bis 1886 alleiniger Besitzer war. Das Sortimentsgeschäft wurde 1847 verkauft und besteht 1892 noch unter der Firma «Ferd. Dümmlers Buchhandlung (Edmund Stein)». Der Verlag umfaßte anfangs besonders Rechts- und Staatswissenschaft, später Sprachwissenschaft und Orientalia: Werke von Bopp, W. von Humboldt, Gebr. Grimm, Steinthal, Kuhn, Mahn, Bastian, Buschmann, Weber, Lepsius, Brugsch, die «Zeitschrift für vergleichende Sprachforschung» (Bd. 1—28, 1852—85), «Zeitschrift für Völkerpsychologie und Sprachwissenschaft» (Bd. 1—16, 1860—85) u. a.; auf andern Gebieten die Werke des Generals von Clausewitz, des Kunsthistorikers Herm. Grimm, des Philosophen M. Lazarus, Du Bois-Reymonds, A. Kirchhoffs, Fouqués («Undine» u. a.), das «Magazin für Litteratur des Auslandes» (33.—47. Jahrg., 1864—78). In neuerer Zeit werden vorwiegend die Naturwissenschaften und populäre Lieferungswerke gepflegt. Auch erscheinen daselbst die Veröffentlichungen der königl. Sternwarte zu Berlin («Berliner Astronom. Jahrbuch», 1830—93, u. a.).

Dumolard, Fratelli (Gebrüder D.; spr. dümolahr), Buchhandlung in Mailand, seit 1889 im Besitz von Louis D., wurde 1794 von einem Vorfahren desselben gegründet, der aus Frankreich kam. Anfangs Antiquariatsbuchhandlung, hob sie sich besonders seit 1850 durch den Vertrieb moderner italienischer und ausländischer, namentlich franz. Litteratur. Pompée D., geb. 1843, gest. 4. Febr. 1889, Vater des jetzigen Besitzers, fügte Verlag hinzu, wie die «Biblioteca scientifica internazionale» (Bd. 1—47), «Manuali nell' alterazione e falsificazione delle sostanze alimentari» (Bd. 1—14), die «Rivista di filosofia scientifica» (1882—91), Werke aus der Medizin (von Mantegazza u. a.), Chirurgie, Chemie und andern Wissenschaften.

Dumonceau (spr. dümongßoh), Leone Baptiste, Graf von Bergendahl, Marschall von Holland, geb. 7. Nov. 1760 in Brüssel, beteiligte sich 1787 an dem Aufstande der Niederlande gegen Österreich, ging, nachdem die Empörung unterdrückt war, nach Frankreich und erhielt bereits 1793 für Auszeichnung bei Jemappes und Neerwinden den Rang eines Brigadegenerals. 1794 focht D. unter Pichegru in Holland und wurde zum Kommandanten von Amsterdam ernannt. 1795 trat er als Generallieutenant in den Dienst der Batavischen Republik und schlug 1799 die in Holland eingedrungenen Russen und Engländer in der Schlacht bei Bergen. 1807 zum Marschall von Holland ernannt, schlug er 1809 die Engländer auf Walcheren abermals. Nach der Vereinigung der Republik mit Frankreich wurde er von Napoleon an die Spitze der 2. Militärdivision gestellt und zum Grafen von Bergendahl ernannt. 1813 nahm D. am Kriege in Deutschland teil, vertrieb 26. Aug. bei Dresden die Russen von den Höhen von Pirna und führte nach der Niederlage bei Kulm seine Truppen geschickt zwischen den preuß. und österr. Korps zur Hauptarmee zurück. 1815 schied D. aus dem franz. Dienste und kehrte nach Brüssel zurück, wo er 29. Dez. 1821 starb.

DuMont (spr. dümóng), Buchhändler- und Buchdruckerfamilie in Köln, aus Belgien stammend. — Maria Johann Nikolaus D., geb. 21. Mai 1743 in Köln, studierte die Rechte, wurde aber später Kaufmann und Fabrikant. Im Dez. 1794 zum regierenden Bürgermeister Kölns erwählt, wurde er 1795 als Bevollmächtigter der Stadt nach Paris gesandt, um beim Wohlfahrtsausschuß die Zurücknahme der von der republikanischen franz. Regierung ausgeschriebenen drückenden Kontributionen zu bewirken, erreichte jedoch seinen Zweck nicht. Von Napoleon I. ward D. zum Rat der Präfektur des Roer-Departements, die in Aachen ihren Sitz hatte, ernannt. Nach der Vertreibung der Franzosen nahm er 1815 die Stellung eines Landesdirektorialrats in Aachen ein, wo er 28. Aug. 1816 starb. D. übernahm 1802 mit den Schaubergschen Erben die «Kölnische Zeitung» (s. d.), trat aber schon nach 6 Monaten wieder zurück. — Markus Theodor D., geb. 10. Jan. 1784, Rechtsgelehrter, verheiratete sich 1805 mit Katharina Schauberg, kaufte 1808 die den Schaubergschen Erben gehörige, 1626 von Bertram Hilden gegründete und 1735 von Arnold Schauberg erworbene Buchdruckerei nebst der «Kölnischen Zeitung», und gründete 1815 dazu mit Johann Peter Bachem (s. d.) eine Verlags- und Sortimentsbuchhandlung, aus der nach Trennung der Gesellschafter 1818 die M. DuMont-Schaubergsche Buchhandlung (s. DuMont-Schauberg, M.) hervorging. Er starb 24. Nov. 1831.

Dumont (spr. dümóng), Albert, franz. Archäolog, geb. 21. Jan. 1842 zu Scey-sur-Saône (Haute-Saône), besuchte die höhere Normalschule zu Paris und wurde 1864 als Mitglied der Französischen Schule nach Athen gesandt. 1874 ward er Unterdirektor der neubegründeten Französischen Schule in Rom und hielt daselbst Vorlesungen über Archäologie und Kunstgeschichte; 1875 ging er in gleicher Eigenschaft wieder nach Athen. 1878 kehrte er nach Frankreich zurück, ward Rektor der Akademie zu Grenoble, dann zu Montpellier und 1879 zum Oberdirektor des höhern Unterrichtswesens ernannt. Seit 1882 war er Mitglied der Akademie der Inschriften; er starb 12. Aug. 1884 zu Paris. D. war ein verdienstvoller Altertumsforscher; seine wichtigsten Schriften sind: «De plumbeis apud Graecos tesseris» (1870), und «Essai sur la chronologie des archontes athéniens postérieurs à la CXXII[e] olympiade» (1870), «Inscriptions céramiques de Grèce» (1871), «Peintures céramiques de la Grèce propre» (1871), «La population de l'Attique» (1873), «Vases peints de la Grèce propre» (1873), «Fastes éponymiques d'Athènes» (1873), «Essai sur l'éphébie attique» (2 Bde., 1875—76), «Les céramiques de la Grèce propre, vases peints et terres cuites» (mit Chaplain, Fasc. 1—8, 1882—90). Außerdem verfaßte er «L'administration et la propagande prussienne en Alsace» (1871), «Le Balkan et l'Adriatique» (1873) und «Notes et discours 1873—84» (1885). D.s von der Akademie gekrönte Preisschrift «Explication théorique et catalogue descriptif des stèles représentants la scène du repas funèbre» (1886) ist nicht im Druck erschienen.

Dumont (spr. dümóng), Augustin Alexandre, franz. Bildhauer, geb. 14. Aug. 1801 in Paris, erhielt den ersten Unterricht in der Kunst von seinem Vater, dem Bildhauer Jacques Edme D. (geb. 1761, gest. 1844), trat dann bei Cartellier in die Lehre und erhielt 1823 den großen Bildhauerpreis. Nach sechsjährigem Aufenthalt in Rom kehrte er 1830 nach Paris zurück. Anfangs unter dem Einfluß Canovas stehend, machte sich in seinen Arbeiten besonders auch das Studium der Natur bemerkbar. Unter seinen Werken in Paris ragen hervor: der Genius der Freiheit (auf der Julisäule, 1840), die Statue des Herzogs Eugen von Leuchtenberg, auf dem Boulevard du Prince-Eugène (1863), jetzt Boulevard Voltaire, benannt nach der Bronzestatue, welche das Standbild des Prinzen von seinem Postament verdrängt hat, und Napoleon I. im röm. Feldherrnkostüm, der 16. Mai 1871 zugleich mit der Vendômesäule, worauf er stand, umgestürzt und sehr beschädigt, seitdem aber restauriert und 26. Dez. 1875 auf die neu hergestellte Säule wieder hinaufgesetzt wurde. Ferner modellierte er folgende Bronzestatuen: Naturforscher Buffon für Montbard, die Marschälle Suchet für Lyon, Davout für Auxerre, Bugeaud für Périgueux, Papst Urban V. für Mende, General Carrera für Santiago in Chile. D. wurde 1838 Mitglied des Instituts und 1852 Lehrer an der École des beaux-arts. Er starb 29. Jan. 1884 in Paris. Vgl. Battier, Une famille d'artistes. Les Dumont, 1660—1884 (Par. 1890).

Dumont (spr. dümóng), Léon, franz. philos. Schriftsteller, geb. 1837 zu Valenciennes, studierte die Rechte, bereiste sodann Mitteleuropa, Italien, Algier und Spanien und lebte nach seiner Rückkehr gänzlich der Wissenschaft auf seinem Landsitz St. Saulve bei Valenciennes, wo er schon 7. Jan. 1876 starb. D. war entschiedener Anhänger der Evolutionstheorie und des Darwinismus. Er schrieb: «Les causes du rire» (Par. 1862), «Jean Paul et sa poétique» (ebd. 1862), «Le sentiment du gracieux» (ebd. 1863), «La morale de Montaigne» (ebd. 1866), «Antoine Watteau» (ebd. 1867), «Haeckel et la théorie de l'évolution en Allemagne» (ebd. 1873), «Théorie scientifique de la sensibilité» (ebd. 1876; deutsch u. d. T. «Vergnügen und Schmerz. Zur Lehre von den Gefühlen», Lpz. 1876). Vgl. A. Büchner, Un philosophe amateur L. D. (Caen 1884).

Dumont (spr. dümóng), Pierre Étienne Louis, philos. Schriftsteller, geb. 18. Juli 1759 in Genf, studierte daselbst Theologie, übernahm 1783 in Petersburg eine Predigerstelle und wurde 1785 in London Erzieher der Kinder des Lord Shelburne, nachherigen Marquis Lansdowne. Seine Talente und Charaktereigenschaften machten ihn bald zum Freunde dieses Ministers, der ihm eine einträgliche Sinekure verschaffte. In den ersten Jahren der Französischen Revolution hielt sich D. in Paris auf, wo er seinem Vaterlande Genf sehr nützlich wurde. Nach kurzer Anwesenheit in Genf ging er 1792 wieder nach England zurück und begann hier J. Benthams (s. d.) Ideen zu verarbeiten, lehrte aber nach der

Restauration nach Genf zurück, wo er, seit 1814 Mitglied des Großen Rats, sehr nützlich wirkte. D. starb auf einer Vergnügungsreise nach Italien 30. Sept. 1829 in Mailand. Über seine Beziehungen zu den Hauptführern der Französischen Revolution geben seine «Souvenirs sur Mirabeau et sur les deux premières assemblées législatives» (Par. 1832) interessante Aufschlüsse. D. hatte auch an den meisten und besten Arbeiten Mirabeaus bedeutenden Anteil. Die weitschichtigen und oft ganz unverständlichen Materialien der Benthamschen Philosophie wurden erst durch D. in ein System gebracht. Seine darauf bezüglichen Schriften sind: «Traité de législation civile et pénale» (3 Bde., Genf 1802; 2. Aufl. 1820), «Théorie des peines et des récompenses» (2 Bde., ebd. 1810; 3. Aufl. 1825), «Tactique des assemblées législatives» (ebd. 1815; 2. Aufl. 1822), «Traité des preuves judiciaires» (2 Bde., ebd. 1823), «De l'organisation judiciaire et de la codification» (ebd. 1828).

Dumont d'Urville (spr. dümong dürwil), Jules Sébastien César, franz. Konteradmiral, Weltumsegler, geb. 23. Mai 1790 zu Condé-sur-Noireau im Depart. Calvados, trat als Schiffsfähnrich in die franz. Marine und nahm in den J. 1819 und 1820 teil an der Expedition unter dem Kapitän Gauthier nach den Küsten des Griechischen Archipels und des Schwarzen Meers. Hierauf machte er 1822 unter dem Kapitän Duperrey mit der Korvette La Coquille seine erste Reise um die Welt. Bei einer zweiten auf der Astrolabe 1826—29 und einer dritten auf der Astrolabe und der Zelée 1837—40 führte er das Kommando selbst. Zweimal litt D. Schiffbruch, an den Tonga-Inseln, dann in der Torresstraße; doch beidemal rettete ihn seine Entschlossenheit und seine seemännische Gewandtheit. Große Verdienste erwarb sich D. durch die Aufsuchung der Spuren Lapeyrouses auf Wanikoro, die Aufnahme großer Küstenstrecken von Neuguinea, die Entdeckung antarktischer Länder wie Louis-Philippe- und Adélieland, sowie die Durchforschung der Torresstraße und der Cookstraße sowie vieler Inselgruppen Oceaniens. Desgleichen trug er viel bei zur Bereicherung der allgemeinen Sprachkunde wie zur Erweiterung der oceanischen Naturgeschichte, weshalb ihn auch die Geographische Gesellschaft in Paris zu ihrem Präsidenten ernannte. Die Berichte über seine Entdeckungsreisen veröffentlichte er in den beiden Prachtwerken: «Voyage de la corvette l'Astrolabe» (12 Bde. Text und 6 Abteil. Atlas, Par. 1830—39; der histor. Bericht allein, 5 Bde., ebd. 1832—33) und «Voyage au pôle sud et dans l'Océanie» (23 Bde. Text und 6 Abteil. Atlas, ebd. 1841—54; deutsch, 3 Bde., Darmst. 1846—48). D. verlor nebst Gattin und Sohn das Leben bei dem Unfall auf der Paris-Versailler Eisenbahn 8. Mai 1842, nachdem er 1840 zum Konteradmiral ernannt worden war. 1844 wurde ihm in seiner Vaterstadt ein Denkmal errichtet. Vgl. Joubert, D. d'U. (Tours 1885).

DuMont-Schauberg, M., Buchhandlung, Buchdruckerei und Verlag der «Kölnischen Zeitung» (s. d.) in Köln, gegründet von Markus Theodor DuMont (s. DuMont, Familie), wurde nach dessen Tode von seiner Witwe Katharina DuMont (geborene Schauberg, geb. 2. Febr. 1779 in Düsseldorf, gest. 25. März 1845) und ihrem Sohn Joseph DuMont (geb. 21. Juli 1811, gest. 3. März 1861) fortgeführt. Besitzer seit 1845 wurden der letztere, speciell Leiter der «Kölnischen Zeitung», und sein Bruder Michael DuMont (geb. 1. Juni 1824, gest. 15. Juli 1881), der 1847 die Verlags- und Sortimentsbuchhandlung übernahm. 1861 ging die Zeitung und die Druckerei an die Witwe Josephs und an dessen Kinder über und ist seit 1880 im Besitz des Schwiegersohns Aug. Neven-DuMont. Die Verlags- und Sortimentsbuchhandlung ging 1881 an die Witwe Michaels, Jenny DuMont, geborene Pütz, über. Der Verlag umfaßt meist Schulbücher von Ahn, Bone, Heis, Pütz u. a.; ferner kath. Theologie, volkswirtschaftliche Werke von Max Wirth u. a. — Vgl. Die Familien DuMont und Schauberg in Köln (Köln 1868); Zum Andenken an Michael DuMont (ebd. 1881).

Die «M. DuMont-Schaubergsche Buchdruckerei» hat 9 Dampf- und Gasmaschinen (83 Pferdekraft), 22 Buchdruck-, 7 Steindruckschnellpressen, 3 Schriftgießmaschinen, Stereotypie, Galvanoplastik und 270 beschäftigte Personen.

Dumort., bei naturwissenschaftlichen Namen Abkürzung für Charles Barthélemy Dumortier (s. d.).

Dumortier (spr. dümortieh), Charles Barthélemy, belg. Naturforscher und Abgeordneter, geb. 3. April 1797 zu Tournai, widmete sich den Naturwissenschaften und bereiste Deutschland, England und Frankreich. Nach seiner Rückkehr gesellte er sich zu der belg. Opposition und wurde 1829 in die Provinzialstände gewählt. Kurz vor dem Ausbruch der Revolution schrieb er unter dem Namen Belgicus eine Reihe polemischer Briefe über den Zustand des Landes. In den Tagen des Sept. 1830 trat D. an die Spitze der bewaffneten Bürgergarden in Tournai. In die erste verfassungsmäßige Kammer gewählt, bekämpfte er heftig die 24 Artikel, in denen die Londoner Konferenz Holland mehr bewilligte als früher. Sein leidenschaftliches Verhalten gegen die Liberalen brachte ihn 1847 um den Deputiertensitz seiner Vaterstadt; doch trat er 1848 durch die Wahl zu Roulers wieder in die Kammer ein. Er starb 9. Juli 1878. Den ihm vom Papst erteilten Grafentitel hat er niemals geführt. Auf dem Gebiete der Botanik ist D. als geistreicher Forscher bekannt. Er stellte in den «Commentationes botanicae» (Tournai 1822) ein neues Pflanzensystem auf, das jedoch keine allgemeine Aufnahme erfuhr. Außer vielen in Denkschriften zerstreuten Abhandlungen gab er eine «Florula belgica» (Tournai 1827), eine «Sylloge Jungermannidearum Europae indigenarum» (ebd. 1831; 2. Ausg., mit Beifügung der «Hepaticae», 1874) und eine «Monographie des roses de la flore belge» (Gent 1867) heraus.

Du Moulin (spr. dümuläng), Peter, lat. Molinäus, Polemiker der franz.-reform. Kirche, geb. 18. Okt. 1568 im Schlosse Buhy an der Grenze der Normandie, wurde 1599 Kaplan zu Charenton bei der Schwester Heinrichs IV., Katharina, Gemahlin des kath. Herzogs Heinrich von Bar. Von Jakob I. wurde D. M. 1616 nach England berufen, um einen Plan zur Vereinigung aller reform. Kirchen zu entwerfen; auch für die Dordrechter Synode (s. d.) schrieb er ein solches Einigungsprojekt, doch erfolglos. Seit 1620 war er Professor der Theologie zu Sedan und starb 10. März 1658. Seine bekannteste, vielfach herausgegebene und übersetzte Schrift ist die «Anatomie de la messe» (Sedan 1636). Gegen den Katholicismus schrieb er: «Défense de la confession de l'Église réformée de France» (Charenton 1617), «Bouclier de la foy» (ebd. 1617 und Genf 1624; deutsch, Brem. 1643). Die Arminianer bekämpfte

D. M. in der «Anatomie de l'Arminianisme» (Leid. 1619). Vgl. Armand, Essai sur D. M. (Straßb. 1846).

Dumouriez (spr. dümurieh), Charles François, franz. General, geb. 25. Jan. 1739 zu Cambrai, trat 1757 in das franz. Heer, nahm am Siebenjährigen Kriege in Deutschland teil und bereiste sodann, verabschiedet, einen großen Teil Europas. 1768 war er Generalquartiermeister der franz. Truppen in Corsica; 1771 zum Obersten ernannt, wurde er zu diplomat. Sendungen nach Polen und Schweden verwendet und 1778 zum Kommandanten von Cherbourg ernannt. Beim Ausbruch der Revolution trat er mit den Jakobinern in Verbindung, hielt sich später zu den Girondisten, war 1792 Minister des Auswärtigen und Kriegsminister und erlangte, nachdem er sich als Divisionsgeneral bei der Nordarmee ausgezeichnet hatte, Aug. 1792 den Oberbefehl über die bis dahin von Lafayette geführte Armee. Er befehligte bei Valmy (20. Sept.), siegte bei Jemappes (6. Nov.) und eroberte Belgien. Seine Bemühungen, Preußen zu einem Separatfrieden zu bestimmen, sowie seine Versuche zur Rettung Ludwigs XVI. scheiterten. Nachdem er bei Neerwinden (18. März 1793) geschlagen war und sich von allen Parteien gehaßt sah, unterhandelte er mit den Österreichern und ließ den Kriegsminister Beurnonville sowie die übrigen Abgesandten des Konvents, die gekommen waren, um ihn zur Rechenschaft zu ziehen, gefangen nehmen und dem Feinde ausliefern. Als aber seine Truppen ihn bei seinen Plänen gegen den Konvent nicht unterstützten, floh er zu den Österreichern. Der Konvent setzte auf seinen Kopf einen Preis von 300000 Frs. D. lebte fortan unter fremdem Namen an verschiedenen Orten vom Ertrage seiner Schriftstellerei. Später fand er in England Zuflucht und erhielt hier eine Pension. Er starb in der Nähe von London 14. März 1823. Vgl. Berville und Barrière, Collection des mémoires relatifs à la révolution française (56 Bde., Par. 1820—26), welche den Hauptteil seiner Schriften enthält; Boguslawski, Das Leben des Generals D. (2 Bde., Berl. 1879); Monchanin, Dumouriez (Par. 1884).

Dumpalme, s. Hyphaene.

Dumreicher, Armand, Freiherr von, österr. Parlamentarier, geb. 12. Juni 1845 in Wien als Sohn des folgenden, studierte in Göttingen und Wien Rechts- und Staatswissenschaften, unternahm Reisen in Europa und dem Orient und trat 1869 bei der Finanzprokuratur in Wien ein. 1871 nach dem Sturze des Ministeriums Hohenwart in das Unterrichtsministerium berufen, veröffentlichte er in Wien 1873: «Die Verwaltung der Universitäten seit dem letzten polit. Systemwechsel in Österreich», die entschieden den deutschen Standpunkt vertrat. Seit 1874 vortragender Rat für das gewerbliche Bildungswesen, erwarb sich D. große Verdienste um die Organisation dieses Zweiges. Darauf bezügliche Aktenstücke sind veröffentlicht im «Centralblatt für das gewerbliche Unterrichtswesen in Österreich» (Wien 1883 fg.). Auch zwei Schriften D.s: «Über den franz. Nationalwohlstand als Werk der Erziehung» (Wien 1879) und «Über die Aufgaben der Unterrichtspolitik im Industriestaate Österreich» (ebd. 1881) beschäftigen sich mit verwandten Fragen. Da D. mit der polit. und nationalen Richtung des Ministeriums Taaffe-Dunajewski immer weniger einverstanden war, trat er 1886 aus dem Staatsdienste aus und ließ sich von der Kärntner Handels- und Gewerbekammer in den Reichsrat wählen, wo er ebenso wie in der Delegation, in die er wiederholt gewählt wurde, für den Schutz des deutschen Elementes als eine Staatsnotwendigkeit eintrat. Einige seiner Reden gab K. Pröll heraus u. d. T. «Zur Lage des Deutschtums in Österreich» (Berl. 1888).

Dumreicher von Österreicher, Joh. Heinr., Freiherr von, Chirurg, geb. 13. Jan. 1815 zu Triest, studierte in Wien Medizin, besonders Chirurgie, ward 1839 in das Operateurinstitut aufgenommen und 1841 zum Assistenten der Klinik ernannt. Nachdem er sich 1844 als Privatdocent habilitiert, ward er 1846 zum Primararzt einer chirurg. Abteilung im k. k. Allgemeinen Krankenhause ernannt und 1848 von den Ärzten des Krankenhauses zum Direktionsadjunkten erwählt. Außerdem ward ihm 1848 die Stelle eines konsultierenden Chirurgen an mehrern Spitälern für Verwundete übertragen. 1849 wurde er zum ord. Professor der Chirurgie, Vorstand der chirurg. Klinik und des Operateurinstituts berufen, in welchen Stellungen er bis zu seinem Tode ununterbrochen wirkte. 1866 stellte sich D. v. Ö. mit 20 Operateuren seiner Klinik zur Verfügung der Nordarmee im Hauptquartier und wurde deshalb in den Freiherrenstand erhoben. Er starb 16. Nov. 1880 auf seinem Gute Janusschowetz in Kroatien. D. v. Ö.s schriftstellerische Thätigkeit beschränkte sich fast nur auf Arbeiten in Zeitschriften. Besonders zu nennen sind: «Zur Lazarettfrage» (Wien 1867), «Zeitfragen betreffend die Universität» (ebd. 1865), «Über Wundbehandlung» (ebd. 1877), «Über die Notwendigkeit von Reformen des Unterrichts an den mediz. Fakultäten Österreichs» (ebd. 1878) u. s. w.

Dun (kelt.), Hügel, tritt in ältern lat. Ortsnamen als Endung -dunum auf und findet sich in zahlreichen Ortsnamen in Gallien und auf den brit. Inseln.

Dün, Gebirgskette der Thüringischen Terrasse (s. d.) im preuß. Reg.-Bez. Erfurt, an der Südseite der Wipper, zu der er ziemlich schroff abfällt, bis 517 m hoch; seine östl. Fortsetzung wird die Hainleite (s. d.) genannt.

Düna, lettisch Dangawa, russ. Zapadnaja Dvina (die «Westliche Dwina») genannt, einer der bedeutendsten Flüsse Westrußlands und des Baltischen Bassins, ist 840 km lang und umfaßt ein Stromgebiet von 85401 qkm. Sie entsteht im Kreis Ostaschkow des Gouvernements Twer an der Westseite des Wolchonskiwaldes, südlich der Wolgaquellen, aus dem See Ochwat (Shadenje) als beträchtlicher Strom und durchströmt oder berührt in weitem Bogen die Gouvernements Twer, Pskow, Witebsk, Mohilew, Wilna, Kurland, Livland. Bei Riga ist die D. 590 m breit; 16 km unterhalb dieser Stadt ergießt sie sich bei Dünamünde in den Rigaischen Meerbusen der Ostsee. Bis Welish fließt die D. südwärts zwischen hohen, waldbedeckten Ufern, dann bis zur Ullamündung längs des Südfußes des nordruss. Landrückens. Von da an bis unterhalb Dünaburg durchschneidet sie den Rücken nach seiner ganzen Breite in einem tiefen Bett mit 13 m hohen Ufern, voller Felsblöcke, Strudel und Stromschnellen, deren man 62 zählt und die namentlich bei Drissa bedeutend sind. Unterhalb Dünaburg beginnt der Unterlauf mit Versandungen im Strombett, Überschwemmungen der flachen Ufer und Versumpfungen der nahen Felder. Schon 67 km unterhalb des Ursprungs, bei dem Dorf Kotschewatsche (Gouvernement Pskow), wird sie auf eine Strecke von 915 km schiffbar; aber im Mittel- und Unterlaufe ist die Schiffahrt wegen der Klippen, Strudel und Sandbänke gefährlich. Seeschiffe können nur bis Riga stromaufwärts gelangen. Dampfer verkehren nur zwischen Dünaburg und Kreuzburg, sowie von Rommel bis zur Mündung. Hingegen ist bei Hochwasser der Verkehr ein überaus lebhafter und der Strom mit Flößen bedeckt. 1889 befuhren die D. 1410 Schiffe und 11112 Flöße mit 2,88 Mill. Pud Fracht im Werte von 1,8 Mill. Rubel. Bei Dünaburg ist die D. 246, bei Riga 244 Tage eisfrei. Die D. nimmt links die Mesha mit der Obscha, Kasplja, Ulla und Dißna, rechts den Ewst und Ogor auf. Durch den Beresinakanal ist sie mittels der Ulla mit dem Dnjepr verbunden.

Dünaburg. 1) **Kreis** im nordwestl. Teil des russ. Gouvernements Witebsk, eine mit Sümpfen durchschnittene Ebene, stellenweise hügelig, im S. und W. von der Düna begrenzt, hat 4535,2 qkm, 214603 E., darunter zwei Drittel Katholiken, 74 Proz. Letten, 14 Proz. Weißrussen, 12 Proz. Polen; Ackerbau, Hanf- und Flachsbau. — 2) **Kreisstadt** im Kreis D. und Festung ersten Ranges, 260 km nordwestlich von Witebsk, am See Schtschün und rechts der Düna, Kreuzungspunkt der Eisenbahnen Petersburg-Warschau, Riga-Witebsk, Libau-Radschiwilischki-Kalkuhnen-D., besteht aus vier Teilen: der Festung, den großen Neuen Vorstadt, der Alten Vorstadt und dem Flecken Griwa auf dem Glacis der Brückenbefestigung jenseits der Düna, ist Sitz der Kommandos der 25. Infanteriedivision sowie der beiden Brigaden derselben und hat (1885) 69033 E., darunter 42 Proz. Israeliten, in Garnison die 25. Feldartilleriebrigade, zwei Bataillone Festungsartillerie, 1. Mörser-Artillerieregiment sowie das 97. bis 100. Infanterieregiment; je 2 russ., kath. und prot. Kirchen, Synagoge und 22 israel. Betschulen, Realschule, Progymnasium für Mädchen, Eisenbahnwagen-, Tabakfabrik, 7 Branntweinbrennereien, 5 Bierbrauereien, bedeutenden Handel und Schiffahrt auf der Düna.

Die Festung ist wichtig als Sperrpunkt mehrerer Eisenbahnen und als Depotplatz; hier lagert ein großer Teil des russ. Belagerungsparkes. Auf der einen Seite wird der Platz durch die 200 m breite Düna, auf der andern durch ausgedehnte, jedoch nicht überall ungangbare Sümpfe gedeckt. Eine Eisenbahn- und Schiffbrücke vermittelt den Uferwechsel innerhalb der Werke. Die eigentliche Festung liegt auf dem rechten Ufer und besteht aus einem geschlossenen Hauptwall mit mehrern vorgeschobenen Werken; auf dem linken Ufer liegt ein ziemlich starker Brückenkopf, der aus mehrern zu selbständiger Verteidigung eingerichteten Werken besteht. Am Ausbau und an der Erweiterung der Festung wird rege gearbeitet.

D. wurde 1278 von dem livländ. Ritterorden angelegt, kam 1561 an Polen und wurde die Hauptstadt der sog. infländischen Woiwodschaft. 1557 kam es zeitweilig und 1772 ganz an die Russen. Die Festung wurde 1582 von Stephan Bathory gegründet, 1625 von den Schweden, 1656 von den Russen zeitweilig besetzt. Die Franzosen unter Oudinot bestürmten 13. und 14. Juli 1812 vergeblich den Brückenkopf. Am 31. Juli wurde D. von den Preußen und Franzosen unter Macdonald besetzt.

Dunaföldvár (d. i. «Donau-Erdfestung»), Groß-Gemeinde und Hauptort des Stuhlbezirks D. (54742 E.) im ungar. Komitat Tolna, rechts der Donau, Sitz eines Bezirksgerichts und eines Stuhlrichteramtes sowie Dampferstation, hat (1890) 12364 kath.-magyar. E. (127 Deutsche), darunter 225 evang.-augsburg. Bekenntnisses, 283 Reformierte und 627 Israeliten, Post, Telegraph; Ackerbau, Obst- und Weinbau, Fischerei, besonders Störfang, und viel Gewerbe, namentlich Töpferei, sowie lebhaften Handel mit Brettern und Bauholz.

Dunäjec (spr. -jetz), **Donajec**, rechter Nebenfluß der Weichsel, entspringt am Nordabhang der Tatra aus zwei Quellbächen, dem Schwarzen (Czarny) und Weißen (Biały) D., die bei Neumarkt (571 m) am Südrande der westgaliz. Karpaten zusammenfließen. Nach einem gewundenen Laufe, in welchem er in einem schönen und wilden Defilé auf der Strecke Gromowce-Szczawnica den Kalkgebirgszug «die Pieninen» durchbricht und der zweimal von O. nach N. abbiegt, erreicht der Fluß die österr.-russ. Grenze und ergießt sich nach einem Laufe von 208 km gegenüber von Opatowec in die Weichsel. Sein Wasser ist reißend und fischreich. Er nimmt rechts unterhalb Alt-Sandec (290 m) den Poprad und bei Tarnow (225 m) die Biala auf. Das Flußgebiet ist industriell reich entwickelt.

Dunajewski, Albin, Fürstbischof von Krakau, geb. 1. März 1817 zu Stanislau in Galizien, entstammte einer alten adligen Familie, studierte in Lemberg die Rechte und übte dann die Rechtspraxis aus. An der Spitze einer patriotischen Partei stehend, zog er sich eine Gefängnisstrafe von 11 Jahren zu, wovon ihm später 3 Jahre erlassen wurden. 1861 zum Priester geweiht, berief ihn 1862 der Erzbischof Felinski nach Warschau zum Rektor des dortigen bischöfl. Seminars. Bei der Verhaftung des Erzbischofs und vieler kath. Geistlichen rettete sich D. durch Flucht nach Krakau. 1879 wurde er zum Bischof von Krakau ernannt und 1891 zum Kardinal erhoben. Unter D. wurde der Umfang der Diöcese Krakau bedeutend erweitert; der Krakauer Bischof erhielt die alte Würde eines Fürstbischofs zurück, und D. wurde lebenslängliches Mitglied des Herrenhauses.

Dunajewski, Julian, österr. Staatsmann, geb. 4. Juni 1822 zu Neu-Sandec in Galizien, Bruder des vorigen, studierte an den Universitäten Wien, Lemberg und Krakau und begann 1852 seine akademische Laufbahn als Supplent an der Universität Krakau. 1855 wurde er an die Rechtsakademie nach Preßburg und 1860 als ord. Professor der Nationalökonomie nach Lemberg versetzt, 1861 als ord. Professor der Staatswissenschaften nach Krakau, wo er in poln. Sprache bis 1880 docierte. 1864 und 1868 bekleidete er das Amt des Rektors und war in dieser Eigenschaft Mitglied des galiz. Landtags, dem er dann für die Stadt Neu-Sandec seit 1870 angehörte. 1873 wurde D. für den Bezirk Neu-Sandec, Wieliczka und Biala in den Reichsrat gewählt und nahm zumeist über volkswirtschaftliche, Budget- und staatsrechtliche Fragen als Redner des Polenklubs lebhaften Anteil an den Debatten. 1880 wurde D. zum Finanzminister im Kabinett Taaffe ernannt, dessen Sprechminister er zugleich wurde und worin er den föderalistischen Staatsgedanken vertrat. Am 4. Febr. 1891 erhielt er infolge einer Änderung in der innern Politik seinen Abschied und wurde zum lebenslänglichen Mitglied des österr. Herrenhauses ernannt.

Dünamünde, Festung im Kreis Riga des russ. Gouvernements Livland, 14 km nordwestlich von

Riga, der eigentliche Hafen dieser Stadt, am linken Ufer der Dünamündung, gleich hinter dem Einfluß der Bolderaa und an der Linie Riga-Bolderaa der Riga-Dünaburger Eisenbahn, mit einem Bataillon Festungsartillerie. Sie schützt die Mündung der Düna und hat einen unter Katharina II. in die See gebauten Steindamm mit Leuchtturm am Ende. Hinter diesem Damm befindet sich der 1852 vom Börsenkomitee in Riga angelegte Winterhafen für 300 Schiffe. An der Stelle D.s lag zuerst ein von Bischof Albert 1201 errichtetes Cistercienserkloster, dann erbaute der Ritterorden daselbst ein befestigtes Schloß, aus dem die Festung hervorging, die nachmals von den Schweden erobert wurde und 1721 an Rußland kam.

Dunant (spr. dünáng), Jean Henri, schweiz. Schriftsteller und Philanthrop; geb. 8. Mai 1828 in Genf, bekannt durch seine Bemühungen um die internationale Verbindung zur Pflege und Schonung der im Kriege Verwundeten. Sein Buch «Un souvenir de Solferino» (deutsch von Wagner, Stuttg. 1864) regte zuerst hierzu an. Demselben Zweck dient: «Fraternité et charité internationales en temps de guerre» (1864). Außerdem schrieb D.: «L'empire romain réconstitué» (1859), «La régence de Tunis» (1858), «La renovation de l'Orient» (1865).

Dunapataj, Groß-Gemeinde im ungar. Komitat Pest-Pilis-Solt-Klein-Kumanien, links der Donau, hat (1890) 5892 magyar. E., Post, Telegraph, Gemüsegärtnerei und -Handel nach Budapest.

Duna-Szerdahely (spr. ßérdahelj), Groß-Gemeinde im ungar. Komitat Preßburg, auf der großen Insel Schütt (s. d.), hat (1890) 4453 magyar. E., Post und Telegraph.

Dunavecse (spr. -wetsche), Groß-Gemeinde im ungar. Komitat Pest-Pilis-Solt-Klein-Kumanien, links der Donau, hat (1890) 4382 magyar. E., Post und Telegraph.

Dunbar (spr. dönnbáhr), alte Hafenstadt und jetzt vielbesuchtes Seebad in der schott. Grafschaft Haddington, an der Nordsee, 42 km östlich von Edinburgh, hat (1881) 3661 E., einen kleinen, trotz der Neuanlagen schwer zugänglichen Hafen und Heringsfang. — Am 28. April 1296 eroberte Eduard I. von England die Stadt nach einem Siege über die Schotten unter Baliol. Im festen Schloß zu D., dessen Ruinen erhalten sind, fand Maria Stuart nach der Ermordung Rizzios (März 1566) eine Zuflucht, und ebendorthin entführte sie Graf Bothwell nach der Ermordung ihres Gatten Darnley und schloß mit ihr den Ehebund (15. Mai 1567). Besonders denkwürdig ist der Ort durch den 3 km südlich davon erfochtenen Sieg Cromwells über die Schotten unter Leslie 3. Sept. 1650.

Dunbar (spr. dönnbáhr), William, schott. Dichter, geb. um die Mitte des 15. Jahrh. aus vornehmem Geschlecht in East-Lothian (aber nicht zu Salton), besuchte die Universität St. Andrews, durchzog als Franziskaner England und einen Teil des Kontinents, kam dann an den Hof Jakobs IV., der ihm ein Jahrgehalt aussetzte und ihn zu diplomat. Sendungen verwendete, namentlich bezüglich der Vermählung Jakobs IV. mit Margarete Tudor, Tochter Heinrichs VII. (1501). Er besang diese Verbindung in dem berühmten Gedicht «The thistle and the rose» (1503). Gestorben ist er um 1520. D. zeichnete sich ebensowohl in allegorisch-didaktischer wie in derb-komischer Poesie (doch auch hier ideale Ziele verfolgend) aus. Zu seinen hervorragendsten Dichtungen gehören außer der genannten: «The dance of the seven deadly sins through hell» (ein Erzeugnis kunstvoller poet. Symbolik) und «The golden terge» (1508). Eine scharfe satir. Ader bekunden «The feigned prior of Jungland» und «The justs between the taylor and the souter»; genannt seien noch «On James Doig» und «The merle and the nightingale». Von seinen Landsleuten, z. B. W. Scott, wird D. für den größten Dichter Schottlands erklärt und neben Chaucer gestellt, der ihm in der That als Vorbild gedient hat. Gesamtausgaben seiner Werke veranstalteten D. Laing (Edinb. 1834; Supplement 1865) und Paterson (Life and poems of W. D., edd. 1863), eine kritische Ausgabe Schipper (Tl. 1 u. 2, Wien 1891). Vgl. Kaufmann, Traité de la langue du poète écossais W. D., précédé d'une esquisse de sa vie etc. (Bonn 1873) und besonders Schipper, W. D., sein Leben und seine Gedichte (Berl. 1884).

Dunbarton, schott. Grafschaft und Stadt, s. Dumbarton.

Duncan I. (spr. döngkĕn), König von Schottland, folgte seinem Großvater Malcolm II. 1034, beherrschte in friedlicher Regierung vornehmlich die Distrikte südlich und westlich des Tay und wurde 1040 von seinem Vetter Macbeth (s. d.) erschlagen, der sein Nachfolger wurde. — **D. II.**, König von Schottland (1093—94), Sohn Malcolms III., war als Jüngling Geisel in der Hand Wilhelms I. von England. Mit Hilfe der Engländer bestieg er 1093 nach seines Vaters Tod den Thron, mußte aber dem Usurpator Donald Bane (s. d.) weichen und wurde 1094 erschlagen.

Duncan (spr. döngkĕn), John, brit. Reisender, geb. 1805 zu Culdoch in Schottland, widmete sich dem Soldatenstande, schloß sich 1842 den Gebrüdern Lander an und machte 1845—46 im Auftrage der Geographischen Gesellschaft zu London eine Reise nach Whydah an der Sklavenküste und von da durch Dahome bis zum 13.° nördl. Br. Er schrieb «Travels in Western Africa in 1845 and 1846» (Lond. 1847; deutsch von Lindau, 2 Bde., 1848). Auf einer neuen Reise nach Whydah begriffen, um dort das brit. Vicekonsulat zu übernehmen, starb er 3. Nov. 1849 in der Bucht von Benin.

Duncan of Camperdown (spr. döngkĕn of kämmp'rdaun), Adam Viscount, s. Camperdown.

Duncansby-Head (spr. döngkĕnsbi hedd) oder Dungsby-Head, das östlichste Kap der Nordküste Schottlands, in 58° 29' nördl. Br. und 3° 5' westl. L. von Greenwich, am östl. Eingang zum Pentland-Firth (s. d.).

Dunciad (spr. dönnßiädd, von dunce, «Dummkopf»), Dunciade, Titel einer satir. Epopöe von Pope (s. d.). Den Titel entlehnte auch Palissot (s. d.).

Duncker, Buchhändlerfamilie. Karl Friedr. Wilhelm D., geb. 25. März 1781 in Berlin als Sohn eines Kaufmanns, begründete 1809 mit Peter Humblot die Buchhandlung von «Duncker & Humblot» (s. d.) in Berlin. Bei Verkauf derselben 1866 behielt er einige Verlagsartikel zurück, die seit 1889 unter der Firma «Karl Dunckers Verlag» im Besitz von H. Kornfeld in Berlin sind. D. war 1828 Vorsteher des Börsenvereins der Deutschen Buchhändler, 1833—66 Mitglied verschiedener Ausschüsse desselben, besonders 1833 des Ausschusses zur Erbauung der Buchhändlerbörse. Auch war er 15 Jahre ununterbrochen Stadtverordneter von Berlin. Er starb 15. Juli 1869.

Sein Sohn Alexander Friedr. Wilh. D., geb. 18. Febr. 1813 in Berlin, übernahm unter eigenem Namen 1837 das Sortimentsgeschäft der Firma Duncker & Humblot und verband damit Buch- und Kunstverlag. 1858 wurde der Verlag vom Sortiment getrennt und letzteres unter der Firma «A. Dunckers Sortiment» an Wilh. Lobeck verkauft. 1870 ging der Buchverlag (Dichtungen von Geibel, Heyse, Putlitz, Storm u. a.) zum großen Teil an Gebr. Paetel (s. d.) über, und D. beschränkte sich auf die Herausgabe großer litterarischer und Kunstwerke, wie die «Polit. Correspondenz Friedrichs d. Gr.» (Bd. 1—19, 1879—92), das «Album der preuß. Schlösser und Herrensitze» (gegen 1000 Abbildungen), die 28 Stiche nach Kaulbachs Wandgemälden, «Ein Kaiserheim», u. a. D. erhielt 1841 den Titel eines königl. Hofbuchhändlers. Er schrieb selbst «Abseits vom Wege, Gedichte eines Laien» (anonym; illustriert von P. Thumann, 2. Aufl., Berl. 1878), einige Novellen und gab «Der Mütter Schatzkästlein» (Berl. 1892) heraus. — Seine Tochter Dora D., geb. 28. März 1855 in Berlin, schrieb «Moderne Meister» (Berl. 1883); die Schau- und Lustspiele «Sphinx», «Sylvia», «Um ein Haar», «Ruth»; die humoristischen Schriften «Dies und Das» (Berl. 1890), «Inseratstudien» (2 Bde., Stuttg. 1888—91); die Romane «Morsch im Kern» (Berl. 1889), «Unheilbar» (1893) u. a. Auch giebt sie den Kinderkalender «Buntes Jahr» (Hamb. 1887 fg.) heraus.

Franz Gustav D., Bruder des vorigen, geb. 4. Juni 1822 in Berlin, studierte daselbst Philosophie und Geschichte und erwarb 1850 die W. Bessersche Verlagsbuchhandlung (gegründet 1829) in Berlin, deren Firma er 1862 in «Franz D.» umänderte. 1853 kaufte er dazu den Bernsteinschen «Urwähler» und führte ihn u. d. T. «Volkszeitung» (s. d.) fort. D. war Mitbegründer der Deutschen Fortschrittspartei und eins ihrer hervorragendsten Mitglieder im preuß. Abgeordnetenhause und im Deutschen Reichstag. Auch war er 1869 Mitbegründer der sog. «Hirsch-Dunckerschen Gewerkvereine» (s. Gewerkvereine) und stand seit 1865 an der Spitze des Berliner Handwerkervereins. Er starb 18. Juni 1888. Den größern Teil seines Verlags hatte er 1876 an Karl Krabbe in Stuttgart verkauft; der Rest ging 1877 an Karl Geibel jun. über, der ihn unter der Firma «Franz Dunckers Verlag» nach Leipzig verlegte. Letztere, 1882 von Karl D., dem Sohne Franz D.s, übernommen, erlosch mit dessen Tode, 26. Okt. 1889.

Duncker, Max Wolfgang, Geschichtschreiber, ältester Sohn von Karl D. (s. Duncker, Familie), geb. 15. Okt. 1811 zu Berlin, widmete sich 1830—34 zu Bonn und Berlin unter Löbell, Raumer, Ranke und Böckh der Geschichte und Philologie. Wegen Teilnahme an der Burschenschaft zu Bonn in Haft genommen, erlangte er erst 1839 die Erlaubnis, sich an der Universität Halle zu habilitieren und wurde im Okt. 1842 außerord. Professor daselbst. Im Frühjahr 1848 in die deutsche Nationalversammlung gewählt, vertrat er auch später die Stadt Halle und den Saalkreis im Volkshause zu Erfurt und in den drei Sessionen der Zweiten preuß. Kammer von Aug. 1849 bis Ende Mai 1852. Die deutsche Politik des Ministers Manteuffel charakterisierte er in der anonymen Schrift «Vier Monate auswärtiger Politik» (Berl. 1851). Da D. wegen seiner Stellung in der Opposition zu einer ord. Professur in Halle nicht aufrücken konnte, folgte er 1857 einem Rufe nach Tübingen. Im Mai 1859 berief ihn das Ministerium Hohenzollern-Auerswald als Hilfsarbeiter in das Staatsministerium. 1861 wurde er zum vortragenden Rat des Kronprinzen ernannt, 1867 zum Direktor der preuß. Staatsarchive. Mit dem 1. Jan. 1875 wurde D. auf seinen Antrag in den Ruhestand versetzt; er starb 21. Juli 1886 in Ansbach. Von seinen wissenschaftlichen Arbeiten sind zu nennen: seine Habilitationsschrift «Origines Germanicae» (Berl. 1840), «Feudalität und Aristokratie» (edd. 1858), sein Hauptwerk: die «Geschichte des Altertums» (5. Aufl., 7 Bde., Lpz. 1878—83; Neue Folge, 2 Bde., 1884—86) und eine Anzahl auf Urkunden des geheimen Staatsarchivs basierter Abhandlungen zur preuß. Geschichte, «Aus der Zeit Friedrichs d. Gr. und Friedrich Wilhelms III.» (Lpz. 1876), «Abhandlungen aus der griech. Geschichte» (edd. 1887), «Abhandlungen aus der neuern Geschichte» (edd. 1887). Vgl. Brode, Max D. (Berl. 1887); Haym, Das Leben Max D.s (edd. 1891).

Duncker & Humblot (spr. öngbloh), Verlagsbuchhandlung, seit 1. Jan. 1866 in Leipzig und im Besitz von Karl Geibel (geb. 19. Mai 1842 in Budapest) daselbst, bis 1. Juli 1874 gemeinsam mit seinem Vater Karl Geibel sen. (geb. 26. Aug. 1806 in Halle, gest. 6. Okt. 1884 in Achern). Sie wurde 1. Jan. 1809 in Berlin von Karl Duncker (s. Duncker, Familie) und Peter Humblot (geb. 13. März 1779 in Berlin als Sohn eines aus Langres in der Champagne eingewanderten Messerschmieds, gest. 11. Dez. 1828) begründet durch Ankauf der Buchhandlung von Heinrich Frölich daselbst (gegründet 1798) und ging 1828 an Karl Duncker allein über. 1837 wurde das mit der Firma verbundene Sortiment an Alexander Duncker abgetreten und 1866 der Verlag nach Leipzig verkauft. Der ältere Verlag umfaßte die von Frölich übernommene Beckers «Weltgeschichte», ferner Werke von L. Ranke, Hegel, die «Jahrbücher für wissenschaftliche Kritik» (1833—42), die «Litterarische Zeitung» (1834—45), jurist., naturwissenschaftliche, mathem., schönwissenschaftliche u. a. Werke. Seit der Übernahme durch Geibel haben sich die Unternehmungen vorwiegend auf Geschichte, Rechts-, Staats- und Socialwissenschaft konzentriert, wie «Jahrbücher der deutschen Geschichte» (27 Bde.), «Hanserecesse» (1.—3. Abteil., bis 1892 17 Bde.), «Allgemeine deutsche Biographie» (Bd. 1—34, 1875 fg.), «Schriften des Vereins für Socialpolitik» (Bd. 1—53, 1873 fg.), «Schriften des Vereins für Armenpflege und Wohlthätigkeit» (Bd. 1—16, 1886 fg.), «Jahrbuch für Gesetzgebung, Verwaltung und Volkswirtschaft im Deutschen Reich» (seit 1871), histor. Werke von L. von Ranke («Sämtliche Werke», «Weltgeschichte»), W. Giesebrecht, Max Duncker, Droysen, K. Hegel, Heigel, Hallwich, Alfred Stern u. a., jurist. und volkswirtschaftliche Werke von Binding («Systematisches Handbuch der deutschen Rechtswissenschaft»), Holtzendorff («Encyklopädie der Rechtswissenschaft»), Schmoller, L. Brentano, von Miaskowski, G. F. Knapp, Fr. J. Neumann, G. Cohn u. a. Dazu kommen geogr. (O. Peschel) und Reisewerke, Schriften über Österreich-Ungarn und Veröffentlichungen über Rußland und die dortigen Ostseeprovinzen.

Duncombe (spr. dönglömm), Thomas Slingsby, radikaler engl. Politiker, geb. 1796 in Yorkshire, war bis 1819 Offizier und trat 1826 in das Unterhaus. Dort verfocht er die radikalsten demokratischen Grundsätze, trat ein für die Bewegung des

Chartismus (s. d.), für Ausdehnung des Wahlrechts, für geheime Abstimmung sowie für Trennung von Kirche und Staat. Besonders griff er 1844 den Staatssekretär des Innern Graham wegen der Eröffnung der Briefe Mazzinis an und entfesselte einen Sturm des öffentlichen Unwillens gegen ihn. Wegen seiner den Ungarn während des Aufstandes 1848/49 bewiesenen Sympathien wurde ihm von diesen ein Dankschreiben übersandt; später gehörte er zu den Freunden und Anhängern des Prinzen Napoleon. D. starb zu Brighton 13. Nov. 1861. Von seinem Sohn erschien «The life and correspondence of Th. L. S.» (2 Bde., Lond. 1868).

Dundalk (spr. dönndáhk), Hauptstadt der irischen Grafschaft Louth, 80 km im N. von Dublin, an der Mündung des Castletown in die Dundalkbai, ist Eisenbahnknotenpunkt, hat (1891) 11913 E., Brauereien, Mahlmühlen, Brennerei, Schiffbau, Flachsspinnerei und Nägelfabrikation. Zu D. gehören (1888) 24 Seeschiffe von 3218 t; es liefen 724 Schiffe von 115979 t ein. Ausgeführt werden Getreide, Vieh und Lebensmittel nach Liverpool, wohin viermal wöchentlich Dampfer gehen. — In D. wurde der letzte König Irlands, Eduard Bruce, gekrönt, der 1318 in der Nähe gegen die Engländer fiel.

Dundas (spr. dönndäß), schott. Familie, s. Melville.

Dundas (spr. dönndäß), Sir James Whitley Deans-, brit. Admiral, geb. 4. Dez. 1785 als Sohn des Arztes James Deans in Kalkutta, trat 1799 in die Marine, zeichnete sich als Midshipman bei der Belagerung von Alexandria und der Blockade von Rochefort aus, wurde 1805 Lieutenant und nahm 1807 an der Verteidigung von Stralsund und an der Expedition gegen Kopenhagen teil, wo er durch das Platzen einer Bombe verwundet wurde. Zum Kapitän ernannt, diente er noch mehrere Jahre in der Ostsee, nachdem er 1808 seine Cousine Janet D. geheiratet hatte, die ihm bedeutende Güter in Wales als Mitgift brachte, wodurch er sich veranlaßt sah, ihren Familiennamen dem seinigen hinzuzufügen. Als Befehlshaber der Fregatte Pyramus eroberte er 1813 und 1814 einige franz. Schiffe und befand sich 1815—19 bei der Flotte im Mittelmeer. Mit dem Prinz-Regent von 120 Kanonen, dem Flaggschiff des Admirals Parker, segelte er 1830 nach dem Tejo, um bei den portug. Wirren die Interessen Englands wahrzunehmen. Von 1836 bis 1838 war D. als Flaggenkapitän im Hafen von Portsmouth thätig, wurde 1841 Konteradmiral und 1846 zum Lord der Admiralität ernannt; gleichzeitig trat er für die Stadt Greenwich ins Parlament. Ende 1851 übernahm er den Oberbefehl über die mittelländische Flotte und erhielt, 1852 zum Viceadmiral aufgerückt, beim Eintritt der orient. Verwicklung die Anweisung, sich mit der ihm anvertrauten Seemacht der türk. Hauptstadt zu nähern, um sie gegen einen Handstreich der Russen zu sichern. Nachdem der Krieg gegen Rußland erklärt worden war, erschien D. vor Odessa, gegen welches er 22. April 1854 ein Bombardement eröffnete, das jedoch ohne Folgen blieb. An der Expedition nach der Krim beteiligte er sich nur ungern, und sein Verhalten bei der Landung und bei dem Angriff auf Sewastopol 17. Okt. gab zu vielen Kritiken Veranlassung. Er legte daher im Dez. 1854 das Kommando nieder, avancierte 1857 zum Admiral der Blauen Flagge, später zum Admiral der Weißen Flagge und starb 3. Okt. 1862 in Weymouth.

Dundas (spr. dönndäß), Sir Richard Saunders, engl. Admiral, Sohn des Ersten Lords der Admiralität, Viscount Melville, geb. 11. April 1802. Er trat sehr jung in den Marinedienst und befehligte 1827—28 das Linienschiff Worspite von 76 Kanonen, das erste Fahrzeug dieser Klasse, welches eine Reise um die Welt ausführte. Hierauf nahm er 1840 an dem Kriege gegen China teil, wo er sich bei der Eroberung der Insel Tschusan hervorthat. Seit 1852 versah er das Amt eines jüngern Lords der Admiralität und ward 1853 Konteradmiral. Nach der Entlassung Napiers erhielt er das Oberkommando der Ostseeflotte und segelte im April 1855 aus den Dünen ab. Indessen verlief der größte Teil des Feldzugs ohne entscheidende Operationen, bis sich D. zum Bombardement von Sweaborg (9. bis 11. Aug.) entschloß. Im Winter 1856—57 kommandierte D. ein Geschwader im Kanal und an den Küsten von Portugal, wurde dann wieder Lord der Admiralität und 1858 Viceadmiral der Blauen Flagge. Er starb 3. Juni 1861 zu London.

Dundee (spr. dönndih), Municipalstadt und Parlamentsborough in der schott. Grafschaft Forfar, 70 km im NNO. von Edinburgh, nach Edinburgh und Glasgow die volkreichste Stadt, nach Leith und Aberdeen der wichtigste Hafen an der Küste Ostschottlands, zieht sich am nördl. Ufer des Taybusens hin, den nach dem Einsturz der alten Brücke (28. Dez. 1879) seit 1887 eine neue von über 3 km Länge überspannt (s. Eisenbrücke). D. hat (1891) 155640 E. gegen 78931 im J. 1851, einen für die größten Schiffe zugänglichen Hafen mit fünf Docks (13,3 ha), worin jährlich Schiffe von einer halben Million Tonnen verkehren. Die ältern Stadtteile enthalten krumme und enge, die amphitheatralisch ansteigende Neustadt gerade und breite Straßen, in den Vorstädten finden sich elegante Villen. Die Stadt besitzt ein schönes, 1743 erbautes Stadthaus, eine Börse im griech. Stil, Kornbörse, Kaufmannshalle, über 30 Kirchen und Kapellen, einen merkwürdigen, 48 m hohen Turm (Old Steple), das got. Albert-Institut mit Museum von G. G. Scott (158 Studenten), eine Lateinschule, Seminar, Industrieschule; ferner ein schönes Krankenhaus, Taubstummen- und Irrenanstalt, Waisenhaus, Gefängnis und ein Theater. Die Esplanade am Tay, der Baxterpark, eine Stiftung David Baxters, dem D. den Aufschwung seiner Leinenindustrie verdankt, und der Dundee-Law, ein 160 m hoher Hügel, gewähren eine schöne Aussicht über Stadt und Meer. 6 km unterhalb liegt Broughty-Ferry, der Wohnort der reichen Kaufleute.

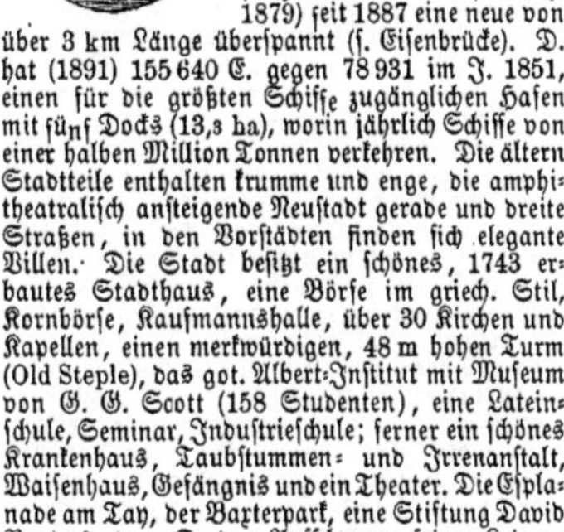

D. ist der Hauptsitz der Leinenindustrie und des Leinwandhandels von Großbritannien. Es beschäftigt in seinen Leinwand-, Drillich-, Segeltuch-, Beuteltuch- und Sacktuchfabriken gegen 25000, in der Juteweberei über 20000 Arbeiter, hat Seilereien, Gerbereien, Lederhandschuh-, Strumpffabriken, berühmte Orangemarmeladenfabrik, außerdem Schiffswerfte, Maschinenbauanstalten und Dampfmühlen. Die Einfuhr an Jute betrug (1891) 190705 t, an Flachs 17543, Heede 4547, Espartogras 13631 t. Jährlich wird für $5\frac{1}{2}$ Mill. Pfd. St. fabriziert. An Holz wurden 69745 Loads importiert. Der

Handel mit Jute- und Leinenwaren ist trotz der hohen Zölle zu 60 Proz. nach den Vereinigten Staaten gerichtet. Außerdem hat die Stadt die Ausrüstung von Dampfschiffen für den Walfischfang in der Davisstraße und Baffinbai und den Robbenschlag um Jan-Mayen monopolisiert. 1890 wurden 48 100, 1891 89 300 Stück Seehunde gefangen und 265 t Öl sowie $3^1/_2$ t Walfischbein gewonnen. D. ist Sitz eines deutschen Konsuls.

Dundee (spr. dönndih), Viscount, s. Graham.

Dundonald (spr. dönndónnĕld), Graf, s. Cochrane.

Dunedin (spr. dönnédĭn), Stadt auf der Südinsel Neuseelands, die Hauptstadt der frühern Provinz Otago, etwa 14 km von Port Chalmers, seinem Hafenorte, entfernt und mit demselben sowie mit Christchurch und Invercargill durch Eisenbahnen verbunden, wurde 1848 als eine Niederlassung der Free Kirk of Scotland begründet und nahm einen raschen Aufschwung als 1861 in dem gegen 100 km entfernten Gabriels Gully außergewöhnlich reiche Goldfelder entdeckt wurden. D. ist gut gebaut, hat (1891) 22376 E., mit den Vorstädten Caversham, St. Kilda, South-Dunedin, Mornington, Roslyn, Maori Hill, North-East-Valley und West-Harbour 45 865 E., ein Hospital, eine öffentliche Bibliothek, einen botan. und einen Acclimatisationsgarten, zwei Theater, zahlreiche Zeitungen und eine Universität. Von Port Chalmers nach Melbourne sowie nach den verschiedenen Städten Neuseelands besteht regelmäßige Dampferverbindung; 1890 liefen 67 Schiffe mit 76 945 t ein und 20 Schiffe mit 23 026 t aus. Der Wert der Ein- und Ausfuhr betrug 2 779 640 Pfd. St.

Dunen, s. Federn.

Dünen, öde, nackte, langgezogene Hügel oder zu mehrern parallel hintereinander liegende Hügelreihen, welche dadurch entstehen, daß der Wind den Sand vor sich her treibt, bis er an einem Hindernis, z. B. Baumstümpfen, sich staut und so lange hügelartig sich anhäuft, bis das Hindernis ganz bedeckt ist. Dann kann die Düne weiter wachsen, soweit es das Material und der Wind gestatten. Manche D. sind in einem beständigen Vorrücken in das Festland begriffen und im stande, fruchtbare Gegenden, ja ganze Dörfer zu begraben. Auf Sylt schreiten z. B. die D. jährlich 4,4 m, in der franz. Bretagne 9 m seit bereits 200 Jahren vorwärts. Durch Anpflanzungen (Dünenhafer) ist es zum Teil gelungen, die D. zu begrenzen, zu verfestigen und nutzbar zu machen. Als natürliche Schutzwälle gegen das Vordringen des Meers sind sie für flache Seeküsten geradezu Daseinsbedingungen und werden als solche gehegt und beschirmt. Die D. bilden sich entweder an Flachküsten, und zwar in desto größerm Maße, je größer der Unterschied zwischen Ebbe- und Flutstand des Wassers ist, oder in Sandwüsten, wie z. B. der Sahara. Die sanftere Seite der Düne ist immer auf der Windseite. Die Höhe der Düne wechselt von mehrern Metern bis zu 180 m (Sahara bei Kap Bojador). Drei Dünenreihen sind für wohlausgebildete D. typisch: die Vordüne zunächst dem Meere, die hohe Düne, die auf Kosten der Vordüne wächst, in der Mitte, und die niedrige Innendüne, mit welch letzterer das hinter der Düne gelegene Gehügel bezeichnet ist. Hinter der Dünenzone breitet sich meist eine Reihe von Sümpfen, Mooren, Teichen und Seen aus, die süßes Wasser bergen und Torf bilden. Weil die D. die Küste vor Zerstörung durch den Wellenschlag schützen, werden sie oft künstlich durch Zäune veranlaßt. Die entstandene Düne wird durch Bepflanzung mit geeigneten Pflanzen gefestigt. Zuerst geschieht dies durch Gräser, wie Arundo und Elymus; wenn sich dann dürftiger Rasen gebildet hat, kommen Sträucher an die Reihe, wie die Dünenweide (Salix daphnoides *L.*), der Sanddorn (Hippophaë rhamnoides *L.*) u. a. Der Anbau der Strandkiefer (Pinus pinaster *Sol.*), der in Südeuropa und Frankreich von großem Erfolg begleitet war, ist in Deutschland mißglückt. Große Sturmfluten vernichten aber häufig den Stranddünenbau. Vgl. Hartig, Über Bildung und Befestigung der D. (Berl. 1831); Krause, Der Dünenbau auf den Ostseeküsten (ebd. 1850); Wessely, Der europ. Flugsand und seine Kultur (Wien 1873); Czerny, Die Wirkungen der Winde auf die Gestaltung der Erde (in Ergänzungsheft Nr. 48 zu Petermanns «Mitteilungen», Gotha 1876); Keller, Studien über die Gestaltung der Sandküsten und die Anlage von Seehäfen im Sandgebiet (Berl. 1881).

Dünenhafer oder **Strandhafer**, s. Elymus.

Dünewald, Joh. Heinr., Graf, österr. General der Kavallerie, geb. um 1620 im Kurkölnischen, that sich 1672 im Kriege gegen Ludwig XIV. im Treffen bei Ensheim hervor, wurde aber bei Mühlheim gefangen und bald darauf ausgewechselt. D. deckte hiernach Montecuccolis Übergang über den Rhein und wurde 1675 zum Reichsgrafen und General der Kavallerie ernannt. Als Wien 1683 von den Türken belagert wurde, verteidigte er Krems und schlug dort eine starke Heeresabteilung der Türken; am Entsatz der Hauptstadt nahm er ebenfalls thätigen Anteil und leitete nach dem Treffen bei Partany die Verfolgung. Er führte sodann 1684 die schwäb. Hilfstruppen zur ersten Belagerung von Ofen, schlug 1686 bei der zweiten Belagerung dieser Festung ein türk. Entsatzheer zurück und führte nach der Schlacht bei Mohács (1687) ein Korps gegen die bei Essek zurückgebliebene türk. Reserve, die er nach Belgrad zurückdrängte. Hiernach eroberte D. ganz Slawonien und nahm alle dortigen Festungen. 1688 führte er die Reiterei des Heers des Herzogs Karl von Lothringen und deckte die Belagerung von Belgrad; 1689 focht er am Rhein und entsetzte Heidelberg; 1690 kämpfte er wieder gegen die Türken und hatte großen Anteil am Siege bei Szlankamen (1691), wurde jedoch nach Wien zurückberufen, da er beständig in Zwist mit dem Oberbefehlshaber war. Im Begriff, die Rückreise anzutreten, starb D. 31. Aug. 1691 in Essek.

Dunfermline (spr. dönnföhr[m]lĭn), Stadt in der schott. Grafschaft Fife, 26 km im NW. von Edinburgh, 5 km nördlich vom Firth of Forth reizend gelegen, hat (1891) 22365 E., 16 Kirchen, ein Stadthaus, Ruinen eines Schlosses, worin Karl I. geboren wurde und Karl II. Aug. 1650 den Covenant unterzeichnete, und eine Abtei in normann. Stil mit den Gräbern Robert Bruces und anderer schott. Herrscher. Sehr bedeutend sind die Manufakturen in Leinwand und Damast, sowie Färbereien, Eisengießereien, Seifensiedereien, außerdem werden Steinkohlengruben und großartige Kalksteinbrüche bearbeitet. Der Handel ist ansehnlich.

Dunfermline (spr. dönnföhr[m]lĭn), James (Jakob) Abercromby, seit 1839 Lord D., geb. 7. Nov. 1776 als dritter Sohn des Generals Sir Ralph Abercromby (s. d.), wurde Sachwalter, trat 1807 als Whig ins Unterhaus ein, war 1827—28 unter Canning Generalauditeur und 1830 erster schott. Schatzlord bis zu der von ihm selbst befürworteten Abschaffung dieser Würde 1832. Sodann trat er 1832 wieder in das Unterhaus ein, wurde unter Grey Münzmeister und 1835 Sprecher der Gemeinen; 1839 legte er aus Gesundheitsrücksichten sein Mandat nieder und wurde zum Peer erhoben. Er starb 17. April 1858. — Sein Sohn, Ralph Abercromby, zweiter Lord D., geb. 1803, engl. Diplomat, starb 13. Juli 1868 ohne Nachkommen, wodurch die Peerswürde erlosch.

Dung, soviel wie Dünger (s. d.).

Dunganen, die mohammed. Bewohner des nordwestl. Chinas, türk.-tatar. Ursprungs, von den Chinesen Schan-hwi, Mohammedaner von Schen-si, genannt. Durch Abstammung, Religion und Sitte, trotz der gemeinsamen Sprache, von der chines. Bevölkerung geschieden, mit dieser namentlich seit dem Tai-ping-Aufstande in beständigem Unfrieden lebend, unternahmen sie es, das verhaßte Joch 1861 durch eine allgemeine Erhebung abzuschütteln. Die Städte Si-ning und Su-tschou in der Provinz Kan-su waren bald in den Händen der Insurgenten; die chines. Besatzungen, soweit sie nicht auf die Seite der Empörer und zum Mohammedanismus übertraten, wurden niedergemacht. Gleichzeitig erhoben sich die D. der nordwestlichern Dsungarei, im Thien-schan, und nahmen Urumtschi; 1864 schlossen sich ihnen die ostturkestan. Tarantschi an, mit deren Hilfe 1866 die Stadt Kuldscha und das Gebiet des obern Ili den Chinesen entrissen wurde. Auch eines großen Teiles von Ostturkestan hatten sich die D. bemächtigt, wurden aber 1865 von Jakub Beg geschlagen und nach und nach bis über den Thien-schan vertrieben; 1869 verheerten sie Ordos und Alaschan, 1870 plünderten sie Uljassutai und ein Jahr später Kobdo, die Hauptpunkte der westl. Mongolei. Als ein Eindringen in das eigentliche China drohte, sandte endlich die Regierung eine 40000 Mann starke Armee nach Kan-su. Nach langer Belagerung fiel 1872 Si-ning durch Hunger und es begann eine grausame Metzelei; im Jahre darauf war der Aufstand in Kan-su niedergeworfen und bis 1878 gelang es trotz der Unterstützung der D. durch Jakub Beg, den Herrscher von Kaschgar, dem General Tso-tsung-tang, alles vormals chines. Gebiet mit Ausnahme des inzwischen von den Russen besetzten Kuldscha wieder zu erobern. Vgl. Wassiljew, Die mohammed. Bewegung in China (Petersb. 1867, russisch).

Dungannon (spr. dönngännĕn), größte Stadt in der irischen Grafschaft Tyrone, 64 km westlich von Belfast, hat (1891) 3812 E., Handel mit Getreide und Flachs, Fabrikation von Musselin, Leinen und groben Thonwaren, Kalk- und Kohlengewinnung. Einst war D. Hauptsitz der Könige von Ulster.

Dungarvan (spr. dönngahrwĕn), Seestadt und Badeort in der irischen Grafschaft Waterford, 42 km im WSW. von Waterford, an der Mündung des Colligan in die tiefe Dungarvan-Bai der Südküste, hat (1891) 8216 E., Fischerei und Küstenhandel mit Getreide, Vieh und Butter.

Düngemittel für Topfpflanzen (Blumendünger) gepulverte Stoffe, die aus Phosphorsäure, Stickstoff und Kalk zusammengesetzt sind. Es können aber auch andere D. zur Topfpflanzenkultur verwendet werden, als: Hornmehl, Hornspäne, Knochenmehl, Guano und Chilisalpeter. Sie werden der neuen Erde beim Verpflanzen beigemischt, und wenn die Pflanze die Dungstoffe verbraucht hat, was man an ihrem verringerten Wachstum bemerkt, so streut man entweder die D. auf die Oberfläche des Topfballens, oder löst sie in Wasser auf und begießt die Pflanzen damit. Professor Nobbe empfiehlt für alle Topfgewächse folgende Normallösung: 25 g Chlorkalium, 75 g salpetersaurer Kalk, 25 g krystallisierte schwefelsaure Magnesia, 25 g einbasisch phosphorsaures Kali, 10 g frisch gefälltes phosphorsaures Eisenoxyd in 100 l Wasser gelöst.

Dungeneß (spr. dönndsch'neß), Vorgebirge an der südl. Küste der Grafschaft Kent, die äußerste Südostspitze Englands, in 50° 54′ 47″ nördl. Br. und 3° 42′ östl. L. von Greenwich, bildet das Ende eines tief gelegenen Marschlandes (Romneymarsch).

Dungeneß-Point (spr. dönndsch'neß peunt), die niedrige Südostspitze von Patagonien, 7,5 km südwestlich vom Cabo de las Virgenes. Zwischen D. und dem Catherine-Point an der Nordostecke von Feuerland öffnet sich die Magalhães-Straße.

Dünger, Düngung, der Ersatz, welcher dem Boden für die ihm durch den Anbau entzogenen Pflanzennährstoffe geboten wird. Benutzt man einen Acker fortwährend zur Hervorbringung von Kulturgewächsen, so zeigt sich allmählich eine Verminderung der Erträge oder der Fruchtbarkeit, bis der Boden endlich völlig unfruchtbar wird. Der Grund hiervon ist, daß die Pflanze einer bestimmten Quantität von Stickstoff und gewissen Mineralbestandteilen zu ihrer vollständigen Entwicklung bedarf und nicht zu vegetieren vermag, sobald einer dieser Stoffe fehlt. Die wichtigsten und notwendigsten Mineralien sind aber gerade in geringerer Menge im Boden vorhanden, werden daher durch fortgesetzte Ernten nach und nach demselben ganz entzogen, wenn nicht mittlerweile von irgend einer Seite dafür Ersatz geleistet wird. Ebenso bedarf die Pflanze zur Bildung ihrer dem Menschen wertvollsten Bestandteile ein Quantum an Stickstoff, das beständig neu zugeführt werden muß, was aber die Atmosphäre allein bei weitem nicht zu thun vermag. Die Leistung nun dieses Ersatzes zur richtigen Zeit, in genügendem Maße und in Stoffen, welche geringern Wert haben als die durch die Produkte dem Boden entzogenen, bedingt das Wesen der Düngung.

Das Verfahren bei der Düngung war lange völlig planlos und hypothetisch. Die Alten betrachteten zunächst die Brache (s. d.), die Ruhe des Bodens, als eine Erneuerung seiner Kräfte und sodann den tierischen Mist als direkte Nahrung der Pflanzen. Im Mittelalter lehrte Bernard Palissy, der berühmte Erfinder der Fayence, daß die Salze Lebensmittel der Vegetabilien seien. Im 17. Jahrh. hielt Helmont das Wasser, Jethro Tull fein zerteilte Erde, Zink, Öle und Fette, Home den Wärmestoff, im 18. Jahrh. Münchhausen die Gase, Wallerius Salpeter, Öl und Erde für die wahre und alleinige Pflanzennahrung. Thaer vereinigte in seiner Lehre alle frühern Ansichten, verlegte aber den Schwerpunkt in den Kohlenstoff und erklärte den Humus (s. d.) als das Princip der Fruchtbarkeit. Diesem Satze stimmte die ganze rationelle Schule sofort bei; heute ist derselbe wohl bei keinem gebildeten Landwirte mehr gültig. Liebig war es vorbehalten, dies künstliche Lehrgebäude umzustoßen (1840) und an seine Stelle ein anderes zu setzen, welches zwar erst nach langen Kämpfen allgemeinere Anerkennung fand, aber doch gegenwärtig so gut wie völlig in sich gefestigt und fertig erscheint.

Das Wesentliche der neuen Düngerlehre lautet: Die ersten Quellen der Pflanzennahrung liefert ausschließlich die anorganische Natur. Der Kohlenstoff der Pflanzen stammt aus der Atmosphäre. Der Humus ist keine direkte Pflanzennahrung, sondern nur eine andauernde Quelle von Kohlensäure, wie derselbe auch indirekt zur Löslichmachung der im Boden vorhandenen mineralischen Nährstoffe wesentlich beiträgt; die zu seiner Bildung notwendige Zersetzung organischer Reste, sowie die Atmosphäre versehen die Gewächse mit dem unentbehrlichen Stickstoff, wenn diese Menge auch nicht ausreicht, die höchsten Erträge dem Boden abzugewinnen. Die völlige Entwicklung der Pflanzen ist adhängig vom Vorhandensein bestimmter Mineralien. Die für die Pflanze notwendigen Nahrungsstoffe sind gleichwertig; wenn einer davon fehlt oder in ungenügender Menge vorhanden ist, so lann sie nicht gedeihen. Wenn der Boden seine Fruchtbarkeit dauernd bewahren soll, so müssen ihm die entzogenen Bodenbestandteile wieder ersetzt, d. h. die ursprüngliche, seine Fruchtbarkeit bedingende Zusammensetzung des Bodens muß wiederhergestellt werden. Alle Pflanzen bedürfen derselben mineralischen Nahrungsmittel, ader in ungleichen Mengen oder in ungleichen Zeiten. Die zur vollständigen Entwicklung einer Pflanze nötigen Nahrungsstoffe müssen in einer gegebenen Zeit zusammenwirken. Es sind alle die Stoffe als D. zu bezeichnen, welche, wenn sie auf das Feld gedracht werden, die Hervorbringung von Pflanzenmasse bewirken und die Erträge erhöhen. Die Dungmittel wirken teils direkt als Nahrungsmittel, teils dadurch, daß sie, wie Kalk, Gips, Kochsalz, die Lösung der im Boden vorhandenen Nährstoffe fördern, die Wirkung der mechan. Bearbeitung verstärken und demgemäß einen günstigen Einfluß auf Vermehrung der löslichen Nährstoffe ausüben. In einem fruchtdaren Boden steht die mechan. Bearbeitung und Düngung in einer bestimmten Beziehung zueinander; beide ergänzen sich in gewissem Sinne. Man unterscheidet im landwirtschaftlichen Betrieb natürlichen und künstlichen D. Die Grenze zwischen beiden ist schwer zu ziehen, gewöhnlich versteht man unter ersterm die in der Wirtschaft selbst erzeugten oder erzeugbaren, unter letzterm die nicht dem Betrieb entstammenden, von außen bezogenen, käuflichen Düngmittel. Besser werden die letztern konzentrierte D. oder auch Beidünger, die erstern Hauptdünger genannt. Ebenso unterscheidet man: feste und flüssige, mineralische und organische D., unter letztern wieder zwischen pflanzlichen, tierischen und gemischten D. Zu den letztern gehört der Stalldünger.

Von den verschiedenen Düngerarten ist der *Stalldünger* der wichtigste, weil er nicht nur sämtliche Pflanzennährstoffe enthält, sondern auch dei seiner Zersetzung durch Bildung von Humusstoffen den Ackerboden in physik. Beziehung verbessert. Der Rindviehdünger ist wegen seines Gehaltes von schleimigen Stoffen langsam zersetzbar, aus diesem Grunde ader langen Wirkens, Pferde- und Schafdünger gelten als hitzig, weil sie sich rascher zersetzen, Schweinedünger ist in seinem Wert sehr wechselnd, je nach der Ernährung dieser Tiere, und oft mit Unkrautsamen vermengt. Meistens wird als Einstreu zur Gewinnung des Stalldüngers Stroh verwendet, welches sich am besten zur Auffangung der flüssigen Exkremente eignet und den Tieren ein trocknes und weiches Lager dietet; den besten Ersatz dei Strohmangel dietet die Torfstreu (s. d). Weniger gut ist Heidekraut, Laub- oder Nadelstreu sowie Erdeinstreu. Die flüssigen Exkremente der Tiere sowie die aus dem Düngerhaufen aussickernde Flüssigkeit findet als *Jauche* (s. d.) vorzugsweise auf Grasland Verwendung, ebenso wie die *Gülle* (s. d.). Die menschlichen Exkremente oder *Fäkaldünger* (s. d.) werden entweder in frischem Zustande oder getrocknet als *Poudrette* (s. d.) in Pulverform meistens zur überdüngung schon aufgegangener Saaten benutzt. Eine gleiche Anwendung findet der *Kompost* (s. d.), ein Mischdünger aus verschiedenen düngenden Materialien, welche durch zweckentsprechende Behandlung leichter zersetzbar gemacht werden. Zahlreiche Abfälle der Industrie lönneu gleichfalls als D. benutzt werden, doch dienen sie ihrer schweren Zersetzbarkeit halder meistens als Material für den Komposthaufen. *Gips* wird vorzugsweise für die Kleegewächse benutzt, die Wirkung einer *Kochsalzdüngnug* hat sich nur für Lein und Flachs dewährt, weil die Bastfaser dadurch kräftiger sich ausbildet. Unter *Gründüngung* (s. d.) versteht man den Anbau bestimmter Pflanzen, welche in ihrer üppigsten Vegetation untergepflügt werden.

Von den verschiedenen *Handelsdüngern* unterscheidet man je nach den darin enthaltenen Nährstoffen: 1) *Stickstoffdünger.* Dieselben werden repräsentiert durch den *Chilesalpeter* (s. d.) und das schwefelsaure *Ammoniak* (s. d.). Ersterer wird meist in der Menge von 1,5—2 Ctr. für den Morgen als Kopfdüngung für die schon grünende Pflanze angewendet, letzterer hat eine langsamere aber auch andauerndere Wirkung und wird meistens mit der Saat dem Boden einverleidt (etwa 1—1½ Ctr. auf den preuß. Morgen). Beide Düngemittel entwickeln eine ungemein treibende Kraft, vorzugsweise für das Blattwachstum der Gewächse. 2) *Phosphorsaure Dünger.* Hierzu gehören die verschiedenen *Superphosphate*, hergestellt aus Knochenkohle und verschiedenen mineralischen Phosphaten (Estremadura-Phosphoriten, Pseudokoprolithen, Curacao-, Macaraibo-, Mejillones-, Baker-, Somdrero-Guano u. s. w.). Als D. für Moor- und Sandboden spielt in neuerer Zeit das *Thomasphosphatmehl* (s. d.) eine große Rolle. Die Superphosphate wirken besonders auf die Körnerausbildung des Getreides und begünstigen die Zucker- und Stärtebildung in den Wurzelgewächsen. Man wendet sie in der Menge von etwa 2 Ctr. pro preuß. Morgen an und lann sie lange Zeit vor der Einsaat ausstreuen, da sie weder flüchtig noch aus dem Boden auswaschbar sind. 3) D., welche *Stickstoff* und *Phosphorsäure* enthalten. Als Hauptrepräsentanten sind der *Guano* (s. d.), auch der *Fledermausguano* (s. d.) zu erwähnen, für fast alle Düngungszwecke in der Menge von etwa 2 Ctr. für den preuß. Morgen verwendbar. Ferner das *Knochenmehl* (s. d.), meistens in gedämpftem Zustande für Wintergetreide deliebt. Das aufgeschlossene Knochenmehl und die *Ammoniaksuperphosphate*, ersteres durch Schwefelsäure leichter löslich gemacht, letztere durch Vermischung von schwefelsaurem Ammoniak mit einem Superphosphat hergestellt, sind beide dei der Leichtlöslichkeit der darin enthaltenen Nährstoffe für alle Früchte verwendbar. Es gehört ferner dazu das *Fisch-* und *Fleischmehl* (s. d.), aus getrockneten Fischen oder Fleischabfällen der Fleischextraktfabriken hergestellt, endlich der *Blutdünger* (s. d.) sowie der sog. *Granatguano* aus getrockneten Garneelen (s. d.) fabriziert. *Kalk* als Düngemittel (s. Kalkdüngung) wird meistens zur physik. Verbesserung des Bodens in größern Mengen angewendet. Als indirekte Düngungsmittel kann man ferner alle landwirtschaftlichen Manipulationen auffassen, welche den Ertrag des Bodens und der Kulturpflanzen zu erhöhen geeignet sind. In solchen Ländern, in denen der Ackerbau auf hoher Stufe steht und mit entsprechendem Kapital ausgerüstet ist, erreicht der **Handel** mit Düngemitteln einen nennenswerten Umfang. Die Einfuhr des Deutschen Reichs betrug 1891 für Guano 62426 t im Werte von 9,9 Mill. M., für Superphosphat 114011 t (12,5 Mill. M.), für Abfälle aller Art, die als D. verwertet werden, 575957 t im Werte von 55,5 Mill. M.

Litteratur. Aus den zahlreichen Schriften über die Düngerlehre sind die agrikulturchem. Werke von Liebig (s. d.) besonders hervorzuheben. Sonst vgl. Hamm, Katechismus der Ackerbauchemie, der Bodenkunde und Düngerlehre (5. Aufl., Lpz. 1871; 6. Aufl. von Wildt u. d. T.: Agrikulturchemie, 1884); Schumann, Anleitung zur Untersuchung der künstlichen Düngemittel (Braunschw. 1876); Wagner, Lehrbuch der Düngerfabrikation (ebd. 1877); Graf zu Lippe-Weißenfeld, Der Kompost und seine Verwendung (Lpz. 1879); Heiden, Lehrbuch der Düngerlehre (2. Aufl., 2 Bde., Hannov. 1879–87); ders., Leitfaden der gesamten Düngerlehre (2. Aufl., ebd. 1882); Cohn, Die käuflichen Düngemittel (Braunschw. 1883); Drechsler, Theorie der Düngung (1885); Rümpler, Die käuflichen Düngstoffe (3. Aufl., Berl. 1889); Wolff, Praktische Düngerlehre (11. Aufl., ebd. 1890); Stutzer, Stallmist und Kunstdünger (6. Aufl., Bonn 1890); Heinrich, D. und Düngung (Berl. 1892); Fluck, Tabellarische Anleitung zur rationellen Düngung der Felder (Zür. 1892); Omeis, Die Handelsdünger und ihre Rohmaterialien (Würzb. 1892).

Düngerpflanzen, s. Gründüngung.

Düngerstätte, Bezeichnung für landwirtschaftliche Bauten, welche zur Lagerung des Düngers in Wirtschaftshöfen dienen. Sie müssen nach allen Seiten für die Jauche (Gülle) wie für Außenfeuchtigkeit undurchdringbar sein, die Jauche muß in besondere Behälter (Sammelbrunnen) abfließen, von wo sie in die Jauchenfässer ausgepumpt werden kann. Der Mist darf nicht über 1,4 m tief liegen, die D. selbst ist aber nur 0,5 m tief anzulegen und zwar so, daß die Wagen bequem herausfahren können. Für eine 75tägige Lagerung des Düngers sind bei dieser Anlage der D. für 1 Stück Rindvieh 3,3 qm Grundfläche anzusetzen, für ein Kalb oder ein Pferd 2,2 qm, für ein Schwein 0,4 qm. Die Sonnenstrahlen sind von der D. möglichst durch Bäume abzuhalten. — Vgl. Kinzel und von der Goltz, Anleitung zur Errichtung guter D. (Lpz. 1868).

Düngerstreumaschinen. Hat man auch schon früher versucht, den Stalldünger durch besondere Maschinen auszustreuen, so haben doch die betreffenden Versuche zu keinem günstigen Ergebnis geführt. Die heutigen D. verdanken ihre Entstehung erst der allgemeinen Anwendung der pulverförmigen, sog. künstlichen Düngemittel, wie Superphosphat, Guano, Chilesalpeter u. s. w. Die ersten brauchbaren D. wurden zu Anfang der vierziger Jahre in England, z. B. von Richard Garrett, gebaut, und es ist deren Princip im wesentlichen heute noch beibehalten. Dieselben bestehen in der Hauptsache aus einem zwischen zwei Fahrrädern aufgehängten Kasten zur Aufnahme des Düngers, einer Vorrichtung zur Entnahme gleichmäßiger, aber regulierbarer Düngermengen aus dem Kasten (entweder durch Schöpfräder, ähnlich denen beim Drillen [s. d.], oder durch einen verstellbaren Schlitz bewirkt) und einer Leitung vom Kasten zum Boden, welche vor dem Winde geschützt ist. Die D. sind 2,5 bis 4 m breit, kosten pro Meter Breite 60—250 M. und die Tagesleistung beträgt auf diese Einheit 2—2,5 ha. Die Vorteile der D. zum Ausstreuen der künstlichen Düngemittel gegenüber der Handarbeit bestehen in der größern Gleichmäßigkeit der Verteilung der im Verhältnis zur bedüngten Ackerfläche geringen Düngermenge und in der Möglichkeit, auch bei Wind arbeiten zu können. Doch findet bei den hygroskopischen Eigenschaften der meisten künstlichen Dünger sehr leicht ein Verrosten der einzelnen Maschinenteile und ein Verstopfen der Ausflußöffnungen statt, was häufige Betriebsstörungen zur Folge hat. Man verbindet auch wohl, namentlich in England und Österreich, die Säe- und Düngerstreumaschinen miteinander, was die betreffenden Maschinen aber sehr kompliziert und sehr teuer macht. Vollkommen brauchbare und praktische D. giebt es gegenwärtig noch nicht. Vgl. Fritz, Handbuch der landwirtschaftlichen Maschinen (Berl. 1880); Wüst, Landwirtschaftliche Maschinenkunde (2. Aufl., ebd. 1889).

Düngerwert, der Ausdruck in Geldwert für die verschiedenen Düngemittel. Beim Stalldünger wird der D. häufig durch die Produktionskosten dargestellt, bei den käuflichen Düngemitteln ist der Gehalt an Phosphorsäure, Kali und Stickstoff vorzugsweise entscheidend, der nach den Löslichkeitsverhältnissen dieser Pflanzennährstoffe wechselt.

Dungfliegen (Scatophaga), **Mistfliegen,** eine Gattung der sog. Blumenfliegen (s. d.), deren Larven im Dünger und in Exkrementen leben. Auf diesen finden sich gleichfalls die ausgebildeten Insekten, welche sich aber auch von andern Insekten ernähren. Die häufigste der 10 deutschen Arten (Scatophaga stercoraria *L.*) hat einen gelbbraunen Körper, graue Flügel und findet sich während der ganzen wärmern Jahreszeit massenhaft auf Menschenkot.

Dungkäfer (Aphodiidae), s. Mistkäfer.

Dungsby-Head (spr. döngsbi hedd), schott. Kap, s. Duncansby-Head.

Düngung, s. Dünger.

Duni, Egidio Romoaldo, ital. Opernkomponist, geb. 9. Febr. 1709 zu Matera (Neapel), war Schüler von Durante und machte sich zuerst durch die Oper «Nerone» bekannt, mit der er 1735 in Rom Pergoleses «Olympiade» in den Schatten stellte. Er schrieb in dem leichten Stil der neuern neapolit. Schule und gelangte in Italien zu keiner weitern Bedeutung. Erst nachdem er in Parma den franz. Stil kennen gelernt hatte, begann seine geschichtliche Rolle. Durch die Einführung ital. Elemente half er der daniederliegenden Opéra comique der Franzosen auf und wurde mit den Werken, die er von 1757 ab in Paris für sie schrieb, ihr zweiter Gründer. Er starb 11. Juni 1775. Durch die charakteristischen Züge in der Motiverfindung und durch die glänzenden Situationsschilderungen komischer Art konnten die Opern D.s noch heute als Muster wirken. Die bedeutendste von ihnen «La Fée Urgèle» (1765) hat in der That auch lange Zeit franz. und deutschen Komponisten immer wieder Vorbilder geliefert. In Deutschland war von D.s Werken «Die Rückkehr ins Dörfchen» besonders beliebt.

Dunin, Martin von, Erzbischof von Gnesen-Posen, geb. 11. Nov. 1774 im Dorfe Wal bei Rawa in Polen, ward 1793—97 im Collegium Germanicum zu Rom gebildet, 1808 Kanonikus in Gnesen, 1824 in Posen und gleichzeitig Provinzialschulrat, darauf Weihbischof des Erzbischofs von Wolicki, nach dessen Tode 1829 Kapitularvikar und Administrator der Diöcese und 1831 Erzbischof. Er starb 26. Dez. 1842. D. ist besonders durch seinen Konflikt mit der preuß. Regierung wegen der gemischten Ehen bekannt. Seit 1768 waren in Polen gemischte Ehen ohne Anstand von der kath. Geistlichkeit eingesegnet worden und von den Kindern folgten die Söhne dem Vater, die Töchter der Mutter. Als aber der Kölner Kirchenstreit (s. Droste zu Vischering) ausbrach, erließ D. 1838 an die Geistlichen seiner Diöcese zwei Cirkulare, durch welche die bisherige Praxis verboten und die Einsegnung gemischter Ehen nur gegen das Versprechen der Erziehung sämtlicher Kinder in der kath. Religion erlaubt wurde. Diese Cirkulare wurden von dem Kultusminister annulliert und eine Untersuchung gegen D. wegen Überschreitung der Amtsgewalt eingeleitet, welche 1839 seine Verurteilung seitens des Posener Oberappellationsgerichts zu 6 Monaten Festungshaft zur Folge hatte. Der König verwandelte die Strafe in das Verbot, Berlin zu verlassen; als D. dennoch abreiste, wurde er verhaftet und nach der Festung Kolberg gebracht. Als Friedrich Wilhelm IV. zur Regierung kam, wurde D. Aug. 1840 wieder in sein Amt eingesetzt, ohne indes seine Cirkulare vom J. 1838 zurückzunehmen; nur das Zugeständnis machte er, die Priester sollten in Zukunft bei gemischten Ehen kein ausdrückliches Versprechen wegen der Kindererziehung fordern. Vgl. Hase, Die beiden Erzbischöfe (Lpz. 1839); Rinteln, Verteidigung des Erzbischofs von Gnesen und Posen, M. von D. (Würzb. 1839); Pohl, Martin von D. (Marienburg 1843).

Dunit, s. Olivingesteine.

Dunk., bei naturwissenschaftlichen Namen Abkürzung für Wilhelm Dunker (s. d.).

Dunkarts, Sekte, s. Tunker.

Dunkel heißt in der Logik, im Gegensatz zu klar, eine Vorstellung, die nicht hinreichende Bewußtseinsstärke besitzt, um ihr Objekt von andern sicher unterscheiden zu lassen; in der Psychologie auch eine dem Bewußtsein entschwundene, d. h. vergessene Vorstellung, auf deren Wiederklarwerden die Erinnerung beruht.

Dunkelarrest (milit.), soviel wie strenger Arrest (s. d.).

Dünkelberg, Friedr. Wilh., Begründer der heutigen Kulturtechnik, geb. 4. Mai 1819 zu Schaumburg a. d. Lahn, besuchte das landwirtschaftliche Institut Hof Geisberg bei Wiesbaden, die Universität Gießen und das Freseniussche Laboratorium in Wiesbaden. Nachdem er von 1847 bis 1855 verschiedene Stellen als Lehrer der Naturwissenschaften, Geodäsie und des Wiesenbaues in Merchingen (Rheinprovinz), in Poppelsdorf und in Hof Geisberg bekleidet hatte, wurde er 1855 Generalsekretär des Vereins Nassauischer Land- und Forstwirte und zugleich Redacteur des Vereins-Wochenblattes und Administrator der Versuchswirtschaft, ferner Kommissar der nassauischen Regierung für die Melioration des Hohen Westerwaldes. In dieser Stellung 1861 zum Professor ernannt und 1867 als Mitglied des königlich preuß. Landes-Ökonomiekollegiums abgeordnet, eröffnete D. zwei praktisch-theoretische Kurse für Wiesenbau und Drainage. 1870 richtete D. das Versuchsrieselfeld für städtisches Kanalwasser am Kreuzberge bei Berlin ein und trug als Mitglied der betreffenden Kommission wesentlich zur Beschlußfassung der Stadtverordneten zu Gunsten dieser Einrichtung bei. 1871 wurde D. Direktor der landwirtschaftlichen Akademie Poppelsdorf. Für die Landwirtschaft höchst segensreich hat D. hier namentlich durch die im Sommersemester 1876 bewirkte Gründung eines besondern Kursus für Kulturtechnik gewirkt. D. wurde 1887 und 1888 in das preuß. Abgeordnetenhaus gewählt. Von seinen Schriften sind hervorzuheben: «Der Wiesenbau in seinen landwirtschaftlichen und technischen Grundzügen» (2. Aufl., Braunschw. 1877), «Encyklopädie und Methodologie der Kulturtechnik» (2 Bde., ebd. 1883), «Landwirtschaftliche Betriebslehre» (ebd. 1889—90), «Allgemeine und angewandte Viehzucht» (ebd. 1892).

Dunkeld (spr. dönnkéll[d]), Marktflecken in der schott. Grafschaft Perth, 18 km im NW. von Perth, am Tay, hat (1891) 720 gaëlisch sprechende E., eine 1318—1477 erbaute, bis auf den Chor verfallene Kathedrale. D. soll Residenz der Piltenkönige gewesen sein. (Vgl. Caledonia.) In der Nähe Sitz und Park des Herzogs von Athole. 5 km südlich der Berg Birnam (s. d.).

Dunkelkammer, s. Camera obscura.

Dunkelmänner, Übersetzung des lat. obscuri viri, s. Epistolae obscurorum virorum und Reuchlin.

Dunkelschlag, Samen- oder Besamungsschlag nennt man in der Forstwirtschaft die erste oder, wenn ein Vorbereitungsschlag (s. d.) vorausgegangen ist, die zweite Lichtung eines alten Bestandes zum Zwecke der Verjüngung im Plenterschlag- oder Femelschlagbetrieb (s. d.). Durch den D. soll der Boden für die Besamung empfänglich gemacht werden; diese erwartet man entweder von dem Abfall des auf den stehen bleibenden Bäumen wachsenden Samens oder bewirkt sie unter Anwendung künstlicher Bodenbearbeitung durch Unterbau (natürliche oder künstliche Vorverjüngung); ferner soll der bleibende, licht gehauene Bestand dem jungen Nachwuchs Schutz gegen Frost und Unkräuter gewähren. Nach Holzart und Standort ist der Grad der Lichtung sehr verschieden. Die Schatten ertragenden Holzarten (z. B. Buche, Tanne) gestatten eine dunklere, Lichtholzarten (z. B. Eiche, Kiefer) fordern sehr lichte Stellung. Auf frischem, kräftigem Boden, in kühlern, frischen (Nord- und West-) Lagen ist eine dunklere Stellung des Schlags möglich als auf armem, trockenem Boden in warmen Lagen, für den sich überhaupt diese Betriebsform wenig empfiehlt.

Dunkelstarre, Bezeichnung für die an manchen Pflanzen durch längeres Verdunkeln hervorgerufene Unfähigkeit, gewisse Bewegungen, Krümmungen u. dgl. auszuführen. Eine solche D. tritt beispielsweise ein bei der Sinnpflanze, Mimosa pudica *L.*, wenn sie etwa 3—4 Tage verdunkelt wird; die Blätter sind dann nicht mehr reizbar und führen auch ihre periodischen Bewegungen nicht mehr aus.

Dunker, Wilh., Mineralog und Geolog, geb. 21. Febr. 1809 zu Eschwege, widmete sich dem praktischen Berg- und Hüttenfach, zunächst auf einigen hess. Bergwerken, und studierte in Göttingen. Nachdem er beim Bergamt in Obernkirchen als Praktikant gearbeitet hatte, wurde er 1837 Lehrer an der Polytechnischen Schule zu Cassel, 1854 Professor der Mineralogie und Geognosie an der Universität Marburg. Dort starb er 13. März 1885. D. schrieb «Beiträge zur Kenntnis des norddeutschen Oolithengebildes und dessen Versteinerungen» (gemeinschaftlich mit Friedr. Koch, Braunschw. 1837), «Monographie der norddeutschen Wealdenbildung» (ebd. 1846), «Index molluscorum guineensium» (Cass. 1853), «Mollusca japonica» (Stuttg. 1861), «Index molluscorum maris japonici» (Cass. 1882). 1846 gründete D. mit Herm. von Meyer die Zeitschrift «Palaeontographica, Beiträge zur Naturgeschichte der Vorwelt». Nach von Meyers Tod trat Professor Zittel zu München in die Redaktion ein.

Dunkerque (spr. dongkärk oder döngkärk), s. Dünkirchen.

Dunkers, Sekte, s. Tunker.

Dünkirchen, frz. Dunkerque. 1) **Arrondissement** des franz. Depart. Nord, hat 729,62 qkm, (1891) 138292 E., 65 Gemeinden und zerfällt in die 7 Kantone Bergues (119,53 qkm, 15138 E.), Bourbourg (140,75 qkm, 14620 E.), Dünkirchen-Est (74,27 qkm, 35277 E.), Dünkirchen-Ouest (46,48 qkm, 34461 E.), Gravelines (69,41 qkm, 12145 E.), Hondschoote (137,13 qkm, 12330 E.), Wormhoudt (142,5 qkm, 14321 E.). — 2) **Hauptstadt** des Arrondissement D. im franz. Depart. Nord, feste Seestadt am Kanal La Manche, 45 km nordöstlich von Calais, an den Linien Hazebrouck-D.-Ghyvelde und Calais-Gravelines-D. (48 km) der Franz. Nordbahn, ist Knotenpunkt des Bergues-Veurne-, Bourbourg-, Mardyk- und Moeres-Kanals, hat (1891) 37752, als Gemeinde 39498 E.; in Garnison das 110. Infanterieregiment.

Anlage und Bauten. D. ist eine der ersten Handels- und Fabrikstädte Frankreichs, Kriegsplatz erster Klasse, Kriegs- und Handelshafen, wird verteidigt durch einen Hauptwall mit Außenwerken und die Forts Nevers, Risban, de l'Est und Louis. Das Gelände kann bis zu dem 8 km entfernten Bergues mit 1,5 m tiefem Wasser überschwemmt werden. Die Stadt ist Sitz eines Gerichtshofs erster Instanz, eines Handels- und zweier Friedensgerichte, einer Handels- und einer Ackerbaukammer und vieler Konsulate. D. hat eine Hydrographenschule, eine mathematische, eine Bau- und Zeichenschule, ein Kommunal-Collège, eine öffentliche Bibliothek, eine Gemälde- und Naturaliensammlung, ein Theater, eine Börse, ein Civil- und ein Militärhospital, ein Departementsgefängnis; eine Filiale der Bank von Frankreich (Umsatz 1887: 61,4 Mill. Frs.). Von den öffentlichen Plätzen sind der Champ de Mars und der Platz Jean Bart mit dessen 1845 errichteter Bronzestatue bemerkenswert. Unter den Baulichkeiten zeichnen sich aus: das 1644 erbaute Rathaus, die nach dem Muster des Pantheon in Rom 1560 umgebaute St. Eloikirche mit einem 90 m hohen Glockenturme und einem 1853 erneuerten berühmten Glockenspiel, die 1405 gegründete, 1815 erneuerte Kapelle Notre-Dame des Dunes (von Seeleuten viel besucht), die Kaserne, ausgedehnte Marinemagazine aus der Zeit Ludwigs XIV., die Kanal- und Schleusenbauten. Die Reede, mit drei Leuchtschiffen, ist wegen vorliegender Sandbänke schwer zugänglich. Der Hafen jedoch, welcher aus einem Vorhafen und 6 Bassins besteht und am Ende eines jeden der beiden Molen ein Leuchtfeuer und außerdem einen 59 m hohen Leuchtturm hat, ist gut und bietet Raum für Schiffe bis zu 800 t Tragfähigkeit. Die Tiefe beträgt 5,85 m und soll bis auf 7,15 m gebracht werden; die Quais, durch mehrfache Schienenstränge mit dem Bahnhofe verbunden, haben eine Länge von 5,43 km und sollen 9 km erreichen; von 1876 bis 1886 wurden auf die Verbesserung des Hafens 44 Mill. Frs. verwendet. 1891 wurde das neue Bassin Freycinet (30 ha) eröffnet, auch vier neue Trockendocks sind schon in Benutzung. Ein Ostbassin ist geplant.

Industrie, Handel und Verkehr. D. hat Schiffswerfte, ein großes Entrepot, lebhaften Fisch- und Austernfang und Seebadeanstalten. Es schickt jährlich Schiffe nach Neufundland und Island zum Stockfisch-, Herings- und Walfischfang, durch Postdampfer steht es in regelmäßiger Verbindung mit Havre, Rotterdam, London, Southampton, Liverpool, Hamburg, Lübeck, Kopenhagen, Hull und (über Tönning und Flensburg) mit Petersburg. Neben Fabriken für Fischernetze, Segeltuch, Leberthran, Seiler- und Riemerwaren, Stärke, Seife, Leder, Tüll, Thonwaren bestehen Öl-, Zucker- und Salzraffinerien, Brennereien und Spinnereien, Gießereien, Einsalzungs- und Trocknungsanstalten für Fische. Außer den Erzeugnissen der eigenen Industrie führt die Stadt Rohzucker, Butter, Wollwaren, Jutegarne und -Gewebe, Branntwein, Bauholz, Flachs, Öle, Raps, Ölkuchen, Steinkohlen aus und importiert Schaf- und Baumwolle, Mais, Gerste, Salpeter, Salz, Wein, Zucker und Melasse, Holz aus dem Norden, Blei aus Spanien, Schwefel aus Sicilien, Guano und künstliche Düngemittel. 1888 belief sich die Einfuhr auf 29 Mill. Ctr. im Werte von 409 Mill. Frs., die Ausfuhr auf 3,8 Mill. Ctr. im Werte von 55,7 Mill. Frs. Insgesamt liefen 1891 in D. ein 3024 Schiffe mit 1,59 Mill. t. Die brit. Flagge ist mit 1435, die französische mit 1170, die dänische mit 72, die deutsche mit 121 Fahrzeugen beteiligt. Die Handelsflotte von D. zählte 31. Dez. 1888 168 Segelschiffe (17025 t) und 47 Dampfer (12667 t).

Geschichte. D. wurde 960 bei der Kirche des heil. Eloi von Graf Balduin von Flandern gegründet, 1388 aber von den Engländern verbrannt. Seit 1400 befestigt, wurde es 1540 durch die Engländer den Spaniern entrissen, 1558 von den Franzosen erobert, im Frieden aber den Spaniern zurückgegeben. Der Prinz von Enghien (Condé) eroberte die Stadt 1646 für Frankreich; doch schon 1652 entrissen es den Franzosen wieder die Spanier. Von neuem 1658 durch Turenne erobert, erhielten es zufolge geschlossenen Vertrags die Engländer. Ludwig XIV., der es 1662 um 4 Mill. Livres von Karl II. zurückkaufte, bot alles auf, um diesen Platz unbezwinglich und den Hafen zu einem der bequemsten in Europa zu machen. Im Utrechter Frieden von 1713 stellten die Engländer als Hauptbedingung auf, daß Frankreich auf eigene Kosten dieses Meisterwerk der Kriegsbaukunst vernichte. Der Pariser Friede von 1763 wiederholte diese Bedingung. Allein im Pariser Frieden von 1783 wurden jene Artikel aufgehoben. Seitdem ward an der Wiederherstellung D.s gearbeitet. Im Aug. 1793 belagerte der Herzog von York mit einem aus Engländern und Holländern zusammengesetzten Heere die Stadt vergebens. Vgl. Derode, Histoire de Dunkerque (Lille 1852).

Dunkirk (spr. dönnkörk), Stadt und Einfuhrhafen im County Chautauqua des nordamerik. Staates New-York, 56 km südwestlich von Buffalo, am Eriesee und an 5 Bahnen gelegen, mit (1890) 9416 E., hat einen guten Hafen, Lokomotivbau und Eisenbahnwerkstätten.

Dunkles Zeug, in der Jägersprache die Jagdtücher im Gegensatz zu den Netzen (lichtes Zeug). S. Jagdzeug.

Dunlap (spr. dönnläpp), William, amerik. Maler und Dramatiker, geb. 19. Febr. 1766 in Perth

Amboy (New-Jersey), begann seine Laufbahn als Maler, wurde durch ein Porträt Washingtons (1783) berühmt, arbeitete von 1784 einige Jahre in London unter West, änderte aber nach seiner Rückkehr in die Heimat 1789 seinen Beruf und wurde Dramatiker. Seine Stücke (vor allem «The father», 1789, «Leicester», 1794, und «André», 1798) waren sehr beliebt; trotzdem brach 1805 der Bankrott über ihn herein und zwang ihn zu seiner alten Kunst zurückzukehren. Auch mehrere litterar. Werke entstanden in jenen Jahren, wie die Biographie von G. F. Coole (1812) und Ch. Brockden Brown (1815), eine «History of the American theatre» (1832) und eine «History of the rise and progress of the art of design in the U. S.» (2 Bde., 1834). D., der auch die National Academy of Design gegründet hatte, starb 28. Sept. 1839 zu Neuyork. Ihm zu Ehren und zur Erhaltung und Veröffentlichung seiner dramat. Werke hat sich 1886 zu Neuyork eine Dunlap Society gebildet.

Dunleary (spr. dönnlehrĭ), bis 1821 Name von Kingstown (s. d.) in Irland.

Dunlop (spr. dönnlöp), Dorf in der schott. Grafschaft Ayr, 12 km im NW. von Kilmarnock, zählt 357 E. und ist durch seine Käse berühmt.

Dunmore-Head (spr. dönnmor hedd), Kap an der Südwestküste Irlands, im N. der Dingle-Bai. Davor liegt die kleine Insel Blaslet.

Dünnbeil, s. Breitbeil.

Dünnbier, s. Kovent.

Dünndarm, s. Darm (Bd. 4, S. 809a).

Dünndarmpillen, s. Keratin.

Dünneren die, linker Nebenfluß der Aare im schweiz. Kanton Solothurn, entspringt in 760 m Höhe am Nordfuße des Weißensteins, fließt in der Richtung des Jura-Aufbaues durch das Thal von Welschenrohr (699 m) und Matzendorf, bildet beim Durchbruch durch den Jura die Balsthaler- oder Önsinger Klus (457 m) und mündet, zuerst in mehrere Arme aufgelöst, bei Olten nach einem Laufe von 36 km und nach 335 m Gefälle.

Dunnet (spr. dönnĕt), Fischerdorf in der schott. Grafschaft Caithneß, im Hintergrunde der fischreichen Dunnetbai an der Nordküste. Nordspitze der Dunnethalbinsel ist Dunnet-Head (spr. hedd), in 58° 40′ 19″ nördl. Br. und 3° 23′ westl. L. von Greenwich, mit Leuchtturm, die Nordspitze Großbritanniens.

Dunnottar-Castle (spr. dönnottáhr kahßl), eine der großartigsten Burgruinen Schottlands, an der Küste der Grafschaft Kincardine, 2 km südlich von Stonehaven, auf einem vulkanischen Fels, wurde 1394 von Sir W. Keith, dem «Marschall» von Schottland, erbaut, 1685 Staatsgefängnis und 1715 geschleift.

Dünnsaft, s. Zuckerfabrikation.

Dünnschliffe, dünne Plättchen, die aus Mineralobjekten, die ihrerseits in dickern Stücken undurchsichtig oder nur durchscheinend sind, hergestellt werden, um dieselben im durchfallenden gewöhnlichen oder polarisierten Licht unter dem Mikroskop zu untersuchen und Aufschluß über die Zusammensetzung, feinere Struktur und das optische Verhalten zu gewinnen. Ein von einem Mineral oder Gestein abgeschlagenes dünnes flaches scherbenähnliches Stückchen oder ein von demselben mit einer Steinschneidemaschine abgesägtes dickeres Plättchen wird zunächst durch einseitiges Anschleifen mit Schmirgelpulver auf einer Eisen- oder Glasplatte mit einer möglichst glatten Fläche versehen und dann mit derselben durch Canadabalsam auf ein dickeres Glasplättchen aufgekittet; sodann wird, indem man sich dieses Glasplättchens als Handhabe bedient, das eigentliche Dünnschleifen vorgenommen, unter Anwendung von anfangs grobem Schmirgelpulver, dann ganz feinem Schmirgelschlamm, bis das Steinplättchen die wünschenswerte Dünne erlangt hat, sodaß man z. B. eine Druckschrift, auf die dasselbe gelegt wird, hindurch lesen kann. Die durchschnittliche Dicke von wohlgelungenen Präparaten beträgt 0,025 bis 0,05 mm. Schließlich muß das Präparat nach Erwärmung und Erweichung des Balsamkitts noch auf einen reinen gläsernen Objektträger übertragen, dort in Canadabalsam eingebettet und mit einem Deckgläschen versehen werden. Am frühesten wurde das Dünnschleifen beim Studium verkieselter fossiler Hölzer angewandt (1831 von Nicol und Witham); die ersten D. eigentlicher Felsarten fertigte H. C. Sorby in Sheffield 1850 an. In Deutschland brachte diese Methode der Untersuchung zuerst Oschatz 1852, und zwar für Mineralien, in Anwendung, ohne daß das weitere Interesse sich ihr zuwandte; eigentlich ist dieselbe erst seit 1863, wo die «Mikroskopischen Gesteinsstudien» von F. Zirkel erschienen, und 1867, als H. Vogelsang die «Philosophie der Geologie» veröffentlichte, allgemein geworden, und hat inzwischen einen mächtigen Aufschwung genommen; die Wissenschaft der Petrographie, die früher nur auf den makroskopischen Befund beschränkt war, hat dadurch eine völlige Umgestaltung erfahren, und auch auf dem Gebiete der Mineralogie sind durch dieselbe äußerst wichtige Ergebnisse über Krystallisation, Struktur, Zwillingsverwachsungen u. s. w. gewonnen worden. In neuerer Zeit werden auch D. von Petrefakten mit größtem Vorteil zum Studium des feinern innern Baues derselben verwandt.

Auf der Tafel: Dünnschliffe in mikroskopischer Vergrößerung sind die Abbildungen einiger D. von Eruptivgesteinen zusammengestellt worden, wie sie sich bei stärkerer Vergrößerung (30—100mal) unter dem Mikroskop darbieten:

Fig. 1. Kersantit von Cierva in Asturien, zwischen gekreuzten Nicols im polarisierten Licht. Der Dünnschliff zeigt größere Leisten von Plagioklas (Feldspat) mit zonalem Aufbau und polysynthetisch-lamellarer Zwillingsbildung, bräunlich erscheinende Hornblende mit zwei schiefwinklig einander durchkreuzenden Systemen von Spaltrissen, lamellaren Magnesiaglimmer (infolge des Pleochroismus je nach der Schnittlage gelblich bis dunkelbräunlich), etwas umgewandelten Orthoklas; außerdem enthält das Gestein noch Apatit, Titanit, Titaneisen.

Fig. 2. Obsidian von der Insel Melos, Griechenland, im gewöhnlichen Licht: eine farblose Glasmasse, darin ausgeschieden Züge von gelblichen, an den Enden manchmal keulenförmig verdickten Pyroxen-Mikrolithen, Trichite, wie schwarze Haare aussehend und mit feinen dunkeln Magneteisenpünktchen besetzt, farblose, kanten- und pfropfenzieherartig gewundene Belonite, schwarze Magneteisenkörnchen, kettenförmig aneinander gereiht.

Fig. 3. Leucitophyr (Leucitit) aus den Steinbrüchen des Lavastroms am Capo di Bove bei Rom, im gewöhnlichen Licht; besteht aus einem Untergrund, der größtenteils aus einem Gewirr von grünlichen Augitmikrolithen mit schwarzen Magneteisenkörnchen gebildet wird; darin liegen als größere Durchschnitte von Mineralindividuen ausgeschieden:

DÜNNSCHLIFFE IN MIKROSKOPISCHER VERGRÖSSERUNG.

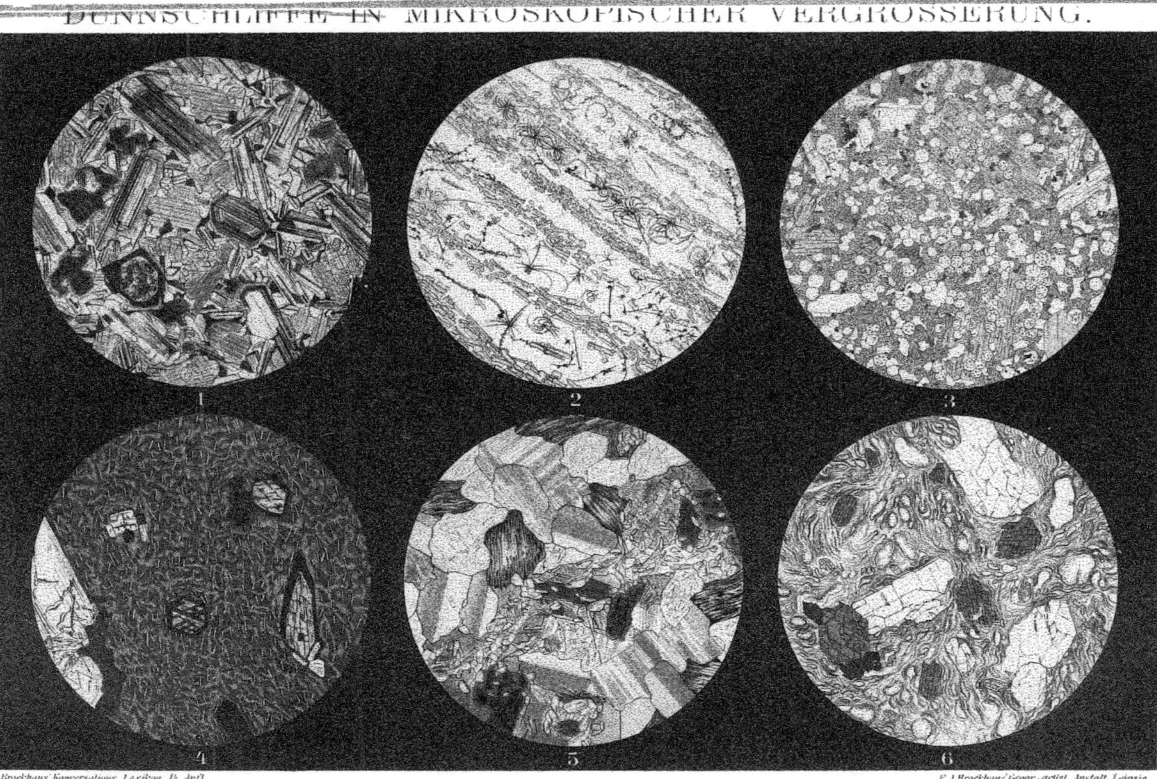

Brockhaus' Konversations-Lexikon. 14. Aufl.

F. A. Brockhaus' Geogr.-artist. Anstalt, Leipzig.

farblose achteckige oder rundliche Leucite mit charakteristischen Kornkränzchen im Innern, grünliche Augite, faserige braungelbe Melilithe, von Leucitkryställchen mosaikartig durchwachsen, dunkelbrauner Magnesiaglimmer, Nephelin in farblosen Tümpeln, spärliche Leisten von farblosem Plagioklas.

Fig. 4. Trachytpechstein von den Euganeen, im gewöhnlichen Licht: eine dunkelbräunliche Glasgrundmasse, worin zahlreiche, sehr zarte Mikrolithen eingebettet sind, deren Lage die Bewegungen in dem Schmelzfluß unmittelbar vor dessen Erstarrung veranschaulicht. Von größern Ausscheidungen erscheinen farbloser Feldspat, Hornblende in je nach der Schnittlage mehr gelblichen oder mehr bräunlichen Individuen, die einen dunkeln Rand (das Produkt der Einwirkung des Schmelzflusses auf die bereits verfestigten Krystalle) um sich besitzen; sodann schwarze Körner von Magneteisen.

Fig. 5. Granit aus dem Morvan (Frankreich), zwischen gekreuzten Nicols im polarisierten Licht; zeigt Orthoklas-Feldspat in Karlsbader Zwillingen, blau polarisierende Plagioklase mit einfacher oder doppelter, dann einander durchkreuzender polysynthetisch-lamellarer Zwillingsbildung, graulich oder gelblich polarisierenden Quarz mit zahlreichen, wie dunkle verzweigte Linien erscheinenden Reihen von mikroskopischen Flüssigkeitseinschlüssen, blätterigen Glimmer (Biotit), lebhaft gelblich oder rötlich polarisierende Körnchen von Epidot, außerdem noch etwas Amphibol und Apatit.

Fig. 6. Amphibol-Andesit von der Insel Santorin, im gewöhnlichen Licht. Die Grundmasse besteht aus einer Glassubstanz, deren verschiedenfarbige dunklere oder hellere Stränge in ihrem gewundenen welligen Verlauf ausgezeichnet die Fluktuationen der Schmelzmasse nach der Ausscheidung der größern Krystalle zur Anschauung bringen. Die letztern, dadurch mannigfach zerbrochen und verstümmelt, sind farblose Feldspate (Plagioklas und Orthoklas), braune, stark zerspaltene Hornblende, grüner Augit, schwarzes Magneteisen. Rundliche und ovale Hohlräume in der Glasmasse bewirken ein etwas bimssteinähnliches Aussehen des Gesteins.

Dünnschnäbler (Tenuirostres) nannten Cuvier und die ihm folgenden Systematiker eine Gruppe der großen Ordnung der Sperlingsvögel (Passeres), die sich durch einen langen, dünnen, bald geraden, bald etwas gekrümmten Schnabel ohne Zahnausschnitt charakterisieren. Man rechnete dazu von den bekanntern Gattungen den Kleiber (Sitta), Baumläufer (Certhia), Mauerläufer (Tichodroma), die Kolibris und Wiedehopfe (Upupa). In neuerer Zeit hat man diese Unterordnung ganz aufgelöst und die Gattungen unter verschiedene Familien und selbst Ordnungen verteilt.

Dünnstein, ein im wesentlichen aus Schwefelkupfer und Schwefeleisen bestehendes Zwischenprodukt, das in geringer Menge beim Schwarzkupferschmelzen im Schachtofen gewonnen wird (s. Kupfer, metallurgische Gewinnung).

Dünntuch, gazeartiges Seidengewebe, s. Gaze.

Dünnungen (Jägerspr.), s. Flämen.

Dunois (spr. dünöá), franz. Landschaft im frühern Herzogtum Orléans, im jetzigen Depart. Eure-et-Loir, mit der Hauptstadt Châteaudun.

Dunois (spr. dünöá), Jean, Bastard von Orléans, geb. um 1403, war der natürliche Sohn des von dem Herzog von Burgund 1407 ermordeten Ludwig von Orléans (s. d.) von seiner Geliebten Mariette d'Enghien. Zum geistlichen Stand bestimmt, entlief der feurige Jüngling seinen Lehrern und trat in die Dienste des Dauphin (spätern Karl VII.), der ihn mit Gütern in der Dauphiné beschenkte. Seine erste Waffenthat war ein Sieg über die bis dahin stets erfolgreichen Engländer, die er 1427 vor Montargis zum Abzug zwang. Als sie 1429 Orléans belagerten, stieß er mit einer Schar zu den Verteidigern und behauptete die Stadt, bis sie von Jeanne d'Arc entsetzt wurde. Nach der Schlacht bei Patay (18. Juni 1429) durchzog er die von den Engländern besetzten Gebiete; 1433 nahm er Chartres, 1436 zog er in Paris ein und wurde mit der Grafschaft D. belehnt. 1442 vertrieb er den gefürchteten Talbot von Dieppe, wofür er mit der Grafschaft Longueville belohnt wurde; 1448 übernahm er den Befehl in der Normandie und entriß bis 1455 diese Provinz und Guyenne den Engländern. Ludwig XI. schickte ihn 1462 als Gouverneur nach Genua, das sich für Frankreich erklärt hatte, beraubte ihn aber kurz darauf aus Argwohn und Eifersucht seiner Ämter. D. stellte sich deshalb an die Spitze der Ligue du bien public (s. d.) und erhielt im Vertrag von St. Maur (1465) seine eingezogenen Güter zurück. Er starb 24. Nov. 1468. — Sein Enkel François II. wurde von Ludwig XII. 1505 zum Herzog von Longueville (s. d.) ernannt, und Karl IX. und Ludwig XIV. erklärten die D. zu Prinzen des königl. Hauses. Seit Louis I. (gest. 1516) waren die D. souveräne Fürsten von Neuchâtel und kamen später auch in Besitz der Grafschaft Valangin. Mit Charles Paris, Herzog von Longueville (s. d.), erlosch 1672 der legitime Stamm der D.

Dunoon (spr. dönnūhn), Stadt in der schott. Grafschaft Argyll, an der Westküste des Firth of Clyde, 11 km im W. von Greenock, hat 4692 E., viele Villen und ist ein besuchtes Seebad.

Dunoyer (spr. dünöajeh), Barthélemy Charles, franz. Nationalökonom und Publizist, geb. 20. Mai 1786 zu Carennac (Depart. Lot), gründete 1814 mit Fr. Charles Comte die freisinnige Zeitung «Le Censeur», die seit 1815 (bis 1819) u. d. T. «La Collection» erschien, und wurde nach der Julirevolution Präfekt des Departements der Somme, 1838 Staatsrat und 1839 Verwalter der königl. Bibliothek. Er zog sich nach dem Staatsstreich 1851 ins Privatleben zurück und starb 4. Dez. 1862. Er schrieb u. a.: «L'industrie et la morale considérées dans leurs rapports avec la liberté» (Par. 1825; neue Aufl. 1830), «De la liberté du travail» (3 Bde., edd. 1845), «La révolution du 24 février 1848» (edd. 1849) und das nachgelassene Werk «Le second empire et une nouvelle restauration» (2 Bde., Lond. 1865).

Duns (vom engl. dunce), dünkelhafter Dummkopf.

Dunsinane (spr. dönnsinnēn), ein zu der Kette der Sidlaw Hills gehöriger Hügel in Perthshire, 325 m hoch, mit den Überresten einer sehr alten Burg, «Macbeths Castle».

Duns Scotus, Joh., Scholastiker, geb. 1265 oder 1274, nach einigen zu Dunston in Northumberland, nach andern zu Dunse in Südschottland, nach einer dritten, wohl wahrscheinlichsten Annahme zu Dun im nördl. Irland, aus edelm Geschlecht, trat früh in den Franziskanerorden und lehrte in Oxford Theologie und Philosophie. Er ging 1301 oder 1304 nach Paris, ward daselbst Doktor der Theologie und wurde 1308 nach Köln zur Bestreitung der Begharden berufen, wo er plötzlich starb. Seine Lehre entwickelte er auf dem Boden des Realismus (s. d.), zum großen Teil im Gegensatze gegen Thomas von Aquino, in der rein begrifflichen Beweisform seiner Zeit mit einem dem Gegner wissenschaftlich überlegenen Scharfsinn, der sich oft in die spitzfindigste Dialektik verliert, weshalb er Doctor subtilis genannt wurde. Seine Abweichung von Thomas von Aquino besteht hauptsächlich darin, daß sich bei ihm das innige Verhältnis zwischen Philosophie und Theologie zu lockern beginnt: er verbindet mit dem aufrichtigen Glauben eine wissenschaftliche Kritik und Skepsis, vermöge deren er den Schwerpunkt des religiösen Lebens aus dem theoretischen ins praktische Gebiet verlegen möchte. Es hängt das zugleich mit seiner indeterministischen Lehre von der Willensfreiheit zusammen, aus der sich sowohl für die Gotteslehre wie für die Theorie der Erlösung Folgen ergaben, die den thomistischen Ansichten gerade entgegengesetzt sind. Mit großem Eifer verteidigte D. S. die Lehre von der sündlosen Empfängnis Mariä gegen Thomas. Die berühmteste seiner Schriften ist, abgesehen von seinen Kommentaren zu den biblischen Büchern und den Schriften des Aristoteles, der in Oxford entstandene Kommentar zu den Sentenzen des Petrus Lombardus, das sog. «Opus Oxoniense» oder «Anglicanum», von welchem das «Opus Parisiense» eine abgekürzte Bearbeitung ist. Die Hauptausgabe seiner Werke, die aber nicht vollständig ist, hat Wadding (12 Tle., Lyon 1639) besorgt. Über den Streit zwischen Scotisten und Thomisten s. Thomas von Aquino. Vgl. Baumgarten-Crusius, De theologia Scoti (Jena 1826); Werner, Joh. D. S. (in «Scholastik des spätern Mittelalters», Bd. 3, Wien 1881).

Dunst, wissenschaftlich gleichbedeutend mit Dampf (s. d.). Gewöhnlich wird D. für minder hochgespannten Dampf angewendet, daher sagt man z. B. Verdunstung für die Entwicklung von Dämpfen bei niedriger Temperatur. D. in der Jägersprache der feinste Schrot.

Dunstable (spr. dönnstäbbl), Stadt in der engl. Grafschaft Bedford, 30 km im S. von Bedford, hat (1891) 4513 E., eine normann. Priorei; Strohhutflechterei, Korbwaren- und Spitzenfabrikation.

Dunstan (spr. dönnst'n), der Heilige, Erzbischof von Canterbury, war 924 in Glastonbury als Sohn vermögender Eltern geboren und trat später in das dortige Kloster ein. Edmund (940—946) zog ihn an seinen Hof. Er wurde um 945 zum Abt von Glastonbury erhoben und erhielt unter König Eadred (946—955) zuerst Einfluß auf die Leitung der Reichsgeschäfte, den er nur vorübergehend unter Eadwig (956—959) verlor, unter Edgar (959—975) aber in vollstem Maße wiedergewann; von diesem König wurde er zum Erzbischof von Canterbury und zum Primas des Reichs erhoben. Seine kirchliche Politik wandte sich vornehmlich der Hebung der Klostergeistlichkeit gegenüber dem Weltklerus zu; er hielt die Einheit des Reichs mit fester Hand aufrecht, die nationalen Unterschiede der feindlichen Angelsachsen und Dänen suchte er zu mildern, indem er beide zum Dienst in Staat und Kirche heranzog; streng hielt er auf Ordnung und gesicherte Rechtspflege. Neben dem erneuten geistigen Leben erfuhren Handel und Verkehr bedeutenden Aufschwung. Nach Edgars Tod (975) setzte er noch die Erhebung Eduards «des Märtyrers» durch. Mit dessen Ermordung 978 und der Erhebung Ethelstans «des Unberatenen» war jedoch D.s Macht zu Ende. Seit 980 lebte er vom öffentlichen Leben zurückgezogen in seiner Diöcese Canterbury; dort starb er 19. Mai 988. — Vgl. Stubbs, Memorials of St. D. (Lond. 1874); Hook, Lives of the Archbishops of Canterbury, Bd. 1 (ebd. 1864); Green, Conquest of England (ebd. 1884).

Dunstdruck oder Spannung des Wasserdampfes (s. Dampf) in der Luft wird gemessen durch die Höhe (mm) einer Quecksilbersäule, die durch die Wasserdampfatmosphäre getragen wird; man ermittelt den D. mit Hilfe des Psychrometers (s. d.). Den Taupunkt (s. d.) liefert das Kondensationshygrometer (s. d.). Zwischen beiden Größen besteht folgende Abhängigkeit. Der D. kann bei jeder Temperatur der Luft nur einen bestimmten Wert erreichen. Wie groß diese Werte sein können, lehrt beistehende kleine Tabelle:

Temperatur	Dunstdruck	Temperatur	Dunstdruck	Temperatur	Dunstdruck
—20°C.	0,9 mm	0°C.	4,6 mm	+20°C.	17,4 mm
—15°C.	1,4 mm	+ 5°C.	6,5 mm	+25°C.	23,6 mm
—10°C.	2,1 mm	+10°C.	9,2 mm	+30°C.	31,6 mm
— 5°C.	3,1 mm	+15°C.	12,7 mm	+35°C.	41,8 mm

Ist der D. bei irgend einer Temperatur so groß, als diese Zahlen angeben, so ist die Luft gesättigt. Bei der geringsten weitern Abkühlung scheidet sich dann ein Teil des Wasserdampfes aus. Sowie man also den Taupunkt kennt, findet man aus obiger Tabelle sofort den D. Hätte man z. B. durch das Kondensationshygrometer gefunden, daß der Taupunkt bei + 5° liegt, so findet man aus der Tabelle, daß der D. alsdann 6,5 mm sein muß. Ein weiterer Vergleich mit der Tabelle im Artikel Sättigungsdeficit lehrt weiter, daß dann im Kubikmeter Luft 6,8 g Wasserdampf enthalten sind. Es möge hier noch angegeben werden, wie man aus den Angaben des Psychrometers den D. finden kann. Die Regel lautet einfach: 1) Mit der Angabe des feuchten Thermometers sucht man aus obiger Tabelle den zugehörigen D. auf. 2) Man zieht hiervon die Zahl ab, die mit der psychrometrischen Differenz aus folgender Tabelle sich ergiebt:

Psychrometrische Differenz	Abzugszahl	Psychrometrische Differenz	Abzugszahl	Psychrometrische Differenz	Abzugszahl
1° C.	0,6	5° C.	3,0	9° C.	5,4
2° C.	1,2	6° C.	3,6	10° C.	5,9
3° C.	1,8	7° C.	4,2	11° C.	6,5
4° C.	2,4	8° C.	4,8	12° C.	7,1

Hätte also das Psychrometer ergeben:

Trocknes Thermometer = 25° C.
Feuchtes » = 20° C.
Differenz » = 5° C.

so findet man den

D. = 17,4 — 3,0 = 14,4 mm,

also die Lage des Taupunktes = 17,3° C. und weiter wird man schließen können, daß im Kubikmeter Luft fast genau 14,4 g Wasserdampf enthalten sind. Vgl. die Psychrometertafeln von Jelinek (Leipzig, W. Engelmann) und Schreiber (Chemnitz, E. Brunner).

Dunstkreis, s. Atmosphäre.

Dunstputzmaschine, s. Griesputzmaschinen.

Dun-sur-Auron (spr. döng ßür oróng) oder Dun-le-Roi (spr. röá), Hauptstadt des Kantons D. (259,80 qkm, 12 Gemeinden, 19266 E.) im Arrondissement Saint Amand-Montrond des franz. Depart. Cher, 22 km nordöstlich von Saint Amand-Montrond, in 170 m Höhe, am Auron und dem Berry-Kanal, an der Lokalbahn Bourges-D. (34 km), hat (1891) 3500, als Gemeinde 4123 E., Post, Telegraph, Eisengruben, Brüche von Lithographiesteinen, Webereien, Mühlen, Handel mit Eisen, Wolle, Getreide und Wein, eine got. Kirche, Reste der alten Befestigungen und eines festen Schlosses.

Düntzer, Joh. Heinr. Jos., Philolog und Litterarhistoriker, geb. 12. Juli 1813 zu Köln, widmete sich zu Bonn, Köln und Berlin altklassischen Studien, habilitierte sich 1837 in Bonn für klassische Litteratur und wurde 1846 Bibliothekar an der öffentlichen Bibliothek des kath. Gymnasiums zu Köln. Von D.s philol. Schriften sind hervorzuheben: «Die Lehre von der lat. Wortbildung» (Köln 1836), «Die Deklination der indogerman. Sprachen» (ebd. 1839), «De versa quem vocant Saturnio» (mit Lersch, Bonn 1838), «Homer und der epische Kyklos» (Köln 1839), «De Zenodoti studiis Homericis» (Gött. 1848), «Kritik und Erklärung der Horazischen Gedichte» (5 Bde., Braunschw. 1840—46), «Die Fragmente der epischen Poesie der Griechen» (2 Tle. mit Nachtrag, Köln 1840—42), «Rettung der Aristotelischen Poetik» (Braunschw. 1840), «Die röm. Satiriker übertragen und erläutert» (ebd. 1846), «Die Homerischen Beiwörter des Götter- und Menschengeschlechts» (Gött. 1859), «Aristarch» (Paderb. 1862), «Kirchhoff, Köchly und die Odyssee» (Köln 1872), «Homerische Abhandlungen» (Lpz. 1872), «Die Homerischen Fragen» (ebd. 1874), «Verzeichnis der röm. Altertümer des Museums Wallraf Richartz in Köln» (3. Aufl., Köln 1885, mit Abdruck der Inschriften), Schulausgaben des «Homer» (Paderb. 1863—66; 2. Aufl. 1873 fg.) und des «Horaz» (mit lat. Erklärung, Braunschw. 1849; mit deutscher, Paderb. 1868—69). In weitern Kreisen ist D. bekannt durch überaus zahlreiche und umfängliche Arbeiten über die Glanzzeit der deutschen Litteratur, besonders über Goethes Leben und Werke. Es gehören hierher, außer den vielbenutzten und mehrfach aufgelegten «Erläuterungen zu den deutschen Klassikern» (Heft 1—85, Wenigenjena, später Lpz. 1853—92), besonders: «Goethes Prometheus und Pandora» (Lpz. 1850), «Goethes Faust» (2 Bde., 2. Aufl., ebd. 1857), «Goethes Tasso» (ebd. 1854), «Goethes Götz und Egmont» (Braunschw. 1854), «Die drei ältesten Bearbeitungen von Goethes Iphigenia» (Stuttg. 1854); ferner die biogr. Studien: «Frauenbilder aus Goethes Jugendzeit» (ebd. 1852), «Freundesbilder aus Goethes Leben» (Lpz. 1853), «Neue Goethe-Studien» (Nürnb. 1861), «Goethe und Karl August» (2 Bde., 2. Aufl., Lpz. 1888), «Aus Goethes Freundeskreise» (Braunschw. 1868), «Charlotte von Stein. Ein Lebensbild» (2 Bde., Stuttg. 1874), «Charlotte von Stein und Corona Schröter. Eine Verteidigung» (ebd. 1876), «Goethes Eintritt in Weimar» (Lpz. 1883), «Abhandlungen zu Goethes Leben und Werken» (2 Bde., ebd. 1885), «Goethes Verehrung der Kaiserin von Österreich, Maria Ludovica von Este» (Köln 1885); die Streitschrift «Zur Goetheforschung» (Stuttg. 1891); endlich die Ausgaben des «Briefwechsels zwischen Goethe und Staatsrat Schultz» (ebd. 1853), des Trauerspiels der Frau von Stein «Dido» (Frankf. 1867), «Goethes Liebesbriefe an Frau von Stein» (Lpz. 1886), «Goethes Tagebücher der sechs ersten Weimarischen Jahre» (ebd. 1889), eine zusammenfassende Darstellung von «Goethes Leben» (2. Aufl., ebd. 1883; englisch von Lyster, 2 Bde., Lond. 1884), der auch Lebensbilder Schillers und Lessings (Lpz. 1881—82) folgten. Andere Arbeiten D.s galten Herder: «Aus Herders Nachlaß» (3 Bde., Frankf. 1856), «Herders Reise nach Italien» (Gieß. 1859), «Von und an Herder» (3 Bde., Lpz. 1861—62), «Briefe des Herzogs Karl August an Knebel und Herder» (ebd. 1883); ferner Knebel: «Briefe von Schillers Gattin an einen vertrauten Freund» (ebd. 1856), «Aus Knebels Briefwechsel mit seiner Schwester Henriette» (Jena 1858). D. nahm Anteil an Hempels «Bibliothek der deutschen Klassiker», an Kürschners «Deutscher Nationallitteratur» u. s. w. Anonym erschien von D.: «Adeline. Liebeslieder vom Rhein» (Köln 1860).

Dünung, s. Hohle See.

Duo (lat., «zwei»), eine Komposition für zwei (verschiedene) obligate Instrumente mit oder ohne Begleitung. Werke für zwei Singstimmen mit Begleitung, ebenso Kompositionen für zwei Instrumente derselben Art heißen nicht D., sondern Duett (s. d.).

Duodecimālmaß, Längenmaß, bei welchem die Einheiten in zwölf gleiche Teile geteilt werden, z. B. die Rute in 12 Fuß, der Fuß in 12 Zoll u. s. w. Das D. ist deshalb bequem, weil sich 12 ohne Bruchteile in 2, 3, 4 und 6 gleiche Teile teilen läßt; doch verdient das Decimalmaß wegen seiner Übereinstimmung mit unserm dekadischen Zahlensystem den Vorzug. (S. Duodecimalsystem.)

Duodecimālsystem, Dodekadik oder dodekadisches Zahlensystem, dasjenige Zahlensystem, das nicht, wie das gewöhnliche oder dekadische von 10 zu 10, sondern von 12 zu 12 fortschreitet, sodaß erst 12 Einheiten einer Klasse eine Einheit der nächst höhern Klasse ausmachen oder die Einheiten jeder Klasse Potenzen von 12 sind. Zu dem Gebrauche dieses Systems, das vor dem dekadischen wegen der Teilbarkeit von 12 durch 2, 3, 4, 6 Vorzüge haben würde, fehlt es allen bekannten Sprachen an den entsprechenden Zahlwörtern. Ebenso wären zwei neue Zeichen nötig, um die 10. und 11. Einheit jeder Klasse zu bezeichnen. Die heute noch übliche, von den Babyloniern herrührende Zeiteinteilung (12 Monate, 24 Tagesstunden u. s. f.) beruht völlig auf dem D. Auf diesem beruhten vielleicht auch die ältesten Münzsysteme, wie sich z. B. nach Brunner aus den Bußzahlen in den altripuarischen Volksrechten ergiebt.

Duodecime (lat.), ein musikalisches Intervall von 12 diatonischen Tonstufen, z. B. g—d̄.

Duodecimōle, eine aus 12 Noten von gleichem Wert bestehende Tonfigur, die als eine Kombination von vier Triolen oder von zwei Sextolen angesehen werden kann.

Duodēnostōmie (lat.-grch.), durch Operation künstlich hergestellte offene Verbindung zwischen dem Zwölffingerdarm (Duodenum) und dem Magen bei operativ nicht zu beseitigender hochgradiger Verengerung oder Verschließung des Magenausganges (Pylorus), z. B. durch Krebs.

Duodēnum (lat.), der Zwölffingerdarm; Duodenītis, Entzündung desselben.

Duodēz (vom lat. duodĕcim, «zwölf»), Buchformat, bei dem der Bogen in 12 Blätter gebrochen wird, also 24 Seiten hat; gegenwärtig nur noch selten angewendet.

Duodi (spr. düodih), im Kalender (s. d.) der ersten franz. Republik der zweite Tag jeder Dekade.

Duodrāma, ein Drama, in dem nur zwei Personen auftreten. Die ältesten deutschen D. waren «Dido» und «Der Einsiedler» (1771) von A. S. von Goué.

Düong, Trüong, ein Längenmaß der Kaufleute in Annam und Kambodscha von 10 Thuot oder Ellen = 6,388 m (s. auch Gon).

Duo quum (oder **si**) **faciunt idem, non est idem** (lat.), «Wenn zwei dasselbe thun, so ist es nicht dasselbe», d. h. gleiche Handlungen haben je nach ihren Urhebern verschiedenen Wert, werden je nach ihren Urhebern verschieden beurteilt. Das Citat ist eine Verkürzung der Stelle in Terenz' «Adelphi» (V, 3): «Duo quum idem faciunt, hoc licet impune facere huic, illi non licet», d. h. «Wenn zwei dasselbe thun, so darf dies wohl der eine ungestraft thun, aber (deshalb noch) nicht der andere». (Vgl. Quod licet Jovi etc.)

Duo viri, s. Duumviri.

Dup., hinter lat. Insektennamen Abkürzung für **Philipp Aug. Joh. Duponchel** (spr. düpongschéll), geb. 1774, gest. 1846, franz. Entomolog. Von ihm zusammen mit J. B. Godart erschien «Histoire naturelle des lépidoptères de la France» (13 Bde. mit 384 kolor. Taf., Par. 1821—40).

Dupanloup (spr. düpangluh), Felix Antoine Philippe, Bischof von Orléans, geb. 3. Jan. 1802 zu St. Felix bei Chambéry in Savoyen, studierte in Paris im Großen Seminar von St. Sulpice, empfing 1825 die Priesterweihe, wurde 1827 Beichtvater des Herzogs von Bordeaux, 1828 Religionslehrer der jungen Prinzen von Orléans, 1835 erster Vikar an der Kirche St. Roche, 1837 Vorsteher des Kleinen Seminars von St. Nicolas, 1838 Generalvikar des Erzbischofs von Paris; bei seiner Anwesenheit in Rom wurde er von Gregor XVI. zum röm. Prälaten, apostolischen Protonotar und Doktor der Theologie ernannt und mit dem Christusorden dekoriert. 1841 nach Paris zurückgekehrt, wurde er als Professor der geistlichen Beredsamkeit an die Sorbonne berufen, mußte aber nach einer stürmischen Scene, die er durch heftige Ausfälle gegen Voltaire veranlaßt hatte, seine Vorlesungen einstellen. 1849 zum Bischof von Orléans ernannt, war D. einer der kühnsten und eifrigsten Vorkämpfer der weltlichen Machtansprüche des Papstes sowie der Unabhängigkeit der Kirche und des Schulwesens von der staatlichen Aufsicht; er stellte sein Kleines Seminar den weltlichen Lyceen mit Erfolg gegenüber, gründete selbst in seinem Palais eine Schule und mischte sich mit seinen Schriften in alle den Unterricht betreffenden Fragen. Infolge seines Auftretens gegen den zelotischen Generalvikar Gaume von Reims, der die Lektüre der heidn. Klassiker verdammte, wurde D. zum Mitglied der Französischen Akademie ernannt, aus der er nach dem Eintritt Littrés in dieselbe 1871 demonstrativ ausschied. In Anbetracht seiner sonstigen ultramontanen Haltung überraschte es, daß sich D. auf dem Vatikanischen Konzil als eifriger Gegner des Unfehlbarkeitsdogmas erwies, das er in der Schrift «De l'unanimité morale nécessaire dans les conciles pour les définitions dogmatiques» (1870) bekämpfte; doch galt sein Widerspruch weniger dem Inhalt, als der Opportunität des neuen Dogmas und dem Verhandlungsmodus des Konzils, durch den die freie Bewegung und Entscheidung des letztern gefährdet war. D. verließ Rom protestierend vor der Abstimmung, unterwarf sich aber später den neuen Beschlüssen. Im Deutsch-Französischen Kriege versuchte er mehrmals, einen Kreuzzug gegen Deutschland zu predigen, so namentlich nach dem Rückzug des Generals von der Tann aus Orléans (Nov. 1870), wofür er nach der Wiedereinnahme der Stadt durch die Deutschen eine Zeit lang in Haft gehalten wurde. 1871 in die Nationalversammlung gewählt, nahm er hier seinen Platz auf der Rechten und betrieb die Fusion der Legitimisten mit den Orléanisten; 1875 wurde er von der Nationalversammlung zum lebenslänglichen Senator gewählt. Er starb 11. Okt. 1878 auf Schloß Lacombe bei Grenoble. Von D.s Schriften, die hauptsächlich das Unterrichtswesen betreffen, seien genannt: «De l'éducation» (3 Bde., Par. 1855—57 u. ö.; deutsch, 3 Bde., Mainz 1867) und «Manuel des catéchismes» (Par. 1832 u. ö.); ferner «La convention du 15 septembre et l'Encyclique du 8 décembre» (1.—34. Aufl., ebd. 1865), «La souveraineté pontificale selon le droit catholique et le droit européen» (ebd. 1860 u. ö.), «Histoire de N. S. Jésus Christ» (ebd. 1869 u. ö.; deutsch, Mainz 1884), «Le mariage chrétien» (7. Aufl., Par. 1885), «Œuvres choisies» (4 Bde., ebd. 1861), «Nouvelles œuvres choisies» (7 Bde., ebd. 1873—75). D.s «Lettres choisies» veröffentlichte Lagrange (2 Bde., ebd. 1888). — Vgl. Pelletier, Monseigneur D. (Par. 1876); Hairdet (Pseudonym für Denais), Monseigneur D. (ebd. 1878); Lagrange, Vie de Msgr. D. (3 Bde., 5. Aufl., ebd. 1886); Hartwig, Erziehungsprincipien D.s (Lpz. 1884).

Dupaty (spr. düpatih), Charles Marguerite Jean Baptiste Mercier, franz. Strafrechtslehrer, geb. 1746 zu Rochelle, war seit 1767 Advokat und wurde 1770 wegen einer Schrift, die die Amtsführung des Herzogs von Aiguillon als Gouverneur der Bretagne angriff, verhaftet und des Landes verwiesen, von Ludwig XVI. aber zurückgerufen und zum Präsidenten des Parlaments von Bordeaux ernannt. Seine aufgeklärten Grundsätze stimmten aber so wenig mit denen seiner Amtsgenossen überein, daß er sich nach Paris zurückzog, wo er nun bis zu seinem Tode (17. Sept. 1788) wissenschaftlich thätig war. Merkwürdig ist seine Denkschrift, durch die er 1786 drei unschuldig Verurteilte vom Tode des Rades rettete. Seine «Réflexions historiques sur les lois criminelles» (Par. 1788) klärten das Publikum über die Verderblichkeit des geheimen Gerichtsverfahrens und des Mißverhältnisses der Strafen zu den Verbrechen auf. In den anonym erschienenen «Lettres sur l'Italie en 1785» (2 Bde., Par. 1788 u. ö.; deutsch von G. Forster, 2 Bde., 2. Aufl., Mainz 1805) zeigt er sich als feinen Kunstkenner und warmen Menschenfreund.

Dupaty (spr. düpatih), Louis Charles Henri Mercier, franz. Bildhauer, Sohn des vorigen, geb. 29. Sept. 1771 zu Bordeaux, war erst Advokat und widmete sich seit 1795 unter Lemot der Bildhauerkunst. Von seinen Werken hat nur noch die Reiterstatue Ludwigs XIII. auf der Place Royale in Paris Bedeutung. An der Ausführung des 1821 fertigen Modells wurde D. durch den Tod, 12. Nov. 1825, verhindert; Cortot vollendete das Standbild 1829.

Dupaty (spr. düpatih), Louis Emmanuel Félicité Charles Mercier, franz. Theaterdichter, Bruder des vorigen, geb. 30. Juli 1775 zu Blanquefort in der Gironde, diente mit Auszeichnung in der Marine, erhielt dann eine Anstellung als Seekartenzeichner, später beim Geniekorps und wurde zuletzt ein beliebter Theaterdichter, dessen kleine Lustspiele und Vaudevilles durch Witz und lebendigen Dialog allgemein gefielen. Seine Oper «Les valets dans l'antichambre» (1802), in der die Regierung eine Satire fand, zog ihm eine kurze Verbannung zu. D. wurde 1836 in die Französische Akademie aufgenommen und starb 30. Juli 1851 zu Paris. Unter seinen übrigen Leistungen ist das satir. Gedicht «Les délateurs» (Par. 1819) bemerkenswert, sowie «L'art poétique des demoiselles et des jeunes gens, ou lettres à Isaure sur la poésie» (ebd. 1823—24).

Dupe (frz., spr. düpp), der Betrogene, Übertölpelte, Genarrte; Duperie (spr. düp'rih), Betrügerei, Übertölpelung, Fopperei.

Duperré (spr. dü-), Victor Guy, Baron, franz. Admiral, geb. 20. Febr. 1775 zu La Rochelle, trat 1792 in die franz. Marine, befand sich 1796—1800 in brit. Gefangenschaft und zeichnete sich 1809 als Kommandant der Fregatte Bellone bei der Isle-de-France (Mauritius) hervorragend aus. D. wurde 1810 zum Konteradmiral befördert und zum Baron ernannt, führte 1823 den Oberbefehl über das Cadiz blockierende Geschwader, 1830 über die gegen Algerien entsendete Flotte, wurde noch in demselben Jahr Pair und Admiral und leitete 1834—36 das Ministerium der Marine und der Kolonien, das er Okt. 1840 unter Guizot wieder übernahm, aber nur kurze Zeit führte. Er starb 2. Nov. 1846 zu Paris. Vgl. Chassériau, Vie de D. (Par. 1848).

Dupetit-Thouars (spr. düp'tih tuahr), Abel, franz. Seemann, Sohn von Aristide Aubert D., geb. 3. Aug. 1793, wurde 1841 Konteradmiral und machte 1837—39 eine Reise um die Welt. Auf den Gesellschaftsinseln angelangt, ergriff er Maßregeln, durch deren Weiterführung bei seiner Wiederkehr 1843 die vier Tahiti-Inseln unter franz. Protektorat gestellt, später aber franz. Besitz wurden. Die Verhaftung des engl. Konsuls Prichard, welcher die Eingeborenen aufgewiegelt hatte, veranlaßte seine Abberufung. D. starb 17. März 1864. Er schrieb «Voyage autour du monde sur la frégate La Vénus» (11 Bde. und 4 Atlanten, 1840—49).

Dupetit-Thouars (spr. düp'tih tuahr), Aristide Aubert, franz. Seefahrer, Bruder von Louis Marie Aubert D., geb. 31. Aug. 1760 zu Boumois bei Saumur, zeichnete sich im Kriege mit England seit 1778 in den Gefechten in den westind. Gewässern aus und wurde nach dem Frieden von 1783 Kommandant des Kriegsschiffs Tarleton. Auf einer Seereise wurde er 1792 von den Portugiesen gefangen genommen und machte nach seiner Freilassung in Nordamerika zwei Versuche, die Nordwestküste zu Lande zu erreichen. Er fiel 1. Aug. 1798 als Schiffskommandant bei Abukir.

Dupetit-Thouars (spr. düp'tih tuahr), Louis Marie Aubert, franz. Botaniker, geb. 5. Nov. 1758 zu Boumois bei Saumur, ging 1792 mit seinem Bruder Aristide nach Mauritius, Madagaskar und Réunion, kehrte 1802 zurück und ward 1806 Direktor der königl. Baumschule in Paris, wo er 11. Mai 1831 starb. Von seinen Schriften sind zu erwähnen: «Histoire des végétaux recueillis sur les îles de France, de Bourbon et de Madagascar» (Par. 1804), «Histoire des végétaux recueillis dans les îles australes d'Afrique» (ebd. 1806), «Mélanges de botanique et de voyages» (ebd. 1811), «Le verger français ou traité général de la culture des arbres fruitiers» (ebd. 1817).

Dupfing hieß im 14. Jahrh. der Gürtel, der nicht selten aus Gliedern von edlem Metall bestand, aber nicht die Taille umschloß, sondern lose über den Lenden saß und von beiden Geschlechtern getragen wurde.

Düpieren (frz.), betrügen, foppen, zum besten haben.

Dupin, Stadt in Posen, s. Dubin.

Dupin (spr. düpäng), André Marie Jean Jacques, genannt der Ältere, franz. Politiker und Rechtsgelehrter, geb. 1. Febr. 1783 zu Varzy (Depart. Nièvre), bereitete sich in Paris für die jurist. Laufbahn vor und wurde 1806 zum Doktor der Rechte promoviert. Von Château-Chinon (Nièvre) 1815 zum Abgeordneten in die Repräsentantenkammer gewählt, sprach er gegen den Vorschlag, den König von Rom zum Thronfolger auszurufen, und veröffentlichte seine Schrift «De la libre défense des accusés» (Par. 1815), die ihres Freimuts wegen großes Aufsehen machte. Infolgedessen ward er mit den beiden Berryer beauftragt, die Verteidigung des Marschalls Ney zu führen, und war später (1825—29) der Advokat der liberalen Partei. Seit 1827 Mitglied der Deputiertenkammer, war er 1830 Berichterstatter über die Adresse der 221. Nach der Julirevolution trat D. für die Bourgeoisie ein, suchte in seiner Schrift «La révolution de 1830» (anonym, Par. 1832) den gesetzlichen Charakter dieser Revolution nachzuweisen und behauptete bei Gelegenheit der Frage, ob der neue König den Namen Philipp VII. annehmen sollte, der Herzog von Orléans sei auf den Thron berufen worden, nicht weil, sondern obgleich er ein Bourbon sei. Da er ein eifriger Gegner der Klubs war, ernannte ihn die Regierung zum Mitglied des Ministerconseils, zum Präsidenten des königl. Privatrats und zum Generalprokurator am Kassationshofe. D. wurde 1832 in die Französische Akademie aufgenommen. Die Deputiertenkammer übertrug ihm achtmal die Präsidentenstelle, die er auch 24. Febr. 1848 bis zu dem Moment bekleidete, wo das Volk hereinstürmte und die Deputierten verjagte. Sein kurz vorher gestellter Antrag, die Regentschaft der Herzogin von Orléans zu proklamieren, konnte bei dem Getümmel nicht durchdringen. D. war Mitglied der Konstituierenden und der Gesetzgebenden Versammlung; von der letztern zum Präsidenten gewählt, erlebte er in dieser Stellung abermals (2. Dez. 1851) die gewaltsame Auflösung des Parlaments durch den Staatsstreich Napoleons. Als das Konfiskationsdekret in Bezug auf das in Frankreich befindliche Grundeigentum der Familie Orléans erlassen wurde, gab er als Generalprokurator am Kassationshofe seine Entlassung und zog sich von allen öffentlichen und amtlichen Geschäften zurück. Eifriger Anhänger der sog. gallikanischen Freiheiten, sah er sich 1854 in einen Streit mit Montalembert verwickelt, der viel Aufsehen machte. 1857 nahm D. unter Napoleon III. das Amt des Generalprokurators am Kassationshofe wieder an. Er starb 10. Nov. 1865 zu Paris. D.s Tüchtigkeit als praktischer Jurist war allgemein anerkannt; seine zahlreichen jurist. Schriften, wie «Libertés de l'Église gallicane» (Par. 1824; neue Aufl. 1860), «Glossaire de l'ancien droit français» (mit Laboulaye, 1846), «Opuscules de jurisprudence» (1851), sind indes ohne wissenschaftlichen Wert. Seine «Réquisitoires, plaidoyers et discours de rentrée» sind in 14 Bänden (1834—73) gesammelt; seine «Mémoires» (4 Bde.) erschienen 1855—61.

Dupin (spr. düpäng), Maurice, Vater der Romanschriftstellerin George Saud, s. Dudevant.

Dupin (spr. düpäng), Pierre Charles François, Baron, franz. Politiker und nationalökonomischer Schriftsteller, Bruder von André Marie Jean Jacques D., geb. 6. Okt. 1784 zu Varzy (Depart. Nièvre), wirkte als Marine-Ingenieur bei dem Bau der Flottille von Boulogne mit. Seit 1816 bereiste er Großbritannien, studierte hier die Kriegs-, See- und Handelszustände und veranlaßte wichtige Verbesserungen. Nach der Rückkehr ward er 1818 Mitglied der Akademie der Wissenschaften und 1819 Professor an dem neugestifteten Konservatorium der Künste und Handwerke. Nach einer zweiten Reise nach England wurde er 1824 zum Baron ernannt. Das Depart. Tarn wählte ihn 1828 zum Abgeordneten in die Kammer, wo er 1830 die Adresse der 221 unterzeichnete; 1832 wurde er Mitglied der Akademie der polit. und moralischen Wissenschaften. In dem dreitägigen Ministerium des Herzogs von Bassano (1834) war D. Marineminister. Nachdem er 1837 zum Pair von Frankreich erhoben war, hielt er sich zur gemäßigten Opposition. Nach der Februarrevolution von 1848 wurde er in die Konstituierende, 1849 in die Gesetzgebende Versammlung gewählt, in der er zur royalistischen Majorität hielt. Der Staatsstreich Napoleons vom 2. Dez. 1851 setzte seiner öffentlichen Laufbahn zunächst ein Ziel. Doch wurde er schon 1852 zum Senator ernannt und that sich als solcher durch seine Reden für die weltliche Herrschaft des Papstes und gegen das prot. Deutschland hervor. Die Konfiskation der Orléansschen Güter veranlaßte ihn, seine Stelle als Generalinspektor des Seegeniewesens niederzulegen. Er starb 18. Jan. 1873 zu Paris. Bei allen polit., wissenschaftlichen und industriellen Fragen beteiligt, hat D. eine außerordentlich große Menge Berichte, Beiträge, Abhandlungen und Aufsätze über Geometrie, Seewesen, Volksmoral, Handel, Staatsbauten u. s. w. geschrieben und sich als Beförderer gemeinnütziger Zwecke und Anstalten aller Art gezeigt. Sein Hauptwerk sind die «Voyages dans la Grande-Bretagne de 1816 à 1821» (6 Bde., Par. 1820—24, mit Atlas; deutsch, Stuttg. 1825). Außerdem verfaßte er eine Reihe volkswirtschaftlicher Schriften: «Discours et leçons sur l'industrie, le commerce etc.» (2 Bde., 1825), «Le petit producteur français» (7 Bde., 1827 fg.), «Forces productives et commerciales de la France» (2 Bde., 1827), «Force productive des nations depuis 1800 jusqu'à 1851» (4 Bde., 1851).

Dupin (spr. düpäng), Philippe, franz. Advokat, Bruder von André und Pierre D., geb. 7. Okt. 1795 zu Varzy (Depart. Nièvre), wurde 1816 Advokat und machte sich sofort bemerklich durch lebhaften Anteil an mehrern polit. Prozessen. Nach der Revolution von 1830 zum Deputierten im Depart. Nièvre gewählt, trat er bald aus der Kammer, um seine jurist. Praxis fortzuführen. Er wurde Advokat der Civilliste und hatte den Herzog von Nemours in der Rechtskunde zu unterrichten. 1842 trat er wieder in die Kammer als Deputierter von Avallon, erkrankte aber 1845, reiste nach Italien und starb 14. Febr. 1846 zu Pisa. Er war Mitarbeiter an den «Annales du barreau français». Später gab sein Sohn Eugène seine «Plaidoyers» gesammelt heraus (3 Bde., Par. 1868).

Duplessis (spr. düplessih), Georges, franz. Kunsthistoriker, geb. 19. März 1834 zu Chartres, wurde 1853 im Kupferstichkabinett der Nationalbibliothek angestellt und später Konservator desselben. Er schrieb: «Notice sur la vie et les travaux de Gérard Audran» (Lyon 1858), «Histoire de la gravure en France» (1861), «Essai de bibliographie des ouvrages relatifs à l'histoire de la gravure et des graveurs» (1862), «Costumes historiques des XVIe, XVIIe, XVIIIe siècles» (2 Bde., 1864—73), «Essai d'une bibliographie générale des beaux-arts» (1866), «De la gravure de portrait en France» (1875), «Histoire de la gravure» (1880), «Icones veteris testamenti de H. Holbein» (1884), «Estampes de l'école de M. Schongauer» (1885), «Dictionnaire des marques et monogrammes de graveurs» (2 Bde., 1886). Zu mehrern Bildwerken lieferte er den Text, auch redigierte er Bd. 9—11 von Robert-Dumesnils «Peintre-graveur» (1865).

Duplessis (spr. düplessih), Jos. Sifrède, franz. Bildnismaler, geb. 6. April 1725 zu Carpentras bei Avignon, lernte 1745—49 in Rom bei P. Subleyras und starb 1. April 1802 als Konservator des Museums von Versailles. D. hat viele Bildnisse bekannter Männer gemalt, z. B. von Bossuet, Franklin, Gluck (1775; Wien, Hofmuseum), Marmontel, Necker u. a.

Duplessis-Marly (spr. düplessih), franz. Staatsmann, s. Mornay.

Duplex (lat., «doppelt», zu ergänzen: festum), in der kath. Liturgie die höhern Feste; die kleinern heißen simplex und semiduplex. Es werden unterschieden einfaches duplex, duplex majus, duplex secundae classis und duplex primae classis.

Duplex, Münze, s. Double.

Duplexbrenner, s. Lampen.

Duplexdrehbank, eine zur Metallbearbeitung dienende Drehbank (s. d.) mit zwei einander gegenüberstehenden Supporten, sodaß zwei Drehstähle gleichzeitig zur Wirkung gelangen können.

Duplextelegraphie, soviel wie Gegensprechen (s. d.), eine Art der Doppeltelegraphie (s. d.).

Duplieren, s. Doublieren.

Dupliermaschine, s. Spinnerei.

Duplik (vom lat. duplex), in der Rechtssprache eine Behauptung, die auf Entkräftung der Replik (s. d.) des Gegners abzielt, sich also zur Replik verhält, wie diese zur Einrede und letztere zur Klage. Beispiel: Klage auf Rückzahlung eines Darlehns; Einrede, der Beklagte sei, als er das Darlehn erhielt, Haussohn gewesen und hafte deshalb nicht; Replik: der Beklagte habe, nachdem er selbständig geworden, die Schuld anerkannt und dürfe sich deshalb auf das Senatus consultum macedonianum nicht berufen; D.: der Kläger habe den Beklagten zu der Anerkennung durch Betrug verleitet. Im frühern deutschen schriftlichen Civilprozesse verstand man unter D. den auf die Replik des Klägers folgenden Schriftsatz des Beklagten, mit welchem regelgemäß der Schriftenwechsel der Parteien zum Abschluß gelangte. Die Deutsche Civilprozeßordnung führt die D. an mehrern Stellen als Verteidigungsmittel auf (§§. 137, 251) und sieht systemgemäß, freilich nur zur Vorbereitung der mündlichen Verhandlung, die Mitteilung einer Duplikschrift seitens des Beklagten an den Gegner vor (§. 245).

Duplikat (lat.), Doppelschrift, das zweite Exemplar einer Urkunde, insbesondere einer Prozeßschrift, welche doppelt (in duplo) einzureichen ist und von der das eine Exemplar bei den Akten bleibt, während das andere dem Prozeßgegner zugefertigt wird. S. auch Wechselduplikat.

Duplikātor. Setzt man auf die oben gefirnißte Platte eines positiv geladenen Elektroskops (s. d.) eine unten gefirnißte Platte mit einem isolierenden Griff, so wird die obere Platte influenziert (s. Influenz). Berührt man dieselbe ableitend, so entweicht die positive Ladung, die Goldplättchen fallen zusammen, indem die positive und negative Ladung fast ganz an den Firnißschichten haftet. Von der abgehobenen Oberplatte kann man dann die negative Ladung ableiten. Eine einmalige Ladung der Unterplatte kann bei Wiederholung des Verfahrens viele positive und negative Ladungen der Oberplatte liefern (s. Elektrophor). Zwei derartige Elektroskope zusammen bilden einen D. Auf dem mit der Elektricitätsmenge + q geladenen Elektroskop A (Fig. 1) ladet sich die aufgesetzte abgeleitete Deckplatte mit — q. Wird dieselbe auf B (Fig. 2) gesetzt und dieses abgeleitet, so erhält auch letzteres + q. Verbindet man A und B (Fig. 3) leitend bei aufgesetzter abgeleiteter Deckplatte, so erhält nun A die Ladung + 2q und die Deckplatte — 2q. Dieser Prozeß des Verdoppelns oder Duplizierens der Ladung kann nach Belieben fortgesetzt werden; Volta, Cavallo, Bennet haben denselben bei ihren Untersuchungen geübt, und die neuern Influenzmaschinen (s. d.) beruhen ebenfalls auf einem analogen Prozeß.

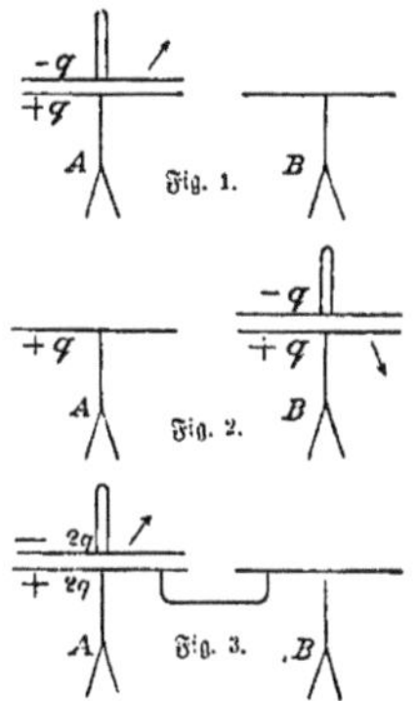

Duplikātsalz (Arcanum duplicatum), veralteter Name für Kaliumsulfat.

Duplizieren (vom lat. duplex), verdoppeln; in der Rechtssprache: die Duplik (s. d.) einreichen; Duplizität, Doppeltsein gleicher Dinge; Zerfallen der Einheit in Gegensätze; Zweideutigkeit.

Duployé (spr. düplŏäjeh), Emile, franz. Stenograph, geb. 10. Sept. 1833 zu Notre-Dame de Liesse (Aisne), war erst Geistlicher und Lehrer, gab dann seinen Beruf auf und veröffentlichte mit seinem Bruder Gustave D. 1864 ein Lehrbuch seines Stenographiesystems: «Sténographie D., ou l'art de suivre, avec l'écriture, la parole etc.» (4. Aufl., Par. 1867). Nach seinem System, das sehr verbreitet und leicht erlernbar, aber unschön ist, weil es nur mathem. Linien verwendet, erscheinen in Frankreich etwa 30 Zeitungen. Vgl. Institut sténographique des Deux Mondes (Par. 1876); Nitzschke, E. D. (im «Archiv für Stenographie», Berl. 1873, Nr. 358); Meyer, Das Stenographiesystem von D. (ebd. 1885, Nr. 436); Weber, Die Stenographie D.s (im «Magazin für Stenographie», ebd. 1884, Nr. 24); Depoin, Annuaire sténographique international pour 1889 (Par. 1889); Sénéchal, Éphémerides Duployennes (ebd. 1889).

Duplum (lat.), das Doppelte, eine Prozeßschrift in duplo einreichen, s. Duplikat.

Dupondius (lat., «Zweipfund»), im alten röm. Gewichtssystem zwei As (s. d.). Als Münze bezeichnete D. auch später zwei As, als der As nicht mehr pfündig war.

Dupont (spr. düpóng), Jacques Charles, genannt D. de l'Eure, franz. Politiker, geb. 27. Febr. 1767 zu Neubourg in der Normandie, wurde 1789 Advokat beim Parlament dieser Provinz, bekleidete während der Revolution verschiedene Ämter, war auch Mitglied des Rats der Fünfhundert, dann Präsident des Kriminalgerichts zu Evreux und seit 1811 Präsident am Gerichtshofe zu Rouen. Er war 1813 Mitglied des Gesetzgebenden Körpers, 1814 Vicepräsident der Deputiertenkammer, in die er 1816—49 von verschiedenen Wahlbezirken beständig wiedergewählt wurde; während der Restauration gehörte er stets zur liberalen Kammerminorität und verlor wegen seiner regierungsfeindlichen Haltung 1818 seine Stelle zu Rouen. Nach der Revolution von 1830 erhielt D. das Justizministerium, gab aber nach 6 Monaten, gleichzeitig mit Lafayette, seine Entlassung und trat wieder in die Reihen der Opposition. Mehrfach wurde er seitdem zum Präsidenten der Deputiertenkammer gewählt. In der Sitzung des 24. Febr. 1848, als das Volk in die Deputiertenkammer eindrang und ein Teil der Abgeordneten die Flucht ergriff, nahm D. den Präsidentenstuhl ein und beschwichtigte den Tumult so weit, daß es möglich wurde, eine Provisorische Regierung zu ernennen, zu deren Präsidenten man ihn ausrief. Von Evreux und Paris in die Konstituierende Versammlung gewählt, nahm er zwar an deren Arbeiten noch einigen Anteil, ließ sich Dez. 1848 in den provisorischen Staatsrat wählen, trat aber bald, vom Alter gebeugt, vom öffentlichen Schauplatz ab. Er starb 3. März 1855 auf seinem Landgute Rougepierre in der Normandie. 1881 wurde ihm in Neubourg ein Denkmal errichtet.

Dupont (spr. düpóng), Pierre, Graf de l'Etang, franz. General, geb. 14. Juli 1765 zu Chabanais, diente vor der Revolution in der franz. Legion Hollands als Artillerist, trat 1791 in die Armee Frankreichs über und wurde Hauptmann und Adjutant Dillons; die Rettung Dünkirchens vor dem Überfall des Herzogs von York verschaffte ihm den Rang eines Brigadegenerals. Unter dem Direktorium wurde D. Vorsteher des topogr. Kabinetts und Direktor des Kriegsdepots. Der 18. Fructidor (4. Sept. 1797) raubte ihm diese Ämter, der 18. Brumaire (9. Nov. 1799) dagegen brachte ihn wieder empor. Im Feldzuge von 1800 kämpfte er bei Marengo, wurde Gouverneur von Piemont und richtete in Toscana eine Provisorische Regierung ein. 1805—7 nahm er an den Kriegen gegen Österreich und Preußen teil und erhielt von Napoleon 1808 eine Division in Spanien, mit der er bis Cordoba vordrang, bei Baylen (s. d.) jedoch 22. Juli 1808 vor dem Insurgentengeneral Castaños die Waffen strecken mußte. Er ward vor ein Kriegsgericht gestellt und bis 1813 auf Fort Jours gefangen gehalten. Den rückkehrenden Bourbonen diente er 1814 als Kriegsminister, mußte aber seines reaktionären Fanatismus wegen schon nach wenig Monaten wieder entlassen werden. Seit den Hundert Tagen bis zur Julirevolution war er für die Charente Mitglied der Deputiertenkammer. 1835 wurde er pensioniert und starb 7. März 1840 in Paris. Er schrieb «Lettre sur l'Espagne en 1808» (Par. 1823), «Lettre sur la campagne d'Autriche» (ebd. 1826).

Dupont (spr. düpóng), Pierre, franz. Liederdichter, geb. 23. April 1821 zu Lyon, besuchte das Seminar von Largentières und kam 1839 nach Paris, wo er zuerst als Dichter mit legitimistischen Oden in der «Gazette de France» und der «Quotidienne» auftrat. Sein Gedicht «Les deux auges» (1842) wurde von der Französischen Akademie gekrönt und verschaffte ihm eine Stelle als Mitarbeiter am «Dictionnaire de l'Académie», woran er bis 1847 thätig war. Um diese Zeit erwarben ihm sein Lied «Les bœufs» (1846) und fünf andere, u. d. T. «Les paysans et les paysannes» gesammelte Lieder und Romanzen große Popularität. D. war vornehmlich der volkstümliche Sänger des Bauernstandes und des Landlebens. Nach der Februarrevolution ging er zum Socialismus über; Lieder wie «Le chant des nations», «Le chant des ouvriers» u. a. waren socialistische Pamphlete in Versen. Diese Thätigkeit veranlaßte nach den Dezemberereignissen 1851 seine Verurteilung zu siebenjähriger Verbannung nach Lambessa. Er wurde aber später begnadigt und starb 25. Juli 1870 zu St. Etienne. D. hat zu seinen Liedern, die 1848 von ihm in den Klubs vorgetragen wurden, die Melodien selbst komponiert. Sie wurden gesammelt herausgegeben u. d. T.: «Cahier des chansons», «La muse populaire» (neue Aufl., Par. 1871) und «Chants et chansons» (3 Bde., 1852—54; 9. Aufl. 1876).

Du Pont (spr. düpóng), Pierre Samuel, genannt D. de Nemours, franz. Nationalökonom, geb. 14. Dez. 1739 zu Paris, wandte sich nach gründlichen klassischen Studien der Nationalökonomie zu, wurde Anhänger der ökonomisch-philanthropischen Schule Quesnays (s. d. und Physiokratismus) und redigierte in dessen Sinne das «Journal d'agriculture» und «Les Éphémérides du citoyen». Systematisch setzte er seine Ansichten auseinander in der «Physiocratie, ou constitution naturelle du gouvernement le plus avantageux au genre humain» (2 Bde., Leiden u. Par. 1768). Von dem König Stanislaus Poniatowski als Sekretär des Unterrichtsrats und Erzieher des Prinzen Adam Czartoryski nach Polen berufen, lehrte er erst 1774 nach Frankreich zurück, als sein Gesinnungsgenosse Turgot Finanzminister wurde. Er wurde von diesem vielfach verwendet, lebte nach dessen Sturz (1776) den Wissenschaften, bis ihm der Auftrag wurde, mit dem engl. Kommissar Hutton über den Vertrag bezüglich der Unabhängigkeit der nordamerik. Freistaaten (1783) sowie über einen Handelsvertrag mit England zu verhandeln. Unter Calonne erhielt er das Amt eines Staatsrats. Bei Eröffnung der Generalstände 1789 ward er deren Sekretär und trat dann für den Amtsbezirk von Nemours in die Nationalversammlung ein, in der er besonders bei den Debatten über finanzielle Fragen hervortrat. Namentlich erklärte er sich gegen die Ausgabe der Assignaten. Wegen seiner maßvollen publizistischen Thätigkeit als Reaktionär angesehen, mußte er sich seit Aug. 1792 auf dem Lande verbergen, wo er seine «Philosophie de l'univers» (3. Aufl., Par. 1799) schrieb. 1795 wurde er Mitglied des Rats der Alten und trat in seinem Blatte «L'Historien» gegen die demokratische Partei so heftig auf, daß er nach dem 18. Fructidor (4. Sept. 1797) in Nordamerika ein Asyl suchen mußte, bis ihn der Staatsstreich vom 18. Brumaire (9. Nov. 1799) noch einmal in sein Vaterland zurückführte. Hier stellte er sich an die Spitze mehrerer gemeinnütziger Anstalten, übernahm das Direktorium der Bank der Handelskammer und war eifrig wissenschaftlich thätig. Er wurde 1814 zum Sekretär der Provisorischen Regierung, darauf von Ludwig XVIII. zum Staatsrat ernannt. Bei der Rückkehr Napoleons hielt er es für geraten, nach Amerika zurückzukehren, wo er 6. Aug. 1817 im Staate Delaware starb. Seine kleinern Schriften erschienen u. d. T. «Opuscules morales et philosophiques» (Par. 1805), später teilweise im 2. Bd. der «Collection des principaux économistes» (ebd. 1846). D. gab die «Œuvres de Turgot» (9 Bde., ebd. 1808—11) heraus. — Vgl. Schelle, D. et l'école physiocratique (Par. 1888).

Dupont-White (spr. düpóng weit), Charles Brook, franz. Nationalökonom, geb. 17. Dez. 1807 zu Rouen, machte seine jurist. Studien in Paris und kaufte hier 1836 eine Advokatenstelle am Kassationshofe, die er 1843 wieder abtrat. 1848 war er Generalsekretär des Justizministeriums. 1870 wurde er zum Mitgliede der unter Odilon Barrots Präsidentschaft eingesetzten Decentralisationskommission ernannt. Er starb 10. Dez. 1878 zu Paris. Obwohl ein Anhänger wirtschaftlicher Freiheit, trat er doch in vielen Fällen für eine staatliche Intervention ein, wo andere der Selbsthilfe des Individuums das Wort reden. D. schrieb: «Essai sur les relations du travail avec le capital» (1846), «L'individu et l'État» (1856), welcher Schrift er vorzüglich seinen Ruf verdankt; «La centralisation» (1860), «La liberté politique considérée dans ses rapports avec l'administration locale» (1864), «De l'équilibre en Europe» (1867), «Le progrès politique en France» (1868), «Étude sur le suffrage universel» (1870), «Mélanges philosophiques» (1878).

Duppau, czech. Doupov, Stadt in der österr. Bezirkshauptmannschaft Kaaden in Böhmen, 20 km östlich von Karlsbad, hat (1890) 1591 deutsche E., Post, Telegraph, Bezirksgericht (144 qkm, 17 Gemeinden, 25 Ortschaften, 7681 deutsche E.), ein Schloß des Grafen Zedtwitz mit Garten, 3 Kirchen, Piaristenkollegium; Brauerei und Dampfbrettsäge in Sachsengrün.

Düppel, Dorf im Kreis Sonderburg des preuß. Reg.-Bez. Schleswig, unweit des Alsensundes, mit (1890) 624 E., ist berühmt durch die Kämpfe 1848, 1849 und 1864. — Am 28. Mai 1848 griff der dän. General Hedemann mit überlegenen Kräften die bei D. stehenden Bundestruppen an und zwang sie zum Rückzuge. Die Dänen gingen jedoch schon am folgenden Tage wieder nach Alsen zurück.

Am 5. Juni 1848 griff Wrangel mit etwa 11000 Mann die Dänen an, die von Alsen wiederum nach D. vorgegangen waren. Zunächst gelang der Angriff, nur Oster-Düppel war noch nicht erobert. Da befahl Wrangel, den Angriff nicht fortzusetzen. Infolgedessen wurden Teile der deutschen Truppen rückwärts geschickt. Jetzt aber griffen die Dänen mit allen verfügbaren Kräften, etwa 13 Bataillonen, erfolgreich an, sodaß die deutschen Truppen nur mit Schwierigkeit den Rückzug bewerkstelligen konnten.

In der Nacht zum 13. April 1849 wurde die dän. Stellung von D. durch einen Überfall der bayr. und sächs. Truppen (15 Bataillone und 34 Geschütze) genommen, indessen fuhren 16 sächs. Geschütze zu kühn im Kreuzfeuer der Dänen von Alsen her und vor der dän. Flottille auf. Sie mußten unter erheblichen Verlusten weichen. Ein Ausfall der Dänen blieb erfolglos. Deutscherseits hielt man um 10 Uhr früh den Kampf für beendet und ließ einen Teil der Truppen in ihre Quartiere abrücken. Die Dänen unternahmen jedoch um 11 Uhr einen neuen Angriff, wobei die Sachsen etwas an Boden verloren, während die Bayern sich behaupteten. Abends gingen die Dänen nach dem Brückenkopfe und nach Alsen zurück.

Im Deutsch-Dänischen Kriege von 1864 hatten hier die Dänen mit allen Mitteln der Befestigungskunst eine ungemein starke Stellung geschaffen, mit einer Frontausdehnung von nur 3000 m, durch 10 Schanzen gedeckt, die, auf einem Höhenkranze angelegt, das ganze vorliegende Gelände beherrschten. Die Werke waren zwar nur in Erde gebaut, enthielten aber cementierte, völlig bombensichere Pulvermagazine und starke Blockhausreduits. Die vordere Linie bestand durchweg aus geschlossenen Werken. Beide Flügel waren dabei an das Meer gelehnt und durch die dän. Flotte geschützt, der rechte noch überdies durch die Batterien auf Alsen unterstützt. Mit dieser Insel selbst war die Verbindung durch einen großen Brückenkopf und zwei Brücken sowie eine große Fähre gesichert. Diese Stellung wurde von den Preußen, die unter Prinz Friedrich Karl 11. Febr. vor dieselbe rückten, nach einer Reihe von Rekognoscierungsgefechten vom 28. März an förmlich belagert und endlich nach einer heftigen Beschießung 18. April 10 Uhr morgens erstürmt. Die Schanzen wurden binnen 10 Minuten von den sechs Sturmkolonnen genommen, darauf die dän. Reserven zurückgeschlagen und gegen 2 Uhr nachmittags auch der Brückenkopf erstürmt. Die Preußen verloren hierbei 71 Offiziere und 1130 Mann, erbeuteten 119 Geschütze und viel Kriegsmaterial; die Dänen verloren 110 Offiziere, 4706 Mann, darunter 56 Offiziere, 3549 Mann an Gefangenen. Die nach dem Kriege in der Umgebung von Sonderburg und auf den gegenüberliegenden Düppeler Höhen errichteten Festungswerke, **Wrangel-Schanzen** genannt, sind später vollständig niedergelegt, da dieselben durch die Befestigung Kiels ihren Wert verloren. An die Kämpfe des J. 1864 erinnern das Düppel-Denkmal am Platze einer frühern Schanze und das Alsen-Denkmal bei Arnkiel am Alsensund. — Vgl. Neumann, Über den Angriff auf die Düppeler Schanzen in der Zeit vom 15. März bis 18. April 1864 (Berl. 1865); F. Schöller, Forsvaret af Dybbølstillingen i 1864 (Kopenh. 1867); Der Deutsch-Dänische Krieg von 1864 (hg. vom Großen Generalstabe, 2 Bde., Berl. 1886—87).

Düppel-Schanzen-Papier oder Pyropapier ist nitriertes Papier, gehört also zu den Nitrocellulosen. D. verpufft angezündet mit heller Flamme. Bekannt als gefährliche Spielerei.

Duprat (spr. düprah), Antoine, Kanzler von Frankreich, der erste und bedeutendste Minister Franz' I., geb. 1463 zu Issoire (Auvergne), wurde am Parlament zu Toulouse Advokat, dann (1507) an demjenigen zu Paris erster Präsident. Ludwig XII. hatte ihn emporgebracht; doch schloß sich D. an den Thronfolger Franz von Angoulême an und wurde erst von diesem, vielleicht durch Vermittelung des Connétable von Bourbon, auf den Gipfel polit. Thätigkeit gehoben. Franz I. machte ihn 1515 zum Kanzler, d. h. zum Haupte des Gerichtswesens und der innern Angelegenheiten überhaupt. Es scheint, daß D. es vor allem war, der den absolutistischen Staatsgedanken auf das Banner der neuen Regierung schrieb; er verhandelte für Franz I. zu Bologna mit Leo X. das Konkordat, das die franz. Kirche und den franz. Adel in die Hände des Königtums lieferte; mit dem Parlament entzweite er sich indes bald. Die königl. Gunst, die ihm bis an sein Ende treu blieb, verschaffte ihm das Erzbistum Sens und 1527 den Kardinalshut, und mit Recht hat man ihn einen Vorläufer der zwei großen Kardinäle des 17. Jahrh. genannt. Während Franz' Abwesenheit und Gefangenschaft führte er 1525—26 mit dessen Mutter die Regentschaft. Er starb 1535. Vgl. Duprat, Vie d'A. D. (Par. 1857, wertlos); Hanotaux, Études historiques, Abteil. 1 (ebd. 1886).

Duprat (spr. düprah), Pascal Pierre, franz. Politiker, geb. 24. März 1815 zu Hagetmau (Depart. Landes), besuchte das Seminar zu Aire-sur-l'Adour, vollendete seine Studien in Heidelberg und wurde 1839 Lehrer der Geschichte am Lyceum in Algier. Nach Paris 1844 zurückgekehrt, arbeitete er an der «Réforme» mit und leitete die «Revue indépendante» (1847). Er schloß sich 1848 der Februarrevolution an und begründete mit Lamennais die Zeitung «Le Peuple constituant», später die Wochenschrift «La Politique du peuple». Von dem Depart. Landes in die Konstituierende Versammlung gewählt, nahm er Platz auf der Linken und gehörte zu der Partei, welche die Exekutivkommission stürzte und dem General Cavaignac die diktatorische Gewalt übertrug. 1849 wiedergewählt, trat er gegen Napoleon und die Majorität der Legislative auf, wurde nach dem Staatsstreich vom 2. Dez. 1851 verhaftet, dann freigelassen, ging nach Belgien und von da aus in die Schweiz; eine Zeit lang wohnte er in Lausanne, wo er Unterricht gab und ein Blatt «L'Économiste» redigierte. 1871 vom Depart. Landes in die Nationalversammlung gewählt, schloß er sich der äußersten Linken an; damals leitete er zwei Blätter, die Wochenschrift «Le Peuple souverain» (1870—72) und später «Le Nouveau Journal»; 1876 und 1877 vertrat er das 17. Arrondissement von Paris in der Deputiertenkammer, wurde aber 1881 nicht wieder gewählt. 1883 ging er als Gesandter nach Chile und starb 17. Aug. 1885 auf der Rückreise nach Frankreich. In seiner Vaterstadt wurde ihm 1892 ein Standbild errichtet. Von seinen Werken sind zu erwähnen: «Essai historique sur les races anciennes et modernes de l'Afrique septentrionale» (Par. 1845), «Timon et sa logique» (ebd. 1845), «Les tables de proscription de Louis Bonaparte et ses complices» (3 Bde., Lüttich 1853), «Les encyclopédistes, leurs travaux, leurs doctrines et leur influence» (Brüss. 1865), «La conjuration des petits états en Europe» (Par. 1867), «Les révolutions» (1870), «Frédéric Bastiat» (2. Aufl., ebd. 1878), «L'esprit des révolutions» (2 Bde., ebd. 1879). Vgl. über ihn Rigoul, Pascal D. (ebd. 1867).

Dupray (spr. düpräh), Henri Louis, franz. Maler, geb. 3. Nov. 1841 zu Sedan, war in Paris Schüler von Pils und Léon Cogniet und stellte 1865 sein erstes Bild aus, das unbeachtet blieb. Bekannt wurde er erst nach dem Deutsch-Französischen Kriege von 1870 und 1871 als Maler des franz. Soldatenlebens durch die Gemälde: Marschall Ney bei Waterloo (1870), Hauptwache vor Paris (1872), Besuch des Generals Ducrot bei den Vorposten (1874), Herbstmanöver (1877), die Kaiserin Eugenie verläßt Paris nach der Proklamation der Republik (1884).

Dupré (spr. dü-), Giovanni, ital. Bildhauer, geb. 1. März 1817 in Siena, brachte es durch Selbststudium so weit, daß ihm die Akademie zu Florenz einen Preis erteilte, ohne daß er ihr Schüler gewesen. 1842 schuf er den toten Abel (Bronzefigur, im Palast Pitti zu Florenz) und bald darauf (1845) als Gegenstück einen Kain (ebd.). D.s Richtung ist eine Mischung von ältern und modernen realistischen Kunstprincipien. Eine gewisse Weichheit, ja Traurigkeit in den von ihm geschaffenen Gestalten zeigt den Einfluß Canovas, den D. auf seiner Reise in Italien (1856) erfuhr. Die spätern Werke des Künstlers zeigen eine kräftige realistische Auffassung, die schließlich bis zu Härten führte. So vermittelt D. den Übergang von der ältern zur modernen ital. Plastik. Seine bedeutendsten Schöpfungen sind: die auf einem Felsen sitzende Sappho, die Staudbilder San Antonio und Giotto, das Denkmal Wellingtons (1856), das der Gräfin Ferrari-Corbelli in San Lorenzo zu Florenz (1859); ferner ein großes, den Triumph des Kreuzes darstellendes Relief am Hauptportal von Sta. Croce daselbst. Besser im religiösen Sinne gelungen ist seine 1865 entstandene Pietà für den Fürsten Rospoli in Siena, die Statue der Religion für den Fürsten Metternich und der kolossale Christus in Buti (1866). D.s größtes Werk, worin eine monumentale Großartigkeit zu Tage tritt, ist das 1872 enthüllte Denkmal Cavours in Turin; zehn allegorische Gestalten umgeben das Postament, auf dem Cavour, Italia erhebend, steht. D. starb 10. Jan. 1882 in Florenz. Vgl. Frieze, The art life of Giovanni D. (Lond. 1886).

Dupré (spr. dü-), Jules, franz. Landschaftsmaler, einer der Hauptvertreter des «Paysage intime», geb. 1812 in Nantes, war Sohn eines Porzellanfabrikanten, widmete sich anfangs der Beschäftigung seines Vaters, bildete sich aber meist durch Selbststudium zum Maler aus. Mehrere im Salon 1831 von ihm ausgestellte Landschaften, in welchen er Motive aus seiner Heimat dargestellt hatte, zeigten abweichend von der idealisierenden Auffassung und Behandlung der ältern Schule eine an die Wirklichkeit sich anschließende und bloß durch Naturstudium geleitete einfachere Darstellungsweise. Dieser Richtung ist der Maler auch treu geblieben. Kräftiges Kolorit, tiefes Naturgefühl, helle, sonnige Beleuchtung, Sicherheit des Vortrages sind die Vorzüge seiner Gemälde. Es kam dem Maler mehr auf entschiedene Wirkung der Stimmung als auf die Ausbildung des Details an. Er starb 8. Okt. 1889 in Paris.

Duprez (spr. düpreh), Caroline, franz. Sängerin, Tochter des folgenden, geb. 1832 zu Florenz, betrat in der Provinz zuerst die Bühne und debütierte 1850 an der Italienischen Oper zu Paris. Darauf trat sie auch in London und Brüssel auf, lehrte aber 1852 nach Paris zurück, wo sie nach je zweimaligem Engagement am Théâtre lyrique und an der Komischen Oper 1860 Mitglied der Großen Oper wurde. Seit 1856 war sie mit dem Musiker Vandenheuvel verheiratet. Ein Leiden zwang sie, vorzeitig ihrer Laufbahn zu entsagen und in Pau ihren Aufenthalt zu nehmen, wo sie 17. April 1875 starb.

Duprez (spr. düpreh), Gilbert Louis, franz. Tenorist, geb. 6. Dez. 1806 zu Paris, wurde im 10. Jahre Schüler des Konservatoriums, auf dem er Chorons Unterricht genoß. Zum erstenmal erschien er auf der Bühne in den Chören der «Athalie» im Théâtre français. Er begab sich dann nach Mailand und wurde, als er 1825 nach Paris zurückkehrte, Mitglied des Odéon. Seit 1827 sang er mit seiner Gattin, Marie Duperron, mit glänzendem Erfolg in verschiedenen Städten Italiens, seit 1836 abermals in Paris, wo er 1837 in den Mitgliederverband der Großen Oper eintrat. 1849 zog er sich von der Bühne zurück und begründete später eine Gesangschule, die er 1870 nach Brüssel verlegte. 1842—50 war er bereits Gesangprofessor am Pariser Konservatorium gewesen. D. lebt gegenwärtig in Neuilly bei Paris. Er gehörte während seiner Glanzzeit zu den besten dramat. Sängern; seine mächtige Stimme verriet die feinste Schulung, meisterhaft waren Recitation und Deklamation. Von seinem feinen Verständnis für die Gesangskunst zeugt sein Werk «Sur la voix et l'art du chant» (Par. 1882); auch verfügt er über ein hübsches Kompositionsvermögen, das sich in Romanzen, Gesängen, Opern, Requiems, einer Messe und einem Oratorium kundgab. Seine beste Leistung als Sänger war Arnold in «Wilhelm Tell». Vgl. D.' 1880 erschienene «Souvenirs d'un chanteur».

Dupuis (spr. düpüih), Charles François, franz. Gelehrter, geb. 16. Okt. 1742 zu Trie-Château bei Chaumont, wurde 1766 Lehrer der Rhetorik am Collège zu Lisieux und geriet durch die Bekanntschaft mit Lalande auf den Gedanken, die Mythen durch die Astronomie zu erklären. Nach mehrern Mitteilungen im «Journal des Savants» erschien von ihm das «Mémoire sur l'origine des constellations et sur l'explication de la fable par l'astronomie» (Par. 1781). Hierauf wurde er Professor der Beredsamkeit am Collège de France, 1788 Mitglied der Akademie der Inschriften, bald darauf Mitglied der Kommission für den öffentlichen Unterricht. Er wurde während der Revolution in den Konvent, dann in den Rat der Fünfhundert, nach dem 18. Brumaire in den Gesetzgebenden Körper gewählt. Als ausgezeichneter Lehrer ward er auch in das Nationalinstitut berufen. D. soll auch 1788 zuerst die optischen Telegraphen erfunden und Chappe (s. d.) dieselben nur verbessert haben. Er starb 29. Sept. 1809 auf seinem Landgute bei Dijon. Sein großes Werk, das er lange nicht zu veröffentlichen wagte, ward endlich auf Veranlassung des Klubs der Cordeliers gedruckt und erschien u. d. T. «Origine de tous les cultes, ou religion universelle» (3 Bde. und Atlas, Par. 1796, oder 10 Bde. mit Atlas; neue Ausg., 13 Bde. mit Atlas, 1835—37). Auf solche Weise wurde das rein wissenschaftliche Buch zur Parteisache. Nicht minderes Aufsehen erregten seine Denkschriften über Ursprung und Verbreitung der Pelasger und den Tierkreis von Dendera. In seinem letzten Werke: «Mémoire explicatif du zodiaque chronologique et mythologique» (Par. 1806), suchte er die Einheit der astron. Mythen aller alten Völker zu beweisen.

Dupuy de Lôme (spr. düpüih dĕ lohm), Stanislas Charles Henri Laurent, franz. Marine-Ingenieur, geb. 15. Okt. 1816 zu Ploemeur bei Lorient, studierte auf der Polytechnischen Schule zu Paris und wurde 1842 nach England geschickt, um den Bau eiserner Schiffe kennen zu lernen. Nach seiner «Mémoire sur la construction des bâtiments en fer» (1844) wurden die ersten franz. Eisenschiffe gebaut. D. d. L. wurde 1857 in das Ministerium der Marine berufen und später Generalinspektor des Materials daselbst und Direktor der Schiffsbauten. Nach seinen Angaben wurde auch das erste franz. Schraubenlinienschiff und 1859 das erste Panzerschiff gebaut. Während der Belagerung von Paris 1870/71 konstruierte er einen lenkbaren Luftballon (s. Lenkbarkeit der Luftschiffe und Tafel: Luftschifffahrt I, Fig. 8), der aber erst wenige Tage vor der Kapitulation fertig wurde. Seit 1877 war D. d. L. unabsetzbares Mitglied des Senats, wo er der bonapartistischen Fraktion angehörte. Er starb 2. Febr. 1885 zu Paris.

Dupuytren (spr. düpüiträng), Guillaume, Baron, franz. Chirurg und Anatom, geb. 6. Okt. 1777 zu Pierre-Buffière in Haute-Vienne, studierte seit 1789 in Paris und erhielt nach verschiedenen andern Stellungen 1813 eine Professur der Chirurgie an der mediz. Fakultät, die 1818 in ein klinisches Lehramt am Hôtel-Dieu verwandelt wurde. Zugleich nahm ihn die Akademie als Mitglied auf. Ludwig XVIII. ernannte ihn 1823 zu seinem ersten Leibchirurgus, was er auch unter Karl X. blieb. Er starb 8. Febr. 1835 zu Paris. D. besaß einen außerordentlichen Scharfsinn in Stellung der Diagnosen. Er ist der Erfinder mehrerer Operationsmethoden und Instrumente; auch machte er einige Entdeckungen in der pathol. Anatomie. D.s Schriften betreffen einzelne Gegenstände der Chirurgie und pathol. Anatomie. Einige seiner Schüler vereinigten sich zur Herausgabe seiner «Leçons orales de clinique chirurgicale faites à l'Hôtel-Dieu» (4 Bde., Par. 1830—34). Paillard und Marx gaben seinen «Traité théorique et pratique des blessures par armes de guerre» (2 Bde., ebd. 1834) heraus. Vgl. Cruveilhier, Vie de D. (ebd. 1841).

Dupuytrensche Fingerverkrümmung, zunehmende Beugestellung besonders des vierten und fünften Fingers infolge von Schrumpfung der unter der Haut gelegenen Hohlhand-Fascie (s. Fascia), von Dupuytren (s. d.) zuerst beschrieben.

Duquesne (spr. dükähn), Abraham, Seigneur du Bouchet, Marquis, franz. Seeheld, geb. 1610 zu Dieppe, focht, mit 17 Jahren bereits Befehlshaber eines Schiffs, mit Auszeichnung 1637—43 gegen die Spanier, ging dann in schwed. Dienste, wo er 1643 als Viceadmiral die dän., von Christian IV. befehligte Flotte vor Gothenburg besiegte. Nach Frankreich zurückgekehrt, kämpfte er 1650 siegreich gegen die Engländer, sowie 1672—73 im Kanal und in den niederländ. Gewässern gegen die Holländer. Am 22. April 1676 brachte er bei Messina den vereinigten Flotten Spaniens und Hollands unter Ruyter eine derartige Niederlage bei, daß fortan bis Ende des 17. Jahrh. die Franzosen die Oberherrschaft auf dem Mittelmeer hatten. Ludwig XIV. belohnte D. mit der Besitzung Bouchet bei Étampes und ernannte ihn zum Marquis, da er Bedenken trug, D. als Protestanten zum Admiral zu befördern; doch wurde er bei Aufhebung des Edikts von Nantes (22. Okt. 1685) von der allgemeinen Verbannung der Protestanten ausgenommen. Nachdem D. 1682 und 1683 die Raubstaaten Tripolis und Algier gezüchtigt und 1684 Genua gedemütigt hatte, zog er sich in den Ruhestand zurück und starb 2. Febr. 1688 zu Paris. In Dieppe wurde ihm 1844 eine Bronzestatue (von Dantan dem Ältern) errichtet. Vgl. Jal, D. et la marine de son temps (2 Bde., Par. 1872).

Duquesnoy (spr. dükänŏá), François, niederländ. Bildhauer, geb. 1594 zu Brüssel, lernte zunächst bei seinem Vater und ging dann nach Rom, wo er antike Werke, wie den Laokoon, nachahmte und auch eigene schuf. Dort erhielt er den Beinamen Fiamingo. 1642 wurde er zum Hofbildhauer Ludwigs XIII. von Frankreich ernannt. Er starb 12. Juli 1646 auf einer Reise in Livorno, vermutlich von seinem Bruder vergiftet. D. zeigt in seinen besten Werken, wie der heil. Susanna in Sta. Maria di Loreto zu Rom sowie dem überlebensgroßen heil. Andreas in der Peterskirche, eine schlichte, edle Auffassung. Andere Werke von ihm sind in Brüssel: die Marmorbildsäule der Gerechtigkeit u. a. am Hauptthor der Justizkanzlei, zwei Engel an der Façade der Jesuitenkirche und das bekannte «Manneken Pis» (1619). — Sein Bruder, Jérôme D., geb. 1612, Bildhauer, wurde 24. Okt. 1654 wegen Sodomiterei verbrannt. Sein Hauptwerk ist das große Grabdenkmal des Bischofs A. Triest (1654) in der Kathedrale zu Gent.

Dur (lat. durus, «hart»), Bezeichnung für diejenige der beiden Haupttonarten, die als dritte Stufe die große Terz hat. Damit in Übereinstimmung nennt man einen Dreiklang mit großer Terz einen Duraccord (s. Dreiklang). Über den Ursprung dieser Bezeichnung s. Moll und Solmisation.

Dur., bei botan. Namen Abkürzung für Johann Philipp Duroi (spr. dürŏá), geb. 2. Juni 1741 zu Braunschweig, gest. 8. Dez. 1785 ebendaselbst als Arzt. Er schrieb besonders über Baumzucht.

Durābel (lat.), dauerhaft; Durabilität, Dauerhaftigkeit.

Durák, russ. Scheltwort, etwa zu übersetzen mit Narr.

Dura mater (lat.), die harte Hirnhaut, s. Gehirn.

Durān, Agustin, span. Kritiker, geb. 14. Okt. 1789 in Madrid, widmete sich zuerst philos. und jurist. Studien, kehrte dann wieder zur Philosophie zurück, trieb nebenbei Geschichte und Staatswissenschaft, beschäftigte sich mit ausländischer, besonders mit der französischen und sehr eingehend mit der vaterländischen Litteratur. Er wurde 1834 Sekretär der Inspektion über die Druckereien und den Buchhandel, 1836 Oberbibliothekar der königl. Bibliothek zu Madrid, 1840 infolge der Septemberrevolution suspendiert, 1843 wieder eingesetzt und 1854 zum Direktor der Bibliothek erhoben sowie zum Mitglied der Spanischen Akademie erwählt. Doch legte er diese Stelle bald nieder, um sich ungehindert seinen Lieblingsarbeiten hingeben zu können. Er starb 1. Dez. 1862 in Madrid. D.s erste anonyme Schrift: «Sobre la decadencia del teatro español» (Madr. 1828), trug zur Befreiung der span. Bühne vom franz. Joche und zu einer nationalen Neugestaltung derselben nicht wenig bei. Noch lebendiger ward das Nationalgefühl und die Liebe und Rückkehr zur alten Volkspoesie durch seine «Coleccion de Romanceros y Cancioneros» (5 Bde., Madr. 1828—32) geweckt. Die zweite, gänzlich umgearbeitete Ausgabe, «Romancero general» betitelt (2 Bde., ebd. 1849—51), welche auch in die Rivadeneyra-Sammlung («Biblioteca de autores españoles», Bd. 10 u. 16) aufgenommen ward, umfaßt nahezu 2000 Romanzen. Ferner veröffentlichte er eine Sammlung altspan. Komödien: «Talia española» (3 Bde., Madr. 1834) sowie eine Ausgabe der «Sainetes» des Ramon de la Cruz (ebd. 1843), und arbeitete mit an einer Neuausgabe des Tirso de Molina («Biblioteca de autores españoles», Bd. 5). Erst 1874 wurden veröffentlicht: «Memorias leidas en la Biblioteca Nacional en las sesiones públicas de los años 1860, 1861, 1862» (Madrid). Auch erwarb D. sich als selbständiger Dichter einen geachteten Namen, weniger durch seine Gelegenheitsgedichte, wie die «Trovas á la Reina» (ebd. 1832) und die «Trovas en antiga parla castellana» (ebd. 1830), als durch sein gleichfalls in der Sprache des 15. Jahrh. versifiziertes Rittergedicht «Las tres toronjas del verjel de amor; Don Flores de Trepisonda» (ebd. 1856).

Duran (spr. düráng), Charles Auguste Emile, franz. Maler, geb. 4. Juli 1837 zu Lille, wo er unter Sonchon den ersten Unterricht im Zeichnen erhielt. Später kam er nach Paris und hielt sich 1861—66 in Italien auf, wo er seine Gemälde: Abendgebet im Kloster San Francesco bei Subiaco (1863) und Der Ermordete (1865) vollendete. Dann widmete er sich zu Paris hauptsächlich der Porträtmalerei, daneben auch dem Genre, in beiden bei kräftiger Pinselführung derben Effekten nachstrebend. Unter seinen Porträten sind hervorzuheben: Emile de Girardin, Doré, Gräfin Vandal (1879), L'enfant bleu; von andern Gemälden: Am Meeresufer in Trouville, Blumenmädchen. Weniger Beifall fand sein Deckengemälde für einen Saal des Luxembourg: Die Apotheose der Maria von Medici (1878). 1881 erschien Die Grablegung Christi, 1883 Die Vision, 1887 Andromeda, 1889 Bacchus.

Durance (spr. düráng̃ß; lat. Druentia), linker Nebenfluß der Rhône, entspringt in 2500 m Höhe am Mont-Genèvre in den Cottischen Alpen, nimmt bei Briançon die wasserreiche Guissane und die Servières oder Cervegrette, beim Austritt aus den Schluchten der Bessée die Gironde vom Mont-Pelvoux, am Fuße der Festung Mont-Dauphin in etwa 900 m Höhe den von Queyras kommenden Guil auf. Sie berührt in 790 m Höhe Embrun, darauf Savines, bildet dann die Grenze zwischen den Depart. Hautes- und Basses-Alpes und empfängt dann in 450 m Höhe bei Sisteron rechts den Buech. Von links münden dann Bléone, Asse und Verdon ein. Weiter bildet sie die Grenze zwischen den Depart. Vaucluse und Bouches-du-Rhône, nimmt bei Cavaillon den Coulon auf und mündet in 12 m Höhe 4—5 km unterhalb Avignon in zwei Armen, welche die Insel der Courtine zwischen sich fassen, in die Rhône. Sie ist 360, oder wenn man die Clairée als Quellfluß ansieht, 380 km lang, hat ein Stromgebiet von 13400 qkm und ist als echter Gebirgsstrom mit seinem starken Gefälle und seinem Geröll nicht schiffbar und nur auf kurze Strecken flößbar. Ihr Thal benutzt von Orgon bis Sisteron, und dann wieder von Savines bis hinauf nach Briançon die Eisenbahn.

Durand (spr. düráng), Alice Marie Céleste, franz. Schriftstellerin unter dem Namen Henry Gréville, geb. 12. Okt. 1842 zu Paris als Tochter eines Professors Fleury, erhielt eine tüchtige Bildung und folgte ihrem Vater, als er 1857 an die Universität nach Petersburg berufen wurde, und verheiratete sich hier mit D., Professor an der Petersburger Rechtsschule. Sie hatte schon mehrere Novellen in russ. Zeitungen veröffentlicht, als sie nach Frankreich 1872 zurückkam, und entschieden Glück machte sie mit ihren Romanen «Dosia» (1876; 66. Ausg. 1890) und «L'expiation de Savély» (1876), lebensvollen, aus eigener Erfahrung geschöpften Schilderungen aus der russ. Gesellschaft. «Dosia» erhielt von der Akademie 1878 den Preis Montyon. Sie fuhr fort, einen Roman auf den andern folgen zu lassen und sich in der Gunst der Leser zu behaupten. Am meisten Erfolg hatten: «La princesse Ogherof» (1876), «Les Koumiassine» (1877), «Les épreuves de Raissa» (1877), «Marier sa fille», «Ariadne», «Perdue», «Rose Rozier» (1882), «La seconde mère», «Louis Breuil» (1883), «Un mystère» (1890), «Le passé» (1890), «Aurette» (1891), «L'héritière» (1891), «Péril» (1891), «Le mari d'Aurette» (1892) u. a.

Durandarte, s. Durendart.

Durand-Claye (spr. dürang kläh), Alfred, Oberingenieur der Brücken und Chausseen in Frankreich, geb. 1841, entfaltete als Oberingenieur der Reinigung der Seine und der Rieselfelder unter dem Bautendirektor, Generalinspektor Alphand, eine erfolgreiche Thätigkeit. Seiner Ausdauer und bahnbrechenden wissenschaftlichen Thätigkeit verdankt Paris die Aussicht, sämtliche Abwässer der Stadt, anstatt in die Seine, auf Ländereien zu leiten. Der Anfang damit wurde 1869 mit Einrichtung der Rieselfelder von Gennevilliers gemacht, ein weiterer Schritt war 1888 die Annahme des Planes der neuen Rieselfelder von Achères durch die Abgeordnetenkammer. Neben seiner amtlichen Thätigkeit im städtischen Dienste war D. Lehrer an der Schule der Brücken und Chausseen und an der Schule der schönen Künste. Er starb 30. April 1888 in Paris. Zahlreiche Aufsätze über die Reinigung von Brüssel, von Berlin, Reinigung der Seine, über Pumpmaschinen, über die Städtereinigungssysteme Waring und Shone, schiefe Brücken u. s. w. wurden von ihm seit 1867 in den «Annales des Ponts et Chaussées» veröffentlicht. Die Pariser Akademie der Wissenschaften erkannte ihm 1885 den Montyon-Preis zu für eine Denkschrift: «Die Typhus-Epidemie in Paris von 1882; statist. Studie».

Durandi, Jacopo, ital. Dichter und Historiker, geb. 25. Juli 1737 zu Sta. Agata bei Vercelli, starb als Präsident der sardin. Regierungskammer in Turin 28. Okt. 1817. Unter seinen histor. Arbeiten war für jene Zeit «Sulla storia degli antichi popoli dell'Italia» (Tur. 1769) nicht unbedeutend. Von den meist längst vergessenen Dichtungen haben nur die Dramen, gesammelt in den «Opere drammatiche» (4 Bde., Tur. 1766), einigen Wert; «Armida» (1770) komponierten Anfossi und Haydn, «Annibale in Torino» (1771) Paesiello.

Durando, Giacomo, ital. General und Staatsmann, geb. 1807 zu Mondovi, studierte die Rechte zu Turin; mit Brofferio in eine Verschwörung zur Herstellung der Freiheit in Piemont verwickelt, floh er 1830 in die Schweiz, trat dann in die belg. Fremdenlegion ein und rückte in Portugal (1832) und Spanien (1835) im Kampf gegen Miguelisten und Karlisten zum Oberst auf, mußte aber nach Esparteros Sturz nach Frankreich gehen, wo er eine Broschüre «De la réunion de la péninsule ibérique par une alliance entre les dynasties» (Marseille 1844) herausgab. Nach Mondovi zurückgekehrt, legte er seine konstitutionell-monarchische Richtung in der Schrift «La nazionalità italiana» (1846) nieder, worin er gegen Giobertis Hoffnungen auf das Papsttum als einigende Macht Italiens und gegen Balbos nur nebensächliche Berücksichtigung der Freiheitswünsche sich erklärte. Diese Schrift fand große Verbreitung, zwang ihn jedoch, sich nochmals nach Spanien zurückzuziehen; aber schon 1847 wieder zurückgekehrt, gründete er die «Opinione», die hernach Dina übernahm. An dem Krieg von 1848 und 1849 nahm er Anteil als Adjutant Karl Alberts, versah 1855 während des Krimkrieges für La Marmora das Ministerium des Krieges und der Marine, ging 1856 als Gesandter nach Konstantinopel, wo er den günstigen Vertrag von 1861 abschloß und ward 1862 unter Rattazzi Minister des Auswärtigen, als welcher er die berühmte Note über eine notwendige baldige Angliederung von Rom und Venedig erließ. D. war 1848—55 Mitglied der Kammer, in der er auf der Rechten saß, und wurde 1860 in den Senat berufen, dessen Vorsitz er 1884—87 führte; 1861 war er zum kommandierenden General und Vorsitzenden des obersten Militärgerichts ernannt worden.

Durandus de Sancto-Porciano, Wilhelm, Scholastiker, Dominikaner, geb. zu St. Pourcain (Depart. Allier), war seit 1313 Lehrer in Paris, später Bischof von Puy-en-Velay und starb 1332. Er bekämpfte in einer, wie es scheint, durchaus selbständigen Weise die Lehre des Thomas von Aquino, der er früher angehangen, mit Gründen, in denen sich der Nominalismus vorbereitete. Vgl. Werner, Die Scholastik des spätern Mittelalters, Bd. 2 (Wien 1883).

Durango. 1) Staat in Mexiko, der südwestlichste Teil der ehemaligen Intendantschaft D. oder Neu-Biscaya (in der auch das jetzige Chihuahua und ein Teil von Coahuila enthalten war), umfaßt den nördl. Teil des Hochlandes von Mexiko und bildet den Abfall der westl. Randkette, der Sierra Madre, gegen das Innere. Der Boden senkt sich gegen O. und NO. von 2200 m bis 1050 m Höhe zum Bolson de Mapimi. D. umschließt wohlbewässerte zu Viehzucht und Ackerbau geeignete Hochflächen und Hochthäler; als größerer Fluß ist der Rio de Nazas zu nennen. Das Klima ist im ganzen gesund, die Luft, außer der Regenzeit, trocken, der Winter kalt und nicht frei von Eis und Schnee. D. hat 98470 qkm und (1890) 265931 E. Die weiße Einwohnerschaft besteht größtenteils in den Nachkommen von Einwanderern aus den gewerbthätigsten Provinzen Spaniens (Biscaya, Navarra und Catalonien), die sich den einfachen und arbeitsamen Sinn ihrer Vorfahren sowie auch ihr Blut von der Mischung mit indianischem sehr rein erhalten haben. Die die große Mehrheit bildenden Indianer leben teils in von frühern Missionaren gestifteten Ortschaften, teils schwärmen sie jagend und raubend im Lande umher. Die Hauptproduktion des Landes besteht in Erzeugnissen der Landwirtschaft. Pferde, Rindvieh, Maulesel und Schafe werden nach den südlichern Landesteilen ausgeführt. Ausgedehnt sind die Pflanzungen von Maguey (Agaven), aus denen Branntwein (Mezcal) destilliert wird, sowie Baumwolle, während Mais, Weizen, Bohnen und Chilipfeffer, gleich andern Garten- und Baumfrüchten, nur zum eigenen Bedarf gebaut werden. Gold findet sich reichlich in Sta. Maria del Oro. Neuerdings gewinnt der Bergbau auf Zinn Bedeutung. Der Handel ist nicht unbedeutend, weil die große Straße von Mexiko nach dem Norden durch D. führt; die Eisenbahn nach Chihuahua durchschneidet nur den äußersten Osten des Staates. Die Spanier fanden hier drei ganz verschiedene Sprachen redende Völker vor: die Tepehuas, die Acatbas und die Chuhimeken, jedes in zahlreiche Stämme zerfallend. Diese Sprachen leben noch jetzt im Lande, stehen aber hinter dem Spanischen zurück. — 2) **Hauptstadt** des Staates D., auch Guadiana oder, zu Ehren des ersten Präsidenten der merik. Konföderation (Don Guadeloupe Victoria), Ciudad de Victoria genannt, 2042 m hoch auf einer wasserarmen, wenig angebauten Hochfläche, 805 km nordwestlich von Mexiko, ist Sitz der Behörden des Staates und eines Bischofs, hat (1890) 24800 E., eine Kathedrale, mehrere Kirchen und Kapellen, ein ehemaliges Jesuitenkollegium, eine Münze, zwei Banken, ein Hospital sowie eine bedeutende Tabaksfabrik. — D. wurde 1559 von Alonzo de Pacheco unter dem Vicekönig Velasco als Militärposten gegründet, blieb aber lange ein unbedeutender Ort, der sein Aufblühen der Entdeckung der reichen Minen von Guarisamey verdankt.

Durango, Distriktshauptstadt in der span. Provinz Biscaya (Baskische Provinzen), 30 km im OSO. von Bilbao, an den Eisenbahnlinien D.-Zumarraga (48 km) und Bilbao-D. (32,7 km), hat (1887) 3713 E. — D. hat in den Karlistenkriegen stets eine bedeutende Rolle gespielt, da es auf der Hauptstraße von San Sebastian und Tolosa nach Bilbao liegt. Auf einem nahen Felsen das Schloß Echeburu.

Durango, Hauptort des County La Plata im südwestl. und gebirgigen Teil des nordamerik. Staates Colorado, hat 3000 E., Bergbau und Viehhandel.

Duranno-Alpen, s. Ostalpen.

Durante, Francesco, ital. Komponist, geb. 15. März 1684 zu Frattamaggiore (Neapel), wurde auf dem Konservatorium der Poveri di Giesù zu Neapel unterrichtet und ging nach Aufhebung dieser Anstalt zum Konservatorium di San Onofrio über, wo ihn Al. Scarlatti unterwies. 1718 wurde D. Direktor dieser Anstalt, 1742 Kapellmeister und Direktor des Konservatoriums Sta. Maria di Loreto zu Neapel, in welcher Stellung er bis zum Tode (13. Aug. 1755) verblieb. Aus seiner Schule sind ausgezeichnete Komponisten, wie Traetta, Vinci, Jomelli, Piccini, Sacchini, Guglielmi und Paisiello, hervorgegangen. D. hat ausschließlich für die Kirche und Kammer komponiert. Seine nicht zahlreichen Werke zeichnen sich durch Erhabenheit, glückliche Melodik und gediegenen Satz aus, stehen aber an Originalität hinter den Erzeugnissen Scarlattis zurück. Die meisten dieser Werke, von denen nur wenige gedruckt sind, besitzt die Bibliothek des Konservatoriums zu Paris.

Durante lite (lat.), während der Rechtsstreit anhängig, unentschieden ist.

Durantis, Guilelmus, gewöhnlich Speculator genannt, Rechtsgelehrter, geb. 1237 zu Puimisson in Languedoc, studierte zu Bologna, wurde Lehrer des kanonischen Rechts in Modena, erhielt dann wichtige Ämter im päpstl. Dienst zu Rom und wurde 1286 Bischof von Mende in Languedoc. 1295 als Statthalter der Romagna vom Papst wieder nach Italien berufen, starb er 1. Nov. 1296 zu Rom. Sein jurist. Hauptwerk ist das umfassende System des praktischen Rechts: «Speculum judiciale», das namentlich für die Entwicklung der prozessualischen Lehren von großer Bedeutung geworden ist. Es giebt viele Handschriften und über 40 gedruckte Ausgaben dieses Werks (am geschätztesten ist die von 1612). Noch allgemeiner bekannt ist sein liturgisches Werk «Rationale divinorum officiorum», dessen früheste Ausgaben, besonders die Mainzer von 1459, zu den berühmtesten Erzeugnissen der Buchdruckerkunst gehören. Zu erwähnen ist auch noch sein «Breviarium» (Rom 1474 u. ö.).

Duration (neulat.), Verhärtung.

Durazno, Departement im Innern der südamerik. Republik Uruguay, im N. und W. vom Rio Negro, im S. von dessen linkem Nebenfluß Rio Yi begrenzt, hat 14315 qkm, (1889) 23696 E. und Viehzucht. Der Hauptort D. liegt nahe am

Rio Ji, hat 2000 E. und ist mit Montevideo durch Eisenbahn verbunden.

Durazzo (so von den Italienern, Drač von den Slawen, Durtz von den Türken, Duressi von den Albanesen genannt), einst berühmte Seestadt im türk. Wilajet Skutari in Oberalbanien, 85 km im S. von Skutari, nördlich von einer weiten Bucht des Adriatischen Meers, liegt auf einer felsigen Halbinsel in schöner, aber ungesunder Gegend. Die ruinenerfüllte Stadt, von halbverfallenen türk. und byzant. Mauern umgeben, hat nur noch 1200 E., Trümmer einer byzant. Citadelle, einen Quai sowie eine 240 m lange, über die Küstensümpfe führende Brücke, ist Station der Lloyddampfer und Sitz eines österr. Konsuls und (seit der Zeit Justinians I.) eines kath. Erzbischofs. D.s Bedeutung lag darin, daß es die Italien nächstgelegene Stadt der Balkanhalbinsel war und einen trefflichen Hafen besaß. Jetzt ist der Hafen versandet und die Verkehrswege nach dem Innern in schlechtem Zustande. Der Handel bezieht sich fast nur auf Triest und andere österr. Häfen. Die Ausfuhr besteht in Wolle, Hirse, Weizen, Leinsaat, Rohseide, Lamm- und Widderfellen, Eichenholz und Blutegeln. In D. endet das transadriatische Telegraphenkabel.

D. hieß im Altertum Epidamnus, war eine um 625 v. Chr. unter dem korinth. Führer Phalius im Lande der illyr. Taulantier gegründete Kolonie der Korcyräer und gab, nachdem es eine große und volkreiche Stadt geworden, durch ihren polit. Parteikampf die Veranlassung zum Peloponnesischen Kriege. Unter den Römern, die seit 229 v. Chr. die Schutzherrschaft über die Stadt ausübten, erhielt sie von dem Vorgebirge, auf dem sie lag, den Namen Dyrrhachium, später ward sie röm. Kolonie und bildete den gewöhnlichen Landungsplatz beim Übergang von Italien (Brundusium) nach Griechenland. Die berühmte Egnatische Straße führte von hier, ganz Macedonien und Thrazien durchschneidend, über Thessalonike, Amphipolis und Philippi nach Byzanz. 48 war sie der Hauptwaffenplatz des Pompejus, der hier von Cäsar belagert wurde und diesen zweimal schlug. D. war Ciceros Verbannungsort. Die höchste Blüte erreichte die Stadt, als sie zu Ende des 3. Jahrh. zur Hauptstadt der röm. Provinz Epirus nova erhoben wurde; auch unter byzant. Herrschaft war sie Vorort eines Verwaltungsbezirks (Thema Dyrrhachium). 345 wurde sie durch ein Erdbeben gänzlich zerstört, 481 von dem Ostgoten Theodorich, im 10. und 11. Jahrh. zweimal von den Bulgaren belagert und erobert und dann durch Kaiser Michael Dukas als Herzogtum dem Nikephoros Bryennios übergeben. Am 18. Okt. 1081 schlug hier der Normann Robert Guiscard von Apulien den Kaiser Alexios I., eroberte 16. Jan. 1082 die Stadt, trat sie aber 1085 wieder ab. Auch 1108 und 1109 wurde sie von Bohemund belagert, 1185 von König Wilhelm II. von Sicilien erobert, aber bald darauf den Byzantinern wieder überlassen. Bei der Teilung des Byzantinischen Reichs 1204 war die Stadt Venedig zugedacht, doch begründete hier Michael, ein Verwandter des in Konstantinopel gestürzten griech. Kaiserhauses, das Despotat Epirus, zu dem ganz Albanien und Thessalien gehörte. Der Despot Michael II. trat 1257 D. seinem Schwiegersohne König Manfred ab, 1272 kam sie an das in Neapel regierende Haus Anjou, 1392, nach einer kurzen Herrschaft des albanesischen Geschlechts der Topia, an die Venetianer, und wurde 1501 von den Türken erobert. In der Zeit der Kreuzzüge und der Venetianer erscheint D. auch unter dem lat. Namen Durachium und Duratium. Von allem Glanz ihrer Tempel und Statuen ist nichts mehr übrig.

Durbach, Dorf im bad. Kreis und Bezirksamt Offenbach, 7 km im SO. von Appenweier, in 243 m Höhe, hat (1890) 2303 E., Postagentur, Telegraph, Fabrikation und Handel mit Kirschwasser und bedeutenden Weinbau; der hier gewonnene Klingelberger Wein ist berühmt. Nahebei die großherzogl. Herrschaft (33 qkm) und das Schloß Staufenberg, im 11. Jahrh. vom Bischof von Straßburg, Otto von Hohenstaufen, erbaut.

Durban oder Port d'Urban, Hauptstadt der Grafschaft D. in der brit. Kolonie Natal in Südafrika, 80 km ostsüdöstlich von Pietermaritzburg, ist Knotenpunkt dreier Eisenbahnen und der einzige Hafen Natals, der beste zwischen der Delagoa- und der Tafelbai, hat (1891) 25512 E., große Magazine, einen botan. Garten, einen Leuchtturm, bedeutende Aus- und Einfuhr, namentlich für den Oranje-Freistaat, die Diamanten- und Goldfelder und einen Teil von Transvaal. Es verkehrten im Hafen (1890) 538 Schiffe mit 514252 t; die Einfuhr betrug 88 Mill. M., die Ausfuhr 26 Mill. M. D., in Natal der volkreichste Ort und nächst der Kapstadt und Port Elizabeth der wichtigste in den brit. Besitzungen Südafrikas, wurde 1842 gegründet und nach einem Gouverneur der Kapkolonie, Benjamin d'Urban, benannt.

Durchbiegungsmesser, s. Brückenprobe (Bd. 3, S. 603a).

Durchbrechung, in der Militärsprache eine Operation, mittels deren man an einer Stelle in die feindliche Schlachtlinie einzudringen sucht, um dann einen oder beide der an der Durchbruchsstelle getrennten Teile derselben wenn möglich durch einen Flankenangriff aufzurollen. Wenn die Operation Erfolg haben soll, muß sie mit überlegener Gewalt ausgeführt und die Durchbruchsstelle nicht zu nahe an einem der Flügel, sondern unweit der Mitte der Stellung des Feindes gewählt werden.

Durchbruch nennt man im Bauwesen nicht nur den Abbruch einer Anzahl von Häusern zur Verbindung zweier Straßen, sondern bezeichnet damit zugleich den Aufbau der Häuser in der neuen Fluchtlinie. Über einzelne Beispiele von D. s. Bebauungsplan (Bd. 2, S. 604a). — Über D. eines Deichs s. Deich (Bd. 4, S. 880a).

Durchbruchthäler, s. Thal.

Durchdringlichkeit, s. Penetrabilität.

Durchdringungskurve, s. Durchschnitt.

Durchfahrtsgerechtigkeit, das einem Grundeigentümer zustehende dingliche Recht, über ein benachbartes Grundstück zu fahren, im Sächs. Bürgerl. Gesetzb. §. 549 und Österr. Bürgerl. Gesetzb. §. 492 Recht des Fahrwegs, im röm. Recht servitus viae genannt. Dieselbe enthält zugleich das Recht, über das belastete Grundstück zu gehen, und nach gemeinem Recht auch das Recht, über den Weg Vieh zu treiben, Steine und Balken zu schleifen, nach Preuß. Allg. Landr. I, 22, §. 66 und Sächs. Bürgerl. Gesetzbuch nur das Recht, darauf zu reiten, mit Karren zu fahren und Vieh an Stricken zu führen, nach Österr. Recht §. 492 das Recht, mit einem oder mehrern Zügen zu fahren, nicht aber das Recht, freigelassenes Vieh zu treiben. Alles dies gilt nur, soweit im Bestellungsvertrage nicht ein anderer Inhalt der Dienstbarkeit festgestellt ist. Ist das Recht durch Ersitzung (s. d.) erworben, so entscheidet der

Umfang der Ausübung während der Ersitzungszeit über den Inhalt des Rechts. Die Breite des Wegs beträgt, wenn nichts anderes festgesetzt ist, gemeinrechtlich 8 Fuß in der geraden Richtung, 16 Fuß in der Biegung, nach Allg. Landrecht 8 Fuß in gerader Richtung, 12 Fuß in der Biegung, nach Sächs. Gesetzbuch 8 Fuß. Der Code civil und der Deutsche Entwurf haben gesetzliche Bestimmungen über den Inhalt der Dienstbarkeit nicht getroffen, sondern alles dem das Recht begründenden Akte überlassen.

Durchfall, Abweichen oder Diarrhöe, die zu dünnflüssigen und häufig erfolgenden Stuhlentleerungen, welche meistens auf einer katarrhalischen Entzündung der Darmschleimhaut, dem sog. Darmkatarrh (s. Darmentzündung), beruhen, aber auch im Verlauf anderer Krankheiten, des Typhus, der Cholera, der Ruhr, der Darmgeschwüre u. s. w. eintreten. Auch eine übermäßige Steigerung der Darmbewegungen, durch welche die Speisen zu rasch durch den Darm getrieben werden, wie dies häufig infolge centraler, vom Sensorium ausgehender Ursachen (Gemütserregungen, Schreck, Furcht u. dgl.) stattfindet, sowie Stockung und Stauung des Blutes im Unterleibe bei Leber-, Herz- und Lungenkrankheiten können zu dünne Stuhlentleerungen zur Folge haben. Die Beschaffenheit der Ausleerungen während des D. ist sehr verschieden und für die Erkennung der zu Grunde liegenden Störung wichtig; entweder sind dieselben fäkal, d. h. sie zeigen noch deutlich die normalen Bestandteile und den specifischen Geruch des Kotes, oder sie sind wässerig, fast farb- und geruchlos, oder zeigen eiterige und schleimige Beimengungen, selbst abgestoßene Fetzen der Darmschleimhaut, wie bei der Ruhr (s. d.), oder enthalten mehr oder weniger reichlich Blut, wie bei der Roten Ruhr und den Darmgeschwüren; in schweren Fällen von Ruhr und andern Verschwärungsprozessen im Darm nehmen die Stuhlentleerungen den jauchigen Charakter an, sind mißfarbig und besitzen einen unerträglichen Fäulnisgeruch. Die meisten Durchfälle sind Folge von Erkältung (besonders der Füße und des Unterleibes) oder von Diätfehlern (unreifes Obst, schlechtes Bier, Käse, schwerverdauliche Speisen, Überfüllungen des Magens, schlechtes Trinkwasser u. s. w.). Außerdem sind Verstopfungen häufiger Anlaß zu Diarrhöen. Denn die im Darm stockenden, sich verhärtenden und in faulige Gärung übergehenden Kotmassen reizen die anliegende Darmschleimhaut, sodaß sie sich entzündet und D. veranlaßt. In solchen Fällen leistet ein gelindes Abführmittel (Ricinusöl, Rhabarber) gute Dienste, während stopfende Mittel das Übel nur noch verschlimmern. D. nach Erkältung behandelt man am besten durch Warmhalten besonders der Beine und des Unterleibes (Leibbinde), warme, schleimige Getränke und Suppen (Leinsamenthee, Hafergrütze und Graupenschleim, Sagosuppen) und Vermeidung aller sonstigen Speisen. D. infolge von Diätfehlern erfordern dieselben Mittel und zugleich eine noch längere strenge Diät. Der Gebrauch scharfer spirituöser Mittel ist in solchen Fällen ganz falsch, weil sie die durch verkehrte Diät bereits gemißhandelte Schleimhaut des Magens und Darms noch mehr angreifen, während bei D. nach Erkältung ein Glas heißer Rotwein oder gewürzter Wein eher zu gestatten ist. Sitzt die Entzündung im untern Stück des Darms, so sind meist während der Ausleerungen heftiger Schmerz und Zwängen vorhanden. Dann leisten Klystiere von gelochter Stärke und warme Sitzbäder gute Dienste. Bei anhaltendem D. ist die Konsultation eines Arztes notwendig, denn jede anhaltende, d. h. chronisch werdende oder häufig wiederkehrende Diarrhöe, sei es, daß sie von tiefern Entartungen (Geschwüren u. dgl.) oder nur von einem chronischen Katarrh der Schleimhaut herrührt, untergräbt durch die mit ihr verbundenen Säfteverluste und Ernährungsstörungen die Gesundheit. Die Behandlung solcher Zustände aber kann nur Sache des Arztes sein, welcher sich entweder des Opiums und seiner Präparate oder der adstringierenden Heilmittel (Alaun, Bismut, Höllenstein, Gerbsäure u. a.) bedient. Veraltete und hartnäckige Darmkatarrhe werden nicht selten durch gewisse Brunnenkuren (Karlsbad, Kissingen, Marienbad, Ems u. a.) dauernd geheilt.

Besondere Beachtung verdienen noch die Durchfälle der kleinen Kinder, die oft von Erbrechen begleitet sind (Brechdurchfälle, Cholera der Kinder, Cholera infantum). Man lasse sich nicht dadurch, daß das Kind eben zahnt, von einer sorgfältigen Behandlung eines D. abhalten, denn heftiger D. erleichtert keineswegs das Zahnen, und ein Kind stirbt an einer sog. Zahndiarrhöe so leicht wie an einer andern. Man halte den Kindern den Leib warm, gebe ihnen etwas Fenchelthee oder schleimiges Getränk (Leinsamen, Hafergrütze, verdünntes Eiweiß). Hält der D. trotzdem an, so muß die Amme gewechselt oder das Kind eine Zeit lang nur mit den erwähnten schleimigen Getränken genährt werden. Wird das Kind künstlich aufgezogen, so ist häufig schlechte oder säuerliche Milch die Ursache der Diarrhöe; in solchen Fällen ist die Milch sofort auszusetzen und dafür Salepabkochung, Nestlésches Kindermehl, Fleischbrühe und etwas süßer Wein zu reichen, zugleich aber rechtzeitig ärztlicher Rat einzuholen, da beim Brechdurchfall der Säuglinge bei unzweckmäßigem Verhalten oft ein sehr rascher Verfall der Kräfte und dadurch ein tödlicher Ausgang erfolgt. Die ärztliche Behandlung besteht gegenwärtig vor allem auch in regelmäßigen Ausspülungen des Magens. Zur Verhütung der Brechdurchfälle ernährt man die Kinder am besten mit sterilisierter Milch. (S. Auffütterung der Kinder.)

Durchforstung, eine in der Forstwirtschaft sehr wichtige Maßregel der Bestandserziehung. Wenn man nicht besonders eng pflanzt, die Pflänzchen z. B. 1,3 m voneinander entfernt einsetzt, so stehen auf einem Hektar reichlich 5900 Pflanzen; in einer gut gelungenen Saat oder natürlichen Verjüngung finden sich viele hunderttausend Pflänzchen auf derselben Fläche. Im alten, 80—100jährigen Bestande zählt man oft nur 5—600, wenn es hoch kommt 1000 Bäume. Die im Laufe der Zeit ausscheidenden, beherrschten oder unterdrückten Bäume nutzt allmählich der Forstwirt, bevor sie absterben, er durchforstet. In dieser Beziehung ist die D. eine Maßregel der Ernte, sie wirkt aber gleichzeitig als Pflege, weil sie den stehenbleibenden Bäumen Raum schafft, rascher ein größeres Wurzel- und Blattvermögen und dadurch größern Zuwachs zu entwickeln, als dies der natürliche Ausscheidungsprozeß bewirkt. Als forstliche Regel gilt es, früh, oft und mäßig zu durchforsten. Nach Holzart und Standort ist das Maß der D. ein sehr verschiedenes. Lichtholzarten (z. B. Eiche, Kiefer, Lärche) erfordern stärkere D. als Schatten vertragende (z. B. Buche, Tanne, Fichte). Ärmerer Standort verträgt nicht so starke und so häufig wiederkehrende D. wie frische, fruchtbarere Lagen. Eine ähnliche Maßregel sind die Reinigungshiebe oder Läuterungen (s. d.).

Durchfuhr (Durchgang, Transit), derjenige Warenverkehr, welcher bei seiner Bewegung aus einem Wirtschaftsgebiete nach dem eigentlichen Bestimmungslande seinen Weg durch ein direktes Land (Durchfuhrgebiet) nimmt. Während die D. in frühern Zeiten vielfach teils durch Belastung mit Abgaben (s. Durchfuhrzölle), teils durch gänzliche Verbote (s. Durchfuhrverbote) wesentlich erschwert, wenn nicht unmöglich gemacht war, läßt man sich in der Gegenwart, namentlich im Interesse der Belebung des Eisenbahn- und Schiffahrtsverkehrs, die möglichste Förderung derselben angelegen sein. Im Eisenbahnverkehr hat dies vielfach die Einführung von Differentialtarifen für die D. zur Folge gehabt, in denen nicht selten eine Begünstigung des Auslandes vor dem Inlande erblickt wird und die deshalb namentlich von der inländischen Produktion scharf bekämpft werden. (S. Eisenbahntarife.) Im auswärtigen Handel des deutschen Zollgebietes 1891 betrug die D. im Gewicht 1941547300 kg, von der Gesamteinfuhr im Generalhandel (32687214400 kg) etwa 6 Proz. Vgl. Statistik des Deutschen Reichs, Neue Folge, Bd. 60, Heft 1 (Berl. 1892).

Durchfuhrverbote (Durchgangsverbote, Transitverbote) wurden in frühern Zeiten nicht bloß aus polizeilichen und polit. Rücksichten erlassen, sondern zu einem guten Teil zugleich als ein Kampfmittel gegen die Einfuhr und zur wirksamern Verhinderung des Schmuggels gewisser verbotener Waren. Mit den auf thunlichste Förderung der Durchfuhr zu Gunsten des Handels- und Transportverkehrs gerichteten Bestrebungen der Gegenwart (s. Durchfuhr) hat sich indessen von selbst als Regel herausgebildet, daß Beschränkungen der Durchfuhr in Gestalt von D. nur insoweit für zulässig zu erachten sind, als es sich dabei um die Wahrung wichtiger polizeilicher oder polit. Interessen handelt. Diese Regel gilt in der Mehrzahl der civilisierten Staaten. Im deutschen Zollgebiet insbesondere dürfen nach §§. 1 und 2 des Vereinszollgesetzes vom 1. Juli 1869 alle Erzeugnisse der Natur wie des Kunst- und Gewerbfleißes im ganzen Umfange dieses Gebietes durchgeführt, Ausnahmen hiervon aber nur zeitweise für einzelne Gegenstände beim Eintritt außerordentlicher Umstände (z. B. Krieg oder Kriegsgefahr), oder zur Abwehr gefährlicher, ansteckender Krankheiten, oder aus sonstigen Gesundheits- oder sicherheitspolizeilichen Rücksichten für den ganzen Umfang oder einen Teil des Zollgebietes angeordnet werden. (S. Durchfuhrzölle.)

Durchfuhrzölle (Durchgangszölle, Transitzölle) verdanken ihre Entstehung einer Zeit, zu der man bereits anfing, der Durchfuhr im Interesse des allgemeinen Handelsverkehrs Erleichterungen und Begünstigungen vor der Einfuhr und der Ausfuhr zu teil werden zu lassen. Statt der vollen Einfuhr- und Ausfuhrzölle erhob man deshalb von den durchgehenden Waren ermäßigte Zölle, die man D. nannte. Dieselben wurden besonders zu Anfang des 18. Jahrh. in Preußen und Sachsen erhoben, aber bereits 1728 und 1730, mit Ausnahme der Durchgangsaccise zur Leipziger Messe, wieder beseitigt. Besonders erbittert wurde der Kampf um die D. zwischen Preußen und Sachsen unter Friedrich d. Gr., der die Versorgung des sächs. Marktes mit preuß. Erzeugnissen in hohem Maße erschwerte, teilweise sogar gänzlich untersagte. 1787 erfolgte die Aufhebung sämtlicher Durchfuhrverbote und eine wesentliche Herabsetzung der D. Je mehr mit der fortschreitenden Umgestaltung der modernen Transportverhältnisse durch Eisenbahnen und Dampfschiffe der Durchfuhrverkehr an Bedeutung gewann und je mehr man deshalb auf seine Förderung Bedacht nahm, um so weniger ließen sich die Hemmnisse, die demselben in Gestalt von Abgabenbelastungen entgegenstanden, aufrecht erhalten, und so sind die D. nach und nach in den meisten Kulturstaaten der völligen Freiheit des Durchfuhrverkehrs gewichen. Im deutschen Zollgebiet wurde die Zollfreiheit der Durchfuhr zuerst durch den Zollvereinsvertrag vom 8. Juli 1867 ausgesprochen, 1869 aber gesetzlich sanktioniert, indem §. 6 des Vereinszollgesetzes vom 1. Juli 1869 bestimmt, daß von der Durchfuhr Abgaben nicht erhoben werden. In Österreich wurden die D. 1862 aufgehoben. Dessenungeachtet unterliegt die Durchfuhr von Waren, die beim Verbleib innerhalb des Landes der Verzollung unterliegen würden, gewissen Zollkontrollen. (S. Begleitschein, Begleitzettel, Binnenzölle, Deklaration, Warenverschluß.)

Durchgang oder Vorübergang des Merkur und der Venus vor der Sonne findet statt, wenn diese Planeten sich in der Verbindungslinie von Erde und Sonne und zwar zwischen beiden befinden. Es ist dies der Fall, wenn sie zur Zeit ihrer untern Konjunktion zugleich auch nur eine sehr geringe Entfernung von einem der Knoten ihrer Bahn haben. Da uns Merkur und Venus in der untern Konjunktion ihre dunkle Seite zukehren, gerade so wie der Mond zur Zeit des Neumondes, so sehen wir dieselben bei ihrem D. als dunkle kreisförmige Scheibchen vor der Sonne vorüberziehen; doch ist hierzu die Anwendung eines Fernrohrs erforderlich. Wenn die Bahnen beider Planeten mit der Ekliptik zusammenfielen, so müßte diese Erscheinung bei jeder untern Konjunktion derselben beobachtet werden, also beim Merkur alle 116 Tage, bei der Venus alle 284 Tage; da aber ihre Bahnebenen gegen die Ebene der Ekliptik geneigt sind, so liegt ihr scheinbarer Weg an der Himmelskugel zur Zeit ihrer untern Konjunktion meist oberhalb oder unterhalb der Sonne und nur, wenn sie zu dieser Zeit gerade einem Knoten ihrer Bahn sehr nahe sind, bewegen sie sich scheinbar vor der Sonnenscheibe vorüber. Aus diesem Umstande sind die D., namentlich der Venus, ziemlich seltene Erscheinungen. Beim Merkur können diese D. nur im Mai und November stattfinden, weil die Knoten der Merkursbahn so liegen, daß die Erde im Anfang jedes dieser beiden Monate durch die Knotenlinie geht; doch sind die D. im November häufiger als im Mai. Die D. im 19. Jahrh. fallen in die J. 1802, 1815, 1822, 1832, 1835, 1845, 1848, 1862, 1868, 1878, 1881, 1891, 1894. Seltener, zugleich aber auch ungleich wichtiger sind die D. der Venus, die sich in Intervallen von 8, 105½, 113½ oder 121½ Jahren ereignen, und zwar immer um den Anfang von Juni oder Dezember, weil um diese Zeit die Erde durch die Knotenlinie geht. Näheres s. Venusdurchgang. Die D. können nur bei den beiden innern Planeten stattfinden; ein D. eines äußern Planeten (Mars, Jupiter u. s. w.) kann sich nie ereignen, da deren Bahnen außerhalb der Erdbahn liegen und sie daher niemals zwischen Erde und Sonne zu stehen kommen können. — Über D. im Warenverkehr s. Durchfuhr.

Durchgangsbahnhof, s. Bahnhöfe (Bd. 2, S. 291 b).

Durchgangsmeere, Verbindungsmeere zwischen Oceanen, wie das austral.-asiat. Inselmeer und das Beringmeer.

Durchgangsventil, ein Ventil, bei welchem die beiden Flanschen für den Eintritt und Austritt des Dampfes oder der Flüssigkeit einander parallel sind, sodaß das D. in eine gerade Leitung eingeschaltet werden kann.

Durchgangsverbote, s. Durchfuhrverbote.

Durchgangszölle, s. Durchfuhrzölle.

Durchhiebe, im Forstwesen, s. Loshiebe.

Durchkomponieren heißt ein Gedicht in der Weise in Töne setzen, daß jeder Satz des Textes seine eigene Musik erhält. Das Verfahren kommt hauptsächlich beim Lied in Frage. Hier unterscheidet man das *durchkomponierte* Lied von dem *strophischen*, bei dem alle Strophen nach derselben Melodie gesungen werden. Die strophische Form ist die einfachere und volkstümlichere, die durchkomponierte gehört der höhern Kunst an. Um den Gegensatz von strophischer und durchkomponierter Form bewegt sich die geschichtliche Entwicklung des Liedes.

Durchlaß, *Dohle*, ein Bauwerk, welches bestimmt ist, Wasser von einer Seite eines Erdkörpers durch denselben zur andern zu leiten. Man unterscheidet hierbei den *Schlauch* und die beiden äußern Endigungen, *Häupter* genannt. Am Schlauche sind die *Sohle*, die *Seitenwände* und die *Decke* zu unterscheiden. Fehlt bei einem Eisenbahndurchlaß die Decke und sind auf die beiden Seitenwände Holz- oder Steinschwellen gelegt, welche die quer überlaufenden Schienen tragen, so spricht man von einem *offenen* D.; setzt sich der Erdkörper über der Decke fort, so nennt man den D. bei einer Abdeckung mittels Steinplatten einen *Plattendurchlaß*, im Falle des obern Abschlusses durch ein Gewölbe *gewölbten* D. Plattendurchlässe können für lichte Durchflußweiten bis zu etwa 1 m zur Anwendung kommen. Um die Gewalt des durchfließenden Wassers zu mäßigen, hat man bei Gebirgsbahnen und Straßen an besonders steilen Lehnen die D. mit eigenen Einfallskesseln versehen, die Sohle abgetreppt, dem Schube gewaltige Widerlagsmassen entgegengestellt. Neuerdings ist man aber von solchen abgetreppten D., welche auch *Kaskadendurchlässe* genannt werden, zurückgekommen, da sie im Winter durch Eisbildung leicht verstopft werden. Schneiden sich die Achse des D. und jene des Erdkörpers unter rechtem Winkel, so spricht man von einem *normalen* D., sonst von einem *schiefen* D. Die Gestaltung der Häupter ist sehr verschiedenartig, von einfachen Stein- oder Mauerplatten bis zu verschiedenartigen Stirn- und Flügelanlagen, wie solche bei größern Unterführungen und Brücken üblich sind. Seitdem die gebrannten Thonröhren und die Betonröhren in rundem und ovalem Querschnitt in vortrefflicher Weise und mit geringen Kosten hergestellt werden, findet man vielfach auch *Röhrendurchlässe* und *Betondurchlässe*. (S. Düker.)

Durchlässig, in der Reitkunst, s. Retten.

Durchlaßposten, ein Unteroffizierposten, der mit der besondern Überwachung des Verkehrs durch eine Postenkette beauftragt ist und daher meist an einem die Postenkette durchschneidenden Wege steht. Alle zweifellos als Angehörige des eigenen Heers erkannten Personen läßt er ohne weiteres hindurch. Unbekannte oder zweifelhafte Persönlichkeiten sowie Parlamentäre oder Überläufer werden der Feldwache zugeführt. (S. Doppelposten.)

Durchlaucht, ein dem lat. Serenitas oder Serenissimus nachgebildeter Titel, der schon den röm. Kaisern Honorius und Arcadius und nach ihnen den fränk. und got. Königen beigelegt und für höher geachtet wurde als «Hoheit» (Celsitudo). Im ehemaligen Deutschen Reiche erhielten das Prädikat *Durchlauchtig* 1375 zuerst die Kurfürsten durch Kaiser Karl IV.; seit Kaiser Leopold I. wurde dasselbe indes auch andern altfürstl. Personen, und zwar zuerst 1664 an Württemberg gegeben, während die andern *Durchlauchtig Hochgeboren* blieben. Als später das D. immer allgemeiner wurde, erhielten die weltlichen Kurfürsten, sowie die geistlichen, wenn sie fürstl. Herkunft waren, und auch die Erzherzöge von Österreich das Prädikat *Durchlauchtigst*. Untereinander gaben sich die alten Fürsten, zufolge gemeinsamen Beschlusses vom 14. Mai 1712, ebenfalls das Prädikat Durchlauchtigst; hinsichtlich der neuen reichsfürstl. Häuser aber verabredeten sie 14. Dez. 1746, denselben auch Durchlauchtig oder Durchlauchtig Hochgeboren zugestehen zu wollen, wofern selbige fortfahren würden, ihnen das Durchlauchtigst und in der Unterschrift Dienstwilligster zu geben. Nachdem mit der Auflösung des Reichsverbandes ein Teil der Fürsten, zu höhern Ehren aufgestiegen, das Prädikat D. den übrigen souverän gewordenen Häusern, welche in der neuen Rangliste dem Großherzog folgten, überlassen hatte, ein anderer aber mediatisiert und deshalb seine hohe Titulatur vielfach beanstandet worden war, stellte endlich in Beziehung auf die letztern der Bundesbeschluß vom 18. Aug. 1825 ein Rang- und Titelregulativ fest. Demzufolge sollte den mittelbar gewordenen, vormals reichsständischen fürstl. Familien oder vielmehr, nach Bundesbeschluß vom 12. März 1829, nur den Häuptern derselben das Prädikat D. gewährt werden, während den Häuptern der vormals reichsständischen gräfl. Familien nur das Prädikat *Erlaucht* zugestanden wurde. Thatsächlich wird das Prädikat D. auch den nicht zum Reichsfürstenstande gehörigen fürstl. Personen beigelegt. *Durchlauchtigst* nannte sich auch, wie ehedem die Republiken Venedig, Genua und Polen, der ehemalige Deutsche Bund.

Durchlaufsposten (*Durchlaufende Posten*), im Rechnungswesen Zahlungen, welche an eine Kasse, ohne zu deren regelmäßigen Einnahmen zu gehören oder zur besondern Verwendung für die Zwecke der bezüglichen Verwaltung bestimmt zu sein, lediglich zur unverkürzten Ablieferung an eine andere Kasse oder an einen sonstigen Empfangsberechtigten geleistet werden, und bei denen sonach jeder Einnahme eine gleich hohe Ausgabe gegenübersteht.

Durchliegen (von Hautstellen), s. Aufliegen.

Durchmarsch, der Durchzug der Truppen eines Staates durch das Gebiet eines andern, s. Durchzugsrecht.

Durchmesser oder *Diameter* einer Planfigur heißt in der Geometrie eine gerade Linie, die alle in bestimmter Richtung gezogenen parallelen Sehnen der Figur halbiert. Das Parallelogramm, der Kreis, die Ellipse, die Hyperbel haben unendlich viele D., die alle durch den Mittelpunkt der Figur gehen und in ihm halbiert werden. Nur der Kreis hat aber die Eigenschaft, daß alle seine D. gleich sind; jeder derselben halbiert die auf ihm senkrecht stehenden

Sehnen und ist eine Achse der Figur. Das letztere thun bei der Ellipse nur zwei D., nämlich der größte und der kleinste von allen, die selbst aufeinander senkrecht stehen und die große und kleine Achse der Ellipse genannt werden. Von den übrigen D. heißen je zwei, von denen der eine die dem andern parallelen Sehnen halbiert, **konjugierte** oder **zugeordnete** D. In der Parabel sind alle D. der Achse parallel. Krumme Linien höherer Ordnungen haben nicht unbedingt einen oder mehr D. Bei einer Raumfigur (Parallelepiped, Kugel, Sphäroid u. s. w.) kann es eine Durchmesserebene geben, die alle in bestimmter Richtung gezogenen Sehnen der Figur halbiert; und wenn die Figur einen Mittelpunkt hat, so hat sie unendlich viele D. und Durchmesserebenen. Alle Kugeldurchmesser sind einander gleich und werden im Mittelpunkt halbiert; das letztere gilt auch von den D. der Sphäroide und Ellipsoide. Unter dem scheinbaren D. einer Kugel versteht man den Winkel, unter dem ihr D., aus einem fernen Punkte gesehen, dem Beobachter erscheint. So ist z. B. bei den Himmelskörpern von einem scheinbaren D. die Rede, der desto größer ist, je größer der wirkliche D. des betreffenden Himmelskörpers und je kleiner die Entfernung desselben von dem Beobachter ist. — Über das Verhältnis des Kreisdurchmessers zum Umfang s. Kreis.

Durchmusterung oder Bonner D., s. Sternkataloge und Argelander.

Durchörtern, im Bergwesen die Herstellung von Strecken in einer Lagerstätte, speciell das Herstellen einer Verbindung in einem Kohlenpfeiler von einer Strecke zur andern.

Durchscheinend, s. Durchsichtigkeit.

Durchschlag, im Bergwesen die Herstellung einer offenen Verbindung zwischen zwei Grubenbauen.

Durchschlag, ein sowohl auf glühendem, als auf kaltem Metall angewendetes Lochwerkzeug der Schmiede, Schlosser und Blecharbeiter, das an seinem dünnen, verstählten und gehärteten Ende eine abgeschliffene Fläche von der Form und Größe des zu erzeugenden Lochs besitzt. Es wird an der zu lochenden Stelle des Arbeitstückes aufgesetzt und mittels des Hammers durch dasselbe hindurchgetrieben, wobei das herausgestoßene Metallstück entweder in einen als Unterlage dienenden weichen Klotz aus Zinn, Blei, Holz eindringt, oder von der Durchbrechung einer festen untergelegten Eisen- oder Stahlplatte (Locheisen) aufgenommen wird. Nach der Form der Aufsetzfläche unterscheidet man runde, flache und viereckige D., nach der Art der Handhabung solche, die direkt mit der Hand gehalten werden und solche, die man mit einem hölzernen Stiele erfaßt. Für kaltes Metall verwendet, wird das Werkzeug auch Bankdurchschlag genannt. (Vgl. Ausschlageisen.)

Durchschlagen einer Parade geschieht im Hiebfechten, wenn der Hieb so stark ist, daß die parierende Klinge trotz richtiger Lage weggeschlagen wird, sodaß der Hieb sitzt.

Durchschnitt von zwei Linien ist ein Punkt oder eine Mehrheit von Punkten, welche die Linien gemein haben. D. von zwei Flächen ist eine Linie, welche die Flächen gemein haben. Auf der Tafel: Flächen II finden sich z. B. der D. (die Durchdringungskurve) zweier Kegel (Fig. 1) sowie der D. eines Ellipsoids und eines Paraboloids (Fig. 2). D. von mehrern gleichartigen Größen ist ihre Summe, dividiert durch ihre Anzahl.

Durchschnitt, soviel wie Lochmaschine (s. d. und Blechbearbeitung, Bd. 3, S. 105 b).

Durchschnittsrechnung lehrt das Auffinden des Werts einer Unbekannten aus verschiedenen, voneinander abweichenden Bestimmungen derselben. Ist z. B. eine Größe durch mehrfache Beobachtungen erhalten, so gilt im einfachsten Falle das arithmet. Mittel (s. Mittel) als der gesuchte wahrscheinlichste Wert derselben; hat man Gründe, den einzelnen Beobachtungen ein verschiedenes Maß von Vertrauen zu schenken, z. B. nach der Güte verschiedener Instrumente, Vielfältigkeit der Beobachtungen u. dgl., so legt man denselben verschiedenes Gewicht bei. Eine andere Art von solchen Aufgaben s. Mischungsrechnung.

Durchschuß, in der Buchdruckerkunst diejenigen schwachen Bleistücke, durch welche die weißen Räume zwischen den Zeilen hergestellt, letztere also je nach der Stärke des D. weiter voneinander entfernt gehalten werden (s. Buchdruckerkunst, Bd. 3, S. 661 b, und Regletten).

Durchsichtigkeit (Diaphanität, Transparenz), die Eigenschaft der Körper, Licht durchzulassen. Sie zeigt sich bei verschiedenen Körpern in sehr verschiedenem Grade und in allmählicher Abstufung von großer D. oder Wasserhelle, wie bei nicht allzu dicken Schichten reiner Luft, reinen Wassers, Diamant, Bergkrystall, Glas u. s. w., durch das Halbdurchsichtige und Durchscheinende bis zum Undurchsichtigen (Opaken). Aus der Dichtigkeit und chem. Beschaffenheit eines Körpers läßt sich auf seine D. kein Schluß ziehen; dieselbe hängt nämlich von einer gewissen Gleichartigkeit der Masse ab, wie sie sich nur bei großen Krystallen, farblosem Glas, Wasser und manchen Flüssigkeiten findet; jede Ungleichartigkeit im Innern einer Masse stört die D. Mischungen von Wasser und Öl erscheinen milchig; wasserhaltende Krystalle werden undurchsichtig, wenn sie ihr Wasser an der Luft verlieren (verwittern); Glas wird trübe, wenn es in seiner Mischung oder in der Lagerungsweise seiner Teilchen (Moleküle) eine Änderung erfährt. Am vollkommensten durchsichtig sind immer farblose Körper, da gefärbte stets einen bestimmten Teil der Lichtstrahlen verschlucken. Aber selbst der durchsichtigste Körper läßt das Licht nicht ohne allen Verlust hindurch, während andererseits gewöhnlich für undurchsichtig gehaltene Stoffe, wie Metalle, in ganz dünnen Schichten durchsichtig sind. (S. Opak.) — Am meisten studiert wurde bisher die D. der Luft und des Wassers. Obwohl die reine Luft sehr durchsichtig ist, so büßt sie dennoch in dicken Schichten infolge der unregelmäßigen Zurückwerfungen oder der Zerstreuung des Lichts an den Luftteilchen einen Teil ihrer D. ein. Und weil dabei auch eine Auslöschung (Verschluckung oder Absorption) der farbigen Strahlen bis auf die blauen, die vorzugsweise zurückgeworfen (zerstreut) werden, stattfindet, so erscheint die Luft in sehr langen oder hohen Schichten bläulich bis blau, woraus sich auch die Himmelsbläue und die sog. Luftperspektive erklärt. Die entfernten Gegenstände erscheinen in einen «Duft» gehüllt. Wasserdämpfe in der Luft stören ihre D. nicht, wohl aber flüssiges Wasser in Form von Nebel und Wolken; ferner erleidet die D. der Luft Einbuße durch beigemengte Staubteilchen aller Art u. dgl. m.

Um die Größe der Lichtschwächung in der atmosphärischen Luft beurteilen zu können, dienen eigene Durchsichtigkeitsmesser oder Diaphanometer. Das einfachste Instrument dieser Art hat Saussure erfunden; es besteht im wesentlichen aus zwei weißen Scheiben, auf denen zwei ungleich große schwarze Kreisflächen aufgetragen sind. Hätte z. B. die eine Kreisfläche einen 2-, 3-, 4-... mal größern Durchmesser als die andere, so sollte diese, wenn nur die Kleinheit des Sehwinkels allein im Spiel wäre, erst in einer Entfernung vom Auge unsichtbar werden, die 2-, 3-, 4-... mal so groß ist als der Abstand der kleinern Kreisfläche vom Beobachter, bei dem letztere aufgehört hat sichtbar zu sein. Derartige Versuche lehren, daß stets die Entfernung der größern Scheibe beim Aufhören ihrer Sichtbarkeit kleiner ist, als sie nach der oben erwähnten Proportionalität sein sollte. Dies kommt daher, daß jener Gegensatz von Schwarz und Weiß um so früher aufhört, wahrnehmbar zu sein, je mehr die Luft an D. verliert. Das Verhältnis der durch den Versuch ermittelten Entfernung zu jener berechneten, die eine vollkommene D. voraussetzt, führt zur Bestimmung des Durchsichtigkeitskoefficienten, d. h. jenes Bruchteils vom einfallenden Licht, der durch eine als Längeneinheit gewählte sehr dicke (z. B. 300 m) Luftschicht gegangen ist. Ist z. B. der Durchsichtigkeitskoefficient 0,7, so heißt dies, daß 0,3 der einfallenden Lichtmenge durch Absorption und Zerstreuung des Lichts für die D. verloren gegangen sind. So hat sich ergeben, daß im allgemeinen die D. der Luft in den Äquatorialregionen größer ist als gegen die Pole hin. Auch die D. des Wassers verliert aus ähnlichen Gründen wie bei der Luft, wenn die Dicke seiner Schichten zunimmt. Nach Bunsen läßt reines Wasser die blauen Strahlen etwas stärker durch als die übrigen, weshalb es in sehr dicken Schichten blau erscheint. Nach Wittstein geht dieses Blau in Grün über, wenn organische Beimischungen in genügender Menge vorhanden sind. Nach Saint-Claire Deville erscheinen die Wässer blau oder grün, je nachdem ihre Verdampfungsrückstände weiß oder gelb bis bräunlich sind. In neuerer Zeit hat man das von Wasser und Luft durchgelassene Licht auch mit dem Spektroskop untersucht.

Durchsichtigkeitskoefficient, Durchsichtigkeitsmesser, s. Durchsichtigkeit.

Durchstoß, soviel wie Lochmaschine (s. d.).

Durchsuchung der Wohnung (Haussuchung) und anderer Räume verdächtiger Personen und der ihnen gehörigen Sachen kann gegen die der Teilnahme an einer strafbaren Handlung Verdächtigen sowohl zum Zweck ihrer Ergreifung als auch dann vorgenommen werden, wenn zu vermuten ist, daß die D. zur Auffindung von Beweismitteln führen werde; bei andern Personen nur behufs Ergreifung des Beschuldigten oder behufs Verfolgung von Spuren einer strafbaren Handlung oder Beschlagnahme bestimmter Gegenstände, und auch dann nur, wenn Thatsachen vorliegen, aus denen zu schließen ist, daß die gesuchte Person, Spur oder Sache sich in den zu durchsuchenden Räumen befinde. Zur Nachtzeit, d. h. vom 1. April bis 30. Sept. von 9 Uhr abends bis 4 Uhr morgens, vom 1. Okt. bis 31. März von 9 Uhr abends bis 6 Uhr morgens, dürfen Wohnung, Geschäftsräume und befriedetes Besitztum nur bei Verfolgung auf frischer That oder bei Gefahr im Verzuge oder behufs Wiederergreifung eines entwichenen Gefangenen durchsucht werden. Die Anordnung von D. steht dem Richter, bei Gefahr im Verzuge auch der Staatsanwaltschaft und deren Hilfsbeamten zu; findet die D. ohne Beisein des Richters oder Staatsanwalts statt, so sind, wenn möglich, ein Gemeindebeamter oder zwei Gemeindemitglieder zuzuziehen; ebenso ist, wenn der Inhaber der zu durchsuchenden Räume wegen Abwesenheit der D. nicht beiwohnt, wenn möglich sein Vertreter oder ein erwachsener Angehöriger, Hausgenosse oder Nachbar zuzuziehen. Die vorstehenden Beschränkungen hinsichtlich der Vornahme von D. finden auf Wohnungen von Personen, welche unter Polizeiaufsicht stehen, auf Räume, welche zur Nachtzeit jedermann zugänglich oder welche der Polizei als Herbergen bestrafter Personen, Niederlagen gestohlener u. dgl. Sachen, Schlupfwinkel des Spiels und der Unzucht bekannt sind, keine Anwendung. Dem von der D. Betroffenen ist auf Verlangen eine Bescheinigung über den Grund und das Ergebnis derselben zu erteilen. Die in Verwahrung oder Beschlag genommenen Gegenstände sind genau zu verzeichnen und zur Verhütung von Verwechselungen durch amtliche Siegel oder sonst kenntlich zu machen. Zur Durchsicht der aufgefundenen Papiere ist ohne Genehmigung des Inhabers nur der Richter befugt, welcher die zur strafbaren Handlung in Beziehung stehenden Papiere der Staatsanwaltschaft mitzuteilen hat. Vgl. §§. 102 fg. der Deutschen Strafprozeßordnung. — Die Österr. Strafprozeßordnung (§§. 139 fg.) unterscheidet zwischen Hausdurchsuchung, welche nur stattfindet, wenn gegründeter Verdacht vorliegt, daß sich in den Räumen eine eines Verbrechens oder Vergehens verdächtige Person verborgen halte oder Gegenstände von Bedeutung für eine bestimmte Untersuchung befinden, und D. der Person und ihrer Kleidung gegen verdächtige oder übel berüchtigte Personen. Falls es sich weder um letzteres handelt, noch Gefahr im Verzuge vorliegt, noch die zu durchsuchenden Räumlichkeiten dem Publikum offen stehen, soll der D. eine Vernehmung desjenigen, bei oder an welchem sie vorgenommen werden soll, vorangehen. In der Regel darf die D. nur kraft eines mit Gründen versehenen richterlichen Befehls unternommen werden, bei Gefahr im Verzuge auch auf schriftliche Anordnung eines Gerichtsbeamten oder Beamten der Sicherheitsbehörden, bei Verfolgung auf frischer That auch ohne solche aus eigener Macht der Sicherheitsorgane. Bei der D. sind stets ein Protokollführer und zwei Gerichtszeugen zuzuziehen, und es ist der Inhaber der zu durchsuchenden Räume, im Behinderungsfalle ein erwachsener Angehöriger, Hausgenosse oder Nachbar aufzufordern, der D. beizuwohnen. Ist nichts Verdächtiges gefunden, so ist auf Verlangen Bestätigung darüber zu erteilen, ebenso über D. ohne richterlichen Befehl. (S. Beschlagnahme.)

Durchsuchungsrecht, die Befugnis zum Anhalten und zur Untersuchung von Kauffahrteischiffen und andern im Privateigentum befindlichen Fahrzeugen. Es kann in Häfen und in Küstengewässern des eigenen Landes jederzeit, auch rücksichtlich fremder Kauffahrer, bei Verdacht einer Einschmuggelung von verbotenen Waren oder gefährlichen Personen, einer Steuerdefraudation, einer Verletzung der Quarantäne- oder anderer polizeilicher Vorschriften durch die gewöhnlichen Zoll-, Hafen- und Polizeibeamten ausgeübt werden. Auf hoher See gilt das D. einesteils als Mittel der Selbsthilfe im Seekriege, anderenteils zur Unterdrückung der Piraterie und des Sklavenhandels. Im 17. und 18. Jahrh., als die Seekriege, zumal von England, ohne Scheu zur

Unterdrückung auch des neutralen Handels ausgenutzt wurden, nahm man das D. in maßloser Ausdehnung in Anspruch, und dies war der Hauptgrund, welcher 1780 und 1800 zur Bildung der sog. bewaffneten Neutralität unter Rußlands Vorgang führte. (S. Neutralität.) Seit der Pariser Seekriegsrechtsdeklaration vom 15. April 1856 (s. Seebeute) ist die eigentliche Durchsuchung (recherche, search) eines neutralen Schiffs nur zulässig bei gegründetem Verdachte, daß es Konterbande (s. d.) an Bord führt. Der Anhaltung (Heimsuchung, visite, visitation) dagegen hat sich jedes unter neutraler Flagge fahrende Handelsschiff zu unterwerfen, um durch Vorlegung der Schiffspapiere zu beweisen, daß es das Recht zur Führung dieser Flagge hat und daß sich unter seiner Ladung keine Konterbande befindet. Jedoch sind davon diejenigen Handelsschiffe befreit, welche unter Begleitung (convoi) eines Kriegsschiffs ihrer Nation fahren; bei ihnen genügt eine von dem Befehlshaber des letztern abgegebene Erklärung. Ausgeübt werden kann das D. nur von einem Kriegsschiffe oder in den Marinedienst gestellten sog. Kreuzer. — Ob auch in Friedenszeiten das D. gegen jedes der Piraterie verdächtige Schiff ausgeübt werden kann, ist nicht ohne Zweifel. Als England seit dem Wiener Kongreß darauf drang, zur Unterdrückung des Sklavenhandels diesen der Piraterie gleich zu behandeln, wurde besonders von Frankreich und den Vereinigten Staaten in den darüber geschlossenen Verträgen das D. nur in beschränkter Weise und unter sorgfältig vorgeschriebenen Bedingungen zugestanden. Vgl. Kaltenborn, Grundsätze des praktischen europ. Seerechtes (2 Bde., Berl. 1851); Perels, Das internationale öffentliche Seerecht der Gegenwart (ebd. 1882).

Durchwachsen nennt man solche Blätter, deren sitzende Basis rings um den Stengel angewachsen ist.

Durchwachsung, Diaphysis (bot.), die Erscheinung, daß eine Achse über ihren Endpunkt weiter sproßt. Bei D. der Blüten kann die durchwachsene Achse die Form eines Laubsprosses, eines Blütenstandes oder einer Einzelblüte annehmen, wie es besonders bei Rosen, aber auch bei andern Rosaceen, Ranunkulaceen, Umbelliferen, Kompositen u. a. nicht selten vorkommt. Bisweilen, besonders bei Gräsern, hat der Sproß die Form eines Zwiebelchens, das nach dem Abfallen sich zu einem neuen Individuum entwickeln kann (Lebendiggebärende Pflanzen, plantae viviparae).

Durchziehen (militär.), das Vor- oder Zurückgehen einer Truppenabteilung durch die Zwischenräume einer andern, d. h. die Bewegung, mittels der eine rückwärtige Linie als Ersatz der vordern an deren Platz rückte, war in den Schlachten der Alten sehr gebräuchlich; bei der heutigen Feuerwirkung und Fechtweise ist das D. ausgeschlossen.

Durchziehen, bei Zugpferden soviel wie durchscheuern, geschieht meist infolge nicht richtig aufgepaßten Geschirrs.

Durchzugsrecht, das Recht des Durchzugs eines fremden nicht feindlichen Truppenkorps durch das Gebiet eines Staates. Das nicht für den besondern Fall eines gelegentlichen Bündnisses, sondern ein für allemal eingeräumte D. fiel unter den Begriff der sog. Staatsservitut (s. d.), ist aber mit den Neutralitätspflichten des heutigen Völkerrechts so wenig vereinbar wie das Besatzungsrecht (s. d.), neben welchem es unter den besondern Verhältnissen des vormaligen Deutschen Bundes noch vorkam.

Dürckheim-Montmartin (spr. mongmartäng), Ferdinand Eckbrecht, Graf von, elsäss. Patriot, geb. 8. Juli 1811 auf Schloß Thürnhofer in Bayern, studierte in Straßburg die Rechte, wurde 1836 Unterpräfekt und trat 1844 zu Ludwig Napoleon während dessen Gefangenschaft in Ham in nähere Beziehung. Unter der Präsidentschaft Napoleons wurde er Unterpräfekt in Schlettstadt und 1850 Präfekt in Colmar, wirkte als solcher erfolgreich für die Beruhigung der Gemüter im Elsaß, entzweite sich aber 1854 mit dem Minister Persigny und nahm seine Entlassung. Napoleon ernannte ihn bald nachher zum Generalinspektor der Telegraphenverwaltung. Nach 1871 trat D. offen und mit Überzeugung für die deutsche Sache, ohne indes wieder ein öffentliches Amt anzunehmen. D. starb 29. Juni 1891 auf Schloß Edla in Niederösterreich. Er war zweimal vermählt mit Enkelinnen der durch ihre Beziehungen zu Goethe bekannten Lilli Schoenemann und veröffentlichte «Lillis Bild geschichtlich entworfen» (Nördl. 1879), «Erinnerungen alter und neuer Zeit» (2 Bde., 2. Aufl., Stuttg. 1888), «Allerlei Gereimtes und Ungereimtes» (ebd. 1890).

Durdik, Jos., czech. Philosoph, geb. 15. Okt. 1837 zu Hořitz (Böhmen), studierte in Prag und ist seit 1874 Professor der Philosophie daselbst. Er hält an der Kant-Herbartschen Richtung fest und bestreitet die Möglichkeit einer sog. nationalen Philosophie als Wissenschaft («O vyznamu nauky Herbartovy», «Über die Bedeutung der Herbartschen Philosophie», Prag 1876). Sein Hauptwerk ist: «Všeobecná aesthetika» («Allgemeine Ästhetik», 1875), der sich die «Poetika» («Die Poetik als Ästhetik der Dichtkunst», Bd. 1, Prag 1881) anschließt. Ferner schrieb er Monographien über das Temperament (2. Aufl. 1880), über den Charakter (3. Aufl. 1890) u. a., naturwissenschaftliche Schriften und zwei Dramen.

Düren. 1) **Kreis** im preuß. Reg.-Bez. Aachen, hat 563,29 qkm und (1890) 80194 E., 1 Stadt und 88 Landgemeinden. — 2) **Kreisstadt** im Kreis D., rechts der Ruhr, an den Linien Köln-Aachen, Neuß-Euskirchen und den Nebenlinien Jülich-D. (15,4 km) und D.-Kreuzau (7,3 km) der Preuß. Staatsbahnen, ist Sitz eines Landratsamtes, Amtsgerichts (Landgericht Aachen), Hauptsteueramtes und einer Reichsbanknebenstelle und hat (1890) 21731 E., darunter 1984 Evangelische und 245 Israeliten, Post erster Klasse mit Bahnhofszweigstelle, Telegraph; fünf kath. und zwei evang. Kirchen, eine Synagoge, Kaiser Wilhelm- und Bismarck-Denkmal von J. Uphues, Krieger- und Siegesdenkmal, einen Wasserturm mit Sammlung von Altertümern, Rathaus mit prächtigem Sitzungssaal, Stadtbibliothek (13000 Bände) und Sammlung von röm. Altertümern, eine große Stadtschule, von Professor Raschdorff in Renaissance erbaut; ferner ein Stiftsgymnasium (1826 gegründet; Direktor Dr. Schwering, 16 Lehrer, 9 Klassen, 270 Schüler), Realprogymnasium (1829 gestiftet; Rektor Dr. Becker, 8 Lehrer, 7 Klassen, 143 Schüler), kath. höhere Knaben-, städtische paritätische höhere Mädchenschule, Rheinische Provinzialblindenanstalt (1845 gegründet, 175 Zöglinge), Provinzialirrenanstalt, Hospital, kath. und evang. Waisenhaus, Kinderkrippe, Kinderbewahranstalten,

Haushaltungsschule. Die Industrie erstreckt sich auf die Fabrikation von Tuch und Papier, Eisenschienen und Maschinenteilen, Nadeln, Kunstwolle, Decken und Veloursteppichen sowie Filz und Metallgeweben zum Gebrauch der Papiermaschinen; ferner bestehen eine große Flachsspinnerei, Gerbereien, Bierbrauereien, zwei Bleiweiß- und eine bedeutende Zuckerfabrik, Galmeigruben (2000 t Zink) und eine Zinkwalze. In D. lebte und starb der Dialektdichter Joseph van der Giese (1803—50). — Etwa 4 km oberhalb D. im romantischen Ruhrthale wird ein guter Rotwein gebaut. In der Nähe von D. das Städtchen Nideggen mit den großartigen und malerischen Trümmern eines ehemaligen Residenzschlosses der Herzöge von Jülich und einer interessanten roman. Kirche, vermutlich der alten Schloßkapelle; ferner das Dorf Frauwüllesheim mit got. Kirche aus dem 14. Jahrh. — D. hieß zur Zeit der Römer Marcodurum und soll, wie Köln, seinen Ursprung dem M. Agrippa verdanken. 69 n. Chr. schlug hier Civilis, der Heerführer der Bataver, die Ubier und 70 wurde der Ort von ihm erobert. Die fränk. Könige hielten zu D. in der zweiten Hälfte des 8. Jahrh. mehrere Kirchenversammlungen und Reichstage. Von Karl d. Gr., welcher nach seinen Siegen über die Sachsen hier 775 und 789 in seiner Pfalz Duria oder Dura Versammlungen hielt, wurde der Ort zur Reichsstadt erhoben und als solche von Otto III. (1000) und Ruprecht (1407) bestätigt. Der Graf Wilhelm von Jülich erhielt 1238 die Stadt vom Kaiser Friedrich II. als Pfand für ein Darlehn, woraus schließlich die Einverleibung in den Verband des Herzogtums Jülich erwuchs, in welchem sie bis zur franz. Occupation verblieb. Karl V. verbrannte die Stadt nach hartnäckiger Verteidigung 1543. Im Dreißigjährigen Kriege wurde D. 1642 durch den hess. General Graf Eberstein und 1794 durch die Franzosen unter Marceau belagert. Durch den Frieden von Lunéville (1801) kam D. an Frankreich, 1814 durch Beschluß des Wiener Kongresses an Preußen.

Durendart (Durandarte), Rolands Schwert, durch einen Engel Karl d. Gr. überbracht, damit er es seinem besten Paladin zum Kampfe gegen die Heiden verleihe.

Dürer, Albrecht, Maler und Kupferstecher, einer der größten Künstler seiner Zeit, geb. 21. Mai 1471 zu Nürnberg als Sohn eines geschickten Goldschmieds, der aus der deutschen Kolonie Ajtós bei Gyula in Ungarn nach Deutschland eingewandert war. Der junge D. ward von seinem Vater in dessen Handwerk unterrichtet und kam dann 1486 in die Lehre zu Michel Wohlgemuth, dem damals angesehensten Maler in Nürnberg. Aus der Lehrzeit stammt sein 1484 auf Pergament gezeichnetes Brustbild (jetzt in der Albertina zu Wien) und Maria mit den lautenspielenden Engeln (1485; im Berliner Kupferstichkabinett). 1490 begab er sich auf die Wanderschaft, besuchte Basel, Colmar und Straßburg, wahrscheinlich auch Venedig. Hier lernte er (damals oder bei seinem spätern Aufenthalt) die Werke Mantegnas kennen, die einen großen Eindruck auf ihn hervorbrachten, und wurde, wie es scheint, durch Jacopo de' Barbari, der auch 1500 in Nürnberg in seine Entwicklung eingriff, auf die Antike und die Mythologie hingewiesen. Er kehrte 1494 in die Heimat zurück, wo er des Hans Frey Tochter heiratete. Neben dem damals in seiner Vaterstadt fabrikmäßig, namentlich von M. Wohlgemuth schwunghaft betriebenen Gewerbe der Malerei gelang es dem auf eigenen Wegen sich Bahn brechenden, einem höhern Ziele zustrebenden jungen Künstler nicht so leicht, sich Anerkennung zu verschaffen. Mit Unterstützung seines Freundes, des Nürnberger Ratsherrn Wilibald Pirkheimer, ging er 1506 nach Venedig, wo er über ein Jahr verweilte und auf Bestellung der deutschen Kaufleute für die Bartholomäuskirche eins seiner schönsten Gemälde vollendete, die figurenreiche Darstellung des Rosenkranzfestes der Jungfrau Maria, welches Bild später vom Kaiser Rudolf II. gekauft und nach Prag gebracht wurde, wo es, freilich sehr beschädigt und übermalt, sich noch im Stifte Strahow befindet. 1507 zurückgekehrt, betrat er die glänzende Bahn seiner Meisterschaft. Kaiser Maximilian war einer der ersten, die ihm Anerkennung zollten. Er fertigte für den Kaiser die Zeichnungen zu den großen Holzschnittfolgen des Triumphwagens und der Ehrenpforte. D. besuchte 1518 den Reichstag zu Augsburg, wo er viele Fürsten und andere bedeutende Persönlichkeiten in trefflich skizzierten Zeichnungen, die sich zum Teil erhalten haben, porträtierte, und unternahm 1520 und 1521 eine Reise nach den Niederlanden. Obwohl, nach Melanchthons Bericht, der Künstler selbst klagte, wie ihm erst in der Einfachheit der Natur die Idee der wahren Schönheit gekommen sei, und er sich außer stande fühle, deren hohes Vorbild zu erreichen, zeigte er doch in den 1526 vollendeten Doppelbildern, der lebensgroßen Figuren der Apostel Paulus und Petrus, der Evangelisten Markus und Johannes (die sog. vier Temperamente, in der Pinakothek zu München, gestochen von A. Reindel), daß er seinem Ideal näher zu kommen vermochte als irgend einer von denen, welchen er die Anregung zu danken hatte. In den Niederlanden hatte D. durch Erkältung den Grund zu seiner spätern Krankheit gelegt, der er 6. April 1528 in Nürnberg erlag. Auf dem Dürerplatz daselbst wurde ihm 1840 ein von Rauch modelliertes, von Burgschmiet in Erz gegossenes Standbild errichtet.

Der Schwerpunkt der D.schen Kunst liegt in seiner ungewöhnlichen Persönlichkeit, der überwältigenden Kraft seines leidenschaftlichen, seelischen Empfindens, der rein menschlichen und streng sittlichen Bildung seines Geistes, der Kindlichkeit seines Gemüts und dem Adel der Gesinnung, die sich nicht nur überall in seinen Leistungen aussprechen, sondern auch von seinen bedeutendsten Zeitgenossen, wie Pirkheimer, Camerarius und Melanchthon, wiederholt bezeugt werden. In seinen Darstellungen hält er sich hier und da von einer gewissen Manier nicht frei und der Zug des Phantastischen, der durch die ganze ältere deutsche Kunst geht, blieb auch ihm in merklicher Weise eigen, doch erhebt er seine Schöpfungen durch die Wucht seiner tief innerlich anschauenden Persönlichkeit zu einer realistisch ergreifenden Wahrheitlichkeit. Seine Größe liegt aber darin, daß die ganze Welt sich in seiner Seele abspiegelt und durch ihn in einer seinem Geiste entsprechenden Färbung wieder hervortritt. Zu den anziehendsten Arbeiten D.s gehören seine schon in frühester Zeit angefertigten Selbstbildnisse (das von 1498 in Madrid, von 1500 in der Pinakothek zu München), welche zeigen, daß D. nicht allein einer der bedeutendsten Künstler, sondern auch einer der schönsten Männer seiner Zeit war. Andere vorzügliche Bildnisse von seiner Hand sind: das seines Vaters (1490; in den Uffizien zu Florenz), seines Lehrers Wohlgemuth (1516; in der Münchener

Pinakothek), des Kaisers Maximilian (1519; im Hofmuseum zu Wien), des Hieronymus Holzschuher (1526; im Berliner Museum), des Nürnberger Senators Jakob Muffel (1526; ebd.), des Kurfürsten Friedrich des Weisen (Jugendwerk, ebd.), des Erasmus von Rotterdam (Museum zu Rotterdam). Zu seinen vorzüglichsten religiösen Gemälden gehören: Beweinung des Leichnams Christi (1500; Münchener Pinakothek), der sog. Baumgartnersche Altar (Geburt Christi, mit den beiden Stiftern auf den Flügeln; ebd.), Anbetung der Könige (1504; Uffizien zu Florenz), Christus am Kreuz (1506; Dresdener Galerie; s. Tafel: Christus am Kreuz), ein Bildchen von unvergleichlicher Feinheit der Ausführung; ebenda ein Altarwerk: Maria das Christkind anbetend; zu beiden Seiten: der heil. Antonius und der heil. Sebastian; die lebensgroßen Figuren Adam und Eva (1507; Pradomuseum zu Madrid); die für Jakob Heller in Frankfurt a. M. ausgeführte Himmelfahrt der Maria (1509), die beim Schloßbrande zu München 1674 zerstört wurde (alte Kopie im histor. Museum zu Frankfurt a. M.); die Darstellung der heiligen Dreifaltigkeit mit vielen Heiligen und Seligen (1511; Hofmuseum zu Wien), die Kreuzabnahme (in der Moritzkapelle zu Nürnberg). Ferner die Madonna mit der Birne (1512; Hofmuseum zu Wien), mit der Nelle (1516; Galerie zu Augsburg), eine andere (1526; Uffizien zu Florenz). Kürzlich wurden in der Ratsschulbibliothek zu Zwickau fünf bisher vermißte Gemälde D.s aufgefunden: die Madonna auf der Mondsichel, am Brunnen, das Christkind stillend, mit dem schlafenden Christkind, mit der Meerkatze.

Den ganzen Reichtum seiner Begabung lernt man aber erst aus der großen Zahl seiner Handzeichnungen, Kupferstiche und Holzschnitte kennen, die sich in fast allen bedeutenden Sammlungen finden, besonders (150 Nummern) in der Albertina zu Wien. D. erhob den Kupferstich und Holzschnitt, die bei seinen Vorgängern kaum die ersten Anfänge der technischen Ausführung überschritten hatten, zu einer Vollendung, die sie nach ihm nur bedingungsweise wieder erhalten haben. Zu seinen vorzüglichsten Kupferstichen gehören: Ritter, Tod und Teufel (1513), Melancholie (1514), Heiliger Hieronymus in der Zelle (1515), Adam und Eva im Paradiese, Heiliger Eustachius, die sich durch eine überaus zarte, der Form sich anschmiegende, einfache Strichlegung auszeichnen. Zu seinen hervorragendsten Holzschnitten gehören: Die Offenbarung des Johannes, 15 Blätter (1498 und 1511), Die kleine Passion, 37 Blätter (1509), Die große Passion, 12 Blätter (1510), Das Leben der Maria, ein Werk voll tiefer Empfindung und zarter Anmut, 20 Blätter (1510; s. Tafel: Deutsche Kunst VI, Fig. 3), Die Ehrenpforte des Kaisers Maximilian, der größte existierende Holzschnitt (1515), von Adam von Bartsch 1799 auf Kupfer übertragen. Vom J. 1522 stammen die Holzschnitte des großen Triumphwagens des Kaisers Maximilian, deren Stöcke in der kaiserl. Bibliothek in Wien aufbewahrt werden; die älteste Originalausgabe mit untenstehendem deutschen Text erschien 1522, die letzte 1589. Ferner die Randzeichnungen zum Gebetbuch Kaiser Maximilians (4 Exemplare bekannt, das beste in der Münchener Hofbibliothek); 43 Blätter sind von D., die 8 übrigen von L. Cranach; sie wurden veröffentlicht von Stöger (Münch. 1883). Wenn man D. die Erfindung der Ätzkunst und des Tondrucks zuschreibt, weist man ihm, wenigstens in Bezug auf letztern, fälschlich Verdienste zu, deren er neben seinen sonstigen nicht bedarf. Das von D. auf den meisten seiner Werke angebrachte Monogramm ist ein lat. A mit einem kleinern D unter dem Querstrich desselben.

Auch als Schriftsteller hat D. sich bethätigt und für seine Zeit maßgebend gewirkt. Sein Werk: «Underweysung der messung, mit zirckel vnd richtscheyd, in Linien ebnen vnnd gantzen corporen» (Nürnb. 1525 u. ö.), gibt treffliche Vorschriften über Perspektive, besonders zur Entwerfung des Schattens der Körper, wozu er eine eigene sinnreiche Maschine in Vorschlag brachte. Im allgemeinen drang er darauf, die ganze Malerkunst, soweit sie die eigentliche Zeichnung betrifft, auf mathem. Gründe zurückzuführen. Sein Hauptwerk «Von menschlicher Proportion u. s. w.» (Nürnb. 1528 u. ö.) wirkte epochemachend, insofern es, gegenüber der während des ganzen Mittelalters systematisch vernachlässigten Formengebung, zum erstenmal mit Nachdruck und Erfolg die äußere Erscheinung in der Kunst geltend machte. D. schrieb auch in Deutschland das erste Buch vom Festungsbau: «Etliche vnderricht, zu befestigung der Stett, Schloß, vnd flecken» (Nürnb. 1527; neue Ausg., Dresd. 1823). Den Schriftgießern zeigte er, wie man mit Hilfe der Geometrie die Buchstaben, besonders die Versalien, nach bestimmtem Verhältnis anordnen müsse. Mehrere andere Schriften, welche D. verfaßte, sind nicht zum Druck gelangt. In allen aber erwarb er sich neben seinen bedeutendsten gelehrten Zeitgenossen das Verdienst, auf Reinigung und Veredelung der deutschen Sprache hinzuwirken. Seine Werke wurden in das Lateinische und die meisten neuern Sprachen übersetzt. D.s «Briefe und Tagebücher» sind abgedruckt in Campes «Reliquien von D.» (Nürnb. 1828; ins Neuhochdeutsche übertragen von Thausing in den «Quellenschriften für Kunstgeschichte», Bd. 3, Wien 1872).

Litteratur. Heller, Das Leben und die Werke Albrecht D.s (Bd. 2, Lpz. 1831; Bd. 1 u. 3 sind nicht erschienen); von Eye, Leben und Wirken Albrecht D.s (Nördl. 1860); A. von Zahn, D.s Kunstlehre und sein Verhältnis zur Renaissance (Lpz. 1866); Thausing, D. Geschichte seines Lebens und seiner Kunst (2 Bde., 2. Aufl., ebd. 1884); Ephrussi, Albert D. et ses dessins (Par. 1882); Albrecht D.s Tagebuch der Reise in die Niederlande, hg. von Leitschuh (Lpz. 1884); Zucker, D.s Stellung zur Reformation (Erlangen 1886); von Retberg, D.s Kupferstiche und Holzschnitte (Münch. 1871); Kaufmann, Albrecht D. (2. Aufl., Freiburg 1887); Conway, Literary remains of Albrecht D. (Cambridge 1889); A. Springer, Albrecht D. (Berl. 1892); Burckhardt, Albrecht D.s Aufenthalt in Basel 1492—94 (Münch. 1892); G. von Térey, Albrecht D.s venet. Aufenthalt 1494—95 (Straßb. 1892); von Eye, Albrecht D.s Leben und künstlerische Thätigkeit (Wandsbeck 1892). Eine Publikation der Handzeichnungen gibt Lippmann heraus (1. u. 2. Bd., Berl. 1883 u. 1889); die Gemälde sind 1888 in Lichtdruck von Soldau in Nürnberg (Text von B. Riehl), die «Randzeichnungen zum Gebetbuch des Kaisers Maximilian» von Hirth (2. Aufl. u. d. T. «Hauschronik», Münch. 1885), die Ehrenpforte durch das «Jahrbuch der kunsthistor. Sammlungen des Allerhöchsten Kaiserhauses» (Bd. 3, Wien 1884) veröffentlicht worden.

Durescieren (lat.), hart werden, verhärten.

Duressi, türk. Stadt, s. Durazzo.

CHRISTUS AM KREUZ. Von Albrecht Dürer.

Brockhaus' Konversations-Lexikon. 14. Aufl.

F. A. Brockhaus' Geogr.-artist. Anstalt, Leipzig

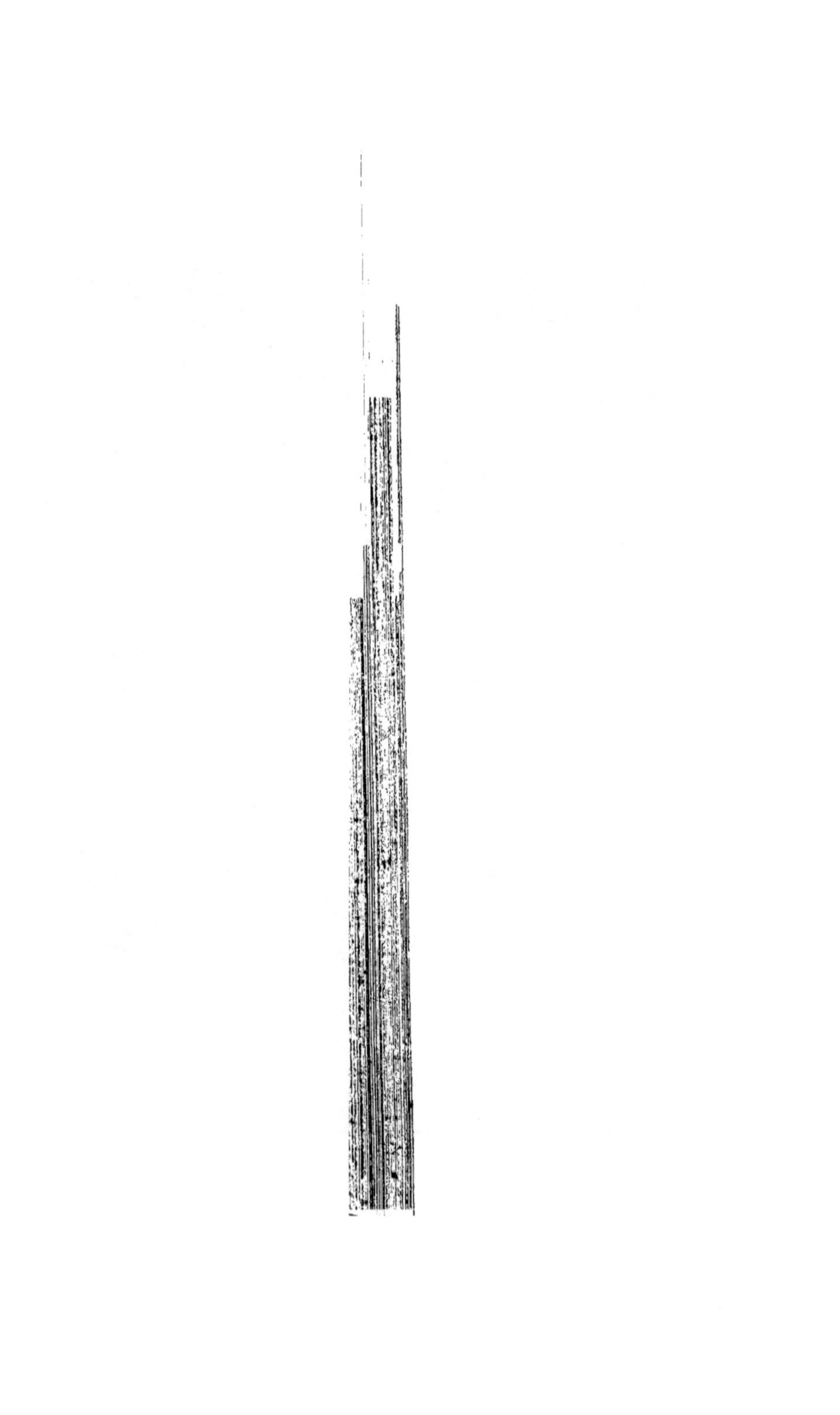

Duret (spr. düreh), Francisque Joseph, franz. Bildhauer, geb. 19. Okt. 1804 zu Paris, war Schüler von Bosio und Guérin, erhielt 1823 den Preis der Pariser Kunstschule und damit das röm. Stipendium und erzielte 1831 großen Erfolg mit: Merkur aus einer Schildkröte eine Laute fertigend (Palais-Royal; 1848 beschädigt). D. zeigte darin seine Vorliebe für die jugendlich schlanken Formen; ebenso wie 1833 in dem die Tarantella tanzenden neapolit. Fischer (im Louvre) und in dem zur Mandoline singenden neapolit. Winzer (1838). Sodann führte er für das Museum zu Versailles die Statuen von Molière und Richelieu aus; für die Kirche Ste. Madeleine einen Christus, für die Vorhalle des Théâtre français die Statuen der Tragödie und Komödie und der Schauspielerin Rachel. Weniger glücklich war D. in Monumentalwerken, von denen die 1860 vollendete Fontäne mit dem heil. Michael als Drachentöter auf der Place St. Michel in Paris zu nennen ist. Er starb 25. Mai 1865 zu Paris.

D'Urfé, Honoré, s. Urfé.

D'Urfey (spr. dörfi), Thomas, meist Tom genannt, engl. Dichter, von franz. Abkunft, geb. um 1630 zu Exeter, starb 26. Febr. 1723 zu London. Die Absicht, sich dem Rechtswesen zu widmen, gab er zu Gunsten der Schriftstellerei auf. Er schrieb, wie er selbst sagt, mehr Oden als Horaz und fast viermal soviel Lustspiele als Terenz. Zugleich war er auch (wie später Th. Moore) Komponist und Sänger seiner meist ausgelassenen und sittenlosen Lieder und deshalb ein überall willkommener Gesellschafter, wahrscheinlich auch ein Günstling Karls II. Nach dessen Tode geriet er in Dürftigkeit, und auf Addisons Veranlassung wurde sein Lustspiel «The fond husband, or the plotting sisters» zu seinem Besten aufgeführt. Seine Lieder und Gedichte gab D. als «Laugh and be fat, or pills to purge melancholy» (6 Bde., Lond. 1719 fg.) heraus; wie seine Lustspiele sind sie sämtlich völlig vergessen.

Durgā, in der ind. Mythologie Tochter des Himalaja, Frau des Çiva (s. d.) und Mutter des Gaṇēça (s. d.) und Karttikēja (s. d.). Als Frau des Çiva erscheint sie in doppelter Gestalt wie Çiva selbst, als gnädige Göttin und als furchtbare. In letzterer Gestalt heißt sie Kālī oder Mahākālī, auch Tschandī, und wird in abschreckender Weise dargestellt, mit einem scheußlichen Gesicht, ungeheuern, weit hervorstehenden Zähnen, einem dritten Auge auf der Stirn (wie Çiva), Schlangen oder einen Kranz von Totenschädeln um den Hals, oft mit abgehauenen Menschenköpfen in der Hand. Ihr wurden blutige Opfer, auch Menschenopfer, dargebracht. Es wurde ihr die Vernichtung vieler Dämonen zugeschrieben; besonders gefeiert war ihre Besiegung des Dämons Mahishāsura, die Bāṇa verherrlicht hat. Als D. wird ihr ein zehntägiges Fest im September-Oktober gefeiert, die Durgāpūdschā («Verehrung der Durgā»), das Hauptfest der Hindus. Es werden ihr dabei viele Tiere geopfert und am letzten Tage ihr Bild in den Strom geworfen. Dieser letzte Tag heißt im Sanskrit daçaharā, im Hindī dasahrā und wird danach von den Engländern dussarah, desserah, dusrah, daserah u. dgl. genannt, womit sie oft das ganze Fest bezeichnen. Eine Beschreibung des Festes findet man z. B. bei Coleman, «The Mythology of the Hindus» (Lond. 1832), S. 83 fg. Andere Namen der D. sind Pārvatī, d. h. «Tochter des Berges», nämlich des Himalaja, Umā, Gāurī, Dēvī.

Durgāpūdschā, s. Durgā.

Durham (spr. dörrĕm). 1) **Grafschaft** im nördl. England, im N. durch Derwent und Tyne von Northumberland, im S. durch den Tees von Yorkshire getrennt, im W. an Cumberland und Westmoreland und im O. an die Nordsee grenzend, hat 2620,62 qkm, (1891) 1016449 E., d. i. 388 auf 1 qkm, gegen 390997 im J. 1851 und 867576 im J. 1881. Der Boden ist im N. und besonders im W. gebirgig, aber gut angebaut, der östl. größere Teil eben und mild. Im W. erheben sich Verzweigungen der Penninischen Kette, die meist kahl und mit großen Torfmooren und Schafheiden bedeckt sind und im Kilhope Law 670 m Höhe erreichen. Hier entspringen der Wear und der Tees, letzterer mit einem 15 m hohen Wasserfall, welche, wie der Tyne, weit landeinwärts selbst für Seeschiffe fahrbar sind. An der Küste zieht sich eine wellige Zone Ackerlandes hin mit Salzbergwerken im S. Den Hauptreichtum bilden die Mineralien, insbesondere das berühmte Steinkohlenfeld. Die Ausbeute betrug (1890) 30,26 Mill. t Kohlen. Über 100000 Arbeiter sind in den Gruben beschäftigt. Die jährliche Eisenproduktion schwankt zwischen 6—700000 t, wovon die eigenen Schmelzhütten 450000 t verbrauchen. Die Gießereien am Tyne liefern jährlich 50000, die am Tees 100000 t. Am Tyne werden 3000 t Stahl produziert und in und um Newcastle etwa 6000 t Blei geschmolzen. Die Glashütten liefern jährlich 50 Mill. Flaschen. Neben dem Berg- und Hüttenbetrieb besteht auch Ackerbau und Viehzucht. Die kurzgehörnte Durham-Kuh giebt täglich bis 27 l Milch, die sich besonders zur Käsebereitung eignet. Andere Nahrungsquellen gewähren die Solquellen, Fischerei, Schiffbau, namentlich in Jarrow und Sunderland, und der Ausfuhrhandel, namentlich mit Kohlen. Hauptsächlich fabriziert man Eisen- und Bleiwaren, Glas, Papier, Leder, irdenes Geschirr, Vitriol, Salmiak, Leinwand und Drill. Das Eisenbahnnetz ist besonders um Darlington, D. und Newcastle sehr dicht. Die Grafschaft schickt acht Abgeordnete ins Parlament, acht andere schicken die Städte und zwar Sunderland zwei, D., Darlington, Hartlepool, South Shields, Stockton und Gateshead je einen. — 2) **Hauptstadt** der Grafschaft D., Parlamentsborough, Municipalstadt, Bischofssitz und Knotenpunkt von 7 Eisenbahnlinien, 18 km von der Nordsee, auf einer steilen Anhöhe, die auf drei Seiten von dem dreifach überbrückten Wear umgeben ist, hat (1891) 14863 E. Die neuen Viertel dehnen sich an den flachen Ufern weithin aus; alte Ringmauern umgeben den obern Stadtteil. Den Gipfel (27 m) krönt die von Mauern umgebene große, prächtige Kathedrale, the Abbey, im normann. Stil 1093—1480 erbaut, 155 m lang, im Querschiff 52 m breit und im Mittelturm 65,3 m hoch; sie enthält die Gräber des heil. Cuthbert und des Beda Venerabilis und im Innern zahlreiche Denkmäler mittelalterlicher Baukunst. In der Nähe steht das von Wilhelm dem Eroberer 1072 erbaute Schloß, lange Zeit Sitz des Bischofs, jetzt Universität, die 1657 von Cromwell begründet, 1833 neu errichtet wurde (1891: 224 Studierende). Mit der Universität sind als Unterrichtsanstalten verbunden das University College und Bishop Hatfield's Hall, sowie eine Mediziner- und eine naturwissenschaftliche Schule in Newcastle. Ferner besitzt die Stadt eine moderne St. Nikolauskirche, ein schönes Stadthaus, ein Versammlungsgebäude der Bergleute von D., Denkmäler des Marquis of Londonderry und Macdonalds, eine

Lateinschule, ein Priesterseminar der Hochkirche ein Handwerkerinstitut und zahlreiche Wohlthätigkeitsanstalten. Die Industrie erstreckt sich auf Fabrikation von Teppichen, Papier, Hüten, Senf, Leder-, Eisen- und Messingwaren. Der Handel steht mit dem Kohlenbergbau in Zusammenhang.

Durham (spr. dörrĕm), Hauptstadt des gleichnamigen County im nordamerik. Staate Nordcarolina, nordwestlich von Raleigh, hat (1889) 8000 E., sehr bedeutende Tabakindustrie (1889 mehr als 30 Firmen, darunter eine der größten Cigarettenfabriken der Welt, 250 Mill. Cigaretten jährlich), zwei Seminare für Mädchen, eine Baumwollwaren- und eine Düngemittelfabrik.

Durham (spr. dörrĕm), John George Lambton, Graf von, engl. Staatsmann aus altem, in der Grafschaft D. angesessenem Geschlecht, wurde 12. April 1792 geboren und zu Eton herangebildet. 1813 trat er als Whig ins Unterhaus, verfocht energisch die Volksrechte und Parlamentsreform und wurde, seit 1828 zum Lord D. ernannt, im Reformministerium Greys, seines Schwiegervaters, Geheimsiegelbewahrer. Zum Viscount Lambton und Grafen von D. erhoben, ging er 1832 in außerordentlicher Sendung nach Petersburg, trat nach seiner Rückkehr, wegen seiner dortigen Thätigkeit vielfach angegriffen, 1833 aus dem Ministerium aus, übernahm aber in den folgenden Jahren neue Sendungen nach Paris und Rußland. Beim Ausbruch der canad. Unruhen (s. Canada, Bd. 3, S. 892a) wurde er 1837 zum Generalgouverneur und Generalkapitän sämtlicher nordamerik. Kolonien ernannt. Wegen seines diktatorischen, aber völlig durch die Lage und durch den Erfolg gerechtfertigten Vorgehens wurde er heftig von den Tories angefeindet, und als er die revolutionären Häupter des Aufstandes auf unbestimmte Zeit nach der Insel Bermuda verbannte, bewirkten seine Gegner die Annahme einer Bill im Oberhause, die diese Maßregel für eine Überschreitung seiner Vollmacht erklärte. Als das Ministerium Melbourne diesem Antrag nachgab und ihm seine Mißbilligung aussprach, nahm D. in höchster Erbitterung seinen Abschied und hielt sich bis zu seinem Tod, 28. Juli 1840, zu Cowes auf der Insel Wight von dem öffentlichen Leben fern. Sein Enkel, John George, geb. 19. Juni 1855, ist der gegenwärtige Träger des Namens.

Durillo (spr. -iljo), Goldmünze, s. Escudillo.

Düringsfeld, Ida von, Schriftstellerin, geb. 12. Nov. 1815 in Militsch in Niederschlesien, ließ zuerst unter dem Namen Thekla «Gedichte» (Lpz. 1835), einen Cyklus von Romanzenkränzen («Der Stern von Andalusien», ebd. 1838) und anonym einen Roman «Schloß Goczyn» (Bresl. 1841; 2. Aufl. 1845) erscheinen. 1845 vermählte sie sich mit dem Freiherrn Otto von Reinsberg. Seitdem verweilte sie in Italien, Belgien, der Schweiz, Frankreich und an verschiedenen Orten Deutschlands. Sie starb 25. Okt. 1876 zu Stuttgart, ihr Gatte folgte ihr einen Tag später freiwillig in den Tod. Ida von D. gehörte zu den fruchtbarsten Schriftstellerinnen Deutschlands, zumal auf dem Gebiete des Romans. Der Gattung des Salon- und Familienromans gehören an: «Skizzen aus der vornehmen Welt» (4 Bde., Bresl. 1842—45), «Graf Chala» (Berl. 1845), «Eine Pension am Genfersee» (2 Bde., Bresl. 1851), «Esther» (2 Bde., ebd. 1852), «Clotilde» (Berl. 1855), «Norbert Dujardin» (Bresl. 1861) und die mißglückten satir. «Litteraten» (2 Bde., Wien 1863). Ihre histor. Romane ruhen auf guten Vorstudien: «Margareta von Valois und ihre Zeit» (3 Bde., Lpz. 1847) und «Antonio Foscarini» (4 Bde., Stuttg. 1850). Sie veröffentlichte ferner die Liedersammlung «Für Dich» (Bresl. 1851; 2. Aufl., Lpz. 1865) und die Märchendichtung «Amimone» (Bresl. 1852). In «Böhm. Rosen» (ebd. 1851) und «Lieder aus Toscana» (Dresd. 1855; 2. Aufl., Prag 1859) hat sie mit vielem Glück czech. und toscan. Volslieder wiedergegeben. Als Früchte ihrer Reisen erschienen 7 Bände «Reise-Skizzen», unter denen besonders «Aus Dalmatien» (3 Bde., Prag 1857—58) wertvoll ist. Während ihres Aufenthalts in Belgien sammelte sie die Materialien zu «Von der Schelde bis zur Maas» (3 Bde., Lpz. 1861), worin sie ein Gesamtbild des geistigen Lebens der Vlämen seit 1830 zu geben versucht. Ein Buch für die Jugend ist ihr «Buch denkwürdiger Frauen» (3. Aufl., Lpz. 1877), ähnlicher Art die Werke: «In der Heimat» (Bresl. 1843), «Byrons Frauen» (ebd. 1845) und «Am Canale Grande» (Dresd. 1848). Später hat sie sich in Gemeinschaft mit ihrem Gatten ethnogr. Studien zugewandt und mit ihm das «Hochzeitsbuch» (Lpz. 1871), «Sprichwörter der german. und roman. Sprachen» (2 Bde., ebd. 1872—75) und «Ethnogr. Curiositäten» (2 Tle., ebd. 1879) herausgegeben. Diese ethnogr. Richtung tritt auch in den Novellen «Hendrick» (ebd. 1862), «Milena» (ebd. 1863) und «Prismen» (2 Bde., Berl. 1873) hervor.

Durio, Pflanzengattung, s. Zibethbaum.

Durius, lat. Name des Duero.

Dürkheim oder Dürkheim an der Hardt, Stadt im Bezirksamt Neustadt a. H. des bayr. Reg.-Bez. Pfalz, 13 km nördlich von Neustadt, in 116 m Höhe, am Ostfuße der Hardt, vor dem Eingange zum Thal der Isenach, an der Linie Monsheim-Neustadt der Pfälz. Eisenbahn, hat (1890) 6110 E., darunter 1012 Katholiken und 346 Israeliten, Post, Telegraph, Amtsgericht (Landgericht Frankenthal), Rentamt; eine kath. und zwei evang. Kirchen, Synagoge, paritätische Lateinschule mit Realkursus (gegründet 1606 von Graf Emich XI. von Leiningen-Hardenburg), Handelsschule, städtische und private höhere Mädchenschule; Altertumsverein, naturwissenschaftlichen Verein (Pollichia) mit reicher Naturaliensammlung und Bibliothek im Stadthause; eine Filiale der Pfälzischen Bank, Vorschuß- und Kreditbank, städtisches Spital; eine Öl- und drei Papiermühlen, eine Farbenfabrik, bedeutenden Weinbau und -Handel sowie ein besuchtes Volksfest, den sog. Dürkheimer Wurstmarkt oder Michaelismarkt. Zur Stadt gehört die Saline Philippshall, welche aus sieben Solquellen jährlich etwa 500 t Koch-, Vieh- und Düngsalz liefert und Handel mit Mutterlauge treibt. D. ist das einzige Solbad der Pfalz; als Trinkbrunnen dient hauptsächlich der Bleichbrunnen. Eine Badeanstalt wurde 1875 erbaut, ein Kursalon befindet sich im Stadthause, daneben seit 1883 eine eiserne Kolonnade. Außer den Solbädern zieht vorzüglich die Traubenkur im Herbst zahlreiche Gäste herbei. — D. oder Thuringoheim, schon 742 erwähnt, war im Besitz der Frankenherzöge aus dem Geschlecht der Salier. Kaiser Konrad II. schenkte seine Güter zu D. der Abtei Limburg, deren Lehnsträger seit 1128 die Grafen von Leiningen waren. Unter diesen ließ Graf Friedrich III. 1260—70 eine Burg bauen, Emich V. befestigte 1359—79 den Ort und erhob ihn zur Stadt. Diese wurde 1471 vom Kurfürsten Friedrich von der Pfalz erobert, im Dreißigjährigen Kriege von den Spaniern, 1674 und 1689 von den Franzosen geplündert und verheert. Als Residenz der Grafen von Leiningen-Hardenburg erhielt D. 1700 neue Privilegien, dann ein neues Schloß mit Lustgarten und 1780 ein Theater, dessen Direktor Iffland war. Das Schloß wurde 1794 von den Franzosen unter Custine zerstört. Am 15. Juni 1849 fand hier ein Gefecht zwischen den Preußen und den Insurgenten statt.

2 km im SW., am Eingang in das Isenach- oder Dürkheimerthal, liegen die stattlichen Trümmer der ehemaligen Benediktinerabtei Limburg oder Limburg. Sie wurde von Kaiser Konrad II. 12. Juli 1030, an demselben Tage, wo er den Grundstein zum Dom von Speier legte, an Stelle des väterlichen Stammschlosses gegründet, 1504 vom Hardenburger Grafen von Leiningen, Emich VIII., erobert und zerstört, 1515—51 dürftig wieder aufgebaut, aber 1574 vom Kurfürsten von der Pfalz aufgehoben. Erhalten sind die Umfassungsmauern, der südwestl. Turm (14. Jahrh.), ein Teil der Kreuzgänge und die jetzt oben offene Gruftkirche. 4 km weiter westlich die umfangreichen Ruinen der Hardenburg, eine der größten in Deutschland, mit gewaltigem Rundturme, die um 1200 von den Grafen von Leiningen gegründet, später vergrößert und 1510 im Renaissancestil ausgebaut, 1689 von den Franzosen zerstört wurde. 1 km davon die Reste der frühroman. Burg Schloßeck, seit 1880 von Dr. Mehlis aufgedeckt. 4 km südwestlich von D. die roman. Kirche des Klosters Seebach. Nordöstlich von Limburg umschließt den Scheitel des Kastanienbergs die Heidenmauer, ein 10—25 m breiter, 3—10 m hoher Steinwall, der mit dem Kloster Limburg den Stoff zu Coopers Roman «Die Heidenmauer und die Benediktiner» geliefert hat. Durch Nachgrabungen des Altertumsvereins zu D. wurden hier seit 1874 viele Altertümer gefunden. — Vgl. Butters, Führer durch Bad D. und seine Umgebungen (Dürkh. 1868).

Durlach. 1) **Amtsbezirk** im bad. Kreis Karlsruhe, hat (1890) 33154 (16395 männl., 16759 weibl.) E., darunter 6984 Katholiken und 547 Israeliten, 21 Gemeinden. — 2) **Hauptstadt** des Amtsbezirks D., 4 km östlich von Karlsruhe, mit dem es durch Dampfstraßenbahn verbunden ist, an der Pfinz, in 119 m Höhe, am Fuße des Turmbergs, auf dem ein röm. Wartturm steht und zu dem eine Drahtseilbahn führt, an den Linien Basel-Heidelberg, Karlsruhe-Pforzheim und Karlsruhe-Eppingen der Bad. Staatsbahnen, ist Sitz eines Bezirksamtes, Amtsgerichts (Landgericht Karlsruhe) und hat (1890) 8240 (4307 männl., 3933 weibl.) E., darunter 1575 Katholiken und 24 Israeliten, in Garnison (571 Mann) das 3. Bataillon des 111. Infanterieregiments Markgraf Ludwig Wilhelm; Post zweiter Klasse, Telegraph; Überreste von Mauern und Gräben der alten Befestigungen, gotische evang. Pfarrkirche mit Turm (12. Jahrh.), Rathaus, 1689 zerstört,

1717 wieder aufgebaut, 1845 renoviert, altes Schloß, jetzt Kaserne, neues Schulhaus (1878), Standbild des Markgrafen Karl II., der D. zur Residenz machte (1565), Kriegerdenkmal für die 1849 hier gefallenen Preußen und Nassauer; ein großherzogl. Progymnasium (1586 gegründet) mit Realabteilung (1879), städtische höhere Mädchenschule, städtisches Krankenhaus, Rettungshaus für verwahrloste Knaben; Volksbank; Maschinenfabriken und Eisengießereien, Orgelbauanstalt, Fabrikation von Nähmaschinen, Cichorien, Glacéleder und Handschuhen, Bürsten, Margarine und Weinstein, ferner Aktienbrauerei, Dampfsägewerk und bedeutenden Gemüsehandel nach Karlsruhe. In dem 1814 gegründeten Amalienbad befindet sich eine kohlensäurehaltige Eisenquelle. — D., zuerst 1161 als Dorf genannt, gehörte früher zur Grafschaft Calw, kam 1227 an die Markgrafen von Baden und war 1565—1715 Residenz der Markgrafen von Baden-Durlach. Die Franzosen unter Mélac verbrannten die Stadt nebst dem Schlosse 16. Aug. 1689. Am 25. Juni 1849 fanden hier heftige Kämpfe zwischen Preußen und den aufständischen Badenern statt. Vgl. Fecht, Geschichte der Stadt D. (Heidelb. 1869).

Durm, Josef Wilhelm, Baumeister, geb. 14. Febr. 1837 zu Karlsruhe, studierte auf dem Polytechnikum seiner Vaterstadt, bereiste Italien, Frankreich, Belgien, Österreich. Seit 1868 lehrt er als Professor am Polytechnikum zu Karlsruhe und wurde 1875 zum Baurat, 1883 zum Oberbaurat, 1887 zum Hochbaudirektor ernannt. Zahlreiche Reisen nach Griechenland, Kleinasien, Nordafrika gaben ihm die Unterlagen zu seinen bauwissenschaftlichen Publikationen, unter denen hervorzuheben sind: «Die Baukunst der Griechen» (Darmst. 1881; 2. Aufl. 1892), «Die Baukunst der Etrusker und Römer» (ebd. 1885), «Die Kunstdenkmäler im Großherzogtum Baden» (gemeinsam mit F. X. Kraus und Wagner, Freiburg 1887 fg.). D.s hauptsächlichste Bauwerke sind: das Vierordtsbad, die Kunstgewerbeschule, die Synagoge sowie das erbgroßherzogl. Palais in Karlsruhe, das Landesbad und Kaiserin-Augustabad in Baden, Kirchen zu Schopfheim, Badenweiler u. a. D. ist Vertreter einer maßvollen und fein durchgeführten Renaissance.

Durmitor oder Dormitor, höchster Berg Montenegros, im nördl. Teile des Landes, zwischen den Flüssen Tara und Piva, ist aus Gesteinen der Triasformation gebildet, in seinen nackten, weißen, dolomitischen Nadeln einer Säge ähnlich und erreicht 2528 m Höhe.

Durn, Reinbot von, Dichter ritterlichen Geschlechts, aus der Gegend von Straubing, Dienstmann Herzog Ottos des Erlauchten von Bayern, verfaßte 1236—37 nach dem franz. Original eines Richard eine poet. Bearbeitung der Legende vom heil. Georg, im Stile Wolframs von Eschenbach, mit starker Neigung zu Schwulst und Allegorie, letzteres namentlich in der Schilderung der Tugendburg. Ausgabe in von der Hagens und Büschings «Gedichten des Mittelalters», Bd. 1 (Berl. 1808).

Dürnberg (Dürrenberg, Thürnberg), Bergstock im Gerichtsbezirk Hallein der österr. Bezirkshauptmannschaft Salzburg, südlich von Hallein, mit dem größten Salzbergwerk im österr. Salzkammergut (2862 m lang, 1250 m breit, 380 m tief), das 350 Arbeiter beschäftigt und jährlich an 20 Mill. kg Salz liefert. Nahe an der Einfahrt in das Bergwerk das Dorf D., in 771 m Höhe, mit (1890)

174, als Gemeinde 722 E. und einer neuen Kirche aus Marmor. Von Hallein aus wird das Bergwerk häufig von Fremden besucht.

Durnford (Port-), Hafen an der Ostküste Äquatorialafrikas, s. Port Durnford.

Dürnstein oder Tirnstein, Stadt in der österr. Bezirkshauptmannschaft und dem Gerichtsbezirk Krems in Niederösterreich, links der Donau, in der Wachau, hat (1890) mit den im Gebirge zerstreuten Waldhütten 605 E., Post und Reste eines alten Schlosses, worin König Richard Löwenherz 1193 kurze Zeit gefangen saß. — Bei D. erlitten die Franzosen 11. Nov. 1805 eine Niederlage gegen die Österreicher und Russen.

Duro, span. Münze, s. Peso.

Duro, Serra do, Gebirgszug in Nordbrasilien, Wasserscheide zwischen dem Rio São Francisco und dem Tocantins, ist die nördl. Fortsetzung der Serra do Tabatinga und Serra do Paranan, scheidet mit diesen zusammen Bahia im O. von Goyaz im W., besteht wie die andern Serras wahrscheinlich aus paläozoischen Schiefern und Urgestein.

Duroc (spr. düröck), Gérard Christophe Michel, Herzog von Friaul, franz. General, geb. 25. Okt. 1772 zu Pont-à-Mousson, trat bei Ausbruch der Revolution in das franz. Heer, machte den Feldzug 1796 in Italien mit, zeichnete sich durch Tapferkeit, Kaltblütigkeit und militär. Begabung aus, wurde Adjutant Bonapartes und verblieb mit kurzen Unterbrechungen fortan in dessen Umgebung. Nachdem er sich März 1797 beim Übergang über den Isonzo besonders hervorgethan hatte, wurde er zum Bataillonschef befördert. D. begleitete Bonaparte 1798 nach Ägypten und kehrte 1799 mit ihm mit dem Rang eines Brigadegenerals nach Frankreich zurück. Als Vertrauter Napoleons nahm D. thätigen Anteil an den Ereignissen des 18. Brumaire (9. Nov. 1799), erledigte nach dessen Wunsch diplomat. Aufträge in Berlin, Petersburg, Stockholm und Kopenhagen, erhielt den Rang eines Divisionsgenerals und wurde 1804 bei der Thronbesteigung Napoleons Großmarschall des Palastes. In der Schlacht von Austerlitz (2. Dez. 1805) übernahm er nach der Verwundung des Marschalls Oudinot den Befehl über das Grenadierkorps und zeichnete sich hier sowie später bei Aspern und Eßling (21. und 22. Mai 1809) und bei Wagram (6. Juli 1809) aus. D. unterzeichnete 1806 den Frieden mit Sachsen und 1807 nach der Schlacht von Friedland den Waffenstillstand, dem der Friede von Tilsit folgte, worauf er in Erinnerung an den Isonzoübergang zum Herzog von Friaul erhoben wurde. Er begleitete Napoleon 1812 auf der Flucht aus Rußland, reorganisierte dann die kaiserl. Garde und fiel in einem Rückzugsgefecht nach der Schlacht von Bautzen 22. Mai 1813 bei Markersdorf.

Durocatalaunum oder Catalaunum, der alte Name des heutigen Châlons-sur-Marne (s. d.).

Duröl oder Tetramethylbenzol, ein aromatischer Kohlenwasserstoff, $C_6H_2(CH_3)_4$, der im Steinkohlenteer vorkommt. Er ist krystallinisch, schmilzt bei 80°, siedet bei 190° und besitzt einen kampferähnlichen Geruch.

Dürr, Wilh., Historienmaler, geb. 9. Mai 1815 zu Villingen in Baden, kam 1830 an die Wiener Akademie, wo Kupelwieser ihn zur Geschichtsmalerei anleitete, und hielt sich seit 1840 längere Zeit in Rom auf. Er lebte später als großherzoglich bad. Hofmaler in Freiburg i. Br., seit 1887 in München und starb 7. Juni 1890. D. widmete sich hauptsächlich der kirchlichen Malerei, schuf aber auch Porträte und Genrebilder. Von seinen Gemälden sind hervorzuheben: die Himmelfahrt Christi und die vier Evangelisten in der evang. Kirche zu Freiburg, die Bergpredigt und Christus die Kinder segnend im Münster zu Altbreisach, St. Bonifacius die Taufe erteilend (fürstl. Kunstsammlung in Donaueschingen), die großen Wandbilder in der Pfarrkirche zu Rippoldsau, die Krönung der Maria und die Pietà (Kolossalbild in der Kirche zu Schliengen), Predigt des heil. Gallus (1865; Galerie in Karlsruhe).

Dürr, Alphons, Verlagsbuchhandlung in Leipzig, gegründet 1854 von Alphons Friedrich D., geb. 21. Jan. 1828 in Leipzig. Teilhaber seit 1879 ist sein Sohn Dr. phil. Alphons Emil Friedrich D., geb. 15. Aug. 1855, Verfasser von «A. F. Oeser. Ein Beitrag zur Kunstgeschichte des 18. Jahrh.» (Lpz. 1879). Der Verlag umfaßt illustrierte Prachtwerke, Reproduktionen hervorragender Werke der neuern deutschen Kunst, Geschichte und Kunstgeschichte, religiöse Litteratur, Jugendschriften und Kinderbücher, mit Namen wie Carstens, Thorwaldsen, Genelli, Peter Cornelius, Friedr. Preller, Moritz von Schwind, Ludwig Richter, Joseph Führich, Oskar Pletsch, Robert Reinick, Georg Scherer u. a. Die Illustrationen, meist Holzschnitte, zeichnen sich durchgängig, auch in den Kinderbüchern, durch künstlerische Ausführung aus.

Dürr, Otto, Buchdruckerei, und **Dürrsche Buchhandlung,** beide in Leipzig. Die Buchdruckerei war ursprünglich im Besitz von Christian Friedrich Dürr, der gleichzeitig eine Verlagsbuchhandlung besaß, die seit 1807 «Dürrsche Buchhandlung» firmierte. Beide Geschäfte gingen 1841 an Wilh. Staritz über, 1852 an Alexander Edelmann, dem 1858 Otto Friedrich Dürr, geb. 29. Jan. 1832, Bruder von Alphons Dürr (s. d.), als Teilhaber beitrat. Letzterer wurde nach dem Rücktritt Edelmanns 1878 alleiniger Besitzer und führt die Buchdruckerei unter der jetzigen, die Buchhandlung unter der alten Firma fort. Teilhaber an der Buchhandlung ist seit 1890 sein Sohn Johannes Friedrich Dürr, geb. 20. Nov. 1867. — Die Buchdruckerei, zur Bedeutung gelangt durch den Druck der «Modenwelt» (s. d.) und ihrer fremdsprachigen Ausgaben, hat 2 Dampfmaschinen (je 34 Pferdekraft), 22 Schnellpressen, Stereotypie, Buchbinderei und elektrische Beleuchtung. Der Verlag enthielt anfangs nur Pädagogik, später kamen dazu belletristische Werke, 1866 die «Allgemeine Modenzeitung» (s. d.), dann pädagogische (von Fiedler, Schorn, Ruete, Reinecke, Plath), theologische («Wartburgbibel», Bernhards «Biblische Konkordanz», Rietschels Predigten, das «Leipziger Kirchenblatt» u. a.) und christlich-sociale Schriften. Beide Firmen beschäftigen über 100 Personen.

Durrahirse, Durragras, s. Sorghum.

Durrani, s. Afghanistan (Bevölkerung) und Ahmad Schah.

Dürrenberg. 1) Dorf im preuß. Reg.-Bez. und Kreis Merseburg, 8 km im SO. von Merseburg, in 89 m Höhe, an der Linie Leipzig-Corbetha der Preuß. Staatsbahnen, hat (1890) 200 E., Post, Telegraph, ein königl. Salzamt, eine 1763 gegründete wichtige Saline (jährliche Produktion etwa 25000 t Sudsalz) und ist ein besuchtes Solbad (1892: 1092 Kurgäste). — 2) **Dorf** und **Salzbergwerk** im Salzkammergute, s. Dürnberg.

Dürrensee, s. Ampezzo.

Dürrerze, Silbererze, die vorwiegend erdige Beimengungen, dagegen nur geringe Mengen von Schwefelmetallen enthalten.

Dürrfutter, getrocknete Vegetabilien, wie Heu und Stroh, im Gegensatz zu Grünfutter.

Dürrheim, Pfarrdorf im Kreis und Amtsbezirk Villingen, 5 km im SO. von Marbach, an der Stillen Musel, in einer der fruchtbarsten Gegenden der Baar, hat (1890) 1072 E., Post, Telegraph, ein Solbad mit Militärkuranstalt für Angehörige des 14. und 15. Armeekorps und Kindersolbadestation Améliebad des Badischen Frauenvereins, und die ansehnliche Ludwigs-Saline (jährliche Produktion etwa 15000 t Salz). — D., 889 urkundlich als Durroheim erwähnt, hatte eigenen Adel, der im 14. Jahrh. erlosch. Vgl. E. Kürz, Das Améliebad in D. und die Skrofulose (Karlsr. 1888).

Dürrlitze (Kornelbaum), s. Cornus.

Dürrner, Johannes, Komponist, geb. 7. Jan. 1810 zu Ansbach, war Schüler Schneiders und Mendelssohns und wurde Musikdirektor und Gesanglehrer in Edinburgh, wo er 10. Juni 1859 starb. D. ist hauptsächlich als Komponist von Liedern und Männerchören bekannt, von denen einige, wie «Zwischen Frankreich und dem Böhmerwald», populär geworden sind. Seine «Sämtlichen Männerchöre» gab R. Müller (Lpz. 1890) heraus.

Dürrsche Buchhandlung, s. Dürr, Otto.

Dursley (spr. dörsli), Stadt in der engl. Grafschaft Gloucester, ostsüdöstlich von Berkely, am Fuße der Cotswold Hills, hat (1891) als Zählbezirk 5242 E., Wollindustrie, Tuch- und Papierfabrikation und Steinbrüche.

Durst (Sitis), eine zur Klasse der Gemeingefühle (s. d.) gehörige Empfindung, die uns über die Verminderung des Wassergehalts unsers Körpers unterrichtet. Durch die Ausscheidungen im tierischen Körper, namentlich durch die Aushauchungen der Lungen und die Verdunstung auf der Haut wird, besonders bei trockner Luft, unaufhörlich eine Menge Feuchtigkeit verbraucht, deren Ersatz zur Erhaltung des Lebens (s. Wasser) unbedingt nötig ist; daher das Verlangen, sie durch Trinken zu ersetzen. Das Durstgefühl, welches in der Empfindung von Trockenheit, Rauheit und Brennen im Schlunde, im weichen Gaumen und der Zungenwurzel besteht, hat seinen Sitz in den sensiblen Nerven der Schlund- und Speiseröhrenschleimhaut (dem Dreigeteilten Nerven, Zungenschlundkopfnerven und Vagus) und beruht wahrscheinlich auf einer Empfindung des Trockenwerdens dieser stets vom Speichel zu befeuchtenden Flächen. Wird der D. nicht gestillt, so rötet sich bald die Rachen- und Mundschleimhaut und wird brennend heiß, das Schlingen wird erschwert, die Sprache rauh und heiser, der Puls beschleunigt, die Augen rot und brennend; bald gesellen sich hinzu große Abspannung und Körperschwäche, erhöhte Reizbarkeit der Sinnesorgane (Hallucinationen und peinigende Wahnvorstellungen) sowie heftiges Fieber mit Irrereden und Bewußtlosigkeit, bis schließlich, schneller als beim Hunger, unter schrecklichen Qualen der Tod durch Verdursten erfolgt. Unmittelbar, aber bloß vorübergehend gestillt wird das Durstgefühl durch Befeuchtung der Rachenschleimhaut; dauernd nur durch genügende Wasserzufuhr zum Blute, mag dies nun vom Magen und Darm aus oder durch direkte Einspritzung von Wasser in die Venen geschehen. Letzteres ist nur dann möglich, wenn das Wasser denselben Kochsalzgehalt wie das Blut hat und keimfrei ist. Die heutige Medizin beherrscht die Technik dieser beiden Voraussetzungen sicher, und so ist es erklärlich, daß die schon früher angewandten sog. Kochsalzinfusionen bei der Cholera in der Epidemie zu Hamburg (1892) überraschende Erfolge aufwiesen. Leider wird dadurch nur der D. und seine Folgen bekämpft, das örtliche Leiden besteht weiter. Auch bei gesundem Körper und regelmäßiger Wasserzufuhr kann D. eintreten; so wird bei anhaltender und starker Muskelarbeit zur Ausscheidung der gebildeten Kohlensäure und zur Erzeugung von Verdunstungskälte behufs Erhaltung der normalen Körpertemperatur mehr als gewöhnlich Wasser ausgeschieden und dadurch D. hervorgerufen. Daher ist auch reichlichere Wasserzufuhr bei anstrengenden Märschen sehr wichtig, um den Hitzschlag zu verhüten. Auch hohe Lufttemperatur verbunden mit Trockenheit veranlassen Wassermangel im Organismus, der in solchen Fällen, wie in den Wüsten Innerafrikas und Australiens, eine tägliche Wasseraufnahme bis zu 12 l verlangt.

Eine krankhafte Steigerung des D. findet statt bei Zuständen, in denen die Lungen- und Hautausdünstung abnorm erhöht ist, wie bei Fiebern und Entzündungen, oder welche eine bedeutende Absonderung von Flüssigkeiten im Körper verursachen, wie bei Wassersuchten und Durchfällen; ferner durch einen örtlichen Reiz auf die ebengenannten Schleimhäute, in welchen er sich fühlbar macht, z. B. bei Reizung des Schlundes durch gesalzene oder gewürzte Speisen oder durch ätzende Substanzen, endlich durch bloße Nervenaffektionen. Andauernd gesteigerter krankhafter D., die Durstsucht (Polydipsia), wird besonders bei Diabetes (s. d.) beobachtet, weil durch das zuckerreiche Blut den Geweben enorme Mengen von Wasser entzogen werden.

Verminderten D. findet man in einzelnen krankhaften Zuständen mit daniederliegender Gehirnthätigkeit, bei welchen das Durstgefühl nicht zum Bewußtsein gelangt. Tiere ertragen den D. weit länger als Menschen. Es ist bekannt, wie lange das Kamel in der Wüste ohne Wasser bestehen kann, und wie man lebendige Amphibien an Orten eingeschlossen gefunden hat, wo ihnen durchaus kein Wasser zukommen konnte.

Durstkur, ein Heilverfahren, welches krankhafte Ausschwitzungen des Körpers dadurch zur Aufsaugung zu bringen sucht, daß man dem Kranken fast jedes Getränk entzieht und damit den Organismus gewissermaßen zwingt, seinen Flüssigkeitsbedarf aus der vorhandenen Ausschwitzung selbst zu entnehmen und diese so zum Schwinden zu bringen. Die bekannteste Form der D. ist die Schrothsche Kur (s. d.).

Durstsucht, s. Durst.

Durtz, türk. Stadt, s. Durazzo.

Durus (lat.), hart; durius, härter; «in durius (in pejus) erkennen», auf eine härtere Strafe erkennen.

Durutte (spr. dürütt), François Joseph, Graf, franz. General, geb. 14. Juli 1767 zu Douai, trat 1792 in die franz. Armee, nahm teil an den franz. Revolutionskriegen und wurde 1799 Brigade-, 1803 Divisionsgeneral. 1805—8 war er Kommandant der Insel Elba, 1809 in dem Kriege mit Österreich zeichnete er sich unter Eugen Beauharnais in Italien und Ungarn aus, wurde Gouverneur von Amsterdam und 1812 Kommandant der franz. Truppen in Berlin. Er nahm dann teil an dem ruff. Feldzug und 1813 an den Schlachten bei Lützen, Bautzen, Großbeeren, Dennewitz und Leipzig. 1814 leitete er die Verteidigung von Metz, ging dann zu Ludwig XVIII., 1815 bei der Rückkehr Napoleons von Elba wieder zu diesem über, focht bei Belle-Alliance mit großer Tapferkeit, und wurde nach der zweiten Restauration nicht wieder angestellt. D. starb 18. Aug. 1827 zu Ypern.

Duruy (spr. dürüih), Albert, franz. Schriftsteller, Sohn des Historikers Victor D., geb. 8. Jan. 1844 zu Paris, machte als Freiwilliger den Feldzug von 1870 mit und geriet in Gefangenschaft. Nach Beendigung des Krieges wirkte er bis zum Tode des kaiserl. Prinzen für die Wiederherstellung des Kaiserreichs. Er starb 12. Aug. 1887 zu Paris. Er schrieb: «L'instruction publique et la Révolution» (Par. 1882), von der Akademie preisgekrönt, «Hoche et Marceau» (ebd. 1885), «L'armée royale en 1789» (ebd. 1888) und «Études d'histoire militaire sur la Révolution et l'Empire» (ebd. 1889). Vgl. G. Duruy, Albert D. (Par. 1889).

Duruy (spr. dürüih), George, franz. Schriftsteller, Bruder des vorigen, geb. 10. März 1853 zu Paris, war Lehrer der Geschichte in Algier, Versailles und bis 1885 am Lyceum Henri IV. in Paris. 1891 wurde er zum Professor der franz. Litteratur auf der École polytechnique in Paris ernannt. Er veröffentlichte: «Histoire de Turenne» (1880), «Histoire sommaire de la France» (1881), «Petite histoire populaire de la France» (1881), für den Unterricht bestimmt. Sein Werk «Le cardinal Carlo Carafa, étude sur le pontificat de Paul IV» (1883) wurde von der Akademie preisgekrönt. Als Romanschriftsteller ist D. sehr beliebt; er verfaßte u. a. die Romane: «Andrée» (Par. 1884), «Le garde du corps» (ebd. 1885), «L'unisson» (ebd. 1887), «Victoire d'âme» (ebd. 1888), «La fin de rêve» (ebd. 1889).

Duruy (spr. dürüih), Victor, franz. Historiker, geb. 11. Sept. 1811 zu Paris, besuchte die Normalschule, war Lehrer der Geschichte am Gymnasium Henri IV. zu Paris, dann an der Normalschule und an der Polytechnischen Schule, Inspektor der Pariser Akademie, 1861—62 Generalinspektor des Sekundärunterrichts und wurde 23. Juni 1863 von Napoleon III., bei dessen histor. Arbeiten er mitgeholfen hatte, zum Minister des öffentlichen Unterrichts ernannt. Er setzte viele Reformen durch, z. B. Einführung des Studiums der neuesten Geschichte in die Gymnasien, Abschaffung der sog. «Bifurcation», Begründung des «speciellen Sekundärunterrichts», d. h. der Realschulen, Genehmigung und Erweiterung der freien Vorträge, Eröffnung der Abendvorlesungen in Paris und in allen Städten der Provinz, Einrichtung des Mädchen-Sekundärunterrichts, Begründung der École des hautes études u. s. w. Diese Reformen aber mißfielen der klerikalen Partei, und ihren Angriffen mußte D. auch schließlich weichen. 1869 trat D. aus dem Ministerium und ward zum Senator ernannt. Seit 1879 ist er Mitglied des Instituts, seit 1885 Mitglied der Französischen Akademie. Seine Schulwerke «Histoire sainte», «Histoire romaine», «Histoire grecque», «Histoire moderne», «Histoire de France» u. s. w., sind für den Unterricht nützliche Hilfsmittel und bieten außerdem eine anziehende Lektüre. Sein bedeutendstes Werk ist die «Histoire des Romains, depuis les temps les plus reculés jusqu'à l'invasion des Barbares» (7 Bde., 1870—79; neue luxuriös illustr. Ausg. 1876—85; deutsch teilweise von Herzberg u. d. T. «Geschichte des röm. Kaiserreichs», Lpz. 1884 fg.). Die «Histoire des Grecs, depuis les temps les plus reculés jusqu'à la réduction de la Grèce en province romaine» (2 Bde., 1862; neue illustr. Ausg., 3 Bde., 1874) hat die Akademie mit einem Preise ausgezeichnet. Ferner sind zu nennen «Histoire de France» (2 Bde., 1852; illustr. Ausg. 1891), «Introduction générale à l'histoire de France» (1865; 4. Aufl. 1884) und die unter seiner Leitung herausgegebene «Histoire universelle».

D'Urville-Insel (spr. dürwil) oder **Kairu**, größere Insel gegenüber dem Kap Pomone auf Kaiser Wilhelms-Land.

Dusart, Cornelis, holländ. Maler, geb. 24. April 1660 zu Haarlem, gest. daselbst 1. Okt. 1704, war ein Schüler des Adrian van Ostade und malte wie dieser Scenen des ländlichen Lebens. Hinsichtlich der Energie und Farbe des Tons ähnelt er seinem Meister, sodaß selbst Verwechselungen der Werke beider vorkommen. Seine Bilder sind gesucht, ebenso auch seine Kupferblätter, die er in einer geistreichen freien Weise behandelte. Mehrere seiner bedeutendsten Gemälde finden sich im Museum zu Dresden, wie: Mutter und Kind in einer Bauernstube (1679), Kegelspielende Bauern (1688), andere zu Wien, Amsterdam und Petersburg.

Dusch, Alexander von, bad. Staatsmann, geb. 27. Jan. 1789 zu Neustadt a. d. Hardt, studierte seit 1805 in Paris Mathematik, Physik und neuere Sprachen und vollendete 1807—10 seine jurist. Studien in Heidelberg. 1813 wurde er Kreisassessor in Villingen, 1815 Sekretär im bad. Finanzministerium, 1818—25 war er Rat im Ministerium der auswärtigen Angelegenheiten. Hierauf kam er in die Schweiz, erst als Geschäftsträger, dann als Ministerresident. Von 1832 bis 1834 wurde er von seiner Regierung mit verschiedenen Unterhandlungen, so namentlich in Rheinzoll- und Schiffahrtsangelegenheiten, in Neckarzollsachen und wegen Berichtigung der Rheingrenze gegen Frankreich beauftragt. 1835 ward D. mit Beibehaltung des Postens in der Schweiz bad. Gesandter in München, 1838 als Bundestagsgesandter nach Frankfurt berufen. 1843 übernahm er an Blittersdorfs Stelle das bad. Ministerium der auswärtigen Angelegenheiten. In dieser Stellung blieb er bis Juni 1849, als eifriger Vertreter der liberalen Principien. Die Mairevolution von 1849 veranlaßte ihn, mit seinen Kollegen den Rücktritt zu nehmen; schon zu Anfang 1850 ward er von der Stadt Heidelberg in die Zweite bad. Kammer gewählt und von dieser ins Staatenhaus nach Erfurt gesandt. Aus Gesundheitsrücksichten legte er 1851 seine Stelle als Abgeordneter nieder und zog sich nach Heidelberg zurück, wo er bis zu seinem 27. Okt. 1876 erfolgten Tode litterarischen und künstlerischen Neigungen lebte. Von D.s litterar. Arbeiten sind hervorzuheben: «Über das Schicksal der Antiken und Weltschätze zu Paris. Eine Frage und ein Wunsch» (anonym, Heidelb. 1814), «Über das Gewissen eines Deputierten» (anonym, ebd. 1822), «Zur Pathologie der Revolutionen» (ebd. 1852), worin er Bekk (s. d.) gegen Andlaw-Birseck (s. d.) in Schutz nahm, «Das Reich Gottes und Staat und Kirche» (anonym, Jena 1854).

Dusch, Joh. Jak., Dichter, geb. 12. Febr. 1725 zu Celle, studierte in Göttingen, war Hauslehrer, privatisierte von 1756 an in Altona, war später Gymnasialdirektor daselbst, seit 1767 Professor der engl. und deutschen Sprache, seit 1771 der Philosophie und Mathematik und starb 18. Dez. 1787. Als Dichter hat er sich vornehmlich in der didaktischen Gattung und im komischen Epos versucht, so in «Das Toppe» (Lpz. 1751), «Der Schooßhund» (Altona 1756) u. a. Den Prosaiker D. hat Lessing wiederholt als seichten und flüchtigen Vielschreiber gebrandmarkt; doch fanden lehrhafte Schriften, wie die «Moralischen Briefe zur Bildung des Herzens» (2 Tle., Lpz. 1759; 2. Aufl. 1772) und die «Briefe zur Bildung des Geschmacks» (6 Tle., Bresl. 1764—73; 2. Aufl. 1773—79), sowie die Briefromane «Geschichte Kari Ferdiners» (3 Tle., ebd. 1776—80) und «Die Pupille» (Altona 1798) beim großen Publikum Beifall. D. hat auch Popes Werke (5 Bde., ebd. 1758—63) sehr schlecht übersetzt. Von seinen «Sämtlichen poet. Werken» erschien nur der 1. u. 3. Teil (Altona 1765 u. 1767).

Duschan, Serbenfürst, s. Stephan Duschan.

Dusche, s. Douche.

Duschek, Franz, ungar. Staatsmann, geb. 28. Aug. 1797 zu Radowesnitz in Böhmen, studierte in Ofen, Erlau und Pest, trat 1819 als Praktikant bei der ungar. Hofkammer ein und wurde 1845 Vicepräsident derselben. Nach dem Ausbruche der Bewegung von 1848 machte ihn Kossuth als Finanzminister zu seinem Unterstaatssekretär. Nach der Unabhängigkeitserklärung vom 14. April 1849 übernahm er im Ministerium Szemere die Finanzen, folgte der Regierung auch nach Szegedin, wurde aber trotzdem nach der Unterdrückung der Revolution von der österr. Regierung, der er einen Schatz von 5 Millionen an Gold und Silber übergab, nicht weiter behelligt. Er starb 17. Okt. 1873.

Duschet. 1) **Kreis** im nördl. Teil des Gouvernements Tiflis in Russisch-Transkaukasien, am Südabhange des Kaukasus, hat 3912,5 qkm mit 65619 E. — 2) **Kreisstadt** im Kreis D., 54 km nordnordwestlich von Tiflis, in 886 m Höhe, an einem Zufluß der Aragwa und an der georgischen Heerstraße, hat (1886) 2041 E., meist Armenier, auch Georgier, in Garnison die 4. kaukas. Schützen-Druschine; Post und Telegraph, 5 Kirchen, ein altes Schloß und Ruinen; Obst- und Weinbau sowie Weberei.

Düse, die verengte Mündung bei den Gebläsen der Hüttenwerke, durch die die zur Verbrennung notwendige Luft aus der Windleitung in den Feuerraum tritt.

Duse-Checchi (spr. kelli), Eleonora, ital. Schauspielerin, geb. 3. Okt. 1859 in Vigevano, verheiratet mit dem ital. Schauspieler Tebaldo Checchi (jetzt in Buenos-Aires), trat seit 1881 mit immer wachsendem Beifall in allen größern Städten Italiens auf und wird für die größte ital. Schauspielerin gehalten. Gleichen Enthusiasmus erregte sie in Spanien, Rußland, Amerika, Wien und Berlin. Die D. ragt hervor durch meisterhafte Beherrschung des Empfindungsausdrucks. Die größten und berechtigsten Erfolge erzielte sie in den weiblichen Hauptrollen der Sittendramen von Sardon und Dumas.

Dusenbach, ehemalige Wallfahrtskapelle im Oberelsaß bei Rappoltsweiler (s. d.).

Dusing, auch Duchsing, Teusink (vom alten duz, dos, thus, dus, «Getöse»), zur Zeit der Schellentracht im Mittelalter der mit Glocken und Schellen behängte Gürtel. Er kommt in Lübeck schon 1369 vor; 1474 wird daselbst den Frauen der Gebrauch des D. von Rats wegen verboten; indes hatte der D. damals wohl schwerlich noch Schellen.

Dusommerard (spr. düssommĕrahr), Alexandre, franz. Altertumsforscher, geb. zu Bar-sur-Aube 1779, diente 1793 als Soldat in den Revolutionskriegen, wurde dann Rat in der Rechnungskammer, bereiste Frankreich und Italien und starb 19. Aug. 1842 zu St. Cloud. D. ist der Begründer der unter dem Namen Musée Cluny zu Paris berühmten Sammlung mittelalterlicher Kunstgegenstände und Gerätschaften, die er zur Zeit des ersten Kaiserreichs und der Restauration zusammenbrachte und seit 1832 zur Ausschmückung seiner Wohnung, des Hôtel Cluny (s. Cluny), in der Rue des Mathurins, verwendete. Abbildungen der merkwürdigsten Stücke finden sich in dem vom Besitzer angefangenen Prachtwerke «Les arts au moyen âge» (5 Bde., Par. 1838—46, nebst Atlas und Album). Nach dem Tode D.s wurde sein Haus mit der darin befindlichen Sammlung vom Staate angekauft und in ein öffentliches Museum verwandelt. — Sein Sohn, Edmond D., geb. 27. April 1817 zu Paris, war seit dem Tode seines Vaters Konservator des Musée Cluny, dessen Katalog er herausgab. Er starb 5. Febr. 1885.

Dusrah (Dussarah), s. Durgā.

Dussard (spr. düssahr), Hippolyte, franz. Nationalökonom, geb. 4. Sept. 1798 zu Morez (Depart. Jura), war 1843—46 Hauptredacteur des «Journal des économistes», wurde beim Beginn der Februarrevolution 1848 zum Präfekten des Depart. der Niederseine ernannt; auch war er Mitglied des von der Konstituierenden Versammlung eingesetzten Staatsrats. Er starb 22. Jan. 1876 zu Myer. Unter seinen Schriften sind hervorzuheben: «De l'état financier de l'Angleterre et des mesures proposées par les whigs et les tories» (1842), «L'exposition universelle de Londres» (1851), «Le crédit et la production agricole» (1853).

Dussek, Joh. Ludw., Pianist und Komponist, geb. 9. Febr. 1761 zu Caslau in Böhmen, zeichnete sich, von seinem Vater, einem tüchtigen Organisten, gebildet, früh als Klavier- und Orgelspieler aus, erregte 1784 durch sein Spiel in Berlin und Petersburg Aufsehen, lebte dann beim Fürsten Karl von Radziwill in Litauen und ging 1786 nach Paris, von wo er auch Italien besuchte. Beim Ausbruch der Französischen Revolution wandte sich D. nach London, wo er sich verheiratete und mit seinem Schwiegervater Corri, einem bekannten Gesang- und Klavierlehrer, eine Musikalienhandlung gründete, die ihn in so mißliche Lage brachte, daß er England 1800 heimlich verlassen mußte. Er ging zunächst nach Hamburg, lebte dann in einer vornehmen Familie in Holstein und besuchte 1802 sein Vaterland. In demselben Jahre zog ihn der musikliebende Prinz Louis Ferdinand von Preußen an sich, nach dessen Tode er 1806 in die Dienste des Fürsten von Isenburg, 1808 zu Paris in die des Fürsten von Talleyrand trat. Im Hause des letztern starb er 20. März 1812. D.s Hauptkraft lag im gesangreichen Spiel und in dem großen, vollen Ton. Von seinen Klavierkompositionen sind 76 Werke gedruckt: Konzerte, Sonaten (die schönste u. d. T. «Élégie» auf den Tod des Prinzen Louis Ferdinand), Trios, Quartette und Quintette sowie zahlreiche kleinere Stücke. Viele fesseln noch heute durch Melodienreiz, Gefühlsinnigkeit und Fluß der Darstellung.

Düssel, Nebenfluß des Rheins, entspringt westlich von Elberfeld, treibt Mühlen und zahlreiche Wasserwerke und mündet nach 45 km Lauf bei Düsseldorf in den Rhein.

Düsseldorf. 1) **Regierungsbezirk** der preuß. Provinz Rheinland, der nördlichste der Provinz, umfaßt das ehemalige Herzogtum Cleve, Teile der Herzogtümer Jülich und Berg, sowie des Erzstifts Köln, das Fürstentum Mörs, die Abteien Essen und Werden an der Ruhr, das reichsfreie Frauenstift Elten und die Herrschaften Wickrath und Dyck, grenzt im N. und W. an die Niederlande, im O. an die Regierungsbezirke Münster und Arnsberg, im S. an Köln und Aachen, ist größtenteils eben und nur im SO. rechts des Rheins durch die Ausläufer des Sauerländischen Gebirges bergig. Hauptfluß ist der Rhein, der den Regierungsbezirk von SO. nach NW. durchfließt und rechts die Wupper, Ruhr, Emscher und Lippe, links die Erft aufnimmt; die Niers im westl. Teile fließt der Maas zu. Der Regierungsbezirk ist der industriereichste des Königreichs Preußen und hat das dichteste Eisenbahnnetz. Die Industrie, hervorgerufen durch die reichen Kohlengruben an der Ruhr, erstreckt sich vornehmlich auf Fabrikation von Eisen und Gußstahl, Eisen-, Seiden-, Leinen- und Baumwollwaren; Ackerbau und Viehzucht decken nicht den Bedarf der Bevölkerung. Der Regierungsbezirk hat auf 5472,42 qkm (1890) 1973115 (993157 männl., 979958 weibl.) E., darunter 8724 Militärpersonen, 63 Städte mit 1087,82 qkm und 1239975 (618827 männl., 621148 weibl.) E., 367 Landgemeinden mit 4384,60 qkm und 733140 (374330 männl., 358810 weibl.) E.; ferner 200521 bewohnte, 4498 unbewohnte Wohnhäuser mit 391950 Haushaltungen und 893 Anstalten. Dem Religionsbekenntnis nach waren 803051 Evangelische, 1143518 röm. und griech. Katholiken, 10467 audere Christen, 15151 Israeliten und 928 auderu Bekenntnisses.

Der Regierungsbezirk zerfällt in 24 Kreise:

Kreise	qkm	Bewohnte Wohnstätten	Einwohner	Einw. pro qkm	Evangelische	Katholische	Andere Christen	Israeliten
Cleve	508,11	8 730	52 724	103	5 805	46 424	52	443
Rees	523,82	8 550	65 807	125	22 115	42 964	82	646
Stadtkreis Krefeld	20,74	7 314	105 376	5268	21 909	80 146	1329	1992
Landkreis Krefeld	165,21	4 885	36 428	220	1 669	34 445	50	264
Stadtkreis Duisburg	37,53	4 837	59 285	1602	27 248	31 212	351	474
Mülheim a. d. Ruhr	101,66	8 783	98 342	973	54 809	42 241	523	769
Ruhrort	329,56	8 836	80 145	243	44 044	35 386	246	469
Stadtkreis Essen	8,81	4 869	78 706	9838	31 859	45 316	341	1190
Landkreis Essen	189,58	12 935	163 003	862	49 382	112 853	364	404
Mörs	564,74	10 700	67 612	119	33 282	33 668	149	513
Geldern	543,04	8 770	53 937	99	2 416	51 257	58	206
Kempen im Rheinland	395,70	13 633	91 696	232	2 792	88 219	23	662
Stadtkreis Düsseldorf	48,64	8 380	144 642	3013	37 181	105 347	713	1401
Landkreis Düsseldorf	362,09	7 777	65 950	182	18 215	47 341	132	262
Stadtkreis Elderfeld	28,44	6 930	125 899	4496	91 025	32 163	1333	1378
Stadtkreis Barmen	21,72	6 421	116 144	5530	94 426	19 312	1990	416
Mettmann	255,36	7 645	75 442	295	53 465	20 992	771	214
Stadtkreis Remscheid	27,75	3 525	40 371	1495	35 006	5 144	155	66
Lennep	275,47	7 401	73 044	265	58 129	13 789	1039	87
Solingen	293,50	17 559	127 715	435	80 880	44 918	1463	454
Neuß	293,51	7 614	54 588	186	1 788	52 200	5	595
Grevenbroich	237,07	7 533	42 623	179	6 197	35 515	8	903
Stadtkreis München-Gladbach	11,96	4 458	49 628	4511	8 291	40 530	176	631
Gladbach	228,31	14 325	104 008	456	21 118	82 136	42	712

Der Regierungsbezirk zerfällt in 12 Reichstagswahlkreise: Lennep-Mettmann (Abgeordneter: Schmidt, deutschfreisinnig); Elberfeld-Barmen (Harm, Socialdemokrat); Solingen (Schuhmacher, Socialdemokrat); D. (Weuders, Centrum); Essen (Stößel, Centrum); Mülheim a. d. Ruhr-Duisburg (Hammacher, nationalliberal); Mörs-Rees (Reichsgraf von und zu Hoensbroech, Centrum); Cleve-Geldern (von Loë, Centrum); Kempen (Fritzen, Centrum); München-Gladbach (von Kehler, Centrum); Krefeld (Bachem, Centrum); Neuß-Grevenbroich (Freiherr von Dalwigk-Lichtenfels, Centrum).

2) **Landkreis** (ohne Stadt D.) im Reg.-Bez. D., hat 362,09 qkm, (1890) 65950 (33615 männl., 32335 weibl.) E., 4 Städte und 29 Landgemeinden.

3) **Hauptstadt** des Reg.-Bez. D. und Stadtkreis, ehemals Haupt- und Residenzstadt des Herzogtums Berg, 45 km von der niederländ. und 75 km von der belg. Grenze entfernt, liegt 51° 13′ nördl. Br. und 6° 46′ östl. L. von Greenwich, in 27 m Höhe (Rheinspiegel), in einer herrlichen Thalebene, rechts des Rheins im Mündungsgebiet des Düsselbachs, der hier, in zwei Hauptarmen einen Teil des Stadtgebietes umfassend, in den Rhein (hier 310 m breit und bis 16 m tief) fließt. Die Stadt hat eine Ausdehnung von 7,9 km von O. nach W. und von 8,4 km von N. nach S. und 33 km Umfang. Von der Gesamtfläche (48,64 qkm) sind 6,23 qkm mit Häusern bebaut, 4,49 qkm sind Straßen, Wege und Eisenbahnen, 34,11 qkm landwirtschaftlich benutzt und 3,81 qkm Wasserfläche. (Hierzu ein Stadtplan mit Verzeichnis der Straßen, Plätze und Denkmäler.)

Bevölkerung. Die ortsanwesende Bevölkerung betrug 1780: 8764, 1816: 14100, 1871: 70094, 1880: 95190, 1885: 115190, 1890, einschließlich der eingemeindeten Ortschaften Flehe, Golzheim, Grafenberg, Hamm, Mörsenbroich, Stoffeln und Volmerswerth, 144642 (72087 männl., 72555 weibl.) E., das ist eine Zunahme 1885—90 von 29452 (25,5 Proz.) oder durchschnittlich jährlich 5890

DÜSSELDORF.

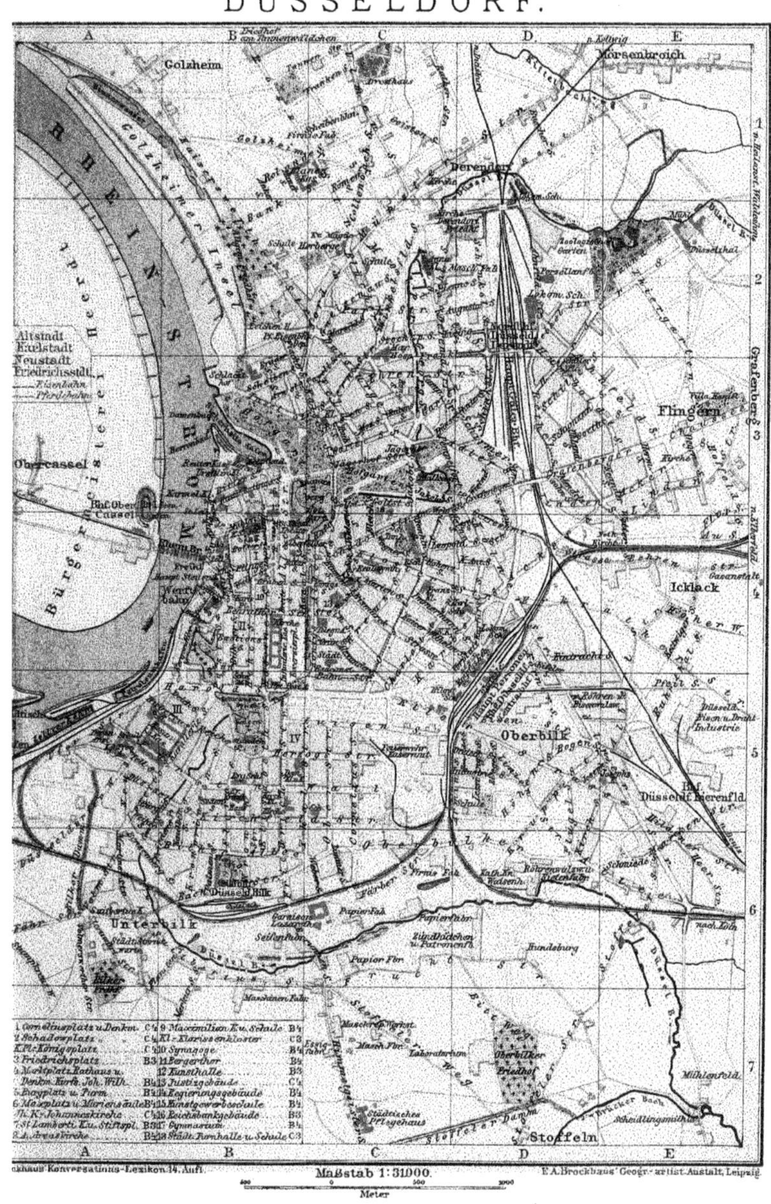
Golzheim
Mörsenbroich
Derendorf
Flingern
Obercassel
Icklack
Oberbilk
Unterbilk
Stoffeln
Mühlenfeld
Oberbilker Friedhof
Altstadt
Karlstadt
Neustadt
Friedrichsstadt
Eisenbahn
Pferdebahn
Maßstab 1:31000
Meter
1 Corneliusplatz u. Denkm. C4
2 Schadowplatz C4
K.Pl. Königsplatz C4
3 Friedrichsplatz B3
4 Marktplatz, Rathaus u. Denkm. Kurf. Joh. Wilh. B4
5 Burgplatz u. Turm B4
6 Maxplatz u. Mariensäule B4
Ev. K. Johanneskirche C4
7 St. Lamberti K. u. Stiftspl. B3
8 Andreaskirche B4
9 Maximilian K. u. Schule B4
Kl. Klarissenkloster C3
10 Synagoge B4
11 Bergerthor B4
12 Kunsthalle B3
13 Justizgebäude C4
14 Regierungsgebäude B4
15 Kunstgewerbeschule B4
16 Reichsbankgebäude B3
17 Gymnasium B4
18 Städt. Turnhalle u. Schule C3
Brockhaus' Konversations-Lexikon 14. Aufl.
F. A. Brockhaus' Geogr.-artist. Anstalt, Leipzig

Verzeichnis
der
Strafsen und Plätze.

Ackerstr. D 4. E 3.
Adlerstr. C. D 3.
Ahnfeldstr. D 2. 3.
Akademiestr. B 4.
Albertstr. E 4. 5.
Alexanderstr. C 4.
Alleestr. B 3. 4.
A[illegible] B 3.
Ananasberg. B. C 3.
Andreasstr. B 4.
Annastr. C 2.
Ankerstr. B 1. 2.
Arminstr. C. D 5.
Arnoldstr. B 3.
Augustastr. C. D 2.
Austr. E 4.
Bachstr. B 6.
Bäckerstr. B 4.
Bahnstr. C 5.
Bandelstr. D 5.
Bankstr. B 1. 2.
Bastionsstr. B 4.
Bazarstr. B 4.
Behrenstr. E 4.
Benratherstr. B 4.
Benzenbergstr. A. B 6.
Bergerallee. B 4.
Bergerstr. B 4.
Bergerthor. B 4.
Bilkerallee. B 6.
Bilkerstr. B 4.
Bismarckstr. C 4.
Bleichstr. C 3. 4.
Blücherstr. C 2.
B[illegible] C 4.
Bogenstr. D 5.
Bolkerstr. B 4.
Bongardstr. C 3.
Börnestr. D 4.
Breitestr. B 4.
Brüderstr. B 3.
Brunnenstr. B. C 6.
Bürgerstr. A. B 5.
Burgplatz. B 4.
Buscherstr. D 1.
Camp[illegible] C 3.
C[illegible] C3.
Charlottenstr. C 4. 5.
Citadellstr. B 4.
Collenbach str. C 1. 2.
C[illegible] str. A. B 5.
C[illegible] C 5. 6.
Corneliusplatz. C 4.
D[illegible] B 5.
Degerstr. E 3.
D[illegible] C 2. 3.
D[illegible] D 5.
D[illegible] A. B 5.
D[illegible] . A 5. 6.
Düsselthalerstr. C. D 3.
Duisburgerstr. C 2. 3.
Eckstr. C 4.
Ehrenstr. C 3.
Eifel[illegible] D 4.
E[illegible] D. E 4.
Eisenstr. D 5.
Elberfelderstr. B. C 4.
Elisabethstr. B 5. 6.
Ellerstr. C. D. E 5.
Erkratherstr. D. E 4.
Exerzierplatz. B 4. 5.
Faunastr. E 2.
Fährstr. A 6.
Färberstr. C 6.
Feldstr. C 3.
Fischerstr. B 2. 3.
Flingerstr. B 4.
Fl[illegible] r. B 5. 6.
Flügelstr. D 5. 6.
Flurstr. E 3. 4.
F[illegible] B. C 1.
Franklinstr. C. D 2.
Fried[illegible] B 5. 6.
Friedrichstr. B 5. 6.
Friedrichsplatz. B 3.
Fruchtstr. C. D 6.
Fürstenwall. A. B. C 5.
G[illegible] C 3.
G[illegible] C 1.
Gerresheimerstr. D 4.
G[illegible] C 2.
Goltsteinstr. C 3.
G[illegible] erstr. B. C 1.
G[illegible] D. E 3.
Grabenstr. B 4.
Grafenberger Chaussee. D. E 3.
Grafenbergerstr. D 3.
G[illegible] C 4.
Hafenwall. B 3.
Hafenstr. B 4.
Har[illegible] B 5.
Heerstr. E 6.
Heinestr. C. D 4.
Herderstr. D. 3. E. 2.
Herm[illegible] str. E 3.
Herzogsstr. B. C 5.
Hild[illegible] E 5. 6.
Himmelgeisterstr. C 7.
Höhenstr. D 5.
Höher-Weg. E 4.
Hoffeldstr. E 3.
Hofgartenstr. C 3. 4.
Hohenzollernstr. C 4.
Hohestr. B 4. 5.
Hubertusstr. A. B 5.
H[illegible] D. E 3.
Hunsrückenstr. B 3. 4.
Immermannstr. C. D 4.
Industriestr. D 5.
Insel[illegible] B 3.
Jägerhofstr. C 3.
J[illegible] C 3.
Jakobigasse. C 3.
J[illegible] C 4.
Joseph[illegible] D. E 5.
Kaiserstr. C 3.
Kaiserswertherstr. B 1. 2.
K[illegible] ustr. C. D 4.
Kanalstr. B. C 4.
Karl Antonstr. D 4.
Karlsplatz. B 4.
Karlsstr. C. D 4.
Kasernenstr. B 4.
Kaulbachstr. B 5. 6.
Kavalleriestr. B 5.
K[illegible] E 4.
Kirchfeldstr. B. C 5.
Kirchstr. D 5. 6.
Kirchplatz. B 5.
K[illegible] C. D 4.
Kölnerstr. D. 4. E. 5.
Königsallee. C 4.
Königsstr. C 4.
Königsplatz. C 4.
Körnerstr. D 4. 5.
Krämerstr. B 3. 4.
Kreuzstr. C 4.
K[illegible] B 5. 6.
K[illegible] B 5. 6.
Krupp[illegible] D 5. 6.
Kurfürstenstr. D 4.
Kurzestr. B 4.
Leopoldstr. C. D 4.
L[illegible] C. D 2.
Lessingstr. D 5.
Liebigstr. C. D 2.
L[illegible] D. E 3.
Linienstr. D 5.
Luisenstr. B. C 5.
Lorettostr. A. B 5.
Marienstr. C 4.
M[illegible] E 5. 6.
Ma[illegible]ktplatz. B 4.
Marschallstr. C 2.
Martinsstr. A 6.
Mauerstr. B 1.
Maxplatz. B 4.
Mendelssohnstr. D 3.
M[illegible] B 6. 7.
Mertensgasse. B 4.
M[illegible] C. D 2.
Mozartstr. C 3.
M[illegible] B 4.
M[illegible] C. D 1. 2.
N[illegible] E 3.
N[illegible] A 5.
N[illegible] B 4.
Nordstr. C 2.
Oberbilker Allee. C. D. E 6.
O[illegible] C 5. 6.
O[illegible] C 4.
Palmenstr. B 6.
Parkstr. C 2.
Pe[illegible] C. D 3.
Pfeilstr. E 5.
Planetenstr. A. B 6.
Prinz-Georgstr. C 2. 3.
Poststr. B 4. 5.
R[illegible] C 1.
Ratingerstr. B 3.
R[illegible] B 5.
Rethelstr. D 2. 3.
Rheinstr. B 4.
Ri[illegible] B 3.
Rolandstr. B. C 1.
Römerstr. C 1.
Rosenstr. C 3.
Rossstr. B. C 1. 2.
Rottstr. D 1.
Rubensstr. C 3.
Ruhrthal[illegible] E 4. 5.
Schadowplatz. C 4.
Schadowstr. C 4.
Schäferstr. (S. S.) B 3.
Scheibenstr. B 3.
Schillerstr. D 3.
Schillerplatz. D 3.
Schinkelstr. D 2. 3.
Schirmerstr. D 3.
Schl[illegible] C 2.
Schmiedestr. E 6.
Sch[illegible] str. D 3. 4.
Schulstr. B 4.
Schum[illegible]nstr. D 3.
Schwanenmarkt. B 4. 5.
Sedanstr. B 5.
Sieh[illegible] n. B 3.
Steinstr. C 4.
Sternstr. C 3.
Sternwartstr. A 6.
Stiftsplatz. B 3.
Stockkampstr. C 2.
Stoffelerstr. D. E 6. 7.
Stoffelerweg. C. D 7.
Stumpkreuzweg. A 6. 7.
Südstr. B 4.
Suitbertusstr. B 6.
T[illegible] B. C 1.
T[illegible] C 3.
Tellstr. A 5.
Thalstr. C 5. 6.
Theaterstr. B 4.
Tiergartenstr. E 2. 3.
Tonhallenstr. C 4.
Turmstr. B 5.
Uferstr. A 5.
Uhland[illegible] D 3.
Ulmenstr. C 1.
V[illegible] C 3. 4.
Volmerswertherstr. A 6. 7.
Wagnerstr. C 4.
Wall[illegible] B 4.
W[illegible] C 6.
Wehrhahn, Am. C. D 3.
W[illegible] A 5.
W[illegible] E 4.
W[illegible] D 3.
W[illegible]ldstr. C 2.
Ziegel[illegible] D 5.
Zi[illegible] C 6.
Zollstr. B 4.

Öffentlich Gebäude etc.

Allgemeiner Friedhof. B 2.
Andreaskirche. B 4.
A[illegible] C 2.
Arresthaus (neu). C 1.
Badeanstalt. C 4.
Bilker Friedhof. A 6. 7.
Botanischer G[illegible] C 3. 4.
D[illegible] und Kirche. B 5.
Düssel[illegible] E 2.
Ev. Krankenhaus. B 5.
Flora-G[illegible] B 6.
Franziskanerkloster und Kirche. C 4.
Friedhof am Tannenwäldchen. B 1.
Garnison-Lazarett. B. C 6.
Gasanstalt (neu). E 4.
Gymnasium. B 4.
Haupt-Postamt. B 5.
Haup[illegible] B 4.
Husaren-Kaserne. A. B 5.
Infanterie-Kaserne. B 4.
Irren-Anstalt. A 5.
Jägerhof. C 3.
Jo[illegible] C 4.
Josephskirche. E 5.
J[illegible] - G[illegible] C 4.
K[illegible] D 4.
Karmeliterkloster. B 3.
K[illegible] C 3.
Kunst-Akademie. B 3.
Kunstgewerbeschule. B 4.
Kunsthalle. B 3.
L[illegible] B 3. 4.
Malkasten. C 3.
M[illegible] -Hospital. C 2. 3.
Maximiliankirche und Schule B 4.
Oberbilker Friedhof. D 7.
Pflegehaus. C 7.
R[illegible] B 4.
Realgymnasium. C 4.
Regierungs-Gebäude. B 4.
Reichsbankgebäude. B 3.
Reuter-Kaserne. B 3.
St. Lambertikirche. B 3.
Schlachthof. B 3.
Ständehaus. B 5.
Städt. Turnhalle und Schule C 3.
Sternwarte. A 6.
Suitbertuskirche. A 6.
Synagoge. B 4.
Telegraphen-Amt. C 4.
Theater. B 4.
T[illegible] halle. C 4.
Ulanen-Kaserne. B. C 1.
Ursul[illegible] B 3.
Zoologischer Garten. D. E 2.

Bahnhöfe.

Haupt-Personenbhf. D 4. 5.
Haupt-Güterbhf. D 3.
Bhf. Bilk. B 6.
Bhf. Derendorf. D 2.
Bhf. Lierenfeld. E 5.
Werftbahn. B 4.

Personen. Dem Religionsbekenntnis nach waren 37181 Evangelische, 105347 röm. und griech. Katholiken, 713 andere Christen und 1401 Israeliten. 1890 gab es 8435 Gebäude (239 unbewohnte) mit 2086 Einzel-, 27395 Familienhaushaltungen und 121 Anstalten. Die Zahl der Geburten betrug (1890) 5916 (darunter 166 Totgeburten), der Todesfälle 3219, der Ehen 1377; der Zugezogenen 27474, der Abgezogenen 19435. In Garnison (3226 Mann) liegen das 39. Füsilier-, 5. Ulanenregiment und die 1., 3. bis 5. Eskadron des 11. Husarenregiments. — Ehrenbürger der Stadt sind Generalfeldmarschall Graf Blumenthal und Maler Andreas Achenbach.

Anlage, Straßen, Plätze, Denkmäler. Die Stadt zerfällt in die Altstadt (der älteste nördl. Teil), Neustadt, Karlstadt und Friedrichsstadt (im S.). An diese Teile schließen sich an die Vororte Unterbilk im S., Oberbilk im SO., Flingern im O. und Derendorf im N. An Stelle der infolge des Friedens von Lunéville (1801) niedergelegten Festungswerke sind im Laufe der Zeit zahlreiche schöne Straßen, Promenaden und öffentliche Anlagen entstanden; so der Hofgarten, der sich vom Rhein westöstlich quer durch die Stadt bis zur Pempelforterstraße erstreckt. Von den Anlagen des Botanischen Gartens, wo 18. Okt. 1892 ein Denkmal (modelliert von K. Hilgers) für die in den Kriegen 1864—71 Gefallenen enthüllt wurde, führt die prächtige Königsallee am Stadtgraben entlang zu den Anlagen am neuen Provinzialständehaus (Kaiserteich, Schwanenspiegel) in der Friedrichsstadt. Zahlreiche Brücken führen über die Wasserläufe, darunter die Goldene Brücke im Hofgarten. Die schönsten Straßen sind die Allee-, Goltstein-, Hofgarten-, Kaiserstraße, Königsallee, die verkehrsreichsten die Berger-, Bolker-, Elberfelder-, Hohe- und Schadowstraße. Von öffentlichen Plätzen sind zu nennen der Corneliusplatz südlich vom Botanischen Garten, mit dem Standbild des P. von Cornelius (1879) von Donndorf und einem Springbrunnen (1882) von Müsch; dicht dabei der Schadowplatz mit der Kolossalbüste von Schadow, Bronzeguß nach Wittigs Entwurf; der Königsplatz südlich davon; der Friedrichsplatz an der Alleestraße; der Markt, nahe am Rhein, mit dem Reiterstandbild des Kurfürsten Johann Wilhelm, 1711 von Grupello in Erz gegossen; der Burgplatz, nördlich davon am Rhein, mit dem Schloßturm, Überrest des 1710 umgebauten, 1846 teilweise erneuten und 1872 abgebrannten kurfürstl. Schlosses; der Marplatz mit der Mariensäule (1873) von Reiß.

Kirchen. D. hat 12 kath. und 3 evang. Kirchen; unter erstern sind zu nennen die got. St. Lambertikirche (14. Jahrh.) mit roman. Turm, kostbaren Monstranzen und den Marmorgrabmälern (1629) der beiden letzten Herzöge von Cleve und Berg, Wilhelm IV. und Johann Wilhelm; an der nördl. Außenseite ein 1886 erneuter sog. «Kalvarienberg» und die Andreaskirche, ehemalige Hof- und Jesuitenkirche, 1629 vollendet, mit den Gräbern des Pfalzgrafen Wolfgang Wilhelm und des Kurfürsten Johann Wilhelm; ferner die evang. Johanniskirche auf dem Königsplatz, aus rotem und grauem Sandstein im ital. Rundbogenstil mit Turm (71 m). Außerdem bestehen noch eine Anzahl Kapellen, ferner Klöster der Dominikaner, Franziskaner, Ursulinerinnen, Barmherzigen Schwestern, Klarissen u. a. und eine Synagoge. Auf dem alten Friedhof an der Fischerstraße ruhen zahlreiche berühmte Männer, so die Maler E. Bendemann, W. Camphausen, Andr. Müller, Ittenbach, Theod. Mintrop, der Gartendirektor Weyhe und der Astronom Benzenberg; im N. der Stadt der Neue Friedhof am Tannenwäldchen, der Derendorfer und der Israelitische Friedhof.

Weltliche Bauten. Das Rathaus am Markt, 1567 in gotisierendem Renaissancestil erbaut, mit einem 1885 in franz. Renaissance neu aufgeführten Westflügel, das Bergerthor im SW., dicht am Rhein, der einzige Überrest der alten Festungswerke, der Jägerhof, von N. de Pigaga als kurfürstl. Jagdschloß erbaut; aus neuerer Zeit das Akademiegebäude, 1879 nach Riffarts Plänen im Renaissancestil erbaut, mit 158 m langer Hauptfaçade, Künstlerateliers, Unterrichtsräumen, Sälen mit Gipsabgüssen und Aula (Fresken von Janssen); die Kunsthalle, 1881 nach Gieses Plänen in franz. Renaissance erbaut, mit großem Mosaikbild (Fritz Röber) an der Façade, das Stadttheater von Giese, die Realschule mit Freskenfries von Bendemann, das Justizgebäude mit dem letzten Ölgemälde Wilh. Schadows (Paradies, Hölle, Fegefeuer), das Staatsarchiv, ein Backsteinrohbau, das Provinzialständehaus nach dem Entwurf von Raschdorf, das Postgebäude, die Kunstgewerbeschule von Westhofen und eine Anzahl prächtiger Privatbauten und schöner Hotels. Ein neues Reichsbankgebäude nach dem Entwurf H. Stillers ist im Bau.

Verwaltung. Die Stadt wird verwaltet von einem Oberbürgermeister (Lindemann), 6 Beigeordneten, 36 Stadtverordneten. Die Berufsfeuerwehr (seit 1874) besteht aus 1 Brandmeister, 34 ständigen und 117 nichtständigen Feuerwehrleuten und hat 2 Feuerwachen, 49 Feuermelder, 17 Spritzen und 14 Pferde. Die Gasanstalt lieferte (1890) 7380700 cbm Gas für 3512 Konsumenten (4008 Gasmesser, 53226 Flammen, 88 Gasmotoren mit 400 Pferdekräften). Privatanlagen für elektrische Beleuchtung bestanden (1890) 29 mit 47 Dynamomaschinen, 256 Bogen- und 2571 Glühlampen. Das städtische Elektricitätswerk ist seit 1891 im Betriebe. Das Wasserwerk lieferte (1890) 4430000 cbm filtriertes Grundwasser; das untere Kanalsystem ist 30 km lang, darunter 13 km Thonröhren, ein oberes ist im Bau.

Finanzen. Der Haushaltplan (1892/93) schließt ab in Einnahme und Ausgabe mit 24130252 M., Schulden 16585709 M. Für Schulen werden aufgewendet 1029164 M., für Wohltätigkeitsanstalten 543790 M., darunter aus städtischen Mitteln für Armenwesen 367000 M., für Straßenreinigung und -Sprengung 133995 M.

Behörden. D. ist Sitz der königl. Bezirksregierung, des Landratsamtes für den Landkreis D., der königl. Generalkommission für die Rheinprovinz, eines Landgerichts (Oberlandesgericht Köln) mit 12 Amtsgerichten (D., Gerresheim, München-Gladbach, Grevenbroich, Krefeld, Neuß, Odenkirchen, Opladen, Ratingen, Rheydt, Ürdingen, Viersen) und Kammer für Handelssachen, eines Amtsgerichts, Gewerbegerichts, einer Reichsbankstelle, eines Hauptsteueramtes, Erbschaftssteueramtes und Stempelfiskalats, einer Oberpostdirektion für den Reg.-Bez. D. mit 318 Verkehrsanstalten und 2844,40 km oberirdischen Telegraphenlinien (16834,61 km Leitungen), einschließlich 8705,65 km Stadtfernsprechanlagen, je eines Betriebsamtes der Königl. Preuß. Eisenbahndirektionen Elberfeld (381,10 km Bahnlinien) und Köln (rechtsrheinisch, 232,98 km), einer Eisenbahnlinienkommission, eines Garnisonkommandos, Proviant- und Bekleidungsamtes sowie der Kommandos der 14. Division, 27. und 28. Infanterie- und 14. Kavalleriebrigade.

Unterrichts- und Bildungsanstalten. Königlich kath. Gymnasium (1545 gestiftet, Direktor Dr. Uppenkamp, 31 Lehrer, 16 Klassen, 572 Schüler, 3 Vorklassen, 79 Schüler); städtisches paritätisches Realgymnasium und Gymnasium (1838 eröffnet, Direktor Dr. Matthias, 35 Lehrer, 16 Klassen, 3 Vorklassen, 664 Schüler; mit der Anstalt ist seit 1890 ein pädagogisches Seminar verbunden); paritätische, höhere lateinlose Bürgerschule (1872 gegründet, Rektor Viehoff, 14 Klassen, 509 Schüler, 3 Vorklassen, 110 Schüler); 3 städtische (Luisenschule mit Lehrerinnenseminar, Friedrichschule, Bürgermädchenschule) und 2 private (paritätische Schubacksche, kath. Marienschule) höhere Mädchenschulen; ferner 18 kath., 6 evang., 1 paritätische Volks- und 6 kath., 2 evang. und 11 private Warteschulen. Der Kunst und dem Gewerbe dienen die königl. Kunstakademie mit 2 Klassen und einer Vorklasse, die Kunstgewerbeschule mit Fachklassen für alle Zweige des Kunstgewerbes sowie Vor- und Abendschulen, und eine gewerbliche Fortbildungsschule.

Sammlungen, Kunstinstitute. In der königl. Kunstakademie sind vereinigt: die Akademische Kunstsammlung (Reste der alten Gemäldegalerie, die sich jetzt in der Pinakothek zu München befindet, u. a. Rubens' Mariä Himmelfahrt, im ganzen 141 Gemälde), das Kupferstichkabinett nebst Handzeichnungen-Sammlung (14 000, bez. 24 000 Nummern), das Antikenkabinett (Gipsabgüsse) und das Museum Ramboux (Nachbildungen hervorragender ital. Gemälde [248 Aquarelle]); die Kunsthalle enthält die neue städtische Galerie mit berühmten Gemälden von Achenbach, Cornelius, Knaus, Lessing, Mintrop, K. Müller, A. Rethel, Schirmer, Sohn, Vautier u. a., eine ständige Ausstellung von (verkäuflichen) Werken der Düsseldorfer Künstler und von Zeit zu Zeit Sonderausstellungen. Das städtische Historische Museum enthält in zwei Hauptabteilungen Altertümer (prähistorische, germanische und römische, mittelalterliche und neuzeitliche), Gemälde und andere bildliche Darstellungen (Porträte, Stadtansichten, Pläne); das Gewerbemuseum birgt einen Teil der Sammlungen des Central-Gewerbevereins (die Grundlage bildeten die Überschüsse aus der Kunstgewerblichen Ausstellung in D. 1880) und die Böninger-Sammlung orient. Kunstgegenstände; die reiche Textilsammlung des Vereins und die Sammlung von Bucheinbänden befinden sich vorläufig in der Turnanstalt (Bleichstraße); sämtliche Sammlungen des Vereins sollen später in einem Neubau am Friedrichsplatz vereinigt werden. Ständige Kunstausstellungen von hoher Bedeutung sind die von Ed. Schulte und von J. C. Morschhenser; die Schaubsche Buchhandlung stellt ältere Gemälde aus; außerdem befinden sich zahlreiche andere Kunsthandlungen in D. Die städtische Sternwarte ist eine Schenkung des Professor Benzenberg.

An Bibliotheken bestehen die Landesbibliothek (50 000 Bände), die Bibliothek des Central-Gewerbevereins, des Geschichtsvereins und 2 Volksbibliotheken.

Theater. Eine ital. Oper bestand schon im 17. Jahrh., regelmäßige Vorstellungen fanden seit 1751 im alten Theater am Markte statt, wo jetzt das neue Rathaus steht; zu hervorragender Blüte gelangte das Theater (1834—37) unter Immermanns Leitung. Das neue, 1875 vollendete Theater (Spielzeit 8 Monate) enthält 1449 Zuschauerplätze und ist für jährlich 8000 M. verpachtet.

1892 erschienen 7 Zeitungen und Anzeigeblätter.

Vereine und Gesellschaften. Düsseldorfer Geschichtsverein, Wissenschaftlicher, Naturwissenschaftlicher, Bildungsverein, Künstlerverein «Malkasten», Kunstverein für Rheinland und Westfalen, Verein zur Wahrung der gemeinsamen wirtschaftlichen Interessen in Rheinland und Westfalen, Nordwestliche Gruppe des Vereins deutscher Eisen- und Stahlindustrieller und andere zahlreiche Vereine für Vokal- und Instrumentalmusik, Rudersport, Geselligkeit, Unterstützung und Wohlthätigkeit. An Kranken- und Sterbekassen bestehen 4 Ortskrankenkassen (13 041 Mitglieder), 40 Fabrikkrankenkassen (10 464), 4 Innungskrankenkassen (940), 3 eingeschriebene Hilfs-, 20 sonstige Kassen und mehrere «Sterbeladen».

Wohlthätigkeitsanstalten. D. besitzt eine große Anzahl Anstalten, welche der Kranken-, Wöchnerinnen-, Waisenpflege sowie der Aufnahme stellenloser Dienstmädchen (Annastift, Marthastift) und wandernder Handwerker u. s. w. dienen; an verschiedenen Stellen der Stadt sind Volksküchen im Betrieb, und ähnliche Veranstaltungen sorgen im Winter für Speisung von Armen (Suppenanstalten) und namentlich von Kindern; während der Herbstferien ziehen Ferienkolonien nach verschiedenen Richtungen aus. Unfern der Stadt, zwischen dem Zoologischen Garten und der Natur- und diätetischen Heilanstalt Waldesheim, liegen die Gebäude des ehemaligen Trappistenklosters Düsselthal, 1819 vom Grafen Adalbert von der Recke zu einer Rettungsanstalt für verwahrloste Knaben eingerichtet; auf der Höhe des Grafenberg die rhein. Provinzial-Irrenanstalt Grafenberg.

Industrie und Gewerbe. An der Spitze der Industrie (80 große Betriebe mit 10 464 und 488 kleinere Betriebe mit 24 834 Arbeitern) steht die Eisenindustrie: Bandagen-, Röhren- und Drahtwalzwerke, 3 Blechwalzwerke, Eisenbahnwagen-, Dampfkessel-, Dampfkranen-, Dampfstrahlapparat- sowie Drahtstiftenfabrik, Eisschrankfabrik, Eisengießereien, Puddel- und Eisenwalzwerke, Gußstahl-, Fitschen-, Geldschrankfabriken, Façongießerei, Hammerwerke, Kesselschmiedereien, Lokomotiv- und Maschinenfabriken, Nagel-, Nieten-, Pulsometerfabrik, Röhrengießerei, Schloß-, Träger- und Bauschienenfabrik; auch für andere Industriezweige bestehen bedeutende Betriebe, so für Weberei, Spinnerei, Gerberei, Färberei, Brauerei, Brennerei, Metallgießerei, Holzschneiderei und für die Fabrikation von Mostrich, Liqueur, Öl, Goldleisten, Möbeln, Blumen, Schirmen, Spiegeln, Pfeifen, Farben. D. hat 7 Innungen, nämlich die Bau-Innung des Niederrheinischen Baugewerkvereins und die Innungen der Barbiere und Friseure, Bäcker, Dekorationsmaler, Glaser und Anstreicher, Fleischer, Friseure und Perückenmacher und der Schlosser. D. ist Sitz der Rheinischen landwirtschaftlichen Berufsgenossenschaft, der Rheinisch-Westfälischen Maschinenbau- und Kleineisenindustrie-Berufsgenossenschaft und ihrer 4. Sektion, der Rheinisch-Westfälischen Hütten- und Walzwerks-Berufsgenossenschaft und ihrer 3. Sektion, der 1. Sektion der Rheinisch-Westfälischen Textil-, der 4. Sektion der Rheinisch-Westfälischen Baugewerks-, der 21. Sektion der Fuhrwerks-Berufsgenossenschaft und der 11. Sektion der Berufsgenossenschaft der Schornsteinfegermeister des Deutschen Reichs.

Handel. Der Handel, mit dem sich etwa 450 große und 4400 kleinere Firmen beschäftigen, erstreckt sich besonders auf Textil- und Eisenwaren. Außerdem bestehen eine Anzahl Buch-, Kunst- und Musikalienhandlungen, zum Teil mit Buchdruckereien, Holzschnitzereien und polygraphischen Anstalten verbunden. Von den 13 Bank- und Fondsgeschäften sind die bedeutendsten der Düsseldorfer Bankverein, die Bergisch-Märkische Bank und die Düsseldorfer Volksbank. Handel und Geldwesen werden unterstützt durch eine Handelskammer für D. und die Bürgermeistereien Gerresheim nebst Erkrath, Eckamp, Ratingen, Hilden und Benrath sowie eine Reichsbankstelle. Jährlich werden 4 Jahrmärkte (Halbfasten-, Himmelfahrts-, Lambertus-, Severinusmarkt) abgehalten. Durch Konsuln sind vertreten Belgien, Frankreich, Großbritannien und sämtliche brit. Kolonien, Schweden und Norwegen, Vereinigte Staaten von Amerika.

Verkehrswesen. D. hat 3 Personenbahnhöfe (Central-, Nord- [D.-Derendorf], Südbahnhof [D.-Bilk]) und 1 Güterbahnhof und liegt an den Linien Hannover-Köln, Schwerte-München-Gladbach, Essen-Kettwig-D. (34,6 km), Kalk-Deutz-Speldorf-Dortmund und an der Nebenlinie D.-Barmen (34,7 km) der Preuß. Staatsbahnen. Im Eisenbahnverkehr kamen (1889) 1124706 t Güter an, 572023 t gingen ab. Die Pferdebahn (seit 1876) hatte (1891) 9502 m mit Geleise versehene Strecken, 33 Wagen, 70 Pferde und beförderte über 2000000 Personen; sie ist 1892 in den Besitz und den Betrieb der Stadt übergegangen. Zwischen D. und Grafenberg besteht Omnibusverbindung; außerdem giebt es 66 Droschken.

Schiffsverkehr. D. hat einen Sicherheitshafen (2,37 ha) und seit 1892 einen Binnenhafen (79,5 ha). Mit der Anlage eines neuen Rheinhafens (80 ha) ist begonnen. 1889 kamen 44 beladene Seeschiffe an, 41 gingen ab, die Ladung betrug 18904 Registertons. Die Binnenschiffahrt zeigt (1889) folgendes Bild:

	Ankunft		Abfahrt	
	zu Berg	zu Thal	zu Berg	zu Thal
Gesamtzahl der Schiffe	1249	1706	1161	1794
1) Personenschiffe	552	789	789	552
2) Güter- u. Segelschiffe:				
a. unbeladen	241	—	179	912
b. beladen	673	917	193	330
c. darunter Dampfschiffe	197	411	192	241
Ladung überhaupt i. Tonnen	106010	94757	14135	27714
Darunter die d. Dampfer	14264	18529	14063	16652
Flöße	—	3404	—	—

Den Personenverkehr versehen die Boote der Köln-Düsseldorfer und der Niederländischen Dampfschiffahrtsgesellschaft; außerdem verkehren Dampfer zwischen D. und Uerdingen. Der gesamte Schiffsverkehr betrug (1889) 200797 t Güter im Ein-, 41849 t im Ausgang.

Post und Telegraph. D. hat (Ende 1891) 2 Postämter erster Klasse mit 4 Zweiganstalten, 1 Postamt zweiter Klasse (Oberbilk), 2 Stadtpostanstalten (D.-Derendorf, D.-Grafenberg), 1 Postagentur (D.-Hamm), 1 Telegraphenamt erster Klasse und 126 Briefkasten. 1889 gingen ein 9940900 Briefe, Postkarten, Drucksachen und Warenproben, 663435 Pakete ohne, 74599 Briefe und 29736 Pakete mit Wertangabe, 93947 Postnachnahmesendungen und Postauftragsbriefe. Es wurden aufgegeben 11631700 Briefe u. s. w., 594921 Pakete ohne, 64207 Briefe und 25825 Pakete mit Wertangabe. Auf Postanweisungen wurden 29,841 Mill. M. aus- und 25,252 Mill. M. eingezahlt. 144657 Telegramme wurden aufgegeben, 154971 gingen ein. Die Stadt hat Fernsprecheinrichtung (585 Sprechstellen) und -Verbindung mit 43 Orten.

In D. sind geboren die Komponisten Norbert Burgmüller und Max Kreutzer, der Philosoph F. H. Jacobi, Heinrich Heine, Peter von Cornelius, Varnhagen von Ense und der Jurist Windscheid.

Vergnügungsorte und Umgebung. Außer dem Hofgarten und den Anlagen am Ständehaus im Innern der Stadt bieten der Floragarten im S. und vor allem der Zoologische Garten im NO. am Düsselbach angenehmen Aufenthalt; besonders ist der Grafenberg beliebt. Zahlreich sind die Punkte zu Ausflügen in der nähern und weitern Entfernung der Stadt auf beiden Ufern des Rheins.

Geschichte. D., ältere Formen Düsseldorpe, Düsseldorp, Duseldorp, benannt nach dem Düsselbach, im Keldachgau, dem Gebiete der alten Sigambrer, später Tenkterer und Franken, gelegen, wird zuerst 1159 in einer päpstl. Urkunde erwähnt; Bedeutung erhält es erst, als nach der Schlacht bei Worringen 1288 Graf Adolf von Berg D. zur Stadt erhob. D. sollte namentlich ein Gegengewicht gegen die Macht der Kölner Erzbischöfe bilden und dem bergischen Lande den Zugang zum Rheinhandel öffnen und sichern. Die Stadt blühte unter der Fürsorge der Grafen von Berg sehr schnell auf und war seit 1511 Residenz der Landesfürsten. Als mit dem Herzog Johann Wilhelm 1609 das Geschlecht der Herzöge von Berg ausstarb, kam D. an die Pfalzgrafen von Neuburg, die ebenfalls in D. residierten. Den größten Glanz erlebte die Stadt unter dem Kurfürsten Johann Wilhelm (1690—1716); er legte die Neustadt an, wodurch D. fast um das Doppelte wuchs, gründete die Gemäldegalerie, die 1805 zum größten Teile nach München entführt und 1871 an Bayern überlassen wurde; er sammelte zahlreiche Künstler um sich und erwarb sich trotz der teuren Hofhaltung die Volksgunst. Nach seinem Tode verlegten die Kurfürsten ihre Residenz. Kurfürst Karl Theodor legte die Karlsstadt an, gründete eine Rechtsschule, anatom. Lehranstalt, Landesbibliothek, namentlich auch eine Malerakademie. In der Revolutionszeit hatte D. viel zu leiden (Beschießung 6. Okt. 1794); 1795—1801 war es französisch, 1801 wurde es an Bayern zurückgegeben, 1806 wurde es Hauptstadt des Großherzogtums Berg und kam 1814 mit dem Großherzogtum an Preußen. Die Stadt sowie die Malerakademie blühten seitdem von neuem auf.

Litteratur. Geschichte der Stadt D., Festschrift des Düsseldorfer Geschichtsvereins zum 600jährigen Stadtjubiläum 1888; Bone, Düsseldorf (in den «Städtebildern und Landschaften aus aller Welt», Nr. 89 und 90, Zür. 1890); Monographien von Camphausen, H. Ferber, von Schaumburg, Riegel, Strauven; Vereinzeltes in der «Zeitschrift des Düsseldorfer Geschichtsvereins»; H. Ferber, Histor. Wanderung durch die alte Stadt D. (mit zwei Plänen, Düsseld. 1889 u. 1890). [(S. 638 b).

Düsselthal, Rettungsanstalt, s. Düsseldorf.

Düsterdieck, Friedrich Hermann Christian, luth. Theolog, geb. 14. Juli 1822 zu Hannover, studierte in Göttingen und Berlin, wurde 1846 Repetent in Göttingen, 1848 Studiendirektor am Predigerseminar zu Hannover, 1854 Pastor zu Schwiechelt, 1858 Studiendirektor in Loccum, 1865 Konsistorialrat in Hannover, wo er seit 1872 Oberkonsistorialrat und seit 1885 Generalsuperintendent für Osnabrück-Hoya-Diepholz ist. D. schrieb: «De Ignatianarum epistolarum authentia» (Gött. 1843), «De rei propheticae in V. T. natura ethica» (ebd. 1852), «Kommentar zu den Johanneischen Briefen» (2 Bde., ebd. 1852—56), «Apologetische Beiträge» (3 Bde., ebd. 1865—72), «Das Hospiz im Kloster Loccum» (ebd. 1863), «Die weltliche Bildung der Geistlichen» (Hann. 1873), «Der Portigsche Handel, mit Genehmigung des königl. Landeskonsistoriums aktenmäßig dargestellt» (ebd. 1872), «Der Apostel Paulus» (ebd. 1875), «Der Apostel Petrus» (ebd. 1876), «Der Apostel Johannes» (ebd. 1878), «Beiträge zur Ethik» (ebd. 1876), «Die Revision der Lutherischen Bibelübersetzung» (ebd. 1882), «Kritisch-exegetisches Handbuch über die Offenbarung Johannis» (4. Aufl., Gött. 1887, in Meyers «Kritisch-Exegetischem Kommentar über das N. T.»).

Düsternbrook, Seebad bei Kiel (s. d.).

Dustmann, Marie Luise, geborene Meyer, Sängerin, geb. 22. Aug. 1831 zu Aachen, debütierte 1848 am Josephstädtischen Theater zu Wien, ging dann nach Breslau und 1850 nach Cassel. 1853 war sie Mitglied des Dresdener Hoftheaters und sang 1854—56 mit so ungewöhnlichem Erfolge in Prag, daß sie 1857 am Wiener Hoftheater engagiert wurde. 1858 vermählte sie sich mit dem Buchhändler D. in Wien. 1859 wurde sie zur Kammersängerin ernannt und wirkte mit ungeschwächter Kraft an dem vorgenannten Institut bis zum 31. Dez. 1875. Seitdem giebt sie Gesangunterricht am Konservatorium der Musik zu Wien. Während ihrer Bühnenwirksamkeit gastierte Frau D. auf fast allen größern deutschen Theatern, wie auf manchen des Auslandes und wirkte bei einer Reihe größerer Musikfeste und Konzerte mit. Sie war eine ausgezeichnete Vertreterin erster dramat. Partien, namentlich der neuern deutschen Oper.

Du sublime au ridicule il n'y a qu'un pas (frz., spr. dü ßüblihm o ridikühl il niä köng pa), d. h. Vom Erhabenen zum Lächerlichen ist nur ein Schritt, ein von Napoleon I., namentlich auf seiner Flucht aus Rußland, gebrauchter Ausspruch; der Gedanke findet sich ähnlich schon bei Marmontel und andern Schriftstellern.

Dütchen (Düttchen), volkstümliche Bezeichnung für die im nördl. Niedersachsen, Schleswig-Holstein, Dänemark u. s. w. im 17. und 18. Jahrh. geprägten $^{1}/_{18}$ Thaler-, bez. 3 Schillingstücke, sowie für die in Polen, Litauen, Danzig, Thorn u. s. w. geprägten Dreigroschenstücke. Das Wort ist Diminutiv des niederländ. Duit oder des plattdeutschen Dutt (neuhochdeutsch Deut).

Dutchman (engl., spr. döttschmĕn, Mehrzahl Dutchmen), Niederländer, in Nordamerika geringschätzende Benennung der Deutschen.

Dutens (spr. dütáng), Louis, franz. Schriftsteller, geb. 15. Jan. 1730 zu Tours, wandte sich als Protestant nach England, um dort sein Fortkommen zu suchen. Der brit. Gesandte Lord Mackenzie nahm ihn als Sekretär nach Turin, wo er auch nach Mackenzies Abreise bis 1762 als Geschäftsträger blieb. Später erhielt er eine Pfründe in England; er gab den diplomat. Beruf auf, machte große Reisen durch Europa und starb als brit. Historiograph und Mitglied der Londoner königl. Gesellschaft 23. Mai 1812 zu London. Er unternahm die erste, wenn auch nicht vollständige Ausgabe von Leibniz' «Opera omnia» (6 Bde., Genf 1769), trat als Gegner Voltaires und Rousseaus in der Schrift «Tocsin» (Rom 1769; später als «Appel au bon sens» 1777 in London gedruckt) auf und schrieb «Origine des découvertes attribuées aux modernes» (2 Bde., 1766 u. ö.). Von geschichtlichem Interesse ist seine «Histoire de ce qui s'est passé pour le rétablissement d'une régence en Angleterre» (Lond. 1789) und seine Selbstbiographie: «Mémoires d'un voyageur qui se repose» (3 Bde., Par. 1806; deutsch, 2 Bde., Amsterd. 1808).

Dutr. hinter lat. Namen von naturhistor. Gegenständen ist Abkürzung für René Joaqnim Henri Dutrochet (spr. dütroscheh), franz. Naturforscher, geb. 14. Nov. 1776 zu Néou im Poitou, gest. 4. Febr. 1847.

Düttchen, Münze, s. Dütchen.

Dutzend (vom lat. duodecim = 12) bedeutet eine Anzahl von 12 und bildet im Handel ein noch oft angewendetes Zählmaß, z. B. für Stahlfedern u. dgl.; 12 D. = 144 Stück bilden ein Groß.

Duumvĭri oder Duoviri, im alten Rom mehrere von je «zwei Männern» bekleidete Ämter, deren unterscheidende Bezeichnung dem Worte D. hinzugefügt wurde. Seit der Königszeit gab es Duoviri capitales oder perduellionis, die als Richter über Perduellio (s. d.) bestellt wurden. Ferner wurden in republikanischer Zeit stets durch eigenen Volksbeschluß Kommissare eingesetzt für Vergebung eines Tempelbaues an Unternehmer (D. aedi locandae), wie für Einweihung eines solchen (D. aedi dedicandae). Sodann wurden seit 311 v. Chr. regelmäßig, wenn es erforderlich war, je zwei unter den Konsuln stehende Flottenführer (D. navales) gewählt; in der Kaiserzeit hießen dieselben Praefecti classis. (S. auch Decemvirn.)

Außerdem hießen Duoviri (in den Municipien, wo die Ädilen mit eingerechnet zu werden pflegten, häufiger Quatuor viri, «Viermänner») mit dem Zusatz jure (alte Dativform für juri) diенndo, d. h. Zweimänner für Rechtsprechung, die höchsten Beamten in den röm. Kolonien und Municipien, wofern nicht die Magistrate in diesen ihre alten Titel als Diktatoren, Prätoren, auch Konsuln beibehielten oder die Rechtsprechung durch einen vom Prätor ernannten oder auch vom Volke erwählten Präfekten ausgeübt wurde, in welchem Falle diese Gemeinden eigentlich Praefecturae hießen. Diese Duoviri standen nur unter röm. Oberhoheit, die aber in die innere Verwaltung sich nicht einmengte, und hatten namentlich den Vorsitz in der Volksversammlung, in den Sitzungen des Rats (der Decurionen) und, unter Beobachtung der vom röm. Prätor erlassenen Edikte und mit gewissen Beschränkungen, die Gerichtsbarkeit in Kriminal- und Civilsachen.

Duv., nach den lat. Namen von Tieren Abkürzung für George Louis Duvernoy (s. d.).

Duval (spr. düwáll) hinter botan. Bezeichnungen Abkürzung für Joseph Duval-Jouve, geb. 1810 in Bourg-Lamberville, gest. 1883 zu Montpellier; er war eine Zeit lang Inspektor der Akademie zu Straßburg. Von seinen Werken sind zu erwähnen: «Histoire naturelle des Equisetum de France» (Par. 1864), «Étude anatomique de quelques graminées etc.» (Montpellier 1870).

Duval (spr. düwáll), Alexandre, franz. Theaterdichter, geb. 6. April 1767 in Rennes, machte im

Seedienste den amerik. Krieg mit, war später Ingenieur und Baumeister, bis ihn während der Revolution seine Neigung auf die Bühne führte. Nachdem er einige Jahre Mitglied des Théâtre français gewesen war, widmete er sich ganz der Litteratur und gehörte zu den Lustspieldichtern, die unter dem ersten Kaiserreich am meisten Erfolg hatten. Seine Stücke zeichnen sich durch geschickte Komposition und feinen Dialog aus. Zu nennen sind: «Édouard en Écosse» (1802), «Le tyran domestique» (1805), «La jeunesse de Henri V» (1812) und der Text zur Oper «Joseph en Égypte» (1807) von Méhul. In seiner Schrift «De la littérature romantique» (1833) wirft er den Romantikern vor, den Niedergang der dramat. Kunst veranlaßt zu haben. Er wurde 1812 Mitglied der Akademie und 1830 Conservateur der Bibliothek des Arsenals. Er starb 10. Jan. 1842 zu Paris. Seine «Œuvres complètes» erschienen 1822—25 (9 Bde., Paris).

Duval (spr. düwáll), Amaury, älterer Bruder des vorigen, franz. Gelehrter, geb. 28. Jan. 1760 zu Rennes, studierte die Rechte, widmete sich später dem diplomat. Fache und wurde 1785 Gesandtschaftssekretär in Neapel. Als er 1792 in Rom war, wurde er Sekretär von Basseville, dem damaligen Gesandten der franz. Republik. Doch verließ er 1797 den Staatsdienst und begann mit Chamfort, Ginguené, Say u. a. die «Décade philosophique», welche Zeitschrift 1807 mit dem «Mercure de France» vereinigt wurde, den D. bis 1816 herausgab. Unter dem Direktorium wurde er Bureauchef für Wissenschaft und Kunst im Ministerium des Innern, 1811 Mitglied des Instituts. Erstere Stelle verlor er 1815. Er starb 12. Nov. 1838 zu Paris. Seine Schrift «Des sépultures chez les anciens et les modernes» (Par. 1801) wurde preisgekrönt. Er gab den Text zu Denons «Monuments des arts du dessin chez les peuples tant anciens que modernes» (4 Bde., Par. 1829), zu Baltards «Paris et ses monuments» (3 Bde., ebd. 1803 fg.) und zu Moisys «Fontaines de Paris, anciennes et nouvelles» (1813), und war Mitarbeiter an der «Histoire littéraire de France». Vgl. A. D. Souvenirs 1829—30 (Par. 1885).

Duval (spr. düwáll), Edgar Raoul, franz. Politiker, s. Raoul-Duval.

Duval (spr. düwáll), Matthias, franz. Anatom, geb. 7. Febr. 1844 zu Grasse, studierte in Paris und ist Professor der Histologie an der Pariser Universität sowie Mitglied der Académie de médecine. Er schrieb zusammen mit Léon Lereboullet «Manuel du microscope dans ses applications au diagnostic et à la clinique» (Par. 1873; 2. Aufl. 1877); allein «Précis de technique microscopique et histologique ou introduction pratique à l'anatomie générale» (ebd. 1878), veröffentlichte zahlreiche Abhandlungen aus der Entwicklungsgeschichte, besonders über Spermatogenese, und gab einen ausgezeichneten «Atlas d'embryologie» (ebd. 1888) heraus.

Duval (spr. düwáll), Valentin, franz. Gelehrter, geb. 12. Jan. 1695 als Sohn eines armen Bauern zu Artonay in der Champagne, hieß eigentlich Jamerai, war in seiner Jugend Viehhüter und brachte sich selbst Lesen und Schreiben bei. Durch Zufall fanden ihn die jungen Prinzen von Lothringen, die ihn in den Stand setzten, seine Studien bei den Jesuiten zu Pont-à-Mousson fortzusetzen. In kurzer Zeit machte er solche Fortschritte, daß der Herzog Leopold 1718 ihn mit sich nach Paris nahm. Nach seiner Rückkehr ernannte ihn Leopold zu seinem Bibliothekar und zum Professor der Geschichte an der Ritterakademie zu Lunéville. Als Lothringen 1735 an Stanislaus Leszczynski abgetreten war, ging er mit der dorthin geschafften herzogl. Bibliothek nach Florenz, wo er zehn Jahre wohnte. Kaiser Franz I. rief ihn als Vorsteher der Münz- und Medaillensammlung nach Wien, wo er 13. Sept. 1775 starb. Seine «Œuvres» wurden von Koch (2 Bde., Straßb. 1784) herausgegeben. Vgl. Kaiser, Leben D.s (2. Aufl., Regensb. 1788), zum Teil aus D.s eigener Handschrift bearbeitet.

Düveke, s. Dyveke.

Duvergier de Hauranne (spr. düwärschieh dĕ oránu), Prosper, franz. Politiker und Publizist, geb. 3. Aug. 1798 zu Rouen, wurde 1824 Mitarbeiter am «Globe», dem Organ der Doktrinärs, 1831 Mitglied der Deputiertenkammer und verteidigte hier eifrig die Politik der Julimonarchie. Als aber 1837 das Ministerium Molé ans Staatsruder kam, ging D. zur Opposition über und schrieb im «Constitutionnel» und im «Siècle» für die Partei des linken Centrums. Zu derselben Zeit ließ er seine Schrift «Des principes du gouvernement représentatif et de leur application» (Par. 1838) erscheinen. Als 1840 Guizot das Ministerium übernahm unter Bedingungen, die gänzlich mit den Grundsätzen der Doktrinärs im Widerspruch standen, verharrte D. fest in seinen Überzeugungen; namentlich veröffentlichte er in der «Revue des deux Mondes» eine Reihe von Aufsätzen, in denen er die Handlungsweise seines alten Freundes entschieden verdammte, und gehörte zu den Förderern der polit. Reformbankette, die der Februarrevolution unmittelbar vorangingen und sie herbeiführten. Diesen Zwecken diente seine Schrift «De la réforme parlementaire et de la réforme électorale» (1847). Als Abgeordneter für das Depart. Cher hielt er sich in der Konstituante zur royalistischen Minorität, und in der Legislative stimmte er mit der monarchischen Rechten. Einer der heftigsten Gegner der Politik Napoleons, wurde er 2. Dez. 1851 eingekerkert, sodann verbannt, durfte aber schon nach 6 Monaten nach Frankreich zurückkehren. Sein litterar. Hauptwerk ist die «Histoire du gouvernement parlementaire en France de 1814 à 1848» (10 Bde., Par. 1857—72). Die andern Schriften D.s bestehen in zahlreichen Artikeln für Revuen, in Kammerreden, Berichten über parlamentarische Anträge u. s. w. 1870 wurde er zum Mitglied der Académie française erwählt. Er starb 19. Mai 1881 auf seinem Schloß Herry bei Samergues im Depart. Cher. — Sein Sohn Ernest e, geb. 7. März 1843, gest. 12. Aug. 1877, war Mitglied der Nationalversammlung nach 1871 und der Deputiertenkammer 1876 und gehörte dem linken Centrum an. Er schrieb unter andern: «La coalition libérale» (Par. 1869), «La république conservatrice» (ebd. 1873).

Duverney (spr. düwärneh), Guichard Joseph, franz. Anatom, geb. 5. Aug. 1648, studierte in Avignon Medizin und ging 1667 als Arzt nach Paris, wo er sich durch seine Vorträge über Anatomie rasch berühmt machte, bereits 1674 in die Académie royale des sciences aufgenommen und 1679 Professor der Anatomie am Jardin royal wurde. D. starb 10. Sept. 1730. Aus seinen zahlreichen Arbeiten sind namentlich seine Abhandlungen über das Gehörorgan hervorzuheben; er veröffentlichte die erste Ohrenheilkunde: «Traité de l'organe de l'ouïe, contenant la structure, les usages et les maladies de toutes les parties de l'oreille» (Par. 1683 u. ö.). Seine anatom. Arbeiten erschienen gesammelt als «Traité des maladies des os» (2 Bde., 1751) und «Œuvres anatomiques» (2 Bde., 1761).

Duvernois (spr. düwärnŏá), Clément, franz. Politiker und Publizist, geb. 6. April 1836 zu Paris, machte seine Studien in Algerien, widmete sich frühzeitig der Litteratur und schrieb zuerst für ein in Algier erscheinendes Blatt «La Colonisation». Nach Unterdrückung dieses Journals ging er nach Paris, erhielt hier Zutritt beim Prinzen Napoleon, und als dieser zum Minister von Algerien (1858) ernannt wurde, sandte er D. nach der Kolonie hinüber, um dort in seinem Interesse und mit seinem Gelde eine Zeitung «L'Algérie nouvelle» zu gründen. Dieses Journal wurde jedoch wegen seiner heftigen Angriffe gegen den neuen Generalgouverneur, General Pélissier, unterdrückt und sein Redacteur zu 3 Monaten Gefängnis verurteilt. Nach Paris zurückgekehrt, schrieb D. für mehrere periodische Blätter, unter andern für die «Liberté», übernahm 1864 die Leitung des «Courrier de Paris» und machte sich als Chefredacteur des Journals «L'Époque», das April 1868 in seine Hände überging, zum Verkünder der «liberalen» Ideen des Kaisers. Im Oktober desselben Jahres begründete er ein anderes Tageblatt, «Le Peuple» (seit Febr. 1869 «Le Peuple français» betitelt), das ganz und gar aus der kaiserl. Schatulle unterhalten wurde. 1869 als offizieller Kandidat im Depart. Hautes-Alpes gewählt, führte er in der Kammersitzung vom 9. Aug. 1870 den Sturz des Ministeriums Ollivier und an dessen Stelle die Bildung des neuen Kabinetts Palikao herbei, worin er das Portefeuille des Handels und Ackerbaues übernahm. Der Fall des zweiten Kaiserreichs entfernte ihn vom polit. Schauplatz. Seitdem beschäftigte er sich mit Gründung finanzieller Gesellschaften, die verunglückten und ihm wegen unredlicher Rechenschaftsvorlagen 2 Jahre Gefängnis einbrachten. Er starb 8. Juli 1879 zu Paris. D. hat sehr viele Gelegenheitsbroschüren veröffentlicht, von denen mehrere die polit., administrativen und kommerziellen Verhältnisse Algeriens betreffen.

Duvernoy (spr. düwärnŏá), Georges Louis, franz. Naturforscher, geb. 6. Aug. 1777 in Montbéliard im Elsaß, war Professor in Straßburg, später als Nachfolger Cuviers am Collège de France in Paris und starb daselbst 1. März 1835. Er war Mitarbeiter Cuviers, dessen «Leçons d'anatomie comparée» (8 Bde., Par. 1836—44) er nach dem Tode des Verfassers in der letzten Ausgabe bearbeitete. Seine selbständigen Untersuchungen beziehen sich besonders auf das Nervensystem der Muscheln sowie auf die vergleichende Anatomie der Wirbeltiere; namentlich sind seine Untersuchungen über die menschenähnlichen Affen zu erwähnen.

Duveyrier (spr. düwerieh), Anne Honoré Joseph, Mélesville genannt, franz. Dramatiker, geb. 13. Nov. 1787 zu Paris, wurde 1809 Advokat in Montpellier, später kaiserl. Generalprokurator, verließ aber nach der Restauration den Staatsdienst, um sich ausschließlich der Litteratur zu widmen. Er schrieb über 300 Theaterstücke, meist in Verbindung mit Brazier, Bayard, Scribe u. a. Seine größten Erfolge erzielte D. mit dem Vaudeville, worin er ganz Vorzügliches leistete. Schon 1811 hatte er ein Lustspiel, «L'oncle rival», mit Erfolg zur Aufführung gebracht. Von seinen sonstigen Stücken sind zu nennen: «Frontin mari-garçon» (1821), «Valérie» (1823), «L'ambassadeur» (1826), «La chatte métamorphosée en femme» (1827), «Zoë» (1830), «Le lac des fées» (1839) u. a. Er starb im Nov. 1865.

Duveyrier (spr. düwerieh), Charles, franz. Schriftsteller, Bruder des vorigen, geb. 12. April 1803 zu Paris, studierte die Rechte und wurde Advokat. 1828 verfaßte er eine Schrift «Essai sur le corps électoral selon la charte». Bald wurde er ein warmer Anhänger des Saint-Simonismus, war Mitarbeiter am «Organisateur», am «Globe» und an dem Werke «Exposition de la doctrine de St. Simon». Wegen eines Artikels im «Globe» über die Stellung der Frau wurde er zu einem Jahr Gefängnis verurteilt. In der Folge widmete er sich der dramat. Schriftstellerei. Mit seinem Bruder schrieb er «Michel Perrin» (1834), dann allein «Le monomane» und «L'ingénieur», welche Stücke keinen Erfolg hatten. Eine günstigere Aufnahme fanden «La marquise de Senneterre» (1837, mit Mélesville), «Fante de s'entendre» (1838), «Le comité de bienfaisance» (1839, mit J. de Wailly), «Oscar ou le mari qui trompe sa femme» (1842, mit Scribe), «Clifford le voleur» (1835), «Le toréador» (1845), «Les Vêpres siciliennes» (1855, mit Scribe), «Lady Seymour» u. s. w. 1848 begründete er mit Enfantin, Arlès-Dufour u. a. ein Saint-Simonistisches Blatt «Le Crédit»; 1855 gab er die Schrift «Nécessité d'un congrès pour pacifier l'Europe» und 1857 eine Broschüre «Pourquoi des propriétaires à Paris?» heraus; 1864 erschien «L'avenir et les Bonaparte» und 1865 «La civilisation et la démocratie française». D. starb 10. Nov. 1866 in Paris.

Duveyrier (spr. düwerieh), Henri, franz. Afrikareisender, Sohn des vorigen, geb. 28. Febr. 1840 zu Paris, besuchte die Handelsschule in Leipzig, wo er auch von Prof. Fleischer im Arabischen unterrichtet wurde. Um sich für wissenschaftliche Reisen in Afrika vorzubereiten, trat er mit der Perthesschen Anstalt zu Gotha in Verbindung und genoß eine Zeit lang den Umgang von Heinr. Barth in London, welcher damals sein großes Reisewerk ausarbeitete. Nach Paris zurückgekehrt, widmete er sich eifrig dem Studium der Mineralogie, Botanik und Zoologie und setzte seine arab. Studien fort. Eine Versuchsreise machte er im März und April 1857 nach Laghuat in der algerischen Sahara, als deren Frucht er «Notizen über die vier berber. Völkerschaften» mit Vokabularien in der «Zeitschrift der Deutschen Morgenländischen Gesellschaft» (1858) veröffentlichte. Zwei Jahre darauf, 8. Mai 1859, begann er seine große Forschungsreise, die er mit Unterstützung der franz. Regierung bis zum Okt. 1861 ausdehnen konnte. Die algerische Sahara südlich bis El-Goléa und Wargla, das südl. Tunesien mit dem Schott el-Dscherid, Tripolitanien und Fessan mit Ghadames, Dschebel Nefusa und Mursuk, endlich das Gebiet der Tuareg-Ardscher mit Ghat bildeten den Schauplatz seiner Thätigkeit, und es gelang ihm, in Text und Karte eine zusammenhängende Darstellung der Centralsahara zu geben. Obwohl D. seinen christl. Glauben nicht verleugnete, ernannte ihn Sidi Mohammed el 'Aïd zum Mitglied seines Ordens. In großer Gunst stand er auch beim Tuaregfürsten Ichenuchen. So war es ihm möglich, das Leben der mohammed. Bewohner der Sahara genau zu studieren und den Vertrag von Ghadames zwischen der franz. Regierung und den nördl. Tuareg vorzubereiten. Auf der Rückreise erkrankte D. in Algier sehr schwer und brauchte mehrere Jahre zu seiner Erholung. Er beteiligte sich am Kriege von 1870 und kam auf einige Zeit als Gefangener auf die Festung Neisse. 1874 begab er sich abermals zu eingehendern Erforschungen nach dem Süden von Tunis und unternahm 1876 eine staatliche Mission nach Marokko. Seitdem widmete er sich nur mehr wissenschaftlichen Studien. In den letzten Jahren schwanden seine geistigen Kräfte und er verfiel zuletzt in so tiefe Melancholie, daß er sich 25. April 1892 in Paris erschoß. D.s Arbeiten sind großenteils in Zeitschriften, wie in dem «Bulletin» der Pariser Geographischen Gesellschaft, den «Annales des voyages», Petermanns «Mitteilungen», der «Revue algérienne et coloniale» u. s. w. enthalten. Sein Hauptwerk ist die «Exploration du Sahara» (Bd. 1: «Les Tuâreg du Nord», mit Karte, Par. 1864). Er war Herausgeber der Jahresberichte der «Société géographique», in Verbindung mit Maunoir des «Année géographique», und Mitredacteur des «Dictionnaire de géographie universelle» von Vivien de St. Martin (1877 fg.). Seine letzten Schriften waren: «Liste de positions géographiques en Afrique» (im «Bulletin de la Société de Géographie», Par. 1884) und «La dernière partie inconnue du Littoral de la Méditerrannée. Le Rif» (ebd. 1888).

Duwok, Pflanze, s. Equisetum.

Dux (lat., «Führer») hieß in der spätern röm. Kaiserzeit der Befehlshaber eines Heeresteils, namentlich der Befehlshaber eines mit der Verteidigung einzelner Grenzdistrikte beauftragten Heeresteils. Seit Diocletian wurde D. der unter dem magister militum stehende militär. Oberbefehlshaber einer Provinz genannt. Als in den german. Reichen die lat. Sprache offizielle Sprache wurde, nannte man die ursprünglich german. Herzöge Duces. (S. Herzog.)

Dux, czech. Duchovcov, Stadt in der österr. Bezirkshauptmannschaft Teplitz in Böhmen, nahe bei Teplitz, in 217 m Höhe, an den Linien Teplitz-Komotau der Aussig-Teplitzer und D.-Ossegg der D.-Bodenbacher Eisenbahn sowie an der Linie D.-Pilsen-Eisenstein der Österr. Staatsbahnen, hat (1890) 10141 E. (etwa 7253 Deutsche, 2888 Czechen), Post, Telegraph, Bezirksgericht (167 qkm, 12 Gemeinden, 34 Ortschaften, 35827 deutsche E., darunter etwa 3580 Czechen), Landwirtschaft und Obstbau. D. ist der Mittelpunkt sehr reicher Braunkohlenlager, die in 16 Bergwerken ausgebeutet werden, besitzt eine Dampfmühle, eine Zucker-, Glas-, Porzellan- und mehrere Thonwarenfabriken. Einen Anziehungspunkt für die Teplitzer Badegäste bildet das gräfl.-Waldsteinsche Schloß in D. mit Fideikommißherrschaft (98,4 qkm), großem Park, Waffen- und Gemäldesammlung und reichhaltiger Bibliothek (24000 Bände).

Dux, Adolf, ungar.-deutscher Schriftsteller, geb. 25. Okt. 1822 in Preßburg, studierte in seiner Vaterstadt und in Raab und widmete sich vollständig der Litteratur und der Journalistik. Er lebte anfangs abwechselnd in Preßburg und in Wien, seit 1855 mit geringer Unterbrechung in Budapest und starb dort 20. Nov. 1881. D. hat sich besonders durch treffliche Übersetzungen ungar. Dichtungen großes Verdienst erworben. Er ist der erste Übersetzer Petöfis: «Ausgewählte Gedichte von Al. Petöfi» (Wien 1846), ferner übersetzte er «Ungar. Dichtungen» (Preßb. u. Lpz. 1854), «Bánk-Bán, Drama von Jos. Katona» (Lpz. 1858), «Dichtungen von Johann Arany» (Pest 1861) und zahlreiche prosaische Werke, Romane und anderes von Mor. Jókai, Paul Gyulai, Jos. Eötvös, Melch. Lónyay u. a. Für diese Leistungen wählte ihn die Kisfaludy-Gesellschaft zu ihrem Mitgliede. Seine eigenen Arbeiten sind teils Novellen («Deutsch-Ungarisches», Pest 1871; «Für den Glanz des Hauses», fragmentarischer Roman von J. Eötvös, bearbeitet und ergänzt, Lpz. 1873), teils litterarhistor.-ästhetische Studien, die er in dem Buche «Aus Ungarn» (Lpz. 1880) gesammelt herausgab. Von seinen ungar. Arbeiten sind seine Studien über das Volksschauspiel, über die Posse, über «Darwinismus und Ästhetik» u. a. erwähnenswert.

Dux, Ludwig von, ungar.-deutscher Publizist und Dichter, s. Dóczi.

Dux-Bodenbacher Eisenbahn, österr. Privatbahn, seit 1. Jan. 1884 unter gemeinsamer Betriebsleitung mit der Prag-Duxer Eisenbahn (Privatbahn). Beide Bahnen gingen 1. Juli 1884 vorläufig, 1. Mai 1886 endgültig in Staatsbetrieb über und werden seit 1. Jan. 1892 von der k. k. Generaldirektion der Österr. Staatsbahnen in Wien für Rechnung des Staates betrieben. 1) D.-B. E. einschließlich Verbindungs- und Anschlußbahnen 92,39 km lang, eingleisig, besteht aus der 9. Juli 1869 genehmigten und 2. Okt 1871 eröffneten Hauptstrecke Dux-Bodenbach (einschließlich Verbindungsbahn 52,7 km) und der 20. Mai 1871 genehmigten und 19. Dez. 1872 eröffneten Seitenlinie Ossegg-Komotau (35,19 km). Die Schleppbahn zur Elbe ist 2 km lang. 1871 kaufte die Gesellschaft den 216,51 ha umfassenden Grubenbesitz des Grafen Waldstein. Das Anlagekapital setzte sich (März 1891) aus gleichberechtigten 17000 Stück Aktien Litt. A und 22994 Aktien Litt. B zu 200 Fl. Silber = 7999800 Fl. Silber, aus 613 Stück Stamm-Prioritätsaktien Litt. A zu 100 Fl. Silber = 61300 Fl. Silber und aus 1518 Stück Stamm-Prioritätsaktien Litt. B zu 100 Fl. Silber = 151800 Fl. Silber zusammen; ferner wurden folgende Prioritätsanleihen begeben: a. zu 5 Proz.: I. Emission 3000000 Fl. Silber, Litt. A Stücke zu 750 Fl. = 500 Thlr., Litt. B zu 300 Fl. = 200 Thlr. und Litt. C zu 150 Fl. = 100 Thlr.; II. Emission 6900000 Fl. Silber, Stücke zu 150 Fl. = 100 Thlr.; III. Emission 1999950 Fl. Silber, 9333 Stück zu 150 Fl. Silber = 300 M. und 800 Stück zu 750 Fl. Silber = 1500 M.; b. zu 4 Proz. zur wahlfreien Konvertierung der 5proz. Anleihen: 4proz. Silberanleihe von 1891: 15000000 Fl. Silber, Stücke zu 300 Fl. Silber und 4proz. Goldanleihe von 1891: 3999900 M., Stücke zu 300 M. 2) Prag-Duxer Eisenbahn einschließlich Verbindungsbahnen und der außer Betrieb gesetzten Strecke Obernitz-Dux (13,7 km) 181,10 km, eingleisig, besteht aus der 25. Juni 1870 genehmigten und 1873 eröffneten Linie Prag-Dux-Brüx (125,2 km), die auf Grund der Genehmigung vom 28. Juni und 4. Sept. 1872 über Klostergrab (18,5 km, eröffnet 15. Mai 1877) nach Moldau (14,9 km, eröffnet 6. Dez. 1884) fortgesetzt und an die Leipzig-Dresdener Eisenbahn angeschlossen wurde. Außerdem gehört zu dem Unternehmen die 30. Sept. 1881 genehmigte und 17. Juli 1882 eröffnete Zweigbahn Zlonitz-Hospozin (7,79 km) und mehrerer Verbindungskurven. Das Anlagekapital der Prag-Duxer Eisenbahn beträgt: 54000 Stück Stammaktien zu 150 Fl. Silber (100 Thlr.) = 8100000 Fl. und 33310 Stück Prioritätsaktien zu 150 Fl. Silber = 4 996 500 Fl.; außerdem wurden 5proz. Gold-Prioritätsobligationen im Betrag von 5 000 100 Fl. und 4proz. (zur Einlösung der Silber-Prioritätsobligationen) im Betrag von 13 206 600 Fl. ausgegeben. Über die in Verbindung mit der Verstaatlichung geplante Reduktion des Aktienkapitals u. a. s. Österreichisch-Ungarische Eisenbahnen.

Duyckinck (spr. deikink), Evert Augustus, amerik. Schriftsteller und Litterarhistoriker, geb. 23. Nov. 1816 zu Neuyork, war anfänglich Jurist, widmete sich nach einer Reise durch Europa (1837) ausschließlich der Litteratur. 1840—42 gab er mit C. Mathews den «Arcturus, a Journal of books and opinions» heraus, 1847—53 mit seinem Bruder George Long D. (1823—63) die «Literary World». Mit diesem bearbeitete er auch sein bedeutendstes Werk, die «Cyclopædia of American literature» (Philadelphia 1856; Neuauflagen 1865, 1875 und 1888). Er schrieb ferner: «Irvingiana» (1859), «History of the war for the Union» (3 Bde., 1861—65), «Memorials of John Allan» (1864), «Poems relating to the American Revolution» (1865), «Poems of Philip Freneau» (1865), «National Gallery of eminent Americans» (2 Bde., 1864), «History of the world» (1870). D. starb 13. Aug. 1878 in Neuyork. Vgl. Osgood, Memoir of E. A. D. (Bost. 1879).

Duyse (spr. deuse), Prudens van, vläm. Dichter, Archivar der Stadt Gent, geb. 17. Sept. 1804 zu Dendermonde, gest. 13. Nov. 1859 als Stadtarchivar zu Gent. Seine epischen, lyrischen und dramat. Dichtungen sind außerordentlich zahlreich; sie haben vor allem dazu beigetragen, die Liebe zur vläm. Muttersprache zu wecken und zu fördern. Viele seiner Gedichte sind zerstreut in den seit 1840 erschienenen «Letteroefeningen» und dem «Nederduitsche Jaarboekje»; eine erste Sammlung erschien 1831. Zu erwähnen sind noch «Vaderlandsche Poezy» (3 Bde., 1840), «Natalia» (1842), «Het Klaverblad» (1848), «Gedichtjes voor kinderen» u. a. In dem vom Niederländischen Institut 1848 veranlaßten Preisausschreiben für eine Geschichte der niederländ. Versifikation seit dem 15. Jahrh. trug D. den Preis davon. Auf dem Gebiete der vläm. Geschichte hat er manche schätzenswerte Abhandlung geliefert. Kurz vor seinem Tode wurde ihm für sein episches Gedicht «Jakob van Artevelde» (Gent 1858) und seine Gedichtsammlung «Nazomer» (edd. 1859) von der Regierung der Fünfjahr-Preis für vläm. Litteratur zuerkannt. D. war der Gründer des in den vierziger Jahren aufblühenden «Duitsch-Vlaamsch Zangverbond».

Duysen (spr. deusen), Jes Lewe, Pianofortefabrikant, geb. 1. Aug. 1820 zu Flensburg, machte sich 1860 in Berlin als Instrumentenbauer selbständig und errichtete daselbst eine Fabrik, die 1871 erweitert und mit Dampfbetrieb eingerichtet wurde. Seit 1872 beschäftigt D. 200 Arbeiter und liefert jährlich 200 Flügel und ebensoviele Pianinos. Seine Instrumente zeichnen sich durch Klangschönheit, Kraft und leichte Spielart aus.

Duyt (spr. deut), holländ. Kupfermünze, s. Deut.

Duz-Comment, s. Du-Comment.

Duzen, jemanden mit «Du» anreden, die natürlichste und ursprünglichste Anrede an eine andere Person. Das Griechische, Lateinische und Gotische kennen bloß diese Anrede. Aber schon im 8. und 9. Jahrh. werden Fürsten und hohe Würdenträger mit «Ihr» angesprochen, eine Sitte, die das Volk kaum schon mitmachte. Im höfischen Zeitalter war das Ihrzen schon allgemein verbreitet; doch zog das Volk das D. noch vor. Im 17. Jahrh. war die Anrede «Er» und «Sie» die vornehmste, dann folgte «Ihr», während «Du» die am wenigsten respektvolle war. Gegen Ende desselben versetzte man die Anrede in der dritten Person in den Plural und sagte nicht mehr «Er ist», sondern «Sie sind». — Vgl. Eckstein, Zur Geschichte der Anrede im Deutschen (Halle 1840); Nölting, Über den Gebrauch der deutschen Anredefürwörter in der Poesie (Wismar 1853); Jak. Grimm, Über den Personenwechsel in der Rede (Berl. 1856).

D. V., Abkürzung für Deo volente (lat., d. h. so Gott will).

Dvārakā, s. Dwārakā.

Dvořák (spr. dwórschahk), Anton, böhm. Komponist, geb. 8. Sept. 1841 zu Mühlhausen (Böhmen), erlangte seine musikalische Ausbildung unter schwierigen Verhältnissen in Prag. Nachdem er seit 1862 als Bratschist am Nationaltheater in Prag thätig gewesen war, erhielt er durch ein Stipendium, das ihm 1875 die österr. Regierung auf 5 Jahre gewährte, die Möglichkeit, sich ausschließlich der Komposition zu widmen. 1892 wurde D. Direktor des neu begründeten Musik-Konservatoriums in Neuyork. Dieselbe Arbeit, der er den ersten Erfolg verdankte, machte ihn mit einem Schlage zu einem der gefeiertsten Komponisten der Gegenwart. Es waren die «Slaw. Tänze», die auf dem Gebiete nationaler Musik durch große Form, charaktervollen, anmutenden Inhalt und blühendes Kolorit eine der ersten Leistungen bilden und zum erstenmal einem böhm. Tonsetzer auf dem Gebiete der höhern Kunstmusik eine hervorragende Stellung gewannen. Ihrer Richtung schließen sich die «Slaw. Rhapsodien» an. In andern Instrumentalkompositionen (2 Sinfonien, 2 Serenaden, 1 Streichsextett, 2 Klaviertrios, 1 Quintett u. s. w.) läßt D. das nationale Element mehr zurücktreten und nähert sich vorwiegend Brahms. Als Gesangskomponist zuerst durch eigene Lieder bekannt geworden, hat sich D. seit 1883 den großen Formen der Chormusik (Stabat mater, Oratorium Ludmilla, Requiem Mass, 1892) zugewendet und damit namentlich in England Beifall gefunden. Von seinen fünf Opern (böhm. Texte) wurde «Der Bauer ein Schelm» auch auf deutschen Bühnen aufgeführt. Vgl. Zubaty, A. D. (Lpz. 1886).

Dwār (d. h. «Thür»), gewöhnlich Duar, Strecken niedrig gelegenen fruchtbaren Landes, die als Pässe aus dem am Südabhange des Himalaja gelegenen Hochlande Bhotan (s. d.) in das nordind. Flachland des Fürstentums Kotsch-Bihar (in Bengalen) und die Distrikte Kamrup und Darrang hinabführen. Die Zahl dieser D. ist im ganzen 18, von denen 11 zwischen den zum Brahmaputra gehenden Flüssen Tista und Manas, nördlich von Kotsch-Bihar, 5 an der Nordgrenze von Kamrup und 2 an der von Darrang gelegen sind. Nach Einverleibung Assams durch die Engländer benutzten die Bewohner Bhotans die D. zu räuberischen Einfällen, die 1863 zum Kriege führten. 1872—73 ward durch Colonel Graham die Grenze zwischen Bhotan und Assam reguliert. Der Grenzhandel hat sich, seitdem die D. britisch sind, bedeutend gehoben.

Dwārakā, Dāvarakā oder Dwārkā, Hafenstadt und Wallfahrtsort für die Hindu, auch Dschigat (engl. Jigat) genannt, das Barake des Ptolemäus, unter 22° 14' nördl. Br. und 69° 5' östl. L., mit 4712 E., in der dem Gaekwar von Baroda, einem Vasallenfürsten der indobrit. Regierung, gehörenden Landschaft Okhamandal (im Distrikt Wagher), auf der in administrativer Hinsicht einen Teil der Präsidentschaft Bombay bildenden Halbinsel Gudschrat an der Arabischen See, ist eine der sieben heiligen Städte der Hindu, berühmt und merkwürdig wegen des Tempels von Krischna oder Dwarkanath, d. h. dem Herrn von Dwarka, das großartigste, berühmteste und imponierendste Heiligtum dieser Gottheit. An der Seeküste auf einer Anhöhe gelegen, besteht dieser Tempel aus drei Abteilungen, dem sog. Mundukk, der Devatschna oder Gebarra und der Sitra oder dem Schneckenturme. Letzterer, in dem allerältesten ind. Tempelbaustile errichtet, stellt eine 50 m hohe, sieben Stockwerke enthaltende Pyramide dar. Jedes dieser Stockwerke aber bildet einen besondern Tempel und zwar in der Weise, daß jeder obere derselben nach allen Richtungen hin kleinere Dimensionen zeigt als der zunächst untere. Das überaus kunstreiche Gebäude besteht aus einem in diesem Teile von Gudschrat häufigen grünlichen Sandsteine, und alle dasselbe bildende zahllose, sorgfältig behauene und verzierte Bausteine werden nur durch ihre eigene Schwere zusammengehalten. Der Tempel wird alljährlich von durchschnittlich 10000 Pilgern besucht. In der Nähe der Gumti, ein für besonders heilig gehaltener Bach. Die Uferstelle, auf welcher der Tempel des Krischna steht, war früher eine kleine Insel und ist infolge Versandung jetzt mit dem Festlande verbunden.

Dwārkā, s. Dwārakā.

Dwars, seemännisch für quer, also dwarsein = querein, Dwarsschott = Querschott.

Dwarslinie, eine Formation der Seetaktik, bei der die Schiffe eines Geschwaders in einer Frontlinie aufgestellt sind und das Flaggschiff gewöhnlich den rechten Flügel bildet. Die Doppel-Dwarslinie enthält zwei in Frontreihen aufgestellte Treffen oder Geschwader.

Dwernicki (spr. -nitzki), Jos., poln. General, geb. 14. März 1779 zu Warschau, nahm 1809, nachdem er in der poln. Legion für Frankreich gefochten hatte, am Feldzuge Poniatowskis in Ostgalizien teil und zog 1812 mit nach Rußland. Nach dem Rückzuge wurde er 1814 Oberst, nachdem er bedeutenden Anteil an den letzten Thaten der poln. Reiterei genommen. Nach dem Frieden trat er in russ. Dienste und wurde 1826 zum Brigadegeneral ernannt. Nach Ausbruch der Revolution 1830 wurde ihm von Chlopicki die Organisation der Kavallerie übertragen, und 14. Febr. erfocht er bei Stoczek trotz der Übermacht der Russen den ersten Sieg über diese. Noch auf dem Schlachtfelde erhielt er den Befehl des Oberfeldherrn, den General Kreutz schleunigst anzugreifen. D. vereinigte sich mit dem General Sierawski, schlug die Vorhut der Russen bei Nowawiez 19. Febr. und zwang den General Kreutz, über die Weichsel zurückzugehen. Nach der Schlacht von Grochow (25. Febr.) wurde er nach Volhynien gesandt und nahm eine feste Stellung bei Boremel gegen das Rüdigersche Korps, gewann 19. April einige Vorteile, mußte zwar nachher der Übermacht weichen, bewerkstelligte jedoch seinen Übergang über den Styr. Bei Mokalowka an der galiz. Grenze wurde er von Rüdiger mit bedeutenden Streitkräften eingeschlossen, sodaß er 27. April 1831 nach Galizien übertreten mußte. Sein Korps wurde entwaffnet und mußte kriegsgefangen nach Ungarn ziehen. Seit 1832 lebte er teils in Frankreich, teils in London. Eine zu Brüssel (1837) erschienene Kritik seiner Operationen in Volhynien veranlaßte ihn zu einer ausführlichen Gegenschrift (Lond. 1837). 1848 kehrte er nach Galizien zurück, wo er im Dez. 1857 zu Lopatyn, einem Landgute des Grafen Zamoyski, starb. Seine «Memoiren» («Pamiętniki») gab Ludw. Plagowski (Lemb. 1870) heraus.

Dwight (spr. dweit), Theodore William, amerik. Jurist, geb. 18. Juli 1822 zu Catskill (Neuyork), ist seit 1858 Rechtslehrer am Columbia College in Neuyork. Von seinen Schriften sind hervorzuheben: die Neuausgabe von «Trial by impeachment» (1867), «Prisons and reformatories in the United States», Maines «Ancient law» (1864), «Influence of the writings of James Harrington on American political institutions» (1887) u. a. m.

Dwight (spr. dweit), Timothy, amerik. Theolog und Dichter, geb. 14. Mai 1752 zu Northampton (Massachusetts), studierte am Yale College Theologie und die Rechte, trat während des Bürgerkrieges als Kaplan in das Heer. D. war von 1783 bis 1795 Pfarrer zu Greenfield (Connecticut) und gründete daselbst die erste amerik. höhere Schule für beide Geschlechter. Von 1795 bis zu seinem Tode (11. Jan. 1817) war er Präsident von Yale College. Außer den patriotischen Liedern «Columbia» und «America» (1772) sind seine Gedichte ungenießbar, in erster Linie sein Epos «The conquest of Canaan» (1785), ferner die Satire «The triumph of infidelity» (1788) und «Greenfield Hill» (1794). Von D.s theol. Schriften ist zu nennen: «Theology explained» (5 Bde., Middletown, Conn., 1818), hg. mit «Memoir» von D.s Sohn (4 Bde., Neuyork 1846). Als letztes Werk erschien: «Travels in New England and New York» (4 Bde., New-Haven 1821). Eine Lebensbeschreibung gab W. B. Sprague in Bd. 14 von Sparks' «American Biography».

Dwina, bei den Russen die Nördliche D. (Sêvernaja Dvina) genannt, zum Unterschied von der Westlichen D. (s. Düna), der größte Strom im nördl. Europäischen Rußland, entsteht im Gouvernement Wologda aus der Vereinigung der Flüsse Suchona und Jug bei Welikij Ustjug. Von hier an strömt die D. nordwärts und vereinigt sich nach 70 km mit der Wytschegda (s. d.), die für ihren Nebenfluß gilt, obgleich sie an Wassermasse die obere D. übertrifft. Nun wird die Richtung nordwestlich; nach etwa 200 km geht die D. ins Gouvernement Archangelsk über, nimmt von links die Waga, von rechts die Pinega auf und mündet 73 km unterhalb der Stadt Archangelsk in den Golf von Archangelsk des Weißen Meers. Bei Archangelsk, wo der Strom bereits 4 km breit ist, teilt er sich in drei Hauptarme, von denen nur der östliche, Beresowsche Arm, für größere Schiffe fahrbar ist. Der Lauf der D. beträgt von den Quellen der Suchona an 1228,7, von der Quelle der Wytschegda an 1782,6, von der Vereinigung der Suchona mit dem Jug 755,3 km, das Flußgebiet 365381 qkm. Der Wasserreichtum des Stroms ist wegen der morastigen und waldigen Umgebung der Quellen und Nebenflüsse sehr bedeutend. Die Suchona entströmt dem See Kubinskoje und ist von Anfang an schiffbar. Die Verbindung mit der Wolga und Newa wird durch das Herzog Alexander von Württemberg-Kanalsystem (s. d.) hergestellt. Dampfschiffahrt besteht vom See Kubinskoje bis Archangelsk, auf dem Nebenfluß Wologda (bis zur Stadt Wologda), auf dem Jug (bis Podosinowez), auf der Wytschegda (bis Ustjanowsk).

Dwojodaner, s. Altai (Bd. 1, S. 457 a).

Dworjäne (vom russ. dvor, «Hof»), die Hofleute der russ. Fürsten, die seit dem 12. und 13. Jahrh. an die Stelle der Gefolgschaft, Družina, traten (s. Dienstleute).

Dwt., Abkürzung für Pennyweight (s. d.).

Dyadik (grch.) oder Dyadisches System, das einfachste aller Zahlensysteme, worin schon zwei Einheiten einer Klasse eine Einheit der nächstfolgenden Klasse bilden. Es gehören dazu nur zwei Ziffern, 1 und 0, während man zu dem dekadischen System zehn Ziffern nötig hat. Die 1 bedeutet in der D. auf der ersten Stelle von der rechten zur linken Hand eins, auf der zweiten aber zwei; die 0 dient bloß zur Bezeichnung der Stelle, welche die 1 einnimmt; auf der dritten Stelle bedeutet die 1 vier, auf der vierten acht u. s. w. Da größere Zahlen nach der D. sich nur durch eine große Menge von Ziffern ausdrücken lassen, so ist dieselbe für den Gebrauch nicht geeignet. Auf gewisse theoretische Vorteile derselben hat, nachdem schon Joh. Caramuel in seiner «Mathesis biceps» (1670) darauf hingewiesen, auch Leibniz aufmerksam gemacht.

Dyadisches System, s. Dyadik.

Dyak, engl. Schreibweise des Wortes Dâjak (s. d.).

Dyakisdodekaëder, eine Krystallform des regulären Systems, Halbflächner des Hexakisoktaeders, wird von 24 gleichschenkligen Trapezoiden umschlossen. (S. Tafel: Krystalle I, Fig. 22.)

Dyas, s. Permische Formation.

Dyaus, Djâus, in der ind. Mythologie der Gott des Himmels. Er erhält im Rigveda die Beiworte asura, «Herr», und pitar, «Vater», und dem Dyaush pitar, «Vater Himmel», steht zur Seite die Pṛthivî mâtar, «Mutter Erde». D. ist der höchste Gott der Indogermanen gewesen; dem Dyâush pitar entsprechen grch. Zeus patēr und lat. Juppiter. Im Rigvêda tritt D. bereits ganz in den Hintergrund gegenüber dem rein ind. Gotte Indra. (S. Asura.)

Dyce (spr. deiß), Alexander, engl. Litterarhistoriker, geb. 30. Juni 1798 zu Edinburgh, erhielt seine wissenschaftliche Bildung auf der dortigen Hochschule und in Oxford, ließ sich 1827 in London nieder und starb daselbst 15. Mai 1869. Die litterar. Laufbahn begann er mit «Select translations from Quintus Smyrnaeus», worauf er sich vorzugsweise der Herausgabe älterer engl. Dichter und Schriftsteller widmete. Nacheinander erschienen Ausgaben von Collins, George Peele, Rob. Greene, John Webster, Shirley, Bentley, Th. Middleton, Skelton, Beaumont und Fletcher (11 Bde., Lond. 1843—45) und Marlowe (3 Bde., ebd. 1849—50) unter seiner Leitung, mit wertvollen Biographien und Anmerkungen. Auch die Dichtungen von Shakespeare, Pope, Akenside und Beattie gab er für Pickerings «Aldine edition of the poets» heraus. In Verbindung mit Collier, Halliwell und Wright gründete er 1840 die Percy Society zur Herausgabe von altengl. Schriftwerken und besorgte selbst den Druck mehrerer derselben. In «Remarks on Collier's and Knight's editions of Shakespeare» (Lond. 1848) deckte er mehrere von den neuern Kommentatoren begangene Irrtümer auf und erklärte sich in «A few notes on Shakspeare» (ebd. 1853) gegen die von Collier veröffentlichten, angeblich aus der ersten Hälfte des 17. Jahrh. stammenden Besserungen zu den Dramen. Ein Werk langjährigen Fleißes ist die Ausgabe der «Works of Shakspeare» (6 Bde., Lond. 1853—58; 5. Aufl., 10 Bde., ebd. 1885—86), wertvoll auch die «Recollections of the table-talk of Samuel Rogers» (1856; neue Ausgabe 1887).

Dych-Tau, einer der Gipfel des Kaukasus, im höchsten Teile des Gebirges, südöstlich vom Elbrus, erhebt sich neben dem 5151 m hohen Koschtan-Tau zu 5211 m Höhe.

Dyck (spr. deik), Anton van, niederländ. Maler, geb. 22. März 1599 zu Antwerpen, war der Sohn des Glasmalers Franz van D., der ihn in Gemeinschaft mit der Mutter, welche die Landschaftsmalerei übte, in den Anfängen der Kunst unterrichtete. D. kam 1609 zu H. van Balen in die Lehre, wo er bis 1615 blieb. Seine künstlerische Vollendung suchte er dann in der Schule des P. P. Rubens, in der er so schnelle Fortschritte machte, daß der Meister ihn bald bei Ausführung seiner großen Arbeiten verwenden konnte. D. eignete sich indes anfänglich die Eigentümlichkeiten seines Lehrers mit jugendlicher Übertreibung an, und erst das Studium der Italiener gab seinem Streben eine andere Richtung. Er ward bereits 1618 in die St. Lukasbrüderschaft seiner Vaterstadt als Meister eingeschrieben und erlangte bald einen so ausgedehnten Ruf, daß er 1620 an den Hof König Jakobs I. nach London berufen wurde. Im folgenden Jahre reiste er nach Italien, wo er in Rom den Kardinal Bentivoglio (Florenz, Palast Pitti) malte. Darauf begab er sich nach Bologna und Venedig, wo er vornehmlich Tizian und Paolo Veronese studierte. 1623 folgte er dem Rufe des Vicekönigs Philibert Emanuel von Savoyen nach Palermo, von wo ihn jedoch die ausbrechende Pest bald wieder vertrieb. Nach Ausführung zahlreicher Werke, namentlich von Bildnissen, landete er 4. Juli 1625 in Marseille, besuchte Paris und begab sich nach seiner Vaterstadt, wo er sechs Jahre angestrengt thätig war. Mißverhältnisse zwischen ihm und seinem Lehrer trübten indes diese Zeit, sodaß er bereitwillig einer Einladung des Prinzen Friedrich von Oranien nach dem Haag folgte, wo er wiederum viele angesehene Personen malte. Er ward 1632 zum zweitenmal nach England berufen, wo König Karl I. ihm einen Jahresgehalt von 200 Pfd. St. aussetzte und ihn auch sonst mit Ehren und Wohlthaten überhäufte. D. ward hier in das verschwenderische Leben des Hofs gezogen, und sein Haus war der Sammelplatz der vornehmen und gebildeten Welt. Er verheiratete sich in England mit Marie Ruthwen, der schönen, aber armen Tochter des Grafen Gowrie, und begab sich dann infolge der revolutionären Ereignisse daselbst in seine Heimat, von da nach Paris. Da er aber nirgends genügende Arbeit fand, kehrte er nach 2 Monaten nach England zurück, wo er 9. Dez. 1641 starb und in der Paulskirche beigesetzt wurde.

D. suchte statt des Ausdrucks gewaltsamer Affekte, wie sie Rubens liebte, mehr einen weichern, ja sentimentalen Zug in seine Darstellungen zu legen. So malte er gern ruhige, empfindungsreiche Scenen, die er, wie z. B. den toten, von den Seinen beweinten Christus, oft wiederholte. Das schönste Exemplar besitzt das Museum in Antwerpen, zwei andere die Münchener Pinakothek; auch das Madrider sowie das Berliner Museum haben dergleichen aufzuweisen. Ein anderer, ebenfalls vielfältig von ihm dargestellter Gegenstand ist das Martyrium des heil. Sebastian. Endlich behandelte er gern die Heilige Familie und entwickelte darin all seine Anmut und Liebenswürdigkeit. Beispiele finden sich in den Galerien zu London, Paris, Berlin. Eine «Ruhe auf der Flucht» bewahrt die Münchener Pinakothek und die Eremitage zu Petersburg. Vorzügliche Darstellungen von ihm sind ferner: Aufrichtung des Kreuzes (Courtrai, Liebfrauenkirche), Kreuzigung Christi (Gent, Michaelskirche), Grablegung Christi (Antwerpen, Museum). Am bedeutendsten war D. in seinen zahlreichen Bildnissen, in welchen er es meisterhaft verstand, die ganze Haltung der vornehmen Welt mit feiner Beobachtung wiederzugeben, und damit eine kräftige, warme Färbung zu verbinden. Hervorzuheben sind die Bildnisse des Malers Snyders (Petersburg, Eremitage), seines Lehrers Rubens (London, Nationalgalerie) und sein Selbstbildnis (ebenda). Eine Anzahl vorzüglicher Bildnisse befindet sich im Palast Brignole zu Genua, unter ihnen das große Reiterbild des Marchese Brignole selbst, andere in andern Sammlungen Genuas und den übrigen großen europ. Galerien. Von den zahlreichen Bildern Karls I. von England und der königl. Familie ist das des Königs im Louvre das schönste. Die Dresdener Galerie besitzt von ihm 21 Gemälde, darunter die erst vor kurzem als Jugendwerke D.s erkannten Halbfiguren der Apostel Bartholomäus, Matthias, Simon, Petrus, ferner Der heil. Hieronymus, Der Jesusknabe auf die Schlange tretend, Der trunkene Silen und das bekannte Bild der drei ältesten Kinder Karls I. von England; das Pradomuseum in Madrid 21 Bildwerke, darunter: Dornenkrönung Christi, Heil. Hieronymus in der Wüste, Heil. Franz von Assisi. D. brachte ferner einen Cyklus von Bildnissen mitlebender Künstler und Kunstfreunde zu stande, welcher 1636 zu Antwerpen u. d. T. «Icones principum, virorum etc.» im Stich erschien. Die vollständigste Sammlung seiner Bildnisse ist die «Iconographie, ou vies des hommes illustres du 17e siècle» (2 Bde., Amsterd. 1759), die aber in den Abdrücken mittelmäßig ist. D. hat auch selbst einige jetzt sehr seltene Blätter gefertigt. 1856 wurde ihm vor dem Museum in Antwerpen ein Standbild (von L. de Cuyper) errichtet. Vgl. Carpenter, Pictorical notices, consisting of a memoir of Sir Anton van D. with a descriptive catalogue of his etchings (Lond. 1844); Wibiral, L'Iconographie d'Antoine van D. (Lpz. 1877); Guiffrey, Antoine van D. (Par. 1882).

Dyck, Herm., Maler und Radierer, geb. 1812 zu Würzburg, wo er sich der bildenden Kunst zuwendete, indem er zunächst architektonische Veduten, mit histor. Staffage versehen, ausführte. Seit 1835 in München, fand er, nachdem er die «Deutschen Sprichwörter und Reime» (Düsseld. 1840) in Radierungen illustriert, zunächst reiche Bethätigung in satirischen Zeichnungen für die «Fliegenden Blätter», vielleicht die besten jener Zeit. In ihrer stilvollen Art wurden sie geradezu bahnbrechend für den deutschen Holzschnitt. In der Folgezeit trat er auch mit Ölgemälden hervor, welche genrehafte Scenen zum Gegenstande hatten. Zu den besten zählen: An der Stadtmauer zu Erding (1857), Ein Kassenvorzimmer (1858), Die Schreibstube (1860), Im Atelier (1861), Inneres einer Klosterkirche (1863), Die Deputation (1864). Seit 1854 Direktor der Kunstgewerbeschule in München, starb er daselbst 25. März 1874.

Dyckmans (spr. deik-), Joseph Laurent, belg. Maler, geb. 9. Aug. 1811 in Lier, bildete sich in Antwerpen unter G. Wappers und wurde 1841 Professor an der dortigen Akademie, welche Stelle er jedoch 1854 wieder niederlegte. Er starb 7. Jan. 1888 in Antwerpen. Von seinen zahlreichen kleinen Genrebildern, die durch meisterhafte Technik und Innigkeit des Ausdrucks bemerkenswert sind, mögen genannt werden: Väterliche Unterweisung, Spitzenklöpplerin, Haushaltungsrechnungen, Alte einen Hahn rupfend, Bibellektüre, Die Spinnerin, Der blinde Bettler (1852; Museum in Antwerpen), Büßende Magdalena, Der Erstgeborene (1879).

Dyer (spr. deiër), John, engl. Dichter, geb. 1700 zu Aberglasney (Wales), widmete sich anfangs der Malerei. Als Dichter machte ihn zuerst ein beschreibendes Gedicht, «Grongar Hill» (1727), das Denhams «Cooper's Hill» durch einfache Darstellung, warmes Gefühl und reizende Naturforschung übertrifft, bekannt. Später unternahm er eine Reise nach Italien, lehrte krank zurück und widmete sich nun dem geistlichen Stande. Reich an einzelnen Schönheiten ist das Gedicht «The ruins of Rome» (1740), eine Frucht seiner Reise. 1757 schrieb er das Lehrgedicht «The Fleece», das von Wordsworth in einem Sonette lobend hervorgehoben wurde. Er starb 24. Juli 1758. Seine «Poems» (Lond. 1761) sind auch in Johnsons Dichtersammlung aufgenommen. Neuere Ausgaben sind die von Willmott (1853) und Gilfillan (1858). Eine Lebensbeschreibung D.s findet sich in Johnsons «Lives of the most eminent English Poets» (neue Aufl. 1877).

Dyer (spr. deiër), Thomas Henry, engl. Geschichtschreiber, geb. 4. Mai 1804 zu London, arbeitete eine Reihe von Jahren in einem westind. Geschäftshause und vertauschte später den kaufmännischen Beruf mit histor. und antiquarischen Studien. Er ergänzte diese durch Reisen auf dem Festlande, in deren Verlauf er der Topographie und den Antiquitäten von Rom, Pompeji und Athen vorzugsweise Aufmerksamkeit widmete. Er starb 30. Jan. 1888 zu Bath. Sein erstes Werk behandelte «Pompeii, its history, buildings and antiquities» (2 Bde., 1849; 3. Ausg. 1875). Hierauf folgte «Life of Calvin» (1850) und, auf vieljährige umfassende Studien gegründet, «The history of modern Europe, from the fall of Constantinopel in 1453 to the war in the Crimea» (4 Bde., 1861—64; 2. Aufl., bis zur Herstellung des Deutschen Reichs fortgeführt, 5 Bde., 1877). Gründlichkeit seiner röm. Studien bezeugten «A history of the city of Rome» (1865; 2. Aufl. 1883), «The history of the kings of Rome» (1868; ital. von Perini, Verona 1883), «Roma Regalis, or the newest phase of an old history» (1872) und «A plea for Livy, with critical notes on his first book» (1873). Die Ergebnisse seiner athenischen Studien legte er nieder in «Ancient Athens, its history, topography and remains» (1873). Außerdem schrieb D. «On imitative art, with preliminary remarks on beauty» (1882) und lieferte zahlreiche Beiträge zu Dr. Schmitz' «Classical Museum» und Dr. William Smiths «Classical dictionaries of biography and geography».

Dyhernfurt, Stadt im Kreis Wohlau des preuß. Reg.-Bez. Breslau, 10 km von Wohlau, rechts an der Oder und an der Linie Breslau-Glogau der Preuß. Staatsbahnen, hat (1890) 1534 E., darunter 513 Katholiken und 35 Israeliten, Post, Telegraph; evang. Kirche, Synagoge, Fideikommißherrschaft mit Schloß, früher dem Minister, Hoym, dann der Prinzessin Biron, jetzt der Gräfin Saurma-Jeltsch, geborenen Gräfin d'Abzac, gehörig mit vielbesuchtem Park und Tiergarten (Damhirsche, Fasanerie) und Blumengarten; ferner Ofen- und Thonwarenfabrik, vier andere Töpfereien, Brauereien, Mollerei und Dampfmühlen. In der Nähe ein Krankenhaus des Ordens vom Heiligen Borromäus.

Dyherrn, George, Freiherr von, Dichter, geb. 1. Jan. 1848 zu Glogau, studierte zu Breslau seit 1864 Theologie, später die Rechte und widmete sich dann der Litteratur, begab sich, eines Brustleidens wegen, 1868 zu seinem Bruder Julius, Bürgermeister zu Rothenburg in der Oberlausitz, um Landwirt zu werden, lebte drei Winter beim Grafen Reichenbach auf Polnisch-Würbitz, dann auf seinem Stammschloß Herzogswaldau in Schlesien, den Winter in Süddeutschland oder in Italien. 1875 trat er zur röm.-kath. Kirche über und starb 29. Sept. 1878 in Rothenburg. D. veröffentlichte: «In stiller Stund'. Dichtungen» (Berl. 1870), «Dem Kaisersohn ein Lorbeerblatt. Zeitgedichte» (Bresl. 1871), «Miniaturen. Lieder zum Komponieren» (ebd. 1873), «Tang und Algen. Erzählungen» (Lpz. 1876). Nach seinem Tode erschienen: «Auf hoher Flut. Gedichte» (Freib. i. Br. 1880), «Dohlenau. Episode aus einem Familienarchiv» (Einsiedeln 1880), «Bilder und Skizzen aus Oberammergau und dem bayr. Hochlande» (Freib. i. Br. 1881), zwei Novellensammlungen (2 Bde., ebd. 1881) und «Aus klarem Born. Gedichte» (ebd. 1882). D.s «Gesammelte Werke» (6 Bde.) erschienen zu Freiburg i. Br. 1879—81; als Volksausgabe 1887 fg.

Dyhrn, Konrad, Graf von, preuß. Politiker, geb. 21. Nov. 1803 zu Reesewitz im Kreis Öls, bezog 1823 die Universität zu Berlin und widmete sich 1830 nach längerm Aufenthalte in Frankreich und Italien der Landwirtschaft. Seit 1843 war er Mitglied des Landtags der Provinz Schlesien, und 1847 trat er in die Herrenkurie des Vereinigten Landtags, als deren liberalstes Mitglied er sich bewies. Seit 1848 auf dem zweiten Vereinigten Landtage der konstitutionellen Partei angehörend, wurde er von diesem zum Abgeordneten für die Deutsche Nationalversammlung und, als später an die Stelle derselben allgemeine Wahlen traten, in Öls und Brieg zum Stellvertreter des Abgeordneten gewählt. Als Mitglied der Ersten Kammer von 1849 gehörte er zur Opposition und sprach für die Anerkennung der Deutschen Reichsverfassung. Er wurde dann in die neue Zweite Kammer und im Febr. 1850 in das Erfurter Staatenhaus gewählt, nahm an den preuß. Kammerverhandlungen von 1850—52 teil und gehörte hier der entschiedenen Linken an. Seit 12. Okt. 1854 war er erbliches Mitglied des Herrenhauses, doch hat er erst im Febr. 1861 seinen Sitz in demselben eingenommen. Er starb 2. Dez. 1869. Aus D.s frühern Jahren rührt seine Tragödie «Konradins Tod» (Öls 1827) her.

Dyhs, dän. Ausdruck für Dolmen (s. d.).

Dykstra, andere Schreibung für Dijkstra (s. d.).

Dyle, vläm. Dijle (spr. deile), Fluß in Belgien, entsteht nahe der Grenze zwischen Brabant und Hennegau, in etwa 150 m Höhe, durchfließt Südbrabant und Antwerpen, berührt die Orte Genappe, Wavern, Löwen und Mecheln und nimmt die Thil, die Lasne und den Demer auf, worauf sie schiffbar wird. Bei Rumpst, etwa 21 km unterhalb der Sennemündung, vereinigt sie sich mit der Nethe zur Rupel, welche dann rechts in die Schelde geht. Von 86 km ihres Laufs sind 23 schiffbar; unterhalb Mecheln ist ihre Breite 30—50 m.

Dyme, im Altertum die westlichste unter den Städten der peloponnes. Landschaft Achaia, soll ursprünglich die Namen Paleia oder auch Stratos geführt und erst später, als sie um 700 v. Chr. durch Zusammensiedelung von acht kleinern Ortschaften zu einer größern Stadt geworden war, den Namen D. erhalten haben. Sie befreite sich 314 v. Chr. vom macedon. Joche, bewirkte 281 mit drei andern Städten des westl. Achaias die Erneuerung des Achäischen Bundes und spielte in dessen Kämpfen gegen die Ätoler wie gegen die Römer eine bedeutende Rolle. 208 v. Chr. wurde die Stadt von den Römern erobert und alle Bürger als Sklaven verkauft; doch wurde ein Teil von König Philipp von Macedonien ausgelöst und in D. wieder angesiedelt. 66 v. Chr. siedelte Pompejus einen Teil der von ihm überwundenen und begnadigten Piraten in der Stadt an. Augustus sandte eine röm. Kolonie dahin und vereinigte dieselbe mit dem Gebiete der gleichfalls von ihm kolonisierten Stadt Patras (s. d.). Gegenwärtig sind nur noch geringe Reste erhalten bei einer Kapelle des heil. Konstantin östlich von dem in einer öden Niederung zwischen Wäldern gelegenen Gehöft Karavostásion, 12 km südöstlich vom Kap Araxos.

Dyn, Krafteinheit, s. Dyne.

Dynamĕne, der 200. Planetoid.

Dynamēter (grch.) oder Auxometer, unrichtig auch als Auzometer bezeichnet, nennt man ein Instrument, mit dem sich die Vergrößerung der Fernrohre messen läßt. Das Princip, das dem D. zu Grunde liegt, geht von dem Maße der Vergrößerung aus, das der Quotient aus der Brennweite des Objektivs durch jene des Okulars giebt. Da jedoch dieses Verhältnis gleich ist jenem der wirksamen Objektivöffnung zum Durchmesser des Objektivbildes in der Okularöffnung, so kann auch die Verwertung dieses letzten Verhältnisses zur Ermittelung der Vergrößerungszahl des Fernrohrs führen. Zu diesem Behufe wird das Okular so eingestellt, daß das Bild eines sehr entfernten Gegenstandes am schärfsten erscheint. Wenn dann das Fernrohr nach dem Tageslichte gerichtet wird, so fällt in die Okularöffnung das Bildchen der Objektivöffnung. Mißt man nun mittels eines mikrometrischen Maßstabes (s. Mikrometer) den Durchmesser dieses Bildchens und drückt in demselben Maße die Größe des Durchmessers der Objektivöffnung aus, dividiert hierauf das Maß der letztern durch jenes des erstern, so giebt die erhaltene Zahl den Wert für die lineare Vergrößerung des Fernrohrs.

Das D. dient nun dazu, den Durchmesser jenes Bildchens im Okular genau zu messen. Am gebräuchlichsten ist das D. von Ramsden, das aus einer durchsichtigen Glasplatte besteht, auf welcher in sehr kleinen, aber gleichen Abständen parallele Striche eingerissen sind.

Dynamīde nannte Redtenbacher jedes Körperatom, das er sich mit einer Ätherhülle umgeben dachte.

Dynāmik (grch.), derjenige Teil der Mechanik, der die Lehre von der Bewegung der Körper und von den bewegenden Kräften behandelt, im Gegensatz zu der Statik (s. d.) oder der Lehre vom Gleichgewichte der Körper und der sich aufhebenden Kräfte. Da nun die Körper als feste, flüssige und luftförmige vorkommen, so hat man hiernach jeden jener beiden Hauptteile der Mechanik wieder in drei Unterabteilungen zerlegt. Man unterscheidet demnach in der D.: 1) die D. im engern Sinne (auch Geodynamik genannt) oder die Lehre von den Bewegungskräften der festen Körper; 2) die Hydrodynamik oder Hydraulik (s. d.) und 3) die Aërodynamik (s. d.) oder Pneumatik. (S. Bewegung und Kinematik.) [(s. Aktus, philos.).

Dynămis (grch.), Kraft, wirkendes Vermögen

Dynămisch, auf Dynamik (s. d.) bezüglich; dann im Gegensatz zu mechanisch: durch innere Kraft wirkend, darauf beruhend.

Dynămisch-chemische Theorie wird im Gegensatz zur Atomtheorie die Anschauung genannt, wonach chem. Verbindungen durch gegenseitige gleichmäßige Durchdringung der chem. Bestandteile entstehen. Sie sieht die Materie als kontinuierlich erfüllten Raum an. Die dynamisch-chem. Theorie hat unter den Chemikern stets nur vereinzelte Anhänger gehabt und besitzt heute wohl kaum mehr einen einzigen, da sie außer stande ist, die wichtigsten chem. Verhältnisse, wie das Gesetz der einfachen multiplen Proportionen, die Beziehungen zwischen Dampfdichte und wirkenden Quantitäten chem. Körper, die Thatsachen der Allotropie, Isomerie u. s. w., die sich aus der atomistischen Anschauung als logische Konsequenzen ergeben, zu verstehen. Die dynamisch-chem. Theorie ist vielmehr ein Produkt verschiedener naturphilos. Systeme. [theorie.

Dynămische Gastheorie, s. Kinetische Gas-

Dynămische Meteorologie, die mathem.-physik. Darstellung der Witterungsvorgänge, namentlich der Luftbewegung. [Wärmetheorie.

Dynămische Wärmetheorie, s. Mechanische

Dynamismus (vom grch. dýnamis, «Kraft»), in der Philosophie die dem Atomismus entgegengesetzte Theorie der Materie, die den letzten Bestandteilen derselben keine ursprüngliche Ausdehnung zuschreibt, sondern sie den Raum nur durch Kräfte der Anziehung und Abstoßung erfüllen läßt (s. Atom).

Dynamit, zusammenfassende Bezeichnung für über 100 verschiedene Sprengstoffe mit den verschiedensten Namen; sie haben alle das Gemeinsame, daß das Nitroglycerin (s. d.) ihren wirksamsten Bestandteil bildet. Hervorgegangen ist diese ganze Klasse der D. aus dem Bestreben, dem flüssigen Nitroglycerin eine feste Form zu geben und zugleich damit seine große Gefährlichkeit und Empfindlichkeit zu vermindern. Erst hierdurch ist es möglich geworden, die für die Sprengtechnik so überaus wichtigen Eigenschaften des Nitroglycerins ausnutzen zu können, denn erst die feste Form der D. erlaubte eine Versendung auf Eisenbahnen und eine gefahrlosere Handhabung beim Gebrauch. Das Nitroglycerin hatte sich sofort nach Beginn seiner Herstellung im Großen durch die verschiedensten furchtbaren Unglücksfälle als derart gefährlich herausgestellt, daß die meisten Staaten seine Einfuhr untersagten. Der schwed. Chemiker Alfred Nobel, der mit dieser fabrikmäßigen Herstellung begonnen hatte, sann auch zuerst auf Abhilfe und löste die sich gestellte Aufgabe 1867 dadurch, daß er poröse Infusorienerde bis zur Sättigung mit Nitroglycerin durchtränkte. Die hierdurch entstandene plastische Masse, die an brisanter Wirksamkeit dem reinen Nitroglycerin nicht nachsteht, dasselbe aber an Unempfindlichkeit erheblich übertraf, nannte er D. Im Laufe der Zeit wurden statt der Infusorienerde eine Anzahl anderer, einfacher oder zusammengesetzter Körper als Aufsaugungsmittel (Basis) für das Nitroglycerin in Anwendung gebracht, sodaß jetzt schon, um eine Übersicht über die verschiedenen D. zu erhalten, eine Klassifizierung derselben nach der Art des Aufsaugungsmittels notwendig ist. Zunächst unterscheidet man solche D., deren Basis bei der Explosion keine Rolle spielt, sondern lediglich als Aufsaugungsmittel dient (D. mit neutraler Basis) und solche, deren Basis bei der Explosion zur Erhöhung der Wirkung beiträgt, oft sogar selbst Sprengkörper bildet (D. mit wirksamer Basis). Zu erstern gehören: Nobels Kieselgur-Dynamit oder Nobels D. Nr. 1 (s. unten), Fulgurit, Wetter-Dynamit und alle die Sorten, bei denen an Stelle der Infusorienerde, der örtlichen Verhältnisse oder der Billigkeit halber, andere Erdsorten, Kreide, Gips, Sand, Koks, Ziegelmehl, Zucker u. s. w. getreten ist.

Die größere Zahl der D. und namentlich die neuern und kräftigern sind D. mit wirksamer Basis. Diese sind:

a. salpetersaures Kalium, Natrium oder Baryum bei Nobels D. Nr. 2, 3, 4 (s. Nobels Dynamit), Herkulespulver, Vulkanpulver, Coloniapulver, Nobels Sprengpulver, Lithofracteur, Giant Powder, Judsonpulver, Virit, Pantopollit, Fulminatin.

b. Ammoniumnitrat, beim Ammoniakrut, Seranin, Fowlerschen Sprengstoff.

c. Chlorsaure oder pikrinsaure Salze bei Horsley-Dynamit, Brains Sprengpulver, Castellanospulver.

d. Cellulose, beim Cellulose-Dynamit, Titanit, Nendrock, Rhexit, Petralit.

e. Nitrocellulose, mittels deren das Nitroglycerin in einen gelatinösen Zustand übergeführt wird; hiernach hat die ganze Klasse den Namen Nitrogelatine erhalten. Es gehören hierher Glyoxylin, Trauzls D., Dualin, Sebastin, Sprenggelatine, Gelatine-Dynamit, Vigorit, Extra-Dynamit, Forzit, Nitrolit, Meganit. (Näheres über alle genannten Arten s. die Einzelartikel, sowie Kohlendynamit, Weißes Dynamit.) Neuerdings ist zu Ehren der beiden berühmten Chemiker Nobel und Abel der Vorschlag zu einer andern Klassifizierung der D. gemacht worden, nämlich die letzterwähnte Klasse der Nitrogelatine (unter e) als Abelite und sämtliche übrigen D. (unter a bis d, sowie diejenigen mit neutraler Basis) als Nobelite zu bezeichnen.

Das gewöhnliche D. oder Kieselgur-Dynamit besteht aus 75 Teilen Nitroglycerin und 25 Teilen Kieselgur, d. i. feine lockere Infusorienerde. Als letztere wird in Deutschland die bei Oberlohe in Hannover vorkommende Kieselgur benutzt; in Frankreich wird eine ganz ähnliche Erde, Randanit, bei Randan im Puy-de-Dôme gefunden, zum gleichen Zwecke verwandt. Durch Glühen wird die Kieselgur von Wasser und organischen Beimengungen befreit und sodann durch Walzen und Sieben gekleint; dem hierdurch entstandenen feinen Mehl wird in hölzernen Bottichen das gereinigte und völlig säurefreie Nitroglycerin allmählich zugesetzt; das Mengen beider Bestandteile geschieht durch Kneten mit der Hand. Das D. bildet dann eine rötliche oder graubraune geruchlose, fette, teigige Masse von 1,6 bis 1,8 spec. Gewicht. Gegen Druck und Stoß ist es weniger empfindlich als Nitroglycerin. Nur gefrorene Dynamitpatronen können durch bloßes Hinfallen explodieren. Beim Anzünden brennt eine kleinere Menge D. ruhig ab. Als Sprengmittel bedarf es einer künstlichen Zündung durch explodierendes Knallquecksilber oder den überspringenden elektrischen Funken, wobei es eine solche heftige Wirkung ausübt, daß selbst ohne Verdämmung die größten Eisenblöcke zersprengt werden. Bei seiner Verbrennung entwickelt es nur Kohlensäure, Wasserdampf und Stickgas. Vorzüge des D. gegen das Sprengpulver sind: es erleidet keine Veränderung durch Feuchtigkeit; es bewirkt große Arbeitsersparnis, weil weniger Bohrlöcher von geringerm Durchmesser erforderlich sind, ferner Ersparnis an Kosten; obgleich nämlich D. 3½- bis 4mal soviel kostet als Pulver, leistet es doch 8mal soviel; ferner verbreitet es keine schädlichen Gase; außerdem ist seine Anwendung, wenn die Arbeiter über seine Eigenschaften gehörig belehrt sind, verhältnismäßig gefahrlos. Die Produktion an D. beträgt in Europa etwa 7000 t.

Für den Gebrauch wird das Dynamitpulver in 6—7 cm lange und 1,5—2 cm dicke Patronen aus Pergament fest eingedrückt. In Steinkohle kann das Pulver locker verwendet werden. Zur Zündung bedient man sich einer Zündschnur mit aufgeschobenem und mittels Zange darauf festgekniffenem Zündhütchen; diese wird 3 cm tief in das Pulver geschoben, dies fest angedrückt und die Patrone mit einem Papierstöpsel geschlossen. Die Verdämmung wird aus losem Sande hergestellt. Anstatt der Zündschnüre benutzt man meistens vorteilhafter die elektrische Zündung, d. h. man entzündet die aus Kaliumchlorat und Schwefelantimon oder Phosphorkupfer bestehende Zündmasse durch den elektrischen Funken. Über Herstellung, Aufbewahrung, Transport und Verwendung des D. s. Sprengstoffgesetz.

Vgl. R. von Wagner, Handbuch der chem. Technologie (13. Aufl., Lpz. 1889); Jahresbericht über die Leistungen der chem. Technologie, hg. von R. von Wagner und Ferd. Fischer (ebd. 1870 fg.); J. Mahler, Die moderne Sprengtechnik (Wien 1873); E. von Meyer, Die Explosivkörper (Braunschw. 1874); Trauzl, Die neuen Sprengstoffe (Wien 1885).

Dynamītgeschütze, s. Pneumatische Geschütze.

Dynamītgesetz, s. Sprengstoffgesetz.

Dynamītkanonen, s. Pneumatische Geschütze.

Dynāmo-elektrische Maschinen, s. Dynamomaschinen.

Dynamológie (grch.), Lehre von den Naturkräften, auch von den Kräften der Arzneien.

Dynāmomaschinen (grch. dýnamis, «Kraft»), Dynamo-elektrische Maschinen oder auch schlechtweg Dynamo, im weitern Sinn alle Maschinen zur Erzeugung von elektrischem Strom unter Aufwendung motorischer Kräfte. Im engern Sinn versteht man darunter speciell die nach dem Dynamoprincip (s. d.) konstruierten Maschinen.

In ihrer heutigen Gestalt bildet die Dynamomaschine einen vollendeten Apparat, worin die Umwandlung der eingeleiteten mechanischen in elektrische Energie sich nach einem Güteverhältnis vollzieht, das für Verbesserungen nur noch wenig Spielraum läßt. Aber selbstverständlich hat sie eine ganze Reihe sehr wesentlicher Verbesserungen durchzumachen gehabt, ehe sie auf dem heutigen Standpunkt angelangt war und die Grundlage einer großen, durch sie geschaffenen Industrie, der heutigen Elektrotechnik, besonders des Elektromaschinenbaues, werden konnte. Doch liegt die Konstruktion der ersten derartigen, damals freilich noch nicht nach dem Dynamoprincip ausgeführten Maschine kaum 60 Jahre hinter uns. Anfang der zwanziger Jahre hatten Faraday und Barlow gezeigt, wie man elektrischen Strom in Bewegung und damit Stromenergie in mechanische umsetzen könne; 1831 gab Faraday durch seine Entdeckung der Induktion (s. d.) den Nachweis der Umkehrbarkeit dieser Umwandlung und damit die Grundlage jeglicher Erzeugung von elektrischer Energie unter Aufwand von mechanischer. Die Anwendung ließ nicht lange auf sich warten.

Schon das folgende Jahr, 1832, brachte die ersten Maschinen, die von Dal Negro und von Pixii, letztere im September durch Hachette der Pariser Akademie vorgelegt. (S. Tafel: Dynamomaschinen I, Fig. 1.) Bei beiden wird der Strom erzeugt in auf Weicheisen gewickelten Drahtspiralen oder Spulen, die gegenüber den Polen eines Magnets derartig bewegt werden, daß sie sich diesen annähern und sich wieder von ihnen entfernen. Bei Dal Negro ist diese Bewegung eine oscillatorisch hin und her gehende, bei Pixii wie bei fast allen spätern Maschinen eine drehende. Ursache des Stroms ist bei beiden der Hauptsache nach die Änderung des magnetischen Zustandes der Spulenkerne. Diese werden bei Annäherung an die Pole durch magnetische Induktion zu einem Magneten, verlieren den erlangten Magnetismus aber ebenso schnell wieder bis auf Spuren, den sog. remanenten Magnetismus, wenn sie sich wieder von ihm entfernen. Nur in geringem Grade trägt zur Erzeugung des Stroms bei die Bewegung des die Spule bildenden Drahtes selbst in Bezug auf den Magneten oder, wie man sich heute ausdrückt, in Bezug auf das von ihm gebildete Magnetische Feld (s. d.). Das Gleiche gilt noch fur längere Zeit für alle folgenden Konstruktionen, von denen hier nur die von Saxton (1833), von Clarke und von Jacobi (1835), ferner die von Stöhrer (1844) mit sechs, statt wie bisher mit nur zwei Polen, und endlich die ersten eigentlichen Großmaschinen, die von Nollet (1849) und von Holmes (1856) mit 50 bis 60 und mehr Polen, noch genannt werden mögen.

Mit einer Maschine der letztern Konstruktion wurden 1857 im Auftrage der engl. Regierung unter Leitung von Faraday bei Blackwall Versuche angestellt, die zur Ausrüstung des einen der beiden Leuchttürme von South-Foreland mit einer solchen führten, der 8. Dez. 1858 zum erstenmal in dem neuen elektrischen Licht erstrahlte. Aus der von Nollet bildete sich nach einer Reihe von Umgestaltungen die Maschine der Pariser Compagnie L'Alliance (s. Taf. I, Fig. 4), die vielfach gleichfalls zur Stromlieferung für Leuchttürme, aber auch zur Beleuchtung von Bauarbeiten bei Nacht, so u. a. beim Sueskanal, benutzt wurde und auch im Deutsch-Französischen Kriege von 1870 und 1871 eine Rolle spielte, wo sie durch Beleuchtung des Vorgeländes vom Mont-Valerien aus die nächtlichen Arbeiten der Belagerer erschwerte.

Da es nur auf die Relativbewegung der Spule in Bezug auf die Pole ankommt, so ist es im Princip gleichgültig, ob, wie bei Pixii, der Magnet, oder, wie bei den meisten spätern, die Spulen sich bewegen, oder ob endlich, was vielfach vorgeschlagen, der konstruktiven Schwierigkeiten halber aber wohl kaum ausgeführt worden, zur Vergrößerung der Relativgeschwindigkeit und damit der den Strom erzeugenden elektromotorischen Kraft beide einander entgegen bewegt werden. Die erzeugten Ströme sind (wenn von den für die Praxis unbrauchbaren Unipolarmaschinen [s. d.] abgesehen wird) in allen Fällen Wechselströme, d. h. sie wechseln ihre Richtung im Augenblick des Übergangs von gegenseitiger Annäherung von Spule und Pol in Entfernung derselben voneinander, also in dem Augenblick, in welchem erstere den letztern gegenüberstehen. Für eine ganze Reihe von Anwendungsformen sind sie

DYNAMOMASCHINEN. I.

1. Pixii, 1832.

2. Elias, 1841.

3. Siemens, 1856.

4. Compagnie L'Alliance, 1859.

5. Pacinotti, 1860.

6. Siemens, 1867.
Erste eigentliche Dynamomaschine.

7. Gramme, 1870.

8. v. Hefner-Alteneck—Siemens, 1873.

1. Schuckert, 1877.

2. Edison, 1881.

5. Siemens, Modell H.

6. Kummer & Co., Type Alpha.

9. Kummer & Co., Type Epsylon.

10. Helios, Modell für Elektricitätswerke.

CHINEN. II.

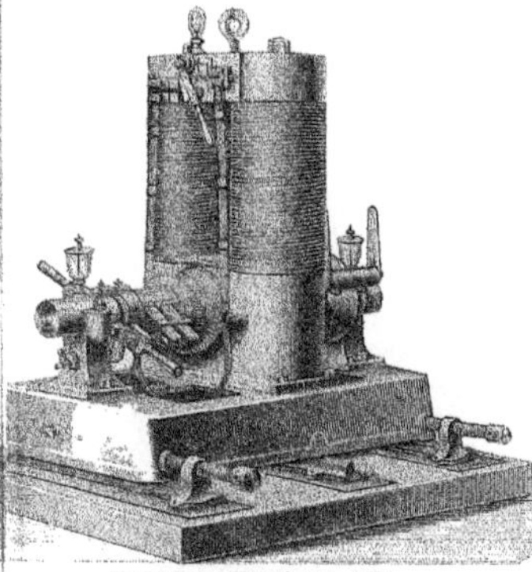
3. Edison—Hopkinson, 1883.

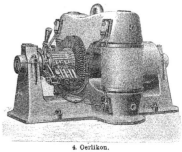

4. Oerlikon.

7. Allgemeine Elektricitäts-Gesellschaft.

8. Ganz & Co.

11. Oerlikon, Drehstrom-Dynamo.

12. Siemens, Innenpolmaschine, Modell für Elektricitätswerke.

DYNAMOMASCHINEN. III.

1. Allgemeine Elektricitäts-Gesellschaft, Drehstrom-Motor.

2. Schuckert & Co., Modell für Elektricitätswerke.

so aber nicht zu gebrauchen, müssen vielmehr durch einen besondern Apparat, den Kommutator oder Kollektor (s. d.), dessen Funktion derjenigen der Steuerung einer Dampfmaschine sehr nahe verwandt ist, in gleichgerichtete oder, wie man sie kurz nennt, in Gleichströme verwandelt werden, und man unterscheidet hiernach Maschinen mit Steuerung oder Gleichstrommaschinen und Maschinen ohne Steuerung oder Wechselstrommaschinen. Die ersten Maschinen waren Wechselstrommaschinen, und erst an einer spätern Ausführung brachte Pixii einen Kommutator an. Von den spätern Großmaschinen waren die von Nollet und von Holmes Gleichstrommaschinen, die Alliancemaschine nur in ihren ersten Ausführungen; in der Folge ließ man den Kommutator weg, weil er der großen Zahl der Wechsel halber, die er bei der Vielheit der Pole bei jeder Umdrehung zu vollziehen hatte, sich als eine Quelle beständiger Störungen und großer Verluste erwies und Bogenlichtbeleuchtung, die einzige Anwendungsform der damaligen Maschinen, auch mit Wechselstrom möglich war.

Waren alle bisjetzt besprochenen Maschinen im letzten Grunde Nachbildungen der Pixii-Maschine, von der sie sich nur durch ihre Größe und durch die Anzahl der Pole und die hierdurch bedingte konstruktive Umgestaltung des Kommutators unterschieden, so fehlte es doch auch schon damals nicht an Vorschlägen zu Änderungen principieller Art, durch die, wenn man ihren Wert erkannt und sie weiter ausgebildet hätte, manche der sehr viel spätern Verbesserungen der Maschine würden vorweggenommen sein. Dies gilt sowohl hinsichtlich der Anordnung der Spule bez. des von ihrer Gesamtheit gebildeten Induktors oder, wie er heute meist genannt wird, des Ankers, als auch hinsichtlich der Zusammenfassung der in ihm erzeugten Ströme, der Steuerung. So hatte bereits 1841 Elias in seiner «Beschrijving eener nieuwe Machine ter aanwending van het Electromagnetismus als Beweegkracht» (Haarlem) dem Anker die heute meist gebräuchliche Form des sog. Ringankers (s. d.) gegeben, indem er die Spulen auf einem einzigen, in sich zurücklaufenden, also einen geschlossenen Ring bildenden Weicheisenkern anordnete, den er vor den Polen des Magneten sich drehen ließ (s. Taf. I, Fig. 2). Dadurch wurden nicht allein die einzelnen Windungen der Spulen selbst in unmittelbare Nähe der Pole, vor denen sie sich vorbeibewegten, gebracht, und dadurch in sehr viel höherm Grade als bisher zur Stromerzeugung mit herangezogen, es trat auch an die Stelle der beständigen Umkehr des Magnetismus innerhalb der Kerne bei jedem Polwechsel die für den zeitlichen Verlauf des Stroms sehr viel günstigere gleichförmige Verschiebung der Pole innerhalb des Ringes. Einen Anlauf nach derselben Richtung hin hatte vor Elias schon Wheatstone (1841) genommen, war aber auf halbem Wege stehen geblieben. Es folgten Greenough (1851), Pacinotti (1860; s. Taf. I, Fig. 5), Worms de Romilly (1866), Siemens (1867) und endlich Gramme (1870), die, jeder ohne von den vorigen zu wissen, den Ringanker immer wieder aufs neue erfanden. Siemens erreichte dasselbe Ziel schon 1856 mit seinem bekannten Cylinder-Induktor (s. d.) auch noch auf einem andern Wege (vgl. Taf. I, Fig. 3).

Die erste wesentliche Verbesserung in der Zusammenfassung der Ströme rührt von Wheatstone her, der 1841 den in seinem zeitlichen Verlauf sehr ungleichmäßigen Strom der damaligen Maschine dadurch zu einem gleichmäßigern machte, daß er mehrere Maschinen, jede mit einem eigenen Kommutator versehen und gegen die benachbarten um den gleichen Winkel versetzt, staffelförmig, wie die Stufen einer Wendeltreppe, auf einer einzigen Achse anordnete. Durch entsprechende Verbindung der den Strom abnehmenden Kommutatorfedern oder Bürsten (s. d.) konnten die veränderlichen Ströme der Einzelmaschinen zu einem Summenstrom vereinigt werden, der, wie leicht ersichtlich, wie der Förderstrom einer Reihe gegeneinander versetzter Kurbelpumpen, um so gleichmäßiger fließen mußte, je größer die Zahl der Einzelmaschinen der von Wheatstone «electro-magnetic battery» genannten Verbindung ist. Denselben Gedanken hatte dann 1860, ohne von Wheatstone zu wissen, auch der Professor an der Universität Pisa, Antonio Pacinotti, durchgeführt, war aber noch einen Schritt weiter gegangen. Wheatstones Konstruktion war im Grunde genommen weniger eine Maschine als ein Aggregat von Maschinen und infolge der vielen Einzelsteuerungen verhältnismäßig kompliziert. Pacinotti, der übrigens auch seine Schleifen nicht wie Wheatstone staffelförmig, sondern in einem einzigen großen Kreise bez. auf einem Ringe liegend anordnete, ersetzte die letztern durch eine einzige für alle Schleifen dienende Steuerung, den Kollektor (s. d.). Andere Steuerungen zu demselben Zweck gaben schon vorher Davenport (1837), Greenough (1851) und Bessolo (1855); letztere beide der von Pacinotti nahe verwandt. Dieselben sind aber kaum häufiger angewandt worden.

Waren also nicht allein die beiden Haupttypen des Ankers der heutigen Dynamo, der Ring und der Cylinder oder die Trommel, sondern auch die Steuerung derselben bereits bekannt und wäre durch eine geschickte Zusammenfassung derselben immerhin etwas Bedeutendes und in vielen Fällen Brauchbares geschaffen worden: ein neuer, wichtiger Zweig der Industrie, wie dies in der That geschehen ist, würde aber wohl schwerlich durch dieselbe ins Leben gerufen worden sein. Dazu fehlte noch als Schlußstein die 1867 erfolgte Entdeckung Werner Siemens', das von ihm so genannte Dynamoprincip (s. d.). Die erste nach diesem Princip gebaute Maschine ist auf Taf. I, Fig. 6 dargestellt.

War man bis dahin für das Magnetgestell auf Stahlmagnete angewiesen, deren Magnetismus im Verhältnis zu ihrer Masse gering und die zudem durch die bei der raschen Umdrehung des Induktors unvermeidlichen Stöße einen großen Teil dieses Magnetismus sehr bald wieder verloren, so zeigte nun Siemens, wie man viel stärkere Maschinen als bisher ganz ohne Anwendung permanenter Magnete herstellen könne, womit, wie er in sofortiger Erkenntnis der ungeheuern Tragweite seiner Entdeckung seine Mitteilung an die Akademie schließt: «.... der Technik nun die Mittel gegeben sind, elektrische Ströme unbegrenzter Stärke auf billige und bequeme Weise überall da zu erzeugen, wo Arbeitskraft disponibel ist, eine Thatsache, die auf mehrern Gebieten derselben von wesentlicher Bedeutung sein wird». Wie sehr er mit dieser seiner Prophezeiung recht hatte, sollte sich bald zeigen und würde sich noch früher gezeigt haben, wenn eine der soeben besprochenen Konstruktionen, namentlich die von Pacinotti, die, für das physik. Kabinett der Universität Pisa gebaut und nur in einer wenig verbreiteten ital. Zeitschrift, dem «Nuovo Cimento», beschrieben, in ihren Veröffentlichungen minder begraben gewesen und das neue Princip sogleich auf sie angewendet worden wäre. So brachte erst das J. 1870 die erste für die größere Praxis brauchbare Dynamomaschine, die von Gramme (s. Taf. I, Fig. 7), eine Anwendung des Dynamoprincips auf die von ihm aufs neue erfundene Konstruktion von Pacinotti: Ringanker mit einem Vielfachen der Polzahl als Spulenzahl und Kollektor- oder Sammelsteuerung. Ihr folgte 1873 die von von Hefner-Alteneck erfundene und von Siemens erbaute (s. Taf. I, Fig. 8), deren Steuerung gleichfalls die von Pacinotti, deren Anker dagegen, die sog. Trommel (s. d.), ein gleichfalls mit einem Vielfachen der Polzahl belegter Siemensscher Cylinder-Induktor ist. Daran reihen sich in rascher Folge die große Zahl der heute in Gebrauch befindlichen Maschinen, meist gleichfalls Trommel- oder Ringmaschinen und fast ausnahmslos mit Pacinotti-Steuerung versehen.

Eine neue Form des Ringankers, den sog. Flachring (s. d.) oder die Ringscheibe mit seitlich angeordneten, anstatt dem Umfange gegenüberstehenden Polflächen zeigt die Schuckert-Maschine (1877; s. Taf. II, Fig. 1); eine andere Steuerung haben von den wirklich in Gebrauch gekommenen Maschinen nur zwei Konstruktionen amerik. Ursprungs, die von Brush (1878) und die Bogenlichtmaschine von der Thomson-Houston-Compagnie (1880). Beide haben, abweichend von allen andern Konstruktionen, eine sehr geringe Spulenzahl, geben aber trotzdem eine leidliche Gleichmäßigkeit des Stroms durch Änderung der Gruppierung nicht allein, sondern auch der Zahl der eingeschalteten Spulen während einer Umdrehung. Beide Steuerungen, von denen nebenbei die von Brush im Princip völlig identisch ist mit der oben besprochenen von Wheatstone, haben sich übrigens nur für Hochspannmaschinen mit verhältnismäßig geringer Stromstärke als brauchbar erwiesen, und so wendet denn auch die Thomson-Houston-Compagnie für die Maschinen ihrer zahlreichen Stationen zum elektrischen Betrieb von Straßenbahnen und für die Motoren dieser nur Pacinotti-Steuerung an.

Wie groß nun aber in der That die Umwälzung war, die infolge der soeben besprochenen Verbesserungen der Maschine und namentlich durch die Einführung des Dynamoprincips in dieselbe die ganze Frage der Erzeugung elektrischen Stroms mit Hilfe von Maschinen im Verlauf von wenig Jahren durchgemacht hatte, erhellt am besten aus den folgenden Vergleichsziffern zwischen einer Siemens- und einer Alliancemaschine, die dem Bericht über die 1877 im Auftrag der engl. Regierung angestellten Versuche entnommen sind. Beide Maschinen, von denen die ältere (die Alliancemaschine) seit 1872 in South-Foreland funktionierte, gebrauchen annähernd die gleiche Betriebskraft von nicht ganz vier Pferden, ihre Gewichte verhalten sich aber wie 10:1, die Preise derselben wie 5:1 und die von ihnen erzeugten Lichtstärken wie 2:5. Im Verhältnis zum Anschaffungspreise liefert also die heutige Maschine $12\frac{1}{2}$mal soviel Stromenergie (hier speciell in der Form von Licht), als die beste frühere Maschine, deren Konstruktion nur um den für eine solche Steigerung gewiß sehr kurzen Zeitraum von 5 Jahren rückwärts liegt. Noch frappanter stellt sich das Verhältnis zum Gewicht, das bei derselben Leistung heute nur noch $\frac{1}{25}$ desjenigen der frühern Maschine ist. Natürlich gelten diese Zahlen, die übrigens auch nur ein ungefähres Bild geben sollen, nur für die damalige Maschine. Seitdem hat die letztere abermalige, sehr bedeutende Verbesserungen erfahren, wenn auch die Konstruktion im großen und ganzen dieselbe geblieben ist. Heute setzt sie 90 Proz. und mehr der eingeleiteten mechanischen in Stromenergie um, während noch im Winter 1879/80 Versuche in der Militärschule zu Chatham nur einen Wirkungsgrad von 75 Proz. ergaben. Ein Vergleich mit der Alliancemaschine auch in diesem Sinne ist nicht möglich, da bei den frühern Versuchen, die nur die Anwendung für Leuchtturmzwecke im Auge hatten, immer nur der Wirkungsgrad der Maschine mit der Lampe gemessen wurde.

Die neuern Verbesserungen, denen diese bedeutende Steigerung des Güteverhältnisses zu danken ist, basieren, soweit sie nicht rein konstruktiver Natur sind, auf Erwägungen, die sich auf die Theorie der Maschine stützen, um die sich neben Frölich, von dem die erste ausgebildete Theorie der Maschine herrührt, namentlich die Gebrüder Hopkinson, Marcel Deprez und Gisbert Kapp verdient gemacht haben. Zunächst lernte man durch zweckmäßiges Zerteilen oder, wie man es meist nennt, durch Lamellieren des Ankerkernes (s. d.) die sonst in letzterm auftretenden Wirbel- oder Foucault-Ströme (s. d.) vermeiden, die, da zu ihrer Erzeugung unnütz Energie verbraucht wurde, eine beständige Verlustquelle darstellten und die außerdem bei den ersten Versuchen mit der Dynamomaschine, bei denen Siemens seinen Cylinder-Induktor anwendete, diesen derart erhitzten, daß die Umspinnung in Gefahr geriet zu verkohlen. Diese Verbesserung zeigte übrigens schon die Gramme-Maschine, deren Ankerkern aus einem Drahtbündel bestand; ihr Wert wurde aber nicht sogleich erkannt, und sie fand sich infolgedessen keineswegs bei allen spätern Konstruktionen. So hatte der Anker der Brush-Maschine lange Zeit einen massiven Gußeisenkern, und bei dem des Schuckertschen Flachringes bestand die Lamellierung jahrelang darin, daß man ihn in Scheiben zerlegte, was wenig oder gar nichts nützte, während man ihn heute aus Bandeisen wickelt und damit den Wirbelströmen, die wie die im Draht erzeugten senkrecht zu der Richtung der vom Pol ausgehenden magnetischen Kraftlinien (s. d.) und zur Bewegungsrichtung, hier also in der Richtung des Radius fließen, den Weg, soweit nur irgend möglich ist, verlegt.

Ein näheres Studium der Verhältnisse des vom Magneten einerseits und von dem ihn schließenden Ankerkern andererseits gebildeten Magnetkreises brachte dann eine weitere Umgestaltung und zwar eine solche, die sich auch in ihrer äußern Erscheinung sofort bemerkbar machte, während die zuerst besprochene an der fertigen Maschine nur an ihrer Wirkung zu erkennen war. Edison u. a. hatten ihren Maschinen, in der Meinung, es komme vorzugsweise auf die Größe des «magnetischen Moments» an, möglichst lange, dünne Magnete gegeben, und dies galt längere Zeit als das allein Richtige. Diese ältere Edison-Maschine zeigt Fig. 2 der Taf. II. Hopkinson zeigte 1883 durch den Erfolg seiner Abänderung der Edison-Maschine (in der Form, wie sie von der Deutschen Edison-Gesellschaft, jetzt Allgemeine Elektricitätsgesellschaft, gebaut wurde, auf Taf. II, Fig. 3 wiedergegeben), daß seine entgegengesetzte Ansicht die richtige sei, daß es nur auf die Zahl der vom Pol zum Anker übertretenden Kraftlinien ankomme und daß man, um diese möglichst groß zu erhalten, die Länge des Magnetkreises möglichst kurz und die Querschnitte innerhalb derselben überall möglichst groß zu machen habe.

Auf seinen Erfahrungen fußend, führte Kapp den Begriff des magnetischen Widerstands in die Theorie der D. ein und gab eine Methode zur Berechnung der zur Erregung einer bestimmten Feldstärke (s. d.) erforderlichen Ampèrewindungszahl und der von Hopkinson in die Theorie eingeführten Charakteristik (s. d.). Hopkinson u. a. haben diese Methode wesentlich verbessert, und heute ist dieselbe in *dieser* Form wohl allgemein acceptiert und dient fast allgemein zur Vorausberechnung der Konstanten neu zu konstruierender Maschinen, während man in dieser Hinsicht vor noch gar nicht langer Zeit fast absolut auf ein Probieren angewiesen war.

Hinsichtlich der Art der Magneteinschaltung oder, wie man sich auch ausdrückt, der Erregung des Feldes (s. d.), unterscheidet man die D. in *Hauptstrom-*, *Nebenschluß-* und *Doppelschluß-* oder *Compoundmaschinen* (s. d.). Bei erstern, deren Magnete vom Ankerstrom umflossen werden, ist die Spannung an den Klemmen der Maschine sehr veränderlich, sie nimmt mit steigender Stromstärke zunächst zu, dann aber wieder ab. Für Zwecke, wo es auf Konstanz der Spannung ankommt, z. B. zur Verteilung von elektrischer Energie von einem Centralpunkt aus, also für Elektricitätswerke (s. d.) oder auch nur zur Glühlichtbeleuchtung, für elektrochem. Zwecke u. s. w. ist dieselbe daher unbrauchbar. Besser ist in dieser Hinsicht die Nebenschlußmaschine, deren Magnete in einem Zweigstromkreise oder Nebenschlusse liegen. Ihre Spannung ist nur bei sehr hoher Belastung stark veränderlich; bei mittlern Stromstärken ändert sich dieselbe nur sehr unbedeutend und darum finden wir sie auch für die meisten der oben erwähnten Zwecke in Anwendung. Sind auch die geringen Schwankungen in der Spannung, wie sie eine gute Nebenschlußmaschine zeigt, noch zu groß und will man einen Regulator, durch den auch diese zu vermeiden sind, aus irgend welchen Gründen nicht anwenden, so kann man durch Kombination der beiden Schaltungen, wie sie die sog. Compoundmaschine zeigt, nahezu völlige Konstanz erreichen. Diese Doppelschaltung wurde seiner Zeit von Brush angegeben (1878), während die der Hauptstrommaschine identisch mit der ursprünglichen von Siemens angegebenen ist und die der Nebenschlußmaschine nahe gleichzeitig mit der von Siemens von Wheatstone angegeben wurde. Durch eine Verbindung beider Schaltungen kann man, wie dies wohl zuerst von Frölich gezeigt worden ist, übrigens auch umgekehrt nahezu unveränderliche Stromstärke bei veränderlicher Spannung erzeugen, wie es für Bogenlampen- und andere Stromkreise mit hintereinander geschalteten Verbrauchsstellen erwünscht sein kann. Man unterscheidet dem entsprechend die Compoundmaschinen auch wohl in Gleichspannmaschinen und Maschinen mit konstanter Stromstärke.

Leitet man einer Dynamomaschine aus irgend einer Quelle Strom zu, so tritt die entgegengesetzte Umwandlung wie bei der bisher besprochenen Art ihrer Anwendung ein: die Stromenergie verwandelt sich in ihr in mechanische; aus der Strom gebenden Maschine wird eine Strom nehmende, ein *Elektromotor*. Kann also jede Dynamomaschine umgekehrt auch als Elektromotor benutzt werden, so werden, um gute Verhältnisse zu erhalten, die Motoren in den allermeisten Fällen doch für diesen ihren besondern Zweck besonders konstruiert und als Motoren gebaut.

Die Ausbildung der *Wechselstrommaschine*, deren Anwendung nach der raschen Folge von Verbesserungen der Gleichstrommaschine sehr zurücktrat, hat in den letzten Jahren mit der der letztern wieder gleichen Schritt gehalten. Die fortschreitende Entwicklung der Elektricitätswerke, der Wunsch, immer größere und größere Gebiete mit dem Leitungsnetz derselben zu überspannen, den Strom als Licht- und Kraftquelle auch in vom Verkehrscentrum entfernte Stadtgegenden zu tragen, zwang zur Anwendung immer höherer und höherer Spannungen. Diese lassen sich mit Gleichstrommaschinen aber nur bis zu einem gewissen, beschränkten Grade erreichen, da der Kollektor mit seinen vielen Isolationen stets einen wunden Punkt nach dieser Richtung hin bildet. Es kommt hinzu, daß Wechselstrom sich ohne Anwendung maschineller Einrichtungen transformieren, d. h. in solchen niederer Spannung bei höherer Stromstärke und umgekehrt umwandeln läßt, daß man also die an den Konsumstellen erforderliche Niederspannung durch Aufstellen eines Transformators (s. d.) im Hause selbst erzeugen kann. Man hat daher der Wechselstromtechnik wieder mehr und mehr Interesse zugewendet, und die heutigen Wechselstrommaschinen sind den Gleichstrommaschinen mindestens ebenbürtig. Man verlegt, um Schleifkontakte (s. d.) für den hochgespannten Strom zu vermeiden, bei ihnen den Induktor meist in das ruhende Gestell und läßt das Magnetsystem rotieren, kehrt also in dieser Beziehung zu der Maschine von Pixii zurück. An Konstruktionen sind neben den ältern von Gramme mit Ringarmatur und von Siemens & Halske mit Scheibenarmatur (s. Scheibenanker) vorzugsweise zu nennen die von *Zipernowsky*, gebaut von Ganz & Co. und der Aktiengesellschaft Helios und von letzterer in Frankfurt ausgestellt (s. Tafel II, Fig. 8 u. 10) und die ihr sehr ähnliche, in Frankfurt ausgestellte der Firma Siemens & Halske, beide mit Polarmatur (s. Polanker), und die von Ferranti, von Brown und von Mordey mit Scheibenarmatur und endlich die von Förderreuther-Schuckert mit Flachring und von Westinghouse mit Trommelarmatur.

Neuesten Datums ist eine dritte Gattung von D. und Motoren, die der namentlich durch die Frankfurter Ausstellung, speciell die Lauffen-Frankfurter Kraftübertragung, auch in weitern Kreisen bekannt und populär gewordenen Maschinen mit rotierendem Feld oder, wie man sie nicht ganz zutreffend genannt hat, der *Drehstrom-Dynamo* (vgl. Drehstrom). Das System verdankt seine Ausbildung vorzugsweise dem Umstand, daß dem Wechselstrommotor bis in die allerneueste Zeit gewisse Übelstände anhafteten, namentlich daß er synchron mit der Strom gebenden Maschine laufen mußte und daher unter Belastung nicht anging und, wenn er durch Überlastung aus dem Synchronismus fiel, sehr leicht zum Stillstand kam. Kraftübertragungen mit Wechselstrom hatten daher ihre Schwierigkeit, und doch drängte der Wunsch zur Ausnutzung noch brach liegender entlegener Wasserkräfte, deren Energie auf größere Entfernung zu übertragen, immer mehr auf Hochspannung und damit auf die Anwendung von Wechselstrom. Da kam der Drehstrom- oder, wie man ihn jedenfalls weitaus bezeichnender auch genannt hat, der *Mehrphasenstrommotor* wie gerufen. Auf die Dauer wird er sich aber wohl kaum halten, dazu sind die drei Stromleitungen zwischen Stromgeber und Motor, deren er bedarf, denn doch zu unbequem. Ist erst der asynchrone Wechselstrommotor geboren, dessen Konstruktion heute eine der Hauptaufgaben für den Elektromaschinenbau bildet, zu deren Lösung allerdings bereits sehr bemerkenswerte Anfänge vorliegen, so wird man sicherlich an Drehstromübertragung nicht mehr denken. Der Motor selbst ist freilich sehr einfach, wenigstens für kleine und mittlere Kräfte: Ein Ringmagnet, dessen Polarität hervorgerufen wird durch drei in der Phase gegeneinander verschobene Wechselströme und sich infolgedessen um die Achse des Ringes dreht, ein sog. Drehfeld bildet, erzeugt in der in sich geschlossenen Wicklung des innerhalb des Ringes drehbaren Ankers Ströme, die durch ihre Rückwirkung auf das Feld den Anker in Umdrehung versetzen. Den ersten Motor dieser Art konstruierte 1888 Professor Ferraris in Turin. Gleichfalls aus dem J. 1888 stammen die Konstruktionen der Amerikaner Tesla und Bradleigh und die von Haselwander. An neuern Konstruktionen sind noch zu nennen die von Förderreuther-Schuckert, von Brown-Oerlikon und die von Dodrowolsky von der Allgemeinen Elektricitätsgesellschaft in Berlin, alle drei in Frankfurt ausgestellt, die letztgenannten bei der Lauffener Übertragung verwendet (s. Taf. II, Fig. 11 und Taf. III, Fig. 1).

Die folgenden Daten mögen eine Vorstellung geben von der raschen Entwicklung in der Größe der D. Auf der Pariser Ausstellung 1881 wurde die 100pferdige Edison-Maschine als ein Koloß bewundert. Die Wiener Ausstellung von 1883 brachte in der großen Wechselstrommaschine von Ganz & Co. (nach Art von Fig. 10 der Taf. II) bereits eine solche von 125 Pferden. Heute finden wir in größern Elektricitätswerken nach Art der Fig. 10 und 12 der Taf. II und Fig. 2 der Taf. III gebaute Maschinen von 500 bis 600 Pferden, in der von Ferranti für die Beleuchtung eines Teiles von London in Deptford erbauten gar eine von 5000 Pferden.

Die Taf. I—III geben nach Photographien sowohl ein Bild der geschichtlichen Entwicklung der D., als auch eine Übersicht der Haupttypen in ihrer heutigen Gestalt.

An Litteratur über D. ist vor allem zu nennen das klassische Werk von Sylvanus P. Thompson: Dynamo-electric Machinery (4. Aufl., Lond. 1892); ferner Kittler, Handbuch der Elektrotechnik (Bd. 1 u. 2, 1. Hälfte, Stuttg. 1886—90); Picou, Les machines dynamo-électriques (Par. 1891) und Kapp, Electric transmission of energy (3. Aufl., Lond. 1891; deutsch von Holborn und Kahle, Berl. 1891). Die verschiedenen Arten der Steuerung behandelt Arnold, Die Ankerwicklungen der Gleichstrom-Dynamomaschine (Berl. 1891). Die Theorie der D. enthalten die schon genannten Werke von Thompson, Kittler und Kapp, ferner Frölich, Die dynamo-elektrische Maschine (Berl. 1886) und Auerbach, Die Wirkungsgesetze der dynamo-elektrischen Maschinen (Wien 1887). Populäre Darstellungen des Gegenstandes geben Glaser-De Cew, Die Konstruktion der magnetelektrischen und dynamo-elektrischen Maschinen (5. Aufl., ebd. 1887), und Schwartze, Katechismus der Elektrotechnik (4. Aufl., Lpz. 1891).

Dynamomēter oder Kraftmesser, Apparate zum Messen von Zug- und Druckkräften oder, wenn diese Kräfte zur fortschreitenden Überwindung von Widerständen dienen, zum Messen der hierbei geleisteten mechan. Arbeit. Man kann die D. in drei Klassen einteilen: solche mit direkter Messung bei fortschreitender Bewegung, solche mit direkter Messung bei drehender Bewegung und solche mit indirekter Messung. In die erste Klasse gehören die Wagen (s. d.) zum Messen der Schwerkraft, die Manometer (s. d.) zum Messen des in einem Raum herrschenden Drucks und die Apparate zum Messen von Zugkräften, z. B. der Leistung eines vor einen Wagen, Pflug u. s. w. gespannten Zugtiers (Zugdynamometer). Letztere bestehen aus einer Stahlfeder, welche zwischen Zugtier und Wagen eingeschaltet wird und durch ihre Formveränderung ein Maß für die ausgeübte Zugkraft giebt. Die D. der zweiten Klasse (Einschaltedynamometer, Transmissionsdynamometer) dienen zum Messen der zum Betrieb einer Werkmaschine mit rotierender Bewegung notwendigen mechan. Arbeit und sind so eingerichtet, daß sie, wie die D. der ersten Klasse, die Größe des ausgeübten Drucks mittels der Durchbiegung einer Stahlfeder zur Erscheinung bringen, gleichzeitig aber auch die Anzahl der gemachten Umdrehungen angeben und so die mechan. Arbeit als Produkt aus beiden Größen darstellen. Vgl. Bayr. Industrie- und Gewerbeblatt 1883; Zeitschrift des Vereins Deutscher Ingenieure 1887; Elektrotechnische Zeitschrift 1888. Die dritte Klasse bilden die Apparate zum Messen der Kraftleistung von Kraftmaschinen mit rotierender Bewegung. Das Princip derselben beruht darauf, daß die von einer Maschine geleistete Arbeit durch Reibung und Wärmeentwicklung verzehrt und nach der Größe der hierzu notwendigen Reibung die geleistete Arbeit bestimmt wird. Die Reibung wird durch eine auf die Welle der Maschine wirkende Bremse erzeugt, weshalb man diese Art D. gewöhnlich als Bremsdynamometer bezeichnet.

Der einfachste und am meisten angewendete Bremsdynamometer ist der sog. Pronysche Zaum (Bremszaum), der bei der Untersuchung der Dampfmaschinen, Wassermotoren u. s. w. in jedem Fall die wirklich geleistete Arbeit (Nutzarbeit) einer Maschine ergiebt. Konstruktion und Anwendung desselben sind durch beistehende Figur erläutert.

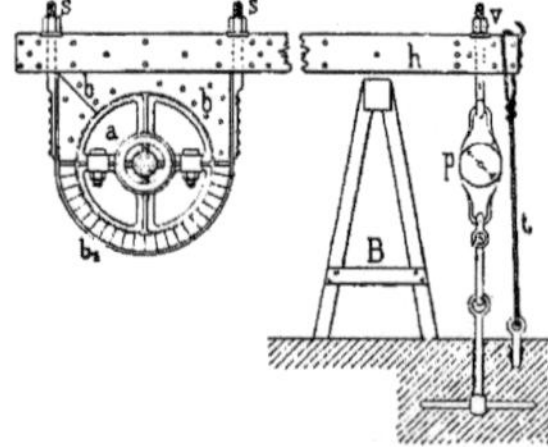

Auf der Hauptwelle des Motors ist eine gußeiserne Scheibe a genau rundlaufend befestigt, welche oben von der Bremsbacke b und unten von dem Bremsband b_1 umfaßt wird; letzteres kann durch die durch den Bremsbalken h gehenden Schrauben ss angezogen werden. Der Bremsbalken besteht aus zwei durch Schrauben verbundenen Bohlen, und die Bremsbacken müssen so zusammengesetzt werden, daß sie überall mit der Hirnseite auf der Scheibe a aufliegen. Zur Verminderung der dei der starken Reibung auftretenden Wärme müssen dieselben stets mit Seifenwasser gekühlt werden, das von oden mittels eines Trichters zugeführt wird. Damit dei zu starkem Anziehen der Schraude s der Bremsbalken nicht mit herumgerissen wird, muß das Ende desselben durch ein starkes Tau t mit dem Fußboden verbunden sein, während ein Herunterfallen durch den untergestellten Bock B verhindert wird; beide Haltevorrichtungen gestatten jedoch dem Baiten innerhalb gewisser Grenzen eine freie Bewegung. Das Ende des Bremshebels wird durch Gewichte oder durch eine Federwage p belastet, und die Schrauben ss werden so lange angezogen, bis die Welle des Motors dei wagerecht schwebendem Bremsbalken die verlangte Anzahl Umdrehungen pro Minute macht. Bezeichnet man mit p die dei v angehängte Last, vermehrt um das reducierte Gewicht des Bremsbalkens und der Federwage, mit l die horizoutate Entfernung vom Aufhängepunkt v der Last bis Mitte Welle und mit n die Anzahl der Umdrehungen pro Minute, so ist die Nutzleistung N in Pferdestärken:

$N = \frac{\pi l}{75 \cdot 30} n p$, wodei l in Metern, p in Kilogrammen auszudrücken ist. Soll ein Bremsversuch längere Zeit dauern, z. B. zur Entnahme von Indikatordiagrammen, so ist der gewöhnliche Bremszaum nicht tauglich, da der Balten h zu sehr schwankt, wodurch Fehler entstehen. Für solche längere Bremsungen haden Scholl, Balke, Imray, Deprez sog. selbstthätige D. konstruiert, bei denen während der ganzen Bremsdauer die Spannung gleichmäßig dleibt. (Vgl. Zeitschrift des Vereins Deutscher Ingenieure, 1881 u. 1888.)

Dynamomēter in der Optik, s. Dynameter.

Dynāmoprincip heißt nach Werner Siemens eine von ihm 17. Jan. 1867 der Berliner Akademie vorgelegte Entdeckung, welche die Erzeugung von elektrischem Strom mit Hilfe von Maschinen in völlig neue Bahnen geleitet, diese Maschinen in ihrer heutigen Form, der Dynamomaschinen (s. d.), erst geschaffen und damit die ganze Entwicklung der Elektrotechnik zu einer großen neuen Industrie überhaupt erst ermöglicht hat.

Anklänge an das D. finden sich freilich dereits viel früher. So zeigte schon 1851 Sinsteden, daß, wenn man den Strom einer Maschine benutzte, um einen Elektromagneten zu erregen, dieser bedeutend stärker magnetisch werde als der Magnet der Maschine, der die Ströme entnommen wurden, und in dem Bericht üder diese seine Beobachtung (Poggendorffs «Annalen», Bd. 84, S. 186) schlägt er vor, diesen Elektromagneten als Magnet einer neuen, größern Maschine zu benutzen, dereu Ströme natürlich dementsprechend stärker sein würden und ebenso stärkere hervorrufen könnten, wenn mah abermals den Magneten einer noch größern Maschine erregte. «Diese so zu einer enormen Stärke gesteigerten magneto-elektrischen Ströme», fährt er fort, «würden auch an Stelle der kostspieligen hydro-elektrischen Ströme dei Kraftmaschinen zu verwenden sein, vor denen sie den wichtigen Vorzug hätten, daß sie gar keine laufenden Kosten, durch Verbrauch von Zint und Säuren, verursachten.» Wir haden hier also nebendei auch noch eine erste Anregung zu elettrischer Arbeitsübertragung. Ausgeführt wurde die Sinstedensche Idee erst sehr viel später, im April des J. 1866 von Wilde in Manchester, der freilich mit einmaliger Steigerung sich begnügte, also dei der Verbindung zweier Maschinen stehen dlied; und diese, damals viel besprochene Kombination dürfte in Verbindung mit einer Entdeckung auf verwandtem Gebiete wohl die Anregung zu der neuen Entdeckung adgegeden haden. 1865 nämlich hatten nahe gleichzeitig Töpler und Holtz in ihrer Influenz-Elektrisiermaschine eine Anwendung des Selbstverstärkungsprincips auf statische Elektricität gegeben, ein Princip, das schon vorher Ericsson im Regenerator seiner Heißluftmaschine und Wilhelm und Friedrich Siemens dei ihren Regenerativfeuerungen angewendet hatten. Es lag nicht allzufern, zu versuchen, ob dasselbe sich nicht auch auf Magnete und den sie erregenden Strom anwenden lasse, zumal durch die Wildesche Ausführung des Gedankens von Sinsteden dessen Beobachtung wieder ins Gedächtnis zurückgerufen worden war, daß der erregende Strom stärkern Magnetismus zu erzeugen im stande sei, als zu seiner Induktion denötigt wurde; daß also, wenn man den durch den Kommutator gleich gerichteten Strom in solcher Richtung den Magneten der Maschine selbst umkreisen ließ, daß der dadurch erzeugte Elektromagnetismus dieselbe Polarität wie der schon vorhandene Magnetismus besitze, notwendig eine Verstärkung dieses letztern und damit natürlich rückwärts auch wieder des von diesem induzierten Stroms statthaben müsse; daß also Strom und Magnetismus bis zu einer durch die Masse, Form und die magnetischen Eigenschaften des Magnetgestells bedingten Maximum sich gegenseitig immer mehr verstärken, das Princip nach diesen Überlegungen also in der That anwendbar sein müsse. Lag somit die Entdeckung unter Berücksichtigung der zu ihrer Zeit bekannten Thatsachen in der That nicht allzufern, so ist darum doch das Verdienst, dieselbe gemacht zu haben, und fast noch mehr dasjenige: klaren Blicks ihren ungeheuern Wert sofort erkannt und auf denselben hingewiesen zu haden, nicht minder bedeutend.

Hätte Wilde, der doch die Thatsache, daß der durch den Strom hervorgerufene Magnetismus stärker als der zu seiner Induktion denötigte, dei seiner Maschinenkombination dereits Anfang 1866 benutzte; hätte Sinsteden, der dieselbe zuerst beobachtet hatte, die ungeheure Tragweite derselben klar erkannt, sie wären sicher zu demselben Schluß gelangt wie Siemens und nahe gleichzeitig mit ihm die Gebrüder Cornelius und Samuel Alfred Varley (engl. Patent vom 24. Dez. 1866, Spec. 1755 und 3994 von 1867) und Wheatstone (Proceedings of the Royal Society, Bd. 15 [1867]). Und dasselbe gilt von dem Schweden Hjorth, der unter Nr. 2198 (1854) und 806 (1855) engl. Patente erhielt auf die Konstruktion einer Maschine, deren Magnetgestell zum Teil aus permanenten Magneten, zum andern Teil ader aus vom Strom der Maschine selbst erregten Elektromagneten besteht, und die er «Magneto-electric dattery» nennt. Gerade Hjorths Name ist vielfach als der des eigentlichen Entdeckers des wichtigen Princips genaunt worden. Wie wenig derechtigt dies jedoch ist, zeigt neden der Unklarheit seiner ganzen Patentbeschreibung namentlich eine «Verbesserung» seiner «Magneto-electric dattery», auf welche er 1867 unter Nr. 1611 (also nach Erteilung des Patents an Siemens, welches die Nummer 261 desselben Jahres trägt) ein engl. Patent erhielt, und die darin besteht, daß die neben den permanenten Magneten angewandten und wie oben angegeben vom Strom der Maschine selbst erregten Elektromagnete entfernt und durch permanente Magnete ersetzt sind, während doch gerade die permanenten Magnete zu entfernen waren, oder vielmehr nachgewiesen werden mußte, daß ihre Entfernung unbeschadet der guten Wirkung zulässig wäre, wenn der ja ohne Zweifel ebenso wie früher bei Sinsteden und später bei Wilde vorhandene Keim zur Dynamomaschine sich zu dieser selbst entwickeln sollte. Daraus geht deutlich hervor, daß Hjorth nicht erkannt hatte, was er gefunden.

Mit viel mehr Recht könnte man die Gebrüder Varley als die ersten Entdecker nennen, deren vorzügliche, das Princip klar darlegende Patentbeschreibung vom 24. Dez. 1866 datiert. Aber einmal hat auch Siemens schon 1866 und zwar bereits im Anfang Dezember in engerm Kreise seine Entdeckung gezeigt (legte er doch im Januar der Akademie die fertige Maschine vor) und dann haben die Varley wohl auch die Wichtigkeit und die industrielle Bedeutung ihrer Entdeckung nicht so klar erkannt wie Siemens, der diese gleich hervorhob; sonst würden sie wohl ihren Vorsprung vor Siemens, dessen Patent vom 31. Jan. 1867 datiert, nicht unausgenutzt gelassen haben. Und endlich rührt die erste wirkliche Veröffentlichung des Princips in der That von Siemens her, denn das Patent, das zudem als eine Veröffentlichung zur Wahrung der Priorität einer wissenschaftlichen Entdeckung nicht wohl angesehen werden kann, wurde erst nach der Veröffentlichung von Siemens bekannt.

Nach allgemeinem Gebrauch muß demnach unter allen Umständen Siemens als der Entdecker des D. bezeichnet werden, wenn es auch nahezu gleichzeitig noch von andern ausgesprochen worden ist.

Dynást (grch., «der Mächtige») hieß bei den Alten insbesondere ein mit Herrschergewalt Begabter, der aber nicht bedeutend genug war, um den Königstitel erhalten zu können. Der davon hergeleitete Ausdruck Dynastie bedeutet Herrschaft, dann aber vorzugsweise eine Herrscherfamilie, eine Reihe von Herrschern aus einem und demselben Geschlecht. Im mittelalterlichen Deutschen Reiche waren Dynasten die «Edeln Herren» (liberi barones, viri egregiae libertatis), welche die unmittelbare Freiheit unter dem Reiche für sich und ihre Besitzungen sowie die Reichsstandschaft behauptet, aber nicht gleich den Fürsten und andern erblichen Grafschaftsinhabern die Landeshoheit, d. h. alle Regierungsrechte an des Kaisers Statt innerhalb eines geschlossenen Territoriums, erlangt hatten. Seit dem 15. Jahrh., wo die Prädikate «Herr» und «Freiherr» an Personen des niedern Adels, welche weder Landeshoheit noch Reichsstandschaft besaßen, als bloßer Titel vergeben wurden, nahmen die alten D. den gräfl. Titel an, und es fiel sonach die bis dahin zwischen den hochadligen Fürsten und Grafen einerseits und dem niedern Adel andererseits bestehende Mittelstufe der Herren oder D. weg.

Dynastes, Dynastĭdae, s. Nashornkäfer.

Dyne, die Krafteinheit nach absolutem Maß (s. Maß und Gewicht im absoluten Sinne), d. i. die Kraft, die einer Grammmasse einen Geschwindigkeitszuwachs von 1 cm in der Sekunde erteilt. Ein Grammgewicht übt, weil es durch die Schwere 981 cm Geschwindigkeit in der Sekunde erlangt, einen Druck von 981 D. aus.

Dyothelēten, christl. Partei, s. Monotheleten.

Dyrrhachium, alte Stadt, s. Durazzo.

Dys..., griech. Vorsilbe, dem deutschen miß... entsprechend, bezeichnet im Gegensatz zu Eu... das Beschwerliche, Entstellte, Fehlerhafte, Mißliche, Schlimme, Üble u. dgl.

Dysämie (grch.), krankhafte Blutbeschaffenheit, [Blutzersetzung.

Dysart (spr. deisart oder dĭsahrt), Stadt an der Küste der schott. Grafschaft Fife, am Firth of Forth, hat (1891) 2659 E., guten Hafen, Schiffbau, Kohlen- und Eisengruben.

Dysarthrie (grch.), erschwertes Sprechen.

Dysästhesie (grch.), Stumpfheit der Sinne, besonders des Gefühls.

Dysaules, der Vater des Triptolemos und Eubuleus in Eleusis, der mit seiner Frau Baubo die ihre Tochter suchende Demeter aufgenommen haben sollte. D. soll den Dienst der Demeter nach Phlius im Peloponnes gebracht haben. Sein Name bedeutet «der zweimal Furchende», bezieht sich also auf die Bestellung des Ackers.

Dyschromăsie oder auch Dyschromatopsie (grch.), Farbenblindheit (s. d.).

Dysentĕrie (grch.), heftige Darmentzündung, besonders Ruhr (s. d.); dysentĕrisch, ruhrartig.

Dysgrăphie (grch.), Schreibstörung.

Dyskorie (grch.), die abnorme Gestalt der Pupille.

Dyskrasie (grch.), eigentlich eine üble, fehlerhafte Mischung, bezeichnet den verderbten übeln Zustand der Säfte des menschlichen Körpers, wie er durch Krankheiten, z. B. Syphilis, Skorbut, Gicht u. s. w., oder durch fehlerhafte Diät herbeigeführt wird. Während die Lehre von den D. (den sog. Blutschärfen der Volkssprache) in der ältern Medizin eine große Rolle spielte, indem alle Erkrankungen des Körpers durch eine ursprünglich vorhandene fehlerhafte Mischung des Blutes entstehen sollten, hat man sich in der neuesten Zeit immer mehr davon überzeugt, daß umgekehrt die meisten D. lediglich die Folge gewisser primärer Veränderungen der Gewebe und Organe sind. Dieser Nachweis ist besonders von Virchow in seiner Cellularpathologie (s. d.) geführt worden. Außer diesen Gewebsdyskrasien hat man in neuerer Zeit auch die Blutkrankheiten immer mehr beachtet und kennen gelernt. (Vgl. auch Blutkrankheit.)

Dyslălie (grch.), erschwertes Sprechen.

Dyslŏgie (grch.), mit fehlerhafter Gedankenbildung einhergehende Sprachstörung.

Dysmenorrhöe (grch., «erschwerter Monatsfluß») oder Menstrualkolik, diejenige Störung der Menstruation (s. d.), bei der vor dem Eintritt der Blutung, häufig auch während der Dauer derselben, heftige krampfartige Schmerzen, welche im Kreuze beginnen und in den Schoß und die Schenkel ausstrahlen, sowie mannigfache Beschwerden, wie Kopfschmerzen, Herzklopfen, Magenkrampf, Schwindel und Ohrensausen, selbst Ohnmachten vorhanden sind. Ihre Ursachen sind sehr verschieden und können nur durch eine sorgfältige Untersuchung der innern Genitalien selbst ermittelt werden. Am häufigsten wird die D. durch Verengerung oder Verschluß des Gebärmutterkanals infolge von fehlerhafter Lagerung, Geschwülsten oder entzündlichen Zuständen der Gebärmutter (s. Gebärmutterkrankheiten) verursacht; in andern Fällen liegt kein örtliches Leiden, sondern Blutarmut und Bleichsucht oder allgemeine Schwäche und Reizbarkeit zu Grunde. Bisweilen wird bei der D. mit dem Blute unter heftigen wehenartigen Schmerzen eine sackartig geformte, zottige Haut ausgestoßen, die aus der teilweise abgestoßenen Gebärmutterschleimhaut besteht (sog. häutige oder membranöse D.). Bei der Behandlung hängt aller Erfolg von der nur durch eine genaue örtliche Untersuchung zu erlangenden gründlichen Kenntnis der die D. veranlassenden Grundursache ab, weshalb eine verständige Kranke die fragliche ärztliche Untersuchung nicht verweigern wird. Bei der auf mechan. Ursachen beruhenden D. kann selbstverständlich auch nur durch mechan. Mittel (künstliche Erweiterung des verengten Mutterhalses, Aufrichtung der geknickten Gebärmutter u. dgl.) Abhilfe geschafft werden, während bei entzündlichen Zuständen Blutentziehungen, kühlende und schwach abführende Mittel, kühlende Sitzbäder und aufsteigende Douchen von Nutzen sind. Liegen Blutarmut und Bleichsucht der D. zu Grunde, so müssen zunächst diese durch kräftige Diät, Eisenpräparate, regelmäßige Bewegung und reine Luft gehoben werden. Frauen, die an D. leiden, sollen übrigens schon vor dem Eintritt der Menstruation anstrengende Arbeiten und Gemütserregungen vermeiden, sich sorgfältig vor Erkältung in acht nehmen und am besten einige Tage das Bett hüten; während der Schmerzanfälle selbst erweisen sich der Genuß eines warmen Theeaufgusses (Pfefferminz-, Melissen- oder Lindenblütenthee) sowie das Auflegen von Wärmsteinen, feuchtwarmen Umschlägen oder gewärmten Tüchern auf den Unterleib nützlich. Bei sehr heftigen Schmerzen sind das Opium und seine Präparate nicht zu entbehren. — Vgl. Gusserow, Über Menstruation und D. (Lpz. 1874).

Dysmnesie (grch.), Gedächtnisschwäche.

Dysmorphie (grch.), Mißgestaltung, Mißbildung.

Dysmorphosteopalinklast (grch.), Apparat zum Wiederzerbrechen schlecht geheilter Knochenbrüche.

Dysodil, s. Papierkohle.

Dysopie oder Dysopsie (grch.), Schwäche des Gesichtssinns, Schwachsichtigkeit.

Dysosmie (grch.), Stumpfheit des Geruchssinnes.

Dyspareunie (grch.), mangelnde Geschlechtslust beim Weibe.

Dyspepsie (grch.) oder Verdauungsschwäche nennt man eine Reihe von Verdauungsstörungen, die fast allen Magenkrankheiten gemeinsam zukommen und als der Ausdruck abnormer Verdauungsvorgänge innerhalb des Magens zu betrachten sind. Sie äußern sich hauptsächlich in Verminderung des Appetits, Druck und Spannung in der Magengegend, sauerm Aufstoßen, Übelkeit, bisweilen selbst Erbrechen; häufig ist auch Stuhlverstopfung, Kopfschmerz und Schwindel vorhanden. In chronischen Fällen entwickelt sich in der Regel eine verdrießliche, reizbare Gemütsstimmung, Hypochondrie und nicht selten eine beträchtliche Abspannung und Abmagerung des Körpers. Verursacht wird die D. entweder durch anatom. Störungen der Magenschleimhaut, insbesondere durch chronischen Magenkatarrh oder durch abnorme Beschaffenheit des Magensaftes oder dadurch, daß die Bewegungen des Magens vermindert sind (sog. Mageninsuffizienz) und infolgedessen die genossenen Speisen nicht hinlänglich mit dem Magensafte gemischt werden, wie dies bei gewissen Nervenkrankheiten (Hypochondrie, Hysterie, Heimweh, Geisteskrankheiten) der Fall ist. Besonders nachteilig wirkt die Überfüllung des Magens mit unverdaulichen, leicht in Gärung übergehenden Stoffen sowie die übermäßige Verdünnung der Verdauungssäfte durch zu reichliches Trinken während der Mahlzeit; auch die häufige D. der Blutarmen und Bleichsüchtigen beruht auf zu spärlicher Absonderung oder abnorm dünner Beschaffenheit des Magensaftes. Eine besondere Form der Verdauungsschwäche stellt die sog. atonische (s. Atonie) D. dar; diese findet sich oft bei Personen, welche durch Nachtwachen, Kummer und Sorgen, durch übermäßige geistige Anstrengungen oder geschlechtliche Ausschweifungen erschöpft sind. Die atonische Verdauungsschwäche beruht im wesentlichen auf einer Erschlaffung der Magen- und Darmmuskulatur sowie auf einer zu spärlichen Absonderung der Verdauungssäfte und unterscheidet sich von der auf Magenkatarrh beruhenden D. hauptsächlich dadurch, daß bei ihr die Zunge nicht belegt, der Geschmack unverändert und übler Geruch aus dem Munde nicht vorhanden ist; auch werden bei ihr Gewürze und reizende Genußmittel gut vertragen, während beim Magenkatarrh durch die letztern gewöhnlich eine Verschlimmerung des Zustandes erfolgt.

Die Behandlung der D. muß sich natürlich stets nach der Grundursache richten und ist deshalb sehr verschieden. Am wichtigsten ist immer eine strenge und konsequente Regulierung der Diät; man gestatte nur leicht verdauliche Nahrungsmittel (Milch, weichgekochte Eier, Wildbraten, Taubenfleisch, Weißbrot), die nur in kleinen Portionen und nur in größern Zwischenräumen zu genießen sind; spätes Essen, kurz vor dem Schlafengehen, ist ganz zu vermeiden. Gegen die auf zu spärlicher Absonderung des Magensaftes beruhende D. erweisen sich der Gebrauch der Pepsinpräparate (Pepsin, Pepsinwein, Pepsinessenz) und der Salzsäure (5—8 Tropfen in einem Weinglas Wasser nach jeder Mahlzeit) nützlich. Bei abnormen Gärungsvorgängen leisten der Gebrauch der Alkalien (doppeltkohlensaures Natron, Magnesia), bisweilen Kreosot, Salzsäure gute Dienste, wogegen die D. der Blutarmen und Bleichsüchtigen durch ein kräftigendes Verfahren, durch Abhärtung, Seebäder, Eisenpräparate, leichte Eisenwässer (Pyrmont, Schwalbach, Elster) sowie durch Bittermittel (Chinin, Nux vomica, Enzian, Malzextrakt, gut gehopfte Biere) zu beseitigen ist.

Dysphagie (grch.), erschwertes Schlingen, entsteht entweder infolge entzündlicher Anschwellungen der Mund- und Rachenorgane (Gaumenbögen, Mandeln, Zäpfchen) oder durch Verengerung der Speiseröhre, welche letztere durch entzündliche Zustände (nach dem Verschlingen zu heißer Speisen und ätzender Säuren und Alkalien) oder durch schrumpfende Geschwürsnarben oder durch krebsige Entartung bedingt sein kann. Bisweilen beruht auch die D. auf einem Krampf oder auf Lähmung der Rachenmuskeln, wie dies bei Krankheiten des Nervencentralorgans zuweilen beobachtet wird. Länger andauernde D. ist immer ein besorgniserregender Zustand und erfordert unter Umständen die künstliche Ernährung vermittelst eingeführter Schlundröhren. Bei Verengerungen der Speiseröhre ist immer die allmähliche Erweiterung derselben durch eingelegte Schlundsonden zu versuchen.

Dysphasie (grch.), Sprachstörung durch den Verlust des Vermögens, die den Vorstellungen entsprechenden Wortzeichen aufzufinden.

Dysphonie (grch.), erschwertes Sprechen.

Dysphorie (grch.), Übelbefinden, insbesondere körperliches Unbehagen.

Dysphrasie (grch.), Sprachstörung infolge fehlerhafter Gedankenbildung.

Dysphrenie (grch.), Seelenstörung, Geisteskrankheit.

Dyspnoë (grch.), Schwer- oder Kurzatmigkeit, Atemnot, diejenige Abweichung des normalen Atmungsvorganges, bei welcher die Atembewegungen infolge von Sauerstoffmangel und Kohlensäureanhäufung im Blut häufiger, unter stärkerer Beteiligung der Atmungsmuskulatur des Rumpfes und des Halses sowie unter mehr oder minder starkem Beklemmungs- und Angstgefühl erfolgen. Der entgegengesetzte Zustand heißt Apnoë (s. d.). Die D. entsteht durch reflektorische Erregung des sog. Atmungscentrums im verlängerten Mark bei den meisten chronischen Herz- und Lungenkrankheiten, welche durch Verkleinerung der Atmungsfläche oder durch Cirkulationsstörungen innerhalb des kleinen Kreislaufs eine Überladung des Blutes mit Kohlensäure zur Folge haben, und unterscheidet sich vom Asthma, mit dem sie übrigens manche Ähnlichkeit hat, hauptsächlich dadurch, daß sie nicht, wie dieses, periodisch in längern oder kürzern Anfällen auftritt, sondern kontinuierlich andauert. (S. Asthma, Atmung, Engbrüstigkeit, Lunge.)

Dysthymie (grch.), Schwermütigkeit, krankhafte Gemütsverstimmung.

Dystokie (grch.), fehlerhafte, schwere Entbindung.

Dysurie (grch.), Harnstrenge, Harnzwang (Stranguria), der häufige und schmerzhafte Drang zum Urinieren, wobei die Ausleerung des Harns nur unter krampfhaftem Pressen und Schneiden in der Blasengegend, nur sparsam und tropfenweise vor sich geht und häufig auch mit brennenden Empfindungen in der Harnröhre verbunden ist, wird als ein sehr häufiges und lästiges Symptom beim Blasenkatarrh und andern Blasenkrankheiten (s. Harnblase) beobachtet, kommt aber auch vorübergehend (als sog. Kalte Pisse) infolge scharfer und reizender Beschaffenheit des Harns nach dem Genuß von jungem Bier, Most, jungem Wein sowie nach dem Mißbrauch scharfer harntreibender Mittel vor. Eine weitere häufige Ursache der D. sind Erkrankungen der Harnröhre, insbesondere angeborene oder erworbene Verengerungen der Vorhaut (s. Phimose), entzündliche Schwellungen und die nach diesen häufig zurückbleibenden narbigen Verengerungen oder sog. Strikturen (s. d.) der Harnröhre; auch rufen bei Männern, zumal in vorgerückten Jahren, die Vergrößerungen und entzündlichen Anschuppungen der Vorsteherdrüse (s. Prostata) nicht selten D. hervor. Die Behandlung ist natürlich je nach der Grundursache sehr verschieden; sie besteht im allgemeinen in reizloser Diät, dem reichlichen Genuß von schleimigen Getränken und warmen Umschlägen auf die Blasengegend. Bei allen auf mechan. Hindernissen beruhenden Formen der D. kann nur von sachgemäßer mechan. Behandlung, von der Erweiterung der verengten Harnröhre durch Katheter oder Messer, von der Zertrümmerung und Entfernung des Blasensteins und ähnlichen chirurg. Eingriffen dauernde Abhilfe erwartet werden.

Dyticidae, Dyticus, s. Schwimmkäfer.

Dyveke (spr. dei-) oder Düveke, d. h. Täubchen, von den lat. Chronikenschreibern Columbula genannt, geb. um 1490 zu Amsterdam, die Tochter der Sigbrit Willums, ist bekannt durch ihr Verhältnis zu dem dän. König Christian II. und deshalb in Werken der Dichtkunst gefeiert worden. Christian lernte sie in Bergen 1507 kennen und setzte auch nach seiner Thronbesteigung (1513), trotz seiner Vermählung (1515) mit Isabella, der Schwester Kaiser Karls V., sein Verhältnis mit ihr fort und gestattete ihrer klugen Mutter einen bedeutenden Einfluß auf die Angelegenheiten des Landes. Sigbrit war deswegen dem mächtigen dän. Adel verhaßt, und man hat dieser Erbitterung den plötzlichen und wie die Sage geht durch Gift herbeigeführten Tod D.s (1517) zugeschrieben. Doch auch nach dem Tode D.s behielt Sigbrit großen Einfluß. Als Opfer der That fiel der Schloßhauptmann Torben Oxe, welcher die Gunst D.s erstrebt hatte und welchen das Gerücht als ihren Mörder bezeichnete. Dramatisch wurde die Geschichte der schönen D. behandelt von Samsöe (1796; deutsch von Manthey, Altona 1798; neue Aufl., Lpz. 1810), von H. Marggraff (Lpz. 1839), von Rietboff (Berl. 1843), von Mosenthal (Lpz. 1860). Novellistisch-historisch behandelte denselben Stoff Münch in seinen «Biogr.-histor. Studien» (2 Bde., Stuttg. 1836), rein novellistisch Schefer und Tromlitz, als histor. Roman der Däne Hauch in «Wilhelm Zabern» (2. Aufl., Kopenh. 1848) und Ida Frick in «Sybrecht Willms» (Dresd. u. Lpz. 1843).

Dzaisan, See in Asien, s. Saisan.

Dzialynski, Titus, Graf, poln. Patriot, geb. 1797 in Konarzewo bei Posen, setzte seine zu Hause begonnenen Studien nach Ernennung seines Vaters zum Senator und Gesandten bei Napoleon I. in Paris fort, kehrte 1812 in die Heimat zurück und besuchte dann in Prag die Polytechnische Schule. Beim Ausbruch der poln. Revolution (1830) eilte D. nach Warschau, trat als Freiwilliger in die Posener Legion und war nach der Schlacht bei Demde als Adjutant Skrzyneckis thätig. Nach neunjähriger Beschlagnahme seiner Besitzungen in Posen dorthin aus Galizien zurückgekehrt, wirkte er als Abgeordneter zum Provinziallandtage, war 1850 der einzige poln. Deputierte auf dem Reichstage in Erfurt und wurde 1859 in das preuß. Abgeordnetenhaus gewählt. Er starb 12. April 1861. D. veröffentlichte unter andern das von Lelewel redigierte «Statut Litewski» (Pos. 1841), «Liber geneseos illustris familiae Schidloviecie» (Par. 1848), «Acta Tomiciana», Aktenstücke zur Regierung König Sigismund I. (9 Bde., Pos. 1852 fg.), «Lites ac res gestae inter Polonos ordinemque Cruciferorum» (4 Bde., ebd. 1855; neue Ausg. 1891), «Collectanea vitam resque gestas Joannis Zamoyscii illustrantia» (ebd. 1861).

Sein einziger Sohn, Graf Johann D., geb. 1832, studierte in Berlin Rechts- und Staatswissenschaften, vermählte sich 1857 mit Isabella, Prinzessin Czartoryska, wurde 1862 Mitglied des preuß. Abgeordnetenhauses, nahm als Haupt der aristokratischen Partei im preuß. Polen an dem 1863 im Königreich Polen ausgebrochenen Aufstande gegen die russ. Herrschaft thätigen Anteil und leitete die Zuzüge von preuß. Gebiet aus. Wegen Hochverrats gegen Preußen 1864 angeklagt, wurde er in contumaciam zum Tode, darauf, als er sich dem Gericht stellte, 1869 zu dreijähriger Einschließung verurteilt, aber infolge der allgemeinen Amnestie begnadigt. Hierauf lebte er abwechselnd in Kurnik und Paris, befaßte sich mit Förderung der poln. Litteratur und unterstützte poln. Schriftsteller sowie gemeinnützige Anstalten. Er starb kinderlos 30. März 1880 in Kurnik. Mit ihm erlosch die männliche Linie der von alters her angesehenen Familie D. Seine Güter erbte sein Schwestersohn Graf Wladyslaw Zamoiski.

Dziatzko, Karl Franz Otto, Bibliothekar, geb. 27. Jan. 1842 zu Neustadt in Oberschlesien, studierte in Breslau und Bonn klassische Philologie, wurde 1864 Lehrer am Oppelner Gymnasium, 1865 Professor am Lyceum in Luzern, 1871 Bibliothekar an der Universität Freiburg i. Br., 1872 Gymnasiallehrer in Karlsruhe, noch in demselben Jahr als Oberbibliothekar der Universitätsbibliothek nach Breslau, 1886 als Oberbibliothekar und Professor der Bibliothekshilfswissenschaften an die Universität Göttingen berufen. Er veröffentlichte: «Über die Plautinischen Prologe» (Luzern 1867), «Ausgewählte Komödien des P. Terentius erklärt» (1. Bdchn.: «Phormio», 2. Aufl., Lpz. 1884; 2. Bdchn.: «Adelphoe», ebd. 1881), «Beiträge zur Kritik des nach Ael. Donat benannten Terenzcommentars» (ebd. 1879), «P. Terentii comoediae» (Stereotypausgabe, ebd. 1884), «Beiträge zur Gutenbergfrage» und «Gutenbergs früheste Druckerpraxis» (Heft 2 und 4 seiner «Sammlung bibliothekswissenschaftlicher Arbeiten», Berl. 1889 u. 1890).

Dzieduszycki (spr. dsjädduschützki), Maurycy, Graf, poln. Historiker, geb. 1813, Zögling der Jesuiten in Tarnopol, besuchte die Lemberger Universität, wurde k. k. Statthaltereirat in Lemberg und starb daselbst 1877. Er stellte vor allem das Wirken der Träger der poln. Kirchengeschichte in streng kath. Sinne dar («Piotr Skarga und sein Zeitalter», 2 Bde., Krak. 1850; 2. Aufl. 1868; «Zbigniew Olesnicki», 2 Bde., 1853 u. a.); schrieb außerdem «Krótki rys dziejów i spraw Lisowczyków» (2 Bde., Lemb. 1843, die Geschichte der poln. Partisanen des Kaisers im Dreißigjährigen Kriege) u. a.

Dzierzkowski (spr. dsjärsch-), Joseph, poln. Schriftsteller, geb. 1807 in Zawerow in Galizien, gest. 13. Jan. 1865 in Lemberg, schrieb eine Reihe von Erzählungen und Romanen, in denen er die Schwächen und die Verderbtheit der höhern Stände im Gegensatze zu dem biedern, thätigen und opferwilligen niedern Volke interessant, aber nicht frei von Tendenz schildert. So in dem Roman «Salon i ulica» («Der Salon und die Straße», Lemb. 1847). Zu den besten Erzählungen gehört «Uniwersał hetmański» (2 Tle., ebd. 1858; deutsch: «Das poln. Rittertum» von Segel im «Wanderer», Wien 1859).

Dzierzon (spr. dsjärschon), Joh., Bienenzüchter, geb. 16. Jan. 1811 zu Lowkowitz in Oberschlesien, studierte in Breslau kath. Theologie, wurde 1835 Pfarrer in Karlsmarkt, trat 1869 in den Ruhestand und zog, als Altkatholik heftig angefeindet, später nach Lowkowitz. D. gilt für den gründlichsten Kenner der Naturgeschichte der Bienen und hat sich auch um deren Zucht große Verdienste erworben. Es gelang ihm, eine Bienenwohnung mit beweglichem Bau herzustellen, sodaß jede Wabe, weil an einem besondern Stäbchen befestigt, zur Betrachtung oder Versetzung herausgenommen werden kann (s. Tafel: Biene und Bienenzucht, Fig. 12). Mit Hilfe dieser Einrichtung entdeckte er, daß die Eier zu den Drohnen einer Befruchtung nicht bedürfen, also auch von den jungfräulichen Königinnen und selbst von den der Begattung gar nicht fähigen Arbeitsbienen erzeugt werden können. (S. Biene.) Für diese Entdeckung wurde er zum Mitgliede der deutschen Akademie der Naturwissenschaften und von der Universität München zum Ehrendoktor der Philosophie ernannt. D. schrieb: «Theorie und Praxis des neuen Bienenfreundes» (Brieg 1848; Nachtrag Nördl. 1852), «Der Bienenfreund aus Schlesien» (Zeitschrift, 1854—56 erschienen), «Rationelle Bienenzucht» (Brieg 1861; 2. Aufl. 1878), «Der Zwillingsstock, die zweckmäßigste Bienenwohnung» (Kreuzburg 1890). Vgl. Huber, Die neue, nützlichste Bienenzucht oder der Dzierzonstock (Lahr 1892).

Dzumaleu, Gebirgsstock in der Bukowina, s. Giumaleu.

E.

E, der fünfte Buchstabe des Alphabets, ist vom phöniz. He abgeleitet. In den ältesten phöniz. Inschriften hat das He die Gestalt von drei gleich langen wagrechten Strichen, die sich an einen senkrechten anschließen. Ebenso im Griechischen Ǝ, später E; so erhielten die Italiker diesen Buchstaben. Durch Abrundung und Verbindung der beiden obern Striche entstand e (s. Schrift). Als Laut gehört e zu den Vokalen (s. d. und Laut).

Als Abkürzungszeichen steht E oder e in röm. Inschriften, Handschriften u. s. w. für Ennius, egregius, emeritus, equus, est, evocatus u. s. w. Auf deutschen Reichsmünzen bezeichnet E (1872—86) den Münzort Dresden, seit 1887 aber Freiberg (Muldener Hütten), auf ältern preußischen: Königsberg, auf österreichischen: Karlsberg (in Siebenbürgen), auf französischen: Tours. In der Logik bezeichnet E einen allgemein verneinenden Satz; in der Physik ist es bisweilen die Bezeichnung für Elektricität (+E positive, —E negative Elektricität). Als engl. Abkürzung steht E für Earl, Easter, England und English, als französische und englische in geogr., meteorolog. und nautischen Werken für Est, bez. East (Ost, Ostpunkt). Auf franz. Rechnungen ist E bei Preisangaben die Bezeichnung für Entrepôt (d. h. noch nicht verzollt, im Gegensatz zu A für Acquitté, d. h. Eingangszoll bezahlt).

In der Musik ist E (ital. und frz. mi, engl. E) die Bezeichnung für die dritte Stufe der C-dur-Tonleiter (s. Ton und Tonarten). Gegen den Grundton C macht E zwei ganze große Töne aus. Es wird durch eine Saite von vier Fünftel der Länge einer Saite (von gleicher Stärke, Dichtigkeit und Spannung) erzeugt, die den Grundton C giebt.

Eads (spr. ihds), James B., amerik. Ingenieur, geb. 20. Mai 1820 in Lawrenceburg (Indiana), erbaute 1844 ein Taucherglockenboot, um damit die Ladung gesunkener Dampfer zu bergen. Mit diesem Erwerbszweige erlangte er ein bedeutendes Vermögen. Beim Beginn des Bürgerkrieges 1861 nach Washington gerufen, um Vorschläge für den Bau von Kriegsschiffen zu machen, erbaute er unter sehr erschwerenden Umständen in der Zeit von 100 Tagen acht tüchtige Panzerfahrzeuge. Bei zwei unter seiner Leitung gebauten Kanonenbooten führte er zum erstenmal die wichtige Neuerung durch, zur

Bewegung der Geschütze und Drehtürme Dampfkraft zu benutzen. Die große Mississippibrücke bei St. Louis verdankt ihm 1869 ihre Entstehung. Die dabei angewendete Preßluftgründung mit tiefer Anordnung der Luftschleusen ist von bleibendem Werte für die Ingenieurbaukunde. Ein zweites großes Werk war die Erschließung der Mississippimündung für tiefgehende Seeschiffe, wodurch eine Tiefe von 9 m erreicht ist. Sein Vorschlag zur Regulierung des Mississippi durch Parallelwerke ist nur teilweise ausgeführt worden. Er starb 8. März 1887.

Eagle (engl., spr. ihgl, «Adler»), die Hauptgoldmünze der Vereinigten Staaten von Amerika, das Stück zu 10 Doll., zeigt, wie die Stücke zu 20 Doll. (Doppel-Eagle), zu 5 Doll. (halber E.) und zu $2^1/_2$ Doll. (Viertel-Eagle), als Prägebild einen Adler auf der Rückseite. Während der ersten Münzperiode (seit 2. April 1792) hatte der E. das Gewicht von 270 engl. Troy-Grän und die Feinheit von $^{11}/_{12}$ oder von $916^2/_3$ Tausendteilen oder 22 Karat, sodaß in einem Stück $247^1/_2$ Grän feines Gold enthalten waren, was (zum Preise von 2790 M. für 1 kg Feingold) 44,7453 deutsche Mark betrug. Durch das Münzgesetz vom 28. Juni 1834 wurde das Gewicht des E. auf 258 Troy-Grän und die Feinheit auf $^{116}/_{129}$ oder 21 Karat $6^{42}/_{43}$ Grän = $899^9/_{40}$ Tausendteilen herabgesetzt, sodaß ein Stück nur noch 232 Grän Feingold enthielt = 41,9431 deutschen Mark. Eine nochmalige Abänderung hat die Ausprägung der Goldmünzen durch das Gesetz vom 18. Jan. 1837 erfahren, nach welchem zwar das Gewicht des E. das nämliche geblieben, die Feinheit aber auf neun Zehnteile (= $^{900}/_{1000}$) oder 21 Karat $7^1/_5$ Grän festgesetzt worden ist, sodaß sich damit das Feingewicht auf $232^1/_5$ Grän = 41,9792 deutschen Mark erhöht hat. Das Münzgesetz vom 12. Febr. 1873 hält diese Bestimmungen aufrecht. Der E. der heutigen Prägung wiegt demnach gesetzlich 16,7181 g und enthält an seinem Golde 15,0463 g. (S. Dollar und Adlerdollar.)

Ealdorman (angelsächs.), s. Alderman.

Ealing (spr. ihl-), Stadt in der engl. Grafschaft Middlesex, 9 km westlich von London, an der Great-Western-Eisenbahn, hat (1891) 23978 E., schöne Landhäuser und vorzügliche Schulen. In der Nähe der dem Freiherrn von Rothschild gehörende Gunnersbury-Park und das Grafschaftsirrenhaus.

Earl (spr. örl; angelsächs. eorl, entspricht dem nord. Jarl), Graf, engl. Adelstitel, trat seit der Eroberung Englands durch Knut (1016) und gelegentlich schon früher an die Stelle des bis dahin gebräuchlichen sächs. Ealdorman (s. Alderman) und behauptete sich auch unter den Normannen, ohne durch das franz. Comte verdrängt zu werden. Bis in die Mitte des 14. Jahrh. war E. die höchste Stufe des engl. Adels, wurde aber auf die zweite herabgedrängt, als Eduard III. seinen Sohn, den Schwarzen Prinzen, 1346 zum Herzog (Duke) von Cornwall, und auf die dritte, als Richard II. seinen Günstling Robert de Vere 1386 zum Marquis von Dublin ernannte. Schon unter den normann. Königen ist der Titel E. eine bloße Standesauszeichnung ohne territoriale Gewalt. Jeder E. ist zugleich Viscount oder Baron, welcher sog. zweite Titel aus Höflichkeit (by courtesy) seinem ältesten Sohne beigelegt wird. Die jüngern Söhne führen den Familiennamen mit dem Prädikat Honourable, die Töchter aber den Titel Lady vor dem Taufnamen. Der E. selbst wird als Right Honourable und in amtlichen Zuschriften vom König als «Unser sehr treuer und sehr geliebter Vetter» angeredet.

Earlom (spr. örlöm), Richard, engl. Kupferstecher, geb. 1743 in London, gest. daselbst 9. Okt. 1822, fertigte Stiche nach Correggio, Mengs, sowie nach den niederländ. Meistern Rubens, van Dyck, Rembrandt u. a. Er hat sich ein besonderes Verdienst um die Kupferstechkunst dadurch erworben, daß er bei seinen Arbeiten sich der Schabmanier in Verbindung mit der Radiernadel bediente und dadurch die Wirkung der Stiche bedeutend erhöhte. Ein kritisches Verzeichnis seiner Blätter gab Wessely (Hamb. 1889) heraus. Auch fertigte er Faksimiles nach Originalzeichnungen Claude Lorrains: Liber veritatis, or Collection of two hundred prints, after the original designs of Cl. Lorrain (3 Bde., Lond. 1779–1804).

Early English (spr. örli ingglisch, Frühenglischer Stil), der dem roman. Baustil Nordfrankreichs verwandte Stil in England, von der Mitte des 13. bis Mitte des 14. Jahrh. (s. Englische Kunst).

Earn (spr. örn), See und Fluß in der schott. Grafschaft Perth. Der See Loch E. (d. h. Adlersee), 11 km lang, 800 m breit, 180 m tief, liegt 5 km westlich von Comrie. Auf einer der Inseln eine Burgruine. Die umgebenden Berge gipfeln im Ben Voirlich (969 m). Der Earnfluß geht nach O. aus dem See und mündet 11 km südöstlich von Perth nach einem Laufe von 74 km in den Firth of Tay.

Eastbourne (spr. ihstbörrn), Municipalborough und Seebad in der engl. Grafschaft Sussex, am Kanal, 5 km im NO. von Beachy-Head (175 m), dem Endpunkt der South-Downs, hat (1891) 34977 E., ein stattliches Rathaus, zwei schöne Kirchen, Esplanade (3 km) am Strande mit einer Batterie, ein Pier (300 m), Theater sowie zahlreiche Hotels. E. ist von London in anderthalb Stunden zu erreichen und rivalisiert bereits mit Brighton. Hauptgrundbesitzer ist der Herzog von Devonshire.

Easter-Island (spr. ihst'r eiländ), s. Osterinsel.

East-Galloway (spr. ihst gällowe), schott. Grafschaft, s. Kirkcudbright.

East-Ham (spr. ihst hämm), Stadt in der engl. Grafschaft Essex, Vorort im NO. von London, hat (1891) 32710 E. [Verkehrswesen.

East-Indiancisenbahn (spr. ihst), s. Ostindien,

Eastlake (spr. ihstlehk), Sir Charles Lock, engl. Maler und Kunstschriftsteller, geb. 17. Nov. 1793 zu Plymouth, bildete sich in London und Paris zum Maler aus und setzte dann seit 1817 seine Studien in Venedig und Rom fort, sich vorzüglich Tizian zum Muster nehmend. Nach erfolglosen Versuchen in der Geschichtsmalerei wendete sich E. mehr dem Genrefach zu; er schuf seit 1824 Darstellungen aus dem Leben der Räuber, denen sich solche aus dem südl. Winzerleben und, nach einer Reise durch Griechenland, neugriech. Volksleben anschlossen. Seine Bilder zeigen eine feine Durchführung und eine klare, etwas glasige Farbengebung. 1841 wurde E. nach München gesandt, um die dort blühende Freskomalerei für die neuerbauten engl. Parlamentshäuser zu studieren, und begann dann selbst mit sieben andern Malern die ihm übertragene Ausschmückung der Gebäude. Seit 1851 war er Präsident der Kunstakademie und seit 1855 Direktor der Nationalgalerie. Als Schriftsteller trat E. zuerst mit einer Übersetzung der Goetheschen «Farbenlehre» (Lond. 1840) auf; ferner veröffentlichte er «Materials for a history of oilpainting» (2 Bde., edd. 1847—69). Seine kleinern Schriften wurden gesammelt u. d. T. «Contributions to the literature of the fine arts» (edd. 1848; neue Aufl., 2 Bde., 1870). E. starb 23. Dez. 1865 in Pisa. Eine Biographie von E. veröffentlichte seine Gattin (Lond. 1870).

Seine Gattin, Elisabeth E., geborene Rigby, seit 1849 mit E. vermählt, hat sich durch ihre «Letters from the shores of the Baltic» (2 Bde., Lond. 1841; neue Aufl. 1861; deutsch, Lpz. 1846) bekannt gemacht, worin sie in anziehender Weise ihren Aufenthalt in Esthland schildert, und denen sie «Livonian tales» (Lond. 1846; neue Aufl. 1861) folgen ließ. Ferner schrieb sie: «History of Our Lord, as exemplified in works of art» (mit Jameson, 2 Bde., Lond. 1864), «Life of John Gibson» (edd. 1869), «Five great painters» (2 Bde., edd. 1883) und übersetzte Kuglers «Handbuch der Geschichte der Malerei», soweit es die ital. Schulen behandelt (5. Aufl., von Bayard, edd. 1886).

East-London (spr. ihst lönnd'n). 1) **Bezirk** in der östl. Provinz der Kapkolonie, hat 1766 qkm, (1891) 21500 E., darunter 7180 Weiße, bildete bis 1866 den östlichsten Teil von Britisch-Kaffraria. Die Deutsch-englische Legion wurde hier (wie im benachbarten King Williams-Town) 1857 nach dem Krimkriege angesiedelt; sie hat das Land in einen blühenden, selbst von den Engländern bewunderten Zustand versetzt. — 2) **Hauptort** des Bezirks E. an der Küste, an der Mündung des Buffalo, hat 2300 E., 4 Banken, ein Stadthaus und eine öffentliche Bibliothek. Durch Baggerungen ist innerhalb der Mündung des Flusses ein Landungsplatz geschaffen worden, an dessen Quai Schiffe von jeder Länge und bis zu 5 m Tiefgang löschen konnen. Von hier aus geht die Eisenbahn über Burgersdorp-Bethulie Bridge nach dem Oranje-Freistaat und Transvaal und bildet die kürzeste Verbindungslinie zwischen der Südküste und dem Innern Südafrikas. Der Handel befindet sich in schnellem Aufschwunge; von 1878 bis 1890 hat sich der jährliche Wert der Ein- und Ausfuhr von 20 auf 50 Mill. M. gesteigert. E. ist der zweitgrößte Wollexportplatz der Kapkolonie. 1886 betrug der Schiffsverkehr 554 Schiffe mit über 1 Mill. Tonnen.

East-Lothian (spr. ihst lohthiänn), schott. Grafschaft, s. Haddington.

East-Main (spr. ihst mehn), Ost-Main, der westliche an der Hudsonbai gelegene Teil von Labrador, heißt so nach einer an der Jamesbai und am East-Main-Flusse gelegenen Faktorei der engl. Pelzhändler und gehört zum Dominion of Canada.

Eastman (spr. ihstmänn), Charles Gamage, amerik. Journalist und Dichter, geb. 1. Juni 1816 zu Fryeburg im Staate Maine, gründete und leitete verschiedene größere Zeitungen («The Spirit of the Age» u. a.). Seine «Gedichte» (Montpelier in Vermont 1848; Neuausg. 1880) zeichnen sich durch Formvollendung und gute Naturschilderungen aus. E. starb 1860 zu Montpelier im Staate Vermont.

Eastman (spr. ihstmänn), Marie Henderson, amerik. Schriftstellerin, geb. 1817 zu Warrenton im Staate Virginien, Gemahlin des Brigadier-Generals Seth E. (bekannt durch seine «History, condition and future prospects of the Indian tribes of the United States», 1850—57). Sie verfaßte mehrere sehr gelungene, auf genauer Kenntnis des Lebens an der indian. Grenze beruhende Werke: «Dacotah, or life and legends of the Sioux» (Neuyork 1849), «American aboriginal portfolio» (Philad. 1853), «Chicora and other regions of the conquerors and the conquered» (edd. 1854). Besonders bekannt wurde sie durch ihren gegen Beecher-Stowes «Uncle Tom's cabin» gerichteten Roman «Aunt Phillis's cabin» (edd. 1852).

East-Meath (spr. ihst mihth), irische Grafschaft, s. Meath.

Easton (spr. ihst'n), Hauptstadt des County Northampton im nordamerik. Staate Pennsylvanien, 90 km nördlich von Philadelphia, in hügeliger Lage, an der Mündung des Lehigh in den Delaware, ist Eisenbahnknotenpunkt, hat (1890) 14481 E., das Lafayette College (30 Professoren, 350 Studenten, bedeutende Bibliothek und wissenschaftliche Sammlungen), Eisenindustrie und lebhaften Handel.

Eastport (spr. ihstpohrt), Hafenort im County Washington im nordamerik. Staate Maine, auf der Südspitze der Moose-Insel in der Passamaquoddybai, dicht an der Grenze von Neubraunschweig, hat etwa 5000 E., einen guten, im Winter eisfreien Hafen, in welchem die Flut bis zu 7 m steigt, und unterhält Handel mit den benachbarten brit. Provinzen, namentlich in Fischen und Bauholz. Nach dem Festlande führt eine 360 m lange Brücke. E. ist durch Dampfer mit den Häfen der amerik. und canad. Küste verbunden.

East-Portland (spr. ihst pohrtländ), Stadt im County Multnomah im nordamerik. Staate Oregon, am Willamettefluß, Portland gegenüber, als dessen Vorstadt es zu betrachten ist, hat (1890) 10532 E.

East-Providence (spr. ihst prówwidenß), Stadt im nordamerik. Staate Rhode-Island, am Providencefluß, Providence gegenüber, als dessen Vorstadt es angesehen werden kann, hat (1890) 8422 E.

East-Retford (spr. ihst rettf'rd), Municipalborough in der engl. Grafschaft Nottingham, am Trent-Rother-Kanal, zwischen Sheffield und Lincoln, ist Eisenbahnknotenpunkt und hat (1891) 10303 E., Strumpfwirkerei, Seidenweberei und Spitzenfabrikation sowie Malzdarren.

East-Riding (spr. ihst reid-), der östl. Bezirk der engl. Grafschaft York, links der Ouse, hat 3038,38 qkm und (1891) 399412 E.

East-River (spr. ihst riww'r), eine etwa 28 km lange Wasserstraße des nordamerik. Staates Neuyork, verbindet den Neuyorker Hafen mit dem Long-Island-Sund und hat zwischen den beiden Städten Neuyork und Brooklyn eine Breite von ungefähr 1200 m, erweitert sich aber nach dem Long-Island-Sund zu bedeutend. Neuyork und Brooklyn sind durch die den E. überspannende East-River-Brücke (s. Hängebrücken) verbunden. Der Bau eines Tunnels unter dem E. wurde 1892 beschlossen. Der Harlem-River und der schmale, unfahrbare Spuyten-Duyvel-Creek verbinden den Hudson mit dem E. und trennen zugleich die die Stadt Neuyork tragende Insel Manhattan vom Festlande. Ein den Spuyten-Duyvel-Creek umgehender Kanal nach dem Hudson ist im Bau. Unter den Inseln ist hervorzuheben das langgestreckte Blackwells Island mit den Strafanstalten, der Irrenanstalt, dem Hospital, dem Arbeits- und Armenhaus, ferner Wards Island mit den ausgedehnten Anlagen der Einwanderungskommissare, sowie Randalls Island. Der E. ist für die größten Seeschiffe fahrbar und hat eine ungemein starke Flut, welche die Stadt Neuyork vom Long-Island-Sund her dreiviertel Stunde früher erreicht als vom Neuyorker Hafen aus. Der Verkehr ist sehr lebhaft. Die vom Hafen von Neuyork 11 km entfernten Felsenriffe von «Hell Gate»

(Höllenthor) zwischen Wards Island und der Ortschaft Astoria auf Long-Island waren lange Zeit der Schiffahrt sehr gefährlich. Durch die 4. Juli 1876 erfolgte Sprengung von «Flood Rock» und spätere Sprengungen sind diese Hindernisse zum größten Teil beseitigt. Auch der an der Einfahrt vom Neuyorker Hafen zwischen der Battery und Governors Island liegende, über $1^1/_3$ ha große Diamond Reef ist durch gewaltige Sprengarbeiten im Juli 1880 und Juni 1890 beseitigt worden. (S. Neuyork, Situationsplan.)

East-River-Brücke, s. East-River und Hängebrücken.

East-Saginaw (spr. ihst ßägginah), Stadt im nordamerik. Staate Michigan, s. Saginaw.

East-St. Louis (spr. ihst ßennt lüiß oder lüi), Stadt im County St. Clair im nordamerik. Staate Illinois, am linken Ufer des Mississippi, hat (1890) 15169 E., darunter viele Deutsche, ausgedehnte Viehhöfe (stock yards) und bedeutenden Handel, ist mit dem gegenüberliegenden St. Louis durch eine fast 2000 m lange Brücke verbunden und vermittelt auf 10 Linien den ganzen Eisenbahnverkehr von St. Louis mit dem Osten.

East-Stonehouse (spr. ihst stohnhauß), Stadt in der engl. Grafschaft Devon, am Kanal, östlich unmittelbar an Plymouth anstoßend, im W. nur durch einen Arm des Plymouth-Sundes von Devonport getrennt, hat (1891) 15502 E., eine großartige Proviantierungsanstalt für die Marine (6 ha), 1835 errichtet, mit Bäckereien, Schlachthäusern, Vorratsräumen für 2—3 Mill. Pfd. Fleisch, einem Marinehospital für 1200 Kranke, Baracken und Kasernen sowie bedeutenden Dockanlagen (Great-Western-Docks).

Eastwick (spr. ihst-), Edward Backhouse, engl. Orientalist und Politiker, geb. 13. März 1814 in Warfield (Berkshire), studierte in Oxford und trat 1836 in den Dienst der Ostindischen Compagnie, in dem er 1839 zum Geschäftsträger in Sindh aufstieg und 1842 Sir Henry Pottinger zum Abschluß des Friedens nach China begleitete. Nach seiner Rückkehr wurde er 1845 Professor des Hindustani und Telugu in dem College der Ostindischen Compagnie in Haileybury. Er hatte vorher ein «Vocabulary of the Sindhi language» (Bombay 1843) und eine Übersetzung von Schillers «Geschichte der Niederlande» (Lond. 1844) herausgegeben. Danach veröffentlichte er außer «A grammar of the Hindustani language» (ebd. 1847; 2. Ausg. 1858) eine Übersetzung von Bopps «Vergleichender Grammatik» (3 Bde., ebd. 1856; 4. Aufl. 1885), sowie Übersetzungen aus dem Persischen, unter denen Saadis «Gulistan» (ebd. 1850; 2. Aufl. 1880) die bedeutendste war. Nach der Auflösung der Ostindischen Compagnie war E. 1860—63 engl. Geschäftsträger in Persien. Seinen Aufenthalt daselbst beschrieb er in dem «Journal of a diplomatist's three years residence in Persia» (2 Bde., Lond. 1864). 1864 als Kommissar der General Credit Company zum Abschluß einer Staatsanleihe nach Venezuela geschickt, erstattete er auch über diese Sendung Bericht in «Venezuela, or sketches of life in a South American republic, with the history of the war of 1864» (Lond. 1868). Die Neuwahlen von 1868 brachten ihn als Konservativen für Falmouth und Penryn ins Parlament, wo er namentlich über asiat. Gegenstände sprach; doch verlor er seinen Sitz 1874. Indien behandelte er noch in: «Kaisar-nama-i Hind or lay of the Empress» (1878—82). Er starb 16. Juli 1883 zu Ventnor auf der Insel Wight. Außer den genannten Werken erschienen in den Murrayschen Reisehandbüchern: «A Handbook for India» (1859; neue verkürzte Ausgabe 1891), «Handbook of the Madras Presidency» (1879), «Handbook for the Bombay Presidency» (1881), «Handbook of the Bengal Presidency» (1882), «Handbook of the Panjáb, Western Rajpútáná, Kashmir and Upper Sindh» (1883).

Eaton-Hall (spr. iht'n hahl), Landsitz des Herzogs von Westminster in der engl. Grafschaft Chester, 6 km südlich von Chester, am Dee. Das prächtige Schloß, in got. Stile 1870—82 erbaut, liegt inmitten eines herrlichen Parks und enthält wertvolle Gemälde (Rubens, Millais).

Eau (frz., Plural eaux, spr. oh), Wasser. In der chem. Technik sind eaux Laugen oder destillierte Wässer, auch mit weitern Bezeichnungen, z. B. Eau forte (s. d.), Scheidewasser, Eau de vie, Branntwein. Von diesen Ausdrücken sind manche in den internationalen Sprachgebrauch übergegangen, z. B. Eau de Javelle (s. d.), Eau de Cologne (s. d.). In der Parfümeriekunst bezeichnet man mit E. einerseits die über Blüten oder sonstige Pflanzenteile destillierten Wässer, welche wässerige Lösungen der ätherischen Öle der betreffenden Materialien sind, andererseits aber auch alkoholische Lösungen der ätherischen Öle oder Lösungen von Mischungen verschiedener ätherischer Öle. Zu erstern gehört E. de menthe poivrée, Pfefferminzwasser, E. de fleurs de tilleul, Lindenblütenwasser, E. de fleurs d'oranger, Orangenblütenwasser. Alkoholisch sind E. de Lavande, Lavendelwasser, dann viele mit Phantasienamen benannte, wie E. de la reine, E. de mille fleurs, E. de Hongrie, E. de Lisbonne, E. de Saxe u. s. w. Diese alkoholischen Flüssigkeiten werden vielfach auch Bouquets oder Essences genannt.

Eau admirable (spr. oh admirábl), s. Eau de Cologne. — E. a. de Brinvilliers (spr. dĕ brängwillieh), Gifttrank, s. Aqua Tofana.

Eau Claire (spr. oh klähr), Hauptstadt des gleichnamigen County im nordwestl. Teile des nordamerik. Staates Wisconsin, unweit Chippewa-Falls, am Einfluß des Clear Water in den Chippewa, ist Eisenbahnknotenpunkt, hatte 1870: 2293, 1880: 10119, 1890: 17415 E., hat Fabrikation von Mehl, Leinen- und Baumwollwaren, elektrischen Apparaten und bedeutenden Holzhandel. Die von vielen Brücken überspannten Flüsse liefern bedeutende Wasserkraft und sind deshalb mit industriellen Anlagen, meist großen Sägemühlen und andern Werken der Holzindustrie besetzt. E. C. besitzt drei öffentliche Parks, ein Opernhaus, ein Seminar für Mädchen und ein Agrikultur-Ausstellungsgebäude.

Eau d'Armagnac (spr. oh darmanjáck), s. Armagnac.

Eau de Capille (spr. oh dĕ kapill), s. Geheimmittel.

Eau de Cologne (spr. oh dĕ kolónnj) oder Kölnisches Wasser, eins der bekanntesten und beliebtesten Parfums, das von etwa 30 Fabrikanten in Köln, die fast sämtlich die Firma Farina führen, dargestellt wird. Die Berechtigung zur Führung der weltbekannt gewordenen Firma ist von den einzelnen Trägern derselben untereinander in zahlreichen Prozessen bestritten worden, ebenso bestehen Zweifel über den wirklichen Erfinder. Nach den Angaben der einen war es ein Italiener Johann Maria Farina (geb. 1685 zu Sta. Maria-Maggioris im Vigezzathale, Distrikt Domo D'Ossola). Derselbe war nach Köln gekommen, um einen Handel mit

Parfums und Kurzwaren zu betreiben, und erfand daselbst auch 1709 die Bereitung des Kölnischen Wassers. Das Geheimnis erbte unter seinen Nachkommen fort und diese führten die Firma «Johann Maria Farina, gegenüber dem Jülichsplatz». Nach andern ist weder ein Farina der Erfinder, noch ist die Erfindung in Köln gemacht, sondern es ist der Ursprung auf Mailand zurückzuführen, von wo das Parfum von Paul de Feminis, der 1690 kölnischer Bürger wurde, unter dem Namen Eau admirable, der erst später in E. d. C. verwandelt ist, nach Deutschland gebracht wurde. Feminis starb ohne direkte Nachkommen und hinterließ sein Geheimnis seinem Neffen Johann Anton Farina. Letzterer führte sein Geschäft unter der Firma seines Namens mit dem Zusatze «zur Stadt Mailand». Nach dem Aussterben der Familie des Johann Anton Farina gingen Firma und Geschäft auf eine Seitenlinie der Familie über, die noch heute in Köln besteht.

Der Handel mit E. d. C. entwickelte sich bereits in der Mitte des 18. Jahrh. immer blühender und veranlaßte auch viele nicht zur Familie Farina Gehörige, sich ihm zuzuwenden; da aber das Produkt der Firma Farina am gesuchtesten war, so forschte man in Italien nach Leuten dieses dort sehr verbreiteten Namens und verband sich scheinbar mit ihnen zu einem Handelsgeschäft, lediglich um den Namen Farina in die Firma aufnehmen zu können. Obgleich die Bereitungsweise des E. d. C. von den Fabrikanten als strengstes Geheimnis bewahrt wird, so sind doch im Laufe der Zeit verschiedene Rezepte in die Öffentlichkeit gedrungen, von denen einige (ohne Gewähr für die Richtigkeit) hier mitgeteilt sein mögen: Rektifizierter Weingeist 24 l, Néroli pétale 90 g, Néroli bigarade 30 g, Rosmarinöl 60 g, Orangenschalenöl 150 g, Citronenöl 150 g, Bergamottöl 60 g. Oder: Rektifizierter Weingeist 24 l, Petitgrainöl 60 g, Néroli pétale 15 g, Rosmarinöl 60 g, Orangenschalenöl 120 g, Limonöl 120 g, Bergamottöl 120 g. In Südfrankreich, namentlich in Grasse, bereitet man eine Essence d'Eau de Cologne, von der 500 g in 30 l Alkohol gelöst eine gute E. d. C. geben. Unter den Namen Acqua di Felsina, Eau de Mississippi und Florida Water sind in Italien und Amerika Nachahmungen des Kölnischen Wassers im Handel verbreitet. Ein preisgekröntes engl. Rezept ist: Rektifizierter Weingeist 578 ccm, Bergamottöl 8 g, Citronenöl 4 g, Neroliöl 20 Tropfen, Origanumöl 6 Tropfen, Rosmarinöl 20 Tropfen, Pomeranzenblütenwasser 30 g. 1891 wurden aus Deutschland für 5½ Mill. M. wohlriechende Wässer ausgeführt, von denen der Hauptanteil auf E. d. C. entfällt.

Eau de Javelle (spr. oh dĕ schawéll), Javellesche Lauge, ursprünglich eine Lösung von unterchlorigsaurem Kalium, wurde früher dargestellt durch Einleiten von Chlor in eine Pottaschelösung. Neuerdings stellt man sie in vereinfachter Weise dar durch Umsetzung von Soda mit Chlorkalk. Sie enthält dann als hauptsächlich wirkenden Bestandteil unterchlorigsaures Natrium. S. auch Eau de Labarraque.

Eau de Labarraque (spr. oh dĕ labarráck), wird in ganz ähnlicher Weise dargestellt wie Eau de Javelle. Beide dienten vor der allgemeinen Einführung des Chlorkalks zum Bleichen, jetzt werden sie hauptsächlich in der Schellack- und Jutebleicherei, zum Entfernen von Obst- und ähnlichen Flecken aus der Wäsche sowie in der Mikroskopie benutzt.

Eau de Lavande (spr. oh dĕ lawángd), s. Lavendelwasser.

Eau de Luce (spr. oh dĕ lühß), soviel wie Bernsteinsaure Ammoniakflüssigkeit (s. d.).

Eau de Lys (spr. oh dĕ liß), s. Geheimmittel.

Eau de vie (spr. oh dĕ wih), franz. Bezeichnung für Branntwein.

Eau forte (frz., spr. oh fort; lat. aqua fortis), Scheidewasser (Salpetersäure), im weitern Sinne geätzte Kupferplatte, Radierung; daher Aquafortisten soviel wie Radierer.

Eaux-Bonnes (spr. oh bonn), s. Eaux-Chaudes.

Eaux-Chaudes (spr. oh schohd) oder Aigues-Chaudes (spr. ähg; Aquae calidae), Badeort im Kanton Laruns, Arrondissement Oloron des franz. Depart. Basses-Pyrénées, zur Gemeinde Laruns (4 km) gehörig, in der düstern, großartigen Schlucht der Gave d'Ossau, eines der Quellarme der Gave d'Oloron, in 675 m Höhe, am Fuße des 2885 m hohen Pic du Midi-d'Ossau. Die 7 Schwefelthermen, besonders die Doppelquelle L'Esquirette (35 und 31,5° C.), ferner le Rey (33,5°) und le Clot (36,4°), werden bei Frauenkrankheiten und chronischem Rheumatismus verordnet (jährlich etwa 2000 Kurgäste). — Östlich davon Eaux-Bonnes oder Aigues-Bonnes, 6 km südöstlich von Laruns, an einem Zufluß der Gave d'Ossau, in 748 m Höhe, in einem tiefen Thale der Pyrenäen, hat (1891) 735, als Gemeinde 812 E., Post, Telegraph, schöne Promenaden, große Hotels und eine prot. Kirche. Die 7 Heilquellen, Schwefelwasserstoffgas entwickelnde Thermen von 11,9 bis 32,8° C., werden vorzugsweise zum Trinken (6—10000 Kurgäste) benutzt (besonders die sog. Alte Quelle) und in etwa 300000 Flaschen verschickt. Das Klima ist mild, jedoch häufig wechselnd und die Saison infolge der hohen Lage nur kurz. Nach der Heilung Heinrichs II. von Navarra und vieler seiner bei Pavia (1525) verwundeten Krieger wurden die Quellen Eaux d'Arquebusade genannt. — Beide Orte sind in enge, finstere Bergschluchten eingeklemmt und waren früher für Wagen unzugänglich. Jetzt sind sie durch schöne Kunststraßen mit Laruns verbunden. Die Umgegend enthält Grotten, Thäler und aussichtsreiche Berge. — Vgl. Jourdan, Stations thermales d'Eaux-Bonnes et d'Eaux-Chandes (Par. 1875).

Eaux d'Arquebusade (spr. oh darkĕbüsahd), s. Eaux-Chaudes.

Eauze (spr. ohs'), Hauptstadt des Kantons E. (223,98 qkm, 11 Gemeinden, 9176 E.) im Arrondissement Condom des franz. Depart. Gers, 28 km westsüdwestlich von Condom, in 161 m Höhe auf einem Hügel oberhalb des linken Ufers der zur Baïse gehenden Gelise an der Linie Port-Ste. Marie-Condom-E. (74 km) der Franz. Südbahn, hat (1891) 1897, als Gemeinde 4110 E., Post, Telegraph, ein Collège, eine schöne got. Kirche aus dem 16. Jahrh.; Fabriken von Destillierblasen, Brennereien, Weinsteinraffinerien und großen Handel mit Wein und Armagnac-Essig.

Ebal, der im N. von Sichem (dem heutigen Nablus) dem Garizim gegenüberliegende Berg in Palästina (938 m), auf dem Josua einen Altar baute und der wegen se[iner] Wasserarmut mit dem Fluche des Gesetzes in Verbindung gebracht wurde (5 Mos. 11, 29; 27, 11 fg.; Jos. 8, 30 fg.); heute Dschebel es-Suleimije.

Ébauche (frz., spr. ebohsch), der erste flüchtige Entwurf einer Zeichnung, eines Gemäldes, einer

Abhandlung; ebauchieren, in allgemeinen Umrissen entwerfen.

Ebbe, Höhenzug im westfäl. Sauerland, Reg.-Bez. Arnsberg, zieht von den Quellen der Wupper von W. nach O. Die höchsten Gipfel sind die Nordhalle oder Nordhelle mit Aussichtsturm (663 m) und der Rotenstein (594 m).

Ebbe und Flut (des Meers), s. Gezeiten. — Über E. u. F. der Atmosphäre, s. Atmosphärische Gezeiten.

Ebbw Vale (spr. ebbu wehl), Stadt in der engl. Grafschaft Monmouth, an der Great-Western- und der London and Northwesternbahn, hat (1891) 17025 E., Kohlen- und Eisenbergbau.

Ebe, Gustav, Baumeister, geb. 1. Nov. 1834 zu Halberstadt, studierte auf der Berliner Bau- und Kunstakademie und war 1869—88 mit Julius Benda (geb. 21. April 1838 zu Rauden in Oberschlesien) zu gemeinsamer Thätigkeit verbunden. In der Konkurrenz um den Bau des Wiener Rathauses erhielten sie den ersten Preis, aber nicht die Ausführung. In Berlin bauten sie u. a. das Pringsheimsche Haus (1874; Barockstil mit venet. Details), das Palais von Tiele-Winckler (Renaissancestil), die Villa Kaufmann, ein Privathaus am Pariser Platz im Barockstil. Vielfach brachten sie an ihren in den reichsten Formen aufgeführten Bauten die Polychromie in Anwendung. E. baute 1890 das Concordia-(Apollo-)Theater in Berlin und veröffentlichte «Akanthus. Handbuch der ornamentalen Akanthusformen aller Stilarten» (1. Lfg., Berl. 1883), «Die Spätrenaissance. Kunstgeschichte der europ. Länder von der Mitte des 16. bis zum Ende des 18. Jahrh.» (2 Bde., ebd. 1886).

Ebel, Herm. Wilh., Sprachforscher, geb. 10. Mai 1820 zu Berlin, studierte daselbst und in Halle, war als Mitglied des königl. Seminars für gelehrte Schulen 1846—50 am Köllnischen Gymnasium beschäftigt, wurde dann Lehrer an der Beheim-Schwarzbachschen Lehr- und Erziehungsanstalt zu Filehne, 1858 am Gymnasium zu Schneidemühl, 1872 ord. Professor an der Berliner Universität und starb 19. Aug. 1875 in Misdroy. E. war der Hauptvertreter der kelt. Philologie in Deutschland. Seine hervorragendste Leistung ist die neue Ausgabe von Zeuß' «Grammatica celtica» (Berl. 1871). Sonst sind von seinen Arbeiten zu nennen: «De verbi britannici futuro ac conjunctivo» (Schneidem. 1866), «De Zeusii curis positis in grammatica celtica» (ebd. 1869); zahlreiche Aufsätze in Kuhns «Zeitschrift für vergleichende Sprachforschung» und in Kuhns und Schleichers «Beiträgen zur vergleichenden Sprachforschung»; endlich der altirische Teil der von Schleicher herausgegebenen «Indogerman. Chrestomathie» (Weim. 1869).

Ebel, Joh. Gottfr., geogr. Schriftsteller, geb. 6. Okt. 1764 zu Züllichau in der Neumark, studierte zu Frankfurt a. d. O. Medizin und ließ sich 1792 als praktischer Arzt in Frankfurt a. M. nieder. Wegen seiner Verbindung mit mehrern Häuptern der Französischen Revolution in Deutschland verdächtig geworden, begab er sich 1796 nach Paris und später nach Zürich. Um 1801 erhielt er das helvet. Bürgerrecht, 1805 das Züricher Kantonsbürgerrecht. Doch erst seit 1820 nahm er in Zürich seinen bleibenden Aufenthalt und starb daselbst 8. Okt. 1830. Unter seinen Schriften sind zu nennen: «Anleitung, auf die nützlichste und genußvollste Art die Schweiz zu bereisen» (Zür. 1793; im Auszuge bearbeitet von Escher, 8. Aufl., ebd. 1842), «Schilderung der Gebirgsvölker der Schweiz» (2 Bde., Tüb. 1798—1802), «Über den Bau der Erde in den Alpengebirgen» (2 Bde., Zür. 1808), «Ideen über die Organisation des Erdkörpers und über die gewaltsamen Veränderungen seiner Oberfläche» (Wien 1811), «Malerische Reise durch die neuen Bergstraßen des Kantons Graubünden» (Zür. 1825). Vgl. Escher, J. G. E. (Trogen 1835).

Ebel, Joh. Wilh., evang. Prediger, das Haupt der sog. «Königsberger Mucker», geb. 4. März 1784 zu Passenheim in Ostpreußen, studierte in Königsberg, wurde 1806 Pfarrer in Hermsdorf, 1810 Prediger und Religionslehrer am Gymnasium Fridericianum zu Königsberg, 1816 erster Prediger der altstädtischen Gemeinde daselbst. In dieser Stellung sammelte E., der seit seiner Studentenzeit in naher Beziehung zu dem Königsberger Theosophen Jos. Heinr. Schönherr (geb. 1771 zu Angerburg in Ostpreußen, gest. 15. Okt. 1826) gestanden hatte und auch nach einem Bruch mit Schönherr (1819) dessen System huldigte, eine mystisch und pietistisch gerichtete Verbrüderung um sich, der sich namentlich Glieder der höchsten Adelsfamilien, so die verwitwete Gräfin Ida von der Gröben, die Grafen Kanitz und Finkenstein mit ihren Gemahlinnen, ferner der Professor Olshausen (s. d.) und der Pastor Heinr. Diestel (geb. 1785 in Belgard, seit 1827 Prediger in Königsberg, gest. 1854) anschlossen. Abenteuerliche Gerüchte über geheime unter dem Deckmantel der Andacht begangene geschlechtliche Ausschweifungen veranlaßten 1835 eine langwierige Untersuchung, die 1839 damit endete, daß E. und Diestel ihres Amtes entsetzt, zur Bekleidung öffentlicher Ämter für unfähig erklärt und E. wegen Sektenstiftung zur Einsperrung in einer öffentlichen Korrektionsanstalt verurteilt wurde. Das Berliner Kammergericht hingegen entschied 1841 in Berufungsinstanz, daß das Urteil auf einfache Amtsentsetzung zu ermäßigen sei. E. siedelte mit seiner Freundin Ida von der Gröben nach Ludwigsburg in Württemberg über, wo er 18. Aug. 1861 starb. Neuere aktenmäßige Untersuchungen haben ergeben, daß jene Beschuldigungen nicht erwiesen und die Verhandlungen in erster Instanz mit großer Voreingenommenheit geführt worden sind. Vgl. von Hahnenfeld, Die religiöse Bewegung zu Königsberg (Braunsb. 1858); Graf Kanitz, Aufklärung nach Aktenquellen über den Königsberger Religionsprozeß (Basel 1862).

Ebeleben, Flecken im Landratsamtsbezirk Sondershausen der Unterherrschaft des Fürstentums Schwarzburg-Sondershausen, 17 km im SW. von Sondershausen, in der Goldenen Aue, an der Helde und an der Hohenebra-Ebeleber Eisenbahn (Nebenbahn, 8,7 km), hat (1890) 1579 E., Post, Telegraph, Amtsgericht (Landgericht Erfurt), fürstl. Schloß mit Orangerie und Park, Erziehungsanstalt für verwahrloste Kinder und Zuckerfabrik. Nahebei das ehemalige Nonnenkloster Marksußra.

Ebeling, Adolf, Schriftsteller, geb. 24. Okt. 1827 in Hamburg, studierte Philosophie in Heidelberg und war nach einem Aufenthalte in Bahia (Brasilien) als Erzieher in Frankreich thätig. Seit 1859 schrieb E. in Paris für die «Kölner Blätter» (jetzt «Kölnische Volkszeitung») und andere Zeitschriften eine «Kleine Chronik aus Paris», die u. d. T. «Lebende Bilder aus dem modernen Paris» (anonym) in Buchform erschien (4 Bde., Köln 1863—66;

2. Aufl. 1867; zwei weitere Bände «Neue Bilder», Paderb. 1869). Bis 1870 war E. Professor für deutsche Sprache und Litteratur an der Pariser Handelsakademie. Infolge des Ausweisungsdekrets ging er nach Düsseldorf, von da nach Köln und wurde nach dem Frieden durch den Civilkommissar Kühlwetter nach Metz berufen; hier bekleidete er bei dem damaligen Präfekten, spätern sächs. Finanzminister von Könneritz, einen Vertrauensposten, der sich speciell auf die deutschen und franz. Preßverhältnisse in den Reichslanden bezog. Von Metz aus leitete E. das in Düsseldorf erscheinende «Deutsche Künstleralbum» (Jahrg. 5—7). 1873 folgte er einem Rufe an die vicekönigl. Kriegsschule in Kairo, ging aber 1878 nach den Rheinlanden zurück und lebt seitdem in Köln. Die ägypt. Erlebnisse schilderte er in den «Bildern aus Kairo» (2 Bde., Stuttg. 1878) und dem «Ägyptischen Tagebuch» (1880—85). Außerdem veröffentlichte E. u. a. «Die Wunder der Pariser Weltausstellung 1867» (Köln 1867), «Kaleidoskop aus den Kriegsjahren 1870—71» (edd. 1871), «Fürstin und Professor», interessant durch die Beziehungen des Verfassers zu Heine (edd. 1880), «Thürine, eine bretonische Dorfgeschichte» (Berl. 1872); von poet. Arbeiten das Ghaselenwerk «Die Krone des Orients» (Aachen 1867) und «Der Regenbogen» (Düsseld. 1872). Verdienstvoll sind E.s deutsche Bearbeitungen der Rémusatschen und Durandschen «Mémoires» u. d. T. «Napoleon I. und sein Hof» (4 Bde., Köln 1880—87; 3. Aufl. 1888), woran sich sein selbständiges Werk «Napoleon III. und sein Hof» (3 Bde., edd. 1891—93) anschloß, sowie die deutsche Originalausgabe der «Memoiren des Fürsten Talleyrand» (5 Bde., edd. 1891—93). Zur Antisklavereibewegung schrieb E. die Schrift «Die Sklaverei von den ältesten Zeiten bis auf die Gegenwart» (Paderb. 1889).

Ebenaceen, Pflanzenfamilie aus der Gruppe der Dikotyledonen, Ordnung der Diospyrinen (s. d.), gegen 250 zumeist in den Tropenländern einheimische Arten umfassend; nur wenige finden sich im außertropischen Asien und in Nordamerika. Es sind sehr hartholzige Bäume oder Sträucher. Die Blätter sind ganzrandig und lederartig. Die Blumenkrone ist verwachsenblätterig. Mehrere Arten der Gattung Diospyros (s. d.) liefern das Ebenholz (s. d.).

Ebenalp, Alpweide der Sentisgruppe in den Glarner Alpen (s. Westalpen) im schweiz. Kanton Appenzell-Innerrhoden, in 1640 m Höhe, 5 km südlich von Appenzell auf einer Terrasse der Schäflerkette, die sich zwischen den Thälern des Weißbachs und des Schwendibachs vorschiebt; wird von Appenzell wie vom Weißbad aus häufig besucht. Die Aussicht erstreckt sich über die Appenzeller Alpen, den Bodensee, Schwaben und Bayern. Zahlreich ist der Besuch am Schutzengelfeste (Anfang Juli) und am St. Michaelistage (29. Sept.), wenn in der Felseneinsiedelei Wildkirchli (1499 m), einer Grotte der östl. Felswand, Gottesdienst gehalten wird.

Ebenbau, Bearbeitung eines Feldes durch den Wendepflug (s. Pflug) oder durch Karreepflügen (s. d.) vermittelst des Beetpfluges mit festem Streichbrett, sodaß keine Beete und keine Pflugfurchen entstehen.

Ebenbild Gottes, die religiöse Bezeichnung für die geistig-sittliche Lebensbestimmung des Menschen. Nach 1 Mos. 1, 26 fg. besteht das E. G. in seiner vernünftigen, ihn zur Beherrschung der unvernünftigen Kreatur befähigenden Persönlichkeit, nach 1 Mos. 3, 5, 22 in der Erkenntnis, die ihm nur auf dem Wege der Schuld und auf Kosten der ihm zugedachten Unsterblichkeit zu teil wird, weil die Verbindung beider Eigenschaften die volle Gleichheit mit Gott herbeigeführt hätte. In diesem Sinne wird daher das E. G. als auch durch den Sündenfall nicht verloren betrachtet (1 Mos. 5, 3; 9, 6; Jak. 3, 9; 1 Kor. 11, 7). Die Vorstellung, daß die Unsterblichkeit den Göttern vorbehalten ist, während die Menschen sonst in allen Stücken den Göttern ähnlich werden könnten, findet sich auch bei den alten Griechen. Im Neuen Testament erscheint zunächst Christus als das E. G., insofern Gottes Geist auch das Wesen Christi vor und nach seinem Erdenleben ausmacht, daher ihm als dem Ewigen und Erlösten die himmlische Lichtherrlichkeit zukommt (2 Kor. 4, 4), oder sofern er als der Erstgeborene aller Kreatur die Fülle des göttlichen Wesens in sich befaßt (Kol. 1, 15). Als E. G. ist Christus der Himmelsmensch (1 Kor. 15, 48), dann das Urbild der Menschen, dem alle Gläubigen durch sittliche Erneuerung und dereinst durch ihre Verklärung zur himmlischen Lichtherrlichkeit gleichgestaltet werden. Die kath. Dogmatik hat zwischen dem Ebenbilde und der Gottähnlichkeit des Menschen unterschieden und letztere nur als eine übernatürliche und durch den Sündenfall allein verloren gegangene Zugabe (s. Donum superadditum) betrachtet. Die altprot. Dogmatik betrachtete dagegen das E. G. selbst als verloren und daher die Erlösung als Wiederherstellung der eigensten Natur des Menschen. Die neuere prot. Theologie unterscheidet zwischen dem E. G. als sittlicher Anlage und erfüllter Lebensbestimmung und sieht in der Schilderung der ursprünglichen Vollkommenheit der ersten Menschen nur eine ideale Darstellung derjenigen Vollkommenheit, die das Ziel aller sittlichen Entwicklung bilden soll.

Ebenbürtigkeit, die Gleichheit des Geburtsstandes. Die mittelalterliche Gesellschafts- und Rechtsordnung beruhte auf der strengen Scheidung der Stände, sodaß Ungleichheit des Standes Ungleichheit des Rechts bedeutete. Jeder Stand hatte sein Wergeld, d. i. die bei Tötungen und Verwundungen zu erlegende Buße. Hiermit im Zusammenhang stand der fernere Rechtssatz, daß der höher Geborene von dem niedriger Geborenen im Gericht nicht überführt werden konnte; nur ebenbürtige Personen oder Personen höhern Standes waren fähig, über jemand als Richter, Schöffen, Zeugen, Eidhelfer zu fungieren oder ihn zum gerichtlichen Zweikampf herauszufordern. Endlich war die E. die Voraussetzung der Familiengenossenschaft und der Familienrechte; zwischen den verschiedenen Ständen konnte keine gültige Ehe geschlossen werden. Anfangs waren auf Mißehen schwere Strafen (Todesstrafe oder Verknechtung) gesetzt; später wurde dies dahin gemildert, daß die unebenbürtige Frau nicht den Stand des Mannes erlangte, die gesetzlichen Ansprüche auf Witwenversorgung nicht hatte und daß die Kinder erbunfähig waren und der «ärgern Hand» folgten, d. h. den Stand der Mutter, nicht des Vaters, hatten.

Im heutigen Recht hat die E. im allgemeinen ihre Bedeutung verloren, da alle Staatsbürger gleichen Stand und gleiches Recht haben; eine Ausnahme besteht nur hinsichtlich des Thronfolgerechts und des Privatfürstenrechts, d. h. hinsichtlich der Ehen und der Erbfähigkeit des sog. hohen Adels (s. Adel, Bd. 1, S. 134 b). Die Ehe eines Mannes von hohem Adel mit einer dem niedern Adel oder dem Bürgerstande angehörigen Frau ist als eine Mißheirat (s. d.) anzusehen. Doch fehlt es nicht an frühern Beispielen des Gegenteils, namentlich im anhalt. und oldenb. Hanse. Es entscheiden hier die Hausgesetze. Die neuern Hausgesetze bezeugen durchweg eine Rückkehr zu den strengsten Grundsätzen. Den außerdeutschen Regentenhäusern ist das Ebenbürtigkeitsprincip fremd. — Ehen des niedern Adels mit bürgerlichen Frauen sind als ebenbürtige zu betrachten und gewähren den Abkömmlingen die Standesrechte des Vaters mit Ausnahme der Fähigkeit zum Eintritt in solche Stiftungen, deren Statut die Mitgliedschaft von dem adligen Stande sowohl der väterlichen als der mütterlichen Vorfahren (s. Ahnen) abhängig macht.

Vgl. Göhrum, Geschichtliche Darstellung der Lehre von der E. nach gemeinem deutschen Rechte (2 Bde., Tüb. 1846); Zöpfl, Über Mißheiraten in den regierenden Fürstenhäusern (Stuttg. 1853); Heffter, Die Sonderrechte der souveränen und der mediatisierten, vormals reichsständischen Häuser Deutschlands (Berl. 1871); Schulze, Die Hausgesetze der regierenden deutschen Fürstenhäuser (3 Bde., Jena 1862—83); Laband, Die Thronfolge im Fürstentum Lippe (Freib. i. Br. 1891); ferner die vielen Schriften über die Ehe des Herzogs von Sussex, den Bentinckschen Prozeß, die Ansprüche der Fürsten von Löwenstein auf Succession in Bayern, die E. des herzogl. Hauses Schleswig-Holstein-Sonderburg-Augustenburg, endlich der Grafen zur Lippe.

Ebene, in der Geographie im Gegensatz zum Gebirge, eine mehr oder minder ausgedehnte Landstrecke ohne alle oder doch mit nur sehr wenigen Erhöhungen oder Vertiefungen. Obgleich aber der Charakter der E. die Horizontalität und Ungebrochenheit der Oberflächengestaltung ist, so unterliegt doch weder die eine noch die andere streng mathem. Auffassung. Beide werden durch die Natur nur annähernd vertreten, und keine E. behauptet in irgend beträchtlichem Umfange eine völlig horizontale und glatte Oberfläche. Der Wechsel zwischen geringen Eintiefungen und Erhabenheiten in ausgedehnten Zügen ruft eine wellenförmige E. hervor, gleichsam das Bild einer in leichte Wellenbewegung versetzten und so plötzlich erstarrten Wasserfläche. Die E. wird auch als Flachland bezeichnet, selbst dann noch, wenn ein Land durch schwache Senkungen und niedrige Terrainwellen, durch Flußbetten, Seebecken oder selbst durch einzelne höhere Berge eine vertikale Gliederung erhält, sobald diese vertikalen Unterschiede auf ein geringes Maß beschränkt bleiben.

Der bei weitem größte Teil der Erdoberfläche hat die Gestalt der E.; aber man unterscheidet mit Rücksicht auf den verschiedenen Grad der absoluten Erhebung der einzelnen E. über das Niveau des Meers zwischen Tiefebenen (bei beschränktern Raumverhältnissen bisweilen auch Niederungen genannt), die im großen und ganzen ihrer Erstreckung nur wenig über dem Meeresspiegel liegen, und Hochebenen (auch Hochflächen oder Plateaus), zu denen man um ein Bedeutendes hinaufsteigen muß. Die Tiefebenen bilden das Tiefland im Gegensatz zu dem Hochland, welches nicht nur die Hochebenen, sondern auch das Gebirgsland begreift. Dieser Gegensatz ist jedoch nur ein relativer, da sich ein bestimmtes Maß der Erhebung nicht angeben läßt, bei welcher eine E. zu den Tiefebenen oder zu den Hochebenen zu rechnen ist. Eine vom Meeresrande allmählich selbst bis zu 300 m und noch höher aufsteigende E. wird stets als Tiefebene bezeichnet werden können, während man eine schroff, wenn auch nur bis zu 200 m sich erhebende E. zu den Hochebenen (in solchen Fällen insbesondere Platten genannt) rechnet.

Die größten Hochebenen sind in Asien die Wüste Gobi, in Afrika die Sahara, die man früher für ein Tiefland hielt, und die südafrik. Mulde; in Europa die oberschwäb.-bayr. und die castil. Hochebene; in Nordamerika die Hochebene von Mexiko und das große Plateau zwischen Sierra Nevada und Felsengebirge; in Südamerika das von Quito, welches bis 2900 m, und das des Titicacasees, welches bis 4000 m emporsteigt. Die Tiefebenen unterscheidet man in peripherische (Küstenebenen), wenn sie am Rande, und Binnenebenen, wenn sie im Innern eines Festlandes liegen. Auch sinken sie bis unter das Meeresniveau herab, wie sich dies im kleinen bei den Niederungen Hollands und an den Küsten Schleswigs, am großartigsten in der aralokaspischen Erdsenke zeigt, in welcher der Kaspisee 24 m unter dem Spiegel des Schwarzen Meers liegt. (S. Depression, geographisch.) Die größten Tiefebenen sind in Europa die sarmatisch-germanische, die sich von der Schelde bis an den Ural erstreckt, und die niederungarische an der Donau-Theiß; in Asien die nordasiatisch-sibirische, die von Turan, Hindustan, China und das Euphratgebiet; in Amerika die nordamerikanische vom Hudsongebiet bis ans Eismeer und Alaska, die des Mississippi, Orinoco, Amazonas und die patagonisch-argentinische E.; in Australien die ungemessenen Räume des Innern.

Je nach der geognost. Beschaffenheit des Bodens, des Klimas, der Bewässerung, der Vegetationsbekleidung und deren Benutzung weichen die Hoch- und Tiefebenen sehr voneinander ab, wenn sie auch beide, gemäß der Einförmigkeit ihrer Oberfläche, eine große Gleichheit in den übrigen Naturverhältnissen darbieten. Große E. mit geringer Bebauung zeigen die Eigentümlichkeiten des Kontinentalklimas (s. d.) am deutlichsten. Hier treten Wettersäulen (s. d.) häufig auf; überhaupt sind sie der Entwicklung von Windströmungen ungünstig. Die äußersten Extreme sind die Wüsten (s. d.), die sich vorzugsweise in Afrika und Asien ausdehnen, und die Kulturebenen, welche keinem Erdteile fehlen und dem Hoch- und Tieflande angehören. Dazwischen liegen die mehr oder weniger kulturfähigen Heiden Europas, wie die von La Mancha in Spanien, Les Landes in Frankreich, die Lüneburger, die jütländ. Heide, die Pußten Ungarns, die Steppen in Südrußland, Westsibirien, Centralasien und im Sudan, die Karroo des Kaplandes, die Prairien oder Savannen in Nordamerika, die Llanos und Pampas in Südamerika, die Tundren in Nordrußland und in Nordsibirien. Die E. können wichtige Kulturstätten sein. In ihrer Mitte liegen oft große Städte wie Berlin, Paris, Moskau, Madrid und die ältesten Städte Ostindiens. Die histor. Bedeutung der E. wurzelt vornehmlich in ihrer Schrankenlosigkeit, welche nur die weitausgedehnten E. besitzen. Sie schließen damit Ruhe und Schutz aus und wirken durch ihre Gegensatzlosigkeit lange nicht so kulturgünstig wie gegliederte Bodenformen.

Ebene (lat. planum), in der Geometrie eine Fläche, auf der alle Geraden liegen, die einen gegebenen Punkt enthalten und eine gegebene Gerade schneiden. Man nimmt als thatsächlich an, daß die

Gerade, die zwei beliebige Punkte der E. enthält, ganz in die E. hineinfällt. Ohne dieses Axiom kann die Geometrie nicht aufgebaut werden; die versuchten Beweise desselben haben Anerkennung nicht gefunden. Zufolge dieses Axioms kongruieren zwei E., wenn sie eine Gerade und einen außerhalb derselben liegenden Punkt gemeinsam haben, sodaß durch drei Punkte, die nicht auf einer Geraden liegen, eine E. eindeutig bestimmt ist. Die E. ist der einfachste Raum von zwei Dimensionen. Die Geometrie der E. heißt Planimetrie.

Ebene, schiefe, s. Schiefe Ebene.

Ebene (frz. plaine), Partei im franz. Nationalkonvent, s. Bergpartei.

Ebenenbüschel, das System der durch eine Gerade im Raum zu legenden Ebenen. Die Eigenschaften der E. lehrt die projektivische Geometrie.

Ebenēzer, Missionsstation der Rheinischen Missionsgesellschaft im Distrikt Clanwilliam der westl. Kapkolonie, mit 289 E. (hauptsächlich Hottentotten), am untern Olifant in einem sehr fruchtbarem Thale, wurde 4. Sept. 1832 von der Mission Wurmb angelegt und hat ein gutgebautes Missionshaus und eine schöne Kirche.

Ebenēzer, ein Ort, ursprünglich wohl ein heiliger Stein, bei dem Israel zweimal von den Philistern geschlagen wurde. In der zweiten Schlacht verlor es die Lade Gottes an die Philister. Die spätere Legende verlegt dorthin einen wunderbaren Gebetssieg Samuels über die Philister, um das Verlangen Israels nach einem König widersinnig erscheinen zu lassen.

Ebenfurth, Stadt im Gerichtsbezirk Ebreichsdorf der die Grenze gegen Ungarn bildenden Bezirkshauptmannschaft Wiener-Neustadt in Niederösterreich, an der Leitha und den Linien Gutenstein-E. (48 km) der Österr. Staatsbahnen, Wien-Pottendorf-Wiener-Neustadt der Österr. Südbahn und an der Raab-Ödenburg-Ebenfurther Bahn (119 km), hat (1890) 2196, als Gemeinde 2397 E., Post, Telegraph; Kirche und altes Schloß; Baumwollspinnerei, Papierfabrik, Dampfmühle. Der in der Nähe entspringende Bach Fischa setzt unter allen Bächen des Landes die größte Zahl von Fabriken in Bewegung.

Ebenholz (vom grch. ebenos, bez. dem hebr. eben, «Stein») heißen verschiedene harte und schwere wertvolle Kunsthölzer. Das echte oder schwarze E. ist sehr hart, etwas brüchig und von tiefschwarzer Farbe; beim Verbrennen entwickelt es einen eigentümlichen angenehmen Geruch. Es ist schwerer als das Wasser. Ehedem war es als auflösendes, schweißtreibendes Mittel offizinell, gegenwärtig gebrauchen es vorzüglich die Kunsttischler zum Fournieren und zur Herstellung feiner eingelegter Arbeiten. Außerdem wird es zu Messerheften, Klaviaturen, Thürdrückern, Handgriffen für Metallgefäße, Stöcken, Pfeifenröhren und zu mannigfachen Produkten der Kunstdrechslerei verwandt. Die Bäume, welche das echte E. liefern, sind Arten der Gattungen Diospyros (s. d.) und Maba (s. d.) aus der Familie der Ebenaceen. Die E. liefernden Arten kommen nur in Ostindien, im Ostindischen Archipel, auf Madagaskar und Mauritius vor. Sie haben sämtlich einen weißen Splint, nur das Kernholz ist schwarz und hart. Außerdem giebt man auch andern schweren Hölzern, welche mehr oder minder schwärzlich, oft auch braun oder anders gefärbt sind und von sehr verschiedenen Bäumen abstammen, den Namen E. Dahin gehört das grünlichbraune westindische oder grüne E., von Bignonia leucoxylon *L.*, ferner das ebenfalls hier und da als grünes E. bezeichnete Holz von Brya ebenus *DC.*, das jedoch auch als Aspalathholz in den Handel kommt. Dem E. nahe verwandt ist das Palisander- oder Jacarandaholz (s. Jacaranda). Im Handel unterscheidet man: E. von Madagaskar von blauschwarzer Farbe, feiner Struktur, kommt in Stämmen von 1—2 m Länge und 10—40 cm Durchmesser in den Handel; Ceylon-Ebenholz, Stämme von 4—6 m Länge und 15—40 cm Durchmesser, ist zäher als Madagaskar-Ebenholz, sonst aber diesem sehr ähnlich und steht auch im Preise ziemlich gleich; afrik. oder Sansibar-Ebenholz bildet Stämme von 30—100 cm Länge und 10—20 cm Durchmesser, ist specifisch leichter und weniger fest, von geringerm Werte; Mangkassar-Ebenholz, von grober Struktur, mehr brauner Farbe und vielen grauen Streifen; das als Gabun-, Oldcalabar- und Kamerun-Ebenholz bezeichnete Holz, welches, von Farbe grauschwarz, Stücke von 10—15 cm Durchmesser bildet, wird der Hauptmenge nach in Frankreich und England verarbeitet. E. ist ein bedeutender Handelsartikel. Hamburg führte 1891 davon über 10000 Doppelcentner im Werte von 182000 M. ein. Der Durchschnittswert schwankte je nach der Sorte zwischen 12—24 M. für den Doppelcentner.

Unechtes oder künstliches E. nennt man einesteils verschiedenartige, meist einheimische, sehr feste und harte, von Natur hellfarbige Hölzer, die durch geeignete Beizen die Färbung des echten E. erhalten und vielfach an Stelle des letztern, da dieses hoch im Preise steht, eine bedeutende Sprödigkeit besitzt und seiner Dichtigkeit wegen sich schwer leimen läßt, zu feinen Tischler- und Drechslerarbeiten verwendet werden; auch bezeichnet man damit gewisse künstliche Produkte. (S. Holz, künstliches.)

Ebenieren, mit Ebenholz auslegen; ausgelegte feine Tischlerarbeit verfertigen; Ebenist, Arbeiter in Ebenholz, früher (im Französischen noch jetzt) soviel wie Kunsttischler.

Ebenist, s. Ebenieren.

Ebenmaß, s. Symmetrie.

Ebensee, Marktflecken im Gerichtsbezirk Ischl der österr. Bezirkshauptmannschaft Gmunden, in 425 m Höhe, am Südende des Traunsees, am Einflusse der Traun in diesen und an der Linie Schärding-Ischl-Selzthal der Österr. Staatsbahnen, hat (1890) 1542, als Gemeinde 5928 E., Post, Telegraph, k. k. Salinenverwaltung, Fachschule für Holzschnitzerei und Kunsttischlerei, große Ammoniak-, Soda- und Uhrenfabrik, neue Bade- und Inhalationsanstalt. Das Salzsudwerk, seit 1604 bestehend, erzeugte (1888) mit 510 Arbeitern 1973 t Industrie- und 39654 t Sudsalz, wozu die Sole in hölzernen Röhren von Hallstatt und Ischl zugeführt wird. In der Nähe der Rindbachstrub und Offensee mit kaiserl. Jagdschloß und bedeutendem Hochwildstande.

Ebenstrauß, s. Doldentraube und Blütenstand.

Eber, s. Schweine.

Eber, Paul, lat. Eberus, prot. Theolog, geb. 8. Nov. 1511 zu Kitzingen in Franken, studierte seit 1532 zu Wittenberg und ward 1536 hier Magister der Philosophie, 1544 Professor der lat. Grammatik, 1557 Professor für das Alte Testament und Prediger an der Schloßkirche, 1558 Stadtpfarrer und Generalsuperintendent des Kurfürstentums Sachsen. Er starb 10. Dez. 1569. Schon als Student durch persönliche Freundschaft mit Luther und

Melanchthon verbunden, stand er letzterm besonders nahe und war nach dessen Tode in den Streitigkeiten der Philippisten und strengen Lutheraner der bedeutendste Vertreter der Melanchthonschen Richtung, die er namentlich in der Schrift «Unterricht und Bekenntnis vom heiligen Sakrament des Leibes und Blutes unsers Herrn Jesu Christi» (Wittenb. 1562) verteidigte. Dem Augsburger Interim trat er entschieden entgegen, 1548 war er auf dem Pegauer Konvent, 1557 mit Melanchthon auf dem Wormser Kolloquium; 1569 verteidigte er auf dem Altenburger Kolloquium gegen die Flacianer Melanchthons Ansicht von der Mitwirkung des menschlichen Willens bei der Rechtfertigung. Als sein Hauptwerk betrachtete E. die im Auftrag des Kurfürsten vorgenommene Verbesserung der lat. Übersetzung des Alten Testaments. Von den nach seinem Tode herausgegebenen Predigten wurden besonders die Katechismuspredigten geschätzt. Ferner schrieb E. in lat. Sprache eine «Geschichte des jüd. Volks seit der Rückkehr aus dem Babylonischen Exil» (Wittenb. 1548) und dichtete geistliche Lieder. Vgl. Sixt, Dr. Paul E., der Schüler, Freund und Amtsgenosse der Reformatoren (Heidelb. 1843); ders., Paul E. (Ansb. 1857); Pressel, Paul E. (Elberf. 1862).

Eberbach. 1) **Amtsbezirk** im bad. Kreis Mosbach, hat (1890) 14563 (7094 männl., 7469 weibl.) E., darunter 4266 Katholiken und 170 Israeliten, und 26 Gemeinden. — 2) E. am Neckar, **Hauptstadt** des Amtsbezirks E. im Odenwald, 4 km westlich vom Katzenbuckel (627 m) und 18 km im NW. von Mosbach, rechts am Neckar, am Fuße des Burghaldenbergs und an den Linien Heidelberg-Würzburg der Bad. Staatsbahnen und Frankfurt-E. (106,1 km) der Hess. Ludwigsbahn, ist Sitz eines Bezirksamtes, Amtsgerichts (Landgericht Mosbach) und einer Bezirksforstei und hat (1890) 4927 E., darunter 1176 Katholiken und 99 Israeliten, Post zweiter Klasse, Telegraph, evang. und kath. Kirche, höhere Bürgerschule; Eisenhammerwerk, Cigarren- und Lederfabriken, Roßhaarspinnerei, Reis- und Steinschneiderei, Sägemühlen, Steinbrüche, Schiffbau, Schiffahrt, Holz- und Weinhandel. Vgl. Wirth, Geschichte der Stadt E. (Stuttg. 1864). — 3) E., ehemalige reiche und berühmte **Cistercienserabtei** bei Hattenheim im Rheingaukreis des preuß. Reg.-Bez. Wiesbaden. Erzbischof Adalbert von Mainz errichtete 1116 hier ein Kloster für Regulierte Chorherren des Augustinerordens, hob es jedoch, da diese bald entarteten, wieder auf. Die Besitzung schenkte er 1131 den Benediktinern auf dem nahen Johannisberg, kaufte sie jedoch nachher zurück und ließ durch Bernhard von Clairvaux ein neues Kloster nach dessen Regel gründen; 1135 begannen die eingewanderten Mönche unter dem Abte Ruthard den neuen Klosterbau, 1186 wurde die einfache roman. Kirche eingeweiht, die später vielen Erzbischöfen, Grafen, z. B. von Katzenelnbogen, und Edeln zur Ruhestätte diente. Viele Denkmäler aus dem 12. bis 18. Jahrh. sind noch vorhanden, darunter das prächtige gotische mit den Grabsteinen der Mainzer Erzbischöfe Gerlach (gest. 1371) und Adolf II. von Nassau (1474). Durch den Bauernkrieg und Dreißigjährigen Krieg verarmte das Kloster; 1803 wurde es aufgehoben und diente von 1811 ab zunächst als Korrektions- und Irrenhaus, später als Centralgefangenanstalt. — Vgl. Bär, Diplomatische Geschichte der Abtei E. (2 Bde., Wiesb. 1851—58); Rossel, Urkundenbuch der Abtei E. (2 Bde., ebd. 1861—70); ders., Die Abtei E. (ebd. 1862); Stoff, Die Abtei E. im Rheingau (ebd. 1879).

Eberesche (Sorbus), Laubholzgattung aus der Familie der Rosaceen (s. d.), Abteilung der Pomaceen, mit etwa 15 Arten, die in der nördlichen gemäßigten Zone vorkommen. Die Blüten sind klein, weiß, selten rötlich, in vielblütigen Doldenrispen; die Blütenachse halbkugelig oder kreiselförmig mit kurzen dreieckigen Kelchzipfeln, welche sich nach der Blütezeit zusammenlegen, meist mit drei (zwei bis fünf) Stengeln. Die Frucht, ein kleiner, beerenähnlicher Kernapfel, ist weich, mit zwei bis fünf dünnhäutigen, ein- bis zweisamigen Fächern. Die E. sind sommergrüne Bäume und Sträucher mit einfachen und zusammengesetzten Blättern. Die Gattung Sorbus wird auch nur als Unterabteilung der Gattung Pirus betrachtet, von der sie sich namentlich durch kleinere Früchte und dünnhäutige Fruchtfächer unterscheidet. Man kennt außer mancherlei Varietäten sieben europ. Arten, von denen die gemeine E. (Sorbus aucuparia *L.*), auch Vogelbeere, Quitschbeere genannt, die verbreitetste ist. Ihre Blätter sind unpaarig gefiedert, in der Jugend zottig, später kahl, am Grunde ungleich und ganzrandig, sonst scharf gesägt; die weißen Blüten stehen in großen dichten Trugdolden. Die Früchte sind schön scharlachrot, kugelig, erbsengroß. Der Baum erreicht selten eine Höhe von mehr als 15 m. Er ist fast durch ganz Europa und das ganze nördl. Asien verbreitet, geht mit der Birke hoch nach Norden und steigt in unsern Gebirgen bis an die Grenze der Baumvegetation, wo er strauchförmig wird. In Waldungen kommt er häufig eingesprengt, aber nicht bestandbildend vor, wird jedoch forstlich nicht kultiviert, weil er im Hochwald höhere Umtriebe nicht aushält und als entschiedene Lichtpflanze viel Raum beansprucht. Dagegen ist er in den jungen Fichtenkulturen des höhern Gebirges, wo er sich von selbst einfindet, als vorübergehende Schutzholzart gern gesehen. Am Harz, im Erzgebirge, wo Obst nicht mehr gedeiht, ist die gemeine E. als Alleebaum sehr beliebt. Von Tischlern, Wagnern u. s. w. wird ihr Holz nicht ungern verarbeitet. Das Laub dient als Wild- und Viehfutter. Die im August bis September reifenden Früchte (Drosselbeeren) benutzt man bisweilen zur Branntwein- und Essigbereitung, als Wildfutter, mit Salz als Viehfutter; sie sind das beste Lockmittel für den Drosselfang in Dohnen. Von den Varietäten verdient Erwähnung die aus Spornhau in Mähren stammende süße E. (var. dulcis) mit süßen genießbaren, etwas größern Früchten. Sie läßt sich nur durch Veredelung fortpflanzen und ist in neuerer Zeit vielfach verbreitet in Österreich, Ungarn, Deutschland, selbst in Schweden (vgl. Kraetzl, Die süße E., Wien 1890). Ein aus dem Safte der Früchte bereitetes Mus (succus s. extractum sorborum) ist als Volksheilmittel bei Diarrhöe und Blasenleiden bekannt.

Fig. 1 auf Tafel Laubhölzer: Waldbäume VI, zeigt die gemeine E. als Baum, außerdem von dieser Art: 1 eine Blütendolde, 2 eine Blüte in natürlicher Größe, 3 dieselbe vergrößert, 4 dieselbe im Durchschnitt stark vergrößert, 5 eine Beere in natürlicher Größe, 6 Längsschnitt, 7 Querschnitt derselben vergrößert.

Nahe verwandte Arten sind die zahme E. (Sorbus domestica *L.*) und die Bastardeberesche (Sorbus hybrida *L.*). Erstere auch Speier-, Sperber- oder Spierlingsvogelbeere genannt, hat ebenfalls unpaarig gefiederte, aber größere Blätter als die gemeine E., größere Blüten mit vor dem Aufblühen rötlichen Blumenblättern, namentlich aber größere, bis 2 cm lange, birnen- oder apfelförmige, gelbe, an der Lichtseite rote Früchte, die ausgereift teigig und genießbar werden. Sie ist heimisch in Süd- und Westeuropa. Die Bastardeberesche hat längliche, nur am Grunde gefiederte, in der obern Hälfte eingeschnitten gelappte Blätter, Früchte kugelig oder länglich, erbsengroß, glänzend rot. Dieser bis 15 m hoch werdende Baum ist am verbreitetsten in Nordeuropa. Nicht gefiederte Blätter haben folgende Arten: Die Elsbeere, Elsebeere, Elzebeere (Sorbus torminalis *Crantz*), deren große Blätter langgestielt und mit gesägten Lappen versehen, deren Früchte ellipsoidisch, 15 mm lang, bräunlichgrün, dann rotgelb, zuletzt braun mit weißen Punkten, teigig genießbar sind; sie ist ein schöner, bis 20 m hoch werdender Baum Mitteleuropas. Der gemeine Mehlbeerbaum (Sorbus aria *Crantz*) hat eiförmige oder verkehrt eiförmige Blätter, doppelt gesägt oder mit spitzigen gesägten Lappen, unterseits weißfilzig, oben jung mit abwischbarem Flaum; die Früchte sind kugelig, filzig, reif scharlachrot; sehr mehlig. Der Baum wird bis 15 m hoch und ist einzeln durch ganz Europa verbreitet, liebt, wie die Elsbeere, vorzüglich Kalkboden. Nahe verwandt ist ihm der schwedische Mehlbeerbaum (Sorbus scandica *Fries*) mit kugeligen, gelbroten, eßbaren Früchten; die Blätter färben sich im Herbst scharlachrot; der Baum wird bis 15 m hoch und nicht selten als Ziergehölz angebaut und ist heimisch in Schweden und Finland, in den Vogesen, der Schwäbischen Alb, den Pyrenäen u. s. w., vereinzelt im Riesengebirge. Die Zwergmispel (Sorbus chamaemespilus *Crantz*) ist ein Zierstrauch mit kurzgestielten, eiförmigen, doppelt gesägten, fast lederartigen Blättern, die oben glänzend dunkelgrün, unterseits matt blaßgrün sind; die länglich runden, roten Früchte sind ungenießbar. Die Zwergmispel ist namentlich im südl. Europa heimisch und ein in den Karpaten und in den Alpen für die alpine Formation charakteristischer Strauch. Von amerik. Arten werden in Gärten als Ziersträucher besonders angebaut Sorbus arbutifolia *L.* und Sorbus melanocarpa *Willd.*

Eberhard, Herzog von Franken, Sohn des 906 bei Fritzlar gefallenen fränk. Grafen Konrad, jüngerer Bruder des deutschen Königs Konrad I., stand diesem stets treu zur Seite. Bei dem Versuche, die Herzogsgewalt Heinrichs von Sachsen zu brechen, erlitt er 915 bei Stadtberge an der Diemel eine schwere Niederlage. Dennoch wirkte er, dem Wunsche seines sterbenden Bruders folgend, entscheidend mit, daß Heinrich 919 zum König gewählt wurde, und nahm während der ganzen Regierungszeit desselben eine hervorragende Stellung ein. Gegen Heinrichs Sohn und Nachfolger Otto I. aber erhob sich E. wiederholt in offener Empörung, so 938 im Verein mit Ottos älterm Halbbruder Thankmar und besonders 939 mit Ottos jüngerm Bruder Heinrich, mit Herzog Giselbert von Lothringen und dem westfränk. König Ludwig. Nach einigen glücklichen Streifzügen am Mittelrhein erlag E. in diesem Aufstande und wurde 939 bei dem Überfall bei Andernach getötet.

Eberhard I., der Erlauchte, Graf von Württemberg, 1279—1325, jüngerer Sohn des 1265 verstorbenen Grafen Ulrich des Stifters, geb. 13. März 1265, wurde nach seinem Bruder Ulrich (gest. 18. Sept. 1279) alleinregierender Graf von Württemberg. Tapfer und voll Selbstbewußtsein, immer auf die Vergrößerung seiner Herrschaft bedacht, lag er häufig in Streit und Fehde mit seinen Nachbarn und geriet in heftige Kämpfe mit dem Reichsoberhaupt. Da König Rudolf die Herausgabe aller während des Interregnums in Besitz genommenen Reichsgüter verlangte und E. seine Beute nicht herausgeben wollte, wurde dieser, der mit einigen schwäb. Herren ein Bündnis geschlossen hatte, von Rudolf bekriegt und besiegt und mußte 1286 seine Eroberungen wieder hergeben. Als E. aufs neue sich empörte, wurde er von Rudolf wieder geschlagen und mußte 1287 den Frieden von Eßlingen unterzeichnen. In dem Streit zwischen den Gegenkönigen Adolf von Nassau und Albrecht von Österreich trat er auf des letztern Seite und focht mit ihm bei Göllheim gegen König Adolf. Aber auch gegen König Albrecht I., der ihm die Landvogtei in Niederschwaben übertrug, zog E. zweimal ins Feld. Von dem neugewählten König Heinrich VII. wegen Bedrückung der niederschwäb. Reichsstädte 1309 zur Verantwortung auf den Reichstag zu Speier geladen und dort hart angelassen, kehrte E. trotzig und ohne Abschied nach Hause zurück und wurde darauf mit der Reichsacht belegt, mit deren Ausführung der neue Landvogt von Niederschwaben, Konrad von Weinsberg, vom Kaiser beauftragt wurde. Dieser eroberte mit Hilfe vieler schwäb. Reichsstädte und Herren die ganze Grafschaft, mit Ausnahme von vier Burgen, erstürmte und zerstörte die Stammburg Württemberg und nötigte E. zur Flucht. Nach dem Tode des Kaisers (1313) eroberte E. rasch wieder sein ganzes Land, außer Stuttgart, Waiblingen und Markgröningen, welche Städte er erst 1315 und 1316 von Friedrich dem Schönen zurückerhielt. In dem Thronstreit zwischen Friedrich dem Schönen von Österreich und Ludwig von Bayern stand E. zuerst auf der Seite des erstern, ging aber nach dessen Niederlage bei Mühldorf (1322) zu Ludwig über, der ihm die Landvogtei in Niederschwaben und Oberfranken übertrug. Die Zerstörung der Burg Württemberg und des Stifts Beutelsbach war für E. der Anlaß, daß er seine Residenz 1320 nach Stuttgart verlegte. E. starb 5. Juni 1325. Er hinterließ Württemberg fast um die Hälfte vergrößert. Vgl. Uebelen, E. der Erlauchte (Stuttg. 1839); E. Schneider, Der Kampf Graf E.s mit Rudolf von Habsburg (ebd. 1886).

Eberhard II., der Rauschebart oder der Greiner, d. h. der Zänker, Graf von Württemberg, 1344—92, Enkel des vorigen, Sohn des 1344 verstorbenen Grafen Ulrich III. Ritterlich und tapfer, umsichtig und klug berechnend richtete auch er wie sein Großvater, zunächst in Gemeinschaft mit seinem Bruder Ulrich IV., sein Streben auf Vermehrung seines Hausbesitzes, unterstützte König Karl IV. im Kampfe gegen Günther von Schwarzburg und leistete ihm 1349 bei Eltville treffliche Dienste. Aber sein Mißbrauch des Landvogteiamtes in Niederschwaben auf Kosten der Städte veranlaßte 1360 einen Reichskrieg gegen die Württemberger Grafen, aus dem die Brüder ohne sonderlichen Schaden hervorgingen. Mit teilweiser Vergewaltigung seines Bruders setzte E. 3. Dez. 1361 auf dem Reichstag zu Nürnberg das Hausgesetz über die Unteilbarkeit und Unveräußerlichkeit des württemb. Landes durch. Nach Ulrichs IV. Tode (24. Juli 1366) führte E. die Regierung allein fort in fast ununterbrochenen Fehden, so besonders 1367 mit dem Grafen von Eberstein, so 1372 mit den schwäb. Städten, die er 7. April in der Schlacht bei Altheim besiegte. In weiterm Kampfe mit den Städten ward E.s Sohn Ulrich 1377 bei Reutlingen überfallen und besiegt. Der Kaiser vermittelte eine zehnjährige Waffenruhe, dann aber entbrannte der Kampf aufs neue. Durch die Schlacht bei Döffingen, 23. Aug. 1388, in der E.s Sohn, Ulrich, fiel, brach E. für immer die Macht des Städtebundes in Schwaben. Er starb 15. März 1392.

Eberhard III., der Milde (Freigebige), Graf von Württemberg, 1392—1417, Enkel des vorigen, Sohn des bei Döffingen gefallenen Grafen Ulrich, war von echter Ritterlichkeit, aber durchaus friedliebend. 1392 beteiligte er sich, einer königl. Mahnung folgend, an der vergeblichen Belagerung Straßburgs. 1393 nahm er an den Kämpfen des Deutschordens gegen die damals noch heidn. Litauer teil. Dem Ritterbunde der Schlegler, der der fürstl. Landesherrschaft entgegenarbeitete, brachte er 24. Sept. 1395 bei Heimsheim einen vernichtenden Schlag bei, sodaß sich der Bund im nächsten Jahre auflöste. Wegen seines friedfertigen Sinnes wurde E. wiederholt in wichtigen Angelegenheiten als Schiedsrichter zugezogen. An Einigungen zur Aufrechterhaltung des Friedens beteiligte er sich gern. So schloß er mit dem Kurfürsten Johann von Mainz, dem Markgrafen Bernhard von Baden, mit Straßburg und 17 schwäb. Städten 14. Sept 1405 den Marbacher Bund auf 6 Jahre zu gegenseitigem Schutz und Trutz gegen jeden Gegner, selbst gegen den Kaiser. Er starb 16. Mai 1417.

Eberhard IV., Graf von Württemberg, Sohn des vorigen, brachte durch seine von seinem Vater eingeleitete Vermählung mit der Gräfin Henriette, der Erbin der Grafschaft Mömpelgard, dieses bedeutende Besitztum an Württemberg. Er starb schon nach zweijähriger Regierung 2. Juli 1419.

Eberhard V. im Bart, seit 1450 Graf, von 1495 bis 1496 als Eberhard I. Herzog von Württemberg, wurde 11. Dez. 1445 geboren, 4 Jahre nach der Teilung der württemb. Besitzungen zwischen seinem Vater, Ludwig dem Ältern, der die Uracher, und dessen Bruder, Graf Ulrich, der die Neufener oder Stuttgarter Linie stiftete. Beim frühzeitigen Tode seines Vaters (1450) und seines ältern Bruders (1457) noch minderjährig, stand er zuerst unter der Vormundschaft seines Oheims Ulrich V. Kaum 14 J. alt, übernahm E. die Regierung des Uracher Teils, kümmerte sich aber, rohen und wilden Charakters, nicht um die Verwaltung, sondern ließ andere in seinem Namen regieren. Doch raffte er sich von seinem ausschweifenden Leben wieder auf; eine Pilgerfahrt, die er 1468 nach Palästina machte, befestigte ihn in seiner Sinnesänderung, und seine Vermählung mit der trefflichen Prinzessin Barbara von Mantua wirkte gleichfalls günstig. In stiller, aber eifriger Thätigkeit wirkte er nun für das Wohl seines Landes, vereinigte beide Teile desselben wieder zu einem Ganzen durch den mit seinem Vetter, dem jüngern Eberhard (s. Eberhard VI.), 14. Dez. 1482 zu Münsingen geschlossenen Vertrag und machte die Unteilbarkeit des Landes auf ewige Zeiten zum Landes- und Familiengrundgesetz mit Einführung der Senioratserbfolge. Um diesem Grundgesetz, dessen Garantie Kaiser und Reich übernahmen, noch mehr Kraft und Festigkeit zu geben, übertrug er den drei Ständen, Prälaten, Ritterschaft und Landschaft, die Überwachung dieses Vertrags und der später noch abgeschlossenen Verträge. In diesen, besonders in dem 1492 abgeschlossenen Eßlinger Vertrage, waren namentlich auch Bestimmungen zur Beschränkung der Fürstengewalt jenes jüngern Eberhard, seines mutmaßlichen Nachfolgers, enthalten. So wurde er der Schöpfer der ständischen Verfassung Württembergs. Auch durch die Stiftung der Universität Tübingen 1477 und durch die Herstellung strenger Zucht und Ordnung in den Klöstern seines Landes machte er sich vielfach verdient. Er ließ sich von Gelehrten (Reuchlin und Nauclerus), deren Umgang er liebte, manches Werk der Alten ins Deutsche übersetzen und schrieb, obgleich ungeübt im Schreiben, Merkwürdiges, was er gehört und gelesen, selbst nieder. E. liebte den Frieden und trug namentlich als oberster Hauptmann des 1488 gegründeten Schwäbischen Bundes (s. d.) viel zur Erhaltung von Ruhe und Ordnung bei; aber wenn seine Ehre und das Wohl des Staates es verlangten, griff er selbst gegen Mächtigere furchtlos zu den Waffen, wie 1462 gegen den Herzog von Bayern-Landshut, von dem er jedoch zweimal, bei Heidenheim und bei Giengen, geschlagen wurde. 1482 unternahm er eine Reise nach Rom und erhielt vom Papste Sixtus IV. die geweihte goldene Rose. Auch gegen Kaiser und Reich erfüllte er seine Pflichten; Kaiser Maximilian I. erhob ihn deshalb aus eigenem Antrieb zu Worms 1495 zum Herzog und die unter ihm bereits wieder vereinigten Besitzungen der Familie diesseits des Rheins zum ewig unteilbaren Herzogtum Württemberg. Nur kurze Zeit genoß E. die neue Würde; er starb 24. Febr. 1496 kinderlos. Im Hofe des Schlosses zu Stuttgart wurde ihm ein ehernes Reiterstandbild (nach Hofers Modell) errichtet. Ihm folgte als zweiter Herzog von Württemberg sein Vetter Eberhard VI. (s. d.). Vgl. Rößlin, Leben E.s im Barte (Tüb. 1793); Pfister, E. im Bart (ebd. 1822); Bossert, E. im Bart (Stuttg. 1884).

Eberhard VI., der Jüngere, als Herzog von Württemberg Eberhard II., 1496—98, Sohn des Grafen Ulrich V., geb. 1447, am burgund. Hofe erzogen und an ein leichtsinniges Leben gewöhnt, übernahm 1480 nach seines Vaters Tode die Regierung des Stuttgarter Teils der württemb. Grafschaft, die er, der Geschäfte bald überdrüssig, 1482 im Münsinger Vertrage seinem Vetter, Eberhard V. (s. d.), überließ. Da er diesen Schritt bereute, so kam es zu Streitigkeiten; diese wurden 1485 durch den Stuttgarter Vertrag beigelegt, worin ihm eine Apanage von 8000 Fl. zugewiesen wurde. Trotzdem erlaubte er sich Erpressungen in Klöstern und Ämtern, daher sein Vetter mit den Waffen gegen ihn einschreiten mußte. Durch kaiserl. Schiedsgericht kam es 1489 zum Frankfurter Entscheid, worin bestimmt wurde, daß E., falls sein Vetter vor ihm sterbe, die Stuttgarter Grafschaft wiedererhalten sollte. Da hierdurch die Unteilbarkeit des Landes wieder gefährdet war, so wurde 1492 im Eßlinger Vertrage bestimmt, daß die Herrschaft Württemberg ungetrennt beieinander bleiben und daß nach dem Tode Eberhards im Bart der jüngere E. in der Regierung des ganzen Landes ihm folgen, aber lebenslänglich unter die Vormundschaft von 12 Räten und eines Haushofmeisters gestellt werden solle. Sobald er aber nach dem Tode Eberhards im Bart 1496 Herzog von Württemberg war, suchte er sich der Vormundschaft zu entziehen und begann eine empörende Willkürherrschaft auszuüben, besonders unter dem Einfluß Konrad Holzingers, seines vormaligen Kanzlers, eines entlaufenen Augustinermönchs. Dagegen erhob sich der Vormundschaftsrat, übernahm dem Eßlinger Vertrage gemäß die Regierung des Landes, und sämtliche Beamte und Diener kündigten dem Herzog den Dienst auf. Kaiser Maximilian I. beschloß nebst mehrern Fürsten, daß E. des Herzogtums verlustig sei, daß Graf Ulrich, Enkel Ulrichs V., in dasselbe eingesetzt werden und bis zu dessen Volljährigkeit der Vormundschaftsrat regieren sollte. Im Vertrage von Horb 1498 stellte E. eine förmliche Verzichtsurkunde aus und erhielt eine Pension von 6000 Fl. Er mußte das Land verlassen und starb 1504 in dem Schlosse Lindenfels im Odenwald.

Eberhard III., Herzog von **Württemberg**, 1628—74, geb. 1614 als Sohn des Herzogs Johann Friedrich, regierte 1628—33 unter Vormundschaft. Er trat 1633 im Heilbronner Bunde den Schweden bei, floh aber nach dem Sieg der Kaiserlichen bei Nördlingen (1634) nach Straßburg, während sein Land nun aufs grausamste verheert und wie eine eroberte Provinz behandelt wurde. Erst 1638 erhielt er sein verwüstetes Herzogtum, jedoch mit geschmälerten Machtbefugnissen, zurück, behauptete sich aber mit Hilfe der Schweden beim Friedensschluß von 1648 in allen alten Rechten. Er starb 3. Juli 1674; ihm folgte sein Sohn Wilhelm Ludwig.

Eberhard, Christian Aug. Gottlob, Schriftsteller, geb. 12. Jan. 1769 zu Belzig, studierte anfangs Theologie, widmete sich aber bald fast ausschließlich der bildenden Kunst und poet. Versuchen. Seine schriftstellerische Laufbahn begann er 1792 mit einer Reihe von Erzählungen für Beckers «Taschenbuch» und mit den Romanen «Ysop Lafleurs sämtliche Werke» (Halle 1798) und «Ferdinand Warner, der arme Flötenspieler» (2 Bde., edd. 1802; neue Aufl. 1808), denen viele andere folgten, meist flüchtig gearbeitet. Nachdem E. 1807 die Rengersche Buchhandlung in Halle übernommen hatte, gab er u. a. mit Lafontaine die Monatsschrift «Salina» (8 Bde., 1812—16) heraus und übernahm nach J. S. Vaters Tode die Redaktion von dessen «Jahrbuch der häuslichen Andacht». 1835 verkaufte E. seine Buchhandlung und lebte auf einem Landhaus bei Giebichenstein. Er starb 13. Mai 1845 in Dresden. E.s litterar. Ruf gründet sich auf das anmutig anspruchslose Familienidyll «Hannchen und die Küchlein» (Halle 1822; 25. Aufl., Lpz. 1884), das einen nicht unverdienten und doch überraschenden Erfolg errang und in viele Sprachen übersetzt wurde. Eine größere Dichtung in Hexametern, «Der erste Mensch und die Erde» (Halle 1828; 2. Aufl. 1834), zeigt ernste Würde und wohlthuende Schlichtheit. Ausgaben seiner «Vermischten Gedichte» (2 Bde., edd. 1833) und seiner «Gesammelten Schriften» (20 Bde., edd. 1830) hat E. selbst veranstaltet.

Eberhard, Joh. Aug., philos. Schriftsteller, geb. 31. Aug. 1739 zu Halberstadt, studierte in Halle 1756—59 Theologie und wurde dann Konrektor am Gymnasium und zweiter Prediger an der Hospitalkirche in seiner Vaterstadt. Nachdem er hierauf eine Zeit lang in Berlin den Wissenschaften gelebt, wurde er 1774 Prediger in Charlottenburg, 1778 Professor der Philosophie in Halle und starb 6. Jan. 1809. Seine «Neue Apologie des Sokrates» (2 Bde., Berl. 1772—78; 2. Aufl. 1788), die nach Wolffschen Grundsätzen die Rechte der gesunden Vernunft gegen die strenggläubigen Theologen in Schutz nahm, fand in und außer Deutschland großen Beifall, ebenso die «Allgemeine Theorie des Denkens und Empfindens» (Berl. 1776; 2. Aufl. 1786). Als Herausgeber der Zeitschriften: «Philos. Magazin» (16 Stücke, Halle 1788—92) und «Philos. Archiv» (2 Bde., edd. 1792—95) kritisierte er scharf die Kantische Philosophie vom Leibnizschen Standpunkt aus. Noch sind zu erwähnen seine «Sittenlehre der Vernunft» (Berl. 1781; 2. Aufl. 1786), «Vorbereitung zur natürlichen Theologie» (Halle 1781), «Theorie der schönen Künste und Wissenschaften» (edd. 1783; 3. Aufl. 1790), «Allgemeine Geschichte der Philosophie» (edd. 1788; 2. Aufl. 1796), «Amyntor» (Berl. 1782), «Handbuch der Ästhetik» (4 Bde., Halle 1803—5), «Geist des Urchristentums» (3 Bde., edd. 1807—8), «Vermischte Schriften» (2 Bde., edd. 1784—88), «Versuch einer allgemeinen deutschen Synonymik» (6 Bde., edd. 1795—1802; fortgesetzt und erweitert von Maaß, 12 Bde., 1818—21, und von Gruber, 6 Bde., 1826—30; 4. Aufl., 2 Bde., Lpz. 1852—53) und sein «Synonymisches Handwörterbuch der deutschen Sprache» (Halle 1802; 14. Aufl. von Lyon, Lpz. 1888).

Eberle, Adolf, Genremaler, Sohn des folgenden, geb. 11. Jan. 1843 in München, studierte an der dortigen Akademie besonders unter Piloty. Seit 1861 schuf er eine große Zahl ländlicher Genrestücke, von denen hervorzuheben sind: Die Pfändung der letzten Kuh (1869; Hamburg, Kunsthalle), Oberbayrische Bierstube, Der Brauttanz, Der vergebliche Versuch, Die verunglückte Musikprobe, Der erste Rehbock, Im Hundestall (1883), Försters Sonntagsfreude, Das verspätete Mittagsessen des heimgekehrten Försters (Kupferstich von Fr. Vogel; 1888), Kartenkunststücke eines Jägers in der Sennhütte (1888), Ein glücklicher Fang (1891), «Wer darf wohl mit» (1892). Der Künstler lebt in München.

Eberle, Robert, Landschafts- und Tiermaler, geb. 22. Juli 1815 zu Meersburg am Bodensee, studierte bei dem Tiermaler Biedermann in Konstanz und nach den Meistern des 17. Jahrh. in München, wo er sich seit 1830 aufhielt. Seine Bilder verstehen die Erscheinung und das Seelenleben des Tiers, vorzugsweise des Schafes, treffend festzuhalten. Durch lebhafte Stimmungen, durch Gewitter, Sturm u. dgl., in deren Aufruhr er die Bewegung der Tiere lebendig schildert, liebt er die Darstellung zu bereichern. Hierher gehören die Bilder: Schafherde während eines Gewitters (Galerie zu Kopenhagen), Schafe und Rinder im Stall (Museum zu Leipzig), Heimziehende Herde bei nahendem Gewitter und Abzug von der Alm (Galerie zu Karlsruhe), Ein Hirt mit seinen Schafen (1853; Neue Pinakothek zu München), Ruhende Schafherde am Waldesraud (Hannover, Museum), Schafherde vor einem Lämmergeier fliehend. E. hat sich auch als Radierer bethätigt. Er starb 19. Sept. 1860 in Eberfing bei München.

Eberlein, Georg, Architekt und Architekturmaler, geb. 13. April 1819 zu Linden bei Heilbronn, Schüler Heideloffs in Nürnberg, dem er auch 1839 nach Stuttgart folgte. Von seinen zum Teil mit Heideloff ausgeführten Ausschmückungen sind zu nennen die Stuttgarter Stiftskirche, das Schloß Lichtenstein, die Feste Coburg, das Schloß Landsberg bei Meiningen (1842), Dekorationsmalereien für das Hoftheater zu Stuttgart und insbesondere die ihm unter Stülers Leitung übertragene Restauration der Burg Hohenzollern (1854). 1855 ging er nach Nürnberg zurück, wo er an der Kunstgewerbeschule und dem Germanischen Museum thätig war, an ersterer bis 1878. Von hier aus leitete er die Restauration des Doms in Erfurt, der Stiftskirche in Aschaffenburg, den Bau der zweiten prot. Kirche in München, das Schlachtendenkmal zu Nürnberg. Als Maler hat E. histor.-romantische Stoffe behandelt. Er starb 8. Juli 1884 in Nürnberg.

Eberlein, Gustav, Bildhauer, geb. 14. Juli 1847 zu Spiekershausen bei Hannöverisch-Münden, war zuerst Goldschmied und besuchte 1866—69 die Kunstschule zu Nürnberg. Hierauf schloß er sich in Berlin der neuern realistischen Richtung von R. Begas an. Unter seinen Werken sind eine Statue Leonardo da Vincis für das Polytechnikum in Charlottenburg, Plato und Hippokrates für die Kieler Universität und der 45 m lange Fries der Façade des Kultusministeriums in Berlin hervorzuheben; das Kolossalrelief: Der Genius Deutschlands (1883) ist mehr dekorativer Art. Seine bedeutendern Arbeiten fallen in das Gebiet des antikisierenden Genres. Zu nennen sind eine griech. Flötenbläserin, ein Tauben opferndes griech. Mädchen, ein tanzender Bacchant, eine Psyche, Venus züchtigt den Amor, der Dornauszieher (1886; Marmor, Nationalgalerie in Berlin), Verwundete Nymphe (1891), Der Bogenspanner (1892). Er ist beauftragt mit der Ausführung des Reiterdenkmals Kaiser Wilhelms I. fur Mannheim und Elberfeld, des Kaiser Wilhelm-Denkmals für Ruhrort sowie eines Standbildes Kaiser Friedrichs für Ruhrort. 1892 erschien von ihm «Aus eines Bildners Seelenleben, Plastik, Malerei und Poesie» (Berlin).

Eberlin, Joh., Prediger und Schriftsteller, geb. etwa 1465 zu Günzburg (Bayern), war Franziskanermönch, ward 1520 in Ulm durch luth. Schriften für die Reformation gewonnen, befestigte sich darin zu Wittenberg, wirkte seit 1523 in Basel, Rheinfelden, Rottenburg, Ulm als prot. Wanderlehrer, griff vermittelnd in die Bauernunruhen ein und starb nach April 1530 als gräfl. Wertheimscher geistlicher Rat. Wie durch Predigten wirkte E. durch derb, aber packend geschriebene Flugschriften; sein Erstlingswerk, «Die 15 Bundesgenossen» (Bas. 1521), lauter Prosatraktate über brennende reformatorische Zeitfragen, haben wegen ihres durchschlagenden Erfolgs Murners Polemik wach gerufen. Vgl. Riggenbach, J. E. von Günzburg (Tüb. 1874); Radlkofer, E. von Günzburg (Nördl. [München] 1887); Werner, Joh. E. von Günzburg, der evang.-sociale Volksfreund (Heidelb. 1889).

Ebermannstadt. 1) **Bezirksamt** im bayr. Reg.-Bez. Oberfranken, hat (1890) 23235 (11157 männl. 12078 weibl.) E. in 68 Gemeinden mit 160 Ortschaften, darunter 3 Städte. — 2) **Hauptstadt** des Bezirksamtes E., in 298 m Höhe, an der Wiesent und am Ausgang des Trubbachthals, an der Linie Forchheim-E. (14,8 km) der Bayr. Staatsbahnen, ist Sitz eines Bezirksamtes und Amtsgerichts (Landgericht Bamberg), hat (1890) 700 kath. E., Postexpedition, Telegraph, zwei kath. Kirchen, Vorschußverein, Bierbrauerei und Hanfbau. — Bei E. beginnt die sog. Fränkische Schweiz. (S. Fränkischer Jura.) Kaiser Ludwig der Bayer verlieh 1323 dem Orte Stadtgerechtigkeit und gleiche Rechte wie Nürnberg. 1525 hatten die aufrührerischen Bauern ihr Lager hier, 1633 schlug Johann von Werth bei E. die Schweden.

Ebermayer, Ernst Wilh. Ferd., Agrikulturchemiker und Meteorolog, geb. 2. Nov. 1829 zu Rehlingen bei Pappenheim in Bayern, wurde 1853 Lehrer an der Landwirtschafts- und Gewerbeschule zu Nördlingen, 1858 Lehrer und Rektor an der Gewerbeschule zu Landau in der Rheinpfalz, im selben Jahre Professor für Chemie, Mineralogie und Landwirtschaft an der Central-Forstlehranstalt zu Aschaffenburg. 1878 wurde der forstliche Unterricht in Bayern an die Universität München verlegt und E. als ord. Professor für Agrikulturchemie, Bodenkunde, Klimatologie und Meteorologie dahin berufen. Er veranlaßte die staatliche Einrichtung des forstlichen Versuchswesens besonders in Bayern vom J. 1866 an, die Gründung forstlich-meteorolog. Stationen zur Erforschung des Waldklimas u. a. E. schrieb: «Die physik. Einwirkungen des Waldes auf Luft und Boden» (Aschaffenb. 1873), «Die gesamte Lehre der Waldstreu» (Berl. 1876), «Physiol. Chemie der Pflanzen» (ebd. 1882), «Die Beschaffenheit der Waldluft und die Bedeutung der atmosphärischen Kohlensäure für die Waldvegetation» (Stuttg. 1885), «Die hygienische Bedeutung der Waldluft und des Waldbodens» in Dammers «Handwörterbuch der Gesundheitspflege» (ebd. 1890 fg.), «Ergebnisse der Beobachtungen über Blitzschläge und Hagelfälle in den Staatswaldungen Bayerns» (Augsb. 1891), sowie zahlreiche Abhandlungen in den «Forschungen auf dem Gebiete der Agrikulturphysik» (Heidelb. 1878 fg.) und andern wissenschaftlichen Zeitschriften.

Ebern. 1) **Bezirksamt** im bayr. Reg.-Bez. Unterfranken, hat (1890) 18922 (9107 männl., 9815 weibl.) E. in 69 Gemeinden mit 148 Ortschaften, darunter 1 Stadt. — 2) **Hauptstadt** des Bezirksamtes E., 75 km im NO. von Würzburg, an der zum Main gehenden Baunach, ist Sitz eines Bezirksamtes, Amtsgerichts (Landgericht Bamberg) und Rentamtes, hat (1890) 1124 E., darunter 98 Evangelische, Postexpedition, Telegraph, schöne got. Kirche, neu restauriert, mit interessanten Grabdenkmälern, Friedhofskapelle (das schöne Altarbild von Wohlgemuth ist an das Germanische Museum in Nürnberg verkauft), Pfründnerspital mit Kapelle, von Fürstbischof Julius Echter von Mespelbrunn gestiftet, altertümliches Rathaus; Dochtfabrik, Fabrik landwirtschaftlicher Maschinen und reiche Thonlager. In der Umgebung die Burgruinen Altenstein (eine der größten Deutschlands), Lichtenstein, Raueneck, Bramberg, Rotenhan. In E. wohnte Rückerts Vater und einige Zeit Rückert selbst.

Ebernand von Erfurt, thüring. Dichter, verfaßte nach 1216 in heimischer Mundart eine gereimte Bearbeitung der Legende von Kaiser Heinrich II. und seiner Gemahlin Kunigunde auf Grund mündlicher Berichte und lat. Prosaquellen (Adalberts «Vita Heinrici imperatoris» und «Vita Sanctae Cunegundis», hg. in den «Monumenta Germaniae historica: Scriptores IV»). Ausgabe von R. Bechstein (Quedlinb. 1860).

Ebernburg, Dorf im Bezirksamt Kirchheimbolanden des bayr. Reg.-Bez. Pfalz, an der Mündung der Alsenz in die Nahe und an der Linie Hochspeyer-Münster am Stein (Alsenzbahn) der Pfälz. Eisenbahnen, hat (1890) 709 kath. E. und Postexpedition. Nahebei auf einem Berge die Ruinen der E., im 11. Jahrh. den Saliern gehörig und seit 1448 im Besitz der Herren von Sickingen; Franz von Sickingen, 1481 hier geboren, war 1504

Besitzer. Auf ihr fanden viele Anhänger der Reformation eine Zuflucht, so Hutten, Ökolampadius, Joh. Schwebel, Martin Bucer, auch Ph. Melanchthon. 1689 wurde die Burg von den Franzosen befestigt, 1698 infolge des Ryswijker Friedens geschleift; 1750 erwarb Kurpfalz die Ruine und stellte sie wieder her. 1794 wurde sie von den Franzosen zerstört, kam später an eine Gräfin Louer und von dieser an Karl Günther, Gutsbesitzer von Feilbingert, der die Burg 1841 wieder im alten Stil prachtvoll aufbauen ließ; jetzt dient dieselbe als Vergnügungsaufenthalt. Auf halber Höhe des Berges das 1889 enthüllte Hutten-Sickingen-Denkmal, modelliert von Karl Cauer, ausgeführt von seinen Söhnen, die Bronzefiguren (3 m) der beiden «Vorkämpfer deutscher Einheit und Größe» auf einem Granitsockel (4 m). — Vgl. Schneegans, Die E. (Kreuznach 1878).

Eberraute, s. Artemisia.

Ebers, Emil, Maler, geb. 14. Dez. 1807 in Breslau, besuchte seit 1831 die Düsseldorfer Akademie. Lessing und seine Freunde Ritter und K. Jordan bestimmten seine romantische Richtung, welche dann Studienreisen nach Holland und der Normandie auf Scenen aus dem Schmuggler- und Seemannsleben lenkten, nachdem er sich schon 1830 in seinen Landenden Schleichhändlern (Berliner Nationalgalerie) versucht hatte. Vorwürfe aus dem Leben der Schiffer und Matrosen verstand er sehr lebendig wiederzugeben. Die Geretteten unter den Fischern (1841), Das Rettungsfloß (1844), Das Lotsenboot (1845) und die Meuterei auf einer Brigg (1847; Museum zu Breslau) ließen noch manche treffliche Leistung erwarten, aber bald nach seiner Rückkehr nach Schlesien (1844) versiegte allmählich seine Schaffenslust. Er starb 1884 zu Beuthen a. O. E. hat sich mit dem Bild: Der heil. Goar, die Rheinländer bekehrend, auch als Geschichtsmaler versucht.

Ebers, Georg Mor., Ägyptolog und Romanschriftsteller, geb. 1. März 1837 zu Berlin, studierte in Göttingen seit 1856 die Rechte, seit 1858 klassische und orient. Philologie. Seit 1859 trieb er in Berlin fast ausschließlich ägypt. Sprach- und Altertumskunde, besonders von R. Lepsius nachdrücklich angeregt (vgl. seine Schrift «Richard Lepsius. Ein Lebensbild», Lpz. 1885). Von einer langwierigen Krankheit genesen, besuchte E. mehrere der größern europ. Museen und habilitierte sich 1865 zu Jena, wo er seit 1868 als außerord. Professor Vorlesungen über altägypt. Grammatik, Geschichte und Denkmälerkunde hielt. 1869 unternahm er eine vierzehnmonatige Reise über Spanien und Nordafrika nach Ägypten, Nubien und dem Peträischen Arabien. 1870 wurde er ord. Professor der ägypt. Sprache und Altertumskunde an der Universität Leipzig. Den Winter 1872—73 verlebte E. wieder in Ägypten und fand in den Trümmerstätte von Theben außer wichtigen neuen Inschriften einen dem 16. Jahrh. v. Chr. Geburt entstammenden mediz. Papyrus, der seitdem seinen Namen trägt und sich auf der Universitätsbibliothek zu Leipzig befindet. Krankheitshalber trat er 1889 von der Lehrthätigkeit zurück und lebt seitdem im Sommer in Tutzing, im Winter in München. Von gelehrten Arbeiten veröffentlichte E.: «Disquisitiones de dynastia vicesima sexta regum aegyptiorum» (Berl. 1865), «Ägypten und die Bücher Moses. Sachlicher Kommentar zu Genesis und Exodus» (Bd. 1, Lpz. 1868), «Durch Gosen zum Sinai. Aus dem Wanderbuche und der Bibliothek» (edd. 1872; 2. Aufl. 1881), «Über das hieroglyphische Schriftsystem» in der «Sammlung gemeinverständlicher wissenschaftlicher Vorträge» (hg. von Virchow und von Holtzendorff, 2. Aufl., Berl. 1875), «Papyrus Ebers. Die Maße und das Kapitel über die Augenkrankheiten» (2 Tle., Lpz. 1889), «Eine Galerie antiker Porträts» (Münch. 1889), «Die hieroglyphischen Schriftzeichen der Ägypter» (Lpz. 1890), «Die kopt. Kunst u. s. w.» (edd. 1892). Zu dem Prachtwerke «Ägypten in Bild und Wort» (2 Bde., edd. 1878—79) lieferte E. den Text und gab mit H. Guthe das illustrierte Werk «Palästina in Bild und Wort» (2 Bde., edd. 1881—83; neue Ausg. 1886—87) heraus, allein einen «Cicerone durch das alte und neue Ägypten» (2 Bde., edd. 1886). E.' Hauptwerk ist «Papyros Ebers. Das hermetische Buch über die Arzneimittel der alten Ägypter in hieratischer Schrift» (2 Bde., edd. 1875; ins Deutsche übersetzt von Joachim, Berl. 1890). Frühzeitig begann E. sein ägyptologisches Wissen in Erzählungen zu verwerten und wurde dadurch mit der erste, höchst erfolgreiche Vertreter des neuern archäol. Romans. Hervorragend ist seine überaus lebendige und wirksame Schilderungsweise sowie seine genaue Vertrautheit mit den dargestellten Zuständen. Auf ägypt. Boden spielen die in vielfachen Auflagen erschienenen Romane «Eine ägypt. Königstochter» (3 Bde., Stuttg. 1864), sein bestes Werk, ferner «Uarda» (3 Bde., edd. 1877), «Homo sum» (edd. 1878), «Die Schwestern» (edd. 1880), «Der Kaiser» (2 Bde., edd. 1881), «Serapis» (edd. 1885), «Die Nilbraut» (3 Bde., edd. 1887), «Josua» (edd. 1889), «Per aspera» (edd. 1892) und die Dichtung «Elifen. Ein Wüstentraum» (edd. 1888). In andere Umgebung führen das Idyll «Eine Frage» (Stuttg. 1881) und die Romane: «Die Frau Bürgemeisterin» (edd. 1882), «Ein Wort» (edd. 1883), «Die Gred» (2 Bde., edd. 1888), endlich «Drei Märchen» (edd. 1891). Vgl. G. Ebers, Die Geschichte meines Lebens (Stuttg. 1892); R. Gosche, G. E. (2. Aufl., Lpz. 1887).

Ebersbach. 1) E. in Sachsen, Dorf in der Amtshauptmannschaft Löbau der sächs. Kreishauptmannschaft Bautzen, 15 km südlich von Löbau, in 362 m Höhe, am Ursprung der Spree und an den Linien Bischofswerda-Zittau und Löbau-E. (14,8 km) der Sächs. Staatsbahnen und Georgswalde-E.-Prag (198 km, Station E.-Georgswalde) der Böhm. Nordbahn, hat (1890) 7833 (3683 männl., 4150 weibl.) E., darunter 286 Katholiken, Post zweiter Klasse mit Zweigstelle, Telegraph, Fernsprecheinrichtung, Amtsgericht (Landgericht Bautzen), Sparkasse, Gemeindebibliothek (10000 Bände), naturwissenschaftliches Museum; bedeutende Baumwollwarenfabrikation (etwa 1200 mechan. Stühle in mehreren Betrieben, 450 Handwebstühle im Orte und 800 außerhalb), Appreturanstalten, Fabrikation von Kinderwagen, Spritzen, Geldschränken und Knöpfen, sowie Handel und Spedition. — 2) E. an der Fils, Dorf im Oberamt Göppingen des württemb. Donaukreises, an der Fils und an der Linie Stuttgart-Ulm der Württemb. Staatsbahnen, hat (1890) 2043 E., Post, Telegraph; Baumwollweberei und -Spinnerei, Maschinen- und Tuchfabrik sowie zwei Cementfabriken.

Ebersberg. 1) **Bezirksamt** im bayr. Reg.-Bez. Oberbayern, hat (1890) 25474 (13762 männl., 11712 weibl.) E. in 31 Gemeinden mit 435 Ortschaften. — 2) **Flecken** und **Hauptort** des Bezirksamtes E., 6 km von Grafing, in 557 m Höhe, ist Sitz eines Bezirksamtes, Amtsgerichts (Landgericht München II), Rent- und Forstamtes und hat (1890) 2038 E., Postexpedition, Telegraph, kath. Pfarr- und Wallfahrtskirche, ein Schloß, ehemals eine starke Burg (880 erbaut) und ein im Mittelalter berühmtes Benediktinerkloster, 1781 fast ganz abgebrannt; gewerbliche Fortbildungsschule, Kinderbewahranstalt und Filiale der Franziskanerinnen.

Ebersberg, Ottokar Franz, Theaterdichter unter dem Namen O. F. Berg, geb. 10. Okt. 1833 zu Wien, war mehrere Jahre bei der Lotto-Gefällsdirektion angestellt. Seit 1855 schrieb er für die Wiener Vorstadttheater Stücke, die zum Teil sehr beliebt wurden, z. B. «Der Wiener Dienstbot» (gedruckt 1868, in Berlin in Kalischs Bearbeitung u. d. T. «Berlin, wie es weint und lacht» aufgeführt); «Einer von unsere Lent'» (1868), «Der letzte Nationalgardist» (1872), «Die alte Schachtel», «Die Probiermamsell», «Die Pfarrersköchin» (1871), «Eine verrückte Person» (1871), «Isaak Stern» (1872), «Doktor Haslinger» (1876), «Der Hasenschrecker» (1876), «Ein Stündchen auf dem Comptoir» (1876) u. s. w., im ganzen über 150 Possen, Parodien, Lustspiele u. dgl. Die Posse «Wiener und Franzos» wurde 1860 nach der vierten Aufführung verboten; infolgedessen ging E. nach Berlin, lehrte aber schon 1861 nach Wien zurück, wo er sich auch der Publizistik zuwandte und u. a. das Witzblatt «Kikeriki» (seit 1861) und das «Wiener illustrierte Extrablatt» (seit 1872) gründete und herausgab; früher leitete er die humoristische Halbmonatsschrift «Brum-Brum», die Monatsschrift «Tagebuch des Kikeriki» und 1858—59 mit Wimmer das Spottblatt «Tritsch-Tratsch». Er starb 16. Jan. 1886 in Döbling bei Wien.

Ebersdorf. 1) **Herrschaft** im Fürstentum Reuß jüngerer Linie, im Vogtlande. Das Haus der Reußen von Plauen hatte sich im 16. Jahrh. in mehrere Linien gespalten, von denen um 1616 nur noch zwei blühten: die ältere und die jüngere Linie Reuß. Die letztere teilte sich 1647 in drei Hauptlinien: Gera, Schleiz und Lobenstein. Gera starb 1802 aus mit Heinrich XXX. und wurde von Schleiz und Lobenstein beerbt. Lobenstein zerfiel nach dem Tode Heinrich X. 1671 in die drei Speciallinien: Lobenstein, Hirschberg und E. Hirschberg erlosch 1711 und Lobenstein 1824. E. erlangte als einzige überlebende Linie unter Heinrich LXXII. den Gesamtbesitz der Herrschaften Lobenstein und Hirschberg sowie die Hälfte der Herrschaften Gera und Saalburg. Das nunmehrige Fürstentum Reuß-Lobenstein-Ebersdorf bestand bis 1848. In diesem Jahre legte der Fürst die Regierung nieder und das Land fiel an das Haus Schleiz, dessen Fürst Heinrich LXVII. nun den gesamten Besitz der jüngern Linie in seiner Hand als Fürstentum Reuß jüngerer Linie vereinigte. — 2) **Marktflecken** im Landratsamtsbezirk Schleiz des Fürstentums Reuß jüngerer Linie, 21 km im SW. von Schleiz, ehemals Residenz und Sitz der Landesbehörden, jetzt Sitz eines Rentamtes und einer Superintendentur, hat (1890) einschließlich der Brüdergemeine (303 E.) 839 E., Post, Telegraph, ein schönes Schloß, 1690—93 von Heinrich X. erbaut, nebst Park und Hofgärtnerei, eine 1733 vom Grafen Zinzendorf, dem Schwager des Grafen Reuß, gegründete Brüdergemeine nebst berühmten Lehr- und Pensionsanstalten für Knaben und Mädchen sowie ein großes Kammergut mit Brauerei. — 3) Dorf in der Amtshauptmannschaft Flöha der sächs. Kreishauptmannschaft Zwickau, 5 km nördlich von Chemnitz, ehemals Wallfahrtsort, hat (1890) 2192 (1061 männl., 1131 weibl.) evang. E., Postagentur, schöne Kirche, 1888 restauriert, früher einem ehemaligen Kollegiatstifte gehörig.

Ebersdorf (auch **Kaiser-Ebersdorf**), früher Dorf im Gerichtsbezirk Schwechat der österr. Bezirkshauptmannschaft Bruck in Niederösterreich, seit 1890 zum großen Teil mit Wien vereinigt und zu dessen IX. Bezirk gehörig, südöstlich von Wien und an der Einmündung der Schwechat und des Donaukanals in die Donau, Endstation der Donauländebahn (s. d.), sowie der Donauuferbahn (s. d.), hatte (1890) in den jetzt mit Wien vereinigten Gebietsteilen 2785, im ganzen 3386 E., Post, Telegraph; Metallwarenfabrik, Dampfmühle, Feld- und Gartenwirtschaft sowie Handel mit Lebensmitteln in die nahe Hauptstadt.

Die Hochöfen der Alpinen Montangesellschaft (jährliche Produktion 32000 t Roheisen) befinden sich in dem mit Schwechat vereinigten Gebietsteile von E. Bei E. liegt der große Central-Friedhof Wiens, das sog. Neugebäude und der Winterhafen des Donaukanals. Gegenüber von E. liegt die in der Kriegsgeschichte merkwürdige Donauinsel Lobau (s. d. und Aspern und Eßling). — In älterer Zeit war E. der Hauptsitz des kaiserl. Jagdgebietes. Kaiser Maximilian I. tauschte 1499 das Gut von den Herren von E. ein. Ferdinand I. erweiterte das Schloß (1558—61). Als Maria Theresia Schönbrunn zu ihrer Sommerresidenz bestimmt hatte, schenkte sie das Schloß samt dem Gute E. den Armen. Das Schloßgebäude besonders wurde als Waisenhaus, später als Erziehungshaus für Offizierstöchter verwendet, bis Kaiser Joseph II. dasselbe zur Artilleriekaserne bestimmte. Der ehemals freie **Thürnlhof** in E., jetzt Eigentum der Gemeinde Wien, war 1809 vor der Schlacht bei Aspern Napoleons Hauptquartier.

Ebersheim, Dorf im Kreis und Kanton Schlettstadt des Bezirks Unterelsaß, 6,5 km nordöstlich von Schlettstadt, unweit (links) von der Ill und an der Linie Straßburg-Basel der Elsaß-Lothr. Eisenbahnen, hat (1890) 1895 kath. E., Postagentur, Telegraph, kath. Pfarrei; Baumwollweberei, Hanfbau. 4 km östlich **Ebersmünster** mit einst berühmter Benediktinerabtei (7. Jahrh.) und schöner Kirche (1727) im Barockstil.

Ebersmünster, s. Ebersheim.

Eberstadt, in Urkunden auch **Gerberstadt,** Dorf im Kreis Darmstadt der hess. Provinz Starkenburg, 7 km südlich von Darmstadt, an der Linie Frankfurt-Heidelberg und der Nebenlinie E.-Pfungstadt (4 km) der Main-Neckarbahn und durch Dampfstraßenbahn mit Darmstadt verbunden, hat (1890) 3839 E., darunter 1180 Katholiken, Post, Telegraph, Oberförsterei, Vorschuß-, Spar- und Kreditverein, Wasserleitung; je 2 Papierfabriken und Papierwarenfabriken, letztere mit eigenen Druckereien, 6 Liqueur-, je 1 Spitzenpapier- und Korkfabrik sowie 4 Brauereien und in der Umgegend zahlreiche Wasser- und Dampfmühlen.

Eberstein, Dorf in der österr. Bezirkshauptmannschaft St. Veit in Kärnten, in 559 m Höhe, am Görtschitzbache und an der Linie Hüttenberg-Klagenfurt der Österr. Staatsbahnen, in malerischer Umgebung am Fuße der 2081 m hohen Saualpe, die von hier aus bestiegen wird, hat (1890) 554, als Gemeinde 2168 E., Post, Telegraph, Bezirksgericht (292,65 qkm, 7 Gemeinden, 75 Ortschaften, 11643 E.).

Auf hohem Felsen das Schloß E. des Grafen Christalnigg mit der Pfarrkirche und über demselben die Ruine von Alt-Eberstein, dem einstigen Jagdschlosse Kaiser Arnulfs, der diese Gegend wegen ihres Wildreichtums oft aufsuchte. In der Nähe der großartige Hochofen der Alpinen Montangesellschaft (Jahresproduktion 6—7000 t).

Eberstein. 1) Alte ehemalige Grafschaft in Schwaben, an der Murg gelegen, mit dem Hauptorte E. oder Ebersteinburg (s. d.) und den Ruinen des Schlosses E. oder Alt-Eberstein, kam seit dem 14. Jahrh. nach und nach an Baden und umfaßte die jetzige Stadt Gernsbach, den Flecken Muggensturm und 15 Dörfer. Der erste bekannte Graf war Berthold, der um 1140 lebte, der letzte Graf Kasimir von E. der jüngern Linie, mit welchem, da er nur eine Tochter, Albertina Sophie, vermählt mit Herzog Friedrich August von Württemberg, hinterließ, dieses Geschlecht 1660 erlosch. Unter den Mitgliedern der Familie sind hervorzuheben: Otto II., der in der Lombardei das Vertrauen Kaiser Friedrichs II. gewann, 1246—48 als Reichsverweser die verwaisten Herzogtümer Österreich und Steiermark verwaltete und 1283 die Burg Alt-Eberstein an Baden überließ, sodaß nun Neu-Eberstein der Hauptsitz des Geschlechts E. wurde; Wolfram von E. (gest. 1395), der kräftig, aber unglücklich gegen die Fürstengewalt der Grafen von Württemberg kämpfte, und Bernhard II. von E., der Verleiher des Erbfolgegesetzes seiner Familie. Vgl. Krieg von Hochfelden, Geschichte der Grafen von E. in Schwaben (Karlsr. 1836).

2) Ein anderes Geschlecht waren die sächsischen Grafen von E., die auf der im jetzigen Herzogtum Braunschweig gelegenen Burg E. ursprünglich seßhaft waren. Sie hatten in Niedersachsen und Westfalen ansehnliche Besitzungen, z. B. die Ämter Forst, Fürstenberg, Ottenstein, Grohnde, Erzen, Ohsen, Polle, die Stadt Holzminden und Güter in Paderborn und den Grafschaften Lippe. Graf Otto von E. erhielt in Pommern die Herrschaft Neugarten und stiftete die Pommersche Linie, die 1663 mit Ludwig Christoph erlosch. Graf Hermann von E., der letzte Sprößling der sächs. Linie, der in der ersten Hälfte des 15. Jahrh. starb, gab seine Herrschaft E. 1408 seiner Tochter Elisabeth, die mit Herzog Otto dem Lahmen von Braunschweig-Lüneburg vermählt war, zum Brautschatze mit. Zu dieser Linie gehören auch die im Vogtlande und in Dänemark begütert gewesenen Grafen von E. Vgl. Spilcker, Geschichte der Grafen von E. und ihrer Besitzungen (Arolsen 1833).

3) Das 1282 vom Bischof Berthold von Würzburg und dem Abte Berthold II. von Fulda zerstörte Stammhaus des noch jetzt blühenden, urkundlich bis 1116 zurückreichenden, zur spätern fränkischen reichsunmittelbaren Ritterschaft der Kantone Rhön-Werra und Baunach gehörigen Geschlechts E. lag auf einer Phonolithkuppe bei jetzt preuß. Vorderrhön zwischen den Dörfern Brand, Wickers und Rupsroth. Der nächste gemeinschaftliche Stammvater aller noch lebenden E. vom E. auf der Rhön war Ernst Albrecht von E. (geb. 1605, gest. 1676), der während des Dreißigjährigen Krieges im Dienste der verschiedensten Heerführer kämpfte, 1648 vom Kaiser zum Feldmarschallleutenant und 1657 vom Dänenkönig Friedrich III. zum Generalfeldmarschall ernannt wurde und als solcher 14. Nov. 1659 den Sieg bei Nyborg auf Fünen erfocht. Vgl. L. F. Freiherr von Eberstein, Geschichte der Freiherren von E. und ihrer Besitzungen (Sondersh. 1865); ders., Urkundliche Geschichte des reichsritterlichen Geschlechts E. vom E. auf der Rhön (5 Bde., Berl. 1889); Kriegsberichte und Kriegsthaten des Generalfeldmarschalls Ernst Albrecht von E. (ebd. 1891 u. 1892).

Ebersteinburg, Dorf im bad. Kreis und Amtsbezirk Baden, ehemaliger Hauptort der alten Grafschaft Eberstein (s. d., 1), 4 km im NO. von Baden, hat (1890) 489 kath. E. und die Ruine Alt-Eberstein (488 m) mit herrlicher Aussicht. Westlich daneben der Berg Battert (566 m) mit den Trümmern des alten Schlosses Baden, im SO. der Merkur (672 m, nach einer hier gefundenen Merkurstatue benannt, von der ein Abguß die Höhe krönt), mit schönem Aussichtsturm. Etwa 12 km im SO. von letzterm das großherzogl. Schloß Neu-Eberstein, mit prachtvollem Blick in das Murgthal. Der Rittersaal enthält eine schöne Sammlung von Waffen und Geräten, Glas- und Ölgemälde.

Eberswalde, bis 1877 Neustadt-Eberswalde genannt, Stadt im Kreis Oberbarnim des

preuß. Reg.-Bez. Potsdam, 45 km nordöstlich von Berlin und 16 km westlich von Freienwalde, in 30 m Höhe, am nördl. Rande der Platte von Barnim, liegt in schöner Gegend am Finowkanal und den Linien Berlin-Stettin und Berlin-Freienwalde der Preuß. Staatsbahnen, hat (1890) 16114 E., darunter 701 Katholiken und 175 Israeliten, Post erster Klasse mit Zweigstelle, Telegraph, Fernsprecheinrichtung und -Verbindung mit Berlin, Amtsgericht (Landgericht Prenzlau), zwei Oberförstereien, Gasanstalt, städtisches Schlachthaus, zwei evang. Kirchen, eine kath. Kirche und eine Synagoge, städtisches Wilhelmsgymnasium (1878 gegründet, Direktor Dr. Klein, 14 Lehrer, 8 Klassen mit 261 Schülern, 3 Vorklassen mit 53 Schülern), höhere Mädchenschule, 2 Privathaushaltungsschulen, eine Provinzialirrenanstalt, eine 1830 von Pfeil begründete königl. Forstakademie (71 Studierende) mit der Hauptstation des forstlichen Versuchswesens und vielen Sammlungen; ferner drei Eisengießereien, eine Eisenbahnreparaturwerkstätte, eine große Hufnägelfabrik (1000 Arbeiter), zwei Dachpappen-, eine Cementfabrik, drei Bierbrauereien, große Ziegeleien und Sägemühlen sowie bedeutenden Holzhandel. E. hat starke Eisenquellen, vier Bade- und eine Schwimmanstalt, einen Kurpark mit sehenswerten Wasserkünsten und ist beliebte Sommerfrische (1892: 860 Kurgäste). Auf dem Finowkanal (s. d.) gingen (1890) durch E. in der Richtung nach der Havel 13300 beladene, 34 unbeladene Frachtschiffe mit zusammen 1,68 Mill. t Tragfähigkeit und 1,79 Mill. t Gütern und 64400 t Floßholz. Zur Oder gingen nur 167 beladene, 1800 unbeladene Schiffe mit 13200 t Gütern und 800 t Floßholz. Vgl. Bellermann, Beschreibung der Stadt Neustadt-Eberswalde (Berl. 1829); Danckelmann, Die Forstakademie E. (ebd. 1880).

Ebert, Adolf, Romanist, geb. 1. Juni 1820 zu Cassel, widmete sich 1840—44 zu Marburg, Leipzig, Göttingen und Berlin philol. Studien und habilitierte sich in Göttingen für Geschichte und Litteratur der roman. Völker, insbesondere der Spanier und Italiener. Nach dieser Richtung hin veröffentlichte E. »Quellenforschungen aus der Geschichte Spaniens« (Cass. 1849). Dann siedelte er nach Marburg über, wo er außerord. Professor wurde. Dort gab er das «Handbuch der ital. Nationallitteratur» (Marb. 1854; 2. Ausg., Frankf. 1864) heraus. Diesem folgte die «Entwickelungsgeschichte der franz. Tragödie, vornehmlich im 16. Jahrh.» (Gotha 1856). Im Verein mit Ferd. Wolf begründete er 1859 das «Jahrbuch für roman. und engl. Litteratur», an dessen ersten fünf Bänden er thätigen Anteil nahm. 1862 wurde E. als ord. Professor der roman. (bis 1873 auch der engl.) Philologie nach Leipzig berufen. Hier veröffentlichte er sein Hauptwerk «Allgemeine Geschichte der Litteratur des Mittelalters im Abendlande» (3 Bd., Lpz. 1874—87; Bd. 1, 2. Aufl. 1889), französisch von Aymeric und Condamin (3 Bde., Par. 1883—89). Er starb 1. Juli 1890. E. suchte hauptsächlich die roman. Litteraturen in ihren Beziehungen zu der german. und lat. Litteratur des Mittelalters zu erforschen, um so in das ganze geistige Leben des Mittelalters einzudringen.

Ebert, Friedr. Adolf, Bibliothekar und Bibliograph, geb. 9. Juli 1791 in Taucha, studierte seit 1808 in Leipzig und Wittenberg Theologie, wendete sich aber später geschichtlichen Studien zu. 1813 beteiligte er sich an der Reorganisation der Leipziger Universitätsbibliothek und wurde 1814 Sekretär an der königl. öffentlichen Bibliothek zu Dresden. Wie hoch er den bibliothekarischen Beruf und die Aufgaben der öffentlichen Bibliotheken auffaßte, zeigt seine Schrift «Die Bildung des Bibliothekars» (2. Aufl., Lpz. 1820). Weiter sind von seinen Werken zu nennen «Geschichte und Beschreibung der königl. öffentlichen Bibliothek zu Dresden» (edd. 1822), «Allgemeines bibliogr. Lexikon» (2 Bde., edd. 1821—30). Obgleich letztgenanntes Werk der erste Versuch dieser Art in Deutschland war, übertraf es doch weit die ausländischen Muster und erwies seinen Verfasser als einen gründlich gebildeten Gelehrten, der das praktische Bedürfnis der wissenschaftlichen Forschung kannte. E. wurde 1823 herzoglich braunschweig. Bibliothekar in Wolfenbüttel, im April 1825 Bibliothekar in Dresden, dann zugleich Privatbibliothekar des Königs, 1828 Oberbibliothekar und starb 13. Nov. 1834. Er schrieb noch: «Zur Handschriftenkunde» (2 Bde., Lpz. 1825—27), «Die Kulturperioden des oberfächs. Mittelalters» (anonym, Dresd. 1825), «Überlieferungen zur Geschichte, Litteratur und Kunst der Vor- und Mitwelt» (Bd. 1 u. 2, edd. 1825—26) u. a.

Ebert, Joh. Arnold, Dichter und Übersetzer, geb. 8. Febr. 1723 zu Hamburg, fand an Hagedorn einen väterlichen Freund und studierte seit 1743 in Leipzig Theologie. Da aber die orthodoxe Hamburger Geistlichkeit an einem von ihm verfaßten Hochzeitsgedicht großen Anstoß nahm, vertauschte er die Theologie mit humanistischen Studien. Er gehörte in Leipzig jenem Kreis von Freunden an, aus deren Mitte die sog. «Bremer Beiträge» (s. d.) hervorgingen. 1748 wurde er an dem neugegründeten Carolinum zu Braunschweig Lehrer der engl. Sprache, 1753 zum ord. Professor daselbst, später zum Hofrat ernannt und starb 19. März 1795. Bekannter als durch seine eigenen Gedichte, die er u. d. T. «Episteln und vermischte Gedichte» (Hamb. 1789; ein 2. Band erschien 1795) sammelte, wurde er durch seine treffliche und einflußreiche Übersetzung von Youngs «Klagen oder Nachtgedanken» (5 Bde., Braunschw. 1760—71) und durch Klopstocks schöne, an ihn gerichtete Ode.

Ebert, Karl, Landschaftsmaler, geb. 13. Okt. 1822 in Stuttgart, wurde in seiner Vaterstadt herangebildet, unternahm dann größere Reisen nach Italien, Frankreich und den Niederlanden. Seit 1848 lebte er in München. Meist sind es Einblicke in den Wald, die er mit tiefem Empfinden, sachgemäß und farbenprächtig darzustellen verstand. Von seinen Gemälden sind hervorzuheben: Wald mit badenden Kindern (1867; Museum in Stuttgart), Aus der Schwäbischen Alb bei Hohenstaufen, Ernte am Starnbergersee, Dorfpartie bei Rotterdam, Buchenwald mit durchziehender Schafherde (1871), Sturm im Walde, Kastanienwald in Südtirol (1879), Das Amperthal in Oberbayern (Stuttgart, Museum). Er starb 1. März 1885 in München.

Ebert, Karl Egon, Ritter von, Dichter, geb. 5. Juni 1801 zu Prag, wo sein Vater beeideter Landesadvokat und fürstl. Fürstenbergscher Hofrat war, erhielt seine wissenschaftliche Bildung teils durch den Vater und in der gräfl. Löwenburgschen Akademie zu Wien, teils auf der Universität zu Prag und wurde 1825 fürstl. Fürstenbergscher Bibliothekar und Archivar zu Donaueschingen, 1829 Rat und Archivdirektor und 1848 Hofrat. Seit 1833 war er auch bei der Verwaltung der böhm. Besitzungen des Fürsten Karl Egon zu Fürstenberg als Konferenzrat angestellt. 1857 in den Ruhestand versetzt, lebte er seitdem zu Prag seinen schriftstellerischen Arbeiten, wurde 1872 in den österr. Ritterstand erhoben und starb 24. Okt. 1882 in Prag. E. verfaßte schon frühzeitig zahlreiche Dramen, erlangte jedoch erst durch seine lyrischen und epischen Leistungen größern Ruf. Den «Gedichten» (Prag 1824; 3. Aufl., Stuttg. 1845), mit trefflichen Balladen und Romanzen, unter denen «Schwerting der Sachsenherzog» sich noch heute großer Beliebtheit erfreut, ließ er die größern Werke «Wlasta, böhm.-nationales Heldengedicht in drei Büchern» (Prag 1829) und «Das Kloster, idyllische Erzählung in fünf Gesängen» (Stuttg. 1833) folgen, die sich durch lyrischen Schwung wie Reinheit und Eleganz der Sprache auszeichnen. Als neuere Erzeugnisse seiner lyrischen Muse veröffentlichte E. den Sonettenkranz «Ein Denkmal für Karl Egon, Fürsten zu Fürstenberg» (Prag 1855) und «Fromme Gedanken eines weltlichen Mannes» (Lpz. 1859), ferner ein kleines episches Gedicht: «Eine Magyarenfrau» (Wien 1865). Seine «Poet. Werke» sind in sieben Bänden (Prag 1877) erschienen.

Eberth, Karl Josef, Anatom und Bakteriologe, geb. 21. Sept. 1835 in Würzburg, studierte daselbst, wurde 1865 Professor der pathol. Anatomie in Zürich und 1874 zugleich Professor für Pathologie, Histologie und Entwicklungsgeschichte an der Tierarzneischule daselbst. Seit 1881 ist er Professor der Histologie und vergleichenden Anatomie in Halle. Von seinen meist in Virchows «Archiv für pathol. Anatomie» veröffentlichten Arbeiten sind hervorzuheben: «Über den Peitschenwurm» (Lpz. 1859), «Über das Lungenepithel» (edd. 1863), «Über Nematoden» (edd. 1863), «Über die Froschhaut» (edd. 1869), «Zur Kenntnis der bakteritischen Mykosen» (edd. 1872), «Über diphtheritische Endocarditis» (in «Untersuchungen aus dem pathol. Institut zu Zürich», Heft 1, edd. 1873), «Die fötale Rhachitis und ihre Beziehungen zu dem Kretinismus» (edd. 1878), «Der Typhusbacillus und die intestinale Infektion» (edd. 1883), «Geht der Typhusbacillus auf den Fötus über?» (1889), «Mikroskopische Technik» (4. Aufl., Berl. 1889), «Die Untersuchung des Auswurfs auf Tuberkelbacillen» (edd. 1891),

«Bakteriologische Wandtafeln» (Lfg. 1 u. 2, edd. 1891—92). Von seinen bakteriologischen Arbeiten sind die über den Typhusbacillus die bedeutendsten. Im Verein mit H. Curschmann giebt E. seit 1890 die «Fortschritte der Medizin» (Berlin) heraus.

Eberty, Eduard Gustav, Politiker, geb. 12. Juni 1840 zu Görlitz, studierte 1858—62 in Berlin und Heidelberg Rechtswissenschaft, Philosophie und Geschichte, trat dann in den Justizdienst und war während des Krieges 1870/71 Auditeur. Seit 1872 Kreisrichter in Genthin, ward er noch im Okt. 1872 in Berlin zum besoldeten Stadtrat, 1876 zum Syndikus gewählt und 1888 in diesem Amt auf weitere 12 Jahre bestätigt. Dem preuß. Abgeordnetenhause gehört E. seit 1885 an, dem Reichstage für Mühlhausen-Langensalza 1881—84 und für Waldenburg i. Schles. seit 1890; er schloß sich der Secession, später der deutschfreisinnigen Partei an und tritt hauptsächlich bei socialpolit. und kommunalen Fragen hervor. Er förderte das Zustandekommen der Landgemeindeordnung und veranlaßte die Einrichtung des mit Schlachthäusern verbundenen großen Centralviehmarktes und der Berliner Markthallen. Auch hat er sich mit Eifer an der Durchführung der socialreformatorischen Gesetze in Berlin beteiligt und hat thätig für Gründung von Heimstätten für genesende Arbeiter, von Fach- und Fortbildungsschulen u. s. w. gewirkt. E. veröffentlichte: «Die Aufgaben der Berliner Kommunalverwaltung» (Berl. 1878), «Über Lebensmittelversorgung von Großstädten in Markthallen» (edd. 1884), «Der Markt und die Hauswirtschaft» (edd. 1886), «Heimstätten für Genesende» (Lpz. 1888), «Gewerbegericht und Einigungsämter» (Bresl. 1890) u. a.

Eberty, Georg Friedr. Felix, Schriftsteller, geb. 26. Jan. 1812 zu Berlin, studierte 1831—34 in Berlin und Bonn Rechtswissenschaft, wurde 1840 Kammergerichtsassessor, dann Richter in Hirschberg, Lübben und Breslau, wo er sich 1851 habilitierte und 1854 außerord. Professor wurde. Er starb 7. Juli 1884 zu Arnsdorf im Riesengebirge. E. schrieb: «Die Gestirne und die Weltgeschichte» (anonym, Bresl. 1846; 3. Aufl. 1874), «Versuche auf dem Gebiete des Naturrechts» (Lpz. 1852), «Über Gut und Böse» (Berl. 1855), «Walter Scott» (2 Bde., Bresl. 1860; 2. Aufl., Lpz. 1871), «Lord Byron» (2 Bde., Lpz. 1862; 2. Aufl. 1879), «Geschichte des preuß. Staats» (7 Bde., Bresl. 1866—73) und die frischen «Jugenderinnerungen eines alten Berliners» (Berl. 1878).

Eberus, Theolog, s. Eder, Paul.

Eberwein, Traugott Maximilian, Violinist und Komponist, geb. 27. Okt. 1775 zu Weimar, gest. als fürstl. rudolstädtischer Hofkapellmeister 2. Dez. 1831; seine vielen Kompositionen (Goethes «Claudine von Villa bella» und «Der Jahrmarkt zu Plundersweilern», Kirchenmusik u. a.), zu ihrer Zeit sehr geschätzt, sind jetzt vergessen.

Sein Bruder, Karl E., geb. 10. Nov. 1786 zu Weimar, gest. 2. März 1868 als Kammervirtuos daselbst, hat sich sowohl als Violinvirtuos und Orchesterdirigent wie als Tonsetzer bekannt gemacht. Mehrere seiner größern Werke, z. B. die Oper «Graf von Gleichen», eine Ouverture zu Goethes «Proserpina», besonders die Musik zu Holteis «Leonore», fanden Beifall.

Eberwurz, volkstümlicher Name der deutschen Arten von Carlina (s. d.).

Ebingen, Stadt im Oberamt Balingen des württemb. Schwarzwaldkreises, 20 km im NW. von Sigmaringen, in 730 m Höhe an der Schmiecha und an der Linie Tübingen-Sigmaringen der Württemb. Staatsbahnen, hat (1890) 6864 E., Post, Telegraph, Gasbeleuchtung, Wasserleitung, ein reiches Hospital, eine Latein-, eine Real- und eine gewerbliche Fortbildungsschule; Fabrikation von Baumwollsammet, Korsetts, Rundstuhlnadeln, Wagen und Gewichten, Tricotwaren und Hüten, ferner Gerbereien, bedeutende Schaf- und Rinderzucht und Viehmärkte. In der Nähe findet sich Eisenerz.

Ebioniten hießen seit dem Ende des 2. Jahrh. die Judenchristen (s. d.), die an den Bestimmungen des mosaischen Ceremonialgesetzes (namentlich an Beschneidung, Sabbatfeier und Speisegeboten) festhielten, dagegen den Apostel Paulus und seine gesetzfreie Heidenpredigt sowie die Autorität der neutestamentlichen Schriften bis auf das Matthäus-Evangelium und die Offenbarung des Johannes verwarfen. Der Name stammt aus dem Hebräischen und bedeutet in seiner ursprünglichen Form (Ebjonim) die «Armen», wie sich die ältesten jüd. Christen selbst bezeichneten; die gräcisierte Bezeichnung Ebionäer oder E. rührte von den Gegnern her und kam erst in Umlauf, als die allgemeine Kirche das Judenchristentum als Häresie bereits abgewiesen hatte, wogegen die E. sich selbst Nazaräer nannten. Die Ursprünge des Ebionismus sind bereits in der urapostolischen Lehre zu suchen, wie dieselbe im Unterschiede von Paulus von den Zwölfen festgehalten wurde. Die meisten, allen ebionitischen Richtungen gemeinsamen Anschauungen lassen sich nur als die älteste Gestalt des palästinensischen Christentums überhaupt betrachten. Der Ebionismus ist daher wichtig für die kritische Erforschung des Urchristentums. Seine Geschichte ist ziemlich dunkel. Ein Teil der E. ging allmählich ganz in der kath. Kirche auf, wogegen die übrigen nur um so zäher an ihren eigentümlichen Anschauungen festhielten, deren Entwicklung daher bei ihnen eine sehr dürftige geblieben ist. Neben dem mosaischen Gesetz wurde besonders streng die Lehre von der Einheit Gottes (von der göttlichen «Monarchie») als das den Christen mit den Juden gemeinsame Centraldogma festgehalten. In Jesu sahen die E. anfangs einfach den Sohn Josephs und der Maria, auf den bei der Taufe der Geist Gottes herabkam. Doch fand die Lehre von der Geburt aus der Jungfrau und der Empfängnis vom heiligen Geiste frühzeitig auch in ebionitischen Kreisen Verbreitung und, wie es scheint, unter essenischem Einflusse auch die Ansicht, daß in Jesu ein Engel oder Erzengel, oder auch der schon in Adam verkörperte, danach den Erzvätern und dem Moses offenbarte «wahre Prophet» wieder erschienen sei. Auch anderweite Anschauungen der Essener (s. d.), wie die Verwerfung der blutigen Opfer und die Unterscheidung echter und unechter Bestandteile im Alten Testament, fanden bei den E. frühzeitig Eingang. Am längsten erhielten sich die E. in Palästina und Syrien, wo die Judenchristen fast ohne Zusammenhang mit der übrigen Christenheit unverändert ihre Eigentümlichkeiten bewahrten, bis sie gegen Ende des 4. Jahrh. mit den «Katholikern» wieder in häufigere Berührung kamen. Damals unterschieden sich zwei Parteien, die gemeinen (oder pharisäischen) und die essenischen E.; letztere hatten noch die alten Wohnsitze der Essener am Toten Meere inne. Im 4. und 5. Jahrh. verschwanden die E. aus der Geschichte. Vgl. Lipsius, Zur Quellenkritik des Epiphanios (Wien 1865).

Ebisuminato (Abisumi), Hafenstadt in Japan, auf der Insel Sado, ist einer der dem fremden Handelsverkehr geöffneten Hafenorte.

Ebko von Rebkow, s. Eike.

Eblé, Jean Baptiste, Graf, franz. General, geb. 21. Dez. 1758 zu St. Johann von Rohrbach bei Saargemünd, zeichnete sich in den Kämpfen in den Niederlanden wiederholt aus und wurde bereits im Okt. 1793 Divisionsgeneral. Die rasche Eroberung der belg. und holländ. Festungen war vorzugsweise sein Werk. Unter Moreau befehligte er 1795—97 die Artillerie, ebenso in den folgenden Jahren unter Championnet in dem Kriege gegen Neapel und 1800 wieder unter Moreau. Demnächst organisierte E. die Artillerie der Batavischen Republik, nahm 1806/7 im 6. Korps an dem Feldzuge gegen Preußen teil und wurde 1808 Kriegsminister des Königreichs Westfalen. 1810 wurde E. zu dem Heere Massénas nach Portugal gesendet und an dem Zuge nach Rußland 1812 nahm er als Kommandant des Pontontrains der Großen Armee teil. Nur durch seine Umsicht und aufopfernde Thätigkeit wurde es möglich, die Pontonkolonnen auf dem Rückzuge von Moskau mitzuführen und die Brücken über die Beresina herzustellen. Von den erlittenen Strapazen erschöpft, starb E. 21. Dez. 1812 in Königsberg i. Pr.

Eblouieren (frz., spr. eblu-), durch Glanz blenden, verdutzt machen, verblüffen; **eblouissant** (spr. ebluissáng) blendend.

Ebn (arab.), Ibn, soviel wie Ben (s. d.), Sohn, Nachkomme.

Ebnat, Dorf im Bezirk Ober-Toggenburg des schweiz. Kantons St. Gallen, in 642 m Höhe, in anmutigem, sehr fruchtbarem Voralpenlande zu beiden Seiten der Thur, an der Linie Wyl-Kappel-E. (25 km) der Toggenburgerbahn, ist schön gebaut, mit saubern Straßen und hat (1888) 2693 E., darunter 313 Katholiken; Post, Telegraph; Baumwollwebereien (namentlich Taschen- und Kattuntücher), Färbereien und Stickereien sowie Land- und Alpenwirtschaft. Von hier ersteigt man den Speer (1956 m) durch das Steinthal in 5 Stunden.

Ebner, Victor, Ritter von Rosenstein, Naturforscher, geb. 4. Febr. 1842 zu Bregenz, studierte in Innsbruck, Göttingen, Wien und Graz. Er habilitierte sich 1870 in Innsbruck, wurde 1873 Professor der Histologie und Embryologie in Graz und 1888 Professor der Histologie in Wien. Neben einer Reihe kleinerer Arbeiten histolog. und zoolog. Inhalts schrieb er: «Untersuchungen über den Bau der Samenkanälchen und die Entwicklung der Spermatozoiden» (Lpz. 1871), «Die acinösen Drüsen der Zunge» (Graz 1873), «Über den feinern Bau der Knochensubstanz» (Wien 1875), «Wachstum und Wechsel der Haare» (ebd. 1876), «Ursachen der Anisotropie organisierter Substanzen» (Lpz. 1882), «Die Lösungsflächen des Kalkspates und des Aragonites» (Wien 1884—85), «Über den feinern Bau der Skeletteile der Kalkschwämme» (ebd. 1887), «Histologie der Zähne» (ebd. 1890).

Ebner-Eschenbach, Marie Baronin von, geborene Gräfin Dubsky, Schriftstellerin, geb. 13. Sept. 1830 zu Zdislavic in Mähren, heiratete 1848 einen hervorragenden österr. Genieoffizier, den jetzigen Feldmarschallleutenant a. D. Baron E., und lebt abwechselnd in Wien und an ihrem Geburtsort. Sie schrieb anfangs einige Dramen, von denen aber nur «Maria Stuart» (1860), «Doktor Ritter», dramat. Gedicht (Wien 1871), und «Die Veilchen», Lustspiel (1878), sich eine Zeit lang auf der Bühne behaupteten. Das rechte Feld für ihr poet. Schaffen fand sie erst in der Erzählung, so in: «Erzählungen» (Stuttg. 1875), «Božena» (ebd. 1876), «Neue Erzählungen» (Berl. 1881; 2. Aufl. 1889), «Dorf- und Schloßgeschichten» (2. Aufl., ebd. 1891), «Zwei Comtessen» (3. Aufl., ebd. 1891), «Neue Dorf- und Schloßgeschichten» (2. Aufl., ebd. 1891), «Das Gemeindekind» (3. Aufl., ebd. 1892), «Miterlebtes» (2. Aufl., ebd. 1890), «Lotti, die Uhrmacherin» (2. Aufl., ebd. 1889), «Ein kleiner Roman» (2. Aufl., ebd. 1889), «Unsühnbar» (3. Aufl., ebd. 1891), «Margarete» (ebd. 1891), «Drei Novellen» («Oversberg», «Bettelbriefe», «Der Nebenbuhler», 1. und 2. Aufl., ebd. 1892). Ferner veröffentlichte sie den Einakter «Ohne Liebe» (Berl. 1891), geistreiche «Aphorismen» (ebd. 1880; 3. vermehrte Aufl. 1890) und als bisher reifste Frucht ihres ungewöhnlichen dichterischen Könnens die Sammlung «Parabeln, Märchen und Gedichte» (1. und 2. Aufl., ebd. 1892). Die epische Darstellung beherrscht sie unbestritten als Meisterin; gut durchgeführte psychol. Entwicklung, humor- und gedankenreiche Fassung, knapper, klarer Stil stellen sie zu den besten modernen Erzählern; dabei vergißt die feinfühlige Frau über der Lebenswahrheit nie Maß und Schönheit. — Vgl. G. Müller-Frauenstein, Von Heinrich von Kleist bis zur Gräfin Marie E. (Hannov. 1891); A. Marchand, Poètes et Penseurs (Par. 1892).

Eboli, Stadt im Kreis Campagna der ital. Provinz Salerno, 9 km im SW. von Campagna, auf einem Hügel rechts vom Sele, an der Linie Neapel-Potenza des Mittelmeernetzes, hat enge, zum Teil steile Straßen, (1881) 9089, als Gemeinde 11 235 E. Auf dem Berggipfel die Türme der alten Burg, von wo sich ein schöner Blick über das Meer, den Persanowald und die Ruinen von Pästum eröffnet. Nahebei lag das alte Ebura im Lande der Picentiner. Nach E. sind die Fürsten von E. benannt.

Eboli, Anna de Mendoza, Fürstin von, war die Tochter des Vicekönigs von Peru, Don Diego Hurtado de Mendoza, und als dessen einzige Erbin Herzogin von Francavilla und Fürstin von Melito. Im Juni 1540 geboren, hatte sie sich 1559 mit dem bereits in höherm Alter stehenden Rui Gomez de Sylva vermählt, der als Günstling König Philipps II. von Spanien zum Fürsten von E. im Neapolitanischen erhoben worden war. Die junge Fürstin, schön, wiewohl einäugig, herrsch- und genußsüchtig, spielte am Hofe eine einflußreiche Rolle und war ohne Zweifel der Mittelpunkt vieler Intriguen. Gewiß ist, daß Don Carlos sie haßte und verachtete, daß Don Juan d'Austria, der natürliche Sohn Karls V., nicht zu ihr, sondern zu Maria Mendoza in einem Liebesverhältnis stand, und daß sie selbst gleichzeitig zu dem König und ohne dessen Wissen zu dem Staatssekretär Antonio Perez in intimen Beziehungen stand. Mignet («Ant. Perez et Philippe II», Par. 1845) hat es wahrscheinlich gemacht, daß der nachherige Herzog von Pastrana ein Sohn Philipps II. von der E. war. Der Tod der Königin Elisabeth (1568) steigerte ihren Einfluß. Nach dem Tode ihres Gemahls 1573 zog sie sich auf einige Zeit nach Pastrana zurück, kam aber auf Verlangen Philipps II. wieder an den Hof. Eine polit. Intrigue führte endlich 1579 ihren Sturz herbei. Als Don Juan von den Niederlanden aus seinen Geheimsekretär Escovedo an den Hof sendete, um seine ehrgeizigen Pläne zu verfolgen, und hier Perez den

Absichten Escovedos entgegentrat, verriet dieser dem Könige das Verhältnis des Perez mit der E. Philipp beschloß, sich ihrer aller zu entledigen. Er ließ den ihm politisch verdächtigen Escovedo durch den wegen Verrats besorgten Perez 31. März 1578 töten und die Verwandten des erstern dann Klage gegen den letztern als Mörder erheben. Perez entzog sich der Verfolgung durch die Flucht; die Fürstin aber, die ihn zu dem Morde aus Stolz und Furcht angetrieben hatte und in den Prozeß verwickelt ward, wurde auf das Schloß Pinto verbannt und durfte erst 1581 ihren Palast Pastrana beziehen. Hier starb sie 2. Febr. 1592. Die idealisierte Glut der Leidenschaft und die tragische Reue, womit Schiller im «Don Carlos» die E. ausstattet, ist nur in der Dichtung gerechtfertigt. Vgl. Muro, Vida de la Princesa de E. (Madr. 1877); Laufer, Die histor. Fürstin E. (in «Unsere Zeit», Lpz. 1879, II).

Ebonit, gleichbedeutend mit Hartgummi, s. Gummiwarenfabrikation.

Eborăcum (Eburăcum), röm. Name der engl. Stadt York (s. d.).

Ebrach, drei Flüßchen im bayr. Reg.-Bez. Oberfranken, welche an der Ostseite des Steigerwaldes entspringen und nach O. zur Regnitz fließen. Die nördliche, die Rauhe E., ist etwa 16 km lang, vereinigt sich unterhalb Burgebrach mit der Mittelebrach und mündet 4 km südöstlich von Bamberg. Wenige Kilometer südlicher fließt die etwa 19 km lange Reiche E., welche etwa 3 km oberhalb der erstern mündet.

Ebrach oder Klosterebrach, Marktflecken im Bezirksamt Bamberg II des bayr. Reg.-Bez. Oberfranken, 34 km westlich von Bamberg, an der Mittelebrach, in 327 m Höhe im Steigerwalde, hat (1890) 1001 E., Postexpedition, Telegraph, Fernsprechverbindung, Forstamt, schöne Kirche, Goldleistenfabrik und Holzhandel. Die ehemals berühmte und sehr reiche Cistercienserabtei, 1126 von Berno und Richvin von Eberau gestiftet, 1803 aufgehoben, dient jetzt als Zucht- und Arbeitshaus. Von Morimond in Flandern, dem vierten Tochterkloster von Cisterz, siedelten 12 Mönche 1147 hierher über. 1200 begann Abt Hermann I. den Bau der Kirche (1280 vollendet). Diese (86 m lang), eins der schönsten Denkmäler got. Baukunst, hat über 50 Fenster, 26 Altäre und über dem Portal eine Rose von 12 m Durchmesser mit neuen gemalten Fenstern (1887). Die Orgel, mit 36 Registern, wird als ein Meisterwerk gerühmt.

Ebräer, s. Hebräer.

Ebranlieren (frz., spr. ebrangl-), erschüttern; Ebranlement (spr. ebrangl'máng), Erschütterung.

Ebrard, Joh. Heinr. August, reform. Theolog, hugenottischer Abstammung, geb. 18. Jan. 1818 zu Erlangen, wo sein Vater Prediger der franz.-reform. Gemeinde war, studierte daselbst und in Berlin, habilitierte sich 1842 in Erlangen, wurde 1844 Professor in Zürich, 1847 Professor der reform. Theologie in Erlangen, 1853 Konsistorialrat in Speier. Infolge der von liberaler Seite, besonders gegen ein neues von ihm ausgearbeitetes Gesangbuch ins Werk gesetzten Opposition gab er 1861 seine Stellung auf und kehrte nach Erlangen zurück, wo er seine Vorlesungen wieder aufnahm und 1875 zugleich Pfarrer an der franz.-reform. Gemeinde wurde. Er starb daselbst 23. Juli 1888. E. war ein Vertreter des reform. Konfessionalismus, aber ohne Gegensatz zur Union, unermüdlich im Kampf gegen prot. Rationalismus und röm. Katholicismus. Er veröffentlichte: «Wissenschaftliche Kritik der evang. Geschichte» (Frankf. 1842; 3. Aufl. 1868), Erklärungen des Hebräerbriefs (Königsb. 1850), der Offenbarung (1853) und der Briefe des Johannes (1859) als Fortsetzungen zu Olshausens «Kommentar zum Neuen Testament», «Christl. Dogmatik» (2 Bde., Königsb. 1851—52; 2. Aufl. 1862—63), «Das Dogma vom heiligen Abendmahl und seine Geschichte» (2 Bde., Frankf. 1845—46), «Vorlesungen über praktische Theologie» (Königsb. 1854), «Handbuch der christl. Kirchen- und Dogmengeschichte» (4 Tle., Erlangen 1865—67), «Die iro-schott. Missionskirche des 6. bis 8. Jahrh.» (Gütersloh 1873), «Apologetik» (2 Bde., ebd. 1874—75; 2. Aufl. 1878—80), «Bonifatius, der Zerstörer des columbanischen Kirchentums auf dem Festlande» (ebd. 1882), «Christian Ernst von Brandenburg-Bayreuth» (ebd. 1885); im Auftrage des Reformierten Bundes bearbeitete er «Salnars Harmonia confessionum fidei. Das einhellige Bekenntnis der reform. Kirche aller Länder» (Barmen 1887). Sein «Reform. Kirchenbuch» (Zür. 1847; 2. Aufl., Halle 1890) bildet eine vollständige Sammlung der in der reform. Kirche eingeführten Kirchengebete und Formulare. E. gab nacheinander die Zeitschriften: «Zukunft der Kirche» (Zür. 1845—47), «Reform. Kirchenzeitung» (mit Ball und Treviranus, Erlangen 1851—53), «Evang. Blätter» (Landau 1854—57) heraus. Außer zahlreichen Flugschriften und den Predigtsammlungen «Das Wort vom Heil» (Zür. 1849) und «Immanuel» (Speier 1860) veröffentlichte er auch ein «System der musikalischen Akustik» (Erlangen 1866) sowie Übersetzungen Ossians (Lpz. 1868), des peruan. Dramas «Ollanta» (Stuttg. 1877) und der Gedichte P. Lotichs (Gütersloh 1883). Unter den Pseudonymen Sigmund Sturm, Gottfried Flammberg, Christian Deutsch hat er ferner eine Reihe epischer, lyrischer und dramat. Dichtungen sowie Novellen und histor. Romane von vorwiegend christl.-sittlicher Tendenz verfaßt. Den ersten Band einer Selbstbiographie gab er u. d. T. «Lebensführungen. In jungen Jahren» (Gütersloh 1888) heraus.

Ebro (lat. Iberus), ein Hauptstrom Spaniens, entspringt in der altcastil. Provinz Santander bei Fontibre nicht weit von den Quellen des Pisuerga, der zum Duero fließt, 5 km westlich von Reinosa, das von ihm in 847 m Höhe durchflossen wird. Abweichend von den übrigen in westl. Richtung dem Atlantischen Ocean zueilenden span. Hauptflüssen, läuft der E. in südöstl. Richtung durch Altcastilien, Navarra, Aragonien und Catalonien und ergießt sich in das Mittelmeer. Seine Länge beträgt 757,4 km und sein Stromgebiet 83530 qkm. Zunächst durchfurcht er als rascher und heller Gebirgsstrom die nördl. Hochflächen Altcastiliens, biegt nach einem östl. Laufe von 30 km nach S. um, wodurch er sich dem Pisuerga bis auf 18 km nähert, wendet sich dann auf fernere 80 km ostwärts und tritt als ein stattlicher Fluß in das obere Ebrobassin, eine 3800 qkm große Hochfläche des iber. Stufenlandes, das er bis unterhalb Logroño in trägem Laufe durchschlängelt. Oberhalb Tudela tritt er in das untere Ebrobassin, die 20000 qkm große Tieflandsmulde Niederaragoniens, einst ein Binnenmeer, jetzt größtenteils ein dürres, eintöniges Steppengebiet. Hier bildet der Fluß große Schlingen und teilt sich bei Saragossa (184 m Höhe) durch Sandbänke in mehrere im Sommer seichte Arme. Von Caspe (96 m Höhe) geht er in Windungen nach NO. Bei Mequinenza (52 m Höhe), wo er durch Aufnahme des Segre erst wieder beträchtlich wird, biegt er plötzlich gegen Süden um und durchbricht in gewundenem Laufe den Gebirgswall der nordvalencian. Terrasse, die ihn zuvor zu einer östl. Richtung gezwungen. Erst nach dem Austritt aus dem Gebirge, dicht oberhalb Tortosa, wird sein Lauf wieder ruhig, und breit dahinströmend windet er sich durch die reizende Huerta de Tortosa bis Amposta. Es beginnt nun das sonnverbrannte, öde, fast ganz aus Flugsand und Sumpf bestehende, 24 km ins Meer sich erstreckende, fast 40000 ha große Ebrodelta, welches der Fluß in zwei versandeten Armen durchschneidet. Die Breite des E., im Verhältnis zum Laufe im ganzen gering, ist ungleich wie seine Tiefe. Seeschiffe können selbst bei hohem Wasserstande nur bis Tortosa gelangen. Die Verschiedenheit des Gefälles, die Sandbänke, der Verlust des Wassers an Bewässerungsgräben und Kanäle in seinem untern Bassin machen es erklärlich, daß der Fluß nur zeitweilig schiffbar ist. Das meiste Wasser entzieht ihm, nach Aufnahme des Ego und Aragon, der **Kaiserkanal** (Canal imperial) oder **Kanal von Aragonien**, welchen Karl V. begann. Derselbe beginnt rechts vom E., 5 km unterhalb von Tudela (253 m), mit einem großartigen Schleusenwerk, nimmt aus dem E. in jeder Sekunde 14 cbm Wasser, überschreitet auf imposanten Brücken mehrere Abgründe, Thäler und Flüsse und endet unterhalb Saragossa. Er dient der Schiffahrt und Bewässerung. Links begleitet den E. der wenig bedeutende **Kanal von Tauste**. Von Amposta geht südwärts durch das Delta der, eine für Seeschiffe benutzbare Wasserstraße herstellende, 14 km lange **Neue Kanal** nach San Carlos de la Rapita und dem Hafen Los Alfaques. Die namhaftesten Nebenflüsse des E. sind rechts der Jalon (Xalon) und Guadalope, links der Aragon, Gallego und Segre.

Ebstein, Wilh., Mediziner, geb. 27. Nov. 1836 zu Jauer in Schlesien, studierte in Breslau und Berlin Medizin, war 1861—70 Arzt und Prosektor am städtischen Krankenhospital zu Allerheiligen in Breslau, seit 1871 dirigierender Arzt des städtischen Armenhauses und wurde 1874 ord. Professor der Medizin und Direktor der mediz. Poliklinik an der Universität Göttingen. 1877 wurde ihm auch die Leitung der dortigen mediz. Klinik übertragen. Seine Arbeiten betreffen vorwiegend die Lehre von den Störungen des Stoffwechsels und der Ernährung, für deren Behandlung er vielfach neue diätetische Kurmethoden angegeben hat. Außer zahlreichen Journalaufsätzen schrieb er: «Recidive des Typhus» (Bresl. 1869), «Nierenkrankheiten» (im 9. Band von Ziemssens «Handbuch der speciellen Pathologie und Therapie», 2. Aufl., Lpz. 1878), «Die Natur und Behandlung der Gicht» (Wiesb. 1882), «Die Natur und Behandlung der Harnsteine» (ebd. 1884), «Das Regimen bei der Gicht» (ebd. 1885), «Die Fettleibigkeit (Korpulenz) und ihre Behandlung nach physiol. Grundsätzen» (7. Aufl., ebd. 1887), «Die Zuckerharnruhr» (ebd. 1887), «Die Kunst das menschliche Leben zu verlängern» (ebd. 1891), «Über die Lebensweise der Zuckerkranken» (ebd. 1892) u. a. Über die von E. angegebene neue Behandlungsmethode der Fettleibigkeit s. Fettsucht.

Ebsteins Entfettungskur, s. Fettsucht.

Ebstorf, Flecken im Kreis Uelzen des preuß. Reg.-Bez. Lüneburg, 12 km im NW. von Uelzen, an der Schwienau und an der Linie Bremen-Uelzen der Preuß. Staatsbahnen, hat (1890) 1480 E., Post, Telegraph, Oberförsterei, Ackerbauschule und ist besuchter Luftkurort mit Badeanstalt und Molkerei (1892: 42 Kurgäste). Nahebei das evang. Damenstift E., früher Augustiner-Nonnenkloster, mit Glasmalereien. Bei E. siegten 880 die Normannen.

Ebullieren (lat.), aufwallen; **Ebullition**, das Aufwallen; Ausschlag von Hitzblattern.

Ebullioskōp (lat.-grch.), ein von Tabarié, Amagat, Raoult und Brossard-Vidal konstruiertes Instrument zur Bestimmung des Alkoholgehalts im Wein. Seine Einrichtung beruht darauf, daß der Siedepunkt alkoholischer Flüssigkeiten ihrem Alkoholgehalt entspricht. Je reicher dieselben an Alkohol, um so mehr nähert sich ihr Siedepunkt dem des Alkohols (78° C.), je höher ihr Wassergehalt, um so näher liegt ihr Siedepunkt bei 100° C. Das Vidalsche E. besteht aus einem kleinen Metallkessel, der den zum Sieden zu erhitzenden Wein aufnimmt, darauf ist ein kleiner Kondensator angebracht, in dem die verdunstete Flüssigkeit verdichtet wird und in den Kessel zurücktropft. In dem Dampfraum befindet sich das Quecksilbergefäß eines Thermometers, auf dessen Skala nicht die Temperaturgrade, sondern die Alkoholgehalte direkt abgelesen werden. Die Angaben des E. sind für praktische Zwecke hinlänglich genau.

Ebur (lat.), Elfenbein; **E. fossĭle**, fossiles Elfenbein (vom Mammut); **E. ustum**, gebranntes Elfenbein, Elfenbeinschwarz (s. Beinschwarz); eburnĕus, elfenbeinern.

Eburīn, ein von Latry in Paris zur Anfertigung von mancherlei Gegenständen verwandtes Material, das erhalten wird, indem ein Gemenge von Knochenpulver und Eiweiß oder Blut in Formen einem sehr starken Druck ausgesetzt und gleichzeitig erhitzt wird. Es soll einen so hohen Grad von Härte besitzen, daß es der Feile widersteht und sich nicht auf der Drehbank bearbeiten läßt.

Eburna, s. Elfenbeinschnecke.

Eburneation, **Eburnifikation**, Verknöcherung, Bildung kompakter Knochensubstanz von außerordentlich festem Gefüge wie Elfenbein (lat. ebur), s. auch Hyperostose.

Eburōnen, deutscher Volksstamm in Belgien (s. Belgen), im Höhenlande an der Maas; ihr Hauptort war Aduatuca, das spätere Tongern. Sie gehörten zu der Klientel der Trevirer. Ihre Häuptlinge Ambiorix (s. d.) und Cativolcus vernichteten 54 v. Chr. eine von Cäsar in ihrem Gebiet im Winterlager aufgestellte röm. Abteilung und rissen auch die benachbarten belg. Völker zur Empörung fort. 53 v. Chr. gab Cäsar sie einem Vernichtungskriege aller umwohnenden Völker preis, von welchem die E. sich nicht wieder erholt haben. In ihrem verödeten Lande ließen sich bald darauf die Tungri nieder, von denen die Stadt Tongern den Namen hat.

e. c., Abkürzung für **exempli causa** (lat., d. h. zum Beispiel), auch für **ex commissione** (lat., d. h. im Auftrag).

Eça de Queiroz (spr. eßa de keĭrohs), José Maria, portug. Romanschriftsteller, geb. 25. Nov. 1845 in Povoa do Varzim, studierte 1860—66 Jura auf der Universität Coimbra, durchreiste hierauf Spanien, Ägypten, Syrien, Palästina und erhielt nach seiner Rückkehr eine Stelle als Administrator in Leiria und später als Konsul in Havana, wo er ein Jahr blieb. Ein Bericht über das portug. Auswanderungswesen verschaffte ihm eine Konsulatsstelle in Newcastle und hernach in Bristol, wo er bis 1889 weilte. In diesem Jahre wurde er nach Paris berufen. Seine bedeutendsten Werke sind die Sittenromane «O crime do Padre Amaro» (1874 und in vollkommen neuer Gestalt 1880; spanisch «El crime de un clérigo), «O primo Basilio» (1877; französisch von Madame Rattazzi-Ruth; deutsch von E. u. H. Michaelis 1880; unter Benutzung ihres Manuskripts bearbeitete Konrad Alberti es zu einem neuen Roman: «Eine wie Tausend», 2. Aufl., Berl. 1889), «A Reliquia» (1886), «Os Maias» (1888). Außerdem schrieb er die phantastische Novelle «O Mandarim», die geistvolle «Correspondencia de Fradique Mendes» (1891) und mit Ramalho-Ortigão den Abenteuerroman «O mysterio da estrada de Cintra» (1870; 2. Aufl. 1885). Er arbeitete auch 1871 an der kritisch-satir. Publikation «As Farpas». Die damals geschriebenen Studien sind im Erscheinen als «Uma campanha alegre das Farpas» (Bd. 1, Lissab. 1890). E. führte die naturalistische Schule in Portugal ein. Er ist der Herausgeber der portug. Rundschau «Revista de Portugal».

Ecaille (frz., spr. ekáj), Schuppe, Schildkrötenschale zum Einlegen von Galanterie- und Bijouteriewaren; **Ecaillemalerei** (**Ecaillearbeit**), schuppenähnliche Malerei, besonders auf Porzellan (auf dem Meißner Porzellan der Rokokozeit vorzugsweise in Purpurrot) u. dgl.

Ecarlate (frz., spr. -lát), **Eosinscharlach**, Alkalisalz des Dibromdinitrofluoresceïns, das durch Nitrieren von Dibromfluoresceïn oder Bromieren von Dinitrofluoresceïn dargestellt wird (s. Fluoresceïn), ein künstlicher Farbstoff, der Seide und Wolle bläulichrot färbt.

Écart (frz., spr. ekahr), **Seitensprung**, in der Statistik die Abweichungen von der Normalzahl (Durchschnittszahl); die Größe der Abweichungen nach oben und unten innerhalb einer statist. Reihe wird ausgedrückt durch die Schwankungszahl, d. h. das Verhältnis der Summe der positiven und negativen Abweichungen zur Durchschnittszahl. — In der franz. Börsensprache bezeichnet man mit É. den beim Zeitgeschäft (marché à terme) sich ergebenden Unterschied zwischen dem festen Kaufpreis (marché ferme) und dem Kaufpreis unter Vorbehalt des Rücktritts gegen Bezahlung einer Prämie (marché à prime). Die gebräuchlichsten Prämiensätze sind 50, 25, 10 und 5 Cent. per 3 Frs. Rente, 20, 10, 5 und 2 1/2 Frs. per Aktie oder Obligation. Der É. ist nun um so größer, je kleiner die bedungene Prämie ist, und umgekehrt; z. B. wenn man am 2. Juli Suezaktien zur festen Abnahme am 16. Juli mit 2500 Frs. kauft, so werden sie im Prämiengeschäft mit 2510, 2517,50, 2530 Frs. notiert, je nachdem die bedungene Prämie 20, 10 oder 5 Frs. beträgt. Je näher der Tag des Geschäftsabschlusses dem Liquidationstermin ist, um so kleiner ist in der Regel der É. Beim Stellgeschäft (s. d.) bezeichnet man zuweilen den Unterschied zwischen dem Bezugs- und dem Lieferungspreise ebenfalls als É. Vgl. O. Marinitsch, La Bourse théorique et pratique (Par. 1892).

Écarté, ein von zwei Spielern mit Pikettkarten gespieltes Kartenspiel. Jeder Spieler erhält 5 Karten (erst 2, dann 3), die 11. Karte wird als Trumpf aufgelegt und kann gegen die Sieben eingetauscht werden, der Rest der Karten bleibt zum Kaufen. Die Vorhand erklärt, ob sie kaufen oder spielen will, der Gegner kann das Kaufen verweigern, indem er den aufliegenden Trumpf umdeckt. Wird gekauft, so darf jeder Spieler so viele seiner Karten f[illegible]legen und durch Kaufkarten, welche dem Kaufpaket von oben her verdeckt entnommen werden, ersetzen, als ihm gut dünkt. In dieser Weise kann mehrmals gekauft werden. Wer in seinen Karten nach Beendigung des Kaufens den Trumpfkönig hat, legt denselben an (= 1), wer drei Stiche macht, legt ebenfalls 1, wer alle fünf Stiche macht, 2 an. Wer in der Hinterhand das Kaufen von vornherein verbietet, dann aber weniger als drei Stiche macht, berechtigt den Gegner, 2 anzulegen. Beim Spiel muß Farbe bekannt oder, wenn dies nicht möglich ist, getrumpft werden; die Reihenfolge der Karten ist in jeder Farbe: König, Dame, Bube, As, Zehn, Neun, Acht und Sieben. Wer im Laufe des Spiels 5 angelegt hat, hat das Spiel beendet und eine Partie gewonnen; die Partie gilt doppelt, wenn der Verlierer nichts angelegt hatte. Der Gewinn wird nach jedem einzelnen Spiele ausbezahlt, ein Anschreiben ist beim É. nicht üblich.

Ecaudāta, s. Froschlurche.

Ecballium (Ecbalium) *Rich.*, Pflanzengattung aus der Familie der Cucurbitaceen (s. d.) mit nur einer Art in den Mediterranländern: E. officinale *N. ab Es.* (E. elaterium *Rich.* oder Momordica elaterium *L.*), die **Spring-**, **Spritz-** oder **Eselsgurke** (s. Tafel: Campanulinen, Fig. 6.), so genannt, weil die Frucht von selbst oder bei Berührung die Samen samt einhüllenden breiigen Geweben plötzlich ausspritzt. Diese findet sich häufig als Unkraut auf sandigen und kalkigen Äckern, Schutt u. dgl. in den Umgebungen des Mittelländischen Meers und wird in Deutschland bisweilen als Merkwürdigkeit in Gärten kultiviert. Sie ist eine einjährige Pflanze mit dickem, saftigem, auf der Erde ausgebreitetem, weichstachligem Stengel, herzeiförmigen, langgestielten Blättern und ziemlich kleinen, gelblichgrünen Blüten, von denen die männlichen in gestielte Trauben gruppiert sind, die weiblichen einzeln auf dickem Stiel in den Blattwinkeln stehen. Die längliche, grüne, weichstachlige, inwendig dreifächerige und vielsamige Frucht erreicht bis 5 cm Länge und enthält in ihren Fächern einen schleimigen, grünlichen, sehr bittern Saft, welcher für giftig gilt und eingedickt das Elaterium (s. d.) liefert.

Ecbăsis (cuiusdam captīvi, d. i. Flucht eines Gefangenen), ein lateinisches, in leoninischen Hexametern verfaßtes Tiergedicht, das ein junger Mönch des lothr. Klosters Estival (oder St. Aper bei Toul), der der strengen Kloster- und Schulzucht wegen entlaufen und wieder zurückgeholt war, vor 936 als Zeichen seiner Besserung verfaßte. Die Außenfabel schildert in den Schicksalen eines dem Hirten entsprungenen Kälbchens, das vom Wolf ergriffen, aber vom Fuchs befreit wird, des Dichters eigene Erfahrungen; die Innenfabel erzählt die alte Mär von der Feindschaft zwischen Fuchs und Wolf. Die Darstellung lehnt sich freilich allzu gelehrt an Horaz, Prudentius, auch an allerlei geistliche Erbauungsbücher an, ist aber überwiegend frisch und amüsant und giebt ein treffliches Bild des damaligen Klosterlebens. Ausgabe von E. Voigt (Straßb. 1875); vgl. Zarncke in den «Sitzungsberichten der Leipziger Gesellschaft der Wissenschaften», 1890, S. 107 fg.

Ecbolin, unvollständig untersuchtes Alkaloïd, das neben Ergotin im Mutterkorn vorkommt. Die Zusammensetzung ist unbekannt.

Eccard, Joh⸗s., einer der größten deutschen prot. Kirchenkomponisten, geb. 1553 zu Mühlhausen in Thüringen, erhielt Musikunterricht durch Joachim a Burgk, mit dem er später gemeinsam mehrere Kompositionen veröffentlichte, und war 1571—74 Schüler von Orlandus⸗Lassus in München. Hierauf besuchte er Italien, trat 1578 als Kapellmeister in die Dienste Jak. Fuggers zu Augsburg und ward 1583 Vicekapellmeister, 1589 Hofkapellmeister in Königsberg. 1608 als kurfürstlich brandenb. Kapellmeister nach Berlin berufen, starb er dort 1611. Unter seinen verschiedenen Werken, die meist aus weltlichen und geistlichen Liedern zu deutschen Texten bestehen, ragen hervor die beiden Chorwerke: «Geistliche Lieder, auf den Choral oder gemeine Kirchenmelodey durchaus gerichtet und mit fünf Stimmen komponiret» (2 Tle., Königsb. 1597) und «Preuß. Festlieder durchs ganze Jahr mit 5, 6, 7 und 8 Stimmen» (2 Tle., ebd. 1598). Beide Werke gaben Stobäus (Danzig 1634—44), W. Teschner (Lpz. 1858—60) und C. Riedel (ebd. 1874) neu heraus. Auf die Bedeutung E.s machte C. von Winterfeld zuerst aufmerksam («Der evang. Kirchengesang», Bd. 1, Lpz. 1848, wo auch die schönsten Sätze aus den genannten Chorwerken mitgeteilt sind). E. schloß sich eng an den luth. Choral, wußte denselben aber so zu behandeln, daß allen Anforderungen der höhern Kunst Genüge geschah, was bis auf seine Zeit bei Choralharmonisierungen nicht der Fall gewesen war. In der Vorrede konnte er die 1597 erschienenen «Geistlichen Lieder» deshalb mit Recht als die ersten ihrer Art bezeichnen, «indem bis dahin noch kein Gesangbuch erschienen ist, worin die Gesänge auf diese Weise musikalisch, der Kunst gemäß, vorkommen». Mit diesem Werke leitete E. die große Periode prot. Choralkunst ein, die in den Kantaten Sebastian Bachs ihre Spitze und ihren Abschluß fand. Die «Festlieder» mit ihrem freiern und höhern Schwung stehen den Chorliedern würdig zur Seite. Alles, was E. schreibt, ist kunstvoll und gesanglich wohlklingend, sinnig und nicht ohne Erhabenheit, obwohl das Gebiet des Erhabenen von H. Schütz und spätern Meistern mit größerm Erfolg angebaut wurde. In dem musikalischen Kunstschatz der evang. Kirche werden die mehr in großen Formen geschriebenen Chorgesänge E.s stets hohen Wert behalten. Vgl. auch Döring, Zur Geschichte der Musik in Preußen (Elbing 1852).

Eccard, Joh. G. von, s. Eckhart.

Ecce homo (lat., d. h. Seht, welch ein Mensch!), nach Joh. 19, 5 der Ausruf des Pilatus, als er Christus nach der Geißelung und Dornenkrönung dem Volke vorstellte, um es zum Mitleid zu bewegen. In der Kunst bezeichnet man damit die Darstellung des dornengekrönten, bluttriefenden und mit dem Purpurmantel bekleideten Erlösers. Die Darstellung eines E. h. wird erst seit dem 15. Jahrh. häufiger; berühmt ist das große Gemälde von Tizian im Hofmuseum zu Wien und der Christuskopf mit der Dornenkrone von Guido Reni in der Dresdener Galerie. (S. Christusbilder.)

Eccius, Max Ernst, Jurist, geb. 21. März 1835 zu Frankfurt a. d. O., studierte in Bonn, Heidelberg und Berlin Rechtswissenschaft, trat dann in den preuß. Justizdienst und arbeitete 1873 als Hilfsarbeiter im Justizministerium die Motive des Deutschen Gerichtsverfassungsgesetzes aus. Als Kreisrichter in Greifswald wurde er 1874 im Nebenamt außerord. Professor daselbst, 1877 Hilfsarbeiter im Reichsjustizamt, 1878 zum vortragenden Rat ernannt, trat 1879 in das preuß. Justizministerium über und wurde 1887 Präsident des Oberlandesgerichts zu Cassel. Er veröffentlichte namentlich «Erörterungen aus dem Gebiete des Vormundschaftsrechts» (Berl. 1876) und bearbeitete die neuern Auflagen von Försters «Preuß. Privatrecht» (6. Aufl., Bd. 1 u. 2, ebd. 1892).

Eccles (spr. eck'ls), Stadt in der engl. Grafschaft Lancaster, 7 km im W. von Manchester, am Irwell schön gelegen, hat (1891) mit Barton⸗on⸗Irwell und andern Vororten 29606 E., viele Villen reicher Kaufleute von Manchester und Baumwollindustrie.

Ecclesall⸗Bierlow (spr. éck'lsahl bihrlo), Industriebezirk im West⸗Riding der engl. Grafschaft York, 5 km im SW. von Sheffield, hat (1891) 80824 E., großartige Stahl⸗ und Eisenfabrikation.

Ecclesfield (spr. eck'lsfihld), Stadt im West⸗Riding der engl. Grafschaft York, 7 km nördlich von Sheffield, an der Leeds⸗Sheffieldbahn, hat (1891) als Zählbezirk 25890 E., Fabrikation von Stahlwaren und Messern, Papier und Leinwand.

Eccleshall (spr. eck'lshahl), Stadt in der engl. Grafschaft Stafford, 11 km im NW. von Stafford, nahe am Sow, Bischofssitz, hat (1891) 3878 E., Fabrikation von Leder und Schuhwerk. In die dortige Kirche floh die Königin Margarete, Gemahlin Heinrichs VI., nach der Schlacht von Bloreheath (1459).

Eccleshill (spr. eck'ls⸗), Stadt im West⸗Riding der engl. Grafschaft York, unweit Bradford, hat (1891) 7928 E., Gerberei und Schuhwarenfabriken.

Ecclesia (grch.), ursprünglich die Versammlung der freien Bürger in den altgriech. Freistaaten (s. Ekklesia). Nach dem Vorgang der griech. Übersetzung des Alten Testaments, die mit E. die hebr. Volksgemeinde wiedergiebt, brauchen die neutestamentlichen Schriftsteller das Wort für die christl. Gemeinde und zwar ursprünglich ebensowohl für die Einzelgemeinde an einem bestimmten Ort als für die Gesamtheit der Gläubigen überhaupt. Danach wurde (zuerst in den Briefen an die Kolosser und Epheser) das Wort zur Bezeichnung der christl. Kirche als einer göttlich organisierten idealen Gemeinschaft unter Christus als ihrem Haupte gebraucht. Das Wort blieb seitdem so vieldeutig wie das deutsche Wort Kirche und bezeichnet u. a. auch ein gottesdienstliches Gebäude. — E. militans, streitende Kirche; E. triumphans, triumphierende Kirche, d. h. vollendete Kirche des Jenseits; E. pressa, unterdrückte Kirche; E. catholica apostolica romana, s. Apostolisch. [(s. d.).

Ecclesiastes, lat. Schreibung für Ekklesiastes

Ecclesiasticus (grch.), soviel wie Geistlicher; in der Vulgata Titel des Buchs Jesus Sirach.

Ecco von Repkow, s. Eike.

Eccoprotica (grch.), kotausführende Mittel, s. Abführen.

Eccoptogáster, s. Splintkäfer.

Eccremocárpus scaber *R. et P.* (Calampelis scaber *Don.*), Schönrebe, Hängefrucht, zu den Bignoniaceen (s. d.) gerechneter Kletterstrauch Perus mit eckigen, verästelten, bis 5 m hohen Stengeln. Sie haben gegenständige, rauh behaarte, doppelt gefiederte Blätter mit verästelter Ranke. Die langgestielten, leuchtend orangeroten, zu Trauben gestellten Blumen haben einen gefärbten, glockenförmigen, fünflappigen Kelch und eine überhängende, röhrige, in fünf kleine, zurückgebogene Lappen ausgehende Krone. Die zweiklappige Kapsel enthält eine große Menge linsenförmiger, schwarzer, hautrandiger Samen. Viele ihrer Äste hören auf zu klettern, wenn sie eine gewisse Höhe erlangt haben, und gereichen dann der ganzen prächtigen Erscheinung noch zur besondern Zierde. Die Schönrebe eignet sich zur Bekleidung von Wänden, wenn man sie in Kübeln hält, in einem frostsichern Raume überwintert und im Frühjahr mit dem Gefäß in das Land setzt.

Ecgonin, s. Cocaïn.

Echallens (spr. eschalláng). 1) **Bezirk** im schweiz. Kanton Waadt, hat 127,8 qkm, (1888) 9724 E., darunter 2386 Katholiken, in 28 Gemeinden. Er liegt auf der nördl. Abdachung des Jorat und hat ein ziemlich rauhes Klima, jedoch fruchtbaren Ackerboden und viele Waldungen. Viehzucht, Ackerbau und Holzhandel sind Haupterwerbsquellen. — 2) E., deutsch Tscherlitz, **Hauptstadt** des Bezirks E., 14 km nördlich von Lausanne, in 621 m Höhe, am Talent, der vom Mont-Jorat der Orbe und mit dieser dem Neuenburgersee zufließt, an der schmalspurigen Bahn Lausanne-E.-Bercher (24 km), hat (1888) 1089 E., darunter 452 Katholiken, Post, Telegraph, Fernsprecheinrichtung; je eine evang. und kath. Kirche, ein altes Schloß, einst Residenz der freiburg-bernischen Landvögte von Tscherlitz, jetzt Knabenerziehungsanstalt; ferner bedeutende Korn-, Vieh- und Jahrmärkte.

Échange (frz., spr. eschángsch), Tausch, Wechsel; echangieren, auswechseln, tauschen.

Échantillon (frz., spr. eschangtijóng), Probe.

Échappade (frz., spr. eschappahd), in der Gravierkunst ein durch Ausgleiten des Grabstichels veranlaßter Fehler; dann überhaupt Flüchtigkeitsfehler, Versehen; échappatoire (spr. eschappatŏahr), Ausflucht.

Echappement (frz., spr. eschapp'máng), Uhrhemmung, s. Hemmung.

Echappieren (frz., spr. eschap-), entwischen.

Écharpe (frz., spr. escharp), Schärpe, Feldbinde; in der Fechtkunst: Querhieb; en écharpe (spr. anneschárp) beschießen, echarpieren, eine Truppenstellung oder Festungsfront schräg unter spitzem Winkel beschießen.

Echarpieren, s. Écharpe.

Echauffement (frz., spr. eschof'máng), Erhitzung; echauffieren, erhitzen, in Zorn versetzen.

Échéance (frz., spr. escheángß), Verfallzeit eines Wechsels.

Échec (frz., spr. eschéck), Schach; en échec (spr. anneschéck) halten, den Feind so beschäftigen, daß er verhindert wird, anderswo einzugreifen; einen Echec erleiden, heißt: eine Niederlage erleiden.

Echegaray (spr. etschegaräi), Don José, span. Schriftsteller, geb. 1835 zu Madrid, ist seit 1858 Professor der Mathematik und Physik an der hauptstädtischen Ingenieur-Fachschule und hat eine Reihe wissenschaftlicher Arbeiten veröffentlicht, die ihm 1866 Sitz und Stimme in der Real Academia de ciencias verschafften. Als dramat. Schriftsteller trat E. 1874 auf mit dem Schauspiel «La esposa del vengador» (deutsch von Fastenrath: «Die Frau des Rächers», Wien 1883), das einen durchschlagenden Erfolg erzielte, dank der mächtig ergreifenden Handlung, der kräftigen Charaktere und der edlen lebendigen Sprache. Es folgten u. a. 1875 «La ultima noche» und «En el puño de la espada», 1876 «O locura ó santidad» (deutsch von Sallis u. d. T. «Wahnsinnig», 3. Aufl., Berl. 1889), 1878 «En el pilar y en la cruz», 1879 «En el seno de la muerte» (deutsch von Fastenrath: «Im Schooß des Todes», Lpz. 1883) und «Mar sin orillas», 1880 «La muerte en los labios», 1881 «El gran Galeoto» (deutsch von Paul Lindau als «Galeotto», 1887) und «Haraldo el Normando», 1882 «Conflicto entre dos deberes», 1885 «Vida alegre y muerte triste» (deutsch von Fastenrath u. d. T. «Lustiges Leben, trauriger Tod», Halle 1892), 1887 «Dos fanatismos», 1890 «Manantial que no se agota», «Los rigidos», 1891 «Siempre en ridículo», «El prólogo de un drama», «Un crítico incipiente», 1892 «El hijo de Don Juan», «Comedia sin desenlace». Von der Sammlung der «Obras dramáticas escogidas» sind bisher 2 Bände erschienen (1884—85). Gestalten und Handlung bei E. entwickeln sich in schärfster psychol. Berechnung, sind jedoch unwahr, da Natur und Leben sich nicht auf mathem. Gleichungen reducieren lassen. Die Verbindung eines starken Verstandes mit außerordentlicher Einbildungskraft machen seine Dramen zu einer der bemerkenswertesten Erscheinungen der neuern europ. Litteratur. Vgl. Zacher, Don José E. (Berl. 1892).

Échelle (frz., spr. eschéll), Leiter, Tonleiter, Skala; der eingeteilte, das Verhältnis zur wirklichen Größe anzeigende Maßstab bei Kartenzeichnungen u. s. w.; in der Mehrzahl soviel wie Stapelplätze, Seestädte, besonders in der Levante.

Echelles, Les (spr. läseschéll), Hauptort des Kantons E. (161,88 qkm, 11 Gemeinden, 6846 E.) im Arrondissement Chambéry des franz. Depart. Savoie, in 380 m Höhe am rechten Ufer des Rhônezuflusses Guiers-vif, der sich 1 km unterhalb E. mit dem Guiers-mort verbindet, in einem tiefen, von den Bergen der Grande-Chartreuse, den südlichsten Ausläufern der Dent-du-Chat (Mont-Grelle, 1426 m) und den waldigen Höhenzügen des Grand-Coffert umschlossenen Thalkessel, hat (1891) 603, als Gemeinde 748 E., Post, Telegraph, Leinenfabrikation und Marmorbrüche. Herzog Karl Emanuel von Savoyen ließ hier zur Vermeidung des alten Felssteiges L'Echaillon 30 m tief und in einer Länge von 2 km eine Straße durch die Felsen anlegen, die aber außer Gebrauch kam, seitdem die Napoleonische Straße, 1815 von der piemont. Regierung vollendet, die Felsmauer mit dem 308 m langen, 8 m breiten und ebenso hohen Tunnel La Grotte (517 m) durchsetzt. Die strategische Bedeutung ist seit Eröffnung der Mont-Cenis-Bahn vorüber.

Echelons (frz., spr. esch'lóng), s. Staffeln. — Echelon-Attacke, s. Attacke.

Echenëis, Fisch, s. Schiffshalter.

Echeveria *DC.*, Pflanzengattung aus der Familie der Crassulaceen (s. d.). Viele ihrer größtenteils in Mexiko einheimischen Arten liefern in ihren zierlichen, lebhaft gefärbten, traubig stehenden Blumen einen Beitrag zum winterlichen Stubenflor, während andere wegen der Eleganz ihrer fleischigen Blattrosetten zur Bildung von regelmäßigen Teppichbeeten geeignet sind. Alle aber erfordern Überwinterung bei einer Temperatur von + 5 bis 8° R. bei sehr mäßiger Bewässerung. E. retusa *Lindl.* ist ein schöner Winterblüher mit gelblichroten Blumen, E. secunda *Baker* nebst var. glauca, mit graugrünen, eine kleine Rosette bildenden Blättern, und E. metallica *Nutt.* mit großen breiten, braunroten Blättern und mehrere andere Arten werden als Teppichpflanzen verwendet und durch Abnehmen der Seitensprosse und Stecklinge, wozu man auch Blätter verwenden kann, vermehrt.

Echeverria (spr. etschew-), Don Estéban, Dichter des span. Amerika, geb. 1809 in Buenos-Aires, starb, von Rosas verbannt, im Jan. 1851 zu Montevideo. Schon in seinem 20. Jahre gab er ein Bändchen Gedichte heraus, ging dann nach Frankreich und lehrte begeistert für Lamartines und Byrons Ideen nach Amerika zurück. Unter seinen kleinern Gedichten «Consuelos» (1834) und «Rimas» (1837) bekunden viele hohe Dichtergabe, und fast alle sind in wohltönenden Versen geschrieben. Die «Cautiva» (1837) enthält treffliche Schilderungen der argentin. Pampas und deren Bewohner. Ähnlich ist die «Guitarra» (1842). In der Verbannung schrieb er «La insurreccion del Sud» (Montevideo 1849), worin er seinen Haß gegen den Tyrannen Rosas ausspricht. Vgl. Torres Caicedo, Ensayos biograficos (Par. 1868).

Echidna, s. Ameisenigel.

Echidna, nach Hesiod ein Ungeheuer in Schlangengestalt mit menschlichem Oberleibe. Sie erzeugte mit Typhon den Kerberos, die Lernäische Hydra, die Chimaira, die Sphinx und andere Ungeheuer. Argos überfiel sie im Schlafe und tötete sie. Sie lebt aber als hundertköpfiges Ungeheuer mit Typhon vereinigt in der Unterwelt fort, vielleicht ein Bild des bei jedem Vulkanausbruch (Typhon) auftretenden wirbelartigen Gewittersturms.

Echinäden (Echinădes) oder Oxiae Insulae, hieß bei den alten Griechen eine Gruppe kleiner Inseln nahe der Südwestküste der Landschaft Akarnanien, vor der Mündung des Flusses Achelous; sie heißen jetzt Kurtsolari. Die größte der E. hieß Doliche. Die Zahl dieser Inseln war in den frühesten Zeiten des Altertums bedeutender als in den spätern und als jetzt, da infolge der durch den Achelous veranlaßten Anschwemmungen mehrere, darunter eine größere (Artemita), mit der Küste Akarnaniens verbunden worden sind. Hier erfocht Don Juan d'Austria 1571 seinen großen Seesieg über die Türken (s. Lepanto).

Echiniden sind eigentlich eine besondere Familie der Seeigel (s. d.), doch findet man nicht selten die versteinerten Reste sämtlicher Unterabteilungen dieser Klasse kurz als E. bezeichnet. Dieselben erreichen ihren größten Formenreichtum in der Kreideformation und sind hier zuweilen vollständig als sog. Steinkerne wie mit Feuerstein ausgegossen (z. B. auf Rügen). Durch die von Norden kommenden Gletscher der Eiszeit wurden diese E. (besondes den Gattungen Galerites und Ananchytes angehörig) von den Gestaden der Ostsee aus im Diluvium des ganzen norddeutschen Tieflandes verbreitet.

Echinocactus *Lk. et Otto*, Igelkaktus, Pflanzengattung aus der Familie der Kakteen (s. d.). Man kennt etwa 200 Arten mit flach gewölbten oder cylindrischen Stämmen, denen die zum Teil ansehnlichen, teils auch ziemlich kleinen Blüten am Scheitel aufsitzen. Häufig und leicht blühen im Sommer E. Ottonis *Lehm.* und E. Scopa *Lk. et Otto* (Besen-Igelkaktus), beide gelb, und sind daher für die Stubenkultur zu empfehlen, wie auch E. Linkii *Lehm.* und E. acutangulus *Zucc.*, mit größern gelben Blumen und purpurroten Narben und Staubfäden. Durch interessante Bewehrung ausgezeichnet sind E. cylindraceus *Engelm.*, deren Areolen (Stachelbüschel) 12 äußere und 5 innere lange, zurückgebogene Stacheln haben, und E. pectiniferus *Scheidw.* (von manchen zu Cereus gerechnet) mit zahlreichen großen, roten Blumen, die 23 Rippen mit fast kammförmig um eine längliche Areole herum stehenden Stacheln. E. longihamatus *Galeotti* (s. Tafel: Kakteen, Fig. 6) ist eine schöne Art mit langen dünnen, am Ende hakenförmig gebogenen Centralstacheln und gelben, seidenglänzenden Blüten. Man vermehrt die Echinokaktusarten, indem man ältere Pflanzen quer durchschneidet, um das Kronenstück, nachdem die Schnittfläche gehörig abgetrocknet ist, als Steckling zu benutzen, während sich am bewurzelten Mutterstock junge Pflanzen bilden. Alle Arten müssen sonnig und nahe unter dem Glase stehen, im Sommer auf einem sonnigen, geschützten Gestell im Freien.

Echinocardium, Gattung der Unterfamilie der Herzigel (s. Seeigel) mit dünnwandiger Schale, auf der Oberseite kurzen, dünnen, nach der Unterseite längern, verbreiteten Stacheln. Ihre Größe schwankt zwischen 3—6 cm, sie leben in geringen Tiefen, hauptsächlich auf sandigem Meeresboden, in welchem sie sich gern einbohren. Fossil sind sie aus tertiären Schichten bekannt.

Echinocerĕus *Lem.*, Igelkerzenkaktus, Pflanzengattung aus der Familie der Kakteen (s. d.). Man kennt von dieser Gattung, die von manchen Botanikern nur als eine Sektion der Gattung Cereus angesehen wird, über 50 Arten. Es sind Pflanzen mit kugeligem oder walzenförmigem, niederliegendem oder aufrecht wachsendem, meist dicht mit Stacheln besetztem Stamm und verhältnismäßig großen Blüten. Die bekanntesten Arten sind: E. pectinatus *Engelm.*, kammförmiger Igelkerzenkaktus aus Mexiko, mit birnförmigem Stamm, der mit kleinen kammförmig gestellten, weißlichen Stacheln besetzt ist, und rosenroten Blüten; nebst Varietät caespitosa (auch als besondere Art E. caespitosus *Engelm.* angesehen), mit niedrigen, säulenförmigen, im Alter vom Grunde aus rosenförmig gestellten Stämmen und rosenroten Blüten. (S. Tafel: Kakteen, Fig. 9.)

Echinocóccus, s. Bandwürmer.

Echinodérmen, s. Stachelhäuter.

Echinoiden (Echinoidĕa), s. Seeigel.

Echinokokkenkrankheit, s. Leberechinococcus.

Echinometrĭdae, Familie der regulären Seeigel mit breiten Ambulakralplatten, meist dicker Schale, verschieden langen, bisweilen sehr großen, keulenförmigen Stacheln. Die Eierstöcke mancher Arten sind roh ein wohlschmeckendes Gericht. Man kennt 34 lebende und etwa ebenso viele fossile Arten, welche zuerst im obern Jura auftreten und im Tertiär am stärksten entwickelt sind. Leben meist in geringen Tiefen und werden unter Umständen 15 cm groß und größer.

Echinomyĭa fera *L.*, s. Raupenfliegen.

Echīnops *L.*, Kugeldistel, Pflanzengattung aus der Familie der Kompositen (s. d.) mit gegen 70 in Südeuropa, Nordafrika und dem außertropischen Asien weit verbreiteten Arten. Es sind distelähnliche, mehr oder minder wollig behaarte, ausdauernde Gewächse mit kugeligen Knäueln meist lebhaft blau gefärbter Blütenköpfchen. Mehrere Arten von E. werden zur Ausstattung der Gärten benutzt und leisten hier durch Mitwirkung bei gemischten Pflanzengruppen, wie E. ruthenicus *Fisch.* und E. sphaerocephalus *L.*, oder auf der Rabatte gute Dienste, wie E. Ritro *L.* Letzterer ist wegen seiner himmelblauen, metallisch glänzenden Blütenköpfe ganz besonders wirksam. Sie halten im Freien gut aus, gedeihen fast ohne Pflege und lassen sich durch Aussaat wie durch Teilung der Stöcke vermehren.

Echinópsis *Zucc.*, Seeigelkaktus, Pflanzengattung aus der Familie der Kakteen (s. d.). Man kennt von derselben über 25 noch nicht sicher bestimmte Arten und zahlreiche Formen. Die bekanntesten sind: E. Eyriesii *Zucc.* (s. Tafel: Kakteen, Fig. 7), in den La-Plata-Staaten und Buenos-Aires heimisch, mit in der Jugend kugeligem, im Alter länglichem, starkrippigem, schwach bestacheltem Stamm und sehr großen, bis 26 cm langen, weißen, wohlriechenden, im Sommer erscheinenden Blüten. E. Zuccariniana *Pfr.* (E. tubiflora *Zucc.*), der vorigen Art ähnlich, Stamm auch im Alter mehr kugelig, Blüten schneeweiß. Beide Arten gehören zu den am leichtesten zu kultivierenden und dankbarsten Zimmerpflanzen, die man im Sommer an einen sonnigen Platz ins Freie stellen kann.

Echinorhynchus, s. Kratzer.

Echīnus (grch., d. i. Igel), beim Kapitäl der dor. Säule das wulstartige Glied, das die Vermittelung zwischen dem runden Säulenschaft und der viereckigen Deckplatte (Abacus) bildet (s. Säulenordnung).

Echīon, einer der aus den von Kadmos (s. d.) gesäten Drachenzähnen erwachsenen geharnischten Männer, erbaute mit Kadmos Theben und zeugte mit dessen Tochter Agaue den Pentheus.

Échiquier (frz., spr. eschikieh), Schachbrett; Art der militär. Aufstellung (en échiquier), wobei die Truppenteile des zweiten Treffens auf die Zwischenräume der Truppenteile des ersten Treffens gerichtet sind (s. Treffen).

Echitamin, Echitenin, s. Ditain.

Echīum *L.*, Natternkopf (wegen der Form der Samen), eine zu den Borragineen (s. d.) gehörige Pflanzengattung mit etwa 30 Arten. Es sind trautartige Gewächse oder Halbsträucher, die vorzugsweise in den Mittelmeerländern vorkommen. Die krautigen Teile sind meist mit steifen Borstenhaaren besetzt. Die Blumenkrone ist unregelmäßig, glockig, fast rachenförmig und ihr Schlund offen. Die Blumen sind achsel- oder gipfelständig in Ähren oder Trauben, die vier Teilfrüchtchen einer unterständigen Scheide eingefügt. Am bekanntesten ist der gemeine Natternkopf, E. vulgare *L.*, häufig auf sonnigen, steinigen Plätzen und Hügeln, an Ackerrändern u. s. w. und von Juni bis August durch die hübschen blauen Blumen in das Auge fallend. Die Gattung E. schließt auch mehrere ausgezeichnete Zierpflanzen ein, wie z. B. E. creticum *L.*, auf Kreta heimisch, eine trotz ihrer nur einjährigen Lebensdauer stattliche Pflanze mit roten, später violetten Blumen, und E. rubrum *Jacq.*, eine zweijährige Pflanze Österreichs, Ungarns u. s. w. mit dunkelroten, später bläulichen Blumen. Beide werden im April und Mai an den für sie bestimmten Platz gesät und bedürfen keinerlei Pflege.

Echiūrus, Gattung der Sternwürmer (s. d.) von wurstförmiger Gestalt, oberhalb der Mitte eingeschnürt, mit spatelförmigem Kopflappen, auf der Körperoberfläche mit Querreihen kleiner Papillen, mit zwei Borstenkränzen am Afterende. Die sechs bekannten Arten leben eingegraben im Sande.

Echo (grch.), Widerhall, die Zurückwerfung des Schalls von einer durch die Schallwellen getroffenen Wand oder von einer sonst dazu geeigneten Fläche. Selbst die Wolken können eine solche bieten; als Beispiel hierfür dient das Rollen des Donners, das zum Teil von seiner Zurückwerfung von den Wolken herrührt. Damit der zurückkehrende Schall wieder deutlich an seinem ursprünglichen Ausgangsort vernommen, also z. B. von einem Rufenden ein E. seiner Worte gehört werde, muß die Wand gegen die Richtung des ankommenden Schalls nahezu senkrecht stehen; denn schiefe Wände werfen den Schall nach einer andern Richtung als nach dem Orte seiner Erzeugung zurück. Die Entfernung der zurückwerfenden Wand muß, wenn das E. von dem ursprünglichen Laute sich deutlich trennen soll, wenigstens so groß sein, daß der Schall zum Hin- und Hergange die Zeit braucht, die für unser Ohr nötig ist, wenn es zwei aufeinander folgende Laute deutlich scheiden soll. Dies ist nur möglich, wenn der zurückgeworfene Schall erst dann ankommt, wenn der ursprüngliche bereits gehört worden ist, sodaß unser Ohr neuerdings für eine Anregung empfindlich ist. Das menschliche Ohr vermag nämlich in 1 Sekunde nur etwa 9 Laute voneinander deutlich zu unterscheiden. Da nun der Schall in ruhiger Luft 333 m in 1 Sekunde zurücklegt, so wird eine mindestens 18,5 m entfernte Wand eine Silbe deutlich wiederholen können. Ist die Entfernung kleiner, so entsteht nur ein undeutlicher Nachhall. Ist aber die Entfernung größer als 18,5 m, so kann das E. so viel Silben hören lassen (mehrsilbiges E.), als in der bis zum Wiederkommen des Schalls erforderlichen Zeit gesprochen werden können. Das E. am Grabmal der Cäcilia Metella in der röm. Campagna, das nach Gassendi einen Hexameter wiederholt, der etwa $2^1/_2$ Sekunden zum Aussprechen erfordert, muß daher aus ungefähr 400 m Entfernung kommen; das 17silbige E. im Park des engl. Schlosses Woodstock muß in einer Entfernung von nahezu 315 m seinen Ursprung haben. Befinden sich in der Richtung des Schalls mehrere Wände (Felsen, Mauern u. s. w.) in verschiedenen größern Entfernungen, so bildet jede Wand ihr E. für sich, und diese E. werden dann nacheinander ans Ohr gelangen (mehrfache oder vielfache E.). Die berühmtesten E. dieser Art befinden sich bei Rosneath in Schottland, bei Koblenz, auf der Großen Gans bei der Bastei in der Sächsischen Schweiz, bei Adersbach in Böhmen u. s. w. Ein solches E. entsteht ferner, wenn der Schall auf zwei Wände trifft, die miteinander einen Winkel machen und dann durch Hin- und Herwerfen den Schallstrahlen das E. ähnlich vervielfachen, wie z. B. die Spiegel eines Kaleidoskops die Bilder. Ein derartiges E. wird von den beiden Flügeln des Schlosses Simonetta bei Mailand erzeugt, welche einen Pistolenschuß bis 60 mal wiederholen. Auch Wände, die einander parallel in gehöriger Entfernung gegenüberstehen, können ein vielfaches E. geben. Echoartige Schallzurückwerfungen, und zwar unter bedeutender Verstärkung des Schalls, finden ferner an elliptischen oder kugelförmigen Gewölben (Echogewölben, Sprachgewölben) statt, z. B. bei der Flüstergalerie in der Paulskirche zu London, in der Vorhalle des Gewerbemuseums in Paris. Sie beruhen auf dem Princip der Schallspiegel (s. d.). Die Erfahrung lehrt, daß selbst Bäume, Waldränder, also unregelmäßige reflektierende Flächen, ein wenn auch undeutliches E. erzeugen. Es beruht dies auf der Länge der Schallwellen.

Echo (musikalisch) erscheint in der Oper und Kantate (auch in der Suite) des 17. und 18. Jahrh. als häufig gebrauchtes Effektmittel sowohl in Chören als in Sologesängen; mitunter poetisch motiviert, in der Regel aber nur äußerlich verwendet als besonders wirksame Spielart des Wechsels zwischen starkem und schwachem Klang. Einer der ersten Komponisten, die das E. anbrachten, war Gagliano (in «Dafne»), einer der letzten Sebastian Bach (im «Weihnachtsoratorium»). Auch bei der Orgel hielt man das E. für so wichtig, daß dafür unter dem Namen Echowerk ein eigenes Manual bestimmt wurde.

Echo, Name des 60. Planetoiden.

Echo (mytholog.), die göttliche Personifikation des E. bei den Griechen. Sie war eine Nymphe der Berge und Wälder, welche von Pan geliebt wurde, aber diese Liebe nicht erwiderte, da sie selbst von Sehnsucht nach Satyros erfüllt war. Nach dem Dichter Longus machte daher Pan die Hirten rasend, welche E. zerrissen und ihre noch singenden Glieder in alle Welt zerstreuten. Nach Ovid wurde Juno, wenn sie ihren Gemahl Jupiter bei den Nymphen überraschen wollte, oft von E. durch lange Gespräche hingehalten. Zur Strafe dafür beschränkte ihr die Göttin die Sprache, sodaß ihr die Stimme nur zur Wiederholung des letzten Wortes, das sie hörte, blieb. Im Gram über ihre verschmähte Liebe zu Narkissos (s. d.) verzehrte sie sich so, daß nur die Stimme und Gebeine übrigblieben; letztere wurden zuletzt in Felsen verwandelt (aus denen das E. ertönt). Verehrung genoß sie besonders in Hallen zu Olympia und Hermione, die sich durch siebenfaches und dreifaches E. auszeichneten. Vgl. Wieseler, Die Nymphe E. (Gött. 1854).

Echogewölbe, s. Echo (physikalisch).

Echolälie oder Echophräsie (grch., «Echosprache»), das gedankenlose Nachsprechen von Vorgesagtem, z. B. Fragen, Symptom bei Geistesstörung, besonders geistigen Schwächezuständen.

Echowerk, s. Echo (musikalisch).

Echsen oder Saurier (Sauria s. Lacertilia), Reptilienordnung, den Schlangen näher verwandt als Schildkröten und Krokodilen. Ihr gestreckter Körper ist nie mit knöchernen Schildern bedeckt, sondern mit Hornschuppen verschiedener Größe oder er ist nackt. Der After bildet eine quer verlaufende Spalte an der Basis des Schwanzes, hinter der bei den Männchen die doppelten, ausstülpbaren Begattungsorgane gelegen sind. Von den Schlangen unterscheiden sich die E. durch den Besitz von vier Extremitäten, die in einigen Fällen allerdings rudimentär sind; immer aber bleibt wenigstens ein Schultergürtel und ein Brustbein oder deren Rudimente, bestehen. Die Knochen des Kopfes, namentlich die der Kiefer, sind fest miteinander verwachsen, sodaß der Rachen nicht erweiterungsfähig ist, wie bei den Schlangen. Die Zähne ähneln in der Form denen der Krokodile, jedoch stehen sie niemals, wie bei diesen, in besondern Vertiefungen (Alveolen) der Kieferknochen; ihre Befestigung auf den letztern ist nicht immer ganz gleich, indem sie zum Teil auf dem Kieferrande stehen (Acrodontes), zum Teil diesem auf der Innenseite angelehnt sind (Pleurodontes) Die Sinnesorgane der E. sind hoch ausgebildet, vor allem die mit voll entwickelten Lidern versehenen Augen und das durch ein freies Trommelfell nach außen abgeschlossene Ohr. Die Färbung der E. ist zum Teil lebhaft und bunt; einzelne Arten, besonders das Chamäleon, können ihre Färbung in kurzer Zeit willkürlich ändern. Dies ermöglichen zahlreiche verschieden gefärbte Pigmentzellen (Chromatophoren), die, in zwei Schichten unter der Oberfläche der Haut gelegen, sich in Reaktion auf Nervenreize zusammenziehen und ausdehnen können und dann ihre Farben mehr oder minder durch die Oberhaut durchscheinen lassen. Bemerkenswert ist die Form der Zunge bei den E., die so wechselt, daß darauf eine Einteilung der gesamten E. in Unterordnungen und Familien sich stützen ließ. Die E. sind meist kleinere, durchaus harmlose Tiere. Sie lieben die Wärme und sind vorwiegend Bewohner der Tropen; in den gemäßigten Klimaten kennt man noch einige Vertreter, die Polarkreise erreicht keine von den über 1200 bis jetzt bekannten Arten. Sie sind vorwiegend Landtiere, die auf der ebenen Erde, auf Felsen und Mauern, teilweise auch auf Bäumen, selten und nur zeitweise im Wasser leben. Ihre Nahrung besteht fast durchweg in kleinem Getier, Insekten, Schnecken, Würmern u. dgl., auch vergreifen sich namentlich größere Arten nicht selten an jüngern und kleinern ihresgleichen, sowie an kleinen Säugetieren, Vögeln und deren Eiern. Einige Arten, namentlich die Tejuechsen und Leguane in Brasilien, werden von dem Menschen als Leckerbissen betrachtet und eifrigst gejagt. Fossile Reste typischer E. fand man erst im obern Tertiär.

Nach dem Bau der Zunge unterscheidet man unter den E. Wurm-, Dick-, Kurz- und Spaltzüngler (s. diese Artikel); die niedrigststehenden Formen von schlangenähnlichem Habitus, mit schuppenloser, durch Querfurchen in Ringe abgeteilter Haut hat man vielfach als besondere Gruppe der Ringelechsen (s. d.) den übrigen vorangestellt. Zu den Wurmzünglern gehören bloß die Chamäleons (s. d., z. B. das gemeine Chamäleon, Chamaeleo vulgaris *Daud.*, s. Tafel: Echsen II, Fig. 5, und das Gebirgs-Chamäleon, Chamaeleo montium *Buchholz*, Taf. II, Fig. 6). Die Dickzüngler sind besonders mannigfach differenziert: zu ihnen gehören die Geckos (s. d., z. B. der merkwürdige javan. Faltengecko, Ptychozoon homalocephalum *Kuhl.*, Taf. III, Fig. 4), die Dornschwänze (s. d., z. B. Uromastix spinipes *Merrem.*, Taf. III, Fig. 6), die merkwürdigen zum Teil pflanzenfressenden E. der Galapagosinseln (der Drüsenkopf, Conolophus subcristatus *Steind.*, Taf. II, Fig. 1; der Kielschwanz, Tropidurus Grayii *Bell.*, Taf. II, Fig. 2 und die gekämmte Meerechse, Amblyrhynchus cristatus *Bell.*, Taf. II, Fig. 3), der Tapayaxin (s. d. Phrynosoma orbiculare *Wiegm.*, Taf. III, Fig. 3), die eleganten Drachen (s. Drache, fliegender, Draco volans *L.*, Taf. III, Fig. 2). Kurzzüngler sind unter andern die gemeine Blindschleiche (s. d., Anguis fragilis *L.*, Taf. I, Fig. 5), der früher offizinelle Stink (s. d., Scincus officinalis *Laur.*, Taf. III, Fig. 1) und der fußlose Scheltopusik (s. d., Pseudopus Pallasii *Cuvier*, Taf. II, Fig. 4). Zu den Spaltzünglern gehören die Eidechsen (s. d., Taf. I, Fig. 1—4) und der Waran (s. d., Monitor niloticus *Hassl.*, Taf. III, Fig. 5). Eine Echsenform, deren Körperbau noch gewisse Charaktere der Lurche zeigt, ist die als Vertreter einer besondern Ordnung betrachtete Brückenechse (s. d.). — Vgl. Leydig, Die in Deutschland lebenden Arten der Saurier (Tüb. 1872).

Echt, der Gegensatz von verfälscht, nachgemacht. Urkunden heißen so, wenn sie von dem wirklich ausgestellt sind, als von welchem ausgestellt sie sich bezeichnen. Bei inländischen öffentlichen Urkunden spricht die Vermutung für die Echtheit. Nach dem Vertrag zwischen dem Deutschen Reich und Österreich-Ungarn vom 25. Febr. 1880 bedürfen die in dem einen Reich ausgestellten gerichtlichen und von den

ch die Echsen ...
...t ist die Form ...
...hält, daß darauf ein
... Unterordnungen und
... E. sind meist kleinere.
Sie lieben die Wärme
...er der Tropen; in den
man noch einige Ver-
...t keine von den über-
...en. Sie sind vorwie-
...menen Erde, auf Felsen
auf Bäumen, selten
...leben. Ihre Nahrung
...em Getier, Insekten,
..., auch vergreifen sich
...icht selten an jüngern
...wie an kleinen Säuge-
...rn. Einige Arten, na-
...Leguane in Brasilien,
... Leckerbissen betrachtet
...leste typischer E. fand

...ge unterscheidet man
..., Kurz- und Spalt-
...die niedrigststehenden
...em Habitus, mit schup-
...in Ringe abgeteilter
...besondere Gruppe der
...übrigen vorangestellt.
...gehören bloß die Cha-
...meine Chamäleon,
... s. Tafel: Echsen II,
...Chamäleon, Cha-
...Taf. II, Fig. 6). Die
...mannigfach differen-
...dos (s. d., z. B. der
...gecko, Ptychozoon
...II, Fig. 4), die Dorn-
... spinipes Merrem.,
...ngen zum Teil pflan-
...inseln (der Drüsen-
...tus Steind., Taf. II,
...opidurus Grayii Bell.,
...ämmte Meerechse,
...ll., Taf. II, Fig. 3), der
...a orbiculare Wiegm.,
...en Drachen (s. Drache,
..., Taf. III, Fig. 2).
...andern die gemeine
...is fragilis L., Taf. I,
...Stink (s. d., Scincus
...ig. 1) und der fußlose

ECHSEN. I.

1. Grüne Eidechse (Lacerta viridis). 2. Zauneidechse (Lacerta stirpium). 3. Mauereidechse (Lace muralis). 4. Bergeidechse (Lacerta vivipara). 5 Blindschleiche (Anguis fragilis).

Brockhaus' Konversations-Lexikon. 14. Aufl.

F. A. Brockhaus' Geogr.-artist. Anstalt. J.

Galapagos-Echsen: 1. Drüsenkopf (Conolophus subcristatus). Länge 0,80 m. 2. Kielschwanz (Tropidurus Grayii). Länge 0,25 m. 3. Gekämmte Meerechse (Amblyrhynchus cristatus). Länge 0,85 m.

4. Scheltopusik (Pseudopus Pallasii). Länge 1 m.

5. Chamäleon (Chamaeleo vulgaris). Länge 0,32 m.

6. Kopf des Gebirgs-Chamäleons (Chamaeleo montium).

ECHSEN. III.

1. Skink (Scincus officinalis). Länge 0,15 m.

2. Fliegender Drache (Draco volans). Länge 0,30 m.

3. Tapayaxin (Phrynosoma orbiculare). Länge 0,13 m.

4. Faltengecko (Ptychozoon homalocephalum). Länge 0,20 m.

5. Waran (Monitor niloticus). Länge 2 m.

6. Dornschwanz (Uromastix spinipes). Länge 0,80 m.

in jenem Staatsvertrag genannten öffentlichen Behörden, von einer obersten Verwaltungsbehörde oder einer staatlichen oder kirchlichen obern Verwaltungsbehörde ausgestellten oder deglaubigten Urkunden keiner weitern Beglaubigung um in dem andern Reiche als echte, von der betreffenden Behörde ausgestellte Urkunde zu gelten. Sonst werden die ausländischen öffentlichen Urkunden, auch die der Notare, von dem Gesandten des Staates, in welchem sie vorgelegt werden sollen, deglaubigt. Die Privaturkunden gelten als echt auch bezüglich des Inhalts, wenn die Unterschrift von dem Prozeßgegner anerkannt oder dereu Echtheit bewiesen ist, vorbehaltlich des dent Gegner zustehenden Beweises, daß der Inhalt verfälscht oder z. B. bei einem Blankett fälschlich angefertigt sei (Civilprozeßordn. §§. 402—408).

Echtblau, Handelsbezeichnung für einige künstliche organische Farbstoffe, die zur Gruppe der Induline (s. d.) gehören.

Echtbraun, Bezeichnung für mehrere Azofarbstoffe, die durch Diazotieren von Sulfanilsäure oder Naphthionsäure und Paarung (s. Diazoverbindungen) mit Phenolen (α-Naphtol, Resorcin) erhalten werden. Sie dienen sämtlich zum Färben von Wolle.

Echte Not, s. Ehehaft.

Echter, Michael, Maler, geb. 5. März 1812 zu München, bildete sich an der dortigen Akademie zum Maler aus und wurde von Schnorr bei der Ausführung seiner Gemälde im Festsaalbau der Residenz verwendet. Hierauf half er Kaulbach bei der Herstellung der Treppenhausbilder des Berliner Museums und lehrte dann wieder in seine Vaterstadt zurück, wo er 1860 im Maximilianeum Die Schlacht auf dent Lechfelde vollendete. Im bayr. Nationalmuseum malte er histor. Darstellungen, in der Abfahrtshalle des Centralbahnhofs zu München (1862) die Allegorien der Telegraphie und des Eisenbahnverkehrs. Für den König schuf er Bilder aus dem Nibelungenring und Wagnerschen Opern. Seit 1868 Professor an der Münchener Kunstgewerbeschule, starb er 4. Febr. 1879 in München.

Echtermeier, Karl, Bildhauer, geb. 27. Okt. 1845 zu Cassel, unternahm bereits im Alter von 14 J. die Apostel nach Peter Vischer zu kopieren. Von der Akademie seiner Vaterstadt 1866 nach Dresden zu Hähnel übergetreten, schuf er 1868—70 einige selbständige Werke, von denen der Tanzende Faun mit dem Tamburin samt seinem Pendant, der Tanzenden Bacchantin (von Lenz in Bronze gegossen), 1874 für die Nationalgalerie in Berlin erworben wurden. Nach einer Reise in Italien 1870 führte E. in Dresden die beiden genannten Werke für das neue Hoftheater in Sandstein aus und modellierte für die Albrechtsburg in Meißen eine Statue Friedrichs des Streitbaren und für das Polytechnikum in Braunschweig die kolossalen Gruppen der Kunst und Wissenschaft. Darauf schuf er die beiden Kriegerdenkmale für Dortmund (1881) und Unna in Westfalen und das Franz Abt-Denkmal für Braunschweig. In der Gemäldegalerie zu Cassel stellte er in acht Marmorfiguren die für die Geschichte der bildenden Künste bedeutendsten Länder dar. 1890—92 fertigte er vier lebensgroße Marmorstatuen: Glaube, Liebe, Hoffnung, Trauer, als Grabdenkmäler für den Friedhof in Hannover. Seit 1883 wirkt E. als Professor an der Technischen Hochschule zu Braunschweig.

Echtermeyer, Ernst Theod., Schriftsteller, geb. 1805 zu Liebenwerda, studierte zu Halle die Rechte und dann zu Berlin Philosophie und Geschichte, war hierauf Gymnasiallehrer in Zeitz und seit 1831 am Pädagogium zu Halle. 1841 siedelte er nach Dresden über, wo er 6. Mai 1844 starb. E. hat sich ein hervorragendes Verdienst durch die im Verein mit Ruge 1838 ins Leben gerufenen «Halleschen Jahrbücher für deutsche Wissenschaft und Kunst» erworben, an deren Redaktion er sich bis 1841 beteiligte. Ferner war er der Begründer des «Deutschen Musenalmanachs» (Berl. 1840). An litterar.-kritischen Arbeiten schrieb er: «Anthologie aus neuern lat. Dichtern» (mit Mor. Seyffert, 2 Bde., Halle 1834—35) und «Quellen des Shakespeare in Novellen, Märchen und Sagen» (mit Henschel und Simrock; auch u. d. T. «Bibliothek der Novellen, Märchen und Sagen», 3 Bde., Berl. 1831). Seine «Auswahl deutscher Gedichte» (Halle 1837; 30. Aufl., hg. von Masius, 1890—91) fand große Verbreitung.

Echtern, Stadt, s. Echternach.

Echternach, Echtern, Stadt und Hauptort des Kantons E. im Distrikt Grevenmacher des Großherzogtums Luxemburg, 15 km nördlich von Grevenmacher, an der preuß. Grenze, rechts der zur Mosel gehenden Sauer (Sure), gegenüber von Echternacherbrück, mit dem es durch eine alte Brücke verbunden ist, und an der Linie Dickirch-Wasserbillig-Grevenmacher der P z-Heinrich-Bahn, hat (1890) 4200 meist kath. E., Post, Telegraph, eine schöne Pfarrkirche, eine ehemalige reichsunmittelbare, 698 vom heil. Willibrord gestiftete Benediktinerabtei mit roman. St. Willibrordkirche, 1017—37 erbaut, 1861 völlig erneuert, mit sehenswerter Krypta, großherzogl. Progymnasium, eine höhere Mädchenschule, ein Hospital der Barmherzigen Schwestern. Das alte Rathaus mit Arkaden am Markt führt noch den Namen Dingstuhl; der Kasinogarten an der Sauer im Geschmack des 18. Jahrh. gehörte früher der Abtei. Die bedeutende Industrie erstreckt sich auf Fabrikation von Damast und Wollzeugen, Fayence und Kutschen, Gerbereien, Ziegel-, Kalk- und Weißbrennereien, Bierbrauereien, Eisengießereien, Mehl-, Loh-, Öl-, Schneide- und Gipsmühlen; auch besteht lebhafter Handel sowie Wein- und Hopfenbau. Im frühern Benediktinerkloster ist eine großherzogl. Porzellanmalerei. — Ehemals gehörte die Stadt der Benediktinerabtei, dereu Abt deutscher Reichsfürst war, die aber 1793 von den Franzosen aufgehoben wurde. Die Stadt erhielt 1236 den ersten Freibrief und war bis 1688 Festung.

Berühmt ist die zu E. alljährlich am Pfingstdienstage ausgeführte Springprozession, ein Dankfest für das Aufhören des Veitstanzes, der im 8. Jahrh. in dieser Gegend wütete. Die Teilnehmer an der Feierlichkeit (bis zu 15000), durch festgehaltene Tücher verbunden, führen, unter Begleitung der Geistlichkeit und zahlreicher Musikanten, auf ihrem Zuge von der Sauerbrücke bis zu der auf einem einzelnen Hügel gelegenen alten Pfarrkirche mit den Reliquien des heil. Willibrord, zu der 60 Stufen hinaufführen, die Prozession in der Weise aus, daß sie jedesmal nach drei vorwärts gethanen Schritten zwei Schritte zurückspringen. So geht man um den Altar herum, auf welchen jeder seine Spende niederlegt. — Vgl. Sax, Beitrag zur Geschichte der Abtei und Stadt E. (Luxemb. 1874); über die Springprozession Schriften von Krier (edd. 1871) und Reiners (Frankf. 1884).

Echtgelb, ein Gemenge von amidoazobenzolmono- und disulfosaurem Natrium. Man erhält die Sulfosäuren durch Behandeln von Amidoazobenzol mit rauchender Schwefelsäure. Das E. dient zum Färben von Wolle und zur Darstellung von Disazofarbstoffen.

Echtgrün, Bezeichnung für Malachitgrün (s. d.) sowie für das Natronsalz der Tetramethyldibenzylpseudorosanilindisulfosäure, erhalten durch Einwirkung von Metanitrobenzaldehyd auf Dimethylanilin, Reduktion des Kondensationsprodukts, Benzylierung und Sulfonierung.

Echtler, Adolf, Genremaler, geb. 5. Jan. 1843 in Danzig, erhielt seine künstlerische Ausbildung in Venedig und Wien, dann in München, wo er einige Zeit Schüler von Wilh. Diez war. 1877—86 weilte er in Paris, seitdem lebt er in München. Von seinen Genrebildern sind die bekanntesten: Nach dem Maskenballe, Vor der Loggietta in Venedig (1874), Gestürzt (Neue Pinakothek in München), Junge Venetianerin von Tauben umflattert, Kartenspielende Bauern in einer Schenke (1883), Erinnerung an Venedig, Gute Lehren, Die Vorleserin, Verwaist.

Echtlosigkeit, im ältern deutschen Recht der Zustand des Rechtsverlustes infolge einer Minderung der bürgerlichen Ehre. Etuige führen das Wort darauf zurück, daß es den Zustand des infolge der Acht Rechtlosen bezeichne. Andere beziehen das Wort auf die Unehelichen und diejenigen, welche eine schimpfliche Lebensweise führen (von Gerber); diese Ansicht hat jedoch lebhaften Widerspruch gefunden. Überwiegend wird angenommen, die im wesentlichen auf die Minderung der bürgerlichen Ehre sich beziehenden Worte Rechtlosigkeit, Ehrlosigkeit und E. entbehrten einer scharfen Abgrenzung unter sich. Personen, welche durch Strafurteil oder dadurch, daß sie Jahr und Tag in der Reichsacht sich befanden, jede Rechtsfähigkeit verloren hatten, wurden friedlos, echtlos und rechtlos genannt; sie büßten jeden rechtlichen Schutz ein, verloren die Lehnsfähigkeit, durften straflos getötet werden u. s. w.

Echtponceau (spr. -pongßoh), soviel wie Biebricher Scharlach.

Echtrot, Bezeichnung für eine Reihe von Azofarbstoffen, die durch Diazotieren von Naphthylamin oder Naphthionsäure und Paarung mit β-Naphthol oder β-Naphtholsulfosäuren gewonnen werden (s. Diazoverbindungen). Die Farbstoffe sind daher sämtlich Sulfosäuren des Naphthalinazo-β-Naphthols und dienen zum Färben von Wolle.

Echtscharlach, soviel wie Doppelscharlach (s. d.).

Echuca (spr. etsch-), Stadt in der brit.-austral. Kolonie Victoria, links des Murray, mit Melbourne (265 km) sowie mit Deniliquin in Neusüdwales durch Eisenbahn verbunden, der bedeutendste Flußhafen im Stromgebiet des Murray, hat (1881) 4793 E., Seifensiederei, Gerberei, Sägemühlen, Wagenbau und ist Mittelpunkt des Zwischenhandels mit Neusüdwales, namentlich in Wolle, Getreide und Holz.

Echujagift, ein aus der im deutsch-südwestafrik. Schutzgebiete einheimischen Apocynacee Adenium Boehmianum *Schinz* dargestelltes Gift, bildet eine braunschwarze, bröcklige, geruchlose und intensiv bitter schmeckende Masse, welche von den Eingeborenen als Pfeilgift benutzt wird. Das E. besteht aus einem krystallisierenden Glykosid, Echujin, und einem harzähnlichen Körper, Echujon, und wirkt als starkes Herzgift, welches schon in einer Gabe von 0,1 mg beim Frosch systolischen Herzstillstand mit allgemeiner Paralyse herbeiführt.

Echujin, Echujon, s. Echujagift.

Ecija (spr. edsicha), Hauptstadt des Distrikts E. in der span. Provinz Sevilla in Andalusien, 55 km im SW. von Cordoba, an der andal. Heerstraße und der Linie Marchena-E.-Cordoba der Andal. Eisenbahn, hat (1887) 23615 E., liegt auf zwei felsigen Anhöhen am linken Ufer des breiten, von hier an schiffbaren, häufig austretenden und die Luft verpestenden Guadalquivirzuflusses Genil, über den eine lange Steinbrücke führt. Der unregelmäßig gebaute Ort besitzt stattliche Gebäude, 6 Pfarrkirchen, 5 Kapellen, Minarets und mit bunten Porzellanfliesen bedeckte Türme, 2 Spitäler, Findelhaus, Kaserne, ein großes Theater (für 10000 Zuschauer), einen von Säulengängen umgebenen Platz und eine prächtige Promenade am Genil. Die Stadt umgeben reichbewässerte Gärten. E. gilt bei den Andalusiern für den heißesten Ort ihres Landes und führt den Beinamen La sarten de España (Die Bratpfanne von Spanien). E. hat Tuch-, Flanell-, Leinen-, Schleier- und Seidenwebereien, Gerbereien und Ölmühlen. Die Schuhmacherarbeiten E.s gehen durch ganz Spanien. Im August findet eine Messe statt. In der Umgegend wird viel Viehzucht getrieben, welche die wildesten Stiere zu den Stierkämpfen liefert. — E. ist die röm. Kolonie Astigi oder Augusta firma in Baetica.

Ecĭton, Besuchsameise, s. Wanderameisen.

Eck, Ernst Wilhelm Eberhard, Jurist, geb. 21. Aug. 1838 zu Berlin, studierte daselbst und in Heidelberg Rechts- und Staatswissenschaften, trat dann in den Staatsdienst und habilitierte sich 1866 für röm. Recht in Berlin, wurde 1871 zum außerord. Professor in Berlin ernannt, 1872 ord. Professor in Gießen, 1873 in Halle, 1877 in Breslau, 1881 wieder in Berlin. E. war von 1888 bis 1892 Schriftführer des Deutschen Juristentages. Er schrieb: «Die doppelseitigen Klagen» (Berl. 1870), «Die Verpflichtung des Verkäufers zur Gewährung des Eigentums» (Halle 1874), «Beitrag zur Lehre von den ädilizischen Klagen» (Jurist. Abhandlungen. Festgabe für Beseler, Berl. 1885), «Das gesetzliche Pfand- und Vorzugsrecht des Vermieters in seiner Anwendbarkeit auf die unpfändbaren Sachen» (Festgabe für Gneist, edd. 1888), «Neue pompejanische Geschäftsurkunden» (Weim. 1888), «Die Stellung des Erben in dem Entwurf eines Bürgerlichen Gesetzbuchs» (Berl. 1890).

Eck, Heinrich, Geolog, geb. 1837 zu Gleiwitz in Schlesien, widmete sich dem Bergfach, studierte in Breslau und war von 1862 an bei der preußischen geolog. Landesaufnahme in Thüringen und Schlesien beschäftigt. Er wurde 1866 Docent an der Bergakademie in Berlin, 1871 Professor für Mineralogie und Geologie am Polytechnikum in Stuttgart. Seine wertvollen Untersuchungen haben vorwiegend die Geologie und Paläontologie der Triasablagerungen zum Gegenstande. Außer zahlreichen in der Zeitschrift der Deutschen geolog. Gesellschaft abgedruckten Abhandlungen veröffentlichte er: «Über die Formationen des bunten Sandsteins und des Muschelkalks in Oberschlesien und ihre Versteinerungen» (Berl. 1865), «Rüdersdorf und Umgegend» (in den «Abhandlungen zur geolog. Specialkarte von Preußen», I, edd. 1872).

Eck, Johann, eigentlich Maier, Bekämpfer der Reformation, geb. 13. Nov. 1486 im Dorfe E. im Allgäu, bezog 1498 die Universität Heidelberg, ging 1499 nach Tübingen, 1502 nach Freiburg und wurde hier 1508 Priester, 1509 Licentiat der Theologie.

1510 ward E. Professor der Theologie in Ingolstadt und zugleich Kanonikus von Eichstätt. Durch ungewöhnliche Gelehrsamkeit und große Gewandtheit im Disputieren ausgezeichnet, schrieb E. gegen Luthers Thesen sog. «Obelisci», d. h. «Spießchen», die nicht gedruckt, aber Luther und seinen Freunden bekannt wurden. Karlstadt (s. d.) schrieb zu Luthers Verteidigung «Conclusiones»; zwischen ihm und E. wurden dann noch mehrere Streitschriften gewechselt. Luther beteiligte sich an dem Kampf durch die «Asterisci adversus Obeliscos Eccii» sowie durch die Leipziger Disputation, 27. Juni bis 16. Juli 1519. E. reiste 1520 nach Rom, überreichte dem Papste seine Schrift «De primatu Petri adversus Ludderum», wirkte mit zum Erlaß der Bannbulle gegen Luther vom 16. Juni 1520 und wurde mit deren Bekanntmachung in Deutschland beauftragt. 1521 und 1523 war E. zum zweiten- und drittenmal in Rom, den Papst zu energischem Vorgehen gegen die Neuerung zu veranlassen, 1523 wohnte er dem Reichstage zu Nürnberg bei, 1524 beteiligte er sich bei dem zu Regensburg zur Unterdrückung der Neuerer geschlossenen Bündnis, 1525 besuchte er Heinrich VIII. von England, dem er sein «Enchiridion locorum communium adversus Lutherum et alios hostes ecclesiae» gewidmet hatte. Um die Reformation der Schweiz zu hindern, stellte sich E. 21. Mai bis 6. Juni 1526 zu einer Disputation zu Baden im Aargau, lehnte es aber ab, 1528 in Bern Zwingli selbst gegenüber zu treten. Auf dem Reichstage zu Augsburg war er das Haupt der röm. Theologen, die der Augsburgischen Konfession (s. d.) die Confutatio entgegenstellten. Um der Verbreitung der Lutherschen Bibelübersetzung in Bayern entgegenzuwirken, veranstaltete E. 1537 eine deutsche Bibelübersetzung. 1541 nahm E. an den Religionsgesprächen zu Worms und zu Regensburg teil und veranlaßte die kath. Stände, das Regensburger Interim abzulehnen. Er starb 10. Febr. 1543 zu Ingolstadt. Seine wichtigsten Schriften sind enthalten in: «Operum Jo. Eckii contra Lutherum tom. I—V» (Augsb. 1530—35). — Vgl. Th. Wiedemann, Dr. Johann E. (Regensb. 1865).

Eck, Leonhard von, bayr. Rat und Kanzler, geb. vor 1480 zu Kelheim aus einem edlen bayr. Geschlecht, studierte zu Ingolstadt und Siena die Rechte und trat zuerst in den Dienst Markgraf Georgs von Brandenburg-Ansbach, dann bald in den des Herzogs Wilhelm IV. von Bayern, dessen Politik er, seit 1519 Kanzler, mit meist unbeschränktem Einfluß leitete. Er vertrat streng die kath. Interessen und unterdrückte seit 1522 nach Kräften die prot. Regungen in Bayern und dem Gebiet des Schwäbischen Bundes, solange dieser seiner Leitung folgte, begründete aber auch die bald offene, bald versteckte Opposition Bayerns gegen das habsburg. Kaiserhaus. Im Bauernkrieg war er beim Schwäbischen Bund die eigentliche Seele des Widerstands gegen die Revolution. Auf den Reichstagen von Augsburg, Regensburg, Nürnberg und Speier 1530—44 trat er stets für die schärfste Unterdrückung der evang. Partei ein und intrigierte mit Philipp dem Großmütigen, Joh. Zapolya, den Franzosen, der Kurie gegen die kaiserl. Politik. Trotzdem schloß er in der — später jedoch getäuschten — Hoffnung, bei dieser Gelegenheit für seinen Herrn den Kurhut von der Pfalz zu gewinnen, 7. Juni 1546 das Kriegsbündnis mit dem Kaiser gegen die Schmalkaldener, während diese ihn noch für neutral hielten. Aber trotz seiner offenkundigen Bestechlichkeit suchte E. doch stets im Interesse seines Fürsten zu wirken. Er war einer der begabtesten und rücksichtslosesten Vertreter des fürstl. Partikularismus, der «Libertät» gegen die «Monarchie» der Habsburger. Er starb 17. März 1550. — Vgl. W. Vogt, Die bayr. Politik im Bauernkrieg und der Kanzler Dr. L. von E. (Nördl. 1883).

Eckardt, auch Eckhart (mit dem Beinamen Meister), Mystiker, wahrscheinlich in Straßburg (nach andern in Thüringen) um 1260 geboren, war Dominikanermönch und 1300 Prior zu Erfurt und Vikarius für Thüringen. Später war er Lehrer am Kollegium von St. Jakob zu Paris, wo er 1302 Licentiat der Theologie wurde. 1303 wurde E. Ordensprovinzial für Sachsen, 1307 Generalvikar von Böhmen; doch kehrte er 1311 nach Paris zurück. Er lebte 1316 als Vikar des Ordensmeisters zu Straßburg und ging von dort als Prior der Dominikaner nach Frankfurt a. M. Hier wurde er wegen ketzerischer Lehren verklagt, aber freigesprochen; 1325 ordnete ein Ordenskapitel zu Venedig eine neue Untersuchung an, und wahrscheinlich jetzt wurde E. verboten, seine spekulativen Lehren dem Volke vorzutragen. 1327 erneuerte der Erzbischof von Köln die Untersuchung; E. appellierte an den Papst und erklärte 13. Febr. in der Klosterkirche zu Köln, er sei sich keiner Abweichung von der Kirchenlehre bewußt, sei aber bereit, zu widerrufen, was er etwa Ketzerisches vorgebracht habe. Bald darauf starb E. Erst 27. März 1329 erschien die Bulle In coena Domini, worin 28 Sätze E.s teils als ketzerisch, teils als mißverständlich verurteilt wurden. Von E.s zahlreichen Schriften sind nur wenige erhalten. Eine Sammlung deutscher Schriften, meist aus Handschriften (Predigten und Traktate), hat Pfeiffer im 2. Bande der «Deutschen Mystiker des 14. Jahrh.» (Lpz. 1857) geliefert. Von den lat. Schriften E.s hat Denifle einige wieder aufgefunden und in dem «Archiv für Litteratur- und Kirchengeschichte des Mittelalters», Bd. 2 (Freib. i. Br. 1886), veröffentlicht. Ausgewählte Predigten und verwandte Schriftstücke finden sich bei Schöpff, «Meister E.» (Lpz. 1889). E. war ein Mann von hochfliegendem Geiste, dessen Ideen durch ihre Tiefe und Kühnheit Bewunderung erregen, zugleich in hohem Grade Meister der Sprache und der Form und gehört zu den besten deutschen Prosaisten. Sein Hauptthema ist das völlige Einswerden der Menschenseele mit Gott, nicht nur moralisch, sondern auch metaphysisch, wodurch er dem Pantheismus zugetrieben wurde. Die Zahl seiner Schüler, darunter Tauler und Suso, war ebenso groß als das Ansehen, dessen er in Deutschland genoß und das durch seine Verurteilung keinerlei Einbuße erlitt. Vgl. Martensen, Meister E., eine theol. Studie (Hamb. 1842); Bach, Meister E., der Vater der deutschen Spekulation (Wien 1864); Lasson, Meister E., der Mystiker (Berl. 1868); Jundt, Essai sur le mysticisme spéculatif de maître E. (Straßb. 1871); Linsenmann, Der ethische Charakter der Lehre Meister E.s (Tüb. 1873); Preger, Geschichte der deutschen Mystik im Mittelalter (Tl. 1, Lpz. 1874).

Eckardt, Jul. von, Publizist, geb. 1. Aug. 1836 zu Wolmar in Livland, studierte in Petersburg, Dorpat und Berlin Jurisprudenz und Geschichte, bekleidete 1860—67 die Stellung eines Sekretärs des livländ. Landeskonsistoriums in Riga und gab gleichzeitig mit Bärens die «Rigasche Zeitung», das Hauptorgan der deutschen ständischen Partei in den baltischen Provinzen Rußlands, heraus. Nach der Absetzung Walters, von Öttingens und anderer Führer der deutsch-livländ. Partei siedelte E. 1867 nach Deutschland über und leitete 1867—70 mit Gust. Freytag die «Grenzboten» in Leipzig, 1870—74 den «Hamburgischen Correspondenten» und die «Hamburgische Börsenhalle». Im April 1874 zum Sekretär des Hamburgischen Senats erwählt, trat E. 1882 infolge eines Konflikts, in welchen er durch eine Beschwerde des russ. Gesandten in Hamburg über seine schriftstellerische Thätigkeit verwickelt war, von diesem Amte zurück, um als Geh. Regierungsrat in den preuß. Staatsdienst zu treten. Seit 1884 Hilfsarbeiter im Auswärtigen Amte des Deutschen Reichs, wurde E. im Sommer 1885 zum deutschen Konsul in Tunis, 1889 zum Konsul in Marseille, 1892 zum Generalkonsul in Stockholm ernannt. Im Sommer dieses Jahres hatte er die Preßleitung des Auswärtigen Amtes. Unter seinen Schriften, die sich hauptsächlich mit den in den Ostseeprovinzen geführten Kämpfen und den litterar. und polit. Zuständen des modernen Rußland beschäftigen, sind zu nennen: «Die baltischen Provinzen Rußlands» (2. Aufl., Lpz. 1869), «Jungrussisch und Altlivländisch» (2. Aufl., ebd. 1871), «Rußlands ländliche Zustände seit Aufhebung der Leibeigenschaft» (ebd. 1870). Das Gebiet der wissenschaftlich-histor. Forschung betrat er mit dem Werke «Livland im 18. Jahrh. Umrisse zu einer livländ. Geschichte» (Bd. 1, ebd. 1876). Ferner veröffentlichte er Garlieb Merkels Buch «Über Deutschland zur Schiller-Goethe-Zeit [1797—1806]» (Berl. 1887) und ein Werk über Ferd. David (s. d.). Außerdem werden ihm die anonymen Schriften «Aus der Petersburger Gesellschaft» (5. Aufl., Lpz. 1880), «Rußland vor und nach dem Kriege» (2. Aufl., ebd. 1879), «Berlin und Petersburg» (2. Aufl., ebd. 1880), «Von Nikolaus I. zu Alexander III.» (2. Aufl., 1881), «Russ. Wandlungen» (2. Aufl., ebd. 1882) und «Aussichten des deutschen Parlamentarismus» (2. Aufl., ebd. 1882) zugeschrieben. In der gleichfalls anonym erschienenen Flugschrift «Berlin—Wien—Rom. Betrachtungen über den neuen Kurs und die neue europ. Lage» (ebd. 1892) verteidigte er die Politik des Reichskanzlers Grafen Caprivi.

Eckart, der getreue E., der mit dem nordischen Gotte Heimdall verwandte treue Warner der deutschen Heldensage, der im Nibelungenliede als Markgraf Eckewart (s. d.) erscheint, stammt wahrscheinlich aus dem Harlungenmythus, den die Thidrekssaga erzählt. Dort ist E. der Meister und Erzieher der beiden Harlunge, Fritele und Imbrecke, der Neffen Ermanrichs. Als er an dessen Hofe erfährt, daß seinen Zöglingen auf Anstiften des untreuen Sibich von ihrem Oheim Gefahr drohe, reitet er Tag und Nacht, um die Harlunge zu warnen. Diese wohnen auf ihrer Burg Breisach am Rhein. Am Ufer des Stroms angelangt, will E. die Fähre nicht erwarten; er schwimmt, die Rosse nachziehend, über den Rhein. An dieser Eile schon erkennen die Harlunge, daß große Gefahr nahe sei. Noch heute heißt ein Hügel in Breisach nach ihm Eckartsberg, und sein Name ist als Warner sprichwörtlich geworden. Namentlich ist er mit der Tannhäusersage in Verbindung gebracht: er soll vor dem Venusberge sitzen und alle warnen, die in den Berg gehen wollen. — Joh. Christ. Ettner schrieb seine mediz. Schriften unter dem Namen des getreuen E., und Barth. Ringwald dichtete eine «Christl. Warnung des treuen E.» (1588). Goethe hat seine Gestalt in einer Ballade, Tieck im «Phantasus» benutzt.

Eckartsberga. 1) **Kreis** (Landratsamt in Cölleda) im preuß. Reg.-Bez. Merseburg, hat 561,54 qkm, (1890) 39403 (19337 männl., 20066 weibl.) E., 5 Städte, 75 Landgemeinden und 52 Gutsbezirke. — 2) **Stadt** im Kreis E., in einem Thale an der Nebenlinie Straußfurt-Großheringen (Saal-Unstrutbahn) der Preuß. Staatsbahnen, 7 km im NW. von Sulza, hat (1890) 2007 E., darunter 26 Katholiken, Post, Telegraph, Amtsgericht (Landgericht Naumburg); auf einer Höhe die Ruinen eines 998 vom Markgrafen Eckard von Meißen erbauten Schlosses und dabei die Erziehungsanstalt Eckartshaus für verwahrloste Knaben, verbunden mit einer Brüderanstalt. In der Nähe liegt Auerstedt (s. d.).

Eckartshaus, s. Eckartsberga.

Eckblatt oder Ecknollen, in der Baukunst eine Verzierung an der Basis roman. Säulen. Das E. bildet die Vermittelung zwischen den vier Ecken der rechteckigen Fußplatte (s. Plinthe) und dem auf dieser ruhenden untersten Glied der Basis; am häufigsten findet sich die Blattform, weniger oft andere Ornamente, selten Tierformen (s. beistehende Figur).

Eckbrecht, Ferdinand, Graf von Dürckheim-Montmartin, s. Dürckheim-Montmartin.

Eckehart heißen mehrere schriftstellerisch hervorragende Mönche in St. Gallen. E. I. verfaßte als Jugendarbeit um 930 den «Waltharius manufortis» (s. d.); er starb 14. Jan. 973 als Dekan. — E. II. Palatinus unterrichtete die Herzogin Hadwig von Schwaben auf dem Hohentwiel, wirkte auch am kaiserl. Hofe und starb 23. April 990 als Dompropst zu Mainz. Er dichtete beliebte lat. Sequenzen. E. I. und II. lieferten Scheffel das Vorbild für den Helden seines Romans «Ekkehard». — E. IV. endlich, geb. um 980, gest. um 1060, Schüler von Notker Labeo, hat sich weniger durch seine lat. Dichtungen und durch seine Nachbesserung des «Waltharius» als durch die «Casus monasterii St. Galli», eine tendenziöse und anekdotenhafte Geschichte des Klosters bis 972 (hg. von Meyer von Knonau in den «Mitteilungen zur vaterländischen Geschichte, hg. vom histor. Verein in St. Gallen», Heft 15 u. 16, 1877), einen Namen erworben. — Vgl. Dümmler; E. IV. von St. Gallen (in der «Zeitschrift für deutsches Altertum», Bd. 14); Meyer von Knonau, Die Ekkeharte von St. Gallen (Bas. 1876).

Ecken Ausfahrt, deutsches Gedicht des 13. Jahrh. aus dem Kreise der Heldensage im Bernerton, erzählt den Kampf des jungen ruhmgierigen Riesen Ecke mit Dietrich von Bern. Er sucht diesen erst in Bern, dann in Tirol auf und fällt durch Dietrichs Hand; auch die Verwandten Eckes, die seinen Tod rächen wollen, verlieren ihr Leben. Die Sage, ein auf Dietrich übertragener Naturmythus, ist jedenfalls in Tirol heimisch; doch wurde sie, wie die Thidrekssaga bezeugt, auch am Niederrhein lokalisiert. Beste Ausgabe von Zupitza im «Deutschen Heldenbuch», Bd. 5 (Berl. 1870). Vgl. Vogt in der «Zeitschrift für deutsche Philologie», Bd. 25.

Eckenberg (Eggenberg), Joh. Karl, genannt «der starke Mann», Komödiant, geb. 1685 im Bernburgischen, war Seiltänzer und Jongleur, bevor er 1717 mit einer Schauspielergesellschaft nach Berlin kam, wo er durch überraschende Kraftproben des Königs Gunst gewann und durch diesen ein Privilegium für ganz Preußen erhielt. Während der nächsten Jahre begegnet man ihm in Schwerin und Hannover, am Rhein und in Belgien, ja selbst in Dänemark. 1731 kehrte er mit einer 26 Personen starken Truppe nach Berlin zurück und erhielt 1732 den Titel eines Hofkomödianten. Nach einigen Jahren mußte er vor seinen Gläubigern flüchten, und wenn er auch später mehrfach noch nach Berlin zurückkehrte, so mußte er doch schließlich der Konkurrenz weichen und starb fast verschollen im März oder April 1748 zu Luxemburg. E. ist weniger künstlerisch als kulturgeschichtlich interessant als letzter Darsteller der Haupt- und Staatsaktionen (s. d.). — Vgl. Bolte, Der «starke Mann» J. C. E., in den «Forschungen zur Brandenb. und Preuß. Geschichte» II, 2 (Lpz. 1890).

Eckenbohrer, s. Bohrer (Bd. 3, S. 239 a).

Eckenbrecher, Themistokles von, Maler, geb. 17. Nov. 1842 zu Athen, verlebte seine Jugend meist in Konstantinopel, erhielt dann in Potsdam bei dem Hofmaler Wegener Unterricht; von 1861 an lebte er in Düsseldorf, wo er in den ersten Jahren Schüler von Oswald Achenbach war. Nachdem er als Reserveoffizier den Feldzug in Frankreich mitgemacht, begab er sich zu neuen Studien nach Konstantinopel, besuchte dann Island, Norwegen, das Nordkap und die Polarregion Rußlands; in die Zwischenzeit fällt eine Wanderung durch Rumänien, Italien, Griechenland und die Türkei. Früchte dieser Reisen sind die Gemälde: der Thingvallasee und die Almanadjao, das Nordkap, der Geiser auf Island (1873 ausgestellt), Marktplatz bei der Jeni-Dschami (Moschee) in Stambul sowie mehrere große Marinebilder. 1880—82 malte er den landschaftlichen Teil von Panoramen; so mit M. Volkhart die Schlachten von Gravelotte und Nieuwpoort (1600), mit W. Simmler in Hamburg den Einzug der Mekkakarawane in Kairo, zu welchem Zweck die Maler Ägypten besuchten. Später ist der 1887—89 in Potsdam und seitdem in Berlin lebende Künstler hauptsächlich in Staffeleibildern, die vorzugsweise norweg. Strand- und Gebirgsscenen darstellen, thätig geblieben; auf der Internationalen Kunstausstellung zu Berlin 1891 sah man von ihm: Naerö-Fjord, Norwegischer Wasserfall, Sommertag auf der Havel.

Eckenrundstoßmaschine, s. Buchbinderei (Bd. 3, S. 651 a).

Ecker, rechter Nebenfluß der Oker, entspringt am Brocken, in 877 m Höhe, fließt nach NO. durch das schöne Eckerthal zwischen Ilsenburg und Harzburg, wendet sich bei Stapelnburg nach NW. und mündet nach etwa 26 km Laufes bei Schladen.

Ecker, Alexander, Anatom und Anthropolog, geb. 10. Juli 1816 zu Freiburg i. Br., studierte 1831—36 zu Freiburg und Heidelberg Naturwissenschaften und Medizin und ging 1838 nach Wien, wo er sich unter Rokitanskys Leitung fast ausschließlich der pathol. Anatomie widmete. Nachdem er sich 1839 als Privatdocent in Freiburg habilitiert hatte und 1841 als Prosektor Tiedemanns nach Heidelberg versetzt war, ging er 1844 als ord. Professor der Anatomie und Physiologie nach Basel und 1850 nach Freiburg, wo er anfangs über Zoologie, Physiologie und vergleichende Anatomie las, 1857 aber die Professur der Anatomie übernahm und eine vortreffliche anthropol. Sammlung sowie das Museum für Völkerkunde begründete. Er starb 20. Mai 1887 zu Freiburg. Seine hauptsächlichsten Schriften sind: «Physiol. Untersuchungen über die Bewegungen des Gehirns und Rückenmarks» (Stuttg. 1843), «Der feinere Bau der Nebennieren» (Braunschw. 1846), «Anatom. Beschreibung des Gehirns vom Mormyrus cyprinoides» (Lpz. 1854), «Icones physiologicae, Erläuterungstafeln zur Physiologie und Entwickelungsgeschichte» (ebd. 1850—59), «Crania Germaniae» (mit 38 Tafeln, Freiburg 1863—65), «Die Hirnwindungen des Menschen» (Braunschw. 1869), «Die Anatomie des Frosches, ein Handbuch für Physiologen, Ärzte und Studierende» (3 Abteil., ebd. 1864—82; 1. Abteil., 2. Aufl. 1888), «Lorenz Oken, eine biogr. Skizze» (Stuttg. 1880). Seit 1865 gab er mit Lindenschmit das «Archiv für Anthropologie» heraus.

Eckermann, Joh. Peter, Schriftsteller, geb. 21. Sept. 1792 zu Winsen in Hannover, wuchs in ärmlichen Verhältnissen auf, war erst Schreiber, dann Mairiesekretär zu Bevensen, machte als Freiwilliger den Feldzug im Winter 1813 und 1814 gegen Davout mit und erhielt dann 1815 zu Hannover eine Anstellung in der Kriegskanzlei. Obschon 25 J. alt, besuchte er noch das dortige Gymnasium und widmete sich zu Göttingen jurist., dann auch philol. und histor. Studien. 1822 sandte er das Manuskript seiner «Beiträge zur Poesie» (Stuttg. 1823) an Goethe, der sich günstig darüber aussprach, und trat hiermit zu diesem in nähere Beziehungen. 1823 kam E. nach Weimar und wurde Goethes Privatsekretär; er half ihm bei der Redaktion der Ausgabe seiner Werke letzter Hand und erwarb sich besondere Verdienste dadurch, daß er den Dichter zur Vollendung älterer Fragmente und Pläne, wie des zweiten Teils des «Faust» anspornte. Später zum großherzogl. Hofrat und Bibliothekar der Großherzogin (1838) ernannt, starb er 3. Dez. 1854 zu Weimar. Insbesondere ist E. bekannt geworden durch die «Gespräche mit Goethe» (Bd. 1 u. 2, Lpz. 1836; Bd. 3, Magdeb. 1848; 6. Aufl., 3 Bde., Lpz. 1885), welche wertvolle Beiträge zur Charakteristik des großen Dichters, besonders seiner letzten Lebensepoche gewähren. Sie sind auszugsweise fast in alle europ. Sprachen, selbst ins Türkische, übersetzt worden. Auch hat E. 1832 und 1833 Goethes nachgelassene Schriften, 1839—40 die neugeordnete vollständige Ausgabe der «Sämtlichen Werke» Goethes in 40 Bänden redigiert. E.s «Gedichte» (Lpz. 1838) sind wenig bedeutend. — Vgl. Rollett, Erinnerungen an E. (in der «Chronik des Wiener Goethevereins», Wien 1887).

Eckernförde. 1) **Kreis** im preuß. Reg.-Bez. Schleswig, hat 787,55 qkm, (1890) 41224 (22076 männl., 19148 weibl.) E., 1 Stadt, 49 Landgemeinden und 69 Gutsbezirke. — 2) **Kreisstadt** im Kreis E., 28 km im NW. von Kiel, an der Eckernförder Bucht der Ostsee, deren Hintergrund das Windebyer Noor heißt, sowie an der Kiel-Flensburger und E.-Kappelner (28,7 km) Eisenbahn (Nebenbahnen, zwei Bahnhöfe), mit einem der besten Häfen des Landes und sehr günstiger Lage für den Absatz der Erzeugnisse der anliegenden kornreichen Landschaften Dänisch-Wohld im S. und SO. und Schwansen im N., ist Dampferstation und hat (1890) 5896 E., darunter 45 Katholiken, Post erster Klasse, Telegraph, Fernsprecheinrichtung, Landratsamt, Amtsgericht (Landgericht Kiel), evang. Lehrerseminar, Präparandenanstalt, Baugewerkschule, Kreditbank, Gasanstalt, Dampfsägemühlen sowie Handel, bedeutende Fischerei (Heringe) und Schifffahrt. — E. wird als Stadt schon 1261 als Ekeßrenvorde erwähnt. Am 7. Dez. 1813 schlug der russ. General Wallmoden hier die Dänen. Am 5. April 1849 fand hier ein für die deutschen Waffen ruhmvolles Gefecht zwischen deutschen Strandbatterien und einem Geschwader der dän. Flotte statt, woran die Denkmäler auf dem Platze der frühern Schanzen erinnern. Von Alsen her waren unter dem dän. Kapitän Paludan das Linienschiff Christian VIII. (92 Geschütze), die Fregatte Gefion (54 Geschütze), die Dampfer Hekla und Geyser (zu je 7 Geschützen) und 3 Transportfahrzeuge mit Infanterie gegen E. entsendet worden, um die dortigen, mit 10 schweren Geschützen unter Befehl des Hauptmanns Jungmann besetzten beiden Batterien zu zerstören. Die dän. Schiffe eröffneten um $7\frac{1}{2}$ Uhr das Feuer gegen die Nordbatterie, die mit glühenden Kugeln antwortete. Um 1 Uhr brach auf dem Christian VIII. Feuer aus, worauf Paludan unter der Drohung, die Stadt zu beschießen, die Einstellung des Feuers und freien Abzug forderte. Um $4\frac{1}{2}$ Uhr wurden die Verhandlungen von deutscher Seite abgebrochen und das Feuer wieder eröffnet. Um $5\frac{1}{2}$ Uhr strich Gefion, um 6 Uhr Christian VIII., das beste Schiff Dänemarks, die Flagge. Während der Ausschiffung der Verwundeten und Gefangenen flog Christian VIII. gegen 8 Uhr auf, da das Feuer die Pulverkammer erreicht hatte. Am 1. Febr. 1864 mußten bei E. drei dän. Kriegsschiffe dem Feuer der preuß. gezogenen Sechspfünder weichen, worauf E. besetzt wurde. Besonders schwer litt die Stadt durch die Sturmflut vom 13. Nov. 1872.

Eckerö, Ekkerö, eine der Ålandsinseln (s. d.), westlich der Insel Åland und zum Kreis Åland des finn. Län Åbo-Björneborg gehörig, hat 82,8 qkm und 1196 E. (Schweden). Hauptort ist Eckerö-Storby mit Post, Telegraph und Grenzzollamt.

Eckersberg, Christopher Wilhelm, dän. Maler, geb. 2. Jan. 1783 zu Varnäs in der Nähe von Apenrade, widmete sich seit 1803 der Kunst auf der Akademie zu Kopenhagen und bereiste als Stipendiat derselben Italien und Frankreich, wo er Louis Davids Schüler wurde; er ist als der Regenerator der neuern dän. Malerei anzusehen, ist wie diese nüchtern aber wahr und natürlich, ein vortrefflicher Zeichner aber schwach in der Farbe. Seine hervorragendsten Gemälde sind: Moses befiehlt dem Roten Meer nach seinem Durchgang sich zu schließen (1817), die drei Frauen am Grabe Christi, Baldurs Tod nach der Edda geschildert, eine großartige und ausdrucksvolle Darstellung; ferner eine Scene aus Öhlenschlägers Trauerspiel «Axel und Valborg». Auch als Bildnismaler war E. mit Glück thätig, wie ein Gemälde, die königl. Familie (1821) darstellend, sowie seine Bildnisse von Thorwaldsen, Öhlenschläger u. a. beweisen. Sodann schuf er auch Seestücke, unter denen die Reede von Helsingör (1826) hervorzuheben ist. Er starb 22. Juli 1853 zu Kopenhagen.

Eckersdorf, Dorf im Kreis Neurode des preuß. Reg.-Bez. Breslau, hat (1890) einschließlich des Gutsbezirks (183 E.) 1941 meist kath. E., Post, Telegraph, Schloß mit großem Garten (namhafte Orchideenzucht), Zuckerfabrik, Dampfmühle und die Steinkohlengrube Frischauf. In E. wurde um 1790 die erste Merinoschäferei Schlesiens gegründet.

Eckert, Karl, Musiker, geb. 7. Dez. 1820 zu Potsdam, genoß 1836—39 zu Leipzig den Unterricht Mendelssohn-Bartholdys, lebte dann zu Berlin und München, ließ sich nach mehrern Kunstreisen in Paris nieder, wo er 1850 und 1851 Kapellmeister der Italienischen Oper war, und begleitete 1852 Henriette Sontag als Dirigent ihrer Konzerte nach Amerika. 1853 folgte er einem Ruf als Kapellmeister an das Hofoperntheater in Wien, zu dessen artistischem Direktor er 1855 ernannt ward. 1861—67 wirkte er als Hofkapellmeister zu Stuttgart und seit 1869 als solcher zu Berlin, wo er 14. Okt. 1879 starb. Schon 1830 komponierte E. eine Oper («Das Fischermädchen») und 1833 ein Oratorium («Ruth»), leistete aber später als Komponist nichts, was diesen Anfängen entsprochen hätte; nur einige Lieder und ein Cellokonzert von ihm sind allgemeiner bekannt geworden.

Eckerts Kopfwasser, s. Geheimmittel.

Eckesachs, berühmtes Schwert der deutschen Heldensage, das der Zwerg Alberich schmiedete und das nacheinander Ruodlieb, Ecke und Dietrich von Bern gehörte.

Eckewart, der Markgraf, der im Nibelungenliede im Dienste Kriemhilts erscheint und die Burgunden vor ihr warnt, beruht wahrscheinlich auf einer Vermischung des historischen E., der der erste Markgraf von Meißen war (gest. 1002), mit der mythischen Gestalt des getreuen Eckart (s. d.).

Eckflügler (Vanessa), Gattung der Tagschmetterlinge, Familie der Nymphalidae (s. d.), mit gezähnten, eckig zugeschnittenen Flügeln. Die Raupen sind dornig, die Puppen eckig, in der Regel mit Goldflecken. (S. Fuchs, Pfauenauge, Trauermantel, Weißes C.)

Eckhard, Karl Maria Joseph, Politiker, geb. 13. März 1822 zu Engen im bad. Oberland, studierte die Rechte, wurde 1849 wegen Teilnahme an der Revolution angeklagt, aber von den Gerichten freigesprochen, ließ sich 1856 als Rechtsanwalt in Offenburg nieder, beteiligte sich an der Agitation gegen das Konkordat und wurde 1861 von der Stadt Offenburg zum Abgeordneten in die bad. Zweite Kammer gewählt. Er nahm dort bald eine hervorragende Stellung ein und steht bis heute mit an der Spitze der liberalen Partei Badens. Auf dem Landtag von 1865 zum zweiten Vicepräsidenten und in den landständischen Ausschuß gewählt, unterstützte er das Ministerium Lamey gegen die ultramontane Partei. Er stellte die vom Landtag angenommenen Anträge auf Einführung der obligatorischen Civilehe und auf Regelung der Verwaltung des weltlichen Stiftungsvermögens; beide kamen später zur Ausführung. Auch in der Schulgesetzgebung vertrat er, obwohl selbst Katholik, die Rechte des Staates gegenüber den Ansprüchen des kath. Kirchenregiments. Außerdem agitierte er für den Anschluß Badens an den Norddeutschen Bund. Auf dem Landtag 1869 verteidigte er die national gehaltene Adresse der Majorität und sprach 1870 als Berichterstatter über die Versailler Verträge für deren Annahme. 1871 wurde er zum ersten Vicepräsidenten gewählt; 1871—73 war er als Abgeordneter für Offenburg auch Mitglied des Reichstags, wo er sich der nationalliberalen Partei anschloß. Seit 1870 jurist. Mitglied der Direktion, nachmals Präsident des Aufsichtsrates der Rheinischen Kreditbank zu Mannheim, nahm E. nach Ablauf seiner Mandate (1873 und 1874) keine neuen mehr an. Gleichwohl beteiligte er sich am polit. Leben auf Parteitagen (so 1884 in Heidelberg, wo das neue Programm der Nationalliberalen aufgestellt wurde).

Wiederholt zum Vorsitzenden des engern geschäftsführenden Ausschusses der bad. nationalliberalen Partei gewählt, hat E. doch niemals den einseitigen Parteistandpunkt vertreten und durch seine vermittelnde Thätigkeit einen hervorragenden Einfluß auf das öffentliche Leben in Baden gewonnen.

Eckhart, Joh. Georg von, vor seiner Erhebung in den Adel Eccard, Geschichtsforscher, geb. 7. Sept. 1664 in Duingen (Braunschweig-Kahlenberg), studierte in Leipzig Theologie, dann Geschichte und Philologie, ging 1694 nach Hannover und ward hier von Leibniz als Gehilfe bei dessen histor. Arbeiten angestellt. So arbeitete er in verschiedenen Archiven, begleitete Leibniz auf Reisen und war Mitarbeiter an den «Scriptores Rerum Brunsvicarum etc.». 1706 ward er Professor der Geschichte in Helmstedt, 1714 in Hannover Rat und Historiograph. Hier half er Leibniz bei der Abfassung der Geschichte des welf. Hauses und besonders der heute noch maßgebenden «Annales imperii». Nach Leibniz' Tode (1716), dem er einen biogr. Nachruf widmete, erhielt er dessen Stellung als Bibliothekar und Historiograph des Königshauses. Die Widmung der «Origines Habsburgo-Austriacae» (Lpz. 1721) an Kaiser Karl VI. verschaffte E. die Erhebung in den Reichsadelsstand. Schuldenhalber mußte er jedoch 1723 aus Hannover fliehen. Er ging nach Corvei zu den Benediktinern, von da nach Köln zu den Jesuiten (1724), die ihn der kath. Kirche zuführten. 1724 wurde E. als Hof- und Universitätsbibliothekar an dem Hofe des Fürstbischofs von Würzburg Joh. Phil. von Schönborn angestellt. Er starb daselbst 9. Febr. 1730. Von seinen Werken sind hervorzuheben: die «Commentarii de rebus Franciae orientalis et Episcopatus Wirceburgensis» (2 Bde., Würzb. 1729, Fragment, bis König Konrad I.), «Historia studii etymologici linguae germanicae hactenus impensi» (Hannov. 1711). Die deutsche Litteratur- und Sprachforschung verdankt ihm unter anderm die Ausgabe des Hildebrandsliedes (in den genannten «Commentarii»). Als Geschichtsforscher zeichnen ihn strenge Methode, umfassende Forschung, glänzender Scharfsinn aus. Man verdankt ihm das «Corpus historicum medii aevi» (2 Bde., Lpz. 1723), bis zu den «Monumenta Germaniae historica» eine der Grundlagen deutscher Geschichte.

Eckhart (Meister), s. Eckardt.

Eckhel, Jos. Hilarius, Numismatiker, geb. 13. Jan. 1737 zu Enzersfeld in Unterösterreich, trat in den Jesuitenorden, wurde Lehrer der Rhetorik am Theresianum in Wien und erhielt 1772 die Aufsicht über das Münzkabinett des Wiener Jesuitenkollegiums. Während eines Aufenthalts in Italien (1772—74) erhielt er den Auftrag, die berühmte Mediceische Münzsammlung neu zu ordnen. 1774 wurde er Direktor der antiken Münzen des kaiserl. Hofmünzkabinetts, in demselben Jahre auch Professor der Altertumskunde an der Hochschule in Wien. Er starb daselbst 17. Mai 1798. Außer dem «Catalogus musei Caesarei Vindobonensis numorum veterum» (2 Bde., Wien 1779) ist seine Hauptarbeit die «Doctrina namoram veterum» (8 Bde., edd. 1792—98), ein Werk, das noch gegenwärtig als unerreicht dasteht und zu dem Steinbüchel aus E.s Nachlasse «Addenda» (edd. 1826) herausgab. Vgl. Kenner, J. H. von E., ein Vortrag (edd. 1871).

Eckhof, Konrad, Schauspieler, s. Ekhof.

Eckknollen (Baukunst), s. Eckblatt.

Ecklein, früher ein württemb. Getreidemaß = $^1/_{32}$ Simri oder $^1/_{256}$ Scheffel = 0,692 l.

Eckmühl, Dorf in Bayern, s. Eggmühl.

Eckmühl, Fürst von, s. Davout, Louis Nicolas.

Eckschupper, s. Schmelzschupper.

Eckstein, Ernst, Schriftsteller, geb. 6. Febr. 1845 zu Gießen, studierte 1863—67 in Gießen, Bonn, Berlin und Marburg Sprachen, Litteratur und Philosophie und ging 1868 nach Paris, wo er das humoristische Epos «Schach der Königin» (Stuttg. 1870; 3. Aufl. 1879) vollendete. Als Frucht seiner dortigen Studien erschienen «Pariser Silhouetten» (Gießen 1873). Das groteske Nachtstück «Die Gespenster von Varzin» (Halle 1870; 4. Aufl. 1877) und das komische Epos «Der Stumme von Sevilla» (Stuttg. 1871) wurden gleichfalls in Paris vollendet. 1870 begab sich E. nach der Schweiz, besuchte dann Süd- und Westeuropa und verfaßte das humoristische Epos «Venus Urania» (Stuttg. 1872; 5. Aufl. 1883). In dieselbe Zeit fallen mehrere Novellen («Margeritha», «Am Grabmal des Cestius», «Maria la Brusca», «Gustava» u. s. w.), die zum Teil gesammelt erschienen (2 Bde., Lpz. 1874; 2. Aufl. 1880); eine neue Folge war «Sturmnacht» (2. Aufl. 1886). Gleichzeitig schrieb E. für verschiedene Tagesblätter und Zeitschriften litterar. und ästhetische Skizzen, die später in verschiedenen Bänden («Leichte Ware», 3. Aufl., Lpz. 1878; «Guttae in lapidem», edd. 1880; «Ringkämpfe», edd. 1886 u. a.) gesammelt wurden. 1872—74 lebte E. in Wien, an der «Neuen Freien Presse» als Mitarbeiter beteiligt. In Leipzig, wo E. 1874—84 seinen Wohnsitz nahm, gab er 1875—82 die poet.-kritische Zeitschrift «Deutsche Dichterhalle», 1879 bis Ende 1882 das Witzblatt «Schalk» heraus. 1875 erschienen die Humoresken «Aus Secunda und Prima», «Der Besuch im Carcer» (96. Aufl. 1889; auch dramatisiert, 1876), die «Stimmungsbilder aus dem Gymnasium» und 1876 «Katheder und Schulbank». Im Sommer 1875 erschien ferner die Gedichtsammlung «Initium fidelitatis» (14. Aufl. 1890), dem 1876 ein zweites Bändchen humoristischer Gedichte: «Exercitium Salamandri» (10. Aufl. 1879), 1879 das größere epische Gedicht «Murillo, ein Lied vom Guadalquivir» (3. Aufl. 1889), 1883 die Humoreske «'s schöne Lorche» folgten. Seitdem wandte sich E. besonders dem Roman zu, dabei die kulturhistor. Behandlung antiker Stoffe bevorzugend; seine Romane sind: «Die Claudier» (Lpz. 1882; 11. Aufl. 1890), «Prusias» (3 Bde., edd. 1883; 4. Aufl. 1886), «Aphrodite. Roman aus Alt-Hellas» (edd. 1886; 5. Aufl. 1888), «Pia. Roman aus dem 13. Jahrh.» (edd. 1887; 3. Aufl. 1888), «Jorinde. Roman aus der Gegenwart» (3. Aufl., edd. 1888), «Camilla» (edd. 1889), «Nero» (3 Bde., edd. 1889), «Hertha» (Berl. 1891; 3. Aufl. 1892), «Decius, der Flötenspieler. Eine lustige Musikantengeschichte aus dem alten Rom» (Lpz. 1891), «Dombrowsky» (2 Bde., Dresd. 1892), «Themis» (2 Bde., Berl. 1893) u. a.; dazu die Novellen «Eingeschneit» (Teschen 1884), «Violanta» (Lpz. 1886), «Der Referendar» (edd. 1889) u. s. w. E. besitzt eine starke humoristisch-satir. Begabung und ungewöhnlich leichte Erfindungsgabe; die ungebundene wie die gebundene Rede handhabt er mit großer Glätte und Gewandtheit.

Eckstein, Friedr. Aug., Philolog und Schulmann, geb. 6. Mai 1810 zu Halle, studierte seit 1827 an der Universität seiner Vaterstadt klassische Philologie, wurde 1831 Lehrer an der Hauptschule daselbst, 1839 Oberlehrer am königl. Pädagogium,

1842 Rektor der Hauptschule und daneben 1849 Kondirektor der Franckeschen Stiftungen. 1863 wurde er als Rektor der Thomasschule nach Leipzig berufen und zugleich zum außerord. Professor an der Universität und später zum Direktor der Abteilung des Pädagogischen Seminars für Gymnasiallehrer ernannt. Ostern 1881 legte er sein Schulamt nieder, las nur noch an der Universität und leitete die Übungen des Seminars. Er starb 15. Nov. 1885 in Leipzig. Seine wissenschaftliche Thätigkeit erstreckte sich besonders auf die Behandlung der lat. Schriftsteller, welche in der Schule gelesen werden: Nepos, Cäsar, Cicero, Phädrus, Tacitus und Horaz. Seine amtliche Stellung veranlaßte ihn zur Abfassung zahlreicher Programme, Abhandlungen und Reden. Außerdem beschäftigte ihn vielfach die Geschichte der Philologie und der Pädagogik. Eine Frucht dieser Studien ist der «Nomenclator philologorum» (Lpz. 1871); desgleichen viele Artikel in der «Allgemeinen Encyklopädie» von Ersch und Gruber und in mehrern Zeitschriften und Sammelwerken, namentlich die Abhandlung über den lat. Unterricht in Schmids «Encyklopädie des gesamten Erziehungs- und Unterrichtswesens» (Sonderausgabe unter E.s Vorlesungen über den griech. Unterricht, Lpz. 1887). Zur Bearbeitung der Lokalgeschichte fand er in Halle als Redacteur des Wochen-, nachherigen Tageblatts vielfache Veranlassung; selbständige Arbeiten auf diesem Gebiete sind: eine «Geschichte des Hospitals St. Cyriaci zu Halle» (Halle 1841), die unvollendete Fortsetzung von Dreyhaupts «Chronik der Stadt Halle» (6 Lfgn., ebd. 1842—43), «Geschichte der Freimaurerei in Halle» (1842), die «Chronica montis sereni» (1856) und Beiträge zu der Festschrift «Die Stiftungen A. H. Franckes» (ebd. 1863). In Leipzig hat er mancherlei über die Geschichte der Thomasschule geschrieben. Rege Teilnahme hat er stets besonders den Versammlungen der deutschen Philologen und Schulmänner geschenkt. An dem polit. Leben deteiligte er sich in Preußen als Mitglied der Zweiten Kammer, deren Sekretär er war, in zwei Sitzungsperioden (1849—51, 1858—60).

Eckstein, Utz (Ulrich), reformatorischer Pamphletist, 1528—58 Pfarrer an Orten des Kantons Zürich und in Rorschach, schrieb breite, aber wirksame polemische Dialoge in Reimen; im «Concilium» (1525) parodiert er im voraus das Badener Religionsgespräch (Mai 1526), dem er später noch ein Lied widmet; sein «Reichstag» (1527) vertritt eine vermittelnde Lösung der Bauernunruhen (beide Dialoge gedruckt in Scheibles «Kloster», Bd. 8, Stuttg. 1847). Vgl. Vogelin, im «Jahrbuch für schweiz. Geschichte», VII, 91 fg. (Zür. 1882).

Eckstreben, s. Huf.

Eclaircieren (frz., spr. eklärß-), aufklären, erhellen, erläutern.

Eclaireurs (frz., spr. ekläröhr), einzelne Reiter, die in Sehweite vor einer Kavallerieabteilung vorausreiten, um das vorliegende Gelände aufzuklären. Napoleon I. errichtete unter dem Namen E. besondere zum Aufklären bestimmte Eskadrons und Regimenter. In Frankreich bezeichnet man als E. überhaupt die zu Erkundungszwecken aller Art vorgeschickten größern oder kleinern Kavallerieabteilungen.

Éclat (frz., spr. eklá), eigentlich Splitter, Span, dann Knall, Geräusch, Lärm, Aufsehen erregender Vorfall, Auftritt, Skandal; auch Schimmer, Glanz; eklatánt, Aufsehen erregend, auffällig, glänzend; eklatieren, platzen, hervorbrechen, ruchbar werden.

Eclectus, s. Edelpapageien.

Ecnömus (grch. Eknomos, jetzt Monte Sant' Angelo) hieß im Altertum ein Berg auf der Südküste Siciliens, westlich vom Flusse Himera, dem heutigen Salso. Hier wurde 311 v. Chr. der große, auch nach der einige Meilen östlich vom E. gelegenen Stadt Gela benannte Sieg der Karthager unter Hamilkar über die Syrakusaner unter Agathokles erfochten. Hier erlitten aber auch die Karthager 256 v. Chr. in einer großen Seeschlacht gegen Regulus und die Römer eine entscheidende Niederlage.

École (frz., spr. eköll), Schule (s. Technisches Unterrichtswesen); É. d'application, Gewerbeschule; É. d'application de cavalerie, Kavallerieschule (s. d.) zu Saumur; É. d'application (du corps) d'état-major, Generalstabsschule; É. des beaux-arts, Kunstakademie; É. des chartes, Pariser gelehrte Anstalt für das Studium von Handschriften, Urkunden u. s. w.; É. de droit, jurist. Fakultät; É. des mines oder É. de mineurs, Bergschule, Bergakademie; É. militaire de l'artillerie et du génie, Artillerie- und Genieschule (s. d.) zu Versailles; É. militaire d'infanterie de St. Maixent, s. Infanterieschule zu St. Maixent; É. militaire supérieure de guerre, s. Kriegsschulen (4); Écoles militaires préparatoires, s. Soldatenkinder; É. mixte, Realgymnasium; É. normale, höheres Lehrerseminar in Paris; É. normale spéciale, etwa soviel wie Realschullehrer-Seminar (besonders in Cluny); É. polytechnique, Polytechnische Schule (s. d.); É. supérieure de guerre, die franz. Kriegsakademie; É. pratique des hautes études, Schule zur praktischen Übung in den exakten Wissenschaften neben dem theoretischen Unterricht; É. primaire, Vorschule, Elementarschule; É. spéciale militaire de Saint-Cyr, Kriegsschule in Saint Cyr (s. d.); É. secondaire, Mittelschule.

Economiser (engl. economizer, spr. ikónnomeiser, d. i. Sparer), ein Vorwärmer für das Speisewasser von Dampfkesselanlagen, bestehend aus einem System von Röhren, das in einer zwischen dem Kessel und dem Schornstein angebrachten und von den abgehenden Verbrennungsgasen bestrichenen Kammer eingebaut ist. Indem das Speisewasser durch die Röhren strömt, entnimmt es den Verbrennungsgasen noch einen Teil der sonst mit entweichenden Wärme.

Economy (spr. ikonnŏmi), Niederlassung am rechten Ohio-Ufer in Beaver-County im nordamerik. Staate Pennsylvanien, 26 km nordwestlich von Pittsburgh, wurde 1824 von den Rappisten gegründet, den Anhängern Georg Rapps (s. d.) aus Württemberg, welche in Gütergemeinschaft und Ehelosigkeit leben und im Aussterben begriffen sind. Die Einwohnerzahl der sehr wohlhabenden Gemeinde betrug 1880 1024, 1889 noch etwa 75.

Ecorchieren (frz., spr. ekorsch-), schinden, prellen, radebrechen; arg verletzen, beschädigen.

Ecossaise (frz., spr. ekossähs'), ein Gesellschaftstanz in kurzen Touren, von einer ziemlich lebhaften Musik im Zweivierteltakt begleitet, die gewöhnlich nur aus zwei Reprisen, jede zu acht Takten, besteht. Der E. liegt ein schottischer, nur für den Dudelsack bestimmter, ernster Nationaltanz zu Grunde, der im 17. Jahrh. von den franz. Ballettmeistern für das Theater umgestaltet und in die Salons eingeführt wurde. In Deutschland eröffnete er früher meist die Bälle, wird aber gegenwärtig sehr selten getanzt. In ihrer ehemaligen Form, wo sie mit über die Brust gekreuzten Armen ausgeführt wurde und aus lebhaften Bewegungen bestand, erinnerte die E. mehr an ihren schott. Ursprung, während sie in ihrer modernen Form zu den Kontertänzen zählt. Der **Ecossaisenwalzer** (**Hopswalzer**), gewöhnlich **Schottisch** genannt, aus mehrern Teilen bestehend, ist eine Art des Walzers im Zweivierteltakt, der in Deutschland große Beliebtheit erlangte. — Vgl. Förster, Ecossaise-Lehre (Bresl. 1833).

Ecouen (spr. ekuáng), Hauptort des Kantons E. (123,34 qkm, 22 Gemeinden, 12227 E.) im Arrondissement Pontoise des franz. Depart. Seine-et-Oise, 15 km nördlich von Paris, in 152 m Höhe, am Abhange eines Hügels, an der Linie Paris-Beauvais-Amiens der Franz. Nordbahn, hat (1891) 1165, als Gemeinde 1262 E., Post, Telegraph, ein schönes, unter Franz I. erbautes Schloß, bis zur ersten Revolution im Besitz des Hauses Condé, got. Pfarrkirche mit prächtigen Glasmalereien von J. Cousin in der schönen Apsis, sowie ein Fort, 1877 im ersten Verteidigungsgürtel von Paris erbaut; Das Schloß hatte ehemals von Jean Cousin gemalte Fenster und zwei von Michelangelo gesendete Statuen. Napoleon I. gründete im Schlosse eine noch jetzt darin befindliche Erziehungsanstalt für 300 Töchter von Offizieren der Ehrenlegion.

Ecoute (frz., spr. ekút), Horchstellen, Horchgang, s. Verteidigungsminen.

Écoutille (frz., spr. ekutíj), Luke im Verdeck [eines Schiffs.

Écrasement (frz., spr. ekras'máng), s. Ecraseur.

Ecraseur (frz., spr. -söhr), ein von dem franz. Chirurgen Chassaignac 1850 erfundenes Instrument mit Kette aus scharfkantigen Stahlgliedern (auch Eisendraht oder Drahtseil) zum gewaltsamen Abschnüren krankhafter Teile (Écrasement; s. Abbinden, chirurg.); es wird nur noch selten benutzt.

Écrasez l'infâme! (frz., spr. -seh längfahm), d. h. Rottet die schändliche aus, ein in Voltaires Briefen häufig wiederkehrender Ausdruck, der auf die Kirche und den Kirchenglauben gemünzt sein soll. Viele Briefe (namentlich an d'Alembert und Damilaville) unterzeichnete Voltaire statt mit seinem Namen mit «Écr. l'inf.» oder «Écrlinf.» zur Täuschung der mit der Eröffnung staatsgefährlicher Briefe betrauten Beamten.

Ecrevisse, Peter, vläm. Schriftsteller, geb. 3. Juni 1804 zu Obbicht (Provinz Limburg), studierte die Rechte und wurde 1839 Oberrichter im Kanton Eecloo (Provinz Westflandern), wo er 1843 zum Mitglied der Provinzialstaaten und 1848 auch zum Staatsrat erwählt wurde. 1860 zog er sich aus dem polit. Leben zurück und widmete sich bis zu seinem Tode, 16. Dez. 1879, der Litteratur. E. gehört namentlich auf dem Gebiet des histor. Romans zu Flanderns besten Schriftstellern; sein Stil ist einfach, aber innig und zeichnet sich aus durch lebhafte Schilderung. Von seinen zahlreichen Werken sind hervorzuheben: «De Bokkenryders in het land van Valkenburg» (Brüss. 1845; 3. Aufl. 1864), «De Verwoesting van Maestricht» (2 Bde., Antw. 1845; 2. Aufl. 1860), «Egmonds Einde» (ebd. 1850), «De Gebroeders de Witt» (Brüss. 1859). Auch als Sittenmaler des gesellschaftlichen Lebens hat er großes Verdienst, wie z. B. in: «De Kanker der Steden» (Brüss. 1860), «De Stiefzoon» (3 Bde., Gent 1861), «De Nicht uit de Kempen» (Brüss. 1864). Seine gesammelten Werke erschienen 1879—80.

Ecrins, **Barre des** (spr. bahr däsekräng), der höchste Gipfel der gleichnamigen Gruppe der Dauphiné-Alpen (s. Westalpen), an der Grenze der franz. Depart. Isère und Hautes-Alpes, südöstlich von Grenoble, eine der schönsten Berggestalten der Alpen, erhebt sich zu 4103 m und wurde zuerst von Whymper, Moore und Walker mit den Führern Michel Croz und Christian Almer 25. Juni 1864 bestiegen. Die Besteigung ist schwierig; drei Schutzhütten befinden sich an dem Berge.

Écritoire (frz., spr. -töahr), Schreibzeug.

Écriture (frz., spr. -tühr), Schrift, Handschrift (Art zu schreiben), Schriftstück; la sainte É. oder les (saintes) Écritures, die Heilige Schrift, Bibel.

Écrlinf., s. Écrasez l'infâme.

Ecsed (spr. ettschedd), Sumpf im nordöstl. Ungarn, in der Nähe von Nagy-Károly und Szatmár, ist 229 qkm groß, zwischen 1,2 und 2,5 m tief, reich an Fischen und Geflügel. Durch Kanalisierung und Regulierung an der Kraßna, einem linken Zufluß der Theiß, und am Szamos ist er neuerdings teilweise ausgetrocknet.

Ectopistes migratorius, s. Wandertaube.

Ectoprócta, Unterordnung der Moostierchen (s. d.), bei welcher die Afteröffnung außerhalb des Tentakelträgers liegt.

Ecu (frz., spr. eküh, «Schild»), früher die Hauptsilbermünze Frankreichs, der franz. Thaler; er hieß auch **Louis blanc** oder **Louis d'argent** und wurde zuerst 1640 unter Ludwig XIII. nach dem Muster der sp . Piaster geprägt. Er hatte annähernd den Wert des alten deutschen Reichsthalers, jedoch mit Schwankungen. 1726 wurde er = 6 Livres gesetzt (s. Laubthaler) und 1803 abgeschafft.

Ecuadōr, d. h. Äquator, einer der drei aus der ehemaligen Republik Columbia (s. d.) gebildeten Freistaaten Südamerikas, erstreckt sich zu beiden Seiten des Äquators etwa bis 1° 50′ nördl. und 4° 50′ südl. Br., zwischen 73° 10′ und 81° westl. L. von Greenwich, grenzt im W. an die Südsee, im N. und NO. an Columbia, im S. und SO. an Peru, läuft im äußersten O. in eine Landspitze aus welche nördlich von dem Rio Napo (linken Nebenfluß des Amazonenstroms) begrenzt wird und hat 299600 qkm ohne die über 950 km im W. gelegenen Galapagosinseln (s. d.). Obgleich E. eine Küstenlinie von 650 km (mit den Krümmungen von 1400 km) hat, so wird der Vorteil dieser Berührung mit dem Meere dadurch beeinträchtigt, daß die Küste, abgesehen von dem Golf von Guayaquil und der Bucht von Pailon (s. d.), im ganzen einförmig und ohne größere Flüsse ist, welche das Innere des Landes mit der See in Verbindung brächten. (S. Karte: **Columbia, Venezuela, Ecuador, Peru und Bolivia** und die Nebenkarte, Bd. 4, S. 439.)

Oberflächengestaltung. Die vertikale Gliederung E.s ist höchst mannigfaltig und bietet bedeutende Kontraste dar. Der größere östl. Teil gehört zu der wasser- und waldreichen Tiefebene des Amazonenstroms, dessen Ufergebiet die Republik teilweise beansprucht. Der westl. Teil wird auf einer Fläche von mehr als 120000 qkm erfüllt durch einen Abschnitt der Cordilleren. Während in Peru und Columbia drei Ketten das Andengebirge zusammensetzen, ziehen durch E. nur zwei solche, welche zwischen sich ein gewaltiges Hochthal lassen. Die östliche besteht in ihrer Achse aus Granit, Gneis und krystallinischen Schiefern, die westliche aus Diorit, Porphyr, Grünsteinen und Gesteinen der Kreideformation, Sandstein, Kalkstein, Mergel, Schiefer u. s. w. Tertiär findet sich nur im Becken von Loja; die übrigen sind von Quartär und vulkanischem Material ausgefüllt. Der Westen, das Küstengebiet, wird fast nur aus Tertiär gebildet, der Osten ist Alluvium der Flüsse, ganz junges Land. Auf den hohen Ketten stehen zahlreiche Vulkane, welche augenscheinlich auf Spalten früherer Ausbrüche emporwachsen, insofern ganz E. mit alten Eruptivgesteinen, Diabas, Diorit, Porphyr förmlich übersät ist. Die hohen noch thätigen oder noch nicht lange erloschenen Vulkane bestehen aus Andesit und Dacit (26 an der Zahl); über die wichtigsten s. Cordilleren (Bd. 4, S. 507a). Als thätig sind der Sangay, Cotopaxi, Tunguragua zu bezeichnen. Alle Sockel der Vulkane reichen nicht in die Schneeregion hinein, sondern nur die Vulkane tragen Schnee. Die höchste Erhebung ist der Chimborazo (6310 m). Manche früher für Vulkane gehaltenen Berge sind keine solchen. Außer den Vulkanen richten auch die Erdbeben, so 1797, 1859, 1868, heftige Verheerungen an. Die Anden zerfallen in einzelne Sierras mit verschiedenen Namen. Das Hochthal ist im N. bei Quito 28—45 km, im S. bei Loja kaum noch 5 km breit. Man unterscheidet 7 interandine Hauptbecken, die durch hohe Querjoche getrennt sind, nämlich die Becken von Ibarra (2225 m), Quito (2850), Latacunga (2800), Riobamba (2798), Cuenca (2580), Jubones (2000) und Loja (2220 m). Niedrige Parallelketten durchziehen den Westen des Landes. Edelmetalle sind nur in den südl. Provinzen häufig, werden aber kaum ausgebeutet.

Gewässer. In hydrogr. Beziehung gehört E. zum größten Teile dem atlantischen Gebiete an durch die Zuflüsse des Amazonas. Die Wasserscheide ist unregelmäßig und liegt zum Teil auf der östl., zum Teil auf der westl. Kette. In den Amazonas fließen eine Menge, bis zu 1500 km lange und weithin schiffbare Flüsse; so der Chinchipe, Santiago, Morona, Pastaza (mit dem 40 m hohen prachtvollen Wasserfall von Agoyan), der Tigre und der Napo, der größte Fluß des Landes, der 1200 km lang, 800 km für Dampfer schiffbar ist. Unbedeutender, wenn auch zum Teil schiffbar, sind die Küstenflüsse im Westen, der Mira, Esmeraldas (Perucho), ferner der Daule, Guayas und Chimbo. Auch Seen hat E. in Menge, besonders im Osten, aber keinen von größerer Ausdehnung.

Klima, Tier- und Pflanzenwelt. Das Klima ist gemäß der Konfiguration des Landes überaus mannigfaltig. Die Ebenen im Osten der Anden, größtenteils mit Urwäldern, Flüssen, Seen und Sümpfen bedeckt, sind sehr feucht und heiß; am heißesten aber sind die Flußthäler am Westabhang mit einer Mitteltemperatur von 27 bis 29° C. Fast ebenso heiß, feucht und darum von bösartigen Fiebern heimgesucht ist die zum Teil mit dichten Wäldern bedeckte Küstenebene, die zugleich furchtbaren Regengüssen und den heftigsten elektrischen Entladungen ausgesetzt ist. Von diesen Ebenen und den tiefsten Bergschluchten des Hochlandes mit ihrer oft erstickenden Äquatorialhitze erniedrigt sich gegen das Gebirge hin und in diesem selbst die Temperatur allmählich bis zu der des ewigen Schnees, dessen untere Grenze zwischen 0° und 1½° südl. Br. durchschnittlich in der Höhe von 4600 bis 4800 m liegt. Die öden Paramos oder Mesas (Tafelflächen) auf den Cordilleren selbst haben ein rauhes Klima; in ihrer Region setzen Schneestürme und Gewitter selten auch nur einen Tag aus, und an der quälenden Punakrankheit (Soroche), einer Folge des geringen Luftdrucks, leiden selbst die Eingeborenen bereits in Höhen von über 4000 m. Dagegen haben die Hochebenen zwischen den beiden Hauptcordilleras sehr gemäßigtes und im ganzen angenehmes Klima, die von Quito eine mittlere Temperatur von 13,5° C. mit mittlern Extremen von 3,3 und 23,7° C. Bei der außerordentlichen Klarheit des Himmels auf den Hochebenen ist die nächtliche Ausstrahlung oft so stark, daß sich auf stehendem Wasser Eis bildet und die Saaten erfrieren. Überhaupt ist die Hochebene nicht so gesund, wie bei der Gleichmäßigkeit der Temperatur zu erwarten wäre. Erkältungen sind häufig und arten leicht in Krankheiten der Atmungsorgane aus. Vom Dezember bis Mai dauert die Regenzeit an der Küste auf der Hochfläche; auf dem West- und Ostabhange der Anden regnet es fast täglich. Wegen ihres milden Frühlingsklimas hat sich auf den mittlern Bergebenen die Hauptmasse der Bevölkerung E.s zusammengedrängt. — Die Fauna ist eine sehr reiche, besonders an Vögeln und Insekten. Verschiedene Affenarten kommen in den tiefern Landesteilen vor, daneben Arten von Katzen, Hunden, Wasch- und Nasenbären, sowie Tapire, während Lamas nicht mehr angetroffen werden. Besonders reich ist E. an Kolibris und fast jede der einzelnen Bergspitzen hat ihre besondere Art. Bemerkenswert ist, daß in den hohen Regionen des ewigen Frühlings die Vögel sich in betreff des Brütens an keine bestimmte Jahreszeit binden, wie es im Tiefland der Fall ist. — Auch in der Vegetation unterscheiden sich diese gemäßigten Hochebenen sehr bestimmt von den Tiefebenen zu beiden Seiten des Gebirges. Während diese mit riesigen Urwäldern erfüllt sind, in denen echte Tropenflora herrscht und treffliches Nutz- und Bauholz wächst, sind die Hochebenen baumlos. In der Region der rauhen, stürmischen Paramos zwischen 3500—4500 m kommen nur noch Gräser und niedrige Gebüsche vor und kann der Boden nur noch zu Viehweiden benutzt werden. Hier herrscht das Pajonal-Gras (Stipa Ichu *Kunth.*) und der Frailejon (Espeletia), weißwollige und harzreiche Sträucher der Kompositen. Dagegen an den Abfällen zum Tieflande steigt die tropisch-alpine Vegetation weit hinauf, besonders an der Ostseite. Unter den kostbaren Produkten des Waldes zeichnen sich neben andern Droguen die edeln Arten des Fieberrinden- oder Chinabaums (s. Chinarinde) aus. Die edelsten wachsen auf den Abhängen der Westcordillere in 1000—1600 m Höhe. Im übrigen ist Flora wie Fauna nicht wesentlich von der von Peru und Columbia verschieden.

Bevölkerung. E. hat (1885) 1004651 E., ohne die wilden Indianer (s. Tafel: Amerikanische Völkertypen, Fig. 5) des Ostens (etwa 80000), d. i. 3 auf 1 qkm. 1890 wird die Bevölkerung auf 1270000 geschätzt. Die Weißen (etwa 100000) sind die Hauptlandeigentümer, Beamten, Großhändler. Die civilisierten Indianer, fast alle vom Stamm der Quitus, bilden die arbeitenden Klassen und liefern auch fast allein die zur Ausfuhr erzeugten Produkte. Sie sprechen eine Mundart der weit verbreiteten Quechuasprache und bildeten vor der Unterwerfung durch die Inkas von Peru ein mächtiges, wohlorganisiertes Reich, dessen Hauptstadt in der centralen Hochebene lag. Verschieden von ihnen sind die wenig zahlreichen, zum Teil unabhängigen Cayapo und Colorado im W. der Cordillera von Quito. Außerdem unterscheidet man noch viele in Gesichtszügen, Sprache, Sitten und Gebräuchen verschiedene Indianerstämme im O. der Anden, die als wilde bezeichnet werden, wie die Jivaro (Xibaro), Zaparo und

Abiquira. Dieselben gehören wahrscheinlich größtenteils den Tupi und Karibenvölkern an. Ihre wald- und wasserreichen Ebenen, einst die civilisatorische Wirkungsstätte der Jesuitenmissionen und damals reich und mächtig, voller Niederlassungen und bevölkerter Städte, sind seit Vertreibung der Jesuiten (1767), die allein am Napo 33 Ansiedelungen mit 100000 E. besaßen, und vollends seit der mit dem Abfall E.s von Spanien erfolgten Verjagung der Franziskaner, denen ein Teil der Missionen übergeben war, durch die gänzliche Vernachlässigung dieser Ostprovinz fast völlig in den alten Zustand der Wildnis, des Heidentums und der Barbarei verfallen.

Landwirtschaft. Diese erstreckt sich hauptsächlich auf Produktion für den eigenen Bedarf. Von Nahrungspflanzen werden in der Tiefe die normal-tropischen, auf der Hochebene noch Kartoffeln, Weizen, Quinoa, Mais und Gerste gebaut. Ausfuhrartikel sind Kakao, Kaffee und Tabak, weniger Zucker. Die Urwälder liefern außer Chinarinde und Kautschuk auch Sassaparille, verschiedene Harze und Wachs. Neben dem Landbau ist die Viehzucht von Bedeutung, namentlich auf der Hochebene und den Paramos. Hier wird Rindvieh, zum Teil in großen Herden, gezüchtet und auch viel Käse (ein Hauptnahrungsmittel der Bevölkerung) bereitet. Für das Vieh wird viel Luzerne gebaut. In neuerer Zeit wird auch der Zucht von Merinos Aufmerksamkeit zugewendet.

Industrie und Handel. Die Industrie steht auf einer sehr niedrigen Stufe und ist gegen früher sehr gesunken. Doch werden an verschiedenen Orten (Chillo) noch gröbere Woll- und Baumwollstoffe angefertigt, welche von den untern Klassen ziemlich allgemein getragen und, wie auch Satteldecken aus Schaffellen, sogar nach den Nachbarrepubliken ausgeführt werden. Wichtiger als diese Fabrikate sind jedoch die Flechtarbeiten aus Palmenstroh, namentlich die feinen, unter dem Namen Panamahüte in den Handel kommenden Strohhüte, ausgezeichnete Cigarrentaschen, Hängematten sowie Seilerwaren, Netze und Matten aus Agavefasern. Der Bergbau beginnt neuerdings Fortschritte zu machen. Der Handelsbetrieb ist im Verhältnis zu dem großen Reichtum des Landes an natürlichen Hilfsmitteln unbedeutend. Der Haupthafen ist Guayaquil; außerdem sind Esmeraldas und der Hafen von Manta bemerkenswert. Im allgemeinen ist der auswärtige Handel E.s im Aufblühen begriffen. Der Gesamtwert der Ausfuhr, fast ausschließlich von Guayaquil, belief sich 1890 auf 9761634 Sucres, darunter Kakao 7404140, Kaffee 654320, Strohhüte 337250, Häute 226874, Kautschuk 153730, Steinnüsse 130800, Zucker 87356 Sucres, ferner Chinarinde, Baumwolle, Reis, Bambus und Orseille. Der Wert der Einfuhr betrug (1890) 10016352 Sucres; darunter feine Baumwollwaren, Kaschmire, Eisen- und Kurzwaren, Konserven, span. Weine, deutsche und engl. Biere.

Verkehrswesen. An guten Verkehrsstraßen ist in E. Mangel. Die alte Hauptstraße des Landes (Camino real) läuft auf der Hochebene von der Nord- bis zur Südgrenze 1160 km lang, im Passe über den Cerro del Azuay (4347 m); zwei andere Straßen verbinden Guayaquil mit Cuenca und Mocha, letztere führt über den 4280 m hohen Chimborazopaß. Der gesamte Waren- und Personentransport geschieht auf Maultieren; in der Regenzeit werden auch die Flußläufe benutzt. Erst in neuerer Zeit ist mit dem Bau von Fahrstraßen begonnen worden.

An *Eisenbahnen* besitzt E. die 102 km lange Strecke zwischen Guayaquil und Chimbo, deren Fortsetzung nach Sibambe im Bau und teilweise bereits fertiggestellt ist. Weitere Linien sind in der Bauvorbereitung, sodaß das Netz binnen kurzem gegen 300 km umfassen wird. Außerdem sind noch verschiedene Linien genehmigt, so die 330 km lange Centralbahn von Quito nach Bahia de Caraques am Stillen Ocean. E. soll auch von der neuerdings geplanten Interkontinentalen Eisenbahn (s. d.) von Norden nach Süden durchschnitten werden, und bereits im Sommer 1891 sind von Quito aus nach beiden Richtungen Messungen ausgeführt worden.

Post und Telegraph. Seit 1880 gehört E. dem Weltpostverein an; alle Hauptstädte der Provinzen sind durch telegr. Leitungen miteinander verbunden; die Zahl der Stationen beträgt 33, die Länge der Drähte 1600 km. Eine Linie führt von Guayaquil über Land nach Ballenita und von hier per Kabel bis zum Isthmus von Tehuantepec und nach Neuyork. In Guayaquil besteht eine Fernsprechleitung mit etwa 400 Teilnehmern. Die Zahl der 1890 beförderten Poststücke (Briefe, Postkarten und Warenproben) betrug über 3 Mill. 1890 liefen 339 Schiffe mit 256194 t in den Hafen von Guayaquil ein und 317 Schiffe mit 256412 t aus.

Verfassung und Verwaltung. Nach der Konstitution vom 11. Mai 1830 ist die Verfassung eine repräsentative. Dieselbe ist mehrfach, zuletzt 1887, abgeändert worden. Die Gesetzgebende Gewalt bildet ein aus direkten Wahlen hervorgegangener Kongreß. Wähler ist jeder 21 J. alte oder verheiratete, des Lesens und Schreibens kundige Bürger. Der Kongreß besteht aus zwei Kammern; die Erste Kammer bilden die Senatoren, von denen jede Provinz zwei auf die Dauer von 4 Jahren wählt (aller 2 Jahre scheidet die Hälfte aus), die Zweite Kammer bilden die Deputierten (einer für je 30000 E.), die auf die Dauer von 2 Jahren gewählt werden. Die Exekutivgewalt übt ein mittels direkter Wahl auf 4 Jahre gewählter Präsident aus, dem ein in gleicher Weise und auf gleiche Dauer gewählter Vicepräsident sowie ein Kabinett von vier Ministern zur Seite stehen. Letztere sowohl, als auch die Präsidenten sind dem Kongreß verantwortlich. Außerdem besteht noch ein aus den Ministern und sieben weitern Mitgliedern gebildeter Staatsrat. Der Kongreß versammelt sich alle zwei Jahre am 10. Juni. Die Verfassung bestimmt, daß keinerlei Vorrechte, weder durch Rang noch durch Rasse bedingt, in der Republik bestehen sollen, thatsächlich befinden sich aber die Indianer noch immer in einem der Sklaverei ähnlichen Zustand.

Zum Zwecke der *Verwaltung* ist E. in die folgenden 16 Provinzen eingeteilt:

Provinzen	Einwohner	Provinzen	Einwohner
Carchi	36000	Loja	66500
Imbabura	68000	Bolivar	43000
Pinchincha	205000	Oro	32600
Leon	109600	Guayas	98100
Tunguragua	103000	Rios	32800
Chimborazo	122300	Manabi	64100
Cañar	64000	Esmeraldas	14600
Azuay	132400	Oriente	80000

Die Hauptstadt der Republik ist Quito mit 40000 E. Es besteht ein Oberster Gerichtshof (in Quito), 6 Obergerichte, 33 Kantonal- und 359 Parochialgerichte.

Finanzen. Die finanziellen Angelegenheiten der Republik stehen nicht mehr auf dem frühern ganz kläglichen Standpunkte, sind aber auch noch nicht geklärt. Die Einnahmen detrugen 1890: 11166660 Sucres, die Ausgaben 10920452 Sucres. Die innere Schuld detrug (1890) 5424398 Sucres; die äußere Schuld (1824000 Pfd. St., Anleihe von 1855, und Zinsenrückstände von 1867 bis 1890 mit 428640 Pfd. St.) sollte 1890 in eine 4½prozentige Anleihe von 750000 Pfd. St. konvertiert werden, doch lehnte der Kongreß die Bedingungen dieser Konvertierung ab.

Das Heer bestand (1890) aus 3341 Mann, einschließlich der Offiziere, und einer Nationalgarde von ungefähr 30000 Mann; die Marine wird aus 1 Kreuzer, 2 kleinen Kanonenbooten und 1 Transportschiff gebildet, die zusammen 120 Mann Besatzung haden.

Das Wappen besteht aus einem ovalen Schilde, auf dem ein Kondor flugdereit thront; im Oberfeld

auf dem Streifen des Tierkreises eine Sonne, im Unterfeld ein Berg, aus dem ein Fluß entspringt; auf dem Meere ein Dampfboot. Als Flagge hat E. die alten Farben der frühern Republik Columbia wieder angenommen, nämlich Geld (doppelte Breite), Blau, Rot, horizontal gestreift.

Geistige Kultur. Die Religion der Republik ist die römisch-katholische mit Ausschluß jeder andern, doch herrscht ziemliche Toleranz gegen Andersgläubige. Die Kirche steht unter dem Erzbischof von Quito; die Republik ist in die Diöcesen Quito, Losa, Ibarra, Riobamba, Cuenca, Guayaquil und Puertoviejo eingeteilt. Außer dent weitlichen Klerus giedt es auch Ordensgeistliche, 36 Mönchs- und 11 Nonnenklöster. Mit dem Unterrichtswesen ist es schlecht bestellt. Außer der unbedeutenden alten Landesuniversität in Quito mit 24 Professoren und 116 Studenten (mit der die Lehranstalten in Cuenca und Guayaquil in Zusammenhang stehen) giedt es in Quito und Guayaquil Handels- und technische Schulen sowie 9 höhere und etwa 500 Elementarschulen mit 60000 Schülern, hauptsächlich Weiße, Mestizen und Mulatten.

Geschichte. Das Gediet der gegenwärtigen Republik E. wurde ursprünglich von den Quitu bewohnt, 1487 durch den Inka Huaina-Capac mit Peru vereinigt und 1532 von den Spaniern erodert. Es gehörte bis 1710 als Presidencia Quito zum Vicekönigreich Peru, dann zu Neugranada. Einzelne Aufstandsversuche 1809 und 1812 wurden unterdrückt, und erst die zu Guayaquil ausgebrochene Revolution 1820 gelangte durch die Unterstützung Bolivars (s. d.) zum Ziel. Der Sieg der Generale Santa-Cruz und Sucre auf den Andes von Pichincha zwang die Spanier 22. Mai 1822 zu einer Kapitulation, welche die Aufständischen in den Besitz des Landes brachte, das als Departamento del E. der Centralrepublik Columbia (s. d.) einverleidt wurde. Seitdem sich das Land im Mai 1830 auf dem Kongreß zu Riobamba als unadhängige Republik E. unter der Präsidentschaft des Generals J José Flores konstituiert hat, bietet seine Geschichte eine fast ununterdrochene Reihenfolge von Revolutionen und Reaktionen, sowie von auswärtigen Kämpfen mit den Nachbarstaaten, insbesondere mit Peru, dar. Eine Hauptrolle hat darin Flores gespielt, der teils als Präsident, teils als Oberbefehlshaber der dewaffneten Macht sich bis 1845 zu erhalten wußte. Eine 9. Aug. 1835 eröffnete Konstituierende Versammlung gad dem Freistaate eine neue seitdem mehrfach veränderte Verfassung und wählte Vicente Rocafuerte zum Präsidenten, unter dessen verständiger Leitung Ruhe und Gedeihen eintraten. Auf Rocafuerte folgte 1839 Flores in der Präsidentenwürde, unter dem durch ein Dekret des Senats und Kongresses zu Quito vom 27. März 1839 span. Kauffahrteischiffe in die Häfen der Republik zugelassen wurden, worauf im Nov. 1841 zwischen E. und dem Mutterlande ein förmlicher Friedens- und Freundschaftsvertrag zu stande kam. Flores wurde 31. Jan. 1843 zum drittenmal zum Präsidenten ernannt, mußte aber infolge einer zu Guayaquil ausgebrochenen Revolution, die Rocafuerte leitete, nach mehrmonatigem Bürgerkrieg 22. Juni 1845 das Land verlassen. Zum Präsidenten wurde ein Fardiger, Vicente Roca, gewählt. Im Mai 1846 brach ein Krieg mit Neugranada aus, der ader schon 29. desselben Monats durch den Frieden zu Sta. Rosa de Carchi beendigt wurde. Nachdem im Okt. 1849 die Präsidentschaft Rocas zu Ende gegangen war, deunruhigten Parteiumtriebe das Laud, bis 8. Dez. 1850 der Kongreß den Kandidaten der klerikalen Partei, Diego Nodoa, zum Präsidenten erhob. Eine der ersten Regierungsmaßregeln desselben war die Zurückberufung der Jesuiten und die Aufnahme aller aus Neugranada flüchtig gewordenen Konservativen. Als infolgedessen Neugranada mit Krieg drohte, wurde Nodoa Juli 1851 von einer Junta zu Guayaquil für abgesetzt erklärt, gefangen genommen und verwiesen. Urvina trat als Präsident und Diktator an die Spitze des Staates und nahm seinen Sitz in Guayaquil. Seitdem herrschte bis 1860 die ultrademokratische Partei. Auf Urvina folgte 1856 General Francisco Rodles. Durch das Gesetz vom 6. Dez. 1856 wurde für Münzen, Maße und Gewichte das franz. Decimalsystem angenommen. Ein Konflikt mit Peru führte zur Blockade der Häfen E.s seit 3. Nov. 1858. General Guillermo Franco, mit der Verteidigung von Guayaquil deauftragt, schloß 21. Aug. 1859 mit dem Chef des peruan. Geschwaders eine Konvention ad, wodurch die Blockade aufgehoden wurde. Allein der Präsident Rodles verweigerte die Ratifikation, legte sein Amt nieder und ging nach Chile. Die Ultrademokraten von Guayaquil ühertrugen hierauf die Regierung an General Franco, die Konservativen im Distrikt Quito wählten dagegen eine eigene provisorische Regierung unter dem Chemiker Professor Dr. Gabriel Garcia Moreno und riefen den General Flores zurück, der 8. Aug. 1860 Franco bei Babahoyo

(Bodegas) schlug und siegreich in Guayaquil einzog. Ein Nationalkonvent wählte 1861 den Dr. Garcia Moreno einstimmig zum Präsidenten und ernannte Flores zum Gouverneur von Guayaquil.

Moreno förderte vor allem den Bau von Straßen vom Hochlande nach der Küste, die Anlage eines neuen Hafens am sog. Pailon (zwischen den Mündungen des Mira und Esmeraldas), wobei auch, wiewohl erfolglos, europ. Ansiedelungen bezweckt wurden, u. dgl. 15. Aug. 1863 forderte der revolutionäre Diktator von Columbia, Mosquera, die Bewohner E.s auf, sich mit ihm zur Wiederherstellung der frühern Centralrepublik Columbia zu verbinden, und erklärte, da sein Veriangen abgewiesen wurde, den Krieg. Obgleich Mosquera 6. Dez. in der Schlacht von Cuaspud (auf neugranad. Gebiet) die Ecuadorianer unter dem greisen Flores schlug, endete der Krieg doch mit dem Frieden vom 30. Dez. 1863, in dem Mosquera der gewaltsamen Durchführung seines Plans entsagte. Moreno legte 4. Sept. 1865 die Präsidentschaft nieder, nachdem er noch ein Schutz- und Trutzbündnis mit Chile, das mit Spanien in einen Krieg geraten war, verabredet hatte; doch wurde dies unter seinem Nachfolger Geronimo Carrion vom Kongreß verworfen. Erst 30. Jan. 1866 gelang es Chile und Peru, auch E. zum Anschluß an das Bündnis gegen Spanien zu bewegen. Nachdem Carrion im Nov. 1867 infolge von Zerwürfnissen mit dem Kongreß abgedankt hatte, ward 30. Jan. 1868 Xavier Espinosa sein Nachfolger, der 16. Jan. 1869 durch eine in Quito unter Leitung des frühern Präsidenten Moreno ausgebrochene Revolution gestürzt wurde, worauf sich dieser als Dittator an die Spitze des Staates stellte und auf 16. Mai eine Nationalkonvention nach der Hauptstadt berief, die Carvajal zum interimistischen Präsidenten annahm. Bei der neuen Präsidentenwahl (1869) kam wiederum Moreno an die Spitze des Staates, der sich ganz auf die klerikale Partei stützte. Durch Kongreßbeschluß vom 18. Okt. 1873 weihte sich die Republik dem heiligsten Herzen Jesu, und Ende Nov. 1874 wurde bestimmt, daß jährlich 10 Proz. der Staatseinnahmen dem Papst ausgezahlt werden sollten. Moreno wurde 6. Aug. 1875 in Quito ermordet und der Kandidat der liberalen Partei, Antonio Borrero, im Okt. 1875 zum Präsidenten erwählt. Eine 8. Sept. 1876 zu Guayaquil von General Veintimilla geleitete Erhebung führte jedoch zu einer für Borrero unglücklichen Schlacht am Fuße des Chimborazo, infolge deren er nach Chile flüchtete. Veintimilla ließ sich nun zuerst zum Diktator, und später, 3. April 1878, zum Präsidenten wählen. Er wurde 9. Juli 1883 wieder gestürzt und 7. Febr. 1884, nachdem inzwischen nur eine provisorische Verwaltung bestanden hatte, José Maria Placido Caamaño auf vier Jahre zum Präsidenten gewählt. Ihm folgte 1888 Dr. Antonio Flores, der dieses Amt bis 1892 bekleidete; sein Nachfolger wurde (10. Juni) Luis Cordero. Für die innere Entwicklung E.s bleibt noch viel zu thun.

Litteratur. Velasco, Historia del reino de Quito (2 Bde., Quito 1840 und 1841; französisch, 2 Bde., Par. 1840); Wagner in der «Zeitschrift für allgemeine Erdkunde» (Berl. 1864); ders., Naturwissenschaftliche Reisen im tropischen Amerika (Stuttg. 1870); B. Flemming, Wanderungen in E. (Lpz. 1872); Herrera, Apuntes para la historia de Quito (Quito 1874); T. Wolf, Viajes cientificos por la Rep. del E. (Guayaquil 1879); Hassaurek, Four years among Spanish Americans (3. Aufl., Cincinnati 1881; deutsch, Dresd. 1887); H. W. Bates, Central and South America (2. Aufl., Lond. 1882); Cevallos, Resúmen de la Historia del E. (Guayaquil 1885); J. Kolberg, Nach E. (3. Aufl., Freiburg 1885); Stübel, Skizzen aus E. (Berl. 1886); Simson, Travels in the wilds of E. (Lond. 1887); Voyage d'exploration d'un missionnaire dominicain chez les tribus sauvages de l'Équateur (ebd. 1888); Monnier, Des Andes au Pará (Par. 1890); Child, The Spanish American Republics (Neuyork 1891); T. Wolf, Geografia y geologia del E. (Lpz. 1892); ders., Carta geografica del E. (1:445 000, ebd.).

Écusson (frz., spr. eküssóng), Wappenschild.

Écuyer (frz., spr. eküijeh), ehemals Schildknappe, jetzt Stallmeister; Grand É., Großstallmeister, unter Napoleon I. eine Reichswürde, welche Armand Caulaincourt bekleidete.

Eczĕma, s. Ekzem.

Ed., Abkürzung für Editĭo (lat., Ausgabe [s. d.] eines Buchs) und für Edidit (s. d.).

Edam, Stadt in der niederländ. Provinz Nordholland, 1,5 km von der Zuidersee, 17 km im NNO. von Amsterdam, hat (1891) 6424 E., einen kleinen Hafen, schönes Rathaus, zwei reform. Kirchen, von denen die eine (mit Glasmalereien) zu den schönsten Nordhollands gehört; Schiffbau, Salzsiedereien und Seilerbahnen und ist besonders wegen seiner großen Käsemessen bekannt. Die vorzüglichen Edamer Käse ($3^1/_2$—20 Pfd. schwer) gehören zu den Süßmilchkäsen.

Eday (spr. ihdĕ), eine der Orkney-Inseln (s. d.).

Edd, Hafenort in Erythräa an der Westküste des Roten Meers, südöstlich von Massaua, ist wegen der Vulkane und Hügelreihen vom Hinterlande aus schwer erreichbar und deshalb ziemlich wertlos.

Edda (d. h. «Poetik»; öfter fälschlicherweise «Urgroßmutter» übersetzt), der Name zweier verschiedener Werke der altisländ. Litteratur, der jüngern oder prosaischen oder Snorra-Edda und der ältern oder poetischen oder Sæmundar-Edda. Den Namen E. führt von Hans aus nur das erstere Werk, während das letztere ihn erst im 17. Jahrh. durch isländ. Gelehrte erhielt.

Die Snorra-Edda oder E. schlechtweg ist ein Lehrbuch für junge Skalden (s. d.), die daraus teils die poet. Ausdrücke, namentlich die Umschreibungen (Kenningar), teils die verschiedenen Versarten kennen lernen sollten. Da jene Umschreibungen, die den wesentlichsten Teil der skaldischen Dichtung bilden, vielfach der nordischen Mythologie (und Heldensage) entnommen sind, beginnt diese E. mit einer Darstellung der nordischen Mythologie in zwei Teilen, der Gylfaginning («König Gylfes Täuschung») und den Bragarœdhur («Reden des Dichtergottes Bragi»), beide in dialogischer Form; es folgt Skaldskaparmál («Sprache der Dichtkunst»), eine nach sachlichen Gesichtspunkten geordnete Aufzählung der Umschreibungen und poet. Ausdrücke, reich an Beispielen und Belegen aus den klassischen Skalden vom 9. bis 12. Jahrh.; den Schluß bildet ein enkomiastisches Gedicht Snorre Sturlusons (s. d.) auf die zwei norweg. Fürsten König Hákon und Jarl Skúle, das Háttatal («Aufzählung der Versarten»). Alles dies, wie die euhemeristische «Einleitung» zur E. in ihrem ersten Entwurfe, der in einer Upsalaer Handschrift erhalten ist, hat Snorre zusammengestellt. Verfaßt ist dies Werk zwischen 1220 und 1230. In einer der

Handschriften dieser E., dem Codex Wormianus, finden sich drei kleine Schriften, eine über das isländ. Alphabet und zwei «von den Redefiguren», wesentlich zwar auf Grund lat. Grammatiker, doch wertvoll durch die aus isländ. Skalden aufgenommenen Beispiele; sie gelten in der Regel als Bestandteile der E. — Eine Gesamtausgabe der jüngern E. mit kritischem Apparat und lat. Übersetzung liegt vor in der Arna-Magnæanischen E. (Bd. 1—3, Kopenh. 1848—87); die grammatischen Abhandlungen sind herausgegeben u. d. T. «Islands grammatiske Litteratur i Middelalderen» (edd. 1884—86). Die Litteratur beider Edden ist verzeichnet in Th. Möbius' «Catalogus librorum islandicorum» (Lpz. 1856) und «Verzeichnis» (edd. 1880).

Die Sæmundar-Edda, gegenwärtig schlechthin Eddalieder genannt, wird fälschlicherweise dem Sæmund (s. d.) zugeschrieben. Sie hat ihren Namen E. infolge falscher Schlüsse in Anlehnung an die Snorra-Edda erhalten; man hielt sie für die Quelle dieser. Sie ist eine Sammlung von einigen 30 Liedern, deren Inhalt teils der nordischen Mythologie, teils der nordischen und deutschen Heldensage angehört. Hierfür ist sie die wichtigste Quelle. Die Sammlung ist entstanden zwischen 1240 und 1250. Im Laufe der Zeit hat man alle dieser Sammlung inhaltlich und formell ähnlichen Gedichte den Eddaliedern beigesellt. Die einzelnen Eddalieder sind zu verschiedenen Zeiten entstanden; bis über das 9. Jahrh. hinaus läßt sich keins datieren, die jüngsten gehören dem 12. Jahrh. an; alle sind von Isländern gedichtet. Formell unterscheiden sich die Eddalieder von den Gedichten der stilgerechten Skalden durch eine freiere Behandlung der Form und durch eine leichter verständliche Sprache. Die Form ist entweder die achtzeilige Strophe (Kvidhuháttr) oder die sechszeilige (Ljódhaháttr). Die wichtigsten Lieder der E. sind: die Völuspá («Die Weissagung der Seherin»), ein Gedicht, das in nuce die Hauptzüge des spätern nordischen Götterglaubens giebt, aber schon nicht frei von christl. Einflüssen ist; die Hávamál («Sprüche des Hohen», d. h. Odins), eine Liedersammlung, deren Kern eine Sammlung guter Lebensregeln ist, die Grímnismál («Lehren des Grimnir», d. h. Odins) und Vafthrúdhnismál, die beide in didaktischer Form nordische Mythen lehren. Die deutsche Heldensage von Siegfried und den Burgunden enthalten, zum Teil in ursprünglicherer Form als unser Nibelungenlied, die Sigurds-, Brynhilden- und Atli- (d. i. Attila-) lieder. Letztere sind auf Grönland gedichtet. Neuere Ausgaben der E. sind die kritische von Sophus Bugge (Krist. 1867), die erklärenden von Lüning (Zür. 1859) und Sijmons, «Die Lieder der E.» (Bd. 1, 1. Tl., Halle 1888), von Hildebrand, «Die Lieder der ältern E.» (Paderb. 1876; dazu das Glossar von H. Gering, edd. 1887), von Finnur Jonsson, «Eddalieder» (2 Tle., Halle 1888—89). Deutsche Übersetzungen der E. verfaßten K. Simrock (9. Aufl., Stuttg. 1888), B. Wenzel (2. Ausg., Lpz. 1883), W. Jordan (Frankf. a. M. 1889) und H. Gering (Lpz. 1892). — Vgl. E. H. Meyer, Eddische Kosmogonie (Freib. i. Br. 1890).

Eddalieder, s. Edda.

Eddelak, Dorf im Kreis Süderdithmarschen des preuß. Reg.-Bez. Schleswig, 7 km von der Elbe und der Mündung des Nord-Ostseekanals, an der Linie Elmshorn-Heide der Preuß. Staatsbahnen, hat (1890) 2720 E., Postagentur, Telegraph und Amtsgericht (Landgericht Altona).

Eddystone (spr. éddist'n, d. h. Fels des Wirbelstroms), Felsengruppe im Kanal, 14 km von der Küste von Cornwall, 23 km im SSW. von Plymouth in 50° 10′ 49″ nördl. Br. und 4° 15′ westl. L. von Greenwich. Auf ihr hat Winstanley 1697 einen Leuchtturm gebaut. Da das Meer denselben zerstörte (1703), erfolgte 1706 ein Neubau von Rudyerd, und als dieser 1755 niedergebrannt, führte Smeaton 1756—59 einen 30 m hohen Turm auf. Da dieser nicht hoch genug (29 m) und sein Untergrund durch die Brandung unterspült war, wurde der obere Teil 1882 nach Plymouth geschafft und auf einem nahen Fels ein neuer Leuchtturm von Douglaß für 80000 Pfd. St. errichtet, dessen Feuer 41 m über der Meeresfläche 28 km weit gesehen wird. (S. Tafel: Leuchttürme, Fig. 1.)

Ede, bibe, lude (post mortem nulla volúptas), d. h. iß, trink, spiele (nach dem Tode giebt's kein Vergnügen mehr), lat. Sprichwort.

Edelborsdorfer, s. Borsdorfer Apfel.

Edelfalken, s. Falken.

Edelfasan, s. Fasanen.

Edelfäule, ein Zustand der Überreife der Trauben, wo dieselben sehr dünnschalig und weich werden. Die E. wird namentlich bei Riesling- und Traminertrauben absichtlich abgewartet, ehe die Weinlese (s. d.) beginnt, um vorzügliche «bouquetreiche» Weine zu erzielen.

Edelfinken, s. Finke.

Edelfische, im allgemeinen soviel wie Schlundblasenfische (s. d.), welche die Hauptspeisefische liefern, im besondern die lachsartigen Fische.

Edelherr, s. Freiherr.

Edelhirsch, Rothirsch oder Rotwild (Cervus elaphus *L.*, Tafel: Hirsche, Fig. 6), der größte und stattlichste Vertreter der Hirsche mit rundem Geweih in Europa. Derselbe bildet den Hauptgegenstand der sog. hohen Jagd. Er ist bräunlich, im Sommer rötlich (Brandhirsch), seine Nase kahl und das Geweih vielsprossig und zurückgebogen. Er wirft dasselbe im Februar (daher Hornung) ab. Das Weibchen wird Hindin oder Hirschkuh genannt, das einjährige männliche Kalb als Spießer, das zweijährige als Gabler bezeichnet. Das Alter der Männchen, die in der Brunftzeit, im Spätherbst, um die Weibchen kämpfen, schätzt man nach der Zahl der Enden, d. h. der Zacken des Geweihes. In ältern Zeiten, wo die Hirsche noch Zuflucht in den Urwäldern fanden, erreichten sie öfters eine jetzt beispiellose Größe. So befinden sich im Schloß zu Moritzburg 71 Hirschgeweihe von 24, 26, 28, 30, 32, 34, 36 und 50 Enden. Das stärkste darunter ist ein 24-Ender, das jetzt noch ein Gewicht von 22,5 kg, eine Stangenhöhe von 1,25 m und eine Spannweite von 2 m hat. Ferner ist daselbst ein Geweih von 66 Enden, dessen Träger, der 5 Ctr. 65 Pfd. wog, 1696 vom Kurfürsten Friedrich III. bei Fürstenwalde erlegt wurde. Nach Inschriften auf Gemälden in diesem Schlosse wog ein 1592 erlegter Hirsch 6 Ctr. 24 Pfd., einer vom J. 1685 5 Ctr. 56 Pfd. Das Fleisch des E. ist sehr schmackhaft; sein Fell liefert, weiß gegerbt, das sog. Wildleder. Die Gefangenschaft erträgt der E. leicht und er wird deshalb sowohl in großen, viele Quadratmeilen umfassenden Wildparks, wie auch in kleinen Gehegen gern gehalten und pflanzt sich dort regelmäßig fort. Diese Hirsche bleiben aber stets kleiner als die freilebenden, tragen aber gewöhnlich ein stärkeres Geweih, eine Folge der an phosphorsaurem Kalk reichen Haferfütterung. (S. auch Fährte und Geweih.)

Edelinck, Gerard, niederländ.-franz. Kupferstecher, geb. 20. Okt. 1640 zu Antwerpen, erhielt seit 1665 in Paris seine Ausbildung, wo ihn Ludwig XIV. durch Gunstbezeigungen zu fesseln wußte. Als Kupferstecher des Königs und Mitglied der Malerakademie starb er daselbst 2. April 1707. Ein einfacher und dabei glänzender Grabstichel, richtige, leichte Zeichnung, Naturtreue und eine große Einheitlichkeit der Ausführung weisen E. einen hohen Rang unter seinen Kunstgenossen an; er gehört zu denjenigen Stechern, welche den malerischen Stil in diese Technik einführten. Unter seinen 420 Kupferstichen sind hervorzuheben die große heilige Familie nach Raffael, Alexanders Besuch bei der Familie des Darius nach Lebrun und vor allen das Kreuz, von Engeln umgeben, nach Lebrun. Bei seinen größern Blättern nach histor. Gemälden verfuhr er oft ohne Rücksicht auf deren Wert; viele Bilder sind erst durch seine Meisterhand berühmt geworden. Auch im Porträtstich, deren er eine große Anzahl hinterlassen hat, war er sehr glücklich. Weder sein Bruder Johann E. (geb. 1630), noch sein Sohn Nikolaus E. (geb. 1680 zu Paris, gest. 1768), die ihm in seiner Kunst nacheiferten, haben ihn erreicht. Vgl. H. Delaborde, G. E. (Par. 1886).

Edeling hieß im Mittelalter bei den Angelsachsen und Franken der Angehörige des hohen Adels, aus dessen Kreisen die Fürsten gewählt wurden.

Edelkastanie (Castanea vesca *Gärtn.*), zum Unterschied von der Roßkastanie (s. d.) auch gute Kastanie genannt, ein zur Familie der Cupuliferen (s. d.) gehöriger Baum, der ursprünglich in Kleinasien zu Hause ist, aber seit langen Zeiten auch wild oder doch verwildert im ganzen wärmern Europa, in Deutschland bis an den Main, in geschützten Lagen auch in Norddeutschland vorkommt und gedeiht. Derselbe erreicht auf günstigem Standort in 60 Jahren eine Höhe von reichlich 20 m und einen Durchmesser von 60 bis 70 cm. Sein schönes hellgrünes Laub kann 25—30 cm lang werden; es hat scharfe Sägezähne. In Blatt- und Fruchtbildung nähert er sich der Rotbuche (Fagus), im Wuchse, in Holz und Rinde mehr der Eiche (Quercus). Von beiden unterscheidet er sich durch den Blütenstand, der aus einer achselständigen Ähre besteht, die am Grunde einen oder einige Knäuel weiblicher Blüten, sonst aber lauter männliche, ebenfalls knäuelförmig gruppierte, trägt. Nach vollzogener Befruchtung fällt der mit männlichen Blüten besetzte Teil der Ährenspindel ab. Je zwei bis drei weibliche Blüten stehen in einer gemeinsamen weichstachligen Hülle, die sich später zu einem vollkommen geschlossenen, zuletzt unregelmäßig aufspringenden, mit langen dünnen Stacheln dicht besetzten, lederartigen Fruchtbecher (Cupula, s. Cupuliferen) ausbildet. Jede Frucht pflegt nur einen Samen einzuschließen, indem von 13 bis 14 ursprünglich vorhandenen Samenknospen des Fruchtknotens gewöhnlich nur eine zur Entwicklung kommt. Selten findet man zwei mit einer plattgedrückten Seite nebeneinander liegende Samen.

Fig. 1 auf Tafel Amentaceen zeigt einen Zweig der E., ferner a eine Blütenröhre, b und c männliche Blüten, d einen weiblichen Blütenknäuel, e denselben durchschnitten, f eine Frucht mit Cupula.

Die Samen der E. nennt man Kastanien, die bessern Sorten auch Maronen. Diese werden meist aus Südtirol und Italien sowie aus Südfrankreich, besonders über Lyon bezogen. An sich hart und mehlig, werden sie durch Kochen oder besser durch Rösten weich und süß und geben eine gesunde, nahrhafte Speise ab. In südl. Ländern bilden sie ein Hauptnahrungsmittel der Armen, die auch Mehl und eine Art Brot daraus bereiten. Auch das Holz des Baums wird sehr geschätzt; es gleicht dem Eichenholz und hat unter Wasser eine lange Dauer. Die franz. Weinfässer bestehen fast ausschließlich aus diesem Material, und der schlank aufwachsende Stockausschlag gefällter Bäume liefert Faßreifen sowie vorzügliche Weinpfähle, zu deren Erziehung in den Rheingegenden, namentlich im Elsaß u. s. w. ausgedehnte Kastanienwälder im Niederwaldbetrieb bewirtschaftet werden. Auch sonst findet das Holz als Bau- und Nutzholz vielfache Verwendung und die Rinde dient zum Gerben. Auch andere Arten des Kastanienbaums tragen eßbare Früchte. Die Amerikaner schätzen die Früchte der Castanea americana *Raf.*, die sich von der Hauptform nur durch etwas breitere Blätter unterscheidet, und des Chinkapin, des Zwergkastanienbaums (Castanea pumila *Nutt.*), der einen niedrigen Busch von nur 3—4 m Höhe bildet. Die Bergbewohner Javas genießen die Frucht des silberweißen Kastanienbaums (Castanea argentea *Bl.*).

Der Kastanienbaum liebt vorzugsweise kräftigen Sandboden, gedeiht weniger gut in schwerem Lehm- oder in Kalkboden, die Osthänge der Berge verträgt er nicht, weil sich die Blüten dort zu früh entwickeln und dann oft durch Spätfröste zerstört werden; Nebelluft ist ihm nachteilig. Man pflanzt gewöhnlich Sämlinge, oft aber auch größere Stämme, die mit edlern, großfrüchtigen Sorten bepfropft sind.

Edelkoralle (Corallium rubrum *Lam.*), eine zur Familie der Gorgoniden gehörige Koralle des Mittelmeers, deren rotes, steinhartes Achsenskelett zu Schmuckgegenständen verarbeitet wird. Im lebenden Zustande stellt die E. bis zu einem halben Meter hoch werdende, unregelmäßig verästelte Bäumchen von roter Farbe dar, welche mit wurzelartig sich ausbreitender Basis auf Felsen festsitzen. Die feste Achse dieser Bäumchen ist umhüllt von einer weichern, zerreiblichen Rinde, in welche zahlreiche rote Kalkkörperchen eingelagert sind und auf deren Oberfläche die den Tierstock bildenden Einzelpolypen aus warzenförmigen Erhebungen hervortreten. Dieselben sind weiß und haben die Gestalt eines in acht Fiederblättchen endigenden Kelches. Durch ein kompliziertes System von Ernährungskanälen, welches die Rinde durchzieht, stehen dieselben sämtlich miteinander in Verbindung und durch ihre gemeinsame Thätigkeit wird sowohl das harte Skelett, als auch das sie umhüllende Cönenchym abgeschieden. Das Wachstum der Stöcke geht auf ungeschlechtlichem Wege durch Knospenbildung vor sich, während die Bildung neuer Stöcke an die geschlechtliche Vermehrung durch Eier anknüpft, welche in der Magenhöhle des Muttertieres sich zu wimpernden, freischwimmenden Larven entwickeln und durch den Mund ausschwärmen. Nach kurzer Schwärmperiode setzen sich diese Larven fest und scheiden die ersten Elemente des Achsenskeletts und Cönenchyms (s. Cönosark) im Laufe ihrer Metamorphose ab, worauf die Knospenbildung das weitere Wachstum und die Stockbildung von neuem einleitet. In den meisten Fällen sind die Stöcke diöcisch, d. h. nur aus weiblichen oder männlichen Individuen bestehend; doch kommen auch zweigeschlechtige Stöcke und selbst Zwitterpolypen vor. (S. Tafel: Cölenteraten II, Fig. 1 u. 4.)

Die E. findet sich im Mittelmeer und an der Nordwestküste Afrikas auf felsigen Bänken in einer Tiefe von 80 bis 200 m, seltener außerhalb dieser Tiefenregion, und wird vorzugsweise an den Ionischen Inseln, Sardinien und den Küsten von Algier und Tunis gefischt, welche letztere allein einen Jahresertrag von etwa 30000 kg im Werte von 2 Mill. Frs. liefern. Das Gerät für diese Fischerei besteht in einem schweren Balkenkreuz von Holz, das mit Netzwerk, aufgewickelten Tauen und ähnlichem behangen ist und an einem starken Seile über den Meeresboden geschleppt wird. Der felsige Grund und die Gewohnheit der Korallen an schwer zugänglichen Stellen, z. B. an der Unterseite überhängender Felsplatten, zu wachsen, machen diese Fischerei zu einer überaus mühevollen und unsichern. Um die gewonnenen Stücke zu verarbeiten, werden sie abgebürstet, wodurch die Rinde mit den Tieren entfernt wird, und das Skelett wird sodann abgefeilt. Das hierbei gewonnene rötlichweiße Pulver wird als Korallin in den Handel gebracht und zu Zahn- und Polierpulver verwendet. Sind die Stücke vorbereitet, so werden sie mit Schmirgel abgeschliffen und mit Stahl poliert. Die Farbe variiert zwischen dunkelblutrot bis hellrosa, sehr selten weiß; früher waren die dunklen sehr geschätzt, während sich jetzt die Mode mehr den hellrosafarbenen zugewendet hat, weshalb man häufig dunkle Stücke durch Wasserstoffsuperoxyd bleicht. Die Perlen werden auf der Drehbank geformt und gebohrt, Figuren mit dem Grabstichel ausgearbeitet. Der Wert der Korallen ist schon bei den rohen Stücken außerordentlich verschieden. Die dickern Wurzelstücke sind oft vielfach von bohrenden Tieren (Würmern, Schwämmen) durchsetzt und ihr Wert schwankt zwischen 4—16 M. für 1 kg. Gewöhnliche gute Ware wird mit 40—400 M. pro 1 kg gezahlt, die ausgewählten rosenroten Stücke (Peau d'Ange) aber mit 1200—2400 M. und darüber. Die Hauptmärkte für Korallenwaren sind Neapel und Paris. Italien führt jährlich gegen 100000 kg bearbeitete Korallen aus. Über die Naturgeschichte der E. schrieb Lacaze-Duthiers die ausführliche Monographie «Histoire naturelle du corail» (Par. 1863).

Edelkrebs, s. Flußkrebs.

Edelkrone, s. Adelskrone.

Edelmann, Joh. Christian, freigeistiger Schriftsteller, geb. 8. Juli 1698 zu Weißenfels, studierte 1720—24 zu Jena Theologie, lebte als Hauslehrer in Österreich, dann bei den Herrnhutern und nahm an der Leitung der Berleburger Bibel (s. d.) teil. Dann begab er sich zum Grafen Hachenburg im Westerwalde, zog 1744 nach Neuwied, wo er dem Grafen ein Glaubensbekenntnis vorlegen mußte, das wider seinen Willen und entstellt veröffentlicht wurde. Darauf schrieb E. «Abgenötigtes, jedoch andern nicht wieder aufgenötigtes Glaubensbekenntnis» (Neuwied 1746; Lpz. 1848). Als Freigeist überall verfolgt, lebte er ein Jahr verborgen zu Altona, bis Friedrich II. ihm 1749 den Aufenthalt in Berlin gestattete, gegen das Versprechen, nichts mehr drucken zu lassen. Hier starb er 15. Febr. 1767. Von seinen Schriften sind noch zu nennen: «Moses mit aufgedecktem Angesicht, von zwei ungleichen Brüdern Lichtlieb und Blindling beschauet» (Berleburg 1740), «Die Göttlichkeit der Vernunft» (ebd. 1741), «Christus und Belial» (1741), «Die Begierde nach der vernünftigen lautern Milch der Wahrheit» (1744; 2. Aufl. 1747). Eine Auswahl seiner Schriften erschien in Bern (1847), seine «Selbstbiographie», hg. von Klose, in Berlin (1849). — Vgl. Mönckeberg, H. S. Reimarus und Johann Christian E. (Hamb. 1867); Guden, Johann Christian E. (Hannov. 1870).

Edelmarder, s. Marder.

Edelmetalle, im chem. Sinne diejenigen Metalle, die von Sauerstoff und Wasser nicht angegriffen werden und sich aus ihren Sauerstoffverbindungen durch bloßes Erhitzen wieder ausscheiden lassen (s. Metalle). Eine besondere volkswirtschaftliche Bedeutung haben unter diesen Metallen diejenigen, die seit dem Beginn unserer Kulturentwicklung als Geldstoffe gedient haben, nämlich Gold und Silber, die daher auch vorzugsweise als E. bezeichnet werden. In Rußland wurde allerdings laut Ukas vom 24. April 1828 auch Platin zu vollwertigen Münzen verwendet, diese Münzen wurden jedoch laut Ukas vom 28. Juni 1845 wieder eingezogen, teils wegen technischer Schwierigkeiten, teils wegen des steigenden Preises dieses Metalls. Die Schwierigkeiten sind allerdings gegenwärtig überwunden, da man das Platin jetzt in beliebigen Mengen schmelzen kann; aber die Verbreitung desselben ist doch zu spärlich, als daß es je eine größere Bedeutung als Geldstoff erlangen könnte. Auch eignet es sich wenig zu Luxuszwecken, während Gold und Silber ursprünglich allein durch diese Art der Verwendung schon einen hohen Wert erhielten, der dann durch die ihnen übertragene Geldfunktion eine festere und breitere Grundlage erhielt. In der neuern Zeit erweist sich infolge der immer mehr gestiegenen Höhe der Geldpreise das Gold als das bequemste Geldmetall für den mittlern und größern Verkehr, weil ein gleiches Gewicht oder Volumen in Gold einen weit größern Wert darstellt als in Silber. Es hat daher schon teilweise das Demonetisieren (s. d.) des Silbers begonnen. Durch die volle Durchführung desselben würde wahrscheinlich der Preis des letztern Metalls zunächst sehr tief herabgedrückt werden und später fortwährend großen Schwankungen unterworfen bleiben. Andererseits würden auch für die Volkswirtschaft während einer längern Übergangszeit Schwierigkeiten daraus erwachsen, daß das Gold allein die Dienste leisten müßte, die bis dahin von den beiden E. verrichtet wurden.

Auch die rein industrielle Verwendung der E. zu Schmucksachen, Geräten u. s. w. ist keineswegs gering anzuschlagen. Soetbeer schätzt den Goldverbrauch zu industriellen Zwecken für den Durchschnitt der J. 1881—85 in den Kulturstaaten auf 110000 kg fein, den Nettoverbrauch nach Abzug des alten, schon früher für solche Zwecke verwendeten Materials auf rund 90000 kg fein, den Bruttoverbrauch an Silber für industrielle Zwecke auf rund 652000 kg fein, den Nettoverbrauch auf 515000 kg fein. Die durchschnittliche Jahresproduktion in diesem Zeitraum betrug auf der ganzen Erde an Gold etwa 150000 kg, an Silber 2,5 Mill. kg, sodaß also beim Gold mehr als die Hälfte, beim Silber etwa ein Fünftel der Jahresproduktion zu gewerblichen Zwecken verwendet wurde. Dieses Verhältnis dürfte auch bis 1892, wo die Goldproduktion (nach Soetbeer) im Jahresdurchschnitt wieder auf etwa 170000 kg, die Silberproduktion aber nach dem amerik. Münzdirektor Leech auf ungefähr 4 Mill. kg gewachsen ist, annähernd richtig sein. Trotz der bedeutenden industriellen Verwendung der beiden E. war aber ihr Wert und namentlich auch ihr Wertverhältnis untereinander bisher hauptsächlich durch ihre Verwendung zur Geldprägung beherrscht, indem die Gesetzgebung der Staaten, welche den Wert der Münzen des einen Metalls gegen die des andern tarifierte oder, wie in den Ländern der Doppelwährung (s. d.), freie Prägung beider Metalle nach einem festen Wertverhältnis gestattete, einen entscheidenden Einfluß auf das im freien Verkehr geltende Wertverhältnis ausübte. Das Verhältnis des Goldwertes zum Silberwerte scheint schon im alten Assyrien 13⅓ : 1 gewesen zu sein, womit auch die Angabe Herodots ziemlich übereinstimmt, daß dasselbe unter Darius 13 : 1 betragen habe. Bei den Griechen stand es zu Platos Zeit auf 12 : 1 und zeigte später starke örtliche Schwankungen. Als Alexander d. Gr. die Schätze Persiens flüssig machte, stellte es sich wie 10 : 1; dieses Verhältnis kommt auch in der Kriegsentschädigung zum Ausdruck, welche die Römer beim Friedensschluß mit den Ätolern diesen auferlegten, ihnen die Wahl des Zahlungsmittels überlassend. In Rom war das Verhältnis in der republikanischen Zeit 11,9 : 1; nachdem Cäsar Galliens Tempelschätze ausgeraubt hatte, brachte er so viel Gold nach Italien, daß sich dessen Wert zum Silber vorübergehend wie 8,93 : 1 stellte; unter dem Kaiserreiche schwankte es in der Nähe von 12 : 1, scheint aber in der letzten Periode nach Konstantin bis 14 : 1 gestiegen zu sein. Unter den Karolingern galt das Verhältnis 12 : 1, bis Ende des 15. Jahrh. aber wich es allmählich in allen europ. Ländern auf beinahe 10 : 1 zurück, um sich dann nach der Entdeckung von Amerika und der reichen Ausbeute der südamerik. Silberminen im Laufe des 16. Jahrh. wieder auf 12 : 1 zu heben. Im 17. Jahrh. stieg das Wertverhältnis allmählich bis 15 : 1, und im letzten Viertel des 18. Jahrh. stellte es sich, nachdem es vorher bis nahe an 14½ : 1 zurückgegangen war, in die Nähe von 15½ : 1. Dieses letztere Verhältnis wurde in Frankreich durch königl. Verordnung vom 17. Okt. 1785 gesetzlich angenommen und später durch das die franz. Doppelwährung begründende Gesetz von 1803 (7. Germinal des Jahres XI der Republik) zu einer Art von Normalwert gemacht, von welchem der freie Verkehr, weil die franz. Münzstätte eben jede ihr dargebotene Menge Gold oder Silber nach diesem Verhältnis zu Franken prägte, nur wenig abwich. Nach den Londoner Silberpreisen fand die stärkste Abweichung zu Ungunsten des Silbers unmittelbar vor den neuen Goldentdeckungen in den vierziger Jahren statt (15,93 : 1); andererseits aber war auch die ungeheure Goldzufuhr aus Amerika und Australien nicht im stande, das Verhältnis tiefer als 15,1 : 1 herabzudrücken. Die Lateinische Münzkonvention vom 23. Dez. 1865 hat bekanntlich das Wertverhältnis von 15½ : 1 ebenfalls zur Grundlage der Gold- und Silbercourantprägung gemacht. Infolge der deutschen, skandinav. und holländ. Münzreform und der sich daran anschließenden Einstellung der Silberprägungen in den Staaten des Frankensystems wurden der gleichzeitig vermehrten Silberproduktion die bequemsten Absatzwege versperrt, und es trat seit 1872 eine Erhöhung des relativen Goldwertes ein, die, überdies noch mit einem verminderten Silberabfluß nach Ostindien zusammentreffend, das Wertverhältnis 1876 zeitweise auf 20 : 1 brachte. Im Durchschnitt der Jahre 1876—80 stellte sich das Wertverhältnis zwischen Gold und Silber nach den jeweiligen Gold- und Silberpreisen auf 17,86 : 1, 1881—85 auf 18,60 : 1, 1886—90 auf 21,16, 1891 auf 20,93 und erreichte bei einem Londoner Silberpreise von etwa 38 Pence per engl. Unze (etwas über 31 g) Standard (37/40 fein) seinen bis dahin tiefsten Stand im Laufe des J. 1892 mit 24,78 : 1. Damit das im deutschen Thaler enthaltene Silber wirklich 3 M. Gold und das im österr. Gulden 2 M. Gold wert sei, müßte die Unze Standardsilber in London 60⅞ Pence stehen, was seit 1872 nicht mehr der Fall war. Nach den obigen Angaben ist also das Silber seitdem um mehr als ein Drittel seines Wertes im Vergleich zu Gold gesunken. Ob diese Wertverschiebung ausschließlich auf Rechnung des Silbers zu setzen oder mehr oder weniger auch einer Wertsteigerung des Goldes zuzuschreiben ist, bildet eine in der Gegenwart viel erörterte Frage. (S. Doppelwährung, Geld, Gold, Münze, Silber, Währung.)

Edelpapageien (Eclectus *Wagl.*), stattliche Vögel von Krähen- bis Rabengröße und gedrungener Gestalt, schöner, glänzender Färbung, mit auffallend großem Schnabel, aus Neuguinea, den Molukken und Philippinen. Sie sind bei uns eingeführt und um ihrer Schönheit willen beliebt. Weniger ansprechend ist ihr stumpfsinniges Benehmen und da auch ihre Sprachfähigkeit äußerst gering ist, so ist der anfänglich hohe Preis bald sehr heruntergegangen, und man kann für 80 M. ein Paar der großen E. erhalten. Ein besonderes Interesse gewähren sie dadurch, daß die früher für besondere Arten gehaltenen grünen E. als Männchen und die roten E. als Weibchen zusammengehören. Die anfangs schwierige Streitfrage ist sodann durch Züchtung in der Gefangenschaft entschieden worden.

Edelpilz, s. Steinpilz.

Edelraute, s. Artemisia.

Edelreife des Weins, die volle Reife der Weintrauben im Gegensatz zur Edelfäule (s. d.).

Edelreis, ein mit Augen (Knospen) besetztes, im Vorjahre erwachsenes Zweigstück, das einer edeln, d. h. nutzbringendern oder schönern Spielart der Obst- oder Zierbäume entnommen und auf eine weniger edle, mit Leichtigkeit in Menge zu erziehende Pflanze (Wildling, Unterlage, Grundstamm) dergestalt übertragen wird, daß beide Teile innig miteinander verwachsen. Bedingung des Gelingens dieser für die Erhaltung und Vermehrung von Spielarten wichtigen Operation ist die erfahrungsmäßig bestehende Verwandtschaft des E. mit dem Wildlinge. Die zu den Winter-, oder Frühjahrsveredelungen benötigten E. schneidet man in den Monaten November und Dezember und schlägt sie bis zum Gebrauch frostfrei ein, während sie zu den Sommerveredelungen kurz vor dem Gebrauch nach Bedarf zu schneiden sind. (S. Veredelung.)

Edelsheim, Ludw., Freiherr von, bad. Minister, geb. 24. Okt. 1823 zu Karlsruhe, studierte in Heidelberg und in Berlin Rechts- und Staatswissenschaften, machte größere Reisen und wurde 1855 von der hanauischen Ritterschaft, deren Mitglied er als Mitbesitzer des Ritterguts Wachenbuchen war, in die kurhess. Erste Kammer gewählt, wo er auf der Seite der verfassungstreuen Partei an den durch die reaktionäre Regierung des Kurfürsten hervorgerufenen Verfassungskämpfen teilnahm. 1861 nach Baden berufen, wurde E. bad. Ministerresident in Wien, 1863 außerordentlicher Gesandter daselbst, 1864 zugleich in Dresden. Im Nov. 1863 ging er im Auftrag der bad. Regierung als polit. Ratgeber des

Herzogs Friedrich von Augustenburg, den Baden bereits als rechtmäßigen Herzog von Schleswig-Holstein anerkannt hatte, nach Gotha, begleitete diesen auf seiner Reise nach Kiel 29. Dez. bis Hamburg und kehrte von da nach Karlsruhe zurück. Am 19. Jan. 1864 wurde E. nach München und Dresden gesandt, um für ein selbständiges Auftreten der Mittel- und Kleinstaaten und für die Einberufung eines Parlaments ad hoc zu wirken. Nach dem Rücktritt von Roggenbachs wurde ihm 19. Okt. 1865 unter dem Titel eines Staatsministers das Ministerium der auswärtigen Angelegenheiten übertragen. E. reiste sofort nach Dresden und Wien, dann auch nach München und Stuttgart, um sich mit den dortigen Ministern zu verständigen. In seinem Programm sprach er sich für den liberalen Ausbau der ganzen Gesetzgebung, für die Unterstützung Österreichs gegen die preuß. «Vergrößerungspolitik» und für ein Zusammengehen der Staaten der dritten Gruppe auf nationaler Grundlage aus. Im Ministerium war Mathy (s. d.) sein einziger Gegner; Stabel und Lamey standen E. näher. Vor Ausbruch des Deutschen Krieges von 1866 wohnte E. den mittelstaatlichen Konferenzen in Augsburg 22. April und in Bamberg 13. und 14. Mai 1866 bei und beantragte, gegenüber dem bayr. Antrag auf sofortige Rüstung, die bewaffnete Neutralität der Mittelstaaten, unterzeichnete aber nachher den von der Konferenz angenommenen bayr. Antrag. Nach dem Ausbruch des Krieges drang E. auf Umgestaltung des Ministeriums im preußenfeindlichen Sinne. Die preuß. Siege führten jedoch E.s eigenen Sturz herbei. Nachdem zwischen Preußen und Österreich die Friedensverhandlungen begonnen hatten, erhielt E. 24. Juli die erbetene Entlassung, zog sich nach Konstanz zurück und lebte nun fast ausschließlich seiner Familie. Er starb 23. Febr. 1872.

Edelsheim-Gyulai (spr. djú-), Leopold Wilh., Reichsfreiherr, österr. General, Bruder des vorigen, geb. 10. Mai 1826 zu Karlsruhe, trat jung in die österr. Kavallerie, nahm 1848 und 1849 bereits als Rittmeister an den Kämpfen in Italien und Ungarn teil und zeichnete sich 1859 bei Magenta und Solferino als Commandeur eines Husarenregiments hervorragend aus. Nach dem Friedensschluß übernahm E. den Befehl über die beiden freiwilligen Reiterregimenter und führte bei diesen zuerst seine neue Ausbildungsweise und Reitmethode ein. 1866 befehligte er eine leichte Kavalleriedivision; die Niederlagen des österr. Heers beschränkten seine Thätigkeit jedoch auf die Deckung des Rückzugs von Olmütz nach Wien, nach vorheriger Beteiligung an den Kämpfen im nördl. Böhmen. Nach dem Kriege wurde E. Inspektor der Kavallerie und reorganisierte diese Waffengattung in mustergültiger, im Auslande mehrfach nachgeahmter Weise. Infolge Adoption seines 1868 verstorbenen Vetters, des Feldzeugmeisters Grafen Gyulai, nahm er dessen Namen an, legte 1875 das Amt des Kavallerieinspecteurs nieder und wurde Höchstkommandierender in Ungarn mit dem Titel eines kommandierenden Generals zu Budapest. 1886 wurde er in den Ruhestand versetzt. E. ist vermählt mit Friederike Kronau (geb. 7. März 1841 zu Ruhrort), die früher als Mitglied des Carl-Theaters in Wien im Konversationsfache sehr beliebt war.

Edelsittiche (Palaeornithidae), eine aus 7 Gattungen und 54 Arten bestehende Familie der Papageien, welche Ostindien, die Sunda-Inseln, Molukken, Philippinen, die Papua-Inseln einschließlich Neuguinea, Nordostaustralien, Mauritius, Rodriguez und die Seychellen bewohnt. Eine, wahrscheinlich eingeführte, mit einer ostindischen identische Art findet sich auf dem Festland von Afrika. Der Schnabel ist hochgewölbt, mit glatter, glänzender, meist roter Hornbekleidung, Schwanz verlängert, meist länger als die Flügel. Die Tiere leben meist gesellig und zu ihnen gehört die Papageiart (Palaeornis Alexandri *Vig.*, s. Tafel: Papageien II, Fig. 4), welche dem Abendland zuerst bekannt geworden ist. Die meisten Arten sind grün, mit oft lebhafter Zeichnung. In der Gefangenschaft findet man zahlreiche dieser Familie angehörige Arten, zumeist den Halsbandsittich (s. d.; Palaeornis torquatus) und den Rotschultersittich (Palaeornis eupatrius *L.*). Jener wird mit 6 M., dieser mit 35 M. das Stück bezahlt.

Edelsteine, im allgemeinen die durch Farblosigkeit oder schöne Färbung, Durchsichtigkeit, Glanz und Feuer, bedeutende Härte und Politurfähigkeit ausgezeichneten und deshalb als Schmuck verwendeten Mineralien, wie Diamant, Korund (Rubin und Saphir), Beryll (Smaragd und Aquamarin), Spinell, Chrysolith, Topas, Zirkon (Hyacinth), Granat (edler und böhmischer), Amethyst, Opal, seltener Chrysoberyll, Euklas, Phenakit, Turmalin, Cordierit, Andalusit, Hiddenit. Andere Mineralien, die nur durchscheinend oder sogar undurchsichtig sind, werden gelegentlich ebenfalls wegen ihrer Färbung oder charakteristischen Zeichnung zu Schmucksteinen verwendet, z. B. Chalcedon, Karneol, Achat, Onyx, Sardonyx, Heliotrop, Lasurstein, Türkis, Jaspis, Rhodonit, Nephrit, Malachit, Adular, Axinit, Labrador, Obsidian, Gagat (Pechkohle), Bernstein u. s. w.; diese haben (mit Ausnahme des Türkises) einen weit geringern Wert als die erstgenannten und werden als Halbedelsteine bezeichnet. Den in seinen reinsten Varietäten sehr schätzbaren Bergkrystall und Rauchquarz (Rauchtopas) pflegt man nicht unter die E. zu rechnen. Der Preis der E., die aus den allergewöhnlichsten Stoffen, aus Kohlenstoff, Thonerde, Kieselsäure, Kalk, Magnesia u. s. w. bestehen, und die daher an sich völlig wertlos sind, richtet sich, abgesehen von den Launen der Mode, nach der Seltenheit und Schönheit des Steins und nach der Form, die er durch künstliche Bearbeitung erhalten hat; rohe Steine, Brut genannt, haben höchstens den halben Wert der verarbeiteten. Man bevorzugt in neuerer Zeit neben den Diamanten besonders lebhaft gefärbte E. (Phantasiesteine, s. d.), und da ein und dieselbe Farbennuance bei sehr verschiedenen und verschiedenwertigen im Edelsteinhandel vorkommenden Mineralien sich findet, so ist deren Unterscheidung ein wichtiger Teil der Edelsteinkunde. Die sicherste Methode dieser Unterscheidung beruht auf den optischen Eigenschaften der betreffenden Mineralien, die sich auch an geschliffenen Steinen, wenn man dieselben aus ihrer Fassung herausnimmt, mit Hilfe gewisser einfacher optischer Instrumente bestimmen lassen, ohne daß es nötig wäre, den Stein durch Härteproben u. dgl. zu verletzen. (S. Dichroskop.)

Besonderer Wert wird bei manchen Steinen auf Farbenspiel, Farbenwandlung, Irisieren und Schillern gelegt, so z. B. beim Opal, Labrador, Adular u. s. w. Alle Schmucksteine werden entweder geschliffen oder geschnitten. Geschnittene, d. h. mit geschnittenen oder gravierten Bildern versehene Schmucksteine oder Gemmen (s. d.) waren vorzüglich bei den Alten beliebt, die im Schneiden der Steine (s. Steinschneidekunst) bereits eine große Meisterschaft erreicht hatten, obgleich sie das Schleifen der Steine (s. Edelsteinschleiferei) noch nicht übten. Die Art, wie die geschliffenen Steine in Ringe u. s. w. eingesetzt werden, heißt die **Fassung**. Diese ist bei ganz fehlerlosen, durchsichtigen Steinen am besten à jour (s. d.). In allen andern Fällen setzt man den Stein in ein der Form des Unterteils angemessenes Kästchen ein und weiß dabei durch Färbung dieses Kästchens, Unterlage von Zinnfolie, Gold- und Silberblättchen u. s. w. teils den Effekt des Steins künstlich zu erhöhen, teils vorhandene Fehler (kleine Risse im Innern, wolkige Trübungen, Federn genannt u. s. w.) geschickt zu verdecken (s. Edelstein-Imitationen). Größere Steine werden oft in der Fassung mit kleinern derselben oder anderer Art umgeben, damit Glanz, Farbe und Feuer des Hauptsteins besser hervortritt. Über die betrügerische Vertauschung der teuern E. mit ähnlichen, aber minder wertvollen Mineralien, über die Ersetzung der E. durch Glaspasten sowie die Herstellung der Doubletten s. Edelstein-Imitationen.

Über die künstliche Bildung von E. aus demselben Stoffe, aus dem sie bestehen, s. Edelsteine, künstliche.

Die meisten und teuersten natürlichen E. finden sich in den Edelsteinwäschereien (s. d.) vom Kapland, von Ostindien, Ceylon, Brasilien, doch hat auch Europa einzelne E. von vorzüglicher Qualität, z. B. die böhm. Granaten, ungar. Edelopale u. s. w. Die Nomenklatur der Juwelenhändler ist zuweilen von der mineralogischen sehr verschieden, sodaß z. B. mit dem Namen Rubin ganz verschiedene Steine, nämlich roter Korund, Spinell, Turmalin (sibir. Rubin) und Topas, bezeichnet werden. Es giebt eine Menge von Sondernamen für gewisse Varietäten: so Mondstein für mattschillernde Adulare, schott. Topase für weingelbe Quarzkrystalle aus Schottland, marmaroser Diamanten für wasserhelle Bergkrystalle aus der Marmaros in Ungarn. Das Beiwort «orientalisch» bezeichnet nicht die Herkunft, sondern drückt die echte, teuerste Sorte eines Edelsteins aus. Der Handel mit Juwelen hat besondere Eigentümlichkeiten und ist großen Schwankungen unterworfen. (S. Edelsteinhandel.) — Vgl. Barbot, Traité des pierres précieuses (Par. 1858); Kluge, Handbuch der Edelsteinkunde (Lpz. 1860); Emanuel, Diamonds and precious stones (Lond. 1865); Schrauf, Handbuch der Edelsteinkunde (Wien 1869); King, Natural history of precious stones and metals (neue Ausg., Lond. 1870); Jannettaz, Vanderheym, Fontenay und Coutance, Diamant et pierres précieuses (Par. 1881); Groth, Grundriß der Edelsteinkunde (Lpz. 1887); Dölter, Edelsteinkunde (ebd. 1892).

Edelsteine, künstliche, solche krystallisierte und zu Schmucksteinen verwendbare Mineralien, die durch die Hilfsmittel des Chemikers erzeugt sind. Sie besitzen im Gegensatz zu den Edelstein-Imitationen (s. d.) dieselbe Substanz wie der entsprechende natürliche Stein. Die in den Juwelen enthaltenen chem. Verbindungen sind an und für sich fast wertlos. Der Kohlenstoff im Diamant ist identisch mit jenem, den man im Graphit benutzt oder in der Steinkohle verbrennt. Im Rubin und Saphir findet sich dieselbe Thonerde, die den Hauptbestandteil der Töpferwaren, Ziegel ausmacht und deren Verbreitung eine so große ist, daß nahe ein Sechstel der gesamten festen Erdrinde aus ihr besteht. Nie verleiht die Substanz den Juwelen ihren Wert: nur ihre Molekulargruppierung, ihr Vorkommen in Krystallen giebt der Substanz jene Eigenschaften, die man von Schmucksteinen verlangt.

Die künstliche Erzeugung von E. ist daher möglich, wenn es gelingt, die Substanz des gewünschten Juwels absolut rein darzustellen und in diesem Zustande das Festwerden derselben in Krystallen zu veranlassen. Ohne große Schwierigkeit kann man beliebige Mengen der in den Schmucksteinen enthaltenen Elemente durch bekannte chem. Vorgänge aus andern wertlosen Mineralien gewinnen. Man erhält aber durch die üblichen Prozesse diese Substanzen meist nur als derbe, gestaltlose, amorphe Massen, nicht in Krystallen, die zu Schmucksteinen verschleifbar wären. Krystallbildung ist selten und nur unter gewissen Bedingungen möglich, und es bedarf umständlicher Methoden, um die Substanz zu zwingen, in regelmäßigen Formen fest zu werden. Bereits erstarrte Körper ändern ihre Form nicht mehr. Nur Gase, Flüssigkeiten oder geschmolzene Massen können während des Erkaltens und beim Erstarren gesetzmäßige Formen annehmen. Dieses Gesetz der Krystallbildung muß bei der Erzeugung künstlicher E. immer erfüllt werden.

Je langsamer das Erkalten der Flüssigkeiten oder das Abscheiden der gelösten Stoffe erfolgt, desto reiner und größer sind die Krystalle. Die Schönheit und Größe der Schmucksteine ist nur eine Folge der unbeschränkten Zeit, die der Natur für das Werden und Entstehen der Mineralien zu Gebote steht. Aber gerade die Langsamkeit der natürlichen Bildungsprozesse macht diese unverwendbar, wenn Substanzen künstlich erzeugt werden sollen. Es müssen schnell und kräftig wirkende Reaktionen angewendet werden, die das angestrebte Resultat in möglichst kurzer Zeit liefern. Eine Anleitung hierzu giebt die synthetische Mineralogie. Ihrem Ziele nach ist diese Wissenschaft verwandt der synthetischen organischen Chemie. Namentlich franz. Chemiker haben seit vier Dezennien die Mineralsynthese gefördert, und ihre Methoden zur Erzeugung der künstlichen E. sind bereits so vervollkommnet, daß es nur eines äußern Anstoßes, des Zusammentreffens von Kapital und Unternehmungslust bedarf, um in der That die Versuche der Gelehrten fabrikmäßig auszubeuten.

Dann wird die Frage gestellt werden: welche Steine sind echt? Die Wissenschaft wird in den seltensten Fällen an dem bereits geschliffenen Juwel zu erkennen vermögen, ob der Stein in den Schichten der Erde oder im Laboratorium entstanden ist. Da die künstlichen Steine dieselbe Substanz, Härte, Doppelbrechung u. s. w. wie die entsprechenden natürlichen Mineralien besitzen, wird das Wort «echt» für sich allein nicht mehr genügen, wenn auch das ursprüngliche Vorkommen des Schmucksteins in der Erde angedeutet werden soll; man wird das Wort: «natürlich» hinzusetzen müssen.

Die Schmucksteine lassen sich nach ihren chem. Eigenschaften in vier Gruppen sondern: 1) die Sauerstoffverbindungen der leichten Metalle Aluminium, Magnesium, Beryllium: Korund (Rubin und Saphir), Spinell und Chrysoberyll; 2) die Verbindungen des Siliciums mit erstern, d. h. die Kalk-, Magnesia-, Eisen-, Thonerdesilikate: es sind dies meist Schmucksteine niedern Ranges; 3) Wasser enthaltende Substanzen, z. B. Türkis, Opal; 4) reiner Kohlenstoff: Diamant. Das Hauptinteresse aller Forscher ist der ersten und vierten Gruppe zugewendet, da ein glückliches Resultat in diesen Fällen nicht bloß theoretische Wichtigkeit, sondern auch technische Bedeutung und Wert hat. Die Schmucksteine der zweiten Gruppe wurden von Daubrée und Ebelmen durch das Schmelzen ihrer Bestandteile erzeugt. Doch die entstandenen Produkte sind nur mikroskopisch klein und für den Handel mit diesen ohnehin billigen Steinen von keiner Bedeutung. Die Darstellung der zur Gruppe 3 gehörigen Steine Türkis und Opal hat keine besondern Schwierigkeiten, da hier die Krystallisation wegfällt. Näheres über die künstlichen Darstellungsmethoden s. Diamant, Korund, Spinell, Türkis, Opal. — Vgl. Fuchs, Die künstlich dargestellten Mineralien (Haarlem 1872); Fouqué und Michel Lévy, Synthèse des minéraux et des roches (Par. 1882); Bourgeois, Reproduction artificielle des minéraux, in der «Encyclopédie chimique», II, 1er append. (edd. 1884).

Edelsteinfälschung, s. Edelstein-Imitationen.

Edelsteinhandel, umfaßt nicht bloß die Geschäftsthätigkeit der Juweliere, sondern auch den Kauf und Verkauf des Rohmaterials, der mehr als irgend ein anderer Industriezweig dem Auge des großen Publikums verborgen bleibt. Die wichtigsten Unterschiede zwischen Groß- und Detailhandel betreffen aber nicht die Menge der in Umsatz gebrachten Ware, sondern vielmehr die Beschaffenheit der Steine. Partienweise wird die aus den Produktionsländern in die Hände der europ. Großhändler gelangte rohe Ware versteigert (in London, auf der Edelsteinmesse in Nishnij-Nowgorod u. a. O.), dann verschliffen, und diese geschliffenen Steine erhalten schließlich die Juweliere von den Kommissionären, den protokollierten Edelsteinhändlern. Der Handel mit Schmucksteinen setzt nicht bloß flüssiges Kapital bei dem Gewerbetreibenden voraus, sondern auch die Kenntnis aller guten und schlechten Eigenschaften geschliffener Juwelen und deren Formen, ferner das Wissen und Benutzen aller Wertschwankungen infolge von Produktionsüberschuß oder wechselnder Nachfrage. Kein anderer Industriezweig hat so viel Risiko zu tragen wie der Juwelenhandel, indem bei letzterm Natur und Publikum ohne Rücksicht auf den Händler den Preis bestimmen. Der Marktpreis des geschnittenen Steins hängt ab von der Größe, Form und Reinheit des Stücks. Ein Gleichbleiben der Preise der einzelnen Edelsteinarten ist jedoch nie zu erwarten, da durch mehrere Faktoren ein fortwährendes Schwanken hervorgebracht wird. Im allgemeinen sind hierbei von Einfluß sociale und polit. Verhältnisse; auch Handelskrisen haben schon mehrfach den Juwelenmarkt erschüttert. Gegenwärtig ist durch den Telegraphen wenigstens die Möglichkeit geboten, enge Verbindung zwischen Produktions- und Verkaufsorten herzustellen und dadurch plötzliche Störungen hintanzuhalten.

Über die Grundregeln, nach denen der Preis der Edelsteine sich richtet, s. Edelsteine. In letzter Zeit sind minderwertige Schmucksteine ziemlich fest im Preise geblieben, alle Edelsteine ersten Ranges, außer dem Rubin, haben dagegen einen Rückgang erfahren. Man verkauft die Edelsteine nach dem Gewicht und gebraucht als Gewichtseinheit das Karat (s. d.). Bei den seltenern Steinen steigt der Preis nicht im einfachen Verhältnisse der Schwere; es ist dabei von großem Einfluß, ob von dem fraglichen Steine große Stücke selten sind. So ist z. B. der Rubin in kleinen Steinen meist billiger als der Diamant, aber bedeutend teurer als dieser, in reinen Stücken über 2 Karat. Der jährliche Gesamtumsatz von rohen Edelsteinen beträgt etwa 60 Mill. M., wovon zwei Drittel auf Diamant entfallen; der Umsatz geschliffener Diamanten beträgt über 80 Mill. M. und der für den gesamten Kleinhandel mit Edelsteinen aller Art etwa 120 Mill. M. — Hauptplätze für den E. sind London, Paris, Amsterdam, Moskau, Kalkutta, Kapstadt, Sidney, Rio de Janeiro, Neuyork. In Deutschland sind Berlin, Hanau und Pforzheim nennenswert. Näheres über die Preise und Preisschwankungen der einzelnen Edelsteine s. die Einzelartikel.

Edelstein-Imitationen, geschliffene Steine, gleichgültig ob Mineralien oder Kunstprodukte, die statt der ihnen ähnlichen echten, teuern Edelsteine zur Zierde billiger Schmuckwaren verwendet werden. In den meisten Fällen sind sowohl Käufer wie Verkäufer davon überzeugt, daß die Ware nur unrechtmäßigerweise mit dem Namen des echten Minerals belegt wird, und man kann daher im offenen Handel solche Imitationen nicht als Fälschungen bezeichnen. Nur in sehr seltenen Fällen kommt im Juwelenhandel eine Imitation mit dem Charakter der Fälschung vor, denn die Juweliere haben selbst immer das größte Interesse daran, solche sie täuschende Unterschiebungen aufzuklären und Fälschungen im Handel nicht zuzulassen. Die Mehrzahl der Imitationen findet eine andere, gesetzlich erlaubte Verwendung. Die große Vorliebe für Juwelen, die selbst in den minder bemittelten Bevölkerungsschichten herrscht, gestaltet nämlich den Absatz der Imitationen in billigen Luxusgegenständen zu einem sehr beträchtlichen und in gewissem Sinne auch zu einem nationalökonomisch wichtigen, indem derselbe Zweck, der Besitz eines der Mode gemäßen Geschmeides, mit geringen Geldopfern erlangt werden kann.

Die Nachahmung der echten, fehlerlosen Juwelen kann auf vierfache Art erfolgen:

1) Durch die Art und Weise der Fassung, des Aufbringens, kann echten Steinen eine ihnen sonst nicht eigene Farbe, Glanz oder scheinbare Fehlerfreiheit verliehen werden. Foliierte Edelsteine sind in ältern Zeiten noch häufiger gewesen als jetzt. Schon Benvenuto Cellini rühmte sich, ausgezeichnete Folien, die das Farbenspiel des Schmucksteins erhöhten, darstellen zu können. Rubine foliierte er mittels einer Unterlage von hochroter, feingeschnittener Seide. Für einen Diamanten, den Kaiser Karl V. 29. März 1536 dem Papst Paul III. schenkte, stellte Benvenuto eine so lichtreflektierende Folie her, daß der Stein, der früher 12000 Scudi kostete, aussah wie ein Stein von 18000 Scudi Wert. Die Art der Fassung vermag einzelne Fehler zu verdecken und ermöglicht, einen Stein zweiten Wassers statt eines solchen ersten Wassers zu verwenden, letztern also gleichsam zu imitieren.

Eine solche Art des Aufbringens findet aber bei der heutzutage üblichen Art, Edelsteine zu fassen, nur selten Verwendung; üblich ist sie am häufigsten bei den in Kasten gefaßten Rosetten oder Granaten, denen die Culasse fehlt. Die gewöhnlichste Art der Fassung ist die mit Folie; man versteht darunter dünnes Silber- oder Kupferblech, das entweder blank und glänzend oder gefärbt, d. i. mit Karmin, Lackmus, Safran u. s. w. haltender Hausenblasenlösung überstrichen ist. Diese Blättchen werden im Kasten dem Steine untergelegt. Will man dessen

Farbe erhöhen, wählt man dunkelgefärbte Folien; will man den Stein erhellen, wählt man licht metallglänzende Unterlagen. Sind mehrere Juwelen nebeneinander gefaßt, so vermag man deren etwaige Farbenunterschiede durch zweckmäßige Wahl dunklerer oder hellerer Folien zu verwischen. Bei Rosetten geschieht es sogar, daß man dem größern Steine im Kasten eine kleine Raute unterlegt, wodurch das Farbenspiel des Juwels sehr bedeutend erhöht wird.

Man kennt aber auch noch ein Aufbringen der Edelsteine auf **Moor**, d. i. das Fassen der Edelsteine in einem Kasten, der innen mit Lack und Beinschwarz angestrichen ist. Diese Methode des Aufbringens wird angewandt bei durchsichtigen Edelsteinen mit dunkeln Flecken, und man läßt jene Stellen im Kasten, die den fehlerhaften Stellen des Steins gleich liegen, heller. Dadurch werden diese Unreinheiten des Edelsteins weniger bemerkbar.

Die À jour (s. d.) gefaßten Edelsteine lassen sich nicht folieren; aber man kann durch zweckmäßige Färbung der Innenseite der Krappen der Fassung auf den Farbenton des Juwels einwirken, denselben entweder zu weiß ergänzen (s. Komplementärfarben) oder, wenn nötig, denselben kräftigen.

Behufs Veränderung der Farbe werden einzelne Mineralien vor dem Fassen «gebrannt». Zu diesem Zwecke kommen die einzelnen Steine in Schmelztiegel unter eine Lage von Eisenfeilicht und werden so eingebettet mehrmals geglüht. Lichtgelbe Topase, Saphire, Zirkone, Amethyste werden farblos, rötlichgelbe Topase hingegen intensiv rot. In anderer Weise wurden zu Paris vor einiger Zeit mißfarbige (grünlichgelbe) Diamanten gefälscht. Eine kaum merkbare, sehr dünne rötliche Anilinschicht ward auf die Culasse aufgetragen, hierdurch die Farbe des Steins neutralisiert, und dieser erschien dann farblos. Die sog. **Goldtopase**, die zur Zeit eine massenhafte Verwendung für billigere Schmuckwaren finden, sind fast ausnahmslos geglühte Amethyste oder Rauchquarze.

2) Als wahre Imitationen sind alle jene Objekte zu bezeichnen, die statt der Edelsteine ersten Ranges andere, aber gleichgefärbte Mineralien mindern Wertes enthalten. Da zahlreiche Mineralien von großer Härte trotz verschiedener chem. Zusammensetzung gleiche Farbe haben, so ist deren Verwendung zu Imitationen möglich. Imitiert werden namentlich Diamant, Rubin, Saphir, Smaragd, Zirkon (s. die Einzelartikel).

3) Die Benutzung häufiger vorkommender Mineralien als Ersatz für seltene, teure Steine ersten Ranges ermäßigt wohl den Preis der Schmuckwaren, macht diese aber keineswegs billig. Sehr niedrige Preise der fertigen Ware erzielt man nur durch Verwendung von **Glaspasten** (Amausen). Dieses Wort bezeichnet bestimmte Sorten von Glas, die sich durch hohes optisches Brechungsvermögen auszeichnen und daher geschliffen lebhaft farbenspielen. Es werden von solchen Pasten teils farblose, teils durch Metalloxyde gefärbte Stücke verschliffen, und da die Metalle nach Willkür gewechselt werden können, so ist man im stande, jeden beliebigen Edelstein betreffs seiner Farbe (aber nicht nach seinen andern Eigenschaften) durch solche Glaspasten zu imitieren. Als Basis für alle diese Pasten dient der Straß (s. d.), eine Glassorte, die noch mehr Blei enthält als das Flintglas.

Zahlreich sind die Vorschriften für die zweckmäßigste Bereitung des Straß, der bisweilen auch den Namen **Mainzer Fluß** führt. Als Materialien dienen Kieselerde (feinst zerstoßener Bergkrystall), Kalisalpeter, reines Bleioxyd und schließlich Borsäure als Flußmittel. In reinsten hess. Tiegeln, «Glashafen», werden diese Substanzen durch 24 Stunden geglüht und im Schmelzfluß erhalten. Besondere Windöfen oder die Öfen der Glashütten selbst liefern den nötigen Schmelzraum. Enthält die so entstandene farblose Glaspaste noch Gasblasen, so wird sie zerstoßen und neuerdings bei schwächerm Feuer umgeschmolzen, bis endlich das Schmelzprodukt vollkommen klar und homogen ist. Infolge des hohen Bleigehalts ist der Straß sehr lichtbrechend und daher sein Farbenspiel dem des Diamanten ziemlich ähnlich; nur die Härte ist sehr gering. Lamy hat 1866 versucht, dem Straß noch das Thallium zuzusetzen, weil dieses wertvolle Metall ebenfalls das Licht sehr stark bricht. Solche in Paris erzeugte Thalliumpasten sind vollkommen wasserklar und überaus schön farbenspielend, aber auch relativ teurer, und werden daher selten für die geringe Handelsware verwendet.

Der farblose Straß dient zu **Diamant-Imitationen** (s. Similibrillanten). Um farbige Juwelen nachahmen zu können, wird zerstoßener Straß mit feinem Pulver verschiedener Metalloxyde (im ungefähren Gewicht von 1 Proz.) gemischt, diese Masse dann im Glasofen geschmolzen, die ersten Produkte neuerdings umgeschmolzen, bis kräftig und schön gefärbte Pasten erzielt sind.

Das Grün des **Smaragds** erzeugt Kupfer und Chrom; man setzt farblosem Straß 0,9 Proz. Kupferoxyd und 0,1 Proz. Chromoxyd zu; zur Imitation von Amethyst braucht man 1000 Teile Straß, 20 Braunstein, 1 Kobalt; von Granat 800 Teile Straß, 250 Antimonzinnober, 2 Braunstein, 1 Eisenoxyd; von Topas 1000 Teile Straß, 40 Antimonzinnober, 1 Eisenoxyd. Es giebt viele Vorschriften, um durch geringe Änderungen in den Mischungsverhältnissen satte oder helle Farbentöne zu erzielen.

Blaue Amausen zum Zwecke der **Saphir-Imitation** erhält man, wenn dem Straß $1^1/_2$ Proz. Kobaltoxyd zugesetzt werden. Dieses Kobaltglas (s. Smalte) hat Ch. Schürer, ein Glasmacher von der Platte auf der Eulenhütte zu Neudeck, 1550 entdeckt. Bald darauf bürgerte sich diese Erzeugung der smalteblauen Gläser in Holland ein, wohin man zu diesem Zwecke die Schneeberger Kobalterze ausführte. Die damals in Antwerpen erzeugten Gläser dieser Art, deren 1589 Albinus gedenkt, kamen als Antorfer Gläser in den Handel.

Die karmoisinrote Farbe des **Rubins** nachzuahmen, gelingt nur durch umständliche Verfahrungsmethoden. Glas läßt sich durch Kupferoxydul rot färben, eine Methode, die nach Klaproths und Minutolis Untersuchungen auch schon im Altertum zur Färbung antiker Glaspasten benutzt ward; da aber in der Hitze leicht die höhere Oxydationsstufe des Kupfers entsteht, die nicht rot, sondern grün färbt, so ist es schwierig, mittels Kupfers eine reine rote Farbe zu erzielen. Zur Erzeugung des «Rubinglases» verwendet man daher Goldpräparate, in frühern Zeiten ausschließlich das vor etwa 300 Jahren entdeckte, nach seinem Erfinder oder ersten Beschreiber Cassiischer Goldpurpur genannte und Gold neben Zinn enthaltende Präparat. Heutzutage weiß man aber, daß auch Goldchlorid, selbst regulinisches Gold allein, dem Bleiglase beigemengt und im Schmelzflusse mit ihm verbunden, Rubinglas giebt. Der Gehalt solcher Pasten an Gold ist aber ein äußerst geringer; 1 Teil Gold färbt 10000 Teile Straß schön rubinrot und färbt selbst 20000 Teile noch immerhin merklich rosa. Doch die rote Färbung der Goldpaste tritt nie beim ersten Schmelzen derselben auf. Das erste Schmelzprodukt hat erkaltet eine lichtgelbliche, leberige Farbe. Meist kühlt man es rasch durch *Schrengen*, d. i. Ausgießen der geschmolzenen Glasmasse in kaltes Wasser, ab und bearbeitet diese so erhaltenen Bruchstücke weiter. Erwärmt man dieselben neuerdings bis zum Erweichen des Glases, so verändert sich allmählich die Farbe derselben in das schönste Rot, die Stücke werden klar und rein; man sagt, diese Rubinfarbe entstehe durch das Anlaufen. Die ersten Rubingläser mittels Goldpurpur hat 1678 Kunckel in Brandenburg erzeugt, als er in Diensten des Kurfürsten Friedrich Wilhelm stand. Damals bildete er auch für den Kurfürsten von Köln einen Kelch von Rubinglas im Gewicht von 24 Pfd. Vor Kunckel war wohl schon mehrmals Gold als Zusatz für künstliche Edelsteine anempfohlen worden, doch praktisch ward diese Industrie vor ihm nicht ausgeübt. Gläser mit nachweisbarem Goldgehalt sind daher keinesfalls älter als aus dem 17. Jahrh.; ein Anhaltspunkt für die Schätzung des Zeitalters mittelalterlich façonnierter Glasgeräte.

Alle Imitationen aus Straß sind leicht erkennbar durch ihre geringe Härte, 5—6. Schon ein Quarzsplitter ritzt dieselben sehr stark. Auch fehlt ihnen die Doppelbrechung und ebenso der Dichroismus. Ein gutes Kennzeichen ist auch der muschelige Bruch, der immer an verletzten Stellen des Schliffs, wenn auch erst unter dem Mikroskop, deutlich erkennbar ist.

Auch minder wertvolle Schmucksteine, selbst die billigen Halbedelsteine, werden gelegentlich durch Glaspasten imitiert. Als Basis dient für solche Pasten Glas, das durch Zinnoxyd weiß gefärbt und deshalb emailartig geworden ist. Erst diesem werden Metalloxyde beigesetzt. So erhält man malachitähnliche Massen durch Zusatz von Kupferoxyd, türkisähnliche Farbe durch Mischung von Kupfer, Smalte und Braunstein, Purpurfarbe durch Kupfer und Mangan. Opal imitiert man durch Straß, indem man Weinstein und Knochenasche sowie etwas Chlorsilber und Eisenoxyd einschmilzt. Achat erhält man durch Untereinanderkneten erhitzter halbflüssiger Glasstücke. Die venet. Aventuringläser enthalten mikroskopisch kleine Krystalle von gediegenem Kupfer.

Der Halbedelstein *Türkis* wird nicht bloß durch Glaspasten imitiert, sondern auch durch den sog. *Beintürkis*. Im Depart. Gers (Frankreich) sammelte man zu diesem Zwecke die durch Vivianit im Laufe der Zeit grünlichblau gewordenen Zähne urweltlicher Mastodonten und Dinotherien und verschliff deren Schmelzrinde, da sie dem Türkis ähnliche Ware gab. Auch künstlich wurden Zähne, ja selbst Elfenbein, durch Kupferoxydammoniak blau gefärbt. Man erkennt die Beintürkise, wenn man sie aus der Tageshelle in dunkeln, nur durch Gaslicht beleuchteten Raum bringt. Sie ändern ihre Farbe und sind bei künstlicher Beleuchtung nur schmutzig graugrün, während das Blau des echten Türkis bei jeder Beleuchtung in demselben Farbenton erscheint.

4) Eine letzte Sorte von Imitationen bilden die *Doubletten*, Steine, deren Ober- und Unterteil aus verschiedenen Mineralien besteht und durch einen Kitt von Canadabalsam oder Mastix zusammengehalten ist. Der Oberteil besteht meist aus einem echten Stein, während der Unterteil aus einem billigern Mineral oder Glasfluß gebildet wird. Solche Fälschungen lassen sich erkennen, wenn man den zu prüfenden Stein in heißes Wasser legt; die Lackschicht erweicht und die doublierten Steine fallen auseinander. Es giebt selbst Doubletten in der Gruppe der farbigen Straß-Imitationen. Solche werden erzeugt, indem man die aus gewöhnlichem weißem Glase (jeden für sich allein) geschliffenen Teile, Pavillon und Culasse, durch gefärbten Lack miteinander verkittet. Es ist also zwischen Ober- und Unterteil eine dünne, durchscheinende Farbenschicht. Sie genügt aber wegen ihrer Lichtreflexion, um den ganzen Stein gleichmäßig gefärbt erscheinen zu lassen. Diese Art der Fälschung merkt man, wenn man durch den Stein von der Seite hindurchsieht.

Über die Methoden, Edelsteinfälschungen zu erkennen, vgl. Schrauf, Handbuch der Edelsteinkunde (Wien 1869).

Edelsteinschleiferei, die Gesamtheit der Arbeiten, wie Spalten, Zersägen, Grauen, Rundieren, Facettieren und Polieren, die den Zweck haben, dem Edelstein eine neue Form, umschlossen von glänzenden Flächen (Facetten), zu geben. Die natürlichen Formen der Mineralien genügen nur in den seltensten Fällen, um jene Charaktere, die man von einem Schmucksteine verlangt, namentlich Farbe und Durchsichtigkeit, in vorteilhaftester Weise dem Beschauer kenntlich zu machen. Meist treten diese Eigenschaften nur dann deutlich und rein hervor, wenn dem rohen Steine durch Schleifen neue Begrenzungsformen gegeben und deren Glätte und Glanz durch Polieren erhöht wurde. Die verschiedenen Schmucksteine besitzen aber wechselnde optische Eigenschaften; die Schliffformen müssen daher immer dem Charakter des zu bearbeitenden Materials angepaßt werden. Man unterscheidet zwei Gruppen von Schliffformen, solche, deren Gestalt allseits durch vollkommen ebene Flächen begrenzt ist, und andererseits *mugelig*, mit erhaben gekrümmter Oberfläche geschliffene Steine.

Die ebenflächigen Schliffformen imitieren im allgemeinen die an natürlichen Krystallen so häufig zu beobachtende Gestalt einer vierseitigen Doppelpyramide (s. beistehende Fig. 1). Man unterscheidet hierbei den Oberteil (*Pavillon*, *Krone*), der auch in der Fassung den obern, dem Beschauer zugewendeten Teil des Edelsteins bildet, und den Unterteil (*Culasse*), der beim Fassen nach unten, abgewendet zu liegen kommt. *Rundiste* (Rand, Einfassung) nennt man diejenige horizontale Kante r, in der die Facetten von Pavillon und Culasse sich schneiden. Die Ebene der Rundiste ist der breiteste Teil des Juwels. Einzelnen Formen fehlt eine symmetrisch facettierte Culasse und statt dessen sind sie nach unten zu durch eine breite Tafel begrenzt.

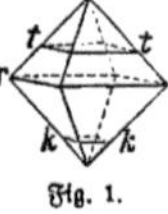

Fig. 1.

Die einfachste Schliffform ist der *Spitzstein* (Fig. 1). Unvollkommen geschliffene alte ind. Diamanten, namentlich aber die ältesten europ. Juwelen des Mittelalters zeigen diese Gestalt. Sie ist identisch mit dem Oktaeder, der natürlichen Spaltungsform des Diamanten und unterscheidet sich von dieser nur durch die nachträgliche künstliche Politur der Flächen sowie durch die teilweise Abrundung der Kanten. Ist am Spitzstein die obere Ecke durch die Ebene t t und die untere Ecke durch die Ebene k k abgestumpft, so heißt er *Dickstein*, dessen Seitenflächen auch gerundet sein können

(Fig. 2). Der obere Teil hat meist nur die halbe Höhe der Culasse; auch findet man an alten ind. Schnitten die vier Kanten des Pavillons eben abgestumpft, wodurch sich die Zahl der obern Facetten verdoppelt. Die optische Wirkung ist gering.

Aus der Form des Dicksteins hat sich durch den geistigen Einfluß von Kardinal Mazarin, der solche Steine umschleifen ließ, die allgemein gültige Form des **Brillant** entwickelt. Sowohl Pavillon als Culasse sind reich facettiert. Die obere Begrenzungsfläche des Pavillon heißt **Tafel**, die untere weit kleinere Begrenzungsfläche der Culasse wird **Kalette** genannt. Die Facetten, die an der Rundiste liegen, heißen **Querfacetten**, die an die Tafel grenzenden nennt man **Sternfacetten**. Sie sind dreieckig und stoßen mit ihren Spitzen aneinander. Je nach Größe und Schönheit des rohen Materials (**Brut** genannt) giebt man mehr oder weniger Facetten. **Einfaches Gut** oder «einmal gemacht» heißen jene Steine, an denen nur der Oberteil facettiert ist. Zweimal gemachte Brillanten (Fig. 3a von oben, 3b von der Seite) haben am Pavillon nur 16 dreieckige Facetten in zwei Reihen angeordnet. Diesen unvollständigen Brillantschliff erhalten nur kleine Steine von 1/16 bis 1/8 Karat und 1½ bis 2 mm Durchmesser (die sog. «kleine Ware») oder fehlerhafte unschöne Steine. Alle bessern Steine werden als dreimal gemachter Brillant (dreifaches Gut) in den Handel gebracht, und eigentlich nur diese als Brillant bezeichnet. Sie haben am Oberteil drei Reihen von Facetten. Am dreifach gemachten Brillanten zählt man 56 Flächen (Fig. 4a von oben, 4b von unten, 4c von der Seite), und bei sehr großen Steinen, wie beim Regent (s. Tafel: **Diamanten**, Fig. 3), erhöht sich diese Zahl noch um 16, indem die Querfacetten halbiert werden. Die regelmäßige alte Form des Brillanten besitzt eine quadratische, nur an den Ecken abgestumpfte

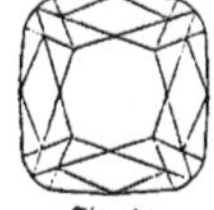
Fig. 2.

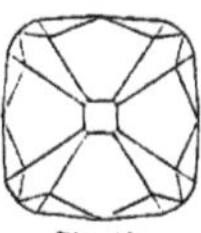
Fig. 3a.

Fig. 3b.

Fig. 4a. Fig. 4b. Fig. 4c.

Tafel und eben solchen Querschnitt der Rundiste. Doch es kommen auch Abweichungen von dieser Symmetrie vor, meist verursacht durch eine ungewöhnliche Gestalt des rohen Steins. Die Rundiste ist manchmal oval wie am Kohinoor (s. Tafel: **Diamanten**, Fig. 9) oder auch birnförmig. Das Farbenspiel wird dann wesentlich begünstigt durch einen zugeschärften Schnitt der Querfacetten nach engl. Mode, während der gewöhnliche holländ. Schnitt die Querfacetten des Oberteils dreier läßt.

Eine wichtige Neuerung des Brillantschliffs führte Caire ein; von ihr ist auch der heutige Modeschliff des Brillanten beeinflußt. Der von ihm ersonnene **Sternschnitt** (taille à étoile, Fig. 5) erfordert große Höhe von Culasse und Pavillon. Die Tafel ist sehr klein und regelmäßig sechseckig. Am Unterteil sind drei Facettenreihen, die im Zickzack verlaufen. Dieser Schliff zeichnet sich aus sowohl durch ein sehr günstiges Farbenspiel, als auch durch eine Maximalverwertung des Rohmaterials. Der Gewichtsverlust des Brut beim Schleifen dieser Form beträgt nur 33 Proz. (gegen 45 Proz. beim niedern Brillanten), sie bedarf aber einer sehr sorgsamen Ausführung, um Effekt zu machen. Die Amsterdamer Faktoreien vermeiden jetzt ebenfalls wegen des großen Materialverlustes die ältere niedere Brillantform und machen ähnlich wie Claire den Oberteil höher. Während die Höhe des Oberteils der Brillanten der ersten Hälfte unsers Jahrhunderts (Fig. 1, zwischen t und r) 4/18 der Gesamthöhe des Oktaeders ausmachte, wird der Oberteil jetzt bis zu 6/18 hoch geschnitten. Ferner ist die Tafel weit kleiner, früher 4/9, jetzt nur genau 3/9 des Durchmessers der Rundiste. Sie ist ferner ein regelmäßiges Achteck, alle Mittelfacetten gleich, die Rundiste selbst ein regelmäßiges Achteck (Fig. 6). Durch diese Anordnung ist es möglich, Brillanten herzustellen von vollständig symmetrischer Gestalt, mit überaus lebhaftem Feuer, ohne daß mehr als 40 Proz. des Brut beim Schleifen unverwendbar wird. Ist ein Brillant möglichst regelmäßig geschliffen, so kann man sein Gewicht ermitteln, ohne den Stein zu

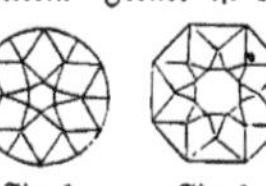
Fig. 5. Fig. 6.

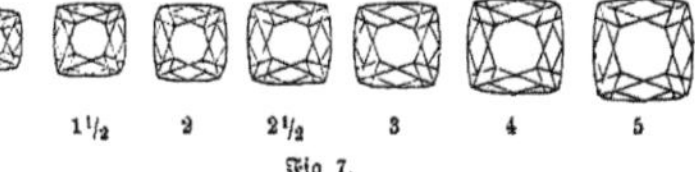
1 1½ 2 2½ 3 4 5

Fig. 7.

wiegen, und zwar durch Messung entweder einer Rundistenseite, oder des größten Durchmessers des Steines selbst. Fig. 7 zeigt die Größenverhältnisse verschieden schwerer Diamanten von der ältern Form, wobei die Zahlen die Karate bedeuten; die neuern Steine sind bei gleichem Gewicht etwas größer in der Rundiste. In Brillantform wird nicht nur der Diamant geschliffen, sondern auch alle übrigen durchsichtigen Schmucksteine, Zirkon, Phenakit, Topas, selbst Quarz und die Imitationen aus Straß.

Die farbigen Juwelen, denen ohnehin meist eine oktaedrische Spaltbarkeit fehlt, erhalten häufig eine vom Brillanten verschiedene Form. Dünne Rubine und Saphire, die in der Natur ohnehin meist tafelförmig vorkommen, zeigen oft den **Tafelschnitt**. Meist findet man ihn am Brut, der halbfertigen Ware, die mit dem unvollkommenen ind. Schliff auf den europ. Markt kommt. Ober- und Unterteil sind durch eine breite Tafel begrenzt; am Oberteil sind 8, 12, 16 willkürlich, aber symmetrisch liegende Quer- und Sternfacetten, am Unterteil 4—6 breite Facetten oder eine gerundete Fläche (Fig. 8a von der Seite, 8b von oben).

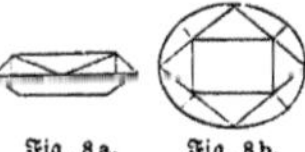
Fig. 8a. Fig. 8b.

Bei dickern farbigen Steinen erzielt man durch den **Treppenschnitt** die günstigste Wirkung, bei welchem die eigentümliche Anordnung der Facetten des Unterteils das Zurückstrahlen des Lichts unterstützt. Alle Facetten laufen treppenartig, immer stumpfer werdend, von Rundiste gegen Tafel und Kalette zu; der Querschnitt des Steins kann teils oval, teils 4-, 8-, 12seitig sein. Die Zahl der Facettenreihen ist oben zwei, unten vier; selten und nur bei lichtern Steinen werden unten fünf Reihen geschliffen. Für schön gefärbte und doch hell durchsichtige Steine wird mit Vorteil Brillant- und Treppenschliff kombiniert. Der Schliff «mit doppelten Facetten» (Fig. 9) hat oben symmetrische Brillantfacetten, unten den Treppenschliff. Eine solche Form kann wegen der großen Anzahl von Facetten manche Fehler des Steins, dunkle Punkte, Risse, Federn im Innern, verdecken.

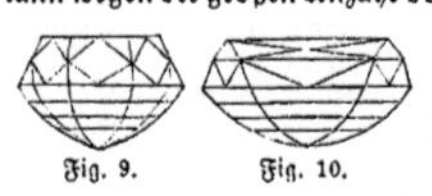

Fig. 9. Fig. 10.

Ist der Stein für diese Gestalt nicht genügend dick, so werden die Mittelfacetten verlängert (s. Fig. 10); man sagt, der Stein ist mit «verlängerten Brillantfacetten» geschnitten. Diese Form giebt man dem Rubin und Saphir jetzt in Paris am häufigsten, sie macht die Schmucksteine modern und verkäuflich. Das Verhältnis der Dicke von Ober- und Unterteil ist auch bei diesen letztgenannten Formen durch die Erfahrung festgestellt. Meist giebt man dem Pavillon $^1/_3$, der Culasse $^2/_3$ der Gesamthöhe. Nur bei Nuancen in der Stärke der Farbe sind Abweichungen von dieser Regel gestattet. Ist die Farbe schwach, so kann der Unterteil bis $^3/_4$ der Gesamthöhe dick sein; ist hingegen die Farbe dunkel, so müssen die Steine viel dünner geschliffen werden. Zu dick belassene Steine haben kein Farbenspiel, weil die tiefer liegenden Facetten nicht mehr auf das einfallende Licht wirken können.

Die zweite Gruppe von Schliffformen besitzt nur einen facettierten Oberteil, den nach unten zu eine breite Tafel abschließt. Die wichtigste Gestalt in dieser Gruppe ist die *Rose*, *Raute* oder *Rosette*. Sie wird vorzüglich jenen Diamantstücken gegeben, die beim Brillantieren größerer Individuen abfallen, oder die schon von Natur aus größere Breite als Dicke besitzen. Die regelmäßige Rose ist ein Rundstein und hat doppelt so großen Durchmesser als Höhe. Zwei Reihen dreieckiger Facetten werden angeschliffen, die obern, die in eine Spitze zusammenstoßen, bilden die Krone. Die einfach gemachte Rose (Fig. 11) hat 6 + 12, die *holländische* oder *Brabanter* (Fig. 12) hat 6 + 18; die dreifach gemachte *französische* (rose recoupée), an größern Stücken angewendet, 12 + 24 Facetten.

Fig. 11. Fig. 12.

Die Neigung der Quer- und Sternfacetten ist bei der Rose meist symmetrisch gleich, und dann ist der Durchmesser der Krone halb so groß wie jener der Rundiste. Das Größenverhältnis Brabanter Rosetten von 1 bis 5 Karat stellt die Fig. 13 dar.

Diejenigen großen Diamanten, die einst in Indien geschliffen wurden, haben eine Rosen- und

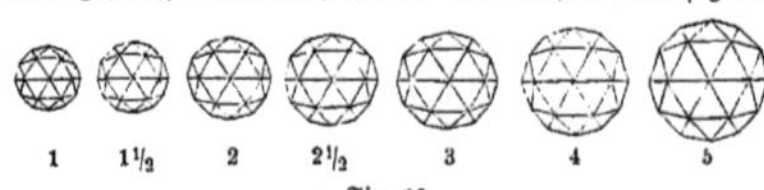

Fig. 13.

Treppenschliff kombinierende Gestalt. (S. Tafel: *Diamanten*, Fig. 1, Großmogul; Fig. 2, Orlow.) Größern Steinen wird heutzutage nie diese Form gegeben; nur ausnahmsweise und gelegentlich die *Pendeloquesform*. Diese ist der eines birnförmigen Brillanten ähnlich, besitzt jedoch weder Tafel noch Kalette und gleicht deshalb zweien an der Grundfläche vereinigten Rosetten. Diejenigen großen Diamanten, die zuerst (1470) in Europa geschliffen wurden, z. B. der Florentiner (s. Tafel: *Diamanten*, Fig. 4), zeigen diese das Farbenspiel sehr begünstigende Art des Schliffs.

Die tiefgefärbten Pyrope und Granaten werden häufig in Rosettenform geschnitten, weil diese ermöglicht, durch Unterlage einer glänzenden Metallfolie im geschlossenen Kasten der Fassung den Stein von innen heraus zu erhellen. Eine hierzu verwendbare interessante Abart des Rosettenschliffs ist die stumpfe und spitze *Kreuzrosette* (Fig. 14 und 15 von der Seite, Fig. 16 von oben), die sich an Granaten des österr. Schatzes, die schon im vorigen Jahrhundert geschliffen wurden, findet. Sie wird von 8 vierseitigen Sternfacetten und 16 Querfacetten begrenzt.

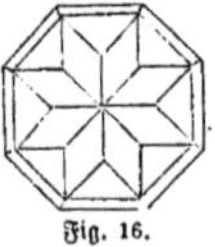

Fig. 14. Fig. 15. Fig. 16.

Undurchsichtige Schmucksteine, die natürliches Farbenspiel zeigen, werden nicht eben, sondern mugelig geschliffen. Gelegentlich erhalten aber selbst farbige Schmucksteine ersten Ranges, wie Rubin und Saphir, den gleichen Schnitt. Sie werden teils nach beiden Seiten hin mit gewölbter Oberfläche gemacht, teils nur auf einer Seite konvex geschliffen (Fig. 17). Im letztern Falle ist dann die Unterseite entweder durch eine ebene Tafel abgeschlossen, oder konkav, ausgehöhlt, man sagt «ausgeschlägelt». Letzteres begünstigt, namentlich wenn in dieser vertieften Kalette einige unregelmäßige Furchen eingeschliffen sind, das Zurückwerfen des Lichts von der Innenseite, dient also dazu, den Stein zu erhellen, und wird bei durchscheinenden Arbeitsstücken angewendet.

Fig. 17. Fig. 18.

Die gewölbte Oberfläche ist manchmal auch an der Rundiste flach facettiert (Fig. 18). Je nach der Natur des Steins muß der Wölbung verschiedene Höhe gegeben werden: je schwächer das natürliche Farbenspiel, desto mugeliger muß die Oberfläche sein. Opale mit lebhafter Farbenwandlung werden daher flach, Asterien, Rubin, Saphir sehr konvex geschliffen, weil dadurch die Lichtwirkung auf einen Punkt konzentriert und der Glanz des Juwels erhöht wird. Alle diese Steine werden so gefaßt, daß die konvexe Seite dem Beschauer zugewendet ist. Nur Halbedelsteine oder zu gewissen Zwecken dienende Schmucksteine, z. B. Siegelringsteine, werden nach oben zu eben und nach unten zu mugelig geschliffen.

Die gewünschte Form erhält jeder Stein durch das *Schleifen*. Wenn die zu erzeugende Schliffform sich beträchtlich unterscheidet von der natürlichen Gestalt des Schmucksteins, so wird dem Mineral in erster Linie durch Spalten, Zersägen, Grauen, Rundieren eine der Schliffform ähnliche Gestalt gegeben.

Spalten nennt man dann das Trennen des Arbeitsstücks in zwei Teile, wenn die neuentstandene Begrenzungsfläche der beiden erzeugten Hälften eine vollkommen ebene, glatte Fläche ist. Eine solche regelmäßige Spaltung ist möglich, wenn das bestimmte Material nach bestimmten Richtungen leicht und regelmäßig spaltbar ist. Nicht alle Schmucksteine spalten aber gleich leicht oder nach gleichen Richtungen. Unter den Juwelen hat nur der Diamant eine Spaltbarkeit, und zwar nach den acht Oktaederflächen, die sich direkt zur Darstellung der Grundform des Brillanten benutzen läßt. Um einen Diamant zu spalten (*Klieven* oder *Kloven*), befestigt man denselben mit Harz auf der Spitze des Kittstocks und läßt nur jenen Teil frei, den man abzuspalten wünscht. Mit der feinen Spitze eines Diamantsplitters zieht man eine feine Furche, setzt in diese den Meißel ein, und ein Hammerschlag auf letztern genügt, um den äußern Teil abzutrennen. Dieser Arbeitszweig der Diamantschleiferei ist erst seit 1790 in Europa eingebürgert durch die virtuose Geschicklichkeit des Holländers Andreas Bevelmann.

Durch das Spalten erhält der Diamant die Form eines *Spitzsteins* (Fig. 1, S. 708b). Aus dem Spitzstein des Diamant wird dann der Dickstein dargestellt und zwar bei kleinern Individuen durch direktes Schleifen, bei größern durch «Zersägen». Es wird (Fig. 1, S. 708b) der obere Teil bis zur Linie tt und vom Unterteil die Spitze bis kk weggenommen und dadurch die Tafel tt und die Kalette kk (Flächen, die nicht parallel einer Spaltungsrichtung sind) erzeugt. Das Gewicht eines solchen Dicksteins, an dem nach alter Regel oben $^5/_{18}$ der ganzen Höhe weggeschliffen sind, beträgt genau $^2/_3$ des Gewichts eines Spitzsteins von gleicher Rundiste. Es beträgt daher der Materialverlust bei der ersten Bearbeitung des Diamantoktaeders 33 Proz.; ein Verlust, dessen Prozentsatz sich durch fortgesetztes Facettieren noch steigert. Dieser Verlust wird dadurch ausgeglichen, daß man die beim Zersägen abfallenden Pyramidenspitzen als Rosetten verschleift.

Die übrigen Schmucksteine besitzen keine ausgezeichnete und günstig orientierte Spaltbarkeit. Statt des Spaltens benutzt man daher nur das Zersägen, um etwa fehlerhafte Teile des Stücks abzutrennen. Zum Zersägen bedient man sich der *Schneidscheibe*, d. h. einer mit großer Geschwindigkeit um eine horizontale Achse rotierenden dünnen Scheibe von Stahl, Eisen oder Kupfer, deren Rand sehr scharf ist und kontinuierlich mit einem Schleifmittel bestrichen wird. Bei weniger harten Steinen wird hierzu wässeriger Schmirgelbrei benutzt, bei allen sehr harten (Diamant, Rubin u. s. w.) dagegen Diamantbort, der, mit Petroleum angerührt, auf den Rand der Scheibe aufgetragen und durch die Schneiden eines Achatstücks eingedrückt wird, sodaß nun die Scheibe wie eine Kreissäge, mit sehr feinen Diamantsplittern als Zähnen, wirkt. Seitdem durch die bedeutenden Massen nicht schleifbarer Diamanten, die am Kap gefunden wurden, der Preis des Borts zu Zeiten auf 3 M. pro Gramm herabgegangen ist, haben selbst die Achatschleifer diese Methode des Schneidens eingeführt. Nur beim Diamanten geschieht noch zuweilen das Zersägen aus freier Hand und zwar aus Vorsicht, da man ein Erhitzen des Steins oder Abspalten von Stücken zu vermeiden trachtet. Ein sehr feiner Metalldraht wird in einem Laubsägebügel eingespannt, mit einem Brei von Diamantbort und Öl überstrichen und so immer in einer Richtung über den Stein hin und her geführt. Der am Drahte haftende, bewegte und angedrückte Bort scheuert sich eine immer tiefer werdende Furche.

Kleinere Schmucksteine werden nach dem Spalten oder Zersägen unmittelbar facettiert, größere hingegen noch früher der Operation des Rundierens resp. Grauens unterworfen. Unter *Rundieren* versteht man das Formgeben mit freier Hand. Es geschieht dies auf den Schleifscheiben, und der Stein erhält hierdurch die erste Anlage zu seiner künftigen Form sowie die richtige Proportion von Höhe und Breite. Einer ähnlichen Bearbeitung wird auch der Diamant unterworfen, man nennt sie aber auch *Grauen* (égriser). Es bedeutet dies das Aneinanderreiben zweier zu bearbeitender Diamanten an jenen Stellen, an denen später die Facetten auftreten sollen. Beide Steine sind an den Spitzen der *Kittstöcke* befestigt, letztere faßt der Arbeiter mit seinen Händen und reibt die Diamanten über der Schneidbüchse aneinander. Fig. 19 zeigt eine Schneidbüchse mit den Kittstöcken. Hierdurch scheuern sich feine Teilchen vom Diamant los, und diese Arbeit wird fortgesetzt, bis die gewünschte Facette als undeutlich konturierte Ebene erkennbar wird. Diese erzeugten Flächen unterscheiden sich aber von jenen, die am fertigen Juwel erglänzen, sie sind feinkörnig, dunkelgrau; der Stein selbst ist undurchsichtig, metallisch glänzend, poliertem Stahl ähnlich, daher auch der Name *Graumachen*.

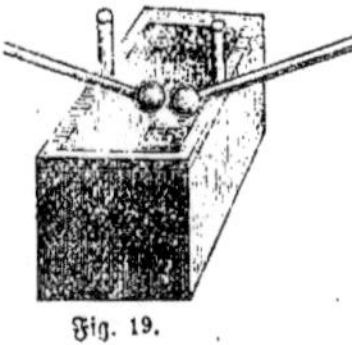
Fig. 19.

Die durch Spalten, Sägen, Grauen, Rundieren vorbereiteten Steine erhalten endlich durch das *Schleifen* auf der Schleifscheibe die nötige Anzahl der regelmäßigen Facetten und durch das darauf folgende Feinschleifen und Polieren den Glanz. Die Werkzeuge und die Einrichtung des Ateliers für Diamantschleiferei oder E. sind ziemlich ähnlich, und nur der Wechsel der Schleifmittel ist maßgebend; andererseits unterscheidet sich aber wesentlich die moderne Werkstätte einer «Diamantmühle» von den primitiven Hilfsmitteln des für sich allein arbeitenden ind. Künstlers. In den Faktoreien für Diamantschliff, deren einzelne jetzt mehrere hundert Arbeiter beschäftigen, wird die bewegende Kraft durch eine im Souterrain befindliche Dampfmaschine geliefert, durch Welle und Transmission die in den Sälen der obern Stockwerke befindlichen Schleifscheiben in horizontale Rotation versetzt. Durch die seit 1840 immer allgemeiner gewordene Ersetzung der früher benutzten Pferde vor der Tretmühle durch Maschinen ist es möglich, die Bewegung der Schleifscheiben bis auf 30 Umdrehungen in der Sekunde zu steigern, also ebenso oft das Schleifmittel auf ein und denselben Punkt wirken zu lassen. Dadurch ist jetzt die Arbeitszeit für die Herstellung einer Facette ungemein verkürzt worden. Mitte des 18. Jahrh. brauchte man, um den Regent zu schleifen, zwei Jahre; dieselbe Anzahl Facetten wurde 1852 dem fast gleich großen Kohinoor in nur 38 Tagen gegeben. Eine fernere Folge davon ist, daß sich der Arbeitspreis für die fertige Ware ermäßigt hat. Derselbe beträgt im Durchschnitt für einen

Karatstein von Rubin oder Saphir 5—8 M. und das Dreifache für den Brillanten. Doch hat gelegentlich trotz aller Beschleunigung der Arbeit der große Andrang roher Ware von Diamant in der neuern Zeit vorübergehende Preissteigerungen des Arbeitslohns um 30 Proz. hervorgerufen. Natürlich steigen die Kosten des Schliffs, namentlich wegen des mit der Arbeit verbundenen Risiko, mit der Größe und dem Werte des Arbeitsstücks. Beispielsweise kostete vor drei Decennien der Schliff des Südsterns (s. Tafel: Diamanten, Fig. 7), eines Brillanten von 125 Karat, geschliffen aus einem roh 254 Karat schweren Diamant, gegen 80000 M.

Schleif- und Poliermittel, Schleifscheiben sowie die vorbereitenden Arbeiten sind verschieden nach der Natur des zu bearbeitenden Gegenstandes, und man unterscheidet deshalb Diamant-, Edelstein- und Großsteinschleiferei.

Als Schleifmittel benutzt man das feinste Pulver eines mit dem Arbeitsstück gleich harten, oder, wenn möglich, noch härtern Minerals. Zum Schleifen von Diamant, Rubin, Saphir dient Diamantbort, für die übrigen harten Steine genügt Schmirgel. Diamantbort, feinstes Diamantpulver, wird erzeugt durch das Zerstoßen und Zerreiben der Abfälle, oder der unbrauchbaren fehlerhaften kleinen Diamanten in einem Stahlmörser. Da hiervon das Gramm 4—5 (früher sogar 15) M. kostet, so wird es nur zur Bearbeitung der härtesten Steine benutzt. Unter echtem Schmirgel versteht man das durch Zerstampfen des derben Materials erzeugte feinste Pulver von Korund sowie der nicht schleifwürdigen Saphire. Mit dieser Industrie beschäftigen sich, da der Bedarf an Schmirgel sehr groß, eigene Schmirgelmühlen. Meist ist jedoch der Schmirgel des Handels kein Korundpulver, sondern nur zerstoßener Edelsteingrus, namentlich von Topas und Granat, besitzt deshalb auch geringere Härte und ist zum Schleifen der Schmucksteine ersten Ranges nicht geeignet. Schmirgel kommt mit verschiedenen Sorten der Feinheit des Korns in den Handel. Zu dem Zweck wird er geschlemmt, d. h. man übergießt das Pulver mit Wasser, rührt auf, die gröbsten Körner fallen schnell zu Boden, während das feine Pulver noch im Wasser schwimmt. Gießt man dieses trübe Wasser in ein zweites Gefäß, so fällt das feinste Pulver nach einiger Zeit erst zu Boden und kann gesammelt und getrocknet werden. Der grobkörnige Schmirgel dient zum Schleifen, die feinsten durch wiederholtes Schlemmen erhaltenen Sorten zum Polieren. Diese Schleifmittel werden, mit Wasser oder Öl benetzt, auf die Schleifscheiben gebracht und wirken wie eine feine Feile auf die Oberfläche des Arbeitsstücks.

Schleifscheiben sind kreisrunde Metalltafeln, die durch Menschen- oder Maschinenkraft in schnelle Drehung um ihre Achse versetzt werden. Einzelne Arbeitsscheiben haben die Achse nur auf einer Seite der Scheibe befestigt, sodaß die ganze obere Seite für den Gebrauch frei ist; andere Schleifscheiben, namentlich die in den Diamantmühlen (Fig. 20), haben durchgehende Achsen, weil nur dadurch vollkommene Befestigung erzielt werden kann. Die Mehrzahl der Scheiben rotiert horizontal um die vertikal gestellte Achse. Das Material der Schleifscheiben ist Gußeisen oder Kupfer für die härtern, Zinn oder Blei für die weichern Steine. Gelegentlich werden auch Schleifscheiben benutzt, die aus Schmirgelpulver erzeugt sind. Dieses Pulver wird entweder mit geschmolzenen Harzen oder mit Wasserglas zu einer dreiigen Masse angerührt, dann in einer kreisrunden Form erstarren gelassen und schließlich als harte Scheibe auf eine centrale Achse aufgezogen.

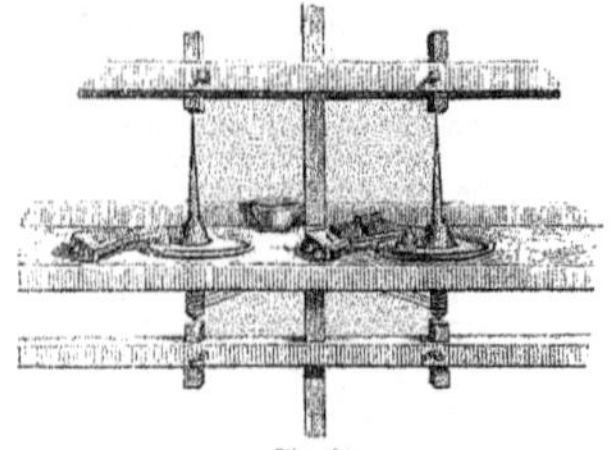
Fig. 20.

Zum Schleifen minder wertvoller Steine benutzt man feste, harte, quarzige Sandsteine und schleift entweder direkt auf der bloß mit Wasser benetzten Fläche derselben, oder auf dem breiten Rande des vertikal gestellten größern Schleifsteins; zum Schleifen kleiner Steine, z. B. der Pyrope Böhmens, benutzt man kleine Sandsteinscheiben, Öl und Schmirgel.

Das Glätten der geschliffenen Facetten geschieht mit einem Poliermittel, das weicher als das Arbeitsstück ist. Man verwendet hierzu Tripel (feine weiße Kieselgur), Polierrot (Kolkothar, Eisenoxyd), Zinnasche (verbranntes Zinn, Zinnoxyd), auch feinstes Kohlenpulver. Die Polierscheiben sind aus Kupfer, Zink, Zinn, Holz, letzteres wird oft noch mit feinem Filz überspannt. Auf diese Scheiben wird das durch öfteres Schlemmen von allen gröbern Körnern gereinigte, feinstem Mehle gleiche Poliermittel ausgebreitet und mit Wasser befeuchtet. Rubin und Saphir werden mit Tripel auf Kupfer; Topas, Spinell, Rubellit, Zirkon, Granat auf Zinn; Opal, Türkis auf Holzscheiben poliert, denn für weichere Mineralien nimmt man auch weichere Polierscheiben. Nur für Diamant hat man kein anderes Poliermittel als das feinste Diamantbortpulver selbst, und deshalb verschwindet gerade bei dem wertvollsten Schmucksteine der wichtigste Gegensatz zwischen Schleifen und Polieren.

Die Anordnung der zwei Schleifscheiben auf dem Arbeitstische stellt Fig. 20 dar. Vor jeder solchen Diamantmühle steht der Arbeiter, drückt den Stein an die rotierende Scheibe an, die er mit Bort und Öl eingerieben hat, und untersucht von Zeit zu Zeit die sich bildende Facette; nach 3—5 Minuten ist dieselbe angeschliffen, und wenn der Schliff vollkommen gelungen, so merkt man auch keine Risse mehr, die Fläche ist zugleich poliert. Um den Stein bei dieser Operation festzuhalten, wird er in der Doppe (Dogge), d. i. eine kleine hohle Halbkugel aus Kupfer an einem Stiele (Fig. 21), mittels Schnelllot (einer Legierung von Blei und Zinn) befestigt. Den Stiel der Doppe faßt eine Stahlzwinge, die in fester Verbindung mit einem kleinen Holzschemel ist. Letzterm werden beim Schleifen, um den Stein an die Scheibe zu pressen, einige Kilo Bleistücke aufgelegt. Um an dem Diamant,

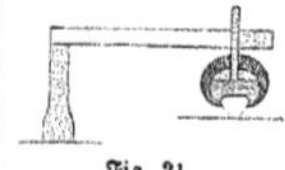
Fig. 21.

nachdem die erste Facette fertig ist, die übrigen Facetten schleifen zu können, wird der Stein durch Drehen des Doppenstiels gewendet. Um die gegenseitige Neigung der Facetten vollkommen gleich zu machen, durch welche Regelmäßigkeit sich der Brillantschliff auszeichnet, ist der Doppenstiel mit Gradbogen und Zeiger versehen (Fig. 22). Hierdurch kann man die Neigung des Diamants gegen die Scheibe jeden Augenblick bestimmen und nach Wunsch ändern. Um die Facetten der Culasse schleifen zu können, nachdem der Pavillon fertig, wird der Stein durch Erwärmen des Lotes aus der Doppe gelöst und in verkehrter Stellung in dieselbe wieder eingesetzt und festgelötet.

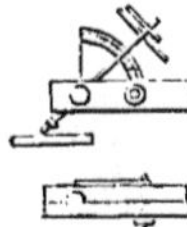

Fig. 22.

Die wichtigsten Diamantschleifereien befinden sich in Amsterdam. Hier hat namentlich seit der Entdeckung der Kapdiamanten (1867) die Zahl der Diamantmühlen und der Arbeiter beträchtlich zugenommen, und jetzt beschäftigt dieser blühende Industriezweig mindestens 6—7000 Personen. Die wichtigsten Mühlen sind in der Zwanenburgerstraße und auf dem Roeterseiland an der Achter-Gracht. Das größte Etablissement dieser Art ist die Faktorei von Mr. Boas, das historisch berühmteste das von Koster, denn der Künstler Voorsanger dieses Instituts hat sowohl den Kohinoor (frühere Form, als Großmogul, s. Tafel: Diamanten, Fig. 1) neu brillantiert, als auch den Südstern geschliffen. Ferner befinden sich Diamantschleifereien in Antwerpen, Paris, im Jura und in Hanau; in neuester Zeit hat man auch in England und Nordamerika (Neuyork) angefangen, fabrikmäßig sich mit diesem Industriezweige zu beschäftigen.

Schon die den alten Ägyptern bekannte Steinschneidekunst, also die Kunst, Siegelringe, Amulette, Scarabäen, Kameen zu formen und zu schneiden, setzt selbst die Kenntnis der Bearbeitung der harten Gemmen voraus. Wahrscheinlich haben die Syrer den Römern die Kenntnis des schon im Altertum berühmten und bekannten ind. Diamanten vermittelt sowie auch die Kunst denselben zu polieren. Die aus den ältesten Zeiten noch vorhandenen Juwelen sind in der That nichts anderes als Diamantkrystalle (Fig. 1), Spitzsteine oder flache dreiseitige Tafeln. Schon 1373 bestand, historisch nachweisbar, in Nürnberg eine Diamantpoliererzunft. Allein die Produkte weder der europ. noch der ind. Industrie ältester Zeit können auf Schönheit Anspruch machen; alle diese Steine sind unförmig, klumpig, mit wenig spiegelnden Flächen.

Epochemachend war die Erfindung der für das Farbenspiel des Diamant so überaus wichtigen regelmäßigen Facettierung durch den ältern Berquem. Er hat für Karl den Kühnen von Burgund den Sancy (s. Tafel: Diamanten, Fig. 5) und den Florentiner in Pendeloquesform geschliffen. Erst durch die Anwendung einer symmetrischen Facettierung ward der Diamant ein Schmuckstein ersten Ranges und verdrängte die früher bevorzugten farbigen Juwelen, die erst in neuester Zeit wieder in die Mode gekommen sind und zwar dadurch, daß ihre Eigenschaften ebenfalls durch die Brillantform gehoben wurden (s. Phantasiesteine).

Die Schüler Berquems sind teils nach Antwerpen, teils nach Italien gezogen. Von ital. Meistern ward berühmt der Venetianer Hortensio Borgio, der 1650—58 den Kohinoor dem Schah Jehan schliff und die Gewichtsdifferenz zwischen rohem Steine (672, nach andern 793 Karat) und facettiertem Juwel (279 Karat) schwer büßen mußte; ferner der Italiener Matteo del Nettaro, den der durch seine Kunstliebe ausgezeichnete König Franz I. nach Paris 1525 berief. Von dem Hofe des letztern aus verbreitete sich der Luxus mit Juwelen überall hin. Aber in Paris gelangte erst unter Kardinal Mazarin die Diamantschleiferei zu neuer Blüte, denn damals, 1650—60, ward der Brillantschliff zum erstenmal angewendet; gegen Ende des 18. Jahrh. kam sie daselbst zum vollständigen Erliegen, und selbst die 1850 unter Napoleon gemachten Versuche, Steinschleifereien zu gründen, konnten nicht mehr das holländ. Monopol brechen. Dafür ward aber Paris der Markt für farbige Juwelen.

Antwerpen, damals der erste Handelsplatz der Welt, erhielt die rohen, damals allein bekannten ind. Diamanten aus erster Hand. Die Plünderung Antwerpens 1576 durch die Spanier veranlaßte die Übersiedelung der portug. Juden, die den Diamanthandel betrieben, nach dem niederländ. Amsterdam. Doch auch an dieser neuen Stätte ist die Blüte dieses Industriezweigs abhängig von dem wechselnden Ertrage der Diamantwäschereien. 1824 war nur ein einziger Schleifer in Amsterdam, sodaß Bankier Hope, um diese Kunst nicht aussterben zu lassen, auf eigene Kosten vier junge Leute hierzu ausbilden ließ. Aber 1844 fand man neue Diamantlager in Bahia, und rasch wurden vier Faktoreien gegründet, während heute der Kapdiamant 30 Werkstätten dauernd Beschäftigung bringt.

Für die Facettierung der farbigen Schmucksteine gelten nahe dieselben Regeln wie für die des Diamanten. Unterschiede sind nur bezüglich des Materials von Schleifscheiben und Poliermitteln vorhanden (s. oben, S. 712). Rubin und Saphir werden meist schon in Ceylon oder Birma, den Hauptfundorten, von den eingeborenen Singhalesen und Tamulen mit einfachen Hilfsmitteln mehr oder minder willkürlich facettiert. Ihren modernen Schliff mit verlängerten Brillantfacetten erhalten sie in Paris, im Jura u. s. w. Die am Ural auftretenden Schmucksteine: Topas, Rubellit (Sibirit), Aquamarin, Smaragd, Euklas, Phenakit, Demantoïd, sowie die wichtigen Halbedelsteine Malachit und Rhodonit erhalten in der kaiserl. Steinschleiferei zu Katharinenburg ihre Form. Das Vorkommen der Pyrope in Nordböhmen hat, seit 1609 Lehmann aus Prag hierzu ein Privilegium erhielt, in der Umgebung von Turnau eine kräftige, fabrikmäßig arbeitende Industrie geschaffen. Zwölf große Schleifereien beschäftigen sich nur mit diesem Artikel.

Die sog. **Halbedelsteine**, die meist zu Galanteriearbeiten Verwendung finden, werden nicht facettiert, sondern erhalten ihrer künftigen Verwendung entsprechende, vielfach wechselnde Gestalten. Industrien dieser Art nennt man **Großsteinschleiferei**. Die Bearbeitung des Rohmaterials erfolgt nach denselben Methoden wie jene der wahren Edelsteine. Meist werden aber die Metallschleifscheiben durch solche aus harten Steinen ersetzt, um dadurch die Kosten der Arbeit zu mindern. Nur zum Aushöhlen benutzt man Metallscheiben, die aber kleiner sein müssen als die beabsichtigte Höhlung, damit man sie in das Innere des Steins einführen kann. Aus der Gruppe der Großsteinschleiferei sind die Industrien erwähnenswert, die fabrikmäßig betrieben werden, so die Achatschleifereien seit 1580 in Oberstein und Idar, sowie die in neuerer Zeit sehr blühenden Schleifereien in Waldkirch im Schwarzwald (hier wie in Oberstein werden auch viel Edelsteine, namentlich Phantasiesteine, geschliffen); die Serpentinindustrie zu Zöblitz, seit 1613 bestehend, die Flußspat-Arbeiterinnung in Derbyshire seit 1785, die im 18. Jahrh. blühende Gagatschleiferei in der Languedoc sowie die Bearbeitung des Bernsteins und Meerschaums in Wien. — Vgl. Kluge, Handbuch der Edelsteinkunde (Lpz. 1860); Schrauf, Handbuch der Edelsteinkunde (Wien 1869); Groth, Grundriß der Edelsteinkunde (Lpz. 1887).

Edelsteinwäschereien, Anstalten, in denen die Edelsteine aus den Erdmassen gewonnen werden. Schleifwürdige Exemplare der Schmucksteine ersten Ranges, also von Diamant, Rubin, Saphir, ebenso auch gelegentlich Topas, Cullas, Spinell u. s. w., finden sich auf sekundärer Lagerstätte im Schwemmlande (Seifengebirge), im Schutt und Geröll einstiger (dry diggins) oder jetziger (river diggins) Wasserläufe. Aus diesen Erdmassen werden die Edelsteine durch «Schlemmen» der erstern mit Wasser gewonnen, man sagt, sie werden «gewaschen». (S. Seifen.)

Edeltanne, s. Tanne.

Edelweiß, s. Alpenpflanzen und Gnaphalium.

Edelweißsalbe, s. Geheimmittel.

Edelwild, soviel wie Rotwild.

Eden, s. Paradies.

Eden (spr. ihd'n), Fluß in England, entspringt im östl. Westmoreland, fließt nach NW. zwischen den Cumbrischen und Penninischen Bergen, berührt Appleby und Carlisle und mündet nach einem Laufe von 105 km in den Solwaybusen. In seinem Thal liegt Edenhall, berühmt durch Uhlands Gedicht. Die Lachsfischerei im E. ist wichtig. — E. ist auch der Name von Flüssen in Sussex und Kent, in Fifeshire und in Berwickshire.

Eden (spr. ihd'n), engl. Adelsfamilie, s. Auckland (Lords- und Grafenwürde).

Edenhall (spr. ihd'nhahl), s. Eden (Fluß).

Edenkoben, Stadt im Bezirksamt Landau des bayr. Reg.-Bez. Pfalz, in 229 m Höhe, am Mühlbach und an der Linie Neustadt-Weißenburg (Maximiliansbahn) der Pfälz. Eisenbahnen, Sitz eines Amtsgerichts (Landgericht Landau), Rent- und Forstamtes, einer Steuer- und Malzaufschlag-Einnehmerei, hat (1890) 4914 E., darunter 1260 Katholiken und 141 Israeliten, Postexpedition, Telegraph, evang. Kirche mit Turm, neue kath. Kirche, Denkmal Ludwigs I. von Bayern; königl. paritätische Lateinschule (1837), Präparandenschule, simultane höhere Mädchenschule; Volksbank, Agentur der Bayrischen Notenbank und ein Bezirksgremium für Handel und Gewerbe. Die Industrie erstreckt sich auf Fabrikation von Möbeln, Feilen, Waffen, Gewehrschäften, Spieluhren und Chemikalien; ferner bestehen Damastwebereien, mechan. Werkstätten, Ziegeleien und Mühlen sowie bedeutender Wein- und Kastanienbau. Auf einem reizenden Aussichtspunkte im Kastanienwald liegt die 1846 gebaute königl. Villa Ludwigshöhe, beherrscht von der Ruine der Rietburg oder Rippburg (330 m). Auf dem etwa 8 km entfernten sog. Schänzel (664 m), einer auch Steigerkopf genannten Berghöhe, ein Aussichtsturm (20 m) und ein Denkstein des hier 1794 gegen die Franzosen gefallenen preuß. Generals Pfau.

Edentäten, s. Zahnarme.

Eder, linker Nebenfluß der Fulda, entspringt in Westfalen auf dem Ederkopf im Rothaargebirge, fließt zuerst 90 km nach NO., durchströmt dann einen Teil der Provinz Hessen-Nassau und das Fürstentum Waldeck und mündet nach einem Laufe von 135 km unterhalb Guntershausen. Links fließen ihr zu die Nuhne, die Orte mit der Aar, rechts die Weese und die Schwalm (s. d.).

Eder (Kreis der E.), Kreis im Fürstentum Waldeck und Pyrmont, hat 334,07 qkm und (1890) 14913 (7058 männl., 7855 weibl.) E., darunter 14492 Evangelische, 125 Katholiken und 240 Israeliten, 2443 Wohngebäude, 3057 Haushaltungen und 13 Anstalten für gemeinsamen Aufenthalt; 6 Städte und 30 Landgemeinden.

Eder, Joseph Maria, Photochemiker, geb. 16. März 1855 zu Krems, studierte 1871—75 an der Wiener Universität und Technischen Hochschule, habilitierte sich 1880 an letzterer als Privatdocent für Photochemie und wurde 1882 zum Professor der Chemie an der höhern Staatsgewerbeschule zu Wien ernannt. Seit 1888 ist er Direktor der k. k. Lehr- und Versuchsanstalt für Photographie und Reproduktionsverfahren in Wien, deren Organisation er ausführte. Außer seinen rein chem. Arbeiten («Bestimmung der Salpetersäure» 1876, «Untersuchung des Thees» 1879, «Pyroxylin» 1879 u. s. w.) sind besonders seine Arbeiten über die chem. Wirkungen des Lichtes und die Photographie zu nennen, sowie Untersuchungen über die Wirkungen des Sonnenspektrums auf Silberverbindungen (1884—86), durch welche die orthochromatische Photographie wesentlich gefördert wurde. Von ihm rührt ein «Photometer mittels Quecksilbersalzen» für die unsichtbaren ultravioletten Strahlen (1879) her. 1878 war seine von der Wiener Photographischen Gesellschaft preisgekrönte Schrift «Über die Reaktionen der Chromsäure in ihren Beziehungen zur Chromatophotographie» (Wien) erschienen. Er förderte namentlich die Photographie mit Bromsilber- und Chlorsilbergelatine-Emulsionen. Die Bereitung der zahlreichen jetzt im Handel vorkommenden Aristopapiere (Chlorsilbergelatinepapiere) stützen sich auf diese Untersuchungen, die in seinem Werke «Photographie mit Bromsilbergelatine» (4. Aufl., Halle 1890) gesammelt sind. Außer seinem «Ausführlichen Handbuch der Photographie» (4 Bde., zum Teil in neuern Auflagen, Halle 1882 fg.), in welchem auch die Entwicklungsgeschichte der Photographie ausführlich enthalten ist, schrieb er noch u. a.: «Die orthochromatische Photographie» (Wien 1885), «Die Momentphotographie in ihrer Anwendung auf Kunst und Wissenschaft» (2. Aufl., Halle 1886; 2. Serie 1888), «Anleitung zur Herstellung von Momentphotographien» (2. Aufl., ebd. 1887). Seit 1887 giebt E. das «Jahrbuch für Photographie und Reproduktionstechnik» in Halle heraus.

Ederkopf, Berg im Rothaargebirge in Westfalen, 633 m hoch. An ihm entspringen Eder, Lahn und Sieg.

Edessa, jetzt Urfa (s. d.), Stadt im nördl. Mesopotamien, 80 km im ONO. von Biredschik, wird schon in den Keilinschriften unter dem Namen Ruhu (daher syr. Urhoi, griech. Orrhoë) erwähnt. Sitz einer uralten Civilisation, erscheint E. namentlich als der Atergatis geheiligt; auf diesen Kultus weisen die beiden noch vorhandenen heiligen Teiche hin, in denen dieser Göttin geweihte Fische unterhalten wurden. Seleucus I. soll viel für Vergrößerung der Stadt gethan haben. Erst um diese Zeit erhielt sie von der gleichnamigen macedon. Stadt den Namen E. Doch leiten andere Forscher E. von dem syr. Worte Haditha, d. h. Neustadt ab. Ein zweiter Name, der in der Diadochenzeit aufkam, Kallirrhoë, soll von einem der Atergatis, später dem Abraham geweihten Quell herrühren. Doch ist es auch von ihm wahrscheinlicher, daß er einer Gräcisierung der syr. Form Urhoi seinen Ursprung verdankt. Unter Antiochus VII., nach welchem E. auch Antiochia genannt ward, bildete daselbst Orhoi-Bar-Hewjâ, wahrscheinlich ein Araber, 137 (oder 132) v. Chr. das nach ihm genannte Orrhoënische oder Osrhoënische Reich. Seine Nachfolger sind sämtlich unter dem Namen Abgar (s. d.) bekannt. Das Christentum fand zeitig in E. Eingang. Trajan sandte den Lusius Quietus gegen E., der die Stadt zerstörte und das Reich den Römern zinsbar machte. Zwar erneuerte Hadrian das Osrhoënische Reich, allein es blieb fortwährend von den Römern abhängig, bis es endlich 216 unter dem Namen der Colonia Marcia Edessenorum zu einer röm. Militärkolonie gemacht wurde. Kaiser Caracalla wurde 217 hier ermordet. Gordianus III. stellte 242 das Osrhoënische Reich abermals her und übergab es einem Sprossen des alten Königsstammes; aber schon 244 ging es wieder in unmittelbaren Besitz Roms über. Unter Kaiser Justinus I. (518—527) durch ein Erdbeben zerstört, wurde E. unter dem Namen Justinopolis bald wieder aufgebaut und Metropolis. Mehr als 300 Klöster sollen in seinen Mauern gewesen sein; es war der Sitz des Kirchenvaters Ephraem des Syrers (s. d.) und seiner Schule.

Im J. 641 kam E. unter die Herrschaft der arab. Chalifen, 1031 gelang es den byzant. Kaisern, E. wieder an sich zu bringen; allein es wechselte im Laufe des Jahrhunderts noch mehrmals den Herrn und stand zur Zeit des ersten Kreuzzuges unter einem Armenier, der die griech. Herrschaft mehr nur dem Namen nach anerkannte, schwer bedrängt durch die Türken. Deshalb ward es dem Bruder Gottfrieds von Bouillon, Balduin, leicht, mit Hilfe der Einwohner, die in ihm ihren Retter sahen und ihren eigenen Fürsten erschlugen, sich der Herrschaft über die Stadt zu bemächtigen und E. zur Hauptstadt einer Grafschaft zu machen (1098), zu der er auch noch Samosata und Sarudsch erwarb. Gegen 50 Jahre bestand diese Grafschaft als Bollwerk des Jerusalemischen Reichs gegen die Türken unter der Herrschaft verschiedener aufeinander folgender fränk. Fürsten. In den fortwährenden Kämpfen mit den Türken hielten sich die Franken tapfer, bis es endlich unter dem vergnügungssüchtigen Grafen Joscelin II. dem Herrscher von Mosul, Emaddin Zengi, 1144 gelang, die Stadt und Burg zu nehmen. Alle christl. Kirchen wurden in Moscheen verwandelt und der Islam von nun an in E. herrschend. Ein Versuch der Einwohner 1146, das türk. Joch abzuschütteln, vollendete den Ruin der Stadt; sie wurden von Zengis Nachfolger, Nur-ed-din, geschlagen, die Stadt zerstört, der Rest der Bevölkerung in die Sklaverei geführt. Nach vielen Wechselfällen, die E. nacheinander in die Hände der Sultane von Ägypten, der Mongolen, Turkomanen und Perser brachten, ist es seit 1637 wieder im Besitz der Türken, unter denen es sich aus den Trümmern und zu einer Art Blüte erhob. — Vgl. von Gutschmid, Untersuchungen über die Geschichte des Königreichs Osroëne (in «Mémoires de l'Académie impériale», Petersb. 1887); R. Duval, Histoire politique, religieuse et littéraire d'Édesse jusqu'à la première croisade (Par. 1892).

Edessenisches Christusbild, s. Christusbilder.

Edfu, Stadt in Oberägypten, am linken Nilufer, mit 2500 E., heißt in den hieroglyphischen Inschriften Teb oder Tebu, kopt. Atbô, griech. Apollinopolis magna. (S. Apollinopolis und Tafel: Ägyptische Kunst I, Fig. 3 und Taf. II, Fig. 1.)

Edgar, angelsächs. König (959—975), geb. 944 als jüngerer Sohn König Edmunds, folgte seinem Bruder Eadwig auf den Thron. Unter ihm stand Dunstan, der Erzbischof von Canterbury, auf dem Höhepunkt seiner staatlichen Wirksamkeit und machte durch seine Thätigkeit die Regierung E.s nach derjenigen Alfreds zu der bedeutendsten für die angelsächs. Epoche. Besonders trat unter ihm die freundliche Haltung gegenüber den auf engl. Boden lebenden Dänen hervor. Der König regierte in gleicher Weise drei Nationalitäten, Engländer, Dänen und Briten, und hielt durch diese versöhnliche Haltung, die er auch gegenüber einigen in ihrem Machtbereich fast selbständigen Ealdormen beobachtete, den Frieden im Reich aufrecht. Mit Dunstan arbeitete er an der Verwaltungsreform und sorgte besonders für eine gute, mit Strenge durchgeführte Rechtspflege. Gerade in der scheinbaren Ereignislosigkeit seines friedlichen Regiments, in der starken innern Thätigkeit liegt die hohe Bedeutung seiner Regierung, nach der unter entartenden Nachfolgern ein Niedergang eintrat, der das Angelsachsenreich der dän. und dann der normann. Herrschaft in die Arme trieb. Vgl. Stubbs, The constitutional history of England in its origin and development (3 Bde., Lond. 1874—78); Green, The conquest of England (ebd. 1884).

Edgcumbe, Mount- (spr. maunt éddschkömm) oder Putauaki, erloschener Vulkan (792 m) an der Nordküste der Nordinsel Neuseelands, 1. Nov. 1769 durch Cook entdeckt.

Edgeworth (spr. éddschwörth), Henry Allen, Beichtvater Ludwigs XVI., geb. 1745 zu Edgeworthstown (Irland), kam als Konvertit zu den Jesuiten nach Toulouse, dann auf die Sorbonne und ward hier 1777 von Madame Elisabeth, des Königs Schwester, zum Beichtvater erwählt. Als solcher hatte er den Mut, Ludwig XVI. auf seinem Todesgange mit geistlichem Zuspruch beizustehen. Selbst mit Mühe dem Tode entgangen, kam er nach kurzem Aufenthalt in England zum Grafen von Artois (Karl X.), dann nach Mitau zu Ludwig XVIII. Er starb 22. Mai 1807. Seine «Memoirs» gab C. Sneyd-Edgeworth (Lond. 1815 u. ö.; franz. Übersetzung von Dupont, Par. 1815; neue Ausg. 1856) und die «Letters and memoirs» Thomas R*** (französisch von Elise de Bon, Par. 1818) heraus.

Edgeworth (spr. éddschwörth), Maria, engl. Schriftstellerin, Tochter des durch mehrere Erfindungen bekannten Parlamentsmitglieds Richard Lovell E., geb. 1. Jan. 1767 bei Reading in Berkshire, entwickelte, nachdem sie ihrem Vater 1782 nach Irland gefolgt war, sehr bald unter dessen Leitung die als Schriftstellerin sie auszeichnende feine Beobachtungsgabe. Berühmt wurde sie durch ihre «Essays on practical education» (1798). Mit ihrem Vater schrieb sie den «Essay on Irish bulls» (1801). Nach des Vaters Tode gab sie «Memoirs of Rich. Lovell E., begun by himself and concluded by his daughter» (2 Bde., Lond.

1820) heraus. Ihr erster, Aufsehen erregender Roman war «Castle Rackrent» (edd. 1802; neu in Morleys «Library», edd. 1883), eine durch Humor und Naturwahrheit ausgezeichnete Schilderung des irischen Volkscharakters. Hierauf folgten «Belinda» (1803), «Popular tales» (3 Bde., 1804) und «Leonora» (2 Bde., 1806), die ihr Bestreben, unter dem Gewande der Dichtung sittliche Eindrucke zu befördern, noch deutlicher kundgaben. 1809 erschien die erste Reihe ihrer «Tales of fashionable life» (3 Bde.), der sich 1812 eine zweite (3 Bde.) anschloß, worin besonders die Erzählungen «Ennui» und «The Absentee» zu ihren besten Produkten gehören. Auch in «Patronage» (4 Bde., 1814) geißelt sie Thorheiten und Laster der aristokratischen Kreise, während sie in «Harrington» (1817) das Vorurteil gegen die Juden bekämpft. «Ormond» (1817) bewegt sich wieder auf irischem Boden. Daneben gewannen Miß E.s Erzählungen für die Jugend Beifall und Nachahmer, besonders «Rosamond» (1822) und «Harry and Lucy» (1825). Ihr letzter Roman «Helen» (3 Bde.) erschien 1834. Unübertrefflich als dichterische Darstellerin des irischen Volkstums, glänzt Miß E. in allen ihren Werken ebenso sehr durch Lebhaftigkeit und Reichtum der Phantasie wie durch scharfes Urteil, reine Sprache und klare Darstellung. Sie schloß ihre Laufbahn mit einer Kinderschrift: «Orlandino» (1847 in Chambers' «Library for young people») und starb 22. Mai 1849 zu Edgeworthtown. Ihre Schriften (mehrfach ins Deutsche übersetzt) erschienen gesammelt 1825 (London, 14 Bde.; neue Aufl., 10 Bde., 1870). «A memoir of M. E., with selections from her letters, edited by her children» gab Francis Anne E. (3 Bde., edd. 1867) heraus. Ein treffliches Lebens- und Charakterbild enthält Thackeray-Ritchies «A book of sibyls» (edd. 1883). Vgl. H. Zimmern, M. E. (edd. 1883).

Edgren, Anne Charlotte, s. Leffler.

Edhem Pascha, türk. Staatsmann, geb. um 1813 von griech. Eltern auf der Insel Chios, wurde 1822 bei der Verwüstung der Insel von den Türken weggeschleppt, als Mohammedaner erzogen und 1831 auf Befehl des Sultans Mahmud II. mit andern jungen Türken nach Paris geschickt, um sich europ. Bildung anzueignen. Er besuchte daselbst vier Jahre lang das Institut Barbet und ebensolange die École des mines. Nach Konstantinopel zurückgekehrt, wurde er als Oberst dem großen Generalstabe attachiert und stieg rasch bis zum Generalchef des großherrlichen militär. Hauses empor. Auch im Civildienst bekleidete er hohe Stellungen; er war Mitglied des Staatsrats, zeitweise Minister des Handels, der Justiz und der öffentlichen Arbeiten und zweimal Präsident des Kassationshofs. Nachdem er auch die auswärtigen Angelegenheiten einmal vorübergehend geleitet hatte, vertrat er die Pforte vom April bis Dez. 1876 als Botschafter in Berlin. Hierauf wurde E. P. neben Midhat Pascha als zweiter Bevollmächtigter in die Konferenz von Konstantinopel berufen, nach der plötzlichen Absetzung und Verbannung Midhats 5. Febr. 1877 zu dessen Nachfolger im Großvezierat ernannt, in welcher Stellung er in dem bald darauf eröffneten Kriege mit Rußland große Festigkeit zeigte und solange als möglich jeder Einleitung von Friedensverhandlungen entgegenwirkte. Noch vor deren Eröffnung trat er 11. Jan. 1878 von seiner Stellung zurück und wurde 1879 als Botschafter nach Wien gesandt, wo er bis 1883 blieb. Sodann März 1883 mit dem Portefeuille des Innern betraut, mußte er 1885 zurücktreten, weil er in der bulgar. Frage mit Festigkeit für Aufrechterhaltung des türk. Besitzstandes eintrat. Den ihm angebotenen Posten eines Präsidenten des Staatsrats schlug E. P. aus, ebenso den Gesandtschaftsposten für Paris, doch ging er 1886 nach der Krim, um im Auftrage seines Souveräns den russ. Kaiser bei seinem Besuche in Livadia zu begrüßen, und 1889 empfing er Kaiser Wilhelm II. in den Dardanellen bei dessen Besuch in Konstantinopel. Seitdem lebt E. P. von allen polit. Geschäften zurückgezogen.

Edictum (lat.), s. Edikt. — E. de legatis praestandis, ein nur noch der Rechtsgeschichte angehöriges Edikt über die Erfüllung der Vermächtnisse, das im Zusammenhange mit der bonorum possessio contra tabulas (s. Bonorum possessio) steht. Der Zweck desselben war, gewisse Vermächtnisse auch dann, wenn die Erbschaft entgegen der letztwilligen Verfügung erworben wurde, aufrecht zu erhalten, jedoch nur soweit sie nicht einem übergangenen Hauskinde zur Last fielen. — E. perpetuum («immerwährendes Edikt»), Name einer Sammlung des prätorischen Rechts. Die röm. Prätoren erließen bei Antritt des Amtes eine Bekanntmachung darüber, nach welchen Rechtsgrundsätzen sie während ihrer Amtsdauer das Recht pflegen würden. Diese E. genannte Bekanntmachung behielt meist gewisse Sätze bei, welche von den Amtsvorgängern erlassen waren. Das hierdurch entstandene prätorische Recht wurde unter Kaiser Hadrian gesammelt und von Salvius Julianus in einer Anzahl Bücher geordnet. Die Sammlung ist nicht erhalten; Stücke daraus finden sich jedoch im Corpus juris. — Ein Abschnitt des E. perpetuum ist das Carbonianum edictum (s. d.).

Edidit (lat., abgekürzt ed.), «hat herausgegeben»; ediderunt (abgekürzt edd.), «haben herausgegeben» (auf Büchertiteln, verbunden mit dem Namen des bez. der Herausgeber).

Edieren (lat.), herausgeben.

Edikt (lat. edictum), eine zur allgemeinen Kenntnisnahme bestimmte Bekanntmachung, insbesondere der Obrigkeit, in Rom der röm. Beamten. Die E. der Prätoren (s. Edictum) wurden dem Volk mündlich verkündet und dann zur Nachachtung auf geweißten Tafeln (in albo) verzeichnet und auf dem Forum aufgehangen. Ebenso wurden die von den röm. Kaisern an das Volk (ad omnes populos), zur Bekanntmachung an den Senat oder an die Beamten gerichteten Erlasse E. genannt; sie enthielten meist Bestimmungen, welche als Gesetze gelten sollten.

Ediktalladung, die gerichtliche, öffentlich bekannt gemachte Ladung aller bei einem bestimmten Rechtsverhältnis Beteiligten mit Androhung des Ausschlusses, so im Konkurse (die Gläubiger), im Verfahren wegen Todeserklärungen (der Abwesende und seine mutmaßlichen Erben), bei Amortisation von Order- oder Inhaberpapieren, Subhastationen u. dgl. Die E. ist schon bei den Römern gehandhabt, durch deutsche Reichsgesetze bestätigt, in der sächs. Praxis ausgebildet, in der Preuß. Allg. Gerichtsordnung ausführlich geordnet und beruht sonst auf einem deutschen Gewohnheitsrecht. An die Stelle der E. ist heute das Aufgebot (s. d.) getreten.

Edikt von Nantes, das von Heinrich IV. 13. April 1598 erlassene Gebot, das den Hugenotten freie Religionsübung sicherte und das 23. Okt. 1685 von Ludwig XIV. aufgehoben wurde (s. Hugenotten).

EDINBURGH.

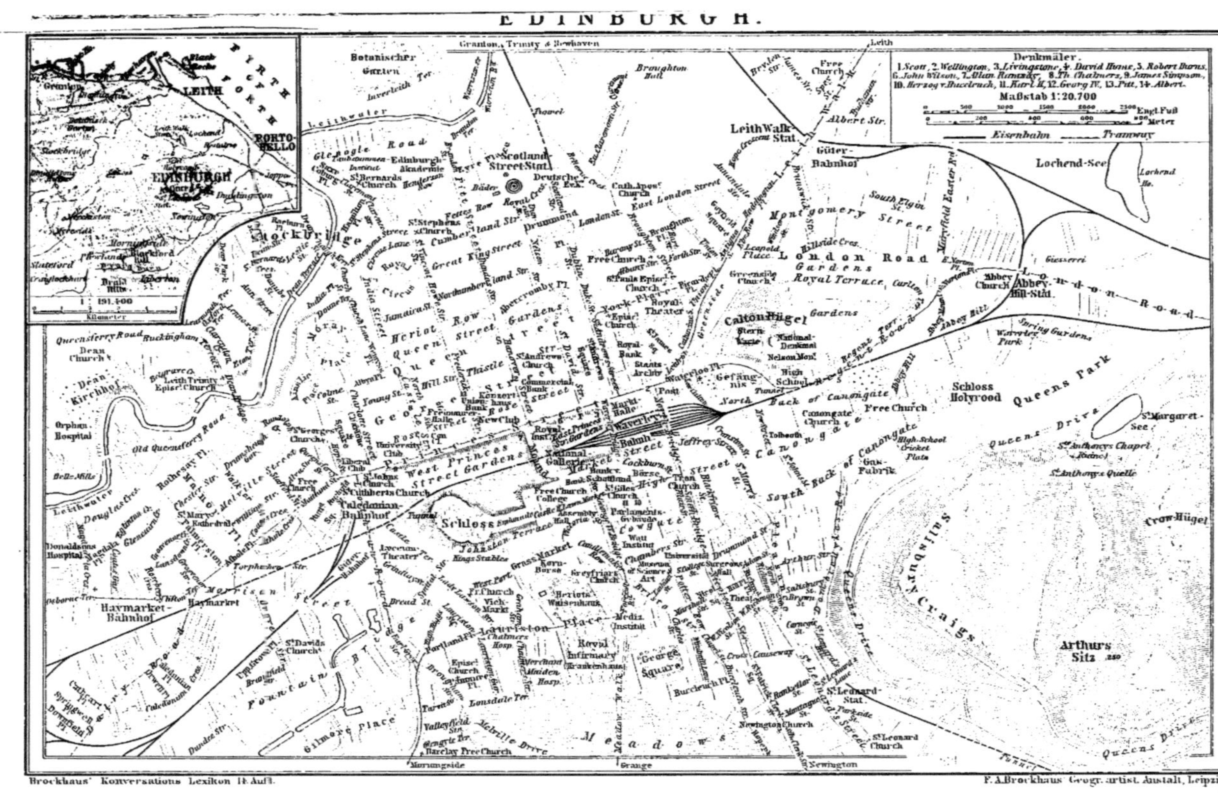

Brockhaus' Konversations-Lexikon. 14. Aufl.
F. A. Brockhaus' Geogr.-artist. Anstalt, Leipzig.

Edinburgh (spr. edd'nbörö), Hauptstadt von Schottland und der schott. Grafschaft E. oder Mid-Lothian (s. d.), Municipalstadt und Parlamentsborough, liegt unter 55° 57′ 23″ nördl. Br. und 3° 11′ westl. L. von Greenwich, 3,2 km von der Südküste des Firth of Forth entfernt. Das Klima ist oft rauh; der wärmste Monat hat + 14,6, der kühlste + 3° C. Durchschnittswärme.

E. hatte 1801: 66544, 1871: 196976, 1881: 228357 und 1891: 261261 E., d. i. eine Zunahme von 11,46 Proz. gegen 1881; doch ist es im Laufe des 19. Jahrh. von Glasgow bedeutend überflügelt worden. (Hierzu ein Stadtplan.)

Anlage. E. ist berühmt wegen seiner unvergleichlich schönen Lage zwischen Meer und Gebirge. Es liegt auf drei Hügeln, Ausläufern der Pentland Hills, zwischen dem 251 m hohen mit Magazinen besetzten und von der aussichtsreichen Promenade Queen's Drive umzogenen Arthurssitz (s. d.) im O. und dem Flüßchen Leithwater im W. und verwächst nach NO. und N. allmählich mit den Hafenstädten Portobello und Leith (s. d.). E. zerfällt in die südl. Altstadt, die einst Sitz des schott. Adels, mit ihrem Labyrinth von Gassen und den bis 10 Stockwerken hohen Häusern (16. Jahrh.), jetzt den ärmern Schichten zur Wohnung dient und in Canongate und Cowgate (Kuhthor) zahlreiche histor. Merkwürdigkeiten aufweist, und in die Neustadt, die mit ihren regelmäßigen Straßenzügen und neuern Prachtbauten seit 1768 entstanden ist. Die beide Stadtteile trennende Senke des seit 1816 entwässerten Loch North ist jetzt mit den schönen Anlagen der East- und West-Princes'-Street Gardens ausgefüllt und durch großartige Viadukte (Nord Bridge, Waverley Bridge) und den Mound, eine 295 m lange Straßenüberführung, überbrückt. In zahlreichen Vororten, namentlich im S. der Altstadt (St. Leonhard's Hill, Newington, Morningside und Merchiston), wohnt die Arbeiterbevölkerung.

Bauten. Den Mittelpunkt des Ganzen bildet das Schloß am Südwestrande der großen Anlagen, zwischen neuen Gebäuden malerisch hervorragend, die Akropolis der ihrer Lage und ihres blühenden geistigen Lebens wegen oft mit Athen verglichenen Stadt. Es enthält die alten schott. Königsinsignien und gewährt Aussicht auf Stadt, Meer und Gebirge. Am Ostende, am Fuße von Arthur's Seat, steht das düstere Königsschloß Holyrood (s. d.). Ferner enthält die Altstadt die got. St. Gileskirche mit geschichtlichen Erinnerungen im Innern, einen 1385—1460 aufgeführten got. Bau, dem durch W. Chambers 1871—83 die ursprüngliche Gestalt wiedergegeben wurde, das ausgedehnte Parlamentsgebäude, seit 1707 Sitz des höchsten Gerichts (Supreme Court), mit kostbaren Glasgemälden und einer Bibliothek von 300000 Bänden, die Kornbörse, die Bank von Schottland, die Tron Church, das Wohnhaus des Reformators John Knox (1560—72). An und auf dem Caltonhügel (92 m) erheben sich das burgähnliche Gefängnis, die High School, das unvollendete Nationaldenkmal zum Andenken an die Schlacht von Waterloo, ein schönes Nelson-Monument und die Sternwarte. Westlich vom Castle liegen die St. Cuthbert Church, Free Church und jenseit der Deanbrücke über den Leith die Trinity Episcopal Church sowie der Dean-Kirchhof mit zahlreichen Denkmälern. Inmitten des vornehmen Westviertels die frühgot. St. Mary-Kathedrale, mit 90 m hohem Turm, von H. H. Scott entworfen, wohl das schönste neuere kirchliche Bauwerk Schottlands. Im ganzen hat E. gegen 150 Kirchen (darunter 25 große) und Kapellen der schott. Staatskirche, der Free Church, der United Presbyterian Church, der Katholiken und vieler Sekten; auch eine deutsch-evang. Kirche ist vorhanden. Außer den obengenannten sind zu nennen: St. Andrews, St. Georges, Greyfriars Church, St. Johns und West Church. In der Assembly-Hall finden alljährlich die Synoden der Staatskirche statt. Der prächtigste Teil der Neustadt liegt zwischen dem Charlotte-Square mit der St. Georgekirche im W. und dem St. Andrews-Square im O., unweit dessen sich die Royalbank und das Staatsarchiv (Register House) mit allen gerichtlichen Dokumenten und wertvollen Urkunden zur schott. Geschichte erheben. Er besteht aus den drei Parallelstraßen Princes'-Street, am Rande der gleichnamigen Anlagen mit zahlreichen Klubgebäuden und den elegantesten Kaufläden, George-Street mit der Freimaurerhalle, Konzerthaus und Bankgebäuden, sowie Queen-Street, an die sich im N. wieder Parkanlagen anschließen. Die weitere Umgebung der Stadt ist mit Landhäusern besetzt. Von Denkmälern sind erwähnenswert: vor allem das Scottmonument (1840) mit der Marmorstatue des Dichters, das Bronzereiterstandbild Wellingtons (1852) vor dem Renaissancebau der Post, beide von Steel, ferner die Denkmäler von Livingstone, David Hume, Robert Burns, John Wilson, Allan Ramsay, Th. Chalmers und Sir James Simpson; auch dem Herzog von Buccleuch, Karl II., Georg IV. und Pitt sind Statuen errichtet.

Bildungs- und Unterrichtsanstalten. An der Spitze der Unterrichtsanstalten steht die Universität, ein Gebäude aus dem 18. Jahrh., 1582 gegründet; sie hat 50 Docenten und 3623 Studierende; besonders angesehen ist die mediz. Fakultät, für die 1884 umfassende Neubauten (für 250000 Pfd. St.) in unmittelbarer Nähe der großen Krankenhäuser (nördlich von den Meadows) aufgeführt worden sind. Die Bibliothek enthält 150000 gedruckte und 2000 Bände Manuskripte. Unter den höhern Schulen sind wichtig: High School, aus dem 16. Jahrh. stammend, ursprünglich nur klassischen Studien gewidmet, lehrt jetzt auch Mathematik, Naturwissenschaften und neuere Sprachen; Edinburgh Academy zerfällt in eine klassische und eine moderne Anstalt; Fettes' College giebt allgemeine Bildung; ferner Free Church Normal School, Merchiston Academy und Watt Institution. Unter der städtischen Schulbehörde (School Board) stehen 30 Anstalten. Wichtig sind auch Fachschulen, wie das Royal College of Surgeons (1505), das auch die Berechtigung hat, die mediz. Doktorwürde zu erteilen, sowie das Royal College of Physicians (1681 begründet), das, von der Universität unabhängig, Ärzte ausbildet. New College dient als Predigerschule für die 1843 abgetrennte Free Church; auch die Presbyterianer haben ein eigenes theol. Seminar. Sehr reich ist das wissenschaftliche Vereinsleben entwickelt. In Royal Institution, einem schönen Bau am Mound, sind außer Räumen für die Handels- und Gewerbekammer ein antiquarisches Museum (Gipsabgüsse) mit Bibliothek, die Versammlungssäle der Gesellschaft der Altertumsfreunde und der Royal Society (1783 inkorporiert) enthalten, deren Sitzungsberichte und Zeitschrift («Transactions» und «Proceedings») sich großen Ansehens erfreuen. Ihr Präsident ist der berühmte Physiker Sir W. Thomson. Das Philosophische Institut, an dessen Spitze Th. Carlyle lange gestanden, hält im Winter vielbesuchte Vorlesungen ab, ebenso die Literary Institution; daneben bestehen Vereine für Geologie, die in E. in A. Geikie einen gefeierten Vertreter besitzt, Meteorologie, Botanik, der auch der große Botanische Garten im NW. der Stadt gewidmet ist, und viele andere Zweige des Wissens sowie ein Architektenverein. Der Kunst und ihrer Pflege sind gewidmet: die Nationalgalerie am Mound mit Gemälden ital., span. und brit. Meister sowie Skulpturen, das Museum of Science and Art mit ständiger Gewerbe- und Industrieausstellung und Sammlungen für Mineralogie, Paläontologie und Geologie, die moderne Porträtgalerie sowie die jährlichen Kunstausstellungen der Royal Scotish Academy und der Society of Arts. Sehr zahlreich sind Missions- und Bibelgesellschaften sowie Temperenzlervereine. Theater bestehen nur drei; unter den Zeitungen sind wichtig: «The Scotsman», «Evening News» und «Scotish Leader»; unter den wissenschaftlichen Zeitschriften sind «Edinburgh Review» (s. d.) und «Blackwood's Magazine» (beide jetzt in London erscheinend) auch im Auslande bekannt.

Wohlthätigkeitsanstalten. Unter den Stiftungen steht obenan das von George Heriot (gest. 1624), dem Juwelier Jakobs I., begründete Waisenhaus (180 Knaben), die Hospitäler George Watsons (1738), Merchant Maiden (1605) und das stattliche Donaldons-Hospital im Westend. Die wichtigsten Krankenhäuser sind: das Royal Infirmary neben den mediz. Instituten mit jährlich 8000 Patienten, ein Gebäudekomplex in mittelalterlichem Stil (Kosten 400000 Pfd. St.), ferner Hillespic's-, Trinity-, Chalmers'-Hospital sowie Blinden- und Taubstummenanstalten.

Behörden. E. ist Sitz der höchsten Behörden und Gerichte des Landes, eines Bischofs und im Parlament durch vier Abgeordnete (1892: drei Gladstonianer und ein liberaler Unionist) vertreten. An der Spitze der Stadtverwaltung stehen der Lord-Provost, 6 Bailies und 32 Räte (Councillors). Die Wasserleitung wird aus Reservoirs im Thale des Logan und des North-Esk gespeist.

Industrie und Handel. E. ist keine Industriestadt, obwohl 23 Proz. der Bevölkerung industriell thätig sind; gegen 6 Proz. gehören geistigen Berufsarten sowie den Beamten und Geistlichen an. Von den Gewerben stehen Buchdruckerei (über 100 Firmen), Lithographie, Buchbinderei und Schriftgießerei obenan; daneben sind Brauerei (etwa 1 Mill. Barrels jährlich) und Brennerei (Ale und Whisky), Papier- und Glasfabrikation, Wagenbau und Bekleidungsindustrie von Bedeutung. Buchhändlerfirmen bestehen etwa 150. Im Handel hat E. als Mittelpunkt des Bankverkehrs Wichtigkeit; sonst vermittelt Leith Einfuhr und Ausfuhr.

Verkehrswesen. Straßenbahnen führen nach Leith und Portobello; auch eine Seilbahn ist in Betrieb. Der Haupteisenbahnhof, Waverleystation, zwischen Alt- und Neustadt gelegen, dient der North-British-Railway nach Newcastle, York, Carlisle, Leeds und London wie nach Glasgow, Perth und Aberdeen; durch einen Tunnel getrennt am Westend liegt Haymarketstation. Am Westfuß des Schlosses vom Caledonischen Bahnhofe gehen Züge nach Carlisle und London, nach Liverpool und Manchester, nach Glasgow, Greenock und Ayr. Eine Ringbahn (Suburban-Railway) verbindet die Vororte untereinander. Der Unionkanal führt nach Glasgow. Von Leith aus besteht Dampferverkehr nach allen Richtungen.

Geschichte. Der älteste Teil ist das feste Edinburgh-Castle, das auch, weil die Töchter der Piktenkönige vor ihrer Verheiratung darin erzogen wurden, als Jungfernschloß (Maiden-Castle, Castrum puellarum) schon in früher Zeit erwähnt wird. Seit dem 10. Jahrh. kommt die Stadt Dun Eaden, Edin oder Edwinsbury vor, allein Bedeutung erlangte sie erst, als sie unter den Stuarts 1437 Residenz und um 1456 Hauptstadt Schottlands wurde. Schon 1215 wurde hier zum erstenmal und seit 1436 regelmäßig das Parlament gehalten. Die Stadt wurde 1296 von den Engländern, 1313 von Robert Bruce, 1650 von Cromwell genommen; 1745 hielt sie die Belagerung des Prätendenten Karl Eduard aus. 1507 wurde die erste Druckerpresse errichtet. 1701 wurde sie durch Feuer fast ganz zerstört; 1768 legte man die Neustadt an.

In E. lebten und wirkten John Knox, Buchanan, die Geschichtschreiber David Hume und Robertson sowie Walter Scott, Adam Smith, Allan Ramsay, Robert Fergusson, Chalmers und Henry Mackenzie. — Vgl. Dalzell, History of the university of E. (2 Bde., Edinb. 1862); A. Geikie, The geology of E. and its neighbourhood (1871); Wilson, Old and New E. (Edinb. 1882); Black, E., with a description of the environs (edd. 1880).

Edinburgh (spr. edd'nbörö), Alfred, Herzog von, s. Alfred (Bd. 1, S. 384b).

Edinburgher Vertrag, s. Schottland (Geschichte).

Edinburgh Review (spr. edd'nbörö riwjuh), englische, jetzt in London erscheinende Vierteljahrsschrift für Politik und Litteratur. Auflage: etwa 3000; Verleger: Longmans, Green & Co. in London; Redacteur: Henry Reeve (seit 1855). Die E. R. wurde 1802 in Edinburgh von Jeffrey (s. d.) in Verbindung mit Brougham, Sidney Smith u. a. gegründet und erlangte unter der Leitung Jeffreys (bis 1829) bald einen bedeutenden Einfluß nicht bloß auf litterarischem, sondern, als Hauptorgan der Whigs, auch auf polit. Gebiet. Später war Macaulay (s. d.) der glänzendste Mitarbeiter der Zeitschrift. Jetzt steht sie im Lager der liberalen Unionisten.

Edinburghshire (spr. edd'nböröschir), schott. Grafschaft, s. Mid-Lothian.

Edirneh, türk. Stadt, s. Adrianopel.

Edison (spr. éddiß'n), Thomas Alva, amerik. Erfinder, wurde 10. Febr. 1847 zu Milan in der Grafschaft Erie im nordamerik. Staat Ohio geboren. Sein Vater war holländ., seine Mutter schott. Abkunft. E. verlebte seine Knabenjahre in Port-Huron im Staate Michigan, bildete sich als Autodidakt mit unermüdlichem Eifer aus und las schon früh chem. Werke. Er wurde später Zeitungsjunge (Newsboy) auf der Grand-Trunk-Eisenbahn und nahm seinen Wohnsitz in der Nähe von Detroit. Er begnügte sich aber nicht bloß mit dem Verkauf von Zeitungen, sondern fing an, auf der Eisenbahn eine kleine Zeitung, den «Grand Trunk Herald», selbst zu drucken. Sein Interesse für Chemie hatte inzwischen derartig zugenommen, daß er sogar ein chem. Laboratorium in einem Eisenbahnwaggon einrichtete, bis einmal beim Experimentieren eine Explosion erfolgte und der Zug fast in Brand geriet.

Nachdem E. telegraphieren gelernt hatte, gab er seinen Zeitungshandel auf, versah sechs Monate einen Posten an dem Telegraphenamt in Port-Huron, wurde dann Nachttelegraphist zu Stratford in Canada und später Telegraphist in Adrian im Staate Michigan, wo er noch nebenbei als Mechaniker thätig war und sich eine kleine Werkstatt einrichtete. Bald darauf zog er nach Indianapolis. Hier erfand E. seinen «Automatic repeater», d. h. einen Übertrager (s. d.), der selbstthätig die Telegramme aus einer Leitung in eine andere überträgt. Nach wechselndem Aufenthalt in Cincinnati, Memphis, Louisville und Neuorleans ging E. 1867 nach Cincinnati, 1868 nach Boston und erhielt bald eine leitende Stelle im dortigen Telegraphenamt. Nebenbei richtete er sich einen kleinen Laden für mechan. Instrumente ein und setzte seine Versuche fort. 1870 begab er sich nach Rochester, um einen Gegensprecher (s. Gegensprechen) praktisch zu erproben, ohne aber günstige Erfolge zu erzielen. Zunächst ließ er sich nun von der Gold-Indicator-Company (die telegraphisch von einem Mittelpunkt aus an Hunderte von Geschäftsleuten alle Viertelstunden das Steigen und Sinken der Goldkurse berichtete) in Neuyork anwerben und ward bald deren Superintendent. Hier führte er verschiedene verbesserte Apparate ein und machte mehrere auf die Telegraphie bezügliche Erfindungen (u. a. einen «Gold printer» genannten Typendrucker für Privatlinien). Zu derselben Zeit gründete E. in Newark bei Neuyork eine Fabrik zur Herstellung der von ihm erfundenen Maschinen. Zwar gab E. das Unternehmen in der Folge wieder auf, errichtete jedoch 1876 wieder eine Werkstatt in Menlo Park, einer kleinen Station an der Pennsylvania-Eisenbahn, 38 km von Neuyork, wo er seitdem seine Arbeiten weiter fortführt.

E.s Erfindungen sind ungemein zahlreich. Er hat allein gegen 300 Patente genommen, von denen aber nur die wenigsten von wirklich praktischem Nutzen sind. Im Dienste einer großen Aktiengesellschaft (Western-Union-Telegraph-Company), die gegen vorteilhafte Bedingungen die Erzeugnisse seines Erfindungsgeistes gleichsam im voraus gekauft hat, wurden seine Erfindungen vielfach angepriesen, ohne daß sie gerade immer im stande gewesen wären, den ihnen vorauseilenden Ruf zu bewahrheiten. Am bekanntesten sind sein Batterie-Telephon (s. Telephon) und sein Phonograph (s. d.). Ferner sind zu nennen das Mikrophon (s. d.), das Mikro-Tasimeter (s. d.), das Aërophon (s. d.), das Megaphon (s. d.), sein Phonopler (s. d.) und seine in Amerika vielfach benutzte Einrichtung zum Doppelgegensprechen (s. d.). In jüngster Zeit (1885) hat E. in Verbindung mit E. T. Gilliland eine Einrichtung angegeben, durch welche ein fahrender Eisenbahnzug sehr einfach in beständiger telegr. Verbindung mit den Stationen erhalten werden kann. Für die Eisenbahntelegramme ist dabei gar keine besondere Leitung erforderlich, vielmehr werden die der Eisenbahn entlang laufenden gewöhnlichen Telegraphendrähte dazu mitbenutzt, aus denen durch statische Induktion die Zeichen der Eisenbahntelegramme in den dazu bestimmten Apparaten hervorgebracht werden. Kurz vor E. hat Phelps die Benutzung der Volta-Induktion für denselben Zweck mit Erfolg versucht. Die statische Induktion zu benutzen, hat übrigens Wiley Smith 1881 zuerst vorgeschlagen. Große Verdienste hat sich E. auch um die Verbesserung der Dynamomaschinen, namentlich aber um die Durchbildung und Einführung des elektrischen Glühlichts erworben; seine Glühlampen und gesamten Beleuchtungseinrichtungen auch in Europa allgemeiner einzuführen, bemühen sich im Anschluß an die amerik. Gesellschaft eine Gesellschaft in Paris und eine in Berlin. — Vgl. Dürer, E. Elektrische Skizzen (Berl. 1890).

Edison-Lampe, hin und wieder gebrauchte Bezeichnung für Glühlampen, s. Glühlicht.

Edison-Maschine, von Edison herrührende Konstruktionsform der Dynamomaschine; sehr wesentlich verbessert von Hopkinson und in dieser Form als Edison-Hopkinson-Maschine zuerst gebaut von Mather & Platt in Manchester. (S. Dynamomaschinen, S. 652 b.)

Edisto, Fluß im nordamerik. Unionsstaate Südcarolina, entsteht aus der Vereinigung des nördlichen und südlichen E. und ergießt sich 32 km südwestlich von Charleston in zwei Armen, welche die Insel E. umschließen, in den Atlantischen Ocean. Der E. verläuft im allgemeinen in südöstl. Richtung und ist auf 160 km von der Mündung schiffbar.

Editha, seit 929 Gemahlin des spätern deutschen Königs und Kaisers Otto I., aus dem königl. Geschlecht der Angelsachsen, Tochter König Eduards des Ältern, Schwester König Ethelstans. Ihre Schönheit, Milde und Frömmigkeit wird in den Quellen gepriesen, auf die Regierung hat sie, im Gegensatz zur Königin Mathilde, keinen Einfluß gehabt. Sie starb 26. Jan. 946 und wurde in der Domkirche zu Magdeburg beigesetzt. Ihre Kinder waren Liudolf und Liutgard.

Edition (lat.), Herausgabe, Ausgabe eines Buches (s. Ausgabe). Im Civilprozesse die Vorlegung von Urkunden, welche im Besitze des Gegners der beweisführenden Partei oder eines Dritten sind, zum Zwecke des Beweises. Es findet zum Zweck der Vorlegung solcher Urkunden ein Zwischenverfahren statt. Will eine Partei den Beweis durch eine Urkunde, die in Händen des Gegners sein soll, führen, so hat sie bei Gericht zu beantragen, dem Gegner die Vorlegung derselben aufzugeben. Die Deutsche Civilprozeßordnung kennt keine allgemeine Editionspflicht des Gegners, macht vielmehr dessen Verpflichtung zur Vorlegung der Urkunde entweder davon abhängig, daß der Beweisführer nach bürgerlichem Recht die Herausgabe oder Vorlegung auch außerhalb des Prozesses verlangen kann, oder davon, daß die Urkunde inhaltlich für beide Parteien gemeinschaftlich ist, was insbesondere dann der Fall sein soll, wenn sie in beider Interesse errichtet ist oder gegenseitige Rechtsverhältnisse beurkundet oder zu den schriftlichen Verhandlungen der Parteien, bez. ihres gemeinsamen Geschäftsvermittlers über ein Rechtsgeschäft gehört, endlich auch davon, daß der Gegner selbst sich auf die Urkunde zur Beweisführung bezogen hat. Nach dem Handelsgesetzbuch Art. 37 kann der Richter im Laufe eines Rechtsstreits die Vorlegung der Handelsbücher der Gegenpartei auf den Antrag einer Partei anordnen. Nach Art. 40 kann die Mitteilung der Handelsbücher zur vollständigen Kenntnisnahme von ihrem ganzen Inhalt in Erbschafts- oder Gütergemeinschaftssachen, in Gesellschaftsteilungssachen und der Bücher des Gemeinschuldners im Konkurse gerichtlich verordnet werden. Das Gericht handelt dabei nach freiem Ermessen. Der Editionsantrag hat die Urkunde, die durch dieselbe zu beweisende Thatsache und den Inhalt der Urkunde möglichst vollständig zu bezeichnen, die Thatumstände, aus denen sich ergeben soll, daß die Urkunde sich im Besitze des Gegners befindet, anzugeben, auch den Verpflichtungsgrund zur Vorlegung der Urkunde glaubhaft zu machen. Erachtet das Gericht die Beweisthatsache für erheblich und den Antrag für begründet, so ordnet es, falls der Gegner den Besitz der Urkunde ausdrücklich oder stillschweigend zugesteht, deren Vorlegung an, während der Gegner, falls er den Besitz bestreitet, einen Eid (**Editionseid**) dahin zu leisten hat, daß er nach sorgfältiger Nachforschung die Überzeugung erlangt, die Urkunde befinde sich nicht in seinem Besitze, daß er dieselbe nicht in der Absicht, deren Benutzung dem Gegner zu entziehen, abhanden gebracht habe, daß er auch nicht wisse, wo solche sich befinde. Legt er in ersterm Falle die Urkunde nicht vor oder leistet er in letzterm Falle den Editionseid nicht, so hat dies die Folge, daß eine etwa beigebrachte Abschrift der Urkunde als richtig gilt, während sonst die Behauptungen über die Beschaffenheit und den Inhalt der Urkunde als bewiesen angenommen werden können. — Will eine Partei den Beweis durch eine in Händen eines Dritten befindliche Urkunde führen, so hat sie bei Gericht den Antrag zu stellen, daß ihr zur Herbeischaffung der Urkunde eine Frist bestimmt werde. Diese ist zu gewähren, wenn die Beweisthatsache erheblich und der Antrag begründet ist. Noch vor deren Ablauf kann der Gegner jedoch die Fortsetzung des Verfahrens beantragen, sofern der Prozeß gegen den Dritten erledigt ist oder vom Beweisführer verzögert wird. Der Dritte ist zur Vorlegung aus den gleichen Gründen, wie der Gegner des Beweisführers verpflichtet; er kann jedoch dazu nur im Wege einer besondern Klage angehalten werden. Ist der Dritte eine öffentliche Amtsstelle, so muß der Editionsantrag dahin gehen, daß die Amtsstelle um Mitteilung der Urkunde ersucht werde. Weigert diese die Mitteilung in Fällen, wo sie nach obigem zur Vorlegung verpflichtet ist, so findet im übrigen das obige Verfahren statt. (Vgl. Civilprozeßordn. §§. 386—397.)

Editiōnes Bipontīnae, s. Bipontiner.

Editionsantrag, Editionseid, s. Edition.

Editor (lat.), Herausgeber von Druckschriften.

Edler von ..., in Österreich Bezeichnung des untersten Grades des Adels, insbesondere Offizieren von 30jähriger tadelloser Dienstzeit auf Ansuchen verliehen. In Bayern war die Bezeichnung früher ebenfalls üblich.

Edles Wild, eßbares Wild.

Edlund, Erik, schwed. Physiker, geb. 14. März 1819 in der schwed. Provinz Nerike, studierte seit 1840 an der Universität Upsala, war darauf Privatdocent daselbst und wurde nach einer längern Reise im Auslande 1850 Professor der Physik an der königl. Akademie der Wissenschaften zu Stockholm. 1871 wurde er zum Vorsitzenden in der Direktion für die Technische Hochschule zu Stockholm ernannt und 1872 zum Reichstagsabgeordneten für die Stadt Stockholm erwählt. Auf Anregung E.s wurden 1858 meteorolog. Beobachtungsstationen nach einem wissenschaftlichen Plane in Schweden eingeführt. Diese Beobachtungen standen unter seiner Leitung bis 1873, in welchem Jahre die meteorolog. Centralanstalt errichtet wurde. Die 1858—73 gemachten Beobachtungen sind von E. in 14 Bänden auf Kosten der Akademie der Wissenschaften herausgegeben worden. Er starb 19. Aug. 1888 in Stockholm. Als wissenschaftlicher Forscher hat E. sich vorzugsweise mit der Elektricitätslehre beschäftigt und die Ergebnisse seiner Forschungen in einer größern Anzahl (etwa 70) Abhandlungen veröffentlicht teils in den Schriften der Akademie der Wissenschaften, teils in den «Annalen der Physik und Chemie» von Poggendorff und Wiedemann, im «Philosophical Magazine», den «Annales de chimie et de physique» und andern wissenschaftlichen Journalen. Die bekanntesten seiner in Poggendorffs «Annalen» veröffentlichten Arbeiten betreffen folgende Gegenstände: «Nachweis des Extrastroms» (1849), «Über telegr. Gegensprechen» (1856 und 1857), «Bestimmung der specifischen Wärme fester Körper bei konstanten Volumen» (1861 und 1865), «Dauer und Arbeitsleistung der Induktionsströme» (1864), «Ausdehnung von Drähten durch den galvanischen Strom» (1866 und 1867), «Widerstand und elektromotorische Kraft des galvanischen Lichtbogens» (1867), «Temperaturänderung der Berührungsstellen zweier verschiedener Metalle mittels durchgeleiteten elektrischen Stroms» (1870), «Theorie der Thermoströme» (1871).

Edmonsonsches Eisenbahnbillettsystem, s. Eisenbahnfahrkarten.

Edmonton (spr. éddmönnt'n), Stadt in der engl. Grafschaft Middlesex, 11 km im NNO. von London, an der Great-Easternbahn, nahe am New-River, mit (1891) 25380 E. und vielen Landsitzen Londoner Kaufleute.

Edmund (angels. Eadmund, d. h. Schutz von Hab und Gut), seit 855 König von Ostangeln, wurde von den Dänen 870 überfallen und erschlagen. Später kanonisiert (sein Tag 20. Nov.), gilt er als der Schutzpatron der Könige von England, und ein Nationalkonzil zu Oxford 1122 setzte das Fest des heiligen E. unter die nationalen Feiertage. — Ein anderer Heiliger dieses Namens war 1234 Erzbischof von Canterbury, wurde aber wegen seiner Verteidigung der Ansprüche der kath. Kirche vertrieben und starb 16. Nov. 1242 in Frankreich.

Edmund, wegen seiner Tapferkeit **Eisenseite** genannt, geb. um 980, war der Sohn Ethelreds des Unberatenen. Sein Vater starb 1016 in London, gerade als der Dänenkönig Knut d. Gr. sich zur Belagerung der Stadt rüstete. E. behauptete sich anfangs im Westen, endlich unterlag er aber. In einem Vergleich erhielt er den Süden, Knut den Norden Englands, der Überlebende sollte das Gesamtreich erben. Kurz darauf (30. Nov. 1016) starb E., ob durch Mord, ist nicht sicher zu entscheiden.

Edmund, Herzog von York, Sohn Eduards III., s. Plantagenet.

Edmund, Graf von Kent, Sohn Eduards I., s. Plantagenet.

Edmund, Graf von Lancaster, Sohn Heinrichs III. von England, Titularkönig von Sicilien, s. Plantagenet.

Edmund Mortimer, Graf von March, s. Plantagenet.

Edom, Land der Edomiter (s. d.). Schon in den letzten vorchristl. Jahrhunderten hatten das südl. Palästina und die südlich angrenzenden Gegenden nach E. die Bezeichnung Idumäa (s. d.) erhalten, an deren Stelle seit 70 n. Chr. bei griech. und röm. Schriftstellern Arabia Petraea für das Mutterland trat, wo bereits um 300 v. Chr. die arab. Nabathäer Volk und Namen der Edomiter verdrängt hatten. Zuletzt, 105 n. Chr., wurde das Land dem Römischen Reiche einverleibt. Den verhaßten Namen E. legten die Juden den Römern, später den Christen bei.

Edomiter, ein südlich vom Stamme Juda bis zum Älanitischen Meerbusen wohnendes hebr. Volk. Die Stammsage leitet es von Jakobs älterm Bruder Esau (s. d.) her. Bei der Einwanderung in ihre Wohnsitze fanden sie dort die Horiter, d. h. Höhlenbewohner, vor, mit denen sie sich vereinigten. Auch nomadische Völkerschaften, wie Amalekiter, scheinen sich ihnen vorübergehend angeschlossen zu haben. Die Hauptbeschäftigungen des wilden und kriegerischen Volks waren Jagd, Viehzucht und Handel. Nur wenige Oasen gestatteten Acker- und Gartenbau. Durch festen Zusammenschluß ihrer Stämme unter Königen waren die E. schon lange vor dem Volke Israel zu polit. Selbständigkeit und Macht gelangt. Verhängnisvoll wurde für ihre Entwicklung, daß sich unter David die Stämme, deren Heiligtum Hebron war, mit dem Stamme Juda vereinigten. David unterwarf sie, sobald er König über ganz Israel geworden war. Schon unter Salomo fielen sie wieder ab. Doch muß Salomo, da er von Ezion Geber am Älanitischen Meerbusen aus Schiffahrt nach Ophir betrieb, wenigstens Teile ihres Landes wieder unterworfen haben. Zur Zeit der Dynastie Omris sind sie Juda zinspflichtig. Es gelang jedoch den judäischen Königen nicht, ihr Land auf die Dauer festzuhalten. Mit den übrigen palästinischen Völkern gerieten sie unter die Botmäßigkeit der Assyrer, später der Babylonier (Chaldäer). Nebukadnezar halfen sie beim Kampfe gegen Juda und beteiligten sich an der Ausplünderung des eroberten Jerusalems (586 v. Chr.). Dazu nahmen sie während des Babylonischen Exils der Judäer die südl. Teile des Landes Juda ein. Doch, scheint es, haben sie diese auf Befehl des Cyrus räumen müssen. Zur Zeit der Makkabäer waren sie wieder im Besitze dieser Landschaften. Von dem jüd. Fürsten und Hohenpriester Johannes Hyrkanus wurden sie besiegt, zur Beschneidung gezwungen, dem jüd. Staate einverleibt und unter Präfekten gestellt (um 126 v. Chr.). Einer dieser Präfekten, der Idumäer Antipater, wußte sich von Julius Cäsar die Prokuratur über ganz Judäa (47 v. Chr.) und seinen Nachkommen, den Herodianern (s. Herodes), die Herrschaft über Juden und E. zu verschaffen.

Edonien, thraz. Landschaft an der Thasos gegenüber gelegenen Küste, zu beiden Seiten des Angitesflusses. Seit König Philipp II., der sie eroberte, gehörte sie zu Macedonien.

Edre'ât, andere Form für Der'ât, jetziger Name der Stadt Edreï (s. d.) im Ostjordanlande.

Édredon (frz., spr. -döng), Eiderdaune, Eiderdaunenkissen; É. végétal (spr. weschetáll), s. Ochroma.

Edreï (grch. Adraa), war neben Astarot (s. d.) die Hauptstadt des amoritischen Königs Og von Basan (s. d.) im Ostjordanlande und soll schon unter Mose von Israel erobert worden sein. In der christl. Zeit war es ein Bischofssitz. Unter dem Namen Der'ât, Dor'ât oder Dor'â, auch ed-Dera'a, Edre'ât, ist es heute die größte Stadt des Hauran mit 4—5000 E. auf dem Südrand des Wâdi eß-Zêdy in fruchtbarer Umgebung gelegen, aber sehr schmutzig und staubig. Die Reste aus dem Altertum liegen meist unter den jetzigen Häusern, noch tiefer die merkwürdigen, in den Felsen gehauenen unterirdischen Gemächer und Gelasse, die teils als Magazine, teils als Wohnungen, namentlich in Kriegszeiten, gedient haben mögen.

Edremid, bei den Griechen Adramytti, Stadt im Sandschak Balikesri des türk.-kleinasiat. Wilajet Khodawendikjar, etwa 5 km landeinwärts von dem innersten Winkel des nach ihr benannten Golfs entfernt, am Fuße des quellen- und erzreichen Alkajassi Dagh, in einer schmalen, fruchtbaren Ebene gelegen, hat 4000 meist mohammed. E. Die der Stadt zugewendeten Hänge des Ida sind jetzt abgeholzt und kahl, deshalb hat die frühere Hauptbeschäftigung der Einwohner, der Holzhandel, stetig abgenommen. Neuerdings belebte sich der Verkehr wieder infolge der im Dez. 1882 erteilten Konzession zur Ausbeutung der auf der Edremider Seite im Idagebirge gelegenen Eisengruben. — Im Altertum war Adramyttium, das aber nicht an Stelle des heutigen E., sondern unweit von Kemer am Meere lag, ein blühender Handels- und Hafenplatz, namentlich seit den Zeiten des Pergamenischen Reichs, von dem sich indes hier nicht die geringsten Reste erhalten haben. Nach dem Ausbruche des griech. Freiheitskrieges machte in dem Golf von E. 27. Mai 1821 ein griech. Brander den ersten glücklichen Versuch, ein türk. Kriegsschiff in die Luft zu sprengen.

Edreneh, türk. Stadt, s. Adrianopel.

Edrisi, El-, arab. Geograph, s. Idrisi.

Edrisiden, arab. Dynastie in Marokko, s. Idrisiden.

Eduard der Ältere, angelsächsischer König (901—925), Sohn Alfreds, dehnte die vom Vater ererbte Herrschaft über Wessex und den Südwesten von Mercia über den dänisch gebliebenen Teil des letztern, vorübergehend auch über Northumbrien aus.

Eduard der Märtyrer, angelsächsischer König (975—978), folgte zwölfjährig seinem Vater Edgar, wurde aber schon 978 von einer feindlichen Partei seiner Großen ermordet. Sein Leichnam wurde anfangs ohne Feierlichkeit in ungeweihtem Grund beerdigt, später mit großem Pomp auf Dunstans Veranlassung in Shaftesbury beigesetzt, wo mehrere Wunder, die an seinem Grabe geschehen sein sollten, ihm seinen Beinamen eintrugen. Mit seinem Tode verlor Dunstan seinen Einfluß auf die Regierung des Landes.

Eduard der Bekenner, angelsächsischer König (1042—66), der Sohn Ethelreds des Unberatenen, hatte während der Dänenherrschaft als Flüchtling in der Normandie gelebt und wurde nach dem ruhmlosen Ausgang Harolds und Harthaknuts, der Söhne Knuts d. Gr., auf den Thron seiner Väter zurückgerufen. Als letzter König aus sächs. Stamm erscheint er in der Überlieferung verklärt als weiser Gesetzgeber und einfach-frommer Mann, und nur diesem Umstand ist es zuzuschreiben, daß die spätere, nach den Einrichtungen des Angelsachsenreichs zurückverlangende Zeit nach den «Gesetzen E. des Bekenners» regiert zu werden forderte. E. war in Wirklichkeit ein mönchisch gesinnter Schwächling, durchaus nicht national fühlend, sondern beherrscht von fremdländischen Günstlingen, die er aus seinem Zufluchtslande, der Normandie, mit nach England gebracht hatte. Das Land regierte für ihn Graf Godwin (s. d.), der hauptsächlich dem eigenen Ehrgeiz und der Erhöhung seines Hauses diente, wie er auch seine Tochter dem König zu vermählen wußte. Nach Godwins Tode (1053) nahm sein Sohn Harold seine Stelle ein und beherrschte König und Reich. Anfang Jan. 1066 starb E. Von ihm stammt der erste erweiternde Ausbau der Benediktinerabtei von Westminster. Auch sonst zeigte er sich der Kirche eifrig ergeben, erhielt zum Lohn dafür seinen Beinamen und wurde 1161 heilig gesprochen. Auf die seine Person umgebende Legende ist der ein Jahrhundert später festgewurzelte Glaube zurückzuführen, daß der Träger der engl. Krone durch seine Berührung Schwärenbehaftete heilen könne. Vgl. Freeman, History of the Norman Conquest, Bd. 2 (2. Aufl., Loud. 1870).

Eduard I., König von England (1272—1307), geb. 17. Juni 1239 als Sohn Heinrichs III., hatte schon bei Lebzeiten seines Vaters an den Baronenkriegen teilgenommen und durch die Schlacht bei Evesham (1265) dessen Thron wieder aufgerichtet. Beim Tode Heinrichs III. war er abwesend auf einer Fahrt ins Gelobte Land, von der er erst 1274 zurückkehrte. Die für Englands Fortentwicklung epochemachende Bedeutung E.s beruht vornehmlich auf seiner großartigen gesetzgeberischen Thätigkeit. In ihr wurzeln das Recht und die Verfassung des heutigen England. Es wurden die bestehenden Gesetze neu durchgearbeitet, endgültig geformt und durch neue ergänzt. Er schuf den Kanzleigerichtshof, beschränkte die kirchliche Jurisdiktion, ordnete die Verwaltung, Polizei und das Lehnswesen. Allem voran aber stehen die Neuordnungen für die Verfassung, die er zum guten Teil widerwillig gewährte, als die unvermeidlichen Folgen seiner auswärtigen Politik. Auch hierin schlug er eine neue Richtung ein, indem er mit seinen Eroberungen sich nicht nach dem Festlande wandte, sondern auf der brit. Insel blieb. Lange hatte Wales allen Angriffen getrotzt, bis E. es in zwei Feldzügen, 1277 und 1282, unterwarf. Der 1284 zu Carnarvon im Nordwesten der Halbinsel geborene Thronerbe erhielt den von nun an dauernd gebrauchten Titel eines Prinzen von Wales. Dem Fürstentum ward eine der englischen angepaßte Verwaltung gegeben, aber oftmalige Erhebungen hielten den König nach dieser Seite beständig in Atem. Als 1290 in Schottland die Königsfamilie ausstarb, erzwang er die Anerkennung veralteter Ansprüche einer engl. Lehnshoheit und entschied zwischen den Thronbewerbern, John Baliol und Robert Bruce, für den erstern, der sein Königreich als engl. Lehn empfing. Auch hier hatte E. zur Sicherung des errungenen Einflusses beständig zu kämpfen, besonders als das bedrängte Schottland Schutz bei Frankreich suchte und mit ihm verbündet sich erhob, während E. die Gascogne gegen Philipp IV. verteidigen mußte (1295). John Baliol wurde zwar abgesetzt und in Haft genommen, aber ein neuer Führer erstand den Schotten in William Wallace und nach dessen Unterwerfung und Hinrichtung (1305) in dem jüngern Robert Bruce. Die außerordentlichen Anforderungen, welche diese unaufhörlichen Kriege an das Land stellten, zwangen den König zur Nachgiebigkeit gegenüber seinen Parlamenten: in der Charte von 1297 mußte er nicht nur die Magna Charta (s. d.) aufs neue bestätigen, sondern es wurde von jetzt die Leistung jeder Steuer an die Bewilligung des Parlaments gebunden. Diese Verfassungsbestimmungen hat E. freilich öfter umgangen, denn seine energische Natur neigte zu Gewaltsamkeiten, wie er auch die gesamte engl. Judenschaft aus England hinausgewiesen hat (1290), doch wurde unter ihm das Fundament des engl. Parlaments in seiner Gestaltung, zumal durch die Zuziehung der Grafschafts- und Städtevertreter neben den Lords, und in seinen Rechten gelegt. E. starb 7. Juli 1307 zu Burgh bei Carlisle auf einem Zuge gegen Schottland. Vgl. Pauli, Geschichte von England, Bd. 4 (Gotha 1855); Stubbs, Constitutional History, Bd. 2 (Loud. 1875); Seeley, Life and reign of Edward I. (anonym; neue Aufl. 1872).

Eduard II., König von England (1307—27), geb. 1284 zu Carnarvon in Wales als Sohn Eduards I., führte daher als Thronfolger zuerst den Titel eines Prinzen von Wales. Seine Regierung bildet einen traurigen Gegensatz zu der seines Vaters, er war leichtsinnig, schwach und haltlos. Den Anmaßungen der Barone stellte er sich entgegen, indem er einen franz. Abenteurer, Piers Gaveston, zu seinem ersten Berater berief, ließ ihn aber beim ersten Ansturm fallen und sich von den Baronen einen Verwaltungsrat von 21 «Ordainers» aus ihrer Mitte aufdrängen (1311). Dennoch gab er den Widerstand nicht auf, der verbannte Gaveston kehrte zurück und wurde nun von der Baronenpartei, an deren Spitze Graf Thomas von Lancaster stand, hingerichtet (1312). Der Kampf dauerte fort, und zu den innern Wirren kam die Schmach einer vernichtenden Niederlage durch die Schotten bei Bannockburn (1314), dazu Verwüstung des Landes und Hungersnot. Nachdem die Partei Lancasters sogar in Verbindung mit den Schotten getreten war, fiel Graf Thomas mit mehrern Genossen in die Hand des Königs und wurde hingerichtet. Wenn E. hier gesiegt hatte und sich der Ordainers entledigen konnte, so mußte er nach einem neuen unglücklichen Feldzug gegen Schottland einen dreizehnjährigen Stillstand schließen (1323), und nun trat seine eigene franz. Gemahlin Isabella an die Spitze der Unzufriedenen. Der König wurde gefangen genommen und durch das Parlament abgesetzt (7. Jan. 1327). Er fügte sich, und sein Sohn Eduard III. trat an seine Stelle. Noch in demselben Jahre starb E. auf Schloß Berkeley auf geheimnisvolle, wahrscheinlich gewaltsame Weise.

Eduard III., König von England (1327—77), Sohn Eduards II., geb. 13. Nov. 1312 zu Windsor, kam durch die von seiner Mutter Isabella geleitete Verschwörung gegen seinen Vater mit 15 Jahren auf den Thron. Der willkürlichen Regentschaft Isabellas und ihres Günstlings Mortimer entledigte sich der junge König 1330, ließ Mortimer hinrichten und verbannte Isabella vom Hofe. Seine eigene Regierungszeit erhielt ihre Bedeutung durch die glanzvolle auswärtige Politik, im Zusammenhang mit dieser durch den weitern Ausbau der Verfassung, sowie durch den Aufschwung des Handels und des geistigen Lebens, das die ersten großen Litteraturdenkmäler in engl. Sprache hervorbrachte. Den ruhmlos aufgegebenen Krieg gegen Schottland erneuerte er, siegte 1333 bei Halidon Hill und nahm Berwick. Durch seine Ansprüche auf den franz. Thron, die er als Schwestersohn des 1328 ohne männliche Erben verstorbenen Karl IV. erhob, die aber auf Grund des Salischen Gesetzes zurückgewiesen wurden, rief er einen langwierigen Krieg hervor, der seine Regierungszeit überdauern sollte. Mit großer Umsicht hatte er Bundesgenossen gesucht und seine Rüstungen vorbereitet. Er vernichtete bei Sluys eine große franz. Flotte (1340), mußte sich aber, da die Hoffnungen auf seine Bundesgenossen ihn trogen, zu einem Stillstand verstehen und eröffnete erst 1346 den Krieg aufs neue mit der glänzenden Waffenthat bei Crécy 26. Aug. 1346, bei der er selbst sein Heer befehligte. Dasselbe Jahr sah noch einen Sieg der Engländer über die eingedrungenen Schotten bei Neville's Croß, das nächste Jahr den Fall von Calais.

Ein längerer Stillstand folgte, den die Erschöpfung auf beiden Seiten erzwang. 1355 rückten drei engl. Heere gegen Frankreich vor, das südliche, befehligt von dem Thronfolger Eduard (s. d.), «dem schwarzen Prinzen», der bei Maupertuis unfern Poitiers den franz. König Johann II. 19. Sept. 1356 völlig schlug und gefangen nahm. Die harten Friedensforderungen während des folgenden Stillstands wurden abgewiesen, 1359 begann der Krieg von neuem, und nur Frankreichs gänzliche Erschöpfung erzwang 8. Mai 1360 den Frieden von Bretigny (s. d.). Neben dem franz. Kriege waren überdies 1355 glückliche Erfolge in Schottland errungen worden. E. hatte von Anfang an zu allen wichtigen Angelegenheiten seine Parlamente berufen, und diese benutzten seine Zwangslage zu Forderungen, die, meist nur vorübergehend bewilligt, schon alle heutigen parlamentarischen Grundrechte enthielten: neben der Steuerbewilligung Rechnungsablage über die Geldverwendung und Kontrolle über die Beamten. 1360 begann ein Rückgang in den errungenen Erfolgen; aus dem neu entbrannten franz. Kriege kehrte der schwarze Prinz mit unheilbarem Siechtum behaftet heim, bis 1374 gingen alle südfranz. Eroberungen außer Bordeaux und Bayonne verloren, und Hofintriguen und Mißbräuche rissen in der Regierung ein. Besonders gegen diese ging das «gute Parlament» des J. 1376 vor, bei dem im Vordergrunde die «Gemeinen» standen, wie die vereinigten Grafschafts- und Städtevertreter hießen, die, seßt, von den Lords getrennt, in besonderm Raume tagten. In Einem fanden sich Krone und Parlament trotz mancher Mißhelligkeiten immer zusammen, wenn es galt, päpstl. Übergriffen ein Halt zu gebieten, und gerade in E.s letzten Jahren erhob sich die religiöse Opposition gewaltig unter John Wiclifs Führung. An Geist und Körper alt und schwach, starb E. 21. Juni 1377, nachdem sein Sohn Eduard schon vor ihm gestorben war. Vgl. Longman, The History of the life and times of Edward III. (2 Bde., Lond. 1869).

Eduard IV., König von England (1461—83), geb. 28. April 1442 zu Rouen, als Sohn Richards von York (s. d.), Urenkel Eduards III., trug zuerst den Titel eines Grafen von March. Als sein Vater in dem Rosenkrieg bei Wakefield 24. Dez. 1460 gefallen war, übernahm E. die von jenem erhobenen Kronansprüche des Hauses York gegenüber dem Lancaster Heinrich VI. Mit Hilfe des Grafen Warwick ließ er sich 2. März 1461 zu London als König ausrufen und sicherte sich die Krone durch seinen Sieg bei Towton 28. März 1461. Im J. 1463 geriet Heinrich VI. in seine Hand, während die Königin Margarete mit ihrem Sohn auf dem Festland weilte. Durch seine Vermählung mit der jungen Witwe Elisabeth Grey, Tochter des Richard Woodville, Lord Rivers, und durch Bevorzugung ihrer Verwandten erregte E. die Eifersucht der alten Geschlechter, vor allem der Nevilles und ihres Hauptes, des Grafen Warwick. Noch mehr wurde dieser erste unter den Genossen E.s verletzt, als der König seine Pläne, ein Bündnis mit Frankreich zu schließen, durchkreuzte, indem er seine Schwester Margarete dem ärgsten Feinde Frankreichs, Karl dem Kühnen von Burgund, zur Gemahlin gab. Warwick trat rachesuchend in eine Verbindung zuerst mit E.s jüngerm Bruder Clarence, dann mit Heinrichs VI. Gemahlin Margarete und arbeitete von Frankreich aus an einer Verbindung der Unzufriedenen. 1470 mußte E. vor ihm nach Burgund weichen, erschien aber schon 1471 wieder in England und schlug Warwick bei Barnet, Margarete bei Tewkesbury (April und Mai 1471). Warwick war gefallen, Heinrich VI. mußte in den Tower, wo er am Tage von E.s Einzug in London (22. Mai) geheimnisvoll umgekommen ist. Im Bunde mit Burgund führte E. 1475 einen Krieg gegen Ludwig XI. von Frankreich, aber schlecht unterstützt begnügte er sich im Frieden mit der Zahlung eines Jahrgeldes. Er bedurfte bei seinem verschwenderischen Leben großer Summen und war doch bestrebt, sich von parlamentarischen Bewilligungen möglichst unabhängig zu halten. Daher erfand er die «Benevolenzen», sog. freiwillige Geschenke, die er persönlich von einzelnen begüterten Unterthanen sich erbat. Dies empfand man natürlich als lästigen Druck, wenn es auch das Gute hatte, daß es eine Besteuerung der Begüterten mit Schonung der Ärmern war; auch liebte der König kaufmännische Geschäfte auf eigene Rechnung, trieb mit Nachdruck alle halb vergessenen Gefälle ein und vermehrte seinen Schatz durch die Konfiskation der Güter von Geächteten. Er sicherte seinen Thron durch Vernichtung aller Gegner, ja die Ermordung seines eigenen Bruders Clarence (gest. 1478) haftet an seinem Gedächtnis. Aber trotz seiner Härten und Schattenseiten war der kraftvolle, dazu schöne, ritterliche und leutselige Fürst, der sich mit verschwenderischem Glanz umgab, entschieden volksbeliebt. Er konnte sich plötzlich zu energischem Handeln aufraffen, gewöhnlich aber füllten Ausschweifungen und Lüste sein Denken und seine Zeit und brachten ihn in ein frühes Grab. Er hatte nur für die Dauer seines eigenen Lebens den Thron zu sichern gewußt. Als er 9. April 1483 starb, fielen seine Söhne Eduard V. und Richard der Herrschsucht ihres Oheims zum Opfer.

Eduard V., König von England (1483), geb. 3. Nov. 1470, ältester Sohn Eduards IV., war 12 J. alt, als sein Vater starb. Die Königin Elisabeth (s. Grey) und ihre Verwandten beanspruchten die Vormundschaft, aber der Oheim des Königs, Herzog Richard von Gloucester (s. Richard III.) bemächtigte sich der Person des Knaben und ließ sich zum Protektor ernennen. Nachdem er auch E.s jüngern Bruder Richard, Herzog von York, in seine Gewalt gebracht, riß er die Krone an sich. Er ließ seines Bruders Söhne für unehelich erklären, weil Eduard IV. schon früher heimlich vermählt gewesen, und hielt die Brüder im Tower gefangen. Dort sind sie nach seiner eigenen Krönung (6. Juli 1483) für immer verschwunden.

Eduard VI., König von England (1547—53), Sohn Heinrichs VIII. und seiner dritten Gemahlin, Johanna Seymour, wurde 12. Okt. 1537 in Hampton Court geboren. Heinrich VIII. hatte die Regentschaft einem Rate von 16 Männern anvertraut, aber der mütterliche Oheim E.s, Eduard Seymour (s. Somerset) erzwang sofort seine Anerkennung als Protektor des Reichs und eignete sich den Titel eines Herzogs von Somerset zu. Trotz guter Absichten hatte er viel Unglück. Mit seinem glänzenden Sieg über die Schotten bei Pinkie Cleugh (Aug. 1547) erreichte er nur deren engern Anschluß an Frankreich; seine Versuche, der wachsenden Verarmung der untern Klassen zu steuern, hatten keinen Erfolg, dazu kam die mit der Einführung des gemeinsamen Gebetbuchs (Common prayer book) und der Uniformitätsakte 1548 beginnende kirchliche Neuerung, die 1549 eine große Empörung zum Ausbruch brachte. Somersets schwer erschütterte Stellung benutzte sein Rivale, Graf Warwick, der spätere Herzog von Northumberland (s. d.), ihn zu stürzen (Okt. 1549). Der neue Machthaber blieb in religiösen Dingen auf der betretenen Bahn und brachte einen von Somerset mit wenig Glück gegen Frankreich geführten Krieg zum Abschluß. Die Reformation erhielt ihren weitern Ausbau durch das umgearbeitete Gebetbuch und die 42 Glaubensartikel. Vor allem strebte Northumberland danach, seine fast absolute Macht auch über das hinschwindende Leben des jungen Königs hinaus zu sichern, er brachte ihn zur Unterzeichnung einer Thronfolgeordnung, die, entgegen der seines Vaters, die Nachfolge seiner Schwestern Maria und Elisabeth umstieß und an ihre Stelle die Nachkommen von Heinrichs VIII. jüngerer Schwester Maria setzte. Mit der Trägerin von deren Rechten, Jane Grey (s. d.), hatte Northumberland seinen Sohn vermählt. Aber es gelang Maria I., diese Intrigue sofort zu durchbrechen, als ihr Bruder 6. Juli 1553, 15 J. alt, gestorben war. E. hatte nur den Namen für die Herrschaft einzelner Mächtiger gegeben, aber trotz vieler Wirren und Unfälle ist unter ihm Grundlegendes geschaffen worden für die kirchliche Reformation, der auch das Herz des königl. Knaben in Frömmigkeit ergeben war. Vgl. Froude, History of England, Bd. 5 (Lond. 1881); Maurenbrecher, England im Reformationszeitalter, Bd. 1 (Düsseld. 1866); Ranke, Engl. Geschichte, vornehmlich im 17. Jahrh. (3. Aufl., 9 Bde., Lpz. 1877—79).

Eduard, Prinz von Wales, nach seiner Rüstung «der schwarze Prinz» genannt, der älteste Sohn Eduards III. von England, war 15. Juni 1330 geboren. Er bewährte seine kriegerische Tüchtigkeit namentlich in den Kriegen seines Vaters gegen Frankreich, zuerst schon als 16jähriger Jüngling 1346 in der Schlacht bei Crécy. 1355 erhielt er als Statthalter von Aquitanien den Oberbefehl über ein Heer, das von Bordeaux aus vorgehen sollte, jedoch bestand der ganze Feldzug nur in einer greuelvollen Verwüstung Südfrankreichs; 1356 verrichtete er dafür seine glänzendste Waffenthat durch den Sieg bei Maupertuis über eine große franz. Übermacht. 1362 wurde er zum Fürsten von Aquitanien und der Gascogne erhoben und hielt glänzenden Hof zu Bordeaux und Angoulême. 1367 griff er entscheidend in die Kämpfe um den castil. Thron ein (s. Peter der Grausame von Castilien), aber durch den Heereszug in Schulden gestürzt und zu großen Geldanforderungen genötigt, erregte er Unzufriedenheit in seinen Landen, die Karl V. von Frankreich benutzte, um E. zur Rechtfertigung wegen dieser Klagen vor sein Gericht zu laden. Damit führte er 1369 den neuen Ausbruch des Krieges herbei. Siegreich drangen die franz. Truppen vor, Limoges öffnete ihnen die Thore. E., seit dem Zug nach Spanien von unheilbarem Siechtum befallen, erschien vor der Stadt, er selbst in einer Sänfte getragen, und strafte sie nach der Einnahme mit erschreckender Grausamkeit (1370). Es war seine letzte und wenig rühmliche Kriegsthat. Noch traf ihn der schmerzliche Schlag, daß sein ältester sechsjähriger Sohn E. starb. Selbst ein dem Tode verfallener Mann, kehrte er 1371 nach England heim und nahm noch, auf der Seite des Hauses der Gemeinen stehend, teil an deren Vorgehen gegen die Hofpartei unter seinem Bruder Lancaster. Er starb 8. Juni 1376 zu Westminster und wurde zu Canterbury bestattet. Sein Sohn war der König Richard II. Vgl. die Litteratur zu Eduard III. und G. P. R. James, History of the life of Edward the Black Prince (Lond. 1822); Pauli, Aufsätze zur engl. Geschichte (Lpz. 1869).

Eduard (portug. Duarte), König von Portugal (1433—38), Sohn Johanns I. des Unechten, welcher 1383 das neuburgund. Königshaus begründet hatte, geb. 1391, war ein hochsinniger, feingebildeter Fürst und suchte die Macht des Adels zu schwächen, indem er verordnete, daß alle verschenkten Krongüter beim Aussterben des Mannsstammes der Besitzer an die Krone heimfallen sollten. Sein Bruder, Prinz Heinrich der Seefahrer, setzte die schon zur Zeit des Vaters begonnenen Entdeckungen der Portugiesen an der afrik. Küste fort, doch nicht so sehr mit den Mitteln des Staates, als aus den des Christusordens, dessen Großmeister er war.

Edukation (lat.), Erziehung; **Edukātor**, Erzieher; **Edukationsrat**, Schulrat.

Edúkt (lat.), im Gegensatz zu **Produkt** solche Stoffe, die in einem der Bearbeitung unterliegenden Material bereits fertig gebildet enthalten sind, während Produkte erst durch die Bearbeitung entstehen. Das Gold ist ein E. der Aufbereitung goldführender Gesteine, der Ring ist ein Produkt der Goldschmiedekunst.

Edulkoration, Edulkorieren (neulat.), **Aussüßen**, technisch-chem. Operation, gleichbedeutend mit Auswaschen (s. d.) und Auslaugen (s. d.).

E-dur (ital. mi maggiore; frz. mi majeur; engl. e major), die Durtonart, bei der f, c, g, d um einen halben Ton erhöht werden, also 4 ♯ vorgezeichnet sind; die parallele Molltonart ist Cis-moll. (S. Ton und Tonarten.)

Eduzieren (lat.), erziehen.

Edw., bei naturwissenschaftlichen Namen Abkürzung für Henri Milne-Edwards (s. d.).

Edward, engl. Namensform für Eduard.

Edwards, Amelia Blandford, engl. Schriftstellerin und Ägyptologin, geb. 1831 zu London als Tochter eines Offiziers, begann ihre Schriftstellerlaufbahn sehr früh mit Beiträgen zu Zeitungen und Zeitschriften. Ihr erster Roman «My brother's wife» erschien 1855. Dann folgten: «Hand and glove» (1859), «Barbara's history» (3 Bde., 1864 u. ö.), «Half a million of money» (3 Bde., 1865; neue Aufl. 1868), eine Sammlung kleinerer Erzählungen u. d. T. «Miss Carew» (3 Bde., 1865); «Debenham's vow» (1870), «In the days of my youth» (3 Bde., 1873, eine Novellensammlung), «Monsieur Maurice» (3 Bde., 1873) und «Lord Brackenbury» (3 Bde., 1880; fünfmal übersetzt), ihr bestes Werk. Daneben machte E. sich auch als Jugendschriftstellerin bekannt durch «A summary of English history» (1856; neue Aufl. 1878), «An abridgment of French history» (1858; neue Ausg. 1880) und die Erzählungen «The young marquis» (1857) und «Story of Cervantes» (1862). Ihre Reisen beschrieb sie in «Untrodden peaks and unfrequented valleys; a midsummer ramble in the Dolomites» (1873) und «A thousand miles up the Nile» (1877, mit 80 eigenen Illustrationen; 2. Aufl. 1888). Mit Prof. S. Poole und Sir E. Wilson veranlaßte sie 1883 die Gründung des «Egypt Exploration Fund», studierte die altägypt. Denkmäler und wurde dafür Ehrendoktor der Universität Columbia (Neuyork). Ihre Aufsätze erschienen besonders in der «Academy». Als Dichterin trat sie in den «Ballads» (1865) auf; ferner stellte sie «A poetrybook of elder poets» (1879) zusammen. E. starb 15. April 1892 in Weston super Mare (Somerset).

Ihre Cousine, Mathilda Barbara Betham E., geb. 1836 in Westerfield (Suffolk), begann schon in früher Jugend die schriftstellerische Laufbahn. Charles Dickens veröffentlichte ihr erstes Gedicht «The golden lee» in «All the Year round». Ihre Romane: «The white house by the sea» (1857), «Doctor Jacob» (1864) und «Kitty» (1869) sind in mehrere Sprachen übersetzt worden. Neben andern Schriften hat sie auch «A year in Western France» (1875) und franz. Reisehandbücher («Handbook to Southern, Eastern and Central France») geschrieben.

Edwards, Edwin, engl. Radierer, geb. 6. Jan. 1823 in Framlingham, widmete sich anfangs dem jurist. Studium, seit 1860 der Radierkunst. Er fertigte etwa 370 Radierungen, meist landschaftlichen Gegenstandes, und veröffentlichte «Old Inns of England» mit 150 Blättern. Er starb 15. Sept. 1879 in London.

Edwards, Henri Milne-, franz. Zoolog, s. Milne-Edwards.

Edwards, Henry Sutherland, engl. Schriftsteller, geb. 1828 in London, empfing seine Erziehung teils daselbst am King's College, teils in Frankreich. 1856 Berichterstatter bei der Krönung Alexanders II., veröffentlichte er nach längerm Aufenthalt in Moskau «The Russians at home» (Lond. 1858). Nachdem er 1862 eine «History of the opera» (2 Bde.) herausgegeben, ging er als Vertreter der «Times» von neuem nach Rußland, um über den Fortgang der damals betriebenen Leibeigenenemancipation zu berichten, und von dort nach Polen, das sich am Vorabend des Aufstandes befand. Über diesen berichtete E. 1863 zuerst aus dem Lager der Insurgenten, dann aus Warschau, wurde jedoch aus letzterer Stadt verwiesen und reiste infolgedessen über Petersburg und Moskau nach Südrußland, um von dort noch einmal auf den Schauplatz des Aufstandes zurückzukehren. Eine interessante Darstellung desselben gab er in «Private history of a Polish insurrection» (2 Bde., Lond. 1864). 1867 ging E. für die «Times» nach Luxemburg, von wo er über die «Luxemburger Frage» Berichte einsandte. Beim Ausbruch des Deutsch-Französischen Krieges begab er sich im Juli 1870 als einer der Specialkorrespondenten der «Times» in das deutsche Hauptquartier, dem er von Saarbrücken bis Sedan folgte. Später berichtete er aus dem Lager des Generals von Werder über die Belagerung von Straßburg und nach dem Fall dieser Stadt über die Operationen der deutschen Nordarmee bis zum Ende des Krieges. Veranlaßt durch die Brüsseler Verhandlungen über die Reform des Kriegsrechts gab er «The Germans in France» (Lond. 1874) heraus, worin er die deutsche Kriegführung in Frankreich scharf kritisierte. Schon vor dem Ausbruch des Deutsch-Französischen Krieges hatte er sich auch als Novellist bekannt gemacht durch die Romane «The three Louisas» (3 Bde., Lond. 1866) und «The governor's daughter» (2 Bde., ebd. 1868), «Malvina» (3 Bde., 1871), «The missing man» (1885), «What is a girl to do?» (1885), «The case of Rueben Malachi» (1886), «Dutiful daughters. A tale of London life» (1890). 1872 erschien von ihm eine Übersetzung von Otto Hübners «Allgemeiner Statistik» als «Statistics of all countries» (London). Seine Studien über die Geschichte der Oper erneuerte er in: «Life of Rossini» (ebd. 1869), «Rossini and his school» (ebd. 1881), «The lyrical drama» (2 Bde., ebd. 1881), «The Prima Donna. Her history and surroundings from the 17th to the 19th century» (2 Bde., ebd. 1888). Auch sonst bearbeitete er die Theatergeschichte: «The famous first representations» (ebd. 1886), «The Faust legend: its origin and development» (ebd. 1886), «Idols of the French stage» (2 Bde., ebd. 1888). Beim Ausbruch des Russisch-Türkischen Krieges veröffentlichte E. in der «Pall Mall Gazette» eine Sammlung von Beiträgen über die Orientalische Frage, als Buch u. d. T.: «The Slavonian provinces of Turkey» (Lond. 1876) erschienen, und 1879 eine erweiterte Auflage seines Buches über Rußland «The Russians at home and the Russians abroad», endlich 1890 «The Romanoffs» (ebd.).

Edwardsia (nach H. Milne-Edwards benannt), Gattung der Aktinien mit nur 16 Tentakeln; der meist kleine Körper zerfällt in drei hintereinander gelegene Abschnitte, von denen der vordere (der Kopf) die Tentakel trägt, der mittlere (Rumpf) eine zarte chitinöse Bedeckung hat und der hintere (Endblase) dünnwandig, zusammenziehbar aber auch erweiterungsfähig ist. Meist stecken sie im losen Sande, können aber mit erweiterter Endblase an die Oberfläche des Wassers steigen und sich hier, passiv schwimmend, treiben lassen.

Edw. et H., hinter lat. Tiernamen Abkürzung für Henri Milne-Edwards sen. (s. d.) und Jules Haime (geb. 1824, gest. 1856). Sie gaben zusammen heraus: «Histoire naturelle des coralliaires, ou polypes proprement dits» (3 Bde., Par. 1858—60), «A Monograph of the British fossil corals» (5 Bde., Lond. 1850—54) sowie eine Reihe Monographien über lebende und fossile Koralltiere in: «Archives du Muséum des sciences naturelles» (1851) und in «Annales des sciences naturelles» von 1848 bis 1852.

E. E. oder E. e. ist die engl. Abkürzung für Errors excepted (d. i. Irrtum vorbehalten).

Eeckhout (spr. ehkhaut), Gerbrand van den, niederländ. Maler, geb. 19. Aug. 1621 zu Amsterdam, gest. daselbst 22. Sept. 1674, war ein Schüler Rembrandts, begann mit Bildnissen in der Art seines Lehrers und ging dann zu histor. Gemälden über. Lebensvolle Darstellung, eigenartiger Entwurf und geschickte Beleuchtung zeichnen seine Bildnisse, Genrebilder und histor. Gemälde aus; hervorzuheben sind: Ehebrecherin vor Christus (Amsterdam, Sammlung Six), Verstoßung der Hagar (Münchener Pinakothek), Der zwölfjährige Jesus im Tempel (1662; ebd.), David vor Abigail (Kolossalbild; in Schleißheim), Sophonisbe (1664; in Braunschweig), Boas und Ruth (Rotterdam, Museum), Anbetung der Könige (Haag, Gemäldegalerie), Darstellung Christi im Tempel (in der Dresdener Galerie), Die Enthaltsamkeit Scipios (1660; Lille, Museum).

Eeckhout (spr. ehkhaut), Jakob Joseph, niederländ. Maler, geb. 6. Febr. 1793 in Antwerpen, widmete sich anfangs auf der dortigen Akademie der Bildhauerkunst und gewann 1821 in Brüssel den Preis für seine Sterbende Kleopatra. Bald darauf aber wandte er sich mit ebensolchem Erfolg der Malerei zu; von seinen Gemälden sind hervorzuheben: Peter d. Gr. zu Zaandam, Vermählung der Jakobäa von Bayern, Väterliche Ermahnung, Der Liebesbrief, Der blinde Geiger. 1839 wurde E. im Haag, wohin er 1831 übergesiedelt war, Direktor der Akademie; 1859 ging er nach Paris, wo er 1861 starb. Er gab heraus: «Collection de portraits d'artistes modernes nés dans le royaume des Pays-Bas» (Brüss. 1822), «Costumes du peuple de toutes les provinces du royaume des Pays-Bas (edd. 1827).

Eecloo (spr. ehkloh), Hauptstadt des Kantons E. (145,90 qkm, 5 Gemeinden, 29238 E.) im Arrondissement Gent der belg. Provinz Ostflandern, 25 km östlich von Brügge, an den Linien Assenede-E. (18 km) der Belg. Staatsbahnen und Gent-E.-Brügge (47 km), hat (1890) 11879 E., Spitzenfabriken, Flachs- und Wollspinnereien.

Eeden, Frederik van, niederländ. Dichter, geb. 3. April 1860 zu Harlem, studierte zu Amsterdam Medizin und ließ sich zu Bussum bei Amsterdam als Arzt nieder. Er gehört zu den hervorragendsten Dichtern der neuen Richtung, für deren Ziele er die Zeitschrift «De Nieuwe Gids» gründete. E. verfügt über einen dichterischen Stil wie nur wenige seiner Zeitgenossen, er streift allen Konventionalismus ab und findet eine neue, malerische Bildersprache, hält sich aber von den Übertriebenheiten seiner Kunstgenossen fern. Großen Ruhm erwarb er sich mit seinem Märchen aus dem Tierleben: «De kleine Johannes» (Haag 1887; 2. Aufl. 1890; deutsch, Halle 1892), worin er tiefe Gedanken mit reiner Naturpoesie verbindet. Auch seine Bühnenstücke, wie: «Het Sonnet» (Haag 1883), «De Student thuis» (Amsterd. 1886) und «Don Torribio» (1887) wurden wiederholt gespielt.

Eekhoud (spr. ehkhaud), Georges, belg. Schriftsteller, geb. 27. Mai 1854 zu Antwerpen, trat, 18 J. alt, in die Kriegsschule zu Brüssel, entlief aber der Schule, wurde Mitredacteur des Antwerpener «Précurseur» und ließ sich dann auf einem Landgut im Dorfe Capellen inmitten des vläm. Landvolks nieder. Hier fand er reichen Stoff für seine spätern Werke. Finanzielle Verluste zwangen ihn aber wieder schriftstellerisch thätig zu sein. Seit 1881 ist er Mitredacteur des «Étoile belge» in Brüssel. Conscience (s. d.), dessen Bekanntschaft er hier machte und dessen Leben er beschrieb, hatte großen Einfluß auf ihn. E. veröffentlichte drei Gedichtsammlungen: «Myrtes et cyprès» (Par. 1876), «Zigzags poétiques» (edd. 1877) und «Les pittoresques» (edd. 1879), sodann den Roman «Kees Doorik» (Brüss. 1883) und die Novellen «Kermesses» (edd. 1884), «Les milices de Saint-François» (edd. 1886), einen Roman, in dem er die ungebildeten, mystisch-religiösen Sitten der vläm. Bauern meisterlich schildert. 1887 erschienen «Nouvelles kermesses» (edd.), die, wie die frühern, Erinnerungen an seinen Aufenthalt auf dem Lande behandeln. Sein Hauptwerk, der Antwerpener Roman: «La nouvelle Carthage» (Brüss. 1888), schildert in nackter Realität das Leben der Großstadt; sein geschichtlicher Roman «Les fusillés de Malines» (edd. 1890) behandelt die Erhebung der Bauern im J. 1798 gegen das franz. Joch. Das jüngste Werk E.s «Le cycle patibulaire» (1891) ist den Bettlern und Vagabunden gewidmet, die er in den Anstalten zu Merlesplas und Hoogstraten kennen lernte. Wiewohl er französisch schreibt, ist er ein begeisterter Kämpfer für die vläm. Sache.

Eem, Fluß in der niederländ. Provinz Utrecht, entsteht aus mehrern Wasserläufen in Gelderland, wird bei Amersfoort schiffbar und mündet an der Südseite der Zuidersee. Zur Zeit der Hochwasser des Lek wird ein Teil von dessen Wasser mittels hergestellter Abzüge in die E. abgeworfen.

Eendragt (spr. ehndracht), Arm der Scheldemündungen, zwischen den niederländ. Provinzen Seeland und Nordbrabant.

Eëtion, Vater der Andromache (s. d.).

Efendi oder Effendi (aus dem byzant.-griech. authéntēs, «Herr»), eine türk. Ehrenbezeichnung, die in der Anrede als Höflichkeitswort, wie das deutsche Herr (mit dem Suffix: Efendim, mein Herr) gebraucht wird, deren aber gewisse Staatsbeamte und überhaupt Leute von Schulbildung sich als einer Art Titulatur bedienen. In diesem Falle wird E. dem Eigennamen und gelegentlich dem Amtstitel dauernd angehängt und selbst im vertrautesten Familienverkehr nicht weggelassen, z. B. Diwan-Efendi, Reis-Efendi (s. d.) u. ähnl. Im engern Sinn bezeichnete man früher mit dem Titel E. die Sekretäre des Sultans, des Großveziers und der Paschas. Den Titel E. führen eigentümlicherweise auch die großherrl. Prinzen, gleichsam um einen Vorzug dieses durch geistige Anstrengung zu gewinnenden und somit für jeden erreichbaren Titels vor den sich vererbenden, wie Aga und Bei, zu bezeugen.

Eferding, Stadt in der österr. Bezirkshauptmannschaft Wels in Oberösterreich, in der Donauniederung am rechten Ufer, 4 km von dem Strom entfernt, an der Linie Wels-Aschach der Österr. Staatsbahnen, ist Dampferstation und hat (1890) 1456, als Gemeinde 2155 E., Post, Telegraph, Bezirksgericht (207,24 qkm, 10 Gemeinden, 177 Ortschaften, 17288 E.), schöne spätgot. Kirche (1451—1510 erbaut) mit wertvollen Altertümern, evang. Kirche für die zahlreichen Evangelischen der Umgegend, fürstl. Starhembergisches Schloß mit Waffen- und Gemäldesammlung und wertvollem Archiv. In der Nähe auf bewaldeter Berglehne die großartigen Ruinen der Schaumburg (1150—70). Im Nibelungenlied wird E. (Evirdingen) als ein Ort genannt, wo Kriemhild auf ihrer Fahrt in das Hunnenland übernachtete. Einst soll die Donau den Ort berührt haben. Vgl. Kopal, Geschichte der Stadt E. (im 34. Linzer Musealbericht).

Effaciëren (frz., spr. effaß-), auslöschen, austilgen.

Effekt (lat.), die Wirkung einer Ursache, s. Kausalität. In der Mechanik, Physik und besonders Technik wird E. für die Größe der mechan. Arbeit gebraucht, die eine Kraft in der Zeiteinheit (gewöhnlich 1 Sekunde) leistet. Der E. ist gleich dem Produkte aus der Kraft mit der Geschwindigkeit ihres Angriffspunktes. Als Einheit des E. gilt das Sekundenmeterkilogramm oder das Sekunden-Kilogrammmeter, d. i. die Arbeit von 1 Kilogrammeter (s. d.) in der Sekunde. Bei sehr großen Arbeiten wird als Einheit die Pferdestärke (s. d.), die 75 Kilogrammmeter in der Sekunde beträgt, angenommen. Zieht man von dem E. einer Maschine alle Effektverluste durch Reibung, Bewegungshindernisse u. dgl. m. ab, so bleibt der Nutzeffekt als verwertbarer Rest. Dieser wird mittels Dynamometer (s. d.) gemessen.

Im ästhetischen Sinne bezeichnet E. die Wirkung, die ein Werk der Poesie, der bildenden Kunst, der Musik u. s. w. hervorbringt. Der Künstler, dessen Darstellung deutlich die Absicht an den Tag legt, durch alle Mittel die Aufmerksamkeit unablässig in Spannung zu erhalten, arbeitet auf den E. hin. Effektrollen sind solche, in denen mit wohlfeilen Mitteln Wirkungen des Applauses zu erzielen sind, deshalb auch dankbare Rollen genannt.

Über E. und Effektstoß beim Billardspiel s. Billard (Bd. 3, S. 2a).

Effékt, elektrischer, ist das Produkt: Elektromotorische Kraft × Stromstärke, und wird gemessen durch die Einheit 1 Volt × 1 Ampère = 1 Voltampère = 1 Watt. Als größere Effekteinheit benutzt auch die Elektrotechnik die Pferdestärke $= 75 \frac{\text{Kilogrammeter}}{\text{Sekunde}} = 736$ Watt, vielfach aber auch, namentlich in England, das Kilowatt = 1000 Watt = 1,36 Pferdestärken.

Effekten (nach dem frz. effets) heißen diejenigen Wertpapiere, welche von Staaten, Provinzen, Gemeinden oder andern öffentlichen Verbänden, sowie von Industrie- und Handelsgesellschaften, mitunter auch von einzelnen Standesherren ausgegeben werden und Gegenstand des Handels bilden. Sie zerfallen in zwei Hauptklassen: Obligationen (s. d.) oder Fonds im weitern Sinne und in Aktien, je nachdem sie ihre Entstehung einer Anleihe (s. d.) verdanken oder die Teilhaberschaft an einem industriellen oder kommerziellen Unternehmen darstellen. Der Kaufpreis einer verzinslichen Obligation mit laufendem Coupon (s. d.) in einer zwischen den Zinsterminen liegenden Zeit enthält sog. Stückzinsen (s. d.) für die abgelaufene Zeit. Bei Aktien (s. Aktie und Aktiengesellschaft) unterscheidet man gewöhnlich nach den Unternehmungen Eisenbahn-, Bank-, Versicherungs-, Dampfschiffahrts- und Bergwerksaktien (Kuxe, s. d.), ferner nach der Zeit der Ausgabe, bez. nach der Qualität der Aktien, Stammaktien, junge Aktien und Prioritätsaktien oder Stammprioritäten. Über die sog. Börsenzinsen im Handel mit Aktien s. Dividende.

Den Effektenmarkt bildet die Börse (s. d.). Die Preise (Kurse, s. d.) der E. werden ebenso wie die der Wechsel, Münzsorten und edlen Metalle in den Kurszetteln notiert, entweder in Verbindung mit diesen oder in besondern Fondskurszetteln. Die Notierung erfolgt meistens in Prozenten des Nennwertes, seltener für das Stück und dies überhaupt nur dann, wenn alle Stücke den gleichen Nennwert haben, z. B. Prämienlose und (in Wien) Aktien.

Der Handel mit E. vollzieht sich an den Börsen durch Effekten- oder Fondsmakler (s. Makler). Die Umsätze in E. an den Börsen werden im Deutschen Reiche (und anderwärts) durch Schlußnotenstempel besteuert (s. Börsensteuer). Im kommissionsweisen An- und Verkauf von E. durch Banken oder Bankiers ist der Stempel zweimal (sowohl vom Anschaffungs- als auch vom Abwicklungsgeschäft) zu entrichten. Wie der Stempel den Kontrahenten gegenüber zu verrechnen ist, entscheidet Verordnung oder Usance. Über die Ausgabe der E. und die Einführung derselben in den Verkehr s. Emission.

Effektenbanken, spekulative, gewöhnlich in großem Stil betriebene Bankunternehmungen, die neben gewöhnlichen Bankgeschäften besonders Anleiheemissionen, Gründung von Aktiengesellschaften, Handel mit Börseneffekten u. dgl. betreiben. (S. Crédit mobilier.) Vgl. Sattler, Die E. (Lpz. 1890).

Effektenbörse, s. Börse (Bd. 3, S. 325a).

Effektencheck, s. Effekten-Girodepot.

Effektengeschäft, im engern Sinne der gewerbmäßige Ankauf und Verkauf von Wertpapieren (Wechsel und dergleichen Papiere ausgenommen) entweder für eigene Rechnung der Banken und Bankiers oder in Kommission. Eine wichtige Art dieses E. ist die Effektenarbitrage. Im weitern Sinne kann man auch die zur Emission (s. d.) von Effekten gehörigen Geschäfte, ferner die Beleihung derselben in der Form von Lombard (s. d.), Report und Deport (s. d.), sowie das Coupongeschäft, d. i. die käufliche Übernahme von Zins- und Dividendenscheinen, bez. die Einlösung für Rechnung der Emittenten zum E. rechnen.

Effekten-Girodepot, die an größern Börsenplätzen durch gewisse Bankinstitute — in Berlin durch die Bank des Berliner Kassenvereins, in Wien durch den Wiener Giro- und Kassenverein — getroffene Einrichtung, Effekten der Vereinsmitglieder in Verwahrung zu nehmen, über die jene vermittelst sog. Effektenchecks verfügen können, sodaß ohne Herausnahme der Effekten die Übertragung auf andere Personen erfolgen kann.

Effektensocietät, eine mit den Rechten einer jurist. Person ausgestattete Gesellschaft in Frankfurt a. M., welche außer den Börsenstunden (an Wochentagen zwischen $5^1/_4$ und $6^1/_2$ Uhr nachmittags, im Winter auch Sonntags von $11^1/_4$—$12^1/_4$ Uhr) und in ihrem eigenen Lokal Handelsgeschäfte in Wertpapieren abschließt. Für einen derartigen außerofficiellen Börsenverkehr, welcher auch auf offener Straße stattfinden kann, hat man an andern Orten, z. B. in Wien, mit Rücksicht auf die Zeit der Zusammenkunft den Namen Abendbörse (s. d.).

Effektenversicherung gegen Kursverlust wird bei denjenigen verlosbaren Wertpapieren genommen, deren jeweiliger Kursstand höher ist als der Parikurs (100), zu welchem sie im Falle der Verlosung zurückbezahlt werden; bei Prämienanleihen und Losen, wenn ihr Kursstand — und dies ist meistens der Fall — höher ist als der niedrigste Treffer, zu welchem sie möglicherweise gezogen werden. Die Versicherung wird von den meisten Bankhäusern übernommen und entweder für eigene Rechnung behalten oder ganz oder teilweise an andere Bankiers weiter gegeben. Sie besteht in der Regel darin, daß der Versicherte gegen Bezahlung einer kleinen Prämie die schriftliche Zusicherung erhält, daß ihm — im Falle sein Papier in der nächsten Ziehung ausgelost wird — dafür ein anderes, noch nicht gezogenes Stück geliefert werde. Die Versicherung kann eine einmalige sein, oder fortlaufend genommen werden. Bei großem Besitz von verlosbaren Effekten kann man von der Versicherung dann absehen (Selbstversicherung nehmen), wenn der wahrscheinliche Kursverlust bei der Auslosung geringer ist als die Summe der Prämien.

Effektiv (lat.), wirklich, in Wirklichkeit vorhanden; bedeutet in den Zusammensetzungen Effektivgeschäft, effektive Lieferung, im Gegensatze zum reinen Differenzgeschäft (s. d.) Geschäfte, bei welchen die Lieferung der Ware entweder sofort beim Abschluß des Geschäfts erfolgt oder doch nach einer gewissen Zeit wirklich beabsichtigt ist. Auch wendet man das Wort auf Münzsorten an, die als solche in natura und nicht in gleichwertigen Beträgen anderer Geldsorten gezahlt oder geliefert werden müssen. Ferner bezeichnet man es mit effektiv, wenn dort, wo ein Agio (s. d.) besteht, in der ursprünglichen Währung, nicht in der entwerteten zu zahlen ist; z. B. trassierte man «francs effectifs», solange die Papierfrancs Disagio hatten. Hat die in einem Wechsel oder in einem Vertrage bezeichnete Münzsorte am Zahlungsorte keinen Umlauf oder lautet die Verpflichtung auf eine Rechnungswährung, so hat der Gläubiger die in Landesmünze nach dem Wert zur Verfallzeit angebotene Zahlung anzunehmen. Anders wenn durch Gebrauch des Wortes effektiv oder eines gleichbedeutenden Wortes die Zahlung gerade in der in der Urkunde bezeichneten Münzsorte bedungen ist (Deutsche Wechselordnung, Art. 37; Handelsgesetzbuch, Art. 336).

Effektivstand, der bei den Truppenteilen in einem bestimmten Zeitpunkte wirklich vorhandene Stand an Mannschaften, Pferden u. s. w. im Gegensatz zu dem Sollbestand des normalen Etats.

Effektstoß, s. Billard (Bd. 3, S. 2a).

Effektuieren (frz.), bewerkstelligen, ausrichten.

Effeminieren (lat.), weibisch machen oder werden, verweichlichen; Effemination, Verweichlichung.

Effendi, s. Efendi.

Effervescént (lat.), aufbrausend; Effervescentia, Brausepulver; Effervescénz, Aufbrausen, Aufwallung.

Effervescieren (lat.), das Aufbrausen einer Flüssigkeit, das durch das stürmische Entweichen von gasförmiger Kohlensäure eintritt, wenn kohlensaure Salze durch Säure zersetzt werden, z. B. beim Einschütten von Brausepulver in Wasser. In dem offiziellen lat. Namen Magnesium citricum effervescens für Brausemagnesia (s. Citronensäure) ist dieser Ausdruck angewendet.

Effestucatio (Exfestucatio, Resignatio, mittellat.), der Besitzräumungsvertrag, der im frühern Mittelalter bei den Germanen, besonders den Franken, zwischen Verkäufer und Käufer eines Grundstücks durch mündliche Erklärung und Übergabe eines Halmes (festuca) oder Stabes abgeschlossen wurde. Nur dadurch ging das Eigentum auf den Käufer über. Später nannte man den Akt der Eigentumsübertragung Auflassung (s. d.).

Effet (frz., spr. -feh), beim Billardspiel soviel wie Effekt, s. Billard (Bd. 3, S. 2a).

Effigies (lat.), Bildnis, Bild; in effigie verbrennen, ihn im Bildnis, eine Abbildung von ihm verbrennen.

Effikacität (frz.), Wirksamkeit, Kraftwirkung.

Effilieren (frz.), ausfasern, Fäden auszupfen; Effilé, ausgefädelte Franse; Effilüre, Ausfaserung.

Effizieren (lat.), bewirken; effiziént, wirksam; Effiziénz, Wirksamkeit.

Efflation (neulat.), das Aufstoßen aus dem Magen.

Efflorescénz (lat.), in der Botanik die Blütezeit der Pflanzen; in der Mineralogie die Erscheinung des Efflorescierens (s. Auswittern). — Über E. in der Medizin s. Ausschlag.

Effluieren (lat.), ausströmen, ausfließen, verfließen; Effluvium, Ausströmung, Ausdünstung; Effluxion, Ausfluß.

Effodieren (lat.), nachgraben.

Effort (frz., spr. effohr), Anstrengung.

Effossion (lat.), Ausgrabung.

Effraktion (neulat.), Erbrechung, Ausbrechung (z. B. aus dem Gefängnis), gewaltsame Befreiung eines Gefangenen; im franz. Recht auch Einbruch behufs Diebstahls; in der Chirurgie soviel wie Schädelbruch.

Effrenieren (lat.), zügellos machen; Effrenation, Zügellosigkeit.

Effronté (frz., spr. effrong-), unverschämt, frech; Effronterie (spr. -ongt'rih), Unverschämtheit, Frechheit.

Effroyable (frz., spr. effröajábl), schrecklich, fürchterlich.

Effulguration (neulat.), das Aufblitzen, Erleuchtung, Erhellung.

Effundieren (lat.), ausströmen, ausgießen; Effusion, Ausströmung, Erguß, Verschwendung.

Effusa et ejecta (lat.), Ausgegossenes und Ausgeworfenes. Ist aus einem Gebäude nach einer öffentlichen Straße oder nach Orten hinaus, wo Menschen zu verkehren pflegen, etwas ausgegossen oder ausgeworfen worden, so hat der dadurch an seinem Körper oder an seinen Sachen Beschädigte gegen den Inhaber des Gebäudes oder, wenn mehrere das Gebäude nach Abteilungen innehaben, gegen den Inhaber der Abteilung, aus welchem gegossen oder geworfen ist, einen Anspruch auf Schadenersatz, nach gemeinem Recht, nach Österr. Gesetzb. §§. 1318, 1319 und nach Badischem Landr., Satz 1384a ohne Rücksicht, ob den Inhaber selbst ein Verschulden trifft; nach Preuß. Allg. Landr. I, 6, §. 68 nur, wenn der Inhaber die Person des Thäters nicht nachweisen kann; nach Sächs. Bürgerl. Gesetzb. §§. 1554—59 nur, wenn er nicht den Beweis führt, daß weder er selbst den Schaden verschuldet hat noch jemand, für welchen er haften würde; nach dem Deutschen Entwurf §. 729 nur, wenn er weder die Person des Thäters nachweist, noch beweist, daß der Schaden durch eine Handlung verübt ist, für welche er nach allgemeinen Grundsätzen nicht verantwortlich ist.

Effusion, s. Effundieren.

Effusive Gesteine, s. Gesteinsbildung.

E. G., Abkürzung für Eingetragene Genossenschaft.

e. g., Abkürzung für exempli gratia (lat., d. h. zum Beispiel).

Egal (frz.), gleich, gleichmäßig; gleichgültig, einerlei; egalieren, gleich, eben machen; gleich sein, gleiches Ansehen haben; Egalisation, Ausgleichung; Egalität, Gleichheit, Gleichmäßigkeit.

Egalisiermaschine, zur Herstellung von Cakes, s. Biskuit.

Egalisierungstuch, in Österreich-Ungarn das zur Unterscheidung der Regimenter für Kragen, Aufschläge u. s. w. in 28 verschiedenen Farben verwendete Tuch.

Egalitaires (spr. -tähr), diejenigen franz. Socialisten, welche dem Princip der Gleichheit aller im Staate (Egalitarismus) huldigen.

Egalität, s. Egal.

Égalité (frz.), Gleichheit, besonders in polit. Beziehung. Den Namen Philippe É. nahm während der ersten Französischen Revolution der Herzog Louis Philippe Joseph von Orléans (s. d.) an, um seine Sympathie für die Republik zu bezeugen, deren Devise die Worte Liberté, Égalité, Fraternité («Freiheit, Gleichheit, Brüderlichkeit») waren.

Egan (spr. ihgĕn), Pierce, engl. Novellist, Sohn des besonders durch Schilderungen des Londoner Lebens («Life in London», «Tom and Jery», «Boxiana» u. s. w.) und eine «History of pugilism» bekannten ältern Pierce E. (1772—1849), geb. 1814 in London, trat 1834 in die königl. Kunstakademie in London, wandte sich jedoch bald litterar. Thätigkeit zu. In seinen ersten Romanen, wie «Robin Hood» (1838), «Wat Tyler» (1841), «Adam Bell, Olym o' the Cleugh, and William of Cloudeslie» (1842), «Paul Jones» (1842) u. s. w., schloß er sich Scotts histor.-romantischer Schule an und entwickelte schon damals ein Talent für das Sensationelle. Später bemächtigte er sich des reichen Romanstoffs, den die engl. Zeitungen, die Verhandlungen der Gerichtshöfe und das Londoner Volksleben einer auf das Aufregende und Schreckliche gerichteten Phantasie darbieten. Nur verhältnismäßig wenige («Imogen», «The poor girl», «Fair Lilias» u. s. w.) erschienen als besondere Werke; die meisten wurden in den Londoner Novellenzeitungen veröffentlicht. Eine dieser Zeitungen, «Home Circle», leitete E. 1849—54; am «London Journal» war er lange als Hauptmitarbeiter beschäftigt. Neben den litterar. Arbeiten machte E. gelegentlich auch seine Befähigung als Künstler geltend. So illustrierte er «The pilgrim on the Thames», eine Erzählung seines Vaters, und lieferte Holzschnitte für «The Illustrated London News». Eine neue Ausgabe seiner ausgewählten Werke erschien bei Bennett (Lond. 1890). Er starb 6. Juli 1880 in London.

Égard (frz., spr. egahr), Achtung, Rücksicht, Ansehen.

Egarieren (frz.), irre führen, irre machen, sich verirren; Egarement (spr. egar'máng), Verirrung, Irrtum, Geistesabwesenheit.

Egartenwirtschaft, auch Eggarten-, Ödgarten- und (in Oberbayern) Ehegartenwirtschaft, die in Niederösterreich, Steiermark, Oberbayern, im Salzburgischen, in Tirol, im Erzgebirge, Westerwald, Murgthale, in der Eifel, den westfäl. Gebirgen und in Oberschwaben übliche Verbindung der Felder- mit der Koppelwirtschaft (s. d.), wonach sämtliches Areal in drei Schläge gelegt ist, von denen einer als Brache, der zweite zur Weide, der dritte zum Körnerbau benutzt wird. Bei der E. in den Alpen werden die Grundstücke 2—4 Jahre zur Grasbenutzung und ebensolange zum Getreidebau verwendet. Die E. eignet sich für gebirgige Gegenden namentlich deshalb, weil infolge des feuchten Klimas der Graswuchs sich von selbst ansiedelt und sehr üppig gedeiht. Bei hohen Preisen für Vieh und Viehprodukte gewährt die E. eine befriedigende Rente und hat überdies den Vorteil, daß sie wenig Kapital und Arbeit erfordert. Das Wort Egarten (zusammengesetzt aus dem altdeutschen gerta, Rute, Zaun, und e, gesetzlich, also eigentlich: das abgezäunte Land) bedeutet Brachland und gehört der alamann. und bayr. Mundart an. Erst seit dem 13. Jahrh. kommt das Wort (in der Form egert, egerde; noch jetzt in Kärnten ogarte) in der Schriftsprache vor.

Egau, linker Nebenfluß der Donau, entspringt bei Neresheim auf dem Härtfelde in Württemberg und mündet nach 45 km Laufs im SW. von Höchstädt.

Egbert, angelsächs. König (802—839) aus dem zeitweilig vom Thron verdrängten Hause des Cerdic, erwarb, nachdem er längere Zeit in der Verbannung gelebt, 802 die Krone von Wessex zurück. In mehrern siegreichen Kriegen überwand er Cornwall, unterwarf Kent, Ostangeln, Mercia, und als 829 auch die Northumbrier ihn als ihren Herrn anerkannten, hatte er zuerst alle Angelsachsenreiche unter seiner Führung geeint. Er wird daher als der Gründer des Königreichs England angesehen, wenn auch von einem durch ihn beherrschten Einheitsstaate nicht die Rede sein kann. Er ließ die Teilreiche in ihrer Sonderheit bestehen und errichtete nur über diesen Unterkönigen ein westsächs. Oberkönigtum. Die letzten Jahre seiner Regierung waren erfüllt mit Kämpfen gegen die eindringenden Dänen, die er 837 bei Hengestdune (nordwestlich von Plymouth) entscheidend schlug. Er starb 839. Ihm folgte sein Sohn Ethelwulf.

Egede (spr. ej-), Hans, Missionar in Grönland, geb. 31. Jan. 1686 im Kirchspiele Throndenes in Norwegen, studierte in Kopenhagen Theologie, ward 1707 Pfarrer zu Vågen auf den Lofoten, legte 1717 sein Predigtamt nieder und begab sich 1721 nach Grönland, um den eingeborenen Eskimos das Christentum zu predigen. E. gründete an der Westküste eine Kolonie Godthåb (Gute Hoffnung), lernte die Landessprache und schuf sich, von seiner Frau Gertrud Rask kräftig unterstützt, ein reichgesegnetes Arbeitsfeld. Anfangs ward E. nur von der in Bergen begründeten Grönländischen Handelsgesellschaft unterstützt; als diese sich 1726 auflöste, nahm die dän. Regierung sich seines Werks an, befahl aber 1731, die Kolonie wegen der bedeutenden Opfer aufzugeben, und erst Zinzendorf bewog König Christian VI. (1733) zur Bewilligung eines größern Jahresbeitrags. 1733 kamen auch herrnhutische Missionare nach Grönland, mit denen E. mehrfach in Streit geriet. Nach dem Tode seiner Frau kehrte er 1736 nach Kopenhagen zurück, gründete hier ein grönländ. Seminar für Studenten, die zu Missionaren, und für Zöglinge des Waisenhauses, die zu Katecheten ausgebildet werden sollten, und übernahm die Leitung desselben. 1740 zum Superintendenten oder Bischof der grönländ. Kirche ernannt, zog er sich 1747 nach Stubbekjöbing auf der Insel Falster zurück, wo er 5. Nov. 1758 starb. In mehrern Werken, u. a. «Omständelig relation angående den grönlandske missions begyndelse og fortsättelse» (1738), schilderte E. die Missionsgeschichte Grönlands.

Sein Sohn Paul E. wirkte 1734—40 als Gehilfe und Nachfolger des Vaters auf dem grönländ. Missionsgebiet, lehrte 1740 nach Kopenhagen zurück, wurde Lehrer am grönländ. Seminar, später Nachfolger des Vaters im Bischofsamt und starb 1789 zu Kopenhagen. Ein ausgezeichneter Kenner der grönländ. Sprache, schrieb er 1750 ein grönländ.-dän.-lat. Lexikon, 1760 «Grammatica grœnlandico-danico-latina» und vollendete 1766 die vom Vater begonnene Übersetzung des Neuen Testaments.

Egedesminde (d. i. Egedes Andenken), dän. Ansiedelung auf einer Insel an der Westküste Grönlands, südlich von der Diskobai, 1759 vom Kapitän Egede aufgebaut und seinem Vater, dem Missionar Hans Egede (s. d.), zu Ehren benannt, ist ein geschützter Ankerplatz und Station der Walfischfänger, umfaßt als Distrikt 17 Ansiedelungen und 5 Außenstellen. Die Kolonie zählte (1880) 1016 E., darunter 15 Dänen.

Egel, s. Blutegel. Auch eine Gruppe von Saugwürmern (s. d.) wird als E. bezeichnet.

Egelhaaf, Gottlob Albert Friedr., Geschichtschreiber, geb. 1. März 1848 zu Gerabronn in Württemberg, studierte als Zögling des sog. Stifts in Tübingen Philologie und Geschichte, war 1870—74 Amtsverweser am Lyceum in Hall, wurde 1874 Gymnasiallehrer in Heilbronn, seit 1876 mit dem Titel Professor, und seit 1885 desgleichen am Karlsgymnasium in Stuttgart. 1875—78 unternahm er Reisen nach Rom, Paris und den Niederlanden. E. erlangte 1868 mit der Schrift «De Lyciorum terra et rebus gestis» den Fakultätspreis; er veröffentlichte ferner: «Friedrich Wilhelm, der große Kurfürst» (Stuttg. 1880), «Grundzüge der deutschen Litteraturgeschichte» (8. Aufl., Lpz. 1891), «Grundzüge der Geschichte» (3 Tle., 1. u. 2. Aufl., Heilbr. u. Lpz. 1885—90), «Deutsche Geschichte im Zeitalter der Reformation» (gekrönte Preisschrift, 3. Aufl., Berl. 1893), «Kaiser Wilhelm I.» (3. Aufl., Stuttg. 1888), «Analekten zur Geschichte» (ebd. 1886), «Deutsche Geschichte im 16. Jahrh.» (in der Cottaschen «Bibliothek Deutscher Geschichte», ebd. 1888—92).

Egeln, Stadt im Kreis Wanzleben des preuß. Reg.-Bez. Magdeburg, 14 km südlich von Wanzleben, an der zur Saale gehenden Bode und an der Linie Magdeburg-Blumenberg-Staßfurt der Preuß. Staatsbahnen, hat (1890) 5497 E., darunter 1059 Katholiken und 57 Israeliten, Post zweiter Klasse, Telegraph, Amtsgericht (Landgericht Halberstadt); Fabrikation von Zucker, landwirtschaftlichen Maschinen und Dachpappe, sowie Bierbrauereien, bedeutende Lohgerberei, Dampfmühlen und Ziegelbrennereien. Nahebei die Domäne E. mit 83 E. und das Gut *Marienstuhl* mit 94 E., ehemals ein Cisterciensernonnenkloster, 1262 von der Gräfin Gutta von Blankenburg gestiftet.

Egelseuche, s. Leberegelseuche.

Egenolff (*Egenolphus*), Christian, Buchdrucker, geb. 26. Juli 1502 zu Hadamar im Nassauischen, kam 1516 nach Mainz, um humanistische Studien zu treiben, und lernte später die Buchdruckerkunst. Anfang 1529 befand er sich als selbständiger Drucker in Straßburg, doch erwarb er 1530 in Frankfurt das Bürgerrecht und siedelte Anfang 1531 mit seiner Druckerei dahin über, wo zur Zeit keine Buchdruckerei bestand. Sein erstes in Frankfurt gedrucktes Werk war des Stadtschreibers Jak. Köbel zu Oppenheim «Stab Jakob», eine Anleitung zum Messen, welche im Mai 1531 erschien. Seine humanistische Bildung sowie seine persönlichen Beziehungen zu verschiedenen Gelehrten kamen ihm beim Druck und Verlag seiner Schriften sehr zu statten. Die 1533 herausgegebene Chronik der Welt stellte er selbst zusammen; viele seiner Verlagswerke sind mit Illustrationen versehen. In Marburg besaß er seit 1542 eine Filiale. Sein Druckerzeichen war ein Altar mit brennendem Herzen. E. starb 9. Febr. 1555. Das Geschäft wurde von seiner Witwe Margarete (gest. 1577) fortgeführt. — Vgl. H. Grotefend, Christian E. (Frankf. 1881).

Eger, rechter Nebenfluß der Wörnitz, entspringt im württemb. Oberamt Ellwangen, tritt bei Nördlingen in Bayern ein und hat 52 km Länge.

Eger, linker Nebenfluß der Elbe im nordwestl. Böhmen, entspringt im Fichtelgebirge im bayr. Reg.-Bez. Oberfranken, an der Kalten Buche des Schneebergs, in 695 m Höhe, und tritt nach 19 km Laufs (in 466 m Höhe) in Böhmen ein, fließt nach ONO., berührt die Städte E. (448 m) und Karlsbad (370 m) und fließt durch einen engen Felseneinschnitt in Granit, Porphyr und Basalt, begleitet von der Buschtiehrader Bahn bis Klösterle (292 m); dann wendet sie sich zwischen Ufersümpfen nach O. und SO., bei Saaz (200 m) nach O. und darauf plötzlich rechtwinklig nach N. bis Theresienstadt, in dessen Nähe sie in 132 m Höhe, oberhalb von Leitmeritz, 31 m breit, die Elbe erreicht, unterhalb der Ruine des Schlosses Schreckenstein. Sie verfolgt in ihrem Laufe (310 km) den südöstl. Fuß des sächs.-böhm. Erzgebirges. Sie fällt um 563 m, also 1,8 m (in Bayern 12 m) auf jedes Kilometer; Schiffahrt ist daher nur teilweise möglich. Die Farbe der E. ist rötlich; sie ist reich an Fischen. Ihre Zuflüsse sind rechts bei Karlsbad die Tepl (s. d.) und links bei Falkenau die Zwodau aus dem sächs. Vogtlande und die Rohlau.

Eger. 1) **Bezirkshauptmannschaft** in Böhmen, hat 455,32 qkm und (1890) 56790 (27444 männl., 29346 weibl.) E., darunter 2819 Evangelische, 53337 Katholiken und 627 Israeliten; 571 Militärpersonen, 5597 bewohnte Gebäude und 11911 Haushaltungen in 51 Gemeinden mit 145 Ortschaften; sie umfaßt die Gerichtsbezirke E. und Wildstein. — 2) E., czech. Cheb, **Stadt** und Sitz der Bezirkshauptmannschaft E., am Fuße des Fichtelgebirges, in 448 m Höhe, auf einer Anhöhe rechts der E. und an den Linien Reichenbach-E. (99,3 km) der Sächs., E.-Marktredwitz-Nürnberg (151,4 km), E.-Wiesau (26,5 km), Hof-Franzensbad-E. (60,2 km) der Bayr., E.-Pilsen-Gmünd-Wien (455 km) der Österr. Staatsbahnen und E.-Karlsbad-Komotau-Prag (241 km) der Buschtiehrader Eisenbahn, ist Sitz einer Finanzbezirksdirektion, eines Hauptzollamtes, eines Kreis- und eines Bezirksgerichts (278,46 qkm, 26 Gemeinden, 95 Ortschaften, 36919 E.), sowie einer Handels- und Gewerbekammer und hat (1890) 18658 E., darunter 1040 Evangelische und 503 Israeliten, in Garnison (571 Mann) das 4. Bataillon des 73. böhm. Infanterieregiments «Wilhelm, Herzog von Württemberg», Post, Telegraph, Fernsprecheinrichtung. Die bedeutendste kath. Kirche ist die große und prächtige Dekanatskirche St. Nikolaus, im ersten Drittel des 13. Jahrh. gegründet, 1863 renoviert, 1865 wieder mit einem zweiten Turme versehen und 1892 durchgreifend restauriert, Hallenkirche im Übergangsstil mit Spitzbogen und 8 Pfeilern, Malereien von Lukas (vor 1476; 1856 aufgefunden) und schöner neuer Kanzel; ferner sind zu erwähnen eine evang. Kirche, Synagoge, Dominikanerkloster mit der Wenzelskirche (13. Jahrh.), Franziskanerkloster (1260), eine Kommende des ritterlichen Kreuzherrenordens mit dem roten Sterne. E. hat ein Obergymnasium, eine deutsche Lehrer-, eine private Lehrerinnenbildungsanstalt, eine Zeichen- und Modellierschule, eine gewerbliche und eine kaufmännische Fortbildungsschule, 2 Bürger-, eine evang. und 4 Volksschulen, ein Versorgungshaus für arme Bürger (Bruderhaus) und andere Wohlthätigkeitsanstalten. Im Stadthause (früher Kommandantenhaus genannt) am Markt wurde 25. Febr. 1634 Wallenstein ermordet, am Abend vorher in dem jetzt verfallenen Palas der alten kaiserl. Burg (in einem Basteiwinkel der frühern Befestigung auf einem Felsen über der E., um 1157 von Kaiser Friedrich I. erbaut und jetzt restauriert) die kaiserl. Generale Illo, Trčka (Schillers Terzky), Kinsky und Neumann. Die von Wallenstein bewohnten Zimmer im obern Stock des Stadthauses enthalten seit 1872 das Museum der Stadt E. und des Egergaues mit zahlreichen Erinnerungen an Wallenstein, Antiquitäten und Bildern. An der Burg sind bemerkenswert der aus Lavablöcken vor 1100 erbaute Schwarze oder Heidenturm, die zierliche Doppelkapelle, unten romanisch (1213 vollendet), oben spitzbogig (1295), in der Friedrich Barbarossa mit Adelheid von Vohburg getraut worden sein soll. (Vgl. Grueber, Die Kaiserburg zu E., Prag 1864.) Die *Industrie* erstreckt sich auf Fabrikation von Maschinen, Woll-, Baumwoll- und Webwaren und Leder, außerdem besteht eine Dampfbrauerei, mehrere Mehl- und eine Dampfschneidemühle. In der Nähe der Lavakegel Kammerbühl (500 m), von Goethe beschrieben, 5 km nördlich Franzensbad (s. d.).

Geschichte. Die Gegend an der obern E. war nach den Naristern von Slawen bewohnt, wurde aber nach und nach germanisiert und 1002 politisch mit Deutschland vereinigt. Im 12. Jahrh. war das

Land im Besitz des Markgrafen Dietpold von Cham und Vohburg, durch dessen Tochter Adelheid, Gemahlin Kaiser Friedrichs I., es an die Staufen kam. In dieser Zeit entstand die Stadt E., welche nach dem Untergang der Staufen Reichsstadt wurde. 1266 nahm sie Ottokar II. von Böhmen in Besitz, doch kam sie unter Rudolf von Habsburg wieder an das Reich zurück. Seit Ludwig der Bayer sie 1315 an König Johann von Böhmen verpfändet hatte, blieb sie bei Böhmen. In den Hussitenkriegen hatten Stadt und Umgegend, welche auf Seite der Kreuzfahrer standen, viel zu leiden, ebenso wie 1631 durch die Schweden und 1742 und 1745 durch die Franzosen, welche beide sie eroberten.

E. ist die Hauptstadt des **Egerbezirks**, dessen 40000 Bewohner, **Egerländer** genannt, sich durch Lebensweise, Sprache, Sitten und Trachten von ihren Nachbarn unterscheiden. Der Bezirk war früher ein unmittelbarer Teil des Deutschen Reichs, wurde aber später nach langen Streitigkeiten über den Besitz desselben zwischen Bayern und Böhmen auf immer mit letzterm vereinigt. — Vgl. Grüner, Beiträge zur Geschichte von E. (Prag 1843); Pröll, E. und Egerland (ebd. 1845); Kürschner, E. und Böhmen (Wien 1870); Drivok, Ältere Geschichte der deutschen Reichsstadt E. und des Reichsgebietes Egerland (Lpz. 1875); Gradt, Chroniken der Stadt E. (Prag 1884); Monumenta Egrana (Eger 1886) und Geschichte des Egerlandes (ebd. 1892).

Eger, ungar. Name von Erlau (s. d.) in Ungarn.

Egeran, Mineral, s. Vesuvian.

Egerbezirk, s. Eger (Stadt).

Eger-Franzensbad, s. Franzensbad.

Egeri, Schweizerthal, s. Ägeri.

Egeria, bei den Römern eine der Kamenen, von welcher der Sage nach König Numa, dessen Gemahlin sie geworden, bei nächtlichen Zusammenkünften Ratschläge erhielt. Als der Ort, wo dieses geschah, galt der Hain der Diana bei Aricia, worin eine Quelle als die der E. angesehen wurde, oder ein Hain vor dem Capenischen Thor außerhalb der Servianischen, aber innerhalb der Aurelianischen Mauer um Rom, außerhalb welcher man heutzutage im Thale des Almo (Caffarella) die mit Unrecht so genannte **Grotte der E.** zeigt. Ursprünglich Quellgöttin, wurde E. dann zu einer weissagenden Gottheit, vor allem aber zu einer Beschützerin der Geburten (E. = Herausführerin). — E. heißt auch der 13. Planetoid.

Egerieren (lat.), ausführen, abführen.

Egerländer, s. Eger (Stadt).

Egersund, Seestadt (Ladested) im norweg. Amte Stavanger, an dem schmalen Sunde, der Eker-ö vom Festlande trennt, und an der Linie Stavanger-E. (76 km) der Norweg. Staatsbahnen, mit gutem Hafen, hat (1891) 2960 E. und eine große Fayencefabrik. In der Umgegend findet man Titaneisen; bedeutend ist der Makrelen- und Hummernfang.

Egerton (spr. éddschert'n), s. Ellesmere.

Egesta, alte Stadt, s. Segesta.

Egestion (lat.), Abführung (durch den Stuhlgang).

Egestorff, Georg, Industrieller, geb. 7. Febr. 1802 zu Linden bei Hannover, legte 1831 die Saline Egestorffshall an und übernahm nach dem Tode seines Vaters **Johann E.** (geb. 1772 in Lohnde bei Hannover, gest. 1834) dessen weitverzweigte Unternehmungen (Kohlengruben im Deister, Steinbrüche, Holzhandel, Zuckerraffinerie in Linden u. a.). 1835 begründete er eine Eisengießerei für Dampfmaschinen und Dampfkessel, seit 1846 auch für Lokomotiven, die bis Ende 1867 650 Dampfmaschinen, Lokomobilen und Dampfpumpen, 1200 Dampfkessel, hydraulische Krane, Pumpwerke für Wasserkünste u. a. lieferte. Ferner errichtete er 1839 eine chem. Fabrik, namentlich für Soda, 1856 eine Ultramarin- und Zündhütchenfabrik. Für die Arbeiter begründete er außer Krankenunterstützungs- und Sterbekassen einen Kindergarten nebst Kinderbewahranstalt und eine Freischule; eine 1855 begründete Volksspeiseanstalt mußte 1876 wegen geringer Benutzung geschlossen werden. Er starb 27. Mai 1868 zu Hannover.

Die Maschinenfabrik E.s ward nach seinem Tode von Strousberg in Berlin angekauft, ging aber bereits 1871 an die Hannoversche Maschinenbau-Aktiengesellschaft über. Die Salinen, die Farbenfabrik und das chem. Etablissement fielen unter der Firma «Georg E.s Salzwerke» an eine Aktiengesellschaft; die Zündhütchenfabrik, die Ziegeleien und die Bergwerke im Deister kamen an eine dritte Gesellschaft unter der Firma «Lindener Zündhütchen- und Thonwarenfabrik».

Egg oder Eig, Insel (22 qkm) an der Westküste der schott. Grafschaft Inverneß, im Senir of E. 337 m hoch, zählt (1881) 291 E. — E., Schloß in Bayern, s. Deggendorf. — E., Dorf im Bregenzerwald (s. d.).

Eggan, Stadt in Nupe im NW. Afrikas, am rechten Ufer des Niger, etwa 110 km oberhalb der Binuëmündung in 8° 42' nördl. Br., von Morästen umgeben, zieht sich etwa 3 km weit am Flusse hin, hat 25000 E. und ist ein Mittelpunkt des Verkehrs. Stadt und Umgebung stehen nominell unter der Schutzherrschaft der engl. Niger-Company (s. Nupe).

Eggartenwirtschaft, s. Egartenwirtschaft.

Eggberg, s. Blauenberg.

Egge, in der Geographie besondere Benennung für Kamm (s. Gebirge). — In der Weberei ist E. soviel wie Sahlleiste.

Egge (lat. occa), nach dem Pfluge das wichtigste Werkzeug der Landwirtschaft, das gewöhnlich aus einem Gestell mit senkrecht oder schräg eingesetzten Zinken besteht, die den Boden aufreißen, zerkrümeln, lockern und reinigen (s. Tafel: **Landwirtschaftliche Geräte und Maschinen I,** Fig. 11). Ohne die Arbeit der E., die derjenigen des Rechens beim Gartenbau entspricht, kann kein vollkommener Ackerbau gedacht werden. Es giebt eine große Anzahl von in der Konstruktion gänzlich verschiedenen E. Die gewöhnliche Form derselben ist das Viereck, namentlich das Quadrat. Rhombische E. sind ebenfalls nicht selten; manche haben auch die Form von Paralleltrapezen. Dreieckige finden sich häufig, seltener sechs- oder mehreckige. Manche vereinen mehrere dieser Formen, andere weichen gänzlich davon ab und nähern sich z. B. der Gestalt der Walze, wie die norwegische, Mortons rotierende E. Eigentümlich sind die in neuester Zeit eingeführten amerik. Rundeggen, ferner die Ketteneggen, Mooseggen, Gliedereggen (Fig. 13) u. s. w., die größtenteils ganz aus Eisen angefertigt werden. Außer nach der Gestalt ihres Rahmens teilt man auch die E. ein in einfache, gegliederte und mehrfache. Die beiden letzten Arten bestehen aus Verbindungen von zwei oder mehrern E. miteinander, wodurch die Wirksamkeit der Instrumente sehr erhöht wird. Unter den mehrfachen sind die engl. eisernen **Zickzackeggen** (Fig. 14) die bekanntesten. **Dorneggen** nennt man mit Dornreisig durchflochtene Rahmen, zum Unterbringen seiner Sämereien. **Waldeggen** wendet der Forstmann an; sie sind klein und rund, damit sie sich nicht zwischen die Bäume klemmen. Eine besondere Art sind die **Messereggen** oder Skarifikatoren, ferner die **Löffeleggen** mit starken nach vorn etwas gekrümmten und an der Hinterseite hohlen Zähnen, die **Wieseneggen** (s. d.), die **Furcheneggen** oder **Igel**, zur Bearbeitung der Zwischenräume der Reihenfrüchte. Die Zwecke, die man durch die Anwendung der E. zu erreichen sucht, sind: Ebnung und Mischung der Ackerkrume, Vorbereitung des Bodens zur Saat, Aufreißen der festen Ackerdecke, Vertilgung der Unkräuter, Entfernung von kulturhinderlichen Gegenständen, Unterbringen des Saatguts, Aufreißen von Klee, Luzerne, Wiesen, Weizen u. s. w. zum Behuf der Verjüngung. Die E. werden durch ihr eigenes Gewicht in den Boden gedrückt; ihr Tiefgang richtet sich also nach der eigenen Schwere, nach der Beschaffenheit des Bodens und nach der Form der Eggenzähne. Da die Widerstände, die die E. bei dem fast immer durch Pferde bewirkten Fortbewegen im Boden findet, örtlich beständig wechseln, so macht die E. eine schlängelnde Bewegung, was eine vollkommenere Zerkleinerung der Erdschollen zur Folge hat. Die E. war den Ägyptern und Juden bekannt, nicht aber den Griechen, die nur Harken zum Unterbringen des Samens benutzten. Die Römer besaßen dagegen mehrere Arten E. Vgl. Fritz, Handbuch der landwirtschaftlichen Maschinen (Berl. 1880); Perels, Handbuch des landwirtschaftlichen Maschinenwesens (2. Aufl., 2 Bde., Jena 1880); Wüst, Landwirtschaftliche Maschinenkunde (2. Aufl., Berl. 1889).

Egge, Gebirgszug in Westfalen, der Ostrand des rhein. Schiefergebirges gegen Münsterland, reicht von der Diemel nach N. bis zum Völmerstod (467 m), verbindet die Waldeckschen Höhen mit dem Lippeschen Walde und ist fast ganz bewaldet. Die Hausheide hat 445 m. Der E. folgt der Linie Warburg-Altenbeken der preuß. Staatsbahnen.

Eggeling, Julius, Sanskritist, geb. 12. Juli 1842 zu Hecklingen in Anhalt, studierte 1862—66 in Breslau und Berlin, begab sich 1867 nach England, wo er 1869 zum Sekretär und Bibliothekar der Royal Asiatic Society zu London ernannt wurde, mit welcher Stellung er von 1872 ab die Sanskritprofessur am University College ebendaselbst verband. Seit 1875 ist er Professor des Sanskrit und der vergleichenden Sprachwissenschaft an der Universität zu Edinburgh. Seine wichtigsten Schriften sind: eine Abhandlung über einen bisher unbekannten südind. Kommentar zum «Rigvêda-Prâtiçâkhya» (in M. Müllers Ausgabe und Übersetzung dieses Werks, Lpz. 1869), die Ausgabe des «Kâtantra» (mit dem Kommentar des Durgasinha, 6 Hefte, Kalkutta 1874—78), die Ausgabe von «Vardhamânas Ganaratnamahodadhi» (2 Tle., Lond. 1879—80), «The Çatapatha-Brâhmana, translated according to the text of the Mâdhyandina School» (Bd. 1 und 2, Oxford 1882—85), «Catalogue of Buddhist Sanscrit manuscripts in the possession of the Royal Asiatic Society» (im Verein mit Cowell in Cambridge, 1875), der Artikel «Sanskrit language and literature» in der «Encyclopædia Britannica» (1887) und der «Catalogue of Sanskrit manuscripts in the library of the India Office» (Teil 1: Vedic Mss., Lond. 1887; Teil 2: Grammar, lexicography, prosody, 1889).

Eggenberg, Gemeinde in der österr. Bezirkshauptmannschaft und dem Gerichtsbezirk Graz (Umgebung) in Steiermark, rechts der Mur, an Graz im W. angrenzend, hat (1890) 6880 deutsche E., Post, Telegraph, ein prachtvolles Schloß mit Park, seit dem Aussterben des berühmten Geschlechts der Eggenberger (1742) dem Grafen von Herberstein gehörig; eine große Eisenwarenfabrik, eine Kaltwasserheilanstalt. E. ist ein beliebter Ausflugsort.

Eggenberg, Hans Ulrich, Freiherr, später Fürst von, geb. 1568, aus einem der angesehensten und reichsten Geschlechter Österreichs, schloß sich, obgleich Sohn eines Protestanten, der kath. Partei an und eröffnete sich dadurch am Hofe Erzherzog Ferdinands II. von Steiermark, des spätern Kaisers Ferdinand II., eine glänzende Laufbahn. 1602 zum Landeshauptmann von Krain und 1603 zum Geh. Rat und Präsidenten der Hofkammer ernannt, ging E. 1605 im Auftrage Kaiser Rudolfs an den Hof von Madrid; 1615 wurde er Oberhofmeister Ferdinands. Der Umkreis seiner Gewalt wuchs ungemein, als Ferdinand seinem Vetter Matthias 1619 in Gesamtösterreich, darauf im Kaisertum nachfolgte. Bei der Wahl in Frankfurt war E. besonders thätig. In dem nun folgenden Dreißigjährigen Kriege zeigte sich E., der von Ferdinand zum Direktor des Geheimen Rates ernannt war, als Gegner der span. und bayr. Politik. Der Gegensatz verschärfte sich, als E. sich Wallensteins energisch annahm, und ergriff alle Kreise der Regierung: während Harrach, Werdenberg und Questenberg zu E. hielten, fand der span. Gesandte Oñate an Graf Trauttmansdorff und Meggau, besonders aber an dem kaiserl. Beichtvater Lamormain einflußreiche Helfer. Gegen E. ebensosehr wie gegen Wallenstein richteten sich die Anstrengungen der span.-bayr. Partei, denen dieser 1630 erlag. Ebenso war es aber auch wieder E., der Wallenstein nach den großen Siegen Gustav Adolfs im Frühjahr 1632 von neuem unter unerhörten Bedingungen an das Kaiserhaus fesselte. Den zweiten vernichtenden Sturz des großen Feldherrn vermochte auch E. nicht zu verhindern. Das Vertrauen des Kaisers genoß er zwar auch fortan, aber eine schwere Krankheit, der er 18. Okt. 1634 erlag, nötigte ihn, sich von den Geschäften zurückzuziehen. Großartig waren die Reichtümer und Würden, die seine glanzvolle Laufbahn ihm verschaffte. Besonders die Katastrophe der böhm. Empörung brachte ihm große Gütermassen, vor allem die Herrschaft Krumau, von der er 1628 den Herzogstitel und das Recht des Münzschlags erhielt, nachdem er schon 1623 in den Reichsfürstenstand erhoben war. Auch in Steiermark und Krain erwarb er Besitzungen. — Vgl. H. von Zwiedineck-Südenhorst, Hans Ulrich Fürst von E. (Wien 1880).

Eggenberg, Joh. Karl, s. Eckenberg.

Eggenburg, Stadt in der Bezirkshauptmannschaft Horn in Niederösterreich, in 325 m Höhe, an der Ostseite des Manhartsbergs und an der Linie Wien-Eger der Österr. Staatsbahnen (Franz-Josephsbahn), hat (1890) 2320 E., Bezirksgericht (214,41 qkm, 35 Gemeinden, 41 Ortschaften, 13535 E.), spätgot. Pfarrkirche, um die Mitte des 15. Jahrh. zwischen zwei roman. Türme aus dem 12. Jahrh. hineingebaut, im Innern ähnlich ausgeschmückt wie der St. Stephansdom in Wien, sowie eine Klosterkirche der Redemptoristen; das sog. gemalte Haus (1547) mit zwei reichverzierten Erkern und einer vollständig mit Sprüchen und Bildern in Sgraffito bemalten Außenwand; ferner Feldwirtschaft, Handel mit Getreide, Wein und Holz.

Eggenfelden. 1) **Bezirksamt** im bayr. Reg.-Bez. Niederbayern (s. d.), hat (1890) 35819 (17477 männl., 18342 weibl.) E. in 64 Gemeinden mit 1235 Ortschaften. — 2) **Marktflecken** mit städtischer Verfassung und Hauptort des Bezirksamtes E., in 391 m Höhe links an der Rott, in fruchtbarer Gegend, an der Nebenlinie Neumarkt-Pocking der Bayr. Staatsbahnen, ist Sitz eines Bezirksamtes und Amtsgerichts (Landgericht Landshut), Rent- und Aichamtes, hat (1890) 2377 kath. E., Postexpedition, Telegraph, vier Kirchen, darunter eine schöne gotische (14. Jahrh.), Franziskanerkloster, Distriktskrankenhaus, Filiale der Barmherzigen und der Armen Schulschwestern, Spar- und Hilfskasse, Ziegeleien, acht Brauereien, Viehzucht und Ackerbau.

Egger (spr. ĕgschähr), Emile, franz. Philolog, geb. 18. Juli 1813 zu Paris, wurde 1835 Lehrer am Collège St. Louis und 1839 Lehrer an der Normalschule für allgemeine und vergleichende Grammatik, nachdem er mit seinem «Examen critique des historiens anciens de la vie et du règne d'Auguste» (Par. 1844) den von der Akademie der Inschriften ausgesetzten Preis erhalten hatte. 1840 zum Hilfsprofessor der griech. Litteratur an der litterar. Fakultät zu Paris ernannt, erhielt er 1855 diese Professur, nachdem er 1854 in die Akademie der Inschriften aufgenommen worden war; 1873 wurde er auch Mitglied des Conseil supérieur für den öffentlichen Unterricht. Er starb 31. Aug. 1885 im Bad Royat. Unter seinen Schriften sind hervorzuheben: «Aperçu sur les origines de la littérature grecque» (Par. 1846), «Essai sur l'histoire de la critique chez les Grecs» (edd. 1850), «Notions élémentaires de grammaire comparée pour servir à l'étude des trois langues classiques» (edd. 1852; 8. Aufl. 1880), «Apollonius Dyscole» (edd. 1854), «Considérations historiques sur les traités internationaux chez les Grecs et les Romains» (2. Aufl., edd. 1866), «L'Hellénisme en France» (2 Bde., edd. 1869), eine treffliche Geschichte über den Einfluß des Griechischen in Frankreich; «Les substantifs verbaux formés par l'apocope de l'infinitif» (1875), «Histoire du livre» (1880) und «Observations et réflexions sur le développement de l'intelligence et du langage chez les enfants» (5. Aufl. 1886). Aus seinem Nachlasse wurde herausgegeben: «La littérature grecque» (Par. 1890). Vgl. Bailly, Notice sur E. E. (edd. 1886).

Eggers, Friedr., Kunsthistoriker, geb. 27. Nov. 1819 zu Rostock, studierte 1841—48 an verschiedenen Universitäten besonders Geschichte, Archäologie und Kunstgeschichte und gründete 1850 in Berlin das «Allgemeine Organ für Kunst und Kunstgeschichte», das er bis 1858 leitete. Er wurde 1863 Professor der Kunstgeschichte an der Akademie zu Berlin und starb daselbst 11. Aug. 1872. Nach seinem Tode erschien von ihm mit Fortsetzung von seinem Bruder Karl E.: «Christian Daniel Rauch» (5 Bde., Berl. 1873—90) und «Gedichte» (Bresl. 1874).

Eggers, Jakob Freiherr von, Militärschriftsteller, geb. 25. Dez. 1704 zu Dorpat, wurde nach der Eroberung Dorpats durch die Russen 1708 mit seiner Mutter als Kriegsgefangener nach Rußland abgeführt. Durch den Frieden von Nystad 1721 erhielt er seine Freiheit wieder und trat in schwed. Kriegsdienste, wo er sich besonders mit dem Studium der Befestigungskunst beschäftigte. Während des poln. Thronfolgekrieges 1733 trat er in den Dienst des Königs Stanislaus Leszczynski, 1735 in hess. Dienste, ward aber bald nach Stockholm zurückgerufen, bereiste hierauf Österreich, Ungarn und Italien und ließ sich 1737 in kursächs. Dienste aufnehmen, wo er 1740 zum Oberstwachtmeister des Ingenieurkorps befördert wurde, mit dem er 1741 am Österreichischen Erbfolgekrieg teilnahm. 1742 wiederum nach Schweden zurückgerufen, machte er als Generalquartiermeister und Adjutant des Königs Friedrich den Feldzug gegen Rußland mit. 1744 ging E. abermals in kursächs. Dienste nach Dresden, von dort 1747 zu den franz. Truppen in die Niederlande, wo er als Volontär der Belagerung von Bergen-op-Zoom beiwohnte und darüber «Journal du siège de Bergopzoom» (Amsterd. 1750) schrieb, das mehreremal ins Deutsche übertragen wurde. Nach Stockholm zurückgekehrt, unterrichtete E. die schwed. Prinzen in den Kriegswissenschaften, gab zu diesem Zwecke Desbois' «Dictionnaire militaire» (2 Bde., Dresd. 1751) verbessert heraus und veröffentlichte endlich selbst ein «Neues Kriegs-, Ingenieur-, Artillerie-, See- und Ritter-Lexikon» (2 Bde., ebd. 1757), das seinen Ruf als Militärschriftsteller begründete. 1751 wurde er Chef der Feldbrigade, 1772 in den schwed. Freiherrenstand erhoben und zum Commandeur des Schwertordens ernannt. E. starb 12. Jan. 1773 in Danzig als Generalmajor. Vgl. Ehrengedächtnis des Freiherrn Jakob von E. (Danz. 1773).

Eggers, Johann Karl, Maler, geb. 1790 in Neustrelitz, gest. daselbst 24. Juli 1863, bildete sich unter Matthäi in Dresden und war später in Rom für die Wiederbelebung der Freskotechnik thätig. Nach Deutschland zurückgekehrt, beteiligte er sich an der Ausführung der von Schinkel entworfenen Wandmalereien in der Vorhalle des Berliner Museums. Von seinen Tafelbildern besitzt das Städtische Museum zu Leipzig: Die heil. Katharina von Alexandrien (1820) und das Bild der Vittoria Caldoni. Vgl. H. K. Eggers, Geschichte des Geschlechts E. (Plön 1879).

Eggert, Franz Xaver, Glasmaler, geb. 11. Nov. 1802 zu Höchstädt a. d. Donau, erlernte zuerst die Dekorationsmalerei in Augsburg, seit 1824 die höhere Malerkunst an der Akademie in München. Als unter König Ludwig I. die Glasmalerei wieder in Übung kam, wirkte E. mit großem Erfolg neben Ainmüller, Wilh. Röckel u. a. an der königl. Glasmalereianstalt, der er von 1829 bis zur Auflösung des Instituts 1851 diente. Zu seinen bedeutendsten Leistungen zählen die Arbeiten für den Dom zu Konstanz, das Münster in Basel, Offenburg, Burgdorf, Lahr, die Stiftskirche von Baden-Baden. E. starb 14. Okt. 1876 in München.

Eggert, Georg Peter Hermann, Baumeister, geb. 3. Jan. 1844 zu Burg bei Magdeburg, studierte an der Bauakademie zu Berlin und unter Strack und erregte bei den betreffenden Wettbewerbungen Aufsehen durch seine vortrefflichen Entwürfe zum Berliner Dom (1868) und zum Nationaldenkmal auf dem Niederwald (1873), welche je einen Preis erhielten. Für den Arndtturm auf dem Rugard (1872), das Kriegerdenkmal zu Magdeburg (1873) u. a. schuf er mit Preisen ausgezeichnete Entwürfe. 1873 bereiste er im Auftrag der Berliner Museen Pamphylien und Pisidien, entwarf seit 1875 die Bauten für die Kaiser Wilhelms-Universität zu Straßburg, von welchen er mehrere selbst ausführte. Nach Berlin zurückgekehrt, leitete er das «Centralblatt der Bauverwaltung», gewann 1880 den ersten Preis beim Wettbewerb für den großartigen Bahnhof in Frankfurt a. M., den er bis 1889 gleichzeitig mit dem Kaiserpalast in Straßburg vollendete. E. lebt als Baurat in Wiesbaden.

Eggestein, Heinr., aus Rosheim im Elsaß, der zweite Drucker Straßburgs nach Joh. Mentelin, wenn man von Gutenbergs Thätigkeit in dieser Stadt absieht. Von Beruf Schreiber und mit einiger gelehrter Bildung versehen, wird er seit 1427 durch längere Zeit als «Insigler» erwähnt. Das Bürgerrecht erwarb er 1442, gab es später aber wieder auf — wohl infolge Verzuges — und erwarb es erst 1459 von neuem. Bald darauf begann er zu drucken und war bestimmter Überlieferung nach zuerst mit Joh. Mentelin verbunden, jedoch keinesfalls lange, denn durch einen Schirmbrief vom 30. April 1466 sicherte Kurfürst Friedrich von der Pfalz als Landgraf vom Elsaß ihm (ohne Joh. Mentelin) seinen besondern Schutz zu. Zahlreiche Drucke, meist sehr umfangreiche, werden ihm zugeschrieben; wenige davon sind datiert, der erste von 1471, der letzte von 1478. Seine spätestens 1466 gedruckte deutsche Bibel galt früher als die erste, ist jetzt aber als Nachdruck der Mentelinschen erwiesen. Er starb wohl bald nach 1478.

Eggischhorn, s. Aletschgletscher.

Eggmühl (Eckmühl), Dorf im Bezirksamt Mallersdorf des bayr. Reg.-Bez. Niederbayern, 21 km südöstlich von Regensburg, an der Großen Laber und der Linie Regensburg-München der Bayr. Staatsbahnen, hat (1890) 334 E., Bahn- und Postexpedition, Telegraph, Schloß und ist durch die Schlacht vom 22. April 1809 denkwürdig geworden. Nachdem der linke Flügel des österr. Heers 20. April von Napoleon I. bei Abensberg geschlagen und 21. April Landshut geräumt war, bedrohte Erzherzog Karl am 21. aus seiner Stellung bei E., dem Hauptpasse nach Regensburg, mit vier Armeekorps Napoleons Heer im Rücken und hoffte sich der Straße nach Donauwörth zu bemächtigen. Allein die von Napoleon an der Laber zurückgelassenen Korps von Davout und Lefèbvre hielten ihn am 21. auf und am 22. nachmittags traf Napoleon mit den Korps von Lannes, Masséna, den Württembergern unter Vandamme und zwei Kürassierdivisionen dem Dorfe E. gegenüber ein, wo bereits die Bayern und Davout gegen das österr. Korps Rosenberg im Treffen standen. Das württemb. Korps nahm das Dorf Buchhausen und besetzte die Waldungen. Hierauf überflügelte Lannes die Österreicher links, während sie, von vorn angegriffen, zurückgedrängt wurden. Bei E. hielten sie wieder Stand; aber stürmend nahm die württemb. Infanterie das Dorf. Bald nachher wurden die Österreicher auch aus dem Walde, der Regensburg deckt, vertrieben und in die Ebene geworfen. Die beiden franz. Kürassierdivisionen, mit der bayr. und württemb. leichten Kavallerie, zusammen 16 Regimenter, brachen nun vor und warfen nach längerm Handgemenge die österr. Reiterei. Dies vollendete die Niederlage der Österreicher und zwang den Erzherzog zum Rückzug über die Donau nach Regensburg. Davout wurde von Napoleon zum Fürsten von E. ernannt.

Egg-shells (engl., spr. schells), s. Eierschalenporzellan.

Egham (spr. eggĕm), Dorf in der engl. Grafschaft Surrey, rechts der Themse, unterhalb Windsor, hat (1891) als Zählbezirk 16166 E. In E. ist eine Hochschule für 300 Studentinnen, errichtet von dem Fabrikanten Holloway für 1 Mill. Pfd. St. Längs der Themse die Ebene von Runnimede, wo König Johann 1215 die Magna Charta erteilte. Auf dem Cooper's Hill die Indische Ingenieurschule.

Egidy, Christoph Moritz von, bekannt als Verfasser der «Ernsten Gedanken», geb. 29. Aug. 1847 zu Mainz, wurde im Kadettenkorps zu Potsdam und Berlin erzogen, 1865 Sekondeleutenant im brandenb. Füsilierregiment Nr. 35, mit dem er den Feldzug von 1866 mitmachte, trat 1868 aus Familienrücksichten in den sächs. Militärdienst über, und zwar in das Gardereiterregiment, mit dem er am Deutsch-Französischen Kriege teilnahm. E. wurde 1875 Rittmeister, 1884 Major im Husarenregiment Nr. 18, 1889 Oberstlieutenant und im Herbst 1890 verabschiedet; Herbst 1891 wohnt E. in Berlin. Großes Aufsehen erregte seine im Okt. 1890 erschienene Broschüre: «Ernste Gedanken» (Leipzig), in der er gegenüber der dogmatischen Verengung und Verknöcherung der evang. Kirche den undogmatischen Charakter des Christentums als der Religion der Liebe betonte und mit heiligem Ernste zu einer religiösen Neubelebung aufforderte. Diese Schrift wurde in 5 Monaten in 50000 Exemplaren verbreitet (auch in die meisten europ. Sprachen übersetzt) und rief eine lange Reihe von Gegenschriften hervor, als deren bedeutendste W. Bornemanns «Bittere Wahrheiten» (Gött. 1891) zu nennen sind. Nach seiner Verabschiedung führte E. seine Gedanken und Pläne in «Weiteres zu den Ernsten Gedanken» (Berl. 1890) und «Ausbau der Ernsten Gedanken» (8 Hefte, edd. 1891) weiter aus. Um den auch gesondert erschienenen «Bericht über die Pfingstversammlung» (edd. 1891) vermehrt, sind die genannten Schriften E.s vereinigt u. d. T. «Das einige Christentum» (edd. 1891) erschienen. Ferner veröffentlichte E. «Ernstes Wollen» (edd. 1891) und im Febr. 1892 einen Aufruf an die Öffentlichkeit, der in der Forderung: «Religion nicht mehr neben unserm Leben; unser Leben selbst Religion! aber Religion ohne Dogma! Christentum ohne Bekenntnis!» gipfelt. Auf dem Grunde dieses Programms erscheint seit Okt. 1892 eine von Prof. Lehmann-Hohenberg in Kiel herausgegebene Zeitschrift «Einiges Christentum», die der Verbreitung und Ausbildung der Egidyschen Gedanken dienen soll.

Egill, die älteste Erscheinung des trefflichen Schützen in der german. Sage, die in Deutschland als Tellsage allgemein bekannt ist. Als Bruder Wölunds ist er zugleich ein Glied der Wielandssage. Wie dieser hat er eine Walküre, die Ölrun, die Tochter des Königs von Valland, zur Gemahlin. Als in Ölrun aber die alte Walkürennatur sich regt und sie den E. verläßt, sucht er diese, auf seinen Schlittschuhen die gefrorenen Meere durchfahrend, überall. Dadurch wird E. der Erfinder der Kunst des Schlittschuhlaufens. Als Wölund beim König Nidung gefangen sitzt, kommt E. auf seine Bitte zu ihm. König Nidung nimmt ihn freundlich auf, und um die Wahrheit von E.s Bogenkunst zu erfahren, läßt er ihn einen Apfel vom Haupte seines dreijährigen Söhnchens schießen. Gegen das Verbot nimmt er drei Pfeile zu sich, und auf die Frage des Königs, nachdem der Schuß wohl gelungen ist, warum er dies gethan, gesteht er unumwunden, daß die beiden andern Pfeile für den König bestimmt gewesen wären, hätte er gefehlt. Diese Bemerkung verzeiht ihm Nidung. E. ist seinem Bruder Wölund bei der Flucht behilflich, und als er auf Befehl des Königs den Fliehenden erlegen soll, trifft er die zu diesem Zwecke unter dem linken Arm Völunds angebrachte und mit Blut gefüllte Blase, sodaß man glaubt, Völund müsse an diesem Schuß sterben. So rettet sich E. durch seine Kunst Leben und Freiheit.

Egill Skallagrimsson, isländ. Dichter des 10. Jahrh., dessen Leben die «Egils saga Skallagrímssonar» (kürzer «Eigla») beschreibt. Nach ihr war der einem vornehmen Hause Norwegens entsprossene Vater des Dichters wegen eines Zerwürfnisses mit König Harald Hárfagri nach Island ausgewandert, wo er zu Borg am Borgarfjördr sich niederließ (um 878); hier wurde E. S. geboren (um 901). In seltenem Maße frühreif, dichtet er schon mit drei Jahren seinen ersten Vers und begeht bereits im siebenten seinen ersten Totschlag. 914 besucht er zugleich mit seinem ältern Bruder Thórólf zum erstenmal Norwegen, wo er sich mit dem jungen Arinbjörn Thórisson befreundet. Nach mehrfachen Heerfahrten in Kurland, Dänemark, Friesland nehmen die Brüder in England bei König Ædelstân Dienst; Thórólf fällt in einer Schlacht, und E. S. kehrt nach Island heim (927). Nachdem er seines Bruders Witwe, Asgerd, geheiratet hat, fährt E. S. nochmals nach Norwegen hinüber (933), um deren väterliche Erbschaft einzutreiben. Es giebt Streit mit König Eirik Blódöx und der Königin Gunnhild. E. S. wird geächtet, entkommt jedoch mit Hilfe Arinbjörns und gelangt glücklich nach Island. Nachdem er seinen Vater beerdigt hat (934), geht E. S. zum drittenmal außer Landes (936—937). Er strandet an der Küste von Northumberland, welche Provinz der inzwischen aus Norwegen vertriebene Eirik Blódöx von König Ædelstân zu Lehn erhalten hat; an der Möglichkeit des Entrinnens verzweifelnd, sucht er diesen auf, und teils auf Arinbjörns Fürbitte, teils zum Lohn für ein Ehrenlied, das er über Nacht auf Eirik dichtet, schenkt ihm dieser das Leben. «Höfudhlausn», d. h. Lebenslösung, ist das Lied darum genannt. Nach einem Besuche bei König Ædelstân, dann in Norwegen, wo er nach mancherlei Abenteuern durch einen siegreichen Zweikampf endlich das väterliche Erbe seiner Frau gewinnt, kommt der Dichter glücklich nach Island zurück (938). Noch ein viertes Mal verläßt er das Land (um 950), um Arinbjörn zu besuchen, der nach Eiriks Fall nach Norwegen zurückgegangen ist, kehrt aber 952 nach Island heim, das er fortan nicht mehr verläßt. Der Tod eines Sohnes giebt ihm die Veranlassung, das Lied «Sonatorrek», d. i. der Söhne Verlust, zu dichten; ein anderes, die «Arinbjarnardrápa», verfertigt er auf seinen Freund Arinbjörn. In seinem höhern Alter (um 978) zieht er nach Mosfell, wo er, völlig erblindet, noch einige Jahre lebt. So der Bericht der «Eigla», die auch, neben einer Fülle einzelner angeblich von E. S. gedichteter Strophen, die oben genannten drei größern Lieder nahezu vollständig mitteilt. Die Glaubwürdigkeit dieser Saga (hg. von Finnur Jónsson, Kopenh. 1886—88) ist freilich von dem dän. Geschichtsforscher E. Jessen mit guten Gründen angefochten worden (in von Sybels «Histor. Zeitschrift», 14. Jahrg., 1872), auch die Unechtheit einzelner von ihr dem E. S. beigelegten Strophen läßt sich nicht verkennen. Die Saga gehört dem 13. Jahrh. an. E. S. wird in allen Quellen aus derselben Zeit, und darunter so unverdächtigen wie der «Landnáma», «Sturlunga», «Islendingadrápa» des Hauk Valdisarson, als eine bekannte Persönlichkeit genannt, und in der Jüngern Edda werden Stücke seiner drei Hauptlieder sowohl als weitere Strophen desselben unter seinem Namen angeführt. An der Existenz des Mannes und seiner Bedeutung als Dichter wird hiernach nicht gezweifelt werden können. Vgl. Jón Sigurdsson im 3. Bd. der Arnamagnæanischen Ausgabe der «Edda Snorra Sturlusonar» (Kopenh. 1880).

Egilsson, Sveinbjörn, isländ. Sprachforscher, geb. 24. Febr. 1791 zu Innri-Njardvik im äußersten Südwesten Islands als Sohn eines Bauern, bezog 1814 die Universität Kopenhagen, wurde 1819 Adjunkt an der isländ. Lateinschule zu Bessastadir und gleichzeitig mit deren Verlegung nach Reykjavik (1846) zu deren Rektor berufen, nachdem er inzwischen (1843) von der Universität Breslau zum Ehrendoktor der Theologie ernannt war. Er trat 1851 in den Ruhestand und starb 17. Aug. 1852. Neben theol. und klassischen Studien wandte E. früh sein Augenmerk der vaterländischen Litteratur zu. Er gehörte zu den Stiftern der isländ. Litterarischen Gesellschaft (Islenzka bókmentafjélag, 1816) sowie der Königl. nordischen antiquarischen Gesellschaft (Kgl. nordiske Oldskrift-Selskab, 1825) und nahm an der Leitung beider Gesellschaften sowie an der Förderung ihrer gelehrten Arbeiten den regsten Anteil, während er zugleich in den Programmen der Lateinschule eine Reihe von Quellentexten herausgab und erklärte, oder auch isländ. Übersetzungen klassischer Litteraturwerke veröffentlichte. Selbst ein gewandter Dichter, gab er überdies die Gedichte seines Schwiegervaters, Benedikt Gröndal (gest. 1825), heraus u. dgl. m. Seine Hauptstärke lag in der gründlichsten Kenntnis der altnord. Dichtungen und ihrer vielfach dunkeln Sprache; sein Hauptwerk ist das auf Veranstaltung der Königl. nordischen antiquarischen Gesellschaft 1854—60 erschienene «Lexicon poëticum antiquae linguae septentrionalis», ein unentbehrliches Hilfsmittel für das Studium der altnord. Sprache und ihrer ältern Litteratur. Ein Verzeichnis der Schriften E.s findet man in Erslews «Supplement til Almindeligt Forfatter-Lexicon», Bd. 1 (Kopenh. 1858), in der ausführlichen Lebensbeschreibung E.s, die Jón Arnason einer unvollendeten Ausgabe seiner Werke beigegeben hat («Rit Sveinbjarnar Egilssonar», Bd. 2), und in dem kürzern Lebensabrisse, den Jón Sigurdsson dem «Lexicon poëticum» voranschickte.

Eginhard, Biograph Karls d. Gr., s. Einhard.

Egisheim, Dorf im Kanton Winzenheim, Kreis Colmar des Bezirks Oberelsaß, 4,5 km im SW. von Colmar, an der Linie Straßburg-Basel der Elsaß-Lothr. Eisenbahnen, hat (1890) 1678 kath. E., Postagentur, Telegraph, kath. Dekanat; neuere Kirche mit altem, schönem Portal, mitten im Orte die alte, stilgerecht erneuerte Egisheimer Pfalz (11. Jahrh.), die als Geburtsstätte des Papstes Leo IX. bezeichnet wird, sowie bedeutenden Weinbau (310 ha Weinberge). — Auf dem schmalen felsigen Bergrücken etwa 2 km über E. die drei Burgruinen (im Volksmund die Drei Exen) Weckmund, Wahlenburg, Dagsburg, die beiden erstgenannten aus dem 11., die letzte aus dem 12. Jahrh. Sie waren bischöfl. Straßburger Lehen und wurden 1466 von den Mülhausenern (im sog. Sechsplappertkrieg) zerstört.

Eglandieren (neulat.), Drüsen ausschneiden.

Eglantine (spr. -angtihn), ein aus dem Französischen übernommener Name für unsere Hundsrose (Rosa canina *L.*), s. Rose. — Den Namen E.

hat man in manchen Gegenden auch auf die gelbe Rose (Rosa lutea *Mill.*, Rosa Eglanteria *L.*), eine wahrscheinlich aus dem Orient stammende Art, übertragen, deren schönste Spielart unter den Namen der Türkischen, Wiener oder Kapuziner-Rose (var. bicolor) bekannt ist. Die eigenartige Schönheit ihrer Blumen, deren Blätter unten gelb, oben sammetartig feuer-, blut- oder braunrot koloriert sind, läßt es bedauern, daß sie in den Gärten so wenig angetroffen wird.

Egle, Joseph von, Baumeister, geb. 23. Nov. 1818 zu Dellmensingen in Württemberg, besuchte die Polytechnischen Schulen in Stuttgart und Wien, dann 1839—41 unter H. Strack und C. Bötticher die Akademie in Berlin. 1842—47 bereiste er im Auftrage L. von Försters als Korrespondent der «Allgemeinen Bauzeitung» Norddeutschland und England, 1848 Italien. 1850 wurde er zum Professor am Stuttgarter Polytechnikum, 1857 zum Hofbaumeister, 1884 zum Hofbaudirektor und Vorstand der königl. Bau- und Gartendirektion in Stuttgart ernannt. Seine Hauptarbeiten sind: das Polytechnikum in Stuttgart (1860—65), der innere Umbau des königl. Schlosses (1864—67), die neue Baugewerkschule (1867—70) und die frühgot. Marienkirche (1872—79) daselbst und die kath. Kirche in Tübingen (1876—78). Von seinen Kirchenrestaurationen sind zu nennen: diejenige der Frauenkirche in Eßlingen, der Heilig-Kreuzkirche in Schwäbisch-Gmünd, der Stadtkirche in Weil der Stadt und des bischöfl. Domchors in Rottenburg. Seit 1855 ist E. auch Beirat bei der Münsterrestauration in Ulm. Er verfaßte u. a. eine Beschreibung des Ulmer Chorgestühls und Monographien über die Frauenkirche in Eßlingen, die Stiftskirche zu Wimpfen im Thal und über das Kloster Hirsau. 1852 begründete er die Methode der Schattierung regelmäßiger Körperflächen, deren Grundzüge in vielen polytechnischen Schulen gelehrt werden.

Egletons (spr. -tóng), Hauptort des Kantons E. (189,030 qkm, 8 Gemeinden, 7290 E.) im Arrondissement Tulle des franz. Depart. Corrèze, 35 km nordöstlich von Tulle, in 620 m Höhe, zwischen der Doustre und einem Zuflusse der Luzège, an der Linie Brive-Tulle-Clermont-Ferrand der Franz. Orléansbahn, hat (1891) 1353, als Gemeinde 1832 E., Post; betrieben wird Waffenfabrikation, Färberei, Vieh- und Getreidehandel.

Egli, Joh. Jakob, schweiz. Geograph und Onomatolog, geb. 17. Mai 1825 in Laufen, Kanton Zürich, wurde Lehrer an der Sekundärschule zu Flaach, dann zu Winterthur, später an der städtischen Realschule in St. Gallen; 1866 habilitierte er sich in Zürich als Privatdocent für Erdkunde, wurde Professor dieses Fachs an der Kantonsschule und 1883 Professor an der Universität daselbst. Er veröffentlichte: «Geographie für höhere Volksschulen» (Zür. 1857; 8. Aufl. 1887), «Neue Schweizerkunde» (8. Aufl., St. Gallen 1890), «Neue Erdkunde» (8. Aufl., ebd. 1891), «Neue Handelsgeographie» (5. Aufl., ebd. 1892), «Entdeckung der Nilquellen» (Zür. 1866). Seine Hauptwerke sind: «Nomina geographica. Versuch einer allgemeinen geogr. Onomatologie» (Lpz. 1872; neue Aufl. 1892 fg.) und «Geschichte der geogr. Namenkunde» (ebd. 1886). Vgl. dazu Verhandlungen des 6. Deutschen Geographentages (Berl. 1886, S. 158—167). Auch ist E. Berichterstatter über dieses Gebiet in Wagners «Geogr. Jahrbuch» (Gotha 1883 fg.).

Eglisau, Stadt im Bezirk Bülach des schweiz. Kantons Zürich, 23 km nördlich von Zürich, in 338 m Höhe rechts des Rheins, über den eine schöne gedeckte Brücke führt, an der Linie Winterthur-Waldshut der Schweiz. Nordostbahn, hat (1888) 1330 E., darunter 57 Katholiken, Post, Telegraph, eine Kirche mit dem sehenswerten Grabdenkmale des Freiherrn Johann Gradner, der die Stadt 1496 an Zürich verkaufte; eine berühmte von Dr. Wiel gegründete diätetische Kuranstalt; eine Sekundärschule; Schiffahrt, Weinbau und Bau von Futterkräutern. Der ehemals bedeutende Weinhandel mit Schwaben ist zurückgegangen. Im 18. Jahrh. wurde der Ort von zahlreichen Erdbeben heimgesucht.

Église libre (frz., spr. eglihs' lihbr), s. Freikirche.

Eglofs, Dorf im Oberamt Wangen des württemb. Donaukreises, 8 km im OSO. von Wangen, hat (1890) 1443 E., welche besonders Viehzucht treiben, einen Eisenhammer mit Hammerschmiede. — E. wird 1243 zuerst als Megelolves genannt und erhielt 1309 Reichsfreiheit, die es bis 1747 besaß; 1806 wurde es württembergisch.

Egmond, Egmond-aan-Zee (spr. seh; d. h. am Meere), Egmond-op-den-Hoef (spr. huf) und Egmond-binnen, drei niederländ. Dörfer in der Provinz Nordholland; ersteres, mit 2276 E., liegt 9 km westsüdwestlich von Alkmaar; das letztere, mit Egmond-op-den-Hoef eine Gemeinde (1368 E.) bildend, 3 km weiter südöstlich. Etwa 4 km westlich von Alkmaar in den Dünen der Meeresküste, südlich von den Kamper Dünen, die Ruinen des Schlosses E. (bei Egmond-binnen), Stammsitz der berühmten niederländ. Familie, welchen die Spanier zerstörten, und einer Abteikirche (bei Egmond-op-den-Hoef). Die Abtei, Grabstätte vieler Grafen von Holland, deren Stammsitz in dieser Gegend lag, war schon früh eine eifrige Pflegerin der Wissenschaften; ihr prachtvoller Bau wurde 1576 während des Spanisch-Niederländischen Krieges zerstört. Bei Egmond-aan-Zee wurde 1833 ein hoher Leuchtturm erbaut mit einem gewaltigen Löwen.

Egmond (Egmont), Lamoral, Graf von, Fürst von Gavre, geb. 18. Nov. 1522 auf dem Schlosse La Hamaide in Hennegau aus einem alten niederländ. Adelsgeschlecht, das von einem fries. König abgeleitet ward, die Schirmvogtei über die Benediktinerabtei E. bei Alkmaar (s. den vorhergehenden Artikel) besaß und 1486 in den Grafenstand erhoben wurde. E. erbte 1541 von seinem ältern Bruder Karl Besitz und Würden und verheiratete sich 1544 mit Sabine von Bayern, einer Tochter des Pfalzgrafen Johann zu Simmern. Er begleitete Karl V. 1541 nach Algier, folgte ihm auch später auf allen Kriegszügen in Frankreich und Deutschland und unterhandelte 1554 mit Maria I. von England wegen ihrer Vermählung mit dem Infanten Philipp, den er kurz darauf auf dessen Hochzeitsfahrt begleitete. Nachdem Philipp den span. Thron bestiegen, focht E. als Befehlshaber der Reiterei mit großem Glück 1557 bei St. Quentin, 1558 bei Gravelingen und wurde, als Philipp nach Spanien zurückkehrte, von diesem zum Statthalter der Provinzen Flandern und Artois bestellt. Als Philipp nach dem Kriege nach Spanien zurückgekehrt war, war E. eins der Mitglieder des Staatsrates, der neben der Generalstatthalterin Margareta von Parma eingesetzt wurde. Er stand mit Oranien und Hoorn an der Spitze der Opposition gegen den Kardinal Granvella, der die Regierung Margaretas vollständig leitete und beim Volke als der Hauptvertreter einer antinationalen Politik verhaßt war. Als Granvella 1564 die Niederlande verlassen mußte, wurde E. von dem Staatsrat zu dem König nach Spanien gesandt, um dort eine mehr populäre Regierung, besonders eine mildere Behandlung der Ketzer, zu befürworten; doch war diese Sendung ganz erfolglos. Bald nach der Rückkehr E.s steigerten sich, besonders infolge der öffentlichen Verkündigung der Dekrete des Tridentinischen Konzils, die Verfolgungen, und der Aufstand brach aus (s. Niederlande). E. schrak vor der gewaltigen Volksbewegung zurück und war der Statthalterin behilflich, derselben Herr zu werden, so bei der Belagerung von Valenciennes. Vergebens forderte Oranien ihn zu einer gemeinschaftlichen Aktion gegen die bevorstehende Unterdrückung des Volks durch Spanien auf. E. trennte sich vollständig von seinen frühern Freunden. Als Philipp II. im April 1567 den Herzog von Alba in die Niederlande schickte und der Prinz von Oranien und viele andere das Land verließen, zog es der sanguinische, nur zu leicht vertrauende E. vor, zu bleiben, aus Besorgnis um seine Privatangelegenheiten und weil er sich durch seine Rückkehr zum Hofe völlig gesichert wähnte. Sobald Alba die Grenze überschritten hatte (Aug. 1567), näherte sich E. dem Statthalter, der ihn durch Gunst- und Freundschaftsbezeigungen umgarnte, bis er ihn plötzlich 9. Sept. 1567 auf verräterische Weise mit Hoorn verhaften ließ. Die Stände von Brabant suchten E. dem von Alba eingesetzten sog. Blutrate zu entziehen, wie denn E. als Ritter des Goldenen Vließes ebenfalls die Kompetenz desselben bestritt; aber alles war vergebens. Es ward ihm aufgegeben, sich gegen 82 Klagepunkte zu rechtfertigen, und 4. Juni 1568 wurde er nebst dem Grafen Hoorn als Hochverräter zum Tode verurteilt. Am folgenden Tage fielen die Häupter beider auf dem Markte zu Brüssel. Vor dem Palais Arenberg daselbst befindet sich das prächtige Bronzedenkmal der Grafen E. und Hoorn von Frailin. Das Schicksal E.s ist von Goethe, allerdings mit vielfachen Abweichungen von der Geschichte, in seiner Tragödie «Egmont» behandelt worden. Der älteste Sohn E.s, Philipp, erhielt 1577 die Titel seines Vaters zurück und blieb seitdem dem Katholicismus und dem König Philipp II. ergeben. Er fiel 1590 in der Schlacht von Ivry. Der letzte Graf von E. starb 1707 als span. General. — Vgl. Bercht, Geschichte des Grafen E. (Lpz. 1810); Correspondance de Marguerite d'Autriche, duchesse de Parma (Brüss. 1842) und Correspondance de Philippe II sur les affaires des Pays-Bas (hg. von Gachard, 4 Bde., ebd. 1848—59); Motley, The rise of the Dutch republic (3 Bde., Lond. 1856; neue Aufl. 1861); Bavay, Le procès du comte d'E. (Brüss. 1854); Juste, Le comte d'Egmont et le comte de Hornes (ebd. 1862).

Egmont (Mount-Egmont), erloschener Trachytvulkan (2514 m), an der Westküste der Nordinsel Neuseelands, einer der schönsten und regelmäßigsten Kegelberge der Welt, erhebt sich östlich von Kap E.; seine obersten 500 m sind in ewigen Schnee gehüllt. Cook entdeckte ihn 13. Jan. 1770 und benannte ihn zu Ehren des Grafen E.

Egmont, Justus van, niederländ. Maler, geb. 1601 zu Leiden, war Schüler von van den Hoecke und von Rubens in Antwerpen, begab sich 1628 an den franz. Hof, wo er königl. Hofmaler und eins der zwölf ersten Mitglieder der 1648 gegründeten Akademie in Paris wurde. 1660 lehrte er nach Antwerpen zurück, wo er 8. Jan. 1674 starb. Seine Malweise schließt sich der der Rubensschen Schule an. Im Bildnis ist E. vorzüglicher als in der Geschichtsmalerei; seine Bildnisse Philipps IV. von Spanien, Erzherzogs Leopold Wilhelm und eines Unbekannten im Kunsthistorischen Hofmuseum zu Wien und die der Könige Ludwig XIII. und XIV. geben davon einen Beweis. Von seinen Geschichtsbildern sind hervorzuheben: Der heil. Franciscus, Krönung der Jungfrau Maria, Romulus und Remus von der Wölfin gesäugt, eine heil. Cäcilia.

Egmont, Lamoral, Graf von, s. Egmond.

Egnach, Gemeinde im Bezirk Arbon des schweiz. Kantons Thurgau, im Ufergelände des Bodensees zwischen Arbon und Romanshorn gelegen, besteht aus zahlreichen zerstreuten Dörfern und Weilern, von denen das eigentliche E. (in 403 m Höhe) an der Linie Rorschach-Romanshorn der Schweiz. Nordostbahn, das Pfarrdorf Neukirch (445 m) mit neuer Pfarrkirche, Erdhausen und Steinibrunn die wichtigsten sind, hat (1888) 2719 E., darunter 357 Katholiken, Weinbau und ist Mittelpunkt des oberthurgauischen Obstbaues (besonders Birnen).

Egnatia, alte Stadt, s. Fasano.

Egnatische Straße, s. Durazzo.

Ego (lat.), ich, s. Alter ego; Egoist, ein Selbstsüchtiger (s. auch Egoismus).

Egoismus (vom lat. ego, «ich»), Selbstsucht, Eigennutz, die Willensrichtung, die in der eigenen Person des Wollenden, der Befriedigung ihrer Begierden und Neigungen oder der Besorgung ihres Vorteils das letzte und alleinige Ziel des Handelns sieht. E. ist daher noch nicht jedes auf eigene Befriedigung gerichtete Bestreben, sondern nur dasjenige, welches gegen die Rücksicht auf eigene Befriedigung jede andere namentlich sittliche Rücksicht beiseite setzt, also die ausschließliche Rücksicht auf Selbstbefriedigung. Leicht wird dieses mit jenem verwechselt, und auf dieser Verwechselung beruht wohl hauptsächlich die Moral des E., d. h. diejenige Richtung der Moralphilosophie, welche sogar die Gesetze der Sittlichkeit aus einem verfeinerten, gesellschaftlich gemäßigten E. ableiten will. Der Gegensatz ist Altruismus (s. d.). — Früher wurde E. auch im theoretischen Sinne für Solipsismus (s. d.) gebraucht. (S. auch Eigennutz, wirtschaftlicher.)

Egorgieren (frz., spr. egorsch-), erwürgen, erdrosseln.

Egoséöl (Barra), fettes Kürbissamenöl aus Sierra Leone.

Egrĕmont, Stadt in der engl. Grafschaft Cumberland, im S. von Whitehaven, unweit der Küste, hat (1891) 6243 E. und Eisengruben.

Egrenieren, Egreniermaschine, s. Baumwollspinnerei (Bd. 2, S. 538a).

Egreß (lat.), Aus-, Fort-, Weggang.

Egressy (spr. égreschi), Benjamin, ungar. Komponist, Bruder des folgenden, geb. 1813 in Sajó-Kazincz (Borsoder Komitat), war seit 1837 Mitglied des Pester Nationaltheaters und starb 19. Juli 1851 zu Budapest. E. komponierte seit 1840 mehrere hundert Lieder, die zu wahren Volksweisen wurden, ferner Kirchenlieder, Trauerchöre, mehrstimmige Kompositionen u. a. Seine Schöpfungen zeichnen sich durch edeln Stil, melodiösen Charakter und echt nationalen Rhythmus aus. E. schrieb auch Operntexte und übersetzte Theaterstücke und Operntexte.

Egressy (spr. égreschi), Gabriel, eigentlich Galambos, ungar. Schauspieler, geb. 3. Nov. 1807 in

Laszlófalu im Borsoder Komitat, schloß sich wandernden Schauspielertruppen an und fand dann am Theater in Klausenburg Anstellung. Um sich an den Künstlern des Burgtheaters zu bilden, ging er nach Wien und kam später nach Pest, wo er 1837 eine Hauptzierde des eben eröffneten Nationaltheaters war. 1843 studierte er in Paris die franz. Schauspielkunst. 1848—49 war er Regierungskommissar in der Theißgegend, wurde aber seiner zu großen Härte wegen bald abberufen. Nach der Revolution floh er in die Türkei, kehrte aber bald zur Bühne zurück und starb plötzlich während der Vorstellung 30. Juli 1866 in Pest. E. zeichnete sich durch großartige, originelle Auffassung, vollendeten Vortrag und charakteristische Mimik aus. Shakespeares Stücke verpflanzte er durch Übersetzungen auf die ungar. Bühne und feierte als Hamlet, Othello, Lear, Heinrich VIII. u. s. w. große Triumphe. 1860 redigierte er eine ungar. Theaterzeitung, schon früher gab er «Shakespeare-Studien» heraus, 1866 erschien sein «Handbuch der Schauspielkunst». Auch ein Tagebuch seines Aufenthalts in der Türkei hat er 1851 veröffentlicht.

Egretten (vom frz. aigrette), soviel wie Silberreiher, s. Reiher.

Egripo, s. Euböa.

Eguiláz (spr. egi-), Don Luis, span. Dramatiker, geb. 1830 zu Sanlucar, brachte 1853 in Madrid sein Stück «Verdadas amargas» mit entscheidendem Erfolg zur Aufführung. Seinen zahlreichen und viel gespielten Komödien ist eine moralphilos. Tendenz und eine gewisse Schwermut gemeinsam, doch ohne besondere Tiefe. Genannt zu werden verdienen «La cruz del matrimonio» (auch in der «Coleccion de autores españoles», Bd. 24, neue Ausgabe, Lpz. 1885), «Los soldados de Plomo», «Alarcon». Er starb 22. Juli 1874 in Madrid.

Egyetértés (spr. eddjetehrtehsch, «Eintracht»), ungarische, in Budapest erscheinende polit. Tageszeitung von oppositioneller Haltung, das größte Blatt Ungarns, im Besitz des Reichsratsabgeordneten Ludwig Csavolszky, der die Zeitung 1865 gründete und seitdem leitet. Auflage: 20000.

Egypten, s. Ägypten.

Egyptienne (frz., spr. eschipßiénn), in der Buchdruckerkunst eine lat. Auszeichnungsschrift, deren nur Grundstriche bildende Züge gleichmäßiger und stärker als die der gewöhnlichen Antiqua sind (s. Schriftarten).

E. H., hinter lat. Käfernamen Abkürzung für «Entomologische Hefte u. s. w.», hg. von Hoffmann, Koch, Linz und Müller, Frankf. a. M. 1803.

Eh. und ***Ehbg.*** oder *Ehrb.*, bei naturwissenschaftlichen Namen Abkürzung für Christ. Gottfr. Ehrenberg (s. d.).

Ehafttaiding, s. Pantaiding.

Eh bien! (frz., spr. bíäng), wohlan!

Ehe (vom althochdeutschen ewa, eha, ea, d. i. Gesetz), die anerkannte Vereinigung zweier Personen verschiedenen Geschlechts zur dauernden Gemeinschaft aller Lebensverhältnisse. Bei allen Kulturvölkern ist die E. ein auf Lebenszeit eingegangenes, jeden Anteil dritter abweisendes Verhältnis. Die kath. und griech. Kirche erblicken in der E. ein Sakrament, die evangelische betont, ohne ein Sakrament anzunehmen, den sittlich-religiösen Inhalt. Insofern eine E. nur durch die freiwillige Übereinstimmung beider Teile zu stande kommt und bürgerliche Wirkungen hervorbringt, erscheint die Eheschließung als ein Vertrag, der aber wegen der ethischen Voraussetzungen und Aufgaben der E. nicht willkürlich und mit jeder Person geschlossen werden, auch an den sittlich und rechtlich feststehenden Zwecken des Bundes nichts ändern kann. Dies gilt besonders rücksichtlich des asketischen Vorhalts, daß die E. nicht fleischlich vollzogen werden dürfe (Engel- oder Josephsehe, weil Joseph nach der Tradition die Maria nie berührt habe). Kraft des Ehebündnisses haben die Gatten Freud und Leid miteinander zu tragen, die eheliche Treue zu bewahren, sich gegenseitige Beihilfe zu leisten und die eheliche Beiwohnung (concubitus) zu gewähren und üben hinsichtlich der Kinder das Erziehungsrecht und die elterliche Gewalt.

Das **Heiratsalter** ist bei einzelnen Völkern lediglich durch Sitte und Gewohnheit bestimmt. Die rohesten Völker, wie die Australier und manche Indianerstämme Nordamerikas, liefern ihre Töchter schon mit dem 12. Jahre, oft noch früher den Männern aus. Unter halbcivilisierten Völkern finden Hochzeiten nicht selten sogar zwischen Kindern statt, z. B. in Indien und in Oberägypten; allein dieser Feierlichkeit folgt erst später die wirkliche Vollziehung der E. nach. Die Gesetzgebung der civilisierten Staaten hat die Feststellung der **Ehemündigkeit** oder des heiratsfähigen Alters durch positive Rechtsvorschrift in verschiedener Weise gegeben: das kanonische Recht beim weiblichen Geschlecht mit dem 12., beim männlichen mit dem 14. Lebensjahre. In Frankreich wurde durch Napoleon I. dieses Alter für den Jüngling auf das vollendete 18., für das Mädchen auf das vollendete 15. Lebensjahr festgestellt (§. 144 des Code civil). In England gilt das Recht, sich zu verheiraten, für das männliche Geschlecht vom vollendeten 14., für das weibliche vom vollendeten 12. Lebensjahre an, jedoch ist eine unter diesem Lebensalter abgeschlossene E. an sich nicht nichtig, vielmehr nur unvollständig (imperfect); nur die E. solcher, die unter 7 J. alt sind, werden ohne weiteres für ungültig erklärt. Im Deutschen Reiche tritt nach §. 28 des Gesetzes über die Beurkundung des Personenstandes und die Eheschließung vom 6. Febr. 1875 die Ehemündigkeit des männlichen Geschlechts mit dem vollendeten 20. Lebensjahre, die des weiblichen mit dem vollendeten 16. Lebensjahre ein. Dispensation ist unbeschränkt zulässig.

Die E. setzt einen bereits entwickelten Kulturzustand voraus. Es ist anzunehmen, daß ursprünglich die freie Vermischung der Geschlechter ohne Rücksicht auf Dauer oder Bande der Blutsverwandtschaft stattfand und infolgedessen Gemeinschaft der Weiber und Kinder, zum Teil auch wohl der Güter herrschte. Solche Weibergemeinschaft berichten griech. Autoren von skyth. und äthiop. Stämmen. Die geregelte **Polygamie**, d. i. die von einem Manne mit mehrern Personen des andern Geschlechts eingegangene E. ist bereits ein Fortschritt, ein höherer noch die **Monogamie**, d. i. die E. zwischen nur zwei Personen verschiedenen Geschlechts. **Polyandrie** (Mehrzahl der Männer) ist selten; sie kommt bei dem Stamme der Tudas auf dem Blauen Berge (Nilgiri) der Halbinsel Vorderindien, auf der Küste von Malabar, im Himalaja und in Tibet vor. Bei den Sikhs im Himalaja haben oft mehrere Brüder eine Frau gemeinsam, der älteste Bruder vertritt die Stelle des Vaters und bei seinem Tode geht die Würde auf den nächsten über, sodaß es keine Waisen giebt und das Familieneigentum immer zusammenbleibt. Auf Tahiti vereinigt sich eine Anzahl Vornehmer beiderlei Geschlechts zu einer Gesellschaft

(Ἄρρενον), deren Mitglieder alle als untereinander verheiratet gelten. Die meisten sog. Naturvölker leben polygamisch, die Stellung der Frau ist bei ihnen eine sehr untergeordnete, der Mann besitzt die unbeschränkte Herrschaft. Für die Hindus läßt sich vielleicht ursprünglich die Monogamie annehmen, für die höhern Stände ist aber auch die Vielweiberei gestattet, die Hauptfrau indessen muß ebenbürtig, aus der Kaste des Mannes sein. Verletzung der ehelichen Treue wird streng bestraft, und dem Verstorbenen folgen die treuen Frauen auf den Scheiterhaufen (Sutti, Verbrennung der «guten» Frau). In den Ländern der Buddhareligion, in Hinterindien, China und Japan verbietet das Gesetz die Vielweiberei, erlaubt aber Beischläferinnen.

Sehr bedeutungsvoll war die E. (Monogamie mit Gestattung von Beischläferinnen) bei den Parsen. Dagegen huldigten die Assyrer und Babylonier der Polygamie; gleichem Luxus ergaben sich die höhern Stände Ägyptens, doch war eine Frau die bevorzugte, und die Priester, Vorbilder der Enthaltsamkeit, mußten sich überhaupt monogamisch beschränken. Auch die Juden lebten in den frühern Zeiten, bis zur Babylonischen Gefangenschaft, nicht in ausschließlicher Monogamie. Merkwürdig ist bei ihnen die sog. Leviratsehe (Ehe des Schwagers mit der kinderlos verwitweten Schwägerin) und das damit verknüpfte Ausschuhungs- oder Abschuhungsrecht (Chaliza), nach 5. Mos. 25, 5—10.

Unter den Völkern mohammedanischer Religion ist das eheliche Verhältnis durch den Koran in der vierten Sure so geregelt, daß jeder Gläubige vier legitime Frauen haben darf, aber die meisten, besonders im Mittelstande, begnügen sich der Sparsamkeit und des ehelichen Friedens wegen mit einer Frau. Beischläferinnen sind gestattet. Die Zukunft der Frau wird möglichst sichergestellt, sie hat ein beschränktes Erbrecht, wird als Mutter eines Sohnes hochgeehrt, verbringt aber ihr Leben die meiste Zeit im Harem, fast ganz abgeschlossen von der Außenwelt und bewacht von Verschnittenen. Verletzungen der ehelichen Treue sind selten; die Strafe dafür ist Ertränkung (in einem Sacke) oder Herabstürzen von der Zinne eines Turmes (besonders in Persien).

Erst im Abendland tritt uns eine höhere und reinere Auffassung der E. entgegen, aber nicht von Anfang an, sondern auch hier haben sich die Anschauungen erst in ganz allmählicher Entwicklung geläutert. Kauf und Raub der Frau scheinen anfangs die Regel gebildet zu haben, der erstere erhält sich symbolisch noch lange, und wie materiell das eheliche Verhältnis in manchen Gegenden gefaßt ward, möchten noch heute die für manche Gegenden Deutschlands behaupteten sog. Probenächte bezeugen. Bei den Griechen war die Lage des weiblichen Geschlechts bei im Orient sehr ähnlich. Zwar wird die Monogamie bereits auf Kekrops zurückgeführt, aber keineswegs gestaltete sich das eheliche Verhältnis zu einem der christlichen E. auch nur ähnlichen. Die E. blieb vielmehr bei den Griechen immer nur ein rechtlich-polit. Institut, bestimmt, dem Staate Bürger zu verschaffen. In spätern Zeiten nahm das Treiben der Hetären (Buhlerinnen) bedenklich überhand, und selbst die edelsten Geister des Hellenentums waren nicht frei von solchen Einflüssen.

In Rom fand die gesetzmäßige E. (connubium, im Gegensatz zum contubernium, der Sklavenehe, und dem concubinatus) auf Grund des jus connubii nur zwischen Bürgern und Bürgerinnen, wie auch den mit dem jus connubii begabten Fremden, seit der lex Canuleja 445 auch zwischen Plebejern und Patriciern statt. Eine vorhergehende Verlobung (sponsalia) scheint die Regel gewesen zu sein, ohne doch ein rechtliches Erfordernis zu bilden. Als Unterpfand des Versprechens gab der Bräutigam der Braut den Verlobungsring (annulus pronubus). Der Modus für die Eheschließung war dreifach: 1) die Coëmtio in manum (s. d.); 2) die Confarreatio (s. d.); 3) kam dazu noch der Usus (Verjährung), indem nämlich ein Mädchen gesetzliche Gattinrechte erhielt, wenn sie mit Einwilligung ihrer Eltern oder Vormünder ein volles Jahr mit einem Manne zusammenlebte. Die Hochzeitsgebräuche waren mehr oder weniger festlicher Art. Hergebracht war das Hochzeitsmahl, nach welchem die Braut von Matronen in das im Atrium aufgestellte, prächtig geschmückte Brautbett gebracht wurde. Die Überführung in das Haus des Gatten (deductio in domum mariti) galt später als für die Rechtskraft der E. wesentlich. Das Alter der Reife war gesetzlich bei dem Manne schon das 12. und bei dem Mädchen schon das 10. Jahr, obwohl die Vermählung in so frühem Alter wohl nur sehr ausnahmsweise wirklich stattfand. Hervorgehoben werden muß schließlich noch die ohne Vergleich höhere Stellung der röm. Frauen gegenüber ihren Genossinnen im Orient und selbst in Griechenland: in Rom erhielt die Frau wenigstens einigermaßen die Würde und Bedeutung, welche einer vollen Einsetzung in alle Rechte durch das Christentum den Weg ebnete.

Eine Stufe höher noch in der Auffassung der E. stehen die Germanen schon in der heidn. Zeit. Tacitus preist die Keuschheit und Heiligkeit der german. E. Starb der Mann, so heiratete die Witwe selten wieder; bei einigen Stämmen, so bei den Herulern, verbrannte sie sich mit der Leiche des Mannes. Herkommen war, erst im reifern Alter zu ehelichen, indessen gestatteten die Langobarden, das sächs. und fries. Recht die gültige E. schon mit 12 Jahren. In den frühern Zeiten bestand die Eheschließung aus einem doppelten Akte: Verlöbnis und Trauung. Die Verlobung war der eigentliche Rechtsakt und bestand in Zahlung des Wittums (vom got. vidan, binden) von seiten des Bräutigams an den Vater oder Vormund der Braut, wodurch die Ablösung der Braut von der angeborenen Mundschaft und der rechtmäßige Eintritt in die Familie und den Schutz des Bräutigams erfolgte. Später wurde aus dem Wittum eine Vergabung an die Braut selbst, speciell für den Fall des Todes des Mannes. An dem Verlobungstage steckte der Bräutigam der Braut den Ring an; der Ring ist der symbolische Überrest des alten Kaufpreises; einen Ringwechsel kennt das alte deutsche Recht nicht, und die heutige engl. Sitte hat hieran festgehalten. Bei Unfreien geschah die Verlobung durch den Herrn, der Bräutigam hatte dafür an seinen Herrn einen Zins zu entrichten, der Herr der Braut erhielt den Brautkauf (maritagium, bumede) und hatte überdies, wie vielfach angenommen wird, das Jus primae noctis (s. d.). Über die sog. Ebenbürtigkeit s. d. Verbotene Verwandtschaftsgrade kannten die Germanen vor Annahme des Christentums gleichfalls nicht, nur Heiraten zwischen Eltern und Kindern waren nicht erlaubt. Die Trauung (traditio puellae), thatsächliche Übergabe der Frau an den Mann, erfolgte erst später unter mannigfaltigen Festlichkeiten und Gebräuchen (Brautlauf). Der Brautkranz war nicht germanisch, sondern ward erst durch die Vermittelung der Kirche üblich. In heidn. Zeit waren Loki, Donar und Fro die Vorsteher der E., sie wurden bei Begründung des neuen Hausstandes angerufen.

Die **christliche Kirche** beschäftigte sich in der ältern Zeit mit der rechtlichen Seite der E. gar nicht, sondern stellte nur bestimmte Forderungen sittlicher Art an ihre Glieder, besonders hinsichtlich der Ehehindernisse, verbot zweite E., verlangte auch, daß Christen vor Eingehung der E. die Zustimmung des Bischofs einholten (professio matrimonii). Kirchliche Ceremonien fanden schon früher statt, jedoch ohne den Anspruch rechtlicher Bedeutung. Auf das eheliche Beilager (copula carnalis) wird sehr bald hohes Gewicht gelegt, und hieraus entwickelte sich weiterhin die Anschauung vom sakramentalen Charakter der E. Andererseits zeigt sich schon frühe eine der E. feindliche asketische Richtung, besonders vertreten durch Augustin, woraus späterhin der Cölibat (s. d.) hervorging. Das kanonische Recht regelt sodann durch strenge Vorschriften das Recht der Ehehindernisse sowie der Ehescheidung, indem erstere unsinnig weit ausgedehnt, letztere völlig ausgeschlossen wurde. Der Eheschließung dagegen wurde weit geringeres Gewicht beigelegt, und das Recht der Eheschließung befindet sich jahrhundertelang im Zustande größter Verwirrung, wie ihn die mittelalterlichen Quellen bezeugen und Luther drastisch beklagt («eitel Narrenspiel mit Worten»). Eine geordnete Mitwirkung der Kirche am Rechtsakt der Eheschließung entwickelt sich seit Anfang des 13. Jahrh., indem die Kirche den bis dahin rein weltlichen Akt der Trauung für sich beansprucht, derart, daß die Übergabe der Frau an den Mann durch den Priester zu geschehen habe; aber der weltliche Charakter der Trauung erhält sich auch jetzt noch darin, daß die Trauung nicht in der Kirche, sondern vor der Kirchthür erfolgt und erst dann die Neuvermählten zur Brautmesse sich in die Kirche begeben. Dieses Stadium der Entwicklung stellt uns noch Luthers Traubüchlein dar: die Trauung ist ein weltlicher Akt. — Das Konzil von Trient schrieb aber vor (und dies ist das **katholische Kirchenrecht** bis zur Stunde): die Eheschließung ist nur dann gültig, wenn sie vor dem Pfarrer und zwei Zeugen erfolgt. Dabei genügt die passive Assistenz, der Pfarrer ist nur Urkundsperson, die kirchlichen Ceremonien schließen sich an den Rechtsakt nur äußerlich an. — Anders das **evangelische Kirchenrecht.** Während Luther noch die Mitwirkung des Pfarrers als rechtlich gleichgültig ansieht, wird das Zusammensprechen (copulatio) durch den Pfarrer im 17. Jahrh. der eigentliche Rechtsakt der Eheschließung, die Trauung wird nach evang. Kirchenrecht ein ihrem Begriffe nach kirchlicher und zwar der Eheschließungsakt. Diese Vorschriften des kath. und evang. Kirchenrechts galten im größten Teile Deutschlands bis zur Einführung der Civilehe (s. d.) durch das Reichsgesetz vom 6. Febr. 1875.

Bedingung einer **Eheschließung** ist, daß ihr kein **Ehehindernis** (s. d.) entgegensteht. Sie erfolgt nach dem geltenden Recht in Deutschland in der Form der obligatorischen Civilehe.

Die sog. **Winkelehe** (matrimonium clandestinum), welche im Mittelalter zwar strafbar, aber gültig war, ist durch das Konzil von Trient für nichtig erklärt und durch die jetzt geltenden gesetzlichen Formvorschriften ausgeschlossen; ebenso die sog. **Gewissensehe** (matrimonium conscientiae).

Besondere Erwähnung verdient noch die zuerst in Italien aufgekommene **Morganatische E.** (matrimonium ad morganaticam, ad legem Salicam, weil der ital. Adel meistens nach fränk. Rechte lebte). Sie bringt die vollen kirchlichen, nicht aber alle bürgerlichen Wirkungen der E. hervor. Der Mann bestimmt hier einen bedeutenden Wert (Morgengabe), der für den standesgemäßen Unterhalt der Familie ausreicht, und beschränkt die Vermögensansprüche der Frau und der mit ihr zu erzeugenden Kinder auf dieses Kapital. In Deutschland, wo die morganatische E. nur zwischen fürstl. und geringern Personen vorkommt, erscheint sie immer auch als standesungleich, als E. zur linken oder ärgern Hand, wo der eine Gatte ungünstiger gestellt ist. Nach deutschem Reichsrecht unterliegen auch solche E. den allgemeinen gesetzlichen Formvorschriften, durch welche jedoch für die vermögensrechtlichen Wirkungen der E. vollständige Freiheit gelassen ist. S. auch Gemischte Ehe, Ehefrau, Ehegatten, Eheliches Güterrecht, Ehescheidung, Ehevertrag.

Vgl. außer der Litteratur am Schluß des Artikels Civilehe noch: Schulte, Handbuch des kath. Eherechts (Gieß. 1855); Stölzel, Deutsches Eheschließungsrecht (3. Aufl., Berl. 1876); Scheurl, Das gemeine deutsche Eherecht (Erlangen 1881—82); Freisen, Geschichte des kanonischen Eherechts (Tüb. 1888); Hergenhahn, Das Eheschließungs- und Ehescheidungsrecht, dargestellt nach der Rechtsprechung des deutschen Reichsgerichts (2. Aufl., Hannov. 1890) und die Zeitschrift «Der Standesbeamte»; vom kulturgeschichtlichen Standpunkt: Westermarck, The history of human marriage (Lond. 1891).

Eheberedung, s. Ehevertrag.

Eheberg, Karl Theodor, Nationalökonom, geb. 31. Jan. 1855 zu München, studierte 1873—78 Rechts- und Staatswissenschaften daselbst und in Straßburg, habilitierte sich Nov. 1880 an der Universität Würzburg, wurde 1882 außerord. und 1884 ord. Professor der Staatswissenschaften an der Universität Erlangen. Er schrieb u. a.: «Über das ältere deutsche Münzwesen und die Hausgenossenschaften besonders in volkswirtschaftlicher Beziehung» (Lpz. 1879), «Grundriß der Finanzwissenschaft» (3. Aufl., ebd. 1891), Aufsätze über Steuer-, Bevölkerungswesen, agrarische Verhältnisse u. s. w. in den «Schriften des Vereins für Socialpolitik», im «Jahrbuch für Gesetzgebung, Verwaltung und Volkswirtschaft», in den «Jahrbüchern für Nationalökonomie und Statistik», im «Handwörterbuch der Staatswissenschaften» u. s. w.

Ehebetrug, bei Eingehung einer Ehe die absichtliche Täuschung des einen Teils durch den andern über eine Thatsache, welche dazu berechtigt, die Gültigkeit der Ehe anzufechten. Der E. ist vorgesehen in §. 170 des Deutschen Strafgesetzbuchs: Wer bei Eingehung einer Ehe dem andern Teile ein gesetzliches Ehehindernis (s. d.) arglistig verschweigt oder wer den andern Teil zur Eheschließung arglistig mittels einer solchen Täuschung verleitet, welche den Getäuschten berechtigt, die Gültigkeit der Ehe anzufechten, wird, wenn aus einem dieser Gründe die Ehe aufgelöst worden ist (auf Antrag) mit Gefängnis nicht unter 3 Monaten bestraft. Ähnliche Bestimmung im §. 507 des Österr. Strafgesetzbuchs und im Entwurf von 1889 (§. 181).

Ehebruch, die fleischliche Vermischung zweier Personen verschiedenen Geschlechts, von denen wenigstens eine mit einer dritten Person verheiratet ist. Nach dem Deutschen Strafgesetzbuch wird der E., wenn wegen desselben die Ehe geschieden ist (s. Ehescheidung), an dem schuldigen Ehegatten sowie dessen Mitschuldigen mit Gefängnis bis zu 6 Monaten bestraft. Die Verfolgung tritt nur auf Antrag ein, welcher, und zwar von dem andern Ehegatten, binnen 3 Monaten nach Rechtskraft des Scheidungsurteils zu stellen ist (§. 172). Der Beschränkung der Bestrafung auf den Fall, daß die Scheidung vorhergegangen ist, liegt der gesetzgeberische Gedanke zu Grunde, daß die Strafgewalt des Staates innerhalb gewisser Grenzen vor den Rücksichten auf die sittliche Würde und die Erhaltung der Ehe zurücktreten müsse. Die Ehe muß, wenn Strafe wegen E. eintreten soll, wegen wirklichen E., oder auch, soweit das Preuß. Allg. Landrecht in Frage kommt, wegen eines solchen unerlaubten Umgangs geschieden sein, durch welchen eine dringende Vermutung der verletzten ehelichen Treue begründet wird. Er kann auch nur gestraft werden wegen eben desselben E., wegen dessen die Scheidung ausgesprochen worden war.

Das Österr. Strafgesetz von 1852 und der Österr. Strafgesetzentwurf von 1889 haben im wesentlichen die gleichen Bestimmungen wie das Deutsche Strafgesetzbuch; insbesondere strafen auch sie unbeschränkt beide Mitschuldige. Jedoch machen sie die Bestrafung von vorhergegangener Trennung der Ehe (auch der zeitweiligen von Tisch und Bett) nicht abhängig, und es wird nach dem Strafgesetz von 1852 die Frau strenger bestraft, wenn durch den begangenen E. über die Rechtmäßigkeit der nachfolgenden Geburt ein Zweifel entstehen kann (§. 502).

Nach röm. Recht wurde nur der E. der Frau und der geschlechtliche Verkehr des verheirateten Mannes mit einer verheirateten Frauensperson, und zwar an der Ehebrecherin mit Einsperrung ins Kloster, am Ehebrecher mit dem Tode bestraft. Auch im deutschen Recht herrschte anfänglich die Anschauung, daß der E. nur von der verheirateten Frau und ihrem Konkumbenten begangen werden könne. Später stellte man den Ehemann strafrechtlich gleich. Jene ältere Anschauung hatte auch in der franz. Gesetzgebung Ausdruck gefunden; nur wenn der Mann sich eine Konkubine in der Wohnung der Ehegattin hielt, galt er als Ehebrecher. In dieser Beziehung ist durch das Gesetz vom 27. Juli 1884 eine Änderung eingetreten. Es stellt den E. des Mannes mit dem der Frau auf eine Stufe insofern, als es beiden Teilen das Recht der Scheidungsklage giebt; strafrechtlich bleibt freilich noch immer, entsprechend den Bestimmungen des Code pénal, eine Ungleichheit, indem die Frau mit Gefängnis, der Mann mit Geld gestraft wird. — Vgl. Bennecke, Die strafrechtliche Lehre vom E. (1. Abteil., Marb. 1884).

Ehefrau. Die E. ist nach den meisten deutschen Gesetzen in ihrer Rechtsfähigkeit beschränkt, sodaß sie ohne Zustimmung des Ehemanns weder Schulden kontrahieren noch von dem Vermögen, an welchem der Ehemann kraft des ehelichen Güterrechts Rechte hat, etwas unter Lebenden veräußern kann. Ihre desfallsigen ohne Genehmigung des Ehemanns vorgenommenen Rechtshandlungen sind unverbindlich. So nach Allg. Preuß. Landr. II, 1, §§. 320, 389; Sächs. Bürgerl. Gesetzb. §§. 1638, 1641 (hat die E. die Verbindlichkeiten erfüllt, so kann sie das Geleistete nicht zurückfordern); nach konstanter Praxis in Württemberg, in verschiedenen Teilen Bayerns nach ältern Statuten; nach dem Recht der meisten thüring. Staaten und Anhalt, in Bremen, in Oldenburg bezüglich des eingebrachten Vermögens. Nach Bayrischem Landrecht ist die E. in allen Fällen, in welchen sie Verpflichtungen übernimmt, an die Zustimmung des Ehemanns gebunden, doch kann sie unter Lebenden für den Fall der Auflösung der Ehe frei verfügen. Nach dem Rheinisch-Französischen Recht (Code civil 215—225) und dem Badischen Landrecht kann die Nichtigkeit nur von dem Ehemann, der E. und deren Erben geltend gemacht werden, nicht von dritten Personen. Nach dem Recht einzelner Gebiete ist zwar das ohne Zustimmung des Ehemanns geschlossene Geschäft nicht schlechthin nichtig, doch kann dasselbe insoweit nicht geltend gemacht werden, als dadurch die Rechte des Ehemanns an dem seiner Nutznießung und Verwaltung unterliegenden Vermögen beeinträchtigt werden; so nach Märkischem Provinzialrecht, nach dem von Nassau und der Stadt Nürnberg. Der Deutsche Entwurf hat das Verfügungsrecht der E. nur in Bezug auf das Ehegut eingeschränkt (§§. 1300 fg.). Eine Ausnahme von den vorerwähnten Beschränkungen kann in größerm oder in geringerm Umfange durch den Ehevertrag (s. d.) bestimmt werden. Auch ohnedies kann die E. über ihr vorbehaltenes oder ihr als solches zugewendetes Gut frei verfügen, mit Beziehung auf dasselbe Schulden eingehen (nach Sächs. Bürgerl. Gesetzb. §. 1640), dasselbe verpfänden (nach Allg. Landr. II, 1, §§. 619, 620). Sie kann ferner frei verfügen, wenn der Ehemann abwesend oder dauernd krank ist; nach einigen Rechten jedoch nur infolge obrigkeitlicher Ermächtigung. Sodann verpflichtet die E. zufolge ihrer Schlüsselgewalt den Ehemann durch die in Führung des Hauswesens und der Wirtschaft selbständig geschlossenen Verträge. Doch muß sie auch hier die Weisungen des Ehemanns befolgen, welcher ihr die Hausgewalt entziehen kann, wenn sie dieselbe mißbraucht, nach Sächs. Bürgerl. Gesetzb. §. 1645 schlechthin. Nach dem Deutschen Handelsgesetzbuch Art. 8 kann sich eine E., welche Handelsfrau ist, durch Handelsgeschäfte gültig verpflichten, ohne daß es zu den einzelnen Geschäften einer besondern Einwilligung ihres Ehemanns bedarf, doch kann die E. ohne Einwilligung ihres Ehemanns nicht Handelsfrau sein (Art. 7). Ähnliche Bestimmungen in Beziehung auf selbständige Abschließung von Rechtsgeschäften im Gewerbebetrieb enthält die Reichsgewerbeordnung §. 11 für die E., welche ein selbständiges Gewerbe betreiben. Doch fehlt eine Bestimmung, daß die E. Gewerbsfrau nur mit Zustimmung des Ehemanns sein dürfe. Nach der Civilprozeßordn. §. 51 finden die Vorschriften über die Geschlechtsvormundschaft auf die Prozeßführung keine Anwendung. Dadurch sind die Rechte des Ehemanns am Vermögen der E. nicht eingeschränkt; soweit die E. nach Landesrecht über ihr Vermögen ohne Genehmigung des Ehemanns nicht verfügen kann, darf sie ohne dessen Zuziehung in Prozessen, welche über dieses Vermögen ergehen, nicht klagen noch verklagt werden. Über Bürgschaften der E. s. Bürgschaft. Das Preuß. Allg. Landrecht hat besondere Bestimmungen über die gerichtliche Abschließung von Verträgen, welche die Eheleute miteinander eingehen. Letztwillig kann die E. frei verfügen, nur darf sie dem Ehemann dessen gesetzliches Erbrecht ebenso wenig beeinträchtigen, wie der Ehemann das der E.

Ehegartenwirtschaft, s. Egartenwirtschaft.

Ehegatten, die zur ehelichen Lebensgemeinschaft Berechtigten und Verpflichteten. Insbesondere haben sie den Wohnsitz und die Wohnung zu teilen. Beide werden vom Ehemann bestimmt, und die Ehefrau hat ihm dahin zu folgen, wenn sie nicht der Richter davon aus wichtigen Gründen entbindet, z. B. wenn der Ehemann an dem gewählten Wohnort keinen Lebensunterhalt gewinnen kann oder die Wohnung nicht standesmäßig ist u. s. w. Verträge, durch welche der Ehemann auf das Recht, den Wohnsitz zu bestimmen, verzichtet, sind nach den meisten Rechten ungültig. Auf die Herstellung des ehelichen Lebens kann der eine Teil wider den andern klagen. Der Richter kann die Klage abweisen, z. B. wenn die beklagte Ehefrau Mißhandlungen oder eine entwürdigende Behandlung zu erwarten hat. Das verurteilende Erkenntnis wird in Preußen nicht zwangsweise durchgeführt, aber gegen den ungehorsamen Teil kann auf Scheidung geklagt werden. Auch gegen dritte Personen, welche die Ehefrau zurückhalten, namentlich deren Eltern, hat der Ehemann eine Klage.

Der Ehemann ist verpflichtet, für den standesmäßigen Unterhalt der Ehefrau zu sorgen, wenn die Ehefrau wegen Verschuldens des Ehemanns getrennt leben darf, oder wenn sie in das Gefängnis kommt, auch außer dem Hause. Umgekehrt ist die Ehefrau zur Alimentation des Ehemanns verpflichtet, wenn dieser bedürftig ist und sie die Mittel dazu besitzt. Nach gemeinem Recht haben die Eheleute wegen ihrer vermögensrechtlichen Ansprüche widereinander die Rechtswohlthat des Notbedarfs (s. d.). Nach gemeinem Recht und nach Sächs. Bürgerl. Gesetzb. §. 1647 sind die Schenkungen unter Lebenden, welche die Eheleute einander machen, mit Ausnahme der üblichen Gelegenheitsgeschenke, nichtig. Sie werden gültig, wenn der Schenkgeber in der Ehe vor dem Beschenkten stirbt, ohne sie widerrufen zu haben. Nach Französischem Recht sind solche Schenkungen gültig, aber widerruflich (Code civil, Art. 1096). Das Preuß. Allg. Landr. II, 1, §§. 310—313, das Österr. Bürgerl. Gesetzb. §. 1246 und der Deutsche Entwurf behandeln solche Schenkungen nicht anders als die unter andern Personen. Doch können die in den letzten zwei Jahren vor Eröffnung des Konkurses von dem Gemeinschuldner vorgenommenen unentgeltlichen Verfügungen zu Gunsten seines E. in ganz Deutschland von dem Konkursverwalter angefochten werden (Konkursordn. §. 25); ebenso können außerhalb des Konkurses von Gläubigern, welche einen vollstreckbaren Schuldtitel erlangt haben, sofern die Zwangsvollstreckung zu einer vollständigen Befriedigung des Gläubigers nicht geführt hat oder nicht führen wird, derartige in den letzten zwei Jahren vor der Rechtshängigkeit des Anfechtungsanspruchs vorgenommenen Verfügungen angefochten werden (Gesetz vom 21. Juli 1879, §. 3). Eheleute sind Angehörige (s. d.), sodaß alle Bestimmungen, welche für diese im Strafgesetzbuch und den Prozeßordnungen getroffen sind, bezüglich der E. gelten. Der Ehemann ist das Haupt der Familie. Die Ehefrau führt den Namen des Ehemanns, nach dem Deutschen Entwurf (§. 1455) wie nach dem Sächs. Gesetzbuch auch nach eingetretener Scheidung in jedem Falle, nach der franz. Jurisprudenz in keinem Falle. Andere Gesetze geben der unschuldig Geschiedenen das Recht, ohne die Pflicht, den Namen des Ehemanns weiter zu führen, und versagen der schuldigen Geschiedenen das Recht, wenn es der Ehemann nicht gestattet; so das Preuß. Allg. Landrecht, das Badische Landrecht, das Gothaische und Sondershausener Gesetz. Die Ehefrau hat den Stand des Ehemanns, außer im Fall der Mißheirat (s. d.). Der Ehemann hat die Ehefrau zu schützen und zu vertreten; ist sie beleidigt, so kann er selbständig den Strafantrag stellen (Strafgesetzbuch §. 195). In gemeinschaftlichen Angelegenheiten giebt sein Entschluß den Ausschlag. Er hat die Kosten des gemeinschaftlichen Hauswesens zu tragen und beschränkt die Ehefrau (s. d.) in der Ausübung ihrer Vermögensrechte. Er kann von der Ehefrau Dienstleistungen zur Förderung seines Hauswesens, und soweit dies nach den Standesverhältnissen üblich, seines Gewerbes verlangen. Man hat diese Rechte des Ehemanns die *eheliche Vormundschaft* genannt.

Ehegut, s. Eingebrachtes.

Ehehaft, alte hochdeutsche Form für das ursprünglich niederdeutsche Echt, d. i. gesetzlich. *Ehehafte Nöte*, kurz *Ehehaften*, waren im Mittelalter Umstände, welche unter anderm vor den Nachteilen des Ungehorsams im gerichtlichen Verfahren bewahrten. Es werden genannt: Gefängnis, Seuche, Gottes Dienst außer Landes und des Reiches Dienst. Heute hat die Partei, welche durch Naturereignisse oder andere unabwendbare Zufälle an der Einhaltung einer Frist verhindert worden ist, Anspruch auf Wiedereinsetzung in den vorigen Stand (s. d.). Vgl. Civilprozeßordn. §. 212 fg.; Strafprozeßordn. §. 44.

Ehehindernis, jeder Grund, welcher der Schließung einer Ehe entgegensteht. Nach dem frühern Rechte verpflichteten die sog. aufschiebenden Hindernisse, z. B. Mangel des Aufgebots, Einsprüche von früher Verlobten, noch nicht vollendete Trauer um den verstorbenen Gatten (impedimenta impedientia), den zuständigen Pfarrer, die Trauung zu verweigern, ohne daß sich aus denselben, wenn sie unbeachtet geblieben, ein Nichtigkeitsgrund für die Ehe ergab. Vernichtende Hindernisse (impedimenta dirimentia) machten die Ehe nichtig; als solche galten eine noch bestehende frühere Ehe eines oder beider Teile, wodurch *Bigamie* (Doppelehe, s. d.) entsteht, jugendliches Alter unter den Jahren der Ehereife, Willensunfreiheit bei der Eheschließung infolge äußern Zwangs, Betrugs oder Irrtums hinsichtlich der Person, Mangel der Freiheit und nach modernem Recht anderer wesentlicher moralischer und physischer Eigenschaften des andern Teils (z. B. der Jungfräulichkeit, der Zeugungsfähigkeit), fehlende elterliche Zustimmung und zu nahe Verwandtschaft. Im Deutschen Reiche ist nach §. 33 des Gesetzes vom 6. Febr. 1875 die Ehe verboten: 1) zwischen Verwandten in auf und absteigender Linie; 2) zwischen voll- und halbbürtigen Geschwistern; 3) zwischen Stiefeltern und Stiefkindern, Schwiegereltern und Schwiegerkindern jedes Grades, ohne Unterschied, ob das Verwandtschafts- oder Schwägerschaftsverhältnis auf ehelicher oder außerehelicher Geburt beruht und ob die Ehe, durch welche die Stief- oder Schwiegerverbindung begründet wird, noch besteht oder nicht; 4) zwischen Personen, deren eine die andere an Kindesstatt angenommen hat, solange dies Rechtsverhältnis besteht; 5) zwischen einem wegen Ehebruchs Geschiedenen und seinem Mitschuldigen; doch ist in letzterm Falle Dispensation zulässig. Weiter dürfen nach §. 35 Frauen erst nach Ablauf des zehnten Monats seit Beendigung der frühern Ehe eine neue Ehe schließen, doch ist Dispensation zulässig. Ferner ist nach §. 37 die Eheschließung eines Pflegebefohlenen mit seinem Vormund oder dessen Kindern während der Dauer der Vormundschaft unzulässig. Elterliche Genehmigung ist erforderlich bei Söhnen bis zum vollendeten 25., bei Töchtern 24. Lebensjahre. Im einzelnen bieten die Vorschriften des Reichsgesetzes über E. der Interpretation sehr erhebliche Schwierigkeiten. Das kanonische Recht untersagt selbst die Verbindung zwischen Dritt- und Andergeschwisterkind, sodaß die Seitenverwandtschaft noch im vierten Gliede ein Hindernis bildet, und überträgt das gleiche Verbot auch auf die Seitenlinie der Schwägerschaft, obschon das mosaische Recht den Schwager zur Ehe mit der kinderlos verwitweten Schwägerin verpflichtet, um dem verstorbenen Bruder Nachkommenschaft zu erwecken (Leviratsehe). Die Ermächtigung, Ehe in verbotenen Graden der Verwandtschaft oder Schwägerschaft im Wege der Dispensation zu verstatten, ist nach kanonischem Recht dem Papste vorbehalten. Nach evang. Kirchenrecht wird die gleiche Befugnis von den obersten geistlichen Behörden der Landeskirchen, und zwar so weitgehend geübt, daß die Schwägerschaft in der Seitenlinie meist kein Hindernis mehr abgiebt und daß selbst der Oheim die Erlaubnis zur Heirat mit der Nichte erlangt. Daß bei Ehedispensationen im Anschluß an das mittelalterliche System der Indulgenzen eine gewisse Summe, gewöhnlich zu milden Zwecken, erlegt werden muß, hat für das Gefühl etwas Verletzendes, weil dieser Gebrauch den Armen zurücksetzt, und weil, was für Geld erlaubt ist, bei den Mittellosen nicht unsittlich sein kann. Nach deutschem Reichsrecht ist das E. der Verwandtschaft auf den oben bezeichneten geringen Umfang eingeschränkt. Ferner steht die Dispensationsgewalt nur dem Staate zu. Wenn bei einer ungültigen Ehe der eine Teil das der Ehe entgegenstehende Hindernis nicht gekannt hat (*Putativehe*, matrimonium putativum), so gilt derselbe wenigstens für die Vergangenheit als rechtmäßiger Gatte, und die aus dieser Verbindung hervorgegangenen Kinder sind ehelich. Mit der auch nach kanonischem Rechte zulässigen Auflösung der Ehe aus den vor der Verheiratung vorhandenen Gründen der sog. vernichtenden E. ist nicht zu verwechseln die Scheidung aus nachfolgenden Gründen, welche die kath. Kirche principiell ausschließt. (S. Ehescheidung.) Wiederverheiratung nach Auflösung der ersten Ehe steht dem überlebenden Gatten frei. Doch unterwirft das röm. und gemeine Recht den zur zweiten Ehe schreitenden Gatten für den Fall, daß Kinder aus der ersten Ehe vorhanden sind, manchen Beschränkungen, um die Rechte und das Vermögen der Vorkinder sicherzustellen. (S. Ehe.)

Eheliche Abstammung, s. Vaterschaft.

Eheliches Güterrecht. Haben die Eheleute durch Ehevertrag (s. d.) bestimmt, durch welche Normen ihre Vermögensverhältnisse geregelt werden sollen, so ist, soweit das Gesetz diese Regelung zuläßt, der Ehevertrag maßgebend. Sonst regelt das Gesetz oder das Gewohnheitsrecht. Die gesetzlichen ehelichen Güterrechte sind in Deutschland sehr verschieden. Sie beruhen entweder auf dem Princip der *Gütertrennung* oder auf dem größerer oder geringerer *Gütereinheit*. Das erstere entsprach der röm. Auffassung der Ehe, das letztere entspricht der deutschen Auffassung, welche ihren schönsten Ausdruck in dem Satze des Sachsenspiegels gefunden hat: «Mann und Weib haben kein gezweites Gut bei ihrem Leben.» Am weitesten durchgeführt ist das letztere Princip in der im spätern Mittelalter entstandenen *allgemeinen Gütergemeinschaft* (s. Gütergemeinschaft), für ideale Ehegatten ein ideales, für die Gläubiger des Ehemanns das bequemste, für die begüterte Ehefrau beim Unglück oder Leichtsinn des Ehemanns das gefährlichste Recht, weil sie ohne eigenes Verschulden alles verlieren kann. Beschränkter ist die Gemeinschaftlichkeit des beiderseitigen Vermögens durchgeführt, wenn sich dieselbe nur auf die fahrende Habe beschränkt (*Mobiliargemeinschaft*) oder wenn sie nur *Errungenschaftsgemeinschaft* (s. d.) ist. Das System der Mobiliargemeinschaft, wie es namentlich durch den Code civil ausgebildet ist, welcher aber auch die in der Ehe nicht durch Schenkung oder Erbfolge erworbenen Grundstücke in die Gemeinschaft fallen läßt, vermeidet den Nachteil, daß der zugeheiratete oder später ererbte Grundbesitz eines Ehegatten zufolge der Eingehung der Ehe in eine andere Familie übergeht. Sie entspricht aber nicht den heutigen wirtschaftlichen Verhältnissen, bei denen der bewegliche Besitz den unbeweglichen weit an Wert überragt und der Übergang von einem zum andern so leicht gemacht ist, und wird ungerecht, wenn der eine Ehegatte nur bewegliches, der andere überwiegend unbewegliches Vermögen hat. Sehr ansprechend ist die Errungenschaftsgemeinschaft, welche den Erwerb in der Ehe gemeinschaftliches Eigentum der Eheleute werden läßt, zumal wenn der Ehemann, welcher die Verwaltung allein führt, auch der Ehefrau gegenüber allein für den Verlust beizutragen hat, sodaß diese von ihrem eingebrachten Gut nichts zu opfern hat, wenn in der Ehe zugesetzt, statt erworben wird, wie das Recht in Württemberg, Kurhessen und in den Gebieten des franz. Rechts geordnet ist. Aber dieses System führt zu sehr komplizierten Verhältnissen für die Auseinanderrechnung von dem gemeinschaftlichen Gute und vom Sondergut, namentlich auch bezüglich der beiderseitigen Schulden. Der Deutsche Entwurf hat deshalb das System der *Verwaltungsgemeinschaft* (s. d.) als dasjenige in Aussicht genommen, welches für die Neugestaltung des bürgerlichen Rechts in Deutschland das einheitliche Güterrecht des deutschen Volks werden soll. Die Eigentumsverhältnisse der Güter bleiben getrennt, aber der Ehemann ist Nutznießer und Verwalter des gesamten Frauenguts. Daß auch dabei die Ehefrau ebenso schlecht fahren kann wie die Gläubiger des Ehemanns, ist leicht einzusehen. Deshalb ist es zu verstehen, daß von dem Allgemeinen Deutschen Frauenverein und einer Anzahl von Zweigvereinen desselben Petitionen an den Deutschen Reichstag ergangen sind auf eine Umgestaltung des ehelichen Güterrechts im Sinne der *Gütertrennung*. (S. Dotalsystem.) Die Lebenserfahrung der sehr praktischen Römer fand darin, daß die Ehefrau über ihr eigenes Vermögen frei verfügen könne, daß sie nur dem Ehemanne für die Lasten der Ehe einen Teil ihres Vermögens überwies, den sie oder ihre Erben nach Auflösung der Ehe zurückforderten, eine Gewähr für eine würdige Gestaltung des ehelichen Verhältnisses. Ob aber die allgemeine Einführung eines solchen Systems bei den bestehenden socialen Verhältnissen nicht den Übelstand zur Folge haben würde, über welchen in dem reich gewordenen Rom so viele Klagen geführt wurden, daß viele Männer nicht heiraten wollten? Man hat berechnet, daß zur Zeit in Deutschland die allgemeine Gütergemeinschaft dei 11 Mill. Deutschen, übrigens in verschiedenen und nicht durchweg zusammenhängenden Gebieten gilt, die Mobiliargemeinschaft des franz. Rechts dei etwa 7 Mill., die reine Errungenschaftsgemeinschaft und die zwischen ihr und der Mobiliargemeinschaft stehenden Systeme dei etwa 7 Mill., die Verwaltungsgemeinschaft dei etwa 14 Mill., das Dotalsystem dei üder 3 Mill. — Über das *Erbrecht* der Ehegatten s. Gesetzliche Erbfolge und Pflichtteil.

Eheliche Vormundschaft, s. Ehegatten.

Ehelosigkeit, s. Cölibat.

Ehemündigkeit, s. Ehe (S. 738b).

Ehepakten, s. Ehevertrag.

Eheprozeß, nach der Deutschen Reichs-Civilprozeßordnung das Verfahren in Ehesachen, d. h. in Rechtsstreitigkeiten, welche die Trennung, Ungültigkeit oder Nichtigkeit einer Ehe oder die Herstellung des ehelichen Lebens zum Gegenstande haden. Ehesachen unterliegen jetzt ausschließlich der Gerichtsbarkeit des Staates; die geistliche Gerichtsbarkeit ist aufgehoden. Für Ehesachen ist ausschließlich zuständig das Landgericht, dei welchem der Ehemann seinen allgemeinen Gerichtsstand hat; jedoch lann gegen einen Ehemann, welcher seine Frau zu einer Zeit, als er ein Deutscher war, verlassen und nunmehr seinen Wohnsitz nur im Auslande hat, von der Ehefrau in seinem letzten deutschen Wohnsitz geklagt werden. An Ehesachen ist das öffentliche Interesse erhedlich deteiligt; und daraus entspringen wesentliche Abweichungen vom regelmäßigen Verfahren. Dahin gehört die Mitwirkung der Staatsanwaltschaft, welche das öffentliche Interesse zu vertreten hat, von allen Terminen von Amts wegen zu benachrichtigen ist, allen Verhandlungen deiwohnen, sich üder die zu erlassende Entscheidung gutachtlich äußern und behufs Aufrechterhaltung der Ehe Thatsachen und Beweismittel vordringen kann. Ferner darf der Verhandlungstermin üder eine Klage auf Ehescheidung oder auf Herstellung des ehelichen Lebens regelmäßig erst nach Abhaltung eines Sühnetermins festgesetzt werden. Neue Klagegründe slud unbeschränkt zulässig, und ebenso die Verbindung der Klagen auf Herstellung des ehelichen Lebens, auf Trennung und Ungültigkeit der Ehe miteinander, wogegen der mit einer Scheidungs- oder Ungültigkeitsklage abgewiesene Kläger oder Widerkläger Thatsachen, welche er im frühern Verfahren geltend machen kounte, später nicht mehr als Klagegrund verwerten kann. Diese Vorschriften zielen darauf ab, daß üder das Eheverhältnis in *einem* Verfahren im ganzen entschieden werde. Sodann ist die Disposition der Parteien üder den Prozeß insofern beschränkt, als die Vorschriften betreffs der Folgen der Nichterklärung üder Thatsachen und Urkunden, betreffs des Verzichts auf Beeidigung von Zeugen und Sachverständigen und des Eideserlasses, wie detreffs der Wirkung des gerichtlichen Anerkenntnisses und Geständnisses außer Anwendung dleiben; auch insofern, als die Eideszuschiebung, der Editionsantrag dem Gegner gegenüder mit Bezug auf Gründe für die Trennung, Ungültigkeit oder Nichtigkeit der Ehe, sowie der Erlaß eines eigentlichen Versäumnisurteils ausgeschlossen ist. Andererseits ist dem Gericht eine verstärkte Amtsgewalt eingeräumt, indem dasselbe das persönliche Erscheinen und Befragen einer Partei zwangsweise veranlassen, das Verfahren üder eine Scheidungsklage (abgesehen vom Ehebruch) oder eine Klage auf Herstellung des ehelichen Ledens auf ein Jahr aussetzen, auch zwecks der Aufrechterhaltung der Ehe nicht vorgebrachte Thatsachen und Beweismittel berücksichtigen darf, woneben es Urteile, durch welche auf Trennung, Ungültigkeit oder Nichtigkeit der Ehe erkannt ist, von Amts wegen den Parteien zuzustellen hat. Noch besondern Abweichungen vom Regelverfahren ist aus Rücksichten des öffentlichen Interesses die Klage auf Nichtigkeit der Ehe unterworfen. Diese Klage lann auch von der Staatsanwaltschaft oder von civilrechtlich befugten Dritten erhoden werden. Ihre Verbindung mit einer andern Klage ist ausgeschlossen. Die Staatsanwaltschaft kann, auch wenn sie die Klage nicht erhoden hat, den Rechtsstreit detreiben. In den Fällen, in denen sie als Partei unterliegt, wird die Staatskasse dem Gegner zur Kostenerstattung verpflichtet. (Vgl. Civilprozeßordn. §§. 568—592.)

Eherecht, s. Ehe.

Ehernes Geschlecht, s. Goldenes Zeitalter.

Ehernes Lohngesetz, s. Arbeitslohn (Bd. 1, S. 821a).

Ehescheidung. Obgleich die Gemeinschaft auf Lebenszeit in dem Wesen der Ehe enthalten ist und deliedige Verstoßungen oder verabredete Trennungen, wie sie das jüd., hellen., röm. und mohammed. Recht verstatten, dem Begriff und Zweck der Ehe widersprechen, so lann doch die völlige Unauflösbarkeit nur für solche eheliche Verbindungen gelten, die in vollem Umfange den ethischen Voraussetzungen des Verhältnisses entsprechen. Wo Haß und Verachtung an die Stelle der Liebe und des Vertrauens treten, ist der häusliche Herd entweiht, und der Zwang zur Fortsetzung des unseligen Bündnisses erscheint als ohnmächtiger Wunsch, ein Unheiliges zu heiligen, oder als Herabsetzung der Ehe zu etwas Äußerlichem oder Inhaltlosem. Unter den ersten Christen waren daher Scheidungen aus hinreichenden Gründen erlaudt, wiewohl seit dem 4. und 5. Jahrh. der Wiederverheiratung von Geschiedenen Schwierigkeiten entgegengesetzt wurden. Allmählich drachte jedoch die Kirche die Unauflösbarkeit zur Geltung, indem die Ehe als Symbol der untrenndaren Vereinigung Christi mit seiner Kirche betrachtet wurde. Doch konnte diese Anschauung nur sehr allmählich die Oberhand gewinnen. In England kamen noch im 12. Jahrh. Scheidungen vor. Dafür gestattete die lath. Kirche eine zeitliche oder, dei unversöhnbarem Zerwürfnis, eine selbst lebenslängliche Aufhebung des Beisammenwohnens (*Scheidung von Tisch und Bett*, separatio quoad thorum et mensam, aber nicht quoad vinculum). Die so Geschiedenen gelten fortgesetzt als Ehegatten und dürfen sich nicht anderweit verheiraten. So das lath. Kirchenrecht bis heute. Durch das Reichsgesetz vom 6. Febr. 1875 wurde jedoch bestimmt, daß in allen Fällen, in denen bisher auf dauernde Trennung von Tisch und Bett erkannt wurde, die Scheidung vom Bande auszusprechen sei. In der evang. Kirche war die Scheidung vom Bande immer für zulässig erachtet worden, ohne daß üder die Scheidungsgründe ein Einverständnis erzielt wäre.

Im weltlichen Recht, soweit sich dasselbe vom kath. Kirchenrecht frei gemacht hat, sind als *Scheidungsgründe* anerkannt: Ehebruch, bösliche Verlassung, d. h. Entfernung von dem Wohnorte in der Absicht, das eheliche Leben aufzugeben, Nachstellungen nach dem Leden, grode oder lebensgefährliche Mißhandlungen (Sävitien), gewöhnlich auch

Freiheitsstrafen von längerer Dauer, vereinzelt auch Unverträglichkeit, unvertilgbarer Haß und Widerwillen, unheilbarer Wahnsinn und unordentliche Lebensweise, durch welche sich der Mann in die Unmöglichkeit versetzt, die Pflichten eines Beschützers und Ernährers zu erfüllen. In Frankreich wurde während der ersten Republik die Scheidung den Eheleuten völlig freigegeben. Napoleon I. hob jedoch die eigenmächtigen Scheidungen wieder auf; im Code Napoléon wurden nur Untreue (s. Ehebruch), Mißhandlungen und grobe Injurien, Verurteilung zu entehrenden Strafen und beiderseitige Einwilligung als Scheidungsgrund anerkannt, letztere indes nur, wenn der Mann über 25 und die Frau über 21 J. alt ist, die Ehe wenigstens 2 Jahre gedauert hat, die Eltern der Frau einwilligen und die Eheleute nach Ablauf eines Jahres noch auf ihrem Vorsatze beharren. Nach der Restauration wurde wieder die gänzliche Scheidung durch das Gesetz vom 28. Mai 1816 abgeschafft, welches indessen für die Reichslande Elsaß-Lothringen außer Kraft gesetzt ist, zu Gunsten der Bestimmungen des Code civil, in Frankreich selbst durch Gesetz vom 27. Juli 1884 aufgehoben wurde.

Die Frage der E. stand wie in Frankreich, so auch in Preußen lange Zeit im Vordergrunde des öffentlichen Lebens. Handelte es sich dort um das Princip, ob E. überhaupt zu gestatten sei, so war es hier die Frage der Ehescheidungsgründe, welche Anlaß zum heftigsten Streite wurde. Die Gesetzgebung des Preuß. Allg. Landrechts (1794) ließ E. selbst aus gegenseitiger Einwilligung und unüberwindlicher Abneigung zu. Dagegen richtete sich im Zusammenhang mit dem neu erwachten religiösen Leben im 19. Jahrh. eine überaus heftige Bewegung religiös-polit. Art, welche, berechtigt im Grundgedanken, aber maßlos in der Methode und weit über das richtige Ziel hinausschießend, unter Friedrich Wilhelm IV. zu einer bedrohlichen Stärke anwuchs. Die Forderung «biblischer» Ehescheidungsgründe war von Staats wegen schon deshalb unerfüllbar, weil die Bibel ein sicher umgrenzbares Ehescheidungsrecht nicht bietet. Die Forderung einer Verschärfung des laxen und willkürlichen preuß. Ehescheidungsrechts im Sinne der sittlichen Grundgedanken der Ehe war berechtigt und fand immer allgemeinere Anerkennung auch in Kreisen, welche die Ausschreitungen der oben bezeichneten kirchenpolit. Bewegung aufs schärfste mißbilligten. Die Gegensätze wurden durch das persönliche Entgegenkommen Friedrich Wilhelms IV. vorläufig ausgeglichen; gesetzgeberische Versuche, die Streitfrage neu zu ordnen, blieben jedoch ohne Resultat. Eine vollständige Ordnung der Ehescheidungsgründe versucht nunmehr der Entwurf des Bürgerl. Gesetzbuchs für Deutschland. Diese Ordnung beruht theoretisch auf sehr strengen Principien, welche in den Motiven eingehende Rechtfertigung finden; praktisch wird allerdings diese Strenge durch die vorgeschlagene Zulassung eines in sehr allgemeiner Weise begrenzten «relativen» Scheidungsrechts ziemlich gegenstandslos gemacht oder vielmehr in das willkürliche Ermessen der Gerichte gestellt. (S. hierüber die «Verhandlungen des 20. Deutschen Juristentages im J. 1889» und die demselben erstatteten Gutachten.) — Eine besondere und merkwürdige Art der E. ist diejenige aus landesherrlicher Machtvollkommenheit; dieselbe ist in den größern deutschen Staaten längst beseitigt, besteht dagegen noch zu Recht in vielen deutschen Kleinstaaten. Der rechtshistor. Ursprung ist nicht genügend aufgeklärt. Mit einer geordneten Gerichtsverfassung ist diese Einrichtung einer so gut wie völlig freien landesherrlichen Willkür in Scheidung von «unglücklichen» Ehen unvereinbar; der Entwurf hebt dieselbe demgemäß auf. — Das Österr. Bürgerl. Gesetzbuch gestattet bei nicht kath. Christen die Trennung vom Bande wegen Ehebruchs, böslicher Verlassung, Verurteilung zu fünfjähriger Kerkerstrafe, dem Leben oder der Gesundheit gefährlicher Nachstellung, wiederholter schwerer Mißhandlung und unüberwindlicher Abneigung (§. 115). Gegen Katholiken kann nur auf Scheidung von Tisch und Bett erkannt werden (§. 109). Übrigens ist auch eine solche Scheidung «mit Einverständnis» unter Ordnung der Vermögensverhältnisse zulässig (§§. 109 fg.). Über die zeitweilige Trennung s. Scheidung von Tisch und Bett; über die civilrechtlichen Folgen der E. s. Ehescheidungsstrafen. Vgl. Hubrich, Das Recht der E. in Deutschland (Berl. 1891).

Ehescheidungsklage, die Klage, mittels welcher ein Ehegatte die Scheidung der Ehe durch Urteil des Richters wider den andern Ehegatten beantragt (s. Ehescheidung und Eheprozeß).

Ehescheidungsstrafen. Wird die Ehe geschieden, so tritt natürlich eine Absonderung der beiderseitigen Vermögensmassen ein, und für die Regel fällt eine Beerbung des einen Teils durch den andern weg. Die Durchführung richtet sich nach dem für die Ehegatten maßgebenden System des ehelichen Güterrechts. Daneben treten nach manchen Gesetzgebungen gewisse vermögensrechtliche Nachteile gegen den schuldigen, Vorteile für den unschuldigen Ehegatten ein. Nach Sächs. Bürgerl. Gesetzb. §. 1750 hat der unschuldige Ehegatte, welcher sich nicht standesgemäß unterhalten kann, wenigstens den Unterhalt von dem schuldigen Ehegatten zu fordern. Dies Recht fällt weg, wenn das Bedürfnis aufhört oder der unschuldige Ehegatte sich anderweit verheiratet. Dieselbe Bestimmung enthält der Deutsche Entwurf §. 1454. Nach rhein.-franz. Recht verliert der schuldige Teil alle Vermögensvorteile, welche ihm von dem andern Teil durch den Heiratsvertrag oder seit Eingehung der Ehe zugewendet wurden; der unschuldige behält die ihm zugewendeten Vorteile und kann im Fall des Bedürfnisses eine das Dritteil der Einkünfte des schuldigen Ehegatten nicht übersteigende Unterhaltsrente beanspruchen (Code civil, Art. 200, 299, 301, 1518). Nach Österr. Bürgerl. Gesetzbuch gebührt dem durch Urteil geschiedenen unschuldigen Ehegatten volle Genugthuung (Ersatz des Schadens, entgangener Gewinn, Tilgung der verursachten Beleidigung); er erhält alles, was ihm in dem Ehepakt auf den Fall des Überlebens bedungen worden ist, von Zeit der erkannten Trennung. Das Vermögen, worüber eine Gütergemeinschaft bestanden hat, wird wie bei dem Tode geteilt, und das Recht aus einem Erbvertrage bleibt dem Schuldlosen auf den Todesfall vorbehalten, die gesetzliche Erbfolge kann er nicht beanspruchen (§. 1266). Nach Preuß. Allg. Landr. II, 1, §. 783 soll der schuldige Ehegatte den unschuldigen wegen der künftigen Erbfolge aus seinem Vermögen abfinden, und es soll so angesehen werden, als ob der Schuldige am Tage des Scheidungsurteils verstorben sei. Der Unschuldige erhält, was ihm vertragsmäßig für den Erbfall zugesichert ist; fehlt es an vertragsmäßiger Festsetzung oder beträgt dieselbe weniger als die gesetzliche Abfindung, so erhält der Unschuldige eine Quote vom Vermögen des Schuldigen (§§. 785, 792—797). Die Höhe der Quote wird nach dem Maße der Schuld bemessen. Statt der Abfindung kann die unschuldige Ehefrau standesmäßige Verpflegung bis an ihren Tod aus den Mitteln des schuldigen Ehemanns fordern (§. 798). Den Standpunkt, daß der unschuldige Ehegatte für die ihm durch die Scheidung entzogenen Vorteile entschädigt werden soll, nehmen auch das Württemb. Landr. II, 32, §. 1, das Bayrische Landr. I, 6, §. 43, das Gothaische, Altenburgische und Schwarzburg-Sondershausensche Gesetz ein. Wo weder deutsche Partikulargesetze noch ein Gewohnheitsgesetz das röm. Recht beseitigt oder modifiziert haben, gilt dasselbe noch heute. Dieses faßte die den schuldigen Ehegatten treffenden Nachteile aus dem Gesichtspunkte einer Strafe. Der schuldige Ehegatte verliert den vierten Teil seines Vermögens, in gewissen Fällen den dritten Teil an die Kinder, den Nießbrauch an den unschuldigen Ehegatten; wenn Kinder nicht vorhanden sind, erhält der unschuldige Ehegatte auch das Eigentum. Daß statt dieses Vermögensteils die Dos (s. Mitgift), wenn solche gegeben war, und die Donatio propter nuptias (s. d.) verwirkt sein sollte, ist heute bei dem andern Charakter der Ausstattung und der Beseitigung der donatio propter nuptias fast überall unpraktisch.

Eheschließung, s. Ehe und Civilehe.

Ehestatistik, neben der statist. Erhebung der Geburten (s. Geburtsstatistik) und der Sterbefälle (s. Sterblichkeitsstatistik) ein Hauptteil der Darstellung der sog. Bewegung der Bevölkerung (s. d.). Die Kirchenbücher und in neuerer Zeit die bürgerlichen Civilstandsregister liefern in zuverlässiger Weise das Urmaterial, aus dem die ehestatist. Zahlen gewonnen werden (s. Personenstand). Es kommt für die Statistik, außer der Gesamtzahl der Trauungen hauptsächlich in Betracht: die Jahreszeit der Eheschließung, das Alter und der bisherige Familienstand der Brautleute.

Neben der absoluten Zahl der Eheschließungen interessiert zunächst das Verhältnis derselben zur Gesamtbevölkerung, welches durch die sog. allgemeine Verehelichungs- oder Heiratsziffer zum Ausdruck gelangt. Für das Deutsche Reich ergeben sich folgende Zahlen:

Jahr	Mittlere Bevölkerung	Eheschließungen	Auf 1000 E. entfallen Eheschließungen
1881	45 426 000	338 909	7,46
1882	45 717 000	350 457	7,67
1883	46 014 000	352 999	7,67
1884	46 334 000	362 596	7,83
1885	46 705 000	368 619	7,89
1886	47 132 000	372 326	7,90
1887	47 628 000	370 659	7,78
1888	48 166 000	376 654	7,82
1889	48 715 000	389 339	7,99
1890	49 239 000	395 356	8,03
1881/90	47 108 000	367 791	7,81

Wenn hiernach auch die Zahl der Eheschließungen im allgemeinen eine große Beständigkeit aufweist und mit der Zunahme der Bevölkerung im wesentlichen gleichen Schritt gehalten hat, so ist doch die Heiratsziffer im einzelnen bemerkenswerten Schwankungen unterworfen. Will man die Zahl der Eheschließungen als ein Kennzeichen des größern oder geringern Wohlbefindens einer Bevölkerung gelten lassen, so scheint in der allmählichen Steigerung der Heiratsziffer eine fortschreitende Besserung der wirtschaftlichen Verhältnisse des Deutschen Reichs im Laufe des Jahrzehnts 1881/90 zum Ausdruck zu gelangen. Größere Schwankungen zeigen sich bei einem Rückblick auf die frühern Jahrzehnte. Die allgemeine Heiratsziffer betrug 1841—50: 8,0, 1851—60: 7,8, 1861—70: 8,5, 1871—80: 8,6, 1881—90: 7,81. Indessen tritt in diesen Zahlen der Heiratsdrang der Bevölkerung nur unklar hervor, da ja keineswegs der gesamte Bestand derselben, sondern nur der noch unverheiratete Teil für die Verehelichung in Betracht kommt. Das Verhältnis dieser heiratsfähigen Bevölkerung zur Zahl der Eheschließungen, welches als die besondere Heiratsziffer bezeichnet werden kann, ist deshalb ein weit zutreffenderer Ausdruck für die Heiratsfrequenz als die allgemeine Ziffer und verdient namentlich bei einem Vergleich verschiedener Staaten den Vorzug vor dieser. Betrachtet man alle nicht verheirateten männlichen und weiblichen Personen im Alter von über 15 Jahren als heiratsfähig, so ergiebt sich für das Verhältnis der Heiratsfähigen und Eheschließungen zur Gesamtbevölkerung im Durchschnitt der Jahre 1871—85 folgendes Bild:

Staaten	Auf 100 E. entfallen Heiratsfähige	Auf 1000 E. entfallen Eheschließungen	Auf 1000 Heiratsfähige entfallen Eheschließungen
Deutsches Reich	31,15	8,3	26,7
Preußen	30,53	8,5	27,8
Bayern	30,60	7,8	23,3
Sachsen	28,87	9,3	32,4
Württemberg	31,52	7,5	23,9
Baden	33,28	7,5	22,4
Elsaß-Lothringen	35,13	7,1	20,3
Schweiz	36,17	7,4	20,5
Österreich	31,50	8,1	26,2
Ungarn	23,05	10,1	38,1
Frankreich	32,54	7,8	24,0
Italien	31,51	7,8	24,6
Belgien	34,98	7,2	20,5
Norwegen	33,44	7,1	21,1
Schweden	34,14	6,7	19,5
England u. Wales	—	7,8	—
Schottland	—	7,0	—
Irland	—	4,5	—

Für die Beurteilung dieser Zahlen ist zu beachten, daß die Heiratsfrequenz außer von der ökonomischen Lage der Bevölkerung auch von ihren nationalen Eigentümlichkeiten, dem Charakter der Volkswirtschaft und dem geltenden Recht abhängt.

Auf die einzelnen Monate des Jahres verteilen sich die Eheschließungen sehr ungleich. Bei einem Tagesmittel von 1000 Eheschließungen für das ganze Jahr entfielen im Deutschen Reich 1872—90 auf den Januar 955, Februar 1170, März 610, April 1069, Mai 1249, Juni 918, Juli 841, August 684, September 906, Oktober 1307, November 1525, Dezember 766. Die Unterschiede werden teils durch natürliche Einflüsse (Witterung und davon abhängige Landarbeiten), teils durch sociale (Landessitte und Herkommen, kirchliche Satzungen und Gewohnheiten) bedingt.

Nach dem Familienstand befanden sich unter 100 Heiratenden:

Staaten	Jahre	Männer: Junggesellen	Männer: Witwer und Geschiedene	Frauen: Jungfrauen	Frauen: Witwen und Geschiedene
Preußen . .	1876/85	86,54	13,46	91,21	8,79
Bayern . .	1876/85	85,10	14,90	92,05	7,95
Sachsen . .	1876/85	85,09	14,91	90,83	9,17
Schweiz . .	1876/85	84,21	15,79	90,63	9,37
Österreich .	1876/85	82,09	17,91	88,86	11,14
Italien . .	1876/80	87,51	12,49	92,84	7,16
Frankreich .	1876/80	88,69	11,31	92,13	7,87
England .	1876/80	86,34	13,66	90,15	9,85

Die allgemein bekannte Thatsache, daß Witwer häufiger eine Ehe eingehen als Witwen, findet hier ihren ziffernmäßigen Ausdruck. Was die gegenseitigen Beziehungen der verschiedenen Kategorien zueinander anlangt, so sind erste Ehen, d. h. solche zwischen Junggesellen und Jungfrauen, weitaus am häufigsten; es folgen dann die zwischen Jungfrauen und Witwern, weiterhin die zwischen Junggesellen und Witwen und endlich die zwischen Witwern und Witwen. Im Königreich Preußen entfielen 1876—85 von 100 Eheschließungen 81,38 auf die erste, 9,83 auf die zweite, 5,16 auf die dritte und 3,63 auf die vierte Gruppe. In andern Staaten vertauschen die beiden letzten Gruppen ihre Rangstufen.

Von allgemeinem Interesse ist neben dem Familienstand das Alter der Brautleute. In Preußen heirateten in den J. 1871—85 von 100

Im Alter von Jahren	Männer	Frauen	Personen überhaupt
Unter 20	0,50	10,06	5,28
20—30	67,43	70,16	68,79
30—40	22,54	14,72	18,63
40—50	6,18	4,01	5,09
50—60	2,52	0,91	1,72
60 und darüber	0,83	0,14	0,49

Die große Mehrzahl der Frauen gelangt also im Alter von 20 bis 30 Jahren zur Ehe und entspricht damit den Forderungen der natürlichen und socialen Verhältnisse der mitteleurop. Bevölkerung. Die andern Ehen pflegt man als frühzeitig oder verspätet anzusehen. Auch der größte Teil der Männer heiratet rechtzeitig, zumal bei Berücksichtigung des als normal zu betrachtenden Altersunterschiedes von wenigen Jahren. Letzterer kommt statistisch zur Erscheinung durch die Berechnung des durchschnittlichen Heiratsalters, welches als einfacher Ausdruck der Altersverhältnisse der Eheleute besonders bei räumlichen Vergleichungen bequem zu verwerten ist.

Staaten	Jahre	Durchschnittsalter im J.: beider Eheleute	des Mannes	der Frau	Unterschied
Preußen . .	1881/85	28,2	29,4	27,1	2,3
Bayern . . .	1881/85	29,1	30,6	27,6	3,0
Württemberg	1881/85	29,5	31,3	27,8	3,5
Belgien . . .	1881/85	29,2	30,6	27,7	2,9
Italien . . .	1881/85	27,5	29,9	25,1	4,8
Österreich . .	1881/85	28,9	30,9	26,8	4,1
Ungarn . . .	1881/85	26,0	28,6	23,4	5,2
Schweiz . . .	1881/85	29,1	30,9	27,3	3,6
Frankreich . .	1881/84	27,5	29,6	25,4	4,2
Dänemark . .	1880/84	28,6	30,1	27,2	2,9
Schweden . .	1882/86	29,1	30,4	27,8	2,6

Den Eheschließungen stehen die Ehelösungen gegenüber, die zum geringen Teil durch Scheidungen, zum weitaus größten durch den Tod des einen Ehegatten erfolgen. Meistens begnügt man sich damit, bei der Erhebung der Todesfälle festzustellen, ob die Verstorbenen ledig, verheiratet, verwitwet oder geschieden waren. Man kann dann auch für die Dauer der Ehen höchstens eine hypothetische Mittelzahl angeben (s. unten). Neuerdings beginnt man die Dauer der durch den Tod gelösten Ehen auf direktem Wege zu ermitteln. Auch die Frage nach der ehelichen Fruchtbarkeit berührt die E. (s. Geburtsstatistik). Andere für die E. interessante Fragen betreffen die Ehen unter Verwandten, das Religionsbekenntnis der Brautleute, das Verhältnis der kirchlichen zu den bürgerlichen Trauungen u. s. w.

Das Religionsbekenntnis der Eheschließenden verdient insbesondere mit Rücksicht auf die Häufigkeit der Mischehen, d. h. der Ehen zwischen Angehörigen verschiedener Konfession, gewürdigt zu werden. In Preußen betrug die Zahl der

Jahre	Gleichen Ehen: absolut	Gleichen Ehen: Proz. aller Ehen	Mischehen: absolut	Mischehen: Proz. aller Ehen
1871/75	220 898	93,73	14 782	6,27
1876/80	169 414	93,09	14 587	6,91
1881/85	204 344	92,52	16 518	7,48
1886	214 039	92,42	17 549	7,58
1887	212 146	92,24	17 853	7,76
1888	214 588	91,93	18 833	8,07
1889	221 486	91,86	19 510	8,14
1890	224 753	91,90	19 904	8,10

Sofern die neuerdings auch in andern Staaten beobachtete stetige Zunahme der gemischten Ehen erkennen läßt, daß der konfessionelle Unterschied in den Augen des Volks immer weniger als Ehehindernis in Betracht kommt, mag man hierin je nach seinem Standpunkte entweder eine Abnahme der religiös-kirchlichen Gesinnung oder aber eine Zunahme der Toleranz erblicken. Jedenfalls spielt neben diesen beiden Momenten die neuere Verkehrsentwicklung eine wesentliche Rolle, indem dieselbe auf eine immer stärkere Vermischung der früher räumlich getrennten Volkskreise hinarbeitet und damit auch die Gelegenheit zum Eingehen von Mischehen vermehrt.

Die Dauer der Ehe ist einerseits durch das frühere oder spätere Heiratsalter und andererseits durch die Sterblichkeit bedingt. Bei dem Mangel an direkten Ermittelungen dieser Dauer müssen indirekte Bestimmungen Ersatz leisten. Eine solche besteht in der Division der mittlern Zahl der stehenden Ehen durch die halbe Summe der Trauungen und Ehelösungen. Sie ergiebt für den Zeitraum 1881—85 eine mittlere Dauer der Ehen in Preußen von 24,45, in Bayern von 25,60, in Württemberg von 27,10, in Belgien von 25,01, in Frankreich von 27,54, in Italien von 26,07, in Ungarn von 24,35, in der Schweiz von 25,17, in Dänemark von 25,99 und in Schweden von 29,54 Jahren. Freilich sind diese Zahlen zu unsicher, um eingehendern Vergleichen als Grundlage zu dienen; immerhin aber ist es von Interesse zu erfahren, daß die durchschnittliche Dauer einer Ehe ungefähr dem Termin der Silbernen Hochzeit entspricht.

Vgl. neben der unter «Bevölkerung» aufgeführten Litteratur: Movimento dello stato civile. Anno

XXII (1883); Confronti internazionali per gli anni 1865—83 (Rom 1884); Stand und Bewegung der Bevölkerung des Deutschen Reichs und fremder Staaten in den J. 1841—86, Bd. 44 (Neue Folge der Statistik des Deutschen Reichs, hg. vom kaiserl. Statistischen Amt, Berl. 1892).

Ehevertrag (lat. pacta dotalia oder sponsalia), auch Ehepakten, Eheberedung, Heiratsvertrag, derjenige Vertrag, durch welchen die (künftigen) Ehegatten Festsetzungen treffen über gewisse Wirkungen der Ehe, insbesondere in Ansehung ihrer Vermögensverhältnisse, welchem Güterrecht sie sich unterwerfen, und ähnliches. Nicht selten werden auch andere Wirkungen der Ehe durch Vertrag im voraus bestimmt, so insbesondere über die Erziehung der etwa aus der Ehe hervorgehenden Kinder, aber auch über den Wohnsitz. Oft werden auch zugleich durch Vertrag Vereinbarungen getroffen für den Fall des Todes des einen oder andern Teils oder beider. Dann verbindet sich mit dem E. zugleich ein Erbvertrag (s. d.).

Das gemeine Recht stellt den Grundsatz der Vertragsfreiheit auf. Von selbst verstehen sich die Beschränkungen in Ansehung der Vereinbarung gegen Verbotsgesetze oder entgegen den guten Sitten oder wegen des Rechtsverhältnisses zu Dritten. Die neuern Gesetzbücher folgen hierin dem gemeinen Recht. Nach diesem und den meisten neuern Rechten können solche Verträge noch nach Eingehung der Ehe geschlossen werden, anders jedoch nach dem Code civil und dem Badischen Landr. Art. 1394, 1395, aber auch nach einigen andern Rechten, welche in Schleswig-Holstein, Bayern, Hessen, im Meiningenschen und in Lippe gelten. Andere Rechte schreiben vor, daß E. stets oder doch im Falle einer Wiederverehelichung zu schließen seien. Nach andern Rechten sind gewisse Verabredungen im E. nur zu gewissen Zeiten zulässig. Z. B. kann nach Preuß. Allg. Landrecht allgemeine Gütergemeinschaft nur vor Eingehung der Ehe eingeführt, die bei Eingehung der Ehe begründete gesetzliche allgemeine Gütergemeinschaft während der Ehe nicht ausgeschlossen werden (Preuß. Allg. Landr. II, 1 fg., 354, 413); die erstere Regel erleidet eine Ausnahme, falls der Wohnsitz in ein Gebiet verlegt wird, in welchem die allgemeine Gütergemeinschaft als gesetzlicher Güterstand besteht. Auch das Sächs. Bürgerl. Gesetzb. §. 1694 enthält eine Beschränkung, welche aber nur den Nießbrauch des Ehemanns betrifft. Zum Schutze Dritter finden sich vielfach Vorschriften, welche die Wirksamkeit der Verträge von einer öffentlichen Bekanntmachung abhängig machen, vgl. z. B. Preuß. Allg. Landr. II, 1, §§. 412 fg., und Gesetz vom 30. März 1837; für das gemeine Recht verneint das Reichsgericht die Notwendigkeit einer solchen Bekanntmachung in den «Entscheidungen des Reichsgerichts», VI, 223; IX, 92. Der Deutsche Entwurf sieht in den §§. 1435 fg. ein besonderes eherechtliches Register vor, in welches Abweichungen von dem gesetzlichen Güterstande eingetragen werden sollen. Der Code civil, das Badische Landrecht und einige neuere Gesetze verbieten, durch Vertrag den ehelichen Güterstand durch Bezugnahme auf ein nicht mehr geltendes Recht zu bestimmen. Der Zweck der Vorschrift ist, der Macht der Gewohnheit entgegenzutreten, welche nur zu leicht dahin führen möchte, das von dem Gesetzgeber auf Grund eingehender Erwägungen beseitigte Recht festzuhalten und den Zweck des Gesetzgebers zu vereiteln.

Eine besondere Form für Schließung des E. ist im gemeinen Recht nicht bestimmt. Die einzelnen Rechte enthalten indessen überwiegend Formvorschriften und verlangen teils allgemein, teils für gewisse Abreden gerichtliche oder notarielle Form (z. B. Preuß. Allg. Landr. II, 1, §§. 82, 209, 351, 426, und Gesetz von 1837; Bayr. Landr. I, 6, §. 29, mit Notariatsgesetz vom 10. Nov. 1861 und Gesetz vom 5. Mai 1890; Code civil und Badisches Landrecht), teils schriftliche Form, teils Zuziehung von Zeugen, teils gerichtliche Bestätigung, teils eine besondere Form, wenn in dem Vertrage über Grundstücke verfügt wird (z. B. Sächs. Bürgerl. Gesetzb. §. 1704).

Soweit E. während der Ehe geschlossen werden können, dürfen auch die bestehenden Verträge während der Ehe aufgehoben oder geändert werden.

Die geltenden Rechte enthalten zum Teil Vorschriften, welche zur Anwendung gelangen für den Fall, daß in dem E. eine bestimmte Art des Güterrechts festgesetzt ist, sofern nicht in dem Vertrage Abweichungen hiervon bestimmt sind. Hierher gehören vor allem der Code civil und das Badische Landrecht, welche in solcher Weise regeln die Errungenschaftsgemeinschaft (Art. 1498, 1499), die allgemeine Gütergemeinschaft (Art. 1526), die sog. Verwaltungsgemeinschaft (Art. 1530 fg.), die Gütertrennung (Art. 1536 fg.) und das Dotalrecht (Art. 1540 fg.), sowie noch einige Unterarten; aber auch das Sächs. Bürgerl. Gesetzb. §§. 1695 fg. und das Österr. Bürgerl. Gesetzb. §§. 1233 fg., welche Vorschriften dieser Art für die allgemeine Gütergemeinschaft enthalten. Ob, wie behauptet wird, die Vorschriften des Preuß. Allg. Landr. II, 1, §§. 396 fg. über die Errungenschaftsgemeinschaft hierher zu zählen sind, kann dahingestellt bleiben. Der Deutsche Entwurf hat den gleichen Weg eingeschlagen.

Ehewappen, Alliance- oder Doppelwappen, die Vereinigung der beiden Geschlechtswappen eines Ehepaares durch Nebeneinanderstellung (s. beistehende Figur). Fallen die Helme fort,

so werden beide Schilde gemeinsam durch eine meist dem Stande des Gatten entsprechende Rangkrone (s. d.) gekrönt. Häufig sind die Schilder, deren vorderes stets das des Mannes zeigen muß, sanft gegeneinander gelehnt. In diesem Falle wird das Einanderzuwenden (Sich-Ansehen) der Schildfiguren, das auch bei der einfachen Nebeneinanderstellung üblich ist, notwendig. Dies erstreckt sich für den Fall der Benutzung der Helme auch auf diese, wie aus der Figur ersichtlich. Die Vereinigung eines E. in einem Schilde, sei es durch Spaltung, Teilung oder Vierung desselben, ist nicht üblich.

Ehhafte Nöte oder Ehhaften (Ehehafte Nöte, Ehehaften), s. Ehehaft.

Ehingen. 1) **Oberamt** im württemb. Donaukreis, hat (1890) 26555 (12631 männl., 13924 weibl.) E., 2 Städte und 45 Landgemeinden. — 2) **Amtsstadt** im Oberamt E., 25 km im SW. von Ulm, in 515 m Höhe an der Schmiechen und nahe der Donau gelegen, an der Linie Ulm-Mengen der Württemb. Staatsbahnen, hat (1890) 4234 E., Post zweiter Klasse, Telegraph, Oberamt, Amtsgericht (Landgericht Ulm), Kameralamt; drei Kirchen, darunter die ansehnliche St. Blasiuskirche, ein 1809 aufgehobenes Mönchs- und ein 1782 aufgehobenes Nonnenkloster, ein königl. Gymnasium, 1686 als sog. «Studium» gegründet, 1706 Lyceum, 1825 Gymnasium (Rektor Dr. Hehle, 20 Lehrer, 10 Klassen, 179 Schüler), verbunden mit einem Konvikt für künftige Studierende; Cigarren- und Cementfabrik, Essigsiederei, Bleicherei, Musselinstickerei, zahlreiche Mühlen und Hammerschmieden, besonders Landwirtschaft, Hopfenbau und Viehzucht, sowie Frucht- und Schafmärkte. — Die Stadt ist sehr alt und war ursprünglich eine röm. Niederlassung; 961 wird sie zuerst erwähnt; die Herrschaft kam 1343 von den Grafen von Berg an Österreich und 1805 an Württemberg. — 3) Ehemals **Stadt,** jetzt mit Rottenburg (s. d.) vereinigt.

Ehl, Vorort von Benfeld (s. d.) im Unterelsaß.

Ehle, rechter Nebenfluß der Elbe, entspringt auf dem Fläming und mündet unterhalb Magdeburg.

Ehlers, Ernst Heinr., Zoolog, geb. 11. Nov. 1835 zu Lüneburg, studierte 1857—61 in Göttingen und München Medizin und Naturwissenschaften und reiste inzwischen auch (1859/60) mit W. Keferstein nach Neapel und Messina zur Untersuchung niederer Seetiere. 1861 wurde er Prosektor am anatom. Institut in Göttingen, 1863 habilitierte er sich daselbst für menschliche und vergleichende Anatomie und für Zoologie. 1869 wurde er als ord. Professor für Zoologie, vergleichende Anatomie und Veterinärmedizin nach Erlangen, 1874 als ord. Professor für Zoologie und vergleichende Anatomie nach Göttingen berufen. Von seinen Arbeiten sind hervorzuheben: «Zoolog. Beiträge» (zusammen mit W. Keferstein, Lpz. 1861), «Die Borstenwürmer» (2 Abteil., ebd. 1864—68), «Hypophorella expansa» (Gött. 1876), «Florida-Anneliden» (Cambridge 1887), «Zur Kenntnis der Pedicellinen» (Gött. 1890). Er redigiert gemeinsam mit A. von Kölliker die «Zeitschrift für wissenschaftliche Zoologie».

Ehlers, Otto Ehrenfried, Forschungsreisender, geb. 31. Jan. 1855 zu Hamburg, studierte Rechtswissenschaft und Landwirtschaft in Heidelberg, Jena und Bonn, trat 1887 in die Dienste der Deutsch-Ostafrikanischen Gesellschaft, machte im Sommer 1888 eine Expedition nach dem Rufidschi und Rovuma mit und begab sich im Herbst in das Dschaggaland am Fuße des Kilima-Ndscharo, den er 18. Nov. beinahe bis zum höchsten Gipfel bestieg. Als Chef der Station Moschi im Dschaggaland bestimmte er den Häuptling Mandara, eine Gesandtschaft an den deutschen Kaiser abzusenden. Mit dieser traf er im Mai 1889 in Berlin ein. Zwei Monate darauf kehrte er nach Sansibar zurück, begleitete Wißmann während des Araberaufstandes auf seinem Zuge nach Mpwapwa und zog abermals im Dezember desselben Jahres nach dem Kilima-Ndscharo, um die Geschenke des deutschen Kaisers an Mandara zu überbringen. Wegen seiner erschütterten Gesundheit mußte er im Frühjahr 1890 das Dschaggaland verlassen und Erholung im nördl. Indien suchen; hier durchreiste er 1891 Kaschmir und Nepal, ging dann nach Birma und durchkreuzte Hinterindien von Moulmein bis Hanoi (Tongking), wo er 12. Mai 1892 anlangte. Von dort begab er sich nach China, um durch die Mongolei und Sibirien nach Deutschland zurückzukehren. Seine Reiseerlebnisse veröffentlichte er in der «Täglichen Rundschau» (1889) und in der «Kölnischen Zeitung» (1889—90); außerdem gab er einen Band Gedichte heraus: «Kornähren der Poesie» (3. Aufl., Norden 1888).

Ehlers, Rudolf, prot. Theolog, geb. 30. März 1834 zu Hamburg, studierte in Heidelberg, Berlin und Göttingen und übernahm 1859 gleichzeitig die Pfarrstellen der luth. und der reform. Gemeinde zu Stolberg bei Aachen mit dem Auftrage, beide Gemeinden der Union zuzuführen. 1864 folgte er einem Rufe an die evang.-reform. Gemeinde zu Frankfurt a. M. und wurde 1878 als Mitglied des reform. Konsistoriums zum Konsistorialrat ernannt. Seine Schrift über den Einfluß der alten Philosophie auf die Apologeten des 2. Jahrh. wurde von der Göttinger Fakultät gekrönt. E. hat u. a. drei Predigtsammlungen veröffentlicht: «Evang. Predigten» (Frankf. a. M. 1873), «Das alte Gesetz und die neue Zeit» (ebd. 1877), «Bilder aus dem Leben des Apostels Paulus» (ebd. 1886). Seit 1879 ist er Mitherausgeber der «Zeitschrift für praktische Theologie»; seit 1885 bespricht er in dem von Lipsius herausgegebenen «Theol. Jahresbericht» die homiletische und katechetische Litteratur.

Ehlert, Louis, Musikschriftsteller, geb. 13. Jan. 1825 zu Königsberg in Preußen, gest. 4. Jan. 1884 zu Wiesbaden, ist als musikalischer Feuilletonist besonders durch einzelne Essays bekannt geworden, unter denen «Aus der Tonwelt» (Berl. 1877; 2. Aufl. 1882; Neue Folge 1884), «Briefe über Musik an eine Freundin» (3. Aufl., ebd. 1879) und «Römische Tage» (2. Aufl., ebd. 1877) hervorragen. Seine Arbeiten stellen den Stil über den Inhalt, zeigen aber feines Gefühl und Nachdenken. Auch als Liederkomponist verdient E. Beachtung.

Ehnn, Bertha, Sängerin, geb. 30. Okt. 1845 zu Pest, kam früh nach Wien, wo sie 1861 das Konservatorium besuchte und dann Privatunterricht genoß. Von 1864 ab gehörte sie nacheinander den Bühnen in Graz, Pest, Stuttgart an und wurde 1868 an die Wiener Hofoper engagiert, an der sie 20 Jahre thätig blieb. Zahlreiche Gastspiele machten ihre anmutige Gesangskunst auch außerhalb Wiens bekannt. Zu ihren besten Rollen sind Recha, Margarete, Agathe, Selika, Mignon, Cherubim, Julia zu zählen. 1873 vermählte sie sich mit Hauptmann Sand.

Ehrang, Marktflecken im preuß. Reg.-Bez. und Landkreis Trier, 8 km im NO. von Trier, am Eintritt der Kyll in die Ebene der Mosel, 1 km von der Mosel entfernt, an den Linien Koblenz-Trier und Köln-Trier der Preuß. Staatsbahnen, hat (1890) 2496 E., darunter 167 Evangelische, Post, Telegraph und Walzenmühle. Die Bewohner treiben Ackerbau oder sind Fabrik- und Hüttenarbeiter. Dabei liegt das Eisenhüttenwerk Quint (Eisengießerei und Walzwerk) und die Thonwarenfabrik von Lamberty-Servais & Comp.

Ehrb., bisweilen auch bloß *E.*, hinter wissenschaftlichen Tiernamen Abkürzung für Christ. Gottfr. Ehrenberg (s. d.).

Ehre, die Anerkennung unsers persönlichen Werts durch andere. Man hat E., insofern man durch Handlungen und Gesinnungen auf diese Anerkennung Anspruch machen darf. Die Berechtigung zu diesem Anspruch ist die innere, die Anerkennung selbst die äußere E. Beide können miteinander in Konflikt geraten, wenn im öffentlichen Urteil etwas innerlich Ehrenhaftes, wie z. B. der Verzicht auf Rache bei Beleidigungen, für unehrenhaft gehalten wird. Das Bewußtsein dessen, was man seiner E. schuldig ist, heißt Ehrgefühl, das gemäßigte Streben nach E. Ehrliebe, das zu lebhafte Streben Ehrgeiz (s. d.) und im erhöhten Maße Ehrsucht.

In juristischem Sinne ist E. die Achtung, welche der Mensch dem Menschen im Verkehr durch sein Betragen zu bezeigen hat; ihre Verletzung ist Beleidigung (s. d.). Ein besonderer Grad ist die Standesehre; sie kommt rechtlich insoweit in Betracht, als in ihrer absichtlichen Verletzung eine Beleidigung liegt. Auf dem Gebiete des bürgerlichen Rechts ist E. der Zustand der ungeschmälerten Rechtsfähigkeit, welche jeder Person auf Grund der ihr an sich zukommenden Achtung beigelegt ist. Dagegen ist für das Recht die Ehrenminderung von Bedeutung. Eine solche kennt das röm. Recht in mehrfacher, nicht scharf sich unterscheidender Abstufung; man spricht von infamia, turpitudo und levis notae macula, an welche verschiedene Rechtsnachteile sich knüpften. Auch im deutschen Recht hat man versucht, entsprechend zu unterscheiden in Rechtlosigkeit, Anrüchigkeit (s. d.) und Verächtlichkeit. Die Rechtlosigkeit ist als beseitigt anzusehen. Verächtlichkeit oder Bescholtenheit (s. d.) sind im neuern Recht meist nur insofern von Bedeutung, als durch Rechtsgeschäft Wirkungen an diese Eigenschaft geknüpft werden oder als es bei Beurteilung rechtlicher Verhältnisse und Maßnahmen auf die freie Würdigung der Ehrenhaftigkeit oder Vertrauenswürdigkeit ankommt, z. B. in der Ehe oder in Ansehung der elterlichen Gewalt oder Vormundschaft. Früher trat auch eine Ehrenminderung im Falle eines Konkurses ein. Das neuere Recht hat diese Wirkungen sehr beschränkt. Die Ehrenminderung, welche kraft Strafurteils auf Grund des Reichsstrafgesetzbuchs eintritt, hat die im §. 34 daselbst festgesetzten Folgen, welche auch auf dem Gebiete des bürgerlichen Rechts sich fühlbar machen. Andere Reichsgesetze haben diese Wirkungen noch ausgedehnt; z. B. in Ansehung der Schiedsrichtereigenschaft (Civilprozeßordn. §. 858), in Ansehung der Stellung im Gewerbe bez. in der Innung (Gesetz vom 17. Juli 1878, §. 106; Gesetz vom 18. Juli 1881, §. 100), weiter in Ansehung der Herausgabe periodischer Druckschriften (Preßgesetz vom 7. Mai 1874, §. 8) u. a. Ob neben diesen noch weitere Wirkungen, welche die einzelnen Landesrechte bestimmten, fortbestehen, ist nicht unbestritten. — Vgl. K. Binding, Die E. im Rechtssinn und ihre Verletzbarkeit (Lpz. 1890).

Ehrenämter sind Staats-, Gemeinde- oder andere öffentliche Ämter, welche nicht berufsmäßig gegen Gehalt, sondern von Personen, die zur Übernahme derselben willens sind, unentgeltlich versehen werden. Das Wesentliche des Begriffs besteht in der Unentgeltlichkeit der Amtsführung, wodurch aber der Ersatz der Auslagen und selbst eine Entschädigung für Repräsentationskosten nicht ausgeschlossen ist. Dagegen beruht es auf einer Begriffsverwechselung, das Ehrenamtssystem mit dem System der Selbstverwaltung zu identifizieren. Auf dem Gebiete der Selbstverwaltung werden viele Ämter berufsmäßig, d. h. gegen Amtssold verwaltet, und andererseits ist das Ehrenamt der eigentlichen Staatsverwaltung keineswegs fremd, wie z. B. die Wahlkonsuln, die kaufmännischen Handelsrichter, die Geschworenen und Schöffen beweisen. Die Inhaber von E. haben zwar die dienstlichen Pflichten und sind in der Regel auch der dienstlichen Disciplinargewalt unterworfen; da sie aber aus dem Staatsdienst keinen Beruf machen und bei ihnen von einer Carriere nicht die Rede sein kann, so sind sie unabhängig von der Einwirkung der Vorgesetzten. Die E. bilden daher eine zweckmäßige Schranke der Bureaukratie. Andererseits hat das System der E. auch seine Schattenseiten. Abgesehen von den oft recht erheblichen Leistungen an Zeit, Mühe und pekuniären Opfern, die es der Bevölkerung auferlegt, führt es dazu, daß in der Erledigung der amtlichen Geschäfte möglicherweise ein unwissender Dilettantismus platzgreift, indem Personen zur Übernahme von Ämtern berufen werden, denen es an der erforderlichen Vorbildung fehlt. Die Folge davon ist dann, daß die Inhaber von E. thatsächlich von gewandten Unterbeamten sich leiten lassen oder daß sie sich an hergebrachte Formulare sklavisch anklammern, wie dies namentlich in England bei den Friedensrichtern häufig der Fall ist. Auch tritt nicht immer an die Stelle der Abhängigkeit von einer vorgesetzten Behörde wahre innere Freiheit und Selbstbestimmung, sondern sehr häufig eine viel schlimmere Abhängigkeit von Parteiumtrieben oder von lokalen Cliquen und von Einflüssen der Sippschaft, Gevatterschaft, Kundschaft, der Konfession u. dgl. Gegen diese Gefahren muß ein Schutz gewährt werden teils durch die gesetzliche Verantwortlichkeit der Inhaber von E. für ihre Geschäftsführung, teils durch die Unterordnung derselben unter höhere Instanzen. Auch vertragen nicht alle Zweige der Staatsverwaltung die mit dem System der E. verbundene Decentralisation und Selbständigkeit, und eine übermäßige Ausdehnung dieses Systems könnte zur Entnervung und Lähmung der Staatsgewalt führen. — Vgl. Gneist, Der Rechtsstaat (2. Aufl., Berl. 1879).

Ehrenannahme (Ehrenaccept) und Ehrenzahlung sind die beiden Formen der Intervention im Wechselrecht. Wenn der Bezogene nicht acceptiert, hat der Wechselinhaber Anspruch auf Sicherstellung gegen seine Vormänner; wenn der Acceptant oder der Aussteller des eigenen Wechsels nicht zahlt, hat der Wechselinhaber den Regreß gegen seine Vormänner; in beiden Fällen entstehen regelmäßig Kosten, welche namentlich bei dem Regreß mangels Zahlung den Betrag der Verpflichtung empfindlich erhöhen können. Um diese zu vermeiden, kann jeder Regreßpflichtige, beim gezogenen Wechsel der Übung nach auch der Aussteller, im Wechsel die Anweisung erteilen, daß im Falle der Nichtannahme oder Nichtzahlung der Inhaber Accept und Zahlung oder die Zahlung zunächst bei einer dritten Person zu suchen hat. Diese dritte Person ist die sog. Notadresse, bezeichnet durch die Klausel: «nötigenfalls bei ...», «im Fall der Not bei ...», «im Falle» (frz. «au besoin», engl. «in case of need») und ähnlich. Beim gezogenen Wechsel muß der Inhaber nach erhobenem Protest mangels Annahme das Accept von der Notadresse verlangen und kann, wenn diese acceptiert, Sicherstellung nicht fordern. Unter mehrern Notadressen gebührt derjenigen der Vorzug, durch deren Zahlung die meisten Verpflichteten befreit werden. Auch ohne Notadresse kann ein Dritter, wenn der Wechsel durch Nichtannahme oder Nichtzahlung Not leidet und dies durch Protest festgestellt ist, sich zum Accept oder zur Zahlung zu Ehren eines Regreßpflichtigen erbieten; er interveniert, tritt dadurch ein für den bezeichneten Regreßpflichtigen; wenn er keinen bezeichnet, für den letzten Regreßpflichtigen. Der Eintretende wird Honorant, derjenige, für den er eintritt, Honorat genannt. Für die Zahlung darf der Eintritt auch eines solchen Dritten nicht abgelehnt werden, der nicht durch Notadresse beauftragt ist; andernfalls verliert der Wechselinhaber seinen Regreß gegen die Nachmänner des Honoraten. Wird die Ehrenzahlung nicht rechtzeitig von dem Notadressaten oder dem Ehrenacceptanten gefordert und im Nichtzahlungsfalle Protest erhoben, so verliert der Inhaber seinen Regreß gegen den Honoraten und dessen Nachmänner. Der Ehrenacceptant haftet aus seinem Accept den Nachmännern des Honoraten; seine Verpflichtung erlischt aber (im Gegensatz zum eigentlichen Acceptanten), wenn ihm der Wechsel nicht spätestens am zweiten Werktage nach dem Zahlungstage zur Zahlung vorgelegt ist. Der Ehrenzahler tritt übrigens in die Rechte eines Wechselinhabers ein, hat also Wechselrecht gegen den Honoraten, dessen Vormänner, den Acceptanten des gezogenen, bez. den Aussteller des eigenen Wechsels.

Ehrenberg (Alt-Ehrenberg), Dorf in der Bezirkshauptmannschaft und dem Gerichtsbezirk Schluckenau in Böhmen, hat (1890) 3350, als Gemeinde mit Neu-Ehrenberg und Waldecke 5015 E., Post, Webereien und Manchestermanufakturen.

Ehrenberg, Christian Gottfr., Naturforscher und Reisender, geb. 19. April 1795 zu Delitzsch, studierte seit 1815 zu Leipzig Theologie, wandte sich aber bald den Naturwissenschaften und der Medizin zu und setzte seit 1816 seine Studien in Berlin fort. Auf Kosten der Akademie der Wissenschaften unternahm er 1820 mit Friedrich Wilhelm Hemprich (geb. 24. Jan. 1796 zu Glatz) eine Reise nach Ägypten und den Nachbarländern, die sich auf 6 Jahre erstreckte. Hemprich starb 30. Juni 1825 zu Massaua, E. selbst kehrte im Frühjahr 1826 nach Berlin zurück und wurde zum außerord. Professor der Medizin ernannt, 1827 auch als Mitglied in die Akademie aufgenommen. Hierauf begleitete er 1829 A. von Humboldt auf dessen Reise nach Asien bis an den Altai, erhielt 1839 eine ord. Professur, wurde 1842 beständiger Sekretär der Akademie und bekleidete die Professur bis zu seinem am 27. Juni 1876 in Berlin erfolgten Tode. Von seinen zahlreichen Schriften sind besonders hervorzuheben: «Symbolae physicae» (4 Bde., Berl. 1828—34), «Die Korallentiere des Roten Meeres» (edd. 1834), «Zur Erkenntnis der Organisation in der Richtung des kleinsten Raumes» (edd. 1830—34), nebst «Zusätze zur Erkenntnis großer Organisation im kleinen Raume» (edd. 1836), und seine beiden Hauptwerke: «Die Infusionstierchen als vollkommene Organismen» (Lpz. 1838) und «Mikrogeologie» (edd. 1854).

Ehrenberger Klause, ein vormals sehr fester Punkt im Norden Tirols, unweit der bayr. Grenze, am Lech, oberhalb des Fleckens Reutte, auf der jetzigen Kunststraße von Füssen thalaufwärts nach Innsbruck und dem Oberinnthal, benannt nach der den dortigen Gebirgspaß beherrschenden, während des franz. Revolutionskrieges geschleiften Feste Ehrenberg, wurde im Schmalkaldischen Kriege 10. Juli 1546 von Sebastian Schertlin und 19. Mai 1552 von Kurfürst Moritz von Sachsen weggenommen. Im Dreißigjährigen Kriege wurde die Feste 1634 von Bernhard von Weimar vergebens belagert, dagegen 1703 von den Bayern und kurz nachher wieder von den Kaiserlichen erobert.

Ehrenbezeigungen (milit.), s. Honneurs, Ehrenposten, Ehrenschüsse, Ehrenwachen.

Ehrenbote vom Rhein, s. Zweter, Reinmar von.

Ehrenbreitstein, auch Thalehrenbreitstein genannt, Stadt im preuß. Reg.-Bez. und Landkreis Koblenz, rechts des Rheins in einer Thalwindung, am Fuße der Festung E. und an der Linie Niederlahnstein-Königswinter der Preuß. Staatsbahnen, mit Koblenz durch eine Schiffbrücke und seit 1864 durch eine große Eisenbahnbrücke verbunden, ist Sitz eines Amtsgerichts (Landgericht Neuwied), und der zur Diöcese Trier gehörigen bischöfl. Delegation für sämtliche Kirchen des ostrhein. Teils des Reg.-Bez. Koblenz, hat (1890) mit der Festung E. 5278 E., darunter 1449 Evangelische und 30 Israeliten, Post zweiter Klasse, Telegraph, zwei kath. Kirchen, ein Kapuzinerkloster, ein ehemaliges kurtriersches Dikasteriengebäude, jetzt Proviantmagazin, eine Synagoge, einen schon im 14. Jahrh. bekannten Sauerbrunnen; Wein- und Speditionshandel. Auf dem Asterstein befindet sich ein Denkmal zur Erinnerung an die 1866 Gefallenen. Über die Garnison der Festung s. Koblenz. Es besteht noch das Haus des kurtrierschen Kanzlers Laroche und seiner als Schriftstellerin und Jugendfreundin Wielands bekannten Gattin Sophie, in welchem 1774 Goethe heitere Stunden verlebte. Südlich vom E., jenseit der Thalschlucht der Stadt, erhebt sich auf der Pfaffendorfer Höhe das Fort Asterstein, welches im Zusammenhange mit der Festung E. die Befestigung des rechten Rheinufers bildet und durch vier vorgeschobene Werke verstärkt ist. Einige Werke östlich von der Stadt schützen die letztere gegen einen Handstreich und sperren die Thalschlucht. Am westl. Abhang ist 1856 der zu Ehren der Großherzogin von Baden benannte Luisenturm erbaut worden.

Über die Stadt, die noch im 17. Jahrh. Moelen oder Müelen im Thale und dann kurze Zeit Philippsthal genannt wurde, erhebt sich, der Moselspitze gegenüber, auf einem steilen, 118 m über dem Rhein und 174 m über dem Meer gelegenen Felsen die neuerdings durch vorgeschobene Erdwerke verstärkte Festung E., nebst den gegenüberliegenden Werken von Koblenz eine der bedeutendsten Europas, mit schönen Aussichten auf das Rhein- und Moselthal. — Ob dieser militärisch wichtige Punkt schon von den Römern befestigt war, läßt sich nicht nachweisen. Die Burg E. soll schon 636 der Frankenkönig Dagobert dem Erzstift Trier geschenkt haben. Gewiß ist, daß Kaiser Heinrich II. dies Besitztum 1018 bestätigte. Der Erzbischof Hermann oder Hillin (1152—69) ließ die Gebäude der Burg herstellen, die Befestigungen verstärken und auf dem südlichen, tiefer gelegenen Vorsprunge des Felsens eine zweite Burg, den Hillin- oder Hermannstein, später Helfenstein, bauen. Eine regelmäßige Befestigung des E. kam erst 1672 durch den Kurfürsten Karl Kaspar von der Leyen (1652—76) zu stande. Durch den Kurfürsten Philipp Christoph von Sötern kam die Festung 1631 in die Hände der Franzosen und erst 1637 wieder an die Kaiserlichen unter Johann von

Werth. Nach den Anordnungen des Prinzen Eugen von Savoyen wurde sie 1734 erweitert und verstärkt. 1759—62 hielten sie die Franzosen besetzt. Diese blockierten die Festung auch 1795, dann 1796 und 1797 und zwangen sie Jan. 1799 durch Hunger nach zehnmonatiger Belagerung zur Übergabe. Infolge des Lunéviller Friedens 1801 wurde die Festung von den Franzosen gesprengt. Die Trümmer und die Stadt nebst dem dazugehörigen Amte kamen 18. Dez. 1802 als Entschädigung an die Fürsten von Nassau-Weilburg. Infolge des Wiener Kongresses gelangte E. an Preußen, und im zweiten Pariser Frieden wurden Frankreich für den Wiederaufbau der Festung 15 Mill. Frs. Kriegssteuer auferlegt. Der Bau begann 1816 unter der Leitung des Generals Aster und war 10 Jahre später mit einem Kostenaufwand von 8 Mill. Thlrn. meisterhaft vollendet.

Ehrenbürgerrecht nennt man das Bürgerrecht, sofern es nicht von einer Gemeinde erworben, sondern dem Betreffenden durch freiwilligen Beschluß der Gemeindeorgane als Auszeichnung erteilt ist. Dasselbe giebt die Rechte, bewirkt aber nicht die Pflichten des ordentlichen Bürgerrechts.

Ehrendame (frz. dame d'honneur), die einer Fürstin zur Dienstleistung zugewiesene, die Dienste einer Hofdame vorübergehend wahrnehmende Dame höhern Standes. In diesem Sinne entspricht E. dem Ehrenkavalier. (S. auch Dame du palais.) Außerdem giebt es noch E. von Orden und Stiften. So ernennt beispielsweise der nur für Männer bestimmte Malteserorden E. desselben. Unter E. eines adligen Fräuleinstiftes versteht man eine Stiftsdame, die das Ordenszeichen des Stiftes zu tragen berechtigt ist, ohne jedoch Anspruch auf irgendwelche Bezüge aus dem Stiftsvermögen (Geld, Wohnung, Naturalien) fordern zu können.

Ehrendiplom, s. Ehrenmitglied.

Ehrenerklärung, s. Abbitte.

Ehrenerweisungen (milit.), s. Honneurs, Ehrenposten, Ehrenschüsse, Ehrenwachen.

Ehrenfeld, Stadt, seit 1. April 1888 mit Köln (s. d.) vereinigt.

Ehrenfels, Burgruine am rechten Rheinufer gegenüber von Bingen, wurde um 1210 vom Statthalter des Rheingaus, Phil. von Bolanden erbaut, im 15. Jahrh. von den Mainzer Erzbischöfen häufig bewohnt und 1689 von den Franzosen zerstört. (S. Tafel: Burgen II, Fig. 5.)

Ehrenfest, im 16. Jahrh. Prädikat des niedern Adels, ging später auf obrigkeitliche Personen und angesehene Bürgerliche über.

Ehrenfeuchter, Friedr. Aug. Eduard, prot. Theolog, geb. 15. Dez. 1814 zu Leopoldshafen bei Karlsruhe, studierte in Heidelberg, wurde 1835 Religionslehrer am Lyceum in Mannheim, 1841 Hof- und Stadtvikar in Karlsruhe, 1845 außerord. Professor und Universitätsprediger in Göttingen, 1849 ord. Professor daselbst, 1855 Konsistorialrat, 1856 Abt von Bursfelde, 1859 Oberkonsistorialrat; 1864 auf seinen Wunsch der Konsistorialgeschäfte enthoben, starb er 20. März 1878 zu Göttingen. E. war ein Vertreter der sog. Vermittelungstheologie; an den mehrfachen Kämpfen in der hannöv. Landeskirche hat er bestimmenden Anteil genommen, besonders bei dem Ansturm der neuluth. Partei gegen die Göttinger Fakultät (1853) und im Katechismusstreit (1862) die Verständigung angebahnt. Von seinen Schriften sind zu nennen: «Theorie des christl. Kultus» (Hamb. u. Gotha 1840), «Entwicklungsgeschichte der Menschheit, besonders in ethischer Beziehung» (Heidelb. 1845), «Zur Geschichte des Katechismus» (Gött. 1857), «Die praktische Theologie» (Bd. 1, edd. 1859), «Christentum und moderne Weltanschauung» (edd. 1876); ferner zwei Predigtsammlungen: «Zeugnisse aus dem akademischen Gottesdienst in Göttingen» (2 Bde., edd. 1849—52).

Ehrenfriedersdorf, Stadt in der Amtshauptmannschaft Annaberg der sächs. Kreishauptmannschaft Zwickau, in 533 m Höhe, an der zur Zschopau gehenden Wilisch und an der Nebenlinie Wilischthal-E. (13,9 km) der Sächs. Staatsbahnen, hat (1890) 4599 (2236 männl., 2363 weibl.) E., darunter 88 Katholiken, Post zweiter Klasse, Telegraph, Amtsgericht (Landgericht Chemnitz); Nikolaikirche (1300) mit altem kostbaren Altarwerk und goldenem Kelch (15. Jahrh.), gewerbliche Fortbildungs-, Klöppel- und Gorlnähschule, Hochdruckwasserleitung; Fabrikation von Malz, Stulpenstiefeln, Spitzen, Posamenten, Strumpfwaren, Kinderspielbällen mit gestricktem Überzug, Fließ, Leonischen Gold- und Silberwaren, Xylogenit und Papierstuck; ferner Baumwollspinnerei, Zwirnerei, Ziegeleien, Holzschleifereien, Maschinenbauanstalten, Mahl-, Öl- und Schneidemühlen, Brauereien und Bergbau auf Zinn. Im städtischen sog. Freiwalde der Greifenstein (730 m) mit 7 Granitfelsen, von denen der eine, 30 m hoch, besteigbar ist und eine weite Aussicht gewährt. In der Nähe Granitbrüche und Steinmetzwerkplätze. — Die Gründung von E., ehemals Erinfridisdorf, später Irbisdorf genannt, fällt mit dem Beginn des Bergbaues im 13. Jahrh. zusammen. 1407 wurde E. Stadt. Früher den Herren von Waldenburg zu Wolkenstein gehörend, kam es 1440 an das Kurfürstentum Sachsen.

Ehrengericht heißt im allgemeinen jedes zur Untersuchung und Beilegung von Ehrensachen niedergesetzte Gericht. Die E. kommen zuerst beim deutschen Adel als vertragsmäßige Einrichtungen (judicia heroica oder equestria) vor, wo sie auch Ehrentafeln genannt werden. Dieselben wurden aus hohen Adligen zusammengesetzt und vom Landesherrn bestätigt. Sie urteilten nach einem eigenen Ehrenrechte und hatten einen Ehrenmarschall an ihrer Spitze, der zuvor die Schilde und Ahnen dessen erprobte, der vor dem E. erscheinen wollte. Solche E. bestanden besonders in Österreich, Schlesien und in der Lausitz; doch sind sie, seitdem der Adel aufhörte, ein abgeschlossenes Ganzes zu bilden, überall eingegangen.

Am wichtigsten sind die E. heute noch beim Offizierstand. Dieselben haben die Aufgabe, die Ehre nach den bei den Standesgenossen herrschenden Begriffen zu wahren. Die nähern Vorschriften enthält die Verordnung über die E. im preuß. Heere vom 2. Mai 1874, welche für das ganze deutsche Heer gilt (bayr. Verordnung vom 31. Aug. 1874). Die E. haben den Stand von unwürdigen Mitgliedern freizuhalten, andererseits die Ehre der Mitglieder des Offizierkorps vor ungerechtfertigten Angriffen zu schützen; daher kann jeder Offizier selbst auf ehrengerichtlichen Spruch antragen. Die E. über Hauptleute und Subalternoffiziere werden durch das Offizierkorps, diejenigen über Stabsoffiziere durch besonders hierzu gewählte Stabsoffiziere gebildet. Die E. haben lediglich einen Wahrspruch über die ihnen vorgelegte Sache abzugeben und damit einen Antrag zu verbinden auf Warnung, schlichten Abschied oder Entfernung aus dem Offizierstande. Dieser Spruch ist mit Gründen und Angabe der persönlichen Verhältnisse des Angeschuldigten dem Könige zur Entscheidung zu unterbreiten. Ähnliche Vorschriften bestehen seit 1867 im österr. Heer.

In studentischen Kreisen gehen E. seit etwa 20 Jahren allen Duellen auf schwere Waffen (krumme Säbel und Pistolen) voran. Kein Verbindungsstudent darf ein solches ohne E. ausfechten. Das E. besteht aus ältern Burschen und sucht zunächst auf gütlichem Wege eine angemessene Sühne herbeizuführen, wodurch sehr viele schwere Duelle verhütet werden. Mißlingt das, so erklärt das E. entweder, daß die Forderung der Beleidigung nicht entspreche, d. h. zu schwer sei, oder es erklärt «seine Thätigkeit für geschlossen». Dem Ausspruch des E. hat sich jeder Beteiligte unbedingt zu fügen. In neuerer Zeit haben die Strafgerichte in einigen Fällen die Ehrenrichter wegen Beihilfe zum Zweikampf bestraft.

Für Rechtsanwälte bestehen nach der Deutschen Rechtsanwaltsordnung vom 1. Juli 1878 ebenfalls E. Als solches fungiert der Vorstand der Anwaltskammer jedes Oberlandesgerichtsbezirks in der Besetzung von fünf Mitgliedern. Berufung von ihren Urteilen geht an den Ehrengerichtshof, der aus dem Präsidenten des Reichsgerichts, drei Mitgliedern des Reichsgerichts und drei Mitgliedern der Anwaltskammer bei dem Reichsgericht besteht.

Ehrenkavalier, s. Ehrendame.

Ehrenkränkung, s. Beleidigung; vgl. Ehre.

Ehrenkreuz, ordensähnliche Auszeichnung. 1) Das E. des fürstl. lippeschen Gesamthauses, von den Chefs der beiden regierenden Häuser 25. Okt. 1869 in drei Klassen und einer goldenen und einer silbernen Verdienstmedaille gestiftet. Ordenszeichen ist ein vierarmiges, achtspitziges, in seiner ersten und zweiten Klasse weiß emailliertes, in der ersten Klasse von goldener Krone überhöhtes, in der dritten Klasse silbernes Kreuz, belegt mit goldenem Stern, dem innerhalb kreisrunder blauer Einfassung mit der in goldenen Buchstaben erscheinenden Devise «Für Treue und Verdienst» im weißen Mittelfeld die rote Rose des fürstl. lippeschen Wappens aufgelegt ist. Das Kreuz wird an einem goldeingefaßten roten Bande von den Rittern der ersten Klasse um den Hals, von denen der beiden andern Klassen auf der linken Brust getragen. (S. Tafel: Die wichtigsten Orden II, Fig. 9.) — 2) Das fürstl. reußische E., von der jüngern Linie 20. Okt. 1857 speciell für inländische Beamte und Diener in zwei Klassen (Gold und Silber, am roten Bande zu tragen), von der ältern Linie 15. Sept. 1858 in derselben Einteilung (am rot-blau-roten Bande) gestiftet. Außerdem stiftete Fürst Heinrich XIV. von der jüngern Linie 24. Mai 1869 ein E. für In- und Ausländer. — 3) Das fürstl. schwarzburgische E., gestiftet 20. Mai 1853 von Fürst Friedrich Günther für Schwarzburg-Rudolstadt, zu einem dem fürstl. Gesamthaus gemeinschaftlichen Ehrenzeichen erweitert 28. Mai und 9. Juni 1857, hat drei Klassen und eine Ehrenmedaille. Ordenszeichen ist ein vierarmiges, achtspitziges, in seiner ersten und zweiten Klasse weiß emailliertes, in der dritten dagegen silbernes Kreuz, belegt mit ovalem, goldgerändertem, blauem Schild, darin der goldene schwarzburgische Löwe. Das Kreuz wird an einem in drei Streifen blauen, in zwei Streifen gelben Bande von den Rittern der ersten Klasse um den Hals, von denen der beiden andern Klassen auf der linken Brust getragen. (S. Tafel: Die wichtigsten Orden II, Fig. 6.)

Ehrenlauf, in der Jägersprache der rechte Vorderlauf des Hirsches, der bei der Curée (s. d.) überreicht wird.

Ehrenlegion, Orden der. 1) Der Orden von Bolivia wurde 1836 vom Präsidenten Santa-Cruz zur Erinnerung an Simon Bolivar gestiftet. Er besteht in einem brillantierten, achtspitzigen Stern, auf dem innerhalb kreisrunder blauer Bordüre, worauf in goldenen Buchstaben die Worte «Simon Bolivar Liberator» stehen, ein rotes Medaillon liegt. Dieses ist mit kreisrundem, weißem Schildchen mit dem goldenen, lorbeerbekränzten Brustbild Bolivars belegt. Er wird an einem grün-gelb-rot gestreiften Bande getragen. — 2) Der Orden der E. von Frankreich (Légion d'honneur), jetzt der einzige daselbst bestehende Orden, wurde durch Gesetz vom 29. Floreal des Jahres X (19. Mai 1802) zur Belohnung aller Dienste und Verdienste im Militär- und Civilfach errichtet, 11. Juli 1804 organisiert. Die Verwaltung des Ordens besorgt ein Großkanzler, der direkt mit dem Staatsoberhaupt verkehrt und das Ordenshaus (Chancellerie de la légion d'honneur) in der Rue de Lille zu Paris bewohnt. Der Orden besteht aus Rittern, Offizieren, Commandeuren, Großoffizieren und Großkreuzen. Militärs der 5. Ordensklasse erhalten 250, Offiziere 500, Commandeure 1000, Großoffiziere 2000, Großkreuze 3000 Frs. jährliche Pension. 1892 gab es:

Inhaber	Militärkreuze	Civilkreuze	Zusammen
Großkreuze	45	14	59
Großoffiziere . . .	181	51	232
Commandeure . .	849	252	1 101
Offiziere	4 216	1 637	5 853
Ritter	26 102	10 504	36 606
	31 393	12 458	43 851

Das Ordenszeichen ist ein sternähnliches, aus fünf Armen gebildetes, also zehneckiges, von goldener Krone überhöhtes Kreuz, auf dessen Vorderseite ursprünglich das von einem Eichen- und Lorbeerkranz eingefaßte Bildnis Napoleons I. mit der Umschrift «Napoléon, Empereur des Français», auf der andern Seite der kaiserl. Adler mit der Devise «Honneur et Patrie». Nach der Restauration trat an die Stelle jener Darstellung das Bildnis Heinrichs IV. und die Lilien der Bourbonen, die 1830 durch zwei dreifarbige Fahnen ersetzt wurden. Ein Dekret vom 31. Jan. 1852 stellte die ursprüngliche Form wieder her; seit 1870 trägt das Ordenszeichen das Sinnbild der Französischen Republik mit der Umschrift «République Française» und die Jahreszahl 1870, auf der Rückseite zwei Fahnen mit der Umschrift «Honneur et Patrie»; statt der Krone wird es von einem Kranz, bald Eichenlaub, bald Lorbeer, gehalten. (S. Tafel: Die wichtigsten Orden I, Fig. 14.) Das weißemaillierte Ordenszeichen, für die Ritter von Silber, für die höhern Grade von Gold, hängt an rotem Bande. Die Ritter tragen es auf der linken Brust, die Offiziere an derselben Stelle mit einer Art Knopf an rotem Band (Rosette), die Commandeure um den Hals. Die Großoffiziere tragen auf der rechten

Brust einen fünfstrahligen, silbernen, mit Brillanten besetzten Stern ohne Band, und außerdem noch das Offizierkreuz. Die Großkreuze tragen das Commandeurkreuz an breitem Bande über die rechte Schulter und außerdem noch an der linken Brust einen Stern wie die Großoffiziere. Die Wachen schultern das Gewehr vor Offizieren und Rittern; vor den Großkreuzen, Großoffizieren und Commandeuren wird das Gewehr präsentiert. Zu der E. gehört eine Erziehungsanstalt für die Töchter der Ordensmitglieder, Maison-Nationale, in St. Denis, womit zwei Succursalen verbunden sind, die eine in dem alten Schlosse zu Ecouen, die andere in dem ehemaligen Kloster Les Loges im Walde von St. Germain. Alle drei stehen unter dem Großkanzler, der die Zöglinge zur Ernennung dem Staatsoberhaupt vorschlägt. Vgl. Jerrold, The story of the Legion of Honour (Lond. 1855); H. Schulze, Chronik sämtlicher bekannten Ritterorden und Ehrenzeichen (3 Bde., Berl. 1855—78).

Ehrenmarschall, s. Ehrengerichte.

Ehrenminderung, s. Ehre; vgl. Beleidigung.

Ehrenmitglied einer Korporation oder Gesellschaft ist eine Person, der durch die Aufnahme ein Beweis von Hochachtung gegeben werden soll, ohne daß sie irgend eine Mitgliedspflicht zu erfüllen hat. Urkunde der Ehrenmitgliedschaft ist das Ehrendiplom. — Bei einigen studentischen Verbindungen heißen alle von der Universität abgegangenen Mitglieder E., bei andern dagegen solche, die nicht aktiv waren und später ehrenhalber unter die Zahl der «alten Herren» aufgenommen wurden. Bei den Korps sind die E. solche «alte Herren», welche sich besondere Verdienste um das Korps erworben haben; sie haben u. a. Sitz und Stimme im Konvent wie die Aktiven.

Ehrenposten, Schildwachen zur Ehrenbezeigung für bestimmte Persönlichkeiten. Sie sind entweder Doppel- oder Einzelposten; erstere werden gewöhnlich den regierenden Herrschern und den Mitgliedern ihrer Familie, sowie fremden Fürsten, Feldmarschällen und den Höchstkommandierenden der Truppen, letztere den Generalen überhaupt und sonstigen höhern Truppenbefehlshabern gestellt. (S. Ehrenwachen.)

Ehrenprälaten, in der kath. Kirche höhere Kirchenbeamte ohne bischöfl. Regierungsgewalt mit dem Titel Prälat.

Ehrenpreis, Pflanzengattung, s. Bachbunge und Veronica.

Ehrenrechte, bürgerliche, eine geschlossene Reihe bestimmter Rechte, von deren Besitz die Ausübung gewisser Funktionen abhängig ist und deren Verlust mit strafrichterlichen Verurteilungen verbunden sein kann (s. auch Ehrenstrafen). Diese Rechte, verzeichnet in §. 34 des Deutschen Strafgesetzbuchs, sind folgende: das Recht 1) die Landeskokarde zu tragen; 2) in das deutsche Heer oder in die kaiserl. Marine einzutreten; 3) öffentliche Ämter (auch Rechtsanwaltschaft, Notariat, Geschworenen- und Schöffendienst), Würden, Titel, Orden, Ehrenzeichen zu erlangen; 4) in öffentlichen Angelegenheiten zu stimmen, zu wählen oder gewählt zu werden oder andere polit. Rechte auszuüben; 5) Zeuge bei Aufnahme von Urkunden zu sein; 6) Vormund, Nebenvormund, Kurator, gerichtlicher Beistand oder Mitglied eines Familienrats zu sein. Die Funktionen, welche vom Vollbesitz dieser Rechte abhängen, sind z. B. die Stellung als verantwortlicher Redacteur einer periodischen Druckschrift (Preßgesetz vom 7. Mai 1874, §. 8); ferner dürfen nach §. 106 der Gewerbeordnung sich nur solche Gewerbtreibende mit der Anleitung von Arbeitern unter 18 Jahren befassen, welchen die E. nicht aberkannt sind; unfähig zum Amte eines Geschworenen und Schöffen sind schon die Personen, gegen welche das Hauptverfahren wegen eines Delikts eröffnet ist, das die Aberkennung der E. zur Folge haben kann (Gerichtsverfassungsgesetz §. 32); auch können Personen, denen die E. aberkannt sind, als Schiedsrichter abgelehnt werden (Civilprozeßordn. §. 858); ihnen kann der Zutritt zu öffentlichen Gerichtsverhandlungen versagt werden (Gerichtsverfassungsgesetz §. 176); sie können von den Innungen, von den Generalversammlungen der Krankenkassenmitglieder, von den Erwerbs- und Wirtschaftsgenossenschaften ausgeschlossen werden (Gesetz vom 1. Juli 1883, Art. 12, §. 83; Gesetz vom 15. Juni 1883, §. 37; Gesetz vom 1. Mai 1889, §. 66); sie können nicht Mitglieder des Ausschusses, des Aufsichtsrats und des Schiedsgerichts einer Invaliditäts- und Altersversicherungsanstalt sein (Gesetz vom 12. Juni 1889, §§. 50, 51, 71); und endlich muß nach preuß. Recht demjenigen die Erteilung des Jagdscheins versagt werden, welchem die Nationalkokarde aberkannt ist (Preuß. Jagdpolizeigesetz vom 7. März 1850, §. 15^{b}).

Der Verlust der E. — zu welchen nach deutschem Strafrecht der Adel nicht mehr, wie noch nach preuß. Recht, gehört — kann nur durch strafrichterliches Urteil herbeigeführt werden (Strafgesetzb. §§. 31—37). Von Rechts wegen, also auch ohne richterlichen besondern Ausspruch, tritt mit der Verurteilung zu Zuchthausstrafe der Verlust, und zwar der dauernde, zweier bestimmter E. ein: die Fähigkeit a. zum Dienste im deutschen Heere und der kaiserl. Marine und b. zur Bekleidung öffentlicher Ämter in dem oben bezeichneten Sinne, sodaß z. B. jemand, der jemals zu Zuchthaus verurteilt wurde, niemals Geschworener sein kann. Im übrigen bedarf es eines besondern richterlichen Ausspruchs über die Aberkennung der E. Dieser Ausspruch muß erfolgen bei Verurteilungen wegen Meineids (s. d.), schwerer Kuppelei (s. d.) und wegen gewohnheits- und gewerbsmäßigen Wuchers (s. d.). In allen andern Fällen ist die Aberkennung fakultativ, und zwar unbedingt neben der Todes- und der Zuchthausstrafe, bedingt neben der Gefängnisstrafe (wenn nämlich die Dauer 3 Monate erreicht und entweder das Gesetz den Verlust der E. ausdrücklich zuläßt oder die Gefängnisstrafe wegen Annahme mildernder Umstände an Stelle von Zuchthausstrafe ausgesprochen wird). Nach dem Militärstrafgesetzbuch kann für Plünderung u. s. w. (§. 134) und den einfachen militär. Diebstahl sowie die militär. Unterschlagung auf Verlust der bürgerlichen E. erkannt werden. Der Verlust der E. neben der Todesstrafe ist zugelassen, um den Unterschied zwischen den entehrenden und den nicht entehrenden Fällen der todeswürdigen Verbrechen hervortreten zu lassen, und sie hat rechtliche Bedeutung für den Fall der Begnadigung. Der Verlust der aberkannten E. ist entweder ein dauernder oder ein zeitweiliger; dauernd, soweit es sich um die aus öffentlichen Wahlen hervorgegangenen Rechte und um öffentliche Ämter, Würden, Titel, Orden und Ehrenzeichen handelt, deren zeitiger Inhaber der Verurteilte ist; zeitweilig, soweit es sich um die Fähigkeit öffentliche Ämter (s. d.) zu erlangen und um die Ausübung des Rechts, in öffentlichen Angelegenheiten zu stimmen, zu wählen oder gewählt zu werden, sowie um die Ausübung der übrigen E. handelt. Diese Ausübung ruht während der im Urteile bestimmten Zeit. Diese Zeit aber beträgt bei zeitiger Zuchthausstrafe mindestens 2 und höchstens 10 Jahre, bei Gefängnis 1—5 Jahre.

Neben dem Verlust der gesamten E. kommt der Verlust einzelner E. vor. So kann auf die Unfähigkeit zur Bekleidung öffentlicher Ämter auf die Dauer von 1 bis zu 5 Jahren erkannt werden neben einer Gefängnisstrafe, mit welcher die Aberkennung der E. überhaupt hätte verbunden werden können, und es hat dann die Aberkennung der Fähigkeit den dauernden Verlust der bekleideten Ämter von Rechts wegen zur Folge. Eine besondere Folge tritt in diesem Falle für denjenigen ein, der die Zulassung zur Rechtsanwaltschaft beantragt; sie kann versagt werden (Rechtsanwaltsordn. §. 6^{2}).

Die gesetzlichen Bestimmungen über Umfang der E. und Wirkung von deren Verlust sind für Österreich in den §§. 27 fg. des Strafgesetzes von 1852 und in zahlreichen Nebengesetzen bezüglich der Wirkungen des Verlustes in Specialfällen enthalten. Durch das Gesetz vom 15. Nov. 1867 sind mehrfache Milderungen eingeführt, z.B. ist die Vorschrift des Strafgesetzes beseitigt, nach welcher der zum Tode oder schwerem Kerker Verurteilte kein verbindliches Geschäft unter Lebenden schließen und keinen letzten Willen errichten konnte, auch sind die Wirkungen des Verlustes der E. in einzelnen Fällen zeitlich beschränkt worden, während sie früher dauernd waren. Nach dem Österr. Entwurf von 1889 bewirkt die Schmälerung der staatsbürgerlichen Rechte den Verlust der öffentlichen Ämter und Dienste, der Advokatur, des Notariats und der öffentlichen Agentie, Verlust von Titeln, Würden, Orden und Ehrenzeichen, den Verlust der aus öffentlichen Wahlen hervorgegangenen und aller derjenigen Rechte, welche in einem Gesetze vom Vollgenuß der E. abhängig gemacht sind, sowie die Unfähigkeit, während der im Urteile oder durch Gesetz bestimmten Zeit die E. neu oder wieder zu erlangen oder auszuüben.

Ehrensäbel, s. Ehrenwaffen.

Ehrensäulen, besonders in der röm. Architektur (s. Columna) vorkommende, freistehende Säulen von bedeutender Höhe, die oben meist das Standbild des Imperators tragen, und auf deren Schaft die Thaten desselben spiralförmig im Relief dargestellt sind. Berühmt ist die Trajanssäule (s. d.) und die Ehrensäule des Marc Aurel (s. Antoninus) in Rom. Eine Nachahmung der erstern ist die 1806—10 von Napoleon I. zur Verherrlichung seiner 1805 über Russen und Österreicher erfochtenen Siege in Paris errichtete Vendômesäule. (S. Monument.)

Ehrenschüsse, auch Salutschüsse genannt, sind Zeichen der Ehrerbietung, die bei besondern Anlässen aus Gewehren oder Geschützen abgefeuert werden. So werden regierende Fürsten beim Eintritt in Festungen von auf den Wällen aufgestellten Geschützen begrüßt; ein Kriegsschiff, das in einen fremdländischen Kriegshafen einläuft, salutiert mit seinen Geschützen die Landesflagge und empfängt von den Wallgeschützen den Gegengruß; Familienereignisse in den Kreisen der regierenden Fürstengeschlechter, wie Geburten, Trauungen, werden den Bewohnern der Residenzstädte durch Kanonenschüsse verkündet; bei Begräbnissen (militär. Leichenparaden) von Offizieren und Soldaten, die Feldzüge mitgemacht haben, werden Ehrensalven aus Gewehren über das offene Grab gefeuert, während gleichzeitig Kanonen dem Dahingeschiedenen den letzten Gruß nachrufen; nach gewonnenen Schlachten wird ein Dankgottesdienst abgehalten, zu dessen Schluß die Kanonen in das Te Deum laudamus einstimmen.

Ehrenstrafen, Strafen, die nach den neuern Gesetzgebungen nicht mehr in einer Vernichtung oder Schmälerung der Ehre als solcher bestehen, sondern in der gänzlichen oder teilweisen Aberkennung gewisser vom Gesetz genau bezeichneter Ehrenrechte (s. d.), wie sie das Deutsche Strafgesetzbuch, oder «staatsbürgerlicher Rechte», wie sie der Österr. Strafgesetzentwurf von 1889 nennt. — Die besondern E. gegen Personen des Soldatenstandes sind nach §. 30 des Deutschen Militärstrafgesetzbuchs vom 20. Juni 1872: 1) Entfernung aus dem Heere oder der Marine; 2) gegen Offiziere: Dienstentlassung; 3) gegen Unteroffiziere und Gemeine: Versetzung in die zweite Klasse des Soldatenstandes; 4) gegen Unteroffiziere: Degradation. Vgl. Wick, Über E. und Ehrenfolgen (Rostock 1853); Wahlberg, Ehrenfolgen der strafgerichtlichen Verurteilung (Wien 1864); Glaser, Studien zum Entwurf des österr. Strafgesetzes (ebd. 1870); Groß, Ehrenfolgen (Graz 1874); Mandry, Der civilrechtliche Inhalt der Reichsgesetze (3. Aufl., Freib. i. Br. 1885).

Ehrenstücke, s. Heraldik.

Ehrensvärd, der Name einer schwed. Familie, die aus Deutschland stammt, wo sie Scheffer hieß. Der schwed. Stammvater Johann Jakob E., geb. 11. Mai 1666, war Artillerieoffizier im Dienste Karls XII. und starb 6. Okt. 1731 als Oberst.

Sein Sohn Augustin, Graf E., geb. 29. Sept. 1710, hat sich als Erbauer der Festungswerke zu Sweaborg und als Schöpfer der schwed. Schärenflotte einen Namen gemacht. Er führte auch im Siebenjährigen Kriege kurze Zeit den Oberbefehl, wurde in den Grafenstand erhoben und starb 4. Okt. 1772 zu Saris in Finland als Feldmarschall.

Karl August, Graf E., Sohn des vorigen, geb. 5. Mai 1745, diente in Pommern an der Seite seines Vaters, studierte das franz. Seewesen in Brest und half dem Vater bei der Anlegung von Sweaborg und dem Bau der Schärenflotte. Im Alter von 32 J. war er schon Oberst und sieben Jahre später (1784) wurde er zum Oberadmiral ernannt. Als solcher führte er beim Ausbruch des russ. Krieges den Befehl in der ersten Seeschlacht zu Swensksund 24. Aug. 1789 und hatte schon eine Abteilung der russ. Flotte geschlagen, als die Hauptmacht derselben in den Sund eindrang. Sein Plan, sich zurückzuziehen, wurde vom König Gustav III. nicht gutgeheißen; daher legte er den Befehl nieder. Nach dem Tode Gustavs III. stellte ihn die neue Regierung 1792 mit dem Titel eines Generaladmirals an die Spitze des ganzen Seewesens; doch trat er 1794 zurück, um sich ganz dem Studium der Naturwissenschaften und der Kunst zu widmen. Von seinem Vater, der meisterhaft zeichnete, in Öl malte und gravierte, hatte E. die künstlerischen Anlagen geerbt. Eine 1780—82 nach Italien unternommene Reise hatte ihn für das Antike begeistert und ihn zu seiner «Resa till Italien» (Stockh. 1786, mit Kupfern; 2. Aufl., ebd. 1819) und zu der klassischen Schrift «De fria konsters philosophie» («Die Philosophie der schönen Künste», ebd. 1786) veranlaßt. Er war ein Geistesverwandter Winckelmanns, den er jedoch nicht kannte. Für die moderne Kunst hatte er wenig Sinn. Mit den damals in

Schweden herrschenden Anschauungen standen seine Ansichten in schroffem Widerspruche. Erst später entwarf Atterbom im «Phosphoros» (1813) und nachher in «Svenska Siare och Skalder» (Bd. 1) von ihm eine treffliche Charakteristik, und seitdem hat u. a. Ljunggren («Parallele zwischen E. und Winckelmann» in den «Svenska Akademiens Handlingar», Bd. 29) sein System erörtert. E. starb auf einer Reise 21. Mai 1800 in Örebro. Seine «Skrifter» wurden oft gedruckt (zuletzt Stockh. 1866). Eine Biographie E.s bereitet (1892) K. Warburg vor.

Ehrentafeln, s. Ehrengericht.

Ehrentage, s. Respekttage.

Ehrentraut, Julius, Maler, geb. 3. April 1841 zu Frankfurt a. O., besuchte die Berliner Akademie, war als Lithograph und Illustrator thätig und hatte besonders Erfolge mit Bildern aus dem Bauernleben. Ferner malte er histor. Kostüme des 16. und 17. Jahrh. u. dgl. Er unternahm mehrere Studienreisen nach den Niederlanden, wo ihn die Werke der alten holländ. Genremaler auf eine verwandte Bahn leiteten, wie sein Mandolinspieler zwei Bauern vorsingend, sein Lautenspieler, Die Musikprobe, Der letzte Wurf, Der kranke Narr (1877), Ein Ehrenposten (1892) zeigen. Seit 1878 ist er Professor an der Berliner Akademie.

Ehrenvormund heißt in verschiedenen Rechten ein Vormund, welcher nicht selbst mit der Verwaltung des Vermögens des Mündels befaßt ist, sondern nur neben dem Vormunde, insbesondere auch zur Aufsicht über diesen, bestellt wird. Hierher gehören die tutores honorarii oder notitiae causa des gemeinen Rechts, die E., von welchen das Preuß. Allg. Landr. II, 18, §§. 120, 121, Anh. §. 168, das Sächs. Bürgerl. Gesetzb. §. 1961, u. a. sprechen. Ferner gehört hierher eine Rechtsbildung, welche sich auf dem Gebiete des Vormundschaftsrechts in Lübeck, Bremen und Hamburg findet. Dort werden nämlich mehrere Vormünder bestellt, von welchen der eine die Verwaltung führt, der andere nur beaufsichtigt; in Lübeck und Hamburg soll, in Bremen kann jährlich die Verwaltung und Aufsicht wechseln. Ferner gehört hierher der tuteur subrogé des Code civil Art. 420, welchem gewissermaßen der Gegenvormund der Preuß. Vormundschaftsordnung vom 5. Juli 1875, §. 26 nachgebildet ist. Das Österr. Bürgerl. Gesetzbuch erwähnt nur verwaltende Vormünder. Die meisten dieser Rechte überlassen es dem richterlichen Ermessen, ob ein E. zu bestellen sei. Nach einigen Rechten hängt die Wirksamkeit gewisser Rechtsgeschäfte von der Genehmigung seitens des E. ab. (Vgl. auch Gegenvormund.)

Ehrenwachen, Wachen zur Ehrenbezeigung für bestimmte Persönlichkeiten. Man stellt E. den Souveränen oder Mitgliedern ihrer Familien bei Besuchen fremder Hauptstädte oder Garnisonen. Sie bestehen gewöhnlich aus einem geschlossenen Truppenkörper, sind aber selten stärker als eine Compagnie. Die E. ziehen zum Empfange des Gastes mit der Fahne und der Musik am Ankunftsplatze auf, werden dann aber der Regel nach unmittelbar nach der Ankunft in ihre Kasernen entlassen. (S. Ehrenposten.)

Ehrenwaffen wurden in Frankreich während der Revolutionskriege zur Belohnung der Tapferkeit eingeführt und bestanden in Degen und Gewehren für Infanteristen, in Pistolen und Säbeln für Kavalleristen, in eroberten Geschützen für Generale u. s. w. Nach Einführung des Ordens der Ehrenlegion wurden die E. durch letztern ersetzt. In Rußland werden noch gegenwärtig Ehrensäbel und -Degen für hervorragende Thaten verliehen, die die Inschrift «Za chrabrost'» («Für Tapferkeit») tragen. Die Türkei belohnte tapfere Thaten, solange sie keine Orden besaß, mit E. und behielt diese Auszeichnung Ausländern gegenüber noch längere Zeit bei, da ursprünglich ihre Orden nur an Muselmanen verliehen werden sollten. Zu den E. sind auch diejenigen Säbel und Degen zu rechnen, die hochgestellten Führern von dem Offizierkorps gelegentlich ihrer Dienstjubiläen überreicht werden, sowie die geweihten Schwerter, die wiederholt Heerführern von Päpsten zugeteilt worden sind. In Deutschland werden Ehrensäbel noch jetzt an solche Offiziere verliehen, die sich auf den Militärbildungsanstalten durch besondere Leistungen, z. B. im Schießen, hervorgethan haben.

Ehrenwort, der Einsatz der persönlichen Ehre bei dem Versprechen irgend einer Leistung oder Unterlassung.

Ehrenzahlung, s. Ehrenannahme.

Ehrenzeichen, ordensähnliche Auszeichnungen, nämlich 1) die eigentlichen E. oder diejenigen des Verdienstes, gewöhnlich an Personen verliehen, denen, ihrer Lebensstellung wegen, den Statuten einzelner Orden zufolge auch die niedrigsten Klassen dieser Orden verschlossen sind; hierher gehört das Allgemeine E. in Preußen, Sachsen, Hessen und Lippe-Schaumburg. Das königl. preußische E. besteht aus einer silbernen oder goldenen Medaille, am Bande des Roten Adlerordens zu tragen; es wird zur Belohnung für die dem Staate geleisteten Civilverdienste an Personen verliehen, die den Roten Adlerorden in seiner untersten Klasse nicht erhalten können. Das königl. sächsische E. wurde an Stelle der frühern Silbernen Medaille zu dem Verdienstorden und dem Albrechtsorden vom König Albert 31. Jan. 1876 gestiftet zur Belohnung rühmlicher Handlungen oder außerordentlicher verdienstlicher Leistungen. Es besteht aus einem bronzenen Kreuze, das im Mittelschilde auf der Vorderseite den königl. Namenszug mit der Krone, auf der Rückseite das sächs. Wappen, umgeben von einem Eichenkranze, zeigt und an einem grünen, dreimal weiß gestreiften Bande getragen wird; 2) die Dienstauszeichnungen, für eine bestimmte Reihe von Dienstjahren verliehen; 3) die Erinnerungszeichen, zur Erinnerung an bestimmte feierliche Anlässe (Krönungen u. s. w.), Waffenthaten oder Feldzüge gestiftet; so z. B. in Preußen die Kriegsdenkmünze für 1813—15, die Erinnerungs-Kriegsdenkmünze für 1813—15, die Hohenzollernsche Denkmünze, das Düppeler Sturmkreuz, die Kriegsdenkmünze für 1864, das Alsenkreuz, das Erinnerungskreuz für 1866 und die Kriegsdenkmünze für 1870—71.

Ehrenzulagen empfangen die Besitzer der nachstehenden preuß. Ehrenzeichen monatlich: 1) des Militär-Verdienstkreuzes 9 M.; 2) des Militär-Ehrenzeichens erster Klasse 3 M.; 3) Inhaber des Eisernen Kreuzes erster Klasse 3 M. und wenn sie zugleich das Militär-Ehrenzeichen zweiter Klasse besitzen 6 M.; 4) Inhaber des Eisernen Kreuzes zweiter Klasse, wenn sie zugleich das Militär-Ehrenzeichen zweiter Klasse besitzen, 3 M. Diese Zulagen sind nur zahlbar, soweit sie in den Chargen vom Feldwebel abwärts (also auch nicht von Beamten oder Unterbeamten) erworben sind, und werden auch nach dem Ausscheiden (sowie auch bei später etwa erfolgender Beförderung zum Offizier) lebenslänglich gewährt. Der Anspruch erlischt mit dem Verlust der Ehrenzeichen infolge strafgerichtlicher Verurteilung.

Ehrfurcht, der höchste Grad der Ehrerbietung, das Gefühl der Hingabe an dasjenige, was man höher schätzt als sich selbst, sei es eine Person oder eine geistige Macht, wie Vaterland, Wissenschaft, Kirche, Staat, Menschheit, Gottheit. Das Kind empfindet E. gegen die Eltern als die für es sorgenden Personen, denen es sich zur Leitung zu überlassen hat. Einzelne Personen können, ohne notwendigerweise an geistiger Macht die übrigen zu überragen, deren E. beanspruchen, wenn sie als Träger und Repräsentanten ehrfurchterweckender Ideen erscheinen. In solchen Fällen bezeichnet man das Ehrfurchterweckende als erhaben, groß oder majestätisch, wie man z. B. den Regenten der Staaten Majestät zuerkennt. Die tiefste und vollkommenste E. ist die sich auf die höchste und lebendigste Macht in und über allen Personen beziehende religiöse E.

Ehrgefühl, s. Ehre.

Ehrgeiz, der heftige Trieb nach der öffentlichen Anerkennung unsers persönlichen Werts, der in seiner gesunden und natürlichen Gestalt Ehrgefühl und Ehrliebe heißt (s. Ehre). Das dem E. als Leidenschaft beigemischte Krankhafte fängt erst da an, wo einem Menschen mehr an jener Anerkennung gelegen ist als am Guten selbst.

Ehrh., bei botan. Namen Abkürzung für Friedrich Ehrhart, Botaniker, geb. 1742 zu Holderbank im Kanton Bern, war erst Apotheker, studierte als Apothekergehilfe in Stockholm unter Bergius und in Upsala unter Linné und starb 1795 als kurfürstl. Botaniker am Garten zu Herrenhausen bei Hannover. Seine Herbarien veröffentlichte er in Form von Dekaden («Plantae cryptogamicae 34 Decc.; Calamariae, Gramina et Tripetaloideae 14 Decc. etc.»); außerdem schrieb er «Beiträge zur Naturkunde» (7 Bde., Hannov. und Osnabrück 1787—92).

Ehrhardt, Adolf, Historienmaler, geb. 21. Nov. 1813 zu Berlin, wurde als Schüler von C. Sohn und W. Schadow in Düsseldorf in der histor. Malerei ausgebildet, dann Gehilfe Bendemanns bei den Schloßmalereien in Dresden und 1846 dort Professor der Akademie. Seine Werke sind meist Stoffen der mittelalterlichen Poesie und Geschichte entnommen oder religiösen Inhalts; so Melisendis und Rudello, nach Uhland (1841), Rinaldos Abschied von Armida (1842), Traum des Dante, Karl d. Gr. an der Leiche seiner Gemahlin Fastrada (1860). Einer andern Richtung gehören an: Karl V. in St. Just (1854), Versöhnung Ludwigs des Bayern und Friedrichs von Österreich, Luther als Junker Georg und die beiden schweiz. Studenten in Jena (1864; Museum zu Leipzig). Zu seinen Bildern religiösen Inhalts gehören: Verkündigung Mariä, Maria Magdalena am Grabe Christi, Himmelfahrt Christi (Altarbild in der Kirche zu Crostewitz; 1865). Ferner hat er auch eine Reihe von Porträten angefertigt. Endlich führte er 1871—76 drei Wandgemälde in der Aula des Gymnasiums zu Bautzen aus, welche die kulturgeschichtliche Entwicklung der Wissenschaften vorstellen, außerdem an der Decke: Einzug Christi in Jerusalem, Kreuztragung und die vier Evangelisten. Er bearbeitete Bouviers «Handbuch der Ölmalerei» (6. Aufl., Braunschw. 1882) und verfaßte «Die Kunst der Malerei. Eine Anleitung zur Ausbildung für die Kunst» (ebd. 1885).

Ehringshausen, Dorf im Kreis Wetzlar des preuß. Reg.-Bez. Koblenz, an der Dill und an der Linie Deutz-(Köln-)Gießen der Preuß. Staatsbahnen, hat (1890) etwa 1100 E., Post, Telegraph, Amtsgericht (Landgericht Limburg) und Eisenerzbergbau.

Ehrlich, Alfr. Heinr., Musikschriftsteller, geb. 5. Okt. 1822 zu Wien, bildete sich unter Henselt und Thalberg zum Pianisten aus, wurde 1852 Hofpianist des Königs von Hannover und lebt seit 1862 als Musiklehrer und Musikreferent in Berlin; 1875 erhielt er den Professortitel. Außer den Romanen: «Abenteuer eines Emporkömmlings» (anonym, 2 Bde., Frankf. a. M. 1858), «Kunst und Handwerk» (anonym, 3 Bde., ebd. 1861) veröffentlichte E., der zu den hervorragendsten Berliner Musikkritikern gehört, die Schriften: «Schlaglichter und Schlagschatten aus der Musikwelt» (Berl. 1872), «Die Musikästhetik in ihrer Entwicklung von Kant bis auf die Gegenwart» (Lpz. 1881), «Novellen aus dem Musikleben» (Berl. 1884), «Lebenskunst und Kunstleben» (2. Aufl., ebd. 1886), «Wagnersche Kunst und wahres Christentum» (ebd. 1888), «Musikstudium und Klavierspiel» (ebd. 1891), «Klavierspiel und Zeitideen» (ebd. 1893), «Dreißig Jahre Künstlerleben 1862—1892» (ebd. 1893) u. a.

Ehrlicher Makler, sprichwörtlich gewordenes Citat aus einer Reichstagsrede des Fürsten Bismarck vom 19. Febr. 1878, worin er, als der Plan eines in Berlin zur Regelung der Orientfragen abzuhaltenden europ. Kongresses aufkam, die Stellung Deutschlands dahin präcisierte, daß diesem die Rolle der Friedensvermittelung zufalle, daß es aber nicht den Schiedsrichter spielen solle, sondern vielmehr die Rolle eines ehrlichen Maklers, der das Geschäft wirklich zu stande bringe.

Ehrliebe, s. Ehre.

Ehrlosigkeit, der Zustand, in welchem eine Person wegen ihres Verhaltens und dessen Folgen der Ehre (s. d.) beraubt worden ist, wurde im deutschen Recht vielfach als gleichbedeutend mit der Infamie des röm. Rechts angesehen und als Folge begangener Verbrechen dann angenommen, wenn der Verbrecher durch Strafurteil für ehrlos erklärt oder eine entehrende Strafe an ihm vollzogen war. Die Wirkungen der E. waren Ausschließung aus der Zunft, Unfähigkeit, ein Zeugnis abzugeben, und Verlust des Adels. Die E. konnte aufgehoben werden durch den Landesherrn; dieser erteilte Wiedereinsetzung in den vorigen Stand (restitutio famae). Die Strafgesetzgebung hat schon vor dem Reichsstrafgesetzbuche fast überall diese E. beseitigt.

Ehrmann, François Emile, franz. Maler, geb. 5. Sept. 1833 zu Straßburg, bildete sich in der École des beaux-arts in Paris zunächst zum Architekten aus, ging aber dann zur Malerei über und wurde Schüler von Gleyre. 1865 stellte er sein erstes Gemälde, eine angelnde Sirene darstellend, in Paris mit glänzendem Erfolg aus. Diesem folgten: Der Eroberer, Die von Theseus verlassene Ariadne (1873; Aquarell), Die an der Sonne vorübergehende Venus (1875). Später pflegte er die dekorative Richtung der Malerei; so malte er das Deckenbild für den Palast der Ehrenlegion, Die Musen (1877); dann 1879 zur Verherrlichung der Weltausstellung: Paris, die Nationen zum Wettstreit in Kunst und Industrie einladend, Die Weisheit, Künste und Industrie vereinigend (1884), sowie den kunstgeschichtlichen Fries im Hôtel Girard.

Ehrsucht, s. Ehre.

Ehstland, Gouvernement der russ. Ostseeprovinzen, s. Esthland.

Ei heißt die besondere Zelle der Organismen, aus welcher durch weitere Entwicklung alle mehrzelligen organischen Wesen hervorgehen. In der Regel vollzieht sich diese Entwicklung indessen nicht (Ausnahme Parthenogenesis, s. d.), ohne daß ein befruchtender männlicher Zeugungsstoff mit dem Ei in Berührung gekommen, bez. in dasselbe eingedrungen ist. Ihrem eigentlichen Wesen nach durch die ganze Tierreihe übereinstimmend, sind die Eier in den verschiedenen Ordnungen und Klassen äußerlich sehr verschieden. Das Ei der Säugetiere und des Menschen (s. beistehende Figur) ist ein fast mikroskopisch kleines Schleimklümpchen, eine Zelle von 1/20 bis 1/10 mm Durchmesser. Diese Zelle besteht aus einer zarten, durchscheinenden Hülle (h); darin befindet sich der Dotter (d), eine fett- und eiweißhaltige Substanz, in dem Dotter der Zellenkern, hier Keimbläschen (k) genannt, der wiederum ein noch kleineres Gebilde, den Keimfleck, enthält. Durch wiederholte Teilung des Keimbläschens (Dotterklüftung) entwickelt sich eine reichliche Anhäufung von Zellen (Dotterkugeln), aus welchen die Embryonalanlage sich bildet, deren weiteres Wachsen bei den meisten Säugetieren und dem Menschen dadurch ermöglicht wird, daß das in dem Leibe der Mutter verharrende Ei aus deren Blute plastische Substanzen aufnimmt, sodaß das Ei bei der Ausstoßung (Geburt des Embryo) eine ansehnliche Größe besitzt. Anders bei den Eiern, die in unentwickeltem Zustande abgelegt werden (Vögel, Reptilien, Mehrzahl der Insekten u. a.), oder die sich zwar (bei sog. ovoviviparen Formen, einigen Insekten, Fischen, Reptilien u. s. w.) im mütterlichen Leib, aber ohne sich mit ihm zu verbinden und ihm Nahrungsstoff zu entnehmen, innerhalb einer Schale entwickeln und deren Inhalt als ausgebildeter Fötus geboren wird. In diesen Fällen ist dem Ei neben dem erwähnten Bildungsdotter eine reichliche Menge sog. Nahrungsdotter beigegeben, welcher beim Wachsen des aus dem Bildungsdotter hervorgegangenen Keims verbraucht wird. Während seines Durchgangs durch den Eileiter umwickelt sich das bis dahin nur aus dem Dotter bestehende Vogel- und Reptilienei mit dem von dem Eileiter abgesonderten Eiweiß; hierzu kommt im untern Teile des Eileiters die aus Kalksalzen gebildete Schale, ebenfalls ein Absonderungsprodukt des Eileiters. Auch die Farben, welche die Eier der Vögel oft bedecken, sind ein Produkt des untersten Abschnitts des Eileiters, beruhen aber nicht auf eigenartigen, von besondern Drüsen abgesonderten Stoffen, vielmehr auf Gallfarbstoffen, welche aus den Blutgefäßen der Eileiterwandung stammen.

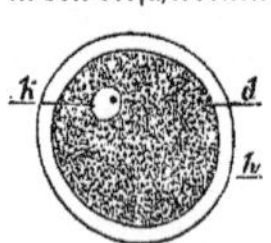

Der dem Säugetier-Ei entsprechende Teil des Vogeleies (s. Tafel: Eier I, Fig. 1, Durchschnitt durch ein reifes Hühnerei) findet sich unter dem Namen des Hahnentritts (Fig. 1, bei kms) als ein kleiner weißlicher Fleck auf der Oberfläche des in dem Eiweiß schwebenden Dotters, dessen dem Hahnentritt abgewendete Hälfte specifisch schwerer ist, sodaß der Hahnentritt, wie auch das Ei gewendet wird, stets nach oben, dem brütenden Vogel zugewendet, liegt. Der Nahrungsdotter (weißer und gelber Dotter, Fig. 1, wd und gd) nebst dem Eiweiß (Fig. 1, ew) reichen hin, um den Vogelfötus bis zu seinem Auskriechen zu ernähren, während die Porosität der äußern Kalkschale (Fig. 1, ks) — unter der sich eine eigentümliche, gleichfalls poröse, aus zwei, aus chitinartigen Fasern gewobenen, dicht aneinander liegenden Blättern bestehende Schalenhaut (Fig. 1, sh) befindet — zugleich eine Atmung des jungen Tiers gestattet, insofern jedes bebrütete Ei Sauerstoff aus der Atmosphäre aufnimmt und Kohlensäure dafür abgiebt, ganz so wie das erwachsene Tier. Der Dotter ist gleichfalls von einer Haut, der Dotterhaut (Fig. 1, dm) umgeben, die sich nach den Polen in Gestalt je eines zusammengedrehten Wulstes, der Hagelschnur oder Chalaze (Fig. 1, ch), durch das Eiweiß fortsetzt. Am stumpfen Pole des Eies weichen die beiden Blätter der Schalenhaut zur Bildung der sog. Luftkammer (Fig. 1, ek) auseinander. (S. auch Eierkunde.)

Die Eier der Reptilien verhalten sich ähnlich den Vogeleiern, nur daß ihre Schale in der Regel nicht so starr, sondern mehr lederartig ist. Die Eier der Amphibien, z. B. der Frösche, aber gleichen denen der meisten Fische, und beide werden Laich benannt. Diese Eier werden meist in großer Menge entleert und sind dann in der Regel vermittelst eines zähen Schleims zu größern Klumpen vereinigt; jedes einzelne Ei ist bei den Amphibien von einer durchsichtigen gallertigen Hülle umgeben, einem Produkte des Eileiters. Die meisten Rochen und Haie legen indessen einzelne in eine an den Ecken in der Regel in Spiralfäden ausgezogene Hornschale eingehüllte glatte viereckige Eier (sog. Seemäuse; Taf. I, Fig. 2, Eier von Scyllium chilense *Gthr.*). Auch sonst zeigen die Eier dieser Knorpelfische manches Originelle, so ist das von Callorhynchus antarcticus *Cuv.* von einer breiten am Rande bewimperten Membrane (Taf. I, Fig. 3, a der eigentliche Eiraum) umgeben, das von Cestracion Philippi *Cuv.*, dem Port-Jackson-Hai (s. d., Taf. I, Fig. 4, a, vollständig, b, im Längsschnitt), ist kegelförmig und auf der Außenseite seiner Schale verläuft eine breite spiralige Leiste.

Der Laich der im Wasser lebenden Weichtiere gleicht in vielen Punkten dem der Fische. Er ist entweder schalenlos, wie z. B. der unserer Süßwasserschnecken, oder die Eier sind gruppenweise oder einzeln von hornigen Schalen umgeben. Das erstere ist z. B. der Fall beim Kalmar (s. d., Loligo vulgaris *Lamarck*, Taf. I, Fig. 5), dessen Laich aus Eischläuchen besteht, die radiär von einem Punkte ausstrahlen, bei Meeressternschnecken (Doris, Taf. I, Fig. 9), deren Laichmassen von einer krausenartig gefaltenen, spiralig aufgerollten Schale umgeben sind, oder bei dem Laich von Pirula (s. d., Taf. I, Fig. 11), wo die einzelnen Laichpakete (Ootheken) als unregelmäßige Scheiben, an einer Stelle am Rande durch eine Art horniger Strecke vereinigt, etagenartig übereinander liegen. Einzelne, hornschalige Eier aber nebeneinander legen Tintenfische (Sepia officinalis *L.*, Taf. I, Fig. 6), Purpurschnecken (Purpura lapillus *Lam.*, Taf. I, Fig. 7, a natürliche Größe, b vergrößert) und Wellhörner (Buccinum, Taf. I, Fig. 10). Die Landschnecken legen einzelne, ziemlich hartschalige Eier (z. B. Bulimus ovatus *Mull.*, Taf. I, Fig. 8 aufgeschnitten mit Embryo; natürliche Größe).

Die Eier der Insekten (Taf. II, Fig. 1—14) sind mehr oder weniger hartschalig und jedes Ei hat seine eigene Schale. Dieselben sind oft am obern Ende

EIER. I

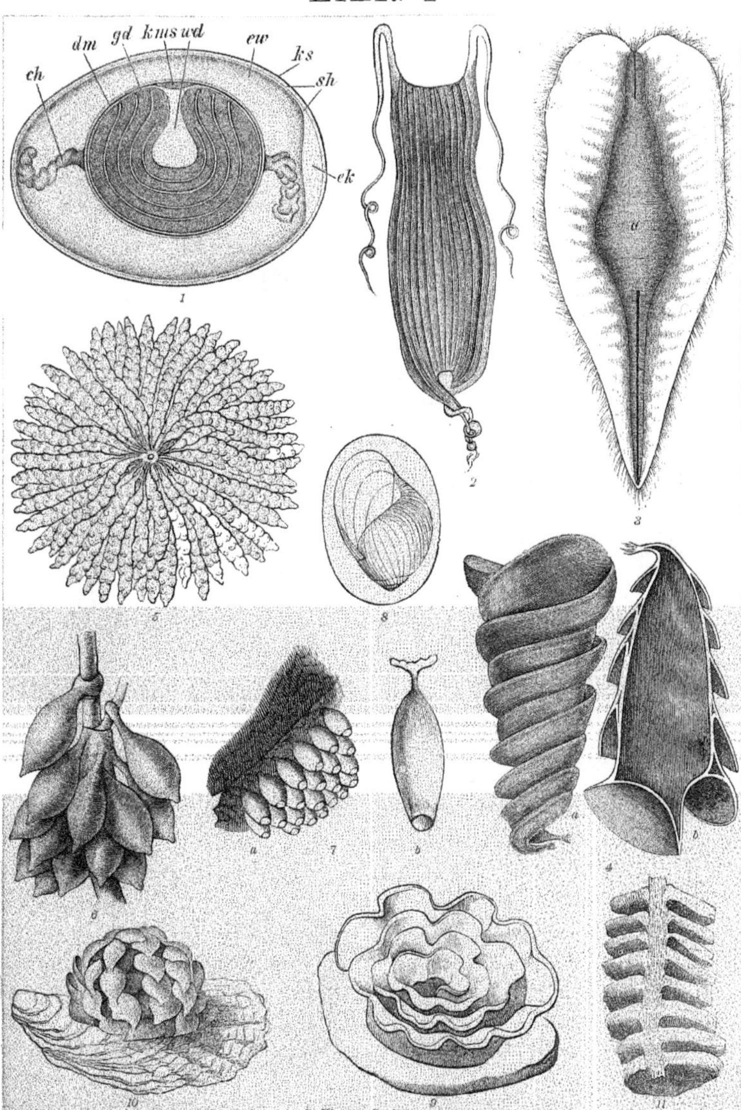

1. Durchschnitt durch ein reifes Hühnerei. 2. Ei von Scyllium chilense (Haifisch). 3. Ei von Callorhynchus antarcticus. 4. Ei vom Port-Jackson-Hai (Cestracion Philippi). 5. Laich vom Kalmar (Loligo vulgaris). 6. Laich vom Tintenfisch (Sepia officinalis). 7. Laich von Purpura lapillus. 8. Ei von Bulimus ovatus mit dem Embryo. 9. Laich von Doris (Meeressternschnecke). 10. Laich von Buccinum (Wellhornschnecke). 11. Laich (Ootheken) von Pirula.

[Fig. 1 nat. Gröfse; 2, 3, 4, 5 verkleinert; 6 nat. Gröfse; 7*a* nat. Gröfse; 7*b* vergröfsert; 8–11 nat. Gröfse.]

EIER. II.

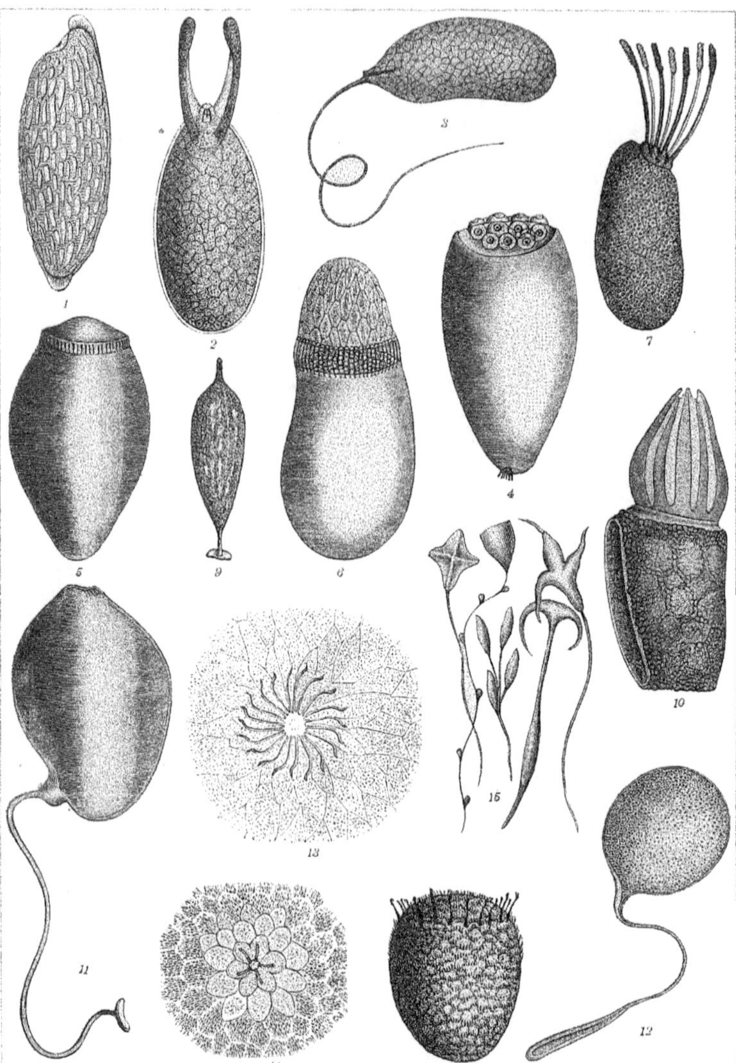

1. Ei von Limnobia punctata (Fliege). 2. Ei von Drosophila cellaris (Fliege). 3. Ei von Sepsis punctum (Fliege). 4. Ei von der Kopflaus (Pediculus capitis). 5. Ei von Reduvius personatus (Wanze). 6. Ei von Harpactor cruentus (Wanze). 7. Ei von Nepa cinerea (Wanze). 8. Ei von Pentatoma juniperinum (Wanze). 9. Ei von Limnobates stagnorum (Wanze). 10. Ei von Bacteria bicornis (Gespenstheuschrecke). 11. Ei von Paniscus testaceus (Schlupfwespe). 12. Ei der Eichengallwespe (Cynips quercus). 13. Mikropylapparat vom Ei des Pappelschwärmers (Smerinthus populi). 14. Mikropylapparat vom Ei des Wespenschwärmers (Sesia apiformis). 15. Eier verschiedener Saugwürmer.

[Alle Figuren vergrößert; 13 und 14 stark vergrößert.]

mit seltsamen Anhängen von nicht ganz klarer Bedeutung versehen (z. B. Taf. II, Fig. 2, 3, 7, 8, 9, 10) oder sie besitzen Stiele, wie bei Schlupf- und Gallwespen (z. B. Paniscus testaceus *Grav.*, Taf. II, Fig. 11 und Cynips quercus folii *Htwg.*, Fig. 12). Eigentümlich sind auch die Eier der Saugwürmer (s. d.), wenigstens der äußerlich schmarotzenden monogenen (Taf. II, Fig. 15), die wenige aber große Eier legen.

Die Eier entstehen bei vielen niedern Tieren an unbestimmten Stellen der Körpersubstanz, meist aber im mittelsten Keimblatt (Mesoderm), bei den höher organisierten in den Eierstöcken (s. d.) oder **Ovarien**. Aus diesen gelangen sie in die Eileiter, welche entweder direkt nach außen münden oder sich in ein besonderes Organ zur Weiterentwicklung des Eies, d. h. in die Gebärmutter, öffnen. Das Säugetier-Ei wurde, nachdem Regner de Graaf die im Eierstock enthaltenen Bläschen (die nach dem Entdeder benannten Follikel), worin die Eier sich bilden, entdeckt und für die Eier gehalten, 1826 von K. E. von Baer aufgefunden und hiermit die eigentliche Grundlage für die Entwicklungsgeschichte des menschlichen Körpers gelegt.

Die **Entwicklung** eines Eies ist im allgemeinen nur möglich, wenn dasselbe befruchtet ist, d. h. wenn die männliche Zeugungsflüssigkeit und insbesondere die in derselben schwimmenden geformten Teile, die Samenfäden, zu dem Ei gelangt sind. Eine solche Befruchtung findet entweder schon im Eierstocke statt, oder aber im Eileiter und der Gebärmutter, oder endlich erst, nachdem das Ei gelegt ist. Letzternfalls darf das Ei nur von einer weichen Hülle umgeben sein, damit die Samenfäden ins Innere des Eies gelangen können, wie dies bei den Fröschen und Fischen der Fall ist, deren Eier in der Regel erst befruchtet werden, nachdem sie den Eileiter verlassen haben. Die Eier vieler Insekten, die von einer derben Chitinschale umgeben sind (ähnlich die Krustaceen-Eier, von Wirbeltieren aber die Eier einiger Fische), haben an einer bestimmten Stelle feine kanalförmige Durchbohrungen, Mikropylen (Tafel: Eier II, Fig. 13, 14) genannt, durch welche die Samenfäden bei der Befruchtung eindringen. Die Eier vieler niedern Tiere, wie z. B. diejenigen mancher Insekten, machen in betreff der Unentbehrlichkeit der Befruchtung eine Ausnahme, indem sie sich auch ohne Hinzukommen von Samen zu entwickeln vermögen, wobei dann die etwaige Befruchtung oder Nichtbefruchtung oft das bestimmende Moment des Geschlechts der Nachkommen bildet. So werden die unbefruchteten Eier der Bienenkönigin Männchen (Drohnen), die befruchteten Weibchen (Arbeiterinnen oder Königinnen; s. Parthenogenesis), aber aus den unbefruchteten Eiern mancher Schmetterlinge (z. B. der Seidenspinner) gehen gelegentlich zwar Raupen, aber dann nur weibliche hervor. Bei den Pflanzen, bei welchen die Eier im Ovarium festsitzen und sich innerhalb desselben bis zur Reife entwickeln, spielt der Pollen, d. i. der aus den Staubfäden entleerte Blütenstaub, die Rolle des männlichen Zeugungsstoffs. Nachdem derselbe auf die feuchte Narbe des Pistills gelangt ist, wächst er zu einem langen Faden aus, welcher in den Kanal des Pistills hinabwächst, bis er an das Ei gelangt ist, um es zu befruchten. Außer der Befruchtung bedarf jedes Ei noch insbesondere einer gewissen Wärme und Feuchtigkeit, um sich zu entwickeln; doch schwankt der nötige Grad beider bei verschiedenen Arten innerhalb sehr weiter Grenzen; das Vogelei bedarf z. B. einer bei weitem höhern Brutwärme als das Frosch- oder Fischei oder als das Pflanzenei. Sobald das Ei befruchtet ist und sich nun weiter entwickelt, wird derjenige Teil seines Inhalts, welcher den Keim des neuen Wesens bildet, Embryo (s. d.) genannt. Die Art und Weise der Entwicklung desselben im Ei lehrt die Entwicklungsgeschichte (s. d.).

Alle Eier, insbesondere die mit Nahrungsdotter und Eiweiß reich ausgestatteten Eier der Vögel, Reptilien und Fische sowie die Samen der Pflanzen, bilden ein vorzügliches **Nahrungsmittel**, weshalb ihnen auch von den Tieren außerordentlich nachgestellt wird und der Mensch besonders durch die Hühnerzucht und den Getreidebau ihre Produktion zu fördern sucht. Da aus dem Ei und den es umhüllenden Stoffen ein neues Wesen entstehen kann, so ist ersichtlich, daß die Eier alles enthalten müssen, was zum Aufbau und zur Erhaltung eines Organismus nötig ist. So finden sich z. B. in den Hühnereiern stickstoffhaltige (Eiweiß) und stickstofflose (Fett) Stoffe sowie die Salze gerade in dem Verhältnis gemischt, wie es für die Ernährung eines jungen Tieres nötig ist. Die Milch, von welcher ja auch ein junges Tier ausschließlich leben kann, zeigt ähnliche Verhältnisse. Flüssiges Ei bildet deshalb einen Ersatz für die Milch für Kinder im Säuglingsalter, wenn sie die Milch nicht vertragen. Dasselbe gilt für Kranke und Schwache. Andererseits wird der Nahrungswert des Eies vielfach überschätzt. Es enthält nämlich das Hühnerei: Schale 10,7, Eiweißstoffe 11,9, Fett 12,8, Salze 0,7, Wasser 63,9 Proz. Ein Hühnerei wiegt durchschnittlich 50 g (nur ganz abnorm große Eier erreichen ein Gewicht von 60 g). In einem Ei verzehrt der Mensch in runder Zahl 6 g Eiweißstoffe, das ist aber nur der zwanzigste Teil seines täglichen Bedarfs. Der Nahrungswert des Eies läßt sich am besten mit dem der Milch vergleichen, und es entspricht dann ein Ei etwa 150 g Milch. Gekochte Eier sind minder zweckmäßig, weil das hartgeronnene Eiweiß sich nur langsam im Magensaft auflöst. Daher muß man die Vorsicht gebrauchen, harte Eier sehr klein zu kauen, um der Verdauung möglichst vorzuarbeiten; Personen mit schwacher Verdauung aber dürfen nie hartgekochte Eier essen, sondern genießen sie am besten roh, vielleicht mit etwas Zucker gemischt, oder nachdem die Eier wenige Minuten im kochenden Wasser gelegen haben, sodaß nur die äußersten Schichten des Eiweißes locker geronnen sind. Ganz unzweckmäßig ist es, das Eiweiß nicht mit zu genießen, wie viele thun; es ist dasselbe ein ganz vorzügliches Nahrungsmittel und steht dem Dotter kaum nach. Wie alle Eiweißstoffe, so enthält auch das Hühnerei Schwefel. Beim Faulen der Eier entwickelt sich daher reichlicher Schwefelwasserstoff, welcher den übeln Geruch zur Folge hat. Etwas Schwefelwasserstoff wird schon durch das bloße Kochen des Eies gebildet und giebt den hartgesottenen Eiern ihren eigentümlichen Geruch. Die im August gelegten sind die schwersten. Das spec. Gewicht frischer Eier beträgt nach Leppig nicht unter 1,06; sie verlieren durchschnittlich täglich 0,0017 g an specifischer Schwere bei der Aufbewahrung an freier Luft, sodaß man in einer Kochsalzlösung vom spec. Gewicht 1,05, in welcher gute Eier untersinken müssen, ein brauchbares Mittel zur Beurteilung besitzt. Der Gehalt an Dotter beträgt 32—35 Proz., an Eiweiß 50—55, an Schale 10—13 Proz. — Außer zur Nahrung finden die Hühnereier auch in der Technik eine große Verwendung; besonders gilt dies vom Eiweiß (s. Albumin), während das Eigelb in den Sämisch- oder Glacélebergerbereien und namentlich bei der Fabrikation von Kidkalbleder verwendet wird. Über das Haltbarmachen der Eier und des Eigelbs s. Eierkonservierung.

Die Eier des Geflügels bilden einen wichtigen Handelsartikel, in erster Reihe der Agrikulturstaaten, während naturgemäß die industriell entwickelten Staaten die Hauptabnehmer sind. Österreich hatte 1889 eine Ausfuhr von 557000 Doppelcentner im Werte von $14^1/_2$ Mill. Fl., Rußland führte 1890 750 Mill. Stück im Werte von 12 Mill. Rubel und Italien 1891 153000 Doppelcentner aus. Dagegen führte England 1890 rund 1000 Mill. Stück im Werte von 3,4 Mill. Pfd. St. ein. Auch im Deutschen Zollverein ist die Einfuhr größer als die Ausfuhr; erstere betrug (1891) 57,5 Mill. kg im Werte von 56,3 Mill. M., davon 31 Mill. kg aus Österreich-Ungarn, 21 Mill. kg aus Rußland, 2,7 Mill. kg aus Italien. Die Ausfuhr umfaßte 1891 nur 0,7 Mill. kg im Werte von 0,8 Mill. M. Berlin führte (1891) 24109208 kg (6429112 Schock) im Werte von 19493098 M. ein und verbrauchte 20627858 kg (5500762 Schock) für 16678310 M. Die Verpackung der Eier erfolgt in Kisten mit kleingeschnittenem Stroh (Siede, Häcksel) in einer Anzahl von 600—1200 Stück auf die Kiste. Die Einheit bei Zahlenangaben ist gewöhnlich das Großhundert (120 Stück oder 2 Schock). [gen.

Ei, elektrisches, s. Elektrische Lichterscheinun-

Eibar (Eybar), Stadt der span. Provinz Guipuzcoa, Distrikt Vergara, hat (1887) 5103 E., eine Waffenfabrik und die berühmte Werkstätte von Zuluaga, wo schöne Tauschierarbeiten (s. d.) verfertigt werden, so das Grabmal des Generals Prim in der Kirche Atocha zu Madrid.

Eibau (Alt-Eibau), Dorf in der Amtshauptmannschaft Löbau der sächs. Kreishauptmannschaft Bautzen, 13 km nordwestlich von Zittau, 7 km westlich von Herrnhut, nahe der böhm. Grenze, an den Linien Bischofswerda-Warnsdorf-Zittau und E.-Zittau der Sächs. Staatsbahnen, hat (1890) 4367 (2015 männl., 2352 weibl.) E., darunter 67 Katholiken, Post, Telegraph, Fernsprecheinrichtung; 3 mechan. Webereien, Dampfbrauerei mit Malzfabrik, 4 Färbereien, 3 Druckereien, 2 Appreturanstalten, Dextrin-, Weizenstärke-, Turmuhrenfabrik sowie Ziegeleien. In der Nähe Granit- und Basaltsteinbrüche. Unweit von E. liegt Neu-Eibau mit 899 E., Postagentur, Fabrikation von fertigen Arbeitskleidern, gläsernen Kronleuchtern, baumwollenen Stoffen und Handweberei, und der Berg Kottmar (583 m) mit einem 1881 erbauten Aussichtsturm.

Eibe (Taxus *L.*), eine in der nördlichen gemäßigten Zone in wenigen Arten verbreitete Baumgattung aus der zu den Nadelhölzern (s. d.) gehörigen Abteilung der Taxineen. Es sind kleine, zweihäusige Bäume mit häufig Nebengipfel bildenden Ästen, zweizeilig stehenden, nadelförmigen, wintergrünen Blättern, die oben glänzend dunkelgrün, unten matt hellgrün sind und am meisten den Tannennadeln ähneln. Die männlichen Blüten, von bräunlichen Schuppen umhüllt, stehen an der untern Seite vorjähriger Triebe in straußförmigen Kätzchen, ihre Staubfäden sind in eine Säule verwachsen. Die kleinen weiblichen Blüten stehen vereinzelt ebenfalls an der Unterseite vorjähriger Triebe und erwachsen mit ihren Schüppchen zu einem fleischigen roten Ring, der ein kleines Steinfrüchtchen einschließt. Die E. oder Ybe oder der gemeine Taxus (Taxus baccata *L.*, s. Tafel: Gymnospermen I, Fig. 3), ein bis 12 m hoch werdender Strauchbaum, ist heimisch in fast ganz Europa, in Algerien, Armenien und auf den Azoren, findet sich sowohl in der Ebene als in den Gebirgen. Sie erreicht ein Alter von mehr als 1000 Jahren, ist jedoch eine im Aussterben begriffene Holzart. Viele Ortsnamen beweisen, daß die E. früher viel verbreiteter war als jetzt. Sie besitzt große Lebenszähigkeit, schlägt infolge der Fähigkeit, Adventivknospen (s. Knospe) zu entwickeln, am Stamm und Stock gut aus, verträgt deshalb gut den Schnitt und wurde in den Gärten altfranz. Geschmacks viel zu Hecken und künstlichen Baumfiguren verwendet. Das rötliche Holz ist harzarm, ohne Harzporen, schwer, sehr dauerhaft, elastisch und zäh. In alter Zeit lieferte es das wichtige Material für Bogen und Armbrustbogen; schon Homer erzählt davon. Neuerdings dient es vorzugsweise zu feinen Drechsler- und Schnitzarbeiten; letztere werden namentlich in der Schweiz gefertigt. Die Nadeln sind giftig, nicht so die kleinen fleischigen Beerenzapfen. Ihres außerordentlich langsamen Wachstums wegen ist die E. forstwirtschaftlich zwar ohne Wert, verdient jedoch ihrer schönen Form wegen in Gärten angebaut und des histor. Interesses wegen auch forstlich hier und da berücksichtigt zu werden. Sie ist durchaus Schattenpflanze. Die oft in Gärten zu findende canadische E. (Taxus canadensis *Willd.*) wächst viel schneller, steht aber unserer heimischen E. an Schönheit nach. Die gärtnerischen Formen Taxus hibernica, fastigiata, pyramidalis sind nur Varietäten. [Rüstung.

Eibe, Bezeichnung für eine große Armbrust, s.

Eibenschitz, Stadt in der österr. Bezirkshauptmannschaft Brünn in Mähren, im fruchtbaren Hügellande an der Iglawa und an der Linie Wien-Brünn-Prag-Bodenbach der Österr.-Ungar. Staatsbahn, hat (1890) 4456 meist slaw. E., darunter 587 Israeliten in einer besondern Gemeinde, Post, Telegraph, Bezirksgericht (280,82 qkm, 38 Gemeinden, 47 Ortschaften, 33759 E.), schöne got. Pfarrkirche, Ackerbauschule; Thonwarenfabrikation, Weberei, bedeutende Gemüsegärtnerei, Obst- und Weinbau. Die Eibenschitzer Kirschen und Spargel werden in großen Mengen weithin versendet. In der Nähe bei dem Dorfe Alexowitz (256 E.) die große Skenesche Tuchwarenfabrik. — E. ist sehr alt und war im Mittelalter eine der bedeutendsten Städte des Landes, lange Zeit Hauptsitz der mähr. Hussiten, dann der Utraquisten und später der Protestanten.

Eibenstock, Stadt in der Amtshauptmannschaft Schwarzenberg der sächs. Kreishauptmannschaft Zwickau, unweit der Mulde, teils auf einem Plateau, teils in zwei anstoßenden Thalzügen, deren Gewässer sich innerhalb der Stadt vereinigen und in die Zwickauer Mulde einmünden, und an der Linie Chemnitz-Aue-Adorf der Sächs. Staatsbahnen, ist Sitz eines Amtsgerichts (Landgericht Zwickau), Hauptzollamtes, einer Oberforstmeisterei und zweier Forstrevierverwaltungen und hat (1890) 7166 (3215 männl., 3951 weibl.) E., Post erster Klasse, Telegraph, neue roman. Kirche mit schlankem Turm und schönem Altarbild, städtisches Krankenhaus, Seiden-, Tüll- und Mullstickerei mittels der Stickmaschinen sowie Spitzenfabrikation mittels der Näh- und Tamburiernadel. Letztere wurde 1775 durch Klara Angermann aus Thorn hier eingeführt. — Die Stadt kam 1533 mit der Herrschaft Schwarzenberg durch Kauf an Sachsen.

Eibisch, Pflanzengattung, s. Althaea.

Eibischwurzel, s. Altheewurzel.

Eibiswald, Markt in der österr. Bezirkshauptmannschaft Deutsch-Landsberg in Steiermark, an der Sagga, hat (1890) 1135 E., Post, Bezirksgericht (213,78 qkm, 20 Gemeinden, 54 Ortschaften, 17166 E.), ein Schloß, ein großes Eisen- und Stahlwerk der Alpinen Montangesellschaft (390 Arbeiter) und ausgedehnten Braunkohlenbergbau (1200 Arbeiter, Produktion 1886: mit Wies 1659,94 t).

Eibner, Joh. Georg, Architekturmaler, geb. 16. Febr. 1825 zu Hilpoltstein in der Oberpfalz, war Schüler der Akademie in München und malte anfangs deutsche Städtebilder. Nachdem er dann die Rheinlande und die Niederlande von 1850 bis 1852, bis 1856 Frankreich und Italien bereist und in Architekturbildern verwertet hatte, besuchte er 1860 und 1861 Spanien. Hier schuf er in Aquarell ein 35 Blatt umfassendes Album, welches 1868 in Berlin u. d. T. «Spanien» polychrom erschien. 1868 bereiste der Künstler abermals Italien und behandelte dann besonders Bauten aus Verona und Venedig neben Ansichten aus Nürnberg, Prag, Freiburg, Ulm. Er starb 18. Nov. 1877 in München.

Eibsee, See im Wettersteingebirge der Nordtiroler Kalkalpen (s. Ostalpen), am Nordfuß der Zugspitze, in 959 m Höhe, 3 km lang, 1 km breit, 28 m tief, mit Inseln und ohne sichtbaren Abfluß.

Eichberger, Joseph, Sänger, geb. 26. Nov. 1801 zu Sbirow bei Prag, widmete sich zunächst philos. Studien, bevor er (1823) die Bühne betrat. Von 1824 bis 1848 gehörte E. nacheinander zahlreichen Bühnen an. Seine Höhe erreichte er um das Jahr 1841, wo ihn Spontini nach Berlin berief. Nachdem er in Königsberg von der Bühne Abschied genommen, wirkte er in norddeutschen Städten als Gesanglehrer und starb 5. März 1862 in Bremen.

Eiche (Quercus *L.*), Pflanzengattung aus der Familie der Cupuliferen (s. d.). Ihre sehr zahlreichen Arten, teils Bäume, teils Sträucher, sind namentlich in der gemäßigten Zone der nördl. Hemisphäre, insbesondere in den Vereinigten Staaten Nordamerikas verbreitet; auch ist die Zahl der in den Mittelmeerländern, vorzüglich im Orient und in Spanien, vorkommenden bedeutend. Dagegen besitzt Deutschland nur drei oder vier Arten, von denen zwei allgemein verbreitet und zugleich die wichtigsten aller Eichenarten bezüglich der Brauchbarkeit und Dauerhaftigkeit des Holzes sind. Alle E. bringen ihre Blüten mit dem Laubausbruch hervor. Die männlichen, die ein meist gelbgrün gefärbtes, fünf- bis siebenteiliges Perigon und ebensoviele langgestielte Staubgefäße besitzen, sind in schlaff herabhängende, sehr lockere Kätzchen geordnet, die aus den obersten Seitenknospen vorjähriger Triebe entspringen, während die weiblichen Blüten, einzeln oder gebüschelt, an einem bald sehr kurzen, bald langen Stiele in den Blattwinkeln der jungen, im Mai oder Juni sich entwickelnden Triebe und daher höher stehen als die männlichen Kätzchen. Jede weibliche Blüte ist von einer mehrreihigen Hülle kleiner Deckschuppen umgeben, durch deren nach der Blütezeit erfolgende Vergrößerung, gegenseitige Verwachsung und Verholzung das die Eichelfrucht vom Grunde her umschließende, becherförmige Organ, das Fruchtschälchen oder der Fruchtbecher, die Cupula, entsteht. Innerhalb dieser Schuppenhülle befindet sich ein einziger Stempel, dessen Fruchtknoten von einem ihm eng anliegenden Perigon umschlossen ist. Auf dem Fruchtknoten erhebt sich ein kurzer Griffel mit sechs Narben. Obwohl der Fruchtknoten sechs Eier enthält, entwickelt sich aus demselben doch fast immer nur eine einsamige Frucht, die Eichel (s. Eicheln), die, wie auch der Fruchtbecher, unter sehr verschiedenen Formen auftritt, weshalb die Eichenarten vorzugsweise nach den Früchten unterschieden werden. Hinsichtlich der Blätter, die bei den meisten Arten fiederspaltig oder buchtig gelappt sind, doch auch bei vielen in unzerteilter und ganzrandiger Form vorkommen, zerfallen die E. in sommergrüne und in immergrüne Arten. Letztere finden sich vorzugsweise in den Mittelmeerländern. Nach den Früchten kann man die E. in solche mit ein- und mit zweijähriger Samenreife einteilen. Erstere reifen ihre Früchte schon im nächsten, letztere erst im z[illegible] der Blütezeit folgenden Herbst. Zu letztern geh[illegible] Mehrzahl der nordamerikanischen E.

Unter den deutschen E. hat nur die Zerr- oder österreichische E. (Quercus cerris *L.*), auch burgundische E. genannt, eine zweijährige Samenreife. Diese Art, ausgezeichnet durch spitzlappige Blätter, fadenförmige Nebenblätter und Knospenschuppen und durch die aus fadenförmigen, sperrig voneinander stehenden Schuppen gebildete Cupula, ist ein Baum von 16 bis 26 m Höhe, der in Südeuropa, namentlich in Niederösterreich, Ungarn, den untern Donauländern und Frankreich wächst, im ungar. Hügelland und am nordwestl. Raude des Jura reine Bestände bildet. Die beiden wichtigsten deutschen Arten sind die Stieleiche (Quercus pedunculata *Ehrh.*, robur α *L.*) und die Traubeneiche (Quercus sessiliflora *Sm.*, robur β *L.*). Beide sind sich sehr ähnlich, unterscheiden sich dadurch, daß bei der Stieleiche die weiblichen Blüten und Früchte an einem mehr oder weniger langen Stiele stehen und die Blätter kurz gestielt sind, während bei der Traubeneiche die weiblichen Blüten und Früchte einzeln oder traubig gehäuft in den Blattachseln sitzen, die Blätter aber einen ziemlich langen Stiel haben.

Die Abbildung auf Tafel Laubhölzer: Waldbäume III, zeigt Fig. 1 eine freierwachsene, alte Stieleiche (1 Triebspitze derselben im Winterzustand, 2 weibliche Blüte, 3 deren Längsschnitt, 4 Stück eines männlichen Blütenkätzchens, 5 dazugehörigen Staubbeutel, 6 dessen Querdurchschnitt, 7 Triebspitze mit ausgebildeten Blättern und Früchten). Fig. 2 einen blühenden Trieb der Traubeneiche mit den lang herunterhängenden männlichen Blütenkätzchen, in den obersten Blattwinkeln die kleinen sitzenden weiblichen Blüten. Fig. 3 eine Triebspitze derselben mit ausgebildeten Blättern und Früchten.

Die Stiel-, auch Sommereiche genannt, ist durch fast ganz Europa verbreitet, während die Trauben- oder Wintereiche, wegen ihres härtern Holzes wohl auch Steineiche genannt, fast nur im mittlern Europa sich findet und deshalb die eigentliche deutsche E. genannt zu werden verdiente. Beide E. erreichen 30—40 m Höhe. Die Stieleiche vermag unter günstigen Verhältnissen ein Alter von mehr als 1000 Jahren und daher riesige Stärke zu erreichen, während die Traubeneiche wohl selten über 6—800 Jahre alt wird. Die Stieleiche ist vorzugsweise ein Baum der Ebenen, Niederungen, Flußauen und Hügelgelände und blüht im allgemeinen 2 Wochen eher als die Traubeneiche, die mehr die Gebirgsgegenden liebt, doch in den Gebirgen Deutschlands im Mittel höchstens bis 650 m über das Meer emporsteigt. Beide treten in verschiedenen Gegenden Mitteleuropas, teils für sich allein, teils mit andern Laubhölzern (z. B. Rot- und Weißbuchen, Ulmen, Ahornen, Eschen u. a. m.) oder auch mit Nadelhölzern (namentlich Kiefern) gemengt als waldbildende Bäume auf, zumal in den untern Donauländern (in der Bukowina, der Walachei, in Serbien, Kroatien und Slawonien), wo es noch unermeßliche, zum Teil noch im Urzustande befindliche Eichenwälder giebt. Mit der Traubeneiche am nächsten verwandt ist die **weichhaarige** oder **Filzeiche** (Quercus pubescens *Willd.*), die besonders im südl. Europa, doch vereinzelt auch in Mitteldeutschland und Österreich vorkommt. Sie unterscheidet sich von den andern deutschen Eichenarten durch den sammetartigen Filz der zuletzt fast lederartigen Blätter.

Unter den übrigen europ. Eichenarten nehmen die **Korkeichen** jedenfalls den ersten Platz ein. Es giebt zwei verschiedene Arten, die eigentliche oder südl. Korkeiche (Quercus suber *L.*, s. Tafel: **Amentaceen**, Fig. 2), eine im südwestl. Europa (namentlich Südspanien und Portugal) und Nordafrika heimische Immergrüneiche mit einjähriger Samenreife und 3 Jahre lebendig bleibenden Lederblättern, und die westeurop. Korkeiche (Quercus occidentalis *Gay*), eine im westl. Frankreich (den «Landes» von Bayonne), in Nordspanien und Portugal wachsende E. mit zweijähriger Samenreife und nur ein Jahr ausdauernden Blättern. Beide Arten liefern den in den Handel kommenden Kork, der sich periodisch in ihrer Rinde erzeugt. (S. Kork.) Sehr verbreitet im südl. Europa ist die **gemeine Immergrün-** oder eigentliche **Steineiche** (Quercus ilex *L.*), ein Baum von 10 bis 20 m Höhe mit eiförmiger Krone und kleinen elliptischen oder eiförmigen, bald ganzrandigen, bald dornig gezähnten Blättern. Ihr Holz gilt für das schwerste und härteste der europ. Eichenarten. Mehrere E. Europas und des Orients haben eßbare Eicheln, so namentlich die orient. Quercus aegilops *L.*, eine sommergrüne E., und die westeurop. und nordafrik. Quercus ballota *Desf.*, eine immergrüne E., die vermutlich bloß eine Varietät von Quercus ilex ist. Beider Früchte werden in den betreffenden Ländern, wo man sie teils roh, teils geröstet ißt, in großen Massen zu Markte gebracht. Noch sind die **Galläpfeleiche** (Quercus infectoria *Oliv.*), eine in Kleinasien und Persien heimische Art mit ungefähr ein Jahr lebenden Blättern, welche die offizinellen Galläpfel liefert und mit der in Nordafrika und auf der Pyrenäischen Halbinsel wachsenden Quercus lusitanica *Lamk.*, die ebenfalls Gallen produziert, identisch sein soll, und die **Kermeseiche** (Quercus coccifera *L.*), eine niedrige, strauchige Art mit immergrünen, dornig gezähnten Blättern, die in den Mediterranländern häufig vorkommt und die Kermesschildlaus (s. Kermes) ernährt, zu erwähnen. Unter den nordamerikanischen E., von denen gegenwärtig mehrere als Zierbäume überall bei uns gehalten werden, sind besonders bemerkenswert: die **Roteiche** (Quercus rubra *L.*), die **Scharlacheiche** (Quercus coccinea *L.*) und die **Sumpfeiche** (Quercus palustris *Mich.*), deren Blätter im Herbst blutrot werden; die durch weiße Rinde und unterseits weißflaumige, sich im Herbst violett färbende Blätter ausgezeichnete **Weißeiche** (Quercus alba *L.*) und die **Färbereiche** (Quercus tinctoria *Willd.*), deren zum Gelbfärben gebrauchte Rinde unter dem Namen **Quercitron** in den Handel kommt.

Fast alle E. sind lichtbedürftige Bäume, weshalb sie, in reinem Bestande erzogen, sich immer selbst licht stellen, wenn sie anfangs zu dicht standen. Deshalb ist es besser, bei Anlage von Eichenwäldern die E. in räumlicher Stellung (durch Auspflanzen von zuvor in Gärten gezogenen Pflänzlingen) zu erziehen. Da unter dem lichten Schirm der E. der Boden leicht verangert, so muß zwischen den Eichenreihen ein Bodenschutzholz, zu dem sich Hainbuchen, Weißtannen, auch wohl Fichten eignen, angebaut werden, oder man zieht die E. überhaupt in Vermischung mit andern Laubhölzern, Buchen u. s. w. Ganz besonders eignen sich die E. für Mittel- und Niederwaldbetrieb. Bei der großen Lichtbedürftigkeit dieser Holzarten liefern die alten, freistehenden Oberbäume des Mittelwaldes das beste Holz. Die E. gehören zu den nutzbarsten Laubhölzern der gemäßigten Zone. Außer ihrem wertvollen, namentlich beim Schiff-, Hafen- und Faßbau unentbehrlichen, sehr dauerhaften Holze ist die Rinde wegen ihres Reichtums an Gerbstoff (s. Eichenschälwald und Eichenrinde) sehr geschätzt, während die Früchte eine vortreffliche Mast für Schweine abgeben. Die gerösteten Eicheln dienen als Kaffeesurrogat, die Eichenrinde zu mediz. Zwecken. Gefahren und Feinden sind die sturmfesten E. weniger ausgesetzt als Buche und Nadelhölzer. Spätfröste schaden der E. seltener als der Buche, weil sie später ausschlägt, dagegen leidet sie oft durch Frostrisse, wegen ihrer starken Borke wird sie nicht rindenbrandig. Von Pilzen haben namentlich alte E. zu leiden, verschiedene Arten der Gattung Polyporus, Hydnum diversidens *Fr.*, Telephora perdix *R. Htg.* u. a. rufen Rot- und Weißfäule hervor; der Eichenwurzeltöter (Rosellinia quercina) schadet den jungen Pflanzen. Ein ganzes Heer verschiedener Insekten bewohnt zwar die E., meist jedoch ohne sehr empfindlichen Schaden zu thun. Von Käfern schaden am meisten der Maikäfer, der das Holz der lebenden E. mit großen Gängen durchwühlende und dadurch verderbende Eichenbock (Cerambyx cerdo *L.*), mitunter auch einige Borken-, Pracht- und Rüsselkäfer. Unter den Schmetterlingen ist beachtenswert namentlich der Prozessionsspinner (Cnethocampa processionea *L.*), der mit verwandten Arten die jüngsten Triebe mit Blüten oft zerstörende Eichenwickler (Tortrix viridana *L.*) u. s. w. Von Aderflüglern sind besonders zu nennen die zahlreichen Gallwespen (Cynips), welche die wirtschaftlich teilweise recht wertvollen Gallen erzeugen; gewisse Formen der letztern nennt man Knoppern. — Die E. haben von jeher bei allen Völkern, so schon im Altertum bei den Persern und Israeliten, in hohem Ansehen gestanden; bei den Griechen und Römern waren sie dem Jupiter geheiligt. Bei den Kelten spielte namentlich die auf E. schmarotzende Mistel (s. d.) in der Heilkunde der Druiden eine hervorragende Rolle. In Eichenhainen verehrten bekanntlich auch unsere heidn. Vorfahren ihre Götter; desgleichen dienten

Eichenhaine den alten Deutschen als Versammlungsorte bei Beratungen, eine Sitte, die erst durch das Christentum verdrängt wurde. Vgl. Kotschy, Die E. Europas und des Orients (Olmütz 1862); Wagler, Die E. in alter und neuer Zeit. Mytholog.-kulturgeschichtliche Studie (Berl. 1891).

Eiche Karls II., Sternbild, s. Karlseiche.

Eichel, Frucht der Eiche, s. Eicheln; in der Anatomie der vorderste Teil des männlichen Gliedes, s. Geschlechtsorgane; auch eine Farbe der deutschen Spielkarte, s. Deutsche Karten.

Eichelbohrer, Rüsselkäfer, s. Balaninus.

Eichelentzündung (Eicheltripper, Balanitis), die Entzündung der Eichel und des Eichelüberzuges des männlichen Gliedes, wobei die Vorhaut entzündet, schmerzhaft ist und Eiter absondert, entsteht entweder durch Zersetzung von übermäßig abgesondertem Hauttalg (Smegma) an der Vorhaut oder infolge von Tripperansteckung (s. Tripper). Im erstern Falle genügen häufige Waschungen mit kaltem Wasser und Bestreichen der entzündeten Eichel mit Zinksalbe; im letztern Falle verschwindet die E. mit der Heilung des Harnröhrentrippers von selbst.

Eichelheher, s. Heher.

Eichelkaffee, Eichelkakao, s. Eicheln.

Eicheln sind die Samen der Eiche (s. d.). Sie bestehen aus einem von einer im trocknen Zustande spröden Schale umhüllten Samenkörper und sind durch eine Becherhülse (Cupula, s. Cupuliferen) am Stiele befestigt. Die von der Schale befreiten Samen enthalten nach Bibra 35 Proz. Stärkemehl, 8 Proz. Zucker, 7 Proz. Eiweißstoffe, 7 Proz. Gerbsäure, 4 Proz. Fett, 2 Proz. Harz, Spuren von ätherischem Öl, außerdem Gummi, Cellulose u. a. Von Braconnot ist in den E. eine besondere Zuckerart, Quercit (s. d.), aufgefunden. Nach gelindem Rösten im Kaffeebrenner und gröblichem Zerstoßen bilden die E. den Eichelkaffee (Semen Quercus tostum), dessen wässeriger Aufguß als Ersatzmittel des Kaffees namentlich skrofulösen Kindern gegeben wird. Derselbe mit etwas Zusatz von Kakaobohnen wird als Eichelkakao oder Eichelschokolade gegen Drüsenkrankheiten gebraucht. Im frischen Zustande benutzt man die E. vielfach als Schweinefutter.

Eichelpilz, s. Phallus.

Eichelschokolade, s. Eicheln.

Eicheltripper, s. Eichelentzündung.

Eichelzucker, s. Quercit.

Eichen, s. Aichen.

Eichen (Ovulum), in der Botanik, s. Samenknospe.

Eichen, Dorf im Amt Schopfheim des bad. Kreises Lörrach, hat (1890) 457 E., Postagentur und Telegraph. Der Eichener See (464 m) verliert oft plötzlich sein Wasser, sodaß sein Grund als Acker und Wiese benutzt wird, bis er sich wieder füllt.

Eichenblatt, s. Kupferglucke.

Eichenbockkäfer (Cerambyx s. Hammaticherus), Gattung der Bockkäfer (s. d.), mit einem Halsschild von gleicher Breite und Länge, Flügeldecken verlängert, an der Wurzel fast doppelt so breit als der Hinterrand des Halsschildes. Die elfgliederigen Fühler sind beim Weibchen von Körperlänge, beim Männchen weit länger. Von den 7 europ. Arten sind besonders 2 in Deutschland verbreitet: Der große E., Heros oder Heldbock (Cerambyx cerdo *L.*, Tafel: Käfer II, Fig. 10), bis 50 mm lang, braun, Larve in Eichen, und der kleine E. (Cerambyx Scopolii *Fussl.*), bis 28 mm lang, schwarz, Larve in allerlei Laubbäumen.

Eichendorff, Jos., Freiherr von, Dichter, geb. 10. März 1788 auf seines Vaters Landgute Lubowitz in Oberschlesien, bezog 1801 das kath. Gymnasium zu Breslau, studierte mit seinem Bruder Wilhelm erst in Halle, dann seit 1807 in Heidelberg die Rechte, wo sie mit den Romantikern Arnim, Brentano, Görres, Creuzer, Loeben u. a. in Verbindung traten und sich auch an der Sammlung der Volksbücher und des «Wunderhorns» beteiligten. Joseph veröffentlichte damals in Asts «Zeitschrift für Kunst und Wissenschaft» einzelne Gedichte unter dem Namen Florens. Nach kürzerm Aufenthalte in Paris, Wien und Berlin trat er im Febr. 1813 als freiwilliger Jäger in die preuß. Armee, in der er an den Feldzügen bis 1815 teilnahm. 1816 wurde er Referendar bei der königl. Regierung in Breslau, 1821 Regierungsrat in Danzig, 1824 in gleicher Eigenschaft nach Königsberg in Preußen und 1831 nach Berlin versetzt und hier 1841 zum Geh. Regierungsrat im Ministerium der geistlichen Angelegenheiten ernannt. 1844 schied er, wegen Meinungsverschiedenheiten über kirchliche Fragen mit dem Minister Eichhorn, aus dem Staatsdienst, lebte dann abwechselnd in Danzig, Wien, Dresden, Berlin, auf seinem Gute Sedlnitz in Mähren, und siedelte 1855, nach dem Tode seiner Gattin Anna Victoria, geborene von Larisch, zu seinem Schwiegersohn nach Neisse über, wo er 26. Nov. 1857 starb und wo ihm 1887 ein Denkmal errichtet wurde.

E. war nicht nur der letzte deutsche Romantiker, sondern zugleich der talentvollste und eigentümlichste Lyriker dieser Schule. Die Reihe seiner größern Werke beginnt mit dem noch unsicher tastenden Roman «Ahnung und Gegenwart» (anonym, hg. von Fouqué, 3 Bde., Nürnb. 1815); diesem folgte das dramat. Märchen in Tiecks Geschmack «Krieg den Philistern» (Berl. 1824), weiter die Novellen «Aus dem Leben eines Taugenichts» und «Das Marmorbild» (ebd. 1826; die erstere allein in 17. Aufl., Lpz. 1891), die Parodie «Meierbeths Glück und Ende, Tragödie mit Gesang und Tanz» (Berl. 1828), die Trauerspiele «Ezzelin von Romano» (Königsb. 1828) und «Der letzte Held von Marienburg», (ebd. 1830), das Lustspiel «Die Freier» (Stuttg. 1833), die Erzählungen «Viel Lärmen um nichts» (Berl. 1833) und «Dichter und ihre Gesellen» (ebd. 1834). Die Sammlung seiner «Gedichte» (ebd. 1837; 13. Aufl., Lpz. 1883) bildet den Schlußstein dieser seiner tendenzlosen poet. Schaffensperiode; die spätern epischen Dichtungen «Julian» (Lpz. 1853), «Robert und Guiscard» (ebd. 1855) und «Lucius» (ebd. 1857) lassen seine im zunehmenden Alter erstarkenden streng kath. Anschauungen stärker durchblicken.

Das lyrische Element ist bei E. durchweg vorwaltend, weshalb es seinen dramat. Dichtungen und seinen größern Romanen an Schärfe der Zeichnung und straffer Komposition fehlt. Um so höher stehen seine Lieder, die den Zauber des deutschen Waldes, die Wanderlust, die sehnsüchtige Wonne träumerisch unthätiger Versenkung in Natur- und Gemütsleben selten mit starken Tönen, aber in bestrickend weicher Stimmung, in klangvollstem Wohllaut zum Ausdruck bringen: «In einem kühlen Grunde», «Wem Gott will rechte Gunst erweisen» sind fast Volkslieder geworden. Ähnliche Vorzüge machen auch seine kleinern Novellen, hierunter vor allen «Aus dem Leben eines Taugenichts», zu Meisterstücken in ihrer Art. Während seiner letzten Lebensjahre veröffentlichte E. auch mehrere litterarhistor. Arbeiten, in denen er die Litteratur freilich allzusehr vom kath. Standpunkte aus beurteilte: «Über die ethische und religiöse Bedeutung der neuern romantischen Poesie in Deutschland» (Lpz. 1847), «Der deutsche Roman des 18. Jahrh. in seinem Verhältnis zum Christentum» (ebd. 1851; 2. Aufl., Paderb. 1867), «Zur Geschichte des Dramas» (Lpz. 1854; 2. Aufl., Paderb. 1867) und «Geschichte der poet. Litteratur Deutschlands» (2 Tle., Paderb. 1857; 3. Aufl. 1866). Von Manuels «Grafen Lucanor» bearbeitete er (Berl. 1840), Calderons «Geistliche Schauspiele» übersetzte er mit innigem Verständnis (2 Bde., Stuttg. 1846—53). Seine «Werke» erschienen zuerst Berlin 1842 (4 Bde.; 3. Aufl., Lpz. 1883), seine «Vermischten Schriften» Paderborn 1866—67 (5 Bde.). Neue Ausgaben seiner Werke veranstalteten: Hellinghaus (Münster 1889), Dietze (2 Bde., Lpz. 1891), «Gedichte aus dem Nachlaß» gab H. Meisner (ebd. 1888) heraus. Vgl. H. Keiter, J. v. E. (Köln 1887); Minor im 21. Bde. der «Zeitschrift für deutsche Philologie».

Eichener See, s. Eichen (Dorf).

Eichengallwespe, die verschiedenen an der Eiche vorkommenden und an diesem Baum die sog. Galläpfel produzierenden Gallwespen (s. d.).

Eichengerbsäure, eine der Eichenrinde eigentümliche Gerbsäure (s. d.), bildet ein in kaltem Wasser schwer lösliches rötliches Pulver von der Zusammensetzung $C_{19}H_{16}O_{10}$. Durch Kochen mit verdünnter Schwefelsäure geht sie in das sog. Eichenrot über. Die E. soll ihrer chem. Konstitution nach ein trimethyliertes Anhydrid der Gallussäure sein. Jedenfalls ist sie der wichtigste Stoff der Eichenrinde, welcher sich beim Gerben mit den tierischen Häuten verbindet und diese in Leder überführt.

Eichenkrone, Orden der, luxemb. Orden, 29. Dez. 1841 vom König Wilhelm II. der Niederlande für das Großherzogtum Luxemburg gestiftet, besteht nach seiner Neuorganisation 5. Febr. 1858 aus Großkreuzen, Großoffizieren, Commandeuren, Offizieren und Rittern, sowie einer affiliierten Medaille. Ordenszeichen ist ein vierarmiges, weißemailliertes, goldeingefaßtes Kreuz, in dessen grünemailliertem Mittelschilde ein goldenes W unter der Krone. Der Ordenswahlspruch lautet: «Je maintiendrai.» Das Band ist dunkelgrün mit zwei orangegelben Mittel- und zwei orangegelben schmalen Randstreifen. (S. Tafel: Die wichtigsten Orden II, Fig. 11.)

Eichenprozessionsspinner, ein Nachtschmetterling, s. Prozessionsspinner.

Eichenrinde, die von den verschiedenen Eichen, Quercus pedunculata *Ehrh.*, sessiliflora *Sm.* u. a. abgeschälte Rinde, welche im Handel als Spiegel- oder Glanzrinde, wenn sie von jungen, höchstens 25 J. alten Bäumen gewonnen wird, oder als Grob-, Altholzrinde oder Lohe unterschieden wird, wenn sie von alten, von der Borke befreiten Bäumen stammt. E. ist an sich geruchlos, entwickelt aber mit Wasser und tierischer Haut in Berührung den bekannten Lohegeruch. Wesentlicher Bestandteil ist eine eigentümliche Gerbsäure (bis zu 10 Proz.), $C_{28}H_{24}O_{12}+3H_2O$, welche sich bei längerm Lager zersetzt; der Gerbsäure wegen wird sie in der Lederfabrikation und auch in geringer Menge in der Medizin gebraucht; für letztern Zweck nur als Spiegelrinde. E. ist ein wichtiger Handelsartikel. Deutschland bezieht jährlich aus dem Ausland, besonders aus Österreich und Frankreich, 80—100000 t im Werte von 11 Mill. M. (S. Eichenschälwald.) In Süddeutschland sind als Eichenrindenmärkte Heilbronn und Hirschhorn, am Rhein Boppard bekannt.

Eichenrot, s. Eichengerbsäure.

Eichens, Friedr. Eduard, Kupferstecher, geb. 27. Mai 1804 in Berlin, bildete sich dort unter Buchhorn, seit 1827 in Paris unter Forster und Richomme und seit 1829 unter Toschi. Dazwischen besuchte er auf kurze Zeit Venedig und 1831 Florenz, wo er nach Tizian und Raffael zeichnete. Nach Berlin zurückgekehrt, ward er zum Professor und Mitglied der Akademie ernannt. Seit 1833 wirkte er bei der Gewerbeschule als Zeichenlehrer. Er starb 5. Mai 1877 zu Berlin. Zu den vorzüglichsten seiner durch richtige Zeichnung und Treue schätzbaren Arbeiten gehören solche nach Raffael (Vision des Ezechiel, Anbetung der heiligen drei Könige 1836); nach Domenichino (Heil. Magdalena 1837); die Bildnisse Friedrichs d. Gr., Friedrich Wihelms IV., des Minister Schön u. a. Später beschäftigten ihn die Stiche nach Kaulbachschen Kartons. Auch für Kaulbachs Shakespeare-Galerie lieferte er mehrere Blätter. Mit einem Christuskopfe nach Seb. del Piombo schloß E. 1871 seine Thätigkeit als Kupferstecher ab.

Philipp Hermann E., sein jüngerer Bruder, geb. 13. Sept. 1812 zu Berlin, studierte bis 1832 die Malerei bei Hensel, widmete sich dann der Lithographie und ging 1835 nach Paris. 1839—41 machte er eine Kunstreise nach Oberitalien. 1846 wandte er sich wieder nach Berlin, um hier den Mezzotintostich zu erlernen, den er seit 1849 in Paris mit großem Erfolg ausübte. Er starb 17. Mai 1886 in Paris.

Eichenschälwald, eine besondere Art des Niederwaldbetriebes, zum Zwecke der Erziehung der als Gerbmaterial so wichtigen Eichenjungholzrinde (s. Eichenrinde). Da mit dem Aufreißen der Rinde älterer Bäume dieselbe an Güte verliert, wählt man nur einen etwa 12- bis 20-, selten 25jährigen Umtrieb, der die gute, glatte sog. Spiegelrinde liefert. Der E. gehört in ein mildes Klima; wo der Wein noch leidlich wächst, wird die Rinde am besten. Trotz vielfacher Bemühungen hat die Eichenrinde in der Gerberei noch keinen genügenden Ersatz durch andere Gerbstoffe gefunden, namentlich nicht zur Herstellung guten Sohlenleders. Nach ungefährer Schätzung verbraucht Deutschland jährlich etwa 5 Mill. Ctr. Eichenrinde und gewinnt auf ungefähr 450000 ha Schälwald nur $2^1/_2$—3 Mill. Ctr. Von den deutschen Eichenarten werden im Schälwald nur Stiel- und Traubeneichen genutzt, letzterer giebt man den Vorzug. — Vgl. Bernhardt, Eichenschälwald-Katechismus (Berl. 1877).

Eichenseidenspinner, Jama-maju, s. Seidenraupe.

Eichenwickler (Tortrix viridana *L.*), ein 21—25 mm spannender Wickler mit hellspangrünen Vorder- und grauen Hinterflügeln. Fliegt im Juli. Die gelbgrüne Raupe wird im Mai und Juni besonders den Eichen oftmals schädlich.

Eichhase, s. Polyporus.

Eichhoff, Frédéric Gustave, franz. Sprachforscher, geb. 17. Aug. 1799 zu Havre als Sohn eines eingewanderten Hamburger Kaufmanns, studierte in Paris, war dann Repetitor und widmete sich darauf den orient. Studien, namentlich dem Sanskrit. Der Herzog von Orléans (Ludwig Philipp) ernannte ihn 1827 zum Lehrer seiner Kinder in der deutschen Sprache. Nach der Julirevolution von 1830 wurde E. Bibliothekar der Königin; 1842 erhielt er an der Fakultät zu Lyon den Lehrstuhl der ausländischen

Litteratur, 1855 den Titel eines Generalinspektors für lebende Sprachen an der Universität zu Paris. Er starb 10. Mai 1875 zu Paris. Von E.s Schriften sind hervorzuheben: «Études grecques sur Virgile» (eine Sammlung von allen griech. Stellen, die Virgil nachgeahmt hat; 3 Bde., Par. 1825), «Parallèle des langues de l'Europe et de l'Inde» (edd. 1836; deutsch, Lpz. 1840), «Histoire de la langue et de la littérature des Slaves, considérées dans leur origine indienne et leur état présent» (Par. 1839), «Dictionnaire étymologique des racines allemandes» (zugleich mit Suckau, edd. 1840; neue Ausg. 1855), «Essai sur l'origine des Scythes et des Slaves» (1845), «Poésie lyrique des Indiens» (1852), «Légende indienne sur la vie future» (1852), «Études sur Ninive, Persépolis, et la mythologie de l'Edda» (1855), «Poésie héroïque des Indiens, comparée à l'épopée grecque et romaine» (Par. 1860), «Grammaire générale indo-européenne» (edd. 1867) u. a.

Eichhorn, Nagetier, s. Eichhörnchen.

Eichhorn, Joh. Albr. Friedr., preuß. Staatsmann, geb. 2. März 1779 zu Wertheim, wo sein Vater Hofkammerrat bei den Reichsgrafen von Löwenstein-Wertheim war, studierte 1796—99 in Göttingen die Rechte und kam 1806 als Assessor an das Kammergericht in Berlin. Er wurde 1810 Kammergerichtsrat und 1811 Syndikus bei der neuerrichteten Universität zu Berlin. Nach dem Aufrufe des Königs zur Volksbewaffnung 1813 widmete E. im Ausschusse für Organisation der Landwehr dieser Sache seine ganze Thätigkeit und folgte im Herbst desselben Jahres der schles. Armee bis zur Einnahme von Leipzig. Hier trat er in die unter dem Minister von Stein stehende Centralverwaltung der von den verbündeten Mächten eroberten Gebiete. Die Wirksamkeit derselben stellte er in einer ohne seinen Namen erschienenen Schrift: «Die Centralverwaltung der Verbündeten unter dem Freiherrn von Stein» (Deutschland 1814), dar. Während des Wiener Kongresses schrieb er (ebenfalls anonym) die Flugschrift: «An die Widersacher der Vereinigung Sachsens mit Preußen» (Frankf. u. Lpz. 1815). 1815 berief ihn der Staatskanzler Fürst von Hardenberg zur Unterstützung des Staatsministers von Altenstein in der Verwaltung der besetzten franz. Provinzen. Besondere Verdienste erwarb sich E. bei der Wiedergewinnung der von den Franzosen weggeführten Kunst- und wissenschaftlichen Schätze. Er kam dann als Geh. Legationsrat in das Ministerium der auswärtigen Angelegenheiten, bald darauf auch als vortragender Rat in das Staatskanzleramt und wurde bei Errichtung des Staatsrats 1817 Mitglied desselben. 1831 wurde er Direktor der zweiten Abteilung des Ministeriums des Äußern. Während dieser Zeit bearbeitete E. vor allem die deutschen Angelegenheiten, trat in den Kommissionsverhandlungen über die Verfassungsfrage für Errichtung von Reichsständen ein und erwarb sich durch seine Wirksamkeit für die Entwicklung des Zollvereins große Verdienste. Im Okt. 1840 zum Kultusminister ernannt, richtete er seine Bestrebungen gegen die freiern kirchlichen Tendenzen sowie auf Erhaltung der kirchlichen Lehr- und Glaubensnormen, und trug dadurch viel dazu bei, die Spannung und Gereiztheit jener Zeit auf geistigem Gebiete zu steigern. Bei Ausbruch der polit. Stürme von 1848 trat E. 19. März mit dem ganzen Ministerium zurück, hielt sich seitdem, mit Ausnahme des Parlaments zu Erfurt, in dessen Staatenhaus er saß, vom öffentlichen Leben fern und starb 16. Jan. 1856 zu Berlin.

Eichhorn, Joh. Gottfried, prot. Theolog und Orientalist, geb. 16. Okt. 1752 zu Dörrenzimmern im Hohenloheschen, studierte in Göttingen, wurde 1774 Rektor zu Ohrdruf bei Gotha, 1775 Professor der orient. Sprachen zu Jena, 1788 zu Göttingen, wo er seit 1813 Mitdirektor der königl. Societät der Wissenschaften war und 27. Juni 1827 starb. E.s erste Schriften waren: «Geschichte des ostind. Handels vor Mohammed» (Gotha 1775), «Monumenta antiquissima historiae Arabum» (edd. 1775) und «De rei numariae apud Arabes initiis» (Jena 1776). Seine «Histor.-kritische Einleitung in das Alte Testament» (5 Bde., 4. Aufl., Gött. 1824) und «Histor.-kritische Einleitung in das Neue Testament» (5 Bde., 2. Aufl., Lpz. 1820—27) sind das erste Beispiel einer rein litterarhistorischen, auf die Kenntnis des biblischen Altertums und der morgenländ. Denkweise gegründeten Behandlung der biblischen Schriften. (S. Evangelien und Evangelienkritik.) Ferner veröffentlichte er «Urgeschichte» (eine kritische Prüfung der mosaischen Urkunde, 2 Bde., Nürnb. 1790—93), «Einleitung in die apokryphischen Bücher des Alten Testaments» (Gött. 1795), «Commentarius in apocalypsin Joannis» (2 Bde., edd. 1791), «Die hebr. Propheten» (3 Bde., edd. 1816—19) und gab das «Repertorium für biblische und morgenländ. Litteratur» (18 Bde., Lpz. 1777—86) und die «Allgemeine Bibliothek der biblischen Litteratur» (10 Bde., edd. 1787—1803) heraus. Er entwarf den Plan zur Herausgabe einer Geschichte der Künste und Wissenschaften seit der Wiederherstellung derselben bis zu Ende des 18. Jahrh. und schrieb dazu eine unvollendet gebliebene «Allgemeine Geschichte der Kultur und Litteratur des neuern Europa» (2 Bde., Gött. 1796—99), gab aber später die Leitung dieses Unternehmens ab. Ferner gehören hierher die «Litterargeschichte» (Bd. 1, Gött. 1799; 2. Aufl. 1813; Bd. 2, 1814), die unvollendet gebliebene «Geschichte der Litteratur von ihrem Ursprung bis auf die neuesten Zeiten» (6 Bde., edd. 1805—12; Bd. 1, 2. Aufl. 1828), «Übersicht der Französischen Revolution» (2 Bde., edd. 1797), «Weltgeschichte» (3. Aufl., 5 Bde., edd. 1818—20), die zur Förderung des Quellenstudiums geschriebenen «Antiqua historia ex ipsis veterum scriptorum Latinorum narrationibus contexta» (2 Bde., edd. 1811—13) und «Antiqua historia ex ipsis veterum scriptorum Graecorum narrationibus contexta» (4 Bde., Lpz. 1811—13), «Geschichte der drei letzten Jahrhunderte» (3. Aufl., 6 Bde., Hannov. 1817—18) sowie die «Urgeschichte des erlauchten Hauses der Welfen» (edd. 1817). Seit 1812 leitete E. auch die Herausgabe der «Göttinger gelehrten Anzeigen».

Eichhorn, Karl Friedr., Rechtsgelehrter, Sohn des vorigen, geb. 20. Nov. 1781 zu Jena, studierte in Göttingen, wo er auch einige Jahre Privatdocent war. 1801 bis 1803 hielt er sich in Wetzlar, Regensburg und Wien auf, wurde 1804 Mitglied des Spruchkollegiums in Göttingen, 1805 ord. Professor der Rechte zu Frankfurt a. O., 1811 zu Berlin. 1813 folgte er dem Rufe zu den Waffen und lehrte nach seiner Rückkehr aus dem Felde 1814 wieder in Berlin, bis er 1817 einem Rufe nach Göttingen folgte, wo er deutsches Recht, Kirchenrecht, Staatsrecht und deutsche Geschichte vortrug. 1828 zog er sich auf seine Besitzung bei Tübingen zurück. 1832 nach Schmalz' Tode nahm E. wieder einen Ruf als Professor nach Berlin an; gleichzeitig wurde er auch im Ministerium der auswärtigen Angelegenheiten beschäftigt und in die Akademie der Wissenschaften aufgenommen. Seine Professur legte er schon nach 2 Jahren nieder. Im Staatsdienste aber wurde er hierauf zum Geh. Obertribunalsrat, 1838 zum Mitglied des Staatsrats, 1842 zum Mitglied der Gesetzkommission, 1843 zum Geh. Oberjustizrat befördert; 1838—41 und 1844—46 war er Spruchmann beim Deutschen Bundesschiedsgericht und 1843—44 Mitglied des Obercensurgerichts. 1847 nahm er seinen Abschied und starb 4. Juli 1854 zu Köln. Die Geschichte Deutschlands in besonderer Beziehung auf Ausbildung der Staatsverfassung und der volkstümlichen Rechte und Gesetze war früh der Gegenstand seiner Forschungen, als deren Ergebnis seine «Deutsche Staats- und Rechtsgeschichte» (4 Bde., Gött. 1808—23; 5. Aufl. 1843—45) erschien. Mit diesem Werk, das in der Gesamtauffassung der deutschen Rechtsentwicklung noch nicht übertroffen ist, wurde E. der Begründer der histor. Schule auf dem Gebiet des deutschen Rechts. Gemeinschaftlich mit Savigny und Göschen begründete E. 1815 die «Zeitschrift für geschichtliche Rechtswissenschaft». Außerdem sind zu erwähnen seine «Einleitung in das deutsche Privatrecht mit Einschluß des Lehenrechts» (5. Aufl., Gött. 1845) und die «Grundsätze des Kirchenrechts der kath. und evang. Religionsparteien in Deutschland» (2 Bde., ebd. 1831—33). Auch von seinen kleinern Schriften sind die meisten von wissenschaftlicher Bedeutung. Vgl. Siegel, Zur Erinnerung an K. F. E. (Wien 1881); Frensdorff, K. F. E. (Gött. 1881); Schulte, K. F. E. Sein Leben und Wirken (Stuttg. 1884).

Eichhornaffen, s. Krallenäffchen.

Eichhörnchen, Eichhorn oder Eichkätzchen (Sciurinae), eine ungefähr 60 Arten zählende und über die ganze Welt mit Ausnahme der austral. Region verbreitete Unterfamilie von Nagetieren, welche man der Familie der Hörnchen (Sciuridae) zuzählt, in welcher außer den Eichhörnchen auch noch die Murmeltiere und Ziesel Platz finden. Wie alle mit Schlüsselbeinen versehenen Nager haben die Hörnchen eine große Beweglichkeit der Vorderpfoten, mit welchen sie die Nahrung zum Munde führen, sie beim Benagen halten u. s. w. Die vorn vierzehigen, zuweilen mit einem rudimentären Daumen versehenen, hinten fünfzehigen Pfoten sind stets mit starken, scharfen und krummen Krallen bewaffnet. Im Oberkiefer stehen je fünf, im Unterkiefer je vier Backzähne, deren schiefe Kronen flache Querwülste tragen.

Die Gruppe der E. wird von drei Gattungen gebildet, den eigentlichen E. (Sciurus), den Flug- oder Flatterhörnchen (Pteromys) und den Erdhörnchen (Tamias). Erstere sind die zahlreichsten; sie haben gestreckten Leib, meist langen, buschigen, oft zweizeilig behaarten Schwanz, häufig einen kleinen Nagel an dem rudimentären Vorderdaumen und meist lebhafte Farben des Pelzes, der je nach dem Wohnorte und der Jahreszeit sehr wechselt. Bei den nordischen Arten ist der Pelz sehr weich, dicht, wollig, im Winter mehr grau; bei den tropischen Arten ist er sparsam und wird borstig, ja selbst stachlig. Die E., deren typische Art das gemeine E. (Sciurus vulgaris *L.*, s. Tafel: Nagetiere II, Fig. 4) ist, haben steife Haarpinsel an den Ohren. Alle sind flüchtige Waldbewohner, welche mit der größten Geschicklichkeit klettern und von Ast zu Ast springen, im Norden und den gemäßigten Gegenden sich kugelige Nester auf den Bäumen oder in den Höhlungen derselben selbst bauen oder verlassene größere Vogelnester sich aneignen, gegen Kälte und Nässe sehr empfindlich sind und sich von Sämereien aller Art, Nüssen und Früchten, aber auch von kleinen Vögeln und Eiern nähren. Unser gemeines E. ist fuchsrot, am Bauche weißlich; es giebt eine schwarze, mehr im Gebirge und im Osten lebende Varietät. Es ist über ganz Europa und Sibirien innerhalb der Baumregion verbreitet, wird im Norden im Winter grau und liefert das Grauwerk und Feh der Kürschner. Es ergötzt durch schöne Gestalt und Bewegungen, wird aber nie eigentlich zahm und anhänglich, bleibt bissig und eigensinnig und zeigt nur sehr untergeordnete Geistesgaben. In Sibirien vereinigt es sich im Winter in großen Scharen, sodaß von dort mehrere Millionen Felle jährlich in den Handel gebracht werden. Es ist in jeder Beziehung, durch Benagen der Triebe im Frühjahr, das Zerstören der Nester und der Samen ein sehr schädliches Waldtier. In Nordamerika vereinigen sich mehrere Arten (Sciurus niger *L.*, cinereus *L.*) zuweilen in so ungeheuern Schwärmen, daß sie zur Landplage werden. Während unser E. höchstens 24 cm Körperlänge erreicht, werden einige ind. Arten (Sciurus indicus *Erxl.*, bicolor *Sparrm.*) bis zu 45 cm lang, und andererseits erreicht eine auf Borneo und Sumatra lebende Art (Sciurus exilis *Müller*) nicht ganz 8 cm Länge.

Die Flughörnchen (Pteromys) unterscheiden sich dadurch, daß wie bei den Pelzflatterern und Flugbeutlern eine behaarte Flughaut zwischen den Beinen und dem Leibe ausgespannt ist, die als Fallschirm dient, sodaß sie sehr große schiefe Sprünge ausführen können. Es sind nächtliche Tiere. Im Nordosten Europas, in Sibirien und Nordamerika leben kleinere Arten (Pteromys volans *Keyserling et Blas.*, volucella *Desmarest*), die einen kurzen Winterschlaf halten, in Ostindien und den Sunda-Inseln größere, die sog. Taguans (Pteromys petaurista *Cuv.*, nitidus *Desmarest*, s. Tafel: Nagetiere II, Fig. 5). — Die Erd- oder Backenhörnchen (Tamias) bilden den Übergang zu den Zieseln durch den Besitz von Backentaschen. Sie leben in Sibirien und Nordamerika gesellig in selbstgegrabenen Bauen, sammeln Vorräte ein und halten Winterschlaf. Der Schwanz ist kurz, wenig behaart, die Ohren rund, ohne Pinsel, der Pelz mit Längsstreifen geziert. In der Gefangenschaft halten fast alle E. gut aus und machen auch keine besondern Ansprüche an das Futter. Hafer, Mais, Wurzeln und Brot genügt ihnen. Der Preis schwankt von 2 M. für das gemeine E. bis 100 M. für das große aus Indien stammende Königseichhorn (Sciurus indicus *Erxl.*).

Eichhorst, Hermann Ludwig, Arzt und Kliniker, geb. 3. März 1849 in Königsberg, studierte daselbst Medizin, wurde dann Assistent an der dortigen mediz. Klinik, später an der Frerichsschen Klinik zu Berlin, 1876 außerord. Professor an der Universität Jena, 1877 Direktor der mediz. Poliklinik in Göttingen und ist seit 1884 ord. Professor der speciellen Pathologie und Therapie und Direktor der mediz. Klinik in Zürich. Er schrieb: «Die progressive perniciöse Anämie» (Lpz. 1878), «Die trophischen Beziehungen des Nervus vagus zum Herzmuskel» (Berl. 1879), «Lehrbuch der physik. Untersuchungsmethoden innerer Krankheiten» (3. Aufl., 2 Bde., ebd. 1889), «Handbuch der speciellen Pathologie und Therapie» (4. Aufl., 4 Bde., Wien 1890 u. 1891).

Eichicht, Dorf im Landratsamt Rudolstadt des Fürstentums Schwarzburg-Rudolstadt, in schöner Gegend, am Einfluß der Loquitz in die Saale und an der Linie Gera-Probstzella der Preuß. Staatsbahnen, hat (1890) 470 E., Post, Telegraph, Holzhandel und Flößerei nach der untern Saale und ist Hauptversandplatz für die Schiefer von Wurzbach.

Eichkätzchen, Nagetier, s. Eichhörnchen.

Eichler, Aug. Wilh., Botaniker, geb. 22. April 1839 zu Neukirchen in Kurhessen, studierte in Marburg und promovierte daselbst 1861 mit der Dissertation «Zur Entwickelungsgeschichte des Blattes, mit besonderer Berücksichtigung der Nebenblattbildungen». Nach einjähriger Beschäftigung als Probekandidat am Gymnasium zu Marburg ging E. im Herbst 1861 als Privatassistent des Botanikers von Martius nach München, um besonders bei Herausgabe des Werkes «Flora brasiliensis» (Lpz. 1840 fg.) Hilfe zu leisten. 1865 habilitierte er sich an der dortigen Universität und übernahm nach von Martius' Tode die alleinige Herausgabe der «Flora brasiliensis». 1871 wurde er als ord. Professor der Botanik und Direktor des Botanischen Gartens nach Graz berufen, 1873 in gleicher Eigenschaft an die Universität Kiel und 1878 nach Berlin zugleich als Direktor des Botanischen Museums. 1880 wurde er auch Mitglied der Akademie der Wissenschaften zu Berlin und starb am 2. März 1887 in Berlin. Aus seiner litterar. Thätigkeit sind hervorzuheben zahlreiche Monographien einzelner Pflanzenfamilien in der «Flora brasiliensis», die Monographie der Balanophoreen in De Candolles «Prodromus», Bd. XVII (Par. 1874), «Blütendiagramme» (2 Bde., Lpz. 1874—78), «Syllabus der Vorlesungen für specielle und medizinisch-pharmaceutische Botanik» (4. Aufl., Berl. 1886). Seit 1881 gab E. das «Jahrbuch des königlich botan. Gartens und des botan. Museums zu Berlin» heraus.

Eichmaß, s. Aichmaß.

Eichpilz, s. Polyporus.

Eichrodt, Ludw., humoristischer Dichter, geb. 2. Febr. 1827 zu Durlach, studierte seit 1844 in Heidelberg und Freiburg Jurisprudenz und Humaniora und hielt sich dann zu weiterer Ausbildung in Karlsruhe, Frankfurt a. M. und München auf. 1848 veröffentlichte er in den «Fliegenden Blättern» den humoristischen Liedercyclus «Wanderlust», der allenthalben Anklang fand, schrieb dann die humoristisch-satir. Zeitschrift «Satyr» in Frankfurt (1848), trat 1851 in den jurist. Staatsdienst (Karlsruhe, Stockach, Baden), lebte 1864—71 in Bühl bei Baden-Baden als Amtsrichter, seit 1871 als Oberamtsrichter in Lahr, wo er 2. Febr. 1892 starb. E., dessen besondere Stärke die Parodie ist, während seine ernsten Schöpfungen unerheblich sind, veröffentlichte 1853 unter dem Pseudonym Rudolf Rodt «Gedichte in allerlei Humoren» (Stuttgart; 3. Aufl. u. d. T. «Lyrische Karikaturen», Lahr 1869); es folgten «Schneiderbüchlein» (anonym mit H. Goll, Stuttg. 1853), 1856 eine Gedichtsammlung «Leben und Liebe» (Frankf. a. M.), 1859 das dramat. Gedicht «Die Pfalzgrafen oder eine Nacht auf den Heidelberger Gassen» (Lahr), 1865 das «Deutsche Knabenbuch», illustriert von A. Schrödter und Camphausen, und das dramat. Gedicht «Alboin» (Bühl), ferner «Rheinschwäbische Gedichte in mittelbadischer Sprachweise» (Karlsr. 1869; 2. Aufl. 1873), «Lyrischer Kehraus» (2 Bdchn., Lahr 1869, darin «Biedermaiers Liederlust», die zuerst in den «Fliegenden Blättern» abgedruckt war; 2. Aufl. 1870), 1875 «Melodien» (Stuttgart), 1877—79 «Hortus deliciarum» (Lahr, mit Illustrationen); endlich redigierte er das in vielen Auflagen verbreitete Lahrer «Allgemeine Deutsche Commersbuch». Eine reiche Fülle ernster und heiterer Poesie brachten noch 1890 E.s «Gesammelte Dichtungen» (2 Bde., Stuttgart), darin «Juvivallera» (Cyklus moderner Studentenlieder).

Eichsfeld, der nordwestlichste Ausläufer des Thüringischen Terrassenlandes (s. d.), die Gegend der obern Unstrut und Leine, erhebt sich zwischen der Rhume im NW. und dem Thale der Werra im W. und SW. als eine einförmige Hochfläche von 400 bis 450 m mittlerer Höhe. Das E. fällt im NO. zur Wipper schroff, im SW. zur Werra sanfter ab und wird durch die in entgegengesetzter Richtung (O. und W.) laufenden Thäler der Wipper und Leine in zwei Teile geteilt. Südlich liegt das Obere E., fast zwei Drittel des Ganzen, mit der Hauptstadt Heiligenstadt, ein fast durchweg rauhes und ödes Land, eine Muschelkalkplatte, die mit ihren Bäulen weißlich-grauen Kalkgesteins nur eine sehr dünne, kümmerliche Bodenkrume enthält. Ihre Höhe nimmt gegen die Werra hin zu und erreicht in der Goburg 568 m. Nur die Sohlen einiger Thäler und muldenförmiger Vertiefungen («Kessel») sowie die Abhänge und Terrassen zwischen den bewaldeten Berghöhen haben ergiebigern Boden. Da der Kornertrag für die Bewohner nicht ausreicht, so wandern die Eichsfelder in Scharen aus, um in der Fremde als Fabrik- und Feldarbeiter ihr Brot zu verdienen. — Das Untere E. ist ebener, wärmer und hat auf seinen von Hügeln, Wäldern, Wiesen und Gewässern durchzogenen Flächen einen ergiebigen, in den nördl. Strichen mit Buntsandstein und Kalk gemischten Lehmboden. Hier werden Feldfrüchte, Flachs und Tabak reichlich erzeugt, und die Umgegend von Duderstadt heißt wegen ihres trefflichen Anbaues die Goldene Mark. An das Untere E. schließt sich im N. von Worbis das Ohmgebirge an (Wilde Kirche 522 m). Südöstlich davon sind die Bleicheroder Berge, die mit dem Duen das Eichsfelder Thor an der Wipper zwischen Sollstedt und Obergebra bilden.

Das E. begriff zur Zeit der deutschen Gauverfassung das eigentliche E., von Mühlhausen bis Heiligenstadt sich erstreckend, den Westgau, am rechten Ufer der Unstrut, zwischen Langensalza und Mühlhausen, die Germarmark an der Werra und das Onefeld östlich von Heiligenstadt, welche vier obereichsfeldische Gaue von Thüringern und hin und wieder von Wenden bewohnt waren, während das sog. Unter-Eichsfeld oder die Duderstädter Mark und den Lisgau Sachsen innehatten. Nachdem das Land in der Zeit Heinrichs des Löwen schwer heimgesucht worden, trat 1236 das Stift Quedlinburg die Mark Duderstadt an die thüring. Landgrafen ab, nach deren baldigem Absterben dieselbe dann an das braunschw. Haus kam. Das eigentliche E. kaufte 1292 der Erzbischof von Mainz den Grafen von Gleichen ab, infolgedessen der Name E., als vorzugsweise auf dem mainzischen Territorium ruhend, seine spätere polit. Bedeutung erhielt.

Der das kurmainzische Fürstentum E. bildende Güterkomplex umfaßte 1100 qkm mit den Städten Heiligenstadt, Duderstadt und Worbis, den drei

Flecken Gieboldehausen, Dingelstädt und Liudan und 150 Dörfern mit (1791) 74000 E. Infolge des Lunéviller Friedens nahm Preußen 1802 das kurmainzische E. nebst der Reichsstadt Mühlhausen in Besitz; aber schon 1807 wurde das Laud dem Königreiche Westfalen einverleibt, 1813 von Preußen wieder erobert und, nachdem 1815 zufolge des Wiener Traktats die Distrikte Duderstadt, Gieboldehausen und Lindau an Hannover abgetreten worden, auf die drei zum Reg.-Bez. Erfurt gehörigen Kreise Heiligenstadt, Worbis und Mühlhausen verteilt. — Vgl. J. Wolf, Polit. Geschichte des E. (2 Bde., Gött. 1792—93); Wersebe, Beschreibung der Gaue zwischen Elbe, Saale, Unstrut, Weser und Werra (Hannov. 1829); Duval, Das E. oder histor.-romantische Beschreibung aller Städte, Burgen, Schlösser, Klöster u. s. w. des E. (Sondersh. 1845); C. Werner, Das E. (Heiligenstadt 1886).

Eichstädt, Bezirksamt und Stadt, s. Eichstätt.

Eichstädt, Heinr. Karl Abraham, Philolog, geb. 8. Aug. 1772 zu Oschatz, studierte in Leipzig, habilitierte sich dort 1793, wurde 1795 zum außerord. Professor der Philosophie ernannt und ging 1797 nach Jena, wo er an der Redaktion der «Allgemeinen Litteraturzeitung» teilnahm. Nach 2 Jahren wurde er daselbst Direktor der Lateinischen Gesellschaft, 1803 ord. Professor der Beredsamkeit und Dichtkunst. Noch in demselben Jahre begann er die neue «Jenaische allgemeine Litteraturzeitung» herauszugeben, erhielt 1804 die Stelle eines Oberbibliothekars bei der Universität und starb 4. März 1848. E.s Hauptschriften sind kritische Abhandlungen und Untersuchungen, z. B. über Theokrit, Tibull, Horaz, Phädrus u. s. w., er hat ferner (freilich unvollständige) Ausgaben des Diodorus Siculus (2 Bde., Halle 1800) und des Lucrez (Lpz. 1801) und eine Übersetzung von Mitfords «Geschichte Griechenlands» (6 Bde., ebd. 1802—8) geliefert. E. hat sich den Ruf eines der besten lat. Stilisten erworben. Als Meister der Form zeigt er sich namentlich in mehrern Gedächtnisschriften auf Zeitgenossen, z. B. «Oratio Goethii memoriae dicata» (Jena 1832). Eine von E. begonnene Sammlung seiner «Opuscula oratoria» (ebd. 1848—49; 2. Aufl. 1850) wurde von Weißenborn beendigt. Vgl. Goethes Briefe an E. (hg. von W. Freiherrn von Biedermann, Berl. 1872).

Eichstädter Alb, s. Fränkischer Jura.

Eichstätt (Eichstädt). 1) **Bezirksamt** im bayr. Reg.-Bez. Mittelfranken, hat (1890) 23521 (11572 männl., 11949 weibl.) E. in 76 Gemeinden mit 161 Ortschaften. — 2) E., ursprünglich Eistet, **unmittelbare Stadt** und Hauptort des Bezirksamtes E., von 1805 bis 1817 Hauptstadt des Altmühl- und Ober-Donau-Kreises, 26 km im NW. von Ingolstadt, in 388 m Höhe an der Altmühl, in einem tiefen Thale, mit dem Bahnhof E. der Linie München-Ingolstadt-Gunzenhausen der Bayr. Staatsbahnen durch Nebenbahn (5,2 km) verbunden, altertümlich gebaut, ist Sitz eines Bezirksamtes, Landgerichts (Oberlandesgericht Augsburg) mit 9 Amtsgerichten (Beilngries, E., Ellingen, Greding, Ingolstadt, Kipfenberg, Monheim, Pappenheim, Weißenburg), eines Amtsgerichts, Rent-, Bau- und Forstamtes, einer Brandversicherungsinspektion sowie des Bistums E. (s. unten) und hat (1890) 7546 (3811

männl., 3735 weibl.) E., darunter 755 Evangelische und 45 Israeliten, 1633 Haushaltungen, in Garnison (521 Mann) das 3. Bataillon des 19. Infanterieregiments, Post, Telegraph, ein bischöfl. Lyceum (Rektor Dr. Schneid), eine königl. Studienanstalt, bestehend aus Gymnasium und Lateinschule, früher isolierte Lateinschule, 1839 zum Gymnasium erweitert (Rektor Dr. Orterer, 18 Lehrer, 9 Klassen, 283 Schüler, einschließlich 90 Zöglinge des bischöfl. Knabenseminars), königl. Realschule, königl. Lehrerbildungsanstalt mit Internat, ein Priesterseminar, eine weibliche Erziehungsanstalt der Englischen Fräulein, Kapuziner- und Benediktinerinnenkloster; städtisches Theater, ein ansehnliches städtisches und ein Distriktskrankenhaus, ein Bürgerspital zum Heiligen Geist und die Dom-Augusto-Stiftung, 1835 von Herzog August von Leuchtenberg zur Beschäftigung der Armen gestiftet, ferner ein Waisenhaus, Rettungshaus, Gasbeleuchtung und Wasserleitung.

Erwähnenswerte Gebäude sind: der Dom, 1042 begonnen, mit roman. Türmen, dem Wilibaldschor im Übergangsstil, einem got. Schiff und Ostchor (1365—96), schönen Glasgemälden, Wandmalereien (1880—92 restauriert) und dem Grabe des heil. Wilibald; daran angrenzend das Land- und Amtsgerichtsgebäude, seit 1730 Sitz der ehemaligen Fürstbischöfe, von 1817 bis 1855 der Herzöge von Leuchtenberg, die evang. Kirche (1886), Schutzengel- (früher Jesuiten-) kirche (1640), Kapuzinerklosterkirche (1625) mit Nachbildung des heiligen Grabes (1889 restauriert), die Walpurgiskirche mit den Brustgebeinen der heil. Walpurgis, unter welchen zu gewissen Zeiten das für wunderthätig gehaltene Walpurgisöl herabträufelt, das 1444 erbaute Rathaus und das seit 1872 als Kaserne benutzte Sommerschloß (1735) der ehemaligen Fürstbischöfe, worin sich das ausgezeichnete Leuchtenbergsche Naturalienkabinett befand, welches 1858 den Staatssammlungen in München einverleibt wurde. Hinter der Hofgartenkaserne befindet sich der seit 1872 der Stadt gehörige Lust- (Hof-) garten mit Pavillons und Springbrunnen, auf dem Residenzplatze der Marienbrunnen (1777), dessen Säule (19 m) eine $2^1/_2$ m hohe vergoldete Madonna trägt, auf dem Marktplatze der Wilibaldsbrunnen (1695) mit dem Bronzestandbild des Heiligen.

In den schönen Anlagen, 1 km von der Stadt, die Denkmäler der drei Herzöge von Leuchtenberg. In den nahen Schieferbrüchen werden wertvolle Versteinerungen von Eidechsen, Schildkröten, Krebsen u. s. w. gefunden. Nahe der Stadt die umfangreiche Feste Wilibaldsburg mit reizender Aussicht in die beiden Flußthäler und einem durch Felsen gesprengten Brunnen (90 m), in der Mitte des 14. Jahrh. von dem Fürstbischofe Friedrich aus dem Hause der Burggrafen von Nürnberg erweitert, war bis 1730 Residenz der Bischöfe. Den einst berühmten botan. Garten (hortus Eystettensis) zerstörten die Schweden bei Einnahme der Burg 11. Mai 1633. Später wurde das Schloß Reichsfeste, als welche es noch 1796 gegen die Franzosen verteidigt wurde. Nach der Säkularisation 1806 wurde das Hauptschloß veräußert, unter König Ludwig I. 1828 aber zurückgekauft und diente dann als Kaserne und Militärspital. Jetzt steht es verlassen und verfällt.

Stadt und Bistum E. verdanken ihren Ursprung dem heil. Bonifatius, der den Angelsachsen Wilibald auf dem ihm von den nordgauischen Grafen Suitger überlassenen Landgebiete 745 als Bischof einsetzte. Durch die Wallfahrten zu den 870 hierher gebrachten Gebeinen der heil. Walpurgis und zum Grabe des heil. Wilibald hob sich der neue Bischofssitz und erhielt schon 908 Stadtrecht, Zoll-, Münz- und Marktrecht. Im Dreißigjährigen Kriege wurde E. 1632 von Gustav Adolf, 1634 vom Landgrafen Johann von Hessen gebrandschatzt, ebenso später (1703, 1800, 1805) von den Franzosen.

Das Bistum E. hatte 1305 bei dem Aussterben der Grafen von Hirschberg dereu ausgedehnte Besitzungen geerbt und sich nach und nach zu einem der reichsten Hochstifte Deutschlands emporgeschwungen. Es umfaßte 1785 ein Gebiet von 1100 qkm mit 57000 E. in 8 Städtchen, 14 Marktflecken, 200 Dörfern u. s. w., hatte 250000 Fl. Einkünfte und wurde 1802 säkularisiert und der Krone Bayern eingeräumt, kam jedoch noch in demselben Jahre an den Großherzog Ferdinand von Toscana, der es 1805 wieder an Bayern abtrat. 1817 ward die Stadt mit einem Teile des Fürstentums als freie Standesherrschaft an Eugen Beauharnais überwiesen, der davon als Schwiegersohn des Königs von Bayern den Titel eines Fürsten von E. und von der Landgrafschaft Leuchtenberg (s. d.) den Namen Herzog von Leuchtenberg erhielt. Doch verkaufte das Haus Leuchtenberg 1855 das Fürstentum an Bayern. Das Bistum, welches zur Kirchenprovinz Bamberg gehört und dem Erzbistum Bamberg untergeordnet ist, wurde gemäß dem 1817 zwischen Bayern und dem Papste abgeschlossenen Konkordat und der Cirkumskriptionsbulle von 1821 neu errichtet. Es hat 204 Pfarreien und Pfarrkuratien, 368 Welt- und 26 Ordenspriester, 2 Diöcesananstalten und 17 Dekanate. Vgl. Lefflad, Regesten der Bischöfe von E. (2 Bde., Eichstätt 1871—74); Sax, Die Bischöfe und Reichsfürsten von E. 745—1806 (2 Bde., Landshut 1884—85).

Eichstätt, Herzog von, s. Leuchtenberg.

Eichthal, Gustave d', franz. Schriftsteller, geb. 22. März 1804 zu Nancy, aus einer israel. Bankierfamilie, schloß sich mit Eifer dem Saint-Simonismus (s. d.) an und begann als Publizist seine Laufbahn mit Artikeln im «Globe» und «Organisateur». Nach Auflösung der Sekte begab sich E. nach Griechenland, lehrte jedoch bald nach Paris zurück, wo er «Lettres sur la race noire et la race blanche» (mit J. Urbain, 1839) und verschiedene Abhandlungen über die Menschenrassen in den «Mémoires» der von ihm mitbegründeten Société ethnologique veröffentlichte. In seinem Hauptwerk «Examen critique et comparatif des trois premiers évangiles» (2 Bde., Par. 1863) sucht er den Nachweis zu bringen, daß das Christentum eine Weiterentwicklung des Judentums unter Einwirkung der griech. und röm. Bildung sei. Denselben Gedanken behandelt er in «Les trois grands peuples méditerranéens et le christianisme» (Par. 1864). Spätere Arbeiten sind: «La sortie d'Égypte d'après les récits combinés du Pentateuque et de Manéthon» (edd. 1873), «Mémoire sur le texte primitif du premier récit de la création» (1875), «Socrate et notre temps» (1881). Er starb 9. April 1886 in Paris. Vgl. Bernes, G. d'E. et ses travaux (Par. 1887).

Eichw. hinter den wissenschaftlichen Bezeichnungen von Organismen bedeutet Karl Eduard Eichwald (s. d.).

Eichwald, Dorf und klimatischer Kurort in der österr. Bezirkshauptmannschaft und dem Gerichtsbezirk Teplitz, 7 km im NW. von Teplitz, in 364 m Höhe, am Fuße des Erzgebirges und an der Linie Moldau-Brüx-Prag der Österr. Staatsbahnen, inmitten herrlicher Waldungen, hat (1890) 2804 deutsche E., Post, Telegraph, eine Kaltwasserheilanstalt, schöne Villen und Hotels sowie Fabrikation von Tafelglas, Metallflaschenkapseln, Stanniol-, Porzellan- und Siderolithwaren.

Eichwald, Eduard Georg, russ. Mediziner, Sohn des folgenden, geb. 12. April (31. März) 1838 in Wilna, studierte an der Medizinisch-Chirurgischen Akademie zu Petersburg, war 1865—73 Leibarzt der Großfürstin Helena Pawlowna, wurde 1866 Professor der mediz. Diagnostik und allgemeinen Therapie an der Medizinisch-Chirurgischen Akademie, 1883 ord. Professor der mediz. Klinik in Petersburg und starb 14. (2.) Nov. 1889. Mit dem ihm von der Großfürstin Helene hinterlassenen Gelde stiftete er das «Klinische Institut der Großfürstin Helene» (21. Mai 1885 eröffnet), dessen Leitung er auch übernahm. Er schrieb: «Über das Wesen der Stenokardie» (in der «Würzburger mediz. Zeitschrift», 1863), «Die Kolloidentartung der Eierstöcke» (edd. 1864), «Über das Mucin» (in «Liebigs Annalen der Chemie», 1864), «Beiträge zur Chemie der gewebbildenden Substanzen» (Berl. 1873), «Allgemeine Therapie» (russisch, 5. Aufl., Petersb. 1892, hg. von G. Schapiro) u. a.

Eichwald, Karl Eduard, russ. Naturforscher, geb. 15. (4.) Juli 1795 in Mitau, studierte in Berlin Naturwissenschaften und Medizin, ward Professor der vergleichenden Anatomie und Geburtshilfe 1823 in Kasan, 1827 in Wilna, 1837 an der Medizinisch-Chirurgischen Akademie in Petersburg, sowie zugleich Professor der Paläontologie am Berginstitut daselbst. Dazwischen machte er Reisen: 1825 an das Kaspische Meer, in den Kaukasus bis nach Persien; 1829 in die westl. und südwestl. Provinzen Rußlands bis zum Schwarzen Meer; 1837 nach Nowgorod, Livland und Esthland; 1846 bereiste er zu geolog. Zwecken die Eifel, Tirol, Italien, Sicilien und Algier. 1851 trat er in den Ruhestand und starb 10. Nov. 1876 in Petersburg. E. hat sich um die geognost., zoolog. und besonders paläontolog. Erforschung Rußlands seit Pallas die größten Verdienste erworben. Seine Hauptwerke sind: «Zoologia specialis» (3 Bde., Wilna 1829—31), «Reise auf dem Kaspischen Meere und in den Kaukasus» (Bd. 1, 2 Tle., Stuttg. 1834—37; Bd. 2 auch u. d. T. «Alte Geographie des Kaspischen Meeres, des Kaukasus und südl. Rußlands», Berl. 1838), «Lethaea Rossica ou Paléontologie de la Russie» (3 Bde., Stuttg. 1853—69), «Die Urwelt Rußlands» (4 Lfgn., Petersb. 1840—47).

Eicocon, s. Cocon.

Eid oder Eidschwur (lat. jusjurandum, sacramentum), die Abgabe einer feierlichen Erklärung unter Anrufung Gottes des Allmächtigen und Allwissenden. In dieser religiösen Beziehung liegt die Bedeutung des E. als höchsten menschlichen Beteuerungsmittels. Die zu bestärkende Erklärung kann entweder das Versprechen, etwas thun oder lassen zu wollen (promissorischer E.), oder die Versicherung, etwas gethan oder gelassen zu haben (assertorischer E.), sein. Beide Eidesarten finden im Rechtsleben mannigfache Anwendung. Das öffentliche Recht sucht in einem promissorischen E. des Inhabers der Staatsgewalt und seiner Organe eine Garantie für gesetz- und pflichtmäßiges Haudeln. Darauf beruht der Verfassungseid der Fürsten, der Diensteid der Beamten, der Fahneneid des Militärs, der E. der Geschworenen, Schöffen, Dolmetscher, der Unterthanen- und Bürgereid.

Die mannigfaltigste Anwendung findet der E. aber im gerichtlichen oder in dem vor einer Verwaltungsbehörde anhängigen Verfahren. Es dient derselbe im Nachlaßverfahren, im Rechnungsprozeß, im Zwangsvollstreckungsverfahren und im Konkursprozeß als *Offenbarungseid* (s. d.) zur Sicherheit, daß der Gemeinschuldner, der Schuldner, der Besitzer von Erbschaftssachen, der Verwalter fremden Vermögens nichts hinter sich habe. Abweichend von andern E. ist der landesgesetzliche Offenbarungseid mit einem Versprechen verbunden, das etwa später Entdeckte anzuzeigen und bereit zu stellen. Die Civilprozeßordnung hat dies nicht mit aufgenommen. Hauptsächlich dient der E. zum Beweise. In dieser Beziehung wird er den Zeugen und Sachverständigen zur Gewissensschärfung für eine wahrheitsgetreue Aussage, bez. ein sachgemäßes Gutachten auferlegt (s. Zeugenbeweis und Sachverständigenbeweis). Im Civilprozeß kommt er besonders als *Parteieid* zur Aushilfe mangels anderer Beweismittel (Zeugen, Urkunden) zur Geltung. In solcher Gestalt kannten nach dem Vorgange des röm. Rechts bereits die frühern deutschen Prozeßrechte einen auf Parteiverfügung beruhenden (*Schiedseid*) und einen vom Richter auferlegten E. (*richterlichen E.*). Das in neuern Gesetzgebungen vorkommende Institut der eidlichen Vernehmung der Parteien ist nicht übernommen. Der *Parteieid* gilt nur der Bestärkung von Thatsachen. Eine gewisse Abweichung von dem Grundsatze, daß nur Thatsachen eidlich zu erhärten sind, stellt der *Schätzungseid* dar, zufolge dessen in Schaden- oder Interesseprozessen das Gericht dem Beweisführer die eidliche Schätzung des Schadens oder Interesses (s. d.) auferlegen kann. Der Beweis durch E. wird angetreten durch *Eideszuschiebung* (*Delation*). Diese ist zulässig nur über solche Thatsachen, welche in Handlungen des Gegners, seiner Rechtsvorgänger oder Vertreter bestehen oder Gegenstand der Wahrnehmung dieser Personen gewesen sind, vorausgesetzt zugleich, daß das Gegenteil vom Gericht nicht bereits für erwiesen erachtet wird, und nur einer Partei, nicht einem Dritten gegenüber. Die Eideszuschiebung bringt den Gegner in die Lage, sich zu erklären, ob er den E. annehme oder zurückschiebe (*Relation*), auch wenn er Einwendungen gegen die Zuschiebung vorbringt. Die Zurückschiebung ist hinsichtlich der Beschaffenheit der Eidesthatsachen und der Person des Relaten an dieselben Beschränkungen geknüpft, wie die Zuschiebung. Von diesen Schranken darf das Gericht jedoch absehen, sofern die Parteien in betreff des zu leistenden E. einig sind. In dieser Bestimmung tritt der Charakter des Parteieides als Schiedseides besonders hervor. Wenn der Delat keine Erklärung auf die Eideszuschiebung abgiebt oder den E. in Fällen, wo die Zurückschiebung unzulässig, zurückschiebt, so gilt der E. als verweigert. Der ausdrücklichen Annahme des zurückgeschobenen E. bedarf es nicht; dieselbe gilt gesetzlich als erfolgt. Entsprechend der Natur des Parteieides als äußersten Beweismittels sieht das Gesetz die Eideszuschiebung nur als subsidiäre und eventuelle Prozeßhandlung, und zwar zu Gunsten beider Parteien an. Deshalb wird durch die Zuschiebung, Annahme oder Zurückschiebung die Geltendmachung anderer Beweismittel seitens der Parteien nicht ausgeschlossen. Werden solche Beweismittel wirklich geltend gemacht, so gilt der E. als nur für den Fall ihrer Ergebnislosigkeit zugeschoben; der Delat hat erst nach ihrer Aufnahme oder sonstigen Erledigung sich zu erklären und darf die etwa vorher abgegebene Erklärung widerrufen. Die Zu- oder Zurückschiebung des E. an Personen, welche der Prozeßfähigkeit (s. d.) entbehren, hat an ihren gesetzlichen Vertreter zu geschehen und ist nur insoweit zulässig, als solche nach obigem dem Vertretenen oder dem Vertreter gegenüber, falls ersterer persönlich oder letzterer für sich den Prozeß führte, wirksam sein würde. Jedoch kann Minderjährigen über 16 Jahre und Verschwendern über deren eigene Handlungen oder Wahrnehmungen mit Zustimmung des Gerichts persönlich der E. zu- oder zurückgeschoben werden. Beim Beweise durch Urkunden wird die Behauptung einer Partei, daß eine vorzulegende Urkunde sich im Besitz des Gegners befinde, im Bestreitungsfalle durch einen E. des letztern dahin, daß er die Urkunde nicht besitze, solche nicht arglistig abhanden gebracht habe, auch nicht wisse, wo sie sich befinde, erledigt (s. Edition); der in frühern deutschen Prozeßrechten üblich gewesene besondere E. zur Feststellung der Echtheit von Privaturkunden (*Diffessionseid*, s. Diffession) ist in der Deutschen Civilprozeßordnung nicht beibehalten, wird hier vielmehr durch den über die Echtheit zugeschobenen E. gedeckt. Was den *richterlichen E.* anbetrifft, so darf das Gericht solchen einer Partei auferlegen, falls die mündliche Verhandlung und eine etwa veranlaßte Beweisaufnahme nicht völlig ergebnislos geblieben ist, das Ergebnis jedoch nicht ausreicht, um die richterliche Überzeugung von der Wahrheit oder Unwahrheit der Beweisthatsache zu begründen. Die Auferlegung kann jedoch nach freiem Ermessen des Gerichts an die eine oder die andere Partei sowie in betreff irgend einer streitigen Thatsache, sofern deren Feststellung nur für die Beweisthatsache von Erheblichkeit erscheint, erfolgen. Man nennt diesen E. gewöhnlich *Erfüllungseid*, wenn er dem Beweispflichtigen, *Reinigungseid*, wenn er dem Gegner auferlegt wird. Die vorgedachten Regeln über den Beweis durch E. haben auch für die Berufungsinstanz grundsätzliche Geltung. Dabei kann jedoch eine in erster Instanz verweigerte oder unterbliebene Erklärung über eine Eideszuschiebung nachgeholt werden; und die frühere Annahme oder Zurückschiebung des E. behält ihre Wirksamkeit ebenso, wie die frühere Leistung, Verweigerung oder Erlassung der Leistung, vorausgesetzt, daß die auf die Leistung gerichtete Anordnung vom Berufungsgericht für gerechtfertigt erachtet wird. — In denjenigen Verfahren, bei denen neben dem privaten das öffentliche Interesse konkurriert, d. h. in Ehe- und Entmündigungssachen, ist die Wirksamkeit des Parteieides erheblich eingeschränkt. Namentlich bleibt die Erlassung des E. wirkungslos, und die Eideszuschiebung ist in Ehesachen insoweit, als es sich um Thatsachen, welche gegen den Bestand der Ehe gerichtet sind, handelt, in Entmündigungssachen aber überhaupt ausgeschlossen. Vgl. Civilprozeßordn. §§. 410—439, 495, 577, 578, 611, 620, 624, 626.

Betreffs der Leistung des E. hat die Deutsche Civilprozeßordnung den in frühern Prozeßrechten zugelassenen Glaubenseid beseitigt und nur einen *Wahrheitseid* und einen *Überzeugungseid* eingeführt. Es ist nämlich über eigene Handlungen oder Wahrnehmungen des Schwurpflichtigen der E. regelmäßig dahin zu leisten, daß die bezügliche Thatsache wahr oder nicht wahr sei; nur wenn die Thatsache vom Gegner behauptet und dem Schwurpflichtigen nach den Umständen des Falles (z. B. wegen Länge der Zeit) die Beschwörung der Wahrheit oder Nichtwahrheit nicht zuzumuten ist, kann das Gericht die Leistung des E. dahin zulassen, daß man nach sorgfältiger Prüfung und Erkundigung die Überzeugung erlangt oder nicht erlangt habe, daß die Thatsache wahr sei. Die Anordnung einer Eidesleistung steht dem Gericht zu. Entsprechend der Natur des E. soll diese Anordnung grundsätzlich durch bedingtes Endurteil (s. d.) und die Eidesleistung selbst erst nach Eintritt der Rechtskraft des Urteils erfolgen. Nur in einigen Fällen darf die Anordnung in Gestalt eines Beweisbeschlusses oder bedingten Zwischenurteils (s. d.) getroffen werden. Die Leistung des E. oder dessen Erlassung seitens des Gegners begründet vollen Beweis der Beweisthatsache, welcher im erstern Falle nur unter denselben Voraussetzungen, unter welchen ein rechtskräftiges Urteil wegen Verletzung der Eidespflicht anfechtbar ist, d. h. durch Nichtigkeitsklage (s. d.), entkräftet werden kann. Die Verweigerung der Eidesleistung hat zur Folge, daß das Gegenteil der Beweisthatsache als voll bewiesen gilt. Wenn der Schwurpflichtige in dem zur Eidesleistung bestimmten Termine nicht erscheint, so ist auf Antrag des Gegners durch Versäumnisurteil (s. d.) auszusprechen, daß der E. als verweigert anzusehen sei. Dem Schwurpflichtigen steht frei, sich zur Leistung eines beschränktern E. als des normierten zu erbieten. Unerhebliche Umstände, welche in die Eidesform aufgenommen sind, können berichtigt werden.

Alle bisher besprochenen E. werden vom Gericht, von einer öffentlichen Behörde oder von einem öffentlichen Beamten abgenommen. Vor Gericht wird auch der E. über die Verklarung (s. d.) geleistet. Andere, früher üblich gewesene E. sind durch die Gesetzgebung beseitigt: So der Gefährdeeid (juramentum calumniae), welcher bei Beginn des Prozesses zur Vermeidung schikanöser Prozeßführung geschworen wurde; der Perhorrescenzeid, daß der schwörenden Partei der Prozeßrichter befangen erscheine; das juramentum cautionis, durch welches eine unvermögende oder eine angesessene Partei statt durch Bürgen oder Hinterlegung Sicherheit für die Kosten leistete. Das Allg. Landr. I, 14, §§. 184, 194 läßt auch im bürgerlichen Recht juratorische Kaution zu. Das will der Deutsche Entwurf beseitigen. Beseitigt ist auch längst der Reinigungseid im Strafverfahren, welchen ein durch die Beweisaufnahme nicht von allem Verdacht gereinigter Angeschuldigter zu schwören hatte. Er sollte die Folter ersetzen. Heute kann nur das Strafverfahren eingestellt, oder wenn das Hauptverfahren eröffnet ist, verurteilt oder freigesprochen werden. Der Lehnseid, das eidliche Gelöbnis der Lehnstreue, welches bei Lehnserneuerungen von dem Vasallen oder in dessen Seele von einem Stellvertreter abgeleistet wurde, ist überall da gefallen, wo die Oberlehnsherrlichkeit beseitigt ist.

Im Gebiet des gemeinen bürgerlichen Rechts ist der eidlichen Bestärkung einer Willenserklärung vielfach die Bedeutung beigelegt, daß dadurch an sich ungültige Willenserklärungen wirksam werden sollen. Das haben die neuern Gesetzgebungen beseitigt. Daß eine Partei ihr Recht von einem außergerichtlichen E. der Gegenpartei abhängig macht, kommt kaum noch vor. Das Sächs. Bürgerl. Gesetzbuch erklärt ein solches Abkommen für nichtig.

Eine Versicherung an Eides statt kann der Civilstandesbeamte nach dem Gesetz vom 6. Febr. 1875, §. 45, den Verlobten abnehmen. Sonst sind derartige Versicherungen bei Ausstellung außergerichtlicher Zeugnisse, bei Deklarationen zur Steuer und in ähnlichen Fällen vielfach in Übung.

Als Erfordernisse der Eidesleistung stellt das kanonische Recht auf: a. veritas in mente, b. judicium in jurante, c. justitia in objecto. Zu a: Wahrhaftigkeit in der Seele verbietet jede Mentalreservation, welche einen unausgesprochenen Vorbehalt macht. Zu b: Urteilsfähigkeit des Schwörenden (Eidesmündigkeit) schließt den E. Unmündiger, nach kanonischem Recht noch nicht 14jähriger, nach den deutschen Prozeßgesetzen noch nicht 16jähriger Personen aus. Ältere Personen dürfen den E. nicht leisten, wenn sie wegen mangelnder Verstandesreife oder wegen Verstandesschwäche von dem Wesen und der Bedeutung des E. keine genügende Vorstellung haben. Ebensowenig Betrunkene; deshalb sollten nach der ältern Praxis die E. vormittags abgenommen werden. Personen, welche wegen Meineids verurteilt werden, ist nach dem Strafgesetzbuch (§. 161), mit Ausnahme der Fälle der §§. 157, 158, die Fähigkeit als Zeuge oder Sachverständiger eidlich vernommen zu werden, versagt; einen zu- oder zurückgeschobenen und einen richterlichen E., wenn ihm derselbe anvertraut wird, kann solche Person schwören. Doch können Zuschiebung, Zurückschiebung und richterliche Auferlegung einer Eidesleistung widerrufen werden (nach Maßgabe der §§. 422, 432, 439 der Civilprozeßordnung). Zu c: Gerechtigkeit im Gegenstande, d. h. der E. soll nicht die Religion, die gute Sitte oder ein Gesetz verletzen.

Der Eidesleistung (Beeidigung) hat eine Anmahnung an die Heiligkeit des E. und eine Verwarnung vor dem Meineide durch den Richter vorherzugehen. Der E. wird von den Schwurpflichtigen einzeln in Person geleistet. Die Norm des E. ist nach der verschiedenen Bedeutung desselben verschieden, die in dem Eingange: «ich schwöre bei Gott dem Allmächtigen und Allwissenden» und dem Schluß «so wahr mir Gott helfe» enthaltene religiöse Beteuerungsformel nach den deutschen Prozeßordnungen für alle Arten von E. die gleiche (Civilprozeßordn. §§. 440, 442, 443; Strafprozeßordn. §§. 59, 60, 62, 72, 288; Gerichtsverfassungsgesetz §. 51). Diese Formel eignet sich für die Mitglieder aller Religionsparteien, welche an einen Gott glauben; die Zufügung weiterer konfessioneller Bekräftigungsformeln ist für entbehrlich erachtet. Die in Österreich durch Gesetz vom 3. Mai 1868 eingeführte, in §. 171 der Strafprozeßordnung von 1873 in Bezug genommene wesentlich übereinstimmende Eidesformel («ich schwöre bei Gott dem Allmächtigen und Allwissenden einen reinen E. — so wahr mir Gott helfe») soll zwar auch für alle Schwurpflichtigen ohne Rücksicht auf das Religionsbekenntnis gelten; §. 4 des angezogenen Gesetzes schreibt aber für Christen einerseits — mit Ausnahme derjenigen, welche sich zur helvet. Konfession bekennen — und Israeliten andererseits besondere Feierlichkeiten vor. Die deutschen Prozeßordnungen verlangen allgemein nur das

Nachsprechen oder Ablesen der Eidesformel unter Erhebung der rechten Hand, an dessen Stelle bei Stummen, wenn sie schreiben können, Abschreiben und Unterschreiben der Eidesformel, andernfalls Ableistung des E. durch Zeichen mit Hilfe eines Dolmetschers tritt (Civilprozeßordn. §§. 444, 445; Strafprozeßordn. §. 63). Nur Mitglieder von Religionsgesellschaften, denen besondere Gesetze den Gebrauch gewisser Beteuerungsformeln gestatten, z. B. die Mennoniten, dürfen sich dieser Formeln statt des E. bedienen (Civilprozeßordn. §. 446; Strafprozeßordn. §. 64); Anträge auf Einführung des bürgerlichen E., d. h. Fortlassung jeder religiösen Beteuerungsformel, sind im Deutschen Reichstag abgelehnt. Ein Zeuge, der die Eidesleistung, wenn auch nur weil die Formel seinen religiösen Anschauungen widerspricht, verweigert, wird behandelt, als wenn er sein Zeugnis verweigert. (S. Zeugniszwang.) Die Landesherren und die Mitglieder der landesherrlichen Familien einschließlich der fürstl. Familie Hohenzollern leisten E. in ihrer Wohnung mittels Unterschreibens der Eidesformel (Civilprozeßordn. §§. 441, 444; Strafprozeßordn. §. 71).

Wegen der früher üblichen Berührung der Evangelien, des Kreuzes, von Reliquien wurde der E. ein **körperlicher** E. genannt; wegen Erhebung der Hand heißt er ein **leiblicher** E.; wegen der Nachsprechung der vom Abnehmenden vorgesprochenen Worte ein **gelehrter** E.

Über die Strafen gegen die **Verletzung der Eidespflicht** s. Meineid und Eidesbruch.

Eid (in der Mehrzahl **Eide** oder **Eider**), Name mehrerer Kirchspiele und Güter in Norwegen, bezeichnet eigentlich tief eingesenkte flache Pässe zwischen den 1000 m und darüber hohen Bergen aus einem Thal in das in entgegengesetzter Richtung streichende.

Eidam, der alte deutsche Name für Schwiegersohn, ist aus der Umgangssprache verschwunden.

Eidechse, kleines Sternbild am nördl. Himmel, dessen hellster Stern vierter Größe ist. Bemerkenswert ist in dem Sternbild ein fünffacher Stern, Nr. 2922 des Struveschen Doppelsternkatalogs, sowie ein grob zerstreuter Sternhaufen mit vielen hellen Sternen, etwa 16′ im Durchmesser.

Eidechsen (Lacertidae), eine zu der Gruppe der Spaltzüngler (Fissilinguia) gehörige Familie der Echsen (s. d.) mit etwa 80 vorzugsweise paläarktischen Arten. Es sind Tiere mit schlankem Körper und langem Schwanze, deren Zunge an der Wurzel keine Scheide besitzt. Die Bekleidung des Kopfes besteht aus breiten Schildern, die des Leibes aus kleinen gekörnten, die des drehrunden, sehr spitz endigenden Schwanzes aus ringförmig angeordneten langen Schuppen. Die E. ersetzen den sehr leicht abbrechenden Schwanz in kurzer Zeit. Von besonderm Interesse ist das Genus Lacerta, dem die in Deutschland heimischen vier E. sämtlich angehören. Alle E. sind bewegliche, muntere und verhältnismäßig kluge Tiere, die besonders trockne, sonnige Gegenden lieben. Sie nähren sich ausnahmslos von Insekten, kleinen Schnecken und Würmern, verschmähen jedoch auch ihre Eier und Jungen nicht. Im Herbst verkriechen sie sich in die Erde, um hier, gewöhnlich in größern Gesellschaften, bis zum Frühjahre zu schlafen. Das Weibchen legt vier Wochen nach der im Mai erfolgten Begattung 6—8 schmutzigweiße, weichschalige Eier an einen feuchten Ort; die Jungen schlüpfen im August oder September aus. Die E. haben viele Feinde, darunter namentlich verschiedene Schlangen. Die vier deutschen Eidechsenarten sind die folgenden: Die **gemeine** E., **Zauneidechse** (Lacerta stirpium *Daud.*, agilis *Wolf*, s. Tafel: **Echsen** I, Fig. 2), lebt in allen mildern Ländern Europas nördlich der Alpen und selbst noch im Süden Skandinaviens, ist etwa eine Spanne lang, meist graubraun, seltener gelbgrün oder blaugrün gefärbt, mit in Längsreihen geordneten schwarzen Flecken auf dem Rücken und gelblicher oder grünlicher, schwarzgefleckter Bauchseite. Größer und schöner gefärbt ist die bis 40 cm lange **grüne** E. (Lacerta viridis *Gessn.*, s. Taf. I, Fig. 1), die über den ganzen Körper glänzendgrün (das Männchen zur Paarungszeit oft an der Kehle und am Kopfe blau untermischt), auf dem Bauche gelblich ungefleckt ist. Sie lebt nur in Mittel- und Südeuropa, in Deutschland bis Heidelberg. Eine ebenfalls mehr südliche, aber noch im Rheinthale vorkommende, nur bis 19 cm lange Art ist die **Mauereidechse** (Lacerta muralis *Laur.*, s. Taf. I, Fig. 3), ein äußerst bewegliches Tier von auf dem Rücken grauer, mit fleckiger und wolliger Zeichnung durchsetzter Färbung, in den Seiten blauen Flecken und auf weißlichem Bauche mit gelben oder braunen Flecken. Die Mauereidechse variiert außerordentlich, sodaß man von ihr eine ganze Anzahl Varietäten unterschieden hat. Nicht eierlegend wie die übrigen, sondern lebendiggebärend ist die **Berg-** oder **Waldeidechse** (Lacerta vivipara *Jacq.*, s. Taf. I, Fig. 4), die waldige, bergige Gegenden liebt und hoch in die Gebirge hinaufgeht. Sie mißt 16 cm und ist auf dem Rücken braun mit weißlichen Flecken, am Bauche safrangelb oder weißlich, schwarz gesprenkelt. Die nur in Südeuropa heimische **Perleidechse** (Lacerta ocellata *Daud.*), von braungrauer Färbung, mit an den Seiten befindlichen grünlichen, schwarz umrandeten Augenflecken, ist die größte europ. Art und mißt 60 cm.

Eidechsenbund, Bund des Adels im Ordenslande Preußen, der 1397 zur Erlangung ständischer Rechte gegenüber den Deutschen Rittern gegründet wurde. In eine Verschwörung gegen den Hochmeister Heinrich von Plauen verwickelt, verlor der Bund seinen Anführer Nikolaus von Renys, der hingerichtet wurde. Später vereinigte er sich mit dem preuß. Bunde.

Eider, Pässe, s. Eid (geogr.).

Eider oder **Eyder**, Fluß in der preuß. Provinz Schleswig-Holstein, entsteht 14 km südlich von Kiel aus den Zuflüssen des kleinen Sees von Redder, fließt zunächst nördlich, dem Grieben- und Bothkampersee zu, wendet sich südlich nach Beesdorf, dann nördlich bis nahe an Kiel zum Schulensee. Von hier erreicht sie den Westensee und bildet seinen nördl. Abfluß zum Flemhudersee. Sie wendet sich dann bei Landwehr als Grenzfluß zwischen Holstein und Schleswig westwärts über Rendsburg und Friedrichstadt, durchzieht mit großen Krümmungen weite Marschgegenden, die durch Eindeichungen vor ihren Überschwemmungen geschützt sind, und mündet, rechts verstärkt durch die Sorge und Treene (s. d.), nach einem Laufe von 185 km bei Tönning in die Nordsee. Bei Friedrichstadt ist die E. 180, bei Tönning über 300 m breit und 4—5 m tief; weiter unterhalb erweitert sich die Mündung zu 11 km Breite. Das Flußgebiet umfaßt 3400 qkm. Ihre Schiffbarkeit beginnt bei Rendsburg, und sie stellt durch den Eiderkanal (s. d.) die Verbindung mit der Ostsee her. Als Grenzfluß hat die E. histor.

Bedeutung. Im Mittelalter hieß sie Ägidora, altnordisch Ägisdyr. Seit dem Frieden Hemmings mit Karl d. Gr. 811 wurde sie nebst dem Danewerk und der Schlei die Reichsgrenze. In dem Vertrage von 1225 zwischen Waldemar II. und dem Grafen Heinrich von Schwerin ward sie die Nordgrenze des Herzogtums Holstein, ostwärts verlängert durch die Levensaue. Daher spielt der Fluß auch eine Rolle in der Kriegsgeschichte, in den Kämpfen der Friesen, Holsteiner und Dänen im Mittelalter, sowie 1813 und in den Kriegen gegen Dänemark.

Eiderdänen, polit. Partei in Dänemark, welche vor 1864 Schleswig mit Dänemark unter derselben Verfassung vereinigen, aber Holstein ausschließen wollte. (S. Dänemark, Geschichte.)

Eiderdunen, s. Eiderente.

Eiderente (Somateria mollissima *Leach*; s. Tafel: Schwimmvögel II, Fig. 7), auch oft Eidergans genannt, die bekannteste Art einer zu der Gruppe der Tauchenten (s. Enten) gehörenden Gattung, welche durch die mit Hautlappen umsäumte Hinterzehe und den an den Rändern mit groben Plättchen eingefaßten, gestreckten, schmalen, an der Wurzel hohen Schnabel, der mit schmalen, weit vorn gelegenen Nasenlöchern versehen ist, sich von den übrigen Tauchenten unterscheidet. Das Männchen ist oben weiß, unten schwarz, die Wangen meergrün, die Stirn schwarz; das Weibchen oben braun mit rostfarbigen Federrändern, unten braun und schwarzbraun gewellt. Während der Brütezeit trennen sich die Männchen, um in Scharen allein zu leben. Die Pracht-Eider (Somateria spectabilis *Leach*) hat ein feines, schwarzes Band um den Schnabel, das am Halse herabläuft, während bei der viel kleinern Stellerschen Eider (Somateria Stelleri *Pallas*) die Deckfedern der Oberflügel und Schultern blau gestreift sind. Beide Arten sind selten; die gewöhnliche Eider gemein. Dieser Vogel bewohnt den Norden, ist an den Küsten von Island, Grönland, Spitzbergen, Schweden und Norwegen gemein und kommt auch in Nordamerika vor, besucht im Winter zahlreich die Ostsee und Elbemündung, nistet aber nur in den höhern Breiten. Er nährt sich wesentlich von Muscheln, nach denen er in große Tiefen taucht.

Die E. brütet in Gesellschaften oft von Hunderten von Paaren; ihr Nest besteht aus Seegras und Tang und wird meist an solchen Orten angelegt, wo, wie auf Inseln, die Eisfüchse nicht hingelangen können. Das Weibchen legt im Anfang Juni vier bis sieben blaßgrüne Eier, welche es mit den feinen, seinem Unterleibe ausfallenden, zum Teil auch ausgerupften Dunen umgiebt. Da diese Dunen, die Eiderdunen, einen wichtigen Handelsartikel bilden, so hegen die Besitzer der Brüteplätze die Vögel sehr sorgfältig, wozu besondere Gesetze erlassen sind und eigene Wächter angestellt werden, und beuten die Nester nach gewissen Regeln aus. Man kann der E. zweimal die eben gelegten Eier nebst den Dunen wegnehmen, ohne daß sie sich hindern läßt, zum drittenmal das Nest auszupolstern und mit Eiern zu belegen, die sie dann ausbrütet. Werden aber zum drittenmal die Vögel beim Brüten gestört, so verlassen sie solche Brüteörter ganz. Ein Dutzend Nester liefern etwa 0,5 kg gereinigter Dunen, das an Ort und Stelle etwa 18 M. wert ist; die Reinigung von dem beigemengten Seegras und Tang ist eine recht mühsame Arbeit. Die ersten Dunen, welche von selbst ausfallen, sind die besten; die zweiten sind Mittelgut; die dritten, welche man erst nehmen darf, sobald die Jungen flügge geworden sind, stehen kaum höher im Preise als feine Gansfedern. Das Fleisch der E. ist schlecht und thranig. Die Eiderdunen machen für mehrere hochnordische Länder einen wichtigen Handelsartikel aus und stehen hoch im Preise. In der Mitte des 18. Jahrh. lieferte Island jährlich 100—150 kg gereinigte und gegen 1000 kg ungereinigte Dunen. Grönland liefert jetzt mehrere tausend Kilogramm jährlich. Wegen ihrer Kostbarkeit werden sie oft verfälscht; die echten erkennt man indes an ihrer braunen Farbe mit weißem Schafte und daran, daß sie beim Schütteln nicht auseinanderstieben.

Eidergans, s. Eiderente.

Eiderkanal (Holsteinischer, Schleswig-Holsteiner Kanal), wurde 1777—84 mit Benutzung des alten Grenzflüßchens Levensaue, das nördlich Kiel in die Kieler Föhrde mündet, angelegt und verbindet diese letztere von Holtenau aus mit der Obereider bei Voorde. Er stellt so bis zur Vollendung des im Bau begriffenen Nordostseekanals (s. d.) die einzige Verbindung zwischen der Ost- und Nordsee dar, die, in der Luftlinie Holtenau-Tönning nur 77 km lang, durch die bedeutenden Krümmungen der Untereider freilich eine Länge von 141 und unter Hinzurechnung der Außeneider von Tönning bis zur Nordsee sogar von 172 km aufweist, während der Nordostseekanal nur 93 km lang wird. Durch die Schleusen bei Holtenau, Knoop und Rathmannsdorf erreichte der auf den freien Strecken mit 31 m oberer und 17 m Sohlbreite bei 3,20 m Tiefe angelegte E. die 7,08 m über der Kieler Föhrde (gleich 6,85 m über NN.) gelegene Scheitelstrecke Rathmannsdorf-Königsförde und fiel sodann, unter teilweiser Benutzung des Betts der Obereider, mittels der Schleusen bei Königsförde und Kluvensiek zu der bei Voorde seeartig aufgestauten, 2,38 m über der Kieler Föhrde liegenden Eider. Der E. konnte von Binnen- und Seefahrzeugen von 2,68 m Maximaltiefgang und 200 t Tragfähigkeit befahren werden. Der Durchgangsverkehr, der sich früher auf über 4000 Fahrzeuge belief, hat, weil die Bauten des Nordostseekanals in den Betrieb mehrfach eingreifen mußten, im allgemeinen abgenommen; 1890 wurde die unterhalb des E. gelegene Rendsburger Schleuse in Berg- und Thalfahrt zusammen nur noch von 2206 Fahrzeugen mit 50363 t passiert; nur auf dem dicht an Holtenau gelegenen Werke ist der Verkehr wegen der Zufuhr von Baumaterialien für den Nordostseekanal gewachsen. Dieser letztere Kanal wird den E. als Schiffahrtsstraße ganz ersetzen; schon jetzt benutzt der Verkehr streckenweise das neue, wenn auch unfertige Kanalbett; die Schleusen bei Rathmannsdorf und Königsförde sind bereits beseitigt und die bei Knoop und Cluvensiek werden voraussichtlich 1893 eingehen.

Eiderstedt, Halbinsel an der Westseite von Schleswig, zwischen der Eidermündung und dem Heverstrom, bildet den Kreis E. (Landratsamt in Tönning) des preuß. Reg.-Bez. Schleswig. Derselbe hat 330,51 qkm, (1890) 16062 (7733 männl., 8329 weibl.) E., 2 Städte (Tönning und Garding), 21 Landgemeinden und 2 Gutsbezirke. Fast ganz E. ist Marschland, dessen Bewohner von der Viehzucht leben. Im Mittelalter bestand E. aus 3 von der Eider umströmten Inseln: Utholm (im W.), Heverschop (in der Mitte) und E. (im O.). Von Utholm führte noch 1370 eine Brucke (Bollenbruggi) nach Pelworm. Die Eiderstedter sind Nordfriesen und haben im Mittelalter fortwährend Kriege mit den niederdeutschen Dithmarschen geführt. Im 17. Jahrh. gaben sie ihre angestammte Sprache zu Gunsten der Niederdeutschen auf. Vgl. Sax, Kurtze, und förmliche Beschreibung deß löblichen Eyderstedschen Landes (Hamb. 1610); Petersen, Wanderungen durch die Herzogtümer Schleswig, Holstein und Lauenburg, Sekt. 3 (Kiel 1839); Kohl, Die Marschen und Inseln der Herzogtümer Schleswig und Holstein, Bd. 3 (Dresd. u. Lpz. 1846).

Eidesbruch. Wenn ein Zeuge den vor seiner Vernehmung dahin geleisteten Eid: «daß er nach bestem Wissen die reine Wahrheit sagen, nichts verschweigen, nichts hinzusetzen werde», wissentlich durch ein falsches Zeugnis verletzt, so spricht man von einem E. im weitern Sinne. Dasselbe gilt von dem Sachverständigeneide. Diese Art des E. wird als echter Meineid mit Zuchthaus bis zu 10 Jahren bestraft. Der E. im engern Sinne ist Gegenstand des §. 162 des Deutschen Strafgesetzbuchs: «Wer vorsätzlich einer durch eidliches Gelöbnis vor Gericht», «oder dem in einem Offenbarungseide gegebenen Versprechen» (ein kaum praktischer Fall, da — abgesehen von etwaigen landesrechtlichen Bestimmungen — der Offenbarungseid [s. d.] reichsgesetzlich nur noch einen assertorischen Inhalt hat) «zuwiderhandelt, wird mit Gefängnis bis zu 2 Jahren bestraft». Der Grund, weshalb der E. im engern Sinne erheblich geringer bestraft wird als der Meineid, liegt darin, daß es sich hier wesentlich um die Verletzung gewisser, unter eidlicher Bekräftigung übernommener kontraktlicher oder kontraktähnlicher Pflichten handelt, deren Erfüllung in weiterer Zukunft liegt; wird auch diese demnächst unterlassen, so kann doch die Ableistung des Eides selbst im besten Glauben erfolgt sein. Der fahrlässige E. im engern Sinne ist straflos. Auch findet in andern als den in §. 162 gedachten Fällen, z. B. bei Verletzung des Amtseides, eine selbständige Bestrafung des E. überhaupt nicht statt. Hier kommt derselbe nur als Strafzumessungsgrund bei dem betreffenden Hauptdelikt in Betracht. Der Österr. Strafgesetzentwurf von 1889 sieht die Bestrafung dessen, der unter einem Offenbarungseid falsch aussagt, mit Gefängnis bis zu 2 Jahren oder mit Geld bis zu 1000 Fl. vor.

Ei des Columbus, d. h. das (durch Eindrücken der Spitze zu lösende) Problem, ein Ei aufrecht auf eine flache Unterlage zu stellen, sprichwörtlich zur Bezeichnung der überraschend einfachen Lösung einer anscheinend schwierigen Aufgabe, ist die Umwandlung der volkstümlichen span. Redensart «Hänschens Ei». Nach Benzoni, «Historia del mondo nuovo» (Vened. 1565), soll Columbus, als auf einem 1493 ihm zu Ehren gegebenen Gastmahl des Kardinals Mendoza einige Anwesende sich rühmten, daß ihnen ebenso gut wie Columbus die Entdeckung der Neuen Welt gelungen sein würde, die Betreffenden durch Anwendung des erwähnten Problems zum Schweigen gebracht haben. Doch ist der Vorgang nicht verbürgt, da Benzoni einräumt, ihn nur durch Hörensagen zu kennen. In Vasaris «Künstlerbiographien» (1555) wird die Erzählung auf Brunelleschi übertragen.

Eideshelfer (Conjuratores, Consacramentales), im ältern deutschen Recht diejenigen Personen, die einen vor Gericht Schwörenden durch ihre Eidesleistung unterstützten. Den Haupteid leistete einer der streitenden Teile dahin, daß seine Behauptung wahr sei, die E. schwuren, daß sie von der Wahrhaftigkeit des Hauptschwörers überzeugt seien; als E. wurden nur solche Personen zugelassen, welche den Schwörenden näher kannten, deren Urteil über die Reinheit des Schwörenden also für den Richter einen Wert hatte. Wer von dieser Reinheit nicht überzeugt war, hatte die Pflicht, den Eid zu verweigern. Die E. kamen sowohl im Verfahren über civilrechtliche Ansprüche als im Strafverfahren vor; ihre Zahl war verschieden, am häufigsten sieben. Das Verfahren mit E. verfiel seit dem 13. Jahrh. und machte dem Beweise durch Zeugen Platz. Mit der Aufnahme des röm.-kanonischen Prozesses seit dem 15. Jahrh. verschwanden die E. ganz.

Eidesleistung, s. Eid (S. 771b).

Eidesmündigkeit, s. Alter, Eid (S. 771b) und Minderjährigkeit.

Eideszuschiebung, s. Eid (S. 770a).

Eidgenossenschaft, s. Schweiz.

Eidograph (grch.), Bildschreiber, eine von Wallace in Edinburgh 1821 erfundene Kopiermaschine, welche mit dem Pantograph (s. d.) Ähnlichkeit hat.

Eidographie (grch.), Bildschreibung, ein von dem Chemiker Eckhardt in München erfundenes Verfahren, von einer auf einer Metallplatte ausgeführten Zeichnung eine Art direkter Galvanos zum Druck auf der Buchdruckpresse herzustellen. Die E. brachte es zu keiner praktischen Bedeutung.

Eidothëa, d. h. die wissende Göttin, auch Theonoë, die göttliche Erkenntnis, genannt, war eine Tochter des Proteus. Sie wohnte auf Pharos oder Antipharos und teilte dem umherirrenden Menelaos mit, wie er ihren Vater zwingen könne, ihm die Zukunft zu enthüllen. — E. heißt auch die Gattin des Phineus (s. d.).

Eidotter, s. Eigelb.

Eidschwur, s. Eid (jurist.).

Eidsvold (spr. -woll), Kirchspiel im norweg. Amte Akershus, am südl. Ende des Landsees Mjösen und an den Linien Kristiania-E. (68 km) der Norweg. Privatbahn und E.-Trondhjem (494 km) der Norweg. Staatsbahnen. Im 18. Jahrh. bestand hier ein bedeutendes Eisenwerk. Dasselbe gehörte dem Staatsrat Karsten Anker, in dessen geräumigem hölzernen Wohnhause 10. April bis 20. Mai 1814 die erste konstituierende Reichsversammlung Norwegens gehalten wurde, die das noch jetzt bestehende freisinnige norweg. Grundgesetz annahm. Das Gebäude nebst Garten wurde später durch Subskription angekauft und dem Staate geschenkt, der das Haus mit den Bildnissen der bei der Reichsversammlung thätigen Repräsentanten (der Eidsvoldsmänner) schmücken ließ.

Eier, fossile, finden sich sehr selten, z. B. in den tertiären Ablagerungen bei Nördlingen im Ries solche von Vögeln.

Eier, Nürnberger, Bezeichnung für die ältesten Taschenuhren, s. Uhren.

Eier-Albumin, s. Albumin.

Eierkonservierung, die Konservierung ganzer Eier oder des Inhalts derselben, namentlich des Eidotters. Um ganze Eier haltbar zu machen, muß die an und für sich poröse Kalkschale gegen das Eindringen der Luft mit einer luftdichten Hülle umgeben werden. Dieser Luftabschluß kann durch verschiedene Behandlung erreicht werden. Bedicovits überstreicht die Schalen mit einer konzentrierten Lösung von Gummiarabikum; Nowoley taucht die Eier in Wasserglas; andere benutzen Firnisse, Leinöl u. s. w.; auch durch Behandlung mit Kalkwasser werden die Schalen dicht; Duflos legt die Eier in fein gestoßene Holzkohle; Gassard konserviert die Eier durch Einlegen (30—40 Minuten lang) in eine bis 50° C. warme Lösung von Alaun in gleichen Teilen Wasser, wonach die Aufbewahrung in Sägespänen, Baumwolle oder Asche geschieht; Kolbe legt die Eier eine Stunde lang in eine gesättigte Lösung von Salicylsäure und bewahrt sie in Sägespänen; auch die Aufbewahrung in einer Kohlensäureatmosphäre in besonders dazu konstruierten Apparaten ist neuerdings in Vorschlag gebracht. In manchen Industriezweigen, z. B. beim Zeugdruck zum Befestigen der Farben, findet das Eiweiß bedeutende Verwendung; bei diesen bildet die Umwandlung in Konserve ein Mittel, um das nicht zur Benutzung kommende Eigelb zu verwerten. Zu diesem Behufe wird es in dünnen Schichten auf blank polierte Stahl- oder Glasplatten gestrichen und in einem Trockenofen, unter kräftiger Ventilation, bei einer 50° C. nicht übersteigenden Temperatur erhalten, bis es gänzlich ausgetrocknet ist. Die trockne Masse läßt sich leicht mittels eines Hornspatels von der blanken Platte abstoßen und ist dann, bei vorsichtiger Aufbewahrung, fast unbegrenzt haltbar. War die angegebene Temperatur beim Trocknen nicht überschritten, so quillt die Masse in Wasser zu einer Flüssigkeit von schleimiger Konsistenz, wie sie das frische Eigelb darstellt, und läßt sich zur Bereitung von Speisen, Backwerk u. dgl. verwenden. Soll das Eigelb für technische Zwecke (Weißgerberei) konserviert werden, so giebt man zu den zerschlagenen Dottern 3—5 Proz. Kochsalz und 0,1 Proz. arseniger Säure, worauf sie luftdicht in Büchsen eingeschlossen und am besten mit Eis verpackt werden.

Eierkunde (Oologie), diejenige Hilfswissenschaft der Vogelkunde (Ornithologie), welche sich mit der Untersuchung der äußern Schale der Vogeleier beschäftigt und auch die Anzahl der Eier, welche ein Vogel für eine Brut legt (das Gelege), in den Kreis ihrer Betrachtung aufnimmt. Die E., früher wenig oder gar nicht für die ornitholog. Systematik berücksichtigt, hat sich erst seit wenigen Jahrzehnten eine genügende Anerkennung seitens der Ornithologen zu verschaffen gewußt, sodaß heutzutage die Aufstellung irgend eines Systems der Vögel ohne ihre Beihilfe kaum gewagt werden darf. Seitdem die E. in sehr vielen Fällen gezeigt hat, daß sie als vorzügliches Kriterium für verwandtschaftliche Beziehungen von Vogelgruppen dienen konnte, wo die Merkmale, welche der Vogel als solcher dietet, durch Anpassung u. s. w. undeutlich geworden oder gänzlich verwischt waren, ist sie für die gruppierende Systematik unentbehrlich geworden.

Die E. betrachtet die Vogeleier nach ihrer Form und Größe, nach der Textur der Schale (Korn), nach ihrer Färbung und Zeichnung und nach der Anzahl der Eier, welche die Vögel für eine Brut (Gelege) produzieren.

Die Form der Eier ist z. B. bei den Eulen, Bienenfressern und Eisvögeln fast kugelig; gleichhälftig-elliptisch bei den Nachtschwalben, Salanganen, Kolibris, Sandflughühnern und Wallnistern; gleichhälftig-spitzelliptisch bei den Nandus und Kasuaren; ungleichhälftig-elliptisch bei den Seglern; kreiselförmig bei den schnepfenartigen Vögeln und eiförmig bei den Singvögeln, Hühnern und vielen andern. Die Größe wird ausgedrückt durch Länge der beiden größten Achsen, der Entfernung des Schneidepunktes beider Achsen von einem der Pole, dem Produkt der Länge beider Achsen und durch das Gewicht des vollen und entleerten Eies.

Die Textur der Schale (das Korn) steht in direktem Abhängigkeitsverhältnis von der Form und der Anzahl der Uterindrüsen und zeigt oft bei sonst fast ununterscheidbaren Eiern auffällige Verschiedenheiten, die zur Feststellung der Gattung völlig ausreichen. Die Stellung, Häufigkeit, Größe und Tiefe der Poren, welche die Kalkschale durchsetzen, bedingen diese Verschiedenheiten des Kornes, die noch dadurch vermehrt wird, daß die Eier mancher Vogelgruppen, wie z. B. der Spechte, vor allen aber der südamerik. Crypturiden, einen auffallenden Glanz zeigen, während die Eier anderer Gattungen völlig glanzlos, stumpf bis rauh erscheinen. Bei nicht wenigen Eiern finden wir über die eigentliche Schale einen mehr oder weniger schwammig-porösen Kalküberzug aufgelagert, so bei den Lappentauchern, Tölpeln, Kormoranen, Schlangenhalsvögeln, Fregattvögeln, Pelikanen und Flamingos. Letztere gehören also der Beschaffenheit ihrer Eier nach nicht zu den entenartigen Vögeln, sondern zu den Pelikanen. Ferner findet sich dieser Überzug bei den Eiern aller selbstbrütenden Kuckucke und erscheint bei einer Art, dem südamerik. Guirakuckuck in seiner auffälligsten Form, indem er hier das lebhaft grünblaue Ei in Gestalt eines weißen Netzes umzieht.

Unter Färbung versteht man die Grundfarbe des Eies, welche sich gleichmäßig über die ganze Schale verteilt, bei sehr vielen Eiern (den weißen), wie bei den Wasseramseln, Spechten, Papageien, Blauraken, Seglern, Kolibris, Bienenfressern, Eisvögeln, Tauben, Eulen und vielen andern Gruppen gänzlich fehlt, am häufigsten blaugrün oder grün erscheint und in seltenern Fällen rot oder braun auftritt und bei einigen Crypturus-Eiern sogar ein tiefes Schwarz fast erreicht.

Die Zeichnung besteht aus Punkten, Flecken und Flatschen, Strichen, Schmitzen, Haarzügen und Zickzacklinien und ist entweder scharf umgrenzt oder verwaschen. Sie ist ein- oder mehrfarbig und ihrer Stellung nach entweder gleichmäßig über die ganze Schale verteilt oder kranzartig an der dicksten Stelle des Eies (Bauch) oder etwas darüber zusammengedrängt.

Die Anzahl der Eier des Geleges ist bei den verschiedenen Vögeln großen Schwankungen (1—24) unterworfen und ist bei allen Vögeln, welche ein, zwei oder vier Eier legen, auffallend konstant, während sie bei allen andern Arten, die normalerweise drei, fünf oder mehr Eier legen, variiert. Nur ein Ei legen die Alken, Lummen, Krabbentaucher, Larventaucher, Tölpel, Pinguine, Sturmvögel, Albatrosse, Fregattvögel, Tropikvögel und die Kiwis. Immer zwei Eier die Nachtschwalben, Kolibris, Tauben, Wespenbussard, viele Adler, Rennvögel, Dickfuß, Kraniche, Raubmöven, Teistlummen (Cepphus) und die Seetaucher. Zwei bis drei Eier enthalten die Gelege der Segler, Brachschwalben, Trappen, Sandflughühner, Möven und Seeschwalben und Flamingos. Drei bis vier Eier legen viele Falken und die Kreuzschnäbel. Vier Eier als fast unabänderliche Zahl finden sich bei den Brachvögeln, Limosen, Wasserläufern, Strandläufern, Schnepfen, Regenpfeifern, Kiebitzen, Wassertretern und den Laufhühnchen. Vier bis fünf legen die meisten kleinen Falken, Habichte, Weihen, Krähen, Reiher,

Störche, Kormorane und Steißfüße. Die Zahl fünf ist als normale bei der größten Menge der Singvögel anzusehen, doch steigt dieselbe nicht selten auf sechs, manchmal sogar auf sieben bis acht. Gelege von acht bis zwölf Eiern finden sich bei den Meisen und Goldhähnchen, bei Rallen und Enten und bei den Hühnern steigt die Gelegezahl bis auf 20 und 24.

Eierland, s. Texel.

Eieröl (Oleum ovorum), ein früher offizinelles Präparat, erhalten durch Auspressen des Dotters von hart gekochten Hühnereiern, stellt eine gelbe ölige Flüssigkeit dar und besteht zum größten Teil aus Palmitin und Oleïn, nebst Cholesterin und gelbem Farbstoff; wird leicht ranzig; man verwendet es in der Sämischgerberei; 1 kg kostet 20 M.

Eierpflanze, s. Solanum.

Eierpflaumen, s. Pflaumenbaum.

Eierpunsch, warmes Getränk aus Weißwein, den man mit zerquirlten Eiern, Citronensaft und etwas Arrak über dem Feuer schaumig schlägt.

Eierschalenporzellan (engl. egg-shells), sehr dünnes, durchscheinendes chines. und japan. Porzellan.

Eierschwamm, Gelbling, Gelbmännel, Gehlchen, Pfefferling, Pfifferling (Cantharellus cibarius *Fr.*), ein Pilz aus der Familie der Hymenomyceten (s. d.), einer der wohlschmeckendsten und zuträglichsten Speiseschwämme. Er ist dottergelb, kahl, etwas fettig anzufühlen, sein Hut ausgeschweift wellig, mit dem Saume abwärts gebogen, oft trichterförmig vertieft, auf der untern Fläche mit faltenartigen Lamellen, von denen die größern vom Stocke am Strunke herablaufen, bis 8 cm im Durchmesser. (S. Tafel: Pilze I: Eßbare Pilze, Fig. 7.) Dieser Pilz wird aus Waldgegenden häufig auf den Markt gebracht, hält sich längere Zeit in unveränderter Güte und wird nicht leicht von Insekten angegangen. Ebenso wenig leicht kann er mit andern giftigen Schwämmen verwechselt werden, höchstens mit dem verdächtigen Cantharellus aurantiacus *Fr.*, dessen Hut aber eine dunklere, matte, filzige Oberfläche hat. Auch der Kaiserling (s. d.) wird E. genannt.

Eierspiegel, Instrument zur Beurteilung der Frische der Eier. Er besteht aus einem kastenförmigen Behälter ohne Boden, der in der Mitte durch eine horizontale Scheidewand geteilt ist. In dieser Scheidewand befindet sich ein kreisförmiger Ausschnitt, in den das zu untersuchende Ei mit der Spitze abwärts gerichtet gestellt wird. Blickt man durch die obere Öffnung des Kastens und richtet die untere gegen ein brennendes Licht, so erscheint ein frisches Ei gleichmäßig hell durchscheinend, während ein bebrütetes, in dem der Embryo schon entwickelt ist, mehr oder weniger dunkel oder fleckig erscheint.

Eierstab, ein aus der antiken Baukunst in die

Renaissance übernommenes vielfach verwendetes Glied zum Schmuck der Gesimse (s. vorstehende Figur).

Eierstock (Ovarium), derjenige Teil des pflanzlichen und tierischen Organismus, in welchem die zur Fortpflanzung der Art dienenden Eier sich entwickeln. Der Bau dieses Organs ist natürlich bei den verschiedenen Pflanzen- und Tierklassen ein außerordentlich verschiedener. Bei den Pflanzen und bei manchen niedern Tieren verbleibt das Ei auch nach seiner Befruchtung im E. und wird in demselben mehr oder weniger weit entwickelt; so stellt z. B. der Apfel ein nach der Befruchtung weiter entwickeltes Ovarium dar, in welchem die befruchteten Eier als Samenkerne liegen. Bei den höhern Tieren dagegen verlassen die Eier entweder schon vor oder nach der Befruchtung den E. und durchlaufen die weitern Stadien ihrer Entwicklung entweder ganz außerhalb des mütterlichen Organismus oder in einem eigenartigen Organ des mütterlichen Körpers, der sog. Gebärmutter (s. d.).

Bei den Säugetieren und den Menschen sind die E. zwei eiförmige, drüsenähnliche, im kleinen Becken rechts und links von der Gebärmutter liegende, nur dem weiblichen Geschlecht eigene Organe, welche durch einen sehnigen Strang, das Eierstockband, mit dem obern Teil der Gebärmutter verbunden und in eine nach der Seitenwand des kleinen Beckens zu verlaufende Falte des Bauchfells, in die sog. breiten Mutterbänder, eingehüllt sind. Beim geschlechtsreifen menschlichen Weibe besitzt jeder der beiden E. im gesunden Zustande Größe und Form einer etwas plattgedrückten Pflaume; ihre Farbe ist weiß oder rötlich-weiß, ihr Gewicht zusammengenommen 10—15 g. Äußerlich ist jeder E. von einer derben, faserigen (fibrösen) und einer glatten (serösen) Haut überzogen; im Innern besteht sein Gewebe aus einem gefäßreichen, von organischen Muskelfasern durchsetzten Bindegewebe, in welchem sich zur Zeit der Geschlechtsreife zahlreiche größere und kleinere Gebilde bis zum Umfange einer Erbse oder kleinen Kirsche vorfinden, die mit einer klaren, wasserhellen Flüssigkeit erfüllt sind. Diese Bläschen heißen nach ihrem Entdecker, dem Anatomen Regner de Graaf, die Graafschen Bläschen oder Follikel (Folliculi Graafiani) und stellen Eikapseln dar, innerhalb deren sich das eigentliche Ei (s. d.) bildet. Sie sind schon im E. des neugeborenen Mädchens vorhanden, jedoch noch sehr klein und unentwickelt; erst zur Zeit der Geschlechtsreife wachsen sie beträchtlich und treten immer mehr an die Oberfläche des E. hervor. Ihre Menge ist eine außerordentlich große; nach den Berechnungen von Henle und Waldeyer besitzt ein menschlicher E. in der ersten Zeit der Geschlechtsreife etwa 36000 Eier, sodaß auf beide E. 72000 Eier kommen; die große Mehrzahl derselben verfällt aber dem Verkümmern, und nur wenige reifen zu voller Ausbildung heran. Von Zeit zu Zeit löst sich ein solches Ei nach Durchbrechung seiner Hüllen aus seinem Bläschen los und tritt in die trichterförmigen Enden der Eileiter über, durch welche es in die Gebärmutterhöhle gelangt. Zur Erleichterung dieses Vorgangs ist der E. des zeugungsfähigen Weibchens periodisch (beim Menschen während der Menstruation, bei Tieren während der Brunst) einer heftigen Blutanhäufung ausgesetzt, welche nach Art einer Entzündung an der Stelle, wo ein reifes Ei liegt, die genannten Hüllen des E. erweicht und schmilzt, bis sie den Durchbruch des Eies gestatten. An der geplatzten Stelle bleibt der offene Graafsche Follikel, welcher durch Verfärbung des ergossenen Blutes ein gelbliches Aussehen annimmt und deshalb gelber Körper (Corpus luteum) heißt, zurück und heilt darauf nach Art einer vernarbenden Wunde. Gegen die Mitte oder das Ende der vierziger Jahre hört die

Entwicklung der Graafschen Follikel und die Reifung von Eiern auf, womit die Menstruation und die Zeugungsfähigkeit des Weibes erlischt.

Die E. sind häufig Erkrankungen ausgesetzt. Am häufigsten kommt die *Entzündung des E.* (Oophoritis) vor, welche sich gewöhnlich im Anschluß an eine Menstruation oder den Verlauf eines Wochenbettes entwickelt. Die während der Menstruation regelmäßig eintretende Entzündung einer bestimmten einzelnen Stelle des E. pflanzt sich leicht auf die ganze Oberfläche des E. und weiterhin auf andere Teile des Bauchfells fort, mit welchem der seröse Überzug der E. innig zusammenhängt. Daher entstehen während der Menstruation besonders leicht Unterleibs-(Bauchfell-)Entzündungen, und es ist während dieser Zeit Schonung und Vorsicht unbedingt nötig; besonders müssen diejenigen, welche an schmerzhafter Menstruation (s. Dysmenorrhöe) leiden, das Bett hüten und alle heftigen Bewegungen und Gemütsaufregungen meiden, bis der Schmerz vollständig vorüber ist. Bei Schonung und zweckmäßigem diätetischem Verhalten bildet sich diese Entzündung des E. in der Regel wieder zurück; bisweilen führt sie aber auch zur Vereiterung des E. und damit zu längerem Siechtum oder selbst tödlichem Ausgang; auch kann jede heftigere Entzündung des E. den Untergang der Graafschen Follikel und damit, wenn die Entzündung beide E. betraf, dauernde Unfruchtbarkeit (s. d.) des Weibes zur Folge haben. Unter den chronischen Krankheiten des E. sind die mit *Eierstockwassersucht* (s. d.) verbundenen *Cystengeschwülste* am wichtigsten. Über die operative Entfernung der E. s. Kastration und Ovariotomie. — Vgl. Olshausen, Die Krankheiten der Ovarien (Stuttg. 1886).

Eierstockband, s. Eierstock.

Eierstockcysten, s. Eierstockwassersucht.

Eierstockentzündung, s. Eierstock.

Eierstockwassersucht (Hydrops ovarii), die mehr oder minder beträchtliche Ausdehnung des krankhaft entarteten Eierstocks durch angesammelte Flüssigkeit, hat in den meisten Fällen ihren Grund darin, daß ein Graafscher Follikel des Eierstocks (s. d.) infolge übermäßiger Ansammlung von Flüssigkeit allmählich zu einem größern, mit Wasser erfüllten häutigen Sack (sog. *Eierstock-* oder *Ovariencyste*) heranwächst, der allmählich den eigentlichen Eierstock vollständig in sich aufnimmt und nach und nach einen so großen Umfang erreichen kann, daß er 10—15 und noch mehr Liter Flüssigkeit faßt und schließlich beinahe die ganze Bauchhöhle ausfüllt. Man unterscheidet mehrere Arten derartiger Eierstockcysten: *einfache Cysten*, die nur einen einzigen mit Wasser erfüllten Hohlraum umschließen, *zusammengesetzte Cysten* oder *Eierstockcystome*, die aus vielen, größern oder kleinern, meist dünnwandigen und zu einer höckerigen Geschwulst vereinigten Blasen bestehen und so zahlreiche, miteinander nicht in Verbindung stehende Hohlräume darbieten, und sog. *Dermoidcysten*, die nicht mit einer Flüssigkeit, sondern mit einer grützbreiartigen, oft Fett, Haare und zahnähnliche Gebilde enthaltenden Masse erfullt sind. Die Entwicklung derartiger Cysten des Eierstocks wird gewöhnlich nicht vor dem 25., meist zwischen dem 30. und 40. Jahre beobachtet; doch kann sie auch noch in spätern Lebensjahren erfolgen.

Die *Symptome* der Eierstockcysten sind je nach ihrer Größe, Ausdehnung und Lage sehr verschieden; während kleinere Cysten entweder gar keine oder nur sehr unbedeutende Beschwerden verursachen, bedingen die großen eine ganz außerordentliche Auftreibung des Leibes, drängen das Zwerchfell stark nach oben, erschweren dadurch die Atmung in hohem Grade und veranlassen heftige Atemnot, ja können durch ihren anhaltenden Druck auf wichtige Organe das Leben des Kranken unmittelbar gefährden. Behufs Beseitigung dieser Beschwerden pflegte man früher die Geschwulst vermittelst eines Trokars anzustechen und so ihren wässerigen Inhalt nach außen zu entleeren. Allein gewöhnlich hält die dadurch gewährte Erleichterung nicht lange an, da sich der Sack bald wieder mit Wasser anfüllt; durch oft wiederholtes Abzapfen der Flüssigkeit wird aber der Körper allmählich sehr geschwächt und schließlich erfolgt der Tod infolge von allgemeiner Erschöpfung. Auch der Versuch, durch Einspritzung von reizenden Substanzen, namentlich Jodtinktur, in den vorher entleerten Cystensack eine Entzündung und damit eine Schrumpfung und Verklebung desselben hervorzurufen, führt nur selten zu dem erhofften Ziele und setzt zudem die Patientin einer Reihe erheblicher Gefahren aus. In einzelnen allerdings sehr seltenen Fällen kommt eine Spontanheilung der E. dadurch zu stande, daß infolge eines zufälligen Stoßes oder Schlages gegen den Unterleib die Cystenwand einreißt und sich nun der wässerige Cysteninhalt entweder in die Bauchhöhle ergießt und resorbiert wird oder, wenn die Cyste vorher mit benachbarten Organen verwachsen war, durch den Darm, die Scheide, die Harnblase oder den Nabelring der Bauchwand nach außen entleert wird, worauf der entleerte Sack sich entzündet und zu einer soliden Bindegewebsmasse zusammenschrumpft. Mit Sicherheit läßt sich die radikale Heilung der E. nur von der Beseitigung der Eierstöcke, der Operation der Ovariotomie (s. d.) erwarten, bei welcher die Bauchwand mit dem Messer gespalten, die meist gestielte Geschwulst durch die Bauchwunde hervorgezogen und mit dem Messer entfernt wird. Dank den modernen antiseptischen Verbandmethoden sind die Gefahren dieser einst gefürchteten Operation so weit gemindert worden, daß z. B. Spencer Wells in London bereits über tausend Operationen ausgeführt und in nahezu 80 Proz. der Fälle Heilung erzielt hat, und daß die Operation jetzt nicht mehr bloß von einzelnen Specialisten, sondern von fast allen namhaftern Chirurgen und Gynäkologen mit gutem Erfolge unternommen wird. — Vgl. Spencer Wells, Diseases of the ovaries, their diagnosis and treatment (2. Aufl., Lond. 1872); Olshausen, Die Krankheiten der Ovarien (Stuttg. 1886).

Eifel (Eiflia), der nordwestl. Teil des rhein. Schiefergebirges in der preuß. Rheinprovinz (s. d.), zwischen Mosel, Rhein und Roer. Sie wird im SO. durch das Moselthal von dem Hunsrück (s. d.) getrennt und hat eine durchschnittliche Höhe von 600 m. Das ungefähr 67,8 km lange und 30 km breite wellige Hochland ist einförmig, rauh und unfruchtbar; dagegen bringen die vulkanischen Bildungen und die tiefen, wald- und felsreichen Thäler einige Mannigfaltigkeit. Besondern Reiz bietet das Ahrthal (s. Ahr), wie auch das von vulkanischen Tuffen ausgefüllte Brohlthal (s. Brohl). Andere bedeutendere Eifelthäler sind das Kyll-, Lieser- und Alfthal, die sich südwärts zur Mosel öffnen, das östlich verlaufende Thal der Nette, das nach N. zum Rhein gehende Erftthal und das zur Maas ziehende

Thal der Roer. Die E. ist reich an erloschenen Vulkanen, Kesselthälern und Kraterseen (Maare genannt), darunter der Laachersee, das große Meerfelder Maar, das Pulvermaar, das Schalkenmehrener, Weinfelder und Gemündener Maar. Das ganze Eifelgebiet zerfällt in sechs Abteilungen: das Maifeld, der Ahrgau, die Hohe E., die Vordereifel, die Schnee-Eifel und das Hohe Venn. Das **Maifeld**, eine wellige Ebene von 30 km Durchmesser, durchschnittlich 400 m hoch, zwischen Nette, Elz und Mosel, hat guten Boden und mildes Klima und scheint nach den aufgefundenen Denkmälern zur Römerzeit sehr kultiviert gewesen zu sein. Seinen Namen hat es wahrscheinlich von den Volksversammlungen, welche die Franken hier abgehalten haben. Jenseit der Nette folgt das interessante Gebiet des Laachersees mit dem vulkanischen Veitskopf und dem Kruster Ofen, in dem man die Ausbruchsstelle der Bimssteine sucht. Nördlich folgt der **Ahrgau** mit der basaltischen Landskrone. Westlich ist die **Hohe E.**, eine Hochebene, die von 376 bis 564 m ansteigt und in welcher sich die höchsten Gipfel der E. überhaupt, die 760 m hohe Hohe Acht (s. d.), die Nürburg (688 m), der Hohe Ernstberg oder Errensberg (693 m), der Kelberg (674 m) u. a. befinden. Über dem Moselspiegel liegt die Hochebene nur 266—455 m. Südwestlich schließt sich an die **Vordereifel**, hier finden sich die meisten der oben genannten Maare, vulkanische Kegel und Mineralquellen (Bertrich), das schöne Lieser- und Kyllthal mit ihren vulkanischen Gesteinen und ihren Burgruinen. Die **Schnee-Eifel** oder **Schneifel** ist von allen das rauheste und wildeste Revier; sie zieht nordöstlich zwischen Our und Kyll und erreicht bei einer durchschnittlichen Höhe von 500 m 674,8 m. An sie schließen sich im NW. große Torfmoore und öde Heiden an, die zum **Hohen Venn** (s. d.) übergehen. Die nach S. und O. sich öffnenden Thäler erzeugen Obst und Wein (Moselweine und die roten Weine des Ahrthales); bis über 500 m Höhe wird Ackerbau getrieben, noch höher aber finden wir nur mehr torfige Heiden. Eigentümlich ist der E. das in höhern Lagen vorkommende «Wild- oder Schiffelland», ein 2500 qkm großes Areal, das nur zeitweilig anbaufähig ist und jahrelang brach liegt.

Die Grundmasse der E. ist die untere Grauwacke des devonischen Übergangsgebirges, die nur im äußersten Westen gegen die Ardennen hin von halbkrystallinischen Schiefern unterlagert wird, während am Nordrande und südlich von Euskirchen bis Schöneken der sog. **Eifelkalk**, der viele charakteristische Versteinerungen enthält, muldenförmig der Grauwacke eingelagert ist. Das produktive Kohlengebirge findet sich im N., bei Eschweiler und an der Wurm. Aus der Triaszeit ist es vor allem der Buntsandstein, der wohl auch öfter mit aufgelagertem Muschelkalk und Keuper in fast horizontaler Lagerung auf den ältern Bildungen ruht. Im N. erst in einzelnen Zügen auftretend, gewinnt der Buntsandstein im S. größere Ausdehnung, bedeckt die Höhen zur Seite der Kyll und tritt so mit der großen Triasbucht in Verbindung, die von SW. her ins Grauwackegebiet eindringt. Das Braunkohlengebirge der Tertiärzeit kommt am Nordrande, bei Bonn, vor und ist innerhalb der E. nur durch trachytische Tuffe ohne Kohlen angedeutet. An Erzen liefert der Bleiberg von Kommern Bleiglanz und der Alte Berg bei Aachen Zinkerze. — Die wichtigsten und interessantesten Bildungen der E. sind aber die vulkanischen, von denen die Trachyte, Phonolithe und Trachydolerite in einzelnen Kuppen in der Gegend von Kellberg und Adenau, der Basalt dagegen, die höchsten Gipfel der Hohen E. bildend, in größerer Ausdehnung vorkommt. Neuvulkanische Bildungen kommen vor allem in der Vordereifel und im Maifeld vor. In jener ziehen basaltische Laven vom Bad Bertrich bis zum Goldberg am Nordende der Schnee-Eifel, in diesem dagegen sind neben der basaltischen Lava große Massen von Bimssteintuffen abgelagert. Eine die vulkanischen Bildungen begleitende Erscheinung sind die zahlreich vorkommenden kohlensauren Mineralquellen, so in der Umgebung von Daun gegen 500.

Seit 1871 wird die E. von der von Köln nach Trier gehenden Eisenbahn durchzogen. Die Beschäftigung der Bewohner ist fast ausschließlich Ackerbau und Viehzucht, die aber infolge der Grundstückzersplitterung trotz vieler Maßregeln der preuß. Regierung darniederliegt. Die früher bedeutende Schafzucht ist sehr zurückgegangen; die Waldwirtschaft hebt sich jetzt wieder. Die Industrie (Eisen im Schleiderer Thal, Müllenborn, Aschütte u. s. w., Tuche in Montjoie) ist jetzt geringfügig.

Vgl. Schannat, Eiflia illustrata, nach der lat. Handschrift deutsch bearbeitet von Bärsch (3 Bde. in 6 Abteil., Köln und Aachen 1825—55, nebst Abbildungen); Schmitz, Sitten und Sagen des Eifler Volks (2 Bde., Trier 1856—58); von Dechen, Geognost. Führer zu der Vulkanreihe der Vordereifel (2. Aufl., Bonn 1885); ders., Geognost. Führer zum Laachersee (ebd. 1864); Dressel, Geognost.-geolog. Skizze der Laacher Vulkangegend (Münst. 1871); Röbbelen, Die Bewaldung und sonstigen Meliorationen der E. im Regierungsbezirk Trier (Trier 1876); Die vulkanische E. (in «Griebens Reisebibliothek», Berl. 1889); Eifelführer. Herausgegeben vom Vorstand des Eifelvereins (4. Aufl., Trier 1891).

Eifelbahn, Bahn von Kall nach Trier (117,9 km), 1866 genehmigte und 1870—71 eröffnete Linie der ehemaligen Rheinischen Eisenbahn (s. d.), jetzt Preuß. Staatsbahn; vielfach wird auch die später vom preuß. Staate erbaute Nebenbahn Rote Erde- (Aachen) Montjoie-St. Vith-Ulflingen mit Zweigbahn nach Malmedy E. genannt.

Eifelkalk, s. Eifel.

Eifersucht, unangenehme Erregung beim Gedanken an ein Gut, das ein anderer besitzt, während man selbst ein Recht darauf hat oder zu haben glaubt (s. Mißgunst und Neid). Die E. kann auf die verschiedensten Arten von Gütern gehen, wie Ansehen, Macht, Gewinn, Zuneigung, Ruhm; vorzugsweise aber wird das Wort in Verhältnissen der Geschlechtsliebe gebraucht.

Eiffel, Alexandre Gustave, franz. Ingenieur, geb. 15. Dez. 1832 in Dijon, besuchte von 1852 bis 1855 die École centrale des arts et manufactures und widmete sich sodann größern Eisenkonstruktionen, besonders dem Bau eiserner Brücken. Von 1865 bis 1890 stand er einer von ihm errichteten Maschinenfabrik für Brückenbau in Levallois-Perret vor, welche er dann einer Aktiengesellschaft überließ. Von seinen Bauten sind zu nennen: die große Brücke bei Bordeaux, die Viadukte bei Vianna do Castello in Portugal und bei Thonet in Frankreich an der Bahn von Bressuire nach Tours (eiserner Überbau auf eisernen Pfeilern), die Brücke über den Douro bei Porto, 1876—77 (Sichelträger), und die Garabitbrücke bei St. Flour über die Truyère, 1880 (ebenfalls Sichelträger, mittelste Öffnung 165 m). Ferner rühren von ihm der Staatsbahnhof in Pest, der Pavillon der Stadt Paris für die Ausstellung 1878 und die drehbare Kuppel (100000 kg schwer, mit Leichtigkeit von einer Person bewegt) auf dem Observatorium zu Nizza. Sein bekanntestes Bauwerk ist der vielbesprochene Eiffelturm (s. d.), nach dessen Ausführung er 1889 in die Akademie der Wissenschaften aufgenommen wurde. In neuester Zeit beschäftigte sich E. mit dem Bau tragbarer Brücken sowie mit dem Projekt einer Pariser Ringbahn. Von seinen Schriften sind zu nennen: «Mémoire présenté à l'appui du projet définitif du viaduc de Garabit» (Par. 1889) und «Conférence de G. E. sur la tour de 300 mètres» (ebd. 1889).

Eiffelturm, der bei Gelegenheit der Pariser Weltausstellung von 1889 vom Ingenieur Eiffel (s. d.) in nächster Nähe der Jenabrücke auf dem Marsfelde errichtete 300 m hohe eiserne Turm (s. beistehende Abbildung). Der Turm setzt sich in

seiner Höhenrichtung aus drei Teilen zusammen. Der Unterbau, bis zur ersten Etage reichend, hat die Form einer vierseitigen abgekürzten Pyramide, deren Grundfläche ein Quadrat von 129,22 m Seitenlänge darstellt. An den vier Ecken dieser Grundfläche erheben sich in Form von großen «Elefantenfüßen» aus Flach- und Winkeleisen konstruierte Pfeiler, die oben in einem Kreuzgewölbe zusammenlaufen, das die erste Plattform, 57,63 m über dem Boden, trägt. Letztere bildet ein Quadrat von 65 m Seitenlänge. Der mit Skulpturen und Malereien geschmückte Raum dient als Restaurant. Ganz ähnlich, nur mit steiler aufsteigenden Eckpfeilern, ist auch die abgekürzte Pyramide der zweiten Etage konstruiert. Der Fußboden dieser letztern liegt 115,73 m über der Erde. Diese zweite Plattform hat 30 m als Quadratseite, ist als Glassalon ausgeführt und enthält ein Büffett sowie das Wasserreservoir für die unten erwähnten Aufzüge. Von hier ab nähern sich die vier Pfeiler mehr und mehr und verschmelzen in 190 m Höhe zu einem einzigen, der das dritte Stockwerk (276,13 m hoch) trägt. Dieses hat eine Quadratseite von 16,50 m und besitzt vier vorspringende Balkons, von denen aus man eine Aussicht von 140 km Weite genießt. Von diesem letzten, dem Publikum zugänglichen Raume führt eine Wendeltreppe nach drei Laboratorien (Astronomie, Physik und Meteorologie, Biologie und mikrographisches Studium der Luft) und zu einer kleinen, von Eiffel zeitweise benutzten Wohnung. Hierüber liegt der Leuchtturm mit festem Feuer und sich drehenden blauen, weißen und roten Scheiben. Große elektrische Projektoren gestatten die Erleuchtung eines Umkreises von 10 km zur Nachtzeit. Über der Kuppel des Leuchtturms liegt in 300 m Höhe über der Erde eine Terrasse von 1,40 m Durchmesser, die wiederum wissenschaftlichen Beobachtungen dient. Eine 8 m lange Fahne überragt diese letzte Terrasse. Der Turm trägt keinen Blitzableiter, da er selbst die Stelle eines solchen vertritt. Zur Besteigung des Turmes zu Fuß dienen bequeme, mit zahlreichen Podesten versehene Treppen. Die Zahl der Stufen bis zur Spitze beträgt 1792, 350 bis zum ersten Stock, 380 von da bis zum zweiten und 1062 von da bis zur Spitze. Bequemer ist die Benutzung der Aufzüge. Von diesen führen vier von der Terrainsohle bis zur ersten Etage; von hier übernehmen zwei Fahrstühle die Weiterbeförderung bis zur Fußbodenhöhe der zweiten Etage; endlich führt von dort bis zur Plattform der dritten Etage in zwei aufeinander folgenden Etappen ein Fahrstuhl. Jeder Fahrstuhl faßt 30—40 Personen.

Das Gewicht des Turmes mit allen zugehörigen Teilen beträgt etwa 9 Mill. kg; das der Eisenkonstruktion allein 7300000 kg. Es kam vor allem darauf an, für eine so kolossale Masse, deren Druck durch die vier durchbrochenen Eckpfeiler der untersten Pyramide auf den Baugrund übertragen wird, ein absolut festes Fundament zu schaffen. Man hat zu diesem Zweck zwei verschiedene Fundierungsarten in Anwendung gebracht, nämlich die trockne Methode für die beiden der Seine abgewendeten Pfeiler, und die Methode der Preßluftgründung für die beiden der Seine näher stehenden Pfeiler. Die Grundflächen der aus bestem Beton hergestellten Fundamentklötze werden durch Quadrate von 26 m Seitenlänge gebildet, sodaß der auf den Kiesboden übertragene Druck an keiner Stelle 2 kg per Quadratcentimeter überschreitet. Die auf der Seineseite liegenden Klötze sind 14 m tief, die andern 9 m tief. Was die durch den Sturm verursachten Schwankungen anbetrifft, so übersteigen diese selbst unter den ungünstigsten Verhältnissen niemals das Maximum von 10 bis 15 cm. Die auf der Plattform der dritten Etage sich aufhaltenden Personen haben von diesen Schwankungen bisher niemals etwas wahrgenommen. Der Bau des E. dauerte vom 28. Jan. 1887 bis 31. März 1889. Die Zahl der dazu nötigen Zeichnungen betrug 12000.

Die Gesamtkosten des Turmes betragen 6500000 Frs. Zu diesem Betrage hat der Staat 1500000 Frs. beigesteuert, die Stadt Paris hat das Terrain hergegeben. Zwanzig Jahre nach Schluß der 1889er Ausstellung wird der Turm Eigentum des Staates. Inzwischen gehört der Genuß der Société de la Tour-Eiffel, gebildet von Eiffel und zwei oder drei großen Bankhäusern, welche über ein Kapital von 5100000 Frs. verfügen. Die 100000 Frs. sind das Betriebskapital, die 5 Mill. der Wert des Turmes. Eine öffentliche Emission hat nicht stattgehabt. Die Hälfte der Anteile ist Eigentum Eiffels, die andere Hälfte ist unter die Societäre verteilt.

Der Turm dient als Observatorium zu wissenschaftlichen Experimenten (Fallgeschwindigkeit, Luftwiderstand, Elasticitätsgesetze, Gas- und Dampfkompression, Pendelschwingung, Umdrehung der Erde u. s. w., zu meteorolog. Beobachtungen [Richtung und Gewalt der Luftströmungen, Zustand und chem. Zusammensetzung der Luft, obere Strömungen, Blitz, Temperatur in verschiedenen Höhen und zu verschiedenen Tageszeiten, Hygrometrie der Luft]) und zu strategischen Beobachtungen (Überblick über die bis zu einer Entfernung von 70 km sichtbaren Truppenkörper, optische Telegraphenverbindung mit Rouen, Beauvais, Orléans, Alençon u. s. w.).

Der E. ist das erste Bauwerk von dieser enormen Höhe. Die 1832 zu Ehren der damals votierten Reformbill geplante und vom Ingenieur Trewethick aus Gußeisen projektierte Riesensäule von 1000 engl. Fuß Höhe kam wegen des 1833 erfolgten Todes Trewethicks nicht zur Ausführung, und an Stelle des für die Weltausstellung in Philadelphia geplanten Turmes von ebenfalls 1000 engl. Fuß Höhe begnügte man sich mit der Errichtung des nur 169 m hohen Obelisken zu Washington im Distrikt Columbia. Neben der Abbildung sind die Höhen anderer bekannter Bauwerke in Linien angegeben. (S. auch Watkinturm.)

Eiförmig, s. Blatt (Bd. 3, S. 86a).

Eig, Insel, s. Egg.

Eigelb, Eidotter (Vitellum ovi), der gelbgefärbte Teil des Eies, der in dem Eiweiß (s. d.) eingebettet liegt. Das E. bildet eine dickliche, gelbe, schleimigflüssige Masse, die zahlreiche geformte Körper, die Dotterkügelchen, enthält, und besteht aus in Wasser gequollenem Eiweiß, einem besondern Eiweißkörper, der als Vitellin bezeichnet ist, ferner einem auch in der Gehirnmasse vorkommenden Stoff, dem Lecithin, außerdem Cholesterin (s. d.), fettem Öl (s. Eieröl), einem gelben Farbstoff, Lutein, und Salzen, unter denen die Kaliphosphate vorwiegen. Das Eiweiß unterscheidet sich vom E. durch das Fehlen der Dotterkügelchen, dagegen besteht es aus einem Konglomerat von äußerst zartwandigen Zellen, deren Inhalt vorzugsweise aus wasserreichem Eiweiß besteht; außerdem findet sich eine geringe Menge von verseiftem Fett, eine Zuckerart, die für Traubenzucker gehalten wird, und Salze, unter denen das Chlornatrium vorwaltet. Die anorganischen Salze sind im Ei auf ganz ähnliche Weise gruppiert und räumlich voneinander getrennt, wie im Blute; im E. wie in den Blutkörperchen sind die Kaliphosphate aufgespeichert, im Eiweiß wie im Blutserum ist das Chlornatrium in größter Menge enthalten. Das in der Hitze erfolgende Gerinnen des Eiweißes ist die Ursache des Hartkochens der Eier, wobei das sich ausscheidende, unlöslich gewordene Eiweiß das Wasser durch Imbibition aufsaugt. (S. auch Ei.)

Eigelstein (vom lat. aquila, d. i. Adler, also soviel wie Adlerstein), eine in rhein. Städten, welche ursprünglich röm. Kastelle waren, vorkommende Bezeichnung von Befestigungstürmen, z. B. in Köln, wo ein Thor und eine Straße danach genannt sind, ferner in Mainz, wo der Drususturm ebenfalls diesen Namen führt.

Eigen, in deutschen Rechtsbüchern soviel wie Allod (s. d.).

Eigenbewegung der Fixsterne, die kleinen fortschreitenden Bewegungen, die viele Fixsterne zeigen, wenn man genaue Bestimmungen ihrer Örter miteinander vergleicht, die zeitlich weit auseinander liegen. Der Betrag derselben ist in der Mehrzahl der Fälle außerordentlich klein; die größte bisjetzt gefundene E. beträgt jährlich nur 7″,05 (bei Nr. 1830 des Sternkatalogs von Groombridge), überhaupt kennt man noch nicht hundert Sterne, bei denen die E. 1″ erreicht. Die Richtung der E. ist bei den einzelnen Sternen ganz verschieden, sodaß im Laufe der Zeit infolge der E. die gegenseitigen Stellungen der Sterne auch für das Auge merkbare Änderungen erreichen werden; allerdings können vielleicht hunderttausend Jahre vergehen, bevor einzelne Sternbilder auffallend verändert werden. Halley machte zuerst auf das Vorhandensein von E. aufmerksam; in größerm Umfang wurde eine Untersuchung derselben erst von Mädler vorgenommen. Jetzt kennt man bereits mehrere Tausende von Sternen, bei denen eine E. sicher vorhanden ist; man kann sogar als sehr wahrscheinlich annehmen, daß alle Fixsterne E. besitzen, daß sich dieselbe aber wegen ihrer Kleinheit bei der Mehrzahl derselben noch der Wahrnehmung entzieht. Wenn auch nach Mädlers Untersuchungen der Betrag der E. im Durchschnitt mit der Helligkeit der Sterne abnimmt, so gestattet doch die größere oder geringere Helligkeit eines Sterns keineswegs einen Schluß auf die Größe seiner E.; die größten E. gehören sogar gerade schwachen Sternen an. Von den bei uns sichtbaren hellen Sternen haben die größte E.:

Arcturus jährlich 2″,26
Procyon » 1″,33
Sirius » 1″,25.

Die Ursache der E. ist sowohl in einer wirklichen Bewegung der Sterne im Raume zu suchen, als auch in der im Raume fortschreitenden Bewegung unsers eigenen Sonnensystems (s. Centralsonne und Apex); von der Verbindung beider Bewegungen wird uns aber nur die Projektion der Bewegung auf die Himmelskugel sichtbar. Neuerdings ist es indessen auch möglich geworden, bezüglich der Bewegung der Sterne in der Richtung der Gesichtslinie, auch als «Bewegung im Visionsradius» bezeichnet, durch das Spektroskop Aufschluß zu erlangen. Je nachdem sich nämlich eine Lichtquelle dem Beobachter nähert oder von ihm entfernt, tritt eine Verschiebung der einzelnen Linien ihres Spektrums nach der einen oder der andern Seite auf. (S. Dopplersches Princip.) In neuester Zeit ist es nun Vogel in Potsdam auf Grund dieses Princips gelungen, durch Photographieren von Sternspektren und Vergleichung der Lage ihrer Linien mit denen irdischer Stoffe, bei einer Anzahl von Sternen die Geschwindigkeit ihrer Bewegung im Visionsradius bis auf Bruchteile einer geogr. Meile genau zu bestimmen. Hiernach nähern sich z. B. unserm Sonnensystem Wega, Pollux und Arcturus, hingegen entfernen sich von ihm Sirius, Regulus, Procyon und Capella.

Von diesen wirklichen E. sind die scheinbaren Bewegungen der Fixsterne zu unterscheiden, die entstehen 1) infolge der täglichen Drehung der Erde um ihre Achse, wodurch es scheint, als ob die Fixsterne Kreise um die Erdachse beschrieben, 2) infolge der jährlichen Bewegung der Erde um die Sonne, wodurch die jährlichen Parallaxen der Fixsterne entstehen (s. Fixsternparallaxen), 3) infolge der Präcession und Nutation (s. Präcession), 4) infolge der Abirrung (s. d.) des Lichts, 5) infolge der Lichtbrechung, die das von jedem Stern nach der Erde kommende Licht durch die Erdatmosphäre erfährt.

Eigener Wechsel, s. Wechsel.

Eigenhandel (Proprehandel), im Gegensatz zum Kommissionshandel der von einem Unternehmer auf eigene Rechnung und Gefahr betriebene Warenhandel. Derselbe verlangt natürlich ein größeres Betriebskapital als der Kommissionshandel und ist auch mit größern Chancen des Gewinns wie des Verlustes verbunden.

Eigenlehner, auch Eigenlöhner, waren solche Personen, welche einen Bergbau mit eigener Handarbeit betrieben. Nach den frühern bergrechtlichen Bestimmungen konnten dieselben auch eine Gesellschaft bilden, nur durften mehr als acht E. zu einer solchen Gesellschaft nicht zusammentreten und mußten wenigstens vier davon die Bergarbeit mit eigener Hand verrichten. Auch stand es denselben zu, aus ihrer Mitte einem die Verwaltung des Berggebäudes als Lehnträger nach freier Wahl zu übergeben und mit dem Betriebe des Grubengebäudes zu betrauen, dafern von seiten der Bergbehörde die Persönlichkeit hierzu für geeignet befunden wurde. Trat der E. ganz allein auf oder nur mit einem Gesellschafter, so hieß er Einspänner, nahm derselbe mehrere an, so hießen sie Gesellen und, im Gegensatze von Gewerken, Hauptgesellen. Die Vorrechte und Befreiungen, die der Eigenlehnerbergbau durch das Gesetz genoß, bezweckten, die Auffindung und Untersuchung nutzbarer Lagerstätten zu befördern und zu erleichtern und dadurch die Lust zum Bergbaubetrieb zu erhöhen.

Nach dem Preuß. Allg. Berggesetz vom 24. Juni 1865 und den deutschen Berggesetzen, die ihm gefolgt sind, ist jene obenerwähnte Beschränkung weggefallen. Die Mitbeteiligten eines Bergwerks können durch Vertrag jede nach den Grundsätzen des Civilrechts zulässige Form der Gemeinschaft eingehen; auch durch sonstige Willenserklärung, namentlich Testament, können die Rechtsverhältnisse der Beteiligten beliebig geregelt werden; doch bedarf ein solches Rechtsgeschäft der gerichtlichen oder notariellen Form. Die Urkunde ist der Bergbehörde einzureichen. Beim Mangel eines solchen Vertrags behandelt die Behörde die Miteigentümer als Gewerkschaft. Das gewerkschaftliche Verhältnis ist aber ausgeschlossen, wenn das bisher im Alleineigentum stehende Bergwerk zu einer ungeteilten Erbschaft oder einer sonstigen gemeinschaftlichen Masse (Gütergemeinschaft u. dgl. m.) gehört.

Das königlich sächs. Gesetz vom 16. Juni 1868 kennt auch die vorerwähnten Beschränkungen nicht. Nach §. 8 desselben haben, wenn ein Bergwerk sich im Besitz von mehrern Personen befindet (Gesellenschaft), dieselben einen Bevollmächtigten zu ernennen, welcher in allen das Berggebäude betreffenden Angelegenheiten im Namen sämtlicher Besitzer Verfügungen anzunehmen und verbindliche Erklärungen abzugeben hat.

Dagegen hat das österr. Gesetz vom 23. Mai 1854 den Standpunkt der frühern Bergordnungen festgehalten, indem es die Teilung des Eigentums am Bergwerk in kleinere Anteile als Sechzehntel verbietet und die Beteiligten, die hiervon abweichen wollen, auf den Weg der Gewerkschaft oder Aktiengesellschaft verweist.

Eigenlöhner, s. Eigenlehner.

Eigenname (lat. nomen proprium), s. Personenname.

Eigennutz, s. Egoismus. — Der wirtschaftliche E., das Selbstinteresse (engl. self-interest), ist nach der engl. nationalökonomischen Schule die leitende und treibende Kraft in der wirtschaftlichen Thätigkeit des Einzelnen und infolge davon auch in der Volkswirtschaft überhaupt. Positiv unsittlicher und widerrechtlicher E. soll natürlich ausgeschlossen bleiben; aber auf dem Boden der Gesetzlichkeit und der bestehenden tauschwirtschaftlichen Gesellschaftsordnung ist es nach jener Auffassung nicht nur gerechtfertigt, daß jeder ausschließlich seinen eigenen Vorteil verfolge, sondern es wird dadurch das Wohl des Ganzen besser gefördert, als dies durch irgend eine planmäßige Leitung von oben herab geschehen würde. Jedermann wird dadurch aufs höchste angespornt, die jeweilig wertvollsten und am meisten begehrten Leistungen zu bieten, da er bei solchen die höchste Entlohnung für sich selbst erwarten kann. Sofern also Freiheit der Bewegung stattfindet und nicht etwa Monopole oder Vorrechte Vorteile sichern, die andernfalls nur durch wirklich wertvolle Leistungen zu erringen sind, erscheinen also gleichsam die Kräfte Aller thätig, das Wohl der Gesamtheit zu fördern. Das Princip dieses E. führt zu dem sog. Princip der Wirtschaftlichkeit: mit dem möglichst geringen Aufwand von Zeit, Stoff und Kraft ein möglichst großes Maß von Bedürfnisbefriedigung herbeizuführen. Nicht zu verkennen ist jedoch, daß es genug Fälle giebt, wo sich der Vorteil des Einzelnen nicht deckt mit dem Vorteil der Gesamtheit, wo im Gegenteile der erstere direkt mit dem letztern in Widerstreit gerät. Dann führt der E. nicht zur Harmonie, sondern zu Reibungen, die man zu beseitigen oder wenigstens zu mildern suchen muß. Es kann dies auf einzelnen Gebieten durch Eingreifen des Staates geschehen, indem der Konkurrenzkampf allgemein beschränkt wird, wie dies z. B. in betreff der Ausbeutung der Kinder- und Frauenarbeit geschehen ist. Sodann aber kommt es darauf an, daß das unter der Herrschaft des E. erworbene Einkommen und Vermögen seitens seiner Besitzer eine Verwendung finde, bei der auch der Gemeinsinn und das sociale Pflichtgefühl zur Geltung kommen.

Eigenschaft, jedes Merkmal, wodurch ein Ding sich vom andern unterscheidet, indem das Ding als das für sich Bestehende, die E. als das ihm Zugehörige oder Anhängende betrachtet wird (s. Accidens, Attribut, Qualität).

Eigenschaftswort, s. Adjektiv.

Eigenscher Kreis, s. Bernstadt.

Eigensinn, eine beharrliche Willensrichtung in Beziehung auf zufällige und unwesentliche Dinge, worin der Wille sich auch, ohne daß für ihn selbst ein Nachteil daraus entspränge, beugen dürfte. E. ist daher zwar verwandt mit einem festen und unbeugsamen Charakter, aber als Karikatur davon. Einen hohen Grad von E. nennt man Starrsinn. Was man bei Kindern E. nennt, fällt nicht immer unter den oben abgegrenzten Begriff, oft ist es nur der natürliche Widerstand gegen eine ungerechte und besonders gegen eine launenhafte Behandlung.

Eigentum. Die neuere Rechtswissenschaft und Gesetzgebung (Sächs. Bürgerl. Gesetzbuch) gebraucht diesen in Deutschland seit dem 14. Jahrh. für den röm. Begriff des dominium gesetzten, ursprünglich auf Grundstücke beschränkten Ausdruck, um das Recht auf die vollständige und ausschließliche Herrschaft über die Sache zu bezeichnen. Alle sonstigen Rechte an der Sache, die dinglichen Rechte, haben, wenn auch noch so ausgedehnt, einen konkreten und begrenzten Inhalt und beschränken, soweit dieser reicht, das E., d. h. mit ihrem Wegfall gewinnt das E. seine ursprüngliche Unbeschränktheit wieder (Konsolidation). Der Besitz (s. d.) ist der thatsächliche Zustand, welcher dem Inhalte des E. entspricht und dessen Wiederherstellung der Eigentümer einem jeden Dritten gegenüber verlangen kann.

Dem frühern Sprachgebrauche (insbesondere auch des Preuß. Allg. Landrechts und des Österr. Bürgerl. Gesetzbuchs) ist ein E. an Rechten nicht unbekannt. Hiermit wird indessen weiter nichts als das Recht selbst im Hinblick auf seine Verbindung mit der Person des Berechtigten bezeichnet. Als geistiges E. bezeichnet man die absolute Rechtsstellung des Urhebers eines Schriftwerkes u. s. w., nach welchem einem jeden Dritten die mechan. Vervielfältigung des Werkes untersagt ist. Die Reichsgesetze reden vom Urheberrecht (s. d.). Ferner wird mit jenem Ausdruck auch das Recht des patentierten Erfinders umfaßt. Andere fassen das Erfinderpatent, den Markenschutz und den Musterschutz als gewerbliches (industrielles) E. zusammen.

Seit dem Beginne dieses Jahrhunderts bestrebt sich die Gesetzgebung, der Belastung des E. mit beschränkenden Rechten engere Grenzen zu ziehen. Insbesondere wird die Begründung von vererblichen und veräußerlichen Nutzungsrechten nicht ferner gestattet. Rechte letzterer Art haben eine so weitgehende, den Inhalt des E. fast erschöpfende und nur ein ungewisses Rückfallsrecht und wohl das Recht auf gewisse Abgaben zurücklassende Bedeutung, daß man dem Nutzungsberechtigten ein E. (Nutzeigentum, dominium utile) im Gegensatz zu dem eigentlichen E. (Obereigentum, dominium directum) zuschreibt. Die Agrargesetzgebung hat, dem Umfange der beiderseitigen Rechte Rechnung tragend, vielfach (preuß. Gesetz vom 2. März 1850, betr. Ablösung der Reallasten) den Nutzeigentümer als Eigentümer proklamiert, das Obereigentum des Lehns-, Guts-, Grund- und Erbzinsherrn und des Erbverpächters aufgehoben, das Recht desselben auf Grundabgaben dagegen und zum Teil auch das Heimfallsrecht (bei Lehn, Erbpacht) vorbehalten. Fast durchgängig ist mindestens die Ablösbarkeit der Grundlasten und des Heimfallsrechts des Obereigentümers anerkannt.

Übrigens lassen sich nicht alle Konsequenzen des unbegrenzten Herrschaftsrechts über die Sache, insbesondere die Grundstücke durchführen. Das nachbarliche Zusammenleben wird nur durch die wechselseitigen nachbarrechtlichen Beschränkungen ermöglicht. Im öffentlichen Interesse müssen den Grundeigentümern eine Menge von Beschränkungen forstrechtlicher, bergrechtlicher, wasserrechtlicher, jagdrechtlicher, baupolizeilicher, feldpolizeilicher u. s. w. Natur auferlegt werden. Vermöge des Staatsnotrechts kann auch bis zur Entziehung des E. (Enteignung, s. d.) geschritten werden, indessen ist die Handhabung dieses Rechts meistens durch besondere Enteignungsgesetze beschränkt.

Man hat die Frage nach der Berechtigung des Privateigentums aufgeworfen. Darauf sind theoretische Antworten gegeben: 1) Die natürliche Theorie (Stahl, Bluntschli) erklärt die Notwendigkeit des Privateigentums aus der menschlichen Natur; die menschliche Persönlichkeit verlange notwendig zu ihrer Bethätigung die Herrschaft über die Sachgütter. 2) Die Occupationstheorie, die namentlich von den Naturrechtslehrern des 17. und 18. Jahrh. vertreten wird, will das E. auf den Akt der ersten Besitzergreifung zurückführen: dem, der zuerst ein Stück Land in Besitz nahm, gehöre es auch zu eigen. 3) Die Arbeitstheorie (Locke, Thiers, Bastiat) begründet das E. darauf, daß der Mensch Anspruch hätte auf die Früchte seiner Arbeit. 4) Die Vertragstheorie (Grotius, Pufendorf, Kant) begründet das E. auf die ausdrückliche oder stillschweigende Einwilligung. 5) Die Legaltheorie (Hobbes, Montesquieu, Bentham, Adolf Wagner) verweist zur Begründung des E. auf die Rechtsbildung, auf die staatliche Anerkennung durch das G setz.

Praktisch strebt die Socialdemokratie Beseitigung des Privateigentums an. Soweit diese Tendenz darauf gerichtet ist, alles Privateigentum zu beseitigen, will sie nicht bloß die Sachgüter der freien Verfügung und dem ausschließlichen Nutzungsrecht des einzelnen entziehen, sie will auch das Erbrecht abschaffen und die freie Vereinbarung über Leistung und Belohnung menschlicher Dienste ausschließen. Diesen Bestrebungen gegenüber entlehnen das Privateigentum und das Privatvermögen ihre Berechtigung der auf die sittliche, geistige und wirtschaftliche Freiheit des Einzelnen beruhenden menschlichen Kultur. Es ist ein verhängnisvoller Irrtum, daß mit der Beseitigung dieser Freiheit auch die Übel beseitigt würden, welche eine hohe wirtschaftliche Kultur für viele zur Folge hat.

Aufgabe einer rationellen Gesetzgebung bleibt es nur, die Mängel, welche jede menschliche Einrichtung besitzt, die aber bei dem mit höherer wirtschaftlicher Kultur wachsenden Bedürfnis von zahlreichen Klassen besonders lebhaft empfunden werden, soweit es angeht, zu beseitigen. Mit der Milderung der in unserer Zeit lebhafter als früher empfundenen socialen Übelstände hat aber die eingeleitete socialpolit. Gesetzgebung bereits begonnen. (S. Kommunismus, Socialismus.)

Litteratur. Thiers, Über das E. (deutsch von Obermayer, Mannh. 1848); Wagner, Die Abschaffung des privaten Grundeigentums (Lpz. 1870); ders., Allgemeine Volkswirtschaftslehre. Grundlegung (2. Aufl., ebd. 1879); V. Mayer, Das E. nach den verschiedenen Weltanschauungen (Freib. i. Br. 1871); Laveleye, De la propriété et de ses formes primitives (Par. 1874; erweiterte deutsche Bearbeitung von K. Bücher u. d. T. «Das Ureigentum», Lpz. 1879); Samter, Gesellschaftliches und Privateigentum (Lpz. 1877); ders., Das E. in seiner socialen Bedeutung (Jena 1879); Heusler, Institutionen des deutschen Privatrechts, Bd. 1 u. 2 (Lpz. 1885 u. 1886); von Inama-Sternegg, Deutsche Wirtschaftsgeschichte. Bd. 1: Bis zum Schluß der Karolingerperiode (ebd. 1879); Lorenz von Stein, Die drei Fragen des Grundbesitzes und seiner Zukunft (Stuttg. 1881); Felix, Entwicklungsgeschichte des E. (Bd. 1: Der Einfluß der Natur auf die Entwicklung des E., Lpz. 1883; Bd. 2: Der Einfluß der Sitten und Gebräuche auf die Entwicklung des E., ebd. 1886).

Eigentümerhypothek, eine auf einem Grundstück für den Eigentümer dieses Grundstücks bestellte Hypothek. Daß ein Grundstückseigentümer eine Forderung gegen sich selbst habe, für welche ihm sein Grundstück mit einer Hypothek hafte, erscheint irrationell, wenn man nur die Person des Eigentümers für sich allein auffaßt. Deshalb erscheint es natürlich, daß die Hypothek an einem fremden Grundstück erlischt, wenn der Hypothekgläubiger das ihm verpfändete Grundstück zu Eigentum erwirbt. Sobald aber die Beziehungen des Hypothekgläubigers zu andern Personen es fordern, das Verhältnis von Gläubiger und Schuldner auseinander zu halten oder das Grundstück von dem übrigen Vermögen des Eigentümers zu trennen, kann es notwendig werden für die Beziehungen dieser dritten Personen, sich das Verhältnis des Eigentümers und des Hypothekgläubigers so zu denken, als handle es sich um zwei verschiedene Personen. Wenn der Hypothekgläubiger als Benefizialerbe (s. Inventarrecht) eine mit Schulden belastete Erbschaft und mit dieser das Grundstück erwirbt, an welchem er schon bei Lebzeiten des Erblassers eine Hypothek hatte, darf er, obgleich er den Erbschaftsgläubigern als Schuldner, aber nur mit der Erbschaft haftet, die Hypothek, mit welcher er ihnen nicht haftet, für sich liquidieren, und, soweit er aus dem Grundstück nicht voll befriedigt wird, neben den Erbschaftsgläubigern aus dem Rechtsbestande der Erbschaft, soweit diese reicht, sich bezahlt machen. Und wenn der Hypothekgläubiger seine Hypothek verpfändet hat, demnächst aber das mit der Hypothek belastete Grundstück als Eigentümer erwirbt, darf man die Hypothek nicht wegen Zusammentreffens von Gläubiger und Schuldner in einer Person untergehen lassen; sonst würde der Pfandgläubiger sein Recht verlieren. Es ist also nicht irrationell, wenn die neuern Hypothekengesetze die Bestellung einer E. zulassen mit Rücksicht auf den möglichen Eintritt solcher Komplikationen oder mit Rücksicht darauf, daß der Hypothekgläubiger das erworbene Grundstück wieder veräußern, die Hypothek aber behalten kann, oder, daß für dieselbe Forderung noch andere Grundstücke haften, welche der Hypothekgläubiger nicht erworben hat, oder, daß es dem wirtschaftlichen Interesse des Eigentümers dient, zu einer Zeit, wo Geld zur zweiten Stelle leicht zu haben ist, für sich selbst an erster Stelle eine Hypothek eintragen zu lassen, um dieselbe später zu begeben, für das von einem andern aufgenommene Kapital, aber an zweiter Stelle; oder, wenn die Hypothekengesetze wenigstens die einmal eingetragene Hypothek aufrecht halten, sofern der Hypothekgläubiger das Grundstück oder der Grundeigentümer durch Abzahlung und Cession die Hypothek erwirbt. Daß der Eigentümer für sich eine Hypothek eintragen lassen kann, ist nach den Mecklenburger Hypothekenordnungen, nach dem Lübischen Gesetz vom 25. Juli 1868 und nach dem Hamburger Gesetz vom 4. Dez. 1868 zulässig. In Preußen (Gesetz vom 5. Mai 1872, §. 27) und nach dem Deutschen Entwurf §. 1142 kann auf diese Weise nur eine Grundschuld begründet werden. Nach dem bayr. Gesetz vom 1. Juni 1822, §. 150 kann sich der Eigentümer eine Stelle für eine künftige Eintragung offen halten. Das ist auch in Mecklenburg zulässig. In Schleswig-Holstein (Gesetz vom 27. Mai 1873, §. 41) können bis zu einer im Gesetz bestimmten Frist Hypotheken mit fester Rangordnung protokolliert werden, sodaß, wenn eine Hypothek gelöscht wird, die spätern Hypotheken nicht vorrücken. Der Eigentümer kann vielmehr an die Stelle der gelöschten eine neue Hypothek eintragen lassen. Dies will der Deutsche Entwurf §. 1102 ausschließen.

Nach dem Sächs. Gesetzb. §. 442, nach den Gesetzen für Altenburg, beide Reuß und Anhalt kann der Eigentümer, welcher eine Hypothek tilgt, verlangen, daß der Gläubiger sie ihm abtritt, er kann dann weiter über sie verfügen. Nach dem preuß. Gesetz §. 64, nach den diesem nachgebildeten Gesetzen für Oldenburg, Coburg-Gotha und Braunschweig kann der Eigentümer selbst auf Grund einer ihm ausgestellten Quittung oder Löschungsbewilligung die Hypothek auf sich umschreiben lassen oder über sie verfügen. Nach den Rechten von Mecklenburg, von Lübeck und Hamburg erwirbt der Eigentümer die Hypothek durch Cession wie ein anderer; nach den Gesetzen für Bayern, Württemberg, Weimar und Hessen geht, wenn der Eigentümer nicht zugleich persönlich und mit seinem übrigen Vermögen für die Schuld haftet, die Hypothek mit der Forderung auf denselben dadurch über, daß er den Gläubiger persönlich befriedigt. Der Deutsche Entwurf §. 1094 hat das recipiert, läßt aber auch, wenn der Eigentümer Schuldner ist, die Hypothek (ohne Forderung) auf ihn übergehen. Daß die Hypothek nicht erlischt, wenn durch andere Vorgänge Eigentum und Hypothek in derselben Person zusammentreffen, versteht sich nach diesen Gesetzen und ist auch angeordnet.

Wird das Grundstück subhastiert, ohne daß die E. begeben ist, so kann der Eigentümer nach preußischem und den diesem nachgebildeten Gesetzen, den Gesetzen für Hamburg und Lübeck und nach dem Deutschen Entwurf §. 1076 die Hypothek für sich liquidieren, im Konkurse der Verwalter für die nicht bevorrechtigten Gläubiger. Entsprechend wird bei der Zwangsverwaltung verfahren. Nur kann der Eigentümer die Subhastation nicht gegen sich selbst betreiben. Nach dem Sächs. Gesetzb. §. 444 rücken in jenem Fall die nachfolgenden Hypothekgläubiger vor, alsbald die Hypothek gelöscht sei.

Die Einwendungen, welche gegen die sehr praktische E. bei Besprechung des Deutschen Entwurfs erhoben sind, beruhen teils auf dem Wunsche, dem Eigentümer die «Mobilisierung» des Grundeigentums zu erschweren, und zerfallen in sich, wenn man diesen Wunsch nicht für beachtenswert hält; teils beruhen sie auf jurist.-theoretischen Bedenken, welche sich unschwer widerlegen lassen.

Eigentum ist Diebstahl («La propriété c'est le vol»), Citat aus Proudhons (s. d.) Schrift «Qu'est-ce que la propriété?» (Par. 1840); der Gedanke selbst ist älter.

Eigentumsbeschränkungen, s. Beschränkungen.

Eigentumserwerb. Eigentum wird einmal erworben durch Erbschaft. Mit dem Erwerbe einer Erbschaft gehen alle dem Erblasser gehörig gewesenen Sachen, sowohl die beweglichen wie die Grundstücke auf den Erben über, ohne daß er noch jene in Besitz genommen und diese sich hat im Grundbuch überschreiben lassen, auch wenn sie sich in dritter Hand befinden. Nach Sächs. Bürgerl. Gesetzb. §§. 276, 277 geht das Eigentum an Grundstücken erst durch Eintragung des Erben im Grundbuch über, doch kann der Erbe veräußern, ohne eingetragen zu sein (§. 2286). Ebenso geht das Eigentum einer dem Erblasser gehörig gewesenen Sache mit dem Erwerb des Vermächtnisses (s. d.) auf den über, welchem der Erblasser die zum Nachlaß gehörige Sache vermacht hat, nach gemeinem Recht unbeschadet des persönlichen Anspruchs an den Erben oder sonst Beschwerten (s. d.) auf Auslieferung der Sache. Ebenso nach Preuß. Allg. Landr. I, 12, §. 288, doch kann der Vermächtnisnehmer seine Eintragung als Eigentümer im Grundbuch nur erwirken, wenn der Erbe die Zustimmung hierzu erteilt oder dazu rechtskräftig verurteilt ist (Grundbuchordnung vom 5. Mai 1872, §. 53, 85). Ebenso nach Sächs. Bürgerl. Gesetzb. §. 259 bei beweglichen Sachen, und allgemein nach Code civil, Art. 1014, doch ist das hier nicht unbestritten. Dagegen hat der Vermächtnisnehmer nach Österr. Bürgerl. Gesetzb. §. 684 und nach dem Deutschen Entwurf §. 1865 nur einen Anspruch auf Eigentumsübertragung.

Durch Rechtsgeschäft unter Lebenden wird Eigentum an Grundstücken nach den neuern Gesetzen nur durch Eintragung des Erwerbers im Grundbuch übertragen, der nach preuß. Gesetz vom 5. Mai 1872 die Auflassung (s. d.) vorherzugehen hat. An beweglichen Sachen wird Eigentum durch Übergabe des Besitzes (s. Besitzerwerb und -Verlust) mit dem Willen Eigentum zu geben und zu nehmen übertragen. Kauf, Schenkung, Tausch, Darlehn und die übrigen Veräußerungsgeschäfte bilden die Causa (s. d.) der Eigentumsübertragung. Die Ungültigkeit oder der Mangel solcher causa macht die Eigentumsübertragung in der Regel nicht wirkungslos, giebt aber dem Veräußernden einen persönlichen Anspruch auf Rückgabe (s. Bereicherung). Nach gemeinem Recht soll auch das Eigentum des Verkäufers auf den Käufer trotz Übergabe nicht übergehen, wenn der Preis nicht bezahlt oder kreditiert ist. Über das Verfolgungsrecht der Deutschen Konkursordnung s. Aussonderung. Nach franz. Recht wird der E. an einer individuell bestimmten Sache (species) mit dem Abschluß des den E. bezweckenden Rechtsgeschäfts ohne Übergabe bewirkt; bei der Gattung nach bestimmten Sachen muß noch die Individualisierung durch Aussonderung hinzutreten (Code civil, Art. 711, 724, 1014, 1021, 1138, 1583, 1599). Der Eigentumsübergang ohne Besitzübergabe kann bei Seeschiffen durch die Parteien vereinbart werden (Handelsgesetzbuch, Art. 439). Die Übergabe des an Order lautenden Konnossements (s. d.) an den legitimierten Empfänger hat, sobald die Güter abgeladen sind, dieselbe rechtliche Wirkung wie die Übergabe der Güter. Das Eigentum wird ferner übertragen durch Richterspruch im Teilungsverfahren und bei der Konfiskation (s. d.), durch den Zuschlag in der Zwangsvollstreckung, sofern der Höchstbietende zahlt (Civilprozeßordn. §. 718); doch ist bei Grundstücken der Ersteher zu Verfügungen vor dem Grundbuchrichter nicht befugt, solange er nicht als Eigentümer eingetragen ist, oder das Eigentum geht erst mit dem Eintrag über.

Das Eigentum wird ferner erworben durch Ersitzung (s. d.). Herrenlose Sachen werden, insofern dem Fiskus nicht ein Regal (s. d.) zusteht, durch Occupation (s. d.) desjenigen erworben, welcher die Sache zuerst, um sie für sich zu behalten, in Besitz nimmt (res nullius cedit primo occupanti). Wer im guten Glauben, er sei bereits Eigentümer, eine fremde bewegliche Sache zu einer neuen umgestaltet, erwirbt Eigentum durch Specifikation. Der zum Fruchtbezug Berechtigte erwirbt an der Frucht als einer neuen Sache Eigentum mit der Trennung der Frucht von der fruchttragenden Sache (so der Eigentümer und der gutgläubige Besitzer, nach österr. Gesetzen und dem Deutschen Entwurf auch der Nießbraucher oder sonst dinglich Berechtigte) oder damit, daß der Berechtigte die Frucht in Besitz nimmt (so der nur obligatorisch berechtigte Pächter und nach gemeinem Recht und sächs. Gesetz der Nießbraucher). Doch ist der Eigentümer und der Nutzungsberechtigte, schon nachdem die Frucht hervorgetreten und bevor sie getrennt ist, nach preuß. und sächs. Recht zu wirksamen Verfügungen über die Frucht (Verkauf und Verpfändung) berechtigt. Über E. am gefundenen Schatz, durch Commixtio oder Konfusion und Alluvion s. diese Artikel.

Vorbehältlich des Entschädigungsanspruchs des bisherigen Eigentümers geht das in ein Grundstück verbaute fremde Baumaterial auf den Grundstückseigentümer über, nach gemeinem Recht nur solange die Verbindung währt. Eigentümliche Bestimmungen über Bauen auf fremden Boden hat das Preuß. Landr. I, 9, §§. 327 fg. Pflanzen, welche in fremdem Boden Wurzeln geschlagen haben, weichen dem Eigentum des Grundstücks.

Wird eine bewegliche Sache mit einer andern fremden beweglichen Sache so verbunden, daß die eine als Nebensache erscheinende wesentlicher Bestandteil der andern als Hauptsache erscheinenden wird, so geht das Eigentum der Nebensache auf den Eigentümer der Hauptsache über, welcher den andern zu entschädigen hat.

Eigentumsklage, die dingliche Klage (s. Actio) zum Schutze des Eigentümers aus dem Eigentumsrecht. Wird sie erhoben, um dem dritten Besitzer die Sache abzufordern, so heißt sie Vindikation (s. d.). Wird sie gegen den erhoben, welcher sich von dem Eigentümer nicht anerkannte Rechte an der Sache zuschreibt oder das Recht des Eigentümers durch thatsächliche Eingriffe verletzt, so heißt sie Negatoria (s. d.). Die neuern Gesetze bezeichnen gewöhnlich nur die Vindikation als die E. (Sächs. Bürgerl. Gesetzb. §. 295; Österr. Bürgerl. Gesetzb. §§. 366 fg.; ähnlich Preuß. Allg. Landr. I, 15), erwähnen aber auch die Negatoria als besondere Klage (Sächs. Bürgerl. Gesetzb. §. 321; Österr. Bürgerl. Gesetzb. §. 523), oder diese Klage ist doch, wie in Preußen, durch die Praxis anerkannt. Für besonders schwere Fälle der Verletzung des Eigentumsrechts hat das röm. Recht besondere persönliche Klagen eingeführt, wie die Diebstahlsersatzklage, die Klage aus absichtlicher oder fahrlässiger Sachbeschädigung. Diese Klagen sollen zwar auch nur dem Eigentümer zustehen; sie sind aber gedacht nicht als aus dem Eigentumsrecht, sondern aus dem Delikt, der Verletzung entsprungen. Die Haftung z. B. für Schadensersatz reicht hier weiter wie bei der E. im gewöhnlichen Falle; andererseits kann auch in diesen Fällen die E. erhoben werden, mit weitergehender oder mit eingeschränkter Haftung, sodaß beide Klagen miteinander konkurrieren. Ebenso kann dem Eigentümer neben der Vindikation eine persönliche Klage auf Rückgabe aus einem Vertragsverhältnisse zustehen: z. B. der Verkäufer hat in Erwartung, der Käufer werde den Preis bezahlen und sich zur Auflassung des Eigentums stellen, das verkaufte Grundstück bereits übergeben; der Käufer zahlt aber nicht, Verkäufer wählt den Rücktritt und kann nun aus dem Kaufvertrage auf Rückgabe klagen oder das Grundstück vindizieren. Diese Unterscheidung der Klagformen, obschon sich dieselben in ihrer Wirkung zum Teil decken, ist heute noch von großer Wichtigkeit. Der Jurist denkt in diesen Formen, der geschickte Anwalt weiß unter den verschiedenen, ihm vom Recht dargebotenen Klagen zu wählen und macht das durch den Vortrag der Thatsachen und die Formulierung der Ansprüche erkennbar. Die Sache verhält sich ähnlich wie mit den verschiedenen Formen der strafbaren Handlungen, welche auch so charakterisiert werden, daß ein und dasselbe Verbrechen aus verschiedenen Gesichtspunkten strafbar erscheinen kann; oder wie mit den verschiedenen Krankheitsformen, wenn sich die Krankheit an verschiedenen Organen verschieden äußert.

Eine Verschiedenheit der persönlichen Klage aus einem Vertragsverhältnis und der E. zeigt sich unter anderm darin, daß der redliche Erwerber oder der gutgläubige Besitzer für die Sache nicht mehr haftet, wenn er sie veräußerte, bevor er vom Eigentümer angesprochen wurde. Aus dem Vertrage wird aber wie für eine Schuld gehaftet. Der Dieb wird auch nicht durch den Untergang der entwendeten Sache von der Haftung befreit; wohl aber der gewöhnliche unredliche Besitzer.

Statt ein dingliches Recht an der Sache zuzusprechen oder abzusprechen, wird in der Gesetzgebung sehr häufig die Vindikation abgesprochen oder zugesprochen (Code civil Art. 2279, 2280; Wechselordn. §. 74). Auch wird die Vindikation dadurch beschränkt, daß dem Besitzer wegen des aufgewendeten Kaufpreises zwar nicht ein Recht an der Sache, aber doch eine Einrede und ein Einlösungsrecht gegen den Vindikanten gegeben wird (Preuß. Allg. Landr. I, 15, §§. 25, 26, 44; Sächs. Bürgerl. Gesetzb. §. 315).

Ein besonderer Fall der Zusprechung der E. ohne Eigentumsrecht war im röm. Recht der Fall der actio Publiciana. Demjenigen, welcher eine fremde Sache aus einem Titel erworben hatte, welcher für die Regel Eigentum verschafft, im gegebenen Fall aber aus einem dem Erwerber unbekannt gebliebenen Grunde, z. B. weil der Veräußerer nicht handlungsfähig oder weil er nicht Eigentümer war oder weil das Geschäft an einem Mangel litt, Eigentum nicht übergehen ließ, wurde eine der E. nachgebildete Klage gegen den Dritten gegeben, welcher nicht selbst Eigentümer war. Es wurde fingiert, als ob der redliche Erwerber durch bereits vollendete Ersitzung das Eigentum erlangt hätte. Eine derartige Rechtsposition ist im modernen Recht in noch weiterm Umfange unter Absehen vom Usukapionsbesitze einem frühern Besitzer gegen einen spätern Besitzer zugesprochen (Preuß. Allg. Landr. I, 7, §§. 161 fg., §§. 170 fg.; Bayrisches Landr. II, 2, §. 9). In der Theorie ist bestritten, ob es sich hier nicht bloß um für die größere Wahrscheinlichkeit des Eigentums des einen Teils sprechende Beweisgründe handelt.

Die früher erwähnte actio negatoria ist im modernen Recht von geringerer Bedeutung, insbesondere mit Rücksicht auf die allgemeine (Civilprozeßordn. §. 731) Zulässigkeit der Feststellungsklage in Ansehung der Eigentumsfreiheit (vgl. Preuß. Allg. Landr. I, 7, §§. 181, 182; Österr. Bürgerl. Gesetzb. §. 523; Sächs. Bürgerl. Gesetzb. §. 321; der Code civil enthält nichts hierüber).

Eigentumslosung, s. Retrakt.

Eigentumsvorbehalt. Das röm. Recht hat den gesetzlichen E., daß gekaufte und dem Käufer übergebene Sachen nur dann Eigentum des Käufers werden, wenn der Kaufpreis gezahlt, sichergestellt oder gestundet ist. Dieser Satz ist in Deutschland fast überall, wo die Gesetzgebung die Eigentumserwerbung neu geregelt hat, weggelassen. Der rechtsgeschäftliche Vorbehalt gleichen Inhalts macht den Eigentumsübertragungsvertrag zu einem bedingten. Da durch einen solchen Vorbehalt die Zahlung des Kaufgeldes gesichert werden soll, so erscheint derselbe als Pfandrechtszwecken dienender und wird deshalb in den modernen Gesetzgebungen bei beweglichen Sachen als mit dem Faustpfandprincip, welches verlangt, daß der Pfandgläubiger das Pfand in seiner Innhabung hat, im Widerspruche stehend nicht als wirksam anerkannt, bei Grundstücken in das vertragsmäßige Versprechen der Hypothekbestellung umgedeutet (§. 26 des preuß. Eigentumserwerbgesetzes von 1872).

Im weitern Sinne ist unter E. ein jeder bedingte Abschluß des Eigentumsübertragungsvertrags zu verstehen und nach modernem Grundbuchrecht nur als Vereinbarung eines Rückfallsrechts, nicht als Hinausschiebung des Eigentumsübergangs zulässig.

Eigenwärme, s. Wärme (tierische). — Über die E. der Erde s. Erdwärme.

Eiger, Hochgipfel der Finsteraarhorngruppe in den Berner Alpen (s. d. und Westalpen), der Kalkzone angehörend, erhebt sich südlich vom Grindelwaldthal als schroffer Felskegel mit blinkender Firnspitze zu 3975 m. Der Gipfel (drei in einem Punkt zusammenlaufende Grate) stürzt nach N. und SO. steil ab und trägt nur im SW. und NO. abschüssige Firnfelder. Vor die krystallinische Centralkette nördlich vorspringend, mit einer fast 2000 m hohen Felswand schroff in die grünen Weiden der Vorberge abfallend, bietet der E. den Blick auf die großartige Firnwelt und auf die belebten Vorberge und Thäler. Seine Besteigung, zuerst 1858 von Barrington ausgeführt, wird gewöhnlich über den von der Kleinen Scheideck (s. Scheideck) ansteigenden Grat bewerkstelligt. Über den südlich zum Mönch sich hinziehenden Grat führt das gefährliche Eigerjoch (3617 m), von Leslie Stephen, W. und G. Matthews 7. Aug. 1859 zuerst überschritten.

Eigerbahn, Eisenbahn, die von der höchsten Station Scheideck (2064 m) der Wengernalpbahn (s. d.) nach dem Gipfel des Eiger geführt werden soll. Die E. ist als Drahtseilbahn nach dem System der Bürgenstock- und der Salvatorebahn geplant und soll außer den Stationen Rothstock (2355 m) und Eiger (3970 m) zwei Zwischenstationen in 2990 und 3470 m Höhe erhalten. Die Anlagekosten sind zu 3 900 000 Frs. veranschlagt.

Eigerjoch, s. Eiger.

Eihäute, Eihülle, s. Embryo.

Eijassi-See, im März 1892 von Dr. Baumann entdeckter großer See in Deutsch-Ostafrika, zwischen dem Natronsee und dem Spekegolf des Victoria-Njansa in meridionaler Richtung sich erstreckend, nach Aussage der Eingeborenen mindestens 150 km lang, am Nordende 30—50 km breit; von W. ergießt sich in ihn der Wembäre.

Eike (Eyke, Eilo, Ceco, Ebko) von Repkow (Repchowe), der Verfasser des Sachsenspiegels (s. d.), aus schöffenbar freier Familie von Anfang des 13. bis zum Anfang des 19. Jahrh. urkundlich zu verfolgen, deren Stammsitz Reppichau (1287 Reppechowe) bei Aken in Anhalt liegt, bezeugt 1209—33, war vielleicht, als er 1230 den Sachsenspiegel auf Wunsch seines Gerichtsherrn, des Grafen

Hoyer von Falkenstein, aus der ursprünglich gewählten lat. Fassung ins Niederdeutsche übertrug, Schösse zu Salbke an der Elbe. Aus den beiden kernigen Vorreden in Reimen, deren wirksame Bilder sich noch Goethe im Wertherkampf zu nutze machte, lernt man den selbständigen, bedeutenden, zugleich von Bescheidenheit erfüllten Mann, der den vergrabenen Schatz des alten Rechts allen zugänglich machen möchte, ebenso vorteilhaft kennen, wie aus dem zugleich frommen und freiheitlichen, patriotischen und kaiserl. Standpunkt seines Werkes. — Dagegen ist die sog. Repkowische Chronik oder Sachsenchronik eine nüchterne Weltchronik in niederdeutscher Sprache, die um 1237 erschienen, anfangs bis 1225, später bis 1248 reichte (hg. von Weiland in Bd. 2 der Deutschen Chroniken [Monumenta Germaniae historica], Hannov. 1877), sicher die Arbeit eines Geistlichen, also nicht E.s, der höchstens die gereimte Vorrede verfaßte; die Chronik wurde später fortgesetzt, ins Lateinische übersetzt und viel benutzt. Vgl. Weiland in den «Forschungen zur deutschen Geschichte», Bd. 13 u. 14 (Gött. 1873—74). [S. 630b].

Eikern (Pronucleus), s. Befruchtung (Bd. 2,

Eikōn (grch., «Bild»), in der griech.-kath. Kirche die Bezeichnung für Heiligenbild. Die Mehrzahl Eikones (lat. Icones) ist im 16. Jahrh. der Name für Sammlungen von Porträten berühmter Männer, die mit lat. oder gereimten deutschen Lobsprüchen begleitet wurden. Auch Fischart (s. d.) hat Eikones gedichtet und sogar Papstporträte mit seinen Versen begleitet («Accuratae effigies Pontificum», Straßb. 1573); der berühmteste Sammler von Eikones war N. Reusner (s. d.).

Eikonogēn, amido-β-naphtholmonosulfosaures Natron, eine Substanz, die, mit Natriumsulfit und Soda in Wasser gelöst, als Entwickler in der Photographie benutzt wird.

Eiland, s. Insel.

Eilau, s. Eylau.

Eilbeck, Vorort von Hamburg (s. d.).

Eileiter, s. Gedärmutter.

Eileithyia (lat. Ilithyia), in der griech. Mythologie die Geburtsgöttin. Homer spricht sowohl von der einen E. als von E. in der Mehrzahl. Er nennt dieselben Tochter der Hera, wie E. auch sonst heißt. Auch erscheint E. als bloßes Attribut der Hera selbst oder der Artemis, da beide ebenfalls Göttinnen der Entbindung sind. Als ihr Vater wird Zeus, als ihr Sohn Eros genannt. Als Attribut führt sie eine Fackel, was ebenso wie ihre Bedeutung als Geburtsgöttin darauf hinweist, daß sie als Mondgöttin zu betrachten ist (s. Hera). Sie findet sich auf Vasen mit Darstellungen der Athenegeburt.

Eilenburg, Stadt im Kreis Delitzsch des preuß. Reg.-Bez. Merseburg, 23 km im SO. von Delitzsch,

in 96 m Höhe, etwa zu zwei Dritteilen auf einer Insel der Mulde gelegen, an den Linien Halle-Cottbus und Leipzig-E. (23,6 km) der Preuß. Staatsbahnen, hat (1890) 12447 (6236 männl., 6211 weibl.) E., darunter 297 Katholiken und 37 Israeliten, Postamt erster Klasse, Telegraph, Amtsgericht (Landgericht Torgau), Steueramt, Darlehnsbank, städtische Sparkasse, städtisches Krankenhaus; drei Kirchen, Rathaus (16. Jahrh.), Realprogymnasium, Bürgerschule; Fabrikation von Chemikalien, Celluloid, Tuch, Kattun, Piqué, Webdsen, Cigarren, landwirtschaftl. Maschinen, Eisengießereien, Mehl- und Schneidemühlen, Bierbrauereien und Kunstgärtnereien. In der Nähe die Eisengießerei Erwinhof. E. ist Geburtsort des geistlichen Liederdichters Martin Rinkart und des Komponisten Franz Abt, deren Gedächtnistafeln sich am Archidiakonat bez. am Pfarrgebäude der Bergkirche befinden. — E. hat seinen Namen von dem westlich der Stadt gelegenen Schlosse erhalten, welches unter dem Namen Ilburg schon unter Heinrich I. als wichtiger Grenzpunkt gegen die Sorben und Wenden und als Sitz der Grafen von Ilburg (jetzt Grafen von Eulenburg) genannt wird. Später kam es an die Grafen von Wettin, von diesen an die Markgrafen von Meißen. Durch Verpfändung kam die Burg 1370 an Böhmen, dessen König Wenzel sie dem böhm. Edelmann Andreas von der Duba zu Lehn gab. In einem hierdurch entstandenen Kriege wurde die Burg 24. Juni 1386 von Bischof Heinrich von Merseburg, der Ansprüche auf den Besitz machte, erobert und zerstört. E. kam 1396 durch Kauf an die Markgrafen von Meißen und blieb in sächs. Besitz, bis es 1815 an Preußen fiel. Vgl. Gundermann, Chronik der Stadt E. (Eilenb. 1879).

Eilendorf, Dorf im preuß. Reg.-Bez. und Landkreis Aachen, 5 km östlich von Aachen, hat (1890) 5040 kath. E., Postagentur, Fernsprechverbindung, Pferdebahn zur Stadt Stolberg, Wasserleitung; Kalkbrennerei und Holzhandel. Nahebei Galmei- und Bleigruben und der Fabrikort Atsch mit einer chem. Fabrik (Aktiengesellschaft Rhenania), einer Glashütte, zwei Fabriken feuerfester Steine und einer Kunstdüngerfabrik.

Eilers, Gerd, preuß. Pädagog und Staatsmann, geb. 31. Jan. 1788 zu Grabstede in Oldenburg, studierte zu Heidelberg und Göttingen Theologie, wurde dann Lehrer an der Hauptschule in Bremen, 1819 Direktor des Gymnasiums in Kreuznach, 1833 Schul- und Regierungsrat in Koblenz und 1844 Rat im preuß. Kultusministerium. Hier galt er bald als die rechte Hand des Ministers Eichhorn und wurde mit diesem 1848 entlassen. Er gründete hierauf eine Erziehungsanstalt zu Freyimfelde bei Halle, die er 1857 aufgab, und starb 4. Mai 1863 zu Saarbrücken. E. schrieb ein wertvolles Memoirenwerk: «Meine Wanderung durchs Leben» (6 Bde., Lpz. 1856—61), außerdem «Zur Beurteilung des Ministeriums Eichhorn» (anonym, Berl. 1849) und «Betrachtungen und Urteile des Generals E. L. von Aster über die polit., kirchlichen und pädagogischen Parteibewegungen unsers Jahrhunderts» (2 Bde., Saarbr. 1858—59).

Eilers, Gustav, Kupferstecher, geb. 28. Juli 1834 in Königsberg, Schüler von Trossin, lebt seit 1863 in Berlin. Hier entstanden, besonders seit 1870, eine Reihe Blätter, wie Tizians Zinsgroschen, Porträt des Georg Gyze von Holbein dem Jüngern (Berliner Museum) 1879, der Goldschmied Morett nach demselben (Dresdener Galerie) 1882, Bildnis einer Dame nach van Dyck (Casseler Galerie) 1886, die heil. Cäcilie nach Rubens (Berliner Museum) 1890; alles dies in Kupferstich. Nach neuern Malern hat er Werke von Kaulbach, Knaus, Sohn u. a. gestochen. Auch als Radierer hat er sich versucht (Bildnisse Kaiser Wilhelms II., des Prinzen Heinrich von Preußen, Menzels, Joachims). In Berlin begründete er den Verein für Originalradierung. Er wurde

1883 Mitglied der Akademie der Künste in Berlin, 1884 Professor daselbst.

Eilgut, s. Eisenbahntarife und Expreßgut.

Eilgutzüge, s. Eisenbahnzüge.

Eilhard von Oberge, s. Oberge.

Eilmärsche, Märsche (s. d.), bei denen die Ruhetage teilweise ausfallen. Wird gleichzeitig noch die tägliche Leistung über 30 km hinaus gesteigert, so sind solche Märsche für größere Abteilungen sehr anstrengend; Märsche über 45 km lassen sich nur wenige Tage hintereinander durchführen. (S. Tagemarsch.)

Eilsen, Badeort im Fürstentum Schaumburg-Lippe, 6 km südöstlich von Bückeburg, an der Aue und am Fuße des Harrlberges, hat (1890) 232 E., Post, Telegraph und Schwefelquellen mit Badeanstalt, in welcher stark besuchte Schwefel- und Schlammbäder bereitet werden (1892: 1900 Kurgäste). Südlich davon das Schloß Arensburg im Wesergebirge. Vgl. Lindinger, E. und seine Heilquellen (Bückeburg 1859).

Eilsendungen (bei der Post). Im deutschen Postgebiet werden gewöhnliche und eingeschriebene Briefsendungen (Briefe, Postkarten, Drucksachen, Warenproben, Nachnahmebriefe), Wertbriefe bis 400 M., Postanweisungen nebst den dazugehörigen Geldbeträgen sowie Pakete ohne Wertangabe bis zum Gewicht von 5 kg und Pakete mit Wertangabe bis zum Betrage von 400 M. und bis zum Gewicht von 5 kg, die in der Aufschrift oder auf der Begleitadresse den Vermerk enthalten: «Durch Eilboten», «Durch besondern Boten», «Besonders zu bestellen», «Sofort zu bestellen», den Empfängern sofort nach der Ankunft durch die Post ins Haus gesandt. Die Bestellung zur Nachtzeit unterbleibt, sofern der Absender dies auf der Adresse ausgedrückt oder der Adressat ein für allemal die Bestellung zur Nachtzeit abgelehnt hat. Das Eilbestellgeld beträgt im Falle der Vorausbezahlung durch den Absender im Ortsbestellbezirk (abgesehen von dem gesetzlichen Porto) für Briefsendungen, Wertbriefe und Postanweisungen für jede Sendung 25 Pf., für jedes Paket 40 Pf., im Landbestellbezirk für Briefsendungen, Wertbriefe und Postanweisungen für jede Sendung 60 Pf., und für jedes Paket 90 Pf. Soll das Eilbotenlohn von dem Empfänger der E. eingezogen werden, dann sind bei allen Sendungen die wirklich erwachsenden Botenkosten zu entrichten mit der Maßgabe, daß bei Bestellungen im Ortsbestellbezirk für jeden Bestellgang mindestens 25 Pf. und, wenn Pakete abzutragen sind, mindestens 40 Pf. in Ansatz kommen.

Die Eilbestellung ist ausgeschlossen bei Postsendungen an Empfänger, die im Orts- oder im Landbestellbezirk des Aufgabepostorts wohnen. Die Eilbestellung für Briefe nach dem Auslande mit dem Vermerke «Durch Eilboten», «à remettre par exprès» u. s. w. ist zulässig nach: Argentinien, Belgien, Chile, Dänemark, Italien, Japan, Luxemburg, Niederlande, Montenegro, Paraguay, Salvador, Schweden, Schweiz, Serbien, Siam, Großbritannien, Liberia, Portugal. Die Eilbestellgebühr von 25 Pf. ist nebst den sonstigen Taxen vom Absender im voraus zu entrichten. Die Eilbestellung für Briefe nach Österreich-Ungarn ist zulässig und das Eilbestellgeld beträgt, im Falle der Vorauszahlung, im Ortsbestellbezirk 25 Pf.; bei Sendungen nach Orten ohne Postanstalt wird die Gebühr stets vom Empfänger eingezogen. E. nach Bosnien und Herzegowina sind nur insoweit zulässig, als sich am Bestimmungsort eine Postanstalt befindet. (S. auch Rohrpost.)

In Österreich-Ungarn sind E. mit dem Vermerk «Expreß» zu versehen. Die Gebühr (nur vom Absender zu tragen) beträgt (außer dem Porto) 15 Kr., nach Landorten 50 Kr. für je $7^1/_2$ km Weg; bei Wertbriefen bis zu 100 Fl. und Paketen bis 2,5 kg Gewicht ohne Wertangabe oder mit Wertangabe bis 100 Fl. im Ortsbestellbezirk 30 Kr. Bei Sendungen mit höherer Wertangabe und bei Paketen nach Landorten wird nur ein Benachrichtigungsschreiben bestellt zu 15 oder 50 Kr., wie oben. — In der Schweiz beträgt die ebenfalls vom Absender zu tragende Gebühr (außer dem Porto) bei Entfernungen bis zu 1 km 30 Cent., bei 1—10 km für je 2 km 50 Cent., bei weitern Entfernungen für je 2 km 1 Franken, bei Wertsendungen und Paketen bis 5 kg für je 2 km das doppelte der angegebenen Sätze.

Eilzüge, s. Eisenbahnzüge.

Eimak, mongol. Stamm, s. Aimak.

Eimbeck, s. Einbeck.

Eimeo, Aimeo, auch Morea, eine der franz. Gesellschaftsinseln (s. d.), unter 17° 30′ südl. Br. und 149° 50′ westl. L. von Greenwich, 13237 ha groß, hat (1878) 1427 E., ist bewaldet und hat mehrere Häfen (der beste der Talu an der Nordküste). E. wurde 1767 von Wallis entdeckt.

Eimer, älteres deutsches Flüssigkeitsmaß von verschiedener Größe; ferner ein in Österreich-Ungarn bis Ende 1875 und in der Schweiz gesetzlich bis Ende 1876 im Gebrauch gewesenes Maß. In Preußen enthielt der E. 60 Quart = 68,702 l, in Bayern hatte der Visiereimer 64 Maß = 68,418 l, der Schenkeimer aber nur 60 Maß = 64,142 l (s. Aichmaß), in Sachsen 72 Kannen = 67,362 l, in Württemberg der E. 160 Hellaichmaß (s. Aichmaß) = 293,927 l; der österr. oder Wiener E. hatte 40 Wiener Maß und war = 56,589 l; der ungar. oder Preßburger E. (lat. Urna) hatte 64 Preßburger Halbe und war 54,298 l (der Ödenburger E. oder Akó hatte 84 Preßburger Halbe); im Biharer Komitat gab es zwei Eimermaße, der Große und der Kleine Cseber (s. d.). In der Schweiz hatte der E. (Sétier, Brenta, auch Brente) 25 Maß = $^1/_4$ Saum oder Ohm = $37^1/_2$ l. (S. Faß und Ohm.)

Eimerkunst, soviel wie Paternosterwerk (s. d.).

Eimsbüttel, Vorort von Hamburg (s. d.).

Einachsig nennt man eine Pflanze, deren Stengel nicht weiter verzweigt ist, also nur eine Achse hat.

Einakter, s. Akt.

Einäschern, eine Operation der analytischen Chemie sowie der Technik. In der chem. Analyse erfolgt das E., um in organischen Körpern die Menge der darin enthaltenen anorganischen Substanzen oder den Aschengehalt quantitativ zu bestimmen; in der Technik, um verwertbare anorganische Stoffe von organischen zu trennen. In beiden Fällen geschieht dies durch Verbrennen des organischen Teils, die Ausführung der Operation ist aber je nach dem zu erreichenden Zweck sehr verschieden. In der Analyse ist die Bestimmung des Aschengehalts namentlich häufig bei der Untersuchung von pflanzlichen und tierischen Produkten vorzunehmen. Hierbei hat man die vorher getrocknete Substanz einer sehr vorsichtigen verhältnismäßig gelinden Erhitzung zu unterwerfen, wobei sie unter Entwicklung empyreumatischer Dämpfe langsam verkohlt und endlich, nach Ablauf von etwa 24 Stunden, eine schwarze, kohlige, keine riechenden Dämpfe mehr ausstoßende Masse darstellt. Nach dem Erkalten ist diese mit kochendem Wasser auszuwaschen, bis alle löslichen Salze entfernt sind, worauf die Kohle bei lebhafter Rotglut vollständig verbrannt werden kann. Die dabei zurückbleibende Asche, mit der vorher erhaltenen wässerigen Lösung zur Trockne verdampft, giebt dann die Gesamtmenge der vorhandenen anorganischen Stoffe. Nur auf diese Weise ermittelt, können die gefundenen Zahlen Anspruch auf Genauigkeit machen. Wollte man, wie dies früher allgemein geschah, die organischen Substanzen sofort stark erhitzen und die kohlige Masse bis zum Verschwinden der Kohle bei Rotglut erhalten, so käme man zu ganz falschen Resultaten, da ein großer Teil der vorhandenen löslichen Salze sich bei Rotglut verflüchtigt. Hierauf ist es zurückzuführen, daß bei ältern Analysen, so namentlich bei denen der Milch, der Aschen- oder Salzgehalt viel zu gering angegeben worden ist.

Technisch wird die Einäscherung vorgenommen: mit Meeresalgen, zur Gewinnung der Asche, um daraus, neben verschiedenen Salzen, Jod zu gewinnen; mit der aus Rübenmelassen nach der Spiritusgewinnung verbleibenden Schlempe, um daraus die an Kalisalzen reiche Schlempekohle zu erzeugen; mit der beim Waschen der Schweißwollen erhaltenen Flüssigkeit, um daraus ein sehr reines kohlensaures Kalium zu erhalten. Hier sind ganz andere Umstände maßgebend als im chem. Laboratorium, hier handelt es sich darum, die Einäscherung mit möglichst geringen Kosten, mit Aufwand von möglichst wenig Brennmaterial auszuführen. Die am Strande an der Luft getrockneten Meeresalgen werden in Gruben entzündet, und das Feuer wird durch Zuschütten von frischem Material so lange erhalten, bis die Grube nahezu mit einer halbgeschmolzenen, schlackigen, grauen oder schwarzen Asche erfüllt ist. Zum E. der Schlempe und des Wollwaschwassers werden diese zunächst in einem aus zwei Abteilungen bestehenden Flammofen, in der vom Feuer entferntern Abteilung verdampft, bis eine dickflüssige Masse verbleibt, die dann in die andere, dem Feuer zunächst liegende Abteilung geschafft wird, woselbst der Rest der Feuchtigkeit rasch entweicht und dann Entzündung der organischen Substanz eintritt. Die dabei frei werdende Wärme entweicht in die inzwischen wieder gefüllte zweite Hälfte des Ofens und wird hier zum Verdampfen neuer Flüssigkeitsmengen ausgenutzt. Die beim Verbrennen verbleibende kohlige Masse wird glühend heiß aus dem Ofen gezogen und kommt nach dem Erkalten zur weitern Verarbeitung, die meist in besondern Fabriken, welche die kohlige Asche als Rohmaterial verwenden, vorgenommen wird.

Einatmen, s. Atmung.

Einbalsamieren oder Balsamieren, das Verfahren, wodurch man Leichname vor Verwesung zu schützen sucht, indem man die Weichteile mit fäulniswidrigen (antiseptischen) Stoffen tränkt. Dergleichen Verfahrungsarten waren schon den Assyrern, Skythen und Persern bekannt; am berühmtesten aber machten sich darin die Ägypter, bei denen fast alle Leichen von Menschen und vielen Tieren einbalsamiert wurden. Die ägypt. Weise des E. ist von Herodot und Diodor beschrieben; doch bleibt ihre Beschreibung in manchen Stücken undeutlich. Jedenfalls hatten die Ägypter mehrere Methoden. Die vollkommenste bestand in Entleerung der Kopfhöhle und Ersatz des Gehirns durch aromatische Substanzen, Herausnahme der Eingeweide, Imprägnierung derselben mit aromatischen Stoffen und Ausfüllung der Bauchhöhle mit wohlriechenden Harzen oder Asphalt; ferner in Einweichen des ganzen Kadavers in Auflösungen von Natronsalzen, und endlich in luftdichter Einwicklung des ganzen Leichnams in aromatisierte Binden. Daß die ägypt. Einbalsamierung die Leichname nicht unverändert erhielt, zeigt die Ansicht jeder Mumie (s. d.). Alle Weichteile sind in ihrer Struktur vollständig zerstört und verändert und selbst die äußere Form nur höchst unvollkommen beibehalten. Es wurde also auch hier nur eine Verwandlung der Fäulnis in langsame Veränderung und Zersetzung erzielt, teils durch Anwendung antiseptischer Stoffe, teils durch Abhaltung der Luft, teils endlich durch Beförderung des Austrocknens. Die neuere Zeit macht nur in seltenen Fällen vom E. Gebrauch. Das einfachste Verfahren, wobei aber die Form der Weichteile verloren geht, ist das auch bei den alten Guanchen und manchen südamerik. Völkern übliche Austrocknen der Leiche, das der von selbst eintretenden Mumifizierung in gewissen, sehr trocknen Gradgewölben gleichkommt. Unter die künstlichen Verfahrungsweisen gehört die Behandlung mit feuchtigkeitentziehenden und die Eiweißstoffe zum Gerinnen bringenden, die gallertartigen Bestandteile aber gerbenden Stoffen: mit Kreosot, Holzessig, mit gewissen Salzen, besonders Sublimat, mit Arsenik und andern mineralischen Substanzen. Man verteilt diese Substanzen am besten dadurch im ganzen Körper; daß man die Auflösung in die Adern injiziert. Am häufigsten scheint man gegenwärtig noch in England die Konservierung der Leichen vorzunehmen; in mehrern Hospitälern wendet man dort Injektionen mit sog. Garstinscher Flüssigkeit (Glycerin, Arsen, Carbolsäure) an und verwendet auf jede Leiche 6 Pinten (à 0,57 l) Flüssigkeit; in andern engl. Krankenhäusern nimmt man 3 Pinten Glycerin, in welchem vorher $1\frac{1}{2}$ Pfd. arseniger Säure gekocht waren, und nachher 2 Gallonen (à 4,54 l) reines Glycerin; schließlich benutzt man in einigen Hospitälern die Stirlingsche Flüssigkeit, bestehend aus Kreosot, Holzgeist und Sublimat. Die großen Eingeweidehöhlen werden mit Carbolsäure ausgespült und dann mit frisch geglühter Holzkohle angefüllt.

Die Anwendung von Harzen und Spezereien zum Zwecke des Einbalsamierens ist namentlich, abgesehen von Erzeugung eines Wohlgeruchs, gegen die Thätigkeit des Ungeziefers gerichtet; auf den anatom. Sälen werden hierzu oft Terpentinöl oder andere balsamische Lösungen benutzt. Obschon die angeführten Methoden für die Einbalsamierung solcher Leichen, die in Särge gelegt werden sollen, immerhin die besten sein mögen, so erweisen sie sich doch nicht zweckmäßig, wo man Leichen behufs fortgesetzter anatom. Untersuchungen, besonders im Sommer, längere Zeit zu erhalten sucht. Auch dann sind sie nicht entsprechend, wenn Leichen öffentlich ausgestellt werden sollen. Hier gilt es weniger eine absolute Dauer zu erlangen, als vielmehr eine Verzögerung der Zersetzung, die aber die Formen ganz erhalten soll. Die Behandlung mit Weingeist und Aufbewahrung in Spiritus ist ein bekanntes Mittel der Anatomen, welches bei längerer Einwirkung aber die Gewebe sehr verändert und entfärbt. Gannal hat gezeigt, daß Thonerdsalze, in die Gefäße injiziert, eine solche Verbindung der Thonerde mit den Geweben des Körpers bewirken, wodurch der natürliche

Turgor und die Form aller Teile ziemlich lange unverändert bleibt und die Fäulnis lange hinausgeschoben wird. Das von Gannal gewöhnlich angewendete Salz ist schwefelsaure und salzsaure Thonerde. Mehr noch als das Verfahren von Gannal bewährte sich die von Sucquet angegebene Methode, wonach eine Auflösung von Chlorzink in die Adern eingespritzt wird. Neuerdings bedient man sich zu diesem Zwecke mit Vorliebe der Carbolsäure sowie der Wickersheimerschen Flüssigkeit (s. d.). Vgl. Gannal, Histoire des embaumements (2. Aufl., Par. 1841); ders., Lettre aux médecins sur la question des embaumements (ebd. 1845).

Einband, s. Bucheinband.

Einbäsisch, s. Säure.

Einbaum, ein Boot, das aus einem einzigen ausgehöhlten Baumstamm hergestellt ist. Derartige primitive Fahrzeuge kommen bereits in den ältern Kulturperioden der Vorzeit, z. B. in den Schweizer Pfahlbauten vor, wurden aber auch noch vielfach im Mittelalter und in einzelnen Gegenden, wie z. B. im Spreewald, noch in diesem Jahrhundert gebraucht. Das Material ist meist aus Eichen, Kiefern oder Pappeln. Charakteristisch für die E. sind gewöhnlich eine oder zwei Querbänke, die nicht eingesetzt, sondern vollständig aus dem Stamm herausgehauen wurden.

Einbeck. 1) **Kreis** im preuß. Reg.-Bez. Hildesheim, hat 310,37 qkm, (1890) 24917 (12368 männl., 12549 weibl.) E., 2 Städte, 40 Landgemeinden und 6 Gutsbezirke. — 2) E., früher meist Eimbeck genannt, **Kreisstadt** im Kreis E. und ehemalige Hauptstadt des Fürstentums Grubenhagen, an der Ilme, unweit deren Mündung in die Leine, an der Nebenlinie E.-Salzderhelden (4,2 km) der Preuß. Staatsbahnen und an der Nebenbahn E.-Dassel (13,3 km, Ilmebahn), ist Sitz eines Landratsamtes und Amtsgerichts (Landgericht Göttingen) und hat (1890) 7676 (4032 männl., 3644 weibl.) E., darunter 332 Katholiken und 151 Israeliten, in Garnison (542 Mann) das 3. Bataillon des 82. Infanterieregiments, Post erster Klasse, Telegraph; drei protestantische, eine katholische und eine Baptistenkirche, eine Synagoge, altertümliches Rathaus, Reste der Stadtmauern und Türme, städtisches Archiv, Gasbeleuchtung, Wasserleitung; städtisches Realprogymnasium, seit 1880 mit Progymnasium verbunden, Handelsschule, Bürgerschule, höhere Töchterschule, Maschinenbau- und Webschule, zwei prot. Stifter (Alexanderstift und das zur Jungfrau Maria), ein Waisenhaus, ein großes Bürgerasyl, städtisches Krankenhaus, zwei Armenhäuser; Kredit- und Sparbant, städtische und Kreissparkasse. Das große, schöne Münster enthält die Begräbnisstätte der Herzöge von Grubenhagen. Ferner bestehen mehrere mechan. Webereien, Fabrikation von Gurten, Leinenwaren, Tapeten, Zucker, Tabak, Cigarren und Dachpappe, Gerbereien, Ziegeleien und Brauereien. Im Mittelalter war das Eimbecker Bier berühmt, das noch jetzt in zwei Dampfbrauereien geliefert und in ferne Gegenden versandt wird. Auf den benachbarten Höhenzügen sind wertvolle Buchenwaldungen, meist Eigentum der Stadt. — Ihren Ursprung verdankt E. den häufigen Wallfahrten zum Blute des Erlösers in der Kapelle am Münster, die vom Grafen

Dietrich II. von Kaltenburg 1080 zum Stift erhoben wurde. Die Stadt gehörte der Hansa an und war befestigt, schloß sich 1542 dem Schmalkaldischen Bunde an, wurde 24. März 1626 von Pappenheim, 14. Okt. 1641 von Piccolomini erobert, aber 18. Sept. 1643 von den Kaiserlichen wieder geräumt. Im Siebenjährigen Kriege ward E. von den Franzosen wiederholt besetzt und der Festungswerke beraubt. Vgl. Harland, Geschichte der Stadt E. (Einbeck 1881).

Einbeere, Giftpflanze, s. Paris.

Einbeizen, die Behandlung des Saatkorns mit Beizmitteln, um die an ihm haftenden Pilzsporen zu töten (s. Beizen des Getreides).

Einbildungskraft, s. Phantasie.

Einbindegeld, s. Patengeschenke.

Einbinden, s. Winterschutz der Pflanzen; E. der Bücher, s. Buchbinderei.

Einbiß an den Zähnen der Pferde, s. Pferd (Säugetier).

Einbrechen (bergm.), s. Beibrechen.

Einbrennen der Weinfässer, s. Schwefeln.

Einbruch, im Bergwesen die Herstellung einer ersten Vertiefung in die Ebene der Arbeitsfläche, nach der hin alsdann die weitere Arbeit gerichtet ist.

Einbruchsdiebstahl, s. Diebstahl (S. 271 b).

Einbruchsthäler, s. Thal.

Einbrüderig, s. Monadelphus.

Einchörig wird ein Klavier genannt, wenn seine Töne nur mit je einer Saite bezogen sind. Zwei Saiten für einen Ton machen das Instrument zweichörig, drei Saiten dreichörig.

Eindhoven, Stadt in der niederländ. Provinz Nordbrabant, an der Dommel und den Linien Venlo-Breda der Holländ. Eisenbahn-Gesellschaft und Lüttich-Hasselt-E. (104 km) der Lüttich-Limburger Eisenbahn, hat (1891) 4512 E., Leinwand-, Damast-, Tuch-, Flanell-, Spitzen-, Hut-, Cigarren- und Schnupftabakfabriken sowie regen Handel, namentlich nach Belgien. E. hat Anschluß an den Zuid-Willemskanal.

Eindoublieren, s. Doublieren.

Eine, linker Nebenfluß der Wipper (s. d.) in der preuß. Provinz Sachsen, entsteht im SO. von Harzgerode, fließt zuerst nach O., später nach NO., biegt dann bei Aschersleben wieder nach O. um und mündet nach einem Laufe von 38 km.

Einer, in jedem Zahlensystem die Zahlen, die kleiner als die Grundzahl sind, im dekadischen System also die Zahlen von eins bis neun.

Einer für Alle, Alle für Einen, Ausdruck, mit welchem durch Rechtsgeschäft ein Gesamtschuldverhältnis begründet wird. Es darf dann von den mehrern Gläubigern jeder die ganze Leistung fordern, oder jeder der mehrern Schuldner hat die ganze Leistung zu bewirken. Diese ist aber immer nur einmal zu leisten, sodaß durch Einziehung eines Gläubigers oder Erfüllung eines Schuldners das Schuldverhältnis auch bezüglich der übrigen Gläubiger oder Schuldner erlischt. Andere Ausdrücke sind «samt und sonders», «zu ungeteilter Hand», «Solidarisch» (s. d.), «korreal» (s. Korrealobligation). Der Ausdruck ist übertragen auf gefahrvolle Unternehmungen, zu denen sich Mehrere so verbinden, daß der Einzelne seine Existenz, seine Freiheit, seine Ehre, seinen Vorteil für die übrigen Unternehmer einsetzt und eventuell opfert.

Eines Mannes Rede ist keines Mannes Rede, s. Audiatur et altera pars.

Einfach, in der Philosophie das Unzusammengesetzte, mithin auch Unteilbare. Der Begriff des Einfachen entsteht aus dem Bedürfnis, gegenüber der unbegrenzten Teilbarkeit des Raums die Bestimmtheit des Realen im Raume festzuhalten. Die Realität droht sich ganz zu verflüchtigen, wenn auch für sie die Teilbarkeit ins Unendliche gelten soll. Dieser Forderung zu genügen erdachte Demokrit das Atom (s. d.); noch entschiedener liegt sie dem Leibnizschen Begriff der Monade (s. d.) zu Grunde. Nach Kant giebt es kein schlechthin Einfaches in den Erscheinungen, noch ist es etwa als Ding an sich jenseit der Erfahrung zu erreichen, weder in den Teilen der Materie noch etwa in einem letzten Subjekt des Bewußtseins (Seele). Das Einfache wird damit zur bloßen Idee (s. d.). In relativer Bedeutung ist dagegen das Einfache zulässig und häufig gebraucht. So heißen einfache Vorstellungen, einfache Begriffe solche, in denen keine weitere Zerlegung vorgestellt oder gedacht wird; die Empfindungen werden als einfache oder als Elemente des Bewußtseinsinhalts angesehen, sofern sie für unser Bewußtsein nicht weiter zerlegbar sind.

Einfach Chloreisen, s. Eisenchlorür.

Einfache Stoffe (chem.), s. Chemische Elemente.

Einfache strategische Umgehung, s. Strategische Umgehung.

Einfach Schwefeleisen, s. Eisensulfide.

Einfahren (bergm.), sich in die Grube begeben.

Einfahren wird in der Jägersprache vom niedern Wild gesagt, das in die Netze springt oder zu Bau kriecht. Einfahrt ist der Zugang des Dachs-, Fuchs- und Kaninchenbaues.

Einfahrer, früherer Titel für einen Bergbeamten, welcher die Aufgabe hatte, Unterbeamte und Arbeiter in der Grube zu jeder Tages- und Nachtzeit zu überwachen. Mitunter wurde auch der Titel «Obereinfahrer» verliehen.

Einfallen, in der Jägersprache das Einspringen des Hochwildes in Netze und Wildgärten und Niederlassen des Federwildes.

Einfallslot, Einfallswinkel, s. Brechung und Reflexion (der Lichtstrahlen).

Einfassung (gärtn.), soviel wie Einfriedigung (s. d.).

Einfischthal, s. Anniviers (Val d').

Einfrieden oder Einfriedigen (vom althochdeutschen fridôn, «schützen», «schirmen»); der Sicherung halber einschließen, umgeben, umzäunen, einhegen (s. Einfriedigung).

Einfriedigung, die Einfassung von Feldern, insbesondere aber von Gärten u. s. w. durch Mauern, Stakete, Zäune, Hecken u. dgl. Als die billigste E. ist die Hecke oder der Lebendige Zaun zu betrachten. Sie muß vom Boden bis zu der angenommenen Höhe eine gleichmäßig dichte Wand darstellen und darf keine zu große Breite erhalten, damit Luft und Licht die Entwicklung der zum Schluß der E. erforderlichen Zweige begünstigen. Unter denjenigen Gehölzen, welche für die Herstellung einer solchen E. allen andern vorzuziehen sind, steht der Weißdorn (Crataegus oxyacantha *L.*) wegen seiner Dauerhaftigkeit, kräftigen Bewehrung, glänzend grünen Belaubung und hübschen Blüte obenan, unter der Voraussetzung, daß die hierzu nötigen Pflanzen nicht etwa in der Wildnis gesammelt, sondern mit Sorgfalt aus Samen gezogen, mehrmals unter Einstutzung der Wurzeln in nahrhaften Boden verpflanzt werden. In Bezug auf das Technische der Pflanzung ist zu bemerken, daß die knochenharten Samen nach dem Einsammeln in Sand eingeschichtet und so ein Jahr lang aufbewahrt und erst dann, wenn die Hülle hinreichend mürbe geworden, gesät werden müssen, und daß es notwendig ist, den neu angelegten Zaun anfangs reichlich zu bewässern und stets durch den Schnitt in Ordnung, auch von Ungeziefer, hauptsächlich von den Raupennestern des Goldafters oder Weißdornspinners (Liparis chrysorrhoea *L.*) rein zu halten. Die Verdichtung der E. gelingt besonders dann auf das vollständigste, wenn man überall, wo es angeht, sich kreuzende oder absichtlich in diese Lage gebrachte Zweige mit Draht eng zusammenschnürt und dadurch ihre Verwachsung herbeiführt. Um eine solche E. zu verschönern, kann man in geeigneten Abständen einige Pflanzen zu einem kleinen Stamm auswachsen lassen, den man durch Okulation mit dem prächtigen gefüllten Rotdorn besetzt. Andere gleichfalls zu empfehlende Heckensträucher sind: Weißbuche (Carpinas Betulus *L.*), Kornelkirsche (Cornus mas *L.*), Rainweide (Ligustrum vulgare *L.*), Lebensbaum (Thuja occidentalis *L.*), Fichte (Picea excelsa *Lk.*), Eibenbaum (Taxus baccata *L.*). E. zur Begrenzung oder Einteilung von Blumenstücken benutzt, heißen Zierhecken und werden meist aus schönblühenden Sträuchern gebildet, wie Deutzia gracilis *S. et Z.*, Cydonia japonica *Pers.*, Rosa pimpinellifolia *L.*; ferner aus immergrünen Sträuchern, wie Mahonia Aquifolium *Nutt.*, Buxus sempervirens *L.* und arborescens *Hort.* Die laubabwerfenden E. sind zweimal im Jahre, nach Beendigung des ersten Triebes oder nach der Blüte und im Winter, die immergrünen E. dagegen nur einmal nach erfolgter Reife der Triebe zu schneiden.

An Stelle der lebenden E. verwendet man jedoch auch vielfach solche aus Stein, Holz oder Eisen. Die einfachste Art sind die Schlächterwerke; diese bestehen aus Holzpfosten von 8—10 cm Stärke, die in Abständen von 2—3 m gesetzt und gegen welche 2 oder 3 horizontale Latten genagelt sind; besser schon die Drahtzäune, wo an Stelle der Latten 3—5 mm starker Draht gezogen wird, die Netzzäune, bei denen zwischen die enger zu stellenden Pfosten Drahtnetze gespannt werden. Die Staketzäune, welche in verschiedener Stärke aus Latten gebildet werden, die Bretterzäune (Planken), in welchen Bretter an Stelle der Latten treten und somit der Einblick in den eingefriedeten Raum verhindert wird. Bei der starken Angriffsfläche, welche die Planken dem Winde bieten, sind hier die Pfosten stärker (15:20 cm und mehr) zu bilden. E. aus Ziegelsteinen müssen alle 3—4 m einen kräftigen, zwei Steine starken Pfeiler haben, während die Zwischenmauer einen halben Stein stark oder gar auch noch bei dieser Stärke durchbrochen angelegt werden. Gleich teuer sind E. mit Steinpfosten und gußeisernen Gitterwerken. Die kunstreichste und kostbarste E. sind aber reich ausgestattete schmiedeeiserne Gitterwerke (s. Kunstschmiedearbeiten), wie diese im 17. und 18. Jahrh. geschaffen wurden und auch jetzt wieder in Aufnahme gekommen sind.

Einfruchtig (botan.) heißen alle Pflanzen, die nur einmal Früchte tragen, die also nach der Fruchtbildung absterben.

Einfuhr (Import), die durch den auswärtigen Handel vermittelte Versorgung des Inlandes mit ausländischen Waren, namentlich solchen, die das Land selbst entweder gar nicht oder nur mit größern Kosten produzieren kann. Die E. bildet das Gegenstück zur Ausfuhr (s. d.) und ist auf die

Dauer ohne letztere nicht haltbar, wenn sie auch zeitweise zu einem großen Teil durch bares Geld oder Wertpapiere gedeckt werden mag. Tritt dieser Fall ein, so liegt eine ungünstige Handelsbilanz (s. d.) für das importierende Land vor. Wenn sich aber der Barvorrat des Landes mehr und mehr erschöpft, so muß schließlich infolge der Erhöhung des Geldwerts ein Umschlag in der Bilanz eintreten, oder es kommt auch die E. ins Stocken. Ein Land, das nichts für andere Völker Brauchbares produziert und kein Edelmetall besitzt, kann keine fremden Waren einführen; aber ein solches Land ist selbst außerhalb der Kulturwelt nicht zu finden. Das merkantilistische System suchte vor allen Dingen einen Überschuß des Werts der Ausfuhr über den der E., also eine günstige Handelsbilanz zu erzielen, die dann durch Geldeinfuhr auszugleichen war. (S. Merkantilismus.) Es beschränkte die E. von Fabrikaten, ließ aber die von Rohstoffen und Lebensmitteln zu. (S. Einfuhrverbote.) Das den Listschen Anschauungen entsprechende Schutzzollsystem (s. d.) hat hinsichtlich der E. von Fabrikaten, Rohstoffen und Lebensmitteln die gleichen Grundsätze wie das Merkantilsystem und hat sie erst in neuester Zeit insoweit geändert, als es auch die Konkurrenz der fremden Rohstoffe und Lebensmittel durch Beschränkung der E. im Interesse der inländischen Produzenten vermindert sehen will.

Man wird im allgemeinen nicht behaupten dürfen, daß die E. der eigenen Produktion unter allen Umständen vorzuziehen sei, wenn die betreffende Ware durch die letztere nicht so billig geliefert werden könne wie durch die erstere. Wenn z. B. ein großer Teil der produktiven Kräfte des Landes brach läge und es möglich wäre, diese durch Abhaltung der ausländischen Konkurrenz für die Produktion gewisser Waren, wenn auch mit verhältnismäßig geringerer Nutzwirkung zu verwerten, so könnte diese Ausnutzung sonst verlorener Kräfte im ganzen den Nachteil, der durch den Verzicht auf die billigern Produkte des Auslandes entstände, recht wohl überwiegen. Unter den frühern socialen und polit. Verhältnissen, als der Unternehmungsgeist in den bürgerlichen Klassen noch weniger entwickelt war, konnte die Beschränkung der konkurrierenden E. für die Einführung und Erziehung neuer, dem Lande naturgemäßer Industriezweige nützlich wirken. Doch wurde thatsächlich dasselbe Mittel häufig angewandt zur Beförderung solcher Gewerbe, für welche die natürlichen Bedingungen nicht genügend vorhanden waren, und zuweilen unter Schädigung gerade der naturwüchsigen Produktionszweige. Namentlich kann die Ausfuhr zum Nachteil der letztern beeinträchtigt werden, und zwar nicht nur durch die direkte Erschwerung der E. von Roh- und Hilfsstoffen, sondern auch durch die allgemeine ungünstige Rückwirkung einer Einfuhrbeschränkung auf den auswärtigen Handel überhaupt. Was die thatsächlichen Verhältnisse betrifft, so weist die Statistik gerade der hervorragendsten Kulturländer häufig einen erheblichen Überschuß des Werts der E. über den der Ausfuhr auf, und zwar nicht etwa nur in Jahren mit schlechter Ernte, in denen Getreidezufuhr nötig geworden.

Es giebt auch eine zeitweilige E., indem viele eingehende Waren von vornherein entweder zur unmittelbaren Wiederausfuhr im Transit (s. Durchfuhr) bestimmt sind, oder zum Zwecke der mittelbaren Wiederausfuhr in Niederlagen (s. d.) gebracht werden, aus denen sie, wenn sich im Inlande kein günstiger Markt darbietet, wieder ins Ausland gehen, oder im Wege des Kontierungssystems (s. Kontierung) in den freien Verkehr treten. Auch der sog. Veredelungsverkehr (s. d.) schließt eine E. von Rohstoffen oder Halbfabrikaten ein.

Einfuhrprämie, s. Einfuhrzoll.

Einführungsgesetz. Kodifikationen (s. d.) des bürgerlichen Rechts, des Strafrechts, des gerichtlichen Verfahrens beschränken sich regelmäßig aus Zweckmäßigkeitsrücksichten darauf, die Neuordnung als ein in sich abgeschlossenes Ganzes darzustellen. Die durch die Neuordnung notwendig werdende Abänderung anderer Gesetze, mit denen sich die Kodifikation berührt, die Bestimmungen über das Verhältnis zu örtlichen Rechtsnormen oder Landesgesetzen, über die Anwendung der durch die Kodifikation beseitigten Gesetze auf frühere Vorfälle, auf laufende Geschäfte und Verhandlungen in der Übergangszeit, über den Zeitpunkt, in welchem die Kodifikation in Kraft tritt, pflegen in einem E. geordnet und erlassen zu werden. Solche E. sind mit dem Deutschen Strafgesetzbuch, den Prozeßordnungen, der Konkursordnung erlassen, ebenso ist der Entwurf eines E. für das Bürgerliche Gesetzbuch (s. d.) ausgearbeitet (Berlin 1888). Für die Deutsche Reichsgesetzgebung treten zu den vom Reiche erlassenen E. die Ausführungsgesetze der Einzelstaaten hinzu, welche die Anwendung des Reichsgesetzes in den Bundesstaaten, die Anpassung der Landesgesetzgebung an das Reichsgesetz, die Organisation der zur Ausübung des Gesetzes bestimmten Behörden u. s. w. regeln.

Einfuhrverbote kommen teils als handelspolitische, teils als polizeiliche Maßregeln vor. Im erstern Sinne bildeten sie neben den Einfuhrzöllen (s. d.) das hauptsächlichste Hilfsmittel des ältern Schutzsystems. Man machte für sie geltend, daß sie technisch zweckmäßiger seien als prohibitive Zölle, weil der Schmuggel wirksamer bekämpft werden könne, da jedes Quantum einer absolut verbotenen Ware, das sich im Lande finde, als dem Gesetz zuwider konfisciert werden könne. So bestanden in Frankreich bis 1860 E. gegen fast alle einigermaßen wichtigen Fabrikate, die ursprünglich in dem Revolutionskriege als Kampfmaßregeln gegen England erlassen, aber bei der Neubildung des Tarifs 1816 beibehalten worden waren. Auch England hatte bis zur letzten Periode der Reformbewegung noch zahlreiche handelspolitische E.; so wurde z. B. erst 1842 die Einfuhr von Vieh und Fleisch gestattet. Dagegen hat der Zollvereinstarif solche Verbote nie enthalten. In der neuern Zeit sind sie fast überall verschwunden und tragen überhaupt nur mehr finanziellen Charakter (bei Staatsmonopolen) oder polizeilichen (im Interesse der Sittlichkeit gegen obscöne Darstellungen, der Rechtssicherheit gegen gefälschte Marken, der Gesundheit bei Gefahr der Verbreitung von Krankheiten, oder gegen sonstige Gefahren, wie z. B. Reblaus). Bei Tierseuchen u. dgl. werden vorübergehende E. im bloßen Verordnungswege erlassen. Von besonderer Wichtigkeit ist in dieser Beziehung das auch vom Deutschen Reiche durch kaiserl. Verordnung wiederholt gegen Amerika und andere Staaten erlassene Verbot der zeitweiligen Einfuhr von Schweinen und von Schweinefleisch wegen der Trichinengefahr. In Deutschland bestehen noch E. auf Münzen, Spielkarten, Kriegsmaterial und einige Giftstoffe, Reben, dann Kartoffeln (aus Amerika);

in Großbritannien ist die Einfuhr von Extralten von Kaffee, Thee, Tabak u. s. w. sowie von nachgedruckten Büchern, falschen Münzen, Bildern unsittlichen Inhalts verboten; in den Vereinigten Staaten von Nordamerika die Einfuhr von nachweislich gefälschten oder gesundheitsschädlichen Nahrungsmitteln sowie ausländischer Waren, welche nicht deutlich und sichtbar mit einer das Ursprungsland in engl. Sprache angebenden Marke, Stempelung oder Etikette versehen sind. Seit 1887 besteht in Großbritannien ein Einfuhrverbot für Waren mit falschen Handelsbezeichnungen in Bezug auf Ursprung oder Menge und Beschaffenheit der Ware; in ähnlicher Weise auch in Frankreich.

Einfuhrzoll, eine von einzuführenden ausländischen Waren erhobene Abgabe, die entweder vorzugsweise im Interesse der inländischen Produktion gleichartiger Waren bestimmt ist, die fremde Konkurrenz zu erschweren (Schutzzoll, s. Schutzzollsystem), oder nur dem Staate Einnahmen verschaffen soll (Finanzzoll, s. d.). Nachdem in neuerer Zeit die Durchfuhr- und Ausfuhrzölle fast gänzlich verschwunden sind, bildet der E. die hauptsächlichste und wesentlichste Form der Zölle überhaupt, und es gelten natürlich auch für ihn die verschiedenen technischen Unterscheidungen der letztern. (S. Zoll.) Außer dem eigentlichen Zoll, der sich nach der Natur und der Quantität, unter Umständen des Wertes der Waren richtet, werden vielfach auch noch andere Abgaben bei der Einfuhr von Waren verlangt, wie Schiffahrtsgebühren oder Tonnengelder, die sich nach der Größe des Schiffs oder der ganzen Ladung richten, ferner verschiedene Gebühren für die zollamtliche Behandlung sowie auch die sogenannte statist. Gebühr (droit de statistique), die in mehrern Staaten (seit 1879 auch in Deutschland und seit 1891 in Österreich) von den hauptsächlichsten eingehenden und ausgehenden Waren in geringem Betrage, sei es nach dem Gewicht oder nach der Zahl der Colli oder Warenladungen erhoben wird. Soll die Einfuhr (s. d.) nur eine zeitweilige sein, so wird der Zoll in der Regel nicht erhoben, indem die Waren entweder in öffentlichen oder kontrollierten privaten Niederlagen (s. d.) untergebracht oder im Wege der Kontierung (s. d.) abgelassen werden, oder indem ihre Wiederausfuhr unter Kontrolle mittels Begleitschein (s. d.) oder amtlicher Begleitung bewerkstelligt wird. Für alle zollpflichtigen Waren, die aus dem Verschluß oder der Kontrolle in den freien Verkehr treten, ist der E. zu entrichten; doch wird er größern Häusern gegen Sicherheitsleistung zeitweise kreditiert (Zollkredit, s. d.). Früher kam es häufig vor, daß bereits verzollte Waren, wenn sie in einer gewissen Frist in unverändertem oder auch in weiter vervollkommnetem Zustande wieder ausgeführt wurden, eine Rückerstattung des Zolls (s. Ausfuhrprämien und Exportbonifikation) erhielten. Gegenwärtig wird, wenn es sich um zu verarbeitende Halbfabrikate handelt, allgemein die Form der zeitweiligen zollfreien Zulassung vorgezogen, während die Rohstoffe, sofern sie nicht von jedem E. befreit sind, ausreichende und bequeme Niederlagseinrichtungen vorfinden.

Eigentliche Einfuhrprämien sind früher zuweilen auf die Produkte der eigenen Kolonien zur Hebung der letztern sowie bei Notständen, namentlich zur Beförderung der Zufuhr von Getreide in Zeiten der Teuerung, gewährt worden. Häufiger aber kamen in letzterm Falle zur Begünstigung der Einfuhr zeitweilige Aufhebung oder Ermäßigungen der bestehenden Zölle auf Getreide und andere notwendige Lebensmittel vor. In manchen Ländern (z. B. England und Frankreich) bestanden lange Zeit für Getreide im voraus festgesetzte Zollstufen nach einer sog. beweglichen Skala (frz. échelle mobile, engl. sliding scale), sodaß höhere Sätze bei niedrigern Preisen erhoben wurden, und umgekehrt. Vgl. Roscher, über Kornhandel und Teuerungspolitik (Stuttg. u. Tüb. 1852); Schmoller, Die Epochen der preuß. Finanzpolitik (im «Jahrbuch für Gesetzgebung, Verwaltung und Rechtspflege», 1877); Prince-Smith, Gesammelte Schriften, Bd. 2 (Berl. 1877—80); Lexis, im «Handwörterbuch der Staatswissenschaften», Bd. 3, S. 30 fg. (Jena 1892).

Eingänger, Einsiedler (Jägerspr.), ein für sich, außer in der Begattungszeit, lebendes Hauptschwein.

Eingangsfakturenbuch, soviel wie Einkaufsbuch (s. d.).

Eingangszoll, soviel wie Einfuhrzoll (s. d.).

Eingebinde, s. Patengeschenke.

Eingeblindet heißen in der Tischlerei Vasen, Säulen u. dgl., die nicht gänzlich rund gearbeitet und freistehend, sondern auf der Rückseite abgeplattet und aufgeleimt sind.

Eingebrachtes, dasjenige Gut, welches so eingebracht ist, daß dadurch einem andern Rechte erwachsen. So steht dem Vermieter ein Pfand- oder Zurückbehaltungsrecht an den von dem Mieter in die gemietete Wohnung eingebrachten Sachen wegen des Mietzinses, dem Gastwirt wegen seiner Forderung an den Gast an den von diesem in den Gasthof eingebrachten Sachen zu, solange sie sich dort befinden. Vornehmlich wird der Ausdruck gebraucht von den Gütern, welche die Ehefrau bei Eingehung in die Ehe eingebracht hat. Dem Ehemann stehen an denselben das Verwaltungs- und Nutzungsrecht, wenn nicht noch weitergehende Rechte zu. Da sich aber nach dem System der Verwaltungsgemeinschaft (s. Eheliches Güterrecht) das Verwaltungs- und Nutzungsrecht weder auf dasjenige Vermögen beschränkt, welches die Ehefrau thatsächlich eingebracht, noch auf dasjenige, welches ihr bei Eingehung der Ehe zustand, bezeichnen das Preuß. Allg. Landrecht und nach ihm andere deutsche Gesetzbücher als E. das gesamte Frauengut, welches dem ehemännlichen Nutzungs- und Verwaltungsrecht unterworfen ist. Den Gegensatz dazu bildet das vorbehaltene Gut. Der Entwurf des Deutschen bürgerlichen Gesetzbuches schlägt statt E. den Ausdruck Ehegut vor.

Eingebung, s. Inspiration.

Eingehender Winkel, s. Unbestrichener Raum.

Eingelegt oder Einlage, ein in ein Tonwerk, namentlich eine Oper, eingefügtes fremdes Stück, das ein schon vorhandenes, unzulängliches ersetzen oder einer Rolle oder Situation mehr Bedeutung geben soll. Daß das eingelegte Stück dem Charakter des Ganzen und der einzelnen Rolle entsprechen müsse, sollte sich von selbst verstehen; aber oft ist es nur das Paradestück eines Sängers, das mit dem Stil des Ganzen in grellem Widerspruch steht.

Eingelegte Arbeit, s. Boullearbeiten, Intarsia, Marqueterie.

Eingerichte des Thürschlosses, s. Schloß.

Eingerichtetes Jagen oder eingestelltes Jagen, ein solches, bei dem das zusammengetriebene Wild mit Jagdzeug umstellt wird.

Eingesandt, Bezeichnung für die in Zeitungen u. s. w. aufgenommenen Mitteilungen aus dem

Publikum, die, auch unter dem Titel «Sprechsaal», «Stimmen aus dem Leserkreis», nicht in persönlichem Interesse zum Abdruck aufgegeben werden, sondern Gegenstände allgemeinern Interesses zur Besprechung bringen. Deshalb erfolgt ihre Aufnahme meist unentgeltlich und dadurch unterscheiden sie sich von der Annonce (s. d.) und vom Inserat (s. d.). Oft versteckt sich indes hinter dem E. auch die bezahlte, mehr oder weniger geschickte Reklame (s. d.), in welchem Falle wesentlich höhere Insertionsgebühren zu entrichten sind als für die gewöhnliche Annonce.

Eingeschlechtig, s. Diclinus.

Eingeschrieben (von Postsendungen), s. Einschreiben.

Eingeschriebene Hilfskasse, s. Hilfskassen.

Eingesprengt heißt ein Mineral, wenn es als mehr oder weniger feine Partikel, als regelmäßig oder unregelmäßig gestaltete Körner, oder als krystallisierte Formen innerhalb eines andern Minerals oder eines fremden Aggregats eingewachsen vorkommt, z. B. Kupferkies eingesprengt im Bleiglanz, Granaten im Kalkstein, Krystalle von Feldspat und Quarz in der Grundmasse der Porphyre.

Eingestelltes Jagen, s. Eingerichtetes Jagen.

Eingestrichen, zweigestrichen u. s. w., in der Musik die Töne der verschiedenen Oktaven von unten aufsteigend. Die Bezeichnung rührt von der jetzt außer Gebrauch gekommenen deutschen Tabulatur (s. d.) her. Die eingestrichene Oktave beginnt mit dem $\bar{c}$, das in der Mitte der Klaviatur liegt, dem Ton, den die vier Stimmgattungen (Baß, Tenor, Alt, Sopran) gemeinsam haben. Tiefer als die gestrichenen Oktaven liegen die kleine und die große Oktave; unter diesen befinden sich noch sog. Kontratöne. Die kleine Oktave sowie die obere Hälfte der großen ist das Gebiet der Baßstimme; der Tenor singt in der kleinen und in der eingestrichenen Oktave; für den Alt sind die obersten Töne der kleinen und die eingestrichene Oktave das eigentliche Gebiet, für den Sopran die zweigestrichene.

Eingetragene Genossenschaften heißen nach dem Reichsgesetz vom 1. Mai 1889 die ins Genossenschaftsregister eingetragenen Erwerbs- und Wirtschaftsgenossenschaften (s. d.).

Eingeweide (Viscera), im gewöhnlichen Sprachgebrauche die in den großen Höhlen des menschlichen oder tierischen Körpers (Schädel-, Brust- und Bauchhöhle) eingeschlossenen Organe. In der Anatomie ist es oder war es vielmehr gebräuchlich, den Begriff der E. und dem entsprechend auch den der Eingeweidelehre oder Splanchnologie wesentlich anders zu fassen. Man rechnete zu den E. alles das, was man in den andern Systemen nicht unterbringen konnte, was also weder zum Knochen- und Muskelsystem, noch zum Nervensystem, noch zum Gefäßsystem gehörte. Demnach nannte der Anatom weder das Gehirn noch das Herz ein E., während dies im gewöhnlichen Sprachsinne geschieht, und zwar mit Recht. Dagegen wurden z. B. die Augen mit zu den E. gezählt, während man jetzt die Sinnesorgane, da sie die Entstehung der Empfindungen vermitteln und in engster Beziehung zum Nervensystem stehen, fast allgemein diesem letztern anreiht oder einem besondern Abschnitt der Anatomie, der sog. Sinnenlehre oder Ästhesiologie, zuerteilt. Die Eingeweidelehre umfaßt also die aus verschiedenen Systemen zusammengesetzten, meist in den Höhlen des Körpers befindlichen Organe, die ihren Verrichtungen nach in folgende vier Gruppen zerfallen: Sprach-, Stimm- und Respirationsorgane, Verdauungsorgane, Harnorgane und Geschlechtsorgane. Physiologisch betrachtet stellen alle E. zusammengesetzte Organe dar, welche den materiellen Verkehr des Organismus mit der Außenwelt unterhalten und jene Stoffe bereiten, welche entweder zur Erhaltung des Individuums oder zur Fortpflanzung seiner Art notwendig sind. Eine Gruppe von E., welche einem gemeinsamen physiol. Zweck dienen, bildet einen Apparat oder ein System; so spricht man von einem Verdauungs-, Atmungs-, Kreislaufs-, Harn- und Geschlechtsapparat. Alle E. stehen mittel- oder unmittelbar mit den Leibesöffnungen (Mund, Nase, After u. s. w.) in Verbindung.

Sieht man von der Schädelhöhle ab, welche vollständig vom Gehirn ausgefüllt ist, so bleibt uns nur die Rumpfhöhle mit ihren E. zu betrachten. Sie zerfällt in drei Abschnitte: die Brust-, Bauch- und Beckenhöhle. Die erstern beiden sind beim Menschen und den Säugetieren durch eine fleischige Haut, das Zwerchfell, voneinander geschieden. Dieses ist ringsum am untern Rande des Brustkastens befestigt und wölbt sich kuppelförmig in die Brusthöhle empor, sodaß diese in Wirklichkeit viel kleiner ist, als sie nach der Größe des Brustkastens zu sein scheint. Eine Längsscheidewand teilt wieder die Brusthöhle in eine rechte und eine linke Hälfte, deren jede eine Lunge einschließt. In der Mitte zwischen beiden Lungen und zwischen die beiden Blätter der Längsscheidewand (Mittelfell, Mediastinum) eingeschoben liegen die Luftröhre, die große Hauptpulsader (Aorta) und die Speiseröhre, welche beide letztern durch besondere Öffnungen des Zwerchfells in die Bauchhöhle übergehen. Ebenso liegt zwischen beiden Lungen, und zwar dicht auf dem Zwerchfell, das Herz, doch so, daß es zur größern Hälfte der linken Körperhälfte angehört. Beim Einatmen bedecken die Lungen das Herz von vornher fast vollständig, beim Ausatmen aber liegt es unbedeckt der vordern Brustwand an, etwa zwischen der linken Brustwarze und dem Brustbein. Unterhalb der Brustwarze fühlt man den Herzstoß am deutlichsten. In der Bauchhöhle liegt zu oberst die Leber, mit der größern Hälfte (dem rechten Leberlappen) nach rechts, mit der kleinern (dem linken Lappen) nach links. Die obere Fläche der Leber ist stark gewölbt und liegt der untern Fläche des Zwerchfells dicht an, dessen Rand sie nach unten nicht überragt. Ein horizontaler Stich in den untern Teil des Brustkastens könnte also zuerst den scharfen untern Rand der Lunge, sodann den nach oben aufsteigenden Teil des Zwerchfells und endlich die obere Wölbung der Leber treffen. Beim Einatmen senkt sich das Zwerchfell nach unten und schiebt die Leber vor sich her, sodaß sie nun den untern Rand des Brustkastens nach unten überragen kann. An den linken Leberlappen schließt sich nach links die Milz an, welche ebenfalls dicht am Zwerchfell und noch innerhalb der Kuppel desselben liegt, also auch den untern Brustbeinrand nicht überragt. Unter der Leber liegen an der hintern Wand der Bauchhöhle zu beiden Seiten der Wirbelsäule die Nieren mit den Nebennieren und den Harnleitern. Dem größten Teile der untern Leberoberfläche aber schmiegt sich der Magen an, mit seinem größern Teil (dem Magengrunde) nach links gelegen; dicht hinter dem Magen, von der Milz bis zum Zwölffingerdarm reichend, liegt die Bauchspeicheldrüse. Den übrigen Teil der Bauchhöhle füllt in zahlreichen Windungen der

Darm aus, welcher durch das drüsenreiche Gekröse an die hintere Wand der Bauchhöhle befestigt ist. (S. Tafeln: *Die Baucheingeweide des Menschen I, II*, Bd. 2, S. 499.) Mit der Bauchhöhle steht die kleine Beckenhöhle in unmittelbarer Verbindung. In ihr liegt vorn die Blase, welche, je nach ihrer Füllung, mehr oder weniger in die Bauchhöhle hinaufreicht. Hinter der Blase, und zwar zwischen ihr und dem Mastdarm, befindet sich beim weiblichen Geschlecht die Gebärmutter und zu beiden Seiten derselben je ein Eierstock. Während der Schwangerschaft steigt die stark vergrößerte Gebärmutter hoch in die Bauchhöhle hinauf, alle übrigen Organe stark seitwärts oder rückwärts drängend. Der von den Fortpflanzungsorganen noch freigelassene Raum der Beckenhöhle wird von Teilen des Darms, insbesondere dem Mastdarm, ausgefüllt. (S. Bauch, Becken, Brust.)

Eingeweidebruch, s. Bruch (medizinisch).

Eingeweidelehre, s. Eingeweide.

Eingeweidenerven, s. Sympathicus nervus.

Eingeweidewürmer, *Entozoen*, *Helminthen*, die im Innern des Menschen und der Tiere schmarotzenden Würmer. Frühere Naturforscher faßten, in der parasitischen Lebensweise das Hauptmerkmal jener Formen sehend, unter diesem Namen (Entozoa) die Gesamtheit der Schmarotzerwesen in eine einheitliche Klasse zusammen. Man weiß jetzt, daß die parasitische Lebensweise nichts von vornherein Gegebenes ist, sondern von Angehörigen der verschiedensten Typen erworben werden kann. (S. Schmarotzertum.) Die Bezeichnung E. ist jetzt vom systematischen Klassennamen zum einfachen Kollektivbegriff herabgesunken. Von den fünf Klassen der Würmer (s. d.) sind besonders die der Plattwürmer (s. d.) und der Rundwürmer (s. d.) reich an parasitierenden Arten; von den Ringelwürmern (s. d.) und Rädertieren (s. d.) kennt man einzelne schmarotzende Gattungen. Die E. leben bei Vertretern fast aller Typen; jedoch so, daß sie im ausgebildeten Zustande die Wirbeltiere, in der Jugend hingegen die Wirbellosen mit Vorliebe als Wohntiere (Wirte) aufsuchen. Einzelne sind hierbei nur auf eine ganz bestimmte Tierspecies angewiesen, während andere bei einer ganzen Anzahl mehr oder minder nahe verwandter Formen Unterkunft finden; meist gewährt auch ein und derselbe Wirt einer größern Anzahl verschiedener E. Unterkommen. Manche Parasiten treten mit großer Regelmäßigkeit auf, sodaß man kaum ein Exemplar des betreffenden Wirtes untersuchen kann, ohne auf sie zu stoßen (z. B. Ascaris mystax *Zed.* der Katze), andere sind nur sehr selten und sporadisch.

Der Wohnsitz der E. innerhalb ihrer Wirte ist ein sehr wechselnder. Geschlechtsreife Arten wohnen meist im Darmkanal und dessen Anhangsgebilden, Lunge und Leber. Die Jugendformen suchen meist die abgeschlossenen Organe des Wirtskörpers auf; man findet sie, gewöhnlich von einer Kapsel umschlossen, ohne eine Spur des Weges, auf dem sie dahin gelangt, in der Leibeshöhle, den Muskeln, im Hirn und Auge, in den Nieren sowie in Lunge und Leber u. s. w. (S. Wurmkrankheiten.) Diese letztgenannten, von der Außenwelt völlig abgeschlossenen E. waren es auch, die Naturforscher und Ärzte früherer Zeiten in Bezug auf die Herkunft der E. irre leiteten (s. Urzeugung) und die sie Organozoa nannten. Man weiß nun, daß alle E. sich durch Eier oder lebendig geborene Junge fortpflanzen. Niemals wachsen aber diese Jungen neben ihren Eltern in demselben Wirte zu geschlechtsreifen Tieren heran; sie müssen unter allen Umständen einen neuen Träger aufsuchen. Und selbst in diesem gelangen viele noch nicht zur vollen Reife, sodaß sich ein zweiter Wirtswechsel notwendig macht (s. Haarwürmer); bei einer ansehnlichen Zahl von Formen gesellt sich noch Generationswechsel (z. B. alle Band- und viele Saugwürmer) hinzu, sodaß sich die Entwicklungsgeschichte der E. oft äußerst kompliziert gestaltet. Vgl. besonders Leuckart, Die Parasiten des Menschen u. s. w. (2. Aufl., Lpz. u. Heidelb. 1879—92); Looß, Schmarotzerthum in der Thierwelt (Lpz. 1892).

Eingriff (Jägerspr.), tiefer Fährtenabdruck von flüchtigem oder erschrecktem Wilde.

Einhandsgut oder *Sondergut*, im ehelichen Güterrecht das Vermögen eines Ehegatten, welches der alleinigen Verfügung eines der Ehegatten unterworfen ist. Vorkommen kann Sondergut bei allen deutschrechtlichen Systemen des Güterrechts. Einzelne Rechtslehrer verwenden das Wort E. nur für dasjenige Vermögen, welches bei der Errungenschaftsgemeinschaft oder einem diesem nahestehenden Güterrechte dem einzelnen Gatten allein verbleibt.

Bei der *allgemeinen Gütergemeinschaft* (s. Gütergemeinschaft) wird von E. oder Sondergut in Ansehung derjenigen Vermögensteile gesprochen, welche durch rechtsgültige Verfügung von der Gemeinschaft ausgenommen sind, sei es durch Zuwendung seitens eines Dritten an einen der Ehegatten unter dieser Voraussetzung, sei es durch Vereinbarung der Ehegatten. (Das letztere dürfte für das Preuß. Allg. Landrecht nicht zulässig sein. Vgl. z. B. Preuß. Allg. Landr. II, 1, §§. 371—373.) Gemeinrechtlich bleibt nach einer Meinung das Sondergut freies Eigentum des Gatten, der die Nutzungen für sich bezieht, freie Verfügung über die Substanz behält und damit nicht für die Schulden des andern Gatten haftet; nach einigen Rechten ist jedoch auch hier die Ehefrau in der Verfügung beschränkt. Von andern wird die Ansicht vertreten, bei der allgemeinen Gütergemeinschaft komme nur beschränkt ein derartiges Verhältnis, und zwar so vor, daß gewisse Gegenstände von der Gemeinschaft ausgeschlossen sind, die Nutzungen aber der Gemeinschaft zufallen. (Vgl. für das gemeine Recht «Entscheidungen des Reichsgerichts», VIII, 129 fg.) — Bei der *Errungenschaftsgemeinschaft* (s. d.) besteht das Sondergut aus dem Einbringen eines jeden Ehegatten und aus demjenigen Erwerbe, dessen Grund (Titel) schon vor der Ehe bestand, ferner aus dem während der Ehe durch Schenkung, letztwillige Verfügung oder Erbvertrag Erworbenen. (Vgl. z. B. Preuß. Allg. Landr. II, 1, §§. 397 fg.) Jedoch bestimmen die geltenden Rechte auch in dieser Beziehung nicht gleichmäßig. Noch weniger sind die Wirkungen der Sondergutseigenschaft die gleichen. Im allgemeinen läßt sich aufstellen: das Eigentum der Gegenstände des Sonderguts verbleibt dem betreffenden Ehegatten, der Ehemann hat regelmäßig freie Verfügung über sein Sondergut und die Verwaltung des Sonderguts der Ehefrau. Die Nutzungen des Sonderguts sind hingegen gemeinsam. Für das Sondergut der Ehefrau finden sich in manchen Rechten Vorschriften, welche dem röm. Dotalrecht entlehnt zu sein scheinen, indem ein Teil des Vermögens der Ehefrau als Mitgift (dos) bestellt und dafür aus dem Vermögen des Ehemannes eine Widerlage gewährt werden kann. — Bei der Gemeinschaft des beweglichen Vermögens und der Errungenschaft (gesetzliches Güterrecht des Code civil und des Badischen Landr. Art. 1400 fg.) besteht das Sondergut eines jeden Ehegatten im wesentlichen aus den Immobilien, selbst den während der Ehe mit Mitteln des Sonderguts unter Vorbehalt angeschafften, aus höchst persönlichen Rechten, und sogar ausdrücklich oder stillschweigend (Art. 1401, 1500) ausgeschlossenen, und aus den an die Stelle von Sondergutsgegenständen getretenen Ersatzgegenständen (Surrogaten). Der Ehemann hat völlig freie Verfügung über sein Sondergut; dasselbe haftet jedoch auch für die Eheschulden. Der Ehemann verwaltet das Sondergut der Ehefrau, bedarf aber zur Veräußerung oder dinglichen Belastung der Zustimmung der Ehefrau, jedoch kann sich die Ehefrau durch Vertrag die Verwaltung ihres Sonderguts ganz oder zum Teil vorbehalten.

Einhard (nicht Eginhard), Vertrauter und Biograph Karls d. Gr., geb. um 770 im Maingau, wurde vom Abt zu Fulda früh aus der Klosterschule an den Hof Karls d. Gr. geschickt, wo er von Alkuin unterrichtet wurde. Wegen seines technischen Talents erhielt er in der Hofschule (s. Karl der Große) den Namen Beseleel nach dem Erbauer der Stiftshütte. Er hat später zahlreiche Bauten Karls ganz oder teilweise geleitet (so die Brücke zu Mainz, die Pfalzen zu Ingelheim und Aachen und die Basilika zu Aachen). Er war der Begleiter Karls auf allen seinen Zügen, ging 806 als sein Gesandter nach Rom, und 813 soll sein Rat Karl bewogen haben, seinen Sohn Ludwig zum Kaiser zu ernennen. Ebenso vertraute ihm Ludwig der Fromme und gab ihn 817 seinem Sohn Lothar I. zum Ratgeber, als er diesen zum Kaiser erhob. In den Kämpfen der Söhne gegen den Vater bemühte sich E., den Frieden herbeizuführen. Er gründete bei Michelstadt im Odenwald eine Abtei (s. Einhard-Basilika), die er aber später nach Mühlheim am Main verlegte, das im Laufe der Zeit von den Reliquien der Abtei den Namen Seligenstadt erhielt. 836 verlor er seine Gemahlin Imma, eine Schwester des Bischofs Bernhard von Worms; 14. März 840 starb er selbst. Obgleich ihm nach der Sitte der Zeit mehrere große Klöster als Abt anvertraut waren, scheint er doch niemals Geistlicher geworden zu sein. Ein später verfertigter Sarkophag ist 1810 aus der Kirche in Seligenstadt nach Schloß Erbach gebracht; die Grafen von Erbach leiten ohne irgend einen Beweis ihren Ursprung von E. her. E.s «Vita Caroli Magni», oft gedruckt, so in den «Monumenta Germaniae historica, Scriptores II», dann in der «Bibliotheca rerum Germanicarum», hg. von Jaffé (Bd. 4, Berl. 1867), besonders hg. von Waitz (4. Aufl., Hannov. 1880) und übersetzt von O. Abel (2. Aufl. bearbeitet von Wattenbach, in den «Geschichtschreibern der deutschen Vorzeit», Berl. 1880), ist nach Anlage und Ausdruck eine der bedeutendsten Biographien des Mittelalters. Die dem E. früher zugeschriebenen «Annales Einhardi» («Monumenta Germaniae historica, Scriptores I»), Annalen des Fränkischen Reichs von 741 bis 829, werden ihm jetzt vielfach und mit erheblichen Gründen abgesprochen. Von großer Wichtigkeit sind ferner die Briefe E.s (gedruckt bei Jaffé) und als Zeichen der Denkart der Zeit auch seine Geschichte der Übertragung der Gebeine der Heiligen Marcellinus und Petrus von Rom nach Seligenstadt, in der Gesamtausgabe seiner Werke mit franz. Übersetzung von Teulet (2 Bde., Par. 1840—43). Die Sage von Eginhard und Emma, der angeblichen Tochter Karls d. Gr., ist vermutlich durch Verwechselung mit Angilbert (s. d.) entstanden. Sie findet sich in der Lorscher Chronik des 12. Jahrh. und ist mehrfach poetisch bearbeitet, unter andern von Fouqué im Roman «Eginhard und Emma» und von Auber in der Oper «Der Schnee». Auch der Pegnitzschäfer Omeis schrieb unter dem Namen Damon «Die in Eginhard verliebte Emma» (Nürnb. 1680).

Einhard-Basilika, eine für die Architektur der Karolingerzeit wichtige Kirchenruine zu Steinbach bei Michelstadt im Odenwald. Das Verdienst, dieselbe wissenschaftlich beschrieben und das Identitätsverhältnis zwischen der bis dahin für romanisch angesehenen Steinbacher Kirchenruine und der von Einhard (s. d.) um 814 begonnenen, seither als vom Erdboden verschwunden geglaubten Basilika im Odenwald nachgewiesen zu haben, gebührt G. Schäfer in Darmstadt (in Lützows «Zeitschrift für bildende Kunst», Bd. 9, S. 129—145, Lpz. 1874). Vgl. R. Adamy, Die E. zu Steinbach im Odenwald (mit 24 Zinkätzungen und 4 Tafeln in Lichtdruck, Darmst. 1885).

Einhäusig, s. Monoecus.

Einheesen, s. Einhesen.

Einheimische Cholera, s. Cholera.

Einheimische Krankheit, s. Endemie.

Einheit, die grundlegende Größe für alles Messen, für jede Reihe von benannten Zahlen. Die Mathematik stellt neben die zuzuzählenden positiven E. die wegzunehmenden negativen (s. Entgegengesetzte Größen). Wichtig ist auch die Einführung der imaginären E. ($\sqrt{-1}=i$) neben der reellen (+1), da nur aus diesen beiden das vollständige Größensystem gebildet werden kann, das zur Behandlung aller algebraischen und analytischen Probleme, speciell auch zur Berechnung der Wurzeln von Gleichungen ausreicht. Die Annahme von weitern E., die von jenen beiden unabhängig wären, ist ausgeschlossen, weil nur mit Hilfe jener beiden ein in sich abgeschlossenes, widerspruchsfreies System von Rechenoperationen möglich ist. Über die E. des absoluten Maßsystems s. Maß und Gewicht im absoluten Sinne.

Einheit, im Maß- und Gewichts-, sowie im Geld- und Münzwesen diejenige Größe, welche allen andern Größen derselben Art (den Teil- und Mehrheitsgrößen) zu Grunde liegt, also unter den Größen derselben Art in der Mitte steht. So ist nach der neuern Gesetzgebung das Meter die E. des Längenmaßes, das Hektoliter die des Hohlmaßes, das Kilogramm die Gewichtseinheit; ferner ist die Mark die Geldeinheit oder Rechnungseinheit, das 10-Markstück (die Krone) die Goldmünzeinheit und das 1-Markstück (= 5 g Feinsilber) die Silbermünzeinheit.

Einheit, im militärischen Sinne wird ein Truppenkörper genannt, der von einem gewissen Gesichtspunkte aus eine normale, d. h. für einen bestimmten Zweck geeignetste Größe hat. Den Begriff der taktischen E. erklärt man für gewöhnlich dahin, daß man darunter eine solche Abteilung einer und derselben Waffengattung versteht, die noch von der Stimme eines einzelnen geleitet werden kann und dabei selbständig einfache taktische Aufträge zu lösen vermag. Diesen Anforderungen entsprach für die Infanterie lange Zeit hindurch das Bataillon. Die infolge der rastlos fortschreitenden

Waffentechnik gänzlich veränderten Verhältnisse des Feuergefechts und der hiermit in Verbindung stehende Übergang von der Kolonnentaktik zur Compagnie-kolonnen-Taktik und zur neuern Schützentaktik haben die Sachlage derartig geändert, daß in dem Sinne der obigen Begriffserklärung nicht mehr das Bataillon, sondern vielmehr die Compagnie als taktische E. der Infanterie zu betrachten ist (s. Compagniekolonne). Trotzdem wird das Bataillon auch fernerhin in dem Sinne als taktische E. gelten können, daß nach der Zahl der Bataillone gerechnet wird, was um so mehr für sich hat, als die Zahlenstärke des Bataillons in allen großen Armeen heutzutage so ziemlich dieselbe ist. Das Bataillon ist also gewissermaßen die Organisationseinheit geblieben, während die Compagnie die Gefechtseinheit geworden ist. (S. Feuergefecht.) Die taktische E. für die Kavallerie ist nach wie vor die Eskadron, für die Artillerie die Batterie.

Unter strategischer E. versteht man einen aus verschiedenen Waffengattungen gemischten Heereskörper, der durch diese seine Zusammensetzung und durch seine Ausstattung mit den für die Erhaltung der Schlagfertigkeit der Truppen erforderlichen Hilfszweigen in der Lage ist, selbständig größere taktische und kleine strategische Aufgaben zu lösen. Wenn man die taktischen E. als die Elemente betrachten kann, mit denen der Truppenführer im Gefecht rechnet, so sind die strategischen E. diejenigen Elemente, mit denen der Heerführer bei den Operationen rechnet. Hieraus geht schon hervor, daß die Größe der strategischen E. rein theoretisch zunächst von der Größe der Armee abhängt, die zum einheitlichen Auftreten auf einem und demselben Kriegsschauplatz bestimmt ist. Diese Armee muß sich ohne Zerreißung der strategischen E. mehrfach gliedern lassen. Soll der Heerführer zur Herbeiführung verschiedener Kombinationen einigermaßen freie Hand haben, so wird er mindestens über 4 E. verfügen müssen, besser noch über 6 oder 8. Viel größer darf die Zahl nicht werden, da die Leitung so vieler E. von einer Stelle aus die Übersichtlichkeit und die Befehlserteilung erschwert. Legt man die ziemlich allgemein gültigen Stärkeabmessungen eines Armeekorps, einer Division, einer Brigade zu Grunde, so würde, rein theoretisch betrachtet, eine Armee von 100000 Mann etwa in 4 Armeekorps, besser aber in 8 selbständige Divisionen zu gliedern sein. Eine selbständig auftretende Armee von nur 40000 Mann würde vielleicht in 4 schwache Divisionen, besser in 6 oder 8 Brigaden zu gliedern sein, eine Armee von 200000 Mann dagegen in 6 oder 8 Armeekorps. Dies sind zunächst rein theoretische Erwägungen. Bei den heutigen Verhältnissen der Heeresorganisation ist es nun unbedingt notwendig, daß die strategische Gliederung der Operationsarmee sich mit der administrativen Gliederung der Friedensarmee nach Möglichkeit deckt; die administrative Friedensgliederung der Armee muß also auch in dieser Beziehung den wahrscheinlichen Anforderungen des Krieges sich möglichst anpassen. Für die Armeen der großen Militärstaaten gilt daher überall das Armeekorps mit einer Gefechtsstärke von 30 bis 40000 Mann als strategische E.; für kleine Staaten, wie z. B. Belgien, Holland, die Schweiz, ist die Division in Stärke von 10 bis 15000 Mann die strategische E.

In der Kriegsformation des deutschen Heers ist zwar die Infanteriedivision aus allen drei Waffen (2 Infanteriebrigaden, 1 Kavallerieregiment und einer Anzahl Batterien) zusammengesetzt, aber nicht die Division, sondern erst das aus 2 Divisionen bestehende Armeekorps ist mit den Anstalten für Munitionsersatz, für Verpflegung und für Sanitätsdienst ausgestattet, die für einen zu selbständigen Operationen bestimmten Heerkörper unbedingt notwendig sind. Tritt im Laufe der Operationen der Fall ein, daß ein kleinerer Heereskörper als ein ganzes Armeekorps zeitweilig zu selbständigem Auftreten bestimmt werden muß, so kann ohne Mühe eine bereits aus allen drei Waffen bestehende Division durch Zuteilung der entsprechenden Hilfsanstalten selbständig gemacht werden. Andererseits wird bei den großen Heeresmassen, die in den Kriegen der Neuzeit zur Aufstellung kommen, häufig die Gesamtzahl der zu den Operationen bestimmten Armeekorps zunächst in verschiedene Gruppen (Armeen) zusammengefaßt und erst diese unmittelbar der obern Heeresleitung unterstellt. Außer den Armeekorps, in welche die Hauptmasse des deutschen Heers in der Kriegsformation gegliedert ist, waren im Kriege 1870/71 eine Anzahl Kavalleriedivisionen und einige aus Reserve- und Landwehrtruppen gebildete Reservedivisionen als selbständige strategische E. formiert.

Einheit, in der Philosophie Kunstausdruck von mannigfachem Gebrauch. Schon Aristoteles fand es nötig, die verschiedenen Bedeutungen des «Einen» sorgfältig auseinanderzulegen; er unterscheidet hauptsächlich numerische E. (Einzelheit; Gegensatz: Mehrheit), E. durch Zusammenhang (Kontinuität; Gegensatz: Diskretheit) und begriffliche E. (Einerleiheit, s. Identität; Gegensatz: Verschiedenheit). Sachlich und historisch ist die letzte Bedeutung die wichtigste, sie ist namentlich von Kant als «E. des Mannigfaltigen», «Synthetische E.» («E. der Synthesis») in den Mittelpunkt der Erkenntnistheorie gestellt worden. Es ist eigentlich die E. des Bewußtseins (s. d.), durch die wir ein Mannigfaltiges der Sinnesanschauung zusammenbegreifen und so selbst als Eins auffassen; sie ist der Ursprung des Begriffs und Urteils, des Gesetzes und damit des Gegenstandes. Die E. im Sinne der Einzelheit fällt unter den Gesichtspunkt der Quantität und steht gegenüber der Mehrheit und Allheit; ihr wissenschaftlicher Ausdruck ist die Zahl Eins (daher numerische E.). Übrigens ist sie, wie die E. der Kontinuität, nur ein Ausfluß oder eine besondere Gestaltung der Bewußtseinseinheit; als solche steht sie bei Kant unter den Kategorien. Aus der Bedeutung der E. als Kontinuität erklärt sich wohl der Begriff der systematischen E. (S. System.) Die ästhetische E. ist die Übereinstimmung der Teile eines Werkes, d. h. ihre wechselseitige harmonische Beziehung zueinander und zu einem durch dieses gegenseitige Verhältnis sich gestaltenden Ganzen. Sie darf daher keinem Kunstwerke fehlen. Dagegen hat die Lehre der Alten von den drei dramatischen E. zu vielerlei Mißverständnissen Anlaß gegeben, indem besonders die franz. Ästhetiker vom Drama außer der E. der Handlung, die sich von selbst versteht, auch die E. der Zeit und des Ortes forderten, ohne zu bedenken, daß, insoweit die Alten dieselbe in ihren Dramen beobachteten, dies von der Einrichtung ihrer Bühne abhing. (S. Drama.) Eine Zerstückelung der Handlung wie in Shakespeares Historien und ihren Nachahmungen, z. B. in Goethes «Götz von Berlichingen», wird immer dem Anteil des Publikums und der dramat. Spannung Eintrag thun. Mit solcher allzu freien Kompositionsweise hängt auch die Menge der scenischen Verwandlungen zusammen, die sich meist in deutschen Geschichtsdramen finden. Die Technik des neuern franz. Dramas hält sich von jeder Zersplitterung der Handlung fern und hat in dieser Hinsicht auch auf die neue deutsche dramat. Produktion vorteilhaft eingewirkt.

Einheiten, elektrische, s. Elektrische Einheiten.

Einheitsgeschoß, ein Geschoß, welches die Eigenschaften verschiedener Geschoßkonstruktionen in sich vereinigt. Bei allen Feldartillerien sind bisjetzt mindestens drei verschiedene Arten Geschosse (Granaten, Shrapnels, Kartätschen) eingeführt; in einigen Ländern bestehen außerdem noch Brandgranaten; auch Sprenggranaten (Brisanzgranaten) sind neuerdings eingeführt oder in Einführung begriffen. Da hierdurch bedeutende Schwierigkeiten in der Munitionsausrüstung, im Munitionsersatz und in der Ausbildung der Bedienung bedingt sind, so ist jetzt das Bestreben vorhanden, E. zu konstruieren. Eingeführt sind sie erst in Frankreich (s. Geschoß), wo Granat- und Shrapnelwirkung durch ein Geschoß erzielt werden kann. In andern Ländern werden mit E. Versuche angestellt. Voraussichtlich wird neben diesem E. jedoch auch später die Mitführung besonderer Sprenggranaten nötig sein.

Einheitskavallerie, Bezeichnung für Kavallerie, die nach Pferdematerial, Ausrüstung, Bewaffnung und Ausbildung zu jedem der verschiedenen Dienste befähigt ist, welche von der Reiterei in den verschiedenen Lagen gefordert werden können; sie schließt eine Teilung in schwere und leichte Reiterei aus und verlangt gleiche Bewaffnung und Ausbildung. Näheres s. Kavallerie.

Einheitspatrone, eine Patrone, bei der das Geschoß und die Pulverladung fest miteinander verbunden sind; sie ist bei sämtlichen neuern Gewehren sowie bei den Schnellfeuerkanonen kleinern Kalibers gebräuchlich und war früher vielfach bei glatten Geschützen eingeführt. E. ist auch Bezeichnung für eine Patrone, die bei verschiedenen Abarten derselben Gewehrkonstruktion (Gewehr, Büchse, Karabiner) gleichmäßig verwendet werden kann.

Einheitsschule, s. Gymnasium.

Einheitsstaat, s. Bundesstaat.

Einheitszeit, s. Eisenbahnzeit.

Einherjer («vortrefflicher Kämpfer»), in der spätern nordischen Mythologie die im Kampfe gefallenen Helden, die die Walhall bewohnen. Aus 540 Thüren, aus jeder 800 Mann, stürmen sie hervor, wenn sie einst beim letzten Kampfe den Göttern zu Hilfe eilen. Ihre Speise ist das Fleisch des Ebers Saehrimnir, ihr Trank Meth aus den Entern der Ziege Heidrun. Während des Tages gehen sie hinaus, um zu kämpfen, am Abend aber kommen sie zurück und verbringen die Nacht unter Zechen. Berühmten Helden schickt Odin Walküren oder andere Helden entgegen, um sie feierlich zu empfangen.

Einhefen (Einheesen) des Wildes geschieht zum bequemern Tragen und Aufhängen, indem man an einem Hinterlauf zwischen der starken Flechse und dem Knochen durchsticht und in den so gebildeten Spalt den andern Hinterlauf durchschiebt.

Einhieven, das Eindrehen der Ankerkette oder einer Trosse (s. d.) vermittelst des Spills (s. d.).

Einhorn (Monoceros), Sternbild zu beiden Seiten des Äquators; es enthält zahlreiche Doppelsterne und einige prachtvolle Sternhaufen.

Einhorn, lange Haubitze, die in der russ. Artillerie seit 1756 üblich war und erst mit Einführung gezogener Geschütze verschwand.

Einhorn (grch. monokeros), ein fabelhaftes, wildes, unbändiges Tier von Pferdegestalt, welches auf der Mitte der Stirn ein gerades, spitzes, gewundenes Horn als mächtige und gefährliche Waffe trägt. Der Glaube an das Vorhandensein eines solchen Tieres ist sehr alt und weit verbreitet. Aristoteles, Plinius und Älian wissen schon von diesem Geschöpf viel zu berichten, obgleich sie bekennen, dasselbe niemals selbst gesehen zu haben. Als sein Vaterland ward bald Indien, bald Afrika angegeben; in Kuriositätensammlungen zeigte man häufig den Stoßzahn des Narwals als Horn des Tieres. Durch diese Stoßzähne, die als eine große Seltenheit nach Mittel- und Südeuropa gebracht wurden, ist ohne Zweifel die Sage entstanden, welcher sonst keine Thatsache zu Grunde liegt. Das E. gehört zu den Fabelwesen, und die auf Felswänden u. s. w., besonders Südafrikas, gefundenen Zeichnungen stellen gradhörnige Antilopen, wie z. B. die Beisa oder Säbelantilope (Oryx) vor, die, im Profil und ohne alle Kenntnis der Perspektive hingezeichnet, notwendig einhörnig erscheinen mußten. Auch eine fossile Säugetiergattung wird E. genannt. (S. Elasmotherium.) In der Heraldik ist das E. das Wappentier Englands.

Einhornhöhle, Tropfsteinhöhle am südl. Rande des Harzes in der Nähe von Lauterberg bei Scharzfeld, soll sich gegen 300 m in den Berg hineinziehen und ist wichtig wegen der vielen Funde von Knochen vorweltlicher Säugetiere, z. B. des Höhlenlöwen und Höhlenbären; auch berichtet die Sage von dem Horne des fabelhaften Einhorns. Sie trägt an der Felswand die Inschrift: «Friedrich Schiller 1792» und wird daher auch Schillerhöhle genannt.

Einhufer (Solidungula), eine Ordnung der mit Hufen versehenen Säugetiere, die unter den Haustieren durch das Pferd und den Esel vertreten wird. Die wesentlichen Charaktere liegen in dem Zahnsystem und der Bildung der Füße. Der Schädel ist langgestreckt, die Stirn flach, die Kiefer vorgezogen; oben und unten finden sich sechs Schneidezähne, dann eine lange Zahnlücke, in welcher nur ein kleiner rudimentärer Eckzahn steht, der erst spät durchbricht, hierauf in jeder Kieferhälfte sechs Backzähne, also im ganzen 24, deren ebene Kaufläche vier mannigfach gewundene Schmelzleisten zeigt. Bei sämtlichen vier Füßen sind die obern Knochen nur kurz und im Fleisch des Rumpfes fast verborgen, die der Mittelhand und des Mittelfußes aber sehr lang und stark. Die Knochen der Hand- und Fußwurzel sind nur klein und in zwei Reihen gestellt, dann folgt der sehr lange, schwere Mittelknochen der einzigen ausgebildeten Zehe, welcher gewöhnlich das Schienbein (canon) genannt wird und den längsten Teil des Beins bildet. An seinem obern Ende hängen noch zwei kleine griffelförmige Fortsätze, Rudimente der nicht ausgebildeten zweiten und vierten Zehe. Die Zehe selbst besteht aus drei verhältnismäßig kleinen und kurzen Knochen, von denen die beiden obern die gelenkige Fessel bilden, während das verbreiterte Endglied in dem breiten und hohen, halbmondförmigen Hornhufe steckt. Die Haut ist kurz und dicht behaart, der lange Hals mit einer Mähne, der kurze Schwanz wenigstens mit einem Haarbüschel versehen. Es sind gesellige, äußerst intelligente Tiere, die weite

Steppen und baumlose Gebirge als Wohnorte vorziehen und sich vorzugsweise von Gras und Kräutern nähren. Jetzt sind sie nur durch die eigentlichen Pferde (z. B. der Tarpan, s. Tafel: **Einhufer**, Fig. 2 und der Dschiggetai, Equus hemionus, Fig. 3), die Tigerpferde oder Zebras (z. B. das Quagga, Equus quagga, Fig. 4) und die Esel (z. B. der gemeine Esel, Equus asinus, Fig. 1) repräsentiert, während es in den Tertiärzeiten Gattungen gab, bei welchen sich die allmähliche Reduktion der Zehen von vier auf drei und dann das Schwinden der beiden äußern Zehen stufenweise nachweisen läßt. (S. Hippotherium.)

Einhüllende Kurven oder **Enveloppen** erhält man als Ort der Durchschnittspunkte aufeinander folgender Kurven einer Kurvenschar. Enthält eine Kurvengleichung einen Parameter p, so erhält man die Gleichung der einhüllenden Kurve, indem man dieses p zwischen den Gleichungen

$$F(x, y, p) = o \text{ und } \frac{\partial F(x, y, p)}{\partial p} = o$$

eliminiert. Der einfachste Fall ergiebt sich, wenn man irgend eine Kurve als Einhüllende ihrer Tangenten betrachtet. Die Tafel: **Kurven I**, Fig. 2 enthält eine Kreisschar, deren Mittelpunkte auf der Achse einer Parabel liegen, während als Radien die zugehörigen Parabelordinaten genommen sind; die einhüllende Kurve dieser Kreise ist wieder eine Parabel. Obige Grundbegriffe lassen sich auch auf **einhüllende Flächen** anwenden.

Einhüllende Mittel (Involventia, Emollientia), Heilmittel, die ein erkranktes Organ mit einer schützenden Hülle umziehen und dadurch mechanisch sowie chemisch wirkende Reize von demselben abhalten. Bei äußerlichen Verletzungen, wie bei Verbrennungen und Verwundungen, bedient man sich hierzu vorzugsweise der fetten Öle und Salben, um den schmerzhaften Reiz der atmosphärischen Luft von den bloßliegenden Hautnerven abzuhalten. Bei innern Krankheiten wendet man zu gleichem Zweck schleim-, gummi- und zuckerhaltige Substanzen, auch Milch, Butter, Öle u. dgl. an.

Einigungsämter sind bleibende Ausschüsse, aus gewählten Vertretern der Arbeitgeber und der Arbeitnehmer eines Gewerbes gebildet zum Zweck der Vereinbarung und Aufrechterhaltung der Arbeitsbedingungen, insbesondere des Lohns und der Arbeitszeit. Näheres s. Gewerbegerichte.

Eining, Pfarrdorf im Bezirksamt Kelheim des bayr. Reg.-Bez. Niederbayern, an der Donau, hat (1890) 249 kath. E. Durch die 1879—86 unternommenen Forschungen des Pfarrers Schreiner in und außer dem Dorfe ist eine vollständige röm. Badeanlage mit heute noch heizbaren Hypokaustenfeuerungen unter den Fußböden und zahlreiche röm. Privatgebäude bloßgelegt. Die durch Lehrer Sellmaier fortgesetzten Ausgrabungen haben das Prätorium, die Doppelthore und Ecktürme eines röm. Kastells zu Tage gefördert; ein Teil der Funde wird in den Ausgrabungsgebäuden, die meisten in der Sammlung des Historischen Vereins zu Landshut aufbewahrt. Diese Ausgrabungen haben hier den Beweis für die lange vergeblich gesuchte Lage des röm. Abusina, der wichtigsten röm. Militärstation (castra stativa) in Bayern, geliefert. Als Knotenpunkt der Heeresverbindungen zwischen den Donauländern, dem Rhein und Gallien von den Römern alsbald nach Eroberung des Landes (15 v. Chr.) angelegt, wurde dieses Lager mit Kolonie von ihnen bis zum Ende ihrer Herrschaft (401—402 n. Chr. zog Stilicho die letzten Reste röm. Truppen an den Donauländern zum Kampfe gegen Alarich nach Italien) mit oftmaliger Unterbrechung gehalten.

Einjährige oder **Annuelle**, diejenigen Gewächse, welche in einem Sommer den ganzen Lebenskreis durchlaufen, aus Samen entstehen, wachsen, blühen, ihre Frucht zur Reife bringen und sterben. Das botan. Zeichen für Pflanzen von einjähriger Lebensdauer ist ⊙. Einer wärmern Zone entstammenden Gewächsen der Gärten, denen unser Sommer nicht lang genug ist, um das Endziel ihres Daseins zu erreichen, verschafft man die hierzu nötige Zeit dadurch, daß man sie frühzeitig unter Glas erzieht und erst mit dem Eintritt dauernd milder Witterung in das Land pflanzt. In dieser Weise werden auch manche zweijährige, ja selbst strauchartige Gewächse (Ricinus) als E. kultiviert. Zu den einjährigen Zierpflanzen gehören die Aster, Levkoje, Balsamine, Reseda u. a. Einjährige Gemüse sind: Erbsen, Bohnen, Spinat, Salat u. a.

Einjährig-Freiwillige, eine zuerst in der preuß. Armee eingeführte, 1867 auf den Norddeutschen Bund und 1871 auf das Deutsche Reich übertragene Einrichtung. Dieselbe beruht auf §. 11 des Gesetzes betr. die Verpflichtung zum Kriegsdienste vom 9. Nov. 1867: «Junge Leute von Bildung, welche sich während ihrer Dienstzeit selbst bekleiden, ausrüsten und verpflegen, und welche die gewonnenen Kenntnisse in dem vorschriftsmäßigen Umfange dargelegt haben, werden schon nach einjähriger Dienstzeit im stehenden Heere (vom Tage des Diensteintritts an gerechnet) zur Reserve beurlaubt. Sie können nach Maßgabe ihrer Fähigkeiten und Leistungen zu Offizierstellen der Reserve und Landwehr vorgeschlagen werden.» Die Berechtigung zum Dienst als E. wird nach §. 88 der Deutschen Wehrordnung vom 22. Nov. 1888 durch Erteilung eines Berechtigungsscheins zuerkannt. Der Nachweis der wissenschaftlichen Befähigung hat durch Schulzeugnisse oder durch eine Prüfung zu geschehen. Diejenigen Lehranstalten, die gültige Zeugnisse über die wissenschaftliche Befähigung ausstellen dürfen, werden durch den Reichskanzler anerkannt und klassifiziert und unterschieden sich in: a. solche, bei denen der einjährige erfolgreiche Besuch der zweiten Klasse genügt (Gymnasien, Realgymnasien, Realschulen erster Ordnung); b. solche, bei denen der einjährige erfolgreiche Besuch der ersten Klasse nötig ist (Progymnasien, Realschulen zweiter Ordnung); c. solche, bei denen das Bestehen der Entlassungsprüfung gefordert wird (Höhere Bürgerschulen, Industrie-, Handelsschulen, auch höhere Privatlehranstalten); d. solche, für die besondere Bedingungen festgesetzt sind (Gewerbeschulen, Privatlehranstalten). Junge Leute, die sich in einem Zweige der Wissenschaft oder Kunst oder in einer andern dem Gemeinwesen zu gute kommenden Thätigkeit auszeichnen, ferner kunstverständige oder mechan. Arbeiter, die Hervorragendes leisten sowie zu Kunstleistungen angestellte Mitglieder landesherrlicher Bühnen dürfen von dem Nachweis der wissenschaftlichen Befähigung entbunden werden; sie haben sich nur einer Prüfung in den Elementarkenntnissen zu unterwerfen. Nach §. 50 des Reichsmilitärgesetzes vom 2. Mai 1874 verlieren E., die während ihrer Dienstzeit mit Versetzung in die zweite Klasse des Soldatenstandes bestraft werden, die Eigenschaft als E. und den Anspruch auf Entlassung nach einjähriger Dienstzeit.

EINHUFER.

1. Esel (Equus asinus). Körperlänge 1,50 m.

2. Tarpan (Asiatisches Wildpferd). Körperlänge ca. 1,50 m.

3. Dschiggetai (Equus hemionus). Körperlänge 2,10 m.

4. Quagga (Equus quagga). Körperlänge 1,80 m.

Wer den Berechtigungsschein zum Dienst als E. erwerben will, hat sich spätestens bis zum 1. Febr. des ersten Militärpflichtjahres schriftlich bei derjenigen «Prüfungskommission für E.» zu melden, in deren Bezirk er gestellungspflichtig sein würde. Der Meldung sind im Original beizufügen: 1) ein Geburtszeugnis, 2) eine Erklärung des Vaters oder Vormundes über die Bereitwilligkeit, den E. während der aktiven Dienstzeit zu bekleiden, auszurüsten und zu unterhalten; die Fähigkeit hierzu ist obrigkeitlich zu bescheinigen, 3) ein Unbescholtenheitszeugnis. Behufs Nachweises der wissenschaftlichen Befähigung sind a. entweder der Meldung die betreffenden Schulzeugnisse beizufügen, b. oder zu erwähnen, daß dieselben nachfolgen werden, in welchem Falle die Einreichung bis zum 1. April ausgesetzt werden darf, c. oder es ist in der Meldung das Gesuch um Zulassung zur Prüfung auszusprechen; in letzterm Falle sind zwei fremde Sprachen (Lateinisch, Griechisch, Französisch, Englisch) anzugeben, in denen der sich Meldende geprüft sein will.

Beim Eintritt in das militärpflichtige Alter, jedoch nicht vor dem vollendeten 17. Lebensjahre, haben sich die Berechtigten bei der Ersatzkommission ihres Gestellungsortes schriftlich oder mündlich zu melden und event. ihre Zurückstellung bis zum 1. Okt. ihres vierten (ausnahmsweise später noch bis zum 1. Okt. ihres siebenten) Militärpflichtjahres zu beantragen. Wer die Meldung versäumt oder den Zeitraum der ihm gewährten Zurückstellung verstreichen läßt, ohne sich zum Eintritt zu melden, verliert die Berechtigung, welche nur ausnahmsweise wieder verliehen werden darf. Nach Eintritt einer Mobilmachung verlieren die Zurückstellungen ihre Gültigkeit, können jedoch von neuem ausgesprochen werden.

Den E. steht die Wahl der Waffengattung sowie des Truppenteils frei. Der Diensteintritt findet alljährlich bei sämtlichen Waffengattungen ausschließlich des Trains (1. Nov.) 1. Okt., bei einzelnen durch die Generalkommandos zu bestimmenden Truppenteilen 1. April statt. Die als dienstuntauglich abgewiesenen E. melden sich binnen vier Wochen bei dem Civilvorsitzenden der Ersatzkommission ihres Aufenthaltsortes; dieser beordert sie zur Vorstellung vor der Oberersatzkommission. Findet diese einen von den Truppen abgewiesenen E. tauglich, so wird er für eine bestimmte, für mehrere oder für alle Waffengattungen bezeichnet und muß von jedem Truppenteil einer solchen angenommen werden. Wer für den Dienst zu Pferde bezeichnet ist, hierzu aber nicht die Mittel hat, muß auch bei der Infanterie genommen werden. E. der Fußtruppen, denen die Mittel fehlen, dürfen ausnahmsweise auf Staatskosten bekleidet und verpflegt werden.

Die besonders geeigneten E. werden behufs Ausbildung zu Offizieren der Reserve und Landwehr durch hierzu kommandierte Offiziere spätestens vom Beginn des 4. Monats ihrer Dienstzeit an praktisch und theoretisch unterwiesen. Diejenigen hiervon, welche sich gut geführt und ausreichende Dienstkenntnisse erworben haben, können nach sechsmonatlicher Dienstzeit zu überzähligen Gefreiten und diejenigen unter letztern, welche sich besonders auszeichnen, nach neunmonatlicher Dienstzeit zu überzähligen Unteroffizieren befördert werden. Kurz vor Beendigung ihrer aktiven Dienstzeit werden die zu Offizieren ausgebildeten E., welche sich nach dem Urteil des Truppenbefehlshabers zu Reserve-Offizieraspiranten eignen, einer praktischen und theoretischen Offizieraspiranten-Prüfung unterworfen. Die dieselbe Bestehenden werden bei ihrer Entlassung zu Reserve-Offizieraspiranten ernannt, erhalten ein besonderes Befähigungszeugnis und werden, sofern sie nicht schon Unteroffiziere sind, überzählig hierzu befördert. (Weiteres s. Offizieraspiranten.) Diejenigen E., welche sich zur Ausbildung zu Offizieren nicht eignen, jedoch brauchbare Unteroffiziere der Reserve und Landwehr zu werden versprechen, werden zu solchen nach den Anordnungen der Truppenbefehlshaber ausgebildet und mit dem Befähigungszeugnis zum Reserveunteroffizier entlassen. Sie werden zu den beiden gesetzlich zulässigen Reserveübungen herangezogen und zu Unteroffizieren ausgebildet. Falls sie sich hierzu eignen, dürfen sie nach Schluß der ersten oder im Verlauf der zweiten Übung zu überzähligen Unteroffizieren befördert werden.

E. werden bei ihrem Ausscheiden aus dem aktiven Dienst zur Reserve ihrer Waffe beurlaubt. Ausnahmsweise dürfen übergeführt werden: a. E. der Garde zur Provinzialreserve der gleichen Waffe; b. der Jäger und Schützen zur Reserve der Infanterie; c. der Kavallerie zur Reserve des Trains; d. der Pioniere sowie der Eisenbahn- und Luftschiffertruppen zur Reserve der Infanterie.

Zum Einjährig-Freiwilligen-Dienst berechtigte **Apotheker** genügen ihrer aktiven Dienstzeit durch Dienst in einer Militärapotheke; sie erhalten außerdem Unterricht im Feld-Sanitätsdienst und in den Dienstobliegenheiten eines Feldapothekers. Wer sich nach Ausfall einer vor Beendigung seiner aktiven Dienstzeit abzuhaltenden Prüfung das Befähigungszeugnis zum Oberapotheker erwirbt, tritt als Unterapotheker zur Reserve über; andernfalls wird er als Militärapotheker zur Reserve beurlaubt. Apotheker, welche die vorgeschriebene Prüfung vor Beendigung ihrer aktiven Dienstzeit nicht bestanden haben, dürfen behufs Erlangung des Befähigungszeugnisses zum Oberapotheker bez. Beförderung zum Unterapotheker zu einer Nachprüfung im Garnisonlazarett des Stationsortes des Korps-Generalarztes zugelassen werden.

Mediziner genügen ihrer aktiven Dienstzeit entweder ganz mit der Waffe, oder, wenn sie das vorgeschriebene Dienstzeugnis erlangen und die Approbation als Arzt besitzen, ein halbes Jahr mit der Waffe und ein halbes Jahr als Unterarzt (Einjährig-freiwilliger Arzt). Dieselben werden eventuell, um die Approbation als Arzt sich zu erwerben, nach halbjähriger Dienstzeit mit der Waffe «unter Vorbehalt» als Lazarettgehilfen zur Reserve beurlaubt. Den Rest ihrer aktiven Dienstzeit müssen sie spätestens im letzten Halbjahr ihrer Zugehörigkeit zum stehenden Heere ableisten und haben sich bis spätestens 9 Monate vor Ablauf dieser ihrer Zugehörigkeit bei ihrer Kontrollstelle zum Wiedereintritt zu melden. Bei Unterlassung dieser Meldung werden sie von dem Bezirkskommando zum Dienst mit der Waffe einberufen. Etwaige Anträge auf Verlängerung der Frist dürfen unter entsprechender Verlängerung der Dienstpflicht im stehenden Heere und in der Landwehr ersten Aufgebots ausnahmsweise durch die Generalkommandos genehmigt werden.

E. der Kavallerie, Feldartillerie und des Trains, welche die Approbation zum **Tierarzt** besitzen und die vorgeschriebene Prüfung im Hufbeschlag bestanden haben, dürfen bei guter Führung und entsprechender dienstlicher Befähigung nach halbjähriger

Dienstzeit mit der Waffe zu einjährig-freiwilligen Unterroßärzten befördert werden.

Die zur Ausrüstung erforderlichen Stücke einschließlich der Reitzeugstücke werden aus den Beständen des Truppenteils gegen Zahlung des durch die Etats festgesetzten Ausrüstungsgeldes geliefert. Die Waffen werden unter der Bedingung verabfolgt, sie aus eigenen Mitteln und in einem brauchbaren Zustande zu erhalten und ebenso bei der Entlassung zurückzuliefern. Beim Ausscheiden aus dem Dienst verbleiben alle Bekleidungsstücke Eigentum des Freiwilligen; die Ausrüstungsstücke sind zurückzuliefern. Für die Neueinkleidung als Unterarzt oder Unterroßarzt haben die Betreffenden selbst zu sorgen. Die E. der Kavallerie, der Feldartillerie und des Trains werden durch ihre Truppenteile beritten gemacht; hierfür haben bei ihrem Diensteintritt die E. der Kavallerie und reitenden Artillerie je 400 M., diejenigen der fahrenden Artillerie und des Trains je 150 M. zu zahlen. Außerdem entrichten sie die für Hufbeschlag und Pferdearznei festgesetzte Pauschsumme; die Ration wird gegen Zahlung des allgemein festgesetzten Preises verabfolgt. E., welche mit der Aussicht auf Beförderung zum Unterroßarzt eingetreten sind, bleiben von den Zahlungen für das Berittenmachen befreit.

Junge Leute aus der Landbevölkerung, welche den Berechtigungsschein zum Dienst als E. besitzen, können in die Seebataillone, die Matrosen-Artillerie-Abteilungen und (sofern sie Schiffbautechniker sind) in die Werftdivisionen eingestellt werden; sie sind verpflichtet, sich selbst zu bekleiden, auszurüsten und zu verpflegen.

Junge Seeleute von Beruf, welche den Berechtigungsschein zum Dienst als E. oder das Zeugnis der Befähigung zum Seesteuermann besitzen, können in die Matrosendivisionen und in die Torpedoabteilungen als E. eingestellt werden; sie sind nicht verpflichtet, sich selbst zu bekleiden und zu verpflegen.

In die Maschinistensektionen der Werftdivisionen und in die Torpedoabteilungen dürfen ferner E. eingestellt werden, wenn sie das Zeugnis der Befähigung zum Maschinisten erster, zweiter oder dritter Klasse auf deutschen Seedampfschiffen oder wenn sie Zeugnisse über neunmonatige praktische oder konstruktive erfolgreiche Beschäftigung beim Bau von Schiffsdampfmaschinen und über dreimonatige Beschäftigung als Gehilfe bei einer im Betriebe befindlichen Dampfmaschine beibringen, oder wenn sie mindestens ein Jahr als Maschinist oder Maschinistengehilfe auf See- oder Flußdampfschiffen gefahren sind und hierüber gute Zeugnisse beibringen. Auch diese E. sind nicht verpflichtet, sich selbst zu bekleiden und zu verpflegen, wenn ihre Einstellung innerhalb des Etats der Werftdivisionen bez. Torpedoabteilungen erfolgen kann.

Die Einstellung von E. erfolgt: bei den Matrosendivisionen am Einstellungstermin der Rekruten, 1. April, 1. Juli und 1. Okt.; bei den Werftdivisionen am Einstellungstermin der Rekruten und 1. Okt.; bei den Seebataillonen 1. April und 1. Okt.; bei den Matrosen-Artillerieabteilungen 1. Okt.; bei den Torpedoabteilungen 1. Nov.

Vgl. Exner, Der Weg zum E. und zum Offizier des Beurlaubtenstandes (Lpz. 1891); Rott, Der E. und der Reserve-Offizier im Heer und in der Marine (Cassel 1891).

In Österreich-Ungarn ist der Einjährig-Freiwilligen-Dienst 1868 (Gesetz vom 5. Dez.) fast ganz nach preuß. Muster eingeführt worden; unbemittelte E. können dort wie in Deutschland auf Staatskosten bekleidet und verpflegt werden. (Näheres s. Österreichisch-Ungarisches Heerwesen.)

In Frankreich wurde die Einrichtung 1872 (Gesetz vom 27. Juli) eingeführt, die Zulassung war jedoch an die vorgängige Einzahlung von 1500 Frs. unter gleichzeitiger Herabsetzung des geforderten Maßes der Schulbildung geknüpft und wurde seit 1879 etwas erschwert. Nach dem Wehrgesetz vom 15. Juli 1889 ist das Vorrecht der bisherigen E. auf die Besucher einiger höhern im Gesetz bezeichneten Lehranstalten beschränkt. Die französischen E. sind deshalb nur ganz ausnahmsweise für die spätere Verwendung als Reserve- und Territorialoffiziere geeignet gewesen.

Auch in Italien giebt es E.; die Zulassungsbedingungen sind dort zwar höher als in Frankreich, aber niedriger als in Deutschland und Österreich-Ungarn bemessen.

In Rußland giebt es keine E.; doch besteht dort gesetzlich für Freiwillige mit Schulbildung, je nach dem Maße dieser letztern, eine beträchtliche Abkürzung der aktiven Dienstzeit.

Einkammerbremse, eine Art der Eisenbahnbremsen (s. d., S. 855 b).

Einkammersystem, im Gegensatz zu dem Zweikammersystem dasjenige System der Volksvertretung, wonach die letztere nur einen Körper bildet (s. Repräsentativsystem). Von den deutschen Staaten haben nur die größern, Preußen, Bayern, Sachsen, Württemberg, Baden und Hessen, das Zweikammersystem, während die Landtage der übrigen deutschen Länder nach dem E. organisiert sind. Auch das Deutsche Reich hat das E. (den Reichstag), denn der Bundesrat (s. d.) kann als eine Erste Kammer nicht aufgefaßt werden.

Einkaufsbuch, Eingangsfakturenbuch, auch Fakturenbuch wird in der Buchhaltung dasjenige Buch genannt, in welches man in Waren- und Fabrikgeschäften die Rechnungen über Einkäufe von Waren, Materialien u. dgl. einträgt. Man scheidet auch zuweilen das E. vom Eingangsfakturenbuch in dem Sinne, daß ersteres nur die Einkäufe am Platze, letzteres die von auswärtigen Plätzen enthält. Die Führungsweise des E. ist in der Regel bei einfacher und doppelter Methode der Buchhaltung die gleiche, indem man an die Spitze jedes Postens den Namen des Lieferanten als Gläubiger stellt und dann die Rechnung dem ganzen Inhalt und Betrage nach abschreibt. Die Posten werden voneinander durch Striche geschieden, welche aber die Geldkolumne frei lassen, damit man Ende des Monats sämtliche Posten addieren kann. In der doppelten Buchführung werden letztere monatlich, und zwar möglichst summarisch, z. B. Warenconto an Kontokorrentconto oder Fabrikationsconto an Kreditorenconto, in das Journal (s. d.) übertragen. Man kann auch das E. dadurch ersetzen, daß man die eingehenden Rechnungen der Zeitfolge nach einheftet und dieselben nur ganz auszugsweise in das Memorial (s. d.) schreibt, was thatsächlich in vielen Geschäften geschieht.

Einkaufskommission, der Auftrag an einen Kaufmann, welcher gewerbsmäßig in eigenem Namen für fremde Rechnung Handelsgeschäfte schließt, eine Ware für Rechnung des Auftraggebers, welcher nicht Kaufmann zu sein braucht, einzukaufen. Die E. steht unter den gesetzlichen Regeln der Kommission (s. d.). Ist dem Einkäufer ein höchster Preis gesetzt (Limitum) und hat er denselben überschritten, so kann der Kommittent den Einkauf als nicht für seine Rechnung geschehen zurückweisen, sofern sich der Kommissionär nicht zugleich mit der Einkaufsanzeige zur Deckung des Unterschiedes erbietet. Der Auftraggeber, welcher den Einkauf als nicht für seine Rechnung geschehen zurückweisen will, muß dies ohne Verzug auf die Einkaufsanzeige erklären, widrigenfalls die Überschreitung als genehmigt gilt (Handelsgesetzbuch Art. 364). Ein Kommissionär, welcher den Ankauf eines Wechsels übernommen hat, ist, wenn er den Wechsel indossiert, verpflichtet, denselben regelmäßig und ohne Vorbehalt zu indossieren (Art. 373). Ausgeschlossen sind also Zusätze wie «ohne Obligo», «zum Inkasso», sofern etwas anderes zwischen den Parteien nicht verabredet war. Ausgeschlossen ist aber nicht, daß der Kommissionär, ohne seinen Namen auf den Wechsel zu setzen, denselben von dem Verkäufer sofort auf den Namen des Auftraggebers oder in blanco indossieren läßt. Bei der Kommission zum Einkauf von Waren, Wechseln oder Wertpapieren, welche einen Börsenpreis oder Marktpreis haben, ist der Kommissionär, wenn der Kommittent nicht ein anderes bestimmt hat, befugt, das Gut, welches er einkaufen soll, selbst als Verkäufer zu liefern. Der Einkäufer darf in diesem Fall die gewöhnliche Provision und die bei Kommissionsgeschäften sonst regelmäßigen Unkosten außer dem Preise berechnen. Seine Rechenschaftspflicht ist dahin eingeschränkt, daß der Börsenpreis oder Marktpreis zur Zeit der Ausführung des Auftrags eingehalten ist (Art. 376). Selbstverständlich darf er dabei nicht auf Kosten des Auftraggebers spekulieren, nicht zu einer frühern Stunde des Börsenverkehrs billiger für eigene Rechnung einkaufen, um zu einer spätern Stunde, wenn der Preis gestiegen ist, diese dem Auftraggeber als Selbstkontrahent anzurechnen. Macht der Einkäufer nicht zugleich mit der Anzeige über die Ausführung des Auftrags eine andere Person als Verkäufer namhaft, so ist der Auftraggeber befugt, den Einkäufer selbst als Verkäufer in Anspruch zu nehmen (Art. 376). Das Eigentum der eingekauften Ware bleibt dem Einkäufer, bis er dieselbe dem Auftraggeber übergiebt; die Übergabe kann aber durch Constitutum possessorium (s. d.) auf den Auftraggeber übergehen, und eine dahin gehende Erklärung liegt in der Mitteilung, Einkäufer habe die Stücke in das Depot genommen, zumal wenn die Nummern der angekauften Papiere mitgeteilt sind, sofern der Einkäufer diese Deponierung der individuellen Stücke thatsächlich ausgeführt und der Auftraggeber die Erklärung auch nur stillschweigend angenommen hat. Von da ab darf der Einkäufer die Ware nur noch kraft seines Pfandrechts wegen seiner ungedeckten Forderung in den hierfür vorgeschriebenen Formen zum Verkauf bringen. Hat der Einkäufer die Ware, ohne vollständige Deckung erhalten zu haben, dem Auftraggeber übersendet und ist dieser inzwischen zahlungsunfähig geworden, so steht dem Einkäufer das Verfolgungsrecht zu. (S. Aussonderung.) Die Bestimmungen des Handelsgesetzbuchs über die E. kommen auch zur Anwendung, wenn ein Kaufmann, dessen gewöhnlicher Handelsbetrieb nicht in Kommissionsgeschäften besteht, ein einzelnes Einkaufshandelsgeschäft im eigenen Namen für Rechnung eines Auftraggebers schließt. E. liegt nicht immer vor, wenn sich jemand erbietet, eine Ware zu einem festen Preise anzuschaffen, um sie für diesen zuzüglich einer bestimmten Provision (3 Proz.) zu liefern; das kann auch Kauf sein.

Einkaufsrechnung, s. Faktura.

Einkehle, der trichterförmige Durchgang in Fangnetzen, der den Tieren den Eingang, aber nicht den Rückgang gestattet.

Einkindschaft (Unio prolium), derjenige Vertrag, welchen ein zur Wiederverheiratung schreitender überlebender Ehegatte und dessen künftiger Ehegatte einerseits mit den aus der frühern Ehe vorhandenen Kindern (sog. Vorkindern) andererseits dahin abschließen, daß die Vorkinder sowohl gegenüber dem Stiefvater oder der Stiefmutter als gegenüber den zu erwartenden Kindern (sog. Nachkindern) so behandelt werden sollen, als wären sie Kinder aus der neuen Ehe. Der Vertrag kommt meist nur in Verbindung mit einer sog. fortgesetzten Gütergemeinschaft vor, findet sich aber auch dort, wo allgemeine Gütergemeinschaft nicht der geltende Güterstand ist. Sind die Vermögensverhältnisse der künftigen Ehegatten ungleich, so werden in der Regel den Vorkindern oder den Nachkindern ein Vermögensteil oder gewisse Gegenstände vorbehalten. Einzelne Rechte beschränkten Geltungsgebietes schreiben sogar vor, daß ein solcher Vertrag vor Eingehung der neuen Ehe abgeschlossen werden müsse, andere gestatten ihn wenigstens. Nach einigen Rechten kann der Vertrag auch nach Eingehung der neuen Ehe geschlossen werden. Der Vertrag bedarf gerichtlicher Bestätigung, zum Teil sind noch andere Förmlichkeiten, z. B. öffentliche Bekanntmachung oder Eintragung in ein Verzeichnis vorgeschrieben, oder ist die Zustimmung gewisser anderer Personen (z. B. Preuß. Allg. Landr. II, 2, §§. 728—730) erforderlich. Vgl. bayr. Gesetz vom 5. Mai 1830, nach welchem der Vertrag nur notariell zu beurkunden ist. Die Wirkungen des Vertrags sind nicht durchweg die gleichen, überdies bestehen viele Streitfragen. Das Preuß. Allg. Landrecht regelt den Vertrag in den §§. 717 fg.; II, 2 jedoch ist derselbe selten, und schon die Gesetzesrevisoren Pens. XVI, II, 2, §. 243 schlagen die Beseitigung vor, unbeschadet der die E. ausdrücklich zulassenden Provinzialgesetze. Das Bayrische Landr. I, 5, §. 12 und das Österr. Bürgerl. Gesetzb. §. 1259 verbieten die E. Das Sächs. Bürgerl. Gesetzbuch schweigt darüber; auch der Code civil und das Badische Landrecht gedenken derselben nicht; für letztere wird wegen Art. 1389 die Errichtung des Vertrags für unzulässig gehalten. Der Deutsche Entwurf hat die E. nicht zugelassen (Motive IV, 486 fg.).

Einklang (ital. unisono), in der Musik der Vortrag desselben Tons von zwei oder mehrern Stimmen oder Instrumenten. Wenn Tenöre und Bässe, Violinen und Bratschen, Flöten und Oboen u. s. w. dieselben Töne in derselben Höhe angeben, so sagt man, sie gehen im E. oder unisono. Ein Kanon im E. ist eine Komposition, in der eine Stimme der andern in derselben Tonhöhe folgt.

Einklarierung, s. Klarieren.

Einklemmung des Bruchs, s. Bruch (Bd. 3, S. 595b, 596a).

Einkommen, die Gesamtheit der in einer bestimmten Periode neu gewonnenen oder erworbenen Güter einer Person, die somit von ihr nach Belieben für ihre Bedürfnisse und Zwecke verwendet werden können, ohne daß ihre Vermögenslage dabei verschlechtert wird. Die Beziehung auf eine bestimmte Person ist für den Begriff des E. wesentlich und unterscheidet dasselbe von dem Ertrag (s. d.) eines Produktionsmittels oder Unternehmens als solchen. Man unterscheidet wohl auch das E. von den Einnahmen und rechnet zu jenem nur solche von letztern, die regelmäßig wiederkehren. In ähnlicher Weise, wie man auch von Roh- und Reinertrag spricht, stellt man auch dem Roh- oder Bruttoeinkommen das reine E. gegenüber und begreift unter diesem jenen Teil des erstern, der nach Deckung der Produktionskosten übrigbleibt, der somit auch allein ohne Schädigung des Vermögensstammes verzehrt werden kann. Im Grunde genommen ist es nur dieser letztere Begriff, welcher unserer Vorstellung vom E. gerecht wird. Das freie E. ist endlich der Teil des E., welcher nach Befriedigung der unentbehrlichen Bedürfnisse übrigbleibt. Dieser Überschuß kann natürlich sowohl für Luxusausgaben als auch zur Vermehrung des Stammvermögens verwendet werden. Das auf Vermögensbesitz beruhende E. bezeichnet man als fundiertes. Es ist nachhaltiger und sicherer als das nur durch persönliche Thätigkeit erworbene, weil die Arbeitsfähigkeit eines jeden Menschen allerlei Zufällen ausgesetzt ist und von einem gewissen Alter an mehr oder weniger stetig abnimmt. Damit die wirtschaftliche Lage eines solchen Erwerbsthätigen sich am Jahresende nicht verschlechtert hätte, müßte er eigentlich von seinem jährlichen Erwerb einen gewissen Betrag übrigbehalten, der die Entschädigung für die Abnahme seiner produktiven Kraft darstellte, und sein wirkliches E. würde sich also erst nach Abrechnung dieses Betrags ergeben, wie auch z. B. bei der Bestimmung des E. eines Fabrikanten die Amortisation seines stehenden Kapitals in Anschlag gebracht wird.

Das E. einer Nation im ganzen beruht, soweit es nicht aus den Nutzungen des vorhandenen Genußvermögens (Häuser, Möbel u. s. w.) besteht, auf dem Ertrage der jährlichen Produktion. Dieser Ertrag verteilt sich durch Vermittelung der selbständigen Produktionsunternehmer an die nicht auf eigene Rechnung Arbeitenden als Lohn oder Besoldung, an die Leihkapitalisten als Zins, an die nicht selbstthätigen Grundbesitzer als Grundrente, und der nach diesen Abfindungen bleibende Rest bildet das E. der Unternehmer selbst, an dem sich wieder mehrere Bestandteile unterscheiden lassen. Von diesen vier Hauptzweigen des sog. ursprünglichen E. können natürlich auch mehrere oder alle bei derselben Person zusammentreffen. Solches E., das weder auf wirtschaftlicher Thätigkeit, noch auf Vermögensbesitz beruht, wie das der Almosenempfänger oder der unselbständigen Familienglieder, heißt abgeleitetes. Das E. der Dienstleistenden gehört keineswegs in diese Kategorie, namentlich auch nicht das der Staatsbeamten. Die letztern verrichten eine besondere Art nötiger und nützlicher Arbeiten, für welche sie durch Vermittelung des Staates ihren Lohn erhalten. Der Staat selbst bezieht sein E. teils aus eigenen Erwerbsbetrieben, teils aus dem E. der Bürger, denen er aber in seinen eigenen Leistungen eine Entschädigung liefert. Doch kann man nicht von einem eigentlichen Tauschverkehr zwischen Staat und Bürgern sprechen, und auch der Begriff des E. erhält für den Staat, die Gemeinden und andere öffentliche Korporationen einen etwas andern Inhalt als für die Privatwirtschaft. Das Volkseinkommen läßt sich principiell genommen ebensowohl auf Grund der neu gewonnenen Güter wie durch Summierung der E. der einzelnen Personen berechnen (reale, personale Berechnungsweise); doch ist in beiden Fällen die Berechnung äußerst schwierig und unsicher, sodaß es sich immer nur um Schätzungen und nicht um wirklich zuverlässige Ermittelungen handelt. — Vgl. Rob. Meyer, Das Wesen des E. (Berl. 1887).

Einkommensteuer, eine direkte Steuer, die unmittelbar nach dem Einkommen (s. d.) des Pflichtigen bemessen wird. Das Einkommen giebt den richtigsten Maßstab für die Fähigkeit des Bürgers zu nachhaltigen Beiträgen für die Bedürfnisse des Staates, und die E. charakterisiert sich eben durch diese Beziehung zu der persönlichen wirtschaftlichen Leistungsfähigkeit der Einzelnen als Personalsteuer im Gegensatz zu den Objekt- oder Ertragssteuern (s. d.). Allerdings kann man die Leistungsfähigkeit der Einzelnen in Bezug auf die Besteuerung ihrem Einkommen nicht einfach proportional setzen, daher die Vorschläge zu einer progressiven E. und zu einer stärkern Heranziehung des auf Vermögensbesitz beruhenden fundierten Einkommens. Die bestehenden Steuern dieser Art haben indes eigentlich keine Progression des Steuersatzes, sie sind vielmehr Degressivsteuern, indem ein gewisser Prozentsatz des Einkommens als normaler und zugleich höchster Steuerfuß festgesetzt ist, die geringern Einkommen aber, oft mit mehrern Abstufungen, nach einem niedrigern Satze belastet sind und unterhalb eines gewissen Betrags (des Existenzminimums, s. d.) gänzlich frei bleiben. Das steuerpflichtige Einkommen wird entweder durch Selbsteinschätzung (Fassion) oder durch Schätzung seitens einer mit den örtlichen und persönlichen Verhältnissen vertrauten Kommission festgestellt. Im letztern Falle, in dem die Steuerpflichtigen, vorzugsweise diejenigen mit höherm, aber nicht im voraus bestimmtem Einkommen, im ganzen niedriger taxiert werden als im erstern, wird auch nur nach Einkommensklassen geschätzt, die um einen mäßigen Betrag voneinander abstehen. Daher die Bezeichnung klassifizierte E. In einigen Ländern hat die E. noch mehr die Form eines Systems von Ertragsteuern, indem die einzelnen Einkommenszweige besonders behandelt werden, wie z. B. in England, dem Mutterlande der modernen E. Theoretisch erscheint die E. als die gerechteste, die Leistungsfähigkeit am besten berücksichtigende Steuer, sodaß sie bisweilen auch als einzige Steuer (s. Einsteuer) empfohlen wurde, zumal ihr Ertrag sich dem wachsenden Wohlstande des Landes anschließt und bei eintretendem Bedarf durch Erhöhung des Steuerfußes leicht vermehrt werden kann. Praktisch treten die Vorzüge der E. aber nur unvollkommen in die Erscheinung, weil die allseitige genaue Ermittelung des Einkommens und die gerechte Berücksichtigung aller die Leistungsfähigkeit beeinflussenden Umstände unmöglich ist. Die E. kann deshalb praktisch immer nur als Teil eines ganzen Steuersystems verwertet werden.

In England wurde die E. 1797 eingeführt, 1816 wieder aufgehoben und 1842 von neuem für alle Einkommen über 150 Pfd. St. (später auf 100 Pfd. St. ermäßigt) eingeführt. Seit 1876 beträgt das steuerfreie Einkommen wieder 150 Pfd. St. Bei Einkommen unter 400 Pfd. dürfen die ersten 120 Pfd. abgezogen werden. Beträge für Lebensversicherungspolicen sind ebenfalls steuerfrei. (Ertrag für 1891/92 auf 13,75 Mill. Pfd. St. veranschlagt.) Italien hat nur eine partielle E., die das Einkommen aus beweglichem Vermögen frei läßt. In Frankreich hat die E. noch wenig Anklang gefunden. In Österreich besteht seit 1849 eine E., die teils einen Zuschlag zur Erwerbsteuer, teils im wesentlichen eine Kapitalrentensteuer, teils eine (progressive) Besoldungs- u. s. w. Steuer umfaßt und einer Umgestaltung dringend bedarf. (Ertrag für 1892 auf 44,95 Mill. M. veranschlagt.)

In Deutschland sind die Verhältnisse sehr verschieden. Der wiederholt angeregte Gedaute einer Reichseinkommensteuer ist der Durchführung noch keinen Schritt näher gerückt. In Bayern und Württemberg besteht eine partielle E. für die noch nicht anderweitig durch Ertragsteuern belasteten Einkommensteile (mit festem Steuersatz und einer gewissen Degression in Bayern, mit Feststellung des Steuersatzes durch das jeweilige Finanzgesetz und mit einer thatsächlichen, wenn auch nicht formellen Degression in Württemberg). Der Ertrag ist im bayr. Budget für 1891 auf 1,8 Mill. M., im württemb. Budget für 1892/93 auf 4,86 Mill. M. angesetzt. Im Großherzogtum Hessen hat das Gesetz vom 7. Juli 1884 die E. neu geregelt und unter gleichzeitiger Einführung einer Kapitalrentensteuer alle Einkommen von 500 M. an einer bis zu 20000 M. Einkommen steigenden progressiven allgemeinen E. unterworfen, die Veranlagung deruht auf Einschätzung, und der Steuerfuß wird durch Finanzgesetz bestimmt. Baden hat durch Gesetz vom 20. Juni 1884 ebenfalls eine allgemeine E. eingeführt, die auf Grund kontrollierter Selbsteinschätzung veranlagt wird, alle Einkommen von 500 M. an trifft und bis zu 30000 M. Einkommen progressiv ist; der eigentliche Steuerfuß wird durch Finanzgesetz festgestellt. (Ertrag für 1891 auf 5,6 Mill. M. veranschlagt.) Sachsen hat 1878 für die Einkommen von 300 M. an eine allgemeine E. eingeführt, dereu Grundlage die Selbsteinschätzung für Einkommen von 1600 M. an bildet; doch wird die Selbsteinschätzung nicht erzwungen (wie in Baden), vielmehr zieht dereu Unterlassung nur den Verlust des Reklamationsrechts für das laufende Steuerjahr nach sich. Der normale Steuersatz (3 Proz.) deginnt von der 20. Klasse an (5400—6300 M.), in den untern Stufen ist die Steuer degressiv und stellt sich für die 1. Klasse (300—400 M.) auf 1/6 Proz. Etwaige ein- oder mehrmalig zu erhebende Zuschläge zu den Normalsätzen bestimmt das Finanzgesetz.

Eine allgemeine E. besteht ferner in den Hansestädten, in Weimar, Oldenburg, Reuß jüngerer Linie, Lippe und Preußen. In Preußen ist die E. aus der 1811 eingeführten Kopfsteuer hervorgegangen, die 1820 in eine Klassensteuer verwandelt wurde. Durch Gesetz vom 1. Mai 1851 wurde dann eine allgemeine klassifizierte E. für alles Einkommen über 1000 Thlr. im Betrage von 3 Proz. der untern Klassengrenzen eingeführt, und 1873 erhielt auch die von den geringern Einkommen erhobene Klassensteuer die Form einer E. unter Freilassung der Einkommensbeträge unter 420 M. Das Gesetz vom 26. März 1883 erhöhte diese untere Grenze auf 900 M. (die Regierung hatte 1200 M. vorgeschlagen); für die höhern Klassensteuerstufen kommen (wie schon das Gesetz vom 10. März 1881 bestimmt hatte) drei, für die erste Stufe der E. zwei und für die zweite Stufe der E. eine Monatsrate nicht zur Erhebung. Der Ertrag der klassifizierten E. war nach dem Voranschlage für 1891/92 46975000 M., derjenige der Klassensteuer 25941000 M.

Das Gesetz vom 24. Juni 1891 (gültig seit 1. April 1892) unterwirft sowohl Einzelpersonen, als auch Aktien- und Kommanditaktiengesellschaften, Berggewerkschaften, die in Preußen einen Sitz haden, eingetragene Genossenschaften, dereu Geschäftsbetrieb über den Kreis ihrer Mitglieder hinausgeht, und Konsumvereine mit offenem Laden und dem Rechte jurist. Personen der E. Die Einkommen bis 900 M. sind steuerfrei. Als Einkommen gelten die gesamten Jahreseinkünfte der Steuerpflichtigen in Geld und Geldeswert aus Kapitalvermögen, Grundvermögen, Pachtungen und Mieten, einschließlich des Mietswertes der Wohnung im eigenen Hause; aus Handei und Gewerde, einschließlich Bergbau; aus gewinnbringender Beschäftigung, sowie aus Rechten auf periodische Hebungen und Vorteile irgendwelcher Art. Vom Einkommen werden abgezogen die zur Erwerbung, Sicherung und Erhaltung des Einkommens verwendeten Ausgaben, einschließlich der Deichlasten; die vom Steuerpflichtigen zu zahlenden Schuldenzinsen und Renten; die auf besondern Rechtstiteln ruhenden dauernden Lasten; die vom Grundeigentum, dem Bergbau und dem Gewerbedetriede zu entrichtenden direkten Staatssteuern und die zu den Geschäftsunkosten zu rechnenden indirekten Abgaben; die regelmäßigen jährlichen (noch nicht unter den Betriebsausgaben verrechneten) Absetzungen für Abnutzung von Gebäuden, Maschinen, Betriebsgerätschaften u. s. w.; die gesetz- oder vertragsmäßigen Beiträge zu Kranken-, Unfall- und Invalidenversicherungs-, Witwen-, Waisen- und Pensionskassen; die Prämien für Versicherung des Steuerpflichtigen auf den Todes- oder Lebensfall, soweit ihr Betrag 600 M. jährlich nicht übersteigt. Vom Einkommen der Aktiengesellschaften u. s. w. dleiden 3½ Proz. des Aktien- u. s. w. Kapitals frei (das darüber hinausgehende Einkommen wird sowohl dei der Gesellschaft als auch deim Aktionär u. s. w. besteuert). Der Steuertarif ist folgender:

Die E. deträgt jährlich dei einem Einkommen

von mehr als	bis einschließlich	M.	von mehr als	bis einschließlich	M.
900	1050	6	3900	4 200	92
1050	1200	9	4200	4 500	104
1200	1350	12	4500	5 000	118
1350	1500	16	5000	5 500	132
1500	1650	21	5500	6 000	146
1650	1800	26	6000	6 500	160
1800	2100	31	6500	7 000	176
2100	2400	36	7000	7 500	192
2400	2700	44	7500	8 000	212
2700	3000	52	8000	8 500	232
3000	3300	60	8500	9 000	252
3300	3600	70	9000	9 500	276
3600	3900	80	9500	10 500	300

Sie steigt bei höherm Einkommen

von mehr als M.	bis einschließlich M.	in Stufen von M.	um je M.
10 500	30 500	1000	30
30 500	32 000	1500	60
33 000	78 000	2000	80
78 000	100 000	2000	100

Bei einem Einkommen von mehr als 100000 M. bis einschließlich 105000 M. deträgt die Steuer 4000 M. und steigt dei höherm Einkommen in Stufen von 5000 M. um je 200 M.

Bei Einkommen bis zu 3000 M. wird für jedes Kind unter 14 Jahren 50 M. vom Einkommen abgezogen. Bei Einkommen bis zu 9500 M. können besondere, die Leistungsfähigkeit wesentlich beeinträchtigende Verhältnisse berücksichtigt werden. Für Einkommen von 3000 M. an ist allgemein, bei niedrigerm Einkommen auf Aufforderung des Vorsitzenden der Verwaltungskommission eine Steuererklärung einzureichen, dereu wissentlich unrichtige Ausfüllung sowie dereu Unterlassung trotz wiederholter Aufforderung mit Strafen oder Zuschlägen zur Steuer, und dereu erstmalige Unterlassung mit dem Verlust der gesetzlichen Rechtsmittel gegen die Einschätzung für das laufende Steuerjahr geahndet wird.

In **Preußen** sind nach der Veranlagung zur E. für 1892/93 von den (1890) 29 957 367 Einwohnern 20 945 227 steuerfrei.

Das gesamte veranlagte Einkommen beläuft sich auf 5 724 323 767 M., die veranlagte Einkommensteuer auf 124 842 848 M. Nach seinen Quellen verteilt sich das Einkommen der mit einem Einkommen von über 3000 M. veranlagten Personen im Betrage von 3 243 828 543 M. auf den Grundbesitz mit 755 361 284 M., auf Kapitalvermögen mit 911 721 201 M., auf Haudel, Gewerbe und Bergbau mit 982 804 091 M., auf gewinnbringende Beschäftigung mit 593 941 967 M. Auf die Städte entfallen 1 410 073 eingeschätzte Personen mit veranlagten 3 873 315 496 M., auf das Land 1 025 785 eingeschätzte Personen mit 1 851 008 271 M.

Die Einkommensstufen der Steuerzahler stellen sich folgendermaßen dar:

Höhe des Einkommens M.	Zahl der eingeschätzten Personen	Steuerbetrag M.
900— 3 000	2 118 969	32 835 099
3 000— 4 200	126 798	9 126 124
4 200— 6 000	77 916	9 624 826
6 000— 8 500	45 140	8 505 908
8 500— 10 500	17 972	5 013 528
10 500— 14 500	17 685	6 518 340
14 500— 21 500	13 394	7 019 040
21 500— 28 500	5 966	4 414 410
28 500— 36 000	3 573	3 512 030
36 000— 48 000	2 934	4 030 720
48 000— 60 000	1 647	3 071 360
60 000— 72 000	973	2 278 000
72 000— 84 000	645	1 831 220
84 000— 96 000	466	1 602 300
96 000— 120 000	562	2 348 000
120 000— 205 000	715	4 301 000
205 000— 300 000	266	2 579 800
300 000— 600 000	164	2 688 200
600 000— 900 000	38	1 060 200
900 000—1 500 000	23	1 047 200
1 500 000—3 000 000	8	568 600
3 000 000—4 020 000	1	133 400
4 020 000—4 980 000	1	172 400
4 980 000—7 000 000	2	504 400

Im Königreich **Sachsen** stellten sich 1890 die Einkommensverhältnisse folgendermaßen dar:

Das Gesamteinkommen betrug 1 495 910 639 M., die gesamte E. 20 696 680 M. Das Gesamteinkommen (einschließlich 114 952 377 M. abzuziehender Schuldzinsen u. s. w.) verteilte sich auf den Grundbesitz mit 262 742 613 M. (16,8 Proz.), auf Renten mit 187 077 313 M. (11,6 Proz.), auf Gehalt und Löhne mit 665 072 431 M. (41,3 Proz.), auf Handel und Gewerbe mit 495 976 828 M. (30,8 Proz.); auf die Städte entfielen 882 941 773 M. (59,02 Proz.) mit 654 675 (46,63 Proz.) eingeschätzten Personen und einem Normalsteuersoll von 14 413 420 M. (69,64 Proz.), auf das Land 612 968 866 M. (40,98 Proz.) mit 747 394 (55,37 Proz.) eingeschätzten Personen und einem Normalsteuersoll von 6 283 253 M. (30,36 Proz.).

Die Einkommensstufen der Steuerzahler stellen sich folgendermaßen dar:

Höhe des Einkommens M.	Zahl der eingeschätzten Personen Absolut	Zahl der eingeschätzten Personen Proz.	Steuerbetrag Absolut. M.	Steuerbetrag Proz.
Steuerfrei	76 925	5,48	—	—
300— 1 100	1 072 269	76,37	2 909 266	14,06
1 100— 2 200	167 763	11,95	2 877 787	13,90
2 200— 8 400	74 665	5,32	6 245 968	30,18
8 400— 26 000	10 012	0,71	3 822 912	18,47
26 000— 54 000	1 606	0,11	1 688 760	8,16
54 000— 100 000	501	0,04	1 034 130	5,00
100 000— 150 000	159		562 650	2,72
150 000— 200 000	65		330 600	1,60
200 000— 250 000	36		243 300	1,18
250 000— 300 000	23		181 050	0,87
300 000— 350 000	12	0,02	115 950	0,56
350 000— 400 000	5		54 900	0,26
400 000— 500 000	13		173 250	0,84
500 000—1 000 000	8		153 900	0,75
1 000 000—2 750 000	7		302 250	1,46

Einkorn, eine Weizenart, s. Dinkel.

Einkreisen, Kreisen, bei frischem Schnee einen Waldteil oder ein Gehölz umgehen, um zu bestimmen, was für Wild darin steckt.

Einlage, bei einer Erwerbsgesellschaft der vertragsmäßige Beitrag, welchen ein Gesellschafter in Geld, Wertpapieren, ausstehenden Forderungen, Sachen oder Rechten einbringt. Besteht die E. in Geld oder andern Vertretbaren Sachen (s. d.), oder werden unvertretbare Sachen nach einer nicht bloß zum Zweck der Gewinnteilung erfolgten Schätzung beigetragen, so wird die E. durch das Einbringen bei der Gesellschaft (s. d.) des bürgerlichen Rechts wie bei der Offenen Handelsgesellschaft (s. d.) und bei der Kommanditgesellschaft (s. d.) Eigentum der Gesellschaft. Anders wenn die beizutragenden Gegenstände nur der Nutzung nach gemeinschaftlich werden sollen. Über die E. bei der Aktiengesellschaft s. Aktie und Aktiengesellschaft, bei der Gesellschaft mit beschränkter Haft s. d. Bei der Stillen Gesellschaft (s. d.) wird der Inhaber des Handelsgeschäfts Eigentümer der E. Zu einer Ergänzung der durch Verlust verminderten E. ist der Gesellschafter der Gesellschaft, abgesehen von abweichenden Vertragsbestimmungen, gesetzlich nicht verpflichtet. Besondere Bestimmungen im Preuß. Allg. Landr. I, 17, §§. 190—197 und Österr. Gesetzb. §. 1189. Über das Verhältnis zu den Gläubigern s. die Artikel über die einzelnen Gesellschaften. — Über E. in der **Musik** s. Eingelegt.

Einlager, ein im Mittelalter zulässiges Bestärkungsmittel der Verträge, nämlich das Versprechen des Schuldners, wenn er den Vertrag nicht erfüllt, auf Mahnung des Gläubigers «einzureiten», d. h. sich auf seine Kosten in Personalarrest zu begeben. Ein solcher Vertrag wäre heute ungültig.

Einlagerungsgewicht, s. Niederlagen.

Einlassung, nach der Deutschen Civilprozeßordnung die Verhandlung des Beklagten über die

Klage, wesentlich im Sinne des Bestreitens des Klageanspruchs selbst, daher E. zur Hauptsache (im ältern Prozeßrecht litis contestatio, Streitbefestigung genannt) im Gegensatz zur Anerkennung des Klageanspruchs wie zum Bestreiten der prozessualen Voraussetzungen des Rechtsstreits. Die E. ist für den Beklagten insofern geboten (Einlassungspflicht), als er mangels derselben sich dem Versäumnisverfahren (s. d.) aussetzt. An die E. knüpft das Gesetz mehrere bedeutsame prozessuale Folgen, indem durch dieselbe der Kläger an den Prozeß derart gebunden wird, daß er nur noch mit Zustimmung des Beklagten die Klage zurücknehmen kann, andererseits der Beklagte sich seiner verzichtbaren prozeßhindernden Einreden verlustig macht, abgesehen von dem Falle nicht verschuldeter Unmöglichkeit früherer Geltendmachung. Dagegen treten die civilrechtlichen Wirkungen, welche früher von der E. abhängig gemacht waren, nach der Deutschen Civilprozeßordnung bereits mit der Erhebung, d. i. mit der Zustellung der Klage ein. Vgl. Civilprozeßordn. §§. 239, 241, 243, 248.

Einlassungsfrist, nach der Deutschen Civilprozeßordnung der Zeitraum, welcher zwischen der Zustellung der Klageschrift, bez. der eine Rechtsmittelinstanz eröffnenden Schrift (Berufungs-, Revisionsschrift) und dem Termine zur mündlichen Verhandlung liegen muß. Ihre Dauer beträgt für die erste Instanz im Landgerichtsprozesse einen Monat, im Amtsgerichtsprozesse drei Tage oder eine Woche, je nachdem die Klage innerhalb oder außerhalb des Bezirks des Prozeßgerichts zuzustellen ist, in Meß- und Marktsachen 24 Stunden, in Wechselsachen 24 Stunden oder drei Tage oder eine Woche, je nachdem die Klagezustellung am Sitze oder doch im Bezirk des Prozeßgerichts oder außerhalb desselben zu erfolgen hat, während in allen Fällen, wo die Zustellung im Auslande vorzunehmen ist, das Prozeßgericht die E. zu bestimmen hat. Diese Vorschriften gelten entsprechend auch für die Rechtsmittelinstanzen. Ist die E. nicht innegehalten, so ist im Verhandlungstermine dem nicht erschienenen Beklagten gegenüber der Antrag des erschienenen Klägers auf Erlaß des Versäumnisurteils zurückzuweisen, unbeschadet des Rechts der erschienenen Partei, die Vertagung der Verhandlung zu verlangen, bez. der Befugnis des Gerichts, von Amts wegen zu vertagen. E. können auf Antrag vom Prozeßgericht, gelegentlich der Terminsbestimmung auch vom Vorsitzenden desselben abgekürzt werden. Vgl. Civilprozeßordn. §§. 234, 459, 567, 481, 517, 300, 302, 204.

Einlassungspflicht, s. Einlassung.

Einlaufen der Maschinen und Maschinenteile nennt man die Periode, in der nach der Inbetriebsetzung neuer Maschinen oder der ersten Wirksamkeit neu angebrachter Maschinenteile die Reibung zwischen den aufeinander gleitenden Flächen noch größer als normal ist, weil die Ungenauigkeiten und Rauhigkeiten der Flächen, die auch bei der besten Bearbeitung und Aufstellung vorhanden sind, der Bewegung noch erhöhten Widerstand entgegensetzen und sich erst nach und nach wegarbeiten. Da in dieser Einlaufperiode leicht ein Warmlaufen und sonst Unregelmäßigkeiten eintreten können, so ist dabei die Maschine mit erhöhter Aufmerksamkeit zu warten.

Einläuten, den Beginn eines Festes durch Glockengeläute verkündigen; das Gegenteil ist Ausläuten, das Ende eines Festes verkündigen.

Einlegen sagt man in der Jägersprache vom Hirsch, der mit vorgestrecktem Geweih den Jäger oder Hund annimmt; sich einlegen, vom Leit- oder Schweißhund, der zu hitzig geht und den Riemen zu stark anzieht. — Über E. der Früchte und Gemüse, s. Einmachen.

Einlegung eines Rechtsmittels, s. Rechtsmittel.

Einleitungsbeschluß. Die Zwangsvollstreckung in ein Grundstück wird nach der Deutschen Civilprozeßordn. §. 755 von dem Amtsgericht, in dessen Bezirk das Grundstück belegen ist, auf Antrag angeordnet. Handelt es sich um die Zwangsversteigerung, so nennt man den Beschluß des Subhastationsrichters in Preußen den E.; in dem Deutschen Entwurf eines Gesetzes betreffend die Zwangsvollstreckung in das unbewegliche Vermögen §. 25 wird derselbe als Versteigerungsbeschluß bezeichnet. Der Beschluß ordnet die Beschlagnahme des Grundstücks zu Gunsten des Gläubigers an. Dritte Erwerber eines Rechts am Grundstück gelten für schlechtgläubig, wenn ihnen beim Erwerb die Beschlagnahme oder auch nur der Versteigerungsantrag bekannt war. Jede rechtliche Verfügung des Schuldners über das beschlagnahmte Grundstück ist dem Gläubiger gegenüber unwirksam, eine Fruchtnutzung nur noch beschränkt zulässig (preuß. Gesetz vom 13. Juli 1883).

Einlieger, s. Landwirtschaftliche Arbeiter.

Einlösung, Bezeichnung für Bezahlung gewisser Schulden zum Fälligkeitstermin, z. B. E. von Wechseln, Papiergeld, Pfändern. Einlösungsfonds, auch Deckungsfonds, ist der zur E. solcher Schulden bereit zu haltende Barbetrag. Über die Einlöslichkeit von Banknoten s. d. und Notenbanken.

Einmachen, Einsetzen oder Einlegen nennt man verschiedene Verfahren zur Konservierung von Früchten oder Gemüsen. Die Früchte setzt man entweder bloß in ihrem eigenen Saft, oder mit Zucker gedünstet, oder auch in Weinessig, Franzbranntwein und Rum ein, während die Gemüse meist in gewürztem Essig oder Salzwasser eingemacht werden. Zum E. der Früchte bediene man sich eines kleinen, gut verzinnten Kupferkessels oder einer großen, stark glasierten irdenen Kasserolle, zum Umrühren und Abschäumen nehme man nur Porzellan- oder neue Holzlöffel; auch darf während des Einkochens von Früchten nichts anderes im Ofen oder auf dem Herd gekocht werden. Alles eingemachte Obst soll, wenn man es in die wohlgereinigten Glas-, Porzellan- oder Steinbüchsen füllt, völlig von dem kurz und dick eingekochten Saft bedeckt sein, um den Zutritt der Luft abzuhalten. Dann verschließt man die Büchsen entweder mit einem aufzuschraubenden Deckel oder man bedeckt das Eingemachte zunächst mit einem in Rum oder Franzbranntwein eingetauchtem Fließpapier und überbindet die Büchse hierauf fest mit angefeuchtetem Pergamentpapier oder Schweinsblase. In Zucker eingekochte Früchte sowie Marmelade und Gelee halten sich besonders gut, wenn man das oben aufgelegte Papier in eine Lösung von Salicylsäure mit Rum oder Weingeist eintaucht. — In feinem Rum und Franzbranntwein mit Zusatz von geläutertem Zucker macht man vorzugsweise Kirschen, Pflaumen, Aprikosen und Pfirsiche ein; sehr beliebt ist auch das aus allerlei Früchten und Beeren zusammengestellte gemischte Rumobst. — Zum E. in Essig wählt man von Früchten am liebsten die sog. Ostheimer Sauerkirschen sowie Birnen und Pflaumen; von Gemüsen hingegen Gurken,

Bohnen, Rote Rüben, Pilze, Perlzwiebeln, wie auch die unter dem Namen Mixed pickles bekannte Zusammenstellung von allerlei jungen Gemüsen, wobei der Essig durch Zusatz von Spanischem Pfeffer und Meerrettich noch verschärft wird. Die sog. Senfgurken sind völlig reife, in Hälften geteilte und von den Kernen befreite Gurken, welche mit Senfkörnern, Kräutern und Gewürzen eingelegt und mit gekochtem Weinessig übergossen werden; Pfeffergurken nennt man die kleinen Gürkchen, welche mit Pfefferkörnern, Estragon und Lorbeerblättern in Glas- oder Steinbüchsen geschichtet und mit abgekochtem und wieder ausgekühltem Weinessig übergossen werden. Zu den Zuckergurken nimmt man hingegen in Streifen geschnittene große grüne Gurken, über die der mit Zucker, Zimmet und Nelken gekochte Essig heiß gegossen wird. Am allgemeinsten beliebt sind die als saure oder Salzgurken eingemachten Gurken, welche mit reichlich dazwischen gelegtem Dillkraut in Fäßchen oder große Steintöpfe geschichtet und mit einer starken Salzlake übergossen werden. Auch ganze grüne Bohnen, die man zuvor einmal aufgekocht hat, pflegt man viel in Salzwasser einzulegen. Das zu Sauerkraut bestimmte Kraut (Weißkohl) wird gehobelt, mit Salz durchmischt dicht in ein Faß eingedrückt und hierauf fest zugedeckt der Gärung überlassen. — Das E. von Früchten jeder Art und zarten Gemüsen, wie Spargel, grünen Erbsen, jungen Bohnen, kleinen Karotten u. dgl. in Dunst oder Dampf (als Konserven) geschieht in der Weise, daß man die Früchte ganz oder geteilt in rohem Zustand mit geläutertem oder dazwischen gestreutem Zucker, die Gemüse dagegen einmal leicht in gesalzenem Wasser überkocht, in die Glas- oder Blechbüchsen einschichtet, den Deckel luftdicht verschließt, die Büchsen in einen Kessel zwischen Heu oder Stroh fest einsetzt und in kaltem Wasser allmählich zum Kochen bringt. Hat der Inhalt genügend lange gekocht, so nimmt man den Kessel vom Feuer, läßt aber die Büchsen bis zum völligen Erkalten unberührt darin stehen, um sie später gut abgetrocknet an einem kühlen Ort aufzubewahren. — Beim E. von Fruchtgelees oder Marmeladen läßt man behutsam unter häufigem Umrühren den filtrierten Saft oder die zu Mus gekochten Früchte mit geläutertem Zucker so lange kochen, bis ein auf einen Teller geträufelter Tropfen von dem Obstsaft sofort zu Gelee erstarrt, und füllt die Fruchtmasse dann so heiß wie möglich in Glas- oder Porzellanbüchsen, welche man nach dem Auskühlen mit Pergamentpapier überbindet. — Vgl. R. Schneider, Das Ganze der Einmachekunst (2. Aufl., Lpz. 1891); A. Huber, Die Einmachkunst (4. Aufl., Regensb. 1890).

Einmaischen oder Maischen, eine Operation der Bierbrauerei und Spiritusfabrikation, die bezweckt, durch Einwirkung der im Malz enthaltenen Diastase (s. d.) das Stärkemehl des Malzes in Maltose und Dextrin zu verwandeln. (S. Bier und Bierbrauerei, Bd. 2, S. 995 fg., sowie Spiritusfabrikation.) Auch heißt in der Technik E. vielfach das durch eigene Maschinen bewirkte Mischen fester und flüssiger Stoffe, so z. B. in der Zuckerfabrikation wird die Füllmasse gemaischt, d. h. die Krystalle mit dem Sirup gemischt, um die halbflüssige Masse in der Centrifuge bearbeiten zu können; in der Paraffinfabrikation wird nach der Krystallisation gemaischt, um die Paraffinmasse in der Filterpresse in Paraffinschuppen und Öl trennen zu können.

Einmaischungssteuer, s. Biersteuer und Branntweinsteuer.

Einmaleins, die Tabelle sämtlicher Produkte von je zwei der Zahlen unter 10 (kleines E.); eine Tabelle sämtlicher Produkte von je zwei der Zahlen unter 20 heißt das große E.

Einmalschmelzerei, Verfahren bei der Eisenerzeugung (s. d., S. 926 b).

Einmaschinensystem, bei der Dampf-Bodenkultur (s. d.).

Einmauerung (von Tieren, Menschen), eine in ältester Zeit bei vielen Völkern verbreitete Sitte, Menschen oder Tiere lebendig unter neuen Bauten zu vergraben, um dadurch den Einsturz des Baues zu verhindern oder Schaden fern zu halten. Die Sitte hat sich im Volke teilweise noch erhalten, teilweise ist an Stelle des lebendigen Wesens ein toter Gegenstand getreten. Namentlich die Sagen german. Völker wissen viele Fälle von E. zu berichten. Knochenüberreste von Menschen und Tieren, die man unter der Grundmauer oder unter Brückenpfeilern gefunden hat, zeugen für die Allgemeinheit des Brauches. Man findet ihn bei den Griechen, Römern, Kelten, Slawen, Germanen, auch in Vorder- und Hinterindien, Japan, China und Australien. Namentlich wurden unschuldige Kinder hierzu verwandt. An Stelle des Körpers wissen andere Quellen nur von einer E. des Hauptes, woraus auch der Name des Capitoliums (Caput Toli) erklärt wird. Während man den Menschen oder sein Haupt hauptsächlich einmauerte, um dadurch den Einsturz des Gebäudes zu verhindern, pflegte man Tiere einzumauern, um hierdurch Krankheiten von den Umfassungsmauern des Baues fern zu halten. Auch in diesem Falle tritt das Haupt für das ganze Tier ein. Fast alle Tierarten werden in den verschiedenen Sagen von E. der Tiere erwähnt, besonders häufig der Hund, der Hahn, das Pferd. Als mit Vordringen der Kultur diesem grausamen Brauche ein Ende gemacht wurde, traten Gebeine und Steinfiguren an Stelle der lebenden Wesen. Auch die in vielen Gegenden an den Häusern angebrachten Tierkopfe sind symbolische Überreste der alten E. lebender Wesen. Offenbar geht die Sitte auf ein uraltes Opfer zurück, das man dem schutzgewährenden Dämon schuldig zu sein glaubte. Vgl. Liebrecht, Zur Volkskunde (Heilbronn 1879).

Einmieten, s. Einsäuern und Rübenaufbewahrung.

Einmieter, s. Schmarotzer.

Einmuskler, Monomyarier, s. Muscheln.

Einnahme, s. Einkommen.

Einnahmereste, im Staatsrechnungswesen Einnahmebeträge, welche innerhalb einer bestimmten Rechnungsperiode zwar fällig geworden sind, aber bis zum Abschluß der Kassenbücher aus besondern Gründen noch nicht haben eingehoben werden können.

Einpackungen, nasse, s. Kaltwasserkur.

Einpeitschen (engl. to whip in), in England parlamentarischer Kunstausdruck für die Bemühungen des Parteimitglieds (des Einpeitschers, engl. whipper-in), das dafür zu sorgen hat, daß die übrigen Mitglieder der Partei bei wichtigen Abstimmungen oder Verhandlungen im Parlament zur Stelle sind.

Einpflanzen, s. Verpflanzen.

Einpökeln, s. Fleischkonservierung und Fischkonservierung.

Einquartierung (milit.), die Unterbringung der Truppen in Bürgerhäusern, wird auch von den einquartierten Soldaten selbst gebraucht. Die E. bestand nach den ältern Rechten nur in dem Hergeben der Wohnung und der Teilnahme der gemeinen Soldaten an Licht und Feuerung des Wirts. Das Einquartieren der Mannschaften geschieht in der Regel unter Mitwirkung der Ortsbehörden und nur im Notfall durch die Truppen selbst. Quartiermacher (Fouriere) gehen gewöhnlich ein oder zwei Tage voraus, um die nötigen Einleitungen zu treffen. Die einrückenden Truppen erhalten Quartierbillets auf die einzelnen Häuser und werden von den Wirten oder durch Lieferung von Lebensmitteln durch den Truppenteil verpflegt. Der Umfang, in welchem die Quartierleistungen gefordert werden können, wird durch Kataster bestimmt, welche alle zu E. benutzbaren Gebäude unter Angabe ihrer Leistungsfähigkeit enthalten und von dem Gemeindevorstand oder einer Servisdeputation aufgestellt, öffentlich ausgelegt und nach Erledigung der Reklamation festgestellt werden. Die Grundsätze über die Verteilung der Quartierleistungen auf den Kreis werden durch eine Kommission geregelt, welche aus dem Landrat und zwei Mitgliedern der Kreisversammlung besteht; die Grundsätze über Verteilung der E. in jedem Gemeindebezirk werden durch Gemeindebeschluß oder Ortsstatut bestimmt.

Im Deutschen Reiche ist die Quartierleistung für die bewaffnete Macht während des Friedenszustandes durch folgende Bestimmungen geregelt: Gesetz vom 25. Juni 1868, das durch Gesetze vom 9. Febr. 1875 auch Gültigkeit für Württemberg und Bayern erlangt hat, und durch das Gesetz vom 13. Febr. 1875, betreffend die Naturalleistungen für die bewaffnete Macht im Frieden, mit Abänderungen vom 21. Juni 1887 und Ausführungsinstruktion vom 30. Aug. 1887.

Die E. ist einer von den Gegenständen des öffentlichen Rechts, der eine ganz veränderte Richtung erhalten hat. Das ältere Staatsrecht nahm an, daß es zur Pflicht der Unterthanen gehöre, den im Solde des Landesherrn stehenden Kriegsleuten auf Märschen und im Winter Unterkunft zu geben. In Frankreich erschienen darüber unter Ludwig XII. 1514 eine Verordnung und unter Ludwig XIV. 1665 eine Ordonnanz, in der die Quartier- und Verpflegungsverhältnisse geregelt wurden. Auch der Große Kurfürst von Brandenburg gab darüber ein Edikt. Während der Französischen Revolution aber wurde durch das Gesetz vom 8. Juli 1791 diese Verbindlichkeit der Staatsbürger in Ansehung der stehenden Besatzungen ganz aufgehoben und in Ansehung der auf dem Marsche befindlichen Truppen auf Wohnung, Feuer und Licht beschränkt, auch die Einquartierungsfreiheit des Adels und anderer Klassen abgeschafft. In Deutschland waren diese Verhältnisse durch die doppelte Staatshoheit des Kaisers und Reichs und der Landesherren, sowie durch die besondern Pflichten der Reichsstädte gegen den Kaiser sehr verwickelt und wurden es noch mehr, als Wallenstein im Dreißigjährigen Kriege das System der Requisitionen benutzte, mittels dessen er sein Heer auf Kosten nicht nur der feindlichen Länder, sondern auch der Verbündeten des Kaisers verpflegte. Infolge der Beschwerden wurde im Prager Frieden von 1635, im Westfälischen Frieden und in der Wahlkapitulation von 1658 gegen dergleichen Belastungen der reichsständischen Länder Fürsorge getroffen.

Von neuem kam das Einquartierungswesen während des Siebenjährigen Krieges in Deutschland zur Sprache, wichtiger wurde es jedoch, als infolge der Koalitionen gegen Frankreich franz. Heere nach und nach alle deutschen Länder überschwemmten und von diesen, in feindlichen wie in verbündeten Staaten, ihren vollständigen Unterhalt und zuweilen noch mehr verlangten. Man hatte sich daran gewöhnt, die E. als eine auf den Wohnhäusern ruhende Reallast anzusehen, und blieb diesem Grundsatze auch treu, als zu jenen einfachen Leistungen noch die kostspielige Verpflegung fremder Krieger hinzukam. Bei der ältern Art, E. zu verteilen, war ein großer Teil der Staatsbürger vermöge ihres Standes und besonderer Privilegien frei; auch hatte man in Betreff der E. manche Verträge geschlossen, die nunmehr eine ganz andere Bedeutung erhielten, als die Parteien ursprünglich beabsichtigt hatten. Schwierig wurden durch diese E. namentlich die Verhältnisse zwischen Pächtern und Verpächtern. Nach Herstellung des allgemeinen Friedens erstrebte man zwar in den einzelnen deutschen Staaten eine den Zeitverhältnissen angemessene Erledigung dieser Angelegenheit, kam dabei aber nicht überall zum Ziele.

Am sichersten gelangt man nur dann zu einem befriedigenden Ergebnis, wenn man von der unleugbaren Verbindlichkeit des Staates ausgeht, jedem einzelnen Schutz gegen alle Beschädigungen von außen zu gewähren, zu dem Ende alle Kräfte des Staates daranzusetzen und dann, wenn von der Verfolgung eines Schadenanspruchs an den Staat nicht geradezu abgestanden wird, den Schaden selbst zu ersetzen. Die unmittelbare Aufnahme und Verpflegung der Krieger trifft dann jeden, Eigentümer wie Mieter, der den erforderlichen Raum innehat. Diese Aufnahme muß nach dem Gesetze der Gleichheit verteilt werden, und Befreiungen aus andern Gründen als des öffentlichen Dienstes dürfen nicht stattfinden. Aber die Gerechtigkeit fordert, daß jene Leistungen, welche ihrer Natur nach in ihrer Verteilung einen Bürger mehr als den andern belasten, aus allgemeinen Fonds wieder vergütet und ausgeglichen werden. Freilich läßt sich in Kriegen nach diesen Grundsätzen, namentlich wenn der Feind im Lande steht und Quartiere fordert, nicht verfahren; der Staat würde auch die erforderlichen Mittel zu Entschädigungen nicht aufzubringen vermögen. Damit jedoch der einzelne nicht überbürdet werde, hat man die Einquartierungslast im Kriegsfalle als Gemeindelast erklärt und die Kommune zur Entschädigung der Quartiergeber aus der Gemeindekasse verpflichtet, ohne indes eine nachträgliche Ausgleichung zwischen den Gemeinden vorzubehalten. Daß dagegen bei Friedenseinquartierung der Staat volle Entschädigung zahlen soll, wird nicht bezweifelt, und wo stehende Truppen nicht kaserniert sind, werden dieselben mietweise auf Kosten des Staates untergebracht, aber nicht zum Nachteile der einzelnen einquartiert. Die Höhe der Entschädigung ist durch einen mit dem Reichsgesetz vom 3. Aug. 1878 veröffentlichten Servistarif nach Rangklassen der Einquartierten und nach absteigenden Klassen der Ortschaften (Berlin und fünf andere Klassen) verschieden normiert; z. B. Berlin für die Generale im Wintermonat 127,80 M., im Sommermonat 91,20 M., in einem Ort 5. Klasse 57,90 und 41,10 M.; für einen Feldwebel 24,60 und 17,40 oder 10,20 und 7,50 M. Für jeden einzelnen Ort ist festgestellt, zu welcher Klasse er gehört. Von 5 zu 5 Jahren findet in dieser Beziehung eine Revision statt.

Einquartierungskataster, s. Quartierleistung.

Einrad, s. Velociped.

Einrede bedeutet in der Rechtssprache materiell eine Thatsache, welche der Statthaftigkeit eines rechtlichen Anspruchs entgegensteht, welcher, wenn jene Thatsache nicht vorläge, nicht beseitigt sein würde oder erhoben werden dürfte. Formell ist E. die Geltendmachung einer solchen Thatsache im Civilprozeß seitens des Beklagten zum Zweck der Verteidigung. Inhaltlich können die E. entweder prozessuale oder sachliche sein. Die Prozeßeinreden richten sich gegen die formellen Voraussetzungen des erhobenen Prozesses oder der erhobenen Klage. Ausgezeichnet unter ihnen sind nach der Deutschen Civilprozeßordnung die sechs sog. prozeßhindernden E. (der Unzuständigkeit des Gerichts, der Unzulässigkeit des Rechtswegs, der Rechtshängigkeit, der mangelnden Sicherheit für die Prozeßkosten, der mangelnden Erstattung von Kosten des frühern Verfahrens, der mangelnden Prozeßfähigkeit oder gesetzlichen Vertretung). Auf Grund derselben ist der Beklagte berechtigt, die Verhandlung zur Hauptsache zu verweigern und eine abgesonderte Verhandlung und Entscheidung über diese E. herbeizuführen. Dies setzt jedoch voraus, daß er die E. gleichzeitig und noch vor der Verhandlung zur Hauptsache vorbringt. Nach seinem Eintritt in diese Verhandlung kann er die E. nur noch insoweit geltend machen, als er die nicht verschuldete Unmöglichkeit frühern Vorbringens glaubhaft macht, oder als die E. vermöge des konkurrierenden öffentlichen Interesses nicht dem Parteiverzicht unterliegen, d. h. die E. zu 1, 2, 6. Übrigens darf auf Grund solcher E. das Gericht auch von Amts wegen abgesonderte Verhandlung anordnen. — Die Sacheinreden lehren sich gegen den Klageanspruch selbst. Die Thatsache, auf welche eine derartige E. sich gründet, kann eine rechtshindernde, d. h. eine solche, welche von vornherein die Entstehung des behaupteten klägerischen Rechts hindert, wie z. B. die Vertragsunfähigkeit oder der Zwang auf seiten eines Kontrahenten, oder eine rechtsvernichtende, d. h. eine solche sein, welche das an sich entstandene Klagerecht wieder aufhebt, wie z. B. die Erfüllung oder die Verjährung. Ihrer Wirkung nach zerfallen die Sacheinreden teils in peremtorische, d. h. solche, welche dem Anspruch dauernd entgegenstehen, definitive Abweisung der Klage bewirken, teils in dilatorische, d. h. solche, welche dem Anspruch nur zur Zeit entgegenstehen, Abweisung der Klage nur zur Zeit bewirken (z. B. E. der Stnudung). Die zeitliche Geltendmachung der E. war im frühern Prozeßrecht grundsätzlich beschränkt. Darüber vgl. Eventualmaxime. Inwiefern das Vorbringen von E. als Geständnis des Klagegrundes anzusehen sei, bestimmt sich lediglich nach Lage des Einzelfalles (qui excipit, non fatetur).

Einreffen der Segel, soviel wie Reffen, s. Reff.

Einregistrierung, s. Schiffsregister.

Einreibung (Inunctio), Arzneimittel, die durch mechan. Einwirkung, z. B. Reiben, der Oberfläche des Körpers einverleibt werden, um entweder unmittelbar auf die Einverleibungsstelle zu wirken, oder von da durch die aufsaugenden Gefäße in das Blut und so in den Gesamtorganismus zu gelangen. Häufig genug dient die E. auch nur als Mittel, um durch den mechan. Druck auf die Körperoberfläche in den darunter gelegenen Geweben Blutlauf und Stoffwechsel zu steigern und so Aufsaugungen, Absonderungen u. dgl. zu befördern. (S. Massage.) Die E. sind meist flüssiger oder festweicher Beschaffenheit, am häufigsten Fette (Öle, Schmere, Vaseline, Lanolin, Glycerin) oder flüchtige Flüssigkeiten (z. B. Salmiakgeist, Spiritus und darin aufgelöste Stoffe, Chloroform, ätherische Öle). Bei halbflüssiger Beschaffenheit nennt man sie Linimente (besonders die aus Ammoniak und Fetten zusammengesetzten sog. flüchtigen Linimente), bei mehr festweicher, schmieriger Beschaffenheit hingegen Salben (unguenta). Die E. mit fettigen Stoffen ohne Zusatz stärker wirkender Medikamente dienen dazu, die Haut geschmeidiger zu machen, das Aufspringen derselben zu hindern oder schmerzhafte Spannung zu lindern. Die mit reizenden Stoffen versetzten E. erregen an Ort und Stelle mehr oder minder heftige Entzündungen, z. B. Hautrötungen (wie Senföl, Salmiakgeist), oder Blasen (wie starke Essigsäure, Kanthäridentinktur), oder Knötchen und Eiterbläschen (wie die sog. Pustelsalben aus Brechweinstein oder Crotonöl), zuweilen auch nur ein Gefühl von Prickeln (wie die sog. Prickelsalben aus Veratrin und Aconitin); man bedient sich ihrer mit Vorliebe in den Fällen, wo man durch künstliche Erregung von entzündlichen Zuständen der Haut ableitend auf Krankheiten innerer Organe wirken will. (S. Ableitung.) Andere Arten der E. bewirten örtlich keine solchen Zufälle, dafür aber eine Veränderung in tiefer liegenden Teilen (z. B. Aufsaugung abgelagerter Krankheitsstoffe) oder im Gesamtorganismus, wie die allgemeine Merkurialwirkung bei der sog. Schmier- oder Inunktionskur mittels grauer Quecksilbersalbe beweist. Man bedient sich bei den E. am besten der flachen Hand; nur bei sehr scharfen Salben schützt man die letztere durch einen übergezogenen Lederhandschuh. Die E. gehören zu den wichtigsten und gangbarsten Heilmitteln der ältern Medizin, werden aber gegenwärtig vielfach durch schneller und sicherer wirkende Mittel (subkutane Injektion, Massage, Elektricität) ersetzt.

Einreiten, s. Einlager.

Einrenkung (Repositio), die Wiedereinrichtung eines verrenkten Gliedes, s. Verrenkung.

Einrichtungszeitraum, in der Forstwirtschaft ein Zeitraum, in dem man einmal mit dem Hiebe das ganze Revier durchlaufen will, um wenigstens einige Ordnung in die Bestandsverhältnisse zu bringen. Er tritt für die Ertragsregelung an die Stelle des Umtriebes (s. d.), wenn die Verteilung der Altersklassen eine sehr ungünstige ist.

Einrücken und **Ausrücken,** im Maschinenbau die Räder eines Getriebes oder auch die Klauen und sonstigen Mitnehmerteile einer Kuppelung in und außer Eingriff bringen; auch das Hinüberschieben eines Transmissionsriemens von der Losscheibe auf die feste Scheibe und umgekehrt, zu dem Zwecke, eine Transmissionswelle oder Arbeitsmaschine aus dem Stillstand in den Arbeitsgang oder umgekehrt zu versetzen.

Einsägemaschine, s. Buchbinderei (Bd. 3, S. 650a).

Einsalzen, eine Art der Konservierung (s. d.), bei welcher die zu konservierenden Stoffe mit Salz behandelt werden. Am wichtigsten sind die Methoden des E. bei der Fleischkonservierung (s. d.) und der Fischkonservierung (s. d.). Auch bei andern tierischen Stoffen, als ungegerbten Häuten, Vogelbälgen, kommt das E. zur Anwendung; außerdem dient dasselbe auch zur Konservierung pflanzlicher Stoffe, als Citronenschalen, Nelken und anderer Gewürze; Rosen werden eingesalzen, um später zur Parfümerie oder Liqueurfabrikation verwendet zu werden.

Einsamer Spatz, s. Drossel.

Einsamkeit (norweg. Ensómbeden), Insel im Westsibirischen Eismeer, im ONO. von der Nordspitze der Insel Nowaja-Semlja, und im SO. von Franz-Josephsland, ist 18,5 km lang und bedeckt etwa 202 qkm. Die Westseite steigt schroff zu 30 m Höhe auf, der Meeresboden ist hier felsig und voller Untiefen; die Ostseite ist flach, mit Treibholz bedeckt. E. wurde 1878 vom Kapitän E. H. Johannesen aus Tromsö entdeckt.

Einsattelung oder Sattel, die Einschnitte eines Gebirgskammes. Es giebt für E. noch eine große Anzahl anderer Namen; der für gangbare E. am meisten gebrauchte ist Paß (s. d.); in den deutschen Alpen sind auch häufig die Bezeichnungen Joch, Lücke, Furka, in den Ostalpen Tauern (kelt. Tor), in den franz. Alpen Col (z. B. Col du Géant am Montblanc, Col de Balme u. s. w.), in den ital. Alpen Colle (z. B. Colle di Tenda), Forcella, Bocchetta, in den Pyrenäen Port (span. Puerto). Eine sehr tiefe und enge E. heißt Scharte, wenn dieselbe sehr hoch liegt, wenn tiefer und gangbar, Klause (frz. Cluse, ital. Chiusa); besonders wird diese letztere Bezeichnung gebraucht, wenn die E. durch Befestigungen geschlossen ist; am berühmtesten ist die Ehrenberger Klause (s. d.). Der Scheitelpunkt einer E. wird oft Scheideck genannt.

Einsatzhärtung, s. Härten.

Einsatzstrafe. Wenn von einer und derselben Person durch mehrere Verbrechen oder Vergehen (nicht Übertretungen) mehrere zeitige Freiheitsstrafen verwirkt werden, so werden nicht die Einzelstrafen zusammengelegt, sondern es wird auf eine Gesamtstrafe erkannt, welche in einer Erhöhung der verwirkten schwersten Strafe besteht. Diese Strafe heißt die E. Die Erhöhung darf den Betrag der verwirkten Einzelstrafen nicht erreichen und 15jähriges Zuchthaus, 10jähriges Gefängnis oder 15jährige Festungshaft nicht übersteigen. Vgl. Deutsches Strafgesetzb. §. 74; ähnlich §. 75 des Österr. Entwurfs von 1889.

Einsatzstück, s. Krummbogen.

Einsatzzeichen, in der Musik 1) im skizzierten (d. h. nicht ausgeschriebenen) Kanon die Striche oder Figuren, die den Eintritt der imitierenden Stimmen angeben; 2) die Bewegungen, durch die (mit Hand, Taktstock, Kopf oder Auge) der Dirigent pausierende Stimmen auf den neuen Eintritt aufmerksam macht.

Einsäuern oder Einmieten, eine Methode, die wässerigen Futtermittel der Tiere, wie grünen Klee, Grünmais, Grummet u. dgl., ferner namentlich die Fabrikabfälle, wie die entzuckerten Schnitzel der Rübenzuckerfabriken, das Mark der Kartoffelstärkefabriken u. a. zu konservieren. Die Substanzen werden dabei entweder für sich oder mit Zugabe von Salz in Gruben, deren Wandungen und Boden ausgemauert sein sollten, fest eingestampft und schließlich mit Erde bedeckt, um die Luft soweit wie möglich abzuhalten. Die so behandelten Futtermittel nehmen dabei nach einiger Zeit, infolge einer eintretenden Gärung, einen säuerlichen Geschmack und meistens angenehmen Geruch an und halten sich fast beliebig lange, wodurch diese Materialien einen willkommenen Ersatz für fehlendes Grünfutter gewähren. Die während des E. eintretende Gärung ist jedoch mit namhaften Verlusten durch Verwandlung der Substanz in gasige Produkte verbunden. (S. Ensilage.)

Einschaltungszeichen, s. Parenthese.

Einschattige, s. Ascii.

Einschienenbahnen gehören zu den außergewöhnlichen Eisenbahnsystemen (s. d.), es sind Eisenbahnen, die zur Fortbewegung der Fahrzeuge nur eine Trag- oder Fahrschiene besitzen. Die Erhaltung des Gleichgewichts der Fahrzeuge wird entweder durch entsprechende Verteilung der Lasten oder durch Leitschienen und Leiträder bewirkt. Auf ersterer Anordnung beruhte die von Henry Robinson Palmer 1821 erdachte «Schwebende Bahn», deren Fahrbahn aus einer 2—3 m über dem Boden fortlaufenden, durch eine Reihe von Pfosten unterstützten und mit Flachschienen (s. Eisenbahnbau, S. 837a) belegten Balkenlage bestand. Die mit tierischer Kraft fortbewegten Fahrzeuge besaßen für geringere Lasten ein, für größere Lasten zwei hintereinander angebrachte Räder, an deren verlängerten Achsen sich Tragkörbe zur Aufnahme der Lasten befanden. 1825 erfuhr das Palmersche System durch den Amerikaner H. Sergeant und den Engländer J. Fisher Verbesserungen. In Deutschland wurden 1834 in Posen beim Festungsbau und 1837 auch in Danzig Versuche mit E. gemacht. Larmanjat baute 1869 auf der Strecke von Le Raincy bis Montfermeil eine Einschienenbahn, deren Schiene nur 5 mm über den Straßenkörper hervorragte und die beiden in der Längsachse der Fahrzeuge befindlichen Haupträder trug. Zur Erhaltung des Gleichgewichts waren an den Seiten der Fahrzeuge, wie bei den gewöhnlichen Wagen, Räder angebracht, die auf der Straße liefen und mit biegsamen Federn versehen waren, um die Unebenheiten des Bodens leichter überwinden zu können. Bei der Lokomotive dienten die Seitenräder als Treibräder. Das Larmanjatsche System fand später in Frankreich und auch in Portugal (in der Nähe von Lissabon) mehrfach Anwendung. 1876 war auf der Ausstellung in Philadelphia eine vom General Stone im Fairmountpark ausgeführte Einschienenbahn von 1,5 km Länge zu sehen, deren auf etwa 10 m hohen Pfosten ruhende Fahrbahn neben der eigentlichen Fahrschiene noch zwei Leitschienen enthielt. Zu den E. gehört auch die 6. Juni 1880 eröffnete 900 m lange Drahtseilbahn, die vom Fuße des Eruptionskegels des Vesuvs mit einer durchschnittlichen Steigung von 1 : 5 fast bis zum Gipfel führt. Sie besitzt einen dem Larmanjatschen Oberbau ähnlichen Oberbau auf einer hohen Langschwelle, an der seitlich noch flache Leitschienen angebracht sind. Das Hochbahnsystem des Kapitäns J. V. Meigs gehört insofern auch zu den E., als die ganze Belastung des Gleises unmittelbar in die Mittellinie des Oberbaues verlegt ist. Der Bahnkörper besteht aus zwei übereinander angeordneten und auf eisernen Säulen ruhenden Schienensträngen. Auf der obern Schiene laufen die beiden wagerechten Führungsräder der Fahrzeuge, während vier in einem Winkel von 45° geneigte Tragräder sich auf zwei an dem untern Gurte des die Bahnlinie bildenden Gitterträgers angebrachten Schienen bewegen. Bei der Lokomotive bilden die beiden Führungsräder die Treibräder, die zur Erhöhung der Reibung durch besondere Vorrichtungen an die Schienen gedrückt werden. Die erste größere Anwendung fanden die E. in Algier zur Ernte des Espartograses. 1882 gab es bereits 105 km E., und zwar nach dem System Lartigue. Nach demselben tragen etwa 80 cm hohe und ebenso weit voneinander entfernte eiserne Böcke die Schiene, auf der die mit beiderseitigen Spurkränzen (s. Betriebsmittel, Bd. 2, S. 904 a) versehenen Wagenräder der Fahrzeuge laufen. Da Leitschienen ursprünglich nicht vorhanden waren, mußte der Schwerpunkt der sattelartigen Fahrzeuge ziemlich tief gelegt werden, damit die Fahrzeuge bei ungleicher Belastung der beiden Hälften sich nicht zu schief gegen die Bahn stellten. Später brachte man zur Erhaltung des Gleichgewichts noch vier Rollen an, die sich auf zwei Parallelleitungen bewegten. Eine 10,5 km lange Einschienenbahn wurde z. B. zur Ausbeutung der Minen von Ria (Ostpyrenäen) ausgeführt und wird durch Elektricität betrieben.

Im Laufe der Zeit wurden die Lartigueschen E. so weit vervollkommnet, daß sie gegenwärtig geeignet erscheinen, den Personen- und Güterverkehr von Nebenbahnen zu vermitteln. Irland besitzt eine derartige Einschienenbahn, die zwischen Listowel und dem Seebad Ballybunnion (Grafschaft Kerry) an Stelle einer andern vom Parlament bereits genehmigten Bahn ausgeführt wurde. Die Länge der Linie zwischen beiden Orten ist 15 km; eine Fortsetzung über Ballybunnion hinaus dem Strande entlang dient zur Ausbeutung von Sandlagern. Der kleinste Krümmungshalbmesser beträgt 25 m, die größte Steigung 1:50 (auf 640 m Länge). Die Gestalt der Böcke zeigt die beistehende Fig. 1. Der ganze Oberbau ist aus Stahl und wiegt 47 kg auf 1 m Länge. Als Weichen benutzt man Drehscheiben (s. Eisenbahnbau, S. 841) von 5 bis 6 m Durchmesser. An Betriebsmitteln sind vorhanden: drei Verbund-Lokomotiven (Fig. 2) mit drei gekuppelten Rädern und zwei wagerechten, in den Achsen 1,8 m voneinander entfernten Kesseln und einem Tender, der eine kleine Hilfsmaschine besitzt, die bei Steigungen also als Lokomotive wirkt. Die Lokomotiven haben ein Leergewicht von 4,5 t und ein Dienstgewicht von 6,5 t; ein Tender wiegt leer 3,1 t und kann 900 l Wasser und 500 kg Kohlen aufnehmen. Die Bahn besitzt ferner an Betriebsmitteln drei Personenwagen I./II. Klasse und vier Wagen III. Klasse, 4,9 m lang, 2,5 m breit

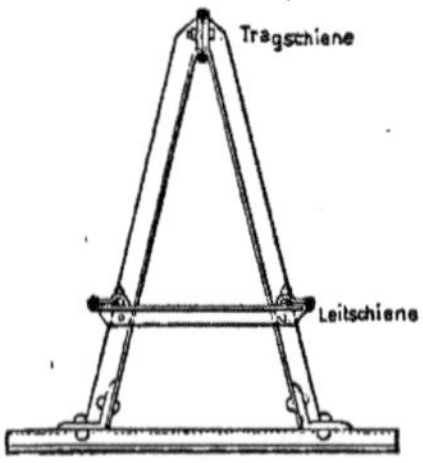

Tragschiene
Leitschiene

Fig. 1.

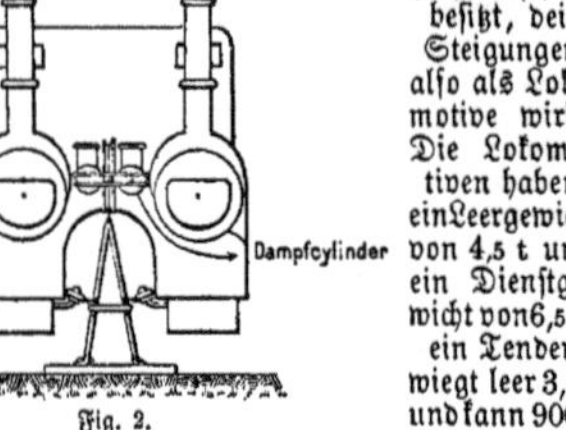

Fig. 2.

und 2,7 t schwer; sie bieten 20—24 Fahrgästen Platz und haben drei Haupträder von 51 cm Durchmesser und an jeder Seite zwei Leiträder von 30 cm Durchmesser und 12 cm Kranzhöhe. Die Züge sind mit der Westinghouse-Bremse (s. Eisenbahnbremsen) ausgerüstet. Beistehende Fig. 3 stellt einen Wagen im Durchschnitt, Fig. 4 einen Zug der Listowel-Ballybunnion-Eisenbahn dar. Die Züge verkehren mit einer Geschwindigkeit von 21 km in der Stnnde, bei Probefahrten wurden Geschwindigkeiten bis zu 35 km erzielt. Außer verschiedenen Güterwagen sind noch 20 Sandwagen für je 4 t Nutzlast vorhanden.

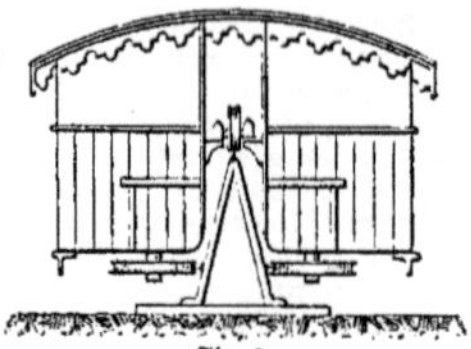

Fig. 3.

Fig. 4.

Die Lartigueschen E. eignen sich besonders für welliges Gelände, da bei ihrer Anordnung bedeutend an Erdarbeiten gespart werden kann. In einem Falle wurde der Preis einer Bahnlinie, die als Schmalspurbahn 120 000 M. für das Kilometer gekostet haben würde, durch Anwendung des Lartigueschen Systems auf 48 000 M. ermäßigt. Im ebenen Gelände wird sich die Anlage von Lartigueschen Bahnen dagegen nicht empfehlen, da die Unmöglichkeit, feste Übergänge in der Höhe der Fährbahn zu schaffen, die Bewirtschaftung der angrenzenden Ländereien bedeutend erschwert und infolgedessen die Grundentschädigung sich sehr hoch stellen würde, während an Erdarbeiten gegenüber einer gewöhnlichen Schmalspurbahn nur wenig oder nichts erspart wird. Andererseits macht sich der Umstand, daß der Bahnkörper auf ebenem Boden eine fortlaufende nahezu 1 m hohe Schranke bildet, für den Betrieb der Bahnhöfe in lästiger Weise geltend; man hat deshalb als Aushilfsmittel besondere Wagen bauen müssen, um für die Überschreitung der Gleise verstellbare Treppen zu schaffen. Die «Lartiguesche Eisenbahnbau-Gesellschaft» in London hat ferner den Bau einer Linie von Listowel nach Tarbert (23 km) bewirkt und die Bauerlaubnis für weitere 61 km, die Lynton-Bahn (Devonshire) und die Langbourne-Thal-Bahn (Berkshire), erworben. Außerdem sind von ihr Entwürfe ausgearbeitet worden, um Nebenbahnen der zu erbauenden Pariser Stadtbahn in den volkreichen, aber weniger feinen Stadtteilen (als Hochbahnen) herzustellen. Der Betrieb soll elektrisch auf in sich zurückkehrenden Ringlinien stattfinden, sodaß der Zug stets in derselben Richtung verkehrt. Ein- und Aussteigen soll wie bei kleinen Flußdampfern durch Brücken erfolgen, sodaß die mit dem Bürgersteig durch je zwei Treppen verbundenen Stationen nicht länger als 5 m zu sein brauchen.

Litteratur. Handbuch für specielle Eisenbahntechnik, hg. von Heusinger von Waldegg, Bd. 5 (Lpz. 1878); Engineering vom 24. Dez. 1886; Engineer vom 2. März 1888; Centralblatt der Bauverwaltung (edd. 1889); P. F. Kupka, Die E., in der «Zeitung des Vereins Deutscher Eisenbahnverwaltungen» (Berl. 1889); Wurmb, Einschienenbahnen, in der «Encyklopädie des gesamten Eisenbahnwesens», hg. von Röll, Bd. 3 (Wien 1892).

Einschiffen von Truppen und Kriegsmaterial bedeutet deren Unterbringen auf Transport- oder Kriegsschiffen. In großartigem Maße ließ namentlich Napoleon I. ganze Armeen auf seiner Flotte und auf zahlreichen Handelsschiffen einschiffen, als er den Einfall in England vorbereitete. Zum E. der Pferde und Landgeschütze bedarf es besonderer Einrichtungen auf den Schiffen, um diese bei den Bewegungen durch den Seegang vor Beschädigungen zu schützen. Pferde werden gewöhnlich in Bauchgurten schwebend gehalten während der Seereisen. — Auch das Verladen von Truppen in Eisenbahnzüge pflegt man E. zu nennen.

Einschildige, die letzte Stufe im Heerschild (s. d.).

Einschilfen, s. Veredelung.

Einschlafen der Glieder oder Parästhesie, der Zustand, bei welchem die Haut eines Körperteils mehr oder weniger gefühllos gegen äußere Eindrücke, auch kalt und welk wird und gewöhnlich die Empfindung von Kriebeln, Taubsein, Ameisenlaufen (Formikation) oder Pelzigsein erregt. Dieser Zustand beruht auf beginnender Lähmung der empfindenden Nervenfasern des betreffenden Körperteils und läßt sich künstlich bei gesunden Personen erzeugen, wenn man den Stamm eines Nerven, der Empfindungsnervenfasern enthält, stark drückt oder stößt; z. B. den Ellbogennerven am sog. Mäuschen, wo er dicht am Ellbogenknorren ziemlich unbeschützt daliegt, oder den Stamm des Hüftnerven, wo er in die Kniekehle hineintritt und hier leicht, z. B. durch die Stuhlkante, gequetscht wird. Dasselbe Gefühl kann aber auch durch Verschließung der Pulsadern eines Körperteils entstehen, weil die Nerven ohne frisch hinzugeführtes Arterienblut ebenfalls gelähmt werden. In Krankheiten kommt das Einschlafegefühl häufig vor und bezeichnet stets einen Zustand von Halblähmung gewisser Empfindungsnervenfasern, welcher übrigens bald im Gehirn (z. B. bei Schlagflüssigen), bald im Rückenmark, bald in dem einzelnen Nervenstamme (z. B. oben im Ellbogennerven) seinen Sitz haben kann. Besonders häufig ist das E. eines Arms während des Schlafs, wenn der Arm eine unpassende Lage hat und vom Rumpfe oder sonstwie gedrückt wird. Das durch vorübergehenden Druck auf einen Nervenstamm entstandene E. pflegt mit dem Aufhören des Drucks von selbst wieder zu verschwinden, während die bei Gehirn- und Rückenmarkskrankheiten sich einstellenden Parästhesien meist lange Zeit bestehen bleiben oder in völlige Anästhesie (s. d.) übergehen.

Einschlag, Einschlagfäden, s. Weberei.

Einschlagen, in der Malerei das Stumpf- und Trockenwerden der Ölfarben, besonders derjenigen, welche mit frischen oder nicht gekochten fetten Ölen bereitet sind und keinen Harzzusatz erhalten. Auch ist der Zusatz von Wachs, Paraffin und ätherischen Ölen, sowie der stark einsaugende Leim-, Kreide- oder Gipsgrund sehr oft Ursache des E. der Ölfarben. Dem E. kann leicht durch Einreiben der betreffenden Stellen mit fetten Ölen oder Harzfirnis abgeholfen werden.

Einschlämmen, das starke, erste Begießen frisch gepflanzter Bäume und Sträucher, das besonders im späten Frühjahr und bei trocknem Boden erforderlich ist. Dabei gießt man so stark, daß der Boden im Bereiche der Wurzeln der gepflanzten Gehölze eine schlammige Masse bildet und sich dicht an die Wurzeln anlegt. (Vgl. Verpflanzen.)

Einschließung (Cernierung, Blockade), diejenige Form des Festungskrieges, welche eine Festung von allem Verkehr mit der Außenwelt abzusperren und schließlich durch Aushungern zu Falle zu bringen bestrebt ist, zu welchem Zwecke der Angreifer die Festung in ihrem ganzen Umkreise mit seinen Truppen umstellt. Die Widerstandsfähigkeit dieser Aufstellung gegenüber offensiven Unternehmungen der Festungsbesatzung kann durch Zuhilfenahme der Befestigungskunst wesentlich erhöht werden. Die E. wird einen sichern Erfolg haben, wenn weder die Besatzung den Ring der E. zu durchbrechen vermag, noch ein Entsatz von außen her oder eine Wendung der polit. und militär. Verhältnisse den Verteidigern zu Hilfe kommt. Einem mit Lebensmitteln ausreichend versehenen Platze gegenüber kann eine E. sich außerordentlich in die Länge ziehen. Während dieser Zeit sind die zur Aufrechthaltung der E. notwendigen, bei großen Fortsfestungen sehr bedeutenden Kräfte des Angreifers für andere Zwecke lahm gelegt, auch ist ihre Verpflegung in der Regel mit Schwierigkeiten verknüpft, da die Unterhaltsmittel der Umgegend bald erschöpft sein werden. Stehen dem Angreifer nur geringe Streitkräfte zur Verfügung, so beschränkt er sich wohl auf eine bloße Beobachtung der Festung, indem nur die wichtigsten Zugangswege zu derselben besetzt werden. — In frühern Zeiten, namentlich im Altertum und Mittelalter, aber auch in der neuern Zeit bis in das 17. Jahrh. hinein, umgab bisweilen der Angreifer den einzuschließenden Platz mit einer sog. Kontravallationslinie, d. h. mit einer gegen die Festung gekehrten zusammenhängenden Linie von Verschanzungen, während gegen den von außen drohenden Entsatz eine ebensolche Linie, die sog. Cirkumvallationslinie errichtet wurde; zwischen beiden Linien war die Einschließungsarmee um den Platz herum verteilt. Ein berühmtes Beispiel einer solchen E. ist die von Alesia durch Cäsar im Gallischen Kriege. In der neuern Zeit trat an die Stelle der zusammenhängenden Kontravallationslinie die fortifikatorisch verstärkte Einschließungsstellung, und statt der Cirkumvallationslinie stellt man den von außen drohenden Entsatzversuchen selbständig operierende Truppenkorps entgegen, die ihre Aufgabe je nach Umständen auf offensivem oder defensivem Wege zu lösen versuchen. Berühmte E. der neuesten Zeit sind die von Metz und Paris im Kriege 1870/71 und die von Plewna im Russisch-Türkischen Kriege 1877. Die E. dort von Paris, hier von Plewna wurde zum Brennpunkt des ganzen Krieges; alle Operationen der verschiedenen selbständigen Armeen hatten den Entsatz des eingeschlossenen Waffenplatzes oder die Abwehr dieses Entsatzes zum Zweck.

Einschneiden, s. Rückwärtseinschneiden.

Einschnitt (chirurg.) bezweckt die Eröffnung von Höhlen, die mit Eiter, mit blutiger oder wässeriger

Flüssigkeit gefüllt sind, seltener die Entspannung entzündlich infiltrierter Zette, die Hervorrufung von Blutung, die Entfernung eines Fremdkörpers (z. B. Nadel, Geschoß) u. s. w. Er kann unter Chloroformnarkose oder unter Anwendung der Ätherbesprühung oder des Cocaïns schmerzlos gemacht werden. — Über E. in der Befestigungskunst, s. Emplacement, über E. im Bahnbau, s. Eisenbahnbau (S. 833 a).

Einschreiben oder Eingeschrieben (an Stelle der früher üblichen Bezeichnung Rekommandiert, frz. chargé, engl. registered, holländ. aangetekend, ital. raccomandata, russ. zakaznoje), ist der deutsche amtliche postalische Ausdruck für Postsendungen, die seitens der Postämter in ein besonderes «Annahmebuch für Einschreibsendungen» eingetragen und den Empfängern gegen Quittung ausgehändigt werden. Die Gebühr dafür beträgt, außer dem Porto, 20 Pf. Für Rückscheine, welche die Postanstalt am Bestimmungsorte mit der Empfangsbescheinigung des Adressaten an den Absender zurückgelangen lassen soll, sind außerdem 20 Pf. zu entrichten. Einschreibsendungen unterliegen im Weltpostverkehr dem Frankierungszwange. Bei Verlust der Sendung erhält der Absender gegen Rückgabe des Einlieferungsscheins im innern Verkehr 42 M., im Weltpostverein 50 Frs. (40 M.). Ist der Einlieferungsschein verloren gegangen oder nicht mehr beizubringen, so muß der Nachweis der erfolgten Einlieferung auf sonst glaubhafte Weise erbracht werden.

In Österreich-Ungarn und der Schweiz beschränkt sich das E. nur auf Briefsendungen aller Art (nicht Pakete). In Österreich-Ungarn ist die Gebühr für Sendungen im Bestellbezirk der Aufgabepostanstalt 5, darüber hinaus 10 Kr., ebenso für Beschaffung eines Rückscheins 5 oder 10 Kr.; der Schadenersatz bei Verlust einer Sendung 20 Fl. In der Schweiz beträgt die Gebühr 10, für Ausfertigung eines Einlieferungsscheins 5, für Beschaffung einer Quittung vom Empfänger bei Brief- und Fahrpostsendungen 20 Cent.; der Schadenersatz bei Verlust einer Einschreibebriefsendung 50, bei verzögerter Beförderung um mehr als einen Tag 15 Frs.

Einschreibesystem, Inskriptionssystem, bei Staatsanleihen die Einrichtung, die Forderungen auf den Namen der einzelnen Gläubiger in das große Staatsschuldbuch einzutragen, wodurch die Ausfertigung von Partialobligationen mit Coupons auf den Inhaber (au porteur) überflüssig wird. In vielen Ländern hat die letztere Art der Anleihenbegebung erst sehr spät Eingang gefunden, und heute noch ist der Hauptteil der fundierten Staatsschuld auf die Namen der Gläubiger eingetragen, so in Frankreich, England und Holland. Nach dem ursprünglichen franz. System, welches dem E. der meisten Staaten zum Muster gedient hat und nach welchem etwa zwei Drittel der heutigen Staatsschuld Frankreichs gebucht sind, erhalten die Gläubiger über den Betrag der ihnen zustehenden Rente einen auf ihren Namen lautenden Auszug (Extrait oder Certificat d'inscription, auch Titre nominatif), welcher bei jeder Ausübung eines Rechts vorgelegt und beim Verkauf oder Umtausch der Rente — wobei die Vermittelung eines vereidigten Maklers (Agent de change) notwendig ist — gegen ein neues Certifikat umgetauscht werden muß. In England führt die Bank of England, welche die engl. Staatsschuld verwaltet, das Staatsschuldbuch, in welches Kapitalbeträge in beliebigen Summen (sog. Stocks) auf die Namen der Gläubiger eingeschrieben werden, ohne daß diese eine dem franz. Certifikat ähnliche Urkunde erhalten. Der Verlauf und die Umschreibung der Stocks ist an verschiedene Formalitäten gebunden, wozu auch hier die Zuziehung eines Maklers (Stockbroker) gehört. Die Zinszahlung erfolgt in Frankreich in Paris bei der Centralstaatskasse, in den Departements bei der Kasse der Generalsteuereinnehmer unter Vorlegung des Certifikats, welches auf der Rückseite abgestempelt wird. In England werden die Zinsen entweder persönlich bei dem Dividend Pay Office der engl. Bank auf Grund einer von dieser ausgestellten Anweisung (Dividend Warrant) erhoben, seit 1870 innerhalb Englands auch vermittelst eines per Post zugesandten gekreuzten Checks (s. d.) oder durch Gutschrift auf den Konten der Bankiers, welche für ihre Kunden die Einziehung der Zinsen besorgen. In gleicher oder ähnlicher Weise besteht das E. in Holland, Belgien, Italien, Österreich, Rußland, Nordamerika u. s. w.

Der Umstand, daß das E. sich fast ausschließlich nur auf inländische Forderungen erstreckt und daß die Umschreibung oder Löschung derselben sowie die Zinszahlung für den Schuldner und Gläubiger mit Weitläufigkeiten verbunden ist, die außerdem für letztern auch kostspielig sind, hat dazu geführt, daß verschiedene Länder, wie die deutschen Staaten, Österreich u. s. w., der Ausfertigung von Inhaberpapieren mit Coupons von vornherein den Vorzug gegeben haben und daß selbst in den Heimatländern des E. die Unterbringung von Anleihen in dieser Form sich Eingang verschafft hat. So hat man in Frankreich schon 1831 angefangen, Inhaberrenten einzutragen und darüber Schuldscheine mit Coupons auf Inhaber (Titres au porteur), seit 1864 für die 3prozentige und 5prozentige (inzwischen auf 4½ Proz. herabgesetzte) Rente auch Schuldscheine auf Namen mit Zinsscheinen auf Inhaber (Titres mixtes) auszufertigen. In England werden seit 1863 für Consols Schuldscheine auf Inhaber in runden Summen mit Zinsscheinen auf 5 Jahre (sog. Stock Certificates) auf Verlangen ausgegeben; doch wird von dieser Neuerung verhältnismäßig wenig Gebrauch gemacht. In Holland wurden erst 1878 und 1883 für zwei Anleihen Inhaberpapiere ausgegeben. Andererseits ist zu beachten, daß die Aufbewahrung und Verwaltung von Inhaberpapieren für den Eigentümer manche Unbequemlichkeit hat und daß ihm das E. vor allem größere Sicherheit bietet. Er kann sich auf diese Weise in vollem Umfange gegen die Gefahr schützen, durch den zufälligen Verlust oder eine wesentliche Beschädigung der Schuldverschreibung oder der Zinsscheine das Forderungsrecht selbst einzubüßen, zumal die Möglichkeit der Außerkurssetzung sich nur auf die Obligationen selbst, nicht aber auf die Zinsscheine bezieht. Auch die an Stelle der Außerkurssetzung namentlich in Süddeutschland übliche zeitweilige Einschreibung der Papiere auf den Namen des Eigentümers (s. Vinkulieren) kann das eigentliche E. nicht ersetzen. Für Kapitalisten, die im dauernden Besitz einer sichern Staatsrente bleiben wollen, kommen außerdem die Umständlichkeiten des E. beim Besitzwechsel wenig in Betracht.

Diese Erwägungen haben veranlaßt, daß man in neuester Zeit das E. auch in Deutschland eingeführt hat. Preußen hat durch Gesetz vom 20. Juli 1883 ein Staatsschuldbuch für die 4prozentige konsolidierte Anleihe geschaffen und die Einrichtung durch

Gesetz vom 12. April 1886 auf die 3½prozentigen, durch Gesetz vom 8. Juni 1891 auch auf die 3prozentigen Consols ausgedehnt. In Sachsen wurde 2. Jan. 1885 ein Staatsschuldbuch zur Eintragung der 3prozentigen sächs. Rente geschaffen. Durch Gesetz vom 31. Mai 1891 endlich ist zur Umwandlung von Schuldverschreibungen der Reichsanleihen in Buchschulden des Reichs die Einrichtung eines Reichsschuldbuchs angeordnet, welches 1. April 1892 eröffnet wurde. Von dem französisch-englischen E. unterscheidet sich das deutsche hauptsächlich dadurch, daß die ursprüngliche Ausfertigung von Partialobligationen mit Zinsscheinen auf Inhaber beibehalten bleibt und daß die Inskription sowie weitere Zuschreibungen lediglich gegen Einlieferung der Schuldscheine und Coupons erfolgen. Umgekehrt kann der Gläubiger die Tilgung der Buchschuld oder eines Teils derselben gegen Ausreichung von neuen Schuldverschreibungen verlangen. Die teilweise oder gänzliche Übertragung der Forderung auf ein anderes Conto ist gestattet, Teilübertragungen und Teillöschungen aber nur, wenn die betreffenden Summen sowie die verbleibenden Beträge in Schuldverschreibungen der Anleihe darstellbar sind. Besondere Verschreibungen über die Buchforderungen werden nicht ausgefertigt. Die Zinsen werden den Gläubigern auf Verlangen und auf ihre Kosten per Post zugestellt, oder von ihnen an gewissen Zahlstellen erhoben, wozu bei den Reichsanleihen (und zur Zeit auf Grund eines Vertragsverhältnisses auch bei den preuß. Anleihen) die Reichsbank und ihre Filialen gehören, oder endlich bei den preußischen und Reichsanleihen durch Gutschrift auf Giroconto bei der Reichsbank. — Vgl. Frick, Das preuß. Staatsschuldbuch, in den «Jahrbüchern für Nationalökonomie und Statistik», Neue Folge, 21. Bd., S. 377 fg. (Jena 1890); Salings Börsenpapiere, 1. Tl. (6. Aufl., Berl. 1892); Amtliche Nachrichten über das preuß. Staatsschuldbuch (ebd. 1886 u. ö.); Amtliche Nachrichten über das deutsche Reichsschuldbuch (ebd. 1892). [s. Decke (Bd. 4, S. 857 b).

Einschub, Einschubdecke, in der Baukunst,

Einschürig, s. Wiesen.

Einschuß, Volksausdruck für eine rotlaufartige Hautentzündung eines oder, was selten vorkommt, beider Hinterschenkel des Pferdes, durch die eine hochgradige Anschwellung und Lahmgehen bedingt ist. Sie nimmt ihren Ausgang von kleinen Verletzungen, z. B. Streichwunden, und ist bedingt durch Infektion dieser Wunden durch einen specifischen Spaltpilz. Behandlung: Ruhe, Befeuchten der Gliedmaßen mit einer desinfizierenden Lösung oder Einreiben von Carbolsalbe oder grauer Quecksilbersalbe.

Einschuß, Einschußfäden, s. Weberei.

Einschwenken (milit.), eine Bewegung zum Zweck des Übergangs aus einer geöffneten Kolonne in die Linie, also der Gegensatz des Abschwenkens (s. d.). Soll die Linie in derselben Ordnung hergestellt werden, wie sie vor dem Abschwenken war, so muß eine rechts abmarschierte Kolonne nach links einschwenken und umgekehrt; schwenkt eine rechts abmarschierte Kolonne rechts ein, so entsteht eine Inversion (s. d.).

Einschwingen, sich (Einstehen) sagt man vom Auer- und Birkwild, das sich auf einen Baum stellt.

Einsegnung, s. Benediktion und Konfirmation.

Einseitige Schuldverhältnisse sind solche, bei denen nur der einen Partei eine Klage gegen die andere zusteht. Ist die Darlehnssumme gezahlt, so handelt es sich nur um eine klagbare Schuld des Darlehnsempfängers auf Rückzahlung und Verzinsung. Aus dem Testament entsteht eine Verbindlichkeit nur des Beschwerten (s. d.) auf Gewährung des Vermächtnisses; der Vermächtnisnehmer ist nur berechtigt, nicht verpflichtet. Den Gegensatz bilden einerseits die Doppelseitigen Schuldverhältnisse (s. d.), andererseits diejenigen, welche eine Contraria actio (s. d.) zulassen.

Einseitiges Rechtsgeschäft. Wenn auf die Erklärung nur einer Partei die derselben entsprechenden rechtlichen Wirkungen eintreten, spricht man von E. R.; wenn die zusammenstimmende Erklärung zweier oder mehrerer Parteien zum Eintritt der rechtlichen Wirkung erforderlich ist, von zweiseitigen Rechtsgeschäften oder Verträgen. E. R. sind unter andern das Testament (s. d.), wenn es nur von einer, nicht als wechselseitiges von zwei Personen errichtet wird, und das Kodizill (s. d.), von Rechtsgeschäften unter Lebenden die Auslobung (s. d.), die Erbschaftsantretung oder -Ausschlagung, die Annahme oder Ausschlagung eines Vermächtnisses (s. Erbschaftserwerb), die Wahl (s. Alternative), der Verzicht auf solche Rechte, welche durch einseitige Erklärung aufgegeben werden können; der Antrag (s. d.), insofern der Antragsteller bis zur Erklärung der andern Partei gebunden bleibt; die Ausstellung von Orderpapieren (s. d.), z. B. eines Wechsels, und von Inhaberpapieren (s. d.), das Wechselaccept, da sich die Haftung aus der Schrift, kaum aus einem Vertrage ableiten läßt; ferner die einseitigen prozessualischen Akte, aus welchen Rechte und Verbindlichkeiten entspringen, wie die Erhebung der Klage (s. d.), das Geständnis (s. d.), der Einspruch (s. d.), die Einlegung eines Rechtsmittels (s. d.).

Einseitige Verträge. Die Verträge sind zweiseitige Rechtsgeschäfte (s. Einseitiges Rechtsgeschäft). Man kann aber bei den Verträgen wieder einseitige und zweiseitige unterscheiden. Bei den erstern bindet sich nur die eine Partei, während die andere durch den Vertrag nur Rechte erwirbt. Das ist der Fall bei einem Erbvertrag (s. d.), wenn in demselben nur die eine Partei die andere zu ihrem Erben ernennt; ebenso bei der Schenkung. Bei einem zweiseitigen Vertrage, wie bei dem verzinslichen Darlehn, sind beide Teile gebunden und berechtigt; der Gläubiger dahin, daß er das Kapital dem Schuldner zur Nutzung während der verabredeten Zeit beläßt, der Schuldner dahin, daß er das Kapital nach Ablauf der Zeit zurückzahlt und inzwischen verzinst.

Einseitigkeit, diejenige Bestimmtheit des geistigen Lebens, vermöge deren in der Vorstellungs-, Gefühls- und Willensthätigkeit gewisse besondere Interessen derartig vorherrschen, daß alles Erlebte nur darauf bezogen wird und der geistige Blick für alles andere mehr oder minder geschlossen erscheint. E. pflegt deshalb die natürliche Folge eines jeden das Individuum stark in Anspruch nehmenden Berufslebens, insbesondere der hochentwickelten Arbeitsteilung zu sein. In gewissen Grenzen darf die E. als ein Erfordernis für erfolgreiche Thätigkeit angesehen werden, und die histor. Erfahrung lehrt, daß die E. der Hebel für alle großen Leistungen ist; diejenigen Menschen üben die nachhaltigste Wirkung aus, die mit großartiger E., ohne nach rechts und links zu blicken, nur ein Ziel verfolgen. Andererseits aber ergiebt sich aus der E. stets eine gewisse Verzerrung der Züge des menschlichen Wesens, das alseitige Ausbildung verlangt. Die Vereinigung dieses höhern Ideals der Humanität und der für den einzelnen Beruf erforderlichen E. ist das höchste, ader auch das schwerste Problem aller Erziehung und Selbsterziehung.

Einsetzen, in der Eisenhüttenkunde, s. Eisenerzeugung (S. 929a), Cementation und Härten; E. zur Konservierung, s. Einmachen.

Einsickerung, s. Bewässerung (Bd. 2, S. 932b).

Einsiedel, magyar. Szepes-Remete, Groß-Gemeinde im ungar. Komitat Zips am Göllnitzflusse und an den Linien Margitfalu-Schmöllnitz und E.-Wagendrüsel der Göllnitzthalbahn, hat (1890) 1816 meist deutsche E., Post, Telegraph, Bergbau auf Eisen und Kupfer, Ausfuhr von Gerste.

Einsiedel. 1) Dorf in der Amtshauptmannschaft Chemnitz der sächs. Kreishauptmannschaft Zwickau, in 345 m Höhe, an der Zwönitz und an der Linie Chemnitz-Aue-Adorf der Sächs. Staatsbahnen, hat (1890) 3602 (1735 männl., 1867 weidl.) E., darunter 54 Katholiken, Post, Telegraph, Eisengießerei, Holzschleiferei, Fabrikation von Maschinen, Turngeräte, Strumpfwaren, Papier, Pappe, Kartonnagen, Bürsten u. a., sowie Brauerei. — 2) **Hofdomäne** im Oberamt Tübingen des württemb. Schwarzwaldkreises, 8 km von Tübingen, am Einfluß der Echaz in den Neckar, gehört zum Dorfe Kirchentellinsfurt und hat ein vom Grafen Eberhard im Bart 1482 erbautes Jagdschloß.

Einsiedel, sächs. Adelsgeschlecht, das wahrscheinlich von den schon im 13. Jahrh. genannten Kämmerern von Gnandstein abstammt. Die ordentliche Stammreihe beginnt mit Konrad von E., von dessen vier Söhnen der zweite, ebenfalls Konrad von E. genannt, 16. Juni 1426 in der Schlacht bei Aussig gefangen wurde, dann in das Heilige Land wallfahrtete, von wo er nach 20jähriger Gefangenschaft dei den Turkmenen 1455 zurückkehrte. Ein Großneffe desselben, Hildebrand I. von E., ged. 1435, gest. 1507, brachte den Teilungsvertrag vom 26. Aug. 1485 zwischen Kurfürst Ernst und Herzog Albrecht von Sachsen zu stande. Von den drei Söhnen Hildebrands I. war der zweite, Heinrich Hildebrand H. von E., geb. 1497, gest. 6. Dez. 1557, eifriger Beförderer der Reformation. Als der Bauernkrieg begann, setzte er sogleich auf Luthers Rat das zu zahlende Lehngeld herad. Von seinen neun Söhnen wurden Heinrich, Haubold, Hildebrand und Abraham die Stifter der vier Linien zu Sahlis (erloschen 1763), Scharfenstein, Gnandstein und Syhra.

Der Begründer der Scharfensteinschen Linie, Haubold von E., ged. 1521, gest. 1592, üdte als Kanzler der Kurfürsten August und Christian I. von Sachsen großen Einfluß. Durch seine Enkel spaltete sich die Linie in die beiden Häuser zu Scharfenstein und zu Wolkenburg, die noch jetzt bestehen.

Der Begründer des Wolkenburger Astes, Rudolf Haubold von E., ged. 23. Jan. 1616, gest. 8. April 1654, ein Freund der Wissenschaften, hinterließ einen Sohn, Hans Haubold von E., ged. 1654, gest. 1. Okt. 1700, welcher die oberlausitzische Standesherrschaft Seidenberg erward, deren 1815 sächsisch gebliebener Anteil, Reibersdorf, seinem Besitzer seit 1831 einen Platz in der sächs. Ersten Kammer verlieh. Hans Haubold von E. hinterließ drei Söhne, dereu ältester, Johann Georg von E., ged. 24. Mai 1692, gest. 17. Jan. 1760, als königlich poln. und kurfürstlich sächs. Hofmarschall, 9. Sept. 1745 in den Reichsgrafenstand erhoden wurde. Seine beiden Söhne sind die Stifter zweier Zweige geworden. a. Den ältern Zweig (zu Seidenberg-Reibersdorf) stiftete Graf Johann Georg Friedrich von E., ged. 18. Dez. 1730, gest. 21. Juli 1811, der 1763 auf kurze Zeit sächs. Kabinettsminister war. Sein ältester Sohn, Graf Georg von E., geb. 5. Aug. 1767, gest. 3. April 1840, längere Zeit bevollmächtigter Minister am russ. Hofe, starb kinderlos, weshalb die Standesherrschaft an seinen jüngern Bruder, Graf Heinrich von E., geb. 19. Aug. 1768, gest. 25. Mai 1842 als Oberschenk zu Dresden, kam. Dessen Enkel, Graf Johann Georg von E., ged. 25. Dez. 1848, königlich sächs. Oberschenk und Kammerherr, ist gegenwärtig Haupt des ältern gräfl. Zweiges und als solches Mitglied der sächs. Ersten Kammer. b. Den jüngern gräfl. Zweig, der die Herrschaft Wolkenburg besitzt, stiftete Graf Detlev Karl von E., geb. 27. Aug. 1737, gest. 17. Dez. 1810, sächs. Konferenzminister (bis 1777) und Wirkl. Geheimrat. Dessen jüngster Sohn, Graf Detlev von E., ged. 12. Okt. 1773 zu Wolkenburg, wurde Geh. Finanzrat, dann Kreishauptmann des Meißnischen Kreises und 14. Mai 1813 Kabinettsminister und Staatssekretär der innern Angelegenheiten und zugleich mit der Leitung des auswärtigen Departements deauftragt. Er degleitete den König Friedrich August I. im Oktober 1813 nach Leipzig, folgte diesem nach Berlin und später nach Preßburg und leitete die Unterhandlungen währeud des Wiener Kongresses. Nach Erledigung der Oberkammerherrnstelle übernahm er auch die Oberaufsicht über die wissenschaftlichen und Kunstsammlungen in Dresden. Unter König Anton stieg sein Einfluß um so mehr, als dieser bei Lebzeiten seines Vorgängers allen Regierungsgeschäften fremd gedlieden war. Seine Opposition gegen alle Reform, Hinneigung zur pietistischen Partei und eigenmächtige Handlungsweise machten ihn sehr unpopulär, sodaß er in den Septemberbewegungen von 1830 auf den Wunsch des Königs seine Entlassung nahm und sich auf seine Güter zurückzog, wo er 20. März 1861 starb. Haupt dieses Zweiges ist Graf Karl Friedrich von E. auf Wolkenburg, geb. 27. Juni 1834, k. k. Kämmerer und Major.

Dem nicht gräfl. Scharfensteiner Hanse gehörte an Friedrich Hildebrand von E., ged. 30. April 1750 zu Lumpzig dei Altenburg, Präsident des Appellationsgerichts zu Jena, Wirkl. Geheimrat und Oberhofmeister der Großherzogin Luise von Sachsen-Weimar. Er schrieb Schauspiele und Operetten und wetteiferte in Liedern, Novellen und ästhetischen Aufsätzen mit den großen Meistern jener Zeit; auch dearbeitete er mehrere Stücke Calderons für die Weimarische Bühne, gad anonym «Grundlinien zu einer Theorie der Schauspielkunst» (Lpz. 1797) heraus und lieferte eine freie, metrische Übersetzung des T z (2 Bde., edd. 1806). E. starb 9. Juli 1828.eren

Einsiedeln. 1) **Bezirk** und **Marktflecken** im schweiz. Kanton Schwyz, hat 122 qkm, (1888) 8512 E., darunter 47 Evangelische. Der Flecken liegt an der Zweiglinie Biberbrücke-E. (5 km) der Schweiz. Südostbahn und besteht zum großen Teil aus Gasthöfen und Wirtshäusern. Die Haupterwerbszweige der Bewohner bilden die Verpflegung der Wallfahrer und der bedeutende, sich auch nach dem Auslande erstreckende Handel mit Gebetbüchern,

Heiligenbildern, Rosenkränzen, Medaillen, Crucifixen und andern sog. Devotionalien, der namentlich durch das Geschäft von Benziger & Co. (s. d.) betrieben wird. In der Revolution litt E. sehr und wurde nebst der Abtei (s. unten) geplündert. Hier begann Ulrich Zwingli als Pfarrverweser sein kirchliches Reformationswerk. — 2) E., Notre-Dame des Erémites, Monasterium Eremitarum, berühmtes **Benediktinerstift** über dem Marktflecken E. und einer der besuchtesten Wallfahrtsorte der Welt, in 885 m Höhe, ist östlich und westlich von zwei Reihen Bergen umschlossen; südlich öffnen sich das Alpthal und das Sihlthal. Die Straße nach dem Berge Etzel und nach Rapperswyl führt über die Sihl mit der sog. Teufelsbrücke und vorher an dem Hause vorbei, wo Theophrastus Paracelsus geboren sein soll. Das Kloster, in einem finstern und früher weit ausgedehnten Walde, im Laufe der Zeit bis ins 16. Jahrh. sechsmal ganz oder teilweise durch Feuer zerstört, wurde 1704—19 im ital. Stil aufgeführt und bildet mit den Ringmauern ein gewaltiges, 258 m langes, 255 m breites Viereck; die Kirche mit zwei schlanken Türmen steht in der Mitte der Hauptfaçade. Berühmt ist besonders das Gnadenbild «Maria zu den E.», bei dem sich 14. Sept. (sog. Engelweihe) die meisten Wallfahrer einfinden (im Durchschnitt der letzten drei Jahrhunderte jährlich etwa 150000 Wallfahrer, hauptsächlich aus der Schweiz, dem südwestl. Deutschland und dem nördl. Italien). Zwischen dem Flecken und dem Kloster steht ein mit dem Bild der heiligen Jungfrau und einer goldenen Krone verzierter Brunnen aus schwarzem Marmor mit 14 Röhren, aus denen die Pilger zu trinken pflegen. Das Stift besitzt eine Bibliothek von 40000 Bänden, 1190 Handschriften und 1015 Inkunabeln und hatte bis zur helvet. Staatsumwälzung einen sehr reichen Kirchenschatz. Bei dem Kloster, zu welchem 84 Priester, 12 Kleriker und 24 Brüder des Benediktinerordens gehören, bestehen ein Priesterseminar, Gymnasium (6 Klassen, 218 Schüler) und Lyceum (2 Klassen, 60 Schüler) mit 21 Lehrern. Das Kloster betreibt auch musterhafte Rindvieh- und Pferdezucht (Einsiedler-Schlag). — Seine Gründung wird dem Grafen Meinrad von Sulgen (861 ermordet) zugeschrieben, der zu Ehren eines ihm von der Äbtissin Hildegard in Zürich geschenkten wunderthätigen Marienbildes eine Kapelle erbaute. Nach seinem Tode wurde hier ein Benediktiner-Eremitenkloster von Propst Eberhard von Straßburg erbaut, bei dessen Weihe der Heiland selbst, von Engeln und Heiligen begleitet, herabgestiegen sein soll. Rudolf von Habsburg erteilte 1274 den Äbten des reichsfreien Klosters die Fürstenwürde, und schon früher machten die Kaiser des sächs. Hauses, besonders Otto d. Gr. und Heinrich II., dem Kloster sehr bedeutende Schenkungen. Die Herrschaft des Klosters, nach Aufhebung durch die Helvetische Republik 1817 teilweise wiederhergestellt, dauerte bis 1830. — Vgl. Tschudi, Einsiedlische Chronik (Einsied. 1823); Landolt, Ursprung und erste Gestaltung des Stifts Maria (ebd. 1845); Ringholz, Geschichte des fürstl. Benediktinerstiftes U. L. F. zu E. unter Abt Johannes I. von Schwanden. 1298—1327 (ebd. 1888); Gelpke, Christl. Sagengeschichte der Schweiz (Bern 1862).

Einsiedl, czech. Mnichow, Stadt in dem Gerichtsbezirk Marienbad der österr. Bezirkshauptmannschaft Tepl in Böhmen, in 736 m Höhe, hat (1890) 1166 deutsche E., Post, Telegraph, eine der schönsten Kirchen des Landes, schönes Kloster der Schulschwestern de Notre-Dame; bedeutende Serpentinsteinbrüche und -Schleifereien, Dampfbrauerei, Ackerbau, Viehzucht und Handel mit Hopfen.

Einsiedler, s. Anachoreten. — Über E. in der Jägerei, s. Eingänger.

Einsiedler (Didus s. Perophaps solitarius *Strickl.*), Solitäre, eine flugunfähige Bodenform der Tauben (s. Dronte), welche noch in der zweiten Hälfte des vorigen Jahrhunderts auf der Insel Rodriguez lebte, seitdem aber ausgerottet ist. Der Vogel war so groß wie eine Gans, von schwarzweißer Färbung des Gefieders.

Einsiedler des heiligen Hieronymus, s. Hieronymiten.

Einsiedlerkrebse, Diogenes-, Bernhards- oder Bernhardinerkrebse (Paguridae), eine Familie der zehnfüßigen Krebse, die durch die Bildung ihres Hinterleibes eine vermittelte Stellung zwischen den langschwänzigen Krebsen und den kurzschwänzigen Krabben einnehmen und die man deshalb als Mittelkrebse (Anomura) zusammengefaßt hat. Die eigentümliche Umbildung ihres Hinterleibes in einen weichhäutigen, unsymmetrischen Sack mit Klammerfüßchen am Ende ist die Folge ihrer Gewohnheit, in Schneckenschalen zu hausen, die sie entweder als leere Gehäuse gefunden und bezogen haben oder aus denen sie die legitimen Besitzer herausfressen, um sich dann an deren Stelle zu setzen. Sie klammern sich sodann mit den zu diesem Zwecke umgebildeten Anhängen ihres wurstförmigen Abdomens an der Schneckenspindel fest und ziehen sich bei Gefahr so weit in das Haus zurück, daß die größere der beiden, zur Herstellung des Gleichgewichts verschieden großen Scheren die Gehäusmündung vollkommen verschließt. Dabei halten sie so fest, daß man bei dem Versuche, sie herauszuziehen, die meisten entzweireißt. Da das Tier stets ein seiner Größe entsprechendes Haus wählt, so ist es genötigt, von Zeit zu Zeit nach der Häutung eine neue größere Schneckenschale zu suchen; der Umzug wird nach sorgfältiger Prüfung des neuen Gehäuses sehr rasch vollzogen, da der schutzlose Hinterleib ein Leckerbissen für hungrige Fische ist. Eine interessante Beobachtung an diesen Krebsen ist ihr Freundschaftsverhältnis zu gewissen Seeanemonen, Tieren aus der Gruppe der Aktinien, welche auf den Schneckenschalen, die von E. bewohnt sind, hausen und offenbar durch ihre nesselnden Fühler einen wirksamen Schutz für den Krebs bilden, der wieder seinerseits durch seine Ortsbewegung der Aktinie die Ernährung so sehr erleichtert, daß hierin ein wesentlicher Vorteil für sie gegenüber ihren an den Felsen seßhaften Gattungsverwandten geschaffen wird. Aquariumbeobachtungen haben es hierbei über allen Zweifel erhoben, daß der Krebs vielfach beim Umzug die Freundin mitnimmt, indem er mit der Schere sie vorsichtig von dem alten Gehäuse ablöst und solange auf der neuen Schale festhält, bis das Fußblatt der Aktinie wieder angeheftet ist. Im Gegensatze zu diesem auf gemeinsame Interessen gegründeten Verhältnisse wird ein auf solchen Gehäusen oft angesiedelter Kieselschwamm (Suberites, s. Spongien) häufig zum Verderben des Insassen, indem er die Schale langsam umwächst und den Krebs durch Überwachsen der Mündung tötet. Die meisten Gattungen dieser Gruppe, wie Pagurus, von welcher Gattung die häufigste Art der gemeine Bernhardskrebs (Pagurus Bernhardus *Fabr.*, s. Tafel: Meerwasser-Aquarium, Fig. 14, Bd. 1, S. 774) ist, Diogenes u. s. w., leben im Meere; die Arten der Gattung Coenobita sind Landformen, welche Landschneckenschalen aufsuchen. Desgleichen bewohnt der auf den Molukken vorkommende Beutelkrebs oder Kokoskrebs (Birgus latro *Herbst*) Felsenlöcher und geht nachts auf das Land, um abgefallene Kokosnüsse mit den Scheren zu öffnen. Er trägt kein Gehäuse; seine Kiemen sind durch Anpassung an die Luftatmung zu einer Art Lunge geworden.

Einsiedlerpunkte (Mathematik), s. Singularitäten.

Einsiedlerserviten, s. Serviten.

Einsiedlervogel, ein kleines Sternbild am südl. Himmel.

Einsilbige Sprachen, s. Sprachwissenschaft.

Einspänner, s. Eigenlehner.

Einspitzen, s. Veredelung.

Einsprengmaschine, Anfeuchtmaschine, Netzmaschine, eine Vorrichtung, mittels deren leinene und baumwollene Gewebe sowie Papier vor dem Mangen oder Kalandern (s. Appretur, Bd. 1, S. 763b fg.) gleichmäßig benetzt werden. Dies geschieht durch eine rotierende Bürste, ein mit feinen Löchern versehenes Rohr oder eine Art Injektor.

Einspritzkondensator, s. Kondensator.

Einspritzung, s. Injektion.

Einspruch, nach der Deutschen Civilprozeßordnung, entsprechend der «Opposition» des franz. Rechts, derjenige Rechtsbehelf, welcher einer säumigen Prozeßpartei zur Beseitigung eines auf Antrag des Gegners wider sie erlassenen Versäumnisurteils (s. d.) gegeben wird. Die Einspruchsfrist beträgt zwei Wochen; sie ist eine Notfrist und beginnt mit der Zustellung des Versäumnisurteils. Muß die Zustellung im Auslande oder durch öffentliche Bekanntmachung erfolgen, so hat das Gericht die Einspruchsfrist im Versäumnisurteil oder durch nachträglichen Beschluß zu bestimmen. Die Einlegung des E. erfolgt durch Zustellung eines Schriftsatzes an den Gegner, welcher die Erklärung, daß gegen das zu bezeichnende Urteil E. eingelegt werde, wie die Ladung zur mündlichen Verhandlung enthalten muß. Sonstige Erfordernisse bestehen nicht, namentlich nicht dasjenige einer Entschuldigung der Säumnis. Durch den rechtzeitig eingelegten E. wird der Prozeß in die Lage zurückversetzt, in welcher er sich vor Eintritt der Versäumnis befand. Soweit die auf Grund der neuen Verhandlung zu erlassende Entscheidung mit der Entscheidung des Versäumnisurteils übereinstimmt, wird diese aufrecht erhalten, soweit dies nicht der Fall, im neuen Urteil das Versäumnisurteil aufgehoben. Der E. kann innerhalb derselben Sache und Instanz wiederholt Platz greifen, sofern gegen diejenige Partei, gegen welche früher ein Versäumnisurteil erlassen und welche im neuen Verhandlungstermin erschienen ist, später infolge neuer Säumnis ein neues Urteil solcher Art ergeht. Als Korrektiv gegen einen hierdurch ermöglichten Mißbrauch giebt die Civilprozeßordnung nur die Vorschrift, daß jedes wiederholte Versäumnisurteil auch ohne Antrag für vorläufig vollstreckbar zu erklären ist. Dagegen ist der E. unstatthaft in dem Falle, daß die Einspruchspartei gleich im neuen Verhandlungstermin nicht erscheint oder nicht zur Hauptsache verhandelt und deshalb der E. verworfen wird. Vgl. Civilprozeßordn. §§. 303—311. Die Civilprozeßordnung erwähnt sodann einen E. gegen den Vollstreckungsbefehl (s. d.) in §. 640 und gegen ein für vorläufig vollstreckbar erklärtes Urteil in §. 657.

Im Strafprozeß findet E. statt gegen amtsrichterliche Strafbefehle. Der rechtzeitig (binnen einer Woche nach Zustellung des Strafbefehls) beim Amtsgericht erhobene E. verhindert, daß der Strafbefehl die Wirkung eines rechtskräftigen Urteils erlange. Er hat zur Folge, daß zur Hauptverhandlung vor dem Schöffengericht geschritten wird, sofern nicht bis zu deren Beginn, sei es die Klage von der Staatsanwaltschaft, sei es der E. zurückgenommen wird. Bei Versäumnis der Hauptverhandlung wird der E. ohne Beweisaufnahme durch Urteil verworfen (Strafprozeßordn. §§. 449—452). Vgl. auch Anklagestand, Strafbefehl, Strafverfügung, Ungehorsamsverfahren.

Eine ähnliche Bedeutung hat der etwas anders geordnete E. gegen das Versäumnisurteil eines Gewerbegerichts (s. d.) nach dem Gesetz vom 29. Juli 1890, §. 38. Er ist eingeschränkter und hat die Bedeutung der Wiedereinsetzung, wenn das Urteil nach einem fortgesetzten Termin ergeht, in welchem eine Partei nicht erscheint (§. 42).

Nach dem Deutschen Patentgesetz vom 7. April 1891, §. 24 kann nach der vom Patentamt veranlaßten Veröffentlichung einer behufs Erteilung eines Erfinderpatents eingegangenen Anmeldung binnen 2 Monaten schriftlich E. beim Patentamt erhoben werden. Der E. muß mit Gründen versehen sein. Er kann nur auf die Behauptung gestützt werden: a. daß eine neue Erfindung, welche eine gewerbliche Verwertung gestattet, im Sinne der §§. 1 u. 2 des Patentgesetzes nicht vorliege; b. daß der Anmelder nicht der erste Anmelder sei, daß insonderheit die bekannt gemachte Erfindung Gegenstand des Patents eines frühern Anmelders sei; c. daß der wesentliche Inhalt der Anmeldung den Beschreibungen, Zeichnungen, Modellen, Gerätschaften oder Einrichtungen des Einsprechenden oder einem von diesem angewendeten Verfahren ohne dessen Einwilligung entnommen sei (§. 3). Im Fall a. und b. kann der E. von jedermann erhoben werden. Gegen den Beschluß, durch welchen über die Erteilung des Patents beschlossen wird, können der Patentsucher oder der Einsprechende innerhalb eines Monats unter Beifügung von 20 M. Beschwerde einlegen. Hat im Fall c. der E. die Zurücknahme oder Zurückweisung der Anmeldung zur Folge, so kann der Einsprechende, falls er innerhalb eines Monats seit Mitteilung des Bescheides die Erfindung seinerseits anmeldet, verlangen, daß als Tag seiner Anmeldung der Tag vor Bekanntmachung der frühern Anmeldung festgesetzt werde (§. 3).

Ein E. gegen Berechnung der Prämien für Unfälle bei Bauarbeiten wird im Gesetz vom 11. Juli 1887, §. 26, ein E. gegen die Verteilung der Invaliden- und Altersrenten im Gesetz vom 22. Juni 1889, §. 90, ein E. des Versicherten über den Inhalt der ihm zu erteilenden Bescheinigung in §. 106 daselbst geregelt.

Was vorstehend in Reichsgesetzen E. genannt wird, wird in andern ähnlichen Fällen bisweilen Widerspruch (s. d.) genannt.

Einstand (jur.), s. Retrakt.

Einsteckschloß heißt im Gegensatz zu dem auf der Thürfläche sichtbar hervorragenden Kastenschloß ein Schloß, welches so geringe Höhe, resp. Stärke besitzt, daß es in eine Aushöhlung der Thür eingeschoben und dadurch ganz verborgen werden kann (s. Schloß).

Einstehen (milit.), die freiwillige Stellvertretung eines Wehrpflichtigen durch einen andern. Entweder stellt derjenige, der seiner Dienstpflicht nicht selbst genügen will, einen Vertreter und findet sich mit ihm gegenseitig ab, oder der Staat übernimmt gegen Zahlung einer bestimmten Summe die Beschaffung eines Stellvertreters. Derjenige, der sich vertreten läßt, wird Einsteller, sein Stellvertreter Einsteher genannt. In Staaten, wo die allgemeine Wehrpflicht gilt, ist das E. untersagt. — Über das E. in der Jägerei, s. Einschwingen.

Einsteigbrunnen, soviel wie Einsteigschächte.

Einsteigschächte oder Revisionsbrunnen sind gemauerte Schächte von rechteckigem, elliptischem oder kreisförmigem Querschnitt, um Zugänge zu den Thonröhren oder Kanälen der Kanalisationsanlagen zu erhalten zwecks Revision oder auch zur Herausschaffung von Sand u. dgl. Sie sind mit

Fig. 1.

Fig. 2.

Steigeisen in den Wandungen, ferner oben mit einem in das Pflaster der Straßen eingefügten Deckel versehen. Vorstehende Fig. 1 zeigt die Heidelberger, Fig. 2 die Berliner Konstruktion der E.

Einstellen (Jägerspr.), s. Eingerichtetes Jagen.

Einstellung zum aktiven Dienst beendet die Aushebung der Militärpflichtigen. Der Zeitpunkt der E. wird alljährlich bestimmt, die rechtzeitige Einberufung ist Sache der Bezirkskommandos (Deutsche Wehrordnung von 1888, §. 80 fg.).

Einstellung des Konkursverfahrens, nach der Deutschen Konkursordnung eine besondere Art der Beendigung desselben, welche dieselben Wirkungen hat, wie die nach Abhaltung des Schlußtermins oder Bestätigung eines Zwangsvergleichs erfolgende Aufhebung des Konkursverfahrens (s. d.). Bei dem Konkurs über das Vermögen einer eingetragenen Genossenschaft ist die Einstellung auf Grund der Zustimmung der Gläubiger nach §. 109, Abs. 2 des Reichsgesetzes vom 1. Mai 1889 erst dann zulässig, wenn der Vollzug der Schlußverteilung begonnen hat. (S. auch Genossenschaft im Konkurs.)

Einstellung des Strafverfahrens steht im Vorbereitungsverfahren der Staatsanwaltschaft zu. Sie stellt das Verfahren ein, wenn die von ihr angestellten Ermittelungen keinen genügenden Anlaß zur Erhebung der öffentlichen Anklage gegeben haben. Der Beschuldigte ist von der E. in Kenntnis zu setzen, wenn er vom Richter vernommen oder verhaftet war. Einen Antragsteller hat die Staatsanwaltschaft unter Angabe der Gründe zu bescheiden. Soweit er durch die strafbare Handlung verletzt ist, steht ihm gegen diesen Bescheid binnen zwei Wochen die Beschwerde an den vorgesetzten Beamten der Staatsanwaltschaft und gegen dessen ablehnenden Bescheid binnen einem Monat der — von einem Rechtsanwalt zu unterzeichnende — Antrag auf gerichtliche Entscheidung zu, für welchen in der Regel das Oberlandesgericht zuständig ist. Ist Voruntersuchung geführt worden, so hat das Gericht, falls es nicht das Hauptverfahren eröffnet, den Angeschuldigten außer Verfolgung zu setzen oder (wegen Abwesenheit und Geisteskrankheit) das Verfahren vorläufig einzustellen. Ist das Hauptverfahren eröffnet, so muß auf E. des Verfahrens erkannt werden, wenn der bei einem Antragsdelikt erforderliche Antrag nicht vorliegt oder rechtzeitig zurückgenommen ist. Auch bewirkt in der Regel der Tod des Privatklägers die E. des Verfahrens. Vgl. §§. 168 fg., 196, 203, 208, 259, 433 der Deutschen Strafprozeßordnung.

Nach der Österr. Strafprozeßordnung (§§. 109 fg.) ist die Voruntersuchung, sobald der Ankläger das Begehren nach strafgerichtlicher Verfolgung zurückzieht oder auf E. der Voruntersuchung anträgt oder erklärt, daß er keinen Grund zur weitern gerichtlichen Verfolgung finde, durch Verfügung des Untersuchungsrichters einzustellen; außerdem kann die E. der Voruntersuchung nur durch Beschluß der Ratskammer oder des Gerichtshofs zweiter Instanz erfolgen. Dem Beschuldigten ist auf sein Verlangen zu bezeugen, daß kein Grund zur weitern gerichtlichen Verfolgung gegen ihn vorhanden sei.

Einstellvieh, s. Viehverstellung.

Einsteuer (frz. impôt unique) ist das System, alle Staatsausgaben durch eine einheitliche direkte Einkommen- oder Ertragssteuer zu decken. Der Gedanke ist nicht neu; schon Marschall Vauban vertrat ihn in seinem «Projet d'une dîme royale» (1707); später wollten die Physiokraten (s. Physiokratismus) eine einzige Grundsteuer eingeführt wissen. Auch in unserm Jahrhundert taucht der Plan einer E. in der finanzwissenschaftlichen Litteratur öfters auf. Bekannt ist die socialistische Forderung einer einzigen progressiven Einkommensteuer an Stelle aller bestehenden, insbesondere auch der indirekten Steuern. In größern Gemeinwesen mit sehr verschiedenartigen Einkommensquellen dürfte der Plan praktisch undurchführbar sein.

Einstreichen sagt man in der Jägersprache von niederm Federwild, das in die Netze und Garne fliegt; von den Rebhühnern auch, wenn sie einfallen (sich niederlassen).

Einsturzkrater, s. Krater.

Einsturzseen, s. Seen.

Einstweilige Verfügung, gerichtliche Maßregel, ist nach der Deutschen Civilprozeßordnung zu einem zwiefachen Behufe zulässig: 1) Zur Sicherung der künftigen Zwangsvollstreckung. In dieser Beziehung ist die E. V. dem Arreste (s. d.) verwandt; sie ist von diesem jedoch insofern unterschieden, als letzterer auf Sicherung der Zwangsvollstreckung wegen einer wirklichen oder möglichen Geldforderung, sie selbst aber auf Sicherung der Zwangsvollstreckung wegen einer Individualleistung (d. h. des Streitgegenstandes) geht. Voraussetzung für den Erlaß einer derartigen E. V. ist die Besorgnis, daß durch eine Veränderung des bestehenden Zustandes die Verwirklichung des Rechts auf die Individualleistung vereitelt oder wesentlich erschwert werden könnte, z. B. bei dem Anspruch auf Herausgabe einer Sache durch Vernichtung oder Beseitigung derselben, oder bei einer Hypothek durch

Devastierung des Pfandgrundstücks. 2) Zur Regelung eines einstweiligen Zustandes in Bezug auf ein streitiges Rechtsverhältnis. Dazu wird vorausgesetzt, daß diese Regelung, insbesondere bei dauernden Rechtsverhältnissen, zur Abwendung wesentlicher Nachteile oder zur Verhinderung drohender Gewalt oder aus andern Gründen nötig erscheint. Hier hat die E. V. also die Bedeutung eines Interimistikums, und sie findet vorzugsweise Anwendung auf Besitzstreitigkeiten, auf Alimentationsansprüche, auf Bauprozesse, auf Ehesachen u. a. — Welche Anordnungen zur Erreichung des jedesmaligen Zweckes erforderlich sind, bestimmt das Gericht nach freiem Ermessen. Es ist jede Anordnung zulässig, die dem Gericht zweckdienlich erscheint, insbesondere auch eine Sequestration, ein Gebot oder Verbot einer Handlung, z. B. der Veräußerung, Belastung, Verpfändung eines Grundstücks. Auf die Anordnung der E. V. und das weitere Verfahren finden die Vorschriften über den Arrest entsprechende Anwendung mit gewissen Modifikationen. So ist für den Erlaß von E. V. das Gericht der Hauptsache zuständig. Die Entscheidung kann in dringenden Fällen ohne vorgängige mündliche Verhandlung erfolgen. Nur unter besondern Umständen kann die Aufhebung der E. V. gegen Sicherheitsleistung gestattet werden. In dringenden Fällen darf auch das Amtsgericht, in dessen Bezirke sich der Streitgegenstand befindet, ja sogar der Vorsitzende des Kollegialgerichts der Hauptsache eine einstweilige Verfügung erlassen. Vgl. Civilprozeßordn. §§. 814—822.

Eintagsfliegen, Hafte oder Ephemeren (Ephemeridae), eine Familie der zu den Geradflüglern gehörenden Amphibiotica (s. d.), schlanke, außerordentlich zart gebaute, weichhäutige Insekten, die als ausgebildete Tiere eine ganz kurze Lebensdauer haben und keine Nahrung zu sich nehmen können, da ihre Mundteile verkümmert sind. Die Fühler sind kurz und pfriemenförmig, die Flügel dünnhäutig und dicht geädert, die vordern groß und dreieckig, die hintern klein und rundlich, beim Männchen die Vorderbeine stark verlängert. Der Hinterleib läuft in drei lange Schwanzfäden aus. Die Larven leben von andern kleinen Wassertieren im Wasser, besitzen kräftige Mundteile und atmen durch an den Seiten des Hinterleibes befindliche Kiementracheen (s. Tracheen). Sehr eigentümlich ist, daß sich das vollkommene Insekt nach Verlassen des Wassers noch einmal vollständig häutet. Zu den E. gehören u. a. die 20 mm lange braune, mit braungefleckten Flügeln versehene gemeine E. (Ephemera vulgata *L.*), das Uferaas (s. d.) und die Theißblüte (s. d.). E. werden alljährlich an den Elbe- und Theißufern abends bei Feuerschein massenhaft gesammelt und getrocknet als sog. Weißwurm in den Handel gebracht, um als Futter für Stubenvögel und zur Aufzucht von kostbarem Geflügel, Fasanen u. a., Verwendung zu finden.

Einteilung, die Angabe der Glieder (Arten), die zusammen den Umfang eines höhern Begriffs (der Gattung) ausmachen. Sie muß immer unter einem bestimmten Gesichtspunkt (Einteilungsgrund) geschehen, z. B. kann man den Begriff Mensch einteilen nach dem Unterschiede des Alters, Geschlechts, Standes u. s. w.

Eintönigkeit, s. Monotonie.

Eintrag, Eintragfäden, s. Weberei.

Eintragsrolle, wird nach dem Gesetz betreffend das Urheberrecht an Schriftwerken, Abbildungen, musikalischen Kompositionen und dramat. Werken vom 11. Juni 1870, §§. 39 fg. bei dem Stadtrat zu Leipzig geführt. In dieselbe sind der Beginn und die Vollendung der Übersetzung eines Originalwerks innerhalb der im Gesetz vorgeschriebenen Fristen einzutragen, wenn der Urheber den auf dem Titelblatt oder an der Spitze des Werkes vorbehaltenen Schutz gegen Nachdruck bezüglich der Übersetzungen sich bewahren will (§. 6). Wird innerhalb 30 Jahre von der ersten Herausgabe eines anonymen oder pseudonymen Werkes der im Gesetz bezeichneten Art (§. 11) oder seit der Veröffentlichung eines anonymen oder pseudonymen Werkes der bildenden Kunst (Gesetz vom 9. Jan. 1876, §. 9) der wahre Name des Urhebers von ihm selbst oder seinen legitimierten Rechtsnachfolgern zur Eintragung in die E. angemeldet, so verlängert sich dadurch der Schutz gegen unbefugte Nachbildung und Nachdruck von 30 Jahren seit dem Erscheinen des Werkes auf 30 Jahre seit dem Tode des Urhebers.

Eintritt der Gestirne, s. Bedeckung.

Eintrittsrecht oder Repräsentationsrecht, das Recht entfernterer Abkömmlinge und der Abkömmlinge der Geschwister an Stelle der nähern Abkömmlinge, bez. der Geschwister, welche vor dem Erblasser gestorben sind, auf Grund der gesetzlichen Erbfolge zu erben, sodaß in den bezeichneten Fällen in Stämme geerbt wird. Dies bedeutet z. B., daß die entferntern Abkömmlinge, also etwa mehrere Enkel, nur denjenigen Bruchteil der Erbschaft erhalten, welchen der verstorbene Abkömmling, wenn er den Erblasser überlebt hätte, geerbt haben würde, und diesen nach Kopfteilen unter sich teilen. Dieser Satz galt im röm. Rechte auch dann, wenn die Kinder von verschiedenen Geschwistern des Erblassers allein zur Erbfolge gelangen. Der Reichstagsabschied zu Speier von 1529 ordnete in Anlehnung an älteres deutsches Recht an, daß allein zur Erbfolge gelangende Geschwisterkinder nach Köpfen zu teilen hätten. Ebenso erben nach Sächs. Bürgerl. Gesetzbuch sowie nach Preuß. Allg. Landrecht, ohne daß von einem E. gesprochen wird, die Abkömmlinge sowohl der Abkömmlinge, welche vorverstorben, enterbt, durch Verzicht oder Ausschlagung ausgeschlossen sind, als die Abkömmlinge der Geschwister, welche vorverstorben oder durch Verzicht oder Ausschlagung ausgeschlossen sind, den Bruchteil, welcher dem nähern Abkömmlinge zu teil geworden wäre. — Sachlich kommt der Code civil im wesentlichen zu den gleichen Ergebnissen; er handelt in den Art. 739 fg. von Repräsentation (das bad. Gesetzbuch übersetzt «Erbvertretung»), jedoch wird bestimmt, daß man niemals Repräsentant einer lebenden Person sein kann (Art. 744), daß der Ausschlagende nicht repräsentiert wird (Art. 787). Bei der Unwürdigkeit zeigen sich im Art. 730 Wirkungen jener Vorstellung. — Wie weit die Lehre im Österr. Bürgerl. Gesetzbuch noch anerkannt ist, darüber besteht Streit; jedenfalls werden nach §. 732 Abkömmlinge entferntern Grades durch den noch lebenden nähern Abkömmling von der Erbschaft selbst dann ausgeschlossen, wenn dieser erbunfähig oder rechtmäßig enterbt ist oder die Erbschaft ausgeschlagen hat; vgl. das Nähere bei Unger, Österr. Erbrecht, §. 33 (Lpz. 1864).

Einverleibung, s. Annexion.

Einwanderung, der Zuzug von Ausländern in ein Land zum Zweck der Niederlassung, also das Gegenstück zur Auswanderung. Man kann Masseneinwanderung und Einzeleinwanderung unterscheiden. Erstere führt ganze Völkerschaften oder doch größere Gruppen in neue Wohnsitze (Völkerwanderung, Emigration). Die heutige E. nach Amerika und andern Kolonialländern ist trotz ihrer numerischen Bedeutung wesentlich eine individuelle, indem die zahlreichen einzelnen Personen und Familien in keiner nähern Beziehung zueinander stehen.

Über die frühere staatliche Begünstigung der E. vgl. Bevölkerungspolitik.

Je nachdem die Einwanderer in ihrer neuen Heimat die Staatsangehörigkeit erwerben oder nicht, unterscheidet man die rechtliche von der bloß faktischen E. (S. Naturalisation und Indigenat.) Statist. Erhebungen in betreff der E. pflegen nur in den überseeischen Ländern vorgenommen zu werden, bei denen die E. hauptsächlich über bestimmte Häfen stattfindet und sich deshalb erheblich leichter ziffernmäßig feststellen läßt, als in den meisten europ. Staaten. Auch im Deutschen Reiche fehlt es an einer direkten Ermittelung der E. Einen Anhalt zur Beurteilung bieten hier indessen die Volkszählungsergebnisse, welche die Bevölkerung nach den Geburtsländern und nach der Staatsangehörigkeit unterscheiden. Im Deutschen Reich wurden 1. Dez. 1871: 206755, 1880: 275856, 1885: 372792 und 1890: 433271 fremde Staatsangehörige (Ausländer) gezählt. Die 372792 Ausländer im J. 1885 gehörten den nachbenannten Staaten an:

Österreich-Ungarn	156762	Norwegen	1727
Schweiz	34904	Italien	9430
Dänemark	33134	Luxemburg	9310
Niederlande	27191	Belgien	6638
Rußland und Finland	26402	Sonstige europ. Staaten	2139
Frankreich	24241	Vereinigte Staaten von Amerika	12685
Großbritannien und Irland	13959	Sonstige außereurop. Länder	3327
Schweden	10943		

Die Vertretung der auswärtigen Länder nach der Zahl ihrer Angehörigen im Deutschen Reich wird in der Hauptsache begreiflicherweise durch den Umstand bestimmt, ob das betreffende Land dem Deutschen Reich benachbart ist, welche Ausdehnung das Land selbst und die Grenzstrecke besitzen. Im wesentlichen werden denn auch die Ausländer vorwiegend gerade in denjenigen Bundesstaaten angetroffen, deren Gebiet von ihrem Heimatsstaate berührt wird. So fanden sich z. B. (1885) von 148586 Österreichern in Bayern 50323, in Sachsen 43314, in Preußen 41315. Die 34904 Schweizer hielten sich zum größern Teil in süddeutschen Ländern auf; es waren von ihnen in Elsaß-Lothringen 9797, in Baden 7280, in Preußen 5687, in Bayern 4421, in Württemberg 3982. Selbst aus nicht unmittelbar an das Reich angrenzenden Ländern ist die E. besonders dem nächstgelegenen deutschen Gebiet zugewandt; so wurden von den 9430 Italienern gezählt in Preußen 2732, in Elsaß-Lothringen 1821, in Bayern 1598, in Baden 1563, also in Preußen zwar mehr als in einem andern Staate — seiner weitaus größern Ausdehnung wegen —, doch nicht soviel als in den genannten süddeutschen Ländern zusammen. Im übrigen s. Auswanderung.

Einweihung, die unter symbolischen Handlungen stattfindende feierliche Erklärung über die Bestimmung einer Sache, namentlich bei kirchlichen Gegenständen. (S. Dedikation.)

Einweisung, s. Besitzeinweisung.

Einwendung eines Rechtsmittels, s. Rechtsmittel.

Einwerfen oder Zählspiel, ein von 4 Personen, d. h. 2 gegen 2, mit deutscher Karte gespieltes Kartenspiel. Jeder erhält 8 Blätter und die unterste Karte ist Trumpf. Die im ersten Spiel gewählte Trumpffarbe bleibt es durch eine ganze Tour von 48 Spielen und heißt daher Couleur favorite. Zu Anfang jeder Tour wird ein König durchs Los bestimmt, der mit jedem 16 Spiele zu machen hat. Die ausgespielte Farbe wird bekannt; hat man sie nicht, so kann man nach Belieben zugeben; die Augen zählen wie üblich, und da es sich darum handelt, möglichst viel davon hereinzubringen, so muß man seinem Partner nach Kräften einwerfen. 60 gegen 60 giebt Einstand, 90 (Matsch) gewinnt doppelt, und 120 (Bombe) dreifach.

Einwerfen (jurist.), s. Ausgleichungspflicht.

Einwicklungen, nasse, s. Kaltwasserkur.

Einwintern, s. Winterschutz der Pflanzen.

Einwinterung der Bienenstöcke, s. Biene (Bd. 2, S. 986 b).

Einzahl (Singular), s. Numerus.

Einzahnrad, ein Zahnrad, auf dessen Umfang nur ein Zahn angebracht ist, wie es in Schalt- und Hemmwerken Verwendung findet.

Einzelgabe, s. Arzneimittel (Bd. 1, S. 960 b).

Einzelhaft, diejenige Form der Freiheitsentziehung, nach welcher die Gefangenen, jeder in einer besondern Zelle, von den übrigen abgesondert gehalten werden. Der Grundgedanke der E. ist: den Ernst des Strafzwangs zum völligen Bewußtsein zu bringen, durch Aufhebung der Gemeinschaft schädliche Einflüsse fern zu halten und durch Schaffung einer ausschließlich normalen gesellschaftlichen Umgebung zu einer möglichst gesetzlichen Lebensführung zu erziehen. Dem Gefangenen wird eine Zelle (10 qm, 25 cbm groß) angewiesen, in welcher er Tag und Nacht bleibt, arbeitet und alle seine Lebensbedürfnisse befriedigt. Die Gemeinschaft mit andern Gefangenen ist völlig aufgehoben; der Isolierte empfängt nur den Besuch der Gefängnisbeamten, unter Umständen auch den seiner Verwandten. Im einzelnen werden zwei Systeme unterschieden: das strengere und das mildere. Nach dem strengern werden die Gefangenen auch außerhalb der Zelle abgesondert gehalten. Sie erhalten in Kirche und Schule geschlossene Einzelsitze, von denen aus sie nur den Prediger und Lehrer sehen, sich gegenseitig aber nicht. Sie gehen auf Einzelhöfen einzeln spazieren und bedecken, wenn sie aus der Zelle geführt werden, das Gesicht mit einem Mützenschirme, in welchem für die Augen ein paar Löcher geschnitten sind. In dem in Philadelphia 1825 erbauten Zellengefängnisse, welches für die Weiterentwicklung des Systems der E. von grundlegender Bedeutung geworden ist, waren die Einrichtungen für die E. am konsequentesten durchgeführt. Um einen Mittelpunkt gruppierten sich eingeschossige Flügel, an deren Korridoren zu beiden Seiten die Zellen lagen. Hinter jeder Zelle, durch eine Doppelthür mit ihr in Verbindung, befand sich ein ummauerter Hof von Zellenbreite und 15 Fuß Länge, der dem Gefangenen zum Spaziergang und gleichzeitig zum Zugang für die Zelle diente. Nach dem Korridor hatte die Zelle nur eine Klappe, durch welche Essen und Arbeitsmaterial gereicht wurde. Im Mittelpunkte war das Beobachtungszimmer des Beamten angebracht, von welchem aus sämtliche Zellenflügel zu übersehen waren. An die Stelle der eingeschossigen Zellenflügel sind später — der Kostenersparnis halber — mehrgeschossige getreten. Damit sind die jeder Zelle angeschlossenen Spazierhöfe und der Zugang durch dieselben für die Zellen weggefallen. An die Stelle der Zellenhöfe sind die — für den einzelnen oder für mehrere erbauten — Höfe getreten, die zwischen den in Kreuz- oder Fächerform gebauten Zellenflügeln gelegen sind, der Zugang zu den Zellen aber wird durch Galerien vermittelt, welche an den Zellenreihen entlang laufen und zu welchen Treppen führen. Das Wesentliche — die Centralhalle mit dem alle Korridore umfassenden Beobachtungsposten im Mittelpunkte — ist geblieben, und dem so geschaffenen Muster entsprechen im wesentlichen noch heute die auf E. berechneten Gefängnisse. Unter diesen haben das strengere System der E. die Gefängnisse von Pentonville (1842 gebaut), die belgischen, holländischen und dänischen und unter den deutschen die in Bruchsal (1848 vollendet) und Nürnberg (1868 bezogen). Das mildere führt die völlige Trennung nur für den Aufenthalt in der Zelle durch und hindert den Verkehr der Gefangenen im übrigen durch besondere Aufsicht und in den Freistunden noch besonders dadurch, daß sie einzeln hintereinander in Abständen von fünf bis acht Schritten geführt werden. Bei diesem System sind die Baukosten erheblich niedriger als bei dem strengern; allein die Einzelspazierhöfe für ein Zellengefängnis mit 4—500 Köpfen kosten 90—120000 M. Der Zeitraum, bis zu welchem die E. ausgedehnt werden kann, beträgt für einen gesunden Menschen 10 Jahre, so in Belgien. In Deutschland darf der Gefangene ohne seine Zustimmung nicht über 3 Jahre isoliert gehalten werden. Entscheidend sind Charakter und Kultur der Nation. In einigen Ländern tritt Abkürzung der Strafe ein, wenn sie in E. vollstreckt wird. (S. Strafvollzug.)

Der Streit, ob die E. ein brauchbares Strafvollzugsmittel sei, ist nicht abgeschlossen. Gründliche Kenner des Gefängniswesens (Krohne) bezeichnen sie als das dem sittlichen Grunde und dem staatlichen Zwecke der Strafe am vollkommensten entsprechende Strafmittel, und sie widerlegen die aus der angeblichen Gesundheitsschädlichkeit der E. von deren Gegnern entnommenen Gedanken durch den Hinweis darauf, daß insbesondere Seelenstörungen in der E. nicht mehr vorkommen als in der Gemeinschaftshaft. Auch die von dem preuß. Justizminister 1890 gelegentlich der Prüfung der Zweckmäßigkeit der sog. bedingten Verurteilung (s. d.) eingeforderten gerichtlichen Gutachten hoffen fast einstimmig von einer möglichst vollständigen Durchführung der E. eine Aufbesserung des Strafvollzugs. Andererseits ist gerade aus dem Lande, in welchem allein die E. vollständig durchgeführt ist, aus Belgien, von sehr beachtenswerter Seite die Frage, ob mit der E. ein nach allen Richtungen wirksamer Strafvollzug erreicht sei, verneint worden (vgl. Ad. Prins, «Criminalité et répression. Essai de science pénale», Brüss. 1886), und von Liszt ist der Meinung, daß das System der E. gerade in Belgien einen vollständigen Mißerfolg gehabt habe. Unter allen Umständen fallen bei der Entscheidung für oder gegen die E. die finanziellen Erwägungen erheblich ins Gewicht. Die Kosten für Durchführung der Neuordnung des Gefängniswesens nach dem Entwurf des Strafvollzugsgesetzes für das Deutsche Reich wurden 1879 auf 80—100 Mill. M. berechnet; von Liszt berechnet sogar die einmaligen Kosten der Durchführung der E. für Preußen allein auf 115 Mill. M. — Vgl. Krohne, Lehrbuch der Gefängniskunde (Stuttg. 1889); von Liszt, in der «Zeitschrift für die gesamte Strafrechtswissenschaft», VII, 180; X, 666.

Einzelräder, s. Zahnräder.

Einzelrichter, diejenigen Richter, welche einzeln, jeder selbständig für sich, die gesamte Richterthätigkeit ausüben, im Gegensatz zu den Kollegialgerichten, deren Wesen darin besteht, daß die Gerichtsbarkeit von mehrern gemeinschaftlich (als Kollegium) ausgeübt wird. E. eignen sich vorzugsweise für solche Sachen, welche ein besonders rasches und energisches Eingreifen, besondere Vertrautheit mit örtlichen Verhältnissen, eine mehr leitende als entscheidende Thätigkeit erfordern; ferner für solche, zu deren Geringfügigkeit der Kosten- und Kräfteaufwand kollegialer Thätigkeit im Mißverhältnis stehen würde. E. sind nach der Deutschen Gerichtsverfassung die Amtsrichter, nach der Österreichischen die Bezirksrichter. (S. Amtsgerichte, Amtsrichter, Bezirksgerichte, Gerichtsverfassung.)

Einzelunterlagen, s. Eisenbahnbau (S. 834 b).

Einzelwirtschaft oder Privatwirtschaft, die auf Rechnung und Gefahr einer einzelnen selbständigen (physischen oder juristischen) Person stattfindende planmäßige Beschaffung und Verwendung wirtschaftlicher Güter. Die zahlreichen E. einer größern Gesellschaft stehen untereinander hauptsächlich durch den Tauschverkehr in Beziehung, wenn auch andere Wechselwirkungen, die auf Gemeinsinn und Wohlthätigkeit beruhen, von großer Bedeutung sind. Auch verlangt das Interesse der E. gewisse gemeinwirtschaftliche, auf Zwangsgewalt gestützte Organisationen, als deren Träger der Staat erscheint. Die Vorzüge des Systems der E. liegen hauptsächlich darin, daß dadurch das Gefühl der Selbstverantwortlichkeit wie des Selbstinteresses bei allen einzelnen stets lebendig erhalten und dadurch in der ganzen Gesellschaft eine intensivere Anspannung aller wirtschaftlichen Kräfte unterhalten wird, als in einer nur durch eine äußere Organisation geregelten kommunistischen Gemeinschaft zu erwarten wäre. Wenn sich freilich die Mehrzahl der E. in einer sehr gedrückten, dem Maßstab vernunftgemäßer Ansprüche nicht entsprechenden Lage befindet, so werden sociale Schwierigkeiten und wenigstens theoretische Anfechtungen des Princips der E. niemals ausbleiben.

Einziehen (milit.) wird in verschiedener Bedeutung gebraucht. E. der Rekruten bezeichnet die Thatsache, daß die Wehrpflichtigen ihrem bürgerlichen Berufe entzogen werden, um bei den Truppenabteilungen eingestellt zu werden; E. der Reserven, der Landwehr ist die Einberufung der noch dienstpflichtigen Mannschaften dieser Kategorien zu Übungen oder im Kriegsfalle unter die Waffen. Endlich spricht man vom E. von Schildwachen, vorgeschobenen Posten, Detachements u. s. w. in den Fällen, in welchen man die betreffenden Wachen, Posten u. s. w. nicht mehr besetzt halten will und die zur Besetzung derselben verwendeten Mannschaften daher zur Haupttruppe heranzieht.

Einziehen (techn.), s. Treiben des Bleches.

Einziehmesser, s. Blattmesser.

Einziehung, in der Baukunst eine Hohlkehle zwischen zwei lotrechten Platten, von welchen eine gegen die andere etwas zurücksteht. — Über E. im Sinne von Konfiskation s. d.

Einzugsgeld, s. Anzugsgeld.

Eipel, magyar. Ipoly, 1) Linker **Nebenfluß** der Donau, entspringt auf den Bergen von Málnapatak an der Grenze der ungar. Komitate Neográd, Sohl und Gömör und mündet nach gewundenem Laufe bei Szob unterhalb Gran. Die Länge beträgt

212,24, der direkte Abstand der Quelle von der Mündung nur 98,54 km. Der E. durchfließt die Komitate Neográd und Hont; an ihm liegen die Hauptorte Balassa-Gyarmat auf dem linken und Ipoly-Ság auf dem rechten Ufer. Der bedeutendste Zufluß ist rechts der Karpfenbach oder Korpona. — 2) Nebenfluß der Elbe in Böhmen, s. Aupa.

Eipel, czech. Úpice, Stadt in der österr. Bezirkshauptmannschaft Trautenau in Böhmen, in 359 m Höhe, an der Linie Liebau-Deutschbrod (Station Schwadowitz-E.) der Österr. Nordwestbahn, hat (1890) 2666, als Gemeinde 3325 czech. E., Post, Telegraph, Bezirksgericht (60,55 qkm, 10 Gemeinden, 14 Ortschaften, 12967 meist czech. E.); zahlreiche Leinenwarenfabriken, große Flachsgarn- und Jutespinnerei, Zwirnfabrik mit Färberei, je zwei mechan. Webereien und Zündwarenfabriken, Kunstmühle und Aktienbrauerei. — Bei E., zwischen Rognitz, Burgersdorf bis Soor (nach welchem die Schlacht benannt wurde), siegte im zweiten Schlesischen Kriege 30. Sept. 1745 Friedrich d. Gr. über die Österreicher. Am 28. Juni 1866 fanden in der Umgebung von E., bei Burgersdorf und Rudersdorf, blutige Kämpfe zwischen Preußen und Österreichern statt.

Eira, Festung in Messenien, s. Ira.

Eiraku-jaki, japan. Porzellan von Kioto, in Rot und Gold dekoriert.

Eirēne (lat. Irene), die griech. Friedensgöttin, eine Tochter des Zeus und der Themis, die jüngste der Horen (s. d.), hatte in Athen einen Altar, an dem ihr unblutige Opfer dargebracht wurden und zwar bei Gelegenheit der zum Andenken an die Vereinigung der einzelnen Ortschaften, aus welchen Athen hervorgegangen war, gefeierten Synoikia. Ein anderes Opfer scheint ihr infolge eines für die Athener sehr günstigen Friedens mit Sparta 374 v. Chr. geweiht worden zu sein. Auf dem Markte von Athen stand ihre von Kephisodotos gefertigte Erzstatue, den als Kind aufgefaßten Plutos (Reichtum) auf dem Arme haltend, von der die sog. Ino-Leukothea in München eine Nachbildung ist. Eine andere Statue der Göttin stand im Prytaneion.

Eirenika, in der griech.-kath. Liturgie, s. Synapte.

Eiresiōne, s. Pyanepsien und Thargelien.

Eiromēter (grch.), s. Wollmesser.

Eis heißt das Wasser (s. d.) im festen Aggregatzustand. Man bezeichnet den Übergang des Wassers aus seiner tropfbaren in die feste Form als dessen Gefrieren oder Erstarren. Dies geschieht in der Regel bei 0° Celsius (C.) oder Réaumur (R.) oder + 32° Fahrenheit (F.). Es kann jedoch (wie Fahrenheit 1721 zuerst fand) das Wasser bei vollkommener Ruhe selbst bei 10° C. Kälte, und auch darunter, flüssig bleiben. Derartige Unterkühlungen oder Gefrierverzüge des Wassers lassen sich auch noch durch andere Mittel künstlich bewirken. Das Gefrieren des Wassers zu E. besteht (ähnlich den Erstarrungen vieler anderer geschmolzener Stoffe, z. B. des Schwefels, Wismuts u. s. w.) in einer Krystallisation. Die Krystallform ist hierbei hexagonal. Die hexagonalen Gestalten (Sternchen) des gefrorenen Wassers lassen sich mit einem Vergrößerungsglase beobachten an den kleinen Flocken des Schnees (s. d.); auch das Fenstereis verrät die Regelmäßigkeit seiner Teilchen. (Vgl. Schumacher, Die Krystallisation des E., Lpz. 1844.) Nach Tyndalls Versuchen (1862) besteht das E. überhaupt aus lauter Schneesternen. Beim Gefrieren des Wassers ordnen sich seine kleinsten Teilchen derart, daß die Dichte des entstandenen E. kleiner ist als die des noch flüssigen Wassers bei 0° C. Infolgedessen schwimmt das minder dichte E. auf dem dichtern Schmelzwasser, und es verhält sich das spec. Gewicht des luftfreien E. zu dem des Wassers beim Gefrierpunkte wie 0,916 zu 1. Das Wasser dehnt sich also beim Gefrieren nahezu um ein Neuntel seines Volumens aus, woraus sich die große Sprengkraft erklärt, wenn das Wasser in geschlossenen eisernen Gefäßen erstarrt (s. Ausdehnung). Das E. unter 0° C. zieht sich beim Zunehmen der Kälte zusammen und dehnt sich beim Nachlassen derselben, wie auch andere Körper, aus. Das E. verdunstet selbst in der größten Kälte, was sich durch die Gewichtsabnahme eines der kalten Luft ausgesetzten Eisstückes ermitteln, aber auch schon daran erkennen läßt, daß die scharfen Kanten und Ecken des E. sich langsam abstumpfen. Das reine E. ist in dünnen Scheiben farblos durchsichtig, in dicken Schichten grünlich, auch bläulich bis tiefblau, was besonders bei Spalten und Höhlen der Gletscher (s. d.) hervortritt. Das E. bricht vermöge seiner Krystallisation das Licht doppelt, was jedoch erst durch feinere Versuche nachweisbar ist. Trocknes E. leitet die Wärme und Elektricität schlecht. Das E. läßt größtenteils die leuchtenden Wärmestrahlen durch, nicht aber die dunkeln, die es absorbiert, wodurch es sich erwärmt und schmilzt; seine specifische Wärme ist, wenn die des Wassers gleich 1 genommen wird, nach Heß (1850) 0,5.

Wenn das E. schmilzt, so bedarf es zur Lockerung seiner Teilchen einer mechan. Arbeit, die durch Zuführung einer bestimmten Wärmemenge geleistet wird (s. Mechanische Wärmetheorie). Diese Wärmemenge nennt man die Schmelzwärme. Wenn man 1 kg zerstoßenes E. von 0° C. mit 1 kg Wasser von 80° C. mischt, so wird das E. gänzlich geschmolzen, und die Temperatur der 2 kg Wasser beträgt nur 0° C.; demnach sind jene 80° C. des Wassers verbraucht worden, um das E. zu schmelzen. Die Schmelzwärme (s. Schmelzen) des E. beträgt also 80 Wärmeeinheiten oder Kalorien. Beim Gefrieren des Wassers erfolgt ein entgegengesetzter Prozeß, bei dem Arbeit in Wärme umgesetzt, mithin letztere so lange erzeugt wird, bis die ganze Masse gefroren ist. Es bleibt daher auch während des Gefrierens die Temperatur beständig. Beim langsamen Gefrieren gleicht sich die erzeugte oder (in älterer Sprachweise) frei werdende Wärme mit der Temperatur der Umgebung nur unmerklich aus; man vermag sie aber nachzuweisen, sobald unterkühltes Wasser zum plötzlichen Erstarren gebracht wird. Man bedient sich dabei am besten (s. beistehende Figur) eines Thermometers, dessen Gefäß in Wasser taucht, das von einer luftleeren Glashülse umschlossen ist. Versenkt man den untern Teil dieses Instruments in eine Kältemischung, so bleibt das Wasser bei 8—10° unter Null noch flüssig. Die geringste Erschütterung bringt jedoch einen Teil des Wassers plötzlich zum Gefrieren, wobei so viel Wärme erzeugt wird, daß das Thermometer auf 0° C. steigt, womit das weitere Frieren des Restes zunächst ein Ende hat. Nur wenn man eine Unterkühlung von mehr als 80° C. erzeugen könnte, würde die ganze Masse auf einmal frieren und die Temperatur sich nicht mehr bis 0° C. erheben. Weil beim Erstarren des Wassers Wärme erzeugt wird, so gefrieren die Flüsse, Seen u. s. w. nur langsam. Während ein Teil des Wassers zu E. wird, erwärmt sich der andere Teil durch die erzeugte Wärme. Ebenso kann das Auftauen großer Eismassen wegen des gewaltigen Wärmeverbrauches nur langsam durch die Sonne bewirkt werden. Die Verheerungen durch Überschwemmungen würden bei geringerer Schmelzwärme, wie Black bemerkt hat, noch viel furchtbarer sein, als es ohnehin der Fall ist.

Durch genaue Beobachtung der Vorgänge beim Eisschmelzen und Frieren ist Black zur Vorstellung der latenten Wärme (s. Latent) geführt worden. Wenn ein Fläschchen mit Wasser von 0° C. in einem warmen Raume von 30° C. in einer Viertelstunde 5° C. annimmt, so braucht ein Fläschchen mit der gleichen Gewichtsmenge E. in demselben Raume sechzehn Viertelstunden zum vollständigen Schmelzen. Hieraus sowie aus den erwähnten Mischungsversuchen fand Black die Schmelzwärme des E. zu 80 Kalorien. Bei aufmerksamer Beobachtung sieht man die an einem frei aufgehängten Eisstück herabsteigenden kalten Luftströme, denen das E. Wärme entzieht, ohne sich doch selbst zu erwärmen. — Der Gefrierpunkt des E. läßt sich durch großen Druck, der die Volumenverminderung beim Schmelzen befördert, herabsetzen. W. Thomson (1850) und Mousson (1858) haben durch sinnreich eingerichtete Versuche dargethan, daß in der That E., bei einer Temperatur unter 0° C., durch einen sehr hohen Druck wieder tropfbar flüssig wird. Ja Mousson hat gezeigt, daß Wasser unter einem Drucke von etwa 13000 Atmosphären bei 18° C. Kälte noch flüssig bleibt. Der Umstand, daß zusammengedrücktes E. schon unter 0° C. flüssig wird, bewirkt die **Regelation** oder das Aneinanderfrieren von Eisstücken, die gegeneinander gepreßt werden. Hierbei schmelzen nämlich die Eisstücke in ihren Berührungspunkten; das so sich ergebende, unter 0° C. kalte Schmelzwasser entweicht in die zwischen den Eisstücken befindlichen Fugen, entzieht sich dadurch dem Druck und wird folglich wieder fest. In solcher Weise können daher Eisstücke durch die bei ihrer Zusammendrückung entstehenden Brüche, Verschiebungen der Eistrümmer und durch das Wiedergefrieren des Schmelzwassers in Formen so gepreßt werden, als ob das E. plastisch wäre. Daß aber nicht wahre Bildsamkeit beim E. vorhanden ist, zeigen anderweitige Versuche, nach denen das E. zwar eine größere Tragfestigkeit und auch etwas Elasticität und Biegsamkeit besitzt, sich jedoch unter gewöhnlichen Umständen gegen ausgiebigere spannende sowie dehnende Kräfte als spröde zeigt. Die Regelation des E. wurde zuerst (1850) von Faraday zur Sprache gebracht und seitdem besonders von Tyndall, den beiden Thomson, Helmholtz u. a. studiert und verschieden ausgelegt. Aus dem erwähnten eigentümlichen Verhalten des E. bei hohem Druck erklärt sich die Geschmeidigkeit, mit der das vermöge seiner Schwere langsam abwärts gleitende Gletschereis die Formen der Thäler ausfüllt, sich denselben anpaßt und dabei langsam (30—60 cm für den Tag) abfließt, über Erhöhungen wegschreitet, von steilen Wänden abstürzt und dann am Fuße derselben wieder als ganzes Gletschereis abermals abwärts rutscht. Heftigere Kälte giebt dem E. größere Festigkeit; das E. der Polarländer läßt sich kaum mit dem Hammer zerschlagen.

Mit der Bildung des E. in Seen und ruhig fließenden Gewässern verhält es sich eigentümlich. Es erkalten nämlich die obersten Teilchen zuerst, sinken, da sie dichter sind, unter, während wärmere, also minder dichte Teilchen sich erheben. Und so erkaltet die ganze Masse durch eine «Strömung» der Wasserteilchen. Ist in solcher Weise alles Wasser auf + 4° C. abgekühlt, so erreicht es seine größte Dichte und jene Strömung hört auf. Erkaltet die obere Schicht unter + 4° C., so fängt sie an, sich wieder auszudehnen, und sinkt nicht mehr zu Boden. Bei fortdauernder Abkühlung bildet sich endlich eine Eisdecke. In sehr rasch strömenden Gewässern wird das Wasser durch die mechan. Strömung gemischt, und die erste Krystallbildung des E. beginnt an dem Boden und an den Ufern, weil da die Bewegung des Wassers wegen der Reibung am langsamsten ist, mithin die Eisbildung am wenigsten stört, und ferner weil durch die Rauhigkeit des Bodens und der Ufer das Ansetzen der Eiskrystalle am meisten begünstigt wird. Vom Boden reißt die Strömung das **Grundeis** (in Hamburg «Siggeis») nach oben. Es bildet sich schwimmendes Treibeis (s. d.), das endlich zur Eisdecke wird. Das Grundeis bildet lockere Eismassen, die zuweilen Schlamm und Kies u. dgl. mit sich führen und davon ein schmutzig graues Aussehen gewinnen. Das Vorhandensein des Grundeises wurde zuerst von Plot (1705) zur Sprache gebracht, und seitdem vielseitig (Hales 1731, Hugi 1827, Strehlke 1832, Arago 1833 u. a.) studiert.

Meerwasser und überhaupt Salzwasser erfordert zum Gefrieren eine größere Kälte als reines Wasser, und es scheidet bei der Unterkühlung, solange solche Lösungen schwach sind, reines E. aus. Dieser Umstand wird in kalten Regionen benutzt, sowohl um aus dem erhaltenen E. durch Schmelzen ein trinkbares Wasser zu erhalten, als auch um durch fraktioniertes Ausfrieren eine immer konzentriertere Salzsole herzustellen, aus der dann bei einer bestimmten tiefern Temperatur das Salz herauskrystallisiert. Als Anhaltspunkt, ob E. oder Salz bei der Unterkühlung ausgeschieden wird, dient, daß immer jener Körper herauskrystallisiert, der anstreten muß, damit die Lösung für eine bestimmte niedere Temperatur weder unter- noch übersättigt, sondern gerade gesättigt erscheine. Über die Erniedrigung des Gefrierpunktes beim Wasser in Salzlösungen wurden in jüngerer Zeit eingehendere Studien gemacht (Dufour 1860, Rüdorf seit 1861, Pfaundler 1876 u. a.). In ähnlicher Weise, wie aus Salzlösungen sich reines E. ausscheidet, geschieht dies auch aus schwachen alkoholhaltigen Flüssigkeiten (Wein, Branntwein), und ebenso aus gefärbten Flüssigkeiten. Aus gashaltigem Wasser tritt beim Gefrieren des letztern das Gas blasenförmig aus. Um die Temperatur des E. und Schnees herabzusetzen und dieselben dadurch in wärmerer Luft haltbarer zu machen, vermischt man dieselben mit Koch- und andern Salzen. Indem ein Teil dieser Mischung sich auflöst, entsteht für diese Verflüssigungsarbeit ein Wärmeverbrauch, durch den die Temperatur derselben bedeutend herabgesetzt wird. (S. Lösungswärme.)

Die **Verbreitung** des E. auf der Erde ist abhängig von den innerhalb gewisser Grenzen wechselnden klimatischen Zuständen ihrer Oberfläche. In der Nähe der Kältepole, die aber nicht genau mit den geogr. Polen zusammenfallen, und in Gebirgen, die eine gewisse, nach ihrer Lage verschiedene Höhe übersteigen, giebt es Eismassen, die nie vollständig tauen (s. Eisboden und Gletscher). In den niedern Gegenden der Tropenzone bildet sich dagegen niemals E., und in den gemäßigten Zonen nur vorübergehend. Von den polaren Eisgegenden stammen die schwimmenden Eismassen, die man Eisberge (s. d.), schwimmende Eisfelder und Treibeis nennt. Vgl. Weyprecht, Die Metamorphosen des Polareises (Wien 1879). — Unterirdische Eisbildungen finden sich in den sog. Eishöhlen (s. d.).

Das E. findet als Wärme entziehendes Mittel vielfache **Verwendung**. Es dient zur Abkühlung der Luft in Theatern und Krankenzimmern, zur Herstellung von Gefrorenem (s. d.), vor allem aber zur Verhinderung und Verzögerung verschiedener Zersetzungserscheinungen, so zur Konservierung von Nahrungsmitteln, zum Versand von Fleisch und Fischen u. a. In der Heilkunde benutzt man E. mit günstigem Erfolge zur Bekämpfung von Entzündungen. — Von größter Wichtigkeit ist das E. ferner für die Bierbrauerei (s. Eiskeller). Auch bei der Spiritusfabrikation werden große Mengen von E. verwendet, um während des Sommerbetriebes die Maischen zu kühlen. Durch diese immer allgemeiner werdende Verwendung ist in den größern Städten ein neuer Geschäftszweig, der **Eishandel**, erblüht, der seinen Bedarf an Material, soweit es in nächster Nähe nicht zu beschaffen ist, durch Bezüge aus den amerik. Seen, aus nordischen Ländern, zum Teil auch von den Alpengletschern deckt. — Statt des Natureises wird jedoch neuerdings auch vielfach in Eismaschinen (s. d.) bereitetes **Kunsteis** angewendet; dies hat vor dem Natureis jedenfalls den Vorzug, daß es aus absolut reinem Wasser hergestellt werden kann, während jenes nicht selten von schmutzigen Teichen, Tümpeln und Lachen oder sonstigen verunreinigten Gewässern entnommen wird. Durch diese Kunsteisfabrikation und durch die Benutzung der Kaltluftmaschinen, die beide Hand in Hand gehen, hat die Bedeutung des natürlichen Roheises eine wesentliche Beschränkung erfahren. Immerhin betrug Nordamerikas Ausfuhr von Natureis 1889/90 dem Werte nach noch etwa 100000 Doll. (45600 t), und Norwegen exportierte 1890 noch 317000 t, deren Wert sich durchschnittlich auf 10 Schilling pro Ton cif London belief. Sehr lebhaft ist der Handel der Schweiz mit seinem direkt aus den Gletschern gewonnenen E. Das meiste wird im Lande verbraucht, doch werden durchschnittlich auch noch 40000 t ausgeführt.

Eis, als Konditorware, s. Gefrornes.

Eis (ital. mi diesis, frz. mi dièse, engl. e sharp), in der Musik das um einen halben Ton erhöhte e (bezeichnet durch e und ♯), entspricht dem f und ist von diesem nur enharmonisch verschieden.

Eisachāt, eine stellenweise farblose und fast durchsichtige Varietät des Achats.

Eisack, Fluß im südl. Tirol, entspringt auf dem 1362 m hohen Brennerpasse und ergießt sich nach etwa 90 km langem Laufe unterhalb Bozen bei Sigmundskron in die Etsch, die von da an schiffbar wird. Die E. ist ein reißender Gebirgsfluß, sein Gesamtgefälle beträgt 1122 m, also 1,25 Proz. der Lauflänge. Bei Hochwasser richtet der Fluß oft große Verheerungen an. Das Thal ist größtenteils tief eingeschnitten und schluchtenartig; größere Weitungen finden sich nur bei Sterzing (949 m), wo das Ridnaun- und das Pfitscherthal münden, und bei Brixen (567 m), wo sich die Rienz mit der E. vereinigt. Zwischen Klausen (511 m) und Bozen (262 m) durchbricht der Fluß das Bozener Porphyrmassiv; hier ist das Thal besonders eng und unwegsam, fast senkrecht stürzen die glatten Felsen zum Fluß ab. Bei Kardaun treten die Bergwände allmählich zurück, und es öffnet sich die weite fruchtbare Thalebene von Bozen.

Durch das Eisackthal führte schon in den ältesten Zeiten der wichtige Verkehrsweg vom Brennerpasse in das sonnige Etschland, die bequemste Straße aus Deutschland nach Italien. Der Weg durch die Schlucht des untern Eisackthals wurde erst am Anfang des 14. Jahrh. durch den Bozener Bürger Heinrich Kunter hergestellt, nach welchem diese Straßenstrecke noch jetzt **Kuntersweg** benannt wird; früher ging hier der Weg nicht in der Thalsohle, sondern über die seitlichen Terrassen. Seit 1867 geht eine Eisenbahn durch das Eisackthal. (S. Brennerbahn.) In der Kriegsgeschichte spielt das Eisackthal eine wichtige Rolle. Bei Sterzing und Mittewald kam es im Spanischen Erbfolgekriege und in den Revolutionskriegen insbesondere 1809 wiederholt zu Gefechten, in denen die Tiroler, begünstigt durch das Gelände, die Feinde über den Brenner zurückwarfen. 1833 wurde in der Thalenge, oberhalb Brixen, die Festung Franzensfeste (s. d.) gebaut.

Eisanhang entsteht bei Umschlag kalter Witterung zu höherer Temperatur. Wenn nach strenger Kälte ein milder, feuchter West- oder Südwind weht, schlägt sich auf allen kalten Gegenständen, so auch auf den Bäumen eine Eiskruste nieder. Diese kann besonders dann sehr stark und durch ihre Last gefährlich werden, wenn Regen von 0° oder unter 0° hinzutritt. Auch nachfolgender bedeutender Schneefall bewirkt dann oft so bedeutende Bruch- und Druckschäden, daß ganze Bestände vollständig verwüstet werden. (S. auch Schneedruck.)

Eisbär (Ursus maritimus *L.* oder Thalassarctos polaris *Gray*, s. Tafel: Bären I, Fig. 1), das grimmigste Raubtier der Polarzone, ist von neuern Naturforschern wegen des gestreckten, langen Leibes, spitzen Kopfes mit schlanker Schnauze und kleinem Rachen, sowie der ungemein breiten Tatzen, deren Zehen durch Schwimmhäute verbunden sind, von der Gattung Ursus getrennt und zu einer eigenen Gattung erhoben worden. Man hat E. getötet, die volle 16 Ctr. wogen und gegen 3 m lang waren. Die Farbe des sehr langhaarigen Pelzes ist weiß mit einem Stich ins Gelbliche. Plump und schwerfällig am Lande, schwimmt und taucht der E., der in Grönland, Spitzbergen und Nowaja-Semlja am häufigsten vorkommt, ausgezeichnet und gelangt oft, mit Eisschollen treibend, bis nach Island, auf die sibir. Nordküste und in die Gegenden der Hudsonbai. Fische, Waltiere, Seehunde sind seine gewöhnliche Nahrung; den Menschen greift er nur gereizt oder im größten Hunger an, ist aber dann auch, besonders auf dem Eise, wo er sich schneller und sicherer bewegt, ein fürchterlicher Feind. Den Seefahrern ist er außerdem durch die Schlauheit schädlich, womit er die hinterlassenen Vorräte aufzuspüren und zu vernichten weiß. Er hält keinen Winterschlaf, wie man irrig behauptet hat. Die Paarung findet, wie bei den Landbären, im April und Mai statt und ebenso dauert die Tragzeit, wie bei diesen, 8 Monate, sodaß die Jungen Ende Dezember oder Anfang Januar geworfen werden. Die E. paaren sich fruchtbar mit dem gemeinen braunen Bär. Die Jagd auf ihn wird in den Polarländern mit Vorliebe betrieben. In der Gefangenschaft hält der E. vorzüglich aus, namentlich wenn man das zu seiner Nahrung bestimmte Fleisch in Leberthran tränkt und ihm ab und zu Fische giebt. Das Fell ist als Pelzwerk wie als Leder geschätzt, das Fett als Brennmaterial; das Fleisch dagegen gilt frisch für ungesund, die Leber sogar als giftig. Über die Felle des E. s. Bärenfelle.

Eisbein, in Stücke zerteilte, gepökelte und gekochte Schweinsfüße und -Beine, die mit der zu Gelee eingekochten Brühe übergossen werden.

Eisberge entstehen dadurch, daß die Gletscher polarer Gegenden (z. B. Grönlands) eine Strecke weit ins Meer vordringen, wo ihre Enden, oft mit starker Gewalt, abbrechen («der Gletscher kalbt»), oder daß Packeis und Eisfelder sich übereinanderschieben und auftürmen. Die E. ragen zum Teil bis über 100 m hoch über die See hervor, doch beträgt diese Zahl, da das Eis ein geringeres specifisches Gewicht besitzt als Wasser, nur ein Siebentel der Gesamthöhe der E., welche demnach gegen 7—800 m Dicke bei einer Länge und Breite von mehrern Kilometern erreichen können. Durch polare Strömungen werden sie weit äquatorwärts, im Atlantischen Ocean bis 36° nördl. und gegen 37° südl. Br. getrieben, wo sie allmählich schmelzen. Früher glaubte man, daß die Erratischen Blöcke, sowie das gesamte Material des nordischen Diluviums in Deutschland, Schottland u. s. w. durch von Skandinavien kommende E. herbeigeführt worden sei (Drifttheorie), eine Ansicht; die sich als irrtümlich erwiesen hat; doch sind Moränenschutt führende und Felsen tragende E. nicht selten. (S. Diluvium, Eiszeit, Erratische Blöcke.) Hierzu die Tafel: Eisberge I, II. — Für die Schiffahrt bilden die E. eine große Gefahr, ganz besonders auf den vielbefahrenen Gewässern im Süden der Neufundlandbank, wo sie in den Monaten Januar bis Juli und zwar namentlich im April und Mai sehr zahlreich auftreten. Die an der Grenze des Golf- und Labradorstroms sich häufig bildenden Nebel erhöhen die Gefahr eines Zusammenstoßes mit E. Bei Nebel erkennen die Seeleute die Annäherung an E. an dem auffälligen Sinken der Luftwärme. Besonders häufig zeigen sich die Berge am Ostrande der Neufundlandbank; dort beobachtete 24. Mai 1882 ein deutscher Dampfer innerhalb 24 Stunden 351 E. Alle Schiffe sind angewiesen, die Positionen der gesichteten E. den Hafenbehörden zu melden. Auf Grund dieser Angaben verfertigen die Deutsche Seewarte in Hamburg und das Hydrographische Amt in Neuyork Eiskarten sowie Eisprognosen, die den auslaufenden Schiffen mitgegeben werden. Auch die einander begegnenden Schiffe signalisieren sich gegenseitig über die Eisverhältnisse, die sie bei der Bank antrafen. (S. Treibeis.)

Eisblume, s. Mesembryanthemum.

Eisblumenglas, eine Nachahmung der bekannten Eisblumen am Fenster. Man stellt E. dadurch dar, daß man weißes Emailpulver auf eine Glasplatte siebt und diese nachher auf einer bis unter den Eispunkt abgekühlten Eisenplatte Wasserdämpfen aussetzt. Letztere krystallisieren dann in blumenartiger Gestalt zu Eis und vereinigen sich dabei mit dem Emailpulver, das beim Trocknen die Eisblumen bildet. Das Emailpulver muß später eingebrannt werden.

Eisbock oder Eisbrecher, ein Gerüst aus Stein, Holz oder Eisen, welches vor Brückenpfeilern, Hafeneinfahrten u. s. w. eingebaut wird, um antreibendes Eis zu brechen und von dem zu schützenden Bauwerke abzulenken. Bei Brücken wird in der Verlängerung oder auch in fester Verbindung mit jedem Pfeiler stromaufwärts ein E. gestellt, dessen Oberfläche nach der Brücke zu steigt. Geschieht das Zertrümmern des Eises nicht in ausreichendem Maße, so tritt dann eine gefährliche Eisversetzung ein, welche durch Sprengungen beseitigt werden muß, damit die Brücke durch den unmittelbaren Druck des Eises nicht fortgerissen oder unterhalb des zusammengeschobenen Eises die Brückenpfeiler nicht unterwaschen werden.

Eisboden. In den nördl. Gegenden von Asien und Nordamerika ist der Erdboden bis in bedeutende Tiefen beständig gefroren. Nur zur Sommerzeit taut er an der Oberfläche auf. Die Region des E. beginnt schon im nördl. Rußland, reicht in Westsibirien bis etwa zum 55. Breitengrad, in Ostsibirien sogar bis zum 50. Grad herab. Ganz Ostsibirien hat dauernd gefrorenen Boden. Die Mächtigkeit der Eisschicht um Irkutsk wird auf 90 m angegeben. Nach Erfahrungen an einem Brunnenschacht soll die Eisrinde sogar bis 186 m tief sein. Im Sommer taut die Erde hier nur bis zu 1 m auf, alles Pflanzenleben gedeiht aber über Eis.

Eisbrecher, s. Eisbock. — E. ist auch Bezeichnung für besonders stark gebaute und vorn mit einem scharfen eisenbeschlagenen Bug (s. d.) versehene Dampfschiffe, mit denen in einem Fahrwasser das Eis aufgebrochen wird. Die besten E. sind mit stark nach vorn gekrümmtem flachem Bug gebaut, sodaß das hinten schwerer belastete Fahrzeug schräg auf das Eis auffährt, durch sein Gewicht von oben die Eisfläche zerdrückt und durch seine Gestaltung die Schollen seitwärts wirft, wobei eine Rinne im Fahrwasser entsteht.

Eisbrütschränke, s. Fischzucht.

Eischimmel, s. Oïdium.

Eischnecke (Ovulum), Gattung der Porzellanschnecken (s. d.), von Eiform, von rein weißer, gelblich- oder bläulichweißer Farbe; an beiden Polen endet die Mündung in einem Ausschnitt und ist ausgezogen. Die 60 bekannten lebenden Arten bewohnen die tropischen Meere.

Eisele, Fridolin, Rechtsgelehrter, geb. 2. Mai 1837 zu Sigmaringen, studierte in Tübingen kath. Theologie, in Berlin Rechtswissenschaft und war 1868—72 Kreisrichter zu Hechingen. 1872 wurde er ord. Professor des röm. Rechts in Basel, 1874 in Freiburg i. Br. Er schrieb: «Die materielle Grundlage der Exceptio» (Berl. 1871), «Die Kompensation nach röm. und gemeinem Recht» (ebd. 1876), «Kognitur und Prokuratur» (Freib. i. Br. 1881), «Über das Rechtsverhältnis der res publicae in publico usu» (Bas. 1873), «Zur Geschichte der prozessualen Behandlung der Exceptionen» (Berl. 1875), «Abhandlungen zum röm. Civilprozeß» (Freib. i. Br. 1888).

Eiselen, Ernst Wilh. Bernh., verdient um das Turnwesen, geb. 27. Sept. 1793 zu Berlin, wurde Bergeleve daselbst. Als Jahn seine ersten Versuche zur Einführung des Turnens unternahm, ward E. durch ihn bald einer der sachkundigsten Turner. Auch gehörte er der unter Fr. Friesen (s. d.) stehenden Fechtergesellschaft an, die für das Hiebfechten ein eigenes System, «Das deutsche Hiebfechten», aufstellte, das E. in der Folge weiter ausbildete und verbreitete. Als 1813 alle waffenfähigen Turner ins Feld zogen, trat E. in das Lützower Frei-

Eisberg, beobachtet am 19. März 1870 an der Ostküste Grönlands von der zweiten Deutschen Nordpolarexpedition.

EISBERGE. II.

korps. Wegen Kränklichkeit sah er sich jedoch genötigt, wieder auszutreten und übernahm während des Krieges die Leitung des Turnplatzes in Berlin. Nach Jahns Rückkehr wurde er dessen Gehilfe und Mitlehrer. Als 1819 die Turnplätze geschlossen wurden, trat er als Lehrer der Mathematik, der Erdkunde und Geschichte in das Plamannsche Institut. 1825 gestattete man ihm einen «Fecht- und Voltigiersaal» für Studierende einzurichten. Erst 1827 erhielt er die Erlaubnis, wieder eine öffentliche Turnanstalt in Berlin zu begründen. Aus derselben gingen zahlreiche Schüler hervor, die als Turnlehrer seine verbesserte Methode und seine Erfindungen überallhin verbreiteten. E. starb 22. Aug. 1846 zu Misdroy auf Wollin. Er gab mit Jahn die «Deutsche Turnkunst» (Berl. 1816) heraus und veröffentlichte: «Hantelübungen» (3. Aufl., ebd. 1883), «Turntafeln» (ebd. 1837), «Merkbüchlein für Anfänger im Turnen» (ebd. 1838), «Über Anlegung von Turnplätzen und Leitung von Turnübungen» (ebd. 1844), «Abbildungen von Turnübungen» (ebd. 1845; 5. Aufl., besorgt von Waßmannsdorff, ebd. 1889), «Das deutsche Hiebfechten» (ebd. 1818; neu bearbeitet durch Böttcher und Waßmannsdorff, Lahr 1882), «Abriß des deutschen Stoßfechtens» (Berl. 1826; neue Aufl. 1889) u. s. w.

Eiselen, Joh. Friedr. Gottfr., Nationalökonom, geb. 21. Sept. 1785 zu Rothenburg an der Saale, studierte zu Erlangen Theologie und Philosophie, nahm an dem Befreiungskrieg 1813 und 1814 als Freiwilliger teil, habilitierte sich 1816 in Berlin und wurde 1820 außerord., 1821 ord. Professor der Staatswissenschaften in Breslau, 1829 in Halle. 1852 ward er vom akademischen Senat daselbst zum Mitgliede des Herrenhauses erwählt. Er starb 3. Okt. 1865 zu Halle. Er schrieb: «Grundzüge der Staatswirtschaft und der sich darauf beziehenden Regierungskunst» (Berl. 1818), «Die Geschichte als Lehrgegenstand auf Schulen betrachtet» (ebd. 1819), «Handbuch des Systems der Staatswissenschaften» (Bresl. 1828), mehr ein Werk der philos. Spekulation als der prakt. Politik, «Geschichte des Lützowschen Freikorps» (2. Aufl., Halle 1841), «Die Lehre von der Volkswirtschaft in ihren allgemeinen Bedingungen und in ihrer besondern Entwicklung» (ebd. 1843), «Preußen und die Einheitsbestrebungen in Deutschland» (ebd. 1850), «Der preuß. Staat, Darstellung seiner geschichtlichen Entwicklung und seiner gegenwärtigen natürlichen, socialen und polit. Verhältnisse» (Berl. 1862). Von Jakobs «Staatsfinanzwissenschaft» besorgte er die 2. Auflage (Halle 1837).

Eisen (chem. Zeichen Fe [Ferrum], Atomgewicht 55,9), das wichtigste aller Metalle, kommt in der Natur überaus häufig vor. Im gediegenen Zustande ist es als tellurisches (irdisches) und als meteorisches oder kosmisches (aus dem Weltenraume stammendes) zu unterscheiden; das erstere ist jedenfalls ein höchst seltenes Vorkommnis; es findet sich als knollige Gebilde im Plänerkalkstein von Chotzen in Böhmen, als Kern von Eisenkiesknollen in einem Keuperkalkstein von Mühlhausen in Thüringen, als Blättchen in den Platin- und Goldsandablagerungen des Ural und Altai, auch in feinsten Partikelchen und gröbern Körnern eingesprengt in gewissen Basalten (Bärenstein im Erzgebirge, Irland, Grönland). Das meteorische E. findet sich teils selbständig in großen Klumpen von zackiger, zelliger und poröser Struktur (Meteoreisen), teils körnerweise eingesprengt in den Meteorsteinen und wird durch einen konstanten Gehalt an Nickel, durch einen häufigen an Chrom und Kobalt charakterisiert. Der Anteil des E. an der Zusammensetzung der Erdrinde ist ein sehr bedeutender, und es läßt sich behaupten, daß das E. fast nirgends fehlt, in jedem Gegenstande des Mineral-, Pflanzen- und Tierreichs, wenn auch hier und da in nur sehr geringer Menge vorkommt. Es giebt nur wenige Mineralien, die von E. völlig frei sind. Die zur Gewinnung des metallischen E. im großen dienenden Mineralien werden Eisenerze genannt; in erster Linie sind es Eisenoxyde und Verbindungen derselben mit Wasser, mit Kohlensäure u. s. w., und sie kommen in solcher Menge vor, daß sie eine unerschöpfliche Quelle für die Herstellung des Metalls und seiner Verbindungen für technische Zwecke abgeben. Die wichtigsten dieser Eisenerze sind: das Magneteisen (Eisenoxyduloxyd), das unter anderm das vorzügliche schwedische E. liefert; der Eisenglanz und Roteisenstein, mit dem Glaskopf, Rötel und Thoneisenstein (reines oder verunreinigtes Eisenoxyd); der Spateisenstein oder Eisenspat, d. i. kohlensaures Eisenoxydul, auch Sphärosiderit genannt, wenn in kugeligen, nierenförmigen Stücken vorkommend, aus dem ein vorzugsweise zur Stahlfabrikation geeignetes E. gewonnen wird (Siegener Land, Steiermark); der Brauneisenstein, eine Verbindung von Eisenoxyd mit Wasser, woran sich das Bohnerz und der Raseneisenstein (Sumpferz, Wiesenerz, Morasterz) anschließt. Von sonstigen E. enthaltenden Erzen sind zu erwähnen: die verschiedenen Verbindungen des E. mit dem Schwefel, nämlich das Doppelschwefeleisen, das in der Natur in zwei Modifikationen vorkommt, regulär als Eisenkies, Schwefelkies oder Pyrit, rhombisch als Markasit oder Strahlkies, sowie das Siebenachtelschwefeleisen oder der Magnetkies, Substanzen, die wichtigstes Rohmaterial der Schwefelsäurefabrikation sind und deren dabei verbleibende Abbrände neuerdings ebenfalls auf E. verarbeitet werden; ferner die Verbindung des Schwefeleisens mit dem Schwefelkupfer, die in den beiden Kupfererzen Kupferkies und Buntkupfererz gegeben sind; von diesen dient der Kupferkies ebenfalls der Schwefelsäurefabrikation, um dann, nach chlorierendem Rösten, den oft nur wenige Prozente betragenden Kupfergehalt, sowie das spurenweis darin vorkommende Silber zu gewinnen, während der verbleibende Rückstand beim reducierenden Schmelzen E. liefert. Metallurgisch nicht oder höchstens als Zuschläge verwertbar sind die Eisenphosphate Vivianit, Beraunit, Kakoxen, das Eisenarseniat Skorodit, der natürlich vorkommende Eisenvitriol, die kieselsauren Eisenverbindungen Lievrit, Grünerde, Hisingerit u. s. w. In Mineralquellen kommt das E. häufig und in größern Quantitäten vor und bildet dann die sog. Stahlwässer (Driburg, Langenschwalbach, Pyrmont). Über die metallurgische Darstellung der zu technischen Zwecken verwendeten Eisensorten s. Eisenerzeugung.

Reines E. wird am besten durch Reduktion von Eisenoxyd oder oxalsaurem E. mittels Wasserstoffgas dargestellt. Wenn dabei die Temperatur unter sichtbarer Rotglut gehalten wird, so bildet das E. ein schwarzes Pulver (ferrum reductum), das sich an der Luft unter bis zur Selbstentzündung gesteigerter Temperatur von selbst oxydiert (pyrophorisches E.). In stärkerer Hitze verliert das Pulver durch Zusammensintern diese Eigenschaft und wird grau und metallisch glänzend. Auch durch Zusammenschmelzen von Schmiedeeisen mit etwas Eisenoxyd in Kalktiegeln bei stärkstem Gebläsefeuer erhält man reines E. in kompaktem Zustande. Der geringe Kohlenstoffgehalt des Schmiedeeisens wird dabei durch den Sauerstoff des Oxydes verbrannt und aus letzterm noch eine entsprechende Menge reines E. abgeschieden. Endlich kann reines E. durch elektrolytische Zersetzung einer mit Salmiak gesättigten reinen Eisenvitriollösung gewonnen werden und setzt sich in hellgrauen Platten am negativen Pole ab. Dieselben enthalten etwas gebundenen Wasserstoff, der sich beim Erhitzen im luftleeren Raume entfernen läßt. Das reine E. ist in kompaktem Zustande fast silberweiß, außerordentlich politurfähig und in hohem Grade geschmeidig; es wird vom Magneten angezogen und wird, wenn es vom elektrischen Strome umkreist wird, selbst magnetisch, verliert aber den Magnetismus sofort wieder, wenn der Strom unterbrochen wird; es verhält sich also in dieser Beziehung wie weiches E. Sein spec. Gewicht ist 7,84. Bei Rotglut erweicht es, läßt sich bei beginnender Weißglut zusammenschweißen, wird aber bei höherer Temperatur wieder spröde und schmilzt erst bei heftigstem Gebläsefeuer. An trockner Luft verändert es sich bei gewöhnlicher Temperatur nicht, ebenso nicht in reinem Wasser. Beim Zusammenwirken beider aber rostet es, namentlich schnell, wenn etwas Kohlensäure zugegen ist. Bei Glühhitze oxydiert sich auch das kompakte E. an der Luft zunächst zu Eisenoxyduloxyd (s. d.), später zu Eisenoxyd (s. d.). Im reinen Sauerstoffgase brennt es, einmal angezündet, von selbst unter so beträchtlicher Wärmeentwicklung weiter, daß ein Teil des Metalls verdampft und Flammenbildung veranlaßt. Bei starker Rotglut zersetzt es den Wasserdampf, indem es sich in Eisenoxyduloxyd verwandelt und Wasserstoffgas freimacht. In verdünnten Säuren löst es sich meist unter Wasserstoffentwicklung zu Eisenoxydul- oder Ferrosalzen. Mit den Halogenen verbindet es sich direkt. Die Cyanide des E. (Cyaneisen) erhält man durch Fällen der wässerigen Lösungen der Eisensalze mit Cyankalium als weiße, sehr zersetzliche Niederschläge. Eisenoxydulsalze liefern Eisencyanür, $Fe(CN)_2$, welches sich in überschüssigem Cyankali zu Ferrocyankalium, Eisenoxydsalze Eisencyanid, $Fe_2(CN)_6$, das sich in Cyankali zu Ferricyankalium auflöst (s. Blutlaugensalz).

Technisches. Die mit Berücksichtigung des Kohlenstoffgehalts früher übliche Unterscheidung der technischen Eisensorten in Schmiedeeisen, Stahl und Gußeisen ist nicht mehr zutreffend, seitdem man weiß, daß Eisensorten von ähnlicher chem. Zusammensetzung in ihrem Verhalten sehr weit voneinander abweichen können und daß außer dem Kohlenstoff auch der Gehalt an Silicium und Mangan einen wesentlichen Einfluß auf die Eigenschaften des E. ausübt. Man hat deshalb gegenwärtig nachstehende Einteilung der verschiedenen Eisengattungen getroffen:

Kohlenstoffhaltiges Eisen			
Roheisen		Schmiedbares Eisen	
Graues	Weißes	Schweißeisen	Flußeisen
Ferrosilicium	Ferromangan	Renneisen	Gußstahl
Schwarzeisen	Spiegeleisen	{ Frischeisen	Birnenflußeisen
Graueisen	Weißstrahl	{ Frischstahl	Flammofenflußstahl
Lichtgraueisen	Weißkorn	Cementstahl	
		{ Puddeleisen	
		{ Puddelstahl	

Roheisen, das Produkt des Hochofens, ist das kohlenstoffreichste (2,3 bis 5 Proz.) nicht schmiedbare, aber leicht (bei 1075 bis 1275°) schmelzbare E. Es zerfällt in zwei Sorten, graues und weißes Roheisen. Das erstere ist hauptsächlich durch graphitischen Kohlenstoff (3,1 bis 3,7 Proz.) und Silicium, das letztere durch fast durchweg gebundenen Kohlenstoff und Mangan gekennzeichnet. Wegen seiner dünnflüssigen Beschaffenheit wird das graue Roheisen vorzugsweise zu Gußwaren verarbeitet. Es füllt die Formen mit großer Schärfe und Reinheit aus, während das weiße Roheisen mit stumpfen Ecken und konkaver Oberfläche erstarrt. Das graue Roheisen (im umgeschmolzenen Zustande Gußeisen genannt) ist hinlänglich weich genug, um gefeilt, gehobelt und gedreht zu werden, weißes Roheisen dagegen ist wegen seiner Härte sehr schwer zu bearbeiten. Das geschmolzene graue Roheisen geht bei raschem Abkühlen in weißes über, eine Eigenschaft, die man zur Herstellung von Hartguß (s. d.) verwertet, und umgekehrt entsteht aus bei starker Hitze geschmolzenem weißem Roheisen bei langsamem Erkalten graues. Weißes Roheisen wird zur Herstellung von Schmiedeeisen und Stahl verwendet. Nach dem Gehalt an Silicium unterscheidet man beim grauen Roheisen verschiedene Sorten: Lichtgraueisen (mit 0,5 Proz. Silicium), Graueisen (mit bis 3 Proz. Silicium), Schwarzeisen (mit bis 5 Proz. Silicium) und Ferrosilicium (mit mehr als 5 Proz. Silicium). Beim weißen Roheisen nimmt man mit Rücksicht auf den Mangangehalt folgende Sorten an: Weißkorn (mit bis 1,5 Proz. Mangan), Weißstrahl (mit bis 4,5 Proz. Mangan), Spiegeleisen (mit bis 20 Proz. Mangan) und Ferromangan (mit über 20 Proz. Mangan). Ferrosilicium und Ferromangan dienen als Zuschlag beim Bessemerprozeß (s. Eisenerzeugung). Eine Zwischenstufe zwischen weißem und grauem Roheisen heißt halbiertes E. Graueisen, das Hauptmaterial für Eisengießerei, kann auch für Bessemerprozeß verwendet werden und heißt dann Bessemerroheisen; Weißstrahl ist das Material für den Puddelprozeß (s. Eisenerzeugung) oder, wenn es 2—3 Proz. Phosphor enthält, für den basischen Bessemerprozeß, daher auch Thomasroheisen genannt. Schmiedbares E. ist das aus Erz oder aus Roheisen dargestellte kohlenstoffarme E. (0,04 bis 1,6 Proz.). Eisensorten mit 1,6 bis 2,3 Proz. Kohlenstoff finden in der Technik keine Verwendung. Das aus dem flüssigen Zustande gewonnene heißt Flußeisen, das aus dem teigartigen Zustande erhaltene dagegen Schweißeisen. Ist eine dieser Gattungen härtbar, so wird sie Stahl genannt. Meist haben härtbare Sorten größern Kohlenstoffgehalt, als nicht härtbare. Doch giebt es auch Eisensorten mit geringem Kohlenstoffgehalt, die ihre Härtbarkeit einem größern Gehalt an Mangan, Silicium, Wolfram oder Chrom verdanken, sodaß die frühere Unterscheidung zwischen Stahl und Schmiedeeisen durch den Kohlenstoffgehalt allein unhaltbar ist. Stahl schmilzt zwischen 1400 und 1600°, Schmiedeeisen bei 1600° und darüber. Nach den verschiedenen Prozessen, durch welche die schmiedbaren Eisensorten erzeugt worden sind, unterscheidet man Renn-, Frisch-, Puddeleisen u. s. w. Der Gußstahl, der völlig homogene und festeste Stahl, wird durch Umschmelzen verschiedener Stahlsorten, namentlich des Cementstahls, in Tiegeln hergestellt. Das in Konvertern gewonnene E. (Birnenflußeisen, Bessemer- oder *Thomasflußeisen*) findet Verwendung zu Eisenbahnschienen, Baueisen u. s. w. Das nach dem Siemens-Martinschen Prozeß durch Zusammenschmelzen von Gußeisen mit schmiedbarem E. erhaltene Produkt ist der *Flammofenflußstahl*. **Uchatiusstahl** entsteht durch Zusammenschmelzen von Roheisen mit Eisenoxyderzen in Graphittiegeln. *Feinkorn* heißt ein zwischen Puddeleisen und Puddelstahl stehendes Erzeugnis. Das in den Handel kommende, nicht façonnierte Schmiedeeisen heißt *Stabeisen*. Nach dem Aussehen des Bruches macht man dabei einen Unterschied zwischen *sehnigem* E. und *Feinkorneisen*. E., das infolge eines Gehaltes an Schwefel, bei Rotglut bearbeitet, rissig wird und in Stücke zerfällt, nennt man **rotbrüchig**. Durch Silicium wird das E. hart und mürbe (*faulbrüchig*), durch Phosphor oder beigemengte Schlacken **kaltbrüchig**, d. h. es zerspringt leicht beim Kalthämmern. Die Form der verschiedenen Eisensorten hat verschiedene Bezeichnungen verursacht. Das in muldenartiger Form erstarrte Roheisen nennt man **Masseln**, *Flossen* oder *Gänze*. Flußeisenstücke, die als Zwischenprodukte dienen, heißen *Blöcke* oder *Ingots*. Die aus Luppen gewalzten Stäbe nennt man *Rohschienen*. Ein zu einem flachen viereckigen Kuchen geschmiedetes oder gewalztes Eisenstück heißt *Bramme* oder, wenn es säulenförmig ausgereckt ist, *Kolben*. *Walzeisen* ist gewalztes Stabeisen im Gegensatz zu dem durch Schmieden in Gesenken hergestellten Stabeisen. Über die im Handel vorkommenden Sorten des Stab- und Walzeisens s. Walzeisen; über die Fabrikation der genannten Eisensorten s. Eisenerzeugung.

Die *Förderung* von Eisenerzen auf der ganzen Erde wird für das J. 1800 zu kaum 2 Mill. t angenommen. 1850 belief sich dieselbe bereits auf etwa 10,8, 1870 auf 27,8, 1880 auf 42,9, 1890 auf 61,6 Mill. t, eine in der That großartige Steigerung. In runden Summen, die für einzelne Länder sogar auf mehr oder minder richtigen Schätzungen beruhen, betrug 1890 die Förderung von Eisenerzen

in Großbritannien		15 450 000 t
» Deutschland mit Luxemburg . .		12 123 000 »
» Frankreich		2 850 000 »
» Belgien		325 000 »
» Rußland		1 400 000 »
» Österreich-Ungarn		1 080 000 »
» Schweden		1 100 000 »
» Spanien		7 500 000 »
» Italien		500 000 »
» dem übrigen Europa		750 000 »
» *Europa*	Summa	43 078 000 t
» Vereinigten Staaten von Amerika		15 780 000 »
» den übrigen » » »		850 000 »
» *Amerika*	Summa	16 630 000 t
» *Asien*	etwa	700 000 »
» *Afrika*	»	800 000 »
» *Australien*	»	350 000 »
	Summa etwa	61 558 000 t

Außer Europa und Nordamerika bergen die andern Erdteile sicher noch große, teils schon bekannte, aber noch nicht erschlossene, teils noch ganz unbekannte große Fundstätten für Eisenerze. Auch in Europa entsprechen die heutigen Zahlen der Erzförderung nicht dem vorhandenen Erzreichtum. Italien steht in der Produktion zurück, ebenso Serbien, Bulgarien, Ungarn, Griechenland, obgleich sich in diesen Ländern große Lager teilweise vorzüglicher Erze finden. Dagegen ist Belgien an Eisenerzen arm und sieht sich genötigt, für seine sehr beachtenswerte Eisenindustrie den Erzbedarf aus dem benachbarten Luxemburg zu decken. Spanien und Schweden führen namhafte Posten nach Großbritannien und Deutschland aus, da in beiden Ländern manche der alten Fundstätten der Erschöpfung nahe kommen oder doch für manche Zweige der Eisenindustrie die entsprechenden Erzsorten im Inlande nur noch schwer zu beschaffen sind. So erforderte u. a., bevor für die Stahlproduktion nur das Bessemerverfahren bekannt war, das letztere die Verwendung möglichst phosphorfreier Erze, an denen nach Ausbeutung der Magneteisensteinlager hier und da in Deutschland empfindlicher Mangel einzutreten drohte und Veranlassung war, daß zur Erzeugung von Bessemerroheisen geeignete Erze aus Italien (Elba), Spanien, Algier, Schweden, Ungarn herbeizuholen waren. Für den Bessemerstahl geschieht dies in England und Deutschland aushilfsweise noch heute. Als indessen von 1882 ab das Thomasverfahren (s. Eisenerzeugung) Ausbreitung gewann, erwiesen sich die vorher wenig geachteten phosphorhaltigen Minetteerze längs der Mosel in Deutsch-Lothringen, die noch für Jahrhunderte ausreichen werden, als ein vorzügliches Material. In Deutschland bestanden 1892 allein 611 Eisenerzbergwerke, in denen 36 000 Arbeiter beschäftigt waren. Der Preis des Erzes stellte sich pro Tonne auf durchschnittlich 4 M. Welche ansehnliche Posten in manchen Ländern der auswärtige Handel in Eisenerzen umfaßt, ergiebt sich aus nachstehender Tabelle. Es betrug 1891 für Eisenerze

	Einfuhr	Ausfuhr
Deutschland	1408025 t	1984428 t
Österreich-Ungarn . .	68121 »	88059 »
Frankreich	1437527 »	298550 »
Großbritannien . . .	3180543 »	? »
Belgien	1500915 »	189739 »

Die Ausfuhr von Eisenerzen aus Großbritannien ist so geringfügig, daß sie in der Handelsstatistik gar nicht mehr aufgeführt wird.

Geschichtliches. Die Kenntnis des E. ist sehr alt, was sowohl die *Eisenfunde* (s. d.) als auch schriftliche Überlieferungen beweisen. Obgleich einerseits das E. sehr selten in gediegenem Zustande vorkommt und auch die Erze dem Metall nicht ähnlich sehen, so gehört andererseits die Darstellung eines schmiedbaren E. direkt aus den Erzen zu den einfachsten metallurgischen Prozessen, und viele Naturvölker, z. B. Negerstämme, die früher wohl nie mit Kulturvölkern in Berührung traten, erzeugen, jedenfalls schon seit langer Zeit, mit den einfachsten Hilfsmitteln ein vorzügliches Schmiedeeisen. — Von den alten Ägyptern haben wir Inschriften aus der Zeit Tuthmosis' III. und solche an Tempelwänden in Luxor und Karnak, in denen mit E. gefüllte Gefäße als Kriegsbeute erwähnt sind. Daß die alten Ägypter auch Stahlwerkzeuge gekannt haben, machen die mit großer Schärfe in den härtesten Gesteinen (Granit, Porphyr, Basalt) ausgeführten Bildnereien wahrscheinlich. Da aber Ägypten wenig Eisenerze besaß, so scheint es sein E. aus Asien bezogen zu haben. Den meisten asiat. Völkerschaften war der Gebrauch des E. in grauer Vorzeit bekannt, so den turanischen Stämmen; schon die Ureinwohner

Chinas besaßen eiserne Waffen und Geräte, wie die ältesten chines. Geschichtsbücher berichten; auch die alten Juden kannten das E., was aus mehrern Bibelstellen (z. B. Hiob 28, 2) hervorgeht. Die Gesänge der Rigveda, die einer Zeit entstammen, als die Arier noch im Fünfstromlande wohnten, berichten, daß diese das E. zu Waffen benutzten (Indras Donnerkeil und Speer). Von den alten Ariern ging die Kenntnis des E. auf Babylonier, Assyrer, Meder und Perser über. Von diesen sind sowohl Funde als Inschriften auf uns gekommen, nach denen das E. auch zum Bau von Palästen und Reisewagen benutzt wurde. Ind. Stahl wird von Quintus Curtius erwähnt, indem er erzählt, daß der besiegte Porus dem Alexander einen 15 kg schweren Barren ind. Stahls zum Geschenk machte. Die asiat. Eisenkunst wurde hauptsächlich durch die Phönizier auf die alten Kulturvölker Europas, zuerst auf die Griechen, übertragen. Die Iliade nennt von eisernen Gegenständen namentlich die Kente des Areïthoos, den auf Menelaus abgesendeten Pfeil des Pandaros, die Achse des Prachtwagens der Hera sowie den Diskos, Äxte und Messer. Nach allen diesen Vorkommnissen des E. ist die ältere für alle Völker geltende Bedeutung der Eisenzeit (s. d.) hinfällig geworden. Die Art der Herstellung von E. beschreibt Aristoteles so, daß man erst Roheisen aus den Erzen erzeugte und dieses dann durch einen Frischprozeß, wie noch heute, in Schmiedeeisen verwandelte. Von den Römern sind keine Aufzeichnungen über die Art der Gewinnung des E. vorhanden. Das Roheisen wurde von Griechen und Römern nicht zum Gießen verwendet, während die Chinesen schon 700 Jahre v. Chr. die Eisengießerei betrieben; denn Gutzlaff berichtet von einer 13 m hohen gußeisernen Pagode aus jener Zeit. An den meisten Orten wurde jedoch ursprünglich das Schmiedeeisen direkt aus den Erzen erzeugt, welches Verfahren (Rennarbeit) noch heute an einigen Orten Europas sowie auch von Naturvölkern benutzt wird. Agricola, der Vater der Metallurgie, gebraucht den Ausdruck Gußeisen in seinen 12 Büchern de re metallica nicht, erwähnt aber, daß zum Stahlfrischprozeß leichtflüssiges E. verwendet wird. Durch die Notwendigkeit, auch schlechtere Erze zu verarbeiten, baute man die Mauern der Frischherde höher und gelangte zu den Schachtöfen, die neben dem schmiedbaren E., das sich als «Wolf» im Ofen festsetzte, noch flüssiges Roheisen lieferten, das sich auf der Ofensohle sammelte. Aus diesen Öfen entwickelten sich die kontinuierlich auf Roheisen arbeitenden «Blauöfen», die ein weißes Roheisen lieferten. Durch Erhöhung des Schachtes entstanden aus den Blauöfen die heutigen Hochöfen, mit denen man ein zum Guß verwendbares graues Roheisen erhält. Die Öfen wurden ursprünglich mit Holzkohle beschickt, was bald, namentlich in England, dem Holzbestande der Wälder gefährlich wurde, sodaß man aus der Steinkohle ein der Holzkohle analoges Produkt, den Koks, herzustellen begann. So entstand 1735, von Darby gebaut und betrieben, der erste Kokshochofen in Coalbrookdale in Shropshire. Auf dem Festland brannten die ersten Kokshochöfen 1796 zu Gleiwitz, 1826 zu Seraing. 1784 nahmen Cort und Parnell ein Patent auf das Flammofenfrischen mit Steinkohlen. Dies wurde 1835 zuerst in Kärnthen auf Stahl benutzt. Durch die Erfindung des Uhrenfabrikanten Benjamin Huntsman, der 1750 durch Umschmelzen von Cement- und Herdstahl in Tiegeln dichten Gußstahl erzeugte, wurde eine wichtige Neuerung in die Stahlfabrikation eingeführt. Diesen Gußstahl nachzuahmen, setzte 1810 Friedrich Krupp in Essen nach und nach sein Vermögen daran, während es seinem Sohne Alfred Krupp gelang, das Verfahren zur Entwicklung zu bringen, sodaß er 1862 einen allgemeine Bewunderung erweckenden Gußstahlblock von 21000 kg auf die Londoner Ausstellung schicken konnte, und 1887 wurde in Essen ein Geschützrohr von 143000 kg gegossen. Die Erfindung des bedeutend billigern Flußstahls geschah 1856 von Bessemer, und 1865 stellte man auf dem franz. Werke von Martin in Sireuil Flußstahl durch Zusammenschmelzen von Schmiedeeisen und Roheisen dar. Sowohl dieser Prozeß als auch die Tiegelgußstahlfabrikation war nur mit Anwendung der die höchsten Temperaturen erzeugenden Siemensschen Gasfeuerungsöfen möglich. 1879 glückte dem Engländer Thomas die Entphosphorung des Flußstahls in der Bessemerbirne, wodurch es möglich wurde, auch phosphorhaltige Erze zu Flußstahl zu verarbeiten. Das Flußeisen hat in letzterer Zeit eine immer steigende Anwendung zu baulichen Zwecken (Schiffbau, Brückenbau) gefunden und scheint dem Schweißeisen den Rang streitig zu machen. (Näheres über die heutigen Eisengewinnungsprozesse sowie Produktionsstatistik s. Eisenerzeugung.) — Vgl. Beck, Die Geschichte des E. in technischer und kulturgeschichtlicher Beziehung (Abteil. 1, Braunschw. 1884); Mehrtens, Das E. im Altertum (in «Stahl und Eisen», 1887). Vgl. auch die Litteratur zu Eisenerzeugung.

Eisen, galvanisiertes, s. Verzinken.

Eisen, gepulvertes, s. Eisenpulver.

Eisen, reduciertes, Ferrum reductum des Arzneibuchs für das Deutsche Reich, ist ein graues glanzloses Pulver, das vom Magnet angezogen wird und beim Erhitzen unter Verglimmen in Eisenoxyduloxyd übergeht. Es muß mindestens 90 Proz. metallisches E. enthalten. Dargestellt wird es, indem man in geschlossenen Röhren reines Eisenoxyd bis zur schwachen Glühhitze erwärmt und dann trocknes, völlig schwefel- und arsenfreies Wasserstoffgas durch die Röhre leitet, bis kein Wasser mehr entweicht. Das reducierte E. muß bis zum Erkalten in der Wasserstoffatmosphäre verbleiben, da es in warmem Zustande sich entzündet, sowie es mit der Luft in Berührung kommt. Die Darstellung tadelloser Präparate ist schwierig und erfordert viele Übung. Es wird daher auch in der Regel fabrikmäßig dargestellt und häufig auch nach besondern Vorschriften. (Vgl. Eisenpulver.)

Eisen, in der Jägersprache eiserne Fallen (s. d.), wie das Berliner Eisen (s. d.), Tellereisen (s. d.).

Eisen, Charles, franz. Zeichner und Kupferstecher, geb. 1720 zu Brüssel, lebte in Paris bis 1777 und starb 4. Jan. 1778 in Brüssel. Er war der hervorragendste und fruchtbarste unter den Illustrations- und Vignettenzeichnern des Rokokozeitalters; so zeichnete er Amorettenbildchen u. a. für Thomsons «Jahreszeiten» (1759), Grécourts «Gedichte» (1761), Rousseaus «Émile», Lafontaines «Erzählungen», Ovids «Metamorphosen» (1762), auch hat er 13 galante Blätter radiert. Vgl. E. und J. de Goncourt, L'art du 18e siècle, Bd. 3 (Par. 1882).

Eisenach. 1) **Verwaltungsbezirk** im Großherzogtum Sachsen-Weimar, hat 557,14 qkm, (1890) 53314 (25655 männl., 27659 weibl.) E., darunter

571 Katholiken und 403 Israeliten; 7555 bewohnte Gebäude, 11121 Haushaltungen und Anstalten in 70 Gemeinden und umfaßt die Amtsgerichtsbezirke E. und Gerstungen. — 2) E. (mittellat. Isenacum), **Hauptstadt** des Verwaltungsbezirks E. sowie Haupt- und Residenzstadt des ehemaligen Fürstentums E., in romantischer

Gegend am Nordwestende des Thüringerwaldes, in 221 m Höhe, an der Einmündung der Nesse in die Hörsel und an der Linie Halle-Bebra der Preuß. Staatsbahnen und E.-Lichtenfels (151,2 km) der Werrabahn, Sitz der Bezirksdirektion, eines Landgerichts (Oberlandesgericht Jena) mit acht Amtsgerichten (E., Geisa, Gerstungen, Ilmenau, Kalten-Nordheim, Lengsfeld, Ostheim, Vacha), Amtsgerichts, Rechnungs- und Steueramtes, einer Forstinspektion, Steuerrevision, Forsttaxationskommission, Kircheninspektion und Reichsbanknebenstelle, hat (1890) 21399 E., darunter 482 Katholiken und 376 Israeliten, Post erster Klasse, Bahnpostamt mit Zweigstelle, Telegraph, Fernsprecheinrichtung, in Garnison (600 Mann) das 2. Bataillon des 94. Infanterieregiments «Großherzog von Sachsen»; Wasserleitung, Kanalisation, Gasbeleuchtung, Schlachthof, Sparkasse, Vorschußverein. Unter den öffentlichen Plätzen ist zu erwähnen der Markt mit der daran anstoßenden Esplanade, jetzt geziert mit einer Germania zum Andenken an die 1870/71 aus dem Eisenacher Kreise Gefallenen, der Lutherplatz mit dem Lutherhaus, wo Luther als Schüler bei der Frau Cotta gewohnt haben soll, und der Karlsplatz. Unter den fünf *Kirchen* (vier evangelische, eine katholische) ist die spätgot. Markt- oder Georgskirche die größte, die Nikolaikirche, 1150 erbaut, mit achteckigem Turm, 1887 renoviert, die älteste. Letztere ist durch einen Zwischenbau an Stelle des 1888 abgebrochenen ehemaligen Benediktiner-Nonnenklosters mit dem roman. Nikolaiturm verbunden. Vor dem Westportal der erstern das nach Donndorfs Modell von Howald gegossene Bronzestandbild des in E. geborenen Sebastian Bach (1884). Die bedeutendsten *weltlichen Gebäude* sind das ehemalige, 1742 vom Herzog Ernst August von Weimar erbaute Residenzschloß (davor ein großer Brunnen mit vergoldeter Statue des heil. Georg), das Rathaus (1641), Gymnasium, ursprünglich ein Dominikanerkloster, die neuen Bürgerschulen, das schöne Theater auf dem Theaterplatz, 1878 von Julius von Eichel der Stadt geschenkt, westlich davon die Klemda (Klemme), ein 1260 von der Herzogin Sophie gegen Markgraf Heinrich den Erlauchten erbautes Kastell, jetzt Gesellschaftshaus, und südöstlich davon das 1888 erbaute Gewerbehaus, mit ständiger Ausstellung für Kunst und Kunstgewerbe; am Frauenplan Sebastian Bachs Geburtshaus, in der Karlstraße das des Malers Friedr. Preller. Das großherzogl. Karl Friedrichs-Gymnasium (Direktor Dr. Weber, 15 Lehrer, 9 Klassen, 193 Schüler), früher eine Lateinschule, die auch Luther und Sebastian Bach einige Zeit besuchten, wurde 1544 vom Kurfürsten Joh. Friedrich dem Großmütigen in eine Landesschule verwandelt, die 1707 den Titel eines Gymnasium illustre erhielt. Ferner besitzt E. ein großherzogl. Realgymnasium, 1843 als Realschule eröffnet (Direktor Dr. Frerichs, 11 Lehrer, 8 Klassen, 222 Schüler), eine höhere Mädchen-(Karolinen-)schule, ein Lehrerseminar, Lehrerinnenseminar, eine Forstlehranstalt, Zeichen- und Gewerbeschule, Leih- und Pfandhaus, Waiseninstitut, Korrektionsanstalt, gemeinschaftliches Stadt- und Landkrankenhaus, St. Annen-, St. Justus-, St. Spiritus-, St. Clemensstift, Armenasyl und andere Wohlthätigkeitsanstalten.

Von größern industriellen Etablissements bestehen eine Farbenfabrik, eine Fabrik chem. Farben und Kalipräparate, zwei Bleiweißfabriken, zwei Dampfziegeleien, Kammgarnspinnerei, Wollweberei, Kunsttischlerei, drei Bierbrauereien, 17 Gerbereien, viele Dampfsägemühlen sowie Fabrikation von Thonwaren (etrurische und mittelalterliche Gefäße), Herden, Wagen, Schuhwaren, Tabak und Cigarren, Schuhleisten, Essig, Öl, Leim, Alabasterwaren und Maschinen und bedeutende Fischzucht (Spiegelkarpfen) und eine Geflügelmastanstalt. Der Eisenacher Verschönerungs- und der Thüringer Waldverein, dessen Vorort E. ist, haben für die Reisenden in der kurzen Zeit ihres Bestehens sehr viel gethan. Außer der Wartburg (s. d.) befinden sich in der Umgebung viele durch Naturschönheit ausgezeichnete Punkte, wie von Eichels Garten am Pflugensberg, der großherzogl. Karthausgarten vor dem Frauenthor, das Marienthal, das Annathal, die Drachen-, die Landgrafenschlucht, die Hohe Sonne, der Hirschstein, die großherzogl. Sommerresidenz Wilhelmsthal u. s. w. Auf dem neuen Friedhof, 2 km nördlich der Stadt, das Grab des Dichters Fritz Reuter mit seiner Büste von Afinger. Auf dem Hainstein ein 1889 errichtetes Kurhaus, darunter die von Burgsteinfurt 1887 nach E. verlegte Sprachheilanstalt.

Geschichte. E., ursprünglich Isenach genannt und östlich der jetzigen Stadt am Fuße des Petersberges gelegen, wurde 1070 unter Ludwig dem Springer näher der Wartburg erbaut. Ihren Aufschwung verdankt sie der Wartburg, der Residenz der Landgrafen von Thüringen, und der Zeit von 1596 bis 1741, wo sie selbst Residenz eigener Fürsten war. Die Stadt wurde 1343, 1617, 1637 durch große Brände heimgesucht und 1. Sept. 1810 infolge der Explosion mehrerer franz. Pulverwagen sehr beschädigt. — Vgl. Storch, Beschreibung der Stadt E. (Eisenach 1831); Senft, Geognost. Beschreibung der Umgegend E.s (ebd. 1857); Schwerdt und Jäger, E. und die Wartburg (2. Aufl., ebd. 1871); G. Schmidt, Das kath. E., ein Vortrag über die kirchlichen Zustände E.s vor der Reformation (ebd. 1874); Warnatz, Die Wartburg und E. in Sage und Geschichte (Wien 1881); Walther, Neuer Führer für E., Wartburg und Umgebungen (Berl. 1881); Scheller, Sommerfrische in E. und Umgebung (Eisenach 1889); Sammlung von Gesetzen und Verordnungen für die Residenzstadt E., hg. von Kahle (2 Bde., ebd. 1888—89).

Das ehemalige *Fürstentum* E. kam mit Thüringen 1440 an Sachsen und bei der Teilung zwischen Friedrich dem Sanftmütigen und seinem Bruder Wilhelm an den letztern, nach dessen Tode es 1482 wieder zurückfiel, 1485 aber an die Ernestinische Linie kam. Der jüngere Sohn Johann Friedrich des Mittlern, Johann Ernst, stiftete 1596 die *ältere Linie* E.; der siebente Sohn des Herzogs Johann von Weimar, Albrecht, 1640 die *mittlere Linie* E. Beide starben aber mit ihren Stiftern, jene 1638, diese 1644 wieder aus. Georg, der fünfte Sohn des Herzogs Wilhelm von Weimar, wurde 1672 der Stifter der *jüngern Linie* E., die indes auch wieder mit dessen Enkel, Wilhelm Heinrich, 1741 erlosch, worauf E. an Weimar fiel.

Seit 1815 bildet das Fürstentum nebst einigen hinzugekommenen Fuldaischen und hess. Parzellen den *Kreis* E., der 1199,06 qkm Flächenraum und (1890) 91229 E. hat und in die zwei Verwaltungsbezirke E. (s. oben 1) und Dermbach zerfällt.

Eisenacher Kirchenkonferenz (*Evangelische Kirchenkonferenz*), Versammlung von Abgeordneten der deutschen evang. Kirchenregierungen, die seit 1852 jährlich, seit 1854 regelmäßig alle 2 Jahre in Eisenach zur Besprechung wichtiger Fragen des kirchlichen Lebens zusammentritt, um, unbeschadet der Selbständigkeit der einzelnen Landeskirchen, ein Band der Zusammengehörigkeit darzustellen und die einheitliche Entwicklung zu fördern. Von ihr sind Anregungen ausgegangen bezüglich Herstellung eines gemeinsamen Katechismustextes, Militärgesangbuches, einer berichtigten Lutherbibel, einer landeskirchlichen Statistik, gegenseitiger Anerkennung theol. Prüfungszeugnisse, Einführung eines nationalen Buß- und Bettags u. s. w. Gemeinsames Organ ist seit 1852 das »Allgemeine Kirchenblatt für das evang. Deutschland« (Stuttgart).

Eisenacher Konvention, s. Burschenschaft (Bd. 3, S. 778 b).

Eisenalaun, s. Eisensulfate, b.

Eisenalbuminatlösung (Liquor Ferri albuminati), ein neuerdings sehr beliebtes Eisenmittel, ist eine Auflösung von aus trocknem Eiweiß und Eisenoxychloridlösung gewonnenem Eisenalbuminat in schwach alkalischem Wasser, dem neben Weingeist noch einige aromatische Stoffe zugesetzt sind. Die Dreessche E. ist von ähnlicher Zusammensetzung.

Eisenamalgam, eine Verbindung des Eisens mit Quecksilber. Eisen vereinigt sich sehr schwer mit Quecksilber. Nach Böttcher stellt man E. dadurch dar, daß man 1 Teil Eisenpulver mit 2 Teilen Quecksilberchlorid und 2 Teilen Wasser unter Hinzufügung von etwas metallischem Quecksilber zusammenreibt.

Eisenamiant oder *Eisenasbest*, ein Hüttenprodukt, das sich mitunter in den Fugen des Gestelles des Eisenhochofens findet und aus schneeweißen und zarten Fasern von Kieselsäure besteht.

Eisenantimonglanz, s. Berthierit.

Eisenarbeit, s. Bergbau (Bd. 2, S. 756 b).

Eisenärzt, Dorf im Bezirksamt Traunstein des bayr. Reg.-Bez. Oberbayern, rechts an der Weißen Traun und am westl. Fuße des Sulzberges, eines nördl. Ausläufers der Salzburger Alpen, hat (1890) 183, als Gemeinde 426 E., Wallfahrtskirche *Maria-Eck* mit schönem Blick auf den Chiemsee und das bayr. Oberland, sowie elektrische Beleuchtung, großes Sägewerk mit Lohfabrik.

Eisenasbest, s. Eisenamiant.

Eisenausbau, Grubenausbau mit Eisen, im Gegensatz zu Zimmerung (Holzausbau) und Mauerung (Steinausbau). Der E. wird wasserdicht (Cuvelage, s. Bergbau, Bd. 2, S. 759 b) und nicht wasserdicht angewendet, in letzterer Form sowohl für Strecken- als auch für Schachtausbau in immer steigendem Maß. In Strecken benutzt man Bogen aus **I**-Eisen, deren Zwischenräume meistens mit Eichenschwarten verzogen werden, in Schächten dagegen Ringe aus **⊐**-Eisen, die man aus vier Teilen zusammensetzt und in Abständen von 1 m eindringt. Dieser E. ist bei mäßigem Druck und ganz besonders in solchen Fällen sehr zweckmäßig, wenn Holz rasch vermodern würde. (Vgl. Grubenbau.)

Eisenbäder, Bäder von eisenhaltigem Wasser, sei es künstlichem oder natürlichem, s. Mineralwässer und Bad (Bd. 2, S. 254 a).

Eisenbahn, s. Eisenbahnen. — Über die Elektrische Eisenbahn s. d.

Eisenbahnabgaben, s. Eisenbahnsteuer.

Eisenbahnabnahmeamt, eine 1. Okt. 1892 in Essen neu errichtete Dienststelle der preuß. Staatseisenbahnverwaltung. Dem E. fallen für den rhein.-westfäl. Industriebezirk (mit Ausnahme des Saar- und Wurmreviers und der Werke in und bei Osnabrück) folgende Obliegenheiten zu: Die Überwachung der Anfertigung und die Abnahme von Schienen, eisernen Schwellen, Kleineisenzeug, Achsen und Rädern (s. Eisenbahnbau und Betriebsmittel) sowie die Güteprüfung dieser Gegenstände im Bereich der preuß. Staatseisenbahnverwaltung; Herbeiführung und Sicherung einer gleichmäßigen Handhabung der Abnahmegeschäfte; Ausbildung der überwiesenen Abnahmebeamten; Sammlung der Ergebnisse der vorgenommenen Güteproben; Beobachtung der neuesten Erscheinungen und Fortschritte auf dem Gebiete der Eisenindustrie; Beobachtung der Leistungsfähigkeit der einzelnen Werke. Das E. untersteht der königl. Eisenbahndirektion (rechtsrheinischen) zu Köln und ist in Angelegenheiten seines Geschäftskreises Dienststelle sämtlicher Eisenbahndirektionen und Betriebsämter. (S. Eisenbahnbehörden.)

Eisenbahnabrechnungsstellen oder -**Bureaus** ermitteln für die einem bestimmten Eisenbahnverbande (s. d.) oder -Verkehr angehörenden Verwaltungen die denselben aus den beförderten Personen und Gütern zustehenden Einnahmeanteile und Entschädigungen aus der gegenseitigen Wagenbenutzung. Guthaben und Schuldposten der Verbandsverwaltungen werden zusammen- und für jede Verwaltung in einer Summe festgestellt; die Begleichung erfolgt, soweit angängig, durch Gegenrechnung (Kompensation), um Barzahlungen zu beschränken. Von den wichtigsten E. sind zu nennen: die *Abrechnungsstelle des Vereins deutscher Eisenbahnverwaltungen* unter Leitung der geschäftsführenden Direktion (zur Zeit der königl. Eisenbahndirektion zu Berlin). Vom 1. April 1891 bis 31. März 1892 betrug die zur Verrechnung angemeldete Gesamtsumme aller Währungen 290543030 M. für 128358 Forderungen, die bar gezahlten Beträge jedoch 139022162 M. für 4109 Forderungen. Hiernach wurden durch je eine Zahlung 20,13 Forderungen beglichen, während das Verhältnis der Gesamtsumme aller angemeldeten zur Gesamtsumme der bar gezahlten Beträge 1:0,48 beträgt. Ferner sind zu erwähnen das der königl. Eisenbahndirektion zu Magdeburg unterstellte *Central-Wagenabrechnungsbureau* zur Vermittelung der Wagenmieteberechnung zwischen den preuß. Staats- und den übrigen Eisenbahnen des Vereins und des internationalen Wagenverbandes; das der königl. Eisenbahndirektion zu Hannover unterstellte *Central-Verkehrsabrechnungsbureau* für den Verkehr der preuß. Staatsbahnen mit mehrern deutschen und österr.-ungar. Bahnen; das der königl. Eisenbahndirektion zu Bromberg unterstellte *Abrechnungsbureau für die deutsch-russischen Verbände* und das der königl. Eisenbahndirektion zu Breslau unterstellte *Abrechnungsbureau für die deutsch-österreichisch-ungarischen Verbände*. Weitere E. sind vorhanden in Straßburg unter der kaiserl. Generaldirektion der Eisenbahnen in Elsaß-Lothringen für den süddeutsch-franz. und den deutsch-ital. Verkehr über den Gotthard, in München unter der Generaldirektion der königlichen bayr. Staatsbahnen für den süddeutschen Eisenbahnverband und für den deutsch-ital. sowie den böhm.-ital. Verband, in Wien und in Szegedin für die Eisenbahnen Österreichs und Ungarns, in Brüssel unter der Verwaltung der belg. Staatsbahnen für die Teilnehmer an der internationalen engl.-franz.-holländ.-belg.-deutsch-schweizer.-österr.-ungar.-ital. Liquidationsgruppe u. a. m. — In **England** besteht für den Wechselverkehr der engl. Eisenbahnen eine nach dem Vorbilde des Londoner Abrechnungshauses der Banken und Bankiers (s. Clearing-House) gebildete Central-Abrechnungsstelle, das sog. Eisenbahn-Clearing-House (Railway Clearing House). Dasselbe wurde in den vierziger Jahren des 19. Jahrh. durch Rob. Morison begründet, die Regelung der gesetzlichen Befugnisse und Verpflichtungen des Abrechnungsverbandes erfolgte durch die unter der Bezeichnung Railway Clearing Act veröffentlichte Parlamentsakte vom 25. Juni 1850. Die Abrechnungsstelle erhält unmittelbar von den Abfertigungsstellen der Bahnen Meldungen über die Transporte und die erzielten Einnahmen; sie ermittelt die Entschädigungen für die gegenseitige Wagenbenutzung, führt überhaupt vollständig Rechnung für jeden Teilnehmer und besorgt durch den Kassierer und die mit dem Clearing-House verbundenen Bankhäuser die hieraus entspringenden Kassengeschäfte, indem sie Schuldbeträge einzieht, Zahlungen für Rechnung der Guthaber (durch Checks) leistet u. s. w. Die einzelnen Bahnen sind gewissermaßen als Teilnehmer einer Erwerbsgesellschaft aufzufassen, deren Buchführung unter Contoeröffnung für jeden Teilnehmer bei einer gemeinschaftlichen Stelle, dem Clearing-House, vereinigt ist. Die umfangreichen Abrechnungsarbeiten erfordern eine große Zahl von Beamten (gegen 2000); trotzdem betragen die Kosten des Clearing-House kaum 3/4 Proz. des abgerechneten Betrages. Vom Clearing-House ist ferner die Herstellung einer einheitlichen Güterklassifikation (s. Eisenbahntarife, S. 901 b) für die einzelnen Bahnen sowie die Anordnung einheitlicher Vorschriften für den Betriebsdienst (Rules and regulations) ausgegangen. — Vgl. Encyklopädie des gesamten Eisenbahnwesens, hg. von Röll (Wien 1890—92); M. M. von Weber, Schule des Eisenbahnwesens (4. Aufl., Lpz. 1885); Zeitung des Vereins deutscher Eisenbahnverwaltungen, 1863, Nr. 26 fg., mit ausführlicher Übersetzung der «Railway Clearing Act».

Eisenbahnabteilung des Großen Generalstabes zu Berlin, diejenige Militärbehörde, welche die militär. Ausnutzung der Eisenbahnen im Frieden regelt und dieselbe für den Krieg in Verbindung mit dem Reichs-Eisenbahnamt und den Eisenbahnverwaltungen in Friedenszeiten vorbereitet. Sie ist dem Chef des Generalstabes der Armee unterstellt; ihre Organe sind die Linienkommissionen. Der Chef der E. übernimmt im Kriege die Funktionen des Feld-Eisenbahnwesens (s. d.) und wird durch den Chef der E. des stellvertretenden Generalstabes ersetzt, sobald ersterer den Sitz der E. verläßt (Kriegs-Transportordnung §§. 10, 15, 16).

Eisenbahnabteilungen, preußische, im Kriege von 1866, s. Eisenbahntruppen.

Eisenbahnagenten werden von den Bahnverwaltungen an größern Verkehrsmittelpunkten bestellt, um dem Publikum über Verkehrsfragen, Tarife, Fahrpläne, Anschlüsse u. s. w. Auskunft zu geben und die eigene Verwaltung über die für sie wichtigen Verkehrsverhältnisse auf dem Laufenden zu erhalten (s. Auskunftsstellen in Eisenbahnangelegenheiten).

Eine besondere Art bilden die Agenten, denen auf Nebenbahnen mit geringerm Verkehr zum Zweck möglichst einfacher und billiger Gestaltung des Betriebes die Abfertigung der Personen und Güter übertragen ist. Sie werden gewöhnlich aus der Zahl der Geschäftsleute, Spediteure u. s. w. gewählt und erhalten eine entsprechende Vergütung. Solche Agenturen bestehen z. B. bei den preuß., bayr. und sächs. Nebenbahnen und haben sich bisher gut bewährt. Bei den preuß. Staatsbahnen sind neuerdings in größerm Umfange **Güteragenten** an entfernt von der Eisenbahn belegenen Orten angestellt worden, um zwischen den letztern und der nächsten Bahnstation eine regelmäßige bahnseitige An- und Abfuhr von Stückgütern zu bewirken. Die an den Seitenorten eingerichteten **Güternebenstellen** fertigen Stückgüter bis zu 750 kg Gewicht gegen tarifmäßige, öffentlich bekannt gemachte Gebühren ab und bringen dieselben den am Orte der Nebenstelle oder im Rollbezirk der Nebenstelle wohnenden Empfängern in die Behausung, oder holen dieselben auf Verlangen aus letzterer ab. (S. Bestätterung.)

Endlich pflegen auch größere Eisenbahnverwaltungen, die an fremdländischen Verkehren beteiligt sind, E. im Auslande anzustellen, mit dem Auftrag, ihre Verwaltung über die Bedürfnisse des Verkehrs mit den betreffenden Gebieten zu unterrichten und Vorschläge über zweckmäßige Einrichtungen zur Verbesserung und Hebung des Verkehrs zu machen. Solche E. besitzen z. B. die österr., franz., engl. und belg. Bahnen. Zahlreich vertreten sind sie bei den amerik. Bahnen, deren eigentümliche Verhältnisse es mit sich bringen, daß sie hier ihre Thätigkeit vornehmlich im Interesse des Geschäftskampfes ihrer Gesellschaften entwickeln und das Publikum durch marktschreierische Anpreisungen zur Benutzung bestimmter Linien zu bewegen suchen. — Vgl. Brosius, Erinnerungen an die Eisenbahnen der Vereinigten Staaten (2. Aufl., Wiesb. 1885); ferner den Artikel: Stückgutverfuhr von und nach entfernt von der Eisenbahnstation gelegenen Orten im «Archiv für Eisenbahnwesen», 1890.

Eisenbahnakademie, s. Eisenbahnvorlesungen.

Eisenbahnamt, s. Eisenbahnbehörden (S. 847 a).

Eisenbahnanleihen. Wenn bei einem Privateisenbahnunternehmen das ursprünglich veranschlagte und von den Aktionären eingezahlte Kapital zum Bau und zur Beschaffung des Betriebsmaterials nicht ausreicht, so muß entweder eine Ausgabe neuer Aktien stattfinden oder eine Anleihe gemacht werden. In letzterm Falle werden dem Publikum Obligationen verkauft, welche vor den Stammaktien einen Vorzug genießen und daher den Namen **Prioritätsobligationen** erhalten haben. Sie unterscheiden sich von den Aktien dadurch, daß sie keine schwankende Dividende, sondern einen festen Zins tragen, und daß dieser zuerst vom Ertrage abgezogen wird, ehe die Aktien Dividenden erhalten. Diesen Prioritätsobligationen dient oft zur Sicherung hypothekarische Verpfändung des Gesellschaftsvermögens. Im Deutschen Reich fehlt es an einem Gesetze, welches die hypothekarische Belastung einer Eisenbahn als Einheit ermöglicht. Der nach dem Vorgang der Schweizer und österr. Gesetzgebung

(Gesetz vom 19. Mai 1874) dem Reichstag in den Sessionen von 1879 und 1880 vorgelegte Gesetzentwurf ist unerledigt geblieben. Falls mehrere Schuldaufnahmen stattfinden, werden die Obligationen in Klassen geteilt und gehen dann diejenigen früherer Emissionen im Zinsgenuß und in der Tilgung denjenigen späterer Ausgaben vor. Die Ausgabe von auf den Inhaber gestellten Prioritätsobligationen bedarf in Preußen nach dem Gesetz vom 17. Juni 1833, in den neuen Provinzen eingeführt durch Verordnung vom 17. Sept. 1867, königl. Privilegiums; in Österreich ist nach dem Eisenbahnkonzessionsgesetz vom 14. Sept. 1854 für alle Eisenbahnanleihen mit Hinausgabe von Obligationen Bewilligung der Staatsregierung und seit dem Gesetz vom 19. Mai 1874 vorgängige Einverleibung des Pfandrechts auf die zur Hypothek bestimmte, den Gegenstand einer Eisenbahnanlage bildende bücherliche Einheit erforderlich.

Wenn der Staat Eisenbahnen baut, wird in der Regel das gesamte für die Anlage erforderliche Kapital durch Anleihen beschafft. Da der Staat als Sicherheit dem Gläubiger nicht nur die Rentabilität der von der betreffenden Anleihe zu bauenden Bahn, sondern die gesamte Steuerkraft des Landes bietet, so haben in Bezug auf die Kapitalbeschaffung die Staatsbahnen vor den Privatbahnen den Vorzug und verlieren denselben nur bei außerordentlicher Zerrüttung der Staatsfinanzen. Die Möglichkeit oder Leichtigkeit, eine Eisenbahnanleihe aufzunehmen, hängt, wie bei allen Anleihen, zunächst von der jeweiligen Lage des Geldmarktes ab, sodann vom Kredit des Schuldners. Wird das durch die Eisenbahnanleihe beschaffte Geld in wirklich zweckmäßiger Weise in Eisenbahnbauten angelegt, so belastet die dadurch hervorgerufene Vermehrung der öffentlichen Schuld die Steuerzahler nicht, da das in den Eisenbahnen angelegte Kapital sich selbst verzinst und die Eisenbahnen selbst eine fortwährende, sich immer steigernde Hebung aller wirtschaftlichen Verhältnisse hervorrufen. (S. Staatsschulden.)

Eisenbahnartels, s. Bestätterung.

Eisenbahnaufsicht, s. Eisenbahnbehörden.

Eisenbahnauskunftsstellen, s. Auskunftsstellen in Eisenbahnangelegenheiten.

Eisenbahnausschuß, s. Eisenbahnbeiräte.

Eisenbahnbataillon, s. Eisenbahntruppen.

Eisenbahnbau, umfaßt im weitern Sinn die gesamte auf Herstellung und Ausrüstung neuer Eisenbahnen gerichtete Thätigkeit, insbesondere auch die Leitung des Baues, die Einrichtung der Behörden u. s. w. Im engern Sinn versteht man darunter die technische Seite des Baues und unterscheidet hierbei die den Bau vorbereitenden Arbeiten und die eigentliche Bauausführung. Erstere bestehen: in den allgemeinen Vorermittelungen über das Bedürfnis zur Herstellung einer Eisenbahn und die zweckmäßigste Art seiner Befriedigung und in den Vorarbeiten (Aufstellung des Entwurfs) für die in Aussicht genommene Linie. Bei den allgemeinen Vorermittelungen werden die wirtschaftlichen und Verkehrsverhältnisse der in Betracht kommenden Gebiete untersucht, über den zeitigen und den für die neue Bahn zu erwartenden Verkehr statist. Aufnahmen gemacht und Berechnungen angestellt. Nach dem gewonnenen Ergebnis wird geprüft, welche von den verschiedenen in Frage kommenden Linien die wirtschaftlich beste und bauwürdigste ist. Hierauf schließen sich die Vorarbeiten für die gewählte Linie, die wiederum in allgemeine (generelle) und ausführliche (specielle) Vorarbeiten zerfallen. Die allgemeinen Vorarbeiten bezwecken den Nachweis der wirtschaftlichen und technischen Zweckmäßigkeit sowie der voraussichtlichen Kosten der Bahn. Sie bilden die Unterlage für die Erteilung der Konzession bei Privatbahnen (s. Eisenbahnkonzession) und die Bewilligung der Geldmittel bei Staatsbahnen. Die Erlaubnis zur Vornahme allgemeiner Vorarbeiten (sog. Vorkonzession) wird von der Aufsichtsbehörde erteilt. Die ausführlichen Vorarbeiten bezwecken die Aufstellung der Entwürfe für die Ausführung. Die Genehmigung zur letztern wird von der Aufsichtsbehörde erteilt, nachdem die Entwürfe in landespolizeilicher und eisenbahntechnischer Beziehung von den hierfür zuständigen Behörden (in Preußen Regierungspräsidenten, Eisenbahn-Kommissariat und Minister der öffentlichen Arbeiten) geprüft und festgestellt sind. Nach den für die preuß. Staatsbahnen bestehenden Bestimmungen müssen die allgemeinen Vorarbeiten eine Übersichtskarte, die erforderlichen Lage- und Höhenpläne, einen Erläuterungsbericht und Kostenanschlag sowie eine Denkschrift über die wirtschaftliche Bedeutung der Bahn nebst Ertragsberechnung und Betriebsplan enthalten. Der Anfertigung der Pläne gehen örtliche Messungen voraus. Dieselben erstrecken sich auf die genaue Feststellung der wagerechten (horizontalen) und senkrechten (vertikalen) Lage der Bahn zur Erdoberfläche, die Krümmungsverhältnisse, welche durch das Terrain geboten sind, auf die Berechnung der Auf- und Abtragungen von Erdreich sowie der nötigen Kunstbauten. Die Krümmungen oder Kurven der Bahn müssen nach einem möglichst großen Halbmesser abgerundet werden, da die Fahrt in kurzen Krümmungen teils aufhaltend, teils gefährlich ist, auch das Material der Bahn stark abnutzt. Nach den 1. Jan. 1893 in Kraft tretenden Bestimmungen der «Normen für den Bau und die Ausrüstung der Haupt-Eisenbahnen Deutschlands» und der «Bahnordnung für die Nebeneisenbahnen Deutschlands» vom 5. Juli 1892 (s. unten) sollen, in Übereinstimmung mit den frühern Vorschriften (s. Bahnpolizei), die kleinsten Krümmungshalbmesser der Kurven auf freier Strecke bei Vollbahnen 180 m, bei Nebenbahnen mit Normalspur 100 m betragen. Halbmesser unter 300 m auf freier Bahn bedürfen bei Hauptbahnen der Genehmigung des Reichseisenbahnamtes. Die Steigungen betreffend, überschreitet man nicht gern im Flachlande das Verhältnis von 1 m Erhebung auf 200 m Länge, im hügeligen Lande von 1:100 und in Gebirgsgegenden von 1:40. Jedoch kommen auf manchen Gebirgsbahnen noch bedeutendere Steigungen vor, z. B. auf der peruan. Eisenbahn von Lima nach Oropa am Ostabhange der Cordilleren, deren höchster Punkt, der Summit-Tunnel, 4760 m ü. d. M. liegt und bei der die höchste Steigung 1:20½ beträgt (s. Cordilleren-Eisenbahnen); wegen ihrer schwierigen Steigungsverhältnisse sind noch zu erwähnen: die Semmeringbahn (s. d.), die bad. Schwarzwaldbahn zwischen Hausach und Villingen, die Brennerbahn (s. d.), die Centralpacificbahn (s. Pacific-Eisenbahnen) bei Übersteigung der Sierra Nevada u. a. m. Nach den obigen Bestimmungen sind in Deutschland bei Vollbahnen nur Steigungen bis zu 1:40, bei Nebenbahnen in der Regel bis zu 1:25 zulässig. Für stärkere Steigungen ist die Zustimmung des Reichseisenbahnamtes erforderlich.

Die eigentliche **Bauausführung**, die technische Ausführung des aufgestellten Entwurfs, umfaßt zwei Hauptteile, den Unterbau und den Oberbau. Hieran schließt sich die Herstellung der Betriebseinrichtungen, wie der Weichen, der Bahnhöfe, der Signale u. s. w., und endlich auch die Ausrüstung der Bahn mit den erforderlichen Betriebsmitteln.

Fig. 1.

Der **Unterbau** einer Eisenbahn, der den eigentlichen Schienenweg (Oberbau) zu tragen bestimmt ist, besteht aus dem Erdkörper und den vorkommenden Kunstbauten. Zur Herstellung des **Erdkörpers** dienen die Erd- und Felsarbeiten oder **Erdarbeiten** schlechthin, durch welche die Erhöhungen und Vertiefungen der Erdoberfläche ausgeglichen werden. Man unterscheidet hierbei **Dämme** (s. Damm) oder **Aufträge** und **Einschnitte** oder **Abträge**. Erdkörper, bei denen Auf- und Abtrag zugleich vorkommen, heißen **Anschnitte**. Für die Art der Herstellung von Einschnitten und Dämmen sind in Fig. 1 (Damm) und Fig. 2 (Einschnitt) Beispiele gegeben. In den Fig. 3, 4 u. 5 ist die Gestaltung des Unterbaues dargestellt. Fig. 3 ist der Querschnitt eines Dammes, Fig. 4 der eines Einschnittes, Fig. 5 der eines Anschnittes. Bei Einschnitten werden zur Abführung des Wassers zu beiden Seiten des Bahnkörpers **Gräben** angelegt. Einschnitte von 100000 cbm Inhalt gehören schon zu den größern, es giebt aber auch Einschnitte, namentlich in England, von 1 bis $1\frac{1}{2}$ Mill. cbm Inhalt. Die Tiefe der Einschnitte überschreitet nur selten 25—30 m, bei größern Tiefen sind Tunnels vorteilhafter. Wo die Örtlichkeit die Herstellung der natürlichen Böschungen nicht gestattet, man vielmehr genötigt ist, einem tiefen Einschnitt eine möglichst schmale Breite nach oben zu geben oder den Fuß eines Dammes möglichst schmal zu halten, oder wo der Fuß eines Berges oder Hügels wegzunehmen und die Bahn an steilen Abhängen hinzuführen ist, wendet man zum Schutz des Erdreichs **Futtermauern** (s. d.) an.

Fig. 2.

Wenn die durch die geogr. Bodenbeschaffenheit gebotenen Hindernisse weder durch Krümmungen umgangen, noch durch Steigungen und Gefälle, Dämme und Einschnitte überwunden werden können, müssen die **Kunstbauten**: Brücken, Viadukte und Tunnels eintreten. Das Hauptmaterial der **Eisenbahnbrücken** ist das Eisen, und zwar das Schmiedeeisen, in neuerer Zeit auch Stahl. Unter den bedeutendern Eisenbahnbrücken sind zu erwähnen: die Britannia-Röhrenbrücke über die Menaistraße (s. Röhrenbrücken), die Brücke der niederländ. Staatsbahn über den Lek bei Kuilenburg, die Brücken über den Rhein bei Düsseldorf, Köln und Koblenz, über die Elbe bei Hamburg, die Brücken über die Weichsel bei Dirschau, Thorn und Graudenz. Neuerdings ist neben der Gitterbrücke bei Dirschau eine neue zweigleisige Eisenbahnbrücke über die Weichsel unter Beteiligung des Reichs an den Baukosten hergestellt, und die alte, nur eingleisige Eisenbahnbrücke dem Landverkehr übergeben worden. Ferner sind zu erwähnen die neue Brücke über den Firth of Tay bei Dundee (3286 m in 85 Spannungen, mit größter Spannweite von 74,70 m) und die 4. März 1890 von dem Prinzen von Wales eröffnete Brücke über den Firth of Forth bei Queensferry (s. Forth-Brücke). Letztere ist zur Zeit die bedeutendste Eisenbahnbrücke der Welt. In Amerika sind zu erwähnen: die Drahtseilhängebrücke über den East-River (s. Hängebrücken) zwischen Neuyork und Brooklyn

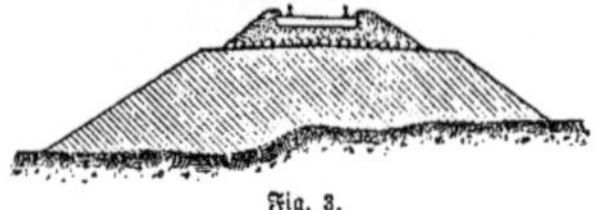

Fig. 3.

mit drei Hauptöffnungen, deren mittlere 518 m weit ist, die Mississippibogenbrücke bei St. Louis, die Hängebrücke über den Delaware bei Philadelphia und die Victoriabrücke bei Montreal über den St. Lorenz; in Ostindien: die mit einem Kostenaufwande von 60 Mill. M. erbaute, 1072 m lange Dufferin-Brücke über den Ganges bei Benares, die Brücke über den Tschinab (2834 m) u. a. (Näheres s. Eisenbrücken, Hängebrücken, Röhrenbrücken.)

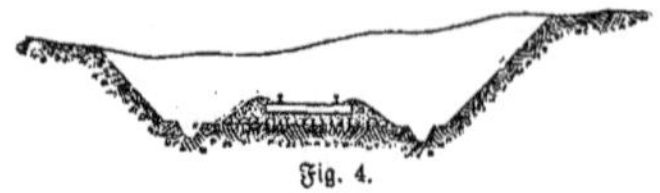

Fig. 4.

Tief einschneidende Thäler werden durch **Viadukte** überspannt, von denen auf dem Festland mit der größte der Viadukt der sächs.-bayr. Bahn zur Überschreitung des Gölzschthals ist, 680 m lang und 80 m über dem tiefsten Punkte der Thalsohle. Der neue Verrugasviadukt auf der peruan. Bahn von Lima nach Oroya, wie der 23. März 1889 eingestürzte, ganz von Eisen konstruiert, hat drei Öffnungen von zusammen 129 m Länge und Mittelpfeiler von 80 m Höhe. (S. Cordilleren-Eisenbahnen.)

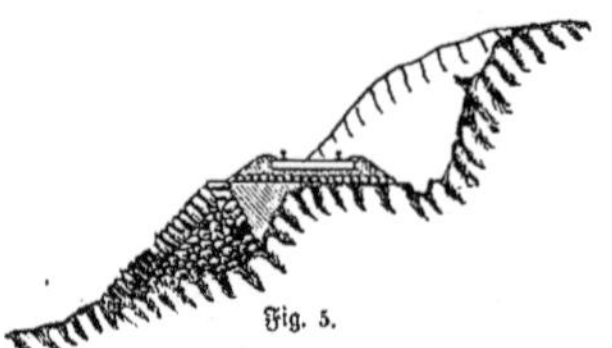

Fig. 5.

In Großbritannien liegen mitunter drei oder vier Verkehrswege übereinander. So kommt auf der North-Midlandbahn der Fall vor, daß die Eisenbahn **unter** dem Cromfordkanal, aber **über** der Landstraße fortgeht, die selbst wieder an dieser Stelle den Fluß Amber übersetzt. — Von den **Tunnels** oder den Durchbohrungen ganzer Berge sind als die längsten anzuführen: der im Juni 1882 eröffnete Gotthardtunnel (s. Gotthardbahn) von 15 km Länge, der 17. Sept. 1871 eröffnete Mont-Cenistunnel (s. Mont-Cenis) von 12,2 km Länge, der Hoosactunnel auf der Eisenbahn von Boston (Massachusetts) nach Albany von 7,6 km Länge, der auf der österr. Staatsbahn Innsbruck-Bludenz hergestellte Arlbergtunnel (s. Arlberg), 10,25 km lang u. s. w.

Der **Oberbau** besteht aus der Bettung, den Schienenunterlagen (**Schwellen**) und den Schienen mit ihren Verbindungsstücken, als Laschen, Schrauben, Platten, Nägeln, Bolzen u. s. w. (**Kleineisenzeug**). Unter **Bettung** versteht man Schichten von Kies oder Steinschlag, die auf den Bahnkörper gebracht werden, um das Eindrücken der Schwellen in den Boden zu verhindern und den Ablauf des Regenwassers zu befördern. Nach den Normen für den Bau und die Ausrüstung der Haupteisenbahnen Deutschlands vom 5. Juli 1892 (s. S. 842b) soll die Bettung unter den Schienenunterlagen mindestens 20 cm stark sein. In nachstehender Fig. 6 ist die Bettungsschicht mit den Schwellen und Schienen ersichtlich gemacht. Das beste Bettungsmaterial bildet Steinschlag aus wetterbeständigen harten Steinen.

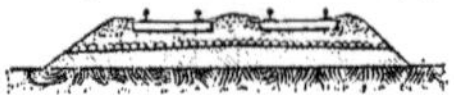

Fig. 6.

Damit sich auf dem Bahnkörper kein Wasser ansammeln kann, wird derselbe von der Mitte aus nach beiden Seiten geneigt angelegt und mit Gräben versehen. Die Schwellen werden meist so weit mit Kies bedeckt, als dies die Überwachung der Schienenbefestigungen gestattet; auf den amerik. Bahnen bleiben sie gewöhnlich frei von Kies. Je tiefer die Schwellen in die Bettung eingreifen, desto fester liegt das Gleis und desto geringer ist das Geräusch der Fahrt.

Hinsichtlich der Gestaltung der **Schienenunterlagen** unterscheidet man hauptsächlich 3 Systeme: 1) das System mit **Einzelunterlagen**, bei dem jede Schiene eines Gleises für sich, durch einzelne Steinwürfel, gußeiserne Glocken oder dergleichen unterstützt wird; dasselbe (s. nachstehende Fig. 7) ist gegenwärtig nur wenig im Gebrauch; 2) das **Querschwellensystem**, bei dem die beiden Schienen eines Gleises gemeinschaftlich durch hölzerne oder eiserne Schwellen in Entfernungen von 0,8 bis 1 m unterstützt werden; 3) das **Langschwellensystem**, bei dem die Schienen fortlaufend gleichmäßig unterstützt sind, sodaß das Gleis einem ununterbrochenen Langträger gleicht. Bei diesem System werden in der Regel sämtliche Teile aus Eisen und Stahl gefertigt. In Deutschland und Österreich kommen gegenwärtig fast nur in Betracht: hölzerne Querschwellen (in Deutschland etwa 81 Proz. aller Gleise), eiserne Querschwellen und eiserne Langschwellen.

Fig. 7.

Die **hölzernen Querschwellen** bestehen aus Eichen-, Kiefern- (Lärchen-, Fichten-) und Buchenholz. Sie werden vor der Verwendung in besondern Imprägnierungsanstalten mit Kreosot, Quecksilbersublimat, holzessigsaurem Zinkoxyd, Kupfer-

oder Eisenvitriol oder Zinkchlorid durchtränkt, wodurch ihre Dauer um 25 Proz. (bei Eichenholz) bis 500 Proz. (bei Buchenholz) verlängert wird (s. Holzkonservierung). Die gebräuchlichen Abmessungen der hölzernen Querschwellen sind 2,5—2,7 m Länge, 16 cm Höhe und 25 cm Breite (Schwellen, wo zwei Schienen zusammenstoßen — Stoßschwellen — 30 cm breit). Die Befestigung der Schienen auf den hölzernen Querschwellen richtet sich in erster Reihe nach der Form der Schienen. Bei den Stuhlschienen (s. S. 837a) erfolgt sie mittels sog. Stühle, die in der Regel aus Eisen gegossen und u. a. von der in Fig. 8a dargestellten Form sind. Zur Befestigung

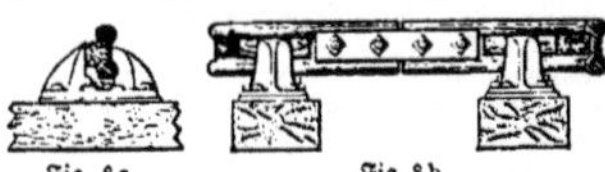

Fig. 8a. Fig. 8b.

der Schienen in den Stühlen dienen gewöhnlich Holzkeile. Die Stühle selbst werden mit den Schwellen durch eiserne Nägel oder Schrauben verbunden, vielfach auch durch Holznägel (Dübel). Fig. 8b zeigt die Verbindung von Stuhlschienen durch Laschen, sowie die Stühle von der Seite. Zur Befestigung der breitfüßigen Schienen (s. S. 837a) auf den hölzernen Querschwellen werden Nägel (Fig. 9) oder Holzschrauben (Tirefonds, Fig. 10) verwendet. Man unterscheidet den schwebenden und den festen Stoß, je nachdem das Zusammenstoßen zweier Schienen einer Schienenreihe zwischen zwei Schwellen oder auf einer Schwelle stattfindet. Der schwebende Stoß wird immer allgemeiner eingeführt, da er ein sanfteres Fahren begünstigt. Die Entfernung der Schwellen voneinander ist nicht überall gleich. Die dem Schienenstoß zunächst liegenden Schwellen sind in geringern Abständen verlegt als die mittlern. Die Entfernung der Mittelschwellen beträgt bei Hauptbahnen höchstens 1 m, die der Nachbarschwellen bei festem Schienenstoß etwa 0,8 m und bei schwebendem Stoß etwa 0,6 m. Auf eine Schiene von 9 m Länge sind etwa 10 Schwellen zu rechnen. Neuerdings werden bei verkehrsreichen Hauptbahnen 11, auch 12 Schwellen auf eine Schienenlänge von 9 m verlegt. Zur Verminderung des Druckes auf die Schwellen und Erhöhung der festen Lage des Oberbaues werden, besonders an den Stoßschwellen, eiserne Unterlagsplatten von nachstehender Form (Fig. 11a u. b) angebracht.

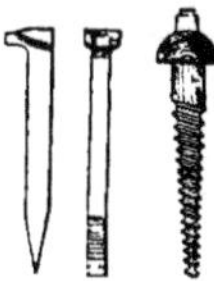

Fig. 9. Fig. 10.

Da die Schienen zur Vermeidung des Kantens nicht senkrecht, sondern nach innen geneigt (um 1/20 bis 1/16 der Höhe) gestellt werden, müssen die Schwellen mit gleicher Neigung versehen (gekappt) werden. Oft sind zur Vermeidung der Kappung die Platten schon mit schräger Auflagefläche (Fig. 11b) versehen. Um eine Längsverschiebung («Wandern») der Schienen auf den Schwellen zu verhindern, werden entweder kräftige Laschenverbindungen (s. S. 838a) angewendet, die über die beiden benachbarten Stoßschwellen hinüberreichen und hier Einklinkungen erhalten, in welche

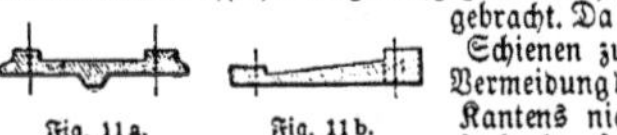

Fig. 11a. Fig. 11b.

die Schienenbefestigungsmittel eingreifen, oder es erhalten die Laschen tiefe Schenkel, die um den Schienenfuß herum zwischen die Stoßschwellen greifen und

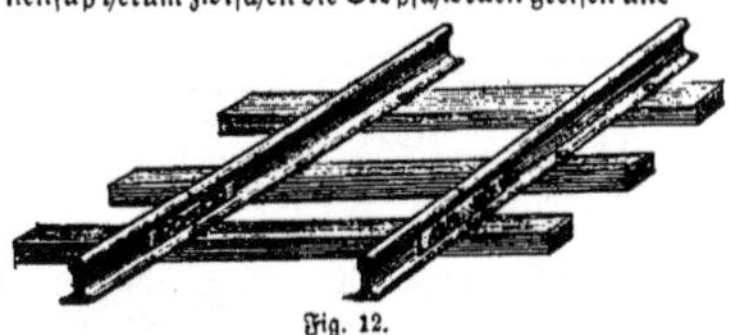

Fig. 12.

sich gegen dieselben stützen. Das hölzerne Querschwellensystem mit breitfüßigen Schienen ist auf vorstehender Fig. 12 dargestellt.

Fig. 13a.

Eiserne Querschwellen haben meist den unten in Fig. 13c dargestellten Querschnitt. Sie besitzen gewöhnlich eine Länge von 2,5 bis 2,7 m und eine Dicke von 9 bis 13 mm. Von den hauptsächlichsten Systemen sind zu erwähnen: das Bautherinsche, Fig. 13 (Gewicht für das laufende Meter 15—24, der ganzen Schwelle 40—60 kg), und das Haarmannsche, Fig. 14 (Gewicht 20,4 und 52 kg). Fig. 13a stellt einen Vertikalschnitt durch die Schienenanlage, Fig. 14a die Schienenanlage, von oben gesehen, Fig. 13b u. 14b die Schienenbefestigungen, Fig. 13c u. 14c die

Fig. 13b. Fig. 13c.

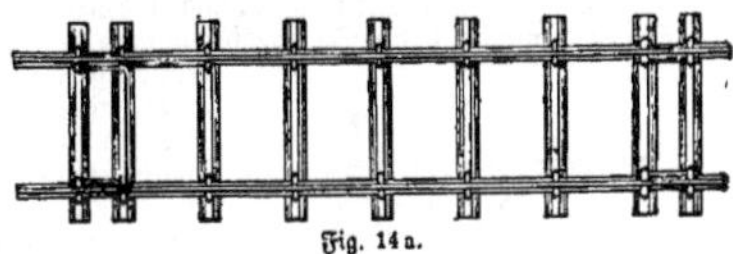

Fig. 14a.

Querschnitte der eisernen Schwellen dar. Das erstgenannte System ist zur Anwendung gekommen auf der Württemb. Staatsbahn, der Rhein. und der Bergisch-Märk. Eisenbahn u. a. m., das letzterwähnte auf der preuß. Staatsbahnstrecke Erfurt-Ritschenhausen. Fig. 15 u. 16 lassen die Querschnitte des unter anderm auf der Gotthardbahn (s. d.) angewendeten Küpferschen Systems (Gewicht 23 und 57 kg) und des unter anderm auf den preuß. Staatsbahnen, der Hess. Ludwigsbahn, der Franz-Josephbahn und der Arlbergbahn sowie der Bayr. Staatsbahn in Anwendung gekommenen Hilfschen Systems ohne Mittelrippe (Gewicht 19—29 und 50—72 kg)

Fig. 14b. Fig. 14c.

erkennen. Die **Befestigung der Schienen** auf den eisernen Querschwellen erfolgt entweder mit Hilfe von Keilen (Fig. 13 b) oder mit Schrauben und Klemmplatten. Eine besondere Art der Schraubenbefestigung ist von Haarmann ersonnen (Fig. 14 b).

Fig. 15. Fig. 16.

Bei dem **eisernen Langschwellenoberbau** unterscheidet man drei Systeme: das **einteilige**,

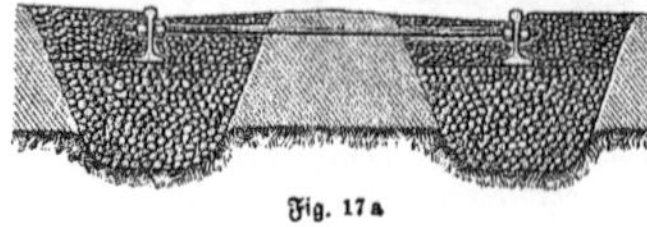
Fig. 17 a

zweiteilige und **dreiteilige**, je nachdem Schiene und Schwelle ein Ganzes bilden oder aus zwei oder drei Teilen bestehen. Von den eisernen Langschwellensystemen sind besonders zu erwähnen: das **Hartwichsche** (einteilige) System (Fig. 17 a Vertikaldurchschnitt durch die Schienenanlage, b die Schienenbefestigung, c die Laschenverbindung), bei dem eine hohe starke Schiene mit ihrem breiten Fuße

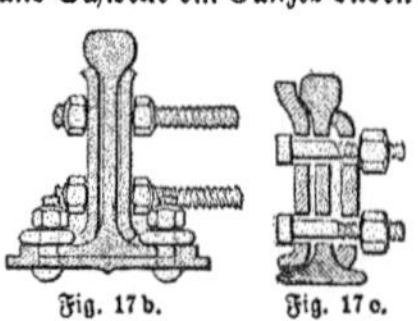
Fig. 17 b. Fig. 17 c.

Fig. 18 a.

auf der Bettung ruht; das **Hilfsche** (zweiteilige) System (Fig. 18 a Vertikaldurchschnitt durch die Schienenanlage, b die Schienenbefestigung, c die Laschenverbindung), mit einer eisernen Langschwelle und stählernen, auf den Schwellen befestigten Schienen von 25 bis 30 kg Gewicht für das laufende Meter. — Unter den Langschwellensystemen ist das **zweiteilige System** gegenwärtig das am meisten in Anwendung befindliche, doch hat das ursprüngliche Hilfsche System mannigfache Abänderungen erfahren. Die bemerkenswertesten dieser Abänderungen sind: das **Haarmannsche** System (Fig. 19 a) von 1884, das auf der Berliner Stadtbahn, der Strecke Berlin-Breslau, auf Strecken des Eisenbahn-Direktionsbezirks Hannover u. a. m. zur Anwendung ge-

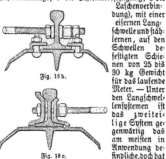

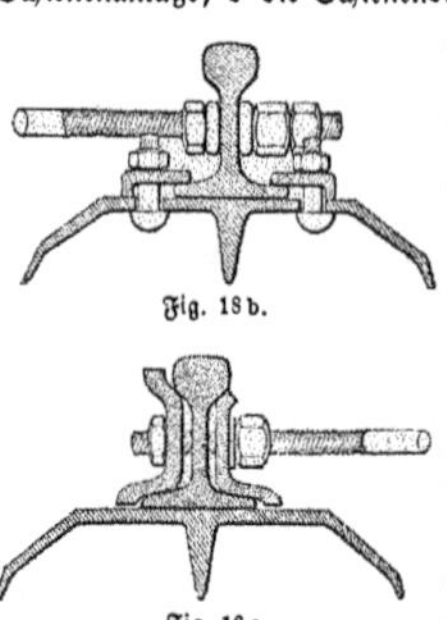
Fig. 18 b.

Fig. 18 c.

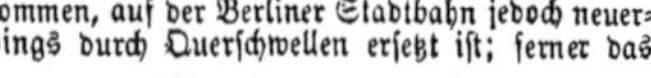

kommen, auf der Berliner Stadtbahn jedoch neuerdings durch Querschwellen ersetzt ist; ferner das

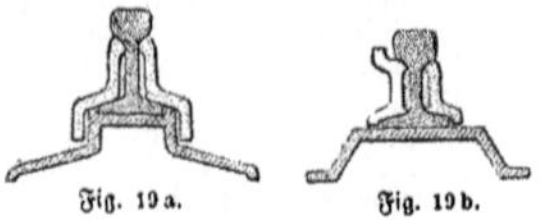
Fig. 19 a. Fig. 19 b.

System der **Rheinischen Bahn** (Bautherin, Fig. 19 b), auf der rechtsrhein. Eisenbahn, z. B. Düsseldorf-Hörde u. s. w.; das **Hoheneggersche System** (Fig. 19 c) von 1883 (Österr. Nordwestbahn) und die zur Zeit nur auf Versuchsstrecken der Eisenbahn-Direktion Hannover, dem neuen Berliner Packhof u. a. m. verwendete **Haarmannsche Schwellenschiene** (Fig. 19 d), von 1885. Das Gewicht einer Langschwelle für 1 m schwankt zwischen 23 und 29,4 kg, das Gewicht von 1 m Gleis einschließlich

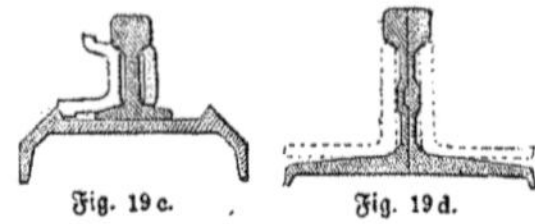
Fig. 19 c. Fig. 19 d.

Schiene und Querverbindungen zwischen 115 und 141 kg. — Bei den **dreiteiligen Langschwellensystemen** besteht die unterstützende Langschwelle aus zwei Teilen, die den Steg der Schiene zwischen sich fassen; unter denselben ist zu nennen: das auf Braunschweigischen Eisenbahnen angewendete System von **Scheffler** (Fig. 20 a), das von **Köstlin und Battig** (Fig. 20 b) und das von **Daelen** (Fig. 20 c). — Die **Befestigung der Schienen** auf den Langschwellen geschieht meist mit Klemmplatten und Schrauben, es kommen jedoch auch die übrigen bereits bei dem Oberbau mit eisernen Querschwellen erwähnten Befestigungsarten zur Anwendung. (S.

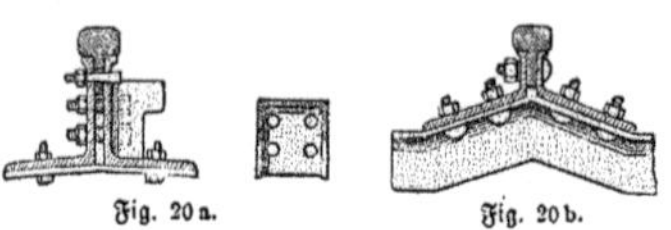
Fig. 20 a. Fig. 20 b.

die verschiedenen Figuren.) Zur Erhaltung von Spur und Schienenneigung werden **Querverbindungen** an zwei bis drei Stellen auf 9 m Gleis an den Schwellen mit Schrauben befestigt und außerdem in Bogen noch **Spurstangen** zwischen den Schienenstegen angebracht.

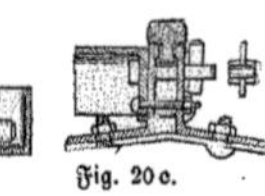
Fig. 20 c.

Über den Wert der verschiedenen **Schwellensysteme** gehen die Ansichten noch immer auseinander. Der Langschwellenoberbau setzt besonders gutes Bettungsmaterial voraus; es zeigt sich indes vielfach, daß der Bahnkörper unter der Schiene infolge des Druckes derselben nach einiger Zeit undurchlässig wird und sich deshalb Wasser zwischen den Schienensträngen ansammelt, das den Untergrund aufweicht. Infolgedessen haben sich die gewöhnlichen Spurstangen zwischen den Schienen nicht immer als ausreichend erwiesen, Spurveränderungen zu verhindern; man hat deshalb mehrfach noch unter der Mitte der Schiene Querschwellen angeordnet.

Die **Schienen**, auf denen die Räder der Fahrzeuge unmittelbar aufruhen und von denen die Räder geführt werden, bestehen im allgemeinen aus Kopf, Steg und Fuß. Der **Kopf** muß, um den Einwirkungen des Rades zu widerstehen, gut gestützt sein und daher allmählich in den Steg übergeben; auch müssen die Formen des Kopfes abgerundet sein, um Beschädigungen und das Auflaufen der Spurkränze zu vermeiden. Der **Steg** braucht nur so stark zu sein, daß die Schienen nicht umbiegen. Die Form des **Fußes** hängt von der Art der Befestigung der Schienen auf die Unterlage ab. Die Schienen werden in neuerer Zeit fast ausschließlich aus Flußstahl hergestellt, während sie früher meist aus Schmiedeeisen gewalzt wurden. Sie sind in ihrer Form sehr verschieden; man unterscheidet Flachschienen, Brück- oder Omegaschienen, Stuhlschienen und breitfüßige oder Vignolesschienen.

Die **Flachschienen** (Fig. 21) werden nur auf hölzernen Langschwellen verwendet und bilden gewissermaßen eine Panzerung derselben gegen Abnutzung. Die **Brückschiene** oder **Omegaschiene** (Fig. 22), so genannt nach der entfernten Ähnlichkeit des Querschnitts mit dem griech. Buchstaben Ω, ist nur eine besondere Form der Flachschiene, durch die bei gleichem Materialaufwand größere Höhe und Tragfähigkeit erreicht wird. Sie kommen jetzt nur noch bei Straßenbahnen (s. d.) vor.

Fig. 21. Fig. 22.

Die **Stuhlschienen** (Fig. 23), so genannt, weil zu ihrer Verbindung mit den Unterlagen besondere Stücke, sog. Stühle (s. S. 835a) erforderlich sind, hatten in ihrer ältesten Form die Gestalt eines T, später wurden Schienen mit doppeltem Kopf I angewandt, die auch jetzt noch in England mit mannigfachen Abänderungen nach Höhe, Dicke des Steges, Form des Kopfes u. s. w. überwiegend im Gebrauch sind. Der erwartete Hauptvorteil dieser Schiene, daß sie sich wenden lasse, hat sich nicht in dem erhofften Maße gezeigt, da die Köpfe durch das Befahren oft zu sehr verändert werden, um das Umkehren zu gestatten. Diesen Übelstand hat man, besonders in Amerika, durch **zusammengesetzte Schienen** abzuhelfen gesucht, die den abgenutzten Kopf allein auszuwechseln gestatten. Die üblichsten Schienen sind die **breitfüßigen** oder **Vignolesschienen** (Fig. 24), benannt nach dem engl. Ingenieur Charles Blacker Vignoles (s. d.). Mason Patrick verwendete zuerst 1835 breitfüßige Schienen auf Querschwellen von Lärchenholz; 1836 führte Vignoles breitfüßige Schienen in England ein. In Deutschland scheint Theodor Kunze, der Erbauer der Leipzig-Dresdener Eisenbahn, zuerst breitfüßige Schienen in großem Umfange verwendet zu haben. Die Länge der Schienen ist verschieden, 6,5—10 m, auf den preuß. Staatsbahnen 9 m, bei einigen Bahnen neuerdings 12 m. Ebenso weichen ihre sonstigen Abmessungen und ihr Gewicht erheblich ab. Auf den preuß. Staatsbahnen

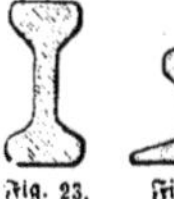

Fig. 23.

Fig. 24.

(Hauptbahnen) besteht zur Zeit das nachstehende **Normal-Schienenprofil** (Fig. 25), aus dem die einzelnen Abmessungen zu ersehen sind (h_1 Kopfhöhe, h_2 Steghöhe, h_3 Fußhöhe). Das Gewicht einer solchen Schiene beträgt für das Meter 33,4 kg. In Belgien kommen sehr schwere Schienen zur Anwendung, sog. **Goliathschienen**, von denen das laufende Meter 52 kg wiegt. Die Einführung stärkerer Schienenformen wird neuerdings in Deutschland vielfach angestrebt und ist für Bahnen mit Schnellzugsverkehr teilweise bereits in Aussicht genommen, so in Preußen Schienen von 41 kg Gewicht für das Meter. Über außergewöhnliche Eisenbahnsysteme s. d.

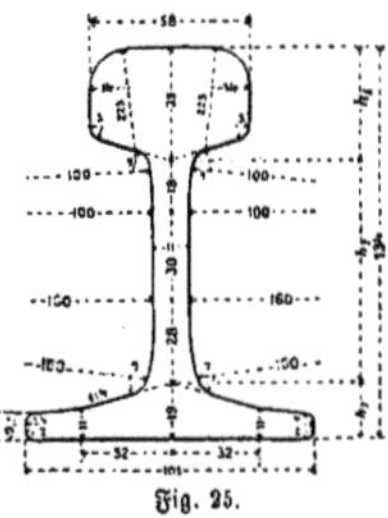

Fig. 25.

Am 1. April 1891 bestanden von den Gleisen der normalspurigen deutschen Eisenbahnen in einer Gesamtlänge von 72332,46 km (Länge des durchgehenden Gleises 41879,01 km) nur 762,73 km aus Stuhlschienen, von den übrigen Gleisen waren mit breitfüßigen Schienen verlegt und zwar 65632,36 km auf Querschwellen, Steinwürfeln oder sonstigen Einzelunterlagen, 5830,84 km auf Langschwellen (System Hilf u. s. w.), 101,07 km direkt auf der Unterbettung (System Hartwich u. s. w.); 5,46 km bestanden aus Schienen nach dreiteiligem System. Von den auf Querschwellen verlegten Gleisen (65632,36 km breitbasige + 762,73 km Stuhlschienen = 66395,09 km) waren verwendet: hölzerne Schwellen zu 53933,93 km, eiserne Schwellen zu 11973,41 km, Steinwürfel u. s. w. zu 487,75 km. Von den 33774 km Gleisen (1. Jan. 1889) der österr.-ungar. Bahnen hatten 33546 km breitfüßige Schienen auf hölzernen Schwellen.

Bei der ersten Anlage einer Eisenbahn sind für 1 km Gleis etwa 70 t Schienen erforderlich, für die bei den deutschen Eisenbahnen 1. April 1891 vorhandenen rund 72500 km Gleislänge (einschließlich der Bahnhofsnebengleise) sind also 5075000 t Schienen erforderlich gewesen. Die Bahnhofsnebengleise werden zum großen Teil nicht aus neuen, sondern aus gebrauchten, für die freie Strecke nicht mehr geeigneten oder bei Umbauten gewonnenen Schienen hergestellt. Bei einem mittlern Preise von 150 M. für die Tonne am Fabrikort stellen die auf den deutschen Eisenbahnen liegenden Schienen einen Wert von über 761 Mill. M. dar. Die **Abnutzung** der Schienen hängt besonders ab von der Menge und Schwere der darübergehenden Fahrzeuge und von den Krümmungs- und Neigungsverhältnissen der Bahnstrecken, in denen die Schienen liegen. Auf gerader oder wenig gekrümmter Bahn findet eine Höhenabnutzung der Stahlschienen von 1 mm durch eine über dieselben geführte Bruttolast von 10 bis 20 Mill. t statt, bei stärkern Neigungen und Krümmungen ist diese Abnutzung eine wesentlich stärkere. Wird im Durchschnitt für die einzelnen Schienen eine Dauer von 30 Jahren angenommen, so sind für die Unterhaltung und Erneuerung der

Gleise der deutschen Eisenbahnen in deren Ausdehnung vom 1. April 1891 jährlich etwa 169000 t Schienen erforderlich, deren Kosten an den Fabrikationsorten etwa 25,4 Mill. M. betragen. Die abgenutzten, aus den Gleisen zu entfernenden Schienen finden vielfach Verwendung zu Bauzwecken. (Über Schienenbrüche s. Eisenbahnunfälle, S. 910 fg.)

Die Verbindung der Schienen untereinander geschieht durch stählerne Laschen, zwei 45—72 cm lange Backen, die an den Schienen durch drei, vier oder mehr horizontale Schraubenbolzen befestigt sind (s. oben Fig. 8b, 12, 17c u. 18c). Die Schienen werden durch die Sonne außerordentlich stark erhitzt, oft bis zu 50°, während ihre Temperatur im Winter bis —25° fällt. Dieser Temperaturunterschied bringt bei den Schienen einen Wechsel in der Länge von etwa 1 mm für das laufende Meter hervor. Zwischen 9 m langen Schienen, die bei mittlerer Temperatur verlegt werden, muß daher ein Spielraum von 4,5 bis 6 mm belassen werden. Ebenso müssen auch die Bolzenlöcher für die Laschenschrauben nach der Längsrichtung der Schienen eine Ausweitung erfahren.

Der Abstand der beiden Schienenstränge zwischen den Innenkanten der Schienenköpfe heißt die Spurweite (s. d.). Die Doppelgleise sollen nach den Normen für die Konstruktion und Ausrüstung der Eisenbahnen Deutschlands, die in dieser Beziehung mit den neuen, zum 1. Jan. 1893 in Kraft tretenden «Normen für den Bau und die Ausrüstung der Haupteisenbahnen Deutschlands» vom 5. Juli 1892 übereinstimmen, auf der freien Bahnstrecke von Mitte zu Mitte nicht weniger als 3,5 m voneinander entfernt sein. Wenn auf einer sonst zweigleisigen Bahnlinie an einer Stelle, z. B. in Tunnels, auf Brücken, Viadukten u. s. w. nicht genügend Raum vorhanden ist, um das zweite Gleis in der vorgeschriebenen Entfernung neben dem ersten Gleise durchführen zu können, sucht man den Platz für das zweite Gleis dadurch zu gewinnen, daß man dasselbe in das erste Gleis hineinschiebt oder hineinschleift (Schleifgleis), d. h. mit Vermeidung immerhin Gefahrpunkte bietender Weichen (s. S. 839 fg.) unter Einlegung von Herzstücken (s. S. 839b) unmittelbar an das Gestänge des ersten Gleises heranlegt (Fig. 26). Ein solches Schleifgleis liegt z. B. im Altenbekener Tunnel, doch ist dessen Beseitigung veranlaßt. Aus Rücksicht auf die Fliehkraft (Centrifugalkraft) der Züge wird in Krümmungen die äußere, konvexe Schiene je nach der Geschwindigkeit der fahrenden Züge und der Größe der Krümmungshalbmesser um 1—16 cm höher gelegt als die innere. Ebenso läßt man in gekrümmten Strecken wegen der schiefen Stellung der Wagenachsen Spurerweiterungen bis zu 3 cm eintreten.

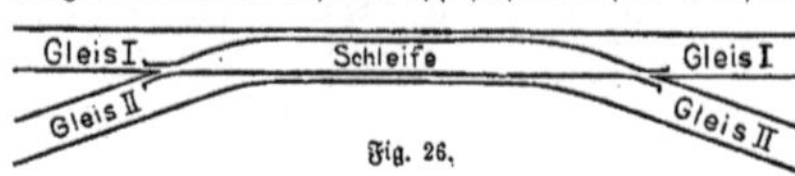

Fig. 26.

Für die ungehinderte Bewegung der Fahrzeuge auf den Gleisen ist eine bestimmte Begrenzung erforderlich einerseits für die Fuhrwerke und deren Beladung, andererseits für die neben und über den Gleisen befindlichen Baulichkeiten und Gegenstände. Der zu diesem Zwecke freizuhaltende und für die Eisenbahnen des Deutschen Reichs nach bestimmten Maßen vorgeschriebene Raum wird als Umgrenzung (früher Normalprofil) des lichten Raums bezeichnet. Das Lademaß (früher Ladeprofil) hat noch etwas kleinere Maße als die Umgrenzung des lichten Raums, bleibt also überall innerhalb des letztern, damit bei etwaiger geringer Verschiebung der Ladung diese nicht an die Bauwerke stößt. Um zu überwachen, daß die Ladungen innerhalb des Profils bleiben, sind auf den Gütergleisen Lademaße aufgestellt. Dieselben bestehen gewöhnlich aus einem Gerüst mit daran aufgehängten Eisenbogen oder herabhängenden Schnüren; Wagen, die ohne den Drahtbogen oder die Schnüre in Schwingungen zu versetzen durchgeschoben werden können, werden auch ungehindert alle Bauwerke passieren.

Da, wo sich Straßen mit Eisenbahnen in derselben Ebene (dem Bahnplanum) kreuzen, sind besondere Wegeübergänge anzulegen, indem man den Straßenkörper zu beiden Seiten und zwischen den Schienen bis zur Schienenhöhe abgleicht und befestigt und nur den für den Spurkranz der Räder erforderlichen Raum freiläßt; derselbe muß mindestens 38 mm tief und 78 mm breit sein. Vielfach verwendet man auch zur Herstellung einer derartigen Rinne noch eine zweite Schiene (Streichschiene), die in der angegebenen Entfernung neben der Schiene befestigt wird. Damit die Hufe der Pferde sich nicht festklemmen, müssen die Spurrinnen bis zur Höhe von 38 mm unter Schienenoberkante ausgefüttert werden. Wegeübergänge in der Höhe der Schienen — Plan(Niveau-)übergänge — sind in England nur ganz ausnahmsweise gestattet; im allgemeinen müssen dort alle Straßen über- oder unterführt werden, was die Baukosten der Eisenbahnen erheblich vermehrt. Auf dem Festlande sind Planübergänge nur unter bestimmten Bedingungen gestattet. An verkehrsreichen Übergängen sind Wärter angestellt, welche die angebrachten Wegeschranken schließen (Erleichterungen bei Nebenbahnen, s. d.). Die Wegeschranken bestehen teils aus Schlagbäumen, teils aus Schiebe-, Roll- und Drehschranken. Um nicht bei allen Übergängen Wärter anstellen zu müssen, werden bei weniger verkehrsreichen Übergängen die Schranken durch Drahtleitungen mit dem nächsten Wärterposten verbunden (Drahtzugschranken). Häufig ist noch eine Glocke angebracht, die ertönt, bevor die Drahtzugbarriere (Fig. 27) niedergelassen wird. Um die Bahneinschnitte vor Schneeverwehungen zu schützen, werden an den gefährdeten Stellen in einiger Entfernung von den Einschnitten Wände aus Brettern, lebendigen Hecken, Stein- oder Erd-

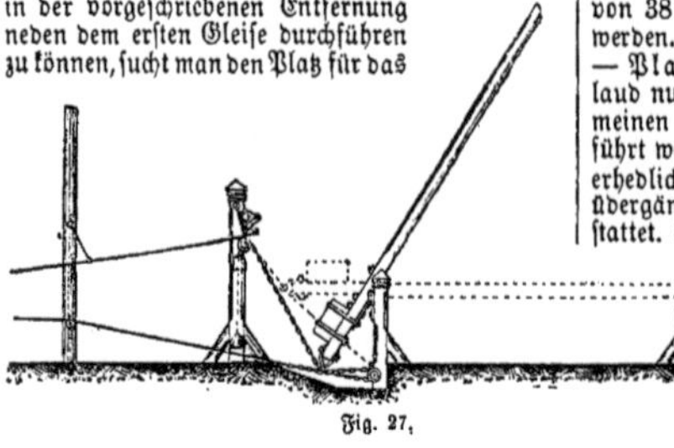
Fig. 27.

wällen angebracht (Schneezäune). Zur Freimachung verwehter Strecken dienen die Schneepflüge (s. d.).

An die Herstellung des Unter- und Oberbaues schließt sich die Anlage der Betriebseinrichtungen. Hierzu gehören in erster Reihe die Vorkehrungen, durch die Lokomotiven und Wagen von einem Gleise auf das andere geschafft werden können. Es sind dies die Weichen, die Schiebebühnen und die Drehscheiben. Mittels der Weichen können ganze Wagenzüge die Gleise wechseln, während Schiebebühnen und Drehscheiben immer nur einzelne Lokomotiven und Wagen gleichzeitig auf ein anderes Gleis überzusetzen gestatten.

Die Weichen oder Wechsel (Fig. 28) sind gekrümmte Verbindungsgleise (Nr. III der nachfolgenden Zeichnung) zwischen zwei nebeneinander herlaufenden Gleisen (I und II).

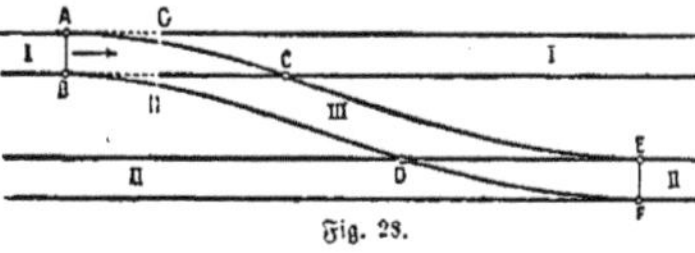

Fig. 28.

Da ein in der Richtung des Pfeiles auf Gleis I ankommender Bahnzug je nach Bedürfnis auf diesem Gleis weiter gehen oder über III nach Gleis II abgelenkt werden soll, so muß bei A B, und in umgekehrter Richtung bei E F, ein beweglicher Teil vorhanden sein, der das Verbleiben des Zuges auf I oder den Übergang desselben auf II gestattet.

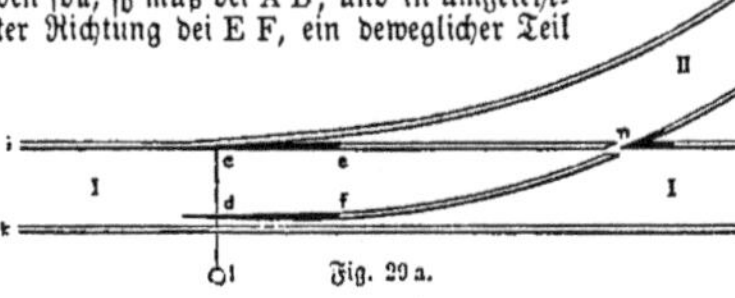

Fig. 29 a.

Die beweglichen Teile zwischen A B und C oder E F und D, wo die Gleise I und II überschritten werden, heißen die Weichen (Wechsel) im engern Sinne, die festliegenden Teile C und D die Kreuzung und das Verbindungsstück zwischen letztern werden das Weichengleis, auch wohl der Weichenbogen genannt.

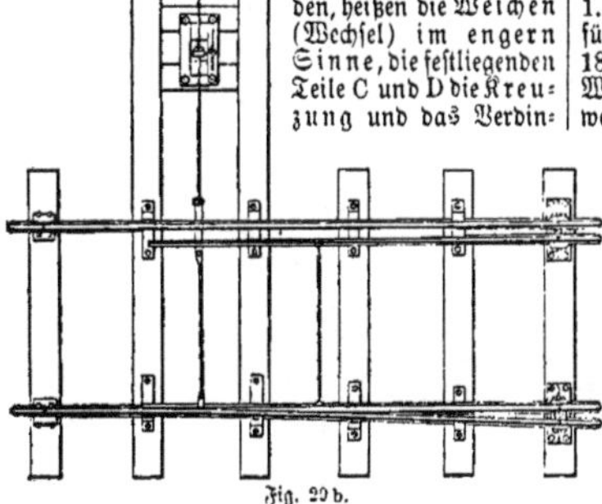
Fig. 29 b.

Die einfachste Konstruktion unter allen Weichen zeigen die sog. Schleppweichen, bei denen das Schienenpaar A G und B H um die Enden A B drehbar ist und nach Erfordern in Gleis I oder Gleis III eingeschaltet werden kann. Die verschiebbaren Schienenstücke heißen Weichenzungen. Diese Anordnung hat den Nachteil, daß sie immer ein Gleis offen läßt, sodaß Fahrzeuge, die auf Gleis III bei G H ankommen, entgleisen müssen, wenn die beweglichen Teile A G und B H an Gleis I angeschlossen sind.

Fig. 29 c.

Wegen dieser Unsicherheit sind Schleppweichen nur noch ausnahmsweise in Nebengleisen oder bei Bergwerksbahnen (s. d.) in Gebrauch. Diesen Übelstand vermeiden die Weichen mit zugespitzten und seitwärts an die festen Schienen sich anschließenden Zungen (Fig. 29a—c). Die beiden äußern Schienengleise i g und k m (Fig. 29a) laufen ununterbrochen durch, während die innern Schienenstränge, e n von Gleis I und f n von Gleis II, in zwei um e und f drehbare, vorn spitze Zungen c e und f d enden und durch eine gemeinsame Stellvorrichtung (Fig. 29b und c) bei c d so an die äußern Gleise i g und k m angeschlossen werden können, daß entweder Gleis I durchgehend oder mit Gleis II ununterbrochen verbunden ist. Entgleisungen können hierbei nicht eintreten, weil keiner von den Schienensträngen unterbrochen ist; bei falscher Weichenstellung werden vielmehr die Fahrzeuge «gegen die Spitze» nur in ein anderes Gleis, als beabsichtigt, abgelenkt, und bei entgegengesetzter Fahrrichtung, wenn also die Fahrzeuge von Gleis II nach Gleis I auslaufen, wird die Weiche durch die Spurkränze der Fahrzeuge «aufgeschnitten» und dadurch von selbst in der beabsichtigten Richtung gestellt. Nach dem Bahnpolizeireglement für die Eisenbahnen Deutschlands (s. Bahnpolizei) und den in dieser Beziehung gleichlautenden Bestimmungen der neuen 1. Jan. 1893 in Kraft tretenden «Betriebsordnung für die Haupteisenbahnen Deutschlands» vom 5. Juli 1892 muß jede fahrplanmäßig spitz zu befahrende Weiche während des Durchgangs des Zuges entweder verschlossen gehalten oder von einem Weichensteller bedient sein.

An der Stelle, wo hinter der Weiche sich die Schienen des geraden und des Seitenstranges kreuzen, werden Unterbrechungen der Schienen notwendig, um die Spurkränze des Rades durchzulassen. Die Anordnung hierfür ist unter der Bezeichnung Herz oder Herzstück (Fig. 30, bei a) bekannt; dasselbe muß wegen seiner starken Beanspruchung aus besonders gutem Material (Hartguß oder Stahlguß) hergestellt werden. Zur sichern Führung der Räder über die Kreuzungsstelle werden die Schienenenden an der Kreuzung verlängert und auf der andern Seite des Gleises neben die Schienen noch Schienenstücke von 1 bis 3 m Länge gelegt, welche die Räder zwingen, die vorgeschriebene Richtung beizubehalten und daher Zwangsschienen oder Radlenker heißen (s. Fig. 30, bei d d). Der Winkel, unter dem sich die Schienen im Herzstück durchschneiden, heißt die Neigung des Herzstücks; vorzugsweise sind die Neigungen von 1:9, 1:10 und 1:11 im Gebrauch. Sog. Kletterweichen mit Übersteigung der Schiene durch den Spurkranz bei der Weichenzunge und an Stelle des Herzstücks, also

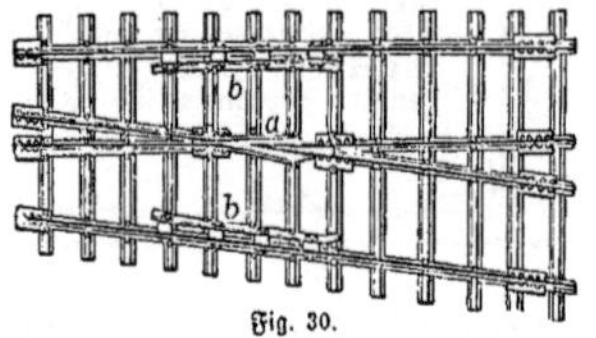

Fig. 30.

ohne jede Unterbrechung der Schienen des Hauptgleises, kommen bei Abzweigung von Anschlußgleisen auf freier Strecke vor.

Man unterscheidet Endweichen und Zwischenweichen, je nachdem das eine der beiden durch eine Weiche verbundenen Gleise nach beiden Richtungen oder nur nach einer Richtung sich erstreckt; ferner Rechtsweichen und Linksweichen, je nachdem ein gegen die Weichenspitze geschobener Wagen durch die Weiche nach der rechten oder nach der linken Seite von dem geraden Strange abgelenkt wird. Laufen

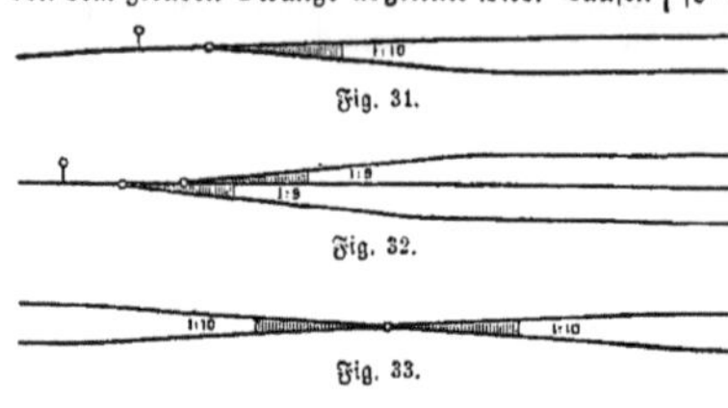

Fig. 31.

Fig. 32.

Fig. 33.

beide Schienenstränge hinter der Weiche in Krümmungen auseinander, so spricht man von einer symmetrischen Weiche. Eine Weiche mit nur einer Zunge heißt eine einfache Weiche (Fig. 31), besitzt dagegen eine Weiche doppelte Zungen, sodaß also die Ablenkung von dem Hauptgleise nach zwei verschiedenen Richtungen stattfinden kann, so ent-

Fig. 34a.

steht die Doppelweiche (dreiteilige oder dreigleisige Weiche, Fig. 32). Tritt eine Gleiskreuzung (Fig. 33) mit Weichen in Verbindung, so entsteht die doppelte Kreuzungs- oder ganze englische Weiche

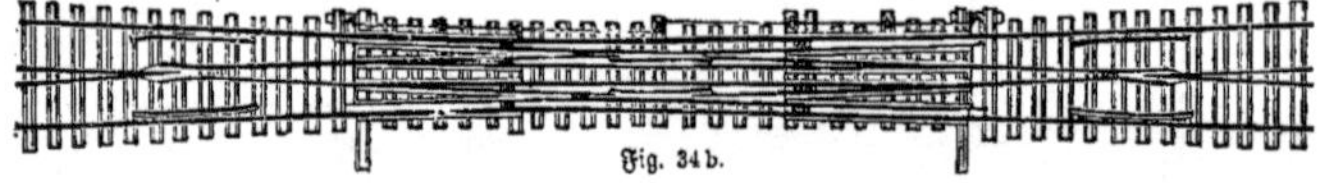

Fig. 34b.

(Fig. 34a u. b). Zwischen den Kreuzungsstellen wird ein kurzes Bogenstück eingelegt, das auf der Seite mit einer Weiche an die sich kreuzenden Gleise anschließt. Die Kreuzungsweiche gestattet jedem Bahnzuge, der in einem der vier Gleisschenkel gegen die Kreuzungsstelle hinfährt, das Gleis ohne Änderung der Fahrtrichtung zu wechseln. Wird der Weichenbogen nur auf der einen Seite der Kreuzung eingelegt, so entsteht eine einfache oder halbe englische Weiche (Fig. 35a u. b), im Gegensatz zu der vorerwähnten doppelten oder ganzen englischen Weiche (Fig. 34a u. b).

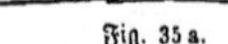

Fig. 35a.

Auf größern Bahnhöfen (s. d.) pflegt man die zahlreichen nebeneinander laufenden Gleise durch Weichen derart zu verbinden, daß die einzelnen Verbindungen sich unmittelbar aneinander schließen und zusammen ein die einzelnen Gleise schräg durchschneidendes Gleis darstellen. Eine solche Vorrich-

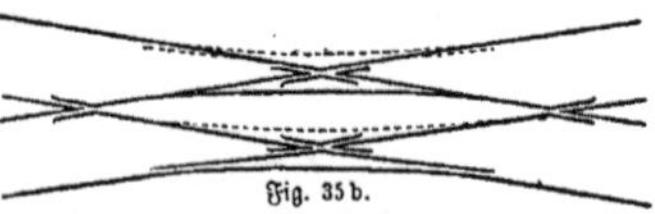

Fig. 35b.

tung heißt eine Weichenstraße (Fig. 36). Um ein Verschieben der Fahrzeuge in dem einen Gleis so nahe an das Herzstück zu verhindern, daß sie in das Normalprofil des andern Gleises hineinragen, sind die Stellen, bis zu denen sie vorgeschoben werden dürfen, durch besondere Zeichen, z. B. Pfähle, die sog. Distanzpfähle, kenntlich gemacht. Damit der Lokomotivführer schon aus einiger Entfernung sehen kann, ob die Weichen richtig stehen, sind dieselben mit sichtbaren (optischen) Signalen versehen, die mit den Stellvorrichtungen selbstthätig verbunden sind (s. Eisenbahnsignale). Wegen Verbindung der Stellvorrichtungen der Weichen und der Fahrsignale untereinander sowie mit den Stationen s. Central-Weichen- und Signal-Stellvorrichtungen. Nach den oben erwähnten bahnpolizeilichen Vorschriften für die Eisenbahnen Deutschlands müssen alle außerhalb der Bahnhöfe und Haltestellen liegenden Weichen durch Signale gedeckt oder, wenn sie für gewöhnlich verschlossen gehalten werden, mindestens hinsichtlich ihrer Stellung durch geeignete Signale kenntlich gemacht werden. Nach der neuen Betriebsordnung müssen ferner alle innerhalb eines Bahnhofs oder einer Haltestelle liegenden Weichen einer Hauptbahn, welche von ein- oder durchfahrenden Personenzügen im regelmäßigen Betriebe gegen die Zungenspitze befahren werden, durch Signalvorrichtungen derart gesichert sein, daß das Fahrsignal erst erscheinen kann, nachdem die Weichen für den vorgeschriebenen Weg gestellt sind; auch müssen die Weichen in richtiger Lage festgelegt sein, solange das Fahrsignal steht. Das bisherige Bahnpolizeireglement enthielt eine ähnliche Forderung nur bezüglich der ersten, am Eingange eines Bahnhofs oder einer Haltestelle liegenden spitz befahrenen Weiche. Alle übrigen in den Hauptgleisen der Bahnhöfe und Haltestellen liegenden Weichen müssen, sofern sie nicht ebenfalls mit den Signalen zur Sicherung der spitz zu befahrenden Weichen in gegen-

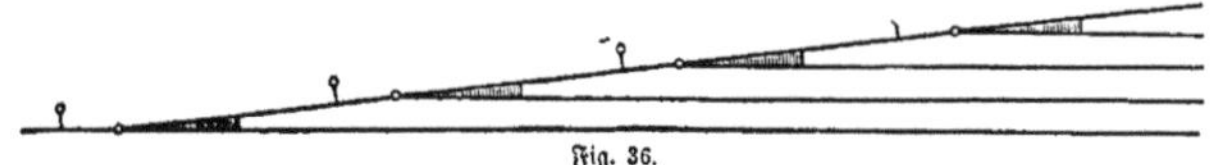

Fig. 36.

seitiger Abhängigkeit stehen, mit besondern Signalen verbunden sein, welche die jedesmalige Stellung der Weiche kenntlich machen.

Die Schiebebühnen (Gleiskarren) bestehen aus einem Stück Bahngleis, das auf einem mit Rädern oder Rollen versehenen Gerüst so ruht, daß es rechtwinklig zur Bahnachse verschoben werden kann. Man unterscheidet Schiebebühnen mit versenktem Gleis (Fig. 37) und ohne versenktes Gleis, je nachdem die Schienen, auf denen die Schiebebühne läuft,

Fig. 37.

in einer ausgehobenen Grube und demnach tiefer liegen als die zu verbindenden Gleise, oder (ohne Grube) die gleiche Höhenlage mit letzterm besitzen. Schiebebühnen mit versenktem Gleis werden besonders für Lokomotiven, ohne versenktes Gleis meist für Wagen verwendet. Da die Hauptträger in letzterm Falle höher liegen als die Schienen, wird eine entsprechende Hebung der Wagen bei ihrer Auffahrt auf die Bühne nötig, deshalb sind an den Enden der Träger Zungen angebracht, die bei der Auffahrt der Wagen auf die Anschlußschiene gelegt und nach erfolgter Auffahrt etwas angehoben werden. Kleine Schiebebühnen werden durch Menschenkraft, größere durch Dampf- oder elektrische Kraft bewegt; auf großen Stationen kommt die Extersche Rangiermaschine zur Verwendung, die vor die Schiebebühne gespannt wird.

Die Drehscheibe gestattet die Überführung eines Fahrzeugs von einem Gleis auf ein anderes, unter irgendwelchem Winkel laufendes mittels drehender Bewegung. Zur Unterstützung des drehbaren Gleisstücks dienen Längs- und Querträger, die miteinander durch senkrechte und wagerechte Querverbindungen zu einem Ganzen (dem Scheibenkörper) verbunden sind. Dieser stützt sich einerseits auf den im Mittelpunkte befindlichen Drehzapfen, andererseits mittels mehrerer an dem äußern Rande angeordneter Laufrollen auf den in der Drehscheibengrube befindlichen Laufkranz und wird meist durch besondere Bewegungsvorrichtungen gedreht. Damit während der Überführung eines Wagens auf das Gleis der Drehscheibe dasselbe genau an das zu verbindende Gleis anschließt, wird die Drehscheibe in der dieser Bedingung entsprechenden Stellung verschlossen. Die Drehscheibe findet ausgedehnte Anwendung auf Bahnhöfen, besonders in Wagenschuppen, Werkstätten, Güterschuppen, auf Ladeplätzen, in runden oder halbrunden Lokomotivschuppen zur Verbindung der strahlenförmigen Gleise, am Ende der sog. Kopfstationen (s. Bahnhöfe), ferner zum Verschieben und Umdrehen der Lokomotiven und Fahrzeuge auf verschiedenen Stellen der Bahnhöfe. Das zur Herstellung des Scheibenkörpers verwendete Material ist Gußeisen, Schmiedeeisen und Stahl. Nach der Art der Stützung des Scheibenkörpers unterscheidet man vier Systeme von Drehscheiben: 1) solche, die sowohl im leeren als auch im belasteten Zustande nur von den in der Nähe des Umfangs angebrachten Rollen getragen werden; 2) solche, die teils in der Mitte durch den daselbst be-

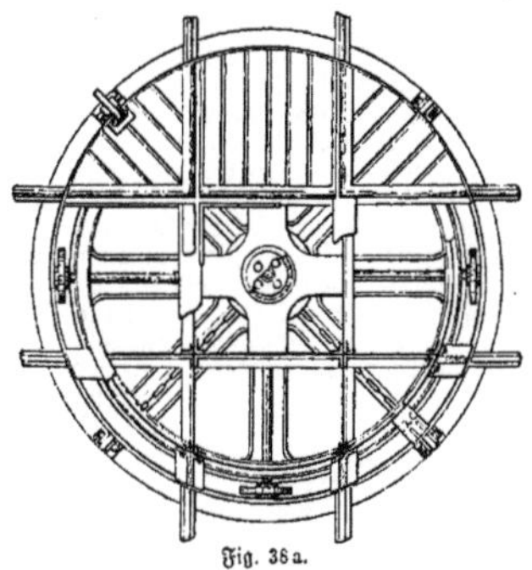

Fig. 38a.

findlichen Zapfen, teils an dem äußern Rande durch die Laufrollen gestützt werden; 3) solche, deren Be-

Fig. 38b.

lastung von dem mittlern Drehzapfen allein getragen wird (Krankonstruktion); 4) solche, die im Zustande der Ruhe an dem Umfange, bei der Bewe-

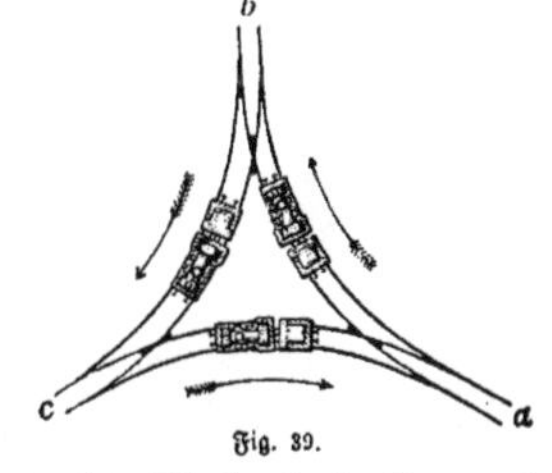

Fig. 39.

gung jedoch im Mittelpunkte ihre Stützung finden. Soll die Drehscheibe nur zur Bewegung von Wagen dienen, so genügt ein Durchmesser von 3,5 bis 7,5 m, soll sie dagegen auch zur Drehung von Lokomotiven mit Tendern Verwendung finden, so muß sie bei Hauptbahnen mindestens 12 m Durchmesser haben. (S. Fig. 38, a Grundriß, b Vertikalschnitt.) — Zum Drehen der Fahrzeuge dienen auch die sog. **Drehkurven** (Fig. 39). Die von a kommende Lokomotive trifft, nachdem sie die Weichen bei b und c durchfahren, in umgekehrter Stellung in a wieder ein.

Wichtige Betriebseinrichtungen der Eisenbahnen bilden ferner die **Bahnhöfe** (s. d.), deren Herstellung Aufgabe des E. ist, und die **Signale** (s. Eisenbahnsignale) sowie die **Wasserstationen** (Fig. 40) zum Füllen der Dampfkessel der Lokomotiven mit Wasser, besonders auf den Zwischenstationen während der Fahrt. Sie bestehen aus dem Pumpwerk, den Wasserbehältern, der Röhrenleitung, den Wasserkranen und aus dem Vorwärmer. Enthält das zur Lokomotivspeisung zu verwendende Wasser zu viel kesselsteinbildende Stoffe, so werden noch besondere Einrichtungen zur Reinigung des Wassers getroffen. Das Füllen der Behälter der Wasserstationen erfolgt entweder durch den natürlichen Wasserdruck, wenn das Speisewasser aus einem höher gelegenen Sammelbehälter kommt, oder durch Pumpen. Aus den Wasserstationsbehältern wird das Wasser durch Rohrleitungen nach den zwischen den Gleisen stehenden Wasserkranen geleitet, mittels deren die Lokomotiven gespeist werden. Fig. 41 a zeigt den unterirdischen Einlaßschieber, Fig. 41 b das oberirdische, um die vertikale Säule drehbare Ausflußrohr.

Fig. 40.

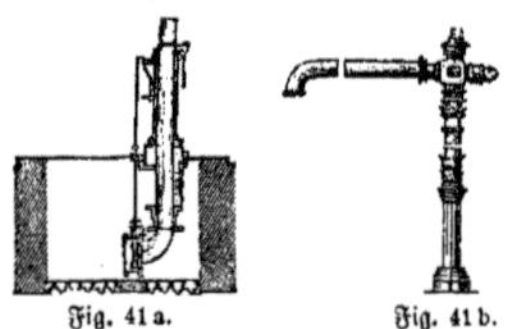

Fig. 41 a. Fig. 41 b.

Die Thätigkeit des E. erstreckt sich schließlich auch auf die **Ausrüstung** der Bahn mit den erforderlichen **Betriebsmitteln** (s. d.).

Die **Baukosten** der Eisenbahnen gestalten sich je nach den Geländeverhältnissen bei Haupt- und Nebenbahnen außerordentlich verschieden. Nachstehend sind die durchschnittlichen Beträge zusammengestellt.

Bodengestaltung	Hauptbahnen	Nebenbahnen		
	Kosten für 1 km in Mark	Kosten für 1 km in Mark bei einer Spurweite von 1,435 m	1,00 m	0,75 m
Ebene	130—180 000	30— 50 000	20— 40 000	15— 25 000
Hügelland, leicht	150—220 000	45— 70 000	30— 50 000	20— 30 000
Hügelland, schwer	200—260 000	60— 90 000	45— 60 000	25— 40 000
Mittelgebirge, leicht	240—320 000	80—120 000	50— 70 000	30— 50 000
Mittelgebirge, schwer	280—400 000	110—140 000	60— 90 000	45— 70 000
Hochgebirge, leicht	340—500 000	130—160 000	80—110 000	60— 80 000
Hochgebirge, schwer	400—600 000	150—200 000	100—140 000	75—100 000

Für die am 1. Jan. bez. 1. April 1891 im Betrieb gewesenen normalspurigen Eisenbahnen Deutschlands (s. Deutsche Eisenbahnen) in einer Gesamtlänge von 41 759,45 km (ohne 119,56 km nicht berücksichtigter Bahnstrecken, wie braunschw. Landeseisenbahn u. s. w.) haben die Baukosten zusammen 10 213 968 954 M. oder durchschnittlich 244 591 M. für das Kilometer betragen, während die 1051 km langen Schmalspurbahnen zusammen 54 202 669 M. oder 52 124 M. für das Kilometer erforderten. Die 1. Jan. 1889 insgesamt 25 278,685 km langen Eisenbahnen Österreich-Ungarns, einschließlich der im Besitze der Bahnverwaltungen sich befindenden Industriebahnen, haben 3 660 501 333 Fl. oder 145 434 Fl. für das Kilometer gekostet.

Für den Bau und die Ausrüstung der Eisenbahnen Deutschlands kommen in Betracht: I. Bestimmungen des Reichs: 1) Normen für die Konstruktion und Ausrüstung der Eisenbahnen Deutschlands vom 30. Nov. 1885. 2) Signalordnung für die Eisenbahnen Deutschlands vom 30. Nov. 1885. 3) Bahnpolizei-Reglement für die Eisenbahnen Deutschlands vom 30. Nov. 1885 mit Nachträgen. 4) Bahnordnung für deutsche Eisenbahnen untergeordneter Bedeutung vom 12. Juni 1878 mit Nachtrag vom 16. Sept. 1890. 5) Betriebsreglement für die Eisenbahnen Deutschlands vom 11. Juni 1874 mit Nachträgen. 6) Eisenbahnpostgesetz vom 20. Dez. 1875.

II. Bestimmungen des Vereins deutscher Eisenbahnverwaltungen (s. Eisenbahnverein): 1) Technische Vereinbarungen (letzte Ausgabe vom 1. Jan. 1889; Konstanzer Normen), betreffend Hauptbahnen. 2) Grundzüge für den Bau und die Betriebseinrichtungen der Nebeneisenbahnen, Berlin 1890 (Berliner Normen). 3) Grundzüge für den Bau und die Betriebseinrichtungen der Lokaleisenbahnen, Berlin 1890 (Berliner Normen). Außerdem sind zu erwähnen: 4) Bestimmungen, betreffend die technische Einheit im Eisenbahnwesen (Berner Vereinbarungen), s. Eisenbahnrecht (S. 880 a). 5) Vorschriften über die zollsichere Einrichtung der Eisenbahnen im internationalen Verkehr, s. Eisenbahnrecht ebendaselbst.

Die Bestimmungen I, 1—4 (s. Bahnpolizei) sind neu bearbeitet und treten auf Grund der Beschlüsse des Bundesrats vom 30. Juni und der Bekanntmachung des Reichskanzlers vom 5. Juli 1892 (Reichsgesetzblatt, S. 691 fg.) zu 1 unter dem Titel: Normen für den Bau und die Ausrüstung der Haupteisenbahnen Deutschlands; zu 2 unter dem bisherigen Titel; zu 3 unter dem Titel: Betriebsordnung für die Haupteisenbahnen Deutschlands; zu 4 unter dem Titel: Bahnordnung für die Nebeneisenbahnen Deutschlands, 1. Jan. 1893 in Kraft (zu 2—4 s. Eisenbahnbetriebsordnung); I, 5 (s. Betriebsreglement) ist ebenfalls neu bearbeitet und tritt in der neuen Bearbeitung unter dem Titel: Verkehrsordnung für die Eisenbahnen Deutschlands zugleich mit dem Internationalen Übereinkommen über den Eisenbahnfrachtverkehr auch 1. Jan. 1893 in Kraft (s. Eisenbahnverkehrsordnung und Eisenbahnrecht, S. 880).

Über die Gesetzgebung außerdeutscher Staaten, insbesondere auch Österreich-Ungarns, s. Eisenbahnrecht (S. 879 fg.).

Litteratur. Handbuch für specielle Eisenbahntechnik, hg. von Heusinger von Waldegg, Bd. 1 (Lpz. 1877); Brosius und Koch, Die Schule für den äußeren Eisenbahnbetrieb (Wiesb. 1883); Weber, Die Schule des Eisenbahnwesens (4. Aufl., Lpz. 1885); Loewe, Der Schienenweg der Eisenbahnen (Wien, Pest u. Lpz. 1887); Zimmermann, Berechnung des Eisenbahn-Oberbaues (Berl. 1888); Encyklopädie des gesamten Eisenbahnwesens, hg. von Röll, Bd. 1—4 (Wien 1890—92); Goering, Eisenbahnbau (4. Aufl., Berl. 1891); Haarmann, Das Eisenbahn-Geleise (Lpz. 1891).

Eisenbahnbaukommissionen, s. Eisenbahnbehörden (S. 845 b).

Eisenbahnbauordnung, in manchen Ländern, z. B. in Österreich, Bezeichnung für die staatlich gegebenen Vorschriften, nach denen beim Bau neuer Eisenbahnen zu verfahren ist. Wegen der in dieser Beziehung bestehenden Vorschriften für die deutschen Eisenbahnen, s. Bahnpolizei und Eisenbahnbau (S. 842 b).

Eisenbahn-Bau- und Betriebs-Inspektoren, s. Eisenbahnbeamte und Eisenbahnbehörden.

Eisenbahnbeamte, die bei der Verwaltung und dem Betriebe der Eisenbahnen im Beamtenverhältnis beschäftigten Personen, im Gegensatz zu den nur für vorwiegend mechan. Verrichtungen angenommenen und nur in einem privatrechtlichen (Lohn-) Verhältnis stehenden Arbeitern. E. im strengen Sinne giebt es, abgesehen von den Bahnpolizeibeamten (s. Bahnpolizei), nur in der Staatsbahnverwaltung; gleichwohl wird in der Regel auch innerhalb der Privatbahnverwaltungen zwischen Beamten und Arbeitern unterschieden und Beamteneigenschaft den für längere Zeit angenommenen Personen zuerkannt. Hinsichtlich der Rechte und Pflichten der Staatseisenbahnbeamten im allgemeinen finden die für die Staatsbeamten überhaupt geltenden Grundsätze Anwendung (s. Amt und Staatsdienst), während die Verhältnisse der Privatbahnbeamten durch die von ihnen mit den betreffenden Verwaltungen abgeschlossenen Dienstverträge geregelt werden. Man unterscheidet **höhere** und **niedere** E. Die erstern, teils juristisch (Assessoren), teils technisch (Bau- und Betriebsinspektoren, -Maschineninspektoren) vorgebildet, müssen gewöhnlich die allgemeine große Staatsprüfung ihres Faches und meist noch eine Probedienstzeit zurückgelegt haben. Zu ihrer Ausbildung im Eisenbahndienst sind in manchen Ländern, u. a. auch in Preußen, Vorlesungen über das Eisenbahnwesen angeordnet, die in größern Orten gehalten werden (s. Eisenbahnvorlesungen).

Die **Ausbildung der höhern E. in Preußen** wird neuerdings in der Presse und Tageslitteratur lebhaft erörtert, auch hat sich der Landtag schon mit der Frage beschäftigt. Es wird darüber geklagt, daß schon die Vorbildung der Gerichtsassessoren und der Regierungsbaumeister, aus denen die leitenden Beamten der Staatseisenbahnverwaltung meist entnommen würden, eine für diesen Beruf ungenügende sei. Weder die Juristen noch die Techniker brächten die hierfür notwendigen Verwaltungskenntnisse mit, insbesondere fehlte es an einer gründlichen Vorbildung auf dem Gebiete der Staatswissenschaften. Vor allem aber sei die demnächstige praktische Ausbildung eine mangelhafte, da die jungen Juristen und Techniker nach den zur Zeit geltenden Vorschriften nur gehalten seien, sich über den Geschäftsgang bei den einzelnen Dienstzweigen oberflächlich zu unterrichten, anstatt sich, was für eine ersprießliche Thätigkeit in den leitenden Stellen der Verwaltung, zu denen sie später berufen seien, unerläßlich erscheine, mit dem kleinen Dienst durch verantwortliche Beschäftigung bei den untern Dienststellen gründlich vertraut zu machen. Abhilfe sei nur durch Einführung eines besondern Fachstudiums, einer planmäßigen praktischen Fachausbildung und Einführung von Fachprüfungen möglich, wie solches schon für andere Verwaltungszweige, wie für die Post, das Berg- und das Forstfach u. s. w. mit Erfolg bestände. Andererseits sei es zur Erlangung tüchtiger Beamten und zu einer gerade in der Eisenbahnverwaltung notwendigen Verjüngung des höhern Beamtenstandes geboten, die gegenwärtigen, insbesondere für die Techniker höchst ungünstigen Beförderungsverhältnisse zu verbessern. Zu diesem Zweck wird unter anderm vorgeschlagen, die mit höhern Beamten zu besetzenden Stellen auf das unbedingt Notwendige zu beschränken und für alle Stellen, die, wie z. B. im Bahnunterhaltungs- und im Werkstättendienst, gegenwärtig mit höhern technischen Beamten besetzt würden, obgleich ihre Geschäfte von minder vorgebildeten Beamten wahrgenommen werden könnten, sog. mittlere Beamte zu schaffen und zu verwenden, die dann bei Besetzung der höhern Stellen nicht in Mitbewerb träten. Dem Vernehmen nach soll man auch an maßgebender Stelle die Berechtigung der Klagen über ungenügende Vor- und Ausbildung der höhern E. nicht verkennen und sich bereits mit der Frage zweckdienlicher Abhilfe ernstlich befaßt haben. Eine endgültige Lösung wird freilich erst möglich sein, wenn man sich über etwaige, gleichzeitig in Anregung gebrachte Abänderungen der bestehenden Verwaltungsorganisation schlüssig gemacht haben wird, da die Ausbildungsfrage hierdurch wesentlich beeinflußt wird. Näheres hierüber s. Eisenbahnbehörden.

In **Württemberg** sind Ausbildung und Vorbereitungsdienst für die höhern E. besonders geordnet. Die erste Fachbildung ist gemeinsam für die höhern und die mittlern E. Die erste Fachprüfung ist die niedere Eisenbahndienstprüfung, zu der die Anwärter des höhern Eisenbahndienstes nach anderthalbjährigem, die Anwärter des mittlern Eisenbahndienstes (Eisenbahnpraktikanten II. Klasse) nach dreijährigem Fachbildungsdienste zugelassen werden. Nach bestandener Prüfung werden erstere zu Eisenbahnreferendaren II. Klasse, letztere zu Eisenbahnpraktikanten I. Klasse ernannt. Nach der zweiten höhern Dienstprüfung werden die Eisenbahnreferendare II. Klasse zu Eisenbahnreferendaren I. Klasse befördert, womit die Befähigung für die Stellen des höhern Eisenbahndienstes verbunden ist. Zu den höhern E. gehören im allgemeinen die Vorsitzenden, Mitglieder und Hilfsarbeiter der obern und untern Eisenbahnverwaltungsbehörden (Generaldirektionen, Eisenbahndirektionen, Eisenbahnbetriebsämter, Oberbahnämter; s. Eisenbahnbehörden) und die mit der technischen Leitung einzelner Dienstzweige betrauten Oberbeamten. In Württemberg zählen auch die Bahnhofsverwalter I. Klasse zu den höhern E.

Zu den niedern E., die häufig noch in mittlere und untere unterschieden werden, gehören: die Bureau- und Kassenbeamten zur Vermittelung des geschäftlichen Verkehrs der Eisenbahnbehörden (s. d.), die Betriebs- und Verkehrskontrolleure zur Überwachung des Betriebs- und Verkehrsdienstes, die Stationsvorsteher (Bahnhofsvorstand, Bahnhofsinspektor, Bahnhofsverwalter, Bahnexpeditor) für die Leitung des Stations- und Expeditionsdienstes (für letztern bestehen auf größern Stationen eigene Beamte, wie die Billet-, Gepäck- und Güterexpedienten, Güterexpeditionsvorsteher); ferner die Boden- und Lademeister für den Güterabfertigungsdienst, die Zugführer (Oberschaffner), Packmeister, Schaffner, Bremser und Schmierer für den Zugbegleitungsdienst; die Lokomotivführer, Heizer und Wagenmeister für den Fahrdienst; die Werkmeister, Werkführer und Maschinenmeister für den Werkstättendienst; die Magazin-(Materialien-)Verwalter für die Verwaltung der Betriebs- und Baumaterialien; Telegrapheninspektoren, Telegraphenaufseher für Unterhaltung der elektrischen Leitungen und Apparate, die Telegraphisten für Bedienung der Apparate, die Bahnmeister, Weichensteller und Bahnwärter für Unterhaltung und Bewachung der Bahn.

Für die Ausbildung der niedern E. haben viele Bahnverwaltungen besondere Eisenbahnschulen (s. d.) eingerichtet. In Deutschland werden die Anwärter für den niedern Eisenbahndienst, an die hinsichtlich der Schulbildung je nach ihrer demnächstigen Verwendung verschiedene Anforderungen gestellt werden, meist zunächst im praktischen Dienst ausgebildet und dann einer Prüfung unterworfen. Nach den vom Reiche auf Grund der Beschlüsse des Bundesrats vom 30. Juni 1892 erlassenen «Bestimmungen über die Befähigung von Eisenbahnbetriebsbeamten» vom 5. Juli 1892, die 1. Jan. 1893 an Stelle der bisherigen Bestimmungen über die Befähigung von Bahnpolizeibeamten und Lokomotivführern vom 12. Juni 1878 treten, müssen Nachtwächter, Stationsdiener, Bremser und Wagenwärter, Rangiermeister, Schaffner, Packmeister, Zugführer, Bahnwärter und Haltepunktwärter, Weichensteller und Haltestellenaufseher, Bahnmeister, Stationsaufseher und Stationsassistenten, Stationsvorsteher sowie Lokomotivführer für die selbständige Wahrnehmung ihrer Dienstverrichtungen außer den in der «Betriebsordnung für die Haupteisenbahnen Deutschlands» und der «Bahnordnung für die Nebeneisenbahnen Deutschlands» vom 5. Juli 1892 (s. Eisenbahn-Betriebsordnung) vorgesehenen allgemeinen Eigenschaften (mindestens 21 J. alt, unbescholtenen Rufes, lesens- und schreibenskundig) noch bestimmte «allgemeine» und «besondere Erfordernisse» erfüllen. Sie sollen bei ihrem ersten Dienstantritt nicht über 40 J. alt sein (Ausnahmen nur mit Genehmigung der Landesaufsichtsbehörde zulässig), die für die Wahrnehmung der betreffenden Dienstverrichtungen erforderliche Gesundheit, Rüstigkeit und Gewandtheit, ein ausreichendes Hör- und Sehvermögen und die sonst zu ihrem besondern Dienst erforderlichen Eigenschaften und Kenntnisse besitzen, welche den für jede der genannten Beamtenkategorien im einzelnen vorgeschriebenen Anforderungen entsprechen müssen. Die Anstellung der niedern E. in Deutschland, Österreich und Frankreich wird, abgesehen von der Befähigung für die betreffende Stelle, durch die Vorschriften über die Civilversorgung der Militäranwärter (s. d.) beeinflußt. Danach sind den Militäranwärtern einzelne Stellen ausschließlich, andere, wie z. B. in Deutschland die nichttechnischen Bureaubeamtenstellen, mindestens zur Hälfte vorbehalten.

Vielfach werden auch Frauen im Eisenbahndienst beschäftigt, z. B. im Telegraphendienst, an den Billetschaltern (Berliner Stadt- und Ringbahn) u. s. w. Bei den untern E. ist noch vielfach nachgelassen, daß dieselben ihre Frauen und Kinder zu einzelnen Dienstleistungen, wie Bedienung der Wegeschranken, heranziehen. Besonders in Frankreich ist die Verwendung der Beamtenfrauen zu verschiedenen Dienstverrichtungen eine ganz allgemeine.

Über die Ausbildung und Anstellung der E. bestehen in den übrigen Staaten des europ. Festlandes ähnliche Bestimmungen wie in Deutschland. Abweichend hiervon ist die Angelegenheit in England und Amerika geregelt, wo keine besondere Vorbildung und keine Prüfungen verlangt werden. Die Anwärter treten vielmehr meist schon in sehr jungen Jahren in den Dienst, werden in allen Zweigen ausgebildet und rücken vor bis in die höchsten Stellen.

Die Anzahl der auf der Erde im Eisenbahnbetrieb beschäftigten Personen wird auf etwa drei Millionen geschätzt. Nach einer im «Archiv für Eisenbahnwesen» 1889 mitgeteilten Denkschrift des ital. Ministeriums der öffentlichen Arbeiten von 1889 betrug die Zahl der im Durchschnitt für 1 km Bahnlänge beschäftigten Personen (Beamte und Arbeiter) in Belgien 12,54, in Italien 8,99, in Rußland 8,93, in Deutschland 8,92, in Frankreich 7,78, in den Niederlanden 7,22, in Österreich-Ungarn 6,97, in der Schweiz 5,55, in Rumänien 5,27, in Dänemark 4,10.

Nach der Statistik des Reichseisenbahnamtes für 1890/91 waren im Jahresdurchschnitt bei den normalspurigen deutschen Eisenbahnen (mittlere Betriebslänge 41631,04 km) an Beamten und Arbeitern beschäftigt 340553 oder 8,18 für 1 km der durchschnittlichen Betriebslänge. Die Besoldungen und andere persönliche Ausgaben betrugen 404286555 M. = 9706 M. für 1 km. Hiervon entfielen auf die preuß. Staatsbahnen (24698,52 km) 233554 Beamte und Arbeiter oder 9,43 für 1 km Betriebslänge und 272542391 M. = 11003 M. für 1 km. Im Werkstättenbetriebe waren außerdem 59129 Beamte und Arbeiter thätig, davon 41973 bei den preuß. Staatsbahnen. (S. Deutsche Eisenbahnen und Preußische Eisenbahnen.)

Bei den Eisenbahnen Österreich-Ungarns, soweit sie dem Verein deutscher Eisenbahnverwaltungen (s. Eisenbahnverein) angehören (also mit Ausnahme einiger kleiner Lokalbahnen), waren 1890 (einschließlich der im Werkstättendienst beschäftigten Personen) bei einer mittlern Betriebslänge von 25751 km durchschnittlich 178585 Beamte und Arbeiter oder 6,9 für 1 km durchschnittlicher Betriebslänge vorhanden; die Besoldungen und niedern persönlichen Ausgaben betrugen 181243718 M. = 7016 M. für 1 km. Hiervon entfielen auf die österr. Staatsbahnen (6921 km) 45177 Beamte und Arbeiter oder 6,5 für 1 km und 41573722 M. = 5984 M. für 1 km; auf die ungar. Staats- und vom Staate betriebene Privatbahnen (6300 km)

34288 Beamte und Arbeiter oder 5,4 für 1 km und 32879644 M. = 5154 M. für 1 km. (S. Österreichisch-Ungarische Eisenbahnen.)

Vgl. Encyklopädie des gesamten Eisenbahnwesens, hg. von Röll, Bd. 1 (Wien 1890); Wörterbuch des deutschen Verwaltungsrechts, hg. von Stengel, Bd. 1 (Freib. i. Br. 1890).

Eisenbahnbehörden sind die Organe des Staates für den Bau und Betrieb der von ihm selbst unternommenen sowie für die Aufsicht der andern Unternehmern überlassenen Eisenbahnen. Man unterscheidet daher Eisenbahn-Verwaltungs- und Eisenbahn-Aufsichtsbehörden. Die Verwaltungsorgane der Privatbahnen werden vielfach ebenfalls als Eisenbahnbehörden bezeichnet, obgleich sie eigentliche Behörden nicht sind.

In Deutschland besitzen sowohl das Reich wie die einzelnen Bundesstaaten Staatseisenbahnen; es giebt daher Reichs- und Landes-Eisenbahnverwaltungsbehörden. Zu den Reichs-Eisenbahnverwaltungsbehörden gehören das durch kaiserl. Erlaß vom 27. Mai 1878 errichtete, dem Reichskanzler unmittelbar unterstellte «Reichsamt für die Verwaltung der Reichseisenbahnen» in Berlin, unter dessen oberer Leitung die auf Grund kaiserl. Erlasses vom 9. Dez. 1871 eingesetzte «Kaiserl. Generaldirektion der Eisenbahnen in Elsaß-Lothringen» zu Straßburg die Reichseisenbahnen (s. d.) verwaltet. Das Reichsamt besteht aus einem Chef, z. Z. der preuß. Minister der öffentlichen Arbeiten, und der erforderlichen Anzahl vortragender Räte und Hilfsarbeiter. Die Generaldirektion in Straßburg besteht (nach der Organisation der Verwaltung der deutschen Reichseisenbahnen in Elsaß-Lothringen vom 18. Dez. 1871 und den hierzu ergangenen abändernden und ergänzenden Bestimmungen) aus einem Präsidenten und einer Anzahl teils juristisch, teils technisch vorgebildeter Mitglieder (Regierungsräten), die in drei Abteilungen unter je einem besondern Vorsteher (Oberregierungsrat) ihre Geschäfte kollegialisch erledigen. Zur unmittelbaren Leitung einzelner Dienstzweige sind der Direktion untergeordnete Oberbeamte bestellt: Obermaschinenmeister (gegenwärtig Vorsteher des maschinentechnischen Bureaus), Oberbetriebsinspektor (jetzt Vorsteher des betriebstechnischen Bureaus), Telegraphen-Oberinspektor, Verkehrs-Inspektoren. Die Leitung des Betriebs- und Bahnunterhaltungsdienstes ist besondern Betriebsdirektoren in Mülhausen, Colmar, Straßburg (2), Saargemünd, Metz und Luxemburg übertragen. Dieselben sind der Generaldirektion gleichfalls unterstellt; ihnen untergeordnet sind die Eisenbahnbau- und Betriebsinspektoren für die besondere Überwachung des baulichen Zustandes der Bahn und der dabei beschäftigten Beamten und Arbeiter.

Die Landes-Eisenbahnverwaltungsbehörden in den einzelnen Bundesstaaten bestehen gewöhnlich aus einer oder mehrern Direktionen, die unter dem Ministerium den Bau und Betrieb der ihnen unterstellten Bahnen leiten.

In Preußen werden nach der durch königl. Erlaß vom 24. Nov. 1879 genehmigten, 1. April 1880 in Kraft getretenen Neuorganisation der königlich preuß. Staatseisenbahnverwaltung, die (1892/93) ein Gebiet von 25756 km Betriebs- und 2254 km Baustrecken umfaßte (s. Preußische Eisenbahnen), die im Bau und Betrieb befindlichen Staatsbahnen und die vom Staat für eigene oder fremde Rechnung verwalteten Privatbahnen unter der obersten Leitung des Ministers der öffentlichen Arbeiten durch die königl. Eisenbahndirektionen, Eisenbahnbetriebsämter und die unter Umständen für größere Neubauten eingesetzten Eisenbahn-Baukommissionen verwaltet. Der Minister entscheidet über die gegen Verfügungen und Beschlüsse der Direktionen erhobenen Beschwerden. Seiner besondern Genehmigung sind, abgesehen von besondern gesetzlichen Bestimmungen, nur diejenigen Angelegenheiten vorbehalten, die einer einheitlichen Regelung durch die Centralstelle bedürfen oder der Natur der Sache nach zu deren Zuständigkeit gehören. Unmittelbar unter dem Minister stehen die königl. Eisenbahndirektionen für die obere Verwaltung der ihrem Bezirke zugewiesenen Strecken. Zu den den Direktionen vorbehaltenen Angelegenheiten gehören insbesondere die allgemeine und gleichmäßige Regelung des Dienstes für alle Zweige der Verwaltung innerhalb des gesamten unterstellten Bahngebietes, die Fahrplan- und Tarifangelegenheiten, das Kassen- und Rechnungswesen der Centralverwaltung, die Beschaffung der Bahn-, Betriebs- und Werkstattsmaterialien sowie der Betriebsmittel, die Verwaltung der Hauptreparaturwerkstätten u. s. w., überhaupt alle diejenigen Angelegenheiten, bei denen die Berücksichtigung örtlicher Verhältnisse und Interessen gegenüber dem Gesichtspunkte der einheitlichen und gleichmäßigen Regelung zurücktritt. Außerdem bilden die Direktionen die zuständige und in einzelnen Angelegenheiten untergeordneter Art die letzte Instanz für die gegen die Anordnungen der Betriebsämter erhobenen Beschwerden. Die Eisenbahndirektionen bestehen aus einem Präsidenten und der erforderlichen Anzahl von Mitgliedern und Hilfsarbeitern; die ihnen obliegenden Geschäfte werden in besondern (der Regel nach drei) Abteilungen unter Leitung besonderer Dirigenten (Oberregierungs-, Oberbauräte) erledigt. Dem Präsidenten obliegt für den gesamten Verwaltungsbereich, den Abteilungsdirigenten für den Bereich der ihnen unterstellten Abteilungen die Sorge und Verantwortung für die ordnungsmäßige Verteilung und Erledigung der Geschäfte. Die Eisenbahnbetriebsämter, für die örtliche Bau- und Betriebsverwaltung sowie die Eisenbahn-Baukommissionen für größere Neubauten, haben, ebenso wie die Direktionen, alle Befugnisse und Pflichten einer öffentlichen Behörde, sind aber der Direktion, zu deren Bezirk sie gehören, instanzmäßig untergeordnet. Im übrigen bedürfen die Anordnungen der Betriebsämter und Eisenbahnbaukommissionen nur in den besonders vorgeschriebenen Fällen der höhern Genehmigung, sodaß sie innerhalb ihres Geschäftsbezirks in den zu ihrer Zuständigkeit gehörenden Angelegenheiten die Verwaltung, der sie angehören, selbständig vertreten und auch ohne besondern Auftrag durch ihre Rechtshandlungen, Verträge, Prozesse, Vergleiche u. s. w. für die Verwaltung Rechte erwerben und Verpflichtungen übernehmen. Die Eisenbahnbetriebsämter werden mit einem Betriebsdirektor als Vorstand und der erforderlichen Anzahl «ständiger Hilfsarbeiter» — seit 1. April 1892 «Mitglieder» — (Eisenbahn-Bau- und Betriebsinspektoren, Bauinspektoren für das Maschinenfach, Assessoren) besetzt. Die Besetzung und Feststellung der Geschäftsordnung für die Eisenbahn-Baukommissionen ist in jedem einzelnen Falle vorbehalten. Dem Betriebsdirektor liegt die Sorge für den ordnungsmäßigen Geschäftsgang und Betrieb im allgemeinen ob, insbesondere ist derselbe, in ähnlicher Weise wie der Präsident der Direktion, für die sach- und ordnungsmäßige Verteilung der Geschäfte wie für alle diejenigen Verfügungen und Erklärungen der ihnen unterstellten Behörde, die zu seiner Mitzeichnung gelangen, verantwortlich. In dieser Übertragung der Verantwortlichkeit auf eine einzelne Person liegt ein wesentlicher Unterschied der neuen Organisation der preuß. Staatseisenbahnverwaltung gegen die frühere Einrichtung (von 1872), bei der die Direktionen kollegialische Behörden waren und für die örtliche, den frühern Eisenbahnkommissionen übertragene Betriebsleitung der Grundsatz der persönlichen Verantwortlichkeit nicht so streng durchgeführt war. Infolge der hierdurch gebotenen Möglichkeit leichterer Erledigung der Geschäfte wurden auch unter Auflösung der früher bestandenen kleinern Direktionen zu Saarbrücken, Wiesbaden, Cassel und Münster überall größere Verwaltungsbezirke gebildet. Gegenwärtig bestehen elf Direktionen und zwar je eine in Altona, Berlin, Breslau, Bromberg, Elberfeld, Erfurt, Frankfurt a. M., Hannover und Magdeburg sowie zwei in Köln, davon eine für die linksrhein., die andere für die rechtsrhein. Linien. Der Umfang der von den einzelnen Direktionen verwalteten Bezirke schwankt (1892) zwischen 1249 km (Elberfeld) und 4365 km (Bromberg), die Zahl der den einzelnen Direktionen unterstellten Betriebsämter (im ganzen 75) zwischen 4 (Elberfeld und Frankfurt a. M.) und 10 (Berlin und Bromberg) mit je einem Geschäftsbezirk von 105 km (Berlin, Stadt- und Ringbahn) bis 616 km (Königsberg i. Pr.) Umfang. Das, wenn auch nicht nach seiner örtlichen Ausdehnung, so doch nach der Dichtigkeit und Lebhaftigkeit des Verkehrs der unterstellten Strecken bedeutendste Betriebsamt ist das zum Bezirk der königl. Eisenbahndirektion (rechtsrheinischen) zu Köln gehörende Betriebsamt zu Essen, mit dem seit 1. April 1890 das an demselben Orte bisher bestandene Betriebsamt des Eisenbahndirektionsbezirks Elberfeld zusammengelegt worden ist, um die im Ruhrkohlengebiet gelegenen Linien unter der Leitung einer Direktion und eines Betriebsamtes zu vereinigen. Mit Rücksicht auf den großen Umfang (498 km) und die eigenartigen Verhältnisse des neuen Betriebsamtes sind bei demselben nach dem Vorgange der bei den Direktionen bestehenden Einrichtung drei besondere Abteilungen unter je einem Vorstande gebildet.

Wenngleich der der gegenwärtigen Organisation der Preuß. Staatsbahnen zu Grunde liegende Gedanke der Decentralisation und der persönlichen Verantwortlichkeit sich bisher im allgemeinen als richtig erwiesen hat, so sind doch neuerdings auch in Kreisen von Fachmännern Stimmen laut geworden, welche behaupten, daß die bestehenden Verwaltungseinrichtungen zu schwerfällig und kostspielig seien. Insbesondere würde durch die Gliederung in drei Instanzen (Ministerium, Direktionen und Betriebsämter) die schnelle und sachgemäße Erledigung der Geschäfte beeinträchtigt, viele Arbeiten, bei denen die Zuständigkeit der Direktionen und der Betriebsämter sich begegneten, würden doppelt gemacht, wodurch das Schreibwesen ungebührlich vermehrt und die Verwaltung verteuert worden sei. Abhilfe könne nur durch Beseitigung einer der drei Instanzen geschaffen werden, sei es, daß man die Betriebsämter unter Erweiterung ihrer Befugnisse und Vergrößerung ihrer Bezirke zu Direktionen mache und dem Minister unmittelbar unterstelle, die gegenwärtigen Direktionen also als Zwischeninstanz aufhebe, sei es, daß man die Betriebsämter durch Übertragung ihrer Verwaltungsbefugnisse auf die Direktionen ihrer Eigenschaft als öffentlicher Behörden entkleide und zu lediglich ausführenden Dienststellen der Direktionen mache. Die Berechtigung von Reformbestrebungen scheint auch an maßgebender Stelle nicht verkannt zu werden, denn der Minister der öffentlichen Arbeiten hat sich vor kurzem veranlaßt gesehen, eine eigene Kommission aus Mitgliedern des Ministeriums und der Eisenbahn-Provinzial- und Lokalbehörden einzusetzen, welche die Notwendigkeit einer Reform der Staatseisenbahnverwaltung eingehend studieren und zweckentsprechende Abänderungsvorschläge machen soll. Mit der Frage etwaiger Abänderung der bestehenden Verwaltungsorganisation hängt die weitere Frage einer Verbesserung in der Vor- und Ausbildung der höhern Eisenbahnbeamten eng zusammen. Näheres hierüber s. Eisenbahnbeamte.

In Bayern ist die Verwaltung der Staatsbahnen (s. Bayrische Eisenbahnen) durch königl. Verordnung vom 17. Juli 1886 ähnlich wie in Preußen geregelt, nur daß hier eine Direktion, die Generaldirektion in München, die Mittelinstanz bildet, die unter oberster Leitung des Staatsministeriums des königl. Hauses und des Äußern ihre Geschäfte erledigt. Unter der aus 5 Abteilungen mit je einem Vorstande bestehenden Generaldirektion sind 10 Oberbahnämter, in Augsburg (389 km), Bamberg (528 km), Ingolstadt (399 km), Kempten (445 km), München (386 km), Nürnberg (442 km), Regensburg (610 km), Rosenheim (483 km), Weiden (521 km), Würzburg (450 km), für die örtliche Betriebsverwaltung thätig.

In Sachsen bildet die oberste Eisenbahnverwaltungsbehörde das Finanzministerium, zum Teil unter mitwirkender Thätigkeit des Ministeriums des Innern. Unter dem Ministerium steht die Königl. Generaldirektion der Sächs. Staatseisenbahnen (s. Sächsische Eisenbahnen) zu Dresden mit zwei Abteilungen, die eine (I.) für die allgemeinen und alle nicht technischen, die andere (II.) für die technischen Angelegenheiten (Organisation vom 17. Juni 1869). Unter der Generaldirektion sind sechs Oberbeamte thätig: der Betriebstelegraphen-Oberinspektor für den technischen Teil des Telegraphenwesens, der Betriebs-Oberinspektor für die Bahnunterhaltung und Bahnaufsicht, der Betriebs-Oberinspektor für die Beaufsichtigung der nichttechnischen Zweige des Stationsdienstes, der Transport-Oberinspektor für die Leitung und Beaufsichtigung des Fahr- und Transportdienstes, der Maschinen-Oberinspektor für den Maschinendienst und der Obermaschinenmeister für den Werkstättenbetrieb.

In Württemberg werden die Staatsbahnen (s. Württembergische Eisenbahnen) unter der obersten Leitung der Abteilung für die Verkehrsanstalten des Ministeriums der auswärtigen Angelegenheiten (Verordnung vom 20. März 1881) von einer Generaldirektion in Stuttgart verwaltet, der vier Oberinspektoren für die Leitung einzelner Dienstzweige unterstellt sind.

In Baden verwaltet die aus drei Abteilungen bestehende Generaldirektion in Karlsruhe unter der obersten Leitung des Finanzministeriums die bad. Staatsbahnen (s. Badische Eisenbahnen). Für die einzelnen Dienstzweige sind Oberbeamte bestellt.

In Hessen, Oldenburg und Mecklenburg-Schwerin bestehen für die Verwaltung der oberhess. Bahnen, der oldenburg. Staatsbahnen und der großherzogl. mecklenburg. Friedrich-Franz-Eisenbahn (s. Hessische, Oldenburgische und Mecklenburgische Eisenbahnen) je eine Direktion, bez. Eisenbahndirektion in Gießen und Oldenburg sowie eine Generaldirektion zu Schwerin. Die Preußen, Baden und Hessen gemeinsam gehörende Main-Neckar-Eisenbahn (s. d.) wird von einer aus drei Mitgliedern, von denen jede Regierung je eins ernennt, gebildeten Direktion in Darmstadt verwaltet.

Eine eigenartige Eisenbahnverwaltungsbehörde ist die königl. Direktion der Militär-Eisenbahn zu Schöneberg bei Berlin. (S. Militär-Eisenbahn.) Über Militäreisenbahnbehörden s. Militärtransportordnungen.

Bei den meisten deutschen Privatbahnen vereinigt sich die Verwaltung der Eisenbahnangelegenheiten in dem Direktorium oder der Direktion, einem Kollegium von gleichberechtigten Mitgliedern mit einem Vorsitzenden, das die Verwaltung nach außen vertritt. Bei den Eisenbahn-Aktiengesellschaften besteht noch ein Verwaltungsrat, der die wichtigern Maßregeln des Direktoriums, insbesondere soweit solche Organisations- und Geldfragen betreffen, zu überwachen und vor der Ausführung zu genehmigen hat.

Die Reichsaufsicht über die Eisenbahnen wird, soweit es sich um den Erlaß von Verwaltungsvorschriften handelt, vom Bundesrat, im übrigen vom Reichskanzler ausgeübt. Die dem Reichskanzler zustehenden Aufsichtsrechte werden nach seinen Anweisungen und unter seiner Verantwortlichkeit von dem durch Gesetz vom 27. Juni 1873 errichteten Reichseisenbahnamt zu Berlin wahrgenommen. Dasselbe hat insbesondere die Aufgabe, innerhalb der durch die Verfassung bestimmten Zuständigkeit des Reichs für die Ausführung der auf das Eisenbahnwesen bezüglichen Gesetze zu sorgen und auf Abstellung der hervortretenden Mängel und Mißstände hinzuwirken. In Bezug auf die Privatbahnen stehen dem Reichseisenbahnamte zur Durchführung seiner Verfügungen dieselben Befugnisse zu, die den Aufsichtsbehörden der betreffenden Bundesstaaten beigelegt sind. Eine unmittelbare Zwangsgewalt hat dasselbe jedoch nicht. Bei Zwangsmaßregeln gegen Privatbahnen ist es auf die zuständige Landesaufsichtsbehörde angewiesen. Verfügungen gegen Staatsbahnen werden auf dem reichsverfassungsmäßigen Wege (Art. 19 der Reichsverfassung) zur Durchführung gebracht. Wird gegen eine vom Reichseisenbahnamte verfügte Maßregel Gegenvorstellung erhoben, so hat das durch Zuziehung von richterlichen Beamten zu verstärkende Reichseisenbahnamt über die Gegenvorstellung selbständig und unter eigener Verantwortlichkeit zu beschließen. Seit 1880 giebt das Reichseisenbahnamt auch die Statistik für sämtliche deutsche Eisenbahnen heraus. (S. Eisenbahnstatistik.) Eine neue wichtige Aufgabe ist dem Reichseisenbahnamt durch die Kriegstransportordnung (s. Militärtransportordnungen) vom 26. Jan. 1887 zugefallen, durch welche insbesondere die nach ausgesprochener Mobilmachung zu bewirkende Beförderung des Reichsheers, der Marine und der Streitkräfte mit dem Reiche verbündeter Staaten geregelt wird. Zu den zur Mitwirkung bei Ausführung dieser Ordnung berufenen Behörden gehört auch das Reichseisenbahnamt, das die Centralstelle der Civil-Eisenbahnverwaltungen für alle durch die Kriegstransportordnung geregelten Angelegenheiten bildet.

Die Landesaufsichtsbehörden der Eisenbahnen fallen, insoweit es sich um Staatsbahnen handelt, mit den obern Eisenbahnverwaltungsbehörden (Direktionen, Ministerien) zusammen. Über die Privatbahnen in Preußen wird die Aufsicht des Staates durch das Eisenbahnkommissariat in Berlin in erster und durch den Minister der öffentlichen Arbeiten in letzter Instanz ausgeübt mit der Maßgabe, daß die Wahrung der Rechte des Publikums den Privatbahnunternehmern gegenüber den Regierungspräsidenten obliegt. In der neuen Betriebsordnung für die Haupteisenbahnen Deutschlands, der Bahnordnung für die Nebeneisenbahnen Deutschlands, der Signalordnung für die Eisenbahnen Deutschlands, den Normen für den Bau und die Ausrüstung der Haupteisenbahnen Deutschlands und den Bestimmungen über die Befähigung von Eisenbahnbetriebsbeamten — sämtlich vom 5. Juli 1892 und an Stelle der betreffenden bisherigen bahnpolizeilichen Vorschriften am 1. Jan. 1893 in Kraft tretend (s. Eisenbahnbau, S. 842b, Eisenbahnrecht, S. 877b, und Eisenbahnbetriebsordnung) — wird zwischen Landesaufsichtsbehörden und Aufsichtsbehörden unterschieden und die Bestimmung darüber, welche Behörden in jedem Bundesstaat hierunter zu verstehen seien, der Centralbehörde des Bundesstaates überlassen. Für Preußen ist diese Bestimmung dahin ergangen, daß im Sinne dieser Vorschriften unter Landesaufsichtsbehörde der Minister der öffentlichen Arbeiten, unter Aufsichtsbehörde die Eisenbahnaufsichtsbehörden, also bei den Staatsbahnen die königl. Eisenbahndirektionen, bei andern Eisenbahnen das königl. Eisenbahnkommissariat zu Berlin zu verstehen sind. In den übrigen deutschen Ländern bildet ebenfalls das Ministerium die obere Aufsichtsbehörde, während mit der unmittelbaren Aufsicht, wie in Bayern die Bezirks- (Kreis-) regierungen, in Württemberg die Generaldirektion der Staatsbahnen, in Sachsen besondere Kommissare (meist Kreis- oder Amtshauptleute und technisch gebildete Beamte der Staatsbahnverwaltung) beauftragt sind. Über die Privatbahnen in Elsaß-Lothringen übt die Abteilung IV des Landesministeriums die Landesaufsicht.

In Österreich besteht nach der 15. Dez. 1891 ergänzten und abgeänderten Organisation vom 23. Juni 1884 für die Verwaltung der Staatseisenbahnen unter der obern Leitung des Handelsministeriums in Wien eine in vier Abteilungen geteilte «K. K. Generaldirektion der Österr. Staatsbahnen», der für die örtliche Betriebsleitung 9 (früher 11) k. k. Eisenbahnbetriebs-Direktionen zu Wien, Linz, Innsbruck, Villach, Pilsen, Prag, Krakau, Lemberg und Triest unterstellt sind. — Bei den meisten Privatbahnen Österreichs hat der Verwaltungsrat die Leitung sämtlicher Geschäftsangelegenheiten der Gesellschaft, insbesondere auch die Überwachung und Erledigung der rein technischen und der Verwaltungsgeschäfte zu besorgen; ihm ist als ausführendes, mit entsprechender Machtvollkommenheit ausgestattetes Organ ein Generaldirektor oder zwei Direktoren (der eine für die technischen, der andere für die Verwaltungsangelegenheiten) untergeordnet. Bei der Kaiser-Ferdinands-Nordbahn und der Aussig-Teplitzer Bahn wird die Verwaltung nicht vom Verwaltungsrat, sondern von einer **Direktion** geleitet. Unter der den gesamten Betrieb leitenden Oberbehörde stehen bei den Privatbahnen in der Regel verschiedene Oberbeamte für die Leitung einzelner Dienstzweige, und zwar: 1) Ein oberster ausführender Beamter, der **Betriebsdirektor** (auch Specialdirektor, Generalinspektor, Oberinspektor, Bahn- oder Betriebsinspektor, Bevollmächtigter genannt), in dessen Händen alle Fäden des Betriebes zusammenlaufen und dem meistens die Besorgung und Überwachung des Personenverkehrs und des Stationsdienstes obliegt. 2) Der **Chef des Güterwesens** (Obergüterverwalter, Güterverwalter, Güterdirigent, Güterdienstinspektor genannt) überwacht den ganzen Güterverkehr. 3) Der **Chef der Bahnerhaltung** (Oberingenieur, Bahndirektor, Betriebsingenieur genannt) überwacht den guten Zustand aller unbeweglichen Teile der Bahn. 4) Der **Chef für den Maschinen- und Transportdienst** (Obermaschinenmeister, Maschinendirektor, Maschinenmeister, Oberinspektor des Zugförderungsdienstes genannt) steht dem gesamten Maschinen- und Werkstättendienst vor. Unter seiner Oberaufsicht stehen: die Materialienmagazine, Anstalten zur Beschaffung und Aufbewahrung der für den Bahnbetrieb erforderlichen Materialien, als Kohlen, Holz, Öl, Putzwolle u. s. w., und die Maschinen- und Wagenreparaturwerkstätten. — Die **Aufsicht** über die Privatbahnen ist in Österreich der dem Handelsminister unterstellten «General-Inspektion der österr. Eisenbahnen» in Wien übertragen.

In **Ungarn** werden die Staatsbahnen nach der Organisation vom 30. Dez. 1885 unter dem Handelsministerium von der «Direktion der Königl. Ungar. Staatseisenbahnen» in Budapest verwaltet, die in vier voneinander unabhängige Hauptsektionen unter je einem eigenen verantwortlichen Direktor zerfällt. Den ausübenden Dienst versehen acht **Betriebsleitungen**: in Budapest (3), Debreczin, Klausenburg, Arad, Szegedin und Agram auf den ihnen zugewiesenen Linien innerhalb ihres festgesetzten Wirkungskreises. Die **Aufsicht** über die Privatbahnen ist in Ungarn der dem Handelsministerium unterstellten «Generalinspektion für Eisenbahnen und Schiffahrt» in Budapest übertragen.

In **Rußland** wurde für die Verwaltung der Staatsbahnen 1882 eine dem Minister der Verkehrsanstalten unterstellte «Provisorische Direktion der Staatseisenbahnen» eingesetzt; vielfach ist Verwaltung und Betrieb der Staatsbahnen bestehenden Privatbahngesellschaften übertragen. Die Aufsicht über die Privatbahnen übt das Ministerium der Verkehrsanstalten; in Angelegenheiten des Baues und Betriebes und der wirtschaftlichen Verhältnisse entscheidet unter Umständen der unter dem Vorsitz des Verkehrsministers aus Vertretern anderer Ministerien und Behörden und aus Vertretern der Privatbahnen und wirtschaftlichen Interessenten gebildete **Eisenbahnrat** (s. Eisenbahnbeiräte). Die Staatsaufsicht über das Tarifwesen ist seit Anfang 1889 dem Finanzministerium übertragen, in dem zu diesem Zweck drei besondere Abteilungen: der Tarifrat (für die allgemeinen Tariffragen und ähnlich zusammengesetzt wie der Eisenbahnrat), der Tarifausschuß (für besondere Tariffragen) und die Abteilung für Eisenbahnangelegenheiten gebildet sind.

In **Italien**, wo die Staatsbahnen seit 1885 an Privatgesellschaften verpachtet sind, bestehen für die großen Eisenbahnnetze, das Mittelmeer, das Adriatische und Sicilianische (s. Italienische Eisenbahnen), besondere Gesellschaften. Unter den Generaldirektionen in Florenz, Mailand und Palermo sind für die örtliche Betriebs- und Verkehrsleitung besondere Betriebsdirektionen in Ancona, Bologna, Turin, Neapel, Genua (Verkehrsamt) und Florenz eingesetzt. Die staatliche Aufsicht erfolgt durch eine dem Minister der öffentlichen Arbeiten unterstellte Behörde mit einem Generalinspektor an der Spitze. Dieser Behörde, mit der auch der Rat oder Ausschuß für Tarifangelegenheiten zur Prüfung der Eisenbahntarife (s. Eisenbahnbeiräte) verbunden ist, sind elf Bezirksaufsichtsämter in Mailand, Turin, Rom, Neapel, Florenz, Bologna, Ancona, Verona, Foggia, Palermo und Cagliari untergeordnet.

In **England**, wo es nur Privatbahnen giebt, steht an der Spitze der Geschäfte der Eisenbahngesellschaften in der Regel eine Direktion (board of directors). Die einzelnen Mitglieder derselben, deren meistens eine größere Zahl vorhanden ist, nehmen in der Regel nicht selbstthätig an den Geschäften teil, sonderu versammeln sich nur in bestimmten Zeitzwischenräumen zu Beratungen unter ihrem Vorsitzenden (chairman). Der Sekretär der Gesellschaft, unter Umständen auch die Direktoren, bringen in diesen Sitzungen die Geschäfte zum Vortrag und zur Entscheidung. Die Ausführung der Beschlüsse der Direktion pflegt danu allein durch den Sekretär zu erfolgen, der die betreffenden Verfügungen ausfertigt und im Auftrag der Direktoren (by order of the directors) unterzeichnet. Die eigentliche **Betriebsleitung** ist einem vom Administrationsrat angestellten Betriebsdirektor (general manager) anvertraut. Unter dem general manager pflegen danu folgende Dienststellen den ausübenden Dienst wahrzunehmen: eine Ingenieurabteilung (engineers department) den technischen Bahndienst (maintenance of permanent way) und das Bauwesen; eine mechan. Abteilung (locomotive department), die das ganze Material der Bahnen (plant and rolling stock) sowie den Werkstätten- und Transportdienst umfaßt; eine Abteilung für Personenverkehr und Betriebspolizei (coaching and police department); endlich eine **Güterverkehrsabteilung** (goods department, traffic office) unter einem Güterverwalter (goods manager). Weiter finden sich noch besondere Abteilungen für Buchhaltung und Magazinverwaltung (finances and stores department), für Grundstück- und Gebäudeverwaltung (estate department) sowie ein Kontrollbureau (audit and check office). Buchhalter und Schreiber (clerks), bei den technischen Zweigen auch Ingenieure (engineers), Zeichner (draftsmen) und Werkmeister (foremen) bilden das Hilfspersonal der einzelnen ausführenden Dienststellen; die Aufsichtsbeamten (controllers) sind dagegen in der Regel der Direktion, und zwar dem Sekretär oder dem general manager beigegeben. Die untere Verwaltung erfolgt für den Transportdienst durch die Stationsverwalter (stationmaster) und für den Fahrdienst durch die unter den erstern stehenden Zugbegleiter, den Zugführer (guard), Packmeister (luggage guard) und Bremser (brakeman). — Was den **Bahndienst** betrifft, so erfolgt die Unterhaltung der Bahn sowie aller zugehörenden Werke, einschließlich der Gebäude auf den Stationen, unter der Anleitung und Aufsicht von Ingenieuren meist durch Unternehmer ohne erhebliches Zuthun der Bahnwärter (line guards, gate keepers). Die letztern sind in England in erheblich geringerer Zahl angestellt und mehr als Bahnpolizeibeamte anzusehen, da Planübergänge für öffentliche Wege auf verkehrsreichen Bahnen in England nur selten vorkommen und die Signalisierung und Weichenstellung meistens von einzelnen Centralpunkten aus durch besondere Wärter (pointsmen) erfolgt. (S. Central-Weichen- und Signal-Stellvorrichtungen.) — Die Ausübung des staatlichen **Aufsichtsrechts** liegt dem Handelsamte (Board of Trade) ob. Es darf keine Eisenbahn dem öffentlichen Verkehr übergeben werden, bevor dieselbe nicht durch einen Ingenieur des Board of Trade in Bezug auf die Sicherheit des Betriebes untersucht und in Ordnung befunden worden ist. Die Beamten des Board of Trade haben ferner im allgemeinen darüber zu wachen, daß die zur Betriebssicherheit erforderlichen Maßregeln von den Eisenbahngesellschaften ergriffen und etwaige Mißstände abgestellt werden. Durch die «Eisenbahn- und Kanalverkehrsgesetze von 1873 und 1888» ist in der Eisenbahn- und Kanalkommission eine Art Eisenbahnverwaltungsgerichtshof gebildet, bei dem Klagen wegen Verletzung des Eisenbahn- und Kanalgesetzes vom 10. Juli 1854 angebracht werden können. Die Berufung gegen Entscheidungen der Kommission, die aus zwei von der Königin ernannten und drei Mitgliedern von Amts wegen (je eins für Schottland, England und Irland) besteht, ist auf Rechtsfragen beschränkt; sie geht an das höhere Berufsgericht, unter Umständen an das Oberhaus.

Frankreich verwaltet seine seit 1878 erworbenen und gebauten Staatseisenbahnen durch eine besondere, dem Minister der öffentlichen Arbeiten unterstellte Behörde, die ähnlich wie bei den Privatbahnen aus einem Verwaltungsrat und einer ausführenden Behörde, der Direktion der Staatsbahnen besteht. Bei der Verwaltung der franz. Privatbahnen spielt der von der Aktiengesellschaft gewählte Administrationsrat die Hauptrolle. Unter diesem Administrationsrat, dessen Mitglieder durch erheblichen Aktienbesitz an dem Unternehmen beteiligt sind, führt ein Direktor (Generaldirektor) die gesamte Verwaltung. Unter dem Direktor stehen gewöhnlich drei Hauptabteilungen, nämlich: 1) für die allgemeine Verwaltung (service centrale), 2) für den Baudienst (service de la construction), 3) für den Betriebsdienst (service de l'exploitation). Die letztere Abteilung zerfällt in drei Unterabteilungen, und zwar: a. für die Bahnunterhaltung und Bewachung (service de l'entretien et de la surveillance de la voie et du matériel fixe), b. für die Zugförderung und Werkstätten (service de la traction et des ateliers), c. für den Verkehrsdienst (mouvement et service commercial). — Die staatliche **Aufsicht** über die Eisenbahngesellschaften wird in Frankreich durch den Minister der öffentlichen Arbeiten ausgeübt. Demselben sind nach der neuen Einrichtung unterstellt vier vom Präsidenten der Republik ernannte «Commissaires généraux», welche die gesamte finanzielle Geschäftsführung der ihnen zugeteilten Eisenbahngesellschaften zu überwachen haben (Verordnung des Präsidenten der Republik vom 7. Juni 1884). Daneben bestehen nach den Erlassen des Ministers der öffentlichen Arbeiten vom 15. Okt. 1881 und 20. Juli 1886 die für jedes Netz der großen Eisenbahnen bestellten, dem Minister untergeordneten besondern Aufsichtsbeamten, teils «Inspecteurs généraux des ponts et chaussées», teils «Inspecteurs généraux des mines». Ihnen sind die «Chefs de service» für die Beaufsichtigung des technischen und Verkehrsdienstes unterstellt. Dem Direktor des Aufsichtsdienstes ist ein Ausschuß («Comité de réseau») beigegeben, dem unter seinem Vorsitz angehören: der Hauptkommissar des Netzes, der mit der Beaufsichtigung der finanziellen Angelegenheiten der Gesellschaft beauftragte Beamte («Inspecteur des finances») und die Ressortvorsteher («Chefs de service») des technischen und Verkehrsdienstes. Ebenso ist bei dem Ministerium ein Ausschuß (Comité général du contrôle) gebildet, der unter dem Vorsitz des Ministers zusammentritt und dessen Mitglieder die Direktoren des Aufsichtsdienstes und die Hauptkommissare aller Netze sind. Augenblicklich steht eine Neuordnung und Verschärfung der Staatsaufsicht über den Eisenbahnbetrieb bevor.

In den **Vereinigten Staaten von Amerika**, wo nur Privatbahnen bestehen, steht an der Spitze der Aktiengesellschaften eine Direktion und ein Verwaltungsrat. Seit April 1887 besteht neben der von einzelnen Bundesstaaten durch besondere Behörden (State Railroad Commissions) ausgeübten Landesaufsicht auch eine Bundesaufsicht über den zwischen den einzelnen Bundesstaaten sich bewegenden Verkehr, die von einem Bundesverkehrsamt (Interstate Commerce Commission) wahrgenommen wird.

Über die den Eisenbahnbehörden in einzelnen Ländern beigegebenen **Beiräte** s. Eisenbahnbeiräte.

Litteratur. Handbuch für specielle Eisenbahntechnik, hg. von Heusinger von Waldegg, Bd. 4 (2. Aufl., Lpz. 1876); Koch, Handbuch für den Eisenbahngüterverkehr, Bd. 1 (22. Aufl., Berl. 1891; Bd. 2, 6. Aufl., ebd. 1889); Haushofer, Grundzüge des Eisenbahnwesens (Stuttg. 1873); Schwabe, Über das engl. Eisenbahnwesen (Berl. 1871); Encyklopädie des Eisenbahnwesens, hg. von Röll, Bd. 1 (Wien 1890); Wörterbuch des deutschen Verwaltungsrechts, hg. von Stengel, Bd. 1 (Freib. i. Br. 1890).

Eisenbahnbeiräte, **Eisenbahnräte**, **Eisenbahnausschüsse**, **Vereinigung der Verkehrsinteressenten**, **Räte für Eisenbahn-Tarifangelegenheiten**, auf gesetzlichem oder im Verwaltungswege eingerichtete, aus freigewählten oder vom Staate berufenen Vertretern von Handel, Gewerbe, Land- und Forstwirtschaft u. s. w. zusammengesetzte Körperschaften, die in regelmäßig wiederkehrenden Sitzungen den Eisenbahnbehörden (s. d.) in allen wichtigen Verkehrsangelegenheiten beirätliche Mitwirkung zu leisten haben.

In **Deutschland** ist zuerst der kaiserl. Generaldirektion der Eisenbahnen in Elsaß-Lothringen 1874 ein solcher Beirat, Eisenbahnausschuß, beigegeben worden, dessen Mitglieder ursprünglich von den Handelskammern Elsaß-Lothringens gewählt wurden; später sind noch Vertreter landwirtschaftlicher und industrieller Körperschaften, von letztern auch einer aus dem Saargebiet, hinzugekommen.

In **Preußen** wurden Beiräte für die königl. Eisenbahndirektionen 1878 im Verwaltungswege und 1. Juni 1882 gesetzlich eingeführt. Die übrigen deutschen Staaten folgten diesem Beispiel, nachdem Oldenburg bereits 1877 vorangegangen war.

Das preuß. Gesetz vom 1. Juni 1882 ordnet, um wirtschaftliche Garantien — wegen der sog. finanziellen Garantien s. Eisenbahnrecht, S. 878a — für eine den Bedürfnissen des Verkehrs entsprechende

Verwaltung der ausgedehnten Staatseisenbahnen zu schaffen, Bezirks-Eisenbahnräte als Beiräte der Staatseisenbahndirektionen und einen Landes-Eisenbahnrat als Beirat der Centralverwaltung der Staatseisenbahnen an. Die **Bezirks-Eisenbahnräte**, bestehend bei den Eisenbahndirektionen zu Altona, Berlin, Breslau, Bromberg, Erfurt, Frankfurt a. M., Hannover, Magdeburg und Köln, an letzterm Orte gemeinschaftlich für die beiden Direktionen von Köln und die Direktion in Elberfeld, werden aus Vertretern des Handelsstandes, der Industrie, der Land- und Forstwirtschaft zusammengesetzt und müssen von den betreffenden Staatseisenbahndirektionen in allen die Verkehrsinteressen ihres Bezirks berührenden wichtigen Fragen, namentlich aber in Fahrplan- und Tarifangelegenheiten (s. Eisenbahnfahrpläne und Eisenbahntarife) gehört werden. Der **Landes-Eisenbahnrat** besteht aus einem Vorsitzenden und dessen Stellvertreter, die vom König, und zwar auf die Dauer von 3 Jahren, ernannt werden, aus zehn von den Ministern der öffentlichen Arbeiten (2), der Finanzen (2), für Handel (3) und für Landwirtschaft (3) für die Dauer von 3 Jahren berufenen Mitgliedern, die nicht unmittelbare Staatsbeamte sein dürfen, endlich aus zusammen 30 Vertretern der verschiedenen Provinzen und der Städte Berlin und Frankfurt a. M. Die letztern Mitglieder werden durch die Bezirks-Eisenbahnräte aus den Kreisen der Land- und Forstwirtschaft, der Industrie oder des Handelsstandes innerhalb der betreffenden Bezirke gewählt. Dem Minister der öffentlichen Arbeiten ist es vorbehalten, außer diesen ständigen Mitgliedern in geeigneten Fällen noch besondere Sachverständige bei den Beratungen behufs Auskunftserteilung zuzuziehen. Der Landes-Eisenbahnrat, der auch einen aus seinem Vorsitzenden und vier Mitgliedern bestehenden ständigen Ausschuß zur Vorbereitung seiner Beratungen bestellt, muß mindestens zweimal jährlich nach Berlin berufen werden. Ihm sind zur gutachtlichen Äußerung vorzulegen: die dem Entwurf des Staatshaushaltsetats beizufügende Übersicht der Normaltransportgebühren für Personen und Güter; die allgemeinen Bestimmungen über die Anwendung der Tarife, die Anordnungen wegen Zulassung oder Versagung von Ausnahme- und Differentialtarifen (s. Eisenbahntarife) sowie Anträge auf allgemeine Änderungen der Betriebs- und Bahnpolizeireglements (s. d. und Eisenbahn-Verkehrsordnung, Eisenbahn-Betriebsordnung), soweit sie nicht technische Bestimmungen betreffen. Außerdem kann der Minister der öffentlichen Arbeiten in wichtigen, das öffentliche Verkehrswesen berührenden Fragen Gutachten von dem Landes-Eisenbahnrat verlangen. Die Verhandlungen des Landes-Eisenbahnrates, ebenso wie die darauf von dem Minister der öffentlichen Arbeiten getroffenen Entscheidungen werden von letzterm dem Landtag vorgelegt.

Die Eisenbahnräte in **Bayern** (Verordnung vom 16. März 1881), **Sachsen** (Verordnung vom 9. Juli 1881), **Baden** (Verordnung vom 4. Nov. 1880), **Hessen** (Verordnung vom 5. Juli 1881) und **Mecklenburg-Schwerin** (Verordnung vom 12. Mai 1890) und der Beirat der Verkehrsanstalten in **Württemberg** (Verordnung vom 20. März 1881) sind ähnlich zusammengesetzt und haben ähnliche Befugnisse. In **Oldenburg** besteht seit 1877 eine «Freie Vereinigung zur Wahrung und Förderung der Eisenbahnverkehrsinteressen im Gebiete der oldenburg. Staatsbahnen». Besondere Anordnungen der Regierung sind nicht erlassen.

Mit den deutschen E. in vielen Punkten übereinstimmende beirätliche Vertretungen bestehen in Frankreich, Rußland, Italien, Dänemark und Österreich.

In **Frankreich** zählt das 1878 eingesetzte und 1880, 1887 und 1889 umgestaltete Comité consultatif des chemins de fer 49 Mitglieder, und zwar 4 höhere Beamte «von Rechts wegen» und 45 durch den Präsidenten der Republik ernannte Mitglieder, darunter 6 Mitglieder des Staatsrates, 13 höhere Beamte aus den Ministerien und sonstigen Behörden, 8 Abgeordnete und 4 Senatoren, 3 Mitglieder der Pariser Handelskammer, einzelne Mitglieder freier wirtschaftlicher Vereine, ein Direktionsmitglied einer Eisenbahngesellschaft, ein Unternehmer öffentlicher Arbeiten und ein Arbeiter oder Angestellter einer Eisenbahn. Zu den Beratungsgegenständen gehören außer Tarif- und Fahrplanangelegenheiten u. a. auch die Errichtung von Stationen und Haltestellen und neuerdings die Wohlfahrtseinrichtungen für Beamte und Arbeiter.

Der Eisenbahnrat in **Rußland** für die Prüfung und unter Umständen auch für die Entscheidung der den Bau und Betrieb und die wirtschaftlichen Verhältnisse der russ. Eisenbahnen betreffenden Angelegenheiten ist 1885 eingerichtet und besteht unter dem Vorsitz des Ministers der Verkehrsanstalten aus 2 gewählten Vertretern der Privatbahnen, 11 höhern vom Kaiser ernannten Beamten, 4 Vertretern des Handels, der Gewerbe, der Landwirtschaft und des Bergbaues, die von den Ministern der Finanzen und der Krongüter berufen werden. Nachdem 1889 die Staatsaufsicht über das Tarifwesen der Eisenbahnen dem Minister der Verkehrsanstalten abgenommen und dem Finanzminister übertragen worden, ist auch diesem Minister ein besonderer Rat für Tarifangelegenheiten und ein Tarifausschuß (Tarifkomitee) beigegeben. Der Tarifrat (für die allgemeinen Tarifangelegenheiten) setzt sich unter dem Vorsitz des Ministers aus dessen Gehilfen, den Direktoren der Abteilungen für Eisenbahnangelegenheiten, für Handel, für Gewerbe, aus 2 Mitgliedern des Verkehrsministeriums, je einem Mitglied der Reichskontrolle, der Ministerien der Finanzen, der Domänen und des Innern, 3 Vertretern der Landwirtschaft, 2 Vertretern von Handel und Gewerbe, einem Vertreter des Hüttenwesens und drei Vertretern der Privatbahnen zusammen. Der Tarifausschuß (für besondere Tarifangelegenheiten) besteht aus dem Direktor der Abteilung für Eisenbahnangelegenheiten als Vorsitzendem und aus 5 höhern Beamten (Mitgliedern anderer Ministerien und der Reichskontrolle).

In **Italien** ist durch königl. Verordnung ein Rat für Eisenbahntarifangelegenheiten 1886 gebildet, bestehend aus 29 Mitgliedern — der Mehrzahl nach höhere Beamte — unter dem Vorsitz des Ministers der öffentlichen Arbeiten. Hiervon werden 7 Mitglieder, als Vertreter der Betriebsgesellschaften und Privatbahnen von diesen und 6 Mitglieder von den Vertretern der Landwirtschaft, des Handels und der Gewerbe gewählt.

Dänemark besitzt seit 1886 einen Eisenbahnrat von 23 Mitgliedern, die auf Vorschlag der wirtschaftlichen Körperschaften vom Minister des Innern ernannt werden zwecks beratenden Zusammenwirkens mit der Direktion der Staatsbahnen bei Behandlung wichtiger, den Staatsbahnbetrieb betreffender Fragen, insbesondere der Fahrplan- und Tarifangelegenheiten.

In *Österreich* ist 1884 als Beirat des Handelsministers zur Begutachtung in wichtigen, die Interessen des Handels, der Industrie, der Land- und Forstwirtschaft berührenden Fragen des Eisenbahnverkehrswesens ein »Staats-Eisenbahnrat« eingerichtet. Derselbe besteht aus dem Vorsitzenden (Handelsminister, Vertreter: Präsident der Generaldirektion der Staatsbahnen) und 66 (bis 1892 nur 50), vom Handelsminister auf die Dauer von 3 Jahren ernannten Mitgliedern. Hiervon werden 9 Mitglieder nach freiem Ermessen und 5 Mitglieder in der Weise ernannt, daß der Finanzminister und der Ackerbauminister je 2 und der Reichs-Kriegsminister eine der zu ernennenden Persönlichkeiten bezeichnet; 36 Mitglieder werden auf Vorschlag von Handels- und Gewerbekammern und 16 auf Vorschlag von Landeskulturräten und sonstigen landwirtschaftlichen Fachkorporationen ernannt. Außerdem ist dem Präsidenten der Generaldirektion der österr. Staatsbahnen zur Begutachtung aller wichtigen Fragen des finanziellen und des Verkehrsdienstes ein »ständiger Beirat« von 5 Mitgliedern beigegeben, die vom Handelsminister aus der Zahl der Mitglieder des Staatseisenbahnrates ernannt werden.

Litteratur. Von der Leyen, Die Vertretung der wirtschaftlichen Interessen bei den Eisenbahnen (im »Jahrbuch für Gesetzgebung« u. s. w., hg. von Schmoller, Neue Folge, XII, Heft 4, 1888); ders. in dem »Wörterbuch des Deutschen Verwaltungsrechts«, hg. von Stengel, Bd. 1 (Freib. i. Br. 1890); Ulrich, »Das Eisenbahntarifwesen« (Berl. 1886); L. von Stein, Eisenbahnräte (in »Zeitschrift für Eisenbahnen und Dampfschiffahrt«, Heft 7, Wien 1889).

Eisenbahnbetrieb, im weitern Sinne die auf die Nutzbarmachung der Eisenbahnen als öffentlicher Verkehrsanstalten gerichtete Thätigkeit. Dieselbe äußert sich nach zwei Hauptrichtungen und besteht einerseits in der Leitung der *juristischen und Verwaltungsangelegenheiten* (s. Eisenbahnrecht), andererseits in der Leitung der *technischen (betriebstechnischen*, im Gegensatz zu den bautechnischen) *Angelegenheiten*. Erstere, auch *allgemeine Verwaltung* genannt, umfaßt die Gesamtleitung des Unternehmens; sie regelt insbesondere die rechtlichen Beziehungen der Verwaltung, sorgt für ihre planmäßige Einrichtung und Gliederung, ordnet das Kassen- und Rechnungswesen, stellt die Grundsätze für die Anstellungs- und Besoldungsverhältnisse der Beamten fest u. s. w. Einen wichtigen Teil der allgemeinen Verwaltung bildet die *kaufmännische (kommerzielle)* Leitung des Unternehmens, die für die Benutzung desselben durch das Publikum besorgt ist, die Bedingungen hierfür und die zu zahlenden Preise (Tarife) festsetzt (s. Eisenbahntarife), die Einnahmen verrechnet und alle Einrichtungen veranlaßt, die durch die jeweiligen Verkehrsbedürfnisse bedingt werden (s. Eisenbahnbeamte und Eisenbahnbehörden). Die Regelung der *technischen Angelegenheiten* erstreckt sich einerseits auf die Ordnung des *Transportdienstes (Transportverwaltung)*, andererseits auf die Thätigkeit, die zur Sicherstellung und Unterstützung desselben die Unterhaltung und Beaufsichtigung der Bahnanlagen (*Bahnverwaltung*) und die Unterhaltung der Betriebsmittel (s. d.) bezweckt (s. Eisenbahnwerkstätten). Die Transportverwaltung zerfällt in den *Fahrdienst* (Lokomotiv- und Zugdienst) und in den *Stationsdienst*, letzterer wiederum in den *äußern* und in den *innern* (Expeditions-)Dienst. Ersterer umfaßt die Abfertigung der ankommenden und abfahrenden Züge, ihre Auflösung und Zusammensetzung nach den verschiedenen Verkehrsrichtungen (s. Rangieren) u. s. w., letzterer erstreckt sich auf die Abfertigung der Personen und Güter, das Kassenwesen, die Materialienverwaltung u. s. w. Die Grundlage des Fahr- und Stationsdienstes, der auch Betrieb schlechthin genannt wird, bilden die Fahrpläne (s. Eisenbahnfahrpläne); für die Sicherheit desselben ist die Ausrüstung der Züge mit durchgehenden Bremsen (s. Eisenbahnbremsen) und das Signalwesen von hervorragender Bedeutung. (S. Eisenbahnsignale, Blocksignalsystem und Central-Weichen- und Signal-Stellvorrichtungen.) Zur Regelung des kommerziellen Betriebes (Verkehrs) und des technischen Betriebes sind vielfach *staatliche Vorschriften* erlassen. Von besonderer Wichtigkeit sind die Bestimmungen zur Erhöhung der *Sicherheit* des E. Je mehr sich die Ansprüche des Verkehrs an die Eisenbahnen im Laufe der Zeit gesteigert haben, desto schwieriger und verantwortungsvoller ist die Sorge für die Ordnungsmäßigkeit und Sicherheit des Betriebes geworden. Sie erstreckt sich auf alle Maßregeln, welche notwendig und geeignet erscheinen, den Verkehr regelmäßig und schnell abzuwickeln, sowie Personen und Sachen vor den in der Natur des E. liegenden Gefahren zu bewahren. Wie auf den meisten, so auch auf diesem wichtigen Gebiete des Eisenbahnwesens gebührt dem Verein deutscher Eisenbahnverwaltungen (s. Eisenbahnverein) das Verdienst, durch zweckdienliche Anregungen und Vereinbarungen fördernd und vorbildlich gewirkt zu haben. So sind denn auch die staatlichen Vorschriften über die Gestaltung des E. meist auf die Untersuchungen und Erfahrungen zurückzuführen, die im Deutschen Eisenbahnverein angestellt und gesammelt worden sind. Sie erstrecken sich, da die Ordnung des Betriebes die notwendigen baulichen Anlagen und Einrichtungen voraussetzt, auch auf Bau und Ausrüstung der Eisenbahnen. Näheres hierüber s. unter Eisenbahnbau, unter dem bereits oben bei den Grundlagen des technischen E. erwähnten Stichworten, sowie unter Eisenbahnrecht und Eisenbahn-Verkehrsordnung.

Die Einteilung des E. in die drei Verwaltungszweige: Allgemeine, Bahn- und Transportverwaltung liegt auch der vom Reichseisenbahnamte (s. d.) herausgegebenen Statistik zu Grunde (s. Eisenbahnstatistik). Für die 1890/91 im Betriebe gewesenen deutschen Eisenbahnen mit einer durchschnittlichen Gesamtbetriebslänge von 41631 km haben die *Betriebskosten* im ganzen, ausschließlich der Kosten für erhebliche Ergänzungen u. s. w. und des Pachtzinses, 783392528 M. betragen, wovon entfallen auf die

Allgemeine Verwaltung	77360202 M.
Bahnverwaltung	200224648 »
Transportverwaltung	505807678 »
Zusammen:	783392528 M.

Nach den »Statistischen Nachrichten von den Eisenbahnen des Vereins deutscher Eisenbahnverwaltungen«, bei denen 1) allgemeine Verwaltung, 2) Bahnaufsicht und Bahnerhaltung, 3) Verkehrsdienst, 4) Zugförderungs- und Werkstättendienst unterschieden wird, betrugen die Betriebskosten der

Eisenbahnen der Österreichisch-Ungarischen Monarchie, soweit sie dem Verein deutscher Eisenbahnverwaltungen angehören, (1890) im ganzen 287020105 M.

Davon entfallen auf
Allgemeine Verwaltung .... 26 225 892 M.
Bahnaufsicht und Bahnerhaltung . 77 065 642 »
Verkehrsdienst .... 103 241 882 »
Zugförderungs- u. Werkstättendienst 80 486 689 »

Die **Betriebsleistungen** der Eisenbahnen kommen in den beförderten Personen und Gütern und den zurückgelegten Wegeinheiten zum Ausdruck; die **Betriebsergebnisse** stellen die finanziellen Wirkungen der Betriebsleistungen dar. (S. auch Eisenbahnstatistik.) Nachstehende Übersicht weist die letzt bekannt gewordenen Betriebsleistungen derjenigen europ. Eisenbahnen nach, von denen vergleichbare Zahlenangaben vorliegen. Mitteilungen über die Betriebsergebnisse sind in den Artikeln über die Eisenbahnen der einzelnen Länder enthalten. (S. auch Eisenbahnökonomie.)

In Beziehung auf die Person des Betriebsführers unterscheidet man **Staats-** und **Privatbetrieb**, je nachdem der Staat oder Private Betriebsunternehmer sind, ferner **Eigenbetrieb** durch den Eigentümer und **Pachtbetrieb** durch den Pächter einer Bahn, **Konkurrenz-**, **Péage-** oder **Gemeinschaftsbetrieb**, wobei dieselbe Bahn von zwei oder mehrern Unternehmern betrieben wird (s. Bahngeld). Nach der Art des E. spricht man von **Vollbetrieb** auf Haupt- oder Vollbahnen im Gegensatz zum **Neben-** oder **Sekundärbetrieb** auf Nebenbahnen (s. Eisenbahnen); von **Tag-** und **Nachtbetrieb**, je nachdem sich der E. nur bei Tage oder auch in den Nachtstunden abwickelt.

Litteratur. Handbuch für specielle Eisenbahntechnik, hg. von Heusinger von Waldegg, Bd. 4 (2. Aufl., Lpz. 1876); M. M. von Weber, Schule des Eisenbahnwesens (4. Aufl., ebd. 1885); Encyklopädie des gesamten Eisenbahnwesens, hg. von Röll, Bd. 1 (Wien 1890).

Eisenbahn-Betriebsämter, s. Eisenbahnbehörden.

Laufende Nummer	Bezeichnung der Bahnen	Jahr	Eigentumslänge	Betriebsmittel		
				Lokomotiven	Personenwagen (Achsen)	Gepäck- und Güterwagen (Achsen)
			km	Anzahl	Anzahl	Anzahl
1	Deutsche Eisenbahnen:					
	a. Reichseisenbahnen in Elsaß-Lothringen .	1890/91	1 342,43	535	1 022 (2 068)	12 614 (25 415)
	b. Preußische Staatseisenbahnen	1890/91	24 903,44	9 668	15 466 (35 246)	196 879 (401 216)
	c. Bayrische Staatseisenbahnen	1890	4 825,58	1 136	2 904 (5 819)	18 369 (37 305)
	d. Sächsische Staatseisenbahnen	1890	2 328,09	865	2 307 (4 875)	22 645 (45 769)
	e. Württembergische Staatseisenbahnen ..	1890/91	1 632,56	368	908 (2 362)	5 917 (12 620)
	f. Badische Staatseisenbahnen	1890	1 426,25	489	1 274 (2 584)	8 826 (17 789)
	g. Privatbahnen unter eigener Verwaltung.	1890/91	3 830,60	822	1 822 (3 826)	18 005 (36 233)
	h. Sämtliche Deutsche Bahnen	1890/91	41 879,01	14 188	26 399 (58 290)	287 704 (585 302)
2	Österreichische Staatsbahnen	1890	6 106	1 298	2 870 (5 745)	24 738 (49 556)
3	Ungarische Staatsbahnen............	1890	4 926	912	1 720 (3 695)	22 263 (44 569)
4	Sämtliche Österreichisch-Ungarische Bahnen ..	1890	24 920	5 182	10 117 (21 112)	119 717 (241 058)
5	Französische Eisenbahnen	1890	36 891	9 914	23 322	260 438
6	Schweizerische Eisenbahnen	1890	3 101	757	2 062 (5 140)	9 789 (—)
7	Belgische Staatsbahnen.............	1890	3 250	1 977	3 394	45 147
8	Große Belgische Centralbahn	1890	573	199	357 (714)	7 245 (14 869)
9	Niederländische Staatsbahnen	1890	1 598	391	909 (2 077)	6 724 (14 141)
10	Holländische Eisenbahngesellschaft	1890	233**	278	699 (1 501)	2 820 (5 646)
11	Rumänische Staatseisenbahnen..........	1890	2 316	289	752 (1 578)	6 205 (12 411)
12	Russ. Eisenbahnen (exkl. Finländ. Eisenbahnen)	1889	28 333	6 804	7 678 (22 722)	141 898 (287 270)

* Wagenkilometer. ** Betriebslänge 1054 km. — Die Angaben für 2, 3 und 4 sind den «Statistischen Nachrichten

Eisenbahn-Betriebsdirektor, s. Eisenbahnbehörden.

Eisenbahn-Betriebsgesellschaften. Währeud der Staat in vielen Läudern neben den ihm gehörigen Linien auch noch die Verwaltung von Privatbahnen, teils für eigene, teils für Rechnung der betreffenden Gesellschaft übernommen hat, ist in einzelnen Läudern, z. B. in Rußland, in den Niederlanden und in Italien, Bau und Betrieb von Staatsbahnen in größerm Umfange Privatgesellschaften übertragen worden. (S. Eisenbahnpolitik.) Die häufig, besonders in Italien, eigens zu diesem Zweck gebildeten Gesellschaften nennt man E. (S. Italienische und Niederländische Eisenbahnen.)

Eisenbahn-Betriebskontrolleur, s. Eisenbahnbeamte.

Eisenbahn-Betriebsmittel, s. Betriebsmittel der Eisenbahnen.

Eisenbahn-Betriebsordnung, staatliche Vorschriften für den technischen Betrieb der Eisenbahnen, im Gegensatz zur Eisenbahn-Verkehrsordnung (s. d.), welche die Vorschriften für den kommerziellen Betrieb oder Verkehr enthält, sowie zur Eisenbahn-Bauordnung (s. Eisenbahnbau). In Deutschland waren die vom Reiche zur Regelang des technischen Eisenbahnbetriebes erlassenen Bestimmungen bisher in dem Bahnpolizeireglement und der Signalordnung für die Eisenbahnen Deutschlauds vom 30. Nov. 1885 und der Bahnordnung für Deutsche Eisenbahnen untergeordneter Bedeutung vom 12. Juni 1878 enthalten (s. Bahnpolizei); an dereu Stelle treten auf Grund der Beschlüsse des Bundesrats vom 30. Juni 1892 die «Betriebsordnung für die Haupteisenbahnen Deutschlands», die «Signalordnung für die Eisenbahnen Deutschlands» und die «Bahnordnung für die Nebeneisenbahnen Deutschlands» vom 5. Juli 1892 mit Gültigkeit vom 1. Jan. 1893. Die Betriebsordnung zerfällt wie das bisherige Bahnpolizeireglement in 8 Abschnitte mit zusammen 74 Paragraphen. Abschnitt I enthält Bestimmungen über Zustand, Unterhaltung und Bewachung der Bahn, Abschnitt II über Zustand, Unterhaltung und Untersuchung der Be-

Beförderte		Leistungen der Betriebsmittel				
Personen	Güter	Personenkilometer	Tonnenkilometer	Lokomotivkilometer (Nutzkilometer)	Zugkilometer	Wagenachsenkilometer
Anzahl	t	Anzahl	Anzahl	Anzahl	Anzahl	Anzahl
14 522 995	12 879 602	353 261 937	1 075 747 652	17 426 132 (13 421 031)	12 827 517	558212354
274 733 883	138 224 207	7 520 479 823	16 138 771 386	354 095 705 (221 895 535)	209 748 014	8896327933
23 435 467	11 574 357	862 846 830	1 662 035 374	39 072 189 (30 410 464)	27 826 797	1054658878
32 805 591	16 501 889	794 272 729	1 198 176 505	32 985 559 (21 768 829)	20 195 203	782955758
15 829 279	5 058 356	348 659 497	429 416 690	13 942 278 (10 689 525)	9 948 150	329759833
20 472 726	7 491 690	424 972 996	563 846 668	16 540 157 (12 221 769)	11 864 059	411864768
32 975 462	19 203 674	637 134 674	927 506 919	28 565 841 (20 069 728)	19 521 846	565460798
426 056 116	215 910 742	11 224 437 610	22 237 258 947	513 627 826 (338 540 765)	319 817 800	12807578289
26 077 477	15 684 688	1 012 974 659	1 972 542 908	45 661 538 (36 629 213)	33 292 704	1221802200
16 198 146	9 134 077	723 661 448	1 675 546 578	30 676 816 (22 454 134)	21 946 926	1013594763
92 238 368	88 708 243	3 634 686 518	9 454 888 789	169 231 305 (130 913 759)	124 006 575	5413568964
251 599 956	95 616 056	8 059 777 544	11 818 912 567	—	—	4695075000*
—	—	701 779 485	554 046 626	(20 430 736)	19 082 039	461342300
64 228 892	—	1 366 790 822	1 907 926 314	54 790 850 (42 964 168)	39 931 735	668150023*
5 810 972	4 790 403	106 949 141	216 267 000	3 748 584 (3 430 894)	3 310 574	121789226
6 664 434	4 432 135	276 253 000	346 340 000	13 486 945 (11 793 574)	11 542 497	315293666
9 306 913	1 931 063	237 858 167	186 335 000	8 148 643 (6 590 176)	6 462 717	160545032
2 707 272	3 415 269	247 192 608	471 596 026	10 002 342 (6 991 752)	6 845 060	247107325
38 740 577	55 772 169	4 790 577 000	—	175 983 000 (—)	130 471 000	7079422000

von den Eisenbahnen des Vereins deutscher Eisenbahnverwaltungen» entnommen.

triebsmittel, Abschnitt III über Handhabung des Betriebes, Abschnitt IV enthält Vorschriften für das Publikum, Abschnitt V handelt von den Bahnpolizeibeamten und Abschnitt VI von den Aufsichtsbehörden, während in den Abschnitten VII und VIII die erforderlichen Übergangs-, Ausnahme- und Schlußbestimmungen gegeben sind. Die Bahnordnung für die Nebenbahnen Deutschlands enthält wie die bisherige Bahnordnung für deutsche Eisenbahnen untergeordneter Bedeutung 55 Paragraphen, ist jedoch anstatt in 8, in 9 Abschnitte eingeteilt, die sich nach ihrer äußern Anordnung den Abschnitten der Betriebsordnung für die Haupteisenbahnen anschließen. Ihrem Inhalt nach weichen Betriebs- und Bahnordnung von den bisherigen Bestimmungen zum Teil erheblich ab. Die bedeutendste Abweichung betrifft die Erhöhung der Bremskraft der Züge (s. Eisenbahnbremsen und Eisenbahnzüge), insbesondere auch auf den Nebenbahnen, und die Fahrgeschwindigkeit (s. Eisenbahnfahrgeschwindigkeit). Eine wesentliche Umgestaltung hat die Signalordnung erfahren, da es sich als wünschenswert herausgestellt hat, die schon bei Erlaß der bisherigen Signalordnung im Auge behaltene Einfachheit und Gleichmäßigkeit in der Bedeutung der Signale weiter auszubilden und zu sichern. So ist u. a. die als undurchführbar erkannte Trennung nach Signalen auf freier Strecke und solchen auf und vor den Stationen aufgegeben und eine Einteilung lediglich nach den Signalmitteln (s. Eisenbahnsignale) durchgeführt. Hieraus ergeben sich 9 Abschnitte für die neue Signalordnung. Abschnitt I betrifft Signale mit elektrischen Läutewerken und Hornsignale, Abschnitt II Handsignale der Wärter und Scheibensignale, Abschnitt III Signale am Signalmast, Abschnitt IV Vorsignale, Abschnitt V Signale an Wasserkranen (s. Eisenbahnbau), Abschnitt VI Weichensignale (s. Eisenbahnbau) Abschnitt VII Signale am Zuge, Abschnitt VIII Signale des Zugpersonals, Abschnitt IX Rangiersignale (s. Rangieren). In den allgemeinen Bestimmungen am Schluß wird angeordnet, daß die Signalordnung auf allen Haupteisenbahnen Deutschlands und auf den Nebeneisenbahnen Anwendung finden soll, soweit bei letztern Signale zur Anwendung kommen.

Die neuen bahnpolizeilichen Bestimmungen finden auf Bayern vermöge des platzgreifenden Reservatrechts (s. Eisenbahnrecht) keine Anwendung. Wie indes Bayern 1886 ein Bahnpolizeireglement und 1882 eine Bahnordnung für Eisenbahnen untergeordneter Bedeutung erlassen hat, welche im wesentlichen mit den betreffenden bisher gültigen Bestimmungen des Bundesrats übereinstimmen, so ist von der bayr. Regierung, die schon an den Verhandlungen im Reiche über die Abänderung der bisherigen Vorschriften teilgenommen hat, auch jetzt wiederum eine im wesentlichen gleichlautende E., Signalordnung und Nebenbahnordnung eingeführt worden. — Vgl. H. Oberbeck, Neue Bundesrats-Bestimmungen für den Bau und Betrieb der Eisenbahnen Deutschlands, im «Centralblatt der Bauverwaltung» (Berl. 1892).

Mit den neuen bahnpolizeilichen Bestimmungen treten zugleich vom Bundesrat in derselben Sitzung vom 30. Juni 1892 beschlossene neue Bestimmungen für den Bau und die Ausrüstung der Haupteisenbahnen Deutschlands in Kraft (s. Eisenbahnbau); desgleichen neue Bestimmungen für die Befähigung von Eisenbahn-Betriebsbeamten (s. Eisenbahnbeamte). Auch diese Bestimmungen sind im allgemeinen gleichlautend von Bayern für die dortigen Eisenbahnen übernommen worden.

Eisenbahn-Betriebsreglement, s. Betriebsreglement und Eisenbahn-Verkehrsordnung.

Eisenbahnbillets, s. Eisenbahnfahrkarten.

Eisenbahnbremsen, Vorrichtungen, mittels deren vor den Stationen, bei stärkerm Gefälle der Bahn oder bei drohenden Gefahren die Züge gehemmt und zum Stillstehen gebracht werden können, indem Klötze gegen die Räder gepreßt werden und hierdurch ein künstlicher Widerstand hervorgerufen wird, der auf die Bewegung des Zuges hemmend einwirkt. Die Bremsklötze, aus Holz, Gußeisen oder Stahlguß, sind in Bremsgehängen drehbar, die am Wagenkasten (s. Betriebsmittel) befestigt und untereinander mit der Kraftstelle so verbunden sind, daß durch eine einzige Bewegung die Klötze gleichzeitig an die Räder gedrückt oder von ihnen abgezogen werden. Die ganze Einrichtung nennt man das Bremsgestänge. Erfolgt die Bewegung desselben durch menschliche Kraft, so nennt man die Bremseinrichtung eine Handbremse, andernfalls eine mechanische Bremse. Infolge einer angemessenen Hebelübersetzung ist der auf die Räder ausgeübte Bremsdruck erheblich größer als der an der Kraftstelle ausgeübte Druck, doch darf der Bremsdruck im allgemeinen nicht so groß sein, daß die Räder zum Schleifen auf den Schienen gebracht werden, da sich hierbei der Bremswiderstand verringert und die Räder und Schienen einseitig abgenutzt werden. Ist die Einrichtung so getroffen, daß sämtliche Bremsen eines Zuges von einem Punkte aus (gewöhnlich von dem Lokomotivführerstande und jedem Bremsersitze aus, zuweilen auch von jedem beliebigen Coupé aus) geschlossen und gelöst werden können, so nennt man die Bremsen kontinuierliche (durchgehende). Dieselben wirken automatisch (selbstthätig), wenn sie sich von selbst schließen, sobald irgend eine Unordnung in der Zusammensetzung des Zuges, wie das Abtrennen eines Zugteils oder dergleichen, eintritt. Es giebt eine große Anzahl verschiedener Arten von kontinuierlichen (durchgehenden) E., die sich teils durch die Anwendung der Kräfte zur Erzeugung der Bremswirkung, teils durch die Art der Verwendung der Kräfte für den Bremszweck wesentlich voneinander unterscheiden.

Es sind hier zu erwähnen: die Luftdruckbremsen, selbstthätige und nicht selbstthätige, nach der Anordnung von Westinghouse, selbstthätige nach der Anordnung von Steel, Wenger, Carpenter, Schleifer u. a.; Luftsaugebremsen, selbstthätige und nicht selbstthätige, nach der Anordnung von Smith-Hardy, selbstthätige nach der Anordnung von Eames u. a.; Reibungsbremsen, selbstthätige nach der Anordnung von Heberlein, Becker, Schmidt u. a.; Gewichtsbremsen, selbstthätige nach der Anordnung von Borries; elektrische Bremsen, selbstthätige nach Achard (Achardbremsen); die Kettenbremse von Webb u. a. Die meiste Verbreitung haben bisher die selbstthätigen Bremsen von Westinghouse, Carpenter und Heberlein sowie die selbstthätige und die nicht selbstthätige Bremse von Smith-Hardy gefunden. Die Westinghouse-Bremse ist fast allgemein bei den nordamerik. Eisenbahnen eingeführt, desgleichen bei vielen Eisenbahnen in England, den Niederlanden, Belgien, Frankreich und Süddeutschland; die Carpenter-Bremse ist hauptsächlich bei den preuß. Staatseisenbahnen in Anwendung, soll jedoch allmählich durch die Westinghouse-Bremse oder durch andere mit dieser gleichartig wirkende Bremsen ersetzt werden; die Heberlein-Bremse in verschiedenen Ländern, besonders bei Nebenbahnen und bei Gebirgsstrecken; die nicht selbstthätige Smith-Hardy-Bremse bei den österr. Eisenbahnen, wie auch bei der Berliner Stadtbahn; die selbstthätige Smith-Hardy-Bremse ist neuerdings von vielen engl. Eisenbahnverwaltungen angenommen worden.

Bei den *Luftdruckbremsen* befindet sich auf der Lokomotive eine Luftpumpe, durch welche Luft in einen Behälter (Reservoir) gedrückt wird. Von dem Behälter geht eine Rohrleitung zunächst nach dem Bremshahn und von da durch den ganzen Zug; die Hauptleitung besteht aus eisernen Röhren, die an jedem Fahrzeuge angebracht sind und mit dem eigentlichen Bremswerk in Verbindung stehen, sowie aus biegsamen Schlauchverbindungen, durch welche die Rohrleitungen der einzelnen Wagen miteinander verbunden werden. Mitunter ist zwischen Behälter und Bremshahn noch ein Reduktionsventil eingeschaltet, um den Luftdruck in der Hauptleitung gleichmäßig zu erhalten. Bei der Anordnung von *Westinghouse* befindet sich an jedem Bremsfahrzeuge ein Bremscylinder, in dem sich ein Kolben bewegt, der mit dem eigentlichen Bremsgestänge in Verbindung steht und durch dessen Vorschub die Bremsklötze zum Anliegen an die Räder gebracht werden können; außerdem ist ein kleiner Luftbehälter angebracht, der von der Hauptleitung aus mit Preßluft gefüllt wird. Zwischen Hauptleitung, Luftbehälter und Bremscylinder ist ein eigentümliches Funktionsventil (triple valve) geschaltet, durch das die Zuführung der Preßluft geregelt wird. Während der Fahrt, wenn die Bremsen also geöffnet sind, steht die Hauptleitung des Zuges durch den Bremshahn mit dem Luftbehälter auf der Lokomotive in Verbindung, sodaß überall gleicher Druck — etwa 4 bis 5 Atmosphären — herrscht; durch diesen Druck wird das Funktionsventil gehoben, und es kann alsdann die Preßluft in den kleinen Luftbehälter strömen, wogegen der Bremscylinder abgeschlossen ist. Wenn nun gebremst werden soll, so stellt der Lokomotivführer den Bremshahn so ein, daß der Hauptbehälter abgeschlossen wird und die Preßluft aus der Hauptleitung ins Freie entweichen kann. Infolge der Verminderung des Luftdrucks in der Hauptleitung senkt sich das Funktionsventil, sperrt die Hauptleitung vom kleinen Luftbehälter ab und verbindet diesen mit dem Bremscylinder, sodaß der Bremskolben durch die eintretende Preßluft vorgeschleudert wird und die Bremsklötze an die Räder legt. Die Bremswirkung kann geregelt werden, je nachdem der Lokomotivführer mehr oder weniger Preßluft aus dem Bremshahn entweichen läßt. Zum Zweck des Lösens der Bremsen wird der Bremshahn wieder zurückgelegt, die Preßluft strömt aus dem Hauptbehälter auf der Lokomotive in die Hauptleitung, hebt die Funktionsventile und füllt die kleinen Behälter, während gleichzeitig die im Bremscylinder befindliche Preßluft durch eine kleine Öffnung ins Freie strömt. Durch eine Feder wird der Bremskolben in die Ruhestellung zurückgedrückt und dadurch das Abheben der Bremsklötze von den Rädern bewirkt. In gleicher Weise, wie das Bremsen des Zuges durch den Lokomotivführer veranlaßt wird, indem derselbe die Luft aus der Hauptleitung abläßt, kann dies auch von jedem Wagen aus von den Reisenden durch Öffnen eines Lufthahnes bewirkt werden; ebenso tritt auch ein selbstthätiges Bremsen ein, wenn aus irgend einer Veranlassung die Hauptleitung unterbrochen wird, wenn bei einer Entgleisung ein Gummischlauch reißt.

Bei den *Carpenterbremsen* befindet sich an jedem Bremsfahrzeuge ein Bremscylinder, in dem sich ein Kolben bewegen kann, der in ähnlicher Weise wie bei der Westinghouse-Bremse mit dem eigentlichen Bremsgestänge in Verbindung steht. Der Kolben teilt in seiner Ruhelage den vollständig geschlossenen Cylinder in einen größern und in einen kleinern Raum. Die Preßluft tritt aus der Hauptleitung in den kleinern Raum des Bremscylinders, füllt denselben und zugleich auch, indem die Ledermanschette des Kolbens zurückgedrängt wird, den größern Raum, sodaß während der Fahrt auf beiden Seiten des Kolbens gleicher Druck herrscht und die Bremse in der Ruhelage erhalten wird. Beim Bremsen stellt der Lokomotivführer den Bremshahn in der eben beschriebenen Weise um; es strömt die Preßluft aus der Hauptleitung und aus dem kleinen Raum des Bremscylinders durch den Lokomotivbremshahn ins Freie, wogegen die Preßluft, die aus dem großen Raum des Bremscylinders vermöge der Lage der Ledermanschette nicht entweichen kann, den Kolben vorwärts treibt und dadurch die Bremsklötze zur Anlage an die Räder bringt. Diese Bremseinrichtung ist eine verhältnismäßig einfache sowohl in ihrer Anordnung wie in der Handhabung, auch ermöglicht sie eine vollständige Regelung der Bremswirkung. Dagegen ist die Bremswirkung im Falle der Gefahr keine so schnelle wie bei der Westinghouse-Bremse. Ähnlich ist die Einrichtung bei der Anordnung von Wenger, Schleifer u. a. Bei diesen sog. *Zweikammerbremsen* (so bezeichnet nach der Wirkungsweise der Preßluft im Bremscylinder, im Gegensatz zu der *Einkammerbremse* nach der Art der Westinghouse-Bremse) kann man die Schnelligkeit der Bremswirkung durch Einschaltung von Hilfsauslaßventilen wesentlich erhöhen, wie solche von Westinghouse, Carpenter, Schleifer, Brüggemann u. a. erdacht und mehrfach in Gebrauch genommen sind. Eine noch schnellere Bremswirkung läßt sich durch Zuhilfenahme der Elektricität beim Umsteuern der Ventile erreichen, wie dies vor einigen Jahren in Burlington (Nordamerika) angestellte Versuche ergeben haben. Freilich wird durch derartige verwickelte Einrichtungen die Einfachheit und Zuverlässigkeit der Bremsen beeinträchtigt.

Bei der *Luftsaugebremse* geht durch den ganzen Zug eine Hauptrohrleitung; an der Lokomotive ist ein Ejector (Sauger) angebracht, durch den die Luft in der Hauptleitung verdünnt werden kann. An jedem Bremsfahrzeuge befindet sich bei der *nicht selbstthätigen Bremse von Smith-Hardy* ein gußeisernes Gefäß in Verbindung mit der Hauptleitung, dessen unteres Ende durch eine biegsame Lederscheibe abgeschlossen ist, die mit dem Bremsgestänge in Verbindung steht. Soll gebremst werden, so läßt der Lokomotivführer den Sauger an, die Luft in der Leitung wird verdünnt, durch den Überdruck der äußern Luft werden die Lederscheiben gehoben und damit die Bremsklötze an die Räder gedrückt. Die Bremse ist sehr einfach und kann in ihrer Wirkung beliebig geregelt werden.

Bei der selbstthätigen Bremse von Smith-Hardy besteht das Bremswerk an jedem Bremsfahrzeuge aus einem Cylinder, ähnlich wie bei den oben beschriebenen Zweikammerbremsen. Während der Fahrt wird durch einen Sauger die Luft in der Hauptleitung und in den Bremscylindern fortwährend in verdünntem Zustande erhalten. Zum Zweck des Bremsens stellt der Lokomotivführer den Bremshahn an der Lokomotive um, die äußere Luft tritt in die Leitung ein und hebt die Kolben an, wodurch die Bremsklötze an die Räder gepreßt werden. Durch Anbringung von Hilfsauslaßventilen kann auch für diese Bremse die Wirkung beschleunigt werden.

Bei der Anordnung von Heberlein wird die Bremskraft durch die Bewegung des Zuges selbst erzeugt. Auf einer Achse eines Bremsfahrzeuges ist eine gußeiserne Scheibe festgekeilt; über derselben ist am Wagenkasten das Bremswerk aufgehängt, bestehend aus einem doppelten Rahmen, worin eine gußeiserne Rolle gelagert ist, bei deren Drehung durch Vermittelung eines mehrfachen Kettenvorgeleges die Bremsklötze an die Räder gepreßt werden. Über sämtliche Wagen des Zuges ist eine Leine geführt, an der die einzelnen Bremswerke durch Flaschenzüge angehängt sind. Die Leine ist am letzten Wagen befestigt und wird durch den Lokomotivführer mittels eines an der Lokomotive angebrachten Haspels stramm gezogen, sodaß während der Fahrt die Bremswerke gehoben sind. Soll gebremst werden, so läßt der Lokomotivführer die Leine los, die Bremswerke fallen herunter, und durch die Reibung zwischen der auf der Achse befindlichen Scheibe und der Rolle des Bremswerkes wird letztere bewegt und dadurch das Anziehen der Bremsklötze bewirkt. Wird die Leine während der Fahrt im Falle der Gefahr durch einen Reisenden zerschnitten, oder reißt dieselbe bei einer Entgleisung, so wirkt die Bremse selbstthätig im ganzen Zuge, ohne daß es der Mitwirkung des Lokomotivführers bedarf.

Die Ansichten über die zweckmäßigste Einrichtung der durchgehenden Bremsen sind noch nicht geklärt und gehen noch insoweit auseinander, als der Hauptwert entweder auf die schnellste Wirkung im Falle der Gefahr oder auf die einfachste Anordnung und Handhabung, Zuverlässigkeit und Regulierbarkeit der Wirkung u. s. w. gelegt wird; der Vorzug der Selbstthätigkeit scheint jedoch mehr und mehr anerkannt zu werden. Jedenfalls ist durch die Anwendung der durchgehenden Bremsen die Sicherheit des Betriebes in außerordentlichem Maße erhöht. Voraussichtlich werden schon in wenigen Jahren sämtliche Personenzüge mit der Einrichtung versehen sein. So ist z. B. in England von dem Handelsamt auf Grund des Gesetzes vom 30. Aug. 1889 unter dem 24. Okt. 1889 angeordnet worden, daß binnen 18 Monaten auf allen Personenzügen durchgehende Bremsen einzurichten seien. Ähnliche Bestimmungen sind auch in andern Staaten erlassen. Auch bei den Güterzügen ist man bereits zur Einführung durchgehender Bremsen übergegangen, wie z. B. in Nordamerika, wo die Westinghouse-Bremse vielfach auch für Güterzüge Anwendung findet. Einer allgemeinen Einführung der durchgehenden Bremsen für Güterzüge steht der ungehinderte Wagendurchgang wenigstens bei den Bahnen des europ. Festlandes entgegen; sie würde nur möglich sein durch Einigung über das anzuwendende System.

Über Zahl und Einrichtung der Bremsen in den Zügen der Eisenbahnen enthalten die in dem Artikel «Eisenbahnbau» aufgeführten bahnpolizeilichen Bestimmungen die erforderlichen Anordnungen (s. auch Eisenbahnzüge), wobei zu bemerken ist, daß in den neuen Beschlüssen des deutschen Bundesrates vom 30. Juni 1892 (s. Eisenbahn-Betriebsordnung) eine erhebliche Erhöhung der bisher für ausreichend erachteten Bremskraft in den Zügen sowohl der Haupt- wie der Nebenbahnen verlangt wird.

Litteratur. Meyer, Grundzüge des Eisenbahn-Maschinenbaues, Tl. 2: Die Eisenbahnwagen (Berl. 1884); Röll, Encyklopädie des gesamten Eisenbahnwesens, Bd. 2 (Wien 1890). Beschreibungen der einzelnen Systeme sind in zahlreichen Broschüren der Erfinder enthalten, ferner in technischen Zeitschriften, wie: Organ für die Fortschritte des Eisenbahnwesens, Glasers Annalen, Engineering u. s. w.

Eisenbahnbrigade, s. Eisenbahntruppen.

Eisenbahnbücher, Pfandbücher, sind in einzelnen Ländern eingerichtet, um die dinglichen Rechtsverhältnisse der Eisenbahnen offenkundig zu halten und dadurch eine Grundlage für die Kreditfähigkeit der Unternehmungen zu schaffen. E., die die gesamten dinglichen Rechte und Lasten der Eisenbahnen nachweisen, bestehen nur in Österreich (Gesetz vom 19. Mai 1874) und in Ungarn (Gesetz vom 7. April 1868). Die Schweiz besitzt nur ein Pfandbuch zur Aufnahme sämtlicher Pfandrechte an Eisenbahnen. In Deutschland bestehen weder E. noch Pfandbücher, ebensowenig in Frankreich, wo die Eisenbahngesellschaften nur verpflichtet sind, nach Fertigstellung der Bahn genaue Verzeichnisse der Bahngrundstücke und Kunstbauten dem Ministerium der öffentlichen Arbeiten einzureichen und spätere Erwerbungen anzuzeigen. In England, wo es ebenfalls E. nicht giebt, sind die Eisenbahngesellschaften gehalten, Verzeichnisse ihrer Pfand- und Schuldverschreibungen führen zu lassen und alljährlich ein Verzeichnis der genehmigten und der wirklich aufgenommenen Anleihen einer öffentlichen Behörde einzureichen; die Verzeichnisse können von den Interessenten unentgeltlich eingesehen werden. Vgl. den Artikel E. von Gleim in der «Encyklopädie des gesamten Eisenbahnwesens», hg. von Röll, Bd. 3 (Wien 1891).

Eisenbahn-Clearing-House, s. Eisenbahn-Abrechnungsstellen.

Eisenbahndirektion, s. Eisenbahnbehörden.

Eisenbahneinheit, Bezeichnung für die Einheitlichkeit der Bau- und Betriebseinrichtungen der Eisenbahnen (s. Eisenbahnbau und Eisenbahnbetrieb) eines oder mehrerer Länder. Je schneller sich das Eisenbahnnetz auf immer größere Verkehrsgebiete ausdehnte, desto früher wurde das Bedürfnis empfunden, die unter den mannigfaltigen Entwicklungsformen entstandenen, den Verkehr erschwerenden Verschiedenheiten in der Anlage und Verwaltung der einzelnen Bahnlinien zu beseitigen und durch gemeinsame Einrichtungen zu ersetzen. Die ersten Anregungen hierzu gingen meist von den Eisenbahnverwaltungen selbst aus, die sich schon frühzeitig zu Verbänden (s. Eisenbahnverbände) vereinigten und durch gegenseitige Vereinbarungen einheitliche Bau- und Betriebseinrichtungen schufen. Mit der zunehmenden Bedeutung der Eisenbahnen für die Gemeinwirtschaft sah sich bald auch der Staat veranlaßt, die einheitliche Gestaltung des wichtigen Verkehrsmittels in die Hand zu nehmen und durch gesetzgeberische Maßregeln einen Ausgleich der sich vielfach widerstreitenden privatwirtschaftlichen Interessen der Eisenbahnverwaltungen einerseits und der gemeinwirtschaftlichen Interessen des Staates andererseits herbeizuführen. Die bisher nur aus freien Vereinbarungen der einzelnen Bahnverwaltungen hervorgegangenen gemeinsamen Einrichtungen bildeten hierbei meist den Ausgangspunkt der staatlichen Thätigkeit und wurden verbessert und erweitert zu staatlichen Einrichtungen erhoben und durch Verträge mit andern Staaten für größere Verkehrsgebiete nutzbar gemacht. Besonders anregend und segensreich hat in dieser Richtung der Verein deutscher Eisenbahnverwaltungen gewirkt. So gelang es allmählich, das Eisenbahnnetz verschiedener Staaten sowohl in rechtlicher als technischer Beziehung immer einheitlicher auszubilden und dem Weltverkehr dienstbar zu machen. Zu den bedeutendsten Errungenschaften der Neuzeit auf diesem Gebiete gehört die Vereinbarung eines internationalen Eisenbahnfrachtrechts (s. Eisenbahnrecht, S. 880 a), durch welches die bisherigen, der Entwicklung des internationalen Eisenbahnverkehrs höchst hinderlich gewesenen Frachtrechtsverschiedenheiten in den Hauptstaaten des europ. Festlandes beseitigt und gemeinsame Grundsätze für die privatrechtlichen Beziehungen der Verkehrsinteressenten großer Völkergruppen gewonnen sind. Auch in technischer Hinsicht sind die Einheitsbestrebungen von Erfolg begleitet gewesen. Abgesehen davon, daß einheitliche Bau- und Betriebseinrichtungen der Eisenbahnen in den meisten europ. Staaten inzwischen auf dem Wege staatlicher Gesetzgebung geschaffen sind (s. Eisenbahnrecht), bestehen solche gemeinsam auch bereits für größere Ländergebiete. In erster Reihe sind hierbei die Vereinbarungen des Vereins deutscher Eisenbahnverwaltungen zu erwähnen (s. Eisenbahnverein), nach denen einheitliche Grundsätze für den Bau und Betrieb der Eisenbahnen in dem zur Zeit über 76000 km Bahnen umfassenden Vereinsgebiet festgesetzt sind. Außerdem ist auch bereits zwischen den wichtigsten Staaten des europ. Festlandes eine Verständigung über die «technische Einheit im Eisenbahnwesen» und über die «zollsichere Einrichtung der Eisenbahnwagen im internationalen Verkehr» erzielt worden (s. Eisenbahnrecht, S. 881 a). Wegen der einheitlichen Bau-, Betriebs- und Verkehrseinrichtungen für die deutschen Eisenbahnen s. Eisenbahnbau, Eisenbahn-Betriebsordnung, Eisenbahn-Verkehrsordnung.

Eisenbahnen (frz. chemins de fer, engl. railroads, railways, ital. strade ferrate, ferrovie, span. ferrocarriles, portug. caminhos do ferro).

I. *Begriff und Einteilung.* E. im weitesten Sinne sind Straßen, auf denen die Fahrzeuge in festen Schienengleisen durch tierische oder äußere Kräfte fortbewegt werden. Durch die Anordnung von Schienengleisen wird die sonst bei Bewegung der Fahrzeuge auf gewöhnlicher Straße bedeutende Reibung zwischen Radreifen und Straßenfläche sehr vermindert und dadurch erreicht, daß große Lasten mit geringen Kräften fortbewegt werden können.

Für die Einteilung der E. kommt die technische, die wirtschaftliche und die rechtliche Seite in Betracht. In *technischer* Beziehung, sowohl hinsichtlich der Art ihrer Herstellung (s. Eisenbahnbau) als auch hinsichtlich der Art ihres Betriebes (s. Eisenbahnbetrieb), zerfallen die E. zunächst in zwei Hauptgruppen, solche nach dem gewöhnlichen und solche nach außergewöhnlichen Bahnsystemen (s. Eisenbahnsysteme). Ferner unterscheidet man *Haupt-* oder *Volleisenbahnen* (erster Ordnung, Primäreisenbahnen) und *Nebenbahnen* (s. d.), letztere auch Bahnen untergeordneter Bedeutung, zweiter Ordnung, Sekundärbahnen, Vicinalbahnen, Lokalbahnen genannt. Erstere sind in normaler (landesüblicher) Spurweite (s. d.) gebaut und so ausgerüstet, daß sie alle Verkehrsgattungen, insbesondere auch Schnellzugsverkehr bewältigen können; letztere, normal- oder schmalspurig hergestellt, stehen in Bau und Ausrüstung mehr oder weniger den Hauptbahnen nach, sodaß sie nur gewisse Verkehrsgattungen aufnehmen können. Eine besondere Art der Nebenbahnen bilden die sog. *Straßenbahnen* (s. d.), auch E. dritter (unterster) Ordnung, Tertiärbahnen, Kleinbahnen (s. d.) genannt, die gewöhnlich keinen eigenen Bahnkörper besitzen, sondern in den Straßenkörper verlegt sind. — In *wirtschaftlicher* Beziehung sind die E. wie die Wege, zu denen sie gehören, in öffentliche und *nicht öffentliche* zu unterscheiden, je nachdem sie dem allgemeinen Verkehr oder nur dem Verkehr Einzelner dienen. Die E. für den öffentlichen Verkehr zerfallen in zwei Hauptgruppen, in solche, die von *allgemein wirtschaftlicher*, und in solche, die von *nur örtlich wirtschaftlicher* Bedeutung sind. Erstere vermitteln außer dem örtlichen (Lokal-)Verkehr der durchzogenen Gebiete noch den *Durchgangsverkehr*, letztere nur den *örtlichen Verkehr*, und zwar dienen sie entweder nur dem Personen- oder nur dem Güterverkehr oder beiden Verkehren zugleich. Die von den Hauptbahnen abzweigenden Linien heißen *Zweigbahnen*, auch *Stichbahnen*, wenn sie keinen zweiten Anschluß an eine andere Eisenbahn haben. Zu den E. von örtlicher Bedeutung (Lokalbahnen) gehören auch die Tram- oder Straßenbahnen. — In *rechtlicher* Hinsicht fehlt es an einer allgemeingültigen Begriffsbestimmung der E.; schon der Umstand, daß bei ihnen sowohl privat- wie öffentlichrechtliche Beziehungen in Betracht kommen, macht die Feststellung eines allgemeinen Begriffs unmöglich. Ob ein Beförderungsmittel als Eisenbahn anzusehen ist, muß daher in jedem Falle geprüft werden. Die Antwort wird verschieden ausfallen, wenn es sich um die Beurteilung des Frachtgeschäfts einer Eisenbahn, um die Verleihung des Enteignungsrechts, um die Anwendung des Haftpflichtgesetzes u. s. w. handelt. Nach ihren Eigentumsverhältnissen unterscheidet man *Staats-* und *Privatbahnen*, je nachdem diese dem Staate oder Privatpersonen (gewöhnlich Aktiengesellschaften) gehören.

II. *Geschichtliches.* Die Anwendung der Spurbahn zur Fortbewegung von Lasten ist uralt. Die Tempelstraßen der Griechen, auf denen mit Götterbildern und Laubwerk hoch aufgebaute Opferfuhrwerke sich bewegten, waren sorgfältig in Stein ausgehauene Spurstraßen. Die griech. Spurstraßen hatten auch Ausweichgleise; die Priester hielten, um den weitesten Verkehr ihrer heiligen Wagen möglich zu machen, streng auf gleichmäßige Durchführung der Spurweiten, die sich jetzt noch an alten erhaltenen Gleisen zu 1,6 m nachweisen lassen. Auch in den Steinbrüchen der alten Ägypter finden sich Reste von Spurbahnen, die beim Transport der schweren, für den Bau von Tempeln und sonstigen Denkmälern gebrauchten Steinblöcke benutzt wurden. Die Spurbahnen aber, aus denen die jetzigen E. hervorgegangen sind, waren die Holzbahnen, auf denen bei Bergwerken mit Rädern versehene Kästen

(Hunde) beladen zu Thal rollten, während sie zu Berg auf denselben von Pferden gezogen oder von Menschen geschoben wurden. Derartige Holzbahnen waren bei den Bergwerken im Harz seit Jahrhunderten im Gebrauch, und deutsche Bergleute sollen dieselben zur Zeit der Königin Elisabeth nach England gebracht haben. Diese Spurbahnen bestanden aus einfachen hölzernen Langschwellen, auf denen die mit Spurkränzen versehenen Räder rollten. 1767 veranlaßte der Niedergang der Eisenpreise einen der Besitzer der Colebrook-Dale-Eisenwerke, Mr. Reynolds, zu dem Vorschlage, den Eisengänzen, die, um die Hochöfen in Gang zu erhalten, in Vorrat gegossen wurden, die Form von starken, oben konkaven Platten zu geben und dieselben einstweilen an Stelle der unablässig zerstörten hölzernen Langschwellen in die Spurbahnen zu legen, auf welchen die großen Gütermassen des Werkes verfahren wurden. Bei etwaigem Steigen der Eisenpreise sollten dann die Platten wieder herausgenommen und anderweitig verwendet werden. Der Gebrauch der eisernen Schwellen an Stelle der hölzernen erschien aber wegen der geringern Abnutzung so vorteilhaft, daß auch nach erfolgter Preissteigerung die eisernen Schwellen doch belassen wurden und die **eiserne Spurstraße** bald überall an Stelle der hölzernen trat. Die weitern Verbesserungen der für die Beförderung der Bergwerkserzeugnisse bestimmten Spurbahnen führten zu der Anwendung von besonders geformten, gegossenen Schienen an Stelle der zuerst verwendeten Eisenblöcke. Da das Gußeisen wegen seiner Sprödigkeit sich für den vorliegenden Zweck nicht geeignet erwies, so wurde es später durch **Walzeisen** ersetzt. Die ersten Schienen aus Schmiedeeisen von 15 Fuß (engl.) Länge und mit einem pilzförmigen Querschnitte wurden im Okt. 1820 auf dem Bedlington-Eisenwerke bei Durham durch John Berkinshaw gewalzt. Mit der Erfindung des Schienenwalzens aus Schmiedeeisen war der eigentliche letzte große Schritt in der Entwicklung des Eisenbahnoberbaues bis zu der jetzt noch gebräuchlichen Form desselben gethan, wenn die damals aufgekommene Grundform inzwischen auch vielfache Abänderungen erfahren hat.

Als bewegende Kraft für die Fortschaffung der Lasten auf diesen Spurbahnen wurden zuerst hauptsächlich Pferde verwendet. Der erste Versuch, Kohlenwagen auf Spurbahnen mittels einer durch Dampf getriebenen, auf Rädern beweglichen Maschine fortzuziehen, wurde 1804 von Richard Trevethick auf der Merthyr-Tydfil-Bahn in Südwales gemacht. Auch in Deutschland sind derartige Maschinen schon Anfang dieses Jahrhunderts erbaut worden, so 1818 auf der königl. Eisengießerei zu Berlin vom Hütteninspektor Krigar (vgl. Zeitschrift für Berg-, Hütten- und Salinenwesen, Bd. 23, 1875, Abteil. 13), ferner 1829 auf der Saline Dürrenberg (s. d.) von dem spätern Bergrat Bischof.

Trotz der Erfindung von Trevethick dauerte es noch längere Zeit, bis die Lokomotive zur Beförderung auf E. Eingang fand. Man glaubte allgemein, daß die Reibung der glatten Räder auf den Schienen nicht ausreichen würde, Steigungen zu überwinden und große Lasten zu ziehen. Trevethick selbst legte neben die Schienen noch eine Holzbahn, in die sich vorragende Nagelköpfe der Räder eindrückten. Noch 1811 und 1812 ließen Blenkinsop und Chapman Maschinen bauen, die durch besondere Vorrichtungen (Zahnräder und Vermehrung der Triebräder) den Reibungswiderstand vergrößern sollten. Erst 1814 ließ Georg Stephenson (s. d.) Versuche mit Maschinen auf glatten Rädern anstellen und befuhr mit Erfolg die Grubengleise bei Newcastle. Mit einer von ihm erbauten Maschine wurde auf der Stockton-Darlington-Bahn 27. Sept. 1825 der erste mit Personen besetzte Wagenzug mit einer Geschwindigkeit von 6 engl. Meilen = ungefähr 10 km in der Stunde befördert. Stephenson erfand für seine Maschine die Anordnung, daß durch den Austritt des Dampfes in den Schornstein (das Blasrohr) die Dampferzeugungskraft des Kessels sich auf das Vierfache hob, und brachte dann noch eine Vergrößerung der Feuerfläche durch Anordnung von zahlreichen engen Sieberöhren im Kessel in Anwendung. Die Erbauer der Eisenbahn von Liverpool nach Manchester, dessen Oberingenieur Georg Stephenson war, schrieben eine Preisbewerbung für die beste Lokomotivmaschine aus; die Wettfahrt fand 6. Okt. 1829 bei Rainhill statt und hatte den Erfolg, daß Stephenson mit seiner Lokomotive «Rocket» den Preis davontrug. Die Liverpool-Manchester-Bahn wurde 15. Sept. 1830 dem öffentlichen Verkehr übergeben, und zehn Jahre später waren schon die Hauptstädte Englands untereinander sämtlich durch E. verbunden, wie denn überhaupt die Ausbreitung der E. seit dieser Zeit sehr schnell vor sich ging.

Auf dem europ. Festlande wurde die erste Lokomotivbahn und zugleich die erste Staatsbahn in Belgien von Brüssel nach Mecheln 1835 eröffnet. Am 7. Dez. 1835 wurde die erste Lokomotivbahn in Deutschland von Nürnberg nach Fürth dem Verkehr übergeben; es folgten in Sachsen 14. April 1837 die Strecke Leipzig-Althen der Leipzig-Dresdener Bahn, um deren Herstellung und Verwaltung sich Friedrich List (s. d.) und Gustav Harkort (s. d.) hervorragende Verdienste erwarben; 1. Dez. 1838 in Braunschweig die Bahn von Braunschweig nach Wolfenbüttel (erste Staatsbahn Deutschlands), 22. Sept. 1838 in Preußen die Linie Zehlendorf-Potsdam. Österreich eröffnete seine erste Lokomotivbahn von Floridsdorf nach Wagram 17. Nov. 1837, Frankreich von Paris nach St. Germain 26. Aug. 1837.

Nachstehend (S. 859) sind die **ersten** E. in verschiedenen Ländern und Staaten zusammengestellt.

Außer der Erfindung der Lokomotive übte die Ausbildung des **Signalwesens** und insbesondere die Anwendung der elektrischen Telegraphie einen großen Einfluß auf die Entwicklung der E. Auch auf diesem Gebiete ging Stephenson voran; er erkannte zuerst die Notwendigkeit von Signalen und führte solche ein. In Deutschland besaß die Leipzig-Dresdener Eisenbahn 1838 das erste Signalbuch. Die Verwendung der **elektrischen Telegraphie** im Eisenbahnbetriebe ging Ende der dreißiger Jahre ebenfalls von England aus, wo Robert Stephenson, der Sohn des Erfinders der Lokomotive, den ersten elektrischen Signalapparat nach der soeben von Wheatstone und Cooke erdachten Anordnung aufstellte. In Deutschland wurde erst 1843 die Elektricität in den Dienst der E. gestellt; der erste elektrische Klingelapparat fand auf der Taunusbahn Anwendung. (S. Eisenbahnsignale.)

III. **Grundlagen des Eisenbahnwesens.** 1) **In rechtlicher Beziehung.** Je frühzeitiger die große Bedeutung der E. für das wirtschaftliche und Verkehrsleben der Völker in den einzelnen Län-

Die ersten Eisenbahnen in verschiedenen Ländern und Staaten.

Land	Eröffnung	Strecke	Länge km
England	27. Sept. 1825	Stockton-Darlington	41
Österreich	— Sept. 1828	Budweis-Kerschbaum (Pferdebahn, demnächst in Lokomotivbahn umgebaut)	64,5
Frankreich	1. Okt. 1828	St. Etienne-Andrézieux (Pferdebahn desgl.)	18
Amerika, Vereinigte Staaten	28. Dez. 1829	Baltimore-Ellicots-mills	24
Belgien	5. Mai 1835	Brüssel-Mecheln	20
Deutschland	7. Dez. 1835	Nürnberg-Fürth	6
Frankreich	26. Aug. 1837	Paris-St. Germain (erste Lokomotivbahn)	19
Österreich	17. Nov. 1837	Floridsdorf-Deutsch-Wagram (K. Ferdinands-Nordbahn)	13,1
Cuba	— 1837	Habana-Guanajay	50
Rußland	4. April 1838	Petersburg-Zarskoje-Selo	27
Niederlande	— Sept. 1839	Amsterdam-Haarlem	17
Italien	3. Okt. 1839	Neapel-Portici	8
Schweiz	15. Juni 1844	Basel-St. Louis (erste Linie auf schweiz. Gebiet)	1,9
Dänemark	18. Sept. 1844	Altona-Kiel	106
Jamaika	21. Nov. 1845	Kingston-Spanishtown-St. Angil	25
Schweiz	9. Aug. 1847	Zürich-Baden	23,3
Spanien	30. Okt. 1848	Barcelona-Mataro	28
Canada	— Mai 1850	Strecke der St. Lawrence u. Industrial R. R.	19
Mexiko	— 1850	Veracruz-Medellin	?
Schweden	— 1851	Kristinehamn-Sjöändan	12
Peru	— 1851	Lima-Callao	13
Chile	Jan. 1852	Caldera-Copiapo	89
Ostindien	18. oder 19. April 1853	Bombay-Thana	35
Norwegen	1. Juli 1853	Kristiania-Strømmen	18
Portugal	— 1854	Lissabon-Carregado	36
Brasilien	29. oder 30. April 1854	Porta de Maua-Ruiz da Serra	18
Südaustralien	18. Mai 1854	Goolwa-Port Elliot	10
Victoria	14. Sept. 1854	Melbourne und Hobsons Bay (Erste Bahn in Australien)	10
Columbia	27. oder 28. Jan. 1855	Aspinwall-Panama	76
Neusüdwales	25. Sept. 1855	Sydney-Parramatta	23
Ägypten	— Jan. 1856	Alexandria-Kairo	211
Natal	26. Juni 1860	D'Urban-Landungsplatz	3
Türkei (Rumänien)	4. Okt. 1860	Küstendze (Constanța)-Cernavoda	66
Kleinasien	24. Dez. 1860	Smyrna-Trianda	43
Kapland	13. Febr. 1862	Kapstadt-Eerste Rilver	34
Algier	15. Aug. 1862	Algier-Blida	51
Argentinien	1. Dez. 1862	Buenos-Aires-Belgrano	8
Paraguay	1. Okt. 1863	Asuncion-Itangua	40
Neuseeland	1. Dez. 1863	Christchurch-Lyttelton	2
Britisch-Guayana	1. Sept. 1864	Georgetown-Mahaica	32
Queensland	30. Juli 1865	Ipswich-Dalby	64
Mauritius	— 1865	Northern R. W.	50
Venezuela	— Febr. 1866	Puerto Cadello-Palito	?
Java	9. oder 10. Aug. 1867	Samarang-Tangveng	79
Tahiti	— 1868	Punaunja-Terapena Bay	4
Uruguay	1. Jan. 1869	Montevideo-las Pedras	18
Griechenland	18. Febr. 1869	Athen-Peiraieus (Hafen)	10
Rumänien	31. Okt. 1869	Giurgiu-Bukarest	67
Tasmania	6. Febr. 1870	Launceston und Western R. R.	69
Columbia (Bolivar)	3. Dez. 1870	Sadanilla-Baranquilla	30
Kaukasus	14. Aug. 1871	Poti-Kutais	84
Honduras	25. Sept. 1871	Puerto Cortez (Caballos)-Santiago	60
Japan	12. Juli 1872	Tokio-Jokohama	29
Tunis	1. Sept. 1872	Tunis-Goletta	?
Westaustralien	— 1873	Jarrahdale-Rockingham	64
Costarica	— 1874	Alajuela-Cartago	47
China	30. Juni 1876	Shang-hai-Kiang-wan (1877 zerstört)	?

dern gewürdigt und die hierans sowie aus der Eigenart des ausschließlichen Betriebes durch einen Unternehmer sich ergebende Notwendigkeit staatlicher Einwirkung auf Bau und Betrieb der E. erkannt

wurde, desto früher begegnet man auch den Versuchen, das Eisenbahnwesen gesetzlich zu regeln. Bei den gleichwichtigen Beziehungen der E. zu dem Privatrecht und zu dem öffentlichen Recht mußte die

Gesetzgebung auf beide Gebiete sich erstrecken. Der Inbegriff der Rechtsgrundsätze, welche die Verhältnisse der E. regeln, heißt **Eisenbahnrecht** (s. d.).

2) **In wirtschaftlicher Beziehung.** Mit der Entwicklung des Eisenbahnwesens, zumal in Verbindung mit Dampfschiffahrt und elektrischer Telegraphie, hat ein neuer Zeitabschnitt für alle Völker der Erde, ein allgemeiner Fortschritt der Menschheit begonnen. Die E. haben an die Stelle tierischer und menschlicher Bewegungskräfte die Arbeitsleistung der Maschine auch für das Verkehrswesen eingeführt und damit zunächst den wirtschaftlichen Gebieten der Industrie und des Handels einen beispiellosen Aufschwung verliehen. Die Vorteile bestehen in der größern Billigkeit, Beschleunigung, Regelmäßigkeit, Sicherheit, Massenhaftigkeit und Pünktlichkeit des Verkehrs; eine Ausgleichung der Preise wird bewirkt, Teurung und Hungersnot seltener gemacht, da die Massenbeförderung von weither nach den bedrohten Gegenden ermöglicht ist. Die bedeutenden Verkehrserleichterungen der E. erweitern die Bildungsmittel, bereichern die Kenntnisse und Erfahrungen in Wissenschaft und Leben und tragen dadurch auch zur Entwicklung und Entfaltung der geistigen Kräfte der Völker bei.

Bedeutung und Zweck der E. im wirtschaftlichen Leben, ihre Nutzbarmachung für die Gemeinwirtschaft einerseits und die Privatwirtschaft der Unternehmer andererseits und die zweckmäßigste und wirtschaftlichste Art ihrer Anlage und Verwaltung zeigt die Volks- und Staatswirtschaftslehre. Bei dem Einfluß, den die Verkehrsmittel auf die wirtschaftliche Entwicklung eines Landes üben, bildet die Lehre von den E. in ihren wirtschaftlichen Beziehungen, die sog. **Eisenbahnökonomie** (s. d.), einen hochwichtigen Teil der allgemeinen Wirtschaftslehre.

3) **In technischer Beziehung** kommen als Grundlage des Eisenbahnwesens in Betracht der **Bau** und der **Betrieb** der E. (s. Eisenbahnbau und Eisenbahnbetrieb).

4) **Militärische Bedeutung** der E. s. Militäreisenbahnen und Militärtransportordnungen.

IV. **Entwicklung und jetziger Staud der E. in den einzelnen Ländern der Erde.** (Hierzu eine Tafel: **Entwicklung des Eisenbahnnetzes in den Hauptländern der Erde von 1830 bis 1890.**) Das Eisenbahnnetz der Erde, das 1840 erst 7653 km umfaßte, war 1860 schon auf 107961, 1870 auf 209789, 1880 auf 372429 km angewachsen und hat 1890 eine Ausdehnung von 617285 km erreicht. Von dieser kommt der größte Teil auf Amerika, nämlich 331417 km, dann kommt Europa mit 223869, Asien mit 33724, Australien mit 18889, Afrika mit 9386 km. Die Anlagekosten (s. Übersicht C, S. 864) der 1890 auf der Erde im Betrieb gewesenen E., dereu Gesamtlänge nahezu das $15^1/_2$fache des Umfanges der Erde am Äquator (40070 km) ausmacht und die mittlere Entfernung des Mondes von der Erde (384420 km) um 232865 km, also um mehr als die Hälfte, übertrifft, berechnen sich auf etwa 131 Milliarden M. oder durchschnittlich etwa 212100 M. für das Kilometer Bahnlänge. An Lokomotiven waren 1888 etwa 105000 vorhanden, die Zahl der Personenwagen kann auf 230000, die der Güterwagen auf $2^1/_2$ Mill. angenommen werden, wovon auf die europ. Länder zwei Drittel, auf die außereurop. Länder rund ein Drittel entfielen.

Hinsichtlich der Höhe der kilometrischen **Anlagekosten** ihrer E. ergaben sich für die Länder Europas 302477 (rund 302500) M., für die außereurop. Länder 160567 (rund 160600) M. In den europ. Ländern betrugen die kilometrischen Anlagekosten rund: in Großbritannien 556000 M., Frankreich 319000 M., Belgien 327000 M., Rußland 230000 M., Deutschland 250000 M., Schweiz 274000 M., Österreich-Ungarn 247000 M., Italien 238000 M., Spanien 219000 M., in den Niederlanden 211000 M., in Rumänien 170000 M., Dänemark 114000 M., Norwegen 93000 M., Schweden 110000 M. Hiernach stehen die englischen E. obenan. Die Ursache für diese beträchtliche Höhe der Kosten der englischen E. dürfte vorzugsweise in dem teuern Grunderwerb und in Nebenkosten (Parlaments- u. s. w. Kosten) zu suchen sein, die bei der engl. Gesetzgebung für die Konzessionierung der E. aufgewendet werden müssen. Die nächstteuern Bahnen haben Belgien und Frankreich. In Bezug auf die russ. Privatbahnen ist noch zu bemerken, daß für das Anlagekapital derselben von der Regierung zum großen Teil Zinsgarantie gewährt ist. Für Zahlungen, welche die Regierung den Privatgesellschaften infolge dieser Garantie leistete, sowie für Vorschüsse, die von der Regierung den Gesellschaften gewährt und von letztern noch nicht zurückgezahlt wurden, schuldeten diese der Regierung 1. Jan. 1884 zusammen nahezu 2 Milliarden M.

Die Entwicklung der E. in den verschiedenen Ländern der Erde während der zehnjährigen Zeiträume von 1840 bis Ende 1890 ist aus den Zusammenstellungen A und B auf S. 861—863 ersichtlich.

Übersicht A giebt die Kilometerzahl der in dieser Zeit dem Verkehr übergebenen E. an und zugleich die Jahre der ersten Betriebseröffnungen; Übersicht B zeigt die Entwicklung der E. in den Einzeljahren des Zeitraums von 1886 bis 1890, unter gleichzeitiger Angabe des Prozentsatzes des Gesamtzuwachses der E. in den verschiedenen Läudern der Erde und des Verhältnisses der Bahnlängen (Ende 1890) zur Flächengröße (je 100 qkm) und Einwohnerzahl (je 10000 Einwohner). Zur Veranschaulichung beider Nachweisungen A und B dient endlich obengenannte Tafel, deren Anordnung dem im franz. Ministerium der öffentlichen Arbeiten herausgegebenen «Album de statistique graphique de 1888» entnommen wurde; sie giebt ein Bild von der Entwicklung des Eisenbahnnetzes in den einzelnen Ländern der Erde für die zehnjährigen Zeiträume bis 1890 schon von 1830 ab und läßt auch das Verhältnis zur Flächengröße und Bevölkerungsziffer im J. 1890 erkennen. Die auf der linken Seite der Tafel befindliche Zeichnung stellt die Entwicklung des **Gesamteisenbahnnetzes** der Erde von 1830 bis 1890 dar.

Hiernach ist das Eisenbahnnetz der Erde von 1886 bis 1890 um 101407 km, durchschnittlich in einem Jahre also um 25352 km gewachsen. Obenan steht **Amerika** mit einem Zuwachs von 63418 km, weit über die Hälfte des Gesamtzuwachses; hiervon fallen auf die Vereinigten Staaten allein 46399 km.

Nächst Amerika erfreut sich von den übrigen Erdteilen **Europa** mit 22423 km des größten Zuwachses, wovon auf Deutschland 4345 km entfallen. Es folgen Österreich-Ungarn mit 3723, Rußland mit 3602, Frankreich mit 3550 und Italien mit 1520 km. Norwegen hat keinen Zuwachs zu verzeichnen; die Oberflächengestaltung daselbst bietet dem Bau von E. große Schwierigkeiten. Neuerdings ist jedoch der weitere Bau von E. begonnen.

ENTWICKLUNG DES EISENBAHNNETZES IN E

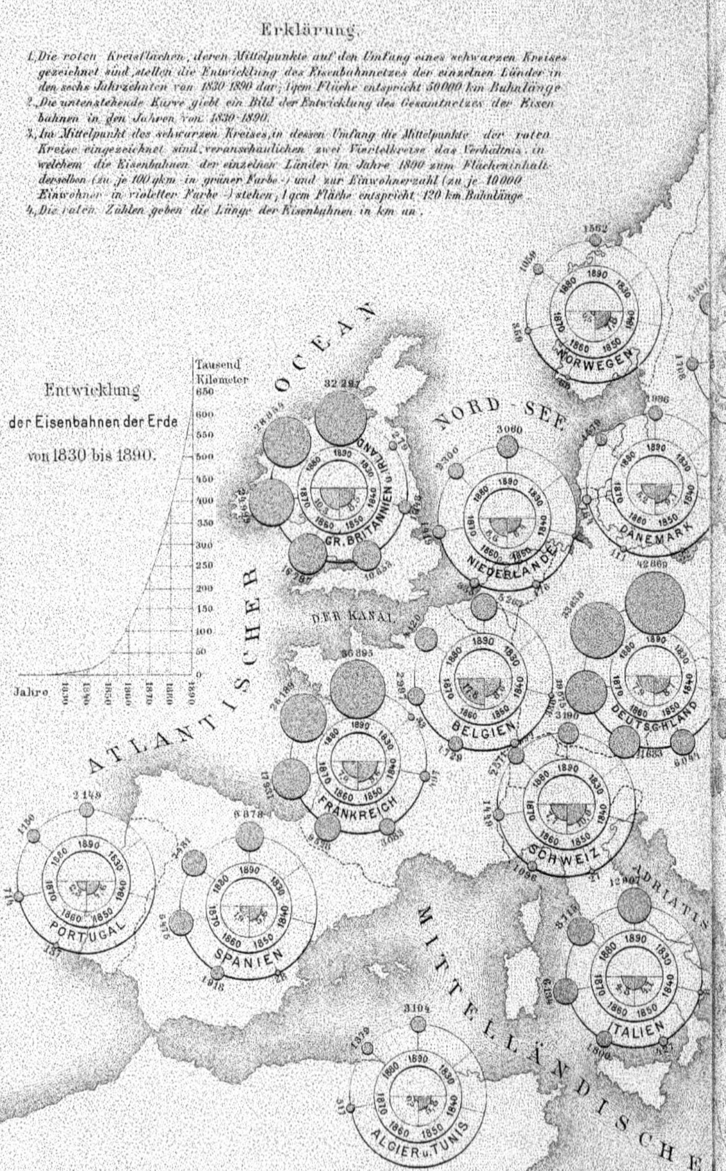
Erklärung.
1. Die roten Kreisflächen, deren Mittelpunkte auf den Umfang eines schwarzen Kreises gezeichnet sind, stellen die Entwicklung des Eisenbahnnetzes der einzelnen Länder in den sechs Jahrzehnten von 1830-1890 dar; 1qcm Fläche entspricht 50000 km Bahnlänge.
2. Die untenstehende Kurve giebt ein Bild der Entwicklung des Gesamtnetzes der Eisenbahnen in den Jahren von 1830-1890.
3. Im Mittelpunkt des schwarzen Kreises, in dessen Umfang die Mittelpunkte der roten Kreise eingezeichnet sind, veranschaulichen zwei Viertelkreise das Verhältnis, in welchem die Eisenbahnen der einzelnen Länder im Jahre 1890 zum Flächeninhalt derselben (zu je 100 qkm in grüner Farbe-) und zur Einwohnerzahl (zu je 10000 Einwohner in violetter Farbe-) stehen; 1qcm Fläche entspricht 120 km Bahnlänge.
4. Die roten Zahlen geben die Länge der Eisenbahnen in km an.
Entwicklung der Eisenbahnen der Erde von 1830 bis 1890.
Tausend Kilometer
Jahre
ATLANTISCHER OCEAN
NORD-SEE
DER KANAL
MITTELLÄNDISCHE
ADRIATIS
NORWEGEN
GR. BRITANNIEN u. IRLAND
NIEDERLANDE
DÄNEMARK
BELGIEN
DEUTSCHLAND
FRANKREICH
SCHWEIZ
PORTUGAL
SPANIEN
ITALIEN
ALGIER u. TUNIS

N HAUPTLÄNDERN DER ERDE VON 1830-1890.

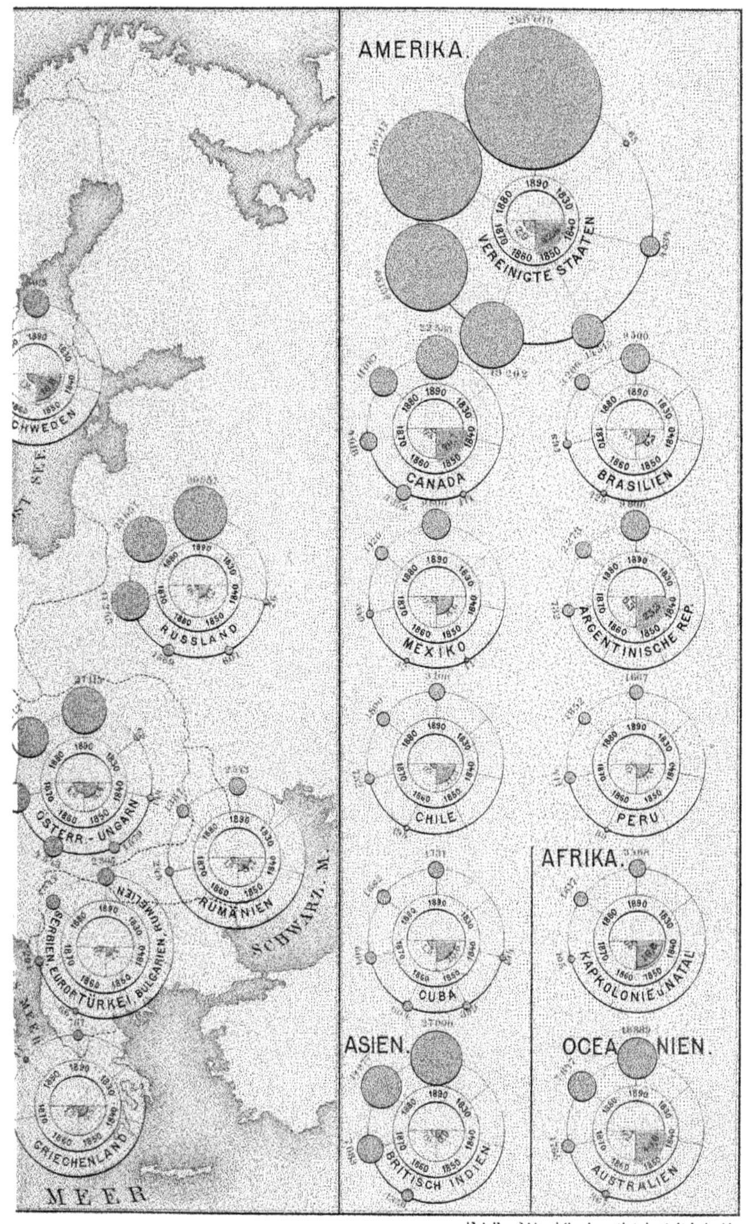

F. A. Brockhaus' Geogr.-artist. Anstalt, Leipzig.

A.

Laufende Nummer	Länder	Eröffnungsjahr der ersten Eisenbahn	Länge der im Betriebe befindlichen Eisenbahnen am Schlusse des Jahres 1840	1850	1860	1870	1880	1885	1890
	I. Europa.		km	km	km	km	km	km	km
1	Deutschland	1835	549	6 044	11 633	19 575	33 838	37 572	42 869
2	Österreich-Ungarn u. s. w.	1828	144	1 579	4 543	9 589	18 512	22 613	27 113
3	Großbritannien und Irland	1825	1348	10 653	16 787	24 999	28 854	30 843	32 297
4	Frankreich	1828	497	3 083	9 528	17 931	26 189	32 499	36 895
5	Rußland und Finland	1838	26	601	1 589	11 243	23 857	26 847	30 957
6	Italien	1839	8	427	1 800	6 134	8 715	10 484	12 907
7	Belgien	1835	336	854	1 729	2 997	4 120	4 409	5 263
8	Niederlande, einschließl. Luxemburg	1839	17	176	335	1 419	2 300	2 800	3 060
9	Schweiz	1844	—	27	1 096	1 449	2 571	2 854	3 190
10	Spanien	1848	—	28	1 918	5 475	7 481	8 933	9 878
11	Portugal	1854	—	—	137	714	1 150	1 529	2 149
12	Dänemark	1844	—	32	111	764	1 579	1 942	1 986
13	Norwegen	1854	—	—	68	359	1 059	1 562	1 562
14	Schweden	1851	—	—	522	1 708	5 906	6 892	8 018
15	Serbien	1884	—	—	—	—	—	385	540
16	Rumänien	1869	—	—	—	245	1 387	1 682	2 543
17	Griechenland	1869	—	—	—	11	11	323	767
18	Europ. Türkei, Bulgarien, Rumelien	1860	—	—	66	291	1 394	1 394	1 765
19	Malta, Jersey, Man	—	—	—	—	11	60	102	110
	Zusammen Europa	1825	2925	23 504	51 862	104 914	168 983	195 665	223 869
	II. Amerika.								
20	Vereinigte Staaten von Amerika	1829	4534	14 515	49 292	85 139	150 717	207 508	268 409
21	Britisch-Nordamerika (Canada)	1850	—	114	3 359	4 018	11 087	16 330	22 533
22	Neufundland	—	—	—	—	—	—	145	179
23	Mexiko	1850	—	11	32	349	1 120	5 600	9 800
24	Mittelamerika	1855	—	—	76	120	210	618	1 000
25	Columbia	1855	—	—	77	103	121	265	380
26	Cuba	1837	194	399	604	604	1 382	1 600	1 731
27	Venezuela	1866	—	—	—	38	113	154	800
28	Republik Santo Domingo	—	—	—	—	—	80	80	115
29	Portoriko	1855	—	—	18	18	18	18	18
30	Brasilien	1854	—	—	129	691	3 200	7 062	9 500
31	Argentinische Republik	1862	—	—	—	732	2 273	4 626	9 800
32	Paraguay	1863	—	—	—	8	72	72	240
33	Uruguay	1869	—	—	—	98	370	500	1 127
34	Chile	1852	—	—	195	732	1 800	2 100	3 100
35	Peru	1851	—	—	89	411	1 852	1 309	1 667
36	Bolivia	1873	—	—	—	—	56	70	209
37	Ecuador	—	—	—	—	—	60	69	300
38	Britisch-Guayana	1864	—	—	—	35	35	35	35
39	Jamaika, Barbados, Trinidad, Martinique	1845	—	25	25	43	100	228	474
	Zusammen Amerika	1829	4728	15 064	53 896	93 139	174 666	248 389	331 417
	III. Asien.								
40	Britisch-Indien	1853	—	—	1 350	7 683	14 977	19 308	27 000
41	Ceylon	1865	—	—	—	118	219	286	308
42	Kleinasien	1860	—	—	43	234	372	372	800
43	Russisches transkaspisches Gobiet	1880	—	—	—	—	125	500	1 433
44	Persien	1888	—	—	—	—	—	—	30
45	Niederländisch-Indien	1867	—	—	—	150	450	926	1 361
46	Japan	1872	—	—	—	—	121	559	2 333
47	Portugiesisch-Indien	—	—	—	—	—	—	54	54
48	Malaiische Staaten	1884	—	—	—	—	—	13	100
49	China (Stammland)	1876[1]	—	—	—	—	11	11	200
50	Cochinchina, Pondichéry, Tong-king	1879	—	—	—	—	12	83	105
	Zusammen Asien	1853	—	—	1 393	8 185	16 287	22 112	33 724

[1] Die 30. Juni 1876 eröffnete Bahn Shang-hai-Kiang-wan wurde 1877 wieder zerstört.

Laufende Nummer	Länder	Eröffnungsjahr der ersten Eisenbahn	Länge der im Betriebe befindlichen Eisenbahnen am Schlusse des Jahres 1840	1850	1860	1870	1880	1885	1890
	IV. Afrika.		km	km	km	km	km	km	km
51	Ägypten	1856	—	—	443	1 056	1 500	1 500	1 547
52	Algier (1862) und Tunis (1872)	1862	—	—	—	517	1 379	2 085	3 104
53	Kapkolonie	1862	—	—	—	105	1 459	2 573	2 922
54	Natal	1876[1]	—	—	—	—	158	280	546
55	Südafrikanische Republik	1887	—	—	—	—	—	—	120
56	Oranje-Freistaat	1890	—	—	—	—	—	—	237
57	Mauritius, Réunion, Senegalgebiet, Angola, Mozambique	1865	—	—	—	108	150	650	910
	Zusammen Afrika	1856	—	—	443	1 786	4 646	7 088	9 386
	V. Australien.								
58	Neuseeland	1863	—	—	—	71	2 072	2 662	3 120
59	Victoria	1854	—	—	151	443	1 930	2 697	4 325
60	Neusüdwales	1855	—	—	113	545	1 368	2 860	3 641
61	Südaustralien	1854	—	—	103	306	1 073	1 711	2 900
62	Queensland	1865	—	—	—	331	1 019	2 308	3 435
63	Tasmanien	1870	—	—	—	69	269	413	643
64	Westaustralien	1873	—	—	—	—	116	283	825
	Zusammen Australien	1854	—	—	367	1 765	7 847	12 934	18 889
	Wiederholung.								
I.	Europa	1825	2925	23 504	51 862	104 914	168 983	195 665	223 869
II.	Amerika	1829	4728	15 064	53 896	93 139	174 666	248 389	331 417
III.	Asien	1853	—	—	1 393	8 185	16 287	22 112	33 724
IV.	Afrika	1856	—	—	443	1 786	4 646	7 088	9 386
V.	Australien	1854	—	—	367	1 765	7 847	12 934	18 889
	Zusammen auf der Erde	1825	7653	38 568	107 961	209 789	372 429	486 188	617 285
	oder rund		7700	38 600	108 000	209 800	372 400	486 200	617 300

[1] Eine kleine Hafenbahn bereits 1860.

B.

Laufende Nr.	Länder	Länge der im Betriebe befindlichen Eisenbahnen am Ende des Jahres 1886	1887	1888	1889	1890	Zuwachs von 1886 bis 1890 im ganzen	in Proz.	Der einzelnen Länder Flächengröße qkm	Bevölkerungszahl	Ende 1890 trifft Bahnlänge auf je 100 qkm	10 000 Einw.
	I. Europa.	km	km	km	km	km	km		(abgerundete Zahlen)		km	km
1	Deutschland:											
	Preußen	22 827	23 663	24 332	24 968	25 464	2 637	11,6	348 400	29 957 000	7,3	8,5
	Bayern	5 174	5 206	5 350	5 421	5 568	394	7,6	75 900	5 594 000	7,3	10,0
	Sachsen	2 233	2 284	2 325	2 380	2 488	255	11,4	15 000	3 502 000	16,6	7,1
	Württemberg	1 461	1 461	1 473	1 500	1 517	56	3,8	19 500	2 036 000	7,8	7,5
	Baden	1 347	1 414	1 414	1 432	1 562	215	16,0	15 100	1 657 000	10,3	9,4
	Elsaß-Lothringen	1 425	1 438	1 457	1 472	1 507	82	5,8	14 500	1 603 000	10,4	9,4
	Übrige deutsche Staaten	4 057	4 319	4 475	4 620	4 763	706	17,4	52 000	5 079 000	9,2	9,4
	Zusammen Deutschland	38 524	39 785	40 826	41 793	42 869	4 345	11,3	540 400	49 428 000	7,9	8,7
2	Österreich-Ungarn, einschließlich Bosnien u. s. w.	23 390	24 705	25 767	26 587	27 113	3 723	15,9	676 700	42 580 000	4,0	6,4
3	Großbritannien und Irland	31 105	31 501	31 878	32 088	32 297	1 192	3,8	314 600	37 888 000	10,3	8,5
4	Frankreich	33 345	34 227	35 258	36 370	36 895	3 550	10,6	528 900	38 343 000	7,0	9,6
5	Rußland, einschließl. Finland	27 355	28 517	29 432	30 159	30 957	3 602	13,2	5 390 000	96 000 000	0,6	3,2
6	Italien	11 387	11 689	12 351	12 807	12 907	1 520	13,3	286 500	30 947 000	4,5	4,1
7	Belgien	4 604	4 760	4 828	5 088	5 263	659	14,3	29 500	6 147 000	17,8	8,6
8	Niederlande, einschließlich Luxemburg	2 865	2 957	3 000	3 014	3 060	195	6,8	35 600	4 761 000	8,6	6,4
9	Schweiz	2 885	2 919	2 974	3 104	3 190	305	10,6	41 300	2 933 000	7,7	10,9
10	Spanien	9 222	9 422	9 583	9 678	9 878	656	7,1	504 500	17 559 000	1,9	5,6
11	Portugal	1 577	1 829	1 910	2 060	2 149	572	36,3	92 600	4 708 000	2,3	4,6
12	Dänemark	1 965	1 965	1 969	1 969	1 986	21	1,1	38 300	2 172 000	5,2	9,1
13	Norwegen	1 562	1 562	1 562	1 562	1 562	—	—	325 300	1 999 000	0,5	7,8
14	Schweden	7 277	7 388	7 527	7 888	8 018	741	10,2	450 600	4 785 000	1,8	16,8
15	Serbien	427	517	526	537	540	113	26,5	48 600	2 163 000	1,1	2,2
16	Rumänien	1 940	2 405	2 475	2 493	2 543	603	31,1	131 000	5 000 000	1,9	5,1
17	Griechenland	515	613	670	706	767	252	48,9	65 100	2 217 000	1,2	3,5
18	Europäische Türkei, Bulgarien, Rumelien	1 394	1 394	1 649	1 690	1 765	371	26,6	264 000	8 754 000	0,7	2,0
19	Malta, Jersey, Man	107	107	107	110	110	3	2,8	1 000	280 000	11,0	3,9
	Zusammen Europa	201 446	208 262	214 292	219 703	223 869	22 423	11,1	9 764 500	358 664 000	2,3	6,2

Laufende Nr.	Länder	Länge der im Betriebe befindlichen Eisenbahnen am Ende des Jahres 1886	1887	1888	1889	1890	Zuwachs von 1886 bis 1890 im ganzen	in Proz.	Der einzelnen Länder Flächengröße qkm	Bevölkerungszahl	Ende 1890 trifft Bahnlänge auf je 100 qkm	10 000 Einw.
	II. Amerika.	km	km	km	km	km	km		(abgerundete Zahlen)		km	km
20	Vereinigte Staaten v. Amerika	222 010	241 210	251 292	259 687	268 409	46 399	20,9	9 212 000	62 981 000	2,9	42,6
21	Britisch-Nordamerika	18 540	19 842	20 442	21 439	22 533	3 993	21,5	7 990 700	4 829 000	0,3	46,7
22	Neufundland	145	145	175	179	179	34	23,5	110 700	198 000	0,2	9,0
23	Mexiko	5 750	6 562	6 723	8 600	9 800	4 050	70,4	1 946 500	11 396 000	0,5	8,6
24	Centralamerika	677	800	858	900	1 000	323	47,7	465 400	3 010 000	0,2	3,3
25	Columbia	265	287	342	371	380	115	43,4	1 203 100	3 100 000	—	1,2
26	Cuba	1 600	1 600	1 600	1 700	1 731	131	8,2	118 800	1 631 000	1,5	10,6
27	Venezuela	164	293	430	709	800	636	387,8	1 043 900	2 323 000	0,1	3,4
28	Republik Santo Domingo	80	115	115	115	115	35	43,8	48 600	610 000	0,2	1,9
29	Portoriko	18	18	18	18	18	—	—	9 100	807 000	0,2	0,2
30	Vereinigte Staaten v. Brasilien	7 669	8 486	8 930	9 300	9 500	1 831	23,9	8 361 400	14 600 000	0,1	6,5
31	Argentinische Republik	5 965	6 446	7 256	8 255	9 800	3 835	64,3	2 894 000	3 874 000	0,3	25,3
32	Paraguay	72	72	152	203	240	168	233,3	253 100	330 000	0,1	7,3
33	Uruguay	556	556	642	757	1 127	571	102,6	178 700	712 000	0,6	15,8
34	Chile	2 695	2 838	2 900	3 100	3 100	405	15,0	753 200	2 767 000	0,4	11,2
35	Peru	1 309	1 347	1 347	1 600	1 667	358	27,3	1 137 000	2 972 000	0,1	5,6
36	Bolivia	70	70	130	171	209	139	198,6	1 334 200	1 434 000	—	1,5
37	Ecuador	79	151	204	269	300	221	279,8	299 600	1 190 000	0,1	2,5
38	Britisch-Guayana	35	35	35	35	35	—	—	229 600	285 000	—	1,2
39	Jamaika, Barbados, Trinidad, Martinique	300	429	474	474	474	174	58,0	—	—	—	—
	Zusammen Amerika	267 999	291 302	304 065	317 882	331 417	63 418	23,7	—	—	—	—
	III. Asien.											
40	Britisch-Indien	20 728	22 665	23 266	25 488	27 000	6 272	30,3	4 832 000	286 000 000	0,6	0,9
41	Ceylon	289	291	291	291	308	19	6,6	65 000	3 008 000	0,5	1,0
42	Kleinasien	500	598	658	720	800	300	60,0	—	—	—	—
43	Ruff. transkaspisches Gebiet	1 070	1 277	1 433	1 433	1 433	363	33,9	554 900	301 000	0,3	47,6
44	Persien	—	—	18	18	30	30	—	1 645 000	7 500 000	—	—
45	Niederländisch-Indien	937	954	1 230	1 270	1 361	424	45,3	1 873 000	31 800 000	0,1	0,4
46	Japan	692	935	1 460	1 952	2 333	1 641	237,1	382 400	40 072 000	0,7	0,6
47	Portugiesisch-Indien	54	54	54	54	54	—	—	—	—	—	—
48	Malaiische Staaten	45	45	60	80	100	55	122,2	—	—	—	—
49	China (Stammland)	11	45	138	200	200	189	—	4 000 000	350 000 000	—	—
50	Cochinchina, Pondichery, Tong-king	83	83	83	83	105	22	26,5	160 000	12 000 000	—	—
	Zusammen Asien	24 409	26 947	28 691	31 589	33 724	9 315	38,2	—	—	—	—
	IV. Afrika.											
51	Ägypten	1 500	1 500	1 519	1 541	1 547	47	3,1	—	—	—	—
52	Algier und Tunis	2 312	2 476	2 850	3 094	3 104	792	34,3	783 000	5 400 000	0,4	5,7
53	Kapkolonie	2 795	2 795	2 858	2 873	2 922	127	4,5	576 000	1 525 000	0,5	19,2
54	Natal	313	350	376	417	546	233	74,4	45 800	543 000	1,2	10,1
55	Südafrikanische Republik	—	81	81	81	120	120	—	294 300	679 000	—	1,8
56	Oranje-Freistaat	—	—	—	—	237	237	—	125 000	208 000	0,2	11,4
57	Mauritius, Réunion, Senegalgebiet, Angola, Mozambique	720	800	830	860	910	190	26,4	—	—	—	—
	Zusammen Afrika	7 640	8 002	8 514	8 866	9 386	1 746	22,9	—	—	—	—
	V. Australien.											
58	Neuseeland	2 912	2 977	3 007	3 066	3 120	208	7,1	270 000	623 000	1,2	50,1
59	Victoria	2 820	3 137	3 487	3 682	4 325	1 505	53,4	229 000	1 140 000	1,9	37,9
60	Neusüdwales	3 113	3 348	3 548	3 624	3 641	528	17,0	800 000	1 134 000	0,5	32,1
61	Südaustralien	2 224	2 340	2 614	2 827	2 900	676	30,4	2 341 000	320 000	0,1	90,6
62	Queensland	2 502	2 840	3 107	3 320	3 435	933	37,3	1 730 700	394 000	0,2	87,2
63	Tasmania	488	512	526	603	643	155	31,8	67 900	147 000	0,9	43,7
64	Westaustralien	325	389	719	800	825	500	153,8	2 527 300	49 000	—	168,4
	Zusammen Australien	14 384	15 543	17 008	17 922	18 889	4 505	31,3	7 965 900	3 807 000	0,2	49,6
	Wiederholung.											
	I. Europa	201 446	208 262	214 292	219 703	223 869	22 423	11,1	9 764 500	358 664 000	2,3	6,2
	II. Amerika	267 999	291 302	304 065	317 882	331 417	63 418	23,7	—	—	—	—
	III. Asien	24 409	26 947	28 691	31 589	33 724	9 315	38,2	—	—	—	—
	IV. Afrika	7 640	8 002	8 514	8 866	9 386	1 746	22,9	—	—	—	—
	V. Australien	14 384	15 543	17 008	17 922	18 889	4 505	31,3	7 965 900	3 807 000	0,2	49,6
	Zusammen auf der Erde	515 878	550 056	572 570	595 962	617 285	101 407	19,6	—	—	—	—

Von den übrigen Weltteilen hat zunächst Asien mit 9315 km, und in Asien wiederum Britisch-Indien mit 6272 km den größten Beitrag zur Entwicklung des Eisenbahnnetzes geliefert. In Afrika zeichnen sich Algier und Tunis mit 792 km aus, während Australien eine Vermehrung des Eisenbahnnetzes um 4505 km oder 31,3 Proz. aufweist, wovon 1505 km auf Victoria entfallen.

Hinsichtlich des Verhältnisses zum Flächenraum steht Belgien mit 17,8 km E. auf je 100 qkm Flächenraum allen Ländern der Erde voran; es folgen Sachsen mit 16,6, Elsaß-Lothringen mit 10,4, Großbritannien und Baden mit je 10,3 km. In Deutschland kommen 7,9, in Frankreich 7 km auf je 100 qkm. In Bezug auf das Verhältnis zur Bevölkerungszahl nimmt in Europa Schweden mit 16,8 km E. auf je 10000 Einwohner die erste Stelle ein; dann kommen die Schweiz mit 10,9, Frankreich mit 9,6, Dänemark mit 9,1, Deutschland mit 8,7 und Großbritannien mit 8,5 km; Britisch-Nordamerika mit 46,7 und die Vereinigten Staaten von Amerika mit 42,6 km; in Asien weist das transkaspische Gebiet von Rußland das höchste Verhältnis mit 47,6 km auf; in Afrika die Kapkolonie mit 19,2 km; in Australien steht Westaustralien mit 168,4 km obenan. Das Verhältnis der E. zur Bevölkerungszahl stellt sich bei großen, dünnbevölkerten Ländern günstiger als bei dichtbevölkerten Staaten und bietet daher für die Beurteilung der Entwicklung des Eisenbahnnetzes keinen besondern Anhalt. — Die höchste Eisenbahn der Welt ist die Cordilleren-Eisenbahn (s. d.) von Lima nach Oroya in Peru, die nördlichste die schwedisch-norweg. Eisenbahn Luleå-Ofotenfjord (s. d.).

Das auf die Herstellung der sämtlichen auf der Erde im Betrieb befindlichen E. verwendete Anlagekapital läßt sich nicht mit vollständiger Bestimmtheit feststellen, da genügend zuverlässige Grundlagen nur für einzelne Länder veröffentlicht werden. Eine ungefähre Übersicht der auf die E. verwendeten Anlagekosten gewährt nachstehende Zusammenstellung C.

C.

Laufende Nummer	Staaten	Zeit auf welche sich die Angabe des Anlagekapitals bezieht	Länge	Anlagekapital
	I. Europa.		km	M.
1	Deutschland	31. März 1891	41 759	10 456 156 000
2	Österreich-Ungarn	31. Dez. 1888	25 279	6 222 852 000
3	Großbritannien und Irland	31. Dez. 1890	32 297	17 949 441 000
4	Frankreich	31. Dez. 1889	36 091	11 511 920 000
5	Rußland	31. Dez. 1889	28 333	6 526 000 000
6	Italien	31. Dez. 1887	10 233	2 431 666 000
7	Belgien (Staatsbahnen)	31. Dez. 1890	3 250	1 063 141 000
8	Schweiz	31. Dez. 1889	3 142	861 736 000
9	Spanien	31. Dez. 1888	9 583	2 100 594 000
10	Niederlande	1887	2 623	554 692 000
11	Dänemark (Staatsbahnen)	31. März 1891	1 525	173 240 000
12	Norwegen	30. Juni 1891	1 562	145 358 000
13	Schweden (Staatsbahnen)	31. Dez. 1890	2 613	286 936 000
14	Rumänien (Staatsbahnen)	31. Dez. 1889	2 303	391 085 000
	Zusammen		200 593	60 674 817 000
		oder für 1 km rund 302 500 M.		
	II. Übrige Erdteile.			
1	Vereinigte Staaten	31. Dez. 1890	262 943	43 636 574 000
2	Canada	30. Juni 1890	22 533	3 342 403 000
3	Brasilien (Staatsbahnen)	31. Dez. 1888	2 100	391 272 000
4	Argentinien	31. Dez. 1886	5 965	654 741 000
5	Britisch-Indien	31. Dez. 1889	25 488	3 958 513 000
6	Java (Staatsbahnen)	31. Dez. 1890	914	121 265 000
7	Japan	1889	1 952	372 474 000
8	Algier und Tunis	31. Dez. 1889	2 998	473 251 000
9	Kapkolonie (Afrika)	31. Dez. 1886	2 573	282 612 000
10	Kolonie Neusüdwales	30. Juni 1891	3 511	635 372 000
11	» Südaustralien	30. Juni 1890	2 591	206 049 000
12	» Victoria	30. Juni 1891	4 446	710 377 000
13	» Queensland	30. Juni 1891	3 543	302 032 000
14	» Westaustralien	31. Dez. 1889	302	16 459 000
15	» Tasmanien	31. Dez. 1889	329	30 997 000
16	» Neuseeland	31. März 1891	2 964	285 572 000
	Zusammen		345 152	55 419 963 000
		oder für 1 km rund 160 600 M.		

Für die Umrechnung ist angenommen:

1 Frank	0,8 M.	1 Peseta	0,8 M.	1 Gulden (österreichisch)	1,7 M.
1 Pfd. St.	20 »	1 Krone (schwedisch)	1,125 »	1 Rupie	2 »
1 Dollar	4,25 »	1 Lira	0,8 »		
1 Rubel	2,25 »	1 Peso (fuerte)	4 »		

Über die Entwicklung, welche das Eisenbahnnetz in den verschiedenen Erdteilen und Ländern im einzelnen genommen hat, sind nähere Angaben in den einzelnen Artikeln zu finden.

V. Litteratur. In litterar. Beziehung sind für das in stetiger und raschester Entwicklung begriffene Eisenbahnwesen die in regelmäßigen Zeiträumen erscheinenden Fachzeitschriften und Werke von besonderer Wichtigkeit. Es sind darunter namentlich hervorzuheben: das Archiv für Eisenbahnwesen, hg. im preuß. Ministerium der öffentlichen Arbeiten; die Zeitung des Vereins deutscher Eisenbahnverwaltungen, als Organ dieses Vereins redigiert von Dr. Koch (Berlin); das Organ für die Fortschritte des Eisenbahnwesens in technischer Beziehung, ebenfalls als Organ des Vereins deutscher Eisenbahnverwaltungen herausgegeben (Wiesbaden); Allgemeine Deutsche Eisenbahnzeitung, hg. von Krause

(Leipzig); Centralblatt der Bauverwaltung, hg. im preuß. Ministerium der öffentlichen Arbeiten (Berlin); Kalender für Eisenbahntechniker, bearbeitet von Heusinger von Waldegg (Wiesbaden); Zeitschrift für Bauwesen (Berlin); Zeitschrift für E. und Dampfschiffahrt der Österreichisch-Ungarischen Monarchie (Wien); die Österreichische Eisenbahnzeitung (edd.); Konta (Kehn), Eisenbahnjahrbuch der Österreichisch-Ungarischen Monarchie (ebd.); die Annalen für Gewerbe und Bauwesen, hg. von Glaser (Berlin); Zeitschrift für Staats- und Volkswirtschaft, hg. von Hertzka (Wien); das Bulletin du Ministère des travaux publics, statistique et législation comparée (Paris); J. B. Landman, Revue commerciale et juridique des chemins de fer, postes, télégraphes et douanes (Brüssel); die Railway News and Joint Stock Journal (London); die Railroad Gazette (Neuyork); die Revue générale des chemins de fer (Paris); der Monitore delle strade ferrate (Turin); Zeitschrift für Transportwesen und Straßenbau (Berlin); Zeitschrift für das gesamte Lokal- und Straßenbahnwesen, hg. von Hostmann u. a. (Wiesbaden); Die Straßenbahn (Berlin); Zeitschrift für Lokomotivführer, hg. von C. D. Maas (Hannover). Statist. Nachrichten von den E. Deutschlands werden im Reichseisenbahnamt (s. d.) dearbeitet und erscheinen alljährlich; eine Statistik des Vereins deutscher Eisenbahnverwaltungen wird alljährlich von der geschäftsführenden Direktion des Vereins (gegenwartig die Königl. Eisenbahndirektion zu Berlin) herausgegeben; Statist. Nachrichten von den österreichisch-ungarischen E., dearbeitet im k. k. Handelsministerium; Schweiz. Eisenbahnstatistik, hg. vom schweiz. Post- und Eisenbahndepartement, erscheint ebenfalls alljährlich. In ahnlicher Weise werden auch von vielen andern Staaten jährlich mehr oder minder vollständige Berichte über den Stand des Eisenbahnwesens in den betreffenden Ländern veröffentlicht. In Bezug auf das Eisenbahnwesen der Vereinigten Staaten von Amerika finden sich die vollständigsten Zusammenstellungen in den seit 1888 jährlich erscheinenden Berichten der Interstate Commerce Commission über die Eisenbahnstatistik (s. Eisenbahnbehörden, S. 849b, und Vereinigte Staaten von Amerika) und in dem Manual of the Railroads of the United States von H. Poor.

Von Werken, welche die allgemeinen Verhältnisse des Eisenbahnwesens, die Geschichte und Statistik der E. behandeln, sind zu nennen: G. Stürmer, Geschichte der E. Entwickelung und statist. Darstellung sämtlicher Eisenbahnnetze der Erde (2 Bde., Bromb. 1872—76); von Reden, Die E. Deutschlands. Statist.-geschichtliche Darstellung ihrer Entstehung, ihres Verhältnisses zu der Staatsgewalt sowie ihrer Verwaltungs- und Betriebseinrichtungen (2 Abschnitte [Abschnitt 2 in 10 Lfgn.], Berl., Posen u. Bromd. 1843—47); Schmeidler, Geschichte des deutschen Eisenbahnwesens (Lpz. 1871); Haushofer, Grundzüge des Eisenbahnwesens in seinen ökonomischen, polit. und rechtlichen Beziehungen (Stuttg. 1873); Wagner, Das Eisenbahnwesen als Glied des Verkehrswesens, insbesondere die Staatsdahnen. Abriß einer Eisenbahnpolitik und Ökonomik (Lpz. u. Heidelb. 1877); Hartwich, Erörterungen über Vervollständigung und Erweiterung des preuß. Eisenbahnnetzes mit Rücksicht auf Entwicklung des Güterverkehrs und Erzielung billiger Frachten (Berl. 1878); Lange, Handbuch des gesamten Verkehrswesens (5. Aufl., Dresd. 1890); E. Richter, Die Entwicklung der Verkehrsgrundlagen (Berl. 1878); Sax, Die Verkehrsmittel in Volks- und Staatswirtschaft (2 Bde., Wien 1878—79); Exuer, Das moderne Transportwesen im Dienste der Land- und Forstwirtschaft (Weim. 1877); Marggraff, Die Vorfahren unserer E. und Dampfwagen (Berl. 1884); Zeitschrift des königlich preuß. Statistischen Bureaus, Ergänzungsheft 12: Kühn, Die histor. Entwicklung des deutschen und deutsch-österr. Eisenbahnnetzes von 1838 bis 1881 nebst Nachträgen (edd. 1887); Haberer, Geschichte des Eisenbahnwesens (Wien 1884); Neumann-Spallart, Übersichten der Weltwirtschaft (letzte Übersicht, Stuttg. 1887); Handwörterbuch der Staatswissenschaften Bd. III, S. 147 fg. (Jena 1892); Gleim, Das Recht der E. in Prenßen (Beri. 1891/92); Krönig, Die Verwaltung der preuß. Staatseisenbahnen (Bresl. 1891/92); Wörterbuch des Deutschen Verwaltungsrechts, hg. von Stengel (2 Bde., Freib. i. Br. 1889—90); Encyklopädie des gesamten Eisenbahnwesens, hg. von Röll (Bd. 1—4, Wien 1890—92); von der Leyen, Die nordamerikanischen E. in ihren wirtschaftlichen und polit. Beziehungen (Lpz. 1885); Cohn, Die engl. Eisenbahnpolitik der letzten 10 Jahre 1873 dis 1883 (ebd. 1883); Noël, Les chemins de fer en France et à l'étranger. Étude financière et statistique (Par. 1888); Picard, Traité des chemins de fer. Économie politique, commerce, finances, administrations, droit. Études comparées sur les chemins de fer étrangers (4 Bde., edd. 1887); ders., Les chemins de fer français (6 Bde., edd. 1883—84); Haley, Railroad transportation, its history and its laws (Neuyork u. Lond. 1886); Dobrynen, Die Russischen E. und ihre schwachen Seiten (Kiew 1886); Hirche, Systematische Sammlung der Fachausdrücke des Eisenbahnwesens. I. Der Güterdienst mit Anhang, enthaltend alphabetisches Warenverzeichnis nach der Nomenklatur der verschiedenen Tarife (Bromb. 1882); dass., französisch und deutsch: I. Der Personen- und Güterdienst (2. Aufl., Berl. 1886); dass., deutsch und italienisch (Wiesb. 1890). Hinsichtlich der Werke über Eisenbahnrecht s. d.

Von den zahlreichen Werken über Technik und Betrieb der E. sind zu erwähnen: Becker, Der Straßen- und Eisenbahnbau in seinem ganzen Umfange (Stuttg. 1855); Ch. Couche, Voie, matériel roulant et exploitation technique des chemins de fer (3 Bde., Par. 1867—74); J. Brosius und R. Koch, Die Schule des Lokomotivführers (3 Bde., 6. Aufl., Wiesb. 1887—90); dies., Die Schule für den äußern Eisenbahnbetrieb (3 Bde., Bd. 1 in 2. Aufl., edd. 1882—85); Schmitt, Bahnhöfe und Hochbauten auf Lokomotiveisenbahnen (2 Bde., Lpz. 1873—82); von Kaven, Vorträge über Eisenbahnbau am Polytechnikum zu Aachen (8 Bde., Aachen u. Lpz. 1874—85); Handbuch für specielle Eisenbahntechnik, hg. von Heusinger von Waldegg (Lpz. 1874—82; dieses umfassende Werk zerfällt in 5 Teile, und zwar a. Eisenbahnbau [4. Aufl.], b. Eisenbahnwagenbau [2. Aufl.], c. Lokomotivbau [2. Aufl.], d. Technik des Eisenbahnbetriebes mit Signalwesen und Werkstätteneinrichtung [2. Aufl.], e. Bau und Betried der Sekundär- und Tertiärbahnen); Heusinger von Waldegg, Musterkonstruktionen für Eisenbahnbau (1. Halbbd., Lpz. 1886); ders., Musterkonstruktionen für Eisenbahnbetrieb (1. Halbbd., edd. 1886); Vorträge über Eisenbahnbau, gehalten an verschiedenen deutschen polytechnischen Schulen, degonnen von E. Winkler (5 Hefte, z. T. in 3. Aufl., Prag 1875

—83); von Weber, Das Telegraphen- und Signalwesen der E. (Weim. 1867); ders., Die Stabilität des Gefüges der Eisenbahngleise (ebd. 1869); ders., Die Gefährdungen des Personals beim Maschinen- und Fahrdienst der E. (Lpz. 1862); ders., Schule des Eisenbahnwesens (4. Aufl., ebd. 1885); ders., Die Praxis des Baues und Betriebes der Sekundärbahnen mit normaler und schmaler Spur (2. Aufl., Weim. 1873); ders., Die Praxis der Sicherung des Eisenbahnbetriebes (Wien 1875); ders., Normalspur und Schmalspur (ebd. 1876); ders., Der staatliche Einfluß auf die Entwicklung der E. minderer Ordnung (ebd. 1878); Rohr, Handbuch des praktischen Eisenbahndienstes (Handbuch des Eisenbahnwesens, Bd. 5, Stuttg. 1877); Tilp, Der praktische Maschinendienst im Eisenbahnwesen (Wien 1877); J. zur Nieden, Der Bau der Straßen und E. (Berl. 1878); R. Koch, Das Eisenbahnmaschinenwesen (3 Abteil., Wiesb. 1879—80); Oberstadt, Die Technologie der Eisenbahnwerkstätten (ebd. 1881); Paulus, Bau und Ausrüstung der E. unter Berücksichtigung der Sekundärbahnen (2. Aufl., Stuttg. 1882); Petzholdt, Fabrikation, Prüfung und Übernahme von Eisenbahnmaterial (Wiesb. 1872); Pollitzer, Die Bahnerhaltung (2 Bde., Brünn 1874—76); Pinzger, Die geometr. Konstruktion von Weichenanlagen für Eisenbahngleise (Aachen 1873); Lehwald, Der eiserne Oberbau (Berl. 1881); Schwartzkopff, Der eiserne Oberbau (ebd. 1882); Flattich, Der Eisenbahnhochbau in seiner Durchführung auf den Linien der k. k. privilegierten Südbahngesellschaft (8 Hefte, Wien 1873—77); Wulff, Das Eisenbahnempfangsgebäude nach seinen praktischen Anforderungen und seiner künstlerischen Bedeutung (Lpz. 1881); Vuillemin, Guebhard, Dieudonné und Flachat, Chemins de fer. De la résistance des trains et de la puissance des machines (Par. 1868); Kesseler, Die Radreifenbefestigungen bei Eisenbahnwagenrädern behufs Sicherung gegen das Abspringen der Reifen bei eintretendem Bruche (Berl. 1880); Claus, Über Weichentürme und verwandte Sicherheitsvorrichtungen für E. (Braunschw. 1878); ders., Über die Anlage, Ausrüstung und den Betrieb von normalspurigen Sekundärbahnen (ebd. 1877); Buresch, Die schmalspurige Eisenbahn von Ocholt nach Westerstede (Hannov. 1877); Zusammenstellungen der Qualitätsbestimmungen für die Lieferung von Werkstatts-, Betriebs- und Oberbaumaterialien u. s. w. (ebd. 1884); Meyer, Grundzüge des Eisenbahn-Maschinenbaus (Berl. 1884); Wanner, Geschichte des Baues der Gotthardbahn (Luzern 1885); Schröter, Die Schule des Eisenbahndienstes (4. Aufl., Aachen 1888); Loewe, Der Schienenweg der E. (Wien 1887); Launhardt, Theorie des Trassierens (2 Hefte, Hannov. 1887—88); Zimmermann, Die Berechnung des Eisenbahnoberbaues (Berl. 1888); Kolle, Die Anwendung und der Betrieb von Stellwerken zur Sicherung von Weichen und Signalen (ebd. 1888); Boedecker, Die Wirkungen zwischen Rad und Schiene u. s. w. (Hannov. 1887); Haarmann, Die notwendigen Ziele der Entwicklung des Eisenbahnoberbaues (Osnabrück 1885); ders., Das Eisenbahngeleise (Lpz. 1891); Göring, Eisenbahnbau (4. Aufl., Berl. 1891). — Vgl. auch die in den Einzelartikeln angegebene Litteratur.

Eisenbahnfähren oder Trajektanstalten werden zur Beförderung von Eisenbahnzügen (gewöhnlich ausschließlich Lokomotiven) zwischen den Ufern eines Stroms, Landsees oder Meers eingerichtet, um das kostspielige und zeitraubende Umladen der Güter von den Eisenbahnwagen in Schiffe und umgekehrt sowie für die Reisenden die Unbequemlichkeit des Umsteigens zu vermeiden. (Über den Fall, daß Schiffe, ebenfalls zur Vermeidung des Umladens, durch Eisenbahnen über das Festland [Landenge] befördert werden, s. Schiffseisenbahnen.) Sie bestehen in der Hauptsache aus Schiffsgefäßen verschiedener Form und Größe mit einem Deck, das Eisenbahngleise trägt und auf das die Eisenbahnwagen aufgestellt werden. Die Beförderung des Fährschiffs über das Gewässer sowie die Art und Weise seiner Be- und Entladung können sehr verschieden angeordnet werden. Jedenfalls befinden sich auf beiden Ufern Bahnhöfe, um die meist für das Schiffsdeck zu langen Eisenbahnzüge in einzelne Teile zu trennen und wieder zusammenzusetzen. Derartige E. werden angewandt, wo eine feste Brücke entweder aus wirtschaftlichen oder militär. Gründen nicht zulässig ist, oder auch, wo es sich, wie z. B. beim Bau großer fester Brücken (Mainz, Mannheim), um eine vorübergehende Verkehrseinrichtung für die Dauer der Bauzeit handelt.

Man kann die E. einteilen in 1) solche, deren Schiff frei dem Steuerruder folgen kann (Dampfer), und 2) solche, deren Schiff durch eine Kette oder ein Drahtseil längs eines vorgeschriebenen Wegs geführt wird. Bei der erstern, mehr für lange Transportwege geeigneten Art, befinden sich die Gleise zur Aufnahme der Eisenbahnwagen entweder auf dem Dampfboot selbst (Fähren der Edinburgh-Dundee-Eisenbahn über den Firth of Forth und über den Firth of Tay vor Anlage von festen Eisenbahnbrücken, Bodenseefähre, Friedrichshafen-Romanshorn, holländ. Fähren, Fähre zwischen Stralsund und der Insel Rügen, ferner die großartigen, vielfach bereits durch feste Brücken ersetzten E. in Amerika auf dem Mississippi, Missouri, Ohio, Detroitflusse, St. Lorenz- und andern Flüssen, auf der Bai von San Francisco, deren Fährschiffe bei einer Länge von 129,2 m und einer Breite von 35 m vier Eisenbahnzüge nebeneinander aufnehmen können), oder die Wagen stehen auf besondern flachgebauten Prahmen und das Dampfschiff dient nur als Schleppschiff (Bingerbrück-Rüdesheim, sowie vor Erbauung der Brücken zwischen Koblenz-Oberlahnstein, Mainz-Gustavsburg, Ludwigshafen-Mannheim). Bei der zweiten Art, mit geleitetem Schiff, hat man sich zunächst an das Vorbild der gewöhnlichen Kettenfähren gehalten und das Fährschiff an zwei Ketten gehen lassen, die auf den Grund des Wassers gelegt und an den Ufern durch in Schächte versenkte Gegengewichte in Spannung erhalten wurden, während auf dem Schiffe durch Dampfkraft getriebene Kettenräder zur Fortbewegung derselben dienten. Solche E. vermitteln seit längerer Zeit im südl. England den Verkehr über Meeresarme (zu Devonport bei Plymouth, zwischen Portsmouth und Gosport bei Southampton u. a. m.). Auch die Nilfähre der Alexandria-Kairo-Bahn wurde während der Erbauung der festen Brücke in ähnlicher Weise geführt. Während die Ketten in tiefen Meeresarmen ihre Lage nicht wesentlich verändern konnten, mußte man bei den E. der vormaligen Rheinischen Eisenbahn (s. d.) zwischen Griethausen und Elten (unterhalb Emmerich) und zwischen Bonn und Obercassel, die auch für Personenzüge dienen, sich gegen das Bestreben der in geringer Wassertiefe auf dem unregelmäßigen Rheinbett liegenden Kette stromabwärts zu treiben, desto mehr vorsehen, als die einseitig auf das Fährschiff wirkende Stromgeschwindigkeit stets die Kette bogenförmig auszulegen sucht. Man hat hier zunächst statt der Ketten Drahtseile benutzt und von diesen ein stärkeres von 46 mm Durchmesser als Leitseil und ein schwächeres von 29 mm als Treibseil angeordnet. Das über zwei seitliche Führungsrollen des Fährschiffs gehende Leitseil ist etwa alle 38 m durch stromaufwärts im Grunde befestigte Untertaue, die durch hakenartige Klauen das Seil angreifen und trotzdem den Übergang über die Führungsrollen gestatten, gehalten. Das stromaufwärts liegende Treibseil ist über zwei auf dem Schiffe befindliche und durch eine kleine Dampfmaschine zu treibende Seilscheiben von 2,51 m Durchmesser geschlungen und, wie auch das Leitseil an den Ufern, durch Gewichte gespannt. Die großartigste Fähre dieser Art in Europa besitzt die Alföld-Fiumaner Bahn (ungar. Staatsbahn von Großwardein nach Essegg und Villány) bei Erdöd zur Überschreitung der Donau; das Fährschiff ist 88,5 m lang und faßt 8 Personen- oder 10 Güterwagen. Vgl. M. M. von Weber, Schule des Eisenbahnwesens (4. Aufl., Lpz. 1885).

Eisenbahnfahrgeschwindigkeit. Die Geschwindigkeit, mit der die Eisenbahnzüge (s. d.) fortbewegt werden, ist abhängig von der Gestaltung der Eisenbahn, d. h. davon, ob diese stärkere oder schwächere Steigungen und Krümmungen hat, sowie von der Art und Zusammensetzung der fahrenden Züge und der Beschaffenheit der die Züge fortbewegenden Lokomotiven. Die in schnellfahrenden Zügen einzustellenden Fahrzeuge müssen in durchaus gutem Zustande sein, sie müssen sämtlich auf Federn ruhen, mit elastischen Zugvorrichtungen und mit elastischen Puffern versehen sein. Diese Züge dürfen ferner nicht zu schwer sein, d. h. sie dürfen nicht zu viel Wagen enthalten, und müssen thunlichst mit durchgehender, vom Lokomotivführer zu handhabender Bremse versehen sein. Nach der neuen «Betriebsordnung für die Haupteisenbahnen Deutschlands» vom 5. Juli 1892, die an Stelle des «Bahnpolizeireglements für die Eisenbahnen Deutschlands» vom 30. Nov. 1885 (s. Bahnpolizei) am 1. Jan. 1893 in Kraft treten soll (s. Eisenbahn-Betriebsordnung), darf die Fahrgeschwindigkeit niemals diejenigen Grenzen übersteigen, welche für die einzelnen Lokomotiven je nach ihrer Bauart festgesetzt sind, der in den Zügen vorhandenen Anzahl der zu bremsenden Wagenachsen (s. Eisenbahnbremsen) entsprechen und durch die Besonderheiten der einzelnen Bahnstrecken geboten sind. Die Erfüllung dieser Bedingungen vorausgesetzt, ist als größte zulässige Fahrgeschwindigkeit in der Stunde anzunehmen: für Personenzüge ohne durchgehende Bremse 60 km, mit durchgehender Bremse 80 km; für Güterzüge 45 km; für Arbeitszüge (zur Kies-, Schienen- u. s. w. Beförderung) 30—45 km. Unter besonders günstigen Verhältnissen kann für Personenzüge mit Genehmigung der Landesaufsichtsbehörden (s. Eisenbahnbehörden) eine größere Geschwindigkeit, bis zu 90 km in der Stunde zugelassen werden. Unter gleichen Voraussetzungen dürfen Güterzüge bei einer Zugstärke bis zu höchstens 100 Wagenachsen mit einer Geschwindigkeit von 50 km, bis 80 Wagenachsen mit 55 km und bis 60 Wagenachsen mit 60 km Geschwindigkeit in der Stunde befördert werden. Auf Bahnstrecken, welche stärkere Steigungen als 1:400 und Krümmungen von weniger als 1000 m Halbmesser haben, muß die Fahrgeschwindigkeit angemessen verringert werden. Züge, an deren Spitze die Lokomotive mit dem Tender voranfährt, oder die durch Lokomotiven befördert werden, deren sämtliche Achsen vor der Feuerbüchse liegen und die nicht mit Vorrichtungen zur Verhütung des bei dieser Anordnung stattfindenden starken Schwankens und «Schlingerns» versehen sind, dürfen nicht schneller als 45 km in der Stunde fahren. Züge, die von einer Lokomotive geschoben werden, ohne daß sich an ihrer Spitze eine führende Lokomotive befindet, dürfen höchstens mit einer Geschwindigkeit von 25 km in der Stunde fahren. Die größte Geschwindigkeit einzeln (leer) fahrender Lokomotiven darf, abgesehen von Probefahrten, für die keine Beschränkung stattfindet, 50 km in der Stunde nicht überschreiten; jedoch können je nach Art der Lokomotiven mit Genehmigung der Aufsichtsbehörde größere Fahrgeschwindigkeiten gestattet werden. Für jede Lokomotive ist nach Maßgabe ihrer Bauart die größte zulässige Fahrgeschwindigkeit vorzuschreiben und an der Lokomotive anzuzeichnen.

In England werden einzelne Schnellzüge zwischen größern Städten mit großer Geschwindigkeit befördert. Zu den schnellsten Zügen gehört ein Zug von London nach Edinburgh (der sog. fliegende Schotte, Flying Scotchman), der zum Durchfahren der 642 km betragenden Entfernung zwischen beiden Städten, einschließlich der Aufenthalte auf den Zwischenstationen, 510 Minuten braucht, durchschnittlich also 75,5 km in der Stunde zurücklegt. In Deutschland verkehren gegenwärtig die schnellsten Züge auf der Strecke Berlin-Wittenberge-Hamburg; dieselben legen die 286 km lange Strecke (unter Berücksichtigung des 14 Minuten betragenden Zeitunterschiedes zwischen Berlin und Hamburg) einschließlich des Aufenthaltes in 218 Minuten zurück, werden also mit einer durchschnittlichen Geschwindigkeit von 78,6 km in der Stunde befördert, und übertreffen somit noch den fliegenden Schotten. In Nordamerika wird auf einzelnen, im Osten gelegenen, im guten Zustande befindlichen Eisenbahnen ebenfalls mit großer Geschwindigkeit gefahren. So verkehrt z. B. auf der Neuyork-Central- und Hudson-River-Eisenbahn seit 28. Okt. 1891 ein besonders schneller Zug, der «Empire State Expreßzug», der die 439,6 engl. Meilen (707,3 km) lange Strecke von Neuyork über Albany und Syracuse nach Buffalo in 8 Stunden 40 Minuten, also mit einer durchschnittlichen Fahrgeschwindigkeit von rund 84 km in der Stunde zurücklegt. Probezüge einzelner Bahnen haben noch viel größere Geschwindigkeiten, bis zu 92 engl. Meilen (148 km) in der Stunde erreicht. Auf der großen Mehrzahl der amerik. Bahnen, besonders im Westen, beträgt die Fahrgeschwindigkeit nur 25—50 km in der Stunde. Auch auf den russ., ital. und span. Eisenbahnen wird nur mit geringer Geschwindigkeit gefahren.

Bei der Vergleichung verschiedener E. dürfen übrigens nicht die wirklichen Längen der betreffenden Strecken in Betracht gezogen werden, es müssen vielmehr die virtuellen Längen eingesetzt werden, d. h. diejenigen Längen, in denen die Neigungs- und Krümmungsverhältnisse durch entsprechende Zusätze zu den wirklichen Längen berücksichtigt sind.

Aus umstehender Übersicht ist die durchschnittliche Geschwindigkeit zu entnehmen, mit der die Schnellzüge in den Hauptländern des europ. Festlandes im Sommer 1890 in der Stunde gefahren sind.

Länder	Tägliche Schnellzugskilometer	Verwendete Fahrzeit in Minuten	Durchschnittl. Fahrgeschwindigkeit in der Stunde km
Norddeutschland	57 570,0	66 413	52,0
(Preußische Staatsbahnen)	56 191,7	64 673	52,1
Holland	12 235,8	14 780	49,6
Frankreich	95 192,0	117 316	48,7
Belgien	12 977,0	16 127	48,3
Dänemark	1 606,6	2 068	46,6
Süddeutschland	31 408,5	40 600	46,4
Österreich-Ungarn	37 975,0	50 698	44,9
Italien	21 005,0	29 688	42,5
Rumänien	2 372,0	3 422	41,6
Rußland	25 773,2	41 498	37,3
Schweiz	10 190,0	16 829	36,3
Schweden	6 946,0	11 483	36,3
Norwegen	1 592,0	3 055	31,3

Hiernach nehmen die preuß. Staatsbahnen hinsichtlich der durchschnittlichen Geschwindigkeit der Schnellzüge auf dem europ. Festlande den ersten Rang ein. Die engl. Bahnen, bei denen die auf den Betrieb einwirkenden Verhältnisse von denen der Staaten des Festlandes erheblich abweichen, haben im Sommer 1890 im ganzen täglich 74 599,3 Schnellzugskilometer gefahren und zwar in 77 557 Minuten, also mit einer durchschnittlichen Geschwindigkeit von 57,7 km in der Stunde. Vorstehender Berechnung mußten die wirklichen Längen zu Grunde gelegt werden, weil die virtuellen Längen der verschiedenen Eisenbahnlinien nicht durchweg bekannt sind. Vgl. Jungnickel im «Archiv für Eisenbahnwesen» 1890 und 1891.

Auf den deutschen Nebenbahnen (s. d.) betrug die größte zulässige Fahrgeschwindigkeit bis vor kurzem 30 km in der Stunde. Nach Bundesratsbeschluß von 1890 dürfen jedoch größere Geschwindigkeiten bis zu der größten zulässigen Geschwindigkeit von 40 km in der Stunde gestattet werden auf normalspurigen Bahnstrecken mit eigenem Bahnkörper und für Personenzüge, die nicht mehr als 20 (nach der neuen Bahnordnung für die Nebeneisenbahnen Deutschlands vom 5. Juli 1892: 26) Wagenachsen führen und mit durchgehenden Bremsen versehen sind. Die Betriebsmittel dieser schnellfahrenden Züge müssen den Bestimmungen in den Normen für den Bau und die Ausrüstung der Haupteisenbahnen Deutschlands entsprechen.

Nach der neuen Betriebsordnung für die Haupteisenbahnen Deutschlands ist für jeden Zug diejenige Fahrgeschwindigkeit zu ermitteln, die in Berücksichtigung aller in Betracht kommenden Verhältnisse von Station zu Station mindestens verwendet werden muß. Diese kürzeste Fahrzeit sowie die Fahrgeschwindigkeit, nach der die Anzahl der zu bremsenden Wagenachsen berechnet werden soll, ist dem Zugpersonal und den Stationsbeamten neben der planmäßigen Fahrzeit des Zuges anzugeben.

In Österreich enthalten Bestimmungen über die E. die «Grundzüge der Vorschriften für den Verkehrsdienst auf Eisenbahnen mit normalem Betrieb» vom 1. Okt. 1877 und die Grundzüge der Vorschriften für den Betrieb auf Lokalbahnen. Nach erstern darf selbst unter den günstigsten Verhältnissen die Geschwindigkeit der Personenzüge 80 km, jene der Lastzüge 40 km für die Stunde nie übersteigen, nach letztern wird die zulässige Höchstgeschwindigkeit für jede einzelne Lokalbahn durch das Handelsministerium festgesetzt. In den übrigen Staaten ist die höchste zulässige E. ebenfalls teils gesetzlich, teils durch Verwaltungsvorschriften geregelt. Näheres hierüber siehe in dem Artikel Fahrgeschwindigkeit in der «Encyklopädie des gesamten Eisenbahnwesens», hg. von Röll, Bd. 3 (Wien 1891).

Zur Überwachung der vorgeschriebenen Fahrgeschwindigkeit dienen die Geschwindigkeitsmesser. Dieselben sind entweder am Zuge selbst angebracht oder sie befinden sich auf der Station. Bei den am Zuge befindlichen Geschwindigkeitsmessern bewegt eine Uhr einen Papierstreifen, auf welchem die Radumdrehungen übertragen und durch Zeichen kenntlich gemacht werden. Diese Vorrichtungen leiden an dem Übelstande, daß die Zugerschütterungen die Aufzeichnungen der Radumdrehungen vielfach stören. Zuverlässiger sind die auf den Stationen befindlichen Geschwindigkeitsmesser, die durch die fahrenden Züge auf elektrischem Wege ausgelöst werden. Der erste derartige Apparat scheint der 1867 auf der Strecke Basel-Olten eingerichtete gewesen zu sein. Dicht neben dem Gleis sind auf je 1000 m Entfernung den Morse-Tastern ähnliche Kontakt-Vorrichtungen angebracht, die durch elektrische Leitung mit einem auf der Station aufgestellten Schreibapparat in Verbindung stehen (s. beistehende Figur). Wenn ein Zug über dieselbe fährt, wird der Schreibstift auf der Station in Bewegung gesetzt und bringt auf einer sich langsam drehenden Papierrolle Punkte hervor. Aus dem Vergleich der Zeitzeichen, die entweder sekundenweise bereits auf dem Streifen vorgezeichnet sind oder durch ein elektrisches Sekundenpendel erst vorgezeichnet werden, mit dem durch den Zug hervorgebrachten Zeichen läßt sich bestimmen, wo sich der Zug zu einer gewissen Zeit befunden hat und mit welcher Geschwindigkeit er zwischen den Kontaktvorrichtungen gefahren ist. Bei neuern Geschwindigkeitsmessern sind Streckenkontakte angewendet worden, bei denen die Räder der Fahrzeuge den Kontakt nicht unmittelbar, sondern durch die Durchbiegungen der Schienen herstellen, welche beim Anfahren durch den Zug eintreten. Vgl. Kohlfürst, Die elektrischen Einrichtungen der Eisenbahnen u. s. w. (Wien 1883); ders., Die Fortentwicklung der elektrischen Eisenbahneinrichtungen (ebd. 1891).

Eisenbahnfahrkarten, Eisenbahnfahrscheine, Eisenbahnbillets, sind die Bescheinigungen über das für Eisenbahnreisen bezahlte Personengeld. In der ersten Zeit der Eisenbahnen wurden Zettelbillets verwendet, die den Fahrscheinen der Post nachgebildet waren. Der sich rasch steigernde

Personenverkehr machte indessen bald eine Anordnung nötig, die eine raschere Abfertigung gestattete. Zu Anfang der vierziger Jahre wurde aus diesem Grunde zuerst auf der Eisenbahn von Manchester nach Leeds von Edmonson die noch heute ziemlich allgemein gebräuchliche Einrichtung (Edmonsonsches Billetsystem) eingeführt. Die Edmonsonschen E. sind viereckige steife, mit besondern Maschinen (Billetmaschinen) von der Bahnverwaltung selbst in den «Billetdruckereien» hergestellte Kärtchen von 55 bis 60 mm Länge und 30 mm Breite, auf denen Abgangs- und Ankunftsstation, Wagenklasse sowie meistens auch der Fahrpreis aufgedruckt sind. Alle E. mit gleicher Bezeichnung sind mit fortlaufenden Nummern versehen und müssen bei der Abgabe an das Publikum mit einem Zeichen (Datum, Zugnummer und Gültigkeitsdauer) versehen werden, durch das der Schalterbeamte dem Reisenden den Empfang des Fahrpreises bescheinigt. Den Bestimmungen des Personengeldtarifs (s. Eisenbahntarife) entsprechend giebt es E. für einfache Fahrt (Tourbillets), für Hin- und Rückfahrt (Retourbillets), Zeitkarten (Abonnementbillets), Rundreisekarten, zusammenstellbare Fahrscheinhefte, Kinderkarten, Militärkarten u. s. w. Die Farbe der E. ist vielfach in Übereinstimmung mit der Farbe der Wagen für die verschiedenen Klassen gewählt; so sind bei den preuß. Staatsbahnen die Karten I. Klasse gelb, II. Klasse grün, III. Klasse braun und IV. Klasse grau. Bei der Verwendung einer Karte als Kinderkarte wird von dem Schalterbeamten ein von einem Strich begrenzter Abschnitt abgetrennt. Militärkarten sind zur Hälfte braun, zur Hälfte weiß.

Bei dem Edmonsonschen Billetsystem ist die Zahl der stets vorrätig zu haltenden E. eine sehr große, da für jede Ausgangs- und jede Ankunftsstation, für jede Zugsgattung, für jede Wagenklasse sowie für jede durch besondere Verhältnisse gebotene Art besondere Karten gedruckt und in genügender Zahl bereit gehalten werden müssen. Es wird bei dem steten Anwachsen des Verkehrs und der Vermehrung der Verkehrswege die Übersicht für die Kartenausgabe immer schwieriger und auch die Überwachung zur Verhütung der Benutzung falscher E. immer mehr erschwert. Man hat deshalb schon mehrfach Vorschläge zur Änderung des Billetsystems gemacht, so u. a. durch Anwendung des Durchpauseverfahrens. Zum Teil ist man, um die Herstellung besonderer Fahrkarten für Stationen mit geringem Wechselverkehr zu vermeiden, wieder auf die Form der Postfahrscheine zurückgekommen.

Nach dem Betriebsreglement (s. d.) für die Eisenbahnen Deutschlands, das (1892) in der Umarbeitung begriffen ist und durch die «Verkehrsordnung für die Eisenbahnen Deutschlands» (s. Eisenbahnverkehrsordnung und Eisenbahnrecht, S. 877b) ersetzt werden soll, geben die E. Anspruch auf die entsprechende Wagenklasse, soweit in dieser Plätze vorhanden sind oder beim Wechseln der Wagen vorhanden bleiben; andernfalls steht dem Reisenden frei, die Karte gegen eine solche niedriger Klasse unter Empfangnahme des Preisunterschieds umzuwechseln oder die Fahrt unter Rückforderung des Fahrgeldes zu unterlassen. Jedenfalls haben die mit durchgehenden E. ankommenden Reisenden den Vorzug vor neu hinzutretenden. Ein Umtausch gelöster E. gegen Karten höherer Klassen ist den Reisenden gestattet, soweit noch Plätze in der höhern Klasse vorhanden sind. Die E. mit Preisermäßigungen sind gewöhnlich unübertragbar, d. h. sie gelten nur für die bestimmte Person und dürfen nach Antritt der Reise nicht andern Personen überlassen werden. — Vgl. Handbuch für specielle Eisenbahntechnik, hg. von Heusinger von Waldegg, Bd. 4, Kap. VI: Billetdruck- und Stempelapparate (2. Aufl., Lpz. 1876); M. A. Reitler, Der vereinfachte Eisenbahndienst. Studien behufs Vereinfachung des Personen- und Gütertransportdienstes (Wien 1878).

Eisenbahnfahrpläne bilden die unentbehrliche Grundlage für den Betrieb der Eisenbahnen, da nach ihnen die Bewegung der Züge sich regelt. Bei ihrer Aufstellung sind sowohl die Bedürfnisse des großen durchgehenden (Transit-)Verkehrs als die des örtlichen (Lokal-)Verkehrs zu berücksichtigen, ebenso die allgemeine Beschaffenheit der betreffenden Eisenbahnen in Bezug auf ihre Steigungs- und Krümmungsverhältnisse, die Zahl der Gleise auf der freien Strecke und auf den Stationen u. s. w. Es werden ferner dem Verkehr entsprechend in der Regel auch verschiedene E. für Sommer und Winter aufgestellt.

Die E. für den internationalen (zwischenstaatlichen) Personenverkehr werden alljährlich zweimal (für die Winter- und Sommer-Fahrplanperiode) auf gemeinsamen Konferenzen von Vertretern der beteiligten Eisenbahnverwaltungen vereinbart. Derartige Fahrplankonferenzen fanden schon frühzeitig im Verein deutscher Eisenbahnverwaltungen (s. Eisenbahnverein) statt. Je mehr sich das Eisenbahnnetz auf immer größere Ländergebiete ausdehnte, desto mehr trat das Bedürfnis hervor, die Bahnen der einzelnen Länder für den durchgehenden Verkehr nutzbar zu machen und durch gemeinsame, ineinander greifende Fahrplaneinrichtungen zu großen, einheitlichen Verkehrslinien auszugestalten. Es schlossen sich daher den Fahrplankonferenzen des Deutschen Eisenbahnvereins nach und nach auch die Vertreter ausländischer, nicht zum Verein gehörender Eisenbahnverwaltungen an, und heute werden die Internationalen Fahrplankonferenzen von den Verwaltungen sämtlicher wichtiger europ. Eisenbahnen beschickt. Während bisher als Sommerfahrplanperiode für den internationalen Verkehr die Zeit vom 1. Juni bis 30. Sept. und als Winterfahrplanperiode die Zeit vom 1. Okt. bis 31. Mai galt, wird seit 1891 der Sommerfahrplan bereits am 1. Mai eingeführt. Zur Ausführung der Beschlüsse der internationalen Fahrplankonferenzen treten demnächst (gleichfalls zweimal im Jahre) die beteiligten Verwaltungen zusammen, um bezüglich der Gestellung der im Durchgangsverkehr während der betreffenden Fahrplanperiode erforderlichen Personen- und Gepäckwagen, sowie über sonstige den Wagendurchgang berührende Angelegenheiten, wie z. B. Beschaffenheit der beizustellenden Durchgangswagen (Kurswagen) u. s. w. zu beraten. Neben den allgemeinen Verhandlungen finden noch sog. Gruppenverhandlungen zwischen den an bestimmten Verkehren (Verkehrsgruppen) beteiligten Verwaltungen über solche Angelegenheiten statt, welche nur diese Verkehre betreffen. Die Beschlüsse erstrecken sich nicht bloß auf die Regelung des Verkehrs in den einzelnen Fällen, sondern umfassen vielfach auch die grundsätzliche Regelung gemeinsamer Angelegenheiten, wie den Erlaß einheitlicher Vorschriften über die Reinigung der Personenwagen u. s. w. Über die Beistellung von Schlaf- und Restaurationswagen im internationalen Personenverkehr s. Eisenbahnwagen-Mietgesellschaften.

Wegen der den E. zu Grunde zu legenden Zeit s. Eisenbahnzeit.

Für Aufstellung der E. ist vor allem die zugelassene Fahrgeschwindigkeit (s. Eisenbahnfahrgeschwindigkeit) zu beachten. Da dieselbe je nach den Steigungs- und Krümmungsverhältnissen der Bahn verschieden ist, dürfen den E. nicht ohne weiteres die wirklichen Längen der zu durchfahrenden Strecken zu Grunde gelegt, sondern es müssen die sog. virtuellen Längen in Rechnung gezogen werden, d. h. diejenigen Längen, in welchen die vorkommenden Steigungs- und Krümmungshalbmesser durch einen entsprechenden Zuschlag zu den wirklichen Längen Berücksichtigung finden. Außerdem ist noch ein Zuschlag für das jedesmalige An- und Abfahren der Züge auf den Stationen in Ansatz zu bringen, der, abgesehen von dem Aufenthalte des stillstehenden Zuges, durchschnittlich 1—2 Minuten bei Schnell- und Personenzügen angenommen wird.

Neben den für das reisende Publikum bestimmten und durch Aushang sowie durch die Zeitungen veröffentlichten E., bei denen nur die Personenzüge berücksichtigt sind, hat jede Eisenbahnverwaltung noch besondere Dienstfahrpläne und Fahrplanbücher zum Gebrauche für ihr den Dienst ausübendes und denselben überwachendes Personal herzustellen. In diesen Dienstfahrplänen sind die Fahr- und Aufenthaltszeiten nach Eisenbahnzeit (s. d.) für alle auf der Bahn regelmäßig oder auch nur zeitweilig (fakultativ) verkehrenden Züge eingetragen, es ist ferner besonders erkenntlich gemacht, wo Kreuzungen und Überholungen von Zügen stattzufinden haben. Die beste Übersicht über den Verkehr einer Bahnstrecke und die auf die Zugbeförderung einwirkenden Einrichtungen derselben wird durch die graphischen Fahrpläne gegeben. Dieselben bestehen in bildlichen Darstellungen, auf denen quer die Stationen in ihrer Lage gegeneinander nach einem bestimmten Maßstabe aufgetragen sind, während von oben nach unten die 24 Tagesstunden und die Minuten durch Querlinien bezeichnet sind. Die Nachtstunden (von 6 Uhr abends bis 6 Uhr morgens) sind gewöhnlich dunkelfarbig angelegt. In dieses so eingerichtete Blatt werden durch Linien nach den Fahr- und Aufenthaltszeiten die Züge eingetragen. Die verschiedenen Zuggattungen (Schnell-, Personen-, Güterzüge) werden dabei durch die Farben der Linien oder in anderer Weise unterschieden. An den Rändern der Fahrpläne sind die Höhen-, Steigungs- und Krümmungsverhältnisse der Bahn-, die Kreuzungsgleise auf den einzelnen Bahnhöfen, die Wasserstationen, Centesimalwagen u. dgl. dargestellt. Vgl. hierzu die Tafel: Eisenbahnfahrplan, auf der das Muster eines graphischen Fahrplans gegeben ist.

Bei der großen Wichtigkeit der E. für das Verkehrsleben haben sich die Regierungen der einzelnen Länder durch gesetzliche Bestimmungen oder in den Konzessionsbedingungen (s. Eisenbahnkonzession) mehrfach bestimmenden Einfluß auf die Gestaltung der Fahrpläne vorbehalten. So müssen z. B. in Deutschland alle Fahrpläne für die Personenbeförderung vor Einführung dem Reichseisenbahnamt mitgeteilt werden, da das Reich darüber zu wachen hat, daß die Eisenbahnverwaltungen der ihnen nach Art. 44 der Reichsverfassung obliegenden Verpflichtung nachkommen, die für den durchgehenden Verkehr und zur Herstellung ineinandergreifender Fahrpläne nötigen Personenzüge mit entsprechender Fahrgeschwindigkeit einzuführen. Außerdem müssen die Fahrpläne für den Personenverkehr im Einvernehmen mit der Postverwaltung aufgestellt und ihr die Entwurfe zu diesem Zweck rechtzeitig mitgeteilt werden. Ähnliche Bestimmungen gelten im Verhältnis zur Zollverwaltung. Nach der Verkehrsordnung für die Eisenbahnen Deutschlands (s. Eisenbahn-Verkehrsordnung) müssen die E. für die Personenbeförderung öffentlich bekannt gemacht und auf allen Stationen ausgehängt werden. In Preußen unterliegen die Fahrpläne für die zur Personenbeförderung bestimmten Züge der Genehmigung der Aufsichtsbehörde. Bei den Staatsbahnen müssen außerdem die betreffenden Bezirkseisenbahnräte (s. Eisenbahnbeiräte) in allen wichtigen Fahrplanangelegenheiten gehört werden. In Österreich besteht eine besondere Verordnung vom 1. April 1884: «Über die Vorlage, amtliche Bekanntmachung und die Kundmachung der Fahrordnungen für Eisenbahnen mit normalem Betrieb und für Lokalbahnen», die ähnliche Bestimmungen enthält, wie sie für Deutschland gelten. Auch bei den österr. Staatsbahnen ist eine Mitwirkung des Staatseisenbahnrats in der Weise vorgeschrieben, daß derselbe über die alljährlich zweimal festzustellenden E. (für die Winter- und Sommerperiode) sein Gutachten abzugeben hat. Besondere Vorschriften für die Aufstellung der E. bestehen u. a. noch in Frankreich, Italien, Rußland, den Niederlanden, der Schweiz u. s. w. — Vgl. Encyklopädie des gesamten Eisenbahnwesens, hg. von Röll, Bd. 4 (Wien 1892).

Eisenbahnfahrplan-Konferenzen, s. Eisenbahnfahrpläne.

Eisenbahnfahrscheine, s. Eisenbahnfahrkarten.

Eisenbahnfrachtrecht, internationales, s. Eisenbahnrecht (S. 880a).

Eisenbahnfreifahrkarten, s. Freifahrtordnung.

Eisenbahnfundbureaus, s. Fundbureaus.

Eisenbahnfusion, die Verschmelzung zweier oder mehrerer selbständiger Eisenbahnunternehmungen zu einem einheitlich verwalteten Netze. In den ersten Anfängen des Eisenbahnwesens beschränkte sich die Ausdehnung der einzelnen Betriebsverwaltungen auf eine geringe, kaum 250—350 km übersteigende Bahnlänge. Die Zahl der selbständigen Unternehmungen stieg jedoch schnell, sobald dieselben als gewinnbringend erkannt wurden, sodaß die Zunahme der Zahl der Unternehmungen gleichen Schritt hielt mit der zunehmenden Erweiterung des Gesamtnetzes. Die Notwendigkeit der Herstellung unmittelbarer Verbindungen zwischen den hauptsächlichen Verkehrspunkten durch Vereinbarung direkter Tarife und durchgehender Züge, die notwendige Verständigung der einzelnen Verwaltungen über gemeinsame Einrichtungen und gemeinsame Interessen ließen bald die Schwierigkeiten und Hindernisse erkennen, die mit einer großen Zahl von selbständigen Betriebsleitern verbunden sind. Hierzu kam die Einsicht, daß mit der Ausdehnung der Verwaltung die sog. allgemeinen Kosten derselben verhältnismäßig abnahmen sowie andererseits die Erkenntnis der immer mehr hervortretenden Überlegenheit einheitlich betriebener Linien gegenüber dem Stückbetriebe der Teilstrecken in Mitbewerb tretender Linien. Neben der Erweiterung und Verdichtung des Netzes, neben der Bildung neuer Unternehmungen zeigt sich daher schon bald das Bestreben, die einzelnen Unternehmungen zu größern Betriebsordnungen zu verschmelzen. Je mehr der Ausbau des Netzes der Hauptlinien sich seinem Abschlusse näherte,

EISENBAHNFAHRPLAN.

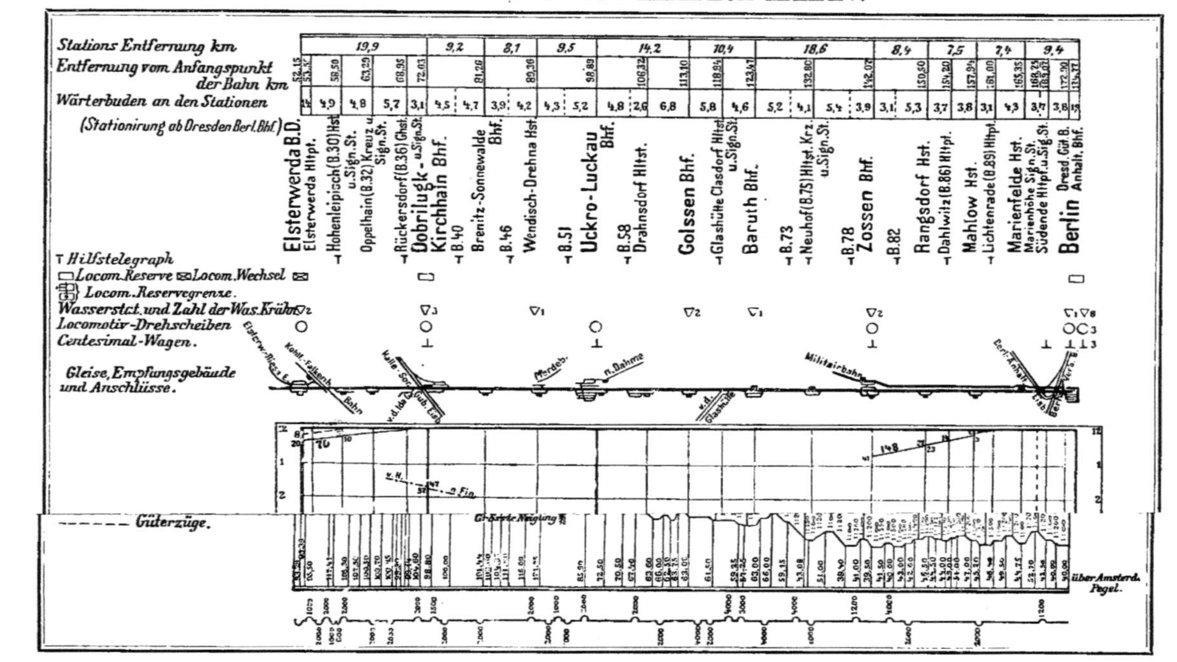

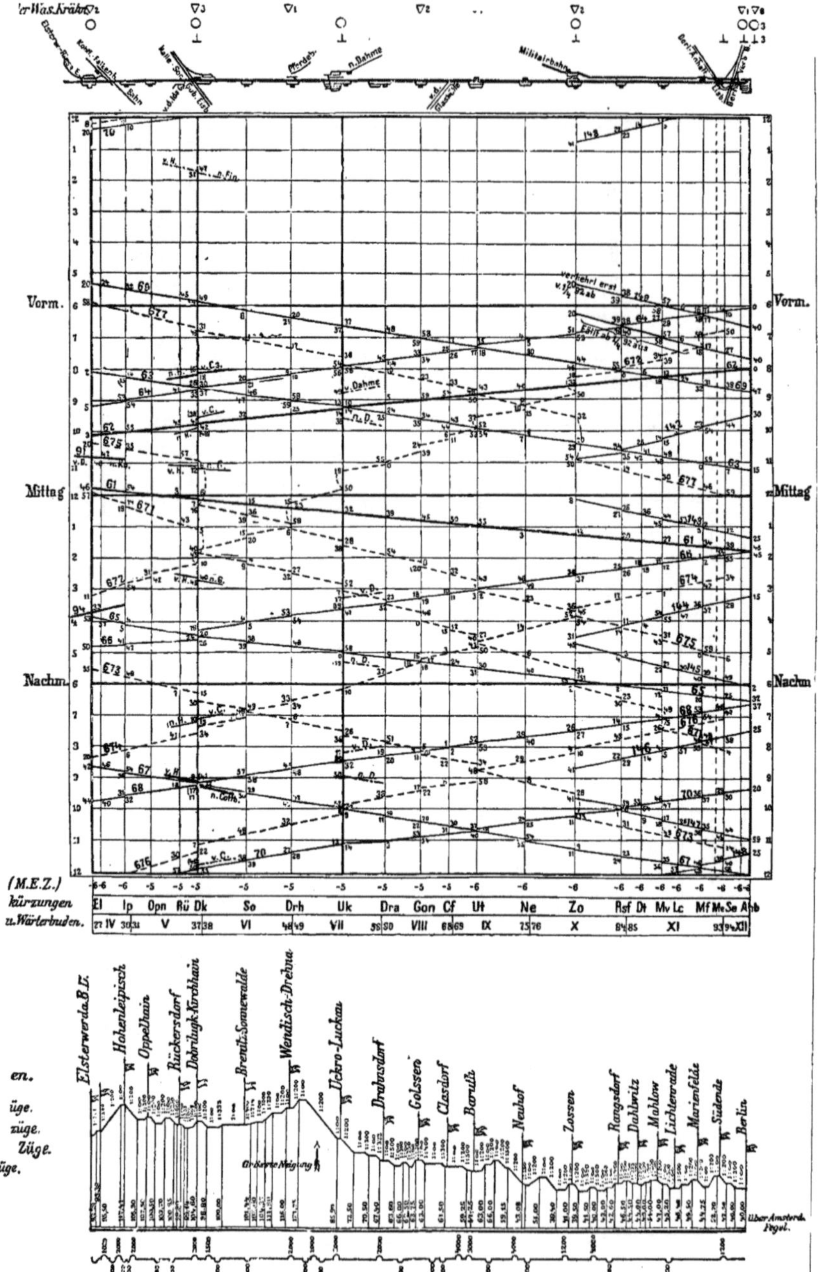

Vorm.
Mittag
Nachm.
(M.E.Z.)
kürzungen
u. Wärterbuden.
El Ip Opn Rü Dk So Drh Uk Dra Gon Cf Ut Ne Zo Rsf Dt Mv Lc Mf Me Se Ahb
IV V VI VII VIII IX X XI XII
Elsterwerda B.E.
Hohenleipisch
Oppelhain
Rückersdorf
Dobrilugk-Kirchhain
Brenitz-Sonnewalde
Wendisch-Drehna
Uckro-Luckau
Drahnsdorf
Golssen
Clasdorf
Baruth
Neuhof
Zossen
Rangsdorf
Dahlwitz
Mahlow
Lichtenrade
Marienfelde
Südende
Berlin
Größte Neigung
über Amsterd. Pegel.
Militairbahn
n. Dahme

um so mehr trat diese Neigung hervor. Die Vermeidung unnötigen Kostenaufwandes, unnötiger Schwierigkeiten, die Notwendigkeit einer schnellern und einfachern Verständigung über gemeinsame Angelegenheiten, die Bildung geschlossener Linien für die hauptsächlichsten Verkehrsströmungen, endlich das natürliche Übergewicht der mächtigern Verwaltungen über die in demselben Verkehrsgebiete belegenen kleinern Unternehmungen, alle diese Umstände haben die verschiedenen Formen der Verschmelzung des Eigentums, des Betriebes oder der Interessen der Eisenbahnen an die Hand gegeben, durch die eine allmähliche Verminderung der Zahl selbständiger Betriebsführer herbeigeführt wird. In den Ländern des Privateisenbahnbetriebes haben wenige große Gesellschaften die übrigen Unternehmungen allmählich in sich aufgenommen.

Die nachstehende Übersicht zeigt, wie die ursprünglichen 11 Haupt-Eisenbahngesellschaften in England (s. Großbritannische Eisenbahnen) sich sämtlich aus einer mehr oder minder großen Zahl kleinerer Unternehmungen zusammengesetzt haben.

Laufende Nummer	Name der Eisenbahngesellschaften	Die Eisenbahngesellsch. ward gegründet: im Jahre	durch Fusion von ursprünglichen Eisenbahngesellschaften	in einer Anfangslänge von engl. Miles	Ende 1870: betrug die Gesamtlänge engl. Miles	waren davon fusioniert engl. Miles	umfaßte die Fusionierung ursprüngliche Gesellschaften
1	London and North-Western	1846	9	379	1507	1350	59
2	Great-Western	1836	—	118	1387	1157	37
3	North-Eastern	1854	17	702	1281	1020	28
4	Midland	1844	3	180	972	678	17
5	Great-Eastern	1862	20	629	874	730	26
6	London and South-Western	1846	—	106	666	342	22
7	Great-Northern	1846	—	—	633	273	15
8	Lancashire and Yorkshire	1847	10	253	428	382	18
9	Manchester-Sheffield and Lincolnshire	1846	3	232	364	362	11
10	London-Brighton and South-Coast	1846	5	135	351	284	22
11	South-Eastern	1846	3	142	327	87	7
				Zusammen	8790	6665	

Ebenso wie in England haben auch in Frankreich die großen Eisenbahngesellschaften sämtlich eine mehr oder minder große Zahl kleinerer Gesellschaften in sich aufgenommen. Schon 1852 vereinigten sich die vorhandenen 27 Gesellschaften zu 6 großen Gesellschaften: der Nordbahn, Ostbahn, Paris-Lyon-Mittelmeerbahn, Orléansbahn, Südbahn, Westbahn; Ende 1877 waren bereits 48 Gesellschaften mit 7852 km Bahnlänge durch Vereinigung in ihren Besitz übergegangen. (S. Französische Eisenbahnen.)

In den Ländern, in denen neben den Privateisenbahnen zugleich ein lebenskräftiger Staatseisenbahnbetrieb zur Entwidlung gekommen ist, hat naturgemäß dem Staate ein wesentlicher Anteil an der Aufsaugung der kleinern Unternehmungen zufallen müssen. Es ist dies der Fall in Preußen, Sachsen, Bayern, Württemberg, Baden, neuerdings auch Mecklenburg-Schwerin, Belgien, Dänemark, Norwegen. (S. die Artikel über die Eisenbahnen der einzelnen Länder.) Vgl. die Denkschrift zu dem ersten Verstaatlichungsgesetz in Preußen vom 20. Dez. 1879 (Drucksachen des Hauses der Abgeordneten 1879/80, Nr. 5).

Eisenbahngeld. Den Eisenbahnverwaltungen ist, besonders bei Entstehung der ersten Eisenbahnen, vom Staate in einzelnen Fällen die Berechtigung verliehen, einen Teil ihres Anlagekapitals durch Herausgabe von unverzinslichen Wertzeichen zu beschaffen, die man wohl als E. bezeichnet hat. So wurde der Leipzig-Dresdener Eisenbahn (s. d.) von der sächs. Regierung erlaubt, 500 000 Thlr. in unverzinslichen Kassenscheinen auszugeben, die an allen Eisenbahnkassen zum Nennwert angenommen und auf Verlangen in bar eingelöst werden mußten. Die Kassenscheine sind erst bei der Neuordnung des Papiergeldwesens im Deutschen Reiche (1874) eingelöst worden. Eine ähnliche Berechtigung wurde der Anhalt-Cöthen-Bernburger Eisenbahn verliehen. Einzelne ausländische Bahnen haben Scheidemünzen ausgeprägt, auch geben die Eisenbahnen hie und da Lohn-, Konsumvereins- und andere Tauschmarken an ihre Bediensteten aus, die man im weitern Sinne als E. bezeichnet hat.

Eisenbahngesellschaft für Deutsch-Ostafrika, s. Deutsch-Ostafrika (S. 222a).

Eisenbahngüternebenstellen, s. Eisenbahnagenten. [898 fg.).

Eisenbahngütertarif, s. Eisenbahntarife (S.

Eisenbahnhilfsgesellschaft, internationale, s. Eisenbahnwagen-Mietgesellschaften.

Eisenbahnhygieine, Inbegriff aller der öffentlichen Gesundheitspflege dienenden Einrichtungen der Eisenbahnen sowie der von den Reisenden zu beobachtenden Vorsichtsmaßregeln gegen die Gefahren bei Benutzung der Eisenbahnen (s. Eisenbahnkrankheiten). [912a).

Eisenbahnkartelle, s. Eisenbahnverbände (S.

Eisenbahnkirche, s. Betriebsmittel (Bd. 2, S. 905a).

Eisenbahnkommissare, Eisenbahnkommissariat, s. Eisenbahnbehörden (S. 847b).

Eisenbahnkongreß, internationaler, s. Eisenbahnverbände (S. 913a).

Eisenbahnkönige (Railway kings), in den Vereinigten Staaten von Amerika Bezeichnung für Persönlichkeiten, die sich durch den Erwerb der Mehrheit der Aktien maßgebenden Einfluß auf die Verwaltung einer oder mehrerer Eisenbahnen gesichert haben, sodaß die Wahlen der Aufsichtsräte, die Anstellung der Direktoren u. s. w. von ihrem Ermessen abhängt. Zu den bekanntesten E. gehören Jay Gould, C. P. Huntington, Leland Stanford und Vanderbilt (s. diese Artikel).

Eisenbahnkonzession, die vom Staate (gewöhnlich durch den Landesherrn) andern Personen erteilte Befugnis, eine bestimmte, dem öffentlichen Verkehr gewidmete Eisenbahn zu bauen und zu betreiben. Bei Staatsbahnen wird die staatliche Genehmigung zur Anlage der Bahn gewöhnlich zugleich in dem Gesetze erteilt, durch das die Baumittel bewilligt werden. Straßenbahnen, überhaupt Bahnen, die ausschließlich eng begrenzten örtlichen Verkehrsinteressen dienen (Kleinbahnen), unterliegen gewöhnlich, wie z. B. in Preußen, nur polizeilicher Genehmigung. Die wesentlichsten Punkte, die in E. festgesetzt werden, sind folgende: 1) Die Namen der Konzessionäre, denen die Erlaubnis zum Bau und Betrieb der Eisenbahnen erteilt wird. Die Konzessionäre können entweder einzelne Personen sein oder Gesellschaften. Letzteres ist die Regel. Zur vollen Rechtsfähigkeit derselben gehört die Erteilung von Korporationsrechten durch den Staat. Aktiengesellschaften erlangen nach dem Deutschen Handelsgesetzbuch Rechtsfähigkeit durch Eintragung des Gesellschaftsvertrags in das Handelsregister. Auch ein fremder Staat kann Konzessionär werden. Die E. wird dann in einem Staatsvertrage erteilt. Die E. kann ohne ausdrückliche Staatsgenehmigung nicht weiter übertragen werden. 2) Den Konzessionären wird das Recht erteilt, eine genau bestimmte Eisenbahnlinie auszuführen und ihnen zu diesem Zweck das Enteignungsrecht, falls dasselbe nicht schon ohne weiteres nach den gesetzlichen Bestimmungen Anwendung findet, verliehen. Aus diesen Bestimmungen der Konzession kann aber nicht an sich schon ein Widerspruchsrecht des Konzessionärs gegen die Anlage von Parallel- oder Konkurrenzbahnen hergeleitet werden. (S. Eisenbahnmonopol und Eisenbahnrecht.) 3) Die Konzession wird entweder dauernd oder auf eine bestimmte, in der Konzessionsurkunde angegebene Zeit verliehen. Wenn eine E. wegen Mißbrauchs, wegen Nichteinhaltung übernommener Verpflichtungen, wegen Ablauf des Bautermins u. dgl. für erloschen erklärt wird, dann haben die gesetzlichen Bestimmungen und der Wortlaut der Konzessionsurkunde darüber zu entscheiden, ob den Konzessionären Entschädigungsansprüche zustehen oder nicht.

Zu den vorerwähnten Festsetzungen der E. kommen noch Bestimmungen über Beginn und Beendigung des Baues; über die Verpflichtung, den Bau und Betrieb nach den besondern Vorschriften der Konzessionsurkunde und den Anordnungen der Regierung einzurichten; ferner Bestimmungen über Anlage und Betrieb von Telegraphen, so namentlich das Recht der Konzessionäre, längs ihrer Bahnstrecke Telegraphenlinien zu errichten und zur Ausübung des Bahnbetriebes zu gebrauchen, sowie das Recht der Staatsverwaltungen, ihre Telegraphenleitungen längs der Bahn und auf deren Eigentum ohne Entgelt zu führen; schließlich noch bestimmte Leistungen der Konzessionäre für die Militär-, Post- und Zollverwaltungen des Staates.

In Preußen ist dem Staate in dem genannten Gesetz vom 3. Nov. 1838 das Recht vorbehalten, das Eigentum einer konzessionierten Bahn gegen vollständige Entschädigung anzukaufen, sobald 30 Jahre seit der Betriebseröffnung verflossen sind. In Österreich besteht neben dem Einlösungsrecht, nach welchem der Staat ebenfalls nach einer bestimmten Reihe von Jahren (regelmäßig nach 30 Jahren, bei einzelnen Bahnen auch schon früher) die Bahn gegen Entschädigung erwerben kann, das sog. Heimfallsrecht; nach dem Eisenbahnkonzessionsgesetz vom 14. Sept. 1854 wird eine Konzession höchstens auf die Dauer von 90 Jahren verliehen, demnächst fällt die Bahn unentgeltlich an den Staat. Ähnliche Bestimmungen über Ankaufs- und Heimfallsrecht der E. gelten auch in den übrigen Staaten. Das preuß. Eisenbahngesetz kennt außer der Konzession zum Bau und Betriebe einer Eisenbahn auch eine Konzession zum Mitbetrieb auf einer bereits bestehenden Bahn, zu deren Erteilung der Minister der öffentlichen Arbeiten befugt ist. Eine solche Konzession ist bisjetzt noch nicht erteilt worden. (S. auch Bahngeld.) Nicht zu verwechseln mit der E. ist die sog. Vorkonzession, d. i. die Genehmigung zur Vornahme der technischen Vorarbeiten (s. Eisenbahnbau).

Litteratur. Koch, Deutschlands Eisenbahnen (Marb. 1858—60); Haushofer, Grundzüge des Eisenbahnwesens (Stuttg. [1873]); Bessel und Kühlwetter, Das preuß. Eisenbahnrecht (Köln 1855 u. 1857); Förstemann, Das preuß. Eisenbahnrecht (Berl. 1869); Eger, Handbuch des preuß. Eisenbahnrechts (Bresl. 1886 fg.); Gleim in dem «Wörterbuch des Deutschen Verwaltungsrechts», hg. von Stengel, Bd. 1 (Freib. i. Br. 1889) und die bei dem Artikel «Eisenbahnrecht» angeführte, insbesondere auch die österr.-ungar. Eisenbahnverhältnisse berücksichtigende Litteratur.

Eisenbahnkran, eine Hebemaschine für den Eisenbahnbetrieb (s. Kran).

Eisenbahnkrankheiten. Die äußern Einflüsse, denen das Maschinen- und Fahrpersonal der Eisenbahnen infolge der Art seiner Dienstleistungen ausgesetzt ist, wirken auf den Organismus in besonders ungünstiger Weise ein und führen verhältnismäßig frühzeitig Gebrechlichkeit und Dienstunfähigkeit herbei. Dieselbe hat zumeist in einem eigentümlich veränderten Zustand der Nervencentra, einer Reizung derselben, ihren Grund und tritt besonders bei dem Maschinenpersonal ein. Infolge des Stehens auf der Maschine, des Dröhnens derselben und der fortgesetzt auf den Körper einwirkenden Erschütterungen zeigt sich nach längerer Dienstzeit vielfach dumpfer, anhaltender, mit Schwäche und Einschläferung verbundener Schmerz in den Beinen.

Um eine sichere Grundlage für die Beurteilung der Erkrankungsverhältnisse des Eisenbahnpersonals zu gewinnen, hatte der Verein deutscher Eisenbahnverwaltungen auf Anregung des Deutschen Reichs-Gesundheitsamtes die Aufstellung einer Statistik der Erkrankungen des Eisenbahnpersonals beschlossen, die zuerst für das J. 1880 veröffentlicht, jedoch schon 1887 wieder eingestellt wurde. Danach suchen besonders rheumatische Anfälle, Nervenkrankheiten, Augen- und Ohrenkrankheiten und Krankheiten der Atmungsorgane das Maschinen- und Fahrpersonal sowie die Bahnbewachungsbeamten heim. Nach der Statistik für 1886 (bei der zum letztenmal erschienenen Statistik für 1887 fehlten schon die Angaben mehrerer Verwaltungen) kamen bei fast 109000 Beamten von 34 Vereinsverwaltungen 55062 Erkrankungen (51 Proz.) vor, und zwar bei dem Maschinenpersonal 89, bei dem Fahrpersonal 66, dem Bahnbewachungspersonal 42, den Stationsbeamten 36, den Weichenwärtern 53 und den Bureaubeamten 26 Proz. Es starben 1,15 Proz. des Gesamtpersonals. Neben dieser Statistik bestand schon seit Ende der sechziger Jahre eine «Dienstunfähigkeits- und Sterbensstatistik» für die Beamten der Vereinsverwaltungen. Nachdem indes infolge der Wohlfahrtseinrichtungen für die Beamten und Arbeiter der Eisenbahnen die Verhältnisse sich wesentlich geändert hatten und, soweit erforderlich, Specialstatistiken eingeführt worden sind, ist auch die Dienstunfähigkeits- und Sterbensstatistik eingegangen und für das J. 1889 zum letztenmal erschienen.

Infolge von Eisenbahnunfällen treten bei den davon betroffenen Personen zuweilen, ohne daß äußere Verletzungen sichtbar sind, besondere Krankheitserscheinungen auf, die sich in einer körperlichen und geistigen Verstimmung äußern und ihren Grund anscheinend in einer Rückenmarkserschütterung (s. d.) haben. In England hat man für diese Erscheinungen den besondern Namen Railway spine gewählt und bezeichnet damit alle krankhaften Reizungen des Rückenmarks, die bei Gelegenheit eines Eisenbahnunfalls entstehen. Gewöhnlich ist auch das Gehirn in Mitleidenschaft gezogen (s. Gehirnerschütterung). Neuerdings faßt man derartige Krankheiten des Nervensystems infolge von Unfällen der verschiedensten Art auch unter der Bezeichnung Traumatische Neurose (s. d.) zusammen.

Litteratur. M. M. von Weber, Die Gefährdungen des Personals beim Maschinen- und Fahrdienst der Eisenbahnen (Lpz. 1862); Rigler, Über die Folgen der Verletzungen auf Eisenbahnen, insbesondere der Verletzungen des Rückenmarks (Berl. 1879); ders., Die im Eisenbahndienst vorkommende Berufskrankheit und Mittel zu ihrer Abhilfe (edd. 1880); Großmann, Über die Anforderungen des Eisenbahndienstes an die menschliche Gesundheit (Wien 1882); Jahresbericht über die Fortschritte auf dem Gebiete der Hygiene, von Uffelmann (Jahrg. 1886, Braunschw. 1887); Encyklopädie des gesamten Eisenbahnwesens, hg. von Röll, Bd. 1 (Wien 1890).

Eisenbahnkrisen, Störungen in der regelmäßigen Entwicklung des Eisenbahnnetzes, sind in verschiedenen Ländern zu verschiedenen Zeiten eingetreten. Sie erscheinen in der Regel als Rückschlag auf einen vorhergegangenen, das gewöhnliche Maß überschreitenden Aufschwung im Eisenbahnbau, wodurch in verhältnismäßig kurzer Zeit zu große Kapitalien beansprucht wurden. Die E. treten dann meist in Verbindung mit allgemeinen wirtschaftlichen Krisen auf. Als die bedeutendste Eisenbahnkrise ist die in den vierziger Jahren zu erwähnen, wo Stockungen nach und nach in fast allen Ländern eintraten, die mit dem Eisenbahnbau mehr oder minder rasch vorgegangen waren. Auch nach den sog. «Gründerjahren» trat 1873 eine ziemlich allgemeine Eisenbahnkrise ein. Vgl. Encyklopädie des gesamten Eisenbahnwesens, hg. von Röll, Bd. 3 (Wien 1891).

Eisenbahnkurswagen, s. Eisenbahnfahrpläne.

Eisenbahnlähmung, s. Rückenmarkserschütterung.

Eisenbahnlinien, s. Linien (milit.).

Eisenbahnlinienkommissare, Eisenbahnlinienkommissionen, s. Linienkommissionen.

Eisenbahnmonopol, das ausschließliche Recht, Eisenbahnen zu bauen und zu betreiben. Ein E. im rechtlichen Sinne (s. Monopol) besteht bisher in keinem Staate. Selbst in den Ländern mit Staatsbahnsystem (s. Eisenbahnpolitik) werden noch Privatbahnen, wenn auch in beschränktem Umfange, zugelassen. In Deutschland ist ein E. im rechtlichen Sinne ausgeschlossen, da die gesetzlichen Bestimmungen, welche, wie z. B. das preuß. Eisenbahngesetz vom 3. Nov. 1838, bestehenden Eisenbahnunternehmungen ein Widerspruchsrecht gegen die Anlegung von Parallel- und Konkurrenzbahnen einräumen, durch Art. 41 der Reichsverfassung aufgehoben sind, und zugleich die Verleihung eines solchen Widerspruchsrechts in künftig zu erteilenden Genehmigungen untersagt ist. Dagegen ist, wie von der Leyen im Artikel E. in Rölls «Encyklopädie des gesamten Eisenbahnwesens», Bd. 3 (Wien 1891) ausführt, nicht zu bestreiten, daß die Eisenbahnen ein faktisches oder natürliches Monopol besitzen. Einmal ist die Eisenbahn innerhalb ihres Gebietes von verschiedenen Verkehrsmitteln das vollkommenste und schließt damit andere Verkehrsmittel thatsächlich aus; dann aber erfordert die Herstellung einer Eisenbahn so bedeutende Geldmittel, daß nach Anlage einer Eisenbahn zwischen zwei Endpunkten es thatsächlich bisher nicht gelungen ist, zur Anlage einer weitern Eisenbahn in derselben Richtung und zwischen denselben Endpunkten die erforderlichen Geldmittel aufzubringen. Das Bestehen des natürlichen E. ist für die Länder des Staatseisenbahnsystems der Hauptgrund gewesen, die Eisenbahnen für den Staat zu erwerben, da nur die Staatsverwaltung die Gewähr für eine gemeinnützige Verwertung des E. bietet. — Vgl. Sax, Transport- und Kommunikationswesen in dem «Handbuch der polit. Ökonomie», hg. von Schönberg, Bd. 1 (3. Aufl., Tüb. 1890); Michaelis, Volkswirtschaftliche Schriften, Bd. 1 (Berl. 1873); Lehr, Eisenbahntarifwesen und E. (edd. 1879); Cohn, Untersuchungen über die engl. Eisenbahnpolitik, Bd. 3 (Lpz. 1883); Baker, Monopolies and the People (1889); von der Leyen, Die nordamerik. Eisenbahnen (Lpz. 1885); Encyklopädie des gesamten Eisenbahnwesens, hg. von Röll (Wien 1890 fg.).

Eisenbahnmuseum, planmäßige Sammlung der für die Entwicklung des Eisenbahnwesens wichtigen Probestücke, aus denen die baulichen Anlagen und Betriebseinrichtungen der Eisenbahnen von ihrer Entstehung an zu entnehmen sind. Für Preußen ist 1881 mit der Sammlung von Gegenständen für ein künftiges E. begonnen und dieselbe 1884 einstweilen der Lehrmittelsammlung der Technischen Hochschule zu Charlottenburg einverleibt worden. In Bayern besteht ein von der Generaldirektion der bayr. Staatsbahnen gegründetes E. in München, das außerordentlich reichhaltige Sammlungen, insbesondere auch der zur Herstellung der Eisenbahnfahrzeuge erforderlichen Werkzeuge enthält. E. bestehen ferner bei der Generaldirektion der österr. Staatsbahnen und bei der Direktion der Kaiser Ferdinands-Nordbahn in Wien.

Eisenbahnnetz, die Gesamtheit der Eisenbahnen eines Landes oder Landesteils.

Eisenbahnnivellements, Messungen, die behufs Feststellung der Höhenverhältnisse der Eisenbahnen ausgeführt werden (s. Nivellieren). Die E. müssen in Preußen an das auf Normalnull (s. d.) bezogene nivellitische Netz der Landesaufnahme angeschlossen werden.

Eisenbahnökonomie. Die E. betrachtet die Eisenbahnen als wirtschaftliche Unternehmungen und erörtert zunächst Bedeutung und Beruf derselben in der Volkswirtschaft, wie auch die Umgestaltung, die die wirtschaftlichen Verhältnisse durch die Eisenbahnen erfahren haben (s. Eisenbahnen, III, 2). Sie prüft die Frage, welche Gestaltung des Eisenbahnwesens die Zwecke der Gemeinwirtschaft am meisten fördert, ob größere oder kleinere Betriebssysteme, ob Staatsbahnen oder Privatbahnen u. s. w. (s. Eisenbahnfusion und Eisenbahnpolitik); sie untersucht ferner die Verhältnisse, die für das Zustandekommen und die Ausführung des Unternehmens in Betracht kommen, wie das Anlagekapital zu beschaffen ist und wie dieses Kapital am besten verwertet werden kann. In Bezug auf die bei den Eisenbahnunternehmungen in sehr großer Zahl erforderlichen Arbeitskräfte verschiedener Art wird geprüft, durch welche Gruppierung und Einteilung des Bau- und Betriebspersonals die nötige Arbeitsteilung am besten bewirkt wird, in welcher Art das Personal für seine Thätigkeit zu lohnen ist, ob durch feste Bezahlung oder durch Anteil an dem Gewinn, wie die Verwaltung einzurichten ist, damit die Betriebskosten im Verhältnis zu den Einnahmen sich möglichst verringern u. s. w.

Mit der wichtigste Teil der E. ist die Ermittelung der Preise für die von den Eisenbahnen geleisteten Transporte, also die Feststellung der Tarife (s. Eisenbahntarife). Die Ware der Eisenbahnverwaltungen ist die Transportleistung, der Preis für diese Leistung kann nicht unter die Selbstkosten fallen; soll bei dem Unternehmen etwas verdient werden, so muß der Preis die Selbstkosten um etwas übersteigen. Auf die Selbstkosten des Transports wirken aber wesentlich ein: die Verschiedenartigkeit der zum Transport kommenden Gegenstände, die Verschiedenheit der Entfernungen, auf welche die Gegenstände befördert werden, die Mengen, in welchen die Gegenstände zur Versendung kommen, und noch viele andere weniger bedeutende Umstände.

Eine unentbehrliche Hilfswissenschaft der E. ist die Eisenbahnstatistik (s. d.), durch welche die Erscheinungen des Eisenbahnwesens, insbesondere des Verkehrs, ermittelt und ziffernmäßig zur Darstellung gebracht werden. Die statist. Aufnahmen bilden die Hauptgrundlage für die Beurteilung des Einflusses der Eisenbahnen auf die wirtschaftliche Entwicklung eines Landes; sie allein gewähren einen zuverlässigen Anhalt bei Entscheidung der Frage, wie der Privatwirtschaftsbetrieb der Eisenbahnen im Interesse der Gemeinwirtschaft einzurichten sei. Den statist. Aufzeichnungen verdanken wir, um nur einige Beispiele anzuführen, nachstehende interessante Zahlenangaben über die Entwicklung der Eisenbahnen auf der Erde und ihre wirtschaftlichen Leistungen. 1875 waren auf den 143 187 km langen Eisenbahnen Europas 42 000 Lokomotiven, 90 000 Personen- und 1 Mill. Güterwagen, auf den 296 000 km langen Eisenbahnen der ganzen Erde 62 000 Lokomotiven, 112 000 Personen- und 1 465 000 Güterwagen vorhanden. Mit diesen Betriebsmitteln wurden damals jährlich in Europa 1140 Mill. Personen und 540 Mill. t Güter, auf der ganzen Erde aber 1550 Mill. Personen und 806,5 Mill. t Güter befördert, sodaß im Durchschnitt täglich mehr als 4 Mill. Personen auf allen Schienenstraßen der Erde verkehrten und ungefähr 2,2 Mill. t Güter an ihren Bestimmungsort gebracht wurden. Zehn Jahre später, 1885, waren in Europa auf den 195 665 km langen Bahnen bereits über 56 550 Lokomotiven, 116 500 Personen- und 1 360 000 Güterwagen, auf der ganzen Erde aber bei einer Eisenbahnlänge von 486 188 km ungefähr 94 000 Lokomotiven, 141 600 Personen- und 2 436 000 Güterwagen im Betrieb. Hiermit wurden gefahren in Europa: über 1500 Mill. Personen und 781 Mill. t Güter, auf der ganzen Erde: über 2030 Mill. Personen und nahezu 1262 Mill. t Güter. Am Schlusse des J. 1888, als die Länge der Eisenbahnen der Erde bereits auf 572 570 km gestiegen war, finden sich schon 105 000 Stück Lokomotiven. Wird die Leistungsfähigkeit einer Lokomotive durchschnittlich zu 300 Pferdekräften angenommen und erwogen, daß ein Pferd auf der glatten Schienenbahn etwa 7—10 mal so viel Last fortbewegen kann, als auf der befestigten Straße, so ergiebt sich eine Gesamtkraft von etwa 250 Mill. Pferdekräften, welche durch die Eisenbahnen und die auf ihnen fahrenden Lokomotiven für die Gemeinwirtschaft dienstbar gemacht ist. In dem im franz. Ministerium der öffentlichen Arbeiten herausgegebenen «Album de statistique graphique de 1888» wird ein interessantes Beispiel aufgeführt, in welchem Umfange durch die Eisenbahnen die Reisezeit abgekürzt und die Reisekosten vermindert worden sind. Die Reise von Straßburg nach Paris dauerte

1650	218 Stunden	
1782	108 »	
1814	70 »	
1834	47 »	
1845	10 »	40 Minuten
1887	8 »	49 »

Die Beförderungskosten betrugen 1798 (Diligence II. Klasse) 73 Frs., 1887 (Eisenbahn II. Klasse) 44 Frs.

Die wissenschaftliche Behandlung der Eisenbahnen in ihren wirtschaftlichen Beziehungen ist erst in neuerer Zeit gepflegt und gefördert worden, insbesondere durch Sax, Cohn und Wagner.

Litteratur. Sax, Die Ökonomik der Eisenbahnen (Wien 1871); ders., Die Verkehrsmittel in Volks- und Staatswirtschaft, Bd. 2: Die Eisenbahnen (ebd. 1879); ders., Das Transport- und Kommunikationswesen (in Schönbergs «Handbuch der polit. Ökonomie», 3. Aufl., Tüb. 1890; Bd. 1, in Verbindung mit von Scheel: «Die Erwerbseinkünfte als Art der Staatseinnahmen, insbesondere die Eisenbahnen»; Bd. 3, ebd. 1891); Schima, Studien und Erfahrungen im Eisenbahnwesen, 2. Teil: Über die Ausgaben des Eisenbahnbetriebes (Prag 1881); Cohn, System der Nationalökonomie, Bd. 1 u. 2 (Stuttg. 1885 u. 1889); A. Wagner, Das Eisenbahnwesen als Glied des Verkehrswesens, insbesondere der Staatsbahnen (in dessen «Finanzwissenschaft», 3. Aufl., Lpz. 1883); Launhardt, Theorie der Tarifbildung der Eisenbahnen, im «Archiv für Eisenbahnwesen» und separat (Berl. 1890); Ulrich, Eisenbahntarifwesen (ebd. 1886; französisch ergänzte Ausgabe, Par. u. Berl. 1890); Neumann-Spallart, Übersichten der Weltwirtschaft (Stuttg. 1881, 1887; Fortsetzung von Franz von Juraschek, Berl. 1885—89).

Eisenbahnpersonenbeförderung, internationale, s. Eisenbahnrecht (S. 881 b).

Eisenbahnpolitik, der Inbegriff derjenigen Grundsätze, nach denen seitens einer Staatsregierung das Eisenbahnwesen behandelt wird; sie ist in den verschiedenen Ländern sehr verschieden. In Beziehung auf das Verhältnis des Besitzes und Betriebes der Eisenbahnen zum Staate treten die nachstehenden Erscheinungsformen auf: 1) Privateigentum und Privatbetrieb der Eisenbahnen, 2) Staatseigentum und Privatbetrieb der Eisenbahnen, 3) Privateigentum und Staatsbetrieb der Eisenbahnen, 4) Staatseigentum und Staatsbetrieb der Eisenbahnen. Bei den beiden ersten Formen ist die Fürsorge des Staates für die Erreichung seiner Zwecke eine mittelbare, indem die Aufsicht des Staates über die Privatthätigkeit die letztere regelt und beschränkt. Die Aufsicht des Staates in dem ersten Fall ist lediglich die auf Gesetz und Konzession (s. Eisenbahnkonzession) beruhende, während sie in dem zweiten Fall verstärkt wird durch die Vorbehalte des Eigentümers. Bei den beiden letzten (dritten und vierten) Gestaltungsformen ist die Fürsorge des Staates eine unmittelbare, indem an die Stelle der Privatthätigkeit die Thätigkeit des Staates tritt. Die letztere ist in dem dritten Falle beschränkt durch die Vorbehalte des Privateigentümers, in dem vierten Fall dagegen unbeschränkt. In England und in den Vereinigten Staaten von Amerika ist Bau und Betrieb ausschließlich der Privatthätigkeit überlassen, in den meisten andern Ländern findet sich ein gemischtes Privat- und Staatsbahnsystem. Die Staaten haben dabei die Privatbauthätigkeit vielfach unterstützt durch Zuschüsse zu den Baukapitalien, durch Übernahme von Zinsgarantien für die zum Bau verwendeten Kapitalien, durch unentgeltliche Überlassung von im Staatsbesitz befindlichen Flächen, Gewährung von Steuerfreiheit u. s. w. Die Verbindung von Staatseigentum und Privatbetrieb der Eisenbahnen ist in der Form der Verpachtung von Staatseisenbahnen an Privatunternehmer zur Anwendung gebracht, wie z. B. in Holland (s. Niederländische Eisenbahnen) und in Italien (s. Italienische Eisenbahnen). Vgl. Denkschrift zu dem ersten Verstaatlichungsgesetz in Preußen vom 20. Dez. 1879 (Drucksachen des Hauses der Abgeordneten 1879/80, Nr. 5).

Die Frage, ob Privat- oder Staatsbahnen vorzuziehen seien, ist bestritten. Die Gegner der Staatsbahnen berufen sich auf die allgemeinen Nachteile staatlicher Betriebe und behaupten, der Staat baue und verwalte teurer als Privatunternehmer. Durch die Vereinigung der Eisenbahnen in der Hand des Staates würde die belebende Privatthätigkeit lahm gelegt und die Macht des Staates bedenklich erweitert; es liege die Gefahr vor, daß die wichtigsten Verkehrsfragen nicht im allgemein wirtschaftlichen Interesse des Landes, sondern nach einseitigen bureaukratischen Rücksichten entschieden würden. Auch erscheine der Staatskredit gefährdet, wenn von dem Staate solch ungeheure Summen, wie sie Bau und Betrieb von Eisenbahnen erforderten, aufgewendet würden und das Gleichgewicht des Staatshaushalts von den schwankenden Verkehrseinnahmen der Eisenbahnen abhängig sei. Demgegenüber wird von den Verteidigern der Staatsbahnen darauf hingewiesen, daß eine wirtschaftliche Verwendung des Nationalvermögens, das durch die Anlage und den Betrieb von Eisenbahnen in so großartigem Maße in Anspruch genommen werde, nur bei dem Staatseisenbahnsystem möglich sei. Die Verwaltung der Eisenbahnen, deren gewinnwirtschaftliche Interessen mit den Interessen der Gemeinwirtschaft vielfach, insbesondere auf dem wichtigen Gebiete des Tarifwesens, in Widerspruch ständen, könne niemals von auf Erwerb bedachten Privatgesellschaften, sondern nur allein vom Staate in einer dem Gemeinwohl entsprechenden Weise geleitet werden. Auch ließe sich die einheitliche staatliche Betriebsverwaltung billiger gestalten, als dies bei der großen Anzahl selbständiger Privatverwaltungen möglich sei.

Wenn gleichwohl die in den Kammerverhandlungen und in der Presse hervortretenden Meinungen über die Vorzüge des Privat- und des Staatsbahnsystems immer noch geteilt sind, so gewinnt doch bei den maßgebenden Stellen aller Kulturländer immer mehr die Ansicht die Oberhand, daß es dem öffentlichen Interesse am besten entspricht, wenn der Staat mindestens alle wichtigern Bahnen selbst besitzt und auch selbst betreibt. Soweit die besondern Verhältnisse der einzelnen Länder es ausführbar erscheinen lassen, wird deshalb auch überall an die Verwirklichung der Idee, den Bau und Betrieb der Eisenbahnen dem Staat zu übertragen, geschritten. Am entschiedensten sind in dieser Beziehung die deutschen Staaten vorgegangen. Der Versuch, an Stelle der Einzelstaaten das Deutsche Reich als solches zum Träger der E. zu machen und es zunächst in den Besitz eines einflußreichen Eisenbahnnetzes, der preuß. Staatsbahnen, zu setzen, mißglückte. Das preuß. Gesetz vom 4. Juni 1876 wegen Übertragung des Eigentums und sonstiger Rechte des Staates an Eisenbahnen auf das Deutsche Reich ist bisher, infolge des Widerspruchs der deutschen Mittelstaaten, nicht zur Ausführung gekommen. **Preußen** sah sich daher genötigt, allein vorzugehen. Seit 1879/80 ist das reine Staatsbahnsystem durch den inzwischen bewirkten Ankauf fast sämtlicher wichtigern Privatbahnen durch den Staat sichergestellt (s. Preußische Eisenbahnen); in **Bayern**, **Sachsen**, **Württemberg** und **Baden** gehören die vorhandenen Eisenbahnen fast ausschließlich den betreffenden Staaten. (S. Deutsche Eisenbahnen.) Der **österreichische** Staat, der im Drange der Finanznot in den fünfziger Jahren seinen Eisenbahnbesitz verkauft hatte, sucht wieder in den Besitz der Eisenbahnen zu kommen und hat bereits eine Reihe wichtiger Linien angekauft und in Betrieb genommen. **Ungarn** bedurfte einer selbständigen nationalen Tarifpolitik für die Beförderung seiner landwirtschaftlichen Massenprodukte, und da eine solche mit den Privatbahnen nicht durchzuführen war, so wurden letztere für den Staat erworben und befindet sich dort jetzt der größte Teil der Eisenbahnen in den Händen des Staates. (S. Österreichisch-Ungarische Eisenbahnen.) In **Dänemark** sind nur noch wenige Bahnen im Privatbesitz. (S. Dänische Eisenbahnen.) In **Norwegen** sind die Bahnen von Anfang an fast nur vom Staat gebaut und betrieben worden, und in **Schweden** gehört ein großer Teil der vorhandenen Eisenbahnen dem Staate. (S. Norwegische Eisenbahnen und Schwedische Eisenbahnen.) In den **Niederlanden** sind die zum größten Teile dem Staate gehörenden Linien an zwei Privatgesellschaften, die Gesellschaft für den Betrieb Niederländischer Staatsbahnen und die Holländische Eisenbahngesellschaft, verpachtet. Durch das Gesetz vom 22. Juli 1890 ist ferner die Verstaatlichung der niederländ. Rheinbahn genehmigt, und neuen mit den Betriebsgesellschaften abgeschlossenen Verträgen, durch welche die Regierung sich weitgehende Befugnisse bezüglich der Einwirkung auf die Gestaltung der Tarife und Fahrpläne vorbehalten hat, die Bestätigung erteilt worden. (S. Niederländische Eisenbahnen.) Ebenso gehört in **Belgien** ein großer Teil des Eisenbahnnetzes dem Staat und wird von demselben betrieben. (S. Belgische Eisenbahnen.) In der **Schweiz** besteht einstweilen noch das reine Privatbahnsystem, dessen Mängel sich aber im Laufe der Zeit so fühlbar gemacht haben, daß schon seit Jahren der Erwerb aller Bahnen für den Bund erörtert wird. Nachdem der 1887 versuchte Ankauf der Nordostbahn vereitelt wurde, hat die Bundesregierung einen neuen Weg beschritten und die Aktien einiger größerer Privatbahnen (Jura-Simplon- und Centralbahn) erworben, um sich maßgebenden Einfluß in der Verwaltung dieser Bahnen zu sichern und den Erwerb derselben durch den Staat vorzubereiten. (S. Schweizerische Eisenbahnen.) In **Italien** befindet sich die überwiegende Mehrzahl der Bahnlinien im Besitz des Staates. Dieselben sind, wie schon bemerkt, in ähnlicher Weise, wie es in Holland geschehen, an Privatunternehmer verpachtet. (S. Italienische Eisenbahnen.) In **Rußland**, wo für die im Privatbesitz befindlichen Eisenbahnen vom Staat sehr hohe jährliche Beihilfen gezahlt werden müssen, sind in neuerer Zeit mehrere wichtige Eisenbahnen für den Staat erworben, auch umfangreiche Linien für Staatsrechnung hergestellt. (S. Russische Eisenbahnen.) In den Balkanländern Serbien, Rumänien und Bulgarien ist das Staatsbahnprincip vorherrschend, während in der Türkei durch einseitige Verträge die Entwicklung der Eisenbahnen lange Jahre gehemmt war, und der Staat erst jetzt mit Hilfe hauptsächlich deutschen Kapitals an den Bau neuer Eisenbahnen geht. (S. Türkische Eisenbahnen.) Ebenso geschieht in Griechenland der Ausbau des Eisenbahnnetzes mit Hilfe fremden Kapitals unter Gewährung von Staatsunterstützung. In Frankreich sind in neuerer Zeit ebenfalls Staatsbahnen gebaut worden; von der 1878 beabsichtigten Durchführung des Staatsbahnsystems ist indes später abgesehen und das Privatbahnsystem im Wesentlichen bisjetzt beibehalten worden. (S. Französische Eisenbahnen.) In Spanien besteht das Privatbahn-, in Portugal das gemischte System, teils Staats-, teils Privatbahnen. (S. Spanische Eisenbahnen und Portugiesische Eisenbahnen.) In England, das zur Zeit nur Privatbahnen besitzt, werden vielfach Klagen über die Tarifmißwirtschaft der Privatbahnen laut, und auch hier haben schon viele Stimmen gefordert, daß der Staat die Eisenbahnen, ebenso wie es mit den Posten und Telegraphen geschehen ist, in eigenen Betrieb nehmen solle. (S. Großbritannische Eisenbahnen.) In den engl. Kolonien dagegen, besonders in Indien und Australien, finden sich viele Staatsbahnen. Auch in Nordamerika, wo mehr und mehr der Eisenbahnbesitz sich in den Händen einzelner reichbegüterter Männer vereinigt und von denselben oft in rücksichtsloser Weise ausgebeutet wird, ist der Ruf nach Übernahme der Eisenbahnen durch den Staat von dem durch die Eisenbahnkönige (s. d.) geschädigten verkehrtreibenden Publikum schon mehrfach erhoben worden, ohne indessen bisjetzt einen Erfolg erzielt zu haben. — Vgl. von der Leyen, Eisenbahnpolitik (im «Handwörterbuch der Staatswissenschaften», Bd. 3, S. 172 fg., Jena 1892), wo auch die weitere Litteratur angegeben ist.

Eisenbahn-Radreifenbrüche, s. Eisenbahnunfälle (S. 910 fg.).

Eisenbahnräte, s. Eisenbahnbeiräte.

Eisenbahnrecht, der Inbegriff derjenigen Rechtsgrundsätze, welche die Verhältnisse der Eisenbahnen betreffen. (Über Begriff und Einteilung der Eisenbahnen und die Grundlagen des Eisenbahnwesens, s. Eisenbahnen Nr. I u. III.)

I. Das E. gehört teils dem Staatsrecht, teils dem Privatrecht an, je nachdem es sich um öffentliche oder privatrechtliche Verhältnisse handelt. Man unterscheidet daher ein Eisenbahn-Staats- und ein Eisenbahn-Privatrecht. Einen wichtigen Teil des Eisenbahn-Privatrechts bildet das Eisenbahn-Frachtrecht, der Inbegriff der Rechtsgrundsätze für die privatrechtliche Regelung des Frachtgeschäfts (s. d.). Auf beiden Gebieten, dem öffentlichen und dem Privatrecht, hat die besondere Natur der Eisenbahnen, ihre hohe wirtschaftliche und militär. Bedeutung, die monopolistische Art des Eisenbahnbetriebes, die gefährliche Natur desselben und der internationale Charakter der großen Linien auf die eigentümliche Gestaltung der Rechtsverhältnisse der Eisenbahnen ihren Einfluß ausgeübt. Die wirtschaftliche Aufgabe der Eisenbahnen, die unentbehrliche stetige Benutzung derselben für alle Arten wirtschaftlicher Betriebe, sowie andererseits die große Gefahr, die mit jeder Störung der Betriebsordnung naturgemäß verbunden ist, bedingen die Notwendigkeit des staatlichen Schutzes durch polizeiliche und strafgesetzliche Anordnung. Aus der Notwendigkeit einer planmäßigen Entwicklung des Eisenbahnnetzes eines Landes und der Bestimmung der Eisenbahnen, als öffentliche Verkehrsanstalten zu dienen, erwächst dem Staate die Pflicht, sich einen weitgehenden Einfluß auf Anlage und Betrieb der Eisenbahnen nach den verschiedensten Richtungen zu sichern. Es sind deshalb auch in allen Staaten auf die Eisenbahnen bezügliche Gesetze erlassen worden, und überall sind die Eisenbahnen einer mehr oder minder starken staatlichen Aufsicht unterworfen worden, und zwar auch in den Staaten, in denen sonst, wie in England und den Vereinigten Staaten von Amerika, der freien Privatthätigkeit der weiteste Spielraum gelassen wird. Von wesentlichem Einfluß auf die Gestaltung des E. in den verschiedenen Staaten ist die Eisenbahnpolitik (s. d.) desselben gewesen.

Der Darstellung des E. werden gewöhnlich die einzelnen Entwicklungsstufen der Eisenbahnen (Entstehung, Verwaltung, Staatsaufsicht, Verhältnis zu andern Verwaltungszweigen und Ende) zu Grunde gelegt, da die im Anschluß an das System des allgemeinen Rechts sonst naheliegende Scheidung in öffentliches und Privatrecht insofern große Schwierigkeiten bietet, als sich die Grundsätze des öffentlichen und des Privatrechts im E. gegenseitig so mannigfach durchdringen und durchkreuzen, daß ein Auseinanderhalten beider kaum möglich ist. Neuerdings hat Gleim, «Das Recht der Eisenbahnen in Preußen» (Berl. 1891/92), den erfolgreichen Versuch gemacht, das öffentliche und das private E. gesondert zu behandeln.

II. 1) Deutschland. Hinsichtlich der Eisenbahngesetzgebung ist Preußen, das anfänglich dem Bau von Eisenbahnen in seinem Gebiet sehr kühl gegenüberstand, allen Ländern vorangegangen. Bereits 3. Nov. 1838 erschien das Gesetz über die Eisenbahnunternehmungen, das trotz seines über fünfzigjährigen Bestehens im wesentlichen noch heute die rechtliche Grundlage für das gesamte preuß. Eisenbahnwesen bildet und später nur in einzelnen Teilen durch besondere Gesetze, wie z. B. das Deutsche Handelsgesetzbuch (1861) mit dem 18. Juli 1884 hierzu ergangenen Reichsgesetz über die Aktiengesellschaften, die Norddeutsche und Deutsche Reichsverfassung, das Reichshaftpflichtgesetz vom 7. Juni 1871, das Enteignungsgesetz vom 11. Juni 1874 u. s. w. abgeändert und ergänzt wurde. Neuerdings hat Preußen die Verhältnisse der dem Eisenbahngesetz vom 3. Nov. 1838 nicht unterstehenden öffentlichen Bahnen aller Art, gleichviel mit welcher Kraft sie betrieben werden (Kleinbahnen), sowie die Verhältnisse derjenigen für den Privatverkehr bestimmten Bahnen, die zwecks Übergangs der Betriebsmittel (s. d.) an öffentliche Bahnen anschließen (Privatanschlußbahnen) durch Gesetz vom 28. Juli 1892 geregelt, das 1. Okt. 1892 in Kraft getreten ist. Der Mangel jeglicher gesetzlicher Bestimmungen auf diesem Gebiete hatte sich immer fühlbarer gemacht, je dringender das Bedürfnis hervortrat, neben dem Ausbau des allgemeinen Zwecken dienenden Eisenbahnnetzes auch die Entwicklung der kleinen, ausschließlich örtlichen Verkehrsinteressen dienenden Bahnen energisch zu fördern. Preußen war in dieser Beziehung unverkennbar zurückgeblieben, besonders im Verhältnis zu andern Staaten, in denen, wie z. B. in Belgien, das Kleinbahnwesen in umfassender Weise geordnet ist. (S. Belgische Eisenbahnen). Es ist zu erwarten, daß die Kleinbahnen nunmehr auch in Preußen sich ausdehnen werden und ihrem Ausbau das Privatkapital sich mehr als bisher zuwenden wird. Die Eisenbahnen im Sinne des Gesetzes von 1838 bedürfen landesherrlicher, die Kleinbahnen im Sinne des Gesetzes von 1892 nur polizeilicher Genehmigung. Welche Bahnen als Eisenbahnen und welche Bahnen als Kleinbahnen anzusehen sind, ist in jedem einzelnen Falle der Entscheidung im Verwaltungswege überlassen, da es für eine gesetzliche Begriffsbestimmung an den notwendigen allgemeinen Merkmalen fehlt. Im allgemeinen wird davon auszugehen sein, daß eine Bahn, auch wenn sie unbeschränkt dem öffentlichen Verkehr dienen soll, doch nur dann dem Eisenbahngesetz von 1838 zu unterstellen ist, wenn sie nicht lediglich den örtlichen, sondern zugleich auch mehr oder weniger den durchgehenden Verkehr vermitteln soll.

Die übrigen deutschen Länder entbehren bis heute eines allgemeinen Eisenbahngesetzes. Die in einzelnen Staaten erlassenen Eisenbahngesetze beschränken sich, abgesehen von dem weitere Gebiete umfassenden hess. Gesetz von 1842, dem württemb. Gesetz von 1843, den bayr. Bestimmungen von 1855, vornehmlich auf die Regelung der Enteignung (Braunschweig 1835, Sachsen 1835 und 1855, Bayern und Hessen 1836, Mecklenburg-Schwerin 1842 und 1845, Oldenburg 1867) und die Bahnpolizei (Sachsen 1856, Oldenburg 1867). Gemeinsam für die deutschen Staaten sind die Bestimmungen des deutschen Handelsgesetzbuchs. Dagegen hat die Norddeutsche und demnächst die Deutsche Reichsverfassung vom 16. April 1871 in Art. 4, Ziff. 8 und in Abschn. VII (Art. 41—47) die Eisenbahnen sowohl der Beaufsichtigung als auch der Gesetzgebung des Reichs mit der Maßgabe unterworfen, daß auf Bayern die Art. 42—45 und Abs. 1 von Art. 46 keine Anwendung finden. Hiernach können im ganzen Reiche Eisenbahnen im Interesse der Landesverteidigung oder des gemeinsamen Verkehrs durch Reichsgesetz auch gegen den Widerspruch der berührten Bundesstaaten für Rechnung des Reichs angelegt oder an Privatunternehmer überlassen werden. Jede Eisenbahn muß sich den Anschluß neuer Eisenbahnen auf Kosten der letztern gefallen lassen. Die gesetzlichen Bestimmungen wegen Einräumung eines Widerspruchsrechts an Eisenbahnunternehmer gegen Anlage von Parallel- oder Konkurrenzbahnen (s. Eisenbahnkonzession) sind, unbeschadet bereits erworbener Rechte, aufgehoben (Art. 41). Für Anlage und Ausrüstung der für die Landesverteidigung wichtigen Eisenbahnen können gesetzlich einheitliche Grundsätze aufgestellt werden (Art. 46, Abs. 3). Den Anforderungen der Reichsbehörden wegen Benutzung der Eisenbahnen zur Verteidigung des Reichs haben alle Eisenbahnverwaltungen Folge zu leisten; Militär und Kriegsmaterial sind zu gleichen ermäßigten Sätzen zu befördern (Art. 47). Die übrigen — in Bayern nicht geltenden Bestimmungen — verpflichten die Bundesregierungen, ihre Eisenbahnen wie ein einheitliches Netz zu verwalten und auch die neu herzustellenden Bahnen nach einheitlichen Grundsätzen anzulegen und auszurüsten (Art. 42). Es sind daher übereinstimmende Betriebseinrichtungen zu treffen, insbesondere gleiche Bahnpolizeireglements einzuführen und ist für genügende Ausrüstung mit Betriebsmaterial zu sorgen (Art. 43). Die Eisenbahnverwaltungen haben die für den durchgehenden Verkehr und zur Herstellung ineinander greifender Fahrpläne nötigen Personenzüge mit entsprechender Fahrgeschwindigkeit, desgleichen die zur Bewältigung des Güterverkehrs nötigen Güterzüge mit direkten Abfertigungen unter Gestattung des Übergangs der Betriebsmittel von Bahn zu Bahn einzurichten (Art. 44). Dem Reiche steht die Aufsicht über das Tarifwesen zu. Insbesondere sind übereinstimmende Betriebsreglements, gleichmäßige, thunlichst niedrige Tarife auf größere Entfernungen, für die Rohgüter der Einpfennigtarif (für 1 Centner und Meile 1 Pfg.) herbeizuführen (Art. 45). Bei Notständen kann der Kaiser auf Vorschlag des Bundesratsausschusses für Lebensmittel niedrige Specialtarife feststellen (Art. 46, Abs. 1). Zur Durchführung und Überwachung dieser Bestimmungen wurde durch Gesetz vom 27. Juni 1873 das **Reichs-Eisenbahnamt** (s. Eisenbahnbehörden, S. 847a) eingesetzt.

Ein Reichs-Eisenbahngesetz ist bisher nicht zu stande gekommen, Entwürfe von 1874, 1875 und 1879, welche die Aufsicht über das Eisenbahnwesen im weitern Umfange auf das Reich übertragen wollten, haben nicht die Zustimmung der gesetzgebenden Teile erlangt. Dagegen sind vom Reiche erlassen: ein Betriebsreglement (s. d.), das in neuer Bearbeitung 1. Jan. 1893 als «Verkehrsordnung für die Eisenbahnen Deutschlands» in Kraft tritt (s. Eisenbahn-Verkehrsordnung); ferner eine Betriebsordnung für die Haupteisenbahnen Deutschlands, eine Signalordnung für die Eisenbahnen Deutschlands, Normen für den Bau und die Ausrüstung der Haupteisenbahnen Deutschlands und eine Bahnordnung für die Nebeneisenbahnen Deutschlands, sämtlich vom 5. Juli 1892 und an Stelle der bisherigen Vorschriften 1. Jan. 1893 in Kraft tretend (s. Bahnpolizei, Eisenbahnbau, Eisenbahn-Betriebsordnung und Eisenbahnsignale); weiter das Haftpflichtgesetz vom 7. Juni 1871, das Gesetz über die Unzulässigkeit der Pfändung von Eisenbahnfahrbetriebsmitteln vom 3. Mai 1886 u. s. w.

a. **Entstehung der Eisenbahnen.** Die Eigenschaft der Eisenbahnen als öffentlicher Verkehrsanstalten und die Eigenart ihres Betriebes bedingt die Genehmigung des Staates. Sie wird erteilt durch die Konzession (s. Eisenbahnkonzession).

b. **Verwaltung der Eisenbahnen.** Die Staatsbahnen werden durch staatlich eingesetzte Behörden, die Privatbahnen durch Direktionen verwaltet, welche die Aktiengesellschaft, der die Bahn gehört, rechtlich vertreten. Der Aufsichtsrat überwacht die Geschäftsführung der Direktion. (S. Eisenbahnbehörden, Eisenbahnbeiräte, Eisenbahnbeamte und Eisenbahnbetrieb.)

Bei den Staatsbahnen wie bei den Privatbahnen werden die Einnahmen zunächst zur Bestreitung der Ausgaben verwendet. Die Überschüsse der erstern, die in den meisten deutschen Bundesstaaten zu einer mäßigen Verzinsung des Anlagekapitals ausreichen, werden mit den sonstigen Staatseinnahmen zur Befriedigung der staatlichen Bedürfnisse verwendet. In Preußen ist aus Anlaß der Verstaatlichung 1879, wie durch Gesetz vom 1. Juni 1882 über die Errichtung von Bezirkseisenbahnräten und eines Landeseisenbahnrats (s. Eisenbahnbeiräte) eine **wirtschaftliche**, so durch das weitere Gesetz vom 27. März 1882 über die Verwendung der Jahresüberschüsse eine finanzielle Garantie für die Verwaltung der Staatsbahnen geschaffen worden. Danach sollen die Überschüsse in erster Reihe zur Verzinsung der jeweiligen, für den 1. April 1880 auf 1498858100 M. festgestellten «Staatseisenbahnkapitalschuld», danu zur Ausgleichung eines etwaigen, sonst durch Anleihe zu deckenden Fehlbetrags im Staatshaushalt bis zur Höhe von 2200000 M. und endlich zur Tilgung der Staatseisenbahnkapitalschuld alljährlich zunächst bis zur Höhe von 3/4 Proz. verwendet werden. Im Rechnungsjahr 1890/91 hat sich das auf die im Betrieb gewesenen Strecken verwendete Anlagekapital, abzüglich der Abschreibungen, das sog. «Staatsbahnkapital» in Höhe von 5254839476 M. mit 5,93 Proz. verzinst. (S. Preußische Eisenbahnen.) Die Überschüsse der Privatbahnen werden zunächst zu den vorgeschriebenen Rücklagen in den Erneuerungsfonds und den Reservefonds sowie zur Verzinsung und Tilgung etwa vorhandener Schuldverschreibungen (Prioritätsobligationen) verwendet, der alsdann noch verbleibende Reinüberschuß kommt als Dividende zur Verteilung an die Aktionäre. Der Erneuerungsfonds soll den durch die Abnutzung der Bahn eintretenden Verschleiß decken und die Mittel zur Erneuerung des Oberbaues (s. Eisenbahnbau) und der Betriebsmittel (s. d.) gewähren, während der Reservefonds (nach §. 185 b des Reichsgesetzes über die Aktiengesellschaften vom 18. Juli 1884) zur Deckung eines aus der Bilanz sich ergebenden Verlustes bestimmt ist. Die jährlichen Rücklagen in den Erneuerungsfonds werden nach dem Verkehr der Bahn und der Leistung der Betriebsmittel (s. Eisenbahnstatistik), die Rücklagen in den Reservefonds nach dem Reingewinn berechnet (mindestens 5 Proz. des Reingewinns so lange, bis der Reservefonds den zehnten oder höhern Teil des Gesamtkapitals nicht überschreitet). Beide Kapitalsansammlungen sollen thunlichste Gleichmäßigkeit in der Belastung des Aktienbesitzes durch die Ausgaben für die Erhaltung des Unternehmens herbeiführen und Schwankungen in den Überschüssen vermeiden.

c. **Aufsicht über die Eisenbahnen.** Die Aufsicht über die deutschen Eisenbahnen wird vom Reich durch den Bundesrat und das Reichs-Eisenbahnamt ausgeübt. In den einzelnen Bundesstaaten sind die Eisenbahnen noch der Landesaufsicht unterworfen, die hinsichtlich der Privatbahnen in Preußen z. B. durch das Eisenbahnkommissariat in Berlin und hinsichtlich der Staatsbahnen zugleich von den mit der Verwaltung derselben betrauten königl. Eisenbahndirektionen wahrgenommen wird. (S. Eisenbahnbehörden.)

d. **Verhältnis der Eisenbahnen zu andern Verwaltungszweigen.** Für die Verpflichtungen der deutschen Eisenbahnen (ausschließlich Bayern und Württemberg) zur **Postverwaltung** gilt, soweit nicht die früher erteilten Konzessionen maßgebend blieben, das Reichsgesetz (Eisenbahnpostgesetz) vom 20. Dez. 1875, wonach Briefe und Pakete bis zum Einzelgewicht von 10 kg und das Postpersonal in einem von der Post gestellten Wagen unentgeltlich zu befördern, weiter gehende Leistungen gegen Entschädigung auszuführen sind. Für Nebenbahnen bestehen Erleichterungen. Neuerdings haben interessante Ermittelungen über den Wert der Leistungen der deutschen Eisenbahnen (ausschließlich Bayern und Württemberg) gegenüber der Reichspostverwaltung stattgefunden. (Vgl. Hull, Die deutsche Reichspaketpost, Jena 1892.) Danach sind diese Leistungen für 1889/90 auf rund 19,5 Mill. M. ohne Berechnung von Zinsen für das Anlagekapital der Eisenbahnen, und auf rund 28,5 Mill. M. zu schätzen, wenn man die Zinsen einrechnet. Für Preußen (Staatsbahnen) stellen sich diese Zahlen auf rund 14,5 und 21,5 Mill. M. Dagegen hat die Post den preuß. Staatsbahnen 3859091 M. gezahlt, ein Betrag, der sich für das Reich auf 5128732 M. stellen würde. Zieht man diese Zahlungen ab, so bleibt ein ungedeckter Zuschlag je nachdem man die Zinsen mitrechnet oder nicht, bei Preußen von 17,64 und 10,64, beim Reich von 23,37 und 14,37 Mill. M. Dabei macht die Paketpost dem Frachtverkehr der Eisenbahnen noch eine bedeutende Konkurrenz; es geschieht dies besonders durch die Zerlegung größerer Sendungen in Fünfzigpfennigpakete. Hull giebt hierfür mehrere Beispiele an. So kam einmal am Schlesischen Bahnhof mehr als eine halbe Wagenladung Hutschachteln von *einem* Fabrikanten aus Glogan an *einen* Kaufmann in Berlin in Gestalt von Fünfzigpfennigpaketen an; ein anderes Mal 213 Kistchen Käse von *einem* Versender an *einen* Empfänger; 1891 trafen auf demselben Bahnhof täglich während etwa 40 Tagen 4—5000 Körbe mit Schnittbohnen als 5 kg-Pakete ein, die sämtlich nach der Centralmarkthalle gingen, d. h. es wurden täglich 20 Tonnen Hülsenfrüchte postmäßig von Österreich nach Berlin befördert. An den oben bezifferten Leistungen der Eisenbahnen ist die unentgeltliche Beförderung der Pakete im Gewicht bis zu 10 kg zum weitaus größten Teil, nämlich mit etwa 75 Proz. beteiligt.

Der **Telegraphenverwaltung** haben die deutschen Eisenbahnen (ausschließlich Bayern und Württemberg) nach dem Bundesratsbeschluß vom 21. Dez. 1868 die Benutzung ihres außerhalb des Profils belegenen Grund und Bodens zur Anlage von Telegraphenlinien unentgeltlich zu gestatten. Zur Beförderung von Privattelegrammen sind die Eisenbahnen nach dem Reglement vom 7. März 1876 nur unter bestimmten Voraussetzungen befugt. Bayern und Württemberg haben für die Post- und Telegraphenverwaltung ein Reservatrecht; die Beziehungen der Post- und Telegraphenverwaltung zu den Staatsbahnen sind im Verwaltungswege geregelt.

Gegenüber der **Zollverwaltung** haben die deutschen Eisenbahnen nach dem Vereinszollgesetz vom 1. Juli 1869, Abschn. VII, §§. 59—73 die Verpflichtung, an den für die Zollabfertigung bestimmten Stationen die nötigen Räume zu stellen. Über die zollamtliche Behandlung der Güter und des Gepäcks bestimmt das vom Bundesrat beschlossene «Eisenbahnzollregulativ» vom 5. Juni 1888.

Für die Beziehungen der deutschen Eisenbahnen zur **Militärverwaltung** kommen vor allem die schon oben erwähnten Art. 41, 46, Abs. 3, und 47 der Reichsverfassung in Betracht, zu deren Ausführung ergangen sind: das Reichsgesetz über die Naturalleistungen für die bewaffnete Macht im Frieden vom 13. Febr. 1875 (§. 15), das Reichsgesetz über die Kriegsleistungen vom 13. Juni 1873 nebst Ausführungsverordnung des Bundesrats vom 1. April 1876 sowie die hierzu erlassenen Militärtransportordnungen im Frieden vom 11. Febr. 1888 und im Kriege vom 26. Jan. 1887 nebst Militärtarif vom 28. Jan. 1887. Danach sind die Eisenbahnen vornehmlich verpflichtet, die nötigen Ausrüstungsgegenstände für die Beförderung der Mannschaften und Pferde vorrätig zu halten und die Beförderung gegen Vergütung zu bewirken, sowie auf dem Kriegsschauplatz und in dessen Nähe bezüglich Einrichtung, Fortführung, Einstellung und Weiterführung des Betriebes den Anordnungen der Militärbehörde Folge zu leisten. Über die militär. Bedeutung der Eisenbahnen s. Militäreisenbahnen und Militärtransportordnungen.

e. Ende der Eisenbahnen. Eisenbahnen hören auf, wenn sie, wozu die Genehmigung der Aufsichtsbehörde erforderlich ist, außer Betrieb gesetzt werden, ein Fall, der in Deutschland wohl bisher nur bei Strecken von Privatgesellschaften vorgekommen ist, die im Wettbewerb standen und nach ihrer Vereinigung in der Hand des Staates zum Teil entbehrlich wurden. Verschieden von dieser Beseitigung von Eisenbahnen ist das Erlöschen des Unternehmungsrechts einer Eisenbahn. Eine Staatsbahn als solche hört auf durch Veräußerung, wozu gesetzliche Genehmigung erforderlich ist. Das Unternehmungsrecht einer Privatbahn hört auf durch Ablauf oder Entziehung der Konzession (s. Eisenbahnkonzession), durch Erwerb seitens des Staates oder Vereinigung (s. Eisenbahnfusion) mit andern Eisenbahnen und durch Konkurs.

2) Außerdeutsche Staaten. Die vorstehenden allgemeinen Bemerkungen über Entstehung, Verwaltung und Ende der Eisenbahnen gelten im wesentlichen auch für die außerdeutschen Staaten. Im einzelnen ist folgendes hervorzuheben: In Österreich-Ungarn ist ein besonderes Eisenbahngesetz nicht erlassen; das Eisenbahnwesen ist vielmehr geregelt durch Einzelgesetze, Verordnungen und Erlasse. Von wichtigern Gesetzen und Verordnungen sind zu erwähnen: das sog. Eisenbahnkonzessionsgesetz vom 14. Sept. 1854, die Eisenbahnbetriebsordnung vom 16. Nov. 1851, Grundzüge der Vorschriften für den Verkehrsdienst auf Eisenbahnen mit normalem Betrieb und für den Betrieb auf Lokalbahnen vom 1. Okt. 1877, das Gesetz vom 5. März 1869 über die Haftung für körperliche Verletzungen und Tötungen, die Eisenbahnbauordnung vom 4. Febr. 1871, das Betriebsreglement vom 10. Juni 1874 (auch für Ungarn giltig), an dessen Stelle zugleich mit dem internationalen Übereinkommen über den Eisenbahnfrachtverkehr 1. Jan. 1893 ein neues Betriebsreglement tritt (s. unten Nr. 3 und Eisenbahnverkehrsordnung), das Gesetz vom 14. Dez. 1877 über die Regelung der Rechtsverhältnisse garantierter Eisenbahnen, das Lokalbahngesetz vom 17. Juni 1887 und 28. Dez. 1890, das österr. Enteignungsgesetz vom 18. Febr. 1878 (für Ungarn von 1868), das österr. Eisenbahnbüchergesetz (s. Eisenbahnbücher) vom 19. Mai 1874 zur Regelung des Eisenbahnschuldrechts und das deutsche Handelsgesetzbuch. In Ungarn, das erst seit 1867 ein selbständiges Gesetzgebungsrecht hat, gelten die meisten vor diesem Zeitpunkt für Österreich erlassenen Gesetze; von selbständigen ungar. Gesetzen sind zu erwähnen: das Enteignungsgesetz von 1868, das Eisenbahnbüchergesetz vom 7. April 1868, das Haftpflichtgesetz von 1874, das Lokalbahngesetz vom 13. Juni 1880 (24. Febr. 1888) u. s. w. Über die Verwaltung und Beaufsichtigung der Eisenbahnen s. Eisenbahnbehörden. Über das Verhältnis der Eisenbahnen zu andern Verwaltungszweigen, wie der Post- und Telegraphenverwaltung, der Zollverwaltung und der Militärverwaltung, enthalten die oben erwähnte Eisenbahnbetriebsordnung und das Eisenbahnkonzessionsgesetz nähere, den Bestimmungen für die deutschen Eisenbahnen (s. oben unter d) ähnliche Anordnungen.

In Frankreich ist das materielle E. im Code de commerce, Art. 96—108, in dem Eisenbahnpolizeigesetz vom 15. Juli 1845 (Loi sur la police des chemins de fer), der Ordonnanz vom 15. Nov. 1846 (Ordonnance portant règlement sur la police, la sûreté et l'exploitation des chemins de fer) und den Bedingnisheften (Cahiers des charges) für die einzelnen Bahnen enthalten. Neuerdings ist eine Umarbeitung der vorbezeichneten gesetzlichen Bestimmungen in Aussicht genommen. Außerdem kommen in Betracht die 1883 mit den großen Eisenbahngesellschaften geschlossenen und durch Gesetz vom 20. Nov. 1883 genehmigten Verträge wegen des Baues neuer Eisenbahnlinien unter Beteiligung des Staates und der Gesellschaften. Das Aufsichtsrecht des Staates ist geregelt durch die Erlasse des Ministers der öffentlichen Arbeiten vom 15. Okt. 1881 und 20. Juli 1886 und die Verordnung des Präsidenten der Republik vom 7. Juni 1884. (S. Eisenbahnbehörden.) In Italien hat das Eisenbahnwesen durch das Gesetz vom 27. April und 1. Juli 1885, durch das der Staat seine Bahnen Privatgesellschaften in Betrieb gab, neue Regelung erfahren. (S. Italienische Eisenbahnen und Eisenbahnbehörden.) Von den schon früher erlassenen Gesetzen sind zu erwähnen: das auch das Konzessionswesen umfassende Gesetz vom 20. März 1865, das Bahnpolizeireglement vom 30. Okt. 1862 und 31. Okt. 1873 u. s. w. In England giebt es ein allgemeines Eisenbahngesetz nicht. Dagegen giebt es eine Anzahl gesetzlicher Bestimmungen allgemeiner Natur, die für sämtliche Eisenbahnen gültig sind, und eine sehr große Anzahl von besondern Gesetzen für die einzelnen Bahnen. 1869 waren ungefähr 1800 Gesetze vorhanden, die durch ungefähr 1300 weitere Gesetze geändert worden sind. Die hauptsächlichsten Gesetze allgemeiner Natur sind vom 9. Aug. 1844, 8. Mai 1845 und 10. Juli 1854. Die Staatsaufsicht ist durch die Eisenbahn- und Kanalverkehrsgesetze von 1873 und 1888 geordnet. (S. Eisenbahnbehörden.) Die Schweiz besitzt eine sehr entwickelte Eisenbahngesetzgebung. Zu erwähnen sind das Bundesgesetz vom 23. Dez. 1872 über den Bau und Betrieb der Eisenbahnen, das Enteignungsgesetz vom 1. Mai 1850 mit Nachtrag vom 18. Juli 1857, das Gesetz betreffend den Transport auf Eisenbahnen vom 10. März 1875 nebst Transportreglement von 1876, das Haftpflichtgesetz vom 1. Juli 1875 (Nachahmung des deutschen Gesetzes) und die Bundesgesetze vom 25. Juni 1881 und 26. April 1887, das Gesetz über Verpfändung und Zwangsliquidationen von Eisenbahnen von 1874 und das Bundesgesetz über die Handhabung der Bahnpolizei von 1878. In den Niederlanden besteht das Eisenbahngesetz vom 9. April 1875, das Eisenbahndienstreglement (Bahnpolizeireglement) vom 27. Okt. 1875 und das Betriebsreglement vom 9. Jan. 1876 (zum Teil wörtliche Übersetzungen des deutschen Reglements). In Belgien werden die Verhältnisse der Privatbahnen durch die besondern Verträge (Conventions spéciales) geregelt. Daneben bestehen gesetzliche Vorschriften für den Betrieb und die Bahnpolizei vom 25. Juli 1891. Das Nebenbahnwesen ist durch ein besonderes Gesetz vom 24. Juni 1885 geregelt. Durch Gesetz vom 25. Aug. 1891 hat das belg. Frachtrecht eine vollständige Neuordnung erfahren, die auch für andere Länder von großem Interesse ist, weil Belgien der erste Staat ist, der seinem Landesrecht die Grundsätze des internationalen (Berner) Übereinkommens (s. unter 3) zu Grunde gelegt hat. In den *Vereinigten Staaten* bestehen Aufsichtsgesetze in den Einzelstaaten. Durch das Gesetz vom 4. Febr. 1887, betreffend die Regelung des zwischenstaatlichen Verkehrs (Interstate Commerce Law), abgeändert durch Gesetz vom 3. März 1889, ist auch eine Bundesaufsicht eingeführt. Das Gesetz schränkt u. a. die Thätigkeit der Tarifverbände (Pools) ein (s. Eisenbahnverbände) und bezweckt die Beseitigung der Differentialtarife und Refaktien. (S. Eisenbahntarife, S. 901 b).

3) *Zwischenstaatliches (internationales)* E. Die außerordentliche Verschiedenheit der Eisenbahngesetzgebung in den einzelnen Ländern verursacht für den großen zwischenstaatlichen Verkehr erhebliche Erschwernisse. Man ist daher schon frühzeitig bemüht gewesen, durch einheitliche Eisenbahneinrichtungen Verkehrserleichterungen zu schaffen. Diesen Zweck verfolgen die Eisenbahnverbände (s. d.), insbesondere die Vereinbarungen des Vereins deutscher Eisenbahnverwaltungen, durch welche die Einheitlichkeit des Netzes der dem Verein angehörenden Verwaltungen Deutschlands, Österreich-Ungarns, der Niederlande, Luxemburgs und einiger belg., russ. und rumän. Eisenbahnen in vielen wichtigen Beziehungen gesichert wurde. Weitere Bestrebungen gingen dahin, wenigstens auf dem Gebiete des Eisenbahn-Frachtrechts Einheitlichkeit in den europ. Staaten herbeizuführen, da der zwischenstaatliche Verkehr gerade infolge der Rechtsunsicherheiten zu leiden hat, welche durch die Verschiedenheit des Frachtrechts in den verschiedenen Ländern hervorgerufen werden. Zwecks Vereinbarung eines einheitlichen internationalen Eisenbahnfrachtrechts ist 14. Okt. 1890 zwischen den Regierungen von Deutschland, Österreich (zugleich für Liechtenstein)-Ungarn, Frankreich, Rußland, Italien, Belgien, Luxemburg, den Niederlanden und der Schweiz in Bern ein *internationales Übereinkommen über den Eisenbahnfrachtverkehr* abgeschlossen worden. Nachdem das Übereinkommen bis zum Sommer 1892 die Genehmigung insbesondere auch der parlamentarischen Körperschaften der beteiligten Regierungen gefunden hatte, erfolgte 30. Sept. 1892 in Bern der Austausch der Ratifikationen, wonach das Übereinkommen 1. Jan. 1893 in Kraft tritt. Die Anregung zum Abschluß dieses Übereinkommens ging 1874 von den beiden schweiz. Advokaten de Seigneur und Christ aus. Sein Wortlaut ist in drei in Bern in den J. 1878, 1881 und 1886 abgehaltenen internationalen Konferenzen zwischen Vertretern der beteiligten Staaten festgestellt. Das Übereinkommen besteht aus vier Teilen (1. Übereinkommen — im engern Sinne — 60 Artikel; 2. Reglement, betreffend Einrichtung eines Kontrollamtes; 3. Ausführungsbestimmungen — 11 Paragraphen; 4. Protokoll), die als ein in sich zusammenhängendes organisches Ganzes zu betrachten sind. Es findet Anwendung auf alle Sendungen von Gütern, die auf Grund eines durchgehenden Frachtbriefes, dessen Formular das Übereinkommen vorschreibt, aus dem Gebiet eines in das eines andern vertragschließenden Staates auf den Eisenbahnstrecken befördert werden, die in einer dem Übereinkommen angeschlossenen Liste bezeichnet sind. Es sind dies fast alle Bahnen der Vertragsstaaten. Nur wenige Bahnen rein örtlicher Bedeutung sind ausgeschlossen. Aus Gründen der öffentlichen Ordnung, der Sicherheit u. s. w. sind nur wenige Güter (Wert- und Kunstgegenstände, Leichen, Explosivstoffe u. s. w.) von der internationalen Beförderung ausgeschlossen. Nach §. 1 (letzter Absatz) der Ausführungsbestimmungen können jedoch zwei oder mehrere Vertragsstaaten in ihrem gegenseitigen Verkehr für Gegenstände, die vom internationalen Transport ausgeschlossen, sowie für solche, die nur bedingungsweise zugelassen sind, leichtere Bedingungen vereinbaren. Ein auf Grund dieser Bestimmung zwischen Deutschland, Österreich und Ungarn im Juni 1892 in Budapest getroffenes Abkommen tritt gleichzeitig mit dem Übereinkommen über den internationalen Eisenbahnfrachtverkehr im Juni 1893 in Kraft. Verhandlungen über den Abschluß einer gleichen Vereinbarung zwischen den gedachten Staaten und den Niederlanden sind im Gange. Das Übereinkommen stellt die Grundsätze über Annahme, Beförderung, Ablieferung, Haftpflicht für Verlust, Beschädigung und verspätete Lieferung wesentlich auf der Grundlage des deutschen, in dem Handelsgesetzbuch und dem Betriebsreglement (s. d.) enthaltenen Eisenbahnfrachtrechts fest. In zahlreichen Bestimmungen sind nach den in Deutschland und im Deutschen Eisenbahnverein (s. Eisenbahnverein) gemachten Erfahrungen Verbesserungen des Deutschen Rechts aufgenommen. Insbesondere ist die Beschränkung der Haftpflicht für Verlust und Beschädigung auf den sog. Normalsatz (60 M. für 50 kg) beseitigt, die Bahnen haben vielmehr den gemeinen Wert des Gutes am Versandorte zu vergüten. Daneben kann ein Interesse an der Lieferung (also unter Umständen auch ein entgangener Gewinn) versichert werden. In den Art. 47—56 werden die Grundsätze über den Rückgriff der Bahnen gegeneinander und das Verfahren hierbei aufgestellt. Das durch das Übereinkommen vorgesehene *Centralamt für den internationalen Transport*, das in Bern seinen Sitz haben soll, hat die Aufgabe, als Vermittelungsstelle für den geschäftlichen Verkehr der beteiligten Staaten zu dienen, die Arbeiten zur Änderung des Übereinkommens vorzubereiten, bei Regelung der finanziellen Beziehungen zwischen den beteiligten Bahnen mitzuwirken und auf Verlangen als Schiedsgericht bei Streitigkeiten der Bahnen thätig zu sein.

Das Übereinkommen soll zunächst 3 Jahre in Geltung bleiben. Jeder Staat, der nach Ablauf dieser Zeit von dem Übereinkommen zurückzutreten beabsichtigt, hat hiervon den übrigen Staaten ein Jahr vorher Mitteilung zu machen. Wird von diesem Recht kein Gebrauch gemacht, so gilt das Übereinkommen auf weitere 3 Jahre. Seine frachtrechtlichen Bestimmungen haben zur Folge gehabt, daß die meisten der beteiligten Staaten, darunter auch das Deutsche Reich und Österreich-Ungarn, das für ihren Binnenverkehr geltende Eisenbahnfrachtrecht mit dem Übereinkommen in thunlichste Übereinstimmung zu bringen beschlossen haben, sodaß nach dem Inkrafttreten des Berner Übereinkommens voraussichtlich auch im binnenstaatlichen Verkehr der Vertragsstaaten ein wesentlich gleiches Eisenbahnfrachtrecht gelten wird, eine Thatsache, die nicht nur für die Eisenbahnen, sondern insbesondere auch für Handel und Verkehr von weittragender Bedeutung ist (s. Eisenbahn-Verkehrsordnung). — Über internationalen Eisenbahnfrachtverkehr vgl. von der Leyen,

Das Berner internationale Uebereinkommen über den Eisenbahnfrachtverkehr, in Goldschmidts «Zeitschrift für Handelsrecht», XXXIX (1891); Gerstner, Frachtrecht, internationales, in der «Encyklopädie des gesamten Eisenbahnwesens», hg. von Röll, Bd. 4 (1892), und die an beiden Orten befindlichen Litteraturangaben; ferner Gerstner, Internationales Übereinkommen über den Eisenbahnfrachtverkehr (Textausgabe, Berl. 1892).

Neuerdings ist auch die Herstellung eines internationalen Gütertarifs angestrebt worden, und der letzte internationale Eisenbahnkongreß (s. Eisenbahnverbände) in Petersburg (Aug. 1892) hat sich bereits mit der Frage beschäftigt. Man erkannte indes an, daß bei der außerordentlichen Verschiedenheit der Güterklassifikation in den Eisenbahntarifen (s. d.) der einzelnen Länder die internationale Regelung des Tarifs für gewöhnliche Frachtgüter zur Zeit nicht möglich sein würde. Der Kongreß beschloß daher, nur der Aufstellung eines gemeinsamen internationalen Tarifs für die direkte Beförderung der Eilgüter näher zu treten und die Verwaltung der belg. Staatsbahnen um Ausarbeitung eines entsprechenden Entwurfs zu ersuchen.

Von weiterm Erfolg sind die Anregungen der Schweiz gewesen, im Interesse des durchgehenden Wagenverkehrs, soweit derselbe mit Rücksicht auf die Spurweite überhaupt möglich ist, sich über die für diesen Verkehr maßgebenden Abmessungen der Fahrzeuge zu verständigen. Bereits im Frühjahr 1879 hatte der schweiz. Bundesrat den Entwurf einer neuen Verordnung über die technische Einheit im schweiz. Eisenbahnwesen den Regierungen der an die Schweiz grenzenden Staaten: Deutschland, Österreich-Ungarn, Frankreich und Italien, zur Einsicht und Begutachtung und mit dem Ersuchen vorgelegt, sich den Bestimmungen dieser nötigenfalls durch gemeinschaftliche Beratungen noch abzuändernden Verordnung anzuschließen. Die hierüber auf der internationalen Zusammenkunft in Bern gefaßten Beschlüsse erhielten nicht in allen Punkten die vorbehaltene Genehmigung der teilnehmenden Staaten. Auf Einladung der schweiz. Bundesregierung trat deshalb in den Tagen vom 10. bis 15. Mai 1886 in Bern eine zweite Versammlung zur Beratung desselben Gegenstandes zusammen, deren Beschlüsse von den beteiligten Regierungen genehmigt wurden. Die vereinbarten «Bestimmungen, betreffend die technische Einheit im Eisenbahnwesen» und «Vorschriften über zollsichere Einrichtung der Eisenbahnwagen im internationalen Verkehr» sind in Deutschland 17. Febr. und 12. März 1887 veröffentlicht worden und 1. April 1887 in Kraft getreten. Seitdem sind den Vereinbarungen noch andere Staaten, so die Niederlande, Rumänien, Belgien, Serbien und Griechenland beigetreten. Die Bestimmungen über die technische Einheit umfassen zwei Artikel, von denen der erste anordnet, daß die Spurweite (s. d.) der Bahngleise auf gerader Strecke nicht unter 1,435 m und in Krümmungen nicht über 1,465 m betragen soll, während der andere in 25 Paragraphen die Vorschriften enthält, nach deren Erfüllung das Rollmaterial der Eisenbahnen aus Gründen seiner Bauart von dem internationalen Verkehr nicht ausgeschlossen werden darf. Diese Vorschriften beziehen sich auf den Radstand der Güterwagen, den Abstand der Räder einer Achse, die Breite und Stärke der Radreifen, Höhenlage der Puffer, Länge der Kuppelungen u. s. w. (S. Betriebsmittel.) Die Vereinbarungen über die zollsichere Einrichtung der Wagen enthalten allgemeine und besondere Bestimmungen, denen die Wagen und Wagenabteilungen im internationalen Verkehr entsprechen müssen.

Für den internationalen Personenverkehr bestehen einheitliche Bestimmungen zur Regelung der Rechtsverhältnisse zwischen Eisenbahn und Publikum nur innerhalb des Vereins deutscher Eisenbahnverwaltungen in den betreffenden Abschnitten des mit der deutschen Eisenbahn-Verkehrsordnung im wesentlichen übereinstimmenden Vereins-Betriebsreglements. (S. Eisenbahnverbände und Eisenbahn-Verkehrsordnung.) Die Bestrebungen, wie für den internationalen Güterverkehr durch Vereinbarung eines gemeinsamen Frachtrechts, so auch für den internationalen Personenverkehr durch Vereinbarung gemeinsamer Rechtsgrundsätze Einheitlichkeit und Rechtssicherheit zu schaffen, haben bisher zu Ergebnissen nicht geführt. Auf dem internationalen Eisenbahnkongreß (s. Eisenbahnverbände) zu Paris (1889) hatte der russ. Bevollmächtigte den Entwurf eines internationalen Übereinkommens für den Personenverkehr vorgelegt, den der Kongreß der Schweizer Regierung zur weitern Veranlassung mitzuteilen beschloß. Die Angelegenheit wurde demnächst von der belg. Regierung, insbesondere von Fassiaux weiter verfolgt; eine Anzahl mitteleurop. Staaten wurde eingeladen, eine internationale Konferenz zur Vorberatung der Angelegenheit zu beschicken. Die Konferenz wurde indes vertagt, und nach dem inzwischen erfolgten Tode von Fassiaux ist in der Sache weiter nichts geschehen. Dagegen sind im Interesse des internationalen Personenverkehrs von den beteiligten Eisenbahnverwaltungen eine Reihe gemeinsamer Betriebseinrichtungen getroffen worden, mit deren weiterer Ausbildung sich die alljährlich zweimal zusammentretenden internationalen Fahrplankonferenzen beschäftigen. (S. Eisenbahnfahrpläne.)

Litteratur. Westermann, Handbuch der preuß. Aktien- und Eisenbahngesetzgebung (Lpz. 1846); Bessel und Kühlwetter, Das preußische E. (2 Bde., Köln 1855—57); Beschorner, Das deutsche E., mit besonderer Berücksichtigung des Aktien- und Expropriationsrechts (Erlangen 1858); Koch, Deutschlands Eisenbahnen, Versuch einer systematischen Darstellung der Rechtsverhältnisse aus der Anlage und dem Betrieb derselben (3 Bde., Marburg 1858—60); ders., Das deutsche Eisenbahntransportrecht (Erlangen 1866); Meili, Das Pfand- und Konkursrecht der Eisenbahnen (Lpz. 1879); Endemann, Das Recht der Eisenbahnen (ebd. 1886); Eger, Handbuch des preußischen E. (Bresl. 1886 fg.); Meili, Das Recht der modernen Verkehrs- und Transportanstalten (Lpz. 1888); Eger, Das deutsche Frachtrecht mit besonderer Berücksichtigung des Eisenbahnfrachtrechts (2. Aufl., 3 Bde., Berl. 1888—91); ders., Eisenbahnrechtliche Entscheidungen deutscher und österr. Gerichte (Bd. 1—8, ebd. 1885—91); Gleim, Zum 3. Nov. 1838 (im «Archiv für Eisenbahnwesen», 1888); ders., Das Recht der Eisenbahnen in Preußen (Berl. 1891 fg.); Krönig, Die Verwaltung der preuß. Staatseisenbahnen (Bresl. 1891, 92); Gleim, Das Gesetz über Kleinbahnen und Privatanschlußbahnen vom 28. Juli 1892 (Berl. 1892); Jerusalem, Das Gesetz u. s. w. wie vorstehend (ebd. 1892). — Über österreichisches E. vgl. Michel, Österreichs E. (Wien 1860); von Stein, Zur Eisenbahnrechtsbildung (ebd. 1872); Pollanetz u. Wittek, Sammlung der das österr. Eisenbahnwesen betrefsenden Gesetze u. s. w. (ebd. 1870—78); Epstein, Entscheidungen in Eisenbahnsachen (ebd. 1878 u. 1884); Röll, Sammlung von eisenbahnrechtlichen Entscheidungen (ebd. 1879, 1886 fg.); Reinitz, Das Eisenbahnwesen Österreich-Ungarns und dessen neuestes Rechtsgebiet (ebd. 1881); ders., Das Rechtsverhältnis zwischen Staat und Eisenbahnen in Österreich (ebd. 1884); Röll, Österr. Eisenbahngesetze (ebd. 1885); Haberer, Das österreichische E. (Wien, Pest, Lpz. 1885); Stein, Eisenbahngesetzgebung und Rechtsbildung (in der «Zeitschrift für Eisenbahnen und Dampfschiffahrt», Wien 1888); Schuster und Weeber, Die Rechtsurkunden der österr. Eisenbahnen (ebd. 1889 fg.); von Buschmann, Das neue Eisenbahn-Betriebsreglement in Gegenüberstellung zum internationalen Übereinkommen über den Eisenbahnfrachtverkehr u. s. w. (ebd. 1892). — Über französisches E. vgl. Malapert, Histoire de la législation des travaux publics (Par. 1880); Vigouroux, Législation et jurisprudence des chemins de fer (ebd. 1886); Picard, Traité des chemins de fer (ebd. 1887); über englisches E. giebt die vollständigste Sammlung: Browne und Theobald, The law of Railway Companies (Lond. 1881); über amerikanisches: Pierce, Treatise on the law of railroads (Bost. 1881) Auskunft.

Eisenbahnregal, von ältern Rechtslehrern angenommene Bezeichnung für denjenigen Ausfluß des wirtschaftlichen (nutzbaren) Hoheitsrechts des Staates, kraft dessen derselbe im öffentlichen Interesse Bau und Betrieb von Eisenbahnen zu einem unzertrennlichen Bestandteil der Staatswirtschaft macht und daher selbst in die Hand nimmt. In der Übertragung dieses Rechts an Private wurde eine Form der Ausübung des E. (Belehnung mit dem E.) erblickt. Neuerdings ist man darüber einig, daß ein E. nicht angenommen werden kann und nicht bestanden hat. So spricht sich u. a. ein Erkenntnis des 4. Civilsenats des Reichsgerichts dahin aus, daß der Eisenbahnbau und Betrieb nicht zu den nutzbaren Regalien (s. d.) gehöre, und der Umstand, daß der Staat mit der Unterhaltung auch die Einkünfte einer Privatbahn übernahm (in Preußen), dem Geschäft nicht den Charakter eines Gewerbes entzogen habe. Vgl. Encyklopädie des gesamten Eisenbahnwesens, hg. von Röll, Bd. 3 (Wien 1891).

Eisenbahnregiment, s. Eisenbahntruppen.

Eisenbahn-Schlafwagengesellschaften, s. Eisenbahnwagen-Mietgesellschaften.

Eisenbahnschulen sind bei verschiedenen Eisenbahnverwaltungen zum Zwecke der Heranbildung eines tüchtigen und den Ansprüchen gewachsenen Personals, besonders an Lokomotivführern und Heizern sowie für den Stations- und Expeditionsdienst eingerichtet. Bei der Verwaltung der preuß. Staatsbahnen werden die Lokomotivführer und Heizer in den von der Verwaltung betriebenen Reparaturwerkstätten (s. Eisenbahnwerkstätten) praktisch und wissenschaftlich für ihren Dienst ausgebildet; außerdem nehmen die meisten Hauptwerkstätten auch Lehrlinge zur Ausbildung an (sog. Lehrwerkstätten). Den Anwärtern des Stations-, Expeditions- und Bureaudienstes werden von höhern Beamten regelmäßige Unterrichtsstunden gegeben, die sich auf alle Zweige des praktischen Dienstes erstrecken. Zu Nippes bei Köln war von der vormaligen Rheinischen Eisenbahngesellschaft eine technische Eisenbahnschule eingerichtet, um den Söhnen von Beamten der Rheinischen Eisenbahn Gelegenheit zur Ausbildung im Eisenbahnwesen zu geben. Mit dem Erwerb der Rheinischen Eisenbahn hatte der preuß. Staat diese (inzwischen aufgelöste) Schule mit übernommen, die den Söhnen von Beamten der Staatseisenbahnverwaltung zugänglich war. In Italien bestehen staatlich unterstützte E. in Rom, Neapel und Florenz. Die Schüler, welche diese Anstalten besucht haben, erwerben zwar keinen unmittelbaren Anspruch auf Anstellung bei der Eisenbahn, werden aber von den Verwaltungen im eigenen Interesse bei der Stellenvergebung bevorzugt. In Rußland sind E. eingerichtet hauptsächlich für die Ausbildung von Maschinenpersonal, Bahnmeistern und Telegraphisten. Diese Schulen wurden früher von den Eisenbahngesellschaften unter allgemeiner Staatsaufsicht verwaltet, 1886 sind sie zu Staatsanstalten erhoben worden. In der Schweiz besteht seit 1. Mai 1891 eine Eisenbahnschule in Biel.

Eisenbahnsignale oder *Eisenbahnzeichen.* Die Eigentümlichkeiten des Eisenbahnbetriebes, ferner die eigene Bauart des Weges, die ein Ausweichen und Überholen der Fahrzeuge in der einfachen Weise wie auf den Wasser- und Landstraßen ausschließt, sowie die große Geschwindigkeit und das starke Geräusch der Züge machten bald die Einführung bestimmter, ein für allemal festgesetzter Zeichen zur Verständigung der bei dem Betriebe beteiligten Personen notwendig, um die Sicherheit und Schnelligkeit des Verkehrs zu erhöhen. Die E. sollen einerseits die Strecken- und Stationsbeamten von der Annäherung eines Zuges in Kenntnis setzen, andererseits den Zugbeamten ersichtlich machen, ob der Zug seinen Weg ungehindert fortsetzen kann oder nicht. Nach dem Orte, wo sie gegeben werden, unterscheidet man drei: *Strecken-, Stations-* und *Zugsignale*, nach ihrer Wahrnehmbarkeit zwei: *hörbare* oder *akustische* und *sichtbare* oder *optische*; letztere zerfallen in *Tages-* und *Nachtsignale*.

Die Vorteile der *hörbaren* E. bestehen darin, daß sie von Tag und Nacht, Nebel und sonstigen Beleuchtungsverhältnissen unabhängig sind und die Aufmerksamkeit unmittelbar auf sich ziehen; sie eignen sich daher besonders zur Ankündigung außergewöhnlicher Vorkommnisse. Ihre Nachteile bestehen in der Beschränktheit ihrer Wirksamkeit (der Schallweite), in ihrer nur vorübergehenden Wirkung, in der leichten Beeinflussung derselben durch Wind, starke Geräusche u. s. w. Die Nachteile der beschränkten Schallweite lassen sich, wenn auch mit nicht unerheblichen Kosten, durch Anwendung elektrischer Einrichtungen beseitigen.

Die *sichtbaren* E. haben den Vorteil größerer, von Luftströmungen unabhängiger Fernwirkung, auch halten sie die Zeichen dauernd fest. Ihre Nachteile, starke Beeinträchtigung der Wirkung durch atmosphärische Einflüsse, treten allerdings gerade dann ein, wenn sie am notwendigsten werden.

Von den zur Anwendung kommenden *hörbaren* E. sind besonders zu erwähnen: die *Perronglocken*, durch die für das Publikum das Zeichen zum Einsteigen in den Zug und für das Zugpersonal das Zeichen zur Abfahrt gegeben wird; die *Hiefhörner*, mittels deren bei vielen Bahnen die Annäherung eines Zuges von Bahnwärter zu Bahnwärter angekündigt oder in gegebenem Falle eine Hilfsmaschine von der nächsten Station herbeigerufen wird; die *Dampfpfeife* (s. d.) der Lokomotive, mit der allgemeine Achtungssignale sowie für das Zugpersonal die Zeichen zum Schließen oder Lösen der Bremsen gegeben werden. Zu den hörbaren E. gehören ferner: die Mundpfeife, durch die der Zugführer das Zeichen zum Abfahren der Züge giebt und die Rangiermeister die Rangierbewegungen leiten (s. Rangieren); die auf den Lokomotiven der Nebenbahnen (s. d.) angebrachten Glocken, dereu Ertönen vor unbewachten Wegübergängen das Publikum von dem Herannahen eines Zuges benachrichtigen soll; die elektrischen Glocken, die bei den Wärterposten angebracht sind und durch ihr auf elektromagnetischem Wege hervorgerufenes Ertönen den Wärtern die Abfahrt der Züge von den benachbarten Stationen mitteilen (s. Elektrisches Läutewerk); endlich die Knallkapseln (Petarden), mit einer sprengstoffhaltigen Masse gefüllte Blechhülsen, die auf die Schienen befestigt werden und durch den Knall beim Zerdrücken durch die darüberfahrende Lokomotive den Lokomotivführer veranlassen, den Zug zum Stehen zu bringen.

Unter den sichtbaren E. sind zu erwähnen die optischen Telegraphen oder Semaphoren, das sind feststehende Vorrichtungen, durch die dem herankommenden Zuge das Zeichen gegeben wird, ob er die weitere Strecke ungestört befahren kann, oder ob er halten muß, oder endlich nur «mit Vorsicht» weiter fahren darf. Diese Zeichen werden in der Regel so gegeben, daß ein schräg aufwärts gerichteter Arm an einem senkrechten Maste «freie Fahrt», die horizontale Stellung des Arms «Halt» und die schräg abwärts gerichtete «Vorsicht» bedeutet. Bei Nacht werden diese Signale durch Laternen mit farbigem Licht gegeben, und zwar bedeutet ziemlich allgemein Weiß «Ordnung — freie Fahrt», Rot «Gefahr, halt» und Grün «Vorsicht — langsam fahren». Andere sichtbare E. sind die Wendescheiben, bei denen eine dem ankommenden Zuge mit ihrer vollen Fläche sich zeigende Scheibe «halt» bedeutet, während die Stellung der Scheibe parallel zur Bahnrichtung dem Zuge freie Fahrt giebt. Die Semaphoren sowohl als die Wendescheiben werden besonders auch dazu gebraucht, um Bahnhöfe abzuschließen, sie heißen dann Bahnhofsabschlußsignale. Der Bahnhofsvorstand darf diese Signale erst dann auf «freie Fahrt» stellen lassen, wenn die Bahnhofsgleise für den herankommenden Zug von anderu Zügen oder einzelnen Wagen frei sind. Die Verständigung zwischen dem Bahnhofsvorstande und dem Wärter bei dem Bahnhofsabschlußsignal geschieht meistens auf elektrischem Wege. (S. Central-Weichen- und Signal-Stellvorrichtungen und Blocksignalsystem.) Sichtbare Signale werden ferner von den Bahnwärtern dem Zugpersonal gegeben, indem dieselben entweder durch ruhiges Stehen oder Ausstrecken des Arms in der Fahrtrichtung andeuten, daß der Zug ungehindert fahren kann, oder durch Schwenken der Mütze, einer roten Fahne oder bei Nacht einer roten Laterne Gefahr anzeigen und den Zug zum Halten veranlassen. Die Weichensignale (s. Eisenbahnbau) haben den Zweck, dem Lokomotivführer eines herannahenden Zuges die Stellung der von ihm zu durchfahrenden Weichen schon auf eine angemessene Entfernung kenntlich zu machen.

Für die Verbindung zwischen Reisenden und Zugbeamten sowie Zugbeamten untereinander während der Fahrt sorgen die sog. Interkommunikationssignale. Auf den nicht mit durchgehenden Bremsen (s. Eisenbahnbremsen) ausgerüsteten Zügen wird zu diesem Zweck gewöhnlich die Zugleine verwendet, eine am obern Teile der Wagen in Ringen hinlaufende Schnur, die mit einem Ende an der Dampfpfeife der Lokomotive derart befestigt ist, daß beim Ziehen an der Schnur von einem Coupéfenster aus die Dampfpfeife in Thätigkeit gesetzt und dadurch der Lokomotivführer zum Halten veranlaßt werden kann. Die Zugsignale sind dazu bestimmt, die Spitze und den Schluß des Zuges (durch bunte Scheiben, bei Nacht durch Lampen mit farbigen Glasscheiben) erkennen zu lassen, oder nicht fahrplanmäßige Eisenbahnzüge (s. d.) den Bahnwärtern zu signalisieren.

Eine besondere Art der E. bilden die Kontrollsignale (Kontrollapparate), die angewendet werden, um der leitenden Dienststelle durch sichtbare oder hörbare Zeichen die Überzeugung zu verschaffen, daß die von ihr zur Ordnung und Sicherung des Betriebes getroffenen Anordnungen beachtet sind. So benutzt man bei der Bewachung der Bahnhöfe durch die Nachtwächter elektrische Kontrolluhren, welche die Zeit der Anwesenheit des Wächters an bestimmten Punkten des Bahnhofs am Aufstellungsorte des Kontrollapparats angeben. Eine weitere Verwendung finden Kontrollsignale bei Beschaffung des für die Lokomotiven erforderlichen Wassers. Da es nicht immer möglich ist, die Wasserförderungsmaschine unmittelbar neben dem Wasserbehälter aufzustellen, so ist die Einrichtung getroffen, daß dem Maschinenwärter auf elektrischem Wege der höchste Wasserstand angezeigt wird, bei dem er das Pumpen einzustellen hat. Vielfach wird auch durchweg der jeweilige Wasserstand ersichtlich gemacht. Weit wichtiger für den Betrieb ist die Überwachung der Stellung der Signale und der Weichen. (S. Eisenbahnbau.) Bei ausgedehnten Bahnhofsanlagen ist es für den betriebsleitenden Stationsbeamten sehr schwer, sich hiervon zu jeder Zeit Überzeugung zu verschaffen. Man hat deshalb vielfach, um den Beamten die Übersicht zu erleichtern, auf den Stationen besondere Kontrollapparate aufgestellt, die auf mechan., meist elektrischem Wege mit den Signalen und Weichen in Verbindung stehen und die Stellung derselben durch besondere sichtbare oder hörbare Zeichen angeben. Hierzu gehören z. B. die Nachahmungstelegraphen, auch wohl Affen genannt, die in unmittelbarer Nähe des Stationsbureaus aufgestellt und mit den Abschlußtelegraphen derartig selbstthätig verbunden sind, daß sie stets dieselben Zeichen wie jene geben. Auf den österr. Bahnen sind meist hörbare Kontrollsignale in Anwendung. Bei ihnen ist der zu überwachende Abschlußtelegraph mit einem im Stationsbureau befindlichen elektrischen Klingelapparat in Verbindung gebracht, der in Thätigkeit tritt und darin verbleibt, solange das Halte- oder das Fahrsignal steht. Ähnliche Kontrollsignale finden insbesondere in England Anwendung, um sich davon zu überzeugen, daß bei Nacht die Signallampe wirklich brennt. Die zum Schließen oder Öffnen des elektrischen Stroms nötige Bewegung wird durch Metallkörper hervorgebracht, die sich über der Flamme befinden und durch die von derselben erzeugte Wärme eine Ausdehnung und beim Erlöschen der Flamme eine Zusammenziehung erfahren. Über die Kontrollapparate zur Überwachung der Geschwindigkeit s. Eisenbahnfahrgeschwindigkeit.

Seit längerer Zeit ist man mit der Lösung der Aufgabe beschäftigt, eine telegr. Verbindung zwischen den *fahrenden Zügen* und den Stationen herzustellen. Derartige Versuche sind insbesondere in Amerika unter Anwendung der Induktionselektricität (s. d.) gemacht worden. Neuerdings soll der Elektrotechniker Perls in Würzburg ein Signalsystem erfunden haben, das eine unmittelbare Verständigung zwischen den auf demselben Gleis fahrenden Zügen sowie zwischen den Zügen und den Stationen ermöglicht, auch das Läutewerk der Lokomotive in der Nähe von Übergängen selbstthätig in Bewegung setzt. Die Anordnung besteht in der Hauptsache aus drei elektrischen Leitungen, die zwischen den Fahrschienen liegen und zur Übertragung von elektrischen Strömen dienen, die auf den Stationen wie auf den Lokomotiven durch Batterien erzeugt werden.

In Anbetracht der großen Bedeutung, die das Signalwesen für die Sicherheit und Schnelligkeit des Eisenbahnverkehrs hat, sind in den meisten Ländern von Aufsichts wegen besondere *Signalordnungen* erlassen.

In *Deutschland* hat der Bundesrat auf Grund des Art. 43 der Reichsverfassung, wonach übereinstimmende Betriebseinrichtungen getroffen, insbesondere gleiche Bahnpolizeireglements (s. Bahnpolizei) eingeführt werden sollen, in der Sitzung vom 30. Juni 1892 an Stelle der frühern Signalordnung vom 30. Nov. 1885 eine neue «Signalordnung für die Eisenbahnen Deutschlands» beschlossen. Dieselbe soll nach der Bekanntmachung des Reichskanzlers vom 5. Juli 1892 gleichzeitig mit der vom Bundesrat in derselben Sitzung beschlossenen Betriebsordnung für die Haupteisenbahnen Deutschlands, den Normen für den Bau und die Ausrüstung der Haupteisenbahnen Deutschlands und der Bahnordnung für die Nebeneisenbahnen Deutschlands 1. Jan. 1893 in Kraft treten. Sie findet Anwendung auf den Haupteisenbahnen und auf den Nebeneisenbahnen, soweit bei letztern Signale in Anwendung kommen. (S. Eisenbahn-Betriebsordnung.)

In *Österreich-Ungarn* besteht ebenfalls eine besondere Signalordnung (vom 1. Juli 1877). In *England* sind die Bestimmungen über das Signalwesen durch das Clearing-House zu London (s. Eisenbahnabrechnungsstellen) geregelt und durch das Handelsamt (Board of trade) bestätigt. Eine eigentümliche Signaleinrichtung zur Vermeidung von Zusammenstößen auf den engl. eingleisigen Bahnen ist der sog. *Zugstab* (train staff). Für jede Strecke befindet sich auf der betreffenden Station ein besonderer durch Form und Farbe von den andern ausgezeichneter, etwa 1/2 m langer Stab. Kein Zug und keine Lokomotive darf eine Stabstation verlassen, wenn der Stab für denjenigen Teil der Bahn, der zu befahren ist, sich zu dieser Zeit nicht auf der Station befindet. Wenn ein Zug zur Abfahrt von einer Station fertig ist, und es soll nicht ein zweiter Zug folgen, bevor der Zugstab für einen Zug aus der entgegengesetzten Richtung gebraucht wird, so übergiebt der Stationsbeamte dem Lokomotivführer den Zugstab. Soll ein anderer Zug in gleicher Richtung folgen, so erhält der Lokomotivführer des ersten Zuges eine *Zugkarte*, in der gesagt ist, daß der Zugstab folgen werde. Dabei muß dem Lokomotivführer der Zugstab vorgezeigt werden, wodurch er die Überzeugung erlangt, daß ihm bei Beobachtung der getroffenen Bestimmungen kein Zug und keine Lokomotive auf der zu befahrenden Strecke entgegenkommen kann. Außerdem wird jeder Zug auf eingleisigen Bahnstrecken von einem durch besondern Anzug oder ein Abzeichen kenntlichen Schaffner (Pilot guard) begleitet oder doch persönlich abgelassen. Neuerdings ist auf der London- und North-Western-Eisenbahn ein *elektrischer Zugstab* von Webb und Thompson zur Anwendung gekommen. Durch das Herausziehen des dem Lokomotivführer mitgegebenen Stabes aus dem auf der Lokomotive befindlichen Apparat wird die Blockstrecke am andern Ende elektrisch verschlossen (blockiert), und der Stab kann für einen Gegenzug dem auf demselben befindlichen Apparat nicht entnommen werden. (S. Blocksignalsystem.)

In *Frankreich* ist durch Ministerialverordnung vom 15. Nov. 1885 eine Signalordnung (Code des signaux) eingeführt worden, nach der bei den franz. Eisenbahnen die Sprache der sichtbaren und hörbaren Signale zwischen dem Zug-, Strecken- und Bahnhofspersonal einheitlich gestaltet werden soll. Bei dieser franz. Signalordnung ist der bei dem deutschen Signalsystem angewandte Grundsatz, daß sich die Tagessignale durch die Form unterscheiden sollen, während für die Nachtsignale die Farbe das charakteristische Merkmal bildet, nicht streng durchgeführt, auch drücken die zur Signalgebung verwendeten Farben nicht, wie dies bei dem deutschen Signalsystem der Fall ist, stets den gleichen Begriff aus, vielmehr ist die Bedeutung derselben abhängig von der Zahl der Lichter und der Zusammensetzung der Farben. Für den Betrieb der Eisenbahnen ist nach der franz. Signalordnung sowohl der Grundsatz des räumlichen Abstandes als auch derjenige des Zeitabstandes gestattet. (S. Blocksignalsystem.) Für die Tagessignale werden in Frankreich vorzugsweise Scheiben angewendet. Für die Nachtsignale kommen außer rotem, grünem und weißem Licht noch gelbes und violettes Licht, Doppellichter gleicher und verschiedener Farben sowie beleuchtete Tagessignalkörper in Anwendung.

In andern Ländern, wie namentlich auch bei den in anderer Beziehung schon sehr entwickelten Eisenbahnen in Nordamerika, besteht noch eine sehr große Verschiedenheit im Signalwesen und hat vielfach jede einzelne Bahnverwaltung auch ihre besondern Signale. Es entstehen infolgedes viele Unfälle durch Mißverständnis der Signale seitens des Bahnpersonals, besonders wenn Personal von einer Verwaltung zu einer andern übergeht. (S. Central-Weichen- und Signal-Stellvorrichtungen.)

Litteratur. M. M. von Weber, Das Telegraphen- und Signalwesen der Eisenbahnen (Weim. 1867, nebst Atlas von Sonne, Stuttg. 1869); Claus, Über Weichentürme und verwandte Sicherheitsvorrichtungen für Eisenbahnen (Braunschw. 1878); Schmitt, Das Signalwesen (Prag 1878); Textor, Dienstvorschriften für den äußern Betriebsdienst auf den engl. Eisenbahnen (Berl. 1882); Kohlfürst, Die elektrischen Einrichtungen der Eisenbahnen und das Signalwesen (Bd. 12 von Hartlebens «Elektrotechnischer Bibliothek», Wien 1883); ders., Die Fortentwicklung der elektrischen Eisenbahneinrichtungen (Wien, Pest, Lpz. 1891).

Eisenbahnstationen, s. Bahnhöfe.

Eisenbahnstatistik, die ziffermäßige Darstellung und Untersuchung der Erscheinungen des Eisenbahnwesens. Die E. sucht diese Erscheinungen zu bestimmten Gruppen zusammenzustellen und durch Vergleichung der erhaltenen Ziffern Ergebnisse zu gewinnen, die ebensowohl für die Eisenbahnverwaltungen selbst als auch für die Volkswirtschaft im allgemeinen von Nutzen sind. (S. Eisenbahnen III, 2 und Eisenbahnökonomie.) Schon bei der Veranschlagung neuer Bahnlinien wird statist. Thätigkeit erfordert in Bezug auf das Verkehrsbedürfnis der zu durchschneidenden Gegend, um dadurch die Anzahl und richtige Lage der Bahnhöfe und Haltestellen zu finden und der Bahn eine dem zu erwartenden Personen- und Güterverkehr entsprechende Anlage und Ausstattung zu geben. Weitere Hauptgegenstände der E. sind: die Zusammenstellung der Streckenausdehnung der Eisenbahnnetze, die Verteilung derselben auf Flächeninhalt und Bevölkerungszahl der einzelnen Staatsgebiete, die Feststellung der Baukosten und des verwendeten Anlagekapitals, des Bestandes, der Beschaffungskosten und der Leistungen der Betriebsmittel, der Betriebseinnahmen und der Betriebsausgaben unter Verteilung derselben auf die verschiedenen Zweige des Betriebsdienstes (Allgemeine, Bahn- und Transportverwaltung, s. Eisenbahnbetrieb), der Betriebsüberschüsse, der besondern Ergebnisse des Personen- wie des Güterverkehrs, der Anzahl der Beamten und Arbeiter, der Unfälle (s. Eisenbahnunfälle) u. s. w. Im Interesse der Herbeiführung einer wirtschaftlichen Verwaltung ist die fortlaufende, möglichst eingehende statist. Darstellung aller auf den Bau und den Betrieb der Bahnen Bezug habenden Thatsachen von höchster Wichtigkeit. Die allgemeine vergleichende E. dient dazu, Schlüsse auf die privatwirtschaftliche und volkswirtschaftliche Bedeutung der Eisenbahnen zu ziehen und der Eisenbahnpolitik die nötigen Fingerzeige für die zu verfolgende Richtung zu geben. Die Unterlagen für die E. werden von den einzelnen Dienststellen gesammelt, und hiernach wird die Zusammenstellung von einer Centralstelle bewirkt. Für das Deutsche Reich wird seit 1880 eine gemeinsame E. vom Reichs-Eisenbahnamt zusammengestellt und alljährlich veröffentlicht u. d. T. «Statistik der im Betriebe befindlichen Eisenbahnen Deutschlands» (Berlin). In andern Ländern wird die betreffende E. meist von den Eisenbahnaufsichtsbehörden in mehr oder weniger vollständiger Weise angefertigt und herausgegeben. Daneben veröffentlichen auch vielfach die einzelnen Bahnverwaltungen sowie Bahnverbände besondere Statistiken, so namentlich der Verein deutscher Eisenbahnverwaltungen, die preuß. Staatsbahnen (Berichte über die Ergebnisse des Betriebes der preuß. Staatseisenbahnen, Berlin) u. s. w. (S. die im Artikel Eisenbahnen angeführte Litteratur.)

Die große Verschiedenheit der für die Zwecke der E. von den Eisenbahnen der verschiedenen Länder gesammelten und veröffentlichten Angaben, die einen Vergleich zwischen den Eisenbahnverhältnissen verschiedener Länder außerordentlich erschwerte, hatte den Internationalen Statistischen Kongreß schon auf der Versammlung zu Paris 1855 und demnächst wiederholt bei andern Versammlungen mit der Frage beschäftigt, in welcher Weise das nicht allein für die Eisenbahnen, sondern nicht minder für den Welthandel wichtige Ziel einer internationalen E. erreicht werden könnte. Es wurde infolge dieser Anregungen für die internationale E. eine fachmännische Kommission eingesetzt. Nach wiederholten Versuchen, die Frage der internationalen E. durch Feststellung eines einheitlichen, von allen Eisenbahnen auszufüllenden Formulars zu lösen, nahm der 1876 zu Budapest abgehaltene Internationale Statistische Kongreß die Angelegenheit in glücklicherer Weise wieder auf. Statt sofort ein bindendes Muster für dieselbe aufzustellen, beschloß der Kongreß, die Feststellung der Musterblätter für die internationale E. einer besondern Kommission von Fachmännern zu überlassen. Die Kommission wurde zunächst aus 15 Mitgliedern gebildet, darunter 7 Vertretern des staatlichen statist. Dienstes und 8 Vertretern von Eisenbahnverwaltungen verschiedener Staaten. Von dem Rechte, sich durch andere Statistiker und Mitglieder aus den verschiedenen Zweigen des Eisenbahndienstes zu verstärken, machte die Kommission wiederholt Gebrauch, sodaß sie bald 75 Mitglieder, zerstreut über alle europ. Staaten, umfaßte.

Aus den Verhandlungen der Kommission zu Rom (1877), Bern (1878), Heidelberg (1879) und Haag (1881) ging ein Muster für die internationale E. hervor, das in 9 Tabellen und 261 Spalten diejenigen Angaben enthält, die in ihrer Gesamtheit ein alle Hauptpunkte des Eisenbahnwesens umfassendes Bild gewähren und daher auch für eine Vergleichung des Eisenbahnwesens in den verschiedenen Ländern den geeigneten Maßstab darbieten. Nach diesem Musterblatt ist, nachdem bereits für 1876 zur Erprobung der Zweckmäßigkeit der Tabellen eine Statistik herausgegeben worden war, 1885 die erste internationale E. für 1882 nebst Hauptergebnissen 1883 in deutscher und franz. Sprache erschienen (Wien, Staatsdruckerei). Ihre Angaben erstrecken sich im ganzen auf 342 europ. Eisenbahnen in einer Ausdehnung von 128 775 km. Für die folgenden Jahre sind bisjetzt Veröffentlichungen nicht erfolgt. Die Aufstellung einer **Welteisenbahnstatistik** ist von dem «Internationalen Eisenbahnkongreß» (s. Eisenbahnverbände) angeregt, aber bisjetzt nicht verwirklicht worden.

Eine Statistik der **Güterbewegung** auf den Eisenbahnen ist schon seit Jahren als ein Bedürfnis sowohl für die Eisenbahnen selbst als auch für Handel und Industrie erkannt worden. Die Ausarbeitung einer solchen Statistik hat deshalb auch schon lange die statist. Kongresse, den Verein deutscher Eisenbahnverwaltungen, einzelne deutsche Bundesregierungen u. a. beschäftigt, ohne daß die Bestrebungen zum Ziele geführt hätten. Der Anregung der preuß. Staatseisenbahnverwaltung ist es zu verdanken, daß vom 1. Jan. 1883 ab auch diesem Wunsche, zunächst wenigstens für das Gebiet der preuß. Staatseisenbahnen und der Reichsbahnen in Elsaß-Lothringen, Erfüllung wurde. Durch diese Statistik, der später mit wenigen Ausnahmen alle deutschen Eisenbahnen beigetreten sind, werden zur Darstellung gebracht: 1) die Güterbewegung zwischen den deutschen Verkehrsbezirken, soweit die zugehörigen Bahnen den für die Aufstellung der Statistik gegebenen Vorschriften beigetreten sind; 2) Empfang und Versand nach und von dem Auslande sowie den diesen Vorschriften nicht beigetretenen deutschen Bahnen; 3) die Durchfuhr von Ausland zu Ausland sowie zwischen dem Auslande und den nicht beigetretenen deutschen Bahnen; 4) die Durchfuhr zwischen den nicht mitwirkenden deutschen Bahnen. Deutschland ist in 36, den polit. Abgrenzungen angepaßte, das umgebende Ausland in 15 Verkehrsbezirke eingeteilt. Nicht sämtliche Warengattungen werden einzeln vermerkt, vielmehr ist im Interesse der Vereinfachung und Übersichtlichkeit die Zahl der besonders zu beobachtenden Gegenstände auf 76 beschränkt, indem vielfach mehrere unter einer Nummer zusammengefaßt sind. Die von den Güterabfertigungsstellen angefertigten Nachweisungen werden von den Direktionen bezirksweise zusammengestellt und aus diesen Zusammenstellungen schließlich im Ministerium der öffentlichen Arbeiten statist. Übersichten angefertigt, die ein genaues Bild des Güteraustausches zwischen den einzelnen Verkehrsgebieten des Reichs (einzelnen Bundesstaaten, Provinzen, größern Industriebezirken, Hafenplätzen u. s. w.) und zwischen diesen und dem Auslande bieten.

Diese Übersichten werden unter der Bezeichnung «Statistik der Güterbewegung auf deutschen Eisenbahnen nach Verkehrsbezirken» vierteljährlich veröffentlicht (Berlin). Zu denselben erscheinen seit 1885 von der königl. Eisenbahndirektion zu Erfurt herausgegebene «Graphische Darstellungen über die Bewegung einiger wichtiger Frachtartikel, wie Kohlen, Getreide und Mühlenerzeugnisse».

Die Einheiten, mit denen die E. rechnet, sind folgende: Das Kilometer = 1000 m, das Personen-, Tonnen-, Wagen-, Achs-, Lokomotiv- und Zugkilometer, d. i. eine Person oder eine Tonne (= 1000 kg) einen Kilometer weit befördert und ein Wagen, eine Achse, Lokomotive oder ein Zug ein Kilometer weit gefahren. Die Lokomotivleistungen werden Nutzkilometer genannt, wenn die Maschine zur Beförderung eines Zuges einschließlich des Vorspann- und Schiebdienstes diente, Leerfahrtkilometer, wenn sie den Weg allein zurückgelegt hat, und Rangierkilometer, wenn sie zum Rangieren (s. d.) der Züge verwendet wurde, wobei im letztern Falle eine Stunde Rangierdienst teils mit 5, teils mit 10 Lokomotivkilometern in Anschlag gebracht wird. Brutto-Tonnenkilometer bezeichnen die in den Zügen geförderte Gesamtlast einschließlich des Gewichts der Fahrzeuge multipliziert mit der Zahl der Kilometer Bahnlänge, auf welche dieselbe befördert worden ist. Die Tara-Tonnenkilometer ergeben sich aus der Multiplikation des Eigengewichts der Wagen mit der zurückgelegten Bahnstrecke. Als ideelle Belastungskilometer bezeichnet man die Summe der von einer als Einheit geltenden Bruttowagenbelastung (zu 17 t bei 20 km Geschwindigkeit auf horizontaler Bahnstrecke angenommen) zurückgelegten Bahnkilometer.

Die vorbezeichneten Maßeinheiten bilden die Grundlage für die Ermittelung der Leistungen der Betriebsmittel und des Verkehrsumfanges. Die während eines bestimmten Zeitraums zurückgelegten Lokomotiv- und Wagenachskilometer bieten zugleich einen wichtigen Maßstab für die Inanspruchnahme der Gleise und der Betriebsmittel; nach den Lokomotiv- und Wagenachskilometern werden bei den Staatsbahnen die zur Unterhaltung und Erneuerung der Gleise und Betriebsmittel (s. d.) im Etat vorzusehenden Beträge, bei den Privatbahnen die Rücklagen in den Erneuerungsfonds (s. Eisenbahnrecht, S. 878a) ermittelt. Nach dem Bahnpolizeireglement für die Eisenbahnen Deutschlands (s. Bahnpolizei) und den in dieser Beziehung gleichlautenden Bestimmungen der an Stelle desselben 1. Jan. 1893 in Kraft tretenden «Betriebsordnung für die Haupteisenbahnen Deutschlands» sind über die von den Lokomotiven und Tendern zurückgelegten Wege Listen zu führen, desgleichen über die zurückgelegten Wege der Personen-, Gepäck- und Postwagen, die spätestens nach Zurücklegung eines Weges von 30000 km einer Revision zu unterziehen sind.

Die Leistungen der Lokomotiven und Wagen stellen sich wie folgt: eine Lokomotive durchläuft jährlich etwa 30000 km, ein Personenwagen 45000 km, ein Gepäckwagen 60000 km, ein Güterwagen 15000 km. Die durchschnittliche Leistung eines Lokomotivführers beträgt für den Tag: für Güterzüge 110—150 km, Personenzüge 150—200 km, Rangierdienst 12 Stunden; die größte Leistung: bei Schnellzügen 500 km, Personenzügen 400 km, Güterzügen 200 km. Die Gesamtkosten der Zugkraft kann man zu etwa 0,4 bis 0,6 M. für das Nutzkilometer annehmen. Der Kohlenverbrauch einer Lokomotive stellt sich auf 16 kg für das Kilometer bei Güterzügen und auf 10 kg bei Personenzügen (für Flach- und Hügellandbahnen). 1 kg Kohle verdampft 5 bis 8 kg Wasser. Die Reparaturkosten der Lokomotiven betragen durchschnittlich 16 Pf. für das Lokomotivkilometer; die Reparaturkosten der Güterwagen 0,4 Pf. für das Wagenachskilometer. Die Dauer einer Lokomotive kann man zu 20 bis 25 Jahren, die eines Wagens zu 15 bis 25 Jahren annehmen. Vgl. G. Meyer, Eisenbahnbetrieb, im «Kalender für Eisenbahntechniker», hg. von Heusinger von Waldegg, Tl. 2 (Wiesbaden).

Eisenbahnsteuer wird von den Eisenbahnen teils vom Staate, teils von Gemeindeverbänden erhoben. Staatssteuern werden in der Regel von den Staatsbahnen nicht verlangt (in Österreich müssen die Staatsbahnen außer der Grundsteuer auch Erwerbs- und Einkommensteuer zahlen); der Gemeindesteuer unterliegen auch die Staatsbahnen.

I. **Staatssteuern.** a. Grund- und Gebäudesteuer. Der eigentliche Schienenweg ist in den meisten Ländern steuerfrei; gewöhnlich wird nur von den landwirtschaftlich benutzbaren Grundstücken (Dispositionsländereien) Grundsteuer erhoben. Dagegen ist der Bahnkörper besteuert in Österreich, Italien, Frankreich, England und Holland. Der Gebäudesteuer unterliegen in Preußen und Österreich die Gebäude der Privatbahnen. b. Gewerbesteuer wird in Preußen, Sachsen, Württemberg und Baden von den Eisenbahnen nicht erhoben, in Bayern dagegen von den Privatbahnen. In Österreich müssen sowohl Privat- wie Staatsbahnen Gewerbesteuer zahlen. Italien erhebt ebenfalls eine Gewerbesteuer; Frankreich beansprucht die sog. Patentgebühren, 10 Cent. für 1 km bei doppelgleisiger und 5 Cent. bei eingleisiger Bahn. c. Einkommensteuer. In Preußen wurde durch das Gesetz über die Eisenbahnunternehmungen vom 3. Nov. 1838 bestimmt, daß von den Eisenbahngesellschaften an Stelle der Gewerbesteuer eine Abgabe zu entrichten sei, die im Verhältnis des auf das gesamte Aktienkapital nach Abzug aller Unterhaltungs- und Betriebskosten und des jährlich innezubehaltenden Beitrags zum Reservefonds (s. Eisenbahnrecht II, 1b) treffenden Ertrags sich abstuft. Der Ertrag dieser Abgabe, für welche die Bestimmung der Höhe vorbehalten blieb, sollte nur zur Entschädigung der Staatskasse für die ihr (der Post) durch die Eisenbahnen entzogenen Einnahmen und zur Tilgung des in dem Unternehmen angelegten Kapitals verwendet werden. Durch die Gesetze vom 30. Mai 1853 und 16. März 1867 wurde die Höhe dieser Abgabe so bestimmt, daß von einem Reinertrag bis zu einschließlich 4 Proz. des Anlage- bez. Aktienkapitals ein Vierzigstel dieses Ertrags, von dem Mehrertrag über 4 bis zu 5 Proz. einschließlich ein Zwanzigstel, von dem Mehrertrag über 5—6

Proz. ein Zehntel, von dem Mehrertrag über 6 Proz. zwei Zehntel zu entrichten sind. Die Bestimmung, daß der Ertrag dieser Abgabe zur Tilgung der in dem Eisenbahnunternehmen angelegten Aktienkapitalien verwendet werden solle, wurde durch das Gesetz vom 30. Mai 1859 aufgehoben, welches bestimmte, daß die betreffenden Einnahmen den allgemeinen Staatsfonds zu gute kommen und an die Staatskasse abgeführt werden sollen. (Nach dem Voranschlag für das J. 1891/92 stellte sich der Betrag dieser E. auf 263850 M.)

In Sachsen und Württemberg haben die Privatbahnen Einkommensteuer zu zahlen. In Hessen entrichten die Privatbahnen nur Staatseinkommensteuer von den Überschüssen, die als Aktienzinsen oder Dividenden verteilt oder zur Bildung von Reserven verwendet werden. In Österreich wird eine Einkommensteuer von 10 Proz. des Reinertrages erhoben; in Frankreich unterliegen die Eisenbahnen dem «Impôt sur le revenu des valeurs mobilières» in Höhe von 3 Proz. der jährlichen Zinsen und Dividenden sowie des Einlösungsbetrages der Obligationen. In Belgien zahlen die Eisenbahnen 2 Proz. von der Dividende nebst 20 Proz. Zuschlag, ähnlich in Holland. Ebenso werden Einkommensteuern erhoben in England, Italien, Spanien, Rußland und in der Schweiz.

II. **Gemeindesteuern.** In Preußen, wo auch die Kreise von den Eisenbahnen Abgaben nach besonders festgestellten Grundsätzen erheben, müssen die Staatsbahnen den Gemeinden Grund- und Gebäudesteuer insoweit entrichten, als es sich nicht um den Schienenweg und um Gebäude für den öffentlichen Dienst handelt; die Privatbahnen steuern nach denselben Grundsätzen, nach denen sie dem Staate Grund- und Gebäudesteuer zu entrichten haben. Von ihrem Einkommen sind die Eisenbahnen nach dem sog. «Notkommunalsteuergesetz» vom 27. Juli 1885 den Gemeinden abgabepflichtig, mag der Unternehmer der preuß. Staat, eine andere jurist. Person, eine Aktiengesellschaft, eine Kommanditgesellschaft auf Aktien oder eine physische Person sein. Auch ist es gleichgültig, ob der Betriebsunternehmer zugleich Eigentümer der Bahn ist oder den Betrieb für seine Rechnung auf einer fremden Bahn übernommen hat. Die Abgabepflicht des Einkommens aus dem Eisenbahnbetrieb und die des Einkommens aus dem Eisenbahnbesitz ist für diejenigen Gemeinden begründet, in denen sich der Sitz der Verwaltung, eine Station oder eine für sich bestehende Betriebs- oder Werkstatts- oder eine sonstige gewerbliche Anlage befindet. Das zu besteuernde Einkommen einer Eisenbahn soll in der Weise ermittelt werden, daß von dem rechnungsmäßigen Überschuß der Einnahmen über die Ausgaben eine $3^1/_2$prozentige Verzinsung des Anlage- oder Erwerbskapitals abgezogen wird. Die Unterverteilung der aus dieser Berechnung für eine Eisenbahn sich ergebenden Steuer auf die einzelnen beteiligten Gemeinden erfolgt nach besondern, nach Maßgabe der in dem Gesetz getroffenen Bestimmungen von der staatlichen Aufsichtsbehörde festzustellenden Berechnungen. — In Bayern sind die Staatsbahnen den Gemeinden nur nach Maßgabe ihres nicht unmittelbar Staatszwecken dienenden Besitzes umlagepflichtig, die Privatbahnen unterliegen der Besteuerung nach Maßgabe der in den Gemeinden zu entrichtenden Staatssteuern. In Württemberg haben Staats- und Privatbahnen nur Grund- und Gebäudesteuer zu entrichten; in Baden sind Staats- und Privatbahnen von Gemeindeabgaben befreit, in Hessen nur die Staatsbahnen. In Österreich unterliegen ebenso wie in Frankreich die Eisenbahnen der Gemeindebesteuerung. In England werden die Eisenbahnen zu meist sehr hohen Kirchensteuern herangezogen (zwischen 8 und 28 Proz. des steuerbaren Wertes des unbeweglichen Besitzes), wobei indes zu berücksichtigen ist, daß den Kirchen die Sorge für einen großen Teil der kranken und dienstunfähigen Bahnbeamten und Arbeiter obliegt.

Außer den Staats- und Gemeindesteuern müssen die Eisenbahnen vielfach auch noch Gebühren, Taxen und Stempel bezahlen, insoweit sie nicht durch Gesetz oder die Konzession davon befreit sind. In Grunderwerbsangelegenheiten werden in Preußen keine Gebühren und Stempel berechnet, auch in andern Ländern, z. B. Bayern, sind die Eisenbahnen davon befreit. In Österreich müssen sie einen Teil (in der Regel die Hälfte) der gewöhnlichen Gebühr entrichten; in Italien 4,8 Proz. vom Kaufpreis. In Österreich besteht eine sog. Privilegiumstaxe von 15 Fl. 75 Kr. für jedes Jahr der Privilegiumsdauer; in England wird bei Erteilung von Konzessionen eine sehr hohe Parlamentstaxe erhoben. Die österr., die belg. und die franz. Bahnen müssen eine besondere Gebühr für die staatliche Aufsicht über den Betrieb (zwischen 600 und 2000 Fl., 250 und 12000 Frs., 120 Frs. für 1 km) entrichten. In vielen Ländern, wie z. B. in Österreich, Italien und Rußland, werden auch die Dividenden der Aktien und die Coupons der Obligationen besteuert. Stempelgebühren von den Fahrkarten, Frachtbriefen u. s. w. erheben z. B. Österreich, Italien u. a. Der Stempel für Fahrkarten in Österreich beträgt 1 Kr. für 50 Kr. (Höchstsatz 25 Kr.), in Italien 5 Cent. für die Fahrkarte, in Frankreich und Spanien 10 Cent. An Frachtbriefstempel sind in Österreich 1 Kr., bez. 5 Kr., in Frankreich 70 Cent. zu zahlen. In England besteht eine sog. Passagiersteuer. — Vgl. Gleim in dem «Wörterbuch des Deutschen Verwaltungsrechts», hg. von Stengel, Bd. 1 (Freib. i. Br. 1890); Encyklopädie des gesamten Eisenbahnwesens, hg. von Röll, Bd. 1 (Wien 1890).

Eisenbahnsubvention, Eisenbahnunterstützung. Das Privatkapital findet sich selbstverständlich nur für die Ausführung solcher Eisenbahnen, die von vornherein eine mindestens dem landesüblichen Zinsfuße entsprechende Verzinsung in Aussicht stellen. Soweit dies nicht der Fall ist, die betreffende Eisenbahn aber doch im Interesse des Landes als notwendig erkannt wird, muß der Staat entweder den Bau selbst übernehmen oder für den Bau besondere Vergünstigungen, Unterstützungen gewähren. Diese Unterstützung des Bahnbaues kann entweder durch Übernahme eines Teils der Aktien durch den Staat oder dadurch geschehen, daß ein Teil des Baukapitals aus der Staatskasse vorgeschossen wird und bezüglich der Verzinsung und allmählichen Tilgung dieses Vorschusses billige Bedingungen gestellt werden. Diese Art der Unterstützung ist namentlich in Frankreich und Italien angewendet worden, ebenso in den Vereinigten Staaten von Amerika seitens mehrerer Einzelstaaten. Eine andere, auch in Preußen und in Frankreich zur Anwendung gekommene Form der Unterstützung ist die Bewilligung eines unverzinslichen, nicht rückzahlbaren (verlorenen) Zuschusses zu den Baukosten (à fonds perdu). Die Überlassung von Staatsländereien für Bahnbauten, deren Unternehmer nach Inbetriebnahme der Bahnen diese Ländereien bestens zu verwerten suchen, ist besonders in den Vereinigten Staaten üblich. Anderweitige Unterstützungen erhalten die Bauunternehmer, teilweise auch durch Gewährung zollfreier Einfuhr von Baumaterialien, Schienen, Lokomotiven u. s. w.; oder der Staat unterstützt den Bahnbau durch Übernahme einer Zinsgarantie (Zinsgewähr). Dieselbe wird entweder ohne jede, wenigstens unmittelbare Gegenleistung gegeben, oder es wird die Rückerstattung der Minderertragszuschüsse (mit oder ohne Verzugszinsen) aus spätern Reinerträgen verlangt. Im letztern Falle wird die Rückerstattung entweder in der Weise ausbedungen, daß der ganze oder der größte Teil der später über den gewährleisteten Ertrag oder über einen andern Reinertrag sich erhöhenden Rente zu der Heimzahlung der Zuschüsse, welche die Bedeutung einer unverzinslichen oder verzinslichen Anleihe haben, beansprucht wird, oder der Staat bedingt sich bloß einen Anteil an den zukünftigen Reinertragsüberschüssen aus. Vielfach werden dergleichen Unterstützungen, insbesondere bei Nebenbahnen (s. d.), außer von dem Staate auch von Gemeindeverbänden gewährt, so z. B. in Preußen auch von den Provinzen, desgleichen in Belgien. — Vgl. Groß, Die Staatssubvention für Privatbahnen (Wien 1882); Micke, Das Secundärbahnwesen in Preußen seit dem J. 1879, im «Archiv für Eisenbahnwesen», 1884; Sonnenschein, Die Organisation des belg. Nebenbahnwesens, im «Archiv für Eisenbahnwesen», 1886; ders., Zur Nebenbahnfrage in Österreich (Wien 1887).

Eisenbahnsystem, Inbegriff der Grundformen, in denen sich das Eisenbahnwesen entwickelt hat. In *wirtschaftlicher* und *politischer* Beziehung versteht man darunter die Grundsätze, nach denen das Eisenbahnnetz eines Landes hergestellt und eine staatliche Mitwirkung bei dem Bau und Betriebe eingetreten ist (*Staatsbahn-* und *Privatbahnsystem*, *gemischtes Eisenbahnsystem*; s. Eisenbahnpolitik). In *technischer* Beziehung bezeichnet man mit E. die verschiedenen Grundformen, die bei dem Bau und Betrieb von Eisenbahnen zur Anwendung kommen. Man unterscheidet das *gewöhnliche* und *außergewöhnliche* E. Zu ersterm gehören alle Eisenbahnen mit eigenem Unterbau (s. Eisenbahnbau) und Lokomotivbetrieb nach dem *Adhäsionssystem*, bei dem der zur Fortbewegung der Züge erforderliche Reibungswiderstand zwischen den Rädern der Lokomotive und den Schienen lediglich durch den natürlichen Druck (Schwere) der Lokomotive auf die Schienen gewonnen wird. Alle hiervon abweichenden Bau- und Betriebsarten der Eisenbahnen fallen unter die außergewöhnlichen E., wie die *Straßenbahnen* (s. d.) ohne eigenen Unterbau, die *Zahnradbahnen* (s. Bergbahnen) mit besonderer Zahnschiene; die *einschienigen Bahnen*, bei denen in der Mitte des Bahnkörpers erhöht auf bockartigem Gerüst nur eine Fahrschiene angebracht ist (s. Einschienenbahnen); die *Seilbahnen* mit stehender Dampfmaschine oder Anwendung der Schwerkraft für die Fortbewegung der Fahrzeuge (s. Bergbahnen, Drahtseilbahnen, Seilebenen und Seilbahnen), die *Elektrischen Eisenbahnen* (s. d.); die *Atmosphärischen Eisenbahnen* (s. d.), *Wasserdruckeisenbahnen* (s. Gleiteisenbahn), *Pferdeeisenbahnen*, *Transportablen Eisenbahnen* (s. d.) u. s. w.

Eisenbahntarife, das Verzeichnis der für die Benutzung der Eisenbahnen zu entrichtenden Gebühren. *Tarifsatz* ist der Preis für die Beförderung selbst, während man unter *Nebengebühren* die Entschädigung für besondere, nicht allgemeine, sondern nur in gewissen Fällen vorkommende Nebenleistungen der Eisenbahn versteht. Hierzu gehören z. B. die Wiegegebühren, Krangebühren, Desinfektionsgebühren, Deckenmiete für die Überlassung von Wagendecken u. s. w. Der *Personentarif* enthält die Tarifsätze (*Fahrpreise*) für die Beförderung der Personen, der *Gepäcktarif* die Tarifsätze (*Frachtsätze*) für die Beförderung des Reisegepäcks (s. auch Expreßgut), der *Gütertarif* die Tarifsätze (*Frachtsätze*) für die Beförderung der Güter. Außerdem giebt es noch besondere Tarife für die Beförderung von *Leichen*, *Fahrzeugen* und *Vieh*. Die Grundsätze, nach denen die E. gebildet werden, heißen *Tarifsystem*; die Bedingungen für die Anwendung des Tarifs *Tarifvorschriften*; die äußere Anordnung des Tarifs heißt das *Tarifschema*. In den *Stationstarifen* finden sich die Tarifsätze für jede in dem Tarif enthaltene Station nach jeder andern in den Tarif aufgenommenen Station ausgerechnet vor, in den Personentarifen für eine Person, in den Gütertarifen für eine bestimmte Einheit, gewöhnlich 100 oder 1000 kg, während in den *Entfernungs-(Kilometer-)Tarifen* zwei Verzeichnisse enthalten sind, das eine mit den Entfernungen der einzelnen Stationen untereinander, das andere mit den ausgerechneten Tarifsätzen für eine Person oder eine bestimmte Gütermenge auf alle vorkommenden Entfernungen, woraus sich dann die Kosten für die Beförderung einer Person oder einer bestimmten Gütermenge zwischen zwei Stationen leicht entnehmen und berechnen lassen. Für große Stationen, z. B. Berlin, werden vielfach sog. *Tarifbücher* aufgestellt, welche die Frachtsätze für eine bestimmte Gütermenge nach allen Stationen bereits ausgerechnet enthalten, nach denen ein Verkehr mit der Station des Stationsbuches stattfindet. *Schnitttarif* wird eine Form der Eisenbahngütertarife genannt, deren wesentliches Merkmal darin besteht, daß die Frachtsätze nicht, wie im Stationstarif, von Station zu Station in *einem* Betrage angegeben, sondern in zwei Teilbeträge für die Strecke: a. von der Versandstation bis zum Schnittpunkt, b. vom Schnittpunkt bis zur Empfangsstation zerlegt sind. Durch Zusammenrechnen beider Teilbeträge wird der Frachtsatz gefunden. Der Schnittpunkt ist in der Regel eine Unterwegsstation, in der die Eisenbahnlinien des vom Tarif umfaßten Verkehrsgebietes aus den verschiedenen Richtungen sich vereinigen; er kann aber auch ein nur angenommener Punkt sein (sog. *imaginärer Schnitt*). Sind die Versand- und Empfangsgebiete durch eine Anzahl mehr oder minder gleichlaufender (paralleler), unterwegs nicht zusammentreffender Eisenbahnlinien miteinander verbunden, so kann dies die Annahme mehrerer Schnittpunkte für dieselben Empfangs- und Versandstationen erforderlich machen. Von den über die einzelnen Schnittpunkte sich ergebenden Frachtsätzen gilt dann der niedrigste. Angewendet wird die Form der Schnitttarife hauptsächlich zur Erleichterung und Vereinfachung der Tarifaufstellung und zur Verminderung der Druckkosten. Mit ihrer Hilfe können ohne erhebliche Schwierigkeiten direkte Tarife auch zwischen Ländern mit verschiedener Währung und grundsätzlich abweichender Tarifbildung eingerichtet werden.

Ein Transittarif ist ein nach einer Eisenbahnstation für alle oder für bestimmte Güter hergestellter Tarif, dessen besondere Frachtvergünstigungen nur gewährt werden, wenn die Sendung über die betreffende Eisenbahnstation hinaus nachweislich Weiterbeförderung, zu Wasser oder zu Eisenbahn, gefunden hat. Transittarife werden gewöhnlich nach einer Hafenstation oder nach einer Grenzstation nach dem Auslande in der Absicht hergestellt, durch Frachtermäßigungen die Weiterbeförderung zu Wasser oder über die Landesgrenze zu begünstigen. Ist der Transittarif von einer Auslands-Grenzstation nach einer Auslands-Grenzstation zu dem Zweck hergestellt, den Güterverkehr vom Ausland zum Ausland über inländische Bahnen zu leiten, so wird er Durchfuhrtarif genannt.

Der Tarifsatz für Güter setzt sich gewöhnlich aus zwei Sätzen zusammen, dem mit der Entfernung wachsenden Streckensatz für die Beförderung des Gutes selbst, und der festen sog. Abfertigungsgebühr, in Österreich-Ungarn Manipulationsgebühr oder feste Gebühr genannt, in Frankreich Manutention, in England Terminal. Sie wird für die Abfertigung der Güter und die sog. Stationskosten, d. h. die Annahme, das Verwiegen, Verladen und Abladen der Güter u. s. w. erhoben.

Weiter unterscheidet man Normaltarife, die auf dem allgemeinen Tarifschema beruhen, und Ausnahmetarife, die hiervon abweichen. Unter Differentialtarifen im weitern Sinne versteht man jede ungleiche, nicht genau den Entfernungen entsprechende Festsetzung der Beförderungspreise. In diesem Sinne fällt z. B. auch die Einrechnung der festen Expeditionsgebühr und die vielfach vorkommende Abstufung der Streckensätze mit zunehmender Entfernung (nach fallender Skala, Staffeltarife genannt) unter die differentiellen Tarifbildungen. Differentialtarife im engern Sinne liegen dagegen vor, wenn für die Beförderung einer Person in derselben Wagenklasse oder einer gleichen Menge desselben Gutes auf gleiche Entfernungen ungleiche (differentielle) Tarifierung stattfindet. Solche Differentialtarife werden vielfach aufgestellt, um die Ausfuhr der in einem Lande gewonnenen Erzeugnisse zu begünstigen (Ausfuhr- oder Exporttarife).

Die Frage der Zulässigkeit und Zweckmäßigkeit differentieller Tarifbildungen ist für das allgemeine wirtschaftliche Leben von der höchsten Bedeutung, denn der Beförderungspreis bildet bei jeder Gütererzeugung, deren Bezug und Absatz nicht auf den nächsten Umkreis beschränkt ist, einen wesentlichen Teil des Warenpreises. Die Entwicklung aller Zweige der Gütererzeugung ist daher in hervorragendem Maße von der Tarifstellung abhängig. Mit diesen allgemeinen wirtschaftlichen Interessen stehen die privatwirtschaftlichen Interessen der Eisenbahnen nicht immer im Einklang, denen oft nur daran liegt, im Wettbewerb mit andern Beförderungswegen einer Eisenbahn oder eines andern Verkehrsmittels, z. B. des Wasserweges, den Tarif so einzurichten, daß sie den Verkehr nicht verlieren oder neuen Verkehr gewinnen. Zu diesem Zweck aufgestellte Differentialtarife mögen zugleich auch den Wettbewerb verschiedener Erzeugungsgebiete um einen bestimmten Absatzmarkt erleichtern, vielfach wird dies aber auf Kosten und zum Nachteil der Erzeugnisse anderer inländischer Gebiete geschehen, denen vielleicht die Bedingungen ihres Bestehens, und noch dazu häufig zum Vorteil ausländischer Gebiete, entzogen werden.

Hinsichtlich ihres Geltungsbereichs unterscheidet man Lokaltarife (Binnentarife zwischen Stationen derselben Verwaltung) und direkte Tarife (Nachbartarife, Wechseltarife, Verbandtarife, s. Eisenbahnverbände), die sich über zwei und mehrere Verwaltungen erstrecken. Im Anfang des Eisenbahnwesens gab es nur Lokaltarife; wenn Beförderungen über den Verwaltungsbezirk einer Eisenbahn hinaus stattfinden sollten, so war es Sache der Versender, durch Speditionen oder auf andere Weise für die Weiterbeförderung zu sorgen. Die Wagen liefen nur bis an das Ende des Bahngebietes, die Personen mußten umsteigen und neue Fahrkarten lösen, die Güter mußten umgeladen und mit neuem Frachtbrief (s. d.) aufgegeben werden. Wegen Vereinbarung eines internationalen Gütertarifs s. Eisenbahnrecht (S. 881 a).

Die Höhe der E. unterliegt überall in gewissem Umfange der Genehmigung der staatlichen Aufsichtsbehörde (s. Eisenbahnbehörden). Vielfach wird die Festsetzung der E. bis zu einer bestimmten Höchstgrenze den Verwaltungen überlassen (Maximalsätze). Um das Zustandekommen von Nebenbahnen zu erleichtern, wird in Preußen den Gesellschaften gewöhnlich für die ersten 5 Jahre die Festsetzung der Tarife überlassen. Die E. müssen öffentlich bekannt gemacht werden, Tariferhöhungen sind nach dem preuß. Eisenbahngesetz vom 3. Nov. 1838 mindestens 6 Wochen vor ihrer Anwendung zu veröffentlichen. Aus der Natur der Eisenbahnen als öffentlicher, der Allgemeinheit dienender Verkehrsanstalten folgt die Verpflichtung zur gleichmäßigen Anwendung der Tarife. Begünstigungen einzelner Interessenten sind beispielsweise in Preußen ausdrücklich gesetzlich verboten, insbesondere sind auch die sog. Refaktien, das sind außertarifmäßige Rückvergütungen, die in andern Ländern vielfach gewährt werden, untersagt.

A. Personentarife. Im Anfang bestanden für den Personenverkehr drei Klassen. Bei einem großen Teil der norddeutschen Bahnen wurde in den fünfziger Jahren noch eine vierte Klasse eingeführt, welche gegenwärtig bei den preuß. Staats- und den meisten norddeutschen Bahnen noch besteht. Die Wagen waren anfangs offen; später wurde angeordnet, daß sie mit einer festen Decke und entweder mit Fenstern oder ringsum mit starken Gardinen zu versehen seien. Heute unterscheiden sich die Wagen vierter Klasse von denen der dritten Klasse nur durch das Fehlen der Sitzplätze, mit deren teilweiser Einrichtung (an den Seitenwänden) die preuß. Staatsbahnen indes neuerdings vorgegangen sind. Freigepäck wird in Norddeutschland in den drei ersten Klassen gewährt (25 kg); ferner für verschiedene Gewichtsmengen in England, Frankreich, Österreich, Rumänien, Rußland, Dänemark, Norwegen, Schweden, Serbien u. s. w. In der vierten Klasse ist das Mitnehmen von Traglasten gestattet.

In Deutschland herrscht im Personentarif noch große Mannigfaltigkeit; beinahe jede Bahn rechnet nach andern Sätzen. Seit einiger Zeit ist wenigstens bei den preußischen Staatsbahnen eine Einheitlichkeit dadurch herbeigeführt worden, daß unter Beseitigung der verschiedenen, von den verstaatlichten Privatbahnen überkommenen Sätze für den ganzen Bereich gleiche Normaltransportgebühren eingeführt worden sind. Dieselben entsprechen den frühern «Staatsbahntaxen» und betragen unter Gewährung von 25 kg Freigepäck für die ersten drei Klassen und Erhebung einer Gebühr von 0,50 Pf. für je 10 kg Überfracht für die Person und das Kilometer in Schnellzügen: in der I. Klasse 9, in der II. Klasse 6,67, in der III. Klasse 4,67 Pf.; in Personenzügen: in der I. Klasse 8, in der II. Klasse 6, in der III. Klasse 4 und in der IV. Klasse 2 Pf.; für **Rückfahrkarten** (Retourbillets) der ersten drei Wagenklassen, zur Hin- und Rückfahrt für dieselbe Person gültig zu allen Zügen, das 1½-fache der Sätze für Personenzüge; 25 kg Gepäck frei. Die Gültigkeitsdauer beträgt in der Regel für Entfernungen bis zu 200 km 3 Tage und für jede weitere 100 km einen Tag mehr; im Verkehr nach Berlin erhöht sich bei Entfernungen von mehr als 50 km die Gültigkeitsdauer um einen Tag. Rückfahrkarten mit dreitägiger Gültigkeitsdauer können noch am vierten Tage, den Tag der Lösung eingerechnet, zur Rückfahrt benutzt werden, wenn sie vor dem ersten Oster-, Pfingst- oder Weihnachtsfeiertage gelöst sind. Kinder unter 4 Jahren werden frei, im Alter von 4 bis 10 Jahren zur Hälfte des Fahrpreises für Erwachsene befördert. Im Berliner Vorortverkehr gelten wesentlich niedrigere Fahrpreise. (S. Berliner Stadt- und Ringbahn, Bd. 2, S. 819.) Militärpersonen werden zu dem Einheitssatz von 1,5 Pf. für 1 km in der III. Klasse befördert. Die **Zuschlags-** oder **Ergänzungs-** oder **Ausgleichungsbillets** ermöglichen den Übergang aus einer niedern in eine höhere Klasse oder von einem Eisenbahnzuge mit niedrigen Preisen in einen Zug mit höhern Preisen (vom Personenzug in einen Schnellzug). Der Preis des Zuschlagsbillets entspricht dem Preisunterschiede zwischen dem bereits gelösten und dem Billet für die betreffende höhere Klasse oder dem zu höhern Preisen verkehrenden Zug. **Zeitkarten** (Abonnementsbillets) für eine Person oder Familie werden auf die Dauer von einem bis zu zwölf Monaten zur Fahrt in den ersten drei Wagenklassen auf einer bestimmten Bahnstrecke mit Ermäßigungen von 50 Proz. und darüber (gegenüber den gewöhnlichen Fahrpreisen) ausgegeben. Zeitkarten für Schüler zur beliebigen Fahrt in II. und III. Klasse an den zulässigen Benutzungstagen auf bestimmter Strecke während eines bestimmten Zeitraums werden für 1 km mit 1—1,33 Pf. in der III. und 1,5—2 Pf. in der II. Klasse, bei mehrern Kindern mit weiter ermäßigten Sätzen berechnet. **Arbeiterkarten** (Arbeiterfahrkarten) zwischen bestimmten Stationen zum Durchschnittssatz von 1 Pf. (in Berlin bis ½ Pf. herunter) für 1 km berechtigen zu einmaliger Hin- und Rückfahrt in der Woche oder an den sechs Wochentagen. 1889 wurden in Deutschland 12 Mill. Fahrten (6½ Proz. aller überhaupt zurückgelegten Fahrten), davon 7½ Mill. in Berlin, auf Arbeiterkarten ausgeführt. Vielfach gelten sie nur für bestimmte Züge. Auf einzelnen Strecken sind besondere **Arbeiterzüge** zwischen Wohnort und Arbeitsstätten eingerichtet. Bei Gesellschaftsfahrten von mindestens 30 Personen, bei akademischen Ausflügen schon bei einer Teilname von 10 Personen, wird für die ersten drei Wagenklassen eine Ermäßigung von 50 Proz. gewährt. Bei Schulfahrten (mindestens 10 Schüler) und Fahrten nach den Ferienkolonien, Badereisen kranker mittelloser Personen, Ferienreisen von Waisenkindern, Zöglingen von Blinden- und Taubstummenanstalten erfolgt die Beförderung in der III. Klasse zum Militärfahrpreise. Die gleiche Ermäßigung wird ferner im Interesse der öffentlichen Krankenpflege den Vorstehern der betreffenden Vereine und ebenfalls den Krankenpflegern gewährt; bei Benutzung der II. Klasse wird nur der Fahrpreis III. Klasse erhoben.

Die Personengeld- und Gepäckfrachtsätze der **übrigen deutschen** Staatsbahnen und der bedeutendern Privatbahnen sind aus der nebenstehenden Zusammenstellung (S. 891) zu ersehen (1. Aug. 1892).

In neuerer Zeit sind zur Erleichterung des Reiseverkehrs in Deutschland wie in beinahe allen europ. Ländern sog. **Sommer-(Saison)-** und **Rundreisekarten** eingeführt, erstere nur während der Sommermonate, letztere meist während des ganzen Jahres verkäuflich. Es sind dies nur für eine bestimmte Person gültige Rückfahrkarten mit ermäßigten Preisen (bis zu 30 Proz.) und längerer, zum Teil bis auf 60 Tage ausgedehnter Gültigkeitsdauer. Die Sommer- und festen Rundreisekarten gelten für feststehende, von der Bahnverwaltung bestimmte, die **zusammenstellbaren Rundreisekarten** (**Fahrscheinhefte**) für von den Reisenden selbst ausgewählte Strecken. Daneben gelangen sog. Anschluß-Rückfahrkarten für in den Sommer- und Rundreisekartenverkehr nicht einbezogene Strecken zur Ausgabe; sie werden mit «Gutscheinen» verabfolgt, deren Preis auf die binnen bestimmter Frist zu lösende Sommer- und Rundreisekarte angerechnet wird. Bei den zusammenstellbaren Rundreisekarten, für die Freigepäck nicht gewährt wird, müssen Hin- und Rückfahrt zusammen mindestens 600 km umfassen, Ausgangsstation der Rundreise auch Endstation derselben sein. Die Benutzung derselben Strecken zur Hin- und Rückfahrt ist auf den preuß. Staatsbahnen schon früher, seit 1. Mai 1890 auch im Gebiet der deutschen Vereinsbahnen und einer größern Anzahl dem Verein nicht angehörender belg., schweiz. und skandinav. Eisenbahnverwaltungen ohne Einschränkung gestattet. Da die Bezeichnung Rundreisekarten auf diese Fahrkarten insofern nicht mehr paßt, als bei einer Hin- und Rückfahrt auf derselben Strecke von einer Rundreise nicht mehr die Rede sein kann, hat man vom 1. Mai 1890 ab im Vereinsgebiet die Bezeichnung «Zusammenstellbare Fahrscheinhefte» eingeführt. Solche Fahrscheinhefte werden verausgabt: für in sich geschlossene Rundfahrten, für Hin- und Rückfahrten über die gleichen Strecken, für Reisen, die sich zum Teil aus einer oder mehrern Rundfahrten, zum Teil aus Hin- und Rückfahrten über die gleichen Strecken zusammensetzen. Die zusammenstellbaren Rundreisekarten (Fahrscheinhefte) müssen bei zu diesem Zweck besonders eingerichteten Ausgabestellen unter Überreichung eines nach Formular auszufüllenden Verzeichnisses der ausgewählten Fahrstrecken eine gewisse Zeit vor Antritt der Reise bestellt werden. Gegenwärtig (1. Juli 1892) bestehen:

1) **Zusammenstellbare Fahrscheinhefte des Vereins deutscher Eisenbahnverwaltungen** (s. Eisenbahnverein) innerhalb folgender Länder: Deutschland, Luxemburg, Österreich-Ungarn, Rumänien, Belgien, Niederlande, Schweiz, Dänemark, Schweden und Norwegen.

2) **Zusammenstellbare Rundreisehefte** für den Verkehr zwischen Italien einerseits und Deutschland, Österreich-Ungarn, Frankreich, Belgien, den Niederlanden und der Schweiz andererseits.

Name der Eisenbahnen		I.	II.	III.	IV.	Überfracht für je 10 kg
		Betrag für 1 km in Pfennig und Pfennigbruchteilen				
I. Staatsbahnen.						
1) Großh. Badische St.-E.-B. . .	Personenzug	8,00	5,30	3,40	—	0,35
	Schnellzug	9,10	6,40	4,50	—	
R. 1—3† Tage	Personenzug	11,40	8,00	5,30	—	—
	Schnellzug	13,60	10,20	7,50	—	—
2) Königl. Bayrische St.-E.-B.	Personenzug	8,00	5,30	3,40	—	0,35
	Schnellzug	9,10	6,40	—	—	
R. 10 Tage	Personenzug	13,30	8,00	5,30	—	—
	Schnellzug	15,50	10,20	—	—	—
3) Elsaß-Lothringische E.-B. . .	Personenzug	8,00	5,30	3,40	—	0,424*
	Schnellzug	9,10	6,40	4,50	—	
R. 3† Tage	Personenzug	11,40	8,00	5,30	—	—
	Schnellzug	13,30	9,10	6,40	—	—
4) Main-Neckar-Bahn	Personenzug	7,00	4,60	3,00	—	0,35
	Schnellzug	8,40	5,60	4,00	—	
	R. 3† Tage	11,20	7,40	4,60	—	—
5) Großh. Mecklenb. Friedrich-Franz-E.-B.	Personenzug	9,00	6,33	4,67	2,33	0,45
	Schnellzug	9,00	6,33	4,67	—	
	R. 3† Tage	13,50	9,50	7,00	—	—
6) Königl. Militär-Bahn	Bis Zossen Vororttarif	—	—	—	—	—
	Von Zossen	—	6,00	4,00	—	0,375
	Keine R.	—	—	—	—	—
7) Großh. Oberhess. St.-E.-B.	Personenzug	8,00	6,00	4,00	—	0,50
	R. 3† Tage	12,00	8,00	6,00	—	—
8) Großh. Oldenburgische E.-B. im Lokalverkehr	Personenzug	6,00	4,50	3,00	2,50	0,40
	R. 1 Tag	11,00	8,50	5,50	—	—
im direkt. u. Durchgangsverkehr	Personenzug	8,00	6,00	4,00	—	0,50
	R. 3† und mehr Tage	12,00	9,00	6,00	—	—
9) Königl. Sächsische St.-E.-B.	Personenzug	8,00	6,00	4,00	2,00	0,533
	Schnellzug	9,00	6,67	4,67	—	
	R. 3 Tage	—	8,00	5,33	—	—
		Bei Schnellzug Zusatzkarten 1 Pf. für 1 km.				
10) Königl. Württemb. St.-E.-B.	Personenzug	8,00	5,30	3,40	—	0,35
	Schnellzug	9,10	6,40	4,50	—	
R. 1 u. 10 Tage	Personenzug	11,40	8,00	5,30	—	—
	Schnellzug	13,60	10,20	7,50	—	—
II. Privatbahnen.						
1) Hessische Ludwigsbahn . . .	Personenzug	8,00	5,30	3,40	2,00	0,56*
	Schnellzug	9,10	6,40	4,50	—	
R. 3† Tage	Personenzug	12,00	7,95	5,10	—	—
	Schnellzug	13,65	9,60	6,75	—	—
2) Lübeck-Büchener Bahn . . .	Personenzug	8,00	6,00	4,00	2,30	0,50
	Schnellzug	9,00	6,67	4,67	—	
	R. 1, 3† u. 4 Tage	12,00	9,00	6,00	—	—
3) Pfälzische Eisenbahnen . . .	Personenzug	8,00	5,30	3,40	—	0,56
	Schnellzug	9,10	6,40	—	—	
	R. 3† Tage	12,00	8,00	5,10	—	—

Bemerkungen

I. Staatsbahnen.

Zu 1. R. bis zur nächsten Station 1 Tag, darüber hinaus bis 180 km 2 Tage, über 180 km 3 Tage gültig. Bei Bemessung der Gültigkeitsdauer der 2- und 3tägigen R. bleiben Sonn- und Festtage (Neujahr, Ostermontag, Himmelfahrt, Pfingstmontag, Christtag und Stephanstag) außer Berechnung. — Kein Freigepäck.

Zu 2. Seit 15. Juni 1892 ist die Gültigkeitsdauer der R. allgemein auf 10 Tage erhöht worden. — Kein Freigepäck.

Zu 3. *Für je 5 kg 0,212 Pf. — Kein Freigepäck.

Zu 4. R. zwischen Frankfurt und Darmstadt einerseits und Mannheim andererseits zu erhöhten Preisen für alle Züge gültig, die übrigen R. (auch Sonntagsrückfahrkarten) erhalten durch Zukauf einer Zusatzkarte (Grundtaxe 1 Pf. pro Kilometer) Gültigkeit zu Schnellzügen. Die Gültigkeitsdauer der R. wird durch zwischenfallende Festtage in der Weise verlängert, daß, wenn auf den Tag der Ausgabe zwei Festtage oder ein Sonntag mit einem oder zwei Festtagen folgen, oder wenn die R. an einem Festtagen unmittelbar vorausgehenden Sonntage oder an einem ersten Festtage gelöst wird, die auf den Ausgabetag folgenden Sonn- und Festtage bei Bemessung der Gültigkeitsdauer außer Betracht bleiben. An Sonn- und Festtagen Sonntagsrückfahrkarten für Personenzüge zu ermäßigten Preisen. — Kein Freigepäck.

Zu 5. 25 kg Gepäck frei.

Zu 6. Kein Freigepäck.

Zu 7. Nur auf einfache Fahrkarten 25 kg Freigepäck.

Zu 8. Im direkten Verkehr 25 kg Gepäck frei, im Lokalverkehr nur Handgepäck frei.

Zu 9. Fahrkarten IV. Kl. werden Sonn- und Festtags nicht ausgegeben. Diejenigen R., die am Tage vor Ostern und an den Osterfeiertagen gelöst werden, gelten bis einschließlich Mittwoch nach Ostern, die am Tage vor Pfingsten bis zum nächsten Mittwoch entnommen werden, bis einschließlich Freitag nach Pfingsten, und die am Tage vor Weihnachten und an den Weihnachtsfeiertagen gelöst werden, bis einschließlich 28. Dez. — 25 kg Freigepäck.

Zu 10. R. bis zur nächsten Station 1 Tag, im übrigen seit 15. Juli 1892 10 Tage. — Kein Freigepäck.

II. Privatbahnen.

Zu 1. Kein Freigepäck. *Für je 5 kg 0,28 Pf.

R. an Sonn- und Festtagen 1 Tag gültig zum einfachen Preise.

Zu 2. 25 kg Freigepäck.

Zu 3. Kein Freigepäck.

R = Rückfahrkarte. R mit * gelten 3 Tage, wenn sie am Tage vor einem Sonn- oder Feiertage, solche mit † gelten 4 Tage, wenn sie am Tage vor Ostern, Pfingsten oder Weihnachten gelöst sind.

3) Zusammenstellbare Rundreisehefte ausschließlich für die Schweiz (dazu Anschlußkarten von Elsaß-Lothringen).

4) Feste Rundreisekarten für den Verkehr innerhalb gewisser Gebiete Deutschlands, sowie zwischen Deutschland einerseits und Böhmen, dem übrigen Österreich, der Schweiz, Belgien, Niederlande und Frankreich andererseits.

5) Feste Rundreisekarten von London durch Belgien, Deutschland, Frankreich zurück nach London.

6) Feste Rundreisekarten ausschließlich für Italien (dazu Anschlußkarten von Deutschland).

7) Feste Rundreisekarten innerhalb Frankreichs sowie nach folgenden auswärtigen Ländern: Schweiz, Österreich, Italien, Spanien, Portugal, Algier, Tunis und Tripolis.

An dem Verkehr zu 1) waren 1891 147 Eisenbahnverwaltungen mit über 76500 km beteiligt. Verausgabt wurden insgesamt 548888 Fahrscheinhefte, zu denen 8176437 Fahrscheine verwendet wurden. Die Einnahmen betrugen 27764556 M.; die Anzahl der auf die Fahrscheinhefte zurückgelegten Personenkilometer (s. Eisenbahnstatistik, S. 886 a) belief sich auf 652072489.

Über die Zuständigkeit der ständigen Tarifkommission und der Generalkonferenz der deutschen Eisenbahnen in Angelegenheiten des Personenverkehrs s. S. 900a.

Der Personengeldtarif in den übrigen Ländern enthält außerordentlich verschiedene Sätze und mannigfache Fahrpreisermäßigungen für bestimmte Fälle, insbesondere auch für die Fahrten der Arbeiter, z. B. in Frankreich und in England, wo 1883 auf Veranlassung des Parlaments besonders wohlfeile Arbeitszüge (workmen trains) eingeführt und von der hier bestehenden Passagiersteuer befreit wurden. Dieselben verkehren zwischen den Arbeitsmittelpunkten und den Wohnstätten der Arbeiter früh und abends.

Nachstehende Übersicht enthält die Fahrpreise und Gepäckfrachtsätze auf den wichtigsten außerdeutschen Eisenbahnen Europas:

Bezeichnung der Bahn	Fahrpreise für die Person und das Kilometer in Pf.						Bestimmungen für die Abfertigung von Reisegepäck	
	Schnellzug			Personenzug				
	I. Kl.	II. Kl.	III. Kl.	I. Kl.	II. Kl.	III. Kl.	Freigepäck	Gepäckfracht
Belgien: a. Staatsbahn	7,56	5,67	3,78	6,048	4,536	3,024	Kein Freigepäck.	Beförderungsgebühr für 100 kg und 1 km: 6 Cent. (4,8 Pf.), mindestens 50 Cent. (40 Pf.).
b. Große Belg. Centralbahn	6,4	4,8	3,2	6,4	4,8	3,2	Desgleichen.	Beförderungsgebühr desgleichen.
Dänemark: Staatsbahnen	1) In Jütland, auf Fünen und Seeland. Bis 75 km:						25 kg	Bis 5 kg Übergewicht Mindestbetrag 6,5 Öre (6,75 Pf.). Für jedes der ersten 60 km 0,26 Öre (0,2925 Pf.). Für jedes der nächsten 60 km 0,20 Öre (0,2250 Pf.). Für jedes der nächsten 60 km 0,175 Öre (0,1968 Pf.). Für jedes der nächsten 60 km 0,15 Öre (0,1687 Pf.). Für jedes folgende Kilometer 0,13 Öre (0,1462 Pf.).
	8,25	6,00	3,75	8,25	6,00	3,75		
	Von 76 bis 150 km:							
	7,05	5,10	3,15	7,05	5,10	3,15		
	Von 151 km ab:							
	5,85	4,20	2,55	5,85	4,20	2,55		
	2) Zwischen Jütland, Fünen und Seeland. Bis 113 km:							
	8,25	6,00	3,75	8,25	6,00	3,75		
	Über 113 km:							
	6,75	4,50	2,25	6,75	4,50	2,25		
England: a. Great-Eastern-Eisenbahn	Die Bahn hat das Recht, zu erheben:						In I. Kl. 120 Pfd. In II. Kl. 100 Pfd. In III. Kl. 60 Pfd. (1 Pfd. englisch = 0,45 kg).	Für das Pfund bei Entfernungen bis zu 30 engl. Meilen (48,3 km) 1/8 Penny (1,06 Pf.), bis zu 50 engl. Meilen (80,5 km) 1/4 Penny (2,12 Pf.), bis zu 150 engl. Meilen (241,4 km) 1/2 Penny (4,25 Pf.), bis zu 300 engl. Meilen (482,7 km) 3/4 Penny (6,375 Pf.), über 300 engl. Meil. 1 Penny (8,5 Pf.).
	15,85	10,56	7,92	15,85	10,56	7,92		
	Erhoben werden jedoch andere Preise, die sich nach dem Wettbewerb und den wechselnden Verkehrsverhältnissen richten.							
b. Andere Eisenbahnen	Einheitliche Sätze bestehen nicht. Alle Bahnen erheben ein möglichst hohes Fahrgeld; oft werden weitgehende Ermäßigungen bewilligt. Nach gesetzlicher Bestimmung müssen alle Bahnen täglich wenigstens einen Zug in jeder Richtung zum Fahrpreis von 1 Penny für die engl. Meile (= 8,5 Pf. für 1,609 km oder 5,28 Pf. für die Person und und 1 km) in der III. Klasse verkehren lassen. Als Normalpreise können folgende angesehen werden:						Desgleichen.	Für das Pfund bei Entfernungen von 50 engl. Meilen 1/4 Penny, von 51 bis 150 engl. Meil. 1/2 Penny, von 151 bis 300 engl. Meil. 3/4 Penny, über 300 engl. Meilen 1 Penny. Die Midland- u. Great-Northern-bahn erheben nur die Hälfte dieser Sätze.
	15,85	10,56	5,28	15,85	10,56	5,28		
	= 3	2	1 Penny für die Person und Meile.					
Frankreich: a. Nordbahn	Bis 31. März 1892:						30 kg	Für die Tonne und 1 km: bei 1—40 kg 50 Cent. (40 Pf.), bei mehr als 40 kg 40 Cent. (32 Pf.). Außer der Gebühr von 40 Cent. noch eine Abfertigungsgebühr von 1,50 Frs. (1,20 M.) für die Tonne. Mit 12 Proz. Staatssteuer.
	9,856	7,392	5,4208	8,96	6,72	4,928		
	Seit 1. April 1892:							
	8,96	6,048	3,9424	8,96	6,048	3,9424		
	(einschließlich 12 Proz. Staatsabgabe).							

Bezeichnung der Bahn	Fahrpreise für die Person und das Kilometer in Pf. Schnellzug I. Kl.	II. Kl.	III. Kl.	Personenzug I. Kl.	II. Kl.	III. Kl.	Bestimmungen für die Abfertigung von Reisegepäck: Freigepäck	Gepäckfracht
b. Ostbahn	Bis 31. März 1892:							
	9,856	7,392	5,4208	9,856	7,392	5,4208	30 kg	Wie unter a.
	Seit 1. April 1892:							
	8,96	6,048	3,9421	8,96	6,048	3,9421		
c. Staatsbahn	8,1536	6,048	3,9424	8,1536	6,048	3,9424	Desgleichen.	Desgleichen.
	(einschließlich 12 Proz. Staatsabgabe).							
d. Westbahn	8,96	6,048	3,9424	8,96	6,048	3,9421	Desgleichen.	Desgleichen.
	(einschließlich 12 Proz. Staatsabgabe).							
e. Paris-Lyon-Mittelmeer-bahn	8,96	6,048	3,9424	8,96	6,048	3,9424	Desgleichen.	Desgleichen.
	(einschließlich 12 Proz. Staatsabgabe).							
Italien: Südbahnen (Adriatisches Netz) u. Mittelmeerbahnen	9,944	6,968	4,52	9,04	6,328	4,072	Kein Freigepäck.	45,2 Cents (36,16 Pf.) für 1000 kg und 1 km, mindestens 70 Cents (56 Pf.).
	IV. Klasse 2,712 Pf. (einschließlich 13 Proz. Staatssteuer).							
Niederlande: a. Staatsbahnen	Hauptstrecken. Bis 50 km:						Kein Freigepäck.	Beförderungsgebühr für 10 kg und 1 km: 0,14 Cent holländisch (0,238 Pf.), daneben Abfertigungsgebühr für 10 kg 4 Cents (6,8 Pf.).
	8,5	6,8	4,25	8,5	6,8	4,25		
	Von 51 bis 100 km:							
	6,8	5,44	3,4	6,8	5,44	3,4		
	Von 101 bis 150 km:							
	5,95	4,76	2,975	5,95	4,76	2,975		
	Von 151 bis 200 km:							
	5,525	4,42	2,7625	5,525	4,42	2,7625		
	über 200 km:							
	5,1	4,08	2,55	5,1	4,08	2,55		
b. Holländ. Eisenbahn	8,5	6,8	4,25	8,5	6,8	4,25	Kein Freigepäck.	Beförderungsgebühr für 1 kg und 1 km: 0,10 Cent holländisch (0,17 Pf.), daneben Abfertigungsgebühr 5 Cents (8,5 Pf.) für 10 kg, Mindestgewicht 20 kg.
	Es wird beabsichtigt, die Personentarife auf sämtlichen niederländ. Bahnen auf Grund nachfolgender Einheitssätze neu zu ordnen:							
Von 1— 50 km	6,8	5,1	3,4	6,8	5,1	3,4		
51—100 »	6,12	4,59	3,06	6,12	4,59	3,06		
101—150 »	5,44	4,08	2,72	5,44	4,08	2,72		
151—180 »	4,76	3,57	2,38	4,76	3,57	2,38		
181—210 »	3,4	2,55	1,7	3,4	2,55	1,7		
211—240 »	2,04	1,53	0,102	2,04	1,53	0,102		
über 240 »	0,68	0,51	0,34	0,68	0,51	0,34		
Norwegen: Staatsbahn	Auf Linien im Innern des Landes:						25 kg	Für das Übergewicht auf Entfernungen von 1 bis 100 km 3 Öre (3,375 Pf.) für 1 kg; von 101 bis 200 km 4 Öre (4,50 Pf.) für 1 kg; von 201 bis 300 km 5 Öre (5,625 Pf.) für 1 kg; von 301 bis 400 km 6 Öre (6,75 Pf.) für 1 kg u. s. w. mit einem Zuschlag von 1 Öre (1,125 Pf.) für jede angefangenen 100 km.
	Bis 50 km			7,3125	5,625	3,6562		
	über 50 bis 150 km .			7,3125	5,625	3,375		
	über 150 km			7,3125	5,625	3,0937		
	Auf den übrigen Linien bestehen ebenso wie für die Schnellzugslinien verschiedene Fahrpreise.							
Österreich und Ungarn:	S. S. 895 fg.							
Rumänien: Staatsbahn	Mindestgebühr für 10 km:						25 kg in den ausländischen Verkehren; für Übergewicht 0,5 Cent. (0,4 Pf.) für 10 kg und 1 km.	Für jedes Gepäckstück bis 50 kg bei Entfernungen von 1 bis 50 km 50 Cent. (40 Pf.), von 51 bis 100 km 100 Cent. (80 Pf.), über 100 km 200 Cent. (160 Pf.); über 50 kg bei Entfernungen von 1 bis 50 km 100 Cent. (80 Pf.), von 51 bis 100 km 200 Cent. (160 Pf.), über 100 km 400 Cent. (320 Pf.).
				48	36	24		
	Diese Sätze erhöhen sich von Kilometer zu Kilometer in der Weise, daß sich als Einheitssatz ergiebt:							
	bei 250 km			6,32				
	» 200 »				4,50			
	» 150 »					3,01		
	Bei Entfernungen über 250, 200 und 150 km kostet jedes weitere Kilometer							
				3,288	2,70	1,80		

Bezeichnung der Bahn	Fahrpreise für die Person und das Kilometer in Pf.						Bestimmungen für die Abfertigung von Reisegepäck	
	Schnellzug			Personenzug				
	I. Kl.	II. Kl.	III. Kl.	I. Kl.	II. Kl.	III. Kl.	Freigepäck	Gepäckfracht
Rumänien: Staatsbahn	Als Einheitssatz ergiebt sich also:							
	dei 500 km			4,8				
	» 400 »				3,6			
	» 300 »					2,4		
	Bei größern Entfernungen als 500, 400 und 300 km werden für die Gesamtzahl der Kilometer die letztangegebenen Einheitssätze derechnet. Für Schnellzüge 20 Proz. Zuschlag.							
Rußland:	5,6	4,2	2,33	5,6	4,2	2,33	16,4 kg (1 Pud).	Für je 10 Pfd. 1/20 Kopeke = 0,1 Pf. für die Werst = 0,093 Pf. für 1 km. Außerdem 25 Proz. Transportsteuer von der Gesamtgebühr.
	Von dem Gesamtpreis ber Fahrkarten I. und II. Klasse werden 25 Proz. und vom Gesamtfahrpreis III. Klasse 15 Proz. Transportsteuer erhoben. Die Preise der Kurierzugfahrkarten weichen auf einzelnen Bahnen zum Teil voneinander ab.							
Schweden: Staatsbahnen	9,5625	6,75	4,50	7,875	5,9062	3,9375	25 kg	Für je 10 kg und je 50 km 10 Öre (11,25 Pf.).
Schweiz: a. Centralbahn	8,6	6,0	4,3	8,6	6,0	4,3	Kein Freigepäck.	Für 100 kg und 1 km 5 Cent. (4 Pf.).
b. Nordostbahn und c. Jura-Bern-Luzern-Bahn	8,32	5,84	4,16	8,32	5,84	4,16	Desgleichen.	Desgleichen.
d. Gotthardbahn	8,3328	5,8328	4,1664	8,3328	5,8328	4,1664	Desgleichen.	Desgleichen.
e. Vereinigte Schweizer-Bahnen	8,3336	5,8336	4,1664	8,3336	5,8336	4,1664	Desgleichen.	Desgleichen.

Für Rückfahrkarten bestehen die mannigfaltigsten Preisermäßigungen, auch ist die Gültigkeitsdauer außerordentlich verschieden. Daneben kommen zum Teil auch Zeit-, Gesellschaftskarten, Rundreisekarten u. s. w. mit ermäßigten Preisen zur Ausgabe.

Welches Land hiernach die höchsten und welches die niedrigsten Fahrpreise hat, läßt sich bei der großen Verschiedenheit in der Gestaltung der Personentarife schwer sagen. Im allgemeinen kann man behaupten, daß in England die Preise am höchsten sind, insoweit nicht einzelne Bahnen aus Wettbewerbsrücksichten besondere Ermäßigungen eintreten lassen. Auch in Frankreich waren die Fahrpreise bis zu der 1. April 1892 erfolgten Ermäßigung ziemlich hoch. Vielfach bringt, wie z. B. in Rußland, die Erhebung einer Staatssteuer (s. Eisenbahnsteuer) wesentliche Erhöhungen der Einheitspreise mit sich. Verhältnismäßig noch am niedrigsten sind die Fahrpreise zum Teil auf den nordischen Bahnen (in Dänemark, Schweden, Norwegen), wo die Bevölkerung meist dünn und wenig begütert ist.

Eine eigentümliche Art von Eisenbahnfahrkarten sind die sog. *Kilometerbillets*. Dieselben lauten nicht auf bestimmte zwischen zwei Orten liegende Strecken, sondern auf Längen, die auf einer oder mehrern Linien abgefahren werden können. Die einzelnen, Fahrlängen von 5, 20, 50 und 100 km betreffenden Anweisungen sind zu Heften zusammengestellt; bei Antritt der Reise werden so viele Anweisungen, als zur Fahrlänge gehören, von dem Schalterbeamten der Abgangsstation abgetrennt. Die «Kilometer-Wertmarken», für einen bestimmten Zeitraum gültig und auf eine bestimmte Person oder deren Familie lautend, gewähren Fahrpreisermäßigungen, die meist um so größer sind, je mehr Kilometer innerhalb bestimmter Zeit zurückgelegt werden. Sie sind zuerst in Amerika eingeführt worden, wo sie bei vielen Bahnen noch bestehen als sog. Tausendmeilenmarken, die während eines bestimmten Zeitraums, meist eines Jahres, zur Durchfahrung von 1000 Meilen auf einer Bahn berechtigen. In Österreich wurden auf den Staatsbahnen bis zur Einführung des Zonentarifs (s. unten) Kilometerbillets verausgabt; sie waren auch auf einzelnen Bahnen anderer Länder eingeführt, sind aber meist wieder beseitigt worden.

Alle bisherigen Personentarife sind *Entfernungstarife*, d. h. sie sind in der Weise gebildet, daß mit der wachsenden Länge auch der Fahrpreis wächst. In der Regel wird ein bestimmter Einheitssatz für eine Einheitsentfernung (Kilometer, Meile, Werst u. s. w.) festgesetzt, dessen Multiplikation mit den Einheitsentfernungen den Fahrpreis für einen bestimmten Weg bildet. Im Gegensatz hierzu versteht man unter *Zonentarif* einen Tarif, bei dem für die Bemessung der Fahrpreise die Länge der Beförderungsstrecke mehr oder weniger außer Acht bleibt, sei es, daß die Einheitsentfernung, mit der der Fahrpreis wächst, über das gewöhnliche Maß hinaus vergrößert wird, indem man z. B. statt *eines* Kilometers oder *einer* Meile 10 oder 50 km oder Meilen als Einheitsentfernung annimmt, sei es, daß man nur wenige *Entfernungszonen* mit wachsenden Fahrpreisen aufstellt und über eine gewisse Entfernung hinaus den Fahrpreis überhaupt nicht mehr erhöht. Dies führt schließlich zum Einzonen- oder Einheitstarif mit nur *einem* Fahrpreis für alle Entfernungen, dem *Zonentarif im engern Sinne*. Als Erfinder des Zonentarifs wird vielfach der Engländer William Galt bezeichnet, der den Fahrpreis für die Personenmeile je nach der Fahrgeschwindigkeit der zu benutzenden Züge verschieden bemessen wollte (1843). Der Galtsche Zonentarif ist daher kein eigentlicher Zonentarif, sondern ein Entfernungstarif. Erst Ende der sechziger Jahre wurden von Dr. William Scharling in Kopenhagen, dem Engländer Raphael Brandon und dem Deutschen Dr. Franz Perrot Vorschläge zur Einführung eines wirklichen Zonentarifs gemacht. Scharling wollte auf den seeländ. Eisenbahnen, damals ungefähr 175 km, nur 2 oder höchstens 3 Sätze erheben, nämlich in der III. Klasse bis 2 Meilen 8 Schill. (18,75 Pf.), über 2 Meilen 16 Schill. (37,5 Pf.) oder bis 2 Meilen 8 Schill., 2—5 Meilen 24 Schill. (56,25 Pf.) und über 5 Meilen 48 Schill. (112,5 Pf.), in der II. Klasse den doppelten, in der I. Klasse den drei- oder vierfachen Preis. Seine Vorschläge hatten zur Folge, daß im Dez. 1867 nach Verstaatlichung der dän. Privatbahnen ein Staffeltarif mit ermäßigten Sätzen für den Fernverkehr eingeführt wurde, der heute noch besteht. Ferner wurde 1869 auf der kleinen Lokalbahn Kopenhagen-Klampenborg (13,2 km mit 4 Stationen) ein einheitlicher, für alle Stationen gültiger Fahrpreis aufgestellt. Noch weiter ging Brandon (1868), der für eine Fahrt auf alle Entfernungen in der I. Klasse 1 Schill., in der II. Klasse 6 Pence und in der III. Klasse 3 Pence empfahl. Ähnliche Vorschläge machten in Deutschland Perrot und auch Engel, sowie in Österreich Hertzka. Sie verlangen in ähnlicher Weise wie für Briefe und Pakete die Einführung eines einheitlichen Tarifs, des sog. *Personenportos*. Perrot fordert in seiner Schrift «Die Anwendung des Pennyportosystems auf den Eisenbahntarif u. s. w.» (1872) im Personenverkehr einen einheitlichen Satz auf alle Entfernungen, der in der I. Klasse 6 M., in der II. Klasse 1 M. und in der III. Klasse 0,50 M. betragen soll. Engel («Eisenbahnreform», Jena 1888) schlägt die Bildung von drei Zonen um jede Eisenbahnstation vor. Die erste Zone mit einem Radius vom 25 km soll in I. Klasse 2 M., II. Klasse 0,50 M., III. Klasse 0,25 M. zahlen; die zweite Zone mit einem Radius von 26 bis 50 km in I. Klasse 4 M., II. Klasse 1 M., III. Klasse 0,50 M.; die dritte Zone mit einem Radius von über 50 km in I. Klasse 6 M., II. Klasse 2 M., III. Klasse 1 M.

Den Bestrebungen nach Einführung von derartigen Zonentarifen gegenüber haben sich Regierungen und Eisenbahnverwaltungen bisher ablehnend verhalten. Dagegen sind neuerdings in Österreich-Ungarn einfachere und billigere Tarife eingeführt worden, die Zonentarife genannt werden, im Grunde genommen aber nur Entfernungstarife mit zum Teil größern Einheitsentfernungen sind. Dem bei den *ungarischen Staatsbahnen* 1. Aug. 1889 eingeführten Personentarife liegt nicht die sonst übliche Wegelänge, das Kilometer, sondern eine Zone von größerer Wegelänge, im Durchschnitt 15 km als Einheit zum Grunde. Der Zonentarif der ungar. Staatsbahnen, der inzwischen auch auf der Kaschau-Oderberger Eisenbahn (ungar. Linie) und für den direkten Verkehr zwischen diesen Bahnen und der Szamosthaler Bahn eingeführt ist, unterscheidet den Nachbar- und den Fernverkehr. Für den erstern bestehen zwei Zonen: bis zur ersten und bis zur zweiten Nachbarstation, für den letztern 14 Zonen, von denen die 1. Zone die Entfernungen von 1 bis 25 km und jede folgende bis zur 12. Zone die um je 15 km längern Entfernungen umfaßt; die kilometrischen Entfernungen der 12. und der 13. Zone steigen um je 25 km. Die 14. Zone erstreckt sich auf Wegelängen von 226 und mehr Kilometer. Für Entfernungen über 226 km hinaus wird Fahrgeld überhaupt nicht mehr erhoben, jedoch mit der Einschränkung, daß bei Reisen über Budapest sowie über Agram hinaus (bei Berührung von Sisset) von diesen Stationen ab neue Fahrkarten gelöst werden müssen, bei denen also hinsichtlich der Zonenberechnung für die weitere Reise wieder mit Zone 1 begonnen wird. Die Sätze für den Nachbarverkehr betragen in den drei Wagenklassen in Zone 1: 0,30, 0,15, 0,10 Fl.; in Zone 2: 0,40, 0,22, 0,15 Fl.; für Schnellzüge (s. Eisenbahnzüge) ist der Satz der Zone 1 des Fernverkehrs zu zahlen. Die Preise (einschließlich Steuer- und Stempelgebühr) für die Zonen des Fernverkehrs beginnen für die Schnellzüge mit 0,60, 0,50, 0,30 Fl.; für die Personen- und gemischten Züge (s. Eisenbahnzüge) mit 0,50, 0,40, 0,25 Fl. In den folgenden Zonen steigen die Preise bei den Schnellzügen für die II. Klasse um je 0,50 bis 7 Fl. in der 14. Zone, für die I. und die III. Klasse bis zur 12. Zone einschließlich um je 0,60 und 0,30, in der 13. und 14. Zone um je 1,20 und 0,60 bis 9,00 und 4,80 Fl. in der 14. Zone; bei den Personen- und gemischten Zügen bis zur 12. Zone einschließlich um je 0,50, 0,40, 0,25 Fl.; in der 13. und 14. Zone um je 1,00, 0,50 und 0,50 bis 8, 5,80 und 4 Fl. in der 14. Zone. Freigepäck wird nicht gewährt; für jedes nicht mehr als 50 kg wiegende Stück bis 55 km sind 25 Kr., bis 100 km 50 Kr. und über 100 km 1 Fl. zu zahlen; jedes Stück über 50 kg kostet das Doppelte, über 100 kg das Vierfache dieser Sätze. Vor Einführung des Zonentarifs waren die Fahrpreise der ungar. Staatsbahnen sehr hoch; sie betrugen für das Personenkilometer bei den Schnellzügen in der I. Klasse 5,8, in der II. Klasse 4,1, in der III. Klasse 2,9 Kr., bei den Personenzügen in der I. Klasse 5, in der II. Klasse 3,5, in der III. Klasse 2,5 Kr. Zu den Fahrpreisen kam noch eine Staatssteuer von 18 Proz. und eine Stempelgebühr von 1. Kr. für je 50 Kr.

Der am 16. Juni 1890 bei den *österreichischen Staatsbahnen* eingeführte Zonentarif, der sog. *Kreuzerzonentarif*, beruht unter Wegfall des Freigepäcks auf dem Einheitssatze (einschließlich des Stempels) von 1 Kr. für 1 km in der III. Klasse, von 2 Kr. in der II. Klasse und von 3 Kr. in der I. Klasse. Für Schnellzüge werden diese Sätze um 50 Proz. erhöht und betragen somit 1,5, 3,0 und 4,5 Kr. für 1 km. Früher betrugen die Einheitssätze für Personenzüge in der III. Klasse 2, in der II. Klasse 3 und in der I. Klasse 4,75 Kr.; für Schnellzüge 2,5, 4,0 und 5,75 Kr. für 1 km; nach Abzug des Gepäckzuschlags von 0,5 Kr. stellten sich also die reinen Sätze für Personenzüge auf 1,5, 2,5 und 4,25 Kr., für Schnellzüge auf 2,0, 3,5 und 5,25 Kr. Die Strecken sind in Zonen von je 50 km eingeteilt, wobei im Interesse des Nahverkehrs die ersten 100 km in 5 Zonen zu je 10, in 2 zu je 15 und in 1 zu 20 km zerlegt werden. Die folgenden 100 km sind in 4 Zonen von je 25 km, die weitern Entfernungen über 200 km in Zonen zu 50 km abgestuft. Die Zonen sind im Gegensatz zu den ungar. Zonen, die auf einen Mittelpunkt bezogen werden, beweglich und werden von jeder Station ab berechnet. In Fällen, wo das Reiseziel nicht mit dem Ende der Zone zusammenfällt, ist gleichwohl die Gesamtgebühr für die ganze Zone zu entrichten, sodaß dann zu dem kilometrischen Einheitssatz für die wirkliche Fahrt noch der Zuschlag für die nicht durchfahrene Strecke hinzutritt. Da dieser Zuschlag indes erst bei den größern Zonen von je 50 km eine nennenswerte Höhe erreicht, diese Zonen aber erst über 200 km beginnen, tritt eine Vergünstigung des Nahverkehrs ein. Für je 10 kg Gepäck und jeden Kilometer sind 0,2 Kr., mindestens 10 Kr. zu entrichten. Nach dem Gesetze vom 25. Mai 1890, durch das die betreffenden Bestimmungen des Gesetzes vom 15. Juli 1877 über die Maximaltarife für die Personenbeförderung auf den Eisenbahnen abgeändert worden sind, soll der Kreuzerzonentarif auch auf den österr. Privatbahnen eingeführt werden; nach Durchführung desselben würde also im österr. Personenverkehr eine materielle und formelle Tarifeinheit bestehen. Bisjetzt (1. Aug. 1892) haben den Kreuzerzonentarif angenommen: die Aussig-Teplitzer, Böhmische Nord-, Buschtiehrader, Graz-Köflacher (mit um 25 Proz. höhern Sätzen), Kaiser Ferdinands-Nordbahn und die Eisenbahn Wien-Aspang.

Die Verkehrserleichterungen der neuen Zonentarife, die, wie ersichtlich, Zonentarife im Sinne der weitgehenden Bestrebungen von Perrot und Genossen keineswegs sind, bestehen vornehmlich in der Beseitigung der vielen Arten von Fahrkarten, von denen im allgemeinen nur noch die auf Vereinbarungen des Deutschen Eisenbahnvereins (s. Eisenbahnverein) beruhenden zusammenstellbaren Rundreisekarten übriggeblieben sind, und in der hierdurch erzielten Übersichtlichkeit; dann aber auch in den Fahrpreisermäßigungen, besonders im Nachbarverkehr, in dem früher bedeutend höhere Sätze zur Erhebung kamen.

Die Ergebnisse des ungar. Zonentarifs sind aus nachstehenden von der Direktion der ungar. Staatsbahnen veröffentlichten Übersichten A und B zu entnehmen, in denen die Anzahl der beförderten Personen und Gepäckstücke sowie die hieraus erzielten Einnahmen für die Zeit vom 1. Aug. bis 31. Dez. 1889, für das ganze Jahr 1890 und für die Zeit vom 1. Jan. bis 31. Juli 1891 zusammengestellt und mit den Ergebnissen der gleichen Zeiträume der Vorjahre vor Einführung des Zonentarifs verglichen sind.

Hiernach ist die Zahl der beförderten Reisenden im ersten Zeitraum um 124 Proz., im zweiten um 190 Proz. und im dritten um 196 Proz., also im Durchschnitt um 177 Proz., die Einnahmen um 18, 29 und 33, im Durchschnitt um 27 Proz. gestiegen.

Im Gepäckverkehr wurden also im ersten Zeitraum um 36, im zweiten um 20 und im dritten um 42 Proz., im Durchschnitt um 34 Proz. mehr Gepäckstücke befördert und hierfür eine um 60, 61 und 49, im Durchschnitt um 58 Proz. höhere Einnahme erzielt als in den entsprechenden Zeiträumen vor Einführung des Zonentarifs.

Die Gesamteinnahmen des Personen- und Gepäckverkehrs haben sich wie folgt gestellt:

Zeitraum	Jahr	Einnahme in Gulden	Jahr	Einnahme in Gulden	In dem Zeitraum des Zonenjahrs mehr	
					Gulden	%
1) August bis Dezember . .	1889	5 510 900	1888	4 600 500	910 400	20
2) Januar bis Dezember . .	1890	13 129 300	1888	10 108 100	3 021 200	30
3) Januar bis Juli	1891	7 688 400	1889	5 769 100	1 919 300	33
Zusammen		26 328 600		20 477 700	5 850 900	29

Von den während der genannten Zeiträume beförderten 35 328 300 Personen entfallen 21 660 600 oder 61 Proz. auf den Nahverkehr, wobei zu berücksichtigen ist, daß auf den ungar. Staatsbahnen ein lebhafter Nahverkehr bisher fast gar nicht bestand.

Vergleicht man die Zeit vom 1. Aug. 1888 bis 31. Juli 1889, also das Jahr vor Einführung des Zonentarifs, mit der Zeit vom 1. Aug. 1889 bis 31. Juli 1890, also das Jahr nach Einführung des Zonentarifs, so ergiebt letzteres eine Mehreinnahme von 2 245 800 Fl. 1888 wurden nach obiger Nachweisung 6 179 100 Reisende befördert, 1890 stieg die Zahl der beförderten Reisenden auf 17 895 500. Im Nahverkehr wurden 1888 mit Personenzügen 1 921 500 Reisende mit einer Einnahme von 673 300 Fl. befördert, während 1890 in demselben Verkehr (mit Einrechnung der streng genommen zum Nahverkehr gehörenden 1. Zone) mit Personenzügen 12 151 300 Personen mit einer Einnahme von 1 769 500 Fl. befördert wurden. 1888 waren auf einer 225 km

A.

Zeitraum	Jahr	Reisende	Einnahme in Gulden	Jahr	Reisende	Einnahme in Gulden	Mehr in dem Zonenzeitraum	
							Reisende	Einnahme
1) August bis Dezember	1889	6 322 200	5 214 100	1888	2 821 500	4 415 300	3 500 700	798 800
2) Januar bis Dezember	1890	17 895 500	12 480 700	1888	6 179 100	9 705 000	11 716 400	2 775 700
3) Januar bis Juli . . .	1891	11 110 600	7 346 600	1889	3 751 700	5 540 400	7 358 900	1 806 200
Zusammen		35 328 300	25 041 400		12 752 300	19 660 700	22 576 000	5 380 700

B.

Zeitraum	Jahr	Gepäckstücke	Einnahme in Gulden	Jahr	Gepäckstücke	Einnahme in Gulden	Mehr in dem Zonenzeitraum	
							Gepäckstücke	Einnahme
1) August bis Dezember .	1889	416 600	296 800	1888	305 700	185 200	110 900	111 600
2) Januar bis Dezember .	1890	877 400	648 600	1888	680 700	403 100	196 700	245 500
3) Januar bis Juli . . .	1891	486 500	341 800	1889	342 700	228 700	143 800	113 100
Zusammen		1 780 500	1 287 200		1 329 100	817 000	451 400	470 200

übersteigenden Entfernung nur 153600 Personen gereist, 1890 dagegen in der 14. Zone 570400 Personen, sodaß die Einnahmen in dieser Zone von 1308400 Fl. auf 2922200 Fl. stiegen. Die durch den neuen Zonentarif in 1890 erwachsenen Mehrausgaben werden von der ungar. Staatsbahnverwaltung angegeben auf insgesamt 1387208 Fl., wovon auf Betriebskosten 1300000 Fl. und auf die Zinsen für das zur Vermehrung der Betriebsmittel (Lokomotiven und Wagen) verwendete Kapital 87208 Fl. entfallen. Die reine Mehreinnahme infolge des Zonentarifs berechnet sich daher für 1890 auf 3021200 — 1387208 = 1633992 Fl. oder 54 Proz. der Brutto-Mehreinnahme.

Vergleicht man den Verkehrsumfang auf den österr. Staatsbahnen nach Einführung des Zonentarifs 1890/91 mit den Ergebnissen des Vorjahres 1889/90 so erhält man folgendes Bild:

	1889/90	1890/91	Unterschied
Beförderte Personen	20778300	29778930	+ 9000630
Befördertes Gepäck . . . t	50978	48471	— 2031
Einnahme für Personen Fl.	15333554	15374492	+ 40938
Einnahme für Gepäck . Fl.	661368	930861	+ 269493
Einnahme für Agio . . Fl.	363967	220749	— 143218
Gesamteinnahme	16358889	16526102	+ 167213

d. i. eine Steigerung der Gesamteinnahme um 1,02 Proz. durch Einführung des Zonentarifs.

In beiden Zeitabschnitten sind die Ergebnisse des Personenverkehrs von und nach Paris, der im zweiten Halbjahr 1889 aus Anlaß der Ausstellung einen außergewöhnlichen Umfang angenommen hatte, mit eingerechnet. Werden dieselben beiderseits in Abzug gebracht, so beträgt die Zunahme der beförderten Personen nach dem einjährigen Bestehen des Kreuzerzonentarifs 43,45 Proz. gegen 43,31 Proz. mit dem Pariser Verkehr, der Gesamteinnahme (+ 469699 Fl.) 2,98 Proz. gegen 1,02 Proz. mit dem Pariser Verkehr. Die Mehrausgaben sind auf 270000 Fl. berechnet. Daß die Zunahme der beförderten Personen mit dem Pariser Verkehr geringer ist als diejenige der Gesamteinnahme, rührt daher, daß die Zahl der Besucher der Pariser Ausstellung, welche die österr. Staatsbahnen befahren haben, nicht sehr groß war, sie haben jedoch meist sehr lange Strecken zurückgelegt und höhere Wagenklassen benutzt.

Inzwischen hat der österr. Kreuzerzonentarif vom 16. Juni 1890, mit dessen finanziellen Ergebnissen man im weitern Verlauf nicht besonders günstige Erfahrungen gemacht hat, insofern schon wieder eine Erhöhung erfahren, als vom 1. Nov. 1892 ab zu den Fahrpreisen aller Zonen die gesetzliche Fahrkartenstempelgebühr (s. Eisenbahnsteuer) zugeschlagen wird. Auch sind von diesem Zeitpunkt ab für die Einreihung in die einzelnen Zonen ausnahmslos die **wirklichen** Entfernungen zwischen den Stationen maßgebend, während bisher in einzelnen Fällen hiervon abweichend geringere Entfernungen angenommen und demgemäß niedrigere Fahrpreise berechnet wurden.

Die Einführung des ungar. Zonentarifs hat die **Reformbestrebungen** für den Personenzonentarif in **Deutschland** wieder in Fluß gebracht. Hier liegen die Verhältnisse indes viel schwieriger, denn man würde sich täuschen, wenn man auf ein gleiches Ergebnis wie in Ungarn auch in Deutschland rechnen wollte, wo die Fahrpreise schon erheblich niedriger stehen und der Personenverkehr schon weit mehr entwickelt ist. Hier würde eine derartige Tarifermäßigung nicht ohne zeitweilige, mehr oder minder erhebliche Einnahmeausfälle möglich sein. Andererseits drängen die noch bestehenden umfangreichen Verschiedenartigkeiten und Mannigfaltigkeiten der deutschen Personengeldtarife immer mehr nach Vereinfachung und Übersichtlichkeit. Zwischen den norddeutschen und den süddeutschen Bahnen bestehen, abgesehen von zahlreichen Ausnahmetarifen mit ihren verschiedenen Tarifbestimmungen und Ermäßigungen, auch noch erhebliche grundsätzliche Verschiedenheiten; es besteht, wie Ulrich («Personentarifreform und Zonentarif», Berl. 1892) mit Recht bemerkt, noch eine Art tarifarischer Mainlinie. Nördlich des Mains haben die meisten Bahnen 4 Wagenklassen und 25 kg Freigepäck, südlich des Mains 3 Wagenklassen und kein Freigepäck. Bei den preuß. Staatsbahnen gelten außerdem die Rückfahrkarten ohne Zuschlag für Schnellzüge, bei den meisten andern Bahnen wird dagegen ein Zuschlag erhoben. Diese Gegensätze auszugleichen, ist die Aufgabe einer Tarifreform. Von diesen Erwägungen geleitet, hat denn auch die preuß. Staatseisenbahnverwaltung 1891 Reformvorschläge gemacht, die wohl geeignet scheinen, das erstrebte Ziel einheitlicher Tarife für ganz Deutschland zu erreichen. Der Vorschlag wollte folgende Einheitssätze für die einfachen Fahrten eingeführt wissen:

	I.	II.	III. Klasse
Personenzüge	6 Pf.,	4 Pf.,	2 Pf.
Schnellzüge	7 Pf.,	5 Pf.,	3 Pf.

Dagegen sollten die Rückfahrkarten und alle sonstigen außerordentlichen Ermäßigungen mit Ausnahme der Arbeiter-, Schüler- und Zeitkarten beseitigt, auch das Freigepäck aufgehoben werden, unter Ermäßigung der Gepäcktaxe etwa auf die Hälfte des jetzigen Satzes. Die IV. Klasse sollte fortfallen bez. mit der III. Klasse verschmolzen werden. Diese Reform würde weitgehende Ermäßigungen der Fahrpreise herbeiführen, die sich für die preuß. Staatsbahnen nach den angestellten Berechnungen auf etwa 35 Mill. M. jährlich belaufen würden. Im Verhältnis zu den im ganzen in Aussicht genommenen Ermäßigungen würden nur unerhebliche Erhöhungen eintreten, die sich gegen die Preise der Rückfahrten I. und II. Klasse bei Benutzung der Schnellzüge insofern ergeben würden, als auf den preuß. Staatsbahnen, wie bemerkt, kein Schnellzugszuschlag für Rückfahrkarten besteht. Hieraus sowie aus der beabsichtigten Verschmelzung der IV. mit der III. Klasse nahmen die meisten preuß. Bezirkseisenbahnräte, denen die Vorschläge zunächst vorgelegt wurden, Veranlassung, sich gegen dieselben auszusprechen. Man verlangte vielmehr Vermeidung aller Erhöhungen durch Beseitigung oder Herabsetzung des Schnellzugszuschlags sowie Beibehaltung und Ermäßigung der IV. Klasse. Zum Teil wurde sogar die Notwendigkeit einer einheitlichen Regelung der Personentarife für ganz Deutschland bestritten; man verwarf die von der preuß. Staatseisenbahnverwaltung gemachten Reformvorschläge für ganz Deutschland und verlangte statt dessen eine allgemeine Ermäßigung der Personentarife der preuß. Staatsbahnen. Die Forderungen der Bezirkseisenbahnräte, insbesondere die Beibehaltung und Ermäßigung der IV. Klasse, würden so erhebliche Mehrausfälle zur Folge haben, daß schon aus diesem Grunde hierauf nicht eingegangen werden konnte.

Abgesehen hiervon würde aber auch durch Beibehaltung der IV. Klasse die einheitliche Reform für ganz Deutschland aufgegeben werden, da die süddeutschen Staaten fest entschlossen sind, die IV. Klasse nicht einzuführen, weil dadurch die Betriebskosten sich erheblich steigern würden.

Durch die ablehnenden Beschlüsse der Bezirkseisenbahnräte ist die Durchführung der Reform der Personentarife aufs neue hinausgeschoben und es ist, zumal die allgemeine Finanzlage sich inzwischen ungünstiger gestaltet hat und die Betriebskosten der Eisenbahnen in den letzten Jahren erheblich gestiegen sind, nicht abzusehen, wann ein einheitlicher Personentarif für Deutschland zu stande kommen wird.

In einzelnen Fällen gewähren die Eisenbahnverwaltungen, insbesondere an ihre Beamten und Arbeiter, freie Fahrt. Näheres hierüber s. Freifahrtordnung.

B. Gütertarife. Das Tarifwesen für den Güterverkehr beruht auf sehr verschiedenen Grundsätzen. In Deutschland wurde bei den ersten Eisenbahnen der Tarif lediglich nach der zur Beförderung aufgegebenen Gewichtsmenge, der Centnerzahl, berechnet. Da sich bei der Ausführung bald große Schwierigkeiten ergaben, so ging man zu Klassifikationssystemen, Wertsystemen, über, d. h. es wurden die verschiedenen auf einer bestimmten Bahn zur Beförderung gelangenden Güter nach ihrem Wert in Klassen eingeteilt und für jede solche Güterklasse ein bestimmter Einheitssatz für die Einheit der Bahnlänge festgesetzt. In die niedrigsten Klassen wurden hierbei die minderwertigen Güter gesetzt, die in großen Mengen befördert werden, wie Steinkohlen, Erze, Roheisen, Baumaterialien u. dgl., und die nur bei einem verhältnismäßig niedrigen Tarifsatz ein weiteres Absatzgebiet sich erringen können.

Da jede Bahnverwaltung bei Feststellung dieser Tarife zunächst nur das Verkehrsbedürfnis des eigenen Gebietes und die Erzielung eines größtmöglichen Gewinnes aus dem Bahnunternehmen im Auge hatte, so kam in die Klassifikation der Güter und die für die einzelnen Klassen berechneten Normalsätze eine sehr große Verschiedenheit, die sich für den Verkehr immer störender bemerkbar machte, je mehr das Eisenbahnnetz der einzelnen Länder sich schloß und dadurch die Möglichkeit direkter Sendungen zwischen Stationen verschiedener Verwaltungen gegeben wurde. Um eine Vereinfachung des Tarifs herbeizuführen, wurde zuerst von der nassauischen Staatsbahn und demnächst von der Verwaltung der Reichseisenbahnen in Elsaß-Lothringen das sog. «natürliche» Tarifsystem eingeführt, wobei für die Tarifierung der einzelnen Güter der von denselben beanspruchte Wagenraum als wesentlichste Grundlage angenommen wurde. Außerdem wurde unterschieden, ob die Wagen bedeckt oder unbedeckt sind, und für erstere ein höherer Frachtsatz berechnet. Einen wesentlichen Unterschied in Bezug auf die Frachtsätze machte es dann noch, ob Güter in ganzen Wagenladungen oder nur als Stückgüter zur Beförderung aufgegeben wurden. Auch dieses System entsprach indes nicht allen Anforderungen und wurde deshalb durch das sog. gemischte System ersetzt, das die Grundsätze des natürlichen und des Klassifikationssystems vereinigt. Auf dem gemischten System beruht der deutsche Reform-Gütertarif, der 1876 von den deutschen Eisenbahnverwaltungen beraten und am 12./13. Febr. 1877 von der durch den preuß. Minister der öffentlichen Arbeiten berufenen Generalkonferenz der deutschen Eisenbahnen festgestellt wurde.

Nach diesem System unterscheidet man Eilgut, eine allgemeine Stückgutklasse und einen Specialtarif für bestimmte Stückgüter, ferner zwei allgemeine Wagenladungsklassen (für Güter aller Art in Wagenladungen von mindestens 5000 kg — Klasse A_1 — und von mindestens 10000 kg — Klasse B) und die sog. Specialtarifklassen I, II und III für bestimmt bezeichnete Güter für Sendungen in Wagenladungen von mindestens 10000 kg. Bei Aufgabe von Sendungen der Güter der Specialtarife I und II unter 10000 kg, aber von mindestens 5000 kg, wird die Specialtarifklasse A_2, bei Gütern des Specialtarifs III unter gleichen Voraussetzungen der Satz des Specialtarifs II angewendet. Daneben bestehen für einzelne Güter Ausnahmetarife mit ermäßigten Sätzen, zu deren Einführung in Preußen die besondere Genehmigung der Aufsichtsbehörde erforderlich ist. In die allgemeinen Wagenladungsklassen gehören die in der Klassifikation der Specialtarife nicht benannten höherwertigen Güter, während die Specialtarife I, II und III die weniger wertvollen Güter, und zwar stufenweise abfallend enthalten, sodaß der Specialtarif I im wesentlichen Fabrikate, Specialtarif II hauptsächlich Halbfabrikate und Specialtarif III die geringwertigen Rohprodukte und Massengüter umfaßt. Außerdem finden sich im Reformtarif noch besondere Vorschriften und Sätze für a. explodierbare Gegenstände, b. Edelmetalle u. s. w., c. sperrige Güter, d. Fahrzeuge, e. gebrauchte Emballagen, f. Flüssigkeiten in Kessel- und andern Gefäßwagen, g. Langholz u. dgl., h. Fische, i. Bienensendungen, k. frisches Fleisch, l. Brieftauben. In Bezug auf die Höhe der Sätze für die einzelnen Klassen wurden den Privatbahnen in Preußen «Maximalsätze» vorgeschrieben, über die sie nicht hinausgehen dürfen; für die preuß. Staatsbahnen wurden die zu erhebenden Einheitssätze ein für allemal festgesetzt («Normaltransportgebühren»), zu deren Erhöhung es gesetzlicher Genehmigung bedarf. Nachstehend sind die Normaltransportgebühren der preuß. Staatsbahnen mitgeteilt, die auch von den übrigen deutschen Staatsbahnen und einer großen Zahl der Privatbahnen angenommen sind:

Streckensätze für die Tonne und das Kilometer:

für Stückgut	11 Pf.
Specialtarif für Stückgut	8 »
für die Wagenladungsklasse A_1	6,7 »
» » » B	6,0 »
» den Specialtarif A_2	5,0 »
» » » I	4,5 »
» » » II	3,5 »
» » » III: bei Entfernungen bis 100 km	2,6 »
von mehr als 100 km	2,2 »
» Eilstückgut	22 »
» Eilgut in Wagenladungen der doppelte Satz der allgemeinen Wagenladungsklassen A_1 bez. B.	

Expeditions(Abfertigungs-)gebühren für 100 kg:

1) Für Stückgut und die Wagenladungsklasse A_1:

bis 10 km	10 Pf.
von 11 bis 20 km	11 »
» 21 » 30 »	12 »
» 31 » 40 »	13 »

von 41 bis 50 km . . . . . . 14 Pf.
» 51 » 60 » . . . . . . 15 »
» 61 » 70 » . . . . . . 16 »
» 71 » 80 » . . . . . . 17 »
» 81 » 90 » . . . . . . 18 »
» 91 » 100 » . . . . . . 19 »
über 100 km . . . . 20 »

2) Für die Wagenladungsklasse B:
bis 10 km . . . . 8 Pf.
von 11 bis 20 km . . . . . . 9 »
» 21 » 30 » . . . . . . 10 »
» 31 » 40 » . . . . . . 11 »
über 40 km . . . . 12 »

3) Für die Specialtarife A_2, I, II und III:
bis 10 km . . . . 8 Pf.
von 11 bis 100 km . . . . . 9 »
über 100 km . . . . 12 »

In den Eisenbahndirektions-Bezirken Bromberg, Breslau, Berlin sowie auf den Strecken der frühern Berlin-Anhaltischen und Halle-Sorau-Gubener Eisenbahn:
für die ersten 50 km . . . . . 6 Pf.

Für Eilgut sowie für Eilgut in Wagenladungen die doppelten Sätze der Stückgut- oder der Wagenladungsklasse A_1 und B.

Bei Entscheidung der Frage, ob ein Gut als Stückgut oder als Wagenladungsgut aufzugeben ist, kommt es auf die Berechnung der Fracht an. Auf 100 km Entfernung kosten z. B. 3340 kg Stückgut ebensoviel als 5000 kg als Wagenladung nach Klasse A_1, und 8380 kg nach A_1 ebensoviel als 10 000 kg nach B. Bei Aufgabe von 8380 kg Gütern, die den Wagenraum nicht ausfüllen, kann man also bis 1620 kg Güter hinzuladen und umsonst befördern lassen. Die hierdurch gebotene Möglichkeit, Stückgüter mit erheblicher Frachtersparnis zu Wagenladungen zu vereinigen, hat an größern Orten zur Einrichtung von Sammelstellen seitens der Spediteure oder besonderer zu diesem Zwecke gegründeter Transportgesellschaften geführt. Die ihnen übergebenen Stückgüter werden zu Wagenladungen angesammelt und dann als sog. Sammelgüter zu den billigern Wagenladungssätzen aufgegeben. Dem Publikum erwächst durch Benutzung der Sammelstellen eine mehr oder minder große Frachtersparnis, je nachdem die zu Erhebung gelangenden Speditionsgebühren hinter dem Unterschiede zwischen Stückgut- und Wagenladungssatz zurückbleiben. Vielfach ist mit dem Ansammeln des Stückgutes allerdings eine Verzögerung in der Beförderung verbunden, da nur zwischen verkehrsreichern Plätzen volle Wagenladungen mit Stückgütern rasch zu stande kommen.

Bei den Beratungen über die Feststellung verständigten sich die deutschen Regierungen gleichzeitig über die Aufrechterhaltung und Fortbildung des deutschen Gütertarifs. Es sollte alljährlich mindestens einmal eine Generalkonferenz der deutschen Eisenbahnen unter Vorsitz des preuß. Ministers der öffentlichen Arbeiten zusammentreten, an der alle deutschen Eisenbahnen, die den deutschen Gütertarif angenommen haben, teilnehmen. Die Beschlüsse der Generalkonferenz werden nach Stimmenmehrheit gefaßt, jede Bahn hat eine ihrer Ausdehnung entsprechende Stimmenzahl (bis 50 km eine Stimme, 50—150 km zwei Stimmen, 150—300 km drei Stimmen, 300—500 km vier Stimmen, jede weitere angefangene 200 km eine Stimme mehr). Die Beschlüsse werden bindend, wenn ihnen nicht binnen 4 Wochen eine Anzahl von Verwaltungen widerspricht, die zusammen mehr als ein Fünftel aller Stimmen führen. Zur Vorbereitung der Beratungen der Generalkonferenz ist eine ständige Tarifkommission (die Deutsche Eisenbahntarifkommission) von 14 Mitgliedern (12 Vertreter von Staats-, 2 von Privatbahnen) eingesetzt, der später zwei Vertreter schweiz. Bahnen mit beratender Stimme hinzugetreten sind. Die Tarifkommission versammelt sich in der Regel dreimal jährlich. — Auf Anregung der Verwaltung der Reichsbahnen ist ihr ein Ausschuß der Verkehrsinteressenten von 13 Mitgliedern (je 4 Vertretern von Handel, Gewerbe und Landwirtschaft und einem bayr. Mitglied) beigegeben. Die Wahl der Vertreter von Handel und Gewerbe erfolgt durch den Ausschuß des Deutschen Handelstages, die der Vertreter der Landwirtschaft durch den Deutschen Landwirtschaftsrat, das bayr. Mitglied wird durch die bayr. Regierung bestimmt. Die Tarifkommission und der Verkehrsausschuß beraten zunächst für sich und demnächst in gemeinsamen Sitzungen. Von der Tarifkommission oder Generalkonferenz sind auch gemeinsame Zusatzbestimmungen zum Betriebsreglement (s. d. und Eisenbahn-Verkehrsordnung) für alle deutschen Eisenbahnen festgestellt, welche zusammen mit den Tarifvorschriften und der Güterklassifikation u. d. T. «Deutscher Eisenbahngütertarif, Teil I» herausgegeben sind (neueste Ausgabe vom 1. April 1890 sowie Nachtrag vom 1. April 1891). Nachdem das Betriebsreglement anläßlich des 1. Jan. 1893 in Kraft tretenden «Internationalen Übereinkommens über den Eisenbahnfrachtverkehr» einer Umarbeitung unterzogen worden (s. Eisenbahnrecht, Nr. II, 3 und Eisenbahn-Verkehrsordnung), sind auch die Zusatzbestimmungen und hiermit gleichzeitig auch die Tarifvorschriften und die Güterklassifikation neu bearbeitet worden. Der neue deutsche Eisenbahngütertarif, Teil I, von dem bisherigen hinsichtlich der Tarifvorschriften und der Güterklassifikation nur in unwesentlichen, mehr äußerlichen Punkten abweichend, tritt 1. Jan. 1893 in Kraft.

In Fortbildung des deutschen Gütertarifs ist im Laufe des letzten Jahrzehnts eine große Anzahl von Verkehrserleichterungen eingeführt worden, indem namentlich viele Artikel der Wagenladungsklassen aus einer höhern Tarifklasse in eine niedere dem festgestellten Bedürfnis entsprechend eingereiht worden sind. Dagegen ist einem alten Wunsche des Handelsstandes nach Verbilligung der Frachtsätze für Stückgut bisher nur insofern Rechnung getragen, als der seit einer Reihe von Jahren auf den preuß. Staatsbahnen bestehende Ausnahmetarif für einige geringbewertete Güter der Metallindustrie und der Landwirtschaft nach den Beschlüssen der Generalkonferenz der deutschen Eisenbahnverwaltungen vom 18. Dez. 1891 am 1. April 1892 dem deutschen Gütertarifschema eingefügt ist. Die weiter gehenden Anträge auf umfangreichere Ermäßigungen der Stückgutfrachtsätze durch Einfügung einer niedriger tarifierten Klasse für alle Güter in Mengen von mindestens 1000 kg (Tonklasse) oder durch Einfügung einer zweiten niedrigern Stückgutklasse für zahlreiche benannte Güter, oder durch allgemeine Verbilligung der Stückgutfrachtsätze bei Beförderung über längere Strecken, haben bisher Berücksichtigung nicht gefunden. Weitere Bestrebungen der Interessenten richten sich neuerdings auf Herabsetzung der billigsten Normalklasse des Specialtarifs III für geringwertige Rohstoffe der Industrie und der Landwirtschaft, namentlich der Brennmaterialien (Steinkohlen, Braunkohlen, Brennholz, Torf), Erze, Erden, Düngemittel, Kartoffeln und Rüben. Auf den preuß. Staatsbahnen ist für die vier letzten Artikel ein allgemeiner Ausnahmetarif mit billigern Sätzen, namentlich auf weitere Entfernungen durchgeführt worden, während für Brennmaterialien und Erze von der Einführung eines solchen Ausnahmetarifs bisher hat abgesehen werden müssen. Dagegen besteht auf den preuß. Staatsbahnen seit 1. Sept. 1891 für die Beförderung von Getreide und Mühlenerzeugnissen auf größere Entfernungen ein billiger Ausnahmetarif (*Staffeltarif*), gegen dessen Beibehaltung aus Kreisen der mittel-, west- und süddeutschen Gebiete indes teilweise Einspruch erhoben wird, weil man von der gewährten Frachtermäßigung eine Beeinträchtigung der eigenen Interessen, insbesondere eine Benachteiligung des heimischen Marktes befürchtet.

Wie für den Güterverkehr besteht auf den deutschen Eisenbahnen ein einheitliches Tarifschema auch für die Beförderung von *Leichen*, *Fahrzeugen* und *lebenden Tieren*. Der Tarif ist u. d. T. «Deutscher Eisenbahntarif für die Beförderung von Leichen, Fahrzeugen und lebenden Tieren, Teil I» herausgegeben und erscheint wie der Gütertarif 1. Jan. 1893 in neuer Bearbeitung. Hinsichtlich des Personen- und Gepäckverkehrs erstreckt sich die Zuständigkeit der Generalkonferenz nur auf die allgemeinen Tarifvorschriften und die allgemeinen Zusatzbestimmungen zum Betriebsreglement (s. d. und Eisenbahn-Verkehrsordnung). Eine einheitliche Feststellung von Tarifvorschriften und Zusatzbestimmungen für diesen Verkehr hat indes bisher nicht stattgefunden; die Generalkonferenz hat sich vielmehr nur darauf beschränkt, einzelne Punkte, z. B. die Fahrpreisermäßigungen für Kinder, einheitlich zu regeln.

Über die Mitwirkung der wirtschaftlichen Beiräte in Tarifangelegenheiten s. Eisenbahnbeiräte.

In *Österreich-Ungarn* finden sich Vorschriften, betreffend das Tarifwesen, in den allgemeinen Bestimmungen über das bei den Eisenbahnen zu beobachtende Konzessionssystem vom 29. Dez. 1837 und 18. Juni 1838, in der Eisenbahn-Betriebsordnung vom 16. Nov. 1851, in dem Eisenbahnkonzessionsgesetz vom 14. Sept. 1854, dem gemeinsamen Gesetze vom 24. Dez. 1867 und 27. Juni 1878, in dem provisorischen Übereinkommen in betreff der Eisenbahnen vom 29. Juli und 21. Aug. 1868, endlich in dem Betriebsreglement (s. d. und Eisenbahnrecht Nr. II, 3, Eisenbahnverein, Eisenbahn-Verkehrsordnung). 1876 haben die österr.-ungar. Bahnen mit Ausnahme der Südbahn ein einheitliches Tarifsystem und eine gemeinsame Klassifikation, den sog. Reformtarif, vereinbart, welcher in einem gemeinsamen Teil I der Tarife (neueste Ausgabe vom 1. Sept. 1887) aufgenommen worden ist und sich ganz ebenso wie der deutsche Tarif auch auf die Beförderung von Leichen, Fahrzeugen und lebenden Tieren erstreckt.

Der Reformtarif ist folgendermaßen zusammengesetzt: 1) Eilgut: a. normal, b. ermäßigt für bestimmte Artikel, hauptsächlich Lebensmittel, c. ermäßigt für gebrauchte Emballagen; 2) Frachtgut: I. Stückgutklasse (Normalklasse), II. Stückgutklasse. Ermäßigte Wagenladungsklasse A, B und C; Specialtarife 1, 2 und 3. Für sperrige Güter, Gold- und Silberbarren, Geld und sonstige Wertsachen, explodierbare Gegenstände und solche von mehr als 6,3 m Länge, Kähne, Boote u. s. w., endlich Ausstellungsgüter gelten besondere Tarifbestimmungen und Frachten. Außerdem bestehen bei den einzelnen Verwaltungen für bestimmte Artikel und Verkehrsbeziehungen zahlreiche Ausnahmetarife.

Der Reformtarif stellt sich im wesentlichen dar als ein Wertklassifikationstarif, der indes in einigen Punkten Grundsätze des Wagenraumsystems angenommen hat. Insbesondere zeigt sich dies durch die Forderung der Aufgabe von 10000 kg für einen Frachtbrief und Wagen bei den Wagenladungsklassen B, C und den Specialtarifen, sowie durch die Möglichkeit des Zusammenladens verschiedener Wagenladungsgüter. Die in den deutschen Reformtarif aufgenommenen allgemeinen Wagenladungsklassen und die Möglichkeit der Aufgabe von Stückgütern als Wagenladungen fehlt dagegen und die Klassifikation ist auch bei Eil- und Stückgut aufrecht erhalten.

Die Einheitssätze der österr.-ungar. Bahnen sind durchgehends nach dem Staffelsystem gebildet, aber fast für jede Bahn verschieden in der Höhe und in den Anordnungen der Staffeln, oft sogar auf einzelnen Linien derselben Bahn. Ebenso verhält es sich mit den Manipulationsgebühren, dagegen sind die übrigen Nebengebühren einheitlich festgesetzt. Eine mehr gemeinwirtschaftliche Tarifpolitik verfolgen die österr. und ungar. Staatsbahnen, bei erstern besteht auch seit dem 1. Aug. 1884 ein Staatseisenbahnrat und ein aus diesem gebildeter ständiger Beirat. (S. Eisenbahnbeiräte.)

Die österr. und ungar. Staatsbahnen haben auch seit dem 1. Juli bez. 1. Jan. 1891 sehr ermäßigte sog. Zonentarife zur Einführung gebracht, welche aber in Wirklichkeit Staffeltarife sind, indem die Bezeichnung Zonentarif sich nur darauf gründet, daß man statt nach Kilometern nach 10 km als Einheit rechnet. Die Übersicht A auf S. 901 giebt die Sätze des *österreichischen* Staatsbahntarifs von 1891 sowie (in Klammern beigefügt) die 15. Juli 1892 zum Teil wieder abgeänderten, meist erhöhten Sätze in Kreuzern für 100 kg und 1 km an.

Der Ausnahmetarif 1 hat dieselben Sätze wie Specialtarif 3 und umfaßt Asche, Cichorienwurzeln, Kartoffeln, Heu und Stroh, Holz, Kohlen und Koks, Lohe, Zuckerrüben. Er kommt bei Frachtzahlung für mindestens die Tragfähigkeit des verwendeten Wagens zur Anwendung; desgleichen der Ausnahmetarif 2, der eine Anzahl Abfälle und Rohprodukte enthält. Außerdem sind noch zu erwähnen der Ausnahmetarif 3 bei Aufgabe von Eilgütern im Gewicht von 5000, bez. 10000 kg in einem Wagen, und der Ausnahmetarif 4 für Güter der Klassen 1 und 2 bei Aufgabe in Mengen von 5000, bez. 10000 kg, sowie für die bei Aufgabe von 10000 kg in Klasse A eingereihten Güter in Mengen von 10000 kg in einem Wagen, wodurch sowohl den Eilgütern als den Gütern der Klassen 1, 2 und A bei Aufgabe in größern Mengen erhebliche Ermäßigungen gewährt werden.

Die Übersicht B auf S. 901 giebt die Einheitssätze des *ungarischen* Staatsbahntarifs nach der neuesten Ausgabe vom 1. Febr. 1892 in Kreuzern für 100 kg und 1 km an.

A.

Entfernungen	Gewöhnliches Eilgut	Ermäßigtes Eilgut	Stückgutklassen I	Stückgutklassen II	Wagenladungsklassen A	Wagenladungsklassen B	Wagenladungsklassen C	Specialtarife 1	Specialtarife 2	Specialtarife 3	Ausnahmetarif 2
Von 1— 50 km	1,20	0,60	0,60	0,50	0,34 (0,37)	0,24 (0,26)	0,18 (0,21)	0,26 (0,28)	0,18 (0,21)	0,15 (0,18)	0,12
» 51—150 »	1,16	0,58	0,58	0,46	0,29	0,22 (0,21)	0,15	0,23 (0,22)	0,15	0,13	0,10
» 151—300 »	1,12	0,56	0,56	0,42	0,25 (0,24)	0,18	0,12 (0,11)	0,19 (0,20)	0,12 (0,11)	0,10 (0,09)	0,09
Für jedes weitere Kilometer	1,00	0,50	0,50	0,30	0,20	0,12	0,10	0,15 (0,16)	0,10	0,08	0,08
Abfertigungsgebühr für 100 kg in Kreuzern.											
Von 1—30 km	6	3	3	3	3	2	2	2	2	2	2
» 31—80 »	6	3	3	3	3	3	3	3	3	3	2
über 80 km	8	4	4	4	4	4	4	4	4	4	2
Seit 1. Juli 1892 ohne Unterschied der Entfernung	8	4	4	4	4	4	4	4	4	4	3

B.

Entfernungen	Gewöhnliches Eilgut	Ermäßigtes Eilgut	Stückgutklassen I	Stückgutklassen II	Stückgutklassen III	Wagenladungsklassen A	Wagenladungsklassen B	Wagenladungsklassen C	Specialtarife 1	Specialtarife 3	Ausnahmetarif 2
Von 1—200 km	1,3	0,6	0,72	0,52	0,9	0,32	0,21	0,16	0,27	0,13	0,11
» 201—400 »	1	0,5	0,52	0,42	0,8	0,24	0,17	0,13	0,15	0,10	0,09
über 400 km	1	0,5	0,52	0,42	0,8	0,16	0,10	0,09	0,10	0,07	0,06
Abfertigungsgebühr für 100 kg in Kreuzern.	10	10	10	10	10	6	4	4	5	3	3

Stückgutklasse III umfaßt Sperrgüter, Specialtarif 1 Getreide; Specialtarif 3 hat dieselben Einheitssätze wie die Wagenladungsklasse C (Nutzholz), Ausnahmetarif 1 (besonders Kohlen, Brennholz, Kartoffeln, Steine, Heu, Stroh umfassend) dieselben Einheitssätze wie Specialtarif 3. Ausnahmetarif 2 enthält Dünger, Erde, Steine, Schotter und ungar. Erze für ungar. Hütten. Außerdem ist noch zu erwähnen der Ausnahmetarif für Sammelladungen bei Aufgabe von mindestens 5000 kg. (Vgl. den Artikel «Gütertarife» in Rölls Encyklopädie.)

Im direkten Verkehr zwischen Deutschland und Österreich-Ungarn sind durch Verschmelzung beider Tarifschemata ein gemeinsames Tarifschema sowie gemeinsame Tarifbestimmungen vereinbart worden. In der **Schweiz** ist der deutsche Reformtarif mit einigen Abänderungen übernommen. In **Italien** sind durch Gesetz vom 27. April 1885, durch das die Staatsbahnen den großen Betriebsgesellschaften verpachtet werden (s. Italienische Eisenbahnen), die Tarife und die Vorschriften für den Personen- wie für den Güterverkehr festgestellt worden. Änderungen bedürfen teils gesetzlicher, teils königl. Genehmigung. Der Gütertarif, acht Klassen enthaltend, stellt sich als eine verwickelte Wertklassifikation dar. In **Frankreich** haben nahezu alle Bahnen ein einheitliches Tarifschema eingeführt; dasselbe beruht auf der Wertklassifikation. **Belgien** besitzt auf seinen Staatsbahnen einen gleichfalls auf der Wertklassifikation beruhenden und auch für die Privatbahnen geltenden Gütertarif. In **England** hat der Clearing-House-Verein (s. Eisenbahnabrechnungsstellen) für den direkten Verkehr eine gemeinsame Güterklassifikation vereinbart. Das System, das für den örtlichen Verkehr der einzelnen Bahnen nicht gilt, ist ein ausgedehntes Wertsystem, daher die Wagenausnutzung sehr schlecht. Infolge des Gesetzes vom 10. Aug. 1888 wird jetzt eine gemeinsame Güterklassifikation auch für den örtlichen Verkehr eingeführt. In **Amerika** besteht kein gemeinsames Tarifschema, nicht einmal für sämtliche Strecken einer und derselben Bahn; nur in einzelnen Verbänden hat man sich über einheitliche Tarifeinrichtungen verständigt. Das herrschende System ist das Wertsystem. Für die Bestimmung der Höhe der Tarife sind meist Wettbewerbsrücksichten maßgebend. Um eine mitbewerbende Bahn zu unterdrücken oder zu Zugeständnissen zu zwingen, wurden besonders von mächtigern Bahnen zuweilen sehr niedrige Tarife aufgestellt, um durch dieselben den Verkehr von der Konkurrenzbahn abzulenken (Tarifkrieg). Derartige Tarifkriege sind in großem Maßstabe besonders unter den von Neuyork aus nach dem Westen führenden Bahnen geführt worden. Diese Kriege endeten in der Regel damit, daß die Bahnen sich vereinigten und einen sog. «pool» (Tarifverband) bildeten, d. h. daß sie die Gesamtfracht der gleichen Verkehrswege nach bestimmten Verhältnissen untereinander teilten. Gegen derartige Mißstände wendet sich besonders das nach vielen Verhandlungen zu stande gekommene Bundesgesetz über den zwischenstaatlichen Verkehr vom

4. Febr. 1887 und 3. März 1889, das die Thätigkeit der Tarifverbände einschränkt und die Beseitigung der Differentialtarife und Refaktien bezweckt. (S. Eisenbahnrecht, S. 880a.)

Litteratur. Außer der Zeitung des Vereins deutscher Eisenbahnverwaltungen, in welcher die Tariffrage vom Bestehen ab in der vielseitigsten Weise behandelt ist, sind noch folgende Werke hervorzuheben: Desart, De l'influence des tarifs sur les mouvements et les recettes des voyageurs (Brüss. 1848); Drewte und Vogel, Tarife für den Güterverkehr auf sämtlichen deutschen Eisenbahnen, und zwar für den Lokal- wie den direkten Verkehr (Stett. 1854); Garcke, Komparative Berechnungen der Kosten der Personen- und Gütertransporte auf den Eisenbahnen zur Beurteilung der Frage über die zulässigen oder möglichen Minimalsätze (Berl. 1859); Scheffler, Die Transportkosten und Tarife der Eisenbahnen (Wiesb. 1860); Weidtman, Billige Frachten auf Eisenbahnen. Über Möglichkeit, resp. Rentabilität derselben (Köln 1860); Honigmann, Der Kampf gegen die Eisenbahnen mit besonderer Rücksicht auf die Differentialtarife (Bresl. 1861); Westphalen, Über Güterbewegung auf Eisenbahnen. Ein Beitrag zur Lösung der Tariffrage (Emden 1870); Perrot, Die Anwendung des Pennyportosystems auf den Eisenbahntarif und das Paketporto (Rost. 1872); Engel, Eisenbahnreform (Jena 1888; später u. d. T. Der Zonentarif, 4. Aufl., edd. 1891); Hoffmans, Ist der Engelsche Zonentarif-Vorschlag durchführbar? (Berl. 1891); Braesicke, Die Reform der Eisenbahngütertarife (edd. 1890); Schüller, Die natürliche Höhe der E. Theoretische Entwicklung der Transportselbstkosten der Bahnen und praktische Vorschläge zur Lösung der Tariffrage (Wien 1872); Callavaert, Du service des transports par voies ferrées au point de vue commercial et administratif (Brüss. 1873); Perrot, Der Wagenraumtarif. Dokumente und Erörterungen zur Reform der Eisenbahngütertarife (Berl. 1873); ders., Die Differentialtarife der Eisenbahnen (edd. 1874); Bergmann, Zur Enquête über ein einheitliches Tarifsystem auf den deutschen Eisenbahnen (edd. 1876); Reitzenstein, Über einige Verwaltungseinrichtungen und das Tarifwesen auf den Eisenbahnen Englands (edd. 1876); Barychar von Marienhort, Berechnung der Kosten für den Personen-, Gepäck-, Eilgut- und Frachtentransport auf den Eisenbahnen (Wien 1877); Krönig, Die Differentialtarife der Eisenbahnen, ihre Entwicklung, Bedeutung und Berechtigung (Berl. 1877); Sax, Die Verkehrsmittel in Volks- und Staatswirtschaft (2 Bde., edd. 1878—79); Schübler, Über Selbstkosten und Tarifbildung der deutschen Eisenbahnen (Stuttg. 1879); Die Entwicklung des Gütertarifwesens der deutschen Eisenbahnen, hg. vom Verein der Privatbahnen (Berl. 1879); Aucoc, Les tarifs des chemins de fer et l'autorité de l'État (Par. 1880); G. und E. Schultz, Vorschläge zur Neugestaltung der Eisenbahngütertarife für Deutschland (Berl. 1880); von Schwarz, Statist. Daten behufs Beurteilung der Selbstkosten im Eisenbahnbetriebe (Wien 1881); Hertzka, Das Personenporto (edd. 1885); Ulrich, Das Eisenbahntarifwesen (Berl. u. Lpz. 1886; ins Französische übersetzt, zugleich 2. Aufl., Berl. u. Par. 1890); Cohn, Untersuchungen über die engl. Eisenbahnpolitik (I, Lpz. 1874; II, 1875; Neue Folge 1883); ders., System der Nationalökonomie (Bd. 1, Stuttg. 1885; Bd. 2, 1889); Lehmann, Erläuterungen zum deutschen Eisenbahn-Gütertarif, Tl. 1 (2. Aufl., Wiesb. 1888); Launhardt, Theorie der Tarifbildung der Eisenbahnen (im «Archiv für Eisenbahnwesen», 1890, auch separat, Berl. 1890); Handwörterbuch der Staatswissenschaften, Bd. 3, S. 200 fg. (Jena 1892); Fleck, Eisenbahntarife, in dem «Wörterbuch des deutschen Verwaltungsrechts», hg. von Stengel, Bd. 1 (Freib. i. Br. 1890); Personentarifreform und Zonentarif (Berl. 1892); Gütertarife in «Encyklopädie des gesamten Eisenbahnwesens», hg. von Röll, Bd. 4 (Wien 1892); Der Zonentarif und dessen Resultate, hg. von der Direktion der Königlich Ungarischen Staatsbahnen (Budapest 1892); von Perl, Reformen der Personentarife [in Rußland] (russisch, Petersb. 1892).

Eisenbahntarifkommission, ständige, s. Eisenbahntarife (S. 899 b).

Eisenbahntechnik, der Inbegriff der Regeln, nach denen beim Bau und Betrieb der Eisenbahnen zu verfahren ist. Die E. zerfällt danach in Bau- und Betriebstechnik (s. Eisenbahnbau und Eisenbahnbetrieb). Zur Förderung der E. hat der «Verein der Deutschen Eisenbahn-Techniker» wesentlich beigetragen. (S. Eisenbahnverbände.)

Eisenbahntransporte stehen unter strafrechtlichem Schutze. Der §. 315 des Deutschen Strafgesetzbuchs verordnet: Wer vorsätzlich Eisenbahnanlagen, Beförderungsmittel oder sonstiges Zubehör derselben dergestalt beschädigt oder auf der Fahrbahn durch falsche Zeichen oder Signale oder auf andere Weise solche Hindernisse bereitet, daß dadurch der Transport in Gefahr gesetzt wird, wird mit Zuchthaus bis zu 10 Jahren, wenn eine schwere Körperverletzung verursacht worden, mit Zuchthaus nicht unter 5 Jahren, und wenn der Tod eines Menschen verursacht worden ist, mit Zuchthaus nicht unter 10 Jahren oder lebenslänglichem Zuchthaus bestraft. Strafe für fahrlässige Gefährdung: Gefängnis bis zu 1 Jahre und bei erfolgtem Tode eines Menschen 1 Monat bis 3 Jahre. Gleiche Strafe für Eisenbahnbeamte bei Vernachlässigung ihrer Pflichten, daneben fakultative Ausschließung vom Eisenbahndienste. Unter Eisenbahnen sind im strafrechtlichen Sinne auch elektrische, aber nicht Pferdebahnen, und unter E. die Transportgegenstände (Personen und Sachen) und die Transport- und Zugmittel zu verstehen. Gleichgültig ist, ob die Eisenbahn öffentlichen Zwecken dient oder privaten (wie in großen Fabriketablissements und in Bergwerken), und ob sie bereits dem öffentlichen Betriebe übergeben worden ist. Das Österr. Strafgesetz hat in den §§. 85^{c}, 318, 337, 432 Strafbestimmungen über Beschädigungen von Eisenbahnen und der Österr. Entwurf von 1889 ähnliche Vorschriften wie das Deutsche Strafgesetz.

Eisenbahntruppen, militär. Eisenbahnformationen, deren Bildung in den meisten Großstaaten durch die außerordentliche Wichtigkeit der Eisenbahnen für die Kriegführung veranlaßt wurde. Maßgebend für die Begründung und Organisation des Feldeisenbahnwesens wurde der amerik. Secessionskrieg, in dem seitens der Nordstaaten sämtliche Linien des nordamerik. Eisenbahnnetzes dem General MacClellan mit unumschränkter Vollmacht unterstellt wurden. Anfangs formierte derselbe ein «Konstruktionskorps» aus einfachen Soldaten; aber die mangelhafte Vorbildung derselben für technische Arbeiten veranlaßte ihn bald, ein militärisch organisiertes Korps aus technisch geübten Civilingenieuren und Arbeitern zu bilden, das nach und nach auf

25000 Mann anwuchs. Diese Mannschaften waren eingeteilt in «Bauabteilungen», mit Unterabteilungen für Strecken- und Brückenbau, und in «Betriebsabteilungen». Den erstern lag der Bau neuer Linien, die Herstellung zerstörter Bahnstrecken und die Zerstörung von Bahnen ob, den letztern die Beschaffung und richtige Ausnutzung des Betriebsmaterials und die Handhabung des Betriebsdienstes. Unter Umständen wurden außerdem für größere Bauten noch zahlreiche Civilarbeiter zugezogen, so z. B. beim Bau der Etowah- und der Chattahoochee-Brücke bis 1400 Zimmerleute. Der große, oft entscheidende Einfluß, den diese Eisenbahnabteilungen auf den Verlauf des ganzen Secessionskrieges ausübten, veranlaßte die Staaten des europ. Kontinents, ähnliche Formationen in die Wege zu leiten.

Preußen formierte 1866 bei der Mobilmachung 3 Eisenbahnabteilungen, die aus je 12 vom Handelsministerium zur Verfügung gestellten Eisenbahntechnikern und einem Militärdetachement von etwa 50 Mann bestanden. Die Thätigkeit derselben war ähnlich derjenigen der amerik. Bauabteilungen, während besondere, vom Handelsministerium formierte «Betriebskommissionen» den Betriebsdienst auf den occupierten Bahnen regelten. Die Erfahrungen des Krieges 1866 ließen eine vollständige militär. Organisation des Feldeisenbahnwesens wünschenswert erscheinen, um schon im Frieden einen Stamm für die im Kriege vorliegenden Arbeiten, die in ihrer Einleitung und Ausführung wesentlich von denjenigen im Frieden abweichen, vorzubilden. Da jedoch 1870 beim Ausbruch des Krieges die bezügliche Organisation noch nicht geschaffen war, so wurden wiederum «Feldeisenbahnabteilungen» formiert, und zwar 5 preußische und 1 bayrische, die jedoch einen gegen 1866 wesentlich verstärkten Etat erhielten, nämlich je etwa 20 Civiltechniker, 4 Offiziere und etwa 200 Vorarbeiter und Soldaten. Außerdem wurden für größere Bauausführungen Civilarbeiter nach Bedürfnis angestellt. Den Betrieb auf den occupierten Bahnen übernahmen wiederum «Betriebskommissionen». Die Eisenbahnabteilungen fanden im Feldzuge 1870/71 reiche Verwendung, unter andern bei der Herstellung der vielen zerstörten Brücken, bei Erbauung der 4 Meilen langen Umgehungsbahn bei Metz u. s. w. In Preußen wurde 1. Okt. 1871 ein **Eisenbahnbataillon** formiert, das den Stamm abgab für das **Eisenbahnregiment** und für die vom 1. April 1890 ab aufgestellte **Eisenbahnbrigade**. Die Mannschaften werden im Eisenbahnbau und Betriebsdienst ausgebildet und sind bestimmt, im Kriege durch Reserven und Landwehren verstärkt, sowohl die frühern Feldeisenbahnabteilungen wie die Betriebskommissionen zu ersetzen. **Bayern** besitzt ein Eisenbahnbataillon zu 2 Compagnien. (S. Deutsches Heerwesen, S. 67 a.) Über die E. der außerdeutschen Heere s. das Heerwesen der einzelnen Staaten.

Eisenbahnunfälle. Als E. im weitern Sinn werden alle Unfälle bezeichnet, die beim Betrieb der Eisenbahnen selbst und bei Thätigkeiten vorkommen, die wenigstens mit demselben in unmittelbarer Beziehung stehen, wie der Werkstättendienst, der Güterabfertigungsdienst, die Unterhaltungsarbeiten und Bauten auf im Betrieb befindlichen Bahnen u. s. w. **Im engern Sinn** werden unter E. diejenigen Unfälle verstanden, die durch den eigentlichen Betrieb, die Bewegung der Lokomotiven und Fahrzeuge veranlaßt werden und das öffentliche Interesse in besonderm Maße in Anspruch nehmen. Derartige E. kommen hauptsächlich vor als **Entgleisungen** und als **Zusammenstöße**. Diese Unfälle können ihre Ursache haben: in Mängeln in der Festigkeit des Gefüges der Eisenbahngleise und deren Überführungen (Brücken); in Achsen- und Radreifenbrüchen, scharfgelaufenen Spurkränzen der Räder der Fahrzeuge sowie in sonstigen Brüchen von Maschinen- und Wagenteilen; in unrichtiger Stellung der Weichen; in zu schnellem Einfahren in die Bahnhöfe; in falscher Signalisierung und Übersehen der Signale; in mangelhaftem und nicht rechtzeitigem Schluß der die Planübergänge schließenden Schranken; in Böswilligkeit; in Unregelmäßigkeiten im Betriebe; in atmosphärischen Ereignissen, Zerstörung der Bahn durch Regengüsse, Schneeverwehungen, Sturm, Blitz u. s. w.

Als die bedeutendsten bis Nov. 1892 beim Eisenbahnbetriebe vorgekommenen Unfälle, d. h. solche, bei denen eine größere Zahl von Personen getötet und verletzt wurde, sind die nachstehenden anzuführen:

Datum des Unfalls		Zahl der		Ort und Art des Unfalls
Jahr	Tag und Monat	getöteten Personen	verletzten Personen	
1842	8. Mai	50	—	Belleville, Frankr. (Zusammenstoß).
1852	6. Mai	46	30	Norwalk, Conn., Ver. St. v. A. (infolge Offenstehens einer Drehbrücke).
1854	24. Okt.	40	—	Canada, Great-Westernbahn.
1856	17. Juli	62	100	North-Pennsylvaniabahn, Ver. St. v. A.
1857	17. März	60	—	Des Jardins-Canal, Canada, Great-Westernbahn.
»	28. Juni	11	100	Lewisham, England.
1859	27. Jan.	30	40	Süd-Michiganbahn, bei South-Bend, Ind., Ver. St. v. A.
»	2. Aug.	13	—	Albany, Vermont- and Kentuckybahn im Tomhannock-Creek, Ver. St. v. A.
»	31. Dez.	14	—	Brücke in der Nähe von Columbus, Ver. St. v. A.
1861	25. Aug.	23	100	Claytontunnel bei London.
1862	15. Juli	50	60	Port-Jervis, Ver. St. v. A.
»	13. Okt.	15	60	Winchburg, Schottland.
1867	11. Dez.	15	—	Vermont-Centralbahn, Hanlanbridge, Ver. St. v. A.
»	18. Dez.	40	—	Angola, Lake-Shore, Ver. St. v. A.
1868	14. April	20	60	Port-Jervis, Ver. St. v. A.
»	20. Aug.	38	—	Abergele, Nordwales.
»	20. Aug.	21	60	Böhmische Westbahn bei Horowitz.
1869	14. Juli	10	—	Mast Hope, N. Y. (Eriebahn), Ver. St. v. A.
1871	3. Juli	15	20	Harpeth-River, Tenn., Ver. St. v. A.
»	26. Aug.	30	50	Revere in der Nähe von Boston, Ver. St. v. A. (Zusammenstoß).
1872	6. Febr.	22	—	New-Hamburg, N. Y., Ver. St. v. A. (Brand eines Ölzuges).
»	24. Dez.	19	—	Norwich, England (Entgleisung).
1874	10. Sept.	24	40	Shipton, England (Zusammenstoß).
»	20. Okt.	34	—	Ein Zug fiel in d. Cherwellfluß, Engl.
1876	26. Sept.	25	—	Black-Lick-Station, Pa., Ver. St. v. A.
»	26. Dez.	80	—	Ashtabula, Ver. St. v. A.
1880	20. Dez.	200	—	Einsturz der Taybrücke, Schottland.
1881	1. März	40	—	Macon, Mo., Ver. St. v. A.
1882	3. Sept.	68	120	Hugstetten, zwischen Freiburg i. Br. u. Colmar i. Els. (Entgleisung).
1883	2. Sept.	39	6	Steglitz bei Berlin. Kurierzug fuhr in das Publikum, das eigenmächtig in den abgeschlossenen Bahnsteig eingedrungen war.
1884	14. Nov.	22	26	Zusammenst. vor d. Bahnh. zu Hanau.
1885	25. Jan.	12	28	Viadukt auf der Linie Melbourne-Sydney (Neusüdwales, Australien), brach infolge heftiger Regengüsse zusammen.
1886	1. Juli	14	30	Zusammenstoß zwischen Würzburg und Rottendorf.

Datum des Unfalls: Jahr	Tag und Monat	Zahl der getöteten Personen	Zahl der verletzten Personen	Ort und Art des Unfalls
1886	15. Sept.	14	19	Silver-Creek, Ohio, Ver. St. v. A. (Zusammenstoß).
1887	19. Juni	3	7	Zusammenstoß auf Bahnhof Wannsee (Berlin-Potsdam).
1888	5. Sept.	12	40	Dijon, zwischen Malain u. Velars-sur-Ouche (Entgleisung und dann Zusammenstoß).
»	17. (29.) Okt.	22	36	Borki (Kursk-Charkow-Asowbahn), Entgleisung d. kaiserl. Sonderzuges.
»	20. Okt.	20	48	Grassano bei Neapel, Auffahren eines Zuges auf herabgestürzte Erdmassen.
1889	3. Febr.	16	42	Groenendael (Brüssel-Namur), Herabstürzen einer eisernen Viaduktbrücke auf den Zug.
»	— Juni	12	—	Latrobe, Pa., Ver. St. v. A., Entgleisung infolge der Überschwemmung bei Johnstown.
»	12. Juni	80	262	Armagh in Irland (Zusammenstoß).
»	7. Juli	9	10	Röhrmoos (Ingolstadt-München), Entgleisung.
»	22. Aug.	6	23	Knoxville-Cumberland Gap u. Louisville-Eisenbahn, Ver. St. v. A.
1890	16. März	2	2	Viadukt bei Sonnborn (Vohwinkel-Elberfeld), 33 Güterwagen stürzten infolge Entgleisung in das 20 m tiefer liegende Flußbett der Wupper.
»	13. Mai	2	4	Bahnhof Dirschau; Zug überfuhr das tote Gleis und drang in das Empfangsgebäude.
»	30. Mai	20	—	Oakland-San Francisco, Zug stürzte durch die geöffnete Brücke teilweise ins Wasser.
1891	22. Mai	4	10	Kirchlengern zwischen Osnabrück und Minden, Zusammenstoß (Sonderzug des Cirkus Carré).
»	14. Juni	72	130	Mönchenstein (Schweiz), Einsturz der eisernen Brücke über die Birs, 2 Lokomotiven, 3 Pack- und Postwagen sowie 4 Personenwagen fielen in den Fluß.
»	25. Juni	12	23	Station Harrisburg der Pennsylvaniabahn (Zusammenstoß).
»	3. Juli	25	10	Ravenna in Ohio (Ver. St. v. A.), Zusammenstoß (Brand von Schlafwagen).
»	4. Juli	1	14	Eggolsheim in Bayern, Entgleisung eines Berliner Feriensonderzuges.
»	26. Juli	49	90	Bahnhof Saint Mandé bei Paris, Sonderzug von Joinville fuhr auf einen Hauptvergnügungszug.
»	17. Aug.	17	22	Zollikofen (Schweiz), Zusammenstoß.
»	24. Dez.	12	8	Hastings, Zusammenstoß, Neuyork Central- u. Hudson River-Eisenbahn.
1892	10. Sept.	9	33	Zusammenstoß zwischen Boston und Waltham (Ver. St. v. A.).
»	16. Sept.	9	8	Entgleisung zwischen den Stationen Alcanena u. Torres-Novas (Portugal).
»	17. Sept.	2	11	Köln a. Rh. (Südbahnhof), Auffahren eines Güterzugs auf einen haltenden Personenzug.
»	24. Okt.	7	21	Zusammenstoß auf der Strecke Shamokin-Philadelphia (Ver. St. v. A.).
»	1. Nov.	13	—	Zusammenstoß bei Thirsk (Grafschaft York) in England.

Der Unfall bei Borki.

Güterzug-Lok. | Personenzug-Lok. | Gepäck-Wagen. | Handwerker-Wagen. | Wagen d. Min. d. Verk. | Wagen f. Bedienstete. | Küchen-Wagen. | Büffett-Wagen. | Speise-Wagen. | Kaiserliche Kinder. | Kaiserlicher Wagen. | Thronfolger-Wagen.

Fig. 1.

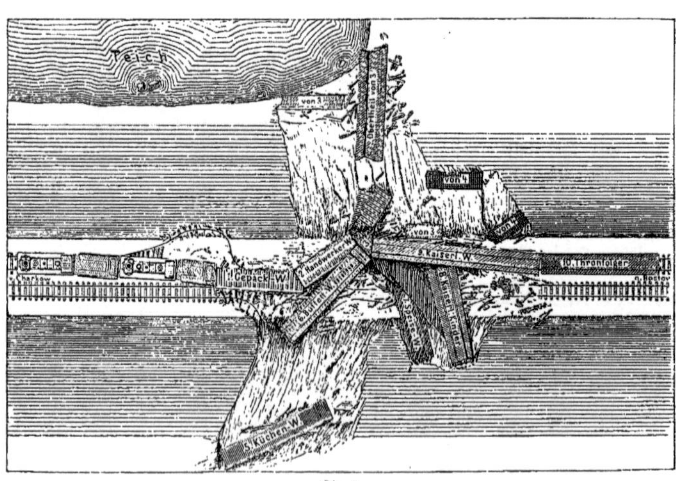

Fig. 2.

Großes Aufsehen hat der Unfall bei Borki erregt, von dem der Kaiser von Rußland mit seiner Familie auf der Rückreise vom Kaukasus nach Petersburg (17. [29.] Okt. 1888) betroffen wurde. Fig. 1 (S. 904) zeigt die Anordnung des Zuges vor dem Unfall. Der Zug war mit zwei Lokomotiven bespannt, deren vorderste eine Güterzuglokomotive war; den Lokomotiven folgten 15 Wagen; die ganze Länge des Zuges betrug 300 m, sein Gewicht 454 t. Der kaiserl. Wagen wog allein 48 t, während z. B. die auf den preuß. Staatsbahnen eingeführten achträderigen Schlafwagen nur etwa 32 t, ein dreiachsiger Personenwagen erster und zweiter Klasse etwa 20 t und eine gewöhnliche Güterzuglokomotive (ohne Tender) etwa 33 t wiegen. Der Unfall ereignete sich auf freier Strecke in der Nähe der 43 km südlich von Charkow belegenen Station Borki an der nach Rostow führenden Eisenbahn. Fig. 2 (S. 904) zeigt den Zug nach dem Unfall. Die erste Lokomotive war zum Teil, die zweite Lokomotive und der erste Wagen (Nr. 1) waren vollständig entgleist, indes nicht stark beschädigt. Die hierauf folgenden Wagen 2 bis 8 waren vollständig zertrümmert. Der Speisewagen (7), in dem zur Zeit des Unfalls der Kaiser und die Kaiserin mit nächster Umgebung beim Frühstück saßen, war aus den Schienen geworfen und lag mit eingedrückten Wänden und ohne Dach auf der Dammböschung, ebenso der Wagen der kaiserl. Kinder (8). Die letzten Wagen des Zuges waren im Gleis geblieben. Von der kaiserl. Familie wurde niemand verletzt. Die Ursache des Unglücks ist nicht sicher festgestellt worden.

In der nachstehenden Übersicht sind die beim Betriebe der deutschen und österreichisch-ungarischen Eisenbahnen in den J. 1886—90 vorgekommenen Unfälle und deren Folgen zusammengestellt.

	Im Deutschen Reich (Normalspurbahnen)			In Österreich-Ungarn		
	1888	1889	1890	1886	1887	1888
Mittlere Länge der im Betriebe befindlichen Bahnen . . . km	39 724	40 660	41 631	22 786	23 642	24 925
Entgleisungen:						
auf freier Strecke	142	150	188	387	401	528
auf Bahnhöfen und Haltestellen	251	273	347			
Zusammenstöße:						
auf freier Strecke	29	28	34	24	17	35
auf Bahnhöfen und Haltestellen	222	276	338	91	103	114
Sonstige Unfälle:						
auf freier Strecke	638	577	617	1 140	940	1 234
auf Bahnhöfen und Haltestellen	1 267	1 784	2 094			
Ohne eigene Schuld bei gewöhnlichen Bahnereignissen wurden getötet:						
Reisende	1	16	4	7	—	—
Bahnbedienstete	12	20	19	8	9	6
Sonstige Personen*)	7	12	10	7	1	9
verletzt: Reisende	73	118	179	52	—	30
Bahnbedienstete	189	194	253	63	46	66
Sonstige Personen	31	33	49	8	5	22
Infolge eigener Schuld oder Unvorsichtigkeit wurden getötet:						
Reisende	30	24	42	6	5	4
Bahnbedienstete	317	328	435	119	90	131
Sonstige Personen	191	202	216	80	78	76
verletzt: Reisende	50	56	57	31	16	23
Bahnbedienstete	908	1 569	1 758	301	322	391
Sonstige Personen	129	142	156	89	66	73
Durchschnittlich kommt ein getöteter Reisender auf Millionen zurückgelegte Personenkilometer	297	255	244	206	543	701
Desgleichen ein verletzter auf Millionen zurückgelegte Personenkilometer	75	58	48	32	170	53
Außerdem wurden bei Nebenbeschäftigung (Bahnunterhaltung, Bauarbeit) Bahnbedienstete getötet	4	4	8	9	9	19
verletzt	67	350	547	73	115	113
Durch Selbstmord (und Selbstmordversuch) wurden getötet	153	157	187	71	54	78
verletzt	13	29	17	12	15	15

*) Bei »Sonstige Personen« sind auch die im Dienst befindlichen Post-, Steuer-, Telegraphen-, Polizei- u. s. w. Beamten aufgenommen.

Auf den deutschen Schmalspurbahnen, deren Länge in den J. 1888—90 = 819, 873 und 1051 km betrug, ereigneten sich in diesen Jahren 57, 56 und 53 Unfälle, wobei 8, 4 und 4 Personen getötet und 24, 23 und 33 Personen verletzt wurden.

Bei den Eisenbahnen in Großbritannien und Irland wurden 1891 insgesamt getötet und verletzt:

	getötet	verletzt
Reisende:		
Durch Zugunfälle (accidents to trains)	5	875
Durch andere Unfälle	98	737
Bahnbeamte:		
Durch Zugunfälle	12	154
Durch andere Unfälle	537	3007
Sonstige Personen:		
Beim Überschreiten von Übergängen	66	31
Beim unbefugten Betreten der Gleise (einschl. d. Selbstmörder)	393	161
Durch anderweitige Unfälle	57	95
Zusammen	1168	5060

Über Zahl und Art der E. und der dabei getöteten und verletzten Personen im J. 1891 giebt nachstehende Übersicht Auskunft:

Art des Unfalls	Fälle	Anzahl der getöteten Reisenden und sonst. Personen	Anzahl der verletzten Reisenden und sonst. Personen	Anzahl der getöteten Beamten	Anzahl der verletzten Beamten
Zusammenstöße	143	4	493	11	104
Entgleisungen	49	—	34	1	8
Durchfahren von Weichen und zu schnelles Einfahren von Zügen in Stationen u. s. w.	43	1	207	—	17
Überfahren von Vieh oder andern Hindernissen auf der Bahn, Durchfahren der Schlagbäume	193	—	2	—	2
Bersten von Kesseln oder Röhren u. s. w. an Lokomotiven	4	—	—	—	4
Radreifenbrüche	557	—	—	—	—
Achsbrüche	229	—	4	—	1
Schienenbrüche	256	—	—	—	1
Bruch von Maschinenteilen, Kupplungen, Rädern u. s. w.	24	—	20	—	7
Einsturz von Brücken, Tunneln, Viadukten, Durchlässen u. s. w.	3	—	95	—	4
Überschwemmungen, Dammrutschungen	40	—	—	—	—
Feuer in Zügen	2	—	—	—	—
Feuer in Stationen	14	—	—	—	—
Andere Unfälle	6	—	20	—	6
	1563	5	875	12	154

Das Verhältnis der durch Zugunfälle (unverschuldet) Getöteten und Verletzten zu den beförderten Reisenden in den J. 1880—90 ist in der Übersicht auf der folgenden Spalte dargestellt.

Jahr	Unverschuldet sind Reisende getötet	Unverschuldet sind Reisende verletzt	Gesamtzahl d. beförderten Reisenden (ausschließlich auf Abonnementskarten)	Es entfällt 1 getöteter Reisender auf insgesamt beförderte Personen	Es entfällt 1 verletzter Reisender auf insgesamt beförderte Personen
1880	29	904	603885025	20823586	668013
1881	23	987	622160000	27050435	630354
1882	18	803	654838295	36379905	815489
1883	11	662	683718137	62156194	1032806
1884	31	864	694991860	22419092	804388
1885	6	436	697213031	116202171	1599112
1886	8	615	725584390	90698049	1179812
1887	25	538	733670000	29346800	1363699
1888	11	594	742499164	67530000	1250555
1889	88*	1016*	775183073	8808875	762975
1890	18	496	817744046	45430224	1648677

* Beim Zusammenstoß bei Armagh allein wurden 80 Personen getötet und 262 verletzt.

Auf den schweizerischen Eisenbahnen kamen 1889 vor: 51 Entgleisungen, 18 Zusammenstöße, 383 sonstige Unfälle. Bei diesen Unfällen wurden getötet: 7 Reisende, 18 Beamte und 19 dritte Personen; verletzt 17 Reisende, 293 Beamte und 26 dritte Personen. Auf 100 km Bahnlänge wurden dritte Personen 0,62 getötet und 0,85 verletzt; auf 1 Mill. Reisende wurden 0,24 Reisende getötet und 0,58 verletzt, auf 10 Mill. Personenkilometer 0,11 bez. 0,26 Reisende getötet bez. verletzt. Auf 100000 Lokomotivkilometer wurden 0,08 Beamte getötet und 1,33 verletzt.

Auf den italienischen Eisenbahnen kamen in den J. 1886—88 an Unfällen vor:

Art des Unfalls	1886 auf freier Strecke	1886 auf Stationen	1886 zusammen	1887 auf freier Strecke	1887 auf Stationen	1887 zusammen	1888 auf freier Strecke	1888 auf Stationen	1888 zusammen
Entgleisungen	44	82	126	70	81	151	65	115	180
Zusammenstöße	7	34	41	7	35	42	16	49	65
Sonstige Unfälle	1967	1966	3933	2375	2073	4448	2454	2080	4534
Zusammen	2018	2082	4100	2452	2189	4641	2535	2244	4779

Tötungen und Verletzungen von Personen erfolgten:

	1886 getötet	1886 verletzt	1887 getötet	1887 verletzt	1888 getötet	1888 verletzt
Infolge von Eisenbahnunfällen:						
Reisende	2	19	—	33	17	76
Bahnbedienstete	13	24	5	61	9	72
Sonstige Personen	—	2	—	1	1	3
Infolge eigener Unvorsichtigkeit:						
Reisende	3	19	5	29	12	29
Bahnbedienstete	48	818	58	981	51	885
Sonstige Personen	25	45	53	66	27	70
Es entfallen Tötungen und Verletzungen von Reisenden:						
Auf 100000 beförderte Reisende	0,012	0,089	0,011	0,1363	0,0588	0,2331
» 100000 Personenkilometer	0,0003	0,002	0,0002	0,0029	0,0013	0,0050
» 100000 Zugkilometer	0,010	0,075	0,0095	0,1184	0,0505	0,2004
An getöteten und verletzten Bahnbediensteten entfallen auf je 100000 Zugkilometer	0,12	1,67	0,12	0,989	0,105	1,668

Von der Zahl der »sonstigen Unfälle« entfallen auf	1886	1887	1888
Atmosphärische Einwirkungen . .	26	71	93
Mängel am Bahnkörper	37	155	20
Hindernisse auf der Bahn	57	150	297
Falsche Signal- und Weichenstellungen	301	524	358
Mängel an Lokomotiven	280	938	892
» » Wagen	43	420	382
Bruch von Lokomotivachsen . . .	—	8	3
» » Wagenachsen	3	8	7
» » Radreifen an Triebrädern	—	5	6
» » Radreifen an Wagen	14	6	12
Feuer in den auf der Fahrt befindlichen Zügen	22	27	34
Feuer in Gebäuden	30	25	52
Herabfallen von Personen von Zügen	50	103	122
Überfahren von Personen durch Züge	107	171	197
Verunglücken von Personen infolge von unvorsichtigen Handlungen derselben	32	200	267
Versuchten oder vollendeten Selbstmord	54	60	64
Verschiedene Ursachen und unaufgeklärt gebliebene Fälle	2877	1577	1728
Zusammen	3933	4448	4534

Auf den französischen Eisenbahnen d'intérêt général (s. Französische Eisenbahnen) kamen 1891 bei einer durchschnittlichen Betriebslänge von 34144 km im ganzen 82 Zugunfälle und 1347 sonstige Unfälle vor, die sich auf die einzelnen Bahnen, wie folgt, verteilen:

Auf den belgischen Eisenbahnen verunglückten im J. 1890:

Verunglückte Personen	Staatsbahnen getötet	Staatsbahnen verletzt	Privatbahnen getötet	Privatbahnen verletzt
a. beim Betriebe:				
Reisende	—	6	—	2
Bahnbedienstete . .	2	31	—	1
Zusammen	2	37	—	3
b. durch eigenes Verschulden:				
Reisende	6	65	1	7
Bahnbedienstete . .	60	742	10	71.
Sonstige Personen (einschließl. Selbstmörder)	50	58	17	12
Zusammen	116	865	28	90
Insgesamt	118	902	28	93
Dagegen 1889	141	924	29	98

Auf den russischen Eisenbahnen betrug die Anzahl der Reisenden in den J. 1887: 38159092, 1888: 42966255, 1889: 45005162; die Anzahl der auf diesen Bahnen zurückgelegten Personenwerst in denselben Jahren 1887: 3741775000, 1888: 4350769000, 1889: 4489767000. Die Anzahl der zurückgelegten Zugwerst betrug 1887: 110302841, 1888: 120366542, 1889: 122260951.

Über die Anzahl und Art der Unfälle (ob auf freier Strecke oder auf Stationen), die in den J. 1887—89 auf den russ. Eisenbahnen stattgefunden haben, giebt die untenstehende Übersicht Auskunft. Die Übersicht auf S. 908 zeigt die Anzahl der bei diesen Unfällen getöteten und verletzten Personen, die Ursachen der Verletzung und das Verhältnis der Unfälle zu der Zahl der beförderten Personen, der Personenwerste und der Zugwerste.

Laufende Nr.	Bezeichnung der Bahnen	Mittlere Betriebslänge km	Zahl der Unfälle, durch welche Personen getötet oder verletzt wurden: Unfälle der Züge	Andere Unfälle	Im ganzen	Anzahl der getöteten Personen	Anzahl der verletzten Personen
1	Staatsbahnen	2663	1	45	46	18	32
2	Nordbahn	3596	27	245	272	107	308
3	Ostbahn	4381	6	194	200	105	381
4	Westbahn	4820	7	183	190	82	128
5	Paris-Orléansbahn	6213	7	93	100	61	60
6	Paris-Lyon-Mittelmeerbahn	8423	21	461	482	96	441
7	Südbahn	3010	11	84	95	39	77
8	Andere Bahnen	1038	2	42	44	12	36
	Zusammen	34144	82	1347	1429	520	1463

Von den voraufgeführten Personen wurden	Reisende	Bahnbedienstete	Andere Personen	Im ganzen
A. Getötet:				
Durch Zugunfälle	54	8	—	62
Infolge eigener Schuld (durch Unvorsichtigkeit)	45	211	159	415
Durch sonstige Ursachen	2	29	12	43
Summe A	101	248	171	520
B. Verletzt:				
Durch Zugunfälle	431	91	19	541
Infolge eigener Schuld (durch Unvorsichtigkeit)	99	447	95	641
Durch sonstige Ursachen	11	238	32	281
Summe B	541	776	146	1463

Art des Unfalls	1887	1888	1889
Entgleisungen auf freier Strecke . .	76	129	148
» » Stationen	133	163	131
Zusammenstöße auf freier Strecke .	17	20	21
» » Stationen . . .	44	117	88
Sonstige Unfälle auf freier Strecke	186	370	296
» » » Stationen . .	217	253	170
Im ganzen Unfälle auf freier Strecke	279	519	465
» » » » Stationen . .	394	533	389
Unfälle zusammen	673	1052	854
Getötete Personen beim Eisenbahnbetriebe im ganzen	444	529	561
Verletzte Personen beim Eisenbahnbetriebe im ganzen	697	922	827

	1887		1888		1889	
	getötet	verletzt	getötet	verletzt	getötet	verletzt
Bei Bewegung der Züge wurden Reisende . .	19	88	52	153	29	77
Davon bei Entgleisungen	—	1	19	35	—	—
» » Zusammenstößen	—	—	13	38	—	3
Ohne eigenes Verschulden wurden Reisende . . .	—	4	32	74	—	3
Infolge eigener Schuld wurden Reisende	19	84	20	79	29	74
Auf 1 Mill. beförderter Reisender kamen	0,50	2,30	1,21	3,56	0,64	1,72
» 1 » Personenwerst kamen	0,005	0,024	0,012	0,035	0,007	0,017
» 1 » Zugwerst kamen	0,17	0,80	0,43	1,27	0,24	0,63
Eisenbahnbeamte und Arbeiter wurden .	185	409	217	522	197	470
Davon bei Entgleisungen	6	36	4	39	3	23
» » Zusammenstößen	4	14	4	38	2	20
» beim Rangieren	46	156	65	250	82	251
Ohne eigenes Verschulden	14	77	18	112	4	63
Infolge eigener Schuld oder Unvorsichtigkeit . .	171	332	199	410	193	407
Auf 1 Mill. Zugwerst kamen verunglückte Beamte und Arbeiter	1,68	3,71	1,80	4,34	1,61	3,85
Sonstige Personen wurden	240	200	260	247	335	280
Davon ohne eigenes Verschulden	6	14	7	15	2	10
» aus eigener Schuld	234	186	253	232	333	270
Durch Selbstmord und Selbstmordversuche .	70	12	70	10	68	25
Auf 1 Mill. Zugwerst Verunglückungen . .	2,18	1,81	2,16	2,05	2,74	2,29

Bei den niederländischen Eisenbahnen ereigneten sich 1889 folgende Unfälle:

Bezeichnung der Eisenbahngesellschaft	Zugunfälle			Beschädigte Personen									
				Reisende				Beamte				sonstige Personen (auf den Gleisen)	
				beim Betriebe		durch eigenes Verschulden		beim Betriebe		durch eigenes Verschulden			
	Entgleisungen	Zusammenstöße	Sonstige Unfälle	getötet	verletzt	getötet	verletzt	getötet	verletzt	getötet	verletzt	getötet	verletzt
1) Gesellschaft für den Betrieb von Staatsbahnen	7	2	10	—	4	—	1	—	5	2	4	3	5
2) Holländ. Eisenbahngesellschaft	7	3	4	—	1	1	2	—	—	4	3	8	1
3) Niederländ. Rhein-Eisenbahngesellschaft . . .	1	1	—	—	—	—	—	—	2	4	1	4	1
4) Niederländ. Centralbahngesellschaft	2	—	2	—	—	—	—	—	—	—	1	1	—
5) Nordbrabant-Deutsche Eisenbahngesellschaft .	1	1	—	—	—	—	—	—	—	—	—	—	—
6) Große Belg. Centralbahn	1	—	—	—	1	—	—	1	1	1	1	1	—
7) Mecheln-Terneuzener Eisenbahn	—	—	—	—	—	—	—	—	—	—	1	1	—
Zusammen	19	7	16	—	6	1	3	1	8	11	11	18	7
Dagegen im Vorjahre	6	6	4	2	4	2	—	4	10	17	18	16	3

Auf den spanischen Eisenbahnen kamen 1886 bis 1889 folgende Unglücksfälle vor:

	1886	1887	1888	1889
Mittlere Betriebslänge . . . . km	9 006	9 087	9 418	9 614
Zahl der beförderten Reisenden	20 302 096	20 088 928	23 074 778	24 735 627
Getötet wurden:				
Reisende	13	11	15	10
Bahnbeamte u. s. w.	29	17	19	28
Sonstige Personen	57	68	80	101
Im ganzen	99	96	114	139
Verletzt wurden:				
Reisende	51	79	137	72
Bahnbeamte u. s. w.	164	174	190	200
Sonstige Personen	76	56	58	69
Im ganzen	291	309	385	341
Verhältnis der Zahl der getöteten Reisenden zur Zahl der beförderten	1:1 561 700	1:1 826 266	1:1 538 318	1:2 473 563
Desgleichen für die verletzten Reisenden . .	1:398 080	1:254 290	1:168 429	1:343 551
Gesamtzahl der beschädigten Personen . . .	390	405	499	480

Bei den Eisenbahnen der Vereinigten Staaten von Amerika sind erst in der neuesten Zeit zuverlässige Zahlen über die vorgekommenen Unfälle bekannt geworden, seitdem das durch Gesetz vom 7. Febr. 1887 eingesetzte Bundesverkehrsamt (Interstate Commerce Commission, s. Eisenbahnbehörden, S. 849b) sich auch mit der Eisenbahnstatistik befaßt. Daß die Zahl der E. eine bedeutende war, vermutete man schon früher, da die nordamerik. Eisenbahnen in ihrer Mehrzahl viel leichter gebaut sind als bei uns und auch die Beaufsichtigung des Betriebes und die Bahnbewachung vieles zu wünschen übrig läßt. Gleichwohl geben die jetzt bekannt werdenden amtlichen Zahlen ein erschreckendes Bild. Auf einem 28. Mai 1890 abgehaltenen Kongreß hat der Vorsteher des Statistischen Bureaus des Bundesverkehrsamtes, Professor Adams, eine Zusammenstellung der E. des J. 1888/89 (1. Juli bis 30. Juni) mitgeteilt:

Art des Unfalls	Beamte		Reisende		Andere Personen		Zusammen	
	getötet	verletzt	getötet	verletzt	getötet	verletzt	getötet	verletzt
Beim Kuppeln der Wagen	300	6 757	—	—	—	—	300	6 757
Durch Herabfallen vom Zuge oder von der Lokomotive	493	2 011	—	—	—	—	493	2 011
Durch Anstoßen an über der Bahn befindliche Hindernisse	65	296	—	—	—	—	65	296
Durch Zusammenstöße von Zügen	167	820	107	445	37	48	311	1 313
Durch Entgleisung von Zügen	125	655	28	389	29	69	182	1 113
Durch andere dem Zuge zugestoßene Unfälle	189	1 016	26	247	522	515	737	1 778
Bei Wegeübergängen	24	45	3	16	410	634	437	695
In Stationen	70	699	26	295	328	472	424	1 466
Bei andern Ursachen	539	7 729	120	754	2215	2397	2874	10 880
Zusammen	1972	20 028	310	2146	3541	4135	5823	26 309

Hiernach sind 1888/89 auf den Eisenbahnen der Vereinigten Staaten 5823 Personen getötet und 26309 Personen verletzt worden. Zum Vergleich sei bemerkt, daß 1888 die Zahl der auf den Eisenbahnen Großbritanniens (einschließlich Irland) getöteten Personen 905, die Zahl der Verletzten 3826, in Deutschland 1888/89 die Zahl der auf den Eisenbahnen getöteten Personen 558, der Verletzten 1380 betrug. Vergleicht man die Zahl der beförderten Reisenden, so kam in den Vereinigten Staaten, woselbst 1888/89 472171343 Personen befördert wurden, ein Getöteter auf 1523133 und ein Verletzter auf 220024 Reisende. Im Deutschen Reich stellen sich diese Zahlen in demselben Jahre auf 1:11111111 und 1:2777777.

Welchen Gefahren die Eisenbahnbeamten ausgesetzt sind, gebt aus nachstehender Übersicht hervor. Von 704736 Beamten verunglückten:

	Zahl	Getötet	Verletzt
Fahrbeamte	137 334	1179	11 301
Weichensteller, Signalflaggen- u. Bahnwärter	33 344	229	2 155
Andere Beamte	517 820	536	6 360
Vorstehend nicht aufgeführte Beamte	16 238	28	212
Zusammen	704 736	1972	20 028

Nach dem vorläufigen Bericht des Bundesverkehrsamtes vom Nov. 1891 haben sich die E. in den Vereinigten Staaten im nächsten Betriebsjahre (1. Juli 1889 bis 30. Juni 1890) noch erheblich vermehrt, wie folgende kurze Darstellung angiebt:

Es wurden	getötet	verletzt
Beamte	2451	22 390
Fahrgäste	285	2 444
andere Personen	3584	4200
zusammen	6320	29 034

Davon wurden	getötet	verletzt
beim Wagenkuppeln	369	7 841
durch Fallen von den Zügen	557	2 348
» Hitzschläge	89	343
» Zusammenstöße	306	1 636
» Entgleisungen	197	1 431
» andere Zugunfälle	535	1 507
auf Planübergängen	419	693
» Bahnhöfen	479	1 495
aus andern Ursachen	3 369	11 740
wie oben	6 320	29 034

Von je 306 Beamten wurde in diesem Jahre einer getötet, von je 33 einer verletzt; von der Zugbedienung wurde jeder Hundertfünfte getötet, jeder Zwölfte verletzt. Die Gesamtzahl der Angestellten erreichte 749301 Personen; an Reisenden wurden 492 Mill. und an Gütern 637 Mill. t befördert.

Über die E. in Britisch-Ostindien liegen folgende Angaben vor:

Es wurden:	1887		1888		1889	
	getötet	verletzt	getötet	verletzt	getötet	verletzt
Reisende:						
Ohne eigenes Verschulden	6	63	5	37	34	167
Durch eigenes Verschulden oder Unvorsichtigkeit	41	89	37	119	38	133
Zusammen	47	152	42	156	72	300
Bedienstete:						
Ohne eigenes Verschulden	22	57	36	104	25	84
Durch eigenes Verschulden oder Unvorsichtigkeit	139	415	156	495	140	531
Zusammen	161	472	192	599	165	615
Sonstige Personen:						
Beim Überschreiten von Übergängen	20	13	12	11	14	15
Beim unbefugten Betreten der Gleise (einschließlich der Selbstmörder)	190	44	219	77	259	82
Aus anderweitigen Ursachen	11	11	17	9	24	12
Zusammen	221	68	248	97	297	109
Insgesamt	429	692	482	852	534	1024

Die Gesamtzahl der Zugunfälle und der durch diese herbeigeführten Tötungen und Verletzungen von Reisenden und Bahnbediensteten betrug:

	1887	1888	1889
Zahl der Zugunfälle	2 844	3 252	3 313
Reisende und sonstige Personen:			
Getötet	4	3	30
Verletzt	64	28	163
Bedienstete:			
Getötet	14	10	7
Verletzt	40	39	30

Es kam von den im Jahre

1887 { getöteten 4 Reisenden eine Tötung auf $23\frac{4}{5}$ Mill. Reisende
verletzten 64 Reisenden eine Verletzung auf $1\frac{1}{2}$ Mill. Reisende

1888 { getöteten 3 Reisenden eine Tötung auf $34\frac{4}{10}$ Mill. Reisende
verletzten 28 Reisenden eine Verletzung auf $3\frac{7}{10}$ Mill. Reisende

1889 { getöteten 30 Reisenden eine Tötung auf $3\frac{4}{5}$ Mill. Reisende
verletzten 163 Reisenden eine Verletzung auf $\frac{7}{10}$ Mill. Reisende

In der Kolonie Victoria in Australien kamen in den J. 1888/90 bei einer durchschnittlichen Betriebslänge von 3450 (1888/89) bez. 3750 km (1889/90) und einer Personenbeförderung von 68 904 427 bez. 71 058 940 folgende Unglücksfälle vor:

Es wurden	1888/89		1889/90	
	getötet	verletzt	getötet	verletzt
Reisende:				
Ohne eigenes Verschulden . . .	1	116	1	20
Durch eigene Schuld	4	82	8	115
Bahnbedienstete:				
Ohne eigenes Verschulden . . .	4	24	9	49
Durch eigene Schuld	23	107	21	186
Sonstige Personen:				
Bei Wegeübergängen	7	5	7	5
Beim unbefugten Überschreiten der Gleise	37	12	22	13
Aus sonstigen Ursachen	2	12	6	13
Insgesamt	78	358	74	401

Die Verpflichtung der Eisenbahnen bei E. gegenüber den Verunglückten ist im Deutschen Reich durch das Gesetz, betreffend die Verbindlichkeit zum Schadenersatz der bei dem Betriebe von Eisenbahnen u.s.w. herbeigeführten Totungen und Körperverletzungen, vom 7. Juni 1871 geregelt (s. Haftpflicht). An Entschädigungen infolge von Verunglückungen aus dem Bahnbetriebe (§. 1 des Haftpflichtgesetzes) sind 1890/91 von den deutschen Eisenbahnverwaltungen gezahlt worden: 1) infolge von 66 Tötungen und 757 Verletzungen 457 694 M. einmalige Abfindung, 2) infolge von 2694 Tötungen und 3835 Verletzungen 3 808 157 M. fortlaufende Rente; außerdem an 205 Personen 102 463 M. aus Staatspensionsfonds und an 1159 Personen 468 807 M. aus Eisenbahnpensions- oder Hilfskassen. Die Entschädigungen infolge von Verunglückungen beim Werkstattsbetriebe (§. 2 des Haftpflichtgesetzes) haben betragen: 1) infolge von 1 Tötung und 6 Verletzungen 1382 M. einmalige Abfindung, 2) infolge von 16 Tötungen und 93 Verletzungen 61 928 M. fortlaufende Rente.

Zur thunlichsten Verhütung der E. im allgemeinen wird die stete Vervollkommnung der Eisenbahnkonstruktionen und Betriebseinrichtungen von den Eisenbahnverwaltungen mit größtem Eifer angestrebt. Von besonderer Wichtigkeit für die Sicherheit des Eisenbahnbetriebes sind die in immer weiterm Umfange zur Einführung gelangten Central-Weichen- und Signal-Stellvorrichtungen (s. d.), ferner die Einführung des Blocksignalsystems (s. d. und Eisenbahnsignale) und der kontinuierlichen Bremsen (s. Eisenbahnbremsen) und endlich die Einführung der Brückenprobe (s. d.). Über die Einstellung von Pufferwagen zur Abschwächung der zerstörenden Wirkung von Zusammenstößen s. Betriebsmittel (Bd. 2, S. 906 a). Die Sicherheit des Betriebes hat sich infolge der getroffenen Maßnahmen thatsächlich sehr gehoben. Es ergiebt dies für die preuß. Staatseisenbahnen die nachstehende Zusammenstellung der in der Zeit von 1886/87 bis 1890/91 aus dem Personenverkehr erzielten Einnahmen und der in derselben Zeit gezahlten verhältnismäßig geringen Entschädigungen für Unfälle, die Personen bei dem Eisenbahnbetriebe erlitten haben:

Jahr	Einnahme aus dem Personenverkehr M.	Gezahlte Entschädigungen	
		Betrag M.	in Proz. der Einnahme aus dem Personenverkehr
1886/87	172 078 784	2 859 442	1,67
1887/88	179 640 642	3 126 805	1,74
1888/89	189 574 560	3 068 881	1,62
1889/90	206 904 084	3 114 583	1,51
1890/91	222 857 934	2 966 854	1,33

Besondere Beachtung in Beziehung auf die Gefährdung des Eisenbahnbetriebes beanspruchen die Achs-, die Radreifen- und die Schienenbrüche, weshalb denselben auch von seiten der Eisenbahnverwaltungen große Aufmerksamkeit gewidmet wird. In der über Achsbrüche geführten Statistik finden sich aufgezählt: die Fabriken, welche die gebrochenen Achsen geliefert; der Monat, in dem sich der Achsbruch ereignete (um die Witterungseinflüsse in Berechnung zieben zu können); der Name der Bahn und der Bahnstrecke, wo derselbe geschah; die zurückgelegte Kilometerzahl der gebrochenen Achse; das Material und die Erzeugungsart derselben; die Gattung der Achse und des Fahrzeugs; die Gattung des Zuges sowie die Geschwindigkeit desselben zur Zeit des Achsbruchs; die Folgen des Bruchs; der Ort der Bruchfläche; die Beschaffenheit der Bruchfläche; die Belastung des Achszapfens bei ordnungsmäßiger Benutzung des Fahrzeugs; die Belastung der Achse zur Zeit des Bruchs; das Gewicht der Räderpaare und der Achsen; der Durchmesser der Räder; die Ursache der Brüche. Ähnliche Aufzeichnungen finden in den Statistiken über Radreifen- und Schienenbrüche statt.

Verhältnismäßig am zahlreichsten kommen Achsbrüche bei Lokomotiven und Tendern vor; z. B. im J. 1887 betrugen sie im deutschen Vereinsgebiet (s. Eisenbahnverein) bei Tendern 0,49 Proz., bei Lokomotiven 0,39 Proz., bei Wagen 0,13 Proz. der gesamten beobachteten Achsen. Der Einfluß der Jahreszeit auf die Achs- und Radreifenbrüche ist sehr bedeutend, indem während der kalten Monate mehr Brüche vorkommen als während der warmen Monate. Am gefährlichsten ist der Wechsel von Thauwetter und Frost, da hierdurch sog. Frostbeulen entstehen, wodurch Stöße auf die Räder und Achsen hervorgerufen werden. Größere Unfälle infolge von Achsbrächen treten im allgemeinen selten ein. Nach der Vereinsstatistik sind in den J. 1888—90 von überhaupt vorgekommenen 502 Achsbrüchen 379 ohne Folgen geblieben. Noch viel günstiger ist das Verhältnis bei Schienenbrüchen; von in demselben Zeitraume überhaupt vorgekommenen 24534 Schienenbrüchen haben nur 27 Unfälle veranlaßt. Zur möglichsten Einschränkung der E. haben sich die meisten deutschen Eisenbahnverwaltungen, zwischen denen ein Wagenaustausch stattfindet, verpflichtet, ihre Eisenbahnachsen nach Zurücklegung einer bestimmten Kilometerzahl außer Gebrauch zu stellen. Die Zahl der Achs- und der Radreifenbrüche auf den Bahnen des Deutschen Eisenbahnvereins ist aus nachstehender, der Statistik des Vereins für 1888, 1889 und 1890 entnommener Übersicht A, die Zahl der in den gleichen Zeiträumen vorgekommenen Schienenbrüche aus der Übersicht B zu ersehen.

eines Radreifenbruchs wird besondere Sorgfalt auf eine sichere Befestigung der Radreifen auf den Radsternen verwendet, um zu bewirken, daß die Stücke des gesprungenen Radreifens sich nicht alsbald vom Rade lösen und dadurch Unfälle herbeiführen.

Eisenbahnunfall-Versicherung, s. Reiseunfall-Versicherung.

Eisenbahnverbände, vertragsmäßige Vereinigungen zweier oder mehrerer Eisenbahnverwaltungen zu gemeinsamer Förderung des wechselseitigen Verkehrs durch übereinstimmende oder ineinandergreifende Betriebs- oder Verkehrseinrichtungen. Der in der Regel schriftliche Verbandsvertrag heißt Verbandsstatut, Satzungen, Übereinkommen.

Zu den wichtigsten E. zählt der Verein deutscher Eisenbahnverwaltungen (s. Eisenbahnverein).

A.

Eisenbahnen	Achsbrüche: bei Lokomotiven und Tendern	Achsbrüche: pro 1 Mill. Nutzkilometer	Achsbrüche: bei Wagen	Achsbrüche: pro 1 Mill. Achskilometer	Zahl der Unfälle, die durch Achsbrüche veranlaßt, oder wobei Achsbrüche vorgekommen sind	Radreifenbrüche: bei Lokomotiven und Tendern	Radreifenbrüche: pro 1 Mill. Nutzkilometer	Radreifenbrüche: bei Wagen	Radreifenbrüche: pro 1 Mill. Achskilometer	Zahl der Unfälle, die durch Reifenbrüche veranlaßt, oder wobei Reifenbrüche vorgekommen sind.
a. Deutsche Bahnen.										
Zusammen 1890	37	0,11	55	0,004	21	527	1,57	3887	0,31	44
» 1889	23	0,07	37	0,003	6	308	1,00	2133	0,18	13
» 1888	23	0,08	52	0,005	19	461	1,60	2787	0,24	13
b. Österreichisch-Ungarische Bahnen.										
Zusammen 1890	23	0,18	34	0,006	30	231	1,76	688	0,13	26
» 1889	23	0,19	44	0,009	19	268	2,22	797	0,16	17
» 1888	20	0,17	55	0,011	28	362	3,13	1071	0,22	32
c. Andere Vereinsbahnen.										
Im J. 1890	5	0,14	12	0,011	—	24	0,66	111	0,10	1
» » 1889	4	0,10	23	0,020	—	25	0,65	103	0,09	—
» » 1888	10	0,27	22	0,020	—	83	2,27	83	0,08	—
Summa sämtlicher Eisenbahnen des Vereins deutscher Eisenbahnverwaltungen 1890	65	0,13	101	0,005	51	782	1,55	4686	0,24	71
1889	50	0,11	104	0,006	25	601	1,28	3033	0,16	30
1888	53	0,12	129	0,007	47	906	2,06	3941	0,23	45

B.

Jahr	Bei eisernen Schienen	Bei Stahlschienen	Bei Stahlkopfschienen	Im ganzen	Hiervon bei eisernem Oberbau auf Langschwellen	Für je 1 Mill. Wagenachskilometer	Auf jedes Kilometer Betriebslänge	Zahl der Unfälle
1890	433	9886	339	10 658	1525	0,55	0,15	12
1889	964	5470	310	6 744	794	0,37	0,09	10
1888	917	5844	371	7 132	754	0,41	0,10	5

Im J. 1862, als das 1890 bereits über 74000 km umfassende Netz des Deutschen Eisenbahnvereins erst 17421 km umfaßte, brachen 61 Lokomotiv- und Tenderachsen und 513 Wagenachsen. Diese bedeutende Abnahme der jährlichen Zahl der Achsbrüche ist dem Umstande zuzuschreiben, daß man in neuerer Zeit besseres Material (Bessemerstahl und Tiegelgußstahl) zu den Achsen verwendete, die Abmessungen im allgemeinen verstärkte und auf richtigere Verhältnisse zur Belastung brachte, die scharfen Ansätze und Ketle in den Naben vermied u. s. w. Zur thunlichsten Verhütung der Folgen

Neben demselben besteht noch eine besondere Vereinigung der deutschen Eisenbahntechniker. Sie ist aus dem Technikerausschuß des Eisenbahnvereins hervorgegangen, der im Mai 1850 anläßlich der Beratung über die ihm von dem Verein zur Begutachtung überwiesenen Vorschriften für den Bahnbau, die Betriebsmittel und das Telegraphensystem beschloß, einen Verein der deutschen Eisenbahntechniker zu grunden, um den gegenseitigen Austausch der Ansichten und Erfahrungen und die Verständigung über das als das Beste Anzustrebende zu fördern. Wenngleich der Technikerverein gegenüber dem Eisenbahnverein nur als eine private Vereinigung anzusehen ist, so hat er doch auf die Ausgestaltung der Vereinseinrichtungen hervorragenden und segensreichen Einfluß geübt. So wurden in der Dresdener Technikerversammlung 1865 die demnächstigen «Technischen Vereinbarungen des Vereins deutscher Eisenbahnverwaltungen über den Bau und die Betriebseinrichtungen der Eisenbahnen» beraten und beschlossen, welche die Grundlage für die spätern staatlichen Vorschriften «das Bahnpolizeireglement» und die «Normen für die Konstruktion und Ausrüstung der Eisenbahnen Deutschlands» (s. Bahnpolizei, Eisenbahnbau, Eisenbahn-Betriebsordnung) bildeten. Der Technikerverein versammelt sich gegenwärtig alle 2 Jahre. Von seinen weitern Arbeiten sind hervorzuheben: die Sammlungen zur Gewinnung einer Übersicht über Oberbaukonstruktionen, Ladeprofile, Bahnhofsgrundrisse, Hauptabmessungen der Lokomotiven u. s. w., die veröffentlichten Referate über zahlreiche schwebende technische Fragen, praktische Versuche in großem Maßstab zur Lösung wichtiger Fragen, wie der Ermittelung des Widerstandes der Fahrzeuge u. s. w., statist. Zusammenstellungen, z. B. über die Schienendauer, Achsbrüche und Radreifenbrüche u. s. w., Förderung der Entscheidung über technische Fragen von allgemeiner, über das Gebiet des Eisenbahnwesens hinausreichender Bedeutung, wie Einführung eines einheitlichen Maßes, Klassifikation von Eisen und Stahl u. s. w.

Von weitern E. ist der *Deutsche Eisenbahnverkehrsverband* (Geschäftsführende Direktion: die Königl. Eisenbahndirektion zu Hannover) zu erwähnen, welcher im Sommer 1886 zusammentrat zwecks «Fortbildung der die Beförderung von Personen und Gütern betreffenden Dienstzweige sowie Herbeiführung einer thunlichsten Übereinstimmung der hierauf bezüglichen Vorschriften, insbesondere über das Abfertigungs- und Abrechnungsverfahren». Dem Verband gehören fast sämtliche deutschen und einige niederländ. Bahnen an.

Außer dem *Preußischen Staatsbahnwagenverband* (Geschäftsführende Direktion: die Königl. Eisenbahndirektion zu Magdeburg), zu dem die preuß. Staatsbahnen und einige andere deutsche Bahnen sich zwecks einer freiern wechselseitigen Wagenbenutzung als solche nach dem Vereinswagenübereinkommen zulässig ist, vereinigt haben, sind noch die sog. *Tarifverbände* zu erwähnen. Sie bezwecken, den direkten Verkehr für gewisse Hauptrichtungen oder zusammenhängende größere Verkehrsgebiete gleichmäßig zu gestalten, in erster Reihe die Tarife und Beförderungsbedingungen für das Verbandsgebiet (Verbandstarife, s. Eisenbahntarife, S. 889 b) einheitlich aufzustellen und gemeinsam anzukündigen, sodann die gegenseitige Abrechnung der gemeinschaftlichen Verkehrseinnahmen zu ordnen (s. Eisenbahnabrechnungsstellen), die für den durchgehenden Verkehr erforderlichen Einrichtungen gemeinsam zu treffen und die Verkehrsleitung im Verbandsgebiet zu regeln. Die Verständigung über die Beseitigung des Wettbewerbs konkurrierender Linien durch Teilung des in Betracht kommenden Verkehrs innerhalb des Verbandes wie zwischen mehrern Verbänden wird *Eisenbahnkartell* (Pool auf den nordamerik. Bahnen) genannt. Der erste Tarifverband war der 1848 gegründete Norddeutsche Verband für den Verkehr zwischen Berlin, Leipzig, Hamburg und Köln. Je mehr das Eisenbahnnetz sich demnächst ausdehnte, desto zahlreicher wurden die Tarifverbände im innern deutschen und ausländischen Verkehr. Als *Tarifverband* ohne weitern Zusatz wird eine 1869 zwecks Annahme eines einheitlichen Tarifschemas und übereinstimmender Abfertigungseinrichtungen gegründete Vereinigung der größern E. zwischen Rhein, Elbe und Berlin bezeichnet, dessen Wirksamkeit mit der Einführung des einheitlichen deutschen Tarifschemas zum Teil erlosch (s. Eisenbahntarife), zum Teil auf den Deutschen Eisenbahnverkehrsverband überging. In ähnlicher Weise bilden auch sämtliche österr.-ungar., die russ., schweiz. und holländ. Eisenbahnen einen gemeinsamen *Landesverkehrsverband*.

In *Rußland*, wo noch Ende der sechziger Jahre mangels eines direkten Verkehrs der Eisenbahnen bei der Weiterbeförderung des Gutes auf einer von der Endstation weiter führenden Bahn die Abnahme desselben gewöhnlich durch Zwischenpersonen und seine Überführung zur Neuaufgabe mittels Landfuhrwerks erfolgen mußte, sind infolge der hierdurch eingetretenen Verkehrsstockungen auf den Endstationen Ende 1869 und 1870 Vereinbarungen über die Einrichtung eines direkten Personen- und Güterverkehrs (ohne Umsteigen und Umladen) auf den meisten Bahnen getroffen worden. Es wurden zu diesem Zweck drei Gruppen gebildet, denen zur Zeit sämtliche Bahnen angehören mit Ausnahme der poln. Bahnen (Warschau-Wien, Warschau-Bromberg und Lodz), der finländ. Staatsbahnen und einiger anderer Einzelbahnen, wie der Transkaukasischen und der Ural-Eisenbahn (s. Russische Eisenbahnen). Die Gruppen halten regelmäßige Konferenzen ab, auf denen die besondern Verkehrsfragen, namentlich auch auf dem Gebiete der Tarifstellung beraten werden. Daneben bestehen für allgemeine Verkehrsangelegenheiten regelmäßige «Generalkonferenzen» aller russ. Eisenbahnen. Auf diese Weise sind allgemeine Übereinkommen über direkten Verkehr zwischen den russ. Eisenbahnen (1887) und über die gegenseitige Ausnutzung der Güterwagen (1889) zu stande gekommen.

In den *Vereinigten Staaten* von Amerika sind gleichfalls zahlreiche Tarifverbände entstanden, trotz des Verbots der Verkehrsverträge (Pools); 1888 bestanden in den Vereinigten Staaten und in Canada 53 dergleichen Verbände.

Durch Vereinbarungen der Eisenbahnverwaltungen verschiedener Länder bildeten sich die *internationalen Tarif- und Verkehrsverbände*, so der deutsch-österr.-ungar. Seehafenverkehr, der deutsch-belg., deutsch-niederländ.; deutsch-franz., deutsch-ital., deutsch-russ., deutsch-dän., deutsch-schwed.-norweg., deutsch-schweiz., deutsch-serb., deutsch-skandinav., engl.-belg.-niederländ.-deutsch-ital., der austro-ostind., austro-italo-franz., österr.-ungar.-bayr., österr.-ungar.-schweiz., österr.-ungar.-franz., österr.-ungar.-russ., österr.-ungar.-ital., österr.-ungar.-span.-brasil. Verband u. s. w. — Wegen Herstellung eines einheitlichen Gütertarifs für den internationalen Verkehr s. Eisenbahnrecht Nr. II, 3.

Bei Gelegenheit der 50jährigen Jubelfeier der belg. Staatsbahnen 1885 und der gleichzeitig in Antwerpen veranstalteten Weltausstellung traten auf Einladung der belg. Regierung die erschienenen Vertreter der Eisenbahnen anderer Länder zu einer gemeinsamen Beratung darüber zusammen, «welche Verbesserungen im Bau und Betrieb der Eisenbahnen herbeizuführen sein möchten». Auf Antrag des Vertreters der brasil. Regierung beschloß der Kongreß «die Organisation einer dauernden internationalen wissenschaftlichen Versammlung» und unter anderm auch die Anbahnung einer Welteisenbahnstatistik. Aus dieser Anregung ist der Internationale Eisenbahnkongreß hervorgegangen, dem ein dauernder Ausschuß zur Seite steht. Der Kongreß ist 1887 in Mailand, 1889 in Paris und 1892 in Petersburg zusammengetreten; die nächste Versammlung soll 1895 in London stattfinden. Der dauernde Ausschuß (Internationale Kommission) veröffentlicht seine Sitzungsberichte und sonstigen Aufsätze allmonatlich («Bulletin de la commission internationale du congrès des chemins de fer»). Von den Sitzungsberichten des Kongresses sind bisjetzt drei erschienen, der letzte «Compte rendu général» 1890 (Brüssel). Vgl. auch Eisenbahnrecht II, 3.

Zu den E. gehört auch der Internationale permanente Straßenbahnverein, der am 24./25. Sept. 1886 zu Berlin von dem Internationalen Kongreß der Straßenbahndirektoren zur Förderung des Straßenbahnwesens gegründet wurde und 1891 bereits 317 Mitglieder zählte, die 20 verschiedenen Nationalitäten angehörten, und 72 Straßen- und Sekundärbahngesellschaften sowie 41 Firmen umfaßte. Der Verein hält alljährlich eine Generalversammlung ab; 1891 fand sie in Hamburg statt; 1892 sollte sie in Budapest tagen, wurde jedoch infolge der Cholera verschoben. Die Berichte über die Generalversammlungen werden u. a. in der «Zeitschrift für Transportwesen und Straßenbau», hg. von Engelmann (Berlin), veröffentlicht.

Litteratur. Fleck, Artikel E. in dem «Wörterbuch des deutschen Verwaltungsrechts», hg. von Stengel, Bd. 1 (Freib. i. Br. 1890); Ulrich, Das Eisenbahntarifwesen (Berl. 1886; in 2. Aufl. 1890 in franz. Übersetzung erschienen); von der Leyen, Die nordamerik. Eisenbahnen (Lpz. 1885); Krüger, Die Gruppen und die Generalkonferenz (Obstschy-Sjesd) der russ. Eisenbahnen (im «Archiv für Eisenbahnwesen», 1890); Encyklopädie des gesamten Eisenbahnwesens, hg. von Röll, Bd. 1 u. 3 (Wien 1890—91).

Eisenbahnverein wird in abgekürzter Weise vielfach der Verein deutscher Eisenbahnverwaltungen genannt. Derselbe ist aus dem «Verband preuß. Eisenbahndirektionen» hervorgegangen, indem in der zu Köln 28. und 29. Juni 1847 abgehaltenen Generalversammlung des Verbandes beschlossen wurde, in denselben auch die übrigen deutschen Eisenbahnen aufzunehmen. In der vom 29. Nov. bis 2. Dez. 1847 in Hamburg abgehaltenen Generalversammlung fand die Gründung des Vereins deutscher Eisenbahnverwaltungen statt. Als Zweck des Vereins wurde bestimmt, «durch gemeinsame Beratungen und einmütiges Handeln das eigene Interesse und dasjenige des Publikums zu fördern». Die 40 Verwaltungen, die damals mit insgesamt rund 4000 km Betriebslänge dem Vereine beitraten, gehörten alle dem deutschen Bundesgebiet an. Allmählich aber dehnte der Verein seine Wirksamkeit weit über die Grenzen Deutschlands aus. Am 1. Juli 1892 betrug die Zahl der dem Verein angehörenden Eisenbahnverwaltungen 72 und zwar: 1) 41 deutsche Eisenbahnverwaltungen, 2) 21 österr.-ungar. Verwaltungen, 3) 4 niederländ. Verwaltungen, 4) 1 luxemb. Verwaltung, 5) 3 belg. Verwaltungen, 6) 1 rumän. Verwaltung und 7) 1 russ.-poln. Verwaltung (die Warschau-Wiener Eisenbahn).

Außerdem nehmen nach §. 6 der Vereinssatzungen noch verschiedene in Deutschland belegene normalspurige Sekundärbahnen mit einer Betriebslänge von zusammen 236,88 km an den Vereinseinrichtungen teil.

Das Netz der vorstehend unter 1) bis 7) aufgeführten Bahnen hat eine Gesamtausdehnung von 76031,59 km.

Hiervon kommen auf:

1) a.	Preuß. Eisenbahnverwaltungen	25 335,91 km
b.	Bayr. (einschließlich pfälz.) Eisenbahnverwaltungen	5 509,37 »
c.	Sächs. Eisenbahnverwaltungen	2 692,24 »
d.	Württemb. Eisenbahnverwaltungen	1 658,73 »
e.	Bad. Eisenbahnverwaltungen	1 453,98 »
f.	Elsaß-Lothr. Eisenbahnverwaltungen	1 608,30 »
g.	Die Verwaltungen der übrigen deutschen Eisenbahnen	4 137,93 »
	Die deutschen Verwaltungen zus.:	42 396,46 km
2)	Österr.-Ungar. Verwaltungen	27 019,04 »
3)	Bosn. Verwaltungen (Militärbahn Banjaluta-Doberlin)	104,28 »
4)	Niederländ. Verwaltungen	2 704,45 »
5)	Luxemb. Verwaltungen	166,17 »
6)	Belg. Verwaltungen	699,08 »
7)	Rumän. Verwaltungen	2 448,56 »
8)	Russ.-Poln. Verwaltungen	493,55 »
	Gesamtbetriebslänge:	76 031,59 km

Da der Verein in das J. 1891 mit einer Länge von 74 193,43 km Eisenbahnen eingetreten war, so ist seine Ausdehnung bis 1. Juli 1892 um 1838,16 km gewachsen.

Gegenstände der Beschlußfassung des Vereins (Geschäftsführende Direktion: die Königl. Eisenbahndirektion zu Berlin) bilden alle Angelegenheiten, die von einer der vereinigten Verwaltungen dazu für geeignet erachtet werden. Die Beschlüsse werden durch Vorberatungen in «Ausschüssen» vorbereitet, die für alle wichtigen Sachen ständig sind und von der Vereinsversammlung bestimmt werden; letztere wählt auch die Mitglieder auf 4 Jahre. Derartige ständige Ausschüsse bestehen für Angelegenheiten 1) des Güterverkehrs, 2) des Personenverkehrs, 3) der gegenseitigen Wagenbenutzung, 4) Technikerausschuß, 5) für Angelegenheiten der Statistik, 6) für die Vereinssatzungen, 7) für die Vereinszeitung, 8) Preisausschuß. Die Beschlüsse der Ausschüsse werden, falls dem Ausschuß von der Vereinsversammlung Vollmacht zur endgültigen Entscheidung erteilt ist, sofort, andernfalls nur dann bindend — und dies gilt auch für die Vereinsversammlungsbeschlüsse —, wenn ihnen nicht binnen einer Frist von 8 Wochen von einem Zehntel sämtlicher Vereinsstimmen widersprochen ist. Die Vereinsversammlung, die alle 2 Jahre eine ordentliche Sitzung abhält, beschließt im allgemeinen nach Stimmenmehrheit; jedem Vereinsmitglied gebührt nach Maßgabe der Länge der seiner Betriebsleitung unterstellten Vereinsbahnstrecken ein Stimmrecht in der Art, daß demselben bei einer Gesamtlänge bis zu 100 km 1 Stimme, über 100—250 km 2 Stimmen, über 250—400 km 3, über 400—600 km 4, über 600—900 km 5, über 900—1200 km 6, über 1200—1500 km 7, über 1500—2000 km 8 Stimmen und für jede angefangene weitere 500 km eine Stimme mehr zusteht. Hiernach besitzen die 72 Verwaltungen mit 76031,59 km im ganzen 347 Stimmen, wovon auf die deutschen Bahnen 199 (darunter preuß. Staatsbahnen 100), auf die österr.-ungar. Bahnen 108, die niederländ. und luxemburg. Bahnen 20 und die übrigen Vereinsbahnen ebenfalls 20 Stimmen entfallen. Die Vereinsversammlungsbeschlüsse über Tarifangelegenheiten bedürfen der Genehmigung *sämtlicher* Verwaltungen. Als besondere Vereinbarungen des Vereins sind hervorgegangen das Betriebsreglement (s. d.) des Vereins deutscher Eisenbahnverwaltungen (letzte Ausgabe vom 1. März 1890 mit sechs Nachträgen), das Übereinkommen zum Betriebsreglement (letzte Ausgabe vom 1. Jan. 1889) nebst drei Nachträgen und fünf Anhängen mit Tarifbestimmungen über die Beförderung von Sonderzügen, über Rundreisehefte u. s. w.; Betriebsreglement und Übereinkommen wurden anläßlich des Berner Übereinkommens (s. Eisenbahnrecht H, 3) neu bearbeitet und treten in der neuen Bearbeitung 1. Jan. 1893 in Kraft (s. Eisenbahn-Verkehrsordnung); ferner das Übereinkommen, betreffend die gegenseitige Wagenbenutzung (Vereinswagenübereinkommen; letzte Ausgabe vom 1. Jan. 1889 mit fünf Nachträgen) sowie die technischen Vereinbarungen über den Bau und die Betriebseinrichtungen der Haupteisenbahnen (Konstanzer Normen; letzte Ausgabe vom 1. Jan. 1889) mit drei Nachträgen und die Grundzüge für den Bau und Betrieb der Nebeneisenbahnen und der Lokaleisenbahnen (Berliner Normen; letzte Ausgabe vom Dez. 1890). Der Verein besitzt seit 1861 ein eigenes Blatt in der «Zeitung des Vereins deutscher Eisenbahnverwaltungen», hg. von W. Koch, die eine Fortsetzung der «Eisenbahnzeitung» von Meyer (1843, 1844) und Etzel und Klein (1844—61) bildet. Die Zeitung erscheint in Berlin wöchentlich zweimal und bringt Mitteilungen über Eisenbahnen und sonstige Transportanstalten, Bahnprojekte, Statistik, Juristisches und Volkswirtschaftliches sowie auf den Eisenbahnbau und Betrieb bezügliche amtliche und Privatanzeigen. Dieser Zeitung steht seit 1864 das 1846 von Edmund Heusinger von Waldegg begründete «Organ für den Fortschritt des Eisenbahnwesens in technischer Beziehung» zur Seite, das, mit Tafeln und Holzschnitten versehen, jährlich in 6 Heften in Wiesbaden erscheint.

In derselben abgekürzten Form wird ferner mitunter der *Verein für Eisenbahnkunde* in Berlin bezeichnet, der lediglich wissenschaftliche Zwecke verfolgt und vorwiegend aus Eisenbahnfachmännern besteht. Derselbe wurde 11. Okt. 1842 von 63 Männern gegründet und zählt gegenwärtig (1892) nach 50jährigem Bestehen nahezu 500 Mitglieder, während die Gesamtzahl der bisher aufgenommenen Mitglieder über 1000 beträgt.

Eisenbahn-Verkehrskontrolleur, s. Eisenbahnbeamte (S. 844a).

Eisenbahn-Verkehrsordnung, staatliche Vorschriften zur Regelung des Verkehrs auf den Eisenbahnen, im Gegensatz zur Eisenbahn-Betriebsordnung (s. d.). Auch das Betriebsreglement für die Eisenbahnen Deutschlands (s. Betriebsreglement), das aus Anlaß des bevorstehenden Inkrafttretens des Berner internationalen Übereinkommens über den Eisenbahnfrachtverkehr (s. Eisenbahnrecht, H, 3) umgearbeitet und in der neuen Bearbeitung vom Bundesrat in den Sitzungen vom 7. April und 15. Nov. 1892 genehmigt ist, hat hierbei die Bezeichnung «Verkehrsordnung für die Eisenbahnen Deutschlands» erhalten. Die Verkehrsordnung unterscheidet sich äußerlich von dem Betriebsreglement dadurch, daß sie in 9 selbständige Abschnitte zerfällt und — außer Eingangs- und Schlußbestimmungen (Abschnitt I u. IX) — 91 Paragraphen zählt. Abschnitt II (§§. 1—9) enthält Allgemeine Bestimmungen, Abschnitt III (§§. 10—29) behandelt die Beförderung von Personen, Abschnitt IV (§§. 30—38) von Reisegepäck, Abschnitt V (§§. 39—41) von Expreßgut (s. d.), Abschnitt VI (§§. 42, 43) von Leichen, Abschnitt VII (§§. 44—48) von lebenden Tieren, Abschnitt VIII (§§. 49—91) von Gütern. Die Verkehrsordnung hat 6 Anlagen: A. Leichenpaßformular, B. Vorschriften über bedingungsweise zur Beförderung zugelassene Gegenstände, CD. Formulare für Frachtbrief (s. d.) und Eilfrachtbrief, E. Formular zu Erklärungen über mangelhafte Verpackung der Güter, F. Formular zur nachträglichen Anweisung über das rollende Gut.

Sachlich unterscheidet sich die neue Verkehrsordnung hauptsächlich darin von dem bisherigen Betriebsreglement, daß die Bestimmungen über den Güterverkehr in allen wesentlichen Punkten mit denen des Berner internationalen Übereinkommens übereinstimmen, insbesondere ist der sog. Normalentschädigungssatz für verlorene und beschädigte Güter (60 M. für 50 kg) beseitigt, für Verlust und Beschädigung wird vielmehr der gemeine Wert des Gutes am Orte der Ablieferung (nicht am Versandorte, wie nach dem Berner Übereinkommen) vergütet. Dieselben Haftungsgrundsätze gelten auch bei Gepäck, Expreßgut und lebenden Tieren. Das Verfügungsrecht über das rollende Gut kann nach der Verkehrsordnung nur der ausüben, der das Frachtbriefduplikat in Händen hat. Die für den zwischenstaatlichen Verkehr (nach dem Berner Übereinkommen) geltenden Beschränkungen des Verfügungrechts greifen für den innern Verkehr nicht Platz. Nach der Verkehrsordnung wird ein Frachtbriefduplikat nur auf Verlangen ausgestellt, während nach dem Berner Übereinkommen die Ausstellung stets erfolgen muß. Die übrigen Abschnitte sind in der Fassung und in zahlreichen einzelnen Pnukten durchweg zu Gunsten des Publikums verbessert. Durch die Verkehrsordnung erfährt auch das bisherige Frachtbriefformular Änderungen, die besonders durch die neuen, für das Publikum günstigern Bestimmungen über die Haftpflicht der Eisenbahnen bedingt werden. Der Abschnitt über Expreßgut ist neu aufgenommen, der Abschnitt des Betriebsreglements über Beförderung von Fahrzeugen dagegen beseitigt. Fahrzeuge werden nach der Verkehrsordnung entweder nach den Bestimmungen für Gepäck oder als gewöhnliches Gut befördert. Die neue Verkehrsordnung findet auf Bayern vermöge des platzgreifenden Reservatrechts (s. Eisenbahnrecht) keine Anwendung, doch hat die bayr. Regierung die Verkehrsordnung, an deren Vorberatungen sie bereits teilgenommen, für Bayern ebenso in Geltung gesetzt, wie sie dies schon früher hinsichtlich des Betriebsreglements für die Eisenbahnen Deutschlands gethan hatte. Die deutsche Verkehrsordnung stimmt in allen Hauptpunkten mit dem *österreichischen und ungarischen Betriebsreglement*, die gleichfalls aus Anlaß des Berner Übereinkommens umgearbeitet sind, überein. Um die auch jetzt schon bestehende Übereinstimmung aufrecht zu erhalten, haben 1891 und 1892 gemeinschaftliche Vorberatungen zwischen deutschen, österr. und ungar. Vertretern in Berlin, Wien und Budapest stattgefunden. Auch das Betriebsreglement des Vereins deutscher Eisenbahnverwaltungen nebst Übereinkommen (s. Eisenbahnverein) und die Betriebsreglements zahlreicher internationaler Tarifverbände mußten mit Rücksicht auf das Berner Übereinkommen umgearbeitet werden. Das neue Vereinsreglement nebst zugehörigem Übereinkommen ist in der Vereinsversammlung in Hamburg am 3./4. Aug. 1892 genehmigt. Es ist durchweg darauf Bedacht genommen, daß die volle Übereinstimmung mit dem Berner Übereinkommen und die thunlichste Übereinstimmung mit der deutschen Verkehrsordnung auch in diesen Reglements gewahrt werde.

Die neuen Bestimmungen treten gleichzeitig mit dem Berner Übereinkommen, also 1. Jan. 1893, in Kraft (s. Eisenbahnrecht Nr. II, 3). Über die Bedeutung der Verkehrsordnung für die Eisenbahnen Deutschlands in rechtlicher Beziehung s. das unter Betriebsreglement Gesagte.

Eisenbahnverordnungsblatt, ein seit 1. Jan. 1878 im preuß. Ministerium der öffentlichen Arbeiten herausgegebenes Blatt, worin die zur Veröffentlichung bestimmten landesherrlichen Erlasse über Eisenbahnangelegenheiten, allgemeine Ministerialerlasse, Nachrichten über Eröffnung neuer Bahnstrecken und Stationen sowie Ernennungen, Beförderungen und Versetzungen von Beamten, insoweit sie auf landesherrlicher oder ministerieller Entschließung beruhen, bekannt gemacht werden. Das E. erscheint nach Bedarf, in der Regel zu Anfang und in Mitte jeden Monats. Daneben bestehen noch für jeden Direktionsbezirk besondere Amtsblätter, in denen Anordnungen des Ministers und der königl. Eisenbahndirektionen u. s. w. Aufnahme finden.

Ähnliche Einrichtungen bestehen auch in andern Ländern, z. B. in Österreich das im Handelsministerium herausgegebene und seit 1. Jan. 1888 dreimal wöchentlich erscheinende «Verordnungsblatt für Eisenbahn und Schiffahrt» und das seit 1. Jan. 1885 nach Bedarf erscheinende Anzeigeblatt für die Verfügungen über den Viehverkehr auf Eisenbahnen; in Ungarn, wo amtliche Bekanntmachungen durch das seit 1887 zum amtlichen Organ des Handelsministeriums bestimmte «Vasuti és közlekedési közlöny» in Budapest erfolgen; in der Schweiz das als Beilage zum Bundesgesetzblatt erscheinende Organ für das Transport- und Tarifwesen. Vielfach geschehen die amtlichen Veröffentlichungen in Eisenbahnangelegenheiten durch die allgemeinen Gesetz- und Verordnungsblätter, so in den meisten deutschen Staaten, in Belgien durch den «Moniteur belge», in den Niederlanden durch das «Staatsblad», in Frankreich durch das «Journal officiel de la République française» und das «Bulletin du Ministère des travaux publics», in Italien durch die «Gazzetta ufficiale» und das «Giornale del genio civile», in Rußland durch die Zeitschrift des Ministeriums der Verkehrsanstalten, in England durch die «London Gazette» u. s. w. Ebenso geben größere Eisenbahnverwaltungen noch besondere Verordnungsblätter heraus, so die Direktionen der Staatsbahnen in Bayern, Sachsen, Württemberg und Baden, die Generaldirektion der österr. Staatsbahnen, die ungar. Staatsbahnen, auch einzelne Privatbahnen, z. B. die Österr. Nordwestbahn u. s. w.

Eisenbahnverwaltung, s. Eisenbahnbehörden, Eisenbahnbetrieb, Eisenbahnbeiräte. [832).

Eisenbahnvorarbeiten, s. Eisenbahnbau (S.

Eisenbahnvorlesungen, Vorlesungen aus dem Gebiete des Eisenbahnwesens, die meist von höhern Eisenbahnbeamten gehalten werden und für Beamte und Anwärter des höhern Verwaltungs- und technischen Eisenbahndienstes bestimmt, außerdem aber auch den Studierenden der Universität, der Technischen Hochschule und der Bergakademie zugänglich sind. E. sind u. a. zur Zeit (Winter 1892/93) für Preußen in Berlin, Breslau, Köln, Darmstadt und Magdeburg (früher auch in Elberfeld und Bonn) angeordnet. Sie erstrecken sich zunächst auf das preuß. Eisenbahnrecht, den Betrieb der Eisenbahnen, die Nationalökonomie der Eisenbahnen, insbesondere das Tarifwesen und die Verwaltung der preuß. Staatsbahnen. Neuerdings ist noch Technologie (in Köln) und Elektrotechnik hinzugetreten; in Darmstadt und Magdeburg finden nur elektrotechnische Vorlesungen statt. Auch in Wien, wo früher ein Kursus für die Ausbildung von Eisenbahnbeamten mit der Handelsakademie verbunden war, sind E. an der Fortbildungsschule für Eisenbahnbeamte eingerichtet. In Ungarn besteht eine eigene Eisenbahnakademie, deren Besuch für die Anwärter des Eisenbahndienstes vorgeschrieben ist.

Eisenbahnwagen, s. Betriebsmittel.

Eisenbahnwagenämter sind im Bereich der preuß. Staatseisenbahnverwaltung für die gleichmäßige Verteilung der Kohlen- und Kokswagen errichtet im Ruhrbezirk zu Essen, im Saarbezirk zu Saarbrücken und im oberschles. Bezirk in Kattowitz. Außerdem bestehen bei den einzelnen Direktionen, in Köln für die beiden Direktionen gemeinschaftlich, Wagenbureaus für die Verteilung der in den einzelnen Direktionsbezirken vorhandenen Güterwagen. Der Ausgleich zwischen Bedarf und Bestand an Güterwagen unter den einzelnen Verwaltungen der preuß. Staatsbahnen und den Verwaltungen auch noch anderer Bahnen wird durch das der Königl. Eisenbahndirektion zu Magdeburg unterstellte Centralwagenbureau zu Magdeburg vermittelt.

Eisenbahnwagen-Mietgesellschaften verfolgen den Zweck, den Eisenbahnverwaltungen bei eintretendem Wagenmangel mit Wagen (gewöhnlich Güterwagen) auszuhelfen und auch neuen Eisenbahngesellschaften die Beschaffung eines eigenen Wagenparks zu ersparen. E. bestehen z. B. in Österreich, in Ungarn und in Belgien (Internationale Eisenbahnhilfsgesellschaft). Je mehr die einzelnen Eisenbahnverwaltungen sich über die gegenseitige Benutzung ihres Wagenparks verständigt und zugleich Einrichtungen getroffen haben, um einen möglichst raschen Wagenumlauf zu sichern (s. Eisenbahnverbände und Eisenbahnwagenämter), desto wirksamer ist dem Eintritt eines Wagenmangels vorgebeugt und die Aushilfe durch E. entbehrlich gemacht worden. In gewissem Sinne gehören zu den E. auch die Eisenbahn-Schlafwagengesellschaften, welche die von ihnen erbauten Personenwagen mit bequemen Schlaf- und Restaurationseinrichtungen auf den Hauptverkehrslinien laufen lassen. Die Schlafwagen (Sleeping cars) stehen den Reisenden erster und zweiter Klasse gegen Zulösung von Schlafwagenkarten zur Verfügung, die in besondern Reisebureaus der Gesellschaften und auch beim Schlafwagenschaffner zu haben sind. Die Schlaf- und Restaurationswagen stammen aus Amerika, wo die Eisenbahnen vielfach durch ausgedehnte unwirtliche Gegenden führen und den Reisenden auf den tagelangen Fahrten sonst keine Gelegenheit zur Übernachtung und Verpflegung geboten ist. Die amerik. Pullman-Palastwagengesellschaft versorgt Eisenbahnlinien in einer Länge von rund 190000 km mit ihren Wagen und beschäftigt über 11000 Personen mit einem jährlichen Kostenaufwand von 25½ Mill. M. Auf den europ. Eisenbahnlinien ist seit 1873 zwischen allen größern Orten durch die Internationale Eisenbahn-Schlafwagengesellschaft zu Brüssel Schlaf- und Restaurationswagendienst eingeführt; dieselbe hat auch die sog. Luxusexpreßzüge zwischen Paris einerseits und Bukarest und Konstantinopel andererseits (Orient-Expreßzug, s. Eisenbahnzüge) wöchentlich einmal nach Bukarest in etwa 53 Stunden und zweimal nach Konstantinopel in etwa 70 Stunden, sowie zwischen Paris über Madrid nach Lissabon (Süd-Expreßzug, wöchentlich dreimal nach Madrid in 28, nach Lissabon in 44 Stunden) eingerichtet. Außerdem verkehren noch Luxusexpreßzüge zwischen Paris und Rom, Paris und Pau, Paris und Ventimiglia (Mittelmeer-[Méditerranée-]Expreßzug) und zwischen Paris und Brindisi (Péninsulaire-Expreßzug). Anschlußverbindungen zwischen Paris und London über Calais werden durch die sog. Klubzüge und Schnelldampfer binnen etwa 8 Stunden vermittelt. Die Luxusexpreßzüge bestehen gewöhnlich aus 2 oder 3 Schlafwagen zu 20 Plätzen, die wiederum in Abteilungen zu 2 oder 4 Plätzen eingeteilt sind, aus einem Salonrestaurationswagen mit Speisesaal (für 36 Personen) und einem Küchen- und Gepäckwagen; in dem Gepäckwagen befindet sich ein Kabinett mit kalter und warmer Douche sowie eine Ersatzküche. Alle Wagen, die mit Gas oder elektrischem Licht beleuchtet werden, sind durch fortlaufende Gänge und an den Enden befindliche Plattformen verbunden und gestatten den Verkehr von einem Ende des Zuges bis zum andern. Die Einnahmen der Gesellschaft betrugen 1889: 4648783 Frs., der Reingewinn 744938 Frs., der die Verteilung einer Dividende von 6⅓ Proz. gestattete. Im Betrieb waren 251 Eisenbahnwagen und 32 Gepäckwagen im Wert von 16053946 Frs. Bestellt wurden 19 Wagen und 1 Gepäckwagen. Der Orient-Expreßzug hat 42,34 Proz. und der Süd-Expreßzug 50,67 Proz. mehr als im Vorjahr erbracht, dagegen haben die Klubzüge über Calais ungünstige Ergebnisse geliefert.

Auf den preuß. Staatsbahnen werden jetzt Schlafwagen von den betreffenden Verwaltungen gestellt, die Schlafwagen der Gesellschaft verkehren nur noch auf Grenzstrecken größerer Linien, so z. B. zwischen Köln und Brüssel, Köln und Paris, Köln und Ostende, Berlin und Wien, Frankfurt a. M. und Paris u. s. w.

Eisenbahnwerkstätten dienen zur Herstellung und Unterhaltung der Betriebsmittel (s. d.), der Werkzeuge u. s. w. Der Neubau von Lokomotiven und Wagen wird gewöhnlich nicht in den E. bewirkt, die Beschaffung erfolgt vielmehr meist durch Ankauf bei den bestehenden Lokomotiv- und Wagenbauanstalten. Dagegen werden in den E. der königlich sächs. Staatseisenbahnen (etwa 1450 Arbeiter) zu Chemnitz auch neue Wagen gebaut sowie ältere Lokomotiven in Compoundsystem umgebaut. Die Hauptthätigkeit der E. ist auf Reparaturen beschränkt, sie heißen daher auch kurzweg Reparaturwerkstätten. Je nach ihrem Umfang unterscheidet man Haupt- und Nebenwerkstätten; in den Betriebswerkstätten werden nur die kleinern Reparaturen für den laufenden Betriebsdienst ausgeführt. E., die sich auch mit der Ausbildung von Lehrlingen befassen, werden Lehrwerkstätten genannt. (S. Eisenbahnschulen.) Bei den preuß. Staatsbahnen sind 1892/93 insgesamt 60 Haupt-, 19 Neben- und 194 Betriebswerkstätten, zusammen 273 Werkstätten, vorhanden; die meisten Hauptwerkstätten waren auch Lehrwerkstätten.

Eisenbahnzeit, die Zeit, nach der im Betrieb der Eisenbahnen gerechnet wird, insbesondere auch die Fahrpläne (s. Eisenbahnfahrpläne) aufgestellt werden. Die durch die Bewegung der Erde von Westen nach Osten bedingte Änderung der sog. mittlern Ortszeit (s. Zeitdifferenz) hatte bei Ortsveränderungen in der Richtung der Geographischen Länge (s. d.) für den Verkehr so lange nichts Störendes, als man an einem Tage Entfernungen von nur 40 bis 50 km zurücklegen konnte. Als es aber möglich wurde, mit der Eisenbahn in wenigen Stunden Strecken von mehrern 100 km zu durcheilen, wurde die stete Veränderung des Zeitmaßes unbequem empfunden. Die Notwendigkeit einer einheitlichen Zeitrechnung (Normalzeit) trat daher im Eisenbahnbetrieb schon frühzeitig hervor, indem es sich schon bei verhältnismäßig kurzen Linien als unthunlich erwies, den Fahrbetrieb nach den verschiedenen mittlern Ortszeiten der einzelnen Stationen einheitlich zu gestalten. Fährt z. B. ein Zug von Berlin ab in östl. Richtung und hat der Zugführer bei der Abfahrt seine Dienstuhr («Kursuhr») nach mittlerer Berliner Zeit gestellt, so wird die Angabe dieser Uhr mit jedem Längengrad, um den der Zug in östl. Richtung vorrückt, um —4 Minuten von der betreffenden mittlern Ortszeit abweichen. Die nach mittlern Ortszeiten aufgestellten Fahrpläne erwiesen sich daher für den Dienstgebrauch als nicht geeignet; insbesondere waren daraus die Fahrzeiten zwischen den einzelnen Stationen nicht ohne weiteres zu entnehmen, man mußte vielmehr erst jedesmal die mittlere Ortszeit der Stationen durch Zu- oder Abrechnung des zwischen ihnen und der Ausgangsstation bestehenden Zeitunterschiedes auf die mittlere Ortszeit der letztern zurückführen. Es wurden deshalb Dienstfahrpläne aufgestellt, in denen diese Arbeit ein für allemal gemacht und die mittlere Ortszeit der Ausgangsstation oder einer sonstigen Station des betreffenden Verwaltungsbezirks durchweg beibehalten wurde. Später wählte man zur Herbeiführung einer Zeiteinheit für noch weitere Gebiete die Hauptstadt des betreffenden Landes als «Normalzeit» für den Eisenbahnbetrieb. In manchen Ländern wurde die gleiche Normalzeit auch für das bürgerliche Leben, in andern Ländern wenigstens für das gesamte Verkehrsleben (Eisenbahn-, Post- und Telegraphenwesen) eingeführt. In den Ländern, in denen nur für den innern Eisenbahndienst eine Normalzeit besteht, werden daher die Dienstfahrpläne nach dieser, die Fahrpläne für das Publikum dagegen nach mittlerer Ortszeit aufgestellt. Dienstfahrpläne und Fahrpläne für das Publikum decken sich daher nur in denjenigen Staaten, in denen für das bürgerliche oder doch wenigstens für das Verkehrsleben eine einheitliche Zeit besteht, während in letzterm Falle die Fahrpläne für das Publikum immer noch von der bürgerlichen Zeit abweichen. Mit der fortschreitenden Entwicklung des Eisenbahnnetzes machte sich immer dringender das Bedürfnis geltend, die Normalzeit mindestens für den innern Eisenbahndienst auf noch weitere, möglichst große Ländergebiete auszudehnen, da die verschiedenen Zeitrechnungen der einzelnen Länder und Bahnverwaltungen nicht nur den gegenseitigen Verkehr und insbesondere die Aufstellung der Fahrpläne ungemein erschwerten, sondern auch die Sicherheit des Betriebes gefährdeten. In Deutschland wurde (1874) eine Einigung dahin erzielt, daß wenigstens die graphischen Fahrpläne (s. Eisenbahnfahrpläne, S. 870a) der deutschen Bahnen nach mittlerer Berliner Ortszeit aufgestellt wurden. Später nahmen einzelne Bahnverwaltungen die Berliner Zeit überhaupt für den innern Dienst an.

In nachfolgender Übersicht ist der Zustand dargestellt, der sich hinsichtlich der **Normalzeiten für den innern Eisenbahndienst** in Deutschland und den übrigen europ. Hauptländern bis zum 1. Juni 1891 entwickelt hatte.

Berliner Zeit	Mittlere Ortszeit der Hauptstädte der einzelnen Länder	Besondere Zeit
Auf allen Hauptbahnen Norddeutschlands, mit Ausnahme von Oldenburg, und auf den Reichseisenbahnen (s. d.).	Auf allen Bahnen in Baden, Bayern (Pfalz: Ludwigshafener Zeit), Belgien, Dänemark, Frankreich, Irland, Italien, Niederlande, Norwegen, Oldenburg, Portugal, Rumänien, Rußland (Petersburger und Moskauer Zeit), Schweiz, Serbien, Spanien, Türkei, Ungarn, Württemberg.	Auf allen Bahnen in England und Schottland (Greenwicher Zeit), in Österreich-Ungarn (westlich von Krakau: Prager, östlich von Krakau: Budapester Zeit), in Schweden (nach einem 3° westlich vom Meridian des Stockholmer Observatoriums belegenen Meridian).

In Baden, Bayern und Württemberg, in England, Schottland und Irland, in Frankreich und Algerien (seit 15. März 1891) sowie in Schweden gilt die E. zugleich für das bürgerliche Leben, in Belgien, Dänemark, Italien, Niederlande, Österreich-Ungarn, Rußland, Schweiz und Spanien dagegen nur für das Verkehrswesen, während im sonstigen bürgerlichen Leben nach mittlerer Ortszeit gerechnet wird. In Nordamerika sind 1884 unter Aufhebung der zahlreichen, etwa 75 verschiedenen E. zunächst für das Verkehrswesen 5 Zeiten eingeführt worden, die Städte und Ortschaften haben indes nach und nach ihre Ortszeit aufgegeben und für das gesamte bürgerliche Leben die E. angenommen. Seitdem sind die 5 verschiedenen Zeiten noch auf 4 verringert worden, sodaß in ganz Nordamerika nur 4 — um je eine volle Stunde voneinander abweichende — Zeiten bestehen. Hieraus ergiebt sich, daß nur in Baden, Bayern, Württemberg, England, Schottland, Irland, Frankreich, Schweden und Nordamerika die Fahrpläne der Eisenbahnen mit der bürgerlichen Zeitrechnung übereinstimmen, während sie in allen übrigen Ländern von der maßgebenden mittlern Ortszeit abweichende Angaben enthalten. In den Ländern, in denen die E. für das Verkehrswesen gilt, enthalten daher auch die für das Publikum bestimmten Fahrpläne lediglich die Zeitangaben für den betreffenden, der Zeitrechnung zu Grunde gelegten Ort; nur im Deutschen Reich (ausschließlich Bayern, Württemberg und Baden), wo die E. lediglich für die Verwaltungen selbst, nicht auch für das bürgerliche Leben oder das Verkehrswesen gilt, werden für das Publikum besondere Fahrpläne nach **mittlerer Ortszeit** aufgestellt.

Es leuchtet ein, daß die außerordentliche Verschiedenheit der Zeitrechnungen, die hiernach immer noch im innern und in noch größerm Umfange im äußern Eisenbahndienst (dem Publikum gegenüber) bestehen geblieben war, für die Eisenbahnverwaltungen selbst und für das Publikum große Unzuträglichkeiten und Unbequemlichkeiten mit sich bringen mußte. Wer z. B. von Petersburg nach Paris fahren wollte, mußte auf den Übergangsstationen, wo eine andere Zeitrechnung beginnt, seine Uhr erst genau nach dieser stellen und bei der Fahrt durch Norddeutschland und Elsaß-Lothringen außerdem noch die maßgebende, auf jeder Station verschiedene mittlere Ortszeit berücksichtigen. Auf der kurzen Strecke Straßburg-Ulm hatte er seine Uhr viermal zu stellen, wenn er mit der E. gleichgehen wollte. Um wenigstens derartige Unbequemlichkeit zu vermeiden und die Rechnung nach **einer** Zeit zu ermöglichen, ist gewöhnlich an den Bahnhofsuhren der preuß. Stationen kenntlich gemacht, um wieviel Minuten die Ortszeit von der Berliner Zeit abweicht.

Zur Beseitigung der vorbezeichneten Übelstände hatte die Direktion der königlich ungar. Staatseisenbahnen im Nov. 1889 bei der geschäftsführenden Direktion des Vereins deutscher Eisenbahnverwaltungen (s. Eisenbahnverein) einen Antrag auf Einführung einer einheitlichen E. innerhalb des Vereinsgebietes gestellt. Der Antrag schloß sich an den Vorschlag der Europäischen Gradmessungskommission in der Sitzung zu Rom vom 15. Okt. 1883 an, wonach der Meridian von Greenwich den Anfangsmeridian für eine, wissenschaftlichen Zwecken dienende **Weltzeit** (s. d.) bilden sollte, und beruhte auf der in Nordamerika 1884 zuerst praktisch gewordenen Annahme von **Stundenzonenzeiten**, nach der die Zeitberechnung auf dem ganzen Erdball nach 24 je um eine volle Stunde voneinander entfernten Zonenzeiten geregelt werden soll. Bei der schon obenerwähnten Zeitrechnung in Nordamerika wurden die um 75, 90, 105 und 120 Grad westlich von Greenwich liegenden, also um je 15 Längengrade (zu 4 Zeitminuten = 1 Stunde) voneinander entfernten und von Greenwich um 5, 6, 7 und 8 Stunden abweichenden Meridiane als zeitbestimmend für 4 Zonen eingeführt. Zugleich wurde festgestellt, daß die genannten Meridiane nicht die Grenz-, sondern die Mittellinien der einzelnen Zonen bilden sollen, sodaß eine Stundenzone — abgesehen von geringen, durch die polit. Einteilung der Länder begründeten Abweichungen — stets durch die $7\frac{1}{2}$ Grad westlich und $7\frac{1}{2}$ Grad östlich von dem betreffenden Meridian belegenen Längengrade begrenzt wird. Von den hiernach in Nordamerika bestehenden vier E. (Pacific Time, Mountain Time, Central Time und Eastern Time) umfaßt die östl. Zeit (75. Meridian) die östl. Staaten und Canada, die Mittelzeit (90. Meridian) die mehr westlich in den mittlern Staaten und Canada belegenen Bahnen, während für die noch mehr westl. Gebiete die Zeit des 105. und 120. Meridians (Gebirgs- und Pacific-Zeit) gilt. Japan hat 1888 ebenfalls diese Zonenanordnung eingeführt und den 135. Längengrad östlich von Greenwich als Grundlage der Zeitrechnung angenommen. Die erste Zone dieser auf das Stundenzonensystem begründeten Zeitrechnung würde jene bilden, deren Mittellinie der Meridian von Greenwich ist, und die von den Längengraden 7° 30′ westlich und 7° 30′

östlich von Greenwich begrenzt wird. In dieselbe fällt ganz Frankreich, Holland, Belgien; Spanien und Portugal überragen die Zonengrenze im Westen um ein Geringes. Die zunächst östlich von Greenwich liegende Stundenzone von 7° 30′ bis 22° 30′, die gegen Greenwich um eine volle Stunde voraus ist, in der also die Uhr, wenn es in Greenwich 12 Uhr ist, 1 Uhr zeigt, umfaßt ganz Mitteleuropa. Da in Schweden diese Zeitrechnung bereits seit 1879 bestand, kamen nur noch Dänemark, Deutschland, Österreich-Ungarn, die Schweiz, Italien, Serbien und Griechenland in Frage. Bei dieser Berechnung verschiebt sich die Prager Zeit im ganzen nur um 2, die Berliner Zeit um 6, die Budapester Zeit um 16 Minuten. Der Antrag der Direktion der Ungar. Staatsbahnen ging nun dahin, die nach dem 15. Grade östlich von dem Meridian von Greenwich als Nullgrad sich ergebende Zeit, die sog. *Mitteleuropäische Zeit* (M. E. Z.) als E. für das gesamte Vereinsgebiet anzunehmen. Der 15. Grad durchschneidet Deutschland nahezu in der geogr. Mitte und geht 6 Zeitminuten östlich von Berlin über Stargard, Sorau und Görlitz; die Ostgrenze des Reichs ist 31 Minuten, die Westgrenze 36 Minuten von ihm entfernt. Derselbe Meridian, seit 1879 bereits die Grundlage der schwedischen E. bildend, eignet sich auch für Norwegen, Dänemark, Österreich-Ungarn, die Schweiz und Italien. In der 1890 zu Dresden abgehaltenen Generalversammlung des Deutschen Eisenbahnvereins wurde der Antrag der Ungar. Staatsbahnen angenommen und beschlossen, die mitteleurop. Zeit im *innern* Eisenbahndienst des Vereinsgebietes mit Beginn der nächstjährigen Sommerfahrplanperiode (1. Juni 1891) zur Einführung zu bringen sowie die allgemeine Einführung der Zonenzeit auch im bürgerlichen Leben als empfehlenswert zu bezeichnen. Seit dem 1. Juni 1891 wird daher im Bereich des Vereins deutscher Eisenbahnverwaltungen im innern Eisenbahndienst nach dieser Zeit gerechnet. Inzwischen ist zur Herbeiführung einer einheitlichen Zeitrechnung insofern noch ein weiterer Schritt geschehen, als Österreich-Ungarn die mitteleurop. Zeit vom 1. Okt. 1891 ab, Bayern, Württemberg, Baden und Elsaß-Lothringen vom 1. April 1892 ab auch für den äußern Eisenbahndienst eingeführt haben, sodaß in diesen Ländern von den bezeichneten Zeitpunkten ab auch die Eisenbahnfahrpläne für das Publikum nach mitteleurop. Zeit aufgestellt werden. Die norddeutschen Bahnen haben sich diesem Vorgehen bisher nicht angeschlossen, dieselben beabsichtigen vielmehr, die mitteleurop. Zeit im äußern Eisenbahndienst erst zum 1. April 1893 einzuführen. Außerdem ist bereits dem Deutschen Bundesrate ein Gesetzentwurf zugegangen und von ihm angenommen, wonach die mitteleurop. Zeit vom 1. April 1893 ab auch für das gesamte bürgerliche Leben zur Anwendung kommen soll. Der betreffende Gesetzentwurf ist 22. Nov. 1892 dem Reichstag vorgelegt worden. Im übrigen wird bereits seit 1. April 1892 in Süddeutschland (einschließlich der kaiserl. Oberpostdirektionsbezirke Karlsruhe, Konstanz, Straßburg und Metz) auch im gesamten Postdienst und im innern Telegraphendienst des Reichspostgebietes nach mitteleurop. Zeit gerechnet. Hiernach werden wir, wenn die für das Deutsche Reich in Aussicht genommene Gesetzesvorlage zur Annahme gelangt, in Deutschland binnen kurzem eine nicht nur für den Dienst der Verkehrsanstalten, sondern für das gesamte bürgerliche Leben geltende *Einheitszeit* haben.

Der Ende 1892 in Deutschland und den übrigen europ. Hauptländern bestehende Zustand ist folgender:

1) Es wird gerechnet im *innern* Eisenbahndienst nach *Mitteleuropäischer Zeit* (M. E. Z.), nach dem 15. Längengrade östlich von Greenwich, und im *äußern* Eisenbahndienst nach *Mittlerer Ortszeit* (nach den Längengraden wechselnd) in: Norddeutschland, einschließlich Großherzogtum Hessen. Die Dienstfahrpläne werden daher nach mitteleurop. Zeit, die Fahrpläne für das Publikum nach mittlerer Ortszeit aufgestellt. Dagegen werden

2) *innerer und äußerer* Eisenbahndienst geregelt und sowohl die Dienstfahrpläne wie auch die Fahrpläne für das Publikum aufgestellt nach:

a. *Mitteleuropäischer Zeit* (M. E. Z.), nach dem 15. Längengrade östlich von Greenwich, in: Süddeutschland (Bayern, einschließlich Pfalz, Württemberg, Baden, Elsaß-Lothringen), Luxemburg, Österreich-Ungarn, Schweden, Bosnien, Serbien und in der westl. Türkei (Saloniker Netz) — vom 1. April 1893 ab auch in den Ländern zu 1;

b. *Westeuropäischer Zeit* (W. E. Z.), nach dem Längengrade von Greenwich, 1 Stunde *nach* gegen mitteleurop. Zeit, in: Großbritannien, Belgien und Niederlande;

c. *Osteuropäischer Zeit* (O. E. Z.), nach dem 30. Längengrade östlich von Greenwich, 1 Stunde *vor* gegen mitteleurop. Zeit, in: Bulgarien, Rumänien und in der östl. Türkei (Konstantinopeler Netz);

d. *Einheitlicher Landeszeit*, nach den Längengraden der Hauptstädte, in: Dänemark, Frankreich (in vielen franz. Fahrplänen sind Abfahrt und Ankunft 5—6 Minuten früher angegeben, als sie wirklich erfolgen), Griechenland, Italien, Norwegen, Portugal, Rußland, der Schweiz, Spanien.

Wegen Gültigkeit der E. für das bürgerliche oder nur für das Verkehrsleben s. das oben bei den einzelnen Ländern Gesagte. — Vgl. Encyklopädie des gesamten Eisenbahnwesens, hg. von Röll, 1. Bd. (Wien 1890); Zeitung des Vereins deutscher Eisenbahnverwaltungen (1890); Centralblatt der Bauverwaltung (1889); Streckert, Die Stundenzonenzeit, in den «Jahrbüchern für Nationalökonomie und Statistik», hg. von Conrad u. a., dritte Folge, Bd. 4 (Jena 1892); von Hesse-Wartegg, Die Einheitszeit nach Stundenzonen (Lpz. 1892).

Eisenbahnzüge zerfallen in *Personen-*, *Güter-* und *Gemischte Züge*, je nachdem nur Personen, nur Güter oder Personen und Güter zugleich befördert werden. Hinsichtlich ihrer Bestimmung werden die E. eingeteilt in *Lokalzüge*, die nur dem örtlichen Verkehr dienen, und in *durchgehende Züge*, die den großen Verkehr vermitteln. Die schnellfahrenden Personenzüge werden in Preußen *Schnellzüge*, sonst auch *Eil-*, *Expreß-*, *Kurier-*, *Blitz-*, *Jagdzüge* genannt. Die sog. *Orient-Expreßzüge*, von der Internationalen Eisenbahn-Schlafwagengesellschaft (s. Eisenbahnwagen-Mietgesellschaften und Betriebsmittel) zu Brüssel eingerichtet, verkehren wöchentlich zweimal zwischen Paris und Konstantinopel und kürzen die Fahrt bis auf 69⅓ Stunden ab. Eine besondere Art der Personenzüge bilden die *Omnibuszüge*. Sie bestehen, wie die Züge der Trambahnen (s. d.), aus nur wenigen, den Omnibussen nachgebildeten und vielfach nur eine Klasse enthaltenden Wagen;

zur Beförderung dienen den Trambahnlokomotiven ähnliche Maschinen. Omnibuszüge werden überall da mit Vorteil verwendet, wo es, wie häufig im Vergnügungsverkehr der größern Städte, mehr darauf ankommt, eine öftere als eine ausgedehnte Fahrgelegenheit zu bieten. Bei den Güterzügen unterscheidet man besonders noch die **Eilgutzüge** zur Beförderung von Eilgut (s. Eisenbahntarife) und die **Stückgutzüge**, auch **Ausladezüge** genannt, die den Stückgutverkehr zwischen bestimmten Orten vermitteln. Güterzüge, die nur Wagenladungsgüter enthalten, heißen **Wagenladungszüge**, und wenn sie nur mit Kohlen oder Vieh beladen sind, **Kohlenzüge**, **Viehzüge**. **Arbeitszüge** finden bei Neubauten und Unterhaltungsarbeiten zur Beförderung der Baumaterialien Verwendung. Hinsichtlich des Fahrplanes teilt man die E. in **fahrplanmäßige**, die in dem für einen bestimmten Zeitraum aufgestellten Fahrplan (s. Eisenbahnfahrpläne) vorgesehen sind, und in **außerfahrplanmäßige**, die außerhalb dieses Fahrplanes verkehren. **Bedarfszüge** (**Fakultativzüge**) und **Sonderzüge** (**Extrazüge**) sind E., die nach Bedarf eingelegt werden; sie unterscheiden sich voneinander nur dadurch, daß erstere in dem aufgestellten Fahrplane bereits berücksichtigt sind, während für letztere der Fahrplan erst in jedem einzelnen Falle gemacht wird.

Bei der Zusammensetzung der E. sind die bahnpolizeilichen Vorschriften zu beachten. Nach dem Bahnpolizeireglement für die Eisenbahnen Deutschlands (s. Bahnpolizei), bez. der an Stelle desselben 1. Jan. 1893 in Kraft tretenden «Betriebsordnung für die Haupteisenbahnen Deutschlands» vom 5. Juli 1892 (s. Eisenbahn-Betriebsordnung) müssen in jedem Zuge außer den Bremsen am Tender und an der Lokomotive so viele Bremsen vorhanden sein, daß je nach den Neigungen der Bahn und der Fahrgeschwindigkeit des Zuges ein bestimmter, bei Personen- und bei Güterzügen verschieden zu berechnender Teil der im Zuge befindlichen Wagenachsen gebremst werden kann. Die mit mehr als 60 km Geschwindigkeit in der Stunde fahrenden Personenzüge müssen mit durchgehenden Bremsen versehen sein. Mehr als 150 Wagenachsen sollen in keinem Eisenbahnzuge laufen. Personenzüge sollen nicht über 100 Wagenachsen stark sein. Militär- und gemischte Züge dürfen, sofern ihre Fahrgeschwindigkeit nicht über 45 km in der Stunde beträgt, bis 110 Wagenachsen stark sein. Ferner hat in jedem zur Beförderung von Personen bestimmten Zuge, dessen Fahrgeschwindigkeit 45 km in der Stunde übersteigt, der erste Wagen des Zuges als Schutzwagen zu dienen, und darf als solcher nicht mit Reisenden besetzt werden. Bei Zügen mit geringerer Geschwindigkeit muß mindestens die vordere Abteilung des betreffenden Wagens von Reisenden frei gehalten werden. Für die Züge auf den deutschen Nebenbahnen gelten besondere Bestimmungen, die in der «Bahnordnung für deutsche Eisenbahnen untergeordneter Bedeutung» und der an Stelle derselben 1. Jan. 1893 in Kraft tretenden «Bahnordnung für die Nebeneisenbahnen Deutschlands» vom 5. Juli 1892 (s. Eisenbahn-Betriebsordnung) enthalten sind. Die Zahl der Bremsen eines Zuges richtet sich ebenfalls nach den Neigungen der Bahn und der Fahrgeschwindigkeit des Zuges; mehr als 120 Wagenachsen sollen in keinem Zuge befördert werden.

Eisenbauanstalt, s. Eisenkonstruktionen.

Eisenbaum, s. Sideroxylon.

Eisenbeize, s. Eisennitrate.

Eisenberg (Kreis des Eisenberges), Kreis im Fürstentume Waldeck und Pyrmont, hat 419,1[?] qkm und (1890) 17683 (8430 männl., 9253 weibl.) E. darunter 16619 Evangelische, 787 Katholiken und 199 Israeliten; 2769 Wohngebäude, 3312 Haushaltungen und 12 Anstalten in 3 Städten und 4[?] Landgemeinden.

Eisenberg. 1) **Stadt** im Landratsamt Roda Westkreis des Herzogtums Sachsen-Altenburg, 35 km westlich von Altenburg, in 294 m Höhe, an der E.-Crossener Eisenbahn (9 km, Nebenbahn), ist Sitz eines Amtsgerichts (Landgericht Altenburg), einer Superintendentur, eines Steuer- und Rentamtes und hat (1890) 7349 E., darunter 121 Katholiken Post zweiter Klasse, Telegraph, ein herzogl. Schloß (Christiansburg) mit schöner Kirche (1680—9[?] erbaut) in neuital. Geschmack und wohlangelegtem Garten, ein Gymnasium (Christianeum) 1688 vom Herzog Christian von E. als Lyceum gegründet, 1875 zum Gymnasium erhoben (Direktor Dorstewitz, 15 Lehrer, 9 Klassen, 220 Schüler) höhere Mädchenschule, einen Kredit- und Sparverein einen Vorschußkassenverein, drei Wasserleitungen Fabrikation von Wollzeugen, Plüschwaren (Ausfuhr nach England, Frankreich, Spanien, Portugal und Türkei), Etuis (Ausfuhr nach den Niederlanden, Belgien, Schweden und England), Leder landwirtschaftlichen Maschinen, Pianofortebestandteilen (Ausfuhr nach England und Rußland), Holzschuhen, Würsten (bedeutender überseeischer Absatz), Chamotteziegeln und Porzellanwaren, ferne[r] Dampfsägemühlen, Schuhmacherei und Porzellanmalerei. — Die sehr alte Stadt gehörte bis 1135 de[n] Kaisern, bis 1271 den Markgrafen von Meißen un[d] des Osterlandes, bis 1425 den Landgrafen von Thüringen und Markgrafen von Meißen und kam darau[f] an Sachsen. Bei der Landesteilung von 1485 kam E. an die Ernestinische Linie, bei der von 1602 an da[s] Fürstentum Altenburg und mit diesem 1672 a[n] Gotha. Als die Söhne Ernsts des Frommen 169[?] die väterlichen Lande teilten, erhielt der fünfte derselben, Herzog Christian (geb. 6. Jan. 1653), di[e] Ämter Ronneburg, Roda, Camburg und E. un[d] gründete die Linie **Sachsen-Eisenberg**, welch[e] jedoch mit seinem Tode 1707 wieder erlosch, woran E. an Gotha zurückfiel und 1826 an Sachsen-Altenburg kam. Vgl. Back, Chronik der Stadt und de[s] Amtes E. (2 Bde., Eisenb. 1843). — 2) **Dorf** in de[r] Amtshauptmannschaft Dresden-Neustadt der sächs[.] Kreishauptmannschaft Dresden, an der Nebenlini[e] Radebeul-Radeburg (Station Moritzburg-E.) de[r] Sächs. Staatsbahnen, hat (1890) mit dem in de[r] Nähe liegenden Schlosse Moritzburg (s. d.) 145[?] evang. E., Oberförsterei, ein Landesgestüt, Vieh- und Pferdehandel und bedeutende Märkte.

Eisenbisulfid, **Eisenbisulfuret**, s. Eisensulfide, d.

Eisenblauerz, s. Vivianit.

Eisenblech, s. Blech.

Eisenblüte (Flos Ferri), zackige, baumförmig und korallenähnliche Verzweigungen von schnee[weißem] weißem, faserigem Aragonit, die durch Auslaugun[g] des Kalkgehalts aus dem zersetzten Spateisenstei[n] auf dessen Klüften zum Wachstum gelangt sind besonders schön finden sich diese zierlichen Bildungen im Erzberg bei Eisenerz in Steiermark.

Eisenbrod, czech. Železný-Brod, Stadt in der österr. Bezirkshauptmannschaft Semil in Böhmen, rechts der Iser, in 228 m Höhe, an den Linien Seidenberg-Josefstadt und E.-Tannwald (19 km) der Österr. Nordwestbahn, hat (1890) 3029 czech. E., Post, Telegraph, Bezirksgericht (98 qkm, 18 Gemeinden, 49 Ortschaften, 21682 czech. E.), meist hölzerne Häuser, neues Rathaus und Schulgebäude und in der Umgebung große Baumwollspinnereien. Die Stadt hat ihren Namen von den früher in der Nähe betriebenen Eisengruben.

Eisenbromid, Fe_2Br_6, verhält sich im wesentlichen wie das Eisenchlorid (s. d.).

Eisenbromür, $FeBr_2$, entsteht auf gleiche Weise wie das Eisenjodür (s. d.). Auf trocknem Wege erhalten, bildet es gelbe, blätterig krystallinische Massen, die bei Luftabschluß sublimierbar sind. Aus seiner Lösung scheidet sich in blaßgrünen Krystallen $FeBr_2 \cdot 6H_2O$ ab.

Eisenbrücken sind diejenigen Brücken (s. d.), bei denen das Tragwerk (s. Brückentragwerk) aus Eisen hergestellt ist, während die Pfeiler (s. Brückenpfeiler) auch aus Stein oder Holz konstruiert sein können. Das Tragwerk einer Eisenbrücke besteht aus den Hauptträgern, die in der Längsrichtung der Brücke über die Öffnung führen, und den Quer- oder Zwischenverbindungen, die teils zur Unterstützung der Fahrbahn, teils zur Versteifung der Hauptträger in der Querrichtung dienen. Je nach der Art und Weise, wie die Hauptträger die von ihrem eigenen Gewicht und der Betriebslast herrührenden Kräfte auf die Pfeiler bez. Widerlager (s. d.) übertragen, unterscheidet man Balkenbrücken, Bogenbrücken und Hängebrücken. Bei den Balkenbrücken werden die Drücke lotrecht nach unten auf die Widerlager übertragen, von denen das eine, um dies möglich zu machen, horizontal beweglich sein muß. Bei Bogen- und Hängebrücken sind beide Widerlager fest und erhalten seitliche Kräfte, die bei den Bogenbrücken als Druck nach außen, bei den Hängebrücken als Zug nach innen gerichtet sind. Bezüglich der in den Trägern selbst wirkenden Kräfte werden die Balkenträger auf Biegung beansprucht, sodaß in ihnen teils Zug- und teils Druckkräfte wirken. Bei den Bogenbrücken, dereu Hauptträger konvex nach oben gekrümmt sind, herrscht in diesen vorzugsweise Druck, und bei den Hängebrücken mird das konvex nach unten gekrümmte Tragwerk vorwiegend auf Zug in Anspruch genommen.

Die Balkenbrücken haben entweder Träger mit vollen Wandungen oder solche mit gegliederten Wandungen. Vollwandige Träger bestehen für die kleinsten Spannweiten (bis 4 m bei Eisenbahnbrücken, 12 m bei Straßenbrücken) aus I-Eisen; für größere Spannweiten (12—15 m bei Eisenbahnbrücken) sind sie unter Beibehaltung des I-förmigen Querschnitts zusammengesetzt aus Blechtafeln für die senkrechte Mittelwand (Steg), aus Flacheisen für die beiden horizontalen Teile (Obergurt und Untergurt) und aus Winkeleisen zur Verbindung der Gurte mit dem Steg; letzterer erhält sehr oft noch seitliche Versteifungen (Rippen). Zu den Brücken mit vollwandigen Trägern gehören auch die historisch berühmten Tunnel- oder Röhrenbrücken (s. d.). Bei Spannweiten von über 15 m sind vollwandige Träger bezüglich des Materialaufwandes unökonomisch. Man verbindet dann die Gurte nicht mehr durch eine volle Blechwand, sondern durch einzelne Stäbe, wodurch man die Gitter- und Fachwerksträger erhält. Erstere Bezeichnung braucht man für die zuerst ausgeführten Träger dieser Art, bei denen eine große Anzahl gleichstarker Flacheisenstäbe, unter 45° gegen die Gurte geneigt und kreuzweise übereinander gelegt, ein engmaschiges Gitterwerk bildeten. Da von diesen Stäben manche auf Druck, manche auf Zug beansprucht werden, konstruierte man später jeden Stab entsprechend den in ihm auftretenden Kräften unter gleichzeitiger Verringerung der Anzahl der Stäbe und gelangte zu der als Fachwerk bezeichneten Trägerkonstruktion.

Sind bei den Trägern mit durchbrochenen Wandungen die beiden Gurte geradlinig und parallel, so heißen sie Parallelträger, denen die ökonomischer konstruierten Träger mit gekrümmten bez. polygonalen Gurten gegenüberstehen, wie der Parabelträger (als Bogensehnenträger, Fischbauchträger, Linsenträger), der Halbparabelträger, der Paulische Träger, der Schwedler-Träger, der Trapezträger, der Lohseträger. Über die besondern Eigenschaften und Formen dieser Trägersysteme s. Träger. Der Parallelträger ist bei größern Spannweiten oft als kontinuierlicher oder durchgehender Träger ausgeführt worden, d. h. als ein Träger, der aus einem Stück über mehrere Öffnungen gespannt ist. Man erreicht bei dieser Ausführung eine Materialersparnis, die sich für 50—150 m auf 10—20 Proz. stellt. Ferner ermöglicht er eine Montage ohne Baugerüst, wogegen als Nachteile zu erwähnen sind der Wechsel von Zug und Druck in gewissen Teilen des Trägers, sowie die beträchtliche Erhöhung der Gurtspannungen, die sowohl durch verhältnismäßig geringe Pfeilersenkungen als auch durch Sonnenbestrahlung eintreten kann. Diese Möglichkeit einer so beträchtlichen Erhöhung der Spannungen durch die genannten Ursachen ist bei dem jetzt sehr in Aufnahme kommenden Gerberschen kontinuierlichen Gelenkträger oder Träger mit freischwebenden Stützen beseitigt. Diese Konstruktion entsteht dadurch, daß man einen kontinuierlichen Träger so teilt, daß ein Teil, der kürzer ist als die dazu gehörige Öffnung, mit seinen Enden auf die über die Pfeiler hinausragenden Enden der benachbarten Träger gelenkig verbunden ist. Dieser ursprünglich als Parallelträger ausgeführte Gerberträger wird auch mit gekrümmten und polygonalen Gurten ausgeführt, sodaß die über die Pfeiler überragenden Trägerenden konsolartig ausgebildet sind, während das Zwischenstück

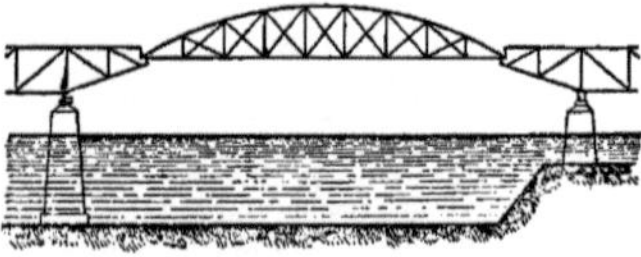

sehr oft als Parabel- oder Halbparabelträger ausgeführt ist (s. vorstehende Figur). Solche Brücken werden Ausleger-, Kragträger- oder Cantileverbrücken genannt und bilden heute ein immer mehr beliebt werdendes Brückensystem, wonach unter anderm die großartige Forthbrücke (s. d.) in Schottland gebaut ist.

EISENBRÜCKEN. I.

1. Neue Taybrücke in Schottland.

2. Kirchenfeldbrücke zu Bern.

EISENBRÜCKEN. II.

1. Lekbrücke bei Kuilenburg (Holland).

2. Brücke über den Hudson bei Poughkeepsie (Nordamerika).

3. Kinzigbrücke bei Offenburg.

1. Rheinbrücke zu Koblenz.

2. Mississippibrücke bei St. Louis (Nordamerika) während des Baues.

Bei den Bo
Form auszeich
falls entweder
als Fachwerk
von ungünsti
Spannungen,
peraturverän
sich seine End
Pfeiler stützen
pfer genannt
im Scheitel ei
über Häng
Als erste Ei
Coalbrookdale
Telford erbaut
deren Träger
eisernen Boge
Deutschland
Spannweite
richtet; weiter
tionsform sind
markbrücke (73
London, die 18
burg und als
brücken überha
Bogenbrücke v
erste schmiede
über den Grei
Weite. Eine
eisens auf Be
ziger Jahren.
Denis vollwan
wie die fast gle
Aarebrücke bei
und Ardèchebr
brücke bei Kon
hardbahn. Fa
zeigen unter
die Kirchenfel
Eisenbrücke
Straßenbrück
Spannweite)
1868—74 (im
sie hat drei
158,5 m, die be
zwei Bahnen
die untere für G
träger sind aus
besitzt schon die
den Kanal Sai
rungen in Fran
de l'Erdre (95
in Deutschland
zu Koblenz (Re
den Rhein bei
Berliner Stadt
Scheitelgelenk
Bogenbrücke ü
die Unterspree
sind die Brücke
Tegetthoffbrücke
liner Stadtbah
Die Balken
Bogen- und H
mit dem Erschei
ersten engl. u
eiserne Balken
wendet. Das
Material zu B

Bei den Bogenbrücken, die sich durch gefällige Form auszeichnen, werden die Hauptträger ebenfalls entweder als vollwandige Blechträger oder als Fachwerksträger ausgeführt. Zur Vermeidung von ungünstigen und auch schwer berechenbaren Spannungen, die ein Bogenträger schon durch Temperaturveränderungen dann erleiden würde, wenn sich seine Enden mit breiten Flächen fest gegen die Pfeiler stützten, führt man seine Widerlager, Kämpfer genannt, als Gelenke aus und bringt oft auch im Scheitel ein Gelenk an.

Über Hängebrücken s. d.

Als erste Eisenbrücke gilt die Buildwasbrücke bei Coalbrookdale über den Severn, die 1773—79 von Telford erbaut wurde. Sie ist eine Bogenbrücke, deren Träger nach Art eines Gewölbes aus gußeisernen Bogensegmenten zusammengesetzt sind. In Deutschland wurde eine solche Brücke mit 13 m Spannweite 1794 zu Malapane bei Oppeln errichtet; weitere Beispiele dieser ältesten Konstruktionsform sind die 1814 von Rennie erbaute Southwarkbrücke (73 m Spannweite) über die Themse in London, die 1851 eingestürzte Kinzigbrücke bei Offenburg und als eine der letzten größern Gußeisenbrücken überhaupt die 1860—62 erbaute St. Louis-Bogenbrücke in Paris mit 64 m Spannweite. Die erste schmiedeeiserne Bogenbrücke ist die kleine 1808 über den Cron bei Saint Denis gebaute von 12 m Weite. Eine fernere Anwendung des Schmiedeeisens auf Bogenbrücken geschah erst in den fünfziger Jahren. Sie besitzen meist wie die bei Saint Denis vollwandige Blechträger und feste Kämpfer, wie die fast gleichzeitig entstandenen Bogenbrücken: Aarebrücke bei Olten, Arcolebrücke in Paris (80 m) und Ardèchebrücke bei St. Just; ferner die Rheinbrücke bei Konstanz, die Rohrbachbrücke der Gotthardbahn. Fachwerksbogenträger mit festen Enden zeigen unter andern die Schwarzwasserbrücke und die Kirchenfeldbrücke in Bern (letztere auf Tafel: Eisenbrücken I, Fig. 2 dargestellt), ferner die Straßenbrücke über den Douro bei Oporto (170 m Spannweite) sowie die Mississippibrücke zu St. Louis, 1868—74 (im Bau dargestellt auf Taf. III, Fig. 2); sie hat drei Öffnungen, von denen die mittlere 158,5 m, die beiden andern 153 m messen, und trägt zwei Bahnen übereinander, die obere für Straßen-, die untere für Eisenbahnverkehr; die Gurte der Bogenträger sind aus Stahlröhren gebildet. Kämpfergelenke besitzt schon die 1858 vollendete Eisenbahnbrücke über den Kanal Saint Denis. Spätere größere Ausführungen in Frankreich sind unter andern der Viadukt de l'Erdre (95 m) und der Garabitviadukt (165 m); in Deutschland die Eisenbahnbrücke über den Rhein zu Koblenz (Taf. III, Fig. 1), die Straßenbrücke über den Rhein bei Mainz, die Kupfergrabenbrücke der Berliner Stadtbahn u. a. Die erste Anwendung des Scheitelgelenks zeigt die von Hermann 1864 erbaute Bogenbrücke über den Wienfluß bei Wien und 1865 die Unterspreebrücke in Berlin. Neuere Ausführungen sind die Brücke über die Oker in Braunschweig, die Tegetthoffbrücke in Wien, mehrere Brücken der Berliner Stadtbahn u. a.

Die Balkenbrücken, die der Zeit nach den Bogen- und Hängebrücken nachfolgen, treten erst mit dem Erscheinen der Eisenbahnen auf. Bei den ersten engl. und deutschen Bahnen wurden gußeiserne Balkenträger zu Wegeüberführungen angewendet. Das Gußeisen wurde jedoch frühzeitig als Material zu Balkenträgern für untauglich befunden, da es namentlich den Zugspannungen, die im Untergurt jedes Balkenträgers auftreten, und den Stößen nicht gewachsen war; man ging zum Schmiedeeisen über und konstruierte anfangs die Träger aus zwei mit den Füßen zusammengenieteten Eisenbahnschienen. Dann folgten die gewalzten I-Träger und genieteten Blechträger, die früher auch zu großen Spannweiten dienten (Brücke über die Garonne bei Langon, 74,4 m, erbaut 1855). Die größten mit vollwandigen Trägern erreichten Spannweiten besitzen die Röhrenbrücken (s. d.).

Die ersten Gitterbrücken waren den hölzernen Lattenbrücken (s. Holzbrücken) nachgeahmt; eine solche engmaschige Gitterbrücke ist die 1845 erbaute Royalkanalbrücke der Dublin-Drogheda-Bahn mit 42,7 m Spannweite; es folgten in Deutschland 1850—57 die Weichselbrücke bei Dirschau mit sechs Öffnungen zu je 121,15 m (s. Dirschau), 1857 die Nogatbrücke bei Marienburg mit zwei Öffnungen zu je 97,7 m (gegenwärtig durch einen Neubau ersetzt), 1858 die Kinzigbrücke bei Offenburg mit 60 m Spannweite (s. Taf. II, Fig. 3), 1860 die Rheinbrücken zu Köln (vier Öffnungen zu je 98,2 m) und zu Kehl (drei Öffnungen zu je 56 m). Bei den genannten Gitterbrücken bestanden die Gitterstäbe sämtlich aus Schmiedeeisen, während es damals auch Systeme von Gitterbrücken gab, bei denen der Obergurt sowie die auf Druck beanspruchten Stäbe aus Gußeisen bestanden. Von diesen Systemen hat namentlich das ausschließlich in Österreich benutzte Schifkornsystem zahlreiche Anwendung erfahren, bis 1868 durch den Einsturz eines Feldes der Pruthbrücke bei Czernowitz das Vertrauen in dieses System nachließ und man nun ganz vom Gußeisen absah. Durch besondere Länge zeichnen sich die Hudsonbrücke bei Poughkeepsie (s. Taf. II, Fig. 2) und die neue Taybrücke aus. Die erstere hat eine Spannweite von 159 m und ist jetzt durch eine Auslegerbrücke ersetzt. Die letztere (auf Taf. I, Fig. 1 abgebildet) ist gegenwärtig 3286 m lang und besitzt 85 Öffnungen von 15 bis 74,7 m, deren meiste durch Parallelträger, einige auch durch Halbparabelträger überspannt sind. An ihrer Stelle stand die alte im Dez. 1879 vom Sturme eingerissene Taybrücke, ebenfalls Gitterbüde mit 89 Öffnungen und 3250 m Länge.

Der Parabelträger wurde schon 1837 von Hoffmann und Madersbach eingeführt und erhielt als Linsenträger eine großartige Anwendung in der 1854 von Brunel erbauten Tamarbrücke der Cornishbahn bei Saltash; die Spannweite beträgt 138,7 m, der Obergurt ist röhrenförmig und 5,2 m hoch, der Untergurt kettenförmig. Noch größere Öffnung (150 m) zeigt der Halbparabelträger der Lekbrücke bei Kuilenburg (1863—68), die längere Zeit die größte mit Balkenträgern erreichte Spannweite repräsentierte (s. Taf. II, Fig. 1). Neuern Datums (1875—78) ist die Waalbrücke bei Nymwegen mit drei Öffnungen zu je 127 m, die Nordbahnbrücke bei Wien, die Elbebrücken bei Meißen und Schandau, Trisanaviadukt der Arlbergbahn u. a. Der Paulische Träger kam seit 1857 insbesondere in Bayern zur Ausführung und hat in der Rheinbrücke bei Mainz (101,2 m) ein hervorragendes Beispiel. Schwedlerträger, zuerst bei der Weserbrücke zu Corvei 1863 angewendet, finden sich bei den Elbebrücken bei Tangermünde (65,9 m), bei Lauenburg (100,5 m), bei Magdeburg (62,8 m). Der Lohsesche Träger kam bei den beiden bei Hamburg und Harburg über die Elbe führenden Eisenbahnbrücken und der neuen Hamburger Brücke zur Ausführung. Die größten Spannweiten sind außer mit den Hängebrücken in neuerer Zeit durch die oben erwähnten Kragträgerbrücken erreicht worden. (Näheres s. Forthbrücke.)

Die Baukosten der E. gestalten sich je nach den zu überbrückenden Öffnungen, ferner je nach dem angewendeten System und endlich je nach besondern Umständen, z. B. ob Wasserpfeiler notwendig sind, sehr verschieden. Von den alten Röhrenbrücken kostet bei der Britanniabrücke der laufende Meter rund 18000 M., von der Victoriabrücke (2637 m lang) nur noch 12000 M.; bei der Lekbrücke kostet der laufende Meter bereits 6300 M. und sinkt bei modernen Fachwerksbrücken von mittlerer Spannweite (etwa 60 m) auf 3200 M. herab. Bei den größten Spannweiten jedoch steigt dieser Betrag auf das 6- bis 10fache. So kostet die neue Forthbrücke rund 20000 M. pro Meter und die East-River-Brücke sogar 35000 M. pro Meter.

Die Betriebssicherheit der E. ist in erfreulichem Zunehmen begriffen. Zunächst ist das unsichere Gußeisen von der Anwendung auf Hauptteile gänzlich ausgeschlossen worden, und das neuerdings immer mehr in Anwendung kommende Flußeisen bietet wegen seiner hohen Zugfestigkeit ein vorzügliches Konstruktionsmaterial. Eine große Gewähr bieten auch die bei jeder Eisenbrücke größerer Spannweite, namentlich bei Eisenbahnbrücken vor ihrer Inbetriebsetzung vorgenommene Brückenprobe und die spätern in regelmäßigen Zeitabschnitten wiederholten Revisionen. (S. Brückenprobe.)

Eisenburg, ungar. Vas. 1) **Komitat** in Ungarn, grenzt im W. an Niederösterreich und Steiermark, im N. an das Ödenburger, im S. an das Zalaer und im O. an das Veszprimer Komitat, ist ein fruchtbarer Landstrich, obschon teilweise von Ausläufern der Alpen durchzogen, hat Überfluß an Getreide, Obst und Wein sowie an üppigen Wiesen und Weiden, welche große Herden von Hornvieh ernähren. Von Bedeutung ist auch die Schweinezucht, welche durch die weit ausgedehnten Eichenwaldungen befördert wird. Das Komitat hat 5035,31 qkm, (1890) 390371 E., d. i. 77 E. auf 1 qkm, darunter 289309 Römisch-Katholische, 80192 Evangelische Augsburger Konfession, 11470 Reformierte und 9335 Israeliten. Der Nationalität nach sind: 197389 Magyaren, 105526 Deutsche, 18197 Kroaten, 47080 Wenden, 226 Slowaken. Der Hauptort des Komitats ist Steinamanger (ungar. Szombathely). Das Komitat hat seinen Namen von der Klein-Gemeinde E. (s. unten) und zerfällt außer den Städten mit geordnetem Magistrat Guns (Köszeg) und Steinamanger in die 10 Stuhlbezirke Ober-Wart (Felsö-Or), Kis-Czell, Körmend, Güns, Mura-Szombat, Güssing (Német-Ujvár), Sárvár, Szent-Gotthárd, Steinamanger, E. (Vasvár) mit 634 Ortschaften. — 2) E., ungar. Vasvár, **Klein-Gemeinde** im Komitat E., Hauptort des Stuhlbezirks E. (Vasvár), einst königl. Freistadt und unter Matthias Corvinus bedeutende Festung, hat (1890) 2763 magyar. E.

Eisencarbid, FeC_2, erhält man durch Erhitzen von Eisenoxyd mit Teer; es findet bei der Darstellung von Natrium und Kalium Verwendung.

Eisencarbonāte. a. Kohlensaures Eisenoxydul, Eisenoxydulcarbonat oder Ferrocarbonat, $FeCO_3$, kommt als Eisenspat (s. d.) im Mineralreich vor. Künstlich erhält man es als weißen Niederschlag, wenn man heiße luftfreie Lösungen von Eisenoxydulsalzen und Natriumcarbonat mischt. Das sich dabei bildende Salz ist im höchsten Grade unbeständig, es absorbiert mit Begierde Sauerstoff und giebt Kohlensäure ab, dabei färbt es sich zuerst grün, gelb und schließlich unter Umwandlung in Eisenoxydhydrat braun. Die Zersetzung läßt sich durch Zusatz von Zucker verringern. Ein solches Präparat ist das Ferrum carbonicum saccharatum des Deutschen Arzneibuches oder der Eisenoxydulcarbonatzucker, ein feucht hergestelltes, auf dem Dampfbade getrocknetes Gemenge von Ferrocarbonat mit Zucker, welches etwa 10 Proz. Eisen enthält.

b. Kohlensaures Eisenoxyd oder Ferricarbonat kommt nur in Form starkbasischer Salze vor, die als braunrote Niederschläge beim Vermischen von löslichen Ferrisalzen mit Sodalösung fallen und gewöhnlich noch etwas Natron enthalten. Schon im kochenden Wasser verlieren sie die Kohlensäure ganz und gehen in Eisenoxydhydrate über.

Eisencarbonyl, s. Eisenkohlenoxyd.

Eisenchamäleon, s. Eisensulfate, b.

Eisenchamois (Farbe), s. Nanking.

Eisenchinin (citronsaures), s. Chinin.

Eisenchlorid, Eisensesquichlorid, Ferrichlorid, Fe_2Cl_6, setzt sich, wenn man metallisches Eisen bei mäßigem Erhitzen in Chlorgas verbrennt, an den kältern Wandungen des Apparats in schwarzen Krystallen oder zusammengeschmolzenen Krusten ab (Ferrum sesquichloratum sublimatum, Flores Martis, Ens Martis der Alchimisten). Auf nassem Wege und wasserhaltig erhält man es, indem man Hämatit in roher Salzsäure oder Eisen in Königswasser durch längere warme Digestion bis zur Sättigung löst, die klare Flüssigkeit bis zur Sirupskonsistenz in einer Porzellanschale verdampft (die Anwendung irgendwelcher eiserner Gerätschaften ist ausgeschlossen, weil dadurch Bildung von Eisenchlorür herbeigeführt werden würde) und in der Kälte erstarren läßt; es ist das Ferrum sesquichloratum, $Fe_2Cl_6 + 12H_2O$, des Arzneibuches für das Deutsche Reich. Das E. ist sehr leicht in Wasser, in Alkohol und Äther löslich. Es zerfließt an der Luft zu einer öligen Flüssigkeit, die früher unter dem Namen Eisenöl, Oleum martis, Liquor stypticus Lofi offizinell war. An Stelle desselben ist der Liquor Ferri sesquichlorati getreten, dessen Konzentration nach dem Arzneibuch für das Deutsche Reich einem Gehalt von 10 Proz. Eisen und einem spec. Gewicht von 1,280 bis 1,282 entsprechen soll.

Der Liquor Ferri sesquichlorati dient zur Anfertigung der Tinctura Ferri chlorati aetherea oder Bestushews Eisentinktur (s. d.), deren Bereitung nach dem Arzneibuch für das Deutsche Reich entsprechend der inzwischen veränderten Konzentration des Liquor Ferri sesquichlorati, andere Verhältniszahlen, als früher angegeben, erfordert, nämlich 1 Teil Liquor Ferri sesquichlorati, 2 Teile Äther, 7 Teile Weingeist. E. dient als Ausgangsmaterial für die Herstellung verschiedener medizinisch gebrauchter Eisenpräparate; chemisch benutzt man es zur Extraktion des Kupfers aus seinen Erzen, in der Färberei, als Beiz- und Ätzmittel für Metalle, sowie zur Desinfektion.

Lösungen von E. nehmen beim Digerieren mit Eisenoxydhydrat eine große Menge desselben unter Bildung von basischen Salzen auf. Ein derartiges Präparat ist durch die zweite Auflage der Deutschen Pharmakopöe offizinell geworden als Liquor Ferri oxychlorati. Zur Bereitung desselben werden 35 Teile Eisenchloridlösung (1,280 spec. Gewicht) mit 160 Teilen Wasser verdünnt und mit einer Mischung von 35 Teilen Ammoniakflüssigkeit und 320 Teilen Wasser versetzt. Der entstehende Niederschlag von Eisenoxydhydrat wird gewaschen und ausgepreßt und mit 3 Teilen Salzsäure 3 Tage lang bei mäßiger Wärme digeriert. Die von dem Unlöslichen abgezogene Flüssigkeit soll 1,050 spec. Gewicht besitzen und $3\frac{1}{2}$ Proz. Eisen enthalten. Dieses Präparat kann an Stelle des dialysierten Eisenoxydhydrats als Arznei gegeben werden.

Eisenchlorür, Einfach Chloreisen oder Ferrochlorür, $FeCl_2$, entsteht beim Überleiten von trocknem Chlorwasserstoffsäuregas über glühendes Eisen, wobei es sich in Form von kleinen weißen Krystallen an den kältern Wandungen des Apparats ablegt. In wässeriger Salzsäure löst sich Eisen unter stürmischer Entwicklung von Wasserstoffgas, nach beendigter Einwirkung wird die Lösung rasch verdampft und liefert dann beim Erkalten grünblaue, wasserhaltige Krystalle, $FeCl_2+4H_2O$, die äußerst leicht in Wasser, auch in Alkohol und Äther löslich sind, bei gelindem Erwärmen im Krystallwasser schmelzen, bei höherer Temperatur unter Verlust von Wasser und Salzsäure sich zersetzen. Die rasch bis zum steifen Brei verdampfte Lösung, die beim Erkalten erstarrt, war das Ferrum chloratum der ersten Auflage der Deutschen Pharmakopöe; ist aber jetzt aus der Liste der Arzneimittel gestrichen. Dasselbe gilt von der Tinctura ferri chlorati, einer Lösung von 25 Teilen E. in 225 Teilen verdünntem Weingeist, mit 1 Teil Salzsäure versetzt.

Eisencitrat, citronensaures Eisenoxyd, Eisenoxydcitrat, Ferrum citricum oxydatum, gehört zu den Eisenpräparaten (s. d.) des Arzneibuches für das Deutsche Reich, s. Citronensäure.

Eisencyankalium, Ferrocyankalium (Kaliumeisencyanür), s. Blutlaugensalz (gelbes), Ferricyankalium (Kaliumeisencyanid), s. Blutlaugensalz (rotes).

Eisendisulfuret, s. Eisensulfide, b.

Eisendraht, s. Draht.

Eisenerz, oolithisches, s. Eisen-Oolith.

Eisenerz, Marktflecken in der Bezirkshauptmannschaft Leoben in Obersteiermark, liegt in einem tiefen Thale am Erzbache, in 745 m Höhe, überragt von dem schroffen Pfaffenstein (1871 m), vom Kaiserschild (2083 m) und Erzberg (1543 m), an der Linie Hieflau-E. (15 km) der Österr. Staatsbahnen und der neugebauten Bahn E.-Vordernberg, welche den diese beiden Orte trennenden Erzberg in einem langen Tunnel durchbricht und zu den landschaftlich schönsten Gebirgsbahnen Österreichs zählt. E. hat (1890) 2433, als Gemeinde 5740 E., Post, Telegraph, Bezirksgericht (243,73 qkm, 3 Gemeinden, 8 Ortschaften, 7991 E.), got. Pfarrkirche St. Oswald, 1279 von Rudolf von Habsburg gegründet, und bedeutenden Eisenerzbergbau, der seit tausend Jahren in Betrieb ist, über 1800 Arbeiter beschäftigte und (1886) 356298 t reines Eisenerz lieferte. Der Erzberg ist so reich an Eisen, daß es im Sommer, wie in einem Steinbruch zu Tage ohne weitere bergmännische Vorrichtungen gewonnen wird. Der untere Teil des Erzberges gehört der Alpinen Montangesellschaft, der obere ergiebigere zum größten Teil den Gewerkschaften zu Vordernberg. Urkundlich läßt sich der Bergbau bis ins 12. Jahrh. nachweisen. Doch wurde bereits vor der Occupation Noricums durch die Römer hier Eisenbergbau betrieben. 4 km nordwestlich von E. liegt das Schloß des Herzogs Arnulf in Bayern Leopoldstein mit dem in wilder Abgeschlossenheit herrlich gelegenen tiefgrünen Leopoldsteiner See (in 619 m Höhe, 158 m tief).

Eisenerze, s. Eisen (S. 825 b).

Eisenerzer Alpen, s. Ostalpen.

Eisenerzeugung, Eisenproduktion, die Gesamtheit der zur fabrikmäßigen Gewinnung des Eisens aus seinen Erzen erforderlichen Arbeitsprozesse. Durch Behandlung der Eisenerze (s. Eisen) mit Kohlenstoff und Kohlenstoffverbindungen bei hoher Temperatur wird Roheisen hergestellt. Aus letzterm gewinnt man durch Entfernung von Kohlenstoff und der größten Menge der fremden Elemente mittels atmosphärischen Sauerstoffs und verschlackender Substanzen Schmiedeeisen. Durch weniger weitgehende Entkohlung reinen, manganhaltigen weißen Roheisens, oder auch durch Verschmelzung von Roheisen und Schmiedeeisen wird Stahl erzeugt. Um die mannigfaltigen Prozesse der E. übersichtlicher zu machen, ist das nachstehende Schema zusammengestellt, das auch in der folgenden Darstellung der Einteilung zu Grunde gelegt ist.

I. Erzeugung von Eisen direkt aus den Erzen.

A. Roheisenerzeugung. Reducierendes Schmelzen der Eisenerze bei hoher Temperatur in großen Schachtöfen (Hochöfen).
  Produkt: Roheisen { Gußeisen. / Puddel-Roheisen.

B. Rennarbeit. Reducierendes Schmelzen der Eisenerze bei niedriger Temperatur in kleinen Öfen, Herden u. s. w.
  Produkt: Schmiedeeisen oder Stahl.

II. Erzeugung von Schmiedeeisen und Stahl aus Roheisen.

A. Frischarbeit. Oxydation des im Roheisen enthaltenen Kohlenstoffs durch den Sauerstoff der Luft
  mit Zuhilfenahme von Brennmaterialien { a. in Herden: Herdfrischen, Frischen. / b. in Flammöfen: Flammofenfrischen, Puddeln.
  Produkt: Schweißeisen oder Schweißstahl.
  c. durch Einpressen von Luft in geschmolzenes Roheisen: Bessemern.
  Produkt: Flußeisen und Flußstahl.

B. Durch Glühen von Gußeisen (Adoucieren, Tempern oder Herstellung von schmiedbarem Eisenguß).

C. Durch Zusammenschmelzen von Roheisen mit Eisenerz oder Eisenoxyden (Breant- und Uchatiusstahl).

III. Erzeugung von Stahl aus Schmiedeeisen.

A. Kohlung des Schmiedeeisens durch Glühen mit Kohle in geschlossenen Gefäßen.
  a. Cementstahlbereitung.
  b. Einsetzen (Cementieren eines fertigen Gegenstandes aus Schmiedeeisen an der Oberfläche).

B. Kohlung des Schmiedeeisens durch Zusammenschmelzen mit Roheisen: Martinstahlbereitung (im Siemensschen Regenerativofen).

IV. Formgebung des schmiedbaren Eisens (Zängen und Dichten).

V. Raffinierung des schmiedbaren Eisens.

A. Durch Schweißen und Strecken oder Gärben (Raffiniertes Eisen, Gärbstahl).

B. Durch Umschmelzen von Stahl (Gußstahl).

I. Erzeugung von Eisen direkt aus den Erzen.

A. Die Roheisenerzeugung. Die meisten Eisenerze werden in dem natürlichen Zustande ihres Vorkommens verschmolzen. Eine Aufbereitung (Trennung von unhaltigen Bestandteilen) lohnt sich nicht. Dagegen ist bei dem Spateisenstein eine Vorbereitung durch Rösten vorteilhaft. Das Rösten, d. h. eine unter Luftzutritt erfolgende Erhitzung der Erze bis zu einer Temperatur, bei der noch keine Schmelzung eintritt, verfolgt den Zweck, die chem. Zusammensetzung des Erzes derart zu verändern, daß das spätere Verschmelzen im Hochofen leichter mird. Durch den Röstprozeß wird die Kohlensäure des Spateisensteins ausgetrieben, und das zurückbleibende Eisenoxyd oxydiert sich an der zntretenden Luft zu Eisenoxydoxydul, das dann im Hochofen leicht reducierbar ist. Nebenbei oxydieren sich beim Rösten auch die das Erz begleitenden Schmefelmetalle zu schwefliger Säure und Metalloxyden, wodurch eine Reinigung der Erze von dem als schädliche Beimengung zu betrachtenden Schwefel erzielt wird. Dlese Entschwefelung, die schon bei niederer Temperatur eintritt, mird auch zuweilen mit Magneteisenstein vorgenommen. Das Rösten findet in Meilern, Stadeln und Öfen statt. Die Röstung in Meilern geschieht so, daß man auf einer trocknen Sohle eine dünne Schicht grober Erzstücke ausbreitet, auf welche eine Lage kreuzweis geschichteter Holzscheite und auf diese Reisig oder Kohle aufgegeben wird; hierauf wechseln Erz und Brennmaterial in mehrern Schichten ab. Der Meiler wird danu von unten angezündet und brennt je nach Größe 8 Tage bis 4 Wochen (s. Tafel: Eisenerzeugung I, Fig. 1).

Unter Stadel versteht man einen von Mauern umschlossenen und gepflasterten, viereckigen, oden meist offenen Raum. Die Stadeln zu Ilsenburg am Harz (s. Taf. I, Fig. 2 Vertikalschnitt, Fig. 3 Grundriß) sind 8 m lang, 5,5 m breit, 2 m hoch, besitzen Luftlöcher in den Mauern und unter der Sohle einen Luftkanal, der mit dent innern Raum durch die Roste a und b und mit der äußern Luft durch den Rost c in Verbindung steht; d ist die durch eine Platte versetzbare Einbringöffnung. Bei der Röstung in Öfen wird das Brennmaterial entweder in Schichten zwischen das zu röstende Erz gegeden, oder es werden heiße brennbare Gase, z. B. die Gichtgase der Hochöfen, verwendet, oder endlich es mird (doch nur in seltenen Fällen) die Flamme eines außerhalb des Röstofens zum Zweck des Röstens verbrannten Heizmaterials in den Ofen geleitet. Einen Röstofen von quadratischem Querdurchschnitt, ohne Rost, wie solche in den Eisenwerken von Ilsenburg am Harz angewendet werden, zeigt Taf. I, Fig. 4. Der Schacht ist nach oben etwas zusammengezogen, um die in kleinen Brocken aufgegebenen, daher sehr dicht liegenden Roteisenerze bei ihrem Niedergange aufzulockern. Die Sohle besteht aus einem gemauerten Dache A, das nach den beiden die ganze Breite des Oberschachtes einnehmenden Ausziehöffnungen abfällt. Die Abbildung eines für Gichtgasfeuerung eingerichteten Röstofens ist auf Taf. I, Fig. 5 gegeben. Um den Ofen läuft ein Kranzrohr A, das mit zehn Ansatzrohren versehen ist, aus denen die Gase an zehn einzelnen Stellen in den Röstofen treten, wobei die Regulierung des Gasstroms mittels der durch die äußern Thüren h h zugänglichen Schieber t geschehen kann; die odern Öffnungen e e, gleichfalls mit Thüren h h verschließbar, dienen als Schaulöcher. Die Thüren d d führen zu den Auszichöffnungen.

Das geröstete Erz kommt alsdann in den Hochofen (s. Taf. H, Fig. 6), einen Schachtofen von bedeutendem Rauminhalt, dessen Betrieb ein kontinuierlicher ist, d. h. es mird oben das Erz samt Zuschlag (s. unten) und Heizmaterial (meist Koks) in gewissen Zwischenräumen aufgegeben, und unten werden Schlacke und flüssiges Roheisen abgelassen Die Menge des jedesmal aufgegebenen Erzes, Zuschlags und Brennstoffs begreift man unter der Bezeichnung Beschickung (charge). Das Heizmaterial wird von dent Erz und Zuschlag getrennt zngeführt, sodaß Erz und Brennstoff sich schichtenweise übereinander im Ofen lagern. Der innere Raum des Hochofens zerfällt in drei Hauptteile. Der unterste Teil, cylindrisch und eng, heißt Gestell. Daran schließt sich ein kegelförmiger Raum, der sich nach oben beträchtlich erweitert und Rast genannt wird; der dritte oberste Teil, Schacht genannt, ist ebenfalls kegelförmig und gewöhnlich nach oben verengt. Die zum Hochofenprozeß nötige hohe Temperatur wird durch gepreßte von unten eingeblasene Luft (Wind) erzeugt. Die Zuführung derselben geschieht durch Rohre F, die durch konische Ansätze (Formen) in das Gestell einmünden. Beim Austritt aus den Formen trifft der Wind auf glühenden Koks, der dadurch zu Kohlensäure verbrennt. Letztere mird, indem sie weiter oben mit neuem Kohlenstoff zusammentritt, zu Kohlenoxyd reduciert. Dieses ist beim ganzen Hochofenprozeß der eigentlich wirksame Bestandteil, indem es auf seinem weitern Wege den Eisenerzen den Sauerstoff entzieht, d. h. sie zu Eisen reduciert, während es selbst sich durch Sauerstoffaufnahme zum großen Teil wieder in Kohlensäure verwandelt und als solche zusammen mit dem Stickstoff der Luft, der keine chem. Prozesse erleidet, die oberste Öffnung des Ofens (die Gicht) verläßt. Den umgekehrten Weg, und zwar viel langsamer, beschreibt die Beschickung. Dieselbe mird nach dem Einschütten in die Gicht von den abziehenden Gichtgasen zunächst vorgewärmt und zugleich getrocknet. Beim allmählichen Herabsinken in Querschnitte, die etwa 400° zeigen, beginnt die reducierende Wirkung des Kohlenoxyds, wodurch sich das Eisenoxyd zunächst in Oxydoxydul verwandelt, welches dann weiter unten (bei 800—900°) zu Eisen reduciert wird. Gleichzeitig mit dem Reduktionsprozeß spielt sich der wichtige Vorgang der Kohlung ab. Durch Zusammenwirken von Kohlenoxyd und eisenoxydhaltigem Eisen entsteht Kohlensäure und fester Kohlenstoff, der sich in fein verteiltem Zustande auf dem reducierten, noch mit erdigen Bestandteilen der Erze vermengten Eisen (Eisenschwamm) absetzt und von diesem allmählich aufgelöst mird. Dadurch entsteht die leicht schmelzbare Eisenkohlenstofflegierung, Roheisen genannt, die das eigentlich beabsichtigte Produkt des Hochofenprozesses bildet. Dasselbe wird, indem es zu dem untersten heißesten Teil des Ofens herabsinkt, samt den erdigen Beimengungen (Schlacke) in den flüssigen Zustand übergeführt und sammelt sich im untern Teil des Gestells, dem Eisenkasten, an, von wo es aus dem Ofen durch das Stichloch abgelassen («abgestochen») werden kann.

Nach diesen den normalen Verlauf des gesamten Hochofenprozesses darstellenden Einzelvorgängen teilt man den innern Ofenraum in verschiedene Zonen ein. Das obere Drittel des Schachtes, wo die Beschickung, ohne chem. Veränderungen zu erleiden, nur getrocknet und vorgewärmt mird, nennt man Vorwärmezone. Die untern zwei Drittel des Schachtes nebst der obern Hälfte der Rast bilden, da in ihnen die Reduktion der Eisenerze vor sich geht, die Reduktionszone. Der untere Teil derselben ist zugleich Kohlungszone; die untere Hälfte der Rast und die obere des Gestells bilden die Schmelzzone. Die untere Hälfte des Gestells, wo die Verbrennung des weißglühenden Koks zur Kohlensäure stattfindet, heißt Verbrennungszone. Bei schwer reducierbarer Beschickung geht

EISENERZEUGUNG. I.

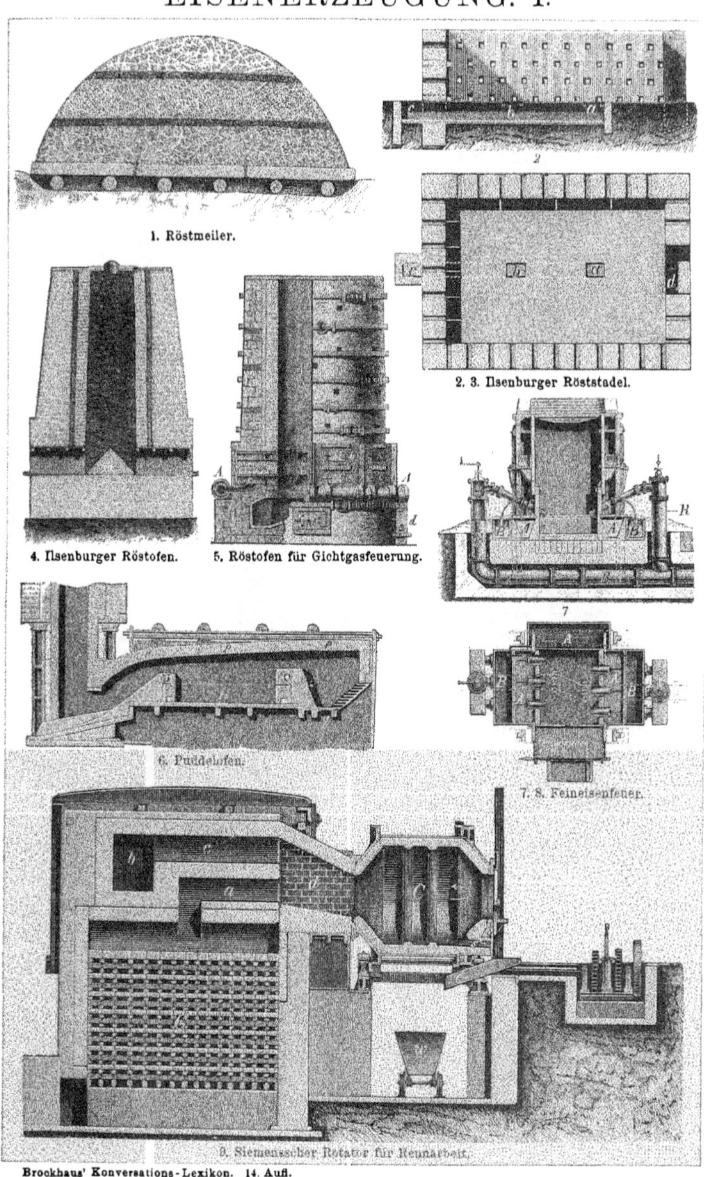
1. Röstmeiler.

2. 3. Ilsenburger Röststadel.

4. Ilsenburger Röstofen.

5. Röstofen für Gichtgasfeuerung.

6. Puddelofen.

7. 8. Feineisenfeuer.

9. Siemensscher Rotator für Rennarbeit.

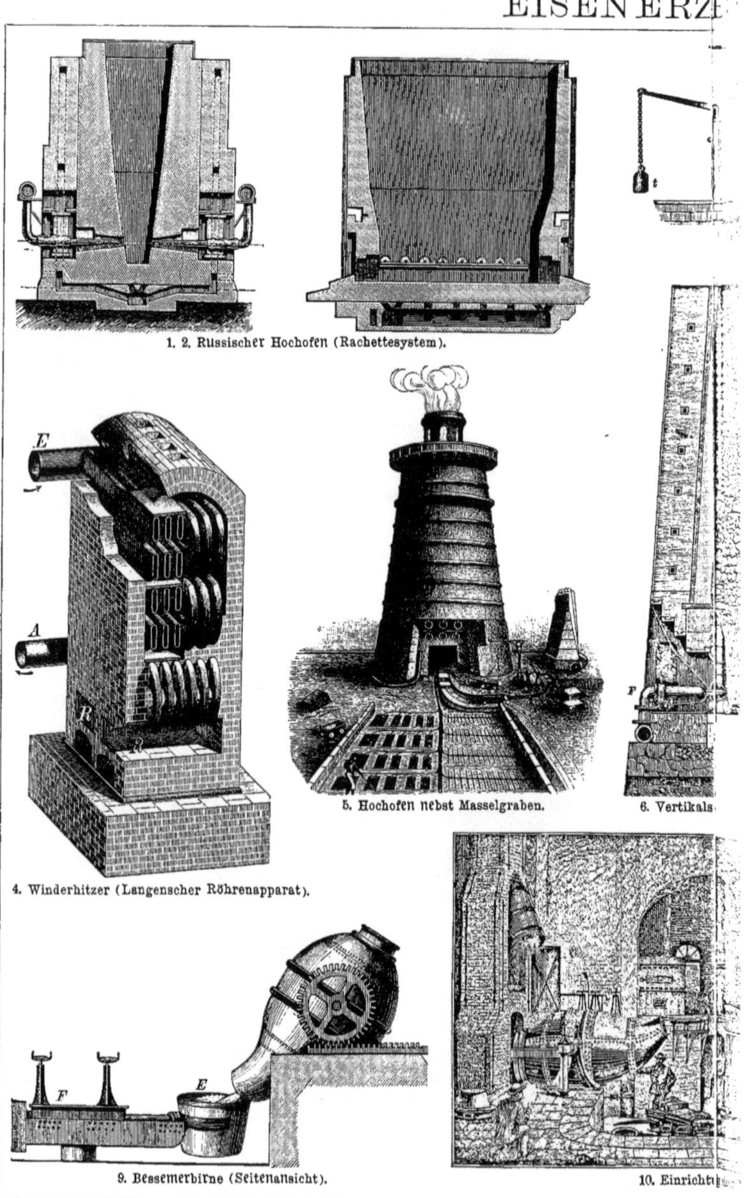

1. 2. Russischer Hochofen (Rachettesystem).

4. Winderhitzer (Langenscher Röhrenapparat).

5. Hochofen nebst Masselgraben.

6. Vertikals

9. Bessemerbirne (Seitenansicht).

10. Einricht

EUGUNG. II.

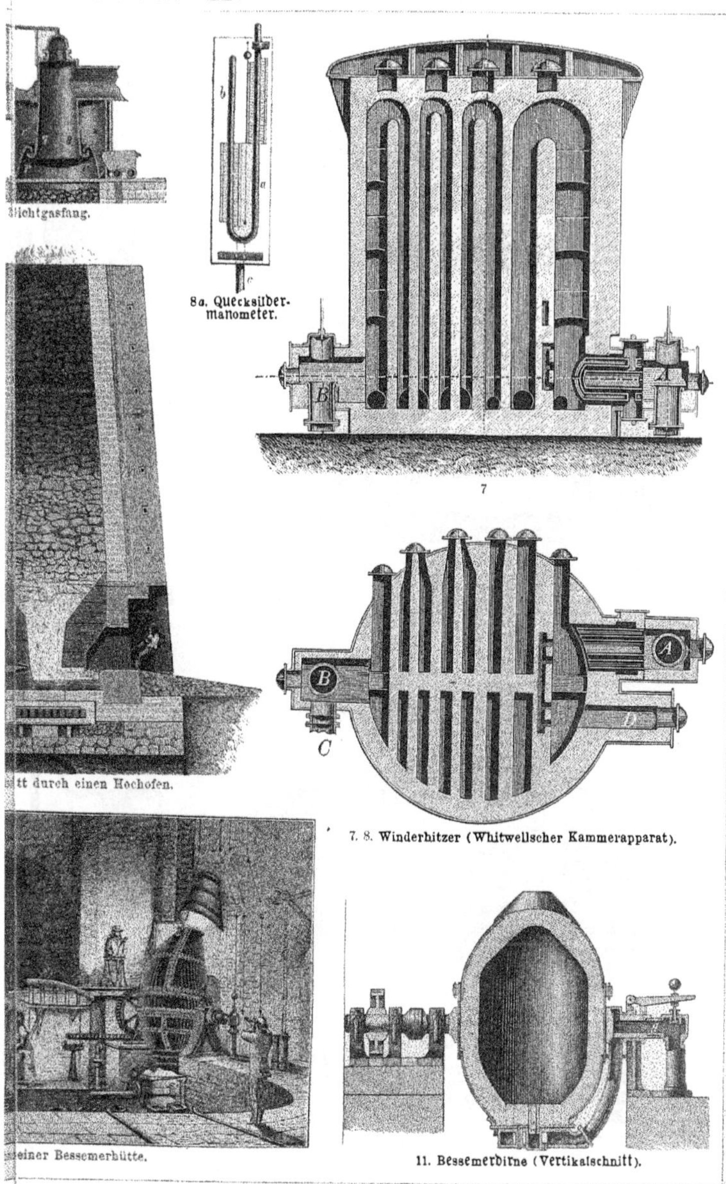

Sichtgasfang.

8a. Quecksilbermanometer.

tt durch einen Hochofen.

7. 8. Winderhitzer (Whitwellscher Kammerapparat).

einer Bessemerhütte.

11. Bessemerbirne (Vertikalschnitt).

EISENERZEUGUNG. III.

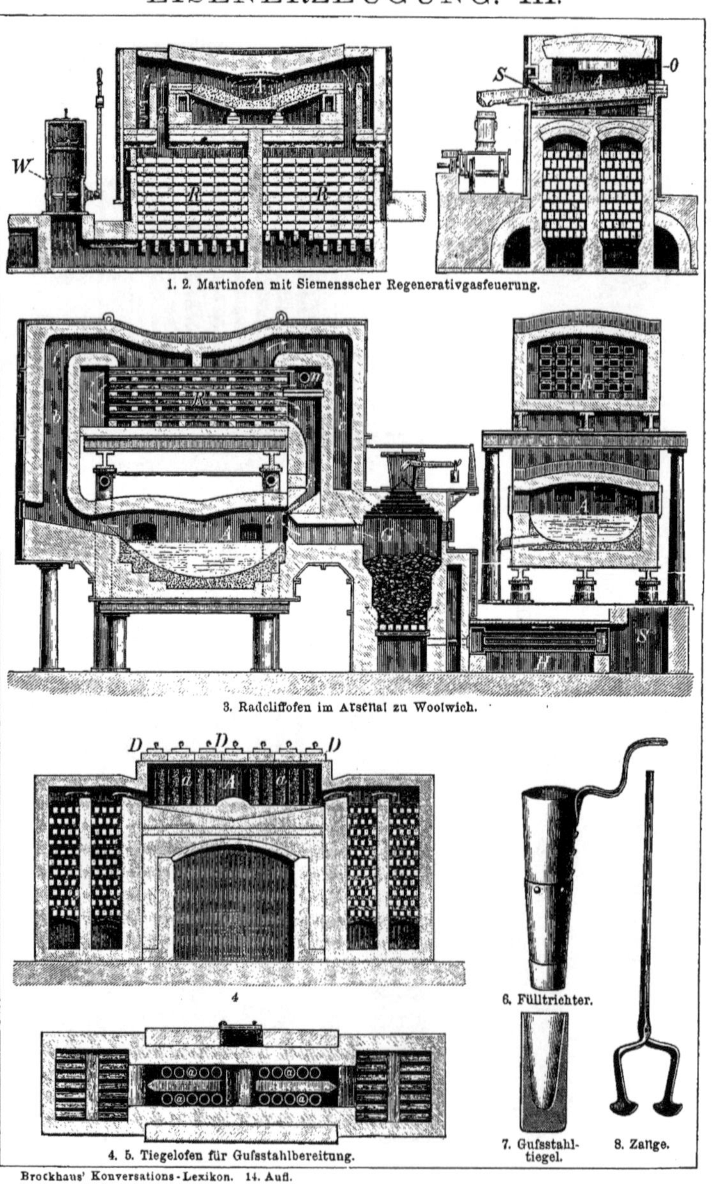

1. 2. Martinofen mit Siemensscher Regenerativgasfeuerung.

3. Radcliffofen im Arsenal zu Woolwich.

4. 5. Tiegelofen für Gufsstahlbereitung.

6. Fülltrichter.

7. Gufsstahltiegel.

8. Zange.

viel Eisen in die Schlacke, und die Reduktion durch das Kohlenoxyd ist eine unvollkommene, sodaß eine vollkommene Reduktion der flüssigen Schlacke erst durch den glühenden Koks der Verbrennungszone eintritt. Falls auch diese sog. direkte Reduktion durch Sinken der Ofentemperatur unvollkommen wird, bleibt ein größerer Teil der Eisenverbindungen unreduciert in der Schlacke, man sagt, der Ofen hat Rohgang, während der normale Verlauf des Prozesses als Gargang bezeichnet wird. — Die den Erzen beigegebenen Zuschläge haben den Zweck, die erdigen Bestandteile der Erze sowie die Asche des Brennstoffs in leicht schmelzbare Verbindungen überzuführen und so eine flüssige Schlacke zu erzeugen. Beim Abstich des Ofens läßt man zunächst die Schlacke in Schlackenwagen ablaufen, die zur Halde gefahren werden. Das Roheisen fängt man in Sandformen auf, die durch Rinnen mit einem größern vom Stichloch ausgehenden Graben (Masselgraben) verbunden sind (s. Taf. II, Fig. 5). Die Sandformen sind entweder flach und breit oder tiefer und schmal, sodaß die erkalteten Roheisenstücke (Masseln, Gänze, Flossen) entweder plattförmig oder barrenförmig sind.

Um die sich im Ofen bildenden, noch brennbares Kohlenoxyd haltenden Rauchgase nicht ungenutzt entweichen zu lassen, fängt man dieselben in einem besondern Gichtgasfange auf und verwendet sie zur Winderhitzung, Dampfkesselheizung, Vorwärmung resp. Röstung der Erze u. s. w. Ein Gichtgasfang (Langenscher Glockenapparat) ist auf Taf. II, Fig. 3 dargestellt; q ist das in das Gehäuse r eingebaute Ableitungsrohr, p die für das Einbringen der Beschickung von der Gicht abhebbare, mittels Gewicht t ausbalancierte Glocke, deren abwärts gebogener Rand mit Wasser gegen den aufwärts gebogenen untern Rand des Rohres q abgedichtet ist.

Bei den meisten Hochöfen wird der Schacht nach der Gicht zu enger. Truran schlug einen nach oben erweiterten Schacht vor, der auch bei dem namentlich in Rußland gebräuchlichen System von von Rachette angewendet ist. Das Rachettesystem (Taf. II, Fig. 1 u. 2) zeichnet sich auch durch rechteckigen Querschnitt sowie die Anordnung der Formen in zwei gegenüberstehenden Reihen aus. Vorteile des nach oben erweiterten Schachtes sollen sein eine bessere Ausnutzung der Wärme sowie die Möglichkeit der Verwendung unverkokter Kohlen und ungerösteter Erze, da sowohl Gase als Beschickung längere Zeit im Ofen verbleiben. Das Verhältnis von den täglich verbrauchten Mengen von Koks, Erzgemisch und Wind giebt folgendes Beispiel: Ein Hochofen, der täglich 110000 kg Roheisen erzeugt, braucht 330000 kg Erz und Zuschlag, 100000 kg Koks und 520000 kg Wind. Zur Beförderung der Erze, Zuschläge und des Koks zur Gicht dient ein meist mit Dampfmaschine betriebener Gichtaufzug, und zum Einpressen der beträchtlichen Windmenge in die Formen sind große Gebläse (s. d.) nötig. Dieser Wind wird, damit er beim Eintritt in das Gestell die dort herrschende Schmelztemperatur nicht herabzieht, in sog. Winderhitzern vorgewärmt. Diese sind so eingerichtet, daß die vorzuwärmende Luft entweder durch erhitzte Röhren oder durch erhitzte steinerne Kammern geht. Zur Heizung der Apparate dienen entweder die Gichtgase des Hochofens selbst oder besondere Feuerungen. Auf Taf. II, Fig. 4 ist ein Langenscher oder westfäl. Röhrenapparat dargestellt. Die auf den Rosten R R erzeugten Heizgase umströmen in mehrern Zügen ein Röhrensystem, in welches der zu erhitzende Gebläsewind bei E eintritt, während er, auf etwa 400° erhitzt, den Apparat bei A verläßt. Höhere Temperaturen (bis zu 800°) erzielt man in den steinernen Kammerapparaten. Eine der besten Ausführungsformen ist die von Whitwell, die auf Taf. II, Fig. 7 u. 8 in Vertikalschnitt und Grundriß dargestellt ist. Die bei A eintretenden Heizgase erwärmen die aus feuerfesten Steinen gemauerten, durch Scheidewände getrennten schmalen Kammern und verlassen bei B den Apparat. Sind die Kammern genügend erhitzt (glühend), so stellt man die Heizgase ab und läßt bei C den Wind eintreten, der in entgegengesetzter Richtung die Kammern durchströmt und durch D nach dem Hochofen geht. Hat der Wind die Kammern eine Zeit lang durchstrichen und ihnen die Hitze entzogen, so wird er durch die unterdessen erhitzten Kammern eines zweiten Apparats geleitet, bis die des ersten von neuem geheizt sind. Die Pressung des heißen Windes, zwischen Winderhitzer und Hochofen, wird durch Federmanometer, die des kalten Windes, zwischen Gebläse und Winderhitzer, durch Quecksilbermanometer gemessen. Letzteres (in Fig. 8a dargestellt), besitzt drei Schenkel a, b, c, von denen c, das in b einmündet, mit der Windleitung verbunden wird, wodurch in b das Quecksilber sinkt und in a steigt. Die Differenz der Niveaus ist das Maß des Druckes; dieser beträgt im Mittel 65 mm.

B. Unter Rennarbeit (Rennen) versteht man die direkte Darstellung des Eisens (Schmiedeeisen und Stahl) aus den Erzen. Die Operation wird in Herden oder Schachtöfen vorgenommen. Das Rennen in Herden nennt man auch Luppenfrischerei und unterscheidet hierbei das franz. oder catalonische, das cors. und das deutsche Verfahren, je nachdem das Erz von einer Seite des Herdes oder, mit Kohle gemischt, rings um das ringförmig geschichtete Brennmaterial, oder endlich in Schichten, Erz und Kohle abwechselnd, über die ganze Herdfläche aufgegeben wird. Das Wesen dieses Prozesses besteht darin, daß das durch Reduktion gebildete Eisen unmittelbar nach seiner Entstehung der Kohlung entzogen wird. Diese im Altertum und Mittelalter allgemein gebräuchliche E. liefert vorzüglich reines und zähes Schmiedeeisen, ist aber gegenwärtig wegen des großen Kohlenbedarfs, Eisenverlustes und Arbeitsaufwands nur wenig mehr im Gebrauch. Der in früherer Zeit auf diese Weise gewonnene Stahl (Rennstahl) hieß Wolfsstahl, wenn er in Herden, Blasestahl, wenn er in Blasöfen dargestellt wurde. — In neuerer Zeit wurden von Chenot, Blair, William Siemens u. a. verschiedene Vorschläge gemacht, den Rennprozeß durch Verbesserungen für die Darstellung im großen geeignet zu machen. Der von Siemens konstruierte, an mehrern Orten Englands eingeführte Apparat, Siemensscher Rotator genannt (Taf. I, Fig. 9), hat folgende Einrichtung: Das mit entsprechenden Zuschlägen gemischte Erz wird in den cylindrischen, beiderseits konisch verengten und mit feuerfestem Material ausgefütterten Behälter C geschmolzen und dann durch hinzugefügte Steinkohle zu Eisen reduciert. Während des Prozesses wird der Cylinder durch einen Zahnradmechanismus in Rotation versetzt, wobei sich das reducierte Eisen zu festen Massen (Luppen) sammelt, die gezängt oder sonst verdichtet werden. Die erforderliche hohe Temperatur wird durch eine Regenerativgasfeuerung geliefert, bei der die in der

Kammer G erhitzten Generatorgase über a nach d gelangen, wo sie mit der in einer benachbarten Kammer erhitzten, über b und c kommenden Luft zusammentreffen, sich entzünden und ihre Flamme in den Rotator C ergießen, von wo die Verbrennungsgase durch einen hinter d gelegenen, uit diesem gleichen Raume in ein anderes Paar Kammern entweichen, dereu Gitterwerk sie für die nächste Beschickung vorwärmen. Durch die Öffnung s mird die Schlacke abgestochen, die durch die Rinne r in den Schlackenwagen w fällt. Die hohen Anlagekosten der Apparate sowie die noch große Unsicherheit des Prozesses haben in neuerer Zeit zu einem allmählichen Verlassen des historisch immerhin deukwürdigen Verfahrens geführt.

II. Die Erzeugung von Schmiedeeisen und Stahl aus Roheisen.

A. Die *Frischarbeit* bezweckt, den Kohlenstoff des Roheisens durch die Einwirkung des Sauerstoffs der Ltift zum Teil zu entfernen. Das Frischen findet statt in Herden (*Herdfrischen*, Frischen im engern Sinne), in Flammöfen (*Flammofenfrischen*, *Puddeln*) oder in Konvertern (*Windfrischen*, *Bessemern*). Beim *Herdfrischen* fallen die Tropfen des niederschmelzenden Roheisens durch den von dem Mundstück (Düse) kommenden Windstrom in den mit Holzkohle beschickten Herd. Die Holzkohle liefert die zum Einschmelzen erforderliche Hitze und kommt in unmittelbare Berührung mit dem Fener. Beim *Puddeln* wird das Roheisen durch die Flamme des von ihm getrennten Brennmaterials (meist Steinkohle) in einer Mulde des Ofens eingeschmolzen und die Einwirlung des in der Flamme enthaltenen freien Sauerstoffs und der Kohlensäure durch das Rühren des Eisenbades befördert. Beim *Bessemern* wird in die Retorte (Konverter, Birne) flüssiges, übergares Roheisen eingefüllt und Luft in möglichster Verteilung durchgetrieben, sodaß durch Verbrennung des im Roheisen enthaltenen Siliciums und Kohlenstoffs genügend Wärme erzeugt wird, um das gebildete schmiedbare Eisen dünnflüssig zu erhalten. 100 Ctr. Roheisen werden in einem Herde in zehn Tagen, in einem Puddelofen in anderthalb Tagen, in einem Konverter in 30 Minuten in schmiedbares Eisen verwandelt. Als Brennmaterial braucht man für 100 Ctr. Roheisen beim Herdfrischen etwa 60 Ctr. Holzkohle, beim Puddeln 100 Ctr. Steinkohle, beim Bessemern 110 Ctr. Steinkohle. Aus 100 Ctr. Roheisen gewinnt man etwa 74 Ctr. gefrischtes, 75 Ctr. gepuddeltes Stabeisen oder 80 Ctr. Bessemereisen.

Die Herde, in denen das Herdfrischen ausgeführt wird, heißen *Frischfeuer*. Es sind dies meist mit gußeisernen Platten ausgefütterte kastenförmige, von Mauerwerk eingefaßte Gruben, über dereu einem Rande der Gebläsewind zugeführt wird.

Der Vorgang beim *Herdfrischen* ist der folgende: Nachdem der Herd mit Kohlen gefüllt ist, werden diese entzündet. Durch den mittels einer geneigten Form eingeblasenen Windstrom tritt eine lebhafte Verbrennung ein. Von der der Form entgegengesetzten Seite wird das Roheisen in das Fener geschoben, wo es tropfenweise abschmilzt, durch den Windstrom fällt, hierbei oxydiert und sich in diesem veränderten Zustaud, samt der gebildeten sowle der etwa beim Einschmelzen zugesetzten Schlacke, auf dem Boden sammelt. Der Rest der verbrannten Kohlen mird alsdann entfernt, neues Brennmaterial aufgeschüttet und das Eisen von neuem über die frischen Holzkohlen gehoben, um abermals niederzuschmelzen, worauf die Operation wiederholt wird. Unreine Schlacke mird abgestochen und entfernt, reine dagegen als Oxydationsmittel bei derselben oder der folgenden Hitze zugeschlagen. Wendet man graues Roheisen an und will man daraus Schmiedeeisen erzeugen, so gewinnt der Vorgang die größte Ausdehnung. Beim ersten Niederschmelzen wird das Eisen gefeint, d. h. das Silicium wird durch Oxydatiou entfernt und zugleich der Graphit in chemisch gebundenen Kohlenstoff übergeführt. Beim zweiten Schmelzen (*Rohfrischen*) wird das Feineisen in Stahl und dieser beim dritten Schmelzen (*Garfrischen*) in Schmiedeeisen übergeführt. Man nennt eine solche Frischarbeit *Dreimalschmelzerei* oder *deutsche Frischarbeit*. Wird ein gefeintes oder siliciumarmes, aber kohlenstoffreiches weißes Roheisen benutzt, so fällt die erste Periode des Feinens aus, und es entsteht bei zweimaligem Niedergehen Schmiedeeisen. Diese Arbeit heißt *Zweimalschmelzerei* oder auch *Wallonschmiede*. Wird endlich ein silicium- und kohlenstoffarmes, daher stahlartiges Roheisen benutzt, fällt auch das Rohfrischen fort, und es entsteht Schmiedeeisen bei einmaligem Niedergang; die Arbeit heißt dann *Einmalschmelzerei* oder *Schwalarbeit*. Will man nicht Schmiedeeisen, sondern Stahl erzeugen, so fällt stets das dritte Schmelzen, das Garschmelzen, aus und man erhält, je nach der Beschaffenheit des verwendeten Rohmaterials, eine Zweimal- oder Einmalschmelzerei auf Stahl. Wegen des hohen Preises der Holzkohle hat man zum Frischen des Eisens Steinkohle versucht. Da aber dieselbe wegen ihres Schwefelgehalts nicht in unmittelbare Berührung mit dem Eisen lommen darf, so ging man über zu dem Puddelverfahren.

Das *Puddeln* wurde 1784 von Cort und Parnell eingeführt. Es beruht auf der Entkohlung des im Herd eines Flammofens eingeschmolzenen Roheisens durch die atmosphärische Luft, deren Zutritt zum Eisen durch Rühren (engl. puddling) vermittelst einer von der Hand oder einer Maschine bewegten Krücke herbeigeführt wird. Die Steinkohlenfeuerung wird gegenwärtig besser durch Gasfeuerung unter Anwendung Siemensscher Regeneratoren ersetzt. Der chem. Prozeß verläuft beim Puddeln in derselben Weise und Reihenfolge wie beim Herdfrischen, nur daß hier in ununterbrochener Reihenfolge die einzelnen Perioden des Feineus, Rohfrischens und Garfrischens ineinander übergehen, während sie beim Herdfrischen durch die Auf- und Durchbrecharbeiten der Regel nach scharf bezeichnet sind. Der praktischen Ausführung des *Stahlpuddelns* standen früher sehr große Schwierigkeiten im Wege. Erst durch deutsche, namentlich westfäl. Werke wurden dieselben überwunden. Seit 1850 findet eine regelmäßige Fabrikation von Puddelstahl statt. Die gegenwärtig in Gebrauch befindlichen *Puddelöfen* sind Flammöfen, deren Hauptteil aus einem eisernen, auf einer gleichfalls eisernen, hohl liegenden Platte ruhenden Schlackenherd H (Taf. I, Fig. 6) besteht, der von meistenteils gekühlten Ränsdern, den Herd- oder Grenzeisen, eingefaßt ist. In der Regel ist derselbe nur von einer Seite durch ein oder zwei Arbeitsthüren zugänglich, seltener an beiden Seiten mit solchen Thüren versehen. Von der Feuerung, deren meist jeder Ofen eine besondere hat, ist der Herd durch die Feuerbrücke o, von dem zur Esse s führenden Feuerkanal f, dem Fuchs, durch die Fuchsbrücke i getrennt. Ein Tonnengewölbe p überspannt den ganzen Raum; r ist ein Treppenrost, der unten durch einen kurzen Planrost q abgeschlossen ist. Die Operation des Puddelns erfordert große Geschicklichkeit und Sorgfalt von seiten des Arbeiters. Nachdem derselbe das Feinmetall oder Puddelroheisen mittels einer Schaufel in den Ofen eingebracht hat, türmt er die Stücke pfeilerförmig an den Seiten des Herdes bis fast an die Wölbung des Ofens aufeinander, wobei die Mitte des Herdes frei bleibt. Die einzelnen Pfeiler oder Stapel müssen soviel als möglich voneinander getrennt sein, damit das Eisen auf allen Seiten von der Luft und den Flammen bestrichen werden kann. Das Arbeitsloch wird hierauf mittels seiner Fallthür verschlossen, Steinkohle auf den Rost gegeben und das Schürloch mit derselben zugelegt, dagegen die zum Öffnen und Verschließen auf der obern Mündung des Schornsteins angebrachte Klappe geöffnet, sodaß der Ofen in volle Glut kommt. Nach etwa 20 Minuten wird das Eisen hellglühend und beginnt an den hervorragenden Ecken und Kanten zu schmelzen und auf den Herd herabzutropfen. In diesem Augenblick öffnet der Arbeiter die kleine, in der Fallthür eigens zu diesem Zweck ausgesparte Öffnung und sucht mit einer hakenförmigen Stange (Kratze) die Eisenstücke so zu wenden, daß das Eisen nicht zu rasch einschmilzt, worauf das eigentliche Puddeln seinen Anfang nimmt. Der Arbeiter sucht nämlich das geschmolzene Eisen mit zugesetzter Schlacke und der beim Einschmelzen gebildeten zu mengen und arbeitet dasselbe beständig durch, um immer neue Eisenteile mit der Luft in Berührung zu bringen. Es erfolgt hierbei ein Aufschwellen des Eisens durch Entwicklung von Kohlenoxydgas, das seinerseits, sobald es das Eisen durchbricht, in Gestalt von Flämmchen abbrennt.

Das Eisen wird so lange durchgearbeitet, bis es teigartig wird, worauf das Feuer wieder verstärkt und die Klappe auf dem Schornstein geöffnet wird. Bei steigender Temperatur nimmt das Eisen wieder eine zähe Beschaffenheit an und bäckt oder schweißt sich zu kleinen Klumpen zusammen, die zu größern Klumpen zu vereinigen sind. Zu dem Ende wird ein hierbei gleichsam als Kern dienendes Klümpchen auf der weichen Masse hin und her gerollt, sodaß es sich durch Anhäufung von Eisen mehr und mehr vergrößert, bis ein Ballen von 30 bis 50 kg entstanden ist. Dieser wird behufs weiterer Erweichung mittels einer vorher heiß gemachten Stange nach der heißesten Stelle des Herdes (in die Nähe der Feuerbrücke) gebracht und hier mit Gewalt zusammengedrückt, damit sich die Schlacke möglichst herausquetscht (*Luppendrücken*). Wenn nach ungefähr 20 Minuten alles Eisen in Ballen geformt ist, wird auch das Arbeitsloch geschlossen, damit die Hitze ihren höchsten Grad erreicht und die einzelnen Teile des Eisens sich noch inniger und vollständiger verbinden. Die Ballen werden alsdann einzeln mittels einer großen Zange aus dem Ofen gezogen und so schnell als möglich unter den Hammer oder die Presse, zuweilen auch unmittelbar zwischen die Walzen gebracht.

Der ganze Prozeß des Puddelns dauert 1½ bis 2½ Stunden. Der Sand- oder Schlackenherd muß schon 12 Stunden vor Anfang der Arbeit am Montag Morgen angewärmt, am Sonnabend aber nach dem letzten Puddeln durch ein lebhaftes Feuer ganz eingeschmolzen und als flüssige Schlacke durch den Abzug gelassen werden. Den vorbeschriebenen Puddelprozeß nennt man das Puddeln auf Schmiedeeisen oder Puddeln auf Sehne, von welchem Verfahren sich das Puddeln auf Korn und das Stahlpuddeln einigermaßen, doch nicht wesentlich unterscheidet. Um die überaus anstrengende Handhabung der Krücke (*Handpuddeln*) zu umgehen, hat man Rührapparate (*Maschinenpuddeln*) hergestellt, die indes die Handarbeit nur unter gewissen Bedingungen und auch dann nicht vollkommen ersetzen. Zweckentsprechender sind die rotierenden Puddelöfen (*Drehpuddeln*), deren Erfinder der Schwede Oestlund ist, die jedoch erst weitere Verbreitung fanden, als 1871 der Amerikaner Dants seinen rotierenden Ofen baute, der mit dem bei der Rennarbeit beschriebenen Siemensschen Rotator große Ähnlichkeit hat. Ein scheibenförmiger, horizontal rotierender Herd (*Tellerofen*) rührt von von Ehrenwerth her.

Dem Puddelprozeß gegenüber verhalten sich, wie schon angedeutet, die verschiedenen Roheisensorten verschieden. Der Prozeß verläuft um so rascher, je teigartiger das Eisen einschmilzt (manganarmes Weißeisen), und um so langsamer, je dünner es einschmilzt (graues Roheisen, Spiegeleisen). Der Sauerstoff der zugeführten Luft oxydiert zuerst das Mangan und Silicium, dann den Kohlenstoff. Ist dieser, wie beim Graueisen, als Graphit vorhanden, so wird er nach dem Verbrennen des Siliciums, zunächst in den leichter oxydierbaren gebundenen Kohlenstoff übergeführt, wobei Wärme verbraucht wird, weshalb Graueisen das Frischen verlangsamt. Steigt der Siliciumgehalt des grauen Roheisens über 3 Proz., so wird dasselbe am besten einem Vorbereitungsprozeß, dem *Feinen*, unterworfen, wodurch Beimengungen, wie Schwefel, Phosphor, Mangan und Silicium teilweise abgeschieden werden und auch der graphitische Kohlenstoff in gelösten übergeht. Das Graueisen wird also durch Feinen sowohl geläutert, als in Weißeisen übergeführt. Das Feinen geschieht in Herden oder Flammöfen. Einen Herd (*Feineisenfeuer*) stellen Taf. I, Fig. 7 u. 8 im Vertikalschnitt und Grundriß dar. Beim Besetzen kommt auf die Herdsohle eine Schicht Koks und darauf das Roheisen in Gänzen. Die Gebläseluft, die durch die Rohrleitung R zugeführt wird, tritt durch sechs nach abwärts gerichtete, mit Wasser gekühlte Düsen in den Herd; A sind Wassertröge zur Kühlung der eisernen Herdwandungen, B solche zur Kühlung der Arbeitswerkzeuge. — Ein dem Feinen ähnlicher den gleichen Zweck verfolgender Prozeß ist das *Braten*, das darin besteht, daß man das in dünne Scheiben gegossene Roheisen in *Bratherden* oder *Bratöfen* etwa 12 Stunden lang unter Luftzutritt mäßig glüht.

Der *Bessemerprozeß*, von Henry Bessemer 1856 erfunden, beruht auf der Entkohlung des flüssigen Roheisens mittels durch dasselbe hindurchgepreßter Luft. Es wird hierzu geschmolzenes übergares Roheisen in ein birnförmiges Gefäß (Bessemerbirne, Konverter) gebracht und atmosphärische Luft unter hohem Druck durch dasselbe getrieben, wodurch eine kräftige Einwirkung der letztern auf das Eisenbad und mithin ein schnelles Frischen stattfindet. Eine Eigentümlichkeit des Bessemerns besteht darin, daß infolge der großen Menge (3000—10000 kg) gleichzeitig der Oxydation ausgesetzten Materials die durch Verbrennung von Silicium, Eisen und Mangan entwickelte Wärme so wirksam zusammengehalten wird, daß das schließlich erzielte Produkt sich selbst bei nahezu vollständiger Entkohlung im flüssigen Zustand befindet und sich daher gießen läßt. Die Konstruktion der *Bessemerbirnen* ist auf Taf. II durch Fig. 9 und 11 veranschaulicht. Die Birne ist aus Eisenblech hergestellt und mit feuerfester Masse (Kieselsäure mit etwas Thon) ausgefüttert. Die Windzuführung erfolgt stets durch eine der hohlen Achsen (g in Fig. 11). Die an den entgegengesetzten vollen Zapfen angreifende mechan. Kippvorrichtung besteht der Regel nach in einer ein Getriebe umdrehenden Zahnstange. Zur Erzeugung des erforderlichen Windstroms dient eine Gebläsemaschine von 200 bis 250 Pferdestärken.

Falls die Bessemerhütte mit einer Hochofenanlage verbunden ist, kann das übergare Roheisen direkt aus dem Hochofen in die Konverter geleitet werden; ist diese Verbindung nicht vorhanden, so wird das Roheisen in Flamm- oder Kupolöfen geschmolzen. Der Konverter muß vor Beginn des Prozesses durch Koksheizung gut vorgewärmt und hierauf entleert worden sein. Durch Ingangsetzung des seine Achse bewegenden Mechanismus wird derselbe so geneigt, daß die Konvertermündung in der Horizontalebene der Achsen steht; hierauf wird das Zuleitungsgerinne angeschoben, der Schmelzofen abgestochen, und das Roheisen fließt in den Konverter. Nach dem Zurückziehen des Zuleitungsgerinnes hebt sich der Konverter und zugleich wird Wind gegeben, damit keine Verstopfung der im Boden des Konverters befindlichen Winddüsen eintreten kann. Der hochgepreßte Wind durchdringt das flüssige Roheisen, und die glühenden Gase entströmen der Konverteröffnung, untermischt mit Funken, aber ohne eigentliche Flamme. Man nennt diese Periode die des *Feinens* oder der *Schlackenbildung*; durch die Oxydation bildet sich aus Silicium, Mangan und Eisen eine Ferromanganosilicat-Schlacke. Nach etwa 5—6 Minuten sieht man eine leuchtende Flamme. Das aus dem Eisen entweichende Kohlenoxyd bedingt ein noch vermehrtes Wallen der Masse; der Funken- und Schlackenauswurf wird lebhafter, die Flamme allmählich lichter und länger, auch das Geräusch des durchströmenden Windes stärker; im Spektrum der Flamme zeigen sich grüne Streifen. Diese Periode (*Koch- oder Eruptionsperiode*) hat meist die längste Dauer, etwa 15 Minuten. Das Rohfrischen geht in die *Garfrischperiode* über; die Flamme wird bläulichweiß und viel kürzer. Bei Beginn dieser Periode schleudert ein kräftiger Arbeiter Abfälle von Bessemereisen in den Konverter, die in wenigen Sekunden dem weißflüssigen Metall beigemengt sind. Die kurze, fast durchsichtig werdende Flamme und noch sicherer die Beobachtung des Manganoxyd-Spektrums zeigt dem leitenden Ingenieur die Beendigung der Entkohlung an. Der Konverter macht dann wieder die Drehung, das Gebläse ruht einige Sekunden, die Rinne wird in die Mündung eingerückt und bringt die zur teilweisen Kohlung und somit zur Veredelung des Produkts erforderliche Menge geschmolzenen Spiegeleisens; der Konverter nimmt dieselbe auf und erhebt sich unter gleichzeitiger Zuführung des Windes wieder, um nach einigen Sekunden abermals zu sinken, da alsdann der Prozeß beendet ist. Der hydraulische Kran F (Taf. II, Fig. 9) bringt die Pfanne E, gleichfalls gut vorgewärmt, zum Konverter; der letztere wird weiter gedreht und entleert den weißheißen, dünnflüssigen Inhalt in die Pfanne. Man läßt hierauf die wie kochend erscheinende, blasenwerfende Masse etwas zur Ruhe kommen, läßt sodann den Kran sich heben und führt die Pfanne über die erste der im Kreise aufgestellten eisernen Formen (Coquillen), in die durch Heben des im Boden der Pfanne angebrachten konischen Pfropfens der Inhalt derselben fließt. Die Coquillen werden der Reihe nach gefüllt, bis die Schlacke, die man an einer mehr rotgelben Farbe erkennt, auszufließen beginnt, worauf man diese in die Grube laufen läßt. Die Taf. II, Fig. 10 zeigt die Einrichtung einer Bessemerhütte.

Ein dem Bessemerprozeß anhaftender großer Übelstand war früher der, daß durch denselben der Phosphorgehalt der Erze nicht genügend entfernt werden konnte, wodurch bei dem Mangel an genügenden Mengen phosphorfreier Erze die Ausdehnung des Verfahrens gehindert wurde. Erst durch das 1879 von *Thomas* erfundene *Entphosphorungsverfahren* ist es möglich geworden, auch sehr phosphorhaltiges Eisen in den Bessemerbirnen zu verarbeiten. Der Schwerpunkt des Verfahrens liegt in der Herstellung *basischer Konverterfutter*. Die hierzu dienenden Ziegel werden erhalten durch starkes Glühen von Dolomit oder Magnesit, der mit Steinkohlenteer, Wasserglas oder Thon vermengt wird. Der Phosphor oxydiert sich erst am Schluß des Prozesses nach der Entkohlung und findet sich dann in den abfallenden Schlacken (*Thomasschlacken*), die wegen ihres Phosphorsäuregehalts als Düngemittel verwertet werden.

B. *Erzeugung von Schmiedeeisen durch Glühen von Gußeisen in oxydierenden Pulvern.* Dieses Verfahren, das sog. *Glühfrischen* oder *Tempern*, gründet sich auf die Entkohlung des festen Roheisens in der Glühhitze und wird bei Gußwaren angewendet, um ihnen ohne wesentliche Formveränderungen die Eigenschaften des schmiedbaren Eisens zu verleihen.

Die Herstellung *schmiedbaren Eisengusses* scheint sehr alt zu sein, da sich beispielsweise an den großen Thüren der Kirche von Notre Dame in Paris und der Kathedrale von Amiens derartige Beschläge finden, die allem Vermuten nach aus dem 14. Jahrh. stammen. Im 15., 16. und 17. Jahrh. wurden zahlreiche Arbeiten in schmiedbarem Gußeisen ausgeführt, doch ging die Kenntnis der Herstellungsweise derselben mehrfach verloren und wurde in der Folge von neuem erfunden. 1829 wurde dasselbe zuerst in Traisen bei Lilienfeld in Österreich wieder eingeführt. Gegenwärtig werden auf zahlreichen Werken Deutschlands, Englands und Frankreichs schmiedbare Gußwaren angefertigt. Bei der Herstellung wird als Glühmittel hauptsächlich pulverisierter und möglichst quarzfreier Roteisenstein verwendet; das Glühen selbst erfolgt in Glühtöpfen, in denen die Gußwaren in einem Ofen langsam bis zur Kirschrotglut erhitzt werden. Selbstverständlich ist die Dauer dieses Prozesses je nach der Größe der betreffenden Gußwaren verschieden. Schmiedbares Gußeisen fällt namentlich für kompliziertere Formen viel wohlfeiler als eigentliches Schmiedeeisen aus. Andererseits stellt man aus schmiedbarem Gußeisen auch die einfachsten Handelswaren her, wie Nägel, Haken, Handwerkszeug, Geschirre, Öfen, Wagenbeschläge und andere Gegenstände, an denen man leicht einzelne Teile durch Bearbeitung unter dem Hammer nachträglich in der Form verändern kann.

C. **Darstellung von Erzstahl durch Zusammenschmelzen von Roheisen mit Eisenerz oder Eisenoxyd.** Obwohl dieses Verfahren schon längere Zeit bekannt war, gelangte es erst 1855 durch Uchatius zur fabrikmäßigen Aufnahme; dasselbe ist noch heute, wenn auch nur in geringem Maß, in Anwendung, z. B. auf dem schwed. Werke Wilmanshyttan. Während Uchatius 100 Teile Roheisen, 24 Teile gerösteten Spateisenstein und 1¼ Teile Braunstein zusammenschmolz, verwendete Breant an Stelle des Erzes durch Glühen oxydierte Schmiedeeisenspäne.

III. **Erzeugung von Stahl aus Schmiedeeisen.**

A. **Kohlung des Schmiedeeisens durch Glühen mit Kohle.** Wenngleich bei allen früher besprochenen Frischprozessen die Möglichkeit gegeben ist, durch rechtzeitige Unterbrechung der Entkohlung ein schmiedbares Eisen von beliebig hohem Kohlenstoffgehalt herzustellen, so ist es doch einesteils zu schwierig, den richtigen Zeitpunkt zu erkennen, andernteils tritt hierbei der Übelstand auf, daß es bei der Erzeugung kohlenstoffreichen Eisens bei weitem nicht so gut gelingt, schädliche Bestandteile, namentlich Phosphor und Schwefel, abzuscheiden, als wenn die Entkohlung bis nahezu zur Vollständigkeit fortgeführt wird. Man hat daher schon früh angefangen, in Fällen, wo ein kohlenstoffreiches Eisen gewünscht wurde, zunächst ein kohlenstoffarmes Produkt herzustellen und diesem den erforderlichen Kohlenstoffgehalt hinzuzufügen. Zu diesem Zweck wird Schmiedeeisen in Pulvern geglüht, die an dasselbe Kohlenstoff abgeben. Hierher gehört die Erzeugung von **Cementstahl** und das **Einsetzen**. Der Cementstahl wird durch Glühen schmiedeeiserner Flachstäbe (reines Feinkorneisen) in Holzkohle hergestellt; die Dauer des Glühens beträgt bei einem Größenverhältnis der Stäbe von etwa 78×20 mm 9—10 Tage. Der so erhaltene Stahl zeigt an seiner Oberfläche kleinere oder größere Blasen (**Blasenstahl**) und wird durch Umschmelzen oder Auswalzen gedichtet. Das Einsetzen ist dem Wesen nach nichts anderes als ein Cementieren fertiger Schmiedeeisenstücke auf eine gewisse Tiefe. Feinkorneisen und besonders adoucierter Guß (s. Adoucieren) cementiert hierbei leichter als sehniges Schmiedeeisen.

B. **Kohlung des Schmiedeeisens durch Zusammenschmelzung mit Roheisen.** Von größerer Wichtigkeit als das vorbeschriebene Verfahren ist die Stahlbildung aus Schmiedeeisen durch Verschmelzen mit Kohle oder mit Roheisen. In Indien wird aus dem durch Rennarbeit gewonnenen Schmiedeeisen mit Beigabe von Holzspänen und Blättern in kleinen Tiegeln ein Stahl erzeugt, der unter dem Namen Wootz (s. d.) berühmt ist. Da die Schmelzung eine unvollkommene ist und nach derselben noch ein anhaltendes Glühen des Stahls stattfindet, zeigt sich das Produkt als ein Gemenge verschieden stark gekohlten Eisens, das, zu Messern u. s. w. ausgeschmiedet und geätzt, oft sehr hübsche Zeichnungen aufweist (s. Damascieren). Künstlicher **Damaststahl** wird dargestellt durch Zusammenschmelzen von weichem Eisen mit Kohle, Wolfram-, Nickel- und Manganverbindungen; auch durch Schmelzen von Schmiedeeisen mit 2 Proz. Kohle wird ein Damaststahl erhalten. — Der **Barrystahl** wird durch Schmelzen von Schmiedeeisenabfällen im Kupolofen und hierauf folgendes Bessemern erhalten. Wenn man Schmiedeeisen mit reinem Roheisen in entsprechenden Mengenverhältnissen zusammenschmilzt, erhält man Stahl. Nicht selten werden hierbei, um den richtigen Kohlungsgrad zu erreichen, oxydierende Zusätze, als Hammerschlag, geröstete Erze u. s. w., mit verwendet; der Prozeß ist dann der Erzstahlbereitung ähnlich. Hierher gehört die von Mushet eingeführte Kohlung des Bessemerflußeisens durch Spiegeleisenzusatz. Erfolgt das Zusammenschmelzen von Roh- und Schmiedeeisen in Tiegeln, so heißt das Produkt **Tiegelflußstahl**; geschieht dasselbe in Flammöfen (Siemensschen Regenerativöfen), so erhält man **Flammofenflußstahl** oder **Martin-Stahl**.

Martin gebührt das Verdienst, den Siemensschen Regenerativofen zum Zweck des Zusammenschmelzens von Roh- und Schmiedeeisen zuerst benutzt und dadurch die Stahlerzeugung im Flammofen eigentlich erst ermöglicht zu haben, weshalb der ganze Prozeß auch **Siemens-Martin-Prozeß** genannt wird. Bei demselben arbeiten gewöhnlich zwei Siemenssche Regenerativöfen zusammen. In dem ersten Ofen schmilzt man etwa 500 kg Roheisen ein; im zweiten wird das Schmiedeeisen nahe zur Weißglut gebracht und dann in Mengen von etwa 200 kg in Zwischenräumen von 30 Minuten in den ersten übertragen, bis der Gesamtzusatz an Schmiedeeisen (bis 2400 kg) im Roheisenbad gelöst ist. Statt des Schmiedeeisenzusatzes kann auch Stahl genommen werden, in welchem Fall die Menge des einzuschmelzenden Roheisens eine geringere wird. Man führt den Prozeß gewöhnlich so, daß durch den Schmiedeeisenzusatz sowie durch die oxydierenden Einflüsse der Flamme ein kohlenstoffärmeres Produkt, als hergestellt werden soll, entsteht, und kohlt dasselbe dann durch Zusatz von Spiegeleisen oder Manganeisen (s. d.) entsprechend auf, worauf abgestochen wird. Der Siemens-Martin-Prozeß gewährt bei wohlfeiler Anlage den wichtigen Vorteil, daß mit ihm bedeutende Mengen alten Materials, z. B. alte Eisenbahnschienen, gleichviel ob Stahl oder Eisen, aufgearbeitet werden können; dabei ist das Produkt dieses Prozesses wenig teurer als das Bessemereisen und kann leichter von bestimmter Beschaffenheit erhalten werden. Je nach der Art, bez. Beschaffenheit der verwendeten Materialien wird der Prozeß in mannigfacher Weise abgeändert. Durch Anwendung eines basischen Futters hat man in neuester Zeit, entsprechend dem basischen Verfahren beim Bessemerprozeß, auch phosphorreiches Roheisen resp. Erz im Martinofen zu einem gut schweißbaren Flußeisen resp. -Stahl zu verarbeiten gelernt. Einen Martinofen mit Regenerativgasfeuerung zeigen Taf. III, Fig. 1 u. 2. Der Herd A ist nach dem Stichloch S zu etwas geneigt. Die Kammern RR liegen unter dem Herd und werden in der üblichen Weise abwechselnd mit den vom Herd abziehenden Verbrennungsgasen und der Verbrennungsluft einerseits und den Generatorgasen andererseits durch die Wechselklappen W verbunden. Gas und Luft treffen in der Höhe der Herdsohle zusammen und bilden eine sich über den ganzen Herd ergießende Flamme, die das Eisenbad auf die nötige hohe Temperatur bringt. Durch die Arbeitsöffnung O wird dasselbe umgerührt. Der Abstich erfolgt dann, wenn die entnommene Probe die gewünschten Eigenschaften hat. Das flüssige Produkt läuft durch die Rinne in die betreffenden auf dem Wagen vorgefahrenen Gußformen oder in eine größere Gießpfanne, die mittels Kran nach den einzelnen Formen bewegt wird. Der im Arsenal zu Woolwich befindliche

Radcliffofen (Taf. III, Fig. 3) hat folgende Einrichtung. A ist der Herd für das Eisenbad. Die im Generator G erzeugten Gase treffen bei a mit der Luft zusammen, die, bei m eintretend, durch die obern Röhren R nach rechts und die untern Röhren nach links geht und im Kanal k nach abwärts geht. Die Verbrennungsgase der von a aus über den Herd streichenden Flamme gehen im Kanal b aufwärts, umspülen die Luftröhren R und gehen im Kanal c nach dem Schornstein S, nachdem sie vorher noch die Heizkammer H umspült haben, in welcher die unter den Rost des Generators tretende Luft vorgewärmt wird.

IV. **Formgebung des schmiedbaren Eisens.** Gleichviel durch welchen der beschriebenen Prozesse das schmiedbare Eisen hergestellt sein mag, besitzt dasselbe niemals eine Beschaffenheit, in der es unmittelbar zu Gebrauchsgegenständen verarbeitet werden kann. Bei den Verfahren, die das Eisen im teigartigen Zustand liefern, also bei dem Herdfrischen und dem Puddeln, ist das erhaltene Produkt ein inniges Gemenge von Eisenkrystallen und Schlacke, und die letztere muß daher durch hinreichenden Druck entfernt werden, ehe sie erstarrt. Diese Arbeit wird das Zängen genannt. Wird das Eisen, wie beim Bessemern und allen Flußstahlprozessen, in flüssigem Zustand erhalten, so ist es ziemlich schlackenfrei, besitzt aber infolge des stattfindenden Oxydationsprozesses, durch den Gase entwickelt werden, zahlreiche Hohlräume oder Blasen, die durch Druck entfernt werden müssen; diese Arbeit heißt Dichten. Die Werkzeuge, mittels deren sowohl das Zängen als das Dichten ausgeführt wird, werden stets durch Maschinenkraft bewegt; der zur Wirkung kommende Druck wird entweder plötzlich, als Schlag, oder allmählich, als Pressung, ausgeübt. Für den ersten Zweck dienen Hämmer, für den zweiten Quetschwerke, die, wenn sie aus zwei in entgegengesetzter Richtung rotierenden Cylindern bestehen, Walzwerke (s. d.) genannt werden. Die Luppen und Ingots werden, wenn sie aus dem Frischherd oder Puddelofen kommen, entweder unter Hämmern, und zwar Stirn- oder Aufwerfhämmern, oder unter Quetschen bearbeitet. Die Ingots von Bessemerstahl müssen, wenn sie größer sind, unter kräftigen Dampfhämmern verdichtet werden; kleine Ingots können ohne weiteres zum Walzen gelangen. Schweißeisen in demjenigen Zustand, in dem es durch das Hämmern der Luppen erhalten wird, bedarf für viele Verwendungen nur eines nochmaligen Erhitzens und Auswalzens, um sofort als Stabeisen in den Handel gebracht werden zu können, und ebenso genügt häufig diese Operation auch bei den durch Hämmern verdichteten Ingots von Rohstahl; für andere Zwecke aber müssen die Ungleichförmigkeiten durch die Schweißarbeit oder das Umschmelzen entfernt werden.

V. **Raffinierung des schmiedbaren Eisens.**

A. Schweißen, Strecken, Gärben. Werden Frisch- oder Puddelluppen unmittelbar durch Walzen in die Form von Flachstäben gebracht, so zeigen diese Stäbe (Rohschienen genannt) ein so rauhes, schuppiges und ungleichmäßiges Aussehen, daß sie keine unmittelbare Verwendung zulassen. Man bricht diese Schienen in gleich lange Stücke und bildet daraus ein Paket, das im Schweißofen zur Weißglühhitze gebracht, hierauf unter dem Dampfhammer verschweißt und unmittelbar nachher in Walzwerken gestreckt wird, oder man läßt die schweißheißen Pakete sogleich durch Walzen gehen. Hierbei wird noch viel Schlacke ausgepreßt und die Masse wird dichter und gleichförmiger; das Produkt ist raffiniertes Eisen. Wird die Schweißarbeit auf weichen Stahl angewendet, so heißt das erhaltene Produkt Gärbstahl (das Stahlpaket heißt auch Garbe).

B. Umschmelzen von Stahl. Schmilzt man Stahl um und gießt die schon hierdurch verbesserte Masse in einfache Gußformen, wodurch man Ingots erhält, so tritt eine Veredelung des Produkts ohne wesentliche Formveränderung ein; dies so gewonnene Produkt heißt Gußstahl. Derselbe wird durch Umschmelzen fertig gebildeten Rohstahls in Tiegeln erhalten. Diese Tiegel, deren Längsschnitt Taf. III, Fig. 7 zeigt, werden aus feuerfestem Thon hergestellt, dem etwas Chamotte und Graphit beigemengt ist. Ein Tiegelofen mit Regenerativgasfeuerung ist in Taf. III, Fig. 4 u. 5 abgebildet. Die leeren Tiegel a werden auf dem Herd A aufgestellt und dieser mit den Deckeln D verschlossen. Dann giebt man so lange Hitze, bis die Tiegel weißglühend geworden sind, füllt mittels eines Trichters (Fig. 6) das Schmelzgut auf und verschließt den Herd wieder. Nach 3—4 Stunden ist die Schmelzung vollendet, und die Tiegel werden mit Zangen (Fig. 8) aus dem Ofen herausgehoben. Der Inhalt wird alsdann in Gußeisenformen von achteckigem, prismatischem Querschnitt gegossen. Die Gußstahl-Ingots werden, um sie in die Stabform zu bringen, in Herden oder Flammöfen hellrotglühend gemacht und dann unter Hämmern oder Walzen ausgereckt. Zum Gießen größerer Stücke (z. B. Kanonenrohre) werden die Tiegel direkt in die Gußform entleert. Der Gußstahl für Kanonen enthält zweckmäßig 0,4 bis 0,55 Proz. Kohlenstoff.

Statistisches. Die gesamte Roheisenerzeugung der Erde wird für das J. 1800 auf etwa 850000 t geschätzt, 1830 auf etwa 2½ Mill., 1850 auf 4¾ Mill., 1866 auf 9,5 Mill., 1876 auf 14,3 Mill., 1891 auf 28,6 Mill. t. Hierbei waren die einzelnen Länder bez. Erdteile in folgender Weise beteiligt.

Roheisenerzeugung der Erde.

Länder	1866 t	1876 t	1891 t
Großbritannien	4 596 279	6 660 893	8 537 640
Deutschland (ohne Luxemburg)	1 000 492	1 614 687	4 000 176
Frankreich	1 260 348	1 453 112	1 924 108
Belgien	482 404	490 508	943 012
Rußland	314 850	426 896	750 000
Österreich-Ungarn	284 638	400 426	903 123
Schweden	230 670	351 718	486 680
Luxemburg	46 460	231 658	641 041
Spanien	39 254	42 825	265 000
Italien	22 000	21 000	45 000
Übriges Europa	—	60 000	120 000
Vereinigte Staaten von Amerika	1 225 031	2 351 618	9 562 348
Übriges Amerika	—	115 000	180 000
Asien	—	60 000	150 000
Afrika	—	30 000	80 000
Australien	—	15 000	120 000
Summa	9 502 426	14 325 341	28 708 128

Mehrere der vorstehend genannten Posten, insonderheit solche, welche mit runden Zahlen abschließen, beruhen freilich nur auf annähernd richtigen Schätzungen. Die größte Steigerung in der Produktion zeigen Luxemburg, sodann die Vereinigten Staaten von Amerika, die sogar England überholt haben und heute in Bezug auf die Menge an erster Stelle stehen. Deutschland nimmt die dritte Stelle ein und dürfte dieselbe wohl auf absehbare Zeit behaupten. — Um in einem Lande die Roheisenerzeugung einzuführen und lebensfähig zu erhalten, bedarf es des Vorhandenseins nicht bloß guter Erze, sondern auch dazu geeigneter, verkokungsfähiger Steinkohlen und damit nicht genug: Kohlen, Erze und ebenso die zum Schmelzprozeß notwendigen Zuschläge an Kalkstein u. s. w. dürfen nicht zu weit voneinander entfernt liegen, weil sich sonst die Transportkosten zu hoch stellen. Diese Voraussetzungen treffen für viele Bezirke in England und Nordamerika, weniger schon in Deutschland zu und daraus erklärt sich zum Teil deren Übergewicht in der Roheisenproduktion. Belgien besitzt zwar Kohlen, aber wenig Eisenerze, ist jedoch in der günstigen Lage, dieselben aus dem benachbarten Luxemburg zu beziehen. In Österreich-Ungarn und in viel höherm Grade in Rußland liegen Erze und Kohlen bis auf vereinzelte Ausnahmen so weit voneinander entfernt, daß namentlich in Rußland von einer lebenskräftigen Roheisenproduktion zunächst kaum die Rede sein kann. Spanien, Italien, Schweden haben sehr reiche Erzlager, aber nur wenig Steinkohlen. Da die letztern erst aus weiter Ferne herbeizuholen sind, arbeitet dort der Hochofenbetrieb zu teuer, es sei denn, daß billige Holzpreise, wie sie zur Zeit noch in Schweden vorhanden sind, erlauben, das viel gesuchte vorzügliche Holzkohlenroheisen zu erblasen, dessen Herstellung in den holzärmern bez. holzteuerern Ländern (darunter auch in Deutschland) mit jedem Jahre mehr zurückgeht. Frankreich hat weder an den geeigneten Erzen noch an den für die Verhüttung passenden Steinkohlen sonderlichen Überfluß und wird daher für seine einheimische Eisenindustrie nach wie vor auf einen starken Bezug ausländischen Roheisens angewiesen bleiben.

In Deutschland konzentriert sich der Hochofenbetrieb in Rheinland-Westfalen (und zwar in den Bezirken von Dortmund bis Düsseldorf, bei Aachen, im Siegerlande und im Saarbezirk), sodann in Oberschlesien und in Deutsch-Lothringen. Vereinzelte, wenn auch bedeutende Werke finden sich in Hannover (Osnabrück, Ilsede), im Harz, im Königreich Sachsen (Cainsdorf bei Zwickau), in Thüringen (Unterwellenborn), in Bayern (Amberg und Rosenheim), in Württemberg (Wasseralfingen).

Seitdem der Stahl angefangen hat, das Eisen zu ersetzen, hat die Erzeugung der für die Stahlgewinnung vorzugsweise erforderlichen Roheisensorten, des **Bessemer- und des Thomasroheisens**, erheblich zugenommen, während die Produktion des **Puddelroheisens** zurückgeht. Deutschland liefert noch heute, einerseits infolge seiner dazu besonders tauglichen Erze, andererseits seiner vorzüglichen Technik, ein anerkannt gutes und zur Herstellung von Stabeisen, Eisenblech, Eisendraht, Eisenschienen u. s. w. vorzügliches Puddelroheisen: die deutschen Hüttenwerke haben jedoch dem Zuge der Zeit folgend für die Stahlfabrikation die Erzeugung des Stahlroheisens gleichfalls energisch aufgenommen, geben aber in der Mehrzahl der Produktion des Thomasroheisens den Vorzug, weil die deutschen Erze selten phosphorfrei sind und in den Minette-Erzen in Deutsch-Lothringen und Luxemburg ein dazu vorzüglich geeignetes Rohmaterial vorhanden ist. Für **Gießereiroheisen**, dessen Erzeugung mit jedem Jahre zunimmt, haben die deutschen Werke noch immer unter der Konkurrenz des zwar durchschnittlich geringern, aber billiger herzustellenden engl. Gießerei-Eisens zu leiden. Von den 1891 in Deutschland und dem damit zollgeeinten Luxemburg hergestellten 4641217 t Roheisen im Werte von 232,5 Mill. M. entfielen auf Bessemer- und Thomasroheisen 2016121 t (Wert 100,9 Mill. M.), auf Puddelroheisen 1429602 t (68,4 Mill. M.), auf Gießereiroheisen 702984 t (40,3 Mill. M.), der Rest auf Gußwaren erster Schmelzung (direkt aus dem Hochofen), auf Bruch- und Wascheisen. Auf 109 Hüttenwerken standen 218 Hochöfen in Betrieb; beschäftigt waren über 24000 Arbeiter.

Die Preise für Roheisen sind je nach dem Geschäftsgange der gesamten Industrie großen Schwankungen unterworfen und in der Regel folgen auf 2 bis 3 gute 3 bis 4 schlechte Geschäftsjahre. Gezahlt wurden in Deutschland (Westfalen) ab Werk pro Tonne à 1000 kg im Anfang der Jahre

Roheisensorten	1880 M.	1886 M.	1890 M.	1891 M.	1892 M.
Für Puddelroheisen	56	39	85	62	44
» Gießereieisen Nr. I	75	55	94	75	68
» Bessemereisen	74	45	96	75	59
» Thomaseisen	—	39	79	51	49

In Bezug auf die Menge des erzeugten Roheisens stehen seit 1891 die Vereinigten Staaten von Amerika obenan; in diesem großen Gebiete wird aber zur Zeit das gewonnene Eisen selbst verbraucht, sodaß eine Ausfuhr nicht stattfindet, gewisse Posten in Form von Ingots, Bloms Billets, auch Spiegeleisen sogar noch eingeführt werden. In der Ausfuhr von Roheisen fällt daher der Hauptteil noch immer England zu. Mit Einschluß der Eisenhalbfabrikate (Ingots, Billets) stellt sich für die in der Eisenindustrie bedeutendsten Länder Europas die Ein- und Ausfuhr von Roheisen i. J. 1891 in folgender Weise heraus:

Staaten	Einfuhr t	Ausfuhr t
Deutschland	249966	212745
Österreich-Ungarn	59655	10335
Frankreich	197894	224401
Großbritannien	169724	952111
Belgien	101982	23953

Die Einfuhr betrug ferner in der Schweiz für 3,5 Mill. Frs., in Italien 230476 t, in Rußland etwa 310000 t, die Ausfuhr aus Schweden (1890) 59931 t. — An und für sich ist selbst für ein in der Roheisenproduktion hervorragendes Land, z. B. für Deutschland und Belgien, eine stärkere Einfuhr von Roheisen kein Anzeichen, das auf eine geringere industrielle Entwicklung schließen läßt, sobald nur dieser Einfuhr eine entsprechende Ausfuhr von Eisenwaren, Maschinen u. s. w., also des bearbeiteten Roheisens mit dem Aufschlag an Arbeitslohn und Kapitalgewinn gegenübersteht.

Litteratur. Beck, Geschichte des Eisens in technischer und kulturgeschichtlicher Beziehung (Abteil. 1, Braunschw. 1884); Wedding, Grundriß der Eisenhüttenkunde (2. Aufl., Berl. 1880); ders., Die Darstellung des schmiedbaren Eisens (2 Bde.,

Braunschw. 1875—84); ders., Aufgaben der Gegenwart im Gebiete der Eisenhüttenkunde (ebd. 1888); Ledebur, Handbuch der Eisenhüttenkunde (3 Abteil., Lpz. 1883—84); ders., Leitfaden für Eisenhüttenlaboratorien (3. Aufl., Braunschw. 1889); Beckert, Leitfaden zur Eisenhüttenkunde (Berl. 1885); Dürre, Die Anlage und der Betrieb der Eisenhütten (3 Bde., Lpz. 1880—92); ders., Das Eisenhüttenwesen auf der Wiener Weltausstellung (Berl. 1876); ders., Katechismus der allgemeinen Hüttenkunde (ebd. 1877); Jüptner von Jonstorff, Praktisches Handbuch für Eisenhütten-Chemiker (Wien 1885); Kreußer, Das Eisen, sein Vorkommen und seine Gewinnung (Wien 1886).

Eisenfunde, die für die Geschichte des Eisens (s. d., S. 827 b) ein wichtiges Beweismaterial bilden, sind gegenüber den Bronzefunden ziemlich selten, einerseits weil das Eisen, was die ältesten Perioden anlangt, in jenen Zeiten nur in geringerm Maße verwendet wurde und weil andererseits wegen der großen Neigung des Eisens, an der Luft und in der Erde zu rosten, die betreffenden Gegenstände sich nicht bis auf unsere Zeit erhalten konnten, wenn nicht besondere Umstände oder eine besondere Größe der Gegenstände eine völlige Zerstörung durch Rost verhinderten. Das älteste bisjetzt gefundene Stück Eisen, jetzt im Britischen Museum, wurde 1837 von dem Engländer Hill beim Lossprengen einiger Steinlagen der großen Cheopspyramide in einer Mauerfuge, wo es vor Rost geschützt war, aufgefunden und als das Bruchstück eines größern schmiedeeisernen Werkstückes erkannt; es hat ein Alter von fast 5000 Jahren. Ein späteres Stück ist der auf 2800 Jahre geschätzte von Belzoni unter einer Sphinx in Karnack gefundene Teil einer Sichel (Glasers Annalen 1887, Nr. 232). In Asien sind als E. zu erwähnen: eiserne Gegenstände in alturanischen Gräbern; das von Place unter den Ruinen von Chorsabad entdeckte große Eisenlager, das 160 000 kg Eisenbarren, sowie Ringe, Kettenteile u. s. w. enthielt; die von Layard in Nimrud gefundenen eisernen Waffen (Helm, Speere, Dolche u. dgl.). Ein wunderbares und zugleich rätselhaftes Denkmal altind. Eisentechnik ist der «Lâht» oder «Pfeiler von Dehli», eine schmiedeeiserne massive Säule von 16 m Länge und $^1/_3$ m Durchmesser, die seit alter Zeit von den Indern als heilig verehrt wird und Sanskritinschriften enthält, aus denen jedoch das Alter der Säule bis jetzt nicht bestimmt werden konnte. Andere große Schmiedestücke fand man in Form von schweren Trägern in alten ind. Tempeln. Die ältesten europäischen E. sind die eisernen Celte und Speerspitzen, die 1853 Graf Gozzadini in etrusk. Gräbern bei Bologna vorfand; sie stammen aus dem 9. oder 10. Jahrh. v. Chr. Andere etruskische E. sind die von Avolta 1823 in Corneto gefundene Rüstung nebst einer Lanze und acht Wurfspeeren und die 1835 in Vulci entdeckten Waffen, beide Funde stark verrostet.

Eisengarn, einfaches oder gezwirntes, durch ein Appreturverfahren, das sog. Lüstrieren (s. Garn), mit hohem Glanz versehenes Baumwollgarn, so genannt, um die große Festigkeit des Fadens anzudeuten. Es kommt sowohl gebleicht als verschieden gefärbt in Strähnen, auf Spulen oder auf Pappkärtchen gewickelt, in den Handel und wird meist zum Nähen, aber auch in der Weberei, am häufigsten als Kette, verwendet.

Eisengießerei, im weitern Sinne die Herstellung von gegossenen Gegenständen aus Eisen überhaupt, im engern und fast ausnahmslos gebräuchlichen Sinne dagegen die Herstellung gegossener Gegenstände aus Roheisen, jenem Erzeugnisse der Eisenhochöfen (s. Eisenerzeugung), welches 2,5 Proz. und mehr Kohlenstoff enthält, in weit niedrigerer Temperatur schmilzt und im geschmolzenen Zustande dünnflüssiger ist als reines oder kohlenstoffärmeres Eisen, und dieser Eigenschaften halber die Verarbeitung auf Gußwaren leichter als jenes ermöglicht, an Festigkeit aber dem kohlenstoffärmern Eisen (dem schmiedbaren Eisen) nachsteht, weit spröder ist als dieses und, da es ohne zuvor zu erweichen, bei der Erhitzung plötzlich schmilzt, nicht das geringste Maß von Schmiedbarkeit besitzt. Von den zwei Hauptgattungen des Roheisens, dem grauen und weißen Roheisen, wird fast nur das erstere zur Gußwarendarstellung verwendet. Es ist weniger spröde und weniger hart als das weiße; die aus ihm gefertigten Gußwaren sind daher weniger dem Zerspringen unterworfen, als wenn man sie aus weißem Roheisen gießen wollte, und lassen sich mit Feile, Meißel, Dreh- und Hobelstählen leicht bearbeiten.

Das zu Gußwaren verarbeitete Roheisen nennt man Gußeisen; sind die Gußwaren durch Zerbrechen oder aus andern Gründen untauglich geworden, als Gebrauchsgegenstände zu dienen, so werden sie aufs neue geschmolzen, und man nennt das Eisen in dieser Form alsdann Brucheisen oder Alteisen. In chem. Beziehung bedeuten demnach sämtliche Ausdrücke das Gleiche, und die verschiedene Benennung ist nur durch die Verwendungsweise bedingt.

Die E. entwickelte sich neben dem Eisenhochofenbetriebe allmählich seit dem Anfange des 13. Jahrh.; die meisten Hochöfen früherer Jahrhunderte wurden vorzugsweise zu dem Zwecke betrieben, der E. das Material zu liefern. Man goß unmittelbar aus dem Hochofen. Erst gegen Ende des 17. Jahrh. fing man an, die E. vom Hochofenbetriebe zu trennen. Die größern Hochöfen der Neuzeit liefern ein für den unmittelbaren Guß weniger gut als für das Umschmelzen geeignetes Roheisen, während die vervollkommneten Verkehrsmittel es auch Eisengießereien, die fern von den Hochofenwerken gelegen sind, ermöglichen, Roheisen und Brennstoffe zu verhältnismäßig niedrigen Preisen zu beziehen.

In der Gegenwart ist demnach die Herstellung von Gußwaren unmittelbar aus dem Hochofen selten geworden; man bedient sich in den Eisengießereien besonderer Öfen, in welchen das von den Hochöfen angelieferte Roheisen sowie das zur Verfügung stehende Bruch- und Alteisen einem erneuerten Schmelzverfahren unterzogen wird. Die am häufigsten für diesen Zweck benutzten Öfen sind die Kupolöfen (s. d.), in besondern Fällen bedient man sich der Flammöfen (s. Gießereiflammofen) oder auch, sofern nur kleine Mengen Metall mit einem Mal geschmolzen werden sollen, der Tiegel (s. d.).

Die Herstellung der Eisengußwaren selbst erfolgt durch Eingießen des geschmolzenen Roheisens (Gußeisens) in Gußformen (s. d.), in welchen es erstarrt und hierdurch seine Formgebung erhält. Nach beendigter Erkaltung wird die Gußform auseinander genommen und der Abguß von anhaftendem Formmaterial sowie durch Bearbeitung mit Meißel und Feile von den beim Gießen daran bleibenden Gießzapfen oder Eingüssen sowie von entstandenen Graten befreit (Putzen der Gußwaren). Hinsichtlich der Erzeugnisse der E. vgl. Eisengußwaren. Vgl. Dürre, Handbuch des Eisengießereibetriebes (3. Aufl., Lpz. 1890); Ledebur, Vollständiges Handbuch der E. (2. Aufl., Weim. 1892).

Eisenglanz, *Glanzeisenerz* oder *Hämatit*, ein hexagonales Mineral, dessen Krystalle vorwiegend von teils rhomboedrischem Habitus (Polkantenwinkel des Grundrhomboeders 86°), teils durch Vorwalten der Deuteropyramiden von pyramidaler, teils durch Herrschen der Basis von tafelartiger Ausbildung sind, dabei isomorph mit den Formen der als Korund krystallisierten reinen Thonerde. Vielfach sind die Individuen nach der Basis verzwillingt. Die Farbe des Erzes ist eisenschwarz bis dunkel stahlgrau (oft bunt angelaufen), der Strich kirschrot, die Härte 5,5 bis 6,5, das spec. Gewicht 5,2 bis 5,3; dickere Partien sind metallglänzend und undurchsichtig, ganz dünne Lamellen rötlichgelb bis dunkelrot durchscheinend. Chemisch besteht das Mineral wesentlich aus Eisenoxyd, Fe_2O_3, mit 70 Proz. Eisen und 30 Proz. Sauerstoff; zuweilen ist etwas titansaures Eisenoxydul hinzugemischt. Säuren lösen den E., aber nur langsam, auf. Die Fundpunkte der besten Krystalle sind die Lager und Gänge von Rio auf Elba, Traversella in Piemont, Framont in Lothringen, Altenberg und Zinnwald im Erzgebirge; auch die krystallinischen Schiefer des St. Gotthard und des Tavetschthals. Schöne Krystalle von E. finden sich vielfach auf den Klüften und Hohlräumen der Laven des Vesuv und des Ätna, wo sie durch Sublimation gebildet wurden, indem dampfförmiges Eisenchlorid und Wasserdampf sich zu Eisenoxyd und Salzsäure umsetzen. Gleiches zeigt sich auch auf den erloschenen Laven des Laachersees und der Auvergne. Körniger E. bildet in Wermland (Schweden) mächtige Lager in den krystallinischen Schiefern; lamellarer E. erscheint bisweilen in Gesteinen, z. B. Graniten, Gneisen, gewissermaßen als Vertreter des Glimmers. Mikroskopische rötliche Blättchen von E. sind in mehrern Mineralien eingewachsen und erzengen deren rötliche Färbung oder ihren eigentümlichen blitzenden Schiller (z. B. Carnallit, Sonnenstein, Perthit, Stilbit). Das *Roteisenerz* hängt insofern mit dem E. zusammen, als es nichts anderes als eine mikrokrystallinische, faserige, dichte oder erdige Varietät des Eisenoxyds ist.

Eisenglimmer, krummblätterige, sehr dünnschalige und feinschuppige Abarten des Eisenglanzes, z. B. von Dobschau und Poracs in Ungarn, aus Mähren, Brasilien. Werden die Schuppen noch zarter, so erlangen sie endlich rote Farbe, der Glanz verliert sich in das Halbmetallische, und so entsteht der kirschrote, fettig anzufühlende und stark abfärbende *Eisenrahm* (z. B. von Suhl im Thüringerwald, Schönmünznach im Murgthal), der zu dem ockerigen Roteisenerz hinüberspielt.

Eisenglimmerschiefer, s. Eisenschiefer.

Eisengußwaren, Gegenstände der verschiedensten Art, aus gegossenem Eisen, insbesondere aus Roheisen bestehend, welches durch Eingießen in Formen zu Gebrauchsgegenständen verarbeitet mird. Nach dem Material, aus welchem die Gußformen (s. d.) destehen, teilt man die E. ein in Sandguß, Masseguß, Lehmguß und Hart- oder Schalenguß (s. Hartguß); nach der Einrichtung der Gußformen in Herdguß und Guß aus geschlossenen Formen (s. Formerei und Gußformen); nach ihrem Gewicht in Grobguß und Feinguß; nach ihrer Ausstattung in Rohguß, Emailwaren u. s. w.; nach ihrer Bestimmung in Röhrenguß, Maschinenguß, Geschirrguß, Bauguß, Ofenguß, Kunstguß. Gußeiserne *Röhren* finden als Leitungsröhren für Dampf, Gas, Wasser und Abfallstoffe, als Diffusionsröhren u. s. w. eine so ausgedehnte Verwendung, daß die Verfertigung derselben sich zu einem wichtigen Sonderzweige ausgebildet hat. Im *Maschinenbau* dient das Gußeisen als Material für die verschiedenartigsten Gegenstände, namentlich für Maschinenständer, Cylinder, Kolbenkörper, Balanciers, Kurbeln, Kreuzköpfe, Lager, Konsolen und Fundamentplatten, Hebel und Gewichte, Bremsscheiben, Räder und Kuppelungen, Drosselklappen, Hähne, Schieber und Ventile, Excenter, Gleitstücke, Stopfbüchsen, Riemen- und Seilscheiben, Feuerplatten, Rosten, Heizthüren und Aschenkästen, Drehbankwangen, Planscheiben u. s. w. Zum *Geschirr-, Ofen-* und *Bauguß* gehören Öfen und Ofenbestandteile, Kessel und Kochgeschirr, Mörser, Brunnenschalen, Kandelaber, Fensterrahmen und Thürdrücker, Gartenmöbel, Treppen, Säulen und Pfeiler, Dachziegel, Gitter, Grabkreuze und Monumente u. s. w. Zu den E. rechnet man auch den *schmiedbaren Guß* oder *Temperguß* (s. Eisenerzeugung, S. 928b). Mannigfaltig sind auch die Erzeugnisse der *Kunstgießerei* in Eisen und hochberühmt die Leistungen einzelner deutscher Werke auf diesem Gebiete. Verzierte Schalen, Tischchen, Schmuckkästchen und zahlreiche andere Gegenstände, zum häuslichen Gebrauche oder zur Verzierung unserer Wohnungen dienend, werden in Eisenguß dargestellt. (S. Kunstguß.)

Im Dentschen Reiche und Luxemburg waren Anfang 1892 allein 1160 Eisengießereien (in Luxemburg 7) mit 62743 Arbeitern vorhanden. 1891 wurden verschmolzen 1184657 t Roh- und Alteisen zu 1020317 t Gußwaren im Werte von 175260972 M. (171,77 M. pro Tonne). Hierzu kommen noch 36964 t erster Schmelzung (direkt aus dem Hochofen) im Werte von 4361561 M. (118,0 M. pro Tonne), zusammen demnach 1057281 t im Werte von nahezu 180 Mill. M. — 1890 belief sich die Erzeugung von Gußwaren auf 1060196 t, darunter Geschirrguß (Poterie) 75774 t, Röhren 154034 t, sonstige Gußwaren 830389 t. Ein erheblicher Teil wird ausgeführt, doch ist dessen Menge nicht zu ermitteln, da die deutsche Handelsstatistik nur ganz grobe Gußwaren (Ausfuhr 1891 allein 19274 t) notiert, die andern Artikel in groben und feinen Eisenwaren (Ausfuhr 95753 t) mitenthalten sind. — Das deutsche Gießerei-Roheisen liefert einen sehr feinen Guß, ist aber für ordinäre Gußwaren zu teuer, weshalb viel engl. Gußeisen bezogen wird. Holland, Dänemark, Italien, Rußland, teilweise auch Frankreich und Belgien verdrauchen in ihren Gießereien gleichfalls größere Mengen engl. Eisen und zieben ebenso wie Deutschland den Bezug des Rohmaterials dem der fertigen Fabrikate vor, woraus sich erklärt, daß die Ausfuhr von fertigen Gußwaren aus England verhältnismäßig gering ist.

Seitdem durch die Eisenbahnen der Transport erleichtert und verbilligt worden ist — abgesehen von den etwa vorhandenen Wasserstraßen — befinden sich die Eisengießereien nicht mehr in den Bezirken der Hochofenwerke, sondern vorzugsweise in oder in der Nähe der größern Verkehrsplätze; sie haden sich von ihren Bezugsquellen für das Rohmaterial entfernt und sind ihren Absatzbezirken näher gerückt. Da der Maschinenbau viel Gußwaren bedarf, besitzt fast jede größere Maschinenfabrik ihre eigene Gießerei.

Je nach den Roheisenpreisen und dem Geschäftsgange sind die Preise für Gußwaren sehr schwankend. Nach der Statistik des Vereins deutscher Eisen- und Stahlindustrieller stellten sich die durchschnittlichen Preise pro Tonne ab Werk Anfang der Jahre:

Gußwaren	1882	1886	1890	1891	1892
	M.	M.	M.	M.	M.
Gußeiserne ordinäre Öfen (Westfalen)	200	160	235	198	161
Regulieröfen (Schlesien)	233	205	195	201	176
Eiserne Töpfe (Mitteldeutschland)	230	175	280	252	210
Emaillierte Töpfe (Mitteldeutschland)	380	350	385	355	330
Ordin. Bauguß (Schlesien)	160	120	160	160	130
Leichter Maschinenguß (Sachsen)	220	170	240	220	170
Schwerer Maschinenguß (Sachsen)	215	150	170	170	170

Eisenhammer, ein zur Eisenerzeugung dienender, durch Elementarkraft in Bewegung gesetzter Hammer von bedeutender Größe und verschiedenartiger Konstruktion. (S. Daumenhammer und Dampfhammer.)

Eisenhoit, Anton, Goldschmied und Kupferstecher, geb. 1554 zu Warburg in Westfalen, gest. nach 1603, war früher nur als unbedeutender Kupferstecher bekannt, bis ihn die Ausstellung westfäl. Altertümer zu Münster 1879 als ausgezeichneten Goldschmied erkennen ließ. Dort erschienen aus dem Besitz des Grafen Fürstenberg-Herdringen sechs kirchliche Silbergegenstände mit dem Namen jenes Künstlers, welche nachweisbar für den Fürstbischof von Paderborn, Theodor von Fürstenberg (gest. 1618), gearbeitet wurden. Diese zeigen namentlich in ihren figürlichen Verzierungen in starkem Maß den Übergang von der Renaissance zum Barock. Damit mischen sich aber, wie es in der kirchlichen Kunst nicht selten ist, noch spätgot. Formen, so bei einem Kelch, der die Jahreszahl 1588 trägt. Als Kupferstecher arbeitete E. zwischen 1576 und 1585 zu Rom an der Metallotheca des Michael Mercati. Nachgewiesen sind bisjetzt 52 Kupferstiche, darunter Porträte, allegorische Darstellungen u. s. w. Die «Silberarbeiten» E.s gab J. Lessing (14 Taf. in Lichtdruck; 2. Aufl., Berl. 1880) heraus.

Eisenholz, Name für verschiedene sehr harte und schwere Holzarten, die den gewöhnlichen Werkzeugen widerstehen. Es sind Bäume der Tropen, hauptsächlich den Familien der Myrtaceen, Lauraceen, Clusiaceen, Rubiaceen, Sapotaceen und Oleaceen angehörend. Die bekanntesten Sorten kommen von Metrosideros (s. d.) vera *Rumph.* (Nania vera *Miq.*, echtes oder Molukken-Eisenholz), Olea (s. d.) undulata *Jacq.* und capensis *L.* (E. vom Kap), Mesua ferrea *L.* und speciosa *Chois.* (ceylanisches und ostindisches E.), Cryptocarya ferrea *Bl.* (E. von Java), mehrere Arten von Sideroxylon (s. d.) und Casuarina (s. d.), Stadtmannia oppositifolia *Lam.* (Mauritius-Eisenholz), Ceanothus ferreus *DC.* (karibisches E.), Erythroxylum areolatum *L.* (Cartagena-Eisenholz), Fragraea peregrina *L.* (Tembesuholz oder E. von Sumatra, auch Königsholz genannt), Swartzia tomentosa *DC.* (Rodinia panacoca *Aubl.*, Panakokoholz oder E. von Cayenne). Über das weiße E. s. Citharexylon.

Eisenhut, Pflanzengattung, s. Aconitum.

Eisenhut, Sturmhaube ohne Visier und Nackenschutz, aber mit breiten Rändern; im späten Mittelalter und noch länger vom Fußvolk und nichtritterlichen Reitern getragen.

Eisenhut, der höchste Gipfel der Norischen Alpen (s. Ostalpen), erhebt sich an der Grenze von Steiermark und Kärnten zu 2441 m und wird wegen seiner Aussicht auf die Tauern von dem Eisenwerk Turrach (1260 m) aus oft bestiegen. Vom Königsstuhl (2331 m) im W. wird der E. durch den Turrachpaß (1763 m) geschieden. — E. heißen auch zwei Gipfel der Schladminger Alpen; der eine erhebt sich im NW. von Krakaudorf zu 2194, der andere im NW. von Schöder zu 2453 m.

Eisenhut, Ferencz, ungar. Maler, geb. 26. Jan. 1857 zu Német Palanka in Ungarn, war auf der Münchener Akademie Schüler von Wilh. Diez, unternahm dann Studienreisen nach dem Kaukasus, der Türkei, Nordafrika und Ägypten. Aus diesen Ländern entnahm er die Motive zu seinen Gemälden, die sich durch scharfe Charakteristik und leuchtendes Kolorit auszeichnen. Zu nennen sind: Heilung durch den Koran (1883), Tod des türk. Heiligen Gül Baba in Ofen (beide im Besitz des Kaisers von Österreich), Geldwechsler in Tiflis, Der Schriftgelehrte (1884), Tatarenschule in Baku, Arabische Hochschule, Sklavenhandel, Gaukler (1888), Gefesselte Sklavin im Harem, Kriegsbeute, Märchenerzählerin, Traum (1891; Landesmuseum in Budapest), Kinderschule in Kairo. E. lebt in München.

Eisenhütlein, in der Heraldik einer eisernen Kopfbedeckung ähnliche Figur, welche, wenn zu Sektionen verwendet, den ganzen oder einen Teil des Schildes füllt, dann auch Feh genannt und zum heraldischen Pelzwerk gerechnet wird. (S. Tafel: Heraldische Typen I, Fig. 11.)

Eisenhüttenwesen, s. Eisenerzeugung, Eisengießerei und Stahlgießerei.

Eisenindustrie umfaßt alle Erwerbszweige, welche sich mit der Erzeugung und der Verarbeitung des Eisens oder des Stahls vom Erzbergbau und vom Roheisen an bis zu dem höchstwertigen Fabrikat befassen. Auch den gesamten Maschinenbau und die Herstellung von Apparaten und Instrumenten ist man hierher zu rechnen berechtigt. Für die Kulturentwicklung ist das Eisen wichtiger geworden als jedes andere Metall. Nationen, welche Gold und Silber in großen Mengen erwarben, sind zu Grunde gegangen und in ihrem Wettbewerb solchen unterlegen, welche die E. zur Grundlage ihrer wirtschaftlichen Entwicklung zu machen verstanden und vermochten. Nicht genug daß heute die menschliche Arbeitskraft in fast allen Beschäftigungen mit Erfolg durch das aus Eisen gefertigte Werkzeug unterstützt, durch die Maschine ersetzt wird, selbst bei dem Bau der Häuser, der Herstellung vieler Gerätschaften, der Möbel, der Artikel des Haus- und Wirtschaftsbedarfs u. s. w. ist das Eisen an die Stelle von Stein und Holz getreten. Selbst Schiffe werden vorwiegend nicht mehr aus dem leichtern Holz, sondern aus Eisen gebaut. Die wichtigste Erfindung der Neuzeit für die Erleichterung des Verkehrs, «die Eisenbahn», verkündet schon in den beiden ersten Silben den Träger ihrer Grundlage. Ohne Eisen keine Telegraphie; Eisen ist das wichtigste Material für unser Heerwesen. Man hat sich daher ohne Widerspruch daran gewöhnt, den Verbrauch des Eisens als den Maßstab für die industrielle

Entwicklung eines Landes anzusehen. Nach den Berechnungen von Dr. Rentzsch («Schriften des Vereins deutscher Eisen- und Stahlindustrieller») ergiebt sich für 1890 unter Berücksichtigung der einheimischen Produktion, der Ein- und Ausfuhr die nachstehende Übersicht, die freilich nicht ganz durchgeführt werden konnte, da in manchen Ländern die Ein- und Ausfuhr nicht dem Gewichte, sondern nur dem Werte nach angegeben werden. Es entfallen auf:

Staaten	Eigene Produktion pro Kopf kg	Einheimischer Verbrauch überhaupt in je 1000 t	Einheimischer Verbrauch pro Kopf in kg
Deutschland	95,1	3 921	80,0
Großbritannien	214,1	—	—
Frankreich	50,8	—	—
Österreich-Ungarn	22,6	1 017	24,3
Belgien	138,3	412	68,7
Schweden	85,9	—	—
Italien	0,7	—	—
Rußland	6,8	880	8,0
Schweiz	0,3	180	60,0
Ver. St. v. Amerika	147,2	10 151	159,8

Für Großbritannien wird schätzungsweise der einheimische Verbrauch pro Kopf zu etwa 120 kg, für Frankreich zu 70, für Schweden 25, Italien 30 kg anzunehmen sein.

Nicht alle der vorstehend genannten Länder sind in der glücklichen Lage, eine lebens- und leistungsfähige einheimische E. zu besitzen, da sich dieselbe zunächst auf eine bodenwüchsige Roheisenproduktion und auf vorhandene oder leicht zu beziehende mineralische Brennstoffe stützen muß. Beides fehlt zunächst in Italien und der Schweiz, und wenn hier Beachtenswertes im Maschinenbau, in Italien neuerdings in der Herstellung von Eisenbahn- und Schiffsmaterial geleistet wird, so geschieht dies meist nur durch Beschaffung ausländischen Eisens und fremder Kohlen zu teuren Preisen, auch nur unter dem Schutz hoher Zölle. Ähnlich liegen die Dinge in Rußland, das zwar die geeigneten Rohmaterialien besitzt, aber meist viel zu weit voneinander entfernt. Schweden erzeugt ein recht gutes Roheisen, es fehlen aber für dessen Weiterverarbeitung die mineralischen Brennstoffe, und wenn man sich zur Zeit noch mit billigen Holzkohlen behelfen kann, so werden selbst die größten Waldbestände doch aufgebraucht werden. Zur Zeit sind daher die Länder, die über eine großentwickelte E., in allen oder nahezu allen Branchen erhebliches leistend, verfügen, in Europa: Großbritannien, Deutschland, Belgien, Frankreich, Österreich-Ungarn, in Amerika: die Vereinigten Staaten. In oft recht großen Hüttenwerken, die nicht selten viele Tausende von Arbeitern beschäftigen (s. Deutschland, S. 131a), wird das Roheisen oder der daraus gewonnene Stahl zu Stab- und Façoneisen, Blechen und Platten, Draht, Schienen, Schwellen, Achsen, Rädern, Bandagen, Schmiedestücken, Kriegsmaterial u. s. w. durch Puddeln, Hämmern, Walzen u. s. w. verarbeitet. Auf andern, oft auf denselben Werken wird das Stabeisen zu Eisenkonstruktionen, eisernen Brücken u. dgl. vorgerichtet, der gewalzte Draht in Ziehbänken dünner gezogen, das Blech verzinkt oder verzinnt (Weißblech), zu groben Eisenwaren von hunderterlei Art als Anker, Ketten, Amboße, Nägel, Drahtstifte, Drahtseile weiter verarbeitet. Daran schließt sich wiederum die sog. Kleineisenindustrie mit ihren Tausenden von Artikeln für den täglichen Bedarf an Messern, Scheren, Nadeln, Waffen, Beschlägen, Nieten, Schrauben, Griffen, Knöpfen, Stempeln, Drahtwaren, Werkzeugen u. s. w. an, während anderes Stabeisen, Bleche, Rohstahl, Draht, Schmiedestücke von den Maschinenfabriken zu Maschinen aller Art, Dampfkesseln, Apparaten, von den Schiffswerften zu Schiffen, von den Wagenbauanstalten zu Waggons, von den Mechanikern zu Instrumenten, zu Uhren, Federn u. s. w. verarbeitet werden. Eine gewissermaßen selbständige Branche bildet sodann die Eisengießerei (s. d.) mit ihren weitern Hunderten von Gegenständen. Endlich der Handwerksbetrieb der Eisengewerbe, der Schlosser, Schmiede, Klempner, Messer- und Zirkelschmiede, der Graveure, Metalldreher u. s. w. Das alles gehört zur E. und läßt die Aufstellung des Vereins deutscher Eisen- und Stahlindustrieller berechtigt erscheinen, daß in der deutschen Eisenindustrie bis zu 800000 Personen beschäftigt, an Anlagekapitalien mindestens 4000 Mill. M. vorhanden sind und im Laufe eines Jahres diese hohe Summe wahrscheinlich einmal umgesetzt wird.

Den ersten Rang nimmt zur Zeit Nordamerika ein, dessen E. indessen (von einzelnen kleinern Maschinen und Gegenständen des Hausbedarfs abgesehen) zur Zeit nur den inländischen Bedarf deckt und als Mitbewerber auf dem Weltmarkt nicht auftritt, was indessen nur eine Frage der Zeit sein dürfte. In den schweren Artikeln des Stabeisens, den Schienen, Blechen, Platten, Reifen, Bändern, groben Eisenwaren, besonders auch des Weißblechs übertrifft die Ausfuhr Englands die aller andern Länder, während Deutschland, bei einer sehr nennenswerten, aber doch geringern Ausfuhr in denselben Artikeln, in Draht, den Gegenständen seiner großartig entwickelten Kleineisenindustrie, in seinen Eisenwaren und Instrumenten das Übergewicht behauptet. Für die Ausfuhr kommt sodann noch Belgien in Betracht, während Frankreich und Österreich-Ungarn zurückstehen. 1891 betrug für Eisen- und Stahlfabrikate (ohne Maschinen und Instrumente):

Staaten	Einfuhr t	Ausfuhr t
Großbritannien	85 852	2 288 924
Deutschland	78 518	947 739
Belgien	32 418	363 517
Frankreich	34 633	94 396
Österreich-Ungarn	29 517	35 110

In Deutschland sind die wichtigsten Bezirke für die E. die Provinzen Rheinland-Westfalen mit den Kreisen von Essen, Bochum, Dortmund, Düsseldorf, Siegen, Aachen und dem Saarbezirk, sodann Oberschlesien, Deutsch-Lothringen, Hessen-Nassau, Königreich Sachsen (Chemnitz, Plauenscher Grund). Außerdem finden sich namhafte Werke in allen Landesteilen. Der Hauptsitz der Kleineisenindustrie ist in dem Bezirk Arnsberg in den Umgebungen von Hagen, Iserlohn, Lüdenscheid bis nach dem Kreis Siegen.

Unter *Großeisenindustrie* versteht man die Erzeugung der schweren (großen), groben Erzeugnisse der Hüttenwerke an Roheisen und Walzprodukten als Stabeisen, Blechen, Platten, Draht, Schienen, Achsen, Rädern, und die Eisengießerei. Kleineisenindustrie umfaßt dagegen, ohne daß die Grenzen scharf ausgeprägt sind, die fabrikmäßige Herstellung der kleinern und auch der feinern Eisenwaren. Statistisch ermittelt ist in Deutschland mit Einschluß von Luxemburg nur die Produktion der Großeisenindustrie, in andern Ländern ist auch diese sehr lückenhaft.

Wie sehr sich die deutsche Großeisenindustrie allein im Lauf der letzten 12 Jahre entwickelt hat, lehrt die nachstehende Tabelle. Erzeugt bez. gewonnen wurden (einschließlich Luxemburg):

		1880	1891
Eisenerzbergbau:			
Eisenerze	t	7 238 640	10 657 522
Wert	M.	34 453 491	39 408 304
Arbeiter		35 814	35 390
Roheisengewinnung:			
Roheisen	t	2 729 038	4 641 217
Wert	M.	163 390 380	232 428 012
Arbeiter		21 117	24 773
Eisengießerei:			
Gußwaren	t	514 847	1 028 387
Wert	M.	94 716 179	176 821 472
Arbeiter		35 667	62 743
Eisenfabrikate, ganz grobe:			
Eisenhalbfabrikate (Ingots u. Luppen) zum Verkauf	t	97 614	790 597
Geschirrguß (Poterie)	»	44 715	72 444
Röhren	»	70 064	195 754
Sonstige Gußwaren	»	165 711	813 389
Eisenbahnschienen	»	480 028	604 408
Eiserne Eisenbahnschwellen	»	72 549	162 461
Eisenbahnachsen, -Räder	»	72 096	124 615
Stabeisen	»	681 984	1 334 625
Platten und Bleche	»	204 727	425 155
Weißblech	»	8 869	23 479
Draht	»	233 122	402 580
Geschütze und Geschosse	»	10 363	11 154
Maschinenteile, Schmiedestücke	»	298 965	139 932
Summa der Fabrikate	t	2 440 807	5 100 593
Wert	M.	437 457 614	715 479 668
Arbeiter		106 968	170 268

Von diesen Fabrikaten wurden hergestellt aus

		1880	1891
Schweißeisen	t	1 358 470	1 484 064
Wert	M.	200 514 281	197 079 484
Arbeiter		51 185	49 596
Flußeisen (Stahl)	t	660.591	2 562 549
Wert	M.	136 412 937	337 217 151
Arbeiter		20 116	57 929

Aus den vorstehenden Ziffern ist die sehr bedeutende Verschiebung, die zu Gunsten des Stahls stattgefunden hat, zu ersehen. Während die Erzeugung der Stahlfabrikate sich nahezu vervierfacht hat, ist die Herstellung der Schweißeisenfabrikate, die 1889 mit 1 749 961 t ihren höchsten Staud erreicht hatte, nahezu auf die Produktion von 1880 herabgesunken. Voraussichtlich wird sie noch weiter fallen. So betrug die Produktion von

		Schweißeisen		Flußeisen	
		1881	1890	1881	1890
in Großbritannien	t	2 724 100	1 954 300	1 809 880	3 636 200
» Verein. Staaten von Amerika	»	2 398 500	2 558 150	1 613 000	4 345 170

Die Preise betrugen pro Tonne ab Werk Anfang der Jahre für:

Fabrikate	1882 M.	1886 M.	1890 M.	1891 M.	1892 M.
Stabeisen (Rheinland)	135	102	187	140	125
Träger (Saar)	141	95	150	125	95
Kesselbleche (Schlesien)	195	155	205	140	140
Walzdraht (Westfalen)	160	110	180	120	115
Gezogener Draht (Westfalen)	180	130	190	130	130
Weißblech (Saar)	480	370	416	372	350
Stahlschienen (Westfalen)	157	137	165	132	115
Nieten (Rheinland)	230	163	258	212	178
Drahtstifte (Westfalen)	190	140	225	187	135

Die Leistungen der deutschen E. und die meist vorzügliche Beschaffenheit der Lieferungen erfreuen sich im Ausland großer Anerkennung trotz der hier und da höhern Preise, deren Forderung für besseres und bestes Material berechtigt ist, wenn auch die Bewilligung des ausländischen Käufers auf große Schwierigkeiten zu stoßen pflegt. Hieraus mag sich zum Teil mit erklären, daß, wie in allen andern Ländern, die Auslandspreise zeitweise etwas niedriger stehen, als die für das zollgeschützte Inland.

Eisenjodür, FeJ_2, entsteht unter lebhafter Wärmeentwicklung, wenn man 1 Teil Eisenpulver und 5 Teile Jod in einem Porzellantiegel gelinde erwärmt. In wässeriger Lösung erhält man das E., indem man Eisenfeile mit Wasser übergießt, nach und nach auf 1 Teil Eisen die dreifache Menge an Jod zufügt und so lange in mäßiger Wärme digeriert, bis die anfänglich braune Färbung verschwunden und die Flüssigkeit grün geworden ist. Die von dem überschüssigen Eisen abfiltrierte Flüssigkeit, in einer eisernen Schale rasch verdampft, giebt beim Erkalten Krystalle, $FeJ_2 + 5H_2O$. Das Salz ist weder als Lösung noch krystallisiert längere Zeit haltbar, es absorbiert rasch Sauerstoff und zersetzt sich. Aus diesem Grunde läßt die Deutsche Pharmakopöe das Ferrum jodatum nicht vorrätig halten, sondern als Lösung kalt für den Bedarf frisch bereiten. Das haltbarere Ferrum jodatum saccharatum, Eisenjodürzucker, hat die zweite Auflage der Deutschen Pharmakopöe nicht wieder aufgenommen. Der Eisenjodürsirup ist eine Eisenjodürlösung.

Eisenkalk, Mineral, s. Ankerit.

Eisenkalkstein, ein dichter, oft auch poröser Kalkstein, dem Eisenoxyd oder Eisenoxydhydrat beigemengt ist, von ockergelber bis braunroter Farbe, manchmal etwas sandig oder thonig; bildet Lager in der Devonformation des Harzes (Elbingerode) und Nassaus (Oberscheld), im engl. Kohlenkalk (Gegend von Bristol), im Zechstein (Camsdorf in Thüringen), namentlich im braunen Jura Frankreichs (Vendée, Normandie), Englands, Württembergs und des Breisgaus.

Eisenkappel, Markt in Kärnten, s. Kappel.

Eisenkern, der eigentliche Körper der Hohlgeschosse, der außen noch die Führungs- (und unter Umständen die Centrierungs-)teile und innen die Sprengladung oder bei Shrapnels auch die Kugelfüllung erhält.

Eisenkies (Schwefelkies oder Pyrit, vom grch. pyr, d. i. Feuer, weil er am Stahl starke Funken giebt), ein sehr häufig vorkommendes metallisches Mineral, ist die dem regulären System angehörige Modifikation des Doppelschwefeleisens. Der E. krystallisiert in der parallelflächig-hemiëdrischen Abteilung und weist einen sehr großen Reichtum von Formen auf, indem bisjetzt außer dem Würfel, Oktaeder und Rhombendodekaeder nicht weniger als 10 Ikositetraeder, 5 Triakisoktaeder, 26 Pentagondodekaeder und 30 Dyakisdodekaeder daran beobachtet worden sind, die untereinander die mannigfachsten Kombinationen liefern. So zeigt nachstehende Fig. 1 die Kombination von Pentagondodekaeder, Oktaeder und Würfel, wie sie besonders am E. von Elba und Traversella zu beobachten ist. Fig. 2 veranschaulicht die am E. von Elba sehr gewöhnliche Kombination von Pentagondodekaeder, Oktaeder und Dyakisdodekaeder. Am häufigsten treten Würfel, vielfach parallel ihren abwechselnden Kanten gestreift, und Pentagondodekaeder auf. Zwillinge, bei denen zwei Pentagondodekaeder einander so durchwachsen, daß die Kanten, die durch den Würfel abgestumpft würden, rechtwinklig gekreuzt erscheinen, heißen wegen ihrer Form «die Zwillinge des Eisernen Kreuzes» (z. B. von Vlotho bei Minden). Die Krystalle sind oft einzeln eingewachsen (z. B. in Thon-

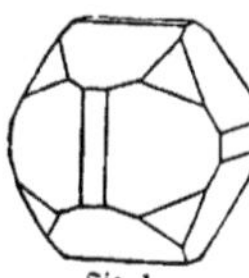
Fig. 1.

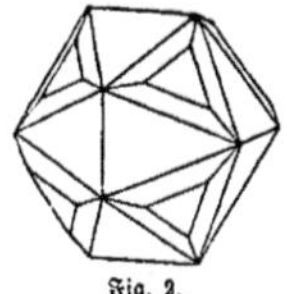
Fig. 2.

schiefern), auch zu Drusen und mancherlei Gruppen vereinigt, daneben finden sich häufig kugelige, traubige, nierenförmige Gestalten. Die Farbe ist speisgelb, bisweilen ins Goldgelbe geneigt, frisch mit ausgezeichnetem Metallglanz, der Strich bräunlichschwarz, die Härte 6—6,5, das spec. Gewicht schwankt um 5. Der E. ist nicht magnetisch. Die Analyse ergiebt 46,67 Proz. Eisen und 53,33 Schwefel, demgemäß die Formel FeS_2; dieses Eisenbisulfid ist indessen dimorph, indem es außer dem E. auch noch rhombisch als Markasit (s. d.) anftritt. Zuweilen hält der E. kleine Mengen von Gold (z. B. Beresowsk im Ural) oder Silber, nicht selten auch etwas Kupfer (Rio Tinto in Spanien) oder Spuren von Thallium. Von Salzsäure wird er fast gar nicht angegriffen, von Salpetersäure unter Abscheidung von Schwefel gelöst. Im Kolben giebt er Schwefel ab. Große Haufen, einmal angezündet, brennen fort. Fundpunkte der schönsten Krystalle sind u. a.: Elba, Traversella und Brosso in Piemont, Waldenstein in Kärnten, Freiberg und Potschappel in Sachsen, Großalmerode in Hessen, Dillenburg in Nassau, St. Gotthard und das Binnenthal in Wallis. Sehr oft erscheinen organische Formen, z. B. gekammerte Schalen von Ammoniten und andern Kephalopoden in E. vererzt. Der E. ist insbesondere zu einer Umwandlung in Eisenoxydhydrat geneigt, das von außen nach innen sehr regelmäßig in die Krystalle eindringt. Wo der E. in moderhaltigen Thonen als Nester, Schnüre und Körnchen in Braunkohlen und Steinkohlen vorkommt, da ist es nicht zweifelhaft, daß er vermittelst einer durch die kohlenstoffhaltige Substanz bedingten Reduktion aus durchsickernden Eisenvitriollösungen entstanden ist. Der E. kann für sich nicht zur Darstellung des metallischen Eisens, jedoch zur Gewinnung von Schwefelsäure, Eisenvitriol, Alaun, Schwefel benutzt werden, wobei die Rückstände als gelbe und rote Farben Verwendung finden; bei manchen Hüttenprozessen bildet er einen wichtigen Zuschlag; aus den goldhaltigen wird dieses Edelmetall extrahiert, aus den kupferhaltigen das Kupfer.

Eisenkiesel, eine durch mechan. Beimengung von Eisenoxyd blutrot, durch eine solche von Eisen- oder gelb oder braun gefärbte Abart des Quarzes, entweder krystallisiert als hexagonale Pyramide (oft in Kombination mit dem Prisma) oder in krystallinisch-körnigen Aggregaten. Schöne gelbe Krystalle finden sich in dem kalkigen Salband eines Eisensteinganges zu Sundwig in Westfalen, intensiv rote, die zu Rosenkränzen aneinandergereiht werden, in den tertiären Gipsen von Santiago de Compostela im span. Galicien (die sog. «Hyacinthen von Compostela»). Die körnigen Aggregate auf den Eisensteinlagerstätten von Eibenstock und Johanngeorgenstadt bilden den Übergang zum Jaspis.

Eisenkitt oder Rostkitt zum Befestigen von Eisen in Stein oder zum Ausfüllen von Fehlstellen in Gußstücken ist ein Gemenge von 60 Teilen Eisenfeilspänen, 2 Teilen Salmiak und 1 Teil Schwefel, das nach dem Anrühren mit Wasser nach und nach zu einer sehr harten Masse erstarrt.

Eisenkohlenoxyd (Eisencarbonyl, Ferrocarbonyl), $Fe(Co)_5$, dickliche hellgelbe Flüssigkeit (spec. Gewicht 1,4664 bei 18°), welche bei 103° unzersetzt siedet, bei —21° in gelblichen Nadeln krystallisiert; löslich in Alkohol, Äther, Benzol, Mineralölen; zersetzt sich bei Luftzutritt allmählich unter Abscheidung von Eisenoxydhydrat; zerfällt bei 180° in Eisen und Kohlenoxyd. Zur Darstellung läßt man in einer Glasröhre Kohlenoxyd durch äußerst fein verteiltes Eisen absorbieren und destilliert alsdann. In einem verschlossenen Gefäße dem Licht ausgesetzt, scheidet das Eisencarbonyl goldgelbe, metallglänzende Krystalle: Diferroheptacarbonyl, $Fe_2(Co)_7$, ab. Vielleicht beruht der Vorgang der Cementstahlbildung auf der vorübergehenden Bildung des E.

Eisenkonstruktionen, alle diejenigen Konstruktionen des Hoch- und Brückenbaues, bei welchen das Eisen als Hauptmaterial auftritt, während es bei den Stein- und Holzkonstruktionen nur als Hilfs- oder Nebenmaterial zur Anwendung kommt. Der Hauptvorzug des Eisens bei zunehmender Billigkeit gegenüber den andern Materialien, besonders dem Holz, besteht darin, daß es bei geringen Querschnittsverhältnissen eine viel bedeutendere Zug- und Druckfestigkeit besitzt und daß es durch Gießen, Walzen oder Schmieden in beliebige Formen gebracht werden kann, daher in seinen Abmessungen weniger beschränkt ist. Dagegen ist es bisher noch nicht in allseitig befriedigender Weise gelungen, den E. künstlerische Gestaltung zu geben. Während die Zugfestigkeit des Schmiedeeisens etwa der zehnfachen des Holzes und die Druckfestigkeit des Gußeisens der hundertfachen des Steins gleichkommt, übersteigen die Gewichtsverhältnisse des Eisens die des Holzes nur um das Achtfache, die des Steins etwa um das Vierfache. Dazu kommt, daß das Eisen zwar keine völlige Sicherheit bei Feuersgefahr bietet, aber doch selbst nicht brennt, und daß es länger den Witterungseinflüssen widersteht als Holz. Die Verwendung des Eisens ist eine außerordentlich vielseitige und erstreckt sich beim Hochbau auf folgende Gegenstände:

1) Säulen aus Schweißeisen: a. Säulen aus geschweißten Rohren, welche sehr leicht mit architektonischen Verzierungen versehen, auch bei geringer Preiserhöhung mit Schwellung oder Entasis hergestellt werden können. b. Säulen aus vier Quadranteisen, und c. Säulen aus vier Quadrateisen. Sie können zur Verstärkung vier Flacheisen erhalten, welche mit den Flanschen der Quadrant- oder Quadrateisen vernietet werden. d. Säulen aus zwei oder drei ⊏-Eisen und zwei Flacheisen, welche überall da zur Anwendung kommen, wo Säulen aus Schweißeisen von größerer Tragfähigkeit und geringer Breite in einer Richtung erforderlich sind. Vorteilhaft werden sie bei Fabrikanlagen verwendet, weil an denselben sich Transmissionen, Laufkranträger, Arbeitsmaschinen leicht anschließen

lassen. e. Säulen aus I-Eisen werden ihrer Billigkeit wegen oft angewendet. f. Säulen aus einem I-Eisen und zwei ⊏-Eisen sind durchweg einwandig, weshalb sich alle Anschlüsse an dieselben leicht ausführen lassen. Sie haben eine große Tragfähigkeit und für viele Fälle eine sehr zweckmäßige Form. Mit Leichtigkeit können auch Zwischenmauern an dieselben angeschlossen werden, wodurch die Stabilität einer solchen Mauer bedeutend erhöht wird. g. Säulen aus vier gleichschenkligen Winkeleisen. h. Säulen aus Kreuzeisen. Beide Arten kommen da zur Anwendung, wo geringere Lasten aufzunehmen sind.

2) Säulen aus Gußeisen. a. Gußeiserne runde Hohlsäulen. b. Gußeiserne quadratische Hohlsäulen. c. Gußeiserne rechteckige Hohlsäulen. d. Gußeiserne I-Säulen oder Stützwände für Ladeneinrichtungen. Die gußeisernen Säulen werden entweder liegend oder stehend gegossen. Die Säulenfüße und Säulenkapitäle werden meist getrennt vom Säulenschaft gebildet und durch architektonische Gliederungen profiliert und dekoriert. Auch der Schaft kann einen profilierten Querschnitt erhalten, je nach dem Stil, welchen die Gestalt der Säule erhalten soll. Säulenfuß und Säulenkapitäl müssen Verstärkungsrippen erhalten, deren Anzahl von dem Durchmesser der Säule abhängig ist. Ihre Anzahl schwankt bei gußeisernen Säulenfüßen zwischen vier und sechzehn.

3) Unterzüge und Träger für Deckenkonstruktionen. a. Genietete Träger. b. Gewalzte Träger. Ihre Anwendung s. unter Decke. Die Querverbindung für gewalzte Träger erfolgt durch gußeiserne Röhren oder besser durch gußeiserne Verbindungsstücke, welche in Entfernungen von etwa 2 m zwischen die I-Träger gesetzt werden. Das Auflager der Träger kann aus Gußeisen hergestellt werden, seltener aus Schweißeisen.

4) Dächer, als Satteldächer, Pultdächer, Mansardedächer, Sheddächer, Kuppeldächer, Flechtwerkdächer, Sicheldächer, s. Dachstühle.

5) Treppen aus Guß- oder Schmiedeeisen, s. Treppen.

6) Stützen für Erker, Gesimse, Balkone, die nach Art der Anker mit dem Mauerwerk verbunden sind und die durch Steinkonstruktion nur unter großen Kosten herstellbaren Ausladungen stützen.

7) Dachdeckungen aus Eisentafelblech, verzinktem Trägerwellblech, verzinkten Formblechen, gußeisernen Falzplatten, s. Dachdeckung.

8) Thür- und Fensterrahmen an feuersicher zu verschließenden Öffnungen.

9) Ofenkasten und Küchenherde.

Bei allen Teilen der E. ist auf guten Anstrich und auf gute Unterhaltung derselben zu sehen. Bei den Konstruktionen in Eisen verwendet man zu Stützen, Säulen und überhaupt solchen Teilen, welche auf Druck oder rückwirkende Festigkeit in Anspruch genommen werden, fast ausschließlich das Gußeisen wegen seiner bedeutenden Druckfestigkeit; nur bei starken Erschütterungen sind schmiedeeiserne Stützen empfehlenswerter; wogegen zu allen freitragenden und weitspannenden Konstruktionen, zu denen man anfänglich Gußeisen verwendete, das Schmiedeeisen in Form von Walzeisen, wegen gleichgroßen Widerstandes gegen Zug und Druck, größerer Elasticität und sehniger Struktur, als das geeignetste Material erkannt wurde. Das Wellblech wird nicht nur zu Dachdeckungen ohne Unterlage, sondern auch zur Unterstützung von Fußböden aus Beton und Holz, zu Rollläden, Thüren in Fabrikgebäuden u. dgl. verwendet.

Kleinere E., namentlich für Hochbauten, werden in größern Schlosserwerkstätten oder Maschinenschlossereien ausgeführt und deren Berechnung und Detaillierung in der Regel von den Architekten besorgt, wogegen größere E., wie Brücken, Dächer, Glockenstühle u. s. w. in besondern, von Ingenieuren geleiteten Eisenbauanstalten ausgeführt werden, die mit Gießereien, Walzwerken und mechan. Werkstätten für die feinere Bearbeitung des Eisens versehen sind. Die Lieferungsweise derselben erfolgt gewöhnlich unter Garantie für eine bestimmte Maximalbelastung und nach vertragsmäßig festgestellten Preisen für die Gewichtseinheit (Tonnen oder Center). Von den bedeutendern Eisenbauanstalten sind zu nennen: Kaspar Harkort in Harkorten bei Duisburg; Waltjen & Comp. in Bremen; Gebrüder Benkiser in Pforzheim; Kölnische Maschinenfabrik; Süddeutsche Brückenbau-Aktiengesellschaft in Nürnberg; Königin Marienhütte in Cainsdorf bei Zwickau; Lauchhammer, vereinigte vormals Gräflich Einsiedelsche Werke; W. Fairbairn in England; Gouin & Comp. in Frankreich; John Cockerill in Seraing in Belgien u. a. m.

Die E. in ihrer Mannigfaltigkeit sind eine Erfindung der letzten 50 Jahre. Doch benutzte man eiserne Anker und Stützen schon viel früher (1706 Versuche A. Schlüters, den Münzturm in Berlin durch Anker vor dem Senken zu bewahren; 1744 Eisenringe um die Kuppel des St. Peter zu Rom, welche Risse zeigte; im 18. Jahrh. schmiedeeiserne Säulen unter den Emporen der Hamburger Kirchen u. s. w.). Die großartigste Verwendung finden die E. an den Ausstellungsgebäuden (s. d.) und den Eisenbrücken (s. d.).

Die Preise für die E. sind stets starken Schwankungen unterworfen. Nach dem Baugewerkskalender von 1892 kosten:

		M.
1)	100 kg gußeiserne Säulen, glatt, ohne Modellkosten	21,50
2)	100 » » » kanneliert und verziert, ohne Modell	25,00
3)	100 » » Balken und Pfeiler desgl.	21,00
4)	100 » Unterlagplatten	13,00
5)	100 » alte Eisenbahnschienen	10,50
6)	100 » Fenstereisen	26,00
7)	100 » gewalzte T- und L-Eisen	20,00
8)	100 » » ⊏-Träger	19,00
9)	100 » » I-Träger bis 10 m Länge und 50 m Höhe	15,00—21,00
10)	100 » » I-Träger über 10 m Länge, für jeden Meter Mehrlänge	1,00
11)	100 » genietete Träger bis 6 m Länge und 30 cm Höhe	33,50
12)	100 » » » für jeden Centimeter Mehrhöhe	1,00
13)	100 » » » für jeden Meter Länge über 8 m	1,00
14)	Klein-Eisenzeug, Schrauben u. s. w. pro Kilogramm	0,4

Vgl. Brandt, Lehrbuch der E. (3. Aufl., Berl. 1876); Nowák, Der Metallbau (2 Tle., 3. Aufl., Lpz. 1882); Wittmann, Statik der Hochbaukonstruktionen, 3. Tl. (Berl. 1884); Messerschmitt, Die Kalkulation der E. (Essen 1884); Schlösser, Anleitung zur statischen Berechnung von E. (Berl. 1885); Gottgetreu, Lehrbuch der Hochbaukonstruktion, Bd. 3 (mit Atlas, ebd. 1885); Cornu, Construction en fer (neue Aufl., mit Atlas, Par. 1886); Scharowski, Musterbuch für E., 1. Tl. (Lpz. 1888); Contag, Neuere E. des Hochbaus (Berl. 1889); Breymann, Baukonstruktionslehre, Bd. 3 (5. Aufl., bearb. von Königer, Lpz. 1890); Baukunde des Architekten (Berl.

1890); Ledebur, Eisen und Stahl in ihrer Anwendung für dauliche und gewerdliche Zwecke (ebd. 1890).

Eisenkraut, Pflanze, s. Verbena.

Eisenkuchen, soviel wie Oblaten.

Eisenkunstindustrie, s. Kunstschmiedearbeiten.

Eisenlack ist Asphaltfirnis, eine Lösung von Asphalt in Terpentinöl.

Eisenlactät, Ferrolactat, Eisenoxydullactat oder milchsaures Eisenoxydul, Ferrum lacticum, $Fe(C_3H_5O_3)_2$, bildet sich unter Entwicklung von Wasserstoff, wenn wässerige Milchsäure mit Eisen zusammengebracht wird, als ein in kaltem Wasser schwer lösliches Salz. Zur Darstellung läßt man die Milchsäuregärung des Zuckers (s. Milchsäure) bei Gegenwart von überschüssiger Eisenfeile verlaufen. Das ausgeschiedene Salz wird durch Umkrystallisieren gereinigt.

Eisenlegierungen, Verbindungen des Eisens mit andern Metallen. Von E. sind nur wenige bekannt. Von technischer Bedeutung bei der Bessemerstahlfabrikation sind die verschiedenen Eisenmanganverbindungen. (S. Manganeisen.) Eine Legierung von Zink mit 5 Proz. Eisen dient zur Darstellung von Aichmetall (s. d.). Nickelhaltiges Eisen findet sich im Meteoreisen. In neuester Zeit werden auch Eisenaluminiumlegierungen verwendet.

Eisenlohr, Aug., Ägyptolog, geb. 6. Okt. 1832 zu Mannheim, studierte bis 1853 zu Heidelberg und Göttingen Theologie. Durch Krankheit veranlaßt, wandte er sich naturwissenschaftlichen Studien zu und war einige Jahre Fabrikant chem. Produkte; später machte er die Ägyptologie zu seinem Arbeitsgebiete. 1869 habilitierte sich E. an der Universität Heidelberg für das Fach der Ägyptologie, wurde dort 1872 außerordentlicher und 1885 Honorarprofessor. Von E.s ägyptolog. Arbeiten sind zu nennen: «Der große Papyrus Harris» (Vortrag, Lpz. 1872), «The political condition of Egypt before the reign of Ramses III.» (in den «Transactions of the Society of Biblical archæology», Bd. 1, Lond. 1872), «Ein mathem. Handbuch der alten Ägypter» («Papyrus Rhind» des British Museum) übersetzt und erklärt (2 Bde., Lpz. 1877). Auch Baedekers «Ägypten» II. Teil: Oberägypten und Nubien (ebd. 1891) hat E. bearbeitet.

Eisenlohr, Aug., bad. Minister, geb. 25. Febr. 1833 zu Mannheim, studierte in Heidelberg und Berlin, wurde 1862 Sekretär im Justizministerium, 1863 Amtsrichter, 1865 Kreisgerichtsrat in Baden und 1866 Ministerialrat im Ministerium des Innern. Nachdem er 1874 zum Landeskommissar der Kreise Karlsruhe und Baden ernannt worden war, wurde E. 1883 Ministerialdirektor im Ministerium des Innern und stimmführendes Mitglied des Staatsministeriums, 1892 Präsident des Ministerium des Innern.

Eisenlohr, Jak. Friedr., Baumeister, geb. 23. Nov. 1805 zu Lörrach, erhielt seine künstlerische Bildung erst zu Karlsruhe, dann 1828—29 in Italien, wurde 1832 Lehrer, 1839 Professor an der Bauschule des Polytechnikums zu Karlsruhe, deren Leitung er 1853 mit dem Titel eines Baurats erhielt. Er starb 27. Febr. 1854 daselbst. E. wies mit Geschick und Erfolg auf die Erforschung und künstlerische Verwertung der frühmittelalterlichen Kunstwerke für die neuere Zeit hin. Unter den von ihm entworfenen und ausgeführten Bauwerken sind hervorzuheben: sämtliche Bahnhöfe und andere Hochbauten längs der Badischen Eisenbahn, die prot. Kirche in Baden, die Restaurationen des Ortenberger Schlosses und der evang. Stadtkirche zu Lahr. Er veröffentlichte: «Ornamentik in ihrer Anwendung auf verschiedene Gegenstände der Baugewerke» (fortgesetzt von Lang, 24 Hefte, Karlsr. 1849—67), «Mittelalterliche Bauwerke im südwestl. Deutschland und am Rhein» (5 Hefte, ebd. 1853—57), «Entwürfe von Gebäuden verschiedener Gattung» (17 Hefte, ebd. 1852—59), «Holzbauten des Schwarzwaldes» (4 Hefte, ebd. 1853), «Bauverzierungen in Holz zum praktischen Gebrauch» (2. Aufl., ebd. 1868—70).

Eisenlohr, Theodor, Schulmann, geb. 30. April 1805 in Herrenberg, studierte in Tübingen Theologie und wurde darauf Geistlicher in Marburg (1833) und Tübingen (1838) und 1843, nachdem er sich bereits in Tübingen durch die Leitung eines Privatseminars als tüchtiger Schulmann gezeigt, Direktor des Seminars in Nürtingen. Später wurde er daneben zum Mitgliede des Konsistoriums und zum Oberschulrat ernannt; auch war er 1849 Mitglied des Stuttgarter Rumpfparlaments. Er starb auf einer Reise 31. Aug. 1869 in Zürich. Schriftstellerisch ist E. bekannt geworden durch Bearbeitung der Kirchen- und Schulgesetze in der Reyscherschen «Sammlung der württemb. Gesetze» (Bd. 8, 9 und 11, Tüb. 1834—39), ferner durch die Zeitschrift «Blätter aus Süddeutschland für das Volkserziehungs- und Volksunterrichtswesen», die er 1837—46 mit mehrern Freunden in Stuttgart herausgab, und besonders durch das Werk «Das Volk Israel unter der Herrschaft der Könige» (2 Bde., Lpz. 1855—56).

Eisenlohr, Wilh., Physiker, geb. 1. Jan. 1799 zu Pforzheim, studierte seit 1817 zu Heidelberg Mathematik und Naturwissenschaft. Bereits 1819 ward er als Professor der Mathematik und Physik am Lyceum zu Mannheim angestellt und 1840 übernahm er die Professur der Physik am Polytechnischen Institut zu Karlsruhe. Er trat 1865 in den Ruhestand und starb 10. Juli 1872 zu Karlsruhe. Besondere Verdienste hat sich E. um das Gewerbeschulwesen in Baden erworben, indem er daselbst die erste Gewerbeschule (zu Mannheim) begründete und alle übrigen einrichten und bis 1863 leiten half. Auch brachte er 1847—49 im Auftrage der Regierung im Schwarzwalde eine Uhrmacherschule zu stande. Er schrieb u. a. «Die Wellenlänge der brechbarsten Lichtstrahlen» (in Poggendorffs «Annalen der Physik und Chemie», Jahrg. 1856) und ein sehr verbreitetes «Lehrbuch der Physik» (Mannh. 1836; 11. Aufl., von Zech, Stuttg. 1876).

Eisenlunge, s. Staubinhalationskrankheiten.

Eisenmalät, apfelsaures Eisenoxydul, Ferromalat, $Fe(C_4H_4O_5)$, entsteht beim Lösen von Eisen in Apfelsäure. Es ist ein Bestandteil des Extractum ferri pomatum des Arzneibuches für das Deutsche Reich und ist nach folgender Vorschrift darzustellen. Der Saft von 50 Teilen reifen, sauern Äpfeln wird mit 1 Teil Eisenpulver im Wasserbade erwärmt, bis die Gasentwicklung beendet ist. Die mit Wasser bis zu 50 Teilen verdünnte Flüssigkeit bleibt mehrere Tage stehen, wird dann filtriert und zum dicken Extrakt verdampft. Die Tinctura ferri pomata ist eine Lösung des Extrakts in 9 Teilen Zimmetwasser.

Eisenmarkt, deutscher Name von Vajda Hunyad (s. d.) in Siebenbürgen.

Eisenmenger, August, Maler, geb. 11. Febr. 1830 zu Wien, besuchte 1845—48 die Wiener Akademie, trat 1856 in das Atelier Rahls ein und wurde 1872 Professor an der Akademie in Wien. Unter seinen Gemälden sind hervorzuheben: die Deckenbilder im Musikvereinspalast (Apollo mit den Musen), die Plafondgemälde im großen Saal des Grand Hôtel, Fresken im Österreichischen Museum zu Wien sowie viele Gemälde in Privathäusern Wiens, und die Darstellungen aus der Geschichte des Kaisers Maximilian I. in Schloß Hörnstein bei Wien (1872—79). 1878 malte er den Vorhang im Theater zu Augsburg (Äsop, seine Fabeln vortragend), 1881 die triumphierende Gerechtigkeit in der Stiegenhalle des Justizgebäudes in Wien und 1885 vollendete er die Ausmalung des Sitzungssaales des Abgeordnetenhauses im neuen Reichsratsgebäude in Wien.

Eisenmenger, Joh. Andr., antijüd. Schriftsteller, geb. 1654 zu Mannheim, wurde, als er in Amsterdam die orient. Sprachen studierte, durch die Lästerung des Christentums seitens des Rabbiners David Lida und den Übertritt dreier Christen zum Judentum so erbittert, daß er sich vornahm, in einem Buche die Urteile der Juden über christl. Lehre und Religion zur Abschreckung zusammenzutragen. E. ging nach Heidelberg, flüchtete 1693 mit dem Hof nach Frankfurt a. M., wo er als Registrator bei der kurfürstl. Kanzlei thätig war und wurde 1700 Professor der orient. Sprachen in Heidelberg, wo er 20. Dez. 1704 starb. Sein Werk ward in Frankfurt gedruckt, aber nicht ausgegeben, weil die Juden drei kaiserl. Verbote dagegen ausgewirkt hatten. Auch boten sie E. für Vernichtung desselben 12000 Fl. Die Erben wandten sich an König Friedrich I. von Preußen, der das Werk auf seine Kosten zu Königsberg 1711 drucken ließ. Fast 40 Jahre später wurden auch die Frankfurter Exemplare freigegeben. Das Werk führte den Titel «Entdecktes Judentum oder gründlicher und wahrhafter Bericht, welchergestalt die verstockten Juden die hochheilige Dreieinigkeit, Gott Vater, Sohn, heiliger Geist, erschröcklicher Weise lästern und verunehren u. s. w.». E. hat aus zweihundert Schriften eine ungeheuere Menge von Material zusammengetragen; sein Buch wird noch jetzt viel benutzt.

Eisenmennige, s. Eisenoxyd.

Eisenmohr, s. Aethiops und Eisenoxyduloxyd.

Eisenmonosulfurēt, s. Eisensulfide, a.

Eisenmoorbäder, s. Moorbäder.

Eisenmunition, derjenige Teil der Munition (s. d.), welcher aus Eisen oder Stahl besteht, also die Geschosse.

Eisennickelkies, ein tombakbraunes Erz, regulär krystallisierend, meist in körnigen Aggregaten; Härte 3,5 bis 4, spec. Gewicht 4,6; die Analyse ergiebt 36,1 Schwefel, 21,8 Nickel, 42,1 Eisen, daher die Formel $2 FeS + NiS$; findet sich mit Kupferkies und Magnetkies zu Lillehammer im südl. Norwegen.

Eisennitrāte. a. Salpetersaures Eisenoxydul, Ferronitrat, $Fe(NO_3)_2 + 6H_2O$, wird beim Auflösen von Eisen in höchst verdünnter Salpetersäure neben Ammoniumnitrat erhalten und krystallisiert beim Verdunsten der Flüssigkeit im luftleeren Raume in blaugrünen Krystallen, die außerordentlich leicht in b. salpetersaures Eisenoxyd, Ferrinitrat, $Fe_2(NO_3)_6$, übergehen. In mäßig konzentrierter Salpetersäure löst sich Eisen unter stürmischer Entwicklung von Stickoxyd, die saure Lösung giebt beim Verdampfen, wiewohl schwierig, weiße Krystalle des Salzes. In der Technik verwendet man vielfach die Lösung des Salzes unter dem Namen Eisenbeize, Rostbeize, Rouille, so namentlich in der Seidenfärberei. Diese stellt man dar, indem man in eine Mischung von 2 Teilen Salpetersäure von 36° B. und 1 Teil Wasser altes Eisen einträgt, bis sich bei längerer Digestion nichts mehr löst; die Flüssigkeit wird dann die im Handel verlangte Dichte von 40° B. haben. Vorteilhafter gewinnt man die Beize durch Lösen von Blutstein, natürlich vorkommendem Eisenoxyd, in Salpetersäure bis zur Sättigung. Sehr häufig ist die Eisenbeize des Handels ein Gemisch von schwefelsaurem und salpetersaurem Eisenoxyd, das erhalten wird, indem man eine heiß gesättigte Lösung von Eisenvitriol so lange mit Salpetersäure versetzt, bis die Oxydation beendet ist.

Eisenocker, natürlich vorkommende Oxydhydratverbindungen des Eisens. Brauner E., s. Brauneisenstein; gelber E., s. Gelbeisenstein; roter E., s. Roteisenstein.

Eisenöl, s. Eisenchlorid.

Eisen-Oolith (Eisenrogenstein, oolithisches Eisenerz), ein Eisenerz, das aus kleinen, meist dunkelkastanienbraun oder dunkelrot gefärbten Körnern von thonigem Brauneisenstein und Roteisenstein besteht; die Körner sind denen des feinen Schießpulvers ähnlich, rundlich, linsenförmig, auch durch gegenseitigen Druck teilweise plan oder konkav, und bilden entweder selbständig ein Aggregat, oder werden durch eine spärliche, kallige oder thonige Bindemasse zusammengehalten. Lager dieses Erzes, oft sehr reich an organischen Überresten, finden sich zwar schon in den ältesten Sedimentärformationen, z. B. dem Silur Böhmens, dem Devon der Eifel, und sind namentlich in der Lias- und Juraformation vorhanden, wo sie insbesondere in der Abteilung des braunen Jura eine weite Entwicklung und große technische Bedeutung gewinnen; so bei Aalen und Wasseralfingen in Württemberg (fünf Flöze, davon das unterste über 2 m mächtig), im südl. Luxemburg und dem angrenzenden Lothringen (zahlreiche Bänke von E., stellenweise zusammen 20 m mächtig), im engl. und russ. braunen Jura. Auch die franz. Kreideformation enthält noch mehrorts Lager von solchen oolithischen Eisenerzen. Bei andern seltenern E. werden die Körnchen nicht aus Eisenhydroxyden, sondern aus Thonerde-Eisenoxydulsilikat gebildet, z. B. bei dem Chamosit (s. d.).

Eisenoxyd, Ferrioxyd, Fe_2O_3, kommt in den verschiedensten Formen, krystallisiert (es krystallisiert hexagonal rhomboedrisch wie Aluminiumoxyd, mit dem E. isomorph ist) oder krystallinisch, stenglig, faserig, im Mineralreiche vor als Eisenglanz, Martit, Blutstein (Lapis Haematitis), roter Glaskopf, ferner eingesprengt und als Gemengteil in den verschiedensten Gebirgsarten. Man erhält es in schön krystallinisch flimmernder Form durch Glühen eines Gemenges von gleichen Teilen Kochsalz und Eisenvitriol und Auswaschen des Rückstandes; als amorphes rotbraunes Pulver durch Glühen von Eisenoxydhydrat oder kohlensaurem Eisenoxydul (Ferrum oxydatum rubrum alter Pharmakopöen, Crocus martis adstringens, Eisensafran), ferner als Nebenprodukt bei der Darstellung rauchender Schwefelsäure (Colcothar vitrioli, Caput mortuum). Durch gelindes Erhitzen dargestellt bildet es ein zartes, rotbraunes Pulver, das bei höhern Temperaturen sintert und dabei verschiedene Farbenabstufungen fast bis zum Schwarzen hin annimmt. Diese finden als Malerfarben Verwendung (Pariserrot, Berlinerrot, Berlinerbraun, Preußischrot, Eisenrot, Englischrot, Eisenmennige) sowie zum Rotfärben des Siegellacks; wegen seiner Härte dient es zum Polieren von Metallen, Glas und Stein (Polierrot). Das E. ist schwer und langsam in Säuren löslich, und zwar um so schwerer, je stärker es geglüht war.

Eisenoxydcitrat oder citronensaures Eisenoxyd, s. Citronensäure.

Eisenoxyde, die Verbindungen des Eisens mit Sauerstoff, s. Eisenoxyd, Eisenoxydul, Eisenoxyduloxyd und Eisensäure.

Eisenoxydhydrate oder Ferrihydrate, die dem Eisenoxyd entsprechen, kommen mehrere in der Natur mineralisch vor, so Gelbeisenstein (s. d.), $Fe_2O(OH)_4$, Brauneisenstein (s. d.) oder Limonit, $Fe_4O_3(OH)_6$, Goethit (s. d.), $Fe_2O_2(OH)_2$, und Turgit (s. d.), $Fe_4O_5(OH)_2$. Aus wässerigen Lösungen von Eisenoxydsalzen fällen Alkalien und Ammoniak einen voluminösen schleimigen Niederschlag von Ferrihexahydrat, $Fe_2(OH)_6$, von rotbrauner Farbe, der sich auf dem Filter sammeln, auswaschen und bei gewöhnlicher Temperatur ohne Veränderung trocknen läßt. Bei längerm Verweilen unter Wasser wird er kristallinisch und hat dann die Zusammensetzung des Goethit. Bei 100° geben beide Verbindungen Wasser ab und verwandeln sich in ein ziegelrotes Pulver von der Zusammensetzung des Turgit. Höhere Temperatur spaltet noch einmal Wasser ab und hinterläßt Eisenoxyd, Fe_2O_3. Alle genannten E. sind in Wasser unlöslich, werden aber von Säuren meist leicht zu Eisenoxydsalzen gelöst.

Es giebt auch in Wasser lösliche E., die den löslichen Aluminiumoxydhydraten (s. d.) entsprechen und wie diese dargestellt werden. So erhält man dialysiertes Eisenoxydhydrat, wenn man eine wässerige Eisenchloridlösung mit frisch gefälltem Ferrihexahydrat gelinde erwärmt, solange von letzterm noch aufgenommen wird, und die braunrote Flüssigkeit der Dialyse gegen reines Wasser unterwirft, solange in letzteres Salzsäure übergeht. Auf dem Dialysator bleibt eine dunkelrote Lösung von dialysiertem Eisenoxydhydrat, die als Ferrum oxydatum dialysatum offizinell ist. Bei Zusatz von etwas Schwefelsäure, Alkalisalzen und beim Erhitzen gelatiniert sie sofort, indem sich das lösliche Eisenoxydhydrat in Ferrihexahydrat verwandelt. Metaferrihydrat entsteht bei langem Kochen von basischem Ferriacetat mit Wasser. Die gelbrote, etwas opalisierende Flüssigkeit läßt durch Zusatz von Kochsalz oder Salzsäure pulverförmiges braunes Metaferrihydrat fallen, das nach dem Trocknen auf porösen Thonplatten sich in reinem Wasser wieder löst, beim Glühen aber unter Wasserabgabe gewöhnliches Eisenoxyd zurückläßt. Der Eisenrost besteht im wesentlichen aus unlöslichen E.

Eisenoxydnitrat oder salpetersaures Eisenoxyd, s. Eisennitrate.

Eisenoxydphosphat oder phosphorsaures Eisenoxyd, s. Eisenphosphate.

Eisenoxydsalze oder Ferrisalze enthalten wie das Eisenoxyd und Eisenchlorid dreiwertige Eisenatome, von denen immer eine Gruppe von je zweien sechs Atome Wasserstoff der Säuren substituiert. Sie sind in wasserfreiem Zustande teils farblos, teils gelb oder, wie die Eisenalaune, auch violett gefärbt. Die in Wasser löslichen wirken adstringierend. Die E. entstehen aus den Eisenoxydulsalzen durch Oxydation. Sollen sich dabei neutrale E. bilden, so muß außerdem noch halb so viel der Säure des Oxydulsalzes, als dieses enthält, zugegen sein; z. B. $6FeSO_4 + 3H_2SO_4 + 2HNO_3 = 3Fe_2(SO_4)_3 + 4H_2O + 2NO$. Durch Reduktionsmittel werden sie wieder in Oxydulsalze verwandelt; z. B. $Fe_2(SO_4)_3 + H_2S = 2FeSO_4 + H_2SO_4 + S$.

Eisenoxydsulfat, s. Eisensulfate, b.

Eisenoxydul oder Ferrooxyd, FeO, ist in reinem Zustande kaum bekannt, da es sich mit größter Leichtigkeit bei Gegenwart von Luft zu Eisenoxyd oxydiert. Man erhält es durch Erhitzen von oxalsaurem Eisen bei Luftabschluß. Eisenoxydulhydrat oder Ferrohydrat, $Fe(OH)_2$, entsteht, wenn luftfreie Lösungen von Eisenoxydulsalzen und von Natronhydrat vermischt werden, als weißer Niederschlag, der sich bei Luftzutritt erst grün, dann braun färbt, indem er in Oxydhydrat übergeht.

Eisenoxydulammoniumsulfat, s. Eisensulfate, a.

Eisenoxydulcarbonat, Eisenoxydulcarbonatzucker, s. Eisencarbonate, a.

Eisenoxydulhydrat, s. Eisenoxydul.

Eisenoxydullactat, soviel wie Eisenlactat.

Eisenoxydulmalat, soviel wie Eisenmalat.

Eisenoxyduloxyd, Fe_3O_4 oder $FeO \cdot Fe_2O_3$, kommt natürlich vor als Magneteisenstein (s. d.), entsteht beim Verbrennen von Eisen in Sauerstoff, ist Bestandteil des Hammerschlags (der Hammerschlag enthält gewöhnlich weniger Eisenoxyd als Magneteisen, z. B. Fe_7O_8 oder $5FeO \cdot Fe_2O_3$), wird auch erhalten durch teilweise Reduktion von Eisenoxyd, z. B. durch Glühen desselben mit Baumöl, und bildet in dieser Form den Aethiops martialis (Eisenmohr) älterer Pharmakopöen. Als Hydrat wurde es als Aethiops martialis Lemery bezeichnet und erhalten, indem man Eisenfeile in flachen Gefäßen mit Wasser überschichtet rosten ließ und den schwarzen Niederschlag abschlemmte. Rein wird es dargestellt, indem man ein Molekül Eisenoxydulsulfat und ein Molekül Eisenoxydsulfat in Wasser löst, mit Ammoniak bis zur alkalischen Reaktion versetzt und kocht, bis der Niederschlag schwarz und körnig wird.

Eisenoxydulphosphat, s. Eisenphosphate.

Eisenoxydulsalze oder Ferrosalze enthalten zweiwertiges Eisen, d. h. jedes Atom des Metalls ersetzt zwei Wasserstoffatome der Säure. Sie sind in wasserfreiem Zustande meist farblos, mit Krystallwasser verbunden dagegen blau oder blaugrün. Sie nehmen, wie alle Ferroverbindungen, aus der Luft leicht Sauerstoff auf und gehen in Eisenoxydsalze über.

Eisenoxydulsulfat, s. Eisensulfate, a.

Eisenpecherz, s. Stilpnosiderit und Triplit.

Eisenperiode, soviel wie Eisenzeit (s. d.).

Eisenphosphate. Eisenoxydulphosphat, $Fe_3(PO_4)_2$, bildet mit acht Molekülen Wasser das Mineral Vivianit (s. d.) und entsteht als anfangs weißer, an der Luft schnell blau werdender Niederschlag, wenn man eine Lösung von Eisenvitriol mit phosphorsaurem Natrium mischt. Eisenoxydphosphate sind als neutrales $Fe_2(PO_4)_2 + 4H_2O$, und als verschiedene basische Salze bekannt. Eins der letztern, $Fe_2(PO_4)(OH)_3$, kommt mineralisch als Kraurit oder Grüneisenerz (s. d.) vor.

Eisenpräparate, Stahlpräparate (Chalybeata), in der Heilkunde seit alters her und heute noch in großer Zahl bei verschiedenen Krankheiten, besonders bei Bleichsucht (s. d.) und überhaupt bei Blutarmut verwendete Mittel. Viele derselben sind im Laufe der Zeit als unnütz oder entbehrlich aus der Liste der Arzneikörper gestrichen worden, dafür aber auch wiederum zahlreiche neue hinzugekommen. Im folgenden sind die in das Arzneibuch für das Deutsche Reich aufgenommenen E., von denen manche in den verschiedenen Ausgaben nicht unwesentliche Unterschiede zeigen, in alphabetischer Reihe ihrer lat. Bezeichnungen aufgeführt:

Erste Auflage der Deutschen Pharmakopöe (1872).	**Dritte Auflage (Arzneibuch für das Deutsche Reich) der Deutschen Pharmakopöe (1890).**
Ammonium ferratum chloratum	Ammonium chloratum ferratum
Antidotum Arsenici	—
Chininum ferro-citricum . .	Chininum ferro-citricum
Extractum Ferri pomatum	Extractum Ferri pomatum
Extractum Malti ferratum	—
Ferrum carbonicum saccharatum	Ferrum carbonicum saccharatum
Ferrum chloratum	—
Ferrum citricum oxydatum	Ferrum citricum oxydatum
Ferrum citricum ammoniatum	—
Ferrum jodatum	—
Ferrum jodatum saccharatum	—
Ferrum lacticum	Ferrum lacticum
Ferrum oxydatum fuscum	—
Ferrum oxydatum saccharatum solubile	Ferrum oxydatum saccharatum
Ferrum phosphoricum . . .	—
Ferrum pulveratum	Ferrum pulveratum
Ferrum pyrophosphoricum cum Ammonio citrico	—
Ferrum reductum	Ferrum reductum
Ferrum sesquichloratum . .	Ferrum sesquichloratum
Ferrum sulfuricum crudum	Ferrum sulfuricum crudum
Ferrum sulfuricum oxydatum ammoniatum	—
Ferrum sulfuricum purum	Ferrum sulfuricum
Ferrum sulfuricum siccum	Ferrum sulfuricum siccum
Liquor Ferri acetici (8 Proz. Eisen)	Liquor Ferri acetici (4,8 bis 5 Proz. Eisen)
—	Liquor Ferri albuminati
Liquor Ferri chlorati . . .	—
—	Liquor Ferri jodati
—	Liquor Ferri oxychlorati
Liquor Ferri sesquichlorati (15 Proz. Eisen)	Liquor Ferri sesquichlorati (10 Proz. Eisen)
Liquor Ferri sulfurici oxydati	—
Natrum pyrophosphoricum ferratum	—
Pilulae aloëticae ferratae	Pilulae aloëticae ferratae
Pilulae Ferri carbonici . .	Pilulae Ferri carbonici
Syrupus Ferri jodati	Sirupus Ferri jodati
Syrupus Ferri oxydati solubilis	Sirupus Ferri oxydati
Tartarus ferratus	—
Tinctura Ferri acetici aetherea (6 Proz. Eisen)	Tinctura Ferri acetici aetherea (4 Proz. Eisen)
Tinctura Ferri chlorati . .	—
Tinctura Ferri chlorati aetherea	Tinctura Ferri chlorati aetherea
Tinctura Ferri pomata . . .	Tinctura Ferri pomata

Eisenproduktion, s. Eisenerzeugung.

Eisenpulver, gepulvertes Eisen (Ferrum pulveratum des Arzneibuches für das Deutsche Reich), ist ein schweres, etwas metallisch glänzendes, graues Pulver, das vom Magnet angezogen wird. Es wird dargestellt durch Zerstoßen von Stabeisen und Reiben des Pulvers unter Druck, wodurch es den Glanz bekommt. (S. auch Eisen, reduciertes.)

Eisenrahm, s. Eisenglimmer.

Eisenrogenstein, s. Eisen-Oolith.

Eisenrosen, förmlich wie Blumenblätter im Kreise geordnete Gruppen von Eisenglanztafeln, die in besonderer Schönheit in den Alpen, z. B. auf der Fibia, westlich vom Gotthardhospiz und im Tavetschthal vorkommen; auf den stark metallglänzenden Blättern der Rosetten liegt vielfach in gesetzmäßiger Gruppierung fuchsroter Rutil, der, wie es scheint, aus dem titansäurehaltigen Erz herausgeschwitzt ist.

Eisenrost, s. Eisenoxydhydrate.

Eisenrot, s. Eisenoxyd.

Eisensaccharat, Eisenzucker (Ferrum oxydatum saccharatum des Arzneibuches für das Deutsche Reich), ist im wesentlichen eine lösliche Verbindung von Eisenoxyd, Natron und Zucker und bildet ein braunrotes, in Wasser lösliches Pulver von süßem, zusammenziehendem Geschmack; es enthält 3 Proz. Eisen. Die wässerige Lösung giebt mit Blutlaugensalz erst auf Zusatz von Salzsäure Eisenreaktion.

Eisensafran, s. Eisenoxyd.

Eisensalmiak (Ammonium chloratum ferratum), $Fe_2Cl_6+4NH_4Cl+2H_2O$, entsteht durch Vermischungen der Lösungen von Eisenchlorid mit Salmiak in den entsprechenden Verhältnissen und Verdunsten der Lösung als granatrote Quadratoktaeder.

Eisensalz, s. Eisensulfate, a.

Eisensau, s. Kupfergewinnung.

Eisensäuerlinge, eisenhaltige, kohlensäurereiche Mineralquellen, die zu Heilzwecken benutzt werden, z. B. die von Pyrmont, Driburg u. a. (S. Mineralwässer.)

Eisensäure, $H_2Fe_2O_4$, ist in freiem Zustande nicht bekannt. Ihr Kalisalz, K_2FeO_4, entsteht bei schwachem Glühen von Eisenpulver mit Salpeter. Wasser entzieht der Schmelze das kirschrot gefärbte Salz, das sich sehr leicht zersetzt unter Bildung von Eisenoxyd und Entwicklung von Sauerstoff.

Eisenschiefer oder Eisenglimmerschiefer, ein körnig-schieferiges Gemenge von Eisenglanz in schwarzen, stark glänzenden Blättern oder Häuten und Quarz in graulichweißen Körnern oder zusammenhängenden Lagen; meistens herrscht der Eisenglanz bei weitem vor; accessorisch finden sich Talk, gediegen Gold und Eisenkies. Mächtige und ausgedehnte Schichtensysteme werden von E. in Brasilien, z. B. bei Itabira, Antonio Pereira, gebildet, auch in Südcarolina; ein anderes Vorkommnis von E. erscheint zwischen Gebröth und Winterburg, am südl. Fuße des Soonwaldes, wo mehrere Lager desselben zwischen sericitischen Schiefern anftreten.

Eisenschnitt, die künstliche Bearbeitung des Eisens mittels schneidender Werkzeuge, Meißeln, Feilen u. s. w. aus dem Block heraus. Die Technik bietet große Schwierigkeiten und war besonders im 16. bis 18. Jahrh. in Deutschland üblich.

Eisenschuh, Teil der mittelalterlichen Rüstung; er kommt vor als Schnabelschuh, Halbschuh, Kuhmaul (s. d.), Entenschnabelschuh; im 17. Jahrh. wird er vom Kniestiefel verdrängt.

Eisenschüssig heißen solche Naturprodukte, die einen Gehalt an Eisenoxyd oder Eisenoxydhydrat haben, ohne daß dieses zu ihren wesentlichen Bestandteilen gehörte. So z. B. eisenschüssiger Thon, eisenschüssiger Kalkstein u. s. w. Mitunter erteilt der Eisengehalt den betreffenden Materialien besondere Eigenschaften, so z. B. den Thonen, sich rot zu brennen und leichter schmelzbar zu werden. Wenn das Rotbrennen bei den Thonen in manchen Fällen erwünscht ist, so ist andererseits die durch das Eisenoxyd bewirkte leichtere Schmelzbarkeit meist nachteilig, da solche Thone weniger brauchbar sind.

Eisenschwarz, Bezeichnung für den Graphit (s. d.). Mit dem gleichen Namen bezeichnet man auch eine schwarze Farbe, die namentlich zum Schwärzen von Gipsfiguren gebraucht wird; sie besteht aus fein verteiltem metallischen Antimon, das man in dieser Form erhält, wenn eine saure Antimonlösung durch Zink reduciert wird.

Eisenseiten (engl. Ironsides), Name für die geharnischten Reiter Oliver Cromwells, zuerst von Prinz Rupert bei Marston Moor (1643) auf Cromwell selbst angewendet.

Eisensesquichlorid, s. Eisenchlorid.

Eisensinter (Arseneisensinter, Phosphoreisensinter, Pittizit, Diadochit), eine gewöhnlich nierenförmige und stalaktitische, schalig zusammengesetzte Mineralsubstanz, von muscheligem Bruch, brauner und gelber Farbe, Glas- und Fettglanz, dabei durchscheinend, spröde und sehr leicht zersprengbar; das spec. Gewicht ist 1,9 bis 2,5. Der Hauptsache nach ist E. ein wasserhaltiges Gemenge von arsensaurem und schwefelsaurem Eisenoxyd mit schwankendem Mischungsverhältnis. Der E. geht zum Teil aus der Zersetzung der Arsenkiese hervor und verfestigt sich, wie man auf einigen Gruben von Freiberg wahrnehmen kann, aus dem butterweichen, selbst sirupähnlichen Zustande. Die arsenreichen E. finden sich z. B. auf dem Erzgebirge, am Graul bei Schwarzenberg, am Rathausberg bei Gastein, die phosphorreichen zu Garnsdorf bei Saalfeld, Arnsbach bei Gräfenthal, Vedrin in Belgien.

Eisenspat (Spateisenstein, Siderit, Stahlstein), ein rhomboedrisch krystallisierendes, mit dem Kalkspat isomorphes — Polkantenwinkel des Grundrhomboeders 107° —, aber weitaus formenärmeres Mineral, das chemisch aus Eisencarbonat besteht; gewöhnlich ist etwas Mangan- oder Magnesiumcarbonat, auch Calciumcarbonat isomorph hinzugemischt. Die Rhomboeder sind oft sattelförmig oder linsenförmig gekrümmt; auch kommen Skalenoeder vor. Der E. ist nach dem Grundrhomboeder spaltbar, im frischen Zustande glas- bis perlmutterglänzend und gelblichgrau, aber bei begonnener Umwandlung in Brauneisenstein schwärzlichbraun, matt und undurchsichtig, von der Härte 4, dem spec. Gewicht 3,7 bis 3,9. In Säuren löst er sich mit Brausen, vor dem Lötrohr ist er unschmelzbar, wird aber magnetisch. Der E. liefert eins der wichtigsten und vorzüglichsten Erze für die Gewinnung von Eisen und Stahl, die in vielen Gegenden in erster Linie aus ihm dargestellt werden. Ein grob- bis feinkörniges, bisweilen marmorähnliches Aggregat von E. bildet in Schichtgesteinen Einlagerungen von oft ansehnlicher Ausdehnung, Gänge und stockförmige Massen, die ebenfalls zum Teil sehr bedeutende Ausdehnung besitzen und meistens im Gebiete älterer Formationen erscheinen. Die Glimmerschiefer Kärntens (Friesach, Hüttenberg, Wolfsberg) führen gewaltige Eisenspatlager, die nach oben zu die deutlichsten Übergänge in Brauneisenstein zeigen. Der kolossale Erzberg bei Eisenerz in Steiermark, der, 870 m über der Thalsohle aufragend, fast ganz aus E. besteht, gehört dem Silur an. Im Siegener Lande in Westfalen findet sich eine große Menge von Stöcken und Gängen des E., namentlich der mächtige sog. Stahlberg bei Müsen.

Den mit Thon verunreinigten dichten oder feinkörnigen E. nennt man den thonigen Siderit oder wegen der Zusammenballungen, die er bildet, Sphärosiderit. Er erscheint besonders in der Steinkohlenformation, dem Rotliegenden und dem Braunkohlengebirge (England, Zwickau, Saarbrücken, Gegend des Siebengebirges, Karpaten), bald als vereinzelte runde oder ellipsoidische Nieren, die häufig einen organischen Überrest, einen Koprolith, Fischabdruck u. s. w. enthalten, bald als stetig fortsetzende, vielfach übereinander wiederholte Lagen und Schichten, und ist wegen seiner weiten Verbreitung ebenfalls ein hervorragendes Eisenerz, auf dem z. B. ein guter Teil der engl. Eisengewinnung beruht.

Eisenstadt, ungar. Kis-Marton, Stadt mit geordnetem Magistrat im Ödenburger Komitat (Sopron) in Ungarn, früher königl. Freistadt, in einer freundlichen, weinreichen Gegend am Fuße des Leithagebirges, unfern der Raab-Ödenburg-Ebenfurther Bahn, hat (1890) 2972 meist deutsche E. (355 Magyaren, 131 Kroaten), Post, Telegraph; prächtiges großes Schloß des Fürsten Esterhazy, 1683 erbaut, 1805 vergrößert, mit terrassenförmigem Park, berühmten Treibhäusern und Orangerie, ferner eine Militär-Unterrealschule, ein Franziskanerkloster mit der fürstl. Gruft, ein Krankenhaus der Barmherzigen Brüder und einen der größten Kalvarienberge Ungarns mit einer Wallfahrtskirche (Maria-Einsiedel), in welcher Jos. Haydn begraben liegt und ein schönes Denkmal hat. Derselbe wirkte hier von 1760 bis 1790 als fürstl. Kapellmeister.

Eisenstein, Ferdinand Gotthold Max, Mathematiker, geb. 16. April 1823 zu Berlin, wurde 1847 Privatdocent an der Universität zu Breslau, starb aber schon 11. Okt. 1852 zu Berlin. Seine Abhandlungen aus dem Gebiet der Zahlentheorie und der höhern Analysis erschienen in Crelles «Journal für die reine und angewandte Mathematik» und in den «Monatsberichten der Berliner Akademie»; die wichtigsten sind gesammelt und mit einer Vorrede von Gauß versehen erschienen in den «Mathematischen Abhandlungen» (Berl. 1847).

Eisensteinmark, Mineral, s. Steinmark.

Eisenstich, eine Abart der Kupferstechkunst (s. d.), die indessen nur selten zur Verwendung kam, da die geätzte Eisenplatte leicht durch Rost verdarb. Von Albrecht Dürer existieren einige Abdrücke von radierten Eisenplatten.

Eisenstuck, Bernhard, Politiker, geb. 1806 zu Annaberg, trat 1820 als Lehrling in das Fabrikgeschäft von Pflugbeil & Comp. in Chemnitz ein und wurde später Teilhaber desselben, außerdem Mitglied des Chemnitzer Industrievereins sowie des von ihm mit begründeten Handwerkervereins; auch beteiligte er sich seit 1843 bei den Vereinigungen deutscher Gewerbtreibenden zum Schutz der nationalen Arbeit. 1848 gab er seine kaufmännische Thätigkeit auf, um sich ganz der Politik zu widmen. Er nahm teil am Vorparlament und trat, zu Chemnitz gewählt, in die Frankfurter Nationalversammlung, wo er der Linken angehörte, Vorstand des Volkswirtschaftlichen Ausschusses und während der letzten Monate der Versammlung zweiter Vicepräsident war. Als ihn das Ministerium Gagern als Reichskommissar in die Rheinpfalz sandte, erkannte er die Erhebung dieser Provinz, soweit sie auf die Durchführung der Reichsverfassung abzweckte, an und organisierte sie, was seine Rückberufung zur Folge hatte. An dem Rumpfparlament zu Stuttgart nahm E. eine Zeit lang teil, verließ dasselbe jedoch noch vor dessen gewaltsamer Auflösung und begab sich nach der Schweiz, dann nach Brüssel und wurde Teilhaber an einem Spinnereigeschäft zu Floristal an der Dyle. Später kehrte er nach Sachsen zurück und starb als Direktor der Aktienspinnerei zu Wiesenbad 5. April 1871 zu Dresden.

Eisensulfäte, die schwefelsauren Salze des Eisens. a. Schwefelsaures Eisenoxydul, $FeSO_4$, Eisenoxydulsulfat, Ferrosulfat, Eisenvitriol, grüner Vitriol, Kupferwasser, grüner Galitzenstein, Atramentum sutorium. Zur Darstellung des reinen Salzes löst man Eisen in verdünnter Schwefelsäure, bei Überschuß von Eisen. Beim Nachlassen der Entwicklung des Wasserstoffgases wird die Flüssigkeit abgegossen und in starkem Alkohol filtriert, wobei das Salz, $FeSO_4 + 7H_2O$ (Ferrum sulfuricum des Arzneibuches für das Deutsche Reich), als hell bläulichgrünes Krystallmehl niederfällt. Dies ist auf einem Filter zu sammeln, mit Alkohol abzuspülen und bei gelinder Wärme zu trocknen. Das Salz schmilzt beim Erwärmen in seinem Krystallwasser und hinterläßt bei 100° ein Salz von der Zusammensetzung $FeSO_4 + H_2O$ (Ferrum sulfuricum siccum des Arzneibuches), das den Rest des Wassers, dabei teilweise Zersetzung erleidend, erst bei 300° abgiebt. Technisch erhält man Eisenvitriol durch Verwittern von Wasserkiesen, durch schwaches Rösten von Schwefelkiesen und Verwittern der Abbrände; die verwitterten Massen werden ausgelaugt und die Lauge zur Krystallisation gebracht. Ferner als Nebenprodukt bei der Darstellung von Cementkupfer, bei der Entwicklung von Schwefelwasserstoff, beim Beizen von Eisendraht und -Blech. Die auf die eine oder andere Weise gewonnenen Lösungen werden, wenn sie noch freie Säure enthalten, mit Eisenabfällen zusammengebracht, bis sich kein Wasserstoff mehr entwickelt, durch Absetzen geklärt und am besten in Bleipfannen verdampft. Die Krystallisation erfolgt in mit Blei ausgelegten, flachen hölzernen Behältern. Die technisch dargestellten Krystalle (Ferrum sulfuricum crudum) sind häufig, wenn nicht ganz frisch bereitet, durch teilweise Oxydation gelblichgrün gefärbt und enthalten mitunter Kupfer-, Zink- oder auch Magnesiasulfat. Der Eisenvitriol findet sehr zahlreiche Verwendungen, so zur Darstellung vieler anderer Eisenverbindungen, in der Färberei, zur Darstellung der Tinte, zum Schwärzen des Leders, als Desodorisationsmittel, in der Photographie u. s. w. Roher Eisenvitriol kostet im Großhandel 5 M. die 100 kg, chemisch reiner 22 M. die 100 kg.

Das schwefelsaure Eisenoxydul bildet mit schwefelsaurem Kalium und schwefelsaurem Ammonium Doppelsalze, von denen das Eisenoxydulammoniumsulfat, $FeSO_4 \cdot (NH_4)_2SO_4 + 6H_2O$, unter dem Namen Eisensalz oder Mohrsches Salz in der Analyse zur Bestimmung des Titers des übermangansauren Kaliums Verwendung findet. Man stellt es dar, indem man beide Salze in ihren Molekulargewichten entsprechenden Mengen in heißem Wasser löst und krystallisieren läßt. Es bildet hell bläulichgrüne Krystalle und ist viel luftbeständiger als Eisenvitriol.

b. Schwefelsaures Eisenoxyd, Ferrisulfat, Eisenoxydsulfat, $Fe_2(SO_4)_3$, weißes, zu einer rotbraunen Lösung zerfließendes Salz. Eine wässerige Lösung des Salzes ist der Liquor ferri sulfurici oxydati, zu dessen Darstellung 80 Teile Eisenvitriol, 40 Teile Wasser, 15 Teile Schwefelsäure und 18 Teile Salpetersäure im Wasserbade miteinander erwärmt werden, bis die Flüssigkeit braun geworden und keine Reaktion mit Ferricyankalium mehr giebt. Die Flüssigkeit wird bis zum Gewicht von 100 Teilen verdampft, in Wasser aufgenommen und wieder verdampft, was so oft wiederholt wird, bis kein Geruch von Salpetersäure mehr wahrnehmbar ist; schließlich wird so viel Wasser zugefügt, bis das Gewicht des Ganzen 160 Teile beträgt. Das spec. Gewicht ist 1,428 bis 1,430, der Eisengehalt = 10 Proz.

Unter dem Namen Eisenchamäleon wird eine Mischung von 45 Teilen schwefelsaurer Eisenoxydlösung, 2 Teilen übermangansaurem Kalium und 53 Teilen Wasser für Desinfektionszwecke empfohlen.

Mit schwefelsaurem Kalium und mit schwefelsaurem Ammonium verbindet sich das schwefelsaure Eisenoxyd zu Eisenalaunen. Der leicht krystallisierende Ammoniakeisenalaun, $(NH_4)_2Fe_2(SO_4)_4 + 24H_2O$, findet in der Färberei technische Verwendung und war früher offizinell.

Eisensulfīde oder Eisensulfurete sind Verbindungen von Schwefel und Eisen; die wichtigsten sind: a. Einfach Schwefeleisen, Ferrosulfid, Eisenmonosulfid oder Eisenmonosulfuret, FeS, entsteht durch direkte Vereinigung seiner Elemente. Zur Darstellung bringt man Eisen (altes Bandeisen u. dgl.) in einem thönernen Tiegel, dessen Boden mit einem 1 cm weiten Loche durchbohrt ist, zum heftigen Glühen und trägt Schwefel ein. Es findet augenblicklich Vereinigung beider statt, das Schwefeleisen fließt dünnflüssig durch die Öffnung des Tiegels und wird in einer unter den Rost gehaltenen eisernen Kelle aufgefangen. Nach dem Erstarren bildet das Schwefeleisen eine graue, auf dem Bruche krystallinisch glänzende Masse. Es dient im Laboratorium zur Entwicklung von Schwefelwasserstoff. Auf nassem Wege erhält man es durch Zersetzen einer Lösung eines Eisenoxydulsalzes durch Schwefelammonium als schwarzen, in Säuren leicht löslichen Niederschlag, der sich an der Luft schnell zu Ferrisulfat und Eisenoxydhydrat oxydiert. b. Zweifach Schwefeleisen, Doppelschwefeleisen, Eisenbi(-di-)sulfuret oder Eisenbi(-di-)sulfid, FeS_2, kommt in großen Mengen in der Natur vor als Schwefelkies, Pyrit (s. d.) oder Gelbeisenkies regulär krystallisierend und als Strahlkies, Markasit (s. d.), Graueisenkies in rhombischen Krystallen. Der Schwefelkies ist das wichtigste Rohmaterial für die Schwefelsäurefabrikation, die dabei verbleibenden Abbrände werden in neuerer Zeit auf Eisen verschmolzen oder, wenn kupfer- und silberhaltig, wie die span. Kiese, zur Gewinnung dieser Metalle, auf nassem Wege verarbeitet.

Eisensulfurēte, s. Eisensulfide.

Eisenten (Harelda), ein Untergeschlecht der Enten mit verlängerten mittlern Schwanzfedern. Die zwei Arten bewohnen den hohen Norden der Alten und Neuen Welt.

Eisentinktur, Bezeichnung für verschiedene in der Medizin angewandte Eisenmittel, z. B. für die Tinctura Ferri chlorati aetherea (s. Eisenpräparate).

Eisen und Blut, ein durch eine Rede Bismarcks sprichwörtlich gewordener Ausdruck zur Kennzeichnung seiner Politik, die den Krieg als einziges Mittel zur Lösung der Frage der deutschen Bundesreform erkannte. In der Abendsitzung der Budgetkommission des preuß. Abgeordnetenhauses (30. Sept. 1862) sagte Bismarck: «Nicht durch Reden und Majoritätsbeschlüsse werden die großen

Fragen der Zeit entschieden (das ist der Fehler von 1848 und 1849 gewesen), sondern durch Eisen und Blut.»

Eisen- und Stahlberufsgenossenschaften, s. Berufsgenossenschaft (Bd. 2, S. 857a).

Eisenveilchenbaum, s. Eucalyptus.

Eisenverbindungen. Das Eisen tritt in seinen Verbindungen mit negativen Elementen meist zweiwertig (Ferroverbindungen, z. B. FeO, Ferrooxyd oder Eisenoxydul, $FeCl_2$, Ferrochlorür und Eisenchlorür) oder dreiwertig (Ferri oder Ferriverbindungen, z. B. Fe_2O_3, Eisenoxyd oder Ferrioxyd) auf. In den letztern scheinen, wenigstens bei nicht allzuhohen Temperaturen, je zwei vierwertige Eisenatome miteinander vereinigt zu sein, z. B. Fe_2Cl_6. In den Eisendisulfureten erscheint Eisen dem Schwefel gegenüber direkt als vierwertiges, in den Salzen der Eisensäure als sechswertiges Element. Alle Ferroverbindungen oxydieren sich an der Luft leicht zu den beständigern Ferriverbindungen. Die letztern werden durch starke Reduktionsmittel, z. B. nascierenden Wasserstoff und Schwefelwasserstoff, in Ferroverbindungen verwandelt.

Eisenvitriol, schwefelsaures Eisenoxydul, s. Eisensulfate, a.

Eisenwässer, s. Mineralwässer und Stahlwässer.

Eisenweinstein, Stahlkugeln, Tartarus ferratus, Tartarus martiatus, Tartarus chalybeatus, Ferro-Kali tartaricum, ist das Eisenoxydkaliumsalz der Weinsäure, war früher offizinell.

Eisenzeit, die dritte und letzte der großen Kulturperioden der Urgeschichte (s. d.). Der Name ist besonders bei den schwed. und dän. Gelehrten beliebt, da man hier, im Norden Europas, die einzelnen Kulturperioden und besonders die beiden letzten, die Bronzezeit (s. d.) und E., viel genauer unterscheiden konnte als im mittlern und südl. Europa. Man unterscheidet dort erst eine ältere E. (etwa 100 v. Chr. bis 500 n. Chr.), also vorröm., röm. und Völkerwanderungszeit umfassend, dann eine mittlere (6. bis 8. Jahrh. n. Chr.) und eine jüngere E. oder Wikingerzeit (8. bis 10. Jahrh. n. Chr.). Im mittlern Deutschland, z. B. in der Mark Brandenburg, hat man aber schon wenigstens zwei oder drei Jahrhunderte früher die Anfänge einer Eisenkultur, und je weiter man nach dem Süden und Südosten Europas vordringt, desto früher findet man Eisengeräte im Gebrauch. So hat man z. B. aus dem berühmten Gräberfeld von Hallstatt (s. d.) schon zahlreiche Schwerter, Dolche, Äxte u. a. Geräte von Eisen, während in der Mark, in Pommern und Mecklenburg während der Hallstätter Zeit (s. d.) fast ausschließlich nur Bronze vorkommt. Noch häufiger ist das Eisen in der La-Tène-Zeit (s. d.). Die meisten alten Kulturvölker kannten das Eisen. Daher kann der Name E. in der Wissenschaft keine allgemeine Bedeutung beanspruchen, sondern nur für kleinere Gebiete als wissenschaftlicher Kunstausdruck gelten. Für Deutschland dürfte der Ausdruck E. auf die lange Zeit von einigen Jahrhunderten v. Chr. bis in die deutsche Kaiserzeit zu beziehen sein. (Vgl. Eisen [Geschichtliches] und Eisenfunde.)

Eisenzölle. Das dentsche Tarifgesetz vom 7. Juli 1873 hatte die Frage der E. zu einem radikalen Abschluß gebracht, indem es den Roheisenzoll schon vom 1. Okt. jenes Jahres ab ganz anfhob, die übrigen Zölle auf Eisen und Eisenwaren bedeutend ermäßigte und zum 1. Jan. 1877 deren gänzliche Beseitigung (mit einer Ausnahme zu Gunsten der seinen Eisenwaren) verfügte. Der Niedergang der Eisenindustrie in den Jahren 1875—78 wurde nun mit Recht oder Unrecht auf diese handelspolit. Maßregel zurückgeführt, und die allmählich immer lebhafter werdende schutzzöllnerische Bewegung fand daher bei den Vertretern dieses Produktionszweigs eine besonders wirksame Unterstützung. Diese Bestrebungen blieben auch nicht ohne Erfolg, und der Tarif vom 12. Juli 1879 stellte die E. wieder her. Roheisen z. B. wurde wieder mit dem Zoll von 1868, nämlich 1 M. pro 100 kg belegt, während Stabeisen, Schienen u. s. w. mit 2,50 M. nicht ganz die Sätze von 1870 erreichten und 1892 Stabeisen zum Umschmelzen vertragsmäßig auf 1,50 M. herabgesetzt wurde. Die günstige Wirkung der Zölle schien auf den ersten Blick unzweifelhaft, da die Eisenpreise in den nächsten Jahren sich hoben und die Gesamtlage der Industrie sich besserte. Es handelte sich indes hier um eine allgemeine weltwirtschaftliche Bewegung, die von Amerika und England ausging und Deutschland erst nachträglich berührte, also mit den E. in keinem Zusammenhange stand. Seit 1882 trat auch wieder ein Rückgang ein, und 1885 standen die Eisenpreise trotz des Zolls niedriger als jemals. Für die deutsche Eisenindustrie hat eben die Ausfuhr bereits eine so große Bedeutung gewonnen, daß sie durchaus von dem Weltmarkte abhängt und der Schutz, dessen sie sich auf dem innern Markt erfreut, zum Teil wenigstens durch die Opfer wieder aufgewogen wird, mittels deren sie sich den Absatz im Auslande erzwingen muß. Es ist eine bekannte Thatsache, daß viele Eisenwerke auswärtige Lieferungen zu herabgesetzten Preisen übernehmen, bei denen sie keinen unmittelbaren Gewinn, jedoch den Vorteil haben, den innern Markt zu entlasten und hier die Preise höher halten zu können. Im ganzen werden also die E. immerhin dazu gedient haben, den Gewinn der Eisenindustrie vor einem noch tiefern Sinken zu schützen, und es erscheint erklärlich, daß nach Erreichen dieses Zieles bei Abschluß der neuen Handelsverträge (1892) eine Ermäßigung der Zölle wieder teilweise möglich wurde. Im Vergleich mit denjenigen mehrerer anderer Länder sind übrigens die deutschen E. ziemlich mäßig. So erhebt Frankreich nach seinem neuen Minimal- und Maximaltarif von Roheisen (pro 100 kg) 1,20 bis 1,60 M., von Schienen 4,80 bis 5,60 M., und Österreich von dem erstern 1,30 M., von den letztern 5 M. In den Vereinigten Staaten beträgt der Roheisenzoll sogar 2,86 M. pro 100 kg. Sehr empfindlich für die deutsche Industrie ist die Erhöhung der russischen E., die besonders für Roheisen und Eisen- und Stahlwaren seit 1882 schrittweise erfolgt ist. Für Eisen und Stahl in Barren und Sorten aller Art sowie für Schienen sind pro Pud 60 Kopeken (11,80 M. pro 100 kg) zu entrichten; Gußeisen zahlt zur See eingeführt 30 Kopeken, über die westl. Landesgrenze eingeführt 35 Kopeken.

Die Übersicht auf S. 946 giebt die gegen Ende 1892 in den verschiedenen Staaten geltenden Zollsätze für die wichtigsten Eisensorten in Mark für 1 t an.

Der einzige Staat, welcher überhaupt E. nicht erhebt, ist England. Niedrige Zölle, bez. Zollbefreiungen für eine Anzahl von Artikeln besitzen Griechenland, die Niederlande, Norwegen, Schweden, Rumänien, Belgien und die Schweiz. Von mittlerer Höhe sind die Zölle außer in Deutschland in Portugal, Serbien, in der Türkei und etwa noch in

Staaten	Roheisen	Stabeisen	Schienen	Bleche	Draht	Eisenwaren	
						grobe	feine
	M.	M.	M.	M.	M.	M.	M.
Deutschland	10	25	25	30	30	30—150	240—600
Belgien	4	8	8	8	8	32	10%
Dänemark	—	11,25	11,25	11,25	11,25	45	140,6
Frankreich	12—16	40—60	48—56	56—72	48—56	64—160	80—2400
Griechenland	—	—	—	—	—	156,2	1249,6
Großbritannien	—	—	—	—	—	—	—
Italien	8	52—72	48	56—96	96—120	84—140	240—800
Niederlande	—	—	—	—	—	5%	5%
Norwegen	—	—	—	—	—	—	168,2—393,75
Österreich-Ungarn	13	50	50	50—80	50—80	80—100	170—2000
Portugal	2%	2%	5%	13,6	9,1	90,8—454	726,4
Rumänien	—	0—32	—	0—32	40	48—192	192—1600
Rußland	69,4	119—198,4	119	168,7	198,4—396,8	210—470	470—1820
Schweden	—	0—28,12	—	28,12	45—90	11,25—169,5	169,5—675
Schweiz	0,8—4,8	4,8	4,8	4,8—13,6	10,4—13,6	4,8—120	120—400
Serbien	8%	8%	8%	8%	8%	6%	6%
Spanien	16	69,2—90	14,4	53,6	52,4	48,8—120	120—407,6
Türkei	8%	8%	8%	8%	8%	8%	8%
Vereinigte Staaten von Amerika	28,6	67,2—92,4	42	42—117,6	126—252	134,4—210	25%—50%

Österreich-Ungarn; hoch bez. sehr hoch in Italien, Spanien, Frankreich, Nordamerika und Rußland. Vorwiegend sind die Gewichtszölle, doch ist der Zoll auch hier und da (z. B. in der Türkei mit 8 Proz.) nach dem Werte der eingehenden Waren bemessen. Für viele Artikel derselben Art steigt der Zollsatz mit der stärkern Bearbeitung bez. der größern Feinheit der Ware und daraus erklären sich z. B. für feine Eisenwaren die Angaben für die niedrigsten und die höchsten Sätze.

Eisenzucker, s. Eisensaccharat.

Eisern, ein namentlich in der ältern Rechtssprache häufig angewendeter Ausdruck für das, was für beständige Zeiten oder unablösbar festgesetzt ist. So spricht man von einem eisernen Kapital, das vom Schuldner weder abgetragen, noch vom Gläubiger eingefordert werden kann; von eisernem Vieh und eisernem Inventarium, das bei dem Gute beständig bleiben und im Falle des Abgangs durch neues ersetzt werden muß. Daher das Rechtssprichwort «Eisern Vieh, das stirbt nie». Unter Eisern-Vieh-Vertrag versteht man die Verabredung, daß bei einem Pachtvertrag der Pächter das auf dem Pachtgut befindliche Vieh nach einer bestimmten Taxe übernimmt mit der Verpflichtung, nach Ablauf des Vertrags die gleiche Anzahl gleich guten Viehes auf dem Gute zurückzulassen.

Eiserner Bestand (militär.) ist der für den Mann (eiserne Portion) gewöhnlich auf drei, für das Reitpferd (eiserne Ration) auf einen, für das Zugpferd auf drei Tage berechnete Proviant, den der Soldat im Felde für Fälle der Not mit sich führt. Bei der Festsetzung seiner Bestandteile muß auf möglichst geringes Gewicht und geringes Raumerfordernis, auf Haltbarkeit, auf die Möglichkeit rascher Fertigstellung zum Genuß sowie auf Genießbarkeit ohne weitere Vorbereitungen Rücksicht genommen werden; daneben ist (für den Menschen) Abwechselung wünschenswert. Meist besteht der eiserne Bestand aus Brot (bez. Zwieback), Reis, Speck (bez. Fleischkonserven), Kaffee und Salz, für die Pferde aus Körnerfutter. Der Gefahr, daß der Soldat, solange er wirklichen Verpflegungsmangel noch nicht kennen gelernt hat, sich der eisernen Portion behufs Erleichterung des Gepäcks zu entledigen sucht, oder die Portion früher verzehrt, als es ihrem Zweck entspricht, kann nur durch unausgesetzte und gründliche Kontrolle vorgebeugt werden. In angemessenen Zwischenräumen muß der eiserne Bestand aufgefrischt, d. h. zum Verzehren angewiesen und durch Neuausgabe ersetzt werden. — Über den eisernen Bestand an militär. Bekleidungs- und Ausrüstungsstücken s. Bekleidungswirtschaft.

Eiserne Brücken, s. Eisenbrücken.

Eiserne Jungfrau, eins der Werkzeuge der Tortur (s. d.), von welchem sich ein Exemplar noch auf der Burg zu Nürnberg befindet. Es ist aus starken Eisenplatten, Schienen und Stangen zusammengesetzt und mit starken Federn versehen. Geschlossen gleicht die E. J. der Gestalt einer Nürnberger Bürgersfrau des 16. Jahrh., mit Mantel, Halskrause und Haube; auch die menschliche Gesichtsform ist nachgebildet. Klappt man das Werkzeug auf, so ragen in der ganzen Brust- und obern Bauchpartie scharfe eiserne Spitzen hervor, und unten befindet sich eine Scheibe, die einen finstern Schlund verdeckt. Auf diese Scheibe mußte der zu Folternde oder zu Tötende treten, worauf die Klappen langsam zugedrückt wurden und die Eisenspitzen sich in den Körper bohrten. Lautete das Urteil auf Tötung, so wurden die Klappen fest zugedrückt und, nachdem der Tod eingetreten war, die Scheibe geöffnet, sodaß der Verurteilte durch den Schlund in einen darunter wegführenden Wasserkanal hinabstürzte.

Eiserne Krone, die Krone, mit der seit Ende des 6. Jahrh. die lombard. Könige, dann Karl d. Gr. sowie die meisten deutschen Könige bis auf Karl V., 1805 Napoleon I. und 1838 der Kaiser Ferdinand von Österreich als Regenten der Lombardei gekrönt wurden. Sie besteht aus einem einfachen, 8 cm breiten, mit Edelsteinen besetzten, goldenen Reifen und hat ihren Namen von dem schmalen eisernen Reifen im Innern derselben, der nach der Sage aus einem Nagel vom Kreuze Christi geschmiedet und durch den Papst Gregor d. Gr. der lombard. Prinzessin Theodolinde geschenkt worden sein soll. Diese ließ zur Krönung ihres Gemahls Agilolf 593 die Krone mit jenem Eisenreife fertigen, die dann der Stiftskirche zu Monza im Mailändischen zur Aufbewahrung übergeben wurde. Seit 1859 wurde sie in Wien aufbewahrt, 11. Okt. 1866 aber an Italien übergeben und befindet sich jetzt wieder in Monza. (S. Tafel: Kronen I, Fig. 24.)

Eiserne Krone (Orden der Eisernen Krone), ein von Napoleon I. nach seiner Krönung in Italien 5. Juni 1805 gestifteter, nach der lombard. «Eisernen Krone» (s. d.) benannter Orden, der 1814 aufgehoben, 12. Febr. 1816 vom Kaiser von Österreich zur Verleihung an Civil- und Militärpersonen wiederhergestellt wurde und aus drei Klassen besteht. Die Ritter der ersten Klasse erhalten durch dieselbe die Wirkl. Geheimratswürde. Ferner erhielten bis 1884 die Ritter der zweiten Klasse auf ihr Ansuchen den Freiherrenstand und die der dritten Klasse den Ritterstand in erblicher Weise. Das Ordenszeichen zeigt die E. K. unter dem österreichischen kaiserl. Doppeladler, auf dessen Brust ein dunkelblau emaillierter Schild mit dem goldenen F auf dem Avers und der Jahrzahl 1815 auf dem Revers ruht. Das Band ist gelb mit schmalen blauen Randstreifen. (S. Tafel: Die wichtigsten Orden I, Fig. 29.)

Eiserne Maske (Mann mit der eisernen Maske), ein geheimnisvoller Staatsgefangener aus der Regierungszeit Ludwigs XIV. Von ihm erhielt man die erste Kunde durch die «Mémoires secrets pour servir à l'histoire de Perse» (Amsterd. 1745—46), denen zufolge er der Herzog von Vermandois, ein natürlicher Sohn Ludwigs XIV. und der Lavallière, gewesen sein soll, und wegen einer Ohrfeige, die er seinem Halbbruder, dem Großdauphin, versetzt, in lebenslänglicher Haft gehalten wurde. Voltaire in seinem «Siècle de Louis XIV» (1752) machte das Interesse an der merkwürdigen Gestalt allgemein. Man erschöpfte sich in Vermutungen. Einige holländ. Schriftsteller behaupteten, daß der Gefangene ein junger fremder Edelmann, der Kammerherr der Königin Anna und der wahre Vater Ludwigs XIV. gewesen sei. Lagrange-Chancel suchte in «L'Année littéraire» von 1759 zu beweisen, daß die Maske der Herzog von Beaufort, der sog. König der Hallen, sei, was Beaupoil de Sainte-Aulaire in seiner «Histoire de la Fronde» (3 Bde., Par. 1827; neue Ausg., 2 Bde., 1860) schlagend widerlegte. Beglaubigte Aufschlüsse über die E. M. gab zuerst der Jesuit Griffet, der neun Jahre in der Bastille als Beichtvater wirkte, in seinem «Traité des différentes sortes des preuves qui servent à établir la vérité dans l'histoire» (Lüttich 1769), indem er das geschriebene Journal Dujoncas, des königl. Lieutenants in der Bastille, für das J. 1698 anzog, sowie das Totenregister des Kirchspiels St. Paul. Hiernach kam 18. Sept. 1698 Saint-Mars, der Gouverneur der Insel Marguerite, mit einem Gefangenen in Paris an, dessen Name nicht genannt, und dessen Gesicht stets mit einer schwarzen Sammetmaske bedeckt gehalten wurde. Dieser Gefangene starb 19. Nov. 1703. In der Frage über dessen Person neigte sich Griffet zu der in den «Mémoires secrets» ausgesprochenen Ansicht hin. Später kam Voltaire in der siebenten Ausgabe des «Dictionnaire philosophique» (Artikel «Anna») nochmals auf die Maske zurück, indem er seinen Artikel durch einen Zusatz begleiten ließ, des Inhalts: die Maske sei ein älterer Bruder Ludwigs XIV. und ein natürlicher Sohn Annas von Österreich gewesen; Ludwig XIV. habe ihn, um sich zu sichern, einsperren lassen. Linguet in der «Bastille dévoilée» schrieb die Vaterschaft desselben dem Herzog von Buckingham zu. Saint-Michel veröffentlichte 1790 ein Buch, in welchem er die Schicksale des Unglücklichen erzählte und eine geheime Vermählung der Königin Anna mit Mazarin nachzuweisen suchte. Der Abbé Soulavie, der die Memoiren des Marschalls Richelieu (9 Bde., Lond. u. Par. 1790—91) veröffentlichte, wollte nach einem Dokument darthun, daß der Gefangene ein Zwillingsbruder Ludwigs XIV. gewesen; einer Prophezeiung zu Liebe sei er eingeschlossen, seiner Ähnlichkeit mit dem Könige halber durch die Maske verdeckt worden. Diese Ansicht war zur Zeit der Revolution fast die allein geltende. Auch Zschokke in seinem Trauerspiel «Der Mann mit der E. M.», die Franzosen Arnould und Fournier in dem Drama «L'homme au masque de fer» (1832) und Thümmel in seinen «Reisen ins mittägliche Frankreich» haben den Gegenstand in dieser Weise behandelt.

Inzwischen hatte sich ergeben, daß der Gefangene in den Registern der Bastille unter dem Namen Marchioli aufgeführt wurde, und bereits Senac de Meilhan in seinen «Œuvres philosophiques et littéraires» (2 Bde., Hamb. 1795) sprach sich auf Grund ital. Aktenstücke dahin aus, daß jene Maske kein anderer als Mattioli sei, der Minister des Herzogs Karl Ferdinand von Mantua. Dafür entschied sich auch Roux-Fazillac in seinen «Recherches historiques et critiques sur l'homme au masque de fer» (Par. 1801), sowie andere und zumal deutsche Gelehrte. Mattioli hatte in Sachen der Erwerbung Casales durch Frankreich eine zweifelhafte Rolle gespielt; Ludwig XIV. ließ ihn im Mai 1679 aufheben; er wurde unter fremdem Namen dem Gouverneur von Pignerol, Saint-Mars, übergeben, dem er bei dessen Versetzungen nach der Insel Marguerite und später, wie man folgern will, in die Bastille folgen mußte. Für Mattioli ist auch Topin, «L'homme au masque de fer» (Par. 1869; 3. Aufl. 1870), aufgetreten; trotz allem läßt sich diese Vermutung so wenig beweisen und so wohl angreifen wie die Menge der ältern Phantastereien. Auf Grund reichlicher Akten hat Jung, «La vérité sur le masque de fer» (Par. 1873), den Gefangenen mit einem lothr. Ritter von Harmoises gleichgesetzt, der infolge einer Verschwörung wider das Leben Ludwigs XIV. — Jung bringt ihn mit den Giftaffairen jener Jahre (s. Chambre ardente und Brinvilliers) zusammen — 1673 verhaftet wurde. Diese Lösung hat Beifall gefunden. Loiseleur, «Trois énigmes historiques» (Par. 1882), verwirft auch sie: daß Gefangene in der Bastille in ähnlicher Weise wie dieser behandelt wurden, sei keine Seltenheit gewesen; vielleicht habe es mehrere gegeben, die, wo sie öffentlich auftreten durften, sich durch eine Maske unkenntlich machen mußten; keine der romanhaften Verknüpfungen mit bestimmten und gar mit hochstehenden Persönlichkeiten sei begründet; um einen Namenlosen (am ehesten ein Spion möge es gewesen sein) habe sich, ganz haltloserweise, ein Mythenkranz geschlungen. — Unter dem Pseudonym E. M. wurden zur Zeit des Ausnahmegesetzes von 1878 in der Züricher Zeitung «Socialdemokrat» Mitglieder der socialdemokratischen Partei als Polizeispione denunziert.

Eiserne Pforte, s. Karisches Meer.

Eiserne Portion, s. Eisern.

Eiserner Bestand, s. Bekleidungswirtschaft und Eisern.

Eiserner Helm (Orden vom Eisernen Helm), ehemaliger kurhess. Orden, gestiftet anläßlich der Freiheitskriege vom Kurfürsten Wilhelm 18. März 1814 als Belohnung des Militärverdienstes.

Eiserner Hut (bergmännisch), s. Erzlagerstätten.

Eiserner Vorhang, feuersicheres Verschlußmittel der Bühnenöffnung im modernen Theater. Der E. V., der bei Bühnenbränden den Feuerherd vom Zuschauerraum wenigstens so lange abschließen soll, bis das Publikum sich entfernt hat, ist nach dem furchtbaren Brande des Ringtheaters in Wien (1881) fast in ganz Deutschland eingeführt. Er besteht aus einer festen Eisenplattenwand oder aus einer eisernen Rolljalousie. Besonders ratsam ist die Verwendung von gewelltem Blech, das schneller Erhitzung den meisten Widerstand entgegensetzt. Die Bewegung des E. V. muß von einem dem Feuer möglichst wenig ausgesetzten Raum zu leiten sein und geschieht durch Menschenkraft oder durch Gewichte und Wasserdruck. Wenn er seinen Zweck völlig erfüllen soll, muß die Wand zwischen Bühne und Zuschauerraum, in der sich die Bühnenöffnung befindet, aus solidem Mauerwerk bestehen, und es muß in dem E. V. eine nach beiden Seiten zu öffnende Thür angebracht sein, um Verspäteten oder dem Löschpersonal den Durchgang zu ermöglichen. Weniger empfehlenswert als der E. V. ist die aus einem starken Eisendrahtgeflecht von 2 bis 4 cm Maschenweite bestehende Drahtkurtine, da sie weder dem Publikum das aufregende Schauspiel des Brandes verdeckt, noch den Rauchdurchzug hindert. Der E. V. wird bereits 1782 bei einem Lyoner Theater erwähnt, wurde 1794 im Drury-Lane-Theater zu London, später an vielen andern Bühnen eingeführt.

Eisernes Geschlecht, s. Zeitalter.

Eisernes Inventarium, Eisernes Kapital, s. Eisern.

Eisernes Kreuz, preuß. Kriegsauszeichnung, 10. März 1813 vom Könige Friedrich Wilhelm III. gestiftet für Offiziere und Mannschaften, die sich im Befreiungskrieg hervorgethan hatten. Es besteht aus einem mit Silber eingefaßten gußeisernen Kreuz und wurde in zwei Klassen und einem Großkreuz verliehen. Bei Ausbruch des Deutsch-Französischen Krieges wurde das E. K. 19. Juli 1870 für die Dauer dieses Feldzuges erneuert. Die Kreuze von 1813 bis 1815 tragen den gekrönten Namenszug F. W. über der Jahreszahl 1813, die von 1870 bis 1871 den gekrönten Namenszug W. über der Jahreszahl 1870. Die zweite Klasse wird im Knopfloch getragen, und zwar, wenn im unmittelbaren Kampfe erworben, an einem schwarzen Bande mit weißer Einfassung, wenn von nichtkämpfenden Personen (Ärzten, Geistlichen u. s. w.) erworben, an einem weißen Bande mit schwarzer Einfassung. Die erste Klasse wird ohne Band an der linken Brust und event. gleichzeitig mit der zweiten, das Großkreuz in doppelter Größe wie das Kreuz der andern Klassen mit gleichem Band wie die zweite Klasse um den Hals getragen. Für den Generalfeldmarschall Fürsten Blücher wurde 26. Juli 1815 ein besonderes Ordenszeichen in Form eines goldenen Sterns, auf welchem das E. K. ruht, gestiftet, nach seinem Tode aber nie wieder verliehen. Bei den am Tage des Einzugs der Truppen in Berlin 16. Juni 1871 erfolgten Adelsverleihungen und Standeserhebungen für Auszeichnung im Kriege gelangte die Inhaberschaft des E. K. dadurch zur äußern Geltung, daß dasselbe den Inhabern (die häufig gebrauchte Bezeichnung «Ritter des E. K.» ist falsch) der ersten Klasse in einem silbernen Schildeshaupte, denen der zweiten Klasse auf dem Helmschmucke ihres Wappens verliehen wurde. Über Ehrenzulagen für Inhaber des E. K. s. Ehrenzulagen. (S. Tafel: Die wichtigsten Orden I, Fig. 27.) — Vgl. B. Schneider, Das Buch vom E. K. (Berl. 1872); von Troschke, Das E. K. (ebd. 1871; 4. Aufl. 1874).

Eisernes Thor, türk. Demir-Kapu. — 1) Vielbesuchter **Berg** (831 m), auch Hoher Lindkogel genannt, bei Baden in Niederösterreich, am Abfalle des Wiener Waldes gegen die Wiener Ebene, mit Aussichtsturm, der einen herrlichen Blick auf die Alpen, die Ungarische und Wiener Ebene bietet. — 2) **Paß** an der Südwestecke Siebenbürgens, 656 m hoch, verbindet das Thal der Bistra, welche dem Temes zufließt, mit dem Hatszeger Thale, trennt die Pojana-Ruska von den Hochkarpaten und war ehemals durch ein E. T. geschlossen. Er hieß bei den Alten Pons Augusti, im Mittelalter Porta Vaczil oder Vasay, und ist durch öftere Einbrüche der Türken in Siebenbürgen bekannt, die hier 1442, 80000 Mann stark, von 18000 Ungarn unter Hunyadi, damals Wojwoden von Siebenbürgen, geschlagen wurden, 1659 aber über Georg Rákóczy und 27. Sept. 1695 über die Kaiserlichen Siege davontrugen. 11 km westlich, beim Dorfe Várhely oder Gradistye (d. i. Burgflecken), liegen die Ruinen von Sarmizegethusa oder Ulpia Trajana. — 3) **Paß** des Balkan (1097 m), auf der Straße von Adrianopel nach Rustschuk, zwischen Slivno und Tirnova. Es ist der byzant. Paß Sideras oder Siderocastrum (Eisenschloß) bei der Stadt Stilbnum, oft genannt in den Kriegen gegen die Bulgaren. — 4) **Küstenpaß** zwischen dem Ostende des Kaukasus und dem Kaspischen Meere, bei der Stadt Derbent, ehemals die Albanische Pforte genannt. — 5) **Stromenge** (2340 m lang) im Donauthal zwischen Orsova und Turn-Severin, kurz ehe die Donau aus ihrem großen Durchbruchsthal zwischen dem Banater und dem Serbischen Gebirge in die walach. Tiefebene hinaustritt. Das Flußbett durchziehen hier zusammenhängende Felsenmassen, welche in der obern Strompartie einen ziemlich ebenen, 380 m langen Rücken bilden, abwärts aber in der linken Stromhälfte sich in zahlreichen kleinern Riffen erheben, dann als eine breite Felsbank den ganzen Strom fast bis zum rechten Ufer durchqueren. Bei hohem Wasserstande ist die Strecke für Dampfer ohne Anstand passierbar, bei niedrigem Wasser bleibt nur eine schmale klippenreiche Strecke zur Durchfahrt übrig. Es wurde im Sommer 1890 die endgültige Regulierung dieser ganzen Flußstrecke durch die ungar. Regierung in Angriff genommen. (S. Donau, S. 417b.) Oberhalb dieses Strompasses, und zwar noch oberhalb Orsova in dem landwirtschaftlich großartigen Kasanpasse sind Spuren der Trajansbrücke, weshalb er auch Porta Trajana heißt. — 6) **Paß** in Algerien (s. Bibân).

Eisernes Zeitalter, s. Zeitalter.

Eisern-Vieh-Vertrag, s. Eisern.

Eisessig, s. Essigsäure.

Eisfeld, Stadt im Kreis Hildburghausen des Herzogtums Sachsen-Meiningen, 15 km östlich von Hildburghausen, in 438 m Höhe, am Ursprung der Werra, an der Linie Eisenach-Lichtenfels und an der Nebenbahn E.-Unterneubrunn (18 km) der Werrabahn, hat (1890) 3619 evang. E., Post zweiter Klasse, Telegraph, Amtsgericht (Landgericht Meiningen), evang. Pfarrkirche (1488), Schloß mit Turm (8. Jahrh.), schönes Siegesdenkmal, Spar- und Vorschußverein; chem. Versuchsstation und Fabrik, Woll- und Baumwollweberei, Fabrikation von Möbeln, Schuhwerk, Farben, Flanell und Tuch, Holzjalousien und Spielwaren, Dampfsägewerk, Gerberei und Bierbrauerei. Nordnordwestlich bei Krock an der Weißa Steinkohlengruben. — Schon 800 kam E. an das Stift Fulda, 1037 an die Grafen von Henneberg, 1583 an die Ernestinische, 1640 an die Altenburgische Linie und 1680 an Sachsen-Meiningen.

Eis-Fjord, Meerbusen an der Westküste West-Spitzbergens, gliedert sich im östl. Teile in zwei Ausläufer, zwischen denen Kap Thordsen liegt; auf diesem Kap war 1882—83 eine schwed. Beobachtungsstation der internationalen Polarforschung.

Eisfuchs, s. Fuchs.

Eisglas nennt man einerseits das mit Craquelée (s. d.) verzierte Glas. Eine andere Form von E. erhält man, indem konzentrierte Lösungen von Zinkvitriol, die mit Dextrin versetzt sind, auf Tafelglas gestrichen werden. Beim langsamen Verdunsten der Flüssigkeit krystallisiert das Salz, wobei die Scheiben das Ansehen von gefrorenen Fensterscheiben erhalten.

Eisgriff, s. Hufeisen.

Eisgrub, Markt in der österr. Bezirkshauptmannschaft und dem Gerichtsbezirk Nikolsburg in Mähren, hat (1890) 2280 meist deutsche E., darunter 161 Israeliten, Post, Telegraph, ein im Windsorstil erneuertes Schloß des Fürsten Liechtenstein mit riesigem Park von mehrern Quadratmeilen, Seen, Lustbauten und andern Kunstbauten. In diesem Gebiet wurden früher berühmte Jagden abgehalten. Der Park ist eine Schöpfung des Feldmarschalls Johann Fürsten von Liechtenstein, der türk. Turm (62 m) sowie die andern Gebäude im Park des Architekten Hardtmuth.

Eishäuser, Eishütten, s. Eiskeller.

Eishobel, Instrument zur Ebnung einer auf einem Fluß oder einem See entstandenen Eisdecke, die behufs Eisgewinnung mittels des Eispfluges (s. d.) zerschnitten werden soll. Der E. besteht aus einem an einem fahrbaren Gestell befestigten, zur Fahrtrichtung schief gestellten hobelartigen Eisen, das die Eisfläche, wenn das Gestell über diese weggezogen wird, von Unebenheiten befreit (gewissermaßen glatt hobelt).

Eishöhlen, Höhlen, die das ganze Jahr hindurch Eis enthalten, teilweise in Form von Stalagmiten und Stalaktiten. Über die Ursache der Eisbildung wurden verschiedene Theorien aufgestellt. Ganz unrichtig ist, daß diese Höhlen nur im Sommer kalt, im Winter aber warm seien. Vielmehr ist die Eisbildung im Winter als sicher anzunehmen. Verschiedene günstige Umstände bewirken, daß im Sommer nicht alles Wintereis schmilzt. Da der gewöhnlich nach N. oder NO. gerichtete Eingang stets höher liegt als die Höhle, lagern sich die kalten Luftströmungen am Boden und halten sich hier auch, weil die E. nach unten gegen die warme Luft des Erdinnern ziemlich geschützt sind. Die mittlere Jahrestemperatur in den E. ist etwa 1° C. Solche E. sind die Kolowrathöhle am Untersberg bei Salzburg, die Skeresorahöhle im Bihargebirge, die Eishöhle bei Dobschau, beide in Ungarn u. a. m.

Eiskalorimeter, s. Kalorimeter.

Eiskap, Vorgebirge an der westl. Nordküste des amerik. Territoriums Alaska, etwa unter 70° nördl. Br. — Ein anderes E. (Großes E.) befindet sich westlich vom Kap Mauritius an der Nordspitze von Nowaja-Semlja.

Eiskapelle, Gletscher, s. Königssee.

Eiskarton, soviel wie Eispapier (s. d.).

Eiskeller, Eisräume, Eishäuser, Eishütten, dienen zur Aufspeicherung von Eis und sind häufig während der warmen Jahreszeit mit Räumen verbunden, deren Temperatur dauernd möglichst niedrig zu halten ist, um darin Lebensmittel, Fleisch u. s. w. oder Biervorräte bewahren zu können. Man unterscheidet zwischen unterirdischen und oberirdischen E. Die erstern finden vielfach Verwendung in der Bierbrauerei, um die Keller, in welchen das Bier während der Nachgärung bis zum Augenblick des Versandes aufbewahrt wird, so kalt zu erhalten, wie es für diesen Zweck nötig ist. Die Temperatur in diesen Kellern soll niemals über 6° C. steigen. Da aber im mittlern Deutschland die durchschnittliche Jahreswärme (und diese ist identisch mit der Kellertemperatur) zwischen 8 und 10° C. liegt, so muß die Luft im Lagerkeller auf künstliche Weise abgekühlt werden. Hierzu wie zum Kühlen der Würze ist ein Eisquantum erforderlich, welches im Durchschnitt der jährlichen Bierproduktion gleichkommt, also für jedes Hektoliter gebrautes Bier muß im Winter ein Eisvorrat von 100 kg beschafft und im E. untergebracht werden. Zu diesem Behufe sind an den Lagerkellern an der Stirnseite Eisräume angebaut, deren Sohle in gleicher Höhe wie die Kellersohle liegt und deren Höhe bis zur Erdoberfläche reicht. Hier sind sie abgewölbt und mit einer zum Einfüllen des Eises dienenden Öffnung versehen, die nach erfolgter Füllung gut vermauert wird. Die Sohle ist aus undurchlässigem Material hergestellt und nach einer Seite geneigt, an deren tiefster Stelle sich eine gemauerte Grube befindet, in der sich das Schmelzwasser sammelt und aus der es durch eine Pumpe entfernt wird. Vom Lagerkeller ist der Eisraum durch eine leichte, durchbrochene Wand getrennt, durch deren Öffnungen die wärmere Luft des Kellers an das Eis herantritt und hier abgekühlt wieder in den Keller zurückfließt. Wesentlich zur Ersparung des Eises trägt es bei, wenn man im Winter bei strenger Kälte eine Ventilation des dann leeren Eisraumes und des Kellers vornimmt, um die darin vorhandene wärmere Luft fortzuschaffen und die Wandungen so weit abzukühlen, wie es möglich ist. Selbstverständlich sind die Ventilationsvorrichtungen bei geringer werdender Kälte sofort abzusperren und während der wärmern Jahreszeit sorgfältigst verschlossen zu halten. Liegen die Eisräume außerhalb der übrigen Gebäulichkeiten, so ist ihr Gewölbe mit einer Erdschicht von 1 m Stärke zu bedecken und ein weiterer Schutz vor den Sonnenstrahlen durch eine Überdachung anzubringen.

Statt die Eisräume in die Erde zu versenken, verwahrt man jetzt vielfach das Eis in oberirdischen Räumen, in Eishäusern auf, bei deren Konstruktion für die Abhaltung der äußern Luftwärme durch Isolierschichten zu sorgen ist. Zu diesem Behufe werden die Eishäuser doppelwandig, entweder massiv oder aus Fachwerk erbaut, mit einem Zwischenraum von etwa 1 m zwischen beiden Wänden. Um Luftströmungen hier zu verhüten, wird der Raum zwischen den Wänden mit schlechten Wärmeleitern, Torfabfällen, Asche u. dgl., gefüllt. Die Sohle des Eishauses wird, wenn der Boden nicht so porös ist, daß man das Schmelzwasser versickern lassen kann, von allen vier Seiten nach der Mitte zu geneigt gemacht, um das Wasser in einen Kanal ableiten zu können. Das dazu dienende Ableitungsrohr ist mit einem Wasserverschluß versehen, der den Eintritt der Luft verhindert. Nach oben ist die Decke überwölbt und überdacht und der zwischen dem Gewölbe und dem Dach, zweckmäßig Strohdach, verbleibende Raum mit schlechten Wärmeleitern gefüllt.

Die Zugangsöffnung befindet sich in der Höhe des Gewölbes an der Nordseite des Gebäudes und ist durch doppelte und dreifache Thüren verschlossen, derart, daß der eigentliche Eisraum nur durch mehrere Vorräume, von denen jeder durch eine besondere Thür absperrbar ist, zu erreichen ist. Zum Einbringen des Eises ist eine von der Erde bis zur obern Öffnung reichende schiefe Ebene vorhanden.

Eine sehr wirksame Verbindung der oberirdischen Eislagerung mit der Bierkellerkühlung ist neuerdings von Brainard eingeführt worden (s. die nachstehende Abbildung). Dabei liegen die drei Räume: Eishaus, Gärkeller und Lagerkeller, etagenförmig übereinander. Der Boden des Eishauses besteht aus

einem Rost von Balken oder Eisenbahnschienen, auf denen die Eismasse ruht. Der unmittelbar darunter befindliche Gärkeller ist nicht mit Steinen überwölbt, sondern mit einem Dach von gewelltem Zinkblech versehen. Die im Gärkeller aufsteigende warme Luft wird an dem Metalldach, über dem das Eis lagert, sofort abgekühlt und sinkt durch ihr höheres Gewicht auf den Boden des Gärkellers nieder, diesen so auf einer sehr niedern Temperatur erhaltend. Zur Abkühlung des Lagerkellers sind Ventilationskanäle angebracht, die aus dem Eishause kalte Luft in den tiefen Keller fallen lassen und durch andere Kanäle die wärmere Luft in das Eishaus führen. — Vgl. Tietz, Über den Bau und die Einrichtung von Bierbrauereien (2. Aufl., Wien 1872); Menzel, Bau der E. (5. Aufl. von Nowák, Lpz. 1883); Brainards System der Obereislagerung (in Bersch, «Gärungschemie», Bd. 3: «Bierbrauerei», Berl. 1881).

Eiskraut, s. Mesembryanthemum.

Eisleben, Kreisstadt im Mansfelder Seekreis des preuß. Reg.-Bez. Merseburg, früher Hauptstadt der Grafschaft Mansfeld, bekannt als Geburts- und Sterbeort Luthers, 38 km im WNW. von Halle, in der von zwei Ausläufern des Harzes eingeschlossenen Mansfelder Mulde, in 124 m Höhe, an der Linie Halle-Nordhausen-Cassel der Preuß. Staatsbahnen, ist Sitz des Landratsamtes für den Mansfelder Seekreis, eines Amtsgerichts (Landgericht Halle) mit Strafkammer, einer Kreis- mit Forstkasse und Domänenreceptur, Kreis- und Landesbauinspektion, Steuer-, Katasteramtes, des königl. Bergreviers Stolberg-Eisleben, sowie der Oberberg- und Hüttendirektion der «Mansfelder Kupferschiefer bauenden Gewerkschaft» (s. d.), hat (1890) 23897 (11980 männl., 11917 weibl.) E., darunter 1946 Katholiken und 177 Israeliten, Post erster Klasse, Telegraph, Fernsprecheinrichtung, Wasserleitung, private Gasanstalt; eine kath. und fünf evang. Kirchen, unter diesen die 1877 restaurierte Andreaskirche mit vielen Denkmalen der alten Grafen von Mansfeld, der Lutherkanzel und den von Friedrich Wilhelm III. zum Reformationsjubiläum 1817 geschenkten Büsten Luthers und Melanchthons, und die 1834—37 restaurierte Peter-Paulskirche mit dem alten Taufstein, an dem Luther getauft sein soll, einem Stück seines Mantels und seinem ledernen Käppchen; ferner ein königl. Gymnasium, 16. Febr. 1546 von Luther gestiftet (Direktor Dr. Weicker, 15 Lehrer, 9 Klassen, 212 Schüler), dessen Gebäude 1883 erbaut ist, ein Realprogymnasium, evang. Schullehrerseminar, Präparandenanstalt, 2 Bürgerschulen, kath. und israel. Schule, Bergschule, sowie zahlreiche Vereine und Stiftungen. Das Geburtshaus Luthers brannte 1689 bis auf das untere Stockwerk ab, wurde aber durch milde Beiträge wieder aufgebaut und 1693 als Freischule für arme Waisen eingerichtet. Unter der westfäl. Herrschaft kam auch die Stiftung ihrem Untergange nahe, bis 1817 der König Friedrich Wilhelm III. die Schule zur Luthers-Freischule umgestaltete und 1819 hinter dem alten Lutherhause, wo mehrere Reliquien Luthers aufbewahrt werden, ein neues Gebäude aufführen und mit der Schule ein Schullehrerseminar verbinden ließ. Neuerdings wurde auch das der Andreaskirche gegenüber gelegene Sterbehaus Luthers restauriert. Seine Räume werden teils vom Mansfelder Altertumsverein, teils als Schulklassen benutzt. Das bronzene Lutherdenkmal (von Siemering, gegossen von Gladenbeck) auf dem Markt wurde 10. Nov. 1883 enthüllt. E. hat Fabrikation von gegossenen Schlackensteinen, Malz, Essig und Schuhwaren, zwei Dampfbrauereien, Mahl- und Sägemühle, drei Ziegeleien, Samenbau und -Handel (Blumen-, Rüben-, Gurken-, Gemüse-, Mohrrüben- und Salatsamen), vor allem aber bedeutenden Bergbau auf Kupfer (1889: 15329 t) und Silber (86714 kg). Von den fünf Brauereien liefert eine noch heute ein Bier, das den seltsamen Namen «Krabbel» führt. Der Mansfelder Knappschaftsverein hat in E. seinen Sitz und in der Stadt ein Lazarett, womit ein irisch-röm. Bad verbunden ist, errichtet. E. ist auch der Geburtsort des Theologen Joh. Agricola (Schnitter) und Friedrich Königs, des Erfinders der Schnellpresse, dessen Bronzebüste (von Schaper) 1891 aufgestellt wurde. — E. wird zum erstenmal 994 als Islevo erwähnt; es gehörte den Grafen von Mansfeld und erlangte seit dem 12. Jahrh. besonders durch den Bergbau Bedeutung. Durch die Bauernunruhen 1525 wurde auch E. in Mitleidenschaft gezogen. Nach dem Aussterben der Grafen von Mansfeld (1780) kam E. an Sachsen und 1815 an Preußen. — Vgl. Krumhaar, Die Gründung der Neustadt-Eisleben und ihre Geschichte bis Ende des 16. Jahrh. (Festschrift, Eisl. 1874);

Größler, Urkundliche Geschichte E.s bis zum Ende des 12. Jahrh. (Halle 1875); Chronicon Islebiense. Eisleber Stadt-Chronik aus den J. 1520—1738 (nach der Urschrift mit Anmerkungen hg. von Größler und Sommer, Eisl. 1882).

Eisling, deutscher Name der Ardennen (s. d.).

Eismaschinen, Kältemaschinen, Kühlmaschinen, Maschinen oder Apparate zur Herstellung kalter Luft und kalter Flüssigkeiten (zu Kühlzwecken) und zur künstlichen Erzeugung von Eis. Nach der Art, wie die die Eisbildung und Abkühlung bewirkende Kälte hervorgebracht wird, teilt man diese Maschinen in drei Gruppen, und zwar wird die Kälte erzeugt 1) durch Kältemischungen; 2) durch Wiederausdehnung zusammengepreßter Gase (Kaltluftmaschinen); 3) durch Verdunsten von Flüssigkeiten (Absorptions- und Kompressionsmaschinen).

1) Die einfachsten Apparate sind die der ersten Gruppe, bei denen das zur Eiserzeugung dienende, mit Wasser gefüllte Gefäß in einen mit einer Kältemischung gefüllten Behälter gebracht wird. Hierzu brauchbare Kältemischungen und die durch sie bewirkten Temperaturerniedrigungen sind (nach «Des Ingenieurs Taschenbuch», hg. von dem Verein «Hütte», 15. Aufl., Berl. 1891) beispielsweise:

Mischungen	Gewichtsteile	Celsius-Thermometer sinkt von	bis
Salmiak	5	+10	—12
Salpeter	5		
Wasser	16		
Salmiak	1	+ 8	—24
Salpeter	1		
Wasser	1		
Natriumcarbonat	1	+10	—14
Ammoniumnitrat	1		
Wasser	1		
Natriumsulfat		+10	—15
Salpeter			
Salmiak			
Wasser	18		
Natriumsulfat		+10	—18
Salzsäure	8		
Chlornatrium (Kochsalz)	1	0	—18
Schnee	1		
Ammoniumnitrat	1	+10	—16
Wasser	1		
Chlornatrium	1	0	—17,7
Schnee	5		
Verdünnte Schwefelsäure	1	— 5	—41
Schnee	1		
Chlorcalcium		0	—33
Schnee	3		
Chlorcalcium	2	0	—42
Schnee	1		

Die wohlfeilste und in Konditoreien, Haushaltungen u. s. w. am häufigsten dennzte Mischung ist Schuce oder zerstoßenes Eis mit Kochsalz. Die Apparate zur Eisbereitung mittels Kältemischungen haben das Gemeinschaftliche, daß in ein größeres, gegen Wärmeaufnahme von außen durch entsprechende Konstruktion der Wandungen geschütztes Gefäß, das die Kältemischung aufnimmt, ein kleineres eingebracht wird, welches die Flüssigkeit enthält, die zum Gefrieren zu bringen ist. Das kleinere Gefäß ist dünnwandig und aus Metall, um es zur Wärmeabgabe an die Kältemischung geeignet zu machen, und mit einer Drehvorrichtung versehen. Die Einrichtung und Handhabung eines solchen Apparats ist aus der nebenstehenden Fig. 1 ersichtlich. Nach Einbringung der Kältemischung (hier gestoßenes Eis und Kochsalz) schüttet man in das innere Gefäß die zum Gefrieren zu bringende Flüssigkeit und setzt dieses in schnelle Rotation. Hierdurch steigt die Flüssigkeit an den Wänden empor und kommt so mit diesen in dünner Schicht in Berührung, sodaß sie bald fest wird. Mit Hilfe eines solchen Apparats kann man in 6—8 Minuten eine Flüssigkeitsmenge von 6 bis 7 l zum Gefrieren bringen. Zur Erzeugung von Eis in großen Mengen sind Kältemischungen ihrer Kostspieligkeit wegen nicht zweckmäßig.

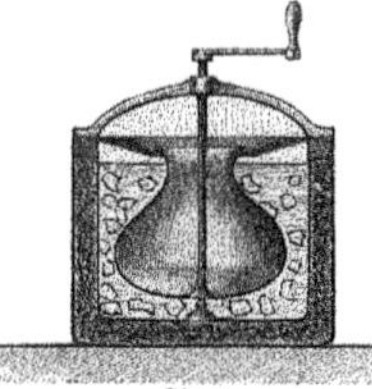
Fig. 1.

2) In der zweiten Gruppe von Kältemaschinen, den Kaltluftmaschinen, wird die Thatsache verwertet, daß die Temperatur von Luft außerordentlich sinkt, wenn diese aus dem komprimierten Zustande ohne Wärmezuführung unter Arbeitsleistung expandiert. Durch die Maschinen der zweiten Gruppe wird also kalte Luft gewonnen, welche direkt zur Kühlung von Räumen Verwendung finden kann. Zu den Kaltluftmaschinen gehört die von F. Windhausen in Braunschweig. Die Schwungradwelle wird durch eine nebenliegende Dampfmaschine oder von einer Transmission aus in Umdrehung versetzt und damit die Kaltluftmaschine in Gang gebracht. In einem Kompressionscylinder wird atmosphärische Luft angesaugt und komprimiert. Durch die Kompression wird die Luft stark erhitzt; um sie abzukühlen, ist der Cylinder mit einem Kühlmantel umgeben und außerdem wird Kühlwasser in den Kompressionsraum eingespritzt. Hierdurch nimmt die Luft aber Wasser auf. Dieses wird in einem besondern Apparat abgeschieden und die trockne Luft nach Kühlapparaten gebracht, in denen die Abkühlung bis nahe zur Temperatur des Kühlwassers gebracht wird. Endlich tritt die jetzt komprimierte und kalte Luft in den Expansionscylinder, wo sie, unter Verrichtung von Arbeit und ohne Wärmezuführung von außen, wieder auf die atmosphärische Spannung expandiert und hierdurch bis auf —40 oder —50° C. abgekühlt wird. In der vom Expansionscylinder ausgehenden Leitung strömt die kalte Luft nach den zu kühlenden Räumlichkeiten oder wird vorerst zur Eisbereitung verwendet.

Nach demselben Princip gebaut und sich nur durch konstruktive Ausführung, die Einrichtung der Luftkühlung und Trocknung unterscheidend sind die Maschinen von Bell-Coleman (namentlich auf Schiffen zur Konservierung von Fleisch verwendet), Menck & Hambrock, Mignot, Giffard, Lightfood, unter den neuesten Konstruktionen die von Nehrlich, Allen, die Haslam-Kaltluftmaschine u. a.

In den letzten Jahren hat auch die Verwendung von **Druckluft** aus Centralstationen (s. Druckluftanlage) zur Erzeugung von kalter Luft Bedeutung erlangt. Benutzt man die Druckluft ohne Vorwärmung, also von Bodentemperatur, als motorisches Mittel in Druckluftmotoren, so tritt sie mit außerordentlich niedriger Temperatur aus und kann zu Kühlzwecken oder Eisbereitung Verwendung finden.

3) Bei den Maschinen der dritten Gruppe beruht der Vorgang auf der Thatsache, daß bei dem Übergang einer Flüssigkeit in den dampf- oder gasförmigen Zustand eine bedeutende Wärmemenge gebunden wird (s. Dampf). Geht die Verdunstung ohne Wärmezuführung von außen vor sich, so muß die ganze für die Vergasungsarbeit erforderliche Wärme der Flüssigkeit selbst entzogen werden, und es sinkt die Temperatur derselben um so mehr, je niedriger ihr Siedepunkt liegt. Der gebildete Dampf oder das frei gewordene Gas kann entweder durch Absorption wiedergewonnen oder durch Druck wieder zu einer Flüssigkeit verdichtet und nochmals verwendet werden. Man unterscheidet hiernach E. mit **Absorption** und solche mit **Kompression**. Bei erstern wird das Gas aus der Absorptionsflüssigkeit durch Erwärmung ausgetrieben und in einem zweiten Gefäß durch Druck und Abkühlung zu einer Flüssigkeit verdichtet, um sodann durch Herstellung eines Vakuums zur raschen Verdunstung gebracht zu werden, wobei so viel Wärme gebunden wird, daß Wasser, welches nur durch eine dünne Metallwand von der verdunstenden Flüssigkeit getrennt ist, zum Gefrieren kommt. Das entstandene Gas wird von der Absorptionsflüssigkeit wieder aufgenommen, um von neuem in den Kreisprozeß einzutreten. Bei den Kompressionsmaschinen wird das gebildete Gas durch eine Pumpe abgesaugt und in einen Kondensator gedrückt, wo es sich durch Abkühlung und Druck zu einer Flüssigkeit verdichtet, um dann in das Verdunstungsgefäß zurückgeleitet zu werden.

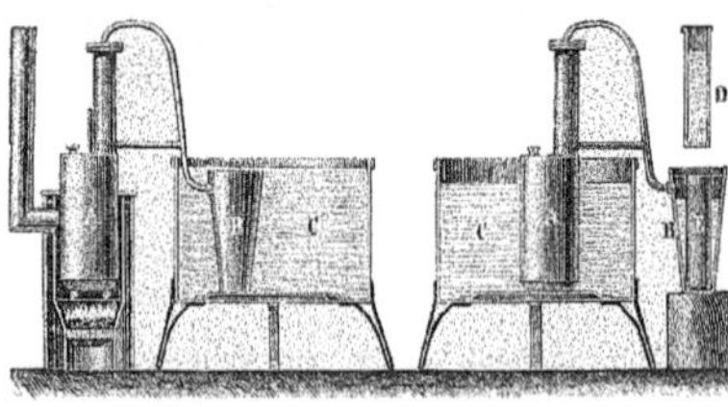

Fig. 2a. Fig. 2b.

Bei den **Absorptionsmaschinen** kommt als Verdunstungsflüssigkeit Ammoniak und als Absorptionsflüssigkeit Wasser (auch Glycerin) in Anwendung. Die Benutzung des Ammoniaks rührt von F. Carré her, dessen Maschinen auch noch heute neben den neuern Kompressionsmaschinen von Wichtigkeit sind. Die **Carréschen** E. arbeiteten zuerst intermittierend, erst später, seit 1862, kontinuierlich. Eine sehr einfache, in der Wirkungsweise übersichtliche Konstruktion einer Carréschen Eismaschine zum Gebrauch in Haushaltungen, Laboratorien u. s. w. ist in nebenstehenden Abbildungen Fig. 2a und 2b dargestellt. Bei derselben ist A der Kessel, B der Eisbildner, C ein eisernes Kühlgefäß. Die Eiserzeugung zerfällt hier in zwei verschiedene Operationen: die Erzeugung von flüssigem Ammoniakgas und die Verdunstung desselben, wodurch Kälte resp. Eis erzeugt wird. Indem der bis zu drei Vierteln seines Fassungsraums mit gesättigtem Ammoniakwasser gefüllte Kessel A (Fig. 2a) durch ein Holzkohlenfeuer erhitzt wird, entweicht das Ammoniakgas aus der Lösung und wird im Eisbildner B dadurch flüssig, daß es bei dem durch das Freiwerden des Ammoniaks in den Gefäßen A und B entstehenden hohen Druck von dem den Eisbildner umgebenden Wasser abgekühlt wird. Sobald die Temperatur des Kessels A auf 130° C. gestiegen ist, wird derselbe vom Feuer genommen und an Stelle des Eisbildners in das Kühlwasser gestellt (s. Fig. 2b). Durch das in C befindliche Kühlwasser wird die jetzt schwache Ammoniaklösung in B abgekühlt und beginnt das freie Ammoniak wieder aufzunehmen; der Druck in A und B sinkt, das in B flüssig gewordene Ammoniak verdunstet und wird durch die wässerige Lösung in A absorbiert. Die zur Verdunstung des Ammoniaks in B nötige Wärme wird dem Wasser entzogen, das sich in dem im Hohlraum E des Eisbildners B befestigten Gefäß D befindet; das Wasser wird so in Eis verwandelt. Diese einfachen Apparate sind von F. Schmidt (in Firma Schmidt, Kranz & Co. in Nordhausen) vervollkommnet worden.

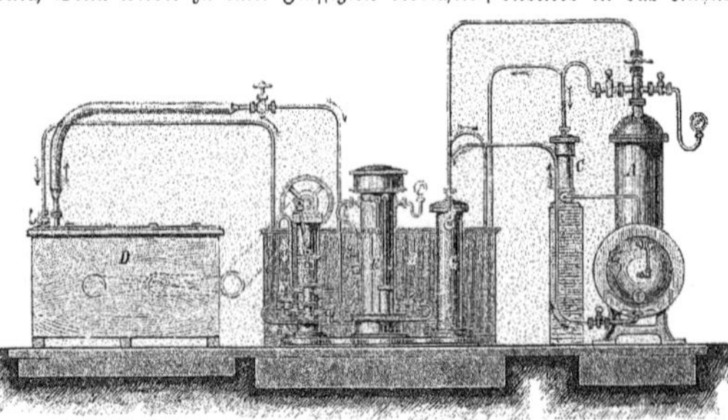

Fig. 3.

Die Carréschen E. für kontinuierlichen Betrieb sind in Deutschland von den Firmen **Vaaß & Littmann** in Halle a. S. und **Oskar Kropff** in Nordhausen mit vielfachen Verbesserungen verbreitet worden. Fig. 3 zeigt eine Ausführung von Vaaß & Littmann. Der Kessel A enthält das gesättigte Ammoniakwasser. Durch Erhitzen (in der Regel mit Dampf) wird das Ammoniak aus dem Wasser ausgetrieben und geht durch das Gefäß B, wo es durch kaltes Wasser abgekühlt wird, nach dem Gefäß C, wo es bei dem herrschenden Druck von 8 bis

10 Atmosphären kondensiert. Aus C tritt das flüssige Ammoniak in ein im Generator D befindliches Röhrensystem, wo ein geringer Druck herrscht, sodaß es rasch verdampft und der in D befindlichen Flüssigkeit (30prozentige Lösung von Chlorcalcium) die zur Verdampfung notwendige Wärme entzieht, wodurch die Temperatur im Gefäß auf —7 bis —9° C. sinkt. Die kalte Flüssigkeit in D findet zur Kühlung und Eisbereitung Verwendung. Die Absorption des gasförmigen Ammoniaks durch die wässerige Lösung in A erfolgt im Gefäß E, in welches sowohl das Gas als auch eine kontinuierlich aus A abfließende entsprechende Menge Flüssigkeit (letztere nach Durchströmen von Kühleinrichtungen G) eintritt, sodaß sich in E wieder eine gesättigte Lösung von Ammoniak in Wasser bildet, die durch die Pumpe F in den Kessel A zurückgedrückt wird. Weitere Verbesserungen der Carréschen E. rühren her von Koch-Habermann, Reece u. a.

Zu den Absorptionsmaschinen sind auch die sog. Vakuum-Eismaschinen zu rechnen, bei denen als Verdampfungsflüssigkeit Wasser und als Absorptionsflüssigkeit konzentrierte Schwefelsäure verwendet wird. Hiervon liegen Konstruktionen vor von Carré, Windhausen, Patten, Egells, Nehrlich u. a. Die Wirkungsweise dieser Maschinen ist derart, daß man in ein Gefäß, in welchem ein Vakuum hergestellt ist, Wasser einfließen läßt, welches dabei zum Teil (1/6) verdunstet und so dem übrigen Wasser die Verdunstungswärme entzieht, wodurch dieses gefriert. Die Wasserdämpfe werden mit Hilfe von Luftpumpen abgesaugt und durch konzentrierte Schwefelsäure absorbiert.

Die wichtigsten und verbreitetsten Kälteerzeugungsmaschinen sind die Kompressionsmaschinen oder Kaltdampfmaschinen. Diese sind zugleich die ältesten in der Praxis verwendeten Kältemaschinen. Sie wurden ursprünglich mit Schwefeläther als verdampfender Flüssigkeit betrieben, in neuerer Zeit mit Ammoniak (NH_3), Kohlensäure (CO_2), schwefliger Säure (SO_2) oder einem Gemisch von letztern beiden. Hier sind namentlich die weitverbreiteten, mit Ammoniak betriebenen Maschinen von Linde zu erwähnen. Nach den neuesten Erfahrungen haben sich wegen ihrer Billigkeit und anderer Vorzüge (s. unten) die Kohlensäure-Kompressionsmaschinen am besten bewährt. Eine solche (von Vaaß & Littmann in Halle) ist in Fig. 4 abgebildet. Die in dem Kondensator B enthaltene flüssige Kohlensäure tritt durch ein Reducierventil in ein System von Schlangenröhren, das sich auf dem Boden des kastenförmigen Eisbildners A (Refrigerator, Generator) befindet. Die in den Schlangenröhren, in denen ein bedeutend geringerer Druck herrscht als im Kondensator, verdampfende Kohlensäure entzieht dem Salzwasser, mit dem der Generator angefüllt ist, soviel Wärme, daß es bedeutend unter Null abgekühlt wird. Aus den Rohrschlangen wird das Kohlensäuregas von dem durch einen Transmissionsriemen betriebenen Kompressor C angesaugt, verdichtet und wieder in den Kondensator B hinübergedrückt, wo es unter gleichzeitiger Abkühlung wieder flüssig wird, wodurch der Kreislauf geschlossen ist. In das Generatorgefäß werden nun reihenweise Zellen eingehängt, welche aus dünnem Blech angefertigt sind und rechteckigen Querschnitt besitzen. Dieselben sind oben offen und werden mit Wasser angefüllt. In einzelnen Reihen werden diese gefüllten Zellen in einem gemeinsamen Rahmen mit Hilfe eines Krans in die kalte Lösung eingebracht. Ist der Inhalt gefroren, so werden sie mit dem Kran herausgehoben und einen Augenblick in das danebenstehende, mit heißem Wasser gefüllte Auftaugefäß gesenkt, wodurch sich der Eisblock von den Zellenwänden loslöst, sodaß beim Umkippen der Zellen der gebildete Eisblock auf die Ausladebühne gleitet. Verwendet man hierbei gewöhnliches Brunnenwasser, so erhält man milchweißes, undurchsichtiges Eis. Der Grund der Undurchsichtigkeit ist, daß die im Wasser enthaltene Luft sich beim Gefrieren desselben ausscheidet und in kleinen Bläschen das Eis erfüllt. Zur Herstellung von klarem Eis sind besondere Einrichtungen (sog. Klareisapparate) erforderlich. Man erzielt durchsichtiges Eis dadurch, daß man das Wasser in den Zellen durch Rührapparate in Bewegung setzt, sodaß die sich aus dem gefrierenden Wasser ausscheidende Luft in dem noch nicht gefrorenen nach oben steigen und entweichen kann.

Fig. 4.

Die Kohlensäure als Verdampfungsflüssigkeit eignet sich vor andern durch ihre Gefahrlosigkeit beim etwaigen Ausströmen; ferner greift sie die

Metallteile der Maschine nicht an; außerdem nimmt sie bei gleicher Wirkung 6mal so wenig Raum ein als Ammoniak und 16mal so wenig als schweflige Säure, weshalb ein kleinerer Kompressor in Anwendung kommt und dadurch die Anlage billiger wird. Pictet benutzt als Verdampfungsflüssigkeit ein Gemisch von 97 Teilen flüssiger schwefliger Säure (SO_2) und 3 Teilen flüssiger Kohlensäure (CO_2), welche Mischung allgemein als «Flüssigkeit Pictet» bezeichnet wird. Von weitern Kompressionsmaschinen sind die von Osenbrück, Neubecker, Hartung-Wepner (Ammoniakmaschinen) und die Kohlensäure-Kompressionsmaschi von Windhausen, Raydt u. a. anzuführen. Als Verdampfungsflüssigkeiten sind außer den oben genannten und allgemein verwendeten auch noch Schwefelkohlenstoff und flüchtige Kohlenwasserstoffe vorgeschlagen worden.

Eine Lindesche Maschine zur Erzeugung von 500 kg Eis pro Stunde erfordert an Anlagekosten für die Eismaschine mit Eisgenerator 29000 M., Dampfmaschine samt Kesseleinmauerung 12000 M., Aufstellungskosten 2500 M., im ganzen 43500 M. Die Betriebskosten belaufen sich bei einem Betrieb von 270 Tagen im Jahr auf 73 M. pro Tag (Verzinsung und Amortisation, Kohlen, gesamte Bedienung, Ammoniak, Beleuchtung, Schmierung u.s.w.), und der Selbstkostenpreis für 50 kg Eis beträgt 0,30 M. Bei größern Maschinen ist der Preis für 50 kg Eis entsprechend geringer und beläuft sich bei einer Maschine von 40000 kg täglicher Produktion auf 0,18 M., wobei die Kosten für Verzinsung und Amortisation für ein eigenes Gebäude mit in Rechnung gezogen sind. Die angegebenen Zahlen variieren natürlich je nach den örtlichen Verhältnissen.

Die Kühlmaschinen finden ausgedehnte Verwendung, namentlich in allen größern Brauereien und Schlachthäusern, da man mit ihrer Hilfe nicht nur in milden eisarmen Wintern vor der Eventualität des gänzlichen Mangels an Eis geschützt ist, sondern sie auch zum Kühlen der Luft benutzen und so in Brauereien in den Gär- und Lagerräumen beständig die zum Gelingen der Gärung und Konservierung des Bieres notwendige niedrige und gleichmäßige Temperatur herstellen kann. Von ungleich größerer Bedeutung als für die nordischen Gegenden sind die E. für die Tropenländer geworden, wo eine Beschaffung und Erhaltung von Natureis kaum möglich ist. Dort dient das künstliche Eis als willkommenes Erfrischungsmittel, und mit der Einführung der E. ist dort auch der Betrieb der Bierbrauerei möglich geworden. Mit Kaltluftmaschinen ausgerüstete Schiffe versehen gegenwärtig die Hafenstädte von England mit gefrorenem Schlachtfleisch von Australien, mit durch Kälte konservierten Lachsen aus den fischreichen Seen Amerikas.

Litteratur. Al. Schwarz, Die Eis- und Kühlmaschinen und deren Anwendung in der Industrie (Münch. 1888); Behrend, Eis- und Kälteerzeugungsmaschinen (2. Aufl., Halle 1888); R. Rudloff-Grübs, Die neuesten Erfahrungen über Kompressionskältemaschinen in Theorie und Praxis (Berl. 1888); Habermann, Über Eis- und Kälteerzeugungsmaschinen (ebd. 1888); Schröter, Untersuchungen an Kältemaschinen verschiedener Systeme (Münch. 1887).

Eismeer oder Polarmeer nennt man die die Pole umgebenden Meere; man unterscheidet sonach ein nördliches und ein südliches E. Ersteres rechnet Krümmel zu 15300000, letzteres zu 19350000 qkm, unter der Voraussetzung, daß kein großes Festland den centralen Teil beider Polarregionen einnimmt; für die mittlere Tiefe des erstern findet er 1545 m. Diese Voraussetzung ist freilich durchaus hypothetisch, da man bisher im N. nicht über 83° 24′, im S. nicht über 78° 10′ Br. vorgedrungen ist, und beide Polarmeere, zumal das südliche, wegen der ungeheuern, teils feststehenden, teils treibenden Eismassen nur zum kleinsten Teil hat befahren können. Vgl. Karte der Nordpolarländer und Karte der Südpolarländer.

Das Nördliche E. oder Nordpolarmeer, auch Arktisches Meer genannt, innerhalb der nördlich-kalten Zone gelegen, wird von den unwirtbaren Nordküsten von Europa, Asien und Amerika wie ein Binnenmeer umschlossen, das mit dem Großen Ocean nur mittels der Beringstraße, mit dem Atlantischen Meer durch die etwa 1500 km breite Durchfahrt im O. und die Davisstraße im W. von Grönland in Verbindung steht. Seine Glieder sind auf der östl. Halbkugel: die Barents-See, zwischen Spitzbergen, Franz-Josephsland und Nowaja-Semlja, das Weiße Meer mit seinen drei Buchten, die Karasee mit dem Karabusen und das Sibirische E. mit dem Obischen, Jenisseiskischen, Taimyr-, Thaddäus-, Chatanga-, Borchaja- und Tschaun-Busen. Der Abschnitt zwischen der Östlichen Taimyr-Halbinsel und den Neusibirischen Inseln wird auch Nordenskiöldsee genannt. Auf der westl. Hemisphäre liegen: das europ. Nordmeer (Grönlandsee) mit der Dänemarkstraße zwischen Grönland, Island, Norwegen und Spitzbergen, die Baffinbai mit der Davisstraße im S., dem Smithsund, Kanebusen, Kennedy- und Robesonsund im N.; ferner das Meer der nordwestl. Durchfahrten mit dem Lancastersund, der Barrowstraße, dem Melvillesund und der Banksstraße. Die wichtigsten Inseln auf der östl. Halbkugel sind: Jan Mayen, Bäreninsel, der Archipel von Spitzbergen, König-Karlsland, die norweg. Kücteninseln, Kolgujew, Nowaja-Semlja, Waigatsch, Franz-Josephsland, die Einsamkeitsinsel, die Neusibirischen Inseln, die De Longinseln und Wrangelland. Zu den zahlreichen Inseln und Inselgruppen der westl. Halbkugel gehören: Grönland, Ellesmere-, Grinnell- und Grantland, der Parry- und der Franklinarchipel (Baffinland), Prinz-Albert- und Victorialand, Prinz-Walesland, King-William-Land, Banksland u. s. w. Dieselben sind durch die verschiedenen Nordpolexpeditionen (s. d.) bekannt geworden. Insgesamt bedeckt das feste Land 3,82 Mill. qkm; es ist, Island ausgenommen, fast gänzlich unbewohnt.

Gewöhnlich gilt da, wo die Landgrenze der Kontinente fehlt, der Polarkreis (66½° Br.) als Südgrenze des Arktischen Meers. Nimmt man aber die Verbreitung des Polareises als charakteristisches Merkmal an, so erscheint als Sommergrenze etwa der Parallelkreis des 71. bis 75.° nördl. Br., doch geht es in der Beringstraße weiter nach S., während die europ. Nordmeere und die Barentssee stets eisfrei sind. Die Wintergrenze des ewigen Polareises zieht sich weiter nach S. hinab, umzieht Labrador, schließt die Baffinbai etwa am Polarkreis ab, umzieht das ganze südl. Grönland, schneidet den nördl. Teil von Island und erstreckt sich südlich von Jan Mayen nach dem südl. Nowaja-Semlja. Doch bleiben auch im Winter offene Stellen (Polinjen), wie Kanäle in einem Inselmeer, durch welche es gelungen ist, bis zum Petermannland und durch den Smithsund und Kennedykanal bis 83° 24′ vorzudringen. Treibeismassen (s. Eisberge) überschreiten selbst die Wintergrenze des ewigen Polareises noch um vier Breitengrade und werden zu gewissen Zeiten in dem nördl. Teile des Atlantischen Oceans zwischen 40—50° nördl. Br. sehr gefährlich; oft gelangen sie bis zur Breite der Azoren.

Die **Flora** des arktischen Meers ist verhältnismäßig reicher entwickelt als die der arktischen Länder und Inseln. Kjellman zählt 260 Arten in weit über 100 Gattungen, und einige derselben, besonders die zu den Brauntangen gehörenden Laminaria- und Alaria-Arten, erreichen ansehnliche Größe und bilden mächtige Bestände, welche mit den vielen kleinern Tangen, auch den Bacillariaceen, das Tierleben aufrecht erhalten. An Spitzbergens Küste sind Tange bis zu 150 Faden Tiefe gefunden. Folgende acht Meeresfloren unterscheidet man: 1) Norwegische Polarsee zwischen Polarkreis und 72° nördl. Br. (194 Arten); 2) Grönländische See zwischen Grönland, Spitzbergen und Island; 3) Murmansche See mit 82 Arten; 4) Karasee bis Taimyrland mit 33 Arten; 5) Spitzbergensee östlich der Grönländischen; 6) Sibirische See bis zur Beringstraße; 7) Amerikanische See, wie die vorige sehr artenarm (24 Arten); 8) Baffinsee, reich an 114 Arten.

Strömungen. Durch die flache Beringstraße fließt ein kalter Strom südwärts, der im Sommer eine schwache, warme Oberströmung entgegengesetzter Richtung, die durch Gezeiten und Winde hervorgerufen wird, über sich hat. Zwischen Island und Schottland geht eine mächtige Strömung, ein Arm des Golfstroms, nordostwärts zur Barents- und Karasee bis über 80° nördl. Br. hinaus, aber neben ihr fließen zwei seitliche von dort her, von denen die eine die von den nordasiat. und nordeurop. Flüssen dem Meere zugeführten Süßwassermassen an den westeurop. Küsten südwärts führt, während die andere, durch den Ostgrönlandstrom angezogen, entlang der ganzen nordasiat. Küste nördlich von Nowaja-Semlja ostwärts bis nach Grönland zieht. Entlang den Küsten Grönlands ziehen zwei kalte Strömungen südwärts, der schwache Ostgrönlandstrom und der mächtige Labradorstrom, der aus der Baffinbai als größter Polarstrom große Mengen kalten Wassers die atlantische Küste Amerikas entlang führt. In der Dänemarkstraße kommt von S. eine bis in große Tiefe reichende warme Strömung, von der ein Teil als Gegenströmung des Labradorstroms in die Davisstraße eindringt und die Westküste Grönlands von 65° nördl. Br. an nordwärts erwärmt, während der Hauptstrom nördlich von Island nach O. ins Polarmeer fließt. Das an Salz ärmere kalte Wasser fließt hier über dem salzreichen, aus S. kommenden warmen Wasser. Den Wasservorrat des Sibirischen E. erklärt man sich aus dem ungeheuern Wasserzuschuß der Ströme Sibiriens. Was aber dem amerik. Polarmeer die gegen N. strömenden Flüsse an Wasser zuführen, ist gering im Vergleich zu der Entleerung, die es durch den Labradorstrom und die ungeheuern, mit ihr fortgeführten Eismassen erfährt. Der Ersatz dafür ist ein submariner, von S. aus dem Atlantischen Ocean kommender Strom.

Das **Südliche E.** oder **Südpolarmeer**, auch **Antarktisches Meer** genannt, breitet sich innerhalb der südl. kalten Zone als ein durchaus offenes, mit dem Atlantischen, Indischen und Großen Ocean unmittelbar zusammenhängendes Meer aus und ist ohne Gliederung, wenn auch nicht ohne Inseln. Ob die auf weiten Räumen gefundenen, völlig unwirtbaren Küsten wirklich einem Südpolar- oder antarktischen Kontinent angehören, oder nur Inseln sind, ist noch nicht entschieden. Die Sommergrenze des südl. Polareises ist ebenso unregelmäßig wie die des nördlichen. Diese Grenze liegt ungefähr unter dem 66. bis 70. Breitengrad und weicht den Südenden Afrikas und Amerikas gegenüber zurück, während sie zwischen denselben gegen den Äquator hin vordringt. Die Wintergrenze ist noch nicht genau bekannt. Einzelne Treibeismassen gelangen bis in die Nähe der Südspitze Afrikas, ja selbst bis in die Breite von Buenos-Aires (34½° südl. Br.), und am Südende Amerikas trägt ihre Anhäufung nicht wenig zu den Gefahren der Umschiffung des Kap Hoorn bei. (S. Südpolarländer.)

Eismeierei, Verfahren der Rahmgewinnung durch Aufstellen der Milch in Eiswasser.

Eisnebel. Bei sehr tiefen Temperaturen, wie solche auf den Gipfeln hoher Berge und in den Polargegenden auftreten, bestehen die Elemente des Nebels (s. d.) meist aus feinen Eiskrystallen in Form von sechseckigen Tafeln. (S. Schnee.) Diese Eiskrystalle werden wegen ihrer Kleinheit geradezu als **Eisstaub** bezeichnet, der sich überall absetzt. Bei einfallenden Sonnenstrahlen geben sich die Krystalle durch lebhaftes Flimmern zu erkennen.

Eisnern, Markt bei Bischoflack (s. d.) in Krain.

Eispapier oder **Eiskarton** (frz. papier glacé; engl. iced paper), auch **Alabasterpapier**, ein zu Visitenkarten verwendetes Papier, das durch Auftragen einer dünnen Schicht essigsauren Bleioxyds in wässeriger Lösung mit einem an das Aussehen von Eisblumen erinnernden krystallisierten Überzug versehen worden ist.

Eispflanze, s. Mesembryanthemum.

Eispflug, Instrument zum Zerschneiden einer auf einem Fluß oder einem See entstandenen Eisdecke behufs Eisgewinnung. Er besteht entweder aus einer an einem fahrbaren Gestell befestigten Anzahl Stahlblätter, deren meißelartige Schneiden beim Vorwärtsbewegen Furchen in das Eis ziehen, oder aus einer auf der Achse des Gestells sitzenden Kreissäge, die mittels Drahtseil von einem Motor in Umdrehung versetzt wird und beim Vorwärtsbewegen die Eisdecke zerschneidet. Ist die Eisdecke uneben, so wird sie vorher mit dem Eishobel (s. d.) geglättet.

Eispunkt, s. Thermometer.

Eisräume, s. Eiskeller.

Eisregen, eine eigentümliche, wie es scheint, sehr seltene Erscheinung, bei der das Wasser in Form sehr kleiner, klarer Eiskugeln, augenscheinlich gefrorene Regentropfen, fällt.

Eisschränke, kastenförmige Schränke mit doppelten Wandungen, deren Zwischenraum mit schlechten Wärmeleitern, wie Asche, Schlackenwolle, trocknen Sägespänen oder Haaren, ausgefüllt sind und bei denen ein Quantum Eis, das in einem hierfür bestimmten Raum untergebracht ist, dazu dient, eine niedrige Temperatur zu erhalten. E. finden Verwendung zur Konservierung, resp. Kühlung von Speisen u. s. w. in Haushaltungen und Wirtshäusern, sowie von Leichen in den Anatomien. In Bierwirtschaften sind die E. meist so eingerichtet, daß man die ganzen Bierfässer hineinstellen kann.

Eisseen, s. Seen.

Eissenhardt, Johann, Kupferstecher und Radierer, geb. 1824 zu Frankfurt a. M., war Schüler von Eduard Eugen Schäfer, erhielt 1863 einen Ruf nach Petersburg zum Stich der Bildnisse auf den Rubelscheinen. 1869 nach Frankfurt zurückgekehrt, radierte

E. 50 Blätter nach neuern Künſtlern und ein grö- ßeres Blatt: das Refektorium, nach van Muyden. Ferner radierte er im Auftrage der Geſellſchaft für vervielfältigende Kunſt in Wien Blätter aus der Peſter Galerie, hierauf 35 Bilder der Frankfurter Galerie. 1886 vollendete er einen großen Stich: Madonna umgeben von ſieben Engeln, nach Sandro Botticelli für das Berliner Galeriewerk. E.s Werk zählt über 200 Nummern. 1889 zum Profeſſor er- nannt, hat E. ſich auch der Malerei gewidmet.

Eisſproſſe, Eisſprüſſel, das beim Geweih des Edelhirſches und Renntiers über der Augſproſſe erſcheinende Ende. Die E. tritt zuerſt beim Zehn- ender (Hirſch) auf. Veränderungen der E. entſprechen denen der Augſproſſe (ſ. d.). (S. Geweih.)

Eisſtaub, ſ. Eisnebel.

Eisſtollen, ſ. Hufeiſen.

Eistaucher, Vogelgattung, ſ. Seetaucher.

Eisteddfod, ſ. Barden.

Eiſtett, alter Name von Eichſtätt (ſ. d.) in Bayern.

Eisthalbahn, von Grünſtadt nach Eiſenberg (9 km, 1876 eröffnet), Strecke der pfälz. Eiſenbahnen.

Eisthaler Spitze, eine der höchſten Spitzen in der hohen Tátra in Ungarn, erhebt ſich im Mittel- stamme derſelben zu 2630 m Höhe. Der ſchwierig zu erreichende ſchneebedeckte Gipfel gewährt eine herrliche Rundſicht. Die E. S. wird nur von der Gerlsdorfer (2663 m) und der Lomnitzer Spitze (2634 m) übertroffen. Am ſüdl. Abfalle fünf Seen, aus denen der Kleine Kohlbach entſpringt.

Eisvogel wird oft irrtümlich das als Pelzſchmuck dienende Gefieder des Eistauchers (ſ. Seetaucher) genannt.

Eisvogel (Limenitis), eine zur Familie der Nymphaliden (ſ. d.) gehörige Gattung der Tagfalter,

mit faſt glattrandigen Vorder- und ſchwach gezahn- ten Hinterflügeln, deren Oberſeite ruß- bis raben- ſchwarz mit weißen Abzeichen, deren Unterſeite aber ockerfarben oder braun iſt. Die grünen, ſchwach be- dornten, am Kopf mit zwei Hörnchen verſehenen Raupen finden ſich im Frühjahr auf Laubbäumen und Sträuchern. Es giebt in Deutſchland 5 Arten, von denen drei ziemlich allgemein vorkommen und Juni und Juli fliegen: der große E. (Limenitis populi *L.*, ſ. beiſtehende Figur), 75—80 mm ſpan- nend, oben rußfarben, mit großen weißen Flecken auf den Vorderflügeln, weißer Querbinde in der Mitte und ockergelben Mondflecken am Rand der Hinterflügel, Raupe auf Schwarz- und Zitterpap- pein; der mittlere E. (Limenitis Camilla *W. V.*), 48—52 mm ſpannend, oben bloß mit weißen Flecken und Querbinden, Raupe auf Heckenkirſchen, und der kleine E. (Limenitis Sibylla *L.*), 42—50 mm ſpannend, dem mittlern ähnlich, aber mit mehr weiß; Raupe auf Geißblatt und Heckenkirſchen.

Eisvögel (Alcedinidae), eine aus 19 Gattungen und gegen 150 Arten beſtehende Vogelfamilie aus der Ordnung der Kuckucksvögel. Sie haben einen langen, ſtarken, vierkantigen Schnabel, ſeitliche, durch eine weiche Haut von oben verſchließbare Naſenlöcher und kleine, ſchwache Füße. Sie zeichnen ſich meiſt durch ſehr lebhafte, leuchtende Farben aus, ſind übrigens ungeſellig, ſcheu und gefräßig und nähren ſich meiſt von Fiſchen, aber auch von Krebſen, Libellenlarven und andern Waſſerinſekten, die grö- ßern Arten freſſen auch kleine Säugetiere, Vögel und Reptilien. Sie ſtoßen auf die Beute von einem Aſt herunter, aber nicht in bedeutende Tiefe. Der euro- päiſche Eisvogel (Alcedo ispida *L.*), die einzige in Europa vorkommende Art, iſt nur 17 cm lang und lebt an Flüſſen, Teichen und Seen (im Süden auch am Meere) in ganz Europa, mit Ausnahme des höhern Nordens, und in einem großen Teil von Aſien und Afrika. Zum Niſten gräbt er unter der Erde eine Höhle, zu welcher eine etwa 1 m lange Röhre in der Uferwand den Eingang bildet. Das Männchen, welches zu den ſchönſten Vögeln Europas gehört, iſt metallglänzend, an den Scheitel-, Schulter- und Flügeldeckfedern und dem Schwanze dunkelblaugrün mit grün- lichblauen Flecken, auf der Mitte des Rückens und am Bürzel hellblau, unterſeits bis auf die weiße Kehle roſtbraun. Das Weibchen iſt matter und unreiner gefärbt. Bei den Alten herrſchten viele abergläubiſche Sagen über die E.; auch ſchrieb man ihnen mehrere gute Eigen- ſchaften zu, wie Fähigkeiten, den Blitz abzu- leiten, vergrabene Schätze zu mehren, das Meer zu beruhigen, den Fiſchfang einträglich zu machen u. ſ. w. (Vgl. Alkyone.) Die meiſten E. leben in den ſüdl. Ländern; unter ihnen iſt namentlich der Graufiſcher (Ceryle rudis *Boie*) aus den Nilländern bekannt, der wie ein Falke rüttelt und auch die Größe eines ſolchen erreicht. In den zoolog. Gärten ſieht man jetzt häufig den Rieſenfiſcher oder Jägerlieſt (Dacelo s. Halcyon giganteus *Lath.*), den Ver- treter der Untergattung Baumlieſte (ſ. d.).

Eiswolken werden im Gegenſatz zu den Waſſerwolken (ſ. d.) die Wolken genannt, die aus Eisnadeln beſtehen. Hierher gehört der Cirrus (ſ. d.) in den verſchiedenen Formen.

Eiswolle, Bezeichnung für eine zu Strick- und Häkelarbeiten verwendete Art engl. Wolle von langem, glänzendem Faden, ähnlich dem Mohairgarn.

Eiszeit oder Diluvialzeit. Infolge der Unterſuchungen an heutigen Gletſchern, die um

1840 hauptsächlich von Charpentier und Agassiz angeregt wurden, hat sich herausgestellt, daß die gewaltigen, in steter Bewegung befindlichen Eismassen, die sich auf den Hochgebirgen sowie in den Polargegenden finden, bei ihrer Abschmelzung nicht zu verkennende Spuren hinterlassen. Es wurde ferner erkannt, daß die Gletscher Gesteinstrümmer als Grund-, Seiten- und Mittelmoränen von den Höhen in die Thäler auf weite Strecken führen, die dann als Endmoränen abgelagert werden, während man früher glaubte, daß die sog. Findlingsblöcke oder erratischen Gesteine durch Wasserströme von ihren Lagerstätten weggeführt und abgesetzt worden seien. Andererseits überzeugte man sich, daß die Gletscher den Felsboden, auf dem sie sich bewegten, abrieben und abnutzten, die unter sie geratenen Trümmer zu feinem Sand zerknirschten, der wieder als Schleifmittel für die Abnutzung diente, und daß sie so eigentümliche, geritzte Schliffflächen auf den harten Felsen erzeugten, die für die Gletscherwirkung durchaus charakteristisch waren. Man schloß folgerichtig daraus, daß überall, wo solche Spuren nachweislich waren, früher Gletscher gewesen sein mußten. Die Untersuchungen ergaben nun bald, daß die Gletscher derjenigen Hochgebirge, die jetzt noch über die Schneelinie emporragen, wie Pyrenäen, Alpen u. s. w., weit ausgedehnter gewesen sein mußten; daß Gegenden und Gebirge, die jetzt keine Gletscher mehr zeigen, wie Vogesen, Schwarzwald, Erzgebirge, Schweden, Finland, Schottland, England u. a., früher solche besessen hatten. Bald erkannte man denn auch, daß in den Land- wie Meeresablagerungen, die dieser Epoche größerer Ausdehnung der Gletscher angehörten, die Reste von Tieren sich finden, die jetzt in weit höhern Breiten leben. So fand man den Vielfraß, den weißen Fuchs, das Renntier bis an den Fuß der Alpen und Pyrenäen verbreitet; die Tiere des Hochgebirges, wie Gemse, Steinbock und Murmeltier in der Ebene; die Muscheln der Meere um Grönland und Spitzbergen in den Ablagerungen von England, Schottland und dem südl. Skandinavien. Ähnliche Beobachtungen wurden in Nordamerika gemacht.

So mußte man endlich zu dem Schluß kommen, daß nach der wärmern Tertiärzeit allmählich eine Kälteperiode eingetreten sei, welche die ganze nördl. Erdhälfte umfaßte, und daß die meisten Spuren, die man früher einer allgemeinen Sintflut zugeschrieben hatte, von dieser E. herrührten, die jetzt von allen Geologen angenommen wird. In manchen Gegenden läßt sich sogar als wahrscheinlich nachweisen, daß nach dem Eintritt einer ersten säkularen Kälteperiode wieder eine Erwärmung stattfand, innerhalb deren die Gletscher sich zurückzogen und eine großartige Vegetation sich an einzelnen Orten entwickelte, um dann unter dem Einfluß einer wiederholten Temperaturerniedrigung wieder zu Grunde zu gehen. Mit Sicherheit ist jetzt festgestellt, daß die E. der nördl. Erdhälfte eintrat, während der Mensch schon in Europa an einzelnen Stellen existierte; daß innerhalb dieser E. bedeutende Niveauveränderungen stattfanden, sodaß die Meere große Strecken Landes bedeckten und nachher wieder freiließen; daß während der Abschmelzungsperiode ungeheure Massen von zerriebenem Gestein durch die Flüsse verführt wurden, welche die Ablagerungen bilden, die jetzt als alte Flußschotter und Löß bekannt sind, und daß die ganze Fauna sich in solcher Weise vermischt vorfand, daß zu den an ihren jetzigen Standorten befindlichen Tieren sich einesteils nordische Tiere, die sich zurückgezogen haben, anderenteils ausgestorbene und südl. Tierformen gesellten, wie das Mammut, das Knochennashorn u. s. w. Damals war ganz Skandinavien und Finland vergletschert. Von hier aus erstreckte sich eine kontinuierliche Decke von Gletschereis bis zum Fuße des Harzes, des Riesengebirges und des Urals. Die Moränen und die Ablagerungen der Schmelzwasser dieses Inlandeises werden als **nordisches Diluvium** bezeichnet. (S. Diluvium.) Schottland und Wales waren in demselben Zustande; die Gletscher der Alpen reichten einerseits über die ebene Schweiz hinaus bis hoch in den Jura hinauf, andererseits in die Ebenen der Lombardei und Venetiens.

Über die Ursachen der Kälteperioden sind verschiedene Hypothesen aufgestellt worden. Da man schon lange erkannt hatte, daß Europa sein mildes Klima vor allem dem Golfstrom verdankt, lag es nahe anzunehmen, daß derselbe in frühern Zeiten entweder nicht existiert oder irgendwelche Ablenkung erfahren habe, sei es durch einen zwischen Amerika und Europa eingeschobenen Kontinent (Atlantis), sei es durch Fehlen der Landenge von Panama, sodaß das Eintreten des Golfstroms in den Großen Ocean ermöglicht wurde. Solche Hypothesen rühren von Charpentier und Escher von der Linth her. Die neuern Forscher nehmen aber keine andere Verteilung von Land und Wasser an, sondern führen, da man erkannt hatte, daß die Meeresströmungen ihre Entstehung Luftströmungen verdanken, dieselben auf eine Veränderlichkeit der Insolation der Sonne zurück. Augenblicklich besitzt die nördl. Halbkugel der Erde einen 6 Tage längern Sommer, die südliche einen 6 Tage längern Winter. Es kann aber eine Periode kommen, in der die eine Halbkugel 36 Tage länger die Sonne über sich hat als die andere; tritt dann hierzu noch, daß die Erdferne nicht wie jetzt im Sommer, sondern im Winter stattfindet, so muß der Winter ungleich länger und kälter sein als jetzt; dann vermag die Sonne in dem entsprechend kurzen Sommer weniger einzuwirken, das Klima muß kälter werden. Unsere Forscher haben mindestens drei solcher E. sicher nachgewiesen; allein trotz der periodischen Wiederkehr der Ursache darf nicht behauptet werden, daß ebenso regelmäßig die Glacialphänomene eintreten. Vgl. die Lehrbücher von Credner, Lyell, K. Vogt u. a., namentlich aber J. Geikie, The great ice-age (2. Aufl., Lond. 1876); A. v. Woeikof, Gletscher und E. in ihrem Verhältnis zum Klima (in «Zeitschrift der Gesellschaft für Erdkunde», Berl. 1881); J. D. Whitney, The climatic changes of later geological times (Cambridge 1882).

E. I. t., s. Arbeit, elektrische.

Eitelberger von Edelberg, Rudolf, Kunstforscher, geb. 17. April 1817 zu Olmütz, studierte dort und in Wien und wurde 1847 Docent für Kunstgeschichte an der Wiener Universität, redigierte von Okt. 1848 bis Febr. 1849 die «Wiener Zeitung», später nur die litterar. Beilage zu derselben, ward 1852 zum außerord. und einige Jahre darauf zum ord. Professor ernannt. 1864 erhielt er den Auftrag zur Gründung des Österreichischen Museums für Kunst und Industrie, dessen Direktor er bis zu seinem Tode war. Der Gründung des Museums schloß sich die Gründung der Kunstgewerbeschule an. Später nahm E. als Beirat des Unterrichtsministeriums hervorragenden Anteil an der Umgestaltung der Akademie der bildenden Künste in Wien, der Verbesserung des Zeichenunterrichts und des kunstgewerblichen Fachunterrichts in Österreich. Er starb 18. April 1885 in Wien. E. schrieb: «Die Reform des Kunstunterrichts» (Wien 1848), «Briefe über die moderne Kunst Frankreichs» (ebd. 1858), «Bericht über einen archäol. Ausflug in Ungarn» (ebd. 1856), «Das bürgerliche Wohnhaus und das Wiener Zinshaus» (mit Heinr. von Ferstel, ebd. 1860), «Mittelalterliche Kunstdenkmale des österr. Kaiserstaates» (mit Heider und Hieser, 2 Bde., Stuttg. 1858—60), «Die mittelalterlichen Kunstdenkmale Dalmatiens» (Wien 1861), «Cividale in Friaul und seine Monumente» (ebd. 1857), «Die Kunstdenkmäler Friauls» (ebd. 1859). Von den im Verein mit Fachgenossen herausgegebenen «Quellenschriften für Kunstgeschichte und Kunsttechnik des Mittelalters und der Renaissance» (Wien 1871—82) sind 18 Bände erschienen. E.s «Gesammelte kunsthistor. Schriften» erschienen in 4 Bänden (ebd. 1879—84).

Eitelkeit, in objektivem Sinne die Nichtigkeit dessen, was in sich selbst keinen Wert hat, wie Schein und Flitterstaat; auch braucht man den Ausdruck für alle irdischen Güter, insofern sie niemals vollkommene Befriedigung gewähren. Im subjektiven Sinne nennt man den eitel, der in Vorzügen von nur geringem Wert seine Ehre sucht und wegen ihrer sich gern gelobt und bewundert sieht. Auch nennt man E. die Sucht nach Lob und Bewunderung überhaupt ohne Rücksicht auf den Wert ihres Gegenstandes. In diesem Sinne bildet E. den Gegenstand zu Stolz und Hochmut, der im Bewußtsein seiner wirklichen oder eingebildeten Vorzüge rücksichtslos gegen andere verfährt, wogegen der Eitle vor allem um den Beifall anderer buhlt und daher immer sorgfältig die dazu erforderlichen Rücksichten nimmt. Der Eitle bedarf der Bewunderung anderer, um zur Bewunderung seiner selbst zu gelangen, wogegen der Stolze und Anmaßende des Beifalls anderer nicht bedarf, um sich selbst über alles hochzuschätzen und sich über andere hinwegzusetzen, an deren Beifall oder Abneigung ihm wenig liegt. Vgl. Chr. Sigwart, Über die E. (in den «Kleinen Schriften», 2. Reihe, 2. Ausg., Freib. i. Br. 1889).

Eiter (Pus) und **Eiterung** (Suppuratio). Der Eiter ist im frischen Zustande eine gelblichweiße, geruchlose, rahmartige Flüssigkeit von schwach alkalischer Reaktion, in welcher man durch das Mikroskop eine dichtgedrängte Menge kugeliger Körperchen, die Eiterkörperchen oder Eiterzellen, erkennt, welche in einer fast wasserhellen Flüssigkeit, dem Eiterserum, aufgeschwemmt sind. Letzteres besteht zum größten Teile aus Wasser, in welchem, wie im Blutserum oder dem Milchserum (Molten), Eiweißstoffe (1—4 Proz.), Salze und Extraktivstoffe aufgelöst sind. Aus diesem Grunde sondert sich Eiter, den man in einem tiefen Gefäße stehen läßt, sehr bald in zwei Schichten, in eine obere, wasserhelle und dünnflüssige Serumschicht und in eine untere, gelbgefärbte, zähflüssige Schicht von Eiterkörperchen. Die letztern, deren Menge im Vergleich der Eiterflüssigkeit sehr verschieden ist, gleichen durchaus den farblosen oder weißen Blutkörperchen (s. Blut), sie sind kleine Kugeln von etwa 0,01 mm im Durchmesser, welche aus einer zähflüssigen, einen oder mehrere kleine Kerne enthaltenden Protoplasmamasse bestehen. Im ganz frischen Zustande, solange nicht atmosphärische Luft oder Wasser mit den Eiterkörperchen in Berührung gekommen ist, sie auch kein Wasser durch Verdunstung oder ihre natürliche Wärme verloren haben, zeigen diese Körperchen unter dem Mikroskop deutliche und lebhafte Bewegungen, indem sie ihre Gestalt mannigfach ändern, Fortsätze ausstrecken und wieder einziehen, oder mit Hilfe solcher Fortsätze langsam auf dem Glase hinkriechen. Sie gleichen dann vollständig gewissen niedrigsten Organismen, den sog. Amöben (s. Kammerlinge), weshalb ihre Bewegungen auch amöboide genannt werden. Die geringste Einwirkung der Luft, des Wassers, der Wärme oder Kälte, wie aller eingreifenden Störungen, reicht hin, die Eiterkörperchen zu töten. Sie ziehen dann ihre Fortsätze ein, runden sich zu einer Kugel ab und sehr bald verändern sie sich auch chemisch und zerfallen schließlich. Dieses Absterben tritt sehr bald auch dann ein, wenn der Eiter noch im Organismus eingeschlossen ist, und bedingt die weitern Umwandlungen des Eiters überhaupt.

Der Eiter ist eine krankhafte Neubildung des Körpers, welche überall da sich bildet, wo in irgend einem Gewebe oder Organ ein schwerer Entzündungszustand vorhanden ist, und zwar dachte man sich früher, nach einer ältern Anschauung von Virchow, jedwede Eiterung entstanden durch eine massenhafte Entwicklung von jungen Zellen aus gewissen, dem Organismus normalerweise angehörenden Geweben, indem die Zellen der entzündeten Gewebe, insbesondere des über den ganzen Körper ausgebildeten Bindegewebes, aber auch die Epithelzellen, welche die serösen und Schleimhäute überziehen, die Knochenzellen u. s. w. unter dem Einfluß des Entzündungsreizes eine lebhafte Wucherung und wiederholte Teilung erfahren und so eine Menge indifferenter Zellen (Eiterzellen) erzeugen sollten, welche sich nicht weiter entwickelten, sondern frühzeitig zu Grunde gingen, weil sie entweder nicht lebensfähig entwickelt wären oder wegen ihrer zu großen Menge oder sonstiger Umstände sich nicht genügend ernähren könnten. Nach den Untersuchungen von Cohnheim dagegen, welche die ganze Lehre von der Entzündung und Eiterung wesentlich umgestaltet haben, sind die Eiterkörperchen nichts anderes als ausgewanderte farblose oder weiße Blutkörperchen, welche bei der Entzündung die Wand der Blutgefäße, namentlich der kleinsten Venen und Haargefäße, durchbohrt haben und sich nun als Eiterzellen in den Geweben ansammeln, ein Vorgang, der leicht beim Frosch und andern Tieren direkt unter dem Mikroskop beobachtet werden kann. In neuerer Zeit hat man nachgewiesen, daß auch aus den Zellen entzündeter Gewebe Eiterkörperchen entstehen, daß also neben der Lehre Cohnheims auch die ältere Virchowsche richtig ist. Als Ursache der Eiterung läßt sich in den meisten Fällen die Anwesenheit gewisser Spaltpilze (Eiterbakterien, Eiterkokken) nachweisen. Unter den eitererregenden Bakterien sind die wichtigsten Staphylococcus und Streptococcus pyogenes. Staphylococcus pyogenes, Traubenkokkus, so genannt von der traubenförmigen Anordnung der einzelnen Kokken, gehört zu den Diplokokken. Er ist ebenso leicht zu färben, behufs mikroskopischer Untersuchung, als rein zu kultivieren; die Reinkulturen zeigen weiße, gelbe oder goldbraune Färbung, wonach man Staphylococcus albus, citreus und aureus als Unterarten unterscheidet. Dauersporen sind nicht bekannt, doch ist der Staphylococcus sehr widerstandsfähig gegen äußere Einwirkungen. Da er ferner überall verbreitet ist, also nicht streng parasitisch vegetiert, so erklärt sich, daß derselbe so häufig bei Wund- und andern eiterbildenden Entzündungskrankheiten der Menschen gefunden wird. Gegen antiseptische Mittel ist der Staphylococcus ziemlich resistent; das als solches so beliebte Jodoform ist dem Staphylococcus völlig ungefährlich. Impfungen mit diesem Kokkus erzeugen typische Abscesse, Furunkel u. a. Streptococcus pyogenes, Kettenkokkus, gleichfalls der Kokkenform der Bakterien zugehörig, wird durch die kettenartige Aneinanderreihung der Einzelkokken in Kulturen charakterisiert. Nahe verwandt mit dem Streptococcus des Erysipels, erzeugt er im Körper vorwiegend vorschreitende phlegmonöse Prozesse, bei welchen das Entzündungsbild anfänglich hauptsächlich aus Rötung und Schwellung besteht und erst viel später mit Eiterbildung sich kompliziert; besonders gefährlich ist er durch die Neigung, sog. metastasierende pyämische Herde im ganzen Körper hervorzurufen (Verschleppung durch das Blut). Die Methoden des mikroskopischen Nachweises, der Reinkultivierung und der Impfung sind ebenso charakteristisch und schlagend wie bei dem Staphylococcus, sodaß beide Kokkenformen zu den bestbekannten gehören. In seltenen Fällen ist die Entzündung bez. Eiterung durch chem. Ursachen ohne Anwesenheit von Bakterien bedingt.

Jede irgend erhebliche Eiterbildung ist von einer Entzündung begleitet, d. h. die Stelle, wo der Eiter entsteht, ist reichlicher mit Blut erfüllt als sonst, meist mehr oder minder schmerzhaft und infolge der vermehrten Blutmenge und des gesteigerten Stoffwechsels auch wärmer als im normalen Zustande. Je nach dem Orte seiner Entstehung mischen sich dann oft dem Eiter noch andere Stoffe bei, so z. B. dem auf der Oberfläche der Schleimhäute, beim Katarrh, gebildeten Eiter der Schleim, dem auf serösen Häuten entstandenen die seröse Flüssigkeit. Mitunter ist der Eiter nicht gelb gefärbt, sondern besitzt eine rote, orangefarbene, grünliche oder blaue Färbung. Die rote Farbe rührt von der Beimischung roter Blutkörperchen, die orangefarbene von reichlicherm Gehalt an Hämatoidin (verändertem Blutfarbstoff) her, während die blaue und grüne Farbe des Eiters durch Mikro-Organismen (Pilze) gebildet wird, die sich massenhaft auch auf dem Verbandstoff entwickeln und diesen blau oder grün färben. Alle diese Färbungen sind jedoch ohne Belang und auf den weitern Verlauf der Eiterung ohne allen Einfluß.

Das Verhältnis des Eiters zu den Geweben ist verschieden; entweder findet sich der Eiter auf der Oberfläche der verschiedenen Häute, wie der äußern Haut, der Schleimhäute oder der serösen Häute (sog. *oberflächliche oder epitheliale Eiterung*), oder er ist in die Masse, in das Innere eines Organs eingebettet (sog. *tiefe oder parenchymatöse Eiterung*). Bildet sich Eiter an einer Stelle der Haut oder Schleimhaut, wo dieselbe in ihrem Zusammenhang gestört ist, sei es infolge von Verwundung oder einer zerstörenden Entzündung, so heißt die eiterbildende Stelle ein *Geschwür* (s. d.). Hat ein solches eine kanalartige Gestalt, und führt es nach einem tiefer gelegenen Eiterherde, so spricht man von einer *Fistel* (s. d.). Ist hingegen der Eiter in die Masse eines Organs dergestalt eingebettet, daß er eine bei der Eiterung entstandene Höhle erfüllt, so nennt man solchen Eiterherd *Absceß* (s. d.). Endlich kommt es auch vor, daß der Eiter das Gewebe eines Organs gleichsam durchtränkt, indem er sich zwischen die normalen Gewebselemente einschiebt; man spricht dann von einer *eiterigen Infiltration*. In dem letztern Falle kommt es gewöhnlich zur sog. *eiterigen Schmelzung* der Gewebe, indem das ursprüngliche Gewebe des betreffenden Organs durch die eingelagerten Eiterkörperchen allmählich erweicht wird und schließlich vollständig verschwindet. Auf diese Weise hat sich aus der eiterigen Infiltration ein Absceß gebildet.

Die Verwandlungen des fertigen Eiters können sehr verschieden sein. Die Eiterkörperchen verändern sich, wie schon oben bemerkt, sehr bald, und ihr Inhalt kann sich in Fett umbilden und zerfallen, oder sie können einschrumpfen und verkalken. Wird das Eiterserum wieder von den Blutgefäßen aufgesaugt, so dickt sich der Eiter immer mehr ein und verwandelt sich schließlich in eine käsige Masse, welche endlich durch Ablagerung von Kalksalzen steinhart werden kann. Man spricht dann von einer Verkäsung oder *Tuberkulisierung* und von einer Verkalkung oder *Verkreidung* des Eiters. Lösen sich die Eiterkörperchen in ihrem Serum auf, so kann der ganze Eiter wieder durch Aufsaugung ins Blut verschwinden. Dies bringt keinen weitern Schaden, wenn es sich um gesunden, guten und frischen Eiter handelt; nur die Aufsaugung *zersetzten* und durch bestimmte krankmachende Bakterien infizierten Eiters bringt Gefahr. Übrigens tritt eine solche vollständige Aufsaugung nur bei sehr kleinen Eitermengen ein. Ist nämlich der Eiter in *Verjauchung* übergegangen, wobei er dünnflüssiger, arm an Eiterkörperchen und übelriechend wird, so vergiftet er, ins Blut gelangt, dasselbe derart, daß heftiges Fieber und tödliche Folgen eintreten können. (S. Pyämie.) Diese Verjauchung tritt außerordentlich leicht ein, wenn die atmosphärische Luft, namentlich die in ihr enthaltenen Fäulniserreger (Spaltpilze, Bakterien) Zutritt zum Eiter haben. Als *specifischen Eiter* bezeichnet man solchen Eiter, der zugleich Träger eines Ansteckungsstoffs ist, wodurch daher eine bestimmte Krankheit von einer Person auf die andere übertragen werden kann (Trippereiter, syphilitischer Eiter, Pockeneiter u. s. w.). Man findet in ihm die betreffenden pathogenen Bakterien; dem äußern Ansehen nach kann er durchaus nicht von gewöhnlichem Eiter unterschieden werden.

Die *Folgen* der Eiterung für den Gesamtkörper sind je nach der Dauer und Ausbreitung derselben, nach der Menge des abgesonderten Eiters, nach der Wichtigkeit des betroffenen Organs und nach dem Grade der Zerstörung, welchen die Eiterung in dem letztern hervorruft, sehr verschieden. Alle lange dauernden und erheblichen Eiterverluste ziehen allmählich Blutarmut und Verwässerung des Blutes mit Neigung zu Wassersucht nach sich und können durch Erschöpfung oder durch eine eigentümliche Entartung, die sog. amyloide Degeneration der Milz, Leber, Nieren und anderer lebenswichtiger Organe (s. Amyloidentartung), zum Tode führen. Auch kann der Übertritt von faulig zersetztem Eiter in das Blut und die Säftemasse, welcher namentlich leicht bei ungenügendem Abfluß des angesammelten Eiters und bei Zutritt der atmosphärischen Luft zu dem Eiterherde zu stande kommt, schwere Gefahren für den Gesamtorganismus zur Folge haben. Aus diesem Grunde erfordert jede erheblichere Eiterung sachverständige chirurg. Hilfe, wobei in erster Linie für genügenden Schutz der eiternden Fläche gegen den Luftzutritt, für allseitig freien Abfluß der entstandenen Eiterungen und für deren gehörige Desinfektion durch fäulniswidrige Verbandmittel zu sorgen ist. (S. Absceß, Entzündung, Wunde.)

Eiterauge, s. Hypopyon.

Eiterbakterien, s. Eiter.

Eiterbeule, s. Absceß und Beule.

Eiterblase, s. Pustel.

Eiterbrust oder Empyem, s. Brustfellentzündung.

Eiterfeld, Flecken im Kreis Hünfeld des preuß. Reg.-Bez. Cassel, Sitz eines Amtsgerichts (Landgericht Hanau) und Wallfahrtsort, hat (1890) 598 E., Post, Fernsprechverbindung. Dabei auf einem Basaltfelsen das Schloß Fürsteneck.

Eiterfieber, s. Pyämie.

Eitergeschwulst, Eiterhöhle, s. Absceß.

Eiterharnen, s. Pyurie.

Eiterkokken, Eiterkörperchen, Eiterserum, s. Eiter.

Eiterstock, s. Furunkel.

Eiterung, s. Eiter.

Eitervergiftung, s. Pyämie.

Eiterzelle, s. Eiter.

Eitner, Robert, Musikschriftsteller, geb. 22. Okt. 1832 zu Breslau, ließ sich 1853 in Berlin nieder, wo er eine Musikschule gründete. Bekannt geworden ist E. dadurch, daß er 1869 eine «Gesellschaft für Musikforschung» ins Leben rief, die eine große Anzahl praktischer und theoretischer Musikwerke aus älterer Zeit veröffentlicht hat. Ihr Organ sind die «Monatshefte für Musikgeschichte» (Berlin, später Leipzig), die biogr.-bibliogr. Beiträge E.s, der die Zeitschrift zugleich redigiert, enthalten. Unentbehrlich für Musikgelehrte ist E.s «Verzeichnis neuer Ausgaben alter Musikwerke» (Berl. 1871) und «Bibliographie der Musiksammelwerke des 16. und 17. Jahrh.» (ebd. 1877).

Eitorf, Dorf im Siegkreis des preuß. Reg.-Bez. Köln, an der Sieg, über welche hier eine eiserne Brücke führt, an der Linie Deutz-(Köln-)Gießen der Preuß. Staatsbahnen, hat (1890) 1894 E., darunter 388 Evangelische, Post zweiter Klasse, Telegraph, Amtsgericht (Landgericht Bonn), Katasteramt, schöne Anlagen und Promenaden, eine evang. und eine kath. Kirche, eine Alizarinfabrik, Türkischrotfärberei, Kammgarnspinnerei und -Weberei; wird als Luftkurort viel besucht.

Eitri, Zwerg in der nordischen Mythologie, Bruder des Brokki (s. d.).

Eiweiß (Albumen) ist die Bezeichnung für vier gänzlich verschiedene Begriffe: 1) Im gewöhnlichen Sprachgebrauch und in der Histologie ist E. das zartwandige, mit reichlichem Saft erfüllte Zellgewebe, worin im Ei der Vögel und Reptilien das Eigelb (s. d.) oder der Eidotter eingebettet ist. Der Inhalt dieses Zellgewebes besteht vorzugsweise aus wasserreichem Eieralbumin (s. Albumin); außerdem findet sich eine geringe Menge von verseiftem Fett, eine Zuckerart und von Salzen namentlich Kochsalz. 2) Der Botaniker nennt E. den außerhalb des Embryos liegenden, von der Samenschale umkleideten Teil der Samen, worin die der jungen Keimpflanze als erste Nahrung dienenden Reservestoffe aufgespeichert sind. 3) Chemisch ist E. einerseits gleichbedeutend mit Albumin (s. d.), dem Hauptbestandteil des Eier-Eiweißes; endlich ist E. 4) der Sammelname für eine große Klasse von Körpern, die auch als Eiweißstoffe oder Proteïnstoffe (s. d.) bezeichnet werden. Im Blute finden sich mehrere Eiweißkörper, und zwar in den roten Blutkörperchen das Globulin, welches in Verbindung mit dem eisenhaltigen Hämatin den wichtigen Blutfarbstoff (s. d.) bildet, im Blutplasma das Serumalbumin (Blutalbumin), welches etwa 6 Proz. der gesamten Blutflüssigkeit ausmacht, und das Serumcaseïn oder Serumglobulin, welches im entleerten Blute mit einem andern, gleichfalls im Blut gelösten Eiweißkörper, dem sog. Fibrinogen, die Bildung des Blutfaserstoffs und damit die Gerinnung des Blutes verursacht. Das Blutalbumin findet in der Technik vielfache Anwendung und wird deshalb fabrikmäßig dargestellt. (S. Albumin.)

Eiweißharnen, Albuminurie, die Ausscheidung von gelöstem Eiweiß durch den Harn, ist nicht sowohl eine selbständige Krankheit als vielmehr das Symptom einer solchen. Der Harn des Menschen im gesunden Zustande enthält für gewöhnlich kein Eiweiß, d. h. das im Blute enthaltene Eiweiß wird in den Nieren, welche den Harn absondern, nicht mit ausgeschieden. Wohl aber kann dies geschehen, wenn entweder die Nieren erkranken und die krankhaft veränderten Wände der Nierenkanälchen und der feinsten Blutgefäßchen nun das Eiweiß des Blutes durchtreten lassen, oder wenn das Blut nicht ungestört aus den Nieren abfließen kann, deshalb austaut und unter so hohen Druck kommt, daß das Eiweiß mit durch die Gefäßwände hindurchgepreßt wird, was sonst nur mit den normalen Harnbestandteilen geschieht. Das E. zeigt sich vorzugsweise bei der Brightschen Krankheit (s. d.), ferner bei den durch Herz- oder Lungenkrankheiten, Verengerungen oder Verschließungen der Nierenvenen u. s. w. herbeigeführten Blutstauungen in den Nieren. Bisweilen kommt Scharlach mit akuter Nierenentzündung und E. kompliziert vor. Auch bei Krankheiten der Harnwege (Harnröhre, Blase und Harnleiter) kann der Urin eiweißhaltig werden; man findet dann aber neben Eiweiß gleichzeitig noch Blut- oder Eiterkörperchen in demselben. Mitunter treten übrigens auch bei ganz gesunden Menschen nach anstrengender Muskelarbeit, reichlichen Mahlzeiten, Gemütsbewegungen, kalten Bädern u. dgl. vorübergehend geringe Mengen von Eiweiß im Harn auf. Man erkennt das E. daran, daß beim Kochen des schwach angesäuerten Harns ein flockiger weißer Niederschlag von geronnenem Eiweiß entsteht, der durch Zusatz von Salpetersäure sich nicht wieder auflöst. Bei längerer Dauer des E. wird das Blut allmählich eiweißärmer und also relativ wasserreicher. Je dünner aber das Blut wird, um so leichter geschieht der Austritt von Blutserum durch die Kapillarwände in die Gewebe, um so geringer wird der Rücktritt der Gewebsflüssigkeit in die Blutbahn, und es entsteht allgemeine Wassersucht (s. d.). Vgl. Senator, Die Albuminurie in physiol. und klinischer Beziehung (2. Aufl., Berl. 1890).

Eiweißstoffe, s. Proteïnstoffe und Albumin.

Eizahn, s. Schnabel (der Tiere).

Eizelle oder auch nur Ei nennt man in der Botanik die weibliche Geschlechtszelle. Dieselbe ist entweder in einen Gewebkörper eingeschlossen, wie bei den Moosen, den Gefäßkryptogamen und Phanerogamen, oder sie liegt in einer gewöhnlich kugelig ausgebildeten Zelle, wie bei den meisten Algen und Pilzen. Nach der Befruchtung, d. h. nach der direkten und indirekten Vereinigung des Eizelleninhalts mit dem Inhalt der männlichen Geschlechtszelle entwickelt sich aus der E. durch mehrfache Teilungen ein Embryo (s. d.) oder eine mit festerer Membran umgebene Spore. (S. Befruchtung.)

Ejakulieren (lat.), heraus-, hervorstoßen; ausspritzen; Ejakulation, Hervorstoßung (von Worten); Ausspritzung.

Ejâlet (arab.) bezeichnet wie das ursprünglich gleichbedeutende Wilajet Verwaltung, Statthalterschaft und ist der Name der größern Verwaltungsbezirke in der Türkei. Das E. wird auch Paschalik (Generalstatthalterschaft) genannt, weil der zu seiner Leitung derufene hohe Beamte den persönlichen Titel Pascha führt; seiner amtlichen Befugnis nach ist er entweder Wali (Statthalter) oder nur Mutessarrif (Administrator). Das E. zerfällt in Liwas oder Sandschaks (Departements) und diese wieder in Kazas (Kantone); jenen steht ein Kaimakam (Stellvertreter), diesen ein Mudir (Verwalter) vor. Die Kazas endlich werden eingeteilt in Nahijes (Distrikte). Diese bilden die niedrigste territoriale Einheit und werden von einem Mudir oder Ajan (Notabeln) verwaltet. Die Pforte hat 1865 durch Zusammenfassen mehrerer denachbarter E. zu einer Generalstatthalterschaft eine Zwischenstufe zwischen dem E. und der Centralregierung geschaffen und dadurch die Zahl der mit letzterer korrespondierenden Provinzialbehörden erheblich verringert. Ein solcher Komplex von E. heißt Wilajet und untersteht nur einem Beamten höchsten Ranges mit dem Titel Wali.

Ejektion, s. Ejizieren.

Ejektor (lat.), auch Dampfstrahl-Elevator, ein Strahlapparat (s. d.), welcher, durch Dampf detrieben, zum Heben von Wasser und andern Flüssigkeiten, Schlamm, Sand u. s. w. dient. Vorzugsweise finden E. Verwendung als Lenz- und Leckpumpen für Dampfschiffe, da sie gestatten, in kurzer Zeit große Wassermengen zu fördern, sowie in allen den Fällen, wo die Arbeit nur von kurzer Dauer ist, wie bei Entwässerung von Baugruben, Reinigung von Brunnen, auch zum Anfüllen von Centrifugalpumpen behufs Ingangsetzung derselben. Der Dampfverbrauch der E. ist im Verhältnis zu ihrer Leistung bedeutend. In nachstehender Figur ist ein E. im Querschnitt dargestellt. Der Betriebsdampf tritt durch das Rohr a ein, und saugt durch b die zu hebende Flüssigkeit an, welche durch das Rohr c austritt.

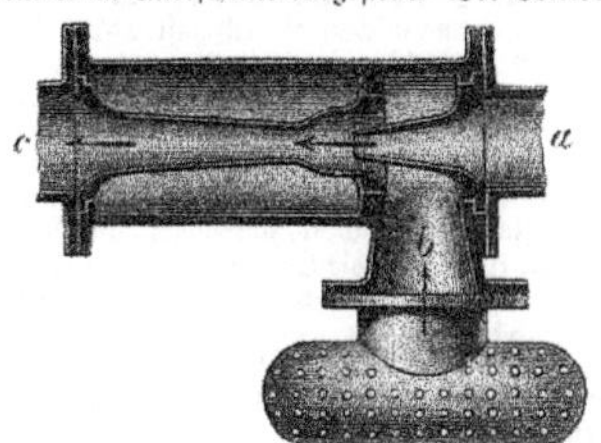

Zu den E. gehören auch die Dampf- und Luftstrahlgebläse zur Beförderung von Luft und von Gasen und in diesen enthaltenen staubförmigen Körpern. Sie werden benutzt, um deim Anlassen großer Dampfmaschinen (besonders Schiffsmaschinen) ein Vakuum in dem Kondensator zu erzeugen, ferner als Ventilatoren zur Entfernung schlechter Luft aus Kellerräumen, zum Entfernen von Wettern aus Gruben u. s. w. — E. oder Auswerfer dei Gewehren, s. Auszieher.

Ejizieren (lat.), hinauswerfen, aus dem Besitz treiden; Ejektion, das Hinauswerfen, gewaltsame Entfernung aus dem Besitz.

Ejjûb. 1) Name des biblischen Hiob dei den Mohammedanern. — 2) E. ibn Schâdi, ein Kurde, der sich zu hervorragenden militär. Ämtern in Syrien und Mesopotamien emporschwang, Vater des Saladin, der nach dem Sturze der Dynastie der Fâtimiden noch zu Lebzeiten seines Vaters (gest. 1173) unter nomineller Anerkennung des addâsidischen Chalifats das nach E. denannte Herrscherhaus der Ejjubiden in Ägypten und Syrien degründete. Die Geschichte dieser Dynastie (1171—1260) steht in engster Verbindung mit den Ereignissen der Kreuzzüge und mit den Kriegen der Mongolen in Vorderasien. Zur Zeit des Einfalles der Mongolen war jedoch die Herrschaft der Ejjubiden im Verfall begriffen und in mehrere Teilfürstentümer in Syrien zersplittert. Die Herrschaft über Ägypten war ihnen bereits 1250 durch die Mamluken, welche den letzten ägypt. Ejjubidenfürsten Turan Schah ermordeten, entrissen worden. (Vgl. Ägypten, Bd. 1, S. 247 b.) Nach der für Hulagu unglücklichen Schlacht dei Ajn Dschâlut (1260) wurden die von den Mongolen in Gefangenschaft gehaltenen Ejjubidenfürsten hingerichtet, andere wurden vom Sieger, dem ägypt. Mamluken Kotus, in ihren Fürstentümern als abhängige Vasallen destätigt, bis Beibars den letzten Ejjubiden, Melik Mugîth, Fürsten von Karak, 1263 des Hungertodes sterben ließ.

Ejjûb Chan (Ajub Chan), ein jüngerer Sohn des Emir Scher-Ali (s. d.) von Afghanistan, war von seinem Vater zum Statthalter von Herat gemacht und dehauptete sich in dieser Stellung auch unter seinem Bruder Jakub. Nach dessen Gefangennahme (1879) war er eifrig für die Vertreibung der Engländer thätig und erfocht mehrere Siege gegen sie. (S. Afghanistan, Bd. 1, S. 173 d.) Nachdem er von dem Emir Abd-ur-Rahman aus Herat vertrieben war, zog er sich nach Persien zurück und ledte, von der pers. Regierung im Interesse der Engländer überwacht, bis 1888 in Teheran. Ein Versuch, mit seinem alten Feldherrn Facharulla Chan und einer kleinen Schar Getreuer während der Wirren des Ghilsai-Aufstandes 1888 einen Handstreich auf Herat zu führen, mißglückte durch die Ergreifung Ejjûbs dei Meschhed. Er wurde den Engländern ausgeliefert und in Rawalpindi im Pandschab interniert.

Ejjubiden, Herrschergeschlecht, s. Ejjûb.

Ejub, Vorstadt von Konstantinopel (s. d.).

Ejusdem (lat., Genitiv von idem), desselben (zu ergänzen anni, Jahres; mensis, Monats u. s. w.).

Ekartieren (frz.), etwas ausschießen, ausmerzen; im Kartenspiel: Karten weglegen, um andere dafür zu kaufen. (S. Écarté.)

Ekbatâna, auch Agbatana, aus dem altpers. Hagmâtâna (wörtlich Vereinigung, woraus auch die alttestamentliche Namensform Achmata), neupers. Hamadan, heißt dei den Griechen die Reichshauptstadt Mediens, welche an der Stelle des heutigen Hamadan (s. d.), unfern des Berges Elwend (im Altertum Orontes, wo sich auch pers. Inschriften von Darius und Xerxes finden), lag. Da die neuere Stadt auf den Trümmern der alten erbaut ist, haben daselbst bisjetzt noch keine Ausgrabungen stattfinden können. Nach den Berichten des Herodot wählte Deïokes (s. d.), der Begründer des Medischen Reichs, E. zum Sitz seiner Herrschaft und umgab die Stadt mit einer Wehr von sieben, durch die Farbe unterschiedenen Mauern, von denen die äußerste 250 Stadien (48 km) im Umfang gehabt haben soll. In der Burg, die sich innerhalb der siebenten Mauer befand, standen der Sonnentempel und der umfangreiche königl. Palast, zu welchem nur Cedern- und Cypressenholz (wie in den assyr. Palästen) benutzt und in dem alle Decken und Säulen mit Gold und Silber belegt waren. Noch nach den Plünderungen der Stadt durch Alexander d. Gr. und Seleucus I. (Nikator) fand Antiochus d. Gr. (210) die mit Silberplatten belegten Dächer vor. Die Parther erhoben E. zur Sommerresidenz. Viele altpers. Antiquitäten werden zu Hamadan gefunden. Die Juden in Persien halten diese Stadt für das Susa der Bibel, weshalb zu Hamadan auch ein Grabmal der Esther und des Mardochai gezeigt wird. — Ein zweites E., E. Magōrum (E. der Magier), lag an der Ostgrenze von Persis.

Ekbotē (grch.), Ausrenkung eines Gliedes, Fehlgeburt; in der altgriech. Musik ein Versetzungszeichen (lat. projectio), das den enharmonischen Ton eines enharmonischen Tetrachords um fünf Vierteltöne erhöhte, wodurch das Tetrachord in ein diatonisches verwandelt wurde.

Ekbolīn, s. Mutterkorn.

Ekchondrōse (grch.), Knorpelgeschwulst.

Ekchymōse (grch.), in der Medizin ein stecknadelkopf- bis linsengroßer, unregelmäßig gestalteter, dunkelroter und bräunlich gefärbter Blutaustritt aus den kleinsten Blutgefäßen, welcher sich bald vereinzelt, bald in sehr großer Anzahl in der Haut, in den Schleimhäuten und den innern Organen findet und allmählich durch Aufsaugung des ausgetretenen Blutes wieder verschwindet. Derartige Blutergüsse finden sich am häufigsten beim Skorbut, beim Flecktyphus und der Blutfleckenkrankheit (s. d.), wo ihr massenhaftes Auftreten auf die krankhafte Beschaffenheit des Blutes und auf eine leichte, noch nicht genügend erklärte Zerreißlichkeit und Brüchigkeit der kleinsten Blutgefäße zurückzuführen ist.

Ekel (Nausea), derjenige höhere Grad des Widerwillens (der Abneigung oder Antipathie), der sich mit der körperlichen Empfindung von Übelsein und beginnender Brechneigung verbindet. Er kann Ursache und Folge der letztern sein. Bei Magenkrankheiten nämlich (z. B. Magenüberladung, verdorbenen Speisen im Magen, Magenkatarrh) entsteht dieses Gefühl, welches zu den sog. Gemeingefühlen (s. d.) gehört, beim Versuch zu essen, auch wohl beim bloßen Sehen und Riechen der Speisen, und hat hier seinen Sitz in den Magennerven (Nervus vagus) oder den Geschmacksnerven (Nervus glossopharyngeus). Gleiche Brechreizung und Übelkeit entsteht, wenn man den weichen Gaumen mit einer Federpose oder mit dem Finger kitzelt. In andern Fällen, wo man bloß einen widrigen Gegenstand betrachtet oder riecht oder sich ihn nur lebhaft vorstellt (einbildet), gesellt sich das Gefühl des E. zu dem geistigen Widerwillen (dem Hirnekel) hinzu, gleichsam als eine Hallucination der obengenannten Nerven oder, wie manche ärztliche Gelehrte sich ausdrücken, durch eine Reflexaktion oder Irradiation (Überstrahlung) im Gehirn, wie denn die Phantasie bekanntlich einen auffallenden Einfluß auf das Zustandekommen des E. ausübt. Der E. ist ein Symptom vieler Krankheiten, besonders der Verdauungsorgane, aber auch der Nervencentra, besonders des Gehirns, z. B. bei schaukelnden Bewegungen und bei der Seekrankheit, woher sein griech. Name Nausea (von Naus, das Schiff). Der E. dient aber auch als Natur- und Kunstheilmittel. Ersteres findet z. B. bei dem E. gegen alle Speisen bei überladenem Magen oder dem E. gegen Fleischspeisen in Fieberkrankheiten statt, letzteres besonders bei der sog. Ekelkur (methodus per nauseam). Man bewerkstelligt diese Heilmethode durch fortgesetzte Verabreichung von Brechmitteln (namentlich Brechweinstein, Kupfersalzen, Ipecacuanha u. dgl.) in so kleinen Gaben, daß sie nur Übelkeit, jedoch kein Erbrechen erregen. Das andauernde Gefühl des E. bewirkt eine gewaltige Um- und Herabstimmung der Nerven- und Geistesthätigkeit nebst Erschlaffung der Muskeln, weshalb die Ekelkur früher vielfach gegen Gemütskrankheiten sowie gegen die Trunksucht angewandt wurde. Als eine der eingreifendsten ist indessen diese Methode wegen ihres schädlichen Einflusses auf die Verdauungsorgane nur mit großer Vorsicht anzuwenden, weshalb die moderne Medizin von ihr absieht.

Ekelkur, s. Ekel.

Ekenäs (finn. Tammisaari), Hafenstadt im Kirchspiel Pojo des finn. Län Nyland, 117 km im WSW. von Helsingfors, an der Pojobucht des Finnischen Meerbusens, auf einer weit ins Meer sich erstreckenden Landzunge, an der Linie Hyvinge-Hangö der Finländ. Staatsbahn, hat Dampfschiffahrtsverbindung über Ingå nach Helsingfors, (1888) 1786 E., Post und Telegraph, alte Kirche, Seminar für schwed. Volksschullehrerinnen, einige Fabriken (Handschuhe), Handel mit Getreide, Eisenwaren, Fischen (Ekenäser Sprotten) und in der Nähe mehrere große Eisenwerke (Fiskars, Billnas, Fagervik u. a.).

Ekersund, andere Schreibung für Egersund (s. d.).

Ekhof (Eckhof), Hans Konr. Dietrich, Schauspieler, geb. 12. Aug. 1720 zu Hamburg, war Schreiber bei dem schwed. Postkommissar zu Hamburg, kam dann nach Schwerin zu einem Advokaten, ging 1739 zur Schönemannschen Gesellschaft und debütierte 15. Jan. 1740 als Xiphares (in Racines «Mithridat») in Lüneburg. Bis 1757 begleitete er diese Truppe, begründete bei ihr eine theatralische Akademie und war auf die Direktionsführung einflußreicher als Schönemann selbst. 1757 kam er in Danzig zur Schuchschen Gesellschaft, übernahm dann selbst mit andern einige Zeit die Schönemannsche Gesellschaft, die er in Lübeck an Koch abtrat, um nun bei diesem bis 1764 zu spielen. Sein nächstes Engagement führte ihn zu Ackermann. Dann wurde er Mitglied des durch Lessings Dramaturgie berühmt gewordenen Nationaltheaters in Hamburg und 1769 der Seylerschen Gesellschaft, die er 1774 verließ, um Mitdirektor des Hoftheaters zu Gotha zu werden, wo er 16. Juni 1778 starb. Indem E., von den Zeitgenossen der deutsche Roscius genannt, seinen Leistungen den Stempel der Originalität, einer tief durchdachten Charakteristik und der größten Naturwahrheit aufdrückte, indem er mit der steifen und gespreizten Rhetorik des franz. Alexandrinerdramas auch in seiner Darstellungskunst brach, wurde er für seine Kunstgenossen ein Muster und der eigentliche Schöpfer der deutschen Bühnenkunst. Gleich stark im Tragischen wie im Komischen, besonders in den Goldonischen und Molièreschen Stücken, wußte er seine körperlichen Fehler geschickt zu verdecken. Große

Kenntnis des menschlichen Herzens und der Sitten jedes Standes, Feuer und Korrektheit der Deklamation und treffendes Gebärdenspiel erhoben E. zu einem der ersten dramat. Künstler. «Seine Redegewalt wurde von einem Organ getragen, das an donnernder Macht, Zartheit und Wohllaut seinesgleichen auf der deutschen Bühne nicht gefunden hat», sagt sein bedeutendster Nachfolger Schröder von ihm. Im Tragischen galt die tief erschütternde Darstellung des Odoardo als seine beste Leistung. Zugleich war aber E. auch von einschneidendster Bedeutung als Vorbild und Lehrer sowie durch seine Bemühungen um die sittliche Hebung seines Standes und dessen materielle Sicherheit. Seine litterar. Leistungen beschränken sich auf Übersetzungen franz. Werke, Gedichte u. s. w. Vgl. Uhde, Konrad E. (im «Neuen Plutarch», Bd. 4, Lpz. 1876).

Ekkehard, Mönche in Sankt Gallen, s. Eckehart.

Ekkehard von Aura, Geschichtschreiber, erscheint um 1108 als Abt des Klosters Aura bei Kissingen und starb nach 1125. Seine «Weltchronik» («Chronica Ekkehardi Uraugiensis», hg. von Waitz in den «Monumenta Germaniae historica», Scriptores, Bd. 6) hat E. in ihrem Hauptteile fünfmal umgearbeitet, bald mehr in kaiserlichem, bald mehr in päpstl. Sinne, wie gerade seine wechselnden Anschauungen waren. Die vorzügliche Geschichte des ersten Kreuzzuges «Hierosolymita» gab er besonders heraus. Vgl. Buchholz, E. von Aura (Tl. 1, Lpz. 1888).

Ekkerö, Alandsinsel, s. Eckerö.

Ekklesia hieß im alten Athen die Volksversammlung, d. h. die Vereinigung aller im Besitz der bürgerlichen Ehrenrechte befindlichen attischen Bürger vom 20. Altersjahre an, welcher die souveräne Entscheidung über alle durch den Rat (die Bule, s. d.) vorbereiteten und an die E. gebrachten oder auch durch eigene Initiative aus dem Kreise der versammelten Bürger angeregten Angelegenheiten der innern und äußern Politik (Krieg und Frieden, Bündnisse und Verträge, Gesandtschaften, Ehrenbezeigungen an einzelne und Korporationen), des öffentlichen Kultus, der Finanzen und der Gesetzgebung, die Wahl der Beamten (soweit solche nicht durchs Los bestimmt wurden), Erledigung etwaiger Beschwerden gegen diese u. dgl., in gewissen Ausnahmefällen (bei den sog. Eisangelien) auch richterliche Entscheidung zustand. Die Einrichtung, daß innerhalb bestimmter Zeiträume regelmäßig solche Versammlungen stattfanden, wird auf Solon zurückgeführt. Er setzte vier Ekklesien für jedes Jahr fest, Kleisthenes (um 509 v. Chr.) zehn. Mit der Erweiterung ihres Wirkungskreises durch die Entwicklung der Demokratie wurde die Zahl nochmals vermehrt, sodaß zur Zeit der höchsten Blüte der demokratischen Verfassung vier regelmäßige Ekklesien in jeder der zehn Prytanieen, also 40 im Jahre stattfanden, von denen jede ihren bestimmten Geschäftskreis hatte. Dazu kamen noch in dringenden Fällen außerordentliche Versammlungen, welche meist von den obersten Beamten des Kriegsdepartements (den Strategen) einberufen wurden.

Das Lokal dieser Versammlungen war seit alter Zeit die Pnyx (s. d.), an deren Eingängen 6 Lexiarchen mit 30 Gehilfen die Kontrolle übten. Jeder zur Teilnahme an der Versammlung Berechtigte erhielt beim Eintritt eine Marke, gegen deren Vorzeigung ihm seit der Zeit des Perikles, als Entschädigung für die aufgewandte Zeit, der Versammlungssold (Ekklesiastikos misthos, früher 1 Obolos, später 3 Obolen) ausbezahlt wurde. Anstatt der unbequemen und abgelegenen Pnyx wurden besonders seit der macedon. Zeit lieber die bequemen Räume des Dionysischen Theaters am Südostabhange der Akropolis, bisweilen auch der Markt, ja selbst Lokale außerhalb der Stadt (z. B. im Peiraieus) zur Abhaltung der Versammlungen benutzt. Der Beginn der Versammlungen wurde durch ein auf der Agora sichtbares Zeichen (wahrscheinlich Aufziehen einer Fahne) angezeigt. Sie begann regelmäßig früh am Morgen mit einem Reinigungsopfer und einem vom Herold gesprochenen Gebet; darauf trug der Vorsitzende oder ein anderer Referent die Anträge (Probuleumata, d. i. Vorbeschlüsse) des Rats vor, und wenn die Versammlung durch Procheirotonie (vorläufige Abstimmung) beschlossen hatte, auf die Verhandlung darüber einzutreten, so wurde die Debatte eröffnet, bei welcher nach alter, aber zur macedon. Zeit bereits veralteter Sitte die über 50 J. Alten den Vorrang hatten. Die auftretenden Redner waren während der Dauer ihrer Ansprache zum Zeichen der Unverletzlichkeit bekränzt. Nach Schluß der Debatte wurde über jeden Antrag einzeln durch Erheben der Hände (Cheirotonie) oder auch durch Stimmtäfelchen abgestimmt. Der Schluß der Versammlung mußte jederzeit vor Sonnenuntergang, sonst auch bei plötzlich eintretendem Regen, Gewitter u. dgl. erfolgen; war die Tagesordnung nicht erschöpft, so wurde die Versammlung auf den folgenden Tag vertagt. Ihre Beschlüsse wurden regelmäßig in das Archiv der Stadt eingetragen, in wichtigern Fällen auch in Erz oder Stein eingegraben und dann öffentlich aufgestellt. Den Vorsitz in der Versammlung führte in der ältern Zeit der Epistates, d. h. der Vorsitzende des geschäftsleitenden Ausschusses des Rats (der Prytanen); später wurden jedesmal neun Proëdroi aus der Zahl der übrigen nicht zum Ausschuß gehörigen Ratsmitglieder durchs Los ernannt, die wieder unter sich den Proëdros erlosten. Zur Aufrechterhaltung der Ordnung standen diesem eine Anzahl Polizeidiener (toxotai, Bogenschützen) zu Gebote. Vgl. Schömann, De comitiis Atheniensium libri III (Greifsw. 1819). — Über E. in der Bedeutung von Kirche s. Ecclesia.

Ekklesiárch (grch.), Kirchenvorsteher; **Ekklesiarchie**, Kirchengewalt, Kirchenaufsicht.

Ekklesiástes (grch.; lat. Concionator; hebr. Koheleth, s. d.), Prediger, der griech. Titel des alttestamentlichen Buchs «Der Prediger Salomo».

Ekklesiastikus, s. Ecclesiasticus.

Ekkyklēma (grch.), eine Vorrichtung im altgriech. Theater, durch die entweder das Innere des Palastes, dessen Außenseite die Bühnenhinterwand bildete, sichtbar gemacht, oder Dinge aus dem Hinterraum auf die Bühne geschoben werden konnten.

Eklampsie (grch.), über den ganzen Körper verbreitete, in heftigen Zusammenziehungen der Muskulatur bestehende und mit Bewußtlosigkeit verbundene Krampfanfälle, welche von der Epilepsie (s. d.) sich dadurch unterscheiden, daß bei letzterer die Krampfanfälle sich in gewissen Perioden regelmäßig wiederholen, während die eklamptischen Krämpfe nur einmal oder nur mit einigen Wiederholungen während einer gewissen Zeit einzutreten pflegen. Man unterscheidet zwei Formen, nämlich die E. der Kinder und die E. der Schwangern und Gebärenden. Die E. oder die Konvulsionen der Kinder (eclampsia infantum), auch wohl

Krämpfe, schlagender Jammer, Gichter oder Fraisen genannt, stellen eine verhältnismäßig häufige Kinderkrankheit dar, welche auf den verschiedensten Ursachen beruhen kann. Am häufigsten findet sie sich bei Säuglingen, namentlich zur Zeit des Zahndurchbruchs, seltener im spätern Kindesalter, und zwar wird sie ebensowohl bei kräftigen und vollsaftigen als bei schwächlichen und blutarmen Kindern beobachtet; Knaben werden im Durchschnitt etwas h[illegible] von ihr befallen als Mädchen. In manchen Fällen handelt es sich um eine ererbte Anlage zu Krämpfen, insofern gar nicht selten die meisten oder alle Kinder derselben Familie zu einer gewissen Zeit an eklamptischen Anfällen leiden. Durch Englische Krankheit oder chronischen Durchfall geschwächte Kinder werden im allgemeinen leichter von ihnen als andere betroffen. Ebenso oft geben bei Kindern Krankheiten des Gehirns, der Ausbruch mancher schwerer fieberhaften Krankheiten (Scharlach, Masern, Typhus, Lungenentzündung), Verdauungsstörungen, namentlich Verstopfung und Wurmreiz, Nierensteine, anämische Zustände oder ein heftiger Gemütseindruck Anlaß zu mehr oder minder heftigen Krampfanfällen.

Bisweilen überrascht der Anfall das Kind plötzlich mitten im Spiel, in anscheinendem Wohlbefinden; in andern Fällen gehen längere oder kürzere Zeit gewisse Vorboten voraus. Die Kinder sind mißmutig und ärgerlich, schlafen unruhig und unterbrochen, schließen während des Schlafs nur unvollständig die Augenlider und verziehen von Zeit zu Zeit den Mund, knirschen auch mit den Zähnen und fahren bei Berührung schreckhaft zusammen. Dann bricht meist plötzlich der Anfall aus, indem der Blick stier und starr wird, die Augen umhergerollt werden, das Gesicht sich krampfhaft verzerrt und gleichzeitig mehr oder minder heftige krampfartige Zuckungen oder auch starrkrampfähnliche Zustände sich über den ganzen Körper verbreiten. Während derselben wird das Gesicht gerötet und leicht blausüchtig, der in Schaum verwandelte Speichel tritt vor die Lippen, die Haut wird mit kaltem Schweiß bedeckt, der Bauch durch verschluckte Luft aufgetrieben, die Atmung schwer beeinträchtigt, der Puls klein und überaus schnell. Dabei ist das Bewußtsein vollkommen aufgehoben und mit ihm die Empfindlichkeit für die stärksten Reize erloschen. Die Dauer der Anfälle ist verschieden; oft beträgt sie nur einige Minuten bis zu einer Viertelstunde und darüber, in andern Fällen ziehen sie sich mit mehr oder weniger langen Unterbrechungen tage-, selbst wochenlang hin.

Die E. zählt zu den gefährlichern Krankheiten des Kindesalters, denn wenn auch die meisten Anfälle in völlige Genesung übergehen, so geschieht es doch nicht gar selten, daß während eines heftigen eklamptischen Anfalls durch krampfhaften Verschluß der Stimmritze der Tod eintritt oder nach demselben nachhaltende Störungen, wie Schielen, Lähmungen oder andere schwere Affektionen zurückbleiben oder die Krankheit durch fortwährende Wiederholung der Anfälle in wahre Epilepsie übergeht. Die **Behandlung** der E. soll in erster Linie eine prophylaktische sein, indem alle jene schädlichen Momente von dem Säugling fern zu halten sind, welche erfahrungsgemäß den Ausbruch der Krankheit begünstigen. Man sorge also für eine vernünftige Ernährung des Kindes, am besten durch Mutter- oder Ammenbrust, für regelmäßige Verdauung, gute Luft in den Zimmern, für Reinlichkeit durch Waschungen und Bäder und vermeide alles, was Reizungen des Gehirns veranlassen könnte (anhaltendes Schaukeln, schnelles Fahren auf holperigen Wegen u. dgl.). Ganz besondere Vorsicht ist bei solchen Kindern geboten, bei denen der Verdacht einer erblichen Disposition zu Nervenkrankheiten vorliegt.

Während des eklamptischen Anfalls selbst befreie man das Kind von allen beengenden Kleidungsstücken, namentlich am Halse, lagere es zweckmäßig mit etwas erhöhtem Kopfe und so, daß es sich keinen Schaden zufügen kann, und schiebe, wenn sich der Krampf auch auf die Kiefermuskeln erstreckt, ein Stück Holz, Kork oder zusammengerollte Leinwand zwischen die Kiefer, damit das Kind freier atmen kann und sich die Zunge nicht verletzt. Daneben sorge man für möglichst schnelle Zufuhr reiner frischer Luft, mache kalte Umschläge oder Begießungen auf den Kopf und gebe reizende Klystiere aus kaltem Wasser und Essig; gegen das Ende des Anfalls erweist sich das Einflößen von Kamillen- oder Baldrianthee oder ähnlichen nervenbelebenden Mitteln ersprießlich. Behufs Verhütung neuer Anfälle ist auf zweckmäßige Ernährung, genaue Regulierung des Stuhlganges, Abhärtung durch kalte Waschungen und auf sorgsame Behütung vor Erkältung und Aufregung Bedacht zu nehmen.

Die E. der **Schwangern und Gebärenden** besteht gleichfalls aus plötzlich auftretenden, heftigen und mit vollständigem Verlust des Bewußtseins verbundenen krampfhaften Zuckungen und Zusammenziehungen der gesamten Körpermuskulatur, welche vorzugsweise Frauen, die zum erstenmal schwanger sind, und zwar gewöhnlich erst während der Entbindung, seltener im Verlaufe des Wochenbettes, befallen und hinsichtlich ihrer Ursachen durchaus noch nicht sicher erkannt sind. Einige Ärzte schreiben sie einer durch Nierenentzündung bedingten Harnstoffvergiftung des Blutes zu, während andere sie von einer anämischen Blutbeschaffenheit und der durch die Wehenthätigkeit hervorgerufenen Steigerung des Blutdruckes im arteriellen Gefäßsystem, welche Blutüberfüllung und Ödem des Gehirns zur Folge hat, herleiten. Die Dauer des einzelnen Anfalls ist verschieden und schwankt von einer Minute bis zu einer Stunde und darüber. Während des Anfalls ist das Gesicht blau verfärbt, die Pupillen sind weit, das Herz schlägt unregelmäßig, das Atmen wird schnarchend und vor den Mund tritt Schaum. Mit Nachlaß der Zuckungen verfällt die Kranke gewöhnlich in einen schlafsüchtigen Zustand, aus welchem sie anfangs mit wiederkehrendem Bewußtsein, jedoch tief angegriffen und ohne Ahnung von dem überstandenen Krampfe erwacht; ihr Kopf ist wüst, sie klagt über Schwere und Schmerzen in den Gliedern, bis nach längerer oder kürzerer Pause ein neuer Anfall ausbricht, der die vorausgegangenen meist an Heftigkeit übertrifft; späterhin kehrt auch in den Pausen das Bewußtsein nicht zurück, sondern die Kranken verharren in ihrem schlafsüchtigen Zustand, der entweder durch Herz- und Gehirnlähmung zum Tode führt oder nach einem langen Schlafe in Genesung übergeht.

Die E. gehört zu den gefährlichsten Erkrankungen der Schwangern und Gebärenden, da durch sie nicht nur das Leben der Mutter, sondern auch das des Kindes auf das äußerste bedroht wird. Die **Behandlung** besteht außer einer zweckmäßigen Lagerung der Kranken, reizenden Klystieren, Hautreizen und kräftigen Abführungsmitteln vornehmlich in

Anwendung der anästhetischen Mittel (Chloroform, Chloralhydrat, Opium), wodurch es nicht selten gelingt, die Krampfanfälle zu verhüten oder wenigstens abzukürzen. Die Entbindung selbst ist durch Kunsthilfe (Anwendung der Zange, unter Umständen Wendung und Extraktion des Kindes) so schnell als möglich zu beendigen, da das Leben des Kindes durch die krampfhaften Zusammenschnürungen der Gebärmutter und die hierdurch bedingten Cirkulationsstörungen auf das höchste gefährdet ist und zudem, wie die Erfahrung gezeigt hat, mit der Ausstoßung des Kindes aus der Gebärmutter die eklamptischen Anfälle häufig von selbst aufhören.

Eklekticismus, s. Eklektiker.

Eklektiker (grch., «Auswähler») nannten die Alten Philosophen, die sich keiner bestimmten Richtung anschlossen, sondern aus den verschiedenen Systemen sich auswählten, was ihnen zusagte, und so sich eine scheinbar neue Philosophie zusammenstellten. Dieser Eklekticismus wurde, seitdem die philos. Erfindungskraft sich in einer glänzenden Reihe von Systemen erschöpft hatte, überhaupt aber das rein wissenschaftliche Interesse an der Philosophie gegen das praktische mehr und mehr zurücktrat, immer beliebter und drang seit dem letzten vorchristl. Jahrhundert allenthalben ein, um mit einem vollständigen religiösen und philos. Synkretismus (s. d.) zu enden. Namentlich die Römer, wie Cicero, schlossen sich dem eklektischen Verfahren, mit dem schon einige Stoiker, wie Panätius und Posidonius, und Akademiker, wie Antiochus, den Anfang gemacht hatten, mit Vorliebe an. Etwas mehr als bloße E. waren die Neuplatoniker (s. d.). Ganz besonders aber eignete sich das eklektische Verfahren für solche Philosophen, die, wie der Jude Philo (s. d.) und die ältesten christl. Philosophen, die Philosophie zu einer bloßen, an sich nicht nötigen, doch zum Zwecke der Propaganda erwünschten Stütze des geoffenbarten Glaubens herabsetzten. Daher bildet der Eklekticismus die allgemeine Signatur des sinkenden Altertums. Eklektische Richtungen gab und giebt es auch in der neuern Philosophie; so wird die Philosophie V. Cousins (s. d.) und seiner Nachfolger vorzugsweise die eklektische genannt. (S. Französische Philosophie.)

Eklipse (grch.), der Wegfall, das Verschwinden; in der Astronomie die Sonnen- und Mondfinsternis. (S. Finsternis.)

Ekliptik (grch.), die scheinbare Bahn, welche die Sonne im Laufe eines Jahres unter den Sternen am Himmel beschreibt. Da diese Bahn in einer durch den Erdmittelpunkt gehenden Ebene liegt, bildet sie einen größten Kreis an der Himmelskugel. Weil man wahrnahm, daß die Sonnen- und Mondfinsternisse immer nur dann stattfinden, wenn der Mond sich in der Nähe dieses Kreises befindet, so veranlaßte dies die Griechen, denselben die E. (von grch. ekleipsis, d. i. Finsternis) zu nennen. Die Ebene der E. ist gegen die des Äquators geneigt und bildet mit ihr einen Winkel, den man die Schiefe der E. nennt und der gegenwärtig 23° 27′ beträgt. Da die Erde sowohl im Mittelpunkt des Äquators als auch der E. steht, schneiden sich die von beiden an der Himmelskugel gebildeten größten Kreise in zwei um 180° voneinander abstehenden Punkten, welche die Nachtgleichen- oder Äquinoktialpunkte (s. Äquinoktium) heißen. Die Sonne passiert sonach auf ihrer scheinbaren Bahn unter den Sternen zweimal im Jahre den Äquator. Das eine Mal ist dies um die Zeit des 21. März. Sie geht dann für alle Orte der Erde genau im Osten auf und im Westen unter, Tag und Nacht sind dann gleich. Ihre Mittagshöhe ist dann gleich der Äquatorhöhe des Beobachtungsortes. Verfolgt man die Sonne auf ihrer jährlichen Bahn von einem Ort der nördl. Halbkugel aus, so sieht man, daß sie vom 21. März ab immer mehr nördlich vom Ostpunkt aufgeht, ihre Abweichung vom Äquator also immer nördlicher wird. Infolgedessen nimmt auch die Tagesdauer und die Mittagshöhe der Sonne zu. Die Größe der Zunahme der letztern ist anfangs täglich etwa 24′, verlangsamt sich aber immer mehr und mehr, bis am 21. Juni die Sonne scheinbar gegen den Äquator still steht. Nun beginnt sie wieder sich dem Äquator zu nähern, ihre nördl. Deklination nimmt ab. Ihr Aufgangspunkt rückt von Norden her immer näher an den Ostpunkt heran, bis sie um den 23. Sept. zum zweitenmal im Jahre wieder im Äquator selbst steht. Sie geht dann wieder genau im Osten auf, Tag und Nacht sind sich gleich. Von nun an geht sie täglich immer mehr südlich vom Ostpunkt auf, ihre Abweichung vom Äquator wird eine südliche, und ihre Mittagshöhe nimmt nach und nach um ebensoviel ab, wie sie zwischen 21. März und 21. Juni zugenommen hatte. Dies dauert bis zum 21. Dez. Dann scheint die Sonne gegen den Äquator abermals stillzustehen. Vom 21. Dez. ab, wo die Mittagshöhe der Sonne ihren kleinsten Betrag im Jahre erreicht, wendet die Sonne sich wieder nach Norden und nähert sich dem Äquator, bis sie diesen am 21. März wieder erreicht. Daß die Sonne während des eben geschilderten Jahres sich nicht nur von Norden nach Süden und von Süden zurück nach Norden bewegt hat, sondern dabei auch von Osten nach Westen unter den Sternen vorwärts gewandert ist, sieht man daraus, daß immer andere, weiter nach Osten zu gelegene Sternbilder am nächtlichen Himmel erscheinen. Die Punkte der E., welche die größte Abweichung vom Äquator haben und 90° von den Nachtgleichenpunkten abstehen, heißen die Solstitien oder Sonnenwenden (s. d.), da die Sonne in ihnen, wie wir gesehen haben, um die Zeit des 21. Juni und 21. Dez. erst gegen den Äquator stillzustehen und dann sich wieder dem Äquator zuzuwenden scheint. Den ganzen Umfang der E. teilt man vom Frühlingspunkt aus in 360° oder auch in 12 Zeichen zu je 30°, die nach gewissen in der E. gelegenen Sternbildern benannt sind. (S. Tierkreis.) Da die beiden erwähnten Durchschnittspunkte der E. mit dem Äquator nicht fest sind, sondern in jedem Jahre um 50″, in jedem Jahrhundert beinahe 1° 23″ rückwärts, d. i. westlich gehen (s. Präzession), so sind seit der Zeit, wo jene 12 Zeichen erfunden wurden, diese Sternbilder in der E. jetzt sehr verrückt worden, sodaß das Sternbild der Fische, die früher im letzten Zeichen standen, jetzt im ersten Zeichen, das des Widders, der früher im ersten stand, jetzt im zweiten Zeichen steht u. s. w., oder daß die Sternbilder alle um ein ganzes Zeichen von 30° vorgerückt sind. Auch die Schiefe der E. ist veränderlich; sie beträgt jetzt nahe 23° 27′, wird aber in jedem der nächsten Jahrhunderte um beinahe 50″ kleiner. Wenn sie immerfort abnähme, so würde endlich die E. mit dem Äquator zusammenfallen und ein immerwährender Frühling auf der Erde entstehen; sie nimmt aber nicht immer ab, sondern schwankt periodisch zwischen bestimmten Grenzen (21 und 28°), die sie nie übersteigen kann, hin und her. Nach den darüber angestellten Rechnungen war sie um 2000 v. Chr. beinahe gleich 23°53'. Seitdem nimmt sie ab, bis sie gegen 6600 n. Chr. am kleinsten und gleich 22° 54' sein wird. Von da wird sie wieder bis zum J. 19300 zunehmen, einen Wert von 25° 21' erreichen und dann wieder abnehmen. Diese geringen Änderungen können auf die Jahreszeiten keinen wesentlichen Einfluß äußern. In Wirklichkeit bewegt sich nicht die Sonne um die Erde, sondern die Erde um die Sonne. Die Ebene, in der sich scheinbar die Sonne bewegt, ist in Wirklichkeit die Bahnebene der Erde; somit ist auch die E. der Durchschnitt der Erdbahn mit der Himmelskugel.

Eklōge (grch.), d. i. das Ausgewählte, bei den Römern Bezeichnung für kleinere ausgewählte Gedichte, wie man z. B. die Episteln des Horaz zuweilen Eclŏgae nannte. Vorzugsweise aber betitelte man so die bukolischen Gedichte (Idyllen, s. d.) des Vergilius, Calpurnius (Siculus) und Nemesianus, und in dieser Bedeutung ist der Ausdruck auch im Mittelalter und in der neuern Zeit gebraucht worden.

Eklogīt, eine feldspatfreie Felsart, die in erster Linie aus grasgrünem Omphacit (s. d.) und rotem Granat zusammengesetzt ist, zu denen sich dann noch häufig dunkelgrüne Hornblende (Karinthin), smaragdgrüne Hornblende (Smaragdit), himmelblaue Körner von Cyanit, farblose Quarze, Zoisit, sowie silberglänzende Glimmerblättchen gesellen, sodaß das Gestein einen sehr schönen und lebhaften Farbeneindruck macht. Accessorisch treten noch hinzu Rutil, Zirkon, Apatit, Titanit, Chlorit, Eisenkies, Magnetkies, Magneteisen. Der E. bildet linsenformige, gewöhnlich nur wenig ausgedehnte Einlagerungen in den alten archäischen krystallinischen Schiefern, insbesondere im Gneis, auch im Granulit, und ist hier vielfach vergesellschaftet mit Hornblendeschiefern, Olivingesteinen, Serpentinen u. s. w. Eine ausgedehnte Entwicklung gewinnt er z. B. im Fichtelgebirge zwischen Hof und Marktschorgast (Eppenreuth, Silberbach, Fattigau), in der Gegend von Zöblitz und Waldheim in Sachsen, bei Karlstätten in Niederösterreich, an der Saualp in Kärnten und der Bacheralp in Steiermark, im Val Tournanche, längs der untern Loire, vielerorts in Norwegen und auf der Insel Syra.

Eknephĭas, soviel wie Seetornado (s. d.).

Eknŏmos, Berg in Sicilien, s. Ecnomus.

Eko, Insel, s. Lagos.

Ekrasīt, das in der österr.-ungar. Armee eingeführte Sprengmittel zum Füllen der Bomben und Hohlgeschosse, soll gegen Stöße und Rütteln unempfindlich sein, dabei aber Dynamit Nr. 1 an Kraftäußerung übertreffen; es ist erfunden von Siersch und Kubin, seine Zusammensetzung ist Geheimnis; der Hauptbestandteil ist wahrscheinlich Pikrinsäure.

Ekretieren (frz.), den Kamm eines Festungswerks wegschießen.

Ekron hieß die nördlichste der fünf Hauptstädte der Philister, die vielleicht unter David Tribut gezahlt hat, sonst aber Israel nicht gehörte, bis der Makkabäer Jonathan E. von dem syr. Könige Alexander Balas zum Geschenk erhielt. E. ist wahrscheinlich das kleine Dorf Akir, 5 km östlich von Jebna (südlich von Jaffa), ohne nennenswerte Ruinen. Über den Baal von E. s. Beelzebub.

Eksjö (spr. etschö), Stadt im schwed. Län Jönköping (Småland), an der Linie Näßjö-Oskarshamn der Schwed. Privatbahnen, hat (1891) 3252 E. und bedeutenden Viehhandel.

Ekstāse (grch.), Verzückung, ein hoher Grad von Begeisterung, besteht im wesentlichen darin, daß im Bewußtsein ein andauerndes rein geistiges oder sinnlich gefärbtes Wonnegefühl herrscht, das jede geistige Bethätigung nach andern Richtungen hin, z. B. Wahrnehmung von Sinneseindrücken, also auch der realen Außenwelt, freies Wollen u. s. w. mehr oder weniger vollständig ausschließt und die Aufmerksamkeit auf die jenem Gefühl zu Grunde liegenden geistigen Vorgänge zu richten zwingt. Die letztern sind gegeben entweder in Phantasievorstellungen erhabenen (insbesondere religiösen) oder sonstwie beglückenden Inhalts, oder in gleichgearteten Sinnestäuschungen (Hallucinationen) oder sinnlichen, besonders von den Geschlechtsorganen ausgehenden Gefühlen. Im erstern Fall kann die E. einen im Bereich des Normalen liegenden Vorgang darstellen oder krankhafter Natur sein, im letztern Fall ist sie stets als pathologisch zu betrachten. Höhere Grade kommen überhaupt nur als Teilerscheinung von Geistes-, bez. Nervenkrankheiten (besonders bei Hysterischen, Wahnsinnigen u. s. w.) vor. Das äußere Gebaren der Ekstatischen ist entweder passiv, indem eine dem Wonnegefühl entsprechende Körperhaltung dauernd (statuenartig) beibehalten, oder auch aktiv, indem durch Sprechen, Predigen, Singen u. s. w. dem Bewußtseinsinhalt Ausdruck verliehen wird. — Vgl. Mantegazza, Die E. des Menschen (deutsch von Teuscher, Jena 1889).

Ektăsie (grch.), die Erweiterung oder Ausdehnung von Hohlorganen oder röhrenförmigen Kanälen, z. B. der Blutadern (Phlebektasie), der Luftröhrenäste (Bronchiektasie), des Magens (Gastrektasie), kommt entweder durch anhaltende übermäßige Füllung und Ausweitung eines Hohlorgans, wie des Magens, des Herzens, oder durch krankhafte Verminderung der Elasticität seiner Wandungen (Blutgefäße, Luftröhrenäste) zu stande und ist immer mit erheblichen Funktionsstörungen verbunden; ektatisch, erweitert, ausgedehnt.

Ektăsis, in der Metrik, s. Diastole.

Ektenēs oder Ektĕnia (grch.), in der griech.-kath. Liturgie das Kirchengebet um geistliche Gaben, Fürbitte für Land und Herrscherhaus, wird verlesen nach dem Evangelium und fängt an: «Aus ganzer Seele und ganzem Herzen laßt uns sprechen».

Ekthlipsis (grch., das «Herausdrücken») heißt in der ältern Grammatik die Ausstoßung eines Lautes, z. B. lat. quintus aus quinctus. Auch soviel wie Elision (s. d.).

Ekthȳma (grch.) oder Pustelflechte, eine Hautkrankheit, welche sich durch große, einzeln stehende, zu dicken braunen Krusten eintrocknende Eiterblasen oder Pusteln charakterisiert und am häufigsten die Unterschenkel, bisweilen auch die Brust und das Gesicht befällt. Das E. entsteht meist durch die direkte Einwirkung starker Hautreize, so z. B. bei Maurern durch Bespritzen mit Kalk, durch Unreinlichkeit, durch Einreiben von Brechweinsteinsalbe, durch heftiges Kratzen bei Parasiten und juckenden Hautausschlägen; auch findet es sich bei syphilitischen sowie bei geschwächten und dürftig ernährten Personen. Die Behandlung erfordert vor allem Beseitigung der einwirkenden Schädlichkeiten, Entfernung der Krusten durch Ölüberschläge, fleißige Waschungen und Bäder, sowie bei geschwächten Personen Hebung des Kräftezustandes.

Ektodérm (grch.), äußeres Keimblatt (s. Embryo, Entwicklungsgeschichte, Gasträatheorie, Hohltiere).

Ektoparasiten (grch.), s. Schmarotzertum.

Ektōpie (grch.) bezeichnet in der Medizin diejenige angeborene Lageveränderung, bei der ein Organ nicht in der für dasselbe bestimmten Körperhöhle, sondern außerhalb derselben, zumeist an der Körperoberfläche, gelegen ist. Gewöhnlich beruht dieser Bildungsfehler auf einer widernatürlichen Trennung und Spaltbildung; so liegt z. B. bei E. des Herzens dasselbe bei Mangel eines Teils der Brustwand außerhalb der Brusthöhle, bei Mangel des Zwerchfells in der Bauchhöhle, bei der E. der Harnblase die letztere nicht in der Bauchhöhle, sondern in einer Spalte der Bauchwand u. s. w. Die Behandlung der E. ist gewöhnlich sehr schwierig; nur bisweilen läßt sich auf operativem Wege eine Bedeckung des offen liegenden Organs erreichen.

Ektropĭum (grch.), die Auswärtskehrung des Augenlides, entsteht teils durch narbige Verkürzung der äußern Lidhaut infolge von Verletzungen, Zellgewebsentzündungen, Verbrennungen, krebsiger Zerstörung u. dgl., teils durch Schwellung und Wucherungen der Bindehaut bei hartnäckigen Entzündungen derselben, teils endlich durch Lähmung des Schließmuskels oder Schwäche desselben, besonders im Greisenalter. Die Bindehaut des Lides ist hierbei vom Augapfel völlig nach außen abgewendet und durch den fortwährenden Reiz der äußern Luft in einen Zustand chronischer Entzündung versetzt, wodurch nicht nur eine erhebliche Entstellung des Gesichts, sondern auch Störungen der Thränenleitung und mangelhafter Lidschluß und infolgedessen chronisch entzündliche Zustände am Augapfel entstehen. Heilung ist nur durch Operation zu erzielen.

Ektȳpen (grch.), Abdrücke von geschnittenen Steinen, erhabene Arbeiten in Holz, Marmor u. s. w.

Ektypogrăphie (grch.), s. Blindendruck.

Ekwall, Knut, schwed. Maler, geb. 3. April 1843 auf dem Gute Gransbo in der Provinz Småland, besuchte seit 1859 die Akademie zu Stockholm. Die Frucht einer 1870 unternommenen Reise nach München waren einige kleine Genrebilder. Bis 1875 war E. dann als Illustrator in Leipzig thätig, wo er eine Menge Zeitbilder für den Holzschnitt u. s. w. herstellte. An Genrebildern lieferte er damals: Zehn Minuten Aufenthalt, Auf dem Vorderdeck, Eisenbahnzug im Schnee. Hierauf begab er sich auf ein Jahr als Schüler Knaus' nach Berlin, wo er ebenfalls Genrebilder schuf. Zu nennen sind: Berliner Feuerwehr, Stiefelputzers Frühstück, Vergnügtes Alter, Junges Eheglück, Heitere Stunden, Heimkehr vom Balle, Erste Annäherung, Seefahrers Heimkehr, Wikings Brautnacht, Vor dem Bade, Sub rosa, Schlußakkord, Er kommt, Feierabend, Sein Geburtstag, Entdecktes Talent u. a. Seit 1885 lebt E. in Rommanö in Schweden.

Ekzēm (grch., «das durch die Hitze Herausgetriebene») oder nässende Flechte, Gesamtname für eine Gruppe scheinbar sehr verschiedenartiger Hautausschläge, welche jedoch das Gemeinsame haben, daß sie sämtlich auf einer Entzündung der obersten, dicht unter dem hornigen Überzuge (Epidermis) gelegenen Schichte der Lederhaut (s. Haut) beruhen, welche sich durch ihre weichere Beschaffenheit und ihren größern Reichtum an Blutgefäßen von der übrigen Lederhaut unterscheidet. Diese Entzündung ist stets von einem Ergusse von Flüssigkeit (Exsudat) unter die Oberhaut oder, wenn diese abgestoßen ist, auf die freie Fläche der Haut begleitet. Das E. der äußern Haut entspricht hiernach durchaus dem Katarrh der Schleimhäute; denn auch dieser besteht in einer Entzündung der obern Schicht der Schleimhaut, verbunden mit reichlicher Absonderung von Flüssigkeit. Beide Krankheiten haben die Neigung, sich leicht über größere Strecken der Haut oder Schleimhaut zu verbreiten, und beide bilden bei weitem die häufigste Form der Erkrankung dieser Organe. Bei allen Formen des E. sind die obern Hautschichten infolge der Entzündung mit Blut überfüllt und erscheinen daher röter und geschwollener als die übrige Haut. Die aus den überfüllten Blutgefäßen ausgeschwitzte Flüssigkeit hebt die Oberhaut stellenweise oder in größerer Ausdehnung empor, und es entstehen auf diese Weise entweder Bläschen mit einem bald klaren (Eczema vesiculosum), bald durch Eiterkörperchen getrübten (Eczema impetiginosum) Inhalt, oder die Oberhaut wird in Fetzen abgestoßen. Letzternfalls, oder wenn die Bläschen platzen und ihren Inhalt ergießen, bilden sich dann durch das gerinnende und trocknende Exsudat Decken, Borken und Grinde, welche oft eine bedeutende Dicke erreichen. Ist das Exsudat sehr gering, so kommt es gar nicht zur Bläschenbildung, sondern die Flüssigkeit durchtränkt nur die Schichten der Oberhaut, welche sich allmählich in Schüppchen oder größern Fetzen ablöst (Eczema squamosum). Ist das Exsudat sehr reichlich und dünnflüssig, so entstehen kleinere oder größere, bisweilen sehr ausgedehnte, nässende, stark gerötete Hautstellen, an welchen die Haut mit der Zeit infolge der chronischen Entzündung sehr derb wird und ein gespanntes, glänzendes Aussehen erhält, soweit sie nicht von Schuppen und eingetrockneten Exsudatmassen bedeckt ist. Letztere Affektion ist unter dem Namen Salzfluß (Eczema rubrum) bekannt und findet sich besonders häufig an der Vorderfläche der Unterschenkel. Weil in der obern Schicht der Haut zahlreiche Empfindungsnerven endigen, ist das E. meist von einem oft unerträglichen Jucken begleitet. Die nässende Flechte verbreitet sich bald über einen großen Teil der Körperoberfläche, bald tritt sie nur örtlich beschränkt am behaarten Kopf, an Augen und Ohren, im Gesicht, an den Genitalien, am After oder an Händen und Füßen auf. Chronische E. führen meist infolge von Bindegewebswucherung zu einer dauernden Verdickung und Hypertrophie der Haut.

Die Ursachen des E. sind oft äußere, d. h. irgend welche Reizungen der Haut durch Hitze, Reibung, Parasiten, scharfe Stoffe (Senfteige, span. Fliegen u. s. w.), auch zu reichlich und in zu starken Lösungen angewandte äußere Arzneimittel, wie Carbolsäure, Sublimat u. a. Das sog. Bade- oder Brunnenfriesel, dem man früher eine große Bedeutung für den Verlauf der Badekuren zuschrieb, ist nichts weiter als die Folge der reizenden Mineralbestandteile oder der Hitze der Bäder. Ebenso hat das Friesel, welches bei Kaltwasserkuren häufig eintritt, durchaus nicht die kritische Bedeutung, welche ihm manche Ärzte zuschreiben, sondern ist die Folge der Hautreizung durch Kälte und Abreibungen. Häufig aber entsteht allerdings das E. aus innern Ursachen, zumeist wohl infolge einer krankhaften Blutmischung, welche Ernährungsstörungen der mannigfachsten Form, also auch solche der Haut hervorrufen kann. Insbesondere sieht man skrofulöse Kinder und Bleichsüchtige häufig an hartnäckigem E. leiden; auch stehen manche E. mit chronischen Verdauungsstörungen, andere mit Unregelmäßigleiten in der Menstruation in ursächlichem Zusammenhang. Das von Hebra als Eczema marginatum beschriebene E., welches sich mit Vorliebe an den innern Schenkelflächen entwickelt, wird durch einen pflanzlichen Hautparasiten (Trichophyton) verursacht. Die **Behandlung** des E. hat sich natürlich zuerst nach den Ursachen zu richten. Sind äußere Reizungen der Haut die Ursache, so wird das Übel meist bald zu heilen sein, wenn es nicht schon zu sehr eingewurzelt ist. Liegen erkennbare Störungen des Gesamtorganismus (Skrofulose, Bleichsucht, Syphilis) zu Grunde, so müssen vor allem diese gehoben werden. In der neuern Zeit giebt man den äußerlichen, direkt auf die erkrankte Haut wirkenden Mitteln vor den früher üblichen innern Kuren den Vorzug, weil durch die erstern die Ernährungsstörungen der Haut am schnellsten und sichersten ausgeglichen werden, während man früher, wiewohl ganz mit Unrecht, befürchtete, durch eine eingreifende äußere Behandlung an Stelle des vertriebenen E. schwerere Störungen in innern Organen zu erzeugen. Im akuten Stadium des E. sind alle Waschungen und Bäder zu untersagen und nur lindernde Mittel, wie Hebrasche Salbe, Stärkemehl, Talk und andere Streupulver, anzuwenden. Zu den wirksamsten Mitteln gegen die spätern Stadien des E. zählen das Wasser in seinen verschiedenen Anwendungsformen (als Regendouche und Voll- oder örtliches Bad, als Auflösungsmittel adstringierender Substanzen, wie Alaun, Blei- und Zinkpräparate), die Fette, Vaselin und Lanolin zur Erweichung und Entfernung der Borken sowie in der Form der verschiedenen Salben, ferner Streupulver, grüne Seife, Resorcin, Teerpräparate, Anätzungen der Haut mit Ätzkali u. dgl.; doch gewährt, zumal bei veralteten E., nur eine konsequente und methodische Behandlung Aussicht auf dauernde Heilung.

El, arab. Artikel, s. Al.

Ela, König des israel. Nordreichs, folgte als dritter König nach Jerobeam I. seinem Vater Baësa, fiel schon nach zwei Jahren einer Verschwörung seines Kriegsobersten Simri zum Opfer.

Eläa (das griech. Wort für «Ölbaum» und «Olive»), Name mehrerer altgriech. Städte, unter denen das äolische E. die einzige bedeutendere war. Sie lag an der Westküste Kleinasiens, unweit der Mündung des Flusses Kaikos, am innersten Winkel einer durch die Vorgebirge Harmatus im N. und Hydra im S. umschlossenen Bucht, welche danach der Eläatische Meerbusen genannt wurde, und diente der Stadt Pergamon (s. d.) als Hafenplatz.

Eläagnaceen, Pflanzenfamilie aus der Ordnung der Thymelinen (s. d.), mit nur wenigen Arten in der gemäßigten Zone der ganzen Erde und auch in den Tropengegenden Asiens. Es sind Bäume oder Sträucher mit meist ganzrandigen, bei mehrern Arten mit sternförmigen Schuppen dicht besetzten Blättern; die Blüten sind zwitterig oder besitzen ein röhrenförmiges, zwei- oder vierlappiges Perigon, vier oder acht Staubgefäße und einen einfächerigen Fruchtknoten. Die Frucht ist eine Nuß. Einige Arten werden in Deutschland häufig als Zierpflanzen kultiviert. (S. Elaeagnus und Hippophaë.)

Elaeágnus *L.*, Ölweide, Oleaster, Pflanzengattung aus der Familie der Eläagnaceen (s. d.). Ihre nicht sehr zahlreichen Arten sind teils zwitterblütig, teils getrennten Geschlechts. Ihr glockenförmiges Perigon ist kelchartig, gelb und hat einen starken Wohlgeruch. Ihre Blätter sind, wie bei allen Gliedern der Familie, mit sternförmigen, glashellen Schuppen bedeckt. Hierdurch erhalten sie ein silberglänzendes Ansehen, das ihnen für die Kontrastwirkung im Parkgehölz Wert verleiht. Sie sind in Südeuropa, Asien und Nordamerika zu Hause. Am häufigsten trifft man in den Gärten E. angustifolia *L.* (E. hortensis *Bbst.*), Paradiesbaum (s. Fig. 1 zu Artikel Thymelinen), deren Blatt der Weidenform am nächsten kommt, mit einer Kulturform (E. orientalis *Del.*), welche größere, eßbare Früchte trägt. E. argentea *Pursh.* (Canada), der amerikanische Silberbaum, besitzt braune, in der Jugend mit bronzefarbigen Schuppen besetzte Zweige und elliptische, auf beiden Seiten silberweiße, unten mit rotbraunen Schuppen besetzte Blätter. Die Ölweiden gedeihen in jedem Boden, vorzugsweise aber in trocknem, sandigem Lehmboden in sonniger Lage, und lassen sich mit Leichtigkeit durch Ausläufer, Ableger und Samen vermehren.

Eläatischer Meerbusen, s. Eläa.

Elaborieren (lat.), ausarbeiten, verfertigen; Elaborat, etwas Ausgearbeitetes, namentlich eine schriftliche Ausarbeitung; Elaborationsbuch, Buch der Apotheker, worin die von ihnen selbst bereiteten Arzneien verzeichnet sind.

Elagabal, Ortsgottheit der Stadt Emesa in Syrien, wurde in einem der Sage nach vom Himmel gefallenen schwarzen Steinkegel verehrt. Da E., was auch sein Attribut, der Sonnenschirm, andeutet, als Sonnengott aufgefaßt wurde, so setzten ihn die Griechen dem Helios gleich und nannten ihn deshalb Heliogabalos. — Über den röm. Kaiser dieses Namens s. Heliogabalus.

El-Ahsa, Landstrich im türk. Arabien, s. El-Hasa.

Elaïdin, ein Fett, das man aus den sog. nicht trocknenden Ölen durch die Einwirkung salpetriger Säure erhält, wobei diese Öle zu festen Massen erstarren. Es ist als das Glycerid der Elaïdinsäure (s. d.) isomer mit Triolein aufzufassen und hat die Zusammensetzung $(C_{18}H_{33}O)_3 C_3H_5O_3$. Das E. hat die Eigenschaften der Fette, krystallisiert und schmilzt bei 32—38°. Die durch Einwirkung von Salpetersäure auf Fette dargestellten pharmaceutischen Präparate, wie die «oxygenierte Salbe», enthielten E.

Elaïdinsäure, $C_{18}H_{34}O_2$, isomer der Ölsäure, entsteht bei Einwirkung von salpetriger Säure auf Ölsäure, oder beim Verseifen von Elaidin (s. d.). Sie schmilzt bei 44—45° C., läßt sich im Strome von überhitztem Wasserdampf destillieren und krystallisiert aus alkoholischen Lösungen in glänzenden Blättchen. Sie vereinigt sich mit Basen zu Salzen, die Alkalisalze krystallisieren aus alkoholischer Lösung, die Erd- und Metallsalze sind unlöslich. Beim Schmelzen mit Kalihydrat entweicht Wasserstoff, und es entsteht essigsaures und palmitinsaures Kalium.

Elaïn, soviel wie Oleïn.

Elaeïs *Jacq.*, Ölpalme, Pflanzengattung aus der Familie der Palmen (s. d.). Man kennt nur 4 Arten, die im tropischen Afrika und östl. Südamerika vorkommen. Es sind Palmen mit meist hohen Stämmen und fiederförmigen Blättern. Die wichtigste Art ist die in Guinea einheimische afrik. Ölpalme E. guineensis *Jacq.* (s. Tafel: Palmen I, Fig. 3), die wegen des reichen Ölgehaltes ihrer Früchte auch in den Tropengegenden Amerikas und Asiens vielfach kultiviert wird. Sie hat einen bis 30 m hohen Stamm und etwa 5 m lange Blätter. Die Früchte, welche etwa die Größe von Taubeneiern haben, stehen dicht gedrängt in großen Kolben, die bis zu

20 kg schwer werden und 600—800 Früchte enthalten. Diese haben eine faserige Hülle und im Innern einen harten Kern, der mit einem nach Veilchen duftenden Fleisch erfüllt ist. Sie liefern beim Auspressen oder Auskochen den größten Teil des in den Handel kommenden Palmöls, welches auch als Palmbutter oder Galambutter oft bezeichnet wird. Es ist besonders in neuerer Zeit ein wichtiger Handelsartikel geworden und wird in großen Mengen nach Europa eingeführt oder hier erst aus den eingeführten Palmkernen gewonnen. Die nach dem Pressen zurückbleibende Masse, der sog. Palmkuchen, wird als gutes Viehfutter verwendet. Die afrik. Ölpalme eignet sich auch vortrefflich zur Kultur als Zierpflanze für Warmhäuser, wächst dort zwar etwas langsam, was jedoch auch den Vorteil hat, daß sie nicht, wie viele andere Palmen, leicht zu hoch wird.

Elam (grch. Elymaïs), der alte Name einer Landschaft im O. des untern Tigris, die bis zum Persischen Meerbusen hinab sich erstreckte und die ebenen Teile des heutigen Luristan und Chusistan umfaßte. Doch bezeichnete E. zu verschiedenen Zeiten und bei verschiedenen Völkern und Schriftstellern bald einen politischen, bald einen geogr. Begriff engern oder weitern Umfangs, und die mancherlei Bezeichnungen, die dafür gebraucht wurden (z. B. Kissia, Susiana), weisen auf die Vielartigkeit der in jenem Landstrich, namentlich in den Grenzgebirgen zusammengedrängten Völkerschaften hin. Die Elymäer (Elamiten) werden als ein ackerbautreibendes, dabei aber sehr kriegerisches Volk geschildert und waren berühmte Bogenschützen. Das Reich E. behauptete, wie es scheint, seit uralter Zeit seine Selbständigkeit selbst gegen die weit ausgedehnte babylon. und assyr. Macht bis ins 7. Jahrh. v. Chr. Nach der freilich sehr zweifelhaften biblischen Sage (1 Mos. 14) machte ein König von E., Kedorlaomer (= Kudur-Lagamar), in Verbindung mit mehrern mesopotam. Königen, zur Zeit Abrahams einen Feldzug gegen abgefallene Könige der Jordanniederung zu deren Wiederunterwerfung. Erst 658 v. Chr. eroberte der Assyrer Asurbanipal V. nach einer Inschrift Susa und verleibte E. (assyr. Ilamti) seinem Reiche ein. Aber schon vor Ende des Jahrhunderts scheinen die Meder E. an sich gerissen zu haben, nach deren Sturz es dem Persischen Reiche angehörte. Nach dessen Zertrümmerung durch Alexander d. Gr. ging die Landschaft an das Seleucidenreich über und wurde schließlich mit dem Partherreich vereinigt.

El-Amarna oder richtiger Tell el-Amarna, Stadt in Oberägypten, halbwegs zwischen Memphis und Theben, die von Amenophis IV., einem König der 18. Dynastie, gegründet und an Stelle Thebens zur Residenz erhoben worden war, nach seinem Tode aber bald verfiel. E. ist die besterhaltene ägypt. Stadtruine und 1892 von Flinders Petrie mit Erfolg eingehend untersucht worden. Im Gebirge liegen die Gräber Amenophis' IV. und seiner Großen, durch ihre Darstellungen und Texte für die Geschichte von großer Wichtigkeit. Außerdem ist der Ort berühmt geworden durch den 1887 gemachten Thontafelfund von E., womit die Auffindung einer Reihe mit babylon. Keilschrift beschriebenen Thontafeln bezeichnet wird, die teils Briefe an die Könige von Ägypten, besonders an Amenophis III. und IV., von befreundeten asiat. (kassitischen u. s. w.) Königen oder von palästinensischen und syr. Vasallen, teils mytholog. Texte enthalten. Sie geben Aufschluß über die Wechselbeziehungen Ägyptens, Kleinasiens und Mesopotamiens in früher vorchristl. Zeit (Ende des 15. Jahrh.) und bestätigen u. a. die Nachricht von der Verheiratung Amenophis' III. mit einer mesopotam. Prinzessin. 160 der Tafeln befinden sich im königl. Museum zu Berlin, 82 im Britischen Museum zu London und 60 im Museum zu Giseh; 13 weitere Stücke sind im Privatbesitz. Von besonderer Wichtigkeit ist, daß eine der Tafeln zu Giseh wahrscheinlich in der Sprache der Hethiter abgefaßt ist, eine andere in Berlin befindliche in der Sprache des westasiat. Landes Mitanni; die Entzifferung der letztern Sprache ist von verschiedenen Seiten erfolgreich angebahnt. Auch haben sich mehrere Stücke des Fundes als von dem Statthalter von Jerusalem (Urusalim) herrührend erwiesen. Aus der zahlreichen Litteratur über den Fund von E. ist hervorzuheben: Winckler, Verzeichniß der aus dem Funde von E. herrührenden Thontafeln (in der «Zeitschrift für ägypt. Sprache», 1889, Heft 1); ders., Der Thontafelfund von E. (Edition der Tafeln zu Berlin; in den «Mitteilungen aus den orient. Sammlungen der königl. Museen zu Berlin», 3 Hefte, Berl. 1889—90); Budge, On the Cuneiform Tablets from Tell el-Amarna (in den «Proceedings» der Society of Biblical Archæology, 1888, Juni); Zimmern, Die Keilschriftbriefe aus Jerusalem (in der «Zeitschrift für Assyriologie», 1891, Heft 3); The Tell el-Amarna Tablets in the British Museum (Edition der Tafeln zu London von Bezold und Budge, Lond. 1892); Bezold, Oriental Diplomacy being the transliterated text of the Cuneiform Dispatches ..... discovered at Tell el-Amarna (ebd. 1893).

Elamiten, s. Elam.

Elan (frz., spr. eláng), Anlauf, Satz, Schwung, besonders in übertragener Bedeutung: Aufschwung, Feuer, Begeisterung.

Eläna, Älana oder Aïla bei Griechen und Römern, Elath und Eloth im Alten Testament, Name einer alten idumäischen Hafenstadt am Südende des Wadi el-Arabah (s. Edomiter) und am Nordende der östl. Bucht des Roten Meers, welche eben daher Älanitischer Meerbusen hieß (jetzt Golf von Akabah, s. d.). Durch seine Lage war E. recht eigentlich die Pforte Arabiens; hier vereinigte sich die von Norden kommende syrische und die nordwestlich vom palästinensischen Gestade und Binnenlande herabführende kanaanit. Straße mit der westöstlich quer durch die Wüste laufenden ägyptischen, um von hier aus längs des Ostufers des Meerbusens ins Innere Arabiens oder zu der hier beginnenden Wasserstraße zu führen. E. war daher ein wichtiger, viel umstrittener Handelsplatz. Die Israeliten zogen unter Moses an E. auf ihrem Zuge gegen Kanaan vorbei. Durch David kam der Ort mit dem Lande der Edomiter ans israel. Reich, und Salomo sandte von hier aus Handelsschiffe ins Land Ophir. König Joram verlor E. mit ganz Edom, Usia gewann es auf kurze Zeit wieder. Nachdem E. an die Römer gekommen war, die die zehnte Legion dahin legten, wurde die Stadt zu Palaestina tertia gerechnet, ward Sitz eines christl. Bischofs und trieb immer noch einen schwunghaften Handel mit Indien. Seit jedoch Mohammed (630) nördlich bis Tebuk siegreich vorgedrungen war und die Christengemeinden des Peträischen Arabien sich von ihm den Frieden durch Tributzahlungen hatten erkaufen müssen, erlahmte der Handel; um 1100 erscheint E. nur noch als unbedeutende Stadt und war um 1300 ganz verlassen. Nur einige Schutthaufen bezeichnen heute den Ort.

Elānus, Gleitaare, Gattung der Milane mit sechs in Asien, Afrika, Australien und Süd- bis Mittelamerika einheimischen Arten. Sie sind etwas größer als Turmfalken und haben einen eleganten gleitenden Flug. In Ägypten findet sich eine Art (E. melanopterus *Leach*) von 35 cm Länge, mit bläulichgrauer Ober- und weißer Unterseite, schwarzen Schulter- und Flügeldeckfedern, grauen, an der Innenfahne teilweise weißen Schwingen, mittlern grauen und äußern weißen Schwanzfedern. Der E. lebt besonders gern in der Nähe menschlicher Ansiedelungen und frißt hauptsächlich Mäuse und andere kleinere Nager.

Elaeocŏcca vernicĭa *Juss.*, s. Aleuritesöl.

Eläodōrisch (grch.), mit Ölfarbe gemischt; eläodorisches Wachs diente bei den Alten zur enkaustischen Malerei (s. Enkaustik).

Eläolith, s. Nephelin.

Eläomēter (grch.), d. i. Ölmesser, sind Aräometer zur Bestimmung des spec. Gewichts der fetten Öle.

Eläoptēn, s. Ätherische Öle.

Elaeosacchărum oder Ölzucker wird nach dem Arzneibuch für das Deutsche Reich durch Verreibung von einem Tropfen des betreffenden ätherischen Öles mit 2 g gepulverten Zuckers bereitet, und zwar stets frisch für den Verbrauch. Die gebräuchlichsten Elaeosacchara sind: E. Cinnamomi (Zimmetölzucker), E. Citri (Citronenölzucker) und E. Menthae piperitae (Pfefferminzölzucker). Bei dem Citronenölzucker für den nicht pharmaceutischen Gebrauch (s. Citronenöl) ist es empfehlenswert, denselben durch Abreiben von frischen Citronenschalen auf Zucker zu bereiten.

Elaeothesĭa, s. Bad (Bd. 2, S. 255 a).

Elaphebolion hieß im alten Athen ein in die Zeit der Frühlings-Tag- und Nachtgleiche (zweite Hälfte des März und erste Hälfte des April) fallender Monat, in welchem das Fest der Elaphebolia (zu Ehren der Artemis Elaphebólos, d. h. der Hirschjägerin) gefeiert wurde.

Elăphis, Strichnattern, Gattung der Nattern, mit ansehnlichem, gestrecktem, gegen den Rumpf schwach abgesetztem Kopf, mit 2 vordern und 2 hintern Augenschildern; die im Alter gekielten Schuppen stehen in 25—27 Längsreihen. Mehrere Arten leben in Südeuropa, besonders im östlichen.

Elaphitische Inseln, drei kleine Kalkinseln vor dem Meerbusen von Ragusa an der dalmatin. Küste: Calamotta (slaw. Koločep, 1890: 281 E.), Mezzo (slaw. Lopud, 349 E.) und Giuppana (slaw. Sipan, 1100 E.), mit sieben Dörfern und zwei Klöstern. Sie sind wasserarm, doch baut man Wein, Oliven, Johannisbrot. Sie gehören zur Bezirkshauptmannschaft und zum Gerichtsbezirk Ragusa.

Elaphomȳces *Nees*, Hirschtrüffel, Pilzgattung aus der Familie der Tuberaceen (s. d.), unterirdisch lebende, mit zweischichtiger, dicker, holziger Peridie versehene, knollenförmige Pilze, in deren Innerm sich bei der Reife eine dunkle, leicht zerfallende Sporenmasse findet. In Deutschland giebt es zwei Arten, besonders in Gebirgswäldern. Die eine, E. granulatus *Fr.*, wird haselnuß- bis walnußgroß und hat einen eigentümlichen, unangenehmen Geruch. Dieser Pilz (Boletus corvinus) war offizinell, jetzt noch wird er als Aphrodisiakum betrachtet und von dem Landvolke hauptsächlich bei Haustieren verwendet. Die Hirsche sollen ihn zur Brunftzeit begierig aufscharren und fressen, weshalb er auch den Namen Hirschbrunft führt.

Elaphonisi, Insel, s. Kythera.

Elaphūrus, Schwanzhirsche, eine von A. Milne-Edwards wegen des langen Schwanzes von der übrigen Hirschfamilie abgetrennte Gattung, deren einziger Vertreter der Milu oder Davidshirsch aus China ist.

Elapĭdae, s. Prunkottern.

Elapso termĭno (lat.), nach Ablauf der Frist.

El-Araïsch, Stadt in Marokko, s. Arisch.

Elargieren (frz., spr. elarsch-), ausweiten, erweitern.

El-Arisch, ägypt. Stadt, s. Arisch.

El-Ar'nat, Ort in Algerien, s. Laghuat.

El-Aschmunein, ägypt. Flecken, s. Aschmunein.

Elasipŏda, Ordnung der Holothurien (s. d.), mit bilateral-symmetrischem Körper, meist abgeflachter Kriechfläche, auf welcher die Füßchen in der Regel bloß auf zwei seitliche Reihen beschränkt sind. Auf der Rückenseite werden die Ambulakren zu kegelförmigen Fortsätzen von verschiedener Zahl und Größe. Diese getrenntgeschlechtlichen Tiere haben keine Wasserlungen, 10—20 gefingerte oder schildförmige Fühler. Sie besitzen einen Steinkanal, der niemals frei in die Leibeshöhle mündet, öfters aber die Wandung des Körpers durchbricht und durch eine rückständige Öffnung mit der Außenwelt im Zusammenhange steht. Die meisten der bekannten 52 Arten leben in großen Tiefen (bis über 2200 Faden) und manche erreichen eine ansehnliche Größe.

Elasmobranchier, s. Knorpelfische.

Elasmotherĭum, ein großer, in postpliocänen Schichten Europas aufgefundener Dickhäuter aus dem Verwandtschaftskreis der Nashörner, aber mit faltenreichern, denjenigen der Pferde ähnlichen Backenzähnen. Der Körper, dessen Extremitäten man noch nicht vollständig kennt, scheint eine Länge von fast 4 m erreicht zu haben, und auf dem Schädel besaß sich in der Mittellinie ein riesiges Horn. Vielleicht war das E. und nicht das fossile sibir. Rhinoceros, das auch noch mit dem diluvialen Menschen zusammen hauste, das Einhorn der Sage.

Elasson, von Homer Oloosson genannt, uralte Stadt im Sandschak Serfidsche des türk. Wilajets Monastir (Thessalien), am westl. Fuße des Olymps und am Fluß Xerias, hat 4000 E., Christen und Mohammedaner.

Elastic nannte Wilhelm Müller das mit Alkohol, Äther, Essigsäure, Alkalien und kochendem Wasser gereinigte elastische Gewebe des gelben Nackenbandes der Säugetiere. (S. auch Elastiks.)

Elasticität (Feder- oder Schnellkraft), das Streben der festen Körper, ihre durch äußere Kräfte veränderte Form nach dem Verschwinden jener Kräfte wiederherzustellen. Wenn äußere Kräfte, die jedoch eine gewisse Größe nicht überschreiten, auf die kleinsten Teilchen eines festen Körpers wirken, so treten in den Abständen und gegenseitigen Lagen der einzelnen Teilchen desselben kleine Änderungen ein. Mit diesen Änderungen entwickeln sich den formändernden Kräften entgegenwirkende Kräfte, die nach dem Verschwinden der erstern die Teile des Körpers ganz oder zum Teil in ihre frühere Lage zurückführen. Man ist auf Grund von Erfahrungen berechtigt, allen Körpern E., wenngleich in sehr verschiedenem Grade, beizulegen. Man glaubte früher, daß es eine bestimmte Grenze gebe, innerhalb deren solche durch äußere Kräfte hervorgebrachte Veränderungen vollständig wieder verschwänden; daß also z. B. Metalldrähte, wenn sie durch Anhängen eines nicht bedeutenden Gewichts eine geringe Verlängerung erfahren hätten, nach dem Abnehmen dieses Gewichts wieder ganz auf ihre ursprüngliche Länge zurückgingen, und nannte diese Grenze, innerhalb deren ein solcher Draht keine bleibende Veränderung seiner Länge erlitt, die Elasticitätsgrenze. Nach genauen Untersuchungen von Wertheim (1844) scheint es aber eine scharfe Elasticitätsgrenze wenigstens bei den Metallen nicht zu geben. Man muß daher die Elasticitätsgrenze willkürlich bestimmen, indem man z. B. festsetzt, daß sie dann eintritt, wenn das Metall eine bleibende Veränderung von 0,0005 seiner Länge erleidet. Man wird also, wenn man die bloße elastische Verlängerung (d. i. die wieder verschwindende) eines metallischen Drahtes oder Stabes wissen will, seine Länge bei angehängtem Gewicht mit seiner Länge nach dem Abheben desselben vergleichen müssen. Es zeigt sich dann, daß diese Verlängerungen den angehängten Gewichten, ferner der Länge des Stabes direkt proportional und seinem Querschnitte umgekehrt proportional sind. Man kann nun aus solchen Messungen berechnen, wie groß das Gewicht sein müßte, das einen Draht oder Stab, dessen Querschnitt der Einheit (in der Regel 1 qmm) gleich ist, auf seine doppelte Länge auszudehnen vermag, wenn es nämlich möglich wäre, den Draht oder Stab so weit auszudehnen, ohne ihn zu zerreißen, und wenn die E. bis zu dieser Grenze hin unverändert dieselbe bliebe. Das hierzu nötige Gewicht, das für die verschiedenen Stoffe verschieden ist, nennt man den Elasticitätskoefficienten oder den Elasticitätsmodul. Derselbe ist indes für ein und dasselbe Metall nicht konstant, sondern alle Umstände, welche die Dichte des Metalls vermehren, vergrößern in der Regel denselben.

Die E. zeigt sich aber nicht nur, wenn die Körper nach ihrer Länge gezogen, sondern auch, wenn sie zusammengedrückt oder in einer auf ihrer Länge senkrechten Richtung gebogen oder um ihre Achse gedreht werden. Bezüglich der Druckelasticität gelten auch die oben angeführten Gesetze der E. durch Zug, nur bedeutet hier die Längenveränderung eine Verkürzung, während sie dort eine Verlängerung war. Mit der Verkürzung ist zugleich eine Ausdehnung, mit der Verlängerung eine Verringerung der Querdimension verbunden, über deren numerischen Wert die Forscher nicht übereinstimmen. Bezüglich der Biegungselasticität ist die Biegungsgröße abhängig sowohl von den Dimensionen als von der Form, wie auch von der Unterstützungsweise der betreffenden Stäbe; sie ist in allen Fällen proportional dem biegenden Gewicht. Auch bezüglich der E. durch Umdrehung oder Torsion ist die verändernde Kraft proportional dem Torsionswinkel. Um die E. auffällig zu zeigen, dient folgender Versuch: Läßt man eine Elfenbeinkugel aus einiger Höhe auf eine berußte Marmorplatte fallen, so zeigt sich, wenn sie nach dem Abspringen aufgefangen wird, daß die Kugel die Marmorplatte nicht in einem Punkte, sondern in einem Kreise von 4 bis 6 mm Durchmesser berührt hat; sie mußte also ihre vollkommene Kugelgestalt an den Punkten, mit denen sie auf die Platte fiel, abändern. Die E., die Drähte und Glasfäden beim Drehen um ihre Achse zeigen, dient in der Drehwage (s. Torsionswage) zur Messung magnetischer oder elektrischer Kräfte. Sehr bekannte elastische Körper sind Stahl, Elfenbein, Kautschuk u. dgl. Die E. dieser Körper wird technisch vielfach benutzt, z. B. in den sog. Federn als bewegende Kraft (Federuhren), ferner um Stöße unschädlich zu machen (Waggonpuffer und Wagenfedern), um einen Verschluß zu bewirken (Kork- und Kautschukstöpsel), als Kraft- und Druckmesser (Dynamometer und Federwagen). Da die Fortpflanzung der Schallwelle in den festen Körpern von ihrer E. abhängt, so läßt sich auch aus den an einem Stabe beobachteten Längs- oder Querschwingungen der Elasticitätskoefficient für denselben herleiten; man erhält aber wegen der bei diesen Schwingungsbewegungen entwickelten Wärme nur nahezu denselben Wert, wie ihn die obenerwähnten Versuche über die Verlängerung der Stäbe durch angehängte Gewichte geben.

Während die festen Körper wahrscheinlich sämtlich nicht vollkommen elastisch sind, d. h. nach Hinwegnahme der sie beeinflussenden Kräfte nicht vollkommen ihre frühere Größe und ihre anfängliche Gestalt annehmen, zeigen dagegen flüssige und gasförmige Körper eine vollkommene E., d. h. sie dehnen sich nach der Hinwegnahme des äußern Druckes wieder auf ihr früheres Volumen aus. Bei Flüssigkeiten und Gasen treten aber nicht formerhaltende, sondern nur volumenerhaltende Kräfte auf. (S. Kompressibilität, Boylesches Gesetz). — Vgl. Lamé, Leçons sur la théorie de l'élasticité (2. Aufl., Par. 1866); Clebsch, Theorie der E. fester Körper (Lpz. 1862); E. Winkler, Lehre von der E. und Festigkeit (Prag 1868); Beer, Einleitung in die Theorie der E. und Kapillarität (Lpz. 1869); H. Klein, Theorie der E., Akustik und Optik (ebd. 1877); Grashoff, Theorie der E. und Festigkeit u. s. w. (2. Aufl., Berl. 1878); Franz Neumann, Vorlesungen über die Theorie der E. der festen Körper und des Lichtäthers (Lpz. 1885); Bach, E. und Festigkeit (Berl. 1890).

Elasticitätsgrenze, s. Elasticität und Festigkeit.

Elasticitätskoefficient, s. Elasticität.

Elasticitätsmesser oder Elaterometer im engern Sinne sind Instrumente zur Bestimmung der Spannung von Gasen und Dämpfen in abgeschlossenen Räumen, also besonders die sog. Barometerprobe (s. d.) und Manometer (s. d.).

Elasticitätsmodul, s. Elasticität.

Elástiks (engl. elastics; frz. élastiques), auch Kautschukgewebe genannt, leinene, baumwollene, wollene oder seidene Gewebe, die entweder in Kette und Einschlag oder, was häufiger der Fall, nur in der Kette Kautschukfäden enthalten und, gewöhnlich nur in geringer Breite hergestellt, besonders zu Strumpfbändern, Einsätzen in Halbstiefel, Tragbändern (Hosenträgern) u. s. w. verwendet werden. Auch nennt man E. geköperte und gewalkte Streichwollzeuge, die sehr dehnbar sind und zu Kleidungsstücken für Männer verwendet werden.

Elastīn, der Hauptbestandteil der elastischen Gewebe des tierischen Organismus; man rechnet es zu den Albuminoiden, d. i. dem Eiweiß nahestehenden Stoffen. Es soll schwefelfrei sein und bei seiner Spaltung Tyrosin liefern. Von Hunden wird das E. fast vollständig verdaut.

Elastisch, mit Elasticität (s. d.) begabt, federkräftig, spannkräftig.

Elastische Bänder, s. Bandfabrikation (Bd. 2, S. 360a).

Elastische Fasern, s. Bindegewebe.

Elastischer Quarz (Elastischer Sandstein), s. Itakolumit.

Elastisches Erdpech, s. Elaterit.

Elatēa oder Elatiás (d. i. Tannenberg), Name, mit dem die Griechen jetzt den von den Alten Kithäron (s. d.) genannten Gebirgszug auf der Grenze von Böotien, Megaris und Attika bezeichnen; er ist in seinen obern Partien, die überaus reich an Wild sind, noch jetzt großenteils mit Tannen bewaldet. Der höchste Gipfel des E. ist 1411 m hoch.

Elatēa (Elateia), die bedeutendste unter den Städten der altgriech. Landschaft Phokis (s. d.), beherrschte durch ihre Lage, etwa 5 km oberhalb des linken Ufers des Flusses Kephisos, am südl. Ausgang eines wichtigen aus dem epiknemidischen Lokris nach Phokis und Böotien führenden Passes das Thal dieses Flusses und damit die Heerstraße aus dem nördl. nach dem mittlern Griechenland. Sie war in älterer Zeit stark befestigt, diese Befestigungswerke wurden aber ebenso wie die der übrigen phokischen Städte am Ende des phokischen oder heiligen Krieges (346 v. Chr.) geschleift. Als Philipp von Macedonien 339 zum Entscheidungskampfe gegen die Athener und ihre Verbündeten heranzog, besetzte er die Trümmer der Stadt und umgab sie mit einem starken Pfahlwerk. Nach ihrer Wiederherstellung hatte die Stadt noch wiederholte Belagerungen auszuhalten. Von den Römern wurde sie 198 v. Chr. erobert und geplündert, dagegen für den tapfern Widerstand, den sie 86/85 v. Chr. dem Taxiles, dem Feldherrn des Königs Mithridates, geleistet, mit Abgabenfreiheit belohnt. Noch in der zweiten Hälfte des 2. Jahrh. n. Chr. war sie in ziemlich gutem Zustande; der Reisende Pausanias, der sie damals besuchte, bezeichnete als sehenswert den Marktplatz, einen Tempel des Asklepios und das Theater sowie den etwa 5 km nordöstlich von E. auf einem Felshügel gelegenen Tempel der Athena Kranaia. Von letzterm sind noch einige Reste unweit des verlassenen Dörfchens Lefta erhalten, in welchem die École d'Athènes seit 1884 erfolgreiche Ausgrabungen veranstaltete. Vgl. P. Paris, Elatée, la ville, le temple d'Athéna Cranaja (mit 15 Tafeln, Par. 1892).

Elateriden, s. Schnellkäfer.

Elaterīn oder Elatin, ein Bitterstoff von der Zusammensetzung $C_{20}H_{28}O_5$, der aus dem eingetrockneten Fruchtsaft von Ecballium officinale *N. ab Es.* (s. Elaterium) dargestellt werden kann und die purgierende Wirkung dieser Drogue besitzt. Es bildet farblose glänzende Krystalle, ist unlöslich in Wasser, leicht löslich in Chloroform und siedendem Weingeist.

Elaterīt oder elastisches Erdpech, ein als Mineral vorkommender natürlicher Kohlenwasserstoff, findet sich derb und eingesprengt, auch nierenförmig und als Überzug, von gelblich- bis schwärzlichbrauner Farbe und starkem bituminösem Geruch; die Masse ist fettglänzend und sehr weich, geschmeidig, oft etwas klebrig, dabei elastisch wie Kautschuk; die Zusammensetzung ist wesentlich C_nH_{2n}, mit geringer Beimengung einer sauerstoffhaltigen Verbindung. Der E. findet sich in den Bleierzgängen im Kohlenkalk bei Castleton in Derbyshire, in den Quarz- und Kalkspatgängen im Steinkohlensandstein zu Montrélais sowie in der Braunkohle von Newhaven in Connecticut.

Elaterium, ein altes, jetzt nicht mehr offizinelles pharmaceutisches Präparat, ist der eingedickte Saft der Spring- oder Eselsgurke (Momordica elaterium *L.*, Ecballium officinale *N. ab Es.*), der stark abführend und brechenerregend wirkt. Man unterscheidet zwei Arten, das E. album s. anglicum, das der an der Luft eingetrocknete Saft ist, und das E. nigrum, der über Feuer eingedickte Saft. Ersteres enthält nach Braconnot außer verschiedenen pflanzensauren Salzen und stickstoffhaltigen Bestandteilen einen Bitterstoff (das Elaterin, s. d.), auf den die Wirkung des E. zurückzuführen ist.

Elatĕr lineātus, s. Drahtwurm.

Elaterомēter (grch.), s. Elasticitätsmesser.

Elath, idumäische Hafenstadt, s. Elana.

Elatiás, griech. Gebirge, s. Elatea.

Elatīn, s. Elaterin.

Elation (lat.), Erhebung, Überhebung, Stolz.

Elatovuni, Berg auf Kephallenia (s. d.).

Etahl, s. Äthylen.

Elba, bei den Alten Äthalia oder Ilva, die größte der toscan. Inseln, zur ital. Provinz Livorno gehörig, 45 km von Corsica und durch den 8—12 km breiten Kanal von Piombino vom Festlande getrennt, hat 223,5 qkm Fläche und (1881) 23997 E. Ihre Gestalt ist sehr unregelmäßig. Fast durchaus von Bergen bedeckt (Monte-Capanne im W. 1019 m), hat sie nur wenige Thäler und größere Ebenen. Das Klima ist mild und, außer in wenigen flachen Strandgegenden, sehr gesund. Die Berge sind unbewaldet, mit Kräutern und Viehweiden bedeckt. Der Boden ist fruchtbar, allein Ackerbau und Viehzucht sind sehr vernachlässigt, sodaß Getreide und Fleisch eingeführt werden muß. Der westl. Teil besteht aus einem mächtigen Granitgebirge, der andere, wo die Hauptstadt Porto-Ferrajo liegt, hat Sand- und marmorartigen Kalkstein und bei Rio ungeheuere Eisenminen, welche den Hauptreichtum bilden. Die Insel lieferte (1876) 224210 t Eisenerz aus den Bergwerken, die hauptsächlich im Thonschiefer bearbeitet werden. Dieser führt auch Kupfer, Zinn, Blei; und es wird Marmor, Granit, Sandstein Kaolin, Amianth und Salz gewonnen. Das Eisenerz enthält bis 60 Proz. Metall, da aber Brennmaterialien mangeln, wird es in den Schmelzöfen an der nahen Maremmenküste verarbeitet. Aus den Salzsümpfen der Küste wird sehr viel Seesalz gewonnen. Bedeutenden Ertrag gewähren auch der Thunfisch- und Sardellenfang. Hauptstadt ist Porto-Ferrajo (s. d.). Östlich liegt Rio Marina (6089 E.), dessen Bewohner sich Riesi nennen; es liefert den berühmten Wein Aleatico und das meiste Eisenerz. An der Ostseite ist Porto-Longone (4649 E.), ein stark befestigter Ort mit ausgezeichneter Reede.

Schon im Altertum war die Insel ihres Metallreichtums wegen berühmt. Im 10. Jahrh. kam sie an die Pisaner, ward diesen 1290 von den Genuesen entrissen und gehörte später als span. Lehn den Herzögen von Sora und Fürsten von Piombino. Doch besaß der König von Neapel Porto-Longone und das Besatzungsrecht aller Landungsplätze, und zu Toscana gehörte ein Distrikt im Norden, den Cosmo I. von Florenz von Kaiser Karl V. erhielt und durch die Citadelle Cosmopoli (in der jetzigen Hauptstadt) sicherte. Mit dem Fürstentum Piombino kam die Insel 1736 unter die Oberherrlichkeit Neapels und wurde 1801 im Lunéviller Frieden an das Königreich Etrurien abgetreten. Nach Napoleons I. erster Abdankung wurde E. mit vollen Souveränitätsrechten diesem überlassen, und er war in dessen Besitz vom 3. Mai 1814, wo er in Porto-Ferrajo landete, bis 26. Febr. 1815, wo er von dort wieder nach Frankreich zurückkehrte. Durch die Wiener-Kongreß-Akte und den Zweiten Pariser Frieden kam E. nebst Piombino und den Nachbarinseln Pianosa, Palmajola und Monte-Cristo wieder an Toscana, mit welchem es 1860 von Piemont annektiert wurde. — Vgl. L. Simonin, La Toscane et la mer Tyrrhénienne (Par. 1868); Pullé, Monografia agraria del circondario dell' Elba (Porto-Ferrajo 1879); Falichi, Isola d'E. (Flor. 1885); Gregorovius, Wanderjahre in Italien, Bd. 1 (7. Aufl., Lpz. 1890).

El-Balad, arab. Ort, s. Dhafâr.

Elbassan (auch Elbasan oder Ilbesan), Stadt in Albanien am Skumbi, Hauptort eines Sandschaks im türk. Wilajet Monastir, Sitz eines griech. Bischofs, hat etwa 10000 E., drei Moscheen, eine griech. Kirche; Kupfer- und Eisenwarenfabriken und sehr belebte Märkte. In der Nähe warme Schwefelquellen und ein griech. Johanneskloster. E. ist nicht das alte Albanopolis, sondern das alte Skampia oder Stampa, von dem der Fluß Skumbi seinen Namen hat.

Elbbrunnen, s. Elbe.

Elbe (bei den Römern Albis, czech. Labe, mundartlich Albe, d. i. Fluß, genannt), einer der Hauptflüsse Deutschlands, entspringt in Böhmen, nahe der schles. Grenze, am höchsten Teil des Riesengebirges aus einer Menge Wasseradern, Seifen oder Flessen genannt, die auf der Elb-, Mädel-, Teufels- und Weißen Wiese zahlreiche Brunnen, darunter den Elbbrunnen (1384 m) bilden. Als die eigentlichen Quellen können betrachtet werden das Weißwasser, das auf der Weißen Wiese unweit der Schneekoppe (1400 m ü. d. M.) entsteht, und der Elbebach oder Elbeseifen, der auf der Elbwiese südlich vom Großen Rad seinen Ursprung hat und von dem Rücken des Hochgebirges 75 m hoch im Elbfall in den tief eingeschnittenen wildromantischen Elbgrund fällt, der sich in eine Menge Gründe (die Siebengründe) teilt. Bald darauf vereinigt sich dieser (680 m ü. d. M.) mit dem doppelt so starken Weißwasser und heißt nun E., die als wilder Gebirgsfluß in einem stellenweise sehr eingeengten Thale den südl. oder böhm. Kamm des Riesengebirges durchbricht. In einer Meereshöhe von 455 m verläßt die E. bei Hohenelbe das Gebirge und wird flößbar. In ihrem nun südöstlich gerichteten Laufe erhält sie auf der linken Seite (zwischen Jaromer und Josephstadt) die Aupa und Mettau und wendet sich von hier an südlich bis Pardubitz. Auf dieser Strecke hat sie flache Ufer und nimmt bei Königgrätz links die Adler und oberhalb Pardubitz die Laučna und bei dieser Stadt die Chrudimka auf. Dann wendet sie sich nach W. und behält diese Richtung bei bis Kolin (223 m), um von hier aus nordwestl. Richtung anzunehmen. Rechts nimmt sie die Cidlina und Iser, links bei Melnik (152 m) die Moldau (s. d.) auf, den um 145 km längern Hauptstrom Böhmens, der sie schiffbar macht, und oberhalb Leitmeritz die Eger (s. d.). Nun durchbricht sie zwischen Lobositz und Tetschen in einem engen, von hohen und felsigen Ufern begrenzten Thale das böhm. Mittelgebirge und nimmt auf dieser Strecke bei Aussig links die Biela (s. d.) und rechts oberhalb Tetschen den Polzen auf. Oberhalb Herrnskretschen tritt der Strom in Sachsen ein und durchbricht in westnordwestl. Richtung das Elbsandsteingebirge, das er bei Pirna verläßt. Vor dem Durchbruch hat die E. eine Breite von 130 m, nach demselben eine solche von 216 m und erhält auf dieser Strecke links die Müglitz und rechts die Sebnitz und Wesenitz. Nachdem sie den weiten Thalkessel von Dresden, wo sie auf der linken Seite die Weißeritz (s. d.) aufnimmt, durchflossen hat, bildet sie abermals ein Durchbruchsthal bis Meißen.

Als ein mächtiger, im Stromstrich selbst im Sommer 2,2 bis 3,3 m tiefer Strom tritt sie in das norddeutsche Flachland ein. Nun fließt sie in nordwestl. Laufe bis Magdeburg, betritt unterhalb Strehla die preuß. Provinz Sachsen, nimmt zwischen Torgau und Wittenberg rechts die Schwarze Elster (s. d.) auf und wird nach deren Eintritt von dem unbedeutenden Höhenrücken des Fläming 60 km weit nach W. gedrängt, um aber von Aken an wieder die nordwestl. Richtung einzuschlagen, die sie dann bis Magdeburg beibehält. Auf dieser Strecke empfängt der Strom links unterhalb Dessau die Mulde (s. d.) und oberhalb Barby die Saale (s. d.). Von Magdeburg an durchfließt er in ziemlich nördl. Richtung die Provinz Sachsen bis Havelberg, von wo an er wieder die nordwestl. Richtung annimmt, die er nun bis zu seiner Mündung beibehält; durch die Ohra links und durch die Ehle, Ihla und den Plauenschen Kanal rechts erhält der Strom weitere Verstärkung. Von Havelberg an wird die E. Grenzfluß und zwar zwischen den beiden Provinzen Brandenburg und Sachsen bis Schnackenburg, von hier bis Dömitz zwischen den Provinzen Brandenburg und Hannover, bei Dömitz und weiter abwärts auf eine kurze Strecke zwischen der Provinz Hannover und dem Großherzogtum Mecklenburg-Schwerin, von Lauenburg bis Geesthacht und von Altona an bis zur Mündung zwischen Schleswig-Holstein und Hannover und endlich von Geesthacht bis Altona zwischen Hannover und hamburgischem Gebiet. Die E. durchfließt auf dieser ganzen Strecke, über 500 m breit, mit ganz schwachem Gefälle (Wittenberg 20, Lauenburg 5, Hamburg 1 m ü. d. M.) die Senke zwischen dem Landrücken der Lüneburger Heide und der Mecklenburger Seenplatte und erhält an Zuflüssen: rechts die Havel, die Stecknitz, Löcknitz, Elde, Bille, Alster und Stör; links: den Aland, die Jeetze, Ilmenau und Oste. 13 km oberhalb Hamburg teilt sich die E. in die Norder- (Hamburger) und Süder- (Harburger) E., die sich in verschiedenen Armen (darunter der Köhlbrand gegenüber Altona) zum Teil erst 11 km unterhalb Hamburg wieder zu einem, im Fahrwasser 8—9 m tiefen Strome vereinigen. Die wichtigste der von diesen Armen gebildeten Inseln ist Wilhelmsburg, im hamburgischen Teile zu Hafenanlagen ausgenützt, unterhalb des Köhlbrand der Finkenwärder (zum Teil preußisch) mit bedeutender Fischerei. Die Norderelbe nimmt die Dove- und Gose-Elbe, Entwässerungen der sog. Vierlande und bei Hamburg die Bille und Alster auf. Die E. ergießt sich bei Cuxhaven in einer Breite von 15 km in die Nordsee. In dieser Mündung findet sich indes nur ein schmales Fahrwasser, welches von Sandbänken und Untiefen umgeben, 7—9 m tief und sorgsam bezeichnet ist.

Die E. ist 1165 km lang, das Stromgebiet umfaßt 143327 qkm, wovon ungefähr 97000 qkm auf das Deutsche Reich kommen. Schiffbar wird die E. für mittlere Kähne von Melnik, für große Kähne von Pirna an; Seeschiffe kommen mit der Flut, die von Cuxhaven 165 km weit bis Geesthacht steigt und bei Cuxhaven 2,83, bei Hamburg 1,89 m mittlere Höhe erreicht, bis Hamburg. Die ganze schiffbare Stromstrecke beträgt 846 km, wovon 107,2 km auf Böhmen kommen. Das Gefälle der E. beträgt zwischen Hohenelbe und Kolin 232 m, zwischen Kolin und Melnik 71, zwischen Melnik und Aussig 23, zwischen Aussig und Tetschen 9, zwischen Tetschen und Dresden 20, zwischen Dresden und Meißen 7,25, zwischen Meißen und Mühlberg 14,8, zwischen Mühlberg und Torgau 6,5, zwischen der Havelmündung und Wittenberge 4,6, zwischen Lauenburg und Hamburg 3,5, zwischen Hamburg und Glückstadt nur 1,2 m. Die Breite zwischen Jaromer und Königgrätz 35, bis Brandeis 80 m, bei Melnik 130, an der sächs.-böhm. Grenze 150, bei Magdeburg 240, vor Hamburg 500 m und erreicht bei Blankenese 3750, unterhalb Brunsbüttel 7500 m. Die E. ist sehr fischreich, teils an Seefischen, die aus der See heraufkommen, um zu laichen, teils an Flußfischen, welche die in sie einmündenden Nebenflüsse ihr zuführen, teils an eigentlichen sog. Elbfischen, darunter der Stör. In Böhmen dauert die Eisbedeckung durchschnittlich 62 Tage; auf der Unterelbe ist seit der Steigerung des Dampferverkehrs die Schiffahrt durchschnittlich nur 16 Tage im Jahre unterbrochen. Hamburg hält den Zugang zu seinem Hafen durch drei Eisbrecher dauernd offen.

Die **Hauptschiffahrtslinien** des Elbgebietes gehen einerseits von Hamburg nach Berlin und zur untern Oder, wo sich die weitern Verbindungen nach Stettin und nach der Weichsel anschließen, andererseits über Magdeburg nach Sachsen und Böhmen; von großer Bedeutung ist auch die Linie von Magdeburg zur untern Oder. Die Straßen zur obern Oder haben seit dem Ausbau des Oder-Spreekanals steigende Bedeutung erlangt. Außer Havel und Spree und Saale haben die Fahrstraßen der Nebenflüsse und des Stecknitzkanals nur örtliche Bedeutung. Der Schiffahrtsverkehr erreicht im Süden auf der Moldau Prag, im Westen auf der Saale und Unstrut Thüringen und den Harz, im Nordwesten das Innere Hannovers, im Nordosten Holstein, Lübeck, Stettin, Danzig, Posen, im Südosten Breslau und Oberschlesien. Gelangen die durch die Bestrebungen des 1869 zusammengetretenen Centralvereins zur Hebung der deutschen Kanal- und Stromschiffahrt geförderten Projekte großartiger Kanalverbindungen zur Verwirklichung, z. B. zwischen Dresden und Berlin (Elbe-Spreekanal), gewinnt ferner die Verbindung der großen Ströme im westl. Teile der preuß. Monarchie (Rhein-Weser-Elbekanal) Leben und Gestalt, und finden Leipzig und Lübeck den gesuchten Anschluß an die Elbstraße, so wird die Schiffahrt neben dem Bahnverkehr blühen. Auch der Plan eines Elbe-Donaukanals hat schon greifbare Gestalt angenommen.

Die **Dampfschiffahrt** wird von Dresden aus aufwärts bis Melnik und auf der Moldau bei gutem Wasserstande bis Prag, abwärts bis Hamburg, Harburg, Altona von Aktiengesellschaften betrieben, und zwar die Personendampfschiffahrt durch die Sächsisch-Böhmische Dampfschiffahrtsgesellschaft auf den Linien Dresden-Leitmeritz und Dresden-Strehla, die Dampfschiffahrt mittels Tauerei zwischen Hamburg, Sachsen und Böhmen durch die Gesellschaften «Kette», die Österreichische Nordwest-Dampfschiffahrtsgesellschaft, Dampfschiffahrtsgesellschaft vereinigter Schiffer in Dresden u. a. Den Verkehr zwischen Hamburg und Berlin auf E. und Havel vermitteln vorzugsweise der Berlin-Hamburger Dampfschleppschiffahrtsverein in Berlin und Magdeburger Gesellschaften, während die Neue Norddeutsche Flußdampfschiffahrtsgesellschaft die Verbindung zwischen Hamburg, Wittenberge, Magdeburg, Dessau aufrecht erhält. Außerdem unterhalten einzelne Firmen Schleppschiffahrtsbetriebe zwischen Hamburg und allen Plätzen der Oberelbe, der Saale, Berlin und der obern Oder. Infolge der lebhaften Konkurrenz sind die Frachten stetig gesunken; ebenfalls wichtig für die Förderung des Verkehrs ist die Einführung von Eildampfern.

Die Schiffahrt war seit frühen Zeiten drückenden Lasten und Behinderungen unterworfen. Erst 3. Juni 1819 erfolgte in Dresden der Zusammentritt einer Elbschiffahrtskommission. Zufolge der 1. März 1822 in Kraft getretenen Konvention (**Elbschiffahrtsakte**) sollte die Elbschiffahrt in Bezug auf den Handel volle Freiheit von dem Punkte an, wo der Strom schiffbar ist, bis in die offene See genießen. An die Stelle der frühern verschiedenartigen Auflagen trat jedoch nur erst eine feste, im Verhältnis ermäßigte Abgabe, welche von der Ladung unter dem Namen **Elbzoll** und als Wegegeld unter dem Namen Rekognitionsgebühren erhoben ward. Letztere erhielten nach anfangs 7, später 4 Klassen einen unabänderlichen Tarif. Als besondere Abgaben dauerten fort die Maut-, Kranen-, Wag- und Niederlaggebühren sowie die Brückenaufzug- und Schleusengelder. Während die Schiffer früher an 35 Zollstätten anhalten mußten, hatten sie nun nur noch an 14 Stätten Gebühren zu entrichten. Auf die Schiffahrt selbst und die Unterhaltung eines guten Fahrwassers wurde keine Rücksicht genommen, sodaß der Strom immer mehr versandete. Zur Aufrechterhaltung und Verbesserung der Beschlüsse sollten Revisionskommissionen der Uferstaaten zusammentreten. Die erste beschloß 18. Sept. 1824 in Hamburg einige Erleichterungen. Die zweite tagte in Dresden 1842 und bearbeitete die **Elbschiffahrts-Additionalakte** vom 23. April 1844. Allein zu Gunsten der Schiffahrt auf der Oberelbe wurde nichts erreicht, da die nötigen Wasser- und Uferbauten den betreffenden Staaten zu große Opfer auferlegten. Österreich hob 4. Mai 1850 für seinen Landeshandel zwischen Melnik und der sächs. Grenze den Elbzoll mit Ausnahme des auf Bau- und Brennholz, Stein- und Holzkohlen gänzlich auf. Auf der dritten Revisionskonferenz, welche 15. Sept. 1850 zu Magdeburg zusammentrat, beantragte Österreich die gänzliche Aufhebung der Elbzölle; der Vorschlag scheiterte aber an der von Hannover geforderten Entschädigung sowie an der Weigerung der andern Regierungen. Nach Hannovers Eintritt in den Zollverein (1852) und nach seiner Beteiligung an der Ermäßigung der Durchgangszölle des Zollvereins einigte man sich in dem Schlußprotokoll vom 4. (8.) Febr. 1854 zu einer Zollermäßigung auf verschiedene Artikel, vorläufig für 6 Jahre. Im wesentlichen aber blieb die Höhe des Normalzolls seit 1821 unverändert. Auch 1858 zu Hamburg wurden infolge des beharrlichen Widerstandes von Hannover, Mecklenburg und Dänemark die Verhandlungen ohne Ergebnis abgebrochen. Endlich nach Ablösung des Zolls von Stade oder Brunshausen durch Vertrag mit Hannover (Juni 1862) gegen Zahlung von 2857338 Thlrn. bestimmte die fünfte Revisionskommission zu Hamburg 4. April 1863, daß für sämtliche Uferstaaten vom 1. Juli 1863 an nur Ein Zoll, und zwar in Wittenberge erhoben werden sollte.

Die gänzliche Befreiung des Elbverkehrs von den Fesseln der Zollerhebung blieb der norddeutschen Bundesgesetzgebung vorbehalten (Art. 54 der Verfassung). Das erheblichste Hindernis blieb der

Vorbehalt, von welchem Mecklenburg seinen Beitritt zum Bunde abhängig gemacht hatte, und erst 1870 gelang es ein Gesetz zu vereinbaren, welches nach Zahlung einer Abfindungssumme von 1 Mill. Thlrn. an Mecklenburg und 85 000 an Anhalt den Elbzoll gänzlich aufhob. Vor 1863 betrug der Zoll für Güter der Normalklasse von Hamburg bis Magdeburg 0,67 M., bis Böhmen 2,4 M. pro Centner, während jetzt die Gesamtfracht 2 M., für Zucker von Böhmen bis Hamburg etwa 0,24 M. pro Centner beträgt. Mit dem 1. Jan. 1882 ist die bis dahin zollausländische E. unterhalb Hamburg bis zur Mündung dem Zollgebiet einverleibt, sodaß alle aus See in die E. einpassierenden Fahrzeuge, mit Ausnahme der für das Freihafengebiet bestimmten, der Zollkontrolle unterworfen sind.

Für die Verbesserung des Fahrwassers haben auf den ihnen zugehörenden Strecken Hamburg und von etwa 1860 ab auch das Königreich Sachsen Erhebliches geleistet. Die übrigen Staaten, darunter besonders Hannover, Mecklenburg und Anhalt blieben zurück; auch Preußen und Österreich haben sich lange Zeit hindurch nicht entschließen wollen, die hohen Kosten an die Verbesserung ihrer Elbstrecken zu wenden. Bei einer Strombereisung 1869 zeigte sich, daß die 1844 als notwendig beschlossene Mindesttauchtiefe von 0,855 m an 199 Stellen nicht erreicht war. Seitdem trat aber die längst ersehnte Besserung ein, die jedoch erst nach einer Reihe von Jahren zu größerer Wirkung kommen konnte. Auch Österreich blieb jetzt für seine böhmische E. nicht zurück. Nachdem der Schiffsverkehr sich merkbar gehoben, begannen auch die Städte (Hamburg wiederum in erster Linie, sodann Magdeburg, Dresden, Meißen, Pirna, Riesa, Schandau, Torgau, Tetschen, Laube, Aussig) mit der Anlage neuer Häfen und Quais, kleinere Orte mit der Beschaffung besserer Ein- und Ausladeplätze u. dgl., bald aus eigenen Mitteln, bald mit Unterstützung des Staates oder der Anschluß an den Wasserverkehr suchenden Eisenbahnen. Hamburg plant eine umfassende Regulierung der Unterelbe. Jetzt hat der Verkehr den des Rheins trotz dessen gleichzeitiger Zunahme beinahe erreicht, obgleich der schiffbare Wasserlauf des Rheins länger, sein Wasserreichtum 2—3 mal größer ist.

Seit etwa 1870 haben für Verbesserung des Fahrwassers, Hafen- und Quaibauten, Ein- und Ausladeplätze, Leinepfade, Errichtung von Winterhäfen Staat und Gemeinden in Österreich etwa 11 Mill. Fl., in Sachsen 31 Mill. M., in Preußen 72 Mill. M. ausgegeben. In Hamburg ist der Betrag für Flußregulierung verhältnismäßig noch höher. Infolge dieser Bauten darf der Schiffer bei mittlerm Wasserstande rechnen auf eine benutzbare Fahrtiefe, bez. Tauchtiefe seines Schiffs:

von 0,70 bis 0,90 m von Leitmeritz bis sächs. Grenze,
» 0,90 » 1,0 » im Königreich Sachsen,
» 1,0 » 1,25 » von der sächs. Grenze bis zur Mündung der Saale,
» 1,5 » 1,8 » von Saale- bis Havelmündung,
» 2,0 von Havelmündung bis Hamburg,
» 2,5 » 6 » unterhalb Hamburg, je nach dem Stand von Ebbe und Flut.

Der Schiffsverkehr der bei Schandau, an der Niegripper Schleuse (Plauer Kanal) und bei Hamburg-Entenwärder durchgegangenen Fahrzeuge zeigt nach der deutschen Reichsstatistik folgendes Bild:

Durchschnittlich im Jahr bez. jährlich	Zu Berg				Zu Thal			
	Frachtschiffe	Darunter unbeladen	Güter (in 1000 t)	Floßholz (in 1000 t)	Frachtschiffe	Darunter unbeladen	Güter (in 1000 t)	Floßholz (in 1000 t)
Schandau								
1872—75	2 418	1918	30,6	—	3 147	5	429,2	154,5
1881—85	5 634	4637	170,6	—	6 590	4	1445,7	180,0
1887	7 582	6184	193,2	—	8 330	6	1657,7	254,3
1889	7 768	6394	228,8	—	8 331	1	1968,3	367,7
1890	7 823	6462	268,3	—	8 458	8	2496,7	307,6
Niegripper Schleuse								
1873—75	1 755	558	104,1	4,5	1 895	204	147,9	0,1
1881—85	3 183	1251	198,7	0,0	3 285	203	376,9	0,8
1887	1 025	554	39,3	0,0	3 961	186	414,4	1,3
1889	744	436	34,0	—	3 986	196	496,2	0,9
1890	1 005	738	31,1	0,5	4 848	225	633,6	8,0
Hamburg-Entenwärder								
1872—75	4 937	116	438	0,7	3 739	986	256,4	34,4
1881—85	2 516	919	1171,6	4,7	15 606	1635	1101,8	8,7
1887	19 299	2272	1247,3	0,9	18 780	2384	1323,9	18,3
1889	17 298	2147	1626,5	0,1	18 410	2617	1307,5	7,1
1890	17 564	4613	1683,1	0,0	16 740	2574	1543,4	12,6

Neben dem oberelbischen und dem Seeverkehr (s. Hamburg) besteht noch auf der Unterelbe der Verkehr der kleinen Segelschiffe, Ewer, der in letzter Zeit eine große Bedeutung gewonnen hat. Die wichtigsten Artikel sind für die Bergfahrt: Getreide aller Art, Petroleum, engl. Steinkohlen, Roheisen, Düngemittel, Salz, Reis; für die Thalfahrt: böhm. Braunkohlen, Holz in Stämmen und Brettern, Steine aller Art, Ziegel, Rohzucker, Getreide. Von böhm. Braunkohle z. B. überschritten auf der Thalfahrt (1890) die sächs. Grenze bei Schandau 1966625 t. Ausgeladen wurden davon in Dresden 67990 t, in Magdeburg 821190, nach Berlin gingen 367495, Hamburg erreichten noch 20031, Cuxhaven 96 t.

Gefürchtet ist die E. durch ihre Überschwemmungen, von denen in Zeiträumen von 14 bis 16 Jahren solche von besonders nachteiligen Folgen aufzutreten scheinen. In schlechtem Andenken stehen den Uferbewohnern nach dieser Richtung hin die Jahre 1774, 1799, 1815, 1830, 1845, 1862 und 1890. In neuester Zeit ist durch rechtzeitige telegr. Meldung und durch die Sorgfalt der Gemeinden den Nachteilen einer überraschend hereinbrechenden Flut möglichst vorgebeugt worden.

Litteratur. Semmler und Münnig, Der Elbstrom von seinem Ursprung bis zu seiner Mündung, malerisch, topographisch und historisch dargestellt (Dresd. 1845); von Bose, Allgemeine geogr. und hydrotechnische Beschreibung der E. (Annab. 1852); Die Elbzölle. Aktenstücke und Nachweise 1814—59 (Lpz. 1860); Statistik des Deutschen Reichs, in den jährlich erscheinenden Heften: «Verkehr auf den deutschen Wasserstraßen».

Elbe, A. von der, Pseudonym der Schriftstellerin Auguste von der Decken (s. d.).

El-Bekaa, das alte Cölesyrien, s. d. und Syrien.

Elbekostelecz, czech. Kostelec nad Labem, Stadt im Gerichtsbezirk Brandeis der österr. Bezirkshauptmannschaft Karolinenthal in Böhmen, links an der Elbe, hat (1890) 2458 meist czech. E., Post, Telegraph, in Garnison (144 Mann) die 3. Eskadron des 7. böhm. Dragonerregiments «Karl V. Leopold, Herzog von Lothringen und Bar», eine große Reiterkaserne (1816); Zuckerfabrik und Walzmühle. — Bei E. wurden 1424 die Prager vom Hussitenführer Zizka geschlagen, im Dreißigjährigen Kriege war die Stadt von den Sachsen besetzt, 1639 wurde sie von den Schweden unter Banér erobert und verbraunt.

Elben, Naturgeister, s. Elfen.

Elben, Otto, Publizist und Politiker, geb. 30. Jan. 1823 in Stuttgart, studierte in Tübingen die Rechte, machte größere Reisen und trat 1847 in die Redaktion des von seinem Großvater begründeten «Schwäbischen Merkur» in Stuttgart ein, dessen Leitung er 1854 übernahm. In allen Fragen der deutschen Politik, vom Beginn des schleswig-holstein. Streites bis zum Eintritt Württembergs in das Deutsche Reich und bis zu den neuesten politischen, volkswirtschaftlichen und kirchenpolit. Kämpfen, verteidigte E. in seiner Zeitung den nationalen Standpunkt. Der württemb. Zweiten Kammer gehörte er 1868—82 für Böblingen an und trat hier der demokratischen Partei mit Energie entgegen; seit 1871 war er ständiger Referent der volkswirtschaftlichen Kommission über den Eisenbahnbau und machte sich als solcher um das Verkehrswesen verdient. Als Mitglied des Reichstags 1871—76 für Böblingen-Leonberg-Maulbronn-Vaihingen schloß E. sich der nationalliberalen Partei an. Seinem 1873 im Reichstage angenommenen Antrag auf Errichtung eines Reichseisenbahnamtes gab die Reichsregierung alsbald Folge. Auch wurde 1849 von ihm der Schwäbische Sängerbund und 1862 unter seinem Vorsitz in Coburg der Deutsche Sängerbund gegründet. E. veröffentlichte: «Die Entbindung von der Instanz» (Tüb. 1846), «Zur Einführung der Schwurgerichte in Deutschland. Beobachtungen aus den Gerichtssälen Frankreichs und Englands» (Stuttg. 1848), «Der volkstümliche deutsche Männergesang. Geschichte und Stellung im Leben der Nation» (Tüb. 1855; 2. Aufl. 1887), «Geschichte des Schwäbischen Merkurs» (Stuttg. 1885).

Elberfeld, Stadt und Stadtkreis (3132 ha) im preuß. Reg.-Bez. Düsseldorf, eine der reichsten und wichtigsten Fabrikstädte Europas, liegt unter 51° 17′ nördl. Br. und 7° 10′ östl. L. von Greenwich, in ungefähr 156 m Höhe (Wuppersspiegel), im Thale der 27 m breiten Wupper, die die Stadt von Osten nach Westen der Länge nach durchfließt, und stößt im Osten an Barmen.

Bevölkerung. Die ortsanwesende Bevölkerung betrug 1816: 21710, 1871: 71384, 1880: 93538, 1885: 109218 und 1890: 125899 (60698 männl., 65201 weibl.) E., d. i. eine Zunahme (1885—90) von 16681 E. oder 15,1 Proz. oder jährlich 3336 Personen. Die Zahl der Geburten betrug (1891) 4903 (147 Totgeborene), der Sterbefälle 2571, der Eheschließungen 1197; der Zugezogenen 18003, der Abgezogenen 17626. In 6861 bewohnten Wohnhäusern und 69 andern bewohnten Baulichkeiten befanden sich 26744 Haushaltungen und 50 Anstalten für gemeinsamen Aufenthalt. Dem Religionsbekenntnis nach waren 91025 Evangelische, 32163 Katholiken, 1333 andere Christen und 1378 Israeliten. Von den 125899 E. sind geboren in der Stadt E. 72206 (34572 männl., 37634 weibl.), im übrigen Preußen 47511 (22449 männl., 25062 weibl.), im übrigen Deutschen Reiche 4960 (2962 männl., 1998 weibl.), im Auslande 1222, einschließlich 11 mit unbekanntem Geburtslande. Rechnet man hierzu noch die Bevölkerung derjenigen Nachbargemeinden, die in enger Interessengemeinschaft mit der Großstadt stehen, so beträgt die Einwohnerzahl des industriellen Weichbilds von Groß-Elberfeld etwa 134000 E., die des benachbarten Groß-Barmen (s. Barmen) beträgt etwa 126000 E.; demnach hat das Industriecentrum Elberfeld-Barmen insgesamt etwa 260000 E.

Anlage, Straßen. Die ältern Stadtteile sind unregelmäßig und eng, die neuern, namentlich seit den siebziger Jahren entstandenen, zeichnen sich durch zahlreiche schöne Privatgebäude aus. Der schönere Teil, das Villenviertel der Stadt, gruppiert sich im SW. um die König-, Briller-, Sadowa-, Viktoria- und Platzhoffstraße am Abhang des von einem Aussichtsturm gekrönten Nützenberges. Ein zweites Villenviertel ist am Zoologischen Garten im Entstehen. (Hierzu ein Plan: Elberfeld-Barmen, mit Verzeichnis der Straßen und öffentlichen Gebäude.)

Bauten, Denkmäler. E. hat 10 evang. Kirchen, darunter 3 reform. und 1 niederländ.-reform., 3 kath. Kirchen und 1 Synagoge. Von den zahlreichen, prächtigen Gebäuden sind zu nennen: das Rathaus, das Landgericht mit Vorhalle (im großen Saal «Jüngstes Gericht» von Baur-Düsseldorf), das Krankenhaus, das Gebäude der königl. Eisenbahndirektion (früher der Bergisch-Märkischen Eisenbahn), das Neviandtstift und das Schlachthaus am Arrenberg, die Post, die Reichsbank, das Waisenhaus, Irrenhaus, das neue Erbschloëstift, das Stadttheater und die Gebäude der höhern und Volksschulen. Auf dem Brausenwerther Platz erhebt sich das Reiterstandbild Kaiser Wilhelms I., auf dem Neumarkt das des Kaisers Fried-

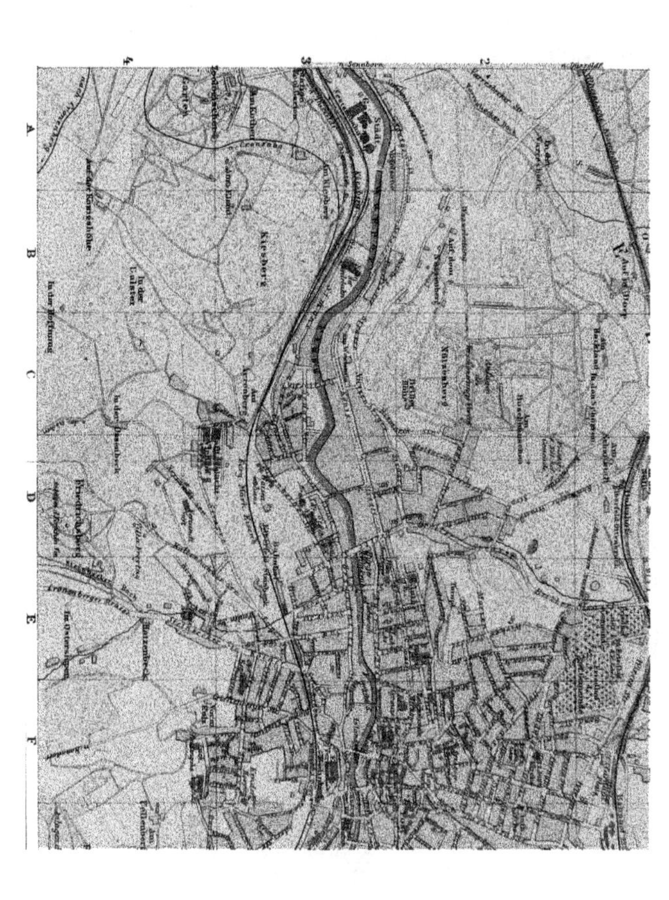

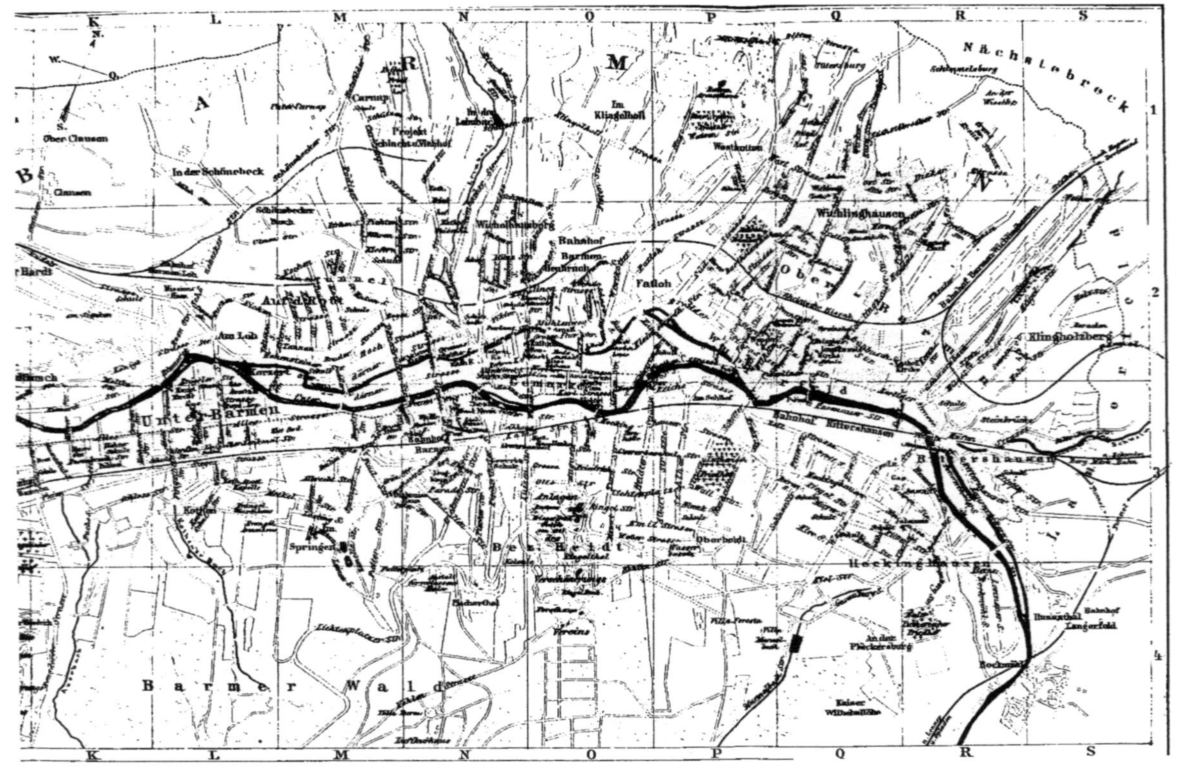
K
L
M
N
O
P
Q
R
S
1
2
3
4
Nächstebreck
Ober Clausen
Clausen
In der Schönebeck
Carnap
Projekt Schlacht-u.Viehhof
Im Klingelholl
Westkotten
Wichlinghausen
Bahnhof Barmen-Rittershausen
Fatloh
Unter-Barmen
Am Loh
Rittershausen
Heckinghausen
Springen
Oberheidt
Barmer Wald
Klingholzberg
Kaiser Wilhelmshöhe
Bahnhof Langerfeld
Rauenthal
Rochmühle
Wupperfeld
Heidt
Schönebecker Busch
Wichlinghausen
Ober
Bahnhof Barmen-Heubruch

rich, beide von Eberlein, auf dem Königsplatz ein Kriegerdenkmal von Albermann; auf der Hardt, im NO. der Stadt, Denkmäler des heil. Suitbertus, des Schulinspektors Wilberg, Stifters der Hardtanlage Diemel.

Verwaltung. Die Stadt wird verwaltet von einem Oberbürgermeister (Geh. Regierungsrat Jäger, bis 1896, 18000 M.), 6 Magistratsmitglieder (3 besoldet) und 36 Stadtverordneten. Die freiwillige Feuerwehr zählt 100 Mitglieder mit 34 Feuerspritzen, 900 Hydranten und einem Feuertelegraph. Ferner bestehen ein Wasserwerk, Kanalisation und Gasanstalt. Auf dem im SW. der Stadt befindlichen, mit Eisenbahnanschlußgleisen versehenen Schlacht- und Viehhof wurden (1890) aufgetrieben 26996 Rinder, 69834 Schweine, 19384 Kälber und 16388 Hammel; geschlachtet wurden 13221 Rinder, 29764 Schweine, 15754 Kälber und 10337 Hammel. Im städtischen Leihhaus (seit 1821) lagen (Ende 1889/90) 29934 Pfänder im Werte von 173045 M.

Behörden. E. ist Sitz eines Landgerichts (Oberlandesgericht Köln) mit 8 Amtsgerichten (Barmen, E., Langenberg, Lennep, Mettmann, Remscheid, Solingen, Wermelskirchen) und Kammern für Handelssachen in Barmen und E., eines Amts- und Gewerbegerichts, einer königl. Eisenbahndirektion mit 1246,2 km Bahnlinien und 4 Betriebsämtern (Altena, Cassel, Düsseldorf, Hagen), einer Kreisbauinspektion, eines Hauptzoll-, Hauptsteuer-, Kataster-, Erbschaftssteuer- und Landesbauamtes, einer Reichsbankstelle und einer Handelskammer.

Bildungs- und Vereinswesen. Städtisches Gymnasium mit königl. Kompatronat, 1592 als lat. Schule von der reform. Gemeinde gegründet, 1813 reorganisiert, 1834 als Gymnasium anerkannt (Direktor Dr. Scheide, 29 Lehrer, 16 Klassen, 374 Schüler, 3 Vorklassen, 97 Schüler), städtisches Realgymnasium, 1830 aus dem Privatinstitut des Pädagogen Wilberg hervorgegangen (Direktor Dr. Börner, 35 Lehrer, 19 Klassen, 571 Schüler, 4 Vorklassen, 162 Schüler), städtische Oberrealschule (Direktor Dr. Artopé, 30 Lehrer, 14 Klassen, 584 Schüler), lateinlose Realschule (seit 1893), zwei höhere Mädchenschulen, Lehrerinnenseminar, Mädchenmittel-, 42 Volksschulen, 2 Präparanden-, 1 Taubstummenanstalt, Anstalt für schwach beanlagte Kinder; ferner ein Stadttheater (mit Barmen vereinigt, Aktienunternehmen, mit 1277 Plätzen, für 6000 M. verpachtet, Spielzeit in den Wintermonaten), die Bergische Bibelgesellschaft, der Bergische Geschichtsverein und eine Freimaurerloge.

Wohlthätigkeitsanstalten. Die Elberfelder Armenpflege ist mustergültig, sodaß sie bereits von mehrern großen Städten nachgeahmt ist (s. Armenwesen, Bd. 1, S. 904a). Es bestehen ein Waisen-, Irren- und Armenhaus, ein städtisches Krankenhaus, Bürgerkrankenhaus, St. Josephshospital, Kinderhospital, Krankenhaus Bethesda u. a.

Industrie. E. und Barmen sind in Bezug auf ihre Industrie in Deutschland unerreicht. Baumwollene Zeuge wurden hier bereits im Anfang des 18. Jahrh. gefertigt; die Seidenfabrikation begann 1775, die Türkischrotfärberei 1784, die Manchesterweberei 1807, die Kattundruckerei 1826. Jetzt ist E. der Hauptsitz der Fabrikation von Baumwoll-, Woll-, Seiden- und aus diesen Stoffen gemischten Waren (wollene und halbwollene Kleiderstoffe, Zanella und halbwollene Konfektionsstoffe) und aller zum Besatz von Herren- und Damenkleidern bestimmten Knopfartikel; ferner der Kattundruckereien und ihrer den Weltmarkt beherrschenden prachtvollen Erzeugnisse, der hoch entwickelten Webereien, Wirkereien, Spinnereien, der Möbelstofffabriken, Färbereien, Appreturanstalten, der chemischen, insbesondere Teerfarbenfabriken. Außerdem giebt es Eisengießereien, Ringofenziegeleien, Kalkbrennereien, Mühlen, Fabriken von Maschinen, Armaturgegenständen, Eisen- und Stahlwaren, Papierwaren, Briefumschlägen, Tapeten- und Tapetenpapieren, ferner Faßfabriken und großartig eingerichtete Bierbrauereien mit bedeutender Ausfuhr in die entlegensten Weltteile. E. ist Sitz der Rheinisch-Westfälischen Baugewerksberufsgenossenschaft und ihrer 3. Sektion, der 6. Sektion der Papierverarbeitungs- und der 3. Sektion der Rheinisch-Westfälischen Textil-Berufsgenossenschaft.

Handel. Die Hauptzweige des Großhandels sind außer den einheimischen Industrieartikeln alle zur Verarbeitung erforderlichen Rohstoffe. Zahlreiche Agenturen und Kommissionsgeschäfte vermitteln den Handel; die bedeutendsten Häuser haben eigene Comptoire und Agenten auf allen Haupthandelsplätzen der Welt. E. hat ferner eine Handelskammer für den Stadtkreis E., eine Reichsbankstelle (Umsatz 1891: 2292 Mill. M.), Bergisch-Märkische Bank (Aktienkapital: 20000400 M., Reingewinn 1891: 1806875 M.), Bank-Verein, Gewerbe-Bank, Handels-Gesellschaft, zahlreiche Privatbankinstitute, darunter das alte Bankhaus von der Heydt, Kersten & Söhne; Konsulate von Columbia, Frankreich und Salvador sowie die Vaterländische Lebens-, Feuer-, Hagel- und Transportversicherungs-Aktiengesellschaft.

Verkehrswesen. E. hat 7 Bahnhöfe und liegt an der Linie Aachen-Holzminden (Südliche Linie, früher Bergisch-Märkische Eisenbahn) mit den Bahnhöfen E.-Döppersberg (Hauptbahnhof), E.-Steinbeck und den Haltestellen E.-Zoologischer Garten und E.-Sonnborn, an der Linie Dusseldorf-Hagen (Nördliche Linie, frühere Rheinische Eisenbahn) mit den Bahnhöfen E.-Mirke, E.-Ottenbruch und E.-Varresbeck und an der Nebenlinie E.-Cronenberg (10,6 km) der Preuß. Staatsbahnen. Der Gesamtgüterverkehr auf den Eisenbahnen betrug (1890) 839028 t, darunter 134433 t im Eingang. E. ist mit Barmen durch eine Pferdebahn (11,95 km Gleise) verbunden, dieselbe hatte (1892) 200 Pferde und 103 Wagen und beförderte 5000000 Personen. Zur fernern Erleichterung des Verkehrs in dem langgestreckten Thale ist eine elektrische Hochbahn über der Wupper, dem Lauf derselben folgend, geplant.

Es bestehen ein Postamt erster Klasse mit 6 Zweigstellen und ein Telegraphenamt erster Klasse. Der gesamte Post- und Telegraphenverkehr betrug (1891) im Eingang: 8369790 Briefe, Postkarten, Drucksachen und Warenproben, 653229 Pakete ohne, 70319 Briefe und 17393 Pakete mit Wertangabe, 91310 Postnachnahmesendungen und Postauftragsbriefe, 120594 Telegramme und 1793080 Zeitungsnummern; im Ausgang: 11368110 Briefe u. s. w., 1017287 Pakete ohne, 66458 Briefe und 13911 Pakete mit Wertangabe sowie 99086 Telegramme. Wert der ausgezahlten Postanweisungen 42,945, der eingezahlten 23,731 Mill. M. Das Fernsprechnetz hatte 682 Sprechstellen (4294648 Gespräche).

Umgebung. Die Umgebung ist gleich derjenigen von Barmen infolge der schön bewaldeten und an vielen Stellen mit Aussichtstürmen versehenen Höhenzüge von großer Schönheit. Von parkähnlichen und Waldanlagen sind besonders hervorzuheben der Zoologische Garten; in landschaftlicher Hinsicht einer der schönsten in Deutschland, die Hardt mit Denkmälern (s. S. 977a) und einem Aussichtsturm auf der Elisenhöhe, die Partanlagen Nützenberg (261 m), Mirkerhain, Friedenshöhe, Friedrichsberg, die Königshöhe und der Kiesberg mit massivem Aussichtsturm, ferner der große königl. Forst Buchholz, die schönste und größte Waldung der Umgegend. Die Höhen gewähren prächtige Fernsichten nach Westfalen und in die Rheinebene.

Geschichte. An der Stelle, wo jetzt E. steht, befand sich im 12. Jahrh. eine Burg der Dynasten von Elverfeld, ursprünglich ein Lehen des Erzbischofs von Köln, später im Besitze der Herzöge von Berg. Die erste Ansiedelung im Wupperthale wurde durch das klare, zur Bleiche ganz besonders geeignete Bergwasser der Wupper veranlaßt, und 1532 erhielten die Ansiedler der sog. Freiheit ein Privilegium auf die Garnbleiche. Erst 1610 wurde E. die Stadtgerechtigkeit zugeteilt. Größere Bedeutung erlangte E. durch seine Industrie erst seit der letzten Hälfte des vorigen Jahrhunderts, namentlich auch durch die Kontinentalsperre, die die engl. Konkurrenz ausschloß. 1815 kam es mit Berg an Preußen. — Vgl. Coutelle, E., topogr.-statist. Darstellung (Elberf. 1853); Langewiesche, E. und Barmen. Beschreibung und Geschichte dieser Doppelstadt des Wupperthals (Barm. 1863); Statist. Darstellung des Stadtkreises E. (Elberf. 1869); Wilh. Crecelius, Beiträge zur bergisch-niederrhein. Geschichte (in der «Zeitschrift des Bergischen Geschichtsvereins», Bd. 27, ebd. 1891).

Elberfelder System, s. Armenwesen (Bd. 1, S. 904a).

Elberich, Zwerg, s. Alberich.

Elbeseifen, s. Elbe (S. 973a).

Elbe-Spree-Kanal, projektierte Verbindung zwischen Elbe bei Grödel (unweit Riesa) und Spree bei Berlin. Der Kanal soll in nördl. Richtung über Baruth und mit Benutzung verschiedener Seen in die Dahme und hiermit in die Spree geleitet werden. (Vgl. Schiffahrtskanäle.)

Elbeteinitz, czech. Týnice Labská, Stadt in der österr. Bezirkshauptmannschaft und dem Gerichtsbezirk Kolin, malerisch auf einer Anhöhe am rechten Elbufer und an der Linie Wien-Brünn-Prag-Bodenbach der Österr.-Ungar. Staatsbahn gelegen, hat (1890) 2790 czech. E., Post, Telegraph; zwei amerik. Kunstmühlen, Maschinen-, Lack- und Lederfabrik.

Elbethalbahn, von Lissa nach Aussig und über Tetschen nach Mittelgrund (121,5 km, 1874 eröffnet), Strecke der Österr. Nordwestbahn.

Elbeuf (spr. -böff), Hauptstadt des Kantons E. (97,45 qkm, 10 Gemeinden, 43341 E.) im Arrondissement Rouen des franz. Depart. Seine-Inférieure, 21 km südwestlich von Rouen, links an der Seine, am Fuße waldiger Hügel, in einem herrlichen Thale an der Linie Oissel-Serquigny der Franz. Westbahn und an der Lokalbahn Dreux-Elbeuf (90 km), mit Rouen durch Dampfschiffahrt und mit St. Aubin durch eine Hängebrücke verbunden, hat (1891) 20331, als Gemeinde 21404 E., drei Pfarrkirchen, Handels- und Friedensgericht, einen Gewerberat und Gewerbekammer, einen Flußhafen, eine archäol. Gesellschaft; Tuchfabriken (mit 91 Dampfmaschinen von 1000 Pferdekräften) und Fabrikation von Walkseife, Öl, Chemikalien, 17 Färbereien und 9 Wollspinnereien, welche jährlich für 40—50 Mill. Frs. Wolle verarbeiten, Manufakturen von gewürfelten Shawls und von verschiedenen Modeartikeln. Die gesamte Industrie des Ortes liefert jährlich für 80—90 Mill. Frs. Stoffe. — Tuchmacher und Tapetenwirker gab es schon vor dem 16. Jahrh. daselbst; durch Colbert wurde 1667 die erste Tuchfabrik angelegt, die bald Berühmtheit erlangte. Infolge der Aufhebung des Edikts von Nantes 1685 wanderte die Mehrzahl der Tuchmacher aus; erst nach der Revolution von 1789, namentlich aber seit der Trennung Belgiens von Frankreich, hob sich die Industrie wieder.

Elbfall, Elbgrund, s. Elbe (S. 973a).

Elbherzogtümer, Bezeichnung der Herzogtümer Schleswig und Holstein, insbesondere in den Befreiungskämpfen 1848—64.

Elbing, Fluß im preuß. Reg.-Bez. Danzig, bildet den 18 km langen schiffbaren Abfluß des Drausensees (s. d.), ist nach Westen hin bei Zeier mit der Nogat, dem östl. Arme der Weichsel, durch den 6 km langen Kraffohlkanal verbunden und mündet unterhalb E. in das Frische Haff. Er trägt bis zur Stadt E. kleine Seeschiffe.

Elbing. 1) **Landkreis**, ohne Stadt E., im preuß. Reg.-Bez. Danzig, hat 607,79 qkm, (1890) 37610 (18528 männl., 19082 weibl.) E., 1 Stadt, 90 Landgemeinden und 49 Gutsbezirke. — 2) E., poln. Elblong, **Kreisstadt** im Landkreis E. und **Stadtkreis** (12,39 qkm), an der schiffbaren Elbing (s. d.), 8 km von seiner Mündung, und an der Linie Berlin-Kreuz-Königsberg-Eydtkuhnen der Preuß. Staatsbahnen, ist freundlich und sauber gebaut mit zahlreichen Giebelhäusern (15. bis 18. Jahrh.), Sitz des Landratsamtes für den Landkreis E., eines Landgerichts (Oberlandesgericht Marienwerder) mit acht Amtsgerichten (Christburg, Deutsch-Eylau, E., Marienburg, Riesenburg, Rosenberg, Stuhm, Tiegenhof) und Kammer für Handelssachen, Amtsgerichts (zugleich Schiffsregisterbehörde für den Küstenbezirk des Frischen Haffs von Tolkemit bis zur Nogatmündung), Hauptsteueramtes sowie einer Reichsbankstelle und hat (1890) 41576 (18990 männl., 22586 weibl.) E., darunter 32104 Evangelische, 8115 Katholiken, 873 andere Christen und 484 Israeliten, Post erster Klasse mit Zweigstelle, Telegraph; fünf evang. Kirchen, darunter die aus einem ältern Bau in spätgot. Formen (15. bis 16. Jahrh.) umgebaute Marienkirche mit schönen Schnitzaltären, eine kath. und zwei mennonitische Kirchen, eine Baptistenkapelle und eine Synagoge; ein königl. Gymnasium, 1536 gestiftet, bis 1847 städtisch (Direktor Dr. Töppen, 16 Lehrer, 9 Klassen mit 222 Schülern, 2 Vorklassen mit 47 Schülern), mit der Stadtbibliothek (28000 Bände), ein Realgymnasium, 1841 als höhere Bürgerschule eröffnet (Direktor Dr. Nagel, 17 Lehrer, 9 Klassen mit 292 Schülern, 2 Vorklassen mit 60 Schülern), höhere Mädchenschule mit Lehrerinnenseminar, zwei Mittel- und neun Elementarschulen, eine Taubstummenschule, ein Waisenhaus und gut eingerichtete Armen- und Krankenanstalten (städtisches Krankenstift, Diakonissen-Krankenhaus). Die sehr bedeutende Pott-Cowlesche Stiftung, aus der viele Wohlthätigkeitsanstalten unterstützt werden, verdankt ihre Begründung dem reichen Engländer Rich. Cowle, der sich 1810 in E. niederließ und 1821 in Danzig starb, und dessen Gemahlin eine geborene Pott war. Die Industrie erstreckt sich auf Fabrikation von Wagen, Stärke, Segeltuch, Watte, Kerzen, Konditoreiwaren, Blech- und Webewaren, Leder, Sprit, Tabak, Seife, Essig, Öl, Bier, Glas, Strohpapier, Dachpappe und Kunststeinen. Von besonderer Wichtigkeit sind die Maschinenfabriken, in denen Lokomotiven, Dampfmaschinen, landwirtschaftliche Maschinen, Eisenbahnwagen, Einrichtungen für Zuckerfabriken, Kriegs-, Torpedo-, See- und Flußschiffe (Schichausche Werft für Torpedoboote) gebaut werden. Außerdem findet sich Leinweberei, Hanf- und Flachsgarnspinnerei, Dampfmahl- und Sägemühlen, Gemüsebau und lebhafter Handel mit Getreide, Holz, Steinkohlen, Flachs, Butter, Fischen, Kolonialwaren und Fettviehmärkte. E. ist Sitz der vierten Sektion der Norddeutschen Eisen- und Stahl- und der ersten Sektion der Ziegelei-Berufsgenossenschaft. Mit Danzig, Königsberg und Stettin steht E. durch Dampfschifffahrt in Verbindung. Während der Seehandel durch das Aufblühen Danzigs beeinträchtigt wird, hat die Binnenschiffahrt durch den Elbing-Oberländischen Kanal (s. d.) einigen Aufschwung genommen. Die Stelle einer Handelskammer wird vertreten durch die «Ältesten der Kaufmannschaft»; ferner bestehen eine Handwerkerbank und ein Konsulat für Schweden und Norwegen.

E. wurde 1237 durch Lübecker gegründet, welche sich um die von den Deutschen Rittern daselbst angelegte Burg ansiedelten. Die Stadt erlangte 1246 Lübecker Recht, wurde frühzeitig in die deutsche Hansa aufgenommen und blühte rasch auf, bis sie sich 1454 vom Orden losriß, unter poln. Schutz stellte und 1466 auch vom Orden an Polen abgetreten wurde. Ganz herabgekommen, erholte sich E., als es 1772 an Preußen kam, zumal da Danzig noch bis 1793 bei Polen verblieb. In neuerer Zeit strebt es mit Rührigkeit nach neuer Blüte. — Vgl. Fuchs, Beschreibung der Stadt E. (Elbing 1818—52); Rhode, Der Elbinger Kreis in topogr., histor. und statist. Hinsicht (Danz. 1871).

Elbingerode, Stadt im Kreis Ilfeld des preuß. Reg.-Bez. Hildesheim, 11 km südlich von Wernigerode, in 442 m Höhe im Harz, an der Nebenlinie Blankenburg-Tanne der Halberstadt-Blankenburger Eisenbahn, hat (1890) 2936 E., darunter 36 Katholiken, Post, Telegraph, Schloßruine, neue got. Kirche, Steinbrüche; Rindviehzucht, Holzhandel und in der Nähe bedeutende Eisengruben, namentlich am Gräfenhagener und am Harteberge, deren Produkte in Rotehütte an der Kalten Bode, 4 km im SW. von E., verhüttet werden.

Elbing-Oberländischer Kanal, Kanal in der preuß. Provinz Ostpreußen, verbindet die Seen des Oberlandes auf der Grenze von Ost- und Westpreußen mit dem Drausensee und dadurch mit Elbing. Der Kanalbau wurde 1844 begonnen und 1860 vollendet. Die Fahrt aus dem Elbingflusse führt durch ein im Drausensee gebaggertes Fahrwasser zu dem mit 1242,86 m langen Molen versehenen Eingange des Kanals. Dieser steigt vom Drausensee in fünf Schleusen bis Hirschfeld 13,81 m, und von hier in vier geneigten Ebenen bis zur Höhe des Oberländischen Seenplateaus auf. Auf diesen geneigten Ebenen werden die Schiffe und Holzflöße mittels einer zweigleisigen Eisenbahn von 3,27 m Spurweite durch Wasserkraft auf großen eisernen, durch Drahtseile verbundenen Gitterwagen zu Berg und zu Thal gefördert. Die untereinander verbundenen Seen sind sämtlich auf das gleiche Niveau von 99,48 m gebracht. Von dem 16,63 m eingeschnittenen und durch eine Stauschleuse geschützten Übergangspunkte über die alte Wasserscheide bei Draulitten beginnt die Fahrt im Pinnau- und Samrodtsee, geht durch kurze Kanalstrecken in den Röthloff-, Bärting-, Krebs-, Zopf- und Großen Eilingsee über und gelangt so nach Liebemühl. Von hier führt die obere Schiffahrtslinie westlich durch einen Kanal, der den Abisgarsee in einem 0,94 m höher als der Spiegel desselben fortlaufenden Aquädukt überschreitet, nach dem Duden- und Geserichsee, welcher letztere dadurch in seiner ganzen Ausdehnung südlich bis Deutsch-Eylau, nördlich einerseits bis zum Rotzangsee, andererseits durch den Ewingsee bis Saalfeld aufgeschlossen wird. Eine zweite, 4,08 m tiefer gelegene Schiffahrtslinie wird von Liebemühl durch den kanalisierten und mit zwei Schleusen versehenen Liebefluß im Drewenzsee erreicht, durch dessen ausgedehnte, weitverzweigte Fläche östlich Osterode, Pillauken und der Faltiankensee, westlich aber der Ausfluß der Drewenz zugänglich werden.

Die gesamte Länge der Wasserstraßen ist 195,85 km, von denen 41,43 km wirkliche Kanäle, 154,42 km Seestrecken sind. Die Kanäle sind im Wasserspiegel 15,06 bis 16,32 m, in der Sohle 7,53 m breit und 1,26 bis 1,57 m tief. Die Schleusen haben 31,33 m Länge, 3,14 m Breite und 1,9 bis 3,1 m Tiefe. Bei der Ausführung wurden durch Senkung eines Teils der Seen (um rund 8 m) ausgedehnte Ländereien gewonnen. Die Bedeutung des E. K. liegt in der Verbindung des waldreichen Oberlandes, das Holz und landwirtschaftliche Produkte in großer Menge nach Elbing führt, mit dem industriereichen Unterlande, welches das Oberland mit Steinkohlen, Salz, Eisenbahnschienen, Baumaterial und Seefischen versieht. Statist. Aufnahmen des Verkehrs liegen nur für den Drewenz-Schillingsee-Kanal vor, den 1890 auf 424 Schiffen 6713 t Güter und außerdem 10 267 t Floßholz passierten.

Elbistan, kleinasiat. Stadt, s. Albistan.

Elbogen oder Elnbogen, czech. Loket, Stadt in der österr. Bezirkshauptmannschaft Falkenau in Böhmen, auf einem von der Eger umflossenen Granitmassiv, über die hier eine Kettenbrücke, die älteste (1836) in Österreich, führt, und an der Linie Neusattel-E. (6 km) der Österr. Staatsbahnen, Sitz eines Bezirksgerichts (217,33 qkm, 31 Gemeinden, 42 Ortschaften, 33236 E.) und Revierbergamtes, hat (1890) 3744 deutsche E., Post, Telegraph; eine Kommunal-Oberrealschule, eine Fortbildungsschule und eine berühmte Porzellanfabrik, ferner ein altes Schloß Stein-Elbogen, das gegenwärtig als Strafhaus verwendet wird. Im Rathause wird der unter dem Namen «der steinerne Burggraf» bekannte Meteorstein gezeigt. Er war ursprünglich 192 Pfd. schwer; ein Teil davon kam in das Hofmuseum in Wien, ein anderer in das Museum zu Prag. Der Rest wiegt noch 43 Pfd. Die Dekanalkirche wurde 1728 erbaut. Bei E. befindet sich eine Dampfziegelei, die Siemenssche Glas- und eine chem.-technische Fabrik. E. liegt im Centrum eines großen Braunkohlenreviers mit einer Gesamterzeugung von (1886) 200 000 t Braunkohle im Werte von 789 313 Fl. Die Stadt E. hat einen landtäflichen Besitz von 4830 ha. — Wie Eger (s. d.) gehörte auch E. früher zu Deutschland, wurde aber unter Ottokar II. mit Böhmen vereinigt. Bei dem Aufstande in Böhmen 1317 war das Schloß die Zufluchtsstätte der Königin Elisabeth; später wurde es mehrfach, so 1427 von den Hussiten vergebens belagert und 1621 von den Bayern, 1631 von den Sachsen erstürmt. Durch den Brand von 1725 wurde es sowie die ganze Stadt größtenteils zerstört. Vgl. Schlesinger, Chronik der Stadt E. (Prag 1879).

Elbrus oder Elborus, der Strobylus der Alten, bei den Karatschaj Minghi-tau, bei den Abchasen Ugrüschigumoe genannt, mächtiger Gebirgsstock aus Trachyt, nördlich am Hauptrücken des Kaukasus, hat zwei Kuppen (erloschene Krater), die nordöstliche 5618, die südwestliche 5646 m hoch, beide verbunden durch einen 5200 m hohen Rücken und von Gletschern umgeben, deren mächtigster der Baksansche ist. Die Schneegrenze liegt in 3260 m Höhe. Der E. wurde seit 1829 öfter bestiegen.

Elbsandsteingebirge oder Böhmisch-Sächsisches Sandsteingebirge, Gebirge in den sächs. Kreishauptmannschaften Dresden und Bautzen und in Böhmen derjenige Teil der zur Kreideformation gehörenden Quadersandsteinmassen, welchen die Elbe bei ihrem Austritt aus Böhmen nach Sachsen durchbricht. Der größte Teil des E. wird die Sächsische Schweiz (s. d.) genannt.

Elbschwanenorden, eine von Joh. Rist (s. d.) 1660 gegründete Sprachgesellschaft nach dem Muster der «Fruchtbringenden Gesellschaft» und des «Pegnesischen Blumenordens». Sie ging, ohne größere Bedeutung erlangt zu haben, nach Rists Tode (1667) ein. — Vgl. Candorin (Konrad von Höveln), Des hochlöbl. ädelen Swanen-Ordens deutscher Zimber-Swan (Lüb. 1666).

Elburg, Stadt in der niederländ. Provinz Gelderland, an der Zuidersee, an der Linie Utrecht-Zwolle der Niederländ. Centralbahn (Station E.-Epe), hat (1891) 2693 E., einen kleinen Hafen, eine Erziehungsanstalt, Fischerei, Gerberei und Seilerei.

Elburs oder Alburs, Gebirgskette im nördl. Persien, gegen 350 km lang, von NW. nach SO. und von 52° 30′ östl. L. von Greenwich an fast von W. nach O. streichend, begrenzt die iran. Hochebene auf der Nordseite gegen das Kaspische Meer, von welchem sie 25—60 km entfernt bleibt. Der höchste Gipfel (5900 m) ist der Vulkan Demawend (s. d.) im NO. von Teheran. Die aus Glimmer- und Talkschiefer, Marmor, Jura- und Nummulitenschichten bestehende Gebirgskette scheidet zwei völlig voneinander abweichende Vegetationsgebiete. Am Südabhange sind Luft und Boden sehr trocken; der Nordabhang dagegen gehört den feuchten, fast mit tropischer Pflanzenfülle bekleideten Küstenprovinzen Gilan und Masenderan an und ist durch die gewaltigen, von N. herangeführten Regen zu tiefen Thalrinnen ausgearbeitet, denn hier fällt mindestens fünfmal soviel Regen als auf dem Südabhange. Nur der Kisil Usen durchbricht die Ketten. In dem ganzen Gebirge finden sich Naphtha- und Petroleumquellen.

Elbzoll, s. Elbe (S. 974b).

Elcano, Juan Sebastian de, der erste Erdumsegler, Baske von Geburt, stammte aus der Hafenstadt Guetaria in Guipuzcoa, ging frühzeitig zur See und machte 1519 auf dem Schiffe Concepcion als «maestre» die Reise unter Magalhães (s. d.) mit. Nach dem Tode des Generalkapitäns, 27. April 1521, führte E. die beiden letzten Schiffe des Geschwaders von den Philippinen nach den Molukken und kehrte von da auf der Victoria um das Kap der Guten Hoffnung nach Spanien zurück, wo er 8. Sept. 1522 in San Lucar die Anker warf. Das zweite Schiff «Trinidad» hatte von den Molukken aus den Rückweg über den Stillen Ocean nehmen wollen, mußte sich aber, von Stürmen hart mitgenommen, den Portugiesen ergeben. E. allein kehrte mit 17 Mann glücklich, nachdem die Erde zum erstenmale vollständig umsegelt war, nach Verlauf von 3 Jahren weniger 18 Tagen zurück. E. eilte nach seiner Ankunft über Sevilla nach Valladolid zum Kaiser Karl V. und wurde mit Auszeichnung empfangen. Infolge der Fahrt entstand zwischen Spanien und Portugal ein Streit um den Besitz der Molukken, der erst 1529 dahin geschlichtet wurde, daß Portugal dem Kaiser Karl für seinen Verzicht auf die Gewürzinseln 350000 Dukaten zahlte. Inzwischen ging E. 1525 als Oberpilot noch einmal unter Garcia Jofre de Loaysa auf dem Westwege nach den Molukken in See. Von den sieben Schiffen des Geschwaders gelang es nur vieren, durch die gefährliche Magalhães-Straße den Stillen Ocean zu erreichen, wo zuerst Loaysa 30. April 1526 und dann sein Nachfolger E. 4. Aug. 1526 starb. Eine 1801 in Guetaria errichtete Marmorstatue E.s wurde 1835 durch das Bombardement der Stadt zerstört; 1861 wurde ihm auf Provinzialkosten eine neue Bronzestatue gesetzt. Vgl. Discorso sobre Colón y Juan Sebastian de E. im «Boletin de la Sociedad geografica de Madrid», tom. VI (Madr. 1879).

Elch, s. Elentier.

El-Chargeh, Oase in Ägypten, s. Chargeh.

El-Chatif, Stadt in Arabien, s. Al-Katif.

Elche (spr. eltsche), Hauptstadt des Bezirks E. in der span. Provinz Alicante, im ehemaligen Königreich Valencia, 22 km im SW. von Alicante, an der Linie Alicante-Murcia der Andalus. Eisenbahn, in kahlem Hügelgelände in 60 m Höhe am Vinalapo, ist von einem Palmenhain von etwa 70000 Stämmen umgeben, welcher dem Orte das Ansehen einer afrik. Oase verleiht. Die Stadt ist gut gebaut, hat (1887) 23854 E., etwa 4000 niedrige weiße Häuser mit flachen Dächern und besitzt Reste alter Mauern, das alte Gefängnis Calandura, drei Kirchen, ein Spital, eine Kaserne, einen alten bischöfl. Palast und eine mit (hier nicht einheimischen) Ulmen und Eschen besetzte Promenade. Man fabriziert Leder, Seile und Säcke aus Esparto und treibt Handel mit Datteln und gebleichten Palmblättern, die zum Palmenfeste in Spanien und im Auslande in dem etwa 15 km entfernten Hafenorte Sta. Pola ausgeführt werden.

Elchingen, ehemals reichsunmittelbare Benediktinerabtei im Bezirksamt Neu-Ulm des bayr. Reg.-Bez. Schwaben, 8 km nordöstlich von Ulm, auf steilem Berge, links der Donau, wurde um 1128 vom Markgrafen Konrad von Meißen an Stelle der frühern Burg, Mitgift seiner Gemahlin Liutgard von Schwaben, gestiftet und 1803 infolge des Reichsdeputationshauptschlusses an Bayern gegeben als Entschädigung für Abtretungen. Damals umfaßte sie einen Flächenraum von etwa 110 qkm mit 4000 E. und 69000 Fl. Einkünften. Auf und an dem Berge das Pfarrdorf Oberelchingen mit (1890) etwa 500 E. und kath. Pfarrei; 2 km nordöstlich davon Unterelchingen an der Linie Aalen-Ulm (Brenzbahn) der Württemb. Staatsbahnen, mit etwa 700 E., Postexpedition, Telegraph; kath. Pfarrei. — Bei E. wurden 14. Okt. 1805 die Österreicher

ELEFANTEN. I.

1. Indischer Elefant (Elephas indicus). Körperlänge 3,50 m, Hohe 3 m.

2. Afrikanischer Elefant (Elephas africanus). Körperlänge 4,40 m, Hohe 3,50 m.

ELEFANTEN. II.

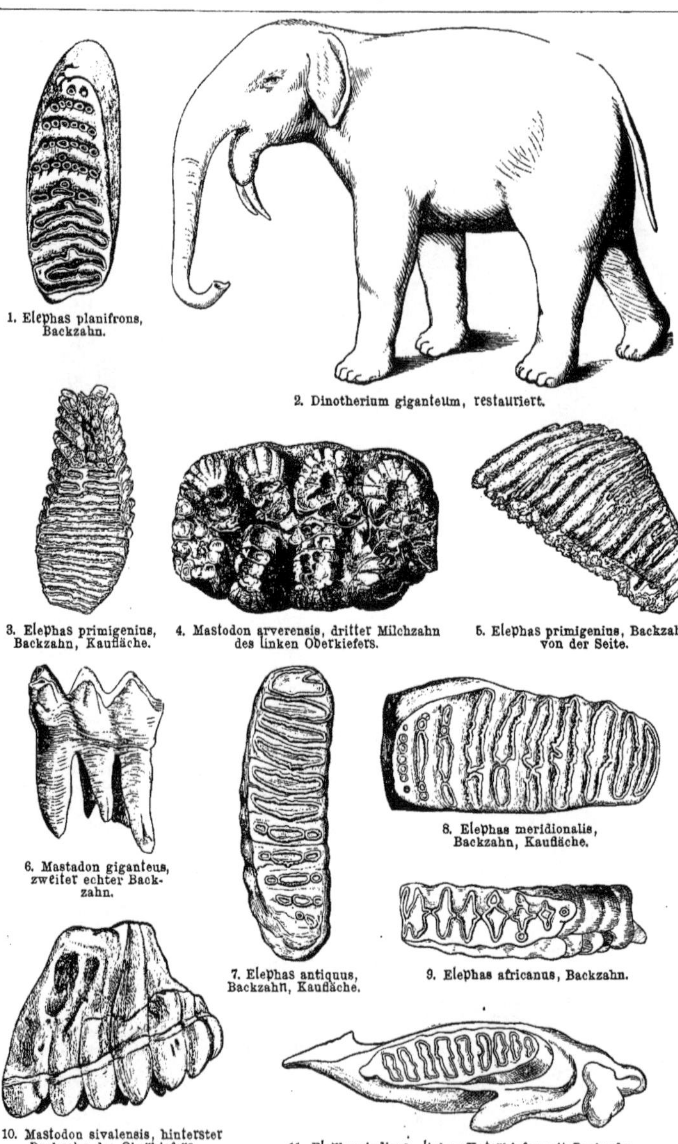

1. Elephas planifrons, Backzahn.

2. Dinotherium giganteum, restauriert.

3. Elephas primigenius, Backzahn, Kaufläche.

4. Mastodon arverensis, dritter Milchzahn des linken Oberkiefers.

5. Elephas primigenius, Backzahn von der Seite.

6. Mastadon giganteus, zweiter echter Backzahn.

7. Elephas antiquus, Backzahn, Kaufläche.

8. Elephas meridionalis, Backzahn, Kaufläche.

9. Elephas africanus, Backzahn.

10. Mastodon sivalensis, hinterster Backzahn des Oberkiefers.

11. Elephas indicus, linker Unterkiefer mit Backzahn.

durch die Franzosen unter Ney geschlagen. Die Folge war die Kapitulation von Ulm. Ney erhielt von der Schlacht den Titel eines Herzogs von E.

El-Cobre, Minenort nahe bei Santiago de Cuba (s. d.) auf Cuba.

Elda, Stadt im Kreis Monovar der span. Provinz Alicante, 6 km im NO. von Monovar, in 395 m Höhe links am Vinalapo, der aber in der trocknen Jahreszeit eine Rambla, d. h. ohne Wasser ist, hat (1887) 4437 E., Espartoflechterei, Essig-, Papier-, Seifen- und Ziegelfabrikation. Ansehnliche Ruinen eines alten Alcazar beherrschen den Ort.

Eldagsen, selbständige Stadt im Kreis Springe des preuß. Reg.-Bez. Hannover, an der zur Leine gehenden Gehle, und an der Linie Hannover-Altenbeken (Bahnhof 6 km entfernt) der Preuß. Staatsbahnen, hat (1890) 2482 E., darunter 34 Katholiken und 46 Israeliten; Post, Telegraph; Senffabrikation und bedeutende Schuhmacherei. In der Nähe Schwefel- und Solquellen mit Badeanstalt. In der Nähe das 1225 gegründete, 1593 eingezogene, seitdem in ein Damenstift umgewandelte Kloster Wülfinghausen. E. gehörte ehedem zur Grafschaft Hallermund; 1706 wurden die Grafen von Platen damit belehnt.

Elde, rechter Nebenfluß der untern Elbe im Großherzogtum Mecklenburg-Schwerin, entspringt 12 km westlich von Röbel, fließt in das Südende des Müritzsees, dann durch den Kölpin-, Fleesen-, Malchower- und Plauersee westwärts über Plau und Parchim sehr gewunden nach dem von Kanälen durchzogenen Lewitzbruch, wo sie rechts durch die schiffbare Stör mit dem Schwerinersee (s. d.) verbunden ist, wendet sich südwestwärts und teilt sich unweit Eldena in zwei Arme, den 1568—72 gegrabenen Kanal Neue E., welcher bei Dömitz, und die Alte E., die nach Aufnahme der Löcknitz an der Grenze von Mecklenburg mündet. Die E. ist vom Müritzsee an schiffbar. Die neue Eldemündung bildet für etwa 100 Schiffe einen vollständig geschützten Winterhafen. Die Zahl der Schleusen ist 21, und zwar 15 Fang- und 6 Stauschleusen. Durch den Müritz-Havelkanal wurde die E. 1831—39 mit der Havel verbunden.

Eldĕna, Dorf im Kreis Greifswald des preuß. Reg.-Bez. Stralsund, 5 km östlich von Greifswald, dicht an der Ostsee, hat (1890) 708 E., Post, Fernsprechverbindung, königl. Domäne mit Musterwirtschaft, Spiritusbrennerei, Cichorienfabrik, Brauerei und Molkerei und, gleichwie das gegenüberliegende Fischerdorf Wiek (s. d.), Einrichtungen für Seebäder. — E. war ehemals eine Cistercienserabtei (Hilda) und wurde 1199 vom Fürsten Jarimar I. von Rügen gestiftet, 1638 von den Schweden niedergebrannt; umfangreiche Ruinen der Abtei sind noch vorhanden. Mit dem sehr bedeutenden Grundbesitz der säkularisierten Abtei wurde 1634 die Universität Greifswald von Bogislaw XIV., Herzog von Pommern, beschenkt. Das Gut E. war der Sitz der 1835 eröffneten staats- und landwirtschaftlichen Akademie, die einen wesentlichen Bestandteil der Universität bildete, bei welcher auch die auf der Akademie Studierenden immatrikuliert wurden und aus deren reichen Mitteln sie überwiegend errichtet und eingerichtet ward. Im Herbst 1876 wurde die Akademie aufgehoben und die wertvollen Sammlungen derselben größtenteils der Universität Greifswald einverleibt. In E., wo das Pomologische Institut verblieb, wurde aus Mitteln des Baltischen Landwirtschaftlichen Centralvereins, mit Staatsunterstützung, eine landwirtschaftliche Mittelschule errichtet. In der Nähe befindet sich der Buchenwald Elisenhain mit einem Strandpavillon. Vgl. Pyl, Geschichte des Cistercienserklosters E. (2 Bde., Greifsw. 1880—82).

Elder, John, engl. Ingenieur, geb. 8. März 1824 in Glasgow, wo sich bereits mehrere seiner Vorfahren durch ihr konstruktives Talent im Bau von Dampfmaschinen ausgezeichnet hatten. Seine Ausbildung erhielt er auf der Hochschule seiner Vaterstadt. Nachdem er 5 Jahre in der Maschinenfabrik von Rob. Napier gelernt hatte, wurde er nach kurzer Zeit Leiter des Konstruktionsbureaus der Napierschen Fabrik. 1852 wurde E. Teilhaber der Firma Randolph, Elliott & Co., die bisher den Mühlenbau betrieben hatte, aber von 1860 an unter der Firma Randolph, Elder & Co. den Bau eiserner Schiffe unternahm. Zu jener Zeit hatten die namentlich von Hornblower und Woolf, den Erfindern der Compoundmaschine, und von andern angestellten Versuche, sowie die Forschungen Thompsons, Rankines, Clausius' u. a. den Weg gezeigt, auf welchem Verbesserungen der Dampfmaschine zu erstreben seien. Die hieraus abzuleitenden praktischen Folgerungen wurden schon früh von E. erkannt, und so war er einer der ersten, die darauf aufmerksam machten, daß die Compoundmaschine sich nur dann leistungsfähiger als die eincylindrige Dampfmaschine erwiese, wenn hoher Dampfdruck angewendet würde. Der Vorzug seiner Maschinen vor den bis dahin gebräuchlichen Konstruktionen bestand vor allem in der bedeutenden Brennstofferspamis. 1865 ordnete die engl. Regierung eine Konkurrenzfahrt mit drei Kriegsschiffen an, die nur hinsichtlich der Konstruktion ihrer Maschinen verschieden waren, wobei das von E. konstruierte sowohl hinsichtlich des Brennstoffverbrauchs als der Reibungsverluste die günstigsten Resultate lieferte. In seiner Fabrik waren an 4000 Menschen beschäftigt. 1869 wurde E. zum Präsidenten des Instituts für Ingenieure und Schiffsbauer zu Glasgow erwählt. E. starb 14. Sept. 1869 in London. Vgl. Rankines Memoir of John E. (1870).

Eldon (spr. elld'n), John Scott, Graf von, engl. Staatsmann, geb. 4. Juni 1751 zu Newcastle upon Tyne als Sohn eines Kohlenhändlers, studierte in Oxford und betrat die jurist. Laufbahn. Seine Praxis war beschränkt, bis er in einem Rechtsfall außerordentlichen Erfolg hatte. Er trat als entschiedener Tory ins Unterhaus, wurde durch Pitt als dessen ergebener Anhänger 1788 zum Baronet und Generalstaatsanwalt (Solicitor general), 1793 zum Kronanwalt (Attorney general), 1799 zum Lord E. und Lordoberrichter des Court of Common Pleas erhoben. 1801—26 war er, mit einziger Unterbrechung 1806—7, Lordkanzler und hat als solcher großen polit. Einfluß geübt. Er war der Mittelpunkt des Widerstandes gegen die neuen Reformen (s. Großbritannien). E. starb 13. Jan. 1838 zu London. — Gegenwärtiger Träger des Namens ist sein Urenkel John Scott, dritter Graf E., geb. 8. Nov. 1845.

Eldorādo oder El Dorado (span., d. h. der vergoldete Mann) nannte man in Europa den Beherrscher eines angeblich an Gold und Edelsteinen reichen Landes in Südamerika, der mit Goldstaub belegt sein sollte. Die Erzählung hat, wie es scheint, ihren Grund in einem Brauch, der unter den Chibcha geübt ward und der darin bestand, daß an einem bestimmten Tage der Kazike von Guatavita mit Goldstaub überzogen sich auf einem Floß auf den heiligen See von Guatavita hinaus begab, dort Opfergaben brachte und dann den Goldstaub im Wasser des Sees abwusch. Später wurde der Name auf das Goldland selbst übertragen, dessen Dasein seit dem 16. Jahrh. für eine ausgemachte Sache galt, und dasselbe in die Gebirge im span. Guayana, an den See Parima, bei den Quellen des Oyapoc, verlegt. Glücksritter und unternehmende Männer, wie Georg von Speier (1536), Philipp von Hutten (1541), Walter Raleigh (gegen Ende des 16. Jahrh.), Lorenz Keimis (1596), Nikolas Horsmann (1740) u. s. w., bemühten sich, die Stadt Manoa del Dorado mit ihren Dächern aus Gold, in die sich die Reste der Inkafamilie zurückgezogen haben sollten, aufzufinden. Wiewohl aber ein Engländer gegen das Ende des 16. Jahrh. selbst eine Beschreibung und Karte des Landes erscheinen ließ, mußte es doch, gleich dem See Parima, endlich in das Reich der Dichtung verwiesen werden. Indessen ließ sich der Spanier Antonio Santos nicht abhalten, noch 1780 auf eine Entdeckung dieses Goldlandes auszugehen. Vgl. Junker von Langegg, E. Geschichte der Entdeckungsreisen nach dem Goldlande E. im 16. und 17. Jahrh. (Lpz. 1888). — In der Dichtersprache bezeichnet E. einen ersehnten glücklichen Aufenthalt.

Eldorādo, Hauptort des County Butler im nordamerk. Staate Kansas, nordöstlich von Wichita, Eisenbahnknotenpunkt, hat (1889) etwa 6000 E.

Elĕa (lat. Velia), eine ital. Kolonie der Phokäer, welche um 540 v. Chr., als die Perser unter Cyrus Kleinasien eroberten, ihre Vaterstadt in Kleinasien verließen und sich an der Westküste Lucaniens auf dem Vorsprunge südlich vom Golf von Salerno ansiedelten. E. ist berühmt in der Geschichte der Philosophie durch die Eleatische Schule (s. Griechische Philosophie). Ruinen von E. befinden sich beim heutigen Castellamare della Bruca. Vgl. Münter, Velia in Lukanien (Altona 1818).

Eleāsar (d. i. Gotthilf, gleichen Stammes wie Elieser [s. d.], in der Sprache des Jerusalemer Talmud und des Neuen Testaments verkürzt Lasar, Lazar, s. Lazarus) hieß der dritte Sohn Aarons, der nach der Fiktion des Priestercodex nach dem Tode seiner beiden ältern Brüder und seines Vaters dessen Nachfolger im Hohenpriestertum wurde. Die nachexilischen Priester leiteten sich teils von E., teils von Ithamar, dem jüngsten Sohne Aarons, ab. Insonderheit wurde in nachexilischer Zeit Zadok mit seinen Nachkommen auf diesen zurückgeführt. — E. hieß auch ein Held des Königs David; ferner ein Bruder des Judas Makkabäus, der in der Schlacht bei Beth Zacharia gegen Antiochus V. Eupator (163 v. Chr.) einen gewaltigen Kriegselefanten erlegte, aber von dem umfallenden Tiere erschlagen wurde; auch ein jüd. Schriftgelehrter, der in der Verfolgungszeit unter Antiochus Epiphanes als 90jähriger Greis den Märtyrertod erlitten haben soll. — Denselben Namen führte auch der Urgroßvater Josephs, des Vaters Jesu von Nazareth.

Eleātische Philosophie, die Philosophie, die, an Xenophanes anknüpfend, hauptsächlich Parmenides von Elea begründete und dessen Schüler und Landsmann Zeno verteidigte; ihr gehörte auch Melissus von Samos an (s. Griechische Philosophie).

El-Echmim, ägypt. Stadt, s. Achmim.

Elécti (lat.), s. Auserwählte.

Eléctor (lat.; frz. électeur, spr. -töhr), Wähler, Erwähler; Wahlfürst, Kurfürst; Electorātus (Elektorat), Kurfürstenwürde, Kurfürstentum.

Electoral College (engl., spr. ilecktörĕl kolledsch, «Wahlkollegium») heißt in den Vereinigten Staaten von Amerika die Gesamtheit der Wahlmänner, durch die der Präsident gewählt wird. Der Konvent von 1787 hatte anfangs eine Wahl durch den Kongreß beschlossen, wie in der gegenwärtigen Schweizer Verfassung, endlich einigte er sich über ein indirektes Wahlverfahren. In jedem Staat werden auf Grund des allgemeinen direkten und geheimen Stimmrechts in Form des Listenskrutiniums so viele Wahlmänner gewählt, wie er Mitglieder in das Repräsentantenhaus und in den Senat entsendet, wobei die relative Mehrheit genügt. Es gehören daher sämtliche Wahlmänner eines Staates derselben Partei an. Diese treten dann zusammen, und jeder giebt (seit 1804) zwei Stimmzettel ab, einen für den Präsidenten, den andern für den Vicepräsidenten. Die Resultate dieser Abstimmungen werden gezählt, und wenn jemand die absolute Majorität hat, wird er für gewählt erklärt. Dies eigentümliche Verfahren ermöglicht es, daß jemand zum Präsidenten gewählt werden kann, der bei der Volksabstimmung in der Minorität geblieben ist, und treibt zu den größten Anstrengungen, sich die Stimmen eines großen Staates, wenn auch nur mit geringer Majorität, zu sichern. 1884 erhielten in Neuyork die Wahlmänner für Cleveland 563048, die Wahlmänner für Blaine 562001 Stimmen, und die Demokraten gewannen so die Stimmen dieses Staates durch eine Majorität von nur 1047. Im J. 1888 fielen im ganzen auf Cleveland 5538434, auf Harrison nur 5440551 Stimmen; letztere repräsentierten aber 233, erstere nur 168 Stimmen des Wahlkollegiums, mithin ward Harrison gewählt. — Die Gesamtzahl der Stimmen (electoral votes) im E. C. ändert sich mit dem Wachstum der Bevölkerung. Sie betrug 1872 328, 1876 und 1880 369, 1884 und 1888 401, 1892 444 Stimmen. Die Verteilung der Stimmen auf die einzelnen Staaten ist durch Gesetz vom 7. Febr. 1891 neu geregelt. Danach entfallen auf den Staat Neuyork 36, Pennsylvanien 32, Illinois 24, Ohio 23 u. s. w. bis herab zu 3 Stimmen im Wahlkollegium. — Vgl. Stanwood, Presidential elections (2. Aufl., Boston 1884); O'Neil, The American electoral system (Neuyork und Lond. 1887); von Holst, Verfassungsgeschichte der Vereinigten Staaten von Amerika (4 Bde., Berl. 1878—88); Bryce, American commonwealth (3 Bde., Lond. 1888 u. 1889); McKnight, Electoral system of the United States (Philad. 1878); C. de Varigny in der «Revue des deux Mondes» vom 15. Okt. 1892.

Electoral Commission (engl., spr. ilecktörĕl kommisch'n, «Wahlkommission») wurde in den Vereinigten Staaten von Amerika die Behörde genannt, die durch Kongreßakte vom 6. Jan. 1877 eingesetzt wurde, um das Resultat der Präsidentenwahl von 1876 zu prüfen (s. Hayes), das fast drei Monate lang zweifelhaft geblieben war. Die Rechte der beiden Häuser bei der Zählung der Stimmen waren zweifelhaft, und da das Repräsentantenhaus demokratisch und der Senat republikanisch war, schien die Lösung des Konflikts besonders schwierig. Die E. C. bestand aus 5 Senatoren und 5 Repräsentanten sowie 4 Richtern des obersten Gerichtshofs, die einen fünften hinzuwählten, um die Zahl 15 voll zu machen. Als sie zusammentraten, stellte es sich heraus, daß 8 Mitglieder Republikaner, 7 Demokraten waren. Jeder Beschluß sollte bindend sein, wenn er nicht durch eine übereinstimmende Majorität beider Häuser verworfen würde. Durch eine Parteiabstimmung von 8 gegen 7 Stimmen wurde die streitige Frage zu Gunsten der Republikaner entschieden und Hayes fur gewählt erklärt. Um einen ähnlichen Streit zu vermeiden, wurde durch Kongreßbeschlüsse vom 3. Febr. 1887 und 9. Okt. 1888 die Methode der Stimmenzählung festgesetzt. (S. Electoral College.) — Vgl. Stanwood, Presidential elections (2. Aufl., Boston 1884).

Electr …, s. Elektr ….

Electrides insŭlae (lat.), die Bernsteininseln, welche die Griechen an die Mündung des sagenhaften Eridanus versetzten.

Eléctrum (lat.), s. Bernstein.

Electuarium, s. Latwerge.

Elefante, andere Schreibung für Elephanta (s. d.).

Elefanten (Elephas), die lebenden Repräsentanten der Ordnung der Rüsseltiere (Proboscidea). Die größten E. werden etwa 4 m im Widerrist hoch, 5 m lang, ohne den Rüssel, der eine Länge von 2,5 m erreicht, und bis zu 6000 kg schwer. Die Gattung hat ein stellenweise dünnbehaartes Fell, zwei große Stoßzähne im Zwischenkiefer, welche das Elfenbein (s. d.) liefern, den Schneidezähnen anderer Tiere entsprechen und von denen je einer bis 150 Pfd. schwer werden kann, in jedem Kiefer einen ungeheuern, aus Schmelzlamellen zusammengesetzten Backenzahn, der sich allmählich abnutzt und dann ersetzt wird, sodaß manchmal drei Zähne vorhanden sind, der Rest eines vordern, abgenutzten, ein mittlerer im Gebrauche und ein hinterer Ersatzzahn. Charakteristisch sind der ungemein bewegliche, lange Rüssel mit zwei durch eine sehnige Scheidewand getrennten Nasenkanälen, welcher durch Verschmelzung von Nase und Oberlippe gebildet wird, und die plumpen, säulenförmigen Füße mit drei bis fünf Zehen.

Man unterscheidet nach Bildung des Schädels, der Backenzähne, der Zahl der Nägel und der Form der Ohren mehrere Arten, besonders den afrikanischen E. (Elephas africanus *Blumenbach*; s. Tafel: Elefanten I, Fig. 2 und II, Fig. 9) und den asiatischen oder indischen E. (Elephas indicus *L.*; s. Taf. I, Fig. 1 und II, Fig. 11). Der erstere ist größer, hat einen flachen Kopf mit schief abfallender Stirn, gewaltige Stoßzähne, flache, äußerst große, fast unbewegliche Ohren und nur drei hufartige Nägel an den Hinterfüßen, lebt im Innern Afrikas bis an die Grenzen der Kapkolonie, ist sehr wild und wird seiner Zähne wegen gejagt. Der letztere ist kleiner, hat einen hohen Kopf mit senkrecht abfallender Stirn, weit kleinere Ohren und vier, selten fünf hufartige Nägel an den Hinterfüßen. Auf ihn beziehen sich die zahlreichen Anekdoten, die seit uralten Zeiten über Urteilskraft, Scharfsinn, Dankbarkeit, Rachsucht, Empfindlichkeit des E. umlaufen und die jedenfalls beweisen, daß er wenigstens den klügsten Tieren, dem Hunde und dem Pferde, gleichsteht. In wildem Zustande kommen die E., zumal in Hinterindien, noch jetzt vor, auch in Ceylon; gezähmt ist er ein nützliches Zug- und Lasttier. Als solches spielt er noch immer in den Kriegen Südasiens eine Rolle, obgleich man ihn schon seit langer Zeit nicht mehr als Mitkämpfer in die vordersten Reihen der Schlachtordnung stellt, wie dies die Griechen unter Alexander und später die Römer thaten, die die afrikanischen E. sehr wohl zu zähmen wußten. Man fängt und zähmt die wilden Tiere durch zahme. In der Gefangenschaft pflanzen sie sich nur sehr selten fort, werden aber, wie es scheint, sehr alt. Die Tragzeit des indischen E. beträgt $20^1/_2$ Monate. Das Junge ist etwa 1 m hoch und folgt der Mutter sofort nach der Geburt. Die Jagd auf E. ist häufig gefährlich. So gutmütig das Tier gewöhnlich ist, das familienweise unter der Führung eines ältern Mitgliedes in den Wäldern der Tropenzonen lebt und sich besonders von saftigen Baumzweigen nährt, aber auch große Verheerungen in den Pflanzungen anrichtet, so fürchterlich wird es, wenn es durch Verwundung gereizt wird, wo es sich dann blindlings auf den Feind stürzt, ihn mit dem Rüssel zu Boden schlägt und mit den Füßen zerstampft. Weiße E. sind Albinos und in Awa, Pegu, Siam Gegenstände der Verehrung. In der Vorwelt lebten jetzt ausgestorbene Arten: Dinotherium (s. d.), Mammut (s. d.), Elephas antiquus, meridionalis, planifrons, primigenius (s. Taf. II, Fig. 1, 2, 3, 5, 7, 8) sowie eine durch den Bau der Backenzähne verschiedene Gattung, die Mastodonten (s. d.).

Elefantenapfelbaum, s. Feronia.

Elefantenfluß, s. Olifant.

Elefantenfuß, Elefantenkrankheit, s. Elephantiasis.

Elefantenläuse, volkstümlicher Name für die Früchte von Anacardium (s. d.).

Elefantenorden. 1) Der erste dänische Orden, der Sage nach zu Ehren eines dän. Kreuzfahrers gestiftet, der in einem Kriegszuge gegen die Saracenen einen Elefanten erlegte. Der E. existierte im 15. Jahrh. als geistlich-ritterliche Brüderschaft und wurde von Papst Pius II. 9. Juni 1462 bestätigt, worauf der König 9. Okt. 1464 die Stiftungsurkunde ausfertigen ließ; durch Friedrich II. wurde er 20. Aug. 1559 in einen weltlichen umgestaltet. Seine jetzige Gestalt erhielt der Orden 1. Dez. 1693 von Christian V., der ihm die noch gültigen Statuten verlieh. Nach denselben soll der Orden, außer dem Könige als Großmeister und den Prinzen seines Hauses, aus 30 Rittern bestehen, wozu ausländische Fürsten und hohe Staats- und Militärbeamte Dänemarks, die den Danebrogorden besitzen, ernannt werden können, die aber luth. Glaubens und wenigstens 30 J. alt sein müssen. Die Ritter tragen eine eigene Ordenstracht. Die Insignien sind eine aus Elefanten und Warttürmen abwechselnd bestehende goldene Halskette und ein weißemaillierter Elefant mit rotem Turm an blaugewässertem Bande. Die Ordensdevise ist «Magnanimi pretium» («Lohn des Hochherzigen»). Vgl. Berlien, Der E. und seine Ritter (Kopenh. 1846). — 2) Weißer E. des Königreichs Siam, gestiftet 1861, 1869 als höchster Orden des Landes analog den fünf Klassen der franz. Ehrenlegion reorganisiert. Die Zahl der Großkreuze ist auf 23, die der Großoffiziere auf 50, die der Commandeure auf 100, die der Offiziere auf 200 festgesetzt, die der Ritter unbegrenzt. Das Ordenszeichen besteht in einem in mehrern Farben emaillierten, für die obern Klassen goldenen, für die fünfte silbernen Stern, auf dessen rundem Mittelschild der weiße Elefant mit bunter Zuthat erscheint. Das Ordensband ist ziegelrot und wird von seiner papageigrünen Berandung durch einen schmalen lichtblauen und einen schwefelgelben Faden getrennt.

Elefantenschildkröten oder Riesenlandschildkröten, sehr große, der Familie der Landschildkröten (s. d., Testudinidae) angehörige Schildkröten, die sich auf den Galapagosinseln und den Mascarenen finden und hier früher mit einer beträchtlichen Größe ein sehr hohes Alter erreichen konnten. Seit der Mensch jene Inseln häufig besucht, sind die E. immer seltener geworden; doch soll man ihnen auf Mauritius und Rodriguez gegenwärtig behördlichen Schutz angedeihen lassen.

Elefantensee, See in Kamerun (s. d.).

Elefantenzähne (Dentalium), die kleine Klasse der Grabfüßler (s. Weichtiere), die mit ihrer Radula einerseits an die Schnecken und mit ihrem verlängerten Fuß und der sattelförmigen Embryonalschale andererseits an die Muscheln erinnern. Neben dem Munde stehen zwei mit vielen haarförmigen, am Ende geknöpften Tentakeln besetzte Fühler. Die mehr oder weniger gestreifte, lang kegelförmige, an der Bauchseite schwach konvexe, an beiden Enden offene Röhre vermag sie ganz aufzunehmen. Durch die hintere Öffnung werden Kot und Geschlechtsprodukte entfernt. Der stempelförmige Fuß dient zum Eingraben in den Schlamm inner- und unterhalb der Gezeitenzone. Die E. sind eine alte Gruppe, die schon in paläozoischen Schichten auftritt.

Elefantiasis, s. Elephantiasis.

Elefantpapier, ein mit der Form geschöpftes Papier; Format 780 mm Breite, 624 mm Höhe.

Elegánt (frz.), fein, geschmackvoll; als Substantiv (spr. -gáng): Modeherr, Stutzer.

Elegánz (lat.), bezeichnet in sprachlicher Hinsicht schon bei den Römern die mit Klarheit und Reinheit verbundene Korrektheit der Rede. Dann bedeutet E. Wohlgefälligkeit, Anmut, Geschmack. Die Italiener gebrauchen den Ausdruck vorzugsweise von der Anmut im Vortrage eines Tonstücks, die Franzosen von der Gewähltheit und Zierlichkeit in der Kleidung, in der häuslichen Einrichtung u. s. w.

Elegie, bei den Griechen ursprünglich ein Klagelied ohne bestimmt vorgeschriebene Form, später Bezeichnung für jedes in Distichen (s. d.) verfaßte Gedicht. In diesem Sinne heißen E. auch Kriegslieder (Tyrtäus), polit. Gedichte (Solon, Theognis), Schilderungen des Liebesglücks (Ovid, Goethes «Römische E.»). Im engern Sinne versteht die moderne Poetik unter E. die poet. Äußerung einer milden Wehmut, die aus dem Verlust eines Gutes oder der Empfindung irdischer Unvollkommenheit entspringt, aber nicht ohne Hoffnung ist. Da zum Ausdruck dieses Schwebezustandes zwischen Sehnsucht und Befriedigung die Abwechselung des aufstrebenden Hexameters mit dem besänftigenden Pentameter sich vorzüglich eignet, so haben Neuere, wie Goethe («Alexis und Dora») und Schiller («Spaziergang», ursprünglich «Elegie» betitelt), das Distichon als Versmaß beibehalten; doch hat dieses auch andern, rein lyrischen Formen Platz gemacht (vgl. die E. von Matthisson, Tiedge, Hölty u. a.).

Eleison, s. Kyrie eleison.

Elek, Groß-Gemeinde und Hauptort des Stuhlbezirks E. (27674 E.) im ungar. Komitat Arad, an der Nebenlinie Kétegyháza-Uj-Szent Anna der Vereinigten Arader und Csanáder Eisenbahnen, hat (1890) 6629 meist deutsche E. (1427 Rumänen, 1174 Magyaren), Post, Telegraph, Ackerbau, Viehzucht.

Elektion (lat.), Wahl; elektīv, durch Wahl geschehend, mit Auswahl.

Elektorāl (mittellat.), kurfürstlich.

Elektorālschafe, die feinwolligen sächs. Schafe, die von der 1765 aus Spanien in das Kurfürstentum Sachsen (woher der Name E.) eingeführten Rasse abstammen; die Wolle der E. heißt Elektoralwolle. (S. Merinos.)

Elektorāt, s. Elector.

Elektra, Tochter des Agamemnon und der Klytaimnestra, Schwester des Orestes und der Iphigeneia, rettete, wie Sophokles berichtet, nach ihres Vaters Ermordung ihren Bruder durch Sklaven nach Phokis zu Strophios, dem Vater des Pylades, um in Orestes einen Rächer jener Schandthat zu erziehen. Sie selbst wurde von Aigisthos aufs schmachvollste behandelt und (nach Euripides) an einen geringen Mann aus Argos verheiratet, der sie jedoch nicht berührte. Als ihr Bruder zurückkehrte, war sie diesem behilflich, an Aigisthos und Klytaimnestra Rache zu nehmen. Nach Vollstreckung dieser That wurde sie mit Pylades, dem treuen Freunde ihres Bruders, vermählt und gebar ihm den Medon und Strophios. Die berühmte Marmorgruppe des Künstlers Menelaos (in der Villa Ludovisi, Rom) stellt nach Winckelmanns, freilich unsicherer, Deutung E. und Orestes dar; ebenso deutet man eine Gruppe im Museum zu Neapel.

E. ist auch der Name des 130. Planetoiden.

Elektricität heißt zunächst der schon von den Alten am geriebenen Bernstein (elektron) beobachtete Zustand, in dem derselbe leichte Körperchen anzieht. Wie (1600) der engl. Arzt Gilbert zeigte, können sehr viele Körper: Glas, Edelsteine, Schwefel, Harze, u. s. w. durch Reibung in diesen Zustand versetzt werden. Hinte weist nach, daß auch Spaltung, Druck, Erwärmung (s. Thermoelektricität), chem. Einwirkung (s. Galvanismus) den elektrischen Zustand hervorzubringen vermögen. Gilbert unterschied zuerst die magnetische Anziehung des Eisens durch den Magnet von der an sehr verschiedenartigen Körpern auftretenden elektrischen Anziehung. Erst 1663 bemerkte Guericke, daß leichte Körper nach der Anziehung und Berührung durch einen elektrischen Körper wieder abgestoßen wurden. Er nahm auch schon den Lichtschimmer und das Knistern beim Reiben einer Schwefelkugel wahr. Gray (1729) entdeckte den Unterschied zwischen den Leitern, in denen sich der elektrische Zustand fortpflanzt, und den Nichtleitern oder Isolatoren, in denen dies nicht stattfindet (s. Leiter). Dufay war (1733) schon im stande, den durch Reibung an gewissen Körpern erzeugten elektrischen Zustand in größerer Stärke auf mit Isolatoren umgebene Leiter (Konduktoren) zu übertragen. Er zog so elektrische Funken (s. Elektrische Lichterscheinungen und Elektrische Entladung) aus einem auf Seidenschnuren ruhenden Knaben, aus einer Katze, einer Metallkugel u. s. w., die er durch geriebene Glasstangen elektrisch gemacht («geladen») hatte. Auf Grund von Guerickes und seinen Versuchen glaubte Dufay, daß ein elektrischer Körper jeden unelektrischen anziehe, denselben bei der Berührung elektrisch mache und dann diesen elektrischen abstoße. Denn der abgestoßene Körper zog nun andere an und stieß dieselben dann wieder ab. Als aber Dufay diesen Satz durch viele Versuche erweisen wollte, fand er, daß eine durch Reibung elektrisch gemachte Glasstange eine ebenfalls durch Reibung elektrische Harzstange anzog, während zwei Glasstangen sich abstießen, zwei Harzstangen sich ebenfalls abstießen. Dies führte ihn zur Annahme zweier E., der Glas- und der Harzelektricität, die, weil sie, auf Einen Körper übertragen, sich gegenseitig vernichteten, bald als *positive* und *negative* E. bezeichnet wurden. Dufay faßte seine Erfahrungen in den Satz zusammen, daß gleichnamige E. sich abstoßen, ungleichnamige sich anziehen. Durch die Arbeit der Reibung entsteht also der elektrische Zustand. Derselbe kann von einem elektrischen Körper und zwar auf Kosten desselben auf einen andern übertragen werden. Kommt noch hinzu, daß man zwischen den Körpern Fünkchen überspringen sieht, so entsteht leicht die Vorstellung eines diesen Zustand bedingenden, in bestimmter Menge (s. Elektricitätsmenge) vorhandenen Stoffs, einer elektrischen Flüssigkeit. Franklin spricht von der Ladung mit «elektrischem Feuer».

Man hat die elektrischen Erscheinungen nach Franklin (1747) einem einzigen besondern elektrischen Fluidum, *Elektrikum* genannt, zugeschrieben. Dieses stellte man sich als eine schwerelose, höchst feine und ausdehnsame elastische Flüssigkeit vor, deren Teilchen einander abstoßen, dagegen die Teilchen der wägbaren Körper anziehen. Nach dieser Theorie erscheinen die Körper dann ohne elektrische Kraft, wenn sie gerade das ihrer Masse und Natur zukommende Maß von diesem elektrischen Fluidum enthalten, während sie *positiv elektrisch* erscheinen, sobald sie ein größeres, dagegen *negativ elektrisch*, sobald sie ein geringeres Quantum von jener Flüssigkeit besitzen, als ihnen für den unelektrischen Zustand zugehört. Obwohl diese Hypothese viele elektrische Erscheinungen erklärte, so vermochte sie doch nicht alle zu beherrschen, so z. B. konnte sie die elektrische Abstoßung zweier negativ elektrischer Körper, ohne unwahrscheinliche Hilfshypothese, nicht erklären. Berühmte Anhänger der Franklinschen Theorie (*Unitarier*) waren Cavendish, Cavallo, Äpinus, Volta u. a. Die Schattenseiten dieser Hypothese bewirkten, daß Symmer (1759) eine zweite Theorie aufstellte, die zwei polarisch entgegengesetzte «Elektrika», d. i. eine positive und eine negative elektrische Flüssigkeit, annimmt. Nach dieser Theorie enthalten die Körper im nichtelektrischen Zustande von beiden entgegengesetzten elektrischen Flüssigkeiten in jedem ihrer Teilchen ein gleiches Maß, wodurch eben die anziehenden und abstoßenden Wirkungen dieser beiden E. sich aufheben. Erscheint ein Körper positiv elektrisch, so herrscht in ihm die positiv elektrische Flüssigkeit vor; erscheint er dagegen negativ elektrisch, so überwiegt die negativ elektrische Flüssigkeit. Beiden elektrischen Flüssigkeiten schreibt man die Eigenschaft zu, die Teilchen ihrer eigenen Art zurückzustoßen, dagegen die Teilchen der andern Art anzuziehen. Die elektrischen Büschel (s. Elektrische Lichterscheinungen) sowie die *Lichtenbergschen Figuren* (s. d.) geben übrigens ein äußerliches Unterscheidungsmerkmal der positiven und negativen E. Die elektrischen Anziehungen und Abstoßungen der Körper sind danach nur eine Folge von den Anziehungen und Abstoßungen, welche die in denselben vorhandenen elektrischen Flüssigkeiten aufeinander ausüben, und die Bewegungen der Körper erfolgen nur, weil sie eben die Träger der beiden Flüssigkeiten sind, die wegen des Widerstandes der nicht leitenden Luft von ihnen sich nicht entfernen können. Zu den berühmten Freunden dieser Theorie (*Dualisten*) gehörten Coulomb, Poisson u. a.

Coulomb hat nachgewiesen, daß sich die elektrischen Ladungen nach dem Gesetz der umgekehrt quadratischen Wirkung abstoßen (s. Coulombs Gesetz). Durch dieses Gesetz erklärt sich auch die *Elektrische Oberflächenladung* (s. d.). Auf der Abstoßung gleichnamig geladener Körper beruhen die meisten Elektricitätsanzeiger oder *Elektroskope* (s. d.), die, wenn dieselben für Messungen eingerichtet sind, *Elektrometer* (s. d.) heißen.

Durch die Beobachtungen von Watson, Franklin und Dufay stellte es sich heraus, daß von zwei aneinander geriebenen Körpern der eine immer positiv, der andere immer negativ elektrisch wird und zwar so, daß beide Zustände sich gegenseitig aufheben, sobald sich die Ladungen ausgleichen. Positive und negative E. entsteht also immer in gleicher Menge.

Ein elektrischer Körper A kann einen andern B nicht nur durch Mitteilung, sondern auch Fernwirkung, Verteilung oder *Elektrische Influenz* (s. d.) elektrisch machen. Nähert man einem Elektroskop einen elektrischen Körper, ohne dasselbe jedoch zu berühren, so zeigen dessen Goldplättchen eine Elektrisierung an. Bei Entfernung des elektrischen Körpers zeigt sich jedoch das Elektroskop wieder unelektrisch. Dieser von Canton (1753) entdeckte, von Wilke (1757) richtig gedeutete Vorgang der Influenz besteht darin, daß die in dem Elektroskop zu gleichen Teilen vereinigten entgegengesetzten E. bei Annäherung des elektrischen Körpers sich trennen, die ungleichnamige in den jenem Körper nähern, die gleichnamige in den fernern Teilen sich ansammelt. Berührt man nämlich während der Annäherung des Körpers das Elektroskop mit dem Finger, so leitet man die gleichnamige E. ab, und es bleibt nach Entfernung des Körpers das Elektroskop ungleichnamig geladen. Auch in Nichtleitern tritt durch die Wirkung elektrischer Ladungen Influenz ein, die man nach den Vorstellungen von Faraday (1838) als *Dielektrische Polarisation* (s. d.) bezeichnet. Auf der Influenz beruhen die *Influenzmaschinen* (s. d.), und Franklin hat durch sie die (1745) durch einen Zufall von von Kleist und Cunaeus erfundene *Leidener Flasche* (s. d.) erklärt.

Zur bequemen Erregung der E. in größerer Menge dienen die *Elektrisiermaschinen* (s. d.). Man kann mit Hilfe dieser denselben Körper ungleich, d. h. zu niederer oder höherer *Elektrischer Spannung* (s. d.), zu niederm oder höherm *Elektrischem Potential* (s. d.) laden. Je höher das Potential eines Körpers, auf desto größere Entfernungen entladet sich derselbe gegen andere Körper von niederm Potential durch einen Funken. Es zeigt sich, daß verschiedene Körper je nach ihrer Gestalt und Größe bei gleichem Potential eine verschiedene Elektricitätsmenge zu fassen vermögen, d. h. daß dieselben eine verschiedene *Elektrische Kapacität* (s. d.) haben.

Durch chem. Umstände können chemisch verschiedene, einander berührende Körper in verschiedenen elektrischen Zustand versetzt und in diesem derart erhalten werden, daß eine unausgesetzte elektrische Entladung derselben gegeneinander stattfindet, die man einen *elektrischen Strom* nennt (s. Galvanischer Strom). Im Gefolge des Stroms treten Wärmeerscheinungen (s. Joules Gesetz), chem. Erscheinungen (s. Elektrochemische Theorie und Elektrolyse), magnetische Erscheinungen (s. Elektromagnetismus), elektrodynamische (s. Elektrodynamik) und Induktionserscheinungen (s. Induktion, elektrische) auf. Hauptsächlich der elektrische Strom hat in neuester Zeit vielfache technische Anwendungen erfahren. (S. Elektrotechnik.)

Die ganze Elektricitätslehre wird eingeteilt in die Elektrostatik (s. d.), d. i. die Lehre vom Gleichgewicht der E., und die Elektrodynamik (s. d.), d. i. die Lehre von der Bewegung der E. — Über atmosphärische E. s. Luftelektricität; über die Beziehungen der E. zu Licht und Wärme s. Elektro-Optik; über die Anwendung der E. zu Heilzwecken s. Elektrotherapie. Die Tafel: Elektricität zeigt verschiedene elektrische Versuche, die in folgenden Einzelartikeln erläutert sind: Lichtenbergsche Figuren (Fig. 1 u. 2), Elektrische Entladung (Fig. 3), Elektrische Schwingungen (Fig. 4 u. 5), Elektrische Schatten (Fig. 6), Piezo-Elektricität (Fig. 7), Pyro-Elektricität (Fig. 8), Elektro-Optik (Fig. 9 u. 10), Kraftlinien (Fig. 11 u. 12).

Auch innerhalb des tierischen Organismus finden ununterbrochen elektrische Vorgänge statt, die sich freilich nur bei einzelnen wenigen Tieren, den sog. Zitterfischen (s. d.), zu intensiver Wirkung entwickeln, bei den übrigen Tieren und dem Menschen dagegen fast unmerklich, d. h. nur mit feinern galvanometrischen Hilfsmitteln nachweisbar, und deshalb der Forschung lange entgangen sind. Alle lebenden Nerven oder Muskeln sind, wie zuerst Du Bois-Reymond nachwies, wahre Elektromotoren und deshalb beständig, sowohl im ruhenden wie im thätigen Zustande, von elektrischen Strömen durchkreist, die einen deutlichen Einfluß auf die Magnetnadel des Galvanometers äußern und zu den Funktionen der Muskeln und Nerven in innigster Beziehung stehen. (S. Muskel- und Nervenelektricität.)

Litteratur: Beetz, Grundzüge der Elektricitätslehre (Lpz. 1878); Wiedemann, Lehre von der E. (4 Bde. in 5 Abteil., Braunschw. 1882—85). Ferner die Werke von Faraday (Lond. 1839—55), Thomas (1872), Maxwell (Orf. 1873), Mascart (Par. 1876 u. 1882; deutsch: Handbuch der statischen E., bearbeitet von Wallentin, 2 Bde., Wien 1883—87), Gordon (Lond. 1880); für den Unterricht in E. von Tyndall (edd. 1876) und Noad (edd. 1879); Biscan, Lexikon der E. und des Magnetismus (Graz 1887); Hoppe, Geschichte der E. (Lpz. 1884); Kleyer, Lehrbuch der Reibungselektricität (Stuttg. 1886); Koniecki, Die neuesten Anwendungen der E. (Berl. 1886); Maxwell, Die E. in elementarer Behandlung (deutsch von Gräß, Braunschw. 1883); ders., Lehrbuch der E. und des Magnetismus (deutsch von Weinstein, 2 Bde., Berl. 1883); Mousson, Die Physik auf Grundlage der Erfahrung, Bd. 3 (3. Aufl., Zür. 1882—83); Müller-Pouillet, Lehrbuch der Physik und Meteorologie, bearbeitet von Pfaundler, Bd. 3 (9. Aufl., Braunschw. 1888—90); Netoliczka, Illustrierte Geschichte der E. (Wien 1886); Planté, Untersuchungen über E. (deutsch von Wallentin, edd. 1886); Tyndall, Elektrische Erscheinungen und Theorien (edd. 1884); Wildermann, Grundlehren der E. (Freiburg 1885); Thompson, Elementare Vorlesungen über E. und Magnetismus (nach der 28. Aufl. des engl. Originals übersetzt von Himstedt, Tüb. 1887); Mascart und Joubert, Lehrbuch der E. und des Magnetismus (deutsch von Levy, 2 Bde., Berl. 1886—88); Vogt, Das Wesen der E. und des Magnetismus (Bd. 1, Lpz. 1891); Jamieson, Elemente des Magnetismus und der E., übersetzt von Kollert (edd. 1891).

Elektricitätserreger, auch Elektromotoren, Körper, welche (nach der alten Theorie) durch Berührung Elektricität erregen (s. Galvanismus).

Elektricitätsleitungen (Elektrische Leitungen) dienen zur Fortleitung elektrischer Ströme für industrielle und Verkehrszwecke, z. B. für elektrische Beleuchtungsanlagen, elektrische Eisenbahnen und andere Kraftübertragungen, für Telegraphen- und Telephonanlagen u. dgl. (s. Telegraphenleitung und Kabel).

Elektricitätsmenge. Der elektrische Zustand eines Körpers wird schwächer, sobald derselbe einen andern berührt und elektrisch macht. Der letztere hat etwas gewonnen, was der erstere verloren hat. Die Ladung einer Leidener Flasche (s. d.) läßt sich durch einen Entladungsfunken zur Hälfte auf eine zweite gleiche Flasche übertragen, wenn man die beiden innern und die beiden äußern Belegungen miteinander verbindet. Beide Fläschen erweisen sich nachher als geladen. Dies teilbare Etwas, das im ganzen anscheinend unveränderlich bleibt, wird als E. aufgefaßt. Eine Maßflasche (s. d.) M (s. beistehende Figur) wird sich immer bei derselben Ladung q selbst entladen. So oft dieselbe aber die Ladung +q in die innere Belegung aufgenommen hat, ist auf deren äußerer Belegung −q verblieben und + q durch Elektrische Influenz (s. d.) in die innere Belegung der Flasche F getrieben worden, sodaß nach n Entladungen von M die Flasche F die Ladung oder Menge nq enthält. Man kann also mit Hilfe der Maßflasche die in verschiedene Flaschen geladenen Mengen vergleichen.

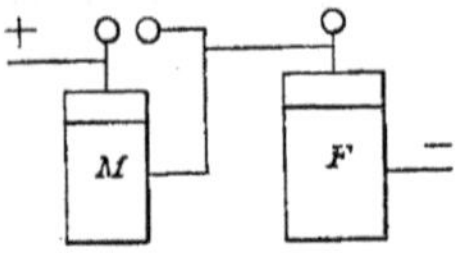

Ein elektrisiertes Kügelchen, A, wird von einem andern, K, in der Entfernung r mit der Kraft F abgestoßen. Berührt man A mit einem gleich großen Kügelchen B, so wird A sowohl als B von K nur mit $\frac{F}{2}$ abgestoßen, beide zusammen aber in derselben Entfernung r wieder mit F. Diese Teilung der elektrischen Kraft und die Unveränderlichkeit der Summe bildet die wissenschaftliche Grundlage für die Vorstellung von der E.

Auf Grund der Versuche Coulombs (s. Coulombs Gesetz) kann man die E. durch die von derselben ausgeübte Kraft messen. Als Einheit der E. gilt heute diejenige Ladung, die auf eine gleichgroße in der Entfernung von 1 cm die Kraft von 1 Dyne (s. d.) ausübt. Hat man zwei kleine, 1 g schwere Körperchen an 5 m langen Fäden so aufgehängt, daß sie sich berühren, und werden dieselben gleich elektrisch geladen, sodaß sie sich nur 1 cm voneinander entfernen, so treibt die Schwere dieselben mit dem Druck eines Milligrammgewichtes (rund 1 Dyne) gegeneinander, und jedes der Körperchen enthält nun die (elektrostatische) Einheit der E. (s. Elektrische Einheiten und Coulombs Gesetz). Die gesamte Menge eines Leiters oder Isolators kann man sich bestimmt denken, indem man denselben in kleine Stückchen teilt, dieselben mit ihrer Ladung der Ladung 1 in der Entfernung von 1 cm gegenübersetzt, die jedesmalige Kraft bestimmt und alle diese Kräfte summiert. Diese Kraftsumme stellt die Menge des ganzen Körpers vor.

Die elektrolytische Ausscheidung hängt von der durch den Leiterquerschnitt fließenden E. ab, sodaß dieser Begriff unmittelbar an chem. Begriffe anknüpft und auf dieselben gegründet werden kann. (S. Elektrochemische Theorie, Elektrolyse.)

ELEKTRICITÄT.

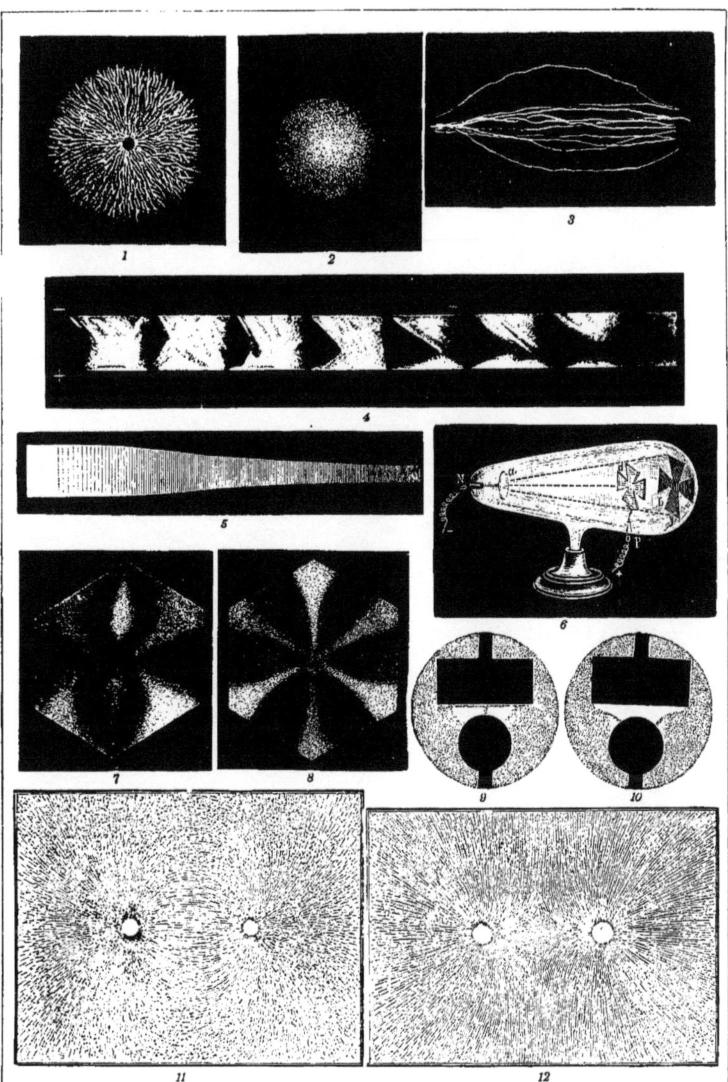

1. Positive Lichtenbergsche Figur. 2. Negative Lichtenbergsche Figur. 3. Funken der Influenzmaschine in Kohlensäure. 4. Oscillatorische Entladung der Leidener Flasche im rotierenden Spiegel. 5. Kontinuierliches Funkenbild im rotierenden Spiegel. 6. Schatten der Kathodenstrahlen. 7. Piezoelektrischer bestäubter Quarz. 8. Pyroelektrischer bestäubter Quarz. 9. 10. Elektrische Doppelbrechung. 11. Kraftlinien zweier ungleichnamiger elektrischer oder magnetischer Centren. 12. Kraftlinien zweier gleichnamiger elektrischer oder magnetischer Centren.

Elektricitätsmesser, soviel wie Elektricitätszähler.

Elektricitätswerke, Einrichtungen, um von einer Erzeugungsstation aus ganze Städte oder Teile von solchen mit elektrischer Energie zu versorgen derart, daß dieselbe zu beliebiger Verwendung, sei es zur Erzeugung von Licht oder Kraft oder auch für andere Zwecke in den an die Anstalt angeschlossenen Grundstücken, ähnlich wie Wasser und Gas, jederzeit zur Verfügung steht.

Hierzu bedarf es eines Verteilungsnetzes, in welchem, wie in dem entsprechenden der Gas- und Wasserwerke, an allen Stellen nahezu dieselbe Spannung herrscht. Die einzelnen Stränge dieses Netzes bestehen meist aus unterirdisch verlegten, entsprechend isolierten Kabeln (s. Bleikabel). In Amerika findet man häufig E. mit oberirdischen Netzen; in Deutschland nur ausnahmsweise bei kleinern Werken, z. B. bei dem in Blankenburg a. H. An dieses Netz werden die einzelnen Stromverbrauchsstellen in Parallelschaltung (s. d.) angeschlossen.

Für die Zwecke der öffentlichen Beleuchtung hat man, wenigstens bei uns in Deutschland, die E. nur sehr vereinzelt herangezogen. Meist handelt es sich also lediglich um Privatbeleuchtung.

Das Verteilungsnetz ist je nach den Umständen als gewöhnliches Zweileiternetz, oder als Drei- oder Mehrleiternetz ausgeführt. Namentlich häufig findet man das Dreileiternetz (s. Dreileitersystem). Zur Erzeugung des Stroms dienen Dynamomaschinen und zwar speciell Nebenschlußmaschinen (s. Dynamomaschinen, S. 653), um die Spannung nahezu konstant zu erhalten.

Um den im Laufe des Tages stark wechselnden Strombedarf in rationeller Weise befriedigen zu können, pflegt man die ganze Erzeugung auf mehrere Maschinen zu verteilen, die man nach Bedürfnis eine nach der andern in Betrieb setzt, indem man sie in Parallelschaltung zu den bereits in Betrieb befindlichen hinzuschaltet, die ihren Strom bereits an die Sammelschienen abgeben, von wo aus er in das Netz gelangt. Zu diesem Zwecke muß vorher die Spannung der einzuschaltenden Maschine und bei Wechselstrommaschinen auch noch die Zahl ihrer Polwechsel pro Sekunde genau auf diejenige der schon gemeinsam arbeitenden gebracht werden. Die hierzu nötigen Meß- und Reguliervorrichtungen werden mit den sonst noch erforderlichen Meßapparaten und den Schaltapparaten an einer Stelle, von wo aus der ganze Betrieb der Erzeugungsstation zu übersehen ist, zu einem Ganzen, der sog. Apparatenwand (bei kleinern Anlagen Schaltbrett genannt) vereinigt.

Als Motoren dienen meist Dampfmaschinen, und durch den großen Bedarf und die hohen Anforderungen, welche die E. an die Vorzüglichkeit der Maschinen als auch der Kessel durch die Art ihrer Betriebe stellen, haben die E. in hohem Grade fördernd und anregend auf den Dampfmaschinen- und Kesselbau eingewirkt.

Das erste Elektricitätswerk, zur Beleuchtung eines Teiles von Neuyork dienend, wurde von Edison gebaut und mit 1284 Lampen 1. Okt. 1882 eröffnet. Als erste Stadt auf dem Kontinent folgte 1883 Mailand mit einer ebenfalls von Edison gebauten Anlage für die Galleria Vittorio Emanuele und deren Umgebung. In Berlin wurde die erste kleinere Centralstation, wie man die E. in Anlehnung an die engl. Bezeichnung (Central Station) damals nannte und gelegentlich auch heute noch nennt, 1884 eröffnet. Für die Erleuchtung des zwischen den Linden, Friedrichstraße, Rosmarin- und Charlottenstraße belegenen Häuserblockes bestimmt, war sie in den Kellerräumen eines Hauses der Friedrichstraße gelegen. Nachdem größere Werke in der Markgrafenstraße, Mauerstraße, Spandauerstraße und am Schiffbauerdamm erbaut sind, deren gemeinschaftliches Leiternetz einen großen Teil von Berlin umspannt, ist sie außer Betrieb gesetzt.

Über die Leistung der in den einzelnen Berliner Stationen aufgestellten Dampfmaschinen in Pferdestärken und die ungefähre Zahl der angeschlossenen Lampen (von 16 Kerzen) giebt folgende Tabelle Aufschluß:

Straßen	1884	1885	1886	1887	1888	1889
Friedrichstraße	300	300	300	300	300	300
Markgrafenstraße . .	—	1000	1000	1000	2500	2500
Mauerstraße	—	—	500	1200	1200	3000
Spandauerstraße . .	—	—	—	—	—	2000
Schiffbauerdamm . .	—	—	—	—	—	1000
Zus. Pferdestärken	300	1300	1800	2500	4000	8800
Zahl der Lampen	2500	5000	14000	23000	34000	44000

Die Zahl der Pferdestärken beträgt (1892) 17000, die Zahl der angeschlossenen Lampen gegen 200000. Weitere Auskunft über dieselben, namentlich auch über die Verteilung des Verbrauchs auf die einzelnen Monate, Wochentage und Tagesstunden giebt Wille, «Die Berliner E., eine Beschreibung ihrer Entwicklung und Einrichtung» (Berl. 1890—91).

Von sonstigen deutschen E. seien noch genannt:

Städte	Jahr der Eröffnung	Zahl der Lampen 1892
Dessau	1886	4000
Lübeck	1887	4000
Elberfeld	1887	9000
Barmen	1888	4000
Hamburg	1888	12000
Darmstadt	1888	5000
Hannover	1890	15000
Breslau	1890	10000
Cassel	1890	4000
Königsberg	1890	8000
Düsseldorf	1890	20000
Köln	1891	20000
Heilbronn	1891	4000

Von diesen benutzt Dessau als Betriebskraft Gasmotoren, Heilbronn und zum Teil auch Cassel Wasserkraft, alle übrigen Dampf. Dem System nach und in ihrer Einrichtung unterscheiden sie sich wesentlich. In den ältern Anlagen ist die Stromerzeugung, nach dem Vorbilde der von Edison selbst gebauten Centralen, auf eine große Zahl kleinerer Maschinen verteilt, die entweder einzeln oder zu mehrern mittels Riemen oder auch Seiltrieb von den betreffenden Motoren angetrieben werden. So findet man beispielsweise in dem alten Teile des Berliner Werkes in der Markgrafenstraße zwei Satz von je drei 180pferdigen Dampfmaschinen, von denen jede drei Dynamomaschinen treibt. Heute wendet man durchgängig wenige größere Maschinen an, deren Welle mit der der treibenden Dampfmaschine unmittelbar verbunden ist, wie dies Fig. 3 der Tafel Dampfmaschinen IV zeigt. So enthält z. B. das Düsseldorfer Elektricitätswerk (1892) zwei Dampfmaschinen von je 3—400 Pferden mit je einer zugehörigen Dynamomaschine, und die neuen Stationen der Berliner Werke haben 1200pferdige Dampfmaschinen mit je zwei zugehörigen Dynamomaschinen, je eine an jedem Ende der Welle.

Der Strom ist in der Mehrzahl der Werke, ebenfalls nach dem Vorbilde von Edison, Gleichstrom, es giebt aber auch bereits eine Anzahl vorzüglich arbeitender Wechselstromwerke, so unter andern die in Rom, Wien, Amsterdam und in Köln. In Cassel wird der Strom in der 6,5 km von der Stadt an der Fulda gelegenen Hauptstation als hochgespannter Wechselstrom erzeugt. Er treibt zwei in Unterstationen in der Stadt aufgestellte Elektromotoren, die wieder als Antrieb für Gleichstromdynamomaschinen dienen, die mit ihnen auf derselben Welle montiert sind. Der Betrieb ist also ein indirekter unter Vermittelung elektrischer Kraftübertragung; um an Kupfer für das Kabel dieser Übertragung zu sparen, mußte Hochspannstrom, und da dieser als Gleichstrom schwer zu erzeugen, Wechselstrom angewendet werden. (S. Elektrische Kraftübertragung.) In Heilbronn ist aus demselben Grunde Drehstrom verwendet.

Das Verteilungsnetz ist bei den Gleichstromwerken fast überall nach dem Dreileitersystem (s. d.) gebildet. Von den oben erwähnten haben nur noch Dessau, Lübeck und Hamburg das alte Edisonsche Zweileiternetz. Für kleinere Werke ist dies auch ganz am Platze; für so ausgedehnte Anlagen, wie die Hamburger eignet es sich nicht mehr recht, und so wird denn auch das dortige Netz in ein Dreileiternetz verwandelt, wie dies in Berlin bereits geschehen ist.

Zum Ausgleich des wechselnden Kraftbedarfs, der, wie bereits hervorgehoben, mit dem Lichtbedürfnis täglich steigt und fällt, sind für kleinere Werke, die wohl stets als Gleichstromwerke gebaut werden, ebenso wie für Einzelanlagen entsprechend große Accumulatorenbatterien (s. Accumulatoren, elektrische) von unschätzbarem Werte, weil sie diese der Notwendigkeit eines Tag und Nacht durchgehenden Betriebes entheben und gleichzeitig die sonst unerläßlichen Reservemaschinen entbehrlich machen. Für große Werke, die eines durchgehenden Betriebes doch nicht entraten können und eine entsprechende Zahl einzelner Maschinengruppen haben müssen, und in deren Netz die für die verschiedenen Klassen von Stromabnehmern zeitlich verschiedenen Bedürfnismaxima und -Minima sich gegenseitig überdecken und dadurch den Gesamtbedarf zu einem sehr viel gleichmäßigern machen, ist die Möglichkeit der Aufspeicherung von geringerer Bedeutung und wird wohl aufgewogen durch die erheblichen Mehrkosten, welche große Sammelbatterien bedingen. Von den oben angeführten Gleichstromwerken arbeiten das Berliner und die Elberfelder ohne Accumulatoren; außerdem natürlich die Wechselstromwerke, für die eine Verwendung von Accumulatoren unmöglich ist. Die größten Batterien im Verhältnis zur Leistung des Werkes hat von den übrigen Düsseldorf, wo die Accumulatoren nicht allein als Ausgleichs-, sondern auch als Vorratsmagazin dienen. Die Erzeugerstation liegt dort außerhalb der Stadt. Bei Wechselstrombetrieb hat dies keine Schwierigkeiten, da man hier im Netze Hochspannung hat — gewöhnlich 2000 Volt —, die in Transformatoren (s. d.) in den einzelnen Häusern, bez. auch in Gruppen von solchen auf die Gebrauchsspannung — in der Regel 72 Volt — herabtransformiert wird. Infolge der hohen Spannung wird das Netz billig und der Prozentsatz des Verlustes gering. (S. Elektrische Kraftübertragung.) Anders bei Gleichstromwerken, bei denen ein Transformieren nur mittels besonderer Maschinen möglich ist, also nicht im Hause des Konsumenten stattfinden kann, und die infolgedessen in den Kabeln Niederspannung haben: bei Dreileiternetzen in der Zuleitung meist 2×110 Volt. Sollen hierbei die Kabel nicht zu teuer, oder umgekehrt der Verlust nicht zu hoch werden, so bleibt freilich kaum etwas anderes übrig, als den Betrieb so zu leiten wie in Düsseldorf, nämlich die Stromlieferung von draußen herein gleichmäßig auf volle 24 Stunden zu verteilen, also die sonst sehr veränderliche Stärke des die Zuleitungs- oder Speisekabel durchfließenden Stroms konstant und damit zu einem Minimum zu machen. Zu diesem Zweck müssen freilich die in den Unterstationen der Stadt aufgestellten Accumulatorenbatterien so groß gewählt werden, daß sie die ganze Differenz zwischen dem kontinuierlich zufließenden und dem im Maximum gebrauchten Strom zu liefern im stande sind. Dies bringt nur bei günstigem Verhältnis zwischen der durch die Entfernung des Werkes von der Stadt bedingten Länge der Speisekabel und der Leistung des Werkes noch Gewinn, während bei größerer Leistung durch die hohen Kosten der Batterien und den durch sie bedingten Stromverlust dieser Gewinn entfällt.

Größere Werke mit weit entfernter Erzeugungsstation werden daher wohl vorzugsweise nur noch als Wechselstromwerke gebaut werden, da Gleichstromwerke mit Zuführung der elektrischen Energie von außerhalb mittels Kraftübertragung, wie in Cassel, wegen ihres größern Bedarfs an Gebäudegrundfläche und an maschinellen Anlagen (Erzeugungsstation draußen und Umwandlerstation mit Motor und Dynamo innerhalb der Stadt) in Anlage und Betrieb teuer werden. Früher vorhandene Nachteile der Verwendung von Wechselstrom in E. sind fast alle überwunden; geblieben ist nur die Unmöglichkeit, ihn in Accumulatoren aufzuspeichern, und seine Unverwendbarkeit für elektrolytische Zwecke. Ersteres ist für größere Werke, wie hervorgehoben, ohne Belang, letzteres ist darum ohne Bedeutung, weil für derartige Zwecke ohnedies der Preis des Stroms, den E. fordern müssen, ein zu hoher ist. Der Vorwurf, den man den Wechselstrombogenlampen darans gemacht hat, daß sie das Licht gleich stark nach oben und unten werfen, während die Gleichstromlampen es vorzugsweise nach unten werfen, ist nur für Straßen- und Platzbeleuchtung als solcher giltig. Dasselbe ist aber auch beim Gaslicht der Fall, und überdies hat man durch Emaillereflektoren Abhilfe geschaffen. Die Schwierigkeit, mit Wechselstrom Motoren zu betreiben, die noch zur Zeit der Frankfurter Ausstellung bestand und dem Drehstrom zu der hohen Anerkennung verhalf, kann heute wohl ebenfalls als überwunden gelten.

In Bezug auf Anwendungsfähigkeit und Betriebssicherheit kann somit keine der beiden Arten den Vorrang vor der andern beanspruchen, und die Entscheidung darüber, welche vorzuziehen sei, wird nur von den besondern durch die örtlichen Verhältnisse gegebenen Umständen abhängen.

Einen Überblick über das Verhältnis der angeschlossenen Lampen zu der Zahl der Privat-Gasflammen und der Einwohnerzahl der betreffenden Städte giebt folgende Tabelle:

Städte	Zahl der angeschlossenen elektrischen Lampen	Zahl der Privat-Gasflammen	Auf 100 Gaslampen kommen elektrische Lampen	Einwohnerzahl	Auf 1000 Einwohner kommen elektrische Lampen
Barmen	4000	36000	11,1	116144	34
Berlin	50000	827000	6,0	1578794	31
Breslau	8000	120000	6,7	335186	23
Düsseldorf . . .	10000	53000	18,9	144642	69
Elberfeld	7000	50000	14,0	125899	55
Hamburg	11000	355000	3,1	569260	19
Hannover . . .	12000	?	?	163593	73
Köln	10000	132000	7,6	281681	35
Lübeck	3000	17000	17,7	63590	40

Nachstehende übersicht A zeigt die Anlagekosten der Werte für Barmen, Berlin, Cassel, Düsseldorf und Hannover; übersicht B giebt für dieselben Werke die Anlagekosten für jede Lampe und die Verzinsungskosten für jede Brennstunde, wenn man 600 Lampenbrennstunden im Jahre für jede Lampe annimmt und 4 Proz. Zinsen, ferner rund 6 Proz. an Abschreibung und Unterhaltung für Gebäude und Netz sowie 12 Proz. für Accumulatoren und maschinelle Anlagen rechnet.

durch der Anteilzinsbetrag für die Brennstunde, der den wesentlichsten Teil der Betriebskosten ausmacht, geringer wird. Die Lampen brennen heute im Durchschnitt kaum überall 600 Stunden im Jahre (bei manchen Werken viel weniger) und nur während dieser Zeit sind die teuren Anlagen voll ausgenutzt, während durch die übrige Zeit das auf dieselben verwendete Kapital brach liegt. Bei besserer Ausnutzung würde der Strom viel billiger werden und das elektrische Licht auch nach dieser Richtung hin erfolgreich mit dem Gaslicht konkurrieren können. Als Mittel hierzu böte sich eine gesteigerte Verwendung des Stroms für motorische und andere Zwecke neben der zur Erzeugung von Licht, dessen man naturgemäß nur während weniger Stunden des Tages bedarf. Bei den heutigen Strompreisen kann aber der Elektromotor nicht mit dem Gasmotor konkurrieren; er würde das nur bei sehr wesentlich billigerm Preise des Stroms für motorische, als für Beleuchtungszwecke können. Aber auch in diesem Fall würde der Erfolg sehr wahrscheinlich noch kein absoluter sein, da die Netze der E. sich vorzugsweise über den Teil der Stadt zu erstrecken pflegen, der das größte Bedürfnis an Licht hat, in welchem

A.

Anlagekosten für:	Zahl der angeschlossenen Lampen: Barmen 4000		Berlin 50000		Cassel 3000		Düsseldorf 10000		Hannover 12000	
	M.	Proz.	M.	Proz.	M.	Proz.	M.	Proz.	M.	Proz.
Grundstück, Gebäude und Allgemeines	240000	32,0	3200000	47,8	180000	29,6	330000	14,3	600000	37,4
Maschinelle Anlage und Apparate	180000	24,0	1500000	22,4	118000	19,4	327500	14,2	310000	19,3
Accumulatoren	80000	10,7	—	0,0	50000	8,2	276000	12,0	135000	8,4
Netz	250000	33,3	2000000	29,8	260000	42,8	1372500	59,5	560000	34,9
Anlagekosten insgesamt	750000	100,0	6700000	100,0	608000	100,0	2306000	100,0	1605000	100,0

B.

Anlage- und Verzinsungskosten für:	Barmen			Berlin			Cassel			Düsseldorf			Hannover		
	Lampe	Brennstunde		Lampe	Brennstunde		Lampe	Brennstunde		Lampe	Brennstunde		Lampe	Brennstunde	
	M.	Pf.	Proz.	M.	Pf.	Proz.	M.	Pf.	Proz.	M.	Pf.	Proz.	M.	Pf.	Proz.
Grundst., Gebäude und Allgemeines	60,0	0,96	26,6	64,0	1,02	42,5	60,0	0,96	25,7	33,0	0,53	12,7	50,0	0,80	32,3
Maschinelle Anlage und Apparate . .	45,0	1,17	32,4	30,0	0,78	32,5	39,3	1,02	27,3	32,7	0,85	20,3	25,8	0,67	27,0
Accumulatoren . .	20,0	0,54	15,0	0,0	0,00	0,0	16,7	0,45	12,1	27,6	0,74	17,7	11,3	0,31	12,5
Netz	62,5	0,94	26,0	40,0	0,60	25,0	86,7	1,30	34,9	137,3	2,06	49,3	46,7	0,70	28,2
Jede Lampe	187,5			134,0			202,7			230,6			133,8		
Jede Brennstunde		3,61	100,0		2,40	100,0		3,73	100,0		4,18	100,0		2,48	100,0

Die eigentlichen Erzeugungskosten, die sich aus den auf die Lampenbrennstunde entfallenden Anteilsummen für Gehälter und Löhne, für Kohlen zur Erzeugung des Betriebsdampfes und für Putz- und Schmiermaterial zusammensetzen, fallen den oben berechneten Verzinsungskosten für die Brennstunde gegenüber nur sehr wenig ins Gewicht. Sie berechnen sich beispielsweise in Düsseldorf bei der oben gegebenen Lampen- und Brennstundenzahl auf 0,5, 0,21 und 0,06, in Summa auf 0,77 Pf. für die Brennstunde.

Die Gesamtkosten für die Brennstunde sind leider noch verhältnismäßig hoch, sodaß die elektrische Beleuchtung von E. aus zur Zeit noch etwa 25—30 Proz. teurer ist, als Gasbeleuchtung. Das kann, wie ein Blick auf die letzte Tabelle zeigt, nur anders werden durch bessere Ausnutzung der Anlagen, wo-

aber nur selten auch ein größeres Bedürfnis an Strom für motorische Zwecke vorhanden sein dürfte, es sei denn zum Betriebe elektrischer Straßenbahnen, die heute noch nicht an E. angeschlossen werden.

Wie diese Frage völlig befriedigend zu lösen sei, muß einstweilen noch der Zukunft vorbehalten bleiben. Bei den heutigen E. ist der Anschluß an Elektromotoren kaum nennenswert gegenüber dem Bedarf an Strom für Lichtzwecke und daher kranken alle mehr oder weniger an zu geringer Ausnutzung und darum gegen Gas verhältnismäßig hohem Lichtpreise: meist 4 Pf. für die Lampenbrennstunde, ein Nachteil, der freilich durch die hygieinischen Vorzüge des Lichts wohl aufgewogen wird.

Litteratur. Die Versorgung von Städten mit elektrischem Strom, Festschrift für die Versammlung deutscher Städteverwaltungen in Frankfurt a. M.

(Berl. 1891); Wilke, Die Berliner E. (ebd. 1890—91). Eine Übersicht giebt auch Krieg, Die Erzeugung und Verteilung der Elektricität in Centralstationen (2 Bde., Magdeb. 1888).

Elektricitätszähler, Apparate, die dazu dienen, den aus der Leitung entnommenen elektrischen Strom zu messen. Anfangs benutzte man nach dem Vorgange von Edison hierzu ein Zinkvoltameter, das man in einer Abzweigung des Gebrauchsstroms einschaltete, und berechnete den Strom aus der in diesem ausgeschiedenen Menge von Metall. Instrumente dieser Art haben sich aber nicht bewährt und sind, in Europa wenigstens, nicht mehr in Gebrauch. Heute benutzt man durchweg elektromechan. Apparate, die sich nach ihren Konstruktionsprincipien in zwei große Gruppen teilen lassen: 1) Motorzähler, im wesentlichen aus einem vom Gebrauchsstrom angetriebenen Elektromotor bestehend, dessen passend gedämpfte Umdrehungen von einem Zählwerke gezählt werden, und 2) Uhrwerkzähler, in denen die Bewegung eines Uhrwerkes in veränderlichem, durch die Stärke des Gebrauchsstroms bestimmtem Maßstabe auf ein Zählwerk übertragen und von diesem gemessen wird.

Wirklich in Gebrauch gekommen sind nur sehr wenige Formen, von denen die für Wechselstrom ebenso wie für Gleichstrom brauchbaren und darum bei der Pariser Konkurrenz 1890 mit dem ersten Preise gekrönten Zähler von Aron und von Elihu Thomson und der Wechselstromzähler von Bláthy obenan stehen. Der erste, ein Uhrwerkzähler, enthält zwei voneinander unabhängige Uhrwerke, deren Pendel soweit irgend möglich auf gleiche Schwingungsdauer gebracht sind. Während aber das eine derselben, ein gewöhnliches Pendel, nur unter dem Einfluß der Schwerkraft schwingt, wirkt, wenn der Zähler eingeschaltet ist, auf das andere eine vom Gebrauchsstrom abhängige Kraft beschleunigend oder verzögernd ein; die beiden Pendel haben infolgedessen nicht mehr gleiche Schwingungsdauer und die Uhren also auch nicht mehr gleichen Gang, und dieser Unterschied im Gange der beiden Werke, der bei entsprechender Anordnung einen Maßstab abgiebt für den Verbrauch, wird durch ein Zählwerk registriert. Die andern Zähler sind Motorzähler.

Als Grundlage für die Bezahlung des Stroms sollte rationellerweise nur die vom Abnehmer entnommene Energiemenge dienen, also die Summe der Produkte von Spannung, Strom und Zeit innerhalb der einander folgenden Zeitmomente, oder, mathematisch ausgedrückt, das Integral $\int_0^t J \cdot E \cdot dt$, worin J die Stromstärke und E die Spannung des Stroms und t die Zeit bedeutet. Da aber von der Centrale aus die Spannung an der Verbrauchsstelle soweit immer möglich konstant erhalten wird, die verbrauchte Energie also mit ziemlicher Annäherung auch proportional der Summe der Produkte aus Stromstärke und Zeit, d. i. dem Integrale $\int_0^t J \cdot dt$, ist, so haben einige Elektricitätswerke ihren Tarif auf dieser Summe, d. i. der verbrauchten Strommenge aufgebaut. Diesem verschiedenen Zahlungsmodus entsprechend hat man auch zwei Klassen von Zählern zu unterscheiden: solche, die der ersten Summe entsprechend die Energiemenge messen und die man daher Wattstundenzähler nennt, und solche, die nur die verbrauchte Strommenge messen, die man Coulombzähler oder Ampèrestundenzähler nennt.

Der Aronzähler und einige andere werden in beiden Formen gebaut. Die des erstern geben die nebenstehenden beiden Figuren. Bei Fig. 1 endet das vom Strom beeinflußte Pendel (in der Figur dasjenige rechter Hand) in einen Magneten, der oberhalb eines vom Gebrauchsstrom durchflossenen

Fig. 1. Fig. 2.

Solenoides schwingt. Da die Anziehung des letztern proportional der Stromstärke des in ihm fließenden Stroms ist und bei einem Pendel mit so kleiner Schwingungsweite mit genügender Genauigkeit die Zahl der Schwingungen innerhalb einer gewissen Zeit proportional der beschleunigenden Kraft gesetzt werden darf, so ergiebt sich unmittelbar, daß die Differenz der Schwingungszahlen beider Pendel proportional der Stromstärke in dem betreffenden Zeitmomente ist, und da das Zählwerk dieser Differenz entsprechend weiter bewegt wird, so entspricht die Differenz △ zweier Ablesungen dem Integral $\frac{1}{C}\int_0^t J \cdot dt$, wenn $\frac{1}{C}$ eine Konstante und t die Zeit zwischen den beiden Ablesungen bedeutet. Es ergiebt sich also umgekehrt die innerhalb der betreffenden Zeit verbrauchte Strommenge

$$Q = \int_0^t J \cdot dt = C \cdot \triangle =$$ einem Produkt aus Ablesungsdifferenz und einer Apparatkonstanten.

Der Wattstundenzähler (Fig. 2) unterscheidet sich von dem obigen nur dadurch, daß das Pendel in einen Bügel endigt, der eine mit vielen Windungen eines dünnen Drahtes bewickelte Spule trägt, die sich während des Pendelns innerhalb einer mit wenigen Windungen dickern Drahtes bewickelten Hohlspule, die sie mit genügendem Spielraum umgiebt, hin und her schiebt. Die dünndrähtige Spule ist wie eine Glühlampe zwischen die Leitungen eingeschaltet, ihre Wirkung entspricht also der Spannung des Stroms, während die der dickdrähtigen, die vom Gebrauchsstrom selbst durchflossen wird, wieder proportional der Stromstärke ist. Da abermals die Differenz der Schwingungen durch das Zählwerk gemessen wird, so entspricht bei diesem Zähler die Ablesungsdifferenz △ dem Integral $\frac{1}{C}\int_0^t J \cdot E \cdot dt$, wir erhalten also auch die verbrauchte Energiemenge $A = \int_0^t J \cdot E \cdot dt = C \cdot \triangle =$ einem Produkt aus Ablesungsdifferenz und einer Apparatkonstanten. — Vgl. Hospitalier, Compteurs d'énergie électrique (Par. 1889); de Fodor, Die elektrischen Verbrauchsmesser (Bd. 43 von Hartlebens «Elektrotechnischer Bibliothek», Wien 1891); näheres über die Pariser Konkurrenz und das Resultat derselben giebt die «Elektrotechnische Zeitschrift», Berl. 1891, S. 329.

Elektrikum (Mehrzahl Elektrika), **Elektrisch, Elektrische Abstoßung,** s. Elektricität.

Elektrische Accumulatoren, s. Accumulatoren, elektrische.

Elektrische Anziehung, s. Elektricität.

Elektrische Arbeit, s. Arbeit (elektrische).

Elektrische Arbeitsübertragung, s. Elektrische Kraftübertragung.

Elektrische Atmosphäre heißt der in elektrischem Zustande befindliche Raum um einen elektrisch geladenen Körper.

Elektrische Bäder, s. Elektrotherapie.

Elektrische Batterie, s. Flaschenbatterie und Galvanische Batterie.

Elektrische Behandlung des Weins, s. Elektrische Weinbehandlung.

Elektrische Beleuchtung, s. Beleuchtung, Bogenlicht, Glühlicht, Elektrische Kerze, Elektricitätswerke.

Elektrische Bilder. Liegt eine Münze auf einer Glastafel, die eine mit der Erde leitend verbundene Metallplatte zur Unterlage hat, und läßt man auf die Münze mehrere elektrische Funken überschlagen, so zeigt jene Glastafel, nachdem man die Münze weggenommen und die Tafel behaucht hat, ein getreues Abbild der Münze. Diese von Karsten (1842) erfundenen elektrischen Hauchbilder sind analog den schon früher (1838) von Rieß angegebenen Hauchfiguren, die sich beim Anhauchen von Glas, Glimmer u. dgl. m. zeigen, wenn elektrische Entladungsfunken auf diese Körper übergeschlagen sind. Die Ursache dieser E. B. liegt wahrscheinlich darin, daß die Oberfläche der meisten Körper mit einer Schicht absorbierter Gase (nach Waidele) oder organischer Substanzen (nach Fizeau) bedeckt ist. Durch die elektrischen Funken werden dann diese Oberflächen je nach den Verhältnissen des Vorbildes anders verändert, was dann durch die verschiedenen Grade der Kondensation des Hauches als «Hauchbild» oder, bei freier Bewegung der elektrischen Funken, als «Hauchfigur» auftritt. Die elektrolytischen Bilder von Rieß (1846) erhält man durch eine der obigen ähnliche elektrische Entladung gegen Papier, das mit Jodkaliumlösung befeuchtet ist, infolge der chem. Zersetzung des Jodkaliums. Die elektrischen Staubbilder (von Sartorph 1802 und Masson 1843) treten auf, wenn wie oben die elektrische Entladung gegen eine Harz- oder Pechplatte erfolgt ist und man dann die isolierende Platte mit Bärlapp oder einem andern feinen Pulver bestäubt; sie werden vorzüglich durch diejenige Influenzelektricität bewirkt, die der dem Modell mitgeteilten Elektricität entgegengesetzt ist. Diese Bilder unterscheiden sich von den elektrischen Staubfiguren (s. Lichtenbergsche Figuren) wesentlich dadurch, daß letztere ohne Modell durch freie Entladung entstehen. Die elektrischen Staubfiguren bilden sich ferner durch die mitgeteilte Elektricität und nicht durch die entgegengesetzte Influenzelektricität wie die Staubbilder; jene geben charakteristische Kennzeichen der positiven und negativen Elektricität, letztere nicht.

Elektrische Büschel, s. Elektrische Lichterscheinungen.

Elektrische Cylindermaschine, s. Elektrisiermaschine.

Elektrische Dichte, die Elektricitätsmenge (s. d.), die der Volumeneinheit entspricht. Gewöhnlich handelt es sich um die Flächendichte, d. h. um die auf die Flächeneinheit entfallende Menge.

Elektrische Einheiten bilden die Grundlage der elektrischen Messungen. Dieselben können von den verschiedensten Merkmalen der elektrischen Erscheinungen hergenommen werden und wurden anfänglich ganz willkürlich festgesetzt, wie z. B. die Jacobischen Einheiten des Leitungswiderstandes und der Stromstärke. Gauß hat (1833) zuerst versucht, die magnetischen Messungen auf die Grundmaße einer Längen-, Massen- und Zeiteinheit zurückzuführen, um dieselben allgemein vergleichbar zu machen, und W. Weber hat (1846) dieses System in die elektrischen Messungen eingeführt (s. Maß und Gewicht im absoluten Sinne). Durch die Bemühungen der British Association for the advancement of science (1863) und den Pariser Kongreß der Elektriker im J. 1881 kam dieses Verfahren allgemein in Aufnahme, was wesentlich durch den großen Aufschwung der Elektrotechnik und durch die Wichtigkeit einer internationalen Verständigung gefördert wurde.

Je nachdem man auf Anziehungs- und Abstoßungserscheinungen der elektrischen Ladungen, die magnetischen Kräfte des Stroms oder die wechselseitigen Fernwirkungen (s. d.) der Ströme achtet, entsteht das elektrostatische, das elektromagnetische oder das elektrodynamische Maßsystem, welches jedoch nur geringe praktische Bedeutung hat.

Das absolute elektrostatische System geht von der Wahl der Einheit der Elektricitätsmenge (s. d.) aus, indem dasselbe das Centimeter als Längen-, das Gramm als Massen- und die Sekunde als Zeiteinheit wählt (s. Maß und Gewicht im absoluten Sinne). Die Elektricitätsmenge 1 ist $1\left(\mathrm{cm}^{\frac{3}{2}}\,\mathrm{g}^{\frac{1}{2}}\,\mathrm{sec}^{-1}\right)$. Die Einheit des Potentials, d. i. Mengeneinheit durch Längeneinheit, ist dann $1\left(\mathrm{cm}^{\frac{1}{2}}\,\mathrm{g}^{\frac{1}{2}}\,\mathrm{sec}^{-1}\right)$, die Kapacitätseinheit (s. Elektrische Kapacität) ist Mengeneinheit durch Potentialeinheit, d. i. 1 (cm), die Stromstärkeneinheit (Mengeneinheit durch Zeiteinheit) $1\left(\mathrm{cm}^{\frac{3}{2}}\,\mathrm{g}^{\frac{1}{2}}\,\mathrm{sec}^{-2}\right)$ und endlich die Widerstandseinheit (Potentialeinheit durch Stromstärkeneinheit) $1\left(\mathrm{cm}^{-1}\,\mathrm{sec}^{+1}\right)$.

Das analoge elektromagnetische System bestimmt die Einheit der Magnetischen Menge (s. d.) $1\left(\mathrm{cm}^{\frac{3}{2}}\,\mathrm{g}^{\frac{1}{2}}\,\mathrm{sec}^{-1}\right)$, setzt die Einheit der magnetischen Intensität (Krafteinheit durch magnetische Einheit) $1\left(\mathrm{cm}^{-\frac{1}{2}}\,\mathrm{g}^{\frac{1}{2}}\,\mathrm{sec}^{-1}\right)$, die Stromeinheit (s. Tangentenbussole) $1\left(\mathrm{cm}^{\frac{1}{2}}\,\mathrm{g}^{\frac{1}{2}}\,\mathrm{sec}^{-1}\right)$, die elektrische Mengeneinheit (Stromeinheit mal Zeiteinheit) $1\left(\mathrm{cm}^{\frac{1}{2}}\,\mathrm{g}^{\frac{1}{2}}\right)$, die Potentialeinheit oder Einheit der elektromotorischen Kraft (Arbeitseinheit durch Stromeinheit) $1\left(\mathrm{cm}^{\frac{3}{2}}\,\mathrm{g}^{\frac{1}{2}}\,\mathrm{sec}^{-2}\right)$, die Widerstandseinheit (Potentialeinheit durch Stromeinheit) $1\left(\mathrm{cm}\,\mathrm{sec}^{-1}\right)$ und endlich die Kapacitätseinheit (elektrische Mengeneinheit durch Potentialeinheit) $1\left(\mathrm{cm}^{-1}\,\mathrm{sec}^{-2}\right)$.

Für praktische Zwecke gebraucht man ausschließlich das elektromagnetische System, wählt aber Vielfache oder Bruchteile der angegebenen absoluten

Einheiten, sodaß dieselben den gewöhnlich vorkommenden Verhältnissen besser entsprechen und weder zu große noch zu kleine Maßzahlen den Überblick stören. Diese Einheiten sind für den Strom das **Ampère** ($^1/_{10}$), für das Potential das **Volt** (10^8), für den Widerstand das **Ohm** (10^9), für die Menge das **Coulomb** ($^1/_{10}$), für die Kapacität das **Farad** (10^{-9}), wobei in den Klammern die Vielfachen oder Bruchteile der absoluten Einheit ersichtlich sind. Für besondere Zwecke bezeichnete man durch Vorsetzung von **Mega** (z. B. Mega-Volt) das Millionfache und durch die Vorsetzung **Mikro** (z. B. Mikro-Volt) den Millionsteil der Einheit (s. Farad).

Es versteht sich, daß die Einheiten der beiden Systeme, die von ganz verschiedenen Merkmalen des elektrischen Vorganges hergenommen sind, nicht untereinander übereinstimmen werden. Man kann aber das Verhältnis finden, indem man z. B. denselben Strom nach elektrostatischem und elektromagnetischem Maß mißt. Dies gelingt z. B. dadurch, daß man eine mit einer elektrostatisch gemessenen Menge geladene Leidener Flasche durch ein auf elektromagnetisches Maß geaichtes Galvanometer entladet. Auf diese Weise findet man, daß ungefähr 30000 Mill. elektrostatischer Stromeinheiten erst eine elektromagnetische Stromeinheit geben. Vergleicht man die Dimensionen des elektrostatischen und elektromagnetischen Strommaßes $\left(\mathrm{cm}^{\frac{3}{2}}\,\mathrm{g}^{\frac{1}{2}}\,\mathrm{sec}^{-2}\right) : \left(\mathrm{cm}^{\frac{1}{2}}\,\mathrm{g}^{\frac{1}{2}}\,\mathrm{sec}^{-1}\right) = \mathrm{cm}\;\mathrm{sec}^{-1} = \frac{\mathrm{cm}}{\mathrm{sec}}$, so findet man, daß das Verhältnis keine reine Zahl ist, sondern den Charakter (die Dimension) einer Geschwindigkeit hat, die merkwürdigerweise (30000 Mill. cm oder 300000 km in der Sekunde) sehr genau der Fortpflanzungsgeschwindigkeit des Lichtes (s. d.) entspricht. Ganz analoge Beziehungen bestehen zwischen den übrigen elektrostatischen und den entsprechenden elektromagnetischen Einheiten. Dies hat zuerst den Gedanken an einen tiefern Zusammenhang von Licht und Elektricität nahe gelegt (s. Elektro-Optik). — Vgl. Everett, Units (Lond. 1879); Hermig, Physik. Begriffe und absolute Maße (Lpz. 1880); Kempe, Handbuch der Elektricitätsmessungen, deutsch von Baumann (Braunschw. 1883).

Elektrische Eisenbahn, diejenige Eisenbahn, bei der die Elektricität als treibende Kraft verwendet wird. Die elektrische Bahn in ihrer heutigen Gestalt leitet ihren Ursprung zurück auf die Berliner Gewerbeausstellung von 1879, auf welcher die erste elektrische Bahn von der Firma Siemens & Halske ausgestellt war. 1881 baute dann dieselbe Firma die erste für dauernden Betrieb bestimmte Bahn vom Anhalter Bahnhof in Groß-Lichterfelde nach der Kadettenanstalt 2,5 km lang. Es folgten: 1882 die Grubenbahn des königlich sächs. Steinkohlenwerkes Zauckerode, 260 m unter Tage und 0,7 km lang, und die Bahn in Portrush in Irland mit 9,6 km, 1884 Mödling bei Wien mit 4,5 und Frankfurt-Offenbach mit 6,7 km, und außerdem die Grubenbahnen Hohenzollern mit 1,8 und Neu-Staßfurt mit 1,1 km. Dann trat in Europa ein Stillstand ein, während in Amerika der elektrische Betrieb um so häufiger zur Anwendung gelangte. Im Aug. 1884 wurde dort die erste elektrische Bahn gebaut, 1885 zählte man bereits 3 mit 13 Wagen, 1887 deren 7 mit 81 Wagen und 1888 schon 32 mit 265 Wagen. Bis 1890 stieg die Zahl auf 126 mit über 2000 Wagen und Sept. 1891 war die Zahl der Bahnen auf 412 und die der Wagen auf nahezu 7000 angewachsen bei einer Gesamtgleislänge von fast 5000 km. In die Ausführung teilen sich im wesentlichen zwei große Gesellschaften zu fast gleichen Teilen: die Thomson-Houston Company und die Sprague Company.

Neuerdings ist auch in Europa der Bau von E. E. wieder lebhafter gefördert worden. Während der Bremer Ausstellung 1890 wurde ein Teil der dortigen Straßenbahnen von der deutschen Filiale der Thomson-Houston Company elektrisch betrieben und Mai 1892 wurde die von derselben Firma erbaute definitive Strecke Bremen-Horn eröffnet. Schon vorher hatte die Firma Siemens & Halske die Budapester Straßenbahn mit 9,1 km und die Allgemeine Elektricitäts-Gesellschaft die Stadtbahn in Halle mit 6,5 und die in Gera mit gegen 10 km gebaut. Eine ganze Reihe von Linien sind in Vorbereitung und zum Teil schon in Angriff genommen worden.

Vielfachen Wandlungen unterlag im Anfang die **Art der Stromzuführung.** Bei der Berliner Ausstellungsbahn leitete eine dritte, isoliert zwischen den Fahrschienen gelegene Schiene den Strom zu, während die Fahrschienen als Rückleitung dienten. Bei der Bahn Lichterfelde dagegen dienen die voneinander isolierten Fahrschienen, die eine als Hin-, die andere als Rückleitung. Bei der Grubenbahn in Zauckerode erfolgt Hin- und Rückleitung durch im Stollenfirst isoliert befestigte T-Schienen, auf denen ein von der Lokomotive nachgezogener Kontaktschlitten gleitet, in Mödling und Frankfurt-Offenbach durch zwei oberhalb des Planums an Telegraphenstangen aufgehängte, unten aufgeschlitzte Rohre, in denen je ein vom Wagen mitgenommener Kontaktschlitten schleift. Neuerdings verwendet man nach dem Vorgange der Amerikaner fast durchgängig als Zuleitung einen in der Mitte oberhalb des Gleises aufgehängten starken Kupferdraht, den sog. Fahrdraht, von dem der Strom durch eine Rolle abgenommen wird, die, an einem auf dem Dache des Wagens nach allen Seiten leicht beweglich angebrachten Kontaktarme befindlich, durch diesen von unten leicht an jenen angedrückt wird während die Fahrschienen als Rückleitung dienen. Außer dieser **oberirdischen** Stromzuführung, die manche Stadtverwaltungen innerhalb der Straßen nicht gestatten, findet man auch Strom-Ab- und Zuführung von unterhalb des Gleises verlegten **unterirdischen** Leitern aus, für welche Art von Zuleitung die von der Firma Siemens & Halske ausgeführte Anlage der Budapester Straßenbahn das hervorragendste Beispiel ist. Die Leitungen liegen hier in einem Kanal von 28 cm Weite und 33 cm Höhe unterhalb der einen Fahrschiene, in den durch einen schmalen Schlitz im Scheitel derselben je ein Kontaktarm für Hin- und Rückleitung, die zu beiden Seiten des Schlitzes liegen, hinabreichen. Für die Abführung der durch den Schlitz eintretenden Tagewässer ist selbstverständlich durch genügende Entwässerung Sorge getragen und die Leiter liegen innerhalb des Kanals so hoch, daß auch bei Stauungen niemals durch das Wasser eine leitende Verbindung hergestellt werden kann. In Städten mit höherm Grundwasserstande oder mit im Überschwemmungsgebiet gelegenen Straßen ist eine derartige Stromzuführung, die, nebenbei bemerkt, sehr viel teurer ist als oberirdische, natürlich unmöglich und es bleibt, wenn letztere nicht gestattet wird, nichts anderes übrig, als den Strom aus einer lokomobilen Stromquelle zu entnehmen, also im Princip zurückzukehren zu den ältesten Versuchen, den Strom als Triebkraft für Fahrzeuge auszunützen (s. Elektrische Lokomotive), nur daß man heute nicht wie damals Primärbatterien, sondern Sekundärbatterien oder Accumulatoren anwendet.

Der Straßenbahnbetrieb mit Accumulatoren, der an sich das Ideal eines elektrischen Betriebes darstellt, weil jeder Wagen ein unabhängiges Ganzes bildet, leidet noch etwas unter dem Umstande, daß es noch nicht völlig gelungen ist, die Accumulatoren so widerstandsfähig zu machen, daß ihre Lebensdauer auch bei den hohen Anstrengungen des lokomobilen Betriebes groß genug ist. Namentlich aber läßt sich diese Lebensdauer nicht mit einiger Sicherheit vorausberechnen, sodaß es unmöglich ist, die für Erneuerung nötigen Summen vorher in den Etat einzusetzen. Accumulatorenbahnen, die vorzugsweise von Reckenzaun in London, Jullien in Brüssel und Huber in Hamburg ausgebildet wurden, sind darum heute noch sehr in der Minderheit. Ihre häufigere Anwendung dürfte aber ohne Zweifel nur noch eine Frage der Zeit sein.

Die Wagen der elektrisch betriebenen Straßenbahn unterscheiden sich äußerlich in nichts von den gebräuchlichen Pferdebahnwagen; sie sind durchgängig zweiachsig und fast stets mit einem Motor für jede der beiden Achsen ausgestattet. Die von diesem zu leistende Arbeit ist außerordentlich veränderlich; beim Anziehen auf steigender Strecke und bei schlechtem Wetter bis fünfmal so groß als während der Fahrt. Wäre der Stromzufluß unveränderlich, so würde die Fahrgeschwindigkeit dementsprechend eine sehr wechselnde sein. Das zu verhindern schaltet der Führer durch eine Kurbel, die er neben der Bremskurbel handhabt, den Umständen entsprechend mehr oder weniger Widerstand ein und hat es so in der Hand, die Geschwindigkeit ganz den Bedürfnissen entsprechend zu regulieren.

Der Betrieb der einzelnen Wagen geschieht fast durchgängig in Parallelschaltung (s. d.), d. h. der von der Maschine ausgehende Strom teilt sich in ebenso viele Zweige, als Wagen auf der Strecke vorhanden sind; die Spannung beträgt meist 500 Volt; die Stromstärke ist nach Bedarf veränderlich.

Zu den elektrischen Bahnen zu rechnen ist auch die von Fleeming Jentin im Verein mit Ayrton & Perry angegebene Telpherbahn, deren zum Transport von Waren dienende Wagen nach Art der Seilbahnen an einem hochgelegenen Schienenstrange aufgehängt sind und die ganz ohne Hilfe von Wärtern und Führern betrieben wird. Eine etwa 1,5 km lange Linie zum Transport von Thon in Glynde in England ist bisjetzt die einzige dieser Art. Eigentümlich ist die Art der Stromzuführung und der Geschwindigkeitsregulierung, die völlig automatisch erfolgt.

Vgl. Schräder, Über die gebräuchlichen Systeme zum Betriebe E. E. (in der «Elektrotechnischen Zeitschrift», Berl. 1890); Köstler, Die Bedeutung der elektrischen Bahnen als Verkehrsmittel in großen Städten (in der «Wochenschrift des österr. Ingenieur- und Architektenvereins», Wien 1891); Kapp, Elektrische Kraftübertragung (deutsch von Holborn und Kahle, Berl. 1891). (S. auch Elektrische Lokomotive.)

Elektrische Energie oder Energie der elektrischen Ladung. Das Elektrische Potential (s. d.) V eines Leiters wächst proportional der Elektricitätsmenge (s. d.) Q, womit derselbe geladen ist, d. h. $Q = CV$, wobei C die Elektrische Kapacität (s. d.) bedeutet. Die ganze Arbeit (s. d.), welche die sich abstoßenden Teile der Ladung bei der Entladung des Leiters (gewöhnlich gegen die Erde) leisten können, nennt man die Energie des Leiters. Dieselbe ist gleich der zur Ladung nötigen Arbeit. Wird nun der Leiter ganz allmählich mit der Menge Q geladen, so steigt dessen Potential von Null auf V. Da nun die Ladungsarbeit für eine sehr kleine Menge q bei dem Potential V durch q V gegeben ist, so entspricht die ganze Ladungsarbeit W dem mittlern Potential, daher also die Energie $W = \frac{1}{2} QV$, oder (weil $Q = CV$) auch $W = \frac{1}{2} CV^2$ oder $W = \frac{Q^2}{2C}$. Diese Energie kann bei der Entladung in Wärme, teilweise auch in mechan. Arbeit u. s. w. umgesetzt werden. (S. Leidener Flasche.)

Denkt man sich ein cylindrisches Gefäß mit dem Flüssigkeitsgewicht P durch Einpumpen durch eine Bodenöffnung allmählich bis zur Druckhöhe H geladen, so ist die Ladungsarbeit ganz analog $W = \frac{1}{2} PH$ und, da $P = CH$ (wobei C das Produkt aus dem Querschnitt des Gefäßes und dem spec. Gewicht der Flüssigkeit vorstellt), auch $W = \frac{1}{2} CH^2$ oder $W = \frac{P^2}{2C}$, was zur Erläuterung dienen mag.

Über die Energie des elektrischen Stromes s. Galvanischer Strom und die damit zusammenhängenden Artikel.

Elektrische Energieübertragung, s. Elektrische Kraftübertragung.

Elektrische Entladung, der Übergang der Elektricität eines Körpers auf die Nachbarkörper. Die E. E. kann langsam stattfinden, indem die Staubteilchen der umgebenden Luft Elektricität aufnehmen, abgestoßen werden und dieselbe fortführen (elektrischer Wind), wodurch sich in der Luft leitende Wege bilden, durch welche die Elektricität abfließt, wie beim elektrischen Glimmen und beim Büschel (s. Elektrische Lichterscheinungen). Diese langsame E. E. wird auch konvektive Entladung genannt. Die E. E. kann auch plötzlich mit Durchbrechen der umgebenden Nichtleiter unter Knall und Funkenbildung erfolgen (disruptive Entladung).

Bei vollständiger Entladung eines Körpers geht die gesamte Elektrische Energie (s. d.) desselben in eine andere Form über. Hierdurch treten mechan. Arbeiten, Wärmewirkungen, magnetische und auch physiol. Erscheinungen auf, die in ausgiebigerm Maße zuerst bei Entladungsversuchen mit der Leidener Flasche (s. d.) wahrgenommen wurden. Durch den Entladungsschlag der Leidener Flasche kann man Kartenblätter, Glasplatten durchbohren, wenn man dieselben zwischen zwei Metallspitzen bringt, von denen die eine mit der innern, die andere mit der äußern Flaschenbelegung verbunden wird. Die Entladung, durch mit Wasser gefüllte Glasröhren geleitet, zersprengt diese. Dünne Drähte, welche die Entladung leiten, werden erwärmt, glühen, schmelzen und verdampfen sogar bei genügend starker Entladung. Brennbare Körper, wie Äther, können durch die Entladung entzündet werden. Ein Gasstrom zwischen den Polen der Influenzmaschine (s. d.) kann schon durch sehr kleine Funken entzündet werden. Hierauf beruhen die elektrischen Gasanzünder, die kleine Influenzmaschinen enthalten. Bei genügend starker Erwärmung durch die Entladung glühen die durchströmten Körper, es treten Elektrische Lichterscheinungen (s. d.) auf. Der elektrische Funke ist die plötzlich durch die Entladung erglühende Luft und keineswegs etwa das elektrische Fluidum oder das Franklinsche elektrische Feuer selbst. Bei der mechan. Durchbrechung der nichtleitenden Luft und der raschen Ausdehnung der plötzlich erwärmten Luft geht von der Funkenbahn eine Schallwelle aus, die wir als Knall vernehmen. (S. Schlierenmethode.) Die elektrische Gleichgewichtsstörung wirkt auch als Reiz auf die Nerven und Muskeln. Eine ganze Kette von Personen empfindet die Leidener Flaschenentladung als eine heftige Erschütterung. Die Wirkung kleinerer Entladungsfunken von geriebenen Glasstangen u. s. w. ist nur durch die Stärke von jener der Flaschenentladungen verschieden. Man kann Knallsilber unmittelbar mit einer geriebenen Glasstange zur Explosion bringen. Rollet hat, auf einem Isolierschemel (s. d.) stehend, durch Annäherung eines in der Hand gehaltenen Eiszapfens brennbare Flüssigkeiten entzündet. (S. Elektrische Zündung.)

Von dem elektrischen Strom unterscheidet sich die Flaschenentladung durch die schnell abnehmende Intensität und die kurze Dauer überhaupt, ferner dadurch, daß die knallende Funkenentladung nicht allein in einem bestimmten Sinn vorgeht, sondern wie eine Schwingung einigemal hin und her geht, bevor das Gleichgewicht hergestellt ist. Letzteres geht aus den Versuchen von Feddersen deutlich hervor. (S. Elektrische Schwingungen.) Eine notwendige Folge hiervon ist, daß man durch Flaschenentladungen Stahlnadeln auch magnetisieren, die Lage der Pole aber nicht voraus bestimmen kann. (S. Elektromagnetismus.) Die kurze Dauer der Entladung erkennt man, wenn man eine sehr rasch rotierende mit Figuren bemalte Scheibe im Dunkeln durch den Entladungsfunken beleuchtet. Dieselbe erscheint dann vollkommen ruhig, da sie während der kurzen Zeit der Beleuchtung keine merkliche Drehung ausführen kann. Von dieser Eigenschaft des elektrischen Funkens werden wichtige wissenschaftliche Anwendungen gemacht, indem es durch dieselbe möglich ist, von sehr schnell bewegten Gegenständen Momentbilder auch photographisch zu fixieren. (S. Schlierenmethode.)

Rieß hat besonders den Einfluß der Entladung auf die Erwärmung von Drähten studiert, die durch das Gefäß eines Luftthermometers gezogen waren. Es hat sich hierbei gezeigt, daß die Gesamtwärme, welche die Entladung hervorbringt, der Elektrischen Energie (s. d.) der Ladung entspricht. (S. Mechanische Wärmetheorie.)

Elektrische Fernmelder, Apparate, welche dazu dienen, einen Vorgang irgendwelcher Art mit Hilfe von elektrischer Übertragung in größerer Entfernung sichtbar zu machen, oder auch nur den Eintritt ganz bestimmter Ereignisse selbstthätig dorthin zu melden. Zu den E. F. gehören also die Wasserstandszeiger, die Schiffskommandoapparate, die Fernregistrierapparate von Geschwindigkeits-, Druck- und Temperaturänderungen, die Feuermelder, die Zeitballapparate und im weitern Sinne wohl auch die einer Centraluhr in ihrer Zeigerbewegung folgenden Nebenuhren. Ihre Konstruktion ist je nach den Umständen sehr verschieden. Meist wird durch den zu übertragenden Vorgang eine Drehbewegung hervorgerufen und dadurch entweder Induktionsströme erzeugt, oder Batteriestrom durch wechselnde Kontaktschlüsse gesteuert, wodurch in beiden Fällen ein Zeigerwerk am Ende der Leitung im einen oder andern Sinne bewegt wird.

Elektrische Fische, s. Zitterfische.

Elektrische Gasanzünder, s. Elektrische Entladung.

Elektrische Hauchbilder, Elektrische Hauchfiguren, s. Elektrische Bilder.

Elektrische Induktion, s. Induktion, elektrische.

Elektrische Influenz nennt man den Vorgang der Trennung der in gleichen Mengen in einem unelektrischen Leiter enthaltenen entgegengesetzten elektrischen Ladungen bei Annäherung eines geladenen Körpers, wobei die der Ladung des angenäherten Körpers gleichnamige sich an dem fernern, die ungleichnamige an dem nähern Leiterende ansammelt. Faraday hat die Influenzvorgänge in einem sehr übersichtlichen Versuch dargestellt. Bringt man in das Innere eines ganz (oder fast ganz) geschlossenen hohlen Leiters, z. B. in das tiefe auf ein Elektroskop (s. d.) geschraubte Metallgefäß A (s. beistehende Figur) einen etwa mit der Elektricitätsmenge (s. d.) + q geladenen Leiter B, ohne A zu berühren, so tritt an der Außenfläche die gleichnamige, an der Innenfläche die ungleichnamige Ladung auf. Letztere beide Ladungen sind gleich groß, denn die Divergenz der Goldblättchen verschwindet wieder, sobald B entfernt wird. Die Größe und Verteilung der äußern Ladung hängt von der Lage von B im Innern von A nicht ab; die Goldblättchen behalten bei Vorschiebung von B ihre Divergenz. Die Divergenz bleibt auch ungeändert, wenn B mit A in Berührung gebracht wird. Zieht man nun B heraus, so erweist sich B als ungeladen (s. Elektrische Oberflächenladung), die Divergenz der Blättchen bleibt aber dieselbe. Demnach wurde durch B die entgegengesetzte Ladung der Innenfläche von A eben aufgehoben und die gleichnamige Ladung der Außenfläche ungeändert gelassen. Beide Ladungen waren also der Ladung von B genau gleich.

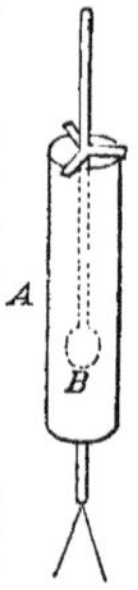

Reibt man zwei Körper aneinander, so bringt jeder, in das Gefäß eingeführt, eine kleine Elektroskopanzeige hervor, beide zusammen geben aber keine Anzeige. Beide entgegengesetzte Elektricitäten werden also in gleicher Menge entwickelt. (S. Elektricität, Leidener Flasche, Elektrophor, Influenzmaschine, Duplikator.)

Elektrische Influenzmaschine, s. Elektrisiermaschine und Influenzmaschine.

Elektrische Kapacität. Wenn eine Leidener Flasche (s. d.) durch eine gewisse Anzahl Maßflaschenentladungen (s. Elektricitätsmenge) geladen wird, so vermag sich diese Flasche auf eine gewisse Schlagweite zu entladen. Zwei oder drei gleiche, miteinander verbundene Flaschen werden erst bei der zwei- oder dreifachen Maßflaschenentladungszahl zur selben Schlagweite geladen sein, dieselbe Spannung, denselben elektrischen Zustand, dasselbe Elektrische Potential (s. d.) erlangt haben. Das Fassungsvermögen oder die Kapacität der Flaschenverbindung oder Batterie ist demnach größer als jenes der einzelnen Flasche. Wissenschaftlich bestimmt man die E. K. einer Flasche oder überhaupt eines Leiters durch die Elektricitätsmenge, die auf die Einheit des Potentials entfällt. Da z. B. eine frei in der Luft aufgehängte Kugel vom Radius r bei der Ladung mit der Menge q das Potential $V = \frac{q}{r}$ hat, so ist deren Kapacität $\frac{q}{V} = r$, d. h. dieselbe wird durch den Radius der Kugel und zwar nach der jetzt geltenden Übereinkunft in Centimetern gemessen. Giebt man die Kapacität eines andern Leiters in Centimetern an, so bedeutet dies, daß dieser dieselbe Kapacität hat wie eine freie Kugel von dem angegebenen Radius. Die Kapacität der im Artikel Leidener Flasche (s. d.) berechneten Kugelflasche ist $\frac{r'r}{r'-r}$. Die Flaschen übertreffen gewöhnliche Leiter bedeutend an Kapacität, worin nach Faraday ihre eigentliche Bedeutung liegt. Es ist leicht, eine Flaschenbatterie herzustellen, deren Kapacität jener einer Kugel von 1 km Durchmesser entspricht. (S. Elektrische Einheiten, Farad.) Die Kapacität einer Flasche hängt bei gleicher Form und Größe der Belegungen auch von dem Isolator zwischen denselben ab, wie Cavendish, Faraday und W. Siemens fanden. (S. Dielektricitätskonstante.) Die Bestimmung der Kapacität eines Leiters kann dadurch geschehen, daß man diesen bei gegebenem Potential mit einem andern von bekannter Kapacität, z. B. mit jener Kugelflasche verbindet und aus der Herabsetzung des Potentials auf die Kapacität des erstern Leiters schließt. — Über die Kapacität der Accumulatoren s. d.

Elektrische Kerze, diejenige nur mit Wechselstrom zu betreibende Form des elektrischen Bogenlichts, bei der die beiden Kohlenstäbe, zwischen denen sich der Bogen bildet, nicht, wie gewöhnlich, einander gegenüber, sondern, durch eine Schicht von Kaolin voneinander isoliert, parallel nebeneinander liegen. Von dem Russen Jablochkoff 1876 erfunden, bildete die Kerze eine sehr willkommene erste und vorläufige Lösung der Aufgabe, den Strom einer einzigen Quelle derart auf mehrere in den Kreis derselben eingeschaltete Lampen zu verteilen, daß dieselben einander gegenseitig nicht stören. Heute, wo diese Aufgabe keine Schwierigkeiten mehr darbietet, hat die Kerze nur noch histor. Interesse.

Elektrische Kette, soviel wie Galvanische Batterie (s. d.).

Elektrische Klingeln und Anrufapparate werden teils als Nebenapparate bei solchen Telegraphen angewendet, welche keine hörbaren Zeichen geben, teils als selbständige Signalapparate, z. B. in der Haustelegraphie, beim Eisenbahnsignalwesen u. s. w. Wecker zur Erregung der Aufmerksamkeit wurden bei den elektrischen Telegraphen schon in der frühesten Zeit in Vorschlag gebracht.

Die Klingeln werden teils durch galvanische, teils durch Wechselströme, die mittels eines Magnetinduktors erzeugt werden, in Thätigkeit gesetzt. Über diese Klingeln s. Elektrische Telegraphen B, 2; über die mit Laufwerk s. Elektrisches Läutewerk.

Elektrische Kondensation, s. Leidener Flasche.

Elektrische Kraftübertragung, richtiger elektrische Energie- (oder auch Arbeits-) übertragung, eine Anwendungsform des elektrischen Stroms, welche diesen benutzt, um Kraftquellen, deren Ausnutzung am Orte ihres Auftretens nicht angängig oder mit Schwierigkeiten verbunden ist, an entfernt gelegenen Gebrauchsorten nutzbar zu machen. In ihrer einfachsten Form besteht eine derartige Einrichtung zur Kraftübertragung aus einer Dynamomaschine, einem Elektromotor und einer beide verbindenden Leitung. In der Dynamomaschine wird die der Kraftquelle entnommene mechan. Energie in Stromenergie verwandelt, die, auf der Leitung zum Motor fließend, in diesem in mechan. Energie zurückverwandelt wird. Da jede Umwandlung einer Energieform in eine andere mit Verlusten verknüpft ist und auch die Leitung Energie verbraucht, ist es selbstverständlich, daß man nur einen Teil der in die Dynamo eingeleiteten, von ihrem Antriebsmotor an die Riemscheibe derselben abgegebenen mechan. Energie am Motor wieder gewinnt. Da aber Dynamo und Motor sehr vollkommene Maschinen mit hohen Wirkungsgraden sind und der auf die Leitung entfallende Verlust, wie sogleich gezeigt werden soll, leicht sehr klein gemacht werden kann, so gehört die E. K. zu den vorzüglichsten für größere Entfernungen benutzten Übertragungsmitteln, an die nur die Übertragung mittels Druckluft und die mit Druckwasser heranreichen, für große Entfernungen aber auch diese nicht. Neuerdings gewinnt sie aber auch mehr und mehr an Bedeutung als völliger oder teilweiser Ersatz für die bisher gebräuchlichen, meist in Wellenleitungen bestehenden Transmissionsmittel innerhalb unserer Fabriken, in welchem Falle es sich allerdings mehr um eine Kraft- oder Energieverteilung, als um eine bloße Übertragung handelt.

Ihre Anwendung reicht zurück bis zur Wiener Weltausstellung von 1873. Sie diente dort als Aushilfsmittel aus einer argen Verlegenheit, in der sich der Vertreter der Gramme-Maschine, H. Fontaine, am Tage der Eröffnung befand, als eine Batterie Plantéscher Accumulatoren, aus der eine der Dynamomaschinen als Motor für ein Pumpwerk, das einen Wasserfall speiste, betrieben werden sollte, sich hierfür als zu schwach erwies, bis ihm wenige Stunden vor der Eröffnung der glückliche Gedanke kam, doch einmal zu versuchen, ob er nicht als Stromquelle eine andere Dynamomaschine benutzen könne. Er beschreibt uns diese seine Verlegenheit und das Gelingen des Versuches, sowie die weitere Ausbildung der Idee sehr anschaulich in einem von ihm veröffentlichten kleinen Schriftchen: «Transmissions électriques, renseignements pratiques» (Par. 1885). Wohl die erste größere Anwendung der E. K. in der Praxis war die 1879 in Betrieb gesetzte der Zuckerfabrik von Chrétien & Felix in Sermaize, die dazu diente, die zur Bestellung der Rübenfelder vorhandenen Fowlerschen Seilpflüge von den Maschinen der Fabrik aus zu betreiben, die zu dieser Zeit, außerhalb der Campagne, nur zu einem sehr kleinen Teile ihrer Stärke ausgenutzt wurden, diese Arbeit also sehr wohl mitbesorgen konnten.

In größern Kreisen bekannt wurde die Kraftübertragung durch die Versuche von Deprez, deren erster, die Übertragung von etwa $1\frac{1}{2}$ Pferdestärken von Miesbach nach München auf 57 km mittels gewöhnlicher Telegraphenleitung, seiner Zeit einen Hauptanziehungspunkt der Münchener Elektrischen Ausstellung (1882) bildete. Dieser Versuch ist namentlich deshalb interessant, weil bei ihm zum erstenmal wesentlich höhere Spannungen als bisher, nämlich etwa 1200 Volt, angewendet wurden in der ausgesprochenen Absicht, durch diese Erhöhung der Spannung des Stroms die den Leitungsverlust bedingende Stromstärke und damit diesen Verlust selbst soweit immer möglich herabzuziehen, bez. bei gleichem Verluste, ohne die Leitung zu sehr verstärken zu müssen, die Energie auf viel größere Entfernungen übertragen zu können. Um diesen Einfluß der Spannung übersichtlich zu machen, bedient man sich eines Diagrammes. Bezeichnet man mit N die Anzahl der zu übertragenden Pferdestärken, mit E und J Spannung und Stromstärke und mit k die Triebwerklänge, d. i. die Entfernung von Dynamo und Motor in Kilometern, so berechnen sich bei p Prozent Verlust in der Leitung die ungefähren Kupferkosten für dieselbe nach folgender Formel, deren übrigens einfache Ableitung hier nicht gegeben werden kann:

$$C \cdot p = k^2 \cdot N\left(\frac{11\,000}{E}\right)^2.$$

Setzt man darin für k = 50 beispielsweise E = 1000 ein, so erhält man C×p = 300000 N. Bei 20 Proz. Verlust in der Leitung kostet diese also pro Pferd 15000 M., für 100 Pferde etwa $1\frac{1}{2}$ Mill. M. Durch Spannungssteigerung läßt sich dieser Preis aber bedeutend reducieren. Setzt man der Reihe nach E = 1000, 2000, 5000, 10000 und 20000, so erhält man Preise, die sich, wie leicht ersichtlich, verhalten wie die Reciproken der Quadrate von 1, 2, 5, 10 und 20, oder, ausgerechnet, wie

400 : 100 : 15 : 4 : 1,

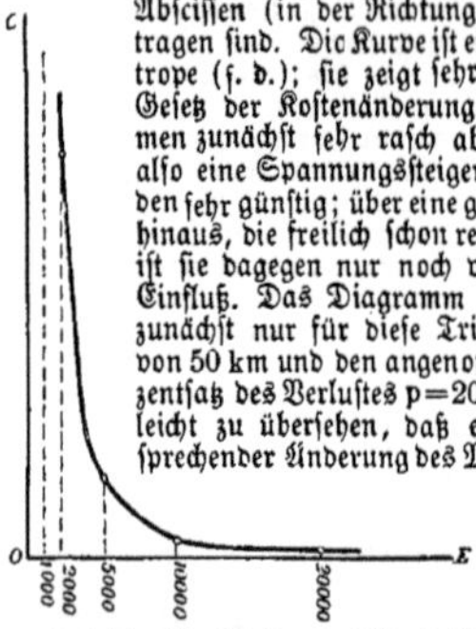

die in nebenstehendem Diagramm als Ordinaten (in der Richtung O C) zu den betreffenden E als Abscissen (in der Richtung O E) aufgetragen sind. Die Kurve ist eine sog. Polytrope (s. d.); sie zeigt sehr deutlich das Gesetz der Kostenänderung. Diese nehmen zunächst sehr rasch ab; hier wirkt also eine Spannungssteigerung entschieden sehr günstig; über eine gewisse Grenze hinaus, die freilich schon recht hoch liegt, ist sie dagegen nur noch von geringem Einfluß. Das Diagramm gilt natürlich zunächst nur für diese Triebwerkslänge von 50 km und den angenommenen Prozentsatz des Verlustes p=20. Es ist aber leicht zu übersehen, daß es unter entsprechender Änderung des Maßstabes für alle Fälle gilt. Wird k vergrößert, so wächst unter übrigens gleichen Umständen das Produkt C·p im quadratischen Verhältnis und entsprechend ändert sich der Maßstab unter Berücksichtigung des geforderten Wertes von p. Deprez selbst giebt kein derartiges Diagramm; er beschränkt sich auf die Ableitung einer Reihe von Formeln, die aber wenig übersichtlich sind. Sein Versuch verlief übrigens insofern ungünstig, als nach kurzem Betriebe die eine der für die Anforderungen der Praxis viel zu zarten Maschinen infolge eines Isolationsfehlers versagte. Besser glückten zwar seine folgenden Versuche in Paris, Grenoble und Creil 1883—85; es gelang ihm aber nicht, für die Praxis befriedigende Resultate zu erzielen.

Erst der Frankfurter Elektrischen Ausstellung (1891) blieb es vorbehalten, in der Übertragung **Lauffen-Frankfurt**, durch welche 300 dem Neckar abgewonnene Pferdestärken auf eine Entfernung von 175 km übertragen wurden, die erste Kraftübertragung auf **große** Entfernung zu bringen. Übertragungen auf kleine und mittlere Entfernungen waren freilich, auch abgesehen von den Elektrischen Eisenbahnen (s. d.), die ein wichtiges, ausgedehntes Gebiet der Kraftübertragung bilden, vielfach schon auch vorher ausgeführt worden, namentlich durch die Maschinenfabrik Oerlikon, bez. deren damaligen Leiter C. E. L. Brown, der besonders dazu beigetragen hat, die Kraftübertragung auf ihre heutige hohe Stufe zu heben. Gleich die erste von ihm ausgeführte Kraftübertragung, durch welche 50 Pferdestärken von einer Turbinenanlage in Kriegstetten auf eine Entfernung von 8 km in die Fabrik der Herren Müller-Haiber in Solothurn übertragen wurde, war sowohl in theoretischer als auch in praktischer Beziehung ein Erfolg. Alle vor der Ausführung angestellten Rechnungen und Überlegungen wurden durch die Anlage bestätigt, und auch der im Dez. 1886 eröffnete Betrieb befriedigte durchaus. Bei Versuchen in der Fabrik selbst hatte die Übertragung einen Wirkungsgrad von annähernd 70 Proz. gezeigt. Die Richtigkeit dieser Messungen bez. die Stichhaltigkeit des dabei angewendeten Verfahrens wurde zunächst stark angezweifelt; eine Wiederholung der Versuche nach fast einjährigem Betriebe an Ort und Stelle ausgeführt durch eine Kommission von Sachverständigen, ergab einen noch höhern Wirkungsgrad, nämlich 75 Proz. Seitdem wurden von derselben Fabrik eine größere Zahl von Übertragungen gebaut, von denen die folgende Tabelle einige der bedeutendsten enthält:

Ort	Leistung in Pferdestärken	Entfernung in km	Wirkungsgrad in Proz.
Luzern	120	3	70
Derendingen	280	1,8	80
Diesbach	120	0,6	75
Piovene (Italien) . .	250	0,45	78
Steyrermühl-Aichberg	260	0,6	75
Schaffhausen	600	0,6	75

Alle diese Übertragungen benutzen Gleichstrommaschinen. Diese sind aber hinsichtlich der Spannung an eine aus den Schwierigkeiten der Isolation im Kollektor (s. d.) resultierende, nicht eben hohe Grenze gebunden. Bei Wechselstrommaschinen, die keinen Kollektor besitzen, ist dies nicht der Fall. Es lag daher nahe, für Übertragungen auf größere Entfernung Wechselstrom zu benutzen. Das scheiterte bis dahin an dem Mangel eines guten Wechselstrommotors. Nachdem man aber im sog. Drehstrom eine Verkettung von Wechselströmen gefunden hatte, die sehr einfache und solide Konstruktionen für die betreffenden Motoren gestattete, war diese Schwierigkeit überwunden. So große Spannungen, wie man sie nach dem obigen für große Entfernungen gebraucht, lassen sich nun auch in der Wechselstrommaschine nicht wohl erzeugen. Man bedurfte daher außer der den Strom erzeugenden Dynamomaschine noch eines Transformators (s. d.), um vor Eintritt des Stroms in die Leitung seine Spannung auf die erforderliche Höhe zu bringen, ihn, wie man sich ausdrückt, herauf zu transformieren, und eines zweiten, um ihn vor Eintritt in den Motor wieder herab zu transformieren. So wurde die Übertragung für die Ausstellung projektiert und als Kraftquelle die für andere Zwecke bereits vorhandene Turbinenanlage mit Dynamomaschine in Lauffen benutzt, nachdem im Jan. 1891 in Oerlikon angestellte Vorversuche ein günstiges Resultat ergeben hatten. Unternehmer waren die Maschinenfabrik Oerlikon und die Allgemeine Elektricitätsgesellschaft in Berlin. Die Leitung wurde als Luftleitung auf Ölisolatoren (s. d.) an Stangen ausgeführt, welche die Reichstelegraphenverwaltung und die königl. württembergische, die auch den Bau der Leitung übernahmen, für die Zwecke des Versuches herliehen. Die Spannung, mit der die Leitung betrieben wurde, betrug im Mittel 16000 Volt; nur gegen Schluß der von der Prüfungskommission vorgenommenen Messungen wurde dieselbe bis auf 30000 Volt gesteigert. Trotz dieser hohen Spannung hielt sich die Leitung vorzüglich; nur einer der 10000 Isolatoren wurde bei 30000 Volt durchschlagen. Der Wirkungsgrad der Übertragung betrug 73 Proz.

War somit der technische und wissenschaftliche Erfolg des großartigen Versuches ein vollkommener, so konnte doch der kommerzielle Erfolg der Übertragung nur ein negativer sein. Nach der obigen Formel für die Kosten der Leitung ist nämlich sofort zu übersehen, daß die Triebwerkslänge, da k im Quadrat vorkommt, sehr stark einwirkt. Nun war bei dieser Anlage k = 175, also sehr groß, während die Pferdestärkenzahl mit etwa 300 verhältnismäßig niedrig war. Die Formel zeigt, daß dies ungünstig auf die Kosten wirken muß, und so kann denn in der That nach dieser Richtung hin von einem Erfolge nicht die Rede sein. Nach einer Mitteilung von Huber, dem Nachfolger von Brown in Oerlikon, in der «Schweizer Bauzeitung», Bd. 18 (1891), S. 162, betrugen die Kosten für jede übertragene Pferdestärke 1200 M., wovon 1000 M. auf die Leitung entfielen. Rechnet man 4½ Proz. Zinsen, 12½ Proz. Amortisation und 5 Proz. für Beaufsichtigung und Instandhaltung, so kostete die Pferdestärke an der Welle in Frankfurt jährlich 265 M., oder bei 3000 Arbeitsstunden die Pferdekraftstunde fast genau 9 Pf., während bei Dampfbetrieb die Stunde etwa 4 Pf. kostet. Diese Anlage sollte aber auch nur zeigen, daß es mit voller Betriebssicherheit möglich sei, mit so großen Spannungen zu arbeiten, und daß die Verluste durch Ladungserscheinungen und direkte Abgabe an den vielen sich nötig machenden Stützpunkten der Leitung nicht so hoch seien, daß an einen irgend annehmbaren Wirkungsgrad nicht zu denken sei. Ein solcher ist aber im vollsten Maße erreicht.

Die Elektrotechnik ist nun in der Lage, Übertragungen auf alle Entfernungen auszuführen, die sich in der Praxis bieten werden. Wirkliche dauernde Übertragungen auf 175 km hat wohl kaum jemand geplant. Solange wir die heute noch fast unerschöpflich erscheinenden Kohlenvorräte haben, wird man an derartige Entfernungen, die ganze Staaten überspannen, nicht zu denken brauchen. Seitdem ausgeführte und in lohnendem praktischem Betriebe befindliche und weitere im Bau und im Projekt begriffene Anlagen erreichen aber heute schon ganz respektable Entfernungen. So überträgt die von der Maschinenfabrik Oerlikon erbaute Anlage Herrenwiesen-Bulach 400 Pferdestärken auf 4 mm starker Kupferleitung nach Oerlikon auf 15 km (vgl. «Zeitschrift des Vereins Deutscher Ingenieure», 1892, S. 77), die von der Firma Ganz & Co. erbaute Anlage Tivoli-Rom überträgt 2000 Pferdestärken auf 28 km (vgl. «Elektrotechnische Zeitschrift», 1892, S. 500); durch die im Bau begriffene Anlage zur Ausnutzung der Niagarafälle endlich sollen 50000 Pferdestärken auf eine Entfernung von 32 km nach Buffalo übertragen werden (vgl. «Zeitschrift des Vereins Deutscher Ingenieure», Berl. 1892, S. 39: Projekt der Firma Ganz & Co.). — Vgl. Kapp, Electric transmission of energy (3. Aufl., Lond. 1891; deutsch von Holborn und Kahle, Berl. 1891); Braun, Über E. K., insbesondere über Drehstrom (Tüb. 1892). Eine populäre Übersicht giebt Japing in Bd. 2 der Hartlebenschen «Elektrotechnischen Bibliothek» (3. Aufl. von Zacharias, Wien 1891).

Elektrische Lampe, s. Bogenlicht, Glühlicht, Elektrische Kerze.

Elektrische Leitungen, s. Elektricitätsleitungen.

Elektrische Lichterscheinungen. Zu diesen gehört zunächst der elektrische Funke, der entsteht, wenn hochgespannte Elektricitätsmengen sich mit plötzlicher Durchbrechung der umgebenden nichtleitenden Luft entladen. (S. Elektrische Entladung.) Bei größerer Schlagweite beschreibt der elektrische Funke gewöhnlich keine gerade, sondern meist eine gebrochene und vielfach verzweigte Bahn. (Fig. 3 der Tafel Elektricität zeigt einen Funken der Influenzmaschine in Kohlensäure.) Ebenso verhält es sich mit dem mächtigen elektrischen Funken in der Natur, dem Blitz (s. d.). Die Farbe und die Stärke des Leuchtens der elektrischen Funken ist nach der Gasart, in der die Funken überschlagen, verschieden. In der Luft leuchten sie mit einem intensiven weißbläulichen Lichte. Wenn man den mit positiver Elektricität geladenen Konduktor einer Elektrisiermaschine (s. d.) mit einer sehr kleinen Kugel oder einer stumpfen Spitze versieht, so erhält hier der Konduktor eine so große elektrische Dichte, daß die Elektricität aus jenem Kügelchen oder aus der Spitze, ohne gegenüberstehenden Funkenzieher, in die Luft als ein, nur im Dunkeln wahrnehmbares, gestieltes elektrisches Büschel übergeht, d. h. es strömen hier viele, nach außen divergierende bläuliche oder rötliche Strahlen mit einem schwachen Geräusch aus, das von einer raschen Folge von Entladungen herrührt. Versieht man den negativ elektrischen Konduktor der Elektrisiermaschine mit einer ähnlichen Spitze, so erscheint geräuschlos nur ein Lichtpunkt oder ein Lichtstern. An einer Spitze, die man in der Hand und gegen den negativ elektrischen Konduktor der Elektrisiermaschine in einer mäßigen Entfernung hält, bemerkt man, weil positive Elektricität gegen den negativen Konduktor ausströmt, ein positiv elektrisches Lichtbüschel. Der Spitze entweicht dagegen negative Elektricität als Lichtpunkt, wenn der ihr gegenüberstehende Konduktor der Elektrisiermaschine positiv elektrisch ist. Durch sehr scharfe und feine Spitzen strömt zwar die Elektricität am leichtesten aus, aber die elektrischen Büschel der positiven Elektricität sind dann so klein, daß sie sich vom negativen Lichtstern nur schwer unterscheiden lassen. Auf einem solchen büschelartigen Ausströmen der Elektricität beruht das Elmsfeuer (s. d.). Jedes geräuschlose schwache elektrische Leuchten heißt elektrisches Glimmen. Das elektrische Glimmlicht tritt in ausgedehntem Grade auf, wenn man die Elektricität des positiven Konduktors mittels eines Zuleiters in den luft- oder gasverdünnten Raum eines geschlossenen Glasballons, eines sog. Elektrischen Eies (s. umstehende Fig. 1), führt und am andern Ende durch einen Draht zum negativen Konduktor ableitet. Hierbei tritt dann das elektrische Glimmlicht zwischen zwei entgegengesetzt elektrischen Spitzen oder auch Kugeln auf. Die Farbe des aus Spitzen ausströmenden elektrischen Lichts ändert sich, wenn diese Lichtbüschel in verschiedenen Gasarten hervorgebracht werden. Besonders im Stickstoffgase bilden sie sich glänzend und werden bei Verdünnung des Gases ausgedehnt. In ausgezeichneter Schönheit beobachtet man diese Lichterscheinungen beim Durchgang der Elektricität durch die von Geißler in Bonn mit Hilfe der Quecksilberluftpumpe entleerten und hierauf zugeschmolzenen Glasröhren. Solche **Geißlersche Röhren** (Fig. 2) werden seit 1857 in der mannigfachsten Form angefertigt und enthalten nur außerordentlich geringe Mengen verschiedener Gase oder Dämpfe. Das elektrische Glimmlicht des Stick- und Wasserstoffs erscheint rot, des Chlors grünlich, des Leuchtgases weißlich, der Luft violett. Über die verschiedenen Farbenstrahlen des elektrischen Lichts giebt die Spektralanalyse Auskunft. Nach den Ergebnissen derselben tragen in erster Linie zu der Farbe des elektrischen Funkens und elektrischen Lichts überhaupt die glühenden Metalldämpfe bei, die von den durch die elektrische Entladung abgerissenen Teilchen der Konduktoren herrühren; dann haben auch die glühenden Gasteilchen Einfluß. Ein reines Gasspektrum kann man erst erhalten, wenn die glühende Zerstäubung der Konduktoren oder anderer Stromzuleiter hintangehalten wird (z. B. durch Anwendung von Aluminiumpolen für die Zu- und Ableitung). Als Elektricitätsquelle für die Geißlerschen Röhren dient seltener die gewöhnliche Elektrisiermaschine, weil dieselbe zu ungleichmäßig und spärlich wirkt; noch weniger eine galvanische Batterie, weil dieselbe für diesen Zweck zu vielplattig und daher zu teuer werden müßte und man mit Hilfe eines Ruhmkorffschen Induktors (s. Induktionsmaschinen) mit nur wenigen Volta-Elementen zu den glänzendsten Erscheinungen gelangt. Es wird daher hier ein solcher Induktor am häufigsten angewendet; dann auch die Influenzmaschine (s. d.).

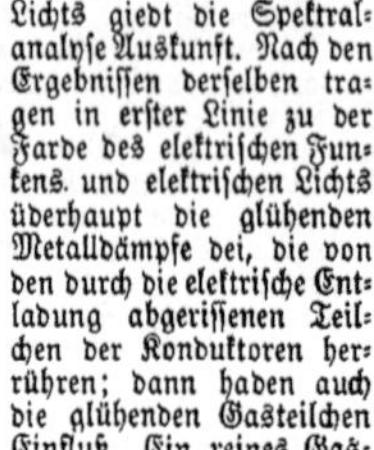

Fig. 1.

Sowohl im elektrischen Ei als in den Geißlerschen Röhren ist der negative Pol von einem blauen Glimmlicht umflutet, dem ein dunkler Raum folgt. Hieran schließt sich wieder ein helles elektrisches Glimmlicht, das vom positiven, kräftig glühenden Pole ausströmt und bei höhern Verdünnungsgraden eine Schichtung, Streifung oder Stratifikation zeigt, die (Fig. 2) aus abwechselnd lichten und dunkeln Querbändern besteht. Dieselben sind etwas gebogen, mit der konkaven Seite gegen den positiven Pol. Ihre endgültige Erklärung ist noch nicht gegeben. Im allgemeinen tritt diese Schichtung besonders deutlich auf, wenn die Füllung der Röhren nicht aus ganz reinen Gasen besteht; ferner wenn der Leitungswiderstand der Zuleitung erhöht wird, z. B. durch Einschaltung eines nassen Fadens. Je mehr man die Röhren auspumpt, desto mehr schreitet, jedoch schwächer werdend, das blaue Glimmlicht gegen den positiven Pol vor, und desto mehr verschwindet jener dunkle Raum, der das negative von dem positiven, hellen Licht trennt. In außerordentlich gasverdünnten Glasröhren verlieren dann die Gasteilchen ihre gewöhnliche Eigenschaft, auch in beliebigen Krümmungen der Röhren zu erglühen; es breitet sich dann das negativ elektrische Glimmlicht nur geradlinig aus. Aus diesem schon von Hittorf (1869) entdeckten Verhalten des negativen Glimmlichts bei hohen Verdünnungsgraden wollte Crookes (1879) aus einer Reihe schöner Glimmversuche auf einen vierten Aggregationszustand schließen (**Strahlende Materie**, s. d.), seine Ansicht wurde jedoch widerlegt. Die Untersuchung über die elektrische Entladung in Gasen der Geißlerschen Röhren wurde neuerdings (1879—81) vielfach gepflogen (Goldstein, Reitlinger und Urbanitzky, Boller, Zoch u. a.), nachdem das Licht derselben schon früher (1865 u. s. w.) von Plücker, Hittorf, Wüllner, Reitlinger, Kuhn u. a. studiert worden war. Wenn die Verdünnung in den Röhren sehr weit fortgeschritten ist, so geht kein elektrischer Funke mehr hindurch; ein sehr vollkommenes Vakuum gehört also zu den Nichtleitern der Elektricität. Auf den Lichtstrom in den Geißlerschen Röhren wirken Magnetpole im allgemeinen gerade so wie auf bewegliche Stromleiter. (S. Elektromagnetische Rotation.) Doch haben Plücker und Hittorf auch ganz besondere Wirkungsgesetze des Magneten auf das negative Licht gefunden. Da auch das **Nordlicht** auf Magnetnadeln ablenkend wirkt, so hält man es meist für ein großartiges, kräftig leuchtendes elektrisches Büschel- oder Glimmlicht.

Bestrahlt man mit dem elektrischen Lichte der Geißlerschen Röhren Canarienglas, Chininlösungen und andere fluorescierende Körper, so erhält man wegen seines Reichtums an ultravioletten Strahlen (s. Spektrum) prächtige Erscheinungen der **Fluorescenz** (s. d.). In ähnlicher Weise ergeben sich auch Erscheinungen der **Phosphorescenz** (s. d.), wenn das elektrische Licht empfindliche Phosphorescenzkörper bestrahlt. Läßt man über ein Stück Zucker, Kreide, Schwer- oder Flußspat kräftige elektrische Funken hinschlagen, so zeigen sich diese Stoffe nachher im Dunkeln leuchtend (sie phosphorescieren). Die sog. Lichtsauger oder Insolationsphosphore (z. B. Schwefelcalcium, Schwefelbaryum und Schwefelstrontium, wenn sie unter hoher Temperatur bereitet worden sind) leuchten, selbst in Glas eingeschlossen, schon, wenn sie nur in der Nähe der Stelle sich befunden haben, wo der elektrische Funke überspringt, sofern nur sein Licht sie bestrahlt hat (**Phosphorescenzröhren** und **nachleuchtende Glasröhren**).

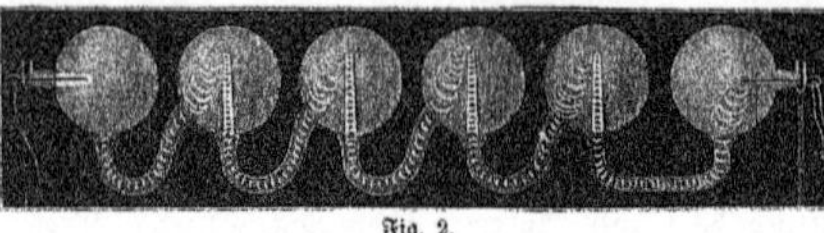

Fig. 2.

Mit dem nur schwach leuchtenden Glimmlichte der Geißlerschen Röhren darf man das kräftige **elektrische Licht** der weißglühenden Drähte oder weißglühenden Kohlenfäden (s. Elektrisches Glühen und

Glühlicht) sowie des Bogens von weißglühenden Kohlenteilchen und der weißglühenden Kohlenspitzen bei dem elektrischen Bogenlicht (s. Bogen, elektrischer) nicht verwechseln.

Elektrische Lokomotive. Die Fortbewegung von Fahrzeugen, sei es auf gewöhnlicher Straße, sei es auf dem Gleis der Eisenbahnen, gehört mit zu den frühesten Anwendungsversuchen des Anfang der dreißiger Jahre erfundenen Elektromotors (s. d.). Die ersten Versuche waren wohl die von Stratingh & Becker in Groningen und von Botto in Turin 1836, einen elektrisch betriebenen Wagen zu konstruieren, von denen «Poggendorffs Annalen» (Bd. 47, S. 78) berichten; die ersten E. L. bauten 1842 Davidson und 1844 Little, von denen die des erstern eine Zeit lang auf der Edinburgh-Glasgower Bahn Dienst that; 1851 baute Page mit Unterstützung des Kongresses der Vereinigten Staaten eine solche für die Bahn Bladensburg-Washington. Da aber alle diese Versuche als Stromquelle galvanische Batterien benutzten, so war es nur zu natürlich, daß sie wegen übermäßiger Kosten bald wieder aufgegeben wurden. Ein rationeller Betrieb mittels Elektromotoren bedingte eben neben einer Vervollkommnung des Motors selbst vor allem eine billige Stromquelle. Beides war gegeben mit der Erfindung und Vervollkommnung der Dynamomaschinen, die in ihrer Umkehrung ja auch als Motor diente. Der Betrieb von Fahrzeugen bot aber noch eine besondere Schwierigkeit in dem Umstande, daß es galt, einen lokomobilen Motor mit Strom zu versorgen. Diese zu lösen gab es nur zwei Wege und beide werden heute angewandt: Entweder mußte auch die Stromquelle lokomobil gemacht, d. h. die Batterie mitgeführt werden, oder es war mittels Schleifkontaktes oder dergleichen in Verbindung mit einem längs der Bahnlinie liegenden Leiter der Strom von einer feststehenden Stromquelle aus zuzuführen. Ersteres war erst möglich, nachdem die Fabrikation der Accumulatoren (s. d.) so weit vorgeschritten war, daß ihre Anwendung lohnte und ihre Konstruktion sich auch den hohen Anstrengungen des lokomobilen Betriebes dauernd gewachsen zeigte, was mit völliger Sicherheit auch heute noch nicht der Fall ist; letzteres — heute vorzugsweise angewendet — wurde zuerst ausgeführt von Siemens bei der Ausstellungsbahn der Berliner Gewerbeausstellung 1879, und diese ist folglich als die Geburtsstätte der heutigen Elektrischen Eisenbahnen (s. d.) anzusehen.

Von einer E. L. im eigentlichen Sinne des Wortes kann man bei der heutigen Technik der elektrischen Bahnen freilich nur in Ausnahmefällen reden. Nur in einigen wenigen Fällen, wie z. B. bei der Londoner Untergrundbahn und bei den Bahnen für Bergbau und andere industrielle Zwecke, handelt es sich um die Bewegung von ganzen Zügen, die durch einen besondern, nur diesem Zwecke dienenden Motorwagen, dessen Triebräder zu dem Ende mit dem nötigen Adhäsionsgewicht zu belasten sind, gezogen werden. Meist handelt es sich nur um den Betrieb von Einzelwagen, oder höchstens von Motorwagen mit einem oder zwei Anhängewagen; meist ist also der Motor am Wagen selbst angebracht, der mithin zwei Zwecken dient: als Motorwagen und gleichzeitig auch als Raum zur Aufnahme der Last, und es dürfte wohl gerade einer der Hauptvorzüge des elektrischen Betriebes sein, daß man nur eine sehr geringe tote Last mitzuschleppen braucht und die Nutzlast zur Erhöhung des Adhäsionsgewichts heranziehen kann.

Elektrische Maße, Elektrische Maßeinheiten, s. Elektrische Einheiten.

Elektrische Oberflächenladung. Le Monnier fand, daß ein massiver und ein hohler Leiter von gleicher Form und Größe ungefähr mit dem gleichen Aufwand gleich stark geladen werden, und schloß hiermit auf den Sitz der Ladung an der Oberfläche. Denkt man sich die Ladungen im Leiter beweglich und sich abstoßend, so ist die größtmögliche Entfernung derselben voneinander, also die Lagerung der Ladungen an der Oberfläche von vornherein wahrscheinlich, mit Coulombs Gesetz (s. d.) ist eine andere Anordnung überhaupt unverträglich.

Man stelle ein kleines empfindliches Elektroskop (s. d.) aus einer Kochflasche her und befestige dasselbe in einem Cylinderglas. Das Elektroskop bleibt empfindlich, wenn man das Cylinderglas bis zum Hals der Flasche mit Wasser füllt. Setzt man jedoch auf den Knopf des Elektroskops eine Metallkappe, die bis in das Wasser des Cylinderglases reicht, so bildet das Wasser mit dieser Kappe und den Goldblättchen einen leitenden Körper, in dessen Innern sich eben die Goldblättchen befinden. Nun können kräftige Funken in das Elektroskop schlagen und wieder herausgezogen werden, ohne daß die Goldblättchen die geringste Anzeige geben. Faraday begab sich mit einem Elektroskop in einen Metallkasten auf Glasfüßen und beobachtete nicht die geringste Anzeige, wenn dasselbe noch so stark geladen wurde. Vergrößert man die Oberfläche eines Leiters bei gleichbleibender Ladung, z. B. durch Aufrollen eines Staniolblattes, so nimmt die Elektrische Dichte (s. d.) und das Elektrische Potential (s. d.) ab. An hervorragenden Teilen eines geladenen Leiters, z. B. Spitzen, ist zwar das Potential dasselbe, wie an den andern Stellen, die elektrische Dichte aber größer. Die Niveauflächen (s. Elektrisches Potential) liegen dort dichter aneinander, und die Kraft, welche die elektrische Ladung forttreibt, ist daselbst größer. Durch eine Spitze verliert ein Leiter mehr Elektricität, aus ganz analogen Gründen, wie er in einer kalten Umgebung durch dieselbe mehr Wärme verlieren würde, als an andern flachen Oberflächenteilen.

Elektrische Orgel, s. Orgel und Orgelchor.

Elektrische Pistole, eine mit Knallgas gefüllte verkorkte Röhre. Das Knallgas wird durch einen kleinen elektrischen Funken zur Explosion gebracht und der Kork herausgeschleudert.

Elektrische Polarisation. Bei der Elektrolyse (s. d.) sammelt sich an der positiven Platinplatte des Voltameters (s. d.) der negativ elektrische Sauerstoff und an der negativ elektrischen Platinplatte der positiv elektrische Wasserstoff. Entfernt man nun die zersetzende Voltabatterie aus dem Stromkreise und verbindet man die Drähte des Voltameters miteinander, so läuft durch letztere ein elektrischer Strom, der die entgegengesetzte Richtung von demjenigen hat, der vordem durch die Platinplatten von der Batterie ausging. Dies kommt daher, daß jene Gase eine elektromotorische Eigenkraft erzeugen. Es ist klar, daß durch die eben erwähnte Wirkung der Platinplatten der ursprüngliche elektrische Strom, als er noch durch die Platten ging, geschwächt werden mußte. Jede derartige, einen Gegenstrom bewirkende Ursache heißt elektrische, galvanische oder Voltasche Polarisation. (S. Ladungssäule, Galvanisches Element.)

Bei den durch die E. P. erhaltenen Gasbatterien läßt man von dem ursprünglichen elektrischen Strom eine chem. Arbeit vollbringen und wandelt dann letztere wieder in elektrischen Strom um. Diese Zurückerstattung der ursprünglichen Leistung des elektrischen Stroms läßt sich sogar auf spätere Zeiten verschieben, sodaß in einem solchen die Arbeit des Stroms für den zukünftigen Gebrauch aufgespeichert erscheint. Dieses Princip hat man angewendet, um Accumulatoren (s. d.) zu konstruieren.

Elektrische Post, Benutzung der Elektricität zur Beförderung von Gegenständen. Schon 1862 schlug H. Cook in Manchester vor, einen eisernen Wagen in einer aus Drahtrollen gebildeten Röhre dadurch fortzubewegen, daß eine auf dem Wagen befindliche galvanische Batterie stets nur durch eine Rolle geschlossen würde, aber der Reihe nach fortschreitend. 1865 wollte G. Bonelli an Stelle der elektromagnetischen Anziehung die elektrodynamische setzen. Einen etwas andern Weg empfahl H. Mitizer 1865. Die Einrichtungen von Ch. Bontemps und von Werner Siemens (1880) schlossen sich denen der elektrischen Eisenbahnen an. In jüngster Zeit (seit 1890) sind neue, nicht ungünstig ausgefallene Versuche in Amerika mit einer E. P. von Professor Dolbear und Williams angestellt worden, welche sich im Grundgedanken mit den Vorschlägen von Cook begegnen: ein längerer stählerner Kasten soll Briefe und kleine Pakete aufnehmen und sich in einer Reihe von Drahtspulen mit zwei Rädern auf einer Schiene bewegen und zugleich an einer obern Schiene durch zwei kleine Flantschräder geführt werden; der Strom einer Dynamomaschine wird mittels einer Leitung zugeführt und durchläuft der Reihe nach immer nur eine Spule. Bei der 1891 in Dorchester, Mass., ausgeführten, 852 m langen und in sich zurücklaufenden Versuchsbahn, mit Steigungen bis 4,5 Proz., bildete den Wagen ein 3,6 m langes Rohr aus Schmiedeeisen, das etwa 10000 Briefe fassen konnte; die erreichte Geschwindigkeit stieg bis 54 km in der Stunde.

Elektrischer Aufzug, s. Aufzug (Bd. 2, S. 104b).

Elektrischer Effekt, s. Effekt, elektrischer.

Elektrische Registrierapparate, s. Registrierapparate, elektrische.

Elektrischer Funke, s. Elektrische Lichterscheinungen und Elektrische Entladung.

Elektrischer Gasanzünder, s. Elektrische Entladung.

Elektrischer Geruch tritt auf, wenn der Sauerstoff der atmosphärischen Luft durch Überströmen von Elektricität in dieselbe, z. B. beim Drehen einer Influenzmaschine, sich allotropisch so verändert, daß er viel kräftiger oxydierend wirkt als der gewöhnliche Sauerstoff. Dieser höchst aktive, allotropische Sauerstoff heißt Ozon (s. d.); er regt die Geruchsnerven in der charakteristischen Weise an, die man mit E. G. bezeichnet. Der Geruch während und nach Gewittern mit elektrischen Entladungen rührt von der elektrischen Ozonierung des Sauerstoffs der Luft her. Läßt man elektrische Büschel in einer metallenen Hohlkugel übersprühen, so findet in derselben eine starke Ozonentwicklung statt, die durch nachher eingebrachtes feuchtes Jodkaliumkleisterpapier nachgewiesen werden kann. Beim Öffnen der Kugel tritt der charakteristische Geruch hervor. So stark ozonisierte Luft wirkt sehr heftig auf die Atmungsorgane.

Elektrischer Kugeltanz, das Hin- und Herwerfen von Holundermarkkügelchen durch die elektrische Anziehung und Abstoßung. Der metallische Deckel eines Glascylinders (s. beistehende Figur), in welchem sich die Kügelchen befinden, wird mit dem Konduktor einer Elektrisiermaschine verbunden. Die Kügelchen werden von dem Deckel angezogen und, da sie sich mit gleichnamiger Elektricität laden, sofort wieder abgestoßen, geben ihre Elektricität an den leitend mit der Erde verbundenen metallischen Boden des Gefäßes ab und werden dann von neuem vom Deckel angezogen u. s. f.

Elektrischer Rückstand, s. Residuum.

Elektrischer Scheinwerfer, s. Scheinwerfer.

Elektrischer Strom, s. Galvanischer Strom.

Elektrischer Wasserstandszeiger, ein zu den Elektrischen Fernmeldern (s. d.) gehörender Apparat, der den Stand eines Wasserstandszeigers auf elektrischem Wege auf größere Entfernungen überträgt. Die E. W. sind so eingerichtet, daß ein Schwimmer, der den Bewegungen des Wasserstandes folgt, durch eine Kette eine Rolle in Bewegung setzt. Der Apparat von Siemens & Halske erzeugt durch die Drehung der Rolle Induktionsströme, die auf einen elektromagnetischen Zeigerapparat wirken; Hipp, Hiller u. a. benutzen statt dessen Batterieströme, die durch die Drehung der Rolle gesteuert werden und gleichfalls auf ein Zeigerwerk wirken.

Elektrischer Widerstand, s. Widerstand, elektrischer.

Elektrischer Wind, s. Elektrische Entladung.

Elektrische Säule, soviel wie Galvanische Batterie (s. d.).

Elektrisches Bad, s. Elektrotherapie.

Elektrisches Boot, ein durch einen Elektromotor betriebenes Boot. Als Stromquelle kommen heute nur Accumulatoren in Betracht, weshalb das Boot nur für kleinere Lustpartien zu gebrauchen ist, die zur Ausgangs- und Ladestation zurückführen. Die Anwendung des Elektromotors zum Betriebe eines Bootes an sich ist übrigens keineswegs neu, sie gehört vielmehr zu den ältesten Anwendungsarten desselben. Schon 1838 fuhr Mor. Herm. Jacobi in einem durch einen seiner Motoren betriebenen Boote auf der Newa (vgl. Poggendorffs Annalen der Physik und Chemie, Bd. 51 [1840], S. 366), ein Ereignis, das damals allgemein großes Aufsehen erregte, namentlich da gleichzeitig von Stratingh und Becker in Groningen und von Botto in Turin auch durch Elektromotoren betriebene Wagen und von Davidson und Little elektrisch betriebene Lokomotiven gebaut wurden (vgl. Poggendorffs Annalen, Bd. 47 [1839], S. 78, Practical Mechanic and Engineer's Magazine, Nov. 1842, S. 49 u. 52 und Mai 1844, S. 290). Das Ereignis führte sogar zur Ausschreibung einer Nationalbelohnung durch den Deutschen Bundestag für die Konstruktion eines für derartige Zwecke brauchbaren Elektromotors. Ein größeres Boot baute und betrieb endlich auch noch Page in Philadelphia 1850. In allen diesen Fällen diente als Stromquelle eine galvanische Batterie, deren Betrieb für motorische Zwecke sich aber sehr bald als zu kostspielig erwies. Eine der wichtigsten Arten der Anwendung des E. B. dürfte die als Beiboot für größere ohnedies mit elektrischer Einrichtung versehene Dampfschiffe, event. als Barkasse für Kriegsschiffe sein.

Elektrisches Büschel, s. Elektrische Lichterscheinungen (S. 997a).

Elektrische Schatten (Elektrische Schattenbilder). Wenn zwischen die negative und eine große flache positive Elektrode der Holtzschen Maschine ein Körper, z. B. ein Metallkreuz, gebracht wird, so tritt an der sonst ganz mit Glimmlicht bedeckten positiven Elektrode eine Art Schatten des Körpers auf, wie Weight, Holtz und Righi beobachtet haben. Die von der Kathode strahlenförmig ausgehende Entladung in sehr verdünnten Gasräumen erzeugt nach Crookes an der getroffenen Glaswand Fluorescenz (s. d.). Ein in den Entladungsweg gestelltes Aluminiumkreuz, das zugleich als positive Elektrode dient, wirft einen E. S., in dem keine Fluorescenz zu stande kommt (s. Tafel: Elektricität, Fig. 6; N Kathode mit Ausstrahlungsscheibe a; P Anode mit Aluminiumkreuz d; b dessen Schatten).

Elektrische Scheibenmaschine, s. Elektrisiermaschine.

Elektrische Schwingungen. Nach Entladung einer innen positiv geladenen Leidener Flasche (s. d.) findet man den Rückstand (s. Residuum) innen, wie Maas und von Öttingen beobachtet haben, bald positiv, bald negativ, was schon auf ein Hin- und Herschwingen der Ladungen deutet. Feddersen hat durch Versuche gefunden, daß bei Einschaltung eines sehr großen Widerstands, z. B. von Wasserröhren, in den Schließungsbogen der Leidener Batterie die Entladung eine unterbrochene, intermittierende ist. Man erkennt im Rotierenden Spiegel (s. d.) eine Folge zeitlich getrennter Funken, da nach jedem Funken wegen des großen Widerstands die Funkenkugeln erst nach einer gewissen Zeit wieder so weit geladen sind, daß Funken überspringen können. Bei kleinerm Widerstand wird die Entladung ununterbrochen, kontinuierlich. Bei noch kleinerm metallischem Widerstand endlich geht die Entladung einigemal hin und her, wie man ebenfalls in dem rotierenden Spiegel erkennt. (Vgl. Tafel: Elektricität, Fig. 4 u. 5.) Die Dauer dieser Schwingungen richtet sich nach der Elektrischen Kapacität (s. d.) der Flasche und nach dem Widerstande, ist aber im allgemeinen sehr klein. In den untersuchten Fällen betrug die Schwingungsdauer einige Hunderttausendteile einer Sekunde. Theoretische Studien über E. S. rühren von Kirchhoff, W. Thomson und Helmholtz her. Über die von Hertz untersuchten E. S. in einem andern Sinne s. Elektro-Optik.

Elektrische Seeminen, s. Stoßminen und Beobachtungsminen.

Elektrisches Ei, s. Elektrische Lichterscheinungen (S 997a).

Elektrisches Feld, ein Raum, wo elektrische Kräfte wirksam sind, also jeder Raum in der Nähe elektrisch geladener Körper. Die Eigenschaften des E. F. bestimmt man durch den Verlauf der Niveauflächen. (S. Elektrisches Potential und Kraftlinien.)

Elektrisches Flugrädchen, ein auf einer Metallspitze leicht drehbares Rädchen (s. beistehende Figur), dessen Speichen in gleichgerichteten Spitzen auslaufen. Wird das Rädchen elektrisiert, so giebt es an den Spitzen Elektricität an die umgebende (staubhaltige) Luft ab, die abgestoßen wird, wobei das Rädchen durch Gegenwirkung im Sinne der Pfeile in Drehung gerät.

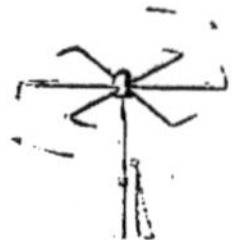

Elektrisches Glimmen, s. Elektrische Lichterscheinungen.

Elektrisches Glockenspiel, ein Spielzeug, das auf der elektrischen Anziehung und nachfolgenden Abstoßung beruht, durch die ein Klöppel gegen eine Glocke in Bewegung gesetzt wird. Obwohl das E. G. schon frühzeitig von C. M. (wahrscheinlich Charles Marshall 1753) zum Telegraphieren vorgeschlagen worden ist, so hat man doch nie von demselben einen ernsten Gebrauch machen können wegen der großen elektrischen Ladungsverluste, die auf größern Leitungsstrecken bei so hohen Spannungen eintreten, als sie zur Bewegung der Klöppel nötig sind. Dagegen haben die elektromagnetischen Läutewerke (s. Elektrisches Läutewerk) ebenso wichtige wie weit verbreitete Anwendung gefunden.

Elektrisches Glühen. Leidener Flaschenentladungen, durch einen Draht gesendet, erwärmen denselben und bringen ihn bei genügender Stärke zum Glühen, Schmelzen und Verdampfen, welchen Vorgang Rieß (1838) eingehend studiert hat. (S. Elektrische Energie.) Auch ein galvanischer Strom erwärmt einen Stromleiter nach Joules Gesetz (s. d.). Das E. G. wird technisch verwendet in den Glüh- oder Inkandescenzlampen (s. Glühlicht), zu chirurg. Operationen (Galvanokaustik von Middeldorpf 1853), zur Elektrischen Zündung (s. d.), sogar zum Fällen von Bäumen mit Hilfe glühender Drähte u. s. w. Die in einem Leiterstück vom Widerstand L bei der Stromstärke J in der Sekunde entwickelte Wärmemenge ist $W=J^2L$. Nach dem Ohmschen Gesetz (s. d.) ist aber $J=\frac{E}{R+L}$, wenn E die elektromotorische Kraft und R+L den ganzen Widerstand des Stromkreises bedeutet. Demnach ist $W=\frac{E^2L}{(R+L)^2}$. Die Wärmemenge W fällt am größten aus, wenn $L=R$ ist, d. h. wenn man den Leiter so wählt, daß dessen Widerstand dem ganzen übrigen des Stromkreises gleich wird. Für die erwähnten praktischen Anwendungen ist die Berücksichtigung dieser Regel wichtig.

Elektrisches Läutewerk, im Gegensatz zu Elektrischen Klingeln (s. d.), nennt man eine durch Glockenschläge Signale gebende Vorrichtung, bei welcher der Strom nicht selbst den Klöppel in Bewegung setzt, dies vielmehr durch ein von dem betreffenden Wärter des Postens immer wieder aufgezogenes Laufwerk geschieht, dessen Hemmung der Strom nur auszulösen hat. Den ausgedehntesten Gebrauch von solchen Läutewerken machen die Eisenbahnen; doch sind sie auch anderwärts zum Alarmieren zu gebrauchen, z. B. für Feuerwehrzwecke. Ihre wesentliche Einrichtung läßt sich mit Hilfe der beistehenden Fig. 1, 2, 3 erklären, welche die nötigsten Teile eines Läutewerkes in einfachster Ausführung darstellen. In Fig. 1 ruht der Aus-

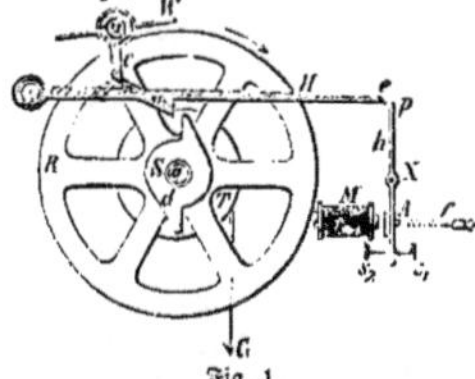

Fig. 1.

löshebel H mit der seitlich vorstehenden Stahlschneide (dem Prisma) e auf der Nase p des um die Achse X drehbaren Ankerhebels h, den die Abreißfeder f für gewöhnlich an die Stellschraube s_1 legt. Wird M durch Strom magnetisch, so wird A angezogen und legt sich an s_2, wobei e von p abrutscht und H niederfällt, sodaß der auf der Achse u des Windflügels W sitzende Arm c von der Nase n an H freigelassen wird, das Triebwerk durch das Gewicht G, dessen Schnur um die Trom-

Fig. 2.

mel T gelegt ist, in Gang kommt und läuft, bis das Rad R eine halbe Umdrehung gemacht hat. Dann hebt nämlich der Daumen d an Scheibe S mittels des Ansatzes m den Hebel H so hoch, daß sich e wieder auf die Nase p auflegen kann, wodurch, indem c wieder aufgefangen, das Laufwerk angehalten wird. Durch geringe Abänderung kann die Auslösung bei Unterbrechung eines M durchströmenden elektrischen Stroms bewirkt werden, was mehrere Vorzüge gegenüber der Auslösung durch Stromgebung besitzt. Das Aufziehen des Gewichts G ermöglicht ein an der Trommel T befindliches Sperrrad s (s. Fig. 2) in Gemeinschaft mit dem Sperrkegel k. Die Signalgebung selbst erfolgt dadurch, daß an einem der Räder des Getriebes, R, seitlich vorstehende, sog. Hebnägel r auf den Hebel H wirken, der durch den Zugdraht Z den Hammer hebt. In Fig. 3 sind zwei Zugdrähte, zwei Hämmer und zwei verschieden große Glocken vorhanden, weil das Läutewerk nicht einfache Schläge, sondern Doppelschläge geben soll; dazu würden in Fig. 2 auch zwei Schlaghebel anzubringen sein, deren nach rechts liegende Arme c verschieden lang gemacht werden, damit der eine später von r abgleitet als der andere, die Schläge also nacheinander erfolgen. Nach Fig. 1 u. 2 würde das Läutewerk nach jeder Auslösung einen sog. Puls von sechs Schlägen ertönen lassen; um einzelne Schläge zu erhalten, müßte man die Wiedereinlösung bereits herbeiführen, wenn ein Hebnagel r an c vorübergegangen ist. Die Glocken werden teils auf den Dächern der Wärterbuden, teils auf Konsolen an denselben, teils auf besondern Läutesäulen oder Läutebuden angebracht, in denen dann das Läutewerk untergebracht wird. Häufig sind die Läutewerke noch mit besondern Vorrichtungen ausgerüstet, mittels welcher Hilfssignale gegeben werden können, wenn sich Unfälle auf der Bahn ereignen.

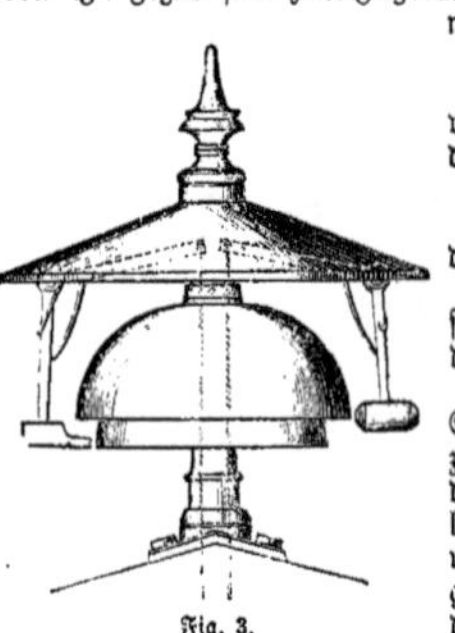
Fig. 3.

Elektrisches Licht, s. Beleuchtung, Bogenlicht, Glühlicht, Elektrische Kerze, Elektricitätswerke.

Elektrische Spannung nannte man früher die entgegengesetzte elektrische Ladung sich berührender Körper. Man drückt sich gegenwärtig genauer aus und sagt, daß die Körper in Berührung miteinander eine Potentialdifferenz annehmen (s. Elektrisches Potential), die auch Elektromotorische Kraft (s. d.) genannt wird. Auch im Gebiete der Reibungselektricität hat man früher häufig den Ausdruck Spannung für Potential gesetzt. Unter E. S. versteht man gegenwärtig den pro Flächeneinheit gerechneten Druck, den die Ladung eines Leiters auf dessen Oberfläche an irgend einer Stelle ausübt. Die E. S. kann in demselben Leiter an verschiedenen Oberflächenstellen verschieden, z. B. an starken Krümmungen stärker sein, während das Potential in dem ganzen Leiter dasselbe ist. (S. Galvanismus.)

Elektrisches Pendel, Pendel, bestehend aus einem an einem Seidenfaden hängenden Holundermarkkügelchen, das seiner leichten Beweglichkeit wegen die elektrische Anziehung und Abstoßung sehr deutlich zeigt.

Elektrisches Potential. Zwei gleiche Leidener Flaschen, gleich geladen, haben gleiche Schlagweite, und deren gleichbezeichnete Belegungen entladen sich nicht ineinander. Nur eine stärker geladene Flasche kann sich in eine schwächer geladene entladen. Ungleich geladene Körper sind in einem verschiedenen physik. Zustand, wie Körper von ungleicher Temperatur. Man sagt, daß der stärker positiv geladene Körper ein höheres E. P. hat. Nur jene Veränderungen der elektrischen Ladungen treten von selbst ein, bei denen Arbeit geleistet wird. Auf

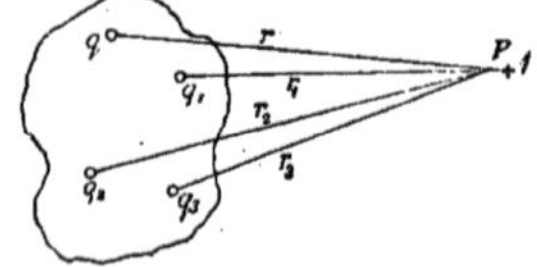

den Begriff Arbeit gründet sich auch das wissenschaftliche Maß des E. P. Wenn zwei gleichnamige elektrische Ladungen q und q_1 in der Entfernung r einander gegenüberstehen, stoßen sich dieselben nach Coulombs Gesetz (s. d.) mit der Kraft $\frac{qq_1}{r^2}$ ab. Entfernen sie sich auf die r nur sehr wenig übersteigende Entfernung r_1, so ist dann ihre Kraft $\frac{qq_1}{r_1^2}$ etwas kleiner, auf der ganzen kleinen Strecke zwischen r und r_1 daher im Mittel sehr nahe $\frac{qq_1}{rr_1}$. Die Arbeit bei der Verschiebung um $r_1 - r$ ist daher $\frac{qq_1}{rr_1}(r_1 - r) = qq_1\left(\frac{1}{r} - \frac{1}{r_1}\right)$. Entfernen sich die Ladungen aus der Entfernung r ins Unendliche, so ist, da jetzt $r_1 = \infty$, $\frac{1}{r_1}$ daher 0 ist, $\frac{qq_1}{r}$ die geleistete Arbeit. Dieselbe Arbeit $\frac{qq_1}{r}$ muß aber umgekehrt geleistet werden, um die Menge q_1 aus dem Unendlichen in die Entfernung r von der Menge q zu bringen; die Arbeit, die aufgewendet werden muß, um der Menge q die Menge 1 aus dem Unendlichen bis zum Abstand r anzunähern, ist daher $\frac{q}{r}$. Enthält ein Leiter oder Isolator (s. vorstehende Figur) an verschiedenen Stellen die Ladungen $q, q_1, q_2 \ldots$, die von dem Punkt P die Entfernungen $r, r_1, r_2 \ldots$ haben, so muß auf die Menge 1 die Arbeit $\frac{q}{r} + \frac{q_1}{r_1} + \frac{q_2}{r_2} + \cdots = V$ aufgewendet werden, um dieselbe aus sehr großer (unendlicher) Entfernung in den Punkt P zu bringen. Diese Arbeit V heißt nun das E. P. in dem Punkt P. Je näher P an dem Leiter liegt, desto höher wird das E. P. daselbst sein. Alle Punkte mit gleichem E. P. bilden eine den Körper umschließende Fläche, eine Niveaufläche; zwischen Punkten auf verschiedenen Niveauflächen besteht eine Potentialdifferenz. Ein elektrisches Teilchen leistet nur Arbeit, wenn dasselbe von einer Niveaufläche höhern Potentials auf eine solche niedern Potentials übergeht. Verschiebung in der Niveaufläche ergiebt keine Arbeit; demnach wirkt in derselben keine Kraftkomponente, d. h. die auf das elektrische Teilchen wirksame Kraft steht überall senkrecht auf den Elementen der Niveauflächen. (S. Kraftlinien.) Die elektrischen Teilchen im Innern eines geladenen im Gleichgewicht befindlichen Leiters erfahren keinen Antrieb, leisten also keine Arbeit bei ihrer Verschiebung, das ganze Innere hat also bis an die Oberfläche heran dasselbe Potential, und die Oberfläche selbst ist eine Niveaufläche. In diesem Sinne kann man geradezu von dem Potential eines Leiters sprechen als der Arbeit, die man aufwenden muß, um die Menge 1 aus sehr großer (unendlicher) Entfernung auf den Leiter zu bringen. Für eine freie, mit der Menge q gleichmäßig oberflächlich geladene Kugel vom Radius r ist für den Mittelpunkt und sonach für die ganze Kugel $V = \frac{q}{r}$. Bei leitender Verbindung zweier Leiter von ungleichem Potential V und V′ geht Ladung, von selbst Arbeit leistend, von dem Leiter höhern Potentials V in jenem niedern Potentials V′ über, wobei die Menge +1 die Arbeit V—V′ leistet. Zwischen Leitern von gleichem E. P. (s. oben) tritt kein Elektricitätsaustausch ein. Da alle Entladungen schließlich gegen die Erde stattfinden, ist es zweckmäßig, lediglich die Differenzen der Potentiale der Leiter gegen das E. P. der Erde zu messen, welch letzteres als Null angenommen wird. Wenn wir einem Leiter das E. P. +V zuschreiben, soll dies in der Folge bedeuten, daß sein E. P. um V größer ist als jenes der Erde. Dann mißt +V die Arbeit, die geleistet wird, wenn die Menge +1 von der Erde auf den Leiter gebracht wird. Hat ein Leiter bei der Gesamtladung +1 das Potential $\varkappa$, so hat derselbe bei q mal größerer Ladung an jeder Stelle eine q mal größere Elektricitätsmenge, während die Verteilungsverhältnisse dieselben bleiben und auch das Gleichgewicht bestehen bleibt. Das Potential in irgend einem Punkt und für den Leiter ist jetzt q mal größer, also $V = \varkappa q$. Das Potential desselben Leiters ist proportional der Ladung (Menge). Drückt man dies in der Form aus $q = CV$, so ist $C = \frac{q}{V}$. Die auf die Einheit des Potentials entfallende Menge C heißt die Elektrische Kapacität (s. d.) des Leiters. (S. Elektromotorische Kraft, Elektrische Einheiten, Elektrische Energie, Volt.) Vgl. Tumlirz, Das Potential (Wien 1884); Clausius, Die Potentialfunktion (4. Aufl., Lpz. 1885).

Elektrisches Sehen (Telegraphisches Sehen). Schon 1880 hat A. G. Bell daran gedacht, durch Umkehrung der Anordnung in seinem Photophon (s. d.) ein telegraphisches oder E. S. zu ermöglichen. Gleiches erstrebten G. R. Carrey in Boston in demselben Jahre, bald darauf Sawyer, schon 3 Jahre früher J. Perry und W. E. Ayrton, Conolly und McTighe in Pittsburg 1880, der Franzose Senlecq d'Ardres 1877 und fast zu gleicher Zeit Professor Adriano de Paiva in Oporto und Dr. Carlo Mario Pevorino in Mondovi. Senlecq brachte den unzutreffenden Namen Telektroskop für Erfindung in Vorschlag. Die Aufgabe, welche einem elektrischen Teleskop zu stellen wäre, hat eine gewisse Verwandtschaft mit der Aufgabe der Kopiertelegraphen (s. Elektrische Telegraphen, A, 5), ist jedoch umfassender, insofern nicht bloß ein einzelnes vorliegendes Bild telegraphisch kopiert werden, sondern die gleichzeitigen Umrisse eines körperlichen Gegenstandes, ja selbst etwaige Bewegungen desselben telegraphisch dem entfernten Auge wahrnehmbar gemacht werden sollen und dies außerdem noch durch eine Reihenfolge von elektrischen Strömen, welche doch eine gewisse Zeitdauer besitzen. Bessere Erfolge als Senlecq hat 1881 Shelford Bidwell mit seinem Telephotograph erzielt, indem er als Empfänger einen Kopiertelegraphen von d'Arlincourt benutzte und im Geber durch Selenpräparate die vorhandenen optischen Unterschiede in elektrische umsetzte. Das E. S. mit einem einzigen Leitungsdrahte zu ermöglichen, bemühte sich P. Nipkow in Berlin seit 1884 und kam schließlich auf die Benutzung der von Delany für die absatzweise Vielfachtelegraphie (s. Mehrfache Telegraphie) bei Benutzung des phonischen Rades von La Cour angewendeten Anordnungen zur Erhaltung des Synchronismus und Entsendung der Ströme, denen er Vorrichtungen zur Zerlegung der Lichtbilder in absetzendes Licht, zur Umsetzung der Lichtschwankungen in Stromschwankungen, zur Umsetzung der Stromwirkungen wieder in Lichtwirkungen und endlich zur Zusammensetzung der ins Auge gelangenden absetzenden Lichtstrahlen zu Bildern hinzufügte. In jüngster Zeit hat sich namentlich Henri Sutton mehrere Jahre lang mit dem E. S. beschäftigt und dafür den Namen Telephanie in Vorschlag gebracht; er benutzte gleichfalls das phonische Rad neben einer Stimmgabel, wie Delany. — Vgl. Liesegang, Probleme der Gegenwart, Bd. 1: Beiträge zum Problem des elektrischen Fernsehens (Düsseld. 1891).

Elektrische Staubbilder, s. Elektrische Bilder.

Elektrische Staubfiguren, s. Lichtenbergsche Figuren und Elektrische Bilder.

Elektrisches Teleskop, s. Elektrisches Sehen.

Elektrische Telegraphen werden Telegraphen (s. d.) genannt, welche durch elektrische Wirkungen am Empfangsorte wahrnehmbare, meistens sichtbare, bez. hörbare oder auch fühlbare (über diese s. Sensophon) Zeichen hervorbringen. Die Erfindung und Ausbildung der E. T. war technischerseits vorwiegend an den jeweiligen Standpunkt der menschlichen Kenntnis von der Erzeugung der Elektricität und den Wirkungen derselben gebunden, während auf die Einführung und Ausbreitung von Telegraphenanlagen die Gestaltung der gesamten Verkehrsverhältnisse jederzeit von wesentlichem Einfluß sein mußte. Bei der außerordentlich großen Fortpflanzungsgeschwindigkeit der Elektricität und bei der immerhin merklichen Einfachheit und verhältnismäßigen Billigkeit der Mittel, durch welche man die Elektricität für telegr. Zwecke zu verwerten vermag, konnte es nicht ausbleiben, daß für den allgemeinen Nachrichtenverkehr die E. T. allen andern den Rang ablaufen mußten und daß sie mit fortschreitender Entwicklung des Gesamtverkehrs und dem stetig steigenden Werte einer möglichst großen Raschheit in der Abwicklung desselben eine nicht zu unterschätzende Bedeutung und gewaltige Entwicklung gewinnen mußten.

Die Wirkungen, welche man mit Hilfe der Elektricität an einem fernen Orte hervorbringen kann, sind an sich schon ziemlich zahlreich, sie lassen sich außerdem auch in mannigfaltiger Weise als telegr. Zeichen benutzen. Zu nennen sind: physiol. Wirkungen, die elektrostatische Anziehung und Abstoßung leichter Körper, das Überspringen von Funken und die Entzündung brennbarer, platzender Stoffe durch sie, die Erregung von Magnetismus, die Ablenkung von Magnetnadeln und allgemeiner die Anziehung und Abstoßung von Magneten, ferner ähnliche Einwirkung von Magneten auf durchströmte Leiter, elektrochem. Zersetzungen. Sowie eine dieser Wirkungen entdeckt wurde, kam auch bald ein Vorschlag zu ihrer Verwertung für die Telegraphie. Nach der Art der in ihnen verwerteten elektrischen Wirkung unterscheidet man unter den so verschiedenen E. T. besonders die *elektrochemischen* und die *elektromagnetischen Telegraphen.*

Ähnlich war es auch bezüglich des Bekanntwerdens der verschiedenen Erzeugungsweisen von Elektricität (vgl. auch Telegraphenverkehr). Schon als man bloß die Elektricitätserregung durch Reibung (mittels der Elektrisiermaschine) kannte, tauchte der erste, ziemlich vollendete Vorschlag zu E. T. auf, den 1753 ein Schotte (Ch. Marshall?) veröffentlicht hat; dieser und auch die spätern, z. B. von Lesage in Genf (1774), Lomond (1787) und Reußer (1794) blieben ohne Erfolg; am ehesten hätte es noch auf dem von Ronalds (1816—23) eingeschlagenen Wege glücken können, mittels der so schwer zu isolierenden und nicht leicht in großer Menge zu beschaffenden Reibungselektricität auf weite Fernen zu telegraphieren. Mittels der wesentlich günstigern Berührungselektricität oder des Galvanismus (s. d.) zu telegraphieren, versuchte zuerst Sömmerring in München (1809); in seinem zweifellos lebensfähigen Telegraphen benutzte er als telegr. Zeichen die Gasblasen, welche aufsteigen, wenn der elektrische Strom Wasser zersetzt. Die Entdeckung des Elektromagnetismus (s. d.) und des Multiplikators 1820 gab aber noch bessere Mittel an die Hand, und doch blieb der an den Sömmerringschen erinnernde Entwurf von Ampère (1820) unausgeführt, ebenso jener Schillings von Canstadt in Petersburg. Erst 1833 wurde ein *elektromagnetischer Telegraph* von Gauß und Weber für ihr Laboratorium in Göttingen ausgeführt; derselbe beruhte auf der Ablenkung der Magnetnadel durch den elektrischen Strom. Steinheil in München befähigte 1836 die E. T., bleibende Zeichen (Punkte in zwei Zeilen) zu schreiben, baute 1837 eine Telegraphenlinie von München nach Bogenhausen und entdeckte 1838, daß die Erde als Rückleiter des Stroms benutzbar sei. 1837 erhielten in England Wheatstone und Cooke (welcher letztere in Heidelberg die Schillingsche Erfindung kennen gelernt hatte) ein Patent auf einen Nadeltelegraphen. In demselben Jahre machte auch Morse (s. d.) in Neuyork seinen noch jetzt vielgebrauchten Telegraphen bekannt und baute **1844** die erste (60 km) lange Telegraphenlinie in Amerika von Washington nach Baltimore. England besaß damals noch wenig Telegraphenlinien. In Deutschland, wo 1843 der erste Telegraph für die Rheinische Eisenbahn von einem Engländer gebaut ward, wurden dann rasch eine größere Anzahl von Linien ausgeführt.

Die *sachlichen Erfordernisse* für die E. T. sind: eine Elektricitätsquelle, eine den gebenden Ort mit dem empfangenden Ort verbindende Telegraphenleitung (s. d. und Elektricitätsleitungen) und Telegraphenapparate. Zur Ausübung der Telegraphierthätigkeit müssen diese drei Dinge jedoch erst in die richtige Verbindung miteinander gebracht werden; dies geschieht durch die Telegraphenschaltungen (s. d.). Ferner läßt sich dieselbe Elektricitätsquelle in sehr verschiedener Weise zum Telegraphieren benutzen, und es ergeben sich hiernach verschiedene Telegraphenbetriebsweisen (s. d.). Alles, was sich auf die wirkliche Benutzung jener Erfordernisse zum Telegraphieren bezieht, läßt sich unter dem Begriff *Telegraphenbetrieb* zusammenfassen.

Als *Elektricitätsquellen* für E. T. werden vorwiegend Galvanische Batterien (s. d.) benutzt und bei Zeigertelegraphen häufig Magnetinduktoren; nur in wenigen Fällen ersetzt man dieselben durch elektroelektrische Induktoren, durch Dynamomaschinen (s. d.) oder durch Accumulatoren (s. d.). Von den *galvanischen Batterien* finden vorwiegend Verwendung die äußerst bequemen und lange ausdauernden Zinkkupferbatterien in Form der *Meidingerschen Ballonelemente* (s. Tafel: *Elektrische Telegraphen* III, Fig. 4), bei denen der Kupfercylinder k in dem Glase b und der Zinkcylinder z in dem Glase G steht, während die zum Ersatz des verbrauchten Kupfervitriolgehalts der Füllungsflüssigkeit bestimmten Kupfervitriolkrystalle sich in einer mit ihrer Mündung in die Füllungsflüssigkeit eintauchenden Flasche B mit Ausflußröhrchen r befinden; K und Z sind die von k und z auslaufenden Poldrähte. Ferner werden die *Zinkkohlenelemente von Marié-Davy*, bei denen das Zink in reinem Wasser, die Kohle in einem wässerigen Brei von saurem schwefelsaurem Quecksilberoxydul steht, sowie für minder ausdauernde Benutzung (z. B. in der Telephonie und bei Haustelegraphen) die *Zinkkohlenelemente von Leclanché* (Fig. 7) verwendet, deren Kohlenplatte innerhalb einer Thonzelle in einer Mischung aus grobgepulverter Kohle und Braunstein steht, während der massive, amalgamierte Zinkcylinder in einer Ecke des vierkantigen Glases in einer wässerigen Salmiaklösung sich befindet. Ist nur eine einmalige, sehr kräftige Stromgebung erforderlich, wie z. B. bei Läutewerken (s. Elektrisches Läutewerk), so bedient man sich mit Vorteil eines *Dynamo-Induktors*, in welchem der anfangs schwache Strom sich bei fortgesetztem Drehen, ähnlich wie bei den Dynamomaschinen, rasch verstärkt und erst, wenn er die erforderliche Stärke erreicht hat, der Leitung zugeführt wird.

Die *Telegraphenapparate* werden in *Hauptapparate* (A) und *Nebenapparate* (B) geschieden; ohne die erstern ist ein Telegraphieren überhaupt nicht möglich, die letztern sind zwar nicht geradezu unentbehrlich, doch dienen sie zur Erreichung verschiedener Zwecke, die keineswegs nebensächlich und für die ganze Abwicklung des telegr. Verkehrs bedeutungslos sind. Die Hauptapparate sind der **Sender** oder **Geber**, mittels dessen im gebenden Amte die zum Hervorrufen der telegr. Zeichen erforderlichen Änderungen elektrischer Zustände hervorgebracht werden (über die Grundformen des Gebers s. Telegraphenschaltungen), und der **Empfänger**, welcher im nehmenden oder empfangenden Amte die telegr. Zeichen sinnlich wahrnehmbar hervortreten läßt. Nicht selten sind diese beiden Apparate auf jeder Station räumlich zu einem einzigen Ganzen verschmolzen.

Elektrochem. Telegraphen, welche die Zeichen durch elektrochem. Wirkungen hervorbringen, werden jetzt nur in geringerm Umfange benutzt, und von den sonstigen elektrischen Wirkungen kommen auch nur die sog. Fernwirkungen des Stroms, mit Ausschluß der elektrischen, in Betracht; man verwertet also fast nur elektromagnetische Stromwirkungen, sodaß die gebräuchlichen E. T. als **elektromagnetische Telegraphen** zu bezeichnen sind, und zwar läßt man in diesen bald einen Elektromagnet einen Anker aus weichem Eisen anziehen, oder einen magnetischen Anker anziehen bez. abstoßen und umgekehrt, bald lenkt man eine Magnetnadel innerhalb ihrer Multiplikatorwindungen ab, bald erzielt man Bewegung eines durchströmten, beweglichen Leiters in einem magnetischen oder elektrischen Felde. Den auf solche Weise hervorgebrachten Bewegungen eines einzigen Körpers oder mehrerer Körper entnimmt man die **telegraphischen Elementarzeichen** und diese liefern durch geeignete Gruppierungen die Grundgebilde der telegr. Sprache oder Schrift: Buchstaben, Ziffern, Unterscheidungszeichen, mitunter selbst ganze Wörter und Sätze. Nicht immer wird indessen die Bewegung des durch die elektrischen Wirkungen selbst bewegten Körpers zugleich als Elementarzeichen verwendet, sondern es werden mitunter, z. B. bei Zeigertelegraphen, aus dieser Bewegung zunächst Bewegungen eines zweiten Körpers abgeleitet und diese erst als Elementarzeichen benutzt. Dabei wird dann nicht selten eine Arbeitslage dieses zweiten, Zeichen machenden Körpers als eine neue Ruhelage ausgenützt und verwertet, dieser Körper also nicht nach jedem Zeichen in seine ursprüngliche Ruhelage zurückversetzt; es kann dann auch die Rückbewegung des von der Elektricität unmittelbar bewegten Körpers in seiner Ruhelage bereits ein neues Elementarzeichen liefern. In wieder andern Fällen werden bei und durch jene Bewegungen erst die eigentlichen telegr. Zeichen hervorgebracht.

Die E. T. ahmen, wie auch andere Telegraphen, bei ihrer Zeichenmachung teils das Drucken, teils das Schreiben, teils das Sprechen nach. Hiernach zerfallen die E. T. in folgende Klassen: I. Telegraphen mit vergänglichen Zeichen: Sprechtelegraphen: A. für formgetreue Nachbildung des Originals: **Telephone** (1); B. für sinngetreue Nachbildung des Originals: a. unter unmittelbarer Ablesung und Abzählung der Elementarzeichen: α. Zeichen für das Ohr bestimmt: **Klopfer** (2); β. Zeichen (ausschließlich oder doch vorwiegend) für das Auge bestimmt: **Nadeltelegraphen** (3); b. unter Aneinanderreihung der Elementarbewegungen und Mitverwendung einer Abzählvorrichtung: **Zeigertelegraphen** (4). II. Telegraphen mit bleibenden Zeichen und zwar: A. mit geschriebenen Zeichen: Schreibtelegraphen: a. für formgetreue Nachbildung des Originals: **Kopiertelegraphen** (5); b. für sinngetreue Nachbildung des Originals: α. in gewöhnlichen Schriftzügen: **Buchstabenschreibtelegraphen** (6); β. in eigenartigen Schriftzügen: **Schreibtelegraphen für vereinbarte Schrift** (7); B. mit gedruckten Zeichen: Drucktelegraphen: a. in gewöhnlichem Buchstabendruck: **Typendrucker** (8); b. in eigenartiger Druckschrift: **Drucktelegraphen für vereinbarte Schrift** (9).

Die hier aufgeführten neun Klassen der E. T. sind nun zunächst der Reihe nach in ihren Hauptapparaten (A) eingehender zu besprechen, dann aber die Nebenapparate (B), welche bei gleichartigen Betriebsverhältnissen in wesentlich gleicher Weise Verwendung finden, ohne Rücksicht auf die benutzte Klasse der E. T. In dem telegr. Weltverkehr werden jetzt auf den Landlinien Morse-Schreibtelegraphen (vgl. A, 7), Hughes-Typendrucker (vgl. A, 8) und in beschränktem Maße Telephone (s. d.) benutzt, auf den Oceankabeln Sprechgalvanometer (vgl. A, 3) und Thomsons Heberschreiber (vgl. A, 7).

A. **Die telegraphischen Hauptapparate.**

1) **Das Telephon** (s. d., II).

2) **Die Klopfer** enthalten teils bloß einen tönenden Körper und liefern der Morseschrift entsprechende, aus kurzen und längern Tönen bestehende Zeichen, teils haben sie zwei verschiedene tönende Körper von verschiedener Tonhöhe oder Klangfarbe, und ihre Sprache und Einrichtung ist der der Nadeltelegraphen verwandt; letztere nennt man daher Nadelklopfer, erstere Morseklopfer. Die **Morseklopfer** werden namentlich in Amerika ausgiebig benutzt; eine sehr einfache, von G. F. Day & Comp. stammende Form derselben zeigt Taf. III, Fig. 6. Seine Teile sind auf einer metallenen Platte befestigt, welche in ihrer Mitte brückenförmig ein wenig über das Grundbrett sich erhebt. Dies und der stählerne Ankerhebel geben dem Klopfer einen sehr lauten Ton, was ihn auch auf schlecht isolierten Leitungen und beim Telegraphieren mit schwachen Strömen brauchbar macht. Er wird in die Leitung selbst eingeschaltet. Sehr empfindlich trotz seiner Kleinheit ist der **Unigraph** (s. d.). **Nadelklopfer** sind in England in verschiedenen Formen zur Verwendung gekommen. Zu ihnen gehört der schon 1855 für Charles Bright patentierte Glockentelegraph; später wurden in demselben anstatt der Glocken zwei im Winkel gebogene Blechplatten (eine aus Stahl und eine aus Messing) angewendet. Andere Nadelklopfer enthalten röhrenförmige Schallkörper. Einen der jüngsten derartigen Klopfer hat Arthur E. Gilbert in Inverneß für den Gebrauch an den Einnadeltelegraphen der unter seiner Leitung stehenden Highland Railway hergestellt und ihm nach vielen Versuchen die aus Taf. I, Fig. 9 ersichtliche Anordnung gegeben; jede der beiden Glocken G, welche an die Scheibe P zu beiden Seiten der vor P spielenden Nadel Z angeschraubt sind, ist aus einer Zinnplatte von der in Fig. 8 dargestellten Form gebogen. Zwischen jede Glocke G und die Platte P ist eine Unterlegscheibe zwischengelegt. Die Nadel schlägt nicht an den Körper der Glocke selbst, sondern an das Ende einer Zunge, welche von der Glocke aus nach außen, gegen Z hin, abgebogen ist. (Vgl. auch Sensophon.)

3) In den Nadeltelegraphen, zu denen auch die bereits eingangs erwähnten Telegraphen von Gauß und Weber und von Schilling gehören, werden die meistenteils durch das Auge zu beobachtenden Zeichen durch die Abientung eines Magnetstabes, besonders der Magnetnadel d e (s. Taf. I, Fig. 1) eines Galvanometers hervorgebracht, die im Innern einer als Multiplikator wirkenden Drahtrolle G untergebracht ist und auf dereu Achse vor dem Apparatgehäuse ein Zeiger a b aufgesteckt ist. Meistens wünscht man die Nadel beliedig nach links und nach rechts adleuten zu können und telegraphiert deshalb mit Arbeitsströmen von zweierlei Richtung (s. Telegraphenbetriebsweisen), welche durch die Rolle G gesendet werden. Die Ablenkungen nach links (l) und rechts (r) werden zur Bezeichnung der Buchstaben, Ziffern u. s. w. passend gruppiert, z. B. rlll = f, rrl = g, rl = d, rllr = z. Um scharf begrenzte Ablenkungen zu erhalten, benutzt man aperiodische Galvanometer (s. Dämpfer). Der rascher arbeitende Doppelnadeltelegraph enthält zwei Magnetnadeln, die nach links oder nach rechts abgelenkt werden können, er erfordert aber zu seinem Betriebe zwei Telegraphenleitungen. Die Nadeltelegraphen haben sich unter dem Schutze der Patente am längsten in England erhalten, doch hatte die Kaiser-Ferdinands-Nordbahn auf Nebenlinien die Bainschen Nadeltelegraphen auch bis 1886 in Betrieb; sie wurden besonders durch Schreib- und Drucktelegraphen ersetzt. Dafür saud der Nadeltelegraph beim Betrieb langer unterseeischer Linien Verwendung, weil es hier darauf ankam, mit möglichst schwachen Strömen zu telegraphieren; Professor William Thomson in Glasgow gab hierzu dem schon 1833 von Gauß und Weber benutzten Spiegelgalvanometer 1858 eine sehr zweckmäßige Einrichtung; dasselbe wird als Marinegalvanometer auf dem Schiffe während der Versenkung von Telegraphentauen benutzt und dazu so eingerichtet, daß die Schwankungen des Schiffs selbst bei stürmischem Wetter die Stellung des Spiegelchens gegen die Skala nicht beeinflussen.

Das jetzt in der Kabeltelegraphie benutzte Spiegelgalvanometer (Taf. I, Fig. 2) enthält innerhalb der auf einem Holzfuße F befestigten Messingkapsel R eine Drahtrolle und eine einfache (nicht astatische) Nadel, welche an der Rückseite eines Hohlspiegelchens von 8 bis 12 mm Durchmesser festgeklebt und mittels zweier ganz kurzen Fäden in einer in die Kapsel R eingeschobenen Messingröhre A eingespannt ist. Mittels des halbkreisförmigen kräftigen Stahlmagnets M erteilt man der Nadel die nötige Richtung. Eine Petroleumlampe wirft durch eine Linse ihre Lichtstrahlen auf den Spiegel, welcher sie auf eine mit Papier überzogene Skala zurückwirft. Ein Ablenken des Strahls auf der Skala nach links bedeutet einen Punkt, ein Ablenken nach rechts einen Strich des Morse-Alphabets (vgl. 7). Die zu raschem Arbeiten nötige kräftige Dämpfung der Nadelschwingungen erreichte man teils durch Einschließen der Nadel in eine Luftkammer, teils durch Aufhängen der Nadel in einer mit Glycerin gefüllten Röhre. Letzteres ist u. a. bei den von Siemens Brothers für die American Cable Company gefertigten Sprechgalvanometern (Taf. I, Fig. 3) der Fall. Bei diesen sind zwei kleine, sehr starke Magnetstäbe m_1 und m_2, welche durch zwei in der Rolle befindliche seitliche Schlitze hindurchgehen, möglichst nahe an die Spiegelröhre gerückt und zwar so, daß ihre ungleichnamigen Pole n und s die Nadel v zwischen sich fassen, letztere daher in einem sehr intensiven magnetischen Felde schwebt. Die beiden Magnete sind an Zahnstangen befestigt und ihre Abstände von der Röhre lassen sich mit Hilfe der Handrädchen r_1 und r_2 auf das feinste regulieren. Die den Spiegel enthaltende Röhre ist in sehr sinnreicher Weise so angeordnet, daß man die Füllung mit Glycerin leicht vornehmen lann, ohne das Eintreten von Luftblasen befürchten zu müssen, und auch die etwa reißenden Aufhängefäden lassen sich leicht erneuern.

4) Die Zeigertelegraphen, welche in Haustelegraphenanlagen noch vielfach benutzt werden, enthalten meistenteils eine Buchstabenscheibe, d. i. eine Scheibe, worauf die Buchstaben, Ziffern und sonstigen Zeichen im Kreise herum aufgeschrieben sind, vor der Scheibe aber läuft ein Zeiger um, welcher ähnlich wie der Uhrzeiger teils unter Mitwirkung eines Triebwerks, teils bloß durch die elektrischen Wirkungen über den Zeichen fortrückt und eine kurze Zeit stillsteht, wenn er auf dem zu telegraphierenden Buchstaben eingetroffen ist. Die zur meist schrittweisen Bewegung des Zeigers erforderlichen Schließungen und Unterbrechungen bez. Umkehrungen des galvanischen Stroms bewirkten Wheatstone (1840), Fardely in Mannheim (1843), Bréguet (1845) u. a. mittels einer von der Hand des Telegraphisten auszuführenden Drehung einer Kurbel oder dergleichen über einer Buchstabenscheibe; Coole (1836), Leonhardt (1845) u. a. übertrugen diese Bewegungen einem Triebwerke, Siemens (1846), Kramer (1847) u. a. dem sich selbst unterbrechenden Strome, sodaß der Telegraphierende nur das Telegramm auf den Tasten oder Knöpfen einer Klaviatur abzuspielen brauchte. Jetzt haben unter den Zeigertelegraphen fast nur die mit Magnetinduktionsströmen arbeitenden noch Bedeutung; solche lieferte 1847 zuerst Stöhrer; die verbreitetsten derselben sind die Magnetzeiger von Siemens & Halske (1856) und von Wheatstone. Ersterer ist auf Taf. I, Fig. 4—7 abgebildet; er enthält im Sender (Fig. 7) den sehr zweckmäßig eingerichteten, mittels der Kurbel K und eines Zahnräderpaars zwischen den Magneten M in Umdrehung zu versetzenden Cylinderinduktor J von Siemens, im Empfänger ein eigentümliches, den Zeiger ohne Mithilfe eines Triebwerkes bewegendes Magnetsystem. Die Kurbel K sitzt auf der Achse v, läßt sich aber um einen durchgesteckten Stift etwas heben und senken; die während der Drehung der Kurbel K vom Induktor J erzeugten Wechselströme werden von den Klemmen d_1 und d_2 aus abgeführt; durch den Kontakthebel U wird die Induktorspule während des Empfangens selbstthätig kurz geschlossen. Die durch die Spule E des Empfängers (s. Fig. 6 und Detail Fig. 5) gehenden Ströme bewegen den in der Spule drehbar angebrachten und mit seinen Fortsätzen A zwischen die Pole N und S der Magnete B_1 und B_2 hineinragenden Eisenkern sowie mit demselben verbundene Gabel D zwischen den Anschlagschrauben h_1 und h_2 hin und her, wobei die an den Enden D_1 und D_2 der Gabel sitzenden Zugfedern f_1 und f_2 ein Steigrädchen r und den auf dessen Achse x vor dem Zifferblatt V (Fig. 4) sitzenden Zeiger Z in Umdrehung versetzen; die Anschlagschrauben g_1 und g_2 verhüten eine zu weite Drehung des Rädchens r und des Zeigers Z bei jedem einzelnen Schritte. In Fig. 4, die den Geber (im untern Teil Q) und den Empfänger (im obern

ELEKTRISCHE TELEGRAPHEN. I.

1. Nadeltelegraph. 2. 3. Spiegel- und Sprechgalvanometer. 4—7. Zeigertelegraph **von Siemens & Halske.** 8. 9. Gilberts Nadelklopfer. 10. 12. 15. Zeigertelegraph von Bréguet. 11. 13. Zeigertelegraph **von Wheatstone.** 14. Galvanoskop bei den deutschen Reichstelegraphen.

ELEKTRISCHE TELEGRAPHEN. II.

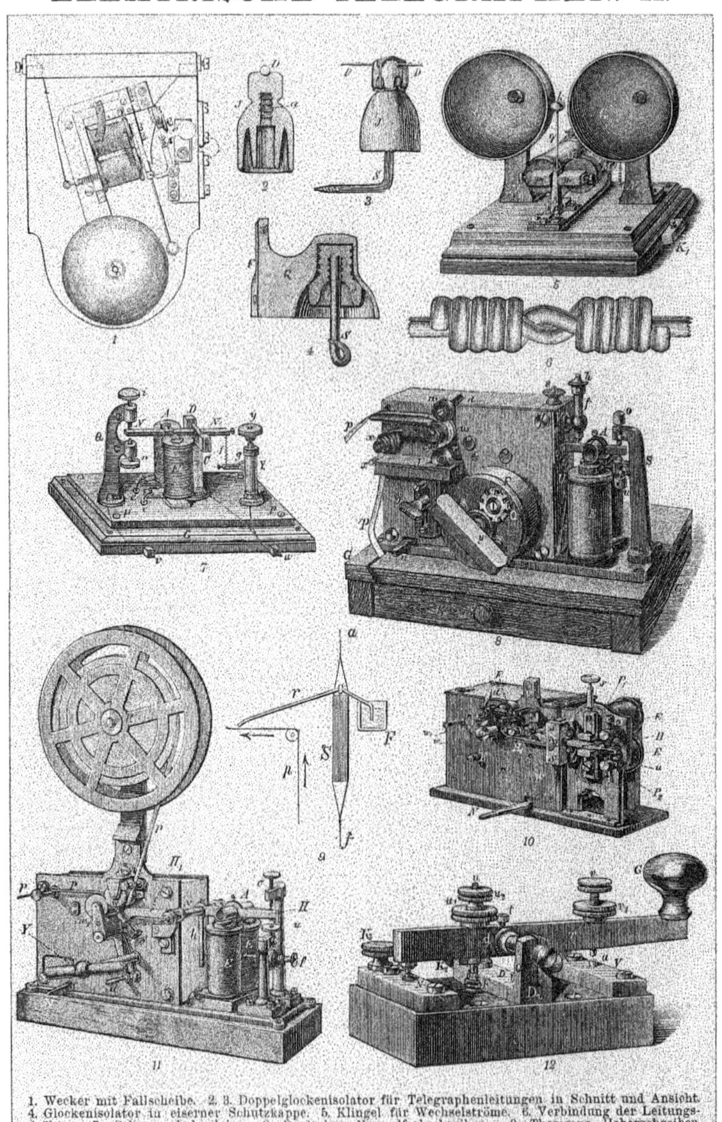

1. Wecker mit Fallscheibe. 2. 3. Doppelglockenisolator für Telegraphenleitungen in Schnitt und Ansicht. 4. Glockenisolator in eiserner Schutzkappe. 5. Klingel für Wechselströme. 6. Verbindung der Leitungsdrähte. 7. Schwanenhalsrelais. 8. Deutscher Normalfarbschreiber. 9. Thomsons Heberschreiber. 10. Polarisierter Farbschreiber von Siemens & Halske. 11. Morsestiftschreiber. 12. Morsetaster.

Teil F und P) in dem gemeinsamen Gehäuse zeigt, ist noch eine elektrische Wechselstrom-Klingel k (vgl. B, 5 und Fig. 5 auf Taf. II) mit 2 Glocken G_1 und G_2 sichtbar, welche bei Bedarf als Rufklingel benutzt wird.

In Fig. 13 ist der bei der engl. Telegraphenverwaltung benutzte Magnetzeiger von Wheatstone abgebildet. Der Geber befindet sich in dem Kasten Q; mittels der Kurbel H und eines Schneckenräderpaares wird der Anker des Magnetinduktors umgedreht, die erzeugten Induktions-Wechselströme können aber nur in die Telegraphenleitung eintreten, solange nicht ein mit dem Zeiger Y umlaufender Arm sich an einem Stifte einer niedergedrückten Taste t fängt. Die wesentlichste Einrichtung des in dem pultförmigen Aufsatze P untergebrachten Empfängers erläutert Fig. 11 (in anderthalbfacher natürlicher Größe). Der wagerecht liegende Elektromagnet besteht aus zwei getrennten Schenkeln; zwischen deren vier Polen liegen zwei von einem Stahlmagnete magnetisierte, auf gemeinschaftlicher Achse v sitzende Zungen, welche durch die Wechselströme hin und her bewegt werden. Auf derselben Achse v sitzt noch ein Arm C, welcher in Fig. 11 zum Teil abgebrochen gezeichnet ist, damit die dahinter liegenden Teile sichtbar werden; das untere, freie Ende c des Armes C spielt zwischen den Anschlagschrauben u_1 und u_2. In diesem Ende c ist ein Ende der Achse x des Steigrädchens r in einem Edelsteine gelagert; die Achse x ist etwa 62 mm lang und kann daher mit c bequem hin und her gehen, ohne daß ihrem zweiten Ende ein zu großer Spielraum in dem zweiten Edelsteinlager gegeben werden müßte. Die Zähne von r haben eine eigentümliche Gestalt. Zieht das eine Polpaar der Elektromagnete die Zungen an und bewegt dadurch den zur Zeit an u_1 liegenden Arm c nach links gegen u_2 hin, so stößt r zunächst mit dem nach unten gekehrten Zahne gegen die Stoßfeder s_2 und wird von dieser in der Pfeilrichtung in Drehung um seine Achse x versetzt; dieser Drehung wird jedoch bald darauf ein Ziel gesetzt, weil r mit dem nach oben gerichteten, in Fig. 11 noch an der Stoßfeder s_1 liegenden Zahne gegen die Anschlagschraube e_2 stößt; dabei gleitet aber noch der nächste Zahn von r unter der Feder s_1 hin, sodaß nun das Rad r mit zwei Zähnen ganz so zwischen e_2 und s_2 liegt, wie in Fig. 11 zwischen e_1 und s_1. Bei dem darauf folgenden Rückgange des Armes C nach u_1 hin sind die Vorgänge ganz ähnlich, und r dreht sich wieder um einen halben Zahn in der Pfeilrichtung. Die Übertragung der Drehung des Rädchens r auf den Zeiger Z (Fig. 13) ist nicht ganz einfach. Mittels des Knopfes K kann man den Zeiger Z rein mechanisch bewegen und auf irgend einen Buchstaben, namentlich das +, einstellen. k ist ein Umschalthebel; bei seiner in Fig. 13 gezeichneten Stellung nach rechts schaltet er bloß den Elektromagnet des Empfängers, bei seiner Stellung nach links zugleich auch noch den Wecker-Elektromagnet.

Louis Bréguets Zeigertelegraph ist in den Fig. 10, 12, 15 abgebildet; er war früher in Frankreich sehr verbreitet. Sein Geber (Fig. 15) ist zugleich mit zwei Kurbelumschaltern N_1 und N_2 ausgerüstet; er enthält eine Kurbel K, welche über der Buchstabenscheibe gedreht werden kann; unter letzterer ist eine Scheibe u auf die Kurbelachse aufgesteckt, welche in ihrer untern Fläche eine schlangenförmige, in sich zurücklaufende Nut besitzt; in diese ragt ein Stift auf dem hintern Arm des um X drehbaren Hebels G hinein. Beim Drehen der Kurbel K bewegt sich daher G zwischen den Schrauben y und p hin und her. An die Achsen Q_1 und Q_2 von N_1 und N_2 sind zwei Telegraphenlinien L_1 und L_2 geführt; werden die Spitzen n_1 und n_2 der Kurbelumschalter N_1 und N_2 zugleich auf den Metallstreifen C und D gestellt, so sind L_1 und L_2 unmittelbar unter sich verbunden, alle Apparate ausgeschaltet; bei der in Fig. 15 gezeichneten Stellung führen L_1 und L_2 über S_1 und S_2 nach zwei elektrischen Rufklingeln (vgl. B, 2) und dann zur Erde. Soll aus einer Linie, z. B. L_1, ein Telegramm genommen werden, so wird N_1 auf r_1 gestellt und dadurch L_1 über r_1, X, G, y und R mit dem Empfänger (Fig. 12) und der Erde verbunden. Um in L_1 zu telegraphieren, braucht man dann bloß K von ihrer Ruhestellung aus rechts herum zu drehen; da ein Pol der Telegraphierbatterie P an p gelegt, der andere zur Erde abgeleitet ist, so geht bei Drehung der Kurbel K ein Strom in L_1, wenn die Kurbel auf A, C, E u. s. w. zu stehen kommt, weil dann G an p liegt; während K auf B, D, F u. s. w. steht, ist der Strom unterbrochen. Im Empfänger (Fig. 12) ist zwischen den Klemmen K_1 und K_2 ein Elektromagnet eingeschaltet, durch dessen Rollen die aus der Leitung L_1 L_2 kommenden Telegraphierströme gehen; sein Anker a (Fig. 10) dreht sich um zwei Schrauben n n und trägt einen Stab b, an dessen obern Ende zwei gegeneinander verstellte Lappen c und d sitzen und sich bei dem Schwingen des Ankers a um n n abwechselnd vor die Zähne des von einem Triebwerke beständig zur Drehung um seine Achse x angetriebenen Rädchen r legen; bei jedem Wechsel schreitet r um einen halben Zahn fort und mit ihm der auf seiner Achse x sitzende Zeiger Z. Alle Telegraphierströme haben hier gleiche Richtung; sie bewirken, daß der Elektromagnet seinen Anker a an seine Pole heranzieht, und nach jeder Unterbrechung des Stroms reißt eine Spiralfeder den Anker wieder von den Polen ab. Drückt man auf den Knopf k (Fig. 12), so wird das Rädchen r (Fig. 10) dem Einflusse der Lappen c und d entrückt und kann daher dann umlaufen, bis Z auf dem + eintrifft; da wird es wieder aufgehalten. Mittels des auf einen Dorn in dem Loche u (Fig. 12) aufzusteckenden Schlüsselchens s läßt sich die Spannung der Abreißfeder am Ankerhebel regulieren.

5) Die Kopiertelegraphen werden zur Zeit nirgends benutzt. Den ersten Kopiertelegraphen hat der Engländer Bakewell 1847 angegeben; in jedem der beiden Ämter setzte ein Triebwerk eine Walze von der nämlichen Größe in Umdrehung und durch Zahnräder weiter eine Schraubenspindel, worauf mittels einer nicht drehbaren Schraubenmutter ein Schreibstift aufgesteckt war; in beiden Ämtern bewegten sich die Walzen ganz gleich und die Stifte beschrieben daher auf ihnen übereinstimmende enge Schraubenlinien; in beiden Ämtern waren Walze und Stift in den Stromkreis eingeschaltet. Die abzusendende Schrift oder Zeichnung wurde mit firnisartiger (die Elektricität nicht leitender) Tinte auf ein Blatt Zinnfolie entworfen und auf die Walze gelegt; der Stift konnte daher Strom nur senden, solange er das blanke Zinn berührte; im empfangenden Amte wurde die Walze mit Papier bedeckt, welches mit einer durch Salzsäure angesäuerten Auflösung von Cyankalium getränkt war, sodaß der das Cyankalium zersetzende Strom mit dem eisernen Schreibstifte Berlinerblau bildete und eine rund um

die Walze laufende, sehr eng gewundene blaue Schraubenlinie mit entsprechenden weißen Unterbrechungen erzeugte, das Original also weiß ausgespart in blau schraffiertem Grunde wiedergegeben wurde. Durch eine etwas andere Einschaltung würde man aus feinen Strichelchen bestehende blaue Schrift auf weißem Grunde erhalten, wie sie z. B. der von Caselli 1856 erfundene Pantelegraph lieferte, bei welchem eine Art Pendel die Stifte über Papier und Folie, die auf cylindrisch gebogenen Blechen lagen, hinwegführte. Außer diesen elektrochem. Kopiertelegraphen giebt es auch elektromagnetische; der erste, von Hipp 1851 gebaute, schrieb mit einer heberartigen Glasfeder; der von Meyer (1861) besitzt als schreibenden Teil eine als Schraubengang um einen sich stetig drehenden Cylinder gelegte Schneide. In einer zweiten Klasse von Kopiertelegraphen wird der Schreibstift im Empfänger durch die Ströme so bewegt, daß er einen zusammenhängenden Zug schreibt, der jedoch treppenartig fein gezackt ist. Der 1885 patentierte, auf Taf. III, Fig. 10 abgebildete Kopiertelegraph von S. P. Denison gehört zur ersten Klasse; er liefert elektrochemisch farbige Schrift auf einem Papierstreifen, benutzt jedoch gar keine gleichlaufenden Triebwerke, indem sowohl die schrittweise Bewegung der Streifen, als auch die Querbewegung der Stifte auf ihnen den Telegraphierströmen übertragen ist. Die beiden die Streifen bewegenden Elektromagnete sind in Fig. 10 in dem in der Mitte sichtbaren Kasten untergebracht und setzen zwar die beiden Rollen, über welche die beiden Streifen laufen, aber stets nur einen Streifen in Bewegung, weil mittels des vorn vortretenden Hebels links resp. rechts die Preßrolle vom Streifen abgehoben wird; links liegt der Empfangsstreifen, rechts der Senderstreifen; die rückwärts sichtbaren Elektromagnete bewegen die Stifte über den Streifen hin und her, und die die Stifte tragenden Hebel führen die Ströme den Stiften und weiter den Streifen zu; am Ende jedes Hebelweges wird die Stromrichtung umgekehrt und dadurch der Rückgang des Hebels veranlaßt.

6) Die **Buchstabenschreibtelegraphen** sind ebenfalls zur Zeit außer Gebrauch. Die meisten sollten in ganz ähnlicher Weise wie die Kopiertelegraphen metallene Buchstabentypen kopieren; so der von Bonelli 1862. Hipp dagegen wollte 1851 eine Schreibfeder in der Luft in beständiger Wiederholung einen die Elemente zu allen Buchstaben enthaltenden Zug machen und sie durch einen Elektromagnet stets so lange auf das Papier legen lassen, als die Feder die zu dem eben zu telegraphierenden Buchstaben nötigen Teile jenes Zuges ausführte.

7) Die **Schreibtelegraphen für vereinbarte Schrift** liefern auf dem Papier, das gewöhnlich in Streifenform verwendet wird, durch elektrochemische oder elektromagnetische Wirkung eine bleibende Schrift, welche meist aus Gruppen von Punkten, oder von Punkten und Strichen besteht, die teils in derselben Zeile liegen, teils auf zwei Zeilen verteilt sind. Zweizeilige Schrift liefern die **Doppelschreiber**; besteht sie bloß aus Punkten, so nennt man sie **Steinheilschrift**, weil Steinheil mit seinem obenerwähnten, zwei Magnetnadeln in derselben Spule enthaltenden Telegraph zuerst solche Schrift erzeugte; Stöhrer verwendete 1849 in seinem **Doppelstiftapparate** zwei Schreibstifte nebeneinander und schrieb in jeder Zeile Punkte und Striche, weshalb er nur Gruppen von wenig Elementarzeichen brauchte. Die Morseschrift ist eine einzeilige Strich-Punkt-Schrift. Das internationale **Morse-Alphabet** ist, abgesehen von den Dienstzeichen, jetzt folgendes:

a	·—	w	·——
ae	·—·—	x	—··—
à, å	·——·—	y	—·——
b	—···	z	——··
c	—·—·	ch	————
d	—··	1	·————
e	·	2	··———
é	··—··	3	···——
f	··—·	4	····—
g	——·	5	·····
h	····	6	—····
i	··	7	——···
j	·———	8	———··
k	—·—	9	————·
l	·—··	0	—————
m	——	.	······
n	—·	;	—·—·—·
ñ	——·——	,	·—·—·—
o	———	:	———···
oe	———·	?	··——··
p	·——·	!	——··——
q	——·—	Bindestrich	—····—
r	·—·	Apostroph	·————·
s	···	Bruchstrich	——————
t	—	Klammern	—·——·—
u	··—	Anführungszeichen	·—··—·
ue	··——	Unterstreichen	··——·—
v	···—	Neue Zeile	·—·—··

Die Buchstaben sind aus höchstens vier Elementarzeichen gebildet und den häufiger vorkommenden die einfachsten Zeichen gegeben, die Ziffern dagegen enthalten fünf, und die Interpunktionszeichen sechs Elementarzeichen. Zwischen je zwei Buchstaben wird ein etwas größerer Zwischenraum gelassen; die Wörter trennt man durch einen noch größern Zwischenraum. B. Meyer (s. Mehrfache Telegraphie) ließ jeden Wortbuchstaben eine Zeile für sich bilden und vermochte deshalb auch auf dem breitern Streifen von rechts nach links hin laufende Gruppen zu verwerten. Bei der Erzeugung der Punkte und Striche befindet sich der schreibende Apparatteil (Stift, Pinsel, Rädchen) für gewöhnlich fern vom Papier und wird zum Schreiben auf dasselbe aufgelegt. Bei den **Zickzackschreibern** dagegen liegt der Schreibstift beständig auf dem Papiere oder in einer ganz geringen Entfernung von demselben und schreibt so, während nicht telegraphiert wird, einen geraden Strich, beim Telegraphieren aber wird der

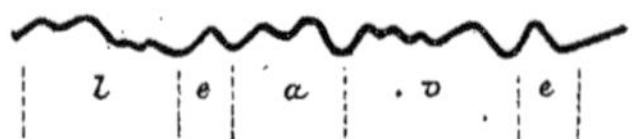

Stift auf dem Papier hin und her bewegt und schreibt so eine zackige oder eine geschlängelte Linie. Eine solche läßt die vorstehende Schriftprobe sehen, welche ein mit S. Lauritzens Zickzackschreiber (**Undulator**) auf einem Nordseekabel der Great Northern Telegraph Company telegraphiertes Wort zeigt, worin die Morsepunkte und Striche durch kürzere und längere Biegungen ersetzt sind. Unter den Zickzackschreibern erfreut sich **William Thomsons Heberschreiber** (Siphon recorder) einer starken Benutzung auf langen Unterseekabeln; er

ELEKTRISCHE TELEGRAPHEN. III.

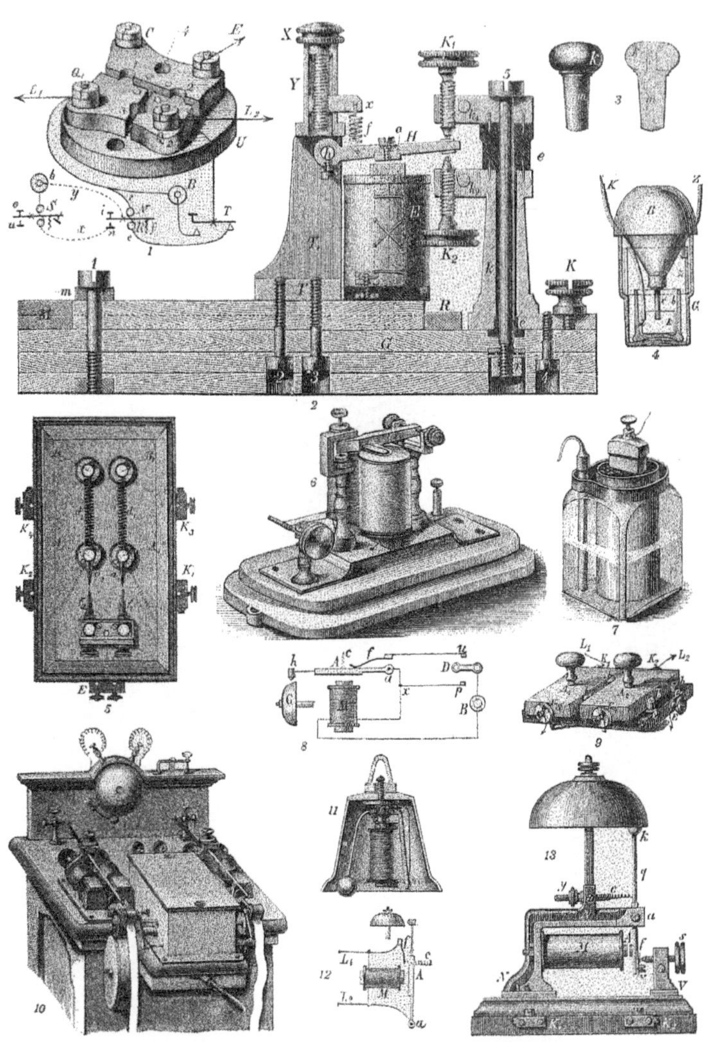

1. Stöpselumschalter, zugleich als Schaltungsskizze für Morse in Lokalstromkreis bei Arbeitsstrom. 2. Hughes' Relais der deutschen Verwaltung. 3. Zum Stöpselumschalter (Fig. 1) gehöriger Stöpsel in Ansicht und Schnitt. 4. Meidingers Ballonelement. 5. Spitzenblitzableiter mit Schmelzdrähten. 6. Morseklopfer von Day & Comp. 7. Leclanchés Element. 8. Klingelschaltung für Einzelschläge und für Selbstunterbrechung. 9. Plattenblitzableiter. 10. Kopiertelegraph von S. P. Denison. 11. Elektrische Klingel von Woodhouse & Rawson. 12. Klingelschaltung für Selbstausschlufs. 13. Rasselklingel.

ELEKTRISCHE TELEGRAPHEN. IV.

1. Hughes' Typendrucker. 2. Schlitten nebst Kontaktvorrichtung. 3. Kontakthebel, von unten gesehen.

steht in betreff seiner elektromagnetischen Einrichtung den Nadeltelegraphen (s. A, 3) nahe und enthält eine leichte Rolle aus feinem Draht, welche wie S auf Taf. II, Fig. 9 an den Fäden a und f zwischen zwei kräftigen Magnetpolen aufgehängt ist, von den sie durchlaufenden positiven und negativen Telegraphierströmen hin und her gedreht wird und mittels des an ihr befestigten, mit dem rechten Ende in das Farbgefäß F eintauchenden Hebers r zickzackförmige Schriftzüge auf dem Papierstreifen p erzeugt. Bei dem *Rußschreiber von Siemens & Halske* durchlaufen die Telegraphierströme eine leichte Spule, welche in einem cylindrischen magnetischen Felde aufgehängt ist, und bewegen sie auf und nieder, wobei ein mit der Spule verbundener, ganz leichter Schreibhebel Zickzackzüge in die Rußschicht auf einem in lotrechter Ebene vorübergeführten berußten Papierstreifen einkritzelt.

Im telegr. Weltverkehr haben unter den Schreibtelegraphen die für *Morseschrift* so ziemlich die Alleinherrschaft errungen. In den früher allein gebrauchten *Stiftschreibern* (*Reliefschreibern*), von denen Taf. II, Fig. 11 eine neuere Form (mit Federtrieb anstatt des früher allgemein benutzten Triebgewichtes) darstellt, setzt das mittels des Griffes Y aufgezogene, mittels des Hebels N nach Bedarf gebremste oder losgelassene Triebwerk während des Empfangens eine kleine Walze w, in welche eine Nute eingedreht ist, in Umlauf, wodurch ein um dieselbe laufender, von der Rolle R kommender Papierstreifen p eine mäßig schnell fortschreitende Bewegung erhält. Die Walze w_1 preßt unter der Wirkung einer Feder den Streifen p gegen w; wird w_1 mittels des Hebels d von w hinweggedreht, so läßt sich der Streifen p bequem zwischen die beiden Walzen einführen. Ein stumpfspitziger Stahlstift S, der an dem um die Achse x drehbaren Schreibhebel H_1 sitzt, steht der Nute der Walze w gegenüber und drückt das Papier in sie hinein, wenn der Elektromagnet E seinen Anker A anzieht, welcher an dem ebenfalls um x drehbaren Hebel H sitzt. Dieser wird durch eine mittels der Schraube f regulierbare und auf den Hebel h wirkende Feder für gewöhnlich gegen die Spitze der Schraube o gedrückt, in welcher Stellung der Schreibstift S von der Walze w absteht. Dauert die Anziehung nur ganz kurze Zeit, so entsteht auf diese Weise auf dem Papier ein Punkt; dauert sie länger, so bildet sich ein Strich. Das Aufschlagen des Ankerhebels H auf die untere Stellschraube u macht beim Stiftschreiber jedes angekommene Zeichen zugleich dem Ohr sehr deutlich wahrnehmbar, und es lassen sich nach dem hellen oder dumpfen Ton, der sie begleitet, die Punkte und Striche leicht und scharf voneinander unterscheiden, danach aber das Telegramm auch nach dem Gehör ablesen, wie bei einem Klopfer (vgl. A, 2). Als Geber für Morseschrift benutzt der Telegraphist den in Fig. 12 abgebildeten *Morse-Taster* (*Schlüssel*); durch abwechselndes Niederdrücken und Emporheben des an dem Knopfe G erfaßten, um die Achse d drehbaren metallenen Hebels T sendet er den Strom einer galvanischen Batterie in die Linie und durch den Elektromagnet des Empfängers; T wird für gewöhnlich durch die in das untere Ende des Stiftes u eingehängte Feder F auf dem in die Schiene N eingeschraubten Ruhekontaktstifte festgehalten. Die Achse d liegt in dem Lagerbocke DD_2; auf ihr wird mittels der Schraube t der Hebel T festgeschraubt. Mittels der Schrauben u_1 und u_2 wird die Spannung der Feder F, mittels der Schraube v_1 die Stellung des in den Hebel T eingeschraubten Arbeitskontaktstiftes v gegen den Kontakt a in der Schiene V reguliert. Die Klemmschrauben K_3 und K_2 an N und D und eine dritte an V dienen zum Anlegen der Leitungsdrähte. Dieser Taster läßt sich zum Telegraphieren mit Arbeits- und Ruhestrom (s. Telegraphenbetriebsweisen und Telegraphenschaltungen) benutzen; Taf. III, Fig. 1 zeigt eine Schaltung auf Arbeitsstrom (vgl. B, 5).

Die *Farbschreiber* (*Blauschreiber*) schreiben farbige Punkte und Striche; der Ankerhebel des Elektromagnets dient als Schreibhebel und drückt entweder eine auf ihm sitzende, in einen Farbebehälter eintauchende und bei ihrer beständigen Drehung aus ihm die (blaue) Farbe entnehmende Farbscheibe gegen den an dieser Scheibe vorübergeführten Papierstreifen an (John, 1854, Siemens & Halske), oder es bewegt eine Schneide am Ende des Schreibhebels den Streifen gegen die sich beständig drehende und von einer Tuchwalze die Farbe entnehmende Farbscheibe (Digney & Baudoin in Paris). Letzteres geschieht bei dem auf Taf. II, Fig. 10 abgebildeten *polarisierten Farbschreiber von Siemens & Halske*; hier bildet die Schneide a das Ende des Schreibhebels H_1, dessen anderes Ende H ein permanenter Magnet ist, zwischen den verstellbaren Polen P_1 und P_2 des Elektromagneten EE liegt und zwischen den Stellschrauben n und o hin und her bewegt wird. Die Eisenkerne von E stehen auf dem Nordpole eines Stahlmagneten, auf dessen Südpole S der Schreibhebel HH_1 drehbar befestigt ist; der Magnet H ist also ein Südpol, P_1 und P_2 sind zwei Nordpole. Mittels der Schraube s läßt sich der obere Pol P_1 höher oder tiefer stellen und so seine abreißende Wirkung auf den Anker H verändern. Die Farbwalze F speist das unter ihr liegende Schreibrädchen mit Farbe; die aus der Wand W hervorragenden Teile w, w_1, d, N und Y sind dieselben wie die in Fig. 11. Zum Telegraphieren mit Arbeitsstrom (s. Telegraphenbetriebsweisen) wird P_1 so tief gestellt, daß er bei stromlosem Elektromagnet E den an n liegenden Anker H an o heraufzuziehen vermag; der Telegraphierstrom verstärkt den Pol P_2 und schwächt P_1; P_2 legt daher jetzt H an u. Beim Betrieb mit flüchtigen Wechselströmen (s. Telegraphenbetriebsweisen) wird P_1 so hoch gestellt, daß H bei stromloser Leitung, sei es an o, sei es an u, ruhig liegen bleibt; die positiven Ströme legen dann H an n und beginnen das Schreiben, das stets der nächstfolgende negative Strom beendet, da er P_2 schwächt und H wieder an o legt. Bei dem von Siemens & Halske für die Indo-Europäische Linie gebauten polarisierten Farbschreibern besitzt der Elektromagnet nur eine wagerechte Rolle; der weiche Eisenkern derselben ist an jedem Ende mit einem wagerechten eisernen Flügel versehen, und oberhalb der beiden Flügel liegen die Pole eines Hufeisenmagneten; eine Spiralfeder strebt die Flügel von den Polen zu entfernen und muß beim Telegraphieren mit Arbeitsstrom bei stromloser Linie die Flügel vom Magneten abreißen, während die positiven Telegraphierströme die Flügel den ihnen gegenüber liegenden Polen entgegengesetzt magnetisieren, sodaß die Anziehung die Federspannung zu überwinden vermag. Bei Wechselstrombetrieb verursachen die negativen Ströme die Abstoßung der Flügel durch den Magnet, wirken also in gleichem Sinne wie die Abreißfeder. Bei dem *Normalfarb-*

schreiber der Deutschen Reichstelegraphen-verwaltung (Taf. II, Fig. 8) taucht das mit seiner Achse in beständiger Umdrehung erhaltene Schreibrädchen r in das Farbegefäß J ein; die Papierrolle liegt in dem Kasten K des Untersatzes G; der Streifen p läuft über Führungsstifte und Röllchen x zwischen den Walzen w w des Papierzugs hindurch; die Triebfeder liegt in der außen vor dem Apparatgehäuse befindlichen Trommel F und wird mittels des Griffes y aufgezogen; der Elektromagnet E ist mit der ihn tragenden Platte e und dem untern Teile U der Vorderwand des Apparatkastens mittels der Schraube s stellbar; der den Anker A tragende Hebel spielt zwischen den Stellschrauben o und u am Ständer S und bewegt dabei das Schreibrädchen r. J ist mit der Schraube j am Laufwerkskasten befestigt; nach dem Lüften dieser Schraube kann J auf den beiden durch seinen Schlitz hindurchgreifenden Führungsstiften und j selbst verschoben und schließlich abgenommen werden. Mittels der Schraube h läßt sich die Spannung der Abreißfeder des Ankers A regulieren, welche in der an die vordere Apparatwand V angeschraubten Röhre f untergebracht ist; die obere Rolle w sitzt auf dem einarmigen Hebel d und wird von der untern Rolle w abgehoben, wenn der Streifen p zwischen beide eingeführt werden soll. Das an das Federhaus F angeschraubte Kontrollrädchen Q in Verbindung mit dem auf die erste Laufwerksachse aufgesteckten Kontrollzahne verhütet, daß beim Aufziehen die Triebfeder gesprengt werde und daß sie zu weit ablaufe.

Die Farbschreiber arbeiten viel leiser als die Stiftschreiber, weshalb man an ihnen weniger leicht nach dem Gehör lesen kann; die Stiftschreiber haben ferner den Vorzug größerer Reinlichkeit und Zuverlässigkeit, weil bei ihnen die Schrift nicht kleckig werden, oder aus Mangel an Farbe ausbleiben kann. An den Farbschreibern dagegen kann der Schreibhebel viel leichter sein als bei den Stiftschreibern, weil er keine so kräftige Wirkung auf den Papierstreifen auszuüben hat; daher kann auch mit schwächern Strömen telegraphiert werden. Deshalb pflegte man früher den Farbschreiber gleich unmittelbar, d. h. ohne Relais (vgl. B, 4), in die Leitung einzuschalten; für den Dienst auf längern Linien versieht man jedoch auch ihn jetzt gern mit einem Relais. Will man denselben Farbschreiber, welcher unmittelbar in die Leitung eingeschaltet werden soll, ebensowohl zum Telegraphieren mit Ruhestrom als mit Arbeitsstrom brauchbar machen, so stellt man den Schreibhebel aus zwei Teilen her, deren Lage gegeneinander so geändert werden kann, daß der Hebel entweder Schrift erzeugt oder nicht, wenn der Elektromagnet E den Anker A anzieht.

In jüngster Zeit sind verschiedene Vorschläge gemacht worden, die schreibenden Teile so umzugestalten, daß die einzeilige Schrift enger und gedrängter ausfalle, dadurch also leichter lesbar werde und weniger Papier erfordere. Diese Bestrebungen sind wesentlich durch den **Doppelschreiber** von **E. Estienne** in Paris angeregt worden, welcher je mit zwei, die Farbe durch Kapillarwirkung aufsaugenden Schreibgriffeln von verschiedener Breite eine (eigentlich zweizeilige) aus kürzern und längern, querüber zum Streifen laufenden Strichen bestehende Schrift (z. B. |ıı ||| ıı|ı ı|) lieferte; die Schrift dieses Doppelschreibers, der auch in der deutschen Verwaltung zur Verwendung gekommen ist, ist eigentlich eine Steinheilschrift und wird durch gleichlange Arbeitsströme von zweierlei Richtung (s. Telegraphenbetriebsweisen) erzeugt, welche einen mit dem obern Ende zwischen den Polen eines Elektromagnetes liegenden, durch einen Hufeisenmagnet magnetisch gemachten Eisenstab aus seiner Mittellage nach rechts oder nach links herausbewegen und dadurch den einen oder den andern Griffel zum Schreiben bringen.

Einen **chemischen Schreibtelegraphen** für Morseschrift hat Gintl in Wien 1853 hergestellt; er tränkte das Papier mit Jodkalium und Stärkekleister oder zur Erzeugung blauer Schrift mit Cyankaliumlösung, Salzsäure und Kochsalzlösung; in beiden Fällen erscheint infolge der Zersetzung der Chemikalien farbige Schrift auf dem Streifen da, wo der Strom hindurchgeht. Steinheilschrift (s. S. 1008 b) hatte Alex. Bain in England schon 1846 elektrochemisch telegraphiert. Punkte und Striche in zwei Zeilen schrieb E. Stöhrer in Leipzig mit seinem Doppelschreiber (s. oben 7) auch elektrochemisch.

8) **Die Typendrucker.** Ein Zeigertelegraph kann dadurch in einen Typendrucker oder **Buchstabendrucktelegraphen** verwandelt werden, daß man seinen Zeiger durch ein auf seiner Stirnfläche, oder bequemer auf seiner Mantelfläche mit erhabenen Lettern besetztes Typenrad ersetzt, für eine regelmäßige Speisung der Typen mit Druckfarbe Sorge trägt und eine Einrichtung hinzufügt, welche die Type des zu telegraphierenden Buchstabens, wenn sie eingestellt, d. h. an die rechte Stelle gebracht worden ist, auf Papier abdruckt und darauf das Papier um die Buchstabenbreite fortrückt. Obschon die ersten Vorschläge zu Typendruckern bereits in den dreißiger Jahren auftauchten, hat doch erst der von **Hughes** in Europa größere Verbreitung erlangt, welchen Taf. IV, Fig. 1 in perspektivischer Abbildung in der jetzt in Deutschland üblichen Ausführung zeigt. In Fig. 2 ist die zur Entsendung der Telegraphierströme dienende Vorrichtung in der Vorderansicht, in Fig. 3 ein Teil dieser Vorrichtung von unten gesehen abgebildet. Dieser Typendrucktelegraph gehört zu der Klasse von Typendruckern, in denen zwei genau gleichgehende, in den beiden Ämtern aufgestellte Triebwerke mittels einer Anzahl von Zahnrädern R_1, R_2, R_3, R_4 und Getrieben den die rechtzeitige Absendung des Telegraphierstromes veranlassenden Teil (Schlitten) N des Senders in dem einen Amte in einer mit dem Typenrade A im andern Amte beständig übereinstimmenden Bewegung erhalten. An jedem Hughes-Telegraphen sind Empfänger und Sender zu einem Ganzen verbunden, und das Triebwerk treibt stets Schlitten und Typenrad zugleich; wird eine der 28 Tasten der Klaviatur TT niedergedrückt, so drückt sie den zu ihr gehörigen der 28 im Kreise angeordneten Stifte q (Fig. 2) so hoch empor, daß der auf der Achse X umlaufende Schlitten N beim Darüberhingleiten auf ihm emporsteigt, dabei den Muff Q und durch ihn den Arm f des um die in dem Backen P gelagerte Achse x (Fig. 3) drehbaren, von einer Feder nach unten gedrückten Kontakthebels F nach unten bewegt; dadurch wird F von der mit der Erde verbundenen Kontaktschraube c_2 an die mit dem einen Pole der Telegraphierbatterie verbundene Schraube c_1 emporbewegt und entsendet nun einen Strom gerade in dem Augenblick in die Linie, wo der auf dieser Taste verzeichnete Buchstabe (oder nach Wunsch das auch noch auf der Taste stehende Zahlen- oder Unterscheidungszeichen) im Empfänger zum Druck eingestellt ist. Die Abwärtsbewegung von f

begrenzt der Fangwinkel C. Die Kerne des Elektromagneten E (Fig. 1) stehen auf den Polen eines Hufeisenmagneten aus Stahl, werden also von diesem magnetisiert, die Stärke ihres Magnetismus läßt sich mittels eines Schwächungsankers g, der nach Bedarf verstellt wird, regulieren; sie halten ihren an der Achse Z sitzenden Anker u angezogen, bis der elektrische Strom ihren Magnetismus vernichtet, worauf der Anker durch zwei Federn e abgerissen wird und der Hebel G den Teil des Laufwerks einrückt, welcher mittels der unterhalb A sichtbaren, an einem Ansatze des Druckhebels K befestigten Druckwalze w den Abdruck des eingestellten Buchstabens auf dem von der Rolle S ablaufenden Papierstreifen s bewirkt, und zwar geschieht dies, indem die Druckwalze von dem auf der Druckachse d sitzenden und auf das in Fig. 1 sichtbare gabelförmige Ende des Druckhebels wirkenden Druckdaumen emporbewegt wird. Zuvor berichtigt ein anderer auf der Achse d sitzender und in das hinter A auf die Achse von A aufgesteckte Korrektionsrad B eingreifender Daumen (der Korrektionsdaumen) die Stellung des Typenrades A, falls dasselbe um eine Kleinigkeit vorausgeeilt oder zurückgeblieben sein sollte. Nach dem bei einem einzigen vollen Umlaufe der Druckachse vollzogenem Druck fällt der Druckhebel durch sein eigenes Gewicht, nach Befinden durch die Wirkung des Druckdaumens auf die untere Zinke der Gabel wieder in seine Ruhelage hinab. Die Fortbewegung des Streifens s nach jedem Abdruck eines Zeichens veranlaßt der durch eine Feder nach oben gedrückte Hebel K_1; wenn er von einem dritten auf der Druckachse d sitzenden nierenförmigen Daumen nach unten gedrückt wird, so greift der an ihm befestigte Sperrhaken K_2 in ein hinter w sitzendes Zahnrad, dreht w und zieht den durch eine federnde Gabel an w angedrückten Streifen s ein Stück fort. Die Schwärzrolle O speist die Typen auf A mit Druckfarbe. Die Triebkraft für das Laufwerk R_1, R_2, R_3, R_4 liefert ein an einer Rolle in einer Kette ohne Ende k hängendes Gewicht; P_0, P_1 ist der Schwungkugelregulator des Laufwerkes, W das Schwungrad und W_1 der Hebel, mittels dessen die Bremse W_2 an das Schwungrad W angepreßt wird, wenn das Laufwerk angehalten werden soll. Die Einschaltungsklemmen sind links am Apparattische sichtbar. Steht die Kurbel Y auf I, so ist der Elektromagnet E eingeschaltet, bei Stellung auf II aber ausgeschaltet. Mittels des Knopfes o läßt sich der zwischen A und B sichtbare Arm des Einstellhebels gegen die Büchse von A und B hinbewegen und beide Räder kommen darauf zum Stillstande, und zwar steht dann A stets in einer bestimmten Stellung, läßt sich also für spätere Stromsendung mittels der zugehörigen Taste des Senders einstellen, d. h. mit dem Schlitten des Senders in Übereinstimmung bringen. In der isolierten Feder F_3, gegen welche sich der Korrektionsdaumen in seiner Ruhelage legt, wird der Telegraphierstrom unterbrochen, sobald er entbehrlich ist. Der Kurbelumschalter U dient als Stromwender für E; je nach der Stellung der Kurbel k stellt eine auf deren Achse a sitzende Scheibe zwischen den vier Kontaktstücken s_1, s_2, s_3 und s_4 verschiedene Verbindung her und ermöglicht so, daß der Telegraphierstrom auch in dem ihn absendenden Amte in einer Richtung durch E geht, bei welcher er das Abreißen des Ankers u veranlaßt. In Frankreich und Italien hat der Typendrucker von Emil Baudot in Paris in seinen neuern Formen etwas ausgedehntere Benutzung gefunden, und zwar für Mehrfache Telegraphie (s. d.).

9) Die Drucktelegraphen für vereinbarte Schrift drucken teils bloß Punkte, teils Punkte und quer zur Zeile stehende Striche; im Betrieb finden sich zur Zeit keine. Ein Vorschlag zu einem solchen Telegraphen für zweizeilige Punktschrift wurde u. a. von G. Jaite in Berlin gemacht; sein in vielen Stücken sich an den Hughesschen (s. oben 8) anlehnender Telegraph sollte durch kurze (die Leitung also nur schwach und stets in gleichem Grade ladende) Arbeitsströme von zweierlei Richtung Steinheilschrift als Löcher in den Empfangsstreifen einstanzen, wodurch zugleich eine automatische Weiterbeförderung der Telegramme auf Zwischenstationen möglich werden sollte; von den beiden dem Hughesschen ähnlichen Elektromagneten spricht der eine auf positive, der andere auf negative Ströme an; ihre beiden Ankerhebel rücken beim Abreißen des Ankers die eine oder die andere von zwei Achsen in das Triebwerk ein, worauf endlich ein Daumen an dieser jetzt eine Umdrehung machenden Achse den einen oder den andern Stanzhebel einmal hebt, sodaß dessen anderes Ende die eine oder die andere gutgeführte Stanze durch den unter ihr hinlaufenden Papierstreifen hindurchstößt. (S. auch Stenotelegraph.)

B. **Die telegraphischen Nebenapparate** dienen teils allgemeinen Zwecken und finden sich dann in allen Ämtern, teils befriedigen sie nur in einzelnen Ämtern auftretende Bedürfnisse.

1) Die Blitzableiter sollen die übrigen Apparate und die Beamten gegen die zerstörenden Wirkungen der atmosphärischen Elektricität schützen, indem sie dieser einen nicht durch die Apparate führenden Weg zur Erde darbieten, ohne daß die Telegraphierströme auf ebendiesem Wege zur Erde abfließen könnten. Auf Taf. III, Fig. 9 ist ein Plattenblitzableiter abgebildet; die beiden Platten A_1 und A_2 desselben liegen auf dünnen, über die Stifte b b gesteckten Glimmerblättchen e e in geringem Abstande über der metallenen Grundplatte, von welcher ein Draht E zur Erde führt; mittels der Klemmen K_1 und K_2 sind die beiden Zweige L_1 und L_2 der Telegraphenleitung L_1 L_2 an den Platten A_1 und A_2 befestigt, und ein die Leitung durchlaufender Telegraphierstrom nimmt daher seinen Weg durch den zwischen den Klemmen K_3 und K_4 eingeschalteten Empfänger, wogegen die Luftelektricität den kleinen Zwischenraum zwischen den Platten überspringt und zur Erde abfließt. In den Spitzenblitzableitern findet das Überspringen der Funken zwischen Spitzen statt. Andere Blitzableiter enthalten Abschmelzdrähte, welche der einschlagende Blitz zum Schmelzen bringt, wodurch er sich den Weg nach den Apparaten abbricht. So bietet der auf Taf. III, Fig. 5 abgebildete Spitzenableiter, in welchem an die Klemmen K_1 und K_2 die beiden Zweige einer durch ein Amt durchgehenden Leitung gelegt werden, während zwischen K_3 und K_4 die Telegraphenapparate eingeschaltet werden, dem Blitz beim Überspringen zwischen den Spitzen a_1 und f_1, a_2 und f_2 einen Weg von E aus zur Erde; bevor der Blitz zu den Apparaten gelangt, muß er die feinen Neusilberdrähte d_1 und d_2 zwischen den Ständern A_1 und B_1, A_2 und B_2 durchlaufen und wird diese abschmelzen. Die an den Leitungsstangen angebrachten Blitzableiter heißen Stangenblitzableiter.

2) Die Wecker dienen zur Erregung der Aufmerksamkeit namentlich bei Verwendung von Tele-

graphen, welche keine hörbaren Zeichen geben, und zum Herbeirufen der Beamten in Ämtern, welche nicht ununterbrochen am telegr. Verkehr beteiligt sind. Sie enthalten meist eine Glocke, gegen welche ein Elektromagnet einen Klöppel schlagen läßt. In eigenartiger Weise geschieht dies dei der Klingel von Woodhouse und Rawson (Taf. III, Fig. 11), bei welcher der Anker parallel zum Kerne des Elektromagneten liegt. Gewöhnlich verwendet man Rasselklingeln, in denen jede Stromgebung nicht einen einzelnen Schlag des Klöppels gegen die Glocke hervorbringt, sondern eine rasche Folge von Schlägen (ein Rasseln), und dies erreicht man dei Batterieströmen durch Schaltung des Elektromagneten auf Selbstunterbrechung oder auf Selbstausschluß. (S. Elektrische Klingeln und Anrufapparate.) Die in Fig. 13 abgebildete Klingel giedt an der Glocke G einzelne Schläge, wenn die Spulenenden des Elektromagneten M unmittelbar an die Klemmen K_1 und K_2 geführt werden; wird dagegen das zweite Spulenende mit dem Stäuder N und der Ständer V mit K_2 verbunden, so unterdricht der Strom sich bei f von selbst jedesmal, wenn M seinen Anker A, der um a drehbar ist und an seiner Verlängerung q den Klöppel k trägt, so weit an sich herangezogen hat, daß die sich an der Schraube v fangende Feder f sich von s entfernt, und weil dann die durch die Schraube y zu spannende Feder c wirkt und A wieder adreißt, so rasselt die Klingel. Auf Taf. III, Fig. 8 ist eine Klingel skizziert, welche einen einzelnen Schlag des Hammers h gegen die Glocke G giedt, so oft die Kurdel D auf p gestellt und der Strom der Batterie B über x, p, D geschlossen wird, dagegen dei Stellung von D auf u unter Selbstunterbrechung rasselt, weil dann außer dem Elektromagnet M auch dessen um a drehbarer Ankerhedel in den Stromkreis der Batterie B eingeschaltet ist und, wenn M seinen Anker A anzieht, dieser sich von der Feder f entfernt und den setzt über x, a, A, f, u, D geschlossenen Strom unterdricht, während danu die Spiralfeder c den Auter A adreißt und den Stromkreis wieder schließt. In der Skizze Taf. III, Fig. 12 rasselt die Klingel mit Selbstausschluß, weil der in die Lettung $L_1 L_2$ eingeschaltete Elektromagnet M deim Anziehen seines Ankers A üder f, A und a einen turzen Nebenschluß zu den Stollen von M herstellt und diese daher unwirksam werden, worauf die Feder c den Anker A adreißt. Einen Rasselwecker für Wechselströme zeigt Taf. II, Fig. 5; sein Klöppel k sitzt mit seinem Stiele q auf einem Magnet A und letzterer wird durch die üder die Klemme K_1 zugeführten und den Elektromagnet M durchlaufenden Wechselströme zwischen dessen Polen p_1 und p_2 und den auf den Ständern N_1 und N_2 befestigten Glocken G_1 und G_2 hin und her geworfen. Die auf Taf. II in Fig. 1 abgebildete Klingel für Selbstunterbrechung läßt sich dei Hinzufügung noch einer Kontaktschraube leicht für Selbstausschluß einrichten. Sie ist noch mit einer Fallscheibe ausgerüstet, welche sich für gewöhnlich am Ankerhebel fängt, dei Beginn des Läutens ader als sichtbares, bleibendes Zeichen aus dem Gchäuse vortritt und zugleich den rechts angedeuteten Stromkreis nach einer zweiten, entfernten Klingel schließt.

3) Das Galvanoskop (die Bussole) ist ein von Multiplikatorwindungen umgebener Magnetstab (Magnetnadel), welcher selbst durch sehr schwache Strome in Schwingungen um seine horizontale oder vertikale Achse versetzt wird; es giebt Auskunft darüber, od Ströme die Leitung durchlaufen, und dient bei Untersuchungen der Leitung. So ist in dem bei den deutschen Reichstelegraphen benutzten, auf Taf. I, Fig. 14 (zwei Drittel der natürlichen Größe) abgebildeten Galvanoskop, das mit zwei Holzschrauben auf dem Tische befestigt wird, ein winkelförmiger Magnet m m auf zwei Schraubenspitzen t gelagert, und der auf denselben aufgeschraubte Zeiger Z spielt bei den Schwingungen des Magneten vor einer Skala, welche auf der gläsernen Rückwand i i durch Mattschleifen hergestellt ist. Die Windungen sind wagerecht um zwei Messingstifte gewickelt, welche bei s_1 und s_2 in die messingene Platte P eingeschraubt sind und durch die Schrauben p_1 und p_2 in dem Grundbrette G festgehalten werden. Die Windungen werden oben und unten durch zwei Ebonitplatten $e_1 e_1$ und $e_2 e_2$ begrenzt und sind äußerlich mit einem sie schützenden Lederüberzuge versehen. Beim Wickeln der Windungen wird das Galvanoskop mit dem Loche g im Grundbrett auf einen in Umdrehung zu versetzenden Dorn aufgesteckt. K_1 und K_2 sind die Anschlußklemmen für die Zuleitungsdrähte. In den im Querschnitt länglichrunden cylindrischen Raum innerhalb der Windungen ragen die beiden Pole N und S des Magneten hinein. Der Zeiger Z befindet sich im Innern eines geschlossenen parallelepipedischen Raums, den die Messingplatte P, die beiden mittels der Schrauben r_1 und r_2 an dieselbe angeschraubten Messingplatten h_1 und h_2, die auf letztere aufgeschraubte Deckplatte d und zwei Glaswände umschließen, von denen die vordere v v ganz durchsichtig, die hintere i i dagegen in ihrem obern Teile mattgeschliffen ist. Bei dieser Einrichtung kann die Stellung des Zeigers Z auf der Skala ebenso gut von der Rückseite her wie von vorn gesehen und beobachtet werden.

4) Das Relais hat die Aufgabe, mittels eines leichten metallenen Hebels auf der Empfangsstation einen elektrischen Strom (den Lokalstrom) durch die Elektromagnetspulen eines Empfängers oder Weckers zu schließen, z. B. wenn und solange der die Telegraphenleitung (Linie) und den Relaiselektromagnet mit durchlaufende Telegraphierstrom (der Linienstrom) geschlossen ist. Das Relais ist empfindlicher als die Empfänger, z. B. die Morse-Stiftschreiber, und gestattet schon deshalb die Verwendung schwächerer Linienbatterien; in dem kurzen Lokalstromkreise aber läßt sich die für den Empfänger nötige Stromstärke mit weit weniger galvanischen Elementen der Lokalbatterie erlangen, als nötig sein würden, wenn der Empfänger in den viele Kilometer langen und deshalb einen sehr großen Widerstand besitzenden Linienstromkreis eingeschaltet würde. Während also hierbei das Relais im Lokalstromkreise eine Wirkung hervorruft, welche einer im Linienstromkreise aufgetretenen Stromzustandsänderung entspricht, benutzt man es mitunter auch so, daß sein Elektromagnet in einen Lokalstromkreis eingeschaltet und in ihm mittels des Gebers eine Wirkung hervorgebracht wird, zufolge welcher der Ankerhebel die beabsichtigte telegr. Stromzustandsänderung in der Linie hervorbringt. Der Anker A des Elektromagnets E des auf Taf. II, Fig. 7 abgebildeten gewöhnlichen (Schwanenhals-)Relais ist ein Stück weiches Eisen und sitzt an dem Hedel NN_1, der zwischen zwei Stellschrauben i und n im Ständer Q spielt; auf Taf. III, Fig. 1 ist das Relais R

auf Arbeitsstrom in L_1 L_2 eingeschaltet und schließt den Strom der Lokalbatterie b durch den Elektromagnet des Schreibapparats S, wenn der Linienstrom von B den Relaisanker zufolge Anziehung an die Stellschraube n legt; bei Schaltung auf gewöhnlichen Ruhestrom (s. Telegraphenbetriebsweisen) dagegen müßte der Draht x an die Stellschraube i geführt werden, damit b geschlossen wird, wenn die Abreißfeder f den Hebel N an i drückt. Die Stellschraube, an welcher der Lokalstrom geschlossen werden soll, ist ganz metallisch, die andere an ihrer Spitze mit einem (isolierenden) Elfenbeinplättchen belegt. Mittels der Schraube y (Taf. II, Fig. 7) läßt sich der Schieber g in der Säule Y auf und nieder bewegen und dadurch die Spannung der von g nach N_1 reichenden Abreißfeder f regulieren. Der eine Poldraht der Lokalbatterie ist von der Klemmschraube w aus an den in der Gabel D des Ständers C gelagerten Hebel N und die Säule Y, der andere durch die Elektromagnetrollen des Empfängers nach der Klemmschraube v und an die betreffende Stellschraube n oder i geführt. Q, E, C, Y sind isoliert auf der Metallplatte P befestigt und mit ihr auf die hölzerne Grundplatte G aufgeschraubt. Die Drähte e e verbinden, wie auch Taf. III, Fig. 1 sehen läßt, die beiden Enden der Bewicklung des Elektromagneten E E mit den Klemmschrauben, woran die Leitung L_1 L_2 geführt ist.

Das sog. *Hughes-Relais* (dienstlich jetzt *Deutsches Relais* genannt), dessen Elektromagnet in seiner Anordnung dem des Typendruckers von Hughes (vgl. A, 8) gleicht, wird teils in einer kleinern Form in den deutschen unterirdischen Morse-Leitungen als Relais, teils in einer größern Form als Übertrager (s. d. und Telegraphenschaltungen) in Hughes-Leitungen und in unterirdischen Morse-Leitungen benutzt. Auf Taf. III, Fig. 2 ist ein solches Hughes-Relais im Längsschnitt dargestellt. Auf der Grundplatte G ist ein Hufeisenmagnet M mittels drei Schrauben 1, 2, 3 und der quer über G reichenden Schienen m und T befestigt; auf seine Polenden sind die Kerne der zwei mit Lederschutzhüllen umgebenen Elektromagnetrollen E aufgeschraubt und werden daher von M magnetisiert, wobei die Stärke ihres Magnetismus mittels des vor den Polen von M verschiebbaren Schließungsankers R reguliert werden kann. Mit der Platte T sind die beiden Ankerträger T_1 verbunden, in denen die Achse h des den Anker a tragenden Hebels H gelagert ist. Auf der obern Querverbindung der Ankerträger ist ein geschlitztes Messingrohr Y angebracht, worin die Schraube X untergebracht ist; die Mutter zu X bildet der Arm x, von welchem die Spannfeder f nach H geht; mittels der Schraube X läßt sich also die Spannung der Abreißfeder f regulieren. Die Schrauben K_1 und K_2, welche das Spiel des Ankerhebels H regulieren, sitzen in zwei Messingstücken k_1 und k_2; k_2 ist an der hohlen Säule k befestigt, welche durch die Schraube 4 auf der Grundplatte G festgehalten wird; in k steckt die Schraube 5, welche mittels der Mutter r festgezogen wird und das Stück k_1 festhält; letzteres ist durch zwei Ebonitstücke e oben und unten gegen k isoliert. Von den fünf Klemmschrauben sitzt die eine K im Fuße von k, die zweite und dritte sind mit k_1 und T, die vierte und fünfte mit den Enden der Rollen E leitend verbunden. Bei Benutzung des Apparats als Relais kann daher H den Lokalstromkreis sowohl an K_2, wie an K_1 schließen. Im erstern Falle muß die Feder f den Hebel H an K_1 festhalten und die Telegraphierströme müssen den Magnetismus der Kerne so sehr verstärken, daß a angezogen wird. Im zweiten Falle muß der Magnetismus der Kerne den Hebel H auf K_2 festhalten und durch die Telegraphierströme so weit geschwächt werden, daß die Feder f den Hebel H an K_1 hinaufziehen kann.

Die *polarisierten Relais* besitzen als Anker ein Magnetstäbchen, das den Polen des Elektromagneten gegenüber liegt oder auch zwischen denselben, in ähnlicher Weise wie bei dem polarisierten Farbschreiber (vgl. A, 7).

5) Die *Umschalter* oder *Wechsel* ermöglichen Abänderungen der Stromläufe in den Ämtern ohne Lösung der Verbindungsdrähte, und zwar die *Kurbel-* oder *Hebelumschalter* (vgl. A, 8) durch Drehung einer zugleich einen Teil des Stromweges bildenden metallenen Kurbel von einem metallenen Kontaktstück (Klemme) auf ein anderes, die *Schienen-* oder *Stöpselumschalter*, wie der auf Taf. III, Fig. 1 abgebildete, dagegen durch Einstecken metallener, mit einem Knopf aus isolierendem Stoffe versehener Stöpsel (Fig. 3) in die Löcher von kreuzweise übereinander oder nebeneinander liegenden, gegeneinander isolierten, d. h. nicht durch einen Stromleiter miteinander verbundenen Metallschienen. Der in Fig. 3 in Ansicht und Schnitt abgebildete Stöpsel für einen Umschalter U (Fig. 1) mit nebeneinander liegenden Schienen besteht einfach aus einem konischen Messingpflock m, auf den ein Elfenbeinknopf k aufgeschraubt ist. Steckt in Fig. 1 der Stöpsel im Loch 4 der Erdschiene C, so ist das Relais R und der Taster T in die an die Schienen Q_1 und Q_2 geführte, durchgehende Leitung L_1 L_2 eingeschaltet; wird der Stöpsel in das Loch 3 gesteckt, so verbindet er L_1 und L_2 unmittelbar, und es gehen nur unmerkliche Zweigströme durch die Apparate R und T; bei Stöpselung im Loch 1, bez. 2 wird der Zweig L_1, bez. L_2 kurz an Erde E gelegt, der andere aber unter Einschaltung der Apparate R und T (vgl. auch A, 7). Die *Scheibenumschalter* und die *Walzenumschalter* ändern bei Drehung einer Scheibe oder Walze, an die sich Kontaktfedern anlegen, gewöhnlich mehrere Stromwege zugleich ab. Dienen die Umschalter dazu, Apparate von andern und von Leitungen zu trennen, so nennt man sie *Abschalter* oder *Ausschalter*. (S. auch Vielfach-Umschalter.)

6) Die *Übertrager (Translatoren)* verbinden zwei in das Translationsamt mündende Telegraphenlinien so, daß jedes aus der ersten Linie einlaufende telegr. Zeichen selbstthätig sofort in die zweite weiter gegeben wird und umgekehrt. Dazu muß der Translator in der einen Linie als Empfänger arbeiten und für die andere zugleich Sender oder Geber sein (z. B. den Morse-Taster vertreten); denn er muß jedesmal, wenn eine zeichengebende Stromzustandsänderung in jener ersten Linie auftritt, in der letztern durch Beeinflussung der in dieser wirksamen Stromquelle eine entsprechende Stromzustandsänderung hervorbringen. (S. Telegraphenschaltungen.) Als Übertrager in Arbeitsstromleitungen kann das Relais (Taf. II, Fig. 7) benutzt werden, wenn beide Schrauben n und i ganz metallisch sind und in getrennten gegeneinander isolierten Ständern angebracht werden; ebenso der Schreibapparat bei der nämlichen Anordnung der Schrauben o und u (Taf. II, Fig. 11). Gewöhnlich benutzt man ein Paar Übertrager, um ohne weiteres nach

beiden Seiten hin übertragen zu können. Verwendet man nur einen einzigen Übertrager, so müssen bei jedem Wechsel der Richtung der Übertragung der sendende Teil sowohl wie der empfangende aus der einen Leitung in die andere verlegt werden; letzteres geschieht entweder mit der Hand, oder, wie z. B. bei dem automatischen Übertrager von G. Jaite, von dem einen Amte aus.

Litteratur. T. P. Shaffner, The Telegraph Manual; a complete history and description of semaphoric, electric and magnetic telegraphs (Neuyork 1859); Zetzsche, Die Kopiertelegraphen, Typendrucktelegraphen und die Doppeltelegraphie (Lpz. 1865); Blavier, Traité de télégraphie électrique (2 Bde., Par. 1865—67); Ludewig, Der Bau von Telegraphenlinien (2 Aufl., Lpz. 1870); A. Etenaud, La télégraphie électrique en France (2 Bde., Montpellier 1872); Du Moncel, Exposé des applications de l'électricité (3. Aufl., 5 Bde., Par. 1872—78); May, Geschichte der Kriegstelegraphie in Preußen (Berl. 1875); Zetzsche, Die Entwicklung der automatischen Telegraphie (ebd. 1875); Ch. H. Davis und F. B. Rae, Handbook of electrical diagrams and connections (Neuyork 1876); Rother, Der Telegraphenbau (4. Aufl., Berl. 1876); Prescott, Electricity and the electric telegraph (Neuyork 1877); Buchholtz, Die Kriegstelegraphie (Berl. 1877); Weidenbach, Kompendium der elektrischen Telegraphie (Wiesb. 1877); Zetzsche, Handbuch der elektrischen Telegraphie (4 Bde., Berl. 1877—87; zweite Hälfte des 3. Bds., Halle 1891); Merling, Telegraphentechnik (Hannov. 1879); Schmitt, Das Signalwesen der Eisenbahnen (Prag 1879); von Fischer-Treuenfeld, Kriegstelegraphie (Stuttg. 1879); J. D. Reid, The Telegraph in America, its founders, promoters and noted men (Neuyork 1879); Schellen, Der elektromagnetische Telegraph (6. Aufl., bearbeitet von J. Kareis, Braunschw. 1880—88); Zetzsche, Katechismus der elektrischen Telegraphie (6. Aufl., Lpz. 1883); Kohlfürst, Die elektrischen Einrichtungen der Eisenbahnen und das Signalwesen (Wien 1883); J. Kareis und F. Bechtold, Katechismus der Eisenbahntelegraphen und des elektrischen Signalwesens (ebd. 1883); von Fischer-Treuenfeld, Die Kriegstelegraphie in den neuern Feldzügen Englands (Berl. 1884); Culley, Handbook of practical telegraphy (8. Aufl., Lond. 1885); W. Maver und M. M. Davis, The Quadruplex (Neuyork 1885); Der elektromagnetische Telegraph (Wien 1886; Bd. 1: Calgary, Die Grundlehren; Bd. 2: Tenfelhart, Batterien, Apparat- und Schaltungslehre); A. Haßler, Die Staatstelephonie in Württemberg (Stuttg. 1887); W. E. Fein, Elektrische Apparate, Maschinen und Einrichtungen (ebd. 1888); F. Kovačević, Das halbpolarisierte oder Universal-Relais (Agram 1889); Wunschendorff, Traité de télégraphie sous-marine (Par. 1889); Anleitung zum Bau elektrischer Haustelegraphenanlagen, hg. von der Aktiengesellschaft Mix & Genest (2. Aufl., Berl. 1891); Kohlfürst, Die Fortentwicklung der elektrischen Eisenbahneinrichtungen (Wien 1891); E. Müller, Der Telegraphenbetrieb in Kabelleitungen unter besonderer Berücksichtigung der in der Reichstelegraphenverwaltung bestehenden Verhältnisse (2. Aufl., Berl. u. Münch. 1891); M. Schormaier und J. Baumann, Telegraph und Telephon in Bayern (3. Aufl., Münch. 1892); von Fischer-Treuenfeld, Die Fortentwicklung der deutschen Feldtelegraphie (Berl. 1892). (S. Telephon.)

Elektrische Thermometer. Zur Bestimmung von Temperaturen unter Zuhilfenahme von elektrischen Meßvorrichtungen kann man die elektrischen Ströme verwenden, welche entstehen, wenn die Lötstellen zweier miteinander verbundener Thermoelemente (s. d.) verschiedene Temperatur haben. Der Strom verschwindet, wenn diese Temperaturen gleich gemacht werden. Durch Veränderung der Temperatur der einen Lötstelle kann man so diejenige ermitteln, welche die andere hat. Ein weiteres Mittel zur Temperaturbestimmung bietet die Änderung, welche die Leitungsfähigkeit der Metalldrähte für den elektrischen Strom durch die Temperatur erfährt. Durch Bestimmung des Widerstandes einer Drahtspule kann man deren Temperatur genau finden, wenn vorher der Widerstand bei irgend einem anderweit bestimmbaren Wärmegrad ermittelt worden war. (S. Thermometer.)

Elektrische Uhren sind einerseits Uhren, deren Triebkraft (Gewicht oder Feder) durch Einwirkung eines elektrischen Stroms auf das Pendel ersetzt ist, andererseits aber auch bloße Zeigerwerke, die, von einer Normaluhr, meist einem guten Regulator mit Gewichtsantrieb und Sekundenpendel, durch Entsenden periodisch wiederkehrender Ströme betrieben, die Zeigerbewegung der Hauptuhr kopieren, also, wie die Zeitballapparate, zu den Fernmeldeapparaten (s. d.) zu rechnen sind. Von den, wohl zuerst von Bain (1844) ausgeführten, eigentlichen E. U., die man zum Unterschiede von den letztern, den sog. Nebenuhren, selbständige Uhren nennt, ist wohl am bekanntesten die von Hipp. Bei ihr ist die Einwirkung des Stroms auf das Pendel eine direkte, während andere Konstrukteure die Schwierigkeit, dieselbe unabhängig von der jeweiligen Stärke der Batterie immer nur genau entsprechend der Verzögerung durch Reibung und Luftwiderstand zu machen, dadurch vermeiden, daß sie durch den Strom nur ein Gewicht heben, eine Feder spannen, kurz, ein Spannwerk aufziehen lassen, welches seinerseits an das Pendel, durch welches keine Auslösung erfolgt, immer die gleiche, abgemessene, in ihm angesammelte Energiemenge als Ersatz für die verlorene abgiebt. Hipp vermeidet diese Schwierigkeit in höchst genialer Weise dadurch, daß er überhaupt keine regelmäßigen Impulse, bei jeder ganzen oder halben Schwingung, wie dies bei allen andern Systemen der Fall ist, giebt, den Eintritt eines solchen vielmehr vom Bedürfnis abhängig macht, indem er durch das Pendel den Strom eines dasselbe beschleunigenden Elektromagneten jedesmal dann je auf einen Augenblick schließt, wenn dessen Schwingungsweite unter die normale sinkt. Dadurch macht er sich aber offenbar innerhalb weiter Grenzen unabhängig von der durch die Veränderlichkeit der Batteriestärke bedingten Stärke des Impulses, und die Uhr geht infolgedessen lange Zeit völlig genau, ist aber viel einfacher, und deshalb auch billiger als eine solche mit Spannwerk.

Der Betrieb von Nebenuhren von einer Centraluhr aus, wie er bereits 1839 von Steinheil in München ausgeführt wurde, erfolgt bei einigen der vielen Konstruktionen, z. B. bei der von Droz (s. umstehende Fig. 1), durch eine Folge gleichgerichteter Ströme, durch welche alle Minuten oder auch in kürzern oder längern Zwischenräumen ein Anker angezogen und sodann wieder losgelassen wird, der mittels Sperrzahns das den großen Zeiger tragende Sperrrad je um einen Zahn weiter bewegt, womit der

Zeiger um einen Teilstrich fortgerückt wird; bei der Mehrzahl derselben aber, wie bei der Uhr von Stöhrer (s. untenstehende Fig. 2), durch Ströme wechselnder Richtung, die auf einen polarisierten Anker wirken, der seinerseits ebenso wie oben mit-

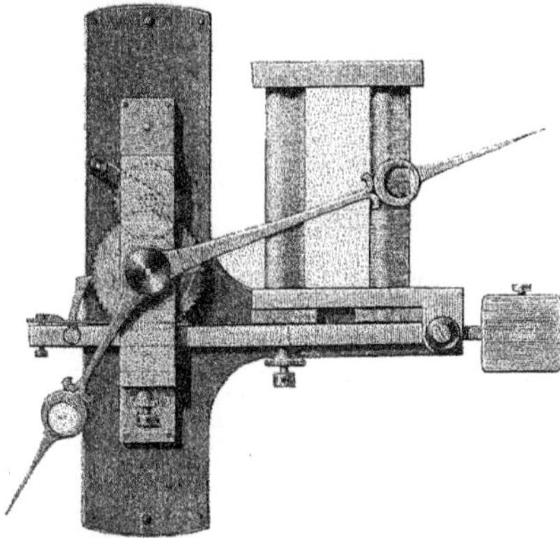

Fig. 1.

tels Sperrzahn und Rad den großen Zeiger bewegt. Die Anwendung von Wechselstrom ist derjenigen von Gleichstrom vorzuziehen wegen der bei weitem größern Unempfindlichkeit gegen Störungen durch Gewitterelektricität. Die Übersetzung auf den Stundenzeiger wird ganz genau ebenso bewerkstelligt, wie bei den gewöhnlichen Uhren, nämlich durch ein rückkehrendes Räderwerk.

Fig. 2.

Neuerdings hat man auch ein gleichfalls bereits von Steinheil (1839) angegebenes System wieder aufgenommen, bei dem eine Reihe im übrigen voneinander unabhängiger Uhren von einer centralen Normaluhr aus nur je in größern Zwischenräumen in ihrem Gange elektrisch reguliert wird, und zwar ist namentlich das hierher gehörige System Mayrhofer auch in den Tageszeitungen häufiger genannt worden.

Zu den E. U. im weitern Sinne gehören endlich auch noch die Chronoskope und Chronographen (s. d.).

Die Regulierung des Uhrwerkes, auf die alles ankommt, erfolgt, da Unruhe oder Pendel in Verbindung mit einer Hemmung bei der großen Umdrehungszahl unbrauchbar ist, durch einen Windfang, dessen wirksame Flügelfläche durch ein mit ihm verbundenes Centrifugalpendel mit wachsender Umdrehungszahl vergrößert wird. Hipp benutzt für die gleichen Zwecke eine von ihm angegebene Federhemmung: eine in ihrer Ruhelage auf das Steigrad als Sperrung wirkende Feder läßt, wie eine Stimmgabel in Schwingungen versetzt, bei jeder Elongation einen Zahn desselben passieren und reguliert so als isochrom schwingendes Organ dessen Umdrehungszahl. — Vgl. Merling, Elektrotechnische Bibliothek, Bd. 2: Die E. U. (Braunschw. 1884); Hartlebens Elektrotechnische Bibliothek, Bd. 13: Tobler, Die E. U. und die Feuerwehrtelegraphie (Wien 1883).

Elektrische Verbrauchsmesser, s. Elektricitätszähler.

Elektrische Verdunstung. Nach Mascart wird die Verdunstung sehr befördert, wenn man Wasser in einer mit der Erde in leitender Verbindung stehenden Schale unter den Konduktor einer starken Elektrisiermaschine stellt. Gernez fand, daß die Elektricität auch die Destillation befördert.

Elektrische Vergoldung, Verkupferung, Vernickelung u. s. w., s. Galvanoplastik.

Elektrische Verteilung, soviel wie Elektrische Influenz (s. d.).

Elektrische Wasserbäder, s. Elektrotherapie.

Elektrische Weinbehandlung, mehrfach vorgeschlagene Methode, um Wein milder, haltbarer und älter zu machen. Man brachte zu diesem Zweck in einem Porzellangefäß zwei Platinbleche an, verband sie mit den beiden Polenden einer Grammeschen elektrodynamischen Maschine, füllte dann das Gefäß mit herbem Wein und setzte die Maschine in Gang. Das Verfahren scheint sich nicht bewährt zu haben.

Elektrische Zündung, eine Art der Zündung, die an leichtentzündlichen Stoffen mittels der Elektricität in verschiedener Weise bewirkt wird. Die E. Z., deren man sich vorzugsweise beim Abfeuern von Sprengschüssen bedient, wird entweder durch den elektrischen Funken oder durch einen mittels des elektrischen Stroms glühend gemachten sehr dünnen Eisen- oder Platindraht bewirkt. Sie wirkt aus weiterer Entfernung viel sicherer, schneller und, wegen der Gleichzeitigkeit mehrerer sich unterstützenden Sprengungen, auch viel durchgreifender und vorteilhafter als die Zündung mittels der sog. Zündschnüre; sie wird daher in neuerer Zeit vielseitig angewendet zum Entzünden von Minen beim Sprengen alter Stadtmauern u. dgl., der Felsen und des Gesteins in Bergwerken, der unter Wasser befindlichen Riffe, des Erdreichs (Sprengkultur), ferner zum gleichzeitigen Anzünden vieler Flammen, Signalbüchsen, Raketen u. s. w. Da das gewöhnliche Schießpulver sich nur sehr unsicher auf direktem Wege durch den elektrischen Funken entzünden läßt, so versuchte man es mit Gemengen von Schießpulver und Knallsilber, mit Phosphorpräparaten, mit Knallquecksilber u. dgl. m. Bewährt für die E. Z. hat sich ein Pulver, das aus gleichen Gewichtsteilen Schwefelantimon und Kaliumchlorat besteht. Wird dieses Pulver in einen Zünder gefüllt und der elektrische Funke einer Leidener Flasche durchgeführt, so entzündet es sich augenblicklich und infolgedessen auch das Sprengschießpulver, die Schießbaumwolle, das Dynamit u. dgl., die den elektrischen Zünder in einer Patrone umgeben. Die für E. Z. bestimmten Elektrisiermaschinen werden möglichst einfach, leicht tragbar, verbunden mit einem Kondensator und verschlossen gegen die Feuchtigkeit der Luft angefertigt. Die bei der gewöhnlichen Elektrisiermaschine aus Glas hergestellten Teile sind bei denselben und ihren Kondensatoren (Leidener Flaschen), um der Zerbrechlichkeit vorzubeugen, durch solche aus vulkanisiertem Kautschuk (Ebonit) ersetzt. Die ersten verläßlichen Sprengmethoden auf weitere Strecken mittels elektrischen Funkens stammen von Shaw (1831), Gätzschmann (1842) und C. Winter (1845). Für militär. Zwecke hat Ebner (1856) die E. Z. ausgebildet. Das in Frankreich übliche Anzünden von Sprengschüssen mittels eines galvanisch erglühenden, sehr feinen und kurzen Eisen- oder Platindrahts wurde zuerst vom russ. Geniekorps (1829) und dann von Hare (1834) versucht. Die Gleichzeitigkeit des Zündens mehrerer Schüsse ist besonders bei großen Entfernungen mittels galvanischen Glühens nicht so sicher wie mittels des elektrischen Funkens. Den elektrischen Strom für den galvanisch erglühenden Eisendraht liefern entweder großplattige, galvanische Batterien oder Dynamomaschinen. Die letztern, sowie (seit 1853) der Ruhmkorffsche Funkeninduktor (s. Induktionsmaschinen), können auch zum Zünden mittels des elektrischen Funkens benutzt werden. Sehr einfach sind die magnetelektrischen Induktoren für die E. Z. mittels des elektrischen Funkens von Markus (seit etwa 1864), Breguet, Siemens u. a.; sie sind noch auf große Entfernungen wirksam. Hierzu ist aber notwendig, daß die obengenannte elektrische Zündmasse durch einen geringen Zusatz (etwa ein Fünftel) eines halbleitenden Erzes, z. B. Schwefelblei, Schwefelkupfer u. dgl., für die E. Z. empfindlicher gemacht werde. Die höchst empfindliche Abelsche Zündmasse besteht aus 4 Teilen Phosphorkupfer und 7 Teilen Kaliumchlorat. Die E. Z. kann auch bei den Seeminen (Torpedos) die Explosion dadurch hervorrufen, daß der Stoß des feindlichen Schiffs gegen einen der am Torpedo im Kreise liegenden Puffer die Berührung der Batteriepole, mithin das Erglühen eines in der Sprengladung liegenden kurzen Eisen- oder Platindrahts bewirkt (Ebner 1859). — Die E. Z. kommt auch bei **Geschützen**, namentlich schweren Kalibers, neuerdings vielfach in Anwendung, hauptsächlich, wenn dieselben in Panzerdrehtürmen stehen. Hier ermöglicht die E. Z., daß die Türme fortwährend gedreht und die Rohre an beliebiger Stelle abgefeuert werden können. — Vgl. Notizen über neuere kriegstechnische Gegenstände (Wien, Staatsdruckerei, 1871); Die Sprengtechnik (Wien, Bureau für Sprengtechnik, 1881).

Elektrisiermaschine, jede mechan. Vorrichtung zur reichlichen Erzeugung und Ansammlung von Elektricität. Die ältern Vorrichtungen dieser Art zielen darauf ab, durch **Reibung** eines Nichtleiters mit einem zur Erde abgeleiteten Leiter (dem **Reibzeug**) Elektricität zu erzeugen, die in einem besondern Leiter, gewöhnlich einer Metallkugel auf einem Glasfuß (dem **Konduktor**), aufgesammelt wird. Alle derartigen Maschinen heißen **Reibungselektrisiermaschinen.** Die jetzt noch gebräuchlichste dieser Konstruktionen ist die von Winter in Wien (1830) herrührende. Dieselbe hat folgende Konstruktion. Der geriebene Nichtleiter wird durch eine starke kreisförmige Spiegelglasscheibe gebildet. Durch dieselbe ist eine gläserne Achse gesteckt, die sich mit einer Handkurbel umdrehen läßt und deren Lager von Glasfüßen getragen werden. Das Reibzeug besteht aus zwei flachen Lederkissen, deren Oberflächen mit einem Amalgam bestrichen sind; gewöhnlich wird das von Kienmayer 1788 angegebene benutzt, das aus 2 Teilen Quecksilber, 1 Teil Zink und 1 Teil Zinn besteht. Die Lederkissen sitzen in einer Holzgabel, die durch einen Glasfuß gehalten wird, und die amalgamierten Flächen werden durch Federn sanft gegen die beiden Ebenen der Glasscheibe gedrückt. Das Reibzeug wird für gewöhnlich durch eine Metallkette leitend mit der Erde verbunden. Die auf der Glasscheibe entstehende positive Elektricität wird von den Saugern zum Konduktor geleitet. Dieser besteht aus einer Messingkugel, die von einer isolierenden Glassäule getragen wird. Er trägt die Sauger, die aus zwei hölzernen parallelen Ringen bestehen, durch deren Zwischenraum sich die Glasscheibe hindurchdreht. Die der Glasscheibe zugekehrten Seiten der Ringe sind mit Metallspitzen besetzt, welche die eigentliche Übertragung der Elektricität von der Scheibe nach dem Konduktor bewirken und zwar auf folgende Weise. Die bei der Drehung sich mit positiver Elektricität ladenden Oberflächenteile der Glasscheibe wirken verteilend auf die ursprünglich neutralen Saugringe. Ihre negative Elektricität strömt von den Spitzen auf die Glasscheibe über und neutralisiert sich mit einem gleichgroßen Teil der dort befindlichen positiven Elektricität. Die positive, durch jene Verteilung entstandene Elektricität der Saugringe entweicht nach dem Konduktor, der sich auf diese Weise bei fortgesetzter Drehung der Scheibe mit positiver Elektricität ladet. Weil es hier den Anschein hat, als ob die Spitzen die positive Elektricität der Glasscheibe «einsaugten», so hat man diesen Ausdruck bildlich für jene Wirkung der Spitzen gebraucht. Um auch die negative Elektricität des Reibzeugs zu sammeln, beseitigt man die leitende Kette und verbindet es mit einer ebenfalls isolierten Kugel, dem negativen Konduktor, der auch direkt an dem Reibzeug angebracht sein kann. Verbindet man beide Konduktoren miteinander, so erhält man einen Strom von Elektricität, der zum Teil dieselben Eigenschaften wie der galvanische Strom besitzt, sich aber zu Versuchen wegen seiner Ungleichmäßigkeit nicht eignet. Gewöhnlich benutzt man nur den positiven Konduktor. Das wesentliche der Winterschen Maschine besteht darin, daß das Reibzeug in weiterer Entfernung von den sog. Saugern abliegt als bei den E. älterer Zeit, sodaß die angesammelte Elektricität nicht so leicht wie ehedem von dem positiven Konduktor nach dem Reibzeuge zurückschlagen kann. Infolgedessen zeigt sich die elektrische Spannung größer als bei den E. älterer Konstruktion. Um die Elektrische Kapacität (s. d.), also die Sättigung der Funken, zu erhöhen, kann man auf den positiven Konduktor einen großen Ring aufsetzen. Derselbe ist gewöhnlich aus Holz und ist von einem Kupferdraht durchzogen. Sinnreich waren die E. von **van Marum** (1790), deren kugelförmiger Konduktor bald mit positiver, bald mit negativer Elektricität geladen werden konnte, je nachdem dessen Zuleitarme mit der elektrischen Glasscheibe oder dem Reibzeug in Berührung gebracht wurden. In früherer Zeit wurden zuweilen sehr große E. gebaut. Eine der größten E. ist jene, die Cuthbertson nach der Anleitung von van Marum für das Teylersche Museum in Harlem verfertigt hat. Diese daselbst noch vorhandene E. besitzt zwei 165 cm im Durchmesser haltende Glasscheiben und acht Reibzeuge. Ihre elektrische Influenz ist noch in einer Entfernung von mehr als 12 m bemerkbar, und Funken schlagen

65 cm weit aus dem Konduktor auf einen mit der Erde in Verbindung stehenden Leiter über. — Als Erfinder der E. wird gewöhnlich Guericke (1672) angegeben; aber da er seine Schwefelkugel bloß mit der Hand rieb, und auch kein Konduktor vorhanden war, so schreibt man in neuerer Zeit die Erfindung der E. Hausen, Winkler und Bose zu, die um 1743 die elektrische Cylindermaschine ersonnen haben. Die elektrische Scheibenmaschine rührt von Planta (1755) her und hat seit ihrer Erfindung mannigfache Wandlungen im Baue durchgemacht. Eine ihrer Hauptvorzüge, verglichen mit der ältern Cylindermaschine, ist, daß an der erstern beide Oberflächen gerieben werden, an der Cylindermaschine jedoch nur die äußere Mantelfläche.

Bei jeder Reibungsmaschine, wenn sie kräftig wirken soll, muß die umgebende Luft trocken sein und ebenso ihre Glasteile, die daher vor dem Gebrauche mit einem Seidenlappen abgerieben werden. Je größer an der elektrischen Scheibenmaschine die Glasscheibe ist, je schneller dieselbe rotiert und je besser die eine Elektricität zur Erde abgeleitet wird, desto wirksamer erweist sich, unter sonst gleichen Umständen, die E. Die Versuche mittels der E. sind sehr zahlreich und mannigfaltig; die meisten derselben werden am positiven Konduktor angestellt. Wenn daher kurzweg vom Konduktor gesprochen wird, so meint man in der Regel den positiven. Zunächst giebt die E. ein Beispiel, wie mechanische in elektrische Energie, nach größerm Maßstabe, umgewandelt wird.

Zur Prüfung des elektrischen Zustands des Konduktors dient das Quadranten-Elektroskop (s. Elektroskope). Dasselbe besteht aus einem gut leitenden Säulchen, das ein um eine wagerechte Achse drehbares Pendel trägt. Dessen Kügelchen, aus Holundermark oder Kork, ist an einem Holzstäbchen oder Strohhalm befestigt. Dieses Instrumentchen wird oben in den Konduktor eingesteckt. Solange der letztere unelektrisch ist, bleibt das Pendelchen ruhig an dem dazugehörigen Säulchen liegen. Sobald aber der Konduktor, und mit diesem auch das Säulchen und das Pendelchen, elektrisch ist, weicht letzteres durch Abstoßung ab.

Die elektrische Abstoßung zeigt sich durch das Auseinandertreiben eines auf den Konduktor gesetzten Papierbusches, den Elektrischen Kugeltanz (s. d.), das Elektrische Glockenspiel (s. d.), das Elektrische Flugrädchen (s. d.) und viele andere derartige Spielzeuge. Auf dem Isolierschemel (s. d.) stehende Personen können bei Berührung des Konduktors elektrische Ladungen annehmen und in Form von Funken an andere Personen abgeben.

In neuerer Zeit (1864) haben Holtz und Töpler die nach ihnen benannten Influenzmaschinen (s. d.) erfunden.

Im J. 1840 machte ein engl. Maschinenwärter zufällig die Erfahrung, daß aus dem Wasserdampf, der einer Fuge des Ventilsitzes seiner Dampfmaschine entströmte, elektrische Funken nach seiner Hand überschlugen, wenn er letztere in jenen entweichenden Dampf und die andere Hand an den Dampfkessel legte. Sir William Armstrong, der hiervon hörte, untersuchte die Bedingungen dieser elektrischen Erscheinung und konstruierte noch in demselben Jahre die nach ihm benannte Dampf- oder Hydro-Elektrisiermaschine. Dieselbe besteht aus einem durch vier starke Glasstützen isolierten Dampfkessel mit innerer Feuerung derart, daß letztere gänzlich von dem zu erhitzenden Wasser umgeben ist. Die Elektricität entsteht hier durch die Reibung der in den Ausströmungsröhren niedergeschlagenen Wasserteilchen, welche durch den ausströmenden Dampf mit Heftigkeit gegen die innere Wand eines am Ende der Ausflußöffnung liegenden, kleinen und hohlen Holzcylinders getrieben werden. Die Dampfelektrisiermaschine ist also eigentlich auch eine Reibungsmaschine. Aus dem auf diese Weise stark positiv elektrisch gemachten Dampfe nimmt der Konduktor die positive Elektricität auf. Man erhielt mittels einer Armstrongschen großen Hydro-Elektrisiermaschine 36 cm lange elektrische Funken, die fast ohne Unterbrechung auf einen Funkenzieher mit hoher Spannung überströmten; Flaschenbatterien von großer elektrischer Kapacität wurden in etwa einer halben Minute vollkommen geladen; überhaupt traten alle elektrischen Erscheinungen in großem Maßstabe auf. Die Dampfelektrisiermaschine hat mancherlei Versuche veranlaßt, die Entstehung der atmosphärischen Elektricität durch die Verdampfung des Wassers oder durch die Reibung der Wasserdämpfe zu erklären, die sich jedoch als nicht stichhaltig erwiesen haben.

Elektrizität, s. Elektricität.

Elektroballistisches Pendel wird zuweilen eine von Pouillet erdachte Vorrichtung zur Messung kleiner Zeiten genannt. (Vgl. Chronoskop.) Läßt man auf die Nadel eines Galvanometers (s. d.) durch eine sehr kurze Zeit t, während welcher die Nadel nicht merklich die Gleichgewichtslage verlassen kann, einen Strom von der bekannten Stärke i einwirken, so wächst der Ausschlag der Nadel mit dem Produkt it. Der einem bestimmten Werte von t entsprechende Ausschlag läßt sich berechnen, aber auch empirisch bestimmen, indem man gleichmäßig rotierende Scheiben mit leitenden Sektoren von wechselnder Breite versieht, welche den Strom i durch eine bekannte Zeit geschlossen halten. Wird nun z. B. beim Abfeuern eines Gewehrs durch den Drücker derselbe Strom i geschlossen, durch das den Lauf verlassende Geschoß aber wieder unterbrochen, so kann man aus dem Nadelausschlag auf die Zeit schließen, welche vom Abdrücken bis zum Austritt des Projektils aus dem Lauf verflossen ist. Vgl. Poggendorffs «Annalen der Physik und Chemie», Bd. 64, S. 452.

Elektrobioskopie (grch.), s. Elektrotherapie.

Elektrochemie (grch.), die gesamte Lehre von dem Zusammenhange chem. und elektrischer Vorgänge (s. Elektrochemische Theorie).

Elektrochemischer Schutz. Wenn man mit einem Metall ein zweites in Berührung bringt, das mit dem erstern ein galvanisches Element bildet, in dem letzteres chemisch angegriffen wird, so bleibt ersteres unversehrt und ist elektrochemisch geschützt. Solche vor Oxydation schützende Metalle heißen Protektoren. Diese oxydieren oder verrosten dann um so stärker. Die eisernen Nägel an Kupferdächern rosten schnell. Eiserne Solpfannen schützt man elektrochemisch durch Zink gegen das Rosten. Davys E. S. (1824) des Kupferbeschlags mittels Zink an Schiffen wird nicht angewendet, weil sich am reinen Kupfer Schaltiere u. s. w. anhängen.

Elektrochemische Schreibtelegraphen, s. Elektrische Telegraphen, A, 7.

Elektrochemische Spannungsreihe, s. Elektrochemische Theorie.

Elektrochemische Telegraphen, s. Elektrische Telegraphen, A, 7.

Elektrochemische Theorie. Gegen Ende des 18. und zu Anfang des 19. Jahrh. waren vielfache

Beziehungen zwischen elektrischen und chem. Vorgängen bekannt geworden, so die Erregung von Elektricität durch Berührung zweier heterogener Körper (1793 Volta) und die damit zusammenhängende Entstehung galvanischer Ströme sowie die Zersetzbarkeit chem. Verbindungen durch die letztern. Es führte dies zuerst Davy zu einer Art von E. T., nämlich zu der Anschauung, daß zwei mit Affinität (s. d.) zueinander begabte Elemente bei der Berührung entgegengesetzte elektrische Zustände annehmen, das eine elektropositiv und das andere elektronegativ werde und die dann eintretende chem. Verbindung auf dem Ausgleich dieser polaren Zustände beruhe. Führe man dagegen der in geeignetem Zustande befindlichen Verbindung wieder Elektricität zu, so werde die ursprüngliche Polarität der Bestandteile von neuem hergestellt, sodaß dieselben sich nun durch Wanderung des positiven zum negativen Pole und des negativen zum positiven Pole räumlich wieder trennen lassen. **Berzelius** dagegen ging alsbald in seiner E. T. von der Annahme aus, daß die Atome der Elemente an sich elektrisch seien und zwar jedes Elementaratom sowohl positive wie negative Elektricität enthalte, die polar auf dem Atome verteilt sind. Vereinigen sich zwei Elementaratome miteinander chemisch, so geschieht dies dadurch, daß der positive Pol des einen den negativen des andern anzieht. Die Mengen der beiden Elektricitäten an den beiden Polen der Atome verschiedener Elemente aber sind nicht gleich. Bei den einen überwiegt die negative Elektricität mehr oder weniger die positive, bei andern Elementen ist es umgekehrt. Je größer der Überschuß der einen über die andere ist, desto stärker elektropositiv oder elektronegativ erscheint das Element in seinem gesamten chem. Verhalten. Verbinden sich zwei Elemente miteinander, bei deren einem der Überschuß der positiven über die negative Polarität etwa ebenso groß ist wie beim andern der Überschuß der negativen über die positive, so ist das Produkt, die Verbindung, elektrisch und chemisch indifferent, wie z. B. Chlorkalium und Chlornatrium. Sobald aber der positive Überschuß des einen Elementaratoms größer ist als der negative des andern, so bleibt in der Verbindung ein Teil des erstern enthalten, die Verbindung selbst ist deutlich positiv (z. B. basische Oxyde), negative Verbindungen dagegen (z. B. saure Oxyde) entstehen, wenn in den sich vereinigenden Elementaratomen schließlich die negativen Polaritäten überwiegen. Solche positive Verbindungen erster Ordnung verbinden sich dann wieder mit negativen Verbindungen erster Ordnung zu Verbindungen zweiter Ordnung (z. B. Salze), in denen demnach abermals ein Ausgleich der polaren Gegensätze, und zwar je nach der Größe der specifischen Polaritäten mehr oder weniger vollkommen, stattfindet. Die Zersetzung von Verbindungen, die Wiedertrennung ihrer entgegengesetzt elektrischen Bestandteile durch den galvanischen Strom erfolgt dann in der Weise, daß der Strom die zwischen den Bestandteilen wirkenden elektrischen Anziehungen überwindet. Berzelius ordnete diesen Grundsätzen gemäß die Elemente je nach dem Überwiegen der einen über die andere Polarität in eine sog. **elektrochemische Spannungsreihe**, die, mit dem negativsten Elemente Sauerstoff beginnend, jedesmal das weniger negative oder das verhältnismäßig positivere folgen läßt bis zum positivsten Ende, das damals das Kalium bildete. Diese Spannungsreihe ist nach ihm die folgende: (negatives Ende) Sauerstoff, Schwefel, Stickstoff, Chlor, Brom, Jod, Phosphor, Arsen, Chrom, Bor, Kohlenstoff, Antimon, Silicium, Wasserstoff, Gold, Platin, Palladium, Quecksilber, Silber, Kupfer, Wismut, Zinn, Blei, Nickel, Eisen, Zink, Mangan, Aluminium, Magnesium, Calcium, Strontium, Baryum, Lithium, Natrium, Kalium (positives Ende). In dieser Reihe verhält sich jedes Element dem vorangehenden gegenüber positiv, dem nachfolgenden gegenüber negativ. Je größer in ihr die Abstände zweier Elemente sind, desto größer ist ihre Affinität.

Die E. T. von Berzelius hat bezüglich der Konstitution der chem. Verbindungen streng dualistischen Charakter, d. h. sie nimmt in jedem zusammengesetzten chem. Körper immer je zwei elektrochemisch polar verschiedene Bestandteile gleicher Ordnung an, die entweder einfache Stoffe, Elemente, oder abermals dualistisch zu stande gekommene Verbindungen gleicher Ordnung sein müssen. An diesem nicht haltbaren Dualismus ist die Theorie zu Falle gekommen. Sie ist jedoch lange Zeit der einzige Wegweiser in dem Wirrsal chem. Verbindungen und Erscheinungen gewesen, hat den ersten Anstoß zur Ermittelung der Konstitution chem. Verbindungen und in der Aufstellung der elektrochem. Spannungsreihe die Grundlage für vergleichende Affinitätsbestimmungen gegeben. Da zwischen elektrischen und chem. Vorgängen die innigsten Beziehungen bestehen, so sind von der E. T. viele Ausdrücke und Einzelanschauungen in die neuere Chemie übergegangen.

Elektrochemitypie, s. Zinkographie.

Elektröden, s. Elektrolyse.

Elektrodiagnóstik (grch.), die Verwendung der Elektricität zu diagnostischen Zwecken, namentlich zur Erkennung der Nerven- und Rückenmarkskrankheiten.

Verzeichnis

der

Abbildungen und Karten

zum fünften Bande.

Bildertafeln und Karten:

Abbildungen im Texte:

Verzeichnis der Abbildungen und Karten zum fünften Bande.

Lightning Source UK Ltd.
Milton Keynes UK
UKHW020027201118
332599UK00017B/1909/P